look at him wenn man ihn (so) ansieht **2.** sich *etw* anschauen, *etw* prüfen
◆ **look a·way** *v/i* wegblicken, -sehen, -schauen
◆ **look back** *v/i* **1.** sich umsehen **2.** *auch fig* zurückblicken, -schauen (***on, to*** auf *Akk*)
◆ **look down** *v/i* **1.** hinunterblicken, -sehen, -schauen, herunterblicken, -sehen, -schauen (***on*** auf *Akk*): ***look down on*** *fig* **a)** herabschauen auf (*Akk*), **b)** → ***look onto*** **2.** zu Boden blicken
▶ **look for** *v/i* suchen (nach)
◆ **look for·ward** *v/i* sich freuen (***to*** auf *Akk*): ***look forward to doing s.th.*** sich darauf freuen, etw zu tun

look forward to GR

Auf **look forward to** folgt immer ein Gerund oder Substantiv (und nie ein Infinitiv):

We're looking forward to meeting you.	Wir freuen uns darauf, euch zu treffen.
We're looking forward to your visit.	Wir freuen uns auf euren Besuch.

◆ **look in** *v/i* **1.** hineinsehen, -schauen, hereinsehen, -schauen **2.** einen kurzen Besuch machen, vorbeischauen (***on*** bei)
◆ **look in·to** *v/i* **1.** (hinein)schauen *oder* (-)sehen in (*Akk*): ***look into s.o.'s eyes*** j-m in die Augen schauen **2.** untersuchen, prüfen
◆ **look on**[1] *v/i* ansehen, betrachten (***as*** als)
◆ **look on**[2] *v/i* zusehen, zuschauen
◆ **look on·to** *v/i* (hinaus)gehen auf (*Akk*) *oder* nach: ***my room looks onto the garden***
◆ **look out** **I** *v/i* **1.** hinausblicken, -sehen, -schauen, herausblicken, -sehen, -schauen (***of*** zu): ***look out of the window*** aus dem Fenster blicken **2.** (***for***) aufpassen (auf *Akk*), auf der Hut sein (vor *Dat*): ***look out!*** pass auf!, Vorsicht! **3.** Ausschau halten (***for*** nach) **4.** ***look out on*** (*oder* ***over***) → ***look onto*** **II** *v/t* **5.** *bes Br etw* heraussuchen; sich *etw* aussuchen: ***look s.th. out for s.o.*** j-m etw aussuchen
◆ **look o·ver** *v/i* **1.** schauen *oder* blicken über (*Akk*) **2.** (sich) *etw* (flüchtig) ansehen *oder* anschauen, *etw* (flüchtig) überprüfen
◆ **look round** → ***look around***
◆ **look through** *v/i* **1.** blicken durch **2.** (hin-) durchsehen *oder* (-)durchschauen durch **3.** *fig j-n, etw* durchschauen **4.** *etw* (flüchtig) durchsehen *oder* -schauen
◆ **look to** *v/i* **1.** achten *oder* achtgeben auf (*Akk*): ***look to it that*** achte darauf, dass; sieh zu, dass **2.** ***look to s.o. to do s.th.*** von j-m erwarten, dass er etw tut: ***I look to you to help me*** (*oder* ***for help***) ich erwarte Hilfe von dir
◆ **look to·ward**, **look to·wards** → ***look*** 7.
◆ **look up** **I** *v/i* **1.** hinaufblicken, -sehen, -schauen, heraufblicken, -sehen, -schauen **2.** aufblicken, -sehen, -schauen (***from*** von; *fig* ***to*** zu) **II** *v/t* **3.** *Wort etc* nachschlagen (***in*** in *Dat*) **4.** ***look s.o. up and down*** j-n von oben bis unten mustern
ˈlook·aˌlike *s* **1.** Doppelgänger(in) **2.** (genaues) Gegenstück
look·er [ˈlʊkə] *s*: ***she's a real looker*** *ugs* sie sieht einfach klasse aus
ˌlook·er-ˈon *Pl* **ˌlook·ers-ˈon** *s* Zuschauer(in)

Letztes bzw. erstes Stichwort auf der Seite

Arabische Ziffern zur Bedeutungsdifferenzierung

Kleinbuchstaben zur Differenzierung von Unterbedeutungen

Übersetzung in Normalschrift

Hochgestellte Ziffern für gleich geschriebene Wörter von ganz unterschiedlicher Bedeutung

Wendungen, mehrgliedrige Ausdrücke, Präpositionen und andere Ergänzungen in ***fetter Kursivschrift***

Verweis auf bevorzugte Variante

Verweis auf Bedeutung 7 eines anderen Stichworts

Aussprache in internationaler Lautschrift

Haupt- und Nebenakzent (Betonung) im Stichwort

Angabe zur Grammatik

A B C D E F G H I J K L M N O P Q R S T U V W Z

Die Langenscheidt Service-Garantie:

Wenn Sie in diesem Wörterbuch ein Stichwort nicht finden, das man in einem Wörterbuch dieser Größe erwarten kann, garantieren wir Ihnen bis zum 31. 12. 2008, dass Langenscheidt eine passende Übersetzung dieses Wortes für Sie sucht.

Dieser Service wird ausschließlich per E-Mail angeboten.
Bitte schreiben Sie uns an die Adresse garantie@langenscheidt.de. Geben Sie in dieser E-Mail das gesuchte Stichwort an sowie den sprachlichen Zusammenhang, in dem es steht. Das kann ein Satz sein, in dem das Wort vorkommt, oder eine Umschreibung des Begriffs. Bitte teilen Sie uns auch mit, in welchem Wörterbuch Sie das betreffende Wort vermissen.

Sie erhalten unsere Antwort so schnell wie möglich, ebenfalls per E-Mail.

Langenscheidt Abitur-Wörterbuch Englisch

Langenscheidt
Abitur-Wörterbuch Englisch

Englisch–Deutsch
Deutsch–Englisch

Neubearbeitung

Herausgegeben von der
Langenscheidt-Redaktion

Langenscheidt

Berlin · München · Wien · Zürich · New York

Projektleitung:
Dorothée Ronge

Lexikografische Arbeiten:
Heike Pleisteiner, Dorothée Ronge, Dr. Wolfgang Walther

Info-Fenster:
Charlotte Collins M.A., Verena Jakobi M.A.,
Sabine Meisinger-Botz StR, Gisela Obermaier-Hanke OStR,
Peter Ringeisen OStR i. K. M.A., Philip Wade M.A., Cert. ed.,
in Zusammenarbeit mit der Langenscheidt-Redaktion
muttersprachliche Durchsicht:
Charlotte Collins M.A.

Prüfungstrainer:
Astrid Stannat StR

Neue deutsche Rechtschreibung nach DUDEN-Empfehlungen
(Stand 1. 8. 2006):
Dr. Susanne Dyka

Landkarten:
GeoGraphic Publishers GmbH & Co. KG, München

Umschlagfoto: Getty Images GmbH, München

Als Marken geschützte Wörter werden in diesem Wörterbuch in der Regel durch das Zeichen ® kenntlich gemacht.
Das Fehlen eines solchen Hinweises begründet jedoch nicht die Annahme, eine nicht gekennzeichnete Ware oder eine Dienstleistung sei frei.

Ergänzende Hinweise, für die wir jederzeit dankbar sind,
bitten wir zu richten an:
Langenscheidt Verlag, Postfach 40 11 20, 80711 München
redaktion.wb@langenscheidt.de

Druck und Bindung: Kösel, Krugzell
Printed in Germany
ISBN: 978-3-468-13084-7

1. 2. 3. 4. 5. 11 10 09 08 07

Inhaltsverzeichnis
Table of Contents

Inhaltsverzeichnis
Table of Contents

Vorwort

Das vorliegende Englisch-Wörterbuch ist eine völlige Neuentwicklung des Langenscheidt Verlags. Es richtet sich speziell nach den Bedürfnissen der Schülerinnen und Schüler der Oberstufe und ist damit ein ideales Hilfsmittel zur effizienten Vorbereitung auf die Abschlussprüfung.

Vielseitige Extras, die gemäß den Anforderungen und der Prüfungsinhalte in der Oberstufe erstellt wurden, machen dieses Wörterbuch zu einem ganz besonderen Nachschlagewerk:

Der ***Prüfungstrainer – Schritt für Schritt fit für die Klausur*** gibt auf 34 Seiten wertvolle Hinweise zur Lösung unterschiedlicher Aufgabentypen. Übersichtliche Schritt-für-Schritt-Anleitungen, kompakte Checklisten sowie Tipps zu Lernstrategien und Zeitmanagement machen ihn zum perfekten Leitfaden für die Prüfungsvorbereitung.
Ergänzt wird er durch die Übersicht der ***Literarischen Fachbegriffe – Literary Terms*** im Anhang, die für die Textanalyse wichig sind. Hier sind häufige Stilmittel und Erläuterungen zu Erzählperspektiven und -techniken zusammengestellt.

16 farbige Seiten bieten wichtige Informationen zur englischen Kartographie: Die ***Landkarten*** zu deutsch- und englischsprachigen Ländern, zu Europa und der Welt zeigen mit ihrer rein englischsprachigen Beschriftung interessante sprachliche und geografische Aspekte auf.

Rund 800 ***Info-Fenster***, die in den Wörterbuchtext eingestreut sind, behandeln Themen aus den Bereichen Grammatik, Sprachgebrauch und Landeskunde. Darüber hinaus enthalten sie Zusammenstellungen zu wichtigen Wortfeldern, falschen Freunden und der richtigen englischen Aussprache. Jedes Info-Fenster trägt ein Symbol, sodass leicht erkennbar ist, zu welchem Themenbereich es gehört.

Die Grammatikthemen stammen aus allen Bereichen der englischen Sprache und warnen vor Fehlern, die insbesondere deutschsprachige Lernende machen. Direkt beim jeweiligen Stichwort wird beispielsweise erklärt, wann nach *try* der Infinitv oder das Gerund verwendet werden, oder warum *public* sowohl mit einem Verb im Plural als auch mit einem Verb im Singular stehen kann.
Das richtige Wort und die passende Formulierung in einer bestimmten Situation zu finden, macht idiomatischen Sprachgebrauch aus. Diese Info-Fenster befassen sich mit der kontextabhängigen Wortwahl (z. B. „Wann wird *erinnern* mit *remind* und wann mit *remember* übersetzt?") und sie bieten Wendungen zum *Apologizing* oder *Offering help*, aber auch zu *Argumentation* und *Conclusions* für das Essay Writing.
Die landeskundlichen Info-Fenster behandeln prüfungsrelevante Themen wie die *Schulsysteme in Großbritannien und den USA*, das *Civil Rights Movement* in den USA oder erläutern politische Begriffe wie *Checks and Balances* und *Common law*.
Wortfelder erleichtern die systematische und themenbezogene Wortschatzarbeit, die Warnungen vor falschen Freunden helfen dabei, peinliche Missverständnisse in der Fremdsprache zu vermeiden. Der englische Akzent wird mithilfe der Info-Fenster zur englischen Aussprache perfektioniert.
Auf zusätzlichen Sonderseiten werden komplexere Zusammenhänge ausführlich erläutert: *Political Life in Great Britain and the USA*, *Shakespeare* und *Political Correctness*, aber auch praktische Informationen zur *Bewerbung*.

Die **Wörterbucheinträge** zeichnen sich durch ihre besondere ***Übersichtlichkeit*** aus: Schnelle Orientierung ermöglichen die blau hervorgehobenen Stichwörter, die jeweils auf einer neuen Zeile stehen. Am Eintragsanfang, aber auch in grammatischen Konstruktionen und Anwendungsbeispielen ist das Stichwort immer ausgeschrieben, sodass keine Verständnisprobleme auftauchen können. Die eindeutige Wortart- und Bedeutungsunterscheidung, ausführliche grammatische Hinweise, Erläuterungen zu Sachgebieten, Bedeutungen und Stilebenen gewährleisten, dass die für den jeweilgen Kontext passende Übersetzung gefunden wird.
Zudem zeigt ein schwarzes Dreieck ▶, welche Wörter und Wendungen zum elementaren englischen Wortschatz zählen. Die *phrasal verbs* sind übersichtlich mit einer blauen Raute ◆ markiert und schließen sich an den Eintrag zum Grundwort an.

Im Mittelpunkt des abgebildeten ***Wortschatzes*** steht das heute allgemein gebräuchliche Englisch bzw. Deutsch. Aber auch hochaktuelle Begriffe aus so wichtigen Bereichen wie Informationstechnologie, Computer, Politik und Gesellschaft, Kultur, Medizin und Sport wurden berücksichtigt. Da zum lebenden Sprachgebrauch gerade auch umgangssprachliche Floskeln und idiomatische Redewendungen gehören, wurde diesen beiden Aspekten ebenfalls große Aufmerksamkeit geschenkt. Die Schreibung des Deutschen folgt den gültigen amtlichen Regelungen sowie den DUDEN-Empfehlungen (Stand 1. 8. 2006).

Zum Lernen und Schmökern ist das vorliegende Englisch-Wörterbuch das optimale Arbeitsmittel für die Oberstufe. Seine vielfältigen Informationen machen es über die schulischen Anforderungen hinaus zu einem besonders hilfreichen Nachschlagewerk.

Allen unseren Benutzern wünschen wir viel Erfolg in der Oberstufe und viel Spaß beim Nachschlagen und Lernen!

LANGENSCHEIDT VERLAG

Hinweise für die Benutzer

Wo finde ich was? – alphabetische Anordnung

Das vorliegende Englisch-Wörterbuch enthält rund 120.000 Stichwörter und Wendungen. Die Stichwörter sind mit Ausnahme einiger weiblicher Substantive im deutsch-englischen Teil des Wörterbuchs streng alphabetisch geordnet. Sie finden also die weibliche Form „Wichtigtuerin" nach „Wichtigtuer", aber vor „Wichtigtuerei". Verlangt die weibliche Form eines Substantives eine separate englische Übersetzung (Beispiel „Leiterin"), dann erscheint sie streng alphabetisch genau an der vorgesehenen Stelle.

Die Umlaute ä, ö, ü wurden alphabetisch wie a, o, u eingeordnet: „gänzlich" steht hinter „ganzjährig" und vor „Ganzmetall…".

Wie finde ich was? – Aufbau eines Stichwortartikels

Die Unterteilung eines Stichwortartikels erfolgt im Allgemeinen durch

I römische Ziffern zur Unterscheidung der Wortarten (Substantiv, Adjektiv, Adverb, transitives, intransitives oder reflexives Verb usw.),

2. arabische Ziffern (fortlaufend im Artikel und unabhängig von den römischen Ziffern) zur Unterscheidung der einzelnen Bedeutungen,

c) kleine Buchstaben zur weiteren Bedeutungsdifferenzierung (siehe weiter unten).

Wie sieht ein Eintrag im Allgemeinen aus?

nar·ra·tive ['nærətɪv] **I** *s* **1.** Erzählung *f* **2.** Bericht *m*, Schilderung *f* **II** *Adj* **3.** erzählend: ***narrative perspective*** Erzählperspektive *f* **4.** Erzählungs…

Dieses Beispiel für das Stichwort **narrative** soll die wichtigsten Elemente eines Eintrags veranschaulichen. Wir stellen sie Ihnen Schritt für Schritt vor:

nar·ra·tive	in blauem Fettdruck erscheinendes **Stichwort**. Die Punkte innerhalb des Wortes bedeuten, dass das Wort an genau diesen Stellen getrennt werden kann.
['nærətɪv]	**Lautschrift** der *International Phonetic Association*
I	römische Ziffer zur Unterscheidung der Wortarten bzw. bestimmter Verbformen
s	das Stichwort als Substantiv
1.	arabische Ziffer zur Unterscheidung verschiedener Bedeutungen des Stichworts
Erzählung	(1.) deutsche Entsprechung des englischen Stichworts in Normalschrift
f	Genusangabe (*hier*: feminin); grammatisches Geschlecht der deutschen Entsprechung

2.	arabische Ziffer zur Unterscheidung verschiedener Bedeutungen des Stichworts
Bericht	(2.) deutsche Entsprechung des englischen Stichworts in Normalschrift
m	Genusangabe (*hier*: maskulin); grammatisches Geschlecht der deutschen Entsprechung
,	Komma zur Trennung von zwei deutschen Entsprechungsvarianten des englischen Stichworts in Normalschrift
Schilderung	Variante zur (2.) deutschen Entsprechung des englischen Stichworts in Normalschrift
f	Genusangabe (*hier*: feminin); grammatisches Geschlecht der deutschen Entsprechung
II	römische Ziffer zur Unterscheidung der Wortarten bzw. bestimmter Verbformen
Adj	das Stichwort als Adjektiv
3.	arabische Ziffer zur Unterscheidung verschiedener Bedeutungen des Stichworts
erzählend	(3.) deutsche Entsprechung des englischen Stichworts in Normalschrift
:	Doppelpunkt signalisiert eine sich anschließende Wendung oder ein Anwendungsbeispiel
narrative perspective	Wendung in ***halbfetter Schrägschrift***
Erzählperspektive	deutsche Entsprechung der englischen Wendung in Normalschrift
f	Genusangabe (*hier*: feminin); grammatisches Geschlecht der deutschen Entsprechung
4.	arabische Ziffer zur Unterscheidung verschiedener Bedeutungen des Stichworts
Erzählungs…	(4.) deutsche Entsprechung des englischen Stichworts als Wortbildungselement. Die 3 Punkte deuten an, dass sich unmittelbar ein weiteres Wortelement anschließen kann.

Sind alle Einträge so einfach aufgebaut?

Jeder Eintrag folgt mehr oder weniger dem eben erläuterten Schema. Da wir aber bestrebt sind, so viel Information wie irgend möglich für Sie unterzubringen, gibt es notgedrungen auch kompliziertere Fälle, von denen wir die wichtigsten an dieser Stelle nennen wollen:

Dem ersten für Sie vielleicht ungewohnten Zeichen sind wir eben in der Tabelle schon begegnet: Die auf Mitte stehenden Punkte bei einem englischen Stichwort zeigen an, wo das Wort getrennt werden darf. Folgen dem Stichwort keine vollständigen Lautschriftangaben, so weisen Betonungsakzente (ˌ ˈ) auf die Betonung des Wortes hin (siehe Lautschrifttabelle **Phonetische Zeichen – Phonetic Symbols** S. 16). Auch wo diese Betonungszeichen stehen, darf das Wort in der Regel getrennt werden:

cul·ti·vate ..., **'cul·ti·vat·ed** ..., **ˌcul·ti'va·tion**
Trennung: **cul-ti-vate, cul-ti-vat-ed, cul-ti-va-tion**

Aber nicht nur bei englischen Stichwörtern wird in der Lautschrift der Betonungsakzent verwendet, sondern auch bei gleichlautenden deutschen Wörtern mit unterschiedlicher Bedeutung steht zur besseren Unterscheidung ein Betonungsakzent ('):

'übersetzen[1] ..., **über'setzen[2]**

Manchmal weisen Kleinbuchstaben **a**), **b**), **c**) usw. auf feinere Bedeutungsuntergliederungen als die durch arabische Ziffern hin:

ac·a·dem·ic [ˌækə'demɪk] **I** *Adj* (***academically***) **1.** akademisch: **a**) Universitäts...: ***academic freedom*** akademische Freiheit; ***academic year*** Studienjahr *n*, **b**) (rein) theoretisch: ***academic question*** akademische Frage [...]

machen [...] **13.** (*tun*) do: ***lass ihn nur machen!*** **a**) let him (do as he pleases)!, **b**) (*überlass es ihm*) just leave it to him! [...]

Wie sieht es mit den Ausspracheangaben aus?

Die Aussprache des englischen Stichworts steht in eckigen Klammern gleich hinter dem Stichwort und erscheint in den Symbolen der *International Phonetic Association* (siehe Lautschrifttabelle **Phonetische Zeichen – Phonetic Symbols** S. 16).

▶**par·lia·ment** ['pɑːləmənt] *s* Parlament *n*

Die Lautschrift wird nicht angegeben bei Stichwörtern, die von dem vorangehenden Stichwort abgeleitet wurden oder mit diesem verwandt sind und nicht grundlegend anders ausgesprochen werden, sowie bei zusammengesetzten Stichwörtern, die genauso ausgesprochen werden wie ihre Bestandteile.
Als Aussprachehilfe werden in solchen Stichwörtern aber Betonungszeichen gesetzt.

▶**ac·cept** [ək'sept] *v/t* **1.** an-, entgegennehmen [...]
ac'cept·a·ble *Adj* **1.** akzeptabel, annehmbar (***to*** für) **2.** angenehm, willkommen
ac'cept·ance *s* **1.** Annahme *f* **2.** Akzeptierung *f*; Hinnahme *f*: ***win acceptance*** Anerkennung finden **3.** Aufnahme *f* **4.** WIRTSCH Akzept *n*
ac'cept·ed *Adj* allgemein anerkannt, üblich

▶**ac·tion** ['ækʃn] *s* **1.** Handlung *f* (*auch* THEAT *etc*), Tat *f*: ***man of action*** Mann *m* der Tat; ***put into action*** in die Tat umsetzen; ***take action*** handeln **2.** [...]
ac·tion group *s* (*Bürger-*, *Eltern- etc*)Initiative *f*
ac·tion-packed *Adj* voller Action, Aktiv..., spannend
ac·tion re·play *s Sport*, TV: *Br* (*bes* Zeitlupen-) Wiederholung *f* (*einer Spielszene*)

Welche Funktion hat Kursivgeschriebenes (*Schrägschrift*)?

Oft geben Kommentare in *kursiver Schrift* mit oder ohne Klammern zu den einzelnen Bedeutungen des Stichworts präzisierende Hinweise. Es können Synonyme (bedeutungsähnliche Wörter) in Klammern, mögliche Subjekte oder Objekte u. Ä. genannt sein, die den Verwendungsbereich einer gegebenen Übersetzung verdeutlichen:

> **can·cel** ['kænsl] **I** *v/t Prät und Part Perf* **canceled**, *bes Br* **can·celled** **1.** (durch-, aus)streichen **2.** *Erlaubnis etc* widerrufen, *Beschluss etc* rückgängig machen, *Abonnement etc* kündigen, *Auftrag etc* stornieren **3.** *Verabredung etc* absagen, *Veranstaltung etc* ausfallen lassen, *Flug etc.* annullieren **4.** *Briefmarke, Fahrschein* entwerten, *Flug etc* annulieren **5.** COMPUTER abbrechen **6.** MATHE kürzen **7.** *auch* ***cancel out*** ausgleichen, kompensieren […]

> **drücken** **I** *v/t* **1.** *allg* press, (*quetschen*) *auch* squeeze, (*Taste*) *auch* push: ***j-m die Hand drücken*** shake hands with s.o.; ***j-m etw in die Hand drücken*** put (*heimlich*: slip) s.th. into s.o.'s hand; ***j-n*** (***an sich***) ***drücken*** hug s.o.; → ***Daumen*** **2.** (*j-n*) *Schuh*: pinch, *Magen*: pain, hurt, *fig Sorgen, Schulden etc*: weigh heavily on *s.o.* **3.** *fig* (*Leistung, Preise etc*) bring (*oder* force) down, (*Rekord*) better (***um*** by) **4.** *sl* (*Heroin etc*) shoot **II** *v/i* **5.** *allg* press, *Rucksack etc*: *auch* hurt, *Schuh*: pinch, *fig Hitze etc*: be oppressive: ***drücken auf*** (*Akk*) press on, (*Knopf etc*) press, push; […]

In *einfacher Schrägschrift* erscheinen auch Grammatikangaben und Elemente, die sich vom Stichwort, von der Wendung oder von der Übersetzung abheben sollen. Dazu gehören auch umschreibende Entsprechungen für ein Stichwort, für das es keine direkte Übersetzung gibt:

> **Assessor** *m*, **Assessorin** *f civil servant* (*lawyer, teacher, etc*) *who has completed his/her second state examination*

Hinter den Übersetzungen von Verben finden Sie häufig die Angabe der passenden englischen Präpositionen in ***halbfetter Schrägschrift*** mit den dazugehörigen deutschen Entsprechungen in Normalschrift und der Angabe, welchen Kasus (Fall) die jeweilige deutsche Präposition verlangt, in *einfacher Schrägschrift*:

> ▸**pin** [pɪn] […] **10.** ***pin down*** zu Boden drücken; *fig j-n* festlegen, -nageln (***to*** auf *Akk*)

Weitere kursive Angaben, die in einem Eintrag vorkommen können, finden Sie unter **Wichtige Abkürzungen und Sachgebiete** auf der inneren Umschlagseite am Ende dieses Wörterbuchs.

Was bedeuten Stichwörter mit hochgestellten Ziffern (Exponenten)?

Haben Stichwörter mit gleicher Schreibung völlig unterschiedliche Bedeutungen (Homonyme), werden sie jeweils eigens aufgeführt und mit hochgestellten Ziffern (Exponenten) voneinander unterschieden. Solche Stichwörter stehen unmittelbar hintereinander.

Welche Funktion haben die Verweise?

Der Verweispfeil → hat verschiedene Funktionen. Er verweist zum einen von einem Stichwort auf ein anderes Stichwort, wenn sich beide Stichwörter in ihrer Bedeutung sehr ähneln. Bei dem Stichwort, auf das verwiesen wird, finden Sie dann die Übersetzung(en) und weitere Angaben. Zum anderen führt er Sie z. B. von einem Adjektiv zu einem Adverb mit ähnlicher Bedeutung. Oder er führt Sie zu einem anderen Stichwort, unter dem Sie ein Anwendungsbeispiel finden, in dem das Stichwort, von dem aus verwiesen wird, enthalten ist.

Wo finde ich die *phrasal verbs*?

Wenn Sie nach Verben wie **go down** oder **come across** suchen, schlagen Sie jeweils unter dem Grundverb **go** bzw. **come** nach. Sie finden diese sog. *phrasal verbs* (= Zusammensetzungen aus Verb und Präposition bzw. Verb und Adverb) am Ende des jeweilen Eintrags zum Grundverb. Zur besseren Auffindbarkeit und Übersichtlichkeit sind sie mit einer blauen Raute markiert und in sich alphabetisch geordnet.

◆**go a·head** *v/i* **1.** voran-, vorausgehen (***of s.o.*** j-m): ***go ahead!*** *fig* nur zu!; ***go ahead with*** *fig* weitermachen *oder* fortfahren mit **2.** vorankommen (*Person, Arbeit*)
◆**go a·long** *v/i* **1.** weitergehen **2.** *fig* weitermachen, fortfahren **3.** ***go along with*** einverstanden sein mit; *j-m* beipflichten
◆**go a·round** *v/i* **1.** → ***go about*** **2.** → ***go round***
◆**go back** *v/i* **1.** zurückgehen **2.** (***to***) *fig* zurückgehen (auf *Akk*), zurückreichen (bis) **3.** ***go back on*** *fig sein Wort etc* nicht halten; *Entscheidung* rückgängig machen
◆**go be·yond** *v/i fig* überschreiten, hinausgehen über (*Akk*)
◆**go by** *v/i* **1.** vorbeigehen (*auch Chance etc*); vergehen (*Zeit*) **2.** → ***go*** 17
◆**go down** *v/i* **1.** hinuntergehen **2.** untergehen, sinken (*Schiff, Sonne etc*) […]

Wozu dienen die Sachgebietsangaben?

Zur besseren Einordnung der Bedeutungen eines Stichworts dienen *Sachgebietsbezeichnungen*. Steht eine Sachgebietsbezeichnung unmittelbar hinter der Lautschriftklammer, bezieht sie sich auf alle folgenden Übersetzungen. Steht sie innerhalb des Artikels vor einer Übersetzung, so gilt sie nur für diese. Die häufigsten Sachgebiete erscheinen in diesem Wörterbuch in KAPITÄLCHEN. Sie finden sie in der Liste **Wichtige Abkürzungen und Sachgebiete** auf der inneren Umschlagsseite am Ende dieses Wörterbuchs. Ausgeschriebene Hinweise zu Sachgebieten werden *kursiv* dargestellt.

Wie sind die Stilebenen gekennzeichnet?

Die Kennzeichnung der Stilebene durch die Angaben *ugs* für *umgangssprachlich, familiär*; *vulg* für *vulgär* sowie *sl* für *saloppe Umgangssprache, Slang* bezieht sich auf das Stichwort. Die Übersetzung wurde möglichst so gewählt, dass sie auf der gleichen Stilebene wie das Stichwort liegt.

Welche grammatischen Hinweise finde ich im Wörterbuch?

Eine Liste der im Wörterbuch enthaltenen englischen unregelmäßigen Verben finden Sie im Anhang des Wörterbuchs auf den Seiten 1244–1247.

Der Hinweis *unreg* (unregelmäßig) bei einem englischen Verb zeigt an, dass es unregelmäßig konjugiert wird und dass seine Stammformen in der Liste **Englische unregelmäßige Verben** (Seiten 1244–1247) aufgeführt sind.

Hinweise wie (*unreg* **go**) zeigen an, dass das Stichwort ebenso konjugiert wird wie das in der Liste der unregelmäßigen Verben aufgeführte Grundverb **go**.

Erscheint ein Substantiv mit unregelmäßigem Plural als letztem Bestandteil einer Zusammensetzung, so zeigen Hinweise wie (*unreg* **man**) an, dass die unregelmäßige Pluralform an derjenigen Stelle zu finden ist, an der der letzte Bestandteil der Zusammensetzung als Stichwort verzeichnet ist:

> **fresh·man** ['freʃmən] *s* (*unreg* ***man***) Student(in) im ersten Jahr

Von Adjektiven abgeleitete Adverbien, die durch einfaches Anhängen von …**ly** oder durch Verwandlung von …**le** in …**ly** oder …**y** in …**ily** gebildet werden, fanden nur dann Eingang in das Wörterbuch, wenn sie häufig vorkommen und in ihrer Übersetzung vom Adjektiv abweichen.
Bei Adjektiven, die auf …**ic** und …**ical** enden können, endet das Adverb auf …**ically**:

> **ge·o·graph·ic**, **ge·o·graph·i·cal** [dʒɪə'græfɪk(l)]
> *Adj* geografisch
> *Adv* **ge·o·graph·i·cal·ly**

Geographically ist also das Adverb zu beiden Adjektivformen.

Alle Abkürzungen für Grammatikangaben finden Sie in der Liste **Wichtige Abkürzungen und Sachgebiete in diesem Wörterbuch** auf der inneren Umschlagseite am Endes dieses Wörterbuchs.

Was ist bei den Anwendungsbeispielen zu beachten?

Sie stehen unmittelbar hinter der Übersetzung des Stichworts. Die Übersetzung ist gelegentlich weggelassen, wenn das Anwendungsbeispiel nur der Illustration dient, sich die Übersetzung aber aus den Einzelkomponenten leicht ableiten lässt.

> **gain** [geɪn] […] **4.** zunehmen an (*Dat*): ***gain speed*** schneller werden; […]

> **a·board** [ə'bɔːd] *Adv und Präp* **1.** SCHIFF, FLUG an Bord (*Gen*): ***go aboard***; […]

Wo finde ich die wichtigsten Wörter?

Das schwarze Dreieck ▶ kennzeichnet englische Stichwörter und Wendungen, die zum Grundwortschatz gehören:

▶ **e·ven**[1] ['i:vn] *Adv* **1.** sogar, selbst: ▶ ***not even*** nicht einmal; […]

Was bedeuten die anderen Abkürzungen?

Eine Übersicht über die im Wörterbuch verwendeten Sachgebietsangaben und Abkürzungen finden Sie zum bequemen Nachschlagen auf der inneren Umschlagseite am Ende dieses Wörterbuchs.

Wozu dienen die Info-Fenster?

Die Info-Fenster stellen wichtige sprachliche und kulturelle Besonderheiten vor und dienen als Ergänzung zu den Stichworteinträgen. Die behandelten Themen umfassen die Bereiche Grammatik, Sprachgebrauch, Wortfelder, falsche Freunde, Aussprache und Landeskunde. Jedes Info-Fenster ist mit einem Symbol versehen, das die schnelle Zuordnung zu einem der Themenbereiche ermöglicht.
Info-Fenster zu Sprachgebrauch und Grammatik machen exemplarisch auf Unterschiede aufmerksam, die Sie in der fremdsprachlichen Kommunikation beachten sollten, und geben Ihnen hilfreiche Formulierungen sowie wichtige Ausdrücke für bestimmte Situationen und das Essay Writing an die Hand. Die Wortfelder eignen sich besonders zur systematischen themenbezogenen Wortschatzerweiterung, während falsche Freunde vor häufig gemachten Verwechslungen ähnlich lautender oder geschriebener deutscher und englischer Wörter warnen. In den landeskundlichen Info-Fenstern sind Besonderheiten der englischsprachigen Welt beschrieben, die auch immer wieder Themen der Abschlussprüfung sind.

Ein nach Themengebieten und Stichwörtern alphabetisch geordnetes **Verzeichnis der Info-Fenster** finden Sie im Anhang auf den Seiten 1249–1259.

Phonetische Zeichen – Phonetic Symbols

einfache Vokale	[ʌ]	much [mʌtʃ], come [kʌm]	kurzes *a* wie in *Matsch*, *Kamm*, aber dunkler
	[ɑː]	after ['ɑːftə], park [pɑːk]	langes *a*, etwa wie in *Bahn*
	[æ]	flat [flæt], madam ['mædəm]	mehr zum *a* hin als *ä* in *Wäsche*
	[ə]	after ['ɑːftə], arrival [ə'raɪvl]	wie das End-*e* in *Berge*, *mache*, *bitte*
	[e]	let [let], men [men]	*ä* wie in *hätte*, *Mäntel*
	[ɜː]	first [fɜːst], learn [lɜːn]	etwa wie *ir* in *flirten*, aber offener
	[ɪ]	in [ɪn], city ['sɪtɪ]	kurzes *i* wie in *Mitte*, *billig*
	[iː]	see [siː], evening ['iːvnɪŋ]	langes *i* wie in *nie*, *lieben*
	[ɒ]	shop [ʃɒp], job [dʒɒb]	wie *o* in *Gott*, aber offener
	[ɔː]	morning [mɔːnɪŋ], course [kɔːs]	wie in *Lord*, aber ohne *r*
	[ʊ]	good [gʊd], look [lʊk]	kurzes *u* wie in *Mutter*
	[uː]	too [tuː], shoot [ʃuːt]	langes *u* wie in *Schuh*, aber offener
Diphthonge	[aɪ]	my [maɪ], night [naɪt]	etwa wie in *Mai*, *Neid*
	[aʊ]	now [naʊ], about [ə'baʊt]	etwa wie in *blau*, *Couch*
	[əʊ]	home [həʊm], know [nəʊ]	von [ə] zu [ʊ] gleiten
	[eə]	air [eə], square [skweə]	wie *är* in *Bär*, aber kein *r* sprechen
	[eɪ]	eight [eɪt], stay [steɪ]	klingt wie *äi*
	[ɪə]	near [nɪə], here [hɪə]	von [ɪ] zu [ə] gleiten
	[ɔɪ]	join [dʒɔɪn], choice [tʃɔɪs]	etwa wie *eu* in *neu*
	[ʊə]	you're [jʊə], tour [tʊə]	wie *ur* in *Kur*, aber kein *r* sprechen
Halbvokale	[j]	yes [jes], tube [tjuːb]	wie *j* in *jetzt*
	[w]	way [weɪ], one [wʌn], quick [kwɪk]	mit gerundeten Lippen ähnlich wie [u] gebildet. Kein deutsches *w*!
Konsonanten	[ŋ]	thing [θɪŋ], English ['ɪŋglɪʃ]	wie *ng* in *Ding*
	[r]	room [ruːm], hurry ['hʌrɪ]	Zunge liegt zurückgebogen am Gaumen auf. Nicht gerollt und nicht im Rachen gebildet!
	[s]	see [siː], famous ['feɪməs]	stimmloses *s* wie in *lassen*, *Liste*
	[z]	zero ['zɪərəʊ], is [ɪz], runs [rʌnz]	stimmhaftes *s* wie in *lesen*, *Linsen*
	[ʃ]	shop [ʃɒp], fish [fɪʃ]	wie *sch* in *Scholle*, *Fisch*
	[tʃ]	cheap [tʃiːp], much [mʌtʃ]	wie *tsch* in *tschüs*, *Matsch*
	[ʒ]	television ['telɪˌvɪʒn]	stimmhaftes *sch* wie in *Genie*, *Etage*
	[dʒ]	just [dʒʌst], bridge [brɪdʒ]	wie in *Job*, *Gin*
	[θ]	thanks [θæŋks], both [bəʊθ]	wie *ss* in *Fass*, aber gelispelt
	[ð]	that [ðæt], with [wɪð]	wie *s* in *Sense*, aber gelispelt
	[v]	very ['verɪ], over ['əʊvə]	etwa wie deutsches *w*, Oberzähne auf Oberkante der Unterlippe
	[x]	loch [lɒx], ugh [ʌx]	wie *ch* in *ach*
Sonstige	[ː]	bedeutet, dass der vorhergehende Vokal lang zu sprechen ist.	
	[']	bedeutet Hauptton.	
	[ˌ]	bedeutet Nebenton.	

A

A [eɪ] *Pl* **A's** *s* A *n*

▸**a** [ə, *betont*: eɪ], *vor vokalischem Anlaut* **an** [ən, *betont*: æn] *Adj oder Artikel* **1.** ein(e): ***he is a doctor*** er ist Arzt **2.** der-, die-, dasselbe: ***they are of an age*** sie sind gleichaltrig **3.** per, pro, je: ***twice a week*** zweimal wöchentlich *oder* in der Woche

A4 [eɪ'fɔː] *s* DIN A4®: ***A4 size*** (DI)N A4-Format

@ [æt] *Abk* IT (= ***at***) @

a·back [ə'bæk] *Adv*: ***taken aback*** überrascht, verblüfft; bestürzt

a·ban·don [ə'bændən] *v/t* **1.** *Frau etc* verlassen **2.** *Hoffnung etc* aufgeben, *Suche etc auch* einstellen, SPORT *Spiel* abbrechen

a·base [ə'beɪs] *v/t* erniedrigen, demütigen

a·bashed [ə'bæʃt] *Adj* beschämt, verlegen: ***feel abashed*** sich schämen

a·bate [ə'beɪt] *v/i* abklingen (*Begeisterung, Lärm, Schmerz etc*), (*auch Sturm etc*) sich legen

ab·at·toir ['æbətwɑː] *s* Schlachthof *m*

ab·bey ['æbɪ] *s* Abtei *f*

ab·bot ['æbət] *s* Abt *m*

ab·bre·vi·ate [ə'briːvɪeɪt] *v/t* (ab-, ver)kürzen: ***abbreviated form*** Kurzform *f*

ab͵bre·vi'a·tion *s* (Ab-, Ver)Kürzung *f*

ABC [͵eɪbiː'siː] *s* **1.** *Am oft Pl* Abc *n*, Alphabet *n*: ***ABC weapons*** *Pl* MIL ABC-Waffen *Pl* **2.** *fig* Abc *n*, Anfangsgründe *Pl*

ab·di·cate ['æbdɪkeɪt] **I** *v/i* abdanken **II** *v/t Amt* niederlegen: ***abdicate the throne*** abdanken

͵ab·di'ca·tion *s* Abdankung *f*

ab·do·men ['æbdəmen] *s* ANAT Unterleib *m*

ab·dom·i·nal [æb'dɒmɪnl] *Adj* Unterleibs…

ab·duct [æb'dʌkt] *v/t* entführen

ab·duc·tion [æb'dʌkʃn] *s* Entführung *f*

ab·er·ra·tion [͵æbə'reɪʃn] *s* **1.** Abweichung *f*, ASTR, BIOL, PHYS *auch* Aberration *f* **2.** geistige Verwirrung

a·bet [ə'bet] → ***aid*** 3

a·bey·ance [ə'beɪəns] *s*: ***fall into abeyance*** außer Gebrauch kommen; ***be in abeyance*** vorübergehend außer Kraft (*oder* eingestellt) sein, ruhen

ab·hor [əb'hɔː] *v/t* verabscheuen

ab·hor·rence [əb'hɒrəns] *s* Abscheu *m*, *f* (***of*** vor *Dat*)

ab'hor·rent *Adj* **1.** zuwider, verhasst (***to*** *Dat*) **2.** abstoßend

a·bide [ə'baɪd] **I** *v/i*: ***abide by*** sich halten an (*Akk*); *Folgen* tragen **II** *v/t* ertragen, aushalten: ***I cannot abide him*** ich kann ihn nicht ausstehen

a·bid·ing [ə'baɪdɪŋ] *Adj* bleibend, beständig, dauerhaft

▸**a·bil·i·ty** [ə'bɪlətɪ] *s* Fähigkeit *f*: ***ability to pay*** Zahlungsfähigkeit; ***to the best of one's ability*** nach besten Kräften

ab·ject ['æbdʒekt] *Adj* **1.** elend, erbärmlich (*Lügner, Situation, Verhältnisse*) **2.** bitter (*Armut etc*), (*auch Verzweiflung etc*) tiefst **3.** demütig, unterwürfig, würdelos (*Person, Verhalten*) **4.** kläglich (*Versagen*)

a·blaze [ə'bleɪz] *Adv und Adj* **1.** ***be ablaze*** in Flammen stehen **2.** *fig* ***be ablaze with light*** im Lichterglanz erstrahlen; ***his eyes were ablaze with anger*** seine Augen funkelten vor Zorn

▸**a·ble** ['eɪbl] *Adj* fähig, tüchtig, geschickt: ▸ ***be able to*** imstande *oder* in der Lage sein zu, können; ***able to pay*** zahlungsfähig

a·ble-bod·ied [͵eɪbl'bɒdɪd] *Adj* körperlich leistungsfähig, kräftig: ***able-bodied seaman*** SCHIFF Vollmatrose *m*

ab·ne·ga·tion [͵æbnɪ'geɪʃn] *s* Selbstverleugnung *f*

ab·nor·mal [æb'nɔːml] *Adj* anormal, *bes* MED abnorm

a·board [ə'bɔːd] *Adv und Präp* **1.** SCHIFF, FLUG an Bord (*Gen*): ***go aboard***; ***all aboard!*** SCHIFF alle Mann an Bord!; BAHN alles einsteigen! **2.** in (*ein oder einem Verkehrsmittel*): ***aboard the bus***

a·bode [ə'bəʊd] *s auch* ***place of abode*** JUR Wohnsitz *m*: ***of*** (*oder* ***with***) ***no fixed abode*** ohne festen Wohnsitz

a·bol·ish [ə'bɒlɪʃ] *v/t* abschaffen, *Gesetz etc auch* aufheben

Der Gebrauch des unbestimmten Artikels a(n)

Im Gegensatz zum Deutschen wird der unbestimmte Artikel im Englischen verwendet bei Angaben zu Staatsangehörigkeit, Konfession, Beruf und ganz allgemein bei Gruppenzuordnungen:

I'm a Catholic.	Ich bin Katholik.
My brother is a dentist.	Mein Bruder ist Zahnarzt.

Nach **as** (= als) erscheint in der Regel ebenfalls der unbestimmte Artikel:

As an expert in this field I should know.	Als Experte auf diesem Gebiet müsste ich es wissen.

Das englische **a(n)** entspricht bei Angaben zu Preis, Geschwindigkeit, Häufigkeit o. Ä. dem deutschen „pro", „je" usw.:

The apples are only 99 p a pound.	Die Äpfel kosten nur 99 Pence pro Pfund.
We go to the pub at least twice a week.	Wir gehen mindestens zweimal in der Woche in die Kneipe.

Abbreviations – gängige Abkürzungen im Englischen

WF

In folgender Liste finden Sie eine kleine Auswahl von Abkürzungen, die Sie eventuell in englischen Texten antreffen werden. Beachten Sie, dass man heute im britischen Englisch die Punkte meist weglässt, sie dagegen im amerikanischen Englisch häufig setzt.

Abkürzung	Vollform	Übersetzung
abbr	**abbreviation**	Abkürzung, Abk.
AD	(lateinisch **anno domini**) **in the year of our Lord**	im Jahre unseres Herrn, nach Christus, n. Chr.
am	(lateinisch **ante meridiem**) **in the morning**	morgens, vormittags
approx	**approximately**	ungefähr, circa, ca.
BC	**before Christ**	vor Christus, v. Chr.
C	**century**	Jahrhundert, Jh.
c/o	**care of**	bei; zu Händen, z. Hd.
Co	**Company**	Gesellschaft
Dept	**Department**	Abteilung, Abt.
Dr	**Doctor**	Doktor, Dr.
eg	(lateinisch **exempli gratia**) **for example**	zum Beispiel, z. B.
esp	**especially**	besonders, bes.
etc	**etcetera**	und so weiter, usw.
extn	**extension**	Nebenstelle, NSt
Fri	**Friday**	Freitag, Fr
GP	**General Practitioner**	Arzt für Allgemeinmedizin, Hausarzt
ie	(lateinisch **id est**) **that is**	das heißt, d. h.
incl	**including**	inklusive, inkl.
LA	**Los Angeles**	
Mon	**Monday**	Montag, Mo
MP	**Member of Parliament**	Parlamentsmitglied
Mr	**Mister**	Herr
Mrs	['mɪsɪz]	Frau (bei verheirateter Frau)
Ms	[mɪz]	Frau (meist bei unverheiratete Frau)
no, No	**number**	Nummer, Nr.
NYC	**New York City**	*die Stadt* New York
p	**page**	Seite, S.
pm	(lateinisch **post meridiem**) **in the afternoon / evening**	nachmittags/abends
PO Box	**Post Office Box**	Postfach, PF
PTO	**please turn over**	bitte wenden, b.w.
Sat	**Saturday**	Sonnabend, Samstag, Sa
Sq	**Square**	Platz, Pl.
St	**Street**	Straße, Str.
	Saint	Sankt, St.
Sun	**Sunday**	Sonntag, So
Thur, Thurs	**Thursday**	Donnerstag, Do
Tue, Tues	**Tuesday**	Dienstag, Di
Wed	**Wednesday**	Mittwoch, Mi

ab·o·li·tion [ˌæbəʊ'lɪʃn] *s* Abschaffung *f*, Aufhebung *f*

'A-bomb *s* Atombombe *f*

a·bom·i·na·ble [ə'bɒmɪnəbl] *Adj* abscheulich, scheußlich: ***abominable snowman*** Schneemensch *m*

aˌbom·i'na·tion *s* **1.** Abscheu *m*, *f* (***of*** vor *Dat*) **2.** Scheußlichkeit *f*

ab·o·rig·i·nal [ˌæbə'rɪdʒənl] **I** *Adj* eingeboren, einheimisch, Ur… **II** *s* Ureinwohner(in), *Pl auch* Urbevölkerung *f*

ˌab·o'rig·i·ne [ˌæbə'rɪdʒənɪ] → ***aboriginal*** II

a·bort [ə'bɔːt] **I** *v/t* **1.** MED *Schwangerschaft* abbrechen; *Kind* abtreiben **2.** FLUG *Start, Raumflug, Computerprogramm etc* abbrechen **II** *v/i* **3.** eine Fehlgeburt haben **4.** COMPUTER abbrechen **5.** *fig* fehlschlagen, scheitern

a'bor·tion *s* **1.** MED Fehlgeburt *f*; Schwangerschaftsabbruch *m*, Abtreibung *f*: ***have an abortion*** abtreiben (lassen); ***abortion pill*** Abtreibungspille *f* **2.** *fig* Fehlschlag *m*

a'bor·tion·ist *s* Abtreibungsarzt *m*, Abtreibungsärztin *f*

a'bor·tive [ə'bɔːtɪv] *Adj* erfolglos, fehlgeschlagen: ***prove abortive*** sich als Fehlschlag erweisen

a·bound [ə'baʊnd] *v/i* **1.** reichlich vorhanden sein **2.** Überfluss haben, reich sein (***in*** an *Dat*) **3.** voll sein, wimmeln (***with*** von)

▶ **a·bout** [ə'baʊt] **I** *Präp* **1.** um (… herum) **2.** herum in (*Dat*): ***wander about the streets*** in den Straßen herumwandern **3.** in der Nähe, da: ***is Dave about?*** ist Dave da? **4.** um, gegen: ***about noon*** um die Mittagszeit, gegen Mittag **5.** über (*Akk*): ***talk about business*** über Geschäfte reden **6.** *ugs* beschäftigt mit: ***what are you about?*** was macht ihr da? **II** *Adv* **7.** herum, umher: ***all about*** überall **8.** ungefähr, etwa: ***it's about right*** *ugs* es kommt so ungefähr hin **9.** im Begriff, dabei: ***he was about to go out*** er wollte gerade weggehen **10.** ***be up and about*** auf den Beinen sein

▶ **a·bove** [ə'bʌv] **I** *Präp* **1.** über (*Dat oder Akk*), oberhalb **2.** über (*Dat oder Akk*), mehr als: ***above all*** vor allem **II** *Adv* **3.** (dr)oben: ***from above*** von oben **4.** darüber (hinaus) **III** *Adj* **5.** *auch* ***above-mentioned*** obig, oben erwähnt **IV** *s* **6.** *das* Obige, *das* Obenerwähnte

a,bove'board *Adv und Adj* ehrlich, offen

ab·ra·sion [ə'breɪʒn] *s* **1.** Abschaben *n*, -reiben *n* **2.** (Haut)Abschürfung *f*

ab'ra·sive [ə'breɪsɪv] **I** *s* TECH Schleifmittel *n* **II** *Adj* rau, Schleif…, Schmirgel…; *fig* ätzend, aggressiv, schroff

a·breast [ə'brest] *Adv*: ***three abreast*** zu dritt nebeneinander; ***keep abreast of*** *fig* Schritt halten mit; ***keep abreast of the times*** auf dem Laufenden bleiben

a·bridge [ə'brɪdʒ] *v/t Buch, Rede etc* kürzen

a'bridg·ment, **a'bridge·ment** *s* **1.** Kürzung *f* **2.** Kurzfassung *f*

▶ **a·broad** [ə'brɔːd] *Adv* **1.** im *oder* ins Ausland: ***from abroad*** aus dem Ausland; ***trip abroad*** Auslandsreise *f* **2.** überall(hin): ***spread abroad*** (sich) verbreiten

ab·ro·gate ['æbrəʊgeɪt] *v/t Vertrag etc* außer Kraft setzen, *Gesetz etc auch* aufheben

ab·rupt [ə'brʌpt] *Adj* **1.** kurz (angebunden), schroff **2.** plötzlich, abrupt: ***come to an abrupt stop*** plötzlich *oder* mit einem Ruck anhalten

ab·scess ['æbsɪs] *s* MED Abszess *m*

ab·scond [əb'skɒnd] *v/i* sich heimlich davonmachen; flüchten (***from*** vor *Dat*)

ab·seil ['æpsaɪl] *v/i auch* ***abseil down*** sich abseilen

ab·sence ['æbsəns] *s* **1.** Abwesenheit *f* **2.** Fernbleiben *n* (***from*** von) **3.** (***of***) Fehlen *n* (*Gen oder* von), Mangel *m* (an *Dat*): ***in the absence of*** in Ermangelung (*Gen*)

▶ **ab·sent I** *Adj* ['æbsənt] **1.** abwesend: ***be absent*** fehlen (***from school*** in der Schule; ***from work*** am Arbeitsplatz) **2.** fehlend **3. a)** (geistes)abwesend (*Blick etc*), **b)** → ***absent-minded*** **II** *v/t* [æb'sent] **4.** ***absent o.s.*** (***from***) fernbleiben (*Dat oder* von); sich entfernen (von, aus)

ab·sen·tee [ˌæbsən'tiː] *s* Abwesende *m, f*: ***absentee ballot*** *bes Am* Briefwahl *f*; ***absentee landlord*** Eigentümer, der nicht in seinem Haus *oder* auf seinem Grundstück lebt; ***absentee voter*** *bes Am* Briefwähler(in)

,ab·sen'tee·ism *s* häufiges *oder* längeres (unentschuldigtes) Fehlen (*am Arbeitsplatz, in der Schule*)

,ab·sent-'mind·ed *Adj* geistesabwesend, zerstreut

,ab·sent-'mind·ed·ness *s* Geistesabwesenheit *f*, Zerstreutheit *f*

ab·so·lute ['æbsəluːt] *Adj* absolut (*auch* MATHE, LING, PHYS): **a)** unumschränkt (*Herrscher*), **b)** vollkommen, völlig, **c)** CHEM rein, unvermischt

▶ **ab·so·lute·ly** ['æbsəluːtlɪ] *Adv* absolut, vollkommen, völlig: ***absolutely!*** *ugs* genau!, unbedingt!; ***absolutely not!*** *ugs* auf keinen Fall!; ***absolutely nothing*** absolut nichts

,ab·so'lu·tion *s* Lossprechung *f*; REL Absolution *f*

'ab·so·lut·ism *s* Absolutismus *m*

ab·solve [əb'zɒlv] *v/t* frei-, lossprechen (***of*** von *Sünde*); entbinden (***from*** von *Verpflichtung etc*); REL die Absolution erteilen (*Dat*)

ab·sorb [əb'sɔːb] *v/t* **1.** absorbieren, auf-, einsaugen, *auch fig Wissen etc* aufnehmen **2.** *fig* ganz in Anspruch nehmen; fesseln: ***absorbed in*** vertieft in (*Akk*) **3.** *Stoß etc* dämpfen

ab'sorb·ent *Adj* absorbierend: ***absorbent cotton*** MED *Am* (Verband)Watte *f*

ab·stain [əb'steɪn] *v/i* sich enthalten (***from*** *Gen*): ***abstain*** (***from voting***) sich der Stimme enthalten

ab·ste·mi·ous [æb'stiːmjəs] *Adj* enthaltsam; mäßig

ab·sten·tion [əb'stenʃn] *s*: ***abstention*** (***from voting***) (Stimm)Enthaltung *f*

ab·sti·nence ['æbstɪnəns] *s* Abstinenz *f*, Enthaltsamkeit *f*

'ab·sti·nent *Adj* abstinent, enthaltsam

ab·stract I *Adj* ['æbstrækt] **1.** abstrakt (*auch* MATHE, MALEREI *etc*): **a)** theoretisch, **b)** schwer verständlich **II** *s* ['æbstrækt] **2.** *das* Abstrakte: ***in the abstract*** rein theoretisch (betrachtet), an und für sich **3.** *auch* ***abstract noun*** LING Abstraktum *n*, Begriffswort *n* **4.** Auszug *m*, Abriss *m* **III** *v/t* [æb'strækt] **5.** abstrahieren **6.** entwenden **7.** einen Auszug machen von

ab·strac·tion [æb'strækʃn] *s* **1.** Abstraktion *f* **2.** Entwendung *f* **3.** *fig* Zerstreutheit *f*

ab·struse [æb'struːs] *Adj* abstrus, schwer verständlich

ab·surd [əb'sɜːd] *Adj* **1.** absurd, widersinnig **2.** unsinnig, albern, lächerlich

ab'surd·i·ty [əb'sɜːdɪtɪ] *s* Absurdität *f*, Sinnlosigkeit *f*, Unsinn *m*

a·bun·dance [ə'bʌndəns] *s* (***of***) Überfluss *m* (an *Dat*), Fülle *f* (von): ***in abundance*** in Hülle und Fülle

a'bun·dant *Adj* **1.** reichlich (vorhanden) **2.** ***abundant in*** reich an (*Dat*)

a·buse I *s* [ə'bjuːs] **1.** Missbrauch *m*: ***abuse of drugs*** Drogenmissbrauch; ***abuse of power*** Machtmissbrauch **2.** Beschimpfungen *Pl*: → ***term*** 3 **II** *v/t* [ə'bjuːz] **3.** missbrauchen **4.** beschimpfen

a'bu·sive [ə'bjuːsɪv] *Adj* beleidigend: ***abusive language*** Beleidigungen *Pl*, Beschimpfungen *Pl*

a·bys·mal [ə'bɪzml] *Adj* miserabel

a·byss [ə'bɪs] *s* Abgrund *m* (*auch fig*)

AC [eɪ'siː] *Abk* (= ***alternating current***) Wechselstrom *m*

a/c, A/C *Abk* = ***account***

a·ca·cia [ə'keɪʃə] *s* BOT Akazie *f*

ac·a·dem·i·a [ˌækə'diːmɪə] *s* die akademische

Welt

ac·a·dem·ic [ˌækəˈdemɪk] **I** *Adj* (***academically***) **1.** akademisch: **a)** Universitäts…: ***academic freedom*** akademische Freiheit; ***academic year*** Studienjahr *n*, **b)** (rein) theoretisch: ***academic question*** akademische Frage **2.** gelehrt, wissenschaftlich **II** *s* **3.** Universitätslehrer(in)

a·cad·e·my [əˈkædəmɪ] *s* Akademie *f*: ***academy of music*** Musikhochschule *f*; ***Academy Awards*** (***ceremony***) Oscar-Verleihung *f*

ac·cel·er·ate [əkˈseləreɪt] **I** *v/t* beschleunigen **II** *v/i* schneller werden, MOT *auch* Gas geben

acˌcel·erˈa·tion *s* Beschleunigung *f*: ***acceleration lane*** MOT Beschleunigungsspur *f*, -streifen *m*

acˈcel·er·a·tor *s* MOT Gaspedal *n*

ac·cent *s* [ˈæksent] Akzent *m*: **a)** LING Ton *m*, Betonung *f*, **b)** LING Betonungs-, Tonzeichen *n*, **c)** Tonfall *m*, (*lokale etc*) Aussprache, **d)** *fig* Nachdruck *m*: ***the accent is on*** der Akzent liegt auf (*Dat*)

> **Accent** LK
>
> **Accents** bezeichnen Varianten einer Sprache, die sich in ihrer Aussprache unterscheiden. Im Gegensatz dazu zeichnen sich die **dialects** durch ihre Unterschiede in Grammatik und Wortschatz aus.
> Der Akzent lässt sich meist sozial einer Gesellschaftsschicht sowie geografisch einer bestimmten Region oder größeren Stadt zuordnen, z. B. **Cockney** als starker Akzent, der der Londoner Arbeiterschicht zugeschrieben wird.
> Der angesehenste britische Akzent ist die **Received Pronunciation (RP)**, welche nicht regional festgelegt ist und mit der Zugehörigkeit des Sprechers zu einer höheren sozialen Schicht assoziiert wird.

ac·cen·tu·ate [ækˈsentjʊeɪt] *v/t* akzentuieren, betonen (*auch fig*)

acˌcen·tuˈa·tion *s* Akzentuierung *f*, Betonung *f*

▶**ac·cept** [əkˈsept] *v/t* **1.** an-, entgegennehmen **2.** *j-n, etw* akzeptieren: **a)** *etw*, WIRTSCH *Wechsel* annehmen, **b)** *etw* hinnehmen, sich abfinden mit **3.** *Verantwortung etc* auf sich nehmen **4.** aufnehmen (***into*** in *Akk*)

acˈcept·a·ble *Adj* **1.** akzeptabel, annehmbar (***to*** für) **2.** angenehm, willkommen

acˈcept·ance *s* **1.** Annahme *f* **2.** Akzeptierung *f*; Hinnahme *f*: ***win acceptance*** Anerkennung finden **3.** Aufnahme *f* **4.** WIRTSCH Akzept *n*

acˈcept·ed *Adj* allgemein anerkannt, üblich

ac·cess [ˈækses] **I** *s* **1.** Zugang *m* (***to*** zu) (*auch fig*): ***access road*** Zufahrts- *oder* Zubringerstraße *f* **2.** *fig* Zutritt *m* (***to*** bei, zu) **3.** COMPUTER Zugriff *m* (***to*** auf *Akk*): ***access code*** Zugriffskode *m*; ***access time*** Zugriffszeit *f* **II** *v/t* COMPUTER zugreifen (auf *Akk*)

ac·ces·si·ble [əkˈsesəbl] *Adj* **1.** (leicht) zugänglich (***to*** für *oder Dat*) (*auch fig*) **2.** um-, zugänglich (*Person*) **3.** empfänglich (***to*** für)

ac·ces·sion [ækˈseʃn] *s* **1.** Antritt *m* (***to*** *eines Amts*): ***accession to power*** Machtübernahme *f*; ***accession to the throne*** Thronbesteigung *f*; ***accession criteria*** Beitrittskriterien *Pl* (*zur EU etc*) **2.** Zustimmung *f* (***to*** zu)

ac·ces·so·ry [əkˈsesərɪ] *s* **1.** Zubehörteil *n*, (*Mode*) Accessoire *n*, *Pl auch* Zubehör *n* **2.** JUR Mitschuldige *m, f* (***to*** an *Dat*)

▶**ac·ci·dent** [ˈæksɪdənt] *s* **1.** ***by accident*** zufällig; ***it is no accident that …*** es ist kein Zufall, dass … **2.** Unfall *m*, Unglück(sfall *m*) *n*, (*in Kernkraftwerk*) Störfall *m*: ***have*** (*oder* ***meet with***) ***an accident*** einen Unfall haben, verunglücken; ***be killed in an accident*** bei einem Unfall ums Leben kommen, tödlich verunglücken; ***accident insurance*** Unfallversicherung *f*; ***accident-prone*** unfallgefährdet; ***accident report*** Unfallbericht *m*

ac·ci·den·tal [ˌæksɪˈdentl] *Adj* **1.** zufällig **2.** versehentlich **3.** Unfall…

ac·claim [əˈkleɪm] **I** *v/t* **1.** feiern (***as*** als) **2.** ***acclaim s.o. king*** j-n zum König ausrufen **II** *s* **3.** hohes Lob

ac·cla·ma·tion [ˌækləˈmeɪʃn] *s* **1.** lauter Beifall **2.** hohes Lob **3.** ***by acclamation*** POL durch Zuruf *oder* Akklamation

ac·cli·mate [əˈklaɪmət] → ***acclimatize***

ac·cli·ma·tion [ˌæklaɪˈmeɪʃn] → ***acclimatization***

ac·cli·ma·ti·za·tion [əˌklaɪmətaɪˈzeɪʃn] *s* Akklimatisierung *f*

acˈcli·ma·tize *v/t und v/i* (***to***) (sich) akklimatisieren (an *Akk*), (sich) eingewöhnen (in *Dat*) (*beide auch fig*)

ac·com·mo·date [əˈkɒmədeɪt] *v/t* **1.** (***to***) anpassen (*Dat oder* an *Akk*); in Einklang bringen (mit) **2.** *j-m* aushelfen (***with*** mit) **3.** unterbringen **4.** Platz haben für, fassen

acˈcom·mo·dat·ing *Adj* gefällig, entgegenkommend

▶**ac·com·mo·da·tion** [əˌkɒməˈdeɪʃn] *s* **1.** Anpassung *f* (***to*** an *Akk*) **2.** Übereinkunft *f*, Kompromiss *m* **3.** Unterkunft *f*, -bringung *f*; Einrichtung *f*: ***sanitary accommodation***

> **accommodation** GR
>
> Im Gegensatz zum Deutschen wird **accommodation** im Sinne von „Unterkunft" im britischen Englisch nur im Singular und ohne **an** benutzt:
>
> | | |
> |---|---|
> | **If we go to Cologne we'll need accommodation.** | Wenn wir nach Köln fahren, brauchen wir eine Unterkunft. |
>
> Im amerikanischen Englisch dagegen ist die Pluralform **accommodations** durchaus geläufig.

ac·com·pa·ni·ment [əˈkʌmpənɪmənt] *s* MUS Begleitung *f*

acˈcom·pa·nist *s* MUS Begleiter(in)

▶**ac·com·pa·ny** [əˈkʌmpənɪ] *v/t* begleiten (*auch* MUS)

ac·com·plice [əˈkʌmplɪs] *s* Komplize *m*, Komplizin *f*

ac·com·plish [əˈkʌmplɪʃ] *v/t* erreichen; leisten

acˈcom·plished *Adj* fähig, tüchtig

acˈcom·plish·ment *s* Fähigkeit *f*, Fertigkeit *f*

ac·cord [əˈkɔːd] **I** *v/t* **1.** gewähren, *Empfang* bereiten **II** *v/i* **2.** übereinstimmen (***with*** mit) **III** *s* **3.** Übereinstimmung *f*: ***be in accord*** *siehe* 2; ***with one accord*** einstimmig **4.** ***of one's own accord*** aus freien Stücken, von selbst

acˈcord·ance *s*: ***in accordance with*** entspre-

chend (*Dat*), gemäß (*Dat*)
ac'cord·ing: ▶ ***according to*** *Präp* laut; nach
ac'cord·ing·ly *Adv* **1.** (dem)entsprechend **2.** also, folglich
ac·cor·di·on [ə'kɔːdjən] *s* MUS Akkordeon *n*, Ziehharmonika *f*
ac·cost [ə'kɒst] *v/t Frau* (in eindeutiger Absicht) ansprechen; *j-n* anpöbeln
▶**ac·count** [ə'kaʊnt] **I** *v/i* **1.** ***account*** (***to s.o.***) ***for*** (j-m) Rechenschaft ablegen über (*Akk*) **2.** ***account for*** (sich) *etw* erklären, *etw* begründen: ***there's no accounting for tastes*** über Geschmack lässt sich nicht streiten **3.** ***account for*** der Grund sein für **II** *s* **4.** Konto *n* (***with*** bei): ***for account only*** nur zur Verrechnung; ***on one's own account*** *fig* auf eigene Faust; auf eigene Gefahr; ***settle an account with*** *fig* abrechnen mit; ***account holder*** Kontoinhaber(in); ***account number*** Kontonummer *f* **5.** WIRTSCH *Pl* (Geschäfts)Bücher *Pl*, (Rechnungs-, Jahres)Abschluss *m*: ***accounts department*** Buchhaltung *f* **6.** Rechenschaft(sbericht *m*) *f*: ***bring*** (*oder* ***call***) ***to account*** zur Rechenschaft ziehen; ***give*** (***an***) ***account of*** Rechenschaft ablegen über (*Akk*); ***give a good*** (***bad***) ***account of o.s.*** sich von seiner guten (schlechten) Seite zeigen; gut (schlecht) abschneiden **7.** Bericht *m*, Darstellung *f*: ***by all accounts*** nach allem, was man hört; ***give an account of*** Bericht erstatten über (*Akk*) **8.** ***of great*** (***no***) ***account*** von großer (ohne) Bedeutung; ***on account of*** um … willen, wegen; ***on my account*** meinetwegen; ***on no account*** auf keinen Fall; ***leave out of account*** außer Acht lassen; ***take into account, take account of*** in Betracht ziehen, berücksichtigen **9.** ***put*** (*oder* ***turn***) ***to*** (***good***) ***account*** (aus)nutzen, Kapital schlagen aus
ac·count·a·bil·i·ty [əˌkaʊntə'bɪlətɪ] *s* Verantwortlichkeit *f*
ac'count·a·ble *Adj* verantwortlich (***to*** *Dat*; ***for*** für): ***hold s.o. accountable*** j-n verantwortlich machen
ac'count·an·cy *s* Buchführung *f*, Buchhaltung *f*, Rechnungswesen *n*
ac'count·ant *s* **1.** Buchhalter(in) **2.** Buchprüfer(in) **3.** *Br* Steuerberater(in)
ac·cred·it [ə'kredɪt] *v/t Botschafter etc* akkreditieren (***to*** bei)
ac·crue [ə'kruː] *v/i* **1.** erwachsen (***to*** *Dat*; ***from*** aus) **2.** anwachsen: ***accrued interest*** aufgelaufene Zinsen *Pl*
ac·cu·mu·late [ə'kjuːmjʊleɪt] *v/t und v/i* (sich) ansammeln *oder* anhäufen
acˌcu·mu'la·tion *s* Anhäufung *f*, Ansammlung *f*
ac'cu·mu·la·tor *s* ELEK Akkumulator *m*, Akku *m*
ac·cu·ra·cy ['ækjʊrəsɪ] *s* Genauigkeit *f*
ac·cu·rate ['ækjʊrət] *Adj* genau: ***be accurate*** genau gehen (*Uhr*)
ac·cu·sa·tion [ˌækjuː'zeɪʃn] *s* **1.** JUR Anklage *f*: ***bring an accusation*** (***of murder***) ***against*** (Mord)Anklage erheben gegen **2.** An-, Beschuldigung *f* **3.** Vorwurf *m*
ac·cu·sa·tive [ə'kjuːzətɪv] *s auch* ***accusative case*** LING Akkusativ *m*, 4. Fall *m*
▶**ac·cuse** [ə'kjuːz] *v/t* **1.** JUR anklagen (***of*** *Gen oder* wegen) **2.** beschuldigen (***of*** *Gen*): ***accuse s.o. of doing s.th.*** j-n beschuldigen, etw getan zu haben **3.** ***accuse s.o. of s.th.*** j-m etw zum Vorwurf machen
ac'cused *s*: ***the accused*** JUR der *oder* die Angeklagte, die Angeklagten *Pl*
ac'cus·ing *Adj* anklagend, vorwurfsvoll
ac·cus·tom [ə'kʌstəm] *v/t* gewöhnen (***to*** an *Akk*): ***be accustomed to doing s.th.*** (es) gewöhnt *oder* gewohnt sein, etw zu tun; ***get accustomed to*** sich gewöhnen an (*Akk*)

accustomed to GR

⚠ Nach **accustomed to** steht entweder ein Gerund oder ein Substantiv, aber nie ein Infinitiv!

be / get accustomed to doing s.th.	gewohnt sein / sich daran gewöhnen, etw zu tun
be / get accustomed to s.th.	etw gewohnt sein / sich an etw gewöhnen

ac'cus·tomed *Adj* gewohnt
ace [eɪs] **I** *s* **1.** Ass *n* (*Spielkarte; auch Tennis etc*); Eins *f* (*auf Würfeln*): ***have an ace up one's sleeve*** *fig* (noch) einen Trumpf in der Hand haben **2.** *ugs* Ass *n*, Kanone *f* (***at*** in *Dat*) **II** *Adj* **3.** *ugs* ***ace skier*** Spitzenskiläufer(in); ***ace reporter*** Starreporter(in); ***be ace*** spitze sein
ac·e·tate ['æsɪteɪt] *s* CHEM Acetat *n*
a·ce·tic [ə'siːtɪk] *Adj* essigsauer: ***acetic acid*** Essigsäure *f*
a·cet·y·lene [ə'setɪliːn] *s* Acetylen *n*
▶**ache** [eɪk] **I** *v/i* **1.** schmerzen, wehtun: ***I am aching all over*** mir tut alles weh **2.** sich sehnen (***for*** nach), darauf brennen (***to do*** zu tun) **II** *s* **3.** *anhaltender* Schmerz: ***aches and pains*** *Pl* Wehwehchen *Pl*
a·chieve [ə'tʃiːv] *v/t Ziel* erreichen, *Erfolg* erzielen
a'chieve·ment *s* Leistung *f*
A·chil·les heel [ə'kɪliːz] *s fig* Achillesferse *f*
A·chil·les ten·don *s* ANAT Achillessehne *f*
ac·id ['æsɪd] **I** *Adj* **1.** sauer: ***acid drops*** *Pl* saure Drops *Pl* **2.** *fig* bissig **3.** CHEM säurehaltig, Säure…: ***acid rain*** saurer Regen; ***acid test*** Säureprüfung *f*, *fig* Elchtest *m*, Härtetest *m* **II** *s* **4.** CHEM Säure *f* **5.** *sl* Acid *n* (*LSD*)
ac·knowl·edge [ək'nɒlɪdʒ] *v/t* **1.** anerkennen **2.** zugeben: ***acknowledge having done s.th.*** zugeben, etw getan zu haben **3.** *Brief, Empfang etc* bestätigen
ac'knowl·edg·ment, ac'knowl·edge·ment *s* **1.** Anerkennung *f*: ***in acknowledg(e)ment of*** in Anerkennung (*Gen*) **2.** (Empfangs)Bestätigung *f*
ac·me ['ækmɪ] *s fig* Gipfel *m*, Höhepunkt *m*
ac·ne ['æknɪ] *s* MED Akne *f*
a·corn ['eɪkɔːn] *s* BOT Eichel *f*
a·cous·tic [ə'kuːstɪk] **I** *Adj* (***acoustically***) akustisch, Gehör…: ***acoustic nerve*** ANAT Gehörnerv *m* **II** *s Pl* Akustik *f* (*eines Raums*)
ac·quaint [ə'kweɪnt] *v/t* bekannt *oder* vertraut machen (***with*** mit): ***be acquainted with*** *j-n, etw* kennen; ***we are acquainted*** wir kennen uns; ***become acquainted with*** *j-n, etw* kennenlernen
ac'quaint·ance *s* **1.** Bekanntschaft *f* (***with*** mit): ***make s.o.'s acquaintance*** j-n kennenlernen, j-s Bekanntschaft machen **2.** Kenntnis *f* (***with***

von *oder Gen*) **3.** Bekannte *m, f*

ac·qui·esce [ˌækwɪˈes] *v/i* (zögernd) einwilligen (***in*** in *Akk*)

ac·quire [əˈkwaɪə] *v/t* erwerben (*auch fig*), sich *Wissen etc* aneignen

ac·qui·si·tion [ˌækwɪˈzɪʃn] *s* **1.** Erwerb *m* **2.** Anschaffung *f*, Errungenschaft *f*

ac·quis·i·tive [əˈkwɪzɪtɪv] *Adj* habgierig

acˈquis·i·tive·ness *s* Habgier *f*

ac·quit [əˈkwɪt] *v/t* **1.** JUR freisprechen (***of*** von) **2.** ***acquit o.s. well*** seine Sache gut machen

acˈquit·tal *s* JUR Freispruch *m*

a·cre [ˈeɪkə] *s* Acre *m* (*4047 qm*)

ac·ri·mo·ni·ous [ˌækrɪˈməʊnjəs] *Adj fig* bitter; scharf, beißend; erbittert (geführt) (*Diskussion etc*)

ac·ri·mo·ny [ˈækrɪmənɪ] *s fig* Bitterkeit *f*; Schärfe *f*

ac·ro·bat [ˈækrəbæt] *s* Akrobat(in)

ac·roˈbat·ic **I** *Adj* (***acrobatically***) akrobatisch **II** *s Pl* (*auch Sg konstruiert*) Akrobatik *f* (*auch fig*): ***mental acrobatics*** Gedankenakrobatik

ac·ro·nym [ˈækrənɪm] *s* Akronym *n*

▶**a·cross** [əˈkrɒs] **I** *Präp* **1.** (quer) über (*Akk*); (quer) durch, mitten durch: ***run across the road*** über die Straße laufen; ***swim across a river*** einen Fluss durchschwimmen **2.** jenseits (*Gen*): ***he lives across the street*** er wohnt auf der gegenüberliegenden Straßenseite **II** *Adv* **3.** (quer) hinüber *oder* herüber; (quer) durch; im Durchmesser: ***go across*** hinübergehen; ***saw across*** durchsägen; ***a lake three miles across*** ein 3 Meilen breiter See **4.** drüben, auf der anderen Seite **5.** waag(e)recht (*in Kreuzworträtseln*)

aˌcross-the-ˈboard **I** *Adj* allgemein, pauschal, linear (*Steuersenkung etc*) **II** *Adv siehe* I

ac·ry·lic [əˈkrɪlɪk] **I** *s* Acryl *n* **II** *Adj* Acryl…, aus Acryl

▶**act** [ækt] **I** *s* **1.** (JUR *auch* Straf)Tat *f*, Handlung *f*, Akt *m*: ***an act of God*** höhere Gewalt; ***catch in the (very) act*** auf frischer Tat ertappen; ***catch s.o. in the act of doing s.th.*** j-n (dabei) ertappen, als er etw tut; ***get one's act together*** *ugs* die Sache geregelt kriegen **2.** ***Act (of Parliament***, *Am* ***of Congress***) Gesetz *n* **3.** THEAT Aufzug *m*, Akt *m* **4.** (Programm)Nummer *f*; *fig ugs* Tour *f*: ***put on an act*** Theater spielen **II** *v/t* **5.** THEAT *etc Rolle* spielen, *j-n auch* darstellen, *Stück auch* aufführen: ***act the fool*** *fig* sich wie ein Narr benehmen; den Dummen spielen **III** *v/i* **6.** (Theater) spielen, *fig* Theater spielen **7.** handeln; tätig sein: ***act as*** amtieren *oder* fungieren *oder* dienen als; ***act for s.o.*** j-n vertreten; ***act on*** sich richten nach **8.** sich verhalten *oder* benehmen (***towards*** *j-m* gegenüber): ***act up*** *ugs* Theater machen; angeben; verrücktspielen (*Gerät etc*) **9.** (ein)wirken (***on*** auf *Akk*)

ˈact·ing **I** *Adj* stellvertretend, amtierend, geschäftsführend **II** *s* THEAT *etc* Spiel *n*; Schauspielerei *f*

▶**ac·tion** [ˈækʃn] *s* **1.** Handlung *f* (*auch* THEAT *etc*), Tat *f*: ***man of action*** Mann *m* der Tat; ***put into action*** in die Tat umsetzen; ***take action*** handeln **2.** FILM *etc*: Action *f*: ***action film*** **3.** *bes* TECH Funktionieren *n*: ***action of the heart*** PHYSIOL Herztätigkeit *f* **4.** (Ein)Wirkung *f* (***on*** auf *Akk*) **5.** JUR Klage *f*, Prozess *m*: ***bring an action against*** verklagen **6.** MIL Gefecht *n*, Einsatz *m*: ***killed in action*** gefallen

ac·tion group *s* (*Bürger-, Eltern- etc*)Initiative *f*

-tion: Tipps zur Aussprache

Anders als bei ihren deutschen Entsprechungen wird bei englischen Wörtern auf **-ption** und **-ction** das **t** nicht gesprochen:

action	[ˈækʃn] nicht ~~[ˈæktʃn]~~
addiction	[ˈədɪkʃn] nicht ~~[ˈədɪktʃn]~~
affection	[əˈfekʃn] nicht ~~[əˈfektʃn]~~ usw.
attraction	[əˈtrækʃn]
auction	[ˈɔːkʃn]
connection	[kəˈnekʃn]
conviction	[kənˈvɪkʃn]
description	[dɪˈskrɪpʃn]
election	[ɪˈlekʃn]
exception	[ɪkˈsepʃn]
fiction	[ˈfɪkʃn]
option	[ˈɒpʃn]
prescription	[prɪˈskrɪpʃn]
protection	[prəˈtekʃn]
reaction	[rɪˈækʃn]
reception	[rɪˈsepʃn]
section	[ˈsekʃn]

ac·tion-packed *Adj* voller Action, Aktiv…, spannend

ac·tion re·play *s Sport*, TV: *Br* (*bes* Zeitlupen-)Wiederholung *f* (*einer Spielszene*)

ac·ti·vate [ˈæktɪveɪt] *v/t* **1.** *Alarm etc* auslösen **2.** *bes* CHEM aktivieren

▶**ac·tive** [ˈæktɪv] **I** *Adj* **1.** *allg* aktiv, (*Vulkan auch*) tätig, (*Fantasie*) lebhaft **2.** LING aktivisch: ***active voice*** *siehe* 3 **II** *s* **3.** LING Aktiv *n*, Tatform *f*

ˈac·tiv·ism *s* Aktivismus *m*

ˈac·tiv·ist *s* Aktivist(in)

acˈtiv·i·ty *s* **1.** Aktivität *f*: ***activity holiday*** Aktivurlaub *m* **2.** *meist Pl* Aktivität *f*, Betätigung *f*

▶**ac·tor** [ˈæktə] *s* Schauspieler *m*

▶**ac·tress** [ˈæktrɪs] *s* Schauspielerin *f*

▶**ac·tu·al** [ˈæktʃʊəl] *Adj* wirklich, tatsächlich; eigentlich

▶**ac·tu·al·ly** [ˈæktʃʊəlɪ] *Adv* **1.** → ***actual*** **2.** sogar, übrigens

actu·a·ry [ˈæktʃʊərɪ] *s* Versicherungsmathematiker(in), Wirtschaftsmathematiker(in)

a·cu·men [ˈækjʊmən] *s* Scharfsinn *m*

ac·u·pres·sure [ˈækjʊˌpreʃə] *s* MED Akupressur *f*

ac·u·punc·ture [ˈækjʊˌpʌŋktʃə] MED *s* Akupunktur *f*

a·cute [əˈkjuːt] *Adj* **1.** MATHE spitz (*Winkel*) **2.** scharf (*Gehör etc*) **3.** scharfsinnig **4.** akut (*Krankheit*) **5.** stark (*Schmerzen*), erheblich (*Mangel etc*)

ad [æd] *ugs* → ***advertisement***

Ad·am [ˈædəm] *Eigenn*: ***I don't know him from Adam*** *ugs* ich hab keine Ahnung, wer er ist; ***Adam's apple*** ANAT Adamsapfel *m*

ad·a·mant [ˈædəmənt] *Adj* unnachgiebig: ***be adamant that s.o. should do s.th.*** darauf bestehen, dass jemand etw tut

a·dapt [əˈdæpt] **I** *v/t* **1.** anpassen (***to*** *Dat*): ***adapt***

o.s *siehe* 3 **2.** *Text* bearbeiten (***for*** für) **II** *v/i* **3.** (***to***) sich anpassen (*Dat*); sich gewöhnen (an *Akk*)
a'dapt·a·ble *Adj* anpassungsfähig
a·dap·ta·tion [ˌædæp'teɪʃn] *s* **1.** Anpassung *f* (***to*** an *Akk*) **2.** Bearbeitung *f*
a·dap·ter, a·dap·tor [ə'dæptə] *s* ELEK Adapter *m*
►**add** [æd] **I** *v/t* **1.** hinzuzählen, -rechnen (***to*** zu) **2.** hinzufügen (***to*** *Dat oder* zu; ***that*** dass): → ***fuel*** **3.** ***add up*** (*oder* ***together***) addieren, zs.-zählen **4.** WIRTSCH *etc* aufschlagen (***to*** auf *Akk*): ***add 5% to the price*** **II** *v/i* **5.** ***add to*** hinzukommen *oder* beitragen zu, vermehren **6.** ***add up*** MATHE aufgehen, stimmen; *fig* einen Sinn ergeben **7.** ***add up to*** sich belaufen auf (*Akk*), betragen; *fig* hinauslaufen auf (*Akk*), bedeuten
'ad·ded *Adj* zusätzlich, erhöht: ***added value*** WIRTSCH Mehrwert *m*
ad·den·dum [ə'dendəm] *Pl* **ad·den·da** [ə'dendə] *s* Zusatz *m*, Nachtrag *m*
ad·der ['ædə] *s* ZOOL Natter *f*
ad·dict ['ædɪkt] *s* (*Drogen-, Fernseh- etc*)Süchtige *m, f*, (*Fußball- etc*)Fanatiker(in), (*Film- etc*)Narr *m*, Närrin *f*
ad·dict·ed [ə'dɪktɪd] *Adj*: ***be addicted to …*** …süchtig sein
ad'dic·tion *s* Sucht *f*, (*Zustand auch*) Süchtigkeit *f*: ***addiction to alcohol*** Alkoholsucht
ad'dic·tive *Adj* Sucht erzeugend: ***be addictive*** süchtig machen; ***addictive drug*** Suchtmittel *n*
►**ad·di·tion** [ə'dɪʃn] *s* **1.** Hinzufügung *f*, Zusatz *m*: ► ***in addition*** noch dazu, außerdem; ► ***in addition to*** außer (*Dat*), zusätzlich *zu* **2.** Vermehrung *f* (***to*** *Gen*): ***an addition to the family*** Familienzuwachs *m* **3.** MATHE Addition *f*: ***addition sign*** Pluszeichen *n*
ad'di·tion·al [ə'dɪʃənl] *Adj* zusätzlich, Zusatz…
ad'di·tion·ally [ə'dɪʃənəlɪ] *Adv* zusätzlich, außerdem
ad·di·tive ['ædɪtɪv] *s* Zusatz *m* (*auch* CHEM)
add-on ['ædɒn] *s* COMPUTER Zusatzgerät *n*
►**ad·dress** [ə'dres] **I** *v/t* **1.** *Worte etc* richten (***to*** an *Akk*), *j-n* anreden *oder* ansprechen (***as*** als), *Brief etc* adressieren (***to*** an *Akk*) **2.** eine Ansprache halten an (*Akk*) **II** *s* **3.** Anrede *f* **4.** Ansprache *f*, Rede *f* **5.** Adresse *f*, Anschrift *f*: ***address book*** Adressbuch *n*
ad·dress·ee [ˌædre'siː] *s* Adressat(in), Empfänger(in)
ad·duce [ə'djuːs] *v/t* *Grund* anführen, *Beweis* erbringen
ad·e·noids ['ædɪnɔɪdz] *s Pl* MED Polypen *Pl*
ad·ept ['ædept] **I** *Adj* erfahren, geschickt (***at, in*** in *Dat*) **II** *s* Meister(in), Experte *m*, Expertin *f* (***at, in*** in *Dat*)
ad·e·qua·cy ['ædɪkwəsɪ] *s* Angemessenheit *f*
ad·e·quate ['ædɪkwət] *Adj* **1.** angemessen (***to*** *Dat*) **2.** ausreichend: ***be adequate for*** reichen für
ad·here [əd'hɪə] *v/i* **1.** (an)kleben, (-)haften (***to*** an *Dat*) **2.** *fig* (***to***) festhalten (an *Dat*), bleiben (bei)
ad'her·ence *s* **1.** (An)Kleben *n*, (-)Haften *n* **2.** *fig* Festhalten *n*
ad'her·ent **I** *Adj* (an)klebend, (-)haftend **II** *s* Anhänger(in)
ad·he·sion [əd'hiːʒn] *s* **1.** → ***adherence*** **2.** PHYS, TECH Adhäsion *f*, Haftvermögen *n*
ad·he·sive [əd'hiːsɪv] **I** *Adj* (an)haftend, klebend, Haft…, Kleb(e)…: ***adhesive plaster*** Heftpflaster *n*; ***adhesive tape*** Klebstreifen *m*; *Am* Heftpflaster *n* **II** *s* Klebstoff *m*
ad hoc [ˌæd'hɒk] *Adj und Adv* ad hoc, (eigens) zu diesem Zweck (gemacht), Augenblicks…, Ad-hoc-…
ad in·fin·i·tum [ˌædɪnfɪ'naɪtəm] *Adv* endlos, ad infinitum
ad·ja·cent [ə'dʒeɪsənt] *Adj* **1.** angrenzend, -stoßend (***to*** an *Akk*) **2.** *bes* MATHE, TECH Nachbar…, Neben…
ad·jec·ti·val [ˌædʒek'taɪvl] *Adj* LING adjektivisch
ad·jec·tive ['ædʒɪktɪv] *s* Adjektiv *n*, Eigenschaftswort *n*
ad·join [ə'dʒɔɪn] **I** *v/t* (an)stoßen *oder* (-)grenzen an (*Akk*) **II** *v/i* aneinandergrenzen, nebeneinanderliegen
ad'join·ing *Adj* angrenzend, -stoßend, Nachbar…, Neben…
ad·journ [ə'dʒɜːn] **I** *v/t* verschieben, -tagen (***till, until*** auf *Akk*; ***for*** um) **II** *v/i* sich vertagen
ad'journ·ment *s* Vertagung *f*, -schiebung *f*
ad·junct ['ædʒʌŋkt] *s* **1.** Zusatz *m* (***to*** zu) **2.** LING Attribut *n*, Beifügung *f*
ad·just [ə'dʒʌst] *v/t* **1.** (***to***) anpassen, -gleichen (*Dat oder* an *Akk*), abstimmen (auf *Akk*) **2.** in Ordnung bringen, regeln **3.** TECH (ein)stellen, regulieren, *Gewehr etc* justieren, *Uhr* stellen
ad'just·a·ble *Adj* TECH ein-, verstellbar, regulierbar
ad'just·ment *s* **1.** Anpassung *f*, -gleichung *f* **2.** Regelung *f* **3.** TECH Einstellung *f*, Regulierung *f*; Einstellvorrichtung *f*
ad·ju·tant ['ædʒʊtənt] *s* MIL Adjutant(in)
ad-lib [ˌæd'lɪb] *v/t und v/i ugs* improvisieren
ad·man ['ædmæn] *s* (*unreg* ***man***) *ugs* **1.** Werbetexter *m* für Zeitungsanzeigen **2.** Anzeigenvertreter *m*
ad·mass ['ædmæs] *s ugs* **1.** Konsumbeeinflussung *f* **2.** werbungsmanipulierte Gesellschaft
ad·min ['ædmɪn] *s ugs* Verwaltung *f*
ad·min·is·ter [əd'mɪnɪstə] *v/t* **1.** verwalten, *Amt etc* ausüben **2.** *Arznei, Schlag* verabreichen, *Sakrament* spenden, *Tadel* erteilen (***to*** *Dat*): ***administer justice*** Recht sprechen
ad,min·is'tra·tion *s* **1.** Verwaltung *f* Ausübung *f* **2.** Verabreichung *f*, Spendung *f*, Erteilung *f*: ***administration of justice*** Rechtsprechung *f* **3.** POL *bes Am* Regierung *f*, Amtsdauer *f* (*eines Präsidenten etc*)
ad'min·is·tra·tive [əd'mɪnɪstrətɪv] *Adj* Verwaltungs…
ad'minis·tra·tor [əd'mɪnɪstreɪtə] *s* **1.** Verwalter(in) **2.** Verwaltungsbeamte *m*, -beamtin *f*
ad·mi·ra·ble ['ædmərəbl] *Adj* bewundernswert, großartig
ad·mi·ral ['ædmərəl] *s* Admiral(in)
►**ad·mi·ra·tion** [ˌædmə'reɪʃn] *s* Bewunderung *f* (***for*** für): ***she was the admiration of all*** sie wurde von allen bewundert
►**ad·mire** [əd'maɪə] *v/t* **1.** bewundern (***for*** wegen) **2.** verehren
ad'mir·er *s* **1.** Bewunderer *m*, Bewunderin *f* **2.** Verehrer(in)
ad·mis·si·ble [əd'mɪsəbl] *Adj* zulässig, statthaft
ad'mis·sion *s* **1.** Einlass *m* (*auch* TECH); Ein-, Zutritt *m*; Aufnahme *f*: ***admission free*** Eintritt frei **2.** Eintritt(sgeld *n*) *m* **3.** Zulassung *f* **4.** Eingeständnis *n*: ***by*** (*oder* ***on***) ***his own admission*** wie er selbst zugab; ***admission of guilt*** Schuldeingeständnis **5.** Zugeständnis *n* **6.** TECH (*Luft- etc*)Zufuhr *f*

Admitting a mistake	Einen Fehler eingestehen SG
OK, I was wrong.	O.K., ich hatte unrecht.
You're right, I shouldn't have said it.	Du hast recht, ich hätte das nicht sagen sollen.
All right, I admit it – I made a mistake.	Na gut, ich gebe es zu – ich habe einen Fehler gemacht.
It's all my fault.	Es ist alles meine Schuld.
I've really made a mess of this.	Ich habe die Sache wirklich vermasselt.
I'm sorry, I must have misunderstood you.	Es tut mir leid, ich muss Sie missverstanden haben.

▶**ad·mit** [əd'mɪt] **I** *v/t* **1.** *j-n* einlassen **2.** (***into, to***) *j-n* aufnehmen (in *Akk oder Dat*), zulassen (zu): → ***bar*** 9 **3.** zulassen, gestatten **4.** anerkennen, gelten lassen **5.** zugeben, (ein)gestehen: ***admit doing s.th.*** zugeben, etw getan zu haben **6.** zugeben, einräumen (***that*** dass) **7.** Platz haben für, fassen **8.** TECH einlassen, zuführen **II** *v/i* **9.** ***admit of*** *siehe* 3: ***it admits of no excuse*** es lässt sich nicht entschuldigen **10.** ***admit to*** *siehe* 5

ad'mit·tance *s* Ein-, Zutritt *m*: ***no admittance*** (***except on business***) Zutritt (für Unbefugte) verboten

ad'mit·ted·ly *Adv* zugegeben(ermaßen)

ad·mix·ture [æd'mɪkstʃə] *s* Beimischung *f*, Zusatz *m*

ad·mon·ish [əd'mɒnɪʃ] *v/t* **1.** warnen (***of, against*** vor *Dat*) **2.** ermahnen (***for*** wegen)

ad·mo·ni·tion [ˌædməʊ'nɪʃn] *s* **1.** Warnung *f* **2.** Ermahnung *f*

a·do [ə'duː] *s* Getue *n*: ***much ado about nothing*** viel Lärm um nichts; ***without more*** (*oder* ***further***) ***ado*** ohne weitere Umstände

ad·o·les·cence [ˌædəʊ'lesns] *s* jugendliches Alter

ˌad·o'les·cent **I** *Adj* jugendlich, heranwachsend **II** *s* Jugendliche *m, f*

a·dopt [ə'dɒpt] *v/t* **1.** adoptieren: ***adopted child*** Adoptivkind *n*; ***adopted country*** Wahlheimat *f* **2.** *fig* annehmen, sich zu eigen machen, *Handlungsweise* wählen, *Haltung* einnehmen

a'dop·tion *s* **1.** Adoption *f*: ***give up for adoption*** zur Adoption freigeben **2.** Annahme *f*

a'dop·tive *Adj* Adoptiv…: ***adoptive child*** (***parents***); ***adoptive country*** Wahlheimat *f*

a·dor·a·ble [ə'dɔːrəbl] *Adj* allerliebst, entzückend

ad·o·ra·tion [ˌædə'reɪʃn] *s* Anbetung *f*, Verehrung *f*

a·dore [ə'dɔː] *v/t* anbeten, verehren (*beide auch fig*); *ugs etw* entzückend *oder* hinreißend finden

a·dorn [ə'dɔːn] *v/t* **1.** schmücken, (ver)zieren (*beide auch fig*) **2.** *fig* Glanz verleihen (*Dat*)

a'dorn·ment *s* Schmuck *m*, Verzierung *f*

a·dren·al·in, **a·dren·al·ine** [ə'drenəlɪn] *s* **1.** CHEM, PHYSIOL Adrenalin *n* **2.** *fig* Aufputschmittel *n*

A·dri·at·ic Sea [ˌeɪdrɪ'ætɪk'siː] *Eigenn die* Adria

a·droit [ə'drɔɪt] *Adj* geschickt, gewandt (***at, in*** in *Dat*)

a'droit·ness *s* Geschicklichkeit *f*, Gewandtheit *f*

ad·u·la·tion [ˌædjʊ'leɪʃn] *s* Schmeichelei *f*

▶**a·dult** ['ædʌlt] **I** *Adj* **1.** erwachsen **2.** (nur) für Erwachsene (FILM *etc*) **II** *s* **3.** Erwachsene *m, f*: ***adult education*** Erwachsenenbildung *f*

a·dul·ter·ate [ə'dʌltəreɪt] *v/t Nahrungsmittel* verfälschen, *Wein* panschen

aˌdul·ter'a·tion *s* Verfälschung *f*

a·dul·ter·er [ə'dʌltərə] *s* Ehebrecher *m*

a'dul·ter·ess *s* Ehebrecherin *f*

a'dul·ter·ous *Adj* ehebrecherisch

a'dul·ter·y *s* Ehebruch *m*

ad·um·brate ['ædʌmbreɪt] *v/t* vorausahnen lassen, hindeuten auf (*Akk*)

ad·vance [əd'vɑːns] **I** *v/t* **1.** vorrücken, -schieben, *Fuß* vorsetzen **2.** *Zeitpunkt* vorverlegen **3.** *Argument etc* vorbringen, geltend machen **4.** *Projekt etc* fördern **5.** *j-n* befördern, *Stellung etc* verbessern **6.** *Preis* erhöhen **7.** *Wachstum etc* beschleunigen **8.** im Voraus liefern; *Geld* vorauszahlen, vorschießen **II** *v/i* **9.** vordringen, -rücken (*auch Zeit*) **10.** zunehmen (***in*** an *Dat*): ***advance in age*** älter werden **11.** vorankommen, Fortschritte machen **12.** *im Rang* aufrücken, befördert werden **13.** (an)steigen (*Preise*) **III** *s* **14.** Vorrücken *n* **15.** Beförderung *f*, (*beruflicher etc*) Aufstieg **16.** Fortschritt *m*, Verbesserung *f* **17.** Vorsprung *m*: ***in advance*** vorn; im Voraus; ***in advance of*** vor (*Dat*); ***be in advance*** einen Vorsprung haben (***of*** vor *Dat*); ***paid in advance*** vorausbezahlt **18.** Vorschuss *m*, Vorauszahlung *f* **19.** (Preis-)Erhöhung *f* **IV** *Adj* **20.** Vor(aus)…: ***advance booking*** Vor- (aus)bestellung *f*; THEAT *etc* Vorverkauf *m*; ***advance payment*** Vorauszahlung *f*

ad'vanced *Adj* **1.** vorgerückt (*Alter, Stunde*): ***be advanced in years*** in fortgeschrittenem Alter sein **2.** fortgeschritten: ***advanced English*** Englisch für Fortgeschrittene **3.** fortschrittlich

> **AVCE** LK
>
> Das **A**dvanced **V**ocational **C**ertificate in **E**ducation in Großbritannien bietet eine berufsbezogene Qualifikation auf hohem Niveau, als **Single Award**, d. h. einem **A Level** entsprechend oder als **Double Award**, d. h. zwei **A Levels** entsprechend. Sie stellt eine stärker praxisbetonte und berufsspezifische Alternative des höheren Schulabschlusses dar, an den sich entweder eine Berufstätigkeit oder eine akademische Weiterbildung anschließen kann.

ad'vance·ment *s* Fortschritt *m*, Verbesserung *f*

▶**ad·van·tage** [əd'vɑːntɪdʒ] *s* Vorteil *m* (*auch Sport*): ***to advantage*** günstig, vorteilhaft; ***gain***

an advantage over s.o. sich j-m gegenüber einen Vorteil verschaffen; ***have an advantage over s.o.*** j-m gegenüber im Vorteil sein; ***have the advantage*** (***over s.o.***) (j-m gegenüber) den Vorteil haben (***of being*** zu sein); ***take advantage of*** *j-n, etw* ausnutzen; ***advantage law*** (*oder* ***rule***) Vorteilsregel *f*

ad·van·ta·geous [ˌædvən'teɪdʒəs] *Adj* vorteilhaft, günstig

Ad·vent ['ædvənt] *s* REL Advent *m*: ***Advent calendar*** Adventskalender *m*

▶**ad·ven·ture** [əd'ventʃə] *s* Abenteuer *n*: ***adventure holiday*** (*bes Am* ***vacation***) Abenteuerurlaub *m*; ***adventure playground*** *Br* Abenteuerspielplatz *m*

ad'ven·tur·er *s* Abenteurer *m*

ad'ven·tur·ess *s* Abenteu(r)erin *f*

ad'ven·tur·ous *Adj* **1.** abenteuerlich **2.** abenteuerlustig

ad·verb ['ædvɜːb] *s* LING Adverb *n*, Umstandswort *n*

ad·ver·bi·al [əd'vɜːbjəl] *Adj* adverbial: ***adverbial phrase*** Adverbiale *n*, Adverbialbestimmung *f*

ad·ver·sar·y ['ædvəsərɪ] *s* Gegner(in)

ad·verse ['ædvɜːs] *Adj* **1.** widrig **2.** ungünstig, nachteilig (***to*** für): ***adverse balance of trade*** passive Handelsbilanz

ad·ver·si·ty [əd'vɜːsətɪ] *s* **1.** Not *f*, Unglück *n* **2.** Missgeschick *n*

ad·vert ['ædvɜːt] *s Br ugs für* → ***advertisement***

▶**ad·ver·tise** ['ædvətaɪz] **I** *v/t* **1.** ankündigen **2.** Reklame machen für, werben für **3.** *pej* ausposaunen, an die große Glocke hängen **II** *v/i* **4.** inserieren, annoncieren: ***advertise for*** durch Inserat suchen **5.** Reklame machen, Werbung treiben

▶**ad·ver·tise·ment** [əd'vɜːtɪsmənt] *s* **1.** Inserat *n*, Annonce *f* **2.** → ***advertising*** I

▶**ad·ver·tis·ing** ['ædvətaɪzɪŋ] **I** *s* Werbung *f*, Reklame *f* **II** *Adj* Werbe…, Reklame…: ***advertising agency*** Werbeagentur *f*; ***advertising campaign*** Werbekampagne *f*; ***advertising manager*** Werbeleiter(in); ***advertising medium*** Werbeträger *m*

▶**ad·vice** [əd'vaɪs] *s* **1.** Rat(schlag) *m*; Ratschläge *Pl*: ***a piece*** (*oder* ***bit***) ***of advice*** ein Ratschlag; ***at*** (*oder* ***on***) ***s.o.'s advice*** auf j-s Rat hin; ***take my advice and …*** hör auf mich und …; ***take medical advice*** einen Arzt zurate ziehen **2.** WIRTSCH Avis *m*, *n*

> **advice** GR
>
> ⚠ **advice** hat keine Pluralform und ist nicht zählbar, wird also ohne den Artikel **an** verwendet.

Can you give me some advice?	Kannst du mir einen Rat / ein paar Ratschläge geben?
a helpful piece of advice	ein hilfreicher Ratschlag

ad·vis·a·ble [əd'vaɪzəbl] *Adj* ratsam

▶**ad·vise** [əd'vaɪz] *v/t* **1.** *j-m* raten *oder* empfehlen (***to do*** zu tun), *j-n* beraten: ***advise against*** *j-m* abraten von; ***be well advised*** gut beraten sein, gut daran tun (***to do*** zu tun) **2.** *etw* empfehlen, raten zu **3.** WIRTSCH avisieren (***s.o. of s.th.*** j-m etw)

> **advise mit Infinitiv oder Gerund** GR
>
> Ob bei Aktiv- oder Passivkonstruktionen, **advise** wird mit dem Infinitiv verbunden, wenn die Person, der der Ratschlag gilt, erwähnt wird; ohne Person steht das Gerund:

We always advise candidates <u>to apply</u> early.	Wir geben Kandidaten immer den Rat, sich frühzeitig zu bewerben.
Drivers are advised <u>to check</u> tyre pressures regularly.	Autofahrern wird geraten, den Reifendruck regelmäßig zu überprüfen.
The manufacturers advise <u>using</u> only high-quality detergents.	Die Hersteller raten, nur hochwertige Waschmittel zu verwenden.

> ⚠ Gleiches gilt für **allow, encourage, forbid, permit** und **recommend.**

ad'vis·ed·ly [əd'vaɪzɪdlɪ] *Adv* mit Überlegung

ad'vis·er *s* Berater(in), Ratgeber(in)

ad'vi·so·ry [əd'vaɪzərɪ] *Adj* beratend

ad·vo·ca·cy ['ædvəkəsɪ] *s* (***of***) Eintreten *n* (für), Befürwortung *f* (*Gen*)

ad·vo·cate **I** *s* ['ædvəkət] Verfechter(in), Befürworter(in) **II** *v/t* ['ædvəkeɪt] befürworten, eintreten für

Ae·ge·an Sea [iːˌdʒiːən'siː] *Eigenn die* Ägäis

ae·gis ['iːdʒɪs] *s* Schirmherrschaft *f*: ***under the aegis of***

aer·ate ['eɪəreɪt] *v/t* **1.** lüften **2.** mit Kohlensäure anreichern

aer·i·al ['eərɪəl] **I** *Adj* Luft…: ***aerial camera*** Luftkamera *f*; ***aerial view*** Luftbild *n* **II** *s bes Br* Antenne *f*

aer·o·bics [eə'rəʊbɪks] *s Sg* SPORT Aerobic *n*

aerobic workout *s* SPORT Aerobictraining *n*

aer·o·drome ['eərədrəʊm] *s Br* Flugplatz *m*

ˌaer·o·dy'nam·ic PHYS **I** *Adj* (***aerodynamically***) aerodynamisch **II** *s Sg* Aerodynamik *f*

aer·o·gram ['eərəgræm] *s* **1.** Funkspruch *m* **2.** Aerogramm *n*, Luftpostleichtbrief *m*

ˌaer·o'nau·ti·cal *Adj* aeronautisch: ***aeronautical engineering*** Flugzeugbau *m*

ˌaer·o'nau·tics *s Sg* Aeronautik *f*, Luftfahrtkunde *f*

'aer·o·plane *s bes Br* Flugzeug *n*

aer·o·sol ['eərəsɒl] *s* Spray *m*

'aer·o·space **I** *s* **1.** Weltraum *m* **II** *Adj* **2.** Raumfahrt…: ***aerospace industry*** (***medicine***) **3.** (Welt)Raum…

aes·thete ['iːsθiːt] *s* Ästhet(in)

aes·thet·ic, aes·thet·i·cal [iːs'θetɪk(l)] *Adj* ästhetisch

aes'thet·ics *s Sg* Ästhetik *f*

a·far [ə'fɑː] *Adv*: ***from afar*** von weit her, aus weiter Ferne

af·fa·bil·i·ty [ˌæfə'bɪlətɪ] *s* Leutseligkeit *f*

'af·fa·ble *Adj* leutselig

▶**af·fair** [ə'feə] *s* **1.** Angelegenheit *f*, Sache *f*: → ***foreign*** 1 **2.** *ugs* Ding *n* **3.** Affäre *f*: **a)** Ereignis *n*, **b)** Skandal *m*, **c)** Verhältnis *n*

af·fect[1] [ə'fekt] *v/t* **1.** eine Vorliebe haben für **2.** vortäuschen

af·fect[2] [ə'fekt] *v/t* **1.** beeinflussen, in Mitleidenschaft ziehen **2.** MED angreifen, befallen **3.**

Asking for advice	Um Rat fragen SG
I need your advice.	Ich brauche deinen Rat.
What do you think?	Was meinst du?
What should I do?	Was soll ich tun?
What would you do if you were me?	Was würdest du an meiner Stelle tun?
How should I deal with this?	Wie soll ich damit umgehen?
What's the best way of going about this?	Was ist der beste Weg, damit umzugehen?
Shall I ask him, or do you think that's a bad idea?	Soll ich ihn fragen, oder meinst du, das ist eine schlechte Idee?
Do you think it would be a good idea to call?	Meinst du, es wäre eine gute Idee anzurufen?

bewegen, rühren: ***be deeply affected***

af·fec·tion [əˈfekʃn] *s* **1.** *oft Pl* Liebe *f*, Zuneigung *f* (***for, towards*** zu); Gefühl *n*: ***play on s.o.'s affections*** mit j-s Gefühlen spielen **2.** Gemütsbewegung *f*

afˈfec·tion·ate [əˈfekʃnət] *Adj* liebevoll, herzlich: ***yours affectionately X*** in Liebe Dein X (*Briefschluss*)

af·fi·da·vit [ˌæfɪˈdeɪvɪt] *s* JUR *schriftliche* eidliche Erklärung

af·fil·i·ate [əˈfɪlɪeɪt] **I** *v/t* **1.** *als Mitglied* aufnehmen **2.** angliedern (***to*** *Dat oder* an *Akk*): ***affiliated company*** WIRTSCH Tochtergesellschaft *f* **II** *v/i* **3.** sich anschließen (***with*** *Dat oder* an *Akk*)

afˌfil·iˈa·tion *s* **1.** Aufnahme *f* **2.** Angliederung *f*

af·fin·i·ty [əˈfɪnətɪ] *s* **1.** Verschwägerung *f* **2.** (geistige) Verwandtschaft **3.** CHEM Affinität *f* **4.** Neigung *f* (***for, to*** zu)

af·firm [əˈfɜːm] *v/t* **1.** versichern; beteuern **2.** bekräftigen, JUR *Urteil* bestätigen **3.** JUR an Eides statt versichern

af·fir·ma·tion [ˌæfəˈmeɪʃn] *s* **1.** Versicherung *f*; Beteuerung *f* **2.** Bekräftigung *f*, Bestätigung *f* **3.** JUR Versicherung *f* an Eides statt

af·firm·a·tive [əˈfɜːmətɪv] **I** *Adj* bejahend, zustimmend **II** *s*: ***answer in the affirmative*** bejahen

af·fix I *v/t* [əˈfɪks] **1.** (***to***) befestigen, anbringen (an *Dat*), anheften, -kleben (an *Akk*) **2.** (***to***) *Unterschrift* setzen (unter *Akk*) **II** *s* [ˈæfɪks] **3.** LING Affix *n*

af·flict [əˈflɪkt] *v/t* plagen, heimsuchen: ***afflicted with*** geplagt von, leidend an (*Dat*)

afˈflic·tion *s* **1.** Kummer *m* **2.** Gebrechen *n*; *Pl* Beschwerden *Pl*: ***afflictions of old age*** Altersbeschwerden **3.** Not *f*, Elend *n*

af·flu·ence [ˈæfluəns] *s* **1.** Überfluss *m* **2.** Reichtum *m*, Wohlstand *m*

ˈaf·flu·ent *Adj* wohlhabend, reich (***in*** an *Dat*): ***affluent society*** Wohlstandsgesellschaft *f*

▶**af·ford** [əˈfɔːd] *v/t* **1.** sich leisten: ▶ ***we can't afford it*** wir können es uns nicht leisten **2.** aufbringen, *Zeit* erübrigen **3.** *Schutz etc* gewähren, bieten, *Freude* machen

afˈford·a·ble *Adj* **1.** erschwinglich (*Preis*) **2.** finanziell möglich *oder* tragbar

af·for·est [æˈfɒrɪst] *v/t* aufforsten

af·front [əˈfrʌnt] **I** *v/t* beleidigen **II** *s* Beleidigung *f*

Af·ghan [ˈæfgæn] **I** *Adj* afghanisch **II** *s* Afghane *m*, Afghanin *f*

Af·ghan·i·stan [æfˈgænɪstæn] *Eigenn* Afghanistan *n*

a·fi·cio·na·do [əˌfɪsjəˈnɑːdəʊ] *Pl* **a·fi·cio·na·dos** *s* Fan *m*, Liebhaber(in)

a·fire [əˈfaɪə] *Adv und Adj* in Flammen: ***be afire*** in Flammen stehen; *fig* glühen (***with*** vor *Dat*); ***set afire*** in Brand stecken, anzünden

a·flame [əˈfleɪm] → ***afire***

a·float [əˈfləʊt] *Adv und Adj* **1.** flott, schwimmend: ***keep afloat*** (sich) über Wasser halten (*auch fig*); ***set afloat*** SCHIFF flottmachen **2.** in Umlauf (*Gerücht etc*): ***set afloat*** in Umlauf bringen; ***there is a rumo(u)r afloat that*** es geht das Gerücht (um), dass **3.** im Gange: ***set afloat*** in Gang setzen **4.** überschwemmt: ***be afloat*** unter Wasser stehen

a·foot [əˈfʊt] *Adv* **1.** im Gange: ***what's afoot?*** was ist los? **2.** *bes Am* zu Fuß

aˌforeˈmen·tioned [əˌfɔːˈmenʃnənd], **aˌfore·said** [əˈfɔːsed] *Adj* oben erwähnt

aˌfore·thought [əˈfɔːθɔːt] *Adj*: → ***malice*** 3

▶**a·fraid** [əˈfreɪd] *Adj*: ▶ ***be afraid of*** sich fürchten *oder* Angst haben vor (*Dat*); ***be afraid to do*** sich fürchten *oder* scheuen zu tun; ***I'm afraid I must go*** leider muss ich jetzt gehen

a·fresh [əˈfreʃ] *Adv* von neuem

▶**Af·ri·ca** [ˈæfrɪkə] *Eigenn* Afrika *n*

▶**Af·ri·can** [ˈæfrɪkən] **I** *Adj* afrikanisch **II** *s* Afrikaner(in)

▶**af·ter** [ˈɑːftə] **I** *Adv* **1.** nach-, hinterher, darauf: ***for months after*** noch monatelang; ***during the weeks after*** in den (nach)folgenden Wochen; ***shortly after*** kurz danach **II** *Präp* **2.** hinter (*Dat*) (… her), nach: ***be after*** her sein hinter **3.** *zeitlich* nach: ***after a week***; ***day after day*** Tag für Tag; ***the month after next*** der übernächste Monat; ***after all*** schließlich, im Grunde; immerhin, dennoch; (also) doch **4.** nach, gemäß: ***named after his father*** nach seinem Vater genannt **III** *Adj* **5.** später: ***in after years*** **6.** SCHIFF Achter… **IV** *Konj* **7.** nachdem

ˈaf·ter·birth *s* MED Nachgeburt *f*

ˈaf·ter·care *s* **1.** MED Nachbehandlung *f*, -sorge *f* **2.** JUR Resozialisierungshilfe *f*

ˈaf·ter-ˌdin·ner *Adj*: ***after-dinner speech*** Tischrede *f*; ***after-dinner walk*** Verdauungsspaziergang *m*

ˈaf·ter·efˌfect *s* MED Nachwirkung *f* (*auch fig*)

ˈaf·ter·glow *s* Abendrot *n*

ˈaf·ter-ˈhours *Adj* **1.** nach der Sperrstunde **2.** nach Ladenschluss

ˈaf·ter·life *s* **1.** Leben *n* nach dem Tode **2.** (zu-)künftiges Leben

af·ter·math [ˈɑːftəmɑːθ] *s* Folgen *Pl*, Nachwirkungen *Pl*

▶**af·ter·noon** [ˌɑːftəˈnuːn] **I** *s* Nachmittag *m*: ***in the afternoon*** am Nachmittag; ***this afternoon*** heute Nachmittag; ▶ ***good afternoon!*** guten Tag! **II** *Adj* Nachmittags…

Giving advice	**Rat geben** SG
I don't think it's a good idea to confront him.	Ich glaube, es ist keine gute Idee, ihn damit zu konfrontieren.
I think you should go straight to hospital.	Ich glaube, du solltest direkt ins Krankenhaus fahren.
If I were you, I'd wait and see what happens.	An deiner Stelle würde ich warten und sehen was passiert.
Why don't you just tell them you can't go?	Warum sagst du ihnen nicht einfach, dass du nicht hingehen kannst?
I'd leave it up to her to decide.	Ich würde die Entscheidung ihr überlassen.
I suggest you leave as soon as possible.	Ich schlage vor, du gehst so bald wie möglich fort.

af·ters ['ɑːftəz] *s Sg Br ugs* Nachtisch *m*: ***for afters*** als *oder* zum Nachtisch
'af·ter-sales ser·vice *s* Kundendienst *m*
'af·tershock *s* Nachbeben *n*
'af·ter·taste *s* Nachgeschmack *m* (*auch fig*)
'af·ter·thought *s* nachträglicher Einfall
'af·ter,treat·ment *s* MED, TECH Nachbehandlung *f*
▶**af·ter·wards** ['ɑːftəwədz] *Adv* später, nachher, hinterher
▶**a·gain** [ə'gen] *Adv* **1.** wieder: ***again and again*** immer wieder; → ***now*** 1, ***time*** 4 **2.** schon wieder: ***that fool again!*** **3.** außerdem, ferner **4.** noch einmal: → ***much*** 1 **5.** and(e)rerseits
▶**a·gainst** [ə'genst] *Präp* **1.** gegen: ***be against s.th.*** gegen etw sein; einer Sache zuwiderlaufen **2.** gegenüber (*Dat*): ***my rights against the landlord*** meine Rechte gegenüber dem Vermieter **3.** an (*Dat oder Akk*), gegen: ***against the wall*** **4.** *auch* ***as against*** verglichen mit, im Vergleich zu
a·gape [ə'geɪp] *Adv und Adj* mit (vor Staunen *etc*) offenem Mund
ag·ate ['ægət] *s* MIN Achat *m*
▶**age** [eɪdʒ] **I** *s* **1.** (Lebens)Alter *n*: ***at the age of*** im Alter von; ***when I was your age*** als ich so alt war wie du; ***ten years of age*** zehn Jahre alt; ***what age is he?*** wie alt ist er?; ***be*** (*oder* ***act***) ***your age!*** sei kein Kindskopf! **2.** Reife *f*: (***come***) ***of age*** mündig *oder* volljährig (werden); ***under age*** minderjährig, unmündig **3.** vorgeschriebenes Alter (*für ein Amt etc*): ***be over age*** die Altersgrenze überschritten haben **4.** Zeit(alter *n*) *f*: ***in our age*** in unserer Zeit **5.** *auch* ***old age*** (hohes) Alter: ***age before beauty!*** *hum* Alter vor Schönheit! **6.** *oft Pl ugs* Ewigkeit *f*: ***I haven't seen him for ages*** seit einer Ewigkeit **II** *v/t* **7.** alt machen (*Kleid etc*); um Jahre älter machen (*Sorgen etc*) **III** *v/i* **8.** alt werden, altern
age brack·et → ***age group***
aged[1] [eɪdʒd] *Adj* im Alter von …, …jährig, … Jahre alt: ***aged twenty***
a·ged[2] ['eɪdʒɪd] *Adj* alt, betagt, bejahrt
age group *s* Altersgruppe *f*, -klasse *f*
'age·less *Adj* **1.** nicht alternd, ewig jung **2.** zeitlos
age lim·it *s* Altersgrenze *f*
a·gen·cy ['eɪdʒənsɪ] *s* **1.** (*Handels-, Nachrichten- etc*)Agentur *f*; (Handels)Vertretung *f* **2.** *bes Am* Geschäfts-, Dienststelle *f*; Amt *n*, Behörde *f* **3.** Mittel *n*: ***by*** (*oder* ***through***) ***the agency of*** mit Hilfe von (*oder Gen*)
a·gen·da [ə'dʒendə] *s* Tagesordnung *f*: ***be on the agenda*** auf der Tagesordnung stehen
a·gent ['eɪdʒənt] *s* **1.** BIOL, PHYS *etc* Agens *n*, Wirkstoff *m*, Mittel *n* **2.** WIRTSCH Agent(in) (*auch* POL), Vertreter(in); (*Grundstücks- etc*) Makler(in)
ag·glom·er·a·tion [ə,glɒmə'reɪʃn] *s* Zs.-ballung *f*; Anhäufung *f*
ag·gra·vate ['ægrəveɪt] *v/t* **1.** verschlimmern **2.** *ugs* (ver)ärgern
'ag·gra·vat·ing *Adj* **1.** verschlimmernd **2.** *ugs* ärgerlich
,ag·gra'va·tion *s* **1.** Verschlimmerung *f* **2.** *ugs* Ärger *m*
ag·gre·gate **I** *Adj* ['ægrɪgət] **1.** gesamt, Gesamt…: ***aggregate amount*** *siehe* 5 **II** *v/t* ['ægrɪgeɪt] **2.** anhäufen, -sammeln **3.** sich (insgesamt) belaufen auf (*Akk*) **III** *s* ['ægrɪgət] **4.** Anhäufung *f*, -sammlung *f* **5.** Gesamtbetrag *m*, -summe *f*: ***in the aggregate*** insgesamt, alles in allem **6.** TECH *etc* Aggregat *n*
ag·gres·sion [ə'greʃn] *s bes* MIL Angriff *m*, Aggression *f* (*auch* PSYCH)
ag·gres·sive [ə'gresɪv] *Adj* aggressiv
ag'gres·sive·ness *s* Aggressivität *f*
ag'gres·sor *s bes* MIL Angreifer(in)
ag·grieve [ə'griːv] *v/t* **1.** betrüben, -drücken **2.** kränken
ag·gro ['ægrəʊ] *s Br sl* Aggressivität *f*
a·ghast [ə'gɑːst] *Adv und Adj* entgeistert, entsetzt, bestürzt (***at*** über *Akk*)
ag·ile ['ædʒaɪl] *Adj* beweglich, wendig: ***have an agile mind*** geistig beweglich sein
a·gil·i·ty [ə'dʒɪlətɪ] *s* Beweglichkeit *f*, Wendigkeit *f*
ag·i·tate ['ædʒɪteɪt] **I** *v/t* **1.** schütteln, (um)rühren **2.** aufregen, -wühlen **3.** aufwiegeln, -hetzen **II** *v/i* **4.** agitieren, hetzen (***against*** gegen); Propaganda machen (***for*** für)
,ag·i'ta·tion *s* **1.** Aufregung *f* **2.** Agitation *f*
'ag·i·ta·tor *s* Agitator(in), Hetzer(in)
▶**a·go** [ə'gəʊ] *Adv* vor: ***a year ago*** vor einem Jahr; ***long ago*** vor langer Zeit; ***not long ago*** (erst) vor kurzem

ago und past tense GR

Bei Zeitangaben mit **ago** steht immer das **past tense:**

She passed her exam three years ago.	Sie hat ihre Prüfung vor drei Jahren bestanden.

About an hour ago it was reported that a bomb had exploded outside the station.	Vor etwa einer Stunde wurde berichtet, dass eine Bombe vor dem Bahnhof explodiert war.

a·gog [əˈgɒg] *Adv und Adj* erpicht; gespannt (***for*** auf *Akk*): ***all agog*** ganz aus dem Häuschen

ag·o·nize [ˈægənaɪz] *v/i* **1.** mit dem Tode ringen **2.** sich abquälen, verzweifelt ringen (***over*** mit)

ˈag·o·niz·ing *Adj* qualvoll

ag·o·ny [ˈægənɪ] *s* **1.** Qual *f*: ***agony aunt*** *ugs* Kummerkastentante *f*; ***agony column*** *ugs* Seufzerspalte *f* (*Zeitung*) **2.** Todeskampf *m*

a·grar·i·an [əˈgreərɪən] *Adj* landwirtschaftlich, Agrar...: ***agrarian reform*** Bodenreform *f*

►**a·gree** [əˈgriː] **I** *v/t* **1.** vereinbaren (***to do*** zu tun; ***that*** dass): ***agreed!*** einverstanden!, abgemacht!; ***agree to differ*** sich auf verschiedene Standpunkte einigen **2.** *bes Br* sich einigen auf (*Akk*); *Streit* beilegen **II** *v/i* **3.** (***on, about***) einig werden (über *Akk*), sich einigen (auf *Akk*), vereinbaren (*Akk*) **4.** (***to***) zustimmen (*Dat*), einverstanden sein (mit) **5.** sich einig sein, gleicher Meinung sein (***with*** wie) **6.** (***with***) übereinstimmen (mit), entsprechen (*Dat*) **7.** bekommen (***with*** *Dat*) (*Speise etc*)

a·gree·a·ble [əˈgriːəbl] *Adj* **1.** angenehm (***to*** *Dat oder* für): ***agreeably surprised*** angenehm überrascht **2.** liebenswürdig **3.** einverstanden (***to*** mit)

aˈgree·a·ble·ness *s* Liebenswürdigkeit *f*

aˈgreed *Adj*: ***be agreed*** sich einig sein, gleicher Meinung sein

►**a·gree·ment** [əˈgriːmənt] *s* **1.** Vereinbarung *f*; *bes* POL Abkommen *n*; Einigung *f*: ***come to an agreement*** sich einigen **2.** Einigkeit *f* **3.** Übereinstimmung *f*

ag·ri·cul·tur·al [ˌægrɪˈkʌltʃərəl] *Adj* landwirtschaftlich: ***agricultural country*** Agrarland *n*; ***agricultural prices*** *Pl* Agrarpreise *Pl*

ag·ri·cul·ture [ˈægrɪˌkʌltʃə] *s* Landwirtschaft *f*

a·ground [əˈgraʊnd] *Adv und Adj* SCHIFF gestrandet: ***run aground*** auflaufen, stranden; *Schiff* auf Grund setzen; ***be aground*** aufgelaufen sein

ah [ɑː] *Interj* ah!, ach!

a·ha [ɑːˈhɑː] *Interj* aha!

a·head [əˈhed] *Adv und Adj* **1.** vorn, nach vorn zu **2.** voraus, vorwärts: ***ahead of*** vor (*Dat*), voraus (*Dat*)

a·hoy [əˈhɔɪ] *Interj* SCHIFF ahoi!

aid [eɪd] **I** *v/t* **1.** unterstützen, *j-m* helfen (***in*** bei) **2.** *Verdauung etc* fördern **II** *v/i* **3.** ***he was accused of aiding and abetting*** er wurde wegen Beihilfe angeklagt **III** *s* **4.** Hilfe *f* (***to*** für), Unterstützung *f*: ***by*** (*oder* ***with***) (***the***) ***aid of*** mit Hilfe von (*oder Gen*); ***in aid of*** zugunsten von (*oder Gen*); ***come to s.o.'s aid*** j-m zu Hilfe kommen **5.** Hilfsmittel *n*, -gerät *n*

AIDS [eɪdz] *s* MED (= ***acquired immune deficiency syndrome***) Aids *n*

ˈAIDS-inˌfect·ed *Adj* Aids-infiziert

AIDS suf·fer·er *s* Aidskranke *m, f*

AIDS test *s* Aidstest *m*

ai·ler·on [ˈeɪlərɒn] *s* FLUG Querruder *n*

ail·ing [ˈeɪlɪŋ] *Adj* kränkelnd, kränklich (*beide auch fig Wirtschaft etc*)

ˈail·ment *s* Leiden *n*

►**aim** [eɪm] **I** *v/i* **1.** zielen (***at*** auf *Akk*, nach) **2.** beabsichtigen, bezwecken (***at*** *Akk*): ***aim to do s.th.*** vorhaben, etw zu tun **3.** streben (***at*** nach) **4.** abzielen, anspielen (***at*** auf *Akk*) **II** *v/t* **5.** *Waffe* richten (***at*** auf *Akk*) **6.** (***at***) *Bemerkung etc* richten (gegen); *Bestrebungen* richten (auf *Akk*) **III** *s* **7.** Ziel *n*: ***take aim*** *siehe* 1 **8.** *fig* Ziel *n*; Absicht *f*

ˈaim·less *Adj* ziellos

ain't [eɪnt] *ugs für* ***are not, am not, is not, have not, has not***

►**air**[1] [eə] **I** *s* **1.** Luft *f*: ***by air*** auf dem Luftweg; ***in the open air*** im Freien; ***be in the air*** im Umlauf sein (*Gerücht etc*); in der Schwebe sein (*Frage etc*); ***take the air*** frische Luft schöpfen; → ***light***[2] 1, ***thin*** 1 **2.** RUNDFUNK, TV Äther *m*: ***on the air*** im Rundfunk *oder* Fernsehen; ***be on the air*** senden (*Sender*); gesendet werden (*Programm*); im Rundfunk zu hören *oder* im Fernsehen zu sehen sein (*Person*) **3.** Miene *f*, Aussehen *n*: ***an air of importance*** eine gewichtige Miene **4.** *meist Pl* Getue *n*: ***airs and graces*** affektiertes Getue, Starallüren *Pl*; ***put on airs, give o.s. airs*** vornehm tun **II** *v/t* **5.** lüften **6.** *Wäsche* zum Trocknen aufhängen **7.** *etw* an die Öffentlichkeit *oder* zur Sprache bringen

air[2] [eə] *s* MUS Lied *n*, Melodie *f*

air bag *s* MOT Airbag *m*, Luftsack *m*, Prallsack *m*

air base *s* Luftstützpunkt *m*

air·bed *s Br* Luftmatratze *f*

ˈair-borne *Adj* **1.** im Flugzeug befördert: ***air-borne radar*** Bordradar *m, n*; ***air-borne troops*** *Pl* MIL Luftlandetruppen *Pl* **2.** ***be air-borne*** sich in der Luft befinden, fliegen

air brake *s* TECH Druckluftbremse *f*

ˈair·bus *s* FLUG Airbus *m*

air car·go *s* Luftfracht *f*

ˈair-conˌditioned *Adj* mit Klimaanlage, klimatisiert

air con·di·tion·ing *s* **1.** Klimatisierung *f* **2.** Klimaanlage *f*

ˈair-cooled *Adj* luftgekühlt

►**aircraft** [ˈeəkrɑːft] *s* Flugzeug *n*; *Koll* Flugzeuge *Pl*: ***aircraft carrier*** Flugzeugträger *m*

air cush·ion *s* Luftkissen *n*

air dis·as·ter *s* Flugzeugkatastrophe *f*

ˈair·drop *v/t* mit dem Fallschirm abwerfen; MIL *Fallschirmjäger etc* absetzen

Agreeing	Zustimmen (SG)
That's a great idea!	Das ist 'ne tolle Idee.
I totally agree with you.	Ich bin ganz deiner Meinung.
I think you're right.	Ich glaub, du hast recht.
I think you were right to say that.	Ich glaube, es war richtig, dass du das gesagt hast.
I liked the way you put it.	Ich fand es gut, wie du's gesagt hast.

Substantive mit gleicher Form im Singular und Plural GR

Einige englische Substantive haben im Plural die gleiche Form wie im Singular. Beispiele hierfür finden sich in folgenden Kategorien:

Tiernamen:	**deer – deer,** **fish – fish,** **salmon – salmon,** **sheep – sheep**
Bezeichnungen für Fahrzeuge:	**aircraft – aircraft,** **hovercraft – hovercraft,** **spacecraft – spacecraft**
Nationalitätenbezeichnungen auf -ese und -ss:	**Chinese – Chinese,** **Japanese – Japanese,** **Swiss – Swiss**

'air·field *s* Flugplatz *m*
air force *s* Luftwaffe *f*
air freight *s* **1.** Luftfracht *f* **2.** Luftfrachtgebühr *f*
air gun *s* Luftgewehr *n*
▶**air host·ess** ['eəhəʊstes] *s* Stewardess *f*
air·ing ['eərɪŋ] *s* **1.** Lüftung *f*: ***give s.th. an airing*** etw lüften; ***the room needs an airing*** das Zimmer muss (durch)gelüftet werden **2.** ***give s.th. an airing*** → ***air***[1] 7
'airless *Adj* **1.** luftlos **2.** stickig
'air·lift *s* Luftbrücke *f*
▶**air·line** ['eəlaɪn] *s* Fluggesellschaft *f*
'air,lin·er *s* Verkehrsflugzeug *n*
▶**air·mail** ['eəmeɪl] **I** *s* Luftpost *f* **II** *v/t* per Luftpost schicken
'air·plane *s Am* Flugzeug *n*
air pock·et *s* FLUG Luftloch *n*
air pol·lu·tion *s* Luftverschmutzung *f*
▶**air·port** ['eəpɔːt] *s* Flughafen *m*, -platz *m*
air pres·sure *s* Luftdruck *m*
air pump *s* Luftpumpe *f*
air raid *s* MIL Luftangriff *m*. ***air raid shelter*** Luftschutzbunker *m*, -raum *m*
air res·cue ser·vice *s* Luftrettungsdienst *m*
air shaft *s* Luftschacht *m*
'air·ship *s* Luftschiff *n*
'air·sick *Adj* luftkrank
'air·space *s* Luftraum *m*
'air·strip *s* (behelfsmäßige) Start- und Landebahn
air ter·mi·nal *s* **1.** Flughafenabfertigungsgebäude *n* **2.** *Br Endstation der Zubringerlinie zum und vom Flughafen*
'air·tight *Adj* **1.** luftdicht **2.** *fig* hieb- und stichfest (*Argument etc*)
air traf·fic *s* Flug-, Luftverkehr *m*
'air-,traf·fic *Adj*: ***air-traffic control*** Flugsicherung *f*; ***air-traffic controller*** Fluglotse *m*, -lotsin *f*
'air,wor·thy *Adj* FLUG flugtüchtig
air·y ['eərɪ] *Adj* **1.** Luft… **2.** luftig **3.** graziös, anmutig **4.** lebhaft, munter **5.** verstiegen, überspannt **6.** vornehmtuerisch **7.** lässig, ungezwungen
aisle [aɪl] *s* **1.** ARCHI Seitenschiff *n* **2.** Gang *m* (*zwischen Bänken etc*)
a·jar [ə'dʒɑː] *Adv und Adj* angelehnt
a·kim·bo [ə'kɪmbəʊ] *Adv und Adj*: ***with arms akimbo*** die Arme in die Seite gestemmt
a·kin [ə'kɪn] *Adj* **1.** verwandt (***to*** mit) **2.** *fig* verwandt, ähnlich (***to*** *Dat*): ***be akin*** sich ähneln; ähneln (***to*** *Dat*)
al·a·bas·ter [ˌælə'bɑːstə] *s* Alabaster *m*
a·lac·ri·ty [ə'lækrətɪ] *s* Bereitwilligkeit *f*, Eifer *m*
a·larm [ə'lɑːm] **I** *s* **1.** Alarm *m*: ***give*** (*oder* ***raise, sound***) ***the alarm*** Alarm geben; *fig* Alarm schlagen **2.** Weckvorrichtung *f* (*eines Weckers*): ▶ ***alarm clock*** Wecker *m* **3.** Alarmvorrichtung *f*, -anlage *f* **4.** Angst *f*, Unruhe *f* **II** *v/t* **5.** alarmieren **6.** ängstigen, beunruhigen
a·larm call *s* TEL Weckruf *m*
a·larm call ser·vice *s* Weckdienst *m*
a'larm·ist *s* Bangemacher(in)
a·las [ə'læs] *Interj* ach!, leider!
A·las·ka [ə'læskə] *Eigenn* Alaska *n* (*Staat der USA*)
Al·ba·nia [æl'beɪnjə] *Eigenn* Albanien *n*
Al·ba·ni·an [æl'beɪnjən] **I** *Adj* albanisch **II** *s* Albanier(in)
al·ba·tross ['ælbətrɒs] *s* ORN Albatros *m*, Sturmvogel *m*
al·bi·no [æl'biːnəʊ] *Pl* **al·bi·nos** *s* BIOL Albino *m*
al·bum ['ælbəm] *s* Album *n*
al·bu·men ['ælbjʊmɪn] *s* BIOL Eiweiß *n*
al·che·my ['ælkəmɪ] *s hist* Alchemie *f*
▶**al·co·hol** ['ælkəhɒl] *s* Alkohol *m*
ˌal·co'hol·ic **I** *Adj* (***alcoholically***) alkoholisch **II** *s* Alkoholiker(in): ***Alcoholics Anonymous*** *die* Anonymen Alkoholiker

alcoholic WF

In Anlehnung an **alcoholic** sind andere Wörter entstanden, die auch etwas mit Sucht zu tun haben:

chocoholic	„Schokoladensüchtige(r)“
shopaholic	Kaufsüchtige(r)
workaholic	Arbeitssüchtige(r)

'al·cohol·ism *s* Alkoholismus *m*
al·der ['ɔːldə] *s* BOT Erle *f*
al·der·man ['ɔːldəmən] *s* (*unreg* ***man***) Ratsherr *m*, Stadtrat *m*
ale [eɪl] *s* Ale *n* (*helles, obergäriges Bier*)
a·lert [ə'lɜːt] **I** *Adj* **1.** auf der Hut (***to*** vor *Dat*), wachsam **2.** munter, flink **3.** aufgeweckt, (hell)wach: ***be alert to*** sich *einer Sache* bewusst sein **II** *s* **4.** MIL (Alarm)Bereitschaft *f*: ***be on the alert*** in Alarmbereitschaft sein; *fig* auf der Hut sein **5.** *bes* FLUG Alarm(signal *n*) *m* **III** *v/t* **6.** alarmieren, MIL *auch* in Alarmzustand versetzen **7.** *fig* aufrütteln: ***alert s.o. to s.th.*** j-m etw (deutlich) zum Bewusstsein bringen
A-lev·el ['eɪˌlevl] *s* (*etwa*) Abitur *n*, *österr.*, *schweiz.* Matura *f*: ***take one's A-levels*** Abitur machen, *österr.*, *schweiz.* maturieren
al·ga ['ælgə] *Pl* **al·gae** ['ældʒiː] *s* BOT Alge *f*
al·ge·bra ['ældʒɪbrə] *s* MATHE Algebra *f*
al·ge·bra·ic [ˌældʒɪ'breɪɪk] *Adj* (***algebraically***) algebraisch
Al·ge·ria [æl'dʒɪərɪə] *Eigenn* Algerien *n*
Al·ge·ri·an [æl'dʒɪərɪən] **I** *Adj* algerisch **II** *s* Algerier(in)
al·go·rithm ['ælgərɪðm] *s* MATHE Algorithmus *m*
a·li·as ['eɪlɪəs] **I** *Adv* alias **II** *s* Deck-, JUR *auch* Falschname *m*

> ## A level
> LK
>
> **A level** ist die Kurzform von **advanced level** und bezeichnet eine Schulprüfung, die in England und Wales im Alter von ca. 18 Jahren abgelegt wird. Normalerweise werden **A levels** in drei (manchmal mehr) Fächern gemacht und qualifizieren zum Hochschulstudium.

al·i·bi ['ælıbaı] *s* JUR Alibi *n*, *fig ugs auch* Ausrede *f*, Entschuldigung *f*: ***give s.o. an alibi*** j-m ein Alibi geben

al·ien ['eıljən] **I** *Adj* **1.** ausländisch **2.** außerirdisch **3.** *fig* fremd (***to*** *Dat*): ***that is alien to his nature*** das ist ihm wesensfremd **II** *s* **4.** Ausländer(in) **5.** außerirdisches Wesen

al·ien·ate ['eıljəneıt] *v/t* **1.** JUR veräußern **2.** befremden; entfremden (***from*** *Dat*)

ˌal·ien'a·tion *s* **1.** JUR Veräußerung *f* **2.** Entfremdung *f*

a·light[1] [ə'laıt] *Adv und Adj* in Flammen: ***be alight*** in Flammen stehen; *fig* strahlen (***with*** vor *Dat*); ***set alight*** anzünden

a·light[2] [ə'laıt] *v/i* (*auch unreg*) **1.** (***from***) aussteigen (aus), absteigen (von *Fahrrad etc*), absitzen (von *Pferd*) **2.** (***on***) (sanft) fallen (auf *Akk*) (*Schnee*), sich niederlassen (auf *Dat oder Akk*) (*Vogel*) **3.** FLUG niedergehen, landen (*auch allg*)

a·lign [ə'laın] **I** *v/t* **1.** in eine (gerade) Linie bringen, TECH (aus)fluchten **2.** ausrichten (***with*** nach) **3.** ***align o.s. with*** *fig* sich anschließen (*Dat oder* an *Akk*) **II** *v/i* **4.** sich ausrichten (***with*** nach)

a'lign·ment *s* Ausrichtung *f*: ***in alignment with*** in einer Linie mit, *fig auch* in Übereinstimmung mit

a·like [ə'laık] **I** *Adj* gleich; ähnlich (***to*** *Dat*) **II** *Adv* gleich, in gleicher Weise; ähnlich: ***treat alike*** gleich behandeln

al·i·men·ta·ry [ˌælı'mentərı] *Adj* **1.** Nahrungs… **2.** Ernährungs…, Speise…: ***alimentary canal*** Verdauungskanal *m*

al·i·mo·ny ['ælımənı] *s* JUR Unterhalt(szahlung *f*) *m*

►**a·live** [ə'laıv] *Adj* **1.** lebend, lebendig, am Leben: *his grandparents* ***are still alive*** leben noch; ***be burnt alive*** bei lebendigem Leib verbrennen **2.** in voller Kraft *oder* Wirksamkeit: ***keep alive*** aufrechterhalten **3.** lebendig, lebhaft: ***alive and kicking*** *ugs* gesund und munter; ***look alive!*** *ugs* mach fix! **4.** ***be alive to*** sich *einer Sache* bewusst sein **5.** ***be alive with*** wimmeln von

al·ka·li ['ælkəlaı] *s* CHEM Alkali *n*, Laugensalz *n*

al·ka·line ['ælkəlaın] *Adj* alkalisch

►**all** [ɔːl] **I** *Adj* **1.** all, gesamt, ganz: ***all day*** (***long***) den ganzen Tag (hindurch); ***all the time*** die ganze Zeit **2.** jeder, jede, jedes, alle *Pl*: ***at all hours*** zu jeder Stunde **II** *Adv* **3.** ganz, gänzlich: ***all the better*** umso besser; ***all in*** *ugs* total fertig *oder* erledigt; ► ***all over*** überall; ***that is John all over*** das ist typisch John; ► ***all right*** schon gut; in Ordnung; ***it's all right for you to talk!*** *ugs* du hast gut reden!; ***all round*** rings- *oder* rundherum; ***it's all up with him*** mit ihm ists aus; → ***there*** 1 **III** *Pron* **4.** alles: ***all in all*** alles in allem; ***all of it*** alles, das Ganze; ***all of us*** wir alle; → ***above*** 2, ***after*** 3 **IV** *s* **5.** ***his all*** sein Hab und Gut; sein Ein und Alles

ˌall-A'mer·i·can *Adj* **1.** rein *oder* typisch amerikanisch **2.** die ganzen USA vertretend

al·le·ga·tion [ˌælı'geıʃn] *s* Behauptung *f*

al·lege [ə'ledʒ] *v/t* behaupten

al'leged *Adj* angeblich

al·le·giance [ə'liːdʒəns] *s* Treue *f*, Loyalität *f*

al·le·gor·ic, **al·le·gor·i·cal** [ˌælı'gɒrık(l)] *Adj* allegorisch

al·le·go·ry ['ælıgərı] *s* Allegorie *f*

al·le·lu·ia [ˌælı'luːjə] *s* Halleluja *n*

al·ler·gen ['ælədʒən] *s* MED Allergen *n*

al·ler·gic [ə'lɜːdʒık] *Adj* (***allergically***) allergisch (***to*** gegen) (*auch fig ugs*)

al·ler·gist ['ælədʒıst] *s* Allergologe *m*, Allergologin *f*

al·ler·gy ['ælədʒı] *s* MED Allergie *f*

al·le·vi·ate [ə'liːvıeıt] *v/t* mildern, lindern

al·ley ['ælı] *s* **1.** Gasse *f*, Weg *m*: → ***blind alley*** **2.** *Bowling*: Bahn *f*

al·li·ance [ə'laıəns] *s* **1.** Verbindung *f* **2.** Bund *m*, Bündnis *n*: ***form an alliance*** ein Bündnis schließen **3.** Verschwägerung *f*; *weit. S.* Verwandtschaft *f*

al·lied [ə'laıd; *attr.* 'ælaıd] *Adj* **1.** verbündet **2.** *fig* verwandt (***to*** mit)

Al·lies ['ælaız] *s Pl hist die* Alliierten *Pl*

al·li·ga·tor ['ælıgeıtə] *s* ZOOL Alligator *m*

ˌall-'in *Adj* Gesamt…, Pauschal…

al·lit·er·a·tion [əˌlıtə'reıʃn] *s* Alliteration *f*

al·lo·cate ['æləʊkeıt] *v/t* zuteilen, zuweisen (***to*** *Dat*)

ˌal·lo'ca·tion *s* Zuteilung *f*, Zuweisung *f*

al·lot [ə'lɒt] *v/t* **1.** zuteilen, zuweisen (***to*** *Dat*) **2.** *Geld etc* bestimmen (***to***, ***for*** für)

al'lot·ment *s* **1.** Zuteilung *f*, Zuweisung *f* **2.** Parzelle *f*: ***allotment*** (***garden***) *bes Br* Schrebergarten *m*

ˌall-'out *Adj ugs* **1.** total: ***all-out effort*** äußerste Anstrengung **2.** *Am* kompromisslos, radikal

►**al·low** [ə'laʊ] **I** *v/t* **1.** erlauben, gestatten; bewilligen, gewähren: ► ***be allowed to do s.th.*** etw tun dürfen; ***we are allowed …*** uns stehen … zu **2.** *Summe* geben **3.** zugeben; anerkennen, gelten lassen **II** *v/i* **4.** ***allow of*** erlauben, gestatten **5.** ***allow for*** in Betracht ziehen, berücksichtigen (*Akk*)

al'low·a·ble *Adj* erlaubt, zulässig

al'low·ance *s* **1.** Erlaubnis *f*; Bewilligung *f* **2.** Anerkennung *f* **3.** Zuschuss *m*, Beihilfe *f*; Taschengeld *n* **4.** WIRTSCH Nachlass *m*, Rabatt *m* **5.** Nachsicht *f*: ***make allowance(s) for*** → ***allow*** 5 **6.** MATHE, TECH Toleranz *f*

al·loy ['ælɔı] *s* TECH Legierung *f*

'all-ˌpur·pose *Adj* Allzweck…, Universal…

ˌall-'round *Adj* vielseitig, Allround…

All Saints' Day *s* REL Allerheiligen *n*

All Souls' Day *s* REL Allerseelen *n*

'all-ˌtime *Adj* bisher unerreicht, beispiellos: ***all-time high*** Höchstleistung *f*, -stand *m*; ***all-time low*** Tiefststand *m*

al·lude [ə'luːd] *v/i* anspielen (***to*** auf *Akk*)

al·lure [ə'ljʊə] **I** *v/t* **1.** (an-, ver)locken **2.** anziehen, verzaubern **II** *s* Anziehungskraft *f*, Zauber *m*

al'lur·ing *Adj* (ver)lockend, verführerisch

al·lu·sion [ə'luːʒn] *s* Anspielung *f* (***to*** auf *Akk*)

al·lu·vi·al [ə'luːvjəl] *Adj* GEOL angeschwemmt, Schwemm…

'all-ˌweath·er *Adj* Allwetter…

'all-wheel ˌdrive *s* MOT Allradantrieb *m*

al·ly [ə'laɪ] **I** *v/t* verbinden, -einigen (***to, with*** mit): ***ally o.s.*** *siehe* II; → ***allied*** **II** *v/i* sich vereinigen *oder* verbünden (***to, with*** mit) **III** *s* ['ælaɪ] Verbündete *m, f,* Bundesgenosse *m,* -genossin *f*: → ***Allies***
al·might·y [ɔːl'maɪtɪ] *Adj* allmächtig: ***the Almighty*** der Allmächtige
al·mond ['ɑːmənd] *s* BOT Mandel *f*
▶**al·most** ['ɔːlməʊst] *Adv* fast, beinahe
alms [ɑːmz] *s* **1.** (*meist Pl konstruiert*) Almosen *n* **2.** REL *Br* Kollekte *f*
al·oe ['æləʊ] *s* BOT Aloe *f*
▶**a·lone** [ə'ləʊn] **I** *Adj* allein: → ***leave***¹ 2, ***let***¹ 1 **II** *Adv* allein, bloß, nur
▶**a·long** [ə'lɒŋ] **I** *Präp* **1.** entlang (*Dat oder Akk*), längs (*Gen, auch Dat*), an (*Dat*) … vorbei: ***along the river*** am *oder* den Fluss entlang, entlang dem Fluss **II** *Adv* **2.** vorwärts, weiter: → ***get along***, *etc* **3.** ***along with*** zs. mit: → ***take along***, *etc* **4.** *ugs* da: ***I'll be along shortly*** ich bin gleich da
aˌlong'side **I** *Adv* **1.** SCHIFF längsseits **2.** Seite an Seite **II** *Präp* **3.** neben (*Dat oder Akk*)
a·loof [ə'luːf] **I** *Adv* fern, abseits: ***hold*** (*oder* ***keep***) (***o.s.***) ***aloof, stand aloof*** sich fernhalten (***from*** von), für sich bleiben **II** *Adj* reserviert, zurückhaltend
a·loud [ə'laʊd] *Adv* laut
al·pha·bet ['ælfəbet] *s* Alphabet *n*
ˌal·pha'bet·ic, ˌal·pha'bet·i·cal *Adj* alphabetisch: ***in alphabetic(al) order*** in alphabetischer Reihenfolge, alphabetisch (an)geordnet
al·pha·nu·mer·ic ['ælfənjuː'merɪk] *Adj* (***alphanumerically***) COMPUTER alphanumerisch
Al·pine ['ælpaɪn] *Adj* **1.** Alpen… **2.** alpin, (Hoch)Gebirgs…
▶**al·read·y** [ɔːl'redɪ] *Adv* bereits, schon
al·right [ˌɔːl'raɪt] *Br ugs und Am für* ***all right*** (→ ***all*** 3)
Al·sace [æl'sæs], **Al·sa·tia** [æl'seɪʃə] *Eigenn das* Elsass
Al·sa·tian [æl'seɪʃən] **I** *Adj* **1.** elsässisch **II** *s* **2.** Elsässer(in) **3.** Deutscher Schäferhund
▶**al·so** ['ɔːlsəʊ] *Adv* auch, ebenfalls

> **Die Stellung von also** GR
>
> Die Stellung von **also** (= auch) im Satz folgt der Regelung für Häufigkeitsadverbien, d. h. **also** steht nach **be:**
>
> | | |
> |---|---|
> | **I'm also sceptical.** | Ich bin auch skeptisch. |
>
> nach dem ersten Hilfsverb:
>
> | | |
> |---|---|
> | **He's also studying Business Administration.** | Er studiert auch Betriebswirtschaft. |
>
> oder vor dem Vollverb:
>
> | | |
> |---|---|
> | **She also likes documentaries.** | Sie mag auch Dokumentarfilme. |

'al·so-ran *s* **1.** SPORT *Teilnehmer an einem Rennen, der sich nicht platzieren kann*: ***she was an also-ran*** sie kam unter ‚ferner liefen' an **2.** *ugs* Versager(in), Niete *f*
al·tar ['ɔːltə] *s* REL Altar *m*
al·tar boy *s* Ministrant *m*
al·ter ['ɔːltə] **I** *v/t* (ver-, ab-, um)ändern **II** *v/i* sich (ver)ändern
ˌal·ter'a·tion *s* Änderung *f* (***to*** an *Dat*), Ver-, Ab-, Umänderung *f*
al·ter·ca·tion [ˌɔːltə'keɪʃn] *s* heftige Auseinandersetzung
al·ter·nate **I** *Adj* [ɔːl'tɜːnət] **1.** abwechselnd: ***on alternate days*** jeden zweiten Tag **II** *v/t* ['ɔːltəneɪt] **2.** abwechseln lassen **3.** *miteinander* vertauschen **4.** ELEK, TECH (periodisch) verändern **III** *v/i* ['ɔːltəneɪt] **5.** abwechseln
al'ter·nate·ly *Adv* abwechselnd, wechselweise
'al·ter·nat·ing *Adj* abwechselnd, Wechsel…: ***alternating current*** ELEK Wechselstrom *m*
al·ter·na·tion [ˌɔːltə'neɪʃn] *s* Abwechslung *f*, Wechsel *m*
▶**al·ter·na·tive** [ɔːl'tɜːnətɪv] **I** *Adj* **1.** alternativ, Ersatz…: ***alternative airport*** Ausweichflughafen *m*; ***alternative society*** alternative Gesellschaft **2.** ander(er, e, es) (*von zweien*) **II** *s* **3.** Alternative *f* (***to*** zu): ***have no*** (***other***) ***alternative*** keine andere Möglichkeit *oder* Wahl haben (***but to*** als zu)
▶**al·though** [ɔːl'ðəʊ] *Konj* obwohl, obgleich
al·tim·e·ter ['æltɪmiːtə] *s* PHYS Höhenmesser *m*
al·ti·tude ['æltɪtjuːd] *s* ASTR, FLUG, MATHE Höhe *f*: ***at an altitude of*** in einer Höhe von
al·to ['æltəʊ] *Pl* **al·tos** *s* MUS Alt(stimme *f*) *m*; Altistin *f*
al·to·geth·er [ˌɔːltə'geðə] **I** *Adv* **1.** insgesamt **2.** ganz (u. gar), völlig **3.** im Ganzen genommen **II** *s* **4.** ***in the altogether*** *hum* im Adams- *oder* Evaskostüm
al·tru·ism ['æltruɪzəm] *s* Altruismus *m*, Selbstlosigkeit *f*
'al·tru·ist *s* Altruist(in)
ˌal·tru'is·tic *Adj* (***altruistically***) altruistisch, selbstlos
al·u·min·i·um [ˌæljʊ'mɪnɪəm], *Am* **a·lu·mi·num** [ə'luːmɪnəm] *s* CHEM Aluminium *n*
a·lum·na [ə'lʌmnə] *Pl* **a'lum·nae** [ə'lʌmniː] *s Am* ehemalige Schülerin *oder* Studentin
a'lum·nus [ə'lʌmnəs] *Pl* **a'lum·ni** [ə'lʌmnaɪ] *s Am* ehemaliger Schüler *oder* Student
▶**al·ways** ['ɔːlweɪz] *Adv* immer, stets: ***as always*** wie immer
Alz·heim·er's Dis·ease ['æltshaɪməz dɪˌziːz] *s* MED Alzheimerkrankheit *f*
am [æm] *ich* bin
a.m., am [eɪ'em] *Abk* ***ante meridiem*** (= ***before noon***) vorm., vormittags, morgens
a·mal·gam [ə'mælgəm] *s* **1.** CHEM, TECH Amalgam *n* **2.** *fig* Mischung *f*
a'malgam·ate [ə'mælgəmeɪt] *v/t und v/i* **1.** CHEM, TECH (sich) amalgamieren, *auch fig* (sich) vereinigen, verschmelzen **2.** *fig* (sich) zs.-schließen, WIRTSCH *auch* fusionieren
aˌmal·ga'ma·tion *s* **1.** CHEM, TECH Amalgamieren *n*, *auch fig* Vereinigung *f*, Verschmelzung *f* **2.** *fig* Zs.-schluss *m*, WIRTSCH *auch* Fusion *f*
am·a·ryl·lis [ˌæmə'rɪlɪs] *s* BOT Amaryllis *f*
a·mass [ə'mæs] *v/t* an-, aufhäufen
am·a·teur ['æmətə] *s* Amateur(in): **a)** (Kunst- *etc*)Liebhaber(in): ***amateur painter*** Sonntagsmaler(in), **b)** Amateursportler(in): ***amateur boxer*** Amateurboxer(in), **c)** Nichtfachmann *m*, -frau *f*, *pej* Dilettant(in): ***amateur detective*** Amateurdetektiv(in)
am·a·teur·ish ['æmətərɪʃ] *Adj* amateurhaft, dilettantisch
a·maze [ə'meɪz] *v/t* in (Er)Staunen setzen, verblüffen
a'mazed *Adj* erstaunt, verblüfft (***at*** über *Akk*)
a'maze·ment *s* (Er)Staunen *n*, Verblüffung *f*: ***in***

amazement staunend, verblüfft; ***to my amazement*** zu meinem Erstaunen, zu meiner Verblüffung

▶**a·maz·ing** [əˈmeɪzɪŋ] *Adj* erstaunlich, verblüffend

Am·a·zon [ˈæməzən] *s* **1.** *in der Antike* Amazone *f* **2.** *auch* **amazon** *fig* Amazone *f*, Mannweib *n* **3.** GEOG *der* Amazonas

am·bas·sa·dor [æmˈbæsədə] *s* POL Botschafter *m* (**to** in *Dat*)

am·ber [ˈæmbə] **I** *s* **1.** MIN Bernstein *m* **2.** *Br* Gelb(licht) *n*, gelbes Licht (*Verkehrsampel*): ***at amber*** bei Gelb; ***the lights were at amber*** die Ampel stand auf Gelb **II** *Adj* **3.** Bernstein… **4.** bernsteinfarben **5.** ***the lights were amber*** *Br* die Ampel stand auf Gelb

am·bi·dex·trous [ˌæmbɪˈdekstrəs] *Adj* beidhändig

am·bi·gu·i·ty [ˌæmbɪˈgjuːətɪ] *s* Zweideutigkeit *f* (*auch Äußerung*), Mehr-, Vieldeutigkeit *f*

am'big·u·ous [æmˈbɪgjʊəs] *Adj* zwei-, mehr-, vieldeutig; unklar

am·bi·tion [æmˈbɪʃn] *s* Ehrgeiz *m*

am'bi·tious *Adj* ehrgeizig (*auch Plan etc*): ***be ambitious to do s.th.*** den Ehrgeiz haben, etw zu tun; ***be ambitious for s.o.*** große Dinge mit j-m vorhaben

am·bi·va·lent [æmˈbɪvələnt] *Adj bes* PSYCH ambivalent, doppelwertig

am·ble [ˈæmbl] **I** *v/i* **1.** im Passgang gehen *oder* reiten **2.** *fig* schlendern **II** *s* **3.** Passgang *m* **4.** *fig* gemächlicher Gang

▶**am·bu·lance** [ˈæmbjʊləns] *s* Kranken-, Sanitätswagen *m*

am·bush [ˈæmbʊʃ] **I** *s* Hinterhalt *m*: ***lay an ambush*** einen Hinterhalt legen; ***lie*** (*oder* ***wait***) ***in ambush*** *siehe* III **II** *v/t* aus dem Hinterhalt überfallen; auflauern (*Dat*) **III** *v/i* im Hinterhalt liegen

a·me·ba *Am* → ***amoeba***

a·mel·io·rate [əˈmiːljəreɪt] **I** *v/t* verbessern, LANDW (a)meliorieren **II** *v/i* besser werden

a͵mel·io'ra·tion *s* Verbesserung *f*, LANDW (A)Melioration *f*

a·men [ˌɑːˈmen] **I** *Interj* amen! **II** *s* Amen *n*

a·me·na·ble [əˈmiːnəbl] *Adj* (***to***) **1.** zugänglich (*Dat*) **2.** verantwortlich (*Dat*); unterworfen (*Dat*)

a·mend [əˈmend] *v/t* **1.** verbessern **2.** PARL *Gesetz etc* abändern, ergänzen, nachbessern

a'mend·ment *s* **1.** Verbesserung *f* **2.** PARL Abänderungs-, Ergänzungsantrag *m*; *Am* Zusatzartikel *m* zur Verfassung

> **Bill of Rights (USA)** LK
>
> Die **Bill of Rights**, die ersten 10 **amendments** zur amerikanischen **Constitution**, traten 1791 in Kraft und stellen seither – als Schutz des Individuums vor staatlicher Willkür – einen wesentlichen Bestandteil der Verfassung dar. Sie garantieren den Bürgern der USA ihre Grundrechte, darunter Religionsfreiheit, das Recht auf freie Meinungsäußerung, Presse- und Versammlungsfreiheit sowie das Recht, Waffen zu tragen.

a'mends *s Pl* (*meist Sg konstruiert*) (Schaden-) Ersatz *m*: ***make amends*** Schadenersatz leisten, es wieder gutmachen; ***make amends to s.o. for s.th.*** j-n für etw entschädigen

a·men·i·ty [əˈmiːnətɪ] *s* **1.** *oft Pl* Liebenswürdigkeit *f*, Höflichkeit *f* **2.** schöne Lage (*eines Hauses etc*); *oft Pl* Annehmlichkeit(en *Pl*) *f*; *Pl* (natürliche) Vorzüge *Pl oder* Reize *Pl* (*einer Person, eines Ortes etc*)

▶**A·mer·i·ca** [əˈmerɪkə] *Eigenn* Amerika *n*

▶**A·mer·i·can** [əˈmerɪkən] **I** *Adj* amerikanisch: ***American Dream*** *der* amerikanische Traum; ▶ ***American Indian*** (*bes.* nordamer.) Indianer(in) **II** *s* Amerikaner(in)

> **American Dream** LK
>
> Der **American Dream** verkörpert die soziale Idealvorstellung von der Gleichheit aller Menschen und einer klassenlosen Gesellschaft, in welcher der einfache Mann durch harte Arbeit zu materiellem Erfolg gelangen und es **"from dishwasher to millionaire"** bringen kann.

A'mer·i·can·ism *s* Amerikanismus *m*

A'mer·i·can·ize *v/t und v/i* (sich) amerikanisieren

am·e·thyst [ˈæmɪθɪst] *s* Amethyst *m*

a·mi·a·bil·i·ty [ˌeɪmjəˈbɪlətɪ] *s* Liebenswürdigkeit *f*

'a·mi·a·ble *Adj* liebenswürdig, freundlich

am·i·ca·ble [ˈæmɪkəbl] *Adj* freund(schaft)lich, friedlich, *auch* JUR gütlich

'am·i·ca·bly *Adv* in Güte, gütlich: ***part amicably*** im Guten auseinandergehen

a·mid, **a·midst** [əˈmɪd(st)] *Präp* inmitten (*Gen*), (mitten) in *oder* unter (*Dat oder Akk*)

a·miss [əˈmɪs] *Adj und Adv* verkehrt, falsch: ***take amiss*** übel nehmen; ***there is s.th. amiss with*** etw stimmt nicht mit; ***it would not be amiss*** es würde nicht schaden (***for s.o. to do s.th.*** wenn jemand etw täte)

am·me·ter [ˈæmɪtə] *s* ELEK Amperemeter *n*

am·mo·ni·a [əˈməʊnjə] *s* CHEM Ammoniak *n*: ***liquid ammonia*** Salmiakgeist *m*

am·mu·ni·tion [ˌæmjʊˈnɪʃn] *s* MIL Munition *f*: ***ammunition dump*** Munitionslager *n*

am·ne·sia [æmˈniːzjə] *s* MED Amnesie *f*, Gedächtnisschwund *m*

am·nes·ty [ˈæmnəstɪ] *s* Amnestie *f*

am·nio·cen·tesis [ˈæmnɪəʊsenˌtiːsɪs] *s* MED Fruchtwasseruntersuchung *f*

am·nio·tic sac [ˈæmnɪɒtɪk ˌsæk] *s* MED Fruchtblase *f*

a·moe·ba [əˈmiːbə] *s* ZOOL Amöbe *f*

a·mok [əˈmɒk] → ***amuck***

▶**a·mong**, **a·mongst** [əˈmʌŋ(st)] *Präp* (mitten) unter (*Dat oder Akk*), zwischen (*Dat oder Akk*), bei: ***from among(st)*** aus … hervor; ***be among(st)*** gehören zu; ***among(st) other things*** unter anderem; ***they had two pounds among(st) them*** sie hatten zusammen zwei Pfund

a·mor·al [ˌeɪˈmɒrəl] *Adj* amoralisch

am·o·rous [ˈæmərəs] *Adj* **1.** verliebt (***of*** in *Akk*) **2.** Liebes…

am·or·ti·za·tion [əˌmɔːtɪˈzeɪʃn] *s* Amortisation *f*, Tilgung *f*, Abschreibung *f*

a'mor·tize [əˈmɔːtaɪz] *v/t* amortisieren: **a)** *Schuld* tilgen, **b)** *Anlagewerte* abschreiben

▶**a·mount** [əˈmaʊnt] **I** *v/i* **1.** (***to***) sich belaufen (auf *Akk*), betragen (*Akk*) **2.** *fig* (***to***) hinauslaufen (auf *Akk*), bedeuten (*Akk*) **II** *s* **3.** Betrag *m*, Summe *f*; Höhe *f* (*einer Summe*): ***to the amount of*** in Höhe von; bis zum Betrag von **4.** Menge *f*

amp [æmp] *ugs* → ***ampere, amplifier***

am·pere ['æmpeə] *s* Ampere *n*

am·per·sand ['æmpəsænd] *s typografisch*: Et-Zeichen *n*

am·phet·a·mine [æm'fetəmiːn] *s* CHEM Amphetamin *n*

am·phib·i·an [æm'fɪbɪən] **I** *Adj* **1.** → ***amphibious*** **II** *s* **2.** ZO Amphibie *f*, Lurch *m* **3.** Amphibienfahrzeug *n*

am'phib·i·ous *Adj* ZOOL, TECH amphibisch, Amphibien…

am·phi·the·a·ter, *bes Br* **am·phi·the·a·tre** ['æmfɪˌθɪətə] *s* Amphitheater *n*

am·ple ['æmpl] *Adj* **1.** weit, groß, geräumig **2.** weitläufig, -gehend, ausführlich **3.** reich(lich), beträchtlich **4.** stattlich (*Figur etc*)

am·pli·fi·ca·tion [ˌæmplɪfɪ'keɪʃn] *s* **1.** Erweiterung *f*, Vergrößerung *f*, Ausdehnung *f* **2.** nähere Ausführung *oder* Erläuterung; Weitschweifigkeit *f* **3.** ELEK, PHYS Verstärkung *f*

am·pli·fi·er ['æmplɪfaɪə] *s* ELEK, PHYS Verstärker *m*

'am·pli·fy **I** *v/t* **1.** erweitern, vergrößern, ausdehnen **2.** näher ausführen *oder* erläutern **3.** ELEK, PHYS verstärken **II** *v/i* **4.** sich weitläufig auslassen (***on*** über *Akk*)

am·pli·tude ['æmplɪtjuːd] *s* **1.** Weite *f*, Umfang *m* (*auch fig*) **2.** Fülle *f*, Reichtum *m* **3.** ELEK, PHYS Amplitude *f*, Schwingungsweite *f*

am·pu·tate ['æmpjʊteɪt] *v/t* MED amputieren, abnehmen

ˌam·pu'ta·tion *s* Amputation *f*, Abnahme *f*

a·muck [ə'mʌk] *Adv*: ***run amuck*** Amok laufen

a·muse [ə'mjuːz] *v/t* amüsieren; unterhalten; Spaß machen (*Dat*): ***be amused*** sich freuen (***at, by*** über *Akk*); ***I am not amused*** ich finde das nicht lustig

►**a·muse·ment** [ə'mjuːzmənt] *s* Unterhaltung *f*; Zeitvertreib *m*: ***for amusement*** zum Vergnügen; ***amusement arcade*** *Br* Spielsalon *m*; ***amusement park*** Vergnügungspark *m*

a'mus·ing *Adj* amüsant; unterhaltsam

►**an** [ən, *betont*: æn] → ***a***[1]

an·a·bo·lic ster·oid [ˌænə'bɒlɪk 'stɪərɔɪd] *s* MED Anabolikum *n*

a·nach·ro·nism [ə'nækrənɪzəm] *s* Anachronismus *m*

an·a·con·da [ˌænə'kɒndə] *s* ZOOL Anakonda *f*, Riesenschlange *f*

a·nae·mi·a [ə'niːmjə] *s bes Br* MED Anämie *f*, Blutarmut *f*

an·aes·the·si·a [ˌænɪs'θiːzjə] *s bes Br* MED Anästhesie *f*, Narkose *f*, Betäubung *f*

an·aes·thet·ic [ˌænɪs'θetɪk] *bes Br* **I** *Adj* (***anaesthetically***) betäubend, Narkose… **II** *s* Betäubungsmittel *n*

an·aes·the·tist [æ'niːsθətɪst] *s bes Br* Anästhesist(in), Narkosearzt *m*, -ärztin *f*

an'aes·the·tize *v/t bes Br* betäuben, narkotisieren

an·al·ge·sic [ˌænæl'dʒiːsɪk] **I** *Adj* MED schmerzstillend **II** *s* Schmerzmittel *n*

an·a·log·ic, **an·a·log·i·cal** [ˌænə'lɒdʒɪk(l)] *Adj in der Logik*: analog

a·nal·o·gous [ə'næləgəs] *Adj von Aussagen, Erkenntnissen*: analog, vergleichbar (***to, with*** *Dat*)

an·a·log, **an·a·logue** ['ænəlɒg] *Adj*: ***analog(ue) computer*** Analogrechner *m*; ***analog(ue) watch*** Analog(armband)uhr *f*

a'nal·o·gy [ə'nælədʒɪ] *s* Analogie *f*, Entsprechung *f*: ***on the analogy of, by analogy with*** analog, gemäß, entsprechend (*Dat*)

an·a·lyse ['ænəlaɪz] *v/t* analysieren: **a)** CHEM *etc* zerlegen, **b)** gründlich untersuchen, **c)** LING zergliedern, **d)** MATHE auflösen

a·nal·y·sis [ə'næləsɪs] *Pl* **a·nal·y·ses** [ə'næləsiːz] *s* **1.** Analyse *f*, Zerlegung *f*, gründliche Untersuchung, Zergliederung *f*, Auflösung *f* **2.** MATHE Analysis *f* **3.** Psychoanalyse *f*

an·a·lyst ['ænəlɪst] *s* **1.** Analytiker(in) **2.** Psychoanalytiker(in)

an·a·lyt·ic, **an·a·lyt·i·cal** [ˌænə'lɪtɪk(l)] *Adj* **1.** analytisch **2.** psychoanalytisch

an·ar·chic, **an·ar·chi·cal** [æ'nɑːkɪk(l)] *Adj* anarchisch

an·arch·ism ['ænəkɪzəm] *s* Anarchismus *m*

'an·arch·ist **I** *s* Anarchist(in) **II** *Adj* anarchistisch

'an·arch·y *s* Anarchie *f*

a·nath·e·ma [ə'næθəmə] *s* **1.** REL Bannfluch *m*, Kirchenbann *m* **2.** ***be an anathema to s.o.*** *fig* j-m verhasst *oder* ein Gräuel sein

an·a·tom·i·cal [ˌænə'tɒmɪkl] *Adj* anatomisch

a·nat·o·mize [ə'nætəmaɪz] *v/t* MED sezieren, *fig auch* zergliedern

a'nat·o·my *s* **1.** MED Anatomie *f* **2.** *fig* Zergliederung *f*, Analyse *f*

an·ces·tor ['ænsestə] *s* Vorfahr *m*, Ahn(herr) *m*: ***ancestor cult*** Ahnenkult *m*

an·ces·tral [æn'sestrəl] *Adj* angestammt, Ahnen…: ***ancestral home*** Stammsitz *m*

an·ces·tress ['ænsestrɪs] *s* Ahnfrau *f*, Ahne *f*

'an·ces·try *s* **1.** (*bes* vornehme) Abstammung **2.** Vorfahren *Pl*, Ahnen(reihe *f*) *Pl*: ***ancestry research*** Ahnenforschung *f*

an·chor ['æŋkə] **I** *s* **1.** SCHIFF Anker *m*: ***cast*** (*oder* ***drop***) ***anchor*** *siehe* 5a; ***lie*** (*oder* ***ride***) ***at anchor*** *siehe* 5b; → ***weigh*** 3 **2.** RUNDFUNK, TV *Am* Moderator *m*, Moderatorin *f* (*einer Nachrichtensendung*); Diskussionsleiter(in) **II** *v/t* **3.** SCHIFF, TECH verankern (*auch fig*) **4.** RUNDFUNK, TV *Am Nachrichtensendung* moderieren; *Diskussion* leiten **III** *v/i* **5.** SCHIFF ankern: **a)** vor Anker gehen, **b)** vor Anker liegen

'an·chor·age *s* **1.** Ankerplatz *m* **2.** *auch* ***anchorage dues*** *Pl* Anker-, Liegegebühr *f*

an·chor·man ['æŋkəmən] *s* (*unreg* ***man***), **'anchorˌwom·an** *s* (*unreg* ***woman***) → ***anchor*** 2

an·cho·vy ['æntʃəvɪ] *s* Sardelle *f*

►**an·cient** ['eɪnʃənt] **I** *Adj* **1.** alt, aus alter Zeit **2.** uralt **3.** altertümlich **II** *s* **4.** ***the ancients*** *Pl* die Alten *Pl* (*Griechen und Römer*)

an·cil·lar·y [æn'sɪlərɪ] *Adj* untergeordnet (***to*** *Dat*), Zusatz…, Neben…: ***ancillary industries*** *Pl* Zulieferbetriebe *Pl*

►**and** [ænd] *Konj* und: ***better and better*** immer besser; ***thousands and thousands*** Tausende und Abertausende; ***there are books and books*** es gibt gute und schlechte Bücher; ***for miles and miles*** viele Meilen weit; ***he ran and ran*** er lief immer weiter; ***bread and butter*** Butterbrot *n*; ***try and come*** versuche zu kommen; → ***nice*** 4

an·droid ['ændrɔɪd] *s* Androide *m*

an·ec·do·tal [ˌænek'dəʊtl] *Adj* anekdotenhaft, anekdotisch

an·ec·dote ['ænɪkdəʊt] *s* Anekdote *f*

a·ne·mi·a, *etc Am* → ***anaemia***, *etc*

an·e·mom·e·ter [ˌænɪˈmɒmɪtə] *s* PHYS Windmesser *m*
a·nem·o·ne [əˈnemənɪ] *s* BOT Anemone *f*
an·es·the·si·a, *etc Am* → ***anaesthesia***, *etc*
a·new [əˈnjuː] *Adv* **1.** von Neuem, noch einmal **2.** neu
▶**an·gel** [ˈeɪndʒəl] *s* Engel *m* (*auch fig*): ***you are an angel*** du bist ein Schatz
an·gel·ic, **an·gel·i·cal** [ænˈdʒelɪk(l)] *Adj* engelhaft, Engels…
▶**an·ger** [ˈæŋgə] **I** *s* Zorn *m*, Ärger *m*, Wut *f* (***at*** über *Akk*) **II** *v/t* erzürnen, (ver)ärgern
an·gle[1] [ˈæŋgl] **I** *s* **1.** *bes* MATHE Winkel *m*: ***at an angle*** schräg; ***at right angles to*** im rechten Winkel zu **2.** Ecke *f* **3.** *fig* Standpunkt *m* **4.** *fig* Seite *f*, Aspekt *m* **II** *v/t* **5.** ab-, umbiegen **6.** *Bericht etc* färben
an·gle[2] [ˈæŋgl] *v/i* angeln: ***angle for*** *fig* aus sein auf (*Akk*); → ***compliment*** 1
an·gler [ˈæŋglə] *s* Angler(in)
An·gli·can [ˈæŋglɪkən] REL **I** *Adj* anglikanisch **II** *s* Anglikaner(in)
An·gli·cism [ˈæŋglɪsɪzəm] *s* LING Anglizismus *m*
An·glo-A·mer·i·can [ˌæŋgləʊəˈmerɪkən] **I** *s* Angloamerikaner(in) **II** *Adj* angloamerikanisch
ˌAn·glo-ˈSax·on **I** *s* Angelsachse *m*, -sächsin *f* **II** *Adj* angelsächsisch
an·go·ra [æŋˈgɔːrə] *s auch* ***angora cat*** ZOOL Angorakatze *f*
an·go·ra wool *s* Angorawolle *f*
▶**an·gry** [ˈæŋgrɪ] *Adj* (***at, about***) ärgerlich (auf, über *Akk*), verärgert (über *Akk*), böse (auf *j-n*, über *etw*; ***with*** mit *j-m*)
an·guish [ˈæŋgwɪʃ] *s* Qual *f*, Pein *f*: ***be in anguish*** Ängste ausstehen
an·gu·lar [ˈæŋgjʊlə] *Adj* **1.** wink(e)lig, Winkel… **2.** knochig **3.** *fig* steif: **a)** linkisch, **b)** formell
an·i·line [ˈænɪliːn] *s* CHEM Anilin *n*
▶**an·i·mal** [ˈænɪml] **I** *s* Tier *n* **II** *Adj* animalisch, tierisch
an·i·mal food *s* **1.** Fleischnahrung *f* **2.** Tierfutter *n*
an·i·mal lov·er *s* Tierfreund(in)
ˈan·i·mal-ˌlov·ing *Adj* tierliebend
an·i·mal shel·ter *s Am* Tierheim *n*
an·i·mal spir·its *s Pl* Lebenskraft *f*, -geister *Pl*
an·i·mal wel·fare *s* Tierschutz *m*
an·i·mate **I** *v/t* [ˈænɪmeɪt] **1.** beleben, mit Leben erfüllen **2.** anregen, aufmuntern **II** *Adj* [ˈænɪmət] **3.** belebt, lebend **4.** lebhaft, munter
an·i·mat·ed [ˈænɪmeɪtɪd] *Adj* **1.** lebendig: ***animated cartoon*** Zeichentrickfilm *m* **2.** → ***animate*** 4
an·i·ma·tion [ˌænɪˈmeɪʃn] *s* Lebhaftigkeit *f*, Munterkeit *f*
an·i·mos·i·ty [ˌænɪˈmɒsətɪ] *s* Feindseligkeit *f* (***against, toward[s]*** gegen [über]; ***between*** zwischen *Dat*)
an·ise [ˈænɪs] *s* BOT Anis *m*
an·i·seed [ˈænɪsiːd] *s* Anis(samen) *m*
▶**an·kle** [ˈæŋkl] *s* ANAT (Fuß)Knöchel *m*
ˌan·kle-ˈdeep *Adj* knöcheltief
an·kle sock *s Br* Söckchen *n*
an·klet [ˈæŋklɪt] *s* **1.** Fußring *m* **2.** *Am* Söckchen *n*
an·nals [ˈænlz] *s Pl* **1.** Annalen *Pl*, Jahrbücher *Pl* **2.** (Jahres)Bericht *m*
an·neal [əˈniːl] *v/t* **1.** METAL ausglühen, *auch Kunststoffe* tempern **2.** *Keramik*: einbrennen **3.** *fig* härten, stählen
an·nex **I** *v/t* [əˈneks] **1.** (***to***) beifügen (*Dat*), anhängen (an *Akk*) **2.** *Gebiet* annektieren, sich einverleiben **II** *s* [ˈæneks] **3.** Anhang *m*, Zusatz *m* **4.** Anbau *m*, Nebengebäude *n*
ˌannexˈa·tion *s* Annektierung *f*, Einverleibung *f* (***to*** in *Akk*)
an·ni·hi·late [əˈnaɪəleɪt] *v/t* vernichten
anˌni·hiˈla·tion *s* Vernichtung *f*
an·ni·ver·sa·ry [ˌænɪˈvɜːsərɪ] *s* Jahrestag *m*
an·no·tate [ˈænəʊteɪt] *v/t* mit Anmerkungen versehen; kommentieren
ˌan·noˈta·tion *s* Anmerkung *f*; Kommentar *m*
▶**an·nounce** [əˈnaʊns] *v/t* **1.** ankündigen **2.** bekannt geben, verkünden, *Geburt etc* anzeigen **3.** RUNDFUNK, TV ansagen; *über Lautsprecher* durchsagen
anˈnounce·ment *s* **1.** Ankündigung *f* **2.** Bekanntgabe *f*, (*Geburts- etc*)Anzeige *f* **3.** *Rundfunk*, TV: Ansage *f*; (Lautsprecher)Durchsage *f*
anˈnounc·er *s* RUNDFUNK, TV Ansager(in)
an·noy [əˈnɔɪ] *v/t* **1.** ärgern: ***be annoyed*** sich ärgern (***at s.th.*** über etw; ***with s.o.*** über j-n) **2.** belästigen, stören
anˈnoy·ance *s* **1.** Ärger *m* **2.** Belästigung *f*, Störung *f*
anˈnoy·ing *Adj* **1.** ärgerlich **2.** lästig, störend
an·nu·al [ˈænjʊəl] **I** *Adj* **1.** jährlich, Jahres… **2.**

Being angry	**Verärgert sein** SG
I'm very cross (*Br*) with him.	Ich bin sehr sauer auf ihn.
That makes me really angry / mad (*Am*).	Das macht mich wirklich zornig.
I'm absolutely furious / livid!	Ich bin absolut wütend!
Please stop humming, it's really irritating.	Bitte hör auf zu summen, das ist wirklich nervig.
This job is driving me crazy / nuts.	Dieser Job macht mich wahnsinnig.
Oh, damn! / Oh, shoot! (*Am*)	Scheiße / Verdammt!
I'm sick of hearing this.	Ich habe die Nase voll von dieser Geschichte.
I'm really fed up with sitting at a desk all day.	Ich habe es echt satt, den ganzen Tag am Schreibtisch zu sitzen.
It pisses me off (*vulg*) when she does that.	Es kotzt mich an, wenn sie das tut.
He was annoyed that I was late.	Er ärgerte sich darüber, dass ich zu spät kam.
Don't get ratty. (*ugs, Br*)	Sei nicht so gereizt.
Keep your hair on! (*ugs, Br*)	Reg dich ab!
There's no need to be like that (about it).	Du brauchst nicht so zu reagieren.

auch BOT einjährig **II** *s* **3.** jährlich erscheinende Veröffentlichung **4.** BOT einjährige Pflanze

an·nu·i·ty [ə'njuːɪtɪ] *s* (Jahres-, Leib-)Rente *f*

an·nul [ə'nʌl] *v/t* annullieren, *Gesetz*, *Ehe etc* aufheben, für ungültig erklären, *Vorschrift etc* abschaffen

an·nu·lar ['ænjʊlə] *Adj* ringförmig, Ring…

an·nul·ment [ə'nʌlmənt] *s* Annullierung *f*, Aufhebung *f*, Ungültigkeitserklärung *f*, Abschaffung *f*

an·ode ['ænəʊd] *s* ELEK Anode *f*, positiver Pol

an·o·dyne ['ænəʊdaɪn] *Adj* MED schmerzstillend

a·noint [ə'nɔɪnt] *v/t bes* REL salben

a·nom·a·lous [ə'nɒmələs] *Adj* **1.** anomal **2.** ungewöhnlich

a'nom·a·ly *s* Anomalie *f*

an·o·nym·i·ty [ˌænə'nɪmətɪ] *s* Anonymität *f*

a·non·y·mous [ə'nɒnɪməs] *Adj* anonym

a·no·rak ['ænəræk] *s* Anorak *m*

ano·rexia [ænə'reksɪə] *s* MED Magersucht *f*

ano·rex·ic **I** *Adj* magersüchtig **II** *s* Magersüchtige(r)

▶**an·oth·er** [ə'nʌðə] *Adj und Pron* **1.** ein anderer, eine andere, ein anderes: ***another thing*** etwas anderes; ***one after another*** einer nach dem andern; → ***one*** 6 **2.** noch ein(er, e, es): ***another one*** ein Zweiter *oder* weiterer, eine Zweite *oder* weitere, ein Zweites *oder* Weiteres: ***another ten years*** noch *oder* weitere zehn Jahre; ***tell me another!*** *ugs* das kannst du deiner Großmutter erzählen!

▶**an·swer** ['ɑːnsə] **I** *s* **1.** Antwort *f* (*auch fig Reaktion*) (***to*** auf *Akk*): ***in answer to*** in Beantwortung (*Gen*); auf (*Akk*) hin; als Antwort auf **2.** Lösung *f* (***to*** *eines Problems*) **II** *v/i* **3.** antworten (***to*** auf *Akk*): ***answer back*** freche Antworten geben; widersprechen; sich (*mit Worten etc*) verteidigen *oder* wehren **4.** ***answer to*** *siehe* 10 und 11 **5.** (***to s.o.***) sich (j-m gegenüber) verantworten, (j-m) Rechenschaft ablegen (***for*** für) **6.** verantwortlich sein, haften (***for*** für) **7.** ***answer to*** hören auf (*einen Namen*) **III** *v/t* **8.** *j-m* antworten: ***answer s.o. back*** j-m freche Antworten geben; j-m widersprechen; sich gegen j-n (*mit Worten etc*) verteidigen *oder* wehren **9.** antworten auf (*Akk*), beantworten **10.** *fig* reagieren auf (*Akk*): **a)** eingehen auf: ***answer the bell*** (*oder* ***door***) (*auf das Läuten oder Klopfen*) die Tür öffnen, aufmachen; ***answer the telephone*** ans Telefon gehen, **b)** TECH *dem Steuer etc* gehorchen, **c)** *einem Befehl etc* Folge leisten, gehorchen, **d)** *Wunsch etc* erfüllen, *Gebet* erhören, **e)** sich auf *eine Anzeige* hin melden *oder* bewerben **11.** *einer Beschreibung* entsprechen **12.** sich *j-m* gegenüber verantworten, *j-m* Rechenschaft ablegen (***for*** für)

> **answer**
>
> ⚠ Das **w** in **answer** ['ɑːnsə] wird nicht gesprochen!

'an·swer·a·ble *Adj* **1.** verantwortlich (***to*** *Dat*; ***for*** für) **2.** zu beantworten(d)

'an·swer·er *s Am* TEL Anrufbeantworter *m*

'an·swer·ing maˌchine *s* Anrufbeantworter *m*

▶**an·swer·phone** ['ɑːnsəfəʊn] *s Br* Anrufbeantworter *m*

ant [ænt] *s* ZOOL Ameise *f*

an·tag·o·nism [æn'tægənɪzəm] *s* Feindschaft *f* (***between*** zwischen *Dat*)

an'tag·o·nist *s* Feind(in)

anˌtag·o'nis·tic *Adj* (***antagonistically***) feindlich (***to*** gegen)

an'tag·o·nize *v/t* **1.** bekämpfen **2.** sich *j-n* zum Feind machen

ant·arc·tic [æn'tɑːktɪk] *Adj* antarktisch: ***Antarctic Circle*** südlicher Polarkreis

Ant·arc·tic [æn'tɑːktɪk] *s* Antarktis *f*

'ant·eat·er *s* ZOOL Ameisenfresser *m*, -bär *m*

an·te·ced·ent [ˌæntɪ'siːdənt] **I** *Adj* **1.** (***to***) vorhergehend (*Dat*), früher (als) **II** *s* **2.** *Pl* Vorgeschichte *f*: ***his antecedents*** sein Vorleben; seine Abstammung **3.** LING Bezugswort *n*

an·te·date [ˌæntɪ'deɪt] *v/t Brief etc* zurückdatieren

an·te·di·lu·vi·an [ˌæntɪdaɪ'luːvjən] *Adj* vorsintflutlich (*auch fig*)

an·te·lope ['æntɪləʊp] *s* ZOOL Antilope *f*

an·te me·rid·i·em [ˌæntɪmə'rɪdɪəm] *Adv* vormittags (*Abk* ***a.m.***): ***3 a.m.*** 3 Uhr morgens

an·te·na·tal [ˌæntɪ'neɪtl] **I** *Adj* vor der Geburt: ***antenatal examination*** Mutterschaftsvorsorgeuntersuchung *f*; ***antenatal exercises*** *Pl* Schwangerschaftsgymnastik *f* **II** *s ugs* Mutterschaftsvorsorgeuntersuchung *f*

an·ten·na [æn'tenə] *s* **1.** *Pl* **an·ten·nae** [æn'teniː] ZOOL Fühler *m* **2.** *Pl* **an·ten·nas** *bes Am* Antenne *f*

an·te·ri·or [æn'tɪərɪə] *Adj* **1.** (***to***) vorhergehend (*Dat*), früher (als) **2.** vorder

an·them ['ænθəm] *s* Hymne *f*

Not answering	**Nicht antworten**
I'd rather not answer that.	Das möchte ich lieber nicht beantworten.
I'm not telling you.	Das sage ich dir nicht.
I'm sorry, I can't tell you.	Tut mir leid, das kann ich dir nicht sagen.
I promised not to tell.	Ich habe versprochen, es nicht weiterzuerzählen.
It's not for me to say.	Es ist nicht an mir, das zu entscheiden / zu sagen.
It's a secret.	Das ist ein Geheimnis.
No one is supposed to know.	Keiner soll es wissen.
That's none of your business.	Das geht dich nichts an.
She doesn't want it spread around.	Sie will nicht, dass es überall (herum)erzählt wird.

Englische Fremdwörter und ihr Plural GR

Einige Fremdwörter haben zwei Pluralformen: ihren ursprünglichen Plural und den englischen **-s**-Plural. Hier einige Beispiele:

antenna	**antennas / antennae**
bureau	**bureaus / bureaux**
cactus	**cactuses / cacti**
concerto	**concertos / concerti**
formula	**formulas / formulae**
index	**indexes / indices**
referendum	**referendums / referenda**
stadium	**stadiums / stadia**

'ant·hill *s* Ameisenhaufen *m*
an·thol·o·gy [æn'θɒlədʒɪ] *s* Anthologie *f*, (*bes* Gedicht)Sammlung *f*
an·thra·cite ['ænθrəsaɪt] *s* MIN Anthrazit *m*, Glanzkohle *f*
an·thrax ['ænθræks] *s* Milzbrand *m*, Anthrax *m*
an·throp·ic [æn'θrɒpɪk] *Adj* BIOL, *Umwelt etc*: anthropogen (*durch Menschen verursacht*): ***anthropic principle*** anthropisches Prinzip
an·thro·poid ['ænθrəʊpɔɪd] ZOOL **I** *Adj* menschenähnlich **II** *s* Menschenaffe *m*
an·thro·po·log·i·cal [ˌænθrəpə'lɒdʒɪkl] *Adj* anthropologisch
an·thro·pol·o·gist [ˌænθrə'pɒlədʒɪst] *s* Anthropologe *m*, -login *f*
an·thro·pol·o·gy [ˌænθrə'pɒlədʒɪ] *s* Anthropologie *f*, Menschenkunde *f*
an·ti... ['æntɪ] *in Zssgn* Gegen…, gegen… eingestellt, anti…, Anti…
ˌan·ti·a'bor·tion·ist *s* Abtreibungsgegner(in)
ˌan·ti'air·craft *Adj* MIL Flugabwehr…: ***antiaircraft gun*** Flakgeschütz *n*
an·ti·bi·ot·ic [ˌæntɪbaɪ'ɒtɪk] *s* MED Antibiotikum *n*
'an·tiˌbod·y *s* MED Antikörper *m*, Abwehrstoff *m*
an·tic·i·pate [æn'tɪsɪpeɪt] *v/t* **1.** voraussehen, (-)ahnen **2.** erwarten, erhoffen **3.** vorwegnehmen **4.** *j-m*, *einem Wunsch etc* zuvorkommen **5.** WIRTSCH vor Fälligkeit bezahlen *oder* einlösen
anˌtic·i'pa·tion *s* **1.** (Vor)Ahnung *f* **2.** Erwartung *f*, Hoffnung *f*: ***in anticipation of*** in Erwartung (*Gen*) **3.** Vorwegnahme *f*: ***in anticipation*** im Voraus
an'tic·i·pa·to·ry [æn'tɪsɪpeɪtərɪ] *Adj* vorwegnehmend
ˌan·ti'cli·max *s* **1.** RHET Antiklimax *f* **2.** *fig* enttäuschendes Abfallen; Enttäuschung *f*
ˌan·ti'clock·wise *Adj und Adv* entgegen dem *oder* gegen den Uhrzeigersinn
ˌan·ti·cor'ro·sive *Adj* **1.** korrosionsverhütend: ***anticorrosive agent*** Rostschutzmittel *n* **2.** rostfest
ˌan·ti'cy·clone *s* METEO Hoch(druckgebiet) *n*
ˌan·ti'daz·zle *Adj* Blendschutz…: ***antidazzle switch*** Abblendschalter *m*
an·ti·dote ['æntɪdəʊt] *s* Gegengift *n*, mittel *n* (*auch fig*) (***against, for, to*** gegen)
ˌan·ti'fas·cism *s* Antifaschismus *m*
ˌan·ti'fas·cist **I** *s* Antifaschist(in) **II** *Adj* antifaschistisch
'an·ti·freeze *s* Frostschutzmittel *n*
an·ti·his·ta·mine [ˌæntɪ'hɪstəmɪn] *s* MED Antihistamin *n*
ˌan·ti'knock CHEM, MOT **I** *Adj* klopffest **II** *s* Antiklopfmittel *n*
ˌan·ti-'lock brak·ing sys·tem *s* MOT Antiblockiersystem *n*
'an·ti·mat·ter *s* Antimaterie *f*
an·tip·a·thy [æn'tɪpəθɪ] *s* Antipathie *f*, Abneigung *f* (***against, to, towards*** gegen)
an·tip·o·des [æn'tɪpədiːz] *s Pl* **1.** *die* diametral gegenüberliegenden Teile *Pl* der Erde **2.** (*auch Sg konstruiert*) *das* (genaue) Gegenteil
an·ti·quar·i·an [ˌæntɪ'kweərɪən] **I** *Adj* **1.** antiquarisch **2.** ***antiquarian bookseller*** Antiquar(in); ***antiquarian bookshop*** (*bes Am* ***bookstore***) Antiquariat *n* **II** *s* **3.** → ***antiquary*** 1
an·ti·quar·y ['æntɪkwərɪ] *s* **1.** Altertumskenner(in), -forscher(in) **2.** Antiquitätensammler(in); -händler(in)
an·tiquat·ed ['æntɪkweɪtɪd] *Adj* antiquiert, veraltet
an·tique [æn'tiːk] **I** *Adj* **1.** antik, alt **2.** *ugs* → ***antiquated*** **II** *s* **3.** Antiquität *f*: ***antique dealer*** Antiquitätenhändler(in); ***antique shop*** (*bes Am* ***store***) Antiquitätenladen *m*
an·tiq·ui·ty [æn'tɪkwətɪ] *s* **1.** Altertum *n* **2.** *die* Antike **3.** *Pl* Altertümer *Pl*
ˌan·ti'rust *Adj* Rostschutz…
ˌan·ti-'Sem·ite *s* Antisemit(in)
ˌan·ti-Se'mit·ic *Adj* antisemitisch
an·ti-Sem·i·tism [ˌæntɪ'semɪtɪzəm] *s* Antisemitismus *m*
ˌan·ti'sep·tic MED **I** *Adj* antiseptisch **II** *s* Antiseptikum *n*
ˌan·ti'so·cial *Adj* **1.** asozial, gesellschaftsfeindlich **2.** ungesellig
ˌan·ti·tech·no'log·i·cal *Adj* technologiefeindlich
an·tith·e·sis [æn'tɪθɪsɪs] *Pl* **an·tith·e·ses** [æn'tɪθɪsiːz] *s* Antithese *f*, Gegensatz *m*
an·ti·thet·ic, **an·ti·thet·i·cal** [ˌæntɪ'θetɪk(l)] *Adj* gegensätzlich
ˌan·ti-'vi·rus pro·gram *s* IT Antivirusprogramm *n*, Virensuchprogramm *n*
ant·ler ['æntlə] *s* **1.** (Geweih)Sprosse *f* **2.** *Pl* Geweih *n*
an·to·nym ['æntəʊnɪm] *s* Antonym *n*
a·nus ['eɪnəs] *s* ANAT After *m*
an·vil ['ænvɪl] *s* Amboss *m* (*auch* ANAT)
anx·i·e·ty [æŋ'zaɪətɪ] *s* **1.** Angst *f*, Sorge *f* (***about, for*** wegen, um) **2.** MED, PSYCH Beklemmung *f*: ***anxiety dream*** Angsttraum *m* **3.** (starkes) Verlangen (***for*** nach)
▶ **anx·ious** ['æŋkʃəs] *Adj* **1.** ängstlich; besorgt (***about, for*** wegen, um) **2.** *fig* (***for, to*** *Inf*) begierig (auf *Akk*, zu *Inf*), (ängstlich) bedacht (auf *Akk*, darauf zu *Inf*), bestrebt (zu *Inf*): ***I am very anxious to see him*** mir liegt (sehr) viel daran, ihn zu sehen
▶ **an·y** ['enɪ] **I** *Adj* **1.** (*fragend*, *verneinend*) (irgend)ein(e), einige *Pl*, etwas: ***not any*** kein **2.** (*bejahend*) jeder, jede, jedes (Beliebige): ***at any time*** jederzeit; → ***case***[2], ***rate*** 2 **II** *Adv* **3.** irgend(wie), (noch) etwas: ***any more?*** noch (etwas) mehr?
▶ **an·y·bod·y** ['enɪˌbɒdɪ] *Pron* **1.** (irgend)jemand, irgendeine(r) **2.** jeder(-mann): ***anybody who*** jeder, der; wer; ***hardly anybody*** kaum jemand, fast niemand; ***not anybody*** niemand, keiner
'an·y·how *Adv* **1.** irgendwie **2.** jedenfalls

Die Verwendung von any

GR

any steht in verneinten Sätzen, besonders mit **never, rarely, hardly, without**:

I've never had any doubts about this.	Darüber hatte ich nie irgendwelche Zweifel.

in Fragen, auf die eine negative Antwort erwartet wird:

Are there any problems?	Gibt es Probleme?

in der Bedeutung „irgendeine(r, -s), irgendwelche(r, -s)“:

Choose any book you like.	Such dir (irgend)ein Buch aus.

▶**an·y·one** [ˈenɪwʌn] → ***anybody***

▶**an·y·thing** [ˈenɪθɪŋ] *Pron* **1.** (irgend)etwas: ***not anything*** (gar *oder* überhaupt) nichts; ***not for anything*** um keinen Preis; ***take anything you like*** nimm, was du willst **2.** alles: ***anything but*** alles andere als

▶**an·y·way** [ˈenɪweɪ] → ***anyhow***

▶**an·y·where** [ˈenɪweə] *Adv* **1.** irgendwo(hin): ***not anywhere*** nirgendwo(hin); ***hardly anywhere*** fast nirgends **2.** überall

a·or·ta [eɪˈɔːtə] *s* ANAT Aorta *f*, Hauptschlagader *f*

a·part [əˈpɑːt] *Adv* **1.** einzeln, für sich: ***live apart*** getrennt leben; → ***take apart***, ***tell*** 4 **2.** beiseite: → ***joking*** II

▶**a·part·ment** [əˈpɑːtmənt] *s* **1.** *bes Am* Wohnung *f* **2.** *meist Pl* Gemach *n*

a·part·ment ho·tel *s* Appartementhotel *n*

a·part·ment house *s Am* Apartmenthaus *n*

ap·a·thet·ic [ˌæpəˈθetɪk] *Adj* (***apathetically***) apathisch, teilnahmslos, gleichgültig

ˈap·a·thy *s* Apathie *f*, Teilnahmslosigkeit *f*, Gleichgültigkeit *f* (***to*** gegenüber)

ape [eɪp] **I** *s* ZOOL (*bes* Menschen)Affe *m* **II** *v/t* nachäffen

ap·er·ture [ˈæpəˌtjʊə] *s* **1.** Öffnung *f* **2.** FOTO Blende *f*

a·pex [ˈeɪpeks] *Pl* **ˈa·pex·es** *s* **1.** (*Kegel-*, *Lungen-* etc)Spitze *f* **2.** *fig* Gipfel *m*, Höhepunkt *m*

aph·o·rism [ˈæfərɪzəm] *s* Aphorismus *m*

a·piece [əˈpiːs] *Adv* pro Stück; pro Kopf *oder* Person

ap·ish [ˈeɪpɪʃ] *Adj* äffisch

a·poc·a·lypse [əˈpɒkəlɪps] *s* Enthüllung *f*, Offenbarung *f*

▶**a·pol·o·gize** [əˈpɒlədʒaɪz] *v/i* sich entschuldigen (***for*** wegen; ***to*** bei)

aˈpol·o·gy *s* **1.** Entschuldigung *f*: ***in apology for*** zur *oder* als Entschuldigung für; ***make*** (*oder* ***offer***) ***s.o. an apology*** sich bei j-m entschuldigen (***for*** für) **2.** *ugs* minderwertiger Ersatz (***for*** für): ***an apology for a meal*** ein armseliges Essen

ap·o·plec·tic [ˌæpəʊˈplektɪk] *Adj*: ***apoplectic stroke*** (*oder* ***fit***) → ***apoplexy***

ap·o·plex·y [ˈæpəʊpleksɪ] *s* MED Schlaganfall *m*

a·pos·tle [əˈpɒsl] *s* REL Apostel *m*

a·pos·tro·phe [əˈpɒstrəfɪ] *s* LING Apostroph *m*, Auslassungszeichen *n*

ap·pal [əˈpɔːl] *v/t* erschrecken, entsetzen: ***be appalled*** entsetzt sein (***at*** über *Akk*)

apˈpal·ling *Adj* erschreckend, entsetzlich

ap·pa·ra·tus [ˌæpəˈreɪtəs] *Pl* **ap·pa·ra·tus**, **ap·pa·ra·tus·es** *s* Apparat *m*, Gerät *n*, Vorrichtung *f*

ap·par·el [əˈpærəl] *s* Kleidung *f*

ap·par·ent [əˈpærənt] *Adj* **1.** augenscheinlich, offenbar, -sichtlich: ***be apparent from*** hervorgehen aus; ***with no apparent reason*** ohne ersichtlichen Grund **2.** anscheinend; scheinbar

ap·pa·ri·tion [ˌæpəˈrɪʃn] *s* Erscheinung *f*, Gespenst *n*, Geist *m*

ap·peal [əˈpiːl] **I** *v/i* **1.** JUR Berufung *oder* Revision einlegen, *auch allg* Einspruch erheben, Beschwerde einlegen (***against***, JUR *meist* ***from*** gegen; ***to*** bei) **2.** appellieren, sich wenden (***to*** an *Akk*) **3.** sich berufen (***to*** auf *Akk*) **4.** (***to***) Anklang finden (bei), gefallen, zusagen (*Dat*), reizen (*Akk*) **5.** ***appeal to j-n*** dringend bitten (***for*** um) **II** *s* **6.** JUR Berufung *f*, Revision *f*: ***file*** (*oder* ***lodge***) ***an appeal*** *siehe* 1 **7.** Appell *m* (***to*** an *Akk*) **8.** Berufung *f* (***to*** auf *Akk*) **9.** dringende Bitte (***to*** an *Akk*; ***for*** um) **10.** (***to***) Anziehung(skraft) *f*, Zugkraft *f*, Wirkung *f* (auf *Akk*), Anklang *m* (bei)

apˈpeal·ing *Adj* **1.** bittend, flehend **2.** reizvoll, gefällig, ansprechend

▶**ap·pear** [əˈpɪə] *v/i* **1.** erscheinen (*auch vor Gericht*), (*von Büchern etc auch*) herauskommen: ***appear in public*** sich in der Öffentlichkeit zeigen; ***appear on television*** im Fernsehen auftreten **2.** scheinen, aussehen, *j-m* vorkommen:

Apologizing	**Sich entschuldigen** SG
Sorry, did I tread on your toe?	Entschuldigung, bin ich dir / Ihnen auf den Zeh getreten?
I'm sorry, I didn't mean to disturb you.	Es tut mir leid, ich wollte dich / Sie nicht stören.
I'm very sorry about what happened the other day.	Es tut mir sehr leid, was neulich passiert ist.
I'd like to apologize for my behaviour last night.	Ich möchte mich für mein Verhalten gestern Abend entschuldigen.
No, really, it was my fault.	Nein, wirklich, es war meine Schuld.
Please forgive me for not writing sooner.	Bitte verzeih, dass ich nicht eher geschrieben habe.
Excuse me, can I get past, please?	Entschuldigen Sie, kann ich bitte vorbei?
Pardon?, *Am* **Excuse me?** (= *I didn't hear you.*)	Entschuldigung? / Wie bitte? (= *Ich habe Sie nicht verstanden.*)

it appears to me *you are right* mir scheint; ***he appeared calm*** er war äußerlich ruhig
▶**ap·pear·ance** [əˈpɪərəns] *s* **1.** Erscheinen *n*: ***public appearance*** Auftreten *n* in der Öffentlichkeit; ***make an appearance on television*** im Fernsehen auftreten **2.** (äußere) Erscheinung, Aussehen *n*, *das* Äußere: ***have an unhealthy appearance*** ungesund aussehen **3.** *meist Pl* (An)Schein *m*: ***to all appearance(s)*** allem Anschein nach; ***appearances are deceptive*** der Schein trügt; ***keep up*** (*oder* ***save***) ***appearances*** den Schein wahren
ap·pease [əˈpiːz] *v/t* besänftigen, beschwichtigen; *Durst etc* stillen, *Neugier* befriedigen
apˈpease·ment *s* Besänftigung *f*, Beschwichtigung *f*: (***policy of***) ***appeasement*** Beschwichtigungspolitik *f*
ap·pel·la·tion [ˌæpəˈleɪʃn] *s* Bezeichnung *f*
ap·pend [əˈpend] *v/t* (***to***) **1.** befestigen, anbringen (an *Dat*), anheften (an *Akk*) **2.** bei-, hinzufügen (*Dat*)
apˈpend·age *s* Anhang *m*; Anhängsel *n*
ap·pen·dec·to·my [ˌæpenˈdektəmɪ] *s* MED Blinddarmoperation *f*
ap·pen·di·ci·tis [əˌpendɪˈsaɪtɪs] *s* MED Blinddarmentzündung *f*
ap·pen·dix [əˈpendɪks] *Pl* **ap·pen·dix·es**, **ap·pen·di·ces** [əˈpendɪsiːz] *s* **1.** Anhang *m* (*eines Buchs*) **2.** (***vermiform***) ***appendix*** ANAT Wurmfortsatz *m*, Blinddarm *m*
ap·per·tain [ˌæpəˈteɪn] *v/i* gehören (***to*** zu)
▶**ap·pe·tite** [ˈæpɪtaɪt] *s* **1.** Appetit *m* (***for*** auf *Akk*): ***give s.o. an appetite*** j-m Appetit machen; ***have an appetite*** Appetit haben; ***take away*** (*oder* ***spoil***) ***s.o.'s appetite*** j-m den Appetit nehmen *oder* verderben **2.** (***for***) Verlangen *n* (nach), Lust *f* (zu)
ap·pe·tiz·er [ˈæpɪtaɪzə] *s* appetitanregendes Mittel *oder* Getränk *oder* Gericht
ˈap·pe·tiz·ing *Adj* appetitanregend; appetitlich, lecker (*beide auch fig*)
ap·plaud [əˈplɔːd] *v/i und v/t* applaudieren (*Dat*), Beifall spenden (*Dat*)
ap·plause [əˈplɔːz] *s* Applaus *m*, Beifall *m*
▶**ap·ple** [ˈæpl] *s* Apfel *m*: ***the apple of s.o.'s eye*** *fig* j-s Liebling
ˈap·ple·cart *s*: ***upset the applecart*** *fig* alle Pläne über den Haufen werfen
ˈap·ple·jack *s Am* Apfelschnaps *m*
ap·ple pie *s* gedeckter Apfelkuchen
ˈap·ple-pie or·der *s*: ***in apple-pie order*** *ugs* in Butter, in bester Ordnung
ˈap·ple-ˌpol·ish *v/i Am ugs pej* Rad fahren
ap·ple pol·ish·er *s Am ugs pej* Radfahrer(in), Speichellecker(in)
ˌap·pleˈsauce *s* **1.** Apfelmus *n* **2.** *Am sl* Schmus *m*; Quatsch *m*
ap·ple tree *s* Apfelbaum *m*
ap·pli·ance [əˈplaɪəns] *s* Gerät *n*; *eng. S.* (elektrisches) Haushaltsgerät
ap·pli·ca·ble [ˈæplɪkəbl] *Adj* (***to***) anwendbar (auf *Akk*), passend (für): ***be applicable*** (***to***) → ***apply*** 4; ***not applicable*** (*in Formularen*) nicht zutreffend
ˈap·pli·cant *s* Bewerber(in) (***for*** um); Antragsteller(in)
▶**ap·pli·ca·tion** [ˌæplɪˈkeɪʃn] *s* **1.** (***to***) Anwendung *f* (auf *Akk*); Anwendbarkeit *f* (auf *Akk*): ***have no application*** (***to***) nicht zutreffen (auf *Akk*), in keinem Zs.-hang stehen (mit) **2.** (***for***) Gesuch *n* (um), Antrag *m* (auf *Akk*): ***on application*** auf Ersuchen *oder* Verlangen *oder* Wunsch **3.** Bewerbung *f* (***for*** um): (***letter of***) ***application*** Bewerbungsschreiben *n*
ap·plied [əˈplaɪd] *Adj* angewandt
▶**ap·ply** [əˈplaɪ] **I** *v/t* **1.** (***to***) auflegen, -tragen (auf *Akk*), anbringen (an, auf *Dat*) **2.** (***to***) verwenden (auf *Akk*, für); anwenden (auf *Akk*); betätigen: ***apply the brakes*** bremsen **3.** ***apply one's mind to*** sich beschäftigen mit; ***apply o.s. to*** sich widmen (*Dat*) **II** *v/i* **4.** (***to***) zutreffen (auf *Akk*), gelten (für) **5.** (***for***) beantragen (*Akk*), nachsuchen (um) **6.** sich bewerben (***for*** um)
▶**ap·point** [əˈpɔɪnt] *v/t* **1.** ernennen *oder* berufen zu **2.** festsetzen, bestimmen **3.** ausstatten, einrichten (***with*** mit)
▶**ap·point·ment** [əˈpɔɪntmənt] *s* **1.** Ernennung *f*, Berufung *f* **2.** Amt *n*, Stellung *f*: ***hold an appointment*** eine Stelle innehaben **3.** Festsetzung *f*, Bestimmung *f* **4.** Verabredung *f*, (*geschäftlich, beim Arzt etc*) Termin *m*: ***by appointment*** nach Verabredung; ***make an appointment*** eine Verabredung treffen, einen Termin ausmachen; ***appointment(s) book***, *Am* ***appointment(s) diary*** Terminkalender *m* **5.** *meist Pl* Ausstattung *f*, Einrichtung *f*
ap·por·tion [əˈpɔːʃn] *v/t* **1.** zuteilen (***to*** *Dat*) **2.** (proportional *oder* gerecht) verteilen; *Kosten* umlegen
ap·po·site [ˈæpəʊzɪt] *Adj* passend, angemessen, (*Antwort etc*) treffend
ap·po·si·tion [ˌæpəʊˈzɪʃn] *s* Beifügung *f*, LING *auch* Apposition *f*
ap·prais·al [əˈpreɪzl] *s* (Ab)Schätzung *f*, Taxierung *f*
apˈpraise *v/t* (ab)schätzen, taxieren
ap·pre·ci·a·ble [əˈpriːʃəbl] *Adj* merklich, spürbar
apˈpre·ci·ate [əˈpriːʃɪeɪt] **I** *v/t* **1.** (hoch) schätzen, würdigen, zu schätzen *oder* zu würdigen wissen **2.** Gefallen finden an (*Dat*); Sinn haben für **3.** dankbar sein für **4.** (richtig) beurteilen *oder* einschätzen **II** *v/i* **5.** im Wert steigen
apˌpre·ciˈa·tion *s* **1.** Würdigung *f* **2.** Sinn *m* (***of***, ***for*** für) **3.** Dankbarkeit *f* (***of*** für) **4.** (richtige) Beurteilung
ap·pre·ci·a·tive [əˈpriːʃjətɪv] *Adj* würdigend: ***be appreciative of*** → ***appreciate*** I
ap·pre·hend [ˌæprɪˈhend] *v/t* **1.** festnehmen, verhaften **2.** *fig* begreifen, erfassen **3.** *fig* (be-)fürchten
ˌap·preˈhen·sion *s* **1.** Festnahme *f*, Verhaftung *f* **2.** *fig* Begreifen *n*, Erfassen *n*; Fassungskraft *f* **3.** *fig* Besorgnis *f*, *oft Pl* Befürchtung *f*
ˌap·preˈhen·sive *Adj* besorgt (***for*** um; ***that*** dass): ***be apprehensive*** Bedenken hegen
▶**ap·pren·tice** [əˈprentɪs] **I** *s* Auszubildende *m*, *f*, Lehrling *m*, *schweiz.* Lehrtochter *f* **II** *v/t* in die Lehre geben (***to*** bei, zu): ***be apprenticed to*** in der Lehre sein bei
apˈpren·tice·ship *s* Lehrzeit *f*; Lehre *f*
ap·pro [ˈæprəʊ] *s*: ***on appro*** WIRTSCH *ugs* zur Ansicht, zur Probe
▶**ap·proach** [əˈprəʊtʃ] **I** *v/i* **1.** sich nähern, (heran)nahen **II** *v/t* **2.** sich nähern (*Dat*) **3.** *fig* nahekommen (*Dat*), (fast) erreichen **4.** herangehen an (*Akk*), *Aufgabe etc* anpacken **5.** an *j-n* herantreten, sich an *j-n* wenden; *bes pej* sich an *j-n* heranmachen **III** *s* **6.** (Heran)Nahen *n*, Annäherung *f* (*auch fig* ***to*** an *Akk*), FLUG Anflug *m* **7.** Zugang *m*: ***approach*** (***road***) Zufahrtsstraße *f* **8.** *fig* (***to***) erster Schritt (zu), (erster) Versuch (*Gen*) **9.**

Herantreten *n* (**to** an *Akk*), *meist Pl* Annäherungsversuch *m*: **make approaches to** → **approach** 5 **10.** Methode *f*, Verfahren *n*; Einstellung *f* (**to** zu); Behandlung *f* (**to** *eines Themas etc*)

ap'proach·a·ble *Adj* zugänglich (*auch fig*)

ap·pro·ba·tion [ˌæprəʊ'beɪʃn] *s* (amtliche) Billigung, Genehmigung *f*

ap·pro·pri·ate **I** *Adj* [ə'prəʊprɪət] **1.** (**to, for**) passend (zu), geeignet (für, zu) **II** *v/t* [ə'prəʊprɪeɪt] **2.** *bes* PARL *Geld* bewilligen, bereitstellen **3.** sich *etw* aneignen

apˌpro·pri'a·tion [əˌprəʊprɪ'eɪʃn] *s* **1.** Bewilligung *f*, Bereitstellung *f* **2.** Aneignung *f*

ap·prov·al [ə'pruːvl] *s* **1.** Billigung *f*, Genehmigung *f*: **on approval** WIRTSCH zur Ansicht, zur Probe **2.** Anerkennung *f*, Beifall *m*: **meet with approval** Beifall finden

►**ap·prove** [ə'pruːv] **I** *v/t* billigen, genehmigen **II** *v/i* (**of**) billigen, genehmigen (*Akk*), einverstanden sein (mit), zustimmen (*Dat*)

ap·prox·i·mate **I** *Adj* [ə'prɒksɪmət] annähernd, ungefähr: **approximate value** Näherungswert *m* **II** *v/t* [ə'prɒksɪmeɪt] sich (*einem Wert etc*) nähern **III** *v/i* [ə'prɒksɪmeɪt] sich nähern (**to** *Dat*)

apˌprox·i'ma·tion [əˌprɒksɪ'meɪʃn] *s* Annäherung *f* (**to** an *Akk*)

a·pri·cot ['eɪprɪkɒt] *s* Aprikose *f*, *österr.* Marille *f*

►**A·pril** ['eɪprəl] *s* April *m*: **in April** im April; **make an April fool of s.o.** j-n in den April schicken; **April fool's day** der 1. April

a·pron ['eɪprən] *s* **1.** Schürze *f* **2.** FLUG (Hallen-)Vorfeld *n* **3.** THEAT Vorbühne *f*

a·pron strings *s Pl* Schürzenbänder *Pl*: **be tied to one's mother's (wife's) apron strings** *fig* an Mutters Schürzenzipfel hängen (*unter dem Pantoffel stehen*)

apt [æpt] *Adj* **1.** passend, geeignet **2.** treffend (*Bemerkung etc*) **3.** neigend, geneigt (**to do** zu tun): **he is apt to believe it** er wird es wahrscheinlich glauben; **apt to be overlooked** leicht zu übersehen **4.** (**at**) geschickt (in *Dat*), begabt (für)

ap·ti·tude ['æptɪtjuːd] *s* **1.** (**for**) Begabung *f* (für), Geschick *n* (in *Dat*): **aptitude test** Eignungsprüfung *f* **2.** Neigung *f*, Hang *m* (**for** zu) **3.** Auffassungsgabe *f*

aq·ua·ma·rine [ˌækwəmə'riːn] *s* **1.** MIN Aquamarin *m* **2.** Aquamarinblau *n*

aq·ua·plan·ing ['ækwəˌpleɪnɪŋ] *s* MOT Aquaplaning *n*

aq·ua·relle [ˌækwə'rel] *s* **1.** Aquarell *n* **2.** Aquarellmalerei *f*

ˌaq·ua'rel·list *s* Aquarellmaler(in)

a·quar·i·um [ə'kweərɪəm] *s* Aquarium *n*

A·quar·i·us [ə'kweərɪəs] *s* ASTR Wassermann *m*: **be (an) Aquarius** Wassermann sein

a·quat·ic [ə'kwætɪk] *Adj* Wasser...: **aquatic plants**; **aquatic sports** *Pl* Wassersport *m*

aq·ue·duct ['ækwɪdʌkt] *s* Aquädukt *m*, *auch n*

a·que·ous ['eɪkwɪəs] *Adj* wäss(e)rig

aq·ui·line ['ækwɪlaɪn] *Adj* Adler..., *weit. S. auch* gebogen: **aquiline nose** Adlernase *f*

Ar·ab ['ærəb] **I** *s* **1.** Araber(in) **2.** ZOOL Araber *m* (*Pferd*) **II** *Adj* **3.** arabisch

ar·a·besque [ˌærə'besk] *s* Arabeske *f*

A·ra·bia [ə'reɪbjə] *Eigenn* Arabien *n*

A·ra·bi·an [ə'reɪbjən] **I** *Adj* arabisch: **The Arabian Nights** Tausendundeine Nacht **II** *s* → **Arab** I

Ar·a·bic ['ærəbɪk] **I** *Adj* arabisch: **Arabic numeral** arabische Ziffer **II** *s* LING Arabisch *n*

ar·a·ble ['ærəbl] *Adj* pflügbar, anbaufähig: **arable land** Ackerland *n*

ar·bi·ter ['ɑːbɪtə] *s* **1.** Schiedsrichter(in) **2.** Gebieter(in) (**of** über *Akk*): **be the arbiter of fashion** die Mode bestimmen *oder* diktieren

'ar·bi·trar·y *Adj* willkürlich: **a)** beliebig (*auch* MATHE), **b)** eigenmächtig

ar·bi·trate ['ɑːbɪtreɪt] **I** *v/t* (als Schiedsrichter) entscheiden, schlichten **II** *v/i* als Schiedsrichter fungieren

ˌar·bi'tration *s* **1.** Schieds(gerichts)verfahren *n* **2.** Schiedsspruch *m*; Schlichtung *f*: **court of arbitration** Schiedsgericht *n*

ar·bor, **ar·bour** ['ɑːbə] *s* Laube *f*

arc [ɑːk] *s* Bogen *m*, MATHE *auch* Arkus *m*, ELEK *auch* Lichtbogen

ar·cade [ɑː'keɪd] *s* Arkade *f*, Bogen-, Laubengang *m*

►**arch**[1] [ɑːtʃ] **I** *s* **1.** ARCHI Bogen *m* **2.** ARCHI überwölbter Gang, Gewölbe *n* **3.** Bogen *m*, Wölbung *f*: **arch support** Senkfußeinlage *f* **II** *v/t* **4.** *auch* **arch over** überwölben **5.** wölben, krümmen: **arch one's back** einen Buckel machen (*bes Katze*) **III** *v/i* **6.** sich wölben

arch[2] [ɑːtʃ] *Adj* schalkhaft, schelmisch, spitzbübisch

arch[3] [ɑːtʃ] *Adj* Erz...

ar·chae·o·log·i·cal [ˌɑːkɪə'lɒdʒɪkl] *Adj bes Br* archäologisch

ar·chae·ol·o·gist [ˌɑːkɪ'ɒlədʒɪst] *s bes Br* Archäologe *m*, -login *f*

ˌar·chae'ol·o·gy *s bes Br* Archäologie *f*

ar·cha·ic [ɑː'keɪɪk] *Adj* (**archaically**) archaisch: **a)** altertümlich, **b)** LING veraltet

arch·an·gel ['ɑːkˌeɪndʒəl] *s* Erzengel *m*

ˌarch'bish·op [ɑːtʃ'bɪʃəp] *s* Erzbischof *m*, -bischöfin *f*

ˌarch'bish·op·ric [ˌɑːtʃ'bɪʃəprɪk] *s* Erzbistum *n*

ˌarch'duch·ess *s* Erzherzogin *f*

ˌarch'duch·y *s* Erzherzogtum *n*

ˌarch'duke *s* Erzherzog *m*

ar·che·o·log·i·cal, *etc Am* → **archaeological**, *etc*

arch·er ['ɑːtʃə] *s* Bogenschütze *m*, -schützin *f*

'arch·er·y *s* Bogenschießen *n*

ar·che·type ['ɑːkɪtaɪp] *s* Archetyp(us) *m*, Urform *f*

ar·chi·pel·a·go [ˌɑːkɪ'peləgəʊ] *Pl* **ar·chi·pel·a·gos**, **ar·chi·pel·a·goes** *s* Archipel *m*, Inselgruppe *f*

ar·chi·tect ['ɑːkɪtekt] *s* **1.** Architekt(in) **2.** *fig* Urheber(in), Schöpfer(in)

ˌar·chi'tec·tu·ral [ˌɑːkɪ'tektʃərəl] *Adj* architektonisch, Bau..., baulich

'ar·chi·tec·ture *s* Architektur *f*, *auch* Baustil *m*

Architectural styles WF

Classical	a) klassisch; b) klassizistisch
Romanesque [ˌrəʊmə'nesk]	romanisch
Norman ['nɔːmən]	normannisch
Gothic ['gɒθɪk]	gotisch
Renaissance [rə'neɪsəns]	Renaissance ...
baroque [bə'rɒk]	barock
rococo [rəʊ'kəʊkəʊ]	Rokoko ...

neoclassical [niːəʊ'klæsɪkl]	klassizistisch
modernist ['mɒdənɪst]	modernistisch
postmodern [ˌpəʊst'mɒdən], **postmodernist** [ˌpəʊst'mɒdənɪst]	postmodern

ar·chive ['ɑːkaɪv] *s meist Pl* Archiv *n*
archi·vist ['ɑːkɪvɪst] *s* Archivar(in)
'arch·way *s* ARCHI **1.** Bogengang *m* **2.** Bogen *m* (*über einem Tor etc*)
arc·tic ['ɑːktɪk] *Adj* arktisch, nördlich, Polar…: ***Arctic Circle*** nördlicher Polarkreis; ***Arctic Ocean*** Nördliches Eismeer
ar·dent ['ɑːdənt] *Adj fig* **1.** heiß, feurig, glühend **2.** leidenschaftlich, heftig **3.** eifrig, begeistert
ar·dor, **ar·dour** ['ɑːdə] *s* **1.** Leidenschaft *f*, Glut *f*, Feuer *n* **2.** Eifer *m*, Begeisterung *f*
ar·du·ous ['ɑːdjʊəs] *Adj* schwierig, mühsam, anstrengend
are [ɑː] *du* bist, *wir* (*oder sie oder Sie*) sind, *ihr* seid
▶ **a·re·a** ['eərɪə] *s* **1.** (Boden-, Grund)Fläche *f* **2.** Gebiet *n* (*auch fig*), Gegend *f*: ***area code*** TEL *Am* Vorwahl(nummer) *f* **3.** *fig* Bereich *m*
a·re·na [ə'riːnə] *s* Arena *f*, *fig auch* Schauplatz *m*
aren't [ɑːnt] *ugs für* ***are not***
Ar·gen·ti·na [ˌɑːdʒen'tiːnə] *Eigenn* Argentinien *n*
Ar·gen·tine ['ɑːdʒəntaɪn], **Ar·gen·tin·i·an** [ˌɑːdʒən'tɪnɪən] **I** *Adj* argentinisch **II** *s* Argentinier(in)
ar·gu·a·ble ['ɑːgjʊəbl] *Adj* **1.** zweifelhaft, fraglich **2.** ***it is arguable that*** man kann durchaus die Meinung vertreten, dass
▶ **ar·gue** ['ɑːgjuː] **I** *v/i* **1.** argumentieren: ***argue for*** eintreten für; sprechen für (*Sache*); ***argue against*** Einwände machen gegen; sprechen gegen (*Sache*) **2.** streiten (***with*** mit; ***about*** über *Akk*): ***don't argue!*** keine Widerrede! **II** *v/t* **3.** erörtern, diskutieren **4.** behaupten (***that*** dass)
▶ **ar·gu·ment** ['ɑːgjʊmənt] *s* **1.** Argument *n* **2.** Erörterung *f*, Diskussion *f* **3.** Streitfrage *f* **4.** Wortwechsel *m*, Auseinandersetzung *f*
ar·gu·men·ta·tion [ˌɑːgjʊmen'teɪʃn] *s* **1.** Argumentation *f*, Beweisführung *f* **2.** → ***argument*** 2
ar·gu·men·ta·tive [ˌɑːgjʊ'mentətɪv] *Adj* **1.** streitlustig **2.** strittig, umstritten
a·ri·a ['ɑːrɪə] *s* MUS Arie *f*
ar·id ['ærɪd] *Adj* dürr, trocken (*auch fig*)
a'rid·i·ty *s* Dürre *f*, Trockenheit *f*
Ar·ies ['eəriːz] *s* ASTR Widder *m*: ***be*** (***an***) ***Aries*** Widder sein
a·rise [ə'raɪz] *v/i* (*unreg*) **1.** (***from, out of***) entstehen, hervorgehen (aus), herrühren, stammen (von) **2.** entstehen, sich erheben, auftauchen
a·ris·en [ə'rɪzn] *Part Perf von* ***arise***
ar·is·toc·ra·cy [ˌærɪ'stɒkrəsɪ] *s* Aristokratie *f*
a·ris·to·crat ['ærɪstəkræt] *s* Aristokrat(in)
ˌa·ris·to'crat·ic *Adj* aristokratisch
a·rith·me·tic [ə'rɪθmətɪk] **I** *s* Arithmetik *f*, Rechnen *n* **II** *Adj* arithmetisch, Rechen…
ar·ith·met·i·cal [ˌærɪθ'metɪk(l)] *Adj* arithmetisch, Rechen…
ark [ɑːk] *s*: ***Noah's ark*** BIBEL die Arche Noah
▶ **arm**[1] [ɑːm] *s* **1.** Arm *m* (*auch* TECH *und fig*): ***with open arms*** mit offenen Armen; ***within arm's reach*** in Reichweite; ***the arm of the law*** der Arm des Gesetzes; ***keep s.o. at arm's length*** sich j-n vom Leibe halten; ***take s.o. in one's arms*** j-n in die Arme nehmen **2.** Fluss-,

SG

Argumentation	**Argumentieren**
Agreeing	**Zustimmen**
I quite agree.	Ich stimme voll und ganz zu.
I couldn't agree more.	Ich stimme absolut zu.
I think so too.	Das glaube ich auch.
You're absolutely right.	Sie haben absolut recht.
Exactly!	Genau!
You've got it.	Richtig.
Disagreeing	**Widersprechen**
I disagree with you.	Ich stimme Ihnen nicht zu.
You've got it all wrong.	Das haben Sie ganz falsch verstanden.
You're looking at it the wrong way.	Sie sehen das falsch.
No, I don't think so.	Nein, das glaube ich nicht.
That's not what I meant.	Das ist es nicht, was ich meinte.
Sorry, that's not quite right.	Tut mir leid, das stimmt nicht ganz.
Correcting oneself	**Sich korrigieren**
I don't think I expressed myself very well.	Ich glaube, ich habe mich nicht sehr gut ausgedrückt.
I may not have been entirely right about that.	Es kann sein, dass ich da nicht ganz recht hatte.
I'm not one hundred per cent certain about that.	Ich bin mir darüber nicht hundertprozentig sicher.
There were ten – or rather, twelve people there.	Es waren zehn – oder, besser gesagt, zwölf Leute da.

Meeresarm *m* **3.** Ast *m* **4.** Arm-, Seitenlehne *f* (*eines Stuhls etc*) **5.** Ärmel *m*

▶**arm**[2] [ɑːm] **I** *s* **1.** *meist Pl* Waffe *f* (*auch fig*): ***up in arms*** kampfbereit; *fig* in hellem Zorn (***about, over*** wegen); ***take up arms*** zu den Waffen greifen; ***arms control*** Rüstungskontrolle *f*; ***arms dealer*** Waffenhändler(in); ***arms race*** Wettrüsten *n*, Rüstungswettlauf *m* **2.** MIL Waffen-, Truppengattung *f* **3.** *Pl* Wappen (-schild) *n* **II** *v/t* **4.** bewaffnen **5.** ***arm o.s.*** *fig* sich wappnen (***with*** mit)

ar·ma·da [ɑːˈmɑːdə] *s* (*hist* **Armada**) Armada *f*

ar·ma·ment [ˈɑːməmənt] *s* **1.** Kriegsstärke *f* **2.** Bewaffnung *f* **3.** Rüstung *f*

ar·ma·ture [ˈɑːməˌtjʊə] *s* ELEK Anker *m*

▶**arm·chair** [ˈɑːmtʃeə] *s* Lehnstuhl *m*: ***armchair politician*** Stammtischpolitiker(in)

armed [ɑːmd] *Adj* bewaffnet (***to the teeth*** bis an die Zähne): ***armed conflict*** bewaffnete Auseinandersetzung; ***armed forces*** *Pl* Streitkräfte *Pl*; ***armed robbery*** bewaffneter Raubüberfall

...-armed [ɑːmd] ...armig, mit ... Armen

arm·ful [ˈɑːmfʊl] *s* Arm *m* voll

ar·mi·stice [ˈɑːmɪstɪs] *s* Waffenstillstand *m*

Armistice Day

LK

Viele Länder begehen am 11. November den **Armistice** oder **Remembrance Day**, den Jahrestag des Waffenstillstands am Ende des Ersten Weltkriegs 1918. In Großbritannien, Australien und Kanada hält man um 11 Uhr eine Schweigeminute. Am vorangehenden Sonntag, dem **Remembrance Sunday**, wird in offiziellen Zeremonien der Opfer aller Kriege gedacht. Man trägt rote Mohnblumen (**poppies**) aus Papier im Knopfloch. In den USA ist der 11. November ein gesetzlicher Feiertag. Früher hieß er **Armistice Day**, wurde aber in **Veterans' Day** umbenannt – zu Ehren der Veteranen aller Kriege.

ar·mor, *etc Am* → ***armour***, *etc*

ar·mo·ri·al [ɑːˈmɔːrɪəl] *Adj* Wappen...

ar·mour [ˈɑːmə] *bes Br* **I** *s* **1.** Rüstung *f*, Panzer *m* (*auch* ZOOL) **2.** MIL Panzer(fahrzeuge) *Pl*; Panzertruppen *Pl* **II** *v/t* **3.** panzern: ***armoured car*** MIL Panzerkampfwagen *m*; gepanzertes Fahrzeug (*für Geldtransporte etc*)

ˈar·mour-ˌplat·ed *Adj bes Br* gepanzert, Panzer...

ˈarm·pit *s* Achselhöhle *f*

ˈarm·rest *s* Armlehne *f*

▶**ar·my** [ˈɑːmɪ] *s* Armee *f*, Heer *n* (*auch fig*): ***be in the army*** beim Militär sein; ***join the army*** Soldat werden

army

GR

Bei **army** kann man die Gruppe als geschlossene Einheit sehen oder an die einzelnen Mitglieder denken. Dementsprechend steht das Verb im Singular oder im Plural:

The army has / have bought new tanks.	Die Armee hat neue Panzer gekauft.

ˈA-road *s Br* (*etwa*) Bundesstraße *f*

a·ro·ma [əˈrəʊmə] *s* Aroma *n*

aˌro·maˈther·a·py *s* MED Aromatherapie *f*

ar·o·mat·ic [ˌærəʊˈmætɪk] *Adj* (***aromatically***) aromatisch

a·rose [əˈrəʊz] *Prät von **arise***

▶**a·round** [əˈraʊnd] **I** *Adv* **1.** (rings)herum, überall(hin), nach *oder* auf allen Seiten **2.** umher, (in der Gegend) herum: ***look around*** sich umsehen; zurückschauen **3.** *ugs* in der Nähe, da **II** *Präp* **4.** um (... herum), rund um **5.** in (*Dat*) ... herum **6.** *ugs* ungefähr, etwa **7.** *ugs* (nahe) bei

a·rouse [əˈraʊz] *v/t* **1.** (auf)wecken **2.** *fig* aufrütteln, wach rütteln, *Gefühle etc* wachrufen, erregen

▶**ar·range** [əˈreɪndʒ] **I** *v/t* **1.** (an)ordnen, aufstellen; *Angelegenheiten* ordnen, regeln **2.** festsetzen, -legen **3.** in die Wege leiten, arrangieren **4.** verabreden, vereinbaren **5.** *Streit* schlichten, beilegen **6.** MUS arrangieren, *auch* THEAT *etc* bearbeiten **II** *v/i* **7.** sich verständigen (***with*** mit) **8.** Vorkehrungen treffen (***for*** für; ***to*** *Inf* zu *Inf*): ***arrange for s.th. to be there*** dafür sorgen, dass etw da ist

arˈrange·ment *s* **1.** (An)Ordnung *f* **2.** Festsetzung *f* **3.** Verabredung *f*, Vereinbarung *f*: ***make an arrangement*** eine Verabredung treffen (***with*** mit) **4.** Schlichtung *f*, Beilegung *f* **5.** MUS Arrangement *n*, *auch* THEAT *etc* Bearbeitung *f* **6.** *Pl* Vorkehrungen *Pl*: ***make arrangements*** Vorkehrungen treffen

ar·ray [əˈreɪ] **I** *v/t* **1.** *Truppen etc* aufstellen **2.** (***o.s.*** sich) kleiden, (heraus)putzen **II** *s* **3.** MIL Schlachtordnung *f* **4.** *fig* Phalanx *f*, (stattliche) Reihe **5.** Kleidung *f*, Staat *m*

ar·rear [əˈrɪə] *s meist Pl* Rückstand *m*, -stände *Pl*: ***arrears of rent*** rückständige Miete; ***arrears of work*** Arbeitsrückstände; ***be in arrears*** im Rückstand *oder* Verzug sein

▶**ar·rest** [əˈrest] **I** *s* **1.** Verhaftung *f*, Festnahme *f*; Haft *f*: ***be under arrest*** verhaftet sein; in Haft sein; → ***warrant*** 2 **II** *v/t* **2.** an-, aufhalten, hemmen **3.** *Aufmerksamkeit etc* fesseln **4.** verhaften, festnehmen

▶**ar·riv·al** [əˈraɪvl] *s* **1.** Ankunft *f*: ***'arrivals'*** *Pl* ‚Ankunft' (*Fahrplan etc*) **2.** Erscheinen *n*, Auftauchen *n* **3.** Ankömmling *m*: ***new arrival*** Neuankömmling, *ugs auch* Familienzuwachs *m*

▶**ar·rive** [əˈraɪv] *v/i* **1.** (an)kommen, eintreffen **2.** erscheinen, auftauchen **3.** *fig* (***at***) erreichen (*Akk*), kommen *oder* gelangen (zu)

ar·ro·gance [ˈærəgəns] *s* Arroganz *f*, Überheblichkeit *f*

ˈar·ro·gant *Adj* arrogant, überheblich

▶**ar·row** [ˈærəʊ] *s* Pfeil *m*

ˈar·row·head *s* Pfeilspitze *f*

arse [ɑːs] *s Br vulg* Arsch *m* (*auch fig pej*)

ˈarse·hole *s Br vulg* Arschloch *n*

ar·se·nal [ˈɑːsənl] *s* **1.** Arsenal *n* (*auch fig*) **2.** Waffen-, Munitionsfabrik *f*

ar·se·nic [ˈɑːsnɪk] *s* CHEM Arsen *n*

ar·son [ˈɑːsn] *s* JUR Brandstiftung *f*

ˈar·son·ist *s* Brandstifter(in)

▶**art** [ɑːt] **I** *s* **1.** (*bes* bildende) Kunst: ***work of art*** Kunstwerk *n*; → ***fine***[1] 1 **2.** Kunst(fertigkeit) *f*: ***the art of cooking*** die Hohe Schule des Kochens; ***arts and crafts*** *Pl* Kunstgewerbe *n* **3.** *Pl* UNI Geisteswissenschaften *Pl*: ***Faculty of Arts***, *Am* ***Arts Department*** philosophische Fakultät; → ***bachelor*** 2, ***master*** 5 **4.** *meist Pl* Kniff *m*, Trick *m* **II** *Adj* **5.** Kunst...: ***art critic***; ***art gallery*** Gemäldegalerie *f*

Bildende Kunst (WF)

artist	Künstler(in)
painter	Maler(in)
painting	Malerei
sculptor	Bildhauer(in)
sculpture	Bildhauerei
a sculpture	eine Skulptur; eine Plastik
etching	Kupferstich
installation	Installation
lithograph	Lithografie
sketch	Skizze
woodcut	Holzschnitt
canvas	Leinwand
charcoal	Kohle
frame	Rahmen
oil paint	Ölfarbe
watercolour	Aquarellfarbe; (*Bild*) Aquarell
collection	Sammlung
(art) gallery	(Kunst)Galerie

ar·te·ri·al [ɑːˈtɪərɪəl] *Adj* **1.** ANAT arteriell, Arterien… **2.** ***arterial road***, *Am auch* ***arterial highway*** Hauptverkehrsstraße *f*

ar·te·ri·o·scle·ro·sis [ɑːˌtɪərɪəʊskləˈrəʊsɪs] *s* MED Arteriosklerose *f*, Arterienverkalkung *f*

ar·ter·y [ˈɑːtərɪ] *s* **1.** ANAT Arterie *f*, Schlagader *f* **2.** *fig* (Haupt)Verkehrsader *f*

ar·te·sian well [ɑːˈtiːzjən] *s* artesischer Brunnen *m*

art·ful [ˈɑːtfʊl] *Adj* schlau, listig

ar·thrit·ic [ɑːˈθrɪtɪk] *Adj* MED arthritisch

ar·thri·tis [ɑːˈθraɪtɪs] *s* Arthritis *f*

ar·ti·choke [ˈɑːtɪtʃəʊk] *s* BOT Artischocke *f*

▶**ar·ti·cle** [ˈɑːtɪkl] **I** *s* **1.** (*Zeitungs- etc*) Artikel *m* **2.** Artikel *m*, Gegenstand *m* **3.** LING Artikel *m*, Geschlechtswort *n* **4.** Artikel *m*, Paragraph *m*, Abschnitt *m* (*eines Gesetzes etc*); Punkt *m*, Klausel *f* (*eines Vertrags etc*): ***articles*** *Pl* ***of apprenticeship*** Lehrvertrag *m*; ***articles*** *Pl* ***of association*** (***Am incorporation***) Satzung *f* (*einer Aktiengesellschaft*) **II** *v/t* **5.** in die Lehre geben (***to*** bei, zu): ***be articled to*** in der Lehre sein bei

ar·tic·u·late I *v/t* [ɑːˈtɪkjʊleɪt] **1.** artikulieren, deutlich (aus)sprechen **2.** äußern; zur Sprache bringen **3.** TECH durch Gelenke verbinden **II** *Adj* [ɑːˈtɪkjʊlət] **4.** deutlich ausgesprochen, verständlich (*Wörter etc*) **5.** fähig, sich klar auszudrücken

arˈtic·u·lat·ed [ɑːˈtɪkjʊleɪtɪd] *Adj* TECH Gelenk…: ***articulated bus*** MOT Gelenkbus *m*; ***articulated lorry*** MOT *Br* Sattelschlepper *m*

arˌtic·uˈla·tion *s* **1.** Artikulation *f*, deutliche Aussprache **2.** TECH Gelenk(verbindung *f*) *n*

ar·ti·fice [ˈɑːtɪfɪs] *s* **1.** List *f* **2.** Kunstgriff *m*, Kniff *m*

▶**ar·ti·fi·cial** [ˌɑːtɪˈfɪʃl] *Adj* Kunst…, künstlich: ***artificial flower*** (***insemination***, ***respiration***, *etc*) künstliche Blume (Befruchtung, Beatmung *etc*); ***artificial heart*** Kunstherz *n*; ***artificial intelligence*** künstliche Intelligenz; ***artificial silk*** Kunstseide *f*; ***artificial tears*** *Pl* falsche Tränen *Pl*

ar·til·ler·y [ɑːˈtɪlərɪ] *s* Artillerie *f*

ar·ti·san [ˌɑːtɪˈzæn] *s* (Kunst)Handwerker(in)

▶**art·ist** [ˈɑːtɪst], **ar·tiste** [ɑːˈtiːst] *s* Künstler(in), *weit. S. auch* Könner(in)

ar·tis·tic [ɑːˈtɪstɪk] *Adj* **1.** künstlerisch, Künstler…, Kunst… **2.** kunstverständig

art·less [ˈɑːtlɪs] *Adj* **1.** aufrichtig, arglos **2.** naiv

art·y [ˈɑːtɪ] *Adj ugs* künstlerisch aufgemacht

ˌart·y-ˈcraft·y, **ˌart·y-and-ˈcraft·y** *Adj ugs* gewollt künstlerisch

Ar·y·an [ˈeərɪən] **I** *Adj* arisch **II** *s* Arier(in)

▶**as** [æz] **I** *Adv* **1.** (eben-, gerade)so: ***I ran as fast as I could*** so schnell ich konnte; ***just as good*** ebenso gut; ***twice as large*** zweimal so groß; ***as well*** ebenfalls, auch; → ***much*** 2 **2.** wie (z. B.): ***statesmen, as Churchill*** **II** *Konj* **3.** (so) wie: ***as follows*** wie folgt; ***as requested*** wunschgemäß; ***as … as*** (eben)so … wie; (***as***) ***soft as butter*** butterweich; (***as***) ***happy as can be*** überglücklich; ***as far as I know*** soviel ich weiß; ***as it were*** sozusagen, gleichsam; → ***good*** 5, ***long***[1] 7, ***soon***, ***though*** 3, ***word*** 1 **4.** als, während: ***as he entered*** als er eintrat, bei seinem Eintritt **5.** da, weil: ***as you are sorry, I'll forgive you*** **6.** ***as for*** (*oder* ***to***) was … (an-)betrifft; ***as from*** (*vor Zeitangaben*) von … an, ab; → ***against*** 4, ***per*** 3, ***yet*** 2 **III** *Pron* **7.** was, wie: ***as he himself admits*** **IV** *Präp* **8.** als: ***appear as Hamlet*** als Hamlet auftreten

as well (GR)

In der Bedeutung von „ebenfalls, auch" wird **as well** <u>immer</u> nachgestellt:

Could you give me a window seat as well, please?	Könnten Sie mir bitte auch einen Fensterplatz geben?

asap [ˈeɪzæp] *Abk* (= ***as soon as possible***) möglichst bald

as·bes·tos [æsˈbestɒs] *s* Asbest *m*

as·cend [əˈsend] **I** *v/i* **1.** (auf)steigen **2.** ansteigen **II** *v/t* **3.** *auch fig den Thron* besteigen

asˈcend·an·cy *s* Übergewicht *n*, Überlegenheit *f* (***over*** über *Akk*)

asˈcend·ant I *s* **1.** ASTR Aszendent *m*, Aufgangspunkt *m*: ***in the ascendant*** *fig* im Aufstieg *oder* Kommen **II** *Adj* **2.** (auf)steigend **3.** überlegen (***over*** *Dat*)

asˈcend·en·cy, **asˈcend·ent** → ***ascendancy***, ***ascendant***

as·cen·sion [əˈsenʃn] *s* **1.** Aufsteigen *n* **2.** ***the Ascension*** Christi Himmelfahrt *f*; ***Ascension Day*** Himmelfahrtstag *m*

as·cent [əˈsent] *s* **1.** Aufstieg *m* **2.** Besteigung *f* **3.** Steigung *f*, Gefälle *n*

as·cer·tain [ˌæsəˈteɪn] *v/t* ermitteln, feststellen, in Erfahrung bringen

as·cet·ic [əˈsetɪk] **I** *Adj* (***ascetically***) asketisch **II** *s* Asket(in)

asˈcet·i·cism [əˈsetɪˌsɪzəm] *s* Askese *f*

ASCII [ˈæskiː] *Abk* (= ***American Standard Code for Information Interchange***) ASCII (*standardisierter Kode zur Darstellung alphanumerischer Zeichen*)

as·cor·bic ac·id [əˈskɔːbɪk] *s* CHEM Ascorbinsäure *f*, Vitamin *n* C

as·crib·a·ble [əˈskraɪbəbl] *Adj* zuzuschreiben(d)

asˈcribe *v/t* (***to***) **1.** zurückführen (auf *Akk*), zu-

schreiben (*Dat*) **2.** zuschreiben, beimessen (*Dat*)
a·sep·tic [ˌeɪˈseptɪk] *Adj* (***aseptically***) aseptisch, keimfrei
a·sex·u·al [ˌeɪˈsekʃʊəl] *Adj* BIOL geschlechtslos
ash[1] [æʃ] *s* **1.** BOT Esche *f* **2.** Eschenholz *n*
ash[2] [æʃ] *s* **1.** *meist Pl* Asche *f*: ***burn to ashes*** einäschern, niederbrennen **2.** *Pl* Asche *f*, (sterbliche) Überreste *Pl*
►**a·shamed** [əˈʃeɪmd] *Adj* beschämt: ► ***be*** (*oder* ***feel***) ***ashamed of*** sich *einer Sache oder j-s* schämen; ► ***be ashamed of o.s.*** sich schämen; ***be*** (*oder* ***feel***) ***ashamed to do*** (*oder* ***doing***) ***s.th.*** sich schämen, etw zu tun
ash bin, ash can *s Am* **1.** Abfall-, Mülleimer *m* **2.** Abfall-, Mülltonne *f*
ash·en [ˈæʃn] *Adj* **1.** Aschen… **2.** aschfarben **3.** aschgrau, -fahl
a·shore [əˈʃɔː] *Adv und Adj* am *oder* ans Ufer: ***go ashore*** an Land gehen
ˈash·pan *s* Asche(n)kasten *m*
►**ash·tray** [ˈæʃtreɪ] *s* Aschenbecher *m*
Ash Wednes·day *s* Aschermittwoch *m*
►**A·sia** [ˈeɪʃə] *Eigenn* Asien *n*: ***Asia Minor*** Kleinasien *n*
►**A·sian** [ˈeɪʃn], **A·si·at·ic** [ˌeɪʃɪˈætɪk] **I** *Adj* asiatisch **II** *s* Asiat(in)
►**a·side** [əˈsaɪd] **I** *Adv* **1.** beiseite, auf die Seite: ***step aside*** zur Seite treten **2.** ***aside from*** abgesehen von **II** *s* **3.** THEAT Aparte *n*
as·i·nine [ˈæsɪnaɪn] *Adj* **1.** Esels… **2.** *fig* eselhaft, dumm
►**ask** [ɑːsk] **I** *v/t* **1.** *j-n* fragen **2.** *j-n* fragen nach, sich bei *j-m* nach *etw* erkundigen: ***ask s.o. the way***; ***ask s.o. a question*** j-m e-e Frage stellen, j-n etw fragen **3.** bitten um, *etw* erbitten: ***ask advice***; → ***favo(u)r*** 4 **4.** *j-n* bitten, fragen (***for*** um): ***ask s.o. for advice*** **5.** einladen; bitten: ***ask s.o. to dinner*** j-n zum Essen einladen; ***ask s.o. in*** j-n hereinbitten; ***ask s.o. out*** j-n ausführen **6.** verlangen, fordern (***of*** von): ***ask a high price for s.th.***; ***that is asking too much*** das ist zu viel verlangt **II** *v/i* **7.** fragen, sich erkundigen (***for, about, after*** nach): ***ask for s.o.*** *auch* j-n *oder* nach j-m verlangen, j-n zu sprechen wünschen; ***ask around*** herumfragen, sich umhören **8.** bitten (***for*** um): ***he was asking for it*** (*oder* ***trouble***) *ugs* er wollte es ja so haben
a·skance [əˈskæns] *Adv*: ***look askance at s.o.*** j-n von der Seite ansehen; *fig* j-n schief *oder* misstrauisch ansehen
a·skew [əˈskjuː] *Adv* schief: ***go askew*** *fig* schiefgehen
ask·ing [ˈɑːskɪŋ] *s* Fragen *n*, Bitten *n*: ***it is yours for the asking*** du kannst es gern haben
ask·ing price *s* Verkaufspreis *m*
a·slant [əˈslɑːnt] **I** *Adv und Adj* schräg, quer **II** *Präp* quer über (*Akk*) *oder* durch
►**a·sleep** [əˈsliːp] *Adv und Adj* schlafend, (*Fuß etc*) eingeschlafen: ► ***be asleep*** schlafen; ► ***fall asleep*** einschlafen
as·par·a·gus [əˈspærəgəs] *s* BOT Spargel *m*: ***asparagus tips*** *Pl* Spargelspitzen *Pl*
as·pect [ˈæspekt] *s* **1.** Aussehen *n*, Erscheinung *f* **2.** Aspekt *m* (*auch* LING), Seite *f*, Gesichtspunkt *m* **3.** Beziehung *f*, Hinsicht *f*
as·pen [ˈæspən] *s* BOT Espe *f*
as·per·i·ty [æˈsperətɪ] *s* **1.** Rauheit *f* (*auch fig*), Unebenheit *f* **2.** *fig* Schärfe *f*, Schroffheit *f*
as·perse [əˈspɜːs] *v/t* verleumden
asˈper·sion *s* Verleumdung *f*: ***cast aspersions on*** verleumden
as·phalt [ˈæsfælt] **I** *s* Asphalt *m* **II** *v/t* asphaltieren
as·phyx·i·a [əsˈfɪksɪə] *s* MED Erstickung(stod *m*) *f*
asˈphyx·i·ate [əsˈfɪksɪeɪt] *v/t und v/i* ersticken: ***be asphyxiated*** ersticken
asˌphyx·iˈa·tion *s* Erstickung *f*
as·pic [ˈæspɪk] *s* Aspik *m*, Gelee *n*
as·pir·ant [əˈspaɪərənt] *s* (***to, for***) Bewerber(in) (um *Akk*), Anwärter(in) (auf *Akk*)
as·pi·ra·tion [ˌæspəˈreɪʃn] *s* Streben *n*, Bestrebung *f* (***for*** nach)
as·pire [əˈspaɪə] *v/i* streben, trachten (***to*** nach): ***aspire to s.th.*** *auch* etw erstreben
as·pi·rin [ˈæspərɪn] *s* PHARM Aspirin *n*
as·pir·ing [əˈspaɪərɪŋ] *Adj* **1.** ehrgeizig, strebsam **2.** auf-, emporstrebend
ass[1] [æs] *s* ZOOL Esel *m* (*auch fig*): ***make an ass of o.s.*** sich lächerlich machen *oder* blamieren
ass[2] [æs], **ˈass·hole** *Am vulg* → ***arse, arsehole***
as·sail [əˈseɪl] *v/t* **1.** angreifen **2.** *fig* bestürmen (***with*** mit *Fragen etc*): ***assailed by fear*** von Furcht gepackt **3.** *Aufgabe etc* in Angriff nehmen
asˈsail·ant *s* Angreifer(in)
as·sas·sin [əˈsæsɪn] *s* (*bes* politische[r]) Mörder(in), Attentäter(in)
asˈsas·si·nate [əˈsæsɪneɪt] *v/t bes* POL ermorden: ***be assassinated*** einem Attentat zum Opfer fallen
asˌsas·siˈna·tion *s* (***of***) (*bes* politischer) Mord, Ermordung *f* (*Gen*), Attentat *n* (auf *Akk*)
as·sault [əˈsɔːlt] **I** *s* **1.** Angriff *m* (***on*** auf *Akk*) (*auch fig*) **2.** MIL Sturm *m*: ***take by assault*** im Sturm nehmen, erstürmen **3.** *auch* ***assault and battery*** JUR tätliche Beleidigung **II** *v/t* **4.** angreifen (*auch fig*) **5.** MIL stürmen **6.** JUR tätlich beleidigen **7.** *euph* vergewaltigen
as·say [əˈseɪ] **I** *s* **1.** Prüfung *f*, Untersuchung *f* **II** *v/t* **2.** *Metall etc* prüfen, untersuchen **3.** *fig* probieren
as·sem·blage [əˈsemblɪdʒ] *s* **1.** Ansammlung *f* **2.** Versammlung *f* **3.** TECH Montage *f*
asˈsem·ble **I** *v/t* **1.** versammeln **2.** TECH montieren, zs.-setzen **II** *v/i* **3.** sich versammeln
asˈsem·bler *s* **1.** TECH Monteur(in) **2.** COMPUTER Assembler *m*
asˈsem·bly *s* **1.** Versammlung *f* **2.** TECH Montage *f*: ***assembly line*** Fließband *n*; ***assembly shop*** Montagehalle *f*
as·sent [əˈsent] **I** *v/i* (***to***) **1.** zustimmen, beipflichten (*Dat*) **2.** billigen, genehmigen (*Akk*) **II** *s* **3.** Zustimmung *f*, Beipflichtung *f*: ***by common assent*** mit allgemeiner Zustimmung **4.** Billigung *f*, Genehmigung *f*
as·sert [əˈsɜːt] *v/t* **1.** behaupten, erklären **2.** *Anspruch etc* geltend machen, bestehen auf (*Dat*) **3.** ***assert o.s.*** sich behaupten *oder* durchsetzen; sich zu viel anmaßen
asˈser·tion *s* **1.** Behauptung *f*, Erklärung *f*: ***make an assertion*** eine Behauptung aufstellen **2.** Geltendmachung *f*
asˈser·tive *Adj* **1.** ausdrücklich **2.** anmaßend
as·sess [əˈses] *v/t* **1.** *Geldstrafe etc* festsetzen **2.** *Einkommen etc* (zur Steuer) veranlagen (***at*** mit) **3.** *fig* ab-, einschätzen, (be)werten
asˈsess·ment *s* **1.** Festsetzung *f* **2.** (Steuer)Veranlagung *f* **3.** Steuer(betrag *m*) *f* **4.** *fig* Ab-, Einschätzung *f*, (Be)Wertung *f*: ***what is your assessment of …?*** wie beurteilen Sie … (*Akk*)?

as·set ['æset] *s* **1.** WIRTSCH Aktivposten *m*; *Pl* Aktiva *Pl*: ***assets and liabilities*** Aktiva und Passiva; ***current assets*** Umlaufvermögen *n*; ***fixed assets*** Sachanlagen *Pl*, Anlagevermögen *n* **2.** *Pl* JUR Vermögen(smasse *f*) *n*; Konkursmasse *f* **3.** *fig* Vorzug *m*, Plus *n*; Gewinn *m* (**to** für): ***be a great asset*** viel wert sein
'as·set-,strip·per *s* Unternehmensalthändler(in)
as·si·du·i·ty [,æsɪ'djuːətɪ] *s* Fleiß *m*, Eifer *m*
as·sid·u·ous [ə'sɪdjʊəs] *Adj* fleißig, eifrig
as·sign [ə'saɪn] *v/t* **1.** *Aufgabe etc* zu-, anweisen, zuteilen (**to** *Dat*) **2.** (**to**) *j-n* bestimmen, einteilen (zu, für *eine Aufgabe etc*), beauftragen (mit) **3.** *Zeitpunkt etc* bestimmen, festsetzen **4.** *etw* zuschreiben (**to** *Dat*) **5.** JUR abtreten, übertragen (**to** *Dat*)
as'sign·ment *s* **1.** Zu-, Anweisung *f* (**to** an *Akk*) **2.** Bestimmung *f*, Festsetzung *f* **3.** Aufgabe *f*, Arbeit *f* (*beide auch* PÄD), Auftrag *m* **4.** JUR Abtretung *f*, Übertragung *f* (**to** an *Akk*)
as·sim·i·late [ə'sɪmɪleɪt] **I** *v/t* **1.** assimilieren: **a)** angleichen (*auch* LING), anpassen (**to, with** *Dat*, an *Akk*), **b)** BIOL (sich) *Nahrung* einverleiben, **c)** SOZIOL aufnehmen **II** *v/i* **2.** sich angleichen *oder* anpassen (**to, with** *Dat*) **3.** BIOL, SOZIOL sich assimilieren
as,sim·i'la·tion *s* Assimilation *f*: **a)** Angleichung *f*, Anpassung *f* (**to** an *Akk*), **b)** BIOL Einverleibung *f*
▶**as·sist** [ə'sɪst] **I** *v/t* **1.** *j-m* helfen, beistehen, *j-n* unterstützen: ***assist s.o. in doing s.th.*** j-m (dabei) helfen, etw zu tun **II** *v/i* **2.** mithelfen, Hilfe leisten (**in** bei) **3.** (**at**) beiwohnen (*Dat*), teilnehmen (an *Dat*)
as'sist·ance *s* Hilfe *f*, Beistand *m*, Unterstützung *f*: ***come to s.o.'s assistance*** j-m zu Hilfe kommen
as'sist·ant **I** *Adj* **1.** stellvertretend: ***assistant editor*** Redaktionsassistent(in); ***assistant professor*** UNI *Am* (*etwa*) Lehrbeauftragte *m*, *f* **II** *s* **2.** Assistent(in), Mitarbeiter(in) **3.** Angestellte *m*, *f*: ***(shop) assistant*** *Br* Verkäufer(in)
as·so·ci·ate [ə'səʊʃɪeɪt] **I** *v/t* **1.** vereinigen, -binden, zs.-schließen (**with** mit): ***associate o.s. with*** *auch* sich *einer Partei, j-s Ansichten etc* anschließen **2.** *bes* PSYCH assoziieren, (gedanklich) verbinden (**with** mit) **II** *v/i* **3.** sich vereinigen *etc*, *siehe* 1 **4.** verkehren (**with** mit) **III** *Adj* [ə'səʊʃɪət] **5.** verwandt (**with** mit) **6.** beigeordnet, Mit…: ***associate editor*** Mitherausgeber(in) **7.** außerordentlich (*Mitglied*) **IV** *s* [ə'səʊʃɪət] **8.** WIRTSCH Teilhaber(in), Gesellschafter(in) **9.** Kollege *m*, Kollegin *f*; Partner(in) **10.** außerordentliches Mitglied
as·so·ci·a·tion [ə,səʊsɪ'eɪʃn] *s* **1.** Vereinigung *f*, -bindung *f*, Zs.-schluss *m*: ***in association with*** zusammen mit **2.** Verein(igung *f*) *m* **3.** WIRTSCH Genossenschaft *f*, (Handels)Gesellschaft *f*, Verband *m*: ***association football*** *Br* Fußball *m* **4.** Umgang *m*, Verkehr *m* **5.** PSYCH (Ideen-, Gedanken)Assoziation *f*
as·sort·ed [ə'sɔːtɪd] *Adj* **1.** sortiert, geordnet **2.** zs.-gestellt, gemischt, verschiedenartig
as'sort·ment *s bes* WIRTSCH (**of**) Sortiment *n* (von), Auswahl *f* (an *Dat*)
as·sume [ə'sjuːm] *v/t* **1.** annehmen, voraussetzen: ***assuming that*** angenommen *oder* vorausgesetzt, dass **2.** *Amt, Verantwortung etc* übernehmen **3.** *Eigenschaft, Gestalt etc* annehmen **4.** sich *Recht etc* anmaßen
as·sump·tion [ə'sʌmpʃn] *s* **1.** Annahme *f*, Voraussetzung *f*: ***on the assumption that*** in der Annahme *oder* unter der Voraussetzung, dass **2.** Übernahme *f* **3.** Anmaßung *f* **4.** ***Assumption (Day)*** REL Mariä Himmelfahrt *f*
as·sur·ance [ə'ʃɔːrəns] *s* **1.** Ver-, Zusicherung *f* **2.** *bes Br* (Lebens)Versicherung *f* **3.** Sicherheit *f*, Gewissheit *f* **4.** Selbstsicherheit *f*; *pej* Dreistigkeit *f*
as·sure [ə'ʃɔː] *v/t* **1.** *j-m* versichern (**that** dass): ***assure s.o. of s.th.*** j-m etw zusichern **2.** sichern, sicherstellen, bürgen für **3.** überzeugen (**of** von): ***assure o.s.*** *auch* sich vergewissern (**of** *Gen*) **4.** beruhigen **5.** *bes Br Leben* versichern: ***assure one's life with*** eine Lebensversicherung abschließen bei
as'sured **I** *Adj* **1.** (**of**) überzeugt (von), sicher (*Gen*): ***you can rest assured that*** Sie können sicher sein *oder* sich darauf verlassen, dass **2.** gesichert **3.** selbstsicher; *pej* dreist **II** *s* **4.** *bes Br* Versicherte *m*, *f*
as'sur·ed·ly [ə'ʃɔːrɪdlɪ] *Adv* ganz gewiss
as·ter ['æstə] *s* BOT Aster *f*
as·ter·isk ['æstərɪsk] *s typografisch*: Sternchen *n*
a·stern [ə'stɜːn] *Adv* SCHIFF achtern
asth·ma ['æsmə] *s* MED Asthma *n*
asth·mat·ic [æs'mætɪk] **I** *Adj* (***asthmatically***) asthmatisch: ***asthmatic attack*** Asthmaanfall *m*; ***be asthmatic*** Asthma haben **II** *s* Asthmatiker(in)
▶**as·ton·ish** [ə'stɒnɪʃ] *v/t* in Erstaunen setzen: ***be astonished*** erstaunt *oder* überrascht sein (**at** über *Akk*; **to** *Inf* zu *Inf*), sich wundern (**at** über *Akk*)
as'ton·ish·ing *Adj* erstaunlich
as'ton·ish·ment *s* (Er)Staunen *n*, Verwunderung *f*: ***to one's astonishment*** zu seiner Verwunderung
as·tound [ə'staʊnd], **as·tound·ing** → ***astonish, astonishing***
a·stray [ə'streɪ] *Adv*: ***go astray*** vom Weg abkommen; *fig* auf Abwege geraten; ***lead astray*** *fig* irreführen
as·trin·gent [ə'strɪndʒənt] **I** *Adj* **1.** MED adstringierend, zs.-ziehend **2.** *fig* streng, hart **II** *s* **3.** MED Adstringens *n*
as·trol·o·ger [ə'strɒlədʒə] *s* Astrologe *m*, -login *f*
as·tro·log·i·cal [,æstrə'lɒdʒɪkl] *Adj* astrologisch
as·trol·o·gy [ə'strɒlədʒɪ] *s* Astrologie *f*
▶**as·tro·naut** ['æstrənɔːt] *s* Astronaut *m*
,as·tro'nau·tics *s Pl* (*meist Sg konstruiert*) Astronautik *f*, Raumfahrt *f*
as·tron·o·mer [ə'strɒnəmə] *s* Astronom(in)
as·tro·nom·ic [,æstrə'nɒmɪk], **as·tro·nom·i·cal** *Adj* astronomisch
as·tron·o·my [ə'strɒnəmɪ] *s* Astronomie *f*
as·tute [ə'stjuːt] *Adj* **1.** scharfsinnig **2.** schlau, gerissen
as'tute·ness *s* **1.** Scharfsinn *m* **2.** Schlauheit *f*
a·sun·der [ə'sʌndə] *Adv* auseinander, entzwei
a·sy·lum [ə'saɪləm] *s* **1.** Asyl *n*: **a)** Zufluchtsort *m*, **b)** *fig* Zuflucht *f* **2.** (politisches) Asyl: ***ask for asylum*** um Asyl bitten *oder* nachsuchen; ***give s.o. asylum*** j-m Asyl gewähren; ***asylum seeker*** Asylant(in), Asylbewerber(in)
a·sym·met·ric [,eɪsɪ'metrɪk], **,a·sym'met·ri·cal** *Adj* asymmetrisch, ungleichmäßig
a·sym·me·try [,eɪ'sɪmətrɪ] *s* Asymmetrie *f*, Ungleichmäßigkeit *f*
▶**at** [æt] *Präp* **1.** (*Ort*) in (*Dat*), an (*Dat*), bei, auf (*Dat*): ***at a dance*** auf einem Ball; ***at the baker's*** beim Bäcker; ***at the door*** an der Tür

2. (*Richtung*) auf (*Akk*), nach, gegen, zu: ***he threw a stone at the door*** er warf einen Stein gegen die Tür **3.** (*Beschäftigung*) bei, beschäftigt mit, in (*Dat*): ***he is still at it*** er ist noch dabei *oder* damit beschäftigt **4.** (*Art und Weise, Zustand*) in (*Dat*), bei, zu, unter (*Dat*): ► ***at all*** überhaupt; ► ***not at all*** überhaupt *oder* gar nicht; ► ***not at all!*** *ugs* nichts zu danken!; ***nothing at all*** überhaupt *oder* gar nichts; ***no doubts at all*** keinerlei Zweifel **5.** (*Preis, Wert etc*) für, um: ***at 6 dollars*** **6.** (*Zeit, Alter*) um, bei: ***at 21*** mit 21 (Jahren); ***at 3 o'clock*** um 3 Uhr; ***at his death*** bei seinem Tod

ate [et] *Prät von* ***eat***

a·the·ism ['eɪθɪɪzəm] *s* Atheismus *m*

'a·the·ist *s* Atheist(in)

ˌa·the'is·tic *Adj* atheistisch

Ath·ens ['æθɪnz] *Eigenn* Athen *n*

►**ath·lete** ['æθliːt] *s* **1.** Athlet(in): **a)** Sportler(in), **b)** Kraftmensch *m*: ***athlete's foot*** MED Fußpilz *m* **2.** *Br* Leichtathlet(in)

ath·let·ic [æθ'letɪk] **I** *Adj* (***athletically***) **1.** athletisch: **a)** Sport…, **b)** von athletischem Körperbau **2.** *Br* leichtathletisch **II** *s Pl* **3.** (*auch Sg konstruiert*) Sport *m*: ***athletics field*** Sportplatz *m* **4.** (*meist Sg konstruiert*) *Br* Leichtathletik *f*

at-home [ət'həʊm] *s zwangloser* Empfang: ***give an at-home***

at·las ['ætləs] *s* Atlas *m* (*Buch*)

ATM [eɪtiː'em] *Abk* (= ***automated teller machine***) *Am* Geldautomat *m*

at·mos·phere ['ætməˌsfɪə] *s* Atmosphäre *f* (*auch fig*)

at·mos·pher·ic [ˌætməs'ferɪk] **I** *Adj* (***atmospherically***) atmosphärisch **II** *s Pl* atmosphärische Störungen *Pl*

at·oll ['ætɒl] *s* Atoll *n*

at·om ['ætəm] *s* PHYS Atom *n* (*auch fig*): ***atom bomb*** Atombombe *f*

a·tom·ic [ə'tɒmɪk] *Adj* (***atomically***) atomar, Atom…: ***atomic age*** Atomzeitalter *n*; ***atomic bomb*** Atombombe *f*; ***atomic energy*** Atomenergie *f*; ***atomic nucleus*** Atomkern *m*; ***atomic pile*** Atomreaktor *m*; ***atomic power*** Atomkraft *f*; ***atomic research*** Atomforschung *f*; ***atomic-powered*** mit Atomkraft betrieben, Atom…; ***atomic power plant*** Atomkraftwerk *n*; ***atomic waste*** Atommüll *m*; ***atomic weight*** Atomgewicht *n*

at·om·ize ['ætəʊmaɪz] *v/t* **1.** atomisieren **2.** *Flüssigkeit* zerstäuben

'at·om·iz·er *s* Zerstäuber *m*

a·tone [ə'təʊn] *v/i*: ***atone for*** büßen für *etw, etw* sühnen

a'tone·ment *s* Buße *f*, Sühne *f*

a·tro·cious [ə'trəʊʃəs] *Adj* scheußlich, grässlich (*beide auch ugs*)

a·troc·i·ty [ə'trɒsətɪ] *s* **1.** Scheußlichkeit *f*, Grässlichkeit *f* **2.** Gräueltat *f*

at·ro·phy ['ætrəfɪ] MED **I** *s* Atrophie *f*, Verkümmerung *f* (*auch fig*) **II** *v/i* verkümmern (*auch fig*)

at sign (@) *s* IT *E-Mail*: @-Zeichen *n*, *ugs* Klammeraffe *m*

at·tach [ə'tætʃ] **I** *v/t* **1.** (***to***) befestigen, anbringen (an *Dat*), anheften, ankleben (an *Akk*) **2.** (***to***) *fig Sinn etc* verbinden (*mit*); *Wert, Wichtigkeit etc* beimessen (*Dat*); *magische Kräfte etc* zuschreiben (*Dat*); *Bedingungen* knüpfen (an *Akk*) **3.** *fig* ***attach o.s.*** sich anschließen (***to*** *Dat oder* an *Akk*): ***be attached to s.o.*** an j-m hängen **4.** *fig* (***to***) zuteilen (*Dat*), MIL *auch* abkommandieren (zu) **5.** JUR *j-n* verhaften; *etw* beschlagnahmen; pfänden **II** *v/i* **6.** (***to***) anhaften (*Dat*), verknüpft *oder* verbunden sein mit

at·ta·ché [ə'tæʃeɪ] *s* Attaché *m*: ***attaché case*** Aktentasche *f*, -koffer *m*

at·tach·ment [ə'tætʃmənt] *s* **1.** Befestigung *f* **2.** Anhängsel *n*, Beiwerk *n*; TECH Zusatzgerät *n* **3.** *fig* (***to***) Anhänglichkeit *f* (an *Akk*); Bindung *f* (an *Akk*) **4.** JUR Verhaftung *f*; Beschlagnahme *f*; Pfändung *f* **5.** COMPUTER Attachment *n* (*Datei als Anlage einer E-mail*)

►**at·tack** [ə'tæk] **I** *v/t* **1.** (*auch v/i*) *allg* angreifen **2.** *fig Arbeit etc* in Angriff nehmen, über *eine Mahlzeit etc* herfallen **II** *s* **3.** Angriff *m* **4.** MED Anfall *m*

at'tack·er *s* Angreifer(in)

at·tain [ə'teɪn] *v/t* (*und v/i* ***attain to***) *Ziel etc* erreichen, erlangen

at'tain·a·ble *Adj* erreichbar

at'tain·ment *s* **1.** Erreichung *f*, Erlangung *f* **2.** *Pl* Kenntnisse *Pl*, Fertigkeiten *Pl*

►**at·tempt** [ə'tempt] **I** *v/t* **1.** versuchen (***to do, doing*** zu tun): ***attempted suicide*** Selbstmordversuch *m* **2.** sich machen *oder* wagen an (*Akk*), in Angriff nehmen **II** *s* **3.** Versuch *m* (***to do, doing*** zu tun): ***attempt at explanation*** Erklärungsversuch; ***attempts*** *Pl* ***at resuscitation*** MED Wiederbelebungsversuche *Pl* **4.** Anschlag *m*: ***an attempt on s.o.'s life*** ein Mordanschlag *oder* Attentat auf j-n

Substantive auf -ics

GR

Substantive, die auf **-ics** enden, werden als Singular aufgefasst, wenn sie ein Schul- / Universitätsfach oder eine Wissenschafts- bzw. Sportdisziplin bezeichnen:

athletics	Leichtathletik	**mathematics**	Mathematik
economics	Wirtschaftswissenschaft	**physics**	Physik
gymnastics	Gymnastik	**politics**	Politikwissenschaft
linguistics	Sprachwissenschaft	**statistics**	Statistik

Das dazugehörige Verb steht im Singular:

Politics is a fascinating subject. — Politik(wissenschaft) ist ein faszinierendes Fach.

⚠ Wenn es sich nicht um Fachbezeichnungen handelt, werden einige Substantive als Plural gebraucht:

politics	Politik	**statistics**	Statistik(en), Zahlen

I realized that his politics were not the same as mine. — Ich merkte, dass seine Politik anders als meine war.

▶**at·tend** [ə'tend] **I** *v/t* **1.** *Kranke* pflegen; (ärztlich) behandeln **2.** *fig* begleiten **3.** teilnehmen an (*Dat*), *Schule, Versammlung etc* besuchen **II** *v/i* **4.** (**to**) beachten (*Akk*), achten auf (*Akk*) **5.** (**to**) sich kümmern (um); erledigen (*Akk*) **6. attend to** *j-n* (*im Laden*) bedienen: ***are you being attended to?*** werden Sie schon bedient? **7.** anwesend sein; erscheinen **8. *attend on*** *j-n* bedienen

at'tend·ance *s* **1.** Dienst *m*, Bereitschaft *f*: ***physician in attendance*** diensthabender Arzt; ***hours*** *Pl* ***of attendance*** Dienststunden *Pl* **2.** Pflege *f* (**on** *Gen*), Dienstleistung *f*: ***be in attendance on*** → ***attend*** 1 **3.** Anwesenheit *f*, Erscheinen *n*: ***attendance list*** (*oder* ***record***) Anwesenheitsliste *f* **4.** Besucher *Pl*, Teilnehmer *Pl*; Besuch(erzahl *f*) *m*, Beteiligung *f*

at'tend·ant **I** *Adj* **1.** begleitend **2.** *fig* verbunden (**on** mit): ***attendant circumstances*** *Pl* Begleitumstände *Pl* **3.** anwesend **II** *s* **4.** Begleiter(in) **5.** Aufseher(in) **6.** *Pl* Dienerschaft *f*

▶**at·ten·tion** [ə'tenʃn] *s* **1.** Aufmerksamkeit *f* (*auch fig*): ***attract attention*** Aufmerksamkeit erregen; ***call*** (*oder* ***draw***) ***attention to*** die Aufmerksamkeit lenken auf (*Akk*), aufmerksam machen auf (*Akk*); ▶ ***pay attention to*** Beachtung schenken (*Dat*), Acht geben auf (*Akk*); (***for the***) ***attention of*** zu Händen von (*oder Gen*) **2. *give*** (***prompt***) ***attention to s.th.*** etw (rasch) erledigen **3. *attention!*** MIL Achtung!; stillgestanden!

at'ten·tive *Adj* aufmerksam (**to** auf *Akk*; *fig* gegen)

at·ten·u·ate [ə'tenjʊeɪt] *v/t* **1.** *bes* CHEM verdünnen **2.** *fig* (ab)schwächen

at·test [ə'test] *v/t* **1.** beglaubigen, bescheinigen **2.** zeugen von, bestätigen

at·tes·ta·tion [ˌæte'steɪʃn] *s* **1.** Beglaubigung *f*, Bescheinigung *f* **2.** Zeugnis *n*

at·tic ['ætɪk] *s* Dachgeschoss *n*; Dachstube *f*, -kammer *f*

at·tire [ə'taɪə] **I** *v/t* (be)kleiden **II** *s* Kleidung *f*, Gewand *n*

at·ti·tude ['ætɪtjuːd] *s* **1.** (Körper)Haltung *f*, Stellung *f* **2.** *fig* Haltung *f*: **a)** Verhalten *n*, **b)** Einstellung *f* (**to, toward**[**s**] zu, gegenüber): ***what is your attitude to …?*** wie stehen Sie zu …?

at·tor·ney [ə'tɜːnɪ] *s* JUR **1.** *bes Am* ***attorney*** (***at law***) (Rechts)Anwalt *m*, (-)Anwältin *f* **2.** (***power of***) ***attorney*** Vollmacht *f*;

at·tor·ney gen·er·al *Pl* **at·tor·neys gen·er·al, at·tor·ney gen·er·als** *s* JUR **1.** *Br* erster Kronanwalt **2.** *Am* Justizminister(in)

at·tract [ə'trækt] *v/t* **1.** PHYS anziehen (*auch fig*) **2.** *fig j-n* anlocken, reizen, *j-s Interesse, Blicke etc* auf sich ziehen: ***be attracted to*** sich hingezogen fühlen zu; → ***attention*** 1

at'trac·tion [ə'trækʃn] *s* **1.** PHYS Anziehung(skraft) *f* **2.** *fig* **a)** Anziehungskraft *f*, Reiz *m*: ***have little attraction for*** wenig anziehend sein für, **b)** Attraktion *f*, THEAT *etc* Zugnummer *f*

▶**at·trac·tive** [ə'træktɪv] *Adj* **1.** PHYS anziehend: ***attractive force*** (*oder* ***power***) Anziehungskraft *f* **2.** *fig* attraktiv: **a)** anziehend, reizvoll, **b)** einnehmend (*Äußeres etc*), **c)** zugkräftig (*Angebot etc*)

at·trib·ute **I** *v/t* [ə'trɪbjuːt] **1.** zuschreiben (**to** *Dat*) **2.** zurückführen (**to** auf *Akk*) **II** *s* ['ætrɪbjuːt] **3.** Attribut *n* (*auch* LING): **a)** Eigenschaft *f*, Merkmal *n*, **b)** (Kenn)Zeichen *n*

at·trib·u·tive [ə'trɪbjʊtɪv] LING **I** *Adj* attributiv **II** *s* Attribut *n*

at·tri·tion [ə'trɪʃn] *s* **1.** Abnutzung *f*, Verschleiß *m* (*beide auch fig*) **2.** *fig* Zermürbung *f*

atyp·i·cal [ˌeɪ'tɪpɪkl] *Adj* untypisch

auber·gine ['əʊbəʒiːn] *s* BOT Aubergine *f*

au·burn ['ɔːbən] *Adj* kastanienbraun

auc·tion ['ɔːkʃn] **I** *s* Auktion *f*, Versteigerung *f*: ***sell by*** (*oder* ***at***) ***auction*** versteigern; ***sale by*** (*Am* ***at***) ***auction, auction sale*** Versteigerung *f* **II** *v/t meist* ***auction off*** versteigern

auc·tion·eer [ˌɔːkʃə'nɪə] *s* Auktionator(in), Versteigerer *m*, Versteigerin *f*: ***auctioneers*** *Pl* Auktionshaus *n*

au·da·cious [ɔː'deɪʃəs] *Adj* **1.** kühn, verwegen **2.** dreist, unverfroren

au·dac·i·ty [ɔː'dæsətɪ] *s* **1.** Kühnheit *f*, Verwegenheit *f* **2.** Dreistigkeit *f*, Unverfrorenheit *f*

au·di·ble ['ɔːdəbl] *Adj* hörbar, vernehmlich

▶**au·di·ence** ['ɔːdjəns] *s* **1.** Audienz *f* (**of, with** bei) **2.** Publikum *n*: **a)** Zuhörer(schaft *f*) *Pl*, **b)** Zuschauer *Pl*, **c)** Besucher *Pl*, **d)** Leser(kreis *m*) *Pl*

audience

Spricht man über Zuschauer als geschlossene Einheit (= Publikum), so wird **audience** mit dem Singular des Verbs verbunden. Wenn an einzelne Personen gedacht wird, steht das Verb im Plural:

The audience was / were very quiet.	Das Publikum war / Die Zuschauer waren sehr still.

au·di·o cas·sette *s* Audio-, Tonkassette *f*

au·di·o re·sponse *s* COMPUTER Sprachausgabe *f*

'au·di·oˌtyp·ist *s* Phonotypistin *f*

ˌau·di·o'vis·u·al **I** *Adj* audiovisuell: ***audiovisual aids*** *siehe* II **II** *s Pl* audiovisuelle Unterrichtsmittel *Pl*

au·dit ['ɔːdɪt] WIRTSCH **I** *s* Buch-, Rechnungsprüfung *f* **II** *v/t* prüfen

au·di·tion [ɔː'dɪʃn] **I** *s* **1.** PHYSIOL Hörvermögen *n*, Gehör *n* **2.** MUS, THEAT Vorspiel(en) *n*; Vorsingen *n*; Vorsprechen *n*; Anhörprobe *f* **II** *v/t und v/i* **3.** MUS, THEAT vorspielen *oder* vorsingen *oder* vorsprechen (lassen)

au·di·tor ['ɔːdɪtə] *s* **1.** WIRTSCH Buch-, Rechnungsprüfer(in) **2.** UNI *Am* Gasthörer(in)

au·di·to·ri·um [ˌɔːdɪ'tɔːrɪəm] *s* **1.** Auditorium *n*, Zuhörer-, Zuschauerraum *m* **2.** *Am* Vortragssaal *m*, Konzerthalle *f*

aug·ment [ɔːg'ment] **I** *v/t* vermehren, steigern, *Gehalt etc* aufbessern **II** *v/i* sich vermehren, zunehmen

ˌaug·men'ta·tion *s* Vermehrung *f*, Zunahme *f*; Aufbesserung *f*

au·gur ['ɔːgə] **I** *v/t* vorher-, weissagen **II** *v/i*: ***augur well*** (***ill***) ein gutes (schlechtes) Zeichen sein (**for** für)

au·gu·ry ['ɔːgjʊrɪ] *s* Vorzeichen *n*

▶**Au·gust** ['ɔːgəst] *s* August *m*: ***in August*** im August

auld lang syne [ˌɔːldlæŋ'saɪn] *schottisch* die gute alte Zeit

▶**aunt** [ɑːnt] *s* Tante *f*

au·pair [ˌəʊ'peə] *Br* **I** *s auch* ***aupair girl*** Au-pair-Mädchen *n* **II** *Adv* als Au-pair-Mädchen: ***work aupair*** **III** *v/i* als Au-pair-Mädchen arbeiten

au·ra ['ɔːrə] *s fig* Aura *f*

au·ral ['ɔːrəl] *Adj* **1.** Ohren… **2.** akustisch, Hör…
au·ri·cle ['ɔːrɪkl] *s* ANAT **1.** Ohrmuschel *f* **2.** Herzvorhof *m*
au·ric·u·lar [ɔː'rɪkjʊlə] *Adj* Ohren…: ***auricular confession*** REL Ohrenbeichte *f*
aus·cul·ta·tion [ˌɔːskəl'teɪʃn] *s* MED Abhorchen *n*
aus·pic·es ['ɔːspɪsɪz] *s Pl*: ***under the auspices of*** unter der Schirmherrschaft von (*oder Gen*)
aus·pi·cious [ɔː'spɪʃəs] *Adj* günstig: **a)** vielversprechend, **b)** glücklich: ***be auspicious*** unter einem günstigen Stern stehen
Aus·sie ['ɒzɪ] *ugs* **I** *s* Australier(in) **II** *Adj* australisch
aus·tere [ɒ'stɪə] *Adj* **1.** streng, ernst **2.** enthaltsam; dürftig, karg **3.** herb, rau, hart **4.** nüchtern, schmucklos
aus·ter·i·ty [ɒ'sterətɪ] **I** *s* **1.** Strenge *f*, Ernst *m* **2.** Enthaltsamkeit *f*; Dürftigkeit *f* **3.** Herbheit *f*, Rauheit *f* **4.** Nüchternheit *f*, Schmucklosigkeit *f* **II** *Adj* **5.** WIRTSCH, POL Spar…: ***austerity budget***; ***austerity program(me)***
▶ **Aus·tra·lia** [ɒ'streɪljə] *Eigenn* Australien *n*

> **Anzac Day** LK
> Australien und Neuseeland feiern am 25. April den **Anzac Day**. **Anzac** steht für **Australia and New Zealand Army Corps**. Der Feiertag erinnert an die Landungen von **Anzac**-Truppen in Gallipoli (Türkei) im Ersten Weltkrieg 1915, bei denen beide Staaten große Verluste erlitten.

▶ **Aus·tra·lian** [ɒ'streɪljən] **I** *Adj* australisch **II** *s* Australier(in)
▶ **Aus·tria** ['ɒstrɪə] *Eigenn* Österreich *n*
▶ **Aus·tri·an** ['ɒstrɪən] **I** *Adj* österreichisch **II** *s* Österreicher(in)
au·then·tic [ɔː'θentɪk] *Adj* (***authentically***) **1.** authentisch: **a)** echt, verbürgt, **b)** original, urschriftlich **2.** JUR gültig, rechtskräftig
au'then·ti·cate [ɔː'θentɪkeɪt] *v/t* **1.** beglaubigen **2.** als echt erweisen, verbürgen
au̦then·ti'ca·tion *s* Beglaubigung *f*
ˌau·then'tic·i·ty [ˌɔːθen'tɪsətɪ] *s* **1.** Authentizität *f*, Echtheit *f* **2.** JUR Gültigkeit *f*, Rechtskräftigkeit *f*
▶ **au·thor** ['ɔːθə] *s* **1.** Urheber(in) **2.** Autor(in), Verfasser(in), *auch allg* Schriftsteller(in)
'au·thor·ess *s* Autorin *f*, Verfasserin *f*, *auch allg* Schriftstellerin *f*
au·thor·i·tar·i·an [ɔːˌθɒrɪ'teərɪən] *Adj* autoritär
au'thor·i·ta·tive [ɔː'θɒrɪtətɪv] *Adj* **1.** gebieterisch, herrisch **2.** autoritativ, maßgebend, -geblich
au'thor·i·ty *s* **1.** Autorität *f*, (Amts)Gewalt *f* **2.** Autorität *f*, Ansehen *n* (***with*** bei), Einfluss *m* (***over*** auf *Akk*) **3.** Vollmacht *f*: ***authority to sign*** Unterschriftsvollmacht *f*; ***without authority*** unbefugt, unberechtigt **4.** Quelle *f*, Beleg *m*: ***on good authority*** aus glaubwürdiger Quelle **5.** Autorität *f*, Kapazität *f* (***on*** in *einer Sache*, auf *einem Gebiet*) **6.** *meist Pl* Behörde(n *Pl*) *f*
au·thor·i·za·tion [ˌɔːθəraɪ'zeɪʃn] *s* **1.** Ermächtigung *f*, Bevollmächtigung *f*, Befugnis *f* **2.** Genehmigung *f*
'au·thorize *v/t* **1.** autorisieren, ermächtigen, bevollmächtigen: ***authorized to sign*** unterschriftsbevollmächtigt **2.** billigen, genehmigen
au·thor·ship ['ɔːθəʃɪp] *s* **1.** Urheberschaft *f* **2.** Autorschaft *f*
autism ['ɔːtɪzm] *s* MED Autismus *m*
au·tis·tic [ɔː'tɪstɪk] *Adj* (***autistically***) autistisch
au·to ['ɔːtəʊ] *Pl* **au·tos** *s Am ugs* Auto *n*
au·to… ['ɔːtəʊ] auto…, selbst…, Auto…, Selbst…
'au·toˌbi·o'graph·i·cal *Adj* autobiografisch
ˌau·to·bi'og·ra·phy *s* Autobiografie *f*
au·toc·ra·cy [ɔː'tɒkrəsɪ] *s* POL Autokratie *f*
au·to·crat ['ɔːtəʊkræt] *s* Autokrat(in): **a)** POL diktatorischer Alleinherrscher, **b)** selbstherrlicher Mensch
ˌau·to'crat·ic *Adj* autokratisch: **a)** POL unumschränkt, **b)** selbstherrlich
au·to·cue ['ɔːtəkjuː] *s* TV Teleprompter *m*
au·to·di·dact ['ɔːtəʊdɪˌdækt] *s* Autodidakt(in)
ˌau·to·di'dac·tic *Adj* autodidaktisch
au·to·gen·ic [ˌɔːtəʊ'dʒenɪk] *Adj* MED autogen: ***autogenic training***
au·to·graph ['ɔːtəgrɑːf] **I** *s* Autogramm *n*: ***sign autographs*** Autogramme geben **II** *Adj* Autogramm…: ***autograph album*** (***hunter***, *etc*) **III** *v/t* sein Autogramm schreiben in (*Akk*) *oder* auf (*Akk*), *Buch etc* signieren
au·to·mat ['ɔːtəʊmæt] *s* **1.** *bes Am* Automatenrestaurant *n* **2.** (Verkaufs)Automat *m*
au·to·mate ['ɔːtəmeɪt] *v/t* automatisieren: ***automated teller machine*** *Am* Geldautomat *m*
au·to·mat·ic [ˌɔːtə'mætɪk] **I** *Adj* (***automatically***) **1.** automatisch: ***automatic choke*** MOT Startautomatik *f*; ***automatic gear change*** (*Am* ***shift***) Automatikschaltung *f* **II** *s* **2.** TECH Automat *m* **3.** Selbstladepistole *f*, -gewehr *n* **4.** MOT Automatikwagen *m*
auto·ma·tion [ˌɔːtə'meɪʃn] *s* **1.** Automation *f* **2.** Automatisierung *f*
au'tom·a·ton [ɔː'tɒmətən] *Pl* **au'tom·a·ta** [ɔː'tɒmətə], **au'tom·a·tons** *s* Automat *m*, Roboter *m* (*auch fig*)
au·to·mo·bile ['ɔːtəməʊbiːl] *s* Auto(mobil) *n*
au·to·mo·tive [ˌɔːtə'məʊtɪv] *Adj* **1.** selbstfahrend, mit Eigenantrieb **2.** Auto(mobil)…, Kraftfahrzeug…
au·ton·o·mous [ɔː'tɒnəməs] *Adj* autonom
au'ton·o·my *s* Autonomie *f*
'au·toˌpi·lot *s* FLUG Autopilot *m*
au·top·sy ['ɔːtəpsɪ] *s* MED Autopsie *f*
'au·to·train *s Am* Autoreisezug *m*
▶ **au·tumn** ['ɔːtəm] **I** *s* Herbst *m* (*auch fig*): ***the autumn of life***; ***in (the) autumn*** im Herbst **II** *Adj* Herbst…
au·tum·nal [ɔː'tʌmnəl] *Adj* herbstlich, Herbst…
aux·il·ia·ry [ɔːg'zɪljərɪ] **I** *Adj* **1.** Hilfs…, TECH *auch* Zusatz…: ***auxiliary verb*** *siehe* 3 **II** *s* **2.** Helfer(in), Hilfskraft *f* **3.** LING Hilfsverb *n*, -zeitwort *n*
a·vail [ə'veɪl] **I** *v/t*: ***avail o.s. of*** sich *einer Sache* bedienen, sich *etw* zunutze machen **II** *v/i* nützen **III** *s* Nutzen *m*: ***of no avail*** nutzlos; ***to no avail*** vergeblich
aˌvail·a'bil·i·ty *s* Verfügbarkeit *f*
▶ **a·vail·a·ble** [ə'veɪləbl] *Adj* **1.** verfügbar, vorhanden: ***make available*** zur Verfügung stellen **2.** WIRTSCH lieferbar, vorrätig, erhältlich: ***no longer available*** nicht mehr lieferbar, vergriffen; → ***prescription*** **3.** erreichbar, abkömmlich
av·a·lanche ['ævəlɑːntʃ] *s* **1.** Lawine *f* **2.** *fig* Flut *f*: ***an avalanche of letters***

av·a·rice ['ævərɪs] *s* Habsucht *f*, Habgier *f*
ˌav·a'ri·cious *Adj* habsüchtig, habgierig
a·venge [ə'vendʒ] *v/t* rächen: ***avenge o.s., be avenged*** sich rächen (***on*** an *Dat*; ***for*** für)
a'veng·er *s* Rächer(in)
av·e·nue ['ævənjuː] *s* **1.** Allee *f* **2.** Hauptstraße *f* **3.** *fig* Weg *m* (***to*** zu)
▶**av·er·age** ['ævərɪdʒ] **I** *s* **1.** Durchschnitt *m*: ***be above (the) average*** über dem Durchschnitt liegen; ***be below (the) average*** unter dem Durchschnitt liegen; ***on (an*** *oder* ***the) average*** durchschnittlich, im Durchschnitt **2.** SCHIFF, JUR Havarie *f*, Seeschaden *m* **II** *Adj* **3.** durchschnittlich, Durchschnitts… **III** *v/t* **4.** *auch* ***average out*** den Durchschnitt ermitteln *oder* nehmen von (*oder Gen*) **5.** WIRTSCH anteil(s)mäßig aufteilen (***among*** unter *Dat*) **6.** durchschnittlich betragen *oder* haben *oder* leisten *etc* **IV** *v/i* **7.** ***average out at*** *siehe* 6
a·verse [ə'vɜːs] *Adj* abgeneigt (***to***, *bes Br auch* ***from*** *Dat*)
a'ver·sion *s* Abneigung *f*, Aversion *f* (***to, for, from*** gegen)
a·vert [ə'vɜːt] *v/t* abwenden (*auch fig*)
a·vi·a·tion [ˌeɪvɪ'eɪʃn] *s* Luftfahrt *f*
av·id ['ævɪd] *Adj* gierig (***for***, *auch* ***of*** nach)
avo·ca·do [ˌævə'kɑːdəʊ] *Pl* **avocados** *s* BOT Avocado *f*
a·void [ə'vɔɪd] *v/t* (ver)meiden, ausweichen (*Dat*), aus dem Wege gehen (*Dat*), *Pflicht etc* umgehen, *einer Gefahr* entgehen: ***avoid s.o.*** j-n meiden; ***avoid doing s.th.*** es vermeiden, etw zu tun
a'void·a·ble *Adj* vermeidbar;
a'void·ance *s* (Ver)Meiden *n*, Umgehung *f*
a·vow [ə'vaʊ] *v/t* bekennen, (ein)gestehen
a'vow·al *s* Bekenntnis *n*, (Ein)Geständnis *n*
a'vowed *Adj* erklärt (*Gegner, Prinzip etc*)
a'vow·ed·ly [ə'vaʊɪdlɪ] *Adv* eingestandenermaßen
a·wait [ə'weɪt] *v/t* erwarten (*auch fig*)
▶**a·wake** [ə'weɪk] **I** *v/t* (*unreg*) **1.** (auf)wecken **2.** *fig* aufrütteln, wach rütteln (***from*** aus): ***awake s.o. to s.th.*** j-m etw zum Bewusstsein bringen **II** *v/i* (*unreg*) **3.** auf-, erwachen **4.** ***awake to s.th.*** *fig* sich einer Sache bewusst werden **III** *Adj* **5.** wach: ***wide awake*** hellwach, *fig auch* aufgeweckt: ***be awake to s.th.*** *fig* sich einer Sache bewusst sein
a'wak·en → ***awake*** 1-4
a'wak·en·ing *s* Erwachen *n*: ***a rude awakening*** *fig* ein unsanftes *oder* böses Erwachen
a·ward [ə'wɔːd] **I** *v/t* **1.** zuerkennen, zusprechen, *Preis etc auch* verleihen **II** *s* **2.** Urteil *n*, *bes* Schiedsspruch *m* **3.** Auszeichnung *f*, Preis *m* **4.** (*Preis- etc-*)Verleihung *f* **5.** UNI Stipendium *n*
a·ware [ə'weə] *Adj*: ***be aware of s.th.*** etw wissen *oder* kennen, sich einer Sache bewusst sein; ***become aware of s.th.*** etw merken; ***make s.o. aware of s.th.*** j-m etw bewusst machen
a'ware·ness *s* Bewusstsein *n*, Kenntnis *f*
▶**a·way** [ə'weɪ] **I** *Adv und Adj* **1.** weg, fort (***from*** von): ***go away*** weg-, fortgehen **2.** (weit) entfernt *oder* weg: ***six miles away*** sechs Meilen entfernt **3.** fort, abwesend, verreist: ***away on business*** geschäftlich unterwegs **4.** d(a)rauflos, immer weiter (→ *Verben*) **II** *Adj* **5.** SPORT Auswärts…: ***away match***
awe [ɔː] **I** *s* (Ehr)Furcht *f*, Scheu *f*: ***hold*** *s.o.* ***in awe*** *siehe* II; ***stand in awe of*** eine (heilige) Scheu *oder* gewaltigen Respekt haben vor (*Dat*) **II** *v/t j-m* (Ehr)Furcht *oder* großen Respekt einflößen
'awe-inˌspir·ing *Adj* Ehrfurcht gebietend
awe·some ['ɔːsəm] *Adj* **1.** Furcht einflößend **2.** Ehrfurcht gebietend **3.** *ugs* toll, großartig
'awe-struck *Adj* von Ehrfurcht ergriffen
▶**aw·ful** ['ɔːfʊl] *Adj* furchtbar, schrecklich (*beide auch ugs*)
'aw·ful·ly *Adv ugs* furchtbar, schrecklich: ***awfully nice*** furchtbar *oder* riesig nett; ***thanks awfully!*** tausend Dank!
awk·ward ['ɔːkwəd] *Adj* **1.** ungeschickt, unbeholfen, linkisch: ***be awkward with*** ungeschickt umgehen mit **2.** verlegen (*auch Schweigen etc*): ***feel awkward*** verlegen sein **3.** peinlich, unangenehm **4.** unhandlich, sperrig **5.** unangenehm, schwierig: ***an awkward customer*** *ugs* ein unangenehmer Zeitgenosse **6.** ungünstig (*Zeitpunkt etc*)
awl [ɔːl] *s* TECH Ahle *f*, Pfriem *m*
awn·ing ['ɔːnɪŋ] *s* **1.** Plane *f* **2.** Markise *f* **3.** SCHIFF Sonnensegel *n* **4.** Vorzelt *n*
a·woke [ə'wəʊk] *Prät und Part Perf von* ***awake***
a'wok·en *Part Perf von* ***awake***
a·wry [ə'raɪ] *Adv und Adj* schief: ***go awry*** *fig* schiefgehen
ax, axe [æks] **I** *s* Axt *f*, Beil *n*: ***have an ax(e) to grind*** *fig* eigennützige Zwecke verfolgen; ***get the ax(e)*** *ugs* rausfliegen, entlassen werden **II** *v/t ugs Ausgaben etc* rücksichtslos kürzen *oder* (zs.-)streichen; *Beamte, Dienststellen* abbauen, *Leute* feuern, entlassen
ax·es ['æksiːz] *Pl von* ***axis***
ax·i·om ['æksɪəm] *s* Axiom *n*, Grundsatz *m*
ax·is ['æksɪs] *Pl* **ax·es** ['æksiːz] *s* MATHE *etc* Achse *f* (*auch* POL)
ax·le ['æksl] *s* TECH (Rad)Achse *f*, Welle *f*
a·ya·tol·lah [ˌaɪə'tɒlə] *s* Ajatollah *m* (*schiitischer Ehrentitel*)
ay, aye [aɪ] *s* PARL Jastimme *f*: ***the ay(e)s have it*** die Mehrheit ist dafür
a·zal·ea [ə'zeɪljə] *s* BOT Azalee *f*
az·ure ['æʒə] **I** *Adj* himmelblau **II** *s* Himmelblau *n*

B

B [biː] *Pl* **B's** *s* B *n*: ***B & B*** (= ***bed and breakfast***) Übernachtung *f* mit Frühstück
baa [bɑː] *v/i* blöken
bab·ble ['bæbl] **I** *v/i* **1.** *auch v/t* stammeln **2.** *auch v/t* plappern, schwatzen: ***babble*** (***out***) ausplaudern **3.** plätschern **II** *s* **4.** Geplapper *n*, Geschwätz *n* **5.** Geplätscher *n*
babe [beɪb] *s* **1.** Baby *n*: → ***innocent*** b **2.** *bes Am sl* Puppe *f* (*Mädchen*)
ba·bel ['beɪbl] *s* Wirrwarr *m*, Durcheinander *n*; Stimmengewirr *n*
ba·boon [bə'buːn] *s* ZOOL Pavian *m*
▶**ba·by** ['beɪbɪ] **I** *s* **1.** Baby *n*, Säugling *m*: ***be left holding the baby*** *ugs* der Dumme sein; ***that's your baby*** *sl* das ist dein Bier *oder* deine Sache **2.** Benjamin *m* (*der Familie etc*) **3.** *pej* Kindskopf *m*; Heulsuse *f* **4.** *sl* Puppe (*Mädchen*); Schatz *m*, Liebling *m* **II** *Adj* **5.** Baby…, Säuglings… **6.** Klein… **III** *v/t* **7.** verhätscheln
ba·by boom *s* Babyboom *m*
ba·by break *s* Babypause *f*
ba·by car·riage *s Am* Kinderwagen *m*
ba·by·hood ['beɪbɪhʊd] *s* Säuglingsalter *n*
'**ba·by·ish** *Adj* **1.** kindisch **2.** kindlich
'**ba·by-ˌmind·er** *s Br* Tagesmutter *f*
'**ba·by-sit** *v/i* (*unreg* ***sit***) babysitten
'**ba·by-ˌsit·ter** *s* Babysitter(in)
ba·by talk *s* kindliches (*oder* kindlichtuendes) Gebabbel
bach·e·lor ['bætʃələ] *s* **1.** Junggeselle *m*: ***bachelor girl*** Junggesellin *f* **2.** UNI Bakkalaureus *m*: ***Bachelor of Arts*** (***Science***) Bakkalaureus der philosophischen Fakultät (der Naturwissenschaften)
bach·e·lor·hood ['bætʃələhʊd] *s* **1.** Junggesellenstand *m* **2.** UNI Bakkalaureat *n*
ba·cil·lus [bə'sɪləs] *Pl* **ba·cil·li** [bə'sɪlaɪ] *s* MED Bazillus *m*
▶**back** [bæk] **I** *s* **1.** ANAT, ZOOL Rücken *m*: ***at the back of*** hinter (*Dat*); hinten in (*Dat*); ***be at the back of s.th.*** *fig* hinter etw stecken; ***behind s.o.'s back*** *fig* hinter j-s Rücken; ***back to back*** Rücken an Rücken; ***be on one's back*** bettlägerig sein; ***break s.o's back*** j-m das Kreuz brechen (*auch fig*); ***break the back of s.th.*** *fig* das Schwierigste einer Sache hinter sich bringen; ***have one's back to the wall*** *fig* mit dem Rücken zur Wand stehen; ***put*** (*oder* ***get***) ***s.o.'s back up*** *fig* j-n auf die Palme bringen; ***put one's back into s.th.*** *fig* sich in eine Sache hineinknien; ***turn one's back on*** den Rücken zuwenden (*Dat*); *fig* den Rücken kehren (*Dat*) **2.** Hinter-, Rückseite *f*, (*Buch-, Hand- etc*) Rücken *m*, (Rück)Lehne *f* (*eines Stuhls*), linke Seite (*eines Stoffs*) **3.** hinterer *oder* rückwärtiger Teil: ***back of the head*** Hinterkopf *m*; ***in the back of the car*** auf dem Rücksitz *oder* im Fond des Autos **4.** Rückenteil *m* (*eines Kleidungsstücks*): ***have one's pullover on back to front*** den Pullover verkehrt herum anhaben **5.** SPORT Verteidiger(in) **II** *Adj* **6.** rückwärtig, Hinter…: ***back entrance*** **7.** fern, abgelegen **8.** rückständig (*Zahlung*) **9.** alt, zurückliegend (*Zeitung etc*) **III** *Adv* **10.** zurück, rückwärts: ***back and forth*** hin und her, vor und zurück; ***move back*** zurückgehen **11.** (wieder) zurück: ***he is back*** (***again***) er ist wieder da **12.** zurück, vorher: ***20 years back*** vor 20 Jahren; ***back in 1900*** (noch *oder* schon) im Jahre 1900 **13.** *ugs* zurück, im Rückstand **IV** *v/t* **14.** *auch* **back up** unterstützen, *j-m* den Rücken stärken, WIRTSCH *Währung etc* stützen **15.** *auch* **back up** zurückbewegen, rückwärtsfahren *oder* -laufen lassen: ***back the car out of the garage*** den Wagen rückwärts aus der Garage fahren **16.** ***back up*** COMPUTER sichern **17.** wetten *oder* setzen auf (*Akk*) **V** *v/i* **18.** *oft* **back up** sich rückwärts bewegen, zurückgehen *oder* -fahren, MOT *auch* zurückstoßen: ***back out*** (***of***) rückwärts herausfahren (aus) **19.** ***back out*** (***of***) abspringen (von), aussteigen (aus)

back to front — SG

Beachten Sie den Unterschied in der Bedeutung:

back to front	verkehrt herum: mit dem hinteren Teil nach vorne, z. B. der V-Ausschnitt eines Pullovers ist hinten
inside out	verkehrt herum: mit dem inneren Teil nach außen

'**back·ache** *s* Rückenschmerzen *Pl*
back al·ley *s Am* finsteres Seitengässchen
ˌ**back'bench·er** *s* PARL *Br* Hinterbänkler(in)
'**back·bite** *v/t* (*unreg* ***bite***) lästern über *j-n*
'**back·bone** *s* Rückgrat *n* (*auch fig*), Wirbelsäule *f*: ***to the backbone*** *fig* bis auf die Knochen, durch und durch
'**backˌbreak·ing** *Adj* zermürbend, mörderisch
'**back·chat** *s* freche Antwort(en *Pl*)
back cloth *s* THEAT *bes Br* Prospekt *m*
'**back·comb** *v/t Haare* toupieren
'**back·date** *v/t* (zu)rückdatieren
back door *s* Hintertür *f*; *fig* Hintertürchen *n*
'**back-door** *Adj* geheim, heimlich
'**back·drop** *s auch* THEAT Prospekt *m*, Hintergrund *m*
back·er ['bækə] *s* Unterstützer(in), Helfer(in); Geldgeber(in)
ˌ**back'fire** **I** *v/i* **1.** TECH früh-, fehlzünden **2.** *fig* fehlschlagen, ins Auge gehen **II** *s* **3.** TECH Früh-, Fehlzündung *f*
back for·ma·tion *s* LING Rückbildung *f*
'**backˌgam·mon** *s* Backgammon *n* (*Spiel*)
'**back·ground** *s* **1.** Hintergrund *m* (*auch fig*): ***against the background of*** vor dem Hintergrund (*Gen*); ***keep in the background*** im Hintergrund bleiben; ***background music*** musikalische Untermalung, Hintergrundsmusik *f* **2.** *fig* Hintergrund *m*, Umstände *Pl*; Umwelt *f*,

Milieu *n*; Werdegang *m*; Erfahrung *f*, Wissen *n*: ***background information*** Hintergrundinformationen *Pl*; ***educational background*** Vorbildung *f*

ˈback·hand **I** *s* SPORT Rückhand(schlag *m*) *f* **II** *Adj* → ***backhanded***

ˈbackˌhand·ed *Adj* **1.** SPORT Rückhand… **2.** indirekt (*Zensur etc*) **3.** unredlich (*Methode etc*) **4.** zweifelhaft (*Kompliment etc*)

back·ing [ˈbækɪŋ] *s* Unterstützung *f*

ˈback·lash *s* (heftige) Reaktion (***to*** auf *Akk*)

ˈback·less *Adj* rückenfrei (*Kleid, Shirt etc*)

ˈback·log *s* (*Arbeits-, Auftrags- etc*)Rückstand *m*; Überhang *m* (***of*** an *Dat*)

back num·ber *s* **1.** alte Nummer (*einer Zeitung etc*) **2.** *ugs* rückständige Person *oder* Sache

ˈback·pack *s* Rucksack *m*

ˈbackˌpack·ing *s* Rucksacktourismus *m*

ˌback-ˈped·al *v/i* *Prät und Part Perf* **ˌback-ˈped·aled**, *bes Br* **ˌback-ˈped·alled** **1.** rückwärtstreten (*Radfahrer*) **2.** *fig* einen Rückzieher machen

back seat *s* Rücksitz *m*: ***take a back seat*** *ugs* in den Hintergrund treten (***to*** gegenüber)

ˈback-seat driv·er *s ugs* Besserwisser(in)

ˌbackˈside *s* **1.** Kehr-, Rückseite *f* **2.** *ugs* Hintern *m*

ˈback·slash *s* Backslash *m*, umgekehrter Schrägstrich

ˌbackˈslide *v/i* (*unreg* ***slide***) rückfällig werden

ˈback·space key *s* Rücktaste *f*

ˈback·stage *Adj und Adv* THEAT hinter den Kulissen (*auch fig*)

back street *s* Seitenstraße *f*

ˈback-street *Adj* heimlich: ***back-street abortion*** illegale Abtreibung

ˈback·stroke *s* Rückenschwimmen *n*

back talk *s bes Am ugs* freche Antwort(en *Pl*)

ˈback·track *v/i* **1.** denselben Weg zurückgehen **2.** *fig* sich zurückziehen (***from*** von), einen Rückzieher machen; eine Kehrtwendung machen

ˈback·up *s* **1.** Unterstützung *f* **2.** MOT *Am* (Rück)Stau *m* **3.** *fig* Rückzieher *m* (***on*** hinsichtlich) **4.** TECH Ersatzgerät *n* **5.** COMPUTER (Daten)Sicherung *f*: ***backup copy*** Sicherungskopie *f*; ***backup disk*** Sicherungsdiskette *f*

back·ward [ˈbækwəd] **I** *Adj* **1.** rückwärts gerichtet, Rückwärts…: ***backward flow*** Rückfluss *m*; ***a backward glance*** ein Blick zurück *oder* nach hinten **2.** *in der Entwicklung etc* zurück(-geblieben) **3.** rückständig **II** *Adv* **4.** rückwärts, zurück: ***backward and forward*** hin und her, vor und zurück

▸**back·wards** [ˈbækwədz] *Adv* rückwärts, zurück

ˈback·wash *s* **1.** Rückströmung *f*, SCHIFF *auch* Kielwasser *n* **2.** *fig* Aus-, Nachwirkung(en *Pl*) *f*

ˈbackˌwa·ter *s* **1.** → ***backwash*** 1 **2.** Stauwasser *n* **3.** *fig* Ort *m oder* Zustand *m* der Rückständigkeit und Stagnation

ˈback·woods *s Pl* **1.** unerschlossenes Waldgebiet **2.** *pej* Provinz *f*

back·woods·man [ˈbækwʊdzmən] *s* (*unreg* ***man***) *pej* Hinterwäldler *m*

ˌbackˈyard *s* **1.** *Br* Hinterhof *m* **2.** *Am* Garten *m* hinter dem Haus

▸**ba·con** [ˈbeɪkən] *s* Frühstücks-, Schinkenspeck *m*: ***bring home the bacon*** *ugs* die Brötchen verdienen; Erfolg haben; ***save one's bacon*** *Br ugs* mit heiler Haut davonkommen

bac·te·ri·al [bækˈtɪərɪəl] *Adj* bakteriell

bac·te·ri·o·log·i·cal [bækˌtɪərɪəˈlɒdʒɪkl] *Adj* bakteriologisch, Bakterien…

bac·te·ri·ol·o·gist [bækˌtɪərɪˈɒlədʒɪst] *s* Bakteriologe *m*, -login *f*

bacˈte·ri·um [bækˈtɪərɪəm] *Pl* **bacˈte·ri·a** [bækˈtɪərɪə] *s* Bakterie *f*

Englische Fremdwörter mit ursprünglicher Pluralform

Eine Reihe von Fremdwörtern hat im Englischen die ursprüngliche Pluralform beibehalten und bildet keinen „englischen" **-s**-Plural. Wichtige Beispiele hierfür sind:

analysis	**analyses**
bacterium	**bacteria**
crisis	**crises**
criterion	**criteria**
phenomenon	**phenomena**
thesis	**theses**

▸**bad** [bæd] **I** *Adj Komp* **worse** [wɜːs] *Sup* **worst** [wɜːst] (→ ***badly***) **1.** *allg* schlecht: **a)** fehler-, mangelhaft (*Qualität, Zustand etc*): ***not bad*** nicht schlecht *oder* übel; ***bad trip*** *sl* Horrortrip *m* (*Drogenrausch*), **b)** ungünstig (*Nachricht etc*), **c)** schädlich, ungesund (***for*** für): ***bad for one's health*** ungesund, **d)** verdorben (*Nahrungsmittel*): ***go bad*** schlecht werden, verderben, **e)** angegriffen (*Gesundheit*), **f)** widerlich (*Geruch*), **g)** schwach (***at*** in *einem Fach*) **2.** böse: **a)** schlimm, schwer (*Verbrechen, Erkältung etc*), **b)** ungezogen (*Junge etc*) **3.** unanständig, unflätig, (*Wort auch*) hässlich: ***bad language*** unanständige Ausdrücke *Pl*; beleidigende Äußerungen *Pl* **4.** ungedeckt (*Scheck*), ungültig (*Münze etc*): ***bad debts*** *Pl* WIRTSCH zweifelhafte Forderungen *Pl* **5.** unangenehm, ärgerlich: ***that's too bad*** das ist (doch) zu dumm **6.** unwohl, krank: ***she is*** (*oder* ***feels***) ***very bad today*** es geht ihr heute sehr schlecht; ***he felt bad about it*** er war (sehr) deprimiert darüber **II** *s* **7.** *das* Schlechte: ***go from bad to worse*** immer schlimmer werden; ***go to the bad*** auf die schiefe Bahn geraten **8.** WIRTSCH Defizit *n*: ***be £ 100 to the bad*** ein Defizit *oder* einen Verlust von 100 Pfund haben **III** *Adv* **9.** *ugs* → ***badly***

bad: Tipps zur Aussprache

Wer **a** meint, darf nicht **äääh** sagen!
Wörter wie **bad** [bæd], **man** [mæn], **travel** [ˈtrævl] haben einen kurzen **a-Laut**, den deutschsprachige Englischlerner fast immer wie ein gedehntes **ä** aussprechen, was zumindest für britische Ohren „ganz entsetzlich" klingt (die Amerikaner können so etwas viel eher akzeptieren).
Der Vokal in **bad** kommt einem hellen **a**-Laut wie in deutsch „f**a**d" viel näher als etwa einem ä-Laut wie in deutsch „Bett"! (Dagegen haben englisch b**e**d [bed] und deutsch B**e**tt in etwa denselben **ä**-Laut.)
Es ist also ratsam, Wörter wie **rat**, **glad**, **mattress**, **cat**, **stand** usw. lieber mit einem a-Laut als mit einem ä-Laut auszusprechen.

bade [bæd] *Prät und Part Perf von bid*
badge [bædʒ] *s* **1.** (MIL Rang)Abzeichen *n* **2.** Button *m* **3.** *fig* Kennzeichen *n*
badg·er ['bædʒə] **I** *s* ZOOL Dachs *m* **II** *v/t* plagen, *j-m* zusetzen (**for** wegen)
bad·ly ['bædlı] *Adv* **1.** schlecht, schlimm: **he is badly off** es geht ihm sehr schlecht; **do badly** schlecht fahren (**in** bei, mit) **2.** dringend, sehr: **badly needed** dringend nötig **3.** schwer: **badly wounded**
bad·min·ton ['bædmıntən] *s* Federball(spiel *n*) *m*, SPORT Badminton *n*
,bad-'tem·pered *Adj* schlecht gelaunt
baf·fle ['bæfl] *v/t* verwirren, -blüffen: **be baffled** *auch* vor einem Rätsel stehen
▶ **bag** [bæg] **I** *s* **1.** Sack *m*; Beutel *m*; Tasche *f*; Tüte *f*: **bag and baggage** mit Sack und Pack; **bags of** *ugs* jede Menge (*Geld etc*) **2.** JAGD (Jagd)Beute *f*, Strecke *f* **3.** (**pair of**) **bags** *Pl bes Br ugs* Hose *f* **II** *v/t* **4.** in einen Sack *etc* stecken; in Beutel verpacken *oder* abfüllen **5.** *ugs* klauen, stehlen **III** *v/i* **6.** *auch* **bag out** sich bauschen
ba·gel ['beıgəl] *s kleines, rundes Brötchen*
bag·gage ['bægıdʒ] *s* (Reise)Gepäck *n*
bag·gage al·low·ance *s* FLUG Freigepäck *n*
bag·gage car *s* BAHN *Am* Gepäckwagen *m*
bag·gage check *s bes Am* Gepäckschein *m*
bag·gage claim *s* Gepäckrückgabe *f*
bag·gage in·sur·ance *s* Reisegepäckversicherung *f*
bag·gage lock·er *s bes Am* Gepäckschließfach *n*
bag·gage re·claim *s* FLUG Gepäckausgabe *f*
bag·gy ['bægı] *Adj* **1.** bauschig **2.** ausgebeult (*Hose*): **baggy pants** *s Pl* Baggy-Pants *Pl*
bag la·dy *s* Stadtstreicherin *f*
'bag,pip·er *s* Dudelsackpfeifer(in)
'bag·pipes *s Pl* MUS Dudelsack *m*
'bag,snatch·er *s* Handtaschenräuber(in)
bah [bɑː] *Interj pej* bah!
Ba·ha·mas [bə'hɑːməz] *Eigenn Pl die* Bahamas *Pl*
bail[1] [beıl] JUR **I** *s* **1.** Bürge(n *Pl*) *m*, Bürgin *f* **2.** (Haft)Kaution *f*, Sicherheitsleistung *f*: **be out on bail** gegen Kaution auf freiem Fuß sein; **go** (*oder* **stand**) **bail for s.o.** für j-n Kaution stellen **II** *v/t* **3.** **bail s.o. out** j-s Freilassung gegen Kaution erwirken
bail[2] [beıl] **I** *v/t meist* **bail out** *Wasser, Boot etc* ausschöpfen **II** *v/i*: **bail out** FLUG aussteigen (*auch ugs fig* **of** aus), abspringen
bail·iff ['beılıf] *s Br* **1.** JUR Gerichtsvollzieher(in) **2.** (Guts)Verwalter(in)
bait [beıt] **I** *s* **1.** Köder *m* (*auch fig*): **rise to** (*oder* **swallow, take**) **the bait** anbeißen (*auch fig*) **II** *v/t* **2.** mit einem Köder versehen **3.** *fig* ködern **4.** *fig* quälen, peinigen
▶ **bake** [beık] **I** *v/t* **1.** backen: **baked beans** *Pl* Baked Beans *Pl* (*in Tomatensoße gekochte Bohnen*); **baked potato** Ofenkartoffel *f* **2.** dörren, härten; *Ziegel* brennen; *Lack* einbrennen **II** *v/i* **3.** backen, *meist fig* (*in der Sonne*) braten **4.** zs.- *oder* festbacken
▶ **bak·er** ['beıkə] *s* Bäcker(in): **at the baker's** beim Bäcker; **baker's dozen** dreizehn
'bak·er·y *s* Bäckerei *f*
,bak·ing-'hot *Adj* glühend heiß (*Tag etc*)
bak·ing pow·der *s* Backpulver *n*
▶ **bal·ance** ['bæləns] **I** *s* **1.** Waage *f* **2.** Gleichgewicht *n*: **a)** Balance *f*, **b)** *auch* **balance of mind** Fassung *f*: **in the balance** *fig* in der Schwebe; **hold the balance** *fig* das Zünglein an der Waage bilden; **keep one's balance** das Gleichgewicht halten; *fig* sich nicht aus der Fassung bringen lassen; **lose one's balance** das Gleichgewicht *oder* (*fig*) die Fassung verlieren; **strike a balance between … and** *fig* einen Mittelweg finden zwischen (*Dat*) … und; **throw s.o. off** (**his**) **balance** *fig* j-n aus der Fassung bringen; **balance of power** POL Gleichgewicht der Kräfte **3.** *bes fig* (**to**) Gegengewicht *n* (zu), Ausgleich *m* (für) **4.** WIRTSCH Bilanz *f*; Saldo *m*, Guthaben *n*; Restbetrag *m*: **balance of payments** Zahlungsbilanz; **balance of trade** Handelsbilanz; **on balance** *fig* alles in allem **II** *v/t* **5.** *fig* ab-, erwägen **6.** (**o.s.** sich) im Gleichgewicht halten; balancieren **7.** ins Gleichgewicht bringen, ausbalancieren **8.** WIRTSCH *Konten, Rechnungen* ausgleichen, saldieren **III** *v/i* **9.** sich im Gleichgewicht halten (*auch fig*); balancieren **10.** WIRTSCH sich ausgleichen
'bal·anced *Adj fig* ausgewogen, -geglichen
bal·ance sheet *s* WIRTSCH Bilanz *f*
bal·ance wheel *s* TECH Unruh *f* (*einer Uhr*)
bal·anc·ing ['bælənsıŋ] *Adj* Balance…, Balancier…: **balancing act** Balanceakt *m* (*auch fig*)
bal·co·ny ['bælkənı] *s* Balkon *m*, THEAT *auch* zweiter Rang
bald [bɔːld] *Adj* **1.** kahl: **go bald** eine Glatze bekommen, kahl werden **2.** (völlig) abgefahren (*Reifen*)
bal·der·dash ['bɔːldədæʃ] *s* Quatsch *m*
,bald-'head·ed *Adj* kahl-, glatzköpfig
bale[1] [beıl] **I** *s* WIRTSCH Ballen *m*: **in bales** ballenweise **II** *v/t* in Ballen verpacken
bale[2] [beıl] → **bail**[2]
balk [bɔːk] *v/i* **1.** stocken, stutzen **2.** scheuen (**at** vor *Dat*) (*Pferd*) **3.** (**at**) sich sträuben (gegen); zurückschrecken (vor *Dat*)
Bal·kans ['bɔːlkənz] *Eigenn Pl der* Balkan
▶ **ball**[1] [bɔːl] **I** *s* **1.** Ball *m*; Kugel *f*; Knäuel *m*, *n*: **be on the ball** *ugs* auf Draht sein; **the ball is in your court** du bist an der Reihe *oder* am Zug; **have the ball at one's feet** *Br* seine große Chance haben; **keep the ball rolling** das Gespräch *oder* die Sache in Gang halten; **play ball** *ugs* mitmachen, spuren; **set** (*oder* **start**) **the ball rolling** den Stein ins Rollen bringen **2.** ANAT **ball of the foot** Fußballen *m*; **ball of the thumb** Handballen *m* **3.** *Pl vulg* Eier *Pl* (*Hoden*) **II** *v/t und v/i* **4.** (sich) zs.-ballen
ball[2] [bɔːl] *s* Ball *m* (*Tanzveranstaltung*): **have a ball** *bes Am ugs* sich köstlich amüsieren
bal·lad ['bæləd] *s* Ballade *f*
,ball-and-'sock·et *Adj*: **ball-and-socket joint** ANAT, TECH Kugelgelenk *n*
bal·last ['bæləst] *bes* FLUG, SCHIFF **I** *s* Ballast *m* **II** *v/t* mit Ballast beladen
ball bear·ing *s* TECH Kugellager *n*
ball boy *s* SPORT Balljunge *m*
bal·let ['bæleı] *s* Ballett *n*
bal·let danc·er *s* Balletttänzer(in)
ball girl *s* SPORT Ballmädchen *n*
bal·lis·tics [bə'lıstıks] *s Pl* (*meist Sg konstruiert*) MIL, PHYS Ballistik *f*
bal·loon [bə'luːn] **I** *s* **1.** (Frei-, Fessel-, Luft)Ballon *m* **2.** Sprech-, Denkblase *f* **II** *v/i* **3.** sich (auf)blähen
bal·lot ['bælət] **I** *s* **1.** Stimmzettel *m* **2.** Gesamtzahl *f* der abgegebenen Stimmen **3.** (*bes* geheime) Wahl *oder* Abstimmung: **have** (*oder* **hold, take**) **a ballot** abstimmen (**on** über *Akk*) **4.**

Wahlgang *m* **II** *v/i* **5.** (***for***) stimmen (für), (*bes* in geheimer Wahl) wählen (*Akk*)

bal·lot box *s* Wahlurne *f*

bal·lot card, **bal·lot pa·per** *s* Stimmzettel *m*

bal·lot rig·ging *s* Wahlmanipulation *f*

▶**ball·point** , **ball·point pen** [ˌbɔːlpɔɪnt'pen] *s* Kugelschreiber *m*

'ball·room *s* Ball-, Tanzsaal *m*

bal·ly·hoo [ˌbælɪ'huː] *s ugs* **1.** Wirbel *m*, Tamtam *n*, Getue *n* (***about*** um) **2.** marktschreierische Reklame

balm [bɑːm] *s* Balsam (*auch fig*)

'balm·y *Adj* **1.** balsamisch **2.** lind, mild (*Wetter*) **3.** *bes Am sl* bekloppt, verrückt: ***go balmy*** überschnappen

ba·lo·ney → ***boloney***

Bal·tic ['bɔːltɪk] **I** *Adj* Ostsee…; baltisch (*Sprachen*): ***Baltic Sea*** *die* Ostsee; ***the Baltic States*** das Baltikum **II** *Eigenn die* Ostsee

bam·boo [bæm'buː] *s* Bambus *m*

bam·boo·zle [bæm'buːzl] *v/t ugs* **1.** betrügen (***out of*** um), übers Ohr hauen: ***bamboozle s.o. into doing s.th.*** j-n so einwickeln, dass er etw tut **2.** irremachen, verwirren

ban ['bæn] **I** *v/t* **1.** verbieten: ***ban s.o. from speaking*** j-m Rede- *oder* Sprechverbot erteilen **2.** SPORT sperren **II** *s* **3.** (amtliches) Verbot (***on*** *Gen*), Sperre *f* (*auch Sport*): ***import ban*** Einfuhrverbot, -sperre

ba·nal [bə'nɑːl] *Adj* banal, abgedroschen

▶**ba·nan·a** [bə'nɑːnə] *s* **1.** BOT Banane *f* **2.** *sl* ***be bananas*** bekloppt *oder* verrückt sein; ***go bananas*** überschnappen

ba·nan·a re·pub·lic *s* Bananenrepublik *f*

▶**band¹** [bænd] **I** *s* **1.** Schar *f*, Gruppe *f*; *pej* (*bes Räuber*)Bande *f* **2.** (Musik)Kapelle *f*, (*Jazz-*, *Rock- etc*)Band *f*: ***big band*** Big Band **II** *v/i* **3.** *meist* ***band together*** sich zs.-tun, *pej* sich zs.-rotten

band² [bænd] *s* **1.** Band *n*; Gurt *m*; (*Hosen- etc*)Bund *m*; Bauchbinde *f* (*einer Zigarre*); *andersfarbiger oder -artiger* Streifen **2.** RADIO (Frequenz)Band *n* **3.** Ring *m* **4.** TECH Treibriemen *m*; Band *n*

band·age ['bændɪdʒ] **I** *s* MED Bandage *f*; Binde *f*; Verband *m* **II** *v/t* bandagieren; verbinden

'band-aid *s Am* Heftpflaster *n*

ban·dit ['bændɪt] *s* Bandit(in)

'band,lead·er *s* MUS Bandleader(in)

'band,mas·ter *s* MUS Kapellmeister(in)

'band,wag·on, **'band,wag·gon** *s* Wagen *m* mit einer Musikkapelle: ***climb*** (*oder* ***get, jump***) ***on the bandwag(g)on*** *fig* zur erfolgreichen Partei umschwenken

ban·dy¹ ['bændɪ] *v/t* **1.** sich *einen Ball etc* zuwerfen **2.** sich *Geschichten etc* erzählen **3.** sich *Beleidigungen etc* an den Kopf werfen, sich (gegenseitig) *Komplimente*, *Vorwürfe* machen: ***bandy blows*** sich schlagen; ***bandy words*** sich streiten **4.** *auch* ***bandy about*** (*oder* ***around***) *Gerücht etc* in Umlauf setzen; weitererzählen: ***he has his name bandied about*** sein Name fällt dauernd (***in connection with*** in Zs.-hang mit); *pej* er ist ins Gerede gekommen

ban·dy² ['bændɪ] *Adj* **1.** krumm, nach außen gebogen: ***bandy legs*** *Pl* Säbelbeine *Pl*, O-Beine *Pl* **2.** → ***bandy-legged***

'ban·dy-legged *Adj* säbelbeinig, o-beinig

bang [bæŋ] **I** *s* **1.** heftiger *oder* schallender Schlag **2.** Bums *m*, Krach *m*, Knall *m*: ***shut the door with a bang*** zuschlagen, zuknallen **3.** *sl* Schuss *m* (*Heroin etc*) **II** *v/t* **4.** knallen mit, *Tür etc* zuschlagen, zuknallen: ***bang one's fist on the table*** mit der Faust auf den Tisch schlagen; ***bang one's head*** sich den Kopf anschlagen (***against, on*** an *Dat*) **5.** *vulg* bumsen **III** *v/i* **6.** knallen: **a)** krachen, **b)** zuschlagen (*Tür etc*), **c)** schießen: ***bang away*** drauflosknallen; ***bang into*** stoßen *oder* prallen gegen *oder* an (*Akk*); *fig ugs* zufällig treffen **7.** *vulg* bumsen **IV** *Adv* **8.** mit lautem Knall: ***go bang*** explodieren **9.** peng; genau: ***bang in the eye*** peng ins Auge **V** *Interj* **10.** peng!, bum(s)!

'bang·er *s Br* **1.** Feuerwerks-, Knallkörper *m* **2.** *ugs* (alter) Klapperkasten (*Auto*) **3.** *ugs* (Brat-) Wurst *f*, Würstchen *n*

ban·gle ['bæŋgl] *s* Armreif *m*; Fußreif *m*

'bang-up *Adj bes Am ugs* prima

ban·ish ['bænɪʃ] *v/t* **1.** verbannen (*auch fig*), ausweisen (***from*** aus) **2.** *Sorgen etc* verscheuchen, -treiben

'ban·ish·ment *s* Verbannung *f*, Ausweisung *f*

ban·is·ters ['bænɪstəz] *s Pl* Treppengeländer *n*

ban·jo ['bændʒəʊ] *Pl* **ban·jos**, **ban·joes** *s* MUS Banjo *n*

▶**bank¹** [bæŋk] **I** *s* **1.** WIRTSCH Bank *f* **2.** Bank *f* (*bei Glücksspielen*): ***break*** (***be*** *oder* ***keep***) ***the bank*** die Bank sprengen (halten) **3.** (*Blut-*, *Daten- etc*)Bank *f* **II** *v/i* **4.** ein Bankkonto haben (***with*** bei) **5.** die Bank halten (*bei Glücksspielen*) **6.** ***bank on*** bauen *oder* sich verlassen auf (*Akk*) **III** *v/t* **7.** *Geld* bei einer Bank einzahlen, auf die Bank bringen

▶**bank²** [bæŋk] **I** *s* **1.** (Erd)Wall *m*; Böschung *f*; Überhöhung *f* (*einer Straße etc in Kurven*) **2.** (*Fluss- etc*)Ufer *n* **3.** (*Sand*)Bank *f* **4.** Zs.-ballung *f*: ***bank of clouds*** Wolkenbank *f*; ***bank of snow*** Schneewall *m*, -wechte *f* **II** *v/t* **5.** mit einem Wall umgeben **6.** *Straße etc* (*in der Kurve*) überhöhen **7.** ***bank up*** aufhäufen, zs.-ballen **III** *v/i* **8.** *auch* ***bank up*** sich aufhäufen, sich zs.-ballen **9.** überhöht sein (*Straße*, *Kurve*)

bank·a·ble ['bæŋkəbl] *Adj fig* zuverlässig, verlässlich

bank ac·count *s* Bankkonto *n*

bank bill *Am* → ***bank note***

'bank·book *s* Sparbuch *n*

bank card *s* Scheckkarte *f*

bank clerk *s* Bankangestellte *m, f*

bank·er ['bæŋkə] *s* **1.** WIRTSCH Bankier *m* **2.** Bankhalter(in) (*bei Glücksspielen*)

bank hol·i·day *s Br* (gesetzlicher) Feiertag *m*

bank·ing ['bæŋkɪŋ] WIRTSCH **I** *s* Bankwesen *n* **II** *Adj* Bank…: ***banking hours*** *Pl* Öffnungszeiten *Pl* (*einer Bank*)

bank man·ag·er *s* Bankfilialleiter *m*

▶**bank note** ['bæŋknəʊt] *s* Banknote *f*, Geldschein *m*

bank raid *s* Banküberfall *m*, -raub *m*

bank raid·er *s* Bankräuber(in)

bank rate *s* WIRTSCH Diskontsatz *m*

bank rob·ber *s* Bankräuber(in)

bank rob·ber·y *s* Bankraub *m*, -überfall *m*

bank·rupt ['bæŋkrʌpt] JUR **I** *s* **1.** Konkurs-, Gemeinschuldner(in): ***bankrupt's estate*** (*oder* ***property***) Konkursmasse *f* **2.** (*betrügerischer*) Bankrotteur(in) **II** *Adj* **3.** bankrott: ***go bankrupt*** in Konkurs gehen, Bankrott machen; ***declare o.s. bankrupt*** Konkurs anmelden

bank·rupt·cy ['bæŋkrəptsɪ] *s* JUR Bankrott *m*, Konkurs *m*

bank sort code *s* Bankleitzahl *f*

bank state·ment *s* Kontoauszug *m*

ban·ner ['bænə] **I** *s* **1.** Standarte *f*; Banner *n* **2.**

Spruchband *n*, Transparent *n* **3.** *auch* ***banner headline*** Balkenüberschrift *f*, breite Schlagzeile **II** *Adj* **4.** *Am* hervorragend

banns [bænz] *s Pl* REL Aufgebot *n*: ***have one's banns called*** (*oder* ***read***) das Aufgebot bestellen

ban·quet ['bæŋkwɪt] **I** *s* Bankett *n*, Festessen *n* **II** *v/i* tafeln

ban·tam·weight ['bæntəmweɪt] (*Sport*) **I** *s* Bantamgewicht *n* **II** *Adj* Bantamgewichts…

ban·ter ['bæntə] **I** *v/t und v/i* necken **II** *s* Neckerei *f*

bap·tism ['bæptɪzəm] *s* REL Taufe *f*

bap·tis·mal [bæp'tɪzml] *Adj* Tauf…: ***baptismal font*** Taufbecken *n*

'Bap·tist *s* Baptist(in)

bap·tize [bæp'taɪz] *v/t* taufen

▶**bar** [bɑː] **I** *s* **1.** Stange *f*, Stab *m*: ***bars*** *Pl* Gitter *n*; ***behind bars*** *fig* hinter Schloss und Riegel **2.** Riegel *m* **3.** Schranke *f*, Sperre *f*; *fig* Hindernis *n* (***to*** für) **4.** Riegel *m*, Stange *f*: ***a bar of soap*** ein Riegel *oder* Stück Seife; ***a bar of chocolate*** ein Riegel (*weit. S.* eine Tafel) Schokolade **5.** (*Gold- etc*)Barren *m* **6.** (dicker) Strich **7.** MUS Taktstrich *m*; *ein* Takt *m* **8.** JUR (Gerichts)Schranke *f*: ***prisoner at the bar*** Angeklagte *m, f* **9.** JUR Anwaltsberuf *m*; *Koll* Anwaltschaft *f*, *Br* Stand *m* der *barristers*: ***be admitted*** (*Br* ***called***) ***to the bar*** als Anwalt (*Br* ***barrister***) zugelassen werden; ***read for the bar*** *Br* Jura studieren **10.** (Tor-, Quer-, Sprung-) Latte *f* **11.** Bar *f*; Lokal *n*, Imbissstube *f*; Bar *f*, Theke *f* **II** *v/t* **12.** verriegeln **13.** *auch* ***bar up*** vergittern **14.** *auch* ***bar in*** einsperren: ***bar out*** aussperren **15.** hemmen; (***from***) hindern (an *Dat*), abhalten (von) **III** *Präp* **16.** außer, abgesehen von: ***bar none*** (alle) ohne Ausnahme

barb [bɑːb] *s* **1.** Widerhaken *m*; Stachel *m* **2.** *fig* Spitze *f*

bar·bar·i·an [bɑː'beərɪən] **I** *s* Barbar(in) **II** *Adj* barbarisch

bar·bar·ic [bɑː'bærɪk] *Adj* (***barbarically***) barbarisch

'bar·ba·rous *Adj* barbarisch

bar·be·cue ['bɑːbɪkjuː] **I** *v/t* auf dem Rost *oder* am Spieß braten, grillen **II** *s* Barbecue *n*: **a)** Grillfest *n*, **b)** Bratrost *m*, Grill *m*, **c)** *auf dem Rost oder Grill gebratenes Fleisch*

barbed [bɑːbd] *Adj* **1.** mit Widerhaken *oder* Stacheln: ***barbed wire*** Stacheldraht *m* **2.** *fig* spitz (*Bemerkung etc*)

bar·ber ['bɑːbə] *s* (Herren)Friseur *m*, (-)Friseuse *f*: ***barber('s) shop*** Friseurgeschäft *n*

bar·bi·tu·rate [bɑː'bɪtjʊrət] *s* CHEM *etc* Barbiturat *n*

bar chart *s* Balken-, Säulendiagramm *n*

bar code *s* Strichkode *m*

'bar-code read·er *s* Scanner *m*

▶**bare** [beə] **I** *Adj* (→ ***barely***) **1.** nackt: **a)** entblößt: ***on one's bare feet*** barfuß; ***in one's bare skin*** nackt, **b)** kahl (*Wand etc*), **c)** *fig* ungeschminkt: ***bare facts*** *Pl* nackte Tatsachen *Pl* **2.** *fig* unverhüllt; ***lay bare*** *siehe* II **3.** ***bare of*** arm an (*Dat*); ohne, …los **4.** knapp (*Mehrheit etc*): ***earn a bare living*** knapp das Nötigste zum Leben verdienen **5.** bloß: ***the bare thought*** allein *oder* schon der Gedanke **II** *v/t* **6.** entblößen, *weit. S.* *Zähne* zeigen **7.** *fig* enthüllen, bloßlegen

'bare·back *Adj und Adv* ungesattelt, ohne Sattel

'bare·faced *Adj* unverschämt, schamlos

bare und barely

⚠ Achten Sie auf den Bedeutungsunterschied:

bare (Adjektiv)	nackt, kahl
barely (Adverb)	kaum, knapp

'bare·foot *Adj und Adv* barfuß, -füßig

,bare'head·ed *Adj und Adv* barhäuptig

bare·ly ['beəlɪ] *Adv* **1.** kaum, knapp **2.** ärmlich, spärlich

▶**bar·gain** ['bɑːgɪn] **I** *s* **1.** Handel *m*, Geschäft *n* (*auch fig*): ***it's a bargain!*** abgemacht!; ***into the bargain*** noch dazu, obendrein; ***make the best of a bad bargain*** sich so gut wie möglich aus der Affäre ziehen; ***strike a bargain*** ein Geschäft abschließen; → ***drive*** 12 **2.** vorteilhaftes Geschäft, Gelegenheitskauf *m* **II** *v/i* **3.** handeln, feilschen (***for*** um) **4.** verhandeln (***for*** über *Akk*): ***bargain on*** vereinbaren (*Akk*) **5.** (***for***) rechnen (mit), gefasst sein (auf *Akk*) **III** *v/t* **6.** aushandeln

bar·gain base·ment *s* Niedrigpreisabteilung *f* im Tiefgeschoss (*eines Kaufhauses*)

bar·gain count·er *s* Wühltisch *m*

bar·gain hunt·er *s* Schnäppchenjäger(in)

bar·gain price *s* Gelegenheits-, Sonderpreis *m*

barge [bɑːdʒ] **I** *s* **1.** Last-, Schleppkahn *m* **II** *v/i* **2.** sich schwerfällig bewegen **3.** *ugs* (***into***) stoßen, prallen, bumsen (gegen, an *Akk*) **4.** ***barge in(to)*** *ugs* hereinplatzen (in *Akk*); sich einmischen (in *Akk*)

bar·i·tone ['bærɪtəʊn] *s* MUS Bariton *m*

bark[1] [bɑːk] **I** *s* **1.** (Baum)Rinde *f*, Borke *f* **II** *v/t* **2.** abrinden **3.** sich *die Knie etc* auf-, abschürfen: ***bark one's shins***

▶**bark**[2] [bɑːk] **I** *v/i* bellen (*auch ugs husten*): ***bark at s.o.*** j-n anbellen; *fig* j-n anschnauzen; ***be barking up the wrong tree*** *ugs* auf dem Holzweg sein; an der falschen Adresse sein **II** *s* Bellen (*auch ugs Husten*): ***his bark is worse than his bite*** er bellt nur(, aber beißt nicht)

'bar,keep·er *s* Barkeeper(in): **a)** Barbesitzer(in), **b)** Barmann *m*, -dame *f*, Barmixer(in)

bar·ley ['bɑːlɪ] *s* BOT Gerste *f*

'bar·maid *s bes Br* Bardame *f*

bar·man ['bɑːmən] *s* (*unreg* ***man***) Barmann *m*, -keeper *m*, -mixer *m*

barm·y ['bɑːmɪ] *Adj sl* bekloppt, verrückt: ***go barmy*** überschnappen

barn [bɑːn] *s* **1.** Scheune *f* **2.** (Vieh)Stall *m*

ba·rom·e·ter [bə'rɒmɪtə] *s* Barometer *n* (*auch fig*)

bar·on ['bærən] *s* **1.** Baron *m* **2.** (Industrie- *etc*) Baron *m*, Magnat *m*

'bar·on·ess *s* Baronin *f*

ba·roque [bə'rɒk] **I** *Adj* barock **II** *s* Barock *n*, *m*

bar·racks ['bærəks] *s Pl* (*meist Sg konstruiert*) Kaserne *f*

barracks ≠ Baracken

barracks *Pl*	=	Kaserne
Baracke	=	shack

bar·rage ['bærɑːʒ] *s* **1.** (Stau)Damm *m*, Talsperre *f* **2.** MIL Sperrfeuer *n* **3.** *fig* Hagel *m*,

Schwall *m*

▶ **bar·rel** ['bærəl] **I** *s* **1.** Fass *n*, (*Rohölmaß meist*) Barrel *n*: ***barrels*** (*oder* ***a barrel***) ***of*** *ugs* ein Haufen (*Geld etc*) **2.** (Gewehr)Lauf *m*, (Geschütz)Rohr *n* **II** *v/t Prät und Part Perf* **bar·reled**, *bes Br* **bar·relled 3.** in Fässer füllen: ***barrel(l)ed beer*** Fassbier *n*

bar·rel or·gan *s* MUS Drehorgel *f*, Leierkasten *m*

bar·ren ['bærən] *Adj* **1.** unfruchtbar (*Lebewesen, Land etc*) **2.** *geistig* unproduktiv **3.** ***barren of*** arm an (*Dat*), …los **4.** nutzlos, WIRTSCH tot (*Kapital*)

bar·rette [bæ'ret] *s Am* Haarspange *f*

bar·ri·cade [ˌbærɪ'keɪd] **I** *s* Barrikade *f*: ***go to*** (*oder* ***mount***) ***the barricades*** *fig* auf die Barrikaden gehen *oder* steigen **II** *v/t* verbarrikadieren

bar·ri·er ['bærɪə] *s* **1.** Schranke *f*, Barriere *f*, Sperre *f* **2.** Schlag-, Grenzbaum *m* **3.** PHYS (*Schall*)Grenze *f* **4.** *fig* Hindernis *n* (***to*** für)

bar·ri·er cream *s* Schutzcreme *f*

bar·ring ['bɑːrɪŋ] *Präp* ausgenommen, abgesehen von: ***barring a miracle*** falls *oder* wenn kein Wunder geschieht

bar·ris·ter ['bærɪstə] *s* JUR **1.** *Br* Barrister *m* (*vor höheren Gerichten plädierender Anwalt*) **2.** *Am allg* Rechtsanwalt *m*, -anwältin *f*

bar·row ['bærəʊ] *s* (Hand-, Schub)Karre(n *m*) *f*

'barˌtend·er *bes Am* → ***barman***

bar·ter ['bɑːtə] **I** *v/t* (ein)tauschen (***against, for*** gegen) **II** *v/i* verhandeln (***for*** über *Akk*) **III** *s* Tausch(handel *m*, -geschäft *n*) *m*

ba·salt ['bæsɔːlt] *s* GEOL Basalt *m*

base¹ [beɪs] *Adj* **1.** gemein, niederträchtig **2.** minderwertig, (*Metall*) unedel

base² [beɪs] **I** *s* **1.** *auch fig* Basis *f*, Grundlage *f*, Fundament *n* (*auch* ARCHI) **2.** Grundstoff *m*, Hauptbestandteil *m* **3.** *fig* Ausgangspunkt *m*, -basis *f* **4.** MIL Standort *m*; Basis *f*, Stützpunkt *m* **5.** *Baseball*: Mal *n* **II** *v/t* **6.** stützen, gründen (***on*** auf *Akk*): ***be based on*** beruhen *oder* basieren auf (*Dat*)

'base·ball *s* SPORT Baseball(spiel *n*) *m*

'base·board *s Am* Fuß(boden)-, Scheuerleiste *f*

'base·less *Adj* grundlos

base line *s* Grundlinie *f*

▶ **base·ment** ['beɪsmənt] *s* Kellergeschoss *n*

base·ness ['beɪsnɪs] *s* **1.** Gemeinheit *f*, Niedertracht *f* **2.** Minderwertigkeit *f*

ba·ses ['beɪsiːz] *Pl von* ***basis***

bash [bæʃ] *ugs* **I** *v/t* **1.** heftig schlagen, *j-n* verprügeln: ***bash in*** einschlagen **II** *s* **2.** heftiger Schlag: ***give s.o. a bash*** (***on the nose***) *j-m* ein Ding (auf die Nase) verpassen **3.** Versuch *m*: ***have a bash at s.th.*** es mit etw probieren

bash·ful ['bæʃfʊl] *Adj* schüchtern

bas·ic ['beɪsɪk] **I** *Adj* grundlegend, Grund…: ***basic fact*** grundlegende Tatsache; ***basic fee*** (***law, salary, vocabulary*** *etc*) Grundgebühr *f* (-gesetz *n*, -gehalt *n*, -wortschatz *m etc*) **II** *s Pl* Grundlagen *Pl*

'bas·i·cal·ly *Adv* **1.** im Grunde **2.** im Wesentlichen

bas·il ['bæzl] *s* BOT Basilikum *n*

ba·sin ['beɪsn] *s allg* Becken *n* (*auch* GEOL *etc*); *eng. S.* Schale *f*, Schüssel *f*

ba·sis ['beɪsɪs] *Pl* **ba·ses** ['beɪsiːz] *s* **1.** MIL Basis *f*, Stützpunkt *m* **2.** *fig* Basis *f*, Grundlage *f*: ***on the basis of*** auf der Basis von (*oder Gen*); ***basis of discussion*** Diskussionsgrundlage; ***take as a basis*** zugrunde legen

bask [bɑːsk] *v/i* sich sonnen (*auch fig*): ***bask in the sun*** ein Sonnenbad nehmen

▶ **bas·ket** ['bɑːskɪt] *s* Korb *m*

'bas·ket·ball *s* SPORT Basketball(spiel *n*) *m*

Basle [bɑːl] *Eigenn* Basel *n*

bass¹ [beɪs] *s* MUS Bass(stimme *f*) *m*; Bassist(in)

bass² [bæs] *Pl meist* **bass** *s* ZOOL Barsch *m*

bas·soon [bə'suːn] *s* MUS Fagott *n*

bas·tard ['bɑːstəd] **I** *s* **1.** Bastard *m* (*auch* BIOL) **2.** *sl* Scheißkerl *m*; *allg* Kerl *m*: ***poor bastard*** armes Schwein; ***a bastard of a headache*** verfluchte Kopfschmerzen *Pl* **II** *Adj* **3.** unehelich **4.** BIOL Bastard…

baste¹ [beɪst] *v/t Braten* mit Fett begießen

baste² [beɪst] *v/t* verprügeln

baste³ [beɪst] *v/t* (an)heften

bas·tion ['bæstɪən] *s* MIL Bastion *f*

bat¹ [bæt] *s* ZOOL Fledermaus *f*: (***as***) ***blind as a bat*** stockblind; ***have bats in the belfry*** *ugs* einen Vogel haben

bat² [bæt] **I** *s* **1.** *Baseball*, *Kricket*: Schlagholz *n*, Schläger *m*: ***off one's own bat*** *fig* selbstständig; auf eigene Faust **2.** *Br ugs* Tempo *n*: ***at a fair bat*** mit einem ganz schönen Zahn **3.** *Am sl* Sauferei *f*: ***go on a bat*** eine Sauftour machen **II** *v/i* **4.** *Baseball*, *Kricket*: am Schlagen sein

bat³ [bæt] *v/t*: ***without batting an eyelid*** ohne mit der Wimper zu zucken

batch [bætʃ] *s* Stapel *m*, Stoß *m*

bat·ed ['beɪtɪd] *Adj*: ***with bated breath*** mit angehaltenem Atem, gespannt

▶ **bath** [bɑːθ] **I** *Pl* **baths** [bɑːðz] *s* **1.** (Wannen-)Bad *n*: ***have*** (*oder* ***take***) ***a bath*** ein Bad nehmen, baden **2.** Badewanne *f* **3.** Bad(ezimmer) *n* **4.** *meist Pl* Bad *n*: **a)** Badeanstalt *f*, **b)** Badeort *m* **5.** CHEM, FOTO Bad *n* **II** *v/t* **6.** *Br Kind etc* baden **III** *v/i* **7.** *Br* baden, ein Bad nehmen

bathe [beɪð] **I** *v/t* **1.** *Wunde etc, bes Am auch Kind etc* baden **2.** ***bathed in sunlight*** (***sweat, tears***) *fig* sonnenüberflutet (schweißgebadet, tränenüberströmt) **II** *v/i* **3.** *bes Am* baden, ein Bad nehmen **4.** baden, schwimmen **III** *s* **5.** Bad *n* (*im Freien*): ***have*** (*oder* ***take***) ***a bathe*** *siehe* 4

bath·ing ['beɪðɪŋ] **I** *s* Baden *n* **II** *Adj* Bade…: ***bathing accident*** (***cap, costume*** *oder* ***dress*** *oder* ***suit, trunks***) Badeunfall *m* (-mütze *f oder* -kappe *f*, -anzug *m*, -hose *f*)

'bath·robe *s* **1.** Bademantel *m* **2.** *Am* Morgen-, Schlafrock *m*

▶ **bath·room** ['bɑːθrʊm] *s* **1.** Badezimmer *n* **2.** Toilette *f*

bathroom SG

Bathroom bedeutet im amerikanischen Englisch außer Badezimmer auch Toilette. Wenn man also im amerikanischen Englisch hört **"He's / She's gone to the bathroom."**, dann bedeutet das aller Wahrscheinlichkeit nach nicht, dass sich die Person, von der gerade gesprochen wird, duscht oder ein Bad nimmt, sondern lediglich, dass er / sie die Toilette benutzt.

bath tow·el *s* Badetuch *n*

'bath·tub *s* Badewanne *f*

ba·tik [bə'tiːk] *s* Batik(druck) *m*

ba·tiste [bæ'tiːst] *s* Batist *m*
ba·ton ['bætən] *s* **1.** (Amts-, Kommando)Stab *m* **2.** MUS Taktstock *m* **3.** *Leichtathletik*: (Staffel-)Stab *m* **4.** Schlagstock *m*, Gummiknüppel *m*
bats·man ['bætsmən] *s* (*unreg* **man**) *Kricket*: Schläger *m*, Schlagmann *m*
bat·tal·ion [bə'tæljən] *s* MIL Bataillon *n*
bat·ten[1] ['bætn] **I** *s* Latte *f*, Leiste *f* **II** *v/t*: ***batten down the hatches*** SCHIFF die Luken schalken; *fig* alles dichtmachen
bat·ten[2] ['bætn] *v/i meist fig* dick und fett werden (**on** auf Kosten *Gen*)
bat·ter[1] ['bætə] **I** *v/t* **1.** wiederholt heftig schlagen; *Frau, Kind etc* (wiederholt) misshandeln: ***batter down*** (*oder* ***in***) einschlagen; ***home for battered wives*** Frauenhaus *n* **2.** abnutzen **3.** (arg) lädieren *oder* zerbeulen, *auch fig* arg in Mitleidenschaft ziehen **II** *v/i* **4.** wiederholt heftig schlagen *oder* stoßen (***against*** gegen; ***at*** an *Akk*): ***batter*** (***away***) ***at the door*** gegen die Tür hämmern **III** *s* **5.** GASTR Eierkuchenteig *m*
bat·ter[2] ['bætə] *s* *Baseball, Kricket*: Schläger(in), Schlagmann *m*, -frau *f*
bat·ter·y ['bætərɪ] *s* **1.** ELEK Batterie *f* **2.** Batterie *f*, Reihe *f*, Satz *m* **3.** LANDW Legebatterie *f* **4.** JUR Tätlichkeit *f*; Körperverletzung *f*
bat·ter·y farm·ing *s* LANDW Massentierhaltung *f*
bat·ter·y hen *s* LANDW Batteriehenne *f*
'bat·ter·y-ˌop·er·at·ed *Adj* batteriebetrieben, Batterie…
▶**bat·tle** ['bætl] **I** *s* **1.** MIL Schlacht *f* (***of*** bei) **2.** *fig* Kampf *m* (***for*** um) **II** *v/i* **3.** *bes fig* kämpfen

Battle of the Boyne LK

Am 12. Juli geht man in Nordirland nicht zur Arbeit. Die protestantischen **Orangemen** gedenken an diesem Tag der **Battle of the Boyne** von 1690, in der der König von England, **William of Orange**, die katholischen Truppen seines Rivalen **James II** besiegte. An diesem Feiertag und den damit verbundenen Paraden kommt es im konfessionsgeteilten Nordirland immer wieder zu Ausschreitungen.

'bat·tle-ax(e) *s* **1.** MIL *hist* Streitaxt *f* **2.** *ugs* alter Drachen
'bat·tle·field, 'bat·tle·ground *s* MIL Schlachtfeld *n*
'bat·tle·ship *s* Schlachtschiff *n*
bat·ty ['bætɪ] *Adj sl* bekloppt, verrückt
baulk → ***balk***
baux·ite ['bɔːksaɪt] *s* MIN Bauxit *m*
Ba·var·ia [bə'veərɪə] *Eigenn* Bayern *n*
Ba·var·i·an [bə'veərɪən] **I** *Adj* bay(e)risch **II** *s* Bayer(in)
bawd·y ['bɔːdɪ] *Adj* unflätig, obszön
bawl [bɔːl] **I** *v/i* schreien, brüllen: ***bawl at s.o.*** j-n anbrüllen; ***bawl for help*** um Hilfe schreien **II** *v/t oft* ***bawl out*** (heraus)schreien, (-)brüllen
▶**bay**[1] [beɪ] *s* Bai *f*, Bucht *f*
bay[2] [beɪ] *s* ARCHI Erker *m*
bay[3] [beɪ] *s* BOT Lorbeer(baum) *m*: ***bay leaf*** Lorbeerblatt *n*
bay[4] [beɪ] **I** *v/i* bellen **II** *s* Gebell *n*: ***be*** (*oder* ***stand***) ***at bay*** gestellt sein (*Wild*); *fig* in die Enge getrieben sein; ***hold*** (*oder* ***keep***) ***at bay*** *j-n* in Schach halten; *Krankheit etc* von sich fernhalten; *Feuer, Seuche etc* unter Kontrolle halten
bay·o·net ['beɪənɪt] *s* MIL Bajonett *n*, Seitengewehr *n*
bay win·dow *s* **1.** Erkerfenster *n* **2.** *Am hum* Vorbau *m* (*Bauch*)
ba·zaar [bə'zɑː] *s* (*auch* Wohltätigkeits)Basar *m*

BBC LK

Die **BBC** (**British Broadcasting Corporation**) ist eine staatlich finanzierte Rundfunk- und Fernsehanstalt, die über zahlreiche TV-Kanäle sowie überregionale und regionale Rundfunksender verfügt. Zu ihr gehört auch der **BBC World Service**, der in mehr als 40 Sprachen sendet und seit 1991 auch über das Fernsehen (**BBC World Service TV**) zu empfangen ist.

BC *Abk* (= ***before Christ***) v. Chr., vor Christus
▶**be** [biː] (*unreg*) **I** *v/hilf* **1.** *Zustand*: sein: ***he is gone*** er ist weg **2.** *Passiv*: werden: ***I was cheated*** ich wurde betrogen **3.** sollen, müssen, dürfen, können: ***he is to be pitied*** er ist zu bedauern; ***it was not to be*** es sollte nicht sein **4.** *Verlaufsform*: ***he is reading*** er liest (gerade); ***he was watching TV when the telephone rang*** er sah gerade fern, als das Telefon läutete **5.** *nahe Zukunft*: ***I am leaving tomorrow*** ich reise morgen ab; → ***go*** 27 **6.** *Kopula*: sein: ***he is my father*** **II** *v/i* **7.** sein, der Fall sein: ***how is it that …?*** wie kommt es, dass …?; ***it is me*** (*förmlich*: ***I***) ich bin es **8.** sein, bestehen: ***to be or not to be***: ***that is the question*** Sein oder Nichtsein, das ist hier die Frage **9.** sein, stattfinden (*Versammlung etc*); gehen, fahren (*Bus etc*) **10.** sein, sich befinden: ***have you ever been to London?*** sind Sie schon einmal in London gewesen?; ***has anyone been?*** *ugs* ist jemand da gewesen? **11.** (*beruflich*) werden: ***I'll be an engineer*** ich werde einmal Ingenieur **12.** gehören: ***this book is mine*** **13.** sein, stammen (***from*** aus) **14.** kosten: ***how much are these gloves?*** **15.** dauern (*Veranstaltung etc*)

Die -ing-Form bei be GR

In der **-ing**-Form steht **be** nur im Passiv oder in Verbindung mit einem Adjektiv, das eine bestimmte (nur auf die Gegenwart zutreffende) Verhaltensweise ausdrückt:

My bike is being repaired at the moment.
My boss is being very friendly at the moment – I wonder what he wants from me!

▶**beach** [biːtʃ] **I** *s* Strand *m*: ***on the beach*** am Strand **II** *v/t Schiff* auf den Strand setzen *oder* ziehen
beach ball *s* Wasserball *m*
beach bug·gy *s* MOT Strandbuggy *m*
'beachˌchair *s Am* Liegestuhl *m*
'beach·wear *s* Strandkleidung *f*
bea·con ['biːkən] *s* Leucht-, Signalfeuer *n*
bead [biːd] **I** *s* **1.** (*Glas-, Schweiß-, Tau- etc*) Perle *f* **2.** *Pl* REL Rosenkranz *m*: ***say*** (*oder* ***tell***) ***one's beads*** den Rosenkranz beten **II** *v/t* **3.** mit Perlen besetzen **III** *v/i* **4.** perlen
beak [biːk] *s* **1.** ORN Schnabel *m* **2.** TECH Tülle *f*

beaked *Adj* **1.** schnabelförmig **2.** vorspringend, spitz

beak·er ['biːkə] *s* Becher *m*

beam [biːm] **I** *s* **1.** Balken *m* **2.** Strahl *m*, ELEK, PHYS *auch* Bündel *n*: ***beam of rays*** Strahlenbündel; ***beam of hope*** Hoffnungsstrahl **3.** Peil-, Leit-, Richtstrahl *m*: ***be off beam*** FLUG, SCHIFF vom Kurs abgekommen sein; *ugs* auf dem Holzweg sein; ***be on beam*** FLUG, SCHIFF auf Kurs sein; *ugs* auf dem richtigen Weg sein **4.** strahlendes Lächeln **II** *v/t* **5.** ausstrahlen (*auch* PHYS *und* RUNDFUNK, TV) **III** *v/i* **6.** strahlen (*auch fig* ***with*** vor *Dat*): ***beaming with joy*** freudestrahlend

ˌbeam-'ends *s Pl*: ***be on one's beam-ends*** *fig* auf dem letzten Loch pfeifen

▶**bean** [biːn] *s* **1.** BOT Bohne *f*: ***be full of beans*** *ugs* aufgekratzt sein; voller Leben(skraft) stecken; ***spill the beans*** *ugs* alles ausplaudern **2.** *Am sl* Birne *f* (*Kopf*)

bear[1] [beə] **I** *s* **1.** ZOOL Bär *m* **2.** *fig* Brummbär *m*; Tollpatsch *m* **3.** WIRTSCH Baissespekulant(in) **II** *v/i* **4.** WIRTSCH auf Baisse spekulieren

▶**bear**[2] [beə] (*unreg*) **I** *v/t* **1.** *Last*, *auch fig Datum*, *Verantwortung*, *Verlust etc* tragen: → ***fruit*** 2a, ***interest*** 6, ***resemblance***, *etc* **2.** zur Welt bringen, gebären **3.** *Gefühl* hegen: → ***grudge*** 3 **4.** *Gehorsam etc* leisten: → ***company*** 1 **5.** ertragen, aushalten, -stehen: → ***comparison*** 1 **II** *v/i* **6.** tragen, halten (*Balken*, *Eis etc*) **7.** (***on***) sich beziehen (auf *Akk*), betreffen (*Akk*): → ***pressure*** **8.** ***bear*** (***to the***) ***left*** sich links halten

◆**bear a·way** *v/t* **1.** forttragen **2.** *Sieg etc* davontragen

◆**bear down** **I** *v/t* überwinden, wältigen, *Widerstand* brechen **II** *v/i* (***on***) sich (schnell) nähern (*Dat*); sich stürzen (auf *Akk*); *fig* lasten (auf *Dat*), bedrücken (*Akk*); *einer Sache* zu Leibe gehen

◆**bear in** *v/t*: ***it was borne in on him*** es wurde ihm klar (***that*** dass)

◆**bear out** *v/t* bekräftigen, bestätigen; *j-m* recht geben

◆**bear up** **I** *v/t* **1.** ermutigen **II** *v/i* **2.** (***against***, ***under***) sich behaupten (gegen), (tapfer) ertragen (*Akk*) **3.** *Br* Mut fassen, (wieder) fröhlich werden: ***bear up!*** Kopf hoch!

bear·a·ble ['beərəbl] *Adj* erträglich

▶**beard** [bɪəd] **I** *s* Bart *m* **II** *v/t*: ***beard the lion in his den*** *fig* sich in die Höhle des Löwen wagen

'beard·ed *Adj* bärtig

bear·er ['beərə] *s* **1.** Träger(in) **2.** Überbringer(in) (*auch* WIRTSCH *eines Schecks etc*) **3.** WIRTSCH Inhaber(in) (*eines Wertpapiers*)

bear·ing ['beərɪŋ] *s* **1.** Ertragen *n* **2.** Betragen *n*, Verhalten *n* **3.** (Körper)Haltung *f* **4.** (***on***) Beziehung *f* (zu), Bezug *m* (auf *Akk*) **5.** FLUG, SCHIFF Lage *f*, Position *f*; (*auch* Funk)Peilung *f*, *auch fig* Orientierung *f*: ***take one's bearings*** eine Peilung vornehmen; sich orientieren; ***lose one's bearing***(***s***) die Orientierung verlieren; ***find*** (*oder* ***get***) ***one's bearings*** sich zurechtfinden **6.** TECH (*Achsen-*, *Kugel- etc*)Lager *n*

bear·ish ['beərɪʃ] *Adj* **1.** bärenhaft **2.** *fig* brummig; tollpatschig **3.** WIRTSCH flau; Baisse…

bear paw *s Am* Radkralle *f*, Parkriegel *m*

'bear·skin *s* Bärenfell *n*

beast [biːst] *s* **1.** (*auch* wildes) Tier: ***beast of burden*** Lasttier; ***beast of prey*** Raubtier **2.** *fig* Bestie *f*; *ugs* Biest *n*, Ekel *n*

'beast·ly *Adj* **1.** *fig* tierisch **2.** *ugs* ekelhaft, gemein; scheußlich

▶**beat** [biːt] **I** *s* **1.** (*Herz-*, *Trommel- etc*) Schlag *m* **2.** MUS Takt *m*; (*Jazz*) Beat *m*; Beat(musik *f*) *m*: ***off*** (***the***) ***beat*** aus dem Takt **3.** Runde *f*, Revier *n* (*eines Schutzmanns etc*): ***be on one's beat*** seine *oder* die Runde machen **II** *Adj* **4.** *ugs* wie erschlagen, fix und fertig **5.** MUS Beat…: ***beat group*** (***music***, *etc*) **III** *v/t* (*unreg*) **6.** schlagen, (ver)prügeln **7. a**) schlagen; *Teppich etc* (aus)klopfen; *Metall* hämmern *oder* schmieden, **b**) → ***beat up*** 3 **8.** *Weg* treten, sich bahnen: ***beat it*** *ugs* abhauen, verduften **9.** *j-n* schlagen, besiegen (***at*** in *Dat*); *etw* übertreffen, -bieten: ***that beats all*** (*oder* ***everything***)! das ist doch die Höhe! **10.** verblüffen: ***that beats me*** das ist mir zu hoch **IV** *v/i* **11.** schlagen: ***beat at*** (*oder* ***on***) ***the door*** gegen die Tür hämmern

◆**beat back** *v/t Gegner* zurückschlagen

◆**beat down** **I** *v/t* **1.** *Aufstand etc* niederschlagen **2.** *Preis* drücken, *auch j-n* herunterhandeln (***to*** auf *Akk*) **II** *v/i* **3.** herunterbrennen (***on*** auf *Akk*) (*Sonne*); herunter-, niederprasseln (***on*** auf *Akk*) (*Regen*)

◆**beat in** *v/t Tür* einschlagen

◆**beat off** *v/t Angriff*, *Gegner* zurückschlagen

◆**beat out** *v/t Feuer* ausschlagen

◆**beat up** *v/t* **1.** aufrütteln (*auch fig*) **2.** *j-n* zs.-schlagen **3.** *Eier etc* (zu Schaum *oder* Schnee) schlagen

beat·en ['biːtn] **I** *Part Perf von* ***beat*** **II** *Adj* **1.** TECH gehämmert: ***beaten gold*** Blattgold *n* **2.** viel begangen (*Weg*): ***off the beaten track*** ungewohnt, ungewöhnlich

'beat·er *s* **1.** TECH Stampfe *f*; Stößel *m*; Klopfer *m* **2.** GASTR Schneebesen *m*

'beat·ing *s* Prügel *Pl*; *fig* Niederlage *f*: ***give s.o. a sound beating*** j-m eine tüchtige Tracht Prügel verabreichen; j-m eine böse Schlappe zufügen

beat·nik ['biːtnɪk] *s* Beatnik *m*

beau·ti·cian [bjuː'tɪʃn] *s* Kosmetiker(in)

▶**beau·ti·ful** ['bjuːtəfʊl] *Adj* schön: ***the beautiful people*** *Pl* die Schickeria

beau·ti·fy ['bjuːtɪfaɪ] *v/t* verschönern

▶**beau·ty** ['bjuːtɪ] *s* **1.** Schönheit *f* (*auch Frau*) **2.** *ugs* das Schön(st)e **3.** *ugs* Gedicht *n*, Prachtstück *n* (***of*** von)

beau·ty compe·ti·tion, **beau·ty con·test** *s* Schönheitswettbewerb *m*

beau·ty farm *s* Schönheitsfarm *f*

beau·ty par·lor, **beau·ty par·lour** *s* Schönheitssalon *m*

beau·ty patch → ***beauty spot*** 1

beau·ty queen *s* Schönheitskönigin *f*

beau·ty sa·lon, *Am* **beau·ty shop** → ***beauty parlo***(***u***)***r***

beau·ty sleep *s ugs* Schlaf *m* vor Mitternacht

beau·ty spot *s* **1.** Schönheitspflästerchen *n* **2.** schönes Fleckchen Erde

bea·ver ['biːvə] *s* ZOOL Biber *m*

be·came [bɪ'keɪm] *Prät von* ***become***

▶**be·cause** [bɪ'kɒz] **I** *Konj* weil, da **II** *Präp*: ▶ ***because of*** wegen (*Gen*)

beck [bek] *s*: ***be at s.o.'s beck and call*** j-m auf den leisesten Wink gehorchen, nach j-s Pfeife tanzen

beck·on ['bekn] *v/t j-m* (zu)winken, *j-m* ein Zeichen geben

▶**be·come** [bɪ'kʌm] (*unreg*) **I** *v/i* **1.** werden: ***what has become of him?*** was ist aus ihm geworden? **II** *v/t* **2.** sich ziemen für **3.** *j-m* stehen, passen zu

be'com·ing *Adj* **1.** passend, kleidsam: ***be very becoming to s.o.*** j-m sehr gut stehen **2.** schicklich, geziemend

▶ **bed** [bed] **I** *s* **1.** (*auch Fluss- etc*)Bett *n*: ▶ ***go to bed*** ins Bett gehen (***with*** mit); ***make the bed*** das Bett machen; ***put to bed*** ins Bett bringen; ***take to one's bed*** sich (krank) ins Bett legen; ▶ ***bed and breakfast*** Zimmer *n* mit Frühstück **2.** (Garten)Beet *n* **3.** TECH Bett(ung *f*) *n*, Unterlage *f* **II** *v/t* **4.** ins Bett bringen **5.** ***bed out*** auspflanzen, -setzen

Beds WF

single bed	Einzelbett
twin beds	zwei Einzelbetten
double bed	Doppelbett
bunk bed	Etagenbett
folding bed	Klappbett
camp bed	Campingliege
airbed, *Am* **air mattress**	Luftmatratze
cot, *Am* **crib**	Kinderbett

be·daub [bɪ'dɔːb] *v/t* beschmieren

'bed·bug *s* ZOOL Wanze *f*

'bed·clothes *s Pl* Bettwäsche *f*

'bed,cov·er *s* Bettdecke *f*

bed·ding ['bedɪŋ] *s* Bettzeug *n*

be·deck [bɪ'dek] *v/t* schmücken

be·dev·il [bɪ'devl] *v/t Prät und Part Perf* **be·dev·iled**, *bes Br* **be·dev·illed** durcheinanderbringen, verwirren

bed·lam ['bedləm] *s fig* Tollhaus *n*

bed lin·en *s* Bettwäsche *f*

'bed·pan *s* Stechbecken *n*, Bettpfanne *f*, -schüssel *f*

'bed·post *s* Bettpfosten *m*: → ***between*** 2

be·drag·gled [bɪ'drægld] *Adj* **1.** durchnässt; verdreckt **2.** *fig* heruntergekommen (*Haus etc*); ungepflegt (*Erscheinung etc*)

bed rest *s* Bettruhe *f*

'bed,rid·den *Adj* bettlägerig

'bed·rock *s* GEOL Grund-, Muttergestein *n*: ***get down to bedrock*** *fig* der Sache auf den Grund gehen

▶ **bed·room** ['bedrʊm] *s* Schlafzimmer *n*

'bed·side *s*: ***at the bedside*** am Bett; ***have a good bedside manner*** gut mit Kranken umgehen können; ***bedside lamp*** Nachttischlampe *f*; ***bedside rug*** Bettvorleger *m*; ***bedside table*** Nachttisch(chen *n*) *m*

'bed·sit, ,bed'sit·ter, ,bed-'sit·ting room *s Br* **1.** möbliertes Zimmer **2.** Einzimmerapartment *n*

'bed·sore *s* MED wund gelegene Stelle: ***get bedsores*** sich durchliegen *oder* wund liegen

'bed·spread *s* Tagesdecke *f*

'bed·stead *s* Bettgestell *n*

'bed·time *s* Schlafenszeit *f*: ***bedtime reading*** Bettlektüre *f*; ***bedtime story*** Gutenachtgeschichte *f*

▶ **bee** [biː] *s* ZOOL Biene *f*: (***as***) ***busy as a bee*** bienenfleißig; ***have a bee in one's bonnet*** *ugs* einen Fimmel *oder* Tick haben; ***he's got a bee in his bonnet about tidiness*** *ugs* er hat einen Ordnungsfimmel

beech [biːtʃ] *s* BOT Buche *f*

'beech·nut *s* Buchecker *f*

▶ **beef** [biːf] **I** *s* **1.** Rindfleisch *n* **2.** *ugs* (Muskel)Kraft *f* **3.** *sl* Meckerei *f*, Nörgelei *f* **II** *v/i* **4.** *sl* meckern, nörgeln (***about*** über *Akk*)

beef·bur·ger ['biːf,bɜːgə] *s* GASTR Hamburger *m*

'beef,eat·er *s Br* Beefeater *m*, Tower-Wächter *m*

,beef'steak *s* Beefsteak *n*

beef tea *s* (Rind)Fleischbrühe *f*

beef·y ['biːfɪ] *Adj ugs* bullig

'bee·line *s*: ***make a beeline for*** schnurstracks zu- *oder* losgehen auf (*Akk*)

been [biːn] *Part Perf von* **be**

beep·er ['biːpə] *s* TEL Piepser *m*

▶ **beer** [bɪə] *s* Bier *n*: → ***small*** I

beer gar·den *s* Biergarten *m*

beer·mat *s* Bierdeckel *m*

beer·y ['bɪərɪ] *Adj* **1.** bierselig **2.** nach Bier riechend: ***beery breath*** Bierfahne *f*

'bees·wax *s* Bienenwachs *n*

beet [biːt] *s* BOT Runkelrübe *f*, *Am auch* Rote Bete *oder* Rübe

▶ **bee·tle** ['biːtl] *s* ZOOL Käfer *m*

beet·root ['biːtruːt] *s* Rote Bete

be·fit [bɪ'fɪt] *v/t* ***befit s.o.*** j-m angemessen sein

▶ **be·fore** [bɪ'fɔː] **I** *Adv* **1.** *räumlich*: vorn, voran: ***go before*** vorangehen **2.** *zeitlich*: vorher, zuvor: ***the year before*** das vorhergehende Jahr **II** *Präp* **3.** *räumlich*: vor (*Akk oder Dat*): ***before my eyes*** vor meinen Augen **4.** vor (*Dat*), in Gegenwart von (*oder Gen*): ***before witnesses*** vor Zeugen **5.** *zeitlich*: vor (*Dat*): ***the week before last*** vorletzte Woche; ***before long*** in Kürze, bald **6.** *Reihenfolge, Rang*: voraus, vor (*Akk oder Dat*): ***be before the others*** den anderen voraus sein **III** *Konj* **7.** bevor, ehe: ***not before*** erst, als *oder* wenn

be'fore·hand *Adv* **1.** zuvor, (im) Voraus: ***know s.th. beforehand*** etw im Voraus wissen **2.** zuvor, früher **3.** zu früh, verfrüht

be·friend [bɪ'frend] *v/t j-m* behilflich sein; sich *j-s* annehmen

▶ **beg** [beg] **I** *v/t* **1.** *etw* erbitten (***of s.o.*** von j-m): ***beg leave*** (***of s.o.***) (j-n) um Erlaubnis bitten; → ***pardon*** 3 **2.** erbetteln, betteln um **3.** *j-n* bitten (***to do*** zu tun) **II** *v/i* **4.** betteln: ***go begging*** betteln gehen; *fig* keinen Interessenten *oder* Abnehmer finden **5.** (dringend) bitten (***for*** um; ***of s.o.*** j-n) **6.** sich erlauben *oder* gestatten (***to do*** zu tun)

be·gan [bɪ'gæn] *Prät von* ***begin***

be·get [bɪ'get] *v/t* (*unreg*) **1.** *Kind* zeugen **2.** *fig* erzeugen

▶ **beg·gar** ['begə] **I** *s* **1.** Bettler(in) **2.** *ugs* Kerl *m*: ***lucky beggar*** Glückspilz *m* **II** *v/t* **3.** an den Bettelstab bringen **4.** ***beggar description*** sich nicht mit Worten beschreiben lassen; jeder Beschreibung spotten

'beg·gar·ly *Adj* **1.** bettelarm **2.** *fig* armselig, kümmerlich

'beg·gar·y *s* Bettelarmut *f*

▶ **be·gin** [bɪ'gɪn] *v/t und v/i* (*unreg*) beginnen, anfangen: ***to begin with*** zunächst (einmal); erstens (einmal); ***begin on s.th.*** etw in Angriff nehmen; ***begin*** (***on***) ***a new bottle*** eine neue Flasche anbrechen

be'gin·ner *s* Anfänger(in): ***beginner's luck*** Anfängerglück *n*

▶ **be·gin·ning** [bɪ'gɪnɪŋ] *s* **1.** Beginn *m*, Anfang *m*: ***at*** (*oder* ***in***) ***the beginning*** am Anfang;

from the beginning (ganz) von Anfang an **2.** *Pl* (erste) Anfänge *Pl*

in oder at the beginning GR

In the beginning bedeutet „zuerst, ursprünglich“:

In the beginning God created the heavens and the earth.	Am Anfang schuf Gott Himmel und Erde.

In den anderen Fällen verwendet man **at the beginning**:

At the beginning of the novel you wonder what it's all about.	Am Anfang des Romans fragt man sich, was das alles soll.

be·go·ni·a [bɪˈgəʊnjə] *s* BOT Begonie *f*
be·got [bɪˈgɒt] *Prät von **beget***
be'got·ten [bɪˈgɒtn] *Part Perf von **beget***
be·grudge [bɪˈgrʌdʒ] *v/t* **1.** ***begrudge s.o. s.th.*** j-m etw missgönnen **2.** ***begrudge doing s.th.*** etw nur widerwillig tun
be·guile [bɪˈgaɪl] *v/t* **1.** betrügen (***of, out of*** um), täuschen **2.** verleiten (***into doing*** zu tun) **3.** sich *die Zeit* (angenehm) vertreiben (***by, with*** mit)
be·gun [bɪˈgʌn] *Part Perf von **begin***
be·half [bɪˈhɑːf] *s*: ***on*** (*Am auch **in***) ***behalf of*** zugunsten von (*oder Gen*), für; im Namen *oder* Auftrag von (*oder Gen*), für
▶**be·have** [bɪˈheɪv] **I** *v/i* **1.** sich (gut) benehmen **2.** sich verhalten *oder* benehmen (***to, towards*** gegen, gegenüber) **3.** sich verhalten (*Sache*), arbeiten, funktionieren (*Maschine etc*) **II** *v/t* **4.** ***behave o.s.*** *siehe* 1: ***behave yourself!*** benimm dich!
▶**be·hav·ior**, **be·hav·iour** [bɪˈheɪvjə] *s* Benehmen *n*, Betragen *n*, Verhalten *n*: ***be on one's best behavio(u)r*** sich von seiner besten Seite zeigen; ***behavio(u)r pattern*** PSYCH Verhaltensmuster *n*
be'hav·ior·al, **be'hav·iour·al** *Adj* PSYCH Verhaltens…: ***behavio(u)ral disturbance*** Verhaltensstörung *f*
be'hav·ior·ism, **be'hav·iour·ism** *s* PSYCH Behaviorismus *m*
be·head [bɪˈhed] *v/t* enthaupten
▶**be·hind** [bɪˈhaɪnd] **I** *Präp* **1.** *räumlich und zeitlich*: hinter (*Akk oder Dat*): ***get s.th. behind one*** etw hinter sich bringen **2.** *Reihenfolge, Rang*: hinter (*Akk oder Dat*): ***be behind s.o.*** j-m nachstehen (***in*** in *Dat*) **II** *Adv* **3.** hinten, dahinter: ***walk behind*** hinterhergehen **4.** nach hinten: ***look behind*** zurückblicken **III** *Adj* **5.** im Rückstand *oder* Verzug (***in, with*** mit) **IV** *s* **6.** *ugs* Hintern *m*
be'hind·hand *Adv und Adj* **1.** im Rückstand (***with*** mit) **2.** rückständig
be·hold [bɪˈhəʊld] *v/t* (*unreg **hold***) *poet* sehen, erblicken: ***behold!*** siehe (da)!
be·hold·er *s* Betrachter(in)
be·hove [bɪˈhəʊv] *v/t poet* ***it behoves s.o.*** es geziemt sich für j-n
beige [beɪʒ] *Adj* beige
be·ing [ˈbiːɪŋ] *s* **1.** (Da)Sein *n*, Existenz *f*: ***in being*** existierend, wirklich (vorhanden); ***call into being*** ins Leben rufen; ***come into being*** entstehen **2.** *j-s* Wesen *n*, Natur *f* **3.** (Lebe)Wesen *n*, Geschöpf *n*
be·lat·ed [bɪˈleɪtɪd] *Adj* verspätet: ***belated congratulations*** nachträglich herzlichen Glückwunsch
belch [beltʃ] **I** *v/i* **1.** aufstoßen, rülpsen **2.** quellen (***from*** aus) (*Rauch etc*) **II** *v/t* **3.** *auch **belch out*** (*oder **forth***) *Feuer, Rauch etc* speien, *auch fig Beleidigungen etc* ausstoßen **III** *s* **4.** Aufstoßen *n*, Rülpsen *n*; Rülpser *m* **5.** *fig* (Rauch-, Flammen- *etc*)Stoß *m* **6.** *fig* Schwall *m* (*von Beleidigungen etc*)
bel·fry [ˈbelfrɪ] *s* Glockenstuhl *m*; Glockenturm *m*: → ***bat***[1]
▶**Bel·gian** [ˈbeldʒən] **I** *Adj* belgisch **II** *s* Belgier(in)
▶**Bel·gium** [ˈbeldʒəm] *Eigenn* Belgien *n*
be·lie [bɪˈlaɪ] *v/t* **1.** *j-n, etw* Lügen strafen **2.** hinwegtäuschen über (*Akk*) **3.** *Hoffnung etc* enttäuschen, *einer Sache* nicht entsprechen
▶**be·lief** [bɪˈliːf] *s* **1.** Glaube *m* (***in*** an *Akk*): ***beyond belief*** unglaublich **2.** Vertrauen *n* (***in*** auf *eine Sache*, zu *j-m*) **3.** Anschauung *f*, Überzeugung *f*: ***to the best of my belief*** nach bestem Wissen und Gewissen
be·liev·a·ble [bɪˈliːvəbl] *Adj* **1.** glaubhaft **2.** glaubwürdig
▶**be·lieve** [bɪˈliːv] **I** *v/i* **1.** glauben (***in*** an *Akk*) **2.** (***in***) vertrauen (auf *Akk*), Vertrauen haben (zu) **3.** viel halten (***in*** von): ***not to believe in doing s.th.*** nichts *oder* nicht viel davon halten, etw zu tun **II** *v/t* **4.** glauben: ***believe it or not!*** ob Sie es glauben oder nicht!; ***would you believe it!*** ist das denn die Möglichkeit!; ***he is believed to be rich*** man hält ihn für reich; → ***reason*** 1 **5.** glauben (*Dat*)

Verben, die normalerweise keine -ing-Form haben GR

Verben, die Zustände beschreiben, stehen selten in der **-ing**-Form. Dies gilt u. a. für folgende Verben in folgenden Bedeutungen:

believe	glauben
contain	enthalten
exist	existieren
hate	hassen
hear	hören
know	wissen
like	mögen
look	aussehen
love	lieben
mean	bedeuten
need	brauchen
own	besitzen
remember	sich erinnern
see	sehen
seem / appear	scheinen
think	meinen
want	wollen

be'liev·er *s* Gläubige *m, f*: ***be a great believer in*** fest glauben an (*Akk*); viel halten von
Be·li·sha bea·con [bɪˈliːʃə] *s Br* Blinklicht *n* (*an Fußgängerüberwegen*)
be·lit·tle [bɪˈlɪtl] *v/t* **1.** herabsetzen, schmälern

2. verharmlosen

▶**bell** [bel] *s* **1.** Glocke *f*, Klingel *f*, Schelle *f*: ***that rings a bell*** *ugs* das kommt mir bekannt vor, das erinnert mich an etw **2.** Glockenzeichen *n*, Läuten *n*, Klingeln *n*: → ***answer*** 10 **3.** TEL Wecker *m* **4.** Taucherglocke *f*

'bell·boy *s bes Am* (Hotel)Page *m*

'bell,flow·er *s* BOT Glockenblume *f*

'bell·hop *s Am* (Hotel)Page *m*

bel·li·cose ['belɪkəʊs] *Adj* **1.** kriegslustig, kriegerisch **2.** → ***belligerent*** 3

bel·lig·er·ent [bɪ'lɪdʒərənt] **I** *Adj* **1.** → ***bellicose*** 1 **2.** Krieg führend **3.** *fig* streitlustig, aggressiv **II** *s* **4.** Krieg führendes Land

bel·low ['beləʊ] **I** *v/i* **1.** brüllen (***with*** vor *Dat*) **2.** grölen **II** *v/t auch* ***bellow out*** **3.** *Befehl etc* brüllen **4.** *Lied etc* grölen

bel·lows ['beləʊz] *s Pl (auch Sg konstruiert)* Blasebalg *m*

bell push *s* Klingelknopf *m*

'bell,weth·er *s* Leithammel *m (auch fig)*

bel·ly ['belɪ] **I** *s* **1.** Bauch *m (auch eines Schiffs etc)* **2.** Magen *m* **II** *v/i und v/t* **3.** *auch* ***belly out*** (an)schwellen (lassen)

'bel·ly·ache I *s ugs* Bauchweh *n* **II** *v/i sl* meckern, nörgeln (***about*** über *Akk*)

bel·ly but·ton *s ugs* Bauchnabel *m*

bel·ly danc·er *s* Bauchtänzerin *f*

bel·ly·ful ['belɪfʊl] *s ugs* **1.** ***have a bellyful of*** sich den Bauch vollschlagen mit **2.** ***have had a*** (*oder* ***one's***) ***bellyful of*** die Nase voll haben von

bel·ly land·ing *s* FLUG Bauchlandung *f*

▶**be·long** [bɪ'lɒŋ] *v/i* **1.** gehören (***to*** *Dat*) **2.** gehören (***to*** zu; ***in*** in *Akk*) **3.** angehören (***to*** *Dat*)

be'long·ings *s Pl* Habseligkeiten *Pl*, Habe *f*; *ugs* Angehörige *Pl*

be·lov·ed [bɪ'lʌvd; -vɪd] **I** *Adj* (innig) geliebt **II** *s* Geliebte *m, f*

▶**be·low** [bɪ'ləʊ] **I** *Adv* **1.** unten **2.** hinunter, nach unten **II** *Präp* **3.** unter (*Akk oder Dat*), unterhalb (*Gen*)

▶**belt** [belt] **I** *s* **1.** Gürtel *m*: ***hit below the belt*** (*Boxen*) tief schlagen, *j-m* einen Tiefschlag versetzen; → ***tighten*** 1 **2.** (Sicherheits)Gurt *m* **3.** Gürtel *m*, Gebiet *n*, Zone *f* **4.** TECH (Treib-)Riemen *m* **II** *v/t* **5.** ***belt on*** an-, umschnallen **6.** *auch* ***belt out*** *Lied etc* schmettern **III** *v/i* **7.** ***belt up*** MOT *etc* sich anschnallen **8.** *bes* MOT *ugs* rasen **9.** ***belt up!*** *sl* halt die Schnauze!

belt bag *s* Gürteltasche *f*

'belt·way *s Am* Umgehungsstraße *f*

be·moan [bɪ'məʊn] *v/t* betrauern, beklagen

be·mused [bɪ'mjuːzd] *Adj* verwirrt

▶**bench** [bentʃ] *s* **1.** (Sitz)Bank *f* **2.** Werkbank *f*, -tisch *m*

'bench·mark *s fig* Bezugspunkt *m*, Maßstab *m*

▶**bend** [bend] **I** *s* **1.** Biegung *f*, Krümmung *f*, (*einer Straße auch*) Kurve *f*: ***drive s.o. round the bend*** *Br ugs* j-n verrückt machen **II** *v/t* (*unreg*) **2.** biegen, krümmen **3.** *Kopf* neigen, *Knie* beugen **4.** *Bogen, Feder etc* spannen **5.** JUR *Recht* beugen **6.** *Blicke, Gedanken etc* richten, *Anstrengungen etc* konzentrieren (***on, to*** auf *Akk*) **III** *v/i* (*unreg*) **7.** sich biegen *oder* krümmen; eine Biegung machen (*Fluss*), (*Straße auch*) eine Kurve machen **8.** *auch* ***bend down*** sich bücken; sich nach unten biegen; sich verbeugen (***to, before*** vor *Dat*)

be·neath [bɪ'niːθ] **I** *Adv* **1.** unten **2.** darunter **II** *Präp* **3.** unter (*Akk oder Dat*), unterhalb (*Gen*): ***beneath him*** (*oder* ***his dignity***) unter seiner Würde; → ***contempt*** 1

ben·e·dic·tion [ˌbenɪ'dɪkʃn] *s* REL **1.** Segen *m* **2.** Segnung *f*

ben·e·fac·tion [ˌbenɪ'fækʃn] *s* **1.** Wohltat *f* **2.** wohltätige Gabe

ben·e·fac·tor ['benɪfæktə] *s* Wohltäter *m*

be·nef·i·cence [bɪ'nefɪsns] *s* Wohltätigkeit *f*

be'nef·i·cent *Adj* wohltätig

ben·e·fi·cial [ˌbenɪ'fɪʃl] *Adj* (***to***) nützlich, zuträglich (*Dat*), vorteilhaft, günstig (für)

ben·e·fit ['benɪfɪt] **I** *s* **1.** Vorteil *m*, Nutzen *m*, Gewinn *m*: ***be of benefit to*** nützen (*Dat*); ***for the benefit of*** zugunsten (*Gen*); ***derive*** (*oder* ***get***) ***benefit*** (***from***) *siehe* 5; → ***reap*** **2.** (*Arbeitslosen- etc*)Unterstützung *f*; (*Kranken- etc*)Geld *n*; (*Sozial-, Versicherungs- etc*)Leistung *f* **3.** Wohltätigkeitsveranstaltung *f* **II** *v/t Prät und Part Perf* **ben·e·fit·ed**, *bes Am* **ben·e·fit·ted** **4.** nützen (*Dat*), fördern (*Akk*), im Interesse (*Gen*) sein *oder* liegen **III** *v/i* **5.** (***by, from***) Vorteil haben (von, durch), Nutzen ziehen (aus)

Bene·lux coun·tries ['benɪlʌks ˌkʌntrɪz] *Eigenn Pl* Beneluxländer *Pl*

be·nev·o·lence [bɪ'nevələns] *s* **1.** Wohltätigkeit *f* **2.** Wohlwollen *n* **3.** Wohltat *f*

be'nev·o·lent *Adj* **1.** wohltätig **2.** wohlwollend

be·nign [bɪ'naɪn] *Adj* **1.** gütig, freundlich **2.** mild: ***benign climate*** **3.** MED gutartig: ***benign tumo(u)r***

bent [bent] **I** *Prät und Part Perf von* ***bend*** **II** *Adj* **1.** entschlossen (***on doing*** zu tun); erpicht (***on*** auf *Akk*), darauf aus (***on doing*** zu tun) **III** *s* **2.** Neigung *f*, Hang *m* (***for*** zu): ***to the top of one's bent*** nach Herzenslust **3.** Veranlagung *f*: ***bent for languages*** Sprachbegabung *f*

be·numbed [bɪ'nʌmd] *Adj* **1.** gefühllos, starr (***with cold*** vor Kälte) **2.** *fig* gelähmt

ben·zene ['benziːn] *s* CHEM Benzol *n*

ben·zine ['benziːn] *s* CHEM Leichtbenzin *n*

be·queath [bɪ'kwiːð] *v/t* hinterlassen, vermachen (***s.th. to s.o.*** j-m etw)

be·quest [bɪ'kwest] *s* Vermächtnis *n*

be·reave [bɪ'riːv] *v/t* (*auch unreg*) berauben (***of*** *Gen*); ***the bereaved*** der *oder* die Hinterbliebene, die Hinterbliebenen *Pl*

be'reave·ment *s* **1.** schmerzlicher Verlust (*durch Tod*) **2.** Trauerfall *m*

be·reft [bɪ'reft] **I** *Prät und Part Perf von* ***bereave*** **II** *Adj meist fig* beraubt (***of*** *Gen*): ***bereft of all hope***

Ber·ing Straits ['berɪŋ 'streɪts] *Eigenn Pl* Beringstraße *f*

Ber·mu·da [bɜː'mjuːdə] **I** *Adj* ***Bermuda shorts*** Bermudashorts *Pl*; ***Bermuda triangle*** Bermudadreieck *n* **II** *Eigenn Pl* ***Bermudas*** *die* Bermudainseln *Pl*

ber·ry ['berɪ] *s* BOT Beere *f*

ber·serk [bə'zɜːk] *Adj*: ***go berserk*** wild werden; Amok laufen

berth [bɜːθ] **I** *s* **1.** SCHIFF Liege-, Ankerplatz *m* **2.** SCHIFF Koje *f* **3.** BAHN (Schlafwagen)Bett *n* **4.** ***give a wide berth to*** einen großen Bogen machen um **5.** *ugs* Stellung *f*, Pöstchen *n* **II** *v/i* **6.** SCHIFF festmachen, anlegen

be·seech [bɪ'siːtʃ] *v/t* (*auch unreg*) **1.** *j-n* anflehen (***for*** um; ***to do*** zu tun) **2.** *etw* erflehen (***of*** von)

be'seech·ing *Adj* flehend

be'seech·ing·ly *Adv* flehentlich

▶**be·side** [bɪ'saɪd] *Präp* **1.** neben (*Akk oder Dat*) **2.** außerhalb: → ***point*** 11 **3.** ***be beside o.s.*** außer sich sein (***with*** vor *Dat*)

▶**be·sides** [bɪ'saɪdz] **I** *Adv* außerdem **II** *Präp* außer, neben (*Dat*)
be·siege [bɪ'siːdʒ] *v/t* **1.** MIL belagern (*auch fig*) **2.** *fig* bedrängen (**with** mit)
be·sought [bɪ'sɔːt] *Prät und Part Perf von* **beseech**
be·spec·ta·cled [bɪ'spektəkld] *Adj* bebrillt
be·spoke [bɪ'spəʊk] *Adj Br* Maß...: **bespoke tailor** Maßschneider(in)
▶**best** [best] **I** (*Sup von* **good**) *Adj* **1.** best **2.** größt, meist: **the best part of** der größte Teil (*Gen*) **II** (*Sup von* **well²**) *Adv* **3.** am besten: **as best they could** so gut sie konnten; **you had best go** es wäre das Beste, wenn Sie gingen **III** *s* **4.** *der, die, das* Beste: **at best** bestenfalls, höchstens; **do one's best** sein Möglichstes tun; **have** (*oder* **get**) **the best of** übertreffen; *ugs* übers Ohr hauen; **make the best of** sich zufriedengeben mit; sich abfinden mit; voll ausnutzen; das Beste machen aus; **all the best!** alles Gute!; → **ability**, **belief** 3, *etc*
bes·tial ['bestjəl] *Adj* tierisch, *fig auch* bestialisch, viehisch
bes·ti·al·i·ty [ˌbestɪ'ælətɪ] *s* **1.** Bestialität *f* (*auch fig*) **2.** Sodomie *f*
be·stir [bɪ'stɜː] *v/t*: **bestir o.s. to do s.th.** sich dazu aufraffen, etw zu tun
best man *s* (*unreg* **man**) *Freund des Bräutigams, der bei der Ausrichtung der Hochzeit eine wichtige Rolle spielt*
be·stow [bɪ'stəʊ] *v/t Preis*, *Titel* verleihen (**on** *Dat*)
be'stow·al *s* Verleihung *f*
best sell·er *s* **1.** Bestseller *m* **2.** Bestsellerautor(in)
'best-ˌsell·ing *Adj*: **best-selling novel** Bestseller *m*; **best-selling author** Bestsellerautor(in)
▶**bet** [bet] **I** *s* **1.** Wette *f*; Wetteinsatz *m*: **have** (*oder* **make**) **a bet** eine Wette abschließen *oder* eingehen (**on** auf *Akk*) **2. my bet is that** ich würde sagen, dass; **it's a safe bet that** es steht so gut wie fest, dass **3. your best bet is to take the car** *ugs* du nimmst am besten den Wagen **II** *v/t* (*auch unreg*) **4.** *Geld* wetten, setzen (**on** auf *Akk*): **I'll bet you £ 10 that** ich wette mit dir (um) 10 Pfund, dass; **you can bet your boots** (*oder* **bottom dollar**) **that** *ugs* du kannst Gift darauf nehmen, dass **5. bet** (**s.o.**) **that** *fig* (mit j-m) wetten, dass **III** *v/i* (*auch unreg*) **6.** wetten, setzen (**on** auf *Akk*): **you bet!** *ugs* das kann man wohl sagen
beta block·er ['biːtə ˌblɒkə] *s* MED Betablocker *m*
be·tray [bɪ'treɪ] *v/t* verraten (**to** *Dat oder* an *Akk*) (*auch fig*)
be'tray·al *s* Verrat *m*
▶**bet·ter¹** ['betə] **I** (*Komp von* **good**) *Adj* besser: **I am better** es geht mir (*gesundheitlich*) besser; **get better** besser werden; sich erholen **II** *s das* Bessere: **for better or** (**for**) **worse** was auch (immer) geschieht; **get the better of** *j-n* besiegen, ausstechen; *etw* überwinden **III** (*Komp von* **well²**) *Adv* besser: **better off** besser daran; (*finanziell*) bessergestellt; **think better of it** es sich anders überlegen; **you'd better go** es wäre besser, du gingest; **you'd better not!** lass das lieber sein!; → **know** 6, **like²** I **IV** *v/t Beziehungen*, *Rekord etc* verbessern: **better o.s.** sich (*finanziell*) verbessern; sich weiterbilden **V** *v/i* besser werden
bet·ter² ['betə] *s* Wetter(in)
bet·ter·ment ['betəmənt] *s* **1.** (Ver)Besserung *f* **2.** WIRTSCH Wertsteigerung *f*
bet·ting ['betɪŋ] *s* Wetten *n*: **betting office** (*Br* **shop**) Wettbüro *n*
▶**be·tween** [bɪ'twiːn] **I** *Präp* **1.** *räumlich und zeitlich*: zwischen (*Dat oder Akk*): → **devil** 1, **stool** 1 **2.** unter (*Dat oder Akk*): **between you and me** (**and the gatepost** *ugs*) unter uns, im Vertrauen (gesagt); **we had ten pounds between us** wir hatten zusammen zehn Pfund **II** *Adv* **3.** dazwischen: **the space between** der Zwischenraum; **in between** dazwischen
bev·el ['bevl] **I** *s* Schräge *f*, Abschrägung *f* **II** *v/t Prät und Part Perf* **bev·eled**, *bes Br* **bev·elled** abschrägen **III** *Adj* abgeschrägt, schräg
bev·er·age ['bevərɪdʒ] *s* Getränk *n*
bev·y ['bevɪ] *s* ORN Schwarm *m*, Schar *f*
be·wail [bɪ'weɪl] *v/t* beklagen
be·ware [bɪ'weə] *v/i* sich hüten, sich in Acht nehmen (**of** vor *Dat*): **beware of the dog!** Vorsicht, bissiger Hund!; **beware of pickpockets!** vor Taschendieben wird gewarnt!

beware ≠ bewahren

beware	=	sich hüten, sich in Acht nehmen
bewahren	=	keep; preserve, protect

be·wil·der [bɪ'wɪldə] *v/t* irremachen, verwirren
be'wil·der·ment *s* Verwirrung *f*
be·witch [bɪ'wɪtʃ] *v/t* bezaubern, behexen
be·yond [bɪ'jɒnd] **I** *Adv* **1.** darüber hinaus **II** *Präp* **2.** jenseits **3.** über ... (*Akk*) hinaus: **that is beyond me** *ugs* das ist mir zu hoch, das geht über meinen Verstand; → **belief** 1, **endurance** 1, **measure** 2, **word** 1, *etc*
bi... [baɪ] zwei...
ˌbi'an·nu·al *Adj* zweimal jährlich vorkommend *oder* erscheinend
ˌbi'an·nu·al·ly *Adv* zweimal im Jahr
bi·as ['baɪəs] **I** *s* **1.** (**towards**) Neigung *f*, Hang *m* (zu); Vorliebe *f* (für) **2.** Vorurteil *n*, JUR Befangenheit *f*: **free from bias** unvoreingenommen **II** *Adj und Adv* **3.** schräg **III** *v/t Prät und Part Perf* **bi·ased**, **bi·assed 4.** (*meist ungünstig*) beeinflussen, *j-n* einnehmen (**against** gegen)
'bi·ased, **'bi·assed** *Adj* voreingenommen, JUR befangen
bib [bɪb] *s* **1.** Lätzchen *n* **2.** Schürzenlatz *m*
▶**Bi·ble** ['baɪbl] *s* Bibel *f*
bib·li·cal ['bɪblɪkl] *Adj* biblisch, Bibel...
bib·li·o·graph·i·cal [ˌbɪblɪəʊ'græfɪkl] *Adj* bibliografisch
bib·li·og·ra·phy [ˌbɪblɪ'ɒgrəfɪ] *s* Bibliografie *f*
bib·li·o·phile ['bɪblɪəfaɪl] *s* Bücherfreund *m*, Bibliophile *m*
bi'car·bon·ate *s* CHEM Bikarbonat *n*: **bicarbonate of soda** Natriumbikarbonat
bi·ceps ['baɪseps] *Pl* **bi·ceps** *s* ANAT Bizeps *m*
bick·er ['bɪkə] **I** *v/i* sich zanken *oder* streiten (**about, over** um) **II** *s* Zank *m*, Streit *m*
'bick·er·ing *s* Gezänk *n*
▶**bi·cy·cle** ['baɪsɪkl] **I** *s* Fahrrad *n*, *schweiz.* Velo *n* **II** *v/i* (mit dem) Rad fahren
bid [bɪd] **I** *s* **1.** WIRTSCH Gebot *n* (*bei Versteigerungen*); WIRTSCH Angebot *n* (*bei Ausschreibungen*); WIRTSCH *Am* Kostenvoranschlag *m*; *fig* Bewerbung *f* (**for** um), Versuch *m* (**to do** zu

tun): ***highest bid*** Meistgebot *n*; ***make a bid for*** sich bemühen um; ***bid for power*** Griff *m* nach der Macht **II** *v/t (unreg)* **2.** WIRTSCH *bei Versteigerungen* bieten **3.** *j-m einen guten Morgen etc* wünschen: ***bid s.o. good morning***; ***bid farewell*** Lebewohl sagen **III** *v/i (unreg)* **4.** WIRTSCH *bei Versteigerungen* bieten; WIRTSCH *Am* einen Kostenvoranschlag machen; *fig* sich bemühen (***for*** um): ***bid for power*** nach der Macht greifen

'bid·den *Part Perf von* ***bid***

'bid·der *s* WIRTSCH Bieter(in) *(bei Versteigerungen)*: ***highest bidder*** Meistbietende *m, f*

'bid·ding *s* WIRTSCH Gebot *n (bei Versteigerungen)*

bide [baɪd] *v/t (auch unreg)*: ***bide one's time*** den rechten Augenblick abwarten

bi·en·ni·al [baɪ'enɪəl] *Adj* **1.** zweijährlich **2.** zweijährig

bi·fo·cals [baɪ'fəʊklz] *s Pl, auch* ***pair of bifocals*** Bifokalbrille *f*

bi·fur·cate ['baɪfəkeɪt] **I** *v/i* sich gabeln **II** *Adj* gegabelt, gabelförmig

ˌbi·fur'ca·tion *s* Gabelung *f*

▶**big** [bɪg] **I** *Adj* **1.** *allg* groß: **a)** dick, stark: ***the biggest party*** die stärkste Partei; ***earn big money*** *ugs* das große Geld verdienen, **b)** breit, weit: ***the coat is too big for me*** der Mantel ist mir zu groß; ***get too big for one's boots*** (*oder* ***breeches***, *bes Am* ***pants***) *ugs* größenwahnsinnig werden, **c)** hoch: ***big trees***, **d)** Mords…: ***big rascal*** Erzgauner(in); ***big eater*** starker Esser, **e)** erwachsen, **f)** wichtig, bedeutend: → ***shot***[2] 3 **2.** ausgiebig, reichlich: ***big meal*** **3.** *ugs* aufgeblasen, eingebildet: ***have big ideas*** große Rosinen im Kopf haben; ***big talk*** große Töne *Pl* **4.** ***that's very big of you*** das ist sehr großzügig *oder* nobel von Ihnen **5.** ***be big on*** *ugs* stehen auf *(Akk)* **II** *Adv* **6.** *ugs* mächtig, mordsmäßig **7.** *ugs* großspurig: ***talk big*** große Töne spucken

big·a·mist ['bɪgəmɪst] *s* Bigamist(in)

'big·a·my *s* Bigamie *f*, Doppelehe *f*

big bang *s Kosmologie*: Urknall *m*

big dip·per *s Am* Achterbahn *f*

'big·mouth *s ugs* Großmaul *n*

big·ness ['bɪgnɪs] *s* Größe *f*

big·ot ['bɪgət] *s* **1.** selbstgerechte *oder* intolerante Person **2.** Frömmler(in)

'big·ot·ed *Adj* **1.** selbstgerecht, intolerant **2.** bigott, frömmlerisch

'big·ot·ry *s* **1.** Selbstgerechtigkeit *f*, Intoleranz *f* **2.** Bigotterie *f*, Frömmelei *f*

'big·wig *s ugs* großes *oder* hohes Tier

▶**bike** [baɪk] *ugs* **I** *s* Rad *n (Fahrrad)*; Maschine *f (Motorrad)* **II** *v/i* radeln, biken, Motorrad fahren; mit dem Motorrad fahren

ˌbi'lat·er·al *Adj* bilateral, zweiseitig

bil·ber·ry ['bɪlbərɪ] *s* BOT Blau-, Heidelbeere *f*

bile [baɪl] *s* **1.** PHYSIOL Galle *f* **2.** *fig* Gereiztheit *f*; Reizbarkeit *f*

bilge [bɪldʒ] *s* **1.** SCHIFF Kielraum *m* **2.** *ugs* Quatsch *m*, Mist *m*

bi'lin·gual *Adj* zweisprachig

bil·ious ['bɪljəs] *Adj* **1.** MED gallig; Gallen…: ***bilious attack*** Gallenkolik *f* **2.** *fig* gereizt; reizbar

bill[1] [bɪl] **I** *s* ZOOL Schnabel *m* **II** *v/i auch* ***bill and coo*** (miteinander) turteln

▶**bill**[2] [bɪl] **I** *s* **1.** POL (Gesetzes)Vorlage *f*, Gesetzentwurf *m* **2.** JUR (An)Klageschrift *f* **3.** *auch* ***bill of exchange*** WIRTSCH Wechsel *m* **4.** Rechnung *f*: ***waiter, the bill, please*** (Herr) Ober, bitte zahlen! **5.** Liste *f*, Aufstellung *f*: ***bill of fare*** Speise(n)karte *f* **6.** Bescheinigung *f*: ***bill of delivery*** WIRTSCH Lieferschein *m* **7.** Plakat *n* **8.** THEAT *etc* Programm(zettel *m*) *n*; *weit. S.* Programm *n*: ***be on the bill*** auftreten; → ***top***[1] 12 **9.** *Am* Banknote *f*, (Geld)Schein *m* **II** *v/t* **10.** *j-m* eine Rechnung ausstellen *oder* schicken: ***bill s.o. for s.th.*** j-m etw in Rechnung stellen **11.** (durch Plakate) bekannt geben

Bill of Rights

LK

Die 1688 in Großbritannien stattfindende **Glorious Revolution** (so genannt wegen ihres unblutigen Verlaufs) richtete sich gegen den amtierenden Stuartkönig **James II**, der – aufgrund seiner Versuche, Absolutismus und Katholizismus zu stärken – mit dem Parlament in Konflikt geraten war. Die Revolution hatte einen Thronwechsel zur Folge: 1689 löste der protestantische **William of Orange** zusammen mit seiner Frau **Mary** den katholischen König ab. Sie stimmten der vom Parlament vorgelegten **Bill of Rights** zu, welche den Monarchen in seiner Macht einschränkte, freie Religionsausübung erlaubte sowie Katholiken von der Thronfolge ausschloss. Fortan benötigte der Monarch die Unterstützung des Parlaments, um regieren zu können. Die absolutistische Machtausübung war faktisch beendet; noch heute gilt die **Bill of Rights** als Grundlage der parlamentarischen Demokratie in Großbritannien.

short forms – Kurzformen

SG

Im Englischen gibt es etliche abgekürzte Wörter, die umgangssprachlich anstelle deren Vollform verwendet werden. Hier einige Beispiele:

umgangssprachlich	Vollform	Übersetzung
bike	1. **bicycle** 2. **motorbike**	1. Fahrrad 2. Motorrad
budgie	**budgerigar**	Wellensittich
hippo	**hippopotamus**	Nilpferd
mac	**mackintosh**	Regenmantel
mike	**microphone**	Mikrofon
rhino ['raɪnəʊ]	**rhinoceros**	Nashorn

'bill·board *s bes Am* **1.** Reklametafel *f* **2.** FILM, TV Vorspann *m*

bil·let ['bɪlɪt] **I** *s* **1.** MIL (Privat)Quartier *n* **2.** Unterkunft *f* **II** *v/t* **3.** MIL einquartieren (***with, on*** bei) **4.** unterbringen **III** *v/i* **5.** MIL einquartiert sein **6.** (*bes* vorübergehend) wohnen

'bill·fold *s Am* Scheintasche *f*; Brieftasche *f*

bil·liard ['bɪljəd] **I** *s Pl* (*meist Sg konstruiert*) Billard(spiel) *n* **II** *Adj* Billard…: ***billiard ball (table)***; ***billiard cue*** Queue *n*

▶**bil·lion** ['bɪljən] *s* **1.** Milliarde *f* **2.** *Br veraltet* Billion *f*

> **billion**
>
> **Billion** bedeutet heute auf beiden Seiten des Atlantiks „Milliarde". Früher bedeutete jedoch **billion** im britischen Gebrauch „Billion" (also 1.000.000.000.000). Das Wort wird immer noch von manchen mit dieser Bedeutung verwendet. „Eine Milliarde" hieße nach dem alten System **a thousand million** (ohne **"-s"**).
> **trillion** = Billion
> **zillions** = „zig Milliarden"

'bill,post·er *s* Plakatkleber(in)

bil·ly ['bɪlɪ] *s Am* (Polizei)Knüppel *m*

bil·ly goat *s* Ziegenbock *m*

,bi'month·ly *Adj und Adv* zweimonatlich

bin [bɪn] *s* Behälter *m*; Mülleimer *m*: ***bin liner*** Müllbeutel *m*

bi·na·ry ['baɪnərɪ] *Adj* MATHE, TECH *etc* binär, Binär…

bind [baɪnd] **I** *v/t* (*unreg*) **1.** binden (***to*** an *Akk*): ***bind together*** zs.-binden; ***bind up*** aneinanderbinden, zs.-binden; *Wunde* verbinden **2.** *Saum* einfassen **3.** CHEM *etc* (mit einem Bindemittel) binden **4.** *Buch* (ein)binden **5.** *fig* (*auch vertraglich*) binden, verpflichten (***to s.th.*** zu etw; ***to do*** zu tun) **II** *v/i* (*unreg*) **6.** CHEM *etc* binden **7.** fest *oder* hart werden **8.** *fig* binden(d sein) **III** *s* **9.** ***be in a bind*** *ugs* in Schwulitäten sein

'bind·er *s* **1.** (*Buch- etc*)Binder(in) **2.** (*Akten- etc*)Deckel *m*, Umschlag *m* **3.** CHEM *etc* Bindemittel *n*

'bind·ing **I** *Adj* **1.** *fig* bindend, verbindlich (***on*** für): ***legally binding*** rechtsverbindlich; ***not binding*** unverbindlich **II** *s* **2.** (Buch)Einband *m* **3.** Einfassung *f*, Borte *f* **4.** (*Ski*)Bindung *f* **5.** → ***binder*** 3

bin·di ['bɪndiː] *s* (*Schmuck*) Bindi *n*

binge [bɪndʒ] *s ugs* Sauf- *oder* Fressgelage *n*: ***go (out) on a binge*** eine Sauf- *oder* Fresstour machen; ***go on a buying*** (*oder* ***shopping, spending***) ***binge*** wie verrückt einkaufen

bin·go ['bɪŋgəʊ] *s* Bingo *n* (*ein Glücksspiel*)

bin·oc·u·lars [bɪ'nɒkjʊləz] *s Pl* (***a pair of*** ein) Fernglas *n*

bi·o·chem·i·cal [,baɪəʊ'kemɪkl] *Adj* biochemisch

,bi·o'chem·ist *s* Biochemiker(in)

,bi·o'chem·is·try *s* Biochemie *f*

bi·o·de·grad·able [,baɪəʊdɪ'greɪdəbl] *Adj* biologisch abbaubar

bi·o·di·ver·si·ty [,baɪəʊdaɪ'vɜːsɪtɪ] *s* Artenvielfalt *f*, -reichtum *m*

bi·o·dy·nam·ic [,baɪəʊdaɪ'næmɪk] *Adj* (***biodynamically***) biodynamisch

bi·o·graph·i·cal [,baɪəʊ'græfɪkl] *Adj* biografisch

bi·og·ra·phy [baɪ'ɒgrəfɪ] *s* Biografie *f*

bi·o·log·i·cal [,baɪəʊ'lɒdʒɪkl] *Adj* biologisch

bi·ol·o·gist [baɪ'ɒlədʒɪst] *s* Biologe *m*, -login *f*

▶**bi·ol·o·gy** [baɪ'ɒlədʒɪ] *s* Biologie *f*

bi·op·sy ['baɪɒpsɪ] *s* MED Biopsie *f*

bi·o·rythm ['baɪəʊrɪðm] *s* Biorhythmus *m*

bi·o·sphere ['baɪəsfɪə] *s* Biosphäre *f*

bi·o·tech·nol·o·gy [,baɪəʊtek'nɒlədʒɪ] *s* Biotechnik *f*

bi·o·tope ['baɪətəʊp] *s* Biotop *n*

birch [bɜːtʃ] *s* BOT Birke *f*

▶**bird** [bɜːd] *s* **1.** Vogel *m*: ***bird of passage*** Zugvogel (*auch fig*); ***bird of prey*** Raubvogel; ***a bird in the hand is worth two in the bush*** besser ein Spatz in der Hand als eine Taube auf dem Dach; ***tell a child about the birds and the bees*** ein Kind aufklären; ***that's (strictly) for the birds*** *ugs* das ist für die Katz; das taugt nichts; ***give s.o. the bird*** j-n auspfeifen *oder* ausbuhen; → ***early*** 4, ***feather*** I, ***fly***[1] 2, ***kill*** 1 **2.** *ugs* Kerl *m*: ***queer bird*** komischer Kauz **3.** *Br ugs* Tussi *f*

'bird·cage *s* Vogelkäfig *m*

bird flu *s* Vogelgrippe *f*

'bird·house *s* Nistkasten *m*

bird·ie ['bɜːdɪ] *s* Vögelchen *n*

bird of par·a·dise *s* **1.** ZOOL Paradiesvogel *m* **2.** BOT Strelitzie *f*

bird sanc·tu·a·ry *s* Vogelschutzgebiet *n*

'bird·seed *s* Vogelfutter *n*

'bird's-eye *Adj*: ***bird's-eye view*** (Blick *m* aus der) Vogelschau; *fig* allgemeiner Überblick (***of*** über *Akk*); ***bird's-eye perspective*** Vogelperspektive *f*

bird's nest *s* Vogelnest *n*

bi·ro® ['baɪərəʊ] *Pl* **bi·ros**® *s Br* Kugelschreiber *m*

▶**birth** [bɜːθ] *s* **1.** Geburt *f*: ***at birth*** bei der Geburt; ***from*** (*oder* ***since***) (***one's***) ***birth*** von Geburt an; ***give birth to*** gebären, zur Welt bringen; *fig* hervorbringen, -rufen **2.** Abstammung *f*, Herkunft *f*: ***she's English by birth*** sie ist gebürtige Engländerin **3.** Ursprung *m*, Entstehung *f*

birth cer·tif·i·cate *s* Geburtsurkunde *f*

birth con·trol *s* Geburtenregelung *f*, -kontrolle *f*

▶**birth·day** ['bɜːθdeɪ] **I** *s* Geburtstag *m*: ***when is your birthday?*** wann hast du Geburtstag?; ***happy birthday!*** alles Gute *oder* herzlichen Glückwunsch zum Geburtstag! **II** *Adj* Geburtstags…: ***birthday party (present, etc)***; ***birthday honours*** *Pl* Titelverleihungen *Pl* anlässlich des Geburtstags des Königs *oder* der Königin; ***in one's birthday suit*** im Adams- *oder* Evaskostüm

'birth·mark *s* Muttermal *n*

'birth·place *s* Geburtsort *m*

'birth·rate *s* Geburtenziffer *f*: ***falling birthrate*** Geburtenrückgang *m*

bis·cuit ['bɪskɪt] *s* **1.** *Br* Keks *m*, *n* **2.** *Am* kleines weiches Brötchen

bi·sect [baɪ'sekt] *v/t* **1.** in zwei Teile (zer-)schneiden **2.** MATHE halbieren

,bi'sec·tion *s* MATHE Halbierung *f*

,bi'sex·u·al *Adj* bisexuell

bish·op ['bɪʃəp] *s* **1.** REL Bischof *m*, Bischöfin *f* **2.** *Schach*: Läufer *m*

bish·op·ric ['bɪʃəprɪk] *s* REL Bistum *n*

bit[1] [bɪt] *s* **1.** Gebiss *n* (*am Pferdezaum*): ***take the bit between one's teeth*** durchgehen (*Pferd*); *fig* störrisch werden; *fig* sich reinknien **2.** TECH Backe *f*, Maul *n* (*einer Zange etc*); (*Schlüssel*)Bart *m*

▶**bit**[2] [bɪt] *s* **1.** Bissen *m*, Happen *m* **2.** Stück (-chen) *n* (*auch fig*): ***fall to bits*** entzweigehen, zerbrechen; ▶ ***a bit*** ein bisschen; ziemlich; ***not a bit*** überhaupt nicht; ***a bit of a coward*** ziemlich feig; ***bit by bit*** Stück für Stück, nach und nach; ***do one's bit*** seine Pflicht (u. Schuldigkeit) tun; seinen Beitrag leisten **3.** *ugs* Augenblick *m*, Moment *m*: ***after a bit*** nach einem Weilchen **4.** *ugs* kleine Münze

bit[3] [bɪt] *s* IT Bit *n*

bit[4] [bɪt] *Prät von* ***bite***

bitch [bɪtʃ] *s* **1.** ZOOL Hündin *f* **2.** *sl* Schlampe *f*; Miststück *n*: → ***son*** 1

bitchy ['bɪtʃɪ] *Adj* gehässig, *Bemerkung auch* bissig

▶**bite** [baɪt] **I** *v/t* (*unreg*) **1.** beißen: ***bite off*** abbeißen; ***bite off more than one can chew*** *ugs* sich zu viel zumuten; ***bite the dust*** *ugs* ins Gras beißen; ***bite one's nails*** an den Nägeln kauen; *fig* nervös sein; → ***lip*** 1, ***tongue*** 1 **2.** beißen, stechen (*Insekt*) **II** *v/i* (*unreg*) **3.** (zu-) beißen: ***bite into*** (hinein)beißen in (*Akk*) **4.** anbeißen (*auch fig*), schnappen (***at*** nach) (*Fisch*) **5.** beißen, stechen (*Insekt*) **6.** beißen (*Rauch, Gewürz etc*) **7.** fassen, greifen (*Rad, Schraube etc*) **8.** *fig* beißend *oder* verletzend sein **9.** sich (*bes* negativ) auswirken (*Maßnahme*) **III** *s* **10.** Biss *m*, (*eines Insekts auch*) Stich *m* **11.** Biss(wunde *f*) *m* **12.** Bissen *m*, Happen *m* (*auch weit. S. Imbiss, Nahrung*) **13.** Fassen *n*, Greifen *n* (*von Rädern, Schrauben etc*): ***s.th. has lost its bite*** *fig* etw greift *oder* zieht nicht mehr **14.** Schärfe *f* (*auch fig*)

bit·ing ['baɪtɪŋ] *Adj* beißend (*Rauch etc*), schneidend (*Wind, Kälte etc*) (*beide auch Worte etc*)

bit·ten ['bɪtn] **I** *Part Perf von* ***bite*** **II** *Adj*: ***once bitten twice shy*** (ein) gebranntes Kind scheut das Feuer

▶**bit·ter** ['bɪtə] **I** *Adj* **1.** bitter (*auch fig*): ***to the bitter end*** bis zum bitteren Ende; ***weep bitterly*** bitterlich weinen **2.** *fig* scharf, heftig (*Kritik etc*) **3.** *fig* erbittert (*Feinde etc*); verbittert (***about*** wegen) **II** *Adv* **4.** ***bitterly cold*** bitterkalt **III** *s* **5.** Bitterkeit *f* **6.** *fig das* Bittere **7.** *Br stark gehopftes* (*Fass*)*Bier* **8.** *meist Pl* Magenbitter *m*

bit·ter·ness ['bɪtənɪs] *s* **1.** Bitterkeit *f* (*auch fig*) **2.** *fig* Verbitterung *f*

bi·tu·men ['bɪtjʊmɪn] *s* MIN Bitumen *n*

bi·tu·mi·nous [bɪ'tjuːmɪnəs] *Adj*: ***bituminous coal*** Steinkohle *f*

biz [bɪz] *ugs für* → ***business***

bi·zarre [bɪ'zɑː] *Adj* bizarr

blab [blæb] **I** *v/t* **1.** *oft* ***blab out*** ausplaudern **II** *v/i* **2.** schwatzen **3.** *fig* plaudern

▶**black** [blæk] **I** *Adj* **1.** *allg* schwarz (*auch fig*): ***black coffee***; ***black humo(u)r***; ***black man*** Schwarze *m*; ***beat s.o. black and blue*** j-n grün und blau schlagen; ***give s.o. a black look*** j-n (böse) anfunkeln; ***he's not so*** (*oder* ***as***) ***black as he's painted*** er ist besser als sein Ruf **2.** WIRTSCH *bes Br* boykottiert **II** *s* **3.** Schwarz *n*: ***dressed in black*** schwarz *oder* in Schwarz gekleidet; ***be in*** (*oder* ***wear***) ***black*** Trauer tragen **4.** *oft* **Black** Schwarze *m, f* **5.** ***be in the black*** WIRTSCH mit Gewinn arbeiten; aus den roten Zahlen heraus sein **III** *v/t* **6.** → ***blacken*** I 7. WIRTSCH *bes Br* boykottieren **8.** ***black out*** abdunkeln, *auch* MIL verdunkeln **9.** ***black out*** *Nachrichten etc* unterdrücken **IV** *v/i* **10.** schwarz werden **11.** ***black out*** ein Blackout haben **12.** ***black out*** bewusstlos werden

black and white *s* **1.** ***in black and white*** schwarz auf weiß, schriftlich **2.** Schwarz-Weiß-Bild *n* **3.** ***depict s.th. in black and white*** *fig* etw schwarz-weiß malen

ˌ**black-and-'white** *Adj* **1.** schriftlich **2.** Schwarz-Weiß-...: ***black-and-white television***

'**black·ball** *v/t* stimmen gegen

black·ber·ry ['blækbərɪ] *s* BOT Brombeere *f*

'**black·bird** *s* ORN Amsel *f*

'**black·board** *s* (Schul-, Wand)Tafel *f*

black box *s* FLUG *ugs* Flugschreiber *m*

black'cur·rant *s* BOT Schwarze Johannisbeere

black·en ['blækən] **I** *v/t* **1.** schwarz machen, schwärzen **2.** *fig* ***blacken s.o.'s character*** j-n verunglimpfen; ***blacken s.o.'s name*** (*oder* ***reputation***) j-n schlechtmachen **II** *v/i* **3.** schwarz werden

black eye *s* blaues Auge, Veilchen *n*: ***give s.o. a black eye*** j-m ein blaues Auge schlagen

black·guard ['blægɑːd] *s* Schuft *m*, Lump *m*

'**black·head** *s* Mitesser *m*

black hole *s* ASTR schwarzes Loch

black ice *s* Glatteis *n*

black·ish ['blækɪʃ] *Adj* schwärzlich

'**black·jack** *s* **1.** Siebzehnundvier *n* **2.** *bes Am* Totschläger *m* (*Waffe*)

black lead [led] *s* MIN Grafit *m*

'**black·leg** *s bes Br* Streikbrecher(in)

'**black·list** **I** *s* schwarze Liste **II** *v/t* auf die schwarze Liste setzen

black mag·ic *s* schwarze Magie

'**black·mail** **I** *s* Erpressung *f* **II** *v/t j-n* erpressen (***over*** mit)

'**black**ˌ**mail·er** *s* Erpresser(in)

Black Ma·ri·a [mə'raɪə] *s ugs* grüne Minna

black mar·ket *s* schwarzer Markt, Schwarzmarkt *m*

black mar·ket·eer [ˌmɑːkə'tɪə] *s* Schwarzhändler(in)

black mass *s* schwarze Messe

black·ness ['blæknɪs] *s* Schwärze *f*

'**black·out** *s* **1.** MIL, MED, THEAT *etc* Blackout *n, m* **2.** MED Ohnmacht *f*, Bewusstlosigkeit *f* **3.** (*bes* Nachrichten)Sperre *f*

black pud·ding *s bes Br* Blutwurst *f*

black sheep *s* (*unreg* ***sheep***) *fig* schwarzes Schaf

blad·der ['blædə] *s* ANAT Blase *f*

blade [bleɪd] *s* **1.** BOT Halm *m*: ***blade of grass*** Grashalm **2.** TECH Blatt *n* (*einer Säge, eines Ruders etc*) **3.** TECH Flügel *m* (*eines Propellers*); Schaufel *f* (*einer Turbine etc*) **4.** TECH Klinge *f* (*eines Messers etc*)

blah [blɑː], *a* ˌ**blah'blah** *s ugs* Blabla *n*, Geschwafel *n*

▶**blame** [bleɪm] **I** *v/t* **1.** tadeln (***for*** wegen) **2.** ***blame s.o. for s.th., blame s.th. on s.o.*** j-n verantwortlich machen für etw, j-m die Schuld geben an etw; ***he is to blame for it*** er ist daran schuld; ***he has only himself to blame*** er hat es sich selbst zuzuschreiben **II** *s* **3.** Tadel *m* **4.** Schuld *f*, Verantwortung *f*: ***lay*** (*oder* ***put, cast***) ***the blame on s.o.*** j-m die Schuld geben; ***bear*** (*oder* ***take***) ***the blame*** die Schuld auf sich nehmen

'**blame·less** *Adj* **1.** untadelig **2.** schuldlos (***of*** an

Akk)

blanch [blɑːntʃ] **I** *v/t* **1.** bleichen **2.** GASTR blanchieren **II** *v/i* **3.** erbleichen, bleich werden (***with*** vor *Dat*)

blanc·mange [blə'mɒndʒ] *s* Pudding *m*

blan·dish ['blændɪʃ] *v/t j-m* schmeicheln, schöntun

blank [blæŋk] **I** *Adj* **1.** leer, unbeschrieben: ***leave blank*** frei lassen ***blank CD*** Rohling *m* **2.** WIRTSCH, JUR Blanko…: ***blank check*** (*Br* ***cheque***) Blankoscheck *m*, Scheckformular *n* **3.** inhaltslos, unausgefüllt (*Leben etc*); ausdruckslos (*Gesicht etc*) **4.** verdutzt, verblüfft; verständnislos **5.** ***blank cartridge*** *siehe* 9 **II** *s* **6.** freier Raum, Lücke *f* **7.** unbeschriebenes Blatt (*auch fig*); Formular *n*, Vordruck *m* **8.** *Lotterie*: Niete *f*: ***draw a blank*** eine Niete ziehen, *fig auch* kein Glück haben **9.** MIL Platzpatrone *f* **10.** TECH Rohling *m*

▶**blan·ket** ['blæŋkɪt] **I** *s* (*eng. S.* Bett)Decke *f*: ***blanket of snow*** (***clouds***) Schnee-(Wolken)decke; → ***wet*** 1 **II** *v/t* zudecken: ***blanketed in*** (*oder* ***with***) ***fog*** in Nebel eingehüllt **III** *Adj* umfassend, Gesamt…, Pauschal…

blare [bleə] **I** *v/i* schmettern (*Trompete*); brüllen, plärren (*Radio etc*) **II** *s* Schmettern *n*; Brüllen *n*, Plärren *n*

blar·ney ['blɑːnɪ] **I** *s* Schmeichelei *f* **II** *v/t und v/i* (*j-m*) schmeicheln

bla·sé ['blɑːzeɪ] *Adj* gleichgültig

blas·pheme [blæs'fiːm] **I** *v/t* **1.** *Gott etc* lästern **2.** *allg* schmähen **II** *v/i* **3.** Gott lästern: ***blaspheme against*** *siehe* I

blas'phem·er *s* (Gottes)Lästerer *m*, (-)Lästerin *f*

blas·phe·mous ['blæsfəməs] *Adj* blasphemisch, (gottes)lästerlich

'blas·phe·my *s* **1.** Blasphemie *f*, (Gottes)Lästerung *f* **2.** *allg* Schmähung *f*

blast [blɑːst] **I** *s* **1.** Windstoß *m* **2.** (***at***) ***full blast*** TECH *und fig* auf Hochtouren (*laufen oder arbeiten*) **3.** Explosion *f*, Detonation *f*; Druckwelle *f* **4.** Sprengung *f*; Sprengladung *f* **II** *v/t* **5.** sprengen **6.** *fig* zunichtemachen, vereiteln **7.** ***blast off*** (***into space***) in den Weltraum schießen **8.** *sl* verfluchen: ***blasted*** verdammt, verflucht; ***blasted idiot*** Vollidiot(in); ***blast it*** (***all***)***!*** verdammt!; ***blast him!*** der Teufel soll ihn holen!

blast fur·nace *s* TECH Hochofen *m*

'blast·off *s* Start *m* (*einer Rakete*)

bla·tant ['bleɪtənt] *Adj* **1.** lärmend, laut **2.** marktschreierisch; aufdringlich **3.** offenkundig, eklatant

blath·er ['blæðə] **I** *v/i* quatschen **II** *s* Gequatsche *n*

blaze [bleɪz] **I** *s* **1.** (lodernde) Flamme: ***be in a blaze*** in hellen Flammen stehen **2.** Glanz *m* (*auch fig*): ***blaze of colo***(***u***)***rs*** Farbenpracht *f* **3.** *fig* plötzlicher Ausbruch: ***blaze of anger*** Wutanfall *m* **4.** *ugs* ***go to blazes!*** scher dich zum Teufel!; ***like blazes*** wie verrückt; ***what the blazes …?*** was zum Teufel …? **II** *v/i* **5.** lodern: ***blaze up*** aufflammen, -lodern, *fig auch* entbrennen **6.** *auch fig* leuchten, glühen (***with*** vor *Dat*) **III** *v/t* **7.** *auch* ***blaze abroad*** verkünden, *pej* ausposaunen

'blaz·er *s* Blazer *m*

'blaz·ing *Adj* **1.** glühend **2.** auffällig, schreiend, (*Farben auch*) grell

bla·zon ['bleɪzn] **I** *s* Wappen *n* **II** *v/t meist* ***blazon abroad*** → ***blaze*** 7

bleach [bliːtʃ] **I** *v/t* bleichen **II** *s* Bleichmittel *n*

bleak [bliːk] *Adj* **1.** kahl, öde **2.** ungeschützt, windig **3.** *fig* trost-, freudlos (*Dasein etc*), trüb, düster (*Aussichten etc*)

blear·y ['blɪərɪ] *Adj* **1.** verschwommen **2.** trüb (*Augen*)

'blear·y-eyed *Adj* **1.** mit trüben Augen **2.** *fig* kurzsichtig

bleat [bliːt] **I** *v/i* blöken (*Schaf*), meckern (*Ziege*) **II** *v/t etw* in weinerlichem Ton sagen **III** *s* Blöken *n*, Meckern *n*

bled [bled] *Prät und Part Perf von* ***bleed***

▶**bleed** [bliːd] (*unreg*) **I** *v/i* **1.** bluten: ***bleed to death*** verbluten **II** *v/t* **2.** MED zur Ader lassen **3.** *ugs* schröpfen: ***bleed s.o. for s.th.*** j-m etw abknöpfen **4.** TECH *Bremsen* entlüften

'bleed·er *s* MED Bluter *m*

'bleed·ing **I** *s* **1.** Blutung *f* **2.** MED Aderlass *m* **II** *Adj und Adv* **3.** *sl* verdammt, verflucht

bleep [bliːp] **I** *s* **1.** Piepton *m* **2.** *ugs* Piepser *m* (*Funkrufempfänger*) **II** *v/i* **3.** piepen **III** *v/t* **4.** *j-n* anpiepsen

'bleep·er → ***bleep*** 2

blem·ish ['blemɪʃ] **I** *v/t* verunstalten; *fig* beflecken **II** *s* Fehler *m*, Mangel *m*; *fig* Makel *m*

blend [blend] **I** *v/t* **1.** vermengen, (ver-)mischen; eine (*Tee- etc*)Mischung zs.-stellen aus, *Wein* verschneiden **II** *v/i* **2.** (***with***) sich vermischen (mit), gut passen (zu) **3.** verschmelzen, ineinander übergehen (*Farben*, *Klänge*, *Kulturen etc*): ***blend into*** sich vereinigen zu **III** *s* **4.** Mischung *f*; Verschnitt *m*

'blend·er *s* Mixer *m*

▶**bless** [bles] *v/t* (*auch unreg*) **1.** segnen (*auch fig*): ***be blessed with*** gesegnet sein mit; ***bless me!, bless my soul!*** *ugs* du meine Güte!; (***God***) ***bless you!*** Gesundheit! **2.** ***bless o.s.*** sich glücklich schätzen **3.** ***bless him!*** *euph* der Teufel soll ihn holen!

bless·ed ['blesɪd] *Adj* **1.** gesegnet, selig: ***the Blessed Virgin*** die Heilige Jungfrau **2.** *euph* verwünscht, verflixt: ***not a blessed soul*** keine Menschenseele

'bless·ed·ness *s* Seligkeit *f*

'bless·ing *s* Segen *m* (*auch fig* ***to*** für): ***it turned out to be a blessing in disguise*** es stellte sich im Nachhinein als Segen heraus

blest [blest] *Prät und Part Perf von* ***bless***

bleth·er ['bleðə] → ***blather***

blew [bluː] *Prät von* ***blow***[1]

blight [blaɪt] **I** *s* **1.** BOT Mehltau *m* **2.** *fig* schädlicher Einfluss **II** *v/t* **3.** *fig* zunichtemachen, zerstören

'blight·er *s Br ugs* Kerl *m*: ***poor blighter*** armer Hund

bli·mey ['blaɪmɪ] *Interj bes Br sl* Mensch Meier! (*überrascht*); verdammt!

▶**blind** [blaɪnd] **I** *Adj* **1.** blind (*auch fig* ***to*** gegenüber; ***with*** vor *Dat*): ***blind in one eye*** auf einem Auge blind; ***turn a blind eye*** ein Auge zudrücken (***to*** bei) **2.** unübersichtlich (*Kurve etc*) **II** *Adv* **3.** ***blind drunk*** *ugs* sternhagelvoll **III** *v/t* **4.** blenden (*auch fig*); blind machen (*auch fig* ***to*** für, gegen) **IV** *s* **5.** Rollladen *m*; Rouleau *n*; *bes Br* Markise *f*; → ***Venetian***

blind al·ley *s* Sackgasse *f* (*auch fig*): ***lead up a blind alley*** in eine Sackgasse führen

blind flight *s* FLUG Blindflug *m*

'blind·fold **I** *Adj* mit verbundenen Augen **II** *Adv fig* blindlings **III** *v/t j-m* die Augen verbinden **IV** *s* Augenbinde *f*

ˌblind·man's 'buff *s* Blindekuh(spiel *n*) *f*

blind·ness ['blaɪndnɪs] *s* Blindheit *f* (*auch fig*)
blind spot *s* **1.** MOT toter Winkel (*im Rückspiegel*) **2.** *fig* schwacher Punkt
'blind·worm *s* ZOOL Blindschleiche *f*
blink [blɪŋk] **I** *v/i* **1.** blinzeln, zwinkern: ***blink at* a)** *j-m* zublinzeln, **b)** *fig* sich maßlos wundern über (*Akk*), **c)** *siehe* 4 **2.** flimmern; blinken **II** *v/t* **3.** ***blink one's eyes*** (mit den Augen) zwinkern **4.** *auch* ***blink away*** *fig* ignorieren **III** *s* **5.** Blinzeln *n*
'blink·er *s* Blinklicht *n*; MOT Blinker *m*
bliss [blɪs] *s* (Glück)Seligkeit *f*
bliss·ful ['blɪsfʊl] *Adj* (glück)selig
blis·ter ['blɪstə] **I** *s* MED, TECH Blase *f* **II** *v/t* Blasen hervorrufen auf (*Dat*) **III** *v/i* Blasen ziehen *oder* TECH werfen
blis·ter pack *s* Klarsichtpackung *f*
blith·er·ing ['blɪðərɪŋ] *Adj Br ugs* verdammt: ***blithering idiot*** Vollidiot(in)
blitz [blɪts] MIL **I** *s* **1.** heftiger Luftangriff **2.** Blitzkrieg *m* **II** *v/t* **3.** schwer bombardieren: ***blitzed*** zerbombt
bliz·zard ['blɪzəd] *s* Blizzard *m*, Schneesturm *m*
bloat·ed ['bləʊtɪd] *Adj* aufgeblasen (*auch fig Person*), aufgebläht (*auch fig Budget etc*), aufgedunsen (*Gesicht etc*)
bloat·er ['bləʊtə] *s* GASTR Bückling *m*
blob [blɒb] *s* Klecks *m*
bloc [blɒk] *s* WIRTSCH, POL Block *m*
▶**block** [blɒk] **I** *s* **1.** (*auch Motor- etc*)Block *m*, Klotz *m*; Baustein *m*, (Bau)Klötzchen *n* (*für Kinder*) **2.** (*Schreib-, Notiz*)Block *m* **3.** *bes Am* (Häuser)Block *m*: ***block (of flats)*** *Br* Wohnhaus *n* **4.** *fig* Block *m*, Gruppe *f* **II** *v/t* **5.** *auch* ***block up*** (ab-, ver)sperren, blockieren, verstopfen **6.** WIRTSCH *Konto* sperren
block·ade [blɒ'keɪd] **I** *s* Blockade *f* **II** *v/t* blockieren
'block·bust·er *s* Sensationshit *m*, Kinoknüller *m*
block·head *s* Dummkopf *m*
'block·house *s* Blockhaus *n*
block let·ters *s Pl* Blockschrift *f*
bloke [bləʊk] *s bes Br ugs* Kerl *m*
▶**blond** [blɒnd] *Adj* **1.** blond (*Haar*), hell (*Haut*) **2.** blond(haarig)
blonde [blɒnd] **I** *s* Blondine *f* **II** *Adj* → ***blond***

blonde SG

Das Adjektiv **blond** wird meist für einen Mann verwendet (**he's blond**), während sich **blonde** als Adjektiv und Substantiv auf eine Frau bezieht:
Her hair is naturally blonde.
I met a beautiful blonde last night.

▶**blood** [blʌd] *s* **1.** Blut *n* (*auch fig*): ***his blood froze*** das Blut erstarrte ihm in den Adern; → ***cold*** 1, ***sweat*** 2 **2.** Geblüt *n*, Abstammung *f*
,blood-and-'thun·der *Adj*: ***blood-and-thunder novel*** Reißer *m*
blood bank *s* MED Blutbank *f*
'blood·bath *s* Blutbad *n*
blood clot *s* MED Blutgerinnsel *n*
'blood,cur·dling *Adj* grauenhaft
blood do·nor *s* MED Blutspender(in)
blood group *s* Blutgruppe *f*
'blood·hound *s* Bluthund *m*
blood·less ['blʌdlɪs] *Adj* **1.** blutlos, -leer (*auch fig*) **2.** unblutig (*Kampf etc*)
blood or·ange *s* Blutorange *f*
blood poi·son·ing *s* MED Blutvergiftung *f*
blood pres·sure *s* MED Blutdruck *m*
blood pud·ding *s* Blutwurst *f*
blood re·la·tion, **blood rel·a·tive** *s* Blutsverwandte *m*, *f*
blood re·venge *s* Blutrache *f*
blood sam·ple *s* MED Blutprobe *f*
'blood·shed *s* Blutvergießen *n*
'blood·shot *Adj* blutunterlaufen
'blood·stained *Adj* blutbefleckt
'blood,suck·er *s* ZOOL Blutsauger *m* (*auch fig*)
blood sug·ar *s* PHYSIOL Blutzucker *m*
blood test *s* Blutuntersuchung *f*, -probe *f*
'blood,thirst·y *Adj* blutdürstig
blood trans·fu·sion *s* MED Bluttransfusion *f*, -übertragung *f*
blood ves·sel *s* ANAT Blutgefäß *n*
blood·y ['blʌdɪ] **I** *Adj* **1.** blutig **2.** *Br sl* verdammt, verflucht: ***bloody fool*** Vollidiot(in); ***not a bloody soul*** kein Schwanz **II** *Adv* **3.** *Br sl siehe* 2: ***bloody awful*** saumäßig
bloom [bluːm] **I** *s* → ***blossom*** I **II** *v/i* blühen (*auch fig*)
bloom·er ['bluːmə] *s bes Br ugs* grober Fehler, Schnitzer *m*
bloom·ing ['bluːmɪŋ] *Adj* **1.** blühend (*auch fig*) **2.** (*auch Adv*) *ugs* verflixt
▶**blos·som** ['blɒsəm] **I** *s* **1.** Blüte *f*: ***be in full blossom*** in voller Blüte stehen **2.** *fig* Blüte(-zeit) *f* **II** *v/i* **3.** blühen (*auch fig*): ***blossom (out)*** erblühen (***into*** zu)
blot [blɒt] **I** *s* **1.** Klecks *m* **2.** *fig* Makel *m* **II** *v/t* **3.** beklecksen **4.** *fig* beflecken **5.** *Familie, Erinnerungen etc* auslöschen **6.** *mit Löschpapier* (ab)löschen
blotch [blɒtʃ] → ***blot*** 1-3
blot·ting pa·per ['blɒtɪŋ] *s* Löschpapier *n*
blot·to ['blɒtəʊ] *Adj sl* (stink)besoffen
▶**blouse** [blaʊz] *s* Bluse *f*
▶**blow**[1] [bləʊ] **I** *s* **1.** Blasen *n*, Wehen *n* **2.** Luftzug *m* **3.** Blasen *n*: ***blow on a whistle*** Pfiff *m*; ***give one's nose a blow*** sich schnäuzen **II** *v/i* (*unreg*) **4.** blasen, wehen **5.** ertönen (*Pfiff etc*) **6.** keuchen, schnaufen **7.** explodieren; platzen (*Reifen*); ELEK durchbrennen (*Sicherung*) **III** *v/t* (*unreg*) **8.** blasen, wehen **9.** *Suppe etc* blasen, *Feuer* anfachen **10.** (auf-, aus)blasen: ***blow bubbles*** Seifenblasen machen; ***blow glass*** Glas blasen; ***blow one's nose*** sich schnäuzen **11.** ***blow one's lid*** (*oder* ***top, stack***) *ugs* an die Decke gehen **12.** *sl Geld* verpulvern (***on*** für); *Chance* vergeben
◆**blow a·way** *v/t* fort-, wegblasen
◆**blow down** *v/t* um-, herunterwehen
◆**blow in** *v/i ugs* hereinschneien (*Besucher*)
◆**blow off** → ***blow away***
◆**blow out** *v/t* **1.** *Licht etc* ausblasen **2.** ***blow one's brains out*** *ugs* sich eine Kugel durch den Kopf jagen
◆**blow up** **I** *v/t* **1.** (in die Luft) sprengen **2.** aufblasen, -pumpen **3.** FOTO vergrößern; *fig* aufbauschen (***into*** zu) **4.** *ugs j-n* anschnauzen **II** *v/i* **5.** in die Luft fliegen; explodieren (*auch fig ugs*): ***blow up at*** *siehe* 4 **6.** losbrechen (*Sturm etc*), ausbrechen (*Streit etc*)
▶**blow**[2] [bləʊ] *s* (*auch* Schicksals)Schlag *m*, Stoß *m*: ***at one*** (*oder* ***a [single]***) ***blow*** mit 'einem Schlag; ***come to blows*** handgreiflich werden

B

'blow-dry *v/t* **1.** *j-m die Haare* föhnen: ***blow-dry s.o.'s hair*** **2.** *j-m* die Haare föhnen
blow dry·er *s* Haartrockner *m*
blow·er ['bləʊə] *s* TECH Gebläse *n*
'blow·fly *s* ZOOL Schmeißfliege *f*
'blow·gun *s* TECH Spritzpistole *f*
'blow·lamp *s* TECH Lötlampe *f*
blown [bləʊn] *Part Perf von* ***blow***[1]
'blow·out *s* MOT Reifenpanne *f*
'blow·torch *s* TECH Lötlampe *f*
'blow·up *s* **1.** Explosion *f* (*auch fig ugs*) **2.** *ugs* Krach *m*, Streit *m* **3.** FOTO Vergrößerung *f*
blow·y ['bləʊɪ] *Adj* windig
blowz·y ['blaʊzɪ] *Adj* schlampig (*bes Frau*)
blub·ber ['blʌbə] *v/i* flennen, plärren
bludg·eon ['blʌdʒən] **I** *s* **1.** Knüppel *m* **II** *v/t* **2.** niederknüppeln **3.** ***bludgeon s.o. into doing s.th.*** j-n zwingen, etw zu tun
▶ **blue** [bluː] **I** *Adj* **1.** blau: → ***moon*** I **2.** *ugs* melancholisch, traurig **3.** unanständig, schlüpfrig: ***blue jokes***; ***blue film*** Pornofilm *m* **4.** *ugs* schrecklich: ***blue fear*** Heidenangst *f*; → ***funk*** I, ***murder*** 1 **II** *s* **5.** Blau *n*: ***dressed in blue*** blau *oder* in Blau gekleidet; ***out of the blue*** *fig* aus heiterem Himmel **6.** *Pl* (*auch Sg konstruiert*) *ugs* Melancholie *f*: ***have the blues*** den Moralischen haben **7.** → ***blues*** **III** *v/t* **8.** blau färben
blue·ber·ry ['bluːbərɪ] *s* BOT Blau-, Heidelbeere *f*
,blue-'blood·ed *Adj* blaublütig, adlig
'blue,bot·tle *s* **1.** ZOOL Schmeißfliege *f* **2.** BOT Kornblume *f*
blue jeans *s Pl* Blue Jeans *Pl*
blue pen·cil *s* **1.** Blaustift *m* **2.** *fig* Rotstift *m*, Zensur *f*
,blue-'pen·cil *v/t Prät und Part Perf* **blue-penciled**, *bes Br* **blue-pencilled** zensieren
'blue·print **I** *s* **1.** FOTO Blaupause *f* **2.** *fig* Plan *m*, Entwurf *m* **II** *v/t* **3.** eine Blaupause machen von **4.** planen, entwerfen
blues [bluːz] *s Pl* **1.** → ***blue*** 6 **2.** (*auch Sg konstruiert*) MUS Blues *m*
'blue,stock·ing *s bes pej* Blaustrumpf *m*
bluff [blʌf] **I** *v/t und v/i* bluffen **II** *s* Bluff *m*
'bluff·er *s* Bluffer *m*
blu·ish ['bluːɪʃ] *Adj* bläulich
blun·der ['blʌndə] **I** *s* **1.** (grober) Fehler **II** *v/i* **2.** einen (groben) Fehler machen **3.** pfuschen, stümpern **4.** stolpern, tappen (***into*** in *Akk*) (*beide auch fig*) **III** *v/t* **5.** verpfuschen, verpatzen
'blun·der·er *s* Pfuscher(in), Stümper(in)
'blun·der·ing *Adj* stümperhaft
blunt [blʌnt] **I** *Adj* **1.** stumpf **2.** *fig* abgestumpft (***to*** gegen) **3.** *fig* ungehobelt **4.** *fig* offen, schonungslos **II** *v/t* **5.** stumpf machen, abstumpfen (*auch fig* ***to*** gegen)
'blunt·ly *Adv fig* freiheraus: ***to put it bluntly*** um es ganz offen zu sagen; ***refuse bluntly*** glatt ablehnen
blur [blɜː] **I** *v/t* **1.** verwischen: **a)** *Schrift etc* verschmieren, **b)** *auch fig* undeutlich *oder* verschwommen machen **2.** FOTO verwackeln **3.** *Sinne etc* trüben **II** *v/i* **4.** verschwimmen (*auch Eindruck etc*) **5.** *fig* sich verwischen (*Unterschiede etc*)
blurt [blɜːt] *v/t*: ***blurt out*** herausplatzen mit
blush [blʌʃ] **I** *v/i* erröten, rot werden (***at*** bei): ***blush for*** (*oder* ***with***) ***shame*** schamrot werden **II** *s* Erröten *n*, (Scham)Röte *f*
'blush·er *s* Rouge *n*
BO [biː'əʊ] *Abk* (= ***body odo(u)r***) Körpergeruch *m*
boar [bɔː] *s* ZOOL Eber *m*, (*Wildschwein*) Keiler *m*
▶ **board** [bɔːd] **I** *s* **1.** Brett *n*, Diele *f*, Planke *f* **2.** (*Anschlag-*, *Schach- etc*)Brett *n*; (Wand)Tafel *f*: → ***sweep*** 4 **3.** *Pl* THEAT Bretter *Pl*, Bühne *f*: ***tread*** (*oder* ***walk***) ***the boards*** auf den Brettern stehen **4.** Kost *f*, Verpflegung *f*: ***board and lodging*** Kost und Logis, Wohnung und Verpflegung **5.** Ausschuss *m*, Kommission *f*; Amt *n*, Behörde *f*: ***board of examiners*** Prüfungskommission; ***Board of Trade*** *Br* Handelsministerium *n*, *Am* Handelskammer *f* **6.** ▶ ***on board*** an Bord (*eines Schiffs*, *Flugzeugs*); im Zug *oder* Bus; ***on board (a) ship*** an Bord eines Schiffs; ***go on board*** an Bord gehen; einsteigen **7.** Pappe *f*: ***(bound) in boards*** kartoniert **II** *v/t* **8.** dielen, täfeln, verschalen **9.** an Bord (*eines Schiffs oder Flugzeugs*) gehen, SCHIFF, MIL entern; einsteigen in (*einen Zug oder Bus*)
'board·er *s* **1.** Kostgänger(in); Pensionsgast *m* **2.** *Br* Internatsschüler(in)
board game *s* Brettspiel *n*
board·ing ['bɔːdɪŋ] *s* Dielenbelag *m*, Täfelung *f*, Verschalung *f*
board·ing card *s* FLUG Bordkarte *f*
'board·ing·house *s* Pension *f*
board·ing pass *s* FLUG Bordkarte *f*
board·ing school *s* Internat *n*, Pensionat *n*
board room *s* Sitzungssaal *m*
▶ **boast** [bəʊst] **I** *s* **1.** Prahlerei *f* **2.** Stolz *m* (*Gegenstand des Stolzes*) **II** *v/i* **3.** prahlen (***of, about*** mit) **III** *v/t* **4.** sich des Besitzes (*Gen*) rühmen (können), aufzuweisen haben
'boast·er *s* Prahler(in)
boast·ful ['bəʊstfʊl] *Adj* prahlerisch
▶ **boat** [bəʊt] **I** *s* **1.** Boot *n*; Schiff *n*: ***be in the same boat*** *fig* im selben Boot sitzen; ***burn one's boats (behind one)*** *fig* alle Brücken hinter sich abbrechen; ***take to the boats*** SCHIFF in die (Rettungs)Boote gehen; → ***miss***[2] 1, ***rock***[2] 2 **2.** (*bes* Soßen)Schüssel *f* **II** *v/i* **3.** Boot fahren: ***go boating*** eine Bootsfahrt machen
'boat·house *s* Bootshaus *n*
boat·ing ['bəʊtɪŋ] *s* **1.** Bootfahren *n* **2.** Bootsfahrt *f*
boat peo·ple *s Pl* Bootsflüchtlinge *Pl*
boat race *s* Bootrennen *n*
boat·swain ['bəʊsn] *s* SCHIFF Bootsmann *m*, -frau *f*
boat train *s* Zug *m* mit Schiffsanschluss
bob [bɒb] **I** *s* **1.** Knicks *m* **2.** SPORT Bob *m* **II** *v/t* **3.** *Haare etc* kurz schneiden, stutzen **III** *v/i* **4.** sich auf und ab bewegen: ***bob up*** (plötzlich) auftauchen **5.** knicksen (***at, before, to*** vor *Dat*)
bob·bin ['bɒbɪn] *s* Spule *f* (*auch* ELEK)
bob·by ['bɒbɪ] *s Br ugs* Bobby *m* (*Polizist*)
bob·by pin *s bes Am* Haarklammer *f*
'bob·sled, **'bob·sleigh** *s* SPORT Bob *m*
bode[1] [bəʊd] *v/i*: ***bode ill*** Unheil verkünden; ***bode well*** Gutes versprechen
bode[2] [bəʊd] *Prät von* ***bide***
bod·ice ['bɒdɪs] *s* **1.** Mieder *n* **2.** Oberteil *n* (*eines Kleids etc*)
bod·i·ly ['bɒdɪlɪ] **I** *Adj* **1.** körperlich: ***bodily harm*** (*oder* ***injury***) JUR Körperverletzung *f*; ***bodily needs*** (*oder* ***wants***) *Pl* leibliche Bedürfnisse *Pl* **II** *Adv* **2.** leibhaftig **3.** als Ganzes; geschlossen

▶**bod·y** ['bɒdɪ] *s* **1.** Körper *m*, Leib *m*, *eng. S.* Rumpf *m* **2.** *oft* ▶ ***dead body*** Leiche *f* **3.** SCHIFF, FLUG Rumpf *m*; MOT Karosserie *f* **4.** Gesamtheit *f*: ***in a body*** geschlossen. ***body of laws*** Gesetz(es)sammlung *f* **5.** Körper(schaft *f*) *m*, Gruppe *f*, Gremium *n*: → ***diplomatic***, ***governing*** 2 **6.** *fig* Kern *m*, *das* Wesentliche **7.** Hauptteil *m*, Text(teil) *m* (*eines Briefs etc*) **8.** PHYS *etc* Körper *m*: → ***celestial***, ***heavenly*** **9.** *fig* Körper *m*, Gehalt *m* (*von Wein*), (Klang-) Fülle *f*
bod·y art *s* Bodypainting *n*
bod·y build·ing *s* Bodybuilding *n*
bod·y dou·ble *s* FILM *Double, das einen Star in Stunt- oder Sexszenen vertritt*
'bod·y·guard *s* **1.** Leibwächter(in) **2.** Leibgarde *f*, -wache *f*
bod·y lan·guage *s* Körpersprache *f*
bod·y o·dor, **bod·y o·dour** *s* (*bes unangenehmer*) Körpergeruch
bod·y paint·ing *s* Bodypainting *n*
bod·y pierc·ing *s* Piercing *n*
bod·y search *s* Leibesvisitation *f*
bod·y stock·ing, **bod·y·suit** *s* Body *m*
'bod·y·work *s* MOT Karosserie *f*
bog [bɒg] **I** *s* Sumpf *m*, Morast *m* (*beide auch fig*) **II** *v/t*: ***bog down*** *fig* zum Stocken bringen; ***get bogged*** (***down***) *siehe* III **III** *v/i* sich festfahren, stecken bleiben (*beide auch fig*)
bo·gey → ***bogy***
bog·gle ['bɒgl] *v/i* fassungslos sein: ***the mind boggles at the thought*** es wird einem schwindlig bei dem Gedanken
bog·gy ['bɒgɪ] *Adj* sumpfig, morastig
bo·gie → ***bogy***
bo·gus ['bəʊgəs] *Adj* **1.** falsch, unecht **2.** Schwindel…, Schein…
bo·gy ['bəʊgɪ] *s* Kobold *m*; (Schreck-)Gespenst *n* (*auch fig*)
Bo·he·mia [bəʊ'hiːmjə] *Eigenn* Böhmen *n*
boil¹ [bɔɪl] *s* MED Geschwür *n*, Furunkel *m*, *n*
▶**boil²** [bɔɪl] **I** *s* Kochen *n*, Sieden *n*: ***bring to the boil*** zum Kochen bringen **II** *v/i* kochen (*auch fig* ***with*** vor *Dat*), sieden: → ***kettle***, ***pot*** 1 **III** *v/t* kochen (lassen)
◆**boil down** **I** *v/t* **1.** einkochen lassen **2.** *fig* zs.-fassen (***to a few sentences*** in ein paar Sätzen) **II** *v/i* **3.** einkochen **4.** ***boil down to*** *fig* hinauslaufen auf (*Akk*)
◆**boil o·ver** *v/i* **1.** überkochen, -laufen **2.** *fig* vor Wut kochen **3.** *fig Situation etc*: außer Kontrolle geraten; sich auswachsen (***into*** zu)
boil·er ['bɔɪlə] *s* **1.** TECH Dampfkessel *m* **2.** Boiler *m*, Heißwasserspeicher *m* **3.** Suppenhuhn *n*
boil·er suit *s* Overall *m*
boil·ing ['bɔɪlɪŋ] **I** *Adj* siedend, kochend **II** *Adv*: ***boiling hot*** kochend heiß
boil·ing point *s* Siedepunkt *m* (*auch fig*): ***reach boiling point*** den Siedepunkt erreichen
bois·ter·ous ['bɔɪstərəs] *Adj* **1.** stürmisch (*Meer, Wetter etc*) **2.** lärmend, laut **3.** ausgelassen, wild (*Person, Party etc*)
bold [bəʊld] *Adj* **1.** kühn: **a)** mutig, unerschrocken, **b)** gewagt, **c)** fortschrittlich **2.** dreist, frech: ***make bold to*** sich erdreisten *oder* es wagen zu **3.** fett (gedruckt): ***print s.th. in bold*** (***type***) etw. fett drucken
Bo·liv·ia [bə'lɪvɪə] *Eigenn* Bolivien *n*
bo·lo·ney [bə'ləʊnɪ] *s sl* Quatsch *m*
bol·ster ['bəʊlstə] **I** *s* **1.** Keilkissen *n*; Nackenrolle *f* **2.** Polster *n*, Kissen *n*, Unterlage *f* (*auch* TECH) **II** *v/t* **3.** (aus)polstern **4.** *meist* ***bolster up*** *fig* unterstützen
bolt [bəʊlt] **I** *s* **1.** Bolzen *m*: ***he has shot his bolt*** *fig* er hat sein Pulver verschossen **2.** Blitz(strahl) *m*: ***a bolt from the blue*** *fig* ein Blitz aus heiterem Himmel **3.** TECH Riegel *m* **4.** TECH (Schrauben)Bolzen, Schraube *f* (mit Mutter) **5.** plötzlicher Satz *oder* Sprung: ***he made a bolt for the door*** er machte einen Satz zur Tür **II** *Adv* **6.** ***bolt upright*** bolzen-, kerzengerade **III** *v/i* **7.** durchbrennen, ausreißen **8.** durchgehen (*Pferd*) **IV** *v/t* **9.** ver-, zuriegeln **10.** *oft* ***bolt down*** *Essen* hinunterschlingen, *Getränk* hinunterstürzen
▶**bomb** [bɒm] **I** *s* Bombe *f* **II** *v/t* bombardieren: ***bombed out*** ausgebombt
bomb a·lert *s* Bombenalarm *m*
bom·bard [bɒm'bɑːd] *v/t* bombardieren (*auch fig* ***with*** mit)
bom'bard·ment *s* Bombardement *n*, Bombardierung *f*
bom·bast ['bɒmbæst] *s* Bombast *m*, Schwulst *m*
bom'bas·tic *Adj* (***bombastically***) bombastisch, schwülstig
bombed [bɒmd] *Adj sl* **1.** besoffen **2.** high (*im Drogenrausch*)
bomb·er ['bɒmə] *s* **1.** FLUG Bomber *m* **2.** Bombenleger(in)
bomb·er jack·et *s* Bomberjacke *f*
'bomb·proof **I** *Adj* bombensicher: ***bombproof shelter*** *siehe* II **II** *s* Bunker *m*
'bomb·shell *s*: ***be a bombshell*** wie eine Bombe einschlagen
bomb threat *s* Bombendrohung *f*
bo·nan·za [bə'nænzə] **I** *s fig* Goldgrube *f* **II** *Adj* sehr einträglich
bond [bɒnd] **I** *s* **1.** *Pl fig* Bande *Pl*: ***the bonds of love*** **2.** Bund *m*, Verbindung *f* **3.** WIRTSCH Zollverschluss *m*: ***in bond*** unter Zollverschluss **4.** WIRTSCH Schuldverschreibung *f*, Obligation *f* **II** *v/t* **5.** WIRTSCH unter Zollverschluss legen: ***bonded warehouse*** Zollspeicher *m*
'bond,hold·er *s* WIRTSCH Obligationsinhaber(in)
▶**bone** [bəʊn] **I** *s* **1.** Knochen *m*, *Pl auch* Gebeine *Pl*: ***make no bones about*** (*oder* ***of***) nicht viel Federlesens machen mit; ***feel s.th. in one's bones*** etw in den Knochen *oder* instinktiv spüren; ***have a bone to pick with s.o.*** mit j-m ein Hühnchen zu rupfen haben; ***chilled*** (*oder* ***frozen***) ***to the bone*** völlig durchgefroren; → ***contention*** 1 **2.** (Fisch)Gräte *f* **II** *v/t* **3.** entbeinen; *Fisch* entgräten **III** *v/i* **4.** ***bone up on s.th.*** *ugs* etw pauken *oder* büffeln
,bone-'dry *Adj* knochentrocken
'bone·head *s ugs* Holzkopf *m*
,bone-'la·zy *Adj* stinkfaul
'bone,shak·er *s ugs* Klapperkasten *m* (*Bus etc*)
bon·fire ['bɒn,faɪə] *s* **1.** Freudenfeuer *n* **2.** Feuer *n* im Freien (*zum Unkrautverbrennen etc*)

Bonfire Night LK

Eine andere Bezeichnung für **Guy Fawkes Night** am 5. November. An diesem Abend feiern vor allem Kinder mit Freudenfeuern und Feuerwerk. Geschichtlicher Hintergrund ist die Vereitelung der katholischen Pulververschwörung (**Gunpowder Plot**) gegen die britische Regierung im Jahr 1605. Guy Fawkes war einer der Verschwörer.

bonk [bɒŋk] *v/t und v/i sl* bumsen
bon·kers [ˈbɒŋkəz] *Adj sl* übergeschnappt: ***go bonkers*** überschnappen
bon·net [ˈbɒnɪt] *s* **1.** TECH (Schutz)Kappe *f*, Haube *f* **2.** MOT *Br* Motorhaube *f*
bo·nus [ˈbəʊnəs] *s* **1.** WIRTSCH Bonus *m*, Prämie *f* **2.** Gratifikation *f* **3.** WIRTSCH *bes Br* Extradividende *f*
bon·y [ˈbəʊnɪ] *Adj* **1.** (stark-, grob)knochig **2.** voll(er) Knochen; voll(er) Gräten (*Fisch*) **3.** knochendürr
boo [buː] **I** *Interj* buh! **II** *s* Buh(ruf *m*) *n* **III** *v/i* buhen **IV** *v/t* ausbuhen
boob [buːb] *sl* **I** *s ugs* **1.** (weibliche) Brust, Busen *m* **2.** *Br* Schnitzer *m* **II** *v/i* **3.** *Br* einen Schnitzer machen
boo·by [ˈbuːbɪ] *s* **1.** Trottel *m*, Dummkopf *m* **2.** *Sport etc*: Letzte *m*, *f*, Schlechteste *m*, *f*
boo·by hatch *s Am sl* Klapsmühle *f*
boo·by prize *s Sport etc*: *Scherzpreis für den Letzten oder Schlechtesten*
boo·by trap *s* **1.** versteckte Sprengladung; Auto *etc*, in dem eine Sprengladung versteckt ist **2.** grober Scherz (*bes über halb geöffneter Tür angebrachter Wassereimer*)
►**book** [bʊk] **I** *s* **1.** Buch *n*: ***a closed book*** *fig* ein Buch mit sieben Siegeln (***to*** für); ***an open book*** *fig* ein offenes *oder* aufgeschlagenes Buch (***to*** für); → ***suit*** 5 **2.** WIRTSCH Geschäftsbuch *n* **3.** Liste *f*, Verzeichnis *n*: ***be on the books*** auf der (Mitglieder- *etc*)Liste stehen **4.** Notizbuch *n*, -block *m*; (Schreib-, Schul)Heft *n*: ***be in s.o.'s good*** (***bad***)***books*** bei j-m gut (schlecht) angeschrieben sein **5.** Heft(chen) *n*: ***book of stamps*** (***tickets***) Marken-(Fahrschein)heft(chen); ***book of matches*** Streichholzbriefchen *n* **II** *v/t* **6.** WIRTSCH (ver)buchen; *Auftrag* notieren **7.** aufschreiben, SPORT *auch* verwarnen **8.** verpflichten, engagieren **9.** *Zimmer etc* bestellen, *Reise etc* buchen, *Eintritts-, Fahrkarte* lösen: ***booked up*** ausgebucht (*Künstler, Hotel, Veranstaltung*) **10.** *Gepäck* aufgeben (***to*** nach) **III** *v/i* **11.** *Br auch* ***book up*** eine (Fahr- *etc*)Karte lösen (***to, for*** nach): ***book through*** durchlösen (***to*** bis, nach) **12.** sich (*für eine Fahrt etc*) vormerken lassen, einen Platz *etc* bestellen, buchen **13.** ***book in*** *bes Br* sich (*im Hotel*) eintragen: ***book in at*** absteigen in (*Dat*)
book·a·ble [ˈbʊkəbl] *Adj* im Vorverkauf erhältlich
ˈbook,bind·er *s* Buchbinder(in)
ˈbook·case *s* Bücherschrank *m*
book club *s* Buchgemeinschaft *f*
book end *s* Bücherstütze *f*
book·ie [ˈbʊkɪ] *s ugs* Buchmacher(in)
book·ing [ˈbʊkɪŋ] *s* Buchung *f*, (Vor)Bestellung *f*: ***make a*** (***firm***) ***booking*** (fest) buchen
book·ing clerk *s* Fahrkartenverkäufer(in)
book·ing of·fice *s* **1.** (Fahrkarten)Schalter *m* **2.** (Theater- *etc*)Kasse *f*, Vorverkaufsstelle *f*
book·ish [ˈbʊkɪʃ] *Adj* **1.** belesen **2.** papier(e)n (*Stil*)
ˈbook,keep·er *s* WIRTSCH Buchhalter(in)
ˈbook,keep·ing *s* WIRTSCH Buchhaltung *f*, -führung *f*
ˈbook,mak·er *s* Buchmacher(in)
ˈbook·mark, **ˈbook,mark·er** *s* Lesezeichen *n*
book·mo·bile [ˈbʊkməʊ,biːl] *s Am* Bücherbus *m*
ˈbook,sell·er *s* Buchhändler(in)
ˈbook·shop *s* Buchhandlung *f*
ˈbook·stall *s* **1.** Bücherstand *m* **2.** *bes Br* Zeitungskiosk *m*, -stand *m*
ˈbook·store *s bes Am* Buchhandlung *f*
book tok·en *s* Büchergutschein *m*
ˈbook·worm *s* Bücherwurm *m*
boom¹ [buːm] **I** *v/i* dröhnen (*Stimme etc*), donnern (*Geschütz etc*), brausen (*Wellen etc*) **II** *s* Dröhnen *n*, Donner *m*, Brausen *n*
boom² [buːm] *s* **1.** SCHIFF Baum *m*, Spiere *f* **2.** TECH (*Kran*)Ausleger *m* **3.** FILM, TV (*Mikrofon*)Galgen *m*
boom³ [buːm] WIRTSCH **I** *s* Boom *m*: **a)** Hochkonjunktur *f*, **b)** *Börse*: Hausse *f*, **c)** (plötzlicher) Aufschwung **II** *v/i* einen Boom erleben
boom·er·ang [ˈbuːməræŋ] **I** *s* Bumerang *m* (*auch fig*) **II** *v/i fig* sich als Bumerang erweisen (***on*** für)
boor [bʊə] *s* ungehobelter Kerl
boor·ish [ˈbʊərɪʃ] *Adj* ungehobelt
ˈboor·ish·ness *s* ungehobeltes Benehmen
boost [buːst] **I** *v/t* **1.** *ugs Preise* in die Höhe treiben **2.** *ugs* Auftrieb geben (*Dat*), *Produktion etc* ankurbeln, *Moral* heben **3.** TECH *Druck* erhöhen; ELEK *Spannung* verstärken **II** *s* **4.** *ugs* Auftrieb *m* **5.** TECH Erhöhung *f*; ELEK Verstärkung *f*
ˈboost·er *s* **1.** *auch* ***booster shot*** MED Wiederholungsimpfung *f* **2.** Zündstufe *f* (*einer Rakete*): ***booster rocket*** Startrakete *f*
►**boot¹** [buːt] **I** *s* **1.** Stiefel *m*: ***the boot is on the other foot*** der Fall liegt umgekehrt; → ***bet*** 4, ***lick*** 1 **2.** *ugs* (Fuß)Tritt *m*: ***give s.o. a boot*** *siehe* 4; ***get the boot*** rausgeschmissen (*entlassen*) werden **3.** MOT *Br* Kofferraum *m* **II** *v/t* **4.** *ugs j-m* einen (Fuß)Tritt geben: ***boot*** (***out***) rausschmeißen (*entlassen*)
boot² [buːt] *v/t* COMPUTER *auch* ***boot up*** booten, laden
boot³ [buːt] *s*: ***to boot*** obendrein, noch dazu
ˈboot·black *s* Schuhputzer(in)
booth [buːð] *s* **1.** (Markt-, Schau)Bude *f*, (Messe)Stand *m* **2.** (Telefon)Zelle *f*; (Wahl)Kabine *f*, (-)zelle *f*
ˈboot·lace *s* Schnürsenkel *m*
ˈboot·lick *v/t und v/i ugs* (vor *j-m*) kriechen
ˈboot,lick·er *s ugs* Kriecher(in)
boots [buːts] *Pl* **boots** *s Br* Hausdiener *m* (*im Hotel*)
boo·ty [ˈbuːtɪ] *s* (*fig auch* Aus)Beute *f*
booze [buːz] *ugs* **I** *v/i* saufen **II** *s* Zeug *n* (*alkoholisches Getränk*); Sauferei *f*; (*Br auch* ***booze-up***) Sauftour *f*; (*Br auch* ***booze-up***) Besäufnis *n*
ˈbooz·er *s ugs* **1.** Säufer(in) **2.** Kneipe *f*
ˈbooz·y *Adj ugs* versoffen
►**bor·der** [ˈbɔːdə] **I** *s* **1.** Rand *m* **2.** Einfassung *f*, Saum *m*, Umrandung *f* **3.** (Gebiets-, Landes)Grenze *f*: ***border incident*** Grenzzwischenfall *m* **II** *v/t* **4.** einfassen **5.** begrenzen, grenzen an (*Akk*) **III** *v/i* **6.** grenzen (***on*** an *Akk*) (*auch fig*)
ˈbor·der·er *s* Grenzbewohner(in)
ˈbor·der·land *s* Grenzgebiet *n*
ˈbor·der·line **I** *s* **1.** Grenzlinie *f* **2.** *fig* Grenze *f* **II** *Adj* **3.** *fig* Grenz…: ***borderline case*** Grenzfall *m*
bore¹ [bɔː] **I** *s* Bohrung *f*: **a)** Bohrloch *n*, **b)** TECH Kaliber *n* **II** *v/t* (*bes* aus)bohren **III** *v/i* bohren (***for*** nach)
bore² [bɔː] **I** *s* **1.** langweilige Sache; *bes Br* lästige Sache **2.** Langweiler(in); *bes Br* lästiger Kerl **II** *v/t* **3.** *j-n* langweilen; *bes Br j-m* lästig

Borderline cases	Grenzfälle SG
I hardly know what to think.	Ich weiß kaum, was ich denken soll.
It's barely good enough.	Es ist gerade noch gut genug.
We barely / hardly made it in time.	Wir haben es kaum rechtzeitig geschafft.
I almost fell over the baby's toys.	Ich bin beinahe über die Babyspielsachen gefallen.
She (very) nearly won the prize.	Sie hätte den Preis beinahe gewonnen.
It's not quite what we're looking for.	Es ist nicht genau das, wonach wir suchen.
That's not exactly true.	Das stimmt nicht ganz.
It's a borderline case.	Das ist ein Grenzfall.

sein: ***be bored*** sich langweilen; ***be bored stiff*** *ugs* sich zu Tode langweilen

bore³ [bɔː] *Prät von* ***bear²***

bore·dom ['bɔːdəm] *s* **1.** Lang(e)weile *f* **2.** Langweiligkeit *f*

▶**bor·ing** ['bɔːrɪŋ] *Adj* langweilig

▶**born** [bɔːn] **I** *Part Perf von* ***bear²*** 2 **II** *Adj* geboren (*auch fig*): ***a born poet***

borne [bɔːn] *Part Perf von* ***bear²***

bor·ough ['bʌrə] *s* **1.** *Br* Stadt *f* (*mit Selbstverwaltung*); (*auch* ***parliamentary borough***) *Stadt f oder städtischer Wahlbezirk mit eigener Vertretung im Parlament*; Stadtteil *m* (*von Groß-London*) **2.** *Am* Stadtbezirk *m* (*in New York*)

▶**bor·row** ['bɒrəʊ] **I** *v/t* **1.** (sich) *etw* (aus)borgen *oder* leihen (***from*** von) **2.** *fig* entlehnen (***from*** von): ***borrowed word*** Lehnwort *n* **II** *v/i* **3.** WIRTSCH Kredit aufnehmen

'**bor·row·er** *s* **1.** Entleiher(in) **2.** WIRTSCH Kreditnehmer(in)

Bos·nia ['bɒznɪə] *Eigenn* Bosnien *n*

Bos·ni·an ['bɒznɪən] **I** *Adj* bosnisch **II** *s* Bosnier(in)

bos·om ['bʊzəm] *s* **1.** Busen *m* (*auch fig*): ***bosom friend*** Busenfreund(in) **2.** *fig* Schoß *m*: ***in the bosom of one's family***

boss¹ [bɒs] *s* Buckel *m*, Knauf *m*

▶**boss²** [bɒs] *ugs* **I** *s* Boss *m*, Chef(in) **II** *v/t*: ***boss about*** (*oder* ***around***) herumkommandieren

boss·y ['bɒsɪ] *Adj ugs* herrisch

bo·tan·i·cal [bə'tænɪkl] *Adj* botanisch: ***botanical garden(s Pl)*** botanischer Garten

bot·a·nist ['bɒtənɪst] *s* Botaniker(in)

'**bot·a·ny** *s* Botanik *f*

botch [bɒtʃ] **I** *s* Pfusch(arbeit *f*) *m*: ***make a botch of*** *siehe* II **II** *v/t* verpfuschen **III** *v/i* pfuschen

'**botch·er** *s* Pfuscher(in)

▶**both** [bəʊθ] **I** *Adj und Pron* beide(s): ***both my brothers*** meine beiden Brüder; ***both of them*** alle beide; → ***sex*** 1 **II** *Adv oder Konj*: ▶ ***both … and*** sowohl … als (auch)

both·er ['bɒðə] **I** *s* Belästigung *f*, Störung *f* **II** *v/t* belästigen, stören: ***don't bother me!*** lass mich in Ruhe!; ***I can't*** (*oder* ***couldn't***) ***be bothered*** ich habe keine Lust (***to do*** zu tun) **III** *v/i* (***about***) sich kümmern (um); sich aufregen (über *Akk*)

▶**bot·tle** ['bɒtl] **I** *s* Flasche *f*: → ***hit*** 7 **II** *v/t* in Flaschen abfüllen: ***bottled beer*** Flaschenbier *n*; ***bottle up*** *Gefühle etc* unterdrücken; ***bottled-up*** aufgestaut

bot·tle bank *s* (Alt)Glascontainer *m*

'**bot·tle·neck** *s* Flaschenhals *m*, Engpass *m* (*einer Straße*) (*auch fig*)

bot·tle o·pen·er *s* Flaschenöffner *m*

▶**bot·tom** ['bɒtəm] **I** *s* **1.** Boden *m* (*eines Gefäßes etc*), Fuß *m* (*eines Bergs etc*), Sohle *f* (*eines Tals etc*), Unterseite *f*: ▶ ***at the bottom of the street*** am Ende der Straße; ***from the bottom of one's heart*** aus tiefstem Herzen; ***bottoms up!*** *ugs* ex!; prost! **2.** Boden *m*, Grund *m*: ***bottom of the sea*** Meeresboden, -grund **3.** Grund(lage *f*) *m*: ▶ ***be at the bottom of*** der Grund sein für, hinter *einer Sache* stecken; ***get to the bottom of s.th.*** einer Sache auf den Grund gehen; ***knock the bottom out of s.th.*** etw gründlich widerlegen **4.** (Stuhl)Sitz *m* **5.** *ugs* Popo *m* **II** *Adj* **6.** unterst: ***bottom line*** letzte Zeile; → ***bet*** 4, ***rung²***

'**bot·tom·less** *Adj fig* unergründlich; unerschöpflich

bough [baʊ] *s* Ast *m*, Zweig *m*

bought [bɔːt] *Prät und Part Perf von* ***buy***

bouil·lon ['buːjɔ̃ːŋ] *s* Fleischbrühe *f*, Bouillon *f*

boul·der ['bəʊldə] *s* Felsblock *m*

bounce [baʊns] **I** *s* **1.** Elastizität *f* **2.** Sprung *m*, Satz *m* **3.** *ugs* Schwung *m*, Schmiss *m* **4.** *ugs* Rausschmiss *m* (*auch Entlassung*) **II** *v/t* **5.** *Ball etc* aufprallen *oder* aufspringen lassen **6.** *ugs j-n* rausschmeißen (*auch entlassen*) **III** *v/i* **7.** aufprallen, -springen (*Ball etc*): ***bounce off*** abprallen (von) **8.** federn, elastisch sein (*Gummi etc*); springen (*Ball*) **9. a)** springen, hüpfen (***over*** über *Akk*), **b)** stürmen, stürzen (***into*** in *Akk*) **10.** *ugs* platzen (*Scheck*)

'**bounc·er** *s ugs* **1.** Rausschmeißer(in) **2.** ungedeckter Scheck

'**bounc·ing** *Adj* stramm (*Baby etc*)

bound¹ [baʊnd] **I** *Prät und Part Perf von* ***bind*** **II** *Adj*: ***be bound to do s.th.*** (zwangsläufig) etw tun müssen; ***he was bound to be late*** er musste ja zu spät kommen

bound² [baʊnd] *Adj* unterwegs (***for*** nach): ***where are you bound for?*** wohin reisen *oder* gehen Sie?

bound³ [baʊnd] **I** *s meist Pl* Grenze *f*, *fig auch* Schranke *f*: ***keep within bounds*** in (vernünftigen) Grenzen halten; ***beyond all bounds*** maß-, grenzenlos; ***the park is out of bounds (to)*** das Betreten des Parks ist (für *oder Dat*) verboten; ***within the bounds of possibility*** im Bereich des Möglichen **II** *v/t* begrenzen

bound⁴ [baʊnd] **I** *s* → ***bounce*** 2 **II** *v/i* → ***bounce*** 7, 9 a

bound·a·ry ['baʊndərɪ] *s* Grenze *f*

boun·den ['baʊndən] *Adj*: ***my bounden duty*** meine Pflicht und Schuldigkeit

bound·less ['baʊndlɪs] *Adj* grenzenlos (*auch fig*)

boun·te·ous ['baʊntɪəs], **boun·ti·ful** ['baʊntɪfʊl] *Adj* **1.** freigebig (***of*** mit) **2.** reichlich

boun·ty ['baʊntɪ] *s* **1.** Freigebigkeit *f* **2.** großzü-

gige Spende **3.** Prämie *f*: **a)** Belohnung *f*, **b)** WIRTSCH Zuschuss *m* (**on** auf *Akk*, für)
bou·quet [bʊˈkeɪ] *s* Bukett *n*: **a)** (Blumen-)Strauß *m*, **b)** Blume *f* (*von Wein*)
bour·bon [ˈbɜːbən] Bourbon *m* (*amerikanischer Maiswhisky*)
bout [baʊt] *s* **1.** *Fechten*: Gefecht *n*; (*Box-, Ring*)Kampf *m* **2.** MED Anfall *m*: ***bout of rheumatism*** Rheumaanfall
bou·tique [buːˈtiːk] *s* Boutique *f*
bo·vine [ˈbəʊvaɪn] *Adj* (*auch geistig*) träge, schwerfällig
bov·ver [ˈbɒvə] *Br ugs* **I** *s* Straßenkämpfe *Pl* (*bes unter Hooligans oder Skinheads*): ***bovver boots*** *Pl* Springerstiefel *Pl*; ***bovver boy*** Hooligan *m*, Schlägertyp *m* **II** *v/i* sich Straßenkämpfe liefern (**with** mit)
▸**bow¹** [baʊ] **I** *s* Verbeugung *f* **II** *v/t* beugen, *Kopf* neigen **III** *v/i* sich verbeugen (**to** vor *Dat*)
bow² [baʊ] *s* SCHIFF Bug *m*
▸**bow³** [bəʊ] *s* **1.** (Schieß)Bogen *m*: → ***string*** 3 a **2.** MUS (*Violin- etc*)Bogen *m* **3.** Knoten *m*, Schleife *f*
bowd·ler·ize [ˈbaʊdləraɪz] *v/t Text* von anstößigen Stellen reinigen
bow·el [ˈbaʊəl] *s* ANAT Darm *m*, *Pl auch* Eingeweide *Pl*
bow·el can·cer *s* MED Darmkrebs *m*
bow·el move·ment *s* PHYSIOL Stuhl(gang) *m*
▸**bowl¹** [bəʊl] *s* **1.** Schüssel *f*; (*Obst- etc*)Schale *f*; (*Zucker*)Dose *f*; Napf *m* (*für Tiere etc*) **2.** (*Wasch*)Becken *n* **3.** (*Pfeifen*)Kopf *m*
bowl² [bəʊl] **I** *s* **1.** (*Bowling-, Kegel*)Kugel *f* **2.** Wurf *m* **II** *v/t* **3.** ***bowl over*** umwerfen, *fig auch j-m* die Sprache verschlagen
bow·legged [ˈbəʊlegd] *Adj* o-beinig
bow legs *s Pl* O-Beine *Pl*
bowl·er [ˈbəʊlə] *s* **1.** Bowlingspieler(in); Kegler(in) **2.** *auch* ***bowler hat*** *bes Br* Bowler *m*, Melone *f*
bowl·ing [ˈbəʊlɪŋ] *s* Bowling *n*; Kegeln *n*
bowl·ing al·ley *s* Bowling-, Kegelbahn *f*
bow·man [ˈbəʊmən] *s* (*unreg* ***man***) Bogenschütze *m*
bow·sprit [ˈbəʊsprɪt] *s* SCHIFF Bugspriet *n*
ˈ**bow·string** *s* Bogensehne *f*
bow tie *s* (Frack)Schleife *f*, Fliege *f*
bow-wow **I** *Interj* [ˌbaʊˈwaʊ] wau, wau! **II** *s* [ˈbaʊwaʊ] *Kindersprache*: Wauwau *m*
▸**box¹** [bɒks] **I** *s* **1.** Kasten *m*, Kiste *f* **2.** Schachtel *f*: ***box of chocolates*** Pralinenschachtel *f*, Bonbon(n)iere *f* **3.** Büchse *f*, Dose *f*, Kästchen *n* **4.** Behälter *m* **5.** TECH Gehäuse *n* **6.** Briefkasten *m*; Postfach *n* **7.** (Wahl)Urne *f* **8.** *Br* (Telefon)Zelle *f* **9.** → ***Christmas box*** **10.** → ***box junction*** **11.** THEAT *etc* Loge *f* **12.** JUR Zeugenstand *m*; Geschworenenbank *f* **13.** Box *f*: **a)** *Pferdestand*, **b)** *abgeteilter Einstellplatz in einer Großgarage* **14.** → ***box number*** **15.** *ugs* Kasten *m* (*Fernseher*); Fernsehen *n*: ***on the box*** im Fernsehen **II** *v/t* **16.** *oft* ***box in*** (*oder* ***up***) in Schachteln *etc* packen, ver-, einpacken; *parkendes Fahrzeug* einklemmen **17.** *oft* ***box up*** einschließen, -sperren
box² [bɒks] **I** *s* **1.** ***box on the ear*** Ohrfeige *f* **II** *v/t* **2.** ***box s.o.'s ears*** j-n ohrfeigen **3.** SPORT boxen mit *oder* gegen **III** *v/i* **4.** boxen
box·er [ˈbɒksə] *s* **1.** SPORT Boxer(in) **2.** ZOOL Boxer *m*
box·er shorts *s Pl*, *auch* ***pair of boxer shorts*** Boxershorts *Pl*
box·ing [ˈbɒksɪŋ] *s* Boxen *n*, Boxsport *m*
box·ing bout *s* Boxkampf *m*
Box·ing Day *s Br* der 2. Weihnachtsfeiertag

> ### Boxing Day
> LK
>
> Es gibt unterschiedliche Erklärungen für den Namen **Boxing Day**. Vermutlich heißt er so, weil früher die Kirchen am 26. Dezember den Inhalt der **boxes** (Opferstöcke) als Almosen verteilten. Der Name kann aber auch auf die Päckchen mit Geschenken oder Resten vom Weihnachtsessen hindeuten, die Reiche ihren Bediensteten an diesem Tag gaben. In Irland wird dieses Fest nach dem Heiligen Stefan **St Stephen's Day** genannt.

box·ing gloves *s Pl* Boxhandschuhe *Pl*
box·ing match *s* Boxkampf *m*
box junc·tion *s Br gelb markierte Kreuzung, in die bei stehendem Verkehr nicht eingefahren werden darf*
box num·ber *s* Chiffre(nummer) *f*
box of·fice *s* THEAT *etc* **1.** Kasse *f* **2.** ***be a good box office*** ein Kassenerfolg *oder* -schlager sein
ˈ**box-ˌof·fice** *Adj*: ***box-office success*** THEAT *etc* Kassenerfolg *m*, -schlager *m*
▸**boy** [bɔɪ] *s* Junge *m* (*auch ugs Sohn*)
boy band *s* MUS *Popgruppe*: Boygroup *f*
boy·cott [ˈbɔɪkɒt] **I** *v/t* boykottieren **II** *s* Boykott *m*
▸**boy·friend** [ˈbɔɪfrend] *s* Freund *m*
boy·hood [ˈbɔɪhʊd] *s* Jugend(zeit) *f*
boy·ish [ˈbɔɪɪʃ] *Adj* **1.** jungenhaft: ***his boyish laughter*** **2.** knabenhaft: ***her boyish movements*** **3.** Jungen…: ***boyish games***
boy scout *s* Pfadfinder *m*
bo·zo [ˈbəʊzəʊ] *Pl* **bo·zos** *s ugs* Blödmann *m*
bra [brɑː] *s ugs* BH *m* (*Büstenhalter*)
brace [breɪs] **I** *s* **1.** TECH Strebe *f*, ARCHI *auch* Stützbalken *m* **2.** *Pl Br* Hosenträger *Pl* **3.** *meist Pl* MED (Zahn)Klammer *f*, (-)Spange *f* **4.** (*Pl* ***brace***) Paar *n* **II** *v/t* **5.** TECH verstreben **6.** *fig* (*auch v/i*) erfrischen; kräftigen, stärken **7.** ***brace o.s. for*** *fig* sich gefasst machen auf (*Akk*)
brace·let [ˈbreɪslɪt] *s* Armband *n*
brack·et [ˈbrækɪt] **I** *s* **1.** TECH Träger *m*, Stütze *f* **2.** MATHE *und typografisch*: Klammer *f*: ***in brackets***; ***round*** (***square***) ***brackets*** runde (eckige) Klammern **3.** (*Alters-, Steuer*)Klasse *f*, (*Einkommens- etc*)Gruppe *f*, (-)Stufe *f* **II** *v/t* **4.** einklammern
brag [bræg] **I** *s* **1.** Prahlerei *f* **2.** Prahler(in) **II** *v/i* **3.** prahlen (***about, of*** mit)
brag·gart [ˈbrægət] **I** *s* Prahler(in) **II** *Adj* prahlerisch
braid [breɪd] **I** *v/t* **1.** *Haar, Bänder* flechten **2.** mit Litze *oder* Borte besetzen **II** *s* **3.** Zopf *m* **4.** Borte *f*, Litze *f*
braille [breɪl] *s* Blindenschrift *f*
▸**brain** [breɪn] *s* **1.** ANAT Gehirn *n* **2.** *oft Pl fig ugs* Köpfchen *n*, Grips *m*, Verstand *m*: ***rack one's brains*** sich das Hirn zermartern, sich den Kopf zerbrechen; → ***blow out*** 2
brain child *s* (*unreg* ***child***) *ugs* Geistesprodukt *n*
brain death *s* MED Hirntod *n*
brain drain *s* Braindrain *m* (*Abwanderung von Wissenschaftlern ins Ausland*)

brain·less ['breɪnlɪs] *Adj* hirn-, geistlos
'brain·storm *s ugs* **1.** ***have a brainstorm*** *Br* geistig weggetreten sein **2.** *Am* **a)** hirnverbrannte Idee, **b)** → ***brain wave***
'brain,storm·ing *s* Brainstorming *n* (*Sammeln von spontanen Einfällen zur Lösung eines Problems*)
brains trust [breɪnz] *s Br* **1.** Teilnehmer *Pl* an einer Podiumsdiskussion **2.** → ***brain trust***
'brain,teas·er Denksportaufgabe *f*
brain trust *s Am* Braintrust *m* (*bes politische oder wirtschaftliche Beratergruppe*)
'brain·wash *v/t j-n* einer Gehirnwäsche unterziehen
'brain,wash·ing *s* Gehirnwäsche *f*
brain wave *s ugs* Geistesblitz *m*, tolle Idee
'brain,work·er *s* Geistes-, Kopfarbeiter(in)
brain·y ['breɪnɪ] *Adj ugs* gescheit
braise [breɪz] *v/t* GASTR schmoren
brake [breɪk] **I** *s* TECH Bremse *f* **II** *v/t und v/i* bremsen
brake flu·id *s* Bremsflüssigkeit *f*
brake lin·ing *s* Bremsbelag *m*
brake ped·al *s* Bremspedal *n*
brak·ing dis·tance ['breɪkɪŋ] *s* Bremsweg *m*
bram·ble ['bræmbl] *s* BOT *bes Br* Brombeerstrauch *m*; Brombeere *f*
▶**branch** [brɑːntʃ] **I** *s* **1.** Ast *m*, Zweig *m* **2.** *fig* Zweig *m*, Linie *f* (*einer Familie*) **3.** *fig* Zweig *m*, Sparte *f* (*einer Wissenschaft etc*); WIRTSCH Branche *f* **4.** WIRTSCH Filiale *f*, *schweiz.* Ablage *f* **5.** → ***branch line*** 1 **6.** GEOG Arm *m* (*eines Gewässers*); *Am* Nebenfluss *m* **II** *v/i* **7.** *oft* ***branch off*** (*oder* ***out***) sich verzweigen *oder* verästeln; abzweigen *oder* sich gabeln (*Straße etc*)
branch line *s* **1.** BAHN Neben-, Zweiglinie *f* **2.** Seitenlinie *f* (*einer Familie*)
branch man·ag·er *s* Filialleiter(in)
branch of·fice *s* WIRTSCH Filiale *f*, *schweiz.* Ablage *f*
▶**brand** [brænd] **I** *s* **1.** WIRTSCH (Handels-, Schutz)Marke *f*, Warenzeichen *n*; Markenname *m*; Sorte *f*, Klasse *f* (*einer Ware*) **2.** *fig* Sorte *f*, Art *f* **3.** Brandmal *n*, -zeichen *n* **II** *v/t* **4.** mit einem Warenzeichen *etc* versehen: ***branded goods*** *Pl* Markenartikel *Pl* **5.** *fig* unauslöschlich einprägen (***on s.o.'s mind*** j-m)
bran·dish ['brændɪʃ] *v/t* (*bes* drohend) schwingen
'brand name *s* Markenname *m*
,brand-'new *Adj* (funkel)nagelneu
bran·dy ['brændɪ] *s* **1.** Weinbrand *m*, Kognak *m*, Brandy *m* **2.** Obstwasser *n*: ***plum brandy*** Zwetschgenwasser *n*
brash [bræʃ] *Adj* **1.** ungestüm; draufgängerisch; unüberlegt; taktlos, ungezogen; frech, unverfroren **2.** aufdringlich, laut (*Musik etc*); grell, schreiend (*Farben*)
brass [brɑːs] *s* **1.** Messing *n* **2.** ***the brass*** MUS das Blech (*im Orchester*), die Blechbläser *Pl* **3.** *Br ugs* Knete *f* (*Geld*) **4.** *ugs* Frechheit *f*, Unverschämtheit *f*
brass band *s* Blaskapelle *f*
bras·sière ['bræsɪə] *s* Büstenhalter *m*
brass tacks *s Pl*: ***get down to brass tacks*** *ugs* zur Sache *oder* auf den Kern der Sache kommen
bras·sy ['brɑːsɪ] *Adj* **1.** messingartig *oder* -farben **2.** blechern (*Klang*) **3.** *ugs* frech **4.** unangenehm laut
brat [bræt] *s pej* Balg *m*, *n*, Gör *n*
▶**brave** [breɪv] **I** *Adj* tapfer, mutig **II** *v/t* die Stirn bieten, trotzen (*Dat*): ***brave it out*** es (tapfer) durchstehen
'brav·er·y *s* Tapferkeit *f*, Mut *m*
bra·vo [ˌbrɑːˈvəʊ] **I** *Interj* bravo! **II** *Pl* **bra·vos** *s* Bravo(ruf *m*) *n*
brawl [brɔːl] **I** *v/i* **1.** eine laute Auseinandersetzung haben **2.** raufen, sich schlagen **3.** tosen, rauschen (*Fluss etc*) **II** *s* **4.** laute Auseinandersetzung **5.** Rauferei *f*, Schlägerei *f* **6.** Tosen *n*, Rauschen *n*
brawn [brɔːn] *s* **1.** Muskeln *Pl* **2.** Muskelkraft *f* **3.** GASTR *Br* (Schweine)Sülze *f*
'brawn·y *Adj* muskulös
bray [breɪ] *v/i* **1.** schreien (*Esel, auch Person*) **2.** schmettern (*Trompete*) **3.** lärmen, tosen (*Verkehr etc*)
bra·zen ['breɪzn] **I** *Adj* **1.** Messing... **2.** metallisch (*Klang*) **3.** *fig* unverschämt, unverfroren **II** *v/t* **4.** ***brazen it out*** sich mit großer Unverfrorenheit behaupten
'bra·zen·faced → ***brazen*** 3
Bra·zil [brəˈzɪl] *Eigenn* Brasilien *n*
Bra·zil·i·an [brəˈzɪljən] **I** *Adj* brasilianisch **II** *s* Brasilianer(in)
Bra·zil nut *s* BOT Paranuss *f*
breach [briːtʃ] **I** *s* **1.** *fig* Bruch *m*, Verletzung *f*: ***breach of confidence*** Vertrauensbruch; ***breach of contract*** JUR Vertragsbruch; ***breach of the peace*** JUR öffentliche Ruhestörung; → ***duty*** 1, ***promise*** 1 **2.** MIL Bresche *f* (*auch fig*): ***fill*** (*oder* ***step into***) ***the breach*** in die Bresche springen (***for*** für) **II** *v/t* **3.** MIL eine Bresche schlagen in (*Akk*)
▶**bread** [bred] **I** *s* **1.** Brot *n* (*auch Lebensunterhalt*): ***bread and butter*** Butterbrot; ***earn*** (*oder* ***make***) ***one's bread*** sein Brot verdienen; ***know which side one's bread is buttered*** (***on***) *ugs* seinen Vorteil (er)kennen **2.** *sl* Knete *f* (*Geld*) **II** *v/t* **3.** GASTR panieren
'bread,bas·ket *s* **1.** Brotkorb *m* **2.** *sl* Magen *m*
bread bin *s* Brotkasten *m*
bread crumb *s* Brotkrume *f*, -krümel *m*: ***bread crumbs*** *Pl* Paniermehl *n*
breadth [bretθ] *s* Breite *f*: ***ten yards in breadth*** 10 Yards breit; ***what breadth is it?*** wie breit ist es?
'bread,win·ner *s* Ernährer(in), (Geld-)Verdiener(in) (*einer Familie*)
▶**break** [breɪk] **I** *s* **1.** Bruch(stelle *f*) *m* **2.** *fig* Bruch *m* (***from, with*** mit; ***between*** zwischen *Dat*): ***make a break from*** brechen mit **3.** Pause *f*, Unterbrechung *f*: ***without a break*** ununterbrochen; ***take a break for a cigarette*** eine Zigarettenpause machen **4.** (plötzlicher) Wechsel, Umschwung *m*: ***break in the weather*** Wetterumschlag *m*; ***at break of day*** bei Tagesanbruch **5.** *ugs* ***bad break*** Pech *n*; ***lucky break*** Dusel *m*, Schwein *n* **6.** *ugs* Chance *f*: ***give s.o. a break*** **II** *v/t* (*unreg*) **7.** (ab-, auf-, durch-, zer)brechen; *Schallmauer* durchbrechen: ***break one's arm*** sich den Arm brechen; ***break s.o.'s resistance*** j-s Widerstand brechen; → ***heart*** 1, ***ice*** 1 **8.** zerschlagen, -trümmern, kaputt machen: → ***bank***[1] 2 **9.** ***break s.o. of s.th.*** j-m etw abgewöhnen **10.** *Speise, Ware, Geldschein* anbrechen; *Geldschein* kleinmachen, wechseln **11. a)** *Tiere* zähmen, abrichten, *Pferd* zureiten, *auch j-n* gewöhnen (***to*** an *Akk*), **b)** → ***break in*** 3 b, c **12.** *Gesetz, Vertrag etc* brechen **13.** ***break the bad news gently to s.o.*** j-m die schlechte Nachricht schonend bei-

bringen **14.** *Code etc* knacken, entschlüsseln **III** *v/i* (*unreg*) **15.** brechen (*auch fig Widerstand etc*): ***break into*** einbrechen in (*ein Haus etc*); ***break with*** brechen mit (*j-m, einer Tradition etc*) **16.** (zer)brechen, (-)reißen, kaputtgehen **17.** umschlagen (*Wetter*); anbrechen (*Tag*) **18.** *fig* ausbrechen (***into*** in *Tränen etc*)

◆**break a·way** **I** *v/t* **1.** ab-, losbrechen (***from*** von) **II** *v/i* **2.** ab-, losbrechen (***from*** von) **3.** *fig* sich lossagen *oder* trennen (***from*** von)

▶**break down** **I** *v/t* **1.** ein-, niederreißen, *Haus* abbrechen, abreißen **2.** *Maschine* zerlegen **3.** *fig* aufgliedern, -schlüsseln **II** *v/i* **4.** zs.-brechen (*auch fig*) **5.** versagen (*Maschine*, *Stimme etc*), kaputtgehen, MOT eine Panne haben **6.** scheitern (*Ehe*, *Verhandlungen etc*)

◆**break in** **I** *v/i* **1.** einbrechen, -dringen: ***break in on*** bei *j-m* hereinplatzen; sich in *eine Unterhaltung etc* einmischen **II** *v/t* **2.** einschlagen, *Tür* aufbrechen **3. a)** → ***break*** 11 a, **b)** *Auto etc* einfahren, *Schuhe* einlaufen, **c)** *j-n* einarbeiten, anlernen

◆**break off** **I** *v/t* **1.** → ***break away*** 1 **2.** *Rede*, *Verhandlungen etc* abbrechen, *Verlobung* (auf-)lösen: ***break it off*** sich entloben **II** *v/i* **3.** → ***break away*** 2

◆**break out** *v/i* ausbrechen (*Gefangener*, *Krieg etc*): ***break out in laughter*** (***tears***) in Gelächter (Tränen) ausbrechen; ***he broke out in a cold sweat*** ihm brach der Angstschweiß aus

◆**break through** **I** *v/t* **1.** durchbrechen **II** *v/i* **2.** durchbrechen, (*Sonne auch*) hervorkommen **3.** *fig* den Durchbruch schaffen

◆**break up** **I** *v/t* **1.** *Straße*, *Eis etc* aufbrechen **2.** *Sitzung etc* aufheben, *Versammlung*, *Haushalt etc* auflösen **II** *v/i* **3.** aufbrechen (*Straße*, *Eis etc*) **4.** aufgehoben werden (*Sitzung etc*), sich auflösen (*Versammlung*) **5.** zerbrechen, auseinandergehen (*Ehe etc*); sich trennen (*Ehepaar etc*)

break·a·ble ['breɪkəbl] *Adj* zerbrechlich

'**break·age** *s* Bruch(stelle *f*) *m*

'**break·a·way** *s* Trennung *f* (***from*** von)

▶**break·down** ['breɪkdaʊn] *s* **1.** Zs.-bruch *m* (*auch fig*): ***nervous breakdown*** Nervenzusammenbruch **2.** MOT Panne *f*: ***breakdown service*** *Br* Pannen-, Straßendienst *m*; ***breakdown van*** *Br* Abschleppwagen *m*

▶**break·fast** ['brekfəst] **I** *s* Frühstück *n*, *schweiz.* Morgenessen *n*: ***have breakfast*** *siehe* II; ***breakfast television*** Frühstücksfernsehen *n* **II** *v/i* frühstücken, *schweiz.* zu Morgen essen

> **Breakfast (English / continental)**
>
> Das traditionelle **English breakfast** (auch **cooked breakfast** genannt) besteht aus Eiern (Spiegeleiern, Rührei oder pochierten Eiern), Schinkenspeck, gebratenen Würstchen, Tomaten und Pilzen oder auch geräuchertem Fisch. Aus zeitlichen Gründen und „wegen der Linie" wird ein solch üppiges Frühstück zu Hause immer seltener eingenommen, in Hotels, Pensionen und sogar in manchen Schnellimbissstuben ist es aber häufig im Angebot. Das **continental breakfast** hingegen besteht lediglich aus Cornflakes o. Ä. und Toast / Brötchen mit Butter und Marmelade.

'**break-in** *s* **1.** JUR Einbruch *m* **2.** Abrichten *n*, Einfahren *n etc* (→ ***break*** 11 a, ***break in*** 3 b, **c**)

'**break·neck** *Adj* halsbrecherisch (*Geschwindigkeit*)

'**break·out** *s* Ausbruch *m* (*aus dem Gefängnis etc*)

'**break·through** *s* MIL Durchbruch *m* (*auch fig*)

'**break·up** *s* Aufhebung *f* (*einer Sitzung etc*), Auflösung *f* (*einer Versammlung*, *eines Haushalts etc*)

▶**breast** [brest] **I** *s* Brust *f* (*auch* GASTR): ***make a clean breast of s.th.*** sich etw von der Seele reden **II** *v/t*: ***breast the tape*** (*Sport*) das Zielband durchreißen, *weit. S.* durchs Ziel gehen

'**breast·bone** *s* ANAT Brustbein *n*

'**breast-feed** *v/t und v/i* (*unreg* ***feed***) stillen

'**breast·pin** *s* Brosche *f*

breast pock·et *s* Brusttasche *f*

'**breast·stroke** *s* SPORT Brustschwimmen *n*

▶**breath** [breθ] *s* **1.** Atem(zug) *m*: ***bad breath*** Mundgeruch *m*; ***in the same breath*** im gleichen Atemzug; ***under*** (*oder* ***below***) ***one's breath*** im Flüsterton, leise; ***be out of breath*** außer Atem sein; ***get one's breath back*** wieder zu Atem kommen; ***waste one's breath*** in den Wind reden **2.** *fig* Hauch *m*, Spur *f* **3.** *auch* ***breath of air*** Lufthauch *m*, Lüftchen *n*

breath·a·lys·er ['breθəlaɪzə] *s* MOT Alkoholtestgerät *n*, Röhrchen *n*

▶**breathe** [briːð] **I** *v/i* **1.** atmen: ***breathe in*** (***out***) ein-(aus)atmen **II** *v/t* **2.** atmen: ***breathe in*** (***out***) ein-(aus)atmen; → ***sigh*** II **3.** flüstern, hauchen

'**breath·er** *s ugs* Atem-, Verschnaufpause *f*: ***have*** (*oder* ***take***) ***a breather*** verschnaufen

'**breath·ing** *s* Atmen *n*, Atmung *f*: ***breathing space*** Atem-, Verschnaufpause *f*

breath·less ['breθlɪs] *Adj* atemlos (*auch fig*)

'**breath,tak·ing** *Adj* atemberaubend

breath test *s* mot. *Br* Alkoholtest *m*

bred [bred] *Prät und Part Perf von* ***breed***

breech·es ['brɪtʃɪz] *s Pl* (***a pair of*** eine) Kniebund-, Reithose *f*

▶**breed** [briːd] **I** *v/t* (*unreg*) **1.** *Tiere*, *Pflanzen* züchten **2.** *fig* hervorrufen, verursachen **II** *v/i* (*unreg*) **3.** sich fortpflanzen *oder* vermehren **III** *s* **4.** Rasse *f*, Zucht *f* **5.** Art *f*, (*Menschen-*) Schlag *m*

'**breed·er** *s* **1.** Züchter(in) **2.** Zuchttier *n* **3.** PHYS Brüter *m*: ***breeder reactor*** Brutreaktor *m*

'**breed·ing** *s* **1.** Fortpflanzung *f* **2.** Züchtung *f*, Zucht *f* **3.** Ausbildung *f*, Erziehung *f* **4.** (gutes) Benehmen, (gute) Manieren *Pl*

breeze [briːz] **I** *s* Brise *f* **II** *v/i ugs* schweben (*Person*): ***breeze in*** hereingeweht kommen

'**breez·y** *Adj* **1.** luftig, windig **2.** heiter, unbeschwert

breth·ren ['breðrən] *Pl von* ***brother*** 2

bre·vi·ar·y ['briːvjərɪ] *s* REL Brevier *n*

brev·i·ty ['brevətɪ] *s* Kürze *f*

brew [bruː] **I** *v/t* **1.** *Bier* brauen, *Tee etc auch* zubereiten **2.** *fig* aushecken, -brüten **II** *v/i* **3.** *fig* sich zs.-brauen, im Anzug sein (*Gewitter*, *Unheil*) **III** *s* **4.** Gebräu *n*

'**brew·er** *s* Brauer(in)

'**brew·er·y** *s* Brauerei *f*

brib·a·ble ['braɪbəbl] *Adj* bestechlich

bribe **I** *v/t* bestechen **II** *s* Bestechungsgeld *n*, -geschenk *n*: ***accept*** (*oder* ***take***) ***bribes*** sich bestechen lassen

'**brib·er·y** *s* Bestechung *f*: ***open to bribery*** bestechlich

B

bric-a-brac ['brɪkəbræk] *s* Nippes *m*, Nippsachen *Pl*

▶**brick** [brɪk] **I** *s* **1.** Ziegel(stein) *m*, Backstein *m*: ***drop a brick*** *Br ugs* ins Fettnäpfchen treten **2.** *Br* Baustein *m*, (Bau)Klötzchen *n* (*für Kinder*) **3.** *ugs* Pfundskerl *m*, feiner Kerl **II** *v/t* **4.** ***brick up*** (*oder* ***in***) zumauern

'brickˌlay·er *s* Maurer(in)

brid·al ['braɪdl] *Adj* Braut…: ***bridal dress*** Braut-, Hochzeitskleid *n*

▶**bride** [braɪd] *s* Braut *f*: ***give away the bride*** die Braut zum Altar führen

▶**bride·groom** ['braɪdgrʊm] *s* Bräutigam *m*

brides·maid ['braɪdzmeɪd] *s* Brautjungfer *f*

▶**bridge**[1] [brɪdʒ] **I** *s* **1.** (SCHIFF *auch* Kommando)Brücke *f*: ***burn one's bridges*** (***behind one***) *fig* alle Brücken hinter sich abbrechen **2.** ***bridge of the nose*** ANAT Nasenrücken *m* **II** *v/t* **3.** eine Brücke schlagen über (*Akk*) **4.** *oft* ***bridge over*** ELEK überbrücken (*auch fig*)

bridge[2] [brɪdʒ] *s* Bridge *n* (*Kartenspiel*)

'bridg·ing loan *s* WIRTSCH Überbrückungskredit *m*

bri·dle ['braɪdl] **I** *s* **1.** Zaum(zeug *n*) *m*; Zügel *m* **II** *v/t* **2.** (auf)zäumen **3.** zügeln, im Zaum halten (*beide auch fig*) **III** *v/i* **4.** *oft* ***bridle up*** den Kopf zurückwerfen

brief [bri:f] **I** *Adj* **1.** kurz: ***be brief!*** fasse dich kurz! **2.** kurz angebunden (***with*** mit) **3.** knapp (*Bikini etc*) **II** *s* **4.** ***in brief*** kurz(um) **5.** JUR *Br* schriftliche Beauftragung und Information (*des Barristers durch den Solicitor*) zur Vertretung des Falles vor Gericht, *weit. S.* Mandat *n*: ***hold a brief for*** *j-n oder j-s Sache* vor Gericht vertreten; *fig* sich einsetzen für **6.** *Pl* → ***briefs*** **II** *v/t* **7.** *j-n* instruieren, *j-m* genaue Anweisungen geben **8.** JUR *Br Barrister* mit der Vertretung des Falles betrauen; *Anwalt* über den Sachverhalt informieren

'brief·case *s* Aktentasche *f*

brief·ness ['bri:fnɪs] *s* Kürze *f*

▶**briefs** [bri:fs] *s Pl* (***a pair of*** ein) Slip *m* (*kurze Unterhose*)

bri·gade [brɪ'geɪd] *s* MIL Brigade *f*

▶**bright** [braɪt] *Adj* **1.** hell, glänzend, leuchtend, strahlend **2.** heiter (*Wetter etc*) **3.** gescheit, hell **4.** günstig, vielversprechend (*Aussichten*)

'bright·en I *v/t oft* ***brighten up*** **1.** hell(er) machen, auf-, erhellen (*auch fig*) **2.** *j-n* fröhlich stimmen, aufheitern **II** *v/i* **3.** *oft* ***brighten up*** sich aufhellen (*Gesicht, Wetter etc*), aufleuchten (*Augen*)

'bright·ness *s* **1.** Helligkeit *f* (*auch* TV), Glanz *m*: ***brightness control*** Helligkeitsregelung *f* **2.** Heiterkeit *f* **3.** Gescheitheit *f*

brill [brɪl] *Adj Br ugs* super

bril·liance ['brɪljəns] *s* **1.** Leuchten *n*, Glanz *m*, Helligkeit *f* **2.** *fig* Brillanz *f*

'bril·liant I *Adj* **1.** leuchtend, glänzend, hell **2.** *fig* brillant **II** *s* **3.** Brillant *m*

brim [brɪm] **I** *s* **1.** Rand *m* (*bes eines Gefäßes*): ***full to the brim*** randvoll **2.** (Hut-)Krempe *f* **II** *v/i* **3.** voll sein: ***brim over*** übervoll sein (***with*** von) (*auch fig*); überfließen (***with*** von) (*auch fig*)

brine [braɪn] **I** *s* **1.** Sole *f*; Lake *f* **2.** Salzwasser *n* **II** *v/t* **3.** (ein)salzen

▶**bring** [brɪŋ] *v/t* (*unreg*) **1.** (mit-, her)bringen: ***what brings you here?*** was führt Sie zu mir?; → ***bacon, home*** 10, ***light***[1] 1e **2.** *Gewinn etc* (ein)bringen **3.** nach sich ziehen, bewirken **4.** *j-n* dazu bringen *oder* bewegen (***to do*** zu tun): ***I can't bring myself to do it*** ich kann mich nicht dazu durchringen(, es zu tun)

◆**bring a·bout** *v/t* **1.** zustande bringen **2.** bewirken, verursachen

◆**bring a·long** *v/t* mitbringen

◆**bring back** *v/t* **1.** zurückbringen **2.** *Erinnerungen* wachrufen (***of*** an *Akk*); **3.** ***bring back to life*** *j-n* wieder zu(m) Bewusstsein bringen; (*auch* ***bring back to health***) *j-n* wieder gesund machen

◆**bring down** *v/t* **1.** herunterbringen **2.** *Regierung etc* zu Fall bringen, stürzen **3.** *Preis etc* herabsetzen **4.** ***bring down the house*** THEAT *etc ugs* stürmischen Beifall auslösen; Lachstürme entfesseln

◆**bring forth** *v/t* hervorbringen

◆**bring for·ward** *v/t* **1.** *Entschuldigung etc* vorbringen **2.** WIRTSCH *Betrag* übertragen **3.** *Versammlung etc* vorverlegen (***to*** auf *Akk*); *Uhr* vorstellen (***one hour*** um eine Stunde)

◆**bring in** *v/t* **1.** hereinbringen **2.** *Kapital, Gesetzesvorlage etc* einbringen **3.** → ***verdict***

◆**bring off** *v/t* zustande bringen

◆**bring on** *v/t* **1.** *bes Krankheit* verursachen **2.** in Gang bringen

◆**bring out** *v/t allg, auch Buch, Auto etc* herausbringen

◆**bring o·ver** *v/t* **1.** herüberbringen **2.** → ***bring round*** 3

◆**bring round** *v/t* **1.** her-, vorbeibringen **2. a)** *Ohnmächtigen* wieder zu sich bringen, **b)** *Kranken* wieder auf die Beine bringen **3.** *j-n* umstimmen, herumkriegen

◆**bring through** *v/t Kranken* durchbringen

◆**bring to** → ***bring round*** 2 a

▶**bring up** *v/t* **1.** heraufbringen **2.** *Kind* auf-, großziehen; erziehen: ***bring s.o. up to do s.th.*** j-n dazu erziehen, etw zu tun **3.** *etw* (er)brechen

brink [brɪŋk] *s* Rand *m* (*auch fig*): ***be on the brink of war*** am Rande eines Krieges stehen; ***bring s.o. to the brink of ruin*** j-n an den Rand des Ruins bringen

brin·y ['braɪnɪ] *Adj* salzig

brisk [brɪsk] *Adj* **1.** flott **2.** lebhaft, munter **3.** frisch (*Luft etc*)

bris·tle ['brɪsl] **I** *s* **1.** Borste *f*; (Bart)Stoppel *f* **II** *v/i* **2.** *auch* ***bristle up*** sich sträuben **3.** *auch* ***bristle up*** zornig werden **4.** strotzen, wimmeln (***with*** von)

'bris·tly *Adj* **1.** borstig; stopp(e)lig: ***bristly beard*** Stoppelbart *m* **2.** *fig* kratzbürstig

Brit [brɪt] **I** *s* Brite *m*, Britin *f* **II** *Adj* britisch

▶**Bri·tain** ['brɪtn] *Eigenn* Großbritannien *n*

Bri·tan·nia [brɪ'tænjə] *Eigenn poet* Britannien *n*

▶**Brit·ish** ['brɪtɪʃ] **I** *Adj* britisch **II** *s*: ▶ ***the British*** *Pl* die Briten *Pl*

'Brit·ish·er *s Am* Brite *m*, Britin *f*

Brit·on ['brɪtn] *s* Brite *m*, Britin *f*

brit·tle ['brɪtl] *Adj* **1.** spröde, zerbrechlich **2.** brüchig (*Metall etc*) (*auch fig*)

broach [brəʊtʃ] *v/t* **1.** *Fass* anstechen **2.** *Thema* anschneiden

'B-road *s Br* Landstraße *f*

▶**broad** [brɔ:d] *Adj* (→ ***broadly***) **1.** breit **2.** weit, ausgedehnt **3.** → ***daylight*** **4.** weitreichend, weitgehend: ***in the broadest sense*** im weitesten Sinne **5.** → ***broad-minded*** **6.** derb; anstößig, schlüpfrig **7.** klar, deutlich: → ***hint*** 1 **8.** allgemein: ***in broad outline*** in großen Zügen, in groben Umrissen **9.** breit, stark (*Akzent*)

B

Britain or the UK

Im Deutschen sagt man oft „England", wenn man „Großbritannien" meint. Hier die genauen Definitionen der einschlägigen Begriffe:

englische Bezeichnung	Bedeutung / deutsche Entsprechung	deutsche Erklärung
England	England	größtes Land Großbritanniens
(Great) Britain	Großbritannien; oft im Deutschen etwas ungenau auch einfach als England bezeichnet	steht für das britische „Festland", also England, Schottland und Wales.
The United Kingdom, the UK	England, Schottland, Wales und Nordirland	*kurz für* **The United Kingdom of Great Britain and Northern Ireland** das Vereinigte Königreich (von Großbritannien und Nordirland)

Die gebräuchlichsten Ausdrücke der Alltagssprache für „Großbritannien" sind im Englischen **Britain und the UK.**
England ist aber nur ein Teil von Großbritannien, und die Schotten, Waliser und Nordiren sind nach ihrem Selbstverständnis keineswegs Engländer!

▶**broad·cast** ['brɔːdkɑːst] **I** *v/t* (*auch unreg*) **1.** *Nachricht* verbreiten, *pej* ausposaunen **2.** im Rundfunk *oder* Fernsehen bringen; übertragen **II** *v/i* (*auch unreg*) **3.** im Rundfunk *oder* Fernsehen auftreten **4.** senden **III** *s* **5.** RUNDFUNK, TV Sendung *f*; Übertragung *f*

'**broad·cast·er** *s* Rundfunk-, Fernsehsprecher (-in)

'**broad·cast·ing** **I** *s* **1.** → ***broadcast*** 5 **2.** Sendebetrieb *m* **3.** Rundfunk *m*, Fernsehen *n* **II** *Adj* **4.** Rundfunk..., Fernsehen...: ***broadcasting station*** Sender *m*

broad·en ['brɔːdn] **I** *v/t* verbreitern: ***broaden one's horizons*** (*oder* ***mind***) seinen Horizont erweitern **II** *v/i auch* ***broaden out*** sich verbreitern (***into*** zu), sich erweitern (*auch fig*)

broad jump *s Leichtathletik*: *Am* Weitsprung *m*

broad jump·er *s Am* Weitspringer(in)

broad·ly ['brɔːdlɪ] *Adv* **1.** *auch* ***broadly speaking*** allgemein (gesprochen) **2.** in großen Zügen

ˌ**broad-'mind·ed** *Adj* großzügig, tolerant

'**broad·side** *s* SCHIFF Breitseite *f* (*auch fig*)

bro·cade [brəʊ'keɪd] *s* Brokat *m*

broc·co·li ['brɒkəlɪ] *s Pl* (*bes* GASTR *mit Sg konstruiert*) BOT, GASTR Brokkoli *Pl*, *auch* Broccoli *Pl*

bro·chure ['brəʊʃə] *s* Broschüre *f*

brogue [brəʊg] *s* derber Straßenschuh

broil [brɔɪl] **I** *v/t* **1.** (auf dem Rost) braten, grillen **2.** ***get broiled*** vor Hitze fast umkommen **II** *v/i* **3.** ***be broiling in the sun*** in der Sonne schmoren **4.** vor Wut kochen

broke[1] [brəʊk] *Prät von* ***break***

broke[2] [brəʊk] *Adj ugs* pleite (*auch* WIRTSCH), abgebrannt: ***go broke*** pleitegehen

▶**bro·ken** ['brəʊkən] **I** *Part Perf von* ***break*** **II** *Adj* **1.** zerbrochen, entzwei, kaputt **2.** gebrochen (*auch fig*): ***a broken leg*** (***promise***, *etc*) **3.** unterbrochen, gestört: ***broken sleep*** **4.** (*seelisch oder körperlich*) gebrochen **5.** zerrüttet: ***broken marriage***; ***broken health***; ***broken home*** zerrüttete Familienverhältnisse *Pl* **6.** LING gebrochen: ***speak broken English*** gebrochen Englisch sprechen

bro·ker ['brəʊkə] *s* **1.** WIRTSCH Makler(in) **2.** Vermittler(in)

'**bro·ker·age** *s* Maklergebühr *f*

brol·ly ['brɒlɪ] *s Br ugs* (Regen)Schirm *m*

bro·mide ['brəʊmaɪd] *s* **1.** CHEM Bromid *n* **2.** *fig* Gemeinplatz *m*

bro·mine ['brəʊmiːn] *s* CHEM Brom *n*

bron·chi ['brɒŋkaɪ] *s Pl* ANAT Bronchien *Pl*

bron·chi·al ['brɒŋkjəl] *Adj* ANAT, MED Bronchial...

bron·chi·tis [brɒŋ'kaɪtɪs] *s* MED Bronchitis *f*

bronze [brɒnz] **I** *s* **1.** Bronze *f* **II** *Adj* **2.** bronzefarben **3.** Bronze...: ***Bronze Age*** Bronzezeit *f*; ***bronze medal*** Bronzemedaille *f*; ***bronze medal(l)ist*** Bronzemedaillengewinner(in)

brooch [brəʊtʃ] *s* Brosche *f*

brood [bruːd] **I** *s* Brut *f* (*auch fig pej*) **II** *v/t* ausbrüten (*auch fig*) **III** *v/i* brüten (*auch fig* ***on, over, about*** über *Dat*) **IV** *Adj* Brut...: ***brood hen***

'**brood·er** *s* Brutapparat *m*, -kasten *m*

brook [brʊk] *s* Bach *m*

▶**broom** [bruːm] *s* Besen *m*: ***a new broom sweeps clean*** neue Besen kehren gut

'**broom·stick** *s* Besenstiel *m*

Bros. *Abk* ***brothers*** Gebr., Gebrüder *Pl* (*in Firmenbezeichnungen*)

broth [brɒθ] *s* (Kraft-, Fleisch)Brühe *f*

broth·el ['brɒθl] *s* Bordell *n*

▶**broth·er** ['brʌðə] *s* **1.** Bruder *m*: ***brothers*** *Pl* ***and sisters*** *Pl* Geschwister *Pl*; ***Smith Brothers*** WIRTSCH Gebrüder Smith **2.** REL *Pl* ***brethren*** Bruder *m*

broth·er·hood ['brʌðəhʊd] *s* REL Bruderschaft *f*

▶**broth·er-in-law** ['brʌðərɪnlɔː] *Pl* '**broth·ers-in-law** *s* Schwager *m*

broth·er·ly ['brʌðəlɪ] *Adj* brüderlich

brought [brɔːt] *Prät und Part Perf von* ***bring***

brow [braʊ] *s* **1.** (Augen)Braue *f* **2.** Stirn *f* **3.** Miene *f*, Gesichtsausdruck *m*

'**brow·beat** *v/t* (*unreg* ***beat***) einschüchtern

▶**brown** [braʊn] **I** *Adj* braun: ***brown bread*** Misch-; Vollkorn-; Schwarzbrot *n*; ***brown paper*** Packpapier *n* **II** *s* Braun *n*: ***dressed in brown*** braun *oder* in Braun gekleidet **III** *v/t* *Haut etc* bräunen, *Fleisch etc* (an)bräunen **IV** *v/i* braun werden

brown·ie ['braʊnɪ] *s* **1.** Heinzelmännchen *n* **2.** (*Pfadfinderin*) Wichtel *m* **3.** GASTR Schokoladenkeks *m*

'**brown·ish** *Adj* bräunlich

'brown-nos·ing *s vulg* Arschkriecherei *f*
browse [braʊz] *v/i* **1.** *auch* **browse around** sich umsehen: **browse through a book** in einem Buch schmökern *oder* blättern; **browse in** (*oder* **around**) **a shop** (*bes Am* **store**) sich (unverbindlich) in einem Laden umsehen **2.** COMPUTER browsen, surfen: **browse on the web** im Web browsen, das Web durchsuchen **3.** grasen, weiden (*Vieh*)
'brows·er *s* IT Browser *m* (*Programm, das einem die Suche im Internet erleichtert*)
bruise [bruːz] **I** *v/t* **1.** sich *einen Körperteil* quetschen; *Früchte* anstoßen **II** *v/i* **2.** eine Quetschung *oder* einen blauen Fleck bekommen **III** *s* **3.** Quetschung *f*, blauer Fleck **4.** Druckstelle *f* (*auf Früchten*)
brunch [brʌntʃ] *s ugs* Brunch *m* (*spätes reichliches Frühstück*)
bru·nette [bruː'net] **I** *s* Brünette *f* **II** *Adj* brünett
▶**brush**[1] [brʌʃ] **I** *s* **1.** Bürste *f* **2.** Pinsel *m*: → **tar** II **3. give s.th. a brush** etw ab- *oder* ausbürsten **4.** MIL Scharmützel *n* (*auch fig*): **have a brush with s.o.** mit j-m aneinandergeraten **II** *v/t* **5.** bürsten: **brush one's teeth** sich die Zähne putzen; **brush aside** (*oder* **away**) zur Seite schieben, wegschieben; *fig* (mit einer Handbewegung) abtun, wegwischen; **brush away** (*oder* **off**) wegbürsten; **brush down** abbürsten; **brush off** *sl j-n* abwimmeln; *j-m* eine Abfuhr erteilen; **brush up** *Kenntnisse* aufpolieren, -frischen **6.** streifen, leicht berühren **III** *v/i* **7. brush past s.o.** j-n streifen *oder* leicht berühren; an j-m vorbeihuschen; an j-m (gerade noch) vorbeikommen
brush[2] [brʌʃ], *a* **'brush·wood** *s* Gestrüpp *n*, Unterholz *n*
brusque [bruːsk] *Adj* barsch, schroff
Brus·sels ['brʌslz] *Eigenn* Brüssel *n*
Brus·sels sprouts [ˌbrʌsl'spraʊts] *s Pl* BOT Rosenkohl *m*, *österr.* Kohlsprossen *Pl*
bru·tal ['bruːtl] *Adj* brutal
bru·tal·i·ty [bruː'tælətɪ] *s* Brutalität *f*
bru·tal·ize ['bruːtəlaɪz] *v/t* **1.** brutalisieren **2.** brutal behandeln
brute [bruːt] **I** *s* **1.** Vieh *n*, *fig auch* Untier *n*, Scheusal *n* **II** *Adj* **2.** brutal: **brute force** (*oder* **strength**) rohe Gewalt **3.** hirnlos, dumm
BSE [biːes'iː] *Abk* (= **bovine spongiform encephalopathy**) BSE *f*: **suspicion of BSE** BSE-Verdacht *m*
BSE crisis *s* BSE-Krise *f*
BSE spread *s* Verbreitung *f* von BSE
'B-side *s* B-Seite *f* (*einer Schallplatte*)
bub·ble ['bʌbl] **I** *s* **1.** (*Luft- etc*)Blase *f*: **bubble bath** Schaumbad *n*; **bubble butt** *sl* Knackarsch *m*; **bubble gum** Bubble-Gum *m*, Ballon-, Knallkaugummi *m* **2.** *fig* Seifenblase *f* **3.** *Am* Traglufthalle *f* **II** *v/i* **4.** sprudeln, brodeln (*kochendes Wasser etc*); sprudeln, perlen (*Sekt etc*); in Blasen aufsteigen (*Gas*): **bubble over** übersprudeln (*auch fig* **with** vor *Dat*)
'bub·bly I *Adj* **1.** sprudelnd **2.** *fig* temperamentvoll **II** *s* **3.** *bes Br ugs* Schampus *m*
buck[1] [bʌk] **I** *s* **1.** ZOOL Bock *m*, *eng. S.* Rehbock, *allg* Männchen *n* **2. pass the buck** *ugs* den Schwarzen Peter weitergeben; **pass the buck to s.o.** *ugs* j-m den Schwarzen Peter zuschieben **II** *v/i* **3.** bocken (*Pferd etc*) **4. buck up** *ugs* aufleben; sich ranhalten: **buck up!** Kopf hoch! **III** *v/t* **5. buck up** *ugs j-n* aufmuntern; *j-m* Dampf machen
buck[2] [bʌk] *s Am sl* Dollar *m*: **earn a fast buck** schnelles Geld machen
▶**buck·et** ['bʌkɪt] **I** *s* Eimer *m*, Kübel *m*: **kick the bucket** *ugs* den Löffel abgeben (*sterben*) **II** *v/t* schöpfen: **bucket out** ausschöpfen **III** *v/i*: **it's** (*oder* **the rain's**) **bucketing** (**down**) *Br ugs* es gießt wie aus *oder* mit Kübeln
buck·et·ful ['bʌkɪtfʊl] *s ein* Eimer *m* (voll)
buck·et seat *s* MOT Schalensitz *m*
buck·le ['bʌkl] **I** *s* **1.** Schnalle *f*, Spange *f* **II** *v/t* **2.** *auch* **buckle up** zu-, festschnallen: **buckle on** anschnallen **III** *v/i* **3. buckle down** *ugs* sich dahinterklemmen: **buckle down to a task** sich hinter eine Aufgabe klemmen
'buck·skin *s* Wildleder *n*
buck·wheat ['bʌkwiːt] *s* BOT Buchweizen *m*
bud [bʌd] **I** *s* Knospe *f*: **be in bud** knospen; **nip in the bud** *fig* im Keim ersticken **II** *v/i* knospen: **budding lawyer** angehender Jurist
Bud·dhism ['bʊdɪzəm] *s* Buddhismus *m*
'Bud·dhist I *s* Buddhist(in) **II** *Adj* buddhistisch
bud·dy ['bʌdɪ] *s bes Am ugs* Spezi *m*
budge [bʌdʒ] *meist neg* **I** *v/i* sich (von der Stelle) rühren: **budge from** *fig* von *etw* abrücken **II** *v/t* (vom Fleck) bewegen: **budge from** *fig j-n* abbringen von
bud·ger·i·gar ['bʌdʒərɪgɑː] *s* ORN Wellensittich *m*
budg·et ['bʌdʒɪt] *s* Budget *n*, Etat *m*: **budget-conscious** preisbewusst; **budget(-priced)** preisgünstig
'budg·et·a·ry *Adj* Budget…, Etat…
bud·gie ['bʌdʒɪ] *ugs* → **budgerigar**
buf·fa·lo ['bʌfələʊ] *Pl* **buf·fa·los, buf·fa·loes** *s* ZOOL Büffel *m*
buff·er ['bʌfə] *s* TECH Stoßdämpfer *m*; Puffer *m* (*auch* IT *und fig*); Prellbock *m* (*auch fig*)
buff·er state *s* POL Pufferstaat *m*
buff·er zone *s* MIL Pufferzone *f*
buf·fet[1] ['bʌfɪt] **I** *s* **1.** (Faust)Schlag *m*; Ohrfeige *f* **II** *v/t* **2.** *j-m* einen (Faust)Schlag versetzen; *j-m* eine Ohrfeige geben **3.** ankämpfen gegen
buf·fet[2] *s* **1.** ['bʌfɪt] Büfett *n*, Anrichte *f* **2.** ['bʊfeɪ] Büfett *n*, Theke *f*
buf·foon [bə'fuːn] *s* Possenreißer(in), Hanswurst *m* (*auch fig pej*)
bug [bʌg] **I** *s* **1.** ZOOL Wanze *f* (*auch ugs Minispion*); *bes Am allg* Insekt *n* **2.** *ugs* Bazillus *m*, *fig auch* Fieber *n*: **he got bitten by** (*oder* **he's got**) **the bug** ihn hats gepackt **3.** TECH *ugs* Defekt *m*, *Pl* Mucken *Pl* **4.** IT Programmierfehler *m*, Bug *m* **II** *v/t* **5.** *Am ugs j-n* wütend machen; *j-m* auf den Wecker fallen **6.** *ugs* Wanzen anbringen in (*Dat*)
'bug·bear *s* (Schreck)Gespenst *n*
bug·ger ['bʌgə] *vulg* **I** *s* Scheißkerl *m*; *allg* Kerl *m*: **poor bugger** armes Schwein **II** *v/t*: **bugger up** versauen: **buggered up** im Arsch **III** *v/i*: **bugger off** *Br* (*meist Imp*) sich verpissen
bug·gy® ['bʌgɪ] *s* **1.** MOT Buggy *m*; kleines Elektroauto: **golf buggy**® **2.** (zusammenklappbarer leichter) Kinder(sport)wagen, Buggy *m*
bug·house ['bʌghaʊs] *s Am ugs* Klapsmühle *f*
bu·gle ['bjuːgl] *s* (Wald-, Jagd)Horn *n*; MIL Signalhorn *n*: **bugle call** Hornsignal *n*
▶**build** [bɪld] **I** *v/t* (*unreg*) **1.** bauen: **a)** errichten, **b)** herstellen: **build in(to)** einbauen (in *Akk*) **2. build up** *Gelände* bebauen **3. build up** *Geschäft etc* aufbauen: **build up a reputation** sich einen Namen machen **4. build up** *j-n* (*in der Presse etc*) aufbauen **5. build one's hope on** seine Hoffnung setzen auf (*Akk*) **II** *v/i* (*un-*

buggy oder trolley? SG

Buggy und **trolley** werden oft miteinander verwechselt:

buggy	Gefährt zum Transport von Personen, teilw. mit Motor
trolley	Gefährt zum Transport von Dingen
(baby) buggy	*Kinderwagen*: Sportwagen, Buggy
golf buggy	Golfwagen
beach buggy	Strandbuggy
luggage / baggage trolley	Kofferkuli
shopping *od* **supermarket trolley**	Einkaufswagen
trolley *od* **tea trolley**	Servierwagen *od* Teewagen

reg) **6.** bauen: ***be building*** im Bau sein **7.** *fig* bauen (***on*** auf *Akk*) **III** *s* **8.** Körperbau *m*, Statur *f*

'build·er *s* **1.** Erbauer(in) **2.** Bauunternehmer(in)

▶**build·ing** ['bɪldɪŋ] **I** *s* **1.** Bauwesen *n* **2.** Gebäude *n*, Bau(werk *n*) *m* **II** *Adj* **3.** Bau…: ***building contractor*** → ***builder*** 2; ***building freeze*** Baustopp *m*; ***building industry*** Baugewerbe *n*, -wirtschaft *f*; ***building site*** Baustelle *f*; ***building society*** *Br* Bausparkasse *f*

built [bɪlt] *Prät und Part Perf von* ***build***

ˌbuilt-'in *Adj* eingebaut, Einbau…

ˌbuilt-'up *Adj*: ***built-up area*** bebautes Gelände *oder* Gebiet; (*Verkehr*) geschlossene Ortschaft

▶**bulb** [bʌlb] *s* **1.** BOT Knolle *f*, Zwiebel *f* **2.** ELEK Glühbirne *f*

'bulb·ous *Adj* knollenförmig: ***bulbous nose*** Knollennase *f*

Bul·gar·ia [bʌl'geərɪə] *Eigenn* Bulgarien *n*

Bul·gar·i·an [bʌl'geərɪən] **I** *s* **1.** Bulgare *m*, Bulgarin *f* **2.** LING Bulgarisch *n* **II** *Adj* **3.** bulgarisch

bulge [bʌldʒ] **I** *s* **1.** (Aus)Bauchung *f*, Ausbuchtung *f* **2.** *fig* (rapide) Zunahme **II** *v/i* **3.** *auch* ***bulge out*** sich (aus)bauchen, hervorquellen (*auch Augen*) **III** *v/t* **4.** *Backen* aufblähen **5.** *Taschen etc* vollstopfen (***with*** mit)

bu·lim·ia [buː'lɪmɪə] *s* MED Bulimie *f*

bulk [bʌlk] *s* **1.** Umfang *m*, Größe *f*, Masse *f* **2.** Großteil *m*, Mehrheit *f* **3.** ***in bulk*** WIRTSCH lose, unverpackt; en gros

'bulk·y *Adj* **1.** massig **2.** unhandlich, sperrig: ***bulky refuse*** Sperrmüll *m*

▶**bull** [bʊl] **I** *s* **1.** ZOOL Bulle *m*, (Zucht)Stier *m*: ***take the bull by the horns*** *fig* den Stier bei den Hörnern packen; ***like a bull in a china shop*** wie ein Elefant im Porzellanladen; → ***shoot*** 5a **2.** WIRTSCH Haussespekulant(in) **II** *v/i* **3.** WIRTSCH auf Hausse spekulieren

'bull·dog *s* ZOOL Bulldogge *f*

'bull·doze *v/t* **1.** planieren **2.** *ugs* einschüchtern; zwingen (***into doing*** zu tun)

'bull·doz·er *s* TECH Bulldozer *m*, Planierraupe *f*

bul·let ['bʊlɪt] *s* (*Gewehr-*, *Pistolen*)Kugel *f*

bul·le·tin ['bʊlətɪn] *s* **1.** Bulletin *n*: **a)** Tagesbericht *m*, **b)** MED Krankenbericht *m*, **c)** offizielle Bekanntmachung: ***bulletin board*** *Am* Schwarzes Brett **2.** Mitteilungsblatt *n*

'bul·let·proof *Adj* kugelsicher: ***bulletproof glass*** Panzerglas *n*

bul·let wound *s* Schusswunde *f*, -verletzung *f*

'bull·fight *s* Stierkampf *m*

'bullˌfight·er *s* Stierkämpfer(in)

bul·lion ['bʊljən] *s* Barren *m*

bull·ish ['bʊlɪʃ] *Adj* WIRTSCH Hausse…

bull·ock ['bʊlək] *s* ZOOL Ochse *m*

'bull·ring *s* Stierkampfarena *f*

bull's-eye ['bʊlzaɪ] *s* **1.** ARCHI, SCHIFF Bullauge *n* **2.** Zentrum *n*, *das* Schwarze (*einer Zielscheibe*): ***hit the bull's-eye*** ins Schwarze treffen (*auch fig*)

'bull·shit *s vulg* Scheiß *m*: ***talk bullshit*** Scheiß reden

bull ter·ri·er *s* ZOOL Bullterrier *m*

bul·ly ['bʊlɪ] **I** *s* brutaler *oder* tyrannischer Kerl **II** *v/t* tyrannisieren, schikanieren, *Kollegen* mobben: ***bully about*** (*oder* ***around***) *j-n* herumkommandieren **III** *Adj und Interj ugs* prima: ***bully for you!*** na und?; *iron* gratuliere!

bul·wark ['bʊlwək] *s* Bollwerk *n*

bum[1] [bʌm] *s bes Br ugs* Hintern *m*

bum[2] [bʌm] *bes Am ugs* **I** *s* **1.** Gammler(in); Tippelbruder *m*, -schwester *f* **2.** Schnorrer(in), Nassauer(in) **3.** Saukerl *m* **II** *v/i* **4.** *meist* ***bum about*** (*oder* ***around***) herumgammeln **5.** schnorren, nassauern (***off*** bei) **6.** tippeln (***through*** durch) **III** *Adj* **7.** mies; kaputt

bum·ble·bee ['bʌmblbiː] *s* Hummel *f*

bump [bʌmp] **I** *v/t* **1.** (heftig) stoßen **2.** mit *etw* rennen (***against*** gegen), *etw* rammen, auf *ein Auto* auffahren **3.** ***bump off*** *ugs* umlegen (*umbringen*) **II** *v/i* **4.** (***against, into***) stoßen, prallen (gegen, an *Akk*), zs.-stoßen (mit): ***bump into*** *fig j-n* zufällig treffen **5.** rumpeln, holpern (*Fahrzeug*) **III** *s* **6.** heftiger Ruck *oder* Stoß **7.** Beule *f* **8.** Unebenheit *f*

bump·er[1] ['bʌmpə] **I** *s* etw Riesiges **II** *Adj* riesig: ***bumper crop*** Rekordernte *f*

bump·er[2] ['bʌmpə] *s* **1.** MOT Stoßstange *f* **2.** BAHN etc *Am* Puffer *m*

bump·er car *s* (Auto)Skooter *m*

bump·er stick·er *s* Autoaufkleber *m*

bump·kin ['bʌmpkɪn] *s auch* ***country bumpkin*** *pej* Bauer *m*, Provinzler(in)

bump start *s Br* Anschieben *n*

'bump-start *v/t Br Auto* anschieben

bump·tious ['bʌmpʃəs] *Adj ugs* aufgeblasen, wichtigtuerisch

bump·y ['bʌmpɪ] *Adj* **1.** holp(e)rig, uneben **2.** unruhig (*Flug*)

bun [bʌn] *s* **1.** süßes Brötchen: ***she has a bun in the oven*** *ugs* bei ihr ist was unterwegs **2.** (Haar)Knoten *m*

bunch [bʌntʃ] **I** *s* **1.** Bündel *n*, Bund *n*: ***bunch of flowers*** Blumenstrauß *m*; ***bunch of grapes*** Weintraube *f*; ***bunch of keys*** Schlüsselbund *m*, *n* **2.** *ugs* Verein *m*, Haufen *m* **II** *v/t* **3.** *auch* ***bunch up*** bündeln **III** *v/i* **4.** *oft* ***bunch up*** (*oder* ***together***) Grüppchen *oder* Haufen bilden

bun·combe *bes Am* → ***bunkum***

bun·dle ['bʌndl] **I** *s* **1.** Bündel *n*, Bund *n* **2.** *ugs* (*Energie-*, *Nerven- etc*)Bündel *n* **II** *v/t* **3.** *oft* ***bundle up*** bündeln **4.** stopfen (***into*** in *Akk*) **5.** *meist* ***bundle off*** eilig *oder* ohne viel Federlesens fortschaffen **III** *v/i* **6.** *meist* ***bundle off*** sich packen *oder* eilig davonmachen

bung [bʌŋ] **I** *s* **1.** **a)** Spund(zapfen) *m*, **b)** →

bunghole II *v/t* **2.** *Fass* verspunden **3.** *meist* **bung up** *ugs* *Öffnung etc* verstopfen: **my nose is bunged up** meine Nase ist zu

bun·ga·low ['bʌŋgələʊ] *s* Bungalow *m*

bun·gee jump·ing ['bʌndʒɪˌdʒʌmpɪŋ] *s* Bungeejumping *n*

'bung·hole *s* Spundloch *n*

bun·gle ['bʌŋgl] **I** *v/i* pfuschen **II** *v/t* verpfuschen **III** *s* Pfusch(arbeit *f*) *m*

'bun·gler *s* Pfuscher(in)

'bun·gling *Adj* stümperhaft

bunk¹ [bʌŋk] *s* SCHIFF Koje *f*

bunk² [bʌŋk] *ugs* → **bunkum**

bunk³ [bʌŋk] *s*: **do a bunk** *Br ugs* verduften, türmen

bunk bed *s* Etagenbett *n*

bunk·er ['bʌŋkə] *s* SCHIFF, MIL Bunker *m*

bun·kum ['bʌŋkəm] *s* Blödsinn *m*, Gewäsch *n*

bun·ny ['bʌnɪ] *s* Häschen *n* (*auch ugs attraktives Mädchen*)

buoy [bɔɪ] **I** *s* **1.** SCHIFF Boje *f*, Bake *f* **2.** Rettungsring *m* **II** *v/t* **3.** *meist* **buoy up** *fig* Auftrieb geben (*Dat*)

buoy·an·cy ['bɔɪənsɪ] *s* **1.** PHYS Schwimm-, Tragkraft *f* **2.** FLUG Auftrieb *m* **3.** *fig* Spannkraft *f*; Schwung *m*

'buoy·ant *Adj* **1.** federnd (*Schritt*) **2.** schwungvoll, beschwingt **3.** WIRTSCH fest (*Markt, Preis*), rege (*Handel*)

bur [bɜː] *s* BOT Klette *f* (*auch fig*)

bur·den ['bɜːdn] **I** *s* Last *f*, *fig auch* Bürde *f*: **burden of proof** JUR Beweislast; **be a burden to** (*oder* **on**) **s.o.** j-m zur Last fallen **II** *v/t* belasten (*auch fig*): **burden s.o. with s.th.** j-m etw aufbürden

bur·den·some ['bɜːdnsəm] *Adj* lästig, beschwerlich

bu·reau ['bjʊərəʊ] *Pl* **bu·reaus**, **bu·reaux** ['bjʊərəʊz] *s* **1.** *Br* Schreibtisch *m*, -pult *n* **2.** *Am* (*bes* Spiegel)Kommode *f* **3.** Büro *n* **4.** Auskunfts- *oder* Vermittlungsstelle *f*

bu·reauc·ra·cy [bjʊə'rɒkrəsɪ] *s* Bürokratie *f*

bu·reau·crat ['bjʊərəkræt] *s* Bürokrat(in)

ˌbu·reau'crat·ic *Adj* (**bureaucratically**) bürokratisch

bu·reauc·ratize [bjʊə'rɒkrətaɪz] *v/t* bürokratisieren

burg·er ['bɜːgə] *s* GASTR Hamburger *m*

▸**bur·glar** ['bɜːglə] *s* Einbrecher(in): **we had burglars** bei uns wurde eingebrochen; **burglar alarm** Alarmanlage *f*

bur·glar·ize ['bɜːgləraɪz] *Am* → **burgle**

'bur·glar·proof *Adj* einbruch(s)sicher

bur·gla·ry ['bɜːglərɪ] *s* Einbruch *m*

bur·gle ['bɜːgl] *v/t und v/i* einbrechen (in *Akk oder Dat*): **he was burgled** bei ihm wurde eingebrochen

bur·i·al ['berɪəl] *s* Begräbnis *n*, Beerdigung *f*

bur·i·al ground *s* Friedhof *m*

bur·i·al place *s* Grabstätte *f*

bur·i·al ser·vice *s* Trauerfeier *f*

bur·lesque [bɜː'lesk] **I** *Adj* burlesk, possenhaft **II** *s* Burleske *f*, Posse *f*

bur·ly ['bɜːlɪ] *Adj* stämmig

Bur·ma ['bɜːmə] *Eigenn* Birma *n*

▸**burn** [bɜːn] **I** *s* **1.** verbrannte Stelle **2.** MED Verbrennung *f*, Brandwunde *f* **II** *v/i* (*auch unreg*) **3.** *allg* brennen (*Feuer, Licht, Haus, Wunde etc*): **burn down** ab-, niederbrennen **4.** *fig* brennen (**with** vor *Dat*): **burning with anger** wutentbrannt; **be burning to do s.th.** darauf brennen, etw zu tun **5.** ver-, anbrennen (*Speise etc*) **III** *v/t* (*auch unreg*) **6.** verbrennen: **burn down** ab-, niederbrennen; **his house was burnt** sein Haus brannte ab; **be burnt to death** verbrennen; → **boat** 1, **bridge¹** 1, **candle** **7.** verbrennen, -sengen, *Speise* anbrennen (lassen): **burn one's fingers** sich die Finger verbrennen (*auch fig*) **8.** *Ziegel, Porzellan etc* brennen

'burn·er *s* Brenner *m* (*Person und Gerät*)

'burn·ing *Adj* brennend (*auch fig*): **take a burning interest in** brennend interessiert sein an (*Dat*); **burning sensation** MED Brennen *n*

bur·nish ['bɜːnɪʃ] *v/t* polieren

Burns' Night

LK

Am 25. Januar feiern die Schotten in aller Welt den Geburtstag ihres Nationaldichters **Robert („Rabbie") Burns** (1759–96). Dazu wird **haggis** mit Kartoffelbrei und Pastinaken gegessen, es wird eine Auswahl seiner Gedichte vorgetragen, meist gibt es einen Dudelsackspieler, und nach dem Essen wird getanzt.

burnt [bɜːnt] **I** *Prät und Part Perf von* **burn** **II** *Adj*: **burnt almonds** *Pl* gebrannte Mandeln *Pl*

burp [bɜːp] *ugs* **I** *v/i* rülpsen, aufstoßen, (*Baby*) ein Bäuerchen machen **II** *s* Rülpser *m*, Bäuerchen *n*

burr → **bur**

bur·row ['bʌrəʊ] **I** *s* (*Fuchs- etc*)Bau *m* **II** *v/i* (**into**) sich eingraben (in *Akk*); *fig* sich vertiefen (in *Akk*)

▸**burst** [bɜːst] **I** *v/i* (*unreg*) **1.** bersten (*Eis etc*), (zer)platzen (*Luftballon etc*): **burst (open)** aufplatzen (*Wunde etc*), aufspringen (*Tür etc*); → **seam** 1 **2.** explodieren **3.** *fig* ausbrechen (**into** in *Akk*): **burst into tears** in Tränen ausbrechen; **burst into flame(s)** in Flammen aufgehen **4.** **burst out** *fig* herausplatzen **5.** **burst with** zum Bersten voll sein von; *fig* strotzen vor (*Dat*) *oder* von; *fig* platzen vor (*Dat*) **6.** **burst in (out)** herein- (hinaus)stürmen; **burst into sight** (*oder* **view**) plötzlich sichtbar werden **II** *v/t* (*unreg*) **7.** (auf)sprengen, zum Platzen bringen: **burst open** aufbrechen; **the car burst a tire** (*bes Br* **tyre**) ein Reifen am Wagen platzte **III** *s* **8.** Bersten *n*, Platzen *n* **9.** Explosion *f* **10.** *fig* Ausbruch *m*: **burst of applause** Beifallssturm *m*; **burst of laughter** Lachsalve *f* **11.** *auch* **burst of fire** Feuerstoß *m*, Salve *f*

▸**bur·y** ['berɪ] *v/t* **1.** begraben: **a)** beerdigen, **b)** verschütten, **c)** *Streit etc* vergessen: **bury o.s. in** sich vertiefen in (*Akk*); **buried in thought** gedankenversunken **2.** ver-, eingraben, ELEK, TECH in die Erde verlegen: → **hatchet**

▸**bus** [bʌs] *Pl* **bus·es**, **bus·ses** *s* (Omni-, Auto)Bus: → **miss²** 1

bus boy *s bes Am* Hilfskellner *m*, Abräumer *m*

▸**bush¹** [bʊʃ] *s* **1.** Busch *m*, Strauch *m*: **beat about** (*oder* **around**) **the bush** *fig* wie die Katze um den heißen Brei herumgehen, um die Sache herumreden **2.** Gebüsch *n* **3.** Busch *m*; Waldland *n*

bush² [bʊʃ] *s* TECH Buchse *f*

bush·el ['bʊʃl] *s* Bushel *m*, Scheffel *m* (*Br 36,37 l, Am 35,24 l*): → **light¹** 1d

bush·y ['bʊʃɪ] *Adj* buschig

bush: Tipps zur Aussprache

AS

⚠ In folgenden Wörtern wird das **u** nicht [ʌ] ausgesprochen wie in **but**, sondern [ʊ] wie im deutschen **Mutter**:

bull	[bʊl]	Bulle
bullet	['bʊlɪt]	Kugel
bush	[bʊʃ]	Busch
butcher	['bʊtʃə]	Fleischer(in)
cushion	['kʊʃn]	Kissen
pudding	['pʊdɪŋ]	Nachspeise
pull	[pʊl]	ziehen
push	[pʊʃ]	stoßen
put	[pʊt]	legen, setzen, stellen

▶**busi·ness** ['bɪznəs] *s* **1.** Geschäft *n*, Beruf *m*, Tätigkeit *f*: ***on business*** geschäftlich, beruflich **2.** WIRTSCH Geschäft(sgang *m*) *n*: ***how is business?*** wie gehen die Geschäfte? **3.** WIRTSCH Geschäft *n*, Unternehmen *n* **4.** Arbeit *f*, Beschäftigung *f*: ***business before pleasure*** erst die Arbeit, dann das Vergnügen; → ***mix*** 2 **5.** Sache *f*, Aufgabe *f*: ***make it one's business to do s.th.*** es sich zur Aufgabe machen, etw zu tun **6.** Angelegenheit *f*, Sache *f*: ***get down to business*** zur Sache kommen; ***that's none of your business*** das geht Sie nichts an; ***send s.o. about his business*** j-m heimleuchten; → ***mean***³ 1, ***mind*** 8 **7.** Anlass *m*, Berechtigung *f*: ***have no business doing*** (*oder* ***to do***) ***s.th.*** kein recht haben, etw zu tun **8.** Geschäft *n*

business

GR

Im übertragenen Sinne wird **business** nur im Singular und ohne **a** benutzt:

Business is booming.	Das Geschäft erlebt / die Geschäfte erleben einen Aufschwung.
aber:	
He runs a small printing business.	Er betreibt eine kleine Druckerei.
Several businesses have gone bankrupt.	Mehrere Betriebe haben Bankrott gemacht.

(*Notdurft*): ***do one's business*** sein Geschäft erledigen *oder* machen

busi·ness ad·dress *s* Geschäftsadresse *f*

busi·ness hours *s Pl* Geschäftsstunden *Pl*, -zeit *f*: ***after business hours*** nach Geschäftsschluss

busi·ness let·ter *s* Geschäftsbrief *m*

'busi·ness·like *Adj* sachlich, nüchtern

busi·ness lunch *s* Geschäftsessen *n*

▶**busi·ness·man** ['bɪznəsmæn] *s* (*unreg* ***man***) Geschäftsmann *m*

'busi·ness,peo·ple *s Pl* Geschäftsleute *Pl*

busi·ness trip *s* Geschäftsreise *f*

▶**busi·ness·wom·an** ['bɪznəs,wʊmən] *s* (*unreg* ***woman***) Geschäftsfrau *f*

busi·ness year *s* WIRTSCH Geschäftsjahr *n*

bus·ker ['bʌskə] *s Br* Straßenmusikant(in); -sänger(in)

bus lane *s* Busspur *f*

'bus·man [-mən] *s* (*unreg* ***man***) (Omni)Busfahrer *m*: ***busman's holiday*** *Urlaub, der mit der üblichen Berufsarbeit verbracht wird*

bus ser·vice *s* Busverbindung *f*

bus shelt·er *s* Wartehäuschen *n*

▶**bus stop** ['bʌsstɒp] *s* Bushaltestelle *f*

bust¹ [bʌst] *s* Büste *f*

bust² [bʌst] *ugs* **I** *v/i* (*auch unreg*) **1.** kaputtgehen **2.** pleitegehen **II** *v/t* (*auch unreg*) **3.** kaputt machen **III** *s* **4.** Pleite *f*, *auch weit. S.* Reinfall *m* **IV** *Adj* **5.** kaputt **6.** pleite: ***go bust*** *siehe* 2

bus·tle ['bʌsl] **I** *v/i* **1.** *auch* ***bustle about*** (*oder* ***around***) geschäftig hin und her eilen **2.** sich beeilen; eilen, hasten **3.** ***the streets were bustling with activity*** auf den Straßen herrschte geschäftiges Treiben **II** *s* **4.** Geschäftigkeit *f*; geschäftiges Treiben

'bus·tling *Adj* **1.** geschäftig **2.** belebt (*Straße etc*)

▶**bus·y** ['bɪzɪ] **I** *Adj* **1.** beschäftigt: ***be busy doing s.th.*** damit beschäftigt sein, etw zu tun **2.** geschäftig, fleißig: ***get busy!*** an die Arbeit!; → ***bee*** **3.** *Straße etc*: belebt; verkehrsreich **4.** arbeitsreich (*Tag etc*) **5.** übereifrig, aufdringlich **6.** TEL *bes Am* besetzt: ***busy signal*** Besetztzeichen *n* **II** *v/t* **7.** (***o.s.*** sich) beschäftigen (***with*** mit): ***busy o.s. doing s.th.*** sich damit beschäftigen, etw zu tun

'bus·y,bod·y *s jemand, der sich in alles einmischt*

▶**but** [bʌt] **I** *Konj* **1.** aber, jedoch: ***but then*** (***again***) and(e)rerseits **2.** sondern: ***not only … but also*** nicht nur …, sondern auch **3.** als, außer: ***but for*** ohne; ***but for my parents*** wenn

Ausdrücke mit obligatorischem Gerund

GR

In einer Reihe von Ausdrücken erscheint immer die **-ing**-Form, so z. B. bei:

be busy doing s.th.	damit beschäftigt sein, etw zu tun
I can't help doing s.th.	ich kann nichts dafür, dass ich …
I can't stand doing s.th.	ich kann es nicht ausstehen, etw zu tun
I don't mind doing s.th.	es macht mir nichts aus, etw zu tun / wenn ich etw tue
it's (good / great) fun doing s.th.	es macht (großen / riesigen) Spaß, etw zu tun
it's no use / good doing s.th.	es hat keinen Sinn / Zweck, etw zu tun
it's worth / worthwhile doing s.th.	es lohnt sich, etw zu tun
thanks / thank you for doing s.th.	vielen Dank dafür, dass du / Sie etw tust / tun
What's the point in doing s.th.?	Was hat es für einen Sinn, etw zu tun?

meine Eltern nicht (gewesen) wären **II** *Präp* **4.** außer: ***nothing but*** nichts als, nur; ***the last but one*** (***two***) der Vorletzte (Drittletzte); → ***anything*** 2 **5.** ***all but*** fast, beinahe **III** *s* **6.** ***no buts about it*** kein Aber; → ***if*** 4

bu·tane ['bjuːteɪn] *s* CHEM Butan *n*

▶**butch·er** ['bʊtʃə] **I** *s* **1.** Fleischer(in), Metzger(in), *österr.* Fleischhauer(in): ***at the butcher's*** beim Fleischer **II** *v/t* **2.** schlachten **3.** abschlachten, niedermetzeln

'butch·er·y *s* **1.** Fleischer-, Metzgerhandwerk *n* **2.** Gemetzel *n*

but·ler ['bʌtlə] *s* Butler *m*

butt [bʌt] **I** *s* **1.** (*Gewehr- etc*)Kolben *m* **2.** (*Zigarren-, Zigaretten-, Kerzen-*)Stummel *m*, (*Zigaretten*)Kippe *f* **3.** *fig* Zielscheibe *f* **4.** Kopfstoß *m*; Stoß mit den Hörnern **II** *v/t* **5.** *j-m* einen Kopfstoß *oder* einen Stoß mit den Hörnern versetzen **6.** *Zigarre, Zigarette* ausdrücken **III** *v/i* **7.** ***butt in*** *ugs* sich einmischen: ***butt in on, butt into*** sich einmischen in (*Akk*)

▶**but·ter** ['bʌtə] **I** *s* **1.** Butter *f*: ***he looks as if butter would not melt in his mouth*** er sieht aus, als könnte er nicht bis drei zählen *oder* als könnte er kein Wässerchen trüben **II** *v/t* **2.** mit Butter bestreichen **3.** ***butter up*** *ugs j-m* schöntun, *j-m* Honig ums Maul schmieren

but·ter dish *s* Butterdose *f*, -schale *f*

'but·terˌfin·gered *Adj ugs* tollpatschig

'but·terˌfin·gers *Pl* **butterˌfin·gers** *s ugs* Tollpatsch *m*

▶**but·ter·fly** ['bʌtəflaɪ] *s* **1.** ZOOL Schmetterling *m*: ***have butterflies in one's stomach*** *ugs* ein flaues Gefühl in der Magengegend haben **2.** *auch* ***butterfly stroke*** (*Schwimmen*) Schmetterlingsstil *m*

'but·ter·milk *s* Buttermilch *f*

but·ter moun·tain *s* Butterberg *m*

but·tock ['bʌtək] *s* ANAT Gesäßbacke *f*: ***buttocks*** *Pl* Gesäß *n*

▶**but·ton** ['bʌtn] **I** *s* **1.** (*Kleider-, auch Klingel- etc*)Knopf *m* **2.** (Ansteck)Plakette *f*, Abzeichen *n* **3.** ***buttons*** *Sg bes Br ugs* Hotelpage *m* **II** *v/t* **4.** *meist* ***button up*** zuknöpfen: ***buttoned up*** *ugs* zugeknöpft, zurückhaltend **III** *v/i* **5.** *hinten etc* geknöpft werden

'but·ton·hole *s* **1.** Knopfloch *n* **2.** *bes Br* Blume *f* im Knopfloch

but·ton mush·room *s* Champignon *m*

but·tress ['bʌtrɪs] **I** *s* **1.** ARCHI Strebe-, Stützpfeiler *m* **2.** *fig* Stütze *f* **II** *v/t auch* ***buttress up*** **3.** stützen **4.** *fig* (unter)stützen

bux·om ['bʌksəm] *Adj* drall

▶**buy** [baɪ] **I** *s* **1.** *ugs* Kauf *m*: ***a good buy*** **II** *v/t* (*unreg*) **2.** (ein)kaufen (***of, from*** von; ***at*** bei): ***buy s.th. from s.o.*** j-m etw abkaufen **3.** *Fahrkarte etc* lösen **4.** *fig Sieg etc* erkaufen (***with*** mit): ***dearly bought*** teuer erkauft **5.** *j-n* kaufen, bestechen **6.** *bes Am ugs etw* glauben: ***I won't buy that!*** das kauf ich dir *etc* nicht ab!

◆**buy back** *v/t* zurückkaufen

◆**buy in** *v/t* sich eindecken mit

◆**buy off** → ***buy*** 5

◆**buy out** *v/t Teilhaber etc* abfinden, auszahlen

◆**buy up** *v/t* aufkaufen

buy·er ['baɪə] *s* Käufer(in)

buzz [bʌz] **I** *v/i* summen, surren, schwirren: ***buzz off*** *ugs* (*meist Imp*) abschwirren, abhauen; ***buzz for*** *siehe* II a **II** *v/t* **a)** *j-n* mit dem Summer rufen, **b)** TEL *ugs j-n* anrufen

buz·zard ['bʌzəd] *s* ORN Bussard *m*

buzz·er ['bʌzə] *s* ELEK Summer *m*

'buzz·word *s* Modewort *n*

▶**by** [baɪ] **I** *Präp* **1.** *örtlich*: (nahe *oder* dicht) bei *oder* an (*Dat*), neben (*Dat*): ***side by side*** Seite an Seite **2.** vorbei *oder* vorüber an (*Dat*), an (*Dat*) … entlang **3.** *Verkehrsmittel*: per, mit: → ***air***[1] 1, *etc* **4.** *zeitlich*: bis um *oder* spätestens: ***be here by 4.30*** sei um 4 Uhr 30 hier; → ***now*** 1 **5.** *Tageszeit*: während, bei: → ***day*** 1, *etc* **6.** nach, …weise: ***sold by the yard*** yardweise verkauft; → ***hour*** 1, *etc* **7.** nach, gemäß: ***it is ten by my watch*** nach *oder* auf meiner Uhr ist es zehn **8.** von: → ***nature*** 2, ***trade*** 4 **9.** *Urheberschaft*: von, durch: ***a play by Shaw*** ein Stück von Shaw; → ***oneself*** 1 **10.** mithilfe von, mit, durch: ***by listening*** durch Zuhören; → ***force*** 1, 3, 4 **11.** *Größenverhältnisse*: um: (***too***) ***short by an inch*** um einen Zoll zu kurz **12.** MATHE **a)** mal: ***3 by 4***; ***the size is 9 feet by 6*** die Größe ist 9 auf 6 (*oder* 9 x 6) Fuß; → ***multiply*** 2, **b)** durch: ***6 by 2***; → ***divide*** 4, 6 **13.** an (*Dat*), bei: → ***root***[1], *etc* **II** *Adv* **14.** nahe: ***by and large*** im Großen und Ganzen; ***by and by*** bald, demnächst; nach und nach; → ***close*** 9, ***hard*** 13 **15.** vorbei, vorüber: → ***go by***, *etc* **16.** beiseite: → ***put by***, *etc*

by + Verkehrsmittel

GR

Bei Verbindungen aus **by** + Verkehrsmittel (als allgemeine Transportmöglichkeit) erscheint kein bestimmter Artikel:

Did you come by car or by bus?	Bist du mit dem Auto oder mit dem Bus gekommen?

by…, **bye…** Neben…, Seiten…

▶**bye** [baɪ] → ***bye-bye*** II

▶**bye-bye** **I** *s* ['baɪbaɪ]: ***go to bye-bye(s)*** in die Heia gehen; einschlafen **II** *Interj* [ˌbaɪ'baɪ] *ugs* Wiedersehen!, tschüss!, *österr.* servus!; TEL Wiederhören!

'by-efˌfect *s* Nebenwirkung *f*

'by-eˌlec·tion *s* Nachwahl *f*

Bye·lo·rus·sian [bɪeləʊ'rʌʃn] **I** *Adj* weißrussisch **II** *s* Weißrusse *m*, -russin *f*

'by·gone **I** *Adj* vergangen **II** *s*: ***let bygones be bygones*** lass(t) das Vergangene ruhen

'by·law *s bes Br* Ortsstatut *n*, städtische Verordnung

'by·pass *s* **1.** Umleitung *f*, Umgehungsstraße *f* **2.** MED Bypass *m*: ***bypass operation*** Bypass-operation *f*

'by-ˌprod·uct *s* Nebenprodukt *n* (*auch fig*)

'by·road *s* Seiten-, Nebenstraße *f*

'byˌstand·er *s* Umstehende *m*, *f*, Zuschauer(in)

byte [baɪt] *s* IT Byte *n*

'by·way → ***byroad***

'by·word *s* Inbegriff *m* (***for*** *Gen*): ***be a byword for*** stehen für, gleichbedeutend sein mit

C

C

C [siː] *Pl* **C's** *s* C *n*
cab [kæb] *s* **1.** Taxi *n*, Taxe *f* **2.** BAHN Führerstand *m*; Fahrerhaus *n* (*eines Lastkraftwagens*), (*auch eines Krans*) Führerhaus *n*
cab·a·ret ['kæbəreɪ] *s auch* ***cabaret show*** Varietédarbietungen *Pl* (*in einem Restaurant oder Nachtklub*)
▶**cab·bage** ['kæbɪdʒ] *s* BOT Kohl *m*
cab·bie, cab·by ['kæbɪ] *s bes Am ugs* Taxifahrer(in)
'cab͵driv·er *s bes Am* Taxifahrer(in)
cab·in ['kæbɪn] *s* **1.** Häuschen *n*, Hütte *f* **2.** SCHIFF Kabine *f*, Kajüte *f* **3.** FLUG Kabine *f* (*auch einer Seilbahn etc*)
cab·in class *s* SCHIFF Kabinen-, Kajütsklasse *f*
cab·in crew *s* FLUG Kabinenpersonal *n*
cab·in cruis·er *s* SCHIFF Kabinenkreuzer *m*
cab·in lug·gage *s* FLUG Handgepäck *n*, Kabinengepäck *n*
cab·i·net ['kæbɪnɪt] *s* **1.** *oft* **Cabinet** POL Kabinett *n* **2.** Vitrine *f* **3.** (*Büro-, Kartei- etc*) Schrank *m* **4.** (*Radio- etc*)Gehäuse *n*
▶**ca·ble** ['keɪbl] **I** *s* **1.** Kabel *n* (*auch* ELEK), (Draht)Seil *n* **2.** (Übersee)Telegramm *n* **II** *v/t* **3.** TV: *Gegend etc* verkabeln **4.** *j-m etw* telegrafieren; *j-n* telegrafisch benachrichtigen **5.** *j-m Geld* telegrafisch an- *oder* überweisen **III** *v/i* **6.** telegrafieren
ca·ble car *s Seilbahn*: Kabine *f*; Wagen *m*
ca·ble chan·nel *s* TV Kabelkanal *m*
ca·ble tel·e·vi·sion *s* Kabelfernsehen *n*
cab·man ['kæbmən] *s* (*unreg* ***man***) Taxifahrer *m*
ca·boo·dle [kə'buːdl] *s*: ***the whole caboodle*** *ugs* die ganze Chose
ca·boose [kə'buːs] *s* SCHIFF Kombüse *f*
cab rank *s Br* Taxistand *m*
cab·ri·o·let ['kæbrɪəleɪ] *s* MOT Cabrio(let) *n*, Kabrio(lett) *n*
'cab·stand *s Am* Taxistand *m*
cache [kæʃ] **I** *s* **1.** Versteck *n*, geheimes Lager **2.** COMPUTER Cache-Speicher *m* **II** *v/t* verstecken
cack·le ['kækl] **I** *v/i* gackern (*Huhn*), schnattern (*Gans*), *fig auch* gackernd lachen **II** *s* Gegacker *n*, Geschnatter *n*, *fig auch* gackerndes Lachen
cac·tus ['kæktəs] *Pl* **cac·ti** ['kæktaɪ], **cac·tus·es** *s* BOT Kaktus *m*
CAD [kæd] *Abk* (= ***computer-aided design***) CAD *n* (*computerunterstütztes Konstruieren*)
ca·dav·er·ous [kə'dævərəs] *Adj* leichenblass
cad·die ['kædɪ] *s Golf*: Caddie *m* (*Schlägerträger*)
cad·dy ['kædɪ] *s* (*bes* Tee)Büchse *f*, (-)Dose *f*
ca·dence ['keɪdəns] *s* **1.** (Vers-, Sprech)Rhythmus *m* **2.** MUS Kadenz *f*
ca·det [kə'det] *s* **1.** MIL Kadett *m* **2.** (*Polizei- etc*)Schüler(in): ***cadet nurse*** Schwesternschülerin *f*
cadge [kædʒ] *v/t und v/i* schnorren (***from*** bei)
'cadg·er *s* Schnorrer(in)
cad·mi·um ['kædmɪəm] *s* CHEM Kadmium *n*
cad·re ['kɑːdə] *s* WIRTSCH, MIL, POL Kader *m*
Cae·sar·e·an, *auch* **cae·sar·e·an** [siː'zeərɪən] **I** *Adj*: ***Caesarean section*** *siehe* II **II** *s* MED Kaiserschnitt *m*
ca·fé ['kæfeɪ] *s* **1.** Café *n* **2.** Restaurant *n* **3.** *Am* Kneipe *f*; Nachtklub *m*
caf·e·te·ri·a [͵kæfɪ'tɪərɪə] *s* Cafeteria *f*
caf·feine ['kæfiːn] *s* CHEM Koffein *n*
cage [keɪdʒ] **I** *s* **1.** Käfig *m* **2.** Kabine *f* (*eines Aufzugs*); BERGB Förderkorb *m* **II** *v/t* **3.** in einen Käfig sperren, einsperren
cage·y ['keɪdʒɪ] *Adj ugs* **1.** verschlossen **2.** vorsichtig **3.** *Am* gerissen, schlau
ca·goule [kə'guːl] *s* Windhemd *n*
cairn [keən] *s* Steinpyramide *f* (*zur Grenzmarkierung*)
ca·jole [kə'dʒəʊl] *v/t* **1.** *j-m* schmeicheln **2.** *j-n* beschwatzen (***into doing*** zu tun): ***cajole s.th. out of s.o.*** j-m etw abbetteln
▶**cake** [keɪk] **I** *s* **1.** Kuchen *m*, Torte *f*: ***go*** (*oder* ***sell***) ***like hot cakes*** weggehen wie die warmen Semmeln; ***you can't have your cake and eat it*** du kannst nur eines von beiden tun *oder* haben; → ***piece*** 1 **2.** Tafel *f Schokolade*, Riegel *m Seife* **II** *v/i* **3.** klumpen

cakes WF

cake	Kuchen
crumpet ['krʌmpɪt]	*kleiner Pfannkuchen, der getoastet und mit Butter (und Marmelade) gegessen wird*
Danish (pastry) ['peɪstrɪ])	Plunderstück (*süßes Blätterteiggebäck*)
flan	(Obst)Torte
gateau ['gætəʊ]	Sahnetorte
pie	1. *meist gedeckter* Obstkuchen 2. Pastete
scone [skɒn]	*kleiner, brotähnlicher Kuchen, der mit Butter bzw. extra dicker Sahne und Marmelade gegessen wird*
Swiss roll	Biskuitrolle
tart	1. Obstkuchen 2. Mürbeteigkuchen mit Marmeladen- oder Cremefüllung

⚠ „Keks" heißt auf Englisch **biscuit** bzw. *Am* **cookie / cooky.**

ca·lam·i·tous [kə'læmɪtəs] *Adj* verheerend, katastrophal
ca'lam·i·ty *s* **1.** Katastrophe *f*: ***calamity howler*** *bes Am* Schwarzseher(in), Panikmacher(in) **2.** Elend *n*, Misere *f*
cal·ci·fy ['kælsɪfaɪ] *v/t und v/i* verkalken

C

ˈcal·ci·um [ˈkælsɪəm] *s* CHEM Kalzium *n*
cal·cu·la·ble [ˈkælkjʊləbl] *Adj* **1.** berechen-, kalkulierbar: ***calculable risk*** kalkulierbares Risiko **2.** verlässlich
cal·cu·late [ˈkælkjʊleɪt] **I** *v/t* **1.** be-, ausrechnen: ***calculate that*** damit rechnen, dass **2.** *Preise, Entfernung etc* kalkulieren, *Chancen etc* abwägen **3.** *Am ugs* vermuten, glauben (***that*** dass) **II** *v/i* **4.** ***calculate on*** rechnen mit *oder* auf (*Akk*), zählen *oder* sich verlassen auf (*Akk*)
cal·cu·lat·ed *Adj* **1.** gewollt, beabsichtigt, (*Indiskretion*) gezielt, (*Beleidigung*) bewusst, (*Risiko*) kalkuliert **2.** gedacht, bestimmt (***for*** für; ***to do*** zu tun): ***it was calculated to impress*** es sollte Eindruck machen
ˈcal·cu·lat·ing *Adj* **1.** (kühl) überlegend; berechnend **2.** Rechen…: ***calculating machine***
ˌcal·cuˈla·tion *s* **1.** Berechnung *f* (*auch fig*), Ausrechnung *f*: ***be out in one's calculation*** sich verrechnet haben **2.** Kalkulation *f* **3.** Überlegung *f*: ***after much calculation*** nach reiflicher Überlegung
ˈcal·cu·la·tor *s* Rechner *m* (*Gerät*)
cal·cu·lus [ˈkælkjʊləs] *Pl* **cal·cu·li** [ˈkælkjʊlaɪ], **cal·cu·lus·es** *s* MATHE Rechnungsart *f*, (*Differenzial- etc*)Rechnung *f*: ***calculus of probabilities*** Wahrscheinlichkeitsrechnung
Cal·e·do·nia [ˌkælɪˈdəʊnjə] *Eigenn* Kaledonien *n* (*poet für Schottland*)
cal·en·dar [ˈkælɪndə] *s* **1.** (*eng. S.* Termin)Kalender *m*, *fig auch* Zeitrechnung *f* **2.** Liste *f*, Register *n*
▶**calf**[1] [kɑːf] *Pl* **calves** [kɑːvz] *s* **1.** Kalb *n* **2.** Kalb(s)leder *n*
calf[2] [kɑːf] *Pl* **calves** [kɑːvz] *s* ANAT Wade *f*
calf love *s ugs* jugendliche Schwärmerei
ˈcalf·skin → ***calf***[1] 2
cal·i·ber *Am* → ***calibre***
cal·i·brate [ˈkælɪbreɪt] *v/t* TECH kalibrieren, eichen
cal·i·bre [ˈkælɪbə] *s* Kaliber *n*, *fig auch* Format *n* (*eines Menschen*)
▶**call** [kɔːl] **I** *s* **1.** Ruf *m* (***for*** nach): ***call for help*** Hilferuf **2.** TEL Anruf *m*: ***give s.o. a call*** j-n anrufen; ***make a call*** telefonieren **3.** (Lock-) Ruf *m* (*eines Tiers*) **4.** *fig* Ruf *m* (*der Natur etc*) **5.** Berufung *f* (***to*** auf *einen Lehrstuhl*, an *eine Universität*, in *ein Amt*) **6.** Aufruf *m*: ***make a call for s.th.*** zu etw aufrufen **7.** THEAT Herausruf *m*, Vorhang *m* **8.** (kurzer) Besuch (***on s.o., at s.o.'s*** [***house***] bei j-m): ***make*** (*oder* ***pay***) ***a call on s.o.*** j-n besuchen, j-m einen Besuch abstatten **9.** WIRTSCH Zahlungsaufforderung *f*; Abruf *m*, Kündigung *f* (*von Geldern*) **II** *v/t* **10.** *j-n* (herbei)rufen, *Arzt etc* kommen lassen: → ***attention*** 1, ***being*** 1 **11.** zu *einem Streik etc* aufrufen **12.** *Versammlung etc* einberufen **13.** *j-n* wecken **14.** TEL anrufen **15.** *j-n* berufen (***to*** *siehe* 5) **16.** *j-n, etw* nennen: ▶ ***be called*** heißen; → ***spade***[1] **17.** nennen, bezeichnen (als): ***what do you call this?*** wie nennt man *oder* heißt das? **18.** nennen, finden, halten für: ***I call that stupid*** **19.** *j-n etw* schimpfen: ***he called me a fool*** **III** *v/i* **20.** rufen (*auch fig Pflicht etc*): ***call for*** um *Hilfe* rufen; nach *j-m, etw* rufen; *fig* erfordern **21.** einen (kurzen) Besuch machen (***on s.o., at s.o.'s*** [***house***] bei j-m): ***call on s.o.*** j-n besuchen, j-m einen Besuch abstatten; ***call for*** *etw* anfordern; *j-n, etw* abholen **22.** ***call on*** sich wenden an (*Akk*) (***for s.th.*** um etw, wegen einer Sache); *j-n* bitten (***to do*** zu tun) **23.** ***call at*** SCHIFF anlegen in (*Dat*), *Hafen* anlaufen; BAHN halten in (*Dat*); FLUG *Flughafen* anfliegen **24.** anrufen, telefonieren
◆**call a·way** *v/t* **1.** wegrufen (***from*** von) **2.** *Gedanken etc* ablenken (***from*** von)
◆**call back** **I** *v/t* **1.** *auch* TEL zurückrufen **2.** *defekte Autos etc* (in die Werkstatt) zurückrufen **II** *v/i* **3.** *auch* TEL zurückrufen **4.** noch einmal vorbeikommen
◆**call down** *v/t* **1.** *Segen etc* herabflehen, -rufen **2.** sich *j-s Zorn* zuziehen **3.** *Am ugs* zs.-stauchen (***for*** wegen)
◆**call forth** *v/t* hervorrufen, auslösen, *Fähigkeiten etc* wachrufen, wecken
◆**call in** **I** *v/t* **1.** hinein-, hereinrufen **2.** *Arzt etc* (hin)zuziehen, zurate ziehen **3.** *Schulden* einfordern, *Forderungen etc* einziehen **II** *v/i* **4.** (kurz) vorbeischauen (***on s.o., at s.o.'s*** [***house***] bei j-m)
◆**call off** *v/i* **1.** *j-n* (von seinem Posten) abberufen **2.** *Streik etc* absagen; abbrechen
◆**call out** **I** *v/t* **1.** ausrufen, *Namen etc* aufrufen **2.** *Polizei etc* aufbieten; alarmieren **3.** *Fähigkeiten etc* wachrufen, wecken **4.** zum Streik aufrufen **II** *v/i* **5.** rufen (***for*** um *Hilfe*)
◆**call o·ver** *v/t Namen, Liste etc* verlesen
◆**call up** *v/t* **1.** TEL anrufen **2.** *Erinnerungen etc* wachrufen, wecken **3.** MIL einberufen
ˈcall·back *s* Rückruf(aktion *f*) *m*
call box *s Br* Telefonzelle *f*
call·er [ˈkɔːlə] *s* **1.** Rufer(in) **2.** TEL Anrufer(in) **3.** Besucher(in) **4.** Abholer(in)
call·girl *s* Callgirl *n*
ˈcall-in *Am* → ***phone-in***
call·ing [ˈkɔːlɪŋ] *s* **1.** Beruf *m* **2.** *bes* REL Berufung *f*: ***have a calling to do s.th.*** sich berufen fühlen, etw zu tun
call·ing card *s Am* **1.** Visitenkarte *f* **2.** Telefonkarte *f*
cal·lis·then·ics [ˌkælɪsˈθenɪks] *s Pl* Gymnastik *f*
cal·lous [ˈkæləs] *Adj* **1.** schwielig **2.** *fig* abgestumpft, gefühllos (***to*** gegenüber)
ˈcall-up *s* MIL Einberufung *f*
cal·lus [ˈkæləs] *s* Schwiele *f*
ˈcall wait(ing) *s* TEL Anklopfen *n*
calm [kɑːm] **I** *s* **1.** Stille *f*, Ruhe *f* (*auch fig*): ***the calm before the storm*** **2.** Windstille *f* **II** *Adj* **3.** still, ruhig **4.** windstill **5.** *fig* ruhig, gelassen **III** *v/t* **6.** *oft* ***calm down*** beruhigen, besänftigen **IV** *v/i oft* ***calm down*** **7.** sich beruhigen **8.** sich legen (*Sturm, Zorn etc*)
cal·o·rie [ˈkælərɪ] *s* Kalorie *f*
ˈcal·o·rie-ˌcon·scious *Adj* kalorienbewusst
ca·lum·ni·ate [kəˈlʌmnɪeɪt] *v/t* verleumden
cal·um·ny [ˈkæləmnɪ] *s* Verleumdung *f*
calve [kɑːv] *v/i* kalben
calves [kɑːvz] *Pl von* ***calf***[1, 2]
cam [kæm] *s* TECH Nocken *m*
CAM [kæm] *Abk* (= ***computer-aided manufacture***) CAM *n* (*computerunterstütztes Fertigen*)
cam·ber [ˈkæmbə] **I** *v/t und v/i* **1.** (sich) wölben **II** *s* **2.** (leichte) Wölbung **3.** MOT Sturz *m*
Cam·bo·dia [kæmˈbəʊdɪə] *Eigenn* Kambodscha *n*
cam·cord·er [ˈkæmkɔːdə] *s* Camcorder *m*, Videokamera *f*
came [keɪm] *Prät von* ***come***
cam·el [ˈkæml] *s* ZOOL Kamel *n*
cam·el's hair [ˈkæmlz] *s* Kamelhaar *n*
ˈcam·el's-hair *Adj* Kamelhaar…
▶**cam·er·a** [ˈkæmərə] *s* **1.** (*auch Film-, Fern-*

C

*seh)*Kamera *f*, Fotoapparat *m* **2.** ***in camera*** JUR unter Ausschluss der Öffentlichkeit; *fig* geheim

'cam·er·a·man *s* (*unreg* ***man***) **1.** Kameramann *m* **2.** Pressefotograf *m*

'cam·er·a-shy *Adj* kamerascheu

'cam·er·a·wom·an *s* (*unreg* ***woman***) Kamerafrau *f*

cam·o·mile ['kæməmaɪl] *s* BOT Kamille *f*: ***camomile tea*** Kamillentee *m*

cam·ou·flage ['kæməflɑːʒ] **I** *s* MIL, ZOOL Tarnung *f*, *fig auch* Verschleierung *f* **II** *v/t* MIL tarnen, *fig auch* verschleiern

►**camp**[1] [kæmp] **I** *s* **1.** (*Zelt- etc*)Lager *n* (*fig auch Partei*): ***camp bed*** (*Am auch* ***cot***) Feldbett *n*; Campingliege *f*; ***camp chair*** Klapp-, Campingstuhl *m* **II** *v/i* **2.** sein Lager aufschlagen, kampieren **3.** *oft* ***camp out*** zelten, campen

camp[2] [kæmp] *ugs* **I** *Adj* **1.** künstlich, gewollt; aufgemotzt, THEAT *etc auch* überzogen **2.** tuntenhaft **II** *v/i* **3.** sich tuntenhaft benehmen **III** *v/t* **4.** ***camp it up*** **a)** *siehe* 3, **b)** die Sache aufmotzen, THEAT *etc auch* überziehen

cam·paign [kæm'peɪn] **I** *s* **1.** MIL Feldzug *m*, *fig auch* Kampagne *f* **2.** POL Wahlkampf *m*: ***campaign pledge*** (*oder* ***promise***) Wahlversprechen *n* **II** *v/i* **3.** MIL an einem Feldzug teilnehmen **4.** *fig* kämpfen (***for*** für; ***against*** gegen)

cam'paign·er *s* Kämpfer(in)

camp·er ['kæmpə] *s* **1.** Zeltler(in), Camper(in) **2.** *Am* Wohnanhänger *m*, -wagen *m*; Wohnmobil *n*

'camp,fire *s* Lagerfeuer *n*

cam·phor ['kæmfə] *s* CHEM Kampfer *m*: ***camphor ball*** Mottenkugel *f*

►**camp·ing** ['kæmpɪŋ] *s* Camping *n*, Zelten *n*: ***camping ground*** (*oder* ***site***) → ***campsite***

'camp·site *s* Campingplatz *m*

cam·pus ['kæmpəs] *s* Campus *m* (*Gesamtanlage einer Universität, eines College oder einer Schule*)

'cam·shaft *s* TECH Nockenwelle *f*

►**can**[1] [kæn] *v/hilf* (*unreg*) *ich* kann *etc*

can in der indirekten Rede GR

Steht der einleitende Satz in der Vergangenheit, wird **can** in der indirekten Rede zu **could**:

"I can guess what you're thinking," Sue remarked.
Sue remarked that she could guess what I was thinking.

►**can**[2] [kæn] **I** *s* **1.** (Blech)Kanne *f*: ***have to carry the can*** *ugs* den Kopf hinhalten müssen (***for*** für) **2.** (Blech-, Konserven)Dose *f*, (-)Büchse *f*: ***can opener*** Dosen-, Büchsenöffner *m* **3.** Kanister *m* **4.** *Am* Müll-, Abfalleimer *m*; Müll-, Abfalltonne *f* **II** *v/t* **5.** einmachen, -dosen: → ***canned*** 1 **6.** *ugs* (auf Band *etc*) aufnehmen: → ***canned*** 2

►**Can·a·da** ['kænədə] *Eigenn* Kanada *n*

►**Ca·na·di·an** [kə'neɪdjən] **I** *Adj* kanadisch **II** *s* Kanadier(in)

►**ca·nal** [kə'næl] *s* Kanal *m*, ANAT *auch* Gang *m*, Röhre *f*

ca·nal·i·za·tion [ˌkænəlaɪ'zeɪʃn] *s* Kanalisation *f*, Kanalisierung *f*

'ca·nal·ize *v/t* kanalisieren

can·a·pé ['kænəpeɪ] *s* GASTR Appetit-, Cocktailhappen *m*

ca·nard [kæ'nɑːd] *s* (Zeitungs)Ente *f*, Falschmeldung *f*

ca·nar·y [kə'neərɪ] *s* Kanarienvogel *m*

can·cel ['kænsl] **I** *v/t Prät und Part Perf* **canceled**, *bes Br* **cancelled** **1.** (durch-, aus)streichen **2.** *Erlaubnis etc* widerrufen, *Beschluss etc* rückgängig machen, *Abonnement etc* kündigen, *Auftrag etc* stornieren **3.** *Verabredung etc* absagen, *Veranstaltung etc* ausfallen lassen, *Flug etc.* annullieren **4.** *Briefmarke*, *Fahrschein* entwerten, *Flug etc* annulieren **5.** COMPUTER abbrechen **6.** MATHE kürzen **7.** *auch* ***cancel out*** ausgleichen, kompensieren **II** *v/i* **8.** MATHE sich kürzen lassen **9.** *auch* ***cancel out*** sich (gegenseitig) aufheben

can·cel·a·tion, **can·cel·la·tion** [ˌkænsə'leɪʃn] *s* **1.** Streichung *f* **2.** Widerrufung *f*, Rückgängigmachung *f*, Kündigung *f*, Stornierung *f* **3.** Absage *f* **4.** Entwertung *f* **5.** MATHE Kürzung *f*

can·cer ['kænsə] **I** *s* **1.** MED Krebs *m* **2.** *fig* Krebsgeschwür *n* **3.** **Cancer** ASTR Krebs *m*: ***be*** (***a***) ***Cancer*** Krebs sein **II** *Adj* **4.** Krebs…: ***cancer cells*** (***research***, *etc*)

'can·cer·ous *Adj* MED krebsbefallen; Krebs…; krebsartig

can·de·la·bra [ˌkændɪ'lɑːbrə] *s* Kandelaber *m*, Armleuchter *m*

can·did ['kændɪd] *Adj* **1.** offen, aufrichtig **2.** unvoreingenommen **3.** FOTO ungestellt: ***candid camera*** versteckte Kamera

can·di·da·cy ['kændɪdəsɪ] *s bes Am* Kandidatur *f*, Bewerbung *f*, Anwartschaft *f*

can·di·date ['kændɪdət] *s* (***for***) Kandidat(in) (für), Anwärter(in) (auf *Akk*), Bewerber(in) (um)

can·di·da·ture ['kændɪdətʃə] *bes Br* → ***candidacy***

can·died ['kændɪd] *Adj* **1.** kandiert **2.** *fig* honigsüß, schmeichlerisch

►**can·dle** ['kændl] *s* Kerze *f*: ***burn the candle at both ends*** Raubbau mit seiner Gesundheit treiben; ***not to be able to hold a candle to*** *j-m* nicht das Wasser reichen können; ***the game is not worth the candle*** die Sache ist nicht der Mühe wert

'can·dle·light *s* Kerzenlicht *n*: ***by candlelight*** bei Kerzenlicht; ***candlelight dinner*** Essen *n* bei Kerzenlicht

Can·dle·mas ['kændlməs] *s* REL (Mariä) Lichtmess *f*

'can·dle·stick *s* Kerzenleuchter *m*, -ständer *m*

can·dor, **can·dour** ['kændə] *s* **1.** Offenheit *f*, Aufrichtigkeit *f* **2.** Unvoreingenommenheit *f*

can·dy ['kændɪ] **I** *s* **1.** Kandis(zucker) *m* **2.** *bes Am* Süßigkeiten *Pl*: (***hard***) ***candy*** Bonbon *m*, *n* **II** *v/t* **3.** kandieren

'can·dy·floss *s Br* Zuckerwatte *f*

cane [keɪn] **I** *s* **1.** Spazierstock *m* **2.** (Rohr-) Stock *m* **3.** (*Bambus-*, *Zucker-*, *Schilf*)Rohr *n* **II** *v/t* **4.** (mit dem Stock) züchtigen

cane sug·ar *s* Rohrzucker *m*

ca·nine ['keɪnaɪn] **I** *Adj* **1.** Hunde…, Hunds… **2.** *pej* hündisch **II** *s* **3.** *auch* ***canine tooth*** Eckzahn *m*

can·is·ter ['kænɪstə] *s* Blechbüchse *f*, -dose *f*

can·ker ['kæŋkə] *s* **1.** MED Soor *m*; Lippengeschwür *n* **2.** BOT Baumkrebs *m* **3.** *fig* Krebsgeschwür *n*

can·na·bis ['kænəbɪs] *s* Cannabis *m*: **a)** BOT

Hanf *m*, **b)** Haschisch *n*

canned [kænd] *Adj* **1.** Dosen…, Büchsen…: ***canned fruit*** Obstkonserven *Pl*; ***canned meat*** Büchsenfleisch *n* **2.** *ugs* ***canned music*** Musik *f* aus der Konserve; ***canned program(me)*** (RUNDFUNK, TV) Programmkonserve *f* **3.** *sl* blau, betrunken

can·nery ['kænərɪ] *s* Konservenfabrik *f*

can·ni·bal ['kænɪbl] *s* Kannibale *m*, Kannibalin *f*, Menschenfresser(in)

can·ni·bal·ism ['kænɪbəlɪzəm] *s* Kannibalismus *m*

ˌcan·ni·bal'is·tic *Adj* (***cannibalistically***) kannibalisch

'can·ni·bal·ize *v/t Auto etc* ausschlachten

can·non ['kænən] *Pl* **can·non** (**can·nons**) *s* MIL (FLUG Bord)Kanone *f*, (-)Geschütz *n*

can·non·ade [ˌkænə'neɪd] *s* MIL Kanonade *f*

'can·non·ball *s* Kanonenkugel *f*

can·non fod·der *s* Kanonenfutter *n*

►**can·not** ['kænɒt] kann *etc* nicht

can·ny ['kænɪ] *Adj* schlau, gerissen

ca·noe [kə'nuː] **I** *s* Kanu *n*, Paddelboot *n*: ***paddle one's own canoe*** *fig* auf eigenen Beinen *oder* Füßen stehen **II** *v/i* paddeln

can·on ['kænən] *s* **1.** Kanon *m* (*auch* REL), Regel *f* **2.** Grundsatz *m* **3.** MUS Kanon *m*

can·on·i·za·tion [ˌkænənaɪ'zeɪʃn] *s* REL Heiligsprechung *f*

'can·on·ize *v/t* heiligsprechen

can·on law *s* Kirchenrecht *n*

ca·noo·dle [kə'nuːdl] *v/i sl* knutschen, schmusen (***with*** mit)

can·o·py ['kænəpɪ] *s* **1.** Baldachin *m* (*auch* ARCHI) **2.** ARCHI Vordach *n* **3.** FLUG Kabinenhaube *f*

cant¹ [kænt] **I** *s* **1.** Schrägung *f* **2.** Neigung *f* **II** *v/t* **3.** kanten, kippen: ***cant over*** umkippen **4.** TECH abschrägen **III** *v/i* **5.** *auch* ***cant over*** umkippen

cant² [kænt] **I** *s* **1.** Jargon *m* **2.** Kauderwelsch *n* **3.** (leere) Phrase(n *Pl*) **II** *v/i* **4.** Jargon reden **5.** Phrasen dreschen

►**can't** [kɑːnt] *ugs* → ***cannot***

can·tan·ker·ous [kæn'tæŋkərəs] *Adj* giftig, streitsüchtig

can·teen [kæn'tiːn] *s* **1.** *bes Br* Kantine *f*; Mensa *f* **2.** MIL Feldflasche *f*; Kochgeschirr *n* **3.** Erfrischungsstand *m* **4.** Besteckkasten *m*; Besteck *n*

can·ti·le·ver ['kæntɪliːvə] *s* **1.** ARCHI Konsole *f* **2.** TECH Ausleger *m*

can·vas ['kænvəs] *s* **1.** Segeltuch *n* **2.** Zeltleinwand *f* **3.** MALEREI Leinwand *f*

can·vass ['kænvəs] **I** *v/t* **1.** eingehend erörtern *oder* prüfen **2.** POL um *Stimmen* werben **3.** WIRTSCH *Geschäftsbezirk* bereisen; *Aufträge* hereinholen, *Abonnenten*, *Inserate* sammeln **II** *v/i* **4.** POL einen Wahlfeldzug veranstalten **5.** WIRTSCH werben (***for*** um, für), einen Werbefeldzug durchführen **III** *s* **6.** eingehende Erörterung *oder* Prüfung **7.** POL Wahlfeldzug *m* **8.** WIRTSCH Werbefeldzug *m*

'can·vass·er *s* **1.** POL Stimmenwerber(in) **2.** WIRTSCH Handelsvertreter(in)

can·yon ['kænjən] *s* Cañon *m*

►**cap** [kæp] **I** *s* **1.** Mütze *f*, Kappe *f*, Haube *f*: ***cap in hand*** demütig, unterwürfig **2.** TECH (Schutz-, Verschluss)Kappe *f*, (Abdeck-, Schutz)Haube *f*; Deckel *m* **II** *v/t* **3.** *Flasche etc* verschließen **4.** krönen: **a)** oben liegen auf (*Dat*), **b)** *fig* abschließen **5.** *fig* übertreffen, -trumpfen: ***cap everything*** allem die Krone aufsetzen, alles übertreffen; ***to cap it all*** als Krönung des Ganzen

ca·pa·bil·i·ty [ˌkeɪpə'bɪlətɪ] *s* **1.** Fähigkeit *f* (***of*** zu) **2.** *auch Pl* Befähigung *f*, Begabung *f*

ca·pa·ble ['keɪpəbl] *Adj* **1.** fähig, tüchtig **2.** fähig (***of*** zu *oder Gen*; ***of doing*** zu tun), imstande (***of doing*** zu tun) **3.** ***be capable of s.th.*** etw zulassen: ***capable of being divided*** teilbar

ca·pa·cious [kə'peɪʃəs] *Adj* **1.** geräumig (*Saal, Tasche etc*), groß (*Flasche, Topf etc*) **2.** aufnahmefähig (*Verstand*)

ca'pac·i·tor [kə'pæsɪtə] *s* ELEK Kondensator *m*

ca'pac·i·ty **I** *s* **1.** (Raum)Inhalt *m*; Fassungsvermögen *n*, Kapazität *f* (*auch* ELEK): ***filled to capacity*** ganz voll, THEAT *etc* ausverkauft; → ***measure*** 1 **2.** (*auch* ELEK, TECH Leistungs)Fähigkeit *f* **3.** *fig* Auffassungsgabe *f*: ***that is beyond his capacity*** das ist zu hoch für ihn **4.** Eigenschaft *f*, Stellung *f*: ***in his capacity as*** in seiner Eigenschaft als **II** *Adj* **5.** Höchst…, maximal **6.** ***capacity audience*** THEAT *etc* ausverkauftes Haus

cape¹ [keɪp] *s* Kap *n*, Vorgebirge *n*

cape² [keɪp] *s* Cape *n*, Umhang *m*

ca·per¹ ['keɪpə] *s* Kaper *f*: ***caper sauce*** Kapernsoße *f*

ca·per² ['keɪpə] **I** *s* Kapriole *f*: **a)** Freuden-, Luftsprung *m*, **b)** übermütiger Streich **II** *v/i* Freuden- *oder* Luftsprünge machen; herumtollen, -hüpfen

cap·il·lar·y [kə'pɪlərɪ] **I** *Adj* haarförmig, -fein: ***capillary vessel*** *siehe* II **II** *s* ANAT Kapillargefäß *n*

cap·i·tal¹ ['kæpɪtl] *s* ARCHI Kapitell *n*

►**cap·i·tal²** ['kæpɪtl] **I** *s* **1.** Hauptstadt *f* **2.** Großbuchstabe *f* **3.** WIRTSCH Kapital *n*: ***make capital (out) of*** → ***capitalize*** 3 **II** *Adj* **4.** Kapital…: ***capital crime*** Kapitalverbrechen *n*; ***capital error*** Kapitalfehler *m*; ***capital punishment*** Todesstrafe *f* **5.** Haupt…, wichtigst: ***capital city*** *siehe* 1 **6.** großartig **7.** ***capital letter*** *siehe* 2; ***capital B*** großes B

cap·i·tal as·sets *s Pl* WIRTSCH Kapitalvermögen *n*; (*Bilanz*) Anlagevermögen *n*

cap·i·tal goods *s Pl* Investitionsgüter *Pl*

'cap·i·tal-inˌten·sive *Adj* kapitalintensiv

cap·i·tal in·vest·ment *s* Kapitalanlage *f*

cap·i·tal·ism ['kæpɪtəlɪzəm] *s* Kapitalismus *m*

'cap·i·tal·ist **I** *s* Kapitalist(in) **II** *Adj* kapitalistisch

ˌcap·i·tal'is·tic *Adj* kapitalistisch

'cap·i·tal·ize **I** *v/t* **1.** WIRTSCH kapitalisieren **2.** großschreiben **II** *v/i* **3.** ***capitalize on*** Kapital schlagen aus

cap·i·tal mar·ket *s* WIRTSCH Kapitalmarkt *m*

Cap·i·tol ['kæpɪtl] *s* Kapitol *n* (*Kongresshaus in Washington*)

ca·pit·u·late [kə'pɪtʃʊleɪt] *v/i* MIL kapitulieren (***to*** vor *Dat*) (*auch fig*)

caˌpit·u'la·tion *s* Kapitulation *f*

ca·price [kə'priːs] *s* **1.** Laune *f* **2.** Launenhaftigkeit *f*

ca·pri·cious [kə'prɪʃəs] *Adj* launenhaft, launisch, kapriziös

Cap·ri·corn ['kæprɪkɔːn] *s* ASTR Steinbock *m*: ***be (a) Capricorn*** Steinbock sein

cap·size [kæp'saɪz] **I** *v/i* kentern **II** *v/t* zum Kentern bringen

cap·sule ['kæpsjuːl] *s allg* Kapsel *f*

►**cap·tain** ['kæptɪn] **I** *s* **1.** (An)Führer(in): ***captain of industry*** Industriekapitän *m* **2.** MIL

Hauptmann *m* 3. SCHIFF (FLUG Flug)Kapitän(in) 4. SPORT (Mannschafts)Kapitän(in), Mannschaftsführer(in) **II** *v/t* 5. Kapitän (*Gen*) sein, *Schiff auch* befehligen

cap·tion ['kæpʃn] *s* 1. Überschrift *f* 2. Bildunterschrift *f*, -text *m*; FILM Untertitel *m*

cap·tious ['kæpʃəs] *Adj* kritt(e)lig, spitzfindig

cap·ti·vate ['kæptɪveɪt] *v/t fig* gefangen nehmen, fesseln

'cap·tive I *Adj* gefangen (*auch fig* **to** von), in Gefangenschaft: ***hold captive*** gefangen halten (*auch fig*); ***take captive*** gefangen nehmen (*auch fig*); ***captive balloon*** Fesselballon *m* **II** *s* Gefangene *m, f* (*auch fig* **to, of** *Gen*)

cap·ture ['kæptʃə] **I** *v/t* 1. fangen, gefangen nehmen 2. MIL erobern (*auch fig*); erbeuten 3. SCHIFF kapern, aufbringen 4. *Stimmung* einfangen 5. *Daten* erfassen **II** *s* 6. Gefangennahme *f* 7. MIL Eroberung *f* (*auch fig*); Erbeutung *f* 8. SCHIFF Kapern *n*, Aufbringen *n*; Beute *f*, Prise *f*

▶**car** [kɑː] *s* 1. Auto *n*, Wagen *m*: ***by car*** mit dem Auto 2. BAHN *Am allg* Wagen *m*, Wag(g)on *m*, *Br* (*nur in Zssgn*) Personenwagen *m* 3. (*Straßenbahn- etc*)Wagen *m*; Gondel *f* (*eines Ballons etc*); Kabine *f* (*eines Aufzugs*)

ca·rafe [kə'ræf] *s* Karaffe *f*

car·am·bo·la [ˌkærəm'bəʊlə] *s* BOT Karambole, *ugs auch* Sternfrucht, Baumstachelbeere

car·a·mel ['kærəmel] *s* 1. Karamell *m* 2. Karamelle *f* (*Bonbon*)

car·at ['kærət] *s* Karat *n*: ***18-carat gold*** 18-karätiges Gold

▶**car·a·van** ['kærəvæn] *s* 1. Karawane *f* 2. Wohnwagen *m* (*von Schaustellern etc*); *Br* Caravan *m*, Wohnwagen *m*, -anhänger *m*: ***caravan site*** (*oder* ***park***) Platz *m* für Wohnwagen

car·a·way ['kærəweɪ] *s* BOT Kümmel *m* (*auch Gewürz*)

car·bide ['kɑːbaɪd] *s* CHEM Karbid *n*

car·bine ['kɑːbaɪn] *s* Karabiner *m*

car·bo·hy·drate [ˌkɑːbəʊ'haɪdreɪt] *s* CHEM Kohle(n)hydrat *n*

car bomb *s* Autobombe *f*

car·bon ['kɑːbən] *s* 1. CHEM Kohlenstoff *m*: ***carbon dioxide*** Kohlendioxid *n*; ***carbon monoxide*** Kohlenmonoxid *n* 2. a) *auch* ***carbon paper*** Kohlepapier *n*, b) *auch* ***carbon copy*** Durchschlag *m*

car·bon·ate ['kɑːbənɪt] *s* CHEM Karbonat *n*, kohlensaures Salz

car·bon·at·ed ['kɑːbəneɪtɪd] *Adj* kohlensäurehaltig

car·bon·ic [kɑː'bɒnɪk] *Adj* CHEM kohlenstoffhaltig: ***carbonic acid*** Kohlensäure *f*

'car·bon·ize *v/t und v/i* verkohlen

car·bu·ret·er, car·bu·ret·ter, car·bu·ret·or, car·bu·ret·tor [ˌkɑːbə'retə] *s* MOT Vergaser *m*

car·case, car·cass ['kɑːkəs] *s* 1. Kadaver *m*, *pej* Leiche *f* 2. *hum* Leichnam *m* (*Körper*) 3. Rumpf *m* (*eines ausgeweideten Tiers*) 4. Gerippe *n*, Skelett *n* (*eines Schiffs etc*)

car cem·e·ter·y *s* Autofriedhof *m*

car chase *s* Verfolgungsjagd *f* im Auto

car·ci·no·gen·ic [ˌkɑːsɪnəʊ'dʒenɪk] *Adj* MED karzinogen, krebserregend

car·ci·no·ma [ˌkɑːsɪ'nəʊmə] Karzinom *n*, Krebsgeschwulst *f*

▶**card** [kɑːd] *s* 1. (*Spiel-, Post-, Visiten-, Computer- etc*)Karte *f*: ***house of cards*** Kartenhaus *n* (*auch fig*); ***have a card up one's sleeve*** *fig* (noch) einen Trumpf in der Hand haben; ***at cards*** beim Kartenspiel; → ***stack*** 6 2. *Pl* (Arbeits)Papiere *Pl*: ***get one's cards*** entlassen werden

'card·board *s* Karton *m*, Pappe *f*: ***cardboard box*** Pappschachtel *f*, -karton *m*

card game *s* Kartenspiel *n*

'card·hold·er *s* (Kredit-)Karteninhaber(in)

car·di·ac ['kɑːdɪæk] *Adj* MED, ANAT, PHYSIOL Herz…: ***cardiac arrest*** Herzstillstand *m*

car·di·gan ['kɑːdɪgən] *s* Strickjacke *f*

car·di·nal ['kɑːdɪnl] **I** *Adj* 1. hauptsächlich, Haupt…: ***cardinal number*** *siehe* 5 2. scharlachrot 3. ***cardinal points*** Himmelsrichtungen *Pl* **II** *s* 4. REL Kardinal *m* 5. Kardinal-, Grundzahl *f*

'card·phone *s* Kartentelefon *n*

'cardˌsharp·er *s* Falschspieler(in)

card trick *s* Kartenkunststück *n*

▶**care** [keə] **I** *s* 1. Kummer *m*, Sorge *f* 2. Sorgfalt *f*, Vorsicht *f*: ***take care*** vorsichtig sein, aufpassen; sich Mühe geben; darauf achten, nicht vergessen (***to do*** zu tun; ***that*** dass); ***take care!*** *ugs* machs gut! 3. Obhut *f*, Fürsorge *f*, Betreuung *f*: ▶ ***take care of*** aufpassen auf (*Akk.*) 4. (*Körper- etc*)Pflege *f* **II** *v/i und v/t* 5. sich sorgen (***about*** über *Akk*, um): ***I couldn't care less*** das ist mir völlig egal 6. ***care for*** sorgen für, sich kümmern um, betreuen 7. (***for***) Interesse haben (an *Dat*), (*j-n, etw*) gern mögen: ***I don't care for*** ich mache mir nichts aus 8. ***I don't care if*** ich habe nichts dagegen *oder* es macht mir nichts aus, wenn

ca·reer [kə'rɪə] *s* 1. Karriere *f*, Laufbahn *f*: ***enter upon a career*** eine Laufbahn einschlagen; ***make a career for o.s.*** Karriere machen 2. Beruf *m*: ***career diplomat*** Berufsdiplomat(in); ***career girl*** (*oder* ***woman***) Karrierefrau *f*

ca·reer·ist [kə'rɪərɪst] *s* Karrieremacher(in)

'care·free sorgenfrei

▶**care·ful** ['keəfʊl] *Adj* 1. vorsichtig, achtsam: ***be careful!*** pass auf!, gib acht!; ***be careful to do*** darauf achten *oder* nicht vergessen zu tun 2. sorgfältig, gründlich 3. sorgsam, bedacht (***of, for, about*** auf *Akk*): ***be careful with*** *Br* sparsam umgehen mit

'care·ful·ness *s* 1. Vorsicht *f* 2. Sorgfalt *f*, Gründlichkeit *f*

▶**care·less** ['keəlɪs] *Adj* 1. nachlässig 2. unüberlegt 3. ***be careless of*** nicht achten auf (*Akk*), unachtsam umgehen mit 4. unvorsichtig, leichtsinnig 5. sorglos

'care·less·ness *s* 1. Nachlässigkeit *f* 2. Unüberlegtheit *f* 3. Unvorsichtigkeit *f*, Leichtsinn *m* 4. Sorglosigkeit *f*

ca·ress [kə'res] **I** *s* Liebkosung *f* **II** *v/t* liebkosen, streicheln

'careˌtak·er I *s* Hausmeister(in), *schweiz.* Abwart(in); (Haus- *etc*)Verwalter(in) **II** *Adj* Interims…: ***caretaker government*** geschäftsführende Regierung

'care·worn *Adj* abgehärmt

car fer·ry *s* Autofähre *f*

car·go ['kɑːgəʊ] **I** *Pl* **car·gos, car·goes** *s* Ladung *f*, Fracht *f* **II** *Adj* Fracht…; Transport…

car hire *s* Autovermietung *f*

car·i·ca·ture ['kærɪkəˌtjʊə] **I** *s* Karikatur *f* (*auch fig*) **II** *v/t* karikieren

'car·i·caˌtur·ist *s* Karikaturist(in)

car·i·es ['keəriːz] *s* MED Karies *f*: a) Knochenfraß *m*, b) Zahnfäule *f*

car in·sur·ance *s* Kraftfahrzeugversicherung *f*

Ca·rin·thia [kə'rɪnθɪə] *Eigenn* Kärnten *n*

C

car jack *s* TECH Wagenheber *m*
'car·load *s* **1.** Wagenladung *f* **2.** BAHN *Am* Wag(g)onladung *f*
car·mine ['kɑːmaɪn] *Adj* karminrot
car·nage ['kɑːnɪdʒ] *s* Blutbad *n*
car·nal ['kɑːnl] *Adj* fleischlich, sinnlich
car·na·tion [kɑː'neɪʃn] *s* BOT Nelke *f*
car·ni·val ['kɑːnɪvl] *s* **1.** Karneval *m*, Fasching *m* **2.** Volksfest *n*

Notting Hill Carnival

LK

Notting Hill Carnival ist das bekannteste und größte, von karibischen Rhythmen geprägte Straßenfest Großbritanniens, das jährlich an einem langen Wochenende Ende August im Londoner Stadtteil Notting Hill stattfindet. Es wurde 1965 als Treffen der multikulturellen Einwohner initiiert. Höhepunkt ist der große Festumzug mit viel karibischer Musik und bunt geschmückten Festwagen.

car·ni·vore ['kɑːnɪvɔː] *s* ZOOL, BOT Fleischfresser *m*
car·niv·o·rous [kɑː'nɪvərəs] *Adj* fleischfressend
car·ol ['kærəl] **I** *s* Weihnachtslied *n* **II** *v/i Prät und Part Perf* **car·oled**, *bes Br* **car·olled** Weihnachtslieder singen
ca·rot·id [kə'rɒtɪd] *s* Halsschlagader *f*
car·ou·sel [ˌkærə'sel] *s bes Am* **1.** Karussel *n* **2.** FLUG Gepäckkreisel *m*, *weit. S.* Gepäckausgabe *f*
car own·er *s* Autobesitzer(in), Fahrzeughalter(in)
carp[1] [kɑːp] *s Fisch* Karpfen *m*
carp[2] [kɑːp] *v/i* (herum)nörgeln, (-)kritteln (**at** an *Dat*)
▶**car park** ['kɑːpɑːk] *s bes Br* **1.** Parkplatz *m* **2.** Parkhaus *n*
car·pen·ter ['kɑːpəntə] **I** *s* Zimmermann *m*, (Bau)Tischler(in): ***carpenter's bench*** Hobelbank *f* **II** *v/t und v/i* zimmern
▶**car·pet** ['kɑːpɪt] **I** *s* **1.** Teppich *m* (*auch fig*): ***sweep*** (*oder* ***brush***) ***under the carpet*** *Br fig etw* unter den Teppich kehren **II** *v/t* **2.** mit einem Teppich auslegen **3.** *bes Br ugs j-n* zs.-stauchen
'car·pet·bag *s* Reisetasche *f*
car·pet·ing ['kɑːpɪtɪŋ] *s* **1.** Teppichstoff *m*, -material *n* **2.** *Koll* Teppiche *Pl*
car·pet square *s* Teppichfliese *f*
car·pet sweep·er *s* Teppichkehrmaschine *f*
car·pet tile *s* Teppichfliese *f*
car pool *s* **1.** Fahrbereitschaft *f*, Fuhrpark *m* **2.** Fahrgemeinschaft *f*
'car·port *s* Einstellplatz *m* (*im Freien*)
car rent·al *s* Autovermietung *f*
▶**car·riage** ['kærɪdʒ] *s* **1.** Wagen *m*, Kutsche *f* **2.** BAHN *Br* (Personen)Wagen *m* **3.** Beförderung *f*, Transport *m* **4.** WIRTSCH Transport-, Beförderungskosten *Pl*, Fracht(gebühr) *f*: ***carriage free*** (*oder* ***paid***) frachtfrei **5.** TECH Wagen *m* (*einer Schreibmaschine etc*); Schlitten *m* (*einer Werkzeugmaschine*) **6.** (Körper)Haltung *f*
'car·riage·way *s Br* Fahrbahn *f*
car·ri·er ['kærɪə] *s* **1.** Überbringer(in), Bote *m*, Botin *f* **2.** Spediteur(in) **3.** MED Keimträger *m*, (Krankheits)Überträger *m* **4.** Gepäckträger *m* (*am Fahrrad*); MOT *Am* Dachgepäckträger *m* **5.** Transportbehälter *m* **6.** Flugzeugträger *m* **7.** → ***carrier pigeon***
car·ri·er bag *s Br* Tragetüte *f*
car·ri·er pi·geon *s* Brieftaube *f*
car·ri·on ['kærɪən] **I** *s* Aas *n* **II** *Adj* Aas fressend, Aas…
▶**car·rot** ['kærət] *s* **1.** BOT Karotte *f*, Mohrrübe *f* **2.** *ugs* **a)** *Pl* rotes Haar, **b)** Rotkopf *m*
▶**car·ry** ['kærɪ] **I** *v/t* **1.** tragen **2.** bringen, tragen, befördern: → ***coal*** **3.** *Nachricht etc* (über)bringen; *Bericht etc* bringen (*Medien*) **4.** mitführen, mit *oder* bei sich tragen: ***carry s.th. in one's head*** *fig* etw im Kopf haben **5.** *fig* (an sich *oder* zum Inhalt) haben: ***carry conviction*** überzeugen(d sein *oder* klingen); ***carry weight*** Gewicht *oder* Bedeutung haben (***with*** bei) **6.** *fig* nach sich ziehen, zur Folge haben: ***carry interest*** Zinsen tragen **7.** *fig* treiben: ***carry s.th. too far*** (*oder* ***to excess***) etw übertreiben *oder* zu weit treiben **8.** *fig* erreichen, durchsetzen; PARL *Antrag etc* durchbringen: ***be carried*** durchgehen **9.** **a)** → ***carry off*** 3, **b)** siegreich hervorgehen aus (*einer Wahl etc*): → ***day*** 2 **10.** *Mineralien etc* führen **11.** WIRTSCH *Ware* führen **II** *v/i* **12.** *weit* tragen, reichen (*Stimme*, *Schusswaffe etc*)
◆**car·ry a·bout** *v/t* herumtragen: ***carry about with one*** mit sich herumtragen, *Pass etc* bei sich haben
◆**car·ry a·way** *v/t* **1.** weg-, forttragen **2.** wegreißen (*Sturm etc*), (*Flut etc auch*) wegspülen **3.** *fig* mitreißen
◆**car·ry for·ward** *v/t* WIRTSCH *Summe*, *Saldo* vor-, übertragen
◆**car·ry off** *v/t* **1.** weg-, forttragen **2.** wegraffen (*Krankheit*) **3.** *Preis etc* erringen, gewinnen
◆**car·ry on** **I** *v/t* **1.** fortführen, -setzen **2.** *Geschäft* betreiben **II** *v/i* **3.** weitermachen (***with*** mit) **4.** *ugs* eine Szene machen (***about*** wegen)
◆**car·ry out** *v/t Plan etc* aus-, durchführen, *Drohung* wahr machen
◆**car·ry o·ver** → ***carry forward***
◆**car·ry through** *v/t* aus-, durchführen
car·ry·all *s bes Am* Reisetasche *f*
'car·ry·cot *s Br* (Baby)Tragetasche *f*
'car·ry-on FLUG **I** *s* Bordcase *n*, *m* **II** *Adj*: ***carry-on baggage*** (*bes Br* ***luggage***) Bordgepäck *n*
'car·ry·out → ***takeaway***
'car·sick *Adj*: ***she gets carsick easily*** ihr wird beim Autofahren leicht übel *oder* schlecht
car sick·ness *s* Übelkeit *f* beim Autofahren
car stick·er *s* Autoaufkleber *m*
cart [kɑːt] *s* **1.** Karren *m*: ***put the cart before the horse*** *fig* das Pferd beim Schwanz aufzäumen **2.** (Hand)Wagen *m* **3.** *Am* Einkaufswagen *m*
car·tel [kɑː'tel] *s* WIRTSCH Kartell *n*
car·ti·lage ['kɑːtɪlɪdʒ] *s* ANAT Knorpel *m*
'cart·load *s* Fuhre *f*
car·tog·ra·pher [kɑː'tɒgrəfə] *s* Kartograf(in)
car'tog·ra·phy *s* Kartografie *f*
car·ton ['kɑːtən] *s* (Papp)Karton *m*, (-)Schachtel *f*; Tüte *f* (*Milch*); Stange *f* (*Zigaretten*)
car·toon [kɑː'tuːn] *s* **1.** Cartoon *m*, *n*, Karikatur *f* **2.** Zeichentrickfilm *m* **3.** Cartoon *m*, *n*, Bilderfortsetzungsgeschichte *f*
car'toon·ist *s* Cartoonist(in), Karikaturist(in)
car·tridge ['kɑːtrɪdʒ] *s* **1.** MIL Patrone *f* **2.** FOTO (Film)Patrone *f*, (-)Kassette *f* **3.** Tonabnehmer *m* (*eines Plattenspielers*) **4.** Patrone *f* (*eines Füllhalters*)
car·tridge case *s* Patronenhülse *f*

C

'cart·wheel *s* **1.** Wagenrad *n* **2.** SPORT Rad *n*: ***turn cartwheels*** Rad schlagen **3.** *Am ugs* Silberdollar *m*
carve [kɑːv] *v/t* **1.** (*in*) *Holz* schnitzen, (*in*) *Stein* meißeln: ***carve out of stone*** aus Stein meißeln *oder* hauen; ***carve one's name on a tree*** seinen Namen in einen Baum schnitzen **2.** (mit Schnitzereien) verzieren **3.** *Fleisch etc* zerlegen, tranchieren
'carv·er *s* **1.** (Holz)Schnitzer(in), Bildhauer(in) **2.** Tran(s)chiermesser *n*: (***pair of***) ***carvers*** *Pl* Tran(s)chierbesteck *n*
'carv·ing *s* **1.** Schnitzen *n*, Meißeln *n* **2.** Schnitzerei *f* **3.** Tran(s)chieren *n*: ***carving knife*** Tran(s)chiermesser *n*
car wash *s* **1.** Autowäsche *f* **2.** Waschanlage *f*, -straße *f*
cas·cade [kæ'skeɪd] *s* Kaskade *f*, (*bes mehrstufiger*) Wasserfall
case[1] [keɪs] **I** *s* **1.** Kiste *f*, Kasten *m* **2.** *allg* Behälter *m*: **a)** Schachtel *f*, **b)** (*Brillen- etc*)Etui *n*, (-)Futteral *n*, **c)** (*Schreib- etc*)Mappe *f*, **d)** (*Kissen*)Bezug *m*, Überzug *m* **3.** TECH Verkleidung *f*, Mantel *m* **II** *v/t* **4.** in ein Futteral *etc* stecken **5.** TECH verkleiden, ummanteln
▶**case**[2] [keɪs] *s* Fall *m* (*auch* ELEK, JUR): ***it is a case of*** es handelt sich um; ▶ ***in any case*** auf jeden Fall, jedenfalls; ***in no case*** auf keinen Fall, keinesfalls; ***in case*** (***that***) falls; ***in case of*** im Falle von (*oder Gen*); ***in case of need*** nötigenfalls, im Notfall
'case·book *s* MED Patientenbuch *n*
'case,hard·ened *Adj fig* hartgesotten
case his·to·ry *s* **1.** *bes* JUR Vorgeschichte *f* (*eines Falls*) **2.** MED Krankengeschichte *f*
case·ment ['keɪsmənt] *s* Fensterflügel *m*: ***casement*** (***window***) Flügelfenster *n*
case stud·y *s* SOZIOL Fallstudie *f*
▶**cash** [kæʃ] **I** *s* **1.** (Bar)Geld *n* **2.** WIRTSCH Barzahlung *f*, Kasse *f*: ***for cash, cash down*** gegen bar *oder* Barzahlung; ***in cash*** bar; ***cash in advance*** gegen Vorauszahlung; ***cash with order*** zahlbar bei Bestellung; ***be in*** (***out of***) ***cash*** (nicht) bei Kasse sein; ***short of cash*** knapp bei Kasse; → ***delivery*** 1 **II** *v/t auch* ***cash in*** **3.** *Scheck etc* einlösen **4.** zu Geld machen **III** *v/i* **5.** ***cash in on*** *ugs* profitieren von; ausnutzen
cash and car·ry *s* ECON. Cash-and-carry-Geschäft *n*
cash card *s* Geldautomatenkarte *f*
cash desk *s* Kasse *f* (*im Warenhaus etc*), *österr.* Kassa *f*
cash dis·count *s* WIRTSCH Barzahlungsrabatt *m*, Skonto *m*, *n*
cash dis·pens·er *s bes Br* Geldautomat *m*
ca·shew ['kæʃuː] *s* **1.** Acajou-, Cashewbaum *m* **2.** *auch* ***cashew nut*** Acajou-, Cashewnuss *f*
cash·ier [kæ'ʃɪə] *s* Kassierer(in): ***cashier's desk*** (*oder* ***office***) Kasse *f*, *österr.* Kassa *f*
cash·less ['kæʃlɪs] *Adj* bargeldlos
cash ma·chine *s bes Am* Geldautomat *m*
cash·mere [kæʃ'mɪə] *s* Kaschmir(wolle *f*) *m*
cash pay·ment *s* Barzahlung *f*
cash·point *s* Geldautomat *m*
cash price *s* Bar(zahlungs)preis *m*
cas·ing ['keɪsɪŋ] *s* **1.** → ***case***[1] 3 **2.** (*Fenster-, Tür*)Futter *n* **3.** (*Wurst*)Haut *f*
ca·si·no [kə'siːnəʊ] *Pl* **ca·si·nos** *s* Kasino *n*, *österr.* Casino *n*
cask [kɑːsk] *s* Fass *n*
cas·ket ['kɑːskɪt] *s* **1.** Schatulle *f*, Kästchen *n* **2.** *bes Am* Sarg *m*
cas·se·role ['kæsərəʊl] *s* Kasserolle *f*
cas·sette [kə'set] *s* (*Film- etc*)Kassette *f*
cas·sette deck *s* Kassettendeck *n*
cas·sette ra·di·o *s* Radiorekorder *m*
▶**cas·sette re·cord·er** [kə'setrɪˌkɔːdə] *s* Kassettenrekorder *m*
cas·sock ['kæsək] *s* REL Soutane *f*
cast [kɑːst] **I** *s* **1.** Wurf *m* **2.** THEAT *etc* Besetzung *f*: **a)** Rollenverteilung *f*, **b)** Ensemble *n* **3.** Schattierung *f*, Anflug *m* (*auch fig*) **4.** TECH Guss(form *f*) *m*; Abdruck *m* **5.** MED Gips(verband) *m* **6.** Typ *m*, Gattung *f* **II** *v/t* (*unreg*) **7.** werfen: → ***die***[2] 1, ***doubt*** 5, ***light***[1] 1, ***spell***[3] 2 **8.** *Angel, Netz etc* auswerfen **9.** ZOOL *Haut, Gehörn* abwerfen **10.** *Stimmzettel, Stimme* abgeben: → ***vote*** 2 **11.** *Blick* werfen (***at, on*** auf *Akk*); *Schatten etc* werfen (***on*** auf *Akk*) **12.** TECH *Metall, Statue etc* gießen, formen **13.** THEAT *etc Stück etc* besetzen; *Rollen* verteilen (***to*** an *Akk*) **III** *v/i* (*unreg*) **14.** sich werfen (*Holz*)
◆**cast a·bout, cast a·round** *v/i*: ***cast about*** (*oder* ***around***) ***for*** suchen (nach), *fig auch* sich umsehen nach
◆**cast a·side** *v/t* **1.** *Möbel etc* ausrangieren, *Kleidung auch* ablegen **2.** *Gewohnheit etc* ablegen, *Freund etc* fallen lassen
◆**cast a·way** *v/t* wegwerfen
◆**cast down** *v/t* **1.** entmutigen: ***be cast down*** niedergeschlagen *oder* deprimiert sein **2.** *Augen* niederschlagen
◆**cast off** *v/t* **1.** *Kleidung* ablegen, ausrangieren **2.** *Freund etc* fallen lassen
◆**cast out** *v/t* verstoßen, vertreiben (***from*** aus), *Dämonen etc* austreiben
◆**cast up** *v/t* **1.** *Augen* aufschlagen **2.** zs.-zählen, ausrechnen
'cast·a·way I *s* etw Ausrangiertes, *bes* abgelegtes Kleidungsstück **II** *Adj* ausrangiert (*Möbel etc*), (*Kleidung auch*) abgelegt
caste [kɑːst] *s* **1.** Kaste *f* **2.** gesellschaftliche Stellung, Ansehen *n*
cas·ter → ***castor***
cas·ti·gate ['kæstɪgeɪt] *v/t* **1.** züchtigen **2.** scharf kritisieren
ˌcas·ti'ga·tion *s* **1.** Züchtigung *f* **2.** scharfe Kritik (***of*** an *Dat*)
cast·ing ['kɑːstɪŋ] **I** *s* **1.** TECH Guss(stück *n*) *m* **2.** → ***cast*** 2a **II** *Adj* **3.** Wurf… **4.** entscheidend (*Stimme*)
cast i·ron *s* TECH Gusseisen *n*
ˌcast-'i·ron *Adj* **1.** gusseisern **2.** *fig* eisern (*Wille, Konstitution*), hieb- und stichfest (*Alibi*)
▶**cas·tle** ['kɑːsl] **I** *s* **1.** Burg *f*; Schloss *n*: ***build castles in the air*** *fig* Luftschlösser bauen **2.** *Schach*: Turm *m* **II** *v/i* **3.** *Schach*: rochieren
cas·tling ['kɑːslɪŋ] *s Schach*: Rochade *f*
ˌcast-'off *Adj* abgelegt, ausrangiert (*Kleidungsstück*)
'cast·off *s* abgelegtes *oder* ausrangiertes Kleidungsstück
cas·tor ['kɑːstə] *s* **1.** Laufrolle *f* **2.** (*Salz- etc*) Streuer *m*
cas·tor oil *s* Rizinusöl *n*
cas·trate [kæ'streɪt] *v/t* kastrieren
cas'tra·tion *s* Kastrierung *f*, Kastration *f*
cast steel *s* TECH Gussstahl *m*
cas·u·al ['kæʒʊəl] *Adj* **1.** zufällig **2.** gelegentlich: ***casual customer*** Laufkunde *m*, -kundin *f*; ***casual labo***(***u***)***rer*** Gelegenheitsarbeiter(in) **3.** beiläufig (*Bemerkung*); flüchtig (*Blick*) **4.** lässig (*Art etc*) **5.** sportlich, salopp (*Kleidung*):

casual wear Freizeitkleidung *f*

cas·u·al·ty ['kæʒʊəltɪ] *s* **1.** Unfall *m* **2.** Verunglückte *m, f*; MIL Verwundete *m, f*, Gefallene *m, f*: ***casualties*** *Pl* Opfer *Pl* (*einer Katastrophe etc*), MIL *meist* Verluste *Pl* **3.** *auch* ***casualty ward*** (*oder* ***department***) Unfallstation *f*, Notaufnahme *f*

►**cat** [kæt] *s* **1.** ZOOL Katze *f*: ***let the cat out of the bag*** die Katze aus dem Sack lassen; ***play cat and mouse with*** Katz und Maus spielen mit; ***it is raining cats and dogs*** es gießt in Strömen; ***see which way the cat jumps*** sehen, wie der Hase läuft **2.** *fig* Katze *f*, falsche Person: ***old cat*** boshafte Hexe

cat·a·comb ['kætəkuːm] *s meist Pl* Katakombe *f*

cat·a·logue, *Am auch* **cat·a·log** ['kætəlɒg] **I** *s* **1.** Katalog *m* **2.** (UNI *Am* Vorlesungs)Verzeichnis *n*, (*Preis- etc*)Liste *f* **II** *v/t* **3.** katalogisieren

ca·tal·y·sis [kə'tæləsɪs] *s* CHEM Katalyse *f*

cat·a·lyst ['kætəlɪst] *s* Katalysator *m* (*auch fig*)

cat·a·lyt·ic [ˌkætə'lɪtɪk] *Adj* katalytisch (*auch fig*): ***catalytic converter*** MOT Katalysator *m*

ˌcat-and-'dog *Adj*: ***lead a cat-and-dog life*** wie Hund und Katze leben

cat·a·pult ['kætəpʌlt] **I** *s* Katapult *n, m*: ***catapult seat*** FLUG Schleudersitz *m* **II** *v/t* katapultieren

cat·a·ract ['kætərækt] *s* **1.** Katarakt *m*, Wasserfall *m* **2.** MED grauer Star

ca·tarrh [kə'tɑː] *s* MED Katarrh *m*

ca·tas·tro·phe [kə'tæstrəfɪ] *s* Katastrophe *f*

cat·a·stroph·ic [ˌkætə'strɒfɪk] *Adj* (***catastrophically***) katastrophal

cat bur·glar *s* Fassadenkletterer *m*, -kletterin *f*

'cat·call **I** *s* Buh(ruf *m*) *n*; Pfiff *m* **II** *v/i* buhen; pfeifen **III** *v/t* ausbuhen; -pfeifen

►**catch** [kætʃ] **I** *s* **1.** Fangen *n* **2.** Fang *m*, Beute *f* (*beide auch fig*) **3.** TECH Haken *m* (*auch fig*), (*Tür*)Klinke *f*; Verschluss *m* (*einer Brosche etc*) **II** *v/t* (*unreg*) **4.** *allg* fangen; *Blick, Flüssigkeit* auffangen, *Tier etc* (ein)fangen: → ***sight*** 2 **5.** kriegen, bekommen, erwischen **6.** *j-n* einholen **7.** erwischen, ertappen (***s.o. at s.th.*** j-n bei etw): ***catch s.o. lying*** j-n bei einer Lüge ertappen; ***catch me*** (***doing that***)! *Br ugs* denkste! → ***nap*** I, ***unawares*** **8.** *auch fig* packen, ergreifen, erfassen: → ***hold*** 1 **9.** sich *eine Krankheit etc* holen, sich *eine Erkältung etc* zuziehen: ***catch*** (***a***) ***cold*** sich erkälten; ***catch it*** *sl* sein Fett (ab)kriegen; → ***fire*** 1 **10.** *fig* ***catch the ear*** ans Ohr dringen; ***catch the eye*** ins Auge fallen; ***catch s.o.'s eye*** (*oder* ***attention***) j-s Aufmerksamkeit auf sich lenken **11.** verstehen, mitkriegen **12.** *Gewohnheit, Aussprache* annehmen **13.** hängen bleiben *oder* sich verfangen mit *etw* (***in*** in *Dat*): ***my fingers got caught in the door*** ich klemmte mir die Finger in der Tür **III** *v/i* (*unreg*) **14.** ***catch at*** greifen *oder* schnappen nach, *Gelegenheit* ergreifen **15.** einschnappen, -rasten (*Schloss etc*); klemmen, festsitzen **16.** sich verfangen, hängen bleiben (***on*** an *Dat*; ***in*** in *Dat*) **17.** anspringen (*Motor*)

◆**catch on** *v/i ugs* **1.** ***catch on to s.th.*** etw kapieren **2.** Anklang finden, einschlagen

◆**catch out** *v/t* ertappen; überführen

◆**catch up** **I** *v/t* **1.** *Br* einholen (*auch bei der Arbeit*) **2.** ***be caught up in*** vertieft sein in (*Akk*); verwickelt sein in (*Akk*) **II** *v/i* **3.** aufholen: ***catch up with*** einholen (*auch bei der Arbeit*); ***catch up on*** (*oder* ***with***) *Arbeitsrückstand etc* aufholen; ***catch up on one's sleep*** Schlaf nachholen

'catch·all *s bes Am* **1.** Tasche *f oder* Behälter *m* für alles Mögliche **2.** *fig* Sammelbezeichnung *f*: ***catchall term*** Sammelbegriff *m*

'catch-as-ˌcatch-'can *s* SPORT Catchen *n*: ***catch-as-catch-can wrestler*** Catcher(in)

catch·er ['kætʃə] *s* Fänger(in);

'catch·ing *Adj* **1.** MED ansteckend (*auch fig Lachen etc*) **2.** *fig* anziehend, fesselnd **3.** → ***catchy*** 1

catch·ment ['kætʃmənt] *s* GEOL Reservoir *n*

catch·ment a·re·a *s* **1.** GEOL Einzugsgebiet *n* (*eines Flusses*) **2.** *fig* Einzugsbereich *m*, -gebiet *n* (*eines Krankenhauses etc*)

'catch·phrase *s* Schlagwort *n*

'catch·up *bes Am* → ***ketchup***

'catch·word *s* **1.** Stichwort *n* (*im Lexikon etc*; *auch* THEAT) **2.** Schlagwort *n*

catch·y ['kætʃɪ] *Adj* **1.** eingängig (*Melodie etc*) **2.** → ***catching*** 2 **3.** Fang…: ***catchy question***

cat·e·chism ['kætəkɪzəm] *s* REL Katechismus *m*

cat·e·gor·i·cal [ˌkætə'gɒrɪkl] *Adj* kategorisch

cat·e·go·ry ['kætəgərɪ] *s* Kategorie *f*, Klasse *f*

ca·ter ['keɪtə] *v/i* **1.** Speisen und Getränke liefern (***for*** für) **2.** sorgen (***for*** für) **3.** *fig* (***for, to***) befriedigen (*Akk*), *bes pej* Nahrung liefern (*Dat*)

'ca·ter·er *s* Lieferant(in) *oder* Lieferfirma *f* für Speisen und Getränke

'ca·ter·ing ˌser·vice *s* Partyservice *m*

cat·er·pil·lar ['kætəpɪlə] *s* **1.** ZOOL Raupe *f* **2.** ***caterpillar®*** TECH Raupenfahrzeug *n*

cat·er·waul ['kætəwɔːl] *v/i* **1.** jaulen (*Katze*) **2.** *fig* (sich an)keifen

'cat·gut *s* Darmsaite *f*

►**ca·the·dral** [kə'θiːdrəl] **I** *s* Dom *m*, Kathedrale *f* **II** *Adj* Dom…

Church WF

aisle [aɪl]	(Mittel)Gang; Seitenschiff
altar ['ɔːltə]	Altar
altarpiece ['ɔːltəpiːs]	Altarbild
apse [æps]	Apsis
chancel ['tʃɑːnsl]	⚠ Altarraum, (hoher) Chor
choir stalls ['kwaɪəstɔːlz]	Chorgestühl
font	Taufbecken
gallery	Empore
nave	Hauptschiff
pew	(Kirchen)Bank
pews	Küchengestühl
pulpit ['pʊlpɪt]	Kanzel
side aisle [ˌsaɪd'aɪl]	Seitenschiff
side chapel [ˌsaɪd'tʃæpl]	Seitenkapelle
stained glass [ˌsteɪnd-'glaːs]	Buntglas

cath·e·ter ['kæθɪtə] *s* MED Katheter *m*

cath·ode ['kæθəʊd] *s* ELEK Kathode *f*

Cath·o·lic ['kæθəlɪk] REL **I** *Adj* katholisch **II** *s* Katholik(in)

Ca·thol·i·cism [kə'θɒləsɪzəm] *s* Katholizismus *m*

cat·kin ['kætkɪn] *s* BOT (Blüten)Kätzchen *n*

'cat·lick *s ugs* Katzenwäsche *f*: ***have a catlick***

C

Katzenwäsche machen
cat lit·ter *s* Katzenstreu *f*
'cat·nap *s* Nickerchen *n*: ***have*** (*oder* ***take***) ***a catnap*** ein Nickerchen machen
'cat's-eye *s* TECH Katzenauge *n*, Rückstrahler *m*; Leuchtnagel *m*
cat suit *s* einteiliger Hosenanzug
cat·tish ['kætɪʃ] *Adj* **1.** katzenhaft **2.** *fig* falsch, boshaft
▶**cat·tle** ['kætl] *s Koll* (*meist Pl konstruiert*) (Rind)Vieh *n*: ***ten head of cattle*** zehn Stück Vieh, zehn Rinder
cat·tle breed·ing *s* Viehzucht *f*
cat tray *s* Katzenklosett *n*
cat·ty ['kætɪ] → ***cattish***
'cat·walk *s* **1.** TECH Laufplanke *f*, Steg *m* **2.** Laufsteg *m* (*bei Modeschauen*)
caught [kɔːt] *Prät und Part Perf von* ***catch***
caul·dron ['kɔːldrən] *s* großer Kessel
cau·li·flow·er ['kɒlɪˌflaʊə] *s* BOT Blumenkohl *m*, *österr.* Karfiol *m*
caus·al ['kɔːzl] *Adj* ursächlich, kausal: ***causal connection*** → ***causality*** 2; ***causal law*** Kausalgesetz *n*
cau·sal·i·ty [kɔː'zælətɪ] *s* **1.** Ursächlichkeit *f*, Kausalität *f*: ***law of causality*** Kausalgesetz *n* **2.** Kausalzs.-hang *m*
caus·a·tive ['kɔːzətɪv] *Adj* verursachend (***of*** *Akk*)
▶**cause** [kɔːz] **I** *s* **1.** Ursache *f*: ***cause of death*** Todesursache **2.** Grund *m*, Anlass *m* (***for*** für): ***cause for complaint*** Grund zur Klage **3.** Sache *f*: ***make common cause with*** gemeinsame Sache machen mit **4.** JUR Rechtsstreit *m*; Gegenstand *m* (*eines Rechtsstreits*): ***cause of action*** Klagegrund *m* **II** *v/t* **5.** veranlassen **6.** verursachen, bewirken **7.** bereiten, zufügen
'cause·less *Adj* grundlos, unbegründet
cause·way ['kɔːzweɪ] *s* Damm *m*
caus·tic ['kɔːstɪk] **I** *Adj* (***caustically***) CHEM ätzend, *fig auch* beißend, sarkastisch **II** *s* Ätzmittel *n*
cau·ter·ize ['kɔːtəraɪz] *v/t* MED, TECH (aus)brennen, (ver)ätzen
cau·tion ['kɔːʃn] **I** *s* **1.** Vorsicht *f* **2.** Warnung *f* **3.** Verwarnung *f* **II** *v/t* **4.** warnen (***against*** vor *Dat*) **5.** verwarnen
cau·tious ['kɔːʃəs] *v/t* **1.** vorsichtig **2.** achtsam **3.** verhalten, gedämpft (*Optimismus etc*)
cav·al·ry ['kævlrɪ] *s* MIL **a)** *bes hist* Kavallerie *f*, **b)** Panzertruppe(n *Pl*) *f*
cav·al·ry·man ['kævlrɪmən] *s* (*unreg* ***man***) MIL **a)** *bes hist* Kavallerist *m*, **b)** Angehörige *m* einer Panzertruppe
▶**cave** [keɪv] **I** *s* **1.** Höhle *f* **II** *v/t* **2.** aushöhlen **3.** *meist* ***cave in*** eindrücken, zum Einsturz bringen **III** *v/i meist* ***cave in*** **4.** einstürzen, -sinken **5.** *ugs* nachgeben (***to*** *Dat*), klein beigeben
cave dwell·er *s* Höhlenbewohner(in)
cav·ern ['kævən] *s* (große) Höhle
cav·i·ar, **cav·i·are** ['kævɪɑː] *s* Kaviar *m*
cav·i·ty ['kævətɪ] *s* **1.** (Aus)Höhlung *f*, Hohlraum *m* **2.** ANAT Höhle *f*: ***abdominal cavity*** Bauchhöhle; → ***oral*** 2 **3.** MED Loch *n* (*im Zahn*)
ca·vort [kə'vɔːt] *v/i ugs* herumhüpfen, -tanzen
cay·enne [keɪ'en], *a* **cay·enne pep·per** ['keɪen] *s* Cayennepfeffer *m*
CB ra·di·o [siː'biːˌreɪdɪəʊ] *s* CB-Funk *m*
▶**CD** [siː'diː] *s*(= ***compact disc***) CD *f*
▶**CD play·er** [siː'diːˌpleɪə] *s* CD-Spieler *m*
▶**CD-ROM** [ˌsiːdiː'rɒm] *s* (= ***compact disc - read only memory***) CD-ROM *f*
CD-ROM drive *s* COMPUTER CD-ROM-Laufwerk *n*
CD writ·er *s* CD-Brenner *m*
cease [siːs] **I** *v/i* aufhören, enden **II** *v/t* aufhören (***to do, doing*** zu tun): ***cease fire*** MIL das Feuer einstellen; ***cease payment*** WIRTSCH die Zahlungen einstellen
ˌcease-'fire *s* MIL Feuereinstellung *f*; Waffenstillstand *m*
'cease·less *Adj* unaufhörlich
cede [siːd] *v/t* **1.** (***to***) abtreten, abgeben (*Dat oder* an *Akk*), überlassen (*Dat*) **2.** ***cede a point*** in einem Punkt nachgeben
▶**ceil·ing** ['siːlɪŋ] *s* **1.** Decke *f* (*eines Raums*) **2.** Höchstmaß *n*; WIRTSCH Höchstgrenze *f* (*von Preisen etc*), Plafond *m* (*eines Kredits*): ***ceiling price*** Höchstpreis *m* **3.** FLUG Gipfelhöhe *f*; Wolkenhöhe *f*
▶**cel·e·brate** ['selɪbreɪt] **I** *v/t* **1.** *Fest etc* feiern, begehen: → ***occasion*** 3 **2.** *j-n* feiern **3.** REL *Messe etc* zelebrieren **II** *v/i* **4.** feiern
'cel·e·brat·ed *Adj* berühmt (***for*** für, wegen)
ˌcel·e'bra·tion *s* **1.** Feier *f* **2.** Feiern *n*: ***in celebration of*** zur Feier (*Gen*) **3.** REL Zelebrieren *n*
ce·leb·ri·ty [sɪ'lebrətɪ] *s* Berühmtheit *f* (*auch Person*)
cel·er·y ['selərɪ] *s* BOT Sellerie *m*, *f*
ce·les·tial [sɪ'lestjəl] *Adj* himmlisch, Himmels… (*auch* ASTR): ***celestial body*** Himmelskörper *m*
cel·i·ba·cy ['selɪbəsɪ] *s* Zölibat *n*, *m*, Ehelosigkeit *f*
cel·i·bate ['selɪbət] **I** *Adj* unverheiratet **II** *s* Unverheiratete *m*, *f*
cell [sel] *s allg* Zelle *f*, ELEK *auch* Element *n*
▶**cel·lar** ['selə] **I** *s* **1.** Keller *m* **2.** → ***saltcellar*** **II** *v/t* **3.** *auch* ***cellar in*** einkellern, -lagern
cell di·vi·sion *s* BIOL Zellteilung *f*
cel·list ['tʃelɪst] *s* MUS Cellist(in)
cell nu·cle·us *s* (*meist unreg* ***nucleus***) BIOL Zellkern *m*
cel·lo ['tʃeləʊ] *Pl* **cel·los** *s* MUS Cello *n*
cel·lo·phane ['seləʊfeɪn] *s* Zellophan *n*
cell·phone ['selfəʊn] *s* Funktelefon *n*, Mobiltelefon *n*, Handy *n*
cel·lu·lar ['seljʊlə] *Adj* Zell(en)…; ***cellular (tele)phone*** Funktelefon *n*, Mobiltelefon *n*
cel·lu·loid ['seljʊlɔɪd] *s* Zelluloid *n*
cel·lu·lose ['seljʊləʊs] *s* Zellulose *f*, Zellstoff *m*
Celt [kelt] *s* Kelte *m*, Keltin *f*
'Celt·ic **I** *Adj* keltisch **II** *s* LING Keltisch *n*
ce·ment [sɪ'ment] **I** *s* **1.** Zement *m* **2.** Kitt *m* **II** *v/t* **3.** zementieren, *fig auch* festigen **4.** (ver-)kitten
ce·ment mix·er *s* Betonmischmaschine *f*
▶**cem·e·ter·y** ['semɪtrɪ] *s* Friedhof *m*
cen·ser ['sensə] *s* REL Weihrauchfass *n*
cen·sor ['sensə] **I** *s* Zensor(in) **II** *v/t* zensieren
cen·so·ri·ous [sen'sɔːrɪəs] *Adj* **1.** kritisch, streng **2.** kritt(e)lig (***of*** gegenüber)
'cen·sor·ship *s* Zensur *f*: ***censorship of the press*** Pressezensur
cen·sure ['senʃə] **I** *s* **1.** Tadel *m*, Rüge *f*: ***vote of censure*** Misstrauensvotum *n* **2.** (***of***) Kritik *f* (an *Dat*), Missbilligung *f* (*Gen*) **II** *v/t* **3.** tadeln (***for*** wegen) **4.** kritisieren, missbilligen
cen·sus ['sensəs] *s* (*bes* Volks)Zählung *f*: ***traffic census*** Verkehrszählung
▶**cent** [sent] *s Währung*: Cent *m* (*auch Euro-*

C

Certainty	Sicherheit SG
I'm convinced (that) we can do it.	Ich bin überzeugt, dass wir es schaffen können.
He's positive he saw her in town.	Er ist sicher, dass er sie in der Stadt gesehen hat.
It's an excellent opportunity, there's no doubt about it.	Das ist eine erstklassige Gelegenheit, daran gibt es gar keinen Zweifel.
I'm sure it'll all turn out all right.	Ich bin sicher, es wird alles gut gehen.
They're definitely not the right people for the job.	Sie sind mit Sicherheit nicht die richtigen Leute für den Job.

cent)

cen·te·nar·i·an [ˌsentɪ'neərɪən] **I** *Adj* hundertjährig **II** *s* Hundertjährige *m, f*

cen·te·nar·y [sen'tiːnərɪ] **I** *Adj* hundertjährig **II** *s* Hundertjahrfeier *f*, hundertjähriges Jubiläum

cen·ten·ni·al [sen'tenjəl] **I** *Adj* hundertjährig **II** *s bes Am* → ***centenary*** II

▶**cen·ter**, *etc Am* → ***centre***, *etc*

cen·ti·grade ['sentɪgreɪd] *Adj*: ***… degrees centigrade*** … Grad Celsius; ***centigrade thermometer*** Celsiusthermometer *n*

'cen·ti·gram(me) *s* Zentigramm *n*

▶**cen·time·ter**, *bes Br* **cen·time·tre** ['sentɪˌmiːtə] *s* Zentimeter *m, n*

▶**cen·tral** ['sentrəl] **I** *Adj* **1.** zentral (gelegen) **2.** Mittel(punkts)… **3.** Haupt…, Zentral…: ***central bank*** WIRTSCH Zentralbank *f*; ***central figure*** Schlüssel-, Hauptfigur *f* **II** *s* **4.** (*Am* Telefon)Zentrale *f*

Cen·tral A·mer·i·can *Adj* zentral-, mittelamerikanisch

Cen·tral Eu·ro·pe·an Time *s* mitteleuropäische Zeit

cen·tral heat·ing *s* Zentralheizung *f*

cen·tral·ize ['sentrəlaɪz] *v/t und v/i* (sich) zentralisieren

cen·tral lock·ing *s* MOT Zentralverrieg(e)lung *f*

cen·tral ner·vous sys·tem *s* PHYSIOL Zentralnervensystem *n*

cen·tral pro·cess·ing u·nit *s* COMPUTER Zentraleinheit *f*

cen·tral re·serve, **cen·tral res·er·va·tion** *s Br* Mittelstreifen *m (einer Autobahn)*

cen·tral sta·tion *s* Hauptbahnhof *m*

▶**cen·tre** ['sentə] **I** *s* **1.** Mitte *f*, *auch fig* Zentrum *n*, Mittelpunkt *m*: ***in*** (*oder* ***at***) ***the centre*** in der Mitte; ***centre of gravity*** PHYS Schwerpunkt *m*; ***be the centre of interest*** im Mittelpunkt des Interesses stehen **2.** *Fußball*: Flanke *f* **II** *v/t* **3.** *fig* konzentrieren (***on*** auf *Akk*) **4.** TECH *und typografisch*: zentrieren **III** *v/i* **5.** *fig* sich konzentrieren (***in, on*** auf *Akk*), sich drehen (***round*** um) **6.** *Fußball*: flanken

cen·tre for·ward *s* SPORT Mittelstürmer(in)

cen·trif·u·gal [sen'trɪfjʊgl] *Adj* PHYS zentrifugal: ***centrifugal force*** Flieh-, Zentrifugalkraft *f*

cen·tri·fuge ['sentrɪfjuːdʒ] *s* TECH Zentrifuge *f*

▶**cen·tu·ry** ['sentʃʊrɪ] *s* Jahrhundert *n*

ce·ram·ic [sɪ'ræmɪk] **I** *Adj* **1.** keramisch **II** *s* **2.** Keramik *f*, *Pl auch* keramische Erzeugnisse *Pl* **3.** *Pl (meist Sg konstruiert)* Keramik *f (Technik)*

▶**ce·re·al** ['sɪərɪəl] **I** *Adj* **1.** Getreide… **II** *s* **2.** Getreidepflanze *f* **3.** Getreide *n* **4.** Getreideflocken *Pl*

cer·e·bral ['serɪbrəl] *Adj* ANAT Gehirn…

cer·e·mo·ni·al [ˌserɪ'məʊnjəl] **I** *Adj* **1.** zeremoniell, feierlich **2.** → ***ceremonious*** 2, 3 **II** *s* **3.** Zeremoniell *n*

ˌcer·e'mo·ni·ous *Adj* **1.** feierlich **2.** förmlich **3.** rituell **4.** umständlich

cer·e·mo·ny ['serɪmənɪ] *s* **1.** Zeremonie *f*, Feier(lichkeit) *f*: ***master of ceremonies*** Zeremonienmeister *m*; THEAT *etc bes Am* Conférencier *m* **2.** Förmlichkeit(en *Pl*) *f*: ***without ceremony*** ohne Umstände; → ***stand on*** 2

cert [sɜːt] *s Br ugs* sichere Sache: ***it's a dead cert that*** es ist todsicher, dass

▶**cer·tain** ['sɜːtn] *Adj* **1.** sicher: **a)** (*meist von Sachen*) bestimmt: ***it is certain to happen*** es wird mit Sicherheit geschehen; ***for certain*** mit Sicherheit, **b)** (*meist von Personen*) überzeugt: ***make certain of*** sich (*Gen*) vergewissern; sich *etw* sichern; ***make certain*** (***that***) dafür sorgen, dass, **c)** zuverlässig **2.** (ganz) bestimmt: ***a certain day*** **3.** gewiss: ***a certain Mr Brown***; ***for certain reasons*** aus bestimmten Gründen

▶**cer·tain·ly** ['sɜːtnlɪ] *Adv* **1.** sicher, bestimmt **2.** *Antwort*: aber sicher, natürlich

'cer·tain·ty *s* Sicherheit *f*, Bestimmtheit *f*: ***it is a certainty that*** es ist sicher, dass

cer·tif·i·cate **I** *s* [sə'tɪfɪkət] **1.** Bescheinigung *f*, Attest *n*: ***certificate of*** (***good***) ***conduct*** Führungszeugnis *n* **2.** PÄD Zeugnis *n* **3.** Gutachten *n* **II** *v/t* [sə'tɪfɪkeɪt] **4.** *etw* bescheinigen **5.** *j-m* eine Bescheinigung *oder* ein Zeugnis geben: ***certificated*** (amtlich) zugelassen; diplomiert

cer·ti·fy ['sɜːtɪfaɪ] *v/t* **1.** bescheinigen, attestieren: ***this is to certify that*** hiermit wird bescheinigt, dass **2.** beglaubigen **3.** *amtlich* für geisteskrank erklären

cer·ti·tude ['sɜːtɪtjuːd] *s* Sicherheit *f*, Bestimmtheit *f*

cer·vi·cal ['sɜːvɪkl] *Adj* Gebärmutterhals…: ***cervical smear*** Abstrich *m*

ces·sa·tion [se'seɪʃn] *s* Aufhören *n*, Einstellung *f*

ces·sion ['seʃn] *s* Abtretung *f*

cess·pit ['sespɪt], **'cess·pool** *s* Senkgrube *f*

CFC [siːef'siː] *Abk* (= ***chlorofluorocarbon***) FCKW *n*

chafe [tʃeɪf] **I** *v/t* **1.** warm reiben, frottieren **2.** auf-, durchreiben, wund reiben **3.** *fig* ärgern, reizen **II** *v/i* **4.** (sich durch)reiben, scheuern **5.** *fig* sich ärgern (***at, against*** über *Akk*)

chaff [tʃɑːf] *s* Spreu *f*: → ***wheat***

▶**chain** [tʃeɪn] **I** *s allg* Kette *f (auch fig)*: ***chain of mountains*** Gebirgskette; ***human chain*** Menschenkette *f* **II** *v/t* (an)ketten (***to*** an *Akk*): ***chain*** (***up***) *Hund* an die Kette legen

chain re·ac·tion *s* PHYS Kettenreaktion *f (auch fig)*

chain smok·er *s* Kettenraucher(in)

chain store *s* Kettenladen *m*

C

▶**chair** [tʃeə] **I** *s* **1.** (*Am ugs* elektrischer) Stuhl, Sessel *m*: ***on a chair*** auf einem Stuhl; ***in a chair*** in einem Sessel; ***take a chair*** Platz nehmen **2.** *fig* Vorsitz *m*: ***be in the chair*** den Vorsitz führen **3.** UNI Lehrstuhl *m* (***of*** für) **II** *v/t* **4.** bestuhlen **5.** den Vorsitz führen bei: ***chaired by*** unter dem Vorsitz von (*oder Gen*)
chair lift *s* Sessellift *m*
▶**chair·man** ['tʃeəmən] *s* (*unreg* ***man***) Vorsitzende *m*

chairman / chairperson SG

Aus Gründen der Gleichberechtigung haben etliche Begriffe, für die es früher nur die Form gab, die auf **-man** endete, eine neutrale, nicht geschlechtsspezifische Bezeichnung erhalten.

traditionelle Form	neutrale Form
chairman	**chairperson**
spokesman	**spokesperson**
salesman	**salesperson**
layman	**layperson**
fireman	**firefighter**
policeman	**police officer**
businessmen	**businesspeople***
sportsmen	**sportspeople***

* Hier unterscheidet man im Singular aber noch zwischen **businessman / businesswoman** bzw. **sportsman / sportswoman.**

'**chair·man·ship** *s* Vorsitz *m*: ***under the chairmanship of*** unter dem Vorsitz von (*oder Gen*)
▶**chair·per·son** ['tʃeə,pɜːsn] *s* Vorsitzende *m, f*
▶**chair·wom·an** ['tʃeə,wʊmən] *s* (*unreg* ***woman***) Vorsitzende *f*
chal·ice ['tʃælɪs] *s* REL Kelch *m*
chalk [tʃɔːk] **I** *s* **1.** Kreide *f*: ***(as) different as chalk and cheese*** verschieden wie Tag und Nacht **II** *v/t* **2.** mit Kreide markieren **3.** ***chalk out*** *Plan etc* entwerfen, skizzieren
chal·lenge ['tʃælɪndʒ] **I** *s* **1.** Herausforderung *f* (***to*** *Gen oder* an *Akk*) (*auch fig*): ***challenge cup*** (*bes Sport*) Wanderpokal *m* **2.** (schwierige *oder* reizvolle) Aufgabe **3.** JUR Ablehnung *f* **II** *v/t* **4.** herausfordern **5.** JUR *Geschworenen, Richter* ablehnen **6.** *j-n* fordern *oder* reizen (*Aufgabe*) **7.** stark anzweifeln, infrage stellen
chal·leng·er *s bes* SPORT Herausforderer *m*, -forderin *f*
'**chal·leng·ing** *Adj* **1.** herausfordernd **2.** schwierig; reizvoll (*Aufgabe*)
cham·ber ['tʃeɪmbə] *s* TECH, PARL *etc* Kammer *f*: ***chamber of commerce*** Handelskammer
'**cham·ber·maid** *s* Zimmermädchen *n*
cham·ber mu·sic *s* Kammermusik *f*
cham·ber pot *s* Nachtgeschirr *n*, -topf *m*
cha·me·le·on [kə'miːljən] *s* ZOOL Chamäleon *n*
cham·fer ['tʃæmfə] **I** *s* **1.** ARCHI Auskehlung *f* **2.** TECH Abschrägung *f* **II** *v/t* **3.** ARCHI auskehlen **4.** TECH abschrägen
cham·ois ['ʃæmwɑː] *s* **1.** ZOOL Gämse *f* **2.** *auch* ***chamois leather*** [*meist* 'ʃæmɪ] Sämischleder *n* **3.** Polier-, Fensterleder *n*
champ[1] [tʃæmp] *v/i und v/t* (heftig *oder* geräuschvoll) kauen: ***champ at the bit*** *fig* ungeduldig sein, es kaum mehr erwarten können (***to do*** zu tun)
champ[2] [tʃæmp] *ugs* → ***champion*** 2
cham·pagne [ʃæm'peɪn] *s* Champagner *m*; Sekt *m*
▶**cham·pi·on** ['tʃæmpjən] **I** *s* **1.** Verfechter(in), Fürsprecher(in) (***of*** von *oder Gen*) **2.** SPORT Meister(in) **II** *v/t* **3.** verfechten, eintreten für
'**cham·pi·on·ship** *s* SPORT Meisterschaft *f*
▶**chance** [tʃɑːns] **I** *s* **1.** Zufall *m*: ▶ ***by chance*** zufällig; ***game of chance*** Glücksspiel *n* **2.** Möglichkeit *f*, Wahrscheinlichkeit *f*: ***the chances are that*** es besteht Aussicht, dass **3.** Chance *f*, (günstige) Gelegenheit; Aussicht *f* (***of*** auf *Akk*): ***stand a chance*** Aussichten *oder* eine Chance haben **4.** Risiko *n*: ***take a chance*** es darauf ankommen lassen, es riskieren (***on*** mit); ***take no chances*** nichts riskieren (wollen) **II** *v/i* **5.** ***I chanced to meet her*** ich traf sie zufällig **6.** ***chance on*** zufällig begegnen (*Dat*); zufällig stoßen auf (*Akk*) **III** *v/t* **7.** riskieren: ***chance missing him*** es riskieren, ihn zu verfehlen; ***chance it*** *ugs* es darauf ankommen lassen **IV** *Adj* **8.** zufällig, Zufalls…

chance GR

Im übertragenen Sinne wird **chance** nur im Singular und ohne **a** benutzt:

Just by chance I won!	Ich habe zufällig gewonnen!
aber:	
He had a chance, but failed.	Er hatte eine Chance, ist aber gescheitert.
You have two chances.	Du hast zwei Chancen.

chan·cel·lor ['tʃɑːnsələ] *s* POL Kanzler(in): ***Chancellor of the Exchequer*** *Br* Schatzkanzler(in), Finanzminister(in)
chanc·y ['tʃɑːnsɪ] *Adj ugs* riskant
chan·de·lier [,ʃændə'lɪə] *s* Kronleuchter *m*, Lüster *m*
▶**change** [tʃeɪndʒ] **I** *v/t* **1.** (ver)ändern, verwandeln (***into*** in *Akk*): → ***subject*** 1 **2.** wechseln, (ver)tauschen: ***change one's shirt*** ein anderes Hemd anziehen; ***change places with s.o.*** mit j-m den Platz tauschen; ***change trains (planes)*** umsteigen; → ***hand*** 1, ***mind*** 4 **3.** *Bettzeug etc* wechseln, *Bett* frisch beziehen, *Baby* wickeln **4.** *Geld* (um)wechseln (***into*** in *Akk*) **5.** TECH *Teile* (aus)wechseln, *Öl* wechseln **6.** MOT, TECH schalten: ***change over*** umschalten; *Maschine, auch Industrie etc* umstellen (***to*** auf *Akk*); → ***gear*** 1 **II** *v/i* **7.** sich (ver)ändern, wechseln **8.** sich verwandeln (***to, into*** in *Akk*) **9.** übergehen (***to*** zu) **10.** sich umziehen (***for dinner*** zum Abendessen) **11.** BAHN, FLUG umsteigen **12.** wechseln, umspringen (***from … to*** von … auf *Akk*) (*Verkehrsampel*) **13.** MOT, TECH schalten: ***change up (down)*** hinauf- (herunter)schalten; → ***gear*** 1 **III** *s* **14.** (Ver)Änderung *f*, Wechsel *m*, *weit. S. auch* Umschwung *m*: ***change of air*** Luftveränderung; ***change of life*** PHYSIOL Wechseljahre *Pl*; ***change in the weather*** Witterungsumschlag *m* **15.** (Aus-) Tausch *m* **16.** *etw* Neues, Abwechslung *f*: ***for a change*** zur Abwechslung **17.** Wechselgeld *n*; Kleingeld *n*: ***can you give me change for a pound?*** können Sie mir auf ein Pfund heraus-

geben?; können Sie mir ein Pfund wechseln?; → ***small*** I

'change·a·ble *Adj* unbeständig: **a)** wankelmütig (*Person*), **b)** veränderlich (*Wetter*)

▶**chan·nel** ['tʃænl] *s* Kanal *m* (*auch fig*), (RUNDFUNK, TV *auch*) Programm *n*: ***switch channels*** umschalten; ***through official channels*** auf dem Dienst- *oder* Instanzenweg

chan·nel hop·ping *s* TV *Br*, **chan·nel surfing** *s* TV *Am* Zappen *n*, dauerndes Umschalten

Chan·nel Tun·nel *s* Kanaltunnel *m*

chant [tʃɑːnt] **I** *s* **1.** Gesang *m* **2.** Singsang *m* **3.** Sprechchor *m* **II** *v/t* **4.** singen **5.** herunterleiern **6.** in Sprechchören rufen

chan·te·relle [ˌtʃæntə'rel] *s* BOT Pfifferling *m*

cha·os ['keɪɒs] *s* Chaos *n*

cha'ot·ic *Adj* (***chaotically***) chaotisch

chap¹ [tʃæp] **I** *v/t Haut* rissig machen **II** *v/i* rissig werden, aufspringen **III** *s* Riss *m*

chap² [tʃæp] *s ugs* Bursche *m*, Kerl *m*

chap·el ['tʃæpl] *s* Kapelle *f*

chap·er·on ['ʃæpərəʊn] **I** *s* **1.** Anstandsdame *f* **2.** Aufsichts-, Begleitperson *f* **II** *v/t* **3.** (als Anstandsdame) begleiten **4.** beaufsichtigen

chap·lain ['tʃæplɪn] *s* Kaplan *m*

chapped [tʃæpt] *Adj* aufgesprungen, rissig

chap·ter ['tʃæptə] *s* Kapitel *n* (*auch fig*)

char¹ [tʃɑː] *v/t und v/i* verkohlen

char² [tʃɑː] **I** *s Br ugs* → ***charwoman*** **II** *v/i* putzen: ***go out charring*** putzen gehen

▶**char·ac·ter** ['kærəktə] **I** *s* **1.** *allg* Charakter *m* **2.** Ruf *m*, Leumund *m* **3.** Eigenschaft *f*, Stellung *f*: ***in one's character as*** in seiner Eigenschaft als **4.** Figur *f*, Gestalt *f* (*eines Romans etc*), *Pl auch* Charaktere *Pl* **5.** Schriftzeichen *n*, Buchstabe *m* **II** *Adj* **6.** Charakter…: ***character actor*** (***study***, *etc*); ***character assassination*** Rufmord *m*

ˌchar·ac·ter'is·tic **I** *Adj* (***characteristically***) charakteristisch (***of*** für) **II** *s* charakteristisches Merkmal

'char·ac·ter·ize *v/t* charakterisieren

char·coal ['tʃɑːkəʊl] *s* Holzkohle *f*

▶**charge** [tʃɑːdʒ] **I** *v/t* **1.** *Gewehr etc* laden, *Batterie etc* (auf)laden **2.** beauftragen (***with*** mit): ***charge s.o. to be careful*** j-m einschärfen, vorsichtig zu sein **3.** (***with***) *j-m* (*etw*) zur Last legen *oder* vorwerfen, *auch* JUR *j-n* (*einer Sache*) beschuldigen *oder* anklagen **4.** (***with***) WIRTSCH *j-n* belasten (mit *einem Betrag*), *j-m* (*etw*) in Rechnung stellen **5.** berechnen, verlangen, fordern (***for*** für) **6.** MIL angreifen; stürmen **II** *v/i* **7.** ***charge at*** losgehen auf (*Akk*) **III** *s* **8.** Ladung *f* (*eines Gewehrs etc*) **9.** Preis *m*; Forderung *f*; Gebühr *f*; *auch Pl* Unkosten *Pl*, Spesen *Pl*: ***free of charge*** kostenlos, gratis **10.** Beschuldigung *f*, *auch* JUR Anklage(punkt *m*) *f*: ***be on a charge of murder*** unter Mordanklage stehen **11.** Verantwortung *f*: ***the person in charge*** der *oder* die Verantwortliche; ▶ ***be in charge of*** verantwortlich sein für, leiten (*Akk*); ***be in*** (*oder* ***under***) ***s.o.'s charge*** von j-m betreut werden; ***take charge of*** die Leitung *oder* Aufsicht (*Gen*) übernehmen **12.** Schützling *m*, Mündel *m*, *n*; *j-m* anvertraute Sache

charge ac·count *s* WIRTSCH **1.** Kundenkreditkonto *n* **2.** Abzahlungskonto *n* (*bei Teilzahlungen*)

charge card *s* Kunden(kredit)karte *f*

char·gé d'af·faires [ˌʃɑːʒeɪdæ'feə] *Pl* **char·gés d'af·faires** [ˌʃɑːʒeɪzdæ'feə] *s* Geschäftsträger(in)

charg·er ['tʃɑːdʒə] *s* ELEK Ladegerät *n*

char·is·ma [kə'rɪzmə] *s* Charisma *n*, Ausstrahlung(skraft) *f*

char·is·mat·ic [ˌkærɪz'mætɪk] *Adj* charismatisch

char·i·ta·ble ['tʃærətəbl] *Adj* **1.** wohltätig, karitativ **2.** gütig, nachsichtig (***to*** gegenüber)

char·i·ty ['tʃærətɪ] *s* **1.** Nächstenliebe *f* **2.** Wohltätigkeit *f* **3.** Güte *f*, Nachsicht *f* **4.** Almosen *n*, milde Gabe

char·la·tan ['ʃɑːlətən] *s* Scharlatan(in)

charm [tʃɑːm] **I** *s* **1.** Charme *m*, Zauber *m* **2.** Zauber(formel *f*; -mittel *n*) *m* **3.** Talisman *m*, Amulett *n* **II** *v/t* **4.** bezaubern, entzücken **5.** verzaubern, *Schlangen* beschwören: ***charm away*** wegzaubern, *Sorgen etc* zerstreuen

'charm·er *s* **1.** Zauberer *m*, Zauberin *f* **2.** reizvolles Geschöpf (*Frau*); Charmeur *m*

▶**charm·ing** ['tʃɑːmɪŋ] *Adj* charmant, bezaubernd

char·nel house ['tʃɑːnl ˌhaʊs] *s veralt* Leichenhalle *f*; Beinhaus *n*

chart [tʃɑːt] **I** *s* **1.** (*See-*, *Himmels-*, *Wetter*)Karte *f* **2.** Diagramm *n*, Schaubild *n*, Kurve(nblatt *n*) *f*: ***bar chart*** *s* Säulendiagramm *n*; ***flow chart*** *s* Flussdiagramm *n*; ***pie chart*** *s* Kreisdiagramm *n* **3.** *Pl* Charts *Pl*, Hitliste(n *Pl*) *f* **II** *v/t* **4.** auf einer Karte *etc* einzeichnen *oder* verzeichnen

char·ter ['tʃɑːtə] **I** *s* **1.** Urkunde *f* **2.** Konzession *f* **3.** POL Charta *f* **4.** Chartern *n* **II** *v/t* **5.** konzessionieren **6.** chartern: ***chartered*** Charter…

char·ter flight *s* Charterflug *m*

char·ter plane *s* Charterflugzeug *n*

'charˌwom·an *s* (*unreg* ***woman***) Putzfrau *f*, Raumpflegerin *f*

char·y ['tʃeərɪ] *Adj* **1.** vorsichtig (***in***, ***of*** in *Dat*, bei) **2.** sparsam, zurückhaltend (***of*** mit)

chase [tʃeɪs] **I** *v/t* **1.** jagen, Jagd machen auf, (*auch fig einem Traum etc*) nachjagen; *ugs einem Mädchen etc* nachlaufen **2.** JAGD hetzen, jagen: ***chase up*** (*oder* ***down***) *meist fig* aufstöbern **3.** *auch* ***chase away*** verjagen, -treiben **II** *v/i* **4.** ***chase after s.o.*** j-m nachjagen **5.** *ugs* rasen, rennen **III** *s* **6.** JAGD (Hetz)Jagd *f*, *fig auch* Verfolgung(sjagd) *f*: ***give chase to*** verfolgen (*Akk*), nachjagen (*Dat*)

chasm ['kæzəm] *s* **1.** Kluft *f*, Abgrund *m* (*auch fig*) **2.** Schlucht *f*, Klamm *f* **3.** Riss *m*, Spalte *f* **4.** *fig* Lücke *f*

chas·sis ['ʃæsɪ] *Pl* **chas·sis** ['ʃæsɪz] *s* FLUG, MOT Chassis *n*, Fahrgestell *n*

chaste [tʃeɪst] *Adj* **1.** keusch, züchtig **2.** bescheiden, schlicht (*Mahl etc*)

chas·ten ['tʃeɪsn] *v/t* **1.** züchtigen **2.** *fig* läutern **3.** *fig* ernüchtern, nachdenklich stimmen

chas·tise [tʃæ'staɪz] *v/t* **1.** züchtigen **2.** *fig* geißeln, scharf tadeln

chas·ti·ty ['tʃæstətɪ] *s* **1.** Keuschheit *f* **2.** Schlichtheit *f*

chat [tʃæt] **I** *v/i* plaudern, *Internet*: chatten **II** *v/t* ***chat up*** *Br ugs* einreden auf (*Akk*); sich ranmachen an (*ein Mädchen etc*), anquatschen **III** *s* **1.** Plauderei *f*: ***have a chat*** plaudern **2.** *Internet*: Chat *m*

chat show *s Br* Talkshow *f*

chat·tels ['tʃætlz] *s Pl* JUR bewegliches Eigentum: → ***good*** 3

chat·ter ['tʃætə] **I** *v/i* **1.** schnattern, schwatzen, plappern **2.** klappern **II** *s* **3.** Geschnatter *n*, Geplapper *n* **4.** Klappern *n*

'chat·ter·box *s* Plaudertasche *f*, Plappermaul *n*

C

Chatting on the Internet

WF

Beim Chatten im Internet wird man oft mit seltsamen Abkürzungen konfrontiert, deren originelle Auflösungen folgendermaßen aussehen:

AFAIK	**as far as I know**	soweit ich weiß
BFN	**bye for now**	Tschüs (erst mal)!
BION	**believe it or not**	ob du es glaubst oder nicht
BOT	**back on topic**	zurück zum Thema
BTW	**by the way**	übrigens
FOAF	**friend of a friend**	der Freund eines Freundes / einer Freundin *oder* die Freundin einer Freundin / eines Freundes
FOC	**free of charge**	kostenlos
FYE	**for your entertainment**	zu deiner Unterhaltung
FYI	**for your information**	zu deiner Information
IMO	**in my opinion**	meiner Meinung nach
IOW	**in other words**	mit anderen Worten
OIC	**oh I see**	Aha, ich verstehe!
NW	**no way**	Kommt nicht in Frage!
TIA	**thanks in advance**	danke im Voraus

chat·ty ['tʃætɪ] *Adj* **1.** geschwätzig, gesprächig **2.** *fig* wortreich, ausführlich; im Plauderton (geschrieben)

chauf·feur ['ʃəʊfə] **I** *s* Chauffeur(in), Fahrer(in) **II** *v/t* chauffieren, fahren

'chauvin·ism ['ʃəʊvɪnɪzm] *s* Chauvinismus *m*: ***male chauvinism*** männlicher Chauvinismus

'chau·vinist *s* Chauvinist(in): ***male chauvinist*** männlicher Chauvinist; ***male chauvinist pig*** *ugs* **a)** *pej* Chauvischwein *n*, **b)** *hum* Chauvi *m*

,chau·vin'ist·ic *Adj* (***chauvinistically***) chauvinistisch

▶**cheap** [tʃiːp] **I** *Adj* **1.** billig, Billig... **2.** billig, minderwertig **3.** schäbig, gemein: ***feel cheap*** sich schäbig vorkommen **II** *Adv* **4.** billig: ***buy s.th. cheap*** **III** *s* **5.** ***on the cheap*** billig

'cheap·en *v/t und v/i* (sich) verbilligen

'cheap·ness *s* Billigkeit *f*

'cheap·skate *s ugs* Knicker(in)

▶**cheat** [tʃiːt] **I** *s* **1.** Betrüger(in), Schwindler(in) **2.** Betrug *m*, Schwindel *m* **II** *v/t* **3.** betrügen (***of, out of*** um) **III** *v/i* **4.** betrügen, schwindeln **5.** ***cheat on*** *ugs seine Frau etc* betrügen

Chech·nia ['tʃetʃniə] *Eigenn* Tschetschenien *n*

▶**check** [tʃek] **I** *s* **1.** Schach(stellung *f*) *n*: ***give check*** Schach bieten; ***hold*** (*oder* ***keep***) ***in check*** *fig* in Schach halten **2.** Hemmnis *n*, Hindernis *n* (***on*** für) **3.** Einhalt *m*: ***act as a check on*** Einhalt gebieten (*Dat*) **4.** Kontrolle *f*, Überprüfung *f*: ***keep a check on*** unter Kontrolle halten (*Akk*) **5.** *Am* Häkchen *n* (*auf Liste etc*) **6.** WIRTSCH *Am* Scheck *m* (***for*** über *Akk*): ***pay by check*** mit Scheck bezahlen **7.** *bes Am* Kassenzettel *m*, Rechnung *f* **8.** Kontrollabschnitt *m*, -schein *m* **9.** *bes Am* Garderobenmarke *f*; Gepäckschein *m* **10.** Schachbrett-, Karomuster *n*; Karo *n*, Viereck *n*; karierter Stoff **11.** *Poker etc*: Spielmarke *f*: ***pass*** (*oder* ***hand***) ***in one's checks*** *Am ugs* den Löffel weglegen (*sterben*) **II** *v/t* **12.** Schach bieten (*Dat*) **13.** hemmen, hindern **14.** TECH drosseln, bremsen (*auch fig*) **15.** zurückhalten, zügeln: ***check o.s.*** sich beherrschen **16.** checken, kontrollieren, überprüfen (***for*** auf *Akk* hin) **17.** *Am auf Liste etc* abhaken **18.** *bes Am* (zur Aufbewahrung *oder* in der Garderobe) abgeben; (als Reisegepäck) aufgeben **19.** *auch* ***check out*** *Am Geld* mittels Scheck abheben **III** *v/i* **20.** (plötzlich) innehalten, stutzen **21.** *Am* einen Scheck ausstellen (***for*** über *Akk*)

Checks and Balances

LK

Das System der **checks and balances** stellt im Rahmen der Gewaltenteilung ein Werkzeug der gegenseitigen Kontrolle zwischen den 3 Säulen der Regierung dar.
Legislative (**Congress**), Exekutive (**President**) und Judikative (**Supreme Court**) verfügen jeweils über die Macht und haben die Aufgabe, die Handlungen der beiden anderen zu kontrollieren (**check**) und ggf. auszugleichen (**balance**). So beschränken die drei eigenständigen Institutionen die Macht der jeweils anderen, um Machtmissbrauch zu verhindern, z. B. indem der Oberste Gerichtshof Handlungen des Präsidenten oder Gesetze für verfassungswidrig erklären kann.

◆**check back** *v/i* rückfragen (***with*** bei)

▶**check in** *v/i* **1.** sich (*in einem Hotel*) anmelden **2.** einstempeln **3.** FLUG (*auch v/t*) einchecken

◆**check off** → ***check*** 17

◆**check out** **I** *v/t* **1.** → ***check*** 19 **2.** sich erkundigen nach, sich informieren über (*Akk*) **II** *v/i* **3.** *aus einem Hotel* abreisen **4.** ausstempeln

◆**check up** *v/i*: ***check up on*** *etw* nachprüfen, *etw, j-n* überprüfen

'check·book *s Am* Scheckbuch *n*, -heft *n*

check card *s Am* Scheckkarte *f*

checked [tʃekt] *Adj* kariert

check·er[1] ['tʃekə] *s* **1.** *Am* **a)** (Dame)Stein *m*, **b)** ***checkers*** *Sg* Dame(spiel *n*) *f* **2.** Karomuster *n*

check·er[2] ['tʃekə] *s bes Am* **1.** Kassierer(in) (*bes im Supermarkt*) **2.** Garderobenmann *m*, -frau *f*

'check·er·board *s Am* Schach-, Damebrett *n*

check·ered ['tʃekəd] *Adj* **1.** kariert **2.** bunt

C

(*auch fig*) **3.** *fig* wechselvoll, bewegt (*Geschichte etc*)
'check-in *s* **1.** Anmeldung *f* (*in einem Hotel*) **2.** Einstempeln *n* **3.** FLUG Einchecken *n*: ***check-in counter, check-in desk*** Abfertigungsschalter *m*
check·ing ac·count ['tʃekɪŋ] *s* WIRTSCH *Am* Girokonto *n*
check list *s* Check-, Kontrollliste *f*
'check·mate I *s* (Schach)Matt *n*, Mattstellung *f* **II** *v/t* (schach)matt setzen (*auch fig*)
'check-out *s* **1.** Abreise *f* (*aus einem Hotel*): ***check-out (time)*** *Zeit, zu der ein Hotelzimmer geräumt sein muss* **2.** Ausstempeln *n* **3.** *auch* ***check-out counter*** Kasse *f* (*bes im Supermarkt*), *österr.* Kassa *f*
'check·point *s* Kontrollpunkt *m* (*an der Grenze*)
'check·room *s bes Am* **1.** BAHN Gepäckaufbewahrung *f* **2.** Garderobe *f*
'check·up *s* **1.** Überprüfung *f* **2.** MED Check-up *m*, Vorsorgeuntersuchung *f*
►**cheek** [tʃiːk] **I** *s* **1.** Backe *f* (*auch* TECH), Wange *f*: ***be cheek by jowl*** Tuchfühlung haben (***with*** mit) (*auch fig*) **2.** *ugs* Frechheit *f* **II** *v/t* **3.** *ugs* frech sein zu
'cheek·bone *s* Backenknochen *m*
cheek·y ['tʃiːkɪ] *Adj ugs* frech (***to*** zu)
cheep [tʃiːp] **I** *v/i und v/t* piepsen **II** *s* Piepsen *n*; Pieps(er) *m* (*auch fig*)
cheer [tʃɪə] **I** *s* **1.** Beifall(sruf) *m*, Hoch(ruf *m*) *n*: ***give three cheers for s.o.*** j-n dreimal hochleben lassen **2.** Auf-, Ermunterung *f*, Aufheiterung *f*: ***words*** *Pl* ***of cheer*** aufmunternde Worte *Pl*; ***cheers!*** → ***cheerio*** **3.** (gute) Laune: ***be of good cheer*** guter Laune *oder* Dinge sein **II** *v/t* **4.** Beifall spenden (*Dat*), hochleben lassen **5.** *auch* ***cheer on*** anspornen, anfeuern **6.** *auch* ***cheer up*** auf-, ermuntern, aufheitern **III** *v/i* **7.** Beifall spenden, jubeln **8.** *meist* ***cheer up*** Mut fassen, (wieder) fröhlich werden: ***cheer up!*** Kopf hoch!, lass den Kopf nicht hängen!
cheer·ful ['tʃɪəfʊl] *Adj* **1.** fröhlich (*auch Lied etc*), vergnügt **2.** freundlich (*Raum, Wetter etc*)
cheer·i·o [ˌtʃɪərɪ'əʊ] *Interj bes Br ugs* **1.** machs gut!, tschüss! **2.** prost!
'cheerˌlead·er *s* SPORT Cheerleader *m*
cheer·less ['tʃɪəlɪs] *Adj* **1.** freudlos **2.** unfreundlich (*Raum, Wetter etc*)
'cheer·y *Adj* fröhlich, vergnügt
►**cheese** [tʃiːz] *s* Käse *m*: ***say cheese!*** FOTO bitte recht freundlich!; ***hard cheese!*** *sl* Künstlerpech!
'cheese·cake *s* **1.** *ein* Käsekuchen *m* **2.** *sl* Zurschaustellung *f* weiblicher Reize (*bes auf Fotografien*)
cheese dairy *s* Käserei *f*
'cheeseˌpar·ing I *s* Knauserei *f* **II** *Adj* knaus(e)rig
cheese spread *s* Streichkäse *m*
chees·y ['tʃiːzɪ] *Adj* käsig
chee·tah ['tʃiːtə] *s* ZOOL Gepard *m*
chef [ʃef] *s* Küchenchef(in)
►**chem·i·cal** ['kemɪkl] **I** *Adj* chemisch: ***chemical warfare*** chemische Kriegsführung **II** *s* Chemikalie *f*
►**chem·ist** ['kemɪst] *s* **1.** Chemiker(in) **2.** *Br* Apotheker(in); Drogist(in): ***chemist's shop*** Apotheke *f*; Drogerie *f*
►**chem·is·try** ['kemɪstrɪ] *s* Chemie *f*
chem·o·ther·a·py [ˌkiːməʊ'θerəpɪ] *s* MED Chemotherapie *f*
►**cheque** [tʃek] *s* WIRTSCH *Br* Scheck *m*
cheque ac·count *s* WIRTSCH *Br* Girokonto *n*
'cheque·book *s Br* Scheckbuch *n*, -heft *n*
cheque card *s* Scheckkarte *f*
cheq·uer, cheq·uer·board, cheq·uered *bes Br* → ***checker***[1], ***checkerboard, checkered***
cher·ish ['tʃerɪʃ] *v/t* **1.** *j-s Andenken* in Ehren halten **2.** *Gefühle* hegen **3.** festhalten an (*Dat*)
►**cher·ry** ['tʃerɪ] **I** *s* BOT Kirsche *f* **II** *Adj* kirschrot
cher·ry bran·dy *s* Cherrybrandy *m*, Kirschlikör *m*
cher·ry to·ma·to *Pl* **cherry tomatoes** *s* Kirschtomate *f*
cher·ub ['tʃerəb] *Pl* **cher·ubs, cheru·bim** ['tʃerəbɪm] *s* **1.** Cherub *m*, Engel *m* **2.** geflügelter Engelskopf
chess [tʃes] *s* Schach(spiel) *n*
'chess·board *s* Schachbrett *n*
'chess·man *s* (*unreg* ***man***), **chess piece** *s* Schachfigur *f*
►**chest** [tʃest] *s* **1.** Kiste *f*, Kasten *m*; Truhe *f*: ► ***chest (of drawers)*** Kommode *f* **2.** ANAT Brust(kasten *m*) *f*: ***get s.th. off one's chest*** *ugs* sich etw von der Seele reden
chest·nut ['tʃesnʌt] **I** *s* **1.** BOT Kastanie *f*: ***pull s.o.'s chestnuts out of the fire*** *fig* für j-n die Kastanien aus dem Feuer holen **2.** *ugs* alte *oder* olle Kamelle, alter Witz **II** *Adj* **3.** kastanienbraun
chest·y ['tʃestɪ] *Adj ugs* **1.** tiefsitzend (*Husten*) **2.** vollbusig (*Frau*)
►**chew** [tʃuː] **I** *v/t* **1.** (zer)kauen: ***chew one's nails*** an den Nägeln kauen; → ***cud*** 1, ***fat*** 3 **II** *v/i* **2.** kauen: ***chew on*** herumkauen auf (*Dat*) **3.** nachsinnen, grübeln (***on, over*** über *Akk*)
chew·ing gum ['tʃuːɪŋ] *s* Kaugummi *m*, *auch n*
chic [ʃiːk] **I** *s* Schick *m*, Eleganz *f* **II** *Adj* schick, elegant
chick [tʃɪk] *s* **1.** Küken *n*, junger Vogel **2.** *ugs* Kleine(s) (*Kind*; *oft Anrede*) **3.** *sl* Biene *f*, Puppe *f* (*Mädchen*)
►**chick·en** ['tʃɪkɪn] **I** *s* **1.** Küken *n* (*auch ugs junge Person*), Hühnchen *n*, Hähnchen *n*: ***she's no chicken*** *ugs* sie ist (auch) nicht mehr die Jüngste **2.** Huhn *n* **3.** *ugs* Feigling *m* **II** *Adj* **4.** *ugs* feig **III** *v/i* **5.** ***chicken out*** *ugs* kneifen (***of, on*** vor *Dat*)
chick·en broth *s* Hühnerbrühe *f*
chick·en farm *s* Geflügel-, Hühnerfarm *f*
chick·en farm·er *s* Geflügelzüchter(in)
chick·en feed *s* **1.** Hühnerfutter *n* **2.** *sl pej* ein paar Cent *Pl*, *auch* Hungerlohn *m*
chick·en flu *s* MED *ugs* Hühnergrippe *f*
'chick·enˌheart·ed, 'chick·enˌliv·ered *Adj* furchtsam, feig
chick·en pox *s* MED Windpocken *Pl*
chick·pea ['tʃɪkpiː] *s* BOT Kichererbse *f*
chic·o·ry ['tʃɪkərɪ] *s* BOT Chicorée *m*, *auch f*
►**chief** [tʃiːf] **I** *s* **1.** (Ober)Haupt *n*, (An)Führer(in), Chef(in) **2.** Häuptling *m*: ***tribal chief*** Stammeshäuptling **II** *Adj* **3.** erst, oberst, Ober…, Haupt…: ***chief designer*** Chefkonstrukteur(in): ***chief executive officer*** (*Abk* ***CEO***) *Am* Hauptgeschäftsführer(in), Vorstandsvorsitzende(r) **4.** hauptsächlich, wichtigst
'chief·ly *Adv* hauptsächlich, vor allem
chif·fon ['ʃɪfɒn] *s* Chiffon *m*
chil·blain ['tʃɪlbleɪn] *s* Frostbeule *f*
►**child** [tʃaɪld] *Pl* **chil·dren** ['tʃɪldrən] *s* Kind *n*;

an only child ein Einzelkind; ***be a good child!*** sei artig *oder* brav!; ***that's child's play*** *fig* das ist ein Kinderspiel

child a·buse *s* Kindesmisshandlung *f*

ˈchild·bed *s*: ***be in childbed*** im Wochenbett liegen; ***childbed fever*** MED Kindbettfieber *n*

child ben·e·fit *s Br* Kindergeld *n*

ˈchild·birth *s* Geburt *f*, Niederkunft *f*, Entbindung *f*

▸**child·hood** [ˈtʃaɪldhʊd] *s* Kindheit *f*: ***from childhood*** von Kindheit an; → ***second***[1] 1

child·ish [ˈtʃaɪldɪʃ] *Adj* **1.** kindlich **2.** kindisch

child·less [ˈtʃaɪldlɪs] *Adj* kinderlos

ˈchild·like *Adj* kindlich

child mind·er *s* Tagesmutter *f*

child mo·lest·er *s* Kinderschänder(in)

child prod·i·gy *s* Wunderkind *n*

ˈchild·proof *Adj* kindersicher: ***childproof lock*** MOT Kindersicherung *f*

chil·dren [ˈtʃɪldrən] *Pl von* ***child***: ***children's channel*** Kinderkanal *m*; ***children's clinic*** Kinderklinik *f*

Chil·e [ˈtʃɪlɪ] *s* GEOG Chile *n*

chill [tʃɪl] **I** *s* **1.** Kältegefühl *n*, Frösteln *n* **2.** Kälte *f*, Kühle *f* (*beide auch fig*): ***take the chill off*** *etw* leicht anwärmen **3.** Erkältung *f*: ***catch a chill*** sich erkälten **4.** *fig* gedrückte Stimmung: ***cast*** (*oder* ***put***) ***a chill on*** (*oder* ***over***) *siehe* 8 **II** *Adj* **5.** kalt, frostig, kühl (*alle auch fig*) **III** *v/i* **6.** abkühlen **7.** ***chill out*** sich beruhigen, relaxen **IV** *v/t* **8.** *j-n* frösteln lassen; abkühlen (lassen), *Lebensmittel etc* kühlen: ***chilled meat*** Kühlfleisch *n* **9.** *fig* abkühlen; entmutigen

chil·li *s Pl* **chil·lies** BOT Chili *m* (*Cayennepfeffer*): ***chilli sauce*** Chili(soße *f*) *m*

chil·ly [ˈtʃɪlɪ] *Adj* → ***chill*** 5: ***feel chilly*** frösteln

chime [tʃaɪm] **I** *s* **1.** *oft Pl* Glockenspiel *n*, (Glocken)Geläute *n* **2.** (Glocken-)Schlag *m* **II** *v/i* **3.** läuten; ertönen; schlagen (*Uhr*) **4.** *fig* harmonieren, übereinstimmen (***with*** mit): ***chime in*** sich (ins Gespräch) einmischen, einfallen (*auch* MUS); ***chime in with*** zustimmen, beipflichten (*Dat*); übereinstimmen mit **III** *v/t* **5.** *Glocken* läuten; *die Stunde* schlagen

▸**chim·ney** [ˈtʃɪmnɪ] *s* Schornstein *m*, Kamin *m*

ˈchim·ney·piece *s* Kaminsims *m*, *n*

chim·ney sweep *s* Schornsteinfeger(in)

chim·pan·zee [ˌtʃɪmpənˈziː] *s* ZOOL Schimpanse *m*

▸**chin** [tʃɪn] **I** *s* Kinn *n*: (***keep your***) ***chin up!*** *ugs* Kopf hoch!, halt die Ohren steif! **II** *v/t*: ***chin o.s.*** (***up***), ***chin the bar*** einen Klimmzug machen **III** *v/i Am ugs* schwatzen

▸**chi·na** [ˈtʃaɪnə] *s* **1.** Porzellan *n* **2.** (Porzellan-)Geschirr *n*

▸**Chi·na** [ˈtʃaɪnə] *s* GEOG China *n*: the ***People's Republic of China*** die Volksrepublik China

Chi·na·man [ˈtʃaɪnəmən] *s* (*unreg* ***man***) *meist pej* Chinese *m*

ˈChi·na·town *s* Chinesenviertel *n*

ˈchi·na·ware *s* Porzellan(waren *Pl*) *n*

▸**Chi·nese** [ˌtʃaɪˈniːz] **I** *s* **1.** Chinese *m*, Chinesin *f*: ▸ ***the Chinese*** *Pl* die Chinesen *Pl* **2.** LING Chinesisch *n* **II** *Adj* **3.** chinesisch

Chi·nese cab·bage *s* BOT Chinakohl *m*

Chi·nese leaf *s meist* **Chi·nese leaves** *Pl* BOT Chinakohl *m*

chink[1] [tʃɪŋk] *s* Riss *m*, Ritze *f*, Spalt *m*, Spalte *f*

chink[2] [tʃɪŋk] **I** *v/i und v/t* klingen *oder* klirren (lassen), klimpern (mit) **II** *s* Klirren *n*, Klimpern *n*

ˈchin·wag *ugs* **I** *s* **1.** Plauderei *f*, Plausch *m* **2.** Tratsch *m* **II** *v/i* **3.** plaudern, plauschen **4.** tratschen

▸**chip** [tʃɪp] **I** *s* **1.** Splitter *m*, Span *m*, Schnitzel *n*, *m*: ***be a chip off the old block*** ganz der Vater sein; ***have a chip on one's shoulder*** *ugs* sich ständig angegriffen fühlen; einen Komplex haben (***about*** wegen) **2.** angeschlagene Stelle **3.** *Pl Br* Pommes frites *Pl*; *Am* (Kartoffel)Chips *Pl* **4.** Chip *m* (*auch* ELEK), Spielmarke *f* **II** *v/t* **5.** *auch* ***chip off*** abbrechen **6.** *Geschirr etc* anschlagen **7.** ***chip in*** *ugs im Gespräch* einwerfen **8.** ***chip in*** *ugs Geld etc* beisteuern **III** *v/i* **9.** *auch* ***chip off*** abbrechen, abbröckeln **10.** ***chip in*** *ugs* dazu beisteuern: ***chip in with*** *siehe* 8 **11.** ***chip in*** *ugs* sich (*in ein Gespräch*) einmischen

chips

Achten Sie auf den Unterschied

Englisch	Deutsch
Br **chips**	Pommes frites
Am (**potato**) **chips**	Kartoffelchips

Deutsch	Englisch
Kartoffelchips	*Br* **crisps**, *Am* (**potato**) **chips**
Pommes frites	*Br* **chips**, *Am* (**French**) **fries**

Übrigens: Auch in britischen Restaurants werden Pommes frites oft als **French fries** bzw. **French fried potatoes** bezeichnet.

chipmunk *s* ZOOL (amerikanisches) Streifenhörnchen

chip pan *s* Friteuse *f*

chip shop *s* Imbissbude *f*

chi·rop·o·dist [kɪˈrɒpədɪst] *s* Fußpfleger(in), Pediküre *f*

chiˈrop·o·dy *s* Fußpflege *f*, Pediküre *f*

chi·ro·prac·tor [ˈkaɪrəʊˌpræktə] *s* MED Chiropraktiker(in)

chirp [tʃɜːp] **I** *v/i und v/t* **1.** zirpen (*Grille etc*); zwitschern, piepsen (*Vogel*) (*alle auch fig Person etc*) **II** *s* **2.** Zirpen *n*; Zwitschern *n*, Piepsen *n* **3.** Piepser *m*

ˈchirp·y *Adj ugs* quietschvergnügt

chir·rup [ˈtʃɪrəp] → ***chirp***

chis·el [ˈtʃɪzl] **I** *s* **1.** Meißel *m* **II** *v/t Prät und Part Perf* **chis·eled**, *bes Br* **chis·elled** **2.** (aus-)meißeln **3.** *fig* (stilistisch) ausfeilen

chit[1] [tʃɪt] *s*: ***a chit of a girl*** ein junges Ding; *pej* ein Fratz

chit[2] [tʃɪt] *s* **1.** vom Gast abgezeichnete Rechnung **2.** (kurze) Notiz; beschriebener Zettel

chit·chat [ˈtʃɪttʃæt] *s* **1.** Plauderei *f*, Plausch *m* **2.** Klatsch *m*, Tratsch *m*

chiv·al·rous [ˈʃɪvlrəs] *Adj* **1.** ritterlich, galant **2.** tapfer; loyal; großzügig

ˈchiv·al·ry *s* **1.** Ritterlichkeit *f* **2.** *hist* Rittertum *n*; -stand *m*

chives [tʃaɪvz] *s Pl* BOT Schnittlauch *m*

chlo·ric [ˈklɔːrɪk] *Adj* CHEM chlorhaltig, Chlor…

chlo·rin·ate [ˈklɔːrɪneɪt] *v/t* chloren

chlo·rine [ˈklɔːriːn] *s* CHEM Chlor *n*

chlo·ro·fluo·ro·car·bon [ˌklɔːrəʊflʊərəˈkɑːbən] *s* Fluorchlorkohlenwasserstoff *m*

chlo·ro·form [ˈklɒrəfɔːm] **I** *s* CHEM Chloroform *n* **II** *v/t* chloroformieren

chlo·ro·phyll [ˈklɒrəfɪl] *s* BOT Chlorophyll *n*, Blattgrün *n*

chock [tʃɒk] **I** *s* Bremsklotz *m* **II** *v/t* festkeilen

ˌchock-a-ˈblock *Adj* vollgestopft (***with*** mit)

ˌchock-ˈfull *Adj* zum Bersten voll (***of*** mit)

▶ **choc·o·late** [ˈtʃɒkələt] **I** *s* **1.** Schokolade *f* (*auch Getränk*) **2.** Praline *f*: ***chocolates*** *Pl* Pralinen *Pl*, Konfekt *n*; → ***box***¹ 2 **II** *Adj* **3.** schokolade(n)braun

choc·o·late bar *s* Schokoriegel *m*

▶ **choice** [tʃɔɪs] **I** *s* **1.** (*auch* freie) Wahl: ***make a choice*** wählen, eine Wahl treffen; ***take one's choice*** seine Wahl treffen, sich etw aussuchen; ***at choice*** nach Belieben; ***have no choice*** keine andere Wahl haben **2.** (*große*) Auswahl (***of*** an *Dat*) **3.** Auslese *f*, *das* Beste **II** *Adj* **4.** auserlesen, ausgesucht (gut) **5.** *hum* deftig (*Sprache*): ***choice word*** Kraftausdruck *m*

▶ **choir** [ˈkwaɪə] *s* MUS, ARCHI Chor *m*

choke [tʃəʊk] **I** *s* **1.** Würgen *n* **2.** MOT Choke *m*: ***pull out the choke*** den Choke ziehen **II** *v/t* **3.** würgen **4.** erwürgen, erdrosseln, *auch weit. S. Feuer* ersticken **5.** *auch* ***choke back*** (*oder* ***down***) *Bemerkung, Ärger etc* unterdrücken, hinunterschlucken, *Tränen* zurückhalten **6.** *Motor, Strom* drosseln; *ugs Motor* abwürgen **7.** *auch* ***choke off*** *Diskussion etc* abwürgen; *j-s Redefluss* stoppen **8.** *auch* ***choke up*** verstopfen; vollstopfen **III** *v/i* **9.** würgen **10.** ersticken (***on*** an *Dat*)

ˈchok·ing *Adj* **1.** stickig (*Luft*) **2.** erstickt (*Stimme*)

chol·er·a [ˈkɒlərə] *s* MED Cholera *f*

ˈchol·er·ic *Adj* cholerisch

cho·les·ter·ol [kəˈlestərɒl] *s* PHYSIOL Cholesterin *n*

▶ **choose** [tʃuːz] (*unreg*) **I** *v/t* **1.** (aus)wählen, (sich *etw*) aussuchen **2.** ***choose to do s.th.*** es vorziehen *oder* beschließen, etw zu tun **II** *v/i* **3.** wählen: ***there are three versions to choose from*** es stehen drei Ausführungen zur Auswahl

ˈchoos·y, **ˈchoos·ey** *Adj ugs* wählerisch, heikel

▶ **chop**¹ [tʃɒp] **I** *s* **1.** Hieb *m*, Schlag *m* **2.** GASTR Kotelett *n* **II** *v/t* **3.** (zer)hacken: ***chop wood*** Holz hacken; ***chop away*** (*oder* ***off***) abhacken; ***chop down*** fällen

chop² [tʃɒp] *v/i oft* ***chop about*** (*oder* ***round***) plötzlich umschlagen (*Wind etc*): ***chop and change*** dauernd seine Meinung *oder* seine Pläne ändern

chop·per [ˈtʃɒpə] *s* **1.** Hackmesser *n* **2.** *ugs* Hubschrauber *m*

chop·py [ˈtʃɒpɪ] *Adj* **1.** kabbelig (*Meer*) **2.** böig (*Wind*) **3.** *fig* abgehackt; zusammenhang(s)los

ˈchop·stick *s* Essstäbchen *n*

cho·ral [ˈkɔːrəl] **I** *Adj* Chor…, chorartig: ***choral society*** Gesangverein *m* **II** *s* Choˈral *m*

cho·rale [kɒˈrɑːl] *s* Choˈral *m*

chord¹ [kɔːd] *s* MUS Saite *f* (*auch fig*): ***strike the right chord*** den richtigen Ton treffen

chord² [kɔːd] *s* MUS Akkord *m*

chore [tʃɔː] *s* **1.** *Pl* Hausarbeit *f*: ***do the chores*** den Haushalt machen **2.** schwierige *oder* unangenehme Aufgabe

cho·re·og·ra·pher [ˌkɒrɪˈɒgrəfə] *s* Choreograf(in)

ˌcho·reˈog·ra·phy *s* Choreografie *f*

cho·rus [ˈkɔːrəs] **I** *s* **1.** Chor *m* (*auch fig*): ***chorus of protest*** Protestgeschrei *n*; ***in chorus*** im Chor **2.** Tanzgruppe *f* (*bes einer Revue*) **II** *v/t und v/i* **3.** im Chor singen *oder* sprechen *oder* rufen

cho·rus girl *s* (Revue)Tänzerin *f*

chose [tʃəʊz] *Prät von* ***choose***

cho·sen [ˈtʃəʊzn] *Part Perf von* ***choose***

chow [tʃaʊ] *s* **1.** ZOOL Chow-Chow *m* **2.** *sl* Futter *n*, Essen *n*

chow·der [ˈtʃaʊdə] *s* GASTR *bes Am dicke Suppe aus Meeresfrüchten*

Christ [kraɪst] **I** *s* Christus *m*: ***before Christ*** vor Christi Geburt **II** *Interj sl* verdammt *oder* Herrgott noch mal!

chris·ten [ˈkrɪsn] *v/t j-n, auch Schiff etc* (auf den Namen …) taufen

ˈchris·ten·ing *s* Taufe *f*

▶ **Chris·tian** [ˈkrɪstʃən] **I** *Adj* christlich: ***Christian Era*** christliche Zeitrechnung; ***Christian name*** → ***first name*** **II** *s* Christ(in)

Chris·tian·i·ty [ˌkrɪstɪˈænətɪ] *s* **1.** Christenheit *f* **2.** Christentum *n*

Chris·tian·ize [ˈkrɪstjənaɪz] *v/t* christianisieren

▶ **Christ·mas** [ˈkrɪsməs] *s* Weihnachten *n und Pl*: ***at Christmas*** zu Weihnachten; → ***merry*** 1

Christ·mas bo·nus *s* Weihnachtsgratifikation *f*

Christ·mas box *s Br* Geldgeschenk *n* zu Weihnachten (*für Briefträger etc*)

Christ·mas car·ol *s* Weihnachtslied *n*

Christ·mas Day *s* erster Weihnachtsfeiertag

Christmas Day

LK

Weihnachten wird in englischsprachigen Ländern am 25. Dezember gefeiert. Am 24., dem **Christmas Eve**, hängt man einen großen Strumpf ans Bettende oder über den Kamin, in der Erwartung, dass **Santa Claus** (Nikolaus) ihn über Nacht mit kleinen Geschenken füllt. Am **Christmas Day** (25. Dez.) findet die Bescherung und das große Weihnachtsessen mit der Familie statt. In Großbritannien isst man normalerweise Truthahn mit Kastanienfüllung, Röstkartoffeln, Rosenkohl und Preiselbeeren. Traditionell gibt es außerdem den **Christmas pudding**, eine deftige warme Mehlspeise mit Früchten, Brandy und Sahne.

Christ·mas Eve *s* Heiliger Abend

Christ·mas pres·ent *s* Weihnachtsgeschenk *n*

Christ·mas pud·ding *s* Plumpudding *m*

ˈChrist·mas·tide, **ˈChrist·mas·time** *s* Weihnachtszeit *f*

Christ·mas tree *s* Christ-, Weihnachtsbaum *m*

chro·mat·ic [krəʊˈmætɪk] *Adj* (***chromatically***) PHYS chromatisch, Farben…

chro·mat·ics [krəʊˈmætɪks] *s Sg* PHYS Chromatik *f*, Farbenlehre *f*

chrome [krəʊm] CHEM **I** *s* Chrom *n* **II** *v/t auch* ***chrome-plate*** verchromen

chro·mi·um [ˈkrəʊmɪəm] *s* CHEM Chrom *n*

ˌchro·mi·um-ˈplate *v/t* verchromen

chro·mo·some [ˈkrəʊməsəʊm] *s* BIOL Chromosom *n*

chron·ic [ˈkrɒnɪk] *Adj* (***chronically***) **1.** ständig, (an)dauernd: ***chronic unemployment*** Dauerarbeitslosigkeit *f* **2.** eingewurzelt; unverbesserlich **3.** MED chronisch **4.** *Br ugs* scheußlich,

C

miserabel

chron·i·cle ['krɒnɪkl] **I** *s* Chronik *f* **II** *v/t* aufzeichnen

'chron·ic·ler *s* Chronist(in)

chron·o·log·i·cal [ˌkrɒnə'lɒdʒɪkl] *Adj* chronologisch: ***in chronological order, chronologically*** in chronologischer Reihenfolge

chro·nol·o·gy [krə'nɒlədʒɪ] *s* **1.** Chronologie *f*, Zeitrechnung *f* **2.** Zeittafel *f* **3.** chronologische Aufstellung

chrys·an·the·mum [krɪ'sænθəməm] *s* BOT Chrysantheme *f*

chub·by ['tʃʌbɪ] *Adj* **1.** dicklich, rundlich: ***chubby cheeks*** *Pl* Pausbacken *Pl* **2.** pausbäckig

chuck[1] [tʃʌk] **I** *s* **1.** *ugs* Wurf *m*: ***give s.o. the chuck*** *Br* j-n rausschmeißen (*entlassen*) **II** *v/t* **2.** *ugs* schmeißen, werfen **3.** *ugs* **a)** Schluss machen mit (*einer Freundin etc*): ***chuck it!*** lass das!, **b)** → ***chuck up*** **4.** ***chuck s.o. under the chin*** j-n *oder* j-m zärtlich unters Kinn fassen

◆**chuck a·way** *v/t ugs* **1.** wegschmeißen **2.** *Geld* verschwenden **3.** *Gelegenheit etc* verpassen, verschenken

◆**chuck in** → ***chuck up***

◆**chuck out** *v/t ugs j-n* rausschmeißen, *etw Altes etc auch* wegschmeißen

◆**chuck up** *v/t ugs Job* hinschmeißen

chuck[2] [tʃʌk] *s* TECH **1.** Spann-, Klemmfutter *n* **2.** Spannvorrichtung *f*

chuck·er-out [ˌtʃʌkər'aʊt] *s ugs* Rausschmeißer(in)

chuck·le ['tʃʌkl] **I** *v/i* **1.** glucksen: ***chuckle (to o.s.)*** in sich hineinlachen **2.** glucken (*Henne*) **II** *s* **3.** Glucksen *n*

chuffed [tʃʌft] *Adj ugs* hocherfreut

chug [tʃʌg] **I** *s* Tuckern *n* (*des Motors*) **II** *v/i* tuckern(d fahren)

chum [tʃʌm] *ugs* **I** *s* Kumpel *m*: ***be great chums*** dicke Freunde sein **II** *v/i*: ***chum up with s.o.*** enge Freundschaft mit j-m schließen

chump [tʃʌmp] *s* **1.** Holzklotz *m* **2.** dickes Ende (*einer Hammelkeule etc*) **3.** *ugs* Trottel *m* **4.** *Br sl* Birne *f* (*Kopf*): ***be off one's chump*** einen Vogel haben

chunk [tʃʌŋk] *s ugs* (Holz)Klotz *m*; (dickes) Stück: ***a chunk of bread*** ein Runken

'chunk·y *Adj ugs* klobig, klotzig

Chun·nel ['tʃʌnl] *s ugs* Eurotunnel *m*

►**church** [tʃɜːtʃ] **I** *s* Kirche *f*: ***at*** (*oder* ***in***) ***church*** in der Kirche; ***go to church*** in die Kirche gehen **II** *Adj* Kirchen…, kirchlich

Church of England

LK

Die **Anglican Church**, wie die offizielle Staatskirche in England noch genannt wird, wurde von **Henry VIII** begründet, nachdem der Papst dessen Scheidung von Katharina von Aragon verweigerte. Im **Act of Supremacy** 1534 erklärte er sich zum **Supreme Head of the Church of England** und sagte sich von Rom los, behielt aber die katholische Lehre bei. Protestantische Lehren wurden 1563 mit den **39 Articles of Religion** und dem **Book of Common Prayer** eingeführt. Die Verbindung von katholischen und protestantischen Elementen schlug sich in der Bildung von zwei Flügeln der Kirche nieder: Die **High Church** legt mehr Wert auf feierliche Gottesdienste mit Orgelmusik, Messgewändern und Weihrauch und ist stärker am Katholizismus orientiert. In der **Low Church** dagegen sind – entsprechend ihren protestantischen Überzeugungen – die Gottesdienste einfacher, und das Lesen der Bibel steht im Mittelpunkt. Als **broad church** nimmt die **Church of England** eine Zwischenstellung zwischen strenger Tradition und liberalen Ansichten ein und erlaubt eine große Bandbreite an Glaubensrichtungen und Religionsausübung.

'church,go·er *s* Kirchgänger(in)

church wed·ding *s* kirchliche Trauung

'church·yard *s* Kirch-, Friedhof *m*

churn [tʃɜːn] **I** *s* **1.** Butterfass *n*, -maschine *f* **2.** *Br* Milchkanne *f* **II** *v/t* **3.** zu Butter verarbeiten **4.** *auch* ***churn up*** *Flüssigkeiten* heftig schütteln, *Wellen* aufwühlen, peitschen **III** *v/i* **5.** buttern **6.** sich heftig bewegen

chute [ʃuːt] *s* **1.** Stromschnelle *f* **2.** Rutsche *f* (*auch* TECH), Rutschbahn *f* **3.** Müllschlucker *m* **4.** *ugs* Fallschirm *m*

chut·ney ['tʃʌtnɪ] *s* GASTR Chutney *n* (*scharf gewürzte Paste aus Früchten*)

CID [siːaɪ'diː] *s* (= ***Criminal Investigation Department***) Kripo *f*

ci·der ['saɪdə] *s* (*Am* ***hard cider***) Apfelwein *m*: ***(sweet) cider*** *Am* Apfelmost *m*, -saft *m*

►**ci·gar** [sɪ'gɑː] *s* Zigarre *f*

ci·gar cut·ter *s* Zigarrenabschneider *m*

►**cig·a·rette**, *Am auch* **cig·a·ret** [ˌsɪgə'ret] *s* Zigarette *f*

cig·a·rette case *s* Zigarettenetui *n*

cig·a·rette end *s* Zigarettenstummel *m*

cig·a·rette hold·er *s* Zigarettenspitze *f*

cig·a·rette pa·per *s* Zigarettenpapier *n*

cig·a·ril·lo [ˌsɪgə'rɪləʊ] *Pl* **cig·a·ril·los** *s* Zigarillo *m*, *n*

ci·gar light·er *s* MOT Zigarren-, Zigarettenanzünder *m*

cinch [sɪntʃ] *s sl* todsichere Sache; Kinderspiel *n*

cin·der ['sɪndə] *s* **1.** Schlacke *f*: ***burnt to a cinder*** verkohlt, verbrannt **2.** *Pl* Asche *f*

Cin·der·el·la [ˌsɪndə'relə] *s* Aschenbrödel *n*, -puttel *n* (*auch fig*)

cin·der track *s* SPORT Aschenbahn *f*

cin·e·cam·er·a ['sɪnɪˌkæmərə] *s* (Schmal)Filmkamera *f*

'cin·e·film *s* Schmalfilm *m*

►**cin·e·ma** ['sɪnəmə] *s* **1.** *bes Br* Kino *n* **2.** Film(kunst *f*) *m*

Kino

WF

film (*Br*), **movie** (*Am*)	Film
cinema (*Br*), **movie theater** (*Am*)	Kino
director	Regisseur(in)
producer	Produzent(in)
star	Hauptdarsteller(in)
actor, actress	Schauspieler, Schauspielerin

supporting actor	Nebendarsteller
extra	Statist(in)
blockbuster	Kassenschlager
cartoon	Zeichentrickfilm
romance	Liebesfilm
comedy	Komödie
romantic comedy	Liebeskomödie
trailer	Vorschau
credits	Nachspann
screenplay	Drehbuch
special effects	Spezialeffekte
CGI (computer generated imagery)	computergenerierte Grafikeffekte
screen	Leinwand
dubbed version	Synchronfassung
subtitle	Untertitel
soundtrack	Filmmusik

'cin·e·ma,go·er *s bes Br* Kinobesucher(in)

cin·na·mon ['sɪnəmən] *s* Zimt *m*

ci·pher ['saɪfə] **I** *s* **1.** MATHE Null *f* (*Ziffer*) **2.** (arabische) Ziffer, Zahl *f* **3.** *fig* Null *f* (*Person*); Nichts *n* (*Sache*) **4.** Chiffre *f*: ***in cipher*** chiffriert **5.** *fig* Schlüssel *m* (*zu einer Geheimschrift*) **II** *v/t* **6.** chiffrieren, verschlüsseln

►**cir·cle** ['sɜːkl] **I** *s* **1.** (*auch Familien-, Freundes- etc*)Kreis *m*: ***go*** (*oder* ***run***) ***round in circles*** *fig* sich im Kreis bewegen; → ***vicious circle*** **2.** THEAT Rang *m*: ***upper circle*** zweiter Rang; → ***dress circle*** **3.** *fig* Kreislauf *m*, Zyklus *m* **II** *v/t* **4.** umringen **5.** umkreisen **6.** einkreisen, umzingeln **7.** einringeln **III** *v/i* **8.** kreisen (*auch* FLUG), die Runde machen (*auch Pokal etc*)

cir·cuit ['sɜːkɪt] **I** *s* **1.** Umfang *m*, Umkreis *m* **2.** Runde *f*, Rundreise *f*, -flug *m*: ***make*** (*oder* ***do***) ***the*** (*oder* ***a***) ***circuit of*** die Runde *oder* eine Rundreise machen in (*Dat*) **3.** ELEK Strom-, Schaltkreis *m*; Schaltung *f*, Schaltsystem *n*: → ***closed*** 1, ***integrate*** Ia, ***short circuit*** **II** *v/t* **4.** umkreisen

'cir·cuit·board *s* COMPUTER Leiterplatte, Platine *f*

cir·cuit break·er *s* ELEK Unterbrecher *m* (*auch* MOT)

cir·cuit di·a·gram *s* ELEK Schaltplan *m*

cir·cu·i·tous [sə'kjuːɪtəs] *Adj* **1.** gewunden (*Flusslauf etc*) **2.** *fig* weitschweifig, umständlich

cir·cuit train·ing *s* SPORT Zirkel-, Circuittraining *n*

cir·cu·lar ['sɜːkjʊlə] **I** *Adj* **1.** (kreis)rund, kreisförmig **2.** Kreis…, Rund…: ***circular letter*** *siehe* 4a; ***circular saw*** TECH Kreissäge *f* **3.** → ***circuitous*** 2 **II** *s* **4. a)** Rundschreiben *n*, -brief *m*, **b)** Umlauf *m*, **c)** (Post)Wurfsendung *f*

cir·cu·late ['sɜːkjʊleɪt] **I** *v/i* zirkulieren: **a)** kreisen, **b)** im Umlauf sein, kursieren (*Geld, Nachricht etc*) **II** *v/t* in Umlauf setzen (*auch fig*), zirkulieren lassen

,cir·cu'la·tion *s* **1.** (PHYSIOL *auch* Blut)Kreislauf *m*, Zirkulation *f* **2.** WIRTSCH Umlauf *m*: ***bring*** (*oder* ***put***) ***into circulation*** in Umlauf setzen (*auch fig*); ***withdraw from circulation*** aus dem Verkehr ziehen; ***out of circulation*** außer Kurs (gesetzt) **3.** Auflage *f* (*einer Zeitung etc*)

,cir·cu'la·to·ry *Adj* MED, PHYSIOL (Blut)Kreislauf…: ***circulatory system*** Kreislauf *m*

cir·cum·cise ['sɜːkəmsaɪz] *v/t* MED, REL beschneiden

cir·cum·ci·sion [ˌsɜːkəm'sɪʒn] *s* Beschneidung *f*

cir·cum·fer·ence [sə'kʌmfərəns] *s* MATHE Umfang *m*

cir·cum·lo·cu·tion [ˌsɜːkəmlə'kjuːʃn] *s* **1.** Umschreibung *f* **2.** Umschweife *Pl*; Weitschweifigkeit *f*

cir·cum·nav·i·gate [ˌsɜːkəm'nævɪgeɪt] *v/t* umschiffen, umsegeln

'cir·cum,nav·i'ga·tion *s* Umschiffung *f*, Umseg(e)lung *f*: ***circumnavigation of the globe*** Weltumseglung

cir·cum·scribe ['sɜːkəmskraɪb] *v/t* **1.** begrenzen, einschränken **2.** umschreiben (*auch* MATHE); definieren

cir·cum·scrip·tion [ˌsɜːkəm'skrɪpʃn] *s* **1.** Einschränkung *f* **2.** Umschreibung *f* **3.** Umschrift *f* (*einer Münze etc*)

cir·cum·spect ['sɜːkəmspekt] *Adj* **1.** umsichtig **2.** vorsichtig

cir·cumspec·tion [ˌsɜːkəm'spekʃn] *s* **1.** Umsicht *f* **2.** Vorsicht *f*

cir·cum·stance ['sɜːkəmstəns] *s* **1.** Umstand *m* **2.** *meist Pl* (Sach)Lage *f*, Umstände *Pl*: ***in*** (*oder* ***under***) ***no circumstances*** unter keinen Umständen, auf keinen Fall; ***in*** (*oder* ***under***) ***the circumstances*** unter diesen Umständen **3.** *Pl* Verhältnisse *Pl*: ***live in easy circumstances*** in gesicherten Verhältnissen leben

circumstance GR

Wenn am Satzanfang **in** oder **under no circumstances** steht, werden Subjekt und Verb umgestellt:

Under no circumstances must passengers leave their luggage unattended.	Unter keinen Umständen dürfen Passagiere ihr Gepäck unbeaufsichtigt lassen.

cir·cum·stan·tial [ˌsɜːkəm'stænʃl] *Adj* **1.** umstandsbedingt **2.** ausführlich **3.** umständlich **4.** ***circumstantial evidence*** JUR Indizienbeweis *m* **5.** nebensächlich

cir·cus ['sɜːkəs] *s* **1.** Zirkus *m* **2.** *Br runder, von Häusern umschlossener Platz*

cir·rho·sis [sɪ'rəʊsɪs] *s* MED Zirrhose *f*

cir·rus ['sɪrəs] *Pl* **cir·ri** ['sɪraɪ] *s* METEO Zirrus-, Federwolke *f*

CIS [siːaɪ'es] *Abk* (= ***Commonwealth of Independent States***) GUS *f*

cis·sy → ***sissy***

cis·tern ['sɪstən] *s* **1.** Wasserbehälter *m*, (*in Toilette*) Spülkasten *m* **2.** Zisterne *f*

cit·a·del ['sɪtədəl] *s* MIL Zitadelle *f*

ci·ta·tion [saɪ'teɪʃn] *s* **1.** Zitieren *n*; Zitat *n* **2.** JUR Vorladung *f* **3.** MIL lobende Erwähnung

cite [saɪt] *v/t* **1.** zitieren **2.** JUR vorladen **3.** MIL lobend erwähnen

►**cit·i·zen** ['sɪtɪzn] *s* **1.** Bürger(in) **2.** Städter(in) **3.** Staatsangehörige *m, f*

'cit·i·zen·ship *s* Staatsangehörigkeit *f*

cit·ric ac·id ['sɪtrɪk] *s* CHEM Zitronensäure *f*

cit·rus ['sɪtrəs] *s* BOT Zitrusgewächs *n*

cit·rus fruit *s* Zitrusfrucht *f*

C

▸**cit·y** ['sɪtɪ] *s* (Groß)Stadt *f*: ***the City*** die (Londoner) City

The City

LK

The City bzw. **The City of London** ist ein von der Londoner Stadtverwaltung unabhängiges Gebiet im Osten der Hauptstadt. Sie bildet den historischen Kern Londons und das Hauptfinanzzentrum Großbritanniens.

cit·y cen·tre *s Br* Innenstadt *f*, City *f*
cit·y fa·thers *s Pl* Stadtväter *Pl*
▸**city hall** [ˌsɪtɪ'hɔːl] *s* Rathaus *n*
city plan·ning *s* Stadtplanung *f*
city state *s* Stadtstaat *n*
civ·ic ['sɪvɪk] **I** *Adj* (***civically***) **1.** → ***civil*** 2 **2.** städtisch, Stadt… **II** *s* ***civics*** *Sg* Staatsbürgerkunde *f*
▸**civ·il** ['sɪvl] *Adj* **1.** staatlich, Staats… **2.** (*auch* staats)bürgerlich, Bürger… **3.** zivil, Zivil… (*Ggs. militärisch, kirchlich etc*): ***civil aviation*** Zivilluftfahrt *f*; ***civil marriage*** standesamtliche Trauung **4.** höflich **5.** JUR zivilrechtlich: ***civil case*** Zivilprozess *m*
civ·il en·gi·neer *s* Bauingenieur(in)
ci·vil·ian [sɪ'vɪljən] **I** *s* Zivilist(in) **II** *Adj* zivil, Zivil…
civ·i·li·za·tion [ˌsɪvɪlaɪ'zeɪʃn] *s* Zivilisation *f*, Kultur *f*
'**civ·i·lize** *v/t* zivilisieren: ***civilized nations*** *Pl* Kulturvölker *Pl*
civ·il law *s* **1.** römisches Recht **2.** Zivilrecht *n*, bürgerliches Recht
civ·il rights *s Pl* bürgerliche Ehrenrechte *Pl*, (Staats)Bürgerrechte *Pl*: ***civil rights activist*** Bürgerrechtler(in); ***civil rights movement*** Bürgerrechtsbewegung *f*
civ·il ser·vant *s* Staatsbeamte *m*, -beamtin *f*
civ·il ser·vice *s* Staatsdienst *m*
civ·il war *s* Bürgerkrieg *m*
CJD [siːdʒeɪ'diː] *s* (= ***Creutzfeldt-Jakob disease***) Creutzfeldt-Jakob-Krankheit *f*
clad [klæd] **I** *Prät und Part Perf von* ***clothe*** **II** *Adj* gekleidet
▸**claim** [kleɪm] **I** *v/t* **1.** verlangen, *auch Todesopfer etc* fordern: ***claim back*** zurückfordern **2.** in Anspruch nehmen, (er)fordern **3.** behaupten (***s.th.*** etw; ***that*** dass); (von sich) behaupten (***to be*** zu sein), Anspruch erheben auf (*Akk*); aufweisen (können), haben; sich bekennen zu (*einem Terroranschlag etc*) **II** *s* **4.** Forderung *f* (***on, against*** gegen): ***make a claim*** eine Forderung erheben **5.** Anrecht *n* (***to*** auf *Akk*): ***claim for damages*** Schadenersatzanspruch *m* **6.** Behauptung *f*

Civil Rights Movement

LK

Seit Anfang des 20. Jh. führte die Diskriminierung von Schwarzen in den USA zu einem starken **civil rights movement**. Diese Massenbewegung kämpfte gegen die Rassentrennung und für die Gleichberechtigung der Farbigen und erreichte ihren Höhepunkt in den Südstaaten der 50er- und 60er-Jahre. Einer der bedeutendsten Anführer war der schwarze Pastor **Dr Martin Luther King**, der mit seinen gewaltlosen Protestaktionen, wie z. B. dem **Montgomery Bus Boycott** 1955 oder dem **March on Washington** 1963 (Rede **"I Have a Dream"**) große Erfolge erzielte.
Befürworter gewaltsamer Aktionen gegen den Rassismus der Weißen wie **Malcolm X** kritisierten diese Vorgehensweise als zu schwach. Im Gegensatz zu **M. L. King** propagierten sie eine konsequente Rassensegregation anstatt Integration.

'**claim·ant** *s* **1.** Antragsteller(in): ***rightful claimant*** Anspruchsberechtigte *m, f* **2.** Anwärter(in) (***to*** auf *Akk*)
clair·voy·ance [kleə'vɔɪəns] *s* Hellsehen *n*
clair'voy·ant **I** *Adj* hellseherisch **II** *s* Hellseher(in)
clam [klæm] *s* ZOOL Venusmuschel
clam·ber ['klæmbə] **I** *v/i* (mühsam) klettern **II** *v/t* erklettern
clam·my ['klæmɪ] *Adj* feuchtkalt
clam·or·ous ['klæmərəs] *Adj* **1.** lärmend **2.** *fig* lautstark (*Forderungen etc*)
'**clam·or**, '**clam·our** **I** *s* **1.** Lärm *m*, Geschrei *n* **2.** *fig* lautstarker Protest (***against*** gegen), *fordernder* Schrei (***for*** nach) **II** *v/i* **3.** lärmen, schreien **4.** *fig* lautstark protestieren (***against*** gegen), lautstark verlangen (***for*** nach)
clamp [klæmp] **I** *s* TECH Klemme *f*, Klammer *f* **II** *v/t* festklemmen, mit Klammern befestigen **III** *v/i*: ***clamp down*** *ugs* scharf vorgehen (***on*** gegen)

Civil War

LK

Der **War of Secession** (1861–65), in dem die Konföderierten Staaten von Amerika (Südstaaten) unter Präsident **Jefferson Davis** um ihre Loslösung von den Nordstaaten unter Präsident **Abraham Lincoln** kämpften, wurde zugunsten des Nordens und damit der Erhaltung der Einheit der Union sowie der **abolition** (Abschaffung der Sklaverei) entschieden. Der Bürgerkrieg forderte zahlreiche Opfer und endete mit dem wirtschaftlichen Ruin des Südens. Als grundlegende Unterschiede und damit Ursachen für den amerikanischen **Civil War** gelten:

Nordstaaten	Südstaaten
Industriestaaten mit privaten Familienfarmen, regem Handel und aufstrebenden Städten	landwirtschaftlich geprägte Staaten mit Plantagen als vorherrschender Wirtschaftsform
demokratisches Verständnis	aristokratische Lebensweise
Abolition (1827) aufgrund der Menschenrechte	Sklaverei zur Plantagenbewirtschaftung
Forderung von Schutzzöllen	Eintreten für Freihandel

clan [klæn] *s* **1.** Clan *m*: **a)** *schottisch* Stamm *m*, **b)** *allg* Sippe *f*, Geschlecht *n* **2.** Gruppe *f*, *bes pej* Clique *f*
clan·des·tine [klæn'destɪn] *Adj* heimlich, verstohlen
clang [klæŋ] **I** *v/i* klingen, klirren **II** *v/t* erklingen lassen **III** *s* Klang *m*, Geklirr *n*
'clang·er *s*: ***drop a clanger*** *Br ugs* ins Fettnäpfchen treten
clank [klæŋk] **I** *v/i und v/t* klirren *oder* rasseln (mit) **II** *s* Geklirr *n*, Gerassel n
clap¹ [klæp] **I** *s* **1.** (*auch* Hände-, Beifall)Klatschen *n* **2.** Klaps *m* **3.** Krachen *n*: ***clap of thunder*** Donnerschlag *m* **II** *v/t* **4.** zs.-schlagen: ***clap one's hands*** in die Hände klatschen **5.** *j-m* Beifall klatschen, applaudieren, *auch etw* beklatschen **6.** *j-m auf die Schulter etc* klopfen **III** *v/i* **7.** klatschen **8.** (Beifall) klatschen, applaudieren
clap² [klæp] *s* MED *sl* Tripper *m*
clap·per ['klæpə] *s* **1.** Klöppel *m* (*einer Glocke*) **2.** Klapper *f*
'clap·trap *s ugs* **1.** Effekthascherei *f* **2.** Gewäsch *n*
clar·et ['klærət] *s* roter Bordeaux(wein); *allg* Rotwein *m*
clar·i·fi·ca·tion [ˌklærɪfɪ'keɪʃn] *s* **1.** (Auf)Klärung *f*, Klarstellung *f* **2.** TECH (Abwasser)Klärung *f*, Abklärung *f*: ***clarification plant*** Kläranlage *f*
clar·i·fy ['klærɪfaɪ] **I** *v/t* **1.** (auf)klären, klarstellen **2.** TECH (ab)klären **II** *v/i* **3.** sich (auf)klären, klar werden **4.** sich (ab)klären
clar·i·net [ˌklærə'net] *s* MUS Klarinette *f*
ˌclar·i'net·ist, **ˌclar·i'net·tist** *s* Klarinettist(in)
clar·i·ty ['klærətɪ] *s* Klarheit *f*
clash [klæʃ] **I** *v/i* **1.** prallen, stoßen (***into*** gegen), (*auch feindlich*) zs.-prallen, -stoßen (***with*** mit) **2.** *fig* (***with***) kollidieren: **a)** im Widerspruch stehen (zu), unvereinbar sein (mit), **b)** (zeitlich) zs.-fallen (mit) **3.** nicht zs.-passen (***with*** mit), (*Farben auch*) sich beißen **II** *s* **4.** (*auch feindlicher*) Zs.-prall *oder* -stoß, Kollision *f* (*auch fig*): ***clash of interests*** Interessenkollision **5.** *fig* Widerspruch *m* **6.** (zeitliches) Zs.-fallen
clasp [klɑːsp] **I** *v/t* **1.** ein-, zuhaken, zu-, festschnallen **2.** ergreifen, umklammern: ***clasp s.o.'s hand*** j-m die Hand drücken; j-s Hand umklammern; ***clasp one's hands*** die Hände falten **II** *s* **3.** Haken *m*, Schnalle *f*; Schloss *n*, Schließe *f* (*einer Handtasche etc*) **4.** Umklammerung *f*.
clasp knife *s* (*unreg* ***knife***) Klapp-, Taschenmesser *n*
►**class** [klɑːs] **I** *s* **1.** Klasse *f* (*auch* BAHN, BIOL *etc*) **2.** (Wert-, Güte)Klasse; *eng. S. ugs* Klasse *f* (*Erstklassigkeit*): ***in the same class with*** gleichwertig mit; ***in a class by o.s.*** (*oder* ***of one's own***) eine Klasse für sich; ***have class*** *ugs* (große) Klasse sein **3.** gesellschaftlicher Rang, soziale Stellung; (Gesellschafts)Klasse *f*, (Bevölkerungs)Schicht *f* **4.** PÄD (Schul)Klasse *f*; (Unterrichts)Stunde *f*: ***attend classes*** am Unterricht teilnehmen **II** *v/t* **5.** klassifizieren: ***class with*** gleichstellen mit; ***class as*** ansehen *oder* betrachten als
class con·flict *s* Klassenkonflikt *m*
'class-ˌcon·scious *Adj* klassenbewusst
class dis·tinc·tion *s* Klassenunterschied *m*
class ha·tred *s* Klassenhass *m*
clas·sic ['klæsɪk] **I** *Adj* (***classically***) **1.** klassisch, vollendet: ***classic example*** klassisches Beispiel **2.** klassisch: **a)** *das klassische Altertum betreffend*, **b)** *die klassische Literatur etc betreffend* **3.** klassisch: **a)** herkömmlich, **b)** typisch, **c)** zeitlos **II** *s* **4.** Klassiker *m* (*Person und Werk*) **5.** *Pl* Altphilologie *f*

> **class** GR
>
> Bei dem Substantiv **class** kann man die Gruppe als geschlossene Einheit sehen oder an die einzelnen Mitglieder denken. Dementsprechend steht das Verb im Singular oder im Plural:
>
> | | |
> |---|---|
> | **The class is / are going on a trip tomorrow.** | Die Klasse macht morgen einen Ausflug. |

clas·si·cal ['klæsɪkl] *Adj* **1.** → ***classic*** I **2.** klassisch: **a)** humanistisch (gebildet), **b)** *die klassische Kunst oder Literatur betreffend*: ***classical education*** humanistische Bildung; ***the classical languages*** die alten Sprachen; ***classical scholar*** Altphilologe *m*, -login *f* **3.** klassisch (*Musik*)
clas·si·fi·ca·tion [ˌklæsɪfɪ'keɪʃn] *s* Klassifikation *f*, Klassifizierung *f*
clas·si·fied ['klæsɪfaɪd] *Adj* **1.** klassifiziert: ***classified ad(vertisement)*** Kleinanzeige *f*; ***classified directory*** Branchenverzeichnis *n* **2.** MIL, POL geheim
clas·si·fy ['klæsɪfaɪ] *v/t* **1.** klassifizieren **2.** MIL, POL für geheim erklären
class·less ['klɑːslɪs] *Adj* klassenlos (*Gesellschaft*)
'class·mate Klassenkamerad(in), Mitschüler(in)
class re·un·ion *s* Klassentreffen *n*
class·room ['klɑːsrʊm] *s* Klassenzimmer *n*
class strug·gle, **class war** *s* Klassenkampf *m*
class·y ['klɑːsɪ] *Adj ugs* klasse, Klasse…
clat·ter ['klætə] **I** *v/i* **1.** klappern, rasseln **2.** poltern: ***clatter about*** (*oder* ***around***) herumtrampeln **II** *v/t* **3.** klappern *oder* rasseln mit **III** *s* **4.** Geklapper *n*
clause [klɔːz] *s* **1.** LING Satz(teil) *m* **2.** JUR Klausel *f*; Abschnitt *m*, Absatz *m*
claus·tro·pho·bi·a [ˌklɔːstrə'fəʊbjə] *s* MED Klaustrophobie *f*, Platzangst *f*
clav·i·cle ['klævɪkl] *s* Schlüsselbein *n*
claw [klɔː] **I** *s* **1.** Klaue *f*, Kralle *f* (*beide auch* TECH *und fig*), Schere *f* (*eines Krebses etc*) **II** *v/t* **2.** zerkratzen **3.** umkrallen, packen **III** *v/i* **4.** kratzen **5.** reißen, zerren (***at*** an *Dat*) **6.** greifen (***at, for*** nach)
clay [kleɪ] *s* Ton *m*, Lehm *m*: ***clay pigeon*** (*Sport*) Ton-, Wurftaube *f*
clay court *s Tennis*: Sandplatz *m*
clay·ey ['kleɪɪ] *Adj* Ton…, Lehm…
►**clean** [kliːn] **I** *Adj* **1.** rein, sauber: → ***breast*** I, ***heel²*** 1, ***sweep*** 1 **2.** sauber, frisch (gewaschen) **3.** unvermischt, rein **4.** makellos (*auch fig*): ***clean record*** tadellose Vergangenheit **5.** anständig, sauber **6.** glatt (*Schnitt*, *Bruch*) **7.** *sl* clean (*nicht mehr drogenabhängig*) **8.** *sl* sauber (*unbewaffnet*) **II** *Adv* **9.** rein, sauber: ***sweep clean*** rein ausfegen; → ***broom*** **10.** völlig, total **III** *v/t* **11.** reinigen, säubern, putzen: ***clean down*** (*oder* ***up***) gründlich reinigen
ˌclean-'cut *Adj* klar, deutlich
clean·er ['kliːnə] *s* **1.** *Pl* Reinigung(sanstalt) *f*: ***take to the cleaners*** zur Reinigung bringen;

ugs j-n ausnehmen **2.** Rein(e)machefrau *f*, (*Fenster- etc*)Putzer(in)

'clean·ing **I** *s*: ***do the cleaning*** sauber machen, putzen **II** *Adj* Reinigungs...: ***cleaning cloth***; ***cleaning woman*** (*oder* ***lady***) Rein(e)machefrau *f*

clean·li·ness ['klenlɪnɪs] *s* Reinlichkeit *f*

'clean·ly *Adj* reinlich: **a)** sauber, **b)** sauberkeitsliebend

clean·ness ['kliːnnɪs] *s* Reinheit *f*, Sauberkeit *f*

cleanse [klenz] *v/t* reinigen, säubern, reinwaschen (***from, of*** von) (*alle auch fig*)

'cleans·er *s* Reinigungsmittel *n*

ˌclean-'shav·en *Adj* glatt rasiert

►**clear** [klɪə] **I** *Adj* (→ ***clearly***) **1.** klar, hell **2.** klar, heiter (*Wetter etc*) **3.** klar, rein, hell (*Stimme etc*) **4.** klar, verständlich, deutlich: ***make s.th. clear*** (***to s.o.***) (j-m) etw klarmachen; ***make o.s. clear*** sich klar ausdrücken, sich verständlich machen **5.** klar, unvermischt: ***clear soup*** GASTR klare Suppe **6.** deutlich, scharf (*Foto*, *Umrisse etc*) **7.** klar, offensichtlich: ***a clear win*** ein klarer Sieg; ***for no clear reason*** ohne ersichtlichen Grund **8.** klar: **a)** sicher, **b)** in Ordnung **9.** frei (***of*** von) (*auch fig*): ***clear of snow*** (***debt***) schneefrei (schuldenfrei); ***a clear conscience*** ein reines Gewissen **10.** WIRTSCH Netto..., Rein...: ***clear gain*** (*oder* ***profit***) Reingewinn *m* **II** *Adv* **11.** hell, klar **12.** klar, deutlich **13.** los, weg (***of*** von): ***keep*** (*oder* ***steer***) ***clear of*** sich fernhalten von, meiden; ***get clear of*** loskommen von; ***stand clear of*** *Tür etc* frei halten **III** *v/t* **14.** *oft* ***clear away*** wegräumen (***from*** von), *Geschirr* abräumen **15.** *Straße etc* frei machen, *Saal etc* räumen **16.** reinigen, säubern: ***clear one's throat*** sich räuspern **17.** COMPUTER löschen **18.** frei-, lossprechen (***of*** von), *Gewissen* entlasten, *Namen* reinwaschen **19.** ***clear up*** *Verbrechen etc* (auf)klären **IV** *v/i* **20.** klar *oder* hell werden **21.** aufklaren (*Wetter*) **22.** *oft* ***clear away*** sich verziehen (*Nebel etc*)

'clear·ance *s* Räumung *f*: ***clearance sale*** Räumungs-, Ausverkauf *m*

ˌclear-'cut *Adj* **1.** scharfgeschnitten **2.** *fig* klar, deutlich

ˌclear'head·ed *Adj* klar denkend, intelligent

clear·ly ['klɪəlɪ] *Adv* **1.** klar, deutlich **2.** offensichtlich

'clear·ness *s* **1.** Klarheit *f* **2.** Reinheit *f* **3.** Schärfe *f*

clef [klef] *s* MUS (Noten)Schlüssel *m*

cleft [kleft] *s* **1.** Spalt *m*, Spalte *f* **2.** *fig* Kluft *f*

cleft pal·ate *s* MED Wolfsrachen *m*

cleft stick *s*: ***be in a cleft stick*** in der Klemme sitzen *oder* stecken

clem·en·cy ['klemənsɪ] *s* Milde *f*, Nachsicht *f*

'clem·ent *Adj* mild (*auch Wetter*), nachsichtig

clem·en·tine ['kleməntaɪn] *s* BOT Klementine *f*

clench [klentʃ] *v/t* **1.** zs.-pressen, *Faust* ballen, *Zähne* zs.-beißen **2.** fest packen *oder* anfassen

cler·gy ['klɜːdʒɪ] *s* REL Klerus *m*, *die* Geistlichen *Pl*

cler·gy·man ['klɜːdʒɪmən] *s* (*unreg* ***man***) Geistlicher *m*

cler·i·cal ['klerɪkl] *Adj* **1.** klerikal, geistlich **2.** Schreib..., Büro...: ***clerical error*** Schreibfehler *m*; ***clerical work*** Büroarbeit *f*

clerk [klɑːk] *s* **1.** Schriftführer(in), Sekretär(in) **2.** (*Büro- etc*)Angestellte *m*, *f*, (*Bank- etc*) Beamte *m*, (-)Beamtin *f* **3.** *Am* Verkäufer(in)

►**clev·er** ['klevə] *Adj* **1.** clever: **a)** geschickt, gewandt (***at*** in *Dat*), **b)** gerissen, raffiniert (*auch Gerät etc*): ***clever dick*** *bes Br sl* Schlaumeier(in) **2.** gescheit: **a)** clever, klug, **b)** geistreich (*Bemerkung etc*) **3.** begabt (***at*** in *Dat*, für)

'clev·er·ness *s* **1.** Cleverness *f* **2.** Gescheitheit *f*

cli·ché ['kliːʃeɪ] *s* Klischee *n*, Gemeinplatz *m*

click [klɪk] **I** *s* **1.** Klicken *n*; COMPUTER Mausklick *m* **2.** Einschnappen *n* **3.** TECH Sperrklinke *f*, -vorrichtung *f* **4.** Schnalzer *m* **II** *v/i* **5.** klicken **6.** *mit der Zunge* schnalzen **7.** zu-, einschnappen: ***click shut*** ins Schloss fallen **8.** *ugs* einschlagen, Erfolg haben (***with*** bei) **9.** *ugs* sofort Gefallen aneinander finden; sich sofort ineinander verknallen **III** *v/t* **10.** klicken *oder* einschnappen lassen: ***click one's heels*** die Hacken zs.-schlagen **11.** COMPUTER anklicken **12.** mit *der Zunge* schnalzen

cli·ent ['klaɪənt] *s* **1.** JUR Klient(in), Mandant(in) **2.** Kunde *m*, Kundin *f* **3.** Client *m* (*Computer, der von einem Server abhängig ist*)

cli·ent·ele [ˌkliːən'tel] *s* **1.** JUR Klientel *f*, Klienten *Pl* **2.** Kundschaft *f*, Kunden *Pl*

►**cliff** [klɪf] *s* **1.** Klippe *f*, Felsen *m* **2.** steiler Abhang

'cliffˌhang·er *s* **1.** spannender Fortsetzungsroman (*der immer im spannendsten Moment aufhört*); (RUNDFUNK, TV) spannender Mehrteiler **2.** *fig* spannende Sache

cli·mac·ter·ic [klaɪ'mæktərɪk] *s* PHYSIOL Wechseljahre *Pl*

►**cli·mate** ['klaɪmɪt] *s* Klima *n*, *fig auch* Atmosphäre *f*

cli·mat·ic [klaɪ'mætɪk] *Adj* (***climatically***) klimatisch, Klima...

cli·max ['klaɪmæks] **I** *s* Höhepunkt *m*, PHYSIOL *auch* Orgasmus *m* **II** *v/t* auf den Höhepunkt bringen **III** *v/i* den Höhepunkt erreichen

►**climb** [klaɪm] **I** *s* **1.** Aufstieg *m*, Besteigung *f* **2.** Berg-, Klettertour *f* **II** *v/i* **3.** klettern: ***climb up*** (***down***) ***a tree*** auf einen Baum klettern (von einem Baum herunterklettern) **4.** (auf-, empor)steigen **5.** (an)steigen (*Straße etc*) **III** *v/t* **6.** er-, besteigen, erklettern, klettern auf (*Akk*)

climb: Tipps zur Aussprache AS

⚠ Bei einigen englischen Wörtern wird das **b** nicht gesprochen:

debt	[det]	Schuld
doubt	[daʊt]	Zweifel
plumber	['plʌmə]	Installateur(in)
subtle	['sʌtl]	fein

Ähnlich bei Wörtern, die auf **-mb** enden:

bomb	[bɒm]	Bombe
climb	[klaɪm]	klettern
comb	[kəʊm]	Kamm
crumb	[krʌm]	Krume
dumb	[dʌm]	stumm
lamb	[læm]	Lamm
numb	[nʌm]	starr
succumb	[sə'kʌm]	erliegen
thumb	[θʌm]	Daumen

clinch [klɪntʃ] **I** *v/t* **1.** *Spiel etc* entscheiden: ***that clinched it*** damit war die Sache entschieden **2.** TECH sicher befestigen; (ver)nieten **3.** *Boxen*: umklammern **II** *v/i* **4.** *Boxen*: clinchen **III**

s **5.** TECH Vernietung *f* **6.** *Boxen*: Clinch *m* (*auch sl Umarmung*)
cling [klɪŋ] *v/i* (*unreg*) **1.** kleben, haften (*to* an *Dat*): ***cling together*** zs.-halten (*auch fig*) **2.** *auch fig* (*to*) hängen (an *Dat*), anhaften (*Dat*) **3.** *auch fig* (*to*) sich klammern (an *Akk*), festhalten (an *Dat*) **4.** sich (an)schmiegen (*to* an *Akk*)
cling film *s* Frischhaltefolie *f*
clin·ic ['klɪnɪk] *s* Klinik *f*
clin·i·cal ['klɪnɪkl] *Adj* klinisch: ***clinical death***; ***clinical thermometer*** Fieberthermometer *n*
clink[1] [klɪŋk] **I** *v/i* klingen, klirren **II** *v/t* klingen *oder* klirren lassen: ***clink glasses*** anstoßen **III** *s* Klingen *n*, Klirren *n*
clink[2] [klɪŋk] *s sl* Kittchen *n*: ***in clink*** im Knast
clip[1] [klɪp] **I** *v/t* **1.** (be)schneiden, stutzen (*auch fig*) **2.** *fig* kürzen, beschneiden **3.** *auch* ***clip off*** abschneiden **4.** *aus der Zeitung* ausschneiden **5.** *Haare* schneiden **6.** *Schaf etc* scheren **7.** *Fahrschein etc* lochen **8.** *Silben* verschlucken **9.** *ugs j-m* einen Schlag verpassen **10.** *sl j-n* erleichtern (***for*** um *Geld*); *j-n* neppen **II** *s* **11.** Haarschnitt *m* **12.** Schur *f*
clip[2] [klɪp] **I** *v/t auch* ***clip on*** anklammern **II** *s* (Heft-, Büro- *etc*)Klammer *f*
clip·board ['klɪpbɔːd] *s* **1.** Klemmbrett *n* **2.** COMPUTER Zwischenablage *f*
clip joint *s sl* Nepplokal *n*
clip·pers ['klɪpəz] *s Pl*, *auch* ***pair of clippers*** (*Nagel- etc*)Schere *f*, Haarschneidemaschine *f*
'clip·ping *s* **1.** *bes Am* (Zeitungs)Ausschnitt *m* **2.** *Pl* Schnitzel *Pl*, Abfälle *Pl*
clique [kliːk] *s* Clique *f*, Klüngel *m*
clit·o·ris ['klɪtərɪs] *s* ANAT Klitoris *f*, Kitzler *m*
cloak [kləʊk] **I** *s* (loser) Mantel, Umhang *m*: ***under the cloak of*** *fig* unter dem Deckmantel der *Freundschaft etc*, im Schutz der *Dunkelheit etc* **II** *v/t fig* bemänteln, verhüllen
cloak·room ['kləʊkrʊm] *s* **1.** Garderobe *f*: ***cloakroom attendant*** Garderobenmann *m*, -frau *f*; ***cloakroom ticket*** Garderobenmarke *f*, -zettel *m* **2.** *Br* Toilette *f*
clob·ber[1] ['klɒbə] *s Br sl* Klamotten *Pl*; Plunder *m*, Kram *m*
clob·ber[2] ['klɒbə] *v/t sl* **1.** zs.-schlagen **2.** SPORT überfahren (*hoch besiegen*)
▸**clock** [klɒk] **I** *s* **1.** (*Wand-, Turm-, Stand*)Uhr *f*: ***(a)round the clock*** rund um die Uhr, 24 Stunden (lang); ***five o'clock*** 5 Uhr; ***put*** (*oder* ***turn***) ***the clock back*** *fig* das Rad der Zeit zurückdrehen **2.** *ugs* Kontroll-, Stoppuhr *f*; Fahrpreisanzeiger *m* (*Taxi*) **II** *v/t* **3.** *bes* SPORT (ab-)stoppen: ***clock*** (***up***) *Zeit* erreichen (***for*** über *eine Distanz*) **III** *v/i* **4.** ***clock in*** (***out***) einstempeln (ausstempeln)
'clock·face *s* Zifferblatt *n*
clock ra·di·o *s* Radiowecker *m*
'clock·wise *Adj und Adv* im Uhrzeigersinn
'clock·work *s* Uhrwerk *n*: ***like clockwork*** wie am Schnürchen, wie geschmiert
clod [klɒd] *s* **1.** (Erd)Klumpen *m* **2.** Trottel *m*
clog [klɒg] **I** *s* **1.** (Holz)Klotz *m* **2.** *fig* Hemmschuh *m*, Klotz *m* am Bein **3.** Holzschuh *m* **II** *v/t* **4.** (be)hindern, hemmen **5.** *auch* ***clog up*** verstopfen **III** *v/i* **6.** sich verstopfen
clois·ter ['klɔɪstə] *s* **1.** Kloster *n* **2.** ARCHI Kreuzgang *m*
clone [kləʊn] **I** *s* Klon *m* **II** *v/t* klonen
▸**close** **I** *Adj* [kləʊs] **1.** geschlossen **2.** verschlossen, verschwiegen **3.** eng (anliegend) **4.** nah: ***close combat*** Handgemenge *n*, *weit. S.* zähes Ringen; ***close to tears*** den Tränen nahe **5.** eng (*Freund*); nah (*Verwandter*) **6.** knapp (*Sieg etc*): → ***shave*** 5 **7.** gespannt (*Aufmerksamkeit*) **8.** gründlich (*Untersuchung etc*) **II** *Adv* [kləʊs] **9.** eng, nahe, dicht: ***close by*** ganz in der Nähe; nahe *oder* dicht bei; ***close at hand*** nahe bevorstehend; ***come close to*** fast … sein; → ***wind***[1] 1 **III** *s* [kləʊz] **10.** Abschluss *m*: ***come*** (*oder* ***draw***) ***to a close*** sich dem Ende nähern **IV** *v/t* [kləʊz] **11.** (ab-, ver-, zu-)schließen, zumachen **12.** *Betrieb etc* schließen; *Straße etc* sperren (***to*** für) **13.** beenden, beschließen **V** *v/i* [kləʊz] **14.** sich schließen (*auch Wunde etc*) **15.** geschlossen werden **16.** schließen, zumachen **17.** enden, aufhören, zu Ende gehen **18.** schließen (***with the words*** mit den Worten) **19.** sich verringern (*Abstand etc*)
◆**close down** **I** *v/t* **1.** *Geschäft etc* schließen, *Betrieb* stilllegen **II** *v/i* **2.** schließen, stillgelegt werden **3.** *fig* scharf vorgehen (***on*** gegen)
◆**close in** *v/i* **1.** sich heranarbeiten (***on*** an *Akk*) **2.** kürzer werden (*Tage*) **3.** hereinbrechen (*Dunkelheit, Nacht*)
◆**close up** **I** *v/t* **1.** → ***close*** 11, 12 **2.** abschließen, beenden **II** *v/i* **3.** → ***close down*** 2 **4.** aufschließen, -rücken (***on*** zu)
closed [kləʊzd] *Adj* **1.** geschlossen: ***behind closed doors*** hinter verschlossenen Türen; ***closed circuit*** ELEK geschlossener Stromkreis; → ***book*** 1 **2.** gesperrt (***to*** für)
'close-down *s* Schließung *f*, Stilllegung *f*
closed shop *s* WIRTSCH gewerkschaftspflichtiger Betrieb
ˌclose'fist·ed *Adj* geizig
ˌclose-'fit·ting *Adj* eng anliegend
'close-knit *Adj fig* eng verbunden
close·ness ['kləʊsnɪs] *s* **1.** Nähe *f* **2.** Knappheit *f* **3.** Gründlichkeit *f*
close sea·son *s* JAGD Schonzeit *f*
▸**clos·et** ['klɒzɪt] *s* (Wand-, Einbau)Schrank *m*

closet ≠ Klosett		
closet	=	(Wand-, Einbau-)Schrank
Klosett	=	toilet, lavatory

'close-up *s* FOTO, FILM Nah-, Großaufnahme *f*
clos·ing date ['kləʊzɪŋ] *s* letzter Termin (***for*** für)
clos·ing time *s* Laden-, Geschäftsschluss *m*; Ende *n* der Schalterstunden; Polizeistunde *f*
clo·sure ['kləʊʒə] *s* **1.** Schließung *f* (*eines Betriebs etc*) **2.** TECH Verschluss *m* **3.** Schluss *m*, Beendigung *f* (*einer Debatte etc*)
clot [klɒt] **I** *s* **1.** Klumpen *m*, Klümpchen *n*: ***clot of blood*** MED Blutgerinnsel *n* **2.** *Br ugs* Trottel *m* **II** *v/i* **3.** gerinnen **4.** Klumpen bilden
▸**cloth** [klɒθ] *s* **1.** Tuch *n*, Stoff *m* **2.** Tuch *n*, Lappen *m*
clothe [kləʊð] *v/t* (*auch unreg*) **1.** (an-, be)kleiden **2.** einkleiden **3.** *fig* umhüllen, einhüllen
▸**clothes** [kləʊðz] *s Pl* **1.** Kleider *Pl*, Kleidung *f*: ***change one's clothes*** sich umziehen **2.** (*auch* Bett)Wäsche *f*
clothes bas·ket *s* Wäschekorb *m*
clothes brush *s* Kleiderbürste *f*
clothes hang·er *s* Kleiderbügel *m*
'clothes·horse *s* Wäscheständer *m*
'clothes·line *s* Wäscheleine *f*

C

clothes peg *s Br*, **'clothes·pin** *s Am* Wäscheklammer *f*
clothes tree *s* Garderoben-, Kleiderständer *m*
cloth·ing ['kləʊðɪŋ] *s* Kleidung *f*: ***clothing industry*** Bekleidungsindustrie *f*
▸**cloud** [klaʊd] **I** *s* **1.** Wolke *f*: ***cloud of dust*** Staubwolke; ***have one's head in the clouds*** *fig* in höheren Regionen schweben; in Gedanken vertieft sein; ***be on cloud nine*** *ugs* im siebten Himmel schweben **2.** *fig* Schatten *m*: ***cast a cloud on*** einen Schatten werfen auf (*Akk*) **II** *v/t* **3.** be-, umwölken **4.** *fig* verdunkeln, trüben **III** *v/i auch* ***cloud over*** **5.** sich bewölken **6.** *fig* sich trüben
cloud bank *s* Wolkenbank *f*
'cloud·burst *s* Wolkenbruch *m*
ˌcloud-'cuck·oo-land *s* Wolkenkuckucksheim *n*
cloud·less ['klaʊdlɪs] *Adj* **1.** wolkenlos **2.** *fig* ungetrübt
'cloud·y *Adj* **1.** wolkig, bewölkt **2.** *fig* nebelhaft, unklar
clout [klaʊt] *ugs* **I** *s* **1.** Schlag *m*: ***give s.o. a clout*** j-m eine runterhauen **2.** *bes* POL *Am* Einfluss *m* (***with*** auf *Akk*) **II** *v/t* **3.** schlagen: ***clout s.o. one*** j-m eine runterhauen
clove¹ [kləʊv] *s* (Gewürz)Nelke *f*
clove² [kləʊv] *s*: ***clove of garlic*** Knoblauchzehe *f*
clo·ver ['kləʊvə] *s* BOT Klee *m*: ***be*** (*oder* ***live***) ***in clover*** wie Gott in Frankreich leben
'clo·ver·leaf *s* (*unreg* ***leaf***) **1.** Kleeblatt *n* **2.** *auch* ***cloverleaf intersection*** MOT Kleeblatt *n*
clown [klaʊn] **I** *s* Clown *m* (*auch fig*) **II** *v/i auch* ***clown about*** (*oder* ***around***) herumkaspern
'clown·ish *Adj* clownisch
▸**club** [klʌb] **I** *s* **1.** Keule *f*, Knüppel *m* **2.** SPORT Schlagholz *n*; (*Golf*)Schläger *m* **3.** Klub *m*, Verein *m*: ***join the club!*** *bes Br ugs* du auch? **4.** *Spielkarten*: **a)** *Pl* Kreuz *n*, Eichel *f* (*Farbe*), **b)** Kreuz(karte *f*) *n* **II** *v/t* **5.** einknüppeln auf (*Akk*), (nieder)knüppeln **6.** sich teilen in (*Akk*); *Geld* zs.-legen **III** *v/i* **7.** *meist* ***club together*** sich zs.-tun: **a)** einen Verein *etc* bilden, **b)** (Geld) zs.-legen
club chair *s* Klubsessel *m*
ˌclub'foot *s* (*unreg* ***foot***) MED Klumpfuß *m*
'club·house *s* Klub-, Vereinshaus *n*
cluck [klʌk] *v/i* gackern; glucken
clue [kluː] **I** *s* **1.** (***to***) Hinweis *m* (auf *Akk*), Anhaltspunkt *m* (für), Fingerzeig *m* **2.** Schlüssel *m* (***to*** zu *einem Rätsel etc*): ***I haven't a clue*** *ugs* ich hab keinen Schimmer; ***he hasn't got a clue*** *ugs* er hat keinen Schimmer **II** *v/t* **3.** ***clue in*** *j-m* einen Hinweis geben **4.** ***clue up*** informieren (***on, about*** über *Akk*): ***all clued up*** vollkommen im Bild
clump [klʌmp] **I** *s* **1.** (*Baum-, Häuser*)Gruppe *f* **2.** (*Holz*)Klotz *m*; (*Erd- etc*)Klumpen *m* **II** *v/i* **3.** trampeln: ***clump about*** (*oder* ***around***) herumtrampeln **4.** sich zs.-ballen **III** *v/t* **5.** zs.-ballen, anhäufen
clum·si·ness ['klʌmzɪnɪs] *s* Plumpheit *f*
'clum·sy *Adj* plump: **a)** ungeschickt, unbeholfen, **b)** schwerfällig, **c)** taktlos, **d)** unförmig
clung [klʌŋ] *Prät und Part Perf von* ***cling***
clus·ter ['klʌstə] **I** *s* **1.** BOT Büschel *n*, Traube *f* **2.** Haufen *m*, Schwarm *m*, Gruppe *f* **II** *v/i* **3.** eine Gruppe *oder* Gruppen bilden, sich drängen (***round*** um)
clutch [klʌtʃ] **I** *v/t* **1.** packen, (er)greifen **2.** umklammern **II** *v/i* **3.** (gierig) greifen (***at*** nach): → ***straw*** 2 **III** *s* **4.** (gieriger) Griff **5.** ZOOL Klaue *f*, Kralle *f* (*beide auch fig*): ***in s.o.'s clutches*** in j-s Klauen *oder* Gewalt **6.** TECH Kupplung *f*: ***clutch disk*** Kupplungsscheibe *f*; ***clutch facing*** (*oder* ***lining***) Kupplungsbelag *m*; ***clutch pedal*** Kupplungspedal *n*
clut·ter ['klʌtə] **I** *v/t* **1.** *auch* ***clutter up*** (unordentlich) vollstopfen **2.** durcheinanderwerfen, herumstreuen **II** *s* **3.** Wirrwarr *m*, Durcheinander *n* **4.** Unordnung *f*: ***in a clutter*** in Unordnung
c/o *Abk* (= ***care of***) (wohnhaft) bei
▸**coach** [kəʊtʃ] **I** *s* **1.** Kutsche *f* **2.** BAHN *Br* (Personen)Wagen *m* **3.** *Br* Reisebus *m* **4.** Nachhilfe-, Hauslehrer(in) **5.** SPORT Trainer(in) **6.** *Am* FLUG ***coach…*** Economy… ***fly coach*** Economy fliegen **II** *v/t* **6.** *j-m* Nachhilfeunterricht geben: ***coach s.o. in s.th.*** j-m etw einpauken **7.** SPORT trainieren
coach class *s Am* FLUG Economyklasse
coach·man ['kəʊtʃmən] *s* (*unreg* ***man***) Kutscher *m*
co·ag·u·late [kəʊ'ægjʊleɪt] *v/i und v/t* gerinnen (lassen)
coˌag·u'la·tion *s* Gerinnung *f*
▸**coal** [kəʊl] *s* Kohle *f*; *eng. S.* Steinkohle *f*: ***carry*** (*oder* ***take***) ***coals to Newcastle*** *fig* Eulen nach Athen tragen; ***haul*** (*oder* ***drag***) ***s.o. over the coals*** *fig* j-m die Hölle heißmachen
co·a·li·tion [ˌkəʊə'lɪʃn] **I** *s* **1.** POL Koalition *f*: ***form a coalition*** eine Koalition eingehen *oder* bilden, koalieren **2.** Bündnis *n*, Zs.-schluss *m* **II** *Adj* **3.** POL Koalitions…
coal mine, **'coal·pit** *s* Kohlenbergwerk *n*, -grube *f*, -zeche *f*
coal pow·er sta·tion *s* Kohlekraftwerk *n*
coarse [kɔːs] *Adj* grob: **a)** rau, **b)** grobkörnig, **c)** *fig* ungenau, **d)** *fig* derb, ungehobelt
▸**coast** [kəʊst] **I** *s* **1.** Küste *f*: ***the coast is clear*** *fig* die Luft ist rein **II** *v/i* **2.** SCHIFF die Küste entlangfahren **3.** im Leerlauf (*Auto*) *oder* im Freilauf (*Fahrrad*) fahren
coast·al ['kəʊstl] *Adj* Küsten…
'coast·er *s* **1.** *Am* Berg-u.-Tal-Bahn *f* (*im Vergnügungspark*) **2.** *bes. Am* Untersatz *m* (*für Gläser etc*)
coast guard *s Br* Küsten(zoll)wache *f*
▸**coat** [kəʊt] **I** *s* **1.** Jacke *f*, Jackett *n* **2.** Mantel *m* **3.** ZOOL Pelz *m*, Fell *n* **4.** (*Farb- etc*) Überzug *m*, Anstrich *m*, Schicht *f* **II** *v/t* **5.** (an)streichen, überstreichen, -ziehen, beschichten **6.** bedecken, umhüllen, umgeben (***with*** mit)
'coat·ed *Adj* **1.** mit … überzogen *oder* beschichtet: ***sugar-coated*** mit Zuckerüberzug; ***coated tablet*** Dragee *n* **2.** MED belegt (*Zunge*)
coat hang·er *s* Kleiderbügel *m*
coat hook *s* Kleiderhaken *m*
coat·ing ['kəʊtɪŋ] *s* **1.** Mantelstoff *m* **2.** → ***coat*** 4
coat of arms *s* Wappen(schild *m*, *n*) *n*
coax [kəʊks] *v/t* überreden, beschwatzen (***to do, into doing*** zu tun): ***coax s.th. out of*** (*oder* ***from***) ***s.o.*** j-m etw abschwatzen
cob [kɒb] *s* Maiskolben *m*
co·balt [kəʊ'bɔːlt] *s* MIN Kobalt *n*: ***cobalt*** (***blue***) Kobaltblau *n*
cob·ble¹ ['kɒbl] **I** *s* Kopfstein *m*: ***cobbles*** *Pl* Kopfsteinpflaster *n* **II** *v/t* mit Kopfsteinen pflastern: ***cobbled street*** Straße *f* mit Kopfsteinpflaster
cob·ble² ['kɒbl] *v/t* **1.** *Schuhe* flicken **2.** *auch* ***cobble together*** zs.-pfuschen, zs.-schustern
cob·bler ['kɒblə] *s* **1.** (Flick)Schuster(in) **2.** Pfu-

scher(in)
'cob·ble·stone *s* Kopfstein *m*: ***cobblestone pavement*** Kopfsteinpflaster *n*
co·bra ['kəʊbrə] *s* ZOOL Kobra *f*
'cob·web *s* Spinnwebe *f*, Spinnennetz *n*
co·cain, co·caine [kəʊ'keɪn] *s* CHEM Kokain *n*
►cock [kɒk] **I** *s* **1.** ORN Hahn *m* **2.** Männchen *n*, Hahn *m* (*von Vögeln*) **3.** Wetterhahn *m* **4.** ***cock of the walk*** (*oder* ***roost***) *oft pej* der Größte **5.** TECH (*Absperr-*, *Gewehr- etc*)Hahn *m* **6.** *vulg* Schwanz *m* (*Penis*) **II** *v/t* **7.** aufrichten: ***cock one's ears*** die Ohren spitzen; ***cock one's hat*** den Hut schief aufsetzen; → ***snook***
,cock-and-'bull sto·ry *s ugs* Ammenmärchen *n*
cock·a·too [,kɒkə'tuː] *s* ORN Kakadu *m*
'cock,chaf·er *s* ZOOL Maikäfer *m*
cocked hat [kɒkt] *s* Dreispitz *m*: ***knock*** (*oder* ***beat***) ***into a cocked hat*** *sl j-n, etw* weit in den Schatten stellen; *Plan etc* völlig über den Haufen werfen
cock·er span·iel *s* ZOOL Cockerspaniel *m*
'cock·eyed *Adj ugs* **1.** schielend: ***be cockeyed*** schielen **2.** blau (*betrunken*)
'cock·fight, 'cock,fight·ing *s* Hahnenkampf *m*
cock·ney ['kɒknɪ] *s* **1.** Cockney *m*, waschechter Londoner **2.** Cockney(-dialekt *m*) *n*
'cock·pit *s* **1.** FLUG, SCHIFF Cockpit *n* (*auch eines Rennwagens*) **2.** Hahnenkampfplatz *m*
'cock·roach *s* ZOOL (Küchen)Schabe *f*, Kakerlak *m*
,cock'sure *Adj* **1.** vollkommen überzeugt (***of, about*** von), ganz sicher **2.** übertrieben selbstsicher
'cock·tail *s* Cocktail *m*: ***cocktail tomato*** Cocktailtomate *f*
cock·y ['kɒkɪ] *Adj ugs* großspurig
co·coa ['kəʊkəʊ] *s* Kakao(pulver *n*) *m*
co·co·nut ['kəʊkənʌt] *s* Kokosnuss *f*
co·co·nut palm *s* BOT Kokospalme *f*
co·coon [kə'kuːn] *s* ZOOL Kokon *m*, Puppe *f* (*der Seidenraupe*)
cod [kɒd] *s* ZOOL Kabeljau *m*, Dorsch *m*
COD [,siːəʊ'diː] *Abk* (= ***cash on delivery***) per Nachnahme
cod·dle ['kɒdl] *v/t* verhätscheln, verzärteln
code [kəʊd] **I** *s* **1.** Kodex *m*: **a)** JUR Gesetzbuch *n*, **b)** Regeln *Pl*: ***code of hono(u)r*** Ehrenkodex; → ***moral*** 4 **2.** (Telegramm)Schlüssel *m* **3.** Code *m*; Chiffre *f*; Code *m*, Schlüssel *m*: ***code number*** Code-, Kennziffer *f*; ***code word*** Code-, Schlüsselwort *n* **4.** TEL Vorwahl(nummer) *f* **II** *v/t* **5.** verschlüsseln, chiffrieren; kodieren
cod·i·fy ['kəʊdɪfaɪ] *v/t* JUR kodifizieren
'cod-,liv·er oil *s* Lebertran *m*
co·ed [,kəʊ'ed] PÄD *ugs* **I** *s* **1.** *Am* Studentin *f oder* Schülerin *f* einer gemischten Schule **2.** *Br* gemischte Schule **II** *Adj* **3.** gemischt
co·ed·u·ca·tion [,kəʊedjuː'keɪʃn] *s* PÄD Gemeinschaftserziehung *f*
,co·ed·u·'ca·tion·al [,kəʊedjuː'keɪʃənl] *Adj*: ***coeducational school*** gemischte Schule; ***coeducational teaching*** → ***coeducation***
co·ef·fi·cient [,kəʊɪ'fɪʃnt] *s* MATHE, PHYS Koeffizient *m*
co·erce [kəʊ'ɜːs] *v/t* **1.** zwingen (***into*** zu) **2.** erzwingen
co'er·cion [kəʊ'ɜːʃn] *s* Zwang *m*: ***by coercion*** durch Zwang, zwangsweise
co'er·cive [kəʊ'ɜːsɪv] *Adj* **1.** Zwangs…, zwingend: ***coercive measure*** Zwangsmaßnahme *f* **2.** überzeugend, zwingend (*Gründe etc*)
co·ex·ist [,kəʊɪg'zɪst] *v/i* gleichzeitig *oder* nebeneinander bestehen *oder* leben
,co·ex'ist·ence *s* Koexistenz *f*: ***peaceful coexistence*** POL friedliche Koexistenz
,coex'ist·ent *Adj* gleichzeitig *oder* nebeneinander bestehend
►cof·fee ['kɒfɪ] *s* Kaffee *m*
cof·fee bar *s Br* Café *n*; Imbissstube *f*
cof·fee bean *s* Kaffeebohne *f*
cof·fee break *s* Kaffeepause *f*
cof·fee cup *s* Kaffeetasse *f*
cof·fee grind·er *s* Kaffeemühle *f*
cof·fee grounds *s Pl* Kaffeesatz *m*
'cof·fee·house *s* Kaffeehaus *n*, Café *n*
cof·fee ma·chine *s* Kaffeemaschine *f*, Kaffeeautomat *m*
cof·fee mak·er *s* Kaffeemaschine *f*
cof·fee mill *s* Kaffeemühle *f*
'cof·fee·pot *s* Kaffeekanne *f*
cof·fee set *s* Kaffeeservice *n*
cof·fee shop *Am* → ***coffee bar***
cof·fee ta·ble *s* Couchtisch *m*
cof·fin ['kɒfɪn] *s* Sarg *m*
cog [kɒg] *s* TECH (Rad)Zahn *m*; Zahnrad *n*: ***be just a cog in the machine*** (*oder* ***wheel***) *fig* nur ein Rädchen im Getriebe sein
co·gent ['kəʊdʒənt] *Adj* zwingend, überzeugend (*Gründe etc*)
cog·i·tate ['kɒdʒɪteɪt] **I** *v/t* nachdenken über (*Akk*) **II** *v/i* (nach)denken: ***cogitate on*** (*oder* ***about***) *siehe* I
cog·nate ['kɒgneɪt] *Adj* **1.** (bluts)verwandt (***with*** mit) **2.** *fig* (art)verwandt (***with*** mit)
cog·ni·tion [kɒg'nɪʃn] *s* Erkenntnis *f*
cog·ni·zance ['kɒgnɪzəns] *s* **1.** Kenntnis *f*: ***have*** (***take***) ***cognizance of s.th.*** von etw Kenntnis haben (nehmen) **2.** JUR Zuständigkeit *f*
'cog·ni·zant *Adj* unterrichtet (***of*** über *Akk oder* von): ***be cognizant of s.th.*** *auch* von etw Kenntnis haben
'cog·wheel *s* TECH Zahnrad *n*
co·hab·it [kəʊ'hæbɪt] *v/i* (*unverheiratet*) zs.-leben
,co·hab·i'ta·tion *s* Zs.-leben *n*
co·here [kəʊ'hɪə] *v/i* zs.-hängen (*auch fig*)
co'her·ence, co'her·en·cy *s* **1.** Zs.-halt *m* (*auch fig*) **2.** PHYS Kohärenz *f* **3.** *fig* Zs.-hang *m*
co'her·ent *Adj* **1.** zs.-hängend (*auch fig*) **2.** PHYS kohärent
co·he·sion [kəʊ'hiːʒn] *s* **1.** Zs.-halt *m* (*auch fig*) **2.** PHYS Kohäsion *f*
co'he·sive *Adj* **1.** (fest) zs.-haltend (*auch fig*) **2.** PHYS Kohäsions…, Binde…
coil [kɔɪl] **I** *v/t* **1.** *auch* ***coil up*** aufrollen, (auf-)wickeln **2.** ELEK wickeln **II** *v/i* **3.** *auch* ***coil up*** sich zs.-rollen **III** *s* **4.** Spirale *f* (*auch* TECH *und* MED) **5.** Rolle *f*, Spule *f*
►coin [kɔɪn] **I** *s* Münze *f*: ***pay s.o. back in his own*** (*oder* ***in the same***) ***coin*** *fig* es j-m mit *oder* in gleicher Münze heimzahlen; ***the other side of the coin*** *fig* die Kehrseite der Medaille **II** *v/t Münzen*, *fig Wort etc* prägen: ***be coining it*** *ugs* Geld wie Heu verdienen
'coin·age *s* **1.** Prägen *n* **2.** *Koll* Münzen *Pl* **3.** *fig* Prägung *f* (*eines Worts etc*); Neuprägung *f* (*Wort etc*)
coin box *s Br* Münzfernsprecher *m*
co·in·cide [,kəʊɪn'saɪd] *v/i* **1.** *örtlich oder zeitlich* zs.-treffen, -fallen (***with*** mit) **2.** übereinstimmen, sich decken (***with*** mit)
co'in·ci·dence [kəʊ'ɪnsɪdəns] *s* **1.** Zs.-treffen *n*, -fallen *n* **2.** zufälliges Zs.-treffen, Zufall *m*: ***by***

C

mere coincidence rein zufällig
co'in·ci·dent *Adj* **1.** zs.-fallend, -treffend **2.** übereinstimmend, sich deckend
co,in·ci'den·tal *Adj* zufällig
'coin-,op·er·at·ed *Adj* mit Münzbetrieb, Münz…
coke[1] [kəʊk] *s* Koks *m*
coke[2] [kəʊk] *s sl* Koks *m* (*Kokain*)
Coke® [kəʊk] *s* Coke® *n*, (Coca)Cola® *f*
co·la ['kəʊlə] *Pl von* ***colon***[1]
col·an·der ['kʌləndə] **I** *s* Sieb *n*, Seiher *m* **II** *v/t* durchseihen, (durch)sieben
▶**cold** [kəʊld] **I** *Adj* **1.** kalt: ***(as) cold as ice*** eiskalt; ***I feel*** (*oder* ***am***) ***cold*** mir ist kalt, ich friere; ***in cold blood*** kaltblütig; ***cold snap*** Kälteeinbruch *m*; ***get cold feet*** *ugs* kalte Füße (*Angst*) bekommen; → ***shoulder*** 1, ***sweat***, ***water*** 1 **2.** *fig* kalt, kühl: **a)** frostig, unfreundlich (*Empfang etc*), **b)** nüchtern, sachlich, **c)** ruhig, gelassen: ***it left me cold*** es ließ mich kalt **3.** (gefühls)kalt, frigid **II** *s* **4.** Kälte *f*: ***be left out in the cold*** *fig* kaltgestellt sein, ignoriert werden **5.** MED Erkältung *f*: ***(common) cold, cold (in the head)*** Schnupfen *m*; → ***catch*** 9
,cold-'blood·ed *Adj* **1.** ZOOL kaltblütig (*auch fig*) **2.** *ugs* kälteempfindlich: ***be cold-blooded*** *auch* leicht frieren
cold box *s* Kühlbox *f*
,cold'heart·ed *Adj* kalt-, hartherzig
cold·ish ['kəʊldɪʃ] *Adj* ziemlich kalt
'cold·ness *s* Kälte *f* (*auch fig*)
cold room *s* Kühlraum *m*
,cold-'shoul·der *v/t ugs j-m* die kalte Schulter zeigen, *j-n* kühl *oder* abweisend behandeln
cold start *s* COMPUTER, MOT Kaltstart *m*
cold stor·age *s* Kühlraumlagerung *f*: ***put into cold storage*** *fig* auf Eis legen
cold tur·key *s sl* radikale Entziehungskur: ***go cold turkey*** eine radikale Entziehungskur machen
cold war *s* POL kalter Krieg
cole·slaw ['kəʊlslɔː] *s* Krautsalat *m*
col·ic ['kɒlɪk] *s* MED Kolik *f*
col·lab·o·rate [kə'læbəreɪt] *v/i* **1.** zs.-arbeiten (***with*** mit; ***in, on*** bei), mitarbeiten **2.** POL kollaborieren
col,lab·o'ra·tion *s* **1.** Zs.-arbeit *f*: ***in collaboration with*** gemeinsam mit **2.** POL Kollaboration *f*
col'lab·o·ra·tor *s* **1.** Mitarbeiter(in) **2.** POL Kollaborateur(in)
col·lage ['kɒlɑːʒ] *s* KUNST Collage *f*
col·lapse [kə'læps] **I** *v/i* **1.** zs.-brechen, einfallen, -stürzen **2.** *fig* zs.-brechen, scheitern **3.** *moralisch oder physisch* zs.-brechen **4.** MED einen Kollaps erleiden **5.** zs.-legbar sein, sich zs.-klappen lassen **II** *v/t* **6.** zum Einsturz bringen **7.** zs.-legen, -klappen **III** *s* **8.** Einsturz *m* **9.** *fig* Zs.-bruch *m* **10.** MED Kollaps *m*: ***nervous collapse*** Nervenzusammenbruch *m*
col'laps·i·ble *Adj* zs.-klappbar, Klapp…: ***collapsible chair***
▶**col·lar** ['kɒlə] **I** *s* **1.** Kragen *m* **2.** (*Hunde- etc*)Halsband *n* **3.** Hals-, Amts-, Ordenskette *f* **4.** Collier *n*: ***collar of pearls*** Perlencollier **II** *v/t* **5.** *j-n* beim Kragen packen **6.** *ugs j-n* schnappen, verhaften, festnehmen; sich *etw* schnappen;
'col·lar·bone *s* ANAT Schlüsselbein *n*
col·lar size *s* Kragenweite *f*
col·lat·er·al [kɒ'lætərəl] *Adj* **1.** seitlich, Seiten… **2.** parallel (laufend) **3.** begleitend, Neben…
▶**col·league** ['kɒliːg] *s* Kollege *m*, Kollegin *f*
▶**col·lect** [kə'lekt] **I** *v/t* **1.** *Briefmarken etc* sammeln **2.** (ein)sammeln **3.** auflesen, -sammeln **4.** *Fakten etc* sammeln, zs.-tragen **5.** *j-n*, *etw* abholen **6.** *Geld etc* (ein)kassieren **7.** *Gedanken etc* sammeln: ***collect o.s.*** sich sammeln *oder* fassen **8.** versammeln **II** *v/i* **9.** sich (ver)sammeln **10.** sich ansammeln **III** *Adj* **11.** *Am* Nachnahme…: ***collect call*** TEL R-Gespräch *n* **IV** *Adv* **12.** *auch* ***collect on delivery*** *Am* per Nachnahme: ***call collect*** TEL ein R-Gespräch führen
col'lect·ed *Adj* **1.** gesammelt: ***collected works*** **2.** *fig* gefasst
▶**col'lec·tion** [kə'lekʃn] *s* **1.** (Ein)Sammeln *n* **2.** (*Briefmarken- etc*)Sammlung *f* **3.** Kollekte *f*, (Geld-)Sammlung *f* **4.** WIRTSCH Inkasso *n* **5.** WIRTSCH (Muster)Kollektion *f* **6.** Abholung *f* **7.** *fig* Fassung *f*, Gefasstheit *f*
col'lec·tive *Adj* **1.** gesammelt, zs.-gefasst **2.** kollektiv: ***collective agreement*** WIRTSCH Tarifabkommen *n*; ***collective bargaining*** WIRTSCH Tarifverhandlungen *Pl*; ***collective noun*** Sammelbegriff *m*
col'lec·tive·ly *Adv* gemeinsam, gemeinschaftlich
col'lec·tor *s* **1.** Sammler(in): ***collector's item*** Sammlerstück *n* **2.** Kassierer(in) **3.** ELEK Stromabnehmer *m*
▶**col·lege** ['kɒlɪdʒ] *s* **1.** College *n*: ***college of education*** *Br* pädagogische Hochschule **2.** Akademie *f* **3.** Kollegium *n* (*auch* REL)
col·le·gi·ate [kə'liːdʒɪət] *Adj* College…, akademisch
col·lide [kə'laɪd] *v/i* (***with***) kollidieren (mit): **a)** zs.-stoßen (mit) (*auch fig*), **b)** *fig* im Widerspruch stehen (zu)
col·lie ['kɒlɪ] *s* ZOOL Collie *m* (*langhaariger Schottischer Schäferhund*)
col·li·sion [kə'lɪʒn] *s* **1.** Kollision *f*, Zs.-stoß *m* (*beide auch fig*): ***be on a collision course*** auf Kollisionskurs sein **2.** *fig* Widerspruch *m*
col·lo·qui·al [kə'ləʊkwɪəl] *Adj* umgangssprachlich: ***colloquial English*** Umgangsenglisch *n*
col'lo·qui·al·ism *s* Ausdruck *m* der Umgangssprache
col·lu·sion [kə'luːʒn] *s* JUR geheimes Einverständnis
col·ly·wob·bles ['kɒlɪ,wɒblz] *s Pl* (*auch Sg konstruiert*): ***have the collywobbles*** *ugs* ein flaues Gefühl in der Magengegend haben
Co·logne [kə'ləʊn] *Eigenn* Köln *n*
Co·lom·bia [kə'lɒmbɪə] *Eigenn* Kolumbien *n*
co·lon[1] ['kəʊlən] *s* ANAT Dickdarm *m*
co·lon[2] ['kəʊlən] *s* LING Doppelpunkt *m*
colo·nel ['kɜːnl] *s* MIL Oberst *m*
co·lo·ni·al [kə'ləʊnjəl] *Adj* kolonial, Kolonial…
co'lo·ni·al·ism *s* POL Kolonialismus *m*
col·o·nist ['kɒlənɪst] *s* Kolonist(in), (An)Siedler(in)
col·o·ni·za·tion [,kɒlənaɪ'zeɪʃn] *s* Kolonisation *f*, Besiedlung *f*
'col·o·nize **I** *v/t* **1.** kolonisieren, besiedeln **2.** ansiedeln **II** *v/i* **3.** sich ansiedeln **4.** eine Kolonie bilden
col·on·nade [,kɒlə'neɪd] *s* ARCHI Säulengang *m*, Kolonnade *f*
▶**col·o·ny** ['kɒlənɪ] *s* (*auch Ausländer-, Künstler- etc*)Kolonie *f*
▶**col·or**, *etc Am* → ***colour***, *etc*
Col·o·ra·do bee·tle [,kɒlə'rɑːdəʊ] *s* ZOOL Kartoffelkäfer *m*

co·los·sal [kə'lɒsl] *Adj* kolossal, riesig, Riesen… (*alle auch fig ugs*)
co'los·sus [kə'lɒsəs] *Pl* **co'los·si** [kə'lɒsaɪ], **co'los·sus·es** *s* Koloss *m*
▸**col·our** ['kʌlə] *bes Br* **I** *s* **1.** Farbe *f*: ***what colour is …?*** welche Farbe hat …?; ***to paint in bright*** (***glowing, gloomy***) ***colours*** *etw* in rosigen (glühenden, düsteren) Farben schildern; ***local colour*** *fig* Lokalkolorit *n* **2.** (*auch* gesunde) Gesichtsfarbe: ***lose*** (***all***) ***colour*** (ganz) blass werden **3.** (*bes* dunkle) Hautfarbe **4.** *fig* Färbung *f*, Ton *m* **5.** *Pl* MIL Fahne *f*: ***call to the colours*** einberufen; ***pass*** (***fail***) ***an examination with flying colours*** eine Prüfung mit Glanz und Gloria bestehen (mit Pauken und Trompeten durch eine Prüfung fallen) **6.** *Pl* SCHIFF Flagge *f*: ***sail under false colours*** unter falscher Flagge segeln (*auch fig*); ***show one's true colours*** *fig* sein wahres Gesicht zeigen; Farbe bekennen **II** *v/t* **7.** färben (*auch fig*), kolorieren **III** *v/i* **8.** sich (ver)färben **9.** *auch* ***colour up*** erröten, rot werden (***with*** vor *Dat*)
col·our bar *s* Rassenschranke *f*
'col·our-blind *Adj* MED farbenblind
col·our cop·y *s* Farbkopie *f*
col·oured ['kʌləd] *Adj bes Br* **1.** farbig, bunt (*beide auch fig*): ***coloured pencil*** Bunt-, Farbstift *m* **2.** farbig: ***a coloured man*** ein Farbiger **3.** *fig* gefärbt
'col·our·fast *Adj bes Br* farbecht
col·our film *s* FOTO Farbfilm *m*
col·our·ful ['kʌləfʊl] *Adj bes Br* **1.** farbenfreudig, -prächtig **2.** *fig* farbig, bunt
'col·our·ing **I** *s* **1.** Färbung *f* (*auch fig*), Farbgebung *f* **2.** Gesichtsfarbe *f* **II** *Adj* **3.** Farb…: ***colouring book*** Malbuch *n*
col·our·less ['kʌləlɪs] *Adj bes Br* **1.** farblos (*auch fig*) **2.** *fig* neutral, unparteiisch
col·our print·er *s* COMPUTER Farbdrucker *m*
col·our prob·lem *s* Rassenproblem *n*
col·our sup·ple·ment *s* Farbbeilage *f* (*einer Zeitung*)
col·our tel·e·vi·sion *s* Farbfernsehen *n*
colt [kəʊlt] *s* **1.** Fohlen *n* **2.** *fig* Grünschnabel *m*
Columbus Day öffentlicher Feiertag in den USA am 12. Oktober, der an die Entdeckung Amerikas im Jahr 1492 durch Christoph Columbus erinnern soll. Berühmt ist der große Umzug, der in New York City an diesem Tag stattfindet.
col·umn ['kɒləm] *s* **1.** ARCHI (*auch Rauch-, Wasser- etc*)Säule *f* **2.** *typografisch*: Spalte *f*: ***in double columns*** zweispaltig **3.** *Zeitung*: Kolumne *f* **4.** MATHE, MIL Kolonne *f*
col·um·nist ['kɒləmnɪst] *s* Kolumnist(in)
co·ma ['kəʊmə] *s* MED Koma *n*: ***be in a coma*** im Koma liegen
▸**comb** [kəʊm] **I** *s* **1.** Kamm *m* (*auch des Hahns, einer Welle etc*) **II** *v/t* **2.** kämmen: ***comb one's hair*** (*oder* ***o.s.***) sich kämmen **3.** *fig Gegend* durchkämmen **4.** *meist* ***comb out*** *fig* sieben, sichten; aussondern, -suchen
com·bat ['kɒmbæt] **I** *v/t* bekämpfen, kämpfen gegen (*beide auch fig*) **II** *v/i* kämpfen (***with*** mit) (*auch fig*) **III** *s* Kampf *m*, MIL *auch* Gefecht *n* **IV** *Adj* Kampf…
com·bi·na·tion [ˌkɒmbɪ'neɪʃn] *s* **1.** Verbindung *f* (*auch* CHEM), Kombination *f*: ***combination lock*** Kombinationsschloss *n* **2.** WIRTSCH Konzern *m*; Kartell *n*, Ring *m* **3.** Zs.-schluss *m*, Bündnis *n*
▸**com·bine** [kəm'baɪn] **I** *v/t* **1.** verbinden (*auch* CHEM), kombinieren: ***combine business with pleasure*** das Nützliche mit dem Angenehmen verbinden **2.** in sich vereinigen **II** *v/i* **3.** sich verbinden (*auch* CHEM) **4.** zs.-wirken: ***everything combined against him*** alles verschwor sich gegen ihn **III** *s* ['kɒmbaɪn] **5.** Verbindung *f* **6.** POL Interessengemeinschaft *f*; WIRTSCH *auch* Verband *m*; Konzern *m*; Kartell *n*
com'bined [kəm'baɪnd] *Adj* gemeinsam, gemeinschaftlich
com·bus·ti·ble [kəm'bʌstəbl] **I** *Adj* **1.** brennbar, (leicht) entzündlich **2.** *fig* leicht erregbar **II** *s* **3.** Brennstoff *m*, -material *n*
com·bus·tion [kəm'bʌstʃən] *s* Verbrennung *f* (*auch* BIOL, CHEM): ***combustion engine*** TECH Verbrennungsmotor *m*
▸**come** [kʌm] **I** *v/i* (*unreg*) **1.** kommen: ***he came to see us*** er besuchte uns **2.** (dran)kommen, an die Reihe kommen **3.** kommen, erscheinen: ***come and go*** kommen und gehen; erscheinen und verschwinden **4.** kommen, gelangen (***to*** zu) **5.** kommen, abstammen (***of, from*** von) **6.** kommen, herrühren (***of*** von) **7.** kommen, geschehen, sich ereignen: ***come what may*** (*oder* ***will***) komme, was da wolle; ***how comes it that …?***, *ugs* ***how come that …?*** wie kommt es, dass …? **8.** sich erweisen: ***it comes expensive*** es kommt teuer **9.** *vor Inf*: dahin *oder* dazu kommen: ***come to know s.o.*** j-n kennenlernen; ***come to know s.th.*** etw erfahren; ***I have come to believe that*** ich bin zu der Überzeugung gekommen, dass **10.** *bes vor Adj*: werden: ***come true*** sich bewahrheiten *oder* erfüllen, eintreffen **11.** ***to come*** (*als Adj*) zukünftig, kommend: ***for all time to come*** für alle Zukunft **12.** kommen (*einen Orgasmus haben*) **II** *v/t* (*unreg*) **13.** *ugs* sich aufspielen als, *j-n, etw* spielen **III** *Interj* **14.** na!, komm!: ***come, come!*** nicht so wild!, immer langsam!; na komm schon!, auf gehts!

Present participle nach come und go (GR)

Im Englischen kann das **present participle** direkt nach Verben wie **come** und **go** stehen. Im Deutschen erscheint an dieser Stelle oft ein Partizip Perfekt:

The car came bounc<u>ing</u> along the road.	Das Auto kam die Straße entlanggeholpert.

◆**come a·bout** *v/i* geschehen, passieren
◆**come a·cross** *v/i* **1.** herüberkommen **2.** verstanden werden; an-, rüberkommen (*Rede etc*) **3.** *ugs* damit herausrücken: ***come across with*** mit *Informationen* herausrücken; *Geld* herausrücken **4.** zufällig treffen *oder* finden *oder* sehen, stoßen auf (*Akk*)
◆**come a·long** *v/i* **1.** mitkommen, -gehen: ***come along!*** *ugs* dalli! **2.** kommen, sich ergeben (*Chance etc*)
◆**come a·part** *v/i* auseinanderfallen
◆**come at** *v/i* **1.** erreichen, bekommen, *Wahrheit etc* herausfinden **2.** losgehen auf (*Akk*)
◆**come a·way** *v/i* sich lösen, ab-, losgehen (*Knopf etc*)
◆**come back** *v/i* **1.** zurückkommen: ***come back to s.th.*** auf eine Sache zurückkommen; ***it came back to him*** es fiel ihm wieder ein **2.**

wieder in Mode kommen **3.** ein Come-back feiern

◆**come by** *v/i* vorbeikommen (*Besucher*)

◆**come down** *v/i* **1.** herunterkommen, (*Regen, Schnee*) fallen **2.** (ein)stürzen, (ein)fallen **3.** *fig* herunterkommen (*Person*): ***she has come down quite a bit*** sie ist ganz schön tief gesunken **4.** überliefert werden **5.** *ugs* sinken (*Preise*); billiger werden (*Ware*) **6.** ***come down on*** sich stürzen auf (*Akk*); *j-m* aufs Dach steigen **7.** ***come down with*** *ugs Geld* herausrücken **8.** ***come down with*** erkranken an (*Dat*) **9.** ***come down to*** hinauslaufen auf (*Akk*)

◆**come for** *v/i* **1.** *etw* abholen kommen, kommen wegen **2.** losgehen auf (*Akk*)

◆**come for·ward** *v/i* sich (freiwillig) melden, sich anbieten

◆**come home** *v/i* **1.** nach Hause kommen, heimkommen **2.** ***come home to s.o.*** j-m schmerzlich bewusst werden

◆**come in** *v/i* **1.** hereinkommen: ***come in!*** herein!; (*Funk*) (bitte) kommen! **2.** eingehen, -treffen (*Nachricht etc*), *Sport*, SCHIFF einkommen, BAHN einlaufen: ***come in second*** den zweiten Platz belegen **3.** aufkommen, in Mode kommen **4.** an die Macht kommen **5.** sich als *nützlich etc* erweisen: → ***handy*** 4 **6.** Berücksichtigung finden: ***where do I come in?*** wo bleibe ich? **7.** ***come in for*** *Bewunderung etc* erregen, auf *Kritik etc* stoßen **8.** ***come in on*** mitmachen bei, sich beteiligen an (*Dat*)

◆**come in·to** *v/i* **1.** kommen in (*Akk*) **2.** ***come into a fortune*** ein Vermögen erben; → ***fashion*** 1, ***own*** 5, ***use*** 5

◆**come near** *v/i* **1.** *fig* nahekommen (*Dat*) **2.** ***come near to doing s.th.*** etw beinahe tun

◆**come off** *v/i* **1.** → ***come away*** **2.** herunterfallen von **3.** auslaufen (*Stück*), enden (*Ausstellung*) **4.** *ugs* stattfinden, über die Bühne gehen **5.** *ugs* abschneiden; erfolgreich verlaufen, glücken **6.** ***come off it!*** *ugs* hör schon auf damit!

◆**come on** *v/i* **1.** herankommen: ***come on!*** komm (mit)!; komm her!; los!; *ugs* na, na! **2.** an die Reihe kommen **3.** THEAT auftreten; aufgeführt werden

◆**come out** *v/i* **1.** herauskommen **2.** *auch* ***come out on strike*** *bes Br* streiken **3.** herauskommen: **a)** erscheinen (*Buch etc*), **b)** an den Tag kommen (*Wahrheit etc*) **4.** ausgehen (*Haare, Farbe*), herausgehen (*Fleck etc*) **5.** ausbrechen (*Ausschlag*): ***come out in a rash*** einen Ausschlag bekommen **6.** FOTO *etc gut etc* werden (*Bild*); *gut etc* herauskommen (***in*** auf *Dat*) **7.** sich outen **8.** ***come out with*** *ugs* mit *der Wahrheit etc* herausrücken; *Flüche etc* vom Stapel lassen **9.** ***come out against*** (***for***) sich aussprechen gegen (für)

◆**come o·ver** *v/i* **1.** → ***come across*** 1, 2 **2.** überkommen, befallen: ***what has come over you?*** was ist mit dir los?

◆**come round** *v/i* **1.** vorbeikommen (***to*** bei) **2.** wieder zu sich kommen; sich erholen

◆**come through** *v/i* **1.** durchkommen (*Funkspruch etc*) **2.** *Krankheit etc* überstehen, -leben; *Patient etc* durchkommen

◆**come to** **1.** → ***come round*** 2 **2.** *j-m* (*bes durch Erbschaft*) zufallen **3.** ***when it comes to paying*** wenn es ans Bezahlen geht **4.** sich belaufen auf (*Akk*)

◆**come under** *v/i* **1.** unter *ein Gesetz etc* fallen **2.** geraten unter (*Akk*)

◆**come up** *v/i* **1.** heraufkommen **2.** herankommen: ***come up to s.o.*** auf j-n zukommen **3.** JUR zur Verhandlung kommen **4.** *auch* ***come up for discussion*** zur Sprache kommen **5.** ***come up for*** zur *Abstimmung, Entscheidung* kommen **6.** aufkommen, Mode werden **7.** ***come up to*** reichen bis an (*Akk*) *oder* zu; erreichen (*Akk*); *fig* heranreichen an (*Akk*): → ***expectation*** **8.** ***his supper came up again*** das Abendessen kam ihm wieder hoch **9.** ***come up with*** daherkommen mit, auftischen, präsentieren

◆**come up·on** *v/i* **1.** → ***come over*** **2.** → ***come across***

'come·back *s* Come-back *n*: ***stage*** (*oder* ***make***) ***a comeback*** ein Come-back feiern

co·me·di·an [kə'miːdjən] *s* **1.** Komödienschauspieler(in); Komiker(in) (*auch pej*) **2.** Spaßvogel *m*, Witzbold *m* (*beide auch pej*)

'come·down *s fig* **1.** Niedergang *m*, Abstieg *m* **2.** *ugs* Enttäuschung *f*

▸**com·e·dy** ['kɒmədɪ] *s* **1.** Komödie *f* (*auch fig*), Lustspiel *n* **2.** Komik *f*

come·ly ['kʌmlɪ] *Adj* attraktiv, schön

com·er ['kʌmə] *s* Ankömmling *m*

com·et ['kɒmɪt] *s* ASTR Komet *m*

com·fort ['kʌmfət] **I** *v/t* **1.** trösten **2.** beruhigen **II** *s* **3.** Trost *m*: ***cold comfort*** ein schwacher Trost **4.** Behaglichkeit *f*: ***live in comfort*** sorgenfrei leben **5.** *auch Pl* Komfort *m*: ***with all modern comforts*** mit allem Komfort; ***comfort station*** *Am* öffentliche Bedürfnisanstalt

▸**com·fort·a·ble** ['kʌmftəbl] *Adj* **1.** komfortabel, bequem, behaglich: ***make o.s. comfortable*** es sich bequem machen; ***are you comfortable?*** haben Sie es bequem?, sitzen *oder* liegen *etc* Sie bequem?; ***feel comfortable*** sich wohl fühlen **2.** bequem, sorgenfrei (*Leben etc*) **3.** ausreichend, recht gut (*Einkommen etc*): ***be comfortable*** (*oder* ***comfortably off***) einigermaßen wohlhabend sein

'com·fort·er *s* **1.** Tröster(in) **2.** *bes Br* Wollschal *m* **3.** *Am* Steppdecke *f* **4.** *bes Br* Schnuller *m*

'com·fort·ing *Adj* tröstlich

'com·fort·less *Adj* **1.** unbequem **2.** trostlos

com·fy ['kʌmfɪ] *ugs* → ***comfortable*** 1

com·ic ['kɒmɪk] **I** *Adj* (***comically***) **1.** Komödien…, Lustspiel…: ***comic actor*** Komödienschauspieler *m*; Komiker *m*; ***comic opera*** MUS komische Oper; ***comic tragedy*** Tragikomödie *f* (*auch fig*) **2.** komisch, humoristisch: ***comic paper*** Witzblatt *n*; ***comic strips*** *Pl* Comics *Pl* **3.** → ***comical*** 1 **II** *s* **4.** → ***comedian*** 1 **5.** *ugs* Witzblatt *n*: ***comics*** *Pl* Comics *Pl*

'com·i·cal *Adj* **1.** komisch, ulkig, spaßig **2.** *ugs* komisch, sonderbar

com·ing ['kʌmɪŋ] **I** *Adj* kommend: **a)** zukünftig: ***the coming man*** der kommende Mann, **b)** nächst: ***coming week*** nächste Woche **II** *s* Kommen *n*, Ankunft *f*: ***the comings and goings*** das Kommen und Gehen

ˌcom·ing-'out *s* Coming-out *n*, Outing *n* (*offenes Bekenntnis zu seiner Homosexualität*)

com·ma ['kɒmə] *s* Komma *n*, Beistrich *m*

▸**com·mand** [kə'mɑːnd] **I** *v/t* **1.** befehlen (***s.o. to do*** j-m zu tun) **2.** fordern, verlangen **3.** MIL kommandieren, befehligen **4.** *Gefühle, Lage etc* beherrschen **5.** *Vertrauen etc* einflößen: ***command*** (***s.o.'s***) ***admiration*** (j-m) Bewunderung abnötigen; ***command respect*** Achtung gebieten **6.** zur Verfügung haben, verfügen über (*Akk*) **II** *v/i* **7.** befehlen **8.** MIL das Kommando führen, den Befehl haben **III** *s* **9.** Befehl *m* (*auch* COMPUTER): ***at s.o.'s command*** auf j-s Befehl **10.** Verfügung *f*: ***be at s.o.'s command*** j-m zur Verfügung stehen; ***have at command*** *siehe* 6 **11.** Beherrschung *f* (*einer Sprache etc*): ***have command of*** *Fremdsprache etc* beherrschen; ***his command of English*** seine Englischkenntnisse *Pl* **12.** MIL Kommando *n*: **a)** (Ober)Befehl *m*: ***be in command*** *siehe* 8; ***command module*** (*Raumfahrt*) Kommandokapsel *f*, **b)** Befehl *m*

com·man·dant [ˌkɒmənˈdænt] *s* MIL Kommandant(in)

com·mand·er [kəˈmɑːndə] *s* MIL Kommandeur(in), Befehlshaber(in); Kommandant(in): ***commander in chief*** Oberbefehlshaber(in)

comˈmand·ing *Adj* **1.** MIL kommandierend, befehlshabend **2.** herrisch, gebieterisch **3.** *die Gegend* beherrschend **4.** weit (*Aussicht*)

comˈmand·ment *s* Gebot *n*, Vorschrift *f*: ***the Ten Commandments*** BIBEL die Zehn Gebote

comˈman·do [kəˈmɑːndəʊ] *Pl* **comˈman·dos, comˈman·does** *s* MIL Kommando *n*

com·mem·o·rate [kəˈmeməreɪt] *v/t* **1.** erinnern an (*Akk*) **2.** (ehrend) gedenken (*Gen*)

comˌmem·oˈra·tion *s* Gedenk-, Gedächtnisfeier *f*: ***in commemoration of*** zum Gedenken *oder* Gedächtnis an (*Akk*)

comˈmem·o·ra·tive [kəˈmemərətɪv] *Adj* Gedenk…, Gedächtnis…, Erinnerungs…: ***commemorative issue*** Gedenkausgabe *f* (*Briefmarken etc*); ***commemorative plaque*** Gedenktafel *f*

com·mence [kəˈmens] *v/i und v/t* anfangen, beginnen (***to do, doing*** zu tun)

comˈmence·ment *s* Anfang *m*, Beginn *m*

com·mend [kəˈmend] *v/t* **1.** empfehlen **2.** loben (***on*** wegen) **3.** anvertrauen (***to*** *Dat*)

comˈmend·a·ble *Adj* **1.** empfehlenswert **2.** lobenswert, löblich

com·men·da·tion [ˌkɒmenˈdeɪʃn] *s* **1.** Empfehlung *f* **2.** Lob *n*

comˈmen·da·to·ry [kəˈmendətərɪ] *Adj* **1.** Empfehlungs…: ***commendatory letter*** Empfehlungsbrief *m*, -schreiben *n* **2.** lobend, anerkennend

com·men·su·ra·ble [kəˈmenʃərəbl] *Adj* vergleichbar (***to, with*** mit)

comˈmen·su·rate [kəˈmenʃərət] *Adj* (***to, with***) im Einklang stehend (mit), entsprechend *oder* angemessen (*Dat*)

com·ment [ˈkɒment] **I** *s* (***on***) Kommentar *m* (zu): **a)** Bemerkung *f* (zu): ***no comment!*** kein Kommentar!, **b)** Anmerkung *f* (zu) **II** *v/i*: ***comment on*** einen Kommentar abgeben zu, *etw* kommentieren **III** *v/t* bemerken (***that*** dass)

com·men·ta·tor [ˈkɒmənteɪtə] *s* Kommentator(in)

com·merce [ˈkɒmɜːs] *s* Handel *m*

▸**com·mer·cial** [kəˈmɜːʃl] **I** *Adj* **1.** Geschäfts…, Handels…: ***commercial attaché*** Handelsattaché *m*; ***commercial correspondence*** Geschäfts-, Handelskorrespondenz *f*; ***commercial letter*** Geschäftsbrief *m*; ***commercial travel(l)er*** Handlungsreisende *m, f* **2.** handelsüblich (*Qualität etc*) **3.** RUNDFUNK, TV Werbe…, Reklame…: ***commercial broadcasting*** Werbefunk *m*; kommerzieller Rundfunk; ***commercial television*** Werbefernsehen *n*; kommerzielles Fernsehen **4.** kommerziell: **a)** auf finanziellen Gewinn abzielend, **b)** finanziell **II** *s* **5.** RUNDFUNK, TV Werbespot *m*; von einem Sponsor finanzierte Sendung

comˈmer·cial·ize [kəˈmɜːʃəlaɪz] *v/t* kommerzialisieren, vermarkten

com·mie [ˈkɒmɪ] *s ugs pej* Kommunist(in)

com·mis·er·ate [kəˈmɪzəreɪt] *v/t* (*und v/i* ***commiserate with***) bemitleiden

comˌmis·erˈa·tion *s* Mitleid *n*

com·mis·sion [kəˈmɪʃn] **I** *s* **1.** Auftrag *m* **2.** Kommission *f*, Ausschuss *m*: ***be on the commission*** Mitglied der Kommission sein **3.** WIRTSCH **a)** Kommission *f*: ***on commission*** in Kommission, **b)** Provision *f*: ***on commission*** gegen Provision; ***on a commission basis*** auf Provisionsbasis **4.** Begehung *f*, Verübung *f* (*eines Verbrechens etc*) **II** *v/t* **5.** beauftragen **6.** *etw* in Auftrag geben: ***commissioned work*** Auftragsarbeit *f*

com·mis·sion·aire [kəˌmɪʃəˈneə] *s bes Br* (livrierter) Portier (*Theater, Hotel etc*)

comˈmis·sion·er [kəˈmɪʃənə] *s* Beauftragte *m, f*

com·mit [kəˈmɪt] *v/t* **1.** anvertrauen, übergeben (***to*** *Dat*): ***commit to paper*** zu Papier bringen **2.** JUR einweisen (***to*** in *Akk*) **3.** *Verbrechen etc* begehen, verüben **4.** (***to***) verpflichten (zu), festlegen (auf *Akk*): ***committed*** engagiert (*Schriftsteller etc*)

comˈmit·ment *s* **1.** Übergabe *f* **2.** → ***committal*** 2 **3.** Begehung *f*, Verübung *f* **4.** Verpflichtung *f*, Festlegung *f*, (*auch politisches etc*) Engagement: ***without any commitment*** ganz unverbindlich

comˈmit·tal [kəˈmɪtl] *s* **1.** → ***commitment*** 1, 3, 4 **2.** JUR Einweisung *f*

comˈmit·tee [kəˈmɪtɪ] *s* Komitee *n*, Ausschuss *m*: ***be*** (*oder* ***sit***) ***on a committee*** in einem Ausschuss sein

com·mode [kəˈməʊd] *s* (Wasch)Kommode *f*

comˈmo·di·ous [kəˈməʊdjəs] *Adj* geräumig

com·mod·i·ty [kəˈmɒdətɪ] *s* WIRTSCH Ware *f*, (Handels)Artikel *m*

com·mod·i·ty ex·change *s* Warenbörse *f*

▸**com·mon** [ˈkɒmən] **I** *Adj* (→ ***commonly***) **1.** gemeinsam (*auch* MATHE), gemeinschaftlich: ***common to all*** allen gemeinsam; ***common room*** Gemeinschaftsraum *m*; → ***cause*** 3, ***denominator*** **2.** allgemein: ***by common consent*** mit allgemeiner Zustimmung **3.** allgemein (bekannt), alltäglich: ***it is common knowledge*** (***usage***) es ist allgemein bekannt (üblich); ***common name*** häufiger Name; ***common sight*** alltäglicher *oder* vertrauter Anblick **4.** *bes* BIOL gemein: ***common or garden*** *ugs* Feld-Wald-u.-Wiesen-…; → ***cold*** 5 **5.** gewöhnlich, ohne Rang: ***the common people*** *Pl* das einfache Volk; ***common soldier*** einfacher Soldat **II** *s* **6.** Gemeinsamkeit *f*: ***in common*** gemeinsam (***with*** mit) **7.** *das* Gewöhnliche: ***out of the common*** außergewöhnlich, -ordentlich

ˈcom·mon·er *s* Bürger(in), Bürgerliche *m, f*

com·mon law *s* **1.** *Br* Gewohnheitsrecht *n* **2.** *das anglo-amerikanische Rechtssystem*

Common law LK

Das **common law** umfasst als Teil des **constitutional law** Großbritanniens die Gesamtheit der überlieferten, ungeschriebenen Gesetze, welche entweder auf tradierten Sitten oder Gerichtsurteilen beruhen. Dieses ursprünglich angelsächsische Rechtssystem

C

findet seit dem Mittelalter an den **common law courts** von England Anwendung und spielte u. a. im Bereich der Freiheitsrechte eine große Rolle. Die Rechtssysteme der USA und zahlreicher Mitgliedstaaten des **Commonwealth of Nations** haben sich auf dieser Grundlage entwickelt.

ˌcom·mon-law ˈmar·riage *s* eheähnliche Gemeinschaft
com·mon·ly [ˈkɒmənlɪ] *Adv* gewöhnlich, im Allgemeinen
Com·mon Mar·ket *s* Gemeinsamer Markt
ˈcom·mon·place I *s* **1.** Gemeinplatz *m* **2.** alltägliche Sache **II** *Adj* **3.** alltäglich, abgedroschen
Com·mon Prayer *s* REL anglikanische Liturgie
Com·mons [ˈkɒmənz] *s Pl* ***the Commons*** PARL *Br* das Unterhaus
com·mon sense *s* gesunder Menschenverstand
ˈcom·mon·wealth *s*: ▶ ***the Commonwealth (of Nations)*** das Commonwealth

British Commonwealth LK

Das **British Commonwealth** ist ein loser Verbund von ca. 50 Ländern, die früher zum **British Empire** (britischen Weltreich) gehörten und heute auf wirtschaftlicher und politischer Ebene kooperieren. Zum **Commonwealth** gehören z. B. Kanada, Australien, Neuseeland, Südafrika, Kenia, Malaysia, Zypern und Indien. Oberhaupt des **Commonwealth** ist die britische Königin bzw. der britische König.

com·mo·tion [kəˈməʊʃn] *s* **1.** Aufregung *f* **2.** Aufruhr *m*, Tumult *m*
com·mu·nal [ˈkɒmjʊnl] *Adj* **1.** Gemeinde..., Kommunal... **2.** gemeinschaftlich: ***communal aerial*** (*bes Am* ***antenna***) TV Gemeinschaftsantenne *f*
com·mune¹ [kəˈmjuːn] *v/i* **1.** sich (vertraulich) unterhalten (***with*** mit): ***commune with o.s.*** mit sich zurate gehen **2.** *bes Am* → ***communicate*** 6
com·mune² [ˈkɒmjuːn] *s* Gemeinde *f*, Kommune *f* (*auch* SOZIOL)
com·mu·ni·ca·ble [kəˈmjuːnɪkəbl] *Adj* **1.** mitteilbar **2.** MED übertragbar
comˈmu·ni·cate [kəˈmjuːnɪkeɪt] **I** *v/t* **1.** mitteilen (***to*** *Dat*) **2.** MED, PHYS übertragen (***to*** auf *Akk*) (*auch fig*) **II** *v/i* **3.** kommunizieren, sich besprechen, in Verbindung stehen (***with*** mit) **4.** sich in Verbindung setzen (***with*** mit) **5.** miteinander (durch eine Tür *etc*) verbunden sein: ***communicating door*** Verbindungstür *f* **6.** REL das Abendmahl empfangen, kommunizieren
comˌmu·niˈca·tion *s* **1.** Mitteilung *f* (***to*** an *Akk*): ***communication cord*** BAHN *Br* Notbremse *f* **2.** Übertragung *f*: ***communication of power*** PHYS Kraftübertragung **3.** Verbindung *f*: ***be in communication with*** in Verbindung stehen mit **4.** *Pl bes* MIL Fernmeldewesen *n*: ***communications satellite*** Nachrichtensatellit *m*; ***communication system*** Fernmeldenetz *n*
comˈmu·ni·ca·tive [kəˈmjuːnɪkətɪv] *Adj* mitteilsam, gesprächig, kommunikativ
com·mun·ion [kəˈmjuːnjən] *s* **1.** (REL Religions)Gemeinschaft *f* **2. Communion** REL Abendmahl *n*, Kommunion *f*: ***go to communion*** zum Abendmahl gehen; ***communion cup*** Abendmahlskelch *m*
com·mu·ni·qué [kəˈmjuːnɪkeɪ] *s* Kommuniqué *n*
com·mu·nism [ˈkɒmjʊnɪzəm] *s* Kommunismus *m*
ˈcom·mu·nist I *s* Kommunist(in) **II** *Adj* kommunistisch
▶ **com·mu·ni·ty** [kəˈmjuːnətɪ] *s* **1.** Gemeinschaft *f*: ***community singing*** gemeinsames Singen; ***community spirit*** Gemeinschaftsgeist *m* **2.** Gemeinde *f* **3.** Gemeinsamkeit *f*, gemeinsamer Besitz: ***community of goods*** (*oder* ***property***) Gütergemeinschaft *f*
com·mu·ni·ty cen·ter, *bes Br* **com·mu·ni·ty cen·tre** *s* Gemeindezentrum *n*
com·mu·ni·ty home *s Br* Erziehungsheim *n*
com·mut·a·ble [kəˈmjuːtəbl] *Adj* umwandelbar
com·mu·ta·tion [ˌkɒmjuːˈteɪʃn] *s* **1.** Umwandlung *f* **2.** Ablösung *f*; Ablöse(summe) *f* **3.** JUR (Straf)Umwandlung *f* **4.** BAHN, *etc* Pendeln *n*
com·mute [kəˈmjuːt] **I** *v/t* **1.** eintauschen (***for*** für) **2.** JUR *Strafe* umwandeln (***to, into*** in *Akk*) **3.** *Verpflichtung etc* umwandeln (***into*** in *Akk*), ablösen (***for, into*** durch) **II** *v/i* **4.** BAHN, *etc* pendeln
comˈmut·er *s* Pendler(in): ***commuter traffic*** Pendlerverkehr *m*; ***commuter train*** Pendler-, Nahverkehrszug *m*
com·pact [kəmˈpækt] **I** *Adj* **1.** kompakt: ***compact camera*** Kompaktkamera *f*; ***compact disc*** Compact Disc *f* **2.** eng, klein (*Wohnung etc*) **3.** gedrungen (*Gestalt*) **4.** knapp, gedrängt (*Stil etc*) **II** *v/t* **5.** zs.-drängen, fest miteinander verbinden **III** *s* [ˈkɒmpækt] **6.** kompakte Masse **7.** Puderdose *f*
▶ **com·pan·ion** [kəmˈpænjən] *s* **1.** Begleiter(in) (*auch fig*) **2.** Kamerad(in), Genosse *m*, Genossin *f* **3.** Gesellschafter(in) **4.** Gegenstück *n*, Pendant *n* **5.** Handbuch *n*, Leitfaden *m*
comˈpan·ion·a·ble *Adj* umgänglich, gesellig
comˈpan·ion·ship *s* Begleitung *f*, Gesellschaft *f*
▶ **com·pa·ny** [ˈkʌmpənɪ] *s* **1.** Gesellschaft *f*: ***in company (with)*** in Gesellschaft *oder* Begleitung (*Gen oder* von); ***be in good company*** sich in guter Gesellschaft befinden; ***keep*** (*oder* ***bear***) ***s.o. company*** j-m Gesellschaft leisten; ***part company (with)*** sich trennen (von); *fig* anderer Meinung sein (als) (***on*** in *Dat*) **2.** Gesellschaft *f*; Besuch *m*, Gäste *Pl*: ***be fond of company*** die Geselligkeit lieben; ***present company excepted!*** Anwesende ausgenommen! **3.** Gesellschaft *f*, Umgang *m*: ***keep good company*** guten Umgang pflegen; ***keep company with*** verkehren mit **4.** WIRTSCH Gesellschaft *f*, Firma *f*: ***company car*** Firmenwagen *m*; ***company pension*** Betriebsrente *f* **5.** MIL Kompanie *f* **6.** THEAT Truppe *f*
com·pa·ra·ble [ˈkɒmpərəbl] *Adj* vergleichbar (***with, to*** mit)
com·par·a·tive [kəmˈpærətɪv] **I** *Adj* **1.** vergleichend **2.** verhältnismäßig, relativ **3. *comparative degree*** *siehe* 4 **II** *s* **4.** LING Komparativ *m*
comˈpar·a·tive·ly *Adv* verhältnismäßig: **a)** vergleichsweise, **b)** ziemlich
▶ **com·pare** [kəmˈpeə] **I** *v/t* **1.** vergleichen (***with, to*** mit): ***compared with*** (*oder* ***to***) im Vergleich zu, gegenüber (*Dat*) **2.** vergleichen, gleichsetzen, -stellen: ***not to be compared with*** (*oder* ***to***) nicht zu vergleichen mit **3.** LING steigern **II** *v/i* **4.** sich vergleichen (lassen): ***compare fa-***

C

Comparisons	**Vergleiche** SG
This film is much better than last week's.	Dieser Film ist viel besser als der von voriger Woche.
That tie is even worse than the other one.	Die Krawatte da ist noch schrecklicher als die andere.
It's nothing compared with last year.	Im Vergleich zum vorigen Jahr ist das gar nichts.
I have nothing in common with him.	Ich habe mit ihm nichts gemein.
He's very good at football, and the same goes for his brother.	Er ist ein sehr guter Fußballer (*wörtlich* sehr gut im Fußball), und das Gleiche gilt für seinen Bruder.
You're just as bad as your friend.	Du bist genauso schlimm wie dein Freund / deine Freundin.
She's as tall as Sandra, but she's nowhere near as tall as Christine.	Sie ist so groß wie Sandra, aber nicht annähernd so groß wie Christine.
This cat is like mine, but it's nothing like as friendly.	Diese Katze ist meiner (Katze) ähnlich, aber sie ist nicht annähernd so nett.

vo(u)rably with den Vergleich mit … nicht zu scheuen brauchen **III** *s* **5.** ***beyond*** (*oder* ***past, without***) ***compare*** unvergleichlich

com·pari·son [kəm'pærɪsn] *s* **1.** Vergleich *m*: ***by comparison*** vergleichsweise; ***in comparison with*** im Vergleich mit *oder* zu; ***bear*** (*oder* ***stand***) ***comparison with*** einen Vergleich aushalten mit; ***without comparison, beyond*** (***all***) ***comparison*** unvergleichlich **2.** LING Steigerung *f*

▶**com·part·ment** [kəm'pɑːtmənt] *s* **1.** Fach *n* **2.** BAHN Abteil *n*

com·pass ['kʌmpəs] *s* **1.** Kompass *m* **2.** *Pl, auch* ***pair of compasses*** Zirkel *m*

com·pas·sion [kəm'pæʃn] *s* Mitleid *n*, -gefühl *n*: ***have*** (*oder* ***take***) ***compassion on*** (*oder* ***for***) Mitleid mit *j-m* haben

com'pas·sion·ate [kəm'pæʃənət] *Adj* mitfühlend

com·pat·i·ble [kəm'pætəbl] *Adj* **1.** vereinbar (***with*** mit), miteinander vereinbar **2.** verträglich: ***be compatible*** (***with***) sich vertragen (mit), passen (zu), zs.-passen **3.** COMPUTER kompatibel

com·pa·tri·ot [kəm'pætrɪət] *s* Landsmann *m*, -männin *f*

com·pel [kəm'pel] *v/t* **1.** zwingen: ***be compelled to do*** (*oder* ***into doing***) ***s.th.*** gezwungen sein, etw zu tun, etw tun müssen **2.** *etw* erzwingen **3.** *auch Bewunderung etc* abnötigen (***from*** *Dat*)

com·pen·di·um [kəm'pendɪəm] *Pl* **com·pen·di·ums, com·pen·di·a** [kəm'pendɪə] *s* **1.** Kompendium *n*, Handbuch *n* **2.** Zs.-fassung *f*, Abriss *m*

com·pen·sate ['kɒmpenseɪt] **I** *v/t* **1.** kompensieren (*auch* PSYCH), ausgleichen **2.** *j-n* entschädigen (***for*** für); *etw* ersetzen, vergüten, für *etw* Ersatz leisten (***to*** *Dat*) **3.** *Am j-n* bezahlen, entlohnen **II** *v/i* **4.** Ersatz leisten (***for*** für) **5.** ***compensate for*** *siehe* 1

ˌ**com·pen'sa·tion** *s* **1.** Kompensation *f*, Ausgleich *m*: ***in compensation for*** als Ausgleich für **2.** (Schaden)Ersatz *m*, Entschädigung *f*; Vergütung *f*: ***pay compensation*** Schadenersatz leisten; ***as*** (*oder* ***by way of***) ***compensation*** als Ersatz **3.** *Am* Bezahlung *f*, Gehalt *n*, Lohn *m* **4.** PSYCH Kompensation *f*, Ersatzhandlung *f*

com·père, com·pere ['kɒmpeə] *bes Br* **I** *s* Conférencier *m*, Ansager(in) **II** *v/t* konferieren, ansagen **III** *v/i* konferieren, als Conférencier fungieren

▶**com·pete** [kəm'piːt] *v/i* **1.** sich (mit)bewerben (***for*** um) **2.** WIRTSCH *und weit. S.* konkurrieren (***with*** mit) **3.** wetteifern, sich messen (***with*** mit) **4.** SPORT (am Wettkampf) teilnehmen; *auch weit. S.* kämpfen (***for*** um; ***against*** gegen)

com·pe·tence ['kɒmpɪtəns] *s* **1.** Fähigkeit *f*, Tüchtigkeit *f* **2.** JUR Zuständigkeit *f*, Kompetenz *f* (*beide auch weit. S.*); Zulässigkeit *f*

'**com·pe·tent** *Adj* **1.** fähig (***to do*** zu tun), tüchtig **2.** fach-, sachkundig **3.** gut (gemacht), gekonnt **4.** JUR zuständig, kompetent (*beide auch weit. S.*); zulässig (*Beweise, Zeuge*)

▶**com·pe·ti·tion** [ˌkɒmpɪ'tɪʃn] *s* **1.** *allg* Wettbewerb *m* (***for*** um) **2.** Konkurrenz *f*: **a)** WIRTSCH Wettbewerb *m*, Konkurrenzkampf *m*: ***unfair competition*** unlauterer Wettbewerb, **b)** WIRTSCH Konkurrenzfirma *f*, -firmen *Pl*, **c)** *weit. S.* Gegner *Pl*, Rivalen *Pl* **3.** Preisausschreiben *n*

com·pet·i·tive [kəm'petətɪv] *Adj* **1.** konkurrierend **2.** Wettbewerbs…, Konkurrenz…, WIRTSCH *auch* konkurrenzfähig: ***competitive advantage*** (***disadvantage***) Wettbewerbsvorteil (-nachteil) *m*

com·pet·i·tive·ness *s* Wettbewerbsfähigkeit *f*

▶**com·pet·i·tor** [kəm'petɪtə] *s* **1.** Mitbewerber(in) (***for*** um) **2.** *bes* WIRTSCH Konkurrent(in) **3.** *bes* SPORT Teilnehmer(in)

com·pi·la·tion [ˌkɒmpɪ'leɪʃn] *s* Kompilation *f* (*auch Werk*)

com·pile [kəm'paɪl] *v/t Verzeichnis etc* kompilieren, zs.-stellen, *Material* zs.-tragen

com'pil·er *s* **1.** Kompilator(in) **2.** COMPUTER Compiler *m*

com·pla·cence, com·pla·cen·cy [kəm'pleɪsns(ɪ)] *s* Selbstzufriedenheit *f*, -gefälligkeit *f*

com'pla·cent *Adj* selbstzufrieden, -gefällig

▶**com·plain** [kəm'pleɪn] *v/i* **1.** sich beklagen *oder* beschweren (***of, about*** über *Akk*; ***to*** bei): ***complaining letter*** Beschwerdebrief *m* **2.** klagen (***of*** über *Akk*) **3.** WIRTSCH reklamieren: ***complain about*** *etw* reklamieren *oder* beanstanden

▶**com·plaint** [kəm'pleɪnt] *s* **1.** Klage *f*, Beschwerde *f*: ***make*** (*oder* ***lodge***) ***a complaint*** (***about***) → ***complain*** 1; ***complaint book*** Beschwerdebuch *n* **2.** WIRTSCH Reklamation *f*, Beanstandung *f* **3.** MED Leiden *n*, *Pl auch* Beschwerden *Pl*

C

com·ple·ment I *s* ['kɒmplɪmənt] **1.** (***to*** *Gen*) Ergänzung *f* (*auch* LING); Vervollkommnung *f* **2.** Ergänzungsstück *n* **II** *v/t* ['kɒmplɪment] **3.** ergänzen; vervollkommnen

com·ple·men·ta·ry [ˌkɒmplɪ'mentərɪ] *Adj* (sich) ergänzend: ***be complementary to s.th.*** etw ergänzen; ***complementary colo(u)rs*** *Pl* Komplementärfarben *Pl*

com·plete [kəm'pliːt] **I** *Adj* **1.** komplett, vollständig **2.** vollzählig, komplett **3.** beendet, vollendet **II** *v/t* **4.** vervollständigen **5.** vollenden, abschließen **6.** *fig* vollenden, vollkommen machen **7.** *Formular* ausfüllen

▸**com·plete·ly** [kəm'pliːtlɪ] *Adv* völlig, vollkommen

com'plete·ness *s* Vollständigkeit *f*

com'ple·tion *s* **1.** Vervollständigung *f* **2.** Vollendung *f*: ***bring to completion*** zum Abschluss bringen **3.** Ausfüllung *f*

com·plex ['kɒmpleks] **I** *Adj* **1.** zs.-gesetzt (*auch* LING) **2.** komplex, vielschichtig **II** *s* **3.** Komplex *m*, *das* Ganze **4.** (*Gebäude- etc*)Komplex *m* **5.** PSYCH Komplex *m*

com·plex·ion [kəm'plekʃn] *s* **1.** Gesichtsfarbe *f*, Teint *m* **2.** *fig* Aussehen *n*, Anstrich *m* **3.** *fig* Couleur *f*, (politische) Richtung

com·plex·i·ty [kəm'pleksətɪ] *s* **1.** Komplexität *f*, Vielschichtigkeit *f* **2.** *etw* Komplexes

com·pli·ance [kəm'plaɪəns] *s* **1.** (***with***) Einwilligung *f* (in *Akk*); Befolgung *f* (*Gen*): ***in compliance with*** *einer Vorschrift etc* gemäß **2.** Willfährigkeit *f*

com'pli·ant *Adj* willfährig

com·pli·cate ['kɒmplɪkeɪt] *v/t* komplizieren

'com·pli·cat·ed *Adj* kompliziert

ˌcom·pli'ca·tion *s* **1.** Komplikation *f* (*auch* MED) **2.** Kompliziertheit *f*

com·plic·i·ty [kəm'plɪsətɪ] *s* Mitschuld *f*, Mittäterschaft *f* (***in*** an *Dat*)

com·pli·ment I *s* ['kɒmplɪmənt] **1.** Kompliment *n*: ***angle*** (*oder* ***fish***) ***for compliments*** nach Komplimenten fischen; ***pay s.o. a compliment*** j-m ein Kompliment machen **2.** Empfehlung *f*, Gruß *m*: ***with the compliments of the season*** mit den besten Wünschen zum Fest **II** *v/t* ['kɒmplɪment] **3.** *j-m* ein Kompliment *oder* Komplimente machen (***on*** wegen)

com·pli·men·ta·ry [ˌkɒmplɪ'mentərɪ] *Adj* **1.** höflich, Höflichkeits…: ***complimentary close*** Gruß-, Schlussformel *f* (*in Briefen*) **2.** Ehren…, Frei…, Gratis…: ***complimentary ticket*** Ehren-, Freikarte *f*

com·ply [kəm'plaɪ] *v/i* (***with***) einwilligen (***in*** *Akk*); (*einem Wunsch oder Befehl*) nachkommen *oder* Folge leisten, erfüllen (*Akk*); (*eine Abmachung*) befolgen, einhalten: ***comply with the law*** sich an die Gesetze halten

com·po·nent [kəm'pəʊnənt] **I** *Adj* Teil…: ***component part*** Bestandteil *m* **II** *s* (Bestand)Teil *m*, *auch* MATHE, PHYS Komponente *f*

com·pose [kəm'pəʊz] **I** *v/t* **1.** zs.-setzen *oder* -stellen: ***be composed of*** bestehen *oder* sich zs.-setzen aus **2.** *Satz etc* bilden **3.** *Gedicht etc* verfassen **4.** MUS komponieren **5.** *Gemälde etc* entwerfen **6.** *typografisch*: (ab)setzen **7.** besänftigen: ***compose o.s.*** sich beruhigen *oder* fassen **8.** *Streit etc* beilegen, schlichten **9.** *Gedanken* sammeln **II** *v/i* **10.** MUS komponieren

com'posed *Adj*, **com'pos·ed·ly** [kəm'pəʊzɪdlɪ] *Adv* ruhig, gelassen

▸**com·pos·er** [kəm'pəʊzə] *s* **1.** MUS Komponist(in) **2.** Verfasser(in)

com·po·site ['kɒmpəzɪt] *Adj* zs.-gesetzt

ˌcom·po'si·tion *s* **1.** Zs.-setzung *f* **2.** Verfassen *n* **3.** Schrift(stück *n*) *f* **4.** PÄD Aufsatz *m* **5.** Komposition *f*: **a)** Musikstück *n*, **b)** (künstlerische) Anordnung *oder* Gestaltung, Aufbau *m* **6.** Beschaffenheit *f*, Art *f* **7.** *Typografie*: Setzen *n*, Satz *m*

com·pos·i·tor [kəm'pɒzɪtə] *s* (Schrift-)Setzer(in)

com·post ['kɒmpɒst] **I** *s* Kompost *m*: ***compost heap*** Komposthaufen *m* **II** *v/t* kompostieren

com·po·sure [kəm'pəʊʒə] *s* (Gemüts-)Ruhe *f*, Fassung *f*, Gelassenheit *f*

com·pote ['kɒmpɒt] *s* Kompott *n*

com·pound¹ [kəm'paʊnd] **I** *v/t* **1.** zs.-setzen, (ver)mischen **2.** zs.-setzen, -stellen **3.** verschlimmern; *Problem* verstärken **II** *Adj* ['kɒmpaʊnd] **4.** zs.-gesetzt: ***compound interest*** WIRTSCH Zinseszinsen *Pl*; ***compound word*** *siehe* 11 **5.** MED kompliziert (*Bruch*) **6.** ELEK, TECH Verbund… **III** *s* ['kɒmpaʊnd] **7.** Zs.-setzung *f*, Mischung *f* **8.** Mischung *f*, Masse *f* **9.** CHEM Verbindung *f* **10.** LING Kompositum *n*, zs.-gesetztes Wort

com·pound² ['kɒmpaʊnd] *s* **1.** Lager *n* **2.** Gefängnishof *m* **3.** (Tier)Gehege *n*

com·pre·hend [ˌkɒmprɪ'hend] *v/t* **1.** umfassen, einschließen **2.** begreifen, verstehen

ˌcom·pre'hen·si·ble *Adj* begreiflich, verständlich

ˌcom·pre'hen·si·bly *Adv* verständlicherweise

ˌcom·pre'hen·sion *s* **1.** Begriffsvermögen *n*, Verstand *m*: ***past comprehension*** unfassbar, unfasslich **2.** (***of***) Begreifen *n* (*Gen*), Verständnis *n* (für)

ˌcom·pre'hen·sive I *Adj* **1.** umfassend: ***comprehensive school*** *siehe* 3 **2.** Begriffs… **II** *s* **3.** *Br* Gesamtschule *f*

com·press I *v/t* [kəm'pres] zs.-drücken, -pressen, PHYS, TECH komprimieren (*auch* COMPUTER *und fig*), verdichten: ***compressed air*** Press-, Druckluft *f* **II** *s* ['kɒmpres] MED Kompresse *f*

com·pres·sion [kəm'preʃn] *s* **1.** Zs.drücken *n*, -pressen *n* **2.** PHYS, TECH Druck *m*; Kompression *f* (*auch* COMPUTER), Verdichtung *f*

com'pres·sor [kəm'presə] *s* TECH Kompressor *m*

com·prise [kəm'praɪz] *v/t* **1.** einschließen, umfassen **2.** bestehen *oder* sich zs.-setzen aus

com·pro·mise ['kɒmprəmaɪz] **I** *s* **1.** Kompromiss *m*: ***make a compromise*** einen Kompromiss schließen; ***compromise settlement*** (*oder* ***solution***) Kompromisslösung *f* **II** *v/t* **2.** *Ruf*, *Leben etc* gefährden, aufs Spiel setzen **3.** bloßstellen, kompromittieren **III** *v/i* **4.** einen Kompromiss *oder* (*auch fig pej*) Kompromisse schließen

com·pul·sion [kəm'pʌlʃn] *s* Zwang *m* (*auch* PSYCH): ***under compulsion*** unter Zwang, zwangsweise

com'pul·sive [kəm'pʌlsɪv] *Adj* **1.** zwingend, Zwangs… **2.** PSYCH zwanghaft

com'pul·so·ry [kəm'pʌlsərɪ] *Adj* **1.** zwangsweise: ***compulsory auction*** Zwangsversteigerung *f*; ***compulsory measures*** *Pl* Zwangsmaßnahmen *Pl* **2.** obligatorisch, Pflicht…: ***compulsory education*** allgemeine Schulpflicht; ***compulsory military service*** allgemeine Wehrpflicht; ***compulsory subject*** Pflichtfach *n*

com·pu·ta·tion [ˌkɒmpjuːˈteɪʃn] *s* **1.** Berechnung *f* **2.** Schätzung *f*
com·pu·ta·tion·al *Adj* Computer…
com·pute [kəmˈpjuːt] *v/t* **1.** berechnen **2.** schätzen, veranschlagen (***at*** auf *Akk*)
▶**com·put·er** [kəmˈpjuːtə] *s* Computer *m*: ***computer animation*** Computeranimation *f*; ***computer-controlled*** computergesteuert; ***computer language*** Computersprache *f*; ***computer-literate*** mit Computerkenntnissen; ***computer printout*** Computerausdruck *m*; ***computer science*** Informatik *f*; ***computer scientist*** Informatiker(in); ***computer tomography*** Computertomografie *f*; ***computer virus*** Computervirus *m*
comˈput·er·ize [kəmˈpjuːtəraɪz] **I** *v/t Werk etc* computerisieren, auf Computer umstellen; *System etc* mit einem Computer durchführen; computerisieren, mithilfe eines Computers errechnen *oder* zs.-stellen **II** *v/i* sich auf Computer umstellen
com·rade [ˈkɒmreɪd] *s* **1.** Kamerad(in), Gefährte *m*, Gefährtin *f* **2.** POL (Partei)Genosse *m*, Genossin *f*
ˈcom·rade·ship *s* Kameradschaft *f*
con¹ [kɒn] **I** *s* **1.** Neinstimme *f* **2.** Gegenargument *n*: → ***pro¹*** **II** *Adv* **3.** *ugs* dagegen: ***be con***
con² [kɒn] *sl* **I** *s* Schwindel *m*, Betrug *m*, Beschiss *m* **II** *v/t* betrügen (***out of*** um), reinlegen
con·cat·e·nate [kənˈkætɪneɪt] *v/t* verknüpfen
conˌcat·eˈna·tion *s* **1.** Verkettung *f* **2.** Kette *f*, Reihe *f*
con·cave [ˈkɒŋkeɪv] *Adj* konkav, hohl: ***concave mirror*** Hohlspiegel *m*
con·ceal [kənˈsiːl] *v/t* (***from*** vor *Dat*) verbergen: **a)** verstecken, **b)** geheim halten, **c)** verschweigen, verheimlichen
conˈceal·ment *s* **1.** Geheimhaltung *f*, Verheimlichung *f* **2.** Verborgenheit *f*
con·cede [kənˈsiːd] *v/t* zugestehen, einräumen: **a)** gewähren, bewilligen, **b)** anerkennen (*auch* ***that*** dass)
con·ceit [kənˈsiːt] *s* Einbildung *f*, Dünkel *m*: ***be full of conceit*** völlig von sich eingenommen sein
conˈceit·ed *Adj* eingebildet, dünkelhaft
con·ceiv·a·ble [kənˈsiːvəbl] *Adj* denk-, vorstellbar: ***the best plan conceivable*** der denkbar beste Plan
conˈceive **I** *v/t* **1.** BIOL *Kind* empfangen **2.** begreifen **3.** sich *etw* vorstellen *oder* denken, sich einen Begriff *oder* eine Vorstellung machen von **4.** ersinnen, ausdenken **II** *v/i* **5.** BIOL empfangen, schwanger werden (*Mensch*); aufnehmen, trächtig werden (*Tier*) **6.** ***conceive of*** *siehe* 3
con·cen·trate [ˈkɒnsəntreɪt] **I** *v/t* konzentrieren: **a)** zs.-ziehen, -ballen, massieren, **b)** *Gedanken etc* richten (***on*** auf *Akk*), **c)** CHEM anreichern **II** *v/i* sich konzentrieren **III** *s* Konzentrat *n*
ˌcon·cenˈtra·tion *s* Konzentration *f*: **a)** Zs.-ziehung *f*, -ballung *f*, Massierung *f*: ***concentration camp*** Konzentrationslager *n*, **b)** gespannte Aufmerksamkeit: ***power of concentration*** Konzentrationsfähigkeit *f*, **c)** CHEM Anreicherung *f*
con·cen·tric [kənˈsentrɪk] *Adj* (***concentrically***) konzentrisch
con·cept [ˈkɒnsept] *s* **1.** PHIL Begriff *m* **2.** Gedanke *m*, Auffassung *f*
concep·tion [kənˈsepʃn] *s* **1.** BIOL Empfängnis *f* **2.** Begreifen *n*; Begriffsvermögen *n*; Begriff *m*, Vorstellung *f* (***of*** von); Konzeption *f*, Idee *f* **3.** Entwurf *m*, Konzept *n*
conˈcep·tu·al [kənˈseptʃʊəl] *Adj* begrifflich, Begriffs…
▶**con·cern** [kənˈsɜːn] **I** *v/t* **1.** angehen: **a)** betreffen, **b)** von Wichtigkeit *oder* Interesse sein für **2.** beunruhigen **3.** ***concern o.s. with*** sich beschäftigen *oder* befassen mit **II** *s* **4.** Angelegenheit *f*, Sache *f*: ***that is no concern of mine*** das geht mich nichts an **5.** WIRTSCH Geschäft *n*, Unternehmen *n* **6.** Unruhe *f*, Sorge *f* (***at, about, for*** wegen, um) **7.** Wichtigkeit *f*: ***a matter of national concern*** ein nationales Anliegen **8.** Beziehung *f* (***with*** zu): ***have no concern with*** nichts zu tun haben mit **9.** (***at, about, for, in, with***) Teilnahme *f* (an *Dat*), Rücksicht *f* (auf *Akk*), Anteil *m* (an *Dat*), Interesse *n* (für) **10.** *ugs* Ding *n*, Geschichte *f*
conˈcerned *Adj* **1.** betroffen, betreffend **2.** (***in***) beteiligt, interessiert (an *Dat*); verwickelt (in *Akk*) **3.** (***with, in***) befasst, beschäftigt (mit); handelnd (von) **4.** (***about, at, for***) besorgt (um), beunruhigt (wegen)
conˈcern·ing *Präp* betreffend, was … (an)betrifft
▶**con·cert** *s* **1.** [ˈkɒnsət] MUS Konzert *n*: ***concert hall*** Konzertsaal *m*; ***concert pianist*** Konzertpianist(in) **2.** [ˈkɒnsɜːt] ***in concert with*** in Übereinstimmung *oder* gemeinsam mit
con·cert·ed [kənˈsɜːtɪd] gemeinsam: ***concerted action*** gemeinsames Vorgehen; WIRTSCH, POL konzertierte Aktion
con·cer·to [kənˈtʃeətəʊ] *Pl* **con·cer·tos, con·cer·ti** [kənˈtʃeətɪ] *s* MUS (Solo)Konzert *n* (*mit Orchesterbegleitung*): ***piano concerto*** Klavierkonzert
con·ces·sion [kənˈseʃn] *s* **1.** Konzession *f*, Zugeständnis *n* **2.** Genehmigung *f*, Bewilligung *f*; (amtliche *oder* staatliche) Konzession
conch [kɒnʃ] *s* ZOOL Trompetenschnecke *f*, Tritonshorn *n*
con·cil·i·ate [kənˈsɪlɪeɪt] *v/t* **1.** aus-, versöhnen, versöhnlich stimmen **2.** *Gunst etc* gewinnen **3.** in Einklang bringen
conˌcil·iˈa·tion *s* Aus-, Versöhnung *f*
conˈcil·i·a·to·ry [kənˈsɪlɪətərɪ] *Adj* versöhnlich, vermittelnd
con·cise [kənˈsaɪs] *Adj* kurz, knapp, prägnant
conˈcise·ness, con·ci·sion [kənˈsɪʒn] *s* Kürze *f*, Prägnanz *f*
con·clude [kənˈkluːd] **I** *v/t* **1.** beenden, (be-, ab)schließen (***with*** mit): ***to be concluded*** Schluss folgt **2.** *Vertrag etc* abschließen **3.** *etw* folgern, schließen (***from*** aus): ***conclude that*** zu dem Schluss kommen, dass **II** *v/i* **4.** enden, schließen (***with*** mit)
conˈclud·ing *Adj* abschließend, Schluss…
con·clu·sion [kənˈkluːʒn] *s* **1.** (Ab-)Schluss *m*, Ende *n*: ***bring to a conclusion*** zum Abschluss bringen; ***in conclusion*** zum Schluss **2.** Abschluss *m* (*eines Vertrags etc*) **3.** (Schluss)Folgerung *f*: ***come to*** (*oder* ***arrive at***) ***the conclusion that*** zu dem Schluss kommen, dass; ***draw a conclusion*** einen Schluss ziehen; ***jump at*** (*oder* ***to***) ***conclusions, leap to conclusions, rush at conclusions*** voreilig(e) Schlüsse ziehen
conˈclu·sive [kənˈkluːsɪv] *Adj* **1.** → ***concluding*** **2.** schlüssig (*Beweis*)
con·coct [kənˈkɒkt] *v/t* **1.** (zs.-)brauen **2.** *fig* aushecken, -brüten
conˈcoc·tion *s* **1.** (Zs.-)Brauen *n* **2.** Gebräu *n*

C

Conclusion	Schlussbetrachtung
To sum up: the British Labour Party of today is more centre-left than left-wing.	Um das Ganze zusammenzufassen: Die britische Labour Partei von heute ist eher mittelinks als links.
To conclude, I'd like to examine once again the theory I put forward at the start.	Zum Schluss / Abschließend möchte ich die Theorie, die ich zu Beginn aufgestellt habe, noch einmal prüfen.
The logical conclusion is that the two poems were not written by the same person.	Die logische Schlussfolgerung ist, dass die beiden Gedichte nicht von derselben Person geschrieben wurden.
I'd like to finish by referring to an analysis by T. S. Eliot.	Zuletzt möchte ich auf eine Analyse von T. S. Eliot verweisen.
All things considered, Latin provides a good basis for learning other European languages.	Alles in allem liefert Latein eine gute Basis für das Erlernen anderer europäischer Sprachen.
Last but not least, the author has clearly been influenced by the Romantic poets.	Nicht zuletzt wurde der Autor offenbar von den Dichtern der Romantik beeinflusst.

SG

(*auch pej*) **3.** *fig* Ausbrüten *n*, -hecken *n* **4.** *fig* Erfindung *f*

con·comi·tant [kən'kɒmɪtənt] **I** *Adj* zeitgleich **II** *s* Begleitumstand *m*

con·cord ['kɒŋkɔːd] *s* Eintracht *f*

con·course ['kɒŋkɔːs] *s* **1.** Zs.-treffen *n*; Zs.-fluss *m* **2.** (Menschen)Auflauf *m*, (-)Menge *f* **3.** freier Platz (*für Versammlungen etc*); *Am* Bahnhofshalle *f*

►**con·crete I** *v/t* **1.** [kən'kriːt] konkretisieren **2.** ['kɒŋkriːt] betonieren: ***concrete over*** zubetonieren **II** *Adj* ['kɒŋkriːt] **3.** konkret (*auch* LING, MUS *etc*) **4.** betoniert, Beton…: ***concrete jungle*** Betonwüste *f*; ***concrete mixer*** Betonmischmaschine *f*; ***concrete pile*** Betonklotz *m*, -silo *m* **III** *s* ['kɒŋkriːt] **5.** Beton *m*

con·cur [kən'kɜː] *v/i* **1.** zs.-fallen, -treffen **2.** zs.-wirken **3.** übereinstimmen (***with*** mit; ***in*** in *Dat*): ***concur with s.o.*** *auch* j-m beipflichten

con·cur·rence [kən'kʌrəns] *s* **1.** Zs.-treffen *n* **2.** Zs.-wirken *n* **3.** Übereinstimmung *f*

con'cur·rent *Adj* **1.** zs.-treffend **2.** zs.-wirkend **3.** übereinstimmend

con·cuss [kən'kʌs] *v/t* erschüttern: ***be concussed*** MED eine Gehirnerschütterung erleiden

con'cus·sion [kən'kʌʃn] *s* Erschütterung *f*

con·demn [kən'dem] *v/t* **1.** verdammen, verurteilen **2.** JUR verurteilen (***to death*** zum Tode): ***condemned cell*** Todeszelle **3.** für unbrauchbar *oder* unbewohnbar *oder* gesundheitsschädlich erklären: ***condemned property*** zum Abbruch bestimmtes Gebäude **4.** *Kranken* aufgeben

con·dem·na·tion [ˌkɒndem'neɪʃn] *s* Verdammung *f*, Verurteilung *f* (*auch* JUR)

con·den·sa·tion [ˌkɒnden'seɪʃn] *s* **1.** PHYS Kondensation *f* (*auch* CHEM), Verflüssigung *f*; Kondensat *n*, Kondenswasser *n* **2.** Zs.-fassung *f*

con·dense [kən'dens] **I** *v/t* **1.** PHYS *Gase, Dämpfe* kondensieren, verflüssigen **2.** CHEM *Milch etc* eindicken, konzentrieren: ***condensed milk*** Kondensmilch *f* **3.** zs.-fassen, gedrängt darstellen **II** *v/i* **4.** PHYS kondensieren, sich verflüssigen

con'dens·er *s* PHYS Kondensator *m* (*auch* ELEK), Verflüssiger *m*

con·de·scend [ˌkɒndɪ'send] *v/i* **1.** sich herablassen (***to do*** zu tun; ***to*** zu) **2.** herablassend *oder* gönnerhaft sein (***to*** gegen, zu)

ˌcon·de'scend·ing *Adj* herablassend, gönnerhaft

con·di·ment ['kɒndɪmənt] *s* Gewürz *n*, Würze *f*

►**con·di·tion** [kən'dɪʃn] **I** *s* **1.** Bedingung *f*: ***on condition that*** unter der Bedingung *oder* vorausgesetzt, dass; ***on no condition*** unter keinen Umständen, keinesfalls; ***make s.th. a condition*** etw zur Bedingung machen **2.** Verfassung *f*: **a)** Zustand *m*, Beschaffenheit *f*, **b)** (körperlicher *oder* Gesundheits)Zustand *m*, (*Sport*) Form *f*: ***out of condition*** in schlechter Verfassung, in schlechtem Zustand; ***the condition of her health*** ihr Gesundheitszustand **3.** *Pl* Bedingungen *Pl*, Verhältnisse *Pl*: ***living conditions*** Lebensbedingungen, -verhältnisse; ***weather conditions*** Witterungs-, Wetterverhältnisse **II** *v/t* **4.** zur Bedingung machen, die Bedingung stellen (***that*** dass) **5.** *j-n* programmieren (***to, for*** auf *Akk*)

con'di·tion·al [kən'dɪʃənl] *Adj* **1.** (***on***) bedingt (durch), abhängig (von): ***be conditional on*** abhängen von; ***make conditional on*** abhängig machen von **2.** LING Konditional…: ***conditional clause*** (*oder* ***sentence***) Konditional-, Bedingungssatz *m*

con'di·tioned [-ʃnd] *Adj* **1.** (***on***) bedingt (durch), abhängig (von): ***be conditioned on*** abhängen von; ***conditioned response*** (*oder* ***reflex***) PSYCH bedingter Reflex **2.** beschaffen, geartet

con'di·tion·er *s* Weichspüler *m* (*für Wäsche*); Spülung *f* (*für Haare*)

con·do ['kɒndəʊ] *s Am ugs* → ***condominium***

con·dole [kən'dəʊl] *v/i* sein Beileid ausdrücken, kondolieren (***with s.o. on s.th.*** j-m zu etw)

con'do·lence *s* Beileid *n*: ***please accept my condolences*** mein herzliches *oder* aufrichtiges Beileid; ***register of condolence*** Kondolenzliste *f*

con·dom ['kɒndəm] *s* Kondom *n, m*

con·do·min·i·um [ˌkɒndə'mɪnɪəm] *s Am* Eigentumswohnanlage *f*: ***condominium*** (***apartment***) Eigentumswohnung *f*

con·duce [kən'djuːs] *v/i* (***to, toward***[***s***]) beitragen (zu), dienlich *oder* förderlich sein, dienen (*Dat*)

con'du·cive *Adj* dienlich, förderlich (***to*** *Dat*)

con·duct I *s* ['kɒndʌkt] **1.** Führung *f*, Leitung *f* **2.** Betragen *n*, Verhalten *n*: → ***certificate*** 1 **II**

v/t [kən'dʌkt] **3.** führen, geleiten: ***conducted tour*** Führung *f* (***of*** durch) **4.** *Prozess, Verhandlungen etc* führen, *Geschäft auch* betreiben, leiten **5.** MUS leiten, dirigieren **6.** ***conduct o.s.*** sich betragen *oder* verhalten **7.** PHYS leiten

con'duc·tive *Adj* PHYS leitfähig

►**con·duc·tor** [kən'dʌktə] *s* **1.** Führer(in), Leiter(in) **2.** (*Bus-, Straßenbahn*)Schaffner *m*, *schweiz.* Kondukteur *m*, *Am* Zugbegleiter *m* **3.** MUS Dirigent(in) **4.** PHYS Leiter *m*; ELEK *auch* Blitzableiter *m*

con'duc·tress *s* Schaffnerin *f*, *schweiz.* Kondukteurin *f*

con·duit ['kɒndɪt] *s* Leitungsrohr *n*

cone [kəʊn] **I** *s* **1.** MATHE *und fig* Kegel *m* **2.** BOT (*Tannen- etc*)Zapfen *m* **3.** *kegelförmiger Gegenstand, z. B.* **a)** Waffeltüte *f* (*für Speiseeis*), **b)** Pylon(e *f*) *m*, Leitkegel *m* **II** *v/t* **4.** ***cone off*** mit Leitkegeln absperren

con·fec·tion [kən'fekʃn] *s* Konfekt *n*

con'fec·tion·er *s* Konditor(in)

con'fec·tion·er·y *s* **1.** Süßwaren *Pl* **2.** Süßwarengeschäft *n*; Konditorei *f*

con·fed·er·a·cy [kən'fedərəsɪ] *s* **1.** (Staaten-)Bund *m* **2.** Komplott *n*, Verschwörung *f*

con'fed·er·ate [kən'fedərət] **I** *Adj* verbündet (***with*** mit), Bundes… **II** *s* Verbündete *m, f*, Bundesgenosse *m*, -genossin *f* **III** *v/t und v/i* [kən'fedəreɪt] (sich) verbünden *oder* zs.-schließen

con,fed·er'a·tion *s* **1.** Bund *m*, Bündnis *n* **2.** (Staaten)Bund *m*

con·fer [kən'fɜː] **I** *v/t Titel etc* verleihen (***on*** *Dat*) **II** *v/i* sich beraten (***with*** mit)

con·fer·ence ['kɒnfərəns] *s* Konferenz *f*: **a)** Tagung *f*, **b)** Besprechung *f*: ***be in conference*** in einer Besprechung sein

►**con·fess** [kən'fes] **I** *v/t* **1.** bekennen, (ein)gestehen **2.** zugeben (*auch* ***that*** dass) **3.** REL beichten; *j-m* die Beichte abnehmen **II** *v/i* **4.** (***to***) (ein)gestehen (*Akk*), sich schuldig bekennen (*Gen oder* an *Akk*), sich bekennen (zu): ***confess to doing s.th.*** (ein)gestehen, etw getan zu haben; ***he has confessed*** JUR er hat gestanden, er ist geständig **5.** REL beichten (***to*** *Dat*)

con'fessed *Adj* erklärt

con'fess·ed·ly [kən'fesɪdlɪ] *Adv* zugestandener-, eingestandenermaßen

con'fes·sion [kən'feʃn] *s* **1.** Geständnis *n* (*auch* JUR): ***make a full confession*** ein volles Geständnis ablegen **2.** REL Beichte *f*: ***go to confession*** zur Beichte gehen; → ***auricular*** **3.** REL Konfession *f*: **a)** Glaubensbekenntnis *n*, **b)** Glaubensgemeinschaft *f*

con'fes·sion·al [kən'feʃənl] **I** *Adj* **1.** konfessionell, Konfessions… **2.** Beicht… **II** *s* **3.** Beichtstuhl *m*: ***secret of the confessional*** Beichtgeheimnis *n*

con'fes·sor [kən'fesə] *s* REL Beichtvater *m*

con·fet·ti [kən'fetɪ] *s Sg* Konfetti *n*

con·fi·dant [ˌkɒnfɪ'dænt] *s* Vertraute *m*

con·fi·dante [ˌkɒnfɪ'dænt] *s* Vertraute *f*

con·fide [kən'faɪd] **I** *v/i* **1.** sich anvertrauen (***in*** *Dat*) **2.** vertrauen (***in*** *Dat oder* auf *Akk*) **II** *v/t* **3.** ***confide s.th. to s.o.*** j-m etw anvertrauen

►**con·fi·dence** ['kɒnfɪdəns] *s* **1.** (***in***) Vertrauen *n* (auf *Akk*, zu), Zutrauen *n* (zu): ***have confidence in*** Vertrauen haben zu; ***take s.o. into one's confidence*** j-n ins Vertrauen ziehen; ***in confidence*** → ***confidentially***; → ***strict*** **2.** *auch* ***confidence in o.s.*** Selbstvertrauen *n* **3.** vertrauliche Mitteilung, *Pl auch* Vertraulichkeiten *Pl*

con·fi·dence game *Am* → ***confidence trick***

con·fi·dence man *s* (*unreg* ***man***) Betrüger *m*; Hochstapler *m*

con·fi·dence trick *s* aufgelegter Schwindel; Hochstapelei *f*

con·fi·dence trick·ster *s* Betrüger(in), Hochstapler(in)

con·fi·dent ['kɒnfɪdənt] *Adj* **1.** (***of***; ***that***) überzeugt (von; dass), sicher (*Gen*; dass) **2.** *auch* ***confident in o.s.*** selbstsicher

con·fi·den·tial [ˌkɒnfɪ'denʃl] *Adj* **1.** vertraulich, geheim **2.** vertraut, Vertrauens…

con·fi'dential·ly [ˌkɒnfɪ'denʃəlɪ] *Adv* vertraulich, im Vertrauen

con·figu·ra·tion [kənˌfɪgʊ'reɪʃn] *n* COMPUTER Konfiguration *f*

con·figure [kən'fɪgə] *v/t* COMPUTER konfigurieren

con·fine **I** *s* ['kɒnfaɪn] **1.** *meist Pl* Grenze *f*, Grenzgebiet *n*, *fig* Rand *m*, Schwelle *f* **II** *v/t* [kən'faɪn] **2.** begrenzen, be-, einschränken (***to*** auf *Akk*) **3.** einschließen, einsperren: ***confined to bed*** ans Bett gefesselt

con'fine·ment *s* **1.** Be-, Einschränkung *f* **2.** Haft *f*: ***solitary confinement*** Einzelhaft **3.** Entbindung *f*

con·firm [kən'fɜːm] *v/t* **1.** bestätigen **2.** *Entschluss* bekräftigen; *j-n* bestärken (***in*** in *Dat*) **3.** REL konfirmieren; firmen

con·fir·ma·tion [ˌkɒnfə'meɪʃn] *s* **1.** Bestätigung *f* **2.** Bekräftigung *f*; Bestärkung *f* **3.** REL Konfirmation *f*; Firmung *f*

con'firmed *Adj* **1.** fest (*Gewohnheit etc*) **2.** erklärt, überzeugt: ***confirmed bachelor*** eingefleischter Junggeselle

con·fis·cate ['kɒnfɪskeɪt] *v/t* beschlagnahmen, konfiszieren

ˌcon·fis'ca·tion *s* Beschlagnahme *f*, Konfiszierung *f*

con·fla·gra·tion [ˌkɒnflə'greɪʃn] *s* Feuersbrunst *f*; Großbrand *m*

con·flict **I** *s* ['kɒnflɪkt] *s* Konflikt *m*: **a)** Zs.-stoß *m*: → ***armed***, **b)** Widerstreit *m*: ***come into conflict with*** in Konflikt geraten mit; ***conflict of interests*** Interessenkonflikt *m*, -kollision *f* **II** *v/i* [kən'flɪkt] (***with***) kollidieren (mit), im Widerspruch *oder* Gegensatz stehen (zu)

con'flict·ing *Adj* widersprüchlich

con·form [kən'fɔːm] **I** *v/t* **1.** anpassen (***to*** *Dat oder* an *Akk*) **2.** in Einklang bringen (***to*** mit) **II** *v/i* **3.** sich anpassen (***to*** *Dat*) **4.** übereinstimmen (***to*** mit)

con'form·i·ty *s* **1.** Übereinstimmung *f*: ***be in conformity*** übereinstimmen (***with*** mit); ***in conformity with*** in Übereinstimmung mit, gemäß (*Dat*) **2.** Anpassung *f* (***to*** an *Akk*)

con·found [kən'faʊnd] *v/t* **1.** verwechseln, durcheinanderbringen (***with*** mit) **2.** verwirren, durcheinanderbringen **3.** ***confound it!*** verdammt!

con'found·ed *Adj ugs* verdammt

con·front [kən'frʌnt] *v/t* **1.** (*oft feindlich*) gegenübertreten, -stehen (*Dat*): ***be confronted with*** *Schwierigkeiten etc* gegenüberstehen, sich gegenübersehen (*Dat*) **2.** sich *einer Gefahr etc* stellen **3.** *auch* JUR (***with***) konfrontieren (mit), gegenüberstellen (*Dat*): ***confront s.o. with s.th.*** j-m etw entgegenhalten

con·fron·ta·tion [ˌkɒnfrʌn'teɪʃn] *s* Konfrontation *f* (*auch* POL *etc*)

►**con·fuse** [kən'fjuːz] *v/t* **1.** verwechseln, durcheinanderbringen (**with** mit) **2.** verwirren: **a)** in Unordnung bringen, **b)** aus der Fassung bringen, verlegen machen
con'fused *Adj* **1.** verwirrt: **a)** konfus, verworren, wirr, **b)** verlegen, bestürzt **2.** undeutlich, verworren
con'fu·sion [kən'fjuːʒn] *s* **1.** Verwechs(e)lung *f* **2.** Verwirrung *f*: **a)** Durcheinander *n*: ***cause confusion*** Verwirrung stiften *oder* anrichten; ***throw everything into confusion*** alles durcheinanderbringen, **b)** Verlegenheit *f*, Bestürzung *f*: ***in confusion*** → ***confused*** 1b
con·fute [kən'fjuːt] *v/t* widerlegen
con·geal [kən'dʒiːl] *v/t und v/i* gefrieren *oder* gerinnen *oder* erstarren (lassen)
con·gen·ial [kən'dʒiːnjəl] *Adj* **1.** gleichartig, (geistes)verwandt (**with** mit *oder Dat*) **2.** sympathisch, angenehm (**to** *Dat*): ***be congenial to s.o.*** j-m zusagen **3.** zuträglich (**to** *Dat oder* für): ***congenial to one's health*** gesund
con·gen·i·tal [kən'dʒenɪtl] *Adj* angeboren: ***congenital defect*** Geburtsfehler *m*
con'gen·i·tal·ly [kən'dʒenɪtəlɪ] *Adv* **1.** von Geburt (an) **2.** von Natur (aus)
con·gest·ed [kən'dʒestɪd] *Adj* **1.** verstopft: ***congested streets*** **2.** überfüllt (**with** von): ***congested area*** übervölkertes Gebiet, Ballungsgebiet *n*
con'ges·tion *s* **1.** Anhäufung *f*: ***congestion of traffic*** Verkehrsstockung *f*, -stauung *f*, -stau *m* **2.** MED Blutandrang *m* (***of the brain*** zum Gehirn)
con·glom·er·ate **I** *v/t und v/i* [kən'glɒməreɪt] (sich) zs.-ballen (**to** zu) **II** *Adj* [kən'glɒmərət] *fig* zs.-gewürfelt **III** *s* [kən'glɒmərət] Konglomerat *n*, zs.-gewürfelte Masse, Gemisch *n*
con,glom·er'a·tion → ***conglomerate*** III
con·grats [kən'græts] *Interj bes Br ugs* gratuliere!
►**con·grat·u·late** [kən'grætʃʊleɪt] *v/t j-m* gratulieren, *j-n* beglückwünschen (**on** zu)
►**con·grat·u·la·tion** [kən,grætjʊ'leɪʃn] *s* Glückwunsch *m*: ► ***congratulations!*** ich gratuliere!, herzlichen Glückwunsch!
con'grat·u·la·tor *s* Gratulant(in)
con·gre·gate ['kɒŋgrɪgeɪt] *v/t und v/i* (sich) versammeln
,con·gre'ga·tion *s* **1.** Versammlung *f* **2.** (Kirchen)Gemeinde *f*
,con·gre'ga·tion·al [,kɒŋgrɪ'geɪʃənl] *Adj* REL Gemeinde…
con·gress ['kɒŋgres] *s* **1.** Kongress *m*, Tagung *f* **2. Congress** POL *Am* der Kongress

> ## Congress
> LK
>
> Der **Congress**, die Legislative der USA, besteht aus zwei Kammern: dem **House of Representatives** und dem **Senate**. Das Repräsentantenhaus hat 435 Mitglieder, die für eine Amtszeit von zwei Jahren gewählt werden. Die Anzahl der Mitglieder pro Staat ist abhängig von der jeweiligen Bevölkerungsdichte. In den Senat entsendet jeder Staat zwei Repräsentanten; seine Mitglieder sind auf 6 Jahre gewählt (alle 2 Jahre wird 1/3 neu gewählt). Die Hauptaufgabe des **Congress** besteht in der Gesetzgebung.

Con·gress·man ['kɒŋgresmən] *s* (*unreg* ***man***), **'Con·gress ,wom·an** *s* (*unreg* ***woman***) POL *Am* Kongressabgeordnete *m, f, bes* Mitglied *n* des Repräsentantenhauses
con·gru·ence ['kɒŋgrʊəns] *s* **1.** Übereinstimmung *f* **2.** MATHE Kongruenz *f* (*auch fig*)
'con·gru·ent *Adj* **1.** übereinstimmend (**to, with** mit) **2.** MATHE kongruent (*auch fig*)
con·gru·i·ty [kɒŋ'gruːətɪ] → ***congruence***
con·gru·ous ['kɒŋgrʊəs] → ***congruent***
con·ic, **con·i·cal** ['kɒnɪk(l)] *Adj* konisch, kegelförmig: ***conic*** (*oder* ***conical***) ***section*** MATHE Kegelschnitt *m*
co·ni·fer ['kɒnɪfə] *s* BOT Nadelbaum *m*
co·nif·er·ous [kəʊ'nɪfərəs] *Adj* Zapfen tragend; Nadel…: ***coniferous tree***
con·jec·tur·al [kən'dʒektʃərəl] *Adj* mutmaßlich
con'jec·ture **I** *s* Vermutung *f*, Mutmaßung *f* **II** *v/t* vermuten, mutmaßen **III** *v/i* Vermutungen anstellen, mutmaßen (**of, about** über *Akk*)
con·ju·gal ['kɒndʒʊgl] *Adj* ehelich: ***conjugal life*** Eheleben *n*
con·ju·gate ['kɒndʒʊgeɪt] LING **I** *v/t* konjugieren, beugen **II** *v/i* konjugiert *oder* gebeugt werden
,con·ju'ga·tion *s* LING Konjugation *f*, Beugung *f*
con·junc·tion [kən'dʒʌŋkʃn] *s* **1.** Verbindung *f*: ***in conjunction with*** in Verbindung *oder* zusammen mit **2.** Zs.-treffen *n* (*von Ereignissen etc*) **3.** LING Konjunktion *f*, Bindewort *n*
con·junc·ti·vi·tis [kən,dʒʌŋktɪ'vaɪtɪs] *s* MED Bindehautentzündung *f*

> ## conjunctivitis
> GR
>
> Viele Krankheiten und Leiden werden im Englischen von der lateinischen, manchmal auch der griechischen Bezeichnung abgeleitet, z. B.:
>
> | | |
> |---|---|
> | **appendicitis** [ə,pendə'saɪtɪs] | Blinddarmentzündung |
> | **tonsillitis** [,tɒnsə'laɪtɪs] | Mandelentzündung |
> | **cystitis** [sɪ'staɪtɪs] | Blasenentzündung |

con·jure ['kʌndʒə] **I** *v/t* **1.** [kən'dʒʊə] beschwören (**to do** zu tun) **2.** *Teufel etc* beschwören, anrufen: ***conjure up*** heraufbeschwören (*auch fig*) **3.** ***conjure away*** wegzaubern; ***conjure up*** hervorzaubern (*auch fig*) **II** *v/i* **4.** zaubern
'con·jur·er *s* **1.** Zauberer *m*, Zauberin *f* **2.** Zauberkünstler(in)
'con·jur·ing trick *s* Zauberkunststück *n*, -trick *m*
'con·jur·or → ***conjurer***
conk[1] [kɒŋk] *s sl* Riecher *m* (*Nase*)
conk[2] [kɒŋk] *v/i sl meist* ***conk out*** **1.** streiken, den Geist aufgeben (*Fernseher etc*), absterben (*Motor*) **2.** **a)** umkippen (*ohnmächtig werden*), **b)** *vor Erschöpfung etc* zs.-klappen, **c)** einpennen **3.** den Löffel abgeben (*sterben*)
►**con·nect** [kə'nekt] **I** *v/t* **1.** verbinden (**with** mit) (*auch fig*) **2.** *fig* in Zs.-hang *oder* Verbindung bringen (**with** mit) **3.** TECH (**to**) verbinden (mit), *Wagen etc* anhängen, ankuppeln (an *Akk*) **4.** ELEK (**to**) anschließen (an *Akk*), zuschalten (*Dat*) **5.** TEL verbinden (**to, with** mit): ***connect s.o. further*** j-n weiterverbinden **II** *v/i*

6. BAHN *etc* Anschluss haben (***with*** an *Akk*)
con'nect·ed *Adj* **1.** verbunden **2.** (logisch) zs.-hängend **3.** verwandt: ***connected by marriage*** verschwägert; ***be well connected*** einflussreiche Verwandte *oder* gute Beziehungen haben **4.** (***with***) verwickelt (in *Akk*), beteiligt (an *Dat*)
con'nect·ing *Adj* Verbindungs…: ***connecting door***; ***connecting flight*** Anschlussflug *m*; ***connecting train*** Anschlusszug *m*
▶**con·nec·tion** [kə'nekʃn] *s* **1.** Verbindung *f* **2.** TECH *allg* Verbindung *f*, Anschluss *m* (*auch* ELEK, BAHN, TEL *etc*) **3.** Zs.-hang *m*: ***in this connection*** in diesem Zs.-hang; ***in connection with*** in Zs.-hang mit; mit Bezug auf (*Akk*) **4.** *Pl geschäftliche, gute etc* Beziehungen *oder* Verbindungen *Pl*; Bekannten-, Kundenkreis *m*
con'nec·tive **I** *Adj* verbindend: ***connective tissue*** ANAT Bindegewebe *f*; ***connective word*** *siehe* II **II** *s* LING Bindewort *n*
▶**con·nex·ion** *bes Br* → ***connection***
con·nois·seur [ˌkɒnə'sɜː] *s* (*Wein- etc*) Kenner(in)
con·no·ta·tion [ˌkɒnəʊ'teɪʃn] *s* Nebenbedeutung *f*
con·note [kə'nəʊt] *v/t* (zugleich) bedeuten
con·quer ['kɒŋkə] *v/t* **1.** erobern (*auch fig*) **2.** besiegen, *fig auch* bezwingen
'con·quer·or *s* Eroberer *m*, Eroberin *f*
con·quest ['kɒŋkwest] *s* **1.** Eroberung *f* (*auch fig Person*) **2.** Besiegung *f*, *fig auch* Bezwingung *f*
▶**con·science** ['kɒnʃəns] *s* Gewissen *n*: ***a clear*** (***guilty***) ***conscience*** ein gutes (schlechtes) Gewissen; ***for conscience's sake*** um das Gewissen zu beruhigen; ***act on conscience*** nach seinem Gewissen handeln, seinem Gewissen folgen; ***have s.th. on one's conscience*** Gewissensbisse *oder* ein schlechtes Gewissen haben wegen etw
con·sci·en·tious [ˌkɒnʃɪ'enʃəs] *Adj* **1.** gewissenhaft **2.** Gewissens…: ***conscientious objector*** Kriegs-, Wehrdienstverweigerer *m*, -verweigerin *f* (*aus Gewissensgründen*)
ˌcon·sci'en·tious·ness *s* Gewissenhaftigkeit *f*
con·scious ['kɒnʃəs] *Adj* **1.** bei Bewusstsein **2.** ***be conscious of*** sich bewusst sein (*Gen*), sich im Klaren sein über (*Akk*) **3.** bewusst, absichtlich
'con·scious·ness *s* Bewusstsein *n*: ***lose consciousness*** das Bewusstsein verlieren; ***regain consciousness*** wieder zu sich kommen; ***consciousness-expanding*** bewusstseinserweiternd
con·script MIL **I** *v/t* [kən'skrɪpt] **1.** einziehen, -berufen **II** *s* ['kɒnskrɪpt] **2.** Wehr(dienst-)pflichtige *m*, *f* **3.** Einberufene *m*, *f*
con·scrip·tion [kən'skrɪpʃn] *s* **1.** Einziehung *f*, -berufung *f* **2.** Wehrpflicht *f*
con·se·crate ['kɒnsɪkreɪt] *v/t* **1.** REL weihen **2.** weihen, widmen (***to*** *Dat*)
ˌcon·se'cra·tion *s* **1.** REL Weihe *f*, Weihung *f* **2.** Hingabe *f* (***to*** an *Akk*)
con·sec·u·tive [kən'sekjʊtɪv] *Adj* **1.** aufeinanderfolgend: ***for two consecutive days*** zwei Tage hintereinander **2.** (fort)laufend (*Nummer*) **3.** ***consecutive clause*** LING Konsekutiv-, Folgesatz *m*
con'sec·u·tive·ly *Adv* **1.** nach-, hintereinander **2.** (fort)laufend
con·sen·sus [kən'sensəs] *s auch* ***consensus of opinion*** (allgemein) übereinstimmende Meinung, (allgemeine) Übereinstimmung
con·sent [kən'sent] **I** *v/i* **1.** (***to***) zustimmen (*Dat*), einwilligen (in *Akk*) **2.** sich bereit erklären (***to do*** zu tun) **II** *s* **3.** (***to***) Zustimmung *f* (zu), Einwilligung *f* (in *Akk*): ***with the consent of*** mit Zustimmung von (*oder Gen*); ***with one consent*** einstimmig, -mütig
▶**con·se·quence** ['kɒnsɪkwəns] *s* **1.** Folge *f*, Konsequenz *f*: ***in consequence*** folglich, daher; ***in*** (*oder* ***as a***) ***consequence of*** infolge von (*oder Gen*); ***take the consequences*** die Folgen tragen; ***with the consequence that*** mit dem Ergebnis, dass **2.** Folgerung *f*, Schluss *m* **3.** Bedeutung *f*, Wichtigkeit *f*: ***of*** (***no***) ***consequence*** von (ohne) Bedeutung, (un)bedeutend, (un)wichtig (***to*** für); ***a person of consequence*** eine bedeutende *oder* einflussreiche Persönlichkeit
'con·se·quent *Adj* (***on***) folgend (*Dat oder* auf *Akk*); sich ergebend (aus)
'con·se·quent·ly *Adv* folglich, daher
con·ser·va·tion [ˌkɒnsə'veɪʃn] *s* **1.** Erhaltung *f*, Bewahrung *f* **2.** Natur- *oder* Umweltschutz *m*: ***conservation area*** Naturschutzgebiet *n* **3.** Konservieren *n*, Haltbarmachen *n*
ˌcon·ser'va·tion·ist *s* Natur- *oder* Umweltschützer(in)
con·serv·a·tive [kən'sɜːvətɪv] **I** *Adj* **1.** konservativ (POL *meist* **Conservative**) **2.** vorsichtig (*Schätzung etc*) **II** *s* **3.** *meist* **Conservative** POL Konservative *m*, *f* **4.** konservativer Mensch
con'ser·va·toire [kən'sɜːvətwɑː] *s* Konservatorium *n*, Musik(hoch)schule *f*
con'serv·a·to·ry [kən'sɜːvətrɪ] *s* **1.** Treib-, Gewächshaus *n*, *bes* Wintergarten *m* **2.** → ***conservatoire***
con'serve **I** *v/t* **1.** erhalten, bewahren **2.** konservieren, haltbar machen, *Obst etc* einmachen **II** *s* **3.** *meist Pl* Eingemachte *n*
▶**con·sid·er** [kən'sɪdə] **I** *v/t* **1.** nachdenken über (*Akk*) **2.** betrachten *oder* ansehen als, halten für: ***consider s.th.*** (***to be***) ***a mistake***; ***be considered rich*** als reich gelten **3.** sich überlegen, erwägen (***doing*** zu tun) **4.** berücksichtigen, in Betracht ziehen **5.** Rücksicht nehmen auf (*Akk*), denken an (*Akk*) **6.** finden, meinen, denken (***that*** dass) **II** *v/i* **7.** nachdenken, überlegen
▶**con·sid·er·a·ble** [kən'sɪdərəbl] *Adj* **1.** beachtlich, beträchtlich **2.** bedeutend, wichtig (*beide auch Person*)
ˌcon'sid·er·ate [kən'sɪdərət] *Adj* aufmerksam, rücksichtsvoll (***to, toward***[***s***] gegen): ***be considerate of*** Rücksicht nehmen auf (*Akk*)
conˌsid·er'a·tion [kənˌsɪdə'reɪʃn] *s* **1.** Erwägung *f*, Überlegung *f*: ***take into consideration*** in Erwägung *oder* Betracht ziehen; ***leave out of consideration*** ausklammern; ***on*** (*oder* ***under***) ***no consideration*** unter keinen Umständen **2.** Berücksichtigung *f*: ***in consideration of*** in Anbetracht (*Gen*) **3.** Rücksicht(nahme) *f* (***for, of*** auf *Akk*): ***lack of consideration*** Rücksichtslosigkeit *f* **4.** (zu berücksichtigender) Grund: ***money is no consideration*** Geld spielt keine Rolle
con'sid·er·ing **I** *Präp* in Anbetracht (*Gen*) **II** *Konj*: ***considering that*** in Anbetracht der Tatsache, dass **III** *Adv ugs* alles in allem
con·sign [kən'saɪn] *v/t* **1.** übergeben (***to*** *Dat*) **2.** WIRTSCH *Waren* übersenden, zusenden (***to*** *Dat*)
con·sig·nee [ˌkɒnsaɪ'niː] *s* WIRTSCH Empfänger(in)

C

Verben mit Gerund

GR

Einige englische Verben werden immer mit dem Gerund und, anders als im Deutschen, nie mit dem Infinitiv verbunden:

admit having done s.th.	zugeben, etw getan zu haben
avoid doing s.th.	es vermeiden, etw zu tun
consider doing s.th.	überlegen / erwägen, etw zu tun
deny having done s.th.	leugnen / bestreiten, etw getan zu haben
dislike doing s.th.	etw nicht gern / ungern tun
enjoy doing s.th.	daran Vergnügen finden, etw zu tun
excuse s.o. doing s.th.	entschuldigen, dass j-d etw tut
feel like doing s.th.	Lust haben, etw zu tun
finish doing s.th.	mit etw fertig werden / mit etw aufhören
I can't help doing s.th.	ich kann nichts dafür, dass ich etw tue
keep (on) doing s.th.	nicht aufhören, etw zu tun
it means doing s.th.	es bedeutet, etw zu tun
miss doing s.th.	(es) vermissen, etw zu tun
s.th. needs doing	etw muss getan werden
think of doing s.th.	erwägen / daran denken, etw zu tun

con·sign·er [kən'saɪnə] → ***consignor***

con'sign·ment *s* WIRTSCH **1.** Übersendung *f*, Zusendung *f*: ***consignment note*** Frachtbrief *m* **2.** (Waren)Sendung *f*

con'sign·or *s* WIRTSCH Übersender(in)

▶**con·sist** [kən'sɪst] *v/i* **1.** ▶ ***consist of*** bestehen *oder* sich zs.-setzen aus **2.** ***consist in*** bestehen in (*Dat*)

con'sist·en·cy *s* **1.** Konsistenz *f*, Beschaffenheit *f*, (Grad *m* der) Festigkeit *f oder* Dichtigkeit *f* **2.** *fig* Konsequenz *f*, Folgerichtigkeit *f* **3.** *fig* Übereinstimmung *f*, Einklang *m*

con'sist·ent *Adj* **1.** konsistent, fest, dicht **2.** *fig* konsequent, folgerichtig **3.** *fig* übereinstimmend, vereinbar, in Einklang stehend (***with*** mit) **4.** *fig* beständig (*Leistung etc*)

con·so·la·tion [ˌkɒnsə'leɪʃn] *s* Trost *m*: ***consolation goal*** (*Sport*) Ehrentor *n*; ***consolation prize*** Trostpreis *m*

con·sol·a·to·ry [kən'sɒlətərɪ] *Adj* tröstend, tröstlich

con·sole[1] ['kɒnsəʊl] *s* **1.** Konsole *f*: ***console table*** Konsoltischchen *n* **2.** (Fernseh-, Musik-) Truhe *f*, (Radio)Schrank *m* **3.** ELEK Schalt-, Steuerpult *n*

con·sole[2] [kən'səʊl] *v/t* trösten: ***console s.o. for s.th.*** j-n über etw hinwegtrösten

con·sol·i·date [kən'sɒlɪdeɪt] **I** *v/t* **1.** (ver)stärken, festigen (*beide auch fig*) **2.** MIL *Truppen* zs.-ziehen **3.** WIRTSCH *Gesellschaften* zs.-schließen, -legen **4.** TECH verdichten **II** *v/i* **5.** WIRTSCH sich zs.-schließen **6.** TECH sich verdichten

conˌsol·i'da·tion *s* **1.** (Ver)Stärkung *f*, Festigung *f* **2.** MIL Zs.-ziehung *f* **3.** WIRTSCH Zs.-legung *f*; Zs.-schluss *m* **4.** TECH Verdichtung *f*

con·som·mé [kən'sɒmeɪ] *s* Consommé *f* (*klare Kraftbrühe*)

con·so·nant ['kɒnsənənt] **I** *Adj* **1.** gleichlautend **2.** übereinstimmend (***with*** mit) **II** *s* **3.** LING Konsonant *m*

con·sort ['kɒnsɔːt] *s* Gemahl(in): ***prince consort*** Prinzgemahl

con'sor·ti·um [kən'sɔːtɪəm] *Pl* **con·sor·ti·a** [kən'sɔːtɪə] *s* WIRTSCH Konsortium *n*: ***consortium of banks*** Bankenkonsortium

con·spic·u·ous [kən'spɪkjʊəs] *Adj* **1.** deutlich sichtbar: ***be conspicuous*** *auch* in die Augen fallen **2.** auffallend, -fällig: ***make o.s. conspicuous*** sich auffällig benehmen, auffallen **3.** bemerkenswert (***for*** wegen): ***be conspicuous by one's absence*** durch Abwesenheit glänzen; ***make o.s. conspicuous*** sich hervortun

con·spir·a·cy [kən'spɪrəsɪ] *s* Verschwörung *f*

con'spir·a·tor *s* Verschwörer(in)

con·spire [kən'spaɪə] *v/i* **1.** sich verschwören (***against*** gegen) (*auch fig*) **2.** *fig* zs.-wirken

con·sta·ble ['kʌnstəbl] *s bes Br* Polizist(in), Wachtmeister(in)

con·stab·u·lar·y [kən'stæbjʊlərɪ] *s bes Br* Polizei *f* (*eines Bezirks*)

con·stan·cy ['kɒnstənsɪ] *s* **1.** Konstanz *f*, Beständigkeit *f* **2.** Bestand *m*, Dauer *f* **3.** *fig* Standhaftigkeit *f*

'con·stant **I** *Adj* **1.** konstant (*auch* PHYS, MATHE *etc*), beständig, gleichbleibend **2.** (be)ständig, (an)dauernd: ***constant rain*** anhaltender Regen **3.** *fig* standhaft, beharrlich **II** *s* **4.** PHYS, MATHE Konstante *f*

con·stel·la·tion [ˌkɒnstə'leɪʃn] *s* ASTR Konstellation *f* (*auch fig*), Sternbild *n*

con·ster·na·tion [ˌkɒnstə'neɪʃn] *s* Bestürzung *f*: ***in consternation*** konsterniert, bestürzt; ***to my consternation*** zu meiner Bestürzung

con·sti·pate ['kɒnstɪpeɪt] *v/t* MED verstopfen: ***be constipated*** an Verstopfung leiden

ˌcon·sti'pa·tion *s* Verstopfung *f*

con·stit·u·en·cy [kən'stɪtjʊənsɪ] *s* **1.** Wählerschaft *f* **2.** Wahlbezirk *m*, -kreis *m*

con'stit·u·ent **I** *Adj* **1.** einen (Bestand)Teil bildend: ***constituent part*** *siehe* 4 **2.** POL Wähler…, Wahl…: ***constituent body*** Wählerschaft *f* **3.** ***constituent assembly*** POL verfassunggebende Versammlung **II** *s* **4.** (wesentlicher) Bestandteil **5.** POL Wähler(in)

con·sti·tute ['kɒnstɪtjuːt] *v/t* **1.** ernennen, einsetzen **2.** *Gesetz* erlassen, in Kraft setzen **3.** einrichten, gründen, *Ausschuss etc* einsetzen **4.** ausmachen, bilden, darstellen

ˌcon·sti'tu·tion *s* **1.** Zs.-setzung *f*, (Auf)Bau *m* **2.** Konstitution *f*, körperliche Veranlagung **3.** Natur *f*, Wesen *n*: ***by constitution*** von Natur

The Constitution

LK

1786/87 traten die 55 **Founding Fathers**, darunter James Madison, Benjamin Franklin, George Washington und Thomas Jefferson, in der **Constitutional Convention** in Philadelphia zusammen, um die erste schriftliche Verfassung der USA aufzusetzen, die 1789 in Kraft trat und bis heute gilt. Sie schufen eine Bundesrepublik mit starker Zentralregierung. Der **Great Compromise** bestand darin, einen **Congress** mit zwei Kammern zu bilden: Im **Senate** ist jeder Bundesstaat gleich stark vertreten, im **House of Representatives** dagegen entsprechend seiner Bevölkerungszahl.
Die ursprünglich **7 articles**, beruhend auf den Grundsätzen des **federal system of government**, der **separation of powers** sowie der **checks and balances**, wurden im Laufe der Zeit um etliche **amendments** ergänzt, u. a. um die **Bill of Rights**.

(aus) **4.** Einrichtung *f*, Gründung *f*, Einsetzung *f* **5.** POL Verfassung *f*

con·sti·tu'tion·al [ˌkɒnstɪ'tjuːʃənl] **I** *Adj* **1.** MED konstitutionell, anlagebedingt **2.** POL **a)** verfassungsgemäß, Verfassungs…: → ***monarchy***, **b)** rechtsstaatlich: ***state*** Rechtsstaat *m* **II** *s* **3.** *ugs* Gesundheitsspaziergang *m*

Constitutional law

LK

Großbritannien hat keine formale Verfassung. Als **constitutional law** werden Gesetze mit Verfassungscharakter bezeichnet, also die Gesamtheit der Bestimmungen, Dokumente und Vorgehensweisen, welche die grundlegende Organisationsstruktur des Staates und die Grundrechte der Bürger definieren. Diese fundamentalen gesetzlichen Regelungen haben Vorrang und bilden die Grundlage für alle anderen Gesetze. Die drei Pfeiler des britischen **constitutional law** sind die **statute laws** (schriftliche, vom Parlament verabschiedete Gesetze), das **common law** (Gewohnheitsrecht, richterliche Entscheidungen) sowie die **conventions** (verbindliche Konventionen).

con·strain [kən'streɪn] *v/t* **1.** *j-n* zwingen, nötigen: ***feel constrained to do s.th.*** sich gezwungen fühlen, etw zu tun **2.** *etw* erzwingen

con·straint [kən'streɪnt] *s* Zwang *m*, Nötigung *f*: ***under constraint*** unter Zwang, gezwungen

con·struct [kən'strʌkt] *v/t* **1.** errichten, bauen **2.** TECH konstruieren (*auch* LING, MATHE), bauen **3.** *fig* gestalten, ausarbeiten

con'struc·tion [kən'strʌkʃn] *s* **1.** Errichtung *f*, Konstruktion *f* (*auch* TECH, MATHE, LING): ***under construction*** im Bau (befindlich); ***construction industry*** Baugewerbe *n*, -wirtschaft *f*; ***construction site*** Baustelle *f* **2.** Bauweise *f*: ***steel construction*** Stahlkonstruktion *f* **3.** Bau(-werk *n*) *m* **4.** *fig* Aufbau *m*, Gestaltung *f*

con'struc·tion·al [kən'strʌkʃənl] *Adj* Konstruktions…, baulich

con'struc·tive *Adj* **1.** konstruktiv (*auch Kritik*), schöpferisch **2.** → ***constructional***

con'struc·tor *s* Erbauer(in); Konstrukteur(in)

con·strue [kən'struː] *v/t* LING konstruieren

con·sul ['kɒnsəl] *s* Konsul(in): ***consul general*** Generalkonsul(in)

con·su·lar ['kɒnsjʊlə] *Adj* Konsulats…, Konsular…, konsularisch

con·su·late ['kɒnsjʊlət] *s* Konsulat *n* (*auch Gebäude*): ***consulate general*** Generalkonsulat

con·sult [kən'sʌlt] **I** *v/t* **1.** um Rat fragen, zurate ziehen, konsultieren (***about*** wegen) **2.** in *einem Buch* nachschlagen *oder* -sehen **3.** berücksichtigen **II** *v/i* **4.** (sich) beraten (***about*** über *Akk*)

con'sult·ant *s* **1.** (fachmännischer) Berater, (fachmännische) Beraterin **2.** MED Facharzt *m*, -ärztin *f* (*an e-m Krankenhaus*), *österr.* Primararzt *m*, -ärztin *f*

con·sul·ta·tion [ˌkɒnsəl'teɪʃn] *s* Beratung *f*, Konsultation *f*: ***on consultation with*** nach Rücksprache mit; ***consultation hour*** Sprechstunde *f*

con'sult·ing *Adj* beratend: ***consulting room*** Sprechzimmer *n*

con·sume [kən'sjuːm] *v/t* **1.** zerstören, vernichten: ***be consumed by fire*** ein Raub der Flammen werden **2.** *fig* verzehren: ***be consumed with hatred*** von Hass verzehrt werden **3.** auf-, verzehren **4.** auf-, verbrauchen, konsumieren **5.** verschwenden, -geuden (***on*** für)

con'sum·er *s* Verbraucher(in), Konsument(in): ***consumer advice centre*** (*Am* ***center***) Verbraucherzentrale *f*; ***consumer goods*** *Pl* Konsumgüter *Pl*; ***consumer protection*** Verbraucherschutz *m*

con·sum·mate **I** *v/t* ['kɒnsəmeɪt] **1.** vollenden; *Ehe* vollziehen **2.** vollkommen machen **II** *Adj* [kən'sʌmɪt] **3.** vollendet, vollkommen

con·sump·tion [kən'sʌmpʃn] *s* **1.** Verbrauch *m* (***of*** an *Dat*), WIRTSCH *auch* Konsum *m* **2.** Verzehr *m*: ***(un)fit for human consumption*** für den menschlichen Verzehr (un)geeignet

▸**con·tact** ['kɒntækt] **I** *s* **1.** Kontakt *m* (*auch* ELEK *und fig*), Berührung *f*: ***make contacts*** Verbindungen anknüpfen *oder* herstellen; ***business contacts*** *Pl* Geschäftsverbindungen *Pl*; ***contact lens*** Haftlinse *f*, -schale *f*, Kontaktlinse *f*, -schale *f* **2.** MED Kontaktperson *f* **3.** *auch* ***contact man*** Verbindungs-, Kontaktmann *m* **II** *v/t* **4.** Kontakt aufnehmen mit, sich in Verbindung setzen mit

con·ta·gion [kən'teɪdʒən] *s* MED Ansteckung *f* (*durch Berührung*); ansteckende Krankheit

con'ta·gious *Adj* MED ansteckend (*auch fig*)

▸**con·tain** [kən'teɪn] *v/t* **1.** enthalten **2.** aufnehmen, fassen **3.** *fig* zügeln, zurückhalten: ***contain o.s.*** (an) sich halten, sich beherrschen

Containment Policy

LK

Unter **Containment Policy** versteht man die außenpolitische Strategie der USA nach dem 2. Weltkrieg zum Widerstand gegen jegliche Ausweitung des sowjetischen Machtbereichs, u. a. in Form von wirtschaftlicher und militärischer Unterstützung hilfsbedürftiger Staaten bei der Abwehr kommunistischer Expansionsvorhaben.
Der Konflikt zwischen den zwei Machtblöcken entwickelte sich so zum **Cold War**.

C

▶**con·tain·er** [kən'teɪnə] *s* **1.** Behälter *m*, (*Benzin- etc*)Kanister *m* **2.** WIRTSCH Container *m*: ***container ship*** Containerschiff *n*
con'tain·er·ize *v/t* **1.** auf Containerbetrieb umstellen **2.** in Containern transportieren
con·tam·i·nate [kən'tæmɪneɪt] *v/t* **1.** verunreinigen **2.** infizieren, vergiften (*beide auch fig*), (*auch* radioaktiv) verseuchen
con͵tam·i'na·tion *s* **1.** Verunreinigung *f* **2.** Infizierung *f*, Vergiftung *f* (*beide auch fig*), (*auch* radioaktive) Verseuchung
con·tem·plate ['kɒntempleɪt] **I** *v/t* **1.** (nachdenklich) betrachten **2.** nachdenken über (*Akk*) **3.** erwägen, beabsichtigen (***doing*** zu tun) **4.** erwarten, rechnen mit **II** *v/i* **5.** nachdenken (***about, on*** über *Akk*)
͵con·tem'pla·tion *s* **1.** (nachdenkliche) Betrachtung **2.** Nachdenken *n* **3.** Erwägung *f*
'con·tem·pla·tive *Adj* nachdenklich
con·tem·po·ra·ne·ous [kən͵tempə'reɪnjəs] *Adj* gleichzeitig: ***be contemporaneous with*** zeitlich zs.-fallen mit
con'tem·po·ra·ry **I** *Adj* **1.** zeitgenössisch **2.** → ***contemporaneous*** **3.** gleichalt(e)rig **II** *s* **4.** Zeitgenosse *m*, -genossin *f* **5.** Altersgenosse *m*, -genossin *f*
con·tempt [kən'tempt] *s* **1.** Verachtung *f*: ***contempt of death*** Todesverachtung; ***feel contempt for, hold in contempt*** verachten; ***feel nothing but contempt for*** nur Verachtung übrig haben für; ***beneath contempt*** unter aller Kritik; einfach lächerlich **2.** Missachtung *f*: ***contempt*** (***of court***) JUR Missachtung des Gerichts
con'tempt·i·ble *Adj* verächtlich, verachtenswert
con'temp·tu·ous [kən'temptʃʊəs] *Adj* verächtlich, geringschätzig: ***be contemptuous of s.th.*** etw verachten
con·tend [kən'tend] **I** *v/i* **1.** kämpfen, ringen (***with*** mit; ***for*** um) **2.** *mit Worten* streiten (***about*** über *Akk*) **3.** wetteifern, sich bewerben (***for*** um) **II** *v/t* **4.** behaupten (***that*** dass)
▶**con·tent¹** ['kɒntent] *s* **1.** *eines Buchs etc*: **a)** Gehalt *m*, Aussage *f*, **b)** *Pl* Inhalt *m* (*auch einer Tasche etc*): (***table of***) ***contents*** Inhaltsverzeichnis *n* **2.** CHEM Gehalt *m* (***of*** an *Dat*): ***gold content*** Goldgehalt
con·tent² [kən'tent] **I** *Adj* zufrieden (***with*** mit): ***have to be content with*** sich begnügen müssen mit **II** *v/t* zufriedenstellen: ***content o.s. with*** sich zufriedengeben *oder* begnügen mit **III** *s* Zufriedenheit *f*: → ***heart*** 1
con'tent·ed *Adj* zufrieden (***with*** mit)
con·ten·tion [kən'tenʃn] *s* **1.** Streit *m*, Zank *m*: ***bone of contention*** *fig* Zankapfel *m* **2.** Streitpunkt *m* **3.** Behauptung *f*: ***my contention is that*** ich behaupte, dass
con'ten·tious *Adj* **1.** streitsüchtig **2.** umstritten, strittig: ***contentious point*** Streitpunkt *m*
con·tent·ment [kən'tentmənt] *s* Zufriedenheit *f*
con·test **I** *s* ['kɒntest] **1.** (Wett)Kampf *m*; Wettbewerb *m* (***for*** um) **II** *v/t* [kən'test] **2.** kämpfen um; sich bewerben um **3.** bestreiten, *auch* JUR anfechten: ***contest s.o.'s right to do s.th.*** j-m das Recht streitig machen, etw zu tun **III** *v/i* [kən'test] **4.** wetteifern (***with, against*** mit)
con'test·ant *s* **1.** (Wettkampf)Teilnehmer(in) **2.** (Mit)Bewerber(in)
con'test·ed → ***contentious*** 2
con·text ['kɒntekst] *s* Zs.-hang *m*, Kontext *m*: ***in this context*** in diesem Zs.-hang; ***out of context*** aus dem Zs.-hang gerissen
▶**con·ti·nent** ['kɒntɪnənt] *s* **1.** Kontinent *m*, Erdteil *m* **2.** ***the Continent*** *Br* das (europäische) Festland
con·ti·nen·tal [͵kɒntɪ'nentl] **I** *Adj* **1.** kontinental, Kontinental… **2.** *meist* **Continental** *Br* kontinental(europäisch): ***continental breakfast*** kleines Frühstück; ***continental quilt*** Steppdecke *f* **II** *s* **3.** **Continental** *Br* Kontinentaleuropäer(in)
con·tin·gen·cy [kən'tɪndʒənsɪ] *s* **1.** Zufälligkeit *f* **2.** Möglichkeit *f*, Eventualität *f*: ***contingency plan*** Notplan *m*
con'tin·gent **I** *Adj* **1.** (***on***) abhängig (von), bedingt (durch) **2.** möglich, eventuell **3.** zufällig **II** *s* **4.** (MIL Truppen)Kontingent *n*, Anteil *m*
con·tin·u·al [kən'tɪnjʊəl] *Adj* **1.** (an)dauernd, ständig **2.** immer wiederkehrend, sich wiederholend: ***a continual knocking*** ein wiederholtes Klopfen
con'tin·u·ance → ***continuation***
con͵tin·u'a·tion *s* **1.** Fortsetzung *f* **2.** Fortbestand *m*, -dauer *f*
▶**con·tin·ue** [kən'tɪnjuː] **I** *v/i* **1.** fortfahren, weitermachen **2.** andauern, anhalten **3.** (fort)bestehen **4.** (ver)bleiben: ***continue in office*** im Amt bleiben **5. a)** ***continue to do, continue doing*** (auch) weiterhin tun: ***continue to sing*** weitersingen, **b)** ***continue to be, continue being*** weiterhin *oder* noch immer … sein **II** *v/t* **6.** fortsetzen, -führen, -fahren mit: ***to be continued*** Fortsetzung folgt **7.** beibehalten, erhalten
con·ti·nu·i·ty [͵kɒntɪ'njuːətɪ] *s* **1.** Kontinuität *f* **2.** FILM Drehbuch *n*; RUNDFUNK, TV Manuskript *n*: ***continuity girl*** Scriptgirl *n*
con·tin·u·ous [kən'tɪnjʊəs] *Adj* **1.** ununterbrochen, unaufhörlich: ***continuous paper*** Endlospapier *n* **2.** kontinuierlich: ***continuous current*** ELEK Gleichstrom *m* **3.** ***continuous form*** LING Verlaufsform *f*
con·tort [kən'tɔːt] **I** *v/t* **1.** *Glieder* verdrehen, verrenken **2.** *Gesicht* verzerren, -ziehen (***with*** vor *Dat*): ***contorted with pain*** schmerzverzerrt **3.** *fig Tatsachen etc* verdrehen **II** *v/i* **4.** sich verzerren *oder* verziehen (***with*** vor *Dat*; ***in a grimace*** zu einer Grimasse)
con'tor·tion *s* **1.** Verrenkung *f* **2.** Verzerrung *f* **3.** *fig* Verdrehung *f*
con'tor·tion·ist *s* Schlangenmensch *m*
con·tour ['kɒn͵tʊə] *s* Kontur *f*, Umriss *m*
con·tra·band ['kɒntrəbænd] *s* **1.** Schmuggelware *f* **2.** Schmuggel *m*
con·tra·cep·tion [͵kɒntrə'sepʃn] *s* MED Empfängnisverhütung *f*
͵con·tra'cep·tive *Adj und s* empfängnisverhütend(es Mittel)
con·tract **I** *s* ['kɒntrækt] **1.** Vertrag *m*: ***contract of employment*** Arbeitsvertrag; ***contract of sale*** Kaufvertrag; ***enter into*** (*oder* ***make***) ***a contract*** einen Vertrag abschließen; ***by contract*** vertraglich; ***be under contract*** unter Vertrag stehen (***with, to*** bei) **II** *v/t* [kən'trækt] **2.** *Muskel etc* zs.-ziehen, *Stirn* runzeln **3.** *Gewohnheit* annehmen; sich *eine Krankheit* zuziehen **4.** *Schulden* machen **5.** *Verpflichtung* eingehen; *Ehe etc* schließen **III** *v/i* [kən'trækt] **6.** sich zs.-ziehen **7.** einen Vertrag abschließen; sich vertraglich verpflichten (***to do*** zu tun; ***for*** zu): ***contract for s.th.*** etw vertraglich festsetzen
con'trac·tion *s* **1.** Zs.-ziehung *f* **2.** ***contractions*** MED Wehen *Pl*

con'trac·tor *s* (*bes* Bau)Unternehmer(in); (Vertrags)Lieferant(in); Auftragnehmer(in); beauftragte Firma
con'trac·tu·al [kən'træktʃʊəl] *Adj* vertraglich, Vertrags…
con·tra·dict [ˌkɒntrə'dɪkt] *v/t* **1.** *j-m, einer Sache* widersprechen, *etw* bestreiten **2.** widersprechen (*Dat*), im Widerspruch stehen zu, unvereinbar sein mit
ˌcon·tra'dic·tion *s* **1.** Widerspruch *m*, -rede *f* **2.** Unvereinbarkeit *f*: ***be in contradiction to*** im Widerspruch stehen zu; ***contradiction in terms*** Widerspruch *m* in sich selbst
ˌcon·tra'dic·to·ry *Adj* **1.** (***to***) widersprechend (*Dat*), im Widerspruch stehend (zu), unvereinbar (mit) **2.** sich widersprechend, widersprüchlich
con·tra·in·di·ca·tion [ˌkɒntrəˌɪndɪ'keɪʃn] *s* MED Gegenanzeige *f*
con·tral·to [kən'træltəʊ] *Pl* **con·tral·tos** *s* MUS Alt(stimme *f*) *m*; Altistin *f*
con·trap·tion [kən'træpʃn] *s ugs* (komischer) Apparat
▶**con·tra·ry** ['kɒntrərɪ] **I** *Adj* **1.** entgegengesetzt (***to*** *Dat*) **2.** einander entgegengesetzt, gegensätzlich **3.** widrig, ungünstig (*Wind, Wetter*) **4.** (***to***) verstoßend (gegen), im Widerspruch (zu) **II** *Adv* **5.** im Widerspruch (***to*** zu): ***contrary to expectations*** wider Erwarten; ***act contrary to*** zuwiderhandeln (*Dat*); → ***law*** 1 **III** *s* **6.** Gegenteil *n*: ***on the contrary*** im Gegenteil; ***be the contrary to*** das Gegenteil sein von; ***to the contrary*** gegenteilig; ***proof to the contrary*** Gegenbeweis *m*
con·trast I *s* ['kɒntrɑːst] **1.** Kontrast *m* (*auch* TV *etc*), Gegensatz *m* (***between*** zwischen *Dat*): ***contrast control*** Kontrastregler *m*; ***form a contrast*** einen Kontrast bilden (***to*** zu); ***by contrast with*** im Vergleich mit; ***in contrast to*** (*oder* ***with***) im Gegensatz zu **II** *v/t* [kən'trɑːst] **2.** entgegensetzen, gegenüberstellen (***with*** *Dat*) **III** *v/i* [kən'trɑːst] **3.** sich abheben, abstechen (***with*** von, gegen): ***contrasting colo(u)rs*** *Pl* Kontrastfarben *Pl* **4.** einen Gegensatz bilden, im Gegensatz stehen (***with*** zu)
con·tra·vene [ˌkɒntrə'viːn] *v/t* **1.** zuwiderhandeln (*Dat*), *Gesetz* übertreten, verstoßen gegen **2.** im Widerspruch stehen zu
con·tra·ven·tion [ˌkɒntrə'venʃn] *s* (***of***) Zuwiderhandlung *f* (gegen), Übertretung *f* (von *oder Gen*): ***in contravention to*** entgegen (*Dat*)
con·trib·ute [kən'trɪbjuːt] **I** *v/t* **1.** beitragen, -steuern (***to*** zu) **2.** *Artikel etc* beitragen (***to*** zu *einer Zeitung etc*) **3.** spenden (***to*** für) **4.** WIRTSCH *Kapital* (*in eine Firma*) einbringen **II** *v/i* **5.** (***to***) beitragen, -steuern, einen Beitrag leisten (zu), mitwirken (an *Dat*): ***contribute to*** (*oder* ***toward[s]***) ***the expenses*** sich an den Unkosten beteiligen; ***contribute to a newspaper*** für eine Zeitung schreiben **6.** spenden (***to*** für)
con·tri·bu·tion [ˌkɒntrɪ'bjuːʃn] *s* **1.** Beitrag *m* (*auch für Zeitung etc*), Beisteuer *f*: ***contribution to*** (*oder* ***toward[s]***) ***the expenses*** Unkostenbeitrag **2.** Spende *f* **3.** WIRTSCH Einlage *f*
con·trib·u·tor [kən'trɪbjʊtə] *s* **1.** Beitragende *m, f* **2.** Mitarbeiter(in) (***to a newspaper*** bei *oder* an einer Zeitung)
con·triv·ance [kən'traɪvns] *s* **1.** TECH Vorrichtung *f*; Gerät *n*, Apparat *m* **2.** Erfindung *f* **3.** Erfindungsgabe *f* **4.** Plan *m* **5.** Kunstgriff *m*, Kniff *m*
con'trive *v/t* **1.** erfinden, sich ausdenken **2.** *etw Böses* aushecken, *Pläne* schmieden **3.** zustande bringen; es fertigbringen, es verstehen (***to do*** zu tun)
▶**con·trol** [kən'trəʊl] **I** *v/t* **1.** beherrschen, die Herrschaft *oder* Kontrolle haben über (*Akk*) **2.** in Schranken halten, (erfolgreich) bekämpfen: ***control o.s.*** sich beherrschen **3.** kontrollieren: **a)** überwachen, beaufsichtigen, **b)** (nach)prüfen **4.** leiten, führen, verwalten **5.** WIRTSCH *Absatz etc* lenken, *Preise* binden **6.** ELEK, TECH steuern, regeln, regulieren **7.** COMPUTER steuern **II** *s* **8.** (***of, over***) Beherrschung *f* (*Gen*), Macht *f*, Gewalt *f*, Kontrolle *f*, Herrschaft *f* (über *Akk*): ***bring*** (*oder* ***get***) ***under control*** unter Kontrolle bringen; ***get out of control*** außer Kontrolle geraten; ***lose control of*** (*oder* ***over***) die Herrschaft *oder* Kontrolle verlieren über (*Akk*); ***lose control (of o.s.)*** die (Selbst)Beherrschung verlieren **9.** Aufsicht *f*, Kontrolle *f* (***of, over*** über *Akk*): ***be in control of*** *etw* leiten *oder* unter sich haben; ***be under s.o.'s control*** j-m unterstehen *oder* unterstellt sein **10.** Leitung *f*, Verwaltung *f* **11.** *meist Pl* TECH Steuerung *f*, Steuervorrichtung *f*; Kontroll-, Betätigungshebel *m*: ***be at the controls*** *fig* das Sagen haben; an den (Schalt)Hebeln der Macht sitzen **12.** ELEK, TECH Reg(e)lung *f*, Regulierung *f*; Regler *m* **13.** COMPUTER Steuerung *f*

control heißt meist nicht kontrollieren

control	*meistens*	beherrschen, die Herrschaft *od* Kontrolle haben
Control yourself!	=	Beherrsch dich!
kontrollieren (*überprüfen*)	=	check
Der Polizist kontrollierte meinen Führerschein.	=	The policeman checked my driving licence.

con·trol cen·tre (*Am* **con·trol cen·ter**) *s* Kontrollzentrum *n*
con·trol char·ac·ter *s* COMPUTER Steuerzeichen *n*
con·trol desk *s* **1.** ELEK Schaltpult *n* **2.** RUNDFUNK, TV Regiepult *n*
con·trol key *s* COMPUTER Steuerungstaste *f*
con·trol·la·ble [kən'trəʊləbl] *Adj* **1.** kontrollierbar **2.** ELEK, TECH steuer-, regel-, regulierbar
con'trol·ler *s* **1.** Kontrolleur(in), Aufseher(in) **2.** WIRTSCH Controller(in)
con·trol le·ver *s* **1.** TECH Schalthebel *m* **2.** FLUG Steuerknüppel *m*
con·trol light *s* Kontrolllampe *f*
con·trol room *s* RUNDFUNK, TV Regieraum *m*
con·trol tow·er *s* FLUG Kontrollturm *m*, Tower *m*
con·trol u·nit *s* IT Kontrolleinheit *f*
con·tro·ver·sial [ˌkɒntrə'vɜːʃl] *Adj* **1.** strittig, umstritten **2.** polemisch **3.** streitsüchtig
con·tro·ver·sy ['kɒntrəvɜːsɪ] *s* Kontroverse *f*: ***beyond controversy*** unstreitig
con·tu·sion [kən'tjuːʒn] *s* MED Quetschung *f*
co·nun·drum [kə'nʌndrəm] *s* Scherzfrage *f*,

C

(Scherz)Rätsel *n*
con·ur·ba·tion [ˌkɒnɜːˈbeɪʃn] *s* Ballungsraum *m*, -zentrum *n*
con·va·lesce [ˌkɒnvəˈles] *v/i* gesund werden
ˌcon·vaˈles·cence *s* Rekonvaleszenz *f*, Genesung *f*
ˌcon·vaˈles·cent **I** *Adj* rekonvaleszent, genesend **II** *s* Rekonvaleszent(in), Genesende *m, f*
con·vene [kənˈviːn] **I** *v/i* zs.-kommen, sich versammeln **II** *v/t* versammeln, zs.-rufen, *Versammlung* einberufen
con·ven·ience [kənˈviːnjəns] *s* **1.** Annehmlichkeit *f*, Bequemlichkeit *f*: ***convenience food*** Fertiggerichte *Pl*; ***all (modern) conveniences*** aller Komfort; ***at your convenience*** wenn es Ihnen gerade passt; ***at your earliest convenience*** so bald wie möglich **2.** *bes Br* Toilette *f*
▶**con·ve·ni·ent** [kənˈviːnɪənt] *Adj* **1.** bequem, praktisch **2.** günstig, passend: ***be convenient for s.o.*** j-m passen
con·vent [ˈkɒnvənt] *s* (*bes* Nonnen)Kloster *n*
con·ven·tion [kənˈvenʃn] *s* **1.** Zs.-kunft *f*, Tagung *f*, Versammlung *f* **2. a)** POL *Am* Parteiversammlung *f*, -tag *m*, **b)** Kongress *m*: ***convention centre*** (*Am* ***center***) Kongresszentrum *n* **3.** *bilaterales* Abkommen; *multilaterales* Übereinkommen, Konvention *f* **4.** (gesellschaftliche) Konvention, Sitte *f*
conˈven·tion·al [kənˈvenʃənl] *Adj* **1.** konventionell, herkömmlich (*beide auch* MIL) **2.** *pej* schablonenhaft, unoriginell **3.** konventionell, förmlich
con·verge [kənˈvɜːdʒ] *v/i* zs.-laufen (*Straßen, Flüsse*), MATHE konvergieren (*auch fig*), *fig* sich annähern
conˈver·gence *s* **1.** Zs.-laufen *n* **2.** MATHE Konvergenz *f* (*auch fig*) **3.** WIRTSCH Konvergenz *f*, Annäherung *f*: ***persistence of convergence*** Nachhaltigkeit *f* der Konvergenz
con·ver·gence criteria *Pl* WIRTSCH Konvergenzkriterien *Pl*
conˈver·gent *Adj* MATHE konvergent, *fig auch* sich annähernd
▶**con·ver·sa·tion** [ˌkɒnvəˈseɪʃn] *s* Konversation *f*, Unterhaltung *f*, Gespräch *n*: ***in conversation with*** im Gespräch mit; ***get into conversation with s.o.*** mit j-m ins Gespräch kommen; ***make conversation*** Konversation machen
con·verˈsa·tion·al [ˌkɒnvəˈseɪʃənl] *Adj* **1.** gesprächig **2.** Unterhaltungs…, Gesprächs…: ***conversational English*** Umgangsenglisch *n*
con·verˈsa·tion·al·ly [ˌkɒnvəˈseɪʃnəlɪ] *Adv* im Plauderton
con·verse [kənˈvɜːs] *v/i* sich unterhalten (***with*** mit; ***on, about*** über *Akk*)
con·ver·sion [kənˈvɜːʃn] *s* **1.** Um-, Verwandlung *f* (***into, to*** in *Akk*) **2.** ARCHI, TECH Umbau *m* (***into*** zu) **3.** TECH, *auch* WIRTSCH Umstellung *f* (***to*** auf *Akk*) **4.** MATHE Umrechnung *f* (***into, to*** in *Akk*): ***conversion table*** Umrechnungstabelle *f* **5.** (Daten)Konvertierung *f* **6.** Bekehrung *f*, REL *auch* Konversion *f*, Übertritt *m* (*auch* POL *etc*) (***to*** zu)
con·vert **I** *v/t* [kənˈvɜːt] **1.** *allg*, *auch* CHEM um-, verwandeln (***into, to*** in *Akk*) **2.** ARCHI, TECH umbauen (***into*** zu) **3.** TECH, *auch* WIRTSCH umstellen (***to*** auf *Akk*) **4.** MATHE umrechnen (***into, to*** in *Akk*) **5.** *Daten* konvertieren **6.** REL *etc* bekehren (***to*** zu) **II** *v/i* [kənˈvɜːt] **7.** sich umwandeln *oder* verwandeln (***into, to*** in *Akk*) **8.** sich bekehren, REL *auch* konvertieren, übertreten (*auch* POL *etc*) (***to*** zu) **III** *s* [ˈkɒnvɜːt] **9.** Bekehrte *m, f*, REL *auch* Konvertit(in)
conˈvert·i·ble **I** *Adj* **1.** um-, verwandelbar **2.** MATHE umrechenbar **II** *s* **3.** MOT Cabrio(let) *n*, Kabrio(lett) *n*
con·vex [kɒnˈveks] *Adj* konvex: ***convex mirror*** Konvex-, Wölbspiegel *m*
con·vey [kənˈveɪ] *v/t* **1.** *Waren etc* befördern, transportieren (*beide auch* TECH) **2.** *Grüße etc* überbringen, -mitteln **3.** *Ideen etc* mitteilen, vermitteln, *Meinung*, *Sinn* ausdrücken
conˈvey·ance *s* **1.** Beförderung *f*, Transport *m* **2.** Transport-, Verkehrsmittel *n* **3.** Überbringung *f*, -mittlung *f* **4.** Mitteilung *f*, Vermittlung *f*
conˈvey·er, **conˈvey·or** *s auch* ***conveyer belt*** TECH Förderband *n*
con·vict **I** *v/t* [kənˈvɪkt] **1.** JUR (***of***) überführen, für schuldig erklären (*Gen*); verurteilen (wegen) **2.** überzeugen (***of*** von) **II** *s* [ˈkɒnvɪkt] **3.** Verurteilte *m, f* **4.** Strafgefangene *m, f*, Sträfling *m*
conˈvic·tion *s* **1.** JUR Überführung *f*, Schuldspruch *m*; Verurteilung *f*: → ***previous*** 1 **2.** Überzeugung *f*: ***from conviction*** aus Überzeugung; → ***carry*** 5
▶**con·vince** [kənˈvɪns] *v/t* überzeugen (***of*** von; ***that*** dass)
conˈvinc·ing *Adj* überzeugend: ***convincing proof*** schlagender Beweis
con·voy [ˈkɒnvɔɪ] *s* **1.** Geleit *n*, Begleitung *f* **2.** Konvoi *m*: **a)** MIL, *auch allg* (Wagen)Kolonne *f*, **b)** SCHIFF Geleitzug *m*
con·vulse [kənˈvʌls] **I** *v/t* **1.** in Zuckungen versetzen: ***be convulsed with*** *siehe* 4 **2.** *Muskeln etc* krampfhaft zs.-ziehen: ***convulsed features*** *Pl* verzerrte Züge *Pl* **3.** in Lachkrämpfe versetzen **II** *v/i* **4.** ***convulse with*** sich krümmen vor (*Lachen, Schmerzen etc*)

Showing conviction	Überzeugung ausdrücken SG
I'm absolutely certain.	Ich bin mir ganz sicher.
I'm sure this is the right direction.	Ich bin mir sicher, dass das die richtige Richtung ist.
They managed to convince me.	Sie konnten mich überzeugen.
All right, you've persuaded me.	Na gut, Sie haben mich überzeugt.
Beyond a shadow of a doubt.	Ohne den kleinsten Zweifel.
There's no doubt in my mind that we did the right thing.	Es besteht für mich kein Zweifel, dass wir das Richtige getan haben.
I'm positive this is where I left it.	Ich bin ganz sicher, dass ich es hiergelassen habe.

C

con'vul·sion *s* **1.** *bes* MED Krampf *m*, Zuckung *f* **2.** *Pl* Lachkrampf *m*: ***they were in convulsions*** sie krümmten sich vor Lachen
con'vul·sive *Adj* krampfhaft
coo [kuː] *v/i* gurren (*auch fig*)
▸**cook** [kʊk] **I** *s* **1.** Koch *m*, Köchin *f*: ***too many cooks spoil the broth*** viele Köche verderben den Brei **II** *v/t* **2.** kochen **3.** *auch* ***cook up*** *ugs* *Geschichte etc* erfinden, sich ausdenken **4.** *ugs* *Rechnung etc* frisieren **III** *v/i* **5.** kochen **6.** kochen, gekocht werden: ***what's cooking?*** *ugs* was ist los?
'cook·book *s* Kochbuch *n*
▸**cook·er** ['kʊkə] *s* Kocher *m*, Kochgerät *n*; *Br* Herd *m*: ***cooker hood*** *Br* Abzugshaube *f*
'cook·er·y *s* Kochen *n*, Kochkunst *f*: ***cookery book*** *bes Br* Kochbuch *n*
cook·ie ['kʊkɪ] *s* *Am* (süßer) Keks, Plätzchen *n*
'cook·ing **I** *s* **1.** Kochen *n* **2.** Küche *f*, Art *f* zu kochen: ***Italian cooking*** die italienische Küche **II** *Adj* **3.** Koch…
'cook·y → ***cookie***
▸**cool** [kuːl] **I** *Adj* **1.** kühl, frisch: ***get cool*** sich abkühlen **2.** *fig* kühl: **a)** gelassen, kalt(blütig): ***keep cool*** einen kühlen Kopf behalten, sich nicht aufregen; → ***cucumber***, **b)** gleichgültig, **c)** abweisend **3.** *ugs* glatt: ***a cool thousand pounds*** glatte *oder* die Kleinigkeit von tausend Pfund **4.** *ugs* klasse, prima, cool **II** *s* **5.** Kühle *f*, Frische *f* (*der Luft*) **6.** *ugs* (Selbst)Beherrschung *f*: ***lose one's cool*** hochgehen; ***keep one's cool*** ruhig bleiben **III** *v/t* **7.** (ab-)kühlen, abkühlen lassen: ***cool it!*** *ugs* reg dich ab! **IV** *v/i* **8.** kühl werden, sich abkühlen: ***cool down*** *ugs* sich abregen
cool bag *s* Kühltasche *f*
cool box *s* Kühlbox *f*
ˌcool'head·ed *Adj* besonnen
cool·ing ['kuːlɪŋ] *Adj* **1.** (ab)kühlend **2.** TECH Kühl…
'cool·ness *s* **1.** Kühle *f* (*auch fig*) **2.** Kaltblütigkeit *f*
co-op ['kəʊɒp] *s* **1.** *ugs* Co-op *m* (*Genossenschaft und Laden*) **2.** *Am* **a)** Apartmenthaus *n* mit Eigentumswohnungen, **b)** Eigentumswohnung *f*
co·op·er·ate [kəʊ'ɒpəreɪt] *v/i* **1.** zs.-arbeiten (***with*** mit; ***in*** bei; ***to, toward[s]*** zu *einem Zweck*) **2.** (***in***) mitwirken (an *Dat*), helfen, behilflich sein (bei)
coˌop·er'a·tion *s* **1.** Zs.-arbeit *f* **2.** Mitwirkung *f*, Hilfe *f*
co'op·er·a·tive [kəʊ'ɒpərətɪv] **I** *Adj* **1.** zs.-arbeitend **2.** mitwirkend **3.** kooperativ, hilfsbereit **4.** WIRTSCH Gemeinschafts…; Genossenschafts…: ***cooperative society*** *siehe* 5; ***cooperative store*** *siehe* 6 **II** *s* **5.** Co-op *m*: **a)** Genossenschaft *f*, **b)** Konsumverein *m* **6.** Co-op *m*, Konsumladen *m*
co·or·di·nate **I** *v/t* [kəʊ'ɔːdɪneɪt] koordinieren, beiordnen, aufeinander abstimmen **II** *Adj* [kəʊ'ɔːdnət] koordiniert, beigeordnet **III** *s* [kəʊ'ɔːdnət] MATHE Koordinate *f*
coˌor·di'na·tion *s* Koordinierung *f*, Koordination *f*, Beiordnung *f*, Abstimmung *f*
cop [kɒp] *sl* **I** *v/t* **1.** erwischen (***at*** bei): ***cop it*** sein Fett (ab)kriegen; → ***packet*** 3 **II** *s* **2.** ***no great cop, not much cop*** *Br* nicht so toll **3.** Bulle *m* (*Polizist*)
co·part·ner [ˌkəʊ'pɑːtnə] *s* Teilhaber(in), Mitinhaber(in)
ˌco'part·ner·ship *s* Teilhaberschaft *f*
cope [kəʊp] *v/i* (***with***) gewachsen sein (*Dat*), fertig werden (mit)
cop·i·er ['kɒpɪə] *s* Kopiergerät *n*, Kopierer *m*
co·pi·lot ['kəʊˌpaɪlət] *s* FLUG Kopilot(in)
co·pi·ous ['kəʊpjəs] *Adj* **1.** reich(lich), ausgiebig **2.** wortreich, weitschweifig **3.** produktiv (*Schriftsteller etc*)
▸**cop·per¹** ['kɒpə] **I** *s* **1.** MIN Kupfer *n* **2.** Kupfermünze *f*: ***coppers*** *Pl* Kupfergeld *n* **II** *Adj* **3.** kupfern, Kupfer… **4.** kupferrot
cop·per² ['kɒpə] *s* *sl* Bulle *m* (*Polizist*)
cop·per ore *s* MIN Kupfererz *n*
'cop·per·plate *s* Kupferstich(platte *f*) *m*
'cop·per·smith *s* Kupferschmied(in)
cop·u·la ['kɒpjʊlə] *s* LING Kopula *f*
cop·u·late ['kɒpjʊleɪt] *v/i* kopulieren: **a)** koitieren, **b)** ZOOL sich paaren
ˌcopu'la·tion *s* Kopulation *f*: **a)** Koitus *m*, **b)** Paarung *f*
▸**cop·y** ['kɒpɪ] **I** *s* **1.** Kopie *f*, Abschrift *f*: ***fair*** (*oder* ***clean***) ***copy*** Reinschrift *f*; ***rough*** (*oder* ***foul***) ***copy*** Rohentwurf *m*, Konzept *n* **2.** Durchschlag *m*, -schrift *f* **3.** FOTO Abzug *m* **4.** Nachbildung *f*, Kopie *f* **5.** *Typografie*: (Satz-)Vorlage *f* **6.** Exemplar *n* (*eines Buchs etc*) **7.** (Werbe-, Zeitungs- *etc*)Text *m* **II** *v/t* **8.** abschreiben (***off, from*** von), eine Kopie anfertigen von, *Kassette etc* überspielen **9.** COMPUTER kopieren **10.** durch-, abpausen; kopieren **11.** FOTO einen Abzug machen von **12.** nachbilden **13.** kopieren, nachahmen, -machen **III** *v/i* **14.** abschreiben (***from*** von)
'cop·y·cat *ugs* **I** *s* Nachahmer(in); Abschreiber(in) **II** *v/t* (*bes* sklavisch *oder* gedankenlos) nachahmen *oder* -machen
cop·y ed·i·tor *s* Zeitungsredakteur(in); Lektor(in)
cop·y·ing ma·chine ['kɒpɪɪŋ] *s* Kopiergerät *n*
cop·y·ing pa·per *s* Kopierpapier *n*
'cop·yˌread·er *Am* → ***copy editor***
'cop·y·right JUR **I** *s* Urheberrecht *n*, Copyright *n* (***in, on, of, for*** für, von) **II** *v/t* das Urheberrecht erwerben für *oder* von; urheberrechtlich schützen **III** *Adj* urheberrechtlich geschützt
'cop·yˌwrit·er *s* Werbetexter(in)
cor·al ['kɒrəl] **I** *s* **1.** ZOOL Koralle *f* **II** *Adj* **2.** Korallen… **3.** korallenrot
▸**cord** [kɔːd] **I** *s* **1.** Schnur *f* (*auch* ELEK), Kordel *f*, Strick *m* **2.** gerippter Stoff, *bes* Cordsamt *m* **II** *v/t* **3.** festbinden; ver-, zuschnüren
cor·dial ['kɔːdjəl] **I** *Adj* **1.** herzlich **2.** MED belebend, stärkend **II** *s* **3.** MED Stärkungsmittel *n* **4.** Fruchtsaftgetränk *n* **5.** Likör *m*
cor·dial·i·ty [ˌkɔːdɪ'ælətɪ] *s* Herzlichkeit *f*
'cord·less *Adj* schnurlos (*Telefon*)
cor·don ['kɔːdn] **I** *s* Kordon *m*, Posten- *oder* Absperrkette *f* **II** *v/t auch* ***cordon off*** (mit Posten *oder* Seilen) absperren
cor·du·roy ['kɔːdərɔɪ] *s* **1.** Cordsamt *m* **2.** *Pl*, *auch* ***pair of corduroys*** Cord(samt)hose *f*
core [kɔː] **I** *s* **1.** BOT Kerngehäuse *n*; Kern *m* **2.** Reaktorkern *m* **3.** *fig* Kern *m*, *das* Innerste: ***to the core*** bis ins Innerste; durch und durch **II** *v/t* **4.** *Obst* entkernen
core time *s* Kernzeit *f*
▸**cork** [kɔːk] **I** *s* **1.** Kork *m* **2.** Korken *m*, Pfropfen *m* **II** *v/t* **3.** *oft* ***cork up*** zu-, verkorken
'cork·screw *s* Korkenzieher *m*
▸**corn¹** [kɔːn] **I** *s* **1.** Korn *n*, Getreide *n*: *bes* **a)** *Br* Weizen *m*, **b)** *schottisch, irisch* Hafer *m* **2.** *auch* ***Indian corn*** *Am* Mais *m* **II** *v/t* **3.** pökeln: ***corned beef*** Corned Beef *n*, gepökeltes Rind-

fleisch
corn² [kɔːn] *s* MED Hühnerauge *n*: ***tread on s.o.'s corns*** *fig* j-m auf die Hühneraugen treten
corn bread *s Am* Maisbrot *n*
'corn·cob *s Am* Maiskolben *m*
cor·ne·a ['kɔːnɪə] *s* Hornhaut *f* (*des Auges*)
▶**cor·ner** ['kɔːnə] **I** *s* **1.** Ecke *f*, *bes* MOT Kurve *f*: ***take a corner*** *siehe* 5; ***turn the corner*** um die Ecke biegen **2.** Winkel *m*, Ecke *f*: ***corner of the mouth*** Mundwinkel; ***look at s.o. from the corner of one's eye*** j-n aus den Augenwinkeln (heraus) ansehen; ***drive*** (*oder* ***force, put***) ***into a corner*** *siehe* 4; ***be in a tight corner*** in der Klemme sein *oder* sitzen *oder* stecken **3.** *Fußball*: Eckball *m*, Ecke *f*, *österr., schweiz.* Corner *m* **II** *v/t* **4.** in die Enge treiben **III** *v/i* **5.** MOT eine Kurve nehmen: ***corner well*** gut in der Kurve liegen, eine gute Kurvenlage haben **IV** *Adj* **6.** Eck…: ***corner house***; ***corner seat*** Eckplatz *m*
'cor·nered *Adj in Zssgn* …eckig
cor·ner kick *s Fußball*: Eckstoß *m*
'cor·ner·stone *s* **1.** ARCHI Eckstein *m*; Grundstein *m* **2.** *fig* Eckpfeiler *m*
'corn·field *s* **1.** *Br* Korn-, Getreidefeld *n* **2.** *Am* Maisfeld *n*
'corn·flakes *s Pl* Cornflakes *Pl*
'corn·flow·er *s* BOT Kornblume *f*
cor·nice ['kɔːnɪs] *s* Sims *m*
Cor·nish ['kɔːnɪʃ] *Adj* kornisch, aus Cornwall
corn pop·py *s* BOT Klatschmohn *m*
Corn·wall ['kɔːnwəl] *Eigenn* Cornwall *n* (*englische Grafschaft*)
corn·y ['kɔːnɪ] *Adj sl* sentimental, schmalzig; kitschig; abgedroschen: ***a corny joke*** ein Witz mit Bart
cor·o·nar·y ['kɒrənərɪ] **I** *Adj* ANAT Koronar…: ***coronary vessel*** (Herz)Kranzgefäß *n* **II** *s* MED Koronarthrombose *f*, Herzinfarkt *m*
cor·o·na·tion [ˌkɒrə'neɪʃn] *s* Krönung(sfeier) *f*
cor·o·ner ['kɒrənə] *s* JUR Coroner *m* (*richterlicher Beamter zur Untersuchung der Todesursache in Fällen gewaltsamen oder unnatürlichen Todes*): ***coroner's inquest*** *gerichtliches Verfahren zur Untersuchung der Todesursache*
cor·po·ral¹ ['kɔːpərəl] *s* MIL Unteroffizier(in)
cor·po·ral² ['kɔːpərəl] *Adj* körperlich, leiblich: ***corporal punishment*** Prügelstrafe *f*
cor·po·rate ['kɔːpərət] *Adj* **1. a)** JUR körperschaftlich, Körperschafts…: ***corporate body*** → ***corporation*** 1, **b)** WIRTSCH *Am* Gesellschafts…, Firmen…: ***corporate planning*** Unternehmensplanung *f* **2.** gemeinsam, kollektiv
cor·po·ra·tion [ˌkɔːpə'reɪʃn] *s* **1.** JUR Körperschaft *f*, juristische Person: ***corporation tax*** Körperschaftssteuer *f* **2.** *auch* ***stock corporation*** WIRTSCH *Am* Kapital- *oder* Aktiengesellschaft *f* **3.** *Br* Innung *f* **4.** *Br* Stadtverwaltung *f* **5.** *ugs* Schmerbauch *m*
corps [kɔː] *Pl* **corps** [kɔːz] *s* **1.** MIL Korps *n*, Truppe *f* **2.** Korps *n*: → ***diplomatic***
corpse [kɔːps] *s* Leichnam *m*, Leiche *f*
cor·pu·lence ['kɔːpjʊləns] *s* Beleibtheit *f*, Korpulenz *f*
'cor·pu·lent *Adj* beleibt, korpulent
cor·pus ['kɔːpəs] *s* (Text)Korpus *n*
Cor·pus Chris·ti [ˌkɔːpəs'krɪstɪ] *s* REL Fronleichnam(sfest *n*) *m*
cor·ral [kə'rɑːl] *bes Am* **I** *s* **1.** Pferch *m* **II** *v/t* **2.** in einen Pferch treiben **3.** *fig* einpferchen **4.** *ugs* sich *etw* schnappen
▶**cor·rect** [kə'rekt] **I** *v/t* **1.** korrigieren, verbessern, berichtigen: ***I stand corrected*** ich nehme alles zurück **2.** *Mängel etc* abstellen **3.** zurechtweisen, tadeln; (be)strafen (***for*** wegen) **II** *Adj* **4.** korrekt: **a)** richtig: ***be correct*** stimmen; recht haben, **b)** einwandfrei (*Benehmen*)
▶**cor·rec·tion** [kə'rekʃn] *s* **1.** Korrektur *f*, Verbesserung *f*, Berichtigung *f*: ***correction fluid*** Korrekturflüssigkeit *f*; ***correction tape*** Korrekturband *n* **2.** Zurechtweisung *f*, Tadel *m*; Bestrafung *f*
cor'rec·tive *Adj* korrigierend, verbessernd, berichtigend
cor'rect·ness *s* Korrektheit *f*, Richtigkeit *f*
cor·re·late ['kɒrəleɪt] **I** *v/t* **1.** in Wechselbeziehung bringen (***with*** mit) **2.** in Übereinstimmung bringen (***with*** mit), aufeinander abstimmen **II** *v/i* **3.** in Wechselbeziehung stehen (***with*** mit), sich aufeinander beziehen **4.** übereinstimmen (***with*** mit)
ˌcor·re'la·tion *s* **1.** Wechselbeziehung *f* **2.** Übereinstimmung *f*
cor·re·spond [ˌkɒrɪ'spɒnd] *v/i* **1.** (***to, with***) entsprechen (*Dat*), übereinstimmen (mit) **2.** (***to***) entsprechen (*Dat*), das Gegenstück sein (von) **3.** korrespondieren, in Briefwechsel stehen (***with*** mit)
ˌcor·re'spond·ence *s* **1.** Entsprechung *f*, Übereinstimmung *f* **2.** Korrespondenz *f*: **a)** Briefwechsel *m*: ***be in correspondence*** (***with***) → ***correspond*** 3; ***correspondence course*** Fernkurs *m*; ***correspondence school*** Fernlehrinstitut *n*, **b)** Briefe *Pl*
ˌcor·re'spond·ent **I** *s* **1.** Briefpartner(in): ***be a good*** (***bad***) ***correspondent*** fleißig schreiben (schreibfaul sein) **2.** WIRTSCH (auswärtiger) Geschäftsfreund, (auswärtige) Geschäftsfreundin **3.** Korrespondent(in), Berichterstatter(in) (*einer Zeitung*): ***foreign correspondent*** Auslandskorrespondent(in) **II** *Adj* **4.** entsprechend, gemäß (***to*** *Dat*)
ˌcor·re'spond·ing → ***correspondent*** 4
cor·ri·dor ['kɒrɪdɔː] *s* Gang *m*
cor·rode [kə'rəʊd] **I** *v/t* **1.** CHEM, TECH korrodieren, an-, zerfressen, angreifen **2.** *fig* zerfressen, untergraben **II** *v/i* **3.** korrodieren **4.** rosten: ***corroded*** rostig
cor'ro·sion [kə'rəʊʒn] *s* **1.** CHEM, TECH Korrosion *f* **2.** Rostbildung *f* **3.** *fig* Untergrabung *f*
cor·ru·gat·ed ['kɒrʊgeɪtɪd] *Adj* gewellt: ***corrugated cardboard*** Wellpappe *f*; ***corrugated iron*** Wellblech *n*
cor·rupt [kə'rʌpt] **I** *Adj* **1.** (*moralisch*) verdorben **2.** unredlich, unlauter **3.** korrupt: **a)** bestechlich, **b)** Bestechungs… **II** *v/t* **4.** (*moralisch*) verderben **5.** korrumpieren, bestechen **III** *v/i* **6.** (*moralisch*) verderben, -kommen
cor'rupt·i·ble → ***corrupt*** 3a
cor'rup·tion *s* **1.** Verdorbenheit *f* **2.** Unredlichkeit *f*, Unlauterkeit *f* **3.** Korruption *f*: **a)** Bestechlichkeit *f*, **b)** Bestechung *f*
cor·set ['kɔːsɪt] *s auch Pl* Korsett *n*
cor·ti·sone ['kɔːtɪzəʊn] *s* MED Kortison *n*
cosh [kɒʃ] *s Br ugs* Totschläger *m* (*Waffe*)
co·sig·na·to·ry [ˌkəʊ'sɪgnətərɪ] *s* Mitunterzeichner(in)
co·sine ['kəʊsaɪn] *s* MATHE Kosinus *m*
co·si·ness ['kəʊzɪnɪs] *s* Behaglichkeit *f*, Gemütlichkeit *f*
cos·met·ic [kɒz'metɪk] **I** *Adj* (***cosmetically***) kosmetisch (*auch fig*): ***cosmetic surgery*** Schönheitschirurgie *f* **II** *s* kosmetisches Mittel

cos·me·ti·cian [ˌkɒzməˈtɪʃn] *s* Kosmetiker(in)
cos·mic [ˈkɒzmɪk] *Adj* kosmisch
cos·mo·naut [ˈkɒzmənɔːt] *s* (Welt-)Raumfahrer(in), Kosmonaut(in)
cos·mo·pol·i·tan [ˌkɒzməˈpɒlɪtən] **I** *Adj* kosmopolitisch, weltbürgerlich, *weit. S.* weltoffen **II** *s* Kosmopolit(in), Weltbürger(in)
cos·mos [ˈkɒzmɒs] *s* Kosmos *m*
▸**cost** [kɒst] **I** *s* **1.** Kosten *Pl*, Aufwand *m*: ***cost of living*** Lebenshaltungskosten **2.** Kosten *Pl*, Schaden *m*: ***at s.o.'s cost*** auf j-s Kosten; ***at the cost of his health*** auf Kosten seiner Gesundheit **3.** Opfer *n*, Preis *m*: ***at all costs, at any cost*** um jeden Preis; ***at a heavy cost*** unter schweren Opfern **4.** WIRTSCH (Selbst-, Gestehungs)Kosten *Pl*: ***cost increase*** Kostensteigerung *f*; ***cost inflation*** Kosteninflation *f*; ***cost price*** Selbstkostenpreis *m*; ***at cost*** zum Selbstkostenpreis **5.** *Pl* JUR (Gerichts-, Prozess)Kosten *Pl*: ***with costs*** kostenpflichtig **II** *v/t* (*unreg*) **6.** *Preis* kosten: ***it cost me one pound*** es kostete mich ein Pfund **7.** kosten, bringen um: ***it cost him his life*** es kostete ihn das Leben **8.** *etw Unangenehmes* verursachen: ***it cost me a lot of trouble*** es verursachte mir *oder* kostete mich große Mühe **9.** *Prät und Part Perf* **ˈcost·ed** WIRTSCH den Preis *oder* die Kosten kalkulieren von (*oder Gen*) **III** *v/i* (*unreg*) **10.** ***it cost him dearly*** *bes fig* es kam ihm teuer zu stehen
co-star [ˈkəʊstɑː] **I** *v/t*: ***the film co-starred X*** X spielte in dem Film eine der Hauptrollen **II** *v/i*: ***co-star with*** die Hauptrolle spielen neben (*Dat*)
cos·ter, **cos·ter·mon·ger** [ˈkɒstə(ˌmʌŋɡə)] *s Br* Straßenhändler(in) für Obst, Gemüse *etc*
cost es·ti·mate *s* Kostenvoranschlag *m*
cost·ly [ˈkɒstlɪ] *Adj* **1.** kostspielig, teuer **2.** teuer erkauft (*Sieg etc*) **3.** prächtig
ˌcost-of-ˈliv·ing al·low·ance, **cost-of-ˈliv·ing bo·nus** *s* WIRTSCH Teuerungszulage *f*
cost-of-ˈliv·ing in·dex *s* (*auch unreg* ***index***) Lebenshaltungs(kosten)index *m*
ˈcost-ˌsav·ing *Adj* WIRTSCH kostensparend
cos·tume [ˈkɒstjuːm] *s* **1.** Kostüm *n*, Kleidung *f*, Tracht *f* **2.** THEAT *etc* Kostüm *n*: ***costume ball*** Kostümball *m*; ***costume designer*** Kostümbildner(in); ***costume jewel(le)ry*** Modeschmuck *m*
co·sy [ˈkəʊzɪ] **I** *Adj* behaglich, gemütlich **II** *s* Wärmer *m*: → ***tea cosy***
cot [kɒt] *s* **1.** Feldbett *n* **2.** *Br* Kinderbett(chen) *n*
cot death *s* plötzlicher Kindstod, Krippentod *m*
cot·tage [ˈkɒtɪdʒ] *s* **1.** Cottage *n*, (kleines) Landhaus **2.** *Am* Ferienhaus *n*, -häuschen *n* **3.** *Am* Wohngebäude *n*, (*eines Krankenhauses etc*) Einzelgebäude *n*, (*eines Hotels*) Dependance *f*
cot·tage cheese *s* Hüttenkäse *m*
cot·tage in·dus·try *s* Heimgewerbe *n*, -industrie *f*
▸**cot·ton** [ˈkɒtn] **I** *s* **1.** Baumwolle *f*: → ***absorbent*** **II** *Adj* **2.** baumwollen, Baumwoll… **III** *v/i* **3.** *Am ugs* (***with***) gut auskommen (mit); sich anfreunden (mit) **4.** *ugs* ***cotton to*** *Am* sich anfreunden mit (*einer Idee etc*); ***cotton on to*** *etw* kapieren
cot·ton bud *s* Wattestäbchen *n*
cot·ton can·dy *s Am* Zuckerwatte *f*
cot·ton pad *s* Wattepad *m*
cot·ton wool *s Br* (Verband)Watte *f*
cot·ton-wool ball *s* Wattebausch *m*
▸**couch** [kaʊtʃ] **I** *s* Couch *f*, Liege(sofa *n*) *f* **II** *v/t* abfassen, formulieren; *Gedanken etc* in Worte fassen, ausdrücken
cou·chette [kuːˈʃet] *s* BAHN Platz *m* (im Liegewagen)
couch po·ta·to *Pl* **couch po·ta·toes** *s ugs* Couchpotato *f*, Dauerglotzer(in), Sesselsportler(in)
cou·gar [ˈkuːɡə] *s* ZOOL *Am* Puma *m*
▸**cough** [kɒf] **I** *s* **1.** Husten *m*: ***have a cough*** Husten haben; ***give a (slight) cough*** hüsteln, sich räuspern **2.** Husten *n* **3.** MOT Stottern *n* **II** *v/i* **4.** husten **5.** MOT stottern, husten (*Motor*) **III** *v/t* **6.** *meist* ***cough out, cough up*** aushusten: ***cough up blood*** Blut husten **7.** ***cough up*** *sl* herausrücken mit (*der Wahrheit etc*); *Geld* ausspucken
cough drop *s* Hustenbonbon *m*, *n*
cough·ing bout [ˈkɒfɪŋ] *s* Hustenanfall *m*
cough loz·enge → ***cough drop***
cough syr·up *s* Hustensaft *m*, -sirup *m*
▸**could** [kʊd] *v/hilf* **1.** *Prät von* ***can***[1] **2.** *konditional, vermutend oder fragend*: könnte *etc*: ***that could be right*** das könnte stimmen
▸**couldn't** [ˈkʊdnt] *ugs für* ***could not***
▸**coun·cil** [ˈkaʊnsl] *s* **1.** Rat(sversammlung *f*) *m* **2.** Rat *m* (*Körperschaft*); *eng. S.* Gemeinderat *m*: ***Council of Europe*** Europarat; ***municipal council*** Stadtrat

> **British Council** (LK)
>
> 1934 gegründet, fördert das von der Regierung unterstützte **British Council** kulturelle Beziehungen zum Ausland und bietet weltweit Englischkurse an. Es entspricht etwa dem deutschen Goethe-Institut.

coun·cil es·tate *s Br* soziale Wohnsiedlung (*einer Gemeinde*)
coun·cil flat *s* Sozialwohnung *f*
coun·cil house *s Br* gemeindeeigenes Wohnhaus (*mit niedrigen Mieten*)
coun·cil·or, **coun·cil·lor** [ˈkaʊnsələ] *s* Ratsmitglied *n*, Stadtrat *m*, -rätin *f*
coun·sel [ˈkaʊnsl] **I** *s* **1.** Rat(schlag) *m*: ***take counsel of s.o.*** von j-m (einen) Rat annehmen **2.** Beratung *f*: ***hold*** (*oder* ***take***) ***counsel with*** sich beraten mit; sich Rat holen bei **3.** JUR *Am* Rechtsberater(in), -beistand *m*; *Br* (Rechts-) Anwalt *m*, (-)Anwältin *f*: ***counsel for the defence*** Verteidiger(in); ***counsel for the prosecution*** Anklagevertreter(in) **II** *v/t Prät und Part Perf* **coun·seled**, *bes Br* **coun·selled** **4.** *j-m* raten, *j-m* einen Rat geben *oder* erteilen: ***counsel s.o. against*** j-m abraten von **5.** zu *etw* raten: ***counsel s.th. to s.o.*** j-m etw raten **III** *v/i* **6.** ***counsel against*** abraten von
ˈcoun·selor, **ˈcoun·sellor** *s* (*Berufs- etc*)Berater(in)
count[1] [kaʊnt] **I** *s* **1.** Zählen *n*, (Ab-, Auf-, Aus)Zählung *f*: ***keep count of*** *etw* genau zählen; *fig* die Übersicht behalten über (*Akk*); ***lose count*** sich verzählen; *fig* die Übersicht verlieren (***of*** über *Akk*); ***by this count*** nach dieser Zählung *oder* Berechnung **2.** Endzahl *f*, Ergebnis *n* **3.** JUR Anklagepunkt *m*: ***on all counts*** in allen Anklagepunkten; *fig* in jeder Hinsicht **4.** ***take no count of*** nicht berücksichtigen **II** *v/t* **5.** (ab-, auf-, aus-, zs.-)zählen,

Wechselgeld nachzählen **6.** aus-, berechnen **7.** zählen bis: ***count ten*** **8.** (mit)zählen, mit einrechnen: (***not***) ***counting the persons present*** die Anwesenden (nicht) mitgerechnet; ***without*** (*oder* ***not***) ***counting*** abgesehen von **9.** halten für, betrachten als, zählen (***among*** zu): ***count o.s. lucky*** (*oder* ***fortunate***) sich glücklich schätzen **III** *v/i* **10.** zählen (*fig* ***among*** zu): ***count up to ten*** bis 10 zählen; ***counting from today*** von heute an (gerechnet) **11.** (***on***) zählen, sich verlassen (auf *Akk*), sicher rechnen (mit) **12.** zählen: **a)** von Wert sein, ins Gewicht fallen, **b)** gelten: ***count for much*** viel gelten *oder* wert sein; ***count against*** sprechen gegen; sich nachteilig auswirken auf (*Akk*)

♦**count down** *v/t* **1.** *Geld* hinzählen **2.** den Countdown durchführen für, *auch weit. S.* letzte (Start)Vorbereitungen treffen für

♦**count in** *v/t* → **count**[1] 8: ***count me in!*** ich bin dabei!, ich mache mit!

♦**count off** *v/t und v/i bes* MIL abzählen

♦**count out** *v/t* **1.** *Münzen etc* (langsam) abzählen **2.** ausschließen, unberücksichtigt lassen: ***count me out!*** ohne mich! **3.** *Boxen, Kinderspiel*: auszählen

♦**count up** *v/t* zs.-zählen

count[2] ['kaʊnt] *s nichtbritischer* Graf

count·a·ble ['kaʊntəbl] *Adj* zählbar (*auch* LING)

'count·down *s* Countdown *m, n, auch weit. S.* letzte (Start)Vorbereitungen *Pl*

coun·te·nance ['kaʊntənəns] **I** *s* **1.** Gesichtsausdruck *m*, Miene *f*: ***change one's countenance*** seinen Gesichtsausdruck ändern **2.** Fassung *f*, Haltung *f*: ***in countenance*** gefasst; ***keep one's countenance*** die Fassung bewahren; ***put s.o. out of countenance*** j-n aus der Fassung bringen **II** *v/t* gutheißen, unterstützen

count·er[1] ['kaʊntə] **I** *s* **1.** Ladentisch *m*: ***under the counter*** unter dem Ladentisch *verkaufen etc*; *fig* unter der Hand, heimlich **2.** Theke *f* **3.** (*Bank-, Post*)Schalter *m* **II** *Adj* **4.** rezeptfrei (*Medikament*)

count·er[2] ['kaʊntə] *s* **1.** TECH Zähler *m* **2.** Spielmarke *f*, Jeton *m*

coun·ter[3] ['kaʊntə] **I** *Adv* **1.** in entgegengesetzter Richtung **2.** ***counter to*** *fig* wider (*Akk*), zuwider (*Dat*), entgegen (*Dat*): ***run counter to*** zuwiderlaufen (*Dat*) **II** *Adj* **3.** Gegen…, entgegengesetzt **III** *v/t* **4.** entgegenwirken (*Dat*) **IV** *v/i* **5.** *bes* SPORT kontern

coun·ter… [kaʊntə] *in Zssgn* Gegen…

ˌcoun·ter'act *v/t* **1.** entgegenwirken (*Dat*) **2.** *Wirkung* kompensieren, neutralisieren

'coun·terˌar·gu·ment *s* Gegenargument *n*

'coun·ter·atˌtack *s* Gegenangriff *m*

coun·ter·bal·ance *fig* **I** *s* ['kaʊntəˌbæləns] Gegengewicht *n* (***to*** zu) **II** *v/t* [ˌkaʊntə'bæləns] ein Gegengewicht bilden zu, ausgleichen

'coun·ter·blast *s* heftige Reaktion

'coun·ter·charge *s* **1.** JUR Gegenklage *f* **2.** MIL Gegenangriff *m*

'coun·ter·check **I** *s* Gegen-, Nachprüfung *f* **II** *v/t* gegen-, nachprüfen

'coun·ter·claim *s* WIRTSCH, JUR Gegenanspruch *m*, -forderung *f*

ˌcoun·ter'clock·wise *Am* → ***anticlockwise***

'coun·terˌdem·on'stra·tion *s* Gegendemonstration *f*

ˌcoun·ter'es·pi·o·nage *s* Spionageabwehr *f*

'coun·ter·exˌam·ple *s* Gegenbeispiel *n*

coun·ter·feit ['kaʊntəfɪt] **I** *Adj* **1.** falsch: **a)** gefälscht: ***counterfeit money*** Falschgeld *n*, **b)** vorgetäuscht **II** *s* **2.** Fälschung *f* **III** *v/t* **3.** *Geld, Unterschrift etc* fälschen **4.** vortäuschen, simulieren

'coun·ter·foil *s bes Br* (Kontroll)Abschnitt *m*

'coun·ter·inˌtel·li·gence *s* Spionageabwehr (-dienst *m*) *f*

coun·ter·mand [ˌkaʊntə'mɑːnd] **I** *v/t* **1.** *Befehl etc* widerrufen, rückgängig machen, WIRTSCH *Auftrag* stornieren: ***until countermanded*** bis auf Widerruf **2.** *Ware* abbestellen **II** *s* **3.** Widerrufung *f*, WIRTSCH Stornierung *f*

'coun·terˌmeas·ure *s* Gegenmaßnahme *f*

'coun·ter·move *s* Gegenzug *m*

'coun·ter·ofˌfen·sive *s* MIL Gegenoffensive *f*

'coun·terˌof·fer *s* Gegenangebot *n*

'coun·terˌor·der *s bes* MIL Gegenbefehl *m*

'coun·ter·pane *s* Tagesdecke *f*

'coun·ter·part *s* **1.** Gegenstück *n* (***to*** zu) **2.** Pendant *n*, genaue Entsprechung **3.** Ebenbild *n* (*Person*)

'coun·ter·point *s* MUS Kontrapunkt *m*

'coun·ter·poise *s* Gegengewicht *n* (***to*** zu) (*auch fig*)

ˌcoun·ter·pro'duc·tive *Adj* kontraproduktiv: ***be counterproductive*** nicht zum gewünschten Ziel führen, das Gegenteil bewirken

'coun·ter·proˌpos·al *s* Gegenvorschlag *m*

'coun·ter·rev·oˌlu·tion *s* POL Konter-, Gegenrevolution *f*

'coun·ter·sign *v/t* gegenzeichnen

'coun·ter·weight *s* Gegengewicht *n* (***to*** zu) (*auch fig*)

count·ess ['kaʊntɪs] *s* Gräfin *f*

count·less ['kaʊntlɪs] *Adj* unzählig

►**coun·try** ['kʌntrɪ] **I** *s* **1.** Gegend *f*, Landschaft *f*: ***flat country*** Flachland *n* **2.** Land *n*, Staat *m*: ***in this country*** hierzulande; ***country of birth*** Geburtsland **3.** Land *n* (*Ggs. Stadt*): ***in the country*** auf dem Lande **II** *Adj* **4.** ländlich, Land…

coun·try home, **coun·try house** *s* **1.** Landhaus *n* **2.** Landsitz *m*

coun·try·man ['kʌntrɪmən] *s* (*unreg* ***man***) **1.** Landsmann *m* **2.** Landbewohner *m*; Bauer *m*

coun·try mu·sic *s* Countrymusic *f*

coun·try road *s* Landstraße *f*

coun·try seat *s* Landsitz *m*

'coun·try·side *s* **1.** Landstrich *m*, (ländliche) Gegend **2.** Landschaft *f*

ˌcoun·try-'wide *Adj* landesweit

'coun·tryˌwom·an *s* (*unreg* ***woman***) **1.** Landsmännin *f* **2.** Landbewohnerin *f*; Bäuerin *f*

coun·ty ['kaʊntɪ] *s* **1.** *Br* Grafschaft *f* **2.** *Am* (Land)Kreis *m* (*einzelstaatlicher Verwaltungsbezirk*)

coup [kuː] *s* **1.** Coup *m*: ***make*** (*oder* ***pull off***) ***a coup*** einen Coup landen **2.** Staatsstreich *m*, Putsch *m*

coup d'é·tat [ˌkuːdeɪ'tɑː] *Pl* **coups d'é·tat** [ˌkuːzdeɪ'tɑː] → ***coup*** 2

cou·pé ['kuːpeɪ] *s* MOT Coupé *n*

►**cou·ple** ['kʌpl] **I** *s* **1.** Paar *n*: ***a couple of*** zwei; *ugs* ein paar; ***in couples*** paarweise **2.** (*Ehe-, Liebes- etc*)Paar *n* **II** *v/t* **3.** (zs.-)koppeln, verbinden (*auch fig* ***with*** mit) **4.** ELEK koppeln: ***couple back*** rückkoppeln

cou·pon ['kuːpɒn] *s* **1.** Gutschein *m*, Bon *m*; Berechtigungsschein *m* **2.** Cupon *m*, Bestellzettel *m* (*in Zeitungsinseraten etc*) **3.** *Br* Tippzettel *m* (*Fußballtoto*)

►**cour·age** ['kʌrɪdʒ] *s* Mut *m*, Tapferkeit *f*: ***lose courage*** den Mut verlieren; ***pluck up courage***

Mut *oder* sich ein Herz fassen

cou·ra·geous [kə'reɪdʒəs] *Adj* mutig, tapfer

cour·gette [ˌkɔː'ʒet] *s* BOT *Br* Zucchini *f*

cour·i·er ['kʊrɪə] *s* **1.** Eilbote *m*, -botin *f*, (*auch diplomatischer*) Kurier **2.** Reiseleiter(in)

▶**course** [kɔːs] *s* **1.** FLUG, SCHIFF Kurs *m* (*auch fig*): ***change one's course*** seinen Kurs ändern; ***course correction*** Kurskorrektur *f* **2.** SPORT (*Renn*)Bahn *f*, (-)Strecke *f*, (*Golf*)Platz *m* **3.** (*zeitlicher, natürlicher*) (Ver)Lauf: ***in the course of*** im (Ver)Lauf (*Gen*); ***in the course of time*** im Laufe der Zeit; ▶ ***of course*** natürlich, selbstverständlich; ***the course of events*** der Gang der Ereignisse, der Lauf der Dinge; ***take*** (*oder* ***run***) ***its course*** seinen Lauf nehmen; → ***due*** 6, ***matter*** 3 **4.** Gang *m* (*Speisen*): ***a four-course meal*** eine Mahlzeit mit 4 Gängen **5.** Zyklus *m*, Reihe *f*: ***course of lectures*** Vortragsreihe **6.** Kurs *m*, Lehrgang *m*: ***English course*** Englischkurs; ***course of study*** UNI Kurs; Lehrplan *m*

▶**court** [kɔːt] **I** *s* **1.** Hof *m*: ***in the court*** auf dem Hof **2.** SPORT (*Tennis- etc*)Platz *m*; (Spiel-)Feld *n* **3.** (*fürstlicher etc*) Hof: ***at court*** bei Hofe **4.** ***pay*** (***one's***) ***court to*** **a)** *siehe* 6, **b)** *j-m* seine Aufwartung machen **5.** JUR Gericht *n*: ***in court*** vor Gericht; ***bring into court*** vor Gericht bringen; ***come to court*** vor Gericht *oder* zur Verhandlung kommen; ***go to court*** vor Gericht gehen; ***out of court*** außergerichtlich; → ***arbitration*** 2 **II** *v/t* **6.** *einer Dame* den Hof machen **7.** ***court death*** mit seinem Leben spielen; ***court disaster*** das Schicksal herausfordern **III** *v/i* **8.** miteinander gehen: ***courting couple*** Liebespaar *n*

court card *s Kartenspiel*: Bild(karte *f*) *n*

cour·te·ous ['kɜːtjəs] *Adj* höflich, liebenswürdig

cour·te·sy ['kɜːtɪsɪ] *s* **1.** Höflichkeit *f*, Liebenswürdigkeit *f*: ***courtesy light*** MOT Innenbeleuchtung *f*. ***courtesy visit*** Höflichkeits-, Anstandsbesuch *m* **2.** Gefälligkeit *f*: ***by courtesy of*** mit freundlicher Genehmigung von (*oder Gen*); ***courtesy coach*** (*bes Am* ***bus***) Zubringerbus *m*

'court·house *s* Gerichtsgebäude *n*

court mar·tial *Pl* **court mar·tials, courts mar·tial** *s* Kriegsgericht *n*

ˌcourt-'mar·tial *v/t Prät und Part Perf* **court--'mar·tialed**, *bes Br* **court-'mar·tialled** vor ein Kriegsgericht stellen

court or·der *s* JUR Gerichtsbeschluss *m*, richterliche Verfügung

'court·room *s* Gerichtssaal *m*

'court·yard → ***court*** 1

▶**cous·in** ['kʌzn] *s* Cousin *m*, Vetter *m*; Cousine *f*

▶**cov·er** ['kʌvə] **I** *s* **1.** (*weit. S. auch Schnee-, Wolken- etc*)Decke *f* **2.** Deckel *m* **3.** (*Buch*)Deckel *m*, Einband *m*; Umschlag-, Titelseite *f*; (Schutz)Umschlag *m*: ***from cover to cover*** von der ersten bis zur letzten Seite **4.** Hülle *f*, Futteral *n* **5.** Überzug *m*, Bezug *m* **6.** Abdeck-, TECH Schutzhaube *f* **7.** Briefumschlag *m*: ***under separate cover*** mit getrennter Post; ***under plain cover*** in neutralem Umschlag **8.** MIL *und allg* Deckung *f* (***from*** vor *Dat*): ***take cover*** in Deckung gehen **9.** Schutz *m* (***from*** vor *Dat*): ***get under cover*** sich unterstellen; ***under*** (***the***) ***cover of night*** im Schutze der Nacht **10.** *fig* Tarnung *f*: ***under cover of*** unter dem Deckmantel (*Gen*) **11.** Gedeck *n* (*bei Tisch*) **12.** WIRTSCH **a)** Deckung *f*, Sicherheit *f*, **b)** → ***coverage*** 2 **II** *v/t* **13.** be-, zudecken (***with*** mit), *Dach* decken: ***covered with*** voll von; ***covered court*** (*Sport*) Hallenplatz *m* **14.** *Fläche* bedecken, sich über *eine Fläche, auch einen Zeitraum* erstrecken **15.** *Seite etc* vollschreiben **16.** einwickeln, -schlagen (***in, with*** in *Akk*) **17.** verbergen (*auch fig*): ***cover*** (***up***) *fig* verheimlichen, -tuschen **18.** decken, schützen (***from, against*** vor *Dat*, gegen) (*beide auch* MIL *und fig*): ***cover o.s.*** *fig* sich absichern **19.** WIRTSCH (ab)decken; versichern **20.** *Thema* erschöpfend behandeln **21.** PRESSE, RUNDFUNK *etc*: berichten über (*Akk*) **22.** *Strecke* zurücklegen **23.** SPORT *Gegenspieler* decken **24.** *j-n* beschatten **25.** ZOOL decken

cov·er·age ['kʌvərɪdʒ] *s* **1.** erschöpfende Behandlung (*eines Themas*) **2.** WIRTSCH Versicherungsschutz *m*, (Schadens)Deckung *f* **3.** PRESSE, RUNDFUNK *etc*: Berichterstattung *f* (***of*** über *Akk*)

cov·er charge *s* pro Gedeck berechneter Betrag

cov·er girl *s* Covergirl *n*, Titelblattmädchen *n*

cov·er·ing ['kʌvərɪŋ] *s* **1.** → ***cover*** 4 **2.** (*Fußboden*)Belag *m*

cov·er·ing let·ter *s* Begleitbrief *m*, -schreiben *n*

cov·er note *s* Versicherungsdoppelkarte *f*; Deckungszusage *f*

cov·er sto·ry *s* Titelgeschichte *f*

cov·ert ['kʌvət] *Adj* heimlich, verborgen

'cov·er-up *s* Vertuschung *f* (***for*** *Gen*)

cov·et·ous ['kʌvɪtəs] *Adj* begehrlich

▶**cow** [kaʊ] *s* Kuh *f* (*auch fig pej*): ***till the cows come home*** *ugs* bis in alle Ewigkeit

▶**cow·ard** ['kaʊəd] *s* Feigling *m*

cow·ard·ice ['kaʊədɪs] *s* Feigheit *f*

'cow·ard·ly *Adj* feig

'cow·boy *s* Cowboy *m*

cow·er ['kaʊə] *v/i* **1.** kauern, (zs.-gekauert) hocken **2.** *auch* ***cower down*** sich ducken

'cow·girl *s* Cowgirl *n*

cow·hide *s* **1.** Kuhhaut *f* **2.** Rind(s)leder *n*

cowl [kaʊl] *s* **1.** Mönchskutte *f* **2.** Kapuze *f* **3.** Schornsteinkappe *f*

'cow·pat *s* Kuhfladen *m*

'cow·pox *s* MED Kuh-, Impfpocken *Pl*

'cow·shed *s* Kuhstall *m*

'cow·skin → ***cowhide***

cox [kɒks] → ***coxswain***

cox·swain ['kɒksn] **I** *s* **1.** *Rudern*: Steuermann *m* **2.** Boot(s)führer(in) **II** *v/t und v/i* **3.** steuern

coy [kɔɪ] *Adj* **1.** schüchtern, scheu **2.** neckisch--verschämt

co·zi·ness, co·zy *Am* → ***cosiness, cosy***

CPU [ˌsiːpiː'juː] *Abk* (= ***central processing unit***) Zentraleinheit *f*

crab[1] [kræb] *s* **1.** ZOOL Krabbe *f*; Taschenkrebs *m*: ***catch a crab*** (*Rudern*) einen Krebs fangen **2.** TECH Winde *f*; Laufkatze *f* **3.** → ***crab louse***

crab[2] [kræb] *ugs* **I** *s* **1.** Nörgler(in); Nörgelei *f* **II** *v/i* **2.** nörgeln **III** *v/t* **3.** (herum)nörgeln an (*Dat*) **4.** *Am* verpatzen

crab·bed ['kræbɪd] *Adj* **1.** mürrisch, verdrießlich **2.** verworren, unklar **3.** unleserlich

'crab·by → ***crabbed*** 1

crab louse *s* (*unreg* ***louse***) ZOOL Filzlaus *f*

▶**crack** [kræk] **I** *s* **1.** Krach *m*, Knall *m*: ***at the crack of dawn*** im Morgengrauen, in aller Frühe; ***in a crack*** *ugs* im Nu; ***give s.o. a fair crack of the whip*** *ugs* j-m eine faire Chance geben **2.** *ugs* (heftiger) Schlag **3.** Sprung *m*,

C

Riss *m* **4.** Spalt(e *f*) *m*, Ritze *f*: ***be open a crack*** einen Spalt(breit) offen stehen **5.** *ugs* Knacks *m* (*geistiger Defekt*) **6.** *sl* Versuch *m*: ***have a crack at s.th., give s.th. a crack*** es (einmal) mit etw versuchen **7.** *sl* **a)** Witz *m*: ***make cracks about*** Witze machen über (*Akk*), **b)** Seitenhieb *m*, Stichelei *f* **8.** *Br ugs* Crack *m*, Ass *n* (*bes Sportler*) **9.** (*Rauschgift*) Crack *n* **II** *Adj* **10.** *ugs* erstklassig, großartig: ***crack shot*** Meisterschütze *m*, -schützin *f* **III** *v/i* **11.** krachen, knallen **12.** (zer)springen, (-)platzen, rissig werden, einen Sprung *oder* Sprünge bekommen **13.** überschnappen (*Stimme*) **14.** *fig* (*ugs* ***crack up***) zs.-brechen **15.** ***get cracking*** *ugs* loslegen **16.** ***crack down on*** *ugs* scharf vorgehen gegen, durchgreifen bei **IV** *v/t* **17.** knallen mit (*Peitsche*), knacken mit (*Fingern*): → ***joke*** 1 **18.** zerbrechen, *Ei* aufschlagen, *einer Flasche* den Hals brechen **19.** einen Sprung machen in (*Dat*); sich *eine Rippe etc* anbrechen **20.** *ugs* **a)** schlagen, hauen: ***crack s.o. over the head*** j-m eins auf den Kopf geben, **b)** ein-, zerschlagen **21.** *Nuss*, *ugs Code*, *Safe etc* knacken **22.** ***crack up*** *ugs* hochjubeln

'crack·brained *Adj ugs* verrückt

'crack·down *s ugs* (***on***) scharfes Vorgehen (gegen), Durchgreifen *n* (bei)

cracked [krækt] *Adj* **1.** gesprungen, rissig: ***be cracked*** einen Sprung haben **2.** *ugs* verrückt

crack·er ['krækə] *s* **1.** Cracker *m*, Kräcker *m*: **a)** *ungesüßtes, keksartiges Kleingebäck*, **b)** Schwärmer *m*, Frosch *m* (*Feuerwerkskörper*), **c)** Knallbonbon *m*, *n* **2.** *Pl* Nussknacker *m*

crack·ers ['krækəz] *Adj Br ugs* übergeschnappt: ***go crackers*** überschnappen

crack·le ['krækl] **I** *v/i* knistern, prasseln, knattern **II** *s* Knistern *n*, Prasseln *n*, Knattern *n*

'crack·pot *ugs* **I** *s* Verrückte *m*, *f*, Spinner(in) **II** *Adj* verrückt

'crack-up *s fig ugs* Zs.-bruch *m*

cra·dle ['kreɪdl] **I** *s* **1.** Wiege *f* (*auch fig*): ***from the cradle to the grave*** von der Wiege bis zur Bahre; ***from the cradle*** von Kindheit *oder* von Kindesbeinen an **2.** TEL Gabel *f* **II** *v/t* **3.** wiegen, schaukeln **4.** (*zärtlich*) halten **5.** TEL *Hörer* auflegen

craft [krɑːft] *s* **1.** (Hand- *oder* Kunst)Fertigkeit *f*, Geschicklichkeit *f*: → ***art*** 2 **2.** Gewerbe *n*, Beruf *m*, Handwerk *n* **3.** → ***craftiness*** **4.** Boot(e *Pl*) *n*, Schiff(e *Pl*) *n*; Flugzeug(e *Pl*) *n*

'craft·i·ness *s* Schlauheit *f*, List *f*

crafts·man ['krɑːftsmən] *s* (*unreg* ***man***), **crafts·wom·an** *s* (*unreg* ***woman***) Handwerker(in)

'crafts·man·ship *s* Kunstfertigkeit *f*, handwerkliches Können

craft·y ['krɑːftɪ] *Adj* schlau, verschlagen, listig

crag [kræg] *s* Felsenspitze *f*, Klippe *f*

crag·ged ['krægɪd] *Adj Am*, **'crag·gy** *Adj* **1.** felsig, schroff **2.** runz(e)lig, zerfurcht (*Gesicht*); knorrig, rau (*Person*)

cram [kræm] **I** *v/t* **1.** vollstopfen, *auch fig* vollpacken (***with*** mit) **2.** (hinein)stopfen, (-)zwängen (***into*** in *Akk*) **3.** *ugs* **a)** mit *j-m* pauken *oder* büffeln, **b)** *meist* ***cram up*** *Fach* pauken, büffeln **II** *v/i* **4.** sich vollstopfen **5.** *ugs* pauken, büffeln (***for*** für): ***cram up on*** *siehe* 3b **III** *s* **6.** *ugs* Pauken *n*, Büffeln *n*: ***cram course*** Paukkurs *m*

ˌcram-'full *Adj* vollgestopft (***of*** mit), zum Bersten voll

cram·mer ['kræmə] *s ugs* **1.** Paukstudio *n* **2.** Einpauker(in) **3.** Paukbuch *n* **4.** *jemand, der für eine Prüfung paukt*

cramp¹ [kræmp] *s* MED Krampf *m*

cramp² [kræmp] **I** *s* **1.** TECH Krampe *f*, Klammer *f* **II** *v/t* **2.** TECH ankrampen, anklammern **3.** *auch* ***cramp up*** einzwängen, -engen: ***be cramped for space*** (*oder* ***room***) (zu) wenig Platz haben, räumlich beschränkt sein

cran·ber·ry ['krænbərɪ] *s* BOT Preiselbeere *f*

crane [kreɪn] **I** *s* **1.** ORN Kranich *m* **2.** TECH Kran *m* **II** *v/t* **3.** ***crane one's neck*** sich den Hals verrenken (***for*** nach), einen langen Hals machen, den Hals recken **III** *v/i* **4.** *auch* ***crane forward*** den Hals recken

crane driv·er *s* Kranführer(in)

crank [kræŋk] **I** *s* **1.** TECH Kurbel *f* **2.** *ugs* wunderlicher Kauz, Spinner *m*; *Am* Miesepeter *m* **3.** *ugs* fixe Idee, Marotte *f* **II** *v/t* **4.** *oft* ***crank up*** ankurbeln

'crank·shaft *s* TECH Kurbelwelle *f*

crank·y ['kræŋkɪ] *Adj ugs* **1.** verschroben, wunderlich **2.** *Am* reizbar, schlecht gelaunt **3.** wack(e)lig, unsicher, baufällig

cran·ny ['krænɪ] *s* Riss *m*, Ritze *f*, Spalt *m*: → ***nook***

crape [kreɪp] *s* **1.** Krepp *m* **2.** Trauerflor *m*

▶**crash** [kræʃ] **I** *v/t* **1.** zertrümmern, -schmettern **2.** *ugs* uneingeladen kommen zu, hineinplatzen in (*Akk*): ***crash a party***; ***crash the gate*** → ***gate-crash*** **II** *v/i* **3.** (krachend) zerbersten **4.** krachend einstürzen, zs.-krachen **5.** *bes* WIRTSCH zs.-brechen **6.** krachen (***against, into*** gegen): ***crash open*** krachend auffliegen (*Tür*) **7.** stürmen, platzen: ***crash in(to the room)*** hereinplatzen **8.** MOT zs.-stoßen, verunglücken; FLUG *und* COMPUTER abstürzen **III** *s* **9.** Krach(en *n*) *m* **10.** *bes* WIRTSCH Zs.-bruch *m*, (Börsen)Krach *m* **11.** MOT Unfall *m*, Zs.-stoß *m*; FLUG *und* COMPUTER Absturz *m*

crash bar·ri·er *s Br* Leitplanke *f*

crash course *s* Schnell-, Intensivkurs *m*

crash di·et *s* radikale Schlankheitskur

▶**crash hel·met** ['kræʃˌhelmɪt] *s* Sturzhelm *m*

crash·ing ['kræʃɪŋ] *Adj ugs* fürchterlich

'crash-land *v/i* FLUG Bruch *oder* eine Bruchlandung machen, bruchlanden

crash land·ing *s* FLUG Bruchlandung *f*

crash pro·gram(me) *s* Sofortprogramm *n*

crash test *s* MOT Crashtest *m*

crass [kræs] *Adj* **1.** grob, krass (*Fehler etc*) **2.** derb, unfein (*Benehmen etc*)

crate [kreɪt] *s* **1.** (Latten)Kiste *f* **2.** (*Bier- etc*) Kasten *m* **3.** *sl* Kiste *f* (*Auto, Flugzeug*)

cra·ter ['kreɪtə] *s* **1.** GEOL Krater *m*: ***crater lake*** Kratersee *m* **2.** (*Bomben-, Granat*)Trichter *m*

cra·vat [krə'væt] *s* Halstuch *n*

crave [kreɪv] **I** *v/t* **1.** *etw* ersehnen **2.** (inständig) bitten *oder* flehen um **II** *v/i* **3.** sich sehnen (***for, after*** nach) **4.** ***crave for*** *siehe* 2

'crav·ing *s* Sehnsucht *f* (***for*** nach)

crawl [krɔːl] **I** *v/i* **1.** kriechen: **a)** krabbeln, **b)** *fig* sich dahinschleppen (*Zeit etc*), **c)** im Schneckentempo gehen *oder* fahren, **d)** *ugs* unterwürfig sein: ***crawl to s.o.*** vor j-m kriechen **2.** wimmeln (***with*** von) **3.** kribbeln: ***the sight made her flesh crawl*** bei dem Anblick bekam sie eine Gänsehaut **4.** *Schwimmen*: kraulen **II** *s* **5.** Kriechen *n*: ***go at a crawl*** *siehe* 1c **6.** *Schwimmen*: Kraul(en) *n*, Kraulstil *m*

'crawl·er *s* **1.** Kriechtier *n* **2.** *Br ugs* Kriecher(in) **3.** *Schwimmen*: Krauler(in)

cray·fish ['kreɪfɪʃ] *s* ZOOL **1.** Flusskrebs *m* **2.**

C

Languste *f*
cray·on ['kreɪən] **I** *s* **1.** Zeichenkreide *f* **2.** Zeichen-, Bunt-, Pastellstift *m*: ***blue crayon*** Blaustift **3.** Kreide-, Pastellzeichnung *f* **II** *v/t* **4.** mit Kreide *etc* zeichnen
craze [kreɪz] *s* Manie *f*, Verrücktheit *f*: ***be the craze*** große Mode sein; ***the latest craze*** der letzte Schrei
'cra·zi·ness *s* Verrücktheit *f*
'cra·zy *Adj* **1.** *auch fig* verrückt, wahnsinnig (***with*** vor *Dat*): ***drive s.o. crazy*** j-n wahnsinnig machen; ***crazy bone*** *Am* Musikantenknochen *m* **2.** *ugs* (***about***) hingerissen (von), vernarrt in (*Akk*); versessen, scharf (auf *Akk*), wild, verrückt (nach): ***be crazy to do s.th.*** darauf versessen sein, etw zu tun
creak [kriːk] **I** *v/i* knarren (*Treppe etc*), quietschen (*Bremsen etc*) **II** *s* Knarren *n*, Quietschen *n*
'creak·y *Adj* knarrend, quietschend
►**cream** [kriːm] **I** *s* **1.** Rahm *m*, Sahne *f*, *österr.* Obers *n*: ***whipped cream*** Schlagsahne *f*, *österr.* Schlagobers *n* **2.** Creme(speise) *f* **3.** (*Haut-, Schuh- etc*)Creme *f* **4.** *fig* Creme *f*, Auslese *f*, Elite *f* **II** *v/t* **5.** den Rahm abschöpfen von (*auch fig*) **6.** zu Schaum schlagen; schaumig rühren **7.** sich *das Gesicht etc* eincremen: ***cream one's face*** **III** *Adj* **8.** creme(farben)
cream cheese *s* Rahm-, Vollfettkäse *m*
'cream-ˌcol·ored, **'cream-ˌcol·oured** → **cream** 8
cream puff *s* Windbeutel *m*
crease [kriːs] **I** *s* **1.** Falte *f* **2.** Bügelfalte *f* **3.** Knick *m*, *auch* Eselsohr *n* **II** *v/t* **4.** falten, knicken **5.** Falten bügeln in (*eine Hose*) **6.** zerknittern **III** *v/i* **7.** knittern
'crease-proof, **'crease-reˌsist·ant** *Adj* knitterfrei
►**cre·ate** [kriː'eɪt] *v/t* **1.** (er)schaffen **2.** ins Leben rufen, *Arbeitsplätze* schaffen; hervorrufen, verursachen **3.** THEAT *etc*, *Mode*: kreieren **4.** *j-n* machen *oder* ernennen zu
cre·a·tine ['kriːətiːn] *s* MED Kreatin *n*
cre'a·tion *s* **1.** (Er)Schaffung *f* **2.** Hervorrufung *f*, Verursachung *f* **3.** ***the Creation*** REL die Schöpfung **4.** THEAT *etc*, *Mode*: Kreierung *f* **5.** Schöpfung *f*, (*Mode auch*) Kreation *f* **6.** Ernennung *f*
cre'a·tive *Adj* schöpferisch, kreativ
cre'a·tor *s* Schöpfer(in), Urheber(in): ***the Creator*** REL der Schöpfer
►**crea·ture** ['kriːtʃə] *s* **1.** Geschöpf *n*, (Lebe-) Wesen *n*, Kreatur *f*: ***dumb creature*** stumme Kreatur; ***good creature*** gute Haut; ***lovely creature*** süßes Geschöpf; ***poor*** (***silly***) ***creature*** armes (dummes) Ding; ***creature of habit*** Gewohnheitstier *n* **2.** Produkt *n*: ***creature of the imagination*** Fantasieprodukt
crea·ture com·forts *s Pl* leibliches Wohl
crèche [kreɪʃ] *s* **1.** (Kinder)Krippe *f* **2.** *Am* (Weihnachts)Krippe *f*
cre·dence ['kriːdəns] *s*: ***give*** (*oder* ***attach***) ***credence to*** Glauben schenken (*Dat*)
cre·den·tials [krɪ'denʃlz] *s Pl* **1.** Beglaubigungs- *oder* Empfehlungsschreiben *n* **2.** (Leumunds-) Zeugnis *n* **3.** Ausweis(papiere *Pl*) *m*
cred·i·bil·i·ty [ˌkredə'bɪlətɪ] *s* Glaubwürdigkeit *f*
'cred·i·ble *Adj* glaubwürdig
►**cred·it** ['kredɪt] **I** *s* **1.** Glaube(n) *m*: ***give credit to*** Glauben schenken (*Dat*) **2.** Ansehen *n*, Achtung *f* **3.** Ehre *f*: ***be a credit to s.o., be to s.o.'s credit, do s.o. credit*** j-m Ehre machen *oder* einbringen; ***to his credit it must be said*** zu seiner Ehre muss man sagen; ***credit where credit is due*** Ehre, wem Ehre gebührt **4.** Anerkennung *f*, Lob *n*: ***get credit for*** Anerkennung finden für; ***that's very much to his credit*** das ist sehr anerkennenswert *oder* verdienstvoll von ihm **5.** Verdienst *n*: ***give s.o.*** (***the***) ***credit for*** j-m *etw* hoch anrechnen; j-m *etw* zutrauen; j-m *etw* zuschreiben **6.** WIRTSCH Kredit *m*: ***on credit*** auf Kredit; ***give s.o. credit for £ 1,000*** j-m einen Kredit von 1000 Pfund geben; ***credit card*** Kreditkarte *f* **7.** WIRTSCH Guthaben *n*, Kredit(seite *f*) *m*, Haben *n*: ***your credit*** Saldo zu Ihren Gunsten; ***enter*** (*oder* ***place, put***) ***a sum to s.o.'s credit*** j-m einen Betrag gutschreiben; ***credit note*** Gutschrift *f* **II** *v/t* **8.** Glauben schenken (*Dat*), glauben (*Dat*) **9.** ***credit s.o. with*** j-m *etw* zutrauen; j-m *etw* zuschreiben **10.** WIRTSCH *Betrag* zuschreiben (***to s.o.*** j-m)
'cred·it·a·ble *Adj* (***to***) anerkennenswert (von)
'cred·itor *s* WIRTSCH Gläubiger(in)
'cred·itˌwor·thy *Adj* WIRTSCH kreditwürdig
cre·du·li·ty [krɪ'djuːlətɪ] *s* Leichtgläubigkeit *f*
cred·u·lous ['kredjʊləs] *Adj* leichtgläubig
creed [kriːd] *s* **1.** REL Glaubensbekenntnis *n*; Glaube *m*, Konfession *f* **2.** *fig* Überzeugung *f*, Weltanschauung *f*
creek [kriːk] *s* **1.** *Am* Bach *m* **2.** *bes Br* kleine Bucht **3.** ***be up the creek*** (***without a paddle***) *ugs* in der Klemme sein *oder* sitzen *oder* stecken
►**creep** [kriːp] **I** *v/i* (*unreg*) **1.** kriechen: **a)** krabbeln, **b)** *fig* sich dahinschleppen (*Zeit etc*), **c)** im Schneckentempo gehen *oder* fahren, **d)** unterwürfig sein **2.** schleichen: ***creep in*** (sich) hinein- *oder* hereinschleichen; *fig* sich einschleichen (*Fehler etc*) **3.** kribbeln: ***the sight made her flesh creep*** bei dem Anblick bekam sie eine Gänsehaut **II** *s* **4.** Kriechen *n*, Schleichen *n* **5.** ***the sight gave her the creeps*** *ugs* bei dem Anblick bekam sie eine Gänsehaut **6.** *ugs* Kriecher(in)
'creep·er *s* **1.** Kriechtier *n* **2.** Kriech- *oder* Kletterpflanze *f*
creep lane *s* MOT *Am* Kriechstreifen *m*, Kriechspur *f*
'creep·ing *Adj* kriechend: ***creeping inflation*** WIRTSCH schleichende Inflation
'creep·y *Adj* grus(e)lig
cre·mate [krɪ'meɪt] *v/t bes Leichen* verbrennen, einäschern
cre'ma·tion *s* Verbrennung *f*, Einäscherung *f*, Feuerbestattung *f*
crem·a·to·ri·um [ˌkremə'tɔːrɪəm] *Pl* **crem·a·to·ri·ums**, **crem·a·to·ri·a** [ˌkremə'tɔːrɪə], *bes Am* **cre·ma·to·ry** ['kremətərɪ] *s* Krematorium *n*
crept [krept] *Prät und Part Perf von* **creep**
cres·cent ['kresnt] *s* Halbmond *m*, Mondsichel *f*
cress [kres] *s* BOT Kresse *f*
crest [krest] *s* **1.** ORN Büschel *n*, Haube *f*; Kamm *m* **2.** ZOOL Mähne *f* **3.** Bergrücken *m*, Kamm *m* **4.** (*Wellen*)Kamm *m*: ***be riding*** (***along***) ***on the crest of a wave*** *fig* im Augenblick ganz oben schwimmen **5.** *fig* Gipfel *m*, Scheitelpunkt *m*
'crestˌfall·en *Adj fig* niedergeschlagen, geknickt
Crete [kriːt] *Eigenn* Kreta *n*
Creutz·feldt-Ja·kob dis·ease [ˌkrɔɪts-

feld'jækəbdɪˌziːz] *s* MED Creutzfeldt-Jakob--Krankheit *f*
cre·vasse [krɪ'væs] *s* **1.** tiefer Spalt *oder* Riss **2.** Gletscherspalte *f*
crev·ice ['krevɪs] *s* Riss *m*, Spalt *m*, (Fels)Spalte *f*
crew[1] [kruː] *s* **1.** *(Arbeits)*Gruppe *f*, *(Bau- etc)* Trupp *m*, *(Arbeiter)*Kolonne *f* **2.** TECH *(Bedienungs)*Mannschaft *f* **3.** FLUG, SCHIFF Besatzung *f*; SCHIFF *eng. S.* Mannschaft *f* *(auch Sport)*
crew[2] [kruː] *Prät von* ***crow***[2]
crew cut *s* Bürstenschnitt *m*
crew neck *s* runder Ausschnitt *m*
'crew-neck *Adj* mit rundem Ausschnitt
crib [krɪb] **I** *s* **1.** Kinderbettchen *n* **2.** (Futter-) Krippe *f* **3.** *bes Br* (Weihnachts)Krippe *f* **4.** *ugs* kleiner Diebstahl; Anleihe *f*, Plagiat *n* **5.** PÄD *ugs* Eselsbrücke *f*, Klatsche *f*; Spickzettel *m* **II** *v/t und v/i* **6.** *ugs* klauen *(auch fig plagiieren)* **7.** PÄD *ugs* abschreiben, spicken (***off, from*** von)
crick [krɪk] *s*: ***a crick in one's neck*** ein steifer Hals
crick·et[1] ['krɪkɪt] *s* ZOOL Grille *f*
crick·et[2] ['krɪkɪt] *(Sport)* **I** *s* Kricket *n*: ***not cricket*** *ugs* nicht fair **II** *v/i* Kricket spielen
'crick·et·er *s* Kricketspieler(in)
►**crime** [kraɪm] *s* **1.** Verbrechen *n*, *Koll auch Pl*: ***crime prevention*** Verbrechensverhütung *f*; ***crime syndicate*** Verbrechersyndikat *n*; ***crime wave*** Welle *f* von Verbrechen **2.** → ***criminality*** **3.** *ugs* Verbrechen *n*; Jammer *m*, Zumutung *f*
►**crim·i·nal** ['krɪmɪnl] **I** *Adj* **1.** kriminell, verbrecherisch *(beide auch fig ugs)*: ***criminal act*** Straftat *f*, strafbare Handlung; ***criminal association*** kriminelle Vereinigung; → ***record***[1] 2 **2.** strafrechtlich, Straf…, Kriminal…: ***criminal code*** Strafgesetzbuch *n*; ***criminal law*** Strafrecht *n*; ***criminal proceedings*** *Pl* Strafprozess *m*, -verfahren *n* **II** *s* **3.** Verbrecher(in), Kriminelle *m,f*
crim·i·nal·i·ty [ˌkrɪmɪ'nælətɪ] *s* Kriminalität *f*, Verbrechertum *n*
crim·i·nol·o·gy [ˌkrɪmɪ'nɒlədʒɪ] *s* Kriminologie *f*
crimp [krɪmp] *v/t* **1.** kräuseln **2.** falteln, fälteln **3.** *Haar* wellen, locken
crim·son ['krɪmzn] *Adj* **1.** karmin-, karmesinrot, purpur(rot) **2.** puterrot (***from*** vor *Dat*)
cringe [krɪndʒ] *v/i* **1.** sich ducken *oder* (zs.-) krümmen: ***cringe at*** zurückschrecken vor *(Dat)* **2.** *fig* kriechen, katzbuckeln (***to*** vor *Dat*)
'cring·ing *Adj* kriecherisch, unterwürfig
crin·kle ['krɪŋkl] **I** *v/i* **1.** Falten werfen **2.** knittern **3.** rascheln, knistern **II** *v/t* **4.** zerknittern **III** *s* **5.** Falte *f*, *(im Gesicht)* Fältchen *n*
crip·ple ['krɪpl] **I** *s* Krüppel *m* *(auch fig)* **II** *v/t* zum Krüppel machen; lähmen, *fig auch* lahmlegen
►**cri·sis** ['kraɪsɪs] *Pl* **cri·ses** ['kraɪsiːz] *s* Krise *f* *(auch* THEAT, MED*)*: ***economic crisis*** Wirtschaftskrise; ***crisis of confidence*** Vertrauenskrise
crisp [krɪsp] **I** *Adj* **1.** knusp(e)rig *(Gebäck etc)* **2.** kraus *(Haar)* **3.** frisch, knackig, fest *(Gemüse)* **4.** forsch, schneidig *(Benehmen etc)* **5.** klar *(Stil etc)* **6.** scharf, frisch *(Luft etc)* **II** *s* **7.** *Pl bes Br* *(Kartoffel)*Chips *Pl* **III** *v/t* **8.** knusp(e)rig backen *oder* braten **IV** *v/i* **9.** knusp(e)rig werden
'crisp·bread *s* Knäckebrot *n*
criss·cross ['krɪskrɒs] **I** *Adj* kreuzweise, Kreuz… **II** *Adv* kreuzweise, kreuz und quer **III** *s* Gewirr *n* **IV** *v/t* kreuz und quer ziehen durch **V** *v/i* kreuz und quer (ver)laufen
cri·te·ri·on [kraɪ'tɪərɪən] *Pl* **cri·te·ri·a** [kraɪ'tɪərɪə] *s* Kriterium *n*: **a)** Maßstab *m*, **b)** (Unterscheidungs)Merkmal *n*
►**crit·ic** ['krɪtɪk] *s* Kritiker(in): **a)** Beurteiler(in), **b)** Rezensent(in), **c)** Krittler(in)
crit·i·cal ['krɪtɪkl] *Adj* kritisch: **a)** anspruchsvoll, **b)** missbilligend, tadelnd (***of*** *Akk*): ***be critical of*** etw auszusetzen haben an *(Dat)*, kritisch gegenüberstehen *(Dat)*, kritisieren *(Akk)*, **c)** entscheidend *(Augenblick etc)*, **d)** gefährlich, bedenklich *(Situation etc)*: ***he is in (a) critical condition*** MED sein Zustand ist kritisch
►**crit·i·cism** ['krɪtɪˌsɪzəm] *s* Kritik *f*: **a)** kritische Beurteilung, **b)** Tadel *m*, Vorwurf *m*: ***open to criticism*** anfechtbar; ***above criticism*** über jede Kritik *oder* jeden Tadel erhaben, **c)** → ***critique*** a
►**crit·i·cize** ['krɪtɪsaɪz] *v/t* kritisieren: **a)** kritisch beurteilen, **b)** Kritik üben an *(Dat)*, bekritteln, tadeln: ***criticize s.o. for doing s.th.*** j-n kritisieren, weil er etw getan hat, **c)** besprechen, rezensieren
cri·tique [krɪ'tiːk] *s* Kritik *f*
croak [krəʊk] **I** *v/i* **1.** quaken *(Frosch)*; krächzen *(Rabe etc, auch Mensch)* **2.** *sl* abkratzen **II** *s* **3.** Quaken *n*; Krächzen *n*
Croat ['krəʊæt] *s* **1.** Kroate *m*, Kroatin *f* **2.** LING Kroatisch *n*
Croa·tia [krəʊ'eɪʃə] *Eigenn* Kroatien *n*
Croa·tian [krəʊ'eɪʃən] *Adj* kroatisch

Criticizing	**Kritisieren** SG
That wasn't very good.	Das war nicht sehr gut.
There's certainly room for improvement.	Das könnte man auf alle Fälle verbessern.
You could have done this section a bit better.	Diesen Teil hättest du besser machen können.
It could do with a bit of work.	Es bräuchte noch ein bisschen Arbeit.
You've made a complete mess of it.	Du hast es komplett vermasselt.
Nobody liked it.	Es hat keinem gefallen.
I've heard better.	Ich habe Besseres gehört.
I didn't think much of that.	Davon hielt ich nicht viel.
It wasn't very well done.	Es war nicht sehr gut gemacht.
It's just not good enough.	Es ist einfach nicht gut genug.
I thought that was awful.	Ich fand das scheußlich.

cro·chet ['krəʊʃeɪ] **I** *s auch* ***crochet work*** Häkelarbeit *f*, Häkelei *f*: ***crochet hook*** Häkelnadel *f* **II** *v/t und v/i* häkeln
crock [krɒk] *s* irdener Topf *oder* Krug
crock·er·y ['krɒkərɪ] *s bes Br* Geschirr *n*
croc·o·dile ['krɒkədaɪl] *s* ZOOL Krokodil *n*
croc·o·dile tears *s Pl* Krokodilstränen *Pl*
cro·cus ['krəʊkəs] *s* BOT Krokus *m*
crook [krʊk] **I** *s* **1.** Haken *m* **2.** Krümmung *f*, Biegung *f*: ***crook of one's arm*** Armbeuge *f* **3.** *ugs* Gauner(in); Gaunerei *f* **II** *v/t und v/i* **4.** (sich) krümmen *oder* biegen
crook·ed ['krʊkɪd] *Adj* **1.** gekrümmt, gebogen, krumm **2.** *ugs* betrügerisch
croon [kruːn] *v/t und v/i* **1.** schmachtend singen **2.** leise singen *oder* summen
'croon·er *s* Schnulzensänger(in)
►**crop** [krɒp] **I** *s* **1.** Ernte *f*: ***crop failure*** Missernte **2.** *fig* Ertrag *m*, Ausbeute *f* (***of*** an *Dat*); große Menge, Masse *f* **3.** kurzer Haarschnitt; kurz geschnittenes Haar **II** *v/t* **4.** stutzen, beschneiden **5.** *Haar* kurz scheren **III** *v/i* **6.** *meist* ***crop up*** (*oder* ***out***) *fig* plötzlich auftauchen *oder* eintreten
'crop·per *s ugs* **1.** schwerer Sturz: ***come a cropper*** schwer stürzen **2.** Misserfolg *m*, Fehlschlag *m*: ***come a cropper*** Schiffbruch erleiden
crop top *s* bauchfreies Shirt (*oder* Top)
cro·quet ['krəʊkeɪ] *s* SPORT Krocket *n*
►**cross** [krɒs] **I** *s* **1.** REL Kreuz *n*: ***the Cross*** das Kreuz (Christi), das Kruzifix **2.** Kreuz(zeichen) *n*: ***make the sign of the cross*** sich bekreuzigen; ***mark with a cross*** ankreuzen **3.** *fig* Kreuz *n*, Leiden *n*: ***bear*** (*oder* ***carry***) ***one's cross*** sein Kreuz tragen **4.** Querstrich *m* **5.** BIOL Kreuzung(sprodukt *n*) *f* **6.** *fig* Mittel-, Zwischending *n* **II** *v/t* **7.** das Kreuzzeichen machen auf (*Akk*) *oder* über (*Dat*): ***cross o.s.*** sich bekreuzigen **8.** kreuzen: ***cross one's arms*** die Arme kreuzen *oder* verschränken; *fig* die Hände in den Schoß legen; ***cross one's legs*** die Beine kreuzen *oder* übereinanderschlagen; → ***finger*** I, ***sword*** **9.** *Grenze, Meer, Straße etc* überqueren: ***cross s.o.'s path*** *fig* j-m in die Quere kommen **10.** kreuzen, schneiden **11.** sich kreuzen mit (*Brief*) **12.** ankreuzen **13.** *oft* ***cross off*** (*oder* ***out***) aus-, durchstreichen: ***cross off*** *fig* abschreiben (***as*** als) **14.** *Plan etc* durchkreuzen, vereiteln **15.** BIOL kreuzen **III** *v/i* **16.** sich kreuzen (*auch Briefe*) *oder* schneiden **17.** *oft* ***cross over*** (***to***) hinübergehen, -fahren (nach), übersetzen (nach) **18.** BIOL sich kreuzen (lassen) **IV** *Adj* **19.** schräg, Schräg… **20.** (***to***) entgegengesetzt (*Dat*), im Widerspruch (zu) **21.** *ugs* böse (***with*** auf *Akk*, mit), mürrisch
'cross·bar *s* SPORT Tor-, Querlatte *f*
'cross·beam *s* TECH Querträger *m*, -balken *m*
'cross·bones *s Pl* → ***skull***
'cross·breed BIOL **I** *s* Mischling *m*, Kreuzung *f* **II** *v/t* (*unreg* ***breed***) kreuzen
'cross·check **I** *v/t* von verschiedenen Gesichtspunkten aus überprüfen **II** *s* Überprüfung *f* von verschiedenen Gesichtspunkten aus
ˌcross-'coun·try *Adj* Querfeldein…, Gelände…, MOT *auch* geländegängig: ***cross-country skiing*** Skilanglauf *m*
'crossˌcur·rent *s* Gegenströmung *f* (*auch fig*)
'cross-ˌdress·ing *s* Transvestismus *m*
crossed [krɒst] *Adj* gekreuzt: ***crossed cheque*** WIRTSCH *Br* Verrechnungsscheck *m*
'cross-exˌam·i'na·tion *s* JUR Kreuzverhör *n*
ˌcross-ex'am·ine *v/t* JUR ins Kreuzverhör nehmen
'cross-eyed *Adj* schielend: ***be cross-eyed*** schielen
'cross-ˌfire *s* MIL Kreuzfeuer *n* (*auch fig*)
'cross-grained *Adj* **1.** quer gefasert **2.** *fig* widerspenstig (*auch Sache*); kratzbürstig
►**cross·ing** ['krɒsɪŋ] *s* **1.** Überquerung *f*: ***crossing point*** Grenzübergang *m* **2.** SCHIFF Überfahrt *f*: ***rough crossing*** stürmische Überfahrt **3.** (*Straßen- etc*)Kreuzung *f* **4.** Straßenübergang *m*; *Br* Fußgängerüberweg *m*: → ***grade*** 4, ***level*** 5 **5.** BIOL Kreuzung *f*
'cross-legged *Adj und Adv* mit übereinandergeschlagenen Beinen, (*am Boden auch*) im Schneidersitz
cross·ness ['krɒsnɪs] *s ugs* Mürrischkeit *f*, schlechte Laune
'cross·patch *s ugs* Brummbär *m*
ˌcross'pur·pos·es *s Pl*: ***talk at crosspurposes*** aneinander vorbeireden
cross ref·er·ence *s* Kreuz-, Querverweis *m*
►**cross·road** ['krɒsrəʊd] *s* **1.** *Am* Quer- *oder* Seitenstraße *f* **2.** *Pl* (*meist Sg konstruiert*) (Straßen)Kreuzung *f*; *fig* Scheideweg *m*
cross sec·tion *s* MATHE, TECH *und fig* Querschnitt *m* (***of*** durch)
'cross·walk *s Am* Fußgängerüberweg *m*
'cross·ways, **'cross·wise** *Adv* quer, kreuzweise
'cross·word (puz·zle) *s* Kreuzworträtsel *n*
crotch [krɒtʃ] *s* **1.** Gab(e)lung *f* **2.** Schritt *m* (*der Hose oder des Körpers*)
crotch·et ['krɒtʃɪt] *s* **1.** MUS *bes Br* Viertelnote *f* **2.** *fig* Grille *f*, Marotte *f*
'crotch·et·y *Adj* **1.** grillenhaft **2.** *ugs* mürrisch
crouch [kraʊtʃ] **I** *v/i* **1.** *auch* ***crouch down*** sich bücken *oder* ducken **2.** hocken; kauern **II** *s* **3.** Hocke *f*
croup [kruːp] *s* MED Krupp *m*
crou·pi·er ['kruːpɪə] *s* Croupier *m*
crow[1] [krəʊ] *s* **1.** ORN Krähe *f*: ***as the crow flies*** (in der) Luftlinie; ***eat crow*** *bes Am ugs* zu Kreuze kriechen **2.** → ***crowbar***
crow[2] [krəʊ] **I** *v/i Prät* **crowed** *und* (*für* 1) **crew** [kruː], *Part Perf* **crowed** **1.** krähen (*Hahn*) **2.** (*fröhlich*) krähen **3.** jubeln, frohlocken (***over*** über *Akk*) **4.** protzen, prahlen (***over, about*** mit) **II** *s* **5.** Krähen *n* **6.** Jubel(schrei) *m*
'crow·bar *s* TECH Brecheisen *n*, -stange *f*
crowd [kraʊd] **I** *s* **1.** dichte (Menschen)Menge, Masse *f*: ***crowds*** *Pl* ***of people*** Menschenmassen *Pl* **2.** ***the crowd*** die Masse, das (gemeine) Volk: ***one of the crowd*** ein Mann aus dem Volk; ***follow*** (*oder* ***go with***) ***the crowd*** mit der Masse gehen **3.** *ugs* Gesellschaft *f*, Haufen *m*, Verein *m* **4.** Ansammlung *f*, Haufen *m* **II** *v/i* **5.** (zs.-)strömen, sich drängen (***into*** in *Akk*; ***round*** um) **III** *v/t* **6.** *Straßen etc* bevölkern **7.** sich drängen in (*Akk oder Dat*) *oder* um **8.** zs.-drängen, -pressen **9.** hineinpressen, -stopfen (***into*** in *Akk*) **10.** vollstopfen (***with*** mit)
►**crowd·ed** ['kraʊdɪd] *Adj* **1.** (***with***) überfüllt (mit), voll (von): ***crowded street*** stark befahrene *oder* verkehrsreiche Straße **2.** (zs.-)gedrängt **3.** *fig* voll ausgefüllt, ereignisreich
►**crown** [kraʊn] **I** *s* **1.** Krone *f* (*auch fig*), (*Sport auch*) (Meister)Titel *m*: ***the Crown*** die Krone, der König, die Königin **2.** Krone *f* (*Währung*) **3.** *Zahnmedizin*: Krone *f* **4.** *fig* Krönung *f*, Höhepunkt *m* **II** *v/t* **5.** *j-n* krönen (***king*** zum König): ***crowned heads*** *Pl* gekrönte Häupter *Pl* **6.** *fig* krönen: **a)** ehren, auszeichnen, **b)** schmü-

C

cken, zieren, **c**) den Höhepunkt bilden von (*oder Gen*): ***crown all*** allem die Krone aufsetzen (*auch iron*); ***to crown it all*** zu allem Überfluss *oder* Unglück, **d**) erfolgreich abschließen: ***crowned with success*** von Erfolg gekrönt **7.** *Zahn* überkronen

crown col·o·ny *s Br* Kronkolonie *f*

crown·ing ['kraʊnɪŋ] **I** *Adj fig* krönend **II** *s* Krönung *f* (*auch fig*)

crown jew·els *s Pl* Kronjuwelen *Pl*

crown prince *s* Kronprinz *m* (*auch fig*)

crown prin·cess *s* Kronprinzessin *f*

crown wit·ness *s* JUR *Br* Belastungszeuge *m*, -zeugin *f*

'crow's-feet *s Pl* Krähenfüße *Pl*, Fältchen *Pl*

crow's nest *s* SCHIFF Krähennest *n*

cru·cial ['kru:ʃl] *Adj* kritisch, entscheidend (***to, for*** für): ***crucial point*** springender Punkt

cru·ci·ble ['kru:sɪbl] *s* Schmelztiegel *m*

cru·ci·fix ['kru:sɪfɪks] *s* Kruzifix *n*

cru·ci·fix·ion [ˌkru:sɪ'fɪkʃn] *s* Kreuzigung *f*

cru·ci·fy ['kru:sɪfaɪ] *v/t* kreuzigen

crude [kru:d] *Adj* **1.** roh, unver-, unbearbeitet: ***crude oil*** Rohöl *n* **2.** *fig* roh, grob **3.** *fig* nackt, ungeschminkt

'crude·ness, cru·di·ty ['kru:dɪtɪ] *s* Rohheit (*auch fig*)

▶**cru·el** ['krʊəl] *Adj* **1.** grausam (***to*** zu, gegen) **2.** unmenschlich, unbarmherzig **3.** schrecklich, mörderisch

'cru·el·ty *s* Grausamkeit *f*: ***cruelty to animals*** Tierquälerei *f*

cru·et ['kru:ɪt] *s* **1.** Essig-, Ölfläschchen *n* **2.** *auch* ***cruet stand*** Menage *f*, Gewürzständer *m*

▶**cruise** [kru:z] **I** *v/i* **1.** SCHIFF kreuzen, eine Kreuzfahrt *oder* Seereise machen **2.** FLUG, MOT mit Reisegeschwindigkeit fliegen *oder* fahren: ***cruising speed*** Reisegeschwindigkeit *f* **II** *s* **3.** Kreuzfahrt *f*, Seereise *f*

cruise mis·sile *s* MIL Marschflugkörper *m*

cruis·er ['kru:zə] *s* **1.** SCHIFF **a**) MIL Kreuzer *m* (*auch allg*), **b**) Kreuzfahrtschiff *n* **2.** *Am* (Funk)Streifenwagen *m*

crumb [krʌm] **I** *s* **1.** Krume *f*, Krümel *m*, Brösel *m* **2.** *fig* Brocken *m*: ***a few crumbs of information*** ein paar Informationsbrocken; ***crumb of comfort*** Trostpflaster *n*, -pflästerchen *n* **II** *v/t* **3.** GASTR panieren **4.** zerkrümeln

crum·ble ['krʌmbl] **I** *v/t* **1.** zerkrümeln, -bröckeln **II** *v/i* **2.** *auch* ***crumble away*** zerbröckeln, -fallen: ***crumble to dust*** (*oder* ***nothing***) *fig* sich in nichts auflösen **3.** WIRTSCH abbröckeln (*Kurse*) **III** *s* **4.** GASTR Obst *n* mit Streuseln

'crum·bling, 'crum·bly *Adj* **1.** krüm(e)lig, bröck(e)lig **2.** zerbröckelnd

crum·my ['krʌmɪ] *Adj sl* lausig, miserabel

crum·ple ['krʌmpl] **I** *v/t* **1.** *auch* ***crumple up*** zerknittern, -knüllen **2.** zerdrücken **II** *v/i* **3.** knittern **4.** *auch* ***crumple up*** zs.-brechen (*auch fig*) **III** *s* **5.** (Knitter)Falte *f*

crum·ple zone *s* MOT Knautschzone *f*

crunch [krʌntʃ] **I** *v/t* **1.** knirschend (zer)kauen **2.** zermalmen **II** *v/i* **3.** knirschend kauen **4.** knirschen **III** *s* **5.** Knirschen **6.** ***when it comes to the crunch*** *ugs* wenn es hart auf hart geht

cru·sade [kru:'seɪd] **I** *s hist* Kreuzzug *m* (*auch fig*) **II** *v/i hist* einen Kreuzzug unternehmen, *fig auch* zu Felde ziehen (***against*** gegen; ***for*** für)

cru'sad·er *s* **1.** *hist* Kreuzfahrer *m*, -ritter *m* **2.** *fig* Kämpfer(in)

crush [krʌʃ] **I** *s* **1.** Gedränge *n*, Gewühl *n* **2.** *bes Br Getränk aus ausgepressten Früchten*: ***orange crush*** **3.** ***have a crush on s.o.*** *ugs* in j-n verknallt sein **II** *v/t* **4.** zerquetschen, -malmen, -drücken: ***crush out*** *Zigarette etc* ausdrücken **5.** zerdrücken, -knittern **6.** TECH zerkleinern, -mahlen **7.** auspressen, -drücken, -quetschen: ***crush the juice from*** *Zitrone etc* auspressen **8.** *fig* nieder-, zerschmettern; *Aufstand etc* niederwerfen, unterdrücken: ***crushing blow*** vernichtender Schlag; ***crushing majority*** erdrückende Mehrheit **III** *v/i* **9.** zerquetscht werden **10.** sich drängen (***into*** in *Akk*) **11.** (zer)knittern

'crush·a·ble *Adj* knitterfest, -frei

crush bar·ri·er *s Br* Barriere *f*, Absperrung *f*

'crush-reˌsist·ant → ***crushable*** 1

crust [krʌst] **I** *s* **1.** (Brot)Kruste *f*, (-)Rinde *f* **2.** Knust *m*, hartes *oder* trockenes Stück Brot **3.** GEOL (Erd)Kruste *f* **4.** MED Kruste *f*, Schorf *m* **5.** *sl* Unverschämtheit *f* **II** *v/i auch* ***crust over*** **6.** verkrusten **7.** verharschen: ***crusted snow*** Harsch *m*

'crust·y *Adj* **1.** verkrustet, krustig **2.** *fig* barsch

crutch [krʌtʃ] *s* **1.** Krücke *f*: ***walk on crutches*** auf *oder* an Krücken gehen **2.** *fig* Stütze *f*, Hilfe *f*

crux [krʌks] *Pl* **'crux·es** ['kru:si:z] *s* Krux *f*, Schwierigkeit *f*, Haken *m*; schwieriges Problem, harte Nuss

▶**cry** [kraɪ] **I** *s* **1.** Schrei *m*, Ruf *m* (***for*** nach): ***cry for help*** Hilferuf; ***within cry*** in Rufweite (***of*** von); ***a far*** (*oder* ***long***) ***cry from*** *fig* (himmel)weit entfernt von; etw ganz anderes als **2.** Geschrei *n* **3.** Weinen *n*: ***have a good cry*** sich (richtig) ausweinen **4.** (Schlacht)Ruf *m*, Schlag-, Losungswort *n* **II** *v/i* **5.** schreien, rufen (***for*** nach): ***cry for help*** (***vengeance***) um Hilfe rufen (nach Rache schreien) **6.** weinen (***for joy*** vor Freude); heulen, jammern (***over*** wegen, über *Akk*; ***for*** um): → ***milk*** I **III** *v/t* **7.** *etw* schreien, (aus)rufen: → ***wolf*** 1 **8.** *Tränen* weinen: ***cry o.s. to sleep*** sich in den Schlaf weinen; → ***eye*** 1, ***head*** 8, ***heart*** 1

◆**cry down** *v/t* **1.** heruntersetzen, -machen **2.** niederschreien

◆**cry off** *v/t und* (*bes Br*) *v/i* (plötzlich) absagen, zurücktreten (von)

◆**cry out I** *v/t* ausrufen **II** *v/i* aufschreien: ***cry out against*** heftig protestieren gegen; ***cry out*** (***for***) → ***cry*** 5

◆**cry up** *v/t* rühmen: ***he's not all he's cried up to be*** so gut ist er auch wieder nicht

'cryˌba·by *s* Heulsuse *f*

cry·ing ['kraɪɪŋ] *Adj* **1.** (himmel)schreiend: ***it's a crying shame*** es ist jammerschade *oder* ein Jammer **2.** dringend (*Bedürfnis etc*)

crypt [krɪpt] *s* ARCHI Krypta *f*

'cryp·tic *Adj* (***cryptically***) **1.** geheim, verborgen **2.** rätselhaft, dunkel

crys·tal ['krɪstl] **I** *s* **1.** Kristall *m* (*auch* CHEM, *etc*): (***as***) ***clear as crystal*** kristallklar; *fig* sonnenklar **2.** *auch* ***crystal glass*** Kristall(glas) *n* **3.** Uhrglas *n* **II** *Adj* **4.** kristallen: **a**) Kristall…, **b**) kristallklar

ˌcrys·tal-'clear *Adj* **a**) kristallklar, **b**) *fig* lupenrein, sonnenklar

crys·tal·li·za·tion [ˌkrɪstəlaɪ'zeɪʃn] *s* Kristallisation *f*, Kristallbildung *f*

'crys·tal·lize I *v/t* **1.** kristallisieren **2.** *fig* konkrete *oder* feste Form geben (*Dat*) **3.** *Früchte* kandieren **II** *v/i* **4.** kristallisieren **5.** *fig* konkrete *oder* feste Form annehmen, sich kristallisieren

C

(**into** zu): **crystallize out** sich herauskristallisieren
CS gas [siːˈesˌgæs] *s* Reizgas *n*
cub [kʌb] **I** *s* **1.** ZOOL Junge *n* (*des Fuchses, Bären etc*) **2.** Anfänger(in) **II** *v/i* **3.** (Junge) werfen
Cu·ba [ˈkjuːbə] *Eigenn* Kuba *n*
cube [kjuːb] **I** *s* **1.** Würfel *m*: **cube sugar** Würfelzucker *m* **2.** MATHE Kubikzahl *f*, dritte Potenz: **cube root** Kubikwurzel *f* **II** *v/t* **3.** MATHE zur dritten Potenz erheben **4.** würfeln, in Würfel schneiden *oder* pressen
ˈ**cu·bic** *Adj* (**cubically**) **1.** Kubik…, Raum…: **cubic content** Rauminhalt *m*; **cubic metre** (*Am* **meter**) Kubikmeter *m*, *n* **2.** würfelförmig, Würfel… **3.** MATHE kubisch: **cubic equation** Gleichung *f* dritten Grades
cu·bi·cle [ˈkjuːbɪkl] *s* Kabine *f*
cuck·old [ˈkʌkəʊld] **I** *s* betrogener Ehemann **II** *v/t j-m* Hörner aufsetzen
cuck·oo [ˈkʊkuː] **I** *s* ORN Kuckuck *m* **II** *Adj ugs* bekloppt, plemplem
cuck·oo clock *s* Kuckucksuhr *f*
cu·cum·ber [ˈkjuːkʌmbə] *s* Gurke *f*: (**as**) **cool as a cucumber** *ugs* kühl und gelassen
cud [kʌd] *s* Klumpen *m* wiedergekäuten Futters: **chew the cud** wiederkäuen; *fig* überlegen, nachdenken
cud·dle [ˈkʌdl] **I** *v/t* **1.** an sich drücken, hätscheln **2.** schmusen mit **II** *v/i* **3. cuddle up** sich kuscheln *oder* schmiegen (**to** an *Akk*): **cuddle up together** sich aneinander kuscheln **4.** schmusen **III** *s* **5.** enge Umarmung
cudg·el [ˈkʌdʒəl] **I** *s* Knüppel *m*: **take up the cudgels for s.o.** *fig* für j-n eintreten **II** *v/t Prät und Part Perf* **cudg·eled**, *bes Br* **cudg·elled** prügeln: → **brain** 2
cue¹ [kjuː] **I** *s* **1.** THEAT *etc*, *auch fig* Stichwort *n*, MUS Einsatz *m* **2.** Wink *m*, Fingerzeig *m*: **take the cue from s.o.** sich nach j-m richten **II** *v/t* **3.** *auch* **cue in** THEAT *etc*, *auch fig j-m* das Stichwort geben, MUS *j-m* den Einsatz geben
cue² [kjuː] *s* Queue *n*, Billardstock *m*
cuff¹ [kʌf] *s* **1.** (Ärmel-, *Am auch* Hosen)Aufschlag *m*, Manschette *f* (*auch* TECH): **cuff link** Manschettenknopf *m*; **off the cuff** *ugs* aus dem Stegreif **2.** *Pl ugs* Manschetten *Pl* (*Handschellen*)
cuff² [kʌf] **I** *v/t j-m* einen Klaps geben **II** *s* Klaps *m*
cui·sine [kwɪˈziːn] → **cooking** 2
cul-de-sac [ˈkʌldəsæk] *s* Sackgasse *f* (*auch fig*)
cu·li·nar·y [ˈkʌlɪnərɪ] *Adj* kulinarisch, Koch…: **culinary art** Kochkunst *f*; **culinary herbs** *Pl* Küchenkräuter *Pl*
cull [kʌl] *v/t* **1.** pflücken **2.** auslesen, -suchen **3.** *Vieh* keulen
cul·mi·nate [ˈkʌlmɪneɪt] *v/i* **1.** ASTR kulminieren: **culminating point** Kulminations-, *fig auch* Höhepunkt *m* **2.** *fig* den Höhepunkt erreichen; kulminieren, gipfeln (**in** in *Dat*)
ˌ**cul·miˈna·tion** *s* **1.** ASTR Kulmination *f* **2.** *fig* Gipfel *m*, Höhepunkt *m*
cu·lottes [kjuːˈlɒts] *s Pl* Hosenrock *m*
cul·pa·ble [ˈkʌlpəbl] *Adj* **1.** tadelnswert, sträflich **2.** JUR strafbar, schuldhaft
cul·prit [ˈkʌlprɪt] *s* **1.** JUR Angeklagte *m*, *f*; Täter(in), Schuldige *m*, *f* **2.** Missetäter(in)
cult [kʌlt] *s* **1.** REL Kult(us) *m* **2.** *fig* Kult *m*: **cult film** Kultfilm *m*
cul·ti·vate [ˈkʌltɪveɪt] *v/t* **1.** *Boden* bebauen, bestellen **2.** *Pflanzen* züchten, anbauen **3.** *fig* entwickeln, ausbilden; verfeinern **4.** *fig* kultivieren: **a)** fördern, **b)** *Freundschaft etc* pflegen, **c)** sich widmen (*Dat*) **5.** freundschaftlichen Verkehr pflegen mit
ˈ**cul·ti·vat·ed** → **cultured** 2
ˌ**cul·tiˈva·tion** *s* **1.** Bebauung *f*, Bestellung *f* **2.** Züchtung *f*, Anbau *m* **3.** *fig* Kultivierung *f*: **a)** Förderung *f*, **b)** Pflege *f* **4.** → **culture** 4
ˈ**cul·ti·va·tor** *s* Pflanzer(in), Züchter(in)
cul·tur·al [ˈkʌltʃərəl] *Adj* kulturell, Kultur…: **Cultural Heritage of the World** Weltkulturerbe *n*
►**cul·ture** [ˈkʌltʃə] *s* **1.** → **cultivation** 1, 2 **2.** (*Tier*)Züchtung *f*, (-)Zucht *f* **3.** BIOL Kultur *f* **4.** Kultur *f*: **a)** (Geistes)Bildung *f*, **b)** Kultiviertheit *f* **5.** Kultur *f*: **a)** Kulturkreis *m*, **b)** Kulturform *f*, -stufe *f*
ˈ**cul·tured** *Adj* **1.** gezüchtet: **cultured pearl** Zuchtperle *f* **2.** kultiviert, gebildet
cum·ber·some [ˈkʌmbəsəm] *Adj* **1.** lästig, hinderlich **2.** klobig, unhandlich, sperrig
cu·mu·la·tive [ˈkjuːmjʊlətɪv] *Adj* **1.** sich (an-) häufend, anwachsend **2.** WIRTSCH kumulativ
cu·mu·lus [ˈkjuːmjʊləs] *Pl* **cu·mu·li** [ˈkjuːmjʊlaɪ] *s* Haufenwolke *f*
cun·ning [ˈkʌnɪŋ] **I** *Adj* **1.** klug, geschickt; schlau, listig, gerissen **2.** *Am ugs* niedlich, süß; drollig **II** *s* **3.** Klugheit *f*, Geschicktheit *f*; Schlauheit *f*, List(igkeit) *f*, Gerissenheit *f*
cunt [kʌnt] *s vulg* Fotze *f* (*Vagina*)
►**cup** [kʌp] **I** *s* **1.** Tasse *f*: **that's not my cup of tea** *Br ugs* das ist nicht mein Fall **2.** SPORT Cup *m*, Pokal *m*: **cup final** Pokalendspiel *n*; **cup tie** Pokalspiel *n*; **cup winner** Pokalsieger(in) **3.** (*Wein- etc*)Becher *m* **4.** REL Kelch *m*, *fig auch* Becher *m* **5.** BOT Blüten-, Fruchtbecher *m* **II** *v/t* **6.** *Hand* hohl machen: **cupped hand** hohle Hand
►**cup·board** [ˈkʌbəd] *s* (Geschirr-, Speise-, *bes Br auch* Kleider-, Wäsche-)Schrank *m*, *österr.*, *schweiz.* Kasten *m*
cup·ful [ˈkʌpfʊl] *s eine* Tasse (voll)
cu·po·la [ˈkjuːpələ] *s* ARCHI Kuppel *f*
cup·pa [ˈkʌpə] *s Br ugs* Tasse *f* Tee
cur [kɜː] *s* **1.** Köter *m* **2.** *fig* (Schweine)Hund *m*
cur·a·ble [ˈkjʊərəbl] *Adj* heilbar
curb [kɜːb] **I** *s* **1.** Kandare *f* **2.** *bes Am* Bord-, Randstein *m* **II** *v/t* **3.** *Pferd* an die Kandare nehmen **4.** *fig* zügeln, im Zaum halten
ˈ**curb·stone** → **curb** 2
curd [kɜːd] *s oft Pl* geronnene *oder* dicke Milch, Quark *m*
cur·dle [ˈkɜːdl] **I** *v/t Milch* gerinnen lassen: **curdle s.o.'s blood** j-m das Blut in den Adern erstarren lassen **II** *v/i* gerinnen, dick werden (*Milch*): **the sight made my blood curdle** bei dem Anblick erstarrte mir das Blut in den Adern
►**cure** [kjʊə] **I** *s* **1.** MED Kur *f*, Heilverfahren *n* (**for** gegen) **2.** MED Heilung *f*: **past cure** unheilbar krank (*Person*); unheilbar (*Krankheit*); *fig* hoffnungslos (*Lage etc*) **3.** MED (Heil)Mittel *n* (**for** gegen) (*auch fig*) **II** *v/t* **4.** MED *j-n* heilen, kurieren, *fig auch* abbringen (**of** von); MED *Krankheit* heilen; *fig Missstände etc* abstellen **5.** haltbar machen: **a)** räuchern, **b)** trocknen, **c)** einpökeln, -salzen **III** *v/i* **6.** Heilung bringen, heilen
ˈ**cure-all** *s* Allheilmittel *n*
cur·few [ˈkɜːfjuː] *s* MIL Ausgangsverbot *n*, -sperre *f*
cu·ri·o [ˈkjʊərɪəʊ] *Pl* **cu·ri·os** → **curiosity** 2a, c

cu·ri·os·i·ty [ˌkjʊərɪˈɒsətɪ] *s* **1.** Neugier *f*; Wissbegierde *f* **2.** Kuriosität *f*: **a)** Rarität *f*, **b)** Sehenswürdigkeit *f*, **c)** Kuriosum *n*

▶**cu·ri·ous** [ˈkjʊərɪəs] *Adj* **1.** neugierig; wissbegierig: ***I am curious to know if*** ich möchte gern wissen, ob **2.** kurios, seltsam: ***curiously enough*** merkwürdigerweise **3.** *ugs* komisch, wunderlich

▶**curl** [kɜːl] **I** *v/t* **1.** *Haar etc* locken; kräuseln **II** *v/i* **2.** sich locken *oder* kräuseln: ***curl up*** in Ringen hochsteigen (*Rauch*); sich zs.-rollen; ***curl up on the sofa*** es sich auf dem Sofa gemütlich machen **3.** SPORT Curling spielen **III** *s* **4.** Locke *f* **5.** (Rauch)Ring *m*

ˈcurl·er *s* **1.** SPORT Curlingspieler(in) **2.** Lockenwickel *m*, -wickler *m*

ˈcurl·ing *s* SPORT Curling *n*: ***curling stone*** Curlingstein *m*

ˈcurl·y *Adj* gelockt, lockig; gekräuselt, kraus

cur·rant [ˈkʌrənt] *s* **1.** Korinthe *f* **2.** BOT Johannisbeere *f*, *österr.* Ribisel *f*

▶**cur·ren·cy** [ˈkʌrənsɪ] *s* **1.** Umlauf *m*: ***give currency to*** *Gerücht etc* in Umlauf setzen **2.** WIRTSCH Währung *f*; Zahlungsmittel *Pl*: ***foreign currency*** Devisen *Pl*; ***currency basket*** Währungskorb *m*; ***currency conversion*** Währungsumstellung *f*; ***currency reform*** Währungsreform *f* **3.** WIRTSCH, JUR Laufzeit *f*

▶**cur·rent** [ˈkʌrənt] **I** *Adj* **1.** laufend (*Monat, Ausgaben etc*): ***current account*** WIRTSCH Girokonto *n* **2.** gegenwärtig, augenblicklich, aktuell: ***current events*** *Pl* Tagesereignisse *Pl* **3.** üblich, gebräuchlich: ***not in current use*** nicht allgemein üblich **II** *s* **4.** Strömung *f*, Strom *m* (*beide auch fig*): ***against the current*** gegen den Strom; ***current of air*** Luftstrom, -zug *m* **5.** ELEK Strom *m*: ***current meter*** Stromzähler *m*

cur·ric·u·lum [kəˈrɪkjələm] *Pl* **cur·ric·u·la** [kəˈrɪkjələ], **cur·ric·u·lums** *s* Lehr-, Studienplan *m*

> ### National Curriculum
>
> LK
>
> Erst seit dem **Education Reform Act** 1988 gibt es in Großbritannien den **National Curriculum**, d. h. eine allgemein gültige staatliche Festlegung bestimmter Fächer, darunter Englisch, Mathematik, Naturwissenschaften und eine Fremdsprache, und die jeweils darin zu erreichenden Lernziele. Angestrebt wurden dadurch u. a. ein höherer Bildungsstandard allgemein und weniger Unterschiede zwischen den einzelnen Schulen. In den unteren Jahrgangsstufen wurde die Betonung auf die **three Rs** (**R̲eading, Wr̲iting, Ar̲ithmetic**), in den oberen auf Wissenschaft und Technik gelegt. Die Inhalte der genau genommen drei nationalen Curricula für England und Wales, für Schottland und für Nordirland variieren geringfügig, so gibt es z. B. in Wales Walisisch als Unterrichtsfach. In allen Fächern müssen im Alter von 7, 11, 14 und 16 Jahren Prüfungen abgelegt werden.

cur·ric·u·lum vi·tae [ˈviːtaɪ] *s* Lebenslauf *m*

cur·ry¹ [ˈkʌrɪ] **I** *s* Curry *m, n* **II** *v/t* mit Curry zubereiten: ***curried*** Curry…

cur·ry² [ˈkʌrɪ] *v/t* **1.** *Pferd* striegeln **2.** *Leder* zurichten **3.** ***curry favo(u)r with s.o., curry s.o.'s favo(u)r*** sich bei j-m lieb Kind machen (wollen)

▶**curse** [kɜːs] **I** *s* **1.** Fluch *m*: ***there is a curse on the house*** auf dem Haus lastet *oder* liegt ein Fluch **2.** Fluch(wort *n*) *m*, Verwünschung *f* **3.** Fluch *m*, Unglück *n* (***to*** für) **II** *v/t* **4.** verfluchen: **a)** mit einem Fluch belegen, **b)** verwünschen, fluchen auf (*Akk*) *oder* über (*Akk*) **5.** ***be cursed with*** bestraft *oder* geplagt sein mit

curs·ed [ˈkɜːsɪd] *Adj* verflucht, *ugs auch* verdammt

cur·sor [ˈkɜːsə] *s* COMPUTER Cursor *m*

cur·so·ry [ˈkɜːsərɪ] *Adj* flüchtig, oberflächlich

curt [kɜːt] *Adj* **1.** kurz (gefasst), knapp **2.** (***with***) barsch, schroff (gegen), kurz angebunden (zu)

cur·tail [kɜːˈteɪl] *v/t* **1.** (ab-, ver)kürzen **2.** beschneiden, stutzen **3.** *fig Ausgaben etc* kürzen, *Rechte etc* beschneiden, einschränken

▶**cur·tain** [ˈkɜːtn] **I** *s* **1.** Vorhang *m* (*auch* THEAT *und fig*), Gardine *f*: ***draw the curtains*** die Vorhänge auf- *oder* zuziehen; ***the curtain rises*** (***falls***) der Vorhang geht auf (fällt); ***lift the curtain*** den Schleier lüften **2.** THEAT Hervorruf *m*: ***get*** (*oder* ***take***) ***ten curtains*** zehn Vorhänge haben **II** *v/t* **3.** mit Vorhängen versehen: ***curtain off*** mit Vorhängen abteilen *oder* abschließen

cur·tain call → ***curtain*** 2

cur·tain rais·er *s* **1.** THEAT kurzes Vorspiel **2.** *fig* Vorspiel *n*, Ouvertüre *f* (***to*** zu)

curt·sy, curt·sey [ˈkɜːtsɪ] **I** *s* Knicks *m*: ***drop a curts(e)y*** (***to***) *siehe* II **II** *v/i* einen Knicks machen, knicksen (***to*** vor *Dat*)

cur·va·ture [ˈkɜːvətʃə] *s* Krümmung *f*: ***curvature of the earth*** Erdkrümmung

curve [kɜːv] **I** *s* Kurve *f* (*auch* MATHE): **a)** Krümmung *f*, Biegung *f*, **b)** (Straßen)Kurve *f*, (-)Biegung *f*, **c)** Rundung *f* (*Pl ugs auch einer Frau*) **II** *v/t und v/i* (sich) krümmen *oder* biegen

▶**cush·ion** [ˈkʊʃn] **I** *s* **1.** Kissen *n*, Polster *n* (*auch fig*) **2.** TECH Puffer *m*, Dämpfer *m* **II** *v/t* **3.** polstern (*auch fig*) **4.** *Stoß, Fall etc* dämpfen, *auch fig* abmildern **5.** TECH abfedern

cush·y [ˈkʊʃɪ] *Adj ugs* gemütlich, ruhig (*Job etc*)

cuss [kʌs] *s ugs* **1.** Fluch *m* **2.** Kerl *m*

cus·tard [ˈkʌstəd] *s* Vanillesoße *f*

cus·to·di·an [kʌˈstəʊdjən] *s* **1.** Aufseher(in), Wächter(in) **2.** (*Haus- etc*)Verwalter(in) **3.** JUR (Vermögens)Verwalter(in)

cus·to·dy [ˈkʌstədɪ] *s* **1.** Obhut *f*, Schutz *m*: ***in s.o.'s custody*** in j-s Obhut **2.** Aufsicht *f* (***of*** über *Akk*) **3.** JUR (*auch* Untersuchungs)Haft *f*: ***take into custody*** verhaften; → ***remand*** I **4.** JUR Sorgerecht *n*

▶**cus·tom** [ˈkʌstəm] **I** *s* **1.** Brauch *m*, Gewohnheit *f*, Sitte *f*, *Pl auch* Brauchtum *n* **2.** JUR Gewohnheitsrecht *n* **3.** WIRTSCH Kundschaft *f*: **a)** Kunden *Pl*, **b)** Kundesein *n*: ***get s.o.'s custom*** j-n als Kunden gewinnen; ***have withdrawn one's custom from*** nicht mehr (ein)kaufen bei **4.** *Pl* Zoll *m*: ***customs clearance*** Zollabfertigung *f*; ***customs examination*** (*oder* ***inspection***) Zollkontrolle *f*; ***customs officer*** (*oder* ***official***) Zollbeamte *m*, -beamtin *f* **II** *Adj* **5.** → ***custom-made***

ˈcus·tom·ar·y *Adj* üblich, gebräuchlich

▶**cus·tom·er** [ˈkʌstəmə] *s* **1.** Kunde *m*, Kundin *f* **2.** *ugs* Kerl *m*, Kunde *m*: → ***queer*** 1

ˌcus·tom-ˈmade *Adj bes Am* maßgefertigt, Maß…

▶**cut** [kʌt] **I** *s* **1.** Schnitt *m*; Schnittwunde *f* **2.**

C

Haarschnitt *m* **3.** Schnitte *f*, Stück *n* (*bes Fleisch*): ***cold cuts*** *Pl bes Am* Aufschnitt *m* **4.** *ugs* Anteil *m* (***of, in*** an *Dat*) **5.** (Zu)Schnitt *m* (*von Kleidung*) **6.** Schnitt *m*, Schliff *m* (*von Edelsteinen*) **7.** Kürzung *f*, Senkung *f*: ***cut in salary*** Gehaltskürzung **8.** *Kartenspiel*: Abheben *n*; abgehobene Karte(n *Pl*) **II** *Adj* **9.** ge-, beschnitten: ***cut flowers*** *Pl* Schnittblumen *Pl* **III** *v/t* (*unreg*) **10.** (ab-, be-, durch-, zer)schneiden: ***cut one's finger*** sich in den Finger schneiden; ***cut to pieces*** zerstückeln; ***cut one's teeth*** Zähne bekommen, zahnen; ***cut one's teeth in*** (*oder* ***on***) ***s.th.*** *fig* seine ersten Erfahrungen mit etw sammeln; → ***throat*** **11.** *Gras* mähen, *Bäume* fällen, *Holz* hacken **12.** *Hecke etc* (be)schneiden, stutzen: ***cut s.o.'s hair*** j-m die Haare schneiden **13.** *Kleid etc* zuschneiden, *etw* zurechtschneiden; *Stein* behauen, *Glas*, *Edelsteine* schleifen **14.** MOT *Kurve* schneiden **15. a)** *Löhne etc* kürzen, *Text etc auch* zs.-streichen (***to*** auf *Akk*), **b)** *Film* schneiden **16.** *Preise* herabsetzen, senken **17.** (*auf Tonband*) mitschneiden **18.** *fig j-m* wehtun, *j-n* kränken **19.** *ugs j-n* schneiden: ***cut dead*** völlig ignorieren **20.** PÄD UNI *ugs Stunde etc* schwänzen **21.** *Karten* abheben **22.** *Tennis etc*: *Ball* (an)schneiden **23.** *ugs Gewinne* teilen **IV** *v/i* (*unreg*) **24.** schneiden (***in, into*** in *Akk*): ***cut into*** *Kuchen etc* abschneiden; einschneiden in (*Akk*) (*auch fig*); ***cut into a conversation*** sich in ein Gespräch einmischen; ***it cuts both ways*** es ist ein zweischneidiges Schwert **25.** einschneiden (*Kragen etc*) **26.** sich schneiden lassen **27.** *fig* wehtun, kränken **28.** *ugs* abhauen **29.** *Kartenspiel*: abheben

◆**cut back I** *v/t* **1.** *Hecke etc* beschneiden, stutzen **2.** → ***cut*** 15a **II** *v/i* **3.** *bes Am* (zu)rückblenden (***to*** auf *Akk*) (*Film, Roman etc*) **4.** ***cut back on*** *etw* einschränken

◆**cut down I** *v/t* **1.** *Bäume* fällen, *Wald* abholzen **2.** zurechtschneiden, -stutzen (*auch fig*): → ***size*** 2 **3.** *Ausgaben* verringern, einschränken **4.** *j-n* herunterhandeln (***by*** um; ***to*** auf *Akk*) **II** *v/i* **5.** → ***cut back*** 4

◆**cut in I** *v/t* **1.** *ugs j-n* beteiligen (***on*** an *Dat*) **II** *v/i* **2.** sich einmischen **3.** ***cut in on s.o.*** MOT j-n schneiden

◆**cut off** *v/t* **1.** abschneiden **2.** *Strom etc* absperren, abdrehen, *Verbindung*, *Versorgung*, *Weg etc* abschneiden: ***he had his electricity cut off*** ihm wurde der Strom gesperrt **3.** TEL *Teilnehmer* trennen

◆**cut out I** *v/t* **1.** (her)ausschneiden **2.** *Kleid etc* zuschneiden **3.** ***be cut out for*** wie geschaffen sein für **4.** *Rivalen* ausstechen, verdrängen **5.** ***cut it out!*** *ugs* hör auf (damit)! **6.** *ugs j-n* betrügen (***of*** um *seinen Anteil*) **II** *v/i* **7.** MOT ausscheren

◆**cut up** *v/t* zerschneiden

'cut·a·way *s auch* ***cutaway coat*** Cut(away) *m*

'cut·back *s* **1.** Kürzung *f* **2.** FILM *etc, bes Am* Rückblende *f*

cute [kjuːt] *Adj ugs* **1.** schlau, clever **2.** niedlich, süß

cu·ti·cle ['kjuːtɪkl] *s* Nagelhaut *f*

cut·ler·y ['kʌtlərɪ] *s* Besteck *n*

cut·let ['kʌtlɪt] *s* **1.** Schnitzel *n* **2.** Hacksteak *n*

'cut·out *s* **1.** Ausschnitt *m* **2.** Ausschneidefigur *f*

ˌcut-'price *Adj Br*, **ˌcut-'rate** *Adj Am* WIRTSCH ermäßigt, herabgesetzt: ***cut-price*** (*oder* ***-rate***) ***offer*** Billigangebot *n*

cut·ter ['kʌtə] *s* **1.** Zuschneider(in); (*Glas-, Diamant*)Schleifer(in) **2.** TECH Schneidemaschine *f*, -werkzeug *n* **3.** FILM Cutter(in) **4.** SCHIFF Kutter *m*

'cut·throat I *s* Mörder(in); Killer(in) **II** *Adj* mörderisch, *fig auch* halsabschneiderisch: ***cut-throat price*** Wucherpreis *m*

cut·ting ['kʌtɪŋ] **I** *s* **1.** (Ab-, Aus-, Be-, Zu-) Schneiden *n* **2.** *bes Br* (Zeitungs)Ausschnitt *m* **3.** *Pl* (*Hobel- etc*)Späne *Pl*; Abfälle *Pl*, Schnitzel *Pl* **II** *Adj* **4.** schneidend (*auch fig Schmerz, Wind*), Schneid(e)…, Schnitt…

cut·ting edge 1. Schneide *f* **2.** *fig* ***be*** (*oder* ***stay***) ***on the cutting edge*** ganz vorn mitmischen, zur Spitze gehören

'cut·ting-edge *Adj* innovativ, zur Spitze gehörend

CV [siː'viː] *Abk* (= ***curriculum vitae***) Lebenslauf *m*

cy·a·nide ['saɪənaɪd] *s* CHEM Zyankali *n*

cy·ber·ca·fé *s* ['saɪbə] *s* Internet-Café *n*

'cy·ber·mall *s* Cybermall *f*, virtuelles Einkaufszentrum

ˌcy·ber'net·ics *s Sg* Kybernetik *f*

'cy·ber·space *s* Cyberspace *m*

cyc·la·men ['sɪkləmən] *s* BOT Alpenveilchen *n*

cy·cle ['saɪkl] **I** *s* **1.** Zyklus *m*, Kreis(lauf) *m* **2.** (*Gedicht-, Lieder*)Zyklus *m* **3. a)** Fahrrad *n*: ***cycle lane*** (*oder* ***path***) Rad(fahr)weg *m*; ***cycle race*** (*Sport*) Radrennen *n*, **b)** Motorrad *n* **4.** TECH Arbeitsgang *m*; Takt *m*: ***four-cycle engine*** Viertaktmotor *m* **5.** ELEK, PHYS (Schwingungs)Periode *f* **II** *v/i* **6.** Rad fahren, radeln, biken

'cy·cler *Am* → ***cyclist***

'cy·cle·way *s* Rad(fahr)weg *m*

cy·clic, cy·cli·cal ['saɪklɪk(l)] *Adj* **1.** zyklisch **2.** WIRTSCH konjunkturbedingt, Konjunktur…

cy·cling ['saɪklɪŋ] *s* **1.** Radfahren *n*: ***cycling tour*** Radtour *f* **2.** Radrennsport *m*

'cy·clist *s* Rad- *oder* Motorradfahrer(in)

cy·clone ['saɪkləʊn] *s* Wirbelsturm *m*

cyl·in·der ['sɪlɪndə] *s* MATHE Zylinder *m*, TECH *auch* Walze *f*, Trommel *f*

cy'lin·dri·cal [sɪ'lɪndrɪkl] *Adj* MATHE zylindrisch, Zylinder…, TECH *auch* walzenförmig

cyn·ic ['sɪnɪk] *s* Zyniker(in)

cyn·i·cal ['sɪnɪkl] *Adj* (***cynically***) zynisch

cyn·i·cism ['sɪnɪˌsɪzəm] *s* Zynismus *m*, *auch* zynische Bemerkung

Cyp·ri·ot ['sɪprɪət] **I** *s* Zypriot(in) **II** *Adj* zyprisch, zypriotisch

Cy·prus ['saɪprəs] *Eigenn* Zypern *n*

cyst [sɪst] *s* MED Zyste *f*

czar [zɑː] *s hist* Zar *m*

cza·ri·na [zɑː'riːnə] *s* Zarin *f*

Czech [tʃek] **I** *s* **1.** Tscheche *m*, Tschechin *f* **2.** LING Tschechisch *n* **II** *Adj* **3.** tschechisch: ***Czech Republic*** *die* Tschechische Republik, Tschechien *n*

Czech·o·slo·vak [ˌtʃekəʊ'sləʊvæk] *hist* **I** *s* Tschechoslowake *m*, -slowakin *f* **II** *Adj* tschechoslowakisch

Czech·o·slo·va·kia [ˌtʃekəʊsləʊ'vækɪə] *Eigenn hist die* Tschechoslowakei

D

D [diː] *Pl* **D's** *s* D *n*
'd *ugs für* ***had, would***
dab¹ [dæb] **I** *v/t* **1.** antippen **2.** be-, abtupfen (***with*** mit) **3.** *Farbe etc* (leicht) auftragen (***on*** auf *Akk*) **II** *s* **4.** Klecks *m*, Spritzer *m*
dab² [dæb] *s auch* ***dab hand*** *bes Br ugs* Könner(in): ***be a dab at*** *etw* aus dem Effeff können
dab·ble ['dæbl] **I** *v/t* **1.** bespritzen **II** *v/i* **2.** plan(t)schen **3.** ***dabble in*** *fig* sich oberflächlich *oder* aus Liebhaberei *oder* dilettantisch beschäftigen mit: ***dabble in politics*** ein bisschen in der Politik mitmischen
dachs·hund ['dækshʊnd] *s* Dackel *m*
dad [dæd] *s ugs* Vati *m*, Papa *m*

> **dad** — SG
>
> **Dad** und **daddy** werden als Anrede großgeschrieben: **What's the time, Dad / Daddy?** Aber: **My dad / daddy works in Liverpool.**

dad·dy ['dædɪ] → ***dad***
dad·dy long·legs *Pl* **daddy long legs** *s* ZOOL *ugs* **1.** Schnake *f* **2.** *Am* Weberknecht *m*
daf·fo·dil ['dæfədɪl] *s* BOT gelbe Narzisse, Osterglocke *f*
daft [dɑːft] *Adj ugs* **1.** doof, dämlich **2.** ***be daft about*** verrückt sein nach
dag·ger ['dægə] *s* Dolch *m*: ***be at daggers drawn*** auf Kriegsfuß stehen (***with*** mit); ***look daggers at s.o.*** j-n mit Blicken durchbohren
da·go ['deɪgəʊ] *Pl* **da·gos, da·goes** *s Schimpfwort für Italiener, Spanier und Portugiesen*
dahl·ia ['deɪljə] *s* BOT Dahlie *f*
▶**dai·ly** ['deɪlɪ] **I** *Adj* **1.** täglich (*auch Adv*), Tage(s)...: ***daily help*** *siehe* 4; ***daily newspaper*** *siehe* 3; ***daily press*** Tagespresse *f*; → ***dozen*** **2.** alltäglich: ***be a daily occurrence*** an der Tagesordnung sein **II** *s* **3.** Tageszeitung *f* **4.** *Br* Putzmann *m*, -frau *f* (*der, die jeden Tag kommt*)

> **daily** — SG
>
> **daily** wird vor allem vor Substantiven verwendet oder – nachgestellt – als Adverb. Für „[n-mal] täglich" in einem Verbgefüge benutzt man **a day:**

"Give us this day our daily bread."	„Unser tägliches Brot gib uns heute."
This church is open daily.	Diese Kirche ist täglich geöffnet.
I brush my teeth twice a day.	Ich putze mir zweimal täglich die Zähne.

dain·ty ['deɪntɪ] **I** *Adj* **1.** zierlich, niedlich, reizend **2.** wählerisch, verwöhnt (*bes im Essen*) **3.** schmackhaft, lecker **II** *s* **4.** Leckerbissen *m* (*auch fig*)
dair·y ['deərɪ] *s* **1.** Molkerei *f* **2.** Milchgeschäft *n*
dair·y prod·uce *s* Molkereiprodukte *Pl*
dai·sy ['deɪzɪ] *s* BOT Gänseblümchen *n*: ***be pushing up the daisies*** *sl* sich die Radieschen von unten ansehen *oder* betrachten
dai·sy wheel *s* Typenrad *n*
dal·ly ['dælɪ] *v/i* **1.** schäkern: ***dally with*** *auch* spielen mit (*jemandes Gefühlen*) **2.** spielen, liebäugeln (***with*** mit *einer Idee etc*) **3.** *auch* ***dally about*** (*oder* ***around***) herumtrödeln, bummeln
Dal·ma·tian [dæl'meɪʃn] *s* ZOOL Dalmatiner *m*
dam [dæm] **I** *s* **1.** (Stau)Damm *m*, Talsperre *f* **2.** Stausee *m* **II** *v/t* **3.** *auch* ***dam up*** stauen, ab-, eindämmen; *Gefühle* aufstauen
▶**dam·age** ['dæmɪdʒ] **I** *s* **1.** Schaden *m* (***to*** an *Dat*) **2.** *Pl* JUR Schadenersatz *m*: ***sue for damages*** auf Schadenersatz verklagen **3.** ***what's the damage?*** *ugs* was kostet es? **II** *v/t* **4.** beschädigen **5.** *j-m, j-s Ruf etc* schaden

> **damage** — GR
>
> ⚠ Im Plural hat **damage** eine andere Bedeutung als im Singular:

damage	Schaden
damages	Schadenersatz

dame [deɪm] *s* **1.** **Dame** *Br Ordens- oder Adelstitel* **2.** *bes Am sl* Weib *n*
▶**damn** [dæm] **I** *v/t* **1.** REL *und weit. S.* verdammen **2.** verurteilen **3.** verwerfen, ablehnen **4.** *ugs* ***damn it!, damn me!*** verflucht!, verdammt!; ***damn you!*** der Teufel soll dich holen!; ***I'll be damned if I'll do that*** ich denk ja gar nicht daran, das zu tun **II** *s* **5.** *ugs* ***I don't care a damn*** das ist mir völlig egal; ***not worth a damn*** keinen Pfifferling wert **III** *Interj* **6.** *ugs* verflucht!, verdammt! **IV** *Adj und Adv* **7.** → ***damned*** 2, 4
dam'na·tion **I** *s* Verdammung *f*; REL Verdammnis *f* **II** *Interj* → ***damn*** 6
▶**damned** [dæmd] **I** *Adj* **1.** verdammt: ***the damned*** *Pl* REL die Verdammten *Pl* **2.** *ugs* verflucht, verdammt: ***damned fool*** Vollidiot(in) **3.** *ugs Bekräftigung*: ***a damned sight better*** viel besser **II** *Adv* **4.** *ugs* verdammt: ***damned cold*** **5.** *ugs Bekräftigung*: ***he damned well ought to know it*** das müsste er wahrhaftig wissen
Dam·o·cles ['dæməkliːz]: ***sword of Damocles*** Damoklesschwert *n*; ***hang over s.o. like a sword of Damocles*** über j-m wie ein Damoklesschwert hängen
damp [dæmp] **I** *Adj* **1.** feucht, (*Raum etc auch*) klamm: ***damp squib*** *Br ugs* Pleite *f*, Reinfall *m* **II** *s* **2.** Feuchtigkeit *f*: ***damp in the air*** Luftfeuchtigkeit **III** *v/t* **3.** an-, befeuchten **4.** *Begeisterung etc* dämpfen; *j-n* entmutigen
'damp·en → ***damp*** III

'damp·er *s fig* Dämpfer *m*: ***cast*** (*oder* ***put, strike***) ***a damper on*** *etw* dämpfen *oder* lähmen

'damp·ness *s* Feuchtigkeit *f*

▶**dance** [dɑːns] **I** *v/i* **1.** tanzen: ***dance to s.o.'s tune*** *fig* nach j-s Pfeife tanzen **2.** tanzen, hüpfen (***with, for*** vor *Dat*) **II** *v/t* **3.** *Tanz* tanzen: ***dance attendance on s.o.*** *fig* um j-n scharwenzeln **III** *s* **4.** Tanz *m*: ***lead s.o. a*** (***pretty***) ***dance*** *Br* j-n zum Narren halten **5.** Tanz(veranstaltung *f*) *m* **IV** *Adj* **6.** Tanz…: ***dance music***

'danc·ing I *s* Tanzen *n* **II** *Adj* Tanz…: ***dancing lesson*** Tanzstunde *f*, *Pl auch* Tanzunterricht *m*; ***dancing master*** Tanzlehrer *m*; ***dancing partner*** Tanzpartner(in); ***dancing school*** Tanzschule *f*

dan·de·li·on ['dændɪlaɪən] *s* BOT Löwenzahn *m*

dan·der ['dændə] *s ugs*: ***get s.o.'s dander up*** j-n auf die Palme bringen; ***get one's dander up*** auf die Palme gehen

dan·druff ['dændrʌf] *s* (Kopf-, Haar-)Schuppen *Pl*

dan·dy ['dændɪ] **I** *s* Dandy *m* **II** *Adj ugs* prima

Dane [deɪn] *s* Däne *m*, Dänin *f*

▶**dan·ger** ['deɪndʒə] **I** *s* Gefahr *f* (***to*** für): ***danger of infection*** MED Infektionsgefahr; ***be in danger of one's life*** in Lebensgefahr sein *oder* schweben; ***without danger*** gefahrlos **II** *Adj* Gefahr…: ***danger area*** (*oder* ***zone***) Gefahrenzone *f*, -bereich *m*; ***danger money*** (*oder* ***pay***) Gefahrenzulage *f*

▶**dan·ger·ous** ['deɪndʒərəs] *Adj* gefährlich (***for*** für): ***dangerous dog*** JUR Kampfhund *m*

dan·gle ['dæŋgl] **I** *v/i* baumeln: ***keep s.o. dangling*** *ugs* j-n im Unklaren lassen **II** *v/t* baumeln lassen: ***dangle s.th. before s.o.*** *fig* j-m etw (verlockend) in Aussicht stellen, j-m mit etw winken

▶**Dan·ish** ['deɪnɪʃ] **I** *Adj* **1.** dänisch **II** *s* **2.** LING Dänisch *n* **3.** ***the Danish*** *Pl* die Dänen *Pl*

dank [dæŋk] *Adj* (*unangenehm*) feucht, nass (-kalt)

Dan·ube ['dænjuːb] *Eigenn die* Donau

dap·per ['dæpə] *Adj* **1.** adrett, elegant **2.** flink, (*auch Benehmen*) gewandt

▶**dare** [deə] **I** *v/i* es wagen, sich (ge)trauen: ***who dares wins*** wer wagt, gewinnt; ***how dare you!*** untersteh dich!; was fällt dir ein!; ***how dare you say that?*** wie können Sie das sagen?; ***don't*** (***you***) ***dare touch it!*** rühr es ja nicht an!; ***I dare say*** ich glaube wohl; allerdings **II** *v/t etw* wagen, riskieren

'dare,dev·il *s* Draufgänger(in)

dar·ing ['deərɪŋ] **I** *Adj* **1.** wagemutig, kühn **2.** gewagt, verwegen (*beide auch fig*) **3.** unverschämt, dreist **II** *s* **4.** Wagemut *m*, Kühnheit *f*

▶**dark** [dɑːk] **I** *Adj* **1.** dunkel, finster **2.** dunkel (*Farbe*) **3.** *fig* düster, trüb (*Aussichten etc*): ***the dark side of things*** die Schattenseite der Dinge; ***one's darkest hour*** seine schwärzeste Stunde **4.** *fig* düster, finster (*Blick etc*) **5.** finster, böse (*Gedanken etc*) **6.** *fig* geheim(nisvoll), verborgen: ***keep s.th. dark*** etw geheim halten **II** *s* **7.** Dunkel(heit *f*) *n*, Finsternis *f*: ***in the dark*** im Dunkel(n); ***after dark*** nach Einbruch der Dunkelheit **8.** *fig das* Ungewisse *oder* Dunkle: ***be in the dark*** im Dunkeln tappen; ***keep s.o. in the dark*** j-n im Ungewissen lassen (***about*** über *Akk*)

Dark Ag·es *s Pl das* (frühe *oder* finstere) Mittelalter

Dark Con·ti·nent *s der* dunkle Erdteil, Afrika *n*

dark·en ['dɑːkən] **I** *v/t* **1.** verdunkeln, -düstern (*beide auch fig*) **2.** dunkel *oder* dunkler färben **II** *v/i* **3.** dunkel werden, sich verdunkeln **4.** *fig* sich verdüstern

dark horse *s* **1.** SPORT unbekannte Größe (*Person*) **2.** POL *Am* unbeschriebenes Blatt

dark·ness ['dɑːknɪs] *s* Dunkelheit *f*, Finsternis *f*: ***be in complete darkness*** völlig dunkel sein

'dark·room *s* FOTO Dunkelkammer *f*

'dark·skinned *Adj* dunkelhäutig

dar·ling ['dɑːlɪŋ] **I** *s* Liebling *m* **II** *Adj* reizend, goldig

darn[1] [dɑːn] → ***damn*** 4-6

darn[2] [dɑːn] *v/t* stopfen

darned [dɑːnd] → ***damned*** 2-5

dart [dɑːt] **I** *s* **1.** (Wurf)Pfeil *m* **2.** Satz *m*, Sprung *m*: ***make a dart for*** losstürzen auf (*Akk*) **3.** ***darts*** *Sg* Darts *n* (*Wurfpfeilspiel*) **II** *v/t* **4.** *Speer* werfen, schleudern, *Pfeil* schießen: ***dart a look at s.o.*** j-m einen Blick zuwerfen **III** *v/i* **5.** sausen, flitzen: ***dart at*** losstürzen auf (*Akk*) **6.** zucken, schnellen (*Schlange, Zunge etc*), huschen (*Augen, Blick*)

'dart·board *s* Dartsscheibe *f*

dash [dæʃ] **I** *v/t* **1.** schleudern, schmettern: ***dash to pieces*** zerschmettern **2.** ***dash down*** (*oder* ***off***) *Getränk* hinunterstürzen; *Aufsatz, Zeichnung etc* schnell hinhauen **3.** *Hoffnungen etc* zerstören, zunichtemachen; *j-n* deprimieren **II** *v/i* **4.** stürmen: ***dash off*** davonstürzen **III** *s* **5.** Schlag *m*: ***at one dash*** mit 'einem Schlag (*auch fig*) **6.** Schuss *m* (*Rum etc*), Prise *f* (*Salz etc*) **7.** *fig* Anflug *m* (***of*** von); Stich *m* (***of green*** ins Grüne) **8.** Gedankenstrich *m* **9.** ***make a dash at*** (*oder* ***for***) losstürzen auf (*Akk*) **10.** Schwung *m*, Schmiss *m*, Elan *m*

'dash·board *s* MOT Armaturen-, FLUG *auch* Instrumentenbrett *n*

dash·ing ['dæʃɪŋ] *Adj* schneidig, forsch

DAT [dæt] *Abk* (= ***digital audio tape***) DAT *n* (*Tonbandkassette für Digitalaufnahmen mit DAT-Rekordern*)

▶**da·ta** ['deɪtə] *s Pl* **1.** (*oft Sg konstruiert*) (*auch technische*) Daten *Pl oder* Angaben *Pl* **2.** IT Daten *Pl*

da·ta bank *s* IT Datenbank *f*

da·ta cap·ture *s* IT Datenerfassung *f*

da·ta car·ri·er *s* IT Datenträger *m*

da·ta file *s* IT Datei *f*

da·ta highway *s* IT Datenautobahn *f*

da·ta pro·cess·ing *s* IT Datenverarbeitung *f*

da·ta pro·tec·tion *s* Datenschutz *m*

da·ta trans·fer, da·ta trans·mis·sion *s* IT Datenübertragung *f*

da·ta typ·ist *s* Datentypist(in)

date[1] [deɪt] *s* BOT Dattel *f*

▶**date**[2] [deɪt] **I** *s* **1.** Datum *n*: **a)** Tag *m*: ***what is the date today?*** der Wievielte ist heute?, welches Datum haben wir heute?, **b)** Zeit(punkt *m*) *f*: ***of recent date*** neu(eren Datums), **c)** Datumsangabe *f*, **d)** WIRTSCH, JUR Tag *m*, Termin *m*: ***date of delivery*** Liefertermin; ***date of maturity*** Fälligkeitstag **2.** heutiges Datum, heutiger Tag: ***to date*** bis heute; ***out of date*** veraltet, unmodern; ***go out of date*** veralten; ***up to date*** zeitgemäß, modern, auf dem Laufenden; ***bring up to date*** auf den neuesten Stand bringen, modernisieren **3.** Verabredung *f*, Rendezvous *n*, Date *n*: ***have a date with s.o.*** mit j-m verabredet sein; ***make a date*** sich verabreden **4.** (Verabredungs)Partner(in): ***who is your date?*** mit wem bist du verabredet? **II** *v/t* **5.** datieren

D

6. sich verabreden mit; gehen mit **III** *v/i* **7.** ***date back to* a)** *auch* ***date from*** stammen aus, entstanden sein in (*Dat*), **b)** bis in *eine Zeit* zurückreichen, auf *eine Zeit* zurückgehen **8.** veralten

D

date SG

Wie gibt man z. B. den 3. Februar 2005 im Englischen wieder? Es gibt mehrere Möglichkeiten:

Langform **3rd Feb. 2005**
Feb. 3rd, 2005

(die Monate mit längerem Namen werden oft abgekürzt)

Kurzform **3.2.2005**
3/2/2005

Vorsicht aber mit der Kurzform. Im amerikanischen Englisch wird zuerst der Monat und dann der Tag genannt. Das oben angeführte Datum könnte also leicht als 2. März 2005 gelesen werden. Nicht auszudenken, zu welchen Missverständnissen es kommen kann!

Gesprochen heißt es immer: **the third of February two thousand and five.**

ˈdat·ed *Adj* **1.** datiert **2.** veraltet, überholt
ˈdate·less *Adj* **1.** undatiert **2.** zeitlos
date line *s* GEOG Datumsgrenze *f*
date rape *s* Vergewaltigung *f* nach einem Rendezvous
date stamp *s* Datums-, *auch* Poststempel *m*
ˈdat·ing ˌa·gen·cy *s* Partnervermittlung *f*
da·tive [ˈdeɪtɪv] *s auch* ***dative case*** LING Dativ *m*, 3. Fall
daub [dɔːb] **I** *v/t* **1.** be-, verschmieren: ***daubed with oil*** ölverschmiert **2.** schmieren (***on*** auf *Akk*) **3.** *pej Bild* zs.-klecksen **II** *s* **4.** MALEREI *pej* (Farb)Kleckserei *f*
▶**daugh·ter** [ˈdɔːtə] *s* Tochter *f*: ***daughter (company)*** WIRTSCH Tochter(gesellschaft) *f*
▶**daugh·ter-in-law** [ˈdɔːtərɪnlɔː] *Pl* **ˈdaugh·ters-in-law** *s* Schwiegertochter *f*
daunt [dɔːnt] *v/t* **1.** einschüchtern, erschrecken **2.** entmutigen
ˈdaunt·less *Adj* unerschrocken
dav·en·port [ˈdævnpɔːt] *s* **1.** kleiner Schreibtisch **2.** *Am* (Bett)Couch *f*

St David's Day LK

Der 1. März ist der Nationalfeiertag der Waliser. Am **St David's Day** trägt man traditionell Lauch (**leek**) oder eine Osterglocke (**daffodil**) im Knopfloch.

daw·dle [ˈdɔːdl] **I** *v/i* (herum)trödeln, (-)bummeln **II** *v/t oft* ***dawdle away*** *Zeit* vertrödeln
ˈdaw·dler *s* Trödler(in)
dawn [dɔːn] **I** *v/i* **1.** dämmern (*Morgen, Tag*) **2.** ***dawn on*** *fig j-m* dämmern, klar werden **3.** *fig* sich zu entwickeln beginnen, erwachen **II** *s* **4.** (Morgen)Dämmerung *f*: ***at dawn*** bei Tagesanbruch **5.** *fig* Beginn *m*
▶**day** [deɪ] *s* **1.** Tag *m* (*Ggs. Nacht*): ***by day*** bei Tag(e) **2.** Tag *m* (*Zeitraum*): ***day after day*** Tag für Tag; ▶ ***the day after tomorrow***, *Am* ***day after tomorrow*** übermorgen; ***day in, day out*** tagaus, tagein; ***let's call it a day!*** *ugs* Feierabend!, Schluss für heute!; ***carry*** (*oder* ***win***) ***the day*** den Sieg davontragen **3.** (*bestimmter, festgesetzter*) Tag: ***day of delivery*** Liefertermin *m* **4.** *oft Pl* (Lebens)Zeit *f*, Zeiten *Pl*, Tage *Pl*: ***in my young days*** in meinen Jugendtagen; ***in those days*** damals **5.** *oft Pl* (*beste*) Zeit (*des Lebens*), Glanzzeit *f*: ***he has had his day*** seine beste Zeit ist vorüber; ***those were the days!*** das waren noch Zeiten!
ˈday·break *s* Tagesanbruch *m*: ***at daybreak*** bei Tagesanbruch
ˈday·dream I *s* Tag-, Wachtraum *m* **II** *v/i* (*auch unreg* ***dream***) (mit offenen Augen) träumen
ˈdayˌdream·er *s* Träumer(in)
ˈday·light *s* Tageslicht *n*: ***by*** (*oder* ***in***) ***daylight*** bei Tag(eslicht); ***in broad daylight*** am helllichten Tag; ***beat*** (*oder* ***knock***) ***the living daylights out of s.o.*** *ugs* j-n fürchterlich verdreschen; ***daylight robbery*** *ugs* Wucher *m*; ***daylight saving time*** Sommerzeit *f*
day nurs·er·y *s* Tagesheim *n*, -stätte *f*
day pu·pil *s* externer Schüler, externe Schülerin (*eines Internats*)
day re·turn, **day re·turn tick·et** → ***day ticket***
day shift *s* Tagschicht *f*: ***be*** (*oder* ***work***) ***on day shift*** Tagschicht haben
day tick·et *s Br* Tagesrückfahrkarte *f*
ˈday·time *s*: ***in the daytime*** bei Tag(e)
ˌday-to-ˈday *Adj* (tag)täglich
day trip *s* Tagesausflug *m*
day trip·per *s* Tagesausflügler(in)
daze [deɪz] **I** *v/t* benommen machen **II** *s* Benommenheit *f*: ***in a daze*** benommen
daz·zle [ˈdæzl] **I** *v/t* **1.** blenden (*auch fig*) **II** *s* **2.** Blenden *n*: ***in a dazzle*** geblendet **3.** blendender Glanz
ˈD-day *s* der Tag X
▶**dead** [ded] **I** *Adj* (→ ***deadly*** II) **1.** tot, gestorben: ***shoot dead*** erschießen; → ***body*** 2 **2.** *fig* tot: **a)** leblos: ***dead matter*** tote Materie, **b)** ausgestorben: ***dead language*** tote Sprache, **c)** überlebt (*Brauch etc*) **3.** gefühllos, abgestorben (*Finger etc*) **4.** *fig* (***to***) unempfänglich (für); gleichgültig, abgestumpft (gegen) **5.** *bes* WIRTSCH flau **6.** tot (*Kapital, Wissen etc*) **7.** ELEK tot, stromlos **8.** erloschen (*Vulkan, Gefühle etc*) **9.** matt, stumpf (*Farben, Blick etc*) **10.** völlig, total: ***dead certainty*** absolute Gewissheit; ***dead silence*** Totenstille *f*; → ***cert***, ***earnest*** 4, ***loss*** 1a **II** *s* **11.** ***the dead*** *Pl* die Toten *Pl* **12.** ***in the dead of night*** mitten in der Nacht; ***in the dead of winter*** im tiefsten Winter **III** *Adv* **13.** völlig, total: ***dead drunk*** sinnlos betrunken; ***dead slow!*** MOT Schritt fahren!; ***dead straight*** schnurgerade; ***dead tired*** todmüde; → ***set*** 8 **14.** plötzlich, abrupt: ***stop dead*** (***in one's tracks***) plötzlich *oder* abrupt stehen bleiben **15.** genau, direkt: ***dead against*** genau gegenüber von (*oder Dat*)
ˌdead-ˈbeat *Adj ugs* todmüde
dead cen·tre (*Am* **dead cen·ter**) *s* genaue Mitte
dead·en [ˈdedn] *v/t* **1.** *Geräusch* abdämpfen, *auch Schlag etc* (ab)schwächen **2.** *Schmerz* stillen; *Gefühl* abtöten, abstumpfen (***to*** gegen)
dead end *s* Sackgasse *f* (*auch fig*): ***come to a dead end*** in eine Sackgasse geraten
ˈdead-end *Adj* **1.** ***dead-end street*** Sackgasse *f*

2. ohne Aufstiegschancen (*Stellung*)
dead heat *s* SPORT totes Rennen
'dead·line *s* **1.** letzter (Ablieferungs)Termin, Anzeigen-, Redaktionsschluss *m*: ***deadline pressure*** Termindruck *m*; ***meet the deadline*** den Termin einhalten **2.** Stichtag *m*
'dead·lock **I** *s* völliger Stillstand, toter Punkt: ***come to*** (*oder* ***reach***) ***a deadlock*** *siehe* II **II** *v/i* sich festfahren, an einem toten Punkt anlangen (*Verhandlungen etc*)
'dead·locked *Adj* festgefahren
dead·ly ['dedlɪ] **I** *Adj* **1.** tödlich; Tod…: ***deadly enemy*** Todfeind(in); ***deadly fight*** mörderischer Kampf; ***deadly sin*** Todsünde *f* **2.** totenähnlich: ***deadly pallor*** Leichen-, Todesblässe *f* **3.** *ugs* schrecklich, äußerst **II** *Adv* **4.** totenähnlich: ***deadly pale*** leichen-, totenblass **5.** *ugs* schrecklich, äußerst: ***deadly dull*** sterbenslangweilig
dead march *s* MUS Trauermarsch *m*
ˌdead'pan *Adj ugs* **1.** ausdruckslos (*Gesicht*); mit ausdruckslosem Gesicht (*Person*) **2.** trocken (*Humor*)
▶**deaf** [def] **I** *Adj* **1.** taub (*auch fig* ***to*** gegen): ***deaf and dumb*** taubstumm; ***deaf in one ear*** auf einem Ohr taub; → ***ear***[1] 1 **2.** schwerhörig **II** *s* **3.** ***the deaf*** *Pl* die Tauben *Pl*
deaf aid *s* Hörgerät *n*
ˌdeaf-and-'dumb *Adj* **1.** taubstumm **2.** Taubstummen…: ***deaf-and-dumb language***
deaf·en ['defn] *v/t* taub machen
'deaf·en·ing *Adj* ohrenbetäubend
ˌdeaf-'mute **I** *Adj* taubstumm **II** *s* Taubstumme *m, f*
deaf·ness ['defnɪs] *s* **1.** Taubheit *f* (*auch fig* ***to*** gegen) **2.** Schwerhörigkeit *f*
▶**deal**[1] [diːl] **I** *v/i* (*unreg*) **1.** ***deal with*** sich befassen *oder* beschäftigen mit; handeln von, *etw* behandeln *oder* zum Thema haben; *etw* erledigen, mit *etw, j-m* fertig werden **2.** ***deal with*** WIRTSCH Handel treiben *oder* Geschäfte machen mit **3.** ***deal in*** WIRTSCH handeln *oder* Handel treiben mit: ***deal in paper*** Papier führen **4.** *sl* dealen (*mit Drogen handeln*) **5.** *Kartenspiel*: geben **II** *v/t* **6.** *oft* ***deal out*** *etw* aus-, verteilen, *Karten auch* geben **III** *s* **7.** *ugs* Handlungsweise *f*, Verfahren *n* **8.** *ugs* Geschäft *n*, Handel *m*, Deal *m*: ***strike*** (*oder* ***make*** *oder* ***cut*** *oder* ***do***) ***a deal*** (***with s.o.***) (mit j-m) einen Deal machen, eine Übereinkunft treffen. ***it's a deal!*** abgemacht!; → ***raw*** 6 **9.** Abkommen *n*: ***make a deal*** ein Abkommen treffen **10.** *Kartenspiel*: Geben *n*: ***it is my deal*** ich muss geben
deal[2] [diːl] *s* Menge *f*: ***a great deal*** sehr viel; ***a good deal*** eine ganze Menge, ziemlich viel; ***a great*** (*oder* ***good***) ***deal worse*** *ugs* viel schlechter
▶**deal·er** ['diːlə] *s* **1.** Händler(in): ***dealer in antiques*** Antiquitätenhändler(in) **2.** *sl* Dealer(in) (*Drogenhändler*) **3.** *Kartenspiel*: Geber(in)
'deal·ing *s* **1.** *meist Pl* Umgang *m*, Beziehungen *Pl*: ***have dealings with*** zu tun haben mit **2.** WIRTSCH Handel *m* (***in*** in *Dat*, mit)
dealt [delt] *Prät und Part Perf von* ***deal***[1]
dean [diːn] *s* REL, UNI Dekan(in)
▶**dear** [dɪə] **I** *Adj* **1.** lieb, teuer (***to*** *Dat*): ***Dear Sir***, (*in Briefen*) Sehr geehrter Herr (*Name*); ***run for dear life*** um sein Leben rennen **2.** teuer, kostspielig **II** *Adv* **3.** teuer: ***it cost him dear*** es kam ihm *oder* ihn teuer zu stehen **III** *s* **4.** Liebste *m, f*, Schatz *m*: ***there's a dear*** sei (so) lieb **IV** *Interj* **5.** (***oh***) ***dear!, dear me!*** du liebe Zeit!, ach je!

dear / love SG

In Großbritannien ist es nicht ungewöhnlich, besonders von älteren Leuten mit **dear** angesprochen zu werden. Es ist so gut wie immer nett gemeint.
Auch Frauen sollten es nicht missverstehen, wenn jemand **love** zu ihnen sagt. Das ist besonders bei Busschaffnern, Ladenbesitzern usw. üblich und drückt ebenfalls auf harmlose Art aus, dass man zu jemand Unbekanntem einfach nur nett sein will.

'dear·ly *Adv* **1.** innig, herzlich **2.** teuer: → ***buy*** 4
'dear·ness *s* hoher Preis
▶**death** [deθ] *s* **1.** Tod *m*: ***to death*** zu Tode; (***as***) ***sure as death*** todsicher; ***catch one's death*** sich den Tod holen (*eng. S. durch Erkältung*); ***put to death*** hinrichten **2.** Todesfall *m*
death ag·o·ny *s* Todeskampf *m*
'death·bed *s* Sterbebett *n*
'death·blow *s fig* Todesstoß *m* (***to*** für)
death cell *s* Todeszelle *f*
death·less ['deθlɪs] *Adj* unsterblich (*Ruhm etc*)
'death·like *Adj* totenähnlich: ***deathlike stillness*** Totenstille *f*
'death·ly → ***deadly***: ***deathly silence*** eisiges Schweigen; ***deathly stillness*** Totenstille *f*
death mask *s* Totenmaske *f*
death pen·al·ty *s* Todesstrafe *f*
death rate *s* Sterblichkeitsziffer *f*
'death's-head *s* Totenkopf *m* (*Symbol*)
death threat *s* Morddrohung *f*
death toll *s* Zahl *f* der Toten: ***the death toll on the roads*** die Zahl der Verkehrstoten
death trap *s* Todesfalle *f*
death war·rant *s* **1.** JUR Hinrichtungsbefehl *m* **2.** *fig* Todesurteil *n* (***of*** für): ***sign one's death warrant*** sein (eigenes) Todesurteil unterschreiben
de·ba·cle [deɪ'bɑːkl] *s* Debakel *n*, Zs.-bruch *m*
de·bar [dɪ'bɑː] *v/t j-n* ausschließen (***from*** von)
de·base [dɪ'beɪs] *v/t* **1.** entwürdigen **2.** im Wert mindern; *Wert* mindern
de·bat·a·ble [dɪ'beɪtəbl] *Adj* strittig, umstritten
de'bate **I** *v/i* **1.** debattieren, diskutieren (***on, about*** über *Akk*) **II** *v/t* **2.** *etw* debattieren, diskutieren **3.** *etw* erwägen, sich *etw* überlegen **III** *s* **4.** Debatte *f*, Diskussion *f*: ***be under debate*** zur Debatte stehen
de·bauch [dɪ'bɔːtʃ] **I** *v/t sittlich* verderben **II** *s* Ausschweifung *f*, Orgie *f*
de'bauch·er·y [dɪ'bɔːtʃərɪ] *s* Ausschweifung *f*
de·ben·ture [dɪ'bentʃə] *s* **1.** Schuldschein *m* **2.** WIRTSCH **a)** *Br auch* ***debenture bond*** Obligation *f*, Schuldverschreibung *f*, **b)** *Br* Pfandbrief *m*
de·bil·i·tate [dɪ'bɪlɪteɪt] *v/t* schwächen, entkräften
deˌbil·i'ta·tion *s* Schwächung *f*, Entkräftung *f*
de'bil·i·ty *s* Schwäche *f*, Kraftlosigkeit *f*
deb·it ['debɪt] WIRTSCH **I** *s* **1.** Soll *n*: ***debit and credit*** Soll und Haben *n* **2.** Belastung *f*: ***to the debit of*** zulasten von (*oder Gen*); ***debit entry*** Lastschrift *f* **II** *v/t* **3.** *j-n, Konto* belasten (***with*** mit): ***debit £ 100 to s.o.('s account)*** j-n (jemandes Konto) mit £ 100 belasten

de·brief [ˌdiːˈbriːf] *v/t* sich informieren lassen von (*einem Piloten, Diplomaten etc*)
de·bris [ˈdeɪbriː] *s* Trümmer *Pl*, Schutt *m*
▶ **debt** [det] *s* Schuld *f*: ***debt of hono(u)r*** Ehrenschuld; ***be in debt*** Schulden haben, verschuldet sein; ***be in debt to s.o. for £ 100*** j-m £ 100 schulden; ***be in s.o.'s debt*** in j-s Schuld stehen; ***be out of debt*** schuldenfrei sein
ˈdebt·or *s* Schuldner(in)
de·bug [ˌdiːˈbʌg] *v/t* **1.** entwanzen (*auch ugs von Minispionen befreien*) **2.** TECH *ugs* Fehler *einer Maschine* beheben; COMPUTER *ein Programm* austesten, einen Programmierfehler beseitigen

Die Vorsilbe de-

GR

Die englische Vorsilbe **de-** entspricht meist dem deutschen **ent-** und drückt aus, dass ein Vorgang rückgängig gemacht oder umgekehrt wird:

debug	entwanzen
decaffeinated	koffeinfrei, entkoffeiniert
decelerate	verlangsamen
decode	entschlüsseln

de·but [ˈdeɪbjuː] *s* Debüt *n*: ***make one's debut*** sein Debüt geben
deb·u·tant [ˈdebjuːtɑ̃ːŋ] *s* Debütant *m*
deb·u·tante [ˈdebjuːtɑːnt] *s* Debütantin *f*
dec·ade [ˈdekeɪd] *s* Jahrzehnt *n*
de·ca·dence [ˈdekədəns] *s* Dekadenz *f*
ˈde·ca·dent *Adj* dekadent
de·caf [ˈdiːkæf] *s ugs* koffeinfreier Kaffee
de·caf·fein·at·ed [ˌdiːˈkæfɪneɪtɪd] *Adj* koffeinfrei (*Kaffee*)
de·cal [ˈdiːkæl] *s bes Am* Abziehbild *n*
de·camp [dɪˈkæmp] *v/i ugs* sich aus dem Staub machen
de·cant [dɪˈkænt] *v/t* **1.** dekantieren **2.** ab-, umfüllen
deˈcant·er *s* Karaffe *f*
de·cap·i·tate [dɪˈkæpɪteɪt] *v/t* enthaupten, köpfen
de·cath·lete [dɪˈkæθliːt] *s Leichtathletik*: Zehnkämpfer(in)
deˈcath·lon [dɪˈkæθlɒn] *s* Zehnkampf *m*
de·cay [dɪˈkeɪ] **I** *v/i* **1.** zerfallen (*auch* PHYS), vermodern **2.** verfaulen, -wesen; kariös *oder* schlecht werden (*Zahn*) **3.** abnehmen, schwinden; schwach *oder* kraftlos werden **4.** zugrunde gehen **5.** GEOL verwittern **II** *s* **6.** Zerfall *m* (*auch* PHYS) **7.** Verfaulen *n* **8.** GEOL Verwitterung *f*
de·cease [dɪˈsiːs] *s* Ableben *n*
deˈceased **I** *Adj* verstorben **II** *s*: ***the deceased*** der *oder* die Verstorbene, die Verstorbenen *Pl*
de·ceit [dɪˈsiːt] *s* Betrug *m*, Täuschung *f*
deˈceit·ful *Adj* **1.** betrügerisch **2.** falsch, hinterlistig
de·ceive [dɪˈsiːv] **I** *v/t* täuschen (*Person*), (*Sache auch*) trügen: ***be deceived*** sich täuschen (lassen); ***deceive o.s.*** sich etw vormachen **II** *v/i* täuschen, trügen (*Sache*)
deˈceiv·er *s* Betrüger(in)
de·cel·er·ate [ˌdiːˈseləreɪt] **I** *v/t* verlangsamen; die Geschwindigkeit herabsetzen von (*oder Gen*) **II** *v/i* sich verlangsamen; seine Geschwindigkeit verringern

▶ **De·cem·ber** [dɪˈsembə] *s* Dezember *m*: ***in December*** im Dezember
de·cen·cy [ˈdiːsnsɪ] *s* Anstand *m*, *Pl auch* Anstandsformen *Pl*: ***for decency's sake*** anstandshalber
ˈde·cent *Adj* **1.** anständig **2.** passabel, annehmbar **3.** *ugs* salonfähig (angezogen)
de·cen·tral·i·za·tion [diːˌsentrəlaɪˈzeɪʃn] *s* Dezentralisierung *f*
deˈcen·tral·ize *v/t* dezentralisieren
de·cep·tion [dɪˈsepʃn] *s* Täuschung *f*
deˈcep·tive *Adj* täuschend, trügerisch: ***be deceptive*** → ***deceive*** II; → ***appearance*** 3
▶ **de·cide** [dɪˈsaɪd] **I** *v/t* **1.** *etw* entscheiden; *etw* bestimmen **2.** ***decide s.o. to do s.th.*** j-n veranlassen *oder* dazu bringen, etw zu tun **II** *v/i* **3.** beschließen, sich entscheiden *oder* entschließen (***to do, on doing*** zu tun; ***against doing*** nicht zu tun): ***decide in favo(u)r of*** (*oder* ***on***) (***against***) sich entscheiden für (gegen) **4.** entscheiden, den Ausschlag geben
deˈcid·ed *Adj* entschieden, entschlossen
deˈcid·ing *Adj* entscheidend, ausschlaggebend
de·cid·u·ous [dɪˈsɪdjʊəs] *Adj*: ***deciduous tree*** Laubbaum *m*
dec·i·mal [ˈdesɪml] **I** *Adj* **1.** dezimal, Dezimal…: ***go decimal*** das Dezimalsystem einführen; ***decimal fraction*** *siehe* 2; ***decimal point*** Komma *n* (*in GB und USA Punkt*) vor der ersten Dezimalstelle; ***decimal system*** Dezimalsystem *n* **II** *s* **2.** Dezimalbruch *m* **3.** Dezimalzahl *f*
dec·i·mal·ize [ˈdesɪməlaɪz] *v/t* auf das Dezimalsystem umstellen
dec·i·mate [ˈdesɪmeɪt] *v/t* dezimieren
de·ci·pher [dɪˈsaɪfə] *v/t* entziffern
▶ **de·ci·sion** [dɪˈsɪʒn] *s* **1.** Entscheidung *f*: ***make*** (*oder* ***take***) ***a decision*** eine Entscheidung treffen (***about, on*** über *Akk*) **2.** Entschluss *m*: ***arrive at*** (*oder* ***come to***) ***a decision*** zu einem Entschluss kommen **3.** Entschlusskraft *f*, Entschlossenheit *f*
de·ci·sive [dɪˈsaɪsɪv] *Adj* **1.** ausschlaggebend, entscheidend, endgültig **2.** entschlossen, entschlussfreudig (*Person*)
deck [dek] **I** *s* **1.** SCHIFF Deck *n*: ***on deck*** an Deck; *bes Am ugs* auf dem Posten **2.** Stock (-werk *n*) *m*, (*eines Busses auch*) Deck *n* **3.** *bes Am* Spiel *n*, Pack *m* (Spiel)Karten **II** *v/t* **4.** *oft* ***deck out*** herausputzen; schmücken
ˈdeckˌchair *s Br* Liegestuhl *m*
de·claim [dɪˈkleɪm] *v/i* **1.** deklamieren, (*v/t auch*) vortragen **2.** eifern, wettern (***against*** gegen)
dec·la·ra·tion [ˌdekləˈreɪʃn] *s* **1.** Erklärung *f*: **a)** Aussage *f*: ***make a declaration*** eine Erklärung abgeben; ***declaration of intent*** Absichtserklärung, **b)** Verkündung *f*: ***declaration of independence*** Unabhängigkeitserklärung; ***declaration of war*** Kriegserklärung **2.** (Zoll)Deklaration *f*, Zollerklärung *f*
▶ **de·clare** [dɪˈkleə] **I** *v/t* **1.** erklären, verkünden: ***declare open*** für eröffnet erklären; ***declare s.o. the winner*** j-n zum Sieger erklären; → ***war*** **2.** deklarieren: ***have you anything to declare?*** haben Sie etw zu verzollen? **II** *v/i* **3.** sich erklären *oder* entscheiden (***for*** für; ***against*** gegen)
deˈclared *Adj* erklärt
de·clen·sion [dɪˈklenʃn] *s* LING Deklination *f*
de·cline [dɪˈklaɪn] **I** *v/i* **1.** sich neigen *oder* senken **2.** zur Neige *oder* zu Ende gehen **3.** ab-

nehmen, zurückgehen; fallen, sinken (*Preise*); verfallen **4.** (höflich) ablehnen **II** *v/t* **5.** (höflich) ablehnen: ***decline to do*** es ablehnen zu tun **6.** LING deklinieren **III** *s* **7.** Neigung *f*, Senkung *f* **8.** Neige *f*: ***be on the decline*** zur Neige gehen; im Niedergang begriffen sein, sinken **9.** Abnahme *f*, Rückgang *m*: ***decline of*** (*oder* ***in***) ***strength*** Kräfteverfall *m*; ***decline in value*** Wertminderung *f*

de'cliv·i·ty [dɪ'klɪvətɪ] *s* **1.** Abschüssigkeit *f* **2.** (Ab)Hang *m*

de·clutch [ˌdiː'klʌtʃ] *v/i* MOT auskuppeln

de·code [ˌdiː'kəʊd] *v/t* entschlüsseln

de·cod·er [ˌdiː'kəʊdə] *s* Decoder *m*

dé·colle·tage [ˌdeɪkɒl'tɑːʒ], **dé'colle·té** [deɪ'kɒlteɪ] *s* Dekolleté *n*

de·com·pose [ˌdiːkəm'pəʊz] **I** *v/t* **1.** CHEM, PHYS zerlegen, spalten **2.** zersetzen **II** *v/i* **3.** sich auflösen, zerfallen (***into*** in *Akk*) **4.** sich zersetzen

de·com·po·si·tion [ˌdiːkɒmpə'zɪʃn] *s* **1.** CHEM, PHYS Zerlegung *f*, Spaltung *f* **2.** Zersetzung *f*, Zerfall *m*

de·con·tam·i·nate [ˌdiːkən'tæmɪneɪt] *v/t* entgasen, -seuchen, -strahlen

'de·conˌtam·i'na·tion *s* Entgasung *f*, -seuchung *f*, -strahlung *f*

dé·cor, de·cor ['deɪkɔː] *s* **1.** Ausstattung *f* (*eines Raums*) **2.** THEAT Dekor *m*, *n*, Ausstattung *f*, Dekoration *f*

▸**dec·o·rate** ['dekəreɪt] *v/t* **1.** schmücken, verzieren; ausschmücken, dekorieren **2.** tapezieren; (an)streichen **3.** dekorieren, (*mit Orden etc*) auszeichnen

ˌdec·o'ra·tion *s* **1.** (Aus)Schmückung *f*, Dekorierung *f* **2.** Schmuck *m*, Dekoration *f*, Verzierung *f* **3.** Orden *m*, Ehrenzeichen *n*

dec·o·ra·tive ['dekərətɪv] *Adj* dekorativ, Schmuck…: ***decorative plant*** Zierpflanze *f*

dec·o·ra·tor ['dekəreɪtə] *s* **1.** Dekorateur(in): → ***interior*** 1 **2.** Maler(in) und Tapezierer(in)

dec·o·rous ['dekərəs] *Adj* anständig, schicklich

de·co·rum [dɪ'kɔːrəm] *s* Anstand *m*, Schicklichkeit *f*

de·coy I *s* ['diːkɔɪ] Lockvogel *m*, *fig auch* Köder *m* **II** *v/t* [dɪ'kɔɪ] (an)locken, ködern; *fig auch* verleiten (***into*** zu)

de·crease [diː'kriːs] **I** *v/i* abnehmen, sich vermindern *oder* verringern: ***decrease in length*** kürzer werden **II** *v/t* vermindern, -ringern, herabsetzen **III** *s* ['diːkriːs] Abnahme *f*, Verminderung *f*, -ringerung *f*: ***be on the decrease*** *siehe* I; ***decrease in value*** Wertminderung *f*

de·cree [dɪ'kriː] **I** *s* **1.** Dekret *n*, Erlass *m*, Verfügung *f* **2.** JUR Entscheid *m*, Urteil *n* **II** *v/t* **3.** verfügen

de·cree ni·si ['naɪsaɪ] *s* JUR vorläufiges Scheidungsurteil

de·crep·it [dɪ'krepɪt] *Adj* altersschwach (*Person, Auto etc*)

de·cry [dɪ'kraɪ] *v/t* schlechtmachen, heruntermachen, herabsetzen

ded·i·cate ['dedɪkeɪt] *v/t* **1.** *Buch, Leben, Zeit etc* widmen (***to*** *Dat*) **2.** *Am* feierlich eröffnen *oder* einweihen

'ded·i·cat·ed *Adj* **1.** treu sorgend (*Vater etc*), einsatzfreudig (*Angestellter etc*), engagiert (*Verfechter etc*) **2.** ***dedicated line*** IT Standleitung *f*

ˌded·i'ca·tion *s* **1.** Widmung *f* **2.** Hingabe *f* **3.** *Am* feierliche Eröffnung *oder* Einweihung

de·duce [dɪ'djuːs] *v/t* **1.** folgern, schließen (***from*** aus) **2.** ab-, herleiten (***from*** von)

de·duct [dɪ'dʌkt] *v/t* (***from***) *Betrag* **a)** abziehen (von): ***after deducting charges*** nach Abzug der Kosten, **b)** einbehalten (von), **c)** (von *der Steuer*) absetzen

de'duct·i·ble *Adj* (*steuerlich*) absetzbar

de'duc·tion *s* **1.** Abzug *m*; Einbehaltung *f*; Absetzung *f* **2.** WIRTSCH Nachlass *m* **3.** (Schluss-)Folgerung *f*, Schluss *m*

deed [diːd] *s* **1.** Tat *f*: ***do a good deed*** eine gute Tat vollbringen; → ***will***[1] 1, ***word*** 1 **2.** Helden-, Großtat *f* **3.** JUR (Übertragungs)Urkunde *f*

dee·jay ['diːdʒeɪ] *s ugs* Discjockey *m*

deem [diːm] *v/t* halten *oder* erachten für, betrachten als

▸**deep** [diːp] **I** *Adj* **1.** tief (*auch fig*): ***deep breath*** tiefer Atemzug; ***deep disappointment*** schwere *oder* bittere Enttäuschung; ***deeply disappointed*** schwer *oder* bitter enttäuscht; ***deep poverty*** tiefste Armut; ***deep silence*** tiefes *oder* völliges Schweigen; ***deep sleep*** tiefer Schlaf, Tiefschlaf *m*; ***deep voice*** tiefe *oder* dunkle Stimme; ***in deep water(s)*** in Schwierigkeiten **2.** schwer verständlich, schwierig: ***that is too deep for me*** das ist mir zu hoch **II** *Adv* **3.** tief (*auch fig*): ***deep into the night*** (bis) tief in die Nacht (hinein); ***deep in thought*** tief in Gedanken (versunken); → ***water*** 2 **III** *s* **4.** Tiefe *f* **5.** ***in the deep of night*** mitten in der Nacht; ***in the deep of winter*** im tiefen Winter

> **deep und deeply** GR
>
> ⚠ Achten Sie auf den Bedeutungsunterschied:
>
> | | |
> |---|---|
> | **deep** (Adjektiv + Adverb) | tief |
> | **deeply** (Adverb) | zutiefst, schwer |

'deep·en *v/t und v/i* (sich) vertiefen, *fig auch* (sich) steigern *oder* verstärken

'deep-felt *Adj* tief empfunden

ˌdeep-'freeze I *s* Tiefkühl-, Gefriergerät *n* **II** *Adj* Tiefkühl…, Gefrier…: ***deep-freeze cabinet*** Tiefkühl-, Gefriertruhe *f* **III** *v/t* (*meist unreg* ***freeze***) tiefkühlen, einfrieren: ***deep-frozen food*** Tiefkühlkost *f*

deep freez·er → ***deep-freeze*** I

ˌdeep-'fry *v/t* frittieren

deep fry·er, 'deep-ˌfry·ing pan *s* Fritteuse *f*

deep·ness ['diːpnɪs] *s* Tiefe *f* (*auch fig*)

ˌdeep-'root·ed *Adj* tief verwurzelt (*auch fig*)

ˌdeep-'sea *Adj* Tiefsee…: ***deep-sea fishing*** Hochseefischerei *f*

ˌdeep-'seat·ed *Adj fig* tief sitzend

'deep-set *Adj* tief liegend (*Augen*)

▸**deer** [dɪə] *Pl* **deer** *s* ZOOL Hirsch *m*; Reh *n*

de·es·ca·late [ˌdiː'eskəleɪt] **I** *v/t* **1.** *Krieg etc* deeskalieren **2.** *Erwartungen etc* herunterschrauben **II** *v/i* **3.** deeskalieren

ˌde·es·ca'la·tion *s* Deeskalation *f*

de·face [dɪ'feɪs] *v/t* **1.** entstellen, verunstalten **2.** aus-, durchstreichen, unleserlich machen

def·a·ma·tion [ˌdefə'meɪʃn] *s* Verleumdung *f*, Diffamierung *f*

de·fam·a·to·ry [dɪ'fæmətərɪ] *Adj* verleumderisch, diffamierend

de·fame [dɪ'feɪm] *v/t* verleumden, diffamieren

de·fault [dɪ'fɔːlt] **I** *s* **1.** Unterlassung *f*, (Pflicht-)Versäumnis *n* **2.** WIRTSCH Nichterfüllung *f*, Verzug *m*: ***be in default*** in Verzug sein (***on*** mit) **3.**

D

JUR Nichterscheinen *n* vor Gericht: ***judg(e)ment by default*** Versäumnisurteil *n* **4.** SPORT Nichtantreten *n* **5.** ***in default of*** in Ermangelung von (*oder Gen*), mangels (*Gen*) **6.** COMPUTER Default *m*, Grundeinstellung *f* **II** *v/i* **7.** seinen Verpflichtungen nicht nachkommen, im Verzug sein: ***default on s.th.*** mit etw im Rückstand sein **8.** JUR nicht vor Gericht erscheinen **9.** SPORT nicht antreten **III** *v/t* **10.** *einer Verpflichtung* nicht nachkommen, in Verzug geraten mit

▶**de·feat** [dɪˈfiːt] **I** *v/t* **1.** *Gegner* besiegen, schlagen **2.** *Hoffnung*, *Plan etc* vereiteln, zunichtemachen **II** *s* **3.** Besiegung *f* **4.** Niederlage *f*: ***admit defeat*** sich geschlagen geben **5.** Vereit(e)lung *f*

de·fect I *s* [ˈdiːfekt] **1.** Defekt *m*, Fehler *m*: ***defect in character*** Charakterfehler; ***defect of vision*** Sehfehler **2.** Mangel *m* (***of*** an *Dat*) **II** *v/i* [dɪˈfekt] **3.** abtrünnig werden (***from*** *Dat*); übergehen, -laufen (***to*** zu)

deˈfec·tion *s* Überlaufen *n*

deˈfec·tive *Adj* **1.** mangelhaft, unzulänglich: ***he is defective in*** es mangelt ihm an (*Dat*) **2.** schadhaft, defekt: ***mentally defective*** schwachsinnig

deˈfec·tor *s* Überläufer(in)

▶**de·fence** [dɪˈfens] *s Br* Verteidigung *f* (*auch* MIL, JUR, *Sport*), Schutz *m*: ***in defence of*** zur Verteidigung *oder* zum Schutz von (*oder Gen*); ***come to s.o.'s defence*** j-m zu Hilfe kommen; → ***counsel*** 3, ***witness*** 1

deˈfence·less *Adj* schutz-, wehrlos

▶**de·fend** [dɪˈfend] *v/t* **1.** (***from, against***) verteidigen (gegen), schützen (vor *Dat*, gegen) **2.** *Meinung etc* verteidigen, rechtfertigen

deˈfend·ant *s* JUR Beklagte *m, f*; Angeklagte *m, f*

deˈfend·er *s* **1.** Verteidiger(in) **2.** SPORT Abwehrspieler(in)

▶**de·fense**, *etc Am* → ***defence***, *etc*

deˈfen·sive I *Adj* defensiv, Verteidigungs…, Abwehr… **II** *s* Defensive *f*: ***on the defensive*** in der Defensive

de·fer[1] [dɪˈfɜː] *v/t* **1.** auf-, verschieben (***to*** auf *Akk*) **2.** hinausschieben, verzögern **3.** MIL *Am* (vom Wehrdienst) zurückstellen

de·fer[2] [dɪˈfɜː] *v/i* sich fügen (***to*** *Dat*)

def·er·ence [ˈdefərəns] *s* **1.** Ehrerbietung *f*, (Hoch)Achtung *f*: ***in*** (*oder* ***out of***) ***deference to*** aus Achtung vor (*Dat*) **2.** Rücksicht(nahme) *f*: ***in*** (*oder* ***out of***) ***deference to*** mit *oder* aus Rücksicht auf (*Akk*)

def·er·en·tial [ˌdefəˈrenʃl] *Adj* rücksichtsvoll

de·fer·ment [dɪˈfɜːmənt] *s* **1.** Aufschub *m*, Verschiebung *f* **2.** MIL *Am* Zurückstellung *f* (*vom Wehrdienst*)

de·fi·ance [dɪˈfaɪəns] *s* **1.** Trotz *m*: ***in defiance of*** ungeachtet, trotz (*Gen*), *einem Gebot etc* zuwider, *j-m* zum Trotz **2.** Herausforderung *f*

deˈfi·ant *Adj* **1.** trotzig **2.** herausfordernd

de·fi·cien·cy [dɪˈfɪʃnsɪ] *s* **1.** (***of***) Mangel *m* (an *Dat*), Fehlen *n* (von): ***blood deficiency*** Blutarmut *f*; ***deficiency disease*** MED Mangelkrankheit *f* **2.** → ***deficit***

deˈfi·cient *Adj* unzureichend, mangelhaft, ungenügend: ***be deficient in*** Mangel leiden an (*Dat*); ***he is deficient in*** ihm fehlt es an (*Dat*)

def·i·cit [ˈdefɪsɪt] *s* Defizit *n*, Fehlbetrag *m*

de·fine [dɪˈfaɪn] *v/t* **1.** definieren: **a)** *Wort etc* erklären, **b)** *Begriff etc* bestimmen **2.** abgrenzen **3.** ***be clearly defined against*** sich scharf *oder* deutlich abheben von *oder* gegen

def·i·nite [ˈdefɪnɪt] *Adj* **1.** bestimmt (*auch* LING) **2.** endgültig, definitiv

ˈdef·i·nite·ly *Adv* → ***definite***: ***definitely not!*** ganz bestimmt nicht!

ˌdef·iˈni·tion *s* Definition *f*: **a)** Erklärung *f*, **b)** Bestimmung *f*

de·fin·i·tive [dɪˈfɪnɪtɪv] *Adj* **1.** → ***definite*** 2 **2.** maßgeblich

de·flate [dɪˈfleɪt] *v/t* **1.** (die) Luft ablassen aus **2.** WIRTSCH deflationieren

deˈfla·tion *s* WIRTSCH Deflation *f*

de·flect [dɪˈflekt] **I** *v/t* ablenken (***from*** von) **II** *v/i* abweichen (***from*** von) (*auch fig*)

deˈflec·tion *s* **1.** Ablenkung *f* **2.** Abweichung *f*

de·fo·li·ant [ˌdiːˈfəʊlɪənt] *s* Entlaubungsmittel *n*

de·fo·li·ate [ˌdiːˈfəʊlɪeɪt] *v/t* entlauben

de·for·est [ˌdiːˈfɒrɪst] *v/t* abholzen

de·form [dɪˈfɔːm] *v/t* **1.** deformieren, verformen (*beide auch* PHYS, TECH) **2.** verunstalten, entstellen: ***deformed by anger*** wutverzerrt (*Gesicht*)

de·for·ma·tion [ˌdiːfɔːˈmeɪʃn] *s* **1.** Deformierung *f*, Verformung *f* **2.** Verunstaltung *f*, Entstellung *f*

de·form·i·ty [dɪˈfɔːmətɪ] *s* **1.** Entstelltheit *f* **2.** Missbildung *f*

de·fraud [dɪˈfrɔːd] *v/t* betrügen (***of*** um)

de·fray [dɪˈfreɪ] *v/t Kosten* tragen

de·frost [ˌdiːˈfrɒst] **I** *v/t* von Eis befreien, *Windschutzscheibe etc* entfrosten, *Kühlschrank etc* abtauen, *Tiefkühlkost etc* auftauen **II** *v/i* ab-, auftauen

deft [deft] *Adj* gewandt, geschickt

de·fuse [ˌdiːˈfjuːz] *v/t Bombe*, *Lage etc* entschärfen

de·fy [dɪˈfaɪ] *v/t* **1.** trotzen (*Dat*); sich widersetzen (*Dat*): ***defy description*** unbeschreiblich sein, jeder Beschreibung spotten **2.** herausfordern

de·gen·er·ate I *v/i* [dɪˈdʒenəreɪt] degenerieren, entarten (***into*** zu) **II** *Adj* [dɪˈdʒenərət] degeneriert, entartet

deˌgen·erˈa·tion [dɪˌdʒenəˈreɪʃn] *s* Degeneration *f*, Entartung *f*

deg·ra·da·tion [ˌdegrəˈdeɪʃn] *s* **1.** Degradierung *f* **2.** Erniedrigung *f*

de·grade [dɪˈgreɪd] *v/t* **1.** degradieren **2.** erniedrigen (***into, to*** zu)

▶**de·gree** [dɪˈgriː] *s* **1.** Grad *m*, Stufe *f*: ***by degrees*** allmählich, nach und nach; ***by slow degrees*** ganz allmählich; ***to some*** (*oder* ***a certain***) ***degree*** ziemlich, bis zu einem gewissen Grade; ***to a high degree*** in hohem Maße; ***degree of comparison*** LING Steigerungsstufe *f*; ***degree of priority*** Dringlichkeitsstufe *f* **2.** MATHE, TECH, ASTR, GEOG *etc* Grad *m*: ***degree of latitude*** (***longitude***) Breiten- (Längen)grad **3.** UNI Grad *m*, Hochschulabschluss *m*. ***take one's degree*** einen akademischen Grad erwerben; → ***doctor*** 2

de·hu·man·ize [ˌdiːˈhjuːmənaɪz] *v/t* entmenschlichen

de·hy·drate [ˌdiːˈhaɪdreɪt] *v/t* das Wasser entziehen (*Dat*): ***dehydrated vegetables*** *Pl* Trockengemüse *n*

de·ice [ˌdiːˈaɪs] *v/t* enteisen

deign [deɪn] **I** *v/i* sich herablassen, geruhen (***to do*** zu tun) **II** *v/t* sich herablassen zu

de·i·ty [ˈdiːɪtɪ] *s* Gottheit *f*

de·ject·ed [dɪˈdʒektɪd] *Adj* niedergeschlagen

de'jec·tion *s* Niedergeschlagenheit *f*
▶**de·lay** [dɪ'leɪ] **I** *v/t* **1. a)** ver-, auf-, hinausschieben: ***delay doing s.th.*** es verschieben, etw zu tun, **b)** verzögern, -schleppen: ***be delayed*** sich verzögern **2.** aufhalten: ***be delayed*** (***for two hours***) BAHN, *etc* (zwei Stunden) Verspätung haben **II** *v/i* **3.** zögern **4.** Zeit zu gewinnen suchen **III** *s* **5.** Verschiebung *f*, Aufschub *m*; Verzögerung *f*, Verschleppung *f*: ***without delay*** unverzüglich **6.** BAHN, *etc* Verspätung *f*
de'lay·ing *Adj*: ***delaying tactics*** *Pl* Hinhalte-, Verzögerungstaktik *f*
del·e·gate I *s* ['delɪgət] **1.** Delegierte *m, f*, bevollmächtigter Vertreter, bevollmächtigte Vertreterin **II** *v/t* ['delɪgeɪt] **2.** abordnen, delegieren **3.** *Vollmachten etc* übertragen (***to*** *Dat*)
del·e·ga·tion [ˌdelɪ'geɪʃn] *s* **1.** Übertragung *f* **2.** Abordnung *f*, Delegation *f*
de·lete [dɪ'liːt] **I** *v/t* (aus)streichen; IT *Datei, Nachricht etc* löschen **II** *v/i*: ***delete where inapplicable*** Nichtzutreffendes bitte streichen
de·lete key *s* Entfernungs-, Löschtaste *f*
de·le·tion [dɪ'liːʃn] *s* Streichung *f*, COMPUTER Löschung *f*
de·li ['delɪ] *s ugs* Delikatessengeschäft *n*
de·lib·er·ate I *Adj* [dɪ'lɪbərət] **1.** überlegt **2.** bewusst, absichtlich, vorsätzlich **3.** bedächtig, besonnen **II** *v/t* [dɪ'lɪbəreɪt] **4.** überlegen, erwägen **III** *v/i* [dɪ'lɪbəreɪt] **5.** nachdenken (***on*** über *Akk*), überlegen **6.** beratschlagen, sich beraten (***on*** über *Akk*)
deˌlib·er'a·tion [dɪˌlɪbə'reɪʃn] *s* **1.** Überlegung *f* **2.** Beratung *f* **3.** Bedächtigkeit *f*
del·i·ca·cy ['delɪkəsɪ] *s* **1.** Zartheit *f* **2.** Fein-, Zartgefühl *n*, Takt *m* **3.** Empfindlichkeit *f* **4.** ***of great delicacy*** sehr heikel **5.** Delikatesse *f*, Leckerbissen *m*
del·i·cate ['delɪkət] *Adj* **1.** zart: **a)** fein (*Farben etc*), **b)** zierlich (*Figur etc*), **c)** zerbrechlich: ***of*** (*oder* ***in***) ***delicate health*** von zarter Gesundheit, **d)** sanft, leise **2.** delikat, heikel (*Frage etc*) **3.** fein, empfindlich (*Instrument etc*) **4.** feinfühlig, zartfühlend, taktvoll **5.** delikat, schmackhaft
del·i·ca·tes·sen [ˌdelɪkə'tesn] *s Pl* **1.** Delikatessen *Pl*, Feinkost *f* **2.** *Sg* Feinkostgeschäft *n*
de·li·cious [dɪ'lɪʃəs] *Adj* köstlich
de·light [dɪ'laɪt] **I** *s* Vergnügen *n*, Entzücken *n*: ***to my delight*** zu meiner Freude; ***take delight in*** *siehe* III **II** *v/t* erfreuen, entzücken **III** *v/i*: ***delight in*** (große) Freude haben an (*Dat*), sich ein Vergnügen machen aus
▶**de·light·ed** [dɪ'laɪtɪd] *Adj* entzückt, (hoch)erfreut: ***thanks for your invitation - we'd be delighted to come*** danke für Ihre Einladung - wir kommen mit dem größten Vergnügen
▶**de·light·ful** [dɪ'laɪtfʊl] *Adj* entzückend, herrlich
de·lim·it [diː'lɪmɪt] *v/t* abgrenzen
de·lin·e·ate [dɪ'lɪnɪeɪt] *v/t* **1.** skizzieren, entwerfen **2.** beschreiben, schildern
de·lin·quen·cy [dɪ'lɪŋkwənsɪ] *s* Kriminalität *f*: → ***juvenile*** I
de'lin·quent I *Adj* straffällig **II** *s* Delinquent(in), Straffällige *m, f*: → ***juvenile*** I
de·lir·i·ous [dɪ'lɪrɪəs] *Adj* **1.** MED im Delirium, fantasierend **2.** *fig* rasend (***with*** vor *Dat*): ***delirious with joy*** in einem Freudentaumel; ***deliriously happy*** vor Glück außer sich
de'lir·i·um [dɪ'lɪrɪəm] *Pl* **de'lir·i·ums, de'lir·i·a** [dɪ'lɪrɪə] *s* **1.** MED Delirium *n*: ***delirium tremens*** ['triːmenz] Delirium tremens, Säuferwahn(sinn) *m* **2.** *fig* Taumel *m*: ***delirium of joy*** Freudentaumel
de·liv·er [dɪ'lɪvə] *v/t* **1.** *auch* ***deliver up*** (*oder* ***over***) übergeben, ausliefern: ***deliver o.s. up to s.o.*** sich j-m stellen *oder* ergeben **2.** *Waren* liefern; *Brief etc* zustellen; *Nachricht etc* bestellen **3.** *Rede etc* halten (***to*** vor *Dat*) **4.** befreien, erlösen (***from*** von, aus) **5.** ***be delivered*** MED entbinden: ***be delivered of*** entbunden werden von
de'liv·er·y *s* **1.** WIRTSCH Lieferung *f*: ***on delivery*** bei Lieferung *oder* Empfang; ***cash*** (*Am* ***collect***) ***on delivery*** per Nachnahme; ***delivery contract*** Liefervertrag *m*; ***delivery note*** Lieferschein *m* **2.** *Briefe* Zustellung *f*: ***delivery charge*** Zustellgebühr *f* **3.** Halten *n* (*einer Rede*); Vortrag(sweise *f*) *m* **4.** MED Entbindung *f*: ***delivery room*** Kreißsaal *m*
de·louse [ˌdiː'laʊs] *v/t* entlausen
del·ta ['deltə] *s* (Fluss)Delta *n*
de·lude [dɪ'luːd] *v/t* **1.** täuschen, irreführen: ***delude o.s.*** sich etw vormachen **2.** verleiten (***into*** zu)
del·uge ['deljuːdʒ] **I** *s* **1.** Überschwemmung *f*: ***the Deluge*** BIBEL die Sintflut **2.** *fig* Flut *f*, (Un)Menge *f* **II** *v/t* **3.** überschwemmen, -fluten (*beide auch fig* ***with*** mit)
de·lu·sion [dɪ'luːʒn] *s* **1.** Täuschung *f*, Irreführung *f* **2.** Wahn *m* (*auch* PSYCH): ***be under the delusion that*** in dem Wahn leben, dass; ***delusions*** *Pl* ***of grandeur*** Größenwahn
de'lu·sive [dɪ'luːsɪv] *Adj* **1.** täuschend, irreführend **2.** Wahn…
de luxe [də'lʌks] *Adj* Luxus…, De-Luxe-…
delve [delv] *v/i* angestrengt suchen (***for*** nach): ***delve into*** sich vertiefen in (*Akk*); erforschen
dem·a·gog·ic [ˌdemə'gɒgɪk] *Adj* (***demagogically***) demagogisch
dem·a·gogue ['deməgɒg] *s* Demagoge *m*, Demagogin *f*
'dem·a·gog·y *s* Demagogie *f*
▶**de·mand** [dɪ'mɑːnd] **I** *v/t* **1.** fordern, verlangen (***of, from*** von) **2.** (*fordernd*) fragen nach **3.** *fig* erfordern, verlangen **II** *s* **4.** Forderung *f* (***for*** nach): ***on demand*** auf Verlangen; ***make demands on s.o.*** Forderungen an j-n stellen **5.** (***on***) Anforderung *f* (an *Akk*), Beanspruchung *f* (*Gen*): ***make great demands on*** stark in Anspruch nehmen (*Akk*), große Anforderungen stellen an (*Akk*) **6.** WIRTSCH *und allg* (***for***) Nachfrage *f* (nach), Bedarf *m* (an *Dat*): ***be in great demand*** sehr gefragt sein
de'mand·ing *Adj* anspruchsvoll
de·mar·cate ['diːmɑːkeɪt] *v/t* abgrenzen (***from*** gegen, von) (*auch fig*)
ˌde·mar'ca·tion *s* Abgrenzung *f*: ***demarcation line*** Grenz-, POL Demarkationslinie *f*; *fig* Trennungslinie *f*, -strich *m*
dem·e·ra·ra sug·ar [ˌdeməˌreərə'ʃʊgə] *s* brauner Rohrzucker
de·merge [ˌdiː'mɜːdʒ] *vt und vi* WIRTSCH entfusionieren
ˌde'merg·er *s* WIRTSCH Entfusionierung *f*
dem·i… [demɪ] *in Zssgn* Halb…, halb…
'dem·i·god *s* Halbgott *m* (*auch fig*)
'dem·i·john *s* große Korbflasche
de·mil·i·ta·rize [ˌdiː'mɪlɪtəraɪz] *v/t* entmilitarisieren
de·mist [ˌdiː'mɪst] *v/t* *Windschutzscheibe* freimachen
ˌde'mist·er *s* MOT Gebläse *n*
dem·o ['deməʊ] *Pl* **dem·os** *s ugs* Demo *f* (*De-*

monstration)
▶**de·moc·ra·cy** [dɪˈmɒkrəsɪ] *s* Demokratie *f*
dem·o·crat, POL *Am* **Democrat** [ˈdeməkræt] *s* Demokrat(in)
ˌ**dem·oˈcrat·ic**, POL *Am* **Democratic** *Adj* (***democratically***) demokratisch
D
de·mog·ra·phy [diːˈmɒgrəfɪ] *s* Demografie *f*
de·mol·ish [dɪˈmɒlɪʃ] *v/t* **1.** ab-, ein-, niederreißen, abbrechen **2.** *fig* zerstören **3.** *ugs Essen* verdrücken
dem·o·li·tion [ˌdeməˈlɪʃn] *s* **1.** Niederreißen *n*, Abbruch *m* **2.** *fig* Zerstörung *f*
de·mon [ˈdiːmən] *s* **1.** Dämon *m* **2.** ***demon for work*** Arbeitsfanatiker(in)
de·mon·ic [dɪˈmɒnɪk] *Adj* (***demonically***) dämonisch
dem·on·strate [ˈdemənstreɪt] **I** *v/t* **1.** demonstrieren: **a**) beweisen, **b**) darlegen, veranschaulichen, zeigen **2.** *Auto etc* vorführen **II** *v/i* **3.** POL *etc* demonstrieren
ˌ**dem·onˈstra·tion** *s* **1.** Demonstrierung *f*, Veranschaulichung *f* **2.** Vorführung *f*: ***demonstration car*** Vorführwagen *m* **3.** Demonstration *f*, Kundgebung *f*
de·mon·stra·tive [dɪˈmɒnstrətɪv] *Adj* **1.** anschaulich: ***be demonstrative of*** → ***demonstrate*** 1 **2.** ***be demonstrative*** seine Gefühle (offen) zeigen **3.** demonstrativ, betont **4.** ***demonstrative pronoun*** LING Demonstrativpronomen *n*, hinweisendes Fürwort
dem·on·stra·tor [ˈdemənstreɪtə] *s* **1.** Vorführer(in), Propagandist(in) **2.** Demonstrant(in) **3.** Vorführmodell *n*, *bes.* Vorführwagen *m*
de·mor·al·ize [dɪˈmɒrəlaɪz] *v/t* demoralisieren
de·mote [dɪˈməʊt] *v/t* MIL degradieren; (beruflich) zurückstufen
de·mo·ti·vate [ˌdiːˈməʊtɪveɪt] *v/t* demotivieren
den [den] *s* **1.** ZOOL Höhle *f* (*auch fig*): ***den of vice*** Lasterhöhle **2.** *ugs* Bude *f*
de·na·tion·al·ize [ˌdiːˈnæʃnəlaɪz] *v/t* WIRTSCH reprivatisieren, entstaatlichen
de·ni·al [dɪˈnaɪəl] *s* **1.** Ablehnung *f* **2.** (Ab-) Leugnung *f*: ***official denial*** Dementi *n*
den·im [ˈdenɪm] **I** *s* **1.** Denim *m*, *n* (*blauer Jeansstoff*) **2.** *Pl* Overall *m oder* Jeans *Pl* (aus Denim), Blue Jeans *Pl* **II** *Adj* **3.** Jeans…: ***denim jacket*** Jeansjacke *f*; ***denim suit*** Jeansanzug *m*
▶**Den·mark** [ˈdenmɑːk] *Eigenn* Dänemark *n*
de·nom·i·nate [dɪˈnɒmɪneɪt] *v/t* nennen, bezeichnen als
deˌnom·iˈna·tion *s* **1.** Bezeichnung *f* **2.** REL Konfession *f*, Bekenntnis *n* **3.** WIRTSCH Nennwert *m*
deˌnom·iˈna·tion·al [dɪˌnɒmɪˈneɪʃənl] *Adj* konfessionell, Konfessions…
deˈnom·i·na·tor *s* MATHE Nenner *m*: ***common denominator*** gemeinsamer Nenner (*auch fig*); ***reduce to a common denominator*** auf einen gemeinsamen Nenner bringen
de·note [dɪˈnəʊt] *v/t* **1.** bedeuten, anzeigen **2.** kenn-, bezeichnen
de·nounce [dɪˈnaʊns] *v/t* **1.** anprangern **2.** *j-n* anzeigen, *pej* denunzieren (***to*** bei) **3.** *Vertrag* kündigen
dense [dens] *Adj* **1.** *allg* dicht: ***densely populated*** dicht bevölkert **2.** *fig* beschränkt, begriffsstutzig
ˈ**dense·ness** *s* **1.** → ***density*** **2.** *fig* Beschränktheit *f*, Begriffsstutzigkeit *f*
ˈ**den·si·ty** *s* Dichte *f*, Dichtheit *f*: ***double*** (***high***) ***density disk*** DD-Diskette (HD-Diskette) *f*; ***population density*** Bevölkerungsdichte; ***traffic density*** Verkehrsdichte
dent [dent] **I** *s* Beule *f*, Delle *f*, Einbeulung *f*: ***make a dent in*** *fig* ein Loch reißen in (*Ersparnisse etc*); *j-s Stolz etc* verletzen **II** *v/t* ein-, verbeulen
den·tal [ˈdentl] *Adj* **1.** Zahn…: ***dental floss*** Zahnseide *f*; ***dental hygiene*** Zahnpflege *f*; ***dental plaque*** Zahnbelag *m*; ***dental surgeon*** → ***dentist***; ***dental treatment*** Zahnbehandlung *f* **2.** Zahnarzt…: ***dental assistant*** Zahnarzthelfer(in)
▶**den·tist** [ˈdentɪst] *s* Zahnarzt *m*, -ärztin *f*
ˈ**den·tist·ry** *s* Zahnmedizin *f*
den·tures [ˈdentʃəz] *s Pl* (Zahn)Prothese *f*
de·nun·ci·a·tion [dɪˌnʌnsɪˈeɪʃn] *s* **1.** (öffentliche) Anprangerung **2.** Anzeige *f*, *pej* Denunziation *f* **3.** Kündigung *f* (***of*** *eines Vertrags*)
▶**de·ny** [dɪˈnaɪ] *v/t* **1.** ab-, bestreiten, dementieren, (ab)leugnen: ***it cannot be denied, there is no denying*** (***the fact***) es lässt sich nicht bestreiten, es ist nicht zu leugnen (***that*** dass) **2.** *Bitte etc* ablehnen, *j-m etw* abschlagen, verweigern **3.** *Glauben*, *j-n etc* verleugnen
de·o·dor·ant [diːˈəʊdərənt] **I** *s* Deodorant *n*, Deo *n*: ***roll-on deodorant*** Deoroller *m*; ***deodorant spray*** Deospray *m*, *n* **II** *Adj* deodorierend
deˈo·dor·ize *v/t* deodorieren
▶**de·part** [dɪˈpɑːt] *v/i* **1.** abreisen, abfahren (***for*** nach) **2.** BAHN, *etc* abfahren, FLUG abfliegen **3.** abweichen (***from*** von *einer Regel, der Wahrheit etc*)
deˈpart·ed **I** *Adj* verstorben **II** *s*: ***the departed*** der *oder* die Verstorbene, die Verstorbenen *Pl*
▶**de·part·ment** [dɪˈpɑːtmənt] *s* **1.** Fach *n*, Gebiet *n* **2.** Abteilung *f*, UNI *auch* Fachbereich *m*: ▶ ***department store*** Kaufhaus *n* **3.** POL Ministerium *n*: ***Department of Defense*** *Am* Verteidigungsministerium; ***Department of the Interior*** *Am* Innenministerium; ***Department of State*** *Am* Außenministerium
de·part·ment·al [ˌdiːpɑːtˈmentl] *Adj* Abteilungs…
▶**de·par·ture** [dɪˈpɑːtʃə] *s* **1.** Abreise *f* **2.** BAHN, *etc* Abfahrt *f*, FLUG Abflug *m* (*beide*: ***for*** nach): ***departures*** *Pl* ‚Abfahrt', ‚Abflug'; ***departure lounge*** Abflughalle *f* **3.** Abweichen *n*
▶**de·pend** [dɪˈpend] *v/i* **1.** sich verlassen (***on*** auf *Akk*) **2.** (***on***) abhängen, abhängig sein (von): **a**) angewiesen sein (auf *Akk*), **b**) ankommen (auf *Akk*): ***that depends*** das kommt darauf an, je nachdem; ***depending on whether*** je nachdem, ob
deˈpend·a·ble *Adj* verlässlich, zuverlässig
deˈpen·dance *Am* → ***dependence***
deˈpen·dant **I** *s* (Familien)Angehörige *m*, *f* **II** *Adj Am* → ***dependent*** I
deˈpen·dence *s* **1.** Vertrauen *n* (***on*** auf *Akk*) **2.** (***on***) Abhängigkeit *f* (von), Angewiesensein *n* (auf *Akk*)
deˈpen·dent *Adj* (***on***) abhängig (von): **a**) angewiesen (auf *Akk*), **b**) bedingt (durch): ***dependent on weather conditions*** wetter-, witterungsbedingt
de·pict [dɪˈpɪkt] *v/t* **1.** (bildlich) darstellen **2.** schildern, beschreiben
de·pil·a·to·ry [dɪˈpɪlətərɪ] *s* Enthaarungsmittel *n*
de·plete [dɪˈpliːt] *v/t* **1.** leeren **2.** *fig* Raubbau treiben mit, *Kräfte, Vorräte etc* erschöpfen, *Bestand etc* dezimieren

de·plor·a·ble [dɪˈplɔːrəbl] *Adj* **1.** bedauerlich, bedauerns-, beklagenswert **2.** erbärmlich, kläglich

deˈplore *v/t* bedauern, beklagen

de·ploy [dɪˈplɔɪ] *v/t* **1.** MIL *und allg* verteilen, einsetzen **2.** MIL *Truppen* stationieren, *Raketen etc auch* aufstellen

de·port [dɪˈpɔːt] *v/t* **1.** des Landes verweisen, ausweisen, *Ausländer auch* abschieben **2.** deportieren

de·por·ta·tion [ˌdiːpɔːˈteɪʃn] *s* **1.** Ausweisung *f*, Abschiebung *f* **2.** Deportation *f*

de·port·ment [dɪˈpɔːtmənt] *s* Auftreten *n*, Benehmen *n*

de·pose [dɪˈpəʊz] **I** *v/t* **1.** *j-n* absetzen **2.** JUR eidlich bezeugen *oder* erklären **II** *v/i* **3.** ***depose to*** *siehe* 2

de·pos·it [dɪˈpɒzɪt] **I** *v/t* **1.** absetzen, abstellen **2.** CHEM, GEOL ablagern, absetzen **3.** deponieren, hinterlegen **4.** WIRTSCH *Betrag* anzahlen **II** *v/i* **5.** CHEM sich absetzen *oder* ablagern **III** *s* **6.** CHEM Ablagerung *f*, GEOL *auch* (*Erz- etc*)Lager *n* **7.** Deponierung *f*, Hinterlegung *f* **8.** WIRTSCH Anzahlung *f*: ***make*** (*oder* ***pay***) ***a deposit*** eine Anzahlung leisten (***on*** für) **9.** (Flaschen)Pfand *n*, *schweiz.* Depot *n*

de·pos·it ac·count *s bes Br* Sparkonto *n*

dep·o·si·tion [ˌdepəˈzɪʃn] *s* **1.** Absetzung *f* **2.** CHEM, GEOL Ablagerung *f* **3.** JUR eidliche Aussage

de·pot *s* **1.** [ˈdepəʊ] Depot *n* (*auch* MIL, MED) **2.** [ˈdiːpəʊ] *Am* Bahnhof *m*

de·prave [dɪˈpreɪv] *v/t moralisch* verderben

de·prav·i·ty [dɪˈprævətɪ] *s* Verderbtheit *f*

dep·re·cate [ˈdeprɪkeɪt] *v/t* **1.** missbilligen **2.** → ***depreciate*** 2

ˈdep·re·cat·ing *Adj* **1.** missbilligend **2.** entschuldigend

ˌdep·reˈca·tion *s* Missbilligung *f*

dep·re·ca·to·ry [ˈdeprɪkətərɪ] → ***deprecating***

de·pre·ci·ate [dɪˈpriːʃɪeɪt] **I** *v/t* **1.** gering schätzen, verachten **2.** herabsetzen, herunterwürdigen **3.** *im Preis oder Wert* herabsetzen; *Währung* abwerten **II** *v/i* **4.** an Wert verlieren

deˈpre·ci·at·ing *Adj* geringschätzig, verächtlich

deˌpre·ciˈa·tion *s* **1.** Geringschätzung *f*, Verachtung *f* **2.** Herabsetzung *f* **3.** WIRTSCH Wertminderung *f*; Abwertung *f*

dep·re·da·tion [ˌdeprɪˈdeɪʃn] *s* Verwüstung *f*

de·press [dɪˈpres] *v/t* **1.** *Pedal, Taste etc* (nieder)drücken **2.** *j-n* deprimieren, bedrücken **3.** *Preis, Stimmung etc* drücken

deˈpres·sant *s* MED Beruhigungsmittel *n*

deˈpressed *Adj* **1.** deprimiert, niedergeschlagen, bedrückt **2.** gedrückt **3.** WIRTSCH flau (*Markt etc*), Not leidend (*Industrie*) **4.** ***depressed area*** Notstandsgebiet *n*

de·pres·sion [dɪˈpreʃn] *s* **1.** Depression *f*, Niedergeschlagenheit *f* **2.** Senkung *f*, Vertiefung *f*; GEOL Landsenke *f* **3.** WIRTSCH Depression *f*, Flaute *f* **4.** METEO Tief(druckgebiet) *n*

dep·ri·va·tion [ˌdeprɪˈveɪʃn] *s* **1.** Beraubung *f*, Entzug *m* **2.** (empfindlicher) Verlust

de·prive [dɪˈpraɪv] *v/t* (***of s.th.***) *j-n oder etw* (einer Sache) berauben, *j-m* (etw) entziehen *oder* nehmen: ***be deprived of s.th.*** etw entbehren (müssen)

deˈprived *Adj* benachteiligt

▶**depth** [depθ] **I** *s* Tiefe *f* (*auch fig*): ***at a depth of*** in einer Tiefe von; ***five feet in depth*** fünf Fuß tief; ***in depth*** bis in alle Einzelheiten, eingehend; ***in the depth(s) of winter*** im tiefsten Winter; ***be out of one's depth*** nicht mehr stehen können; *fig* ratlos *oder* unsicher sein, schwimmen; ***get out of one's depth*** den Boden unter den Füßen verlieren (*auch fig*); ***depth*** (***of field*** *oder* ***focus***) FOTO Tiefenschärfe *f* **II** *Adj* PSYCH *etc* Tiefen…: ***depth psychology***

dep·u·tize [ˈdepjʊtaɪz] **I** *v/t* (als Vertreter) ernennen **II** *v/i*: ***deputize for*** *j-n* vertreten

ˈdep·u·ty **I** *s* **1.** (Stell)Vertreter(in) **2.** PARL Abgeordnete *m, f* **3.** *auch* ***deputy sheriff*** *Am* Hilfssheriff *m* **II** *Adj* **4.** stellvertretend, Vize…

de·rail [dɪˈreɪl] **I** *v/t* entgleisen lassen: ***be derailed*** *siehe* II **II** *v/i* entgleisen

de·range [dɪˈreɪndʒ] *v/t* in Unordnung bringen, durcheinanderbringen

deˈranged *Adj* **1.** in Unordnung, durcheinander **2.** *auch* ***mentally deranged*** geistesgestört

deˈrange·ment *s* **1.** Unordnung *f* **2.** *auch* ***mental derangement*** Geistesgestörtheit *f*

der·by [ˈdɑːbɪ] *s* **1.** SPORT Derby *n*: → ***local*** 1 **2.** *auch* ***derby hat*** *Am* Melone *f*

de·reg·u·late [diːˈregjʊleɪt] *v/t* WIRTSCH deregulieren, freigeben

der·e·lict [ˈderəlɪkt] *Adj* heruntergekommen, baufällig

de·ride [dɪˈraɪd] *v/t* verhöhnen, -spotten

de·ri·sion [dɪˈrɪʒn] *s* Hohn *m*, Spott *m*

de·ri·sive [dɪˈraɪsɪv] *Adj* höhnisch, spöttisch: ***derisive laughter*** Hohngelächter *n*

deˈri·so·ry [dɪˈraɪsərɪ] *Adj* **1.** *Summe, Angebot*: lächerlich **2.** → ***derisive***

der·i·va·tion [ˌderɪˈveɪʃn] *s* **1.** Ab-, Herleitung *f* **2.** Herkunft *f*, Abstammung *f*

de·riv·a·tive [dɪˈrɪvətɪv] **I** *Adj* abgeleitet **II** *s etw* Ab- *oder* Hergeleitetes *n*, *auch* LING Ableitung *f*

de·rive [dɪˈraɪv] **I** *v/t* **1.** herleiten (***from*** von): ***be derived*** (***from***) *siehe* 4 **2.** *Nutzen* ziehen, *Gewinn* schöpfen (***from*** aus): ***derive pleasure from*** Freude finden *oder* haben an (*Dat*) **3.** LING, CHEM, *etc* ableiten **II** *v/i* **4.** (***from***) abstammen (von); sich ab- *oder* herleiten (von)

der·ma·tol·o·gist [ˌdɜːməˈtɒlədʒɪst] *s* Dermatologe *m*, -login *f*, Hautarzt *m*, -ärztin *f*

ˌder·maˈtol·o·gy *s* Dermatologie *f*

de·rog·a·to·ry [dɪˈrɒgətərɪ] *Adj* abfällig, geringschätzig

der·rick [ˈderɪk] *s* **1.** Derrick-, Mastenkran *m* **2.** Bohrturm *m*

de·scend [dɪˈsend] **I** *v/i* **1.** herunter-, hinuntersteigen, -gehen, -kommen, -fahren, -fallen **2.** FLUG niedergehen; (mit dem Fallschirm) abspringen **3.** abfallen (*Straße etc*) **4.** abstammen, herkommen (***from*** von *j-m*, aus *einer Familie*) **5.** (***to***) übergehen, sich vererben (auf *Akk*), zufallen (*Dat*) **6.** (***on***) herfallen (über *Akk*), sich stürzen (auf *Akk*), *auch fig* überfallen (*Akk*) (*Besuch etc*) **7.** ASTR sinken **II** *v/t* **8.** *Treppe etc* herunter-, hinuntersteigen, -gehen **9.** ***be descended*** (***from***) *siehe* 4

deˈscend·ant *s* Nachkomme *m*, Abkömmling *m*

de·scent [dɪˈsent] *s* **1.** Herunter-, Hinuntersteigen *n*, -gehen *n*, -fahren *n* **2.** FLUG Sinkflug *m*; (Fallschirm)Absprung *m* **3.** Abfallen *n*, Gefälle *n* **4.** Abstammung *f*, Herkunft *f*: ***of French descent*** französischer Herkunft **5.** Vererbung *f* (***to*** auf *Akk*) **6.** Überfall *m* (***on*** auf *Akk*) (*auch fig*)

▶**de·scribe** [dɪˈskraɪb] *v/t* **1.** beschreiben, schildern (***s.th. to s.o.*** j-m etw) **2.** bezeichnen (***as*** als)

▶**de·scrip·tion** [dɪˈskrɪpʃn] *s* **1.** Beschreibung *f*

(*auch* TECH), Schilderung *f*: → ***beggar*** 4 **2.** Art *f*, Sorte *f*
de'scrip·tive *Adj* **1.** beschreibend **2.** anschaulich
des·e·crate ['desɪkreɪt] *v/t* entweihen
de·seg·re·gate [ˌdiː'segrɪgeɪt] *v/t* die Rassentrennung aufheben in (*Dat*)
ˌde·seg·re'ga·tion *s* Aufhebung *f* der Rassentrennung (***of*** in *Dat*)
de·sen·si·tize [ˌdiː'sensɪtaɪz] *v/t* MED unempfindlich *oder* immun machen (***to*** gegen)
de·sert[1] [dɪ'zɜːt] **I** *v/t* verlassen, im Stich lassen **II** *v/i* MIL desertieren
de·sert[2] [dɪ'zɜːt] *s meist Pl* verdienter Lohn (*auch iron Strafe*)
▶**des·ert**[3] ['dezət] **I** *s* Wüste *f* **II** *Adj* Wüsten…: ***desert island*** einsame Insel
de·sert·ed [dɪ'zɜːtɪd] *Adj* **1.** verlassen, unbewohnt (*Insel etc*), (wie) ausgestorben, menschenleer (*Straßen etc*) **2.** verlassen, einsam (*Person*)
de'ser·tion *s* **1.** (*auch* JUR böswilliges) Verlassen **2.** MIL Desertion *f*, Fahnenflucht *f*
▶**de·serve** [dɪ'zɜːv] *v/t* verdienen, verdient haben
de'serv·ed·ly [dɪ'zɜːvɪdlɪ] *Adv* verdientermaßen
de'serv·ing *Adj* verdienstvoll
des·ic·cat·ed ['desɪkeɪtɪd] *Adj*: ***desiccated fruit*** Dörrobst *n*; ***desiccated milk*** Trockenmilch *f*
de·sign [dɪ'zaɪn] **I** *v/t* **1.** entwerfen, TECH konstruieren **2.** gestalten, anlegen **3.** ausdenken, ersinnen **4.** bestimmen, vorsehen (***for*** für; ***as*** als): ***designed to do s.th.*** dafür bestimmt, etw zu tun **II** *v/i* **5.** Entwürfe machen (***for*** für) **III** *s* **6.** Design *n*, Entwurf *m*, (TECH Konstruktions-) Zeichnung *f* **7.** Design *n*, Muster *n* **8.** Gestaltung *f* **9.** (*auch* böse) Absicht: ***by design*** mit Absicht; ***have designs on*** (*oder* ***against***) etw im Schilde führen gegen, *auch hum* einen Anschlag vorhaben auf (*Akk*)
des·ig·nate ['dezɪgneɪt] **I** *v/t* **1.** *etw* bestimmen, festlegen **2.** *j-n* designieren, bestimmen (***to, for*** für *ein Amt etc*, zu *einem Amtsträger etc*) **3.** *etw* bestimmen, vorsehen (***for*** für) **II** *Adj* **4.** *nachgestellt*: designiert
de·sign·ed·ly [dɪ'zaɪnɪdlɪ] *Adv* absichtlich
de'sign·er *s* Designer(in); TECH Konstrukteur(in); (Mode)Schöpfer(in)
de·sign·er dress *s* Designerkleid *n*
de·sign·er drug *s* Designerdroge *f*
de·sign·er stub·ble *s* Dreitagebart *m*
de·sir·a·ble [dɪ'zaɪərəbl] *Adj* **1.** wünschenswert, erwünscht **2.** begehrenswert
de·sire [dɪ'zaɪə] **I** *v/t* **1.** wünschen: ***if desired*** auf Wunsch; ***leave much*** (***nothing***) ***to be desired*** viel (nichts) zu wünschen übrig lassen **2.** begehren **II** *s* **3.** Wunsch *m* **4.** Verlangen *n*, Begierde *f* (***for*** nach): ***desire for knowledge*** Wissensdurst *m*
de·sir·ous [dɪ'zaɪərəs] *Adj*: ***be desirous to know s.th.*** etw (sehr) gern wissen wollen
de·sist [dɪ'zɪst] *v/i* Abstand nehmen (***from*** von)
▶**desk** [desk] **I** *s* **1.** Schreibtisch *m* **2.** (*Schreib-, Noten- etc*)Pult *n* **3.** Kasse *f* (*im Restaurant etc*) **4.** Empfang *m*, Rezeption *f* (*im Hotel*): ***desk clerk*** *Am* Empfangschef *m*, -dame *f* **II** *Adj* **5.** Schreibtisch…; Büro…
'desk·top *Adj*: ***desktop calculator*** Tischrechner *m*; ***desktop computer*** Tischcomputer *m*; ***desktop copier*** Tischkopierer *m*; ***desktop publishing*** Desktop-Publishing *n*
des·o·late ['desələt] *Adj* **1.** einsam, verlassen **2.** trostlos
des·o·la·tion [ˌdesə'leɪʃn] *s* **1.** Einsamkeit *f*, Verlassenheit *f* **2.** Trostlosigkeit *f*
▶**de·spair** [dɪ'speə] **I** *v/i* verzweifeln (***of*** an *Dat*) **II** *s* Verzweiflung *f* (***at*** über *Akk*): ***a look of despair*** ein verzweifelter Blick; ***drive s.o. to despair, be the despair of s.o.*** j-n zur Verzweiflung bringen
de'spair·ing *Adj* verzweifelt
▶**des·per·ate** ['despərət] *Adj* **1.** verzweifelt (*Mensch, Anstrengung, Lage etc*): ***desperate deed*** Verzweiflungstat *f*; ***be desperate for s.th.*** etw dringend nötig haben; ***be desperate to do s.th.*** etw unbedingt tun wollen; → ***strait*** **2.** *ugs* hoffnungslos, schrecklich
des·per·a·tion [ˌdespə'reɪʃn] *s* Verzweiflung *f*: ***in desperation*** verzweifelt; ***drive s.o. to desperation*** j-n zur Verzweiflung bringen
des·pi·ca·ble [dɪ'spɪkəbl] *Adj* verachtenswert, verabscheuungswürdig
de·spise [dɪ'spaɪz] *v/t* verachten, *Speise etc auch* verschmähen: ***not to be despised*** nicht zu verachten
de·spite [dɪ'spaɪt] *Präp* trotz (*Gen oder Dat*)
de·spond·ent [dɪ'spɒndənt] *Adj* mutlos, verzagt
des·pot ['despɒt] *s* Despot(in)
des'pot·ic *Adj* (***despotically***) despotisch
des·pot·ism ['despəˌtɪzəm] *s* Despotismus *m*
▶**des·sert** [dɪ'zɜːt] **I** *s* Dessert *n*, Nachtisch *m* **II** *Adj* Dessert…: ***dessert wine***
des'sert·spoon *s* Dessertlöffel *m*
des·ti·na·tion [ˌdestɪ'neɪʃn] *s* **1.** Bestimmungsort *m*; Reiseziel *n*: ***country of destination*** Bestimmungsland *n* **2.** Bestimmung *f*, (End-) Zweck *m*, Ziel *n*
des·tine ['destɪn] *v/t* bestimmen, vorsehen (***for*** für): ***destined for*** unterwegs nach (*Schiff etc*); ***be destined to*** (*Inf*) dazu bestimmt *oder* dafür vorgesehen sein zu (*Inf*); ***he was destined to*** (*Inf*) er sollte (*früh sterben etc*)
'des·ti·ny *s* Schicksal *n*: ***he met his destiny*** sein Schicksal ereilte ihn
des·ti·tute ['destɪtjuːt] *Adj* **1.** mittellos, (völlig) verarmt **2.** (***of***) bar (*Gen*), ohne (*Akk*)
ˌdes·ti'tu·tion *s* **1.** Mittellosigkeit *f*, (völlige) Armut **2.** (völliger) Mangel (***of*** an *Dat*)
▶**de·stroy** [dɪ'strɔɪ] *v/t* **1.** zerstören, *auch Insekten etc* vernichten **2.** *Tier* töten, einschläfern **3.** *j-n, j-s Ruf, Gesundheit etc* ruinieren, *Hoffnungen etc* zunichtemachen, zerstören
de'stroy·er *s* **1.** Zerstörer(in), Vernichter(in) **2.** SCHIFF, MIL Zerstörer *m*
▶**de·struc·tion** [dɪ'strʌkʃn] *s* **1.** Zerstörung *f*, Vernichtung *f* **2.** Tötung *f*, Einschläferung *f*
de'struc·tive *Adj* **1.** zerstörend, vernichtend **2.** schädlich, verderblich **3.** destruktiv (*Kritik*)
de'struc·tive·ness *s* zerstörende *oder* vernichtende Wirkung
de·tach [dɪ'tætʃ] *v/t* (ab-, los)trennen, (los)lösen, *auch* TECH abnehmen (***from*** von)
de'tached *Adj* **1.** (ab)getrennt: ***become detached*** sich (los)lösen **2.** einzeln, frei, alleinstehend: ***detached house*** Einzelhaus *n* **3.** separat, gesondert **4.** *fig* unvoreingenommen; uninteressiert (***about*** an *Dat*); distanziert
de'tach·ment *s* **1.** (Ab)Trennung *f*, (Los)Lösung *f* **2.** *fig* Unvoreingenommenheit *f*; Distanz *f*
▶**de·tail** ['diːteɪl] **I** *s* **1.** Detail *n*, Einzelheit *f*: ***details*** *Pl* Näheres *n*; (***down***) ***to the smallest***

detail bis ins kleinste Detail; ***in detail*** ausführlich, in allen Einzelheiten; ***go into detail*** ins Einzelne gehen, auf Einzelheiten eingehen **II** *v/t* **2.** ausführlich berichten; einzeln aufzählen *oder* -führen **3.** MIL abkommandieren (***for*** zu)
'de·tailed *Adj* detailliert, ausführlich, eingehend
de·tain [dɪ'teɪn] *v/t* **1.** *j-n* aufhalten **2.** *auch* ***detain in custody*** JUR in (Untersuchungs-)Haft behalten **3.** PÄD nachsitzen lassen
de·tect [dɪ'tekt] *v/t* **1.** entdecken, (heraus)finden, ermitteln **2.** wahrnehmen **3.** *Verbrechen etc* aufdecken
de'tec·tion *s* **1.** Entdeckung *f*, Ermittlung *f* **2.** Wahrnehmung *f* **3.** Aufdeckung *f*
de'tec·tive I *Adj* Detektiv…: ***detective story*** (*oder* ***novel***) Kriminalroman *m* **II** *s* Detektiv(in), Kriminalbeamte *m*, -beamtin *f*
de'tec·tor *s* ELEK Detektor *m*
dé·tente [deɪ'tɑ̃ːnt] *s* POL Entspannung *f*
de·ten·tion [dɪ'tenʃn] *s* **1.** JUR Haft *f*: ***detention (pending trial)*** Untersuchungshaft **2.** PÄD Nachsitzen *n*: ***keep in detention*** → ***detain*** 3
de·ter [dɪ'tɜː] *v/t* abschrecken (***from*** von)
de·ter·gent [dɪ'tɜːdʒənt] *s* Reinigungs-, Wasch-, Geschirrspülmittel *n*
de·te·ri·o·rate [dɪ'tɪərɪəreɪt] **I** *v/i* sich verschlechtern, schlechter werden, (*Material*) verderben **II** *v/t* verschlechtern
de,te·ri·o'ra·tion *s* Verschlechterung *f*
de·ter·mi·na·ble [dɪ'tɜːmɪnəbl] *Adj* bestimmbar
de'ter·mi·nant I *Adj* **1.** bestimmend, entscheidend **II** *s* **2.** entscheidender Faktor (***in*** bei) **3.** BIOL, MATHE Determinante *f*
de'ter·mi·nate [dɪ'tɜːmɪnət] *Adj* bestimmt, festgelegt
de,ter·mi'na·tion [dɪ,tɜːmɪ'neɪʃn] *s* **1.** Entschluss *m* **2.** Bestimmung *f*, Festsetzung *f* **3.** Feststellung *f*, Ermittlung *f* **4.** Bestimmtheit *f*, Entschlossenheit *f*
de'ter·mine I *v/t* **1.** *Streitfrage etc* entscheiden **2.** *etw* beschließen (*auch* ***to do*** zu tun), *Zeitpunkt etc* bestimmen, festsetzen **3.** feststellen, ermitteln, bestimmen **4.** *j-n* bestimmen, veranlassen (***to do*** zu tun) **II** *v/i* **5.** (***on***) sich entscheiden (für), sich entschließen (zu)
▶ **de·ter·mined** [dɪ'tɜːmɪnd] *Adj* entschlossen
de·ter·rence [dɪ'terəns] *s* Abschreckung *f*
de'ter·rent I *Adj* abschreckend, Abschreckungs… **II** *s* Abschreckungsmittel *n* (***to*** für)
de·test [dɪ'test] *v/t* verabscheuen, hassen: ***detest having to do s.th.*** es hassen, etw tun zu müssen
de'test·a·ble *Adj* abscheulich
,de·tes'ta·tion [,diːte'steɪʃn] *s* (***of***) Verabscheuung *f* (*Gen*), Abscheu *m* (vor *Dat*, gegen)
de·throne [dɪ'θrəʊn] *v/t* entthronen (*auch fig*)
det·o·nate ['detəneɪt] **I** *v/t* zünden **II** *v/i* detonieren, explodieren
,det·o'na·tion *s* Detonation *f*, Explosion *f*; Zündung *f*
'det·o·na·tor *s* Zünd-, Sprengkapsel *f*
de·tour ['diː,tʊə] **I** *s* **1.** Umweg *m*: ***make a detour*** *siehe* 3 **2.** Umleitung *f* **II** *v/i* **3.** einen Umweg machen **III** *v/t* **4.** *Verkehr etc* umleiten
de·tox·i·fi·ca·tion [,diːtɒksɪfɪ'keɪʃn] *s* MED Entgiftung *f*; Entziehungskur *f*
de·tract [dɪ'trækt] **I** *v/t Aufmerksamkeit etc* ablenken (***from*** von) **II** *v/i* (***from***) Abbruch tun (*Dat*), schmälern (*Akk*)
det·ri·ment ['detrɪmənt] *s* Nachteil *m*, Schaden *m* (***to*** für): ***to the detriment of*** zum Nachteil *oder* Schaden (*Gen*)
det·ri·men·tal [,detrɪ'mentl] *Adj* nachteilig, schädlich (***to*** für)
deuce [djuːs] *s* **1.** *Kartenspiel, Würfeln*: Zwei *f* **2.** *Tennis*: Einstand *m* **3.** *ugs* Teufel *m*: ***who (what) the deuce?*** wer (was) zum Teufel?
deutsch·mark ['dɔɪtʃmɑːk] *s* HIST (Deutsche) Mark
de·val·u·a·tion [,diːvæljʊ'eɪʃn] *s* Abwertung *f*
,de'val·ue [,diː'væljuː] abwerten (***against*** gegenüber)
dev·as·tate ['devəsteɪt] *v/t* verwüsten, -nichten: ***be devastated*** *fig* am Boden zerstört sein
'dev·as·tat·ing *Adj* **1.** verheerend, vernichtend (*auch Kritik etc*) **2.** *ugs* toll, fantastisch **3.** *ugs* umwerfend (*Humor etc*)
,dev·as'ta·tion *s* Verwüstung *f*
▶ **de·vel·op** [dɪ'veləp] **I** *v/t* **1.** FOTO *und fig allg* entwickeln **2.** *Krankheit, Fieber* bekommen **3.** *Naturschätze, Bauland* erschließen, *Altstadt etc* sanieren **II** *v/i* **4.** sich entwickeln (***from*** aus; ***into*** zu)
de'vel·op·er *s* **1.** FOTO Entwickler *m* (*auch Flüssigkeit*) **2.** ***late developer*** *bes* PÄD Spätentwickler(in) **3.** (Stadt)Planer(in)
de'vel·op·ing *Adj* Entwicklungs…: ***developing country***
▶ **devel·op·ment** [dɪ'veləpmənt] *s* **1.** Entwicklung *f*: ***development aid*** WIRTSCH Entwicklungshilfe *f*; ***development country*** WIRTSCH Entwicklungsland *n* **2.** Erschließung *f*, Sanierung *f*
de·vi·ate ['diːvɪeɪt] *v/i* abweichen (***from*** von)
,de·vi'a·tion *s* Abweichung *f*
,de·vi'a·tion·ist [,diːvɪ'eɪʃənɪst] *s* POL Abweichler(in)
de·vice [dɪ'vaɪs] *s* **1.** Vorrichtung *f*, Gerät *n* **2.** Einfall *m*; Kunstgriff *m*, Trick *m*: ***leave s.o. to his own devices*** j-n sich selbst überlassen
▶ **dev·il** ['devl] **I** *s* **1.** Teufel *m*: ***poor devil*** armer Teufel *oder* Schlucker; ***be between the devil and the deep blue sea*** sich zwischen zwei Feuern befinden, in einer bösen Zwickmühle sein *oder* sitzen; ***like the devil*** *ugs* wie der Teufel, wie verrückt; ***go to the devil*** *ugs* vor die Hunde gehen; ***go to the devil!*** scher dich zum Teufel!; ***speak*** (*oder* ***talk***) ***of the devil!*** wenn man vom Teufel spricht!; ***who (what) the devil?*** *ugs* wer (was) zum Teufel? **2.** *auch* ***devil of a fellow*** *ugs* Teufelskerl *m* **II** *v/t Prät und Part Perf* **dev·iled**, *bes Br* **dev·illed** **3.** *ugs* schikanieren, piesacken
'dev·il·ish *Adj* **1.** teuflisch **2.** (*auch Adv*) *ugs* verteufelt, höllisch
,dev·il-may-'care *Adj* leichtsinnig
dev·il·ry ['devlrɪ] *s* **1.** Teufelei *f* **2.** Übermut *m*
de·vi·ous ['diːvjəs] *Adj* **1.** abwegig, falsch **2.** gewunden (*auch fig*): ***devious route*** Umweg *m* **3.** verschlagen, unaufrichtig: ***by devious means*** auf krummen Wegen
de·vise [dɪ'vaɪz] *v/t* (sich) ausdenken, ersinnen
de·void [dɪ'vɔɪd] *Adj*: ***devoid of*** ohne (*Akk*), bar (*Gen*), …los
dev·o·lu·tion [,diːvə'luːʃn] *s* **1.** Übertragung *f* **2.** POL Dezentralisierung *f*
de·volve [dɪ'vɒlv] **I** *v/t Rechte etc* übertragen (***on*** *Dat oder* auf *Akk*) **II** *v/i* (***on, to***) übergehen (auf *Akk*), zufallen (*Dat*)
de·vote [dɪ'vəʊt] *v/t Zeit etc* widmen (***to*** *Dat*): ***devote o.s. to*** sich *j-m* widmen, sich *einer Sache* widmen *oder* verschreiben
de'vot·ed *Adj* hingebungsvoll: **a)** aufopfernd, **b)** anhänglich, **c)** eifrig, begeistert

Devolution

Als **devolution** wird der Dezentralisierungsprozess bezeichnet, mit dem 1999 bestimmte Entscheidungsbefugnisse, z. B. die Steuererhebung, von der zentralen Regierung des **United Kingdom** in London an die entsprechenden Organe (**Scottish Parliament, National Assembly for Wales, Northern Ireland Assembly**) der einzelnen Länder gegeben wurden.

de·vo·tion [dɪ'vəʊʃn] *s* **1.** Hingabe *f*: **a)** Aufopferung *f*, **b)** Anhänglichkeit *f* **2.** Frömmigkeit *f*: ***devotions*** *Pl* Gebet *n*, Andacht *f*

de·vour [dɪ'vaʊə] *v/t* **1.** *Essen, fig Buch etc* verschlingen **2.** *fig j-n* verzehren (*Leidenschaft etc*)

de·vout [dɪ'vaʊt] *Adj* **1.** fromm **2.** innig **3.** herzlich

dew [djuː] *s* Tau *m*

'dew·drop *s* **1.** Tautropfen *m* **2.** *Br hum* Nasentropfen *m*

dew·y ['djuːɪ] *Adj* taufeucht, *auch fig* taufrisch

'dew·y-eyed *Adj* blauäugig, naiv

dex·ter·i·ty [dek'sterətɪ] *s* Gewandtheit *f*, Geschicklichkeit *f*

dex·ter·ous ['dekstərəs] *Adj* gewandt, geschickt

dex·trose ['dekstrəʊs] *s* Traubenzucker *m*

dex·trous ['dekstrəs] → ***dexterous***

di·a·be·tes [ˌdaɪə'biːtiːz] *s* MED Diabetes *m*, Zuckerkrankheit *f*: ***suffer from diabetes*** Zucker haben

di·a·bet·ic [ˌdaɪə'betɪk] **I** *Adj* diabetisch: **a)** zuckerkrank, **b)** Diabetes…: ***diabetic chocolate*** Diabetikerschokolade *f* **II** *s* Diabetiker(in)

di·a·bol·ic, di·a·bol·i·cal [ˌdaɪə'bɒlɪk(l)] *Adj* **1.** diabolisch, teuflisch **2.** *ugs* scheußlich, widerlich

di·ag·nose ['daɪəgnəʊz] *v/t* MED diagnostizieren (***as*** als) (*auch fig*)

ˌdi·ag'no·sis [ˌdaɪəg'nəʊsɪs] *Pl* **ˌdi·ag'no·ses** [ˌdaɪəg'nəʊsiːz] *s* Diagnose *f* (*auch fig*): ***give*** (*oder* ***make***) ***a diagnosis*** eine Diagnose stellen

di·ag·o·nal [daɪ'ægənl] **I** *Adj* diagonal **II** *s* MATHE Diagonale *f*

di·a·gram ['daɪəgræm] *s* Diagramm *n*, grafische Darstellung

▸**di·al** ['daɪəl] **I** *s* **1.** Zifferblatt *n* (*Uhr*) **2.** TECH Skala *f*, Skalenscheibe *f* **3.** TEL Wählscheibe *f* **4.** *Br sl* Visage *f* (*Gesicht*) **II** *v/t Prät und Part Perf* **di·aled**, *bes Br* **di·alled** **5.** TEL *Nummer* wählen, *Stadt* anwählen **III** *v/i* **6.** TEL wählen: ***dial direct*** durchwählen (***to*** nach)

di·a·lect ['daɪəlekt] *s* Dialekt *m*, Mundart *f*

ˌdi·a'lec·tal *Adj* Dialekt…, mundartlich

di·al·ling code ['daɪəlɪŋˌkəʊd] *s* TEL *Br* Vorwahl(nummer) *f*

di·al·ling tone *s* TEL *Br* Amtszeichen *n*

di·a·logue, *Am und* COMPUTER **di·a·log** ['daɪəlɒg] *s* Dialog *m*

di·a·log box *s* COMPUTER: Dialogfeld *n*

di·al tone *Am* → ***dialling tone***

di·aly·sis [daɪ'æləsɪs] *Pl* **di·aly·ses** [daɪ'æləsiːz] *s* MED Dialyse *f*

di·am·e·ter [daɪ'æmɪtə] *s* Durchmesser *m*: ***be … in diameter*** einen Durchmesser von … haben

di·a·met·ri·cal [ˌdaɪə'metrɪkl] *Adj* **1.** diametrisch **2.** *fig* diametral, genau entgegengesetzt

▸**di·a·mond** ['daɪəmənd] *s* **1.** MIN Diamant *m*: → ***rough*** 4 **2.** MATHE Raute *f*, Rhombus *m* **3.** *Kartenspiel*: **a)** *Pl* Karo *n* (*Farbe*), **b)** Karo(karte *f*) *n*

di·a·mond cut·ter *s* Diamantschleifer(in)

di·a·mond wed·ding *s* diamantene Hochzeit

di·a·per ['daɪəpə] *s Am* Windel *f*

di·a·phragm ['daɪəfræm] *s* **1.** ANAT Zwerchfell *n* **2.** TEL *etc* Membran(e) *f* **3.** OPT FOTO Blende *f* **4.** MED Diaphragma *n*, Pessar *n*

di·ar·rhe·a, di·ar·rhoe·a [ˌdaɪə'rɪə] *s* MED Durchfall *m*

di·a·ry ['daɪərɪ] *s* **1.** Tagebuch *n* **2.** Notizbuch *n*, Taschenkalender *m* **3.** Terminkalender *m*

dice [daɪs] **I** *s* **1.** *Pl von* ***die***[2] **2.** *Pl* ***dice*** → ***die***[2] **II** *v/t* **3.** GASTR in Würfel schneiden **4.** mit *j-m* würfeln *oder* knobeln (***for*** um) **III** *v/i* **5.** würfeln, knobeln (***for*** um): ***dice with death*** mit seinem Leben spielen

dic·ey ['daɪsɪ] *Adj ugs* prekär, heikel (*Situation etc*)

dick [dɪk] *s* **1.** *bes Br sl* Kerl *m*: → ***clever*** 1 **2.** *bes Am sl veralt* Schnüffler(in) (*Detektiv*) **3.** *vulg* Schwanz *m* (*Penis*)

dick·y, dick·ey ['dɪkɪ] *Adj ugs* schwach (*Herz*), wack(e)lig (*Leiter etc*)

dick·y bow *s ugs* Fliege *f*

dic·tate [dɪk'teɪt] **I** *v/t* (***to*** *Dat*) **1.** *Brief etc* diktieren **2.** diktieren: **a)** vorschreiben, **b)** aufzwingen **II** *v/i* **3.** ***dictate to s.o.*** j-m Vorschriften machen **III** *s* ['dɪkteɪt] **4.** Gebot *n*, Diktat *n*

▸**dic·ta·tion** [dɪk'teɪʃn] *s* Diktat *n*

dic'ta·tor *s* Diktator(in)

dic·ta·to·ri·al [ˌdɪktə'tɔːrɪəl] *Adj* diktatorisch

dic'ta·tor·ship *s* Diktatur *f*

dic·tion ['dɪkʃn] *s* Diktion *f*, Ausdrucksweise *f*, Sprache *f*

▸**dic·tion·ar·y** ['dɪkʃənrɪ] *s* Wörterbuch *n*

did [dɪd] *Prät von* ***do***[1]

di·dac·tic [dɪ'dæktɪk] *Adj* (***didactically***) didaktisch

did·dle ['dɪdl] *v/t ugs* betrügen (***out of*** um), übers Ohr hauen

didn't ['dɪdnt] *ugs für* ***did not***

▸**die**[1] [daɪ] **I** *v/i* (*Part Präs* ***dying***) **1.** sterben (***of*** an *Dat*): ***die of hunger*** (***thirst***) verhungern (verdursten); ***never say die!*** nur nicht nach- *oder* aufgeben! **2.** eingehen (*Pflanze, Tier*), verenden (*Tier*) **3.** ***be dying*** (***for***; ***to do***) sich sehnen (nach; danach, zu tun), brennen (auf *Akk*; darauf, zu tun) **II** *v/t* **4.** *eines Todes* sterben: → ***natural*** 1, ***violent*** 2

◆**die a·way** *v/i* sich legen (*Wind*), verhallen, -klingen (*Ton*)

◆**die down** *v/i* **1.** → ***die away*** **2.** sich legen (*Aufregung etc*)

◆**die out** *v/i* aussterben (*auch fig*)

die[2] [daɪ] *Pl* **dice** [daɪs] *s* Würfel *m* (*auch* GASTR *etc*): ***the die is cast*** *fig* die Würfel sind gefallen

die·sel ['diːzl] **I** *s* Diesel *m* (*Motor, Fahrzeug, Kraftstoff*) **II** *Adj* Diesel…

di·et ['daɪət] **I** *s* **1.** Nahrung *f*, Ernährung *f*, Kost *f* **2.** MED Diät *f*: ***be*** (***put***) ***on a diet*** auf Diät gesetzt sein, Diät leben (müssen) **II** *v/t* **3.** *j-n* auf Diät setzen **III** *v/i* **4.** Diät halten, Diät leben

dif·fer ['dɪfə] *v/i* **1.** sich unterscheiden, verschieden sein (***from*** von) **2.** auseinandergehen

(*Meinungen*) **3.** (***from, with***) nicht übereinstimmen (mit), anderer Meinung sein (als): → ***agree*** 1 **4.** sich nicht einig sein (***on, about, over*** über *Akk*)

▶**dif·fe·rence** ['dɪfrəns] *s* **1.** Unterschied *m*: **a)** Unterscheidung *f*: ***make no difference*** nichts ausmachen (***to*** *Dat*), **b)** Verschiedenheit *f*: ***difference of opinion*** Meinungsverschiedenheit, **c)** Differenz *f* (*auch* MATHE): ***difference in price, price difference*** Preisunterschied; → ***split*** 2 **2.** Differenz *f*, Meinungsverschiedenheit *f* **3.** Besonderheit *f*: ***with a difference*** (von) ganz besonderer Art, mit Pfiff

▶**dif·fer·ent** ['dɪfrənt] *Adj* **1.** verschieden(artig) **2.** (***from***) verschieden (von), anders (als): ***he is different*** er ist anders

dif·fer·en·tial [ˌdɪfə'renʃl] **I** *Adj* **1.** unterschiedlich **2.** MATHE, TECH, *etc* Differenzial...: ***differential calculus*** Differenzialrechnung *f*; ***differential gear*** *siehe* 4 **II** *s* **3.** MATHE Differenzial *n* **4.** TECH Differenzial-, Ausgleichsgetriebe *n*

ˌ**dif·fer'en·ti·ate** [ˌdɪfə'renʃɪeɪt] **I** *v/t* **1.** unterscheiden (***from*** von); voneinander unterscheiden **II** *v/i* **2.** sich unterscheiden (***from*** von) **3.** differenzieren, unterscheiden (***between*** zwischen *Dat*)

ˌ**dif·fer·en·ti'a·tion** *s* Differenzierung *f*, Unterscheidung *f*

▶**dif·fi·cult** ['dɪfɪkəlt] *Adj* schwierig (*auch Person*), schwer: ***it was quite difficult for me to*** *Inf* es fiel mir schwer, zu *Inf*

▶**dif·fi·cul·ty** ['dɪfɪkəltɪ] *s* **1.** Schwierigkeit *f*: **a)** Mühe *f*: ***with difficulty*** mühsam, (nur) schwer; ***have difficulty (in) doing s.th.*** Mühe haben, etw zu tun, **b)** schwierige Sache, **c)** Hindernis *n*, Widerstand *m*: ***make*** (*oder* ***raise***) ***difficulties*** Schwierigkeiten machen **2.** *oft Pl* (*auch* Geld)Schwierigkeiten *Pl*, Verlegenheit *f*

dif·fi·dence ['dɪfɪdəns] *s* Schüchternheit *f*, Mangel *m* an Selbstvertrauen

'**dif·fi·dent** *Adj* schüchtern, ohne Selbstvertrauen: ***be diffident about doing s.th.*** etw nur zögernd *oder* zaghaft tun

dif·fuse **I** *v/t und v/i* [dɪ'fjuːz] **1.** *bes fig* (sich) verbreiten **2.** CHEM, PHYS (sich) zerstreuen **II** *Adj* [dɪ'fjuːs] **3.** diffus: **a)** weitschweifig, langatmig (*Stil, Autor*), **b)** unklar, ungeordnet (*Gedanken etc*), **c)** CHEM, PHYS zerstreut: ***diffuse light*** diffuses Licht, Streulicht *n*

dif'fu·sion [dɪ'fjuːʒn] *s* **1.** *bes fig* Verbreitung *f* **2.** CHEM, PHYS (Zer)Streuung *f*

▶**dig** [dɪg] **I** *s* **1.** Puff *m*, Stoß *m*: ***dig in the ribs*** Rippenstoß *m* **2.** *fig* (Seiten)Hieb *m* (***at*** auf *Akk*) **3.** *Pl Br ugs* Bude *f* **II** *v/t* (*unreg*) **4.** *Loch etc* graben: ***dig (up)*** umgraben; ***dig (up*** *oder* ***out)*** ausgraben (*auch fig*); → ***grave***² **5.** *j-m* einen Stoß geben: ***dig s.o. in the ribs*** j-m einen Rippenstoß geben **6.** *ugs* kapieren **7.** *ugs* stehen *oder* abfahren auf (*Akk*) **III** *v/i* **8.** (***for***) graben (nach); *fig* forschen (nach) **9.** ***dig in(to)*** *ugs* reinhauen (in *einen Kuchen etc*) **10.** *Br ugs* seine Bude haben, wohnen

di·gest [daɪ'dʒest] **I** *v/t* verdauen (*auch fig*) **II** *s* (***of***) Auslese *f* (*auch Zeitschrift*), Auswahl *f* (aus); Abriss *m* (*Gen*)

di·gest·i·ble [daɪ'dʒestəbl] *Adj* verdaulich

di'ges·tion *s* Verdauung *f* (*auch fig*)

di'ges·tive **I** *Adj* **1.** verdauungsfördernd **2.** Verdauungs...: ***digestive system*** Verdauungsapparat *m*; ***digestive tract*** Verdauungstrakt *m* **II** *s* **3.** MED verdauungsförderndes Mittel

dig·ger ['dɪgə] *s* **1.** (*bes* Gold)Gräber(in); Erdarbeiter(in) **2.** Grabmaschine *f*

dig·it ['dɪdʒɪt] *s* **1.** ANAT ZOOL Finger *m*, Zehe *f* **2.** MATHE Ziffer *f*; Stelle *f*

dig·i·tal ['dɪdʒɪtl] *Adj* **1.** Finger...: ***digital telephone*** Tastentelefon *n* **2.** Digital...: ***digital clock (watch)***; ***digital computer*** Digitalrechner *m*

dig·i·tize ['dɪdʒɪtaɪz] *v/t* digitalisieren

dig·ni·fied ['dɪgnɪfaɪd] *Adj* würdevoll, würdig

dig·ni·fy ['dɪgnɪfaɪ] *v/t* Würde verleihen (*Dat*)

dig·ni·tar·y ['dɪgnɪtərɪ] *s* Würdenträger(in)

'**dig·ni·ty** *s* **1.** Rang *m*, (hohe) Stellung **2.** Würde *f*: → ***beneath*** 3

di·gress [daɪ'gres] *v/i* abschweifen (***from*** von; ***into*** in *Akk*)

di'gres·sion *s* Abschweifung *f*

dike¹ [daɪk] **I** *s* **1.** Deich *m*, Damm *m* **2.** Graben *m* **II** *v/t* **3.** eindämmen, -deichen

dike² [daɪk] *s sl* Lesbe *f* (*Lesbierin*)

di·lap·i·dat·ed [dɪ'læpɪdeɪtɪd] *Adj* verfallen, baufällig (*Haus etc*), klapp(e)rig (*Auto etc*)

di·late [daɪ'leɪt] **I** *v/t und v/i* (sich) ausdehnen *oder* (-)weiten *oder* erweitern: ***with dilated eyes*** mit aufgerissenen Augen **II** *v/i*: ***dilate on*** *fig* sich (ausführlich) verbreiten *oder* auslassen über (*Akk*)

dil·a·to·ry ['dɪlətərɪ] *Adj* **1.** verzögernd, hinhaltend: ***dilatory tactics*** *Pl* Verzögerungs-, Verschleppungs-, Hinhaltetaktik *f* **2.** langsam: ***be dilatory in doing s.th.*** sich mit etw Zeit lassen

di·lem·ma [dɪ'lemə] *s* Dilemma *n*, Klemme *f*: ***be on the horns of a dilemma*** in einer Zwickmühle sein *oder* sitzen

dil·et·tante [ˌdɪlɪ'tæntɪ] *meist pej* **I** *Pl* **dil·et·tan·ti** [ˌdɪlɪ'tæntiː], **dil·et·tantes** Dilettant(in) **II** *Adj* dilettantisch

dil·i·gence ['dɪlɪdʒəns] *s* **1.** Fleiß *m* **2.** Sorgfalt *f*

'**dil·i·gent** *Adj* **1.** fleißig **2.** sorgfältig, gewissenhaft

dill [dɪl] *s* BOT Dill *m*

dil·ly·dal·ly ['dɪlɪdælɪ] *v/i ugs* (herum)trödeln

di·lute [daɪ'ljuːt] **I** *v/t* **1.** verdünnen **2.** *fig* verwässern, abschwächen **II** *Adj* **3.** verdünnt **4.** *fig* verwässert, abgeschwächt

di'lu·tion *s* **1.** Verdünnung *f* **2.** *fig* Verwässerung *f*, Abschwächung *f*

Das Gerund nach Substantiv + Präposition

GR

Folgt auf Verbindungen von Substantiv + Präposition ein Verb, so steht es in der **-ing**-Form:

be in danger of doing s.th.	Gefahr laufen, etw zu tun
have difficulty (in) doing s.th.	Mühe haben, etw zu tun
for fear of doing s.th.	aus Angst davor, etw zu tun
in the hope of doing s.th.	in der Hoffnung, etw zu tun
have the opportunity of doing s.th.	die Gelegenheit haben, etw zu tun
run the risk of doing s.th.	riskieren / Gefahr laufen, etw zu tun

D

dim [dɪm] **I** *Adj* **1.** (halb)dunkel, düster (*auch fig*): → ***view*** 4 **2.** undeutlich, verschwommen, schwach **3.** schwach, trüb (*Licht*): ***dimly lit*** schwach erleuchtet **4.** matt (*Farbe*) **5.** *fig* schwer von Begriff **II** *v/t* **6.** verdunkeln, -düstern **7.** trüben (*auch fig*) **8.** *Licht* abblenden: ***dim the headlights*** MOT *Am* abblenden **III** *v/i* **9.** sich verdunkeln *oder* -düstern **10.** undeutlich werden **11.** sich trüben (*auch fig*)

dime [daɪm] *s Am* Zehncentstück *n*: ***dime novel*** Groschenroman *m*

di·men·sion [daɪ'menʃn] *s* Dimension *f* (*auch* MATHE): **a)** Ausdehnung *f*, Maß *n*, Abmessung *f*, **b)** *Pl oft fig* Ausmaß *n*, Umfang *m*

di'men·sion·al [daɪ'menʃənl] *Adj in Zssgn*: ...dimensional

di·min·ish [dɪ'mɪnɪʃ] *v/t und v/i* (sich) vermindern *oder* verringern: ***diminish in numbers*** weniger werden; ***diminish in value*** an Wert verlieren

dim·i·nu·tion [ˌdɪmɪ'njuːʃn] *s* Verminderung *f*, Verringerung *f*

di'min·u·tive [dɪ'mɪnjʊtɪv] **I** *Adj* **1.** klein, winzig **2.** LING Diminutiv..., Verkleinerungs... **II** *s* **3.** LING Diminutiv *n*, Verkleinerungsform *f oder* -silbe *f*

dim·mer ['dɪmə] *s* **1.** Dimmer *m* (*Helligkeitsregler*) **2.** *Pl* MOT *Am* Abblend- *oder* Standlicht *n*

'dim·ness *s* **1.** Dunkelheit *f*, Düsterkeit *f* **2.** Undeutlichkeit *f* **3.** Mattheit *f*

dim·ple ['dɪmpl] *s* Grübchen *n*

ˌdim-'wit·ted *Adj* beschränkt

din [dɪn] **I** *s* Lärm *m*, Getöse *n*: ***kick up*** (*oder* ***make***) ***a din*** Krach machen **II** *v/t*: ***din s.th. into s.o.*** j-m etw einhämmern **III** *v/i* lärmen, (*Motoren etc*) dröhnen (***in s.o.'s ears*** j-m in den Ohren)

dine [daɪn] **I** *v/i* speisen, essen (***off, on*** *Akk*): ***dine in*** (***out***) zu Hause (auswärts) essen **II** *v/t* bewirten

'din·er *s* **1.** Speisende *m, f* **2.** Gast *m* (*im Restaurant*) **3.** BAHN Speisewagen *m* **4.** *Am* Ess-, Speiselokal *n*

din·ghy ['dɪŋgɪ] *s* **1.** SCHIFF Ding(h)i *n*; Beiboot *n* **2.** Schlauchboot *n*

din·gy ['dɪndʒɪ] *Adj* schmutzig, schmudd(e)lig

▶**din·ing car** ['daɪnɪŋkɑː] *s* BAHN Speisewagen *m*

▶**dining room** ['daɪnɪŋruːm] *s* Speise-, Esszimmer *n*

dining ta·ble *s* Esstisch *m*

dink·y ['dɪŋkɪ] *Adj ugs* **1.** *Br* niedlich **2.** *Am* klein, unbedeutend

▶**din·ner** ['dɪnə] *s* **1.** (Mittag-, Abend-)Essen *n* (*Hauptmahlzeit*), *schweiz.* Nachtessen *n*: ***after dinner*** nach dem Essen, nach Tisch; ***at dinner*** bei Tisch **2.** Diner *n*, Festessen *n*: ***at a dinner*** auf *oder* bei einem Diner

din·ner coat *s bes Am*, **din·ner jack·et** *s* Smoking *m*

din·ner par·ty *s* Diner *n*, Abendgesellschaft *f*

din·ner ser·vice, **din·ner set** *s* Speiseservice *n*, Tafelgeschirr *n*

din·ner ta·ble *s* Esstisch *m*

'din·ner·time *s* Essens-, Tischzeit *f*

di·no·saur ['daɪnəʊsɔː] *s* Dinosaurier *m*

di·ode ['daɪəʊd] *s* ELEK Diode *f*

di·ox·ide [daɪ'ɒksaɪd] *s* CHEM Dioxid *n*

di·ox·in [daɪ'ɒksɪn] *s* CHEM Dioxin *n*

dip [dɪp] **I** *v/t* **1.** (ein)tauchen (***in, into*** in *Akk*) **2.** ***dip the headlights*** MOT *bes Br* abblenden **II** *v/i* **3.** unter-, eintauchen **4.** ***dip into*** **a)** sich flüchtig befassen mit, einen Blick werfen in (*ein Buch etc*), **b)** *Reserven etc* angreifen: ***dip into one's pocket*** (*oder* ***purse***) *fig* tief in die Tasche greifen **III** *s* **5.** (Unter-, Ein)Tauchen *n* **6.** kurzes Bad: ***go for a dip*** mal schnell ins Wasser springen

diph·the·ri·a [dɪf'θɪərɪə] *s* Diphtherie *f*

diph·thong ['dɪfθɒŋ] Diphthong *m*, Doppelvokal *m*

di·plo·ma [dɪ'pləʊmə] *s* Diplom *n*

di·plo·ma·cy [dɪ'pləʊməsɪ] *s* POL Diplomatie *f* (*auch fig*)

dip·lo·mat ['dɪpləmæt] *s* Diplomat(in)

ˌdip·lo'mat·ic *Adj* (***diplomatically***) diplomatisch: ***diplomatic bag*** Diplomatengepäck *n*; ***diplomatic corps*** (*auch* ***body***) diplomatisches Korps; ***diplomatic relations*** *Pl* diplomatische Beziehungen *Pl*

dip·py ['dɪpɪ] *Adj ugs* ein bisschen verrückt

'dip·stick *s* (*Öl- etc*)Messstab *m*

dire ['daɪə] *Adj* **1.** grässlich, schrecklich **2.** äußerst, höchst: ***be in dire need of s.th.*** etw ganz dringend brauchen; → ***strait***

▶**di·rect** [dɪ'rekt] **I** *v/t* **1.** *Aufmerksamkeit etc* richten, lenken (***to, toward[s]*** auf *Akk*): ***direct away*** *j-n, etw* ablenken (***from*** von) **2.** *Betrieb etc* führen, leiten; Regie führen bei (*einem Film oder Stück*): ***directed by*** unter der Regie von **3.** *Worte* richten, *Brief etc* adressieren, richten (***to*** an *Akk*) **4.** anweisen, beauftragen, *j-m* Anweisungen geben (***to do*** zu tun) **5.** anordnen, verfügen: ***direct s.th. to be done*** anordnen, dass etw geschieht **6.** (***to***) *j-m* den Weg zeigen (zu, nach); *fig j-n* verweisen (an *Akk*) **II** *Adj* **7.** direkt, gerade **8.** direkt, unmittelbar: ***direct current*** ELEK Gleichstrom *m*; ***direct flight*** Direktflug *m*; ***direct line*** TEL Durchwahl *f*; ***direct train*** durchgehender Zug **9.** direkt, genau: ***the direct opposite*** das genaue Gegenteil **10.** LING ***direct speech*** (*bes Am* ***discourse***) direkte Rede; ***direct object*** direktes Objekt, Akkusativobjekt *n* **III** *Adv* **11.** direkt, unmittelbar: → ***dial*** 6

▶**di·rec·tion** [dɪ'rekʃn] *s* **1.** Richtung *f*: ***in the direction of*** in Richtung auf (*Akk*) *oder* nach; ***from*** (***in***) ***all directions*** aus (nach) allen Richtungen *oder* Seiten; ***sense of direction*** Orts-, Orientierungssinn *m*; ***direction indicator*** MOT (Fahrt)Richtungsanzeiger *m*, Blinker *m* **2.** Führung *f*, Leitung *f*; (*Film etc*) Regie *f* **3.** Anweisung *f*, Anleitung *f*: ***directions*** *Pl* ***for use*** Gebrauchsanweisung **4.** Anweisung *f*, Anordnung *f*: ***by*** (*oder* ***at***) ***direction of*** auf Anweisung von (*oder Gen*)

di·rec·tion·al [dɪ'rekʃənl] *Adj* **1.** Richtungs... **2.** ELEK Peil...; Richt...: ***directional aerial*** (*bes Am* ***antenna***) Richtantenne *f*

di'rec·tive *s* Direktive *f*, Anweisung *f*

di'rec·tor *s* **1.** Direktor *m* (*auch* WIRTSCH), Leiter *m*: ***director's secretary*** Chefsekretär(in); ***director-general*** Generaldirektor(in) **2.** FILM *etc* Regisseur(in)

di'rec·to·ry *s* **1.** Adressbuch *n*; Telefonbuch *n*; Branchenverzeichnis *n*: ***directory enquiries*** TEL Auskunft *f* **2.** IT Dateienverzeichnis *n*

▶**dirt** [dɜːt] *s* Schmutz *m* (*auch fig*), Dreck *m*: ***treat s.o. like dirt*** j-n wie (den letzten) Dreck behandeln

ˌdirt-'cheap *Adj und Adv ugs* spottbillig

dirt road *s Am* unbefestigte Straße

▶**dirt·y** ['dɜːtɪ] **I** *Adj* **1.** schmutzig (*auch fig*), dreckig: ***dirty look*** böser Blick; ***dirty mind*** schmutzige Gedanken *Pl*; schmutzige Fantasie; ***dirty word*** Reizwort *n*; ***dirty work*** Dreck(s)arbeit *f* (*auch fig*); → ***linen*** 2 **2.** gemein, niederträchtig: → ***trick*** 1 **3.** schlecht, *bes* SCHIFF stürmisch (*Wetter*) **II** *v/t* **4.** beschmutzen (*auch fig*): ***dirty one's hands*** sich die Hände schmutzig machen (*auch fig*) **III** *v/i* **5.** schmutzig werden, schmutzen

dis·a·bil·i·ty [ˌdɪsəˈbɪlətɪ] *s* **1.** Unvermögen *n*, Unfähigkeit *f* **2.** Arbeits-, Erwerbsunfähigkeit *f*, Invalidität *f*: ***disability benefit*** Invaliditätsrente *f* **3.** MED Gebrechen *n*

Die Vorsilbe dis-

GR

Die englische Vorsilbe **dis-** verkehrt das Wort, vor das es gesetzt wird, meist in sein Gegenteil:

disability	Unvermögen
disadvantage	Nachteil
disagree	nicht übereinstimmen
disapprove	missbilligen
disclaim	abstreiten; widerrufen

dis·a·ble [dɪsˈeɪbl] *v/t* **1.** unfähig machen, außerstand setzen (***from doing*** zu tun) **2.** unbrauchbar *oder* untauglich machen (***for*** für, zu) **3.** arbeits- *oder* erwerbsunfähig machen

dis'a·bled *Adj* **1.** arbeits-, erwerbsunfähig, invalid **2.** kriegsversehrt **3.** (*körperlich oder geistig*) behindert

dis'a·ble·ment *s* **1.** → ***disability*** 2 **2.** (*körperliche oder geistige*) Behinderung

dis·ad·van·tage [ˌdɪsədˈvɑːntɪdʒ] **I** *s* Nachteil *m* (***to*** für): ***to s.o.'s disadvantage*** zu j-s Nachteil *oder* Schaden; ***be at a disadvantage*** benachteiligt sein; ***sell at a disadvantage*** mit Verlust verkaufen **II** *v/t* benachteiligen

dis·ad·van·ta·geous [ˌdɪsædvɑːnˈteɪdʒəs] *Adj* nachteilig, ungünstig

dis·af·fect·ed [ˌdɪsəˈfektɪd] *Adj* unzufrieden (***to, toward[s]*** mit), verdrossen

ˌdis·afˈfec·tion *s* Unzufriedenheit *f*, (*auch* Staats)Verdrossenheit *f*

dis·a·gree [ˌdɪsəˈgriː] *v/i* **1.** (***with***) nicht übereinstimmen (mit), im Widerspruch stehen (zu, mit) **2.** (***with***) anderer Meinung sein (als), nicht zustimmen (*Dat*) **3.** (sich) streiten (***on, about*** über *Akk*) **4.** nicht einverstanden sein (***with*** mit) **5.** nicht bekommen (***with*** *Dat*) (*Essen*)

dis·a·gree·a·ble [ˌdɪsəˈgrɪəbl] *Adj* unangenehm

ˌdis·aˈgree·ment *s* **1.** Unstimmigkeit *f*, Verschiedenheit *f*: ***be in disagreement*** (***with***) → ***disagree*** 1 **2.** Widerspruch *m* (***between*** zwischen *Dat*) **3.** Meinungsverschiedenheit *f* (***over, on*** über *Akk*)

dis·al·low [ˌdɪsəˈlaʊ] *v/t* nicht anerkennen, nicht gelten lassen

▶**dis·ap·pear** [ˌdɪsəˈpɪə] *v/i* verschwinden (***from*** von, aus): → ***thin*** 1

ˌdis·apˈpear·ance *s* Verschwinden *n*

▶**dis·ap·point** [ˌdɪsəˈpɔɪnt] *v/t* *j-n* enttäuschen, *j-s Hoffnungen etc auch* zunichtemachen: ***be disappointed*** enttäuscht sein (***in, at*** *s.th.* von, über *Akk*; ***in, with*** *s.o.* von)

ˌdis·apˈpoint·ing *Adj* enttäuschend

ˌdis·apˈpoint·ment *s* Enttäuschung *f*

dis·ap·prov·al [ˌdɪsəˈpruːvl] *s* (***of***) Missbilligung *f* (*Gen*), Missfallen *n* (über *Akk*): ***in disapproval*** missbilligend

ˌdis·apˈprove **I** *v/t* missbilligen **II** *v/i* dagegen sein: ***disapprove of*** *siehe* I

dis·arm [dɪsˈɑːm] **I** *v/t* entwaffnen (*auch fig*) **II** *v/i* MIL, POL abrüsten

dis'ar·ma·ment *s* **1.** Entwaffnung *f* **2.** MIL, POL Abrüstung *f*

dis'arm·ing *Adj fig* entwaffnend

dis·ar·range [ˌdɪsəˈreɪndʒ] *v/t* in Unordnung bringen, durcheinanderbringen (*beide auch fig*)

dis·ar·ray [ˌdɪsəˈreɪ] **I** *v/t* in Unordnung bringen (*auch fig*) **II** *s* Unordnung *f* (*auch fig*)

dis·as·sem·ble [ˌdɪsəˈsembl] *v/t* auseinandernehmen, zerlegen, demontieren

ˌdis·asˈsem·bly *s* **1.** Zerlegung *f*, Demontage *f* **2.** zerlegter Zustand

dis·as·ter [dɪˈzɑːstə] *s* **1.** Unglück *n* (***to*** für) **2.** Unglück *n*, Katastrophe *f*: ***disaster area*** Katastrophengebiet *n*

dis'as·trous *Adj* katastrophal, verheerend

dis·be·lief [ˌdɪsbɪˈliːf] *s* **1.** Unglaube *m* **2.** Zweifel *m* (***in*** an *Dat*)

dis·be·lieve [ˌdɪsbɪˈliːv] *v/t* *etw* nicht glauben, bezweifeln; *j-m* nicht glauben

ˌdis·beˈliev·er *s* Ungläubige *m, f* (*auch* REL)

dis·bur·den [dɪsˈbɜːdn] *v/t* entlasten (***of, from*** von)

disc, *etc* → ***disk***, *etc*

dis·card **I** *v/t* [dɪˈskɑːd] **1.** *Spielkarten* ablegen, *Kleidung etc auch* ausrangieren, *Gewohnheit etc auch* aufgeben **2.** *Freund etc* fallen lassen **II** *s* [ˈdɪskɑːd] **3.** abgelegte Karte(n *Pl*) **4.** *etw* Abgelegtes

dis·cern [dɪˈsɜːn] *v/t* wahrnehmen, erkennen

dis'cern·ing *Adj* scharfsichtig, kritisch (urteilend)

dis'cern·ment *s* **1.** Wahrnehmen *n*, Erkennen *n* **2.** Scharfblick *m*

dis·charge [dɪsˈtʃɑːdʒ] **I** *v/t* **1.** ausladen: **a)** *Schiff etc* entladen, **b)** *Ladung* löschen, **c)** *Passagiere* ausschiffen **2.** *Gewehr, Geschoss etc* abfeuern, abschießen **3.** ***discharge itself*** *siehe* 9 **4.** ausströmen, -stoßen; MED, PHYSIOL abson-

Disagreeing — Nicht übereinstimmen

SG

Disagreeing	Nicht übereinstimmen
Maybe it is, but I don't think so.	Vielleicht ist es so, aber ich glaube nicht.
Well, that's not the way I see it.	O.K., aber so sehe ich das nicht.
I don't think much of that idea.	Von der Idee halte ich nicht viel.
No, I don't agree.	Nein, das sehe ich anders.
I don't believe that.	Das glaube ich nicht.
I think you're wrong.	Ich glaube, das stimmt nicht.
I think it was wrong to behave like that.	Ich glaube, es war falsch sich so zu verhalten.

D

dern: ***discharge matter*** eitern **5.** *Angestellten, Patienten, Strafgefangenen etc* entlassen (***from*** aus) **6.** JUR freisprechen (***of*** von) **7.** befreien, entbinden (***of, from*** von; ***from doing s.th.*** davon, etw zu tun) **8.** *Verpflichtungen etc* erfüllen, nachkommen (*Dat*) **II** *v/i* **9.** sich ergießen, münden (***into*** in *Akk*) **10.** MED eitern **11.** ELEK sich entladen **III** *s* ['dɪstʃɑːdʒ] **12.** Entladung *f*; Löschung *f* **13.** Abfeuern *n* **14.** MED, PHYSIOL Absonderung *f* **15.** Entlassung *f* **16.** JUR Freisprechung *f* **17.** Befreiung *f*, Entbindung *f* **18.** Erfüllung *f*

dis·ci·ple [dɪ'saɪpl] *s* BIBEL Jünger *m*, *fig auch* Schüler(in)

dis·ci·pli·na·ry ['dɪsɪplɪnərɪ] *Adj* disziplinarisch, Disziplinar…

'dis·ci·pline I *s* **1.** Disziplin *f*: ***keep discipline*** Disziplin halten **2.** Disziplin *f*, Wissenschaftszweig *m* **II** *v/t* **3.** disziplinieren, an Disziplin gewöhnen: ***badly disciplined*** disziplinlos, undiszipliniert

'disc jock·ey *s* Discjockey *m*

dis·claim [dɪs'kleɪm] *v/t* **1.** ab-, bestreiten **2.** jede Verantwortung ablehnen für; *Verantwortung* ablehnen **3.** widerrufen, dementieren **4.** JUR verzichten *oder* keinen Anspruch erheben auf (*Akk*), *Erbschaft* ausschlagen

dis'claim·er *s* **1.** Widerruf *m*, Dementi *n* **2.** (***of***) Verzicht *m* (auf *Akk*), Ausschlagung *f* (*Gen*)

dis·close [dɪs'kləʊz] *v/t* **1.** bekannt geben *oder* machen **2.** enthüllen, aufdecken **3.** zeigen, verraten

dis'clo·sure [dɪs'kləʊʒə] *s* **1.** Bekanntgabe *f* **2.** Enthüllung *f*

dis·co ['dɪskəʊ] *Pl* **dis·cos** *s ugs* Disco *f* (*Diskothek*)

dis·col·or, **dis·col·our** [dɪs'kʌlə] *v/t und v/i* (sich) verfärben

dis·com·fit [dɪs'kʌmfɪt] *v/t* aus der Fassung bringen, verwirren; in Verlegenheit bringen

dis'com·fi·ture [dɪs'kʌmfɪtʃə] *s* Verwirrung *f*; Verlegenheit *f*

dis·com·fort [dɪs'kʌmfət] *s* **1.** Unannehmlichkeit *f* **2.** Unbehagen *n*

dis·con·cert [ˌdɪskən'sɜːt] *v/t* **1.** aus der Fassung bringen, verwirren **2.** beunruhigen

dis·con·nect [ˌdɪskə'nekt] *v/t* **1.** trennen (***from*** von) (*auch* TEL *Teilnehmer*) **2.** ELEK *Gerät, Stecker etc* ausstecken **3.** *Gas, Strom, Telefon* abstellen: ***we have been disconnected*** uns ist das Gas *etc* abgestellt worden

ˌdis·con'nect·ed *Adj* zs.-hang(s)los

dis·con·so·late [dɪs'kɒnsələt] *Adj* untröstlich (***about, at*** über *Akk*)

dis·con·tent [ˌdɪskən'tent] **I** *Adj* → ***discontented*** **II** *s* Unzufriedenheit *f*

ˌdis·con'tent·ed *Adj* unzufrieden (***with*** mit)

dis·con·tin·ue [ˌdɪskən'tɪnjuː] *v/t* **1.** unterbrechen **2.** einstellen (*auch* JUR); *Gewohnheit etc* aufgeben; *Beziehungen* abbrechen; *Zeitung etc* abbestellen **3.** aufhören (***doing*** zu tun)

ˌdis·con'tin·u·ous [ˌdɪskən'tɪnjʊəs] *Adj* **1.** unterbrochen **2.** zs.-hang(s)los

dis·cord ['dɪskɔːd] *s* **1.** Uneinigkeit *f* **2.** Zwietracht *f*, Zwist *m*: → ***apple*** **3.** MUS Missklang *m* (*auch fig*), Dissonanz *f*

dis'cord·ant *Adj* **1.** sich widersprechend **2.** MUS misstönend (*auch weit. S. und fig*)

dis·co·theque ['dɪskəʊtek] *s* Diskothek *f*

dis·count ['dɪskaʊnt] **I** *s* **1.** WIRTSCH Preisnachlass *m*, Rabatt *m*, Skonto *m*, *n* (***on*** auf *Akk*) **2.** WIRTSCH Diskont *m*: ***discount*** (***rate***) Diskontsatz *m* **3.** WIRTSCH Abzug *m* (*vom Nominalwert*): ***at a discount*** unter pari; *fig* nicht geschätzt *oder* gefragt; ***sell at a discount*** mit Verlust verkaufen **II** *v/t* **4.** WIRTSCH abziehen, abrechnen; einen Abzug gewähren auf (*Akk*) **5.** WIRTSCH *Wechsel* diskontieren **6.** *Geschichte etc* mit Vorsicht *oder* Vorbehalt aufnehmen

dis·cour·age [dɪ'skʌrɪdʒ] *v/t* **1.** entmutigen **2.** abschrecken, abhalten, *j-m* abraten (***from*** von)

dis'cour·age·ment *s* **1.** Entmutigung *f* **2.** Abschreckung *f*

dis·course I *s* ['dɪskɔːs] **1.** Unterhaltung *f*, Gespräch *n* **2.** Vortrag *m* **II** *v/i* [dɪ'skɔːs] **3.** sich unterhalten (***on*** über *Akk*) **4.** einen Vortrag halten (***on*** über *Akk*)

dis·cour·te·ous [dɪs'kɜːtjəs] *Adj* unhöflich

dis'cour·te·sy [dɪs'kɜːtɪsɪ] *s* Unhöflichkeit *f*

▸**dis·cov·er** [dɪ'skʌvə] *v/t* entdecken, *fig auch* ausfindig machen, (heraus)finden

dis'cov·er·er *s* Entdecker(in)

▸**dis·cov·e·ry** [dɪ'skʌvərɪ] *s* Entdeckung *f*

dis·cred·it [dɪs'kredɪt] **I** *v/t* **1.** in Verruf *oder* Misskredit bringen (***with*** bei) **2.** anzweifeln, keinen Glauben schenken (*Dat*) **II** *s* **3.** Misskredit *m*: ***bring into discredit, bring discredit on*** *siehe* 1 **4.** Zweifel *m*

dis·creet [dɪ'skriːt] *Adj* **1.** umsichtig, besonnen **2.** diskret: **a)** taktvoll, **b)** verschwiegen, **c)** dezent, unaufdringlich

dis·crep·an·cy [dɪ'skrepənsɪ] *s* Diskrepanz *f*, Widerspruch *m*

dis·cre·tion [dɪ'skreʃn] *s* **1.** Ermessen *n*, Gutdünken *n*: ***at discretion*** nach Belieben; ***it is at*** (*oder* ***within***) ***your discretion*** es steht Ihnen frei; ***leave s.th. to s.o.'s discretion*** j-m etw anheimstellen **2.** Umsicht *f*, Besonnenheit *f* **3.** Diskretion *f*

dis·crim·i·nate [dɪ'skrɪmɪneɪt] **I** *v/i* (scharf) unterscheiden, einen Unterschied machen (***between*** zwischen *Dat*): ***discriminate between*** unterschiedlich behandeln (*Akk*); ***discriminate against*** *j-n* benachteiligen, diskriminieren **II** *v/t* (scharf) unterscheiden (***from*** von)

dis'crim·i·nat·ing *Adj* scharfsinnig, urteilsfähig

disˌcrim·i'na·tion *s* **1.** unterschiedliche Behandlung; Diskriminierung *f*: ***discrimination against s.o.*** Benachteiligung *f* einer Person **2.** Scharfsinn *m*, Urteilsfähigkeit *f*

dis'crim·i·na·to·ry [dɪ'skrɪmɪnətərɪ] *Adj* diskriminierend

dis·cur·sive [dɪ'skɜːsɪv] *Adj* weitschweifig

dis·cus ['dɪskəs] *s Leichtathletik*: **a)** Diskus *m*: ***discus throw*** *siehe* b; ***discus thrower*** Diskuswerfer(in), **b)** Diskuswerfen *n*

▸**dis·cuss** [dɪ'skʌs] *v/t* diskutieren, besprechen, erörtern

▸**di·scus·sion** [dɪ'skʌʃn] *s* Diskussion *f*, Besprechung *f*, Erörterung *f*: ***be under discussion*** zur Diskussion stehen; ***matter for discussion*** Diskussionsgegenstand *m*

dis·dain [dɪs'deɪn] **I** *v/t* verachten, gering schätzen **II** *s* Verachtung *f*, Geringschätzung *f*

dis'dain·ful [dɪs'deɪnfʊl] *Adj* verächtlich, geringschätzig: ***be disdainful of*** (*oder* ***toward[s]***) → ***disdain*** I

▸**dis·ease** [dɪ'ziːz] *s* Krankheit *f* (*auch fig*): ***sexually transmitted disease*** Geschlechtskrankheit

dis'eased *Adj* krank

dis·em·bark [ˌdɪsɪm'bɑːk] **I** *v/t* FLUG, SCHIFF *Passagiere* von Bord gehen lassen, SCHIFF *auch* ausschiffen, *Waren* ausladen **II** *v/i* FLUG, SCHIFF

von Bord gehen, SCHIFF *auch* sich ausschiffen
ˌdis·em·barˈka·tion [ˌdɪsembɑːˈkeɪʃn] *s* Ausschiffung *f*, -ladung *f*
dis·en·chant [ˌdɪsɪnˈtʃɑːnt] *v/t* desillusionieren, ernüchtern
dis·en·gage [ˌdɪsɪnˈgeɪdʒ] **I** *v/t* **1.** los-, freimachen, befreien (**from** von) **2.** TECH loskuppeln: **disengage the clutch** auskuppeln **II** *v/i* **3.** sich freimachen, loskommen (**from** von)
ˌdis·enˈgaged *Adj* **1.** frei, unbeschäftigt **2.** ungebunden
ˌdis·enˈgage·ment *s* **1.** Befreiung *f* **2.** Ungebundenheit *f* **3.** Muße(stunden *Pl*) *f*
dis·en·tan·gle [ˌdɪsɪnˈtæŋgl] *v/t* **1.** entwirren, -flechten (*beide auch fig*) **2.** befreien (**from** von, aus)
dis·fa·vor, **dis·fa·vour** [ˌdɪsˈfeɪvə] *s* **1.** Missbilligung *f*, -fallen *n* **2.** Ungnade *f*: **be in (fall into) disfavo(u)r** in Ungnade stehen (fallen) (**with** bei)
dis·fig·ure [dɪsˈfɪgə] *v/t* entstellen, verunstalten (**with** durch)
dis·gorge [dɪsˈgɔːdʒ] **I** *v/t* **1.** *Essen* ausspeien, *Lava* speien **2.** (widerwillig) wieder herausgeben **II** *v/i* **3.** sich ergießen, fließen (**into** in *Akk*)
dis·grace [dɪsˈgreɪs] **I** *s* **1.** Schande *f* (**to** für): **bring disgrace on** *siehe* 3 **2.** → **disfavo(u)r** 2 **II** *v/t* **3.** Schande bringen über (*Akk*)
disˈgrace·ful [dɪsˈgreɪsfʊl] *Adj* schändlich
dis·grun·tled [dɪsˈgrʌntld] *Adj* verärgert, -stimmt (**at** über *Akk*)
dis·guise [dɪsˈgaɪz] **I** *v/t* **1.** (**o.s.** sich) verkleiden *oder* maskieren (**as** als) **2.** *Handschrift, Stimme* verstellen **3.** *Absichten, Fakten etc* verschleiern, *Gefühle etc* verbergen **II** *s* **4.** Verkleidung *f*: **in disguise** verkleidet, maskiert; *fig* verkappt; **in the disguise of** verkleidet als; → **blessing 5.** Verstellung *f* **6.** Verschleierung *f*
dis·gust [dɪsˈgʌst] **I** *v/t* **1.** anekeln, anwidern: **be disgusted with** (*oder* **at, by**) Ekel empfinden über (*Akk*) **2.** empören, entrüsten: **be disgusted with** empört *oder* entrüstet sein über (*Akk*) **II** *s* **3.** Ekel *m* (**at, for** vor *Dat*)
disˈgust·ing *Adj* ekelhaft, widerlich
▶ **dish** [dɪʃ] **I** *s* **1.** flache Schüssel; (Servier)Platte *f*; *Pl* Geschirr *n*: **wash** (*oder* **do**) **the dishes** abspülen **2.** Gericht *n*, Speise *f* **II** *v/t* **3.** *oft* **dish up** *Speisen* anrichten; auftragen **4.** *oft* **dish up** *ugs Geschichte etc* auftischen **5. dish out** *ugs* austeilen
dis·har·mo·ny [ˌdɪsˈhɑːmənɪ] *s* Disharmonie *f*
ˈdish·cloth *s* Geschirrtuch *n*
dis·heart·en [dɪsˈhɑːtn] *v/t* entmutigen
di·shev·eled, **di·shev·elled** [dɪˈʃevld] *Adj* **1.** zerzaust (*Haar*) **2.** unordentlich, ungepflegt
dis·hon·est [dɪsˈɒnɪst] *Adj* unehrlich, unredlich
disˈhon·es·ty *s* Unredlichkeit *f*: **a)** Unehrlichkeit *f*, **b)** unredliche Handlung
dis·hon·or, **dis·hon·our** [dɪsˈɒnə] **I** *s* **1.** Unehre *f*, Schande *f* (**to** für) **II** *v/t* **2.** entehren **3.** WIRTSCH *Wechsel etc* nicht honorieren *oder* einlösen
disˈhon·or·a·ble, **disˈhon·our·a·ble** *Adj* schändlich, unehrenhaft
ˈdish·rag *s Br*, **dish tow·el** *s bes Am* Geschirrtuch *n*
▶ **dish·wash·er** [ˈdɪʃˌwɒʃə] *s* **1.** Tellerwäscher(in), Spüler(in) **2.** Geschirrspülmaschine *f*, -spüler *m*
ˈdishˌwa·ter *s* Abwasch-, Spülwasser *n*
dish·y [ˈdɪʃɪ] *Adj bes Br ugs* dufte, toll (*Person*)
dis·il·lu·sion [ˌdɪsɪˈluːʒn] **I** *s* Ernüchterung *f*, Desillusion *f* **II** *v/t* ernüchtern, desillusionieren
dis·in·cli·na·tion [ˌdɪsɪnklɪˈneɪʃn] *s* Abneigung *f* (**for** gegen; **to do** zu tun)
dis·in·clined [ˌdɪsɪnˈklaɪnd] *Adj* abgeneigt
dis·in·fect [ˌdɪsɪnˈfekt] *v/t* desinfizieren
ˌdis·inˈfect·ant *s* Desinfektionsmittel *n*
ˌdis·inˈfec·tion *s* Desinfizierung *f*
dis·in·gen·u·ous [ˌdɪsɪnˈdʒenjʊəs] *Adj* unaufrichtig
dis·in·her·it [ˌdɪsɪnˈherɪt] *v/t* enterben
dis·in·te·grate [dɪsˈɪntɪgreɪt] **I** *v/t* **1.** auflösen, *fig auch* zersetzen **II** *v/i* **2.** sich auflösen (*auch fig*) **3.** ver-, zerfallen (*auch fig*) **4.** GEOL verwittern
disˌin·teˈgra·tion *s* **1.** Auflösung *f* **2.** Zerfall *m* **3.** GEOL Verwitterung *f*
dis·in·ter·est·ed [dɪsˈɪntrəstɪd] *Adj* **1.** uneigennützig **2.** objektiv **3.** un-, desinteressiert (**in** an *Dat*)
dis·joint·ed [dɪsˈdʒɔɪntɪd] *Adj* zs.-hang(s)los
disk [dɪsk] *s* **1.** *allg* Scheibe *f* **2.** (Schall)Platte *f* **3.** COMPUTER Diskette *f*; *auch* **hard disk** Festplatte *f*
disk brake *s* TECH Scheibenbremse *f*
disk drive *s* COMPUTER Laufwerk *n*
disk·ette [dɪˈsket] *s* COMPUTER Diskette *f*
ˌdisk ˈop·er·at·ing sys·tem *s* COMPUTER Betriebssystem *n*
dis·like [dɪsˈlaɪk] **I** *v/t* nicht leiden können, nicht mögen: **dislike doing s.th.** etw nicht gern *oder* (nur) ungern tun; **get o.s. disliked** sich unbeliebt machen **II** *s* Abneigung *f*, Widerwille *m* (**of, for** gegen): **take a dislike to** eine Abneigung fassen gegen
dis·lo·cate [ˈdɪsləʊkeɪt] *v/t* **1.** verrücken **2.** MED sich *den Arm etc* ver- *oder* ausrenken
ˌdis·loˈca·tion *s* **1.** Verrückung *f* **2.** MED Verrenkung *f*; Dislokation *f*
dis·loy·al [ˌdɪsˈlɔɪəl] *Adj* (**to**) untreu (*Dat*), treulos (gegen)
ˌdisˈloy·al·ty *s* Untreue *f*, Treulosigkeit *f*
dis·mal [ˈdɪzməl] *Adj* düster, trüb, trostlos, bedrückend
dis·man·tle [dɪsˈmæntl] *v/t* **1.** demontieren, abbauen; *Gebäude* abbrechen; SCHIFF abwracken **2.** zerlegen, auseinandernehmen
dis·may [dɪsˈmeɪ] **I** *v/t* erschrecken, bestürzen **II** *s* Schreck(en) *m*, Bestürzung *f*: **in** (*oder* **with**) **dismay** bestürzt; **to one's dismay** zu seiner Bestürzung
dis·mem·ber [dɪsˈmembə] *v/t* **1.** zerstückeln; *bes* MED zergliedern **2.** *Land etc* zersplittern, aufteilen
dis·miss [dɪsˈmɪs] *v/t* **1.** entlassen, gehen lassen **2.** entlassen (**from** aus *einem Amt etc*) **3.** *Thema etc* fallen lassen; *Frage etc* abtun (**as** als) **4.** *auch* JUR abweisen
disˈmiss·al *s* **1.** Entlassung *f* **2.** *auch* JUR Abweisung *f*
dis·mount [ˌdɪsˈmaʊnt] **I** *v/i* **1.** absteigen, absitzen (**from** von) **II** *v/t* **2.** *Reiter* abwerfen **3.** abmontieren
dis·o·be·di·ence [ˌdɪsəˈbiːdjəns] *s* Ungehorsam *m*: **civil disobedience** ziviler Ungehorsam
ˌdis·oˈbe·di·ent *Adj* ungehorsam (**to** gegen [-über])
dis·o·bey [ˌdɪsəˈbeɪ] **I** *v/t* **1.** *j-m* nicht gehorchen **2.** *Gesetz etc* nicht befolgen, missachten **II** *v/i* **3.** nicht gehorchen, ungehorsam sein
dis·o·blige [ˌdɪsəˈblaɪdʒ] *v/t* ungefällig sein gegen

D

ˌdis·o'blig·ing *Adj* ungefällig, unfreundlich
dis·or·der [dɪs'ɔːdə] **I** *s* **1.** Unordnung *f*, Durcheinander *n*: ***in disorder*** durcheinander; ***throw into disorder*** *siehe* 4 **2.** Aufruhr *m*, Unruhen *Pl* **3.** MED Störung *f*: ***mental disorder*** Geistesstörung **II** *v/t* **4.** in Unordnung bringen, durcheinanderbringen
dis'or·dered *Adj* **1.** unordentlich, durcheinander **2.** MED gestört
dis'or·der·ly *Adj* **1.** unordentlich **2.** schlampig, (*auch Leben etc*) liederlich **3.** JUR ordnungswidrig
dis·or·gan·ize [dɪs'ɔːgənaɪz] → ***disorder*** 4
dis·own [dɪs'əʊn] *v/t* **1.** nichts zu tun haben wollen mit, ablehnen **2.** ableugnen
dis·par·age [dɪ'spærɪdʒ] *v/t* **1.** herabsetzen, verächtlich machen **2.** verachten, gering schätzen
dis'par·age·ment *s* **1.** Herabsetzung *f*, Verächtlichmachung *f* **2.** Verachtung *f*, Geringschätzung *f*
dis'par·ag·ing *Adj* herabsetzend, verächtlich, geringschätzig
dis·pa·rate ['dɪspərət] *Adj* ungleich(artig), (grund)verschieden
dis·par·i·ty [dɪ'spærətɪ] *s* Verschiedenheit *f*: ***disparity in age*** (zu großer) Altersunterschied
dis·pas·sion·ate [dɪ'spæʃnət] *Adj* leidenschaftslos, kühl, sachlich
dis·patch [dɪ'spætʃ] **I** *v/t* **1.** (ab)senden, (ab-)schicken, *Telegramm* aufgeben **2.** rasch erledigen **3.** ins Jenseits befördern, töten **4.** *ugs* wegputzen, schnell aufessen **II** *s* **5.** Absendung *f*, Versand *m*: ***dispatch by rail*** Bahnversand **6.** rasche Erledigung **7.** Tötung *f*
dis·patch box, dis·patch case *s bes Br* Aktenkoffer *m*
dis·pel [dɪ'spel] *v/t Menge etc, auch fig Befürchtungen etc* zerstreuen, *Nebel* zerteilen
dis·pen·sa·ble [dɪ'spensəbl] *Adj* entbehrlich
dis'pen·sa·ry *s* Werks-, Krankenhausapotheke *f*
dis·pen·sa·tion [ˌdɪspen'seɪʃn] *s* **1.** Aus-, Verteilung *f* **2.** Zuteilung *f*, Gabe *f* **3.** (göttliche) Fügung **4.** Verzicht *m* (***with*** auf *Akk*)
dis·pense [dɪ'spens] **I** *v/t* **1.** aus-, verteilen; *Sakrament* spenden: ***dispense justice*** Recht sprechen **2.** *Arzneien* dispensieren, zubereiten und abgeben **3.** befreien, entbinden (***from*** von) **II** *v/i* **4.** ***dispense with*** verzichten auf (*Akk*); überflüssig machen (*Akk*)
dis'pens·er *s* **1.** Aus-, Verteiler(in) **2.** TECH Spender *m*, (*für Klebestreifen etc auch*) Abroller *m*, (*Briefmarken- etc*)Automat *m*
dis'pens·ing *Adj*: ***dispensing chemist*** *Br* Apotheker(in)
dis·per·sal [dɪ'spɜːsl] *s* **1.** Zerstreuung *f* (*auch fig*) **2.** Verbreitung *f*
dis'perse **I** *v/t* **1.** verstreuen (***over*** über *Akk*) **2.** → ***dispel*** **3.** *Nachrichten etc* verbreiten **4.** CHEM, PHYS dispergieren, zerstreuen **II** *v/i* **5.** sich zerstreuen (*Menge*) **6.** sich verteilen
dis'per·sion *s* **1.** → ***dispersal*** **2.** CHEM, PHYS Dispersion *f*, (Zer)Streuung *f*
dis·pir·it·ed [dɪ'spɪrɪtɪd] *Adj* mutlos, niedergeschlagen
dis·place [dɪs'pleɪs] *v/t* **1.** versetzen, -rücken, -schieben **2.** verdrängen (*auch* SCHIFF, PHYS, *Sport*) **3.** *j-n* ablösen (***as*** als) **4.** *j-n* verschleppen: ***displaced person*** Verschleppte *m, f*, Zwangsumsiedler(in)
dis'place·ment *s* **1.** Versetzung *f*, -schiebung *f* **2.** Verdrängung *f* **3.** Ablösung *f* **4.** Verschleppung *f*
dis·play [dɪ'spleɪ] **I** *v/t* **1.** *Aktivität etc* zeigen, entfalten, an den Tag legen **2.** *Waren* auslegen, -stellen **3.** zur Schau stellen, hervorkehren **II** *s* **4.** Entfaltung *f* **5.** Ausstellung *f*: ***be on display*** ausgestellt sein **6.** Display *n*: **a)** (Sichtbild)Anzeige *f*, **b)** *auch* ***display unit*** Sichtbildgerät *n* **III** *Adj* **7.** Ausstellungs…, Schau…: ***display cabinet*** (*oder* ***case***) Schaukasten *m*, Vitrine *f*; ***display window*** Auslage(n)-, Schaufenster *n*
dis·please [dɪs'pliːz] *v/t* **1.** *j-m* missfallen: ***be displeased at*** (*oder* ***with***) unzufrieden sein mit **2.** *j-n* ärgern, verstimmen
dis'pleas·ing *Adj* unangenehm
dis·pleas·ure [dɪs'pleʒə] *s* Missfallen *n* (***at*** über *Akk*)
dis·pos·a·ble [dɪ'spəʊsəbl] *Adj* **1.** (frei) verfügbar **2.** Einweg…, Wegwerf…
dis'pos·al *s* **1.** Erledigung *f* **2.** Beseitigung *f* **3.** Übergabe *f*, -tragung *f*: ***disposal*** (***by sale***) Veräußerung *f*, Verkauf *m* **4.** Verfügung(srecht *n*) *f* (***of*** über *Akk*): ***be at s.o.'s disposal*** j-m zur Verfügung stehen; ***place*** (*oder* ***put***) ***s.th. at s.o.'s disposal*** j-m etw zur Verfügung stellen; ***have the disposal of*** verfügen (können) über (*Akk*)
dis'pose **I** *v/t* **1.** anordnen, aufstellen **2.** geneigt machen, bewegen (***to*** zu; ***to do*** zu tun) **II** *v/i* **3.** ***dispose of*** (frei) verfügen über (*Akk*); (endgültig) erledigen; wegschaffen, beseitigen; verkaufen, veräußern; übergeben, -tragen
dis'posed *Adj* **1.** ***be well disposed to(ward[s])*** *j-m* wohlgesinnt sein, *j-m* wohlwollen; *einem Plan etc* wohlwollend gegenüberstehen; → ***ill-disposed*** **2.** geneigt (***to do*** zu tun): ***feel disposed to do s.th.*** etw tun wollen
dis·po·si·tion [ˌdɪspə'zɪʃn] *s* **1.** Disposition *f*, Veranlagung *f*; Art *f* **2.** Neigung *f*, Hang *m* (***to*** zu); MED Anfälligkeit *f* (***to*** für): ***have a disposition to*** neigen zu; anfällig sein für **3.** → ***disposal*** 4
dis·pos·sess [ˌdɪspə'zes] *v/t* enteignen
dis·pro·por·tion·ate [ˌdɪsprə'pɔːʃnət] *Adj* unverhältnismäßig (groß *oder* klein); unangemessen; übertrieben: ***be disproportionate to*** in keinem Verhältnis stehen zu
dis·prove [ˌdɪs'pruːv] *v/t* widerlegen
dis·pu·ta·ble [dɪ'spjuːtəbl] *Adj* strittig
ˌdis·pu'ta·tion *s* **1.** Disput *m* **2.** Disputation *f*
ˌdis·pu'ta·tious *Adj* streitsüchtig
dis'pute **I** *v/i* **1.** streiten (***on, about*** über *Akk*) **II** *v/t* **2.** streiten über (*Akk*) **3.** in Zweifel ziehen, bezweifeln: ***disputed*** umstritten **4.** kämpfen um **5.** (an)kämpfen gegen **III** *s* **6.** Disput *m*: ***in*** (*oder* ***under***) ***dispute*** umstritten; ***beyond*** (*oder* ***past, without***) ***dispute*** fraglos, unbestritten
dis·qual·i·fi·ca·tion [dɪsˌkwɒlɪfɪ'keɪʃn] *s* **1.** Disqualifikation *f*, Disqualifizierung *f* **2.** Untauglichkeit *f* (***for*** für)
dis'qual·i·fy *v/t* **1.** disqualifizieren **2.** untauglich machen (***for*** für) **3.** für untauglich erklären
dis·qui·et [dɪs'kwaɪət] **I** *v/t* beunruhigen **II** *s* Unruhe *f*, Besorgnis *f*
dis'quiet·ing *Adj* beunruhigend, besorgniserregend
dis·re·gard [ˌdɪsrɪ'gɑːd] **I** *v/t* **1.** nicht beachten, ignorieren **2.** missachten **II** *s* **3.** Nichtbeachtung *f*, Ignorierung *f* (***of, for*** *Gen*) **4.** Missachtung *f* (***of, for*** *Gen*)
dis·re·pair [ˌdɪsrɪ'peə] *s* Baufälligkeit *f*: ***be in*** (***a state of***) ***disrepair*** baufällig sein; ***fall into disrepair*** baufällig werden

dis·rep·u·ta·ble [dɪsˈrepjʊtəbl] *Adj* verrufen
dis·re·pute [ˌdɪsrɪˈpjuːt] *s* schlechter Ruf: ***be in disrepute*** verrufen sein; ***bring (fall) into disrepute*** in Verruf bringen (kommen)
dis·re·spect [ˌdɪsrɪˈspekt] *s* Respektlosigkeit *f*
ˌdis·reˈspect·ful [ˌdɪsrɪˈspektfʊl] *Adj* respektlos (***to*** gegenüber)
dis·rupt [dɪsˈrʌpt] *v/t* **1.** auseinanderreißen, (zer)spalten **2.** *Gespräch, Verkehr etc* unterbrechen **3.** *Land etc* zerrütten; *Koalition etc* sprengen
disˈrup·tion *s* **1.** Spaltung *f* **2.** Unterbrechung *f* **3.** Zerrüttung *f*; Sprengung *f*
dis·sat·is·fac·tion [ˈdɪsˌsætɪsˈfækʃn] *s* Unzufriedenheit *f*
ˈdisˌsat·isˈfac·to·ry [ˈdɪsˌsætɪsˈfæktərɪ] *Adj* unbefriedigend (***to*** für)
ˌdisˈsat·is·fied [ˌdɪsˈsætɪsfaɪd] *Adj* unzufrieden (***at, with*** mit)
dis·sect [dɪˈsekt] *v/t* **1.** MED sezieren **2.** *fig* zergliedern
dis·sem·ble [dɪˈsembl] *v/t* verbergen, -hehlen, sich *etw* nicht anmerken lassen
dis·sem·i·nate [dɪˈsemɪneɪt] *v/t* **1.** ausstreuen **2.** *fig* verbreiten
disˌsem·iˈna·tion *s* **1.** Ausstreuung *f* **2.** *fig* Verbreitung *f*
dis·sen·sion [dɪˈsenʃn] *s* Meinungsverschiedenheit(en *Pl*) *f*
dis·sent [dɪˈsent] **I** *v/i* **1.** (***from***) anderer Meinung sein (als), nicht übereinstimmen (mit) **2.** REL von der Staatskirche abweichen **II** *s* **3.** Meinungsverschiedenheit *f*
disˈsent·er *s* **1.** Andersdenkende *m, f* **2.** REL Dissident(in); Dissenter(in)

Dissenter / Nonconformist

LK

Dissenters oder **nonconformists** wurden ursprünglich die Protestanten genannt, welche nicht der **Anglican Church** angehörten. Heute werden sie als Anhänger der **free churches**, z. B. **Presbyterians, Methodist Society** oder **Baptists**, bezeichnet. Kennzeichen der freikirchlichen Gemeinschaften sind u. a. ihre Ausrichtung an der kalvinistischen Lehre, ihr demokratischer Aufbau, ihre puritanische Lebensweise sowie ihre schmucklosen, einfachen Kirchenräume.

dis·ser·ta·tion [ˌdɪsəˈteɪʃn] *s* **1.** (wissenschaftliche) Abhandlung **2.** UNI Diplomarbeit *f*
dis·ser·vice [ˌdɪsˈsɜːvɪs] *s*: ***do s.o. a disservice*** j-m einen schlechten Dienst erweisen
dis·si·dent [ˈdɪsɪdənt] **I** *Adj* **1.** andersdenkend (als), abweichend (von) **II** *s* **2.** Andersdenkende *m, f* **3.** REL Dissident(in), POL *auch* Regime-, Systemkritiker(in)
dis·sim·i·lar [ˌdɪˈsɪmɪlə] *Adj* (***to, from***) verschieden (von), unähnlich (*Dat*)
dis·sim·i·lar·i·ty [ˌdɪsɪmɪˈlærətɪ] *s* Verschiedenheit *f*, Unähnlichkeit *f*
dis·sim·u·late [dɪˈsɪmjʊleɪt] → ***dissemble***
dis·si·pate [ˈdɪsɪpeɪt] **I** *v/t* **1.** zerstreuen (*auch fig*); *Nebel* zerteilen **2.** *Kräfte* verzetteln, -geuden; *Vermögen etc* durchbringen, verschwenden **II** *v/i* **3.** sich zerstreuen (*auch fig*); sich zerteilen
ˈdis·si·pat·ed *Adj* ausschweifend: **a)** zügellos (*Leben*), **b)** leichtlebig (*Person*)
ˌdis·siˈpa·tion *s* **1.** Zerstreuung *f* (*auch fig*); Zerteilung *f* **2.** Vergeudung *f* **3.** Ausschweifung *f*: ***a life of dissipation*** ein ausschweifendes *oder* zügelloses Leben
dis·so·ci·ate [dɪˈsəʊʃɪeɪt] *v/t* **1.** trennen (***from*** von) **2.** ***dissociate o.s.*** sich distanzieren, abrücken (***from*** von)
disˌso·ciˈa·tion [dɪˌsəʊsɪˈeɪʃn] *s* Trennung *f*
dis·so·lute [ˈdɪsəluːt] → ***dissipated***
dis·so·lu·tion [ˌdɪsəˈluːʃn] *s* **1.** Auflösung *f* (*auch fig*) **2.** JUR Annullierung *f*, Aufhebung *f*
dis·solve [dɪˈzɒlv] **I** *v/t* **1.** auflösen (*auch fig*): ***dissolve in the mouth*** *Tablette etc* im Mund zergehen lassen; ***dissolved in tears*** in Tränen aufgelöst **2.** JUR annullieren, aufheben **II** *v/i* **3.** sich auflösen (*auch fig*): ***dissolve in the mouth*** im Mund zergehen; ***dissolve in(to) tears*** in Tränen zerfließen
dis·so·nance [ˈdɪsənəns] *s* Dissonanz *f*: **a)** MUS Missklang *m* (*auch fig*), **b)** *fig* Unstimmigkeit *f*
ˈdis·so·nant *Adj* **1.** MUS dissonant **2.** misstönend **3.** *fig* unstimmig
dis·suade [dɪˈsweɪd] *v/t* **1.** *j-m* abraten (***from*** von; ***from doing*** [davon,] *etw* zu tun) **2.** abbringen (***from*** von; ***from doing*** davon, *etw* zu tun) **3.** abraten von
►**dis·tance** [ˈdɪstəns] **I** *s* **1.** Entfernung *f*: ***at a distance*** in einiger Entfernung; von weitem, von fern; ***from a distance*** aus einiger Entfernung; ***keep one's distance*** Abstand halten (***from*** von); *fig* Distanz wahren **2.** Ferne *f*: ***from (in) the distance*** aus (in) der Ferne **3.** Strecke: **a)** Entfernung *f*: ***go the distance*** *fig* durchhalten, über die Runden kommen, **b)** SPORT Distanz *f*: ***distance runner*** (*Leichtathletik*) Langstreckenläufer(in), Langstreckler(in) **4.** (*auch zeitlicher*) Abstand: ***at this distance of*** (*oder* ***in***) ***time*** nach all dieser Zeit **II** *v/t* **5.** überholen, (weit) hinter sich lassen, (*Sport auch*) distanzieren **6.** *fig* überflügeln, -treffen **7.** ***distance o.s.*** sich distanzieren (***from*** von)
►**dis·tant** [ˈdɪstənt] *Adj* **1.** entfernt (*auch fig*) **2.** fern (*auch zeitlich*), Fern… **3.** (weit) voneinander entfernt **4.** *fig* distanziert
dis·taste [ˌdɪsˈteɪst] *s* **1.** Ekel *m* (***for*** vor *Dat*) **2.** *fig* Widerwille *m*, Abneigung *f* (***for*** gegen)
disˈtaste·ful [dɪsˈteɪstfʊl] *Adj* **1.** ekelerregend **2.** *fig* unangenehm: ***be distasteful to*** *j-m* zuwider sein
dis·tend [dɪˈstend] **I** *v/t* **1.** (aus)dehnen **2.** *Bauch etc* aufblähen **II** *v/i* **3.** sich (aus)dehnen **4.** sich aufblähen **5.** sich weiten (***with*** vor *Dat*) (*Augen*)
dis·til, dis·till [dɪˈstɪl] *v/t* **1.** CHEM destillieren **2.** *Branntwein* brennen (***from*** aus)
dis·til·la·tion [ˌdɪstɪˈleɪʃn] *s* **1.** CHEM Destillation *f* **2.** CHEM Destillat *n* **3.** Brennen *n*
disˈtill·er·y *s* (Branntwein)Brennerei *f*
dis·tinct [dɪˈstɪŋkt] *Adj* **1.** verschieden (***from*** von): ***as distinct from*** im Unterschied zu **2.** ausgeprägt, klar, deutlich
disˈtinc·tion *s* **1.** Unterscheidung *f* **2.** Unterschied *m*: ***in distinction from*** im Unterschied zu; ***draw*** (*oder* ***make***) ***a distinction between*** einen Unterschied machen zwischen (*Dat*) **3.** Auszeichnung *f*, Ehrung *f* **4.** (hoher) Rang: ***of distinction*** von Rang (u. Namen)
disˈtinc·tive *Adj* **1.** Unterscheidungs… **2.** kennzeichnend (***of*** für): → ***mark²*** 3
dis·tin·guish [dɪˈstɪŋgwɪʃ] **I** *v/t* **1.** unterscheiden (***from*** von), auseinanderhalten **2.** wahrneh-

men, erkennen **3.** kennzeichnen: ***distinguishing mark*** Kennzeichen *n* **4.** ***distinguish o.s.*** sich auszeichnen (*auch iron*) **II** *v/i* **5.** unterscheiden, einen Unterschied machen (***between*** zwischen *Dat*)

D

dis'tin·guished *Adj* **1.** hervorragend, ausgezeichnet **2.** vornehm

dis·tort [dɪ'stɔːt] *v/t* **1.** verdrehen **2.** *Gesicht etc* verzerren: ***distorted with*** (*oder* ***by***) ***pain*** schmerzverzerrt **3.** *Tatsachen etc* verdrehen, entstellen, verzerren

dis'tor·tion *s* **1.** Verdrehung *f* **2.** Verzerrung *f* **3.** Entstellung *f*

dis·tract [dɪ'strækt] *v/t Aufmerksamkeit, Person etc* ablenken (***from*** von)

dis'tract·ed *Adj* **1.** beunruhigt, besorgt **2.** (***with, by***) außer sich (vor *Dat*); wahnsinnig (vor *Dat*)

dis'trac·tion *s* **1.** Ablenkung *f* **2.** *oft Pl* Zerstreuung *f*, Ablenkung *f* **3.** Wahnsinn *m*: ***drive s.o. to distraction*** j-n zur Raserei *oder* zum Wahnsinn treiben

dis·traught [dɪ'strɔːt] → ***distracted***

dis·tress [dɪ'stres] **I** *s* **1.** Leid *n*, Kummer *m*, Sorge *f* **2.** Not *f*, Elend *n* **3.** Notlage *f*, -stand *m* **4.** SCHIFF Seenot *f*: ***in distress*** in Seenot; ***distress call*** SOS-Ruf *m* **II** *v/t* **5.** mit Sorge erfüllen

dis'tressed *Adj* **1.** besorgt (***about*** um) **2.** Not leidend: ***distressed area*** *Br* Notstandsgebiet *n*

dis'tress·ing *Adj* besorgniserregend

▶**dis·trib·ute** [dɪ'strɪbjuːt] *v/t* **1.** ver-, austeilen (***among*** unter *Dat oder Akk*; ***to*** an *Akk*) **2.** zuteilen (***to*** *Dat*) **3.** WIRTSCH *Waren* vertreiben, absetzen; *Filme* verleihen; *Dividende, Gewinn* ausschütten

ˌdis·tri'bu·tion *s* **1.** Ver-, Austeilung *f*: ***distribution of seats*** PARL Sitzverteilung **2.** Zuteilung *f*; Gabe *f*, Spende *f* **3.** WIRTSCH Vertrieb *m*, Absatz *m*; Verleih *m*; Ausschüttung *f*

dis'trib·u·tor *s* **1.** Verteiler *m* (*auch* TECH) **2.** WIRTSCH Großhändler(in); Generalvertreter(in); *Pl* (Film)Verleih *m*

dis·trict ['dɪstrɪkt] *s* **1.** Distrikt *m*, (Verwaltungs)Bezirk *m*, Kreis *m* **2.** (Stadt)Bezirk *m*, (-)Viertel *n*: ***district nurse*** Gemeindeschwester *f* **3.** Gegend *f*, Gebiet *n*

dis·trust [dɪs'trʌst] **I** *s* Misstrauen *n*: ***with distrust*** misstrauisch **II** *v/t* misstrauen (*Dat*)

dis'trust·ful [dɪs'trʌstfʊl] *Adj* misstrauisch (***of*** gegen)

▶**dis·turb** [dɪ'stɜːb] *v/t und v/i allg* stören

dis'turb·ance *s* **1.** Störung *f* (*auch* TECH *etc*) **2.** *politische etc* Unruhe; Ruhestörung *f*: ***cause*** (*oder* ***create***) ***a disturbance*** für Unruhe sorgen; ruhestörenden Lärm machen

dis·u·nite [ˌdɪsjuː'naɪt] *v/t und v/i* (sich) trennen *oder* entzweien

ˌdis'u·ni·ty [ˌdɪs'juːnətɪ] *s* Uneinigkeit *f*, Zwietracht *f*

dis·use [ˌdɪs'juːs] *s*: ***fall into disuse*** ungebräuchlich werden

ˌdis'used [ˌdɪs'juːzd] *Adj* nicht mehr benutzt (*Maschine etc*), stillgelegt (*Bergwerk etc*), leer stehend (*Haus*)

▶**ditch** [dɪtʃ] **I** *s* **1.** Graben *m* **II** *v/t* **2.** Gräben ziehen durch *oder* in (*Dat*) **3.** *Fahrzeug* in den Straßengraben fahren **4.** *sl Wagen etc* stehen lassen; *j-m* entwischen; *dem Freund etc* den Laufpass geben; *etw* wegschmeißen; *Am die Schule* schwänzen

dith·er ['dɪðə] **I** *v/i* **1.** schwanken, unentschlossen sein, sich nicht entscheiden können **2.** aufgeregt sein **II** *s* **3.** Schwanken *n* **4.** Aufregung *f*: ***be all of a dither, be in a dither*** aufgeregt sein

dit·to ['dɪtəʊ] *Adv* genauso, dito

di·ur·nal [daɪ'ɜːnl] *Adj* täglich (wiederkehrend)

di·van [dɪ'væn] *s* Diwan *m*: ***divan*** (***bed***) Bettcouch *f*

▶**dive** [daɪv] **I** *v/i* **1.** tauchen (***for*** nach; ***into*** in *Akk*) **2.** (unter)tauchen (*auch U-Boot*) **3.** einen Hecht- *oder* Kopfsprung machen; (*Wasserspringen*) springen; (*bes Sport*) sich werfen, hechten (***for the ball*** nach dem Ball): ***dive for cover*** sich in Deckung werfen **4.** FLUG einen Sturzflug machen **II** *s* **5.** (Unter)Tauchen *n*, SCHIFF *auch* Unterwasser-, Tauchfahrt *f* **6.** Kopfsprung *m*, Hechtsprung *m* (*auch des Tormanns etc*); (*Wasserspringen*) Sprung *m*: ***make a dive for*** hechten nach; ***make a dive for cover*** sich in Deckung werfen **7.** FLUG Sturzflug *m* **8.** *ugs* Spelunke *f*

'div·er *s* **1.** Taucher(in) **2.** SPORT Wasserspringer(in)

di·verge [daɪ'vɜːdʒ] *v/i* **1.** divergieren (*auch* MATHE, PHYS), auseinandergehen, auseinanderlaufen **2.** abweichen (***from*** von); voneinander abweichen

di'ver·gent *Adj* **1.** divergierend (*auch* MATHE, PHYS) **2.** abweichend (***from*** von)

di·verse [daɪ'vɜːs] *Adj* verschieden, ungleich, andersartig

diˌver·si·fi'ca·tion [daɪˌvɜːsɪfɪ'keɪʃn] *s* **1.** abwechslungsreiche Gestaltung **2.** WIRTSCH Diversifikation *f*, Diversifizierung *f*

di'ver·si·fy [daɪ'vɜːsɪfaɪ] *v/t* **1.** abwechslungsreich gestalten **2.** *Risiko* verteilen **3.** WIRTSCH *Unternehmen* diversifizieren

di'ver·sion [daɪ'vɜːʃn] *s* **1.** Ablenkung *f* **2.** Zerstreuung *f*, Zeitvertreib *m* **3.** *Br* (Verkehrs-) Umleitung *f*

di'ver·si·ty [daɪ'vɜːsətɪ] *s* Verschiedenheit *f*, Ungleichheit *f*

di'vert *v/t* **1.** ablenken, abwenden (***from*** von), lenken (***to*** auf *Akk*) **2.** *Br Verkehr* umleiten **3.** zerstreuen, unterhalten (***with*** mit, durch)

▶**di·vide** [dɪ'vaɪd] **I** *v/t* **1.** teilen (***s.th. with s.o.*** etw mit j-m): ***divide into two halves*** halbieren **2.** (zer)teilen, spalten, *fig auch* entzweien: ***opinion is divided*** die Meinungen sind geteilt (***on*** über *Akk*) **3.** ver-, austeilen (***among, between*** unter *Dat oder Akk*) **4.** MATHE dividieren, teilen (***by*** durch): ***20 divided by 5 is 4*** 20 (geteilt) durch 5 ist 4; ***divide 5 into 20*** 20 durch 5 teilen **II** *v/i* **5.** sich aufteilen, zerfallen (***into*** in *Akk*) **6.** MATHE sich dividieren *oder* teilen lassen (***by*** durch)

diˌvid·ed 'high·way *s Am* vierspurige Straße, Schnellstraße *f*

div·i·dend ['dɪvɪdend] *s* **1.** MATHE Dividend *m* **2.** WIRTSCH Dividende *f*

di·vid·ers [dɪ'vaɪdəz] *s Pl, auch* ***pair of dividers*** Stechzirkel *m*

di'vid·ing *Adj* Trennungs…

div·i·na·tion [ˌdɪvɪ'neɪʃn] *s* Weissagung *f*

di·vine [dɪ'vaɪn] **I** *Adj* **1.** göttlich (*auch fig ugs*), Gottes… **II** *v/t* **2.** weissagen **3.** mit der Wünschelrute suchen (nach)

di'vin·er *s* **1.** Wahrsager(in) **2.** (Wünschel)Rutengänger(in)

div·ing ['daɪvɪŋ] *s* **1.** Tauchen *n* **2.** SPORT Wasserspringen *n*

div·ing bell *s* Taucherglocke *f*

div·ing board *s* Sprungbrett *n*

div·ing hel·met *s* Taucherhelm *m*
div·ing suit *s* Taucheranzug *m*
di·vin·ing rod [dɪ'vaɪnɪŋ rɒd] *s* Wünschelrute *f*
di·vin·i·ty [dɪ'vɪnətɪ] *s* **1.** Göttlichkeit *f* **2.** Gottheit *f* **3.** Theologie *f*
di·vis·i·ble [dɪ'vɪzəbl] *Adj* teilbar (MATHE ***by*** durch)
di'vi·sion [dɪ'vɪʒn] *s* **1.** (Ver-, Aus)Teilung *f*: ***division of labo(u)r*** Arbeitsteilung **2.** Zerteilung *f*, Spaltung *f*, *fig auch* Entzweiung *f* **3.** MATHE Division *f*: ***division sign*** Teilungszeichen *n* **4.** PARL *Br* (Abstimmung *f* durch) Hammelsprung *m* **5.** Abteilung *f* **6.** MIL Division *f* **7.** SPORT Liga *f*
di·vi·sor [dɪ'vaɪzə] *s* MATHE Divisor *m*, Teiler *m*
▶**di·vorce** [dɪ'vɔːs] **I** *s* **1.** JUR (Ehe)Scheidung *f*: ***get a divorce*** geschieden werden, sich scheiden lassen (***from*** von) **2.** *fig* (völlige) Trennung (***from*** von; ***between*** zwischen *Dat*) **II** *v/t* **3.** JUR *j-n, Ehe* scheiden: ***divorce s.o.*** j-s Ehe scheiden; ***he has divorced her*** er hat sich (von ihr) scheiden lassen
▶**divorced** [dɪ'vɔːst] *Adj* geschieden: ▶ ***get divorced*** geschieden werden, sich scheiden lassen
DIY [diːaɪ'waɪ] *Abk* (= ***do-it-yourself***) Heimwerken *n*: ***DIY centre*** (*Am* ***center***) Baumarkt *m*; ***DIY shop*** Heimwerkermarkt *m*
diz·zi·ness ['dɪzɪnɪs] *s* Schwindel(anfall) *m*
'diz·zy *Adj* **1.** schwind(e)lig **2.** schwindelnd, schwindelerregend
DNA [ˌdiːen'eɪ] *Abk* (= ***deoxyribonucleic acid***) DNS *f*: ***DNA file*** Gendatei *f*; ***DNA fingerprint*** genetischer Fingerabdruck
▶**do¹** [duː] (*unreg*) **I** *v/t* **1.** tun, machen; ausführen, *Arbeiten* verrichten; anfertigen, herstellen **2.** *j-m etw* tun, zufügen, erweisen: → ***disservice***, ***favo(u)r*** 4, *etc* **3.** *Speisen* zubereiten **4.** *Zimmer* aufräumen, machen **5.** (her)richten: → ***face*** 1, ***hair*** **6.** zurücklegen, schaffen: ***the car does 100 m.p.h.*** der Wagen fährt 160 km/h **7.** *ugs* besichtigen, die Sehenswürdigkeiten besichtigen von (*oder Gen*) **8.** *ugs* betrügen (***out of*** um), übers Ohr hauen **9.** *ugs Strafe* abbrummen: → ***time*** 1 **II** *v/i* **10.** handeln, sich verhalten **11.** weiter-, vorankommen: ***do well*** gut abschneiden (***in*** bei, in *Dat*); seine Sache gut machen **12.** sich befinden: ***do well*** gesund sein; in guten Verhältnissen leben; sich gut erholen; ▶ ***how do you do?*** guten Tag! (*bei Vorstellung*) **13.** genügen, reichen (***for*** für) **III** *v/t und v/i* **14.** (*Ersatzverb zur Vermeidung von Wiederholungen; meist unübersetzt*) ***you know it as well as I do*** du weißt es so gut wie ich; ***I take a bath every morning. So do I*** Ich nehme jeden Morgen ein Bad. Ich auch; ***he works hard, doesn't he?*** er arbeitet viel, nicht wahr?; ***Did he buy it? He did*** Kaufte er es? Ja(wohl); ***He sold his car. Did he?*** Er verkaufte sein Auto. Wirklich?, So? **IV** *v/hilf* **15.** *in Fragesätzen*: ***do you know him?*** kennst du ihn? **16.** *in verneinten Sätzen*: ***I do not believe it*** ich glaube es nicht **17.** *zur Verstärkung*: ***I did like it*** mir gefiel es wirklich

> **do** GR
>
> Beim Plural wird manchmal ein Apostroph eingesetzt (**do's**), da man **dos** ohne Apostroph sonst als [dɒs] lesen könnte.

◆**do a·way with** *v/i* **1.** beseitigen: **a)** wegschaffen, **b)** abschaffen **2.** umbringen, töten
◆**do by** *v/i* behandeln, handeln an (*Dat*)
◆**do down** *v/t Br ugs* heruntermachen, schlechtmachen
◆**do for** *v/i ugs* **1.** erledigen, ruinieren **2.** *j-m* den Haushalt führen; putzen bei *oder* für **3.** → ***do¹*** 13
◆**do in** *v/t ugs* erledigen: **a)** erschöpfen: ***I'm done in*** ich bin geschafft, **b)** zugrunde richten, ruinieren, **c)** um die Ecke bringen, umbringen
◆**do up** *v/t* **1.** zs.-schnüren; *Päckchen etc* zurechtmachen, verschnüren; einpacken; *Kleid, Reißverschluss etc* zumachen: ***do s.o. up*** j-m das Kleid *etc* zumachen **2.** ***do o.s. up*** sich zurechtmachen
◆**do with** *v/t und v/i* **1.** ***I can't do anything with him*** (***it***) ich kann nichts mit ihm (damit) anfangen; ***I won't have anything to do with it*** ich will nichts damit zu tun *oder* schaffen haben; ***it has nothing to do with you*** es hat nichts mit dir zu tun **2.** auskommen *oder* sich begnügen mit **3.** *ugs* ***he could do with the money*** er kann das Geld (sehr gut) brauchen; ***I could do with a glass of beer*** ich könnte ein Glas Bier vertragen
◆**do with·out** *v/i* **1.** auskommen *oder* sich behelfen ohne **2.** verzichten auf (*Akk*)
do² [duː] *Pl* **dos, do's** [duːz] *s* **1.** *sl* Schwindel *m* **2.** ***fair dos!*** *ugs* gleiches Recht für alle **3.** ***dos and don'ts*** *ugs* Gebote und Verbote, (Spiel)Regeln
do·ber·man ['dəʊbəmən] *s* ZOOL Dobermann *m*
doc [dɒk] *ugs* → ***doctor*** 1
doc·ile ['dəʊsaɪl] *Adj* **1.** fügsam, gefügig **2.** gelehrig
do·cil·i·ty [dəʊ'sɪlətɪ] *s* **1.** Fügsamkeit *f* **2.** Gelehrigkeit *f*
dock¹ [dɒk] **I** *s* **1.** Dock *n* **2.** Hafenbecken *n*, Anlegeplatz *m* **3.** Kai *m*, Pier *m* **4.** *Pl* Docks *Pl*, Hafenanlagen *Pl* **II** *v/t* **5.** *Schiff* (ein)docken **6.** *Raumschiffe* koppeln **III** *v/i* **7.** im Hafen anlegen **8.** andocken (*Raumschiff*)
dock² [dɒk] *v/t* **1.** *Schwanz* stutzen; *einem Tier* den Schwanz stutzen **2.** *j-s Lohn etc* kürzen: ***dock £ 5 off*** (*oder* ***from***) ***s.o.'s wages*** j-s Lohn um 5 Pfund kürzen
dock³ [dɒk] *s* JUR Anklagebank *f*: ***be in the dock*** auf der Anklagebank sitzen
dock·er ['dɒkə] *s* Dock-, Hafenarbeiter(in), Schauermann *m*
'dock·yard *s* Werft *f*
▶**doc·tor** ['dɒktə] **I** *s* **1.** Doktor(in), Arzt *m*, Ärztin *f*, (*Anrede*) Herr (Frau) Doktor: ***doctor's certificate*** ärztliches Attest **2.** UNI Doktor *m*: ***Doctor of Divinity*** (***Laws, Medicine***) Doktor der Theologie (Rechte, Medizin); ***doctor's degree*** Doktortitel *m*; ***take one's doctor's degree*** promovieren **II** *v/t* **3.** (ärztlich) behandeln, verarzten **4.** zs.-flicken, (notdürftig) ausbessern **5.** *auch* ***doctor up*** *ugs Wein etc* (ver)panschen, *Abrechnung etc* frisieren
'doc·tor·al *Adj*: ***doctoral thesis*** → ***thesis*** 2
doc·tor·ate ['dɒktərət] *s* Doktorwürde *f*, -titel *m*
doc·trine ['dɒktrɪn] *s* Doktrin *f*: **a)** Lehre *f*, **b)** *bes* POL Grundsatz *m*: ***party doctrine*** Parteiprogramm *n*
▶**doc·u·ment I** *s* ['dɒkjʊmənt] *auch* COMPUTER Dokument *n*: **a)** Urkunde *f*, **b)** amtliches Schriftstück, *Pl* Akten *Pl* **II** *v/t* ['dɒkjʊment] dokumentieren, dokumentarisch *oder* urkund-

lich belegen
doc·u·men·ta·ry [ˌdɒkjʊˈmentərɪ] **I** *Adj* **1.** dokumentarisch, urkundlich **2.** Dokumentar...: ***documentary film*** *siehe* 3; ***documentary novel*** Tatsachenroman *m* **II** *s* **3.** Dokumentarfilm *m*
ˌdoc·u·menˈta·tion *s* Dokumentation *f*
dod·der [ˈdɒdə] *v/i ugs* **1.** (*bes vor Altersschwäche*) zittern **2.** wack(e)lig gehen
ˈdod·der·er *s ugs* Tattergreis(in)
dodge [dɒdʒ] **I** *v/i* **1.** (rasch) zur Seite springen, ausweichen **2.** Ausflüchte machen; sich drücken **II** *v/t* **3.** ausweichen (*Dat*) **4.** sich drücken vor (*Dat*) **III** *s* **5.** Sprung *m* zur Seite **6.** Kniff *m*, Trick *m*
dodg·em [ˈdɒdʒəm] *s* (Auto)Skooter *m*
ˈdodg·er *s* **1.** *pej* durchtriebener Kerl, Schlawiner **2.** Gauner(in), Schwindler(in) **3.** Drückeberger(in)
ˈdodg·y *Adj ugs* **1.** verschlagen, durchtrieben **2.** *Br* unsicher: **a)** wack(e)lig, **b)** riskant
do·do [ˈdəʊdəʊ] *Pl* **do·dos, do·does** *s* **1.** ORN Dronte *f*: ***as dead as a dodo*** mausetot **2.** *ugs* Trottel *m*
doe [dəʊ] *s* ZOOL (Reh)Geiß *f*
do·er [ˈduːə] *s* Tatmensch *m*, Macher(in)
does [dʌz] *er, sie, es* tut (→ ***do***¹)
ˈdoe·skin *s* Rehleder *n*
doesn't [ˈdʌznt] *ugs für* ***does not*** (→ ***do***¹)
doff [dɒf] *v/t Hut* ziehen; *Kleidung* ablegen
▶**dog** [dɒg] **I** *s* **1.** Hund *m*; *eng. S.* Rüde *m*: ***dog in the manger*** *jemand, der anderen etw missgönnt, womit er selbst gar nichts anfangen kann*; ***go to the dogs*** vor die Hunde gehen; ***lead a dog's life*** ein Hundeleben führen; ***let sleeping dogs lie*** schlafende Hunde soll man nicht wecken **2.** *pej* Schuft *m*: ***dirty dog*** Mistkerl *m* **3.** *ugs* Kerl *m*: ***lazy dog*** fauler Hund; ***lucky dog*** Glückspilz *m* **4.** ***the dogs*** *Pl Br ugs* das Windhundrennen **II** *v/t* **5.** *j-n* verfolgen (*auch Pech etc*)
dog bis·cuit *s* Hundekuchen *m*
dog col·lar *s* **1.** Hundehalsband *n* **2.** *ugs* steifer, hoher Kragen (*eines Geistlichen*)
dog days *s Pl* Hundstage *Pl*
ˈdog-ˌeared *Adj* mit Eselsohren
dog·ged [ˈdɒgɪd] *Adj* verbissen, hartnäckig
dog·ger·el [ˈdɒgrəl] *s* Knittelvers *m*
dog·gie [ˈdɒgɪ] → ***doggy***
dog·go [ˈdɒgəʊ] *Adv*: ***lie doggo*** *sl* sich mäuschenstill verhalten; sich versteckt halten
ˈdog·gy *s* Hündchen *n*, (*Kindersprache*) Wauwau *m*: ***doggy bag*** *Beutel für Essensreste, die aus einem Restaurant mit nach Hause genommen werden*
dog·ma [ˈdɒgmə] *Pl* **dog·mas, dog·ma·ta** [ˈdɒgmətə] *s* Dogma *n*
dog·mat·ic [dɒgˈmætɪk] *Adj* (***dogmatically***) dogmatisch
do-good·er [ˌduːˈgʊdə] *s pej* Weltverbesserer *m*, Weltverbesserin *f*
dogs·bod·y [ˈdɒgzbɒdɪ] *s ugs* Mädchen *n* für alles
ˌdog-ˈtired *Adj* hundemüde
doi·ly [ˈdɔɪlɪ] *s* (Zier)Deckchen *n*
do·ing [ˈduːɪŋ] *s* **1.** Tun *n*: ***it was your doing*** du hast es getan, das war dein Werk **2.** *Pl* Taten *Pl*, Tätigkeit *f*, Begebenheiten *Pl*, Vorfälle *Pl*; Treiben *n*
ˌdo-it-yourˈself **I** *s* Heimwerken *n* **II** *Adj* Heimwerker...: ***do-it-yourself kit*** Heimwerkerausrüstung *f*; Bausatz *m* (*für Radio etc*)
ˌdo-it-yourˈself·er *s* Heimwerker(in)
dol·drums [ˈdɒldrəmz] *s Pl*: ***be in the doldrums*** deprimiert *oder* niedergeschlagen sein, Trübsal blasen
dole [dəʊl] **I** *s auch* ***dole money*** *Br ugs* Stempelgeld *n*, Stütze *f*: ***be*** (*oder* ***go***) ***on the dole*** stempeln gehen, Stütze kriegen **II** *v/t* ***dole out*** sparsam ver- *oder* austeilen
dole·ful [ˈdəʊlfʊl] *Adj* traurig, (*Gesicht etc auch*) trübselig
▶**doll** [dɒl] **I** *s* Puppe *f* (*auch ugs hübsche junge Frau, Am auch attraktiver junger Mann*): ***doll's house*** *Br* Puppenhaus *n*; ***doll's pram*** *bes Br ugs* Puppenwagen *m* **II** *v/t*: ***doll o.s. up*** *siehe* III **III** *v/i*: ***doll up*** *ugs* sich fein machen, sich in Schale werfen
▶**dol·lar** [ˈdɒlə] *s* Dollar *m*

Dollar SG

Der Dollar, der auf den deutschen „Taler" zurückgeht, kommt in einigen Redewendungen vor:

to feel like a million dollars
sich pudelwohl fühlen

the sixty-four thousand dollar question
die große Preisfrage

I'd bet my bottom dollar.
Ich gehe jede Wette ein.

You can bet your bottom dollar.
Da kannst du Gift drauf nehmen.

doll bug·gy *s Am ugs*, **doll car·riage** *s Am* Puppenwagen *m*
ˈdoll·house *s Am* Puppenhaus *n*
dol·lop [ˈdɒləp] *s ugs* **1.** Klumpen *m* **2.** Schlag *m* (*Essensportion*); *Am* Schuss *m* (*Alkohol etc, auch fig Ironie etc*)
doll·y [ˈdɒlɪ] *s* **1.** *Kindersprache*: Püppchen *n* **2.** FILM, TV Kamerawagen *m* **3.** *auch* ***dolly bird*** *bes Br ugs veralt* Püppchen *n* (*hübsches, aber dummes Mädchen*)
dol·phin [ˈdɒlfɪn] *s* ZOOL Delfin *m*
dolt [dəʊlt] *s* Dummkopf *m*, Tölpel *m*
do·main [dəʊˈmeɪn] *s* Domäne *f*, *fig auch* Gebiet *n*, Bereich *m*
dome [dəʊm] *s* ARCHI Kuppel *f*
do·mes·tic [dəʊˈmestɪk] **I** *Adj* (***domestically***) **1.** häuslich, Haus(halts)...: ***domestic appliance*** Haushaltsgerät *n*; ***domestic science*** PÄD Hauswirtschaftslehre *f*; ***domestic servant*** (*oder* ***help***) *siehe* 6 **2.** häuslich (veranlagt) **3.** Haus...: ***domestic animal*** **4.** inländisch, Inlands...: ***domestic flight*** Inlandsflug *m*; ***domestic products*** *siehe* 7; ***domestic trade*** Binnenhandel *m* **5.** inner, Innen..., innenpolitisch: ***domestic policy*** Innenpolitik *f* **II** *s* **6.** Hausangestellte *m, f, Pl auch* (Dienst)Personal *n* **7.** *Pl* WIRTSCH Landesprodukte *Pl*, inländische Erzeugnisse *Pl*
doˈmes·ti·cate [dəʊˈmestɪkeɪt] *v/t* **1.** an häusliches Leben gewöhnen **2.** *Tier* zähmen
dom·i·cile [ˈdɒmɪsaɪl] **I** *s* **1.** (JUR ständiger) Wohnsitz **2.** WIRTSCH Sitz *m* (*einer Gesellschaft*); Zahlungsort *m* (*für einen Wechsel*) **II** *v/t* **3.** ansässig *oder* wohnhaft machen **4.** WIRTSCH *Wechsel* domizilieren
ˈdom·i·ciled *Adj* ansässig, wohnhaft
dom·i·nance [ˈdɒmɪnəns] *s* **1.** (Vor-)Herrschaft

f **2.** Macht *f*, Einfluss *m*

ˈdom·i·nant **I** *Adj* **1.** dominierend, (vor)herrschend **2.** beherrschend: **a)** bestimmend, tonangebend, **b)** emporragend, weithin sichtbar **II** *s* **3.** MUS Dominante *f*

dom·i·nate [ˈdɒmɪneɪt] **I** *v/t* beherrschen (*auch fig*): **a)** herrschen über (*Akk*), **b)** emporragen über (*Akk*), **c)** dominieren *oder* (vor)herrschen in (*Dat*) **II** *v/i* dominieren, vorherrschen: ***dominate over*** herrschen über (*Akk*)

ˌdom·iˈna·tion *s* (Vor)Herrschaft *f*

dom·i·neer [ˌdɒmɪˈnɪə] *v/i* **1.** (**over**) despotisch herrschen (über *Akk*) **2.** anmaßend sein *oder* auftreten

ˌdom·iˈneer·ing *Adj* **1.** tyrannisch, despotisch **2.** anmaßend

do·min·ion [dəˈmɪnjən] *s* **1.** (Ober)Herrschaft *f*; Regierungsgewalt *f* **2.** (Herrschafts)Gebiet *n* **3.** *oft* **Dominion** *veralt* Dominion *n* (*im Commonwealth*)

dom·i·no [ˈdɒmɪnəʊ] *Pl* **dom·i·nos, dom·i·noes** *s* **a)** *Pl* (*meist mit Sg konstruiert*) Domino(spiel) *n*, **b)** Dominostein *m*

don [dɒn] *v/t* anziehen, *Hut* aufsetzen

do·nate [dəʊˈneɪt] *v/t* schenken (*auch* JUR), *auch Blut etc* spenden (**to s.o.** j-m)

doˈna·tion *s* Schenkung *f*, Spende *f*

▶**done** [dʌn] **I** *Part Perf von* **do**[1] **II** *Adj* **1.** getan: ***it isn't done*** (*oder* ***the done thing***) so etw tut man nicht, das gehört sich nicht **2.** erledigt: ***get*** *s.th.* ***done*** erledigen (lassen) **3.** GASTR gar: ***well done*** durchgebraten **4.** *ugs* fertig: ***have done with*** fertig sein mit (*auch fig*); nichts mehr zu tun haben wollen mit; nicht mehr brauchen **5.** ***done!*** abgemacht!

don·gle [ˈdɒŋgl] *s* COMPUTER Dongle *m* (*Kopierschutzstecker*)

▶**don·key** [ˈdɒŋkɪ] *s* ZOOL Esel(in) (*auch fig pej*): ***donkey's years*** *Br ugs* eine Ewigkeit

ˈdon·key·work *s ugs* Dreck(s)arbeit *f*

do·nor [ˈdəʊnə] *s* Schenker(in) (*auch* JUR), (*auch Blut- etc*)Spender(in): ***donor('s) card*** Organspenderausweis *m*

don't [dəʊnt] **I** *ugs für* **do not** (→ **do**[1]) **II** *s Pl* → **do**[2] 3

doo·dah [ˈduːdɑː] *s* Schnickschnack *m*

doo·dle [ˈduːdl] **I** *s* Gekritzel *n*, gedankenlos hingekritzelte Figur(en *Pl*) **II** *v/i* Männchen malen

doom [duːm] **I** *s* Schicksal *n*, Geschick *n*, Verhängnis *n*: ***he met his doom*** sein Schicksal ereilte ihn **II** *v/t* verurteilen, verdammen (*beide auch fig*): ***doomed to failure*** (*oder* ***to fail***) zum Scheitern verurteilt

dooms·day [ˈduːmzdeɪ] *s* Jüngstes Gericht, Jüngster Tag

▶**door** [dɔː] *s* **1.** Tür *f*: ***from door to door*** von Haus zu Haus; ***out of doors*** ins Freie, hinaus; im Freien, draußen; ***two doors down the street*** zwei Häuser weiter; ***bang*** (*oder* ***close, shut***) ***the door on*** *j-n* abweisen; *etw* unmöglich machen; ***lay s.th. at s.o.'s door*** j-m etw zur Last legen; ***show s.o. the door*** j-m die Tür weisen **2.** Tor *n*, Pforte *f* (**to** zu) (*beide auch fig*)

ˈdoor·bell *s* Türklingel *f*, -glocke *f*: ***ring the doorbell*** (an der Tür) klingeln *oder* läuten

door chain *s* Sicherheitskette *f*

ˈdoor·frame *s* Türrahmen *m*

door han·dle *s* Türgriff *m*, -klinke *f*

ˈdoorˌkeep·er *s* Pförtner(in)

ˈdoorˌknock·er *s* Türklopfer *m*

ˈdoor·man *s* (*unreg* **man**) Portier *m*

door mat *s* (Fuß)Abtreter *m*

ˈdoor·plate *s* Türschild *n*

ˈdoor·post *s* Türpfosten *m*

ˈdoor·step *s* Türstufe *f*: ***at*** (*oder* ***on***) ***s.o.'s doorstep*** vor j-s Tür (*auch fig*)

ˌdoor-to'-door *Adj* von Haus zu Haus; *Verkauf* an der Haustür: ***door-to-door collection*** Haussammlung *f*; ***door-to-door salesman*** Hausierer *m*; Vertreter *m*

ˈdoor·way *s* **1.** Türöffnung *f* **2.** *fig* Weg *m* (**to** zu)

ˈdoor·yard *s Am* Vorgarten *m*

dope [dəʊp] **I** *s* **1.** *ugs* Stoff *m* (*Rauschgift*) **2. a)** SPORT Dopingmittel *n*, **b)** Betäubungsmittel *n* **3.** *sl* Trottel *m* **4.** *sl* **a)** *oft* ***inside dope*** (vertrauliche) Informationen *Pl*, Geheimtipp(s *Pl*) *m*, **b)** *allg* Information(en *Pl*) *f*, Material *n* **II** *v/t* **5.** *ugs j-m* Stoff geben **6. a)** SPORT dopen, **b)** *Getränk etc* präparieren, ein Betäubungsmittel untermischen (*Dat*)

dope ad·dict, **dope fiend** *s ugs* Rauschgiftsüchtige *m, f*

dope test *s* SPORT Dopingkontrolle *f*

dope·y [ˈdəʊpɪ] *Adj ugs* **1.** benommen, benebelt **2.** dämlich, doof

dorm [dɔːm] *ugs* → ***dormitory***

dor·mant [ˈdɔːmənt] *Adj* **1.** schlafend **2.** *fig* ruhend, (*auch Vulkan*) untätig **3.** *fig* verborgen, latent: ***lie dormant*** schlummern

dor·mer [ˈdɔːmə] *s* **a)** (Dach)Gaupe *f*, (-)Gaube *f*, **b)** *auch* ***dormer window*** stehendes Dachfenster

dor·mi·to·ry [ˈdɔːmətrɪ] *s* **1.** Schlafsaal *m* **2.** (*bes* Studenten)Wohnheim *n*

dor·mi·to·ry sub·urb, **dor·mi·to·ry town** *s* Schlafstadt *f*

dor·sal [ˈdɔːsl] *Adj* Rücken…: ***dorsal fin*** Rückenflosse *f*

dos·age [ˈdəʊsɪdʒ] *s* **1.** Dosierung *f* **2.** → **dose** 1

dose [dəʊs] **I** *s* **1.** MED Dosis *f* (*auch fig*) **II** *v/t* **2.** *Arznei etc* dosieren **3.** *j-m* Arznei geben

doss [dɒs] *bes Br sl* **I** *s* **1.** Schlafplatz *m* **2.** Schlaf *m* **3.** Penne *f* **II** *v/i* **4.** *oft* ***doss down*** pennen

ˈdoss·er *s bes Br sl* **1.** Pennbruder *m* **2.** Penne *f*

ˈdoss·house *s bes Br sl* Penne *f*

dos·si·er [ˈdɒsɪeɪ] *s* Dossier *n*, Akten *Pl*

dot [dɒt] **I** *s* **1.** Punkt *m*, Pünktchen *n*; Tupfen *m*: ***on the dot*** *ugs* auf die Sekunde pünktlich; ***at 8 o'clock on the dot*** *ugs* Punkt 8 Uhr; → ***year*** **II** *v/t* **2.** punktieren, pünkteln: ***sign on the dotted line*** unterschreiben; (formell *oder* bedingungslos) zustimmen **3.** sprenkeln, übersäen (**with** mit)

dot·age [ˈdəʊtɪdʒ] *s* **1.** Senilität *f*: ***be in one's dotage*** kindisch *oder* senil sein **2.** Vernarrtheit *f* (**on** in *Akk*)

dot-com, **dot-com com·pa·ny** [ˈdɒtkɒm] *s* Internetfirma *f*, Internetunternehmen *n*

dote [dəʊt] *v/i* vernarrt sein (**on** in *Akk*)

ˈdot·ing *Adj* **1.** vernarrt (**on** in *Akk*) **2.** senil

dot ma·trix (print·er) *s* Matrixdrucker *m*

▶**dou·ble** [ˈdʌbl] **I** *Adj* **1.** doppelt, Doppel…, zweifach: ***double agent*** Doppelagent(in); ***double bottom*** doppelter Boden; ***double murder*** Doppelmord *m* **2.** Doppel…, verdoppelt, verstärkt **3.** Doppel… (*für 2 bestimmt*): ***double bed*** Doppelbett *n*; ▶ ***double room*** Doppel-, Zweibettzimmer *n* **4.** zweideutig **II** *Adv* **5.** doppelt: ***double as long*** noch einmal so lang

D

6. doppelt, zweifach: ***play (at) double or quit(s)*** alles riskieren *oder* aufs Spiel setzen; ***see double*** doppelt sehen **III** *s* **7.** *das* Doppelte *oder* Zweifache **8.** Doppel *n*, Duplikat *n* **9.** Doppelgänger(in) **10.** FILM, TV Double *n* **11.** *meist Pl Tennis etc*: Doppel *n*: ***a doubles match*** ein Doppel; ***men's doubles*** Herrendoppel **IV** *v/t* **12.** verdoppeln **13.** *oft* ***double up*** *Papier etc* falten, *Bettdecke etc* um-, zurückschlagen; zs.-falten, -legen **14.** SCHIFF umsegeln, umschiffen **15.** FILM, TV *j-n* doubeln **V** *v/i* **16.** sich verdoppeln **17.** sich (zs.-)falten (lassen): ***double up with*** sich krümmen vor (*Dat*) **18.** plötzlich kehrtmachen; einen Haken schlagen

'dou·ble-ˌbar·reled, 'dou·ble-ˌbar·relled *Adj* **1.** doppelläufig: ***double-barrel(l)ed shotgun*** Doppelflinte *f*, Zwilling *m* **2.** zweifach: ***double-barrel(l)ed name*** Doppelname *m* **3.** zweideutig

dou·ble bass *s* MUS Kontrabass *m*

dou·ble bend *s* S-Kurve *f*

ˌdou·ble-'breast·ed *Adj* zweireihig (*Anzug*)

dou·ble check *s* genaue Nachprüfung

ˌdou·ble-'check *v/t und v/i* genau nachprüfen

dou·ble chin *s* Doppelkinn *n*

dou·ble click *s* COMPUTER Doppelklick *m*

'dou·ble-click *v/i* COMPUTER doppelklicken

double cream *s Br* Schlagsahne *f*

dou·ble cross *s ugs* doppeltes *oder* falsches Spiel

ˌdou·ble-'cross *v/t ugs* ein doppeltes *oder* falsches Spiel treiben mit

ˌdou·ble-'deal·ing I *Adj* betrügerisch **II** *s* Betrug *m*

ˌdou·ble-'deck·er *s* Doppeldecker *m*

ˌdou·ble-'den·si·ty 'disk *s* COMPUTER DD-Diskette *f*

dou·ble Dutch *s ugs* Kauderwelsch *n*

ˌdou·ble-'edged *Adj* **1.** zweischneidig (*auch fig*) **2.** *fig* zweideutig

'dou·ble-faced *Adj* heuchlerisch, unaufrichtig

dou·ble fea·ture *s* Doppelprogramm *n* (*2 Spielfilme in jeder Vorstellung*)

'dou·ble-glaze *v/t* mit Doppelfenstern versehen: ***double-glazed windows*** Doppelfenster *Pl*

ˌdou·ble-'glaz·ing *s* Doppelfenster *Pl*

dou·ble life *s* (*unreg* ***life***) Doppelleben *n*

ˌdou·ble-'park *v/t und v/i* MOT in zweiter Reihe parken

ˌdou·ble-'quick I *s* → ***double time*** 1 **II** *Adj*: ***in double-quick time*** *siehe* III **III** *Adv ugs* im Eiltempo, fix

dou·ble-take *s* ***do a double-take*** verblüfft sein

dou·ble talk *s* hinhaltendes *oder* nichtssagendes Gerede; doppelzüngiges Gerede; Augen(aus)wischerei *f*

dou·ble time *s* doppelter Lohn (*für Feiertagsarbeit etc*)

dou·ble vi·sion *s*: ***suffer from double vision*** doppelt sehen

▸**doubt** [daʊt] **I** *v/i* **1.** zweifeln (***of*** an *einer Sache*) **2.** Bedenken haben **II** *v/t* **3.** bezweifeln (*auch* ***that*** dass), anzweifeln **4.** misstrauen (*Dat*) **III** *s* **5.** Zweifel *m* (***of*** an *Dat*; ***about*** hinsichtlich): ***no*** (*oder* ***without, beyond***) ***doubt*** zweifellos, fraglos; ***be in doubt*** Zweifel haben (***about*** an *Dat*); ungewiss sein; unschlüssig sein; ***cast*** (*oder* ***throw***) ***doubt on*** *etw* in Zweifel ziehen; ***if*** (*oder* ***when***) ***in doubt*** im Zweifelsfall; ***leave no doubts about*** keinen Zweifel lassen an (*Dat*)

'doubt·er *s* Zweifler(in)

doubt·ful ['daʊtfʊl] *Adj* **1.** *allg* zweifelhaft **2.** ***be doubtful of*** (*oder* ***about***) zweifeln an (*Dat*), im Zweifel sein über (*Akk*)

'doubt·less *Adv* zweifellos, sicherlich

dough [dəʊ] *s* **1.** Teig *m* **2.** *s* (*Geld*)*l* Kohle *f*

'dough·nut *s* Krapfen *m*, Berliner (Pfannkuchen)

'dough·y ['dəʊɪ] *Adj* **1.** teigig **2.** *fig* teigig, wächsern (*Gesicht*)

dour [dʊə] *Adj* **1.** mürrisch **2.** hart, streng **3.** hartnäckig, halsstarrig

dove [dʌv] *s* **1.** ORN Taube *f*: ***dove of peace*** *fig* Friedenstaube *f* **2.** POL Taube *f*

dowel ['daʊəl] *s* Dübel *m*

▸**down**[1] [daʊn] **I** *Adv* **1.** nach unten, her-, hinunter, abwärts, (*in Kreuzworträtseln*) senkrecht **2.** ***go down to the country*** (*von London*) aufs Land fahren **3.** ***down with ...!*** nieder mit ...! **4.** (dr)unten: ***down there*** dort unten; ***down under*** *ugs* in *oder* nach Australien *oder* Neuseeland (→ ***down under***) **5.** untergegangen (*Sonne etc*) **6.** gefallen (*Preise, Thermometer etc*): ***down by 10 degrees*** um 10 Grad gefallen **7.** niedergeschlagen, down: → ***mouth*** 1 **8.** bett-

Doubting	**Zweifel äußern** SG
I'm not sure this is going to work.	Ich bin mir nicht sicher, dass das klappen wird.
Are you sure this is a good idea?	Bist du sicher, dass das eine gute Idee ist?
I doubt that will help.	Ich bezweifle, dass das helfen wird.
I think it's highly unlikely.	Ich glaube, das ist höchst unwahrscheinlich.
I think you'll find that's not the case.	Ich glaube, Sie werden feststellen, dass das nicht der Fall ist.
Do you really think so? I'm not so sure.	Meinst du wirklich? Da bin ich mir nicht so sicher.
How do you know?	Woher weißt du das?
Where did you hear that?	Wo hast du das gehört?
That would be a miracle.	Das wäre wohl ein Wunder.
You've got to be kidding / joking!	Das meinst du doch nicht im Ernst!
Really?	Echt?
No way!	Nein!

lägerig: **be down with influenza** mit Grippe im Bett liegen **9.** **they were 2 points (goals) down** (*Sport*) sie lagen 2 Punkte (Tore) zurück **II** *Adj* **10.** nach unten (gerichtet), Abwärts… **III** *Präp* **11.** her-, hinunter: **down the river** flussabwärts **IV** *s* **12.** **have a down on** *ugs j-n* auf dem Kieker haben **V** *v/t* **13.** zu Fall bringen (*auch Sport und fig*) **14.** niederlegen: **down tools** die Arbeit niederlegen **15.** *Flugzeug* abschießen **16.** *ugs Getränk* runterkippen

down² [daʊn] *s* **1.** ORN Daunen *Pl*: **down quilt** Daunendecke *f* **2.** (*auch* Bart)Flaum *m*

'down-and-out I *Adj* heruntergekommen **II** *s* Penner(in)

down-at-heel *Adj* vergammelt

down·cast *Adj* niedergeschlagen: **a)** gesenkt (*Blick*), **b)** deprimiert

down·er ['daʊnə] *s* MED Beruhigungsmittel *n*: **be on a downer** *ugs* down sein

down·fall *s* **1.** *fig* Sturz *m* **2.** starker Regenguss, Platzregen *m*, *auch* starker Schneefall

'down·grade *v/t* **1.** niedriger einstufen **2.** degradieren

ˌdown'heart·ed *Adj* niedergeschlagen, entmutigt

ˌdown'hill I *Adv* **1.** abwärts, bergab (*beide auch fig*), den Berg hinunter: **he is going downhill** es geht bergab mit ihm; **the rest was downhill (all the way)** alles andere ging wie von selbst **II** *Adj* **2.** abschüssig **3.** *Skisport*: Abfahrts…: **downhill race** Abfahrtslauf *m*

down·load *v/t* COMPUTER herunterladen

down·mar·ket *Adj* billig

down pay·ment *s* **1.** Barzahlung *f* **2.** Anzahlung *f*

'down·play *v/t* herunterspielen, bagatellisieren

'down·pour *s* Platzregen *m*

'down·right *Adj und Adv* völlig, absolut, ausgesprochen: **a downright lie** eine glatte Lüge

'down·side *s* Kehrseite *f*

'down·size *v/t und v/i* (Arbeits)Stellen abbauen

'down·siz·ing *s* Stellenabbau *m*

Down's syndrome *s* MED Downsyndrom *n*

▸**down·stairs** [ˌdaʊn'steəz] **I** *Adv* **1.** die Treppe her- *oder* hinunter, nach unten **2.** unten, in einem unteren Stockwerk **3.** eine Treppe tiefer **II** *Adj* ['daʊnsteəz] **4.** im unteren Stockwerk (gelegen), unter

ˌdown'stream *Adv* flussab(wärts)

'down·swing *s* WIRTSCH Abschwung *m*

'down·time *s* Ausfallzeit *f*

ˌdown-to-'earth *Adj* realistisch

down·town *Am* **I** *Adv* [ˌdaʊn'taʊn] im *oder* ins Geschäftsviertel **II** *Adj* ['daʊntaʊn] im Geschäftsviertel (gelegen *oder* tätig): **in downtown Los Angeles** in der Innenstadt von Los Angeles **III** *s* ['daʊntaʊn] Geschäftsviertel *n*, Innenstadt *f*, City *f*

'down·trend *s* Abwärtstrend *m*

'downˌtrod·den *Adj* unterdrückt

down un·der *s ugs* Australien *n*; Neuseeland *n*

down·ward ['daʊnwəd] **I** *Adv* **1.** nach unten: **face downward** mit dem Gesicht nach unten **2.** *fig* abwärts, bergab **3.** **from … downward** (*zeitlich*) von … ab, seit **II** *Adj* **4.** Abwärts…, (*Preise*) sinkend

down·wards ['daʊnwədz] → **downward** I

dow·ry ['daʊərɪ] *s* Mitgift *f*, Aussteuer *f*

dowse [daʊz] *v/i* mit der Wünschelrute (Wasser *etc*) suchen

'dows·er *s* (Wünschel)Rutengänger(in)

'dows·ing rod *s* Wünschelrute *f*

doze [dəʊz] **I** *v/i* dösen, ein Nickerchen machen *oder* halten: **doze off** einnicken, -dösen **II** *s* Nickerchen *n*: **have a doze** *siehe* I

▸**doz·en** ['dʌzn] *s* Dutzend *n*: **dozens of times** *ugs* x-mal; **do one's daily dozen** Früh- *oder* Morgengymnastik machen; **talk nineteen to the dozen** *Br* wie ein Wasserfall reden; → **baker**

Plural bei Zahlenangaben

GR

Nach einer Zahl wird an Wörter wie **dozen, hundred, thousand, million** usw. kein Plural-**s** angehängt:

I'll take three dozen of these.	Ich nehme drei Dutzend davon.

Aber: **There were dozens of apples on the tree.**

Bei Maßangaben aus Zahl + Substantiv, steht das Substantiv im Singular, wenn ein weiteres Substantiv folgt:

There was a 50-mile tailback on the M1.	Auf der Autobahn M1 gab es einen Rückstau von 50 Meilen.

Aber: **The tailback stretched for 50 miles.**

doz·y ['dəʊzɪ] *Adj* **1.** schläfrig, verschlafen, dösig **2.** *Br ugs* schwer von Begriff

DP [diː'piː] *Abk* (= **data processing**) DV

drab [dræb] *Adj* **1.** graubraun **2.** *fig* trist: **a)** grau (*Stadt etc*), **b)** düster (*Farben etc*), **c)** langweilig (*Abend etc*), **d)** freudlos (*Dasein etc*)

Dra·co·ni·an [drə'kəʊnjən] *Adj* drakonisch

draft [drɑːft] **I** *s* **1.** Entwurf *m* **2.** *Am* (Luft-*etc*)Zug *m* **3.** **make a draft on** Geld abheben von; *fig* in Anspruch nehmen **4.** WIRTSCH Tratte *f*, Wechsel *m* **5.** MIL *Am* Einberufung *f*, Einziehung *f* **6.** → **draught** I **II** *v/t* **7.** entwerfen, *Schriftstück* aufsetzen **8.** MIL *Am* einziehen (**into** zu), einberufen

drafts·man ['drɑːftsmən] *s* (*unreg* **man**) **1.** *jemand, der etw entwirft oder aufsetzt* **2.** TECH (Konstruktions)Zeichner *m*

draft·y ['drɑːftɪ] *Adj* zugig

▸**drag** [dræg] **I** *s* **1.** Schleppen *n*, Zerren *n* **2.** Hemmschuh *m* (*auch fig* **on** für) **3.** *ugs* **a)** *etw* Langweiliges *oder* Lästiges: **be a drag** langweilig sein; **what a drag!** so ein Mist!, **b)** Langweiler(in); lästiger Kerl **4.** *Am ugs* Einfluss *m*: **use one's drag** seine Beziehungen spielen lassen **5.** *ugs* Zug *m* (**at, on** an *einer Zigarette etc*): **give me a drag** lass mich mal ziehen **6.** *ugs* (*von Männern, bes von Transvestiten, getragene*) Frauenkleidung **II** *v/t* **7.** schleppen, zerren, schleifen, ziehen: → **mire, mud** 2 **8.** **drag one's feet a)** schlurfen, **b)** *auch* **drag one's heels** *fig* sich Zeit lassen (**over, in, about** mit, bei) **9.** *fig* hineinziehen (**into** in *Akk*) **10.** *ugs j-n* langweilen; *j-m* lästig sein **III** *v/i* **11.** (am Boden) schleppen *oder* schleifen **12.** → **drag behind** **13.** zerren (**at** an *Dat*) **14.** *ugs* ziehen (**at, on** an *einer Zigarette etc*)

◆**drag a·long I** *v/t* wegschleppen, -zerren **II** *v/i* sich dahinschleppen

◆**drag a·way** *v/t* → **drag along** I: **drag o.s. away from** *fig* sich losreißen von

D

◆**drag be·hind** *v/i* zurückbleiben, nachhinken
◆**drag down** *v/t* **1.** herunter-, hinunterziehen; *fig* in den Schmutz ziehen **2.** *fig* zermürben (*Krankheit etc*); entmutigen
◆**drag in** *v/t* **1.** herein-, hineinziehen **2.** *fig* (mit) hineinziehen
◆**drag off** *v/t* → ***drag along*** I: ***drag s.o. off to a party*** *ugs* j-n auf eine Party schleppen
◆**drag on** **I** *v/t* weiterschleppen **II** *v/i fig* sich dahinschleppen; sich in die Länge ziehen: ***the speech dragged on for two hours*** die Rede zog sich über zwei Stunden hin
◆**drag out** *v/t* **1.** heraus-, hinausziehen **2.** *fig* hinausziehen, in die Länge ziehen
◆**drag up** *v/t* **1.** hochziehen **2.** *ugs Kind* lieblos aufziehen **3.** *ugs Skandal etc* ausgraben
dra·gée [dræ'ʒeɪ] *s* Dragee *n* (*auch* PHARM)
'drag·lift *s* Schlepplift *m*
'drag·net *s* **1.** Schleppnetz *n*: ***dragnet operation*** Schleppnetzfahndung *f* **2.** *fig* Netz *n* (*der Polizei etc*)
drag·on ['drægən] *s* Drache *m*
'drag·on·fly *s* ZOOL Libelle *f*
drag queen *s ugs* Travestiekünstler *m*, Transvestit *m*
drag race *s* Dragsterrennen *n*
drag show *s ugs* Travestieshow *f*
drain [dreɪn] **I** *v/t* **1.** *auch* ***drain off*** (*oder* ***away***) *Flüssigkeit* abfließen lassen: ***drain off*** abtropfen lassen; *Gemüse* abgießen **2.** MED *Eiter etc* drainieren **3.** austrinken, leeren: → ***dreg*** 1 **4.** *Land* entwässern **5.** *Gebäude etc* kanalisieren **6.** *j-n*, *Vorräte etc* erschöpfen **II** *v/i* **7.** ***drain off*** (*oder* ***away***) abfließen, ablaufen **8.** leerlaufen **9.** abtropfen **10.** *auch* ***drain away*** *fig* dahinschwinden **III** *s* **11.** → ***drainage*** 1-3 **12.** Abzugskanal *m*, Entwässerungsgraben *m* **13.** *Pl* Kanalisation *f* **14.** *fig* Abfluss *m* **15.** *fig* Belastung *f* (***on*** *Gen*)
'drain·age *s* **1.** Ableitung *f* **2.** Abfließen *n*, Ablaufen *n* **3.** Entwässerung *f* **4.** Kanalisation *f* **5.** MED Dränage *f*
'drain·pipe *s* **1.** Abflussrohr *n*: ***drainpipe trousers*** *siehe* 3 **2.** Fallrohr *n* (*der Dachrinne*) **3.** *Pl*, *auch* ***pair of drainpipes*** *ugs* Röhrenhose(n *Pl*) *f*
drake [dreɪk] *s* ORN Enterich *m*, Erpel *m*
dram [dræm] *s ugs* Schluck *m* (*Alkohol*): ***be fond of a dram*** gern einen trinken
dra·ma ['drɑːmə] *s* Drama *n* (*auch fig*): ***drama critic*** Theaterkritiker(in); ***drama school*** Schauspielschule *f*
dra·mat·ic [drə'mætɪk] **I** *Adj* (***dramatically***) **1.** dramatisch (*auch* MUS *und fig*), Schauspiel…, Theater…: ***dramatic critic*** Theaterkritiker(in) **2.** *fig* drastisch (*Beispiel*, *Veränderungen etc*); aufsehenerregend (*Rede etc*) **II** *s Pl* **3.** (*auch Sg konstruiert*) Dramaturgie *f* **4.** theatralisches Getue
dram·a·tis per·so·nae [ˌdrɑːmətɪspɜː'səʊnaɪ] *s Pl* Personen *Pl* der Handlung
dram·a·tist ['dræmətɪst] *s* Dramatiker(in)
dram·a·tize ['dræmətaɪz] *v/t* dramatisieren: **a)** für die Bühne bearbeiten, **b)** *fig* aufbauschen, (*auch v/i*) übertreiben
drank [dræŋk] *Prät von* ***drink***
drape [dreɪp] *v/t* **1.** drapieren (***with*** mit): **a)** (mit Stoff) behängen, **b)** in (dekorative) Falten legen **2.** *Mantel etc* hängen (***over*** über *Akk*)
'drap·er *s Br* Textilkaufmann *m*, -kauffrau *f*
'drap·er·y *s* **1.** Textilien *Pl* **2.** *bes Am* Vorhänge *Pl*, Vorhangstoffe *Pl*
dras·tic ['dræstɪk] *Adj* (***drastically***) drastisch
draught [drɑːft] **I** *s* **1.** Zug *m*, Schluck *m*: ***at a draught*** in einem Zug **2.** ***beer on draught, draught beer*** Bier *n* vom Fass, Fassbier **3.** *Br* **a)** ***draughts*** *Sg* Dame(spiel *n*) *f*, **b)** → ***draughtsman*** 1 **4.** **a)** *bes Br für* ***draft*** 2, **b)** *selten bes Br für* ***draft*** 1, 4 **II** *v/t* **5.** *selten bes Br für* ***draft*** 7
'draught·board *s Br* Damebrett *n*
draughts·man *s* (*unreg* ***man***) **1.** ['drɑːftsmæn] *Br* Damestein *m* **2.** ['drɑːftsmən] *selten bes Br für* ***draftsman***
draught·y ['drɑːftɪ] *bes Br für* ***drafty***
►**draw** [drɔː] **I** *s* **1.** Ziehen *n*; Zug *m* (*auch an der Pfeife etc*) **2.** Ziehung *f*, Verlosung *f* **3.** *fig* Zugkraft *f* **4.** *fig* Attraktion *f* (*auch Person*), Zugstück *n* **5.** SPORT Unentschieden *n*: ***end in a draw*** unentschieden ausgehen **II** *v/t* (*unreg*) **6.** *Waffe*, *Zahn etc*, *fig Schluss etc* ziehen; *Vorhänge* auf- *oder* zuziehen; *Bogen* spannen: ***draw s.o. into*** *fig* j-n hineinziehen in (*Akk*) **7.** bringen (***on*** über *Akk*) **8.** *Atem* holen **9.** *Tee* ziehen lassen **10.** auslosen **11.** *fig* anziehen: ***feel drawn to***(***ward***[***s***]) ***s.o.*** sich zu j-m hingezogen fühlen **12.** *Linie*, *Grenze etc*, *fig Vergleich etc* ziehen **13.** zeichnen **14.** *Schriftstück* abfassen, aufsetzen; *Scheck* ausstellen, *Wechsel auch* ziehen (***on*** auf *Akk*) **15.** *Geld* abheben (***from*** von); *Rente etc* beziehen **16.** entlocken (***from*** *Dat*): ***draw applause*** Beifall hervorrufen; ***draw*** (***information from***) ***s.o.*** j-n aushorchen **17.** entnehmen (***from*** *Dat*): ***draw consolation from*** Trost schöpfen aus; ***draw inspiration from*** sich Anregung holen von *oder* bei *oder* durch **III** *v/i* (*unreg*) **18.** ziehen (*auch Tee*, *Kamin etc*) **19.** (***to***) sich nähern (*Dat*), herankommen (an *Akk*): → ***end*** 8 **20.** (***on***) in Anspruch nehmen (*Akk*), Gebrauch machen (*von*), (*Vorräte etc*) angreifen **21.** SPORT unentschieden kämpfen *oder* spielen (***with*** gegen), sich unentschieden trennen **22.** losen (***for*** um)
◆**draw a·part** **I** *v/t* auseinanderziehen **II** *v/i* sich entfernen (***from*** von), sich voneinander entfernen, *fig auch* sich auseinanderleben
◆**draw a·side** *v/t j-n* beiseitenehmen
◆**draw a·way** **I** *v/t* **1.** wegziehen **2.** *j-s Aufmerksamkeit* ablenken **II** *v/i* **3.** sich entfernen; (*Sport*) sich lösen (***from*** von)
◆**draw down** *v/t* **1.** herabziehen, *Jalousien* herunterlassen **2.** → ***draw*** 7
◆**draw in** **I** *v/t* **1.** *Luft* einziehen **2.** *fig j-n* (mit) hineinziehen **II** *v/i* **3.** einfahren (*Zug*), vorfahren (*Wagen etc*) **4.** zu Ende gehen (*Tag*); abnehmen, kürzer werden (*Tage*)
◆**draw off** *v/t Handschuhe etc* ausziehen
◆**draw on** *v/t Handschuhe etc* anziehen
◆**draw out** **I** *v/t* **1.** herausziehen **2.** *fig Aussage etc* herausholen (***of, from*** aus); *j-n* aushorchen **3.** *fig* hinausziehen, in die Länge ziehen **II** *v/i* **4.** länger werden (*Tage*)
◆**draw up** **I** *v/t* **1.** aufrichten **2.** *Schriftstück* abfassen, aufsetzen **II** *v/i* **3.** (an)halten (*Wagen etc*) **4.** vorfahren (***to*** vor *Dat*)
'draw·back *s* Nachteil *m* (***to*** für)
'draw·bridge *s* Zugbrücke *f*
draw·ee [drɔː'iː] *s* WIRTSCH Bezogene *m*, *f*
►**draw·er** [*1*, *2*: drɔː; *3*, *4*: 'drɔːə] *s* **1.** Schublade *f*, -fach *n* **2.** *Pl*, *auch* ***pair of drawers*** Unterhose *f* **3.** Zeichner(in) **4.** WIRTSCH Aussteller(in)
►**draw·ing** ['drɔːɪŋ] *s* **1.** Zeichnen *n* **2.** Zeichnung *f*
draw·ing block *s* Zeichenblock *m*

draw·ing board *s* Reiß-, Zeichenbrett *n*: ***go back to the drawing board*** *fig* noch einmal von vorne anfangen
draw·ing pin *s Br* Reißzwecke *f*, -nagel *m*
draw·ing room *s* Gesellschaftszimmer *n*, Salon *m*
drawl [drɔːl] **I** *v/t und v/i* gedehnt *oder* schleppend sprechen **II** *s* gedehntes Sprechen
drawn [drɔːn] **I** *Part Perf von* ***draw*** **II** *Adj* **1.** SPORT unentschieden: ***drawn game*** Unentschieden *n* **2.** abgespannt, verhärmt (*Gesicht*)
'draw·string *s* **1.** Zugschnur *f*, Kordelzug *m* **2.** Vorhangschnur *f*
dread [dred] **I** *v/t etw, j-n* sehr fürchten, sich fürchten (***to do, doing*** zu tun), (große) Angst haben *oder* sich fürchten vor (*Dat*) **II** *s* (große) Angst, Furcht *f* (***of*** vor *Dat*)
dread·ful ['dredfʊl] **I** *Adj* furchtbar, schrecklich (*beide auch fig ugs*) **II** *s* → ***penny dreadful***
'dread·locks *s Pl* Rastalocken *Pl*
▶**dream** [driːm] **I** *s* **1.** Traum *m*: ***have a dream about*** träumen von; ***pleasant*** (*oder* ***sweet***) ***dreams!*** träum was Schönes! **2.** *fig* Traum *m*: **a)** Wunschtraum *m*: ***that's beyond my wildest dreams*** das übertrifft meine kühnsten Träume, **b)** Ideal *n*: ***a dream of a hat*** ein Gedicht von einem Hut; ***an absolute dream*** traumhaft schön **II** *v/i* (*auch unreg*) **3.** träumen (***of, about*** von) (*auch fig*): ***dream of doing s.th.*** davon träumen, etw zu tun; daran denken, etw zu tun **III** *v/t* (*auch unreg*) **4.** träumen (*auch fig*): ***dream away*** verträumen; ***dream up*** *ugs* sich ausdenken *oder* einfallen lassen
'dream·er *s* Träumer(in) (*auch fig*)
dream factory *s* Traumfabrik *f*
dreamt [dremt] *Prät und Part Perf von* ***dream***
dream·y ['driːmɪ] *Adj* **1.** verträumt (*auch Augen*), träumerisch **2.** dunkel, verschwommen (*Erinnerung*) **3.** zum Träumen: ***dreamy music***
drear·y ['drɪərɪ] *Adj* **1.** trübselig (*Ort etc*) **2.** trüb (*Tag etc*) **3.** langweilig (*Person, Arbeit etc*)
dredge[1] [dredʒ] TECH **I** *s* Bagger *m* **II** *v/t* ausbaggern
dredge[2] [dredʒ] *v/t* **1.** bestreuen (***with*** mit) **2.** *Mehl etc* streuen (***over*** über *Akk*)
dredg·er[1] ['dredʒə] *s* TECH Bagger *m*
dredg·er[2] ['dredʒə] *s* Streubüchse *f*, Streuer *m*
dreg [dreg] *s meist Pl* **1.** (Boden)Satz *m*: ***drain to the dregs*** bis auf den letzten Tropfen *oder* bis zur Neige leeren **2.** *fig* Abschaum *m*
drench [drentʃ] *v/t* durchnässen: → ***skin*** 1
Dres·den china ['drezdən] *s* Meiß(e)ner Porzellan *n*
▶**dress** [dres] **I** *s* **1.** Kleidung *f* **2.** (Damen-) Kleid *n* **II** *v/t* **3.** an-, bekleiden, anziehen: ***dress o.s., get dressed*** sich anziehen; → ***kill*** 9 **4.** einkleiden **5.** schmücken, dekorieren **6.** zurechtmachen, (her)richten, *bes Speisen* zubereiten; *Salat* anmachen; *Haar* frisieren **7.** MED *Wunde etc* verbinden **III** *v/i* **8.** sich anziehen: ***dress well*** (***badly***) *weit. S.* sich geschmackvoll (geschmacklos) kleiden
◆**dress down** **I** *v/t ugs j-m* eine Standpauke halten, *j-m* aufs Dach steigen **II** *v/i* sich unauffällig kleiden
◆**dress up** **I** *v/t* **1.** fein machen; herausputzen **2.** *Fakten etc* verpacken (***in*** in *Akk*); beschönigen; ausschmücken (***with*** mit) **II** *v/i* **3.** sich fein machen; sich herausputzen **4.** sich kostümieren *oder* verkleiden (***as*** als)
dress cir·cle *s* THEAT *etc* erster Rang
dress coat *s* Frack *m*
dress·er ['dresə] *s* **1.** THEAT Garderobier *m*, Garderobiere *f* **2.** ***be a stylish dresser*** immer modisch gekleidet sein **3.** Küchen-, Geschirrschrank *m* **4.** → ***dressing table***
dress·ing ['dresɪŋ] *s* **1.** Ankleiden *n* **2.** Zubereitung *f* **3.** Dressing *n* (*Salatsoße*) **4.** MED Verband *m*
ˌdress·ing-'down *s ugs* Standpauke *f*: ***give s.o. a dressing-down*** → ***dress down*** I; ***get a dressing-down*** eins aufs Dach bekommen
dress·ing gown *s* Morgenmantel *m*, (*für Damen auch*) Morgenrock *m*
dress·ing room *s* Ankleidezimmer *n*; (Künstler)Garderobe *f*; (*Sport*) (Umkleide)Kabine *f*
dress·ing ta·ble *s* Frisierkommode *f*
'dressˌmak·er *s* (*bes* Damen)Schneider(in)
dress re·hears·al *s* THEAT Generalprobe *f* (*auch fig*); Kostümprobe *f*
dress shirt *s* Frackhemd *n*
dress suit *s* Abend-, Gesellschaftsanzug *m*
dress·y ['dresɪ] *Adj ugs* **1.** geschniegelt, aufgetakelt **2.** elegant, schick
drew [druː] *Prät von* ***draw***
drib·ble ['drɪbl] **I** *v/i* **1.** tröpfeln: ***dribble away*** *fig* allmählich zu Ende gehen (*Geld etc*) **2.** sabbern, geifern **3.** SPORT dribbeln: ***dribble past*** *j-n* umdribbeln **II** *v/t* **4.** tröpfeln lassen, träufeln **III** *s* **5.** → ***drib(b)let*** **6.** SPORT Dribbling *n*
drib·let, dribb·let ['drɪblɪt] *s* kleine Menge *oder* Summe: ***in*** (*oder* ***by***) ***drib(b)lets*** in kleinen Mengen *oder* Raten
dribs and drabs [drɪbz] *s Pl*: ***in dribs and drabs*** *ugs* kleckerweise
dried [draɪd] *Adj* Dörr…, getrocknet: ***dried fruit*** Dörrobst *n*; ***dried milk*** Trockenmilch *f*
dri·er ['draɪə] *s* Trockner *m*
drift [drɪft] **I** *s* **1.** Treiben *n*; *fig* (Sich-)Treibenlassen *n*, Ziellosigkeit *f* **2.** FLUG, SCHIFF Abdrift *f* **3.** *fig* Strömung *f*, Tendenz *f*; Absicht *f*; Gedankengang *m* **4.** (*Schnee*)Verwehung *f*, (*Schnee-, Sand*)Wehe *f* **II** *v/i* **5.** getrieben werden, treiben (*auch fig* ***into*** in *einen Krieg etc*): ***let things drift*** den Dingen ihren Lauf lassen **6.** *fig* sich (willenlos) treiben lassen **7.** sich häufen (*Sand, Schnee*) **III** *v/t* **8.** (dahin)treiben
'drift·er *s* ziellos herumwandernder Mensch
drift ice *s* Treibeis *n*
'drift·wood *s* Treibholz *n*
drill[1] [drɪl] **I** *s* **1.** TECH Bohrer *m* **2.** MIL Drill *m* (*auch fig*); Exerzieren *n* **II** *v/t* **3.** *Loch* bohren (***in*** in *Akk*) **4.** MIL drillen (*auch fig* ***in*** in *Dat*) **5.** ***drill s.th. into s.o.*** j-m etw eindrillen *oder* einpauken **III** *v/i* **6.** bohren (***for*** nach)
drill[2] [drɪl] *s* Drillich *m*
▶**drink** [drɪŋk] **I** *s* **1.** Getränk *n*; *Koll* Getränke *Pl* **2.** das Trinken, der Alkohol: ***take to drink*** sich das Trinken angewöhnen **3.** Schluck *m* **II** *v/t* (*unreg*) **4.** trinken, (*Tier auch*) saufen: ***drink away*** *Geld etc* vertrinken; *Sorgen etc* im Alkohol ertränken; ***drink down*** *j-n* unter den Tisch trinken; ***drink in*** *fig* (gierig) in sich aufnehmen, verschlingen; ***drink off*** (*oder* ***up***) austrinken; → ***table*** **5.** trinken *oder* anstoßen auf (*Akk*): → ***health*** 3 **III** *v/i* (*unreg*) **6.** trinken, *weit. S. auch* (ein) Trinker sein, (*Tier auch*) saufen: ***drink off*** (*oder* ***up***) austrinken **7.** trinken, anstoßen (***to*** auf *Akk*): ***drink to s.o.*** j-m zuprosten *oder* zutrinken; → ***health*** 3
'drink·a·ble *Adj* trinkbar, Trink…
ˌdrink-'driv·ing *s Br* Trunkenheit *f* am Steuer
'drink·er *s* Trinker(in)
drink·ing ['drɪŋkɪŋ] **I** *s* Trinken *n* **II** *Adj*

D

Trink…: ***drinking song*** (***water***, *etc*); ***drinking straw*** Trinkhalm *m*

drip [drɪp] **I** *v/i* **1.** tropfen (*auch Hahn etc*), tröpfeln **2.** triefen (**with** von, vor *Dat*) (*auch fig*) **II** *v/t* **3.** tropfen *oder* tröpfeln lassen **4.** ***drip sweat*** vor Schweiß triefen **III** *s* **5.** → ***dripping*** 1 **6.** MED Tropf(infusion *f*) *m*: ***be on the drip*** am Tropf hängen **7.** *ugs* Nulpe *f*; Flasche *f*

ˌdrip-ˈdry **I** *Adj* bügelfrei **II** *v/t* tropfnass aufhängen

drip·ping [ˈdrɪpɪŋ] **I** *s* **1.** Tropfen *n* (*auch Geräusch*), Tröpfeln *n* **2.** (abtropfendes) Bratenfett **II** *Adj* **3.** tropfend (*auch Hahn etc*), tröpfelnd **4.** triefend (**with** von, vor *Dat*) (*auch fig*) **5.** triefend (nass), tropf-, triefnass **III** *Adv* **6.** ***dripping wet*** *siehe* 5

▶**drive** [draɪv] **I** *s* **1.** Fahrt *f*; *eng. S.* Aus-, Spazierfahrt *f*: ***an hour's drive*** eine Autostunde **2.** Fahrweg *m*; Zufahrt(sstraße) *f*; (private) Auffahrt **3.** *Golf*, *Tennis*: Drive *m*, Treibschlag *m* **4.** *fig* Kampagne *f*, Feldzug *m* **5.** *fig* Schwung *m*, Elan *m* **6.** PSYCH Trieb *m* **7.** TECH Antrieb *m* **8.** MOT (*Links- etc*) Steuerung *f* **9.** COMPUTER Laufwerk *n* **II** *v/t* (*unreg*) **10.** treiben (*auch fig*); *Nagel etc* schlagen, *Pfahl* rammen (**into** in *Akk*): ***drive s.th. into s.o.*** j-m etw einbläuen; → ***bend*** 1, ***corner*** 2, ***home*** 9, ***wall*** 1, *etc* **11.** *j-n* veranlassen (**to, into** zu; ***to do*** zu tun), dazu bringen (***to do*** zu tun): ***driven by hunger*** vom Hunger getrieben **12.** *Auto etc* lenken, steuern, fahren; (im Auto *etc*) fahren, befördern, bringen (**to** nach) **13.** TECH (an)treiben **14.** zielbewusst durchführen: ***drive a hard bargain*** hart verhandeln; überzogene Forderungen stellen **III** *v/i* (*unreg*) **15.** treiben, getrieben werden **16.** jagen, stürmen **17.** (Auto) fahren: ***drive into a wall*** gegen eine Mauer fahren **18.** *fig* abzielen (**at** auf *Akk*): ***what is he driving at?*** worauf will er hinaus?

◆**drive a·way** *v/t auch fig Sorgen etc* vertreiben, -jagen; *Bedenken etc* zerstreuen

◆**drive in** *v/t Nagel etc* einschlagen, *Pfahl* einrammen

◆**drive up** **I** *v/t Preise etc* in die Höhe treiben **II** *v/i* (**to**) vorfahren (vor *Dat*); heranfahren (an *Akk*)

ˈdrive-in **I** *Adj* Auto…: ***drive-in cinema*** (*Am* ***motion-picture theater***) *siehe* IIa; ***drive-in restaurant*** *siehe* IIb; ***drive-in window*** *siehe* IIc **II** *s* **a)** Autokino *n*, Drive-in-Kino *n*, **b)** Drive-in-Restaurant *n*, **c)** Autoschalter *m*, Drive-in-Schalter *m* (*einer Bank*)

driv·el [ˈdrɪvl] **I** *v/i Prät und Part Perf* **driv·eled**, *bes Br* **driv·elled** **1.** sabbern, geifern **2.** faseln **II** *s* **3.** Geifer *m* **4.** Gefasel *n*

driv·en [ˈdrɪvn] *Part Perf von* **drive**

▶**driv·er** [ˈdraɪvə] *s* **1.** (*Auto- etc*)Fahrer(in); (*Kran- etc, Br Lokomotiv*)Führer(in) **2.** COMPUTER Treiber *m*

driv·er's cab *s* Führerhaus *n* (*eines Lastwagens oder Krans*), BAHN *Br* Führerstand *m*

▶**driv·er's li·cense** [ˈdraɪvəzˌlaɪsns] *s Am* Führerschein *m*

ˈdrive·way *s* Zufahrt(sstraße) *f*; (private) Auffahrt

driv·ing [ˈdraɪvɪŋ] **I** *Adj* **1.** (an)treibend: ***driving force*** treibende Kraft **2.** TECH Treib…, Antriebs… **II** *s* **3.** Autofahren *n* **4.** MOT Fahrweise *f*, -stil *m*

driv·ing in·struc·tor *s* Fahrlehrer(in)

driv·ing les·son *s* Fahrstunde *f*: ***take driving lessons*** Fahrunterricht nehmen, den Führerschein machen

▶**driv·ing li·cence** [ˈdraɪvɪŋˌlaɪsns] *s Br* Führerschein *m*

driv·ing school *s* Fahrschule *f*

driv·ing test *s* Fahrprüfung *f*: ***take one's driving test*** die Fahrprüfung *oder* den Führerschein machen

driz·zle [ˈdrɪzl] **I** *v/unpers* nieseln **II** *s* Sprüh-, Nieselregen *m*

droll [drəʊl] *Adj* drollig, spaßig

drom·e·dar·y [ˈdrɒmədərɪ] *s* ZOOL Dromedar *n*

drone[1] [drəʊn] *s* ZOOL Drohne *f*, *fig auch* Schmarotzer(in)

drone[2] [drəʊn] **I** *v/i* brummen, summen **II** *v/t* her(unter)leiern **III** *s* Brummen *n*, Summen *n*

drool [druːl] **I** *v/i* **1.** → ***drivel*** I **2.** ***drool over*** (*oder* ***about***) sich begeistern für, vernarrt sein in (*Akk*) **II** *s* **3.** → ***drivel*** II

droop [druːp] **I** *v/i* **1.** (schlaff) herabhängen *oder* -sinken **2.** ermatten, erschlaffen (**from, with** vor *Dat*) **3.** sinken (*Mut etc*), erlahmen (*Interesse etc*) **4.** den Kopf hängen lassen (*auch Blume*) **II** *v/t* **5.** (schlaff) herabhängen lassen **6.** *Kopf* hängen lassen **III** *s* **7.** Herabhängen *n*

▶**drop** [drɒp] **I** *s* **1.** Tropfen *m*: ***a drop in the bucket*** (*oder* ***ocean***) *fig* ein Tropfen auf den heißen Stein; ***empty to the last drop*** bis auf den letzten Tropfen leeren; ***he has had a drop too much*** er hat einen über den Durst getrunken **2.** Bonbon *m*, *n*: ***fruit drop*** Drops *m* **3.** Fall(tiefe *f*) *m*: ***a drop of ten yards*** ein Fall aus 10 Yards Höhe **4.** *fig* (Ab)Fall *m*, Sturz *m*: ***drop in prices*** WIRTSCH Preissturz; ***drop in (the) temperature*** Temperatursturz, -abfall **5.** Falltür *f* **6.** *bes Am* (*Brief- etc*)Einwurf *m* **II** *v/i* **7.** (herab)tropfen, herabtröpfeln **8.** (herunter-)fallen. ***let s.th. drop*** etw fallen lassen **9.** sinken, fallen (*beide auch Preise etc*): ***drop into a chair*** sich in einen Sessel fallen lassen **10. a)** (ohnmächtig) zu Boden sinken, umfallen: ***be fit*** (*oder* ***ready***) ***to drop*** (***with fatigue***) zum Umfallen müde sein, **b)** *auch* ***drop dead*** tot umfallen: ***drop dead!*** *sl* geh zum Teufel! **11.** leiser werden (*Stimme*); sich legen (*Wind*) **III** *v/t* **12.** tropfen *oder* tröpfeln lassen **13.** fallen lassen: ***drop everything*** alles liegen und stehen lassen **14.** (hinein)werfen (**into** in *Akk*) **15.** *Bemerkung* fallen lassen: ***drop s.o. a line*** (*oder* ***note***) j-m ein paar Zeilen schreiben **16.** *j-n*, *Absicht etc* fallen lassen **17.** *Tätigkeit* aufgeben, aufhören mit: ***drop it!*** hör auf damit! **18.** *Last*, *auch Passagiere* absetzen **19.** *Buchstaben etc* auslassen: → ***H*** 1 **20.** SPORT *Punkt etc* abgeben (**to** gegen) **21.** *Augen*, *auch Stimme* senken (***to a whisper*** zu einem Flüstern)

◆**drop a·way** *v/i* immer weniger werden

drop back, **drop be·hind** *v/i* **1.** zurückfallen **2.** sich zurückfallen lassen

drop in *v/i* **1.** hereinkommen (*auch fig Aufträge etc*) **2.** (kurz) hereinschauen (**on** bei)

drop off **I** *v/i* **1.** zurückgehen (*Umsatz etc*), nachlassen (*Interesse etc*) **2.** einschlafen; -nicken **II** *v/t* **3.** → ***drop*** 18

drop out *v/i* **1.** aussteigen (**of** aus *Politik etc*) **2.** die Schule *oder* das Studium abbrechen

drop·let [ˈdrɒplɪt] *s* Tröpfchen *n*

ˈdrop·out *s* **1.** Aussteiger(in) (*aus der Gesellschaft*) **2.** (Schul-, Studien)Abbrecher(in)

drop·pings [ˈdrɒpɪŋz] *s Pl* (Tier)Kot *m*

drop·sy [ˈdrɒpsɪ] *s* MED Wassersucht

drought [draʊt] *s* Trockenheit *f*, Dürre(periode) *f*

drove[1] [drəʊv] *Prät von* **drive**
drove[2] [drəʊv] *s* Schar *f* (*Menschen*): ***in droves*** in (hellen) Scharen, scharenweise
▶**drown** [draʊn] **I** *v/i* **1.** ertrinken **II** *v/t* **2.** ertränken: ***be drowned*** *siehe* 1; ***drown one's sorrows*** seine Sorgen im Alkohol ertränken **3.** überschwemmen: ***be drowned in tears*** in Tränen schwimmen *oder* zerfließen **4.** *auch* ***drown out*** *bes Stimme* übertönen
drowse [draʊz] **I** *v/i* **1.** dösen: ***drowse off*** eindösen **II** *v/t* **2.** schläfrig machen **3.** ***drowse away*** *Zeit* verdösen **III** *s* **4.** Dösen *n*
'drows·y *Adj* **1.** schläfrig; verschlafen **2.** einschläfernd **3.** *fig* verschlafen, -träumt
drudge [drʌdʒ] **I** *s* **1.** *fig* Kuli *m*, Last-, Packesel *m*; Arbeitstier *n* **2.** → ***drudgery*** **II** *v/i* **3.** sich (ab)placken *oder* (ab)schinden
'drudg·er·y *s* (stumpfsinnige) Plackerei *oder* Schinderei
▶**drug** [drʌg] **I** *s* **1.** Arzneimittel *n*, Medikament *n* **2.** Droge *f* (*auch fig*), Rauschgift *n*: ***be on (off) drugs*** rauschgift- *oder* drogensüchtig (clean) sein **3.** Betäubungsmittel *n* (*auch fig*) **4.** ***drug on*** (*Am auch* ***in***) ***the market*** WIRTSCH schwer verkäufliche Ware, (*im Laden auch*) Ladenhüter *m* **II** *v/t* **5.** *j-m* Medikamente geben **6.** *j-n* unter Drogen setzen **7.** ein Betäubungsmittel beimischen (*Dat*) **8.** betäuben (*auch fig*): ***drugged with sleep*** schlaftrunken
drug a·buse *s* **1.** Drogenmissbrauch *m* **2.** Medikamentenmissbrauch *m*
drug ad·dict *s* **1.** Drogen-, Rauschgiftsüchtige *m, f* **2.** Medikamentensüchtige *m, f*
'drug-ad,dict·ed *Adj* **1.** drogen-, rauschgiftsüchtig **2.** medikamentensüchtig
drug ad·dic·tion *s* **1.** Drogen-, Rauschgiftsucht *f* **2.** Medikamentensucht *f*
drug clin·ic *s* Drogenklinik *f*
drug deal·er *s* Drogen-, Rauschgifthändler(in)
drug de·pend·ence *s* **1.** Drogenabhängigkeit *f* **2.** Medikamentenabhängigkeit *f*
drug·gist ['drʌgɪst] *s Am* Inhaber(in) eines Drugstores
'drug,push·er *s ugs* Pusher(in) (*Rauschgifthändler*)
drug scene *s* Drogenszene *f*
drug squad *s* Rauschgiftdezernat *n*
drug·ster ['drʌgstə] → ***drug addict*** 1
▶**drug·store** ['drʌgstɔː] *s Am* Drugstore *m*, Drogerie *f*, Apotheke *f*
drum [drʌm] **I** *s* **1.** MUS Trommel *f* (*auch* ELEK, TECH): ***drums*** *Pl* Schlagzeug *n* **2.** Trommeln *n* (*auch weit. S. des Regens etc*) **3.** ANAT Mittelohr *n*; Trommelfell *n* **II** *v/t* **4.** *Rhythmus* trommeln: ***drum s.th. into s.o.*** *fig* j-m etw einhämmern **5.** trommeln auf (*Akk*); trommeln mit (***on*** auf *Akk*) **6.** ***drum up*** *fig* zs.-trommeln, (an)werben; *Aufträge etc* hereinholen; sich *etw* ausdenken **III** *v/i* **7.** *auch weit. S.* trommeln (***at*** an *Akk*; ***on*** auf *Akk*)
'drum·beat *s* Trommelschlag *m*
drum brake *s* TECH Trommelbremse *f*
'drum·head *s* MUS, *auch* ANAT Trommelfell *n*
drum·mer ['drʌmə] *s* MUS Trommler(in); Schlagzeuger(in)
'drum·stick *s* **1.** Trommelstock *m*, -schlägel *m* **2.** Unterschenkel *m* (*von zubereitetem Geflügel*)
▶**drunk** [drʌŋk] **I** *Part Perf von* ***drink*** **II** *Adj präd* **1.** betrunken: ***get drunk*** sich betrinken; (***as***) ***drunk as a lord*** *ugs* total blau **2.** *fig* berauscht (***with*** von): ***drunk with joy*** freudetrunken **III** *s* **3. a)** Betrunkene *m, f*, **b)** → ***drunkard***

drunk und drunken

GR

Das Adjektiv **drunk** kann nur nach einem Verb stehen (prädikativ), während **drunken** immer vor einem Substantiv steht (attributiv):

She got so drunk she had to be taken to hospital.	Sie war so betrunken, dass sie ins Krankenhaus gebracht werden musste.
A horde of drunken louts went on the rampage through town last night.	Ein Haufen betrunkener Rowdys zog gestern Abend randalierend durch die Stadt.

drunk·ard ['drʌŋkəd] *s* (Gewohnheits)Trinker(in), Säufer(in)
,drunk-'driv·ing *s Am* Trunkenheit *f* am Steuer
'drunk·en *Adj attr* **1.** betrunken: ***a drunken man*** ein Betrunkener; ***drunken driving*** *bes Am* Trunkenheit *f* am Steuer; → ***stupor*** **2.** Sauf…: ***drunken party***
'drunk·en·ness *s* **1.** Betrunkenheit *f* **2.** Trunksucht *f*
▶**dry** [draɪ] **I** *Adj* **1.** *allg* trocken (*auch fig Humor etc*): ***rub dry*** trocken reiben **2.** *ugs* durstig **3.** durstig machend (*Arbeit*) **4.** trocken (*ohne Aufstrich*) **5.** trocken, langweilig: (***as***) ***dry as dust*** *ugs* stinklangweilig **6.** trocken, herb (*Wein etc*) **7.** *ugs* trocken, weg vom Alkohol **II** *v/t* **8.** trocknen **9.** ***dry o.s.*** (***one's hands***) sich (die Hände) abtrocknen (***on*** an *Dat*) **10.** *oft* ***dry up*** *Geschirr* abtrocknen **11.** *Obst etc* dörren **III** *v/i* **12.** trocknen, trocken werden **13.** ***dry up*** ein-, aus-, vertrocknen; *ugs* die Klappe halten; *ugs* stecken bleiben (*Schauspieler etc*)
dry bat·ter·y *s* ELEK Trockenbatterie *f*
dry cell *s* ELEK Trockenelement *n*
,dry-'clean *v/t* chemisch reinigen
dry clean·er('s) *s* chemische Reinigung(sanstalt)
dry clean·ing *s* chemische Reinigung
dry·er → ***drier***
dry goods *s Pl* WIRTSCH Textilien *Pl*
dry ice *s* CHEM Trockeneis *n*
dry·ness ['draɪnɪs] *s* Trockenheit *f*
dry nurse *s* Säuglingsschwester *f*
DTP [diːtiː'piː] *Abk* (= ***desktop publishing***) DTP *n*
du·al ['djuːəl] *Adj* doppelt, zweifach: ***dual carriageway*** MOT *Br* Schnellstraße *f*; ***dual citizenship*** *s* doppelte Staatsbürgerschaft *oder* Staatsangehörigkeit
dub[1] [dʌb] *v/t* nennen, *j-m* den (Spitz-)Namen … geben
dub[2] [dʌb] *v/t Film* synchronisieren
du·bi·ous ['djuːbjəs] *Adj* **1.** zweifelhaft: **a)** unklar, zweideutig, **b)** ungewiss, unbestimmt, **c)** fragwürdig, dubios: ***dubious pleasure*** zweifelhaftes Vergnügen, **d)** unzuverlässig **2.** unschlüssig, schwankend; unsicher, im Zweifel (***of, about*** über *Akk*)
du·cal ['djuːkl] *Adj* herzoglich, Herzogs…
duch·ess ['dʌtʃɪs] *s* Herzogin *f*

duch·y ['dʌtʃɪ] *s* Herzogtum *n*

▶**duck**[1] [dʌk] *s* **1.** ORN Ente *f*: ***look like a dying duck (in a thunderstorm)*** *ugs* dumm aus der Wäsche schauen **2.** *Br ugs* Schatz *m*

duck[2] [dʌk] **I** *v/i* **1.** (rasch) (unter)tauchen **2.** *auch fig* sich ducken (***to*** vor *Dat*) **3.** ***duck out*** *ugs* verduften; *fig* sich drücken (***of*** vor *Dat*) **II** *v/t* **4.** (unter)tauchen **5.** *Kopf* ducken, einziehen **6.** *ugs* sich drücken vor (*Dat*)

duct [dʌkt] *s* **1.** TECH Röhre *f*, Rohr *n*, Leitung *f* **2.** ANAT Gang *m*, Kanal *m*

duc·tile ['dʌktaɪl] *Adj* **1.** PHYS, TECH dehn-, streckbar **2.** *fig* fügsam

dud [dʌd] *s ugs* **1.** MIL Blindgänger *m* (*auch fig*) **2.** Niete *f*, Versager(in) **3.** ungedeckter Scheck

dude [djuːd] *s Am ugs* **1.** Typ *m* **2.** Stadtmensch *m*

▶**due** [djuː] **I** *Adj* (→ ***duly***) **1.** WIRTSCH fällig: ***fall*** (*oder* ***become***) ***due*** fällig werden; ***when due*** bei Fälligkeit; ***due date*** Fälligkeitstermin *m* **2.** *zeitlich* fällig: ***the train is due at ...*** der Zug soll um ... ankommen **3.** ***be due to*** zuzuschreiben sein (*Dat*), zurückzuführen sein auf (*Akk*): ***it is due to him*** es ist ihm zu verdanken **4.** gebührend, geziemend: ***be due to s.o.*** j-m gebühren *oder* zukommen; → ***credit*** 3, ***hono(u)r*** 4 **5.** gebührend, angemessen: ***after due consideration*** nach reiflicher Überlegung **6.** passend, richtig: ***in due course*** zur rechten *oder* gegebenen Zeit; ***in due time*** rechtzeitig, termingerecht; ***in due form*** ordnungsgemäß, vorschriftsmäßig **7.** ▶ ***due to*** wegen (*Gen*), infolge *oder* aufgrund (*Gen oder* von) **II** *s* **8.** *das* Gebührende: ***give s.o. his due*** j-m Gerechtigkeit widerfahren lassen **9.** *Pl* Gebühren *Pl*

du·el ['djuːəl] **I** *s* Duell *n* (*auch fig*) **II** *v/i Prät und Part Perf* **du·eled**, *bes Br* **du·elled** sich duellieren

du·et [djuː'et] *s* MUS **1.** Duett *n* **2.** Duo *n*

duf·fle bag ['dʌfl bæg] *s* Matchsack *m*

duf·fle coat *s* Dufflecoat *m*

dug [dʌg] *Prät und Part Perf von* ***dig***

'**dug·out** *s* **1.** MIL Unterstand *m* **2.** Einbaum *m*

duke [djuːk] *s* Herzog *m*

▶**dull** [dʌl] **I** *Adj* **1.** schwer von Begriff, dumm **2.** schwerfällig, träge **3.** teilnahmslos **4.** langweilig, fad(e) **5.** WIRTSCH flau, schleppend **6.** stumpf (*Klinge etc*) **7.** matt, glanzlos (*Augen, Farben*) **8.** dumpf (*Klang, Schmerz etc*) **II** *v/t* **9.** abstumpfen **10.** (ab)schwächen **11.** mildern, dämpfen **12.** *Schmerz* betäuben

dull·ard ['dʌləd] *s* Dummkopf *m*

'**dul·ness**, '**dull·ness** *s* **1.** Dummheit *f* **2.** Trägheit *f* **3.** Teilnahmslosigkeit *f* **4.** Langweiligkeit *f* **5.** WIRTSCH Flaute *f* **6.** Stumpfheit *f* **7.** Mattheit *f* **8.** Dumpfheit *f*

du·ly ['djuːlɪ] *Adv* **1.** ordnungsgemäß **2.** rechtzeitig

dumb [dʌm] *Adj* **1.** stumm (*auch fig*): ***strike s.o. dumb*** j-m die Sprache verschlagen *oder* rauben; (***struck***) ***dumb*** sprachlos (***with*** vor *Dat*) **2.** *bes Am ugs* doof, dumm

'**dumb·bell** *s* **1.** SPORT Hantel *f* **2.** *bes Am sl* Trottel *m*

dumb'found *v/t* verblüffen

dumb'found·ed *Adj* verblüfft, sprachlos

dumb show *s* Pantomime *f*

ˌ**dumb'wait·er** *s* **1.** stummer Diener, Serviertisch *m* **2.** Speisenaufzug *m*

dum·found, *etc* → ***dumbfound***, *etc*

dum·my ['dʌmɪ] **I** *s* **1.** Attrappe *f*, Schaupackung *f*, *Buch*: Blindband *m* **2.** Kleider-, Schaufensterpuppe *f* **3.** *bes. Am ugs* Dummkopf *m*, Idiot *m* **4.** *Br* Schnuller *m* **II** *Adj* **5.** unecht, Schein...

▶**dump** [dʌmp] **I** *v/t* **1.** (hin)plumpsen *oder* (-)fallen lassen, hinwerfen **2.** *j-n* verlassen: ***he dumped his girlfriend*** er hat mit seiner Freundin Schluss gemacht **3.** *Schutt etc* auskippen, abladen; *Karren etc* (um)kippen, entladen **4.** WIRTSCH zu Dumpingpreisen verkaufen **II** *v/i* **5.** plumpsen **6.** (seinen) Schutt abladen **III** *s* **7. a**) Schutt-, Abfallhaufen *m*, **b**) (Schutt-, Müll-) Abladeplatz *m*, Müllkippe *f*, -halde *f*

'**dump·ing** *s* **1.** (Schutt)Abladen *n*: ***dumping ground*** → ***dump*** 7b **2.** WIRTSCH Dumping *n*

dump·ling ['dʌmplɪŋ] *s* **1.** Knödel *m*, Kloß *m* **2.** *ugs* Dickerchen *n*

dumps [dʌmps] *s Pl*: (***down***) ***in the dumps*** *ugs* down, niedergeschlagen

dun [dʌn] *v/t bes Schuldner* mahnen

dune [djuːn] *s* Düne *f*

dune bug·gy *s* MOT Strandbuggy *m*

dung [dʌŋ] *s* Mist *m*, Dung *m*

dun·ga·rees [ˌdʌŋgə'riːz] *s Pl* (***pair of***) ***dungarees*** Latzhose *f*

dun·geon ['dʌndʒən] *s* Verlies *n*

'**dung·hill** *s* Misthaufen *m*

dunk [dʌŋk] *v/t Brot etc* eintunken, stippen

du·o ['djuːəʊ] → ***duet***

du·o·de·num [ˌdjuːəʊ'diːnəm] *Pl* **du·o·de·na** [ˌdjuːəʊ'diːnə], **du·o·de·nums** *s* ANAT Zwölffingerdarm *m*

dupe [djuːp] **I** *s* Betrogene *m, f* **II** *v/t* betrügen

du·plex ['djuːpleks] **I** *Adj* doppelt, Doppel..., zweifach: ***duplex apartment*** *siehe* IIa; ***duplex house*** *siehe* IIb **II** *s Am* **a**) Maison(n)ette *f*, **b**) Doppel-, Zweifamilienhaus *n*

du·pli·cate ['djuːplɪkət] **I** *Adj* **1.** doppelt, Doppel..., zweifach **2.** genau gleich *oder* entsprechend: ***duplicate key*** *siehe* 5 **II** *s* **3.** Duplikat *n*, Ab-, Zweitschrift *f*, Kopie *f*: ***in duplicate*** in zweifacher Ausfertigung **4.** (genau gleiches) Seitenstück, Kopie *f* **5.** Zweit- *oder* Nachschlüssel *m* **III** *v/t* ['djuːplɪkeɪt] **6.** ein Duplikat anfertigen von, kopieren, vervielfältigen **7.** *Experiment etc* (beliebig) wiederholen

du·pli·ca·tor ['djuːplɪkeɪtə] *s* Vervielfältigungsapparat *m*

du·ra·bil·i·ty [ˌdjʊərə'bɪlətɪ] *s* **a**) Haltbarkeit *f*, **b**) Dauerhaftigkeit *f*

'**du·ra·ble** **I** *Adj* **a**) haltbar, WIRTSCH langlebig: ***durable goods*** *siehe* II, **b**) dauerhaft **II** *s Pl* WIRTSCH Gebrauchsgüter *Pl*

du·ra·tion [djʊə'reɪʃn] *s* Dauer *f*: ***for the duration of*** für die Dauer von (*oder Gen*)

du·ress [djʊə'res] *s* Zwang *m* (*auch* JUR)

Du·rex® ['djuːreks] *s* Kondom *n*

▶**du·ring** ['djʊərɪŋ] *Präp* während

dusk [dʌsk] *s* (Abend)Dämmerung *f*: ***at dusk*** bei Einbruch der Dunkelheit

'**dusk·y** *Adj* dämmerig, düster (*auch fig*)

▶**dust** [dʌst] **I** *s* **1.** Staub *m*: ***the dust has settled*** die Aufregung hat sich gelegt, die Wogen haben sich geglättet; → ***bite*** 1, ***kiss*** 2 **II** *v/t* **2.** abstauben **3.** bestreuen, bestäuben **III** *v/i* **4.** Staub wischen **5.** staubig werden, verstauben

'**dust·bin** *s Br* Abfall-, Mülleimer *m*; Abfall-, Mülltonne *f*: ***dustbin man*** Müllmann *m*

'**dust·cart** *s Br* Müllwagen *m*

dust cov·er *s* Schutzumschlag *m*

dust·er ['dʌstə] *s* Staubtuch *n*

dust jack·et → ***dust cover***

dust·man ['dʌstmən] *s* (*unreg* ***man***) *Br* Müllmann *m*
dust storm *s* Staubsturm *m*
dust trap *s* Staubfänger *m*
'dust·up *s* *ugs* **1.** Krach *m* **2.** handgreifliche Auseinandersetzung
dust·y ['dʌstɪ] *Adj* staubig: ***not so dusty*** *Br ugs* gar nicht so übel
▶**Dutch** [dʌtʃ] **I** *Adj* **1.** holländisch, niederländisch **II** *Adv* **2.** ***go Dutch*** getrennte Kasse machen **III** *s* **3.** LING Holländisch *n*, Niederländisch *n* **4.** ▶ ***the Dutch*** *Pl* die Holländer *Pl*, die Niederländer *Pl*
Dutch cour·age *s* *ugs* angetrunkener Mut
▶**Dutch·man** ['dʌtʃmən] *s* (*unreg* ***man***) Holländer *m*, Niederländer *m*
▶**Dutch·wom·an** ['dʌtʃˌwʊmən] *s* (*unreg* ***woman***) Holländerin *f*, Niederländerin *f*
du·ti·a·ble ['djuːtjəbl] *Adj* zollpflichtig
du·ti·ful ['djuːtɪfʊl] *Adj* pflichtbewusst
▶**du·ty** ['djuːtɪ] **I** *s* **1.** Pflicht *f*: **a)** Schuldigkeit *f* (***to, toward[s]*** gegen[über]), **b)** Aufgabe *f*: ***do one's duty*** seine Pflicht tun; ***breach of duty*** Pflichtverletzung *f* **2.** Dienst *m*: ***be on duty*** Dienst haben, im Dienst sein; ***be off duty*** nicht im Dienst sein, dienstfrei haben; ***do duty for*** benutzt werden *oder* dienen als; *j-n* vertreten **3.** WIRTSCH Zoll *m* **II** *Adj* **4.** ***duty call*** Höflichkeits-, Pflichtbesuch *m* **5.** ***duty doctor*** Bereitschaftsarzt *m*, -ärztin *f*; ***duty officer*** MIL Offizier *m* vom Dienst; ***duty roster*** Dienstplan *m*
ˌdu·ty-'free **I** *Adj und Adv* zollfrei **II** *s Pl ugs* zollfreie Ware(n *Pl*)
du·vet ['duːveɪ] *s* Federbett *n*
DVD [ˌdiːviː'diː] *Abk* (= ***digital versatile*** *oder* ***video disk***) DVD *f* (*digitale, vielseitig verwendbare Compact* (*oder Video*) *Disk*)
dwarf [dwɔːf] **I** *Pl* **dwarfs, dwarves** [dwɔːvz] *s* Zwerg(in) (*auch fig*) **II** *Adj* zwergenhaft, *bes* BOT, ZOOL Zwerg... **III** *v/t* klein erscheinen lassen; *fig* in den Schatten stellen
'dwarf·ish *Adj* zwergenhaft
dwarves [dwɔːvz] *Pl von* ***dwarf***
dwell [dwel] *v/i* (*meist unreg*) **1.** wohnen, leben **2.** ***dwell on*** *fig* (im Geiste) verweilen bei

> **-free** GR
>
> Im Englischen werden viele Adjektive mit **-free** gebildet. Diese werden fast immer mit „...frei" im Deutschen wiedergegeben. Einige wichtige Beispiele:
>
> | | | | |
> |---|---|---|---|
> | **duty-free** | zollfrei | **rent-free** | mietfrei |
> | **tax-free** | steuerfrei | **lead-free*** | bleifrei |
>
> *aber*:
>
> | | |
> |---|---|
> | **sugar-free** | ohne Zucker |
> | **trouble-free** | *Reise*: problemlos, *Gegend*: ruhig, *in der Technik*: störungsfrei |
>
> * Üblicher ist jedoch die Form **unleaded.**

'dwell·er *s meist in Zssgn* Bewohner(in)
'dwell·ing *s* Wohnung *f*: ***dwelling house*** Wohnhaus *n*
dwelt [dwelt] *Prät und Part Perf von* ***dwell***
dwin·dle ['dwɪndl] *v/i* abnehmen
dye [daɪ] **I** *s* **1.** Farbstoff *m* **2.** Färbung *f* **II** *v/t* **3.** färben
ˌdyed-in-the-'wool *Adj* eingefleischt, ... durch und durch
'dye·works *s Sg* Färberei *f*
dy·ing ['daɪɪŋ] *Adj* **1.** sterbend: ***be dying*** im Sterben liegen **2.** Sterbe...: ***dying hour*** Todesstunde *f*; ***dying wish*** letzter Wunsch
dyke → ***dike***[1, 2]
dy·nam·ic [daɪ'næmɪk] **I** *Adj* (***dynamically***) dynamisch (*auch fig*) **II** *s* ***dynamics*** *Sg* Dynamik *f* (*auch fig*)
dy·na·mite ['daɪnəmaɪt] **I** *s* Dynamit *n* **II** *v/t* (*mit Dynamit*) sprengen
dy·na·mo ['daɪnəməʊ] *Pl* **dy·na·mos** *s* ELEK Dynamo *m*
dy·nas·ty ['dɪnəstɪ] *s* Dynastie *f*
dys·en·ter·y ['dɪsntrɪ] *s* MED Ruhr *f*
dys·func·tion [dɪs'fʌŋkʃn] *s* MED Funktionsstörung *f*
dys·lexia [dɪs'leksɪə] *s* Legasthenie *f*
dys·lex·ic **I** *Adj* legasthenisch **II** *s* Legastheniker(in)

E

E [iː] *Pl* **E's** *s* E *n*
▶**each** [iːtʃ] **I** *Adj* jede(r, -s): ***each one*** jede(r) Einzelne **II** *Pron*: ***each of us*** jede(r) von uns; ▶ ***each other*** einander, sich **III** *Adv* je, pro Person *oder* Stück
ea·ger ['iːgə] *Adj* **1.** eifrig: ***eager beaver*** *ugs* Übereifrige *m, f* **2.** (***for***) begierig (nach), erpicht, gespannt (auf *Akk*): ***be eager to do s.th.*** darauf brennen, etw zu tun **3.** gespannt (*Aufmerksamkeit, Blick etc*)
'ea·ger·ness *s* **1.** Eifer *m* **2.** Begierde *f*
ea·gle ['iːgl] *s* ORN Adler *m*

> **eager** GR
>
> ⚠ **eager** wird nicht mit **-er / -est** gesteigert: **eager – more eager – most eager**

▶**ear**[1] [ɪə] *s* **1.** ANAT Ohr *n*: ***be all ears*** ganz Ohr sein; ***be up to the*** (*oder* ***one's***) ***ears in debt*** (***work***) bis über die Ohren in Schulden (Arbeit) sitzen *oder* stecken; ***have*** (*oder* ***keep***) ***an*** (*oder* ***one's***) ***ear to the ground, keep one's***

ears open die Ohren offen halten; ***turn a deaf ear to*** die Ohren verschließen vor (*Dat*); → ***flea***, ***prick*** 7, ***thick*** 1, ***wet*** 1 **2.** *fig* Gehör *n*, Ohr *n*: ***play by ear*** nach dem Gehör spielen; ***play it by ear*** *fig* improvisieren

ear² [ɪə] *s* (Getreide)Ähre *f*

ear·ache [ˈɪəreɪk] *s* Ohrenschmerzen *Pl*

ear·drum [ˈɪədrʌm] *s* ANAT Trommelfell *n*

earl [ɜːl] *s britischer* Graf

ˈear·lobe *s* ANAT Ohrläppchen *n*

►**ear·ly** [ˈɜːlɪ] **I** *Adv* **1.** früh(zeitig): ***as early as May*** schon im Mai **2.** bald: ***as early as possible*** so bald wie möglich **3.** zu früh; früher **II** *Adj* **4.** früh(zeitig): ***early riser***, *hum* ***early bird*** Frühaufsteher(in); ***the early bird catches the worm*** Morgenstunde hat Gold im Munde; ***Thursday is early closing*** am Donnerstag schließen die Geschäfte früher; ***at an early hour*** zu früher Stunde; ***early retirement*** Vorruhestand *m*; ***early warning system*** MIL Frühwarnsystem *n*; ***at the earliest*** frühestens **5.** vorzeitig: ***his early death*** sein früher Tod **6.** zu früh: ***be early*** zu früh (daran) sein **7.** anfänglich, Früh…: ***early Christian*** frühchristlich **8.** baldig

ˈear·mark I *s* **1.** Ohrmarke *f* (*eines Haustiers*) **2.** *fig* Kennzeichen *n* **II** *v/t* **3.** kennzeichnen **4.** *bes* WIRTSCH bestimmen, vorsehen (***for*** für): ***earmarked*** zweckbestimmt, -gebunden (*Mittel*)

ˈear·muff *s* Ohrenschützer *m*

►**earn** [ɜːn] *v/t* **1.** *Geld etc* verdienen: → ***living*** 6 **2.** *Zinsen etc* einbringen **3.** *fig j-m etw* einbringen, -tragen

ear·nest [ˈɜːnɪst] **I** *Adj* **1.** ernst **2.** ernst-, gewissenhaft **3.** ernstlich **II** *s* **4.** ***in earnest*** im Ernst; ***are you in earnest?*** ist das dein Ernst?; ***be in earnest about*** es ernst meinen mit

earn·ings [ˈɜːnɪŋz] *s Pl* Verdienst *m*, Einkommen *n*

ˈear·phones *s Pl*, *auch* ***pair of earphones*** Kopfhörer *m*

ˈear·piece *s* TEL Hörmuschel *f*

ˈear·plug *s* Wattepfropf *m*, Ohropax® *n*

ˈear·ring *s* Ohrring *m*

ˈear·shot *s*: ***within*** (***out of***) ***earshot*** in (außer) Hörweite

ˈearˌsplit·ting *Adj* ohrenbetäubend

►**earth** [ɜːθ] **I** *s* **1.** Erde *f*: **a)** *a* **Earth** Erdball *m*, **b)** Welt *f*: ***on earth*** auf Erden; ***what*** (***why***) ***on earth?*** warum (was) in aller Welt? **2.** Erde *f*, (Erd)Boden *m*: ***come back*** (*oder* ***down***) ***to earth*** *fig* auf den Boden der Wirklichkeit zurückkehren **3.** (Fuchs- *etc*)Bau *m* **4.** ELEK *bes Br* Erde *f*, Erdung *f*: ***earth cable*** Massekabel *n* **II** *v/t* **5.** ELEK *bes Br* erden

ˈearth·en *Adj* irden

ˈearth·en·ware *s* Steingut(geschirr) *n*

ˈearth·ly *Adj* **1.** irdisch, weltlich **2.** *ugs* ***there's no earthly reason*** es gibt nicht den geringsten Grund; ***of no earthly use*** völlig unnütz; ***not to have an earthly*** (***chance***) nicht die geringste Chance haben

ˈearth·quake *s* Erdbeben *n*

ˈearth·quake-proof *Adj* erdbebensicher

ˈearthˌshak·ing, **ˈearthˌshat·ter·ing** *Adj fig* welterschütternd

earth trem·or *s* leichtes Erdbeben

ˈearth·worm *s* ZOOL Regenwurm *m*

earth·y [ˈɜːθɪ] *Adj* **1.** erdig, Erd… **2.** weltlich *oder* materiell (eingestellt) **3.** derb (*Humor etc*)

ˈear·wax *s* PHYSIOL Ohrenschmalz *n*

ˈear·wig *s* ZOOL Ohrwurm *m*

ˌearˈwit·ness *s* Ohrenzeuge *m*, -zeugin *f*

ease [iːz] **I** *s* **1.** Bequemlichkeit *f*, Behaglichkeit *f* **2.** *auch* ***ease of mind*** (Gemüts)Ruhe *f*, Ausgeglichenheit *f*: ***at*** (***one's***) ***ease*** ruhig, entspannt; unbefangen; ***be*** (*oder* ***feel***) ***at ease*** sich wohlfühlen; ***ill at ease*** unruhig; befangen; ***be*** (*oder* ***feel***) ***ill at ease*** sich (in seiner Haut) nicht wohlfühlen **3.** Sorglosigkeit *f*: ***live a life of ease*** in guten Verhältnissen leben **4.** Leichtigkeit *f*, Mühelosigkeit *f*: ***with ease*** leicht, mühelos **5.** Erleichterung *f*, Befreiung *f* **II** *v/t* **6.** erleichtern, beruhigen: ***ease one's mind*** sich erleichtern **7.** *Schmerzen* lindern **III** *v/i* **8.** *meist* ***ease off*** (*oder* ***up***) nachlassen, sich abschwächen; sich entspannen (*Lage*); (bei der Arbeit) kürzer treten; weniger streng sein (***on*** zu)

ea·sel [ˈiːzl] *s* MALEREI Staffelei *f*

eas·i·ly [ˈiːzɪlɪ] *Adv* **1.** leicht, mühelos **2.** ohne Zweifel; mit Abstand, bei Weitem

►**east** [iːst] **I** *s* **1.** Osten *m*: ***in the east of*** im Osten von (*oder Gen*); ***to the east of*** *siehe* 5 **2.** *auch* **East** Osten, östlicher Landesteil: ***the East*** *Am* die Oststaaten *Pl*; POL der Osten; der Orient **II** *Adj* **3.** Ost…, östlich **III** *Adv* **4.** ostwärts, nach Osten **5.** ***east of*** östlich von (*oder Gen*)

ˈeast·bound *Adj* nach Osten gehend *oder* fahrend

►**East·er** [ˈiːstə] **I** *s* Ostern *n oder Pl*, Osterfest *n*: ***at Easter*** zu Ostern; ***happy Easter*** frohe Ostern! **II** *Adj* Oster…: ***Easter egg***; ***Easter Sunday*** (*oder* ***Day***) Ostersonntag *m*

east·er·ly [ˈiːstəlɪ] **I** *Adj* östlich, Ost… **II** *Adv* von *oder* nach Osten

►**east·ern** [ˈiːstən] *Adj* östlich, Ost…

ˈeast·ern·er *s* **1.** Bewohner(in) des Ostens (*eines Landes*) **2. Easterner** *Am* Oststaatler(in)

east·ern·most [ˈiːstənməʊst] *Adj* östlichst

east·ward [ˈiːstwəd] *Adj und Adv* östlich, ostwärts, nach Osten: ***in an eastward direction*** in östlicher Richtung, Richtung Osten

east·wards [ˈiːstwədz] *Adv* → ***eastward***

►**eas·y** [ˈiːzɪ] **I** *Adj* (→ ***easily***) **1.** leicht, mühelos: ***it is easy for him to talk*** er hat gut reden **2.** leicht, einfach (***for*** für): ***easy money*** leicht verdientes Geld **3.** bequem, angenehm: *ugs* ***be on easy street*** in guten Verhältnissen leben **4.** gemächlich, gemütlich (*Tempo*, *Spaziergang etc*): → ***stage*** 2 **5.** günstig, erträglich, (*Strafe*) leicht: ***on easy terms*** auf Raten **6.** leichtfertig; locker, frei (*Moral etc*) **7.** ungezwungen, natürlich: ***be free and easy*** sich ganz ungezwungen benehmen **II** *Adv* **8.** leicht, bequem: ***go easy, take it easy*** sich Zeit lassen; sich nicht aufregen; ***take it easy!*** immer mit der Ruhe!; keine Bange!; ***go easy on*** *j-n*, *etw* sachte anfassen; schonend *oder* sparsam umgehen mit; ***easier said than done*** leichter gesagt als getan; ***easy come, easy go*** wie gewonnen, so zerronnen

eas·y chair *s* Sessel *m*

ˈeas·yˌgo·ing *Adj* **1.** gelassen **2.** unbeschwert

►**eat** [iːt] **I** *s* **1.** *Pl ugs* Fressalien *Pl* **II** *v/t* (*unreg*) **2.** essen (*Mensch*), fressen (*Tier*): ***eat one's words*** alles(, was man gesagt hat,) zurücknehmen; ***what's eating him?*** *ugs* was hat er denn?; ***eat up*** aufessen, -fressen; *Reserven etc* völlig aufbrauchen; ***be eaten up with*** *fig* sich verzehren vor (*Dat*), zerfressen werden von; → ***cake*** 1, ***dog*** 1, ***hat***, ***humble*** Ia **3.** zerfressen: ***eaten by worms*** wurmstichig **4.** *Loch* fressen (***into*** in *Akk*) **III** *v/i* (*unreg*) **5.** essen (*Mensch*), fressen (*Tier*): ***eat out*** auswärts essen, essen gehen **6.** ***eat into*** sich (hin)einfressen in (*Akk*); *Reserven etc* angreifen

'eat·a·ble **I** *Adj* ess-, genießbar **II** *s Pl* Esswaren *Pl*

eat-'by'date *s* Haltbarkeitsdatum *n*

eat·en ['iːtn] *Part Perf von* ***eat***

'eat·er *s* Esser(in) (*Mensch*), Fresser *m* (*Tier*): → ***big*** 1d, ***small*** I

'eat·ing **I** *s* Essen *n* **II** *Adj* Ess…: ***eating apple*** Ess-, Speiseapfel *m*

eau de Co·logne [ˌəʊdəkə'ləʊn] *s* Kölnischwasser *n*

eaves [iːvz] *s Pl* Traufe *f*

'eaves·drop *v/i* (heimlich) lauschen *oder* horchen: ***eavesdrop on*** belauschen

ebb [eb] **I** *s* **1.** *auch* ***ebb tide*** Ebbe *f* **2.** *fig* Tiefstand *m*: ***be at a low ebb*** auf einem Tiefpunkt angelangt sein **II** *v/i* **3.** zurückgehen (*auch fig*) **4.** *auch* ***ebb away*** *fig* abnehmen, verebben

eb·on·y ['ebənɪ] *s* Ebenholz *n*

e-book ['iːbʊk] *s* E-Book *n*, elektronisches Buch

e·bul·li·ent [ɪ'bʌljənt] *Adj fig* sprudelnd, überschäumend (***with*** von); überschwänglich

EC [iː'siː] *Abk* (= ***European Community***) HIST EG *f*, Europäische Gemeinschaften *Pl*

e-cash ['iːkæʃ] *s* E-Cash *n*, elektronisches Geld

ec·cen·tric [ɪk'sentrɪk] **I** *Adj* (***eccentrically***) MATHE, TECH exzentrisch, *fig auch* überspannt **II** *s* Exzentriker(in)

ec·cen·tric·i·ty [ˌeksen'trɪsətɪ] *s* MATHE, TECH Exzentrizität *f*, *fig auch* Überspanntheit *f*

ec·cle·si·as·ti·cal [ɪˌkliːzɪ'æstɪkl] *Adj* kirchlich: ***ecclesiastical law*** Kirchenrecht *n*

ECG [iːsiː'dʒiː] *Abk* (= ***electrocardiogram***) EKG *n*

ech·e·lon ['eʃəlɒn] SCHIFF, MIL *s* Staffelung *f*: ***the upper echelons*** *fig* die oberen Ränge

ech·o ['ekəʊ] **I** *Pl* **ech·oes** *s* **1.** Echo *n*, Widerhall *m* (*beide auch fig*) **II** *v/i* **2.** widerhallen (***with*** von) **3.** nach-, widerhallen, zurückgeworfen werden (*Ton*) **III** *v/t* **4.** *Worte* nachbeten; *j-m* alles nachbeten

ech·o sound·er *s* SCHIFF Echolot *n*

e·clipse [ɪ'klɪps] **I** *s* **1.** ASTR (*Sonnen-*, *Mond-*) Finsternis *f* **2.** *fig* Niedergang *m*: ***be in eclipse*** im Sinken sein; in der Versenkung verschwunden sein **II** *v/t* **3.** ASTR verfinstern **4.** *fig* in den Schatten stellen: ***be eclipsed by*** verblassen neben

e·co·log·i·cal [ˌiːkə'lɒdʒɪkl] *Adj* ökologisch, Umwelt…: ***ecological balance*** ökologisches Gleichgewicht; ***ecologically beneficial*** (***harmful***) umweltfreundlich (umweltfeindlich)

e·col·o·gist [iː'kɒlədʒɪst] *s* Ökologe *m*, -login *f*

e'col·o·gy *s* Ökologie *f*

e-com·merce ['iːkɒmɜːs] *s* E-Commerce *m*, elektronischer Handel, Internethandel *m*

►**e·co·nom·ic** [ˌiːkə'nɒmɪk] **I** *Adj* **1.** (staats-, volks)wirtschaftlich, Wirtschafts…: ***economic aid*** Wirtschaftshilfe *f*; ***economic migrant, refugee*** Wirtschaftsflüchtling *m* **2.** rentabel, wirtschaftlich **II** *s* ***economics*** *Sg* **3.** Volkswirtschaft(slehre) *f*

ˌe·co'nom·i·cal [ˌiːkə'nɒmɪkl] *Adj* **1.** wirtschaftlich, sparsam: ***be economical with*** → ***economize*** I **2.** Spar… **3.** → ***economic*** I

economic und economical SG

Economic betrifft die Wirtschaft oder die Wirtschaftspolitik; **economical** bedeutet „wirtschaftlich" im Sinne von „sparsam":

Every economic system has its drawbacks.	Jedes Wirtschaftssystem hat seine Nachteile.
Cars today are far more economical as their petrol consumption is lower.	Die heutigen Autos sind viel wirtschaftlicher, da ihr Benzinverbrauch niedriger ist.

E

e·con·omist [ɪ'kɒnəmɪst] *s* Volkswirt(in), Volkswirtschaftler(in)

e'con·o·mize **I** *v/t* sparsam umgehen *oder* wirtschaften mit, Haus halten mit **II** *v/i* sparsam wirtschaften: ***economize on*** *siehe* I

►**e·con·o·my** [ɪ'kɒnəmɪ] **I** *s* **1.** Wirtschaftlichkeit *f*, Sparsamkeit *f* **2.** Sparmaßnahme *f*; Einsparung *f* **3.** Wirtschaft(ssystem *n*) *f* **II** *Adj* **4.** Spar…: ***economy class*** FLUG Economyklasse *f*; ***economy drive*** Sparmaßnahmen *Pl*; ***economy price*** günstiger *oder* niedriger Preis

e·co·sys·tem ['iːkəʊˌsɪstəm] *s* Ökosystem *n*

'e·coˌtour·ism *s* Ökotourismus *m*

'ec·sta·sy ['ekstəsɪ] *s* **1.** Ekstase *f*: ***be in an ecstasy*** außer sich sein (***of*** vor *Dat*); ***in an ecstasy of joy*** in einem Freudentaumel; ***go into ecstasies over*** in Verzückung geraten über (*Akk*) **2.** (*Droge*) Ecstasy *n*

ec·stat·ic [ɪk'stætɪk] *Adj* (***ecstatically***) ekstatisch, verzückt

e·cu·men·i·cal [ˌiːkjuː'menɪkl] *Adj* ökumenisch

ec·ze·ma ['eksɪmə] *s* MED Ekzem *n*

ed·dy ['edɪ] *s* Wirbel *m*, Strudel *m*

►**edge** [edʒ] **I** *s* **1.** Schneide *f*; Schärfe *f*: ***take the edge off*** *Klinge* stumpf machen; *fig einer Sache* die Schärfe nehmen **2.** Ecke *f*, scharfe Kante **3.** (äußerster) Rand, Saum *m*; ***on the edge of*** *fig* kurz vor (*Dat*); ***be on the edge of despair*** am Rande der Verzweiflung sein **4.** Kante *f*, Schmalseite *f*: ***set*** (***up***) ***on edge*** hochkant stellen; ***on edge*** nervös; gereizt; ***set s.o.'s teeth on edge*** j-n nervös machen **5.** *ugs* Vorteil *m*: ***have the edge on s.o.*** j-m über sein **II** *v/t* **6.** schärfen **7.** umsäumen, einfassen **8.** schieben, drängen **III** *v/i* **9.** sich schieben *oder* drängen

edged *Adj* **1.** scharf **2.** *in Zssgn* …schneidig; …kantig

'edge·ways, edge·wise ['edʒwaɪz] *Adv* hochkant: ***I could hardly get a word in edgeways*** (*oder* ***edgewise***) *fig* ich bin kaum zu Wort gekommen

edg·y ['edʒɪ] *Adj* nervös; gereizt

ed·i·ble ['edɪbl] **I** *Adj* ess-, genießbar: ***edible oil*** Speiseöl *n* **II** *s Pl* Esswaren *Pl*

ed·i·fice ['edɪfɪs] *s* Gebäude *n* (*auch fig*)

ed·i·fy ['edɪfaɪ] *v/t fig* erbauen

'ed·i·fying *Adj* erbaulich

ed·it ['edɪt] *v/t* **1.** *Texte etc* **a)** herausgeben, **b)** redigieren, **c)** COMPUTER editieren **2.** *Film* schneiden **3.** *Zeitung etc* als Herausgeber leiten

e·di·tion [ɪ'dɪʃn] *s* **1.** Ausgabe *f*: ***first edition*** Erstausgabe; ***morning edition*** Morgenausgabe (*Zeitung*) **2.** Auflage *f*

E

ed·i·tor ['edɪtə] *s* **1.** *auch* ***editor in chief*** Herausgeber(in) (*eines Buchs etc*) **2.** *Zeitung*: **a)** *auch* ***editor in chief*** Chefredakteur(in): → ***letter*** 2, **b)** Redakteur(in) **3.** FILM, TV Cutter(in) **4.** COMPUTER Editor *m*

ed·i·to·ri·al [ˌedɪ'tɔːrɪəl] **I** *Adj* redaktionell, Redaktions…: ***editorial department*** Redaktion *f*; → ***staff*** 1 **II** *s* Leitartikel *m*

EDP [iːdiː'piː] *Abk* (= ***electronic data processing***) EDV *f*

ed·u·cate ['edjʊkeɪt] *v/t* **1.** erziehen, (aus)bilden: ***he was educated at*** er besuchte die (Hoch)Schule in (*Dat*) **2.** *weit. S.* (***to***) erziehen (zu); gewöhnen (an *Akk*)

'ed·u·cat·ed *Adj* **1.** gebildet **2.** ***educated guess*** mehr als eine bloße Vermutung

▶**ed·u·ca·tion** [ˌedjʊ'keɪʃn] *s* **1.** Erziehung *f*, (Aus)Bildung *f*: → ***compulsory*** 2, ***university*** II **2.** Bildung(sstand *m*) *f*: → ***general*** 2 **3.** Bildungs-, Schulwesen *n* **4.** Pädagogik *f*

education SG

⚠ Beachten Sie den Unterschied:

higher education	Hochschulausbildung
further education	a) Weiterbildung, nicht universitäre Ausbildung nach Verlassen der Schule b) Erwachsenenbildung

ˌed·u'ca·tion·al [ˌedjʊ'keɪʃənl] *Adj* **1.** **a)** pädagogisch, Unterrichts…: ***educational film*** Lehrfilm *m*; ***educational television*** Schulfernsehen *n*, **b)** lehrreich (*Erfahrung etc*), **c)** pädagogisch wertvoll (*Spielzeug*) **2.** Bildungs…: ***educational level*** (*oder* ***standard***) Bildungsniveau *n*

ed·u·tain·ment [ˌedjʊ'teɪnmənt] *s* Edutainment *n*, *Mischung aus Bildung und Unterhaltung*

EEG [iːiː'dʒiː] *Abk* (= ***electroencephalogram***) EEG *n*

eel [iːl] *s* ZOOL Aal *m*: (***as***) ***slippery as an eel*** *fig* aalglatt

ee·rie, ee·ry ['ɪərɪ] *Adj* unheimlich, (*Schrei etc*) schaurig

▶**ef·fect** [ɪ'fekt] **I** *s* **1.** Wirkung *f* (***on*** auf *Akk*): **a)** Erfolg *m*, **b)** Auswirkung *f*, **c)** Effekt *m*, Eindruck *m*: ***have an effect on*** wirken auf (*Akk*), einen Eindruck hinterlassen bei; ***special effects*** Spezialeffekte *Pl* **2.** Inhalt *m*, Sinn *m*: ***a letter to the effect that*** ein Brief des Inhalts, dass; ***inform s.o. to that effect*** j-n entsprechend informieren **3.** (Rechts)Wirksamkeit *f*, (-)Kraft *f*: ***be in effect*** in Kraft sein; ***take effect, come*** (*oder* ***go***) ***into effect*** in Kraft treten; ***with effect from*** mit Wirkung vom **4.** ***in effect*** in Wirklichkeit, tatsächlich **5.** TECH (Nutz)Leistung *f* **6.** *Pl* WIRTSCH Effekten *Pl*; Vermögen(swerte *Pl*) *n* **II** *v/t* **7.** bewirken **8.** ausführen, tätigen

ef'fec·tive *Adj* **1.** wirksam, erfolgreich **2.** eindrucks-, wirkungs-, effektvoll **3.** (rechts)wirksam, rechtskräftig: ***be effective*** in Kraft sein; ***become effective*** in Kraft treten; ***effective from*** (*oder* ***as of***) mit Wirkung vom **4.** tatsächlich, effektiv: ***effective salary*** Effektivgehalt *n*

ef'fec·tive·ness *s* Wirksamkeit *f*

ef'fec·tu·ate [ɪ'fektjʊeɪt] *v/t* bewirken

ef·fem·i·nate [ɪ'femɪnət] *Adj* **1.** weibisch, unmännlich **2.** verweichlicht

ef·fer·vesce [ˌefə'ves] *v/i* **1.** sprudeln, schäumen, moussieren **2.** *fig* (über-)sprudeln, überschäumen (***with*** vor *Dat*)

ˌef·fer'ves·cent [ˌefə'vesnt] *Adj* **1.** sprudelnd, schäumend, moussierend: ***effervescent powder*** Brausepulver *n* **2.** *fig* (über-)sprudelnd, überschäumend

ef·fi·ca·cious [ˌefɪ'keɪʃəs] *Adj* wirksam

ef·fi·ca·cy ['efɪkəsɪ] *s* Wirksamkeit *f*

ef·fi·cien·cy [ɪ'fɪʃənsɪ] *s* Effizienz *f*: **a)** Tüchtigkeit *f*, (Leistungs)Fähigkeit *f*: ***efficiency rating*** Leistungsbewertung *f*; → ***principle*** 1, **b)** rationelle Arbeitsweise, Wirtschaftlichkeit *f*: ***efficiency expert*** WIRTSCH Rationalisierungsfachmann *m*, -fachfrau *f*

ef'fi·cient *Adj* effizient: **a)** tüchtig, (leistungs)fähig, **b)** rationell, wirtschaftlich

ef·fi·gy ['efɪdʒɪ] *s* **1.** Steinplastik *f*; Bildnis *n* (*auf einer Münze*) **2.** *Puppe oder bildhafte Darstellung einer verhassten Person*: ***burn*** (***hang***) ***s.o. in effigy*** j-n symbolisch verbrennen (hängen)

▶**ef·fort** ['efət] *s* Anstrengung *f*: **a)** Bemühung *f*, **b)** Mühe *f*: ***make an effort*** sich bemühen *oder* anstrengen; ***make every effort*** sich alle Mühe geben; ***spare no effort*** keine Mühe scheuen; ***without effort*** mühelos; ***effort of will*** Willensanstrengung

'ef·fort·less *Adj* mühelos

ef·fron·ter·y [ɪ'frʌntərɪ] *s* Frechheit *f*, Unverschämtheit *f*: ***have the effrontery*** die Unverschämtheit haben (***to do*** zu tun)

ef·fu·sive [ɪ'fjuːsɪv] *Adj* überschwänglich

EFL [iːef'el] *Abk* (= ***English as a Foreign Language***) Englisch *n* für Ausländer

e.g. ['iː'dʒiː] *Abk* ***exempli gratia*** (= ***for instance***) z.B., zum Beispiel

▶**egg**[1] [eg] *s* Ei *n*: ***be left with egg on one's face*** sich lächerlich machen, sich blamieren; ***don't put all your eggs in one basket*** setz nicht alles auf eine Karte!; ***go suck an egg*** *Am* Scheibenkleister!; ***lay an egg*** *Am* total versagen; → ***like***[1] 4

egg[2] [eg] *v/t meist* ***egg on*** anstacheln

'eggˌbeat·er *s* Schneebesen *m*

'egg·cup *s* Eierbecher *m*

'egg·head *s ugs* Eierkopf *m* (*Intellektueller*)

'egg·plant *s* BOT *Am* Aubergine *f*

'egg-shaped *Adj* eiförmig

'egg·shell *s* Eierschale *f*

egg tim·er *s* Eieruhr *f*

egg whisk *s* Schneebesen *m*

egg white *s* Eiweiß *n*

e·go ['egəʊ] *Pl* **e·gos** *s* PHIL, PSYCH Ich *n*, Ego *n*; *weit. S.* Selbst(wert)gefühl *n*: ***boost s.o.'s ego, give s.o. an ego boost*** *ugs* j-s Selbstwertgefühl (an)heben

e·go·cen·tric [ˌegəʊ'sentrɪk] **I** *Adj* (***egocentrically***) egozentrisch **II** *s* Egozentriker(in)

'e·go·ism *s* Egoismus *m*

'e·go·ist *s* Egoist(in)

ˌe·go'is·tic, ˌe·go'is·ti·cal [ˌegəʊ'ɪstɪkl] *Adj* egoistisch

e·go·tism ['egəʊtɪzəm] *s* **1.** Egotismus *m*, Geltungsbedürfnis *n*, Selbstgefälligkeit *f* **2.** → ***egoism***

ˌe·go'tis·tic, ˌe·go'tis·ti·cal [ˌegəʊ'tɪstɪkl] *Adj* **1.** egotistisch, geltungsbedürftig, selbstgefällig **2.** → ***egoistic***

e·go trip *s ugs* Egotrip *m* (*Akt geistiger Selbst-*

befriedigung): ***be on an ego trip*** auf einem Egotrip sein

E·gypt [ˈiːdʒɪpt] *Eigenn* Ägypten *n*

E·gyp·tian [ɪˈdʒɪpʃn] **I** *Adj* ägyptisch **II** *s* Ägypter(in)

ei·der [ˈaɪdə] *s* **1.** Eiderente *f* **2.** → ***eiderdown*** 1

ˈei·der·down *s* **1.** *Koll* Eiderdaunen *Pl* **2.** Daunendecke *f*

►**eight** [eɪt] **I** *Adj* **1.** acht: ***eight-hour day*** Achtstundentag *m* **II** *s* **2.** Acht *f*: ***eight of hearts*** Herzacht **3.** *Rudern*: Achter *m* (*Boot, Mannschaft*)

►**eight·een** [ˌeɪˈtiːn] *Adj* achtzehn

►**eight·eenth** [ˌeɪˈtiːnθ] *Adj* achtzehnt

►**eighth** [eɪtθ] **I** *Adj* **1.** achte(r, -s) **II** *s* **2.** *der, die, das* Achte: ***the eighth of May*** der 8. Mai **3.** Achtel *n*

►**eight·i·eth** [ˈeɪtɪəθ] *Adj* achtzigst

►**eight·y** [ˈeɪtɪ] **I** *Adj* achtzig **II** *s* Achtzig *f*: ***be in one's eighties*** in den Achtzigern sein; ***in the eighties*** in den Achtzigerjahren (*eines Jahrhunderts*)

Ei·re [ˈeərə] *Eigenn die* Republik Irland

►**ei·ther** [ˈaɪðə] **I** *Adj* **1.** jede(r, -s) (*von zweien*): ***on either side*** auf beiden Seiten **2.** irgendein (*von zweien*): ***either way*** auf die eine od andere Art **II** *Pron* **3.** irgendein (*von zweien*): ***I haven't seen either*** ich habe beide nicht gesehen, ich habe keinen (von beiden) gesehen **4.** beides: ***either is possible*** **III** *Konj* **5.** ► ***either … or*** entweder … oder **6.** *neg.*: ***either … or*** weder … noch: ***it isn't enough either for you or for me*** es reicht weder für dich noch für mich **IV** *Adj* **7.** ***not either*** auch nicht

e·jac·u·late [ɪˈdʒækjʊleɪt] **I** *v/t* **1.** PHYSIOL *Samen* ausstoßen **2.** *Worte etc* aus-, hervorstoßen **II** *v/i* **3.** PHYSIOL ejakulieren, einen Samenerguss haben

eˌjac·uˈla·tion *s* **1.** PHYSIOL Ejakulation *f*, Samenerguss *m* **2.** Ausruf *m*

e·ject [ɪˈdʒekt] **I** *v/t* **1.** (***from***) *j-n* hinauswerfen (aus); vertreiben (aus, von) **2.** entlassen, entfernen (***from*** aus *einem Amt*) **3.** TECH ausstoßen, -werfen **II** *v/i* **4.** FLUG den Schleudersitz betätigen

eˈjec·tion *s* **1.** Vertreibung *f* **2.** Entfernung *f* **3.** TECH Ausstoßen *n*, -werfen *n*: ***ejection seat*** FLUG *Am* Schleudersitz *m*

eˈjec·tor *s* TECH Auswerfer *m*: ***ejector seat*** FLUG Schleudersitz *m*

eke [iːk] *v/t*: ***eke out*** *Flüssigkeit, Vorräte etc* strecken; *Einkommen* aufbessern (***with*** mit): ***eke out a living*** sich (mühsam) durchschlagen

e·lab·o·rate **I** *Adj* [ɪˈlæbərət] **1.** sorgfältig *oder* kunstvoll gearbeitet *oder* ausgeführt **2.** (wohl) durchdacht **3.** umständlich **II** *v/t* [ɪˈlæbəreɪt] **4.** sorgfältig ausarbeiten **5.** *Theorie etc* entwickeln **III** *v/i* [ɪˈlæbəreɪt] **6.** nähere Angaben machen: ***elaborate on*** näher eingehen auf (*Akk*)

e·lapse [ɪˈlæps] *v/i* vergehen, -streichen (*Zeit*), ablaufen (*Frist*)

e·las·tic [ɪˈlæstɪk] **I** *Adj* (***elastically***) **1.** *allg* elastisch (*auch fig*): ***elastic conscience*** weites Gewissen; ***elastic concept*** dehnbarer Begriff **2.** Gummi…: ***elastic band*** Gummiring *m*, -band *n*, (Dichtungs)Gummi *m*; ***elastic stocking*** Gummistrumpf *m* **II** *s* **3.** *bes Am* Gummiring *m*, -band *n*, (Dichtungs)Gummi *m*

e·las·tic·i·ty [ˌelæˈstɪsətɪ] *s* *allg* Elastizität *f* (*auch fig*)

e·lat·ed [ɪˈleɪtɪd] *Adj* begeistert (***at*** von), in Hochstimmung

eˈla·tion *s* Begeisterung *f*, Hochstimmung *f*

►**el·bow** [ˈelbəʊ] **I** *s* **1.** Ell(en)bogen *m*: ***at one's elbow*** in Reichweite; *bes fig* an seiner Seite **2.** (scharfe) Biegung *oder* Krümmung **3.** (Rohr-)Krümmer *m*, Kniestück *n* **II** *v/t* **4.** *mit dem Ellbogen* stoßen, drängen (*auch fig*): ***elbow out*** hinausdrängen; ***elbow one's way through*** sich einen Weg bahnen durch

el·bow grease *s hum* **1.** Armschmalz *n* (*Kraft*) **2.** Schufterei *f*

el·bow·room [ˈelbəʊrʊm] *s* **1.** Ellbogenfreiheit *f* **2.** *fig* Bewegungsfreiheit *f*, Spielraum *m*

eld·er[1] [ˈeldə] **I** *Adj* **1.** älter (*Bruder, Schwester etc*) **2.** ***elder statesman*** *Staatsmann im Ruhestand, der die politischen Führer inoffiziell berät; weit. S.* großer alter Mann (*einer Berufsgruppe etc*) **II** *s* **3.** ***my elders*** Leute, die älter sind als ich

el·der[2] [ˈeldə] *s* BOT Holunder *m*

ˈel·derˌber·ry *s* Holunderbeere *f*

eld·er·ly [ˈeldəlɪ] *Adj* ältlich, älter

eld·est [ˈeldɪst] *Adj* ältest (*Bruder, Schwester etc*)

e-learn·ing [ˈiːˌlɜːnɪŋ] *s* E-Learning *n*, internetbasiertes (*oder* vernetztes) Lernen

►**e·lect** [ɪˈlekt] **I** *v/t* *j-n* wählen ([***as, to be***] ***president*** zum Präsidenten) **II** *Adj* (*nachgestellt*) designiert, zukünftig

►**e·lec·tion** [ɪˈlekʃn] **I** *s* Wahl *f*: → ***stand for*** 4 **II** *Adj* Wahl…: ***election campaign*** Wahlkampf *m*

eˌlec·tionˈeer [ɪˌlekʃəˈnɪə] *v/i* Wahlkampf betreiben: ***electioneer for*** Wahlpropaganda treiben für

eˌlec·tionˈeer·ing *s* Wahlkampf *m*; -propaganda *f*

eˈlec·tive **I** *Adj* **1.** gewählt, Wahl… **2.** wahlberechtigt **3.** PÄD, UNI *bes Am* fakultativ: ***elective subject*** *siehe* 4 **II** *s* **4.** PÄD UNI *bes Am* Wahlfach *n*

eˈlec·tor *s* Wähler(in); *Am* Wahlmann *m*

eˈlec·tor·al *Adj* Wähler…, Wahl…: ***electoral college*** *Am* Wahlmänner *Pl*

Electoral College LK

Das **Electoral College** ist das Gremium, das den **President** der USA wählt. Es wird in bundesweiten Wahlen am **election day** (Anfang November des Wahljahres) nach dem Mehrheitswahlrecht (**"the winner takes it all"**) bestimmt. Die Anzahl der Wahlmänner entspricht den Abgeordneten im Kongress plus drei für Washington D.C. Die gewählten **state electors** ermitteln dann im Dezember in einer Direktwahl den Präsidenten mit mindestens 270 Stimmen. Dieses Vorgehen diente ursprünglich der Unvoreingenommenheit der Wahlmänner, ist jedoch heute aufgrund der Parteizugehörigkeit reine Formsache; der Wahlausgang ist bereits vorher bekannt.

eˈlec·to·rate [ɪˈlektərət] *s* Wähler(schaft *f*) *Pl*

►**e·lec·tric** [ɪˈlektrɪk] *Adj* (***electrically***) **1. a)** elektrisch: ***electric blanket*** Heizdecke *f*; ***electric chair*** elektrischer Stuhl; ***electric kettle*** Wasserkocher *m*; ***electric shock*** Stromschlag *m*; MED *etc* Elektroschock *m*; ***electric torch*** *bes Br* Taschenlampe *f*, **b)** Elektro…, **c)** Elektrizitäts…, **d)** elektrotechnisch **2.** *fig* elektrisierend (*Wirkung etc*); spannungsgeladen (*Atmosphäre*)

▶**e·lec·tri·cal** [ɪˈlektrɪkl] *Adj* → ***electric***: ***electrical engineer*** Elektroingenieur(in); -techniker(in); ***electrical engineering*** Elektrotechnik *f*

▶**e·lec·tri·cian** [ˌɪlekˈtrɪʃn] *s* Elektrotechniker(in), Elektriker(in)

▶**e·lec·tri·ci·ty** [ˌɪlekˈtrɪsətɪ] *s* Elektrizität *f*; Strom *m*

e·lec·tro·car·di·o·gram [ɪˌlektrəʊˈkɑːdɪəʊgræm] *s* MED Elektrokardiogramm *n*

e·lec·tro·cute [ɪˈlektrəkjuːt] *v/t* **1.** auf dem elektrischen Stuhl hinrichten **2.** ***be electrocuted*** einen tödlichen Stromschlag erhalten

eˌlec·troˈcu·tion *s* Hinrichtung *f* auf dem elektrischen Stuhl

e·lec·trode [ɪˈlektrəʊd] *s* ELEK Elektrode *f*

e·lec·tron [ɪˈlektrɒn] PHYS **I** *s* Elektron *n* **II** *Adj* Elektronen…: ***electron microscope***

▶**e·lec·tron·ic** [ɪlekˈtrɒnɪk] **I** *Adj* (***electronically***) elektronisch: ***electronic banking*** Electronic Banking *n*; ***electronic cash*** elektronisches Geld, E-Cash *n*; ***electronic commerce*** elektronischer Handel, E-Commerce *m*; ***electronic data processing*** elektronische Datenverarbeitung; ***electronic flash*** FOTO Elektronenblitz *m*. ***electronic mail*** elektronische Post, E-Mail *f*; ***electronic mailbox*** elektronischer Briefkasten, Mailbox *f*; **II** *s* ***electronics*** *Sg* Elektronik *f*

e·lec·tro·plate [ɪˈlektrəʊpleɪt] *v/t* galvanisieren

eˌlec·troˈther·a·py *s* MED Elektrotherapie *f*

el·e·gance [ˈelɪgəns] *s* Eleganz *f*

ˈel·e·gant *Adj* elegant

el·e·ment [ˈelɪmənt] *s* **1.** *allg* Element *n* **2.** *Pl* Anfangsgründe *Pl* **3.** grundlegender Umstand, wesentlicher Faktor: ***element of uncertainty*** Unsicherheitsfaktor; ***element of surprise*** Überraschungselement *n* **4.** *fig* Körnchen *n*, Fünkchen *n* (*Wahrheit etc*) **5.** (Lebens)Element *n*: ***be in one's element*** in seinem Element sein; ***be out of one's element*** sich fehl am Platz fühlen **6.** *Pl* Elemente *Pl*, Naturkräfte *Pl*

el·e·men·tal [ˌelɪˈmentl] *Adj* **1.** elementar: **a)** ursprünglich, natürlich, **b)** urgewaltig, **c)** wesentlich, grundlegend **2.** Elementar…, Ur… **3.** → ***elementary*** 2, 3

ˌel·eˈmen·ta·ry *Adj* **1.** → ***elemental*** 1, 2 **2.** elementar, Einführungs…: ***elementary school*** *Am* Grundschule *f* **3.** CHEM, MATHE, PHYS Elementar…: ***elementary particle*** Elementarteilchen *n*

> **Elementary School** LK
>
> Der erste Abschnitt der Schulausbildung in den USA ist die **elementary school**, auch **grammar** oder **grade school** genannt, welche Kinder im Alter von 6 bis 11 oder 13 absolvieren. Schwerpunktmäßig werden die **three Rs** (**R**eading, W**r**iting, A**r**ithmetic) unterrichtet, dazu kommen Natur- und Geisteswissenschaften sowie Sport und musische Fächer.

▶**el·e·phant** [ˈelɪfənt] *s* ZOOL Elefant *m*

el·e·phan·tine [ˌelɪˈfæntaɪn] *Adj* **1.** elefantenartig **2.** plump, schwerfällig

el·e·vate [ˈelɪveɪt] *v/t* **1.** (hoch-, auf)heben **2.** *j-n* erheben (***to peerage*** in den Adelsstand), befördern (***to*** zu)

ˈel·e·vat·ed *Adj* **1.** erhöht: *Am* ***elevated railway*** (*oder* ***railroad***) Hochbahn *f* **2.** gehoben (*Position, Stil etc*), erhaben (*Gedanken*) **3.** übersteigert (*Meinung etc*)

ˌel·eˈva·tion *s* **1.** (Boden)Erhebung *f*, (An)Höhe *f* **2.** Erhebung *f*, Beförderung *f* **3.** ARCHI, MATHE Aufriss *m*

ˈel·e·va·tor *s Am* Aufzug *m*, Fahrstuhl *m*: ***elevator shaft*** Aufzugschacht *m*

▶**e·lev·en** [ɪˈlevn] **I** *Adj* elf **II** *s* Elf *f* (*auch Sport*)

eˈlev·en·ses [ɪˈlevnzɪz] *s Pl Br ugs* zweites Frühstück

▶**e·lev·enth** [ɪˈlevnθ] *Adj* elft: ***at the eleventh hour*** *fig* in letzter Minute

elf *Pl* **elves** [elvz] *s* **1.** Elf *m*, Elfe *f* **2.** Kobold *m*

ˈelf·ish *Adj* **1.** elfenhaft **2.** koboldhaft, schelmisch

e·lic·it [ɪˈlɪsɪt] *v/t* **1.** (***from***) *etw* entlocken (*Dat*); *Wahrheit etc* herausholen, -locken (aus) **2.** *Applaus, Gelächter etc* hervorrufen

el·i·gi·bil·i·ty [ˌelɪdʒəˈbɪlətɪ] *s* **1.** Eignung *f* **2.** Berechtigung *f* **3.** Wählbarkeit *f*

ˈel·i·gi·ble *Adj* (***for***) infrage kommend (für): **a)** geeignet, annehmbar (für): ***eligible bachelor*** begehrter Junggeselle, **b)** berechtigt, befähigt (zu), qualifiziert (für): ***be eligible for*** Anspruch haben auf (*Akk*); ***eligible to vote*** wahlberechtigt, **c)** teilnahmeberechtigt (an *Dat*), (*Sport auch*) start- *oder* spielberechtigt (für), **d)** wählbar (für)

e·lim·i·nate [ɪˈlɪmɪneɪt] *v/t* **1.** beseitigen, entfernen, eliminieren (***from*** aus) **2.** CHEM, PHYSIOL ausscheiden **3.** *Gegner* ausschalten: ***be eliminated*** (*Sport*) ausscheiden

eˌlim·iˈna·tion *s* **1.** Beseitigung *f*, Eliminierung *f* **2.** CHEM, PHYSIOL Ausscheidung *f* (*auch Sport*) **3.** Ausschaltung *f*

elk [elk] *s* ZOOL Elch *m*

elk test *s* MOT Elchtest *m*

el·lipse [ɪˈlɪps] *s* MATHE Ellipse *f*

elˈlip·sis [ɪˈlɪpsɪs] *Pl* **elˈlip·ses** [ɪˈlɪpsiːz] *s* LING Ellipse *f*

elˈlip·tic, elˈlip·ti·cal [ɪˈlɪptɪkl] *Adj* MATHE, LING elliptisch

elm [elm] *s* BOT Ulme *f*, Rüster *f*

el·o·cu·tion [ˌeləˈkjuːʃn] *s* **1.** Vortrag(sweise *f*) *m* **2.** Vortrags-, Redekunst *f* **3.** Sprechtechnik *f*

e·lon·gate [ˈiːlɒŋgeɪt] *v/t* verlängern

e·lope [ɪˈləʊp] *v/i* **1.** (mit seinem *oder* seiner Geliebten) ausreißen *oder* durchbrennen **2.** sich davonmachen

el·o·quence [ˈeləkwəns] *s* Beredsamkeit *f*, Redegewandtheit *f*

ˈel·o·quent *Adj* beredt, redegewandt

▶**else** [els] *Adv* **1.** (*in Fragen und Verneinungen*) sonst, weiter, außerdem: ***anything else?*** sonst noch etwas?; ***what else can we do?*** was können wir sonst noch tun?; ***no one else*** sonst *oder* weiter niemand **2.** ander: ***that's s.th. else*** das ist etw anderes; ***everybody else*** alle anderen; ***s.o. else*** jemand anders **3.** *meist* ***or else*** sonst, andernfalls

ˌelseˈwhere *Adv* **1.** sonst-, anderswo **2.** anderswohin

ELT [iːelˈtiː] *Abk* (= ***English Language Teaching***) Englischunterricht *m* für Ausländer

e·lu·ci·date [ɪˈluːsɪdeɪt] *v/t Text, Gründe etc* erklären, *Geheimnis etc* aufklären

e·lu·sive [ɪˈluːsɪv] *Adj* **1.** schwer fassbar (*Dieb etc*), ausweichend (*Antwort*) **2.** schwer (er)fassbar *oder* bestimmbar **3.** unzuverlässig, schlecht (*Gedächtnis*)

elves [elvz] *Pl von* ***elf***

e·ma·ci·at·ed [ɪˈmeɪʃɪeɪtɪd] *Adj* abgemagert, ausgemergelt

►**e-mail, E-mail** [ˈiːmeɪl] **I** *s* E-Mail *f* (*elektronische Post*) **II** *v/t* **a)** mit *oder* als E-Mail schicken, als E-mail verschicken, mailen, **b)** *j-m* eine Mail schicken, *j-m* mailen

em·a·nate [ˈeməneɪt] **I** *v/i* **1.** ausströmen (*Gas etc*), ausstrahlen (*Licht*) (***from*** von) **2.** stammen, ausgehen (***from*** von) **II** *v/t* **3.** ausströmen, -strahlen (*beide auch fig*)

e·man·ci·pate [ɪˈmænsɪpeɪt] *v/t* emanzipieren, selbstständig *oder* unabhängig machen (***from*** von)

eˈman·ci·pat·ed *Adj* emanzipiert (*Frau etc*), mündig (*Bürger*)

eˌman·ciˈpa·tion *s* Emanzipation *f*

em·balm [ɪmˈbɑːm] *v/t* (ein)balsamieren

em·bank·ment [ɪmˈbæŋkmənt] *s* **1.** Eindämmung *f*, -deichung *f* **2.** (Erd)Damm *m* **3.** (Bahn-, Straßen)Damm *m*

em·bar·go [emˈbɑːgəʊ] **I** *Pl* **em·bar·goes** *s* **1.** SCHIFF Embargo *n*: ***lay*** (*oder* ***place, put***) ***an embargo on*** *siehe* 3 **2.** WIRTSCH **a)** Handelssperre *f*, -verbot *n*, **b)** *auch allg* Sperre *f*, Verbot *n* (***on*** auf *Dat oder Akk*): ***embargo on imports*** Einfuhrsperre **II** *v/t* **3.** ein Embargo verhängen über (*Akk*)

em·bark [ɪmˈbɑːk] **I** *v/t* **1.** FLUG, SCHIFF *Passagiere* an Bord nehmen, SCHIFF *auch* einschiffen, *Waren auch* verladen (***for*** nach) **II** *v/i* **2.** FLUG, SCHIFF an Bord gehen, SCHIFF *auch* sich einschiffen (***for*** nach) **3.** unternehmen (***on*** *Akk*)

em·bar·ka·tion [ˌembɑːˈkeɪʃn] *s* Einschiffung *f*, Verladung *f*

em·bar·rass [ɪmˈbærəs] *v/t* in (*auch* Geld)Verlegenheit bringen, verlegen machen

emˈbar·rassed *Adj* **1.** verlegen **2.** in Geldverlegenheit

emˈbar·rass·ing *Adj* unangenehm, peinlich (***to*** *Dat*)

emˈbar·rass·ment *s* (*auch* Geld)Verlegenheit *f*: ***be an embarrassment to*** *j-n* in Verlegenheit bringen; *j-m* peinlich sein

em·bas·sy [ˈembəsɪ] *s* POL Botschaft *f*

em·bed [ɪmˈbed] *v/t* **1.** (ein)betten (***in*** in *Akk*): ***embedded in concrete*** einbetoniert **2.** verankern (***in*** in *Akk oder Dat*) (*auch fig*)

em·bel·lish [ɪmˈbelɪʃ] *v/t* **1.** verschöne(r)n, (aus)schmücken **2.** *Erzählung etc* ausschmücken, *Wahrheit* beschönigen

em·ber [ˈembə] *s* **1.** glühendes Stück Holz *oder* Kohle **2.** *Pl* Glut(asche) *f*

em·bez·zle [ɪmˈbezl] *v/t* veruntreuen, unterschlagen

emˈbez·zle·ment *s* Veruntreuung *f*, Unterschlagung *f*

emˈbez·zler *s* Veruntreuer(in)

em·bit·ter [ɪmˈbɪtə] *v/t* **1.** *j-n* verbittern **2.** *Lage etc* (noch) verschlimmern

em·blem [ˈembləm] *s* **1.** Emblem *n*, Symbol *n*: ***national emblem*** Hoheitszeichen *n* **2.** Kennzeichen *n*

em·bod·y [ɪmˈbɒdɪ] *v/t* **1.** verkörpern: **a)** konkrete Form geben (*Dat*), **b)** personifizieren **2.** umfassen, (in sich) vereinigen: ***be embodied in*** enthalten *oder* vereinigt sein in (*Dat*)

em·bo·lism [ˈembəlɪzəm] *s* MED Embolie *f*

em·boss [ɪmˈbɒs] *v/t* TECH prägen

em·brace [ɪmˈbreɪs] **I** *v/t* **1.** umarmen **2.** *fig* einschließen, umfassen **3.** *Beruf, Gelegenheit* ergreifen; *Angebot, Religion etc* annehmen **II** *v/i* **4.** sich umarmen **III** *s* **5.** Umarmung *f*

em·broi·der [ɪmˈbrɔɪdə] **I** *v/t* **1.** *Muster* sticken; *Stoff* besticken **2.** *Bericht etc* ausschmücken **II** *v/i* **3.** sticken

emˈbroi·der·y *s* **1.** Sticken *n*: ***embroidery needle*** Sticknadel *f* **2.** Stickerei(arbeit) *f*: ***do embroidery*** sticken **3.** *fig* Ausschmückung *f*

em·bry·o [ˈembrɪəʊ] *Pl* **em·bry·s** *s* BIOL Embryo *m*: ***in embryo*** *fig* im Entstehen *oder* Werden

em·bry·on·ic [ˌembrɪˈɒnɪk] *Adj* **1.** BIOL embryonal **2.** *fig* (noch) unentwickelt

em·cee [ˌemˈsiː] *ugs* **I** *s* Conférencier *m* **II** *v/t und v/i* als Conférencier leiten (fungieren)

em·er·ald [ˈemərəld] **I** *s* MIN Smaragd *m* **II** *Adj* smaragdgrün

e·merge [ɪˈmɜːdʒ] *v/i* **1.** auftauchen (*auch fig*) **2.** hervorkommen (***from behind*** hinter *den Wolken etc*) **3.** sich herausstellen *oder* ergeben (*Tatsache*)

e·mer·gence [iːˈmɜːdʒəns] *s* Auftauchen *n* (*auch fig*)

►**e·mer·gen·cy** [ɪˈmɜːdʒənsɪ] *s plötzliche* Notlage, kritische Lage: ***in an emergency, in case of emergency*** im Ernst- *oder* Notfall; ***state of emergency*** Notstand *m*, POL *auch* Ausnahmezustand *m*

e·mer·gen·cy call *s* TEL Notruf *m*

e·mer·gen·cy ex·it *s* Notausgang *m*

e·mer·gen·cy land·ing *s* FLUG Notlandung *f*: ***make an emergency landing*** notlanden

e·mer·gen·cy meet·ing *s* Dringlichkeitssitzung *f*

e·mer·gen·cy num·ber *s* TEL Notruf(nummer *f*) *m*

e·mer·gen·cy op·er·a·tion *s* MED Notoperation *f*

e·mer·gen·cy ser·vices *s Pl* Rettungsdienste *Pl*

e·mer·gen·cy stop *s* MOT Vollbremsung *f*: ***make an emergency stop*** eine Vollbremsung machen

e·mer·gen·cy tel·e·phone *s* Notrufsäule *f*

e·mer·gent [iːˈmɜːdʒənt] *Adj* **1.** auftauchend (*auch fig*) **2.** *fig* (jung und) aufstrebend: ***emergent countries*** *Pl* Schwellenländer *Pl*

em·er·y [ˈemərɪ] *Adj* Schmirgel...: ***emery paper*** Schmirgelpapier *n*

e·met·ic [ɪˈmetɪk] *s* Brechmittel *n*

em·i·grant [ˈemɪgrənt] *s* Auswanderer *m*, -wanderin *f*, *bes* POL Emigrant(in)

em·i·grate [ˈemɪgreɪt] *v/i* auswandern, *bes* POL emigrieren (***from*** aus, von; ***to*** nach)

ˌemiˈgra·tion *s* Auswanderung *f*, *bes* POL Emigration *f*

em·i·nence [ˈemɪnəns] *s* **1.** (An)Höhe *f* **2.** Berühmtheit *f*: ***achieve eminence*** Bedeutung erlangen (***as*** als) **3.** REL Eminenz *f*

ˈem·i·nent *Adj* **1.** hervorragend, berühmt **2.** bedeutend **3.** überragend, außergewöhnlich

ˈem·i·nent·ly *Adv* in hohem Maße, überaus

e·mis·sion [ɪˈmɪʃn] *s* **1.** Ausstoß *m*, -strahlung *f*, Aus-, Verströmen *n* **2.** WIRTSCH Ausgabe *f*, Emission *f*

e·mis·sion-free *Adj* MOT schadstofffrei

emoticons WF

Will man bestimmte Emotionen in einer E-Mail vermitteln, kann man sich der sogenannten „Emoticons" bedienen, auch „Smileys" genannt, die durch eine Tastenkombination erzeugt werden. Man muss den Kopf allerdings um 90 Grad nach links neigen, um sie richtig zu sehen. Hier eine kleine Auswahl:

:-)	glücklich	:-(	unglücklich, traurig; enttäuscht
:-))	sehr glücklich (*aber auch* Doppelkinn)	:-<	traurig, enttäuscht
		:-((	sehr unglücklich, sehr enttäuscht
:'-)	Weinen vor Freude	:'-(	Weinen
:-D	lautes Lachen	:-/	skeptisch; „nicht so gut"
;-)	Augenzwinkern	:-I	ernst; „finde ich nicht so komisch"
:-*	Küsschen	:-X	Lippen versiegelt (*auch* dicker Kuss)
:-x	Küsschen		
:-@	Schrei	:->	boshafte, ironische Bemerkung
:-o	überrascht; schockiert	+O:-)	der Papst

e·mit [ɪ'mɪt] *v/t* **1.** *Lava, Rauch* ausstoßen, *Licht, Wärme* ausstrahlen, *Gas, Wärme* aus-, verströmen **2.** *Ton, Meinung* von sich geben; *Schrei, Fluch etc* ausstoßen **3.** *Banknoten* ausgeben, *Wertpapiere auch* emittieren

e·mo·ti·con [ɪ'məʊtɪkɒn] *s* COMPUTER Emoticon *n*

e·mo·tion [ɪ'məʊʃn] *s* **1.** Emotion *f*, Gefühl *n* **2.** Erregung *f* **3.** Rührung *f*, Ergriffenheit *f*

e'mo·tion·al [ɪ'məʊʃənl] *Adj* **1.** emotional, emotionell: **a)** gefühlsmäßig, -bedingt, **b)** gefühlsbetont, empfindsam, **c)** Gemüts…, seelisch: ***emotional balance*** inneres *oder* seelisches Gleichgewicht **2.** gefühlvoll, rührselig

e'mo·tion·less *Adj* gefühllos

e'mo·tive [ɪ'məʊtɪv] *Adj* **1.** gefühlvoll **2.** gefühlsbetont: ***emotive term*** (*oder* ***word***) emotionsgeladenes Wort; Reizwort *n*

em·pa·thy ['empəθɪ] *s* Einfühlung(svermögen *n*) *f*: ***feel empathy for*** sich hineinversetzen können in (*Akk*)

em·per·or ['empərə] *s* Kaiser *m*

em·pha·sis ['emfəsɪs] *Pl* **em·pha·ses** ['emfəsiːz] *s* LING Betonung *f*, *fig auch* Schwerpunkt *m*; Nachdruck *m*: ***lay*** (*oder* ***place, put***) ***emphasis on*** → ***emphasize***; ***with emphasis*** nachdrücklich, mit Nachdruck

em·pha·size ['emfəsaɪz] *v/t* (nachdrücklich) betonen, hervorheben, unterstreichen

em·phat·ic [ɪm'fætɪk] *Adj* (***emphatically***) nachdrücklich; eindringlich

em·pire ['empaɪə] *s* **1.** Reich *n*, Imperium *n* (*beide auch* WIRTSCH *und fig*) **2.** Kaiserreich *n*

em·pir·i·cal [em'pɪrɪkl] *Adj* empirisch, Erfahrungs…

▶**em·ploy** [ɪm'plɔɪ] **I** *v/t* **1.** *j-n* beschäftigen (***as*** als); an-, einstellen **2.** *Gewalt etc* anwenden, gebrauchen **3.** (***in***) *Energie etc* widmen (*Dat*), *Zeit* verbringen (mit): ***be employed in doing s.th.*** damit beschäftigt sein, etw zu tun **II** *s* **4.** Dienst(e *Pl*) *m*, Beschäftigung(sverhältnis *n*) *f*: ***in s.o.'s employ*** bei j-m beschäftigt

▶**em·ploy·ee** [ˌemplɔɪ'iː] *s* Arbeitnehmer(in), Angestellte *m, f*, Arbeiter(in): ***the employees*** *Pl* die Belegschaft

▶**em·ploy·er** [ɪm'plɔɪə] *s* Arbeitgeber(in); Unternehmer(in)

▶**em·ploy·ment** [ɪm'plɔɪmənt] *s* **1.** Beschäftigung *f*, Arbeit *f*, (An)Stellung *f*: ***full employment*** Vollbeschäftigung; ***employment agency*** Stellenvermittlung(sbüro *n*) *f*; ***employment contract*** Arbeitsvertrag *m*; ***employment market*** Arbeits-, Stellenmarkt *m*; ***employment office*** *Br* Arbeitsamt *n*; ***employment permit*** Arbeitserlaubnis *f*; ***employment program***(***me***) Beschäftigungsprogramm *n* **2.** An-, Einstellung *f*

em·pow·er [ɪm'paʊə] *v/t* bevollmächtigen, ermächtigen (***to do*** zu tun)

em·press ['emprɪs] *s* Kaiserin *f*

emp·ti·ness ['emptɪnɪs] *s* Leere *f* (*auch fig*)

▶**emp·ty** ['emptɪ] **I** *Adj* **1.** *allg* leer (*auch fig Versprechungen, Worte etc*), (*Haus etc auch*) leer stehend: ***feel empty*** sich (innerlich) leer fühlen; *ugs* Kohldampf schieben; ***stand empty*** leer stehen; ***empty of*** ohne; ***empty of meaning*** nichtssagend; → ***stomach*** 1 **II** *v/t* **2.** leeren (***into*** in *Akk*), *Fach etc auch* ausräumen, *Glas etc auch* austrinken **3.** *Haus etc* räumen **III** *v/i* **4.** sich leeren **5.** sich ergießen, münden (***into*** in

Emphasis	**Betonung** SG
The view was absolutely beautiful.	Die Aussicht war wirklich herrlich / fantastisch.
His results were extremely bad.	Seine Ergebnisse waren extrem schlecht.
The weather couldn't have been better.	Das Wetter hätte nicht besser sein können.
The interview couldn't have gone worse.	Das Vorstellungsgespräch hätte nicht schlechter laufen können.
I think the lecture was really interesting.	Ich finde, die Vorlesung war wirklich interessant.
It's a very long way to the river.	Es ist ein sehr weiter Weg zum Fluss.
I think it was quite good.	Ich fand es nicht schlecht. *zurückhaltender* Ich fand es gar nicht mal so schlecht.
bes Am **I think it was pretty good.**	Ich fand es ziemlich gut.

Akk) **IV** *s* **6.** *Pl* Leergut *n*

ˌemp·ty-ˈhand·ed *Adj* mit leeren Händen, unverrichteter Dinge

EMS [iːemˈes] *Abk* (= ***European Monetary System***) EWS *n*

em·u·late [ˈemjʊleɪt] *v/t* **1.** wetteifern mit **2.** nacheifern (*Dat*), es gleichtun wollen (*Dat*) **3.** COMPUTER emulieren

e·mul·sion [ɪˈmʌlʃn] *s* CHEM, *etc* Emulsion *f*

en·a·ble [ɪˈneɪbl] *v/t* **1.** *j-n* berechtigen, ermächtigen (***to do*** zu tun) **2.** *j-n* befähigen, es *j-m* möglich machen (***to do*** zu tun) **3.** *etw* möglich machen, ermöglichen: ***enable s.th. to be done*** es ermöglichen, dass etw getan wird

en·act [ɪˈnækt] *v/t* **1.** JUR *Gesetz* erlassen; verfügen, -ordnen **2.** THEAT *etc Stück* aufführen; *Person*, *Rolle* darstellen, spielen

enˈact·ment *s* Verfügung *f*

en·am·el [ɪˈnæml] **I** *s* **1.** Email(le *f*) *n* **2.** Glasur *f* **3.** ANAT Zahnschmelz *m* **II** *v/t Prät und Part Perf* **en·am·eled**, *bes Br* **en·am·elled** **4.** emaillieren **5.** glasieren

en·am·or, **en·am·our** [ɪˈnæmə] *v/t*: ***be enamo(u)red of*** verliebt sein in (*Akk*); *fig* gefesselt *oder* verzaubert sein von

en·case [ɪnˈkeɪs] *v/t*: ***encased in*** gehüllt in (*Akk*), umhüllt von

en·chant [ɪnˈtʃɑːnt] *v/t* **1.** verzaubern **2.** *fig* bezaubern, entzücken: ***be enchanted*** entzückt sein (***by, with*** von)

enˈchant·er *s* Zauberer *m*

enˈchant·ing *Adj* bezaubernd, entzückend

enˈchant·ment *s* **1.** Verzauberung *f* **2.** Zauber *m* (*auch fig*) **3.** Zauberei *f*

enˈchant·ress *s* **1.** Zauberin *f* **2.** *fig* bezaubernde Frau

en·ci·pher [ɪnˈsaɪfə] → ***encode***

en·cir·cle [ɪnˈsɜːkl] *v/t* **1.** umgeben: ***encircled by*** (*oder* ***with***) umgeben von **2.** umfassen **3.** einkreisen, umzingeln, MIL *auch* einkesseln

enˈcir·cle·ment *s* Einkreisung *f*, Umzing(e)lung *f*, MIL *auch* Einkesselung *f*

en·close [ɪnˈkləʊz] *v/t* **1.** (***in***) einschließen (in *Akk oder Dat*), umgeben (mit) **2.** umringen **3.** *mit der Hand etc* umfassen **4.** beilegen, -fügen (***in, with*** *Dat*): ***enclosed please find*** in der Anlage erhalten Sie

enˈclo·sure [ɪnˈkləʊʒə] *s* Anlage *f* (*zu einem Brief etc*)

en·code [enˈkəʊd] *v/t Text* verschlüsseln, chiffrieren

en·com·pass [ɪnˈkʌmpəs] *v/t* **1.** umgeben (***with*** mit) **2.** *fig* umfassen

en·core **I** *Interj* [ɒŋˈkɔː] **1.** da capo!; Zugabe! **II** *s* [ˈɒŋkɔː] **2.** Dakapo(ruf *m*) *n* **3.** Wiederholung *f* (*einer Arie etc*); Zugabe *f* **III** *v/t* [ˈɒŋkɔː] **4.** die Wiederholung (*Gen*) verlangen *oder* erzwingen; von *j-m* eine Zugabe verlangen *oder* erzwingen

en·coun·ter [ɪnˈkaʊntə] **I** *v/t* **1.** *j-m*, *einer Sache* begegnen, *j-n* treffen, auf *j-n*, *Widerstand etc* stoßen **2.** mit *j-m* (*feindlich*) zs.-stoßen **II** *v/i* **3.** sich begegnen *oder* treffen **III** *s* **4.** Begegnung *f* (***of, with*** mit) **5.** *feindlicher* Zs.-stoß *m*

►**en·cour·age** [ɪnˈkʌrɪdʒ] *v/t* **1.** *j-n* ermutigen, ermuntern (***to*** zu), *j-m* Mut machen **2.** *j-n* unterstützen, bestärken (***in*** in *Dat*) **3.** *etw* fördern, unterstützen

enˈcour·age·ment *s* **1.** Ermutigung *f*, Ermunterung *f* **2.** Unterstützung *f*, Bestärkung *f* **3.** Förderung *f*

en·croach [ɪnˈkrəʊtʃ] *v/i* **1.** (***on***) eingreifen (in *j-s Besitz oder Recht*), unberechtigt eindringen (in *Akk*), sich Übergriffe leisten (in, auf *Akk*) **2.** über Gebühr in Anspruch nehmen, missbrauchen (***on*** *Akk*)

enˈcroach·ment *s* Ein-, Übergriff *m*

en·cum·ber [ɪnˈkʌmbə] *v/t Grundstück etc* belasten: ***encumbered with mortgages*** hypothekarisch belastet

enˈcum·brance *s* Belastung *f*

en·cy·clo·pe·di·a, **en·cy·clo·pae·di·a** [enˌsaɪkləʊˈpiːdjə] *s* Enzyklopädie *f*

> **Encyclopaedia Britannica**
>
> Die berühmteste und umfangreichste englischsprachige Enzyklopädie ist die **Encyclopaedia Britannica**. In Buchform besteht sie aus etwa 40 Bänden.

enˌcy·cloˈpe·dic, **enˌcy·cloˈpae·dic** *Adj* enzyklopädisch

►**end** [end] **I** *v/t* **1.** beenden, zu Ende bringen *oder* führen **2. a)** *auch* ***end up*** *etw* ab-, beschließen (***with*** mit), **b)** *den Rest seiner Tage* zu-, verbringen, *seine Tage* beschließen **II** *v/i* **3.** enden, aufhören **4.** *auch* ***end up*** enden, ausgehen: ***end happily*** gut ausgehen; ***end in disaster*** mit einem Fiasko enden **5.** ***end up*** **a)** enden, landen (***in prison*** im Gefängnis), **b)** enden (***as*** als) **III** *s* **6.** (*örtlich*) Ende *n*: ***go off (at) the deep end*** *ugs* hochgehen, wütend werden; ***make (both) ends meet*** durchkommen, finanziell über die Runden kommen **7.** Ende *n*, Rest *m*: → ***thick*** 1, ***thin*** 1 **8.** (*zeitlich*) Ende *n*: ***in the end*** am Ende, schließlich; ***at the end of May*** Ende Mai; ***without end*** unaufhörlich; ***come*** (*oder* ***draw***) ***to an end*** zu Ende gehen; ***put an end to, bring to an end*** *einer Sache* ein Ende setzen **9.** Tod *m*, Ende *n* **10.** *oft Pl* Absicht *f*, (End)Zweck *m*, Ziel *n*: ***the end justifies the means*** der Zweck heiligt die Mittel; ***to this end*** zu diesem Zweck

en·dan·ger [ɪnˈdeɪndʒə] *v/t* gefährden

en·dear·ing [ɪnˈdɪərɪŋ] *Adj* **1.** gewinnend (*Lächeln etc*) **2.** liebenswert (*Eigenschaft etc*)

enˈdear·ment *s*: ***term of endearment*** Kosename *m*, -wort *n*; ***endearments*** *Pl* liebe *oder* zärtliche Worte *Pl*

en·deav·or, **en·deav·our** [ɪnˈdevə] **I** *v/t* bemüht *oder* bestrebt sein (***to do*** zu tun) **II** *s* Bemühung *f*, Bestrebung *f*: ***make every endeavo(u)r*** sich nach Kräften bemühen

end·ing [ˈendɪŋ] *s* **1.** Ende *n*, Schluss *m*: ***happy ending*** Happy End *n* **2.** LING Endung *f*

en·dive [ˈendɪv] *s* BOT (Winter)Endivie *f*

end·less [ˈendlɪs] *Adj allg* endlos

en·dorse [ɪnˈdɔːs] *v/t* **1.** *Erklärung etc* vermerken; *bes Br* eine Strafe vermerken auf (*einem Führerschein*) **2.** WIRTSCH *Scheck etc* indossieren, girieren **3.** *Plan etc* billigen

en·dor·see [ˌendɔːˈsiː] *s* WIRTSCH Indossat *m*

en·dorse·ment [ɪnˈdɔːsmənt] *s* **1.** Vermerk *m*; *bes Br* Strafvermerk *m* (*auf einem Führerschein*) **2.** WIRTSCH Indossament *n*, Giro *n* **3.** Billigung *f*

enˈdors·er *s* WIRTSCH Indossant(in)

en·dow [ɪnˈdaʊ] *v/t* **1.** eine Stiftung machen (*Dat*) **2.** *etw* stiften: ***endow s.o. with s.th.*** j-m etw stiften **3.** *fig* ausstatten (***with*** mit)

enˈdow·ment *s* **1.** Stiftung *f* **2.** Begabung *f*, Ta-

Britisches und amerikanisches Englisch

SG

Britisches und amerikanisches Englisch unterscheiden sich in mehrfacher Hinsicht voneinander: in der Verwendung einzelner Wörter, in der Schreibung und der Aussprache, aber auch in der Grammatik. Hier sind wichtige Beispiele aus allen Bereichen zusammengestellt.

Wortschatz:

British English	**American English**	
angry	**mad**	zornig
aubergine	**eggplant**	Aubergine
autumn	**fall**	Herbst
banknote	**bill**	Geldschein
bill	**check**	Rechnung
biscuit	**cookie**	Keks
boot	**trunk**	Kofferraum
candy floss	**cotton candy**	Zuckerwatte
chemist's	**drug store**	Apotheke
chips	**French fries**	Pommes frites
cinema	**movie theater**	Kino
class, form	**grade**	Klasse(nstufe)
condom	**rubber**	Kondom
cooker	**stove**	Herd
cotton wool	**cotton**	Watte
courgette	**zucchini**	Zucchini
crisps	**chips**	(Kartoffel)Chips
crossroads	**intersection**	Kreuzung
CV	**résumé**	Lebenslauf
film	**movie**	Film
flat	**apartment**	Wohnung
garden	**yard**	Garten
great	**neat**	toll
ground floor	**first floor**	Erdgeschoss
handbag	**purse**	Handtasche
high street	**main street**	Hauptstraße
holiday	**vacation**	Urlaub
lawyer	**attorney**	Anwalt
lift	**elevator**	Aufzug
lorry	**truck**	Lastwagen
main road	**highway**	Fernstraße
maths	**math**	Mathe
motorway	**freeway**	Autobahn
nappy	**diaper**	Windel
nasty	**mean**	gemein
off-licence	**liquor store**	Wein- u. Spirituosenhändler
pants	**panties**	Höschen
pavement	**sidewalk**	Bürgersteig
petrol	**gas**	Benzin
phone box	**phone booth**	Telefonzelle
post	**mail**	Post
primary school	**grade school**	Grundschule
public school	**private school**	Privatschule (oft Internat)
queue	**line**	Reihe, Schlange
railway	**railroad**	Eisenbahn
reverse charge call	**collect call**	R-Gespräch
rubber	**eraser**	Radiergummi
rubbish	**garbage**	Müll
rucksack	**backpack**	Rucksack
secondary school	**high school**	höhere Schule

shop	**store**	Geschäft
state school	**public school**	staatliche Schule
sweet	**candy**	Bonbon
tap	**faucet**	Wasserhahn
timetable	**schedule**	Fahrplan
toilet, loo	**restroom, bathroom**	Toilette
torch	**flashlight**	Taschenlampe
trousers	**pants**	Hose
underpants	**shorts**	Unterhose
wash your hands	**wash up**	die Hände waschen

Schreibung:

British English	**American English**
-re:	**-er:**
centre, metre, theatre	**center, meter, theater**
-our:	**-or:**
behaviour, colour, flavour, humour	**behavior, color, flavor, humor**
-ae-:	**-e-:**
anaesthetic	**anesthetic**
encyclopaedia	**encyclopedia**
-oe-:	**-e-:**
diarrhoea	**diarrhea**
manoeuvre	**maneuver**
-ll-:	**-l-:**
marvellous, traveller	**marvelous, traveler**
aber auch: **-l-:**	aber auch: **-ll-:**
fulfil, instalment	**fulfill, installment**
Endung: **-ise, -isation***:	Endung: **-ize, ization:**
realise, recognise, globalisation	**realize, recognize, globalization**

* im britischen Englisch findet sich zunehmend auch die amerikanische Schreibung mit **-ize / -ization.**

Grammatik:

Unterschiede in der Verwendung der Präpositionen:

British English	**American English**	
at the weekend	**on the weekend**	am Wochenende
in a team	**on a team**	in einem Team
The teacher said on Thursday …	**The teacher said Thursday …**	Der Lehrer sagte am Donnerstag …
Will you write to me?	**Will you write me?**	Schreibst du mir?

Bei Verben benutzt man im britischen Englisch eher die unregelmäßigen Vergangenheitsformen, während das Amerikanische die regelmäßigen Formen verwendet:

British English	**American English**	
burnt	**burned**	verbrannt
dreamt	**dreamed**	geträumt
learnt	**learned**	gelernt
spilt	**spilled**	verschüttet

Amerikanisches Englisch verwendet manchmal auch eine andere Zeitform in der Vergangenheit, besonders in Verbindung mit **yet, already** und **just:**

British English	**American English**	
Have you had lunch yet?	*auch*: **Did you have lunch yet?**	Hast du schon zu Mittag gegessen?
Has he already paid?	*auch*: **Did he pay already?**	Hat er schon bezahlt?
I've just done it.	*auch*: **I just did it.**	Ich hab's gerade gemacht.

Die folgenden grammatischen Beispiele werden sowohl im britischen als auch im amerikanischen Englisch verwendet, sind aber eher einer der beiden Varianten zuzuordnen:

British English	**American English**	
She's got three cats.	**She has three cats.**	Sie hat drei Katzen.
Have you got a pet?	**Do you have a pet?**	Haben Sie ein Haustier?

lent *n*

end prod·uct *s* **1.** WIRTSCH, TECH Endprodukt *n* **2.** *fig* (End)Produkt *n*

en·dur·a·ble [ɪn'djʊərəbl] *Adj* erträglich

en'dur·ance I *s* **1.** Standhaftigkeit *f*, Ausdauer *f*; Aushalten *n*, Ertragen *n*: ***beyond endurance*** unerträglich **2.** TECH Dauerleistung *f* **II** *Adj* **3.** Dauer…: ***endurance test*** TECH Belastungsprobe *f*

E

en'dure I *v/i* **1.** andauern, Bestand haben **2.** durchhalten **II** *v/t* **3.** aushalten, ertragen, erdulden **4.** *neg* ausstehen, leiden

end us·er *s* WIRTSCH End-, Letztverbraucher(in)

en·e·ma ['enɪmə] *Pl* **en·e·mas, en·e·ma·ta** ['enɪmətə] *s* MED Klistier *n*, Einlauf *m*: ***give s.o. an enema*** j-m einen Einlauf machen

►**en·e·my** ['enəmɪ] **I** *s* MIL Feind(in), *weit. S. auch* Gegner(in) (***of*** *Gen*): ***enemy of reform*** Reformgegner(in); ***make an enemy of s.o.*** sich j-n zum Feind machen **II** *Adj* feindlich, Feind(es)…

en·er·get·ic [ˌenə'dʒetɪk] *Adj* (***energetically***) energisch

►**en·er·gy** ['enədʒɪ] *s* Energie *f* (*auch* PHYS): ***energy-saving*** energiesparend

en·er·vate ['enɜːveɪt] *v/t* entkräften, schwächen (*auch fig*); entnerven

en·fold [ɪn'fəʊld] *v/t* **1.** einhüllen (***in*** in *Akk*) **2.** umfassen: ***enfold s.o. in one's arms*** j-n in die Arme schließen

en·force [ɪn'fɔːs] *v/t* **1.** *Argument*, WIRTSCH, JUR *Forderung* geltend machen; *einer Sache* Geltung verschaffen, *Gesetz etc* durchführen; *Urteil* vollstrecken **2.** durchsetzen, erzwingen

en'force·ment *s* **1.** WIRTSCH, JUR Geltendmachung *f*; JUR Vollstreckung *f* **2.** Durchsetzung *f*, Erzwingung *f*

en·gage [ɪn'geɪdʒ] **I** *v/t* **1.** ***become*** (*oder* ***get***) ***engaged*** sich verloben (***to*** mit) **2.** *j-n* ein-, anstellen, *Künstler etc* engagieren (***as*** als) **3.** TECH einrasten lassen, *Kupplung etc* einrücken, *Gang* einlegen **II** *v/i* **4.** ***engage in*** sich einlassen auf (*Akk*) *oder* in (*Akk*); sich beschäftigen mit **5.** TECH einrasten

►**en·gaged** [ɪn'geɪdʒd] *Adj* **1.** *auch* ***engaged*** (***to be married***) verlobt: ***engaged to*** verlobt mit **2.** beschäftigt (***in, on*** mit): ***be engaged in doing s.th.*** damit beschäftigt sein, etw zu tun **3.** in Anspruch genommen **4.** TEL *Br* besetzt: ***engaged tone*** Besetztton *m*, -zeichen *n* **5.** ***"engaged"*** „besetzt" (*Toilette*)

en'gage·ment *s* **1.** Verabredung *f*: ***have an engagement*** verabredet sein **2.** Verlobung *f* (***to*** mit): ***engagement ring*** Verlobungsring *m* **3.** (An)Stellung *f*, THEAT *etc* Engagement *n*

en'ga·ging *Adj* einnehmend (*Wesen etc*), gewinnend (*Lächeln etc*)

en·gen·der [ɪn'dʒendə] *v/t* *Neid etc* erzeugen, hervorrufen (***in*** bei)

►**en·gine** ['endʒɪn] *s* **1.** Motor *m* **2.** BAHN Lokomotive *f*

en·gine block *s* Motorblock *m*

en·gine driv·er *s* BAHN Lokomotivführer(in)

►**en·gi·neer** [ˌendʒɪ'nɪə] **I** *s* **1.** Ingenieur(in); Techniker(in); Mechaniker(in) **2.** BAHN *Am* Lokomotivführer(in) **II** *v/t* **3.** *fig* (geschickt) in die Wege leiten, organisieren

►**en·gi·neer·ing** [ˌendʒɪ'nɪərɪŋ] *s allg* Technik *f*, *eng. S.* Ingenieurwesen *n*, (*auch* ***mechanical engineering***) Maschinen- und Gerätebau *m*

'en·gine im'mo·bi·lis·er *s* MOT Wegfahrsperre *f*

en·gine oil *s* Motoröl *n*

►**Eng·land** ['ɪŋglənd] *Eigenn* England *n*

►**Eng·lish** ['ɪŋglɪʃ] **I** *Adj* **1.** englisch: ***the English Channel*** der Ärmelkanal **II** *s* **2.** ► ***the English*** *Pl* die Engländer *Pl* **3.** LING Englisch *n*; ***in English*** auf Englisch; ***in plain English*** unverblümt; auf gut Deutsch; ***Queen's*** (*oder* ***King's***) ***English*** hochsprachliches Englisch

►**En·glish·man** ['ɪŋglɪʃmən] *s* (*unreg* ***man***) Engländer *m*

►**En·glish·wom·an** ['ɪŋglɪʃˌwʊmən] *s* (*unreg* ***woman***) Engländerin *f*

en·grave [ɪn'greɪv] *v/t* (***on***) (in *Metall, Stein etc*) (ein)gravieren, (-)meißeln, (in *Holz*) einschnitzen: ***be engraved in stone*** in Stein gemeißelt sein, *fig* für alle Ewigkeit gelten; ***it is engraved on*** (*oder* ***in***) ***his memory*** es hat sich ihm tief *oder* unauslöschlich eingeprägt

en'grav·er *s* Graveur(in)

en'grav·ing *s* **1.** Gravieren *n* **2.** Gravierung *f*, (*Kupfer-, Stahl*)Stich *m*, (*Holz*)Schnitt *m*

en·gross [ɪn'grəʊs] *v/t* *j-s Aufmerksamkeit etc* in Anspruch nehmen, *Macht, Unterhaltung etc* an sich reißen

en'grossed *Adj* (***in***) (voll) in Anspruch genommen (von), vertieft, versunken (in *Akk*)

en·gulf [ɪn'gʌlf] *v/t* verschlingen (*auch fig*)

en·hance [ɪn'hɑːns] *v/t* *Wert etc* erhöhen, steigern, heben

e·nig·ma [ɪ'nɪgmə] *s fig* Rätsel *n*

en·ig·mat·ic [ˌenɪg'mætɪk] *Adj* (***enigmatically***) rätselhaft

►**en·joy** [ɪn'dʒɔɪ] *v/t* **1.** Vergnügen *oder* Gefallen finden *oder* Freude haben an (*Dat*): ***enjoy doing s.th.*** daran Vergnügen finden, etw zu tun; ***I enjoy dancing*** ich tanze gern, Tanzen macht mir Spaß; ***did you enjoy the play?*** hat dir das Stück gefallen?; ► ***enjoy o.s.*** sich amüsieren *oder* gut unterhalten; ***enjoy yourself!*** viel Spaß! **2.** genießen, sich *etw* schmecken lassen **3.** sich *eines Besitzes* erfreuen, *j-s Vertrauen etc* genießen: ***enjoy good health*** sich einer guten Gesundheit erfreuen

en'joy·a·ble *Adj* angenehm, erfreulich

en'joy·ment *s* **1.** Vergnügen *n*, Freude *f* (***of*** an *Dat*) **2.** Genuss *m*

en·large [ɪn'lɑːdʒ] **I** *v/t* **1.** vergrößern (*auch* FOTO), *Kenntnisse etc auch* erweitern, *Einfluss etc auch* ausdehnen **II** *v/i* **2.** sich vergrößern *oder* erweitern *oder* ausdehnen **3.** sich verbreiten *oder* (weitläufig) auslassen (***on*** über *Akk*)

en'large·ment *s* Vergrößerung *f* (*auch* FOTO)

en·light·en [ɪn'laɪtn] *v/t* aufklären, belehren (***on, as to*** über *Akk*)

en'light·en·ment *s* Aufklärung *f*

en·list [ɪn'lɪst] **I** *v/t* **1.** *Soldaten* anwerben, *Rekruten* einstellen **2.** *fig* heranziehen, *j-s Dienste* in Anspruch nehmen **II** *v/i* **3.** MIL Soldat werden, sich (freiwillig) melden **4.** (***in***) mitwirken (bei), sich beteiligen (an *Dat*)

en·liv·en [ɪn'laɪvn] *v/t* beleben

en·mesh [ɪn'meʃ] *v/t*: ***be enmeshed in one's own lies*** sich in seinen eigenen Lügen verstrickt *oder* verfangen haben

en·mi·ty ['enmətɪ] *s* Feindschaft *f*

e·nor·mous [ɪ'nɔːməs] *Adj* enorm, ungeheuer, gewaltig

►**e·nough** [ɪ'nʌf] **I** *Adj* ausreichend, genug: ***be enough*** (aus)reichen, genügen **II** *s*: ***I have had enough, thank you*** danke, ich bin satt!; ***enough of that!*** genug davon!, Schluss damit! **III** *Adv* genug, genügend: ***be kind*** (*oder* ***good***) ***enough to do this for me*** sei so freundlich oder gut und erledige das für mich; ***curiously*** (*oder* ***strangely***) ***enough*** merkwürdigerweise

Die Stellung von enough GR

Das Adverb **enough** steht immer nach dem Adjektiv:

When is a child old enough to be left alone at home?

Das Adjektiv **enough** steht vor dem Substantiv:

We haven't got enough money.

In bestimmten Fällen kann **enough** manchmal auch nach dem Substantiv stehen; dies ist allerdings wenig gebräuchlich:

There will be time enough for sleeping.

⚠ **enough** kann nur vor Pluralwörtern oder unzählbaren Substantiven stehen und nie vor Substantiven im Singular!

en·quire, **en·quir·y** → ***inquire, inquiry***
en·rage [ɪnˈreɪdʒ] *v/t* wütend machen
enˈraged *Adj* wütend, aufgebracht (***at, by*** über *Akk*)
en·rap·ture [ɪnˈræptʃə] *v/t* hinreißen, entzücken
enˈrap·tured *Adj* hingerissen, entzückt (***by*** von)
en·rich [ɪnˈrɪtʃ] *v/t* **1.** bereichern (*auch fig*) **2.** CHEM, *etc* anreichern
en·rol, **en·roll** [ɪnˈrəʊl] **I** *v/t* **1.** *j-n, j-s Namen* einschreiben, -tragen (***in*** in *Dat oder Akk*), UNI *j-n* immatrikulieren: ***enrol(l) o.s.*** *siehe* 3 **2.** *j-n* aufnehmen (***in*** in *einen Verein etc*): ***enrol(l) o.s. in*** *siehe* 4 **II** *v/i* **3.** sich einschreiben (lassen), UNI sich immatrikulieren: ***enrol(l) for a course*** einen Kurs belegen **4.** ***enrol(l) in*** beitreten (*Dat*)
enˈrol·ment, **enˈroll·ment** *s* **1.** Einschreibung *f*, -tragung *f*, UNI Immatrikulation *f* **2.** (Gesamt-)Zahl *f* der Eingetragenen *oder* UNI Immatrikulierten
en route [ɑ̃ːnˈruːt] *Adv* unterwegs
en·sem·ble [ɑ̃ːnˈsɑ̃ːmbl] *s* **1.** *das* Ganze, Gesamteindruck *m* **2.** MUS, THEAT, *Mode*: Ensemble *n*
en·sign [ˈensaɪn] *s* SCHIFF (*bes* National)Flagge *f*
en·slave [ɪnˈsleɪv] *v/t* zum Sklaven machen (*auch fig*), versklaven
en·snare [ɪnˈsneə] *v/t* **1.** *in einer Schlinge* fangen **2.** *fig* bestricken, umgarnen
en·sue [ɪnˈsjuː] *v/i* **1.** (darauf) folgen, nachfolgen: ***the ensuing years*** die (darauf) folgenden Jahre **2.** folgen, sich ergeben (***from*** aus)
en·sure [ɪnˈʃɔː] *v/t* **1.** sicherstellen, garantieren (***s.th.*** etw; ***that*** dass) **2.** sorgen für *etw*: ***ensure that*** dafür sorgen, dass
en·tail [ɪnˈteɪl] *v/t* mit sich bringen, zur Folge haben, nach sich ziehen, *Kosten etc* verursachen, erfordern
en·tan·gle [ɪnˈtæŋgl] *v/t* **1.** *Haare, Garn etc* verwirren, -filzen **2.** (***o.s.*** sich) verwickeln, -heddern (***in*** in *Dat*) **3.** *fig* verwickeln, -stricken (***in*** in *Akk*)
►**en·ter** [ˈentə] **I** *v/t* **1.** (hinein-, herein)gehen, (-)kommen, (-)treten in (*Akk*), eintreten, -steigen in (*Akk*), betreten; einreisen in (*Akk*); SCHIFF, BAHN einlaufen, -fahren in (*Akk*); eindringen in (*Akk*): ***it never entered my mind that*** es kam mir nie in den Sinn, dass **2.** *fig* eintreten in (*Akk*), beitreten (*Dat*) **3.** *Namen etc* eintragen, -schreiben, *j-n* aufnehmen, zulassen: ***enter one's name*** (*oder* ***o.s.***) *siehe* 7a **4.** SPORT melden, nennen (***for*** für): ***enter o.s.*** *siehe* 7b **5.** COMPUTER eingeben (*Daten*) **II** *v/i* **6.** eintreten, herein-, hineinkommen, -gehen; THEAT auftreten: ***Enter Hamlet*** Hamlet tritt auf **7. a)** sich eintragen *oder* -schreiben *oder* anmelden (***for*** für), **b)** (*Sport*) melden, nennen (***for*** für) **8.** COMPUTER bestätigen
◆**en·ter in·to** *v/i* **1.** → ***enter*** 1, 2 **2.** anfangen, beginnen; sich einlassen auf (*Akk*); eingehen auf (*Akk*): ***enter into correspondence with*** in Briefwechsel treten mit **3.** *Verpflichtung, Partnerschaft etc* eingehen
en·ter·i·tis [ˌentəˈraɪtɪs] *s* MED Darmkatarr(h) *m*
en·ter key *s* COMPUTER Eingabetaste *f*, Enter-Taste *f*
en·ter·prise [ˈentəpraɪz] *s* **1.** Unternehmen *n*, -nehmung *f* **2.** WIRTSCH Unternehmen *n*, Betrieb *m*; Unternehmertum *n* **3.** Unternehmungsgeist *m*
ˈen·ter·pris·ing *Adj* unternehmungslustig
en·ter·tain [ˌentəˈteɪn] *v/t* **1.** (angenehm) unterhalten **2.** bewirten **3.** *Furcht, Hoffnung etc* hegen **4.** *Vorschlag etc* in Betracht *oder* Erwägung ziehen: ***entertain an idea*** sich mit einem Gedanken tragen
ˌen·terˈtain·er *s* Entertainer(in)
►**en·ter·tain·ing** [ˌentəˈteɪnɪŋ] *Adj* unterhaltend, -haltsam
►**en·ter·tain·ment** [ˌentəˈteɪnmənt] *s* **1.** Unterhaltung *f*: ***much to his entertainment*** sehr zu seiner Belustigung **2.** (*öffentliche*) Unterhaltung, (*professionell dargeboten auch*) Entertainment *n*: ***entertainment industry*** Unterhaltungsindustrie *f*; ***entertainment tax*** Vergnügungssteuer *f*
en·thuse [ɪnˈθjuːz] *v/i* (***about, over***) begeistert sein (von), schwärmen (von, für)
en·thu·si·asm [ɪnˈθjuːzɪæzəm] *s* Enthusiasmus *m*, Begeisterung *f* (***for*** für; ***about*** über *Akk*)
enˈthu·si·ast [ɪnˈθjuːzɪæst] *s* Enthusiast(in)
enˌthu·siˈas·tic *Adj* (***enthusiastically***) begeistert (***about, over*** von), enthusiastisch
en·tice [ɪnˈtaɪs] *v/t* **1.** locken (***into*** in *Akk*): ***entice away*** weglocken (***from*** von); WIRTSCH abwerben; ***entice s.o.'s girlfriend away*** j-m die Freundin abspenstig machen **2.** verlocken, -leiten, -führen (***into*** zu *etw*)
enˈtice·ment *s* **1.** (Ver)Lockung *f*, (An)Reiz *m* **2.** Verführung *f*, -leitung *f*
enˈtic·ing *Adj* verlockend, -führerisch
en·tire [ɪnˈtaɪə] *Adj* **1.** ganz: **a)** vollzählig, -ständig, **b)** gesamt, Gesamt…, **c)** unversehrt, unbeschädigt **2.** *fig* voll, uneingeschränkt (*Vertrauen etc*): ***be in entire agreement with*** voll und ganz *oder* völlig übereinstimmen mit
enˈtire·ly *Adv* völlig, gänzlich
enˈtire·ty *s*: ***in its entirety*** in seiner Gesamtheit, als (ein) Ganzes
en·ti·tle [ɪnˈtaɪtl] *v/t* **1.** *Buch etc* betiteln: ***entitled …*** mit dem Titel … **2.** *j-n* berechtigen (***to*** zu): ***be entitled to*** ein Anrecht *oder* (einen) Anspruch haben auf (*Akk*); ***be entitled to do s.th.*** (dazu) berechtigt sein *oder* das Recht haben, etw zu tun; ***entitled to vote*** wahl-, stimmberechtigt
en·ti·ty [ˈentətɪ] *s* **1.** Einheit *f* **2.** JUR Rechtspersönlichkeit *f*: ***legal entity*** juristische Person

E

Being enthusiastic	**Begeistert sein**
That's amazing / great!	Das ist fantastisch / toll!
What fantastic news!	Das sind fantastische Neuigkeiten!
What an incredible view!	Was für eine unglaubliche Aussicht!
It's absolutely delicious!	Es ist einfach köstlich!
Great! / Cool! *(ugs)*	Toll! / Cool! *(ugs)*
Yes, I'd love to come with you!	Ja, ich würde liebend gerne mitkommen!
It was the best concert I've ever seen!	Es war das beste Konzert, das ich je gesehen habe!
I'm so glad you could come.	Ich freue mich so sehr, dass du kommen konntest.
I'm so happy for you.	Ich freue mich so sehr für dich.
I'm delighted to be here.	Ich freue mich sehr, hier zu sein.
Thank you for a wonderful time.	Danke für eine wunderbare Zeit.

SG

►**en·trance**[1] ['entrəns] *s* **1.** Eintreten *n*, -tritt *m*; SCHIFF, BAHN Einlaufen *n*, -fahrt *f* **2.** Ein-, Zugang *m* (**to** zu); Zufahrt *f*: ***entrance hall*** (Eingangs-, Vor)Halle *f*, (Haus)Flur *m* **3.** Einlass *m*, Ein-, Zutritt *m*: ***entrance fee*** Eintritt(sgeld *n*); Aufnahmegebühr *f*; ***no entrance!*** Zutritt verboten! **4.** THEAT Auftritt *m*: ***make one's entrance*** auftreten

en·trance[2] [ɪn'trɑːns] *v/t* entzücken, hinreißen: ***entranced*** entzückt, hingerissen (**by, with** von)

en·trant ['entrənt] *s* **1.** (Berufs)Anfänger(in) (**to** in *Dat*) **2.** neues Mitglied **3.** SPORT Teilnehmer(in) *(auch allg an einem Wettbewerb)*

en·treat [ɪn'triːt] *v/t* **1.** ständig *oder* dringend bitten, anflehen (**for** um) **2.** *etw* erflehen (**of** von)

en'treat·ing *Adj* flehentlich

en'treat·y *s* dringende Bitte: ***at s.o.'s entreaty*** auf j-s Bitte (hin)

en·trée ['ɒntreɪ] *s* **1.** *bes fig* Zutritt *m* (**into** zu) **2.** GASTR Zwischen-, *Am* Hauptgericht *n*

en·trench [ɪn'trentʃ] *v/t* MIL (**o.s.** sich) verschanzen (**behind** hinter *Dat*) *(auch fig)*

en'trenched *Adj fig* eingewurzelt

en·tre·pre·neur [ˌɒntrəprə'nɜː] *s* WIRTSCH Unternehmer(in)

en·trust [ɪn'trʌst] *v/t* **1.** *etw* anvertrauen (**to s.o.** j-m) **2.** *j-n* betrauen (**with** mit)

en·try ['entrɪ] *s* **1.** → ***entrance***[1] 1 **2.** Einreise *f*, Zuzug *m*: ***entry visa*** Einreisevisum *n* **3.** → ***entrance***[1] 5 **4.** Beitritt *m* (**into** zu) **5.** Einlass *m*, Zutritt *m*: ***gain entry*** Einlass finden; ***make a forced entry into*** gewaltsam eindringen in (*Akk*); ***no entry!*** Zutritt verboten **6.** Zu-, Eingang(stür *f*) *m*, Einfahrt(stor *n*) *f*; (Eingangs-, Vor)Halle *f*, (Haus)Flur *m* **7.** Eintrag(ung *f*) *m*, WIRTSCH *auch* Buchung *f*; Stichwort *n* *(im Lexikon etc)* **8.** SPORT **a)** Nennung *f*, Meldung *f*, **b)** → ***entrant*** 3

'en·try·phone *s* Türsprechanlage *f*

en·twine [ɪn'twaɪn] *v/t* schlingen (**[a]round** um), umwinden (**with** mit)

e·nu·mer·ate [ɪ'njuːməreɪt] *v/t* aufzählen

eˌnu·mer'a·tion *s* Aufzählung *f*

e·nun·ci·ate [ɪ'nʌnsɪeɪt] **I** *v/t* **1.** ausdrücken, -sprechen **2.** formulieren **3.** (*bes* deutlich) aussprechen **II** *v/i* **4.** ***enunciate clearly*** eine deutliche Aussprache haben, deutlich sprechen

en·vel·op [ɪn'veləp] *v/t* **1.** einschlagen, -wickeln, (ein)hüllen (**in** in *Akk*) **2.** *fig* ver-, einhüllen: ***enveloped in mystery*** geheimnisumhüllt

►**en·ve·lope** ['envələʊp] *s* **1.** Hülle *f*, Umschlag *m* **2.** Briefumschlag *m*, Kuvert *n*

en·vi·a·ble ['envɪəbl] *Adj* beneidenswert

'en·vi·ous *Adj* neidisch (**of** auf *Akk*)

►**en·vi·ron·ment** [ɪn'vaɪərənmənt] *s* **1.** Umgebung *f*, SOZIOL *auch* Milieu *n* **2.** Umwelt *f*

enˌvi·ron'men·tal [ɪnˌvaɪərən'mentl] *Adj* **1.** SOZIOL Milieu… **2.** Umwelt…: ***environmental impact*** Umwelteinfluss *m*; ***environmental pollution*** Umweltverschmutzung *f*; ***environmental protection*** Umweltschutz *m*

enˌvi·ron'men·tal·ist [ɪnˌvaɪərən'məntəlɪst] *s* Umweltschützer(in)

en'vi·rons *s Pl* Umgebung *f (eines Ortes etc)*

en·vis·age [ɪn'vɪzɪdʒ] *v/t* **1.** gedenken (**doing** zu tun), in Aussicht nehmen, ins Auge fassen **2.** sich *etw* vorstellen

en·vi·sion [ɪn'vɪʒn] → ***envisage*** 2

en·voy ['envɔɪ] *s* **1.** POL Gesandte *m*, *f* **2.** Abgesandte *m*, *f*, Bevollmächtigte *m*, *f*

en·vy ['envɪ] **I** *s* **1.** Neid *m* (**of** auf *Akk*) **2.** Gegenstand *m* des Neides: ***his car is the envy of everybody*** alle beneiden ihn um seinen Wagen **II** *v/t* **3.** *j-n* beneiden (**s.th.** um etwas)

en·zyme ['enzaɪm] *s* Enzym *n*

e·phem·er·al [ɪ'femərəl] *Adj* flüchtig, kurzlebig

ep·ic ['epɪk] **I** *Adj* (***epically***) **1.** episch **2.** heldenhaft **II** *s* **3.** Epos *n*

ep·i·cure ['epɪˌkjʊə] *s* **1.** Epikureer *m*, Genussmensch *m* **2.** Feinschmecker(in)

ep·i·dem·ic [ˌepɪ'demɪk] MED **I** *Adj* epidemisch *(auch fig)* **II** *s* Epidemie *f*, Seuche *f (beide auch fig)*

ep·i·de·mi·ol·o·gist [ˌepɪdiːmɪ'ɒlədʒɪst] *s* Epidemiologe *m*, -login *f*

ep·i·der·mis [ˌepɪ'dɜːmɪs] *s* ANAT Oberhaut *f*

ep·i·lep·sy ['epɪlepsɪ] *s* MED Epilepsie *f*

ˌep·i'lep·tic **I** *Adj* epileptisch: ***epileptic fit*** epileptischer Anfall **II** *s* Epileptiker(in)

ep·i·logue ['epɪlɒg] *s* Epilog *m*: **a)** Nachwort *n (eines Buchs etc)*, **b)** *fig* Nachspiel *n*, Ausklang *m*

E·piph·a·ny [ɪ'pɪfənɪ] *s* REL Dreikönigsfest *n*

e·pis·co·pal [ɪ'pɪskəpl] *Adj* bischöflich, Bischofs…

e'pis·co·pate [ɪ'pɪskəʊpət] *s* Episkopat *m*, *n*, Bistum *n*

ep·i·sode ['epɪsəʊd] *s* **1.** Episode *f* **2.** RUNDFUNK, TV *etc* Folge *f*

ep·i·sod·ic [ˌepɪ'sɒdɪk] *Adj* (***episodically***) **1.** episodisch **2.** episodenhaft

e·pis·tle [ɪ'pɪsl] *s* REL Epistel *f*
ep·i·taph ['epɪtɑːf] *s* Grabschrift *f*
ep·i·thet ['epɪθet] *s* **1.** Beiwort *n*, Attribut *n* **2.** Beiname *m*
e·pit·o·me [ɪ'pɪtəmɪ] *s* **1.** Auszug *m*, Abriss *m*; kurze Darstellung **2.** *fig* Verkörperung *f*, Inbegriff *m*
e'pit·o·mize *v/t* verkörpern
ep·och ['iːpɒk] *s* Epoche *f*
'ep·och-ˌmak·ing *Adj* epochemachend
eq·ua·ble ['ekwəbəl] *Adj* **1.** gleich(förmig) **2.** ausgeglichen (*auch Klima*), gleichmütig
►**e·qual** ['iːkwəl] **I** *Adj* (→ ***equally***) **1.** gleich: ***be equal to*** gleichen, gleich sein (*Dat*); entsprechen, gleichkommen (*Dat*); ***equal opportunities*** *Pl* Chancengleichheit *f*; ***equal rights*** *Pl* ***for women*** Gleichberechtigung *f* der Frau; ***equal in size, of equal size*** (von) gleicher Größe, gleich groß **2.** ***be equal to*** *einer Aufgabe etc* gewachsen sein **3.** ebenbürtig (***to*** *Dat*), gleichwertig: ***be on equal terms*** (***with***) auf gleicher Stufe stehen (mit); gleichberechtigt sein (*Dat*) **II** *s* **4.** Gleichgestellte *m*, *f*: ***your equals*** *Pl* deinesgleichen; ***he has no*** (*oder* ***is without***) ***equal*** er hat nicht *oder* sucht seinesgleichen **III** *v/t Prät und Part Perf* **e·qualed**, *bes Br* **e·qualled** **5.** (*Dat*) gleichen, gleichkommen (***in*** an *Dat*) **6.** SPORT *Rekord* einstellen
e·qual·i·ty [ɪ'kwɒlətɪ] *s* Gleichheit *f*: ***equality*** (***of rights***) Gleichberechtigung *f*; ***equality of opportunity*** Chancengleichheit *f*
e·qual·i·za·tion [ˌiːkwəlaɪ'zeɪʃn] *s* Gleichstellung *f*
'e·qual·ize **I** *v/t* **1.** gleichmachen, -setzen, -stellen **2.** ausgleichen **II** *v/i* **3.** SPORT ausgleichen
'e·qual·iz·er *s* SPORT Ausgleich(stor *n*) *m*
'e·qual·ly *Adv* gleich (*groß etc*)
e·quals sign *s* Gleichheitszeichen *n*
e·qua·nim·i·ty [ˌekwə'nɪmətɪ] *s* Ausgeglichenheit *f*, Gleichmut *m*
e·quate [ɪ'kweɪt] *v/t* **1.** gleichsetzen, -stellen (***to***, ***with*** *Dat*) **2.** als gleich(wertig) ansehen *oder* behandeln
e'qua·tion [ɪ'kweɪʒn] *s* **1.** MATHE Gleichung *f* **2.** Gleichsetzung *f*, -stellung *f*
e'qua·tor [ɪ'kweɪtə] *s* Äquator *m*
e·qua·to·ri·al [ˌekwə'tɔːrɪəl] *Adj* äquatorial, Äquator…
e·ques·tri·an [ɪ'kwestrɪən] **I** *Adj* Reit(er)…: ***equestrian sports*** *Pl* Reit-, Pferdesport *m*; ***equestrian statue*** Reiterstatue *f*; -standbild *n* **II** *s* (*auch* Kunst)Reiter(in)
e·qui·dis·tant [ˌiːkwɪ'dɪstənt] *Adj* gleich weit entfernt
e·qui·lat·er·al [ˌiːkwɪ'lætərəl] *Adj* MATHE gleichseitig
e·qui·lib·ri·um [ˌiːkwɪ'lɪbrɪəm] *s* Gleichgewicht *n*
e·qui·nox ['iːkwɪnɒks] *s* Tagundnachtgleiche *f*
e·quip [ɪ'kwɪp] *v/t* **1.** ausrüsten, -statten (***with*** mit), *Krankenhaus etc* einrichten **2.** *fig j-m* das (geistige *oder* nötige) Rüstzeug geben (***for*** für): ***be well equipped for*** das nötige Rüstzeug haben für
e'quip·ment *s* **1. a)** Ausrüstung *f*, -stattung *f*, **b)** *meist Pl* Ausrüstung(sgegenstände *Pl*) *f*, **c)** TECH Einrichtung *f*, Maschine(n *Pl*) *f* **2.** *fig* (geistiges *oder* nötiges) Rüstzeug
e·qui·poise ['ekwɪpɔɪz] *s* **1.** Gleichgewicht *n* (*auch fig*) **2.** *meist fig* Gegengewicht *n* (***to*** zu)
eq·ui·ta·ble ['ekwɪtəbl] *Adj* gerecht, (recht und) billig
eq·ui·ty ['ekwətɪ] *s* **1.** Gerechtigkeit *f*, Billigkeit *f* **2.** WIRTSCH Eigenkapital *n*, Stammaktie *f*, Dividendenpapier *n*: ***equity market*** Aktienmarkt *m*
e·quiv·a·lence [ɪ'kwɪvələns] *s* Gleichwertigkeit *f*, CHEM *etc auch* Äquivalenz *f*
e'quiv·a·lent **I** *Adj* **1.** gleichbedeutend (***to*** mit) **2.** gleichwertig, CHEM *etc auch* äquivalent: ***be equivalent to*** gleichkommen, entsprechen (*Dat*) **II** *s* **3.** (***of***) Äquivalent *n* (für), (genaue) Entsprechung (zu)
e·quiv·o·cal [ɪ'kwɪvəkl] *Adj* **1.** zweideutig, doppelsinnig **2.** unbestimmt, ungewiss, fraglich **3.** fragwürdig
e·ra ['ɪərə] *s* Ära *f*, Zeitalter *n*
e·rad·i·cate [ɪ'rædɪkeɪt] *v/t* ausrotten (*auch fig*)
e·rase [ɪ'reɪz] *v/t* **1.** *Schrift etc* ausstreichen, -radieren, löschen (***from*** von); *Tonband(aufnahme) etc*, PÄD *Am auch Tafel* löschen **2.** *fig* (aus)löschen (***from*** aus)
e'ras·er *s* Radiergummi *m*; PÄD *Am* Tafelwischer *m*
e'ra·sure [ɪ'reɪʒə] *s* **1.** Ausradieren *n*; Löschen *n* **2.** ausradierte *oder* gelöschte Stelle
e·rect [ɪ'rekt] **I** *v/t* **1.** aufrichten **2.** *Gebäude etc* errichten; *Maschine etc* aufstellen **II** *Adj* **3.** aufgerichtet, aufrecht: ***with head erect*** erhobenen Hauptes **4.** PHYSIOL erigiert
e'rec·tion *s* **1.** Errichtung *f*; Aufstellung *f* **2.** Bau *m*, Gebäude *n* **3.** PHYSIOL Erektion *f*
er·go·nom·ic [ˌɜːgəʊ'nɒmɪk] I *Adj* ergonomisch **II** *s* ***ergonomics*** *Sg* Ergonomie *f*
er·mine ['ɜːmɪn] *s* ZOOL Hermelin *n*
e·rode [ɪ'rəʊd] *v/t* **1.** an-, zer-, wegfressen **2.** GEOL erodieren **3.** *fig* aushöhlen, untergraben
e·rog·e·nous [ɪ'rɒdʒɪnəs] *Adj* PHYSIOL erogen: ***erogenous zone***
e·ro·sion [ɪ'rəʊʒn] *s* **1.** GEOL Erosion *f* **2.** *fig* Aushöhlung *f*
e·rot·ic [ɪ'rɒtɪk] *Adj* (***erotically***) erotisch
e'rot·i·cism [ɪ'rɒtɪsɪzəm], *bes Am* **er·o·tism** ['erətɪzəm] *s* Erotik *f*
err [ɜː] *v/i* (sich) irren: ***to err is human*** Irren ist menschlich
er·rand ['erənd] *s* Botengang *m*, Besorgung *f*: ***go on*** (*oder* ***run***) ***an errand*** einen Botengang *oder* eine Besorgung machen
er·rand boy *s* Laufbursche *m*
er·ra·ta [e'rɑːtə] *Pl* Errata *Pl*, Druckfehlerverzeichnis *n*
er·rat·ic [ɪ'rætɪk] *Adj* (***erratically***) sprunghaft, unberechenbar
er·ro·ne·ous [ɪ'rəʊnjəs] *Adj* irrig, falsch: ***erroneous belief*** Irrglaube(n) *m*
er'ro·ne·ous·ly *Adv* irrtümlicher-, fälschlicherweise
er·ror ['erə] *s* Irrtum *m*, Fehler *m*, Versehen *n*: ***in error*** irrtümlicherweise; ***error of judg(e)ment*** falsche Beurteilung; ***errors excepted*** WIRTSCH Irrtümer vorbehalten; ***error message*** COMPUTER Fehlermeldung *f*
e·rupt [ɪ'rʌpt] *v/i* ausbrechen (*Ausschlag*, *Streit*, *Vulkan etc*)
e'rup·tion *s* **1.** Ausbruch *m*: ***angry eruption*** Wutausbruch **2.** MED Ausschlag *m*
es·ca·late ['eskəleɪt] **I** *v/t* **1.** *Krieg etc* eskalieren **II** *v/i* **2.** eskalieren **3.** steigen, in die Höhe gehen (*Preise etc*)
ˌes·ca'la·tion *s* Eskalation *f*
'es·ca·la·tor *s* Rolltreppe *f*
es·ca·lope [e'skælɒp] *s* GASTR (*bes* Wiener) Schnitzel *n*

es·ca·pade [ˌeskəˈpeɪd] *s* Eskapade *f*

▶**es·cape** [ɪˈskeɪp] **I** *v/t* **1.** *j-m* entfliehen, -kommen; *einer Sache* entgehen: → ***notice*** 1 **2.** *fig j-m* entgehen, übersehen *oder* nicht verstanden werden von **3.** *dem Gedächtnis* entfallen: ***his name escapes me*** sein Name ist mir entfallen **4.** *j-m* entschlüpfen, -fahren (*Fluch etc*) **II** *v/i* **5.** (ent)fliehen, entkommen (***from*** aus, *Dat*) **6.** sich retten (***from*** vor *Dat*), davonkommen (***with a fright*** mit dem Schrecken; ***with one's life*** mit dem Leben) **7.** ausfließen (*Flüssigkeit*); entweichen, ausströmen (***from*** aus) (*Gas etc*) **III** *s* **8.** Entkommen *n*, Flucht *f*: ***have a narrow escape*** mit knapper Not davonkommen *oder* entkommen; ***that was a narrow escape!*** das war knapp! **9.** Entweichen *n*, Ausströmen *n*

es·cape chute *s* FLUG Notrutsche *f*

es·cape key *s* COMPUTER Escape-Taste *f*

es·cort I *s* [ˈeskɔːt] **1.** MIL Eskorte *f*, Begleitmannschaft *f* **2.** FLUG, SCHIFF Geleit(schutz *m*) *n*; SCHIFF Geleitschiff *n* **3.** Geleit *n*, Schutz *m*; Gefolge *n*, Begleitung *f*; Begleiter(in) **II** *v/t* [ɪˈskɔːt] **4.** MIL eskortieren **5.** FLUG, SCHIFF *j-m* Geleitschutz geben **6.** geleiten; begleiten

Es·ki·mo [ˈeskɪməʊ] *Pl* **Es·ki·mos** *s* Eskimo *m*, Eskimofrau *f*

ESL [iːesˈel] *Abk* (= ***English as a second language***) Englisch *n* als Fremdsprache

e·soph·a·gus *Am* → ***oesophagus***

es·o·ter·ic [ˌesəʊˈterɪk] *Adj* (***esoterically***) esoterisch

es·pe·cial [ɪˈspeʃl] *Adj* besonder

▶**es·pe·cial·ly** [ɪˈspeʃəlɪ] *Adv* besonders, hauptsächlich

es·pi·o·nage [ˈespɪənɑːʒ] *s* Spionage *f*

es·pla·nade [ˌespləˈneɪd] *s* **1.** (*bes* Strand-, Ufer)Promenade *f* **2.** Esplanade *f*

es·pres·so [eˈspresəʊ] *Pl* **es·pres·sos** *s* **1.** Espresso *m* **2.** Espressomaschine *f*

Es·quire [ɪˈskwaɪə]: ***John Smith, Esq.*** *bes Br* (*auf Briefen*) Herrn John Smith

es·say [ˈeseɪ] *s* Essay *m*, *n*, *auch* PÄD Aufsatz *m*

ˈes·say·ist *s* Essayist(in)

es·sence [ˈesns] *s* **1.** *das* Wesen(tliche), Kern *m* (*einer Sache*): ***in essence*** im Wesentlichen **2.** Essenz *f*, Extrakt *m*

es·sen·ti·al [ɪˈsenʃl] **I** *Adj* (→ ***essentially***) **1.** wesentlich: **a)** grundlegend, **b)** unentbehrlich, unbedingt erforderlich (***to*** für): ***essential to life*** lebensnotwendig, -wichtig **2.** CHEM ätherisch: ***essential oil*** **II** *s meist Pl* **3.** *das* Wesentliche, Hauptsache *f* **4.** (wesentliche) Voraussetzung (***to*** für)

esˈsen·tial·ly [ɪˈsenʃəlɪ] *Adv* im Wesentlichen

▶**es·tab·lish** [ɪˈstæblɪʃ] *v/t* **1.** ein-, errichten, *Konto* eröffnen, *Gesetz etc* einführen, erlassen, *Rekord, Theorie* aufstellen, *Ausschuss etc* bilden, einsetzen, *Verbindung* herstellen, *diplomatische Beziehungen etc* aufnehmen **2.** ***establish o.s.*** WIRTSCH sich (*auch beruflich*) etablieren *oder* niederlassen **3.** *Ruhm etc* begründen: ***establish one's reputation as*** sich einen Namen machen als **4.** *Ansicht, Forderung etc* durchsetzen, *Ordnung* schaffen **5.** be-, nachweisen

esˈtab·lished *Adj* **1.** bestehend **2.** feststehend, unzweifelhaft **3.** ***Established Church*** Staatskirche *f*

esˈtab·lish·ment *s* **1.** Ein-, Errichtung *f*, Einführung *f*, Aufstellung *f*, Bildung *f*, Herstellung *f*, Aufnahme *f* **2.** ***the Establishment*** das Establishment **3.** WIRTSCH Unternehmen *n*, Firma *f*; Niederlassung *f* **4.** Anstalt *f*, (öffentliches) Institut

es·tate [ɪˈsteɪt] *s* **1.** JUR Besitz(tum *n*) *m*; (Erb-, Konkurs)Masse *f*, Nachlass *m*; → ***real*** 3 **2.** Landsitz *m*, Gut *n* **3.** *Br* (Wohn)Siedlung *f*; Industriegebiet *n*

es·tate a·gent *s Br* **1.** Grundstücksverwalter(in) **2.** Grundstücks-, Immobilienmakler(in)

es·tate car *s Br* Kombiwagen *m*

es·teem [ɪˈstiːm] **I** *v/t* **1.** achten, (hoch) schätzen **2.** erachten *oder* ansehen als, *etw* halten für **II** *s* **3.** Achtung *f* (***for*** vor *Dat*): ***hold in (high) esteem*** *siehe* 1

es·thete, *etc. Am* → ***aesthete***, *etc*

es·ti·ma·ble [ˈestɪməbl] *Adj* **1.** achtens-, schätzenswert **2.** (ab)schätzbar

▶**es·ti·mate** [ˈestɪmeɪt] **I** *v/t* **1.** (ab-, ein)schätzen, veranschlagen (***at*** auf *Akk*): ***estimated value*** Schätzwert *m*; ***an estimated 200 people*** schätzungsweise 200 Leute **2.** beurteilen, bewerten **II** *v/i* **3.** schätzen **4.** einen Kostenvoranschlag machen (***for*** für) **III** *s* [ˈestɪmət] **5.** Schätzung *f*, Veranschlagung *f*, Kostenvoranschlag *m*: ***rough estimate*** grober Überschlag; ***at a rough estimate*** grob geschätzt **6.** Bewertung *f*

es·ti·ma·tion [ˌestɪˈmeɪʃn] *s* **1.** Meinung *f*: ***in my estimation*** nach meiner Ansicht **2.** Achtung *f*, Wertschätzung *f*

Es·to·nia (**Es·tho·nia**) [eˈstəʊnjə] *Eigenn* Estland *n*

es·trange [ɪˈstreɪndʒ] *v/t j-n* entfremden (***from*** *Dat*): ***become estranged*** sich entfremden (***from*** *Dat*); sich auseinanderleben

es·tro·gen *Am* → ***oestrogen***

es·tu·ar·y [ˈestjʊərɪ] *s* **1.** (*den Gezeiten ausgesetzte*) Flussmündung **2.** Meeresbucht *f*, -arm *m*

e-tai·ler [ˈiːˌteɪlə] *s* E-Tailer *m*, Internet-Einzelhändler *m*

etch [etʃ] *v/t* **1.** ätzen **2.** in Kupfer stechen; radieren

ˈetch·ing *s* Kupferstich *m*; Radierung *f*

e·ter·nal [ɪˈtɜːnl] *Adj* **1.** ewig **2.** ewig, unaufhörlich

eˈter·ni·ty *s* Ewigkeit *f* (*auch fig*)

e·ther [ˈiːθə] *s* CHEM Äther *m*

e·the·re·al [ɪˈθɪərɪəl] *Adj* ätherisch (*auch fig*)

eth·i·cal [ˈeθɪkl] *Adj* **1.** ethisch **2.** PHARM rezeptpflichtig

ˈeth·ics *s Pl* **1.** *Sg* Ethik(unterricht *m*) *f* **2.** (*Berufs- etc*) Ethos *n*

E·thi·o·pia [ˌiːθɪˈəʊpjə] *Eigenn* Äthiopien *n*

eth·nic [ˈeθnɪk] *Adj* (***ethnically***) **1.** ethnisch: ***ethnic Germans*** Deutschstämmige *Pl*; ***ethnic group*** Volksgruppe *f* **2.** folkloristisch

> **Ethnic minorities in GB** LK
>
> Die Herkunftsländer waren einst Teil des **British Empire**. Bis 1981 war für Bürger des **Commonwealth of Nations** eine Auswanderung ins **mother country** uneingeschränkt möglich, wo sie ihr Recht als britische Staatsbürger in Anspruch nahmen. Die starke Einwanderung v. a. seit den 50er-Jahren machte Großbritannien zu der heutigen multikulturellen Gesellschaft, in der die **ethnic minorities** mehr als 5% der Bevölkerung ausmachen. Vor allem in den

großen Städten liegt der Anteil der Bevölkerung z. B. aus der Karibik, Afrika, Indien oder China noch wesentlich höher.
Doch die kulturelle Vielfalt hat auch ihre Schattenseiten. Die Einwanderer und deren Nachkommen werden oft als Sündenböcke für soziale und wirtschaftliche Probleme verantwortlich gemacht. Trotz der **Race Relations Act** 1965, 1968 und 1976, welche die Diskriminierung für ungesetzlich erklärten, bleiben Vorurteile und Ablehnung oft bis heute unverändert und gipfeln in teilweise gewaltsamen Unruhen.

et·i·quette ['etɪket] *s* Etikette *f*, Anstands-, Verhaltensregeln *Pl*
et·y·mo·log·i·cal [ˌetɪmə'lɒdʒɪkl] *Adj* etymologisch
et·y·mol·o·gy [ˌetɪ'mɒlədʒɪ] *s* Etymologie *f*
EU [ˌiː'juː] *Abk* (**European Union**) EU *f*: ***EU country*** EU-Land *n*; ***EU standard*** EU-Norm *f*
eu·ca·lyp·tus [ˌjuːkə'lɪptəs] *s* BOT Eukalyptus *m*
eu·lo·gy ['juːlədʒɪ] *s* **1.** Lob(preisung *f*) *n* **2.** Lobrede *f* (**on** auf *Akk*)
eu·nuch ['juːnək] *s* Eunuch *m*
eu·phe·mism ['juːfəmɪzəm] *s* Euphemismus *m*
ˌeu·phe'mis·tic *Adj* (***euphemistically***) euphemistisch, verhüllend
eu·phor·ia [juː'fɔːrɪə] *s* Euphorie *f*
eu·phor·ic [juː'fɒrɪk] *Adj* (***euphorically***) euphorisch
eu·ro ['jʊərəʊ] *Pl* **eu·ros** *s* (*Währung*) Euro *m*
Eu·ro- ['jʊərəʊ] *Wortelement mit der Bedeutung* europäisch, Euro…
eu·ro area *s* Euro(währungs)gebiet *n*, Eurozone *f*
'Eu·ro·cheque *s Br* Eurocheque *m*
Eu·ro·cheque card *s* Eurochequekarte *f*
'eu·ro·cent *s* Eurocent *m*
Eu·ro·crat ['jʊərəkræt] *s* Eurokrat(in)
'Eu·ro·cur·ren·cy *s* Eurowährung *f*
'Eu·ro·land *s* Euroland *n*
▶**Eu·rope** ['jʊərəp] *Eigenn* Europa *n*
▶**Eu·ro·pe·an** [ˌjʊərə'piːən] **I** *Adj* europäisch: ***European champion*** (*Sport*) Europameister(in); ***European championship*** (*Sport*) Europameisterschaft *f*; ***European cup*** (*Sport*) Europacup *m*, Europapokal *m*; ***European Monetary System*** Europäisches Währungssystem *n*; ▶ ***European Union*** Europäische Union **II** *s* Europäer(in)
'Eu·roˌscep·tic *s Br* Euroskeptiker(in)
Eu·ro·vi·sion ['jʊərəʊˌvɪʒn] TV **I** *s* Eurovision *f* **II** *Adj* Eurovisions…
'eu·ro·zone *s* Eurozone *f*
eu·tha·na·si·a [ˌjuːθə'neɪzjə] *s* Sterbehilfe *f*
e·vac·u·ate [ɪ'vækjʊeɪt] *v/t Personen* evakuieren; *Gebiet etc* evakuieren, *auch Haus etc* räumen
eˌvac·u'a·tion *s* Evakuierung *f*; Räumung *f*
eˌvac·u'ee [ɪˌvækjuː'iː] *s* Evakuierte *m, f*
e·vade [ɪ'veɪd] *v/t* **1.** *einem Schlag etc* ausweichen **2.** sich *einer Pflicht etc* entziehen, *etw* umgehen, vermeiden, *Steuern* hinterziehen: ***evade*** (***answering***) ***a question*** einer Frage ausweichen
e·val·u·ate [ɪ'væljʊeɪt] *v/t* **1.** *Wert etc* schätzen, *Schaden etc* festsetzen (**at** auf *Akk*) **2.** abschätzen, bewerten
eˌval·u'a·tion *s* **1.** Schätzung *f*, Festsetzung *f* **2.** Abschätzung *f*, Bewertung *f*
evan·gelist [ɪ'vændʒəlɪst] *s* Prediger(in)
evan·gelize [ɪ'vændʒəlaɪz] *v/t* missionieren, zum Christentum bekehren
e·vap·o·rate [ɪ'væpəreɪt] **I** *v/t* **1.** verdampfen *oder* verdunsten lassen **2.** eindampfen: ***evaporated milk*** Kondensmilch *f* **II** *v/i* **3.** verdampfen, verdunsten **4.** *fig* sich verflüchtigen, verfliegen
eˌvap·o'ra·tion *s* Verdampfung *f*, Verdunstung *f*
e·va·sion [ɪ'veɪʒn] *s* **1.** Umgehung *f*, Vermeidung *f*, (*Steuer*)Hinterziehung *f* **2.** Ausflucht *f*, Ausrede *f*
e'va·sive [ɪ'veɪsɪv] *Adj* **1.** ausweichend (*Antwort*): ***be evasive*** ausweichen **2.** schwer fassbar
eve [iːv] *s* **1.** *meist* **Eve** Vorabend *m*, -tag *m* (*eines Festes*) **2.** *fig* Vorabend *m*: ***on the eve of*** am Vorabend von (*oder Gen*), kurz *oder* unmittelbar vor (*Dat*)
▶**e·ven**[1] ['iːvn] *Adv* **1.** sogar, selbst: ▶ ***not even*** nicht einmal; ***even if*** selbst wenn; ***even though*** obwohl; ***even as a child he was …*** schon als Kind war er … **2.** noch: ***even better*** (sogar) noch besser
e·ven[2] ['iːvn] **I** *Adj* **1.** eben, flach, gerade **2.** auf *oder* in gleicher Höhe (**with** mit) **3.** waag(e)recht **4.** *fig* ausgeglichen: ***of an even temper*** ausgeglichen; ***even voice*** ruhige Stimme **5.** gleichmäßig (*Atmen etc*) **6.** WIRTSCH ausgeglichen (*auch Sport*): ***be even with*** quitt sein mit (*auch fig*) **7.** gleich, identisch **8.** gerade (*Zahl*) **II** *v/t* **9.** *auch* ***even out*** (ein)ebnen, glätten; ausgleichen; (gleichmäßig) verteilen **10.** ***even up*** *Rechnung* aus-, begleichen: ***even things up*** sich revanchieren **III** *v/i* **11.** *auch* ***even out*** eben werden (*Gelände*); sich ausgleichen; sich (gleichmäßig) verteilen
e·ven-'hand·ed *Adj* fair, gerecht
▶**eve·ning** ['iːvnɪŋ] *s* Abend *m*: ***in the evening*** abends, am Abend; ***on the evening of*** am Abend (*Gen*); ***last*** (***this, tomorrow***) ***evening*** gestern (heute, morgen) Abend
eve·ning class·es *s Pl* PÄD Abendunterricht *m*
eve·ning dress *s* **1.** Abendkleid *n* **2.** Frack *m*; Smoking *m*
eve·ning pa·per *s* Abendzeitung *f*
eve·ning star *s* ASTR Abendstern *m*
eve·ning wear *s* **1.** Abendkleid *n* **2.** Frack *m*; Smoking *m*
e·ven·ness ['iːvnnɪs] *s* **1.** Ausgeglichenheit *f* **2.** Gleichmäßigkeit *f*
▶**e·vent** [ɪ'vent] *s* **1.** Fall *m*: ***at all events*** auf alle Fälle; ***in any event*** in jedem Fall; ***in the event of*** im Falle (*Gen*) **2.** Ereignis *n*: ***after the event*** hinterher, im Nachhinein **3.** SPORT Disziplin *f*; Wettbewerb *m*
ˌe·ven-'tem·pered *Adj* ausgeglichen
e·vent·ful [ɪ'ventfʊl] *Adj* ereignisreich
e·ven·tu·al·i·ty [ɪˌventʃʊ'ælətɪ] *s* Möglichkeit *f*, Eventualität *f*
e'ven·tu·al·ly [ɪ'ventʃʊəlɪ] *Adv* schließlich
▶**ev·er** ['evə] *Adv* **1.** immer (wieder), ständig: ***ever since*** seit der Zeit, seitdem **2.** immer (*vor Komp*): ***ever larger*** **3.** je(mals): ***have you ever been to London?*** bist du schon einmal in London gewesen?; ***hardly ever*** fast nie **4.** ***ever so*** *bes Br ugs* sehr, noch so: ***ever so simple*** ganz einfach; ***ever so many*** unendlich viele; ***thank you ever so much*** tausend Dank! **5.** *ugs* denn, überhaupt: ***what ever does he***

want? was will er denn überhaupt?
'ev·er·green *s* **1.** BOT immergrüne Pflanze **2.** MUS Evergreen *m, n*
,ev·er-'last·ing *Adj* **1.** ewig **2.** *fig* unaufhörlich **3.** unverwüstlich, unbegrenzt haltbar
,ev·er'more *Adj*: **(for) evermore** für immer
▶ **ev·er·y** ['evrɪ] *Adv* **1.** jede(r, -s): **every day** jeden Tag, alle Tage; → **now** 1, **other** 4, **second**[1] 1 **2.** jede(r, -s) (einzelne ... *oder* erdenkliche ...): **her every wish** jeder ihrer *oder* alle ihre Wünsche; **every bit as much** *ugs* ganz genau so viel; **have every reason** allen Grund haben
▶ **ev·ery·bo·dy** ['evrɪ,bɒdɪ] → **everyone**
'ev·ery·day *Adj* **1.** (all)täglich **2.** Alltags... **3.** gewöhnlich, Durchschnitts...
▶ **ev·ery·one** ['evrɪwʌn] *Pron* jeder(mann): **in everyone's mouth** in aller Munde; **to everyone's amazement** zum allgemeinen Erstaunen

> **Das Possessivpronomen nach someone, everyone** GR
>
> Steht nach **someone** oder **everyone** ein Possessivpronomen, dann meist das geschlechtsneutrale **their**, um das umständliche **his or her** zu vermeiden:
>
> **Everyone is entitled to say their own opinion.**

▶ **ev·ery·thing** ['evrɪθɪŋ] *Pron* **1.** alles (**that** was) **2.** *ugs* die Hauptsache, alles (**to** für) **3. and everything** *ugs* und so
▶ **ev·ery·where** ['evrɪweə] *Adv* überall(hin): **everywhere he goes** wo er auch hingeht
ev·i·dence ['evɪdəns] *s* **1.** JUR Beweis(stück *n*, -material *n*) *m*, Beweise *Pl*: **for lack of evidence** mangels Beweisen **2.** JUR (Zeugen)Aussage *f*: **give evidence** aussagen (**for** für; **against** gegen); **turn Queen's** (*oder* **King's**, *Am* **State's**) **evidence** als Kronzeuge auftreten **3.** (An)Zeichen *n*, Spur *f* (**of** von *oder Gen*)

> **evidence** GR
>
> Im Gegensatz zu seinen deutschen Entsprechungen wird **evidence** nur im Singular und ohne **an** benutzt (vgl. **proof**):

There was no evidence of a break-in.	Es gab keine Anzeichen für einen Einbruch.
The defendant was acquitted for lack of evidence.	Der Angeklagte wurde aus Mangel an Beweisen freigesprochen.

ev·i·dent *Adj* augenscheinlich, offensichtlich
e·vil ['iːvl] **I** *Adj* übel, böse, schlimm: **evil eye** *der* böse Blick **II** *s* Übel *n*, *das* Böse: **the lesser of two evils** das kleinere Übel
,e·vil'do·er *s* Übeltäter(in)
,e·vil'mind·ed *Adj* bösartig
e·voc·a·tive [ɪ'vɒkətɪv] *Adj*: **be evocative of** erinnern an (*Akk*)
e·voke [ɪ'vəʊk] *v/t* **1.** *Geister* beschwören, herbeirufen **2.** *Bewunderung etc* hervorrufen; *Erinnerungen* wachrufen
ev·o·lu·tion [,iːvə'luːʃn] *s* **1.** Entfaltung *f*, -wicklung *f*: **the evolution of events** die Entwicklung (der Dinge) **2.** BIOL Evolution *f*
e·volve [ɪ'vɒlv] *v/t und v/i* (sich) entfalten *oder* -wickeln (**into** zu)
ex[1] [eks] *Präp* WIRTSCH ab: **ex works** ab Werk
ex[2] [eks] *s ugs* Verflossene *m, f*
ex- [eks] *in Zssgn*: Ex..., ehemalig
ex·ac·er·bate [ɪg'zæsəbeɪt] *v/t* **1.** *j-n* verärgern **2.** *Krankheit, Schmerzen* verschlimmern, *Situation* verschärfen
ex·act [ɪg'zækt] **I** *Adj* (→ **exactly**) **1.** exakt, genau **2.** genau, tatsächlich **3.** methodisch, gewissenhaft (*Person*) **II** *v/t* **4.** *Gehorsam, Geld etc* fordern, verlangen (**from** von) **5.** *Zahlung* eintreiben, -fordern (**from** von)
ex'act·ing *Adj* **1.** streng, genau **2.** aufreibend, anstrengend **3.** anspruchsvoll: **be exacting** hohe Anforderungen stellen
ex'act·i·tude [ɪg'zæktɪtjuːd] → **exactness**
ex'act·ly *Adv* **1.** → **exact 2.** *als Antwort*: ganz recht, genau: **not exactly** nicht ganz *oder* direkt **3.** *wo, wann etc* eigentlich
ex'act·ness *s* **1.** Genauigkeit *f* **2.** Gewissenhaftigkeit *f*
ex·ag·ger·ate [ɪg'zædʒəreɪt] *v/t und v/i* übertreiben
ex,ag·ger'a·tion *s* Übertreibung *f*
ex·alt [ɪg'zɔːlt] *v/t* **1.** *im Rang etc* erheben, erhöhen (**to** zu) **2.** (lob)preisen
ex·al·ta·tion [,egzɔːl'teɪʃn] *s* **1.** Erhebung *f*, Erhöhung *f* **2.** Begeisterung *f*: **fill with exaltation** in Begeisterung versetzen
ex·alt·ed [ɪg'zɔːltɪd] *Adj* **1.** hoch (*Rang, Ideal etc*) **2.** begeistert **3.** *ugs* übertrieben hoch (*Meinung etc*)
▶ **ex·am** [ɪg'zæm] *ugs* → **examination** 2
ex·am·i·na·tion [ɪg,zæmɪ'neɪʃn] *s* **1.** Untersuchung *f* (*auch* MED), Prüfung *f*: **on examination** bei näherer Prüfung; **be under examination** untersucht *oder* geprüft werden **2.** PÄD *etc* Prüfung *f*, *bes* UNI Examen *n*: **examination paper** schriftliche Prüfung; Prüfungsarbeit *f* **3.** JUR Vernehmung *f*; Verhör *n*
ex'am·ine *v/t* **1.** untersuchen (*auch* MED), prüfen (**for** auf *Akk*) **2.** PÄD *etc* prüfen (**in** in *Dat*; **on** über *Akk*) **3.** JUR vernehmen; verhören
ex,am·i'nee *s* PÄD *etc* Prüfling *m*, (Prüfungs-, *bes* UNI Examens)Kandidat(in)
ex'am·in·er *s* PÄD *etc* Prüfer(in)
▶ **ex·am·ple** [ɪg'zɑːmpl] *s* **1.** Beispiel *n* (**of** für): ▶ **for example** zum Beispiel **2.** Vorbild *n*, Beispiel *n*: **set a good example** ein gutes Beispiel geben, mit gutem Beispiel vorangehen; **take as an example** sich ein Beispiel nehmen an (*Dat*); → **hold up** 2 **3.** (warnendes) Beispiel: **make an example (of s.o.)** (an j-m) ein Exempel statuieren; **let this be an example to you** lass dir das eine Warnung sein
ex·as·per·ate [ɪg'zæspəreɪt] *v/t* aufbringen, wütend machen
ex'as·per·at·ed *Adj* wütend, aufgebracht (**at, by** über *Akk*)
ex,as·per'a·tion *s* Wut *f*: **in exasperation** wütend, aufgebracht
ex·ca·vate ['ekskəveɪt] *v/t* **1.** aushöhlen **2.** ausgraben, -baggern
,ex·ca'va·tion *s* **1.** Aushöhlung *f* **2.** Ausgrabung *f*
'ex·ca·va·tor *s* Bagger *m*
ex·ceed [ɪk'siːd] *v/t* **1.** *Tempolimit etc* überschreiten **2.** hinausgehen über (*Akk*)
ex'ceed·ing·ly *Adv* überaus, äußerst: **exceedingly kind** überfreundlich
ex·cel [ɪk'sel] **I** *v/t* übertreffen (**o.s.** sich selbst)

Giving examples	Beispiele geben
You can make this dessert using different kinds of fruit – apples, for example, or apricots.	Man kann diesen Nachtisch mit verschiedenen Früchten machen – mit Äpfeln, zum Beispiel, oder mit Aprikosen.
Take Martin(, for example). He's been working really hard recently.	Nimm Martin(, zum Beispiel). Er hat in letzter Zeit wirklich hart gearbeitet.
I like 19th century writers, such as Charles Dickens or Jane Austen.	Ich mag Schriftsteller aus dem 19. Jahrhundert, wie (zum Beispiel) Charles Dickens oder Jane Austen.
You can get there by public transport, e.g. bus, train, underground.	Man kommt dort mit öffentlichen Verkehrsmitteln hin, z. B. mit Bus, Bahn oder U-Bahn.
I prefer female singers, like Madonna or Sheryl Crow.	Ich mag lieber Sängerinnen, wie (zum Beispiel) Madonna oder Sheryl Crow.
I've been abroad several times – to France and Italy, for instance.	Ich war schon ein paar Mal im Ausland – in Frankreich und Italien, zum Beispiel.
There are plenty of people who disagree – I, for one.	Es gibt etliche Leute, die anderer Meinung sind – ich, zum Beispiel.

II *v/i* sich auszeichnen *oder* hervortun (***in, at*** in *Dat*; ***as*** als)

ex·cel·lence ['eksələns] *s* Vorzüglichkeit *f*

'Ex·cel·len·cy *s* Exzellenz *f* (*Titel*)

▸ **ex·cel·lent** ['eksələnt] *Adj* ausgezeichnet, hervorragend, vorzüglich

excellent: Tipps zur Aussprache

ex- am Wortanfang wird unterschiedlich ausgesprochen:

['eks], [ˌeks] bei betontem **ex-**:

ex-	[eks]	Ex…, ehemalig
excellent	['eksələnt]	ausgezeichnet
exclamation	[ˌekskləˈmeɪʃn]	Ausruf
exercise	['eksəsaɪz]	Übung
exhibition	[ˌeksɪ'bɪʃn]	Ausstellung
exit	['eksɪt]	Ausgang
explanation	[ˌekspləˈneɪʃn]	Erklärung
extra	['ekstrə]	zusätzlich, Extra…

[ɪk's] bei unbetontem **ex- + Konsonant:**

except	[ɪk'sept]	außer
excited	[ɪk'saɪtɪd]	aufgeregt
exclaim	[ɪk'skleɪm]	(aus)rufen
explain	[ɪk'spleɪn]	erklären
experiment	[ɪk'sperɪmənt]	Experiment

[ɪg'z] bei unbetontem **ex- + Vokal:**

exact	[ɪg'zækt]	exakt, genau
exam	[ɪg'zæm]	Prüfung
example	[ɪg'zaːmpl]	Beispiel
exhibit	[ɪg'zɪbɪt]	ausstellen
exist	[ɪg'zɪst]	existieren

▸ **ex·cept** [ɪk'sept] **I** *v/t* **1.** ausnehmen, -schließen (***from*** von): ***present company excepted*** Anwesende ausgenommen **2.** sich *etw* vorbehalten: → ***error*** **II** *Präp* **3.** ausgenommen, außer, mit Ausnahme von (*oder Gen*): ***except for*** abgesehen von, bis auf (*Akk*) **III** *Konj* **4.** außer: ***except that*** außer, dass

ex'cept·ing *Präp* → ***except*** 3

▸ **ex·cep·tion** [ɪk'sepʃn] *s* **1.** Ausnahme *f* (***to the rule*** von der Regel): ***by way of exception*** ausnahmsweise; ***with the exception of*** mit Ausnahme von (*oder Gen*); ***without exception*** ohne Ausnahme, ausnahmslos; ***make an exception (in s.o.'s case)*** (bei j-m *oder* in j-s Fall) eine Ausnahme machen **2.** ***take exception to*** Einwendungen machen gegen; Anstoß nehmen an (*Dat*)

ex'cep·tion·al [ɪk'sepʃənl] *Adj* **1.** Ausnahme…, Sonder… **2.** außer-, ungewöhnlich

ex'cep·tion·al·ly [ɪk'sepʃnəlɪ] *Adv* **1.** außergewöhnlich **2.** ausnahmsweise

ex·cerpt ['eksɜːpt] *s* Exzerpt *n*, Auszug *m* (***from*** aus)

ex·cess [ɪk'ses] **I** *s* **1.** Übermaß *n*, -fluss *m* (***of*** an *Dat*): ***in excess of*** mehr als, über (*Akk*) (… hinaus); ***to excess*** übermäßig; → ***carry*** 7 **2.** *Pl* Exzesse *Pl*: **a)** Ausschweifungen *Pl*, **b)** Ausschreitungen *Pl* **3.** Überschuss *m* **II** *Adj* **4.** überschüssig, Über…: ***excess baggage*** FLUG Übergepäck *n*; ***excess demand*** WIRTSCH Nachfrageüberschuss *m*; ***excess fare*** (Fahrpreis)Zuschlag *m*; ***excess postage*** Nachporto *n*, -gebühr *f*

ex'cess·ive *Adj* übermäßig, -trieben

▸ **ex·change** [ɪks'tʃeɪndʒ] **I** *v/t* **1.** (***for***) aus-, umtauschen (gegen), vertauschen (mit) **2.** eintauschen, *Geld auch* (um)wechseln (***for*** gegen) **3.** *Blicke, die Plätze etc* tauschen, *Blicke* wechseln, *Gedanken, Gefangene etc* austauschen: ***exchange blows*** aufeinander einschlagen; ***exchange a few words*** ein paar Worte wechseln **4.** TECH auswechseln **II** *s* **5.** (Aus-, Um)Tausch *m*: ***in exchange*** als Ersatz, dafür; ***in exchange for*** (im Austausch) gegen, (als Entgelt) für; ***exchange of letters*** Brief-, Schriftwechsel *m*; ***exchange of shots*** Schusswechsel *m*; ***exchange of views*** Gedanken-, Meinungsaustausch **6.** WIRTSCH (Um)Wechseln: ***rate of exchange, exchange rate*** Wechselkurs *m*; → ***bill²*** 3, ***foreign*** 1 **7.** WIRTSCH Börse *f* **8.** Wechselstube *f* **9.** (Fernsprech)Amt *n*, Vermittlung *f*

ex'change·a·ble *Adj* **1.** aus-, umtauschbar (***for***

gegen) **2.** Tausch…
Ex·cheq·uer [ɪks'tʃekə] *s Br* Finanzministerium *n*: → ***chancellor***
ex·cit·a·ble [ɪk'saɪtəbl] *Adj* reizbar, (leicht) erregbar
ex'cite *v/t* **1.** *j-n* er-, aufregen: ***get excited*** sich aufregen (***over*** über *Akk*) **2.** *j-n* (an-, auf)reizen, aufstacheln **3.** *Interesse etc* erregen, (er)wecken, *Appetit, Fantasie* anregen
E
►**ex·cit·ed** [ɪk'saɪtɪd] *Adj* erregt, aufgeregt
ex'cite·ment *s* Er-, Aufregung *f*
►**ex·cit·ing** [ɪk'saɪtɪŋ] *Adj* er-, aufregend, spannend
ex·claim [ɪk'skleɪm] **I** *v/i* (auf)schreien **II** *v/t etw* (aus)rufen
ex·cla·ma·tion [ˌekskləˈmeɪʃn] *s* Ausruf *m*, (Auf)Schrei *m*: ***exclamation of pain*** Schmerzensschrei; ***exclamation mark*** (*Am auch* ***point***) Ausrufe-, Ausrufungszeichen *n*
ex·clude [ɪk'skluːd] *v/t j-n, Möglichkeit etc* ausschließen (***from*** von, aus)
ex'clud·ing *Präp* ausgenommen, nicht inbegriffen
ex·clu·sion [ɪk'skluːʒn] *s* Ausschluss *m* (***from*** von, aus): ***to the exclusion of*** unter Ausschluss von (*oder Gen*)
ex'clu·sive I *Adj* **1.** ausschließend: ***exclusive of*** ausschließlich, abgesehen von, ohne; ***be exclusive of s.th.*** etw ausschließen; ***be mutually exclusive*** einander ausschließen **2.** ausschließlich, Allein…; Exklusiv… **3.** exklusiv **II** *s* **4.** Exklusivbericht *m*
ex·com·mu·ni·cate [ˌekskəˈmjuːnɪkeɪt] *v/t* REL exkommunizieren
'ex·com,mu·ni'ca·tion *s* Exkommunikation *f*
ex·cre·ment ['ekskrɪmənt] *s* Kot *m*, Exkremente *Pl*
ex·crete [ɪk'skriːt] *v/t* absondern, ausscheiden
ex'cre·tion *s* Absonderung *f*, Ausscheidung *f*
ex·cru·ci·at·ing [ɪk'skruːʃɪeɪtɪŋ] *Adj* qualvoll
ex·cur·sion [ɪk'skɜːʃn] *s* Ausflug *m*, *fig auch* Abstecher *m* (***into politics*** in die Politik): ***go on an excursion*** einen Ausflug machen
ex'cur·sion·ist *s* Ausflügler(in)
ex·cus·a·ble [ɪk'skjuːzəbl] *Adj* entschuldbar, verzeihlich
►**ex·cuse I** *v/t* [ɪk'skjuːz] **1.** *j-n, etw* entschuldigen, *j-m, etw* verzeihen: ► ***excuse me*** entschuldigen Sie!, Verzeihung!; ***excuse me for being late, excuse my being late*** entschuldige mein Zuspätkommen; ***excuse o.s.*** sich entschuldigen **2.** für *etw* eine Entschuldigung finden: ***I cannot excuse his conduct*** ich kann sein Verhalten nicht gutheißen **3.** ***excuse s.o. from s.th.*** j-n von etw befreien, j-m etw erlassen: ***he begs to be excused*** er lässt sich entschuldigen **II** *s* [ɪk'skjuːs] **4.** Entschuldigung *f*: ***offer*** (*oder* ***make***) ***an excuse*** sich entschuldigen; ***in excuse of*** als Entschuldigung für **5.** Entschuldigung(sgrund *m*) *f*, Rechtfertigung *f*: ***without*** (***good***) ***excuse*** unentschuldigt **6.** Ausrede *f*
ex·di·rec·to·ry [ˌeksdɪˈrektərɪ] *Adj*: ***exdirectory number*** TEL *Br* Geheimnummer *f*
ex·e·cute ['eksɪkjuːt] *v/t* **1.** *Auftrag, Plan etc* aus-, durchführen, *Vertrag* erfüllen **2.** MUS vortragen, spielen **3.** JUR *Urteil* vollziehen, -strecken; *j-n* hinrichten (***for*** wegen)
,ex·e'cu·tion *s* **1.** Aus-, Durchführung *f*, Erfüllung *f* **2.** MUS Vortrag *m*, Spiel *n* **3.** JUR Vollziehung *f*, -streckung *f*; Hinrichtung *f*
,ex·e'cu·tion·er *s* Henker *m*, Scharfrichter *m*
ex·ec·u·tive [ɪg'zekjʊtɪv] **I** *Adj* **1.** ausübend, vollziehend, POL Exekutiv…: ***executive power*** (*oder* ***authority***) *siehe* 3 **2.** WIRTSCH geschäftsführend, leitend: ***executive board*** Vorstand *m*; ***executive position*** leitende Stellung **II** *s* **3.** POL Exekutive *f* **4.** *auch* ***senior executive*** WIRTSCH leitender Angestellter, leitende Angestellte
ex·em·pla·ry [ɪg'zemplərɪ] *Adj* **1.** exemplarisch: **a)** beispiel-, musterhaft, **b)** warnend, abschreckend **2.** typisch, Muster…
ex·em·pli·fy [ɪg'zemplɪfaɪ] *v/t* veranschaulichen: **a)** durch Beispiele erläutern, **b)** als Beispiel dienen für
ex·empt [ɪg'zempt] **I** *v/t j-n* befreien (***from*** von *Steuern, Verpflichtungen etc*), freistellen (***from military service*** vom Wehrdienst) **II** *Adj* befreit, ausgenommen (***from*** von): ***exempt from taxation*** steuerfrei
ex'emp·tion *s* Befreiung *f*, Freistellung *f*: ***exemption from taxes*** Steuerfreiheit *f*
►**ex·er·cise** ['eksəsaɪz] **I** *s* **1.** Ausübung *f*, Geltendmachung *f* **2.** (*körperliche oder geistige*) Übung, (körperliche) Bewegung: ***do one's exercises*** Gymnastik machen; ***take*** (*oder* ***get***) ***more exercise*** sich mehr bewegen, mehr Übungen machen; ***exercise ball*** Gymnastikball *m*; ***exercise bike*** Hometrainer *m* (*Fahrrad*); ***exercise machine*** Hometrainer *m* (*mit mehreren Funktionen*) **3.** *meist Pl* MIL Übung *f*, Manöver *n* **4.** Übung(sarbeit) *f*, Schulaufgabe *f*: ***exercise book*** Schul-, Schreibheft *n* **5.** MUS Übung(sstück *n*) *f* **II** *v/t* **6.** *Amt, Recht, Macht etc* ausüben, *Einfluss, Macht etc* geltend machen **7.** *Körper, Geist* üben, trainieren **8.** *Geduld etc* üben **III** *v/i* **9.** sich bewegen **10.** *Sport etc*: üben, trainieren **11.** MIL exerzieren
ex·ert [ɪg'zɜːt] *v/t* **1.** *Druck, Einfluss etc* ausüben (***on*** auf *Akk*), *Autorität* geltend machen **2.** ***exert o.s.*** sich bemühen (***for*** um; ***to do*** zu tun), sich anstrengen
ex'er·tion *s* **1.** Ausübung *f*, Geltendmachung *f* **2.** Anstrengung *f*
ex·ha·la·tion [ˌekshəˈleɪʃn] *s* **1.** Ausatmen *n* **2.** Verströmen *n* **3.** Gas *n*; Rauch *m*
ex·hale [eks'heɪl] *v/t* **1.** (*auch v/i*) ausatmen **2.** *Gas, Geruch etc* verströmen, *Rauch* ausstoßen
ex·haust [ɪg'zɔːst] **I** *v/t* erschöpfen: **a)** *Vorräte* ver-, aufbrauchen, **b)** *j-n* ermüden, entkräften, **c)** *j-s Kräfte* strapazieren: ***exhaust s.o.'s patience*** j-s Geduld erschöpfen, **d)** *Thema* erschöpfend ab- *oder* behandeln: ***exhaust all possibilities*** alle Möglichkeiten ausschöpfen **II** *s* TECH **a)** *auch* ***exhaust fumes*** *Pl* Auspuff-, Abgase *Pl*, **b)** Auspuff *m*: ***exhaust pipe*** Auspuffrohr *n*
ex'haust·ed *Adj* **1.** verbraucht, erschöpft, aufgebraucht (*Vorräte*), vergriffen (*Auflage*) **2.** erschöpft, entkräftet
ex'haust·ing *Adj* erschöpfend, strapaziös
ex'haus·tion *s* Erschöpfung *f*: **a)** völliger Verbrauch, **b)** Entkräftung *f*
ex'haus·tive *Adj fig* erschöpfend
ex·hib·it [ɪg'zɪbɪt] **I** *v/t* **1.** *Bilder etc* ausstellen **2.** *fig* zeigen, an den Tag legen; zur Schau stellen **II** *v/i* **3.** ausstellen (***at a fair*** auf einer Messe) **III** *s* **4.** Ausstellungsstück *n*, Exponat *n* **5.** JUR Beweisstück *n*
►**ex·hi·bi·tion** [ˌeksɪˈbɪʃn] *s* **1.** Ausstellung *f*: ***be on exhibition*** ausgestellt *oder* zu sehen sein; ***make an exhibition of o.s.*** sich lächerlich *oder* zum Gespött machen **2.** *fig* Zurschaustellung *f*

Do I have to?	Muss ich das? SG
Do I really have to do it all again?	Muss ich das wirklich alles noch mal machen?
Do I need to bring a sandwich?	Muss ich ein Sandwich mitbringen?
Are we expected to know all this by Friday?	Müssen wir das alles bis Freitag wissen / beherrschen?
Aren't they supposed to be back by now?	Müssten sie inzwischen nicht zurück sein?
Am I meant to be there too?	Soll ich auch dabei sein?

ˌex·hi'bi·tion·ism *s* PSYCH *und fig* Exhibitionismus *m*

ˌex·hi'bi·tion·ist PSYCH *und fig* **I** *s* Exhibitionist(in) **II** *Adj* exhibitionistisch

ex·hib·i·tor [ɪɡ'zɪbɪtə] *s* Aussteller(in)

ex·hort [ɪɡ'zɔːt] *v/t* ermahnen (***to*** zu; ***to do*** zu tun)

ex·hor·ta·tion [ˌeɡzɔː'teɪʃn] *s* Ermahnung *f*

ex·hu·ma·tion [ˌekshjuː'meɪʃn] *s* Exhumierung *f*

ex'hume *v/t Leiche* exhumieren

ex·ile ['eksaɪl] **I** *s* **1.** Exil *n*; Verbannung *f*: ***go into exile*** ins Exil gehen; ***live in exile*** im Exil *oder* in der Verbannung leben; ***send into exile*** *siehe* 3; ***government in exile*** Exilregierung *f* **2.** im Exil Lebende *m, f*; Verbannte *m, f* **II** *v/t* **3.** ins Exil schicken; verbannen (***from*** aus), in die Verbannung schicken

▸**ex·ist** [ɪɡ'zɪst] *v/i* **1.** existieren, vorkommen: ***do such things exist?*** gibt es so etwas?; ***right to exist*** Existenzberechtigung *f* **2.** existieren, leben (***on*** von) **3.** existieren, bestehen

▸**ex·ist·ence** [ɪɡ'zɪstəns] *s* **1.** Existenz *f*, Vorkommen *n*: ***come into existence*** entstehen; ***be in existence*** → ***exist*** 3; ***remain in existence*** weiter bestehen **2.** Existenz *f*, Leben *n*, Dasein *n* **3.** Existenz *f*, Bestand *m*

ex'ist·ent *Adj* **1.** existierend, bestehend, vorhanden **2.** gegenwärtig, augenblicklich

ex·is·ten·tial·ism [ˌeɡzɪ'stenʃəlɪzəm] *s* PHIL Existentialismus *m*, Existenzialismus *m*

▸**ex·it** ['eksɪt] **I** *s* **1.** Ausgang *m* **2.** THEAT Abgang *m* **3.** (Autobahn)Ausfahrt *f* **4.** Ausreise *f*: ***exit visa*** Ausreisevisum *n* **II** *v/i* **5.** THEAT *Bühnenanweisung*: (er, sie, es geht) ab: ***exit Macbeth*** Macbeth ab **6.** COMPUTER (das Programm) beenden

ex·o·dus ['eksədəs] *s* Ab-, Auswanderung *f*: ***rural exodus*** Landflucht *f*

ex·on·er·ate [ɪɡ'zɒnəreɪt] *v/t* **1.** *Angeklagten etc* entlasten (***from*** von) **2.** *j-n* befreien, entbinden (***from*** von *einer Pflicht etc*)

exˌon·er'a·tion *s* **1.** Entlastung *f* **2.** Befreiung *f*, Entbindung *f*

ex·or·bi·tance [ɪɡ'zɔːbɪtəns] *s* Unverschämtheit *f*, Maßlosigkeit *f*

ex'or·bi·tant *Adj* unverschämt: **a)** astronomisch: ***exorbitant price*** Fantasiepreis *m*, **b)** übertrieben, maßlos (*Forderung etc*)

ex·or·cism ['eksɔːsɪzəm] *s* Exorzismus *m*, Geisterbeschwörung *f*, Teufelsaustreibung *f*

'ex·or·cist *s* Exorzist(in), Geisterbeschwörer(in), Teufelsaustreiber(in)

ex·or·cize ['eksɔːsaɪz] *v/t* **1.** *böse Geister* austreiben, beschwören **2.** *j-n, einen Ort* von bösen Geistern befreien, *j-m* den Teufel austreiben

ex·ot·ic [ɪɡ'zɒtɪk] *Adj* (***exotically***) exotisch

ex·pand [ɪk'spænd] **I** *v/t* **1.** ausbreiten, -spannen **2.** WIRTSCH, PHYS *etc*, *auch fig* ausdehnen, -weiten, erweitern: ***expanded memory*** COMPUTER erweiterter Speicher **II** *v/i* **3.** WIRTSCH, PHYS, *etc*, *auch fig* sich ausdehnen *oder* erweitern, WIRTSCH *auch* expandieren **4.** *fig* sich auslassen *oder* verbreiten (***on*** über *Akk*)

ex'pand·er *s* SPORT Expander *m*

ex·panse [ɪk'spæns] *s* weite Fläche, Weite *f*

ex'pan·sion *s* **1.** Ausbreitung *f* **2.** WIRTSCH, PHYS *etc*, *auch fig* Ausdehnung *f*, -weitung *f*, Erweiterung *f*; POL Expansion *f*

ex'pan·sive *Adj* **1.** ausdehnungsfähig **2.** ausgedehnt, weit **3.** *fig* mitteilsam

ex·pa·tri·ate [eks'pætrɪeɪt] **I** *v/t* ausbürgern **II** *Adj* [eks'pætrɪət] ausgebürgert **III** *s* [eks'pætrɪət] Ausgebürgerte *m, f*

exˌpa·tri'a·tion *s* Ausbürgerung *f*

▸**ex·pect** [ɪk'spekt] **I** *v/t* **1.** *j-n, etw* erwarten: ***expect s.o. to do s.th.*** erwarten, dass jemand etw tut; ***expect s.th. of*** (*oder* ***from***) ***s.o.*** etw von j-m erwarten **2.** *ugs* vermuten, glauben: ***I expect so*** ich nehme es an **II** *v/i* **3.** ***be expecting*** *ugs* in anderen Umständen sein

ex'pec·tan·cy *s* Erwartung *f*: ***look of expectancy*** erwartungsvoller Blick

ex'pec·tant *Adj* **1.** ***expectant mother*** werdende Mutter **2.** erwartungsvoll

ex·pec·ta·tion [ˌekspek'teɪʃn] *s* Erwartung *f*: ***in expectation of*** in Erwartung (*Gen*); ***beyond*** (***all***) ***expectation***(***s***) über Erwarten; ***against all*** (*oder* ***contrary to*** [***all***]) ***expectation***(***s***) wider Erwarten; ***come up to expectation*** den Erwartungen entsprechen; ***fall short of s.o.'s expectations*** hinter j-s Erwartungen zurückbleiben; ***expectation of life*** Lebenserwartung

ex·pe·di·ence, **ex·pe·di·en·cy** [ɪk'spiːdjəns(ɪ)] *s* **1.** Zweckdienlichkeit *f*, Nützlichkeit *f* **2.** Eigennutz *m*

ex'pe·di·ent **I** *Adj* **1.** ratsam, angebracht **2.** zweckdienlich, -mäßig, nützlich **3.** eigennützig **II** *s* **4.** (Hilfs)Mittel *n*, (Not)Behelf *m*

ex·pe·dite ['ekspɪdaɪt] *v/t* beschleunigen

ex·pe·di·tion [ˌekspɪ'dɪʃn] *s* Expedition *f*: ***on an expedition*** auf einer Expedition

ˌex·pe'di·tious *Adj* schnell, rasch, prompt

ex·pel [ɪk'spel] *v/t* (***from***) **1.** vertreiben (aus) **2.** ausweisen (aus), verweisen (*des Landes*), *schweiz.* ausschaffen **3.** ausschließen (aus, von)

ex·pen·di·ture [ɪk'spendɪtʃə] *s* **1.** Aufwand *m*, Verbrauch *m* (***of*** an *Dat*) **2.** Ausgaben *Pl*, (Kosten)Aufwand *m*

ex·pense [ɪk'spens] *s* **1.** → ***expenditure*** 2: ***at s.o.'s expense*** auf j-s Kosten (*auch fig*); ***no expense was spared*** es wurden keine Kosten gescheut **2.** *Pl* Unkosten *Pl*, Spesen *Pl*: ***travel(l)ing expenses*** Reisespesen; ***expense account*** Spesenkonto *n*

▸**ex·pen·sive** [ɪk'spensɪv] *Adj* teuer, kostspielig

▸**ex·pe·ri·ence** [ɪk'spɪərɪəns] **I** *s* **1.** Erfahrung *f*: **a)** (Lebens)Praxis *f*: ***from experience*** aus Erfahrung; ***in my experience*** nach meiner Erfahrung, **b)** Fach-, Sachkenntnis *f*; Routine *f* **2.** Erlebnis *n* **II** *v/t* **3.** erfahren: **a)** kennenlernen, **b)** erleben, **c)** *Schmerzen*, *Verluste etc* erleiden, *etw* durchmachen, *Vergnügen etc* empfinden

experience GR

Beachten Sie den Bedeutungsunterschied zwischen den zählbaren und unzählbaren Formen (letzteres nur im Singular und ohne **an**)!

What an experience!	Was für ein Erlebnis!
Any more experiences like that and I'll go mad!	Noch ein paar solcher Erlebnisse und ich werde verrückt!
Office experience is not necessary.	Büroerfahrung(en) ist / sind nicht notwendig.

ex'pe·ri·enced *Adj* erfahren

►**ex·per·i·ment** **I** *s* [ɪk'sperɪmənt] Experiment *n*, Versuch *m* (**on** an *Dat*; **with** mit): ***experiment on animals*** Tierversuch **II** *v/i* [ɪk'sperɪment] experimentieren, Versuche anstellen (**on** an *Dat*; **with** mit)

ex·per·i·men·tal [ekˌsperɪ'mentl] *Adj* experimentell, Versuchs…

exˌper·i·men'ta·tion *s* Experimentieren *n*

►**ex·pert** ['ekspɜːt] **I** *Adj* **1.** (**at, in** in *Dat*) erfahren; geschickt: ***be expert at*** Erfahrung haben in **2.** fachmännisch, fach-, sachkundig: ***expert knowledge*** Fach-, Sachkenntnis *f*; ***expert opinion*** Gutachten *n*; ***expert system*** COMPUTER Expertensystem *n* **II** *s* **3.** (**at, in** in *Dat*; **on** auf dem Gebiet *Gen*) Fachmann *m*, -frau *f*, Experte *m*, Expertin *f*; Sachverständige *m*, *f*, Gutachter(in)

ex·per·tise [ˌekspɜː'tiːz] *s* **1.** Expertise *f*, Gutachten *n* **2.** Fach-, Sachkenntnis *f*

ex·pi·ate ['ekspɪeɪt] *v/t* sühnen, (ab)büßen

ˌex·pi'a·tion *s* Sühne *f*, Buße *f*

ex·pire [ɪk'spaɪə] *v/i* **1.** ablaufen (*Frist*, *Pass etc*), erlöschen (*Konzession*, *Patent etc*), enden **2.** ungültig werden, verfallen **3.** WIRTSCH fällig werden

ex·pi·ry [ɪk'spaɪərɪ] *s* **1.** Ablauf *m*, Erlöschen *n*, Ende *n*: ***at*** (*oder* ***on***) ***the expiry of*** nach Ablauf (*Gen*) **2.** Verfall *m*: ***expiry date*** Verfallstag *m*, -datum *n* **3.** WIRTSCH Fälligwerden *n*

►**ex·plain** [ɪk'spleɪn] *v/t* erklären: **a)** erläutern (***s.th. to s.o.*** j-m etw), **b)** begründen, rechtfertigen: ***explain s.th. away*** eine einleuchtende Erklärung für etw finden; sich aus etw herausreden; ***explain o.s.*** sich erklären; sich rechtfertigen

►**ex·pla·na·tion** [ˌeksplə'neɪʃn] *s* Erklärung *f* (**for, of** für *oder Gen*): **a)** Erläuterung *f*: ***in explanation of*** als Erklärung für, **b)** Begründung *f*, Rechtfertigung *f*

ex·plan·a·to·ry [ɪk'splænətərɪ] *Adj* erklärend, erläuternd

ex·ple·tive [ɪk'spliːtɪv] *s* **1.** LING Füllwort *n* **2.** Fluch *m*; Kraftausdruck *m*

ex·pli·ca·ble [ɪk'splɪkəbl] *Adj* erklärbar, erklärlich

ex·plic·it [ɪk'splɪsɪt] *Adj* **1.** ausdrücklich, deutlich **2.** ausführlich **3.** offen, deutlich (**about** in Bezug auf *Akk*): (***sexually***) ***explicit*** freizügig (*Film etc*)

►**ex·plode** [ɪk'spləʊd] **I** *v/t* **1.** zur Explosion bringen; (in die Luft) sprengen **2.** *Gerüchten etc* den Boden entziehen, *Theorie etc* widerlegen, *Mythos etc* zerstören **II** *v/i* **3.** explodieren; in die Luft fliegen **4.** *fig* ausbrechen (**with** in *Akk*), platzen (**with** vor *Dat*) **5.** *fig* sprunghaft ansteigen, sich explosionsartig vermehren (*bes Bevölkerung*)

ex·ploit **I** *s* ['eksplɔɪt] **1.** (Helden)Tat *f* **2.** Großtat *f*, große Leistung **II** *v/t* [ɪk'splɔɪt] **3.** *etw* auswerten, *Patent etc* (*kommerziell*) verwerten, *Erzvorkommen etc* ausbeuten, abbauen; *pej j-n*, *etw* ausbeuten

ˌex·ploi'ta·tion [ˌeksplɔɪ'teɪʃn] *s* Auswertung *f*, Verwertung *f*, Ausbeutung *f*, Abbau *m*

ex·plo·ra·tion [ˌeksplə'reɪʃn] *s* **1.** Erforschung *f* **2.** Untersuchung *f*

ex·plor·a·to·ry [ek'splɒrətərɪ] *Adj* Forschungs…: ***exploratory talks*** *Pl* Sondierungsgespräche *Pl*

ex·plore [ɪk'splɔː] *v/t* **1.** *Land* erforschen **2.** erforschen, untersuchen, sondieren

ex'plor·er *s* Forscher(in), Forschungsreisende *m*, *f*

►**ex·plo·sion** [ɪk'spləʊʒn] *s* **1.** Explosion *f*; Sprengung *f* **2.** *fig* Widerlegung *f*, Zerstörung *f* **3.** *fig* Ausbruch *m*: ***explosion of laughter*** Lachsalve *f* **4.** *fig* sprunghafter Anstieg, (*Bevölkerungs*)Explosion *f*

ex'plo·sive [ɪk'spləʊsɪv] **I** *Adj* **1.** explosiv (*auch fig*), Spreng…: ***explosive situation*** brisante Lage **2.** *fig* aufbrausend (*Temperament*) **II** *s* **3.** Sprengstoff *m*

Explanations	**Erklärungen** SG
Let me explain.	Lass es mich erklären. / Ich erklär's (dir).
I knew it would hurt you, that's why I didn't tell you.	Ich wusste, dass es dich verletzen würde. Deshalb habe ich dir nichts gesagt.
The reason is, I just don't have time.	Der Grund ist: Ich hab (einfach) keine Zeit.
It's all thanks to your quick thinking.	Das ist nur deiner schnellen Reaktion zu verdanken.
It's like this: she just doesn't want to know.	Es ist halt so: Sie will es nicht wissen.
The thing is, nobody realized it was that important.	Die Sache ist die: Niemandem war klar, dass es so wichtig war.
The trouble is, I'm the one responsible.	Das Problem ist, dass ich dafür verantwortlich bin.
What it comes down to is the question of who's going to pay.	Es läuft darauf hinaus, wer dafür zahlt.

ex·po·nent [ɪk'spəʊnənt] *s* **1.** MATHE Exponent *m*, Hochzahl *f* **2.** Vertreter(in); Verfechter(in)

►**ex·port I** *v/t und v/i* [ɪk'spɔːt] **1.** exportieren, ausführen: ***exporting country*** Ausfuhrland *n*, Exportland *n* **II** *s* ['ekspɔːt] **2.** Export *m*, Ausfuhr *f* **3.** *Pl* (Gesamt)Export *m*, (-)Ausfuhr *f*; Exportgüter *Pl*, Ausfuhrware *f* **III** *Adj* ['ekspɔːt] **4.** Export…, Ausfuhr…: ***export company*** Exportfirma *f*; ***export trade*** Exportgeschäft *n*, Ausfuhrhandel *m*

ex'port·er [ɪk'spɔːtə] *s* Exporteur(in)

ex·pose [ɪk'spəʊz] *v/t* **1.** ***expose to*** *fig dem Wetter, einer Gefahr etc* aussetzen, *der Lächerlichkeit etc* preisgeben: ***expose o.s.*** sich exponieren; ***expose o.s. to ridicule*** sich zum Gespött (der Leute) machen **2.** *fig j-n* bloßstellen; *j-n* entlarven, *Spion auch* enttarnen; *etw* aufdecken, entlarven, enthüllen **3.** entblößen **4.** FOTO belichten

ex'posed *Adj* ungeschützt (*Haus, Lage etc*), (*auch fig Stellung etc*) exponiert

ex·po·si·tion [ˌekspəʊ'zɪʃn] *s* **1.** Ausstellung *f* **2.** Exposition *f* (*eines Dramas*)

ex·po·sure [ɪk'spəʊʒə] *s* **1.** (Kindes-)Aussetzung *f* **2.** *fig* Aussetzen *n*, Preisgabe *f* (***to*** *Dat*) **3.** *fig* Ausgesetztsein *n* (***to*** *Dat*): ***die of exposure*** an Unterkühlung sterben **4.** Bloßstellung *f*; Entlarvung *f*, Enttarnung *f*; Aufdeckung *f*, Enthüllung *f* **5.** Entblößung *f* **6.** ungeschützte *oder* exponierte Lage **7.** FOTO **a)** Belichtung *f*: ***exposure meter*** Belichtungsmesser *m*, **b)** Aufnahme *f* **8.** Lage *f* (*eines Gebäudes*): ***southern exposure*** Südlage

ex·pound [ɪk'spaʊnd] **I** *v/t* erklären, erläutern, *Theorie etc* entwickeln (***to s.o.*** j-m) **II** *v/i*: ***expound on a decision*** *etc* eine Entscheidung *etc* erläutern

►**ex·press** [ɪk'spres] **I** *v/t* **1.** ausdrücken, äußern: ***express the hope that*** der Hoffnung Ausdruck geben, dass; ***express o.s.*** sich äußern; sich ausdrücken **2.** bezeichnen, bedeuten **3.** *Br* durch Eilboten *oder* als Eilgut schicken **II** *Adj* **4.** ausdrücklich **5.** Express…, Schnell…: ► ***express train*** *siehe* 9 **III** *Adv* **6.** eigens **7.** *Br* durch Eilboten, als Eilgut **IV** *s* **8.** *Br* Eilbote *m*; -beförderung *f* **9.** D-Zug *m*, Schnellzug *m*

►**ex·pres·sion** [ɪk'spreʃn] *s* **1.** Ausdruck *m*, Äußerung *f*: ***find expression in*** sich ausdrücken *oder* äußern in (*Dat*); ***give expression to*** *einer Sache* Ausdruck verleihen **2.** Ausdruck *m*, Redensart *f* **3.** (Gesichts)Ausdruck *m* **4.** Ausdruck(skraft *f*) *m*

ex'pres·sion·ism *s* KUNST Expressionismus *m*

ex'pres·sion·ist (KUNST) **I** *s* Expressionist(in) **II** *Adj* expressionistisch

ex'pres·sion·less *Adj* ausdruckslos

ex'pres·sive *Adj* **1.** ***be expressive of*** *etw* ausdrücken **2.** ausdrucksvoll

ex'press·way *s besonders Am* Schnellstraße *f*

ex·pro·pri·ate [eks'prəʊprɪeɪt] *v/t* JUR enteignen

exˌpro·pri'a·tion *s* Enteignung *f*

ex·pul·sion [ɪk'spʌlʃn] *s* (***from***) **1.** Vertreibung *f* (aus) **2.** Ausweisung *f* (aus) **3.** Ausschluss *m* (aus, von)

ex·qui·site ['ekskwɪzɪt] *Adj* **1.** exquisit, köstlich, erlesen **2.** gepflegt, erlesen (*Wein etc*) **3.** äußerst fein (*Gehör etc*) **4.** heftig (*Schmerz*), groß (*Vergnügen*)

ex-ser·vice·man [ˌeks'sɜːvɪsmən] *s* (*unreg* ***man***) MIL *bes Br* Veteran *m*

ex·tant [ek'stænt] *Adj* noch vorhanden *oder* bestehend

ex·tem·po·re [ek'stempərɪ] *Adj und Adv* improvisiert, aus dem Stegreif

ex·tend [ɪk'stend] **I** *v/t* **1.** (aus)dehnen, (-)weiten **2.** *Betrieb etc* vergrößern, erweitern, ausbauen **3.** *Hand etc* ausstrecken **4.** *Besuch, Macht, Vorsprung etc* ausdehnen (***to*** auf *Akk*), *Frist, Pass etc* verlängern, WIRTSCH *auch* prolongieren, *Angebot etc* aufrechterhalten **5.** ***extend o.s.*** sich völlig verausgaben **II** *v/i* **6.** sich ausdehnen *oder* erstrecken (***over*** über *Akk*; ***to*** bis zu); hinausgehen (***beyond*** über *Akk*)

ex·ten·sion [ɪk'stenʃn] *s* **1.** Ausdehnung *f* (*auch fig*: ***to*** auf *Akk*) **2.** Vergrößerung *f*, Erweiterung *f* **3.** (Frist)Verlängerung *f*, WIRTSCH *auch* Prolongation *f* **4.** ARCHI Erweiterung *f*, Anbau *m* **5.** TEL Nebenstelle *f*: ***what's your extension?*** welche Durchwahl haben Sie?

ex·ten·sion ca·ble *s* ELEK *bes Br* Verlängerungsschnur *f*

ex·ten·sion cord *Am* → ***extension cable***

ex·ten·sion lad·der *s* Ausziehleiter *f*

ex·ten·sion lead → ***extension cable***

ex·ten·sive [ɪk'stensɪv] *Adj* **1.** ausgedehnt (*auch fig*) **2.** *fig* umfassend; eingehend; beträchtlich

►**ex·tent** [ɪk'stent] *s* **1.** Ausdehnung *f* **2.** *fig* Umfang *m*, (Aus)Maß *n*, Grad *m*: ***to a large extent*** in hohem Maße, weitgehend; ***to some*** (*oder* ***a certain***) ***extent*** bis zu einem gewissen Grade; ***to such an extent that*** so sehr, dass

ex·ten·u·ate [ɪk'stenjʊeɪt] *v/t* abschwächen, mildern: ***extenuating circumstances*** *Pl* JUR mildernde Umstände *Pl*

exˌten·u'a·tion *s* Abschwächung *f*, Milderung *f*

ex·te·ri·or [ɪk'stɪərɪə] **I** *Adj* **1.** äußer, Außen… **II** *s* **2.** *das* Äußere: **a)** Außenseite *f*, **b)** äußere Erscheinung (*einer Person*) **3.** FILM, TV Außenaufnahme *f*

ex·ter·mi·nate [ɪk'stɜːmɪneɪt] *v/t* ausrotten (*auch fig*), vernichten, *Ungeziefer, Unkraut etc auch* vertilgen

exˌter·mi'na·tion *s* Ausrottung *f*, Vernichtung *f*

ex·ter·nal [ɪk'stɜːnl] *Adj* äußer, äußerlich, Außen…: ***for external use*** MED zum äußerlichen Gebrauch

ex·tinct [ɪk'stɪŋkt] *Adj* **1.** erloschen (*Vulkan*) (*auch fig*) **2.** ausgestorben (*Pflanze, Tier etc*), untergegangen (*Reich etc*): ***become extinct*** aussterben

ex'tinc·tion *s* **1.** Erlöschen *n* **2.** Aussterben *n*, Untergang *m*

ex·tin·guish [ɪk'stɪŋgwɪʃ] *v/t* **1.** *Feuer, Licht* (aus)löschen, *Zigarette* ausmachen **2.** *Leben, Gefühl* auslöschen, ersticken, *Hoffnungen, Pläne etc* zunichtemachen **3.** *Schuld* tilgen

ex'tin·guish·er *s* (*Feuer*)Löscher *m*

ex·tol [ɪk'stəʊl] *v/t* (lob)preisen, rühmen: → ***sky***

ex·tort [ɪk'stɔːt] *v/t Geld, Geständnis etc* erpressen (***from*** von)

ex'tor·tion *s* **1.** Erpressung *f* **2.** Wucher *m*

ex'tor·tion·ate [ɪk'stɔːʃnət] *Adj* **1.** erpresserisch **2.** Wucher…: ***extortionate price***

ex'tor·tion·er, **ex'tor·tion·ist** *s* **1.** Erpresser(in) **2.** Wucherer *m*, Wucherin *f*

►**ex·tra** ['ekstrə] **I** *Adj* **1.** zusätzlich, Extra…, Sonder…: ***be extra*** gesondert berechnet werden; ***extra charge*** Zuschlag *m*; ***extra charges*** *Pl* Nebenkosten *Pl*; ***extra pay*** Zulage *f*; ***if you pay an extra two pounds*** wenn Sie noch zwei Pfund dazulegen **2.** besonder **II** *Adv* **3.** extra, besonders: ***charge extra for*** *etw* gesondert be-

E

rechnen **III** *s* **4.** Sonderleistung *f*; *bes* MOT Extra *n*, *Pl auch* Sonderausstattung *f*; Zuschlag *m*: ***be an extra*** gesondert berechnet werden **5.** Extrablatt *n*, -ausgabe *f* **6.** FILM Statist(in)
ex·tract I *v/t* [ɪk'strækt] **1.** herausziehen, -holen (***from*** aus) **2.** *Zahn*, MATHE *Wurzel* ziehen **3.** *fig* (***from***) *Geld*, *Geständnis etc* herausholen (aus), entlocken (*Dat*) **II** *s* ['ekstrækt] **4.** CHEM, GASTR Extrakt *m*, (***from*** aus *einem Buch etc auch*) Auszug *m*
ex'trac·tion *s* **1.** MED, MATHE Ziehen *n* **2.** Herkunft *f*, Abstammung *f*
ex·tra·cur·ric·u·lar [ˌekstrəkə'rɪkjələ] *Adj* **1.** PÄD, UNI außerhalb des Stunden- *oder* Lehrplans **2.** außerplanmäßig
ex·tra·dite ['ekstrədaɪt] *v/t* *Verbrecher* ausliefern
ex·tra·di·tion [ˌekstrə'dɪʃn] *s* Auslieferung *f*
ˌex·tra'mar·i·tal *Adj* außerehelich
ex·tra·ne·ous [ɪk'streɪnjəs] *Adj* **1.** fremd (***to*** *Dat*) **2.** nicht dazugehörig: ***be extraneous to*** nicht gehören zu
▸**ex·tra·or·di·nar·y** [ɪk'strɔːdnrɪ] *Adj* **1.** außerordentlich, -gewöhnlich **2.** ungewöhnlich, seltsam
ˌex·tra'sen·so·ry *Adj*: ***extrasensory perception*** außersinnliche Wahrnehmung
ˌex·tra·ter'res·tri·al I *Adj* außerirdisch **II** *s* Außerirdische *m*, *f*
'ex·traˌter·ri'to·ri·al *Adj* exterritorial
ex·tra time *s* SPORT Verlängerung *f*: ***after extra time*** nach Verlängerung; ***the game went into extra time*** das Spiel ging in die Verlängerung
ex·trav·a·gance [ɪk'strævəgəns] *s* **1.** Verschwendung(ssucht) *f* **2.** Übertriebenheit *f*, Extravaganz *f* **3.** Ausschweifung *f*, Zügellosigkeit *f*
ex'trav·a·gant *Adj* **1.** verschwenderisch **2.** übertrieben, -spannt, extravagant **3.** ausschweifend, zügellos
▸**ex·treme** [ɪk'striːm] **I** *Adj* (→ ***extremely***) **1.** äußerst, extrem **2.** äußerst, höchst: ***extreme necessity*** zwingende Notwendigkeit; ***extreme penalty*** Höchststrafe *f* **3.** extrem, radikal **II** *s* **4.** äußerstes Ende: ***at the other extreme*** am entgegengesetzten Ende **5.** *das* Äußerste, Extrem *n*: ***in the extreme*** extrem, höchst; ***go to extremes*** vor nichts zurückschrecken
ex'treme·ly *Adv* äußerst, höchst
ex'trem·ism *s bes* POL Extremismus *m*
ex'trem·ist *bes* POL **I** *s* Extremist(in) **II** *Adj* extremistisch
ex·trem·i·ty [ɪk'stremətɪ] *s* **1.** äußerstes Ende **2.** *meist Pl* Gliedmaße *f*, Extremität *f*
ex·tri·cate ['ekstrɪkeɪt] *v/t* (***from***) herausziehen (aus), befreien (aus, von)
ex·tro·vert ['ekstrəʊvɜːt] PSYCH **I** *Adj* extro-, extravertiert **II** *s* extrovertierter Mensch, Extrovertierte *m*, *f*
ex·tro·vert·ed ['ekstrəʊvɜːtɪd] → ***extrovert*** I
ex·u·ber·ance [ɪg'zjuːbərəns] *s* **1.** (***of***) Fülle *f* (von *oder Gen*), Reichtum *m* (an *Dat*) **2.** *fig* Überschwang *m*
ex'u·ber·ant *Adj* **1.** üppig, (über)reich **2.** *fig* überschwänglich; (-)sprudelnd
ex·ude [ɪg'zjuːd] *v/t* **1.** ausschwitzen, absondern **2.** *Duft*, *Charme etc* verströmen
ex·ult [ɪg'zʌlt] *v/i* frohlocken, jubeln (***at, over, in*** über *Akk*)
ex'ult·ant *Adj* frohlockend, jubelnd
ex·ul·ta·tion [ˌegzʌl'teɪʃn] *s* Frohlocken *n*, Jubel *m*
▸**eye** [aɪ] **I** *s* **1.** Auge *n*: ***before s.o.'s very eyes*** vor j-s Augen; ***all eyes*** gespannt *warten etc*; ***be up to the*** (*oder* ***one's***) ***eyes in work*** bis über die Ohren in Arbeit sitzen *oder* stecken; ***cry one's eyes out*** sich die Augen ausweinen; → ***peel*** I, ***skin*** 5 **2.** *fig* Blick *m*, Auge(nmerk) *n*: ***have an eye for*** Sinn *oder* ein (offenes) Auge *oder* einen Blick haben für; → ***catch*** 10 **3.** *fig* Ansicht *f*: ***in my eyes*** in meinen Augen, meiner Ansicht nach **4.** (*Nadel*)Öhr *n*; Öse *f* **5.** BOT Auge *n* **II** *v/t* **6.** betrachten; mustern
'eye·ball *s* ANAT Augapfel *m*
'eye·brow *s* (Augen)Braue *f*: ***raise one's eyebrows*** (*oder* ***an eyebrow***) die Stirn runzeln (***at*** über *Akk*)
eye con·tact *s* Blickkontakt *m*
eye·ful ['aɪfʊl] *s*: ***get an eyeful*** *ugs* was zu sehen bekommen
'eyeˌglass·es *s Pl*, *auch* ***pair of eyeglasses*** *bes Am* Brille *f*
'eye·lash *s* Augenwimper *f*
eye lev·el *s*: ***at eye level*** in Augenhöhe
▸**eye·lid** ['aɪlɪd] *s* Augenlid *n*: → ***bat***[3]
eye lin·er *s* Eyeliner *m*
eye o·pen·er *s*: ***be an eye opener for s.o.*** *ugs* j-m die Augen öffnen
eye shad·ow *s* Lidschatten *m*
'eye·sight *s* Sehkraft *f*: ***good*** (***poor***) ***eyesight*** gute (schlechte) Augen *Pl*
'eye·sore *s etw* Unschönes, Schandfleck *m*
'eye·strain *s* Überanstrengung *f* der Augen
ˌeye'wit·ness *s* Augenzeuge *m*, -zeugin *f* (***to*** *Gen*): ***eyewitness account*** Augenzeugenbericht *m*

F

F [ef] *Pl* **F's** *s* F *n*
fab [fæb] *Adj ugs* toll, geil
fa·ble ['feɪbl] *s* **1.** Fabel *f*; Sage *f* **2.** *fig* Märchen *n*
fab·ric ['fæbrɪk] *s* **1.** Gewebe *n*, Stoff *m* **2.** *fig* Gefüge *n*, Struktur *f*
fab·ri·cate ['fæbrɪkeɪt] *v/t* **1.** fabrizieren (*auch fig*), herstellen **2.** *fig* erfinden
ˌfab·ri'ca·tion *s* **1.** Fabrikation *f*, Herstellung *f* **2.** *fig* Erfindung *f*, Märchen *n*

fab·u·lous ['fæbjʊləs] *Adj* sagenhaft (*auch fig*)

fa·çade, **fa·cade** [fə'sɑːd] *s* ARCHI Fassade *f* (*auch fig*)

▶**face** [feɪs] **I** *s* **1.** Gesicht *n*: ***in the face of*** angesichts; trotz; ***face to face with*** Auge in Auge mit; ***do one's face*** sich schminken; ***say s.th. to s.o.'s face*** j-m etw ins Gesicht sagen; → ***stare*** II **2.** Gesicht(sausdruck *m*) *n*, Miene *f*: ***make*** (*oder* ***pull***) ***a face*** ein Gesicht machen *oder* schneiden; → ***straight*** 1 **3.** *das* Äußere: ***on the face of it*** oberflächlich (betrachtet) **4.** Ansehen *n*: ***save one's face*** das Gesicht wahren; ***lose face*** das Gesicht verlieren **5.** Bildseite *f* (*einer Spielkarte*) **6.** Zifferblatt *n* **7.** → ***façade*** **II** *v/t* **8.** ansehen, *j-m* ins Gesicht sehen **9.** gegenüberstehen, -liegen, -sitzen (*Dat*); nach *Osten etc* blicken *oder* liegen (*Raum etc*) **10.** *j-m, einer Sache* mutig entgegentreten *oder* begegnen, sich stellen **11.** *oft* ***be faced with*** sich *einer Gefahr etc* gegenübersehen, gegenüberstehen: ***be faced with*** (*oder* ***face***) ***ruin*** vor dem Ruin stehen **III** *v/i* **12.** sich wenden **13.** blicken, liegen (***toward***[***s***] nach; ***south*** nach Süden) **14.** ***face up to*** *siehe* 10

face card *s Am Kartenspiel*: Bild(karte *f*) *n*

'face·cloth *s Br* Waschlappen *m*

face cream *s* Gesichtscreme *f*

face flan·nel *s Br* Waschlappen *m*

'face,lift *s* Facelifting *n*, Gesichtsstraffung *f*: ***have a facelift*** sich das Gesicht liften lassen

face pack *s* Gesichtspackung *f*

fa·ce·tious [fə'siːʃəs] *Adj* spöttisch, witzig, spaßig

face val·ue *s* WIRTSCH Nenn-, Nominalwert *m*: ***take s.th. at*** (***its***) ***face value*** *fig* etw unbesehen glauben; etw für bare Münze nehmen

fa·cial ['feɪʃl] *Adj* Gesichts…

fa·cil·i·tate [fə'sɪlɪteɪt] *v/t* erleichtern

fa'cil·i·ty *s* **1.** Leichtigkeit *f* **2.** (günstige) Gelegenheit, Möglichkeit *f* (***for*** für) **3.** *Pl* Einrichtungen *Pl*, Anlagen *Pl* **4.** *Pl* Vergünstigungen *Pl*

fac·sim·i·le [fæk'sɪmɪlɪ] *s* Faksimile *n*

▶**fact** [fækt] *s* Tatsache *f*, Faktum *n*: ***know s.th. for a fact*** etw (ganz) sicher wissen; ***tell s.o. the facts of life*** j-n (*sexuell*) aufklären; → ***matter*** 3

'fact-,find·ing *Adj* Untersuchungs…

fac·tion ['fækʃn] *s bes* POL Splittergruppe *f*

fac·tor ['fæktə] *s* Faktor *m*

▶**fac·to·ry** ['fæktərɪ] *s* Fabrik *f*

fac·to·ry hand, **fac·to·ry work·er** *s* Fabrikarbeiter(in)

fac·to·tum [fæk'təʊtəm] *s* Faktotum *n*, Mädchen *n* für alles

fac·tu·al ['fæktʃʊəl] *Adj* **1.** Tatsachen…: ***factual report*** **2.** sachlich

fac·ul·ty ['fæklti] *s* **1.** Fähigkeit *f*, Vermögen *n*: (***mental***) ***faculties*** *Pl* Geisteskräfte *Pl*; ***be in possession of all one's faculties*** im (Voll)Besitz seiner Kräfte sein **2.** Gabe *f*, Talent *n* **3.** UNI Fakultät *f*

fad [fæd] *s* Mode(erscheinung, -torheit) *f*; (vorübergehende) Laune

fade [feɪd] **I** *v/i* **1.** (ver)welken **2.** verschießen, -blassen (*Farbe etc*) **3.** *auch* ***fade away*** sich auflösen (*Menge*), MED immer schwächer werden (*Person*), verklingen (*Lied etc*), verblassen (*Erinnerung*), verrauchen (*Zorn etc*), zerrinnen (*Hoffnungen*) **4.** RADIO schwinden (*Ton, Sender*) **5.** nachlassen (*Bremsen*), (*Sportler auch*) abbauen **6.** *auch* ***fade out*** (FILM, RUNDFUNK, TV) aus- *oder* abgeblendet werden (*Ton, Bild*): ***fade in*** (*oder* ***up***) auf- *oder* eingeblendet werden **II** *v/t* **7.** (ver)welken lassen **8.** *Farbe etc* ausbleichen **9.** *auch* ***fade out*** *Ton, Bild* aus- *oder* abblenden: ***fade in*** (*oder* ***up***) auf- *oder* einblenden

'fad·ed *Adj* verwelkt, welk

fae·ces ['fiːsiːz] *s Pl* Fäkalien *Pl*, Kot *m*

fag[1] [fæg] *s ugs* Glimmstängel *m*

fag[2] [fæg] *ugs* **I** *v/i* sich abarbeiten *oder* (ab-)schinden: ***be fagged out*** völlig fertig sein **II** *s* Schinderei *f*

fag[3] [fæg] → ***faggot***[2]

fag end *s* **1.** letzter *oder* schäbiger Rest **2.** *Br ugs* Kippe *f* (*Zigarettenstummel*)

fag·got[1], *bes Am* **fag·ot** ['fægət] *s* GASTR Frikadelle *f* (*bes aus Schweineleber*)

fag·got[2] ['fægət] *s sl pej* Schwule *m*

'fag·got·y *Adj sl pej* schwul

Fahr·en·heit ['færənhaɪt]: **10▶ *Fahrenheit*** zehn Grad Fahrenheit

▶**fail** [feɪl] **I** *v/i* **1.** versagen (*auch Stimme, Motor etc*); keinen Erfolg haben; PÄD durchfallen (***in*** in *Dat*); WIRTSCH Bankrott machen: ***he failed in his attempt*** sein Versuch schlug fehl **2.** misslingen, fehlschlagen, scheitern: ***if all else fails*** wenn alle Stricke reißen **3.** nachlassen, schwinden (*Kräfte etc*); ausgehen, zu Ende gehen (*Vorräte etc*); abnehmen, schwächer werden (*Sehkraft etc*) **4.** ***fail to*** *Inf* es unterlassen *oder* versäumen zu *Inf*: ***fail to do s.th.*** *auch* etw nicht tun; ***I fail to see*** ich sehe nicht ein **II** *v/t* **5.** *j-m* versagen: ***his courage failed him*** ihm sank der Mut; ***words fail me*** mir fehlen die Worte (***to*** *Inf* zu *Inf*) **6.** *j-n* im Stich lassen **7.** PÄD *j-n* durchfallen lassen; durchfallen in (*einer Prüfung*) **III** *s* **8.** ***without fail*** mit Sicherheit, ganz bestimmt

'fail·ing *Präp* in Ermang(e)lung (*Gen*): ***failing that*** andernfalls

'fail-safe *Adj* störungs-, *auch fig* pannensicher

▶**fail·ure** ['feɪljə] *s* **1.** Versagen *n* **2.** Unterlassung *f*, Versäumnis *n*: ***failure to pay*** Nichtzahlung *f* **3.** Fehlschlag(en *n*) *m*, Misserfolg *m* **4.** PÄD Durchfallen *n* (***in*** in *Dat*) **5.** WIRTSCH Bankrott *m* **6.** Versager(in)

▶**faint** [feɪnt] **I** *Adj* schwach, matt (*Person, Farbe etc; auch fig*): ***I haven't the faintest idea*** ich habe nicht die leiseste Ahnung **II** *s* Ohnmacht *f*: ***in a faint*** ohnmächtig **III** *v/i* ohnmächtig werden, in Ohnmacht fallen (***with, from*** vor *Dat*)

,faint-'heart·ed *Adj* zaghaft, furchtsam

▶**fair**[1] [feə] **I** *Adj* (→ ***fairly***) **1.** schön, hübsch: → ***sex*** 1 **2.** hell (*Haut, Haar, Teint*), blond (*Haar*), zart (*Teint, Haut*); hellhäutig **3.** klar, heiter (*Himmel*), schön, trocken (*Wetter, Tag*) **4.** sauber: → ***copy*** 1 **5.** reell (*Chance*) **6.** gerecht, fair: → ***play*** 2 **II** *Adv* **7.** anständig, fair: ***play fair*** fair spielen, *auch fig* sich an die Spielregeln halten **8.** direkt, genau

fair[2] [feə] *s* **1.** Jahrmarkt *m*; Volksfest *n* **2.** Messe *f*

'fair·ground *s* **1.** Rummelplatz *m* **2.** Messegelände *n*

fair·ly ['feəlɪ] *Adv* **1.** gerecht(erweise) **2.** ziemlich

'fair·ness *s* Gerechtigkeit *f*, Anständigkeit *f*, Fairness *f*: ***in fairness to him*** um ihm Gerechtigkeit widerfahren zu lassen

'fair·way *s* **1.** SCHIFF Fahrwasser *n*, -rinne *f* **2.** *Golf*: Fairway *n*

'fair-ˌweath·er *Adj*: ***fair-weather friend*** Freund(in) nur in guten Zeiten
fair·y ['feərɪ] *s* **1.** Fee *f*: ***fairy godmother*** die gute Fee **2.** *sl* Schwule *m*
fair·y sto·ry *s* Märchen *n (auch fig)*
fair·y tale *s* Märchen *n (auch fig)*
▶**faith** [feɪθ] *s* **1.** **(*in*)** Glaube(n) *m* (an *Akk*) (*auch* REL), Vertrauen *n* (auf *Akk*, zu): ***have faith in*** *einer Sache* Glauben schenken, an *etw* glauben; zu *j-m* Vertrauen haben **2.** Redlichkeit *f*: ***in good faith*** in gutem Glauben, gutgläubig (*beide auch* JUR)
▶**faith·ful** ['feɪθfʊl] *Adj* **1.** treu (***to*** *Dat*): ***Yours faithfully*** Hochachtungsvoll (*Briefschluss*) **2.** wahrheits- *oder* wortgetreu **3.** REL gläubig

faithful SG

Der Briefschluss **Yours faithfully** bzw. im amerikanischen Englisch **Sincerely yours** oder **Yours truly** wird verwendet, wenn der Name des Adressaten nicht bekannt ist und der Brief demzufolge „anonym" mit **Dear Sir**, **Dear Madam** oder **Dear Sir or Madam** beginnt. Bei einer Anrede wie **Dear Mr Smith** oder **Dear Mrs Martin** würde man den Brief mit **Yours sincerely**, im amerikanischen Englisch unverändert mit **Sincerely yours** oder **Yours truly** schließen. Allerdings wird diese starre Regel heute nicht immer eingehalten. Man findet im britischen Englisch trotz anonymer Anrede im Briefschluss oft auch **Yours sincerely** usw.

faith heal·ing *s* Gesundbeten *n*
faith·less ['feɪθlɪs] *Adj* treulos (***to*** gegenüber)
fake [feɪk] **I** *v/t* **1.** *Bilanz etc* frisieren **2.** *Pass etc* fälschen **3.** *Interesse etc* vortäuschen, *Krankheit auch* simulieren **II** *s* **4.** Fälschung *f* **5.** Schwindel *m* **6.** Schwindler(in); Simulant(in)
fal·con ['fɔːlkən] *s* ORN Falke *m*
▶**fall** [fɔːl] **I** *s* **1.** Fall *m*, Sturz *m*: ***have a*** (***bad***) ***fall*** (schwer) stürzen **2.** *Am* Herbst *m*: ***in*** (***the***) ***fall*** im Herbst **3.** (*Regen-*, *Schnee*)Fall *m* **4.** *fig* Fallen *n*, Sinken *n*: ***fall in temperature*** Temperatursturz *m*; ***fall in demand*** WIRTSCH Nachfragerückgang *m* **5.** Gefälle *n* (*des Geländes*) **6.** Fall *m* (*einer Stadt etc*) **7.** Einbruch *m* (*der Nacht etc*) **8.** *meist Pl* Wasserfall *m* **II** *v/i* (*unreg*) **9.** (um-, herunter-, hinunter)fallen; (ab-) stürzen; (ab)fallen (*Blätter*): ***he fell to his death*** er stürzte tödlich ab **10.** *auch* ***fall apart*** zerfallen **11.** *fig* fallen: **a)** (*im Krieg*) umkommen, **b)** erobert werden (*Stadt*), **c)** gestürzt werden (*Regierung*) **12.** *fig* fallen, sinken (*Preise*, *Temperatur etc*): ***his face fell*** er machte ein langes Gesicht **13.** abfallen (*Gelände etc*) **14.** hereinbrechen (*Nacht etc*) **15.** *krank*, *fällig etc* werden
◆**fall a·bout** *v/i*: ***fall about*** (***laughing*** *oder* ***with laughter***) *ugs* sich (vor Lachen) kugeln
◆**fall a·way** → ***fall off***
◆**fall back** *v/i* **1.** zurückweichen **2.** ***fall back on*** zurückgreifen auf (*Akk*)
◆**fall be·hind** *v/i* zurückbleiben hinter (*Dat*), zurückfallen hinter (*Akk*) (*beide auch fig*): ***fall behind with*** (*oder* ***in***) in Rückstand *oder* Verzug geraten mit
◆**fall down** *v/i* **1.** umfallen, einstürzen **2.** *die Treppe etc* hinunterfallen **3.** *ugs* (***on***) enttäuschen, versagen (bei); Pech haben (mit)
◆**fall for** *v/i* **1.** hereinfallen auf (*Akk*) **2.** *ugs* sich verknallen in (*Akk*)
◆**fall in** *v/i* **1.** einfallen, -stürzen **2.** ***fall in with*** beipflichten, zustimmen (*Dat*); sich anpassen (*Dat*); entsprechen (*Dat*)
◆**fall in·to** *v/i* **1.** kommen *oder* geraten in (*Akk*): ***fall into difficulties***; → ***line***[1] 11, ***trap*** 1 **2.** sich *etw* angewöhnen: ***fall into a habit*** eine Gewohnheit annehmen **3.** fallen in (*ein Gebiet oder Fach*)
◆**fall off** *v/i* **1.** zurückgehen (*Geschäfte*, *Zuschauerzahlen etc*), nachlassen (*Begeisterung etc*) **2.** abfallen (von), abtrünnig werden (*Dat*)
◆**fall on** *v/i* **1.** fallen auf (*Akk*) (*auch zeitlich*): ***his glance fell on me***; ***Christmas falls on a Monday this year***; → ***ear***[1] 1 **2.** herfallen über (*Akk*)
◆**fall out** *v/i* **1.** *gut etc* ausfallen, -gehen **2.** sich ereignen, geschehen **3.** (sich) streiten (***with*** mit; ***over, about*** über *Akk*)
◆**fall o·ver** *v/i* hinfallen (*Person*), umfallen (*Vase etc*): ***fall over o.s.*** (*oder* ***backwards***) ***to do s.th.*** *ugs* sich fast umbringen, etw zu tun
◆**fall through** *v/i* **1.** durchfallen (*auch fig*) **2.** missglücken, ins Wasser fallen
◆**fall to** *v/i j-m* zufallen (***to do*** zu tun)
◆**fall un·der** *v/i* unter *ein Gesetz etc* fallen
fal·la·cious [fə'leɪʃəs] *Adj* **1.** trügerisch, irreführend **2.** irrig, falsch
fal·la·cy ['fæləsɪ] *s* Trugschluss *m*, Irrtum *m*
fall·en ['fɔːlən] **I** *Part Perf von* **fall** **II** *Adj* gefallen (*auch Mädchen*)
fall guy *s bes Am ugs* **1.** Opfer *n* (*eines Betrügers*) **2.** Sündenbock *m*
fal·li·ble ['fæləbl] *Adj* fehlbar
fall·ing star ['fɔːlɪŋ] *s* Sternschnuppe *f*
'fall·out *s* Fallout *m*, radioaktiver Niederschlag: ***fallout shelter*** Atomschutzraum *m*
fal·low ['fæləʊ] *Adj* LANDW brach(liegend) (*auch fig*): ***lie fallow*** brachliegen
▶**false** [fɔːls] *Adj allg* falsch: ***false alarm*** falscher *oder* blinder Alarm (*auch fig*); ***false bottom*** doppelter Boden; ***false key*** Dietrich *m*, Nachschlüssel *m*; ***false teeth*** *Pl* (*künstliches*) Gebiss; → ***pretence*** 2
false·hood ['fɔːlshʊd] *s* **1.** Unwahrheit *f* **2.** Falschheit *f*
'false·ness *s allg* Falschheit *f*
fal·si·fi·ca·tion [ˌfɔːlsɪfɪ'keɪʃn] *s* (Ver-)Fälschung *f*
fal·si·fy ['fɔːlsɪfaɪ] *v/t* **1.** fälschen **2.** verfälschen, falsch darstellen *oder* wiedergeben **3.** widerlegen
fal·ter ['fɔːltə] *v/i* schwanken: **a)** taumeln, **b)** zögern, zaudern, **c)** stocken (*auch Stimme*)
fame [feɪm] *s* Ruhm *m*
famed *Adj* berühmt (***for*** für, wegen)
▶**fa·mil·iar** [fə'mɪljə] *Adj* **1.** vertraut, bekannt, geläufig (***to*** *Dat*): ***a familiar sight*** ein gewohnter Anblick **2.** vertraut, bekannt (***with*** mit): ***be familiar with*** *auch* sich auskennen in (*Dat*); ***make o.s. familiar with*** sich vertraut machen mit **3.** **a)** vertraulich, ungezwungen (*Ton etc*), **b)** plumpvertraulich, aufdringlich **4.** vertraut, eng (*Freund etc*): ***be on familiar terms with*** auf vertrautem Fuß stehen mit
faˌmil·i'ar·i·ty [fəˌmɪlɪ'ærətɪ] *s* **1.** Vertrautheit *f* **2.** **a)** Vertraulichkeit *f*, **b)** *oft Pl* plumpe Vertraulichkeit, Aufdringlichkeit *f*
fa'mil·iar·ize [fə'mɪljəraɪz] *v/t* vertraut *oder* bekannt machen (***with*** mit)

▶**fam·i·ly** ['fæməlɪ] **I** *s* Familie *f*, *fig auch* Herkunft *f*: ***a family of four*** eine vierköpfige Familie; ***of good family*** aus gutem Haus; → ***run*** 11 **II** *Adj* Familien…: ***family allowance*** Kindergeld *n*; ***family doctor*** Hausarzt *m*, -ärztin *f*; ***family man*** Familienvater *m*; häuslicher Mensch; ▶ ***family name*** → ***surname***; ***family planning*** Familienplanung *f*; ***family problems*** *Pl* familiäre Probleme *Pl*; ***family tree*** Stammbaum *m*

family GR

Je nachdem, ob die Familie in ihrer Gesamtheit oder als Verbund einzelner Familienmitglieder betrachtet wird, steht bei **family** das Verb im Singular oder Plural:

My family is / are from Scotland.	Meine Familie kommt aus Schottland.

fam·ine ['fæmɪn] *s* Hungersnot *f*
▶**fa·mous** ['feɪməs] *Adj* berühmt (**for** wegen, für)
fan[1] [fæn] **I** *s* **1.** Fächer *m* **2.** Ventilator *m*: ***fan belt*** TECH Keilriemen *m* **II** *v/t* **3.** *j-m* Luft zufächeln **4.** anfachen, *fig auch* entfachen, -flammen **III** *v/i* **5.** *oft* ***fan out*** sich fächerförmig ausbreiten; ausschwärmen
fan[2] [fæn] *s* (*Sport- etc*)Fan *m*: ***fan club*** Fanklub *m*; ***fan mail*** Verehrerpost *f*
fa·nat·ic [fə'nætɪk] **I** *s* Fanatiker(in) **II** *Adj* (***fanatically***) fanatisch
fa'nat·i·cism [fə'nætɪsɪzəm] *s* Fanatismus *m*
fan·ci·er ['fænsɪə] *s* (*Tier-, Blumen- etc*) Liebhaber(in) *oder* (-)Züchter(in)
fan·ci·ful ['fænsɪful] *Adj* **1.** fantasiereich **2.** fantastisch, wirklichkeitsfremd
fan·cy ['fænsɪ] **I** *s* **1.** Fantasie *f*; Einbildung *f*: → ***tickle*** I **2.** Idee *f*, plötzlicher Einfall **3.** Laune *f*, Grille *f* **4.** (**for**) Neigung *f* (zu), Vorliebe *f* (für), Gefallen *n* (an *Dat*): ***have a fancy for*** gernhaben; Lust haben auf (*Akk*); ***take a fancy to*** Gefallen finden an (*Dat*), sympathisch finden **II** *Adj* **5.** Fantasie…, fantastisch **6.** fantasie-, kunstvoll **III** *v/t* **7.** sich *j-n*, *etw* vorstellen: ***fancy that!*** stell dir vor!, denk nur!; sieh mal einer an! **8.** annehmen, glauben **9.** ***fancy o.s.*** sich einbilden (***to be*** zu sein), sich halten ([***as***] für): ***fancy o.s.*** sich sehr wichtig vorkommen **10.** gernhaben *oder* mögen **11.** Lust haben (auf *Akk*; ***doing*** zu tun) **12.** *Tiere*, *Pflanzen* (aus Liebhaberei) züchten
fan·cy dress *s* (Masken)Kostüm *n*
'fan·cy-dress *Adj*: ***fancy-dress ball*** Maskenball *m*, Kostümfest *n*
ˌfan·cy-'free *Adj* frei und ungebunden
fan·cy goods *s Pl* **1.** Modeartikel *Pl* **2.** kleine Geschenkartikel *Pl*; Nippes *Pl*
fang [fæŋ] *s* Reiß-, Fangzahn *m*, Fang *m* (*eines Raubtiers etc*), Hauer *m* (*eines Ebers*), Giftzahn *m* (*einer Schlange*)
fan·ny ['fænɪ] *s* **1.** *Am sl* Hintern *m* **2.** *Br vulg* Muschi *f*, Möse *f*
fan·ny bag *s bes Am sl* Gürteltasche *f*
fan ov·en *s* Heißluftherd *m*
fan·ta·sia [fæn'teɪzjə] *s* MUS Fantasie *f*
fan·tas·tic [fæn'tæstɪk] *Adj* (***fantastically***) fantastisch: **a)** unwirklich, **b)** absurd, **c)** *ugs* toll
fan·ta·sy ['fæntəsɪ] *s* Fantasiegebilde *n*, Hirngespinst *n*, (*meist* erotischer) Tagtraum, Fiktion *f*
fan·zine ['fænziːn] *s* Fan-Magazin *n*
▶**far** [fɑː] **I** *Adj* **1.** fern, (weit) entfernt, weit: ***the Far East*** der Ferne Osten; → ***cry*** 1 **2.** (*vom Sprecher aus*) entfernter: ***at the far end*** am anderen Ende **II** *Adv* **3.** fern, weit: ***far away*** (*oder* ***off***) weit weg *oder* entfernt; ***as far as*** so weit *oder* so viel (wie); bis (nach); ***so far so good*** so weit, so gut **4.** *fig* (***from***) weit entfernt (von), alles andere (als): ***far from completed*** noch lange *oder* längst nicht fertig **5.** ***far into*** weit *oder* tief in (*Akk*): ***far into the night*** bis spät *oder* tief in die Nacht (hinein) **6.** ***by far*** weit(aus), bei Weitem, wesentlich
'far·a·way → ***far*** 1
farce [fɑːs] *s* THEAT Farce *f* (*auch fig*), Posse *f*, Schwank *m*
far·ci·cal ['fɑːsɪkl] *Adj* **1.** farcen-, possenhaft **2.** *fig* absurd
▶**fare** [feə] **I** *s* **1.** Fahrpreis *m*, -geld *n*; Flugpreis *m*: ***what's the fare?*** was kostet die Fahrt *oder* der Flug?; ***any more fares, please?*** noch jemand zugestiegen?; ***fare dodger*** Schwarzfahrer(in); ***fare stage*** *Br* Fahrpreiszone *f*, Teilstrecke *f* **2.** Fahrgast *m* (*bes eines Taxis*) **II** *v/i* **3.** (er)gehen: ***how did you fare?*** wie ist es dir ergangen?
ˌfare'well **I** *Interj* leb(t) wohl **II** *s* Lebewohl *n*, Abschied(sgruß) *m*: ***make one's farewells*** sich verabschieden **III** *Adj* Abschieds…
ˌfar-'fetched *Adj fig* weit hergeholt, an den Haaren herbeigezogen
▶**farm** [fɑːm] **I** *s* **1.** (*auch Geflügel- etc*)Farm *f*, Bauernhof *m* **II** *v/t* **2.** *Land* bebauen, bewirtschaften **3.** *Geflügel etc* züchten **4.** ***farm out*** WIRTSCH *Arbeit* vergeben (***to*** an *Akk*) **III** *v/i* **5.** Landwirtschaft betreiben
▶**farm·er** ['fɑːmə] *s* **1.** Bauer *m*, Bäuerin *f*, Landwirt(in), Farmer(in) **2.** (*Geflügel- etc*) Züchter(in)
'farm·house *s* Bauernhaus *n*
farm·ing ['fɑːmɪŋ] *s* **1.** Landwirtschaft *f* **2.** (*Geflügel- etc*)Zucht *f*
ˌfar-'off → ***far*** 1
ˌfar-'out *Adj sl* **1.** toll, super **2.** exzentrisch

F

Das Gerund nach Adjektiv + Präposition GR

Folgt auf Verbindungen von Adjektiv + Präposition ein Verb, so steht es in der **-ing**-Form:

be famous for doing s.th.	dafür berühmt sein, etw zu tun
be fond of doing s.th.	etw gern tun, etw mögen
be good / bad at doing s.th.	in etw gut / schlecht sein
be interested in doing s.th.	sich dafür interessieren, etw zu tun
be keen on doing s.th.	etw unbedingt tun wollen
be tired of doing s.th.	es satthaben, etw zu tun

ˌfar-ˈreach·ing *Adj* weitreichend, *fig auch* folgenschwer
ˌfarˈsee·ing *Adj fig* weitblickend, umsichtig
ˌfarˈsight·ed *Adj* **1.** → ***farseeing*** **2.** MED weitsichtig
fart [fɑːt] *vulg* **I** *s* **1.** Furz *m* **2.** *fig* Arschloch *n* **II** *v/i* **3.** furzen
▶**far·ther** [ˈfɑːðə] **I** *Adj* **1.** *Komp von* → ***far*** **2.** weiter weg liegend, entfernter **3.** → ***further*** 5 **II** *Adv* **4.** weiter: ***so far and no farther*** bis hierher und nicht weiter **5.** → ***further*** 2, 3

farther / further GR

Die Steigerungsformen **further** und **farther** werden beide verwendet, wenn sie in der Bedeutung „weiter weg, entfernter" gebraucht sind.

You'll have to get farther / further away from the camera.	Du musst weiter weg von der Kamera stehen.

⚠ Im übertragenen Sinne wird aber nur **further** benutzt:

I have nothing further to add.	Ich habe nichts weiter hinzuzufügen.

far·thest [ˈfɑːðɪst] **I** *Adj* **1.** *Sup von* → ***far*** **2.** weitest, entferntest **3.** → ***furthest*** 2 **II** *Adv* **4.** am weitesten *oder* entferntesten **5.** → ***further*** 4
fas·ci·nate [ˈfæsɪneɪt] *v/t* faszinieren
ˌfas·ciˈna·tion *s* Faszination *f*
fas·cism, *oft* **Fas·cism** [ˈfæʃɪzəm] *s* POL Faschismus *m*
ˈfas·cist, *auch* **Fas·cist** **I** *s* Faschist(in) **II** *Adj* faschistisch
▶**fash·ion** [ˈfæʃn] **I** *s* **1.** Mode *f*: ***come into fashion*** in Mode kommen, modern werden; ***go out of fashion*** aus der Mode kommen, unmodern werden; ***fashion magazine*** Modejournal *n*; ***fashion model*** **a)** Mannequin *n*, **b)** Dressman *m*; ***fashion parade*** (*oder* ***show***) Mode(n)schau *f* **2.** Art *f* und Weise *f*, Stil *m*: ***after*** (*oder* ***in***) ***a fashion*** schlecht und recht, so lala **II** *v/t* **3.** formen, gestalten
ˈfash·ion·a·ble *Adj* **1.** modisch, elegant **2. a)** in Mode: ***be very fashionable*** große Mode sein (***to do*** zu tun), **b)** Mode…
▶**fast**[1] [fɑːst] **I** *Adj* **1.** schnell: ***fast train*** Schnell-, D-Zug *m*; ***my watch is*** (***ten minutes***) ***fast*** meine Uhr geht (10 Minuten) vor **2.** FOTO hochempfindlich (*Film*); lichtstark (*Objektiv*) **II** *Adv* **3.** schnell
fast[2] [fɑːst] **I** *Adj* **1.** fest: ***make fast*** festmachen **2.** widerstandsfähig (***to*** gegen): ***fast colo(u)r*** (wasch)echte Farbe **II** *Adv* **3.** fest: ***be fast asleep*** fest *oder* tief schlafen; ***play fast and loose with*** Schindluder treiben mit
fast[3] [fɑːst] **I** *v/i* **1.** fasten **II** *s* **2.** Fasten *n* **3.** Fastenzeit *f*: ***fast*** (***day***) Fastentag *m*
ˈfast·back *s* MOT (Wagen *m* mit) Fließheck *n*
fast breed·er, **ˌfast-ˈbreed·er re·ac·tor** *s* PHYS Schneller Brüter
fas·ten [ˈfɑːsn] **I** *v/t* **1.** befestigen, festmachen (***to, on*** an *Akk*): → ***seat belt*** **2.** *auch* ***fasten up*** (ab-, ver)schließen, *Jacke etc* zuknöpfen, *Paket etc* zu-, verschnüren **3.** ***fasten on*** *fig Blick, Aufmerksamkeit etc* richten auf (*Akk*); *j-m eine Straftat etc* in die Schuhe schieben, anhängen **II** *v/i* **4.** sich festmachen *oder* schließen lassen

fasten AS

⚠ Das **t** in **fasten** wird nicht gesprochen: [ˈfɑːsn]

ˈfas·ten·er *s* Verschluss *m*
fast food *s* Fast Food *n*
ˈfast-food re·stau·rant *s* Schnellimbiss *m*, -gaststätte *f*
fas·tid·i·ous [fəˈstɪdɪəs] *Adj* anspruchsvoll, wählerisch, heikel (***about*** in *Dat*)
fast lane *s auch fig* Überholspur *f*
▶**fat** [fæt] **I** *Adj* **1.** dick (*auch fig Bankkonto etc*), *pej* fett **2.** fett(ig), fetthaltig **II** *s* **3.** Fett *n*: ***the fat is in the fire*** der Teufel ist los; ***chew the fat*** *ugs* quatschen, plaudern; ***live off the fat of the land*** in Saus und Braus *oder* wie Gott in Frankreich leben
▶**fa·tal** [ˈfeɪtl] *Adj* **1.** tödlich **2.** fatal, verhängnisvoll (***to*** für)
fa·tal·ism [ˈfeɪtəlɪzəm] *s* Fatalismus *m*
ˈfa·ta·list *s* Fatalist(in)
ˌfa·talˈis·tic *Adj* (***fatalistically***) fatalistisch
fa·tal·i·ty [fəˈtælətɪ] *s* **1.** Verhängnis *n* **2.** tödlicher Unfall; (Todes)Opfer *n*
▶**fate** [feɪt] *s* **1.** Schicksal *n*: ***he met his fate*** das Schicksal ereilte ihn; (***as***) ***sure as fate*** garantiert, mit Sicherheit; → ***tempt*** 2 **2.** Verhängnis *n*, Verderben *n*
ˈfat·ed *Adj*: ***he was fated to*** *Inf* es war ihm (vom Schicksal) bestimmt zu *Inf*
fate·ful [ˈfeɪtfʊl] *Adj* **1.** verhängnisvoll **2.** schicksalhaft, Schicksals…
▶**fa·ther** [ˈfɑːðə] **I** *s* **1.** Vater *m*, *fig auch* Begründer *m*: ***like father like son*** der Apfel fällt nicht weit vom Stamm; ***Father's Day*** Vatertag *m* **2.** *Pl* Ahnen *Pl*, Vorfahren *Pl*, Väter *Pl* **3.** REL **a)** Pater *m*, **b)** ***the Holy Father*** der Heilige Vater **II** *v/t* **4.** *etw* ins Leben rufen
Fa·ther Christ·mas *s bes Br* der Weihnachtsmann
fa·ther fig·ure *s* PSYCH Vaterfigur *f*
fa·ther·hood [ˈfɑːðəhʊd] *s* Vaterschaft *f*
▶**fa·ther-in-law** [ˈfɑːðərɪnlɔː] *Pl* **ˈfa·thers-in-law** *s* Schwiegervater *m*
ˈfa·ther·land *s* Vaterland *n*
fa·ther·less [ˈfɑːðəlɪs] *Adj* vaterlos
ˈfa·ther·ly *Adj* väterlich
fath·om [ˈfæðəm] *v/t* SCHIFF ausloten, *fig auch* ergründen
fa·tigue [fəˈtiːg] **I** *s* **1.** Ermüdung *f* (*auch* TECH) **2.** *Pl* Strapazen *Pl* **II** *v/t und v/i* **3.** ermüden (*auch* TECH)
fat·ten [ˈfætn] *v/t* **1.** *auch* ***fatten up*** dick *oder pej* fett machen **2.** *Tier, ugs auch j-n* mästen
ˈfat·ty **I** *Adj* fettig, Fett… **II** *s ugs* Dickerchen *n*
fat·u·ous [ˈfætjʊəs] *Adj* albern
fau·cet [ˈfɔːsɪt] *s Am* (Wasser)Hahn *m*
▶**fault** [fɔːlt] *s* **1.** Schuld *f*, Verschulden *n*: ***it is my fault*** es ist meine Schuld; ***be at fault*** schuld sein **2.** Fehler *m* (*auch Tennis etc*): ***find fault with*** etw auszusetzen haben an (*Dat*); ***be at fault*** sich irren **3.** TECH Defekt *m*
ˈfaultˌfind·er *s* Nörgler(in), Kritt(e)ler(in)
ˈfaultˌfind·ing **I** *s* Nörgelei *f*, Krittelei *f* **II** *Adj* nörglerisch, kritt(e)lig

fault·less ['fɔːltlɪs] *Adj* fehlerfrei, -los
'**fault·y** *Adj* fehlerhaft, TECH *auch* defekt, (*Argumentation etc auch*) falsch
fau·na ['fɔːnə] *s* Fauna *f*, Tierwelt *f*
►**fa·vor**, **fa·vour** ['feɪvə] **I** *v/t* **1.** begünstigen: **a)** favorisieren, bevorzugen, **b)** günstig sein für, fördern, **c)** unterstützen, für *etw* sein **2.** *bes* SPORT favorisieren, zum Favoriten erklären **II** *s* **3.** Gunst *f*, Wohlwollen *n*: ► ***in favour of*** zugunsten von (*oder Gen*); ***in my favour*** zu meinen Gunsten; ***be in favour of*** für *etw* sein; ***be in*** (***out of***) ***favour with s.o.*** bei j-m gut (schlecht) angeschrieben sein **4.** Gefallen *m*, Gefälligkeit *f*: ***ask s.o. a favour*** (*oder* ***a favour of s.o.***) j-n um einen Gefallen bitten; ***do s.o. a favour*** j-m einen Gefallen tun
'**fa·vor·a·ble**, '**fa·vour·a·ble** *Adj* günstig: **a)** vorteilhaft (***to, for*** für), **b)** positiv, zustimmend (*Antwort etc*)
fa·vor·ite, **fa·vour·ite** ['feɪvrɪt] **I** *s* **1.** Liebling *m*, *pej* Günstling *m* **2.** *bes* SPORT Favorit(in) **II** *Adj* **3.** Lieblings…: ***favo(u)rite food*** Lieblingsgericht *n*, Leibspeise *f*
'**fa·vor·it·ism**, '**fa·vour·it·ism** *s* Günstlings-, Vetternwirtschaft *f*
fawn [fɔːn] *v/i*: ***fawn on*** *fig* katzbuckeln vor (*Dat*)
'**fawn·ing** *Adj* kriecherisch
►**fax** [fæks] **I** *v/t* faxen **II** *s* Fax *n*
fax ma·chine *s* Faxgerät *n*
fax num·ber *s* Faxnummer *f*
faze ['feɪz] *v/t ugs* aus der Fassung bringen
FBI *Am* [efbiː'aɪ] *Abk* (= ***Federal Bureau of Investigation***) FBI *n* (*Bundeskriminalamt*)
►**fear** [fɪə] **I** *s* **1.** Furcht *f*, Angst *f* (***of*** vor *Dat*; ***that*** dass): ***for fear that*** aus Furcht, dass; ***go in fear of s.o.*** sich vor j-m fürchten, vor j-m Angst haben **2.** Befürchtung *f*, Sorge *f*: ***for fear of hurting him*** um ihn nicht zu verletzen **3.** Ehrfurcht *f* (***of*** vor *Dat*): ***fear of God*** Gottesfurcht *f* **II** *v/t* **4.** fürchten, sich fürchten *oder* Angst haben vor (*Dat*) **5.** *das Schlimmste etc* (be)fürchten **6.** *Gott* fürchten **III** *v/i* **7.** ***fear for*** fürchten um
fear·ful ['fɪəfʊl] *Adj* **1.** furchtbar, fürchterlich (*beide auch fig ugs*) **2.** ***be fearful*** in (großer) Sorge sein, sich ängstigen (***of, for*** um; ***that*** dass) **3.** furchtsam, angsterfüllt: ***be fearful of*** → ***fear*** 4
'**fear·less** *Adj* furchtlos
fea·si·bil·i·ty [ˌfiːzə'bɪlətɪ] *s* Machbarkeit *f*, Durchführbarkeit *f*
'**fea·si·ble** *Adj* machbar, (*Plan etc*) durchführbar

F

Fax SG

To: Sunny View Hotel, Bournemouth
Attn: Helen Smith
Dept: Reception
Fax No.: 01202 322133

From: Tim Granger
Fax No: 01585 779346

Subject: Room reservation for 5 / 7 / 05 – 15 / 7 / 05

Pages: 1

Should this fax reach you in error, please telephone 0(044)1585 779345

Dear Ms Smith,

Further to our telephone conversation earlier, this is to confirm my reservation for a double room in your hotel for ten days from Monday 5th July to Thursday 15th July. I understand that you have a room available for £ 59 a night.

We will be arriving around 9 am on the 5th. As the room is only free from 2 pm, do you have somewhere we could store our luggage until then?

Please reply by fax to the above number, or contact me on my mobile: 07788 446467.

Many thanks.

Yours sincerely,

Tim Granger

feast [fiːst] **I** *s* **1.** REL Fest *n*, Feiertag *m* **2.** Festessen *n*, -mahl *n* **3.** *fig* (Hoch-)Genuss *m* **II** *v/t* **4.** ***feast one's eyes on*** seine Augen weiden an (*Dat*) **III** *v/i* **5.** sich gütlich tun (***on*** an *Dat*) **6.** sich weiden (***on*** an *Dat*)

feat [fiːt] *s* **1.** Helden-, Großtat *f* **2.** Kunst-, Meisterstück *n*; Kraftakt *m* **3.** (*technische etc*) Großtat, große Leistung

▸**feath·er** ['feðə] **I** *s* Feder *f*, *Pl* Gefieder *n*: ***birds of a feather*** Leute vom gleichen Schlag; ***birds of a feather flock together*** Gleich und Gleich gesellt sich gern; ***that is a feather in his cap*** darauf kann er stolz sein; → ***light[2]*** 1 **II** *v/t* mit Federn polstern *oder* schmücken, *Pfeil* fiedern: ***feather one's nest*** *fig* sein(e) Schäfchen ins Trockene bringen

'feath·er·brained *Adj* **1.** hohlköpfig **2.** leichtsinnig

'feath·er·weight **I** *s* **1.** SPORT Federgewicht *n* **2.** Leichtgewicht *n* (*Person*) **II** *Adj* **3.** SPORT Federgewichts… **4.** leichtgewichtig

fea·ture ['fiːtʃə] **I** *s* **1.** (Gesichts)Zug *m* **2.** Merkmal *n*, Charakteristikum *n* **3.** (Haupt)Attraktion *f* **4.** **a)** *auch* ***feature article*** (*oder* ***story***) (*Zeitung*) Feature *n*, **b)** *auch* ***feature film*** Feature *n*, Haupt-, Spielfilm *m* **II** *v/t* **5.** als (Haupt)Attraktion zeigen *oder* bringen, groß herausbringen *oder* -stellen **6.** in der Hauptrolle zeigen: ***a film featuring X*** ein Film mit X in der Hauptrolle

fe·brile ['fiːbraɪl] *Adj auch fig* fieb(e)rig, fieberhaft, Fieber…

▸**Feb·ru·ar·y** ['februərɪ] *s* Februar *m*, *österr.* Feber *m*: ***in February*** im Februar

fe·ces *bes Am* → ***faeces***

fed [fed] *Prät und Part Perf von* ***feed***

▸**fed·er·al**, *meist* **Federal** ['fedərəl] *Adj* POL Bundes…: ***Federal Bureau of Investigation*** *Am* Bundeskriminalpolizei *f*; ▸ ***Federal Republic of Germany*** Bundesrepublik *f* Deutschland

'fed·er·al·ism, *meist* **'Federalism** *s* POL Föderalismus *m*

'fed·er·al·ist **I** *Adj* föderalistisch **II** *s meist* **'Federalist** Föderalist(in)

ˌfed·er'a·tion *s* **1.** POL Bundesstaat *m*; Föderation *f*, Staatenbund *m* **2.** (*Sport- etc*)Verband *m*

fee [fiː] *s* (*Anwalts- etc*)Honorar *n*, (*Mitglieds- etc*)Beitrag *m*, (*Eintritts- etc*)Geld *n*, (*Aufnahme- etc*)Gebühr *f*

fee·ble ['fiːbl] *Adj* schwach (*auch fig*)

ˌfee·ble-'mind·ed *Adj* schwachsinnig, geistesschwach

fee·ble·ness ['fiːblnɪs] *s* Schwäche *f*

▸**feed** [fiːd] **I** *v/t* (*unreg*) **1.** *Tier, Kind* füttern (***on, with*** mit): ***be fed up with*** *ugs* die Nase voll haben von, *etw* satthaben **2.** *Familie etc* ernähren, unterhalten **3.** TECH *Maschine* speisen, beschicken, *auch j-n* versorgen (***with*** mit): ***feed s.th. into a computer*** etw in einen Computer eingeben **4.** ***feed back*** **a)** ELEK, KYBERNETIK rückkoppeln, **b)** *Informationen etc* zurückleiten (***to*** an *Akk*) **5.** *Gefühl* nähren **II** *v/i* (*unreg*) **6.** fressen (*Tier*); *ugs* futtern (*Mensch*) **7.** sich ernähren, leben (***on*** von) **III** *s* **8.** Füttern *n*, Fütterung *f* **9.** *ugs* Mahlzeit *f* **10.** COMPUTER (Papier)Vorschub *m*

'feed·back *s* **1.** ELEK, KYBERNETIK Feedback *n*, Rückkopp(e)lung *f* **2.** **a)** RUNDFUNK, TV Feedback *n*, **b)** Zurückleitung *f* (*von Informationen*) (***to*** an *Akk*)

feed·er ['fiːdə] *s* **1.** ***a heavy feeder*** ein starker Fresser (*Tier*) *oder ugs* Esser (*Mensch*) **2.** → ***feeding bottle*** **3.** *Br* Lätzchen *n*

feed·er road *s* Zubringerstraße *f*

feed·ing ['fiːdɪŋ] *s* Füttern *n*, Fütterung *f*

feed·ing bot·tle *s* (Säuglings)Flasche *f*

▸**feel** [fiːl] **I** *v/t* (*unreg*) **1.** (an-, be)fühlen: ***feel one's way*** sich tasten (***through*** durch) **2.** fühlen, (ver)spüren: ***make itself felt*** spürbar werden, sich bemerkbar machen **3.** *Freude etc* empfinden **4.** **a)** finden, glauben (***that*** dass), **b)** halten für: ***I feel it*** (***to be***) ***my duty*** ich halte es für meine Pflicht **II** *v/i* (*unreg*) **5.** fühlen (***whether, if*** ob; ***how*** wie): ***feel for*** tasten nach **6.** sich fühlen: ***feel ill***; ***feel up to s.th.*** sich einer Sache gewachsen fühlen; ***feel like*** (***doing***) ***s.th.*** Lust haben zu einer *oder* auf eine Sache (etw zu tun); ***feel like*** *auch* Appetit haben auf (*Akk*); → ***cold*** 1, ***warm*** 1 **7.** ***how do you feel about it?*** was meinst du dazu? **8.** sich *weich etc* anfühlen **III** *s* **9.** *klebriges etc* Gefühl **10.** ***be soft to the feel, have a soft feel*** sich weich anfühlen

feel + Adjektiv

Wie bei anderen Verben für Sinneswahrnehmung auch folgt auf **feel** in den Bedeutungen „sich fühlen", „sich anfühlen" ein Adjektiv, das diesen Sinneseindruck beschreibt – kein Adverb!

I feel fine / exhausted.	Ich fühle mich prima / erschöpft.
This feels smooth / rough.	Das fühlt sich glatt / rau an.

'feel·er *s* ZOOL Fühler *m* (*auch fig*): ***put out feelers*** seine Fühler ausstrecken

▸**feel·ing** ['fiːlɪŋ] *s* Gefühl *n*: **a)** Gefühlssinn *m*, **b)** (Gefühls)Eindruck *m*: ***have a feeling that*** das Gefühl haben, dass, **c)** Empfindung *f*: ***feelings*** *Pl* ***of guilt*** Schuldgefühle *Pl*, **d)** Feingefühl *n*: ***have a feeling for*** Gefühl haben für

▸**feet** [fiːt] *Pl von* ***foot***

feign [feɪn] **I** *v/t* *Interesse etc* vortäuschen, *Krankheit auch* simulieren: ***feign death*** sich tot stellen **II** *v/i* sich verstellen, simulieren

feint [feɪnt] *s* SPORT Finte *f* (*auch fig*)

fell[1] [fel] *Prät von* ***fall***

fell[2] [fel] *v/t* **1.** *Baum* fällen **2.** *Gegner etc* fällen, niederstrecken

▸**fel·low** ['feləʊ] **I** *s* **1.** Gefährte *m*, Gefährtin *f*, Genosse *m*, Genossin *f*, Kamerad(in) **2.** Mitmensch *m*, Zeitgenosse *m*, -genossin *f* **3.** *Br ugs* Kerl *m* **II** *Adj* **4.** Mit…: ***fellow human being*** Mitmensch *m*; ***fellow citizen*** Mitbürger(in); ***fellow countryman*** Landsmann *m*; ***fellow feeling*** Mitgefühl *n*; Zs.-gehörigkeitsgefühl *n*; ***fellow student*** Studienkollege *m*, -kollegin *f*, Kommilitone *m*, Kommilitonin *f*; ***fellow travel(l)er*** Mitreisende *m*, *f*; POL Mitläufer(in)

'fel·low·ship *s* **1.** Kameradschaft *f* **2.** Gesellschaft *f*, Gruppe *f*

felt[1] [felt] *Prät und Part Perf von* ***feel***

felt[2] [felt] **I** *s* Filz *m* **II** *Adj* Filz…

felt tip, **'felt-tip pen**, **'felt-tipped pen** *s* Filzschreiber *m*, -stift *m*

▸**fe·male** ['fiːmeɪl] **I** *Adj* **1.** weiblich: ***female person*** Frau *f*, weibliche Person; ***female***

screw Schraubenmutter *f* **2.** Frauen… **II** *s* **3.** ZOOL Weibchen *n* **4.** Frau *f*, *pej* Weib *n*
fem·i·nine ['femının] *Adj* **1.** weiblich (*auch* LING), Frauen… **2.** fraulich **3.** weibisch, feminin
ˌfem·i'nin·i·ty *s* **1.** Weiblichkeit *f* **2.** Fraulichkeit *f* **3.** weibische *oder* feminine Art
'fem·i·nism *s* Feminismus *m*, Frauenrechtsbewegung *f*
'fem·i·nist I *s* Feminist(in), Frauenrechtler(in) **II** *Adj* feministisch
fe·mur ['fi:mə] *Pl* **fe·murs, fem·o·ra** ['femərə] *s* ANAT Oberschenkel(knochen) *m*
fen [fen] *s* Fenn *n*, Sumpf-, Marschland *n*
▸**fence** [fens] **I** *s* **1.** Zaun *m*: ***sit on the fence*** *fig* sich neutral verhalten; unentschlossen sein **2.** *sl* Hehler(in) **II** *v/t* **3.** ***fence in*** einzäunen: ***fence off*** abzäunen **III** *v/i* **4.** SPORT fechten
'fenc·er *s* SPORT Fechter(in)
'fenc·ing I *s* **1.** Zaun *m*, Einzäunung *f* **2.** SPORT Fechten *n* **3.** *sl* Hehlerei *f* **II** *Adj* **4.** SPORT Fecht…: ***fencing master*** Fechtmeister *m*
fend [fend] **I** *v/t* ***fend off*** *Angreifer, Fragen etc* abwehren **II** *v/i*: ***fend for o.s.*** für sich selbst sorgen
'fend·er *s* MOT *Am* Kotflügel *m*
fen·nel ['fenl] *s* BOT Fenchel *m*
fer·ment [fə'ment] **I** *v/t* **1.** CHEM in Gärung bringen (*auch fig*), gären lassen, vergären; *fig* in Wallung bringen **II** *v/i* **2.** CHEM gären, in Gärung sein (*beide auch fig*) **III** *s* ['fɜ:ment] **3.** CHEM Gärstoff *m*, Ferment *n* **4. a)** CHEM Gärung *f* (*auch fig*), **b)** *fig* innere Unruhe, Aufruhr *m*
fer·men·ta·tion [ˌfɜ:men'teıʃn] *s* **1.** CHEM Gärung *f* (*auch fig*), Gärungsprozess *m* **2.** → ***ferment*** 4b
fern [fɜ:n] *s* BOT Farn(kraut *n*) *m*
fe·ro·cious [fə'rəʊʃəs] *Adj* **1.** wild (*Tier etc*) **2.** wild, grimmig (*Blick etc*), grausam (*Strafe etc*), heftig, scharf (*Auseinandersetzung*)
fer·ret ['ferıt] **I** *s* ZOOL Frettchen *n* **II** *v/t meist* ***ferret out*** *etw* aufspüren, -stöbern, *Wahrheit* herausfinden, hinter *ein Geheimnis* kommen **III** *v/i meist* ***ferret about*** (*oder* ***around***) herumstöbern (***among*** in *Dat*; ***for*** nach)
fer·rous ['ferəs] *Adj* eisenhaltig, Eisen…
▸**fer·ry** ['ferı] **I** *s* **1.** Fähre *f*, Fährschiff *n*, -boot *n* **2.** Fährdienst *m*, -betrieb *m* **II** *v/t* **3.** (in einer Fähre) übersetzen
'fer·ry·boat → ***ferry*** 1
fer·ry·man ['ferımən] *s* (*unreg* ***man***) Fährmann *m*
fer·ry ser·vice → ***ferry*** 2
fer·tile ['fɜ:taıl] *Adj* fruchtbar, *fig auch* produktiv, schöpferisch
fer·til·i·ty [fə'tılətı] *s* Fruchtbarkeit *f*, *fig auch* Produktivität *f*
fer·ti·li·za·tion [ˌfɜ:tılaı'zeıʃn] *s* **1.** Befruchtung *f* (*auch fig*) **2.** Düngung *f*
'fer·ti·lize *v/t* **1.** befruchten (*auch fig*) **2.** düngen
'fer·ti·liz·er *s* (*bes* Kunst)Dünger *m*
fer·vent ['fɜ:vənt], **fer·vid** ['fɜ:vıd] *Adj* glühend, leidenschaftlich (*Hass, Verehrer etc*), inbrünstig (*Gebet, Verlangen etc*)
'fer·vor, 'fer·vour *s* Leidenschaft *f*, Inbrunst *f*
fes·ter ['festə] *v/i* **1.** eitern **2.** *fig* an j-m nagen *oder* fressen
fes·ti·val ['festəvl] *s* **1.** Fest(tag *m*) *n* **2.** Festival *n*, Festspiele *Pl*
fes·tive ['festıv] *Adj* festlich, Fest…: ***festive season*** Fest-, *bes* Weihnachtszeit *f*
fes'tiv·i·ty *s oft Pl* Festlichkeit *f*
fes·toon [fe'stu:n] **I** *s* Girlande *f* **II** *v/t* mit Girlanden schmücken
fetch [fetʃ] *v/t* **1.** (herbei)holen, (her)bringen: (***go and***) ***fetch a doctor*** einen Arzt holen **2.** *Seufzer etc* ausstoßen **3.** *Preis etc* erzielen, einbringen **4.** *ugs j-m einen Schlag oder Tritt* versetzen: ***fetch s.o. one*** j-m eine langen *oder* kleben
'fetch·ing *Adj ugs* bezaubernd: **a)** reizend, entzückend (*Kleid etc*), **b)** gewinnend, einnehmend (*Lächeln etc*)
fet·id ['fetıd] *Adj* stinkend
fe·tish ['fetıʃ] *s* Fetisch *m* (*auch* PSYCH)
'fe·tish·ism *s* Fetischismus *m*
'fe·tish·ist *s* Fetischist(in)
fet·ter ['fetə] **I** *s* **1.** Fußfessel *f* **2.** *Pl fig* Fesseln *Pl* **II** *v/t* **3.** *fig* behindern
fet·tle ['fetl] *s*: ***in fine fettle*** (gut) in Form
fe·tus ['fi:təs] *s* MED Fötus *m*
feud [fju:d] **I** *s* Fehde *f* (*auch fig*): ***have a feud*** (***with***) *siehe* II **II** *v/i* sich befehden, in Fehde liegen (***with*** mit) (*beide auch fig*)
feu·dal ['fju:dl] *Adj* Feudal…, Lehns…
feu·dal·ism ['fju:dəlızəm] *s* Feudalismus *m*, Feudal-, Lehnssystem *n*
▸**fe·ver** ['fi:və] *s* MED Fieber *n* (*auch fig*): ***have a fever*** Fieber haben; ***be in a fever of excitement*** in fieberhafter Aufregung sein, vor Aufregung fiebern
'fe·ver·ish *Adj* **1.** MED **a)** fieberkrank: ***be feverish*** Fieber haben, **b)** fieb(e)rig, Fieber…: ***feverish cold*** fiebrige Erkältung **2.** *fig* fieberhaft
▸**few** [fju:] *Adj und Pron* **1.** wenige: ***no fewer than 40 people*** nicht weniger als 40 Leute **2.** ▸ ***a few*** einige, ein paar: ***a good few, quite a few*** ziemlich viele, eine ganze Menge; ***every few days*** alle paar Tage

few und a few GR

⚠ Achten Sie auf den Bedeutungsunterschied:

a few	einige, ein paar
few	(nur) wenige
I've got a few pounds left.	Ich habe noch ein paar Pfund übrig.
Few people have any sympathy with him.	Nur wenige Leute haben Mitleid mit ihm.

fi·an·cé [fı'ɑ̃:ŋseı] *s* Verlobte *m*
fi·an·cée [fı'ɑ̃:ŋseı] *s* Verlobte *f*
fi·as·co [fı'æskəʊ] *Pl* **fi·as·cos** *s* Fiasko *n*
fib [fıb] *ugs* **I** *s* Flunkerei *f*, Schwindelei *f* **II** *v/i* flunkern, schwindeln
'fib·ber *s ugs* Flunkerer(in), Schwindler(in)
▸**fi·ber**, *bes Br* **fi·bre** ['faıbə] *s* **1.** BIOL, TECH Faser *f* **2.** *fig* Charakter *m*; Kraft *f*: ***moral fiber*** (*oder* ***fibre***) Charakterstärke *f*
'fi·ber·glass, *bes Br* **fi·bre·glass** *s* TECH Fiberglas *n*
fi·ber op·tics, *bes Br* **fi·bre optics** *s* TECH Fiberoptik *f*, Faseroptik *f*
fib·u·la ['fıbjʊlə] *s* ANAT Wadenbein *n*
fick·le ['fıkl] *Adj* launenhaft, launisch, unbeständig (*Wetter*), (*Person auch*) wankelmütig

fic·tion ['fɪkʃn] *s* **1.** (freie) Erfindung, Fiktion *f* **2.** *Koll* Prosa-, Romanliteratur *f*
fic·tion·al ['fɪkʃənl] *Adj* erdichtet, erfunden
fic·ti·tious [fɪk'tɪʃəs] *Adj* (frei) erfunden, fiktiv
fid·dle ['fɪdl] *ugs* **I** *s* **1.** MUS Fiedel *f*, Geige *f*: ***play second fiddle*** *fig* die zweite Geige spielen; (***as***) ***fit as a fiddle*** kerngesund **II** *v/i* **2.** *auch* ***fiddle away*** fiedeln, geigen **3.** ***fiddle about*** (*oder* ***around***) herumtrödeln **4.** *auch* ***fiddle about*** (*oder* ***around***) (***with***) herumfummeln (an *Dat*), spielen (mit) **III** *v/t* **5.** fiedeln **6.** *Br* frisieren, manipulieren

F

'fid·dler *s ugs* **1.** Fiedler(in), Geiger(in) **2.** *Br* Schwindler(in), Betrüger(in)
'fid·dling *Adj ugs* läppisch, geringfügig
fi·del·i·ty [fɪ'deləti] *s* **1.** Treue *f* (***to*** gegenüber, zu) **2.** Genauigkeit *f* (*auch einer Übersetzung*) **3.** ELEK Klangtreue *f*
fidg·et ['fɪdʒɪt] **I** *s* **1.** *oft Pl* nervöse Unruhe, Zappelei *f*: ***have the fidgets*** *siehe* 3 **2.** Zappelphilipp *m* **II** *v/i* **3.** (herum)zappeln, unruhig *oder* nervös sein
'fidg·et·y *Adj* zapp(e)lig, nervös
▶**field** [fiːld] **I** *s* **1.** LANDW Feld *n* (*auch* MATHE, PHYS *etc*): ***in the field*** auf dem Feld; ***field of vision*** Blick-, Gesichtsfeld; *fig* Gesichtskreis *m*, Horizont *m* **2.** *fig* Bereich *m*, (Fach-, Sach)Gebiet *n*: ***in his field*** auf seinem Gebiet, in seinem Fach; ***field of application*** Anwendungsbereich **3.** SPORT Spielfeld *n*, -fläche *f*; Feld *n* (*Läufer etc*) **II** *v/t* **4.** SPORT *Spieler* aufs Feld schicken, bringen; *Kandidaten etc* ins Rennen schicken
field day *s*: ***have a field day*** riesigen Spaß haben (***with*** mit); seinen großen Tag haben
field e·vents *s Pl Leichtathletik*: Sprung- und Wurfdisziplinen *Pl*
field glass·es *s Pl*, *auch* ***pair of field glasses*** Feldstecher *m*
field hock·ey *s* SPORT *bes Am* (Feld)Hockey *n*
field mar·shal *s* MIL Feldmarschall *m*
'field·work *s* **1.** praktische (wissenschaftliche) Arbeit, (*Archäologie etc auch*) Arbeit *f* im Gelände **2.** *Markt-, Meinungsforschung*: Feldarbeit *f*
field work·er *s Markt-, Meinungsforschung*: Befrager(in), Interviewer(in)
fiend [fiːnd] *s* **1.** Satan *m*, Teufel *m*, *fig auch* Unhold *m* **2.** *ugs* (*Frischluft- etc*)Fanatiker(in)
'fiend·ish *Adj* **1.** teuflisch, unmenschlich **2.** *ugs* verteufelt, höllisch
fierce [fɪəs] *Adj* **1.** wild (*Tier etc*) **2.** böse, grimmig (*Gesicht etc*), wild (*Blick*, *Hass etc*) **3.** scharf (*Rede*, *Wettbewerb etc*); heftig (*Angriff*, *Schmerz etc*)
'fierce·ness *s* **1.** Wildheit *f* **2.** Schärfe *f*; Heftigkeit *f*
fi·er·y ['faɪəri] *Adj* **1.** brennend, glühend **2.** feurig, hitzig (*Person*, *Temperament*) **3.** feurig, scharf (*Gewürz etc*) **4.** leidenschaftlich (*Rede*, *Affäre etc*)
▶**fif·teen** [ˌfɪf'tiːn] *Adj* fünfzehn
▶**fif·teenth** [ˌfɪf'tiːnθ] *Adj* fünfzehnt
▶**fifth** [fɪfθ] **I** *Adj* **1.** fünft: ***fifth column*** POL fünfte Kolonne; ***fifth wheel*** *fig* fünftes Rad am Wagen **II** *s* **2.** *der*, *die*, *das* Fünfte: ***the fifth of May***, *Am* ***May fifth*** der 5. Mai **3.** Fünftel *n*
▶**fif·ti·eth** ['fɪftɪəθ] *Adj* fünfzigst
▶**fif·ty** ['fɪfti] **I** *Adj* fünfzig **II** *s* Fünfzig *f*: ***be in one's fifties*** in den Fünfzigern sein; ***in the fifties*** in den Fünfzigerjahren (*eines Jahrhunderts*)
ˌfif·ty-'fif·ty *Adj und Adv ugs* fifty-fifty: ***go fifty-fifty*** (***with***) halbe-halbe machen (mit)
fig [fɪg] *s* BOT Feige *f*: ***I don't care a fig*** *ugs* das ist mir völlig egal
▶**fight** [faɪt] **I** *s* **1.** Kampf *m* (***for*** um; ***against*** gegen) (*auch fig*): ***put up a good fight*** sich tapfer schlagen **2. a**) *Boxen*: Kampf *m*, **b**) Rauferei *f*, Schlägerei *f*: ***have a fight*** (***with***) *siehe* 7 **3.** Kampf(es)lust *f*: ***put up a fight*** sich zur Wehr setzen **II** *v/t* (*unreg*) **4.** *j-n*, *etw* bekämpfen **5.** kämpfen gegen *oder* mit: ***fight back*** *Enttäuschung*, *Tränen etc* unterdrücken; ***fight off*** *j-n*, *etw* abwehren **III** *v/i* (*unreg*) **6.** kämpfen (***for*** um; ***against*** gegen): ***fight back*** sich zur Wehr setzen *oder* wehren, zurückschlagen; → ***shy*** 1 **7.** sich raufen *oder* schlagen *oder* prügeln (***with*** mit)
'fight·er *s* **1.** Kämpfer(in) **2.** SPORT Boxer(in) **3.** Schläger(in), Raufbold *m* **4.** *auch* ***fighter plane*** FLUG, MIL Jagdflugzeug *n*
'fight·ing **I** *s* Kampf *m*, Kämpfe *Pl*: ***heavy fighting*** schwere Kämpfe **II** *Adj* Kampf…: ***fighting chance*** reelle Chance (*wenn man sich anstrengt*); ***fighting spirit*** Kampfgeist *m*
fig·ment ['fɪgmənt] *s*: ***figment of the imagination*** reine Erfindung
fig tree *s* Feigenbaum *m*
fig·u·ra·tive ['fɪgərətɪv] *Adj* bildlich, übertragen
▶**fig·ure** ['fɪgə] **I** *s* **1.** Zahl *f*, Ziffer *f*: ***run into three figures*** in die Hunderte gehen; ***five-figure income*** fünfstelliges Einkommen **2.** Summe *f*, Preis *m* **3.** Figur *f* (*auch Sport etc*), Gestalt *f* **4.** *fig* Figur *f*, Persönlichkeit *f*: ***figure of fun*** komische Figur, *pej* Witzfigur; ***cut a poor figure*** eine traurige Figur abgeben **5.** ***figure of speech*** (Rede-, Sprach)Figur *f* **II** *v/t* **6.** *oft* ***figure to o.s.*** sich *etw* vorstellen *oder* ausmalen **7.** ***figure out*** *ugs* ausrechnen; ausknobeln, rauskriegen; kapieren **8.** *Am ugs* meinen, glauben **III** *v/i* **9.** erscheinen, auftauchen, vorkommen **10.** ***figure on*** *bes Am ugs* rechnen mit; sich verlassen auf (*Akk*)
'fig·ure·head *s* SCHIFF Galionsfigur *f*, *fig auch* Aushängeschild *n*
fig·ure skat·ing *s* SPORT Eiskunstlauf *m*
filch [fɪltʃ] *v/t* klauen, stibitzen
▶**file**[1] [faɪl] **I** *s* **1.** (Akten- *etc*)Ordner *m* **2. a**) Akte *f*: ***keep*** (*oder* ***have***) ***a file on*** eine Akte führen über (*Akk*); ***file number*** Aktenzeichen *n*, **b**) Akten *Pl*, Ablage *f*: ***on file*** bei den Akten **3.** COMPUTER Datei *f*: ***activate a file*** eine Datei aufrufen; ***close a file*** eine Datei schließen; ***insert a file*** eine Datei einfügen; ***open a file*** eine Datei öffnen **4.** Reihe *f*: → ***Indian file***, ***single file*** **II** *v/t* **5.** *auch* ***file away*** *Briefe etc* ablegen, zu den Akten nehmen **6.** *Antrag etc* einreichen, *Forderung* anmelden
file[2] [faɪl] **I** *s* **1.** TECH Feile *f* **II** *v/t* **2.** (zu)feilen, sich *die Nägel* feilen: ***file away*** (*oder* ***down***) abfeilen **3.** *fig Stil etc* (zurecht)feilen
fil·i·al ['fɪljəl] *Adj* Kindes…
fil·i·bus·ter ['fɪlɪbʌstə] PARL *bes Am* **I** *s* Obstruktion *f*, Obstruktionspolitiker(in) **II** *v/i* Obstruktion treiben
fil·i·gree ['fɪlɪgriː] *s* Filigran(arbeit *f*) *n*
fil·ing cab·i·net ['faɪlɪŋ] *s* Aktenschrank *m*
fil·ings ['faɪlɪŋz] *s Pl* Feilspäne *Pl*
▶**fill** [fɪl] **I** *s* **1.** ***eat one's fill*** sich satt essen; ***have had one's fill of*** von *etw*, *j-m* genug haben, *etw*, *j-n* satthaben **2.** Füllung *f* **II** *v/t* **3.** (an-, aus)füllen, vollfüllen; *Pfeife* stopfen;

Zahn füllen, plombieren **4.** erfüllen (**with** mit) (*auch fig*): **filled with envy** neiderfüllt; → **indignation** **5.** *Posten, Amt* besetzen; bekleiden **6.** *Auftrag, Bestellung* ausführen; *Rezept* anfertigen **III** *v/i* **7.** sich füllen
▶**fill in** **I** *v/t* **1.** *Loch etc* auf-, ausfüllen **2.** *Br Formulare etc* ausfüllen **3.** *Namen etc* einsetzen; *Fehlendes* ergänzen **4.** *ugs j-n* informieren (**on** über *Akk*) **II** *v/i* **5.** einspringen (**for** für)
▶**fill out** **I** *v/t* **1.** *bes Am* → **fill in** 2 **2.** *Bericht etc* abrunden **II** *v/i* **3.** fülliger werden (*Figur*), (*Person auch*) zunehmen, (*Gesicht etc*) runder *oder* voller werden
◆**fill in up** **I** *v/t* **1.** vollfüllen **2.** → **fill in** 1, 2 **II** *v/i* **3.** → **fill** 7
fill·er ['fɪlə] *s* **1.** Trichter *m* **2.** *Zeitungswesen etc*: Füller *m*, Füllsel *n* **3.** LING Füllwort *n*
fil·let ['fɪlɪt] *s* GASTR Filet *n*
fil·let steak *s* Filetsteak *n*
fill·ing ['fɪlɪŋ] **I** *s* **1.** Füllung *f*, Füllmasse *f* **2.** *Zahnmedizin*: Füllung *f*, Plombe *f* **II** *Adj* **3.** sättigend
▶**fill·ing sta·tion** ['fɪlɪŋˌsteɪʃn] *s* Tankstelle *f*
▶**film** [fɪlm] **I** *s* **1.** Film *m* (*auch* FOTO) **2.** (hauch)dünne Schicht, Film *m*; (Plastik)Folie *f* **II** *Adj* **3.** Film… **III** *v/t* **4.** *Roman etc* verfilmen; *Szene etc* filmen
Fi·lo·fax® ['faɪləfæks] *s* Terminplaner *m*
fil·ter ['fɪltə] **I** *s* **1.** Filter *m*, TECH *etc meist n* **II** *v/t* **2.** filtern **III** *v/i* **3.** durchsickern (**through** durch) **4.** **filter out** grüppchenweise *oder* einer nach dem anderen herauskommen (**of** aus) **5.** **filter out** (*oder* **through**) *fig* durchsickern (*Nachricht etc*) **6.** MOT *Br* die Spur wechseln; sich einordnen (**to the left** links)
fil·ter lane *s* MOT *Br* Abbiegespur *f*
fil·ter tip *s* **1.** Filter *m* **2.** Filterzigarette *f*
'fil·ter-tipped *Adj* Filter…: **filter-tipped cigarette**
filth [fɪlθ] *s* **1.** Schmutz *m* (*auch fig*), Dreck *m* **2.** unflätige Sprache *oder* Ausdrücke *Pl*
'filth·y *Adj* **1.** schmutzig (*auch fig*), dreckig **2.** *fig* unflätig **3.** *bes Br ugs* ekelhaft, scheußlich: **filthy weather** Sauwetter *n*
fin [fɪn] *s* **1.** ZOOL Flosse *f* **2.** Schwimmflosse *f*
▶**fi·nal** ['faɪnl] **I** *Adj* (→ **finally**) **1.** letzt; End…, Schluss…: **final examination** (Ab)Schlussprüfung *f*; **final score** (*Sport*) Endstand *m*; **final whistle** (*Sport*) Schluss-, Abpfiff *m* **2.** endgültig **II** *s* **3.** SPORT Finale *n* **4.** *meist Pl bes* UNI (Ab)Schlussexamen *n*, -prüfung *f* **5.** *ugs* Spätausgabe *f* (*einer Zeitung*)
fi·na·le [fɪ'nɑːlɪ] *s* MUS, THEAT Finale *n*
fi·nal·ist ['faɪnəlɪst] *s* SPORT Finalist(in)
fi·nal·i·ty [faɪ'nælətɪ] *s* **1.** Endgültigkeit *f* **2.** Entschiedenheit *f*
fi·nal·ize ['faɪnəlaɪz] *v/t* **1.** be-, vollenden, abschließen **2.** endgültige Form geben (*Dat*)
▶**fi·nal·ly** ['faɪnəlɪ] *Adv* **1.** endlich, schließlich, zuletzt **2.** zum (Ab)Schluss **3.** endgültig
fi·nance [faɪ'næns] **I** *s* **1.** Finanz(wesen *n*) *f*: **finance company** Finanzierungsgesellschaft *f* **2.** *Pl* Finanzen *Pl* **II** *v/t* **3.** finanzieren
fi'nan·cial [faɪ'nænʃl] *Adj* finanziell, Finanz…, Geld…: **financial year** *Br* Geschäftsjahr *n*
fin'an·cier [faɪ'nænsɪə] *s* Finanzier *m*
finch [fɪntʃ] *s* ORN Fink *m*
▶**find** [faɪnd] **I** *s* **1.** Fund *m* **II** *v/t* (*unreg*) **2.** *allg* finden **3.** bemerken, feststellen, (heraus)finden **4.** JUR für *schuldig* erklären *oder* befinden **5.** ▶ **find out** *etw* herausfinden; *j-n* ertappen; *j-n*, *etw* durchschauen **III** *v/i* (*unreg*) **6.** **find out** es herausfinden **7.** **find against** (**for**) **the defendant** JUR den Angeklagten verurteilen (freisprechen)
'find·er *s* Finder(in)
'find·ing *s* **1.** *meist Pl* Befund *m* (*auch* ELEK) **2.** JUR Feststellung *f* (*des Gerichts*), (*der Geschworenen auch*) Spruch *m*
▶**fine**[1] [faɪn] **I** *Adj* **1.** *allg* fein: **fine arts** *Pl* die schönen Künste *Pl*; **one fine day** eines schönen Tages **2.** großartig, ausgezeichnet: ▶ **I'm fine** mir geht es gut **3.** *ugs* fein, schön **II** *Adv* **4.** *ugs* sehr gut, bestens: **that will suit me fine** das passt mir ausgezeichnet
fine[2] [faɪn] **I** *s* Geldstrafe *f*, Bußgeld *n* **II** *v/t* mit einer Geldstrafe belegen, zu einer Geldstrafe verurteilen: **he was fined £ 50** er musste 50 Pfund Strafe bezahlen, er wurde zu einer Geldstrafe von 50 Pfund verurteilt
fine·ness ['faɪnnɪs] *s allg* Feinheit *f*
fi·nesse [fɪ'nes] *s* **1.** Finesse *f* **2.** Raffinesse *f*, Schlauheit *f*
▶**fin·ger** ['fɪŋgə] **I** *s* Finger *m*: **first** (**second, third**) **finger** Zeige- (Mittel-, Ring)finger; **fourth** (*oder* **little**) **finger** kleiner Finger; **have a** (*oder* **one's**) **finger in the pie** die Hand im Spiel haben; **keep one's fingers crossed for s.o.** j-m die Daumen drücken *oder* halten; **not to lift** (*oder* **raise, stir**) **a finger** keinen Finger rühren; → **burn** 7, **twist** 2 **II** *v/t* betasten, befühlen; herumfingern an (*Dat*), spielen mit **III** *v/i* herumfingern (**at** an *Dat*), spielen (**with** mit)
fin·ger al·pha·bet *s* Fingeralphabet *n*
'fin·ger·mark *s* Fingerabdruck *m* (*Schmutzfleck*)
'fin·ger·nail *s* Fingernagel *m*
'fin·ger·print **I** *s* Fingerabdruck *m*: **take s.o.'s fingerprints** *siehe* II **II** *v/t j-m* Fingerabdrücke abnehmen, von *j-m* Fingerabdrücke abnehmen, von *j-m* Fingerabdrücke machen
'fin·ger·tip *s* Fingerspitze *f*: **have at one's fingertips** *Kenntnisse* parat haben; *etw* aus dem Effeff beherrschen
fin·ick·y ['fɪnɪkɪ] *Adj* **1.** pedantisch **2.** wählerisch (**about** in *Dat*) **3.** geziert, affektiert
▶**fin·ish** ['fɪnɪʃ] **I** *v/t* **1.** beenden, aufhören mit: **finish reading** aufhören zu lesen **2.** *auch* **finish off** vollenden, zu Ende führen, erledigen, *Buch etc* auslesen **3.** *auch* **finish off** (*oder* **up**) *Vorräte* aufbrauchen; aufessen, austrinken **4.** *auch* **finish off** *j-n* erledigen, fertigmachen **5.** *auch* **finish off** (*oder* **up**) vervollkommnen, den letzten Schliff geben (*Dat*) **II** *v/i* **6.** *auch* **finish off** (*oder* **up**) enden, aufhören (**with** mit): **have you finished?** bist du fertig? **7.** enden, zu Ende gehen **8.** **finish with** mit *j-m*, *etw* Schluss machen, *etw* aufgeben: **I'm finished with him** ich bin mit ihm fertig **9.** **finish third** (*Sport*) Dritter werden; *allg* als Dritter fertig sein **III** *s* **10.** Ende *n*, Schluss *m* **11.** SPORT Endspurt *m*, Finish *n*; Ziel *n* **12.** Vollendung *f*; letzter Schliff
▶**fin·ished** ['fɪnɪʃt] *Adj* **1.** beendet, fertig: **finished goods** (*oder* **products**) *Pl* Fertigwaren *Pl* **2.** *fig* vollendet, vollkommen
'fin·ish·ing *Adj* abschließend: **finishing line** Ziellinie *f*; → **touch** 4
fink [fɪŋk] *s bes Am sl* **1.** Streikbrecher(in) **2.** Spitzel *m*
Fin·land ['fɪnlənd] *Eigenn* Finnland *n*
Finn [fɪn] *s* Finne *m*, Finnin *f*
'Finn·ish **I** *Adj* finnisch **II** *s* LING Finnisch *n*

F

fiord [fjɔːd] *s* GEOG Fjord *m*
fir [fɜː] *s* BOT Tanne *f*; Fichte *f*
fir cone *s* Tannenzapfen *m*
▶**fire** ['faɪə] **I** *s* **1.** Feuer *n* (*auch* MIL *und fig*), Brand *m*: ***be on fire*** in Flammen stehen, brennen; ***come under fire*** unter Beschuss geraten (*auch fig*); ***catch fire*** Feuer fangen, in Brand geraten; ***play with fire*** *fig* mit dem Feuer spielen; ***set on fire, set fire to*** *siehe* 2; → ***chestnut*** 1, ***Thames*** **II** *v/t* **2.** anzünden, in Brand stecken **3.** *Kessel* heizen, *Ofen* (be)feuern, beheizen **4.** *j-n, j-s Gefühle* entflammen, *j-s Fantasie* beflügeln **5.** *auch* ***fire off*** *Schusswaffe* abfeuern, abschießen; *Schuss* (ab)feuern, abgeben (***at, on*** auf *Akk*) **6.** *ugs* feuern, rausschmeißen **III** *v/i* **7.** feuern, schießen (***at*** auf *Akk*) **8.** zünden (*Motor*)
fire a·larm *s* **1.** Feueralarm *m* **2.** Feuermelder *m*
'fire·arm *s* Feuer-, Schusswaffe *f*
'fire·ball *s* Feuerball *m*
fire bri·gade *s Br* Feuerwehr *f*
'fire·bug *s* Feuerteufel *m*
fire de·part·ment *s Am* Feuerwehr *f*
'fire-ˌeat·er *s* **1.** Feuerschlucker(in), -fresser(in) **2.** *fig* aggressiver Mensch
fire en·gine *s* Löschfahrzeug *n*
fire es·cape *s* **1.** Feuerleiter *f*, -treppe *f* **2.** *Br* Feuerwehrleiter *f*
fire ex·tin·guish·er *s* Feuerlöscher *m*
fire fight·er *s* Feuerwehrmann *m*, -frau *f*
fire house *s Am* Feuerwache *f*
fire hy·drant *s* Hydrant *m*
fire·man ['faɪəmən] *s* (*unreg* ***man***) **1.** Feuerwehrmann *m*, *Pl auch* Löschtrupp *m* **2.** Heizer *m*
'fire·place *s* (offener) Kamin
'fire·plug *s Am* Hydrant *m*
fire pre·ven·tion *s* Brandverhütung *f*
'fire·proof *Adj* feuerfest, -sicher
fire rais·er *s Br* Brandstifter(in)
fire rais·ing *s Br* Brandstiftung *f*
'fire·side *s* **1.** (offener) Kamin: ***by the fireside*** am Kamin **2.** *fig* häuslicher Herd
fire sta·tion *s* Feuerwache *f*
fire truck *s Am* Löschfahrzeug *n*
'fireˌwa·ter *s ugs* Feuerwasser *n*
'fire·wood *s* Brennholz *n*
'fire·work *s* **1.** Feuerwerkskörper *m* **2.** *Pl* Feuerwerk *n* (*auch fig*: *auch Sg konstruiert*)
fir·ing ['faɪərɪŋ] *s* **1.** Heizen *n* **2.** (Ab)Feuern *n*, (Ab)Schießen *n*
fir·ing line *s* MIL Feuer-, Frontlinie *f*: ***be in*** (*Am* ***on***) ***the firing line*** *fig* an vorderster Front stehen; in der Schusslinie stehen
fir·ing par·ty, fir·ing squad *s* Exekutionskommando *n*
firm[1] [fɜːm] **I** *Adj* fest: **a)** hart, GASTR steif, **b)** standhaft, **c)** sicher (*Beweise etc*), **d)** *bes* WIRTSCH, JUR bindend **II** *Adv*: ***stand firm*** *fig* festbleiben, hart bleiben
▶**firm**[2] [fɜːm] *s* Firma *f*
firm·ness ['fɜːmnɪs] *s* Festigkeit *f*
▶**first** [fɜːst] **I** *Adj* (→ ***firstly***) **1.** erst: ***at first hand*** aus erster Hand; → ***offender, place*** 6, ***sight*** 2, ***thing*** 2, ***view*** 1 **2.** *fig* erst, best **II** *Adv* **3.** zuerst: ***go first*** vorangehen **4.** (zu)erst (einmal) **5.** als Erst(er, e, es), an erster Stelle: ***first come, first served*** wer zuerst kommt, mahlt zuerst; ***first of all*** vor allen Dingen, zu allererst **III** *s* **6.** *der, die, das* Erste *oder* (*fig*) Beste: ***the first of May***, *Am* ***May first*** der 1. Mai; ▶ ***at first*** (zu)erst, anfangs; ***from the*** (***very***) ***first*** von (allem) Anfang an **7.** MOT erster Gang
first aid *s* Erste Hilfe: ***give s.o. first aid*** j-m Erste Hilfe leisten
ˌfirst-'aid *Adj*: ***first-aid box*** (*oder* ***kit***) Verband(s)kasten *m*; ***first-aid post*** (*oder* ***station***) Unfallstation *f*
'first-born *Adj* erstgeboren
▶**first-class** [ˌfɜːst'klɑːs] **I** *Adj* **1.** erstklassig, -rangig **2.** BAHN *etc* erster Klasse **II** *Adv* **3.** BAHN *etc* erste(r) Klasse
'first-day cov·er *s Philatelie*: Ersttagsbrief *m*
ˌfirst-de'gree *Adj Verbrennungen* ersten Grades
ˌfirst'hand *Adj und Adv* aus erster Hand
First La·dy *s* First Lady *f*, Präsidentengattin *f*
first lan·guage *s* Muttersprache *f*
first·ly ['fɜːstlɪ] *Adv* erstens
▶**first name** ['fɜːstneɪm] *s* Vorname *m*: ***what is his first name?*** wie heißt er mit Vornamen?
first night *s* Premiere *f*, Uraufführung *f*
ˌfirst-'rate → ***first-class*** 1
'first-time *Adj*: ***first-time voter*** Erstwähler(in)
firth [fɜːθ] *s* Meeresarm *m*, Förde *f*
fis·cal ['fɪskl] *Adj* fiskalisch, Finanz…: ***fiscal year*** *Am* Geschäftsjahr *n*
▶**fish** [fɪʃ] **I** *Pl* **fish**, (*bes Fischarten*) **'fish·es** *s* **1.** Fisch *m*: ***drink like a fish*** *ugs* saufen wie ein Loch; ***have other fish to fry*** *ugs* Wichtigeres zu tun haben **II** *v/t* **2.** *fig* fischen (***from, out of*** aus): ***fish out*** herausholen **III** *v/i* **3.** fischen (*auch fig*: ***for*** nach), angeln

> **fish** GR
>
> Der Plural von **fish** lautet meist **fish**. Nur wenn von verschiedenen Fischarten die Rede ist, gebraucht man die Pluralform **fishes**.

fish and chips *s Br* Fish and Chips (*paniertes Fischfilet mit Pommes frites*)

> **fish and chips** LK
>
> … – auch **fish'n'chips** geschrieben – gehört nach wie vor zu den beliebtesten britischen Gerichten. Zu einem frittierten Fischfilet – meist Kabeljau (**cod**), Scholle (**plaice**) oder Schellfisch (**haddock**) – isst man dicke Pommes frites, die mit Salz und Malzessig gewürzt werden. Richtig deftig sind die fish and chips meist im **fish and chip shop**, wo man sie in Papier eingewickelt bekommt, um sie gleich auf der Straße oder im Auto essen bzw. sie mit nach Hause nehmen zu können.

'fish·bone *s* Gräte *f*
fish cake *s* GASTR Fischfrikadelle *f*
fish·er·man ['fɪʃəmən] *s* (*unreg* ***man***) Fischer *m*, Angler *m*
fish·er·y ['fɪʃərɪ] *s* **1.** Fischerei *f*, Fischfang *m* **2.** Fischgründe *Pl*, Fanggebiet *n*
fish fin·ger *s* GASTR *Br* Fischstäbchen *n*
'fish·hook *s* Angelhaken *m*
fish·ing ['fɪʃɪŋ] *s* **1.** Fischen *n*, Angeln *n* **2.** → ***fishery*** 1
fish·ing boat *s* Fischerboot *n*
fish·ing grounds *s Pl* → ***fishery*** 2

fish·ing line *s* Angelschnur *f*
fish·ing net *s* Fisch(er)netz *n*
fish·ing rod *s* Angelrute *f*
fish·ing tack·le *s* Angelgerät(e *Pl*) *n*
fish·ing vil·lage *s* Fischerdorf *n*
'fish,mon·ger *s bes Br* Fischhändler(in)
fish stick *Am* → ***fish finger***
fis·sion ['fɪʃn] *s* Spaltung *f*
fis·sure ['fɪʃə] *s* Spalt(e *f*) *m*, Riss *m (auch fig)*, Ritz(e *f*) *m*
►**fist** [fɪst] *s* Faust *f*
►**fit¹** [fɪt] **I** *Adj* **1.** passend, geeignet; fähig, tauglich: ***fit to drink*** trinkbar; ***fit to eat*** ess-, genießbar; ***fit to drive*** fahrtüchtig; → ***consumption*** 2, ***drop*** 10a **2.** angemessen, angebracht: ***see*** (*oder* ***think***) ***fit*** es für richtig *oder* angebracht halten (***to do*** zu tun) **3.** schicklich, geziemend **4.** fit, (gut) in Form: ***keep fit*** sich fit halten; → ***fiddle*** 1 **II** *s* **5.** Passform *f*, Sitz *m*: ***be a perfect fit*** genau passen, tadellos sitzen; ***be a tight fit*** sehr eng sein **III** *v/t* **6.** passend machen (***for*** für), anpassen (***to*** *Dat*) **7.** *auch* ***fit up*** ausrüsten, -statten, einrichten (***with*** mit) **8.** *j-m* passen, sitzen (*Kleid etc*) **9.** zutreffen auf (*Akk*) (*Beschreibung etc*), passen zu (*Name etc*) **10.** TECH einpassen, -bauen (***into*** in *Akk*); anbringen (***to*** an *Dat*): ***fit*** (***up***) montieren, installieren **11.** ***fit in*** *j-m* einen Termin geben, *j-n*, *etw* einschieben **IV** *v/i* **12.** passen, sitzen (*Kleid etc*)
fit² [fɪt] *s* **1.** MED Anfall *m*, Ausbruch *m*: ***fit of coughing*** Hustenanfall; ***fit of anger*** (*oder* ***temper***) Wutanfall, Zornausbruch; ***fit of laughter*** Lachkrampf *m* **2.** *fig* (plötzliche) Anwandlung *oder* Laune: ***by*** (*oder* ***in***) ***fits and starts*** stoß-, ruckweise; dann und wann, sporadisch
fit·ful ['fɪtfʊl] *Adj* **1.** unruhig (*Schlaf etc*) **2.** sprung-, launenhaft
'fit·ness *s* **1.** Eignung *f*; Fähigkeit *f*, Tauglichkeit *f*: ***fitness to drive*** Fahrtüchtigkeit *f*; ***fitness test*** Eignungsprüfung *f* **2.** Fitness *f*, (gute) Form: ***fitness test*** Fitnesstest *m*
'fit·ted *Adj* **1.** zugeschnitten: ***fitted carpet*** Spannteppich *m*, Teppichboden *m* **2.** Einbau…: ***fitted kitchen***
'fit·ter *s* TECH Monteur(in), Installateur(in)
'fit·ting **I** *Adj* **1.** passend, geeignet **2.** schicklich **3.** ***fitting room*** Anproberaum *m*; Anprobekabine *f* **II** *s* **4.** TECH Montage *f*, Installation *f* **5.** Zubehörteil *n*, *Pl* Ausstattung *f*, Einrichtung *f*
►**five** [faɪv] **I** *Adj* fünf: ***five-day week*** Fünftagewoche *f* **II** *s* Fünf *f*: ***five of hearts*** Herzfünf
five·fold ['faɪvfəʊld] **I** *Adj* fünffach **II** *Adv* fünffach, um das Fünffache: ***increase fivefold*** (sich) verfünffachen
'fiv·er *s ugs Br* Fünfpfundschein *m*, *Am* Fünfdollarschein *m*
►**fix** [fɪks] **I** *v/t* **1.** befestigen, festmachen, anbringen (***to*** an *Dat*) **2.** *Preis etc* festsetzen, -legen (***at*** auf *Akk*): ***fix*** (***up***) *Termin etc* festsetzen **3.** *Blick*, *Aufmerksamkeit etc* richten, heften (***on*** auf *Akk*) **4.** fixieren, anstarren **5.** *j-s Aufmerksamkeit etc* fesseln **6.** *Schuld etc* zuschieben (***on*** *Dat*) **7.** reparieren **8.** *bes Am etw* zurechtmachen, *Essen* zubereiten: ***fix one's face*** sich schminken; ***fix one's hair*** sich frisieren **9.** *ugs Wettkampf etc* manipulieren; *j-n* schmieren **II** *v/i* **10.** sich entscheiden *oder* entschließen (***on*** für, zu) **11.** *sl* fixen **III** *s* **12.** *ugs* Klemme *f*: ***be in a fix*** in der Klemme sein *oder* sitzen *oder* stecken **13.** *ugs* abgekartete Sache, Schiebung *f*; Bestechung *f* **14.** *sl* Fix *m*: ***give o.s. a fix*** sich einen Schuss setzen
fix·ate ['fɪkseɪt] *v/t*: ***be fixated on*** PSYCH fixiert sein an *oder* auf (*Akk*)
fix'a·tion *s* PSYCH (*Mutter- etc*)Bindung *f*, (-)Fixierung *f*
fixed [fɪkst] *Adj* (→ ***fixedly***) **1.** TECH fest, Fest… **2.** unverwandt, starr (*Blick*) **3.** fest, unveränderlich: ***fixed assets*** Sachanlagen *Pl*, Anlagevermögen *n*; ***fixed cost*** Fixkosten *Pl*
,fixed-'in·ter·est(-,bear·ing) *Adj* WIRTSCH festverzinslich
fixed line network *s* TEL Festnetz *n*
fix·ed·ly ['fɪksɪdlɪ] *Adv* starr, unverwandt
fix·ing ['fɪksɪŋ] *s* **1.** Reparatur *f* **2.** *Pl bes Am* Geräte *Pl*; Zubehör *n*; GASTR Beilagen *Pl*
fix·ture ['fɪkstʃə] *s* **1.** Inventarstück *n*: ***lighting fixture*** Beleuchtungskörper *m* **2.** *bes* SPORT *bes Br* (Termin *m* für eine) Veranstaltung
fizz [fɪz] **I** *v/i* **1.** zischen **2.** sprudeln, moussieren (*Getränk*) **3.** *fig* sprühen (***with*** vor *Dat*) **II** *s* **4.** Zischen *n* **5.** Sprudeln *n*, Moussieren *n* **6.** Sprudel *m*; Fizz *m* **7.** *ugs* Schampus *m*
fiz·zle ['fɪzl] **I** *v/i* **1.** → ***fizz*** I **2.** *auch* ***fizzle out*** *fig* verpuffen, im Sand verlaufen **II** *s* **3.** → ***fizz*** 4, 5 **4.** *ugs* Pleite *f*, Misserfolg *m*
flab·ber·gast ['flæbəgɑːst] *v/t ugs* verblüffen: ***be flabbergasted*** platt sein
flab·by ['flæbɪ] *Adj* **1.** schlaff (*Muskeln etc*) **2.** schwammig (*Person etc*) **3.** *fig* schwach (*Charakter etc*)
flac·cid ['flæksɪd] → ***flabby*** 1
►**flag¹** [flæg] **I** *s* **1.** Fahne *f*, Flagge *f*: ***be*** (***like***) ***a red flag to a bull to s.o.*** *Am ugs* wie ein rotes Tuch für j-n sein *oder* auf j-n wirken; ***keep the flag flying*** *fig* die Fahne hochhalten; ***show the flag*** *fig* Flagge zeigen; sich sehen lassen *oder* zeigen **II** *v/t* **2.** beflaggen **3.** ***flag down*** *Fahrzeug* anhalten, *Taxi* herbeiwinken
flag² [flæg] **I** *s* (Stein)Platte *f*, Fliese *f* **II** *v/t* mit (Stein)Platten *oder* Fliesen belegen, fliesen
flag³ [flæg] *v/i* **1.** schlaff herabhängen **2.** *fig* nachlassen, erlahmen (*Interesse etc*)
'flag·pole → ***flagstaff***
fla·grant ['fleɪgrənt] *Adj* **1.** schamlos, schändlich **2.** eklatant, krass
'flag·staff *s* Fahnenstange *f*
flail [fleɪl] **I** *v/i* herumfuchteln **II** *v/t* ***flail one's arms*** mit den Armen fuchteln **III** *s* Dreschflegel *m*
flair [fleə] *s* **1.** Veranlagung *f*: ***have a flair for art*** künstlerisch veranlagt sein **2.** (feines) Gespür (***for*** für)
flake [fleɪk] **I** *s* (*Schnee- etc*)Flocke *f*; (Haut-)Schuppe *f* **II** *v/i* **a)** *meist* ***flake off*** abblättern, **b)** schuppen
'flak·y *Adj* **1.** flockig; schuppig **2.** blätt(e)rig: ***flaky pastry*** Blätterteig *m*
flam·boy·ant [flæm'bɔɪənt] *Adj* **1.** extravagant **2.** grell, leuchtend **3.** pompös, bombastisch
►**flame** [fleɪm] **I** *s* **1.** Flamme *f*: ***be in flames*** in Flammen stehen; ***an old flame of mine*** *ugs* eine alte Flamme von mir **2.** *fig* Feuer *n*, Glut *f* **II** *v/i* **3.** lodern
'flam·ing *Adj* **1.** lodernd, brennend **2.** *fig* feurig **3.** *Br ugs* verdammt
flam·ma·ble ['flæməbl] → ***inflammable***
flan [flæn] *s* Obst-, Käsekuchen *m*
flange [flændʒ] *s* TECH **1.** Flansch *m* **2.** Spurkranz *m* (*eines Rads*)
flank [flæŋk] **I** *s* **1.** Flanke *f* (*eines Tiers*); Seite *f* (*eines Menschen*, *Gebäudes etc*) **2.** MIL Flanke

F

> **flammable**
>
> **Inflammable** bedeutet wie **flammable** auch „leicht entzündlich". Das Gegenteil, nämlich „nicht entzündbar", heißt **non-flammable.**

f, Flügel *m* (*beide auch Sport*) **II** *v/t* **3.** flankieren (*auch* MIL)

flan·nel [ˈflænl] *s* **1.** Flanell *m* **2.** *Pl, auch* ***pair of flannels*** Flanellhose *f* **3.** *Br* Waschlappen *m* **4.** *Br ugs* Schmus *m*

flap [flæp] **I** *s* **1.** Flattern *n*, (Flügel)Schlag *m* **2.** Schlag *m*, Klaps *m* **3.** Klappe *f* (*einer Tasche etc*) **4.** ***be in a flap*** *ugs* in heller Aufregung sein **II** *v/t* **5.** mit *den Flügeln etc* schlagen **III** *v/i* **6.** flattern **7.** *ugs* in heller Aufregung sein; in helle Aufregung geraten

ˈflap·jack *s bes Am* Pfannkuchen *m*

flare [fleə] **I** *s* **1.** Flackern *n*, Lodern *n*, Leuchten *n* **2.** Leuchtfeuer *n*; Licht-, Feuersignal *n* **3.** → ***flare-up*** **II** *v/i* **4.** flackern (*Kerze etc*), (*Feuer etc auch*) lodern, (*Licht*) leuchten: ***flare up*** aufflammen, -flackern, -lodern (*alle auch fig*); *fig* aufbrausen; ***flare up at s.o.*** j-n anfahren

ˌflare-ˈup *s* **1.** Aufflammen *n*, -flackern *n*, -lodern *n* (*alle a fig*) **2.** *fig* Ausbruch *m*

► **flash** [flæʃ] **I** *s* **1.** Aufblitzen *n*, -leuchten *n*, Blitz *m*: ***a flash of lightning*** ein Blitz; ***flash of wit*** Geistesblitz **2.** Stichflamme *f*: ***flash in the pan*** *fig* Eintagsfliege *f*; Strohfeuer *n* **3.** Augenblick *m*: ***in a flash*** im Nu, sofort **4.** RUNDFUNK *etc* Kurzmeldung *f* **II** *v/t* **5.** aufleuchten *oder* (auf)blitzen lassen **III** *v/i* **6.** aufflammen, (auf)blitzen; zucken (*Blitz*) **7.** rasen, flitzen: ***it flashed into*** (*oder* ***across, through***) ***my mind that*** plötzlich schoss es mir durch den Kopf, dass **8.** ***flash back*** (*in einem Film etc*) zurückblenden (***to*** auf *Akk*)

ˈflash·back *s Film etc*: Rückblende *f*

flash bulb *s* FOTO Blitz(licht)lampe *f*

flash cube *s* FOTO Blitzwürfel *m*

flash·er [ˈflæʃə] *s* **1.** MOT Blinker *m* **2.** *Br ugs* Exhibitionist(in)

ˈflash·light *s* **1.** FOTO Blitzlicht *n*: ***flashlight photograph*** Blitzlichtaufnahme *f* **2.** *bes Am* Taschenlampe *f*

flash·y [ˈflæʃɪ] *Adj* **1.** prunkvoll, protzig **2.** auffallend **3.** aufbrausend (*Temperament*)

flask [flɑːsk] *s* **1.** Taschenflasche *f* **2.** Warmhalteflasche *f*

> **flask ≠ Flasche**
>
> | | | |
> |---|---|---|
> | flask | = | **1.** <u>Taschen</u>flasche |
> | | | **2.** <u>Warmhalte</u>flasche |
> | Flasche | = | bottle |

► **flat¹** [flæt] **I** *s* **1.** Fläche *f*, Ebene *f* **2.** flache Seite: ***flat of the hand*** Handfläche *f* **3.** Flachland *n*, Niederung *f* **4.** MOT *bes Am* Reifenpanne *f* **II** *Adj* **5.** flach, eben, Flach… **6.** flach, offen (*Hand*) **7.** MOT platt (*Reifen*) **8.** entschieden, kategorisch: ***and that's flat*** und damit basta! **9.** einheitlich, Einheits…; Pauschal… **III** *Adv* **10.** ***fall flat*** der Länge nach hinfallen; *fig ugs* danebengehen, missglücken; durchfallen (*Theaterstück etc*) **11.** MUS zu tief: ***sing flat*** **12.** ***in five minutes flat*** *ugs* in sage und schreibe fünf Minuten **13.** ***flat broke*** *ugs* total abgebrannt *oder* pleite

► **flat²** [flæt] *s bes Br* Wohnung *f*: → ***block*** 3

ˈflat·foot *s* (*unreg* ***foot***) *meist Pl* MED Plattfuß *m*

ˌflatˈfoot·ed *Adj* **1.** MED plattfüßig: ***be flatfooted*** Plattfüße haben **2.** *ugs* entschieden

flat·let [ˈflætlɪt] *s bes Br* Kleinwohnung *f*

ˈflat·ness *s* Flachheit *f*

flat·ten [ˈflætn] **I** *v/t* **1.** (ein)ebnen **2.** MATHE, TECH abflachen; TECH ausbeulen **II** *v/i* **3.** *auch* ***flatten out*** flach(er) werden

flat·ter [ˈflætə] *v/t j-m* schmeicheln (*auch fig Bild etc*): ***be flattered*** sich geschmeichelt fühlen (***at, by*** durch)

ˈflat·ter·er *s* Schmeichler(in)

ˈflat·ter·ing *Adj* **1.** schmeichlerisch **2.** schmeichelhaft (***to*** für)

ˈflat·ter·y *s* Schmeichelei(en *Pl*) *f*

ˈflat·top *s auch* ***flattop haircut*** Bürstenschnitt *m* (*Frisur*)

flat·u·lence [ˈflætjʊləns] *s* MED Blähung(en *Pl*) *f*: ***cause*** (*oder* ***produce***) ***flatulence*** blähen

flat·ware [ˈflætweə] *s Am* Besteck *n*

flaunt [flɔːnt] *v/t* protzen mit

flau·tist [ˈflɔːtɪst] *s* MUS Flötist(in)

► **fla·vor, fla·vour** [ˈfleɪvə] **I** *s* **1.** Geschmack *m*, Aroma *n*: ***flavo(u)r enhancer*** Geschmacksverstärker *m* **2.** *fig* Beigeschmack *m* **II** *v/t* **3.** würzen (*auch fig*)

ˈfla·vor·ing, ˈfla·vour·ing *s* Würze *f*, Aroma *n* (*beide auch fig*)

flaw [flɔː] *s* **1.** (TECH Material-, JUR Form)Fehler *m*, TECH *auch* Defekt *m* **2.** *fig* schwache Stelle

ˈflaw·less *Adj* einwandfrei, tadellos

flax [flæks] *s* BOT Flachs *m*

ˈflax·en *Adj* **1.** Flachs… **2.** flachsen, flachsfarben

flay [fleɪ] *v/t Tier* abhäuten: ***flay s.o. alive*** *ugs* kein gutes Haar an j-m lassen, j-m gehörig seine Meinung sagen

flea [fliː] *s* ZOOL Floh *m*: ***send s.o. away with a flea in his ear*** *ugs* j-m heimleuchten

ˈflea·bite *s* **1.** Flohbiss *m* **2.** *fig* Bagatelle *f*

flea cir·cus *s* Flohzirkus *m*

flea mar·ket *s* Flohmarkt *m*

fled [fled] *Prät und Part Perf von* ***flee***

fledg·ling, fledge·ling [ˈfledʒlɪŋ] *s* **1.** eben flügge gewordener Vogel **2.** *fig* Grünschnabel *m*

► **flee** [fliː] (*unreg*) **I** *v/i* fliehen, flüchten (***from*** vor *Dat*; aus) **II** *v/t* fliehen vor (*Dat*) *oder* aus

fleece [fliːs] **I** *s* **1.** Vlies *n*, *bes* Schaffell *n* **II** *v/t* **2.** *ugs j-n* ausnehmen, abzocken

fleet¹ [fliːt] *s* **1.** SCHIFF Flotte *f* **2.** ***fleet of cars*** Wagenpark *m*

fleet² [fliːt] *Adj* schnell, flink

fleet·ing [ˈfliːtɪŋ] *Adj* flüchtig, vergänglich

► **flesh** [fleʃ] *s* **1.** Fleisch *n*: → ***creep*** 3 **2.** Körper *m*, Leib *m*: ***my own flesh and blood*** mein eigen Fleisch und Blut; ***in the flesh*** leibhaftig, höchstpersönlich; in natura, in Wirklichkeit **3.** (Frucht-)Fleisch *n*

ˈflesh-ˌcol·ored, ˈflesh-ˌcol·oured *Adj* fleischfarben

ˈflesh-ˌeat·ing *Adj* BOT, ZOOL fleischfressend

flesh wound *s* MED Fleischwunde *f*

flew [fluː] *Prät von* ***fly¹***

flex [fleks] **I** *v/t bes* ANAT biegen, beugen **II** *s* ELEK *bes Br* (Anschluss-, Verlängerungs)Kabel *n*, (-)Schnur *f*

'flex·i·ble *Adj* flexibel: **a)** elastisch, **b)** *fig* anpassungsfähig, beweglich

flex·time®, **flex·i·time** ['fleksıtaım] *s Br* gleitende Arbeitszeit: ***be on flex(i)time*** gleitende Arbeitszeit haben

flick [flık] **I** *s* **1.** Klaps *m* **2.** Knall *m*, Schnalzer *m* **3.** Schnipser *m* **II** *v/t* **4.** *j-m* einen Klaps geben **5.** schnalzen mit (*Fingern*), (*mit Peitsche auch*) knallen mit **6.** schnippen, schnipsen

flick·er ['flıkə] **I** *s* **1.** Flackern *n* **2.** TV Flimmern *n* **II** *v/i* **3.** flackern **4.** flimmern (*Fernsehbild*)

flick·er-free *Adj* flimmerfrei

flick knife *s* (*unreg* ***knife***) *Br* Schnappmesser *n*

▶**flight¹** [flaıt] *s* **1.** (*auch Gedanken- etc*)Flug *m*: ***in flight*** im Flug **2.** Schwarm *m* (*Vögel*) **3.** *auch* ***flight of stairs*** Treppe *f*

▶**flight²** [flaıt] *s* Flucht *f*: ***in his flight*** auf seiner Flucht; ***put to flight*** in die Flucht schlagen; ***take (to) flight*** die Flucht ergreifen; ***flight of capital*** WIRTSCH Kapitalflucht

flight at·tend·ant *s* Flugbegleiter(in)

flight con·trol·ler *s* Fluglotse *m*, -lotsin *f*

flight en·gi·neer *s* Bordingenieur(in)

flight re·cord·er *s* Flug(daten)schreiber *m*

flight·y ['flaıtı] *Adj* flatterhaft

flim·sy ['flımzı] **I** *Adj* **1.** dünn, zart **2.** *fig* fadenscheinig (*Ausrede*) **II** *s* **3.** Durchschlagpapier *n*

flinch [flıntʃ] *v/i* **1.** zurückschrecken (***from, at*** vor *Dat*) **2.** (zurück)zucken, zs.-fahren: ***without flinching*** ohne mit der Wimper zu zucken

fling [flıŋ] **I** *s* **1.** Wurf *m* **2.** ***have one's*** (*oder* ***a***) ***fling*** sich austoben **3.** *ugs* Versuch *m*: ***have*** (*oder* ***take***) ***a fling at*** es versuchen *oder* probieren mit **4.** ***have a fling (with s.o.)*** *ugs* eine Affäre (mit j-m) haben **II** *v/t* (*unreg*) **5.** werfen, schleudern (***at*** nach): ***fling open*** *Tür etc* aufreißen; ***fling away*** wegwerfen; ***fling o.s.*** sich stürzen (***at s.o.*** auf j-n; ***into s.th.*** in *oder* auf eine Sache)

flint [flınt] *s* Feuerstein *m*

flip [flıp] **I** *v/t* **1.** → ***flick*** 6 **2.** *auch* ***flip over*** *Pfannkuchen, Schallplatte etc* wenden, umdrehen **II** *v/i* **3.** *auch* ***flip out*** *bes Am sl* ausflippen, durchdrehen (***over*** bei) **III** *s* **4.** Schnipser *m* **5.** Flip *m* (*Getränk*)

flip chart *s* Flipchart *f*

'flip-flop *s* Zehensandale *f*

flip·pant ['flıpənt] *Adj* respektlos, schnodd(e)rig

flip·per ['flıpə] *s* **1.** ZOOL Flosse *f* **2.** Schwimmflosse *f*

flip side *s* B-Seite *f* (*einer Single*)

flirt [flɜːt] **I** *v/i* flirten, *fig auch* spielen, liebäugeln (***with*** mit) **II** *s*: ***be a flirt*** gern flirten

flir'ta·tion *s* Flirt *m*, *fig auch* Spielen *n*, Liebäugeln *n*

flir'ta·tious *Adj* kokett

flit [flıt] *v/i* flitzen, huschen

▶**float** [fləʊt] **I** *v/i* **1.** (auf dem Wasser) schwimmen, (im Wasser) treiben **2.** SCHIFF flott sein *oder* werden **3.** schweben, ziehen **4.** *auch* WIRTSCH in Umlauf sein **II** *v/t* **5.** schwimmen *oder* treiben lassen **6.** SCHIFF flottmachen **7.** WIRTSCH *Wertpapiere etc* in Umlauf bringen; *Anleihe* auflegen; *Gesellschaft* gründen **8.** WIRTSCH *Währung* floaten, den Wechselkurs (*Gen*) freigeben **9.** *Gerücht etc* in Umlauf setzen **III** *s* **10.** flacher Plattformwagen, *bes* Festwagen *m*

'float·ing *Adj* **1.** treibend, schwimmend: ***floating decimal point*** Fließkomma *n* **2.** WIRTSCH umlaufend (*Geld etc*); frei konvertierbar (*Währung*) **3.** ***floating voter*** Wechselwähler(in)

flock [flɒk] **I** *s* **1.** Herde *f* (*bes Schafe oder Ziegen*); Schwarm *m* (*Vögel*) **2.** Menge *f*, Haufen *m* **3.** REL Herde *f*, Gemeinde *f* **II** *v/i* **4.** *fig* strömen

floe [fləʊ] *s* **1.** Treibeis *n* **2.** Eisscholle *f*

flog [flɒg] *v/t* **1.** prügeln, schlagen: ***flog a dead horse*** *fig* offene Türen einrennen; seine Zeit verschwenden **2.** auspeitschen **3.** *Br ugs* verkloppen, -scheuern

'flog·ging *s* **1.** Tracht *f* Prügel **2.** JUR Prügelstrafe *f*

▶**flood** [flʌd] **I** *s* **1.** *auch* ***flood tide*** Flut *f* **2.** Überschwemmung *f* (*auch fig*), Hochwasser *n* **3.** *fig* Flut *f*, Strom *m*, Schwall *m*: ***flood of tears*** Tränenstrom **II** *v/t* **4.** überschwemmen, -fluten (*beide auch fig* ***with*** mit) **5.** unter Wasser setzen **III** *v/i* **6.** fluten, strömen, sich ergießen (*alle auch fig*) **7.** anschwellen; über die Ufer treten

'flood·light **I** *s* Scheinwerfer-, Flutlicht *n*: ***by floodlight*** unter Flutlicht **II** *v/t* (*unreg* ***light¹***) (mit Scheinwerfern) beleuchten *oder* anstrahlen: ***floodlit match*** (*Sport*) Flutlichtspiel *n*

▶**floor** [flɔː] **I** *s* **1.** (Fuß)Boden *m*: → ***wipe*** II **2.** Tanzfläche *f*: ***take the floor*** auf die Tanzfläche gehen **3.** Stockwerk *n*, Stock *m*, Geschoss *n* **4.** PARL Sitzungs-, Plenarsaal *m*: ***take the floor*** das Wort ergreifen **II** *v/t* **5.** einen (Fuß)Boden legen in (*Dat*) **6.** zu Boden schlagen, (*Boxen auch*) auf die Bretter schicken **7.** *ugs* **a)** *j-n* umhauen, *j-m* die Sprache verschlagen: ***floored*** platt, sprachlos, **b)** *j-n* schaffen (*Problem etc*)

'floor·board *s* Diele *f*

On which floor?

SG

Achten Sie auf die unterschiedliche Bezeichnung von Stockwerken in den USA und Großbritannien. In Klammern werden die üblichen Abkürzungen im Lift angegeben.

	britisch	amerikanisch
Untergeschoss	**basement (B)** *bzw.* **lower ground floor (LG)**	**basement (B)**
Erdgeschoss	**ground floor (G** *bzw.* **O)**	**first floor (1)**
1. Etage	**first floor (1)**	**second floor (2)**
2. Etage	**second floor (2)**	**third floor (3)**
3. Etage	**third floor (3)**	**fourth floor (4)** *etc*

In Großbritannien zählt man also wie im Deutschen, in Amerika zählt man immer eins dazu.

Die Abkürzung **M** im Lift bedeutet **mezzanine floor**, das ist eine Art Zwischengeschoss zwischen Erdgeschoss und erster Etage.

F

floor ex•er•cis•es *s Pl* SPORT Bodenturnen *n*
floor•ing ['flɔːrɪŋ] *s* (Fuß)Bodenbelag *m*
floor lamp *s* Stehlampe *f*
floor lead•er *s* PARL *Am* Fraktionsführer(in)
floor show *s* Varietévorstellung *f* (*in Nachtklub etc*)
floor wait•er *s* Etagenkellner *m*
floo•zy ['fluːzɪ] *s sl* Flittchen *n*
flop [flɒp] **I** *v/i* **1.** plumpsen; sich plumpsen lassen (***into*** in *Akk*) **2.** *ugs* durchfallen (*Prüfling, Theaterstück etc*); *allg* eine Pleite *oder* ein Reinfall sein **II** *s* **3.** Plumps *m* **4.** *ugs* **a)** THEAT *etc* Flop *m*, Durchfall *m*, **b)** Reinfall *m*, Pleite *f*, **c)** Versager(in)
flop•py ['flɒpɪ] **I** *Adj* **1.** schlaff, schlottrig, schlotterig **II** *s* **2.** COMPUTER Diskette *f*
►**flop•py disk** [ˌflɒpɪ'dɪsk] *s* COMPUTER Diskette *f*: ***floppy disk drive*** Diskettenlaufwerk *n*
flo•ra ['flɔːrə] *s* BOT Flora *f*, Pflanzenwelt *f*
'flo•ral *Adj* Blumen…, Blüten…: ***floral pattern*** Blumenmuster *n*
Flor•ence ['flɒrəns] *Eigenn* Florenz *n*
flor•id ['flɒrɪd] *Adj* **1.** blühend (*Gesichtsfarbe, Gesundheit*) **2.** blumig (*Stil*)
flo•rist ['flɒrɪst] *s* **1.** Blumenhändler(in) **2.** Blumenzüchter(in)
flot•sam ['flɒtsəm] *s* SCHIFF Treibgut *n*: ***flotsam and jetsam*** Strandgut *n* (*auch fig*), Wrackgut *n*
flounce [flaʊns] *v/i* erregt stürmen *oder* stürzen
floun•der[1] ['flaʊndə] *s* ZOOL Flunder *f*
floun•der[2] ['flaʊndə] *v/i* **1.** zappeln; strampeln **2.** *fig* sich verhaspeln, ins Schwimmen kommen
►**flour** ['flaʊə] **I** *s* Mehl *n* **II** *v/t* mit Mehl bestreuen
flour•ish ['flʌrɪʃ] **I** *v/i* **1.** gedeihen, *fig auch* blühen, florieren **2.** auf der Höhe seiner Macht *oder* seines Ruhms stehen; seine Blütezeit haben **II** *v/t* **3.** *Fahne etc* schwenken **III** *s* **4.** MUS Tusch *m* **5.** Schnörkel *m*
flout [flaʊt] *v/t Befehl etc* missachten
►**flow** [fləʊ] **I** *v/i* **1.** fließen, strömen (*beide auch fig*): ***flow freely*** in Strömen fließen (*Sekt etc*) **2.** lose herabhängen **II** *s* **3.** Fluss *m*, Strom *m* (*beide auch fig*): ***flow of information*** Informationsfluss; ***flow of tears*** Tränenstrom *m*; ***flow of traffic*** Verkehrsfluss, -strom
flow chart, **flow di•a•gram** *s* Flussdiagramm *n*, (Arbeis)Ablaufplan *m*
►**flow•er** ['flaʊə] **I** *s* **1.** Blume *f* **2.** Blüte(zeit) *f* (*auch fig*): ***be in flower*** in Blüte stehen, blühen **II** *v/i* **3.** blühen, *fig auch* in höchster Blüte stehen
flow•er bed *s* Blumenbeet *n*
flow•ered ['flaʊəd] *Adj* **1.** geblümt **2.** *in Zssgn* …blütig; …blühend
flow•er pot *s* Blumentopf *m*
flow•er•y ['flaʊərɪ] *Adj* **1.** blumen-, blütenreich **2.** geblümt **3.** *fig* blumig (*Stil*)
flown [fləʊn] *Part Perf von* ***fly[1]***
►**flu** [fluː] *s* MED *ugs* Grippe *f*: ***he's got*** (***the***) ***flu*** er hat Grippe
fluc•tu•ate ['flʌktʃʊeɪt] *v/i* schwanken (***between*** zwischen *Dat*) (*auch fig*), fluktuieren
ˌfluc•tu'a•tion *s* Schwankung *f*, Fluktuation *f*: ***fluctuation in prices*** WIRTSCH Preisschwankung
flu•en•cy ['fluːənsɪ] *s* **1.** Flüssigkeit *f* (*des Stils etc*) **2.** (Rede)Gewandtheit *f*
'flu•ent *Adj* **1.** fließend (*auch fig*): ***in fluent English*** in fließendem Englisch; ***speak fluent German, be fluent in German*** fließend Deutsch sprechen **2.** flüssig (*Stil etc*) **3.** gewandt (*Redner etc*)
fluff [flʌf] **I** *s* **1.** Staubflocke *f*, Fussel(n *Pl*) *f* **2.** Flaum *m* (*auch erster Bartwuchs*) **3.** THEAT *etc ugs* Patzer *m* **II** *v/t* **4.** THEAT *etc ugs* verpatzen: ***fluff one's lines*** stecken bleiben
'fluff•y *Adj* flaumig
flu•id ['fluːɪd] **I** *s* Flüssigkeit *f* **II** *Adj* flüssig (*auch Stil etc*)
fluke [fluːk] *s ugs* Dusel *m*
flung [flʌŋ] *Prät und Part Perf von* ***fling***
flunk [flʌŋk] PÄD *bes Am ugs* **I** *v/t* **1.** *Schüler* durchrasseln lassen **2.** durchrasseln in (*Dat*) **II** *v/i* durchrasseln
flu•o•res•cent [flɔː'resnt] *Adj* CHEM, PHYS fluoreszierend, Leucht(stoff)…
flur•ry ['flʌrɪ] *s* **1.** Windstoß *m* **2.** (*Regen-, Schnee*)Schauer *m* **3.** *fig* Hagel *m*, Wirbel *m* **4.** *fig* Aufregung *f*, Unruhe *f*
flush [flʌʃ] **I** *s* **1.** Erröten *n*; Röte *f* **2.** (Wasser-)Schwall *m*, Strom *m* **II** *v/t* **3.** *auch* ***flush out*** (aus)spülen: ***flush down*** hinunterspülen; ***flush the toilet*** spülen **III** *v/i* **4.** ***flush up*** erröten, rot werden **5.** spülen (*Toilette*[*nbenutzer*]) **IV** *Adj* **6.** bündig: ***flush left*** (***right***) linksbündig (rechtsbündig); ***be flush*** *ugs* gut bei Kasse sein
flus•ter ['flʌstə] **I** *v/t* nervös machen, durcheinanderbringen **II** *v/i* nervös werden **III** *s* Nervosität *f*: ***get in a fluster*** nervös werden; ***all in a fluster*** ganz durcheinander
flute [fluːt] MUS **I** *s* Flöte *f* **II** *v/i* flöten, Flöte spielen
'flut•ist *s bes Am* Flötist(in)
flut•ter ['flʌtə] **I** *v/i* **1.** flattern (*auch* MED *Herz, Puls*) **II** *v/t* **2.** wedeln mit **III** *s* **3.** Flattern *n* (*auch* MED) **4.** → ***fluster*** III
flux [flʌks] *s* **1.** Fließen *n*, Fluss *m* **2.** MED Ausfluss *m* **3.** ***in*** (***a state of***) ***flux*** *fig* im Fluss, in Bewegung
►**fly[1]** [flaɪ] **I** *s* **1.** Hosenschlitz *m* **II** *v/i* (*unreg*) **2.** fliegen: ***the bird has flown*** *fig* der Vogel ist ausgeflogen; ***fly open*** auffliegen (*Tür etc*) **3.** fliegen, stieben (*Funken etc*): → ***spark*** I **4.** stürmen, stürzen: ***fly at s.o.*** auf j-n losgehen; → ***temper*** 3 **5.** (ver)fliegen (*Zeit*) **6.** flattern, wehen **III** *v/t* **7.** fliegen lassen: → ***kite*** **8.** FLUG *Flugzeug, j-n, etw, Strecke* fliegen; *Ozean etc* überfliegen; mit *einer Fluggesellschaft* fliegen: ***fly in*** (***out***) ein- (aus)fliegen **9.** *Fahne* hissen, wehen lassen
fly[2] [flaɪ] *s* ZOOL Fliege *f*: ***a fly in the ointment*** *fig* ein Haar in der Suppe; ***he would not hurt*** (*oder* ***harm***) ***a fly*** er tut keiner Fliege etw zuleide
fly•ing ['flaɪɪŋ] **I** *Adj* **1.** fliegend, Flug…: ***flying saucer*** fliegende Untertasse; ***flying squad*** *Br* Überfallkommando *n*; ***flying start*** (*Sport*) fliegender Start; → ***colour*** 5 **2.** kurz, flüchtig (*Eindruck etc*): ***flying visit*** Stippvisite *f* **II** *s* **3.** Fliegen *n*
'flyˌo•ver *s Br* (Straßen-, Eisenbahn)Überführung *f*
'flyˌswat•ter → ***swatter***
'fly•weight (*Sport*) **I** *s* Fliegengewicht *n* **II** *Adj* Fliegengewichts…
FM [ef'em] *Abk* (= ***frequency modulation***) UKW *n* (*Frequenzbereich der Ultrakurzwellen*)
foal [fəʊl] *s* ZOOL Fohlen *n*, Füllen *n*: ***in foal*** trächtig
foam [fəʊm] **I** *s* Schaum *m* **II** *v/i* schäumen

foam rub·ber *s* Schaumgummi *m, n*
foam·y ['fəʊmɪ] *Adj* schäumend, schaumig
fob [fɒb] *v/t* **1.** ***fob s.th. off on s.o.*** j-m etw andrehen *oder* aufhängen **2.** ***fob s.o. off*** j-n abspeisen *oder* abwimmeln (***with*** mit)
fo·cal ['fəʊkl] *Adj* MATHE, TECH, PHYS im Brennpunkt stehend (*auch fig*), Brenn(punkt)…: ***focal point*** Brennpunkt *m* (*auch fig*)
fo·cus ['fəʊkəs] **I** *s* **1.** MATHE, TECH, PHYS Brenn-, *fig auch* Mittelpunkt *m*; OPT, FOTO Scharfeinstellung *f*: ***in focus*** scharf; *fig* klar und richtig; ***out of focus*** unscharf, verschwommen (*auch fig*); ***be the focus of attention*** im Mittelpunkt des Interesses stehen; ***bring into focus*** **a)** *siehe* 2, **b)** *fig* in den Brennpunkt rücken **II** *v/t Prät und Part Perf* **fo·cused, fo·cussed 2.** PHYS im Brennpunkt vereinigen, *Strahlen* bündeln; OPT, FOTO scharf einstellen **3.** *fig* konzentrieren, richten (***on*** auf *Akk*) **III** *v/i* **4.** *fig* sich konzentrieren *oder* richten (***on*** auf *Akk*)
fod·der ['fɒdə] *s* (Trocken)Futter *n*
▸**fog** [fɒg] **I** *s* (dichter) Nebel **II** *v/t* in Nebel hüllen, einnebeln **III** *v/i auch* ***fog up*** (sich) beschlagen (*Glas*)
fog bank *s* Nebelbank *m*
fo·gey → ***fogy***
fog·gy ['fɒgɪ] *Adj* **1.** neb(e)lig: ***foggy day*** Nebeltag *m* **2.** *fig* nebelhaft: ***I haven't got the foggiest*** (***idea***) *ugs* ich hab keinen blassen Schimmer
'fog·horn *s* Nebelhorn *n*
fog lamp, fog light *s* MOT Nebelscheinwerfer *m*, -lampe *f*: ***rear fog lamp*** (*oder* ***light***) Nebelschlussleuchte *f*
fo·gy ['fəʊgɪ] *s meist* ***old fogy*** verknöcherter (alter) Kerl
foi·ble ['fɔɪbl] *s fig* **1.** (kleine) Schwäche **2.** (vorübergehende) Laune
foil[1] [fɔɪl] *v/t Plan etc* vereiteln, durchkreuzen, *j-m* einen Strich durch die Rechnung machen
foil[2] [fɔɪl] *s* **1.** (Metall)Folie *f* **2.** *fig* Hintergrund *m* (***to*** für)
foist [fɔɪst] *v/t*: ***foist s.th.*** (***off***) ***on s.o.*** j-m etw andrehen *oder* aufhängen; ***foist o.s.*** (*oder* ***one's company***) ***on s.o.*** sich j-m aufdrängen
▸**fold** [fəʊld] **I** *v/t* **1.** *Tuch, Hände* falten, *Arme* verschränken, kreuzen **2.** *oft* ***fold up*** zs.-legen, -falten; zs.-klappen: ***fold away*** zs.-klappen (u. verstauen) **3.** einwickeln, -schlagen (***in*** in *Akk*): ***fold s.o. in one's arms*** j-n in die Arme nehmen *oder* schließen **II** *v/i* **4.** sich (zs.-)falten *oder* zs.-legen *oder* zs.-klappen (lassen) **5.** *meist* ***fold up*** *ugs* zs.-brechen (***with*** vor *Dat*); WIRTSCH eingehen **III** *s* **6.** (ANAT Haut-, GEOL Boden)Falte *f*
'fold·er *s* **1.** Faltprospekt *m*, -blatt *n*, Broschüre *f* **2.** Aktendeckel *m*, Mappe *f* **3.** Schnellhefter *m* **4.** COMPUTER Ordner *m*
'fold·ing *Adj* zs.-legbar, -faltbar; zs.-klappbar: ***folding bicycle*** Klapprad *n*; ***folding chair*** Klappstuhl *m*; ***folding door***(***s*** *Pl*) Falttür *f*; ***folding table*** Klapptisch *m*; ***folding umbrella*** Taschenschirm *m*
fo·li·age ['fəʊlɪɪdʒ] *s* Laub(werk) *n*, Blätter (-werk *n*) *Pl*: ***foliage plant*** Blattpflanze *f*
folk [fəʊk] **I** *s Pl* **1.** *auch* ***folks*** Leute *Pl* **2.** (*nur* ***folks***) *ugs meine etc* Leute *oder* Verwandten *oder* Angehörigen *Pl*; (*bes als Anrede*) Leute *Pl*, Herrschaften *Pl* **II** *Adj* **3.** Volks…: ***folk dance*** (***etymology, music***, *etc*)
▸**fol·low** ['fɒləʊ] **I** *v/t* **1.** folgen (*Dat*): **a)** nachfolgen (*Dat*), sich anschließen (*Dat*), **b)** (*zeitlich*) folgen auf (*Akk*), nachfolgen (*Dat*), **c)** *Ratschlag etc* befolgen, sich richten nach, **d)** *Mode etc* mitmachen, **e)** folgen können (*Dat*), verstehen **2.** *Ziel, Zweck* verfolgen: ***follow up*** *einer Sache* nachgehen; *Sache* weiterverfolgen **3.** *einer Beschäftigung etc* nachgehen, *Beruf* ausüben **II** *v/i* **4.** (*zeitlich oder räumlich*) (nach)folgen: ***letter to follow*** Brief folgt; ***as follows*** wie folgt, folgendermaßen; → ***footstep*** 2 **5.** *meist unpers* folgen, sich ergeben (***from*** aus): ***it follows from this*** hieraus folgt (***that*** dass)
'fol·low·er *s* Anhänger(in): ***followers*** *Pl* → ***following*** 1
'fol·low·ing **I** *s* **1.** Gefolge *n*, Anhang *m*; Anhänger(schaft *f*) *Pl*, Gefolgschaft *f* **2.** *das* Folgende; *die* Folgenden *Pl* **II** *Adj* **3.** folgend: ***following wind*** Rückenwind *m* **III** *Präp* **4.** im Anschluss an (*Akk*)
'fol·low-up *s* **1.** Weiterverfolgen *n* (*einer Sache*) **2.** MED Nachbehandlung *f*
fol·ly ['fɒlɪ] *s* Torheit *f*
fond [fɒnd] *Adj* **1.** ***be fond of*** mögen, gernhaben: ***he's very fond of Jess*** er mag Jess sehr gern; ***be fond of doing s.th.*** etw gern tun **2.** zärtlich, liebevoll **3.** allzu nachsichtig (*Mutter etc*)
fon·dle ['fɒndl] *v/t* (liebevoll) streicheln
fond·ness ['fɒndnɪs] *s* **1.** Zärtlichkeit *f* **2.** Zuneigung *f* (***of*** zu) **3.** Vorliebe *f* (***for*** für)
font [fɒnt] *s* **1.** *Typografie*: Schriftart *f* **2.** REL Taufstein *m*, Taufbecken *n*
▸**food** [fuːd] *s* **1.** Nahrung *f* (*auch fig*), Essen *n*, Verpflegung *f*: ***food for thought*** Stoff *m* zum Nachdenken **2.** Nahrungs-, Lebensmittel *Pl*
food ad·di·tives *Pl* chemische Zusätze
food chain *s* Nahrungskette *f*
food·ie ['fuːdɪ] *s ugs* Feinschmecker(in)
food in·dus·try *s* Lebensmittelindustrie *f*
food poi·son·ing *s* MED Lebensmittelvergiftung *f*
food pro·ces·sor *s* Küchenmaschine *f*
'food·stuff → ***food*** 2
food·y → ***foodie***
▸**fool** [fuːl] **I** *s* **1.** Narr *m*, Närrin *f*, Dummkopf *m*: ***feel like a fool*** sich dumm vorkommen; ***make a fool of*** *siehe* 2; ***make a fool of o.s.*** sich lächerlich machen **II** *v/t* **2.** zum Narren halten **3.** betrügen (***out of*** um); verleiten (***into doing*** zu tun) **III** *v/i* **4.** *auch* ***fool about*** (*oder* ***around***) Unsinn machen, herumalbern **5.** *oft* ***fool about*** (*oder* ***around***) spielen (***with*** mit); sich herumtreiben; herumtrödeln
'fool·er·y *s* Torheit *f*
'fool,har·dy *Adj* tollkühn, verwegen
fool·ish ['fuːlɪʃ] *Adj* dumm, töricht
'fool·proof *Adj* **1.** TECH betriebssicher **2.** todsicher (*Plan etc*) **3.** narren-, idiotensicher (*Gerät etc*)
▸**foot** [fʊt] **I** *Pl* **feet** [fiːt] *s* **1.** Fuß *m*: ***on foot*** zu Fuß; ***be on one's feet*** (***again***) (wieder) auf den Beinen sein; ***put one's foot in it*** ins Fettnäpfchen treten; → ***sweep*** 6 **2.** (*Pl auch* ***foot***) Fuß *m* (= *0,3048 m*) **3.** Fuß *m* (*eines Berges, Strumpfes etc*), Fußende *n* (*eines Bettes etc*): ***at the foot of*** am Fuß (*Gen*), unten an (*Dat*) **II** *v/t* **4.** ***foot it*** *ugs* zu Fuß gehen **5.** *Rechnung* bezahlen
,foot-and-'mouth, ,foot-and-'mouth dis·ease *s* VET Maul- und Klauenseuche *f*
▸**foot·ball** ['fʊtbɔːl] (*Sport*) **I** *s* **1.** *Br* Fußball

F

foot SG

als Längenmaß
1 foot = 30,48 cm
Vergleichen Sie folgende Pluralbildungen:

It's three feet long.	Es ist drei Fuß lang.
A two-foot plank	Ein zwei Fuß langes Brett.
He's six foot six tall.	Er ist sechseinhalb* Fuß groß.

Wenn **foot** vor dem Substantiv steht (**two-foot plank**) oder im Zusammenhang mit Inch (**six foot six**) verwendet wird, bleibt die Singularform **foot** erhalten.

* Ein Fuß hat 12 Inches, also bedeutet die Maßangabe **six foot six** sechseinhalb Fuß (etwa 1,98 m).

(-spiel *n*) *m*; *Am* Football(spiel *n*) *m* **2.** *Br* Fußball *m*; *Am* Football-Ball *m* **II** *Adj* **3.** *Br* Fußball...; *Am* Football...: ***football pools*** *Pl* Fußballtoto *n, m*

'**foot·bridge** *s* Fußgängerbrücke *f*

'**foot·fall** *s* Schritt *m*, Tritt *m* (*Geräusch*)

'**foot·hills** *s Pl* Vorgebirge *n*

'**foot·hold** *s* Stand *m*: ***gain*** (*oder* ***get***) ***a foothold*** *fig* (festen) Fuß fassen (***in*** in *Dat*; ***as*** als)

foot·ing ['fʊtɪŋ] *s* **1.** Stand *m*: ***lose*** (*oder* ***miss***) ***one's footing*** den Halt verlieren **2.** *fig* Basis *f*, Grundlage *f*: ***place on an equal*** (*oder* ***the same***) ***footing*** gleichstellen (***with*** *Dat*); ***be on a friendly footing*** auf freundschaftlichem Fuße stehen (***with*** mit)

'**foot·lights** *s Pl* THEAT **1.** Rampenlicht(er *Pl*) *n* **2.** *fig die* Bühne, *das* Theater

foot·ling ['fu:tlɪŋ] *Adj ugs* läppisch (*Sache*), (*auch Person*) albern

'**foot·loose** *Adj* frei, ungebunden: ***footloose and fancy-free*** frei und ungebunden

'**foot·note** **I** *s* Fußnote *f* (***to*** zu) **II** *v/t* mit Fußnoten versehen

foot pas·sen·ger *s* Fußgänger(in)

'**foot·path** *s* **1.** (Fuß)Pfad *m*, (-)Weg *m* **2.** *bes Br* Bürgersteig *m*

'**foot·print** *s* Fußabdruck *m*

foot·sie ['fʊtsɪ] *s*: ***play footsie*** *ugs* füßeln (***with*** mit)

'**foot·slog** *v/i ugs* latschen

'**foot·sore** *Adj* fußwund, *bes* MIL fußkrank

foot spray *s* Fußspray *m, n*

'**foot·step** *s* **1.** Tritt *m*, Schritt *m* **2.** Fußstapfe *f*: ***follow in s.o.'s footsteps*** *fig* in j-s Fußstapfen treten

'**foot·wear** *s* Schuhwerk *n*

'**foot·work** *s* SPORT Beinarbeit *f*

►**for** [fɔ:] **I** *Präp* **1.** für: **a)** zugunsten von: ***a gift for him*** ein Geschenk für ihn, **b)** (mit der Absicht) zu: ***come for dinner*** zum Essen kommen, **c)** (*passend oder geeignet*) für; (*bestimmt*) für, zu: ***the right man for the job*** der richtige Mann für diesen Posten, **d)** (*als Belohnung oder Entgelt*) für, **e)** (*als Strafe etc*) wegen, **f)** in Anbetracht (*Gen*), im Hinblick auf (*Akk*): ***he is tall for his age*** er ist groß für sein Alter, **g)** (*Begabung, Neigung*) für, (*Hang*) zu, **h)** (*zeitlich*) auf (*Akk*), für die Dauer von, seit: ***for hours*** stundenlang; ***he has been here for a week*** er ist schon seit einer Woche hier, **i)** anstelle von (*oder Gen*), (an)statt; in Vertretung *oder* im Namen von (*oder Gen*) **2.** (*Wunsch, Ziel*) nach, auf (*Akk*) **3.** (*Mittel*) gegen **4.** dank, wegen: ***if it wasn't for him*** wenn er nicht wäre, ohne ihn **5.** ***run for a mile*** eine Meile (weit) laufen **6.** nach: ***the train for London*** **7.** trotz: ***for all that*** trotz alledem **8.** was ... betrifft: ***as for me*** was mich betrifft *oder* anbelangt; ***for all I know*** soviel ich weiß **9.** *nach Adj und vor Inf*: ***it is impossible for me to come*** ich kann unmöglich kommen **10.** *mit s oder Pron und Inf*: ***it is time for you to go home*** es ist Zeit für dich heimzugehen; ***it is for you to decide*** die Entscheidung liegt bei Ihnen **II** *Konj* **11.** denn, weil

for·ay ['fɒreɪ] *s* **1.** Beute-, Raubzug *m* **2.** *bes* MIL Ein-, Überfall *m*

for·bad, **for·bade** [fə'bæd] *Prät von* ***forbid***

for·bear → ***forebear***

►**for·bid** [fə'bɪd] (*unreg*) **I** *v/t* **1.** verbieten, untersagen: ***forbid s.o. the house*** j-m das Haus verbieten **2.** ausschließen, unmöglich machen **II** *v/i* **3.** ***God*** (*oder* ***heaven***) ***forbid!*** Gott behüte *oder* bewahre!

for'bid·den [fə'bɪdn] *Part Perf von* ***forbid***

for'bid·ding *Adj* **1.** abstoßend, abschreckend **2.** bedrohlich

►**force** [fɔ:s] **I** *s* **1.** Stärke *f*, Kraft *f*, Wucht *f* (*auch fig*): ***force of gravity*** PHYS Schwerkraft; ***by force of*** kraft, mittels; ***by force of arms*** mit Waffengewalt; ***join forces*** sich zs.-tun (***with*** mit) **2.** *fig* Kraft *f*: ***forces*** *Pl* ***of nature*** Naturkräfte *Pl*, -gewalten *Pl* **3.** Gewalt *f*: ***by force*** gewaltsam **4.** Zwang *m* (*auch* JUR): ***by force*** zwangsweise **5.** (Rechts)Kraft *f*, (-)Gültigkeit *f*: ***come*** (***put***) ***into force*** in Kraft treten

forbid und permit GR

Ob bei Aktiv- oder Passivkonstruktionen, **forbid** und **permit** werden mit dem Infinitiv verbunden, wenn die Person, der man etwas verbietet oder erlaubt, erwähnt wird; ohne Person steht das Gerund.

⚠ Gleiches gilt für **advise, allow, encourage** und **recommend**:

Visitors are forbidden to smoke outside the designated areas.	Besuchern ist es untersagt, außerhalb der ausgewiesenen Bereiche zu rauchen.
The council wants to forbid parking in the town centre in future.	In Zukunft will der Stadtrat das Parken in der Stadtmitte verbieten.
Permit me to introduce myself.	Gestatten Sie, dass ich mich vorstelle.
I'm afraid using the toilets during take-off is not permitted.	Leider ist die Benutzung der Toiletten während des Starts nicht erlaubt.

Forbidden	**Verboten**
No, I'm afraid you can't.	Nein, das kannst du leider nicht.
You're not supposed to walk on the grass.	Du darfst den Rasen nicht betreten!
You're not allowed to park here.	Sie dürfen hier nicht parken!
No, you can't have the car.	Nein, den Wagen kannst du nicht haben.

(setzen) **6.** Einfluss *m*, Wirkung *f*: ***force of habit*** Macht *f* der Gewohnheit **7.** *Pl, auch* ***armed forces*** Streitkräfte *Pl* **II** *v/t* **8.** *j-n* zwingen, nötigen (***to do*** zu tun) **9.** *etw* erzwingen, durchsetzen **10.** zwängen, drängen: ***force one's way*** sich (durch)drängen (***through*** durch) **11.** ***force s.th. on s.o.*** j-m etw aufzwingen *oder* -drängen; ***force o.s. on s.o.*** sich j-m aufdrängen; → ***throat*** **12.** *auch* ***force up*** *Preise* in die Höhe treiben **13.** *Tempo* beschleunigen, forcieren **14.** *auch* ***force open*** *Tür etc* aufbrechen

forced *Adj* **1.** erzwungen, Zwangs…: ***forced labour*** Zwangsarbeit *f*; ***forced landing*** FLUG Notlandung *f*; ***make a forced landing*** notlanden **2.** gezwungen, gequält

'force-feed *v/t* (*unreg* ***feed***) zwangsernähren

force·ful ['fɔːsfʊl] *Adj* **1.** energisch, kraftvoll (*Person*) **2.** eindrucksvoll, -dringlich (*Rede etc*) **3.** zwingend, überzeugend (*Argument etc*)

for·ceps ['fɔːseps] *s* **1.** MED, ZOOL (***pair of***) ***forceps*** Zange *f*: ***forceps delivery*** Zangengeburt *f* **2.** Pinzette *f*

for·ci·ble ['fɔːsəbl] *Adj* **1.** gewaltsam; zwangsweise **2.** → ***forceful***

ford [fɔːd] **I** *s* Furt *f* **II** *v/t* durchwaten

fore [fɔː] **I** *Adj* **1.** vorder, Vorder… **2.** früher **II** *Adv* **3.** SCHIFF vorn **III** *s* **4.** Vorderteil *m*, -seite *f*, Front *f*: ***come to the fore*** *fig* sich hervortun

'fore·arm *s* Unterarm *m*

'fore·bear *s meist Pl* Vorfahr(in), Ahn *m*, Ahne *f*

fore'bod·ing *s* **1.** (*böse*) (Vor)Ahnung **2.** (böses) Vorzeichen *oder* Omen

'fore·cast **I** *v/t Prät und Part Perf* **'fore·cast, 'fore·cast·ed** **1.** voraussagen, vorhersehen **2.** *Wetter etc* vorhersagen **II** *s* **3.** Voraussage *f* **4.** (Wetter)Vorhersage *f*

'fore,fa·ther *s* Ahn *m*, Vorfahr *m*

'fore,fin·ger *s* Zeigefinger *m*

'fore·front *s* vorderste Reihe (*auch fig*)

'fore·gone *Adj*: ***foregone conclusion*** ausgemachte Sache; ***be a foregone conclusion*** *auch* von vornherein feststehen

'fore·ground *s* Vordergrund *m* (*auch fig*)

'fore·hand (*Sport*) **I** *s* Vorhand(schlag *m*) *f* **II** *Adj* Vorhand…

▶**fore·head** ['fɒrɪd] *s* Stirn *f*

▶**for·eign** ['fɒrən] *Adj* **1.** fremd, ausländisch, Auslands…: ***foreign affairs*** *Pl* Außenpolitik *f*, auswärtige Angelegenheiten *Pl*; ***foreign commerce*** *Am* Außenhandel *m*; ***foreign currency*** (*oder* ***exchange***) WIRTSCH Devisen *Pl*; ***foreign language*** Fremdsprache *f*; ***Foreign Office*** POL *Br* Außenministerium *n*; ***foreign policy*** Außenpolitik *f*; ***Foreign Secretary*** POL *Br* Außenminister(in); ***foreign trade*** Außenhandel *m*; ***foreign visit*** Auslandsbesuch *m*; ***foreign word*** Fremdwort *n*; ***foreignworker*** Gastarbeiter(in); → ***correspondent*** 3 **2.** fremd (***to*** *Dat*): ***this is foreign to his nature*** das ist ihm wesensfremd; ***foreign body*** MED Fremdkörper *m*

▶**for·eign·er** ['fɒrənə] *s* Ausländer(in)

,fore'knowl·edge *s* Vorherwissen *n*, vorherige Kenntnis

fore·man ['fɔːmən] *s* (*unreg* ***man***) **1.** Vorarbeiter *m*, (*am Bau*) Polier *m* **2.** JUR Obmann *m* (*der Geschworenen*)

'fore·most **I** *Adj* **1.** vorderst, erst **2.** *fig* herausragendst **II** *Adv* **3.** zuerst

fo·ren·sic [fə'rensɪk] *Adj* Gerichts…: ***forensic medicine***

'fore·play *s* (*sexuelles*) Vorspiel

'fore,run·ner *s fig* **1.** Vorläufer(in) **2.** Vorbote *m*; (erstes) Anzeichen

fore'see *v/t* (*unreg* ***see***[1]) vorher-, voraussehen

fore'seea·ble *Adj*: ***in the foreseeable future*** in absehbarer Zeit

fore'shad·ow *v/t* ahnen lassen, andeuten

'fore·sight *s* Weitblick *m*; (weise) Voraussicht

'fore·skin *s* ANAT Vorhaut *f*

▶**for·est** ['fɒrɪst] *s* (*auch fig Antennen- etc*) Wald *m*; Forst *m*

fore·stall [fɔː'stɔːl] *v/t* **1.** *j-m, einer Sache* zuvorkommen **2.** *Einwand etc* vorwegnehmen

for·est·er ['fɒrɪstə] *s* Förster(in)

'for·est·ry *s* Forstwirtschaft *f*

'fore·taste *s* Vorgeschmack *m* (***of*** von)

fore'tell *v/t* (*unreg* ***tell***) vorher-, voraussagen: ***foretell the future*** die Zukunft vorhersagen

▶**for·ev·er**, *Br a* **for ev·er** [fə'revə] *Adv* **1.** für *oder* auf immer **2.** ständig, (an)dauernd

fore'warn *v/t* vorher warnen (***of*** vor *Dat*)

'fore,wom·an *s* (*unreg* ***woman***) Vorarbeiterin *f*

'fore·word *s* Vorwort *n* (***to*** zu)

for·feit ['fɔːfɪt] **I** *s* ***forfeits*** *Sg* Pfänderspiel *n*: ***play forfeits*** ein Pfänderspiel machen **II** *v/t* verwirken, verlustig gehen (*Gen*); einbüßen **III** *Adj* verwirkt, verfallen

for·fei·ture ['fɔːfɪtʃə] *s* Verlust *m*; Einbuße *f*

forge[1] [fɔːdʒ] **I** *s* **1.** Schmiede *f* **II** *v/t* **2.** schmieden; fälschen

forge[2] [fɔːdʒ] *v/i meist* ***forge ahead*** sich (mühsam) vorankämpfen: ***forge ahead*** *fig* allmählich Fortschritte machen

forg·er ['fɔːdʒə] *s* Schmied; Fälscher(in)

'forg·er·y *s* Fälschen *n*; Fälschung *f*: ***forgery of a document*** JUR Urkundenfälschung

▶**for·get** [fə'get] (*unreg*) **I** *v/t* **1.** *allg* vergessen: ***I forget his name*** sein Name fällt mir im Moment nicht ein **2.** ***forget o.s.*** sich vergessen; (nur) an andere denken **II** *v/i* **3.** *auch* ***forget about it*** es vergessen

forget + Infinitiv oder Gerund

forget + **Infinitiv** besagt, dass etwas getan werden soll bzw. hätte getan werden müssen:

Don't forget to switch the answerphone on.	Vergiss nicht, den Anrufbeantworter einzuschalten.

forget + **Gerund** bezieht sich dagegen immer auf etwas Vergangenes:

I'll never forget breaking my left ankle coming down the mountain.	Ich werde nie vergessen, wie ich mir den linken Knöchel gebrochen habe, als ich vom Berg abstieg.

for'get·ful [fə'getfʊl] *Adj* vergesslich
for'get-me-not *s* BOT Vergissmeinnicht *n*
▶**for·give** [fə'gɪv] *v/t* (*unreg* ***give***) **1.** *j-m etw* verzeihen, -geben **2.** *j-m eine Schuld etc* erlassen
for'giv·ing *Adj* **1.** versöhnlich **2.** verzeihend
for·go [fɔː'gəʊ] *v/t* (*unreg* ***go***) verzichten auf (*Akk*)
for·got [fə'gɒt] *Prät und Part Perf von* ***forget***
for'got·ten [fə'gɒtn] *Part Perf von* ***forget***
▶**fork** [fɔːk] **I** *s* **1.** Gabel *f* **2.** Gab(e)lung *f*, Abzweigung *f* **II** *v/t* **3.** ***fork out*** *ugs Geld* herausrücken, lockermachen **III** *v/i* **4.** sich gabeln (*Fluss*), (*Straße auch*) abzweigen
forked *Adj* gegabelt, (*Zunge*) gespalten
'fork·lift (truck) *s* TECH Gabel-, Hubstapler *m*
for·lorn [fə'lɔːn] *Adj* **1.** verlassen, einsam **2.** verzweifelt (*Versuch*): ***forlorn hope*** aussichtsloses *oder* verzweifeltes Unternehmen
▶**form** [fɔːm] **I** *s* **1.** Form *f*, Gestalt *f*: ***take form*** Form *oder* Gestalt annehmen (*auch fig*); ***in the form of*** in Form von (*oder Gen*); ***in tablet form*** in Tablettenform **2.** TECH Form *f*, Schablone *f* **3.** Form *f*, Art *f*: ***form of government*** Regierungsform; → ***due*** 6 **4.** *auch* ***printed form*** Formular *n*, Vordruck *m*: ***form letter*** Schemabrief *m* **5.** Form *f* (*auch* LING), Fassung *f* (*eines Textes etc*) **6.** ***good*** (***bad***) ***form*** guter (schlechter) Ton: ***it is good*** (***bad***) ***form*** es gehört sich (nicht) **7.** Formalität *f*: → ***matter*** 3 **8.** Verfassung *f*: ***in*** (***off one's***) ***form*** (nicht) in Form **9.** *bes Br* (Schul)Klasse *f*: ***form master*** (***mistress***) Klassenlehrer(in) **II** *v/t* **10.** formen, gestalten (***into*** zu), *Regierung etc* bilden, *Gesellschaft* gründen **11.** *Charakter etc* formen, bilden **12.** sich *eine Meinung* bilden **III** *v/i* **13.** Form *oder* Gestalt annehmen (*auch fig*)
▶**for·mal** ['fɔːml] *Adj* (→ ***formally***) **1.** förmlich, formell: ***formal dress*** Gesellschaftskleidung *f* **2.** formal, formell
for·mal·ism ['fɔːməlɪzəm] *s* Formalismus *m*
for·mal·i·ty [fɔː'mæləti] *s* **1.** Förmlichkeit *f* **2.** Formalität *f*, Formsache *f*
formal·ize ['fɔːməlaɪz] *v/t* **1.** formalisieren **2.** eine feste Form geben (*Dat*)
'formal·ly *Adv* formell, in aller Form
for·mat ['fɔːmæt] **I** *s Typografie*: Aufmachung *f*; Format *n* **II** *v/t* COMPUTER formatieren
for·ma·tion [fɔː'meɪʃn] *s* **1.** Formung *f*, Gestaltung *f* **2.** FLUG, MIL, GEOL, SPORT Formation *f*
form·a·tive ['fɔːmətɪv] *Adj* formend, gestaltend: ***formative years*** *Pl* Entwicklungsjahre *Pl*
▶**for·mer** ['fɔːmə] *Adj* **1.** früher, vorig; ehemalig: ***in former times*** früher **2.** ersterwähnt, -genannt: ***the former*** Ersterer
'for·mer·ly *Adv* früher, ehemals
for·mi·da·ble ['fɔːmɪdəbl] *Adj* **1.** furchterregend **2.** gefährlich (*Gegner etc*), gewaltig, riesig (*Schulden etc*), schwierig (*Frage etc*)
form·less ['fɔːmlɪs] *Adj* formlos
for·mu·la ['fɔːmjʊlə] *Pl* **for·mu·las, for·mu·lae** ['fɔːmjʊliː] *s* **1.** MATHE, MOT *etc* Formel *f* (*auch fig*) **2.** PHARM Rezept *n* (*zur Anfertigung*)
for·mu·late ['fɔːmjʊleɪt] *v/t* formulieren
ˌfor·mu'la·tion *s* Formulierung *f*
for·sake [fə'seɪk] *v/t* (*unreg*) **1.** *j-n* verlassen, im Stich lassen **2.** *etw* aufgeben
for'sak·en *Part Perf von* ***forsake***
for·sook [fə'sʊk] *Prät von* ***forsake***
fort [fɔːt] *s* MIL Fort *n*: ***hold the fort*** *fig* die Stellung halten
for·te ['fɔːteɪ] *s j-s* Stärke *f*, starke Seite
forth [fɔːθ] *Adv* **1.** weiter, fort: ***and so forth*** und so weiter **2.** (her)vor
ˌforth'com·ing *Adj* **1.** bevorstehend, kommend **2.** in Kürze erscheinend (*Buch*) *oder* anlaufend (*Film*)
▶**for·ti·eth** ['fɔːtɪəθ] *Adj* vierzigst
for·ti·fi·ca·tion [ˌfɔːtɪfɪ'keɪʃn] *s* **1.** MIL Befestigung *f*: ***fortifications*** *Pl* Festungswerk *n* **2.** Verstärkung *f*; Anreicherung *f* **3.** *fig* Untermauerung *f*
for·ti·fy ['fɔːtɪfaɪ] *v/t* **1.** MIL befestigen **2.** *Wein etc* verstärken; *Nahrungsmittel* anreichern
for·ti·tude ['fɔːtɪtjuːd] *s* (innere) Kraft *oder* Stärke
▶**fort·night** ['fɔːtnaɪt] *s bes Br* vierzehn Tage: ***in a fortnight*** in 14 Tagen
'fortˌnight·ly *bes Br* **I** *Adj* vierzehntägig, halbmonatlich **II** *Adv* vierzehntäglich, alle 14 Tage
for·tress ['fɔːtrɪs] *s* MIL Festung *f*
for·tu·i·tous [fɔː'tjuːɪtəs] *Adj* zufällig
for·tu·nate ['fɔːtʃnət] *Adj* glücklich: ***be fortunate*** Glück haben; ***be fortunate in having s.th., be fortunate enough to have s.th.*** das Glück haben, etw zu besitzen
▶**for·tu·nate·ly** ['fɔːtʃnətlɪ] *Adv* glücklicherweise, zum Glück: ***fortunately for me*** zu meinem Glück
for·tune ['fɔːtʃuːn] *s* **1.** Vermögen *n*: ***come into a fortune*** ein Vermögen erben; ***make a fortune*** ein Vermögen verdienen **2.** (glücklicher) Zufall, Glück(sfall *m*) *n* **3.** Geschick *n*, Schicksal *n*: ***good fortune*** Glück *n*; ***tell fortunes*** wahrsagen; ***tell s.o.'s fortune*** j-m die Karten legen; j-m aus der Hand lesen **4.** *oft* **Fortune** Fortuna *f*, das Glück, die Glücksgöttin
for·tune hunt·er ['fɔːtʃənˌhʌntə] *s* Mitgiftjäger *m*
for·tune tell·er ['fɔːtʃənˌtelə] *s* Wahrsager(in)
▶**for·ty** ['fɔːtɪ] **I** *Adj* vierzig: ***have forty winks*** *ugs* ein Nickerchen machen **II** *s* Vierzig *f*: ***be in one's forties*** in den Vierzigern sein; ***in the forties*** in den Vierzigerjahren (*eines Jahrhunderts*)
fo·rum ['fɔːrəm] *s* Forum *n* (*auch fig*)
▶**for·ward** ['fɔːwəd] **I** *Adv* **1.** nach vorn, vorwärts **II** *Adj* **2.** Vorwärts…: ***forward planning*** Vorausplanung *f* **3.** fortschrittlich **4.** vorlaut, dreist **III** *s* **5.** SPORT Stürmer(in): ***forward line*** Sturmreihe *f* **IV** *v/t* **6.** fördern, begünstigen **7.** (ver)senden, schicken; befördern; *Brief etc* nachsenden
'for·ward·er *s* Spediteur(in)
'for·ward·ing *s* Versand *m*; Beförderung *f*; Nachsendung *f*: ***forwarding address*** Nachsendeadresse *f*; ***forwarding agent*** Spediteur(in)
'for·ward-ˌlook·ing *Adj* vorausschauend, fortschrittlich
for·wards ['fɔːwədz] → ***forward*** I
fos·sil ['fɒsl] GEOL **I** *s* Fossil *n* (*auch fig ugs*), Versteinerung *f* **II** *Adj* fossil (*auch fig ugs*), versteinert: ***fossil fuels*** fossile Brennstoffe
fos·ter ['fɒstə] **I** *v/t* **1.** *Kind* in Pflege haben

oder nehmen; *bes Br* in Pflege geben (**with** bei) **2.** *Gefühle, Plan etc* hegen **II** *Adj* **3.** Pflege...: **foster mother**
fought [fɔːt] *Prät und Part Perf von* **fight**
foul [faʊl] **I** *Adj* **1.** stinkend, widerlich **2.** verpestet, schlecht (*Luft*); verdorben, faul (*Lebensmittel etc*) **3.** schmutzig, verschmutzt **4.** schlecht, stürmisch (*Wetter*) **5.** *fig* schmutzig, zotig **6.** SPORT regelwidrig **II** *Adv* **7. fall foul of** *fig* zs.-stoßen mit: **fall foul of the law** mit dem Gesetz in Konflikt geraten **III** *s* **8.** SPORT Foul *n*: **commit a foul on** ein Foul begehen an (*Dat*) **IV** *v/t* **9.** beschmutzen (*auch fig*), verschmutzen: **foul one's own nest** das eigene Nest beschmutzen **10.** SPORT foulen **11. foul up** *ugs* verpatzen, -sauen
foul-mouthed ['faʊlˌmaʊðd] *Adj* unflätig
found[1] [faʊnd] *Prät und Part Perf von* **find**
found[2] [faʊnd] *v/t* **1.** (be)gründen, *Schule etc* stiften **2.** gründen, stützen (**on** auf *Akk*): **be founded on** sich gründen auf (*Akk*), beruhen auf (*Dat*)
found[3] [faʊnd] *v/t* TECH gießen
foun·da·tion [faʊn'deɪʃn] *s* **1.** ARCHI Fundament *n*: **lay the foundation(s) of** *fig* den Grund (-stock) legen zu **2.** Gründung *f* **3.** Stiftung *f* **4.** Grundlage *f*, Basis *f*
foun·da·tion stone *s* **1.** ARCHI Grundstein *m* (*auch fig*) **2.** → **foundation** 4
found·er[1] ['faʊndə] *s* (Be)Gründer(in), Stifter(in): **founder member** Gründungsmitglied *n*
found·er[2] ['faʊndə] *s* TECH Gießer(in)
found·er[3] ['faʊndə] *v/i* scheitern, (*Koalition etc auch*) zerbrechen, (*Ehe etc auch*) in die Brüche gehen
found·ry ['faʊndrɪ] *s* TECH Gießerei *f*
▸**foun·tain** ['faʊntɪn] *s* **1.** Quelle *f* (*auch fig*) **2.** Fontäne *f*: **a)** (*Wasser- etc*)Strahl *m*, **b)** Springbrunnen *m* **3.** Trinkbrunnen *m*
foun·tain pen *s* Füll(feder)halter *m*
▸**four** [fɔː] **I** *Adj* **1.** vier **II** *s* **2.** Vier *f*: **four of hearts** Herzvier; **on all fours** auf allen vieren **3.** *Rudern*: Vierer *m*
four·fold ['fɔːfəʊld] **I** *Adj* vierfach **II** *Adv* vierfach, um das Vierfache: **increase fourfold** (sich) vervierfachen
ˌfour-'hand·ed *Adj* MUS vierhändig
'four·leaf clo·ver *s* BOT vierblätt(e)riges Kleeblatt
'four-legged *Adj* vierbeinig
'four-ˌlet·ter word *s* unanständiges Wort

> **four-letter word** (SG)
>
> Der Begriff stammt von den vielen „unanständigen Wörtern" im Englischen, die aus vier Buchstaben bestehen. Es kann aber auch ein Wort mit weniger oder mehr als vier Buchstaben als **four-letter word** bezeichnet werden – nur muss es unanständig sein.

four star *s* MOT *Br ugs* Super *n* (*Benzin*)
'four-star *Adj*: **four-star petrol** MOT *Br* Superbenzin *n*
▸**four·teen** [ˌfɔː'tiːn] *Adj* vierzehn
▸**four·teenth** [ˌfɔː'tiːnθ] *Adj* vierzehnt
▸**fourth** [fɔːθ] **I** *Adj* **1.** viert **II** *s* **2.** *der, die, das* Vierte: **the fourth of May**, *Am* **May fourth** der 4. Mai **3.** Viertel *n*

> **The Fourth of July** (LK)
>
> Am 4. Juli 1776 wurde die Unabhängigkeitserklärung der Vereinigten Staaten unterzeichnet. Die Amerikaner feiern ihren Nationalfeiertag, auch **Independence Day** genannt, mit Picknicks, Paraden, feierlichen Reden und Feuerwerk.

ˌfour-wheel 'drive *s* MOT Allradantrieb *m*
fowl [faʊl] *s Koll* Geflügel *n*
▸**fox** [fɒks] **I** *s* **1.** ZOOL Fuchs *m* **2.** *oft* **sly old fox** gerissener Kerl **II** *v/t* **3.** verblüffen **4.** täuschen, reinlegen
fox hunt(·ing) *s* Fuchsjagd *f*
fox terri·er *s* ZOOL Foxterrier *m*
'fox·trot *s* MUS Foxtrott *m*
fox·y ['fɒksɪ] *Adj* gerissen, verschlagen
foy·er ['fɔɪeɪ] *s* Foyer *n*
fra·cas ['frækɑː] *s* Aufruhr *m*, Tumult *m*
frac·tion ['frækʃn] *s* **1.** MATHE Bruch *m* **2.** Bruchteil *m*
frac·tion·al ['frækʃənl] *Adj* **1.** MATHE Bruch... **2.** *fig* minimal, geringfügig
frac·tious ['frækʃəs] *Adj* mürrisch, reizbar
frac·ture ['fræktʃə] **I** *s* Bruch *m*, MED *auch* Fraktur *f* **II** *v/t* (zer)brechen: **fracture one's arm** sich den Arm brechen; **fractured skull** MED Schädelbruch *m* **III** *v/i* (zer)brechen
frag·ile ['frædʒaɪl] *Adj* **1.** zerbrechlich (*auch fig*) **2.** schwach, zart (*Gesundheit*); gebrechlich (*Person*)
fra·gil·i·ty [frə'dʒɪlətɪ] *s* **1.** Zerbrechlichkeit *f* **2.** Zartheit *f*; Gebrechlichkeit *f*
frag·ment ['frægmənt] *s* **1.** *literarisches etc* Fragment **2.** Bruchstück *n*, -teil *m*
'frag·men·ta·ry *Adj* fragmentarisch, bruchstückhaft
fra·grance ['freɪgrəns] *s* Wohlgeruch *m*, Duft *m*
'fra·grant *Adj* wohlriechend, duftend
frail [freɪl] *Adj* zart, schwach (*Gesundheit, Stimme etc*); gebrechlich (*Person*); (*charakterlich oder moralisch*) schwach
'frail·ty *s* Zartheit *f*; Gebrechlichkeit *f*; Schwäche *f*
▸**frame** [freɪm] **I** *s* **1.** (*Bilder- etc*)Rahmen *m* **2.** (*Brillen- etc*)Gestell *n* **3.** *bes* **frame of mind** (Gemüts)Verfassung *f*, (-)Zustand *m* **II** *v/t* **4.** *Bild etc* (ein)rahmen; *fig* umrahmen **5.** *Plan* schmieden, *Politik etc* abstecken **6.** *ugs Sache* drehen, schaukeln, *Spiel* (vorher) absprechen; *j-m* etw anhängen **III** *v/i* **7.** sich entwickeln
'frame-up *s ugs* **1.** Komplott *n*, Intrige *f* **2.** abgekartetes Spiel, Schwindel *m*
'frame·work *s* Rahmen *m*: **within the framework of** im Rahmen (*Gen*)
franc [fræŋk] *s* **1.** *Schweiz*: Franken *m* **2.** *hist Europa*: Franc *m*
▸**France** [frɑːns] *Eigenn* Frankreich *n*
fran·chise ['fræntʃaɪz] *s* **1.** POL Wahlrecht *n* **2.** WIRTSCH Konzession *f*
Fran·co- ['fræŋkəʊ] *in Zssgn* französisch-, franko...
frank [fræŋk] **I** *Adj* offen(herzig), aufrichtig, frei(mütig): **to be frank, frankly (speaking)** offen gestanden *oder* gesagt; **be frank with s.o.** ehrlich zu j-m sein **II** *v/t Briefe* frankieren, (*maschinell auch*) freistempeln: **franking machine** Frankiermaschine *f*, Freistempler *m*

frank·furt·er ['fræŋkfɜːtə] *s* Frankfurter (Würstchen *n*) *f*
frank·in·cense ['fræŋkɪnˌsens] *s* Weihrauch *m*
frank·ness ['fræŋknɪs] *s* Offenheit *f*
fran·tic ['fræntɪk] *Adj* (***frantically***) **1.** außer sich, rasend (***with*** vor *Dat*) **2.** verzweifelt **3.** hektisch
fra·ter·nal [frə'tɜːnl] *Adj* brüderlich: ***fraternal twins*** zweieiige Zwillinge
fra'ter·ni·ty *s* **1.** Brüderlichkeit *f* **2.** Vereinigung *f*, Zunft *f*: ***the medical fraternity*** die Ärzteschaft **3.** *Am* (Studenten)Verbindung *f*
fra·ter·ni·za·tion [ˌfrætənaɪ'zeɪʃn] *s* Verbrüderung *f*
'fra·ter·nize *v/i* sich verbrüdern (***with*** mit)
fraud [frɔːd] *s* **1.** JUR Betrug *m*; arglistige Täuschung: ***obtain by fraud*** sich *etw* erschleichen **2.** Schwindel *m* (*auch Sache*) **3.** *ugs* Betrüger(in), Schwindler(in)
fraud·u·lence ['frɔːdjʊləns] *s* Betrügerei *f*
'fraud·u·lent *Adj* betrügerisch
fray[1] [freɪ] **I** *v/t* ausfransen, durchscheuern: ***frayed nerves*** *Pl* strapazierte Nerven *Pl* **II** *v/i* ausfransen, sich durchscheuern
fray[2] [freɪ] *s* Rauferei *f*, Schlägerei *f*
freak [friːk] **I** *s* **1.** Missgeburt *f*, Monstrosität *f* **2.** Grille *f*, Laune *f* **3.** *sl* …freak *m*, …fanatiker(in) **4.** *sl* Freak *m*, irrer Typ **II** *v/i* **5.** ***freak out*** *sl allg* ausflippen (***over*** bei)
freck·le ['frekl] *s* Sommersprosse *f*
▸**free** [friː] **I** *Adj* **1.** frei: **a)** unabhängig, **b)** selbstständig, **c)** ungebunden, **d)** ungehindert, **e)** uneingeschränkt, **f)** in Freiheit (befindlich): ***he is free to go*** es steht ihm frei zu gehen; ***give s.o. a free hand*** j-m freie Hand lassen; → ***set*** 13, ***will***[1] 1 **2.** frei: **a)** unbeschäftigt, **b)** ohne Verpflichtungen, **c)** unbesetzt **3.** frei (*nicht wörtlich oder an Regeln gebunden*): ***free translation***; ***free skating*** (*Eis-, Rollkunstlauf*) Kür(laufen *n*) *f* **4.** (***from, of***) frei (von), ohne (*Akk*): ***free from error*** fehlerfrei **5.** frei, befreit (***from, of*** von): ***free from pain*** schmerzfrei; ***free of debt*** schuldenfrei; → ***charge*** 9 **6.** ungezwungen, natürlich: → ***easy*** 7 **7.** offen(herzig), freimütig; unverblümt; dreist; plumpvertraulich: ***make free with*** sich Freiheiten herausnehmen gegen *j-n*; sich (ungeniert) gütlich tun an *einer Sache* **8.** frei, kostenlos, unentgeltlich: ***free copy*** Freiexemplar *n*; ***for free*** *ugs* umsonst **9.** freigebig: ***be free with*** großzügig sein *oder* umgehen mit **II** *Adv* **10.** *allg* frei **III** *v/t* **11.** befreien (***from*** von, aus) (*auch fig*) **12.** freilassen
free climb·ing *s* Freiklettern *n*
▸**free·dom** ['friːdəm] *s* **1.** Freiheit *f*: ***freedom of the press*** Pressefreiheit **2.** Freisein *n*
free en·ter·prise *s* freies Unternehmertum
free fall *s* FLUG, PHYS freier Fall
'free·fone ˌnumb·er *s Br* gebührenfreie Telefonnummer
free kick *s Fußball*: Freistoß *m*: (***in***)***direct free kick***
'free·lance **I** *s* Freiberufler(in), Freischaffende *m, f*; freier Mitarbeiter, freie Mitarbeiterin **II** *Adj* frei(beruflich tätig), freischaffend **III** *Adv* freiberuflich: ***work freelance*** *siehe* IV **IV** *v/i* freiberuflich arbeiten (***for*** für)
'freeˌlanc·er → ***freelance*** I
'free·load *v/i Am ugs* schnorren (***off*** bei), nassauern
'freeˌload·er *s Am ugs* Schnorrer(in), Nassauer(in)
free mar·ket e·con·o·my *s* freie Marktwirtschaft
'Free·ma·son *s* Freimaurer *m*
free port *s* Freihafen *m*
'free-range *Adj* frei laufend (*Huhn*); Freiland…, aus Bodenhaltung (*Ei*)
'free·style (*Sport*) **I** *s* Freistil *m* **II** *Adj* Freistil…
free trade *s* Freihandel *m*
ˌfree-'trade a·re·a *s* Freihandelszone *f*
'free·ware *s Internet*: Freeware *f* (*kostenlos zur Verfügung stehende Software*)
▸**free·way** ['friːweɪ] *s Am* (gebührenfreie) Autobahn
▸**freeze** [friːz] **I** *v/i* (*unreg*) **1.** *unpers* frieren: ***it is freezing hard*** es herrscht starker Frost **2.** frieren: ***freeze to death*** erfrieren; ***I am freezing*** mir ist eiskalt **3.** (ge)frieren, zu Eis werden; → ***blood*** 1 **4.** *auch* ***freeze up*** (*oder* ***over***) zufrieren (*See etc*), vereisen (*Windschutzscheibe etc*): ***freeze*** (***up***) einfrieren (*Türschloss etc*); ***freeze to*** fest- *oder* anfrieren an (*Dat*) **5.** *fig* erstarren **II** *v/t* (*unreg*) **6.** zum Gefrieren bringen **7.** *Fleisch etc* einfrieren, tiefkühlen **8.** MED vereisen **9.** WIRTSCH *Preise etc*, POL *diplomatische Beziehungen* einfrieren **III** *s* **10.** Frost(periode *f*) *m* **11.** WIRTSCH, POL Einfrieren *n*: ***freeze on wages*** Lohnstopp *m*
'freeze·dried *Adj* gefriergetrocknet
▸**freez·er** ['friːzə] *s* **a)** Tiefkühl-, Gefriergerät *n*, **b)** Gefrierfach *n* (*eines Kühlschranks*): ***freezer bag*** *s* Gefrierbeutel *m*
'freez·ing *Adj* **1.** Gefrier…, Kälte…: ***freezing compartment*** → ***freezer*** b; ***freezing point*** Gefrierpunkt *m* **2.** eisig kalt, eiskalt
freight [freɪt] **I** *s* **1.** Fracht(gebühr) *f* **2.** SCHIFF (*Am auch* FLUG, MOT) Fracht *f*, Ladung *f* **II** *v/t* **3.** *Schiff*, *Am auch Güterwagen etc* befrachten, beladen **4.** *Güter* verfrachten
freight car *s* BAHN *Am* Güterwagen *m*
freight·er ['freɪtə] *s* Frachter *m*, Frachtschiff *n*; Transportflugzeug *n*
freight train *s Am* Güterzug *m*
▸**French** [frentʃ] **I** *Adj* **1.** französisch: ***French bread*** (*oder* ***stick***) Stangenbrot *n*; ***French beans*** *Pl* BOT *bes Br* Grüne Bohnen *Pl*; ***French fried potatoes***, *ugs* ***French fries*** *Pl bes Am* Pommes frites *Pl*; ***French kiss*** Zungenkuss *m*; ***French window***(***s*** *Pl*) Terrassen-, Balkontür *f* **II** *s* **2.** ▸ ***the French*** *Pl* die Franzosen *Pl* **3.** LING Französisch *n*: ***in French*** auf Französisch
▸**French·man** ['frentʃmən] *s* (*unreg* ***man***) Franzose *m*
▸**French·wom·an** ['frentʃˌwʊmən] *s* (*unreg* ***woman***) Französin *f*
fre·net·ic [frə'netɪk] *Adj* (***frenetically***) **1. a)** ausgelassen, **b)** → ***frenzied*** 2 **2.** → ***frenzied*** 3
fren·zied ['frenzɪd] *Adj* **1.** außer sich, rasend **2.** frenetisch (*Geschrei etc*), (*Beifall auch*) rasend **3.** wild, hektisch
'fren·zy *s* **1.** helle Aufregung **2.** wildes *oder* hektisches Treiben **3.** Wahnsinn *m*, Raserei *f*
fre·quen·cy ['friːkwənsɪ] *s* **1.** Häufigkeit *f* **2.** ELEK, PHYS Frequenz *f*
▸**fre·quent** **I** *Adj* ['friːkwənt] häufig **II** *v/t* [frɪ'kwent] häufig besuchen
fres·co ['freskəʊ] *Pl* **fres·cos, fres·coes** *s* Fresko *n*
▸**fresh** [freʃ] **I** *Adj* **1.** *allg* frisch: ***fresh meat*** Frischfleisch *n*; ***fresh shirt*** sauberes Hemd **2.** neu: → ***ground***[2] 1, ***start*** 9 **3.** unerfahren **4.** *Am ugs* frech (***with*** zu): ***don't get fresh with me!*** werd bloß nicht pampig! **II** *Adv* **5.** frisch: ***fresh***

from the oven ofenfrisch; ***fresh-laid eggs*** *Pl* frisch gelegte Eier *Pl*

'fresh·en **I** *v/t* **1.** *meist* ***freshen up*** erfrischen: ***freshen o.s. up*** sich frisch machen **II** *v/i meist* ***freshen up*** **2.** sich frisch machen **3.** auffrischen (*Wind*)

'fresh·er *Br ugs* → ***freshman***

fresh·man ['freʃmən] *s* (*unreg* ***man***) Student(in) im ersten Jahr

fresh·ness ['freʃnɪs] *s* Frische *f*

fresh·ness date *s Am* Mindesthaltbarkeitsdatum *n*

fret [fret] *v/i* **1.** sich Sorgen machen (***about, at, for, over*** wegen) **2.** sich ärgern (***about, at, for, over*** über *Akk*) **3.** sich abscheuern *oder* abnutzen

fret·ful ['fretfʊl] *Adj* verärgert, gereizt

Freud·i·an ['frɔɪdɪən] *Adj* freudsch: ***Freudian slip*** freudsche Fehlleistung

FRG [efɑː'dʒiː] *Abk* (= ***Federal Republic of Germany***) BRD *f*, Bundesrepublik *f* Deutschland

fri·a·ble ['fraɪəbl] *Adj* bröck(e)lig, krümelig

fric·as·see ['frɪkəsiː] *s* GASTR Frikassee *n*: ***fricassee of chicken*** Hühnerfrikassee

fric·tion ['frɪkʃn] *s* **1.** TECH, PHYS Reibung *f* **2.** *fig* Reiberei(en *Pl*) *f*

▶**Fri·day** ['fraɪdɪ] *s* Freitag *m*: ***on Friday*** (am) Freitag; ***on Fridays*** freitags

▶**fridge** [frɪdʒ] *s ugs* Kühlschrank *m*

ˌfridge-'freezer *s bes Br ugs* Kühl-Gefrier-Kombination *f*

▶**friend** [frend] *s* **1.** Freund(in): ***be friends with*** befreundet sein mit; ***make friends with*** sich anfreunden mit; ***be friends again*** sich wieder vertragen **2.** Bekannte *m, f*

'friend·li·ness *s* Freundlichkeit *f*

▶**friend·ly** ['frendlɪ] **I** *Adj* **1.** freundlich (*auch fig Zimmer etc*) **2.** freundschaftlich: ***friendly game*** (*oder* ***match***) (*Sport*) Freundschaftsspiel *n*; → ***term*** 5 **3.** befreundet (***with*** mit) **II** *s* **4.** SPORT *ugs* Freundschaftsspiel *n*

▶**friend·ship** ['frendʃɪp] *s* Freundschaft *f*

fries [fraɪz] *s Pl* Pommes frites *Pl*

frieze [friːz] *s* ARCHI Fries *m*

frig·ate ['frɪgət] *s* SCHIFF Fregatte *f*

fright [fraɪt] *s* **1.** Schreck(en) *m*: ***get*** (*oder* ***have***) ***a fright*** einen Schreck bekommen, erschrecken; ***get off with a fright*** mit dem Schrecken davonkommen; ***give s.o. a fright*** j-m einen Schrecken einjagen, j-n erschrecken **2.** ***look a fright*** *ugs* verboten *oder* zum Abschießen aussehen

▶**fright·en** ['fraɪtn] **I** *v/t* **1.** *j-n* erschrecken (***to death*** zu Tode); *j-m* Angst einjagen: ***be frightened*** erschrecken (***at, by, of*** vor *Dat*); Angst haben (***of*** vor *Dat*) **2.** *meist* ***frighten away*** (*oder* ***off***) vertreiben, -scheuchen **II** *v/i* **3.** ***frighten easily*** leicht erschrecken, schreckhaft sein

fright·ful ['fraɪtfʊl] *Adj* schrecklich, fürchterlich (*beide auch ugs*)

frig·id ['frɪdʒɪd] *Adj* **1.** kalt, frostig, eisig (*alle auch fig*) **2.** PSYCH frigid

fri'gid·i·ty *s* **1.** Kälte *f*, Frostigkeit *f* (*beide auch fig*) **2.** PSYCH Frigidität *f*

frill [frɪl] *s* **1.** Krause *f*, Rüsche *f* **2.** *Pl* Verzierungen *Pl*, Kinkerlitzchen *Pl*

fringe [frɪndʒ] **I** *s* **1.** Franse *f*, Besatz *m* **2.** Rand *m*, Einfassung *f*, Umrandung *f* **II** *v/t* **3.** mit Fransen besetzen **4.** umsäumen

fringe ben·e·fits *s Pl* WIRTSCH (Gehalts-, Lohn-) Nebenleistungen *Pl*

fringe group *s* SOZIOL Randgruppe *f*

fringe the·a·tre *s Br* Experimentiertheater *n*

frisk [frɪsk] **I** *v/i* herumtollen **II** *v/t ugs j-n* filzen, durchsuchen

'frisk·y *Adj* **1.** lebhaft, munter **2.** ausgelassen

frit·ter ['frɪtə] *v/t meist* ***fritter away*** *Geld, Gelegenheit* vertun, *Zeit auch* vertrödeln, *Geld, Kräfte* vergeuden

fri·vol·i·ty [frɪ'vɒlətɪ] *s* Frivolität *f*: **a)** Leichtsinnigkeit *f*, -fertigkeit *f*, Oberflächlichkeit *f*, **b)** leichtfertige Rede *oder* Handlung

friv·o·lous ['frɪvələs] *Adj* **1.** frivol, leichtfertig, -sinnig **2.** nicht ernst zu nehmen(d)

friz·zy ['frɪzɪ] *Adj* gekräuselt, kraus: ***frizzy hair*** Kraushaar *n*

fro [frəʊ] *Adv*: → ***to***

frock [frɒk] *s* **1.** (Mönchs)Kutte *f* **2.** (Kinder-, Arbeits)Kittel *m* **3.** Kleid *n*

frog [frɒg] *s* ZOOL Frosch *m*: ***have a frog in one's throat*** *fig* einen Frosch im Hals haben

frog·man ['frɒgmən] *s* (*unreg* ***man***) Froschmann *m*

frol·ic ['frɒlɪk] *v/i Prät und Part Perf* **frol·icked** *auch* ***frolic about*** (*oder* ***around***) herumtoben, -tollen

▶**from** [frɒm] *Präp* **1.** von, aus, von … aus *oder* her: ***he took it from me*** er nahm es mir weg; ***from what he said*** nach dem, was er sagte **2.** von (… an), seit: ▶ ***from 2 to 4 o'clock*** von 2 bis 4 Uhr; ***from day to day*** von Tag zu Tag **3.** von … an; ab: ***from £ 5*** ab 5 Pfund **4.** (weg *oder* entfernt) von **5.** von (*Wandlung*): ***from dishwasher to millionaire*** vom Tellerwäscher zum Millionär **6.** von (*Unterscheidung*): ***he does not know right from wrong*** er kann Schwarz und Weiß nicht auseinanderhalten **7.** von (*Geben etc*): ***a letter from his son*** **8.** aus, vor (*Dat*), an (*Dat*) (*Grund*): ***he died from exhaustion*** er starb vor Erschöpfung

▶**front** [frʌnt] **I** *s* **1.** *allg* Vorder-, Stirnseite *f*, Front *f*: ***at the front*** auf der Vorderseite, vorn **2.** ARCHI (Vorder)Front *f*, Fassade *f* (*auch fig ugs*): ***keep up a front*** den Schein wahren **3.**

F

Friday: Präposition bei Wochentagen

GR

Im britischen Englisch wird in der Regel die Präposition **on** vor Wochentagen verwendet:

I'll see you on Friday.	Wir sehen uns (am) Freitag.
I don't work on Saturdays.	Ich arbeite samstags nicht.

Im amerikanischen Englisch wird die Präposition **on** häufig weggelassen:

We arrive Monday evening.	Wir kommen am Montagabend an.
We're paid Fridays.	Wir werden freitags bezahlt.

Auch im britischen Englisch kann man immer häufiger beobachten, dass auf den Gebrauch der Präposition **on** verzichtet wird.

MIL Front *f*: ***to the front*** an die Front; ***on all fronts*** an allen Fronten (*auch fig*) **4.** Vordergrund *m*: ***in front*** an der *oder* die Spitze, vorn; ► ***in front of*** vor (*Dat*); ***to the front*** nach vorn **5.** *fig* Bereich *m*, Sektor *m*: ***on the educational front*** auf dem Erziehungssektor **6.** *fig* Frechheit *f*, Unverschämtheit *f* **7.** METEO Front *f* **II** *Adj* **8.** Front…, Vorder…: ***front entrance*** Vordereingang *m*; ***front row*** vorder(st)e Reihe; ***front tooth*** Vorderzahn *m* **III** *v/t* **9.** gegenüberstehen, -liegen: ***the windows front the street*** die Fenster gehen auf die Straße (hinaus) **IV** *v/i* **10.** ***front on*** *siehe* 9

F

'front·age *s* ARCHI (Vorder)Front *f*

'fron·tal *Adj* **1.** Frontal… **2.** ANAT, TECH Stirn…

ˌfront'bench·er *s* PARL *Br* führendes Fraktionsmitglied

front door *s* Haus-, Vordertür *f*

fron·tier [ˈfrʌnˌtɪə] **I** *s* Grenze *f* (*auch fig*) **II** *Adj* Grenz…: ***frontier town***

Frontier LK

Die Erschließung des nordamerikanischen Kontinents verlief während der Pionierzeit der USA (ca. 1820–1890) in mehreren Phasen, dem Motto **"Go West!"** folgend.
Die **frontier** bildete dabei die Grenze zwischen den von weißen Siedlern in Besitz genommenen und den von Indianern besiedelten Gebieten. Dieser zwischen Zivilisation und Wildnis liegende Streifen schob sich als Zone gewaltsamer Auseinandersetzungen kontiunierlich nach Westen vor. Ein Gebiet galt ab einer Bevölkerungsdichte von 2 Einwohnern pro km^2 als besiedelt und erschlossen.

front line *s* MIL Front(linie) *f*: ***be in the front line*** an vorderster Front stehen (*auch fig*)

front loader *s* (*Waschmaschine*) Frontlader *m*

front page *s* erste Seite, Titelseite *f* (*einer Zeitung*): ***hit the front pages*** Schlagzeilen machen

'front-page *Adj* wichtig, aktuell: ***front-page news***

'front-ˌpas·sen·ger seat *s* MOT Beifahrersitz *m*

front rank *s*: ***be in the front rank*** *fig* zur Spitze gehören *oder* zählen

front seat *s* MOT Vordersitz *m*

'front-seat pas·sen·ger *s* MOT Beifahrer(in)

'front-wheel drive *s* TECH Vorderrad-, Frontantrieb *m*

►**frost** [frɒst] **I** *s* **1.** Frost *m* **2.** Reif *m* **II** *v/t* **3.** mit Reif überziehen **4.** TECH *Glas* mattieren: ***frosted glass*** Matt-, Milchglas *n* **5.** GASTR *bes Am* glasieren, mit Zuckerguss überziehen; mit (Puder)Zucker bestreuen

'frost·bite *s* Erfrierung *f*

'frostˌbit·ten [ˈfrɒstˌbɪtn] *Adj* erfroren

frost·ing [ˈfrɒstɪŋ] *s* GASTR *bes Am* Zuckerguss *m*, Glasur *f*

'frost·y *Adj* **1.** eisig, frostig (*beide auch fig*) **2.** mit Reif bedeckt **3.** (eis)grau

froth [frɒθ] **I** *s* Schaum *m* **II** *v/t auch* ***froth up*** zum Schäumen bringen; zu Schaum schlagen **III** *v/i* schäumen

'froth·y *Adj* **1.** schaumig; schäumend **2.** *fig* seicht

frown [fraʊn] **I** *v/i* die Stirn runzeln (***at*** über *Akk*) (*auch fig*): ***frown on*** *etw* missbilligen **II** *s* Stirnrunzeln *n*: ***with a frown*** stirnrunzelnd

froze [frəʊz] *Prät von* ***freeze***

'fro·zen **I** *Part Perf von* ***freeze*** **II** *Adj* Gefrier…: ***frozen meat***; ***frozen food*** Tiefkühlkost *f*

fru·gal [ˈfruːgl] *Adj* **1.** sparsam: **a)** haushälterisch (***with*** mit, in *Dat*), **b)** wirtschaftlich (*Auto etc*) **2.** genügsam, bescheiden **3.** einfach, bescheiden (*Mahlzeit*)

►**fruit** [fruːt] *s* **1.** Frucht *f* **2.** *Koll* **a)** Früchte *Pl*: ***bear fruit*** Früchte tragen (*auch fig*), **b)** Obst *n* **3.** *meist Pl fig* Früchte *Pl*

fruit ac·id *s* Fruchtsäure *f*

'fruit·cake *s* englischer Kuchen

fruit cock·tail *s* Frucht-, Früchtecocktail *m*

fruit·er·er [ˈfruːtərə] *s bes Br* Obsthändler(in)

fruit·ful [ˈfruːtfʊl] *Adj* **1.** fruchtbar (*auch fig*) **2.** *fig* erfolgreich

fru·i·tion [fruːˈɪʃn] *s*: ***bring to fruition*** verwirklichen; ***come to fruition*** sich verwirklichen; Früchte tragen

fruit·less [ˈfruːtlɪs] *Adj* **1.** unfruchtbar **2.** *fig* frucht-, erfolglos

fruit ma·chine *s Br* (Geld)Spielautomat *m*

fruit sal·ad *s* Obstsalat *m*

fruit tree *s* Obstbaum *m*

fruit·y [ˈfruːtɪ] *Adj* **1.** fruchtartig **2.** fruchtig (*Wein*) **3.** *Br ugs* saftig, gepfeffert (*Witz etc*) **4.** *Am ugs* schmalzig

frump [frʌmp] *s*: ***old frump*** alte Schachtel

frus·trate [frʌˈstreɪt] *v/t* **1.** *Plan etc* vereiteln, durchkreuzen; *Hoffnungen* zunichtemachen **2.** *j-n* frustrieren

frus'tra·tion *s* **1.** Vereit(e)lung *f*, Durchkreuzung *f* **2.** Frustration *f* (*auch* PSYCH)

►**fry¹** [fraɪ] *v/t und v/i* braten: ***fried eggs*** *Pl* Spiegeleier *Pl*; ***fried potatoes*** *Pl* Bratkartoffeln *Pl*

fry² [fraɪ] *s*: ***small fry*** ein kleiner Fisch, kleine Fische *Pl* (*Person[en]*)

fry·ing pan [ˈfraɪɪŋ], **fry·pan** *Am s* Bratpfanne *f*: ***jump out of the frying*** (*oder* ***fry***) ***pan into the fire*** *fig* vom Regen in die Traufe kommen

fuck [fʌk] *v/t und v/i vulg* ficken, vögeln: ***fuck off!*** verpiss dich!

'fuck·ing *Adj vulg* Scheiß…, verflucht

fud·dled [ˈfʌdld] *Adj ugs* **1.** benebelt **2.** verwirrt, durcheinander

►**fuel** [fjʊəl] *s* Brennstoff *m*: **a)** Heiz-, Brennmaterial *n*, **b)** MOT *etc* Treib-, Kraftstoff *m*: ***fuel cell*** Brennstoffzelle *f*; ***fuel element*** Brennelement *n*; ***fuel ga(u)ge*** Benzinuhr *f*; ***fuel injection engine*** Einspritzmotor *m*; ***fuel rod*** Brennstab *m*; ***add fuel to the fire*** (*oder* ***flames***) *fig* Öl ins Feuer gießen

fug [fʌg] *s bes Br ugs* Mief *m*

fu·gi·tive [ˈfjuːdʒətɪv] **I** *s* **a)** Flüchtige *m, f*, **b)** POL *etc* Flüchtling *m*, **c)** Ausreißer(in) **II** *Adj* flüchtig: **a)** entflohen, **b)** *fig* vergänglich

ful·fil, *Am auch* **ful·fill** [fʊlˈfɪl] *v/t Bedingung, Versprechen etc* erfüllen, *Befehl etc* ausführen: ***fulfil o.s.*** sich (selbst) verwirklichen; ***be fulfilled*** sich erfüllen

ful'fil·ment, **ful'fill·ment** *s* Erfüllung *f*, Ausführung *f*

►**full** [fʊl] **I** *Adj* (→ ***fully***) **1.** *allg* voll: ***full of*** voll von, voller; → ***stomach*** 1 **2.** voll, ganz: ***a full hour*** eine volle *oder* geschlagene Stunde **3.** voll (*Gesicht*), vollschlank (*Figur*) **4.** voll, besetzt: ***full*** (***up***) (voll) besetzt (*Bus etc*); ***house full!*** THEAT ausverkauft! **5.** *fig* (ganz) erfüllt (***of*** von): ***full of o.s.*** (ganz) von sich eingenommen

6. reichlich (*Mahlzeit*) **7.** voll, unbeschränkt: ***full power*** Vollmacht *f*; ***have full power to do s.th.*** bevollmächtigt sein, etw zu tun **8.** voll (berechtigt): ***full member*** Vollmitglied *n* **9.** *auch* ***full up*** *ugs* voll, satt **II** *Adv* **10.** völlig, ganz: ***know full well that*** ganz genau wissen, dass **11.** ***full out*** mit Vollgas *fahren*, auf Hochtouren *arbeiten* **III** *s* **12.** ***in full*** vollständig, ganz: ***write in full*** ausschreiben; ***to the full*** vollständig, bis ins Letzte *oder* Kleinste

'full·back *s Fußball*: (Außen)Verteidiger(in)

ˌfull-'blood·ed *Adj* **1.** vollblütig, Vollblut… (*beide auch fig*) **2.** eindringlich (*Argument etc*)

ˌfull-'blown *Adj* **1.** BOT ganz aufgeblüht **2.** voll entwickelt, ausgereift (*Idee etc*) **3.** ausgemacht (*Skandal etc*)

ˌfull-'fledged *bes Am* → ***fully fledged***

ˌfull-'grown *Adj* ausgewachsen

ˌfull-'length *Adj* **1.** in voller Größe, lebensgroß **2.** abendfüllend (*Film*); ausgewachsen (*Roman*)

full moon *s* Vollmond *m*: ***at full moon*** bei Vollmond

full·ness ['fʊlnɪs] *s* (MUS Klang)Fülle *f*: ***feeling of fullness*** Völlegefühl *n*

'full-page *Adj* ganzseitig

full point → ***full stop***

full pro·fes·sor *s* UNI *Am* Ordinarius *m*

'full-scale *Adj* **1.** in Originalgröße, im Maßstab 1:1 **2.** *fig* groß angelegt, Groß…

full stop *s* LING Punkt *m*

'full-time **I** *Adj* ganztägig, Ganztags… **II** *Adv* ganztags: ***work full-time*** ganztags arbeiten

ful·ly ['fʊlɪ] *Adv* voll, völlig, ganz: ***fully automatic*** vollautomatisch; ***fully two hours*** volle *oder* geschlagene zwei Stunden

ful·ly fledged *Adj* **1.** flügge (*Vogel*) **2.** *fig* richtig

ful·mi·nate ['fʌlmɪneɪt] *v/i* donnern, wettern (***against*** gegen)

ful·some ['fʊlsəm] *Adj* übertrieben; überschwänglich (*Lob etc*)

fum·ble ['fʌmbl] **I** *v/i auch* ***fumble about*** (*oder* ***around***) herumtappen, -tasten; (herum)fummeln (***at*** an *Dat*); ungeschickt umgehen (***with*** mit); tastend suchen (***for*** nach): ***fumble in one's pockets*** in seinen Taschen (herum)wühlen; ***fumble for words*** nach Worten suchen **II** *v/t* verpatzen

fume [fjuːm] **I** *s* **1.** *oft Pl* Dampf *m*, Rauch *m* **II** *v/i* **2.** dampfen, rauchen **3.** *fig* wütend sein (***at*** über *Akk*)

fu·mi·gate ['fjuːmɪgeɪt] *v/t* ausräuchern

▶**fun** [fʌn] *s* Spaß *m*: ***for fun*** aus *oder* zum Spaß; ***in fun*** im *oder* zum Scherz; ***make fun of*** sich lustig machen über (*Akk*); → ***poke*** 4

> **fun** SG
>
> Achten Sie auf den Unterschied:
>
> | | |
> |---|---|
> | **it was fun** | es hat Spaß gemacht |
> | **it was funny** | es war lustig / komisch |

func·tion ['fʌŋkʃn] **I** *s* **1.** *allg* Funktion *f*: ***function key*** COMPUTER Funktionstaste *f* **II** *v/i* **2.** ***function as*** tätig sein *oder* fungieren als; dienen als (*Sache*) **3.** TECH *etc* funktionieren

'func·tion·al *Adj* **1.** *allg* funktionell, Funktions…: ***functional disorder*** MED Funktionsstörung *f* **2.** zweckbetont, -mäßig, praktisch

'func·tion·ar·y *s bes* POL Funktionär(in)

fund [fʌnd] *s* **1.** WIRTSCH Kapital *n*, Vermögen *n*; Fonds *m* **2.** *Pl* WIRTSCH (Geld)Mittel *Pl*: ***no funds*** (*Scheck*) keine Deckung; ***be in*** (***out of***) ***funds*** (nicht) bei Kasse sein **3.** *fig* Vorrat *m* (***of*** an *Dat*)

fun·da·men·tal [ˌfʌndə'mentl] **I** *Adj* (→ ***fundamentally***) **1.** grundlegend, wesentlich, fundamental (***to*** für) **2.** grundsätzlich, elementar **3.** Grund…, Fundamental… **II** *s* **4.** Grundlage *f*, -prinzip *n*, -begriff *m*

fun·da·men·tal·ist **I** *Adj* fundamentalistisch **II** *s* Fundamentalist(in)

ˌfun·da'men·tally *Adv* im Grunde, im Wesentlichen

F

▶**fu·ner·al** ['fjuːnərəl] **I** *s* Begräbnis *n*, Beerdigung *f*: ***that's your funeral*** *ugs* das ist dein Problem **II** *Adj* Begräbnis…: ***funeral march*** MUS Trauermarsch *m*; ***funeral parlo(u)r*** Leichenhalle *f*; ***funeral service*** Trauergottesdienst *m*

'fun·fair *s bes Br* Rummelplatz *m*

fun·gus ['fʌŋgəs] *Pl* **fun·gi** ['fʌŋgaɪ] *s* BOT Pilz *m*, Schwamm *m*

fu·nic·u·lar , **fu·nic·u·lar rail·way** [fjuː'nɪkjʊlə] *s* (Draht)Seilbahn *f*

funk [fʌŋk] *ugs* **I** *s* **1.** Schiss *m*, Bammel *m*: ***be in a blue funk*** einen mächtigen Schiss *oder* Bammel haben **2.** MUS Funk *m* **II** *v/t* **3.** kneifen *oder* sich drücken vor (*Dat*)

fun·nel ['fʌnl] *s* **1.** Trichter *m* **2.** SCHIFF, BAHN Schornstein *m*

fun·nies ['fʌnɪz] *s Pl bes Am ugs Zeitung*: Comics *Pl*; Comic-Teil *m*

▶**fun·ny** ['fʌnɪ] *Adj* komisch: **a)** spaßig, lustig, **b)** sonderbar, merkwürdig

fun·ny bone *s* ANAT Musikantenknochen *m*

▶**fur** [fɜː] *s* **1.** Pelz *m*, Fell *n*: ***make the fur fly*** *fig* Stunk machen (*Person*), (*auch Sache*) für helle Aufregung sorgen **2. a)** Pelzfutter *n*, -besatz *m*: ***fur collar*** Pelzkragen *m*, **b)** *auch* ***fur coat*** Pelzmantel *m*

fu·ri·ous ['fjʊərɪəs] *Adj* **1.** wütend, zornig (***with*** *s.o.* auf, über *Akk*; ***at, about*** *s.th.* über *Akk*) **2.** wild, heftig (*Kampf etc*)

furl [fɜːl] *v/t Fahne, Transparent etc* auf-, einrollen, *Schirm* zs.-rollen

fur·nace ['fɜːnɪs] *s* TECH (Schmelz-, Hoch)Ofen *m*

▶**fur·nish** ['fɜːnɪʃ] *v/t* **1.** versorgen, ausrüsten, -statten (***with*** mit): ***furnish s.o. with s.th.*** *auch* j-n mit etw beliefern **2.** *Informationen etc* liefern: ***furnish proof*** den Beweis liefern *oder* erbringen **3.** *Wohnung etc* einrichten, möblieren: ***furnished room*** möbliertes Zimmer

'fur·nish·ings *s Pl* Einrichtung *f*, Mobiliar *n*

▶**fur·ni·ture** ['fɜːnɪtʃə] *s* Möbel *Pl*: ***piece of furniture*** Möbelstück *n*; → ***stick***[1] 4

> **furniture** GR
>
> Anders als **Möbel** hat **furniture** keine Pluralform und ist nicht zählbar, wird also ohne den Artikel **a** verwendet. Es steht immer mit einem Verb im Singular:
>
> | | |
> |---|---|
> | **Furniture is expensive.** | Möbel sind teuer. |

furred [fɜːd] *Adj* MED belegt (*Zunge*)

fur·row ['fʌrəʊ] **I** *s* **1.** (Acker)Furche *f* **2.** Runzel *f*, Furche *f* **II** *v/t* **3.** *Land* furchen; *Wasser* durchfurchen **4.** *Gesicht*, *Stirn* furchen, runzeln

▶**fur·ther** ['fɜːðə] **I** *Adv* **1.** *Komp von* **far** **2.** *fig* mehr, weiter **3.** *fig* ferner, weiterhin **4.** → **farther** 4 **II** *Adj* **5.** *fig* weiter: **further education** *Br* Fort-, Weiterbildung *f* **6.** → **farther** 2 **III** *v/t* **7.** fördern, unterstützen

ˌfur·ther'more → **further** 3

'fur·ther·most *Adj fig* äußerst

fur·thest ['fɜːðɪst] **I** *Adj* **1.** *Sup von* **far** **2.** *fig* weitest, meist **3.** → **farthest** 2 **II** *Adv* **4.** *fig* am weitesten, am meisten **5.** → **farthest** 4

fur·tive ['fɜːtɪv] *Adj* heimlich, (*Blick auch*) verstohlen

fu·ry ['fjʊərɪ] *s* Wut *f*, Zorn *m*: **fly into a fury** wütend *oder* zornig werden

fuse [fjuːz] **I** *s* **1.** Zünder *m* **2.** ELEK Sicherung *f*: **fuse box** Sicherungskasten *m* **II** *v/t* **3.** PHYS, TECH schmelzen **4.** *fig* verschmelzen, WIRTSCH, POL *auch* fusionieren **III** *v/i* **5.** TECH schmelzen **6.** *fig* verschmelzen, WIRTSCH, POL *auch* fusionieren

fu·se·lage ['fjuːzəlɑːʒ] *s* (Flugzeug-)Rumpf *m*

fu·sion ['fjuːʒn] *s* **1.** PHYS, TECH Schmelzen *n* **2.** BIOL, OPT, PHYS Fusion *f* **3.** *fig* Verschmelzung *f*, WIRTSCH, POL *auch* Fusion *f*

fuss [fʌs] **I** *s* **1.** (unnötige) Aufregung: **make a fuss** *siehe* 3 **2.** Wirbel *m*, Theater *n*: **make a fuss** *siehe* 4 **II** *v/i* **3.** sich (unnötig) aufregen (**about** über *Akk*): **don't fuss!** nur keine Aufregung **4.** viel Wirbel machen (**about, over** um) **5.** **fuss about** (*oder* **around**) herumfuhrwerken

'fuss͵budg·et *s Am ugs*, **'fuss·pot** *s ugs* Kleinlichkeitskrämer(in)

fuss·y ['fʌsɪ] *Adj* **1.** (unnötig) aufgeregt **2.** kleinlich, pedantisch **3.** heikel, wählerisch (**about** in *Dat*)

fust·y ['fʌstɪ] *Adj* **1.** mod(e)rig, muffig **2.** *fig* verstaubt, -altet; rückständig

fu·tile ['fjuːtaɪl] *Adj* **1.** nutzlos, vergeblich **2.** unbedeutend, geringfügig

fu·til·i·ty [fjuː'tɪlətɪ] *s* **1.** Nutzlosigkeit *f* **2.** Geringfügigkeit *f*

▶**fu·ture** ['fjuːtʃə] **I** *s* **1.** Zukunft *f*: **in future** in Zukunft **2.** LING Futur *n*, Zukunft *f* **3.** *Pl* WIRTSCH Terminkontrakte *Pl* **II** *Adj* **4.** (zu-) künftig, Zukunfts… **5.** LING futurisch: **future perfect** Futurum *n* exaktum, zweites Futur; **future tense** *siehe* 2

fuze *bes Am* → **fuse**

fuzz[1] [fʌz] *s* feiner Flaum

fuzz[2] [fʌz] *s sl* Bulle *m* (*Polizist*): **the fuzz** *Koll* die Bullen

fuzz·y ['fʌzɪ] *Adj* **1.** flaumig **2.** kraus, wuschelig **3.** unscharf, verschwommen

G

G [dʒiː] *Pl* **G's** *s* G *n*

gab [gæb] *s ugs* Gequassel *n*, Gequatsche *n*: **have the gift of the gab** ein flottes Mundwerk haben

gab·ble ['gæbl] *v/i auch* **gabble away** brabbeln

gab·er·dine [ˌgæbə'diːn] *s* Gabardine *m*

ga·ble ['geɪbl] *s* Giebel *m*: **gable window** Giebelfenster *n*

'ga·bled *Adj* Giebel…

gad [gæd] *v/i*: **gad about** (*oder* **around**) (viel) unterwegs sein (in *Dat*); (viel) herumkommen (in *Dat*); sich herumtreiben (in *Dat*)

gadg·et ['gædʒɪt] *s* TECH *ugs* Apparat *m*, Gerät *n*; *oft pej* technische Spielerei

Gael·ic ['geɪlɪk] **I** *s* LING Gälisch *n* **II** *Adj* gälisch: **Gaelic coffee** Irish Coffee *m*

gaff [gæf] *s sl*: **blow the gaff** alles verraten, plaudern; **blow the gaff on s.th.** etw ausplaudern

gaffe [gæf] *s* Fauxpas *m*, *bes* taktlose Bemerkung

gag [gæg] **I** *v/t* **1.** knebeln (*auch fig*) **2.** *fig* mundtot machen **II** *s* **3.** Knebel *m* (*auch fig*) **4.** *ugs* Gag *m*

ga·ga ['gɑːgɑː] *Adj sl* verkalkt, -trottelt; plemplem

gage *Am* → **gauge**

gag·gle ['gægl] *s* Gänseherde *f*; *ugs* schnatternde Schar

gai·e·ty ['geɪətɪ] *s* Fröhlichkeit *f*

gain [geɪn] **I** *v/t* **1.** *Zeit*, *j-s Vertrauen etc* gewinnen: → **ground**[2] 2, **upper** I **2.** erreichen, erwerben, *Erfahrungen* sammeln: → **advantage** **3.** *j-m etw* einbringen, -tragen **4.** zunehmen an (*Dat*): **gain speed** schneller werden; **he gained 10 pounds** er nahm 10 Pfund zu; → **weight** 1 **5.** vorgehen (um) (*Uhr*) **II** *v/i* **6.** Einfluss *oder* Boden gewinnen **7.** zunehmen (**in** an *Dat*) **8.** vorgehen (**by two minutes** zwei Minuten) (*Uhr*) **III** *s* **9.** Gewinn **10.** Zunahme *f*

gain·ful ['geɪnfʊl] *Adj* einträglich, gewinnbringend: **gainful employment** Erwerbstätigkeit *f*; **gainfully employed** erwerbstätig

gait [geɪt] *s* **1.** Gang(art *f*) *m* **2.** Gangart *f* (*des Pferdes*)

gal [gæl] *s ugs* Mädchen *n*

ga·la ['gɑːlə] **I** *Adj* **1.** festlich, Gala… **II** *s* **2.** Festlichkeit *f* **3.** Gala(veranstaltung) *f*

ga·lac·tic [gə'læktɪk] *Adj* ASTR Milchstraßen…, galaktisch

gal·ax·y ['gæləksɪ] *s* ASTR Milchstraße *f*

gale [geɪl] *s* Sturm *m* (*auch fig ugs*): **gales of laughter** eine Lachsalve, stürmisches Gelächter

gall[1] [gɔːl] **I** *s* **1.** wund geriebene *oder* gescheuerte Stelle **II** *v/t* **2.** wund reiben *oder* scheuern **3.** *fig* (ver)ärgern

gall[2] [gɔːl] *s* **1.** Bitterkeit *f*, Erbitterung *f* **2.** *ugs* Frechheit *f*

gal·lant ['gælənt] *Adj* **1.** tapfer **2.** prächtig, statt-

lich **3.** galant
'gal·lant·ry *s* **1.** Tapferkeit *f* **2.** Galanterie *f*
gall blad·der *s* ANAT Gallenblase *f*
▶**gal·ler·y** ['gæləri] *s* **1.** ARCHI Galerie *f*, Empore *f* (*in Kirchen*) **2.** THEAT Galerie *f* (*auch Publikum*): ***play to the gallery*** für die Galerie spielen (*auch weit. S.*) **3.** (*Gemälde- etc*)Galerie *f*
gal·ley ['gæli] *s* **1.** SCHIFF *hist* Galeere *f* **2.** SCHIFF Kombüse *f*
Gal·li·cism ['gælisizəm] *s* LING Gallizismus *m*
▶**gal·lon** ['gælən] *s* Gallone *f* (*GB: 4,55 l, USA: 3,79 l*)
gal·lop ['gæləp] **I** *v/i* galoppieren (*auch Pferd*), (im) Galopp reiten: ***galloping inflation*** WIRTSCH galoppierende Inflation **II** *s* Galopp *m*: ***at a gallop*** im Galopp
gal·lows ['gæləuz] *s* Galgen *m*
'gall·stone *s* MED Gallenstein *m*
Gal·lup poll ['gæləp] *s* Meinungsumfrage *f*
ga·lore [gə'lɔː] *Adv ugs* in rauen Mengen: ***money galore*** Geld wie Heu
ga·lumph [gə'lʌmf] *v/i ugs* stapfen
gal·va·nize ['gælvənaiz] *v/t* **1.** TECH galvanisieren **2.** *fig* elektrisieren
gam·ble ['gæmbl] **I** *v/i* (um Geld) spielen: ***gamble with s.th.*** *fig* mit etw spielen, etw aufs Spiel setzen **II** *v/t meist* ***gamble away*** verspielen (*auch fig*) **III** *s* Hasardspiel *n* (*auch fig*), Glücksspiel *n*
'gam·bler *s* **1.** (Glücks)Spieler(in) **2.** *fig* Hasardeur(in)
'gam·bling *Adj* Spiel…: ***gambling debts*** Spielschulden *Pl*; ***gambling den*** Spielhölle *f*
gam·bol ['gæmbl] *v/i Prät und Part Perf* **gamboled**, *bes Br* **gam·bolled** (herum)tanzen, (-)hüpfen, Freuden- *oder* Luftsprünge machen
▶**game** [geim] **I** *s* **1.** (*Karten-, Ball- etc*)Spiel *n*: ***play the game*** sich an die Spielregeln halten; → ***chance*** 1, ***skill*** 1 **2.** (*einzelnes*) *Spiel*: ***a game of chess*** eine Partie Schach **3.** *fig* Spiel *n*, Plan *m*: ***the game is up*** das Spiel ist aus; ***beat s.o. at his own game*** j-n mit seinen eigenen Waffen schlagen **4.** *ugs* Branche *f*: ***be in the advertising game*** in Werbung machen **5.** *Pl* PÄD Sport *m* **6.** Wild(bret) *n* **II** *Adj* **7.** mutig **8. a)** aufgelegt (***for*** zu): ***be game to do s.th.*** dazu aufgelegt sein, etw zu tun, **b)** bereit (***for*** zu; ***to do*** zu tun)
'game,keep·er *s bes Br* Wildhüter(in)
game park *s* Wildpark *m*
game re·serve *s* Wildgehege *n*
gam·ma rays ['gæmə] *s Pl* PHYS Gammastrahlen *Pl*
gam·mon ['gæmən] *s* schwach gepökelter *oder* geräucherter Schinken
gamp [gæmp] *s Br ugs* (*bes* großer) Regenschirm
gam·ut ['gæmət] *s* **1.** MUS Tonleiter *f* **2.** *fig* Skala *f*
gan·der ['gændə] *s* **1.** Gänserich *m* **2.** ***have a gander at s.th.*** *fig Br ugs* einen (kurzen) Blick auf etw werfen
gang [gæŋ] **I** *s* **1.** (Arbeiter)Kolonne *f*, (-)Trupp *m* **2.** Gang *f*, Bande *f* **3.** Clique *f* (*auch pej*) **4.** *pej* Horde *f* **II** *v/i* **5.** *meist* ***gang up*** sich zs.-tun, *bes pej* sich zs.-rotten: ***gang up against*** *oder* ***on*** sich verbünden *oder* verschwören gegen
gan·grene ['gæŋgriːn] *s* MED Brand *m*
gang·ster ['gæŋstə] *s* Gangster(in), Verbrecher(in)
'gang·way *s* **1.** Durchgang *m*, Passage *f* **2.** SCHIFF, FLUG Gangway *f* **3.** *Br* THEAT *etc* (Zwischen)Gang *m*
gaol [dʒeil], *etc bes Br* → ***jail***, *etc*
gap [gæp] *s* **1.** Lücke *f* (*auch fig*): ***fill in a gap in one's education*** eine Bildungslücke schließen **2.** *fig* Kluft *f*
gape [geip] **I** *v/i* **1.** den Mund aufreißen (*vor Staunen etc*) **2.** (mit offenem Mund) gaffen *oder* glotzen: ***gape at s.o.*** j-n angaffen *oder* anglotzen **II** *s* **3.** Gaffen *n*, Glotzen *n* **4.** gähnender Abgrund
'gap·ing *Adj* **1.** gaffend, glotzend **2.** klaffend (*Wunde*), gähnend (*Abgrund*)
▶**ga·rage** ['gærɑːʒ] **I** *s* **1.** Garage *f* **2.** Reparaturwerkstätte *f* (u. Tankstelle *f*) **II** *v/t* **3.** *Auto* in die Garage fahren
gar·bage ['gɑːbidʒ] *s* **1.** *bes Am* Abfall *m*, Müll *m*: ***garbage can*** Abfall-, Mülleimer *m*; Abfall-, Mülltonne *f*; ***garbage chute*** Müllschlucker *m*; ***garbage collection*** Müllabfuhr *f*; ***garbage collector*** (*oder* ***man***) Müllmann *m*; ***garbage truck*** Müllwagen *m* **2.** *fig* Schund *m*; Unfug *m*
gar·ble ['gɑːbl] *v/t Text etc* durcheinanderbringen; (*durch Auslassungen etc*) verfälschen
▶**gar·den** ['gɑːdn] **I** *s* **1.** Garten *m* **2.** *oft Pl* Garten(anlagen *Pl*) *m*: → ***botanical***, ***zoological*** **II** *Adj* **3.** Garten…: ***garden center*** (*bes Br* ***centre***) Gartencenter *n*; ***garden city*** *Br* Gartenstadt *f*; ***garden party*** Gartenfest *n*, -party *f*; ***lead s.o. up the garden path*** j-n hinters Licht führen; ***garden suburb*** *Br* Gartenvorstadt *f* **III** *v/i* **4.** im Garten arbeiten
'gar·den·er *s* Gärtner(in)
'gar·den·ing *s* Gartenarbeit *f*
gar·gan·tu·an [gɑː'gæntjuən] *Adj* riesig, gewaltig
gar·gle ['gɑːgl] **I** *v/t* **1.** gurgeln mit **II** *v/i* **2.** gurgeln (***with*** mit) **III** *s* **3.** Gurgeln *n*: ***have a gargle*** gurgeln **4.** Gurgelmittel *n*
gar·ish ['geəriʃ] *Adj* grell (*Licht*), (*Farben auch*) schreiend
gar·land ['gɑːlənd] **I** *s* Girlande *f*, (*auch Sieges*)Kranz *m* **II** *v/t* bekränzen
gar·lic ['gɑːlik] *s* BOT Knoblauch *m*
gar·lic bread *s* GASTR Knoblauchbrot *n*
gar·ment ['gɑːmənt] *s* Kleidungsstück *n*, *Pl auch* Kleidung *f*
gar·net ['gɑːnit] *s* MIN Granat *m*
gar·nish ['gɑːniʃ] **I** *v/t* **1.** (***with*** mit) schmücken, verzieren; *fig* ausschmücken **2.** GASTR garnieren (***with*** mit) **II** *s* **3.** Verzierung *f*; *fig* Ausschmückung *f* **4.** GASTR Garnierung *f*
gar·ret ['gærət] *s* Dachkammer *f*
gar·ri·son ['gærisn] MIL **I** *s* **1.** Garnison *f* **II** *v/t* **2.** *Ort* mit einer Garnison belegen **3.** *Truppen* in Garnison legen
gar·ru·li·ty [gæ'ruːləti] *s* Geschwätzigkeit *f*
gar·ru·lous ['gærələs] *Adj* geschwätzig
gar·ter ['gɑːtə] *s* Strumpfband *n*; Sockenhalter *m*; *Am* Strumpfhalter *m*, Straps *m*
▶**gas** [gæs] **I** *Pl* **gas·es**, **gas·ses** **1.** Gas *n* **2.** *ugs* **a)** *Am* Benzin *n*, Sprit *m*, **b)** ***step on the gas*** Gas geben, auf die Tube drücken (*beide auch fig*) **3.** *ugs* Gewäsch *n*, Blech *n* **II** *v/t* **4.** vergasen: ***be gassed*** *auch* eine Gasvergiftung erleiden **III** *v/i* **5.** *ugs* faseln
'gas·bag *s ugs* Quatscher(in)
gas cham·ber *s* Gaskammer *f*
gas cook·er *s* Gasherd *m*
gas·e·ous ['gæsjəs] *Adj* **1.** gasförmig **2.** Gas…

gash [gæʃ] **I** *s* klaffende Wunde, tiefer Riss *oder* Schnitt **II** *v/t j-m* eine klaffende Wunde beibringen, *Haut* aufreißen, -schlitzen
gas·ket ['gæskɪt] *s* TECH Dichtung(smanschette) *f*
'gas·man *s* (*unreg* **man**) Gasmann *m*, -ableser *m*
gas mask *s* Gasmaske *f*
gas me·ter *s* Gasuhr *f*, -zähler *m*
gas·o·lene, gas·o·line ['gæsəuliːn] *s Am* Benzin *n*
gasp [gɑːsp] **I** *v/i* **1.** keuchen, schwer atmen: ***gasp for breath*** nach Luft schnappen **2.** den Atem anhalten (***with, in*** vor *Dat*): ***make s.o. gasp*** j-m den Atem nehmen *oder* verschlagen **II** *v/t* **3.** *meist* ***gasp out*** *Worte* keuchen, (keuchend) hervorstoßen **III** *s* **4.** Keuchen *n*, schweres Atmen: ***be at one's last gasp*** in den letzten Zügen liegen; ***to the last gasp*** bis zum letzten Atemzug
gas pump *s Am* Zapfsäule *f*
gas sta·tion *s Am ugs* Tankstelle *f*
gas stove *s* Gasofen *m*, -herd *m*
gas·sy ['gæsɪ] *Adj* **1.** gasartig **2.** kohlensäurehaltig **3.** *ugs* geschwätzig
gas·tric ['gæstrɪk] *Adj* MED, PHYSIOL Magen...: ***gastric juice*** Magensäure *f*; ***gastric ulcer*** Magengeschwür *n*
gas·tri·tis [gæ'straɪtɪs] *s* MED Gastritis *f*, Magenschleimhautentzündung *f*
gas·tro·nom·ic [ˌgæstrə'nɒmɪk] *Adj* (***gastronomically***) gastronomisch, feinschmeckerisch
gas·tron·o·my [gæ'strɒnəmɪ] *s* Gastronomie *f* (*feine Kochkunst*)
'gas·works *s Sg* Gaswerk *n*
▶**gate** [geɪt] *s* **1.** Tor *n* (*auch Skisport*), Pforte *f* **2.** *fig* Tor *n*, Zugang *m* (**to** zu) **3.** BAHN Sperre *f*, Schranke *f*; FLUG Flugsteig *m* **4.** SPORT **a)** Zuschauer(zahl *f*) *Pl*, **b)** (Gesamt)Einnahmen *Pl*
'gate-crash *v/i und v/t ugs* uneingeladen kommen (zu); sich ohne zu bezahlen hineinschmuggeln (in *Akk*)
'gate·house *s* Pförtnerhaus *n*
'gateˌkeep·er *s* **1.** Pförtner(in) **2.** Bahn-, Schrankenwärter(in)
'gate-leg ta·ble, 'gate-legged ta·ble *s* Klapptisch *m*
gate mon·ey → ***gate*** 4b
'gate·post *s* Torpfosten *m*: → ***between*** 2
'gate·way *s* **1.** Torweg *m*, Einfahrt *f* **2.** → ***gate*** 2
gath·er ['gæðə] **I** *v/t* **1.** *Reichtümer, Erfahrungen etc* sammeln, *Informationen* einholen, -ziehen **2.** *Personen* versammeln **3.** erwerben, gewinnen: ***gather dust*** verstauben; ***gather speed*** schneller werden **4.** *auch* ***gather up*** auflesen, (*vom Boden*) aufheben **5.** *Blumen etc* pflücken **6.** *fig* folgen, schließen (***from*** aus) **II** *v/i* **7.** sich (ver)sammeln *oder* scharen (***round s.o.*** um j-n) **8.** sich (an)sammeln
'gath·er·ing *s* (Menschen)Ansammlung *f*; Versammlung *f*, Zs.-kunft *f*
GATT [gæt] *Abk* (= ***General Agreement on Tariffs and Trade***) Allgemeines Zoll- und Handelsabkommen
gauche [gəuʃ] *Adj* **1.** linkisch **2.** taktlos
gaud·y ['gɔːdɪ] *Adj* auffällig bunt, (*Farben*) grell, schreiend, (*Einrichtung etc*) protzig
gauge [geɪdʒ] **I** *v/t* **1.** (ab-, aus)messen **2.** TECH eichen **3.** *fig* (ab)schätzen, beurteilen **II** *s* **4.** TECH Eichmaß *n* **5.** *fig* Maßstab *m*, Norm *f* (***of*** für) **6.** TECH Messgerät *n*, Lehre *f* **7.** TECH Stärke *f*, Dicke *f* (*bes von Blech oder Draht*) **8.** BAHN Spur(weite) *f*
gaunt [gɔːnt] *Adj* hager; ausgemergelt
gaunt·let ['gɔːntlɪt] *s fig* Fehdehandschuh *m*: ***fling*** (*oder* ***throw***) ***down the gauntlet*** (***to s.o.***) (j-m) den Fehdehandschuh hinwerfen, (j-n) herausfordern; ***pick*** (*oder* ***take***) ***up the gauntlet*** den Fehdehandschuh aufnehmen, die Herausforderung annehmen; ***run the gauntlet*** Spießruten laufen (*auch fig*)
gauze [gɔːz] *s* Gaze *f*, MED *auch* (Verband[s]-)Mull *m*: ***gauze bandage*** Mullbinde *f*
gave [geɪv] *Prät von* ***give***
gav·el ['gævl] *s* Hammer *m* (*eines Auktionators, Vorsitzenden etc*)
gawk [gɔːk] *v/i* glotzen
▶**gay** [geɪ] **I** *Adj* **1.** schwul (*homosexuell*); Schwulen...: ***gay liberation*** Schwulenbewegung *f*; ***gay marriage*** Homo-Ehe *f* **2.** lustig, fröhlich **3.** bunt, (farben)prächtig; fröhlich, lebhaft (*Farben*) **4.** lebenslustig **II** *s* **5.** Schwule *m*
gaze [geɪz] **I** *v/i* starren: ***gaze at*** anstarren **II** *s* starrer Blick, Starren *n*
ga·zette [gə'zet] *s Br* Amtsblatt *n*, Staatsanzeiger *m*
GB [dʒiː'biː] **1.** *Abk* (= ***Great Britain***) GB, Großbritannien *n* **2.** *Abk* (= ***gigabyte***) GB, Gbyte *n*
GCSE [dʒiːsiːes'iː] *Abk Br* (= ***General Certificate of Secondary Education***) *etwa* Abitur *n*

> **GCSE** LK
>
> Das **General Certificate of Secondary Education** ist die allgemeine Schulabschlussprüfung, an der die Mehrheit der Schüler in England, Wales und Nordirland im Alter von 15 oder 16 Jahren am Ende ihrer Schulpflicht teilnimmt. Danach kann entweder ein Übertritt in das Berufsleben erfolgen oder eine höhere schulische Bildung angestrebt werden.

GDP [dʒiːdiː'piː] *Abk* (= ***gross domestic product***) BIP, Bruttoinlandsprodukt *n*
gear [gɪə] **I** *s* **1.** MOT **a)** Gang *m*: ***change*** (*bes Am* ***shift***) ***gear***(***s***) schalten; ***change*** (*bes Am* ***shift***) ***into second gear*** den zweiten Gang einlegen, in den zweiten Gang schalten, **b)** *Pl* Getriebe *n* **2.** Vorrichtung *f*, Gerät *n* **3.** *ugs* Kleidung *f*, Aufzug *m* **II** *v/t* **4.** *fig* (**to**) anpassen (*Dat oder* an *Akk*), abstimmen (auf *Akk*)
'gear·box *s* MOT Getriebe *n*
gear change *s* MOT *Br* (Gang)Schaltung *f*
gear le·ver *s* MOT *Br* Schalthebel *m*
'gear·shift *s* MOT *Am* **1.** (Gang)Schaltung *f* **2.** *auch* ***gearshift lever*** Schalthebel *m*
gee [dʒiː] *Interj Am ugs* na so was!, Mann!
▶**geese** [giːs] *Pl von* ***goose***
Gei·ger count·er ['gaɪgə] *s* PHYS Geigerzähler *m*
gel [dʒel] *s* CHEM *und Kosmetik*: Gel *n*
gel·a·tin ['dʒelətɪn], **gel·a·tine** [ˌdʒelə'tiːn] *s* **1.** Gelatine *f* **2.** Gallerte *f*
ge·lat·i·nous [dʒə'lætɪnəs] *Adj* gallertartig
gem [dʒem] *s* **1.** Edelstein *m* **2.** *fig* Perle *f*, Juwel *n* (*beide auch Person*), Prachtstück *n*
Gem·i·ni ['dʒemɪnaɪ] *s Pl* (*meist Sg konstruiert*) ASTR Zwillinge *Pl*: ***be*** (***a***) ***Gemini*** Zwilling sein

gen·der ['dʒendə] *s* LING Genus *n*, Geschlecht *n*: ***what gender is …?*** welches Genus hat …?
'gen·der-,bend·er *s sl* Transvestit *m*
gene [dʒiːn] *s* BIOL Gen *n*, Erbfaktor *m*: ***gene pool*** Erbmasse *f*
gen·e·a·log·i·cal [ˌdʒiːnjə'lɒdʒɪkl] *Adj* genealogisch
gen·e·al·o·gy [ˌdʒiːnɪ'ælədʒɪ] *s* Genealogie *f*
gen·er·a ['dʒenərə] *Pl von* ***genus***
▸**gen·er·al** ['dʒenərəl] **I** *Adj* (→ ***generally***) **1.** allgemein (gebräuchlich *oder* verbreitet), üblich, gängig: ***as a general rule*** meistens, üblicherweise **2.** allgemein, generell: ***general knowledge*** Allgemeinbildung *f*; ***the general public*** die breite Öffentlichkeit; ***general term*** Allgemeinbegriff *m* **3.** allgemein (*nicht spezialisiert*): ***the general reader*** der Durchschnittsleser **4.** allgemein (gehalten); ungefähr: ***a general idea*** eine ungefähre Vorstellung **5.** Haupt…, General…: ***general manager*** Generaldirektor(in) **II** *s* **6.** MIL General *m* **7.** ***in general*** im Allgemeinen, im Großen und Ganzen

GNVQ LK

Die **G**eneral **N**ational **V**ocational **Q**ualification in Großbritannien bietet berufsbezogene Ausbildungen und Prüfungen auf unterschiedlichem Niveau, z. B. dem **GCSE** entsprechend. Sie wird zunehmend an Schulen, v. a. aber an **Colleges of Further Education** angeboten.

gen·er·al e·lec·tion *s* Parlamentswahlen *Pl*
gen·er·al·i·ty [ˌdʒenə'rælətɪ] *s* **1.** *meist Pl* allgemeine Redensart, Gemeinplatz *m* **2.** Allgemeingültigkeit *f*
gen·er·al·ize ['dʒenərəlaɪz] **I** *v/i* verallgemeinern **II** *v/t etw* generell einführen, *etw* allgemeingültig machen
▸**gen·er·al·ly** ['dʒenərəlɪ] *Adv auch* ***generally speaking*** im Allgemeinen, allgemein
gen·er·al prac·ti·tion·er *s* praktischer Arzt, praktische Ärztin
gen·er·al staff *s* MIL Generalstab *m*
gen·er·al strike *s* WIRTSCH Generalstreik *m*
gen·er·ate ['dʒenəreɪt] *v/t* **1.** *Elektrizität etc* erzeugen **2.** BIOL zeugen **3.** *fig* bewirken, erzeugen, verursachen
ˌgen·er'a·tion *s* **1.** Generation *f* (*auch* TECH *etc*) **2.** Erzeugung *f* **3.** BIOL Zeugung *f*, Fortpflanzung *f*
gen·er·a·tive ['dʒenərətɪv] *Adj* BIOL Zeugungs…, Fortpflanzungs…
gen·er·a·tor ['dʒenəreɪtə] *s* ELEK Generator *m*
ge·ner·ic [dʒɪ'nerɪk] *Adj*: ***generic term*** (*oder* ***name***) BIOL Gattungsname *m*; *allg* Oberbegriff *m*
gen·er·os·i·ty [ˌdʒenə'rɒsətɪ] *s* Großzügigkeit *f*, Freigebigkeit *f*
▸**gen·e·rous** ['dʒenərəs] *Adj* **1.** großzügig, freigebig **2.** reichlich, üppig
gen·e·sis ['dʒenəsɪs] *s* Entstehung *f*
ge·net·ic [dʒɪ'netɪk] *Adj* (***genetically***) genetisch: ***genetic code*** genetischer Code; ***genetic engineering*** Gentechnologie *f*; ***genetic fingerprint*** genetischer Fingerabdruck
ge·net·ics *s Pl* (*Sg konstruiert*)Genetik *f*, Vererbungslehre *f*
Ge·ne·va [dʒɪ'niːvə] *Eigenn* Genf *n*: ***Lake Geneva*** der Genfer See
gen·ial ['dʒiːnjəl] *Adj* freundlich (*auch fig Klima etc*)
gen·i·tals ['dʒenɪtlz] *s Pl* Genitalien *Pl*, Geschlechtsteile *Pl*
gen·i·tive ['dʒenɪtɪv] *s auch* ***genitive case*** LING Genitiv *m*, zweiter Fall
gen·ius ['dʒiːnjəs] *s* **1.** Genie *n*: **a)** genialer Mensch, **b)** Genialität *f* **2.** (natürliche) Begabung: ***have a genius for languages*** sprachbegabt sein
gen·o·cide ['dʒenəʊsaɪd] *s* Völkermord *m*
ge·nome [dʒe'nəʊm] *s* Genom *n*
gen·o·type ['dʒenəʊtaɪp] *s* Erbgut *n*, Genotyp *m*
genre ['ʒɑ̃ːŋrə] *s* Genre *n*, Gattung *f*
gent [dʒent] *s* **1.** *ugs oder hum für gentleman*: ***gents' hairdresser*** Herrenfriseur *m*, -friseuse *f* **2.** ***gents*** *Sg Br ugs* Herrenklo *n*
gen·teel [dʒen'tiːl] *Adj* **1.** vornehm **2.** vornehm tuend, affektiert
gen·tian ['dʒenʃɪən] *s* BOT Enzian *m*
gen·tle ['dʒentl] *Adj* **1.** freundlich, liebenswürdig **2.** sanft, zart: ***gentle hint*** zarter Wink; → ***sex*** 1
▸**gen·tle·man** ['dʒentlmən] *s* (*unreg* ***man***) **1.** Gentleman *m*: ***gentleman's*** (*oder* ***gentlemen's***) ***agreement*** Gentleman's *oder* Gentlemen's Agreement *n* **2.** Herr *m*: ***gentlemen*** (*Anrede*) meine Herren; (*in Briefen*) Sehr geehrte Herren
'gen·tle·man·like, **'gen·tle·man·ly** *Adj* gentlemanlike
gen·tle·ness ['dʒentlnɪs] *s* **1.** Freundlichkeit *f*, Liebenswürdigkeit *f* **2.** Sanftheit *f*, Zartheit *f*
gen·try ['dʒentrɪ] *s* **1.** Oberschicht *f* **2.** *Br* niederer Adel
gen·u·ine ['dʒenjʊɪn] *Adj* **1.** echt: **a)** authentisch (*Unterschrift etc*), **b)** ernsthaft (*Angebot etc*), **c)** aufrichtig (*Mitgefühl etc*) **2.** natürlich, ungekünstelt (*Lachen, Person*)
ge·nus ['dʒiːnəs] *Pl* **gen·er·a** ['dʒenərə] *s* BOT, ZOOL Gattung *f*
ge·og·ra·pher [dʒɪ'ɒgrəfə] *s* Geograf(in)
ge·o·graph·ic, **ge·o·graph·i·cal** [dʒɪə'græfɪk(l)] *Adj* geografisch
▸**ge·og·ra·phy** [dʒɪ'ɒgrəfɪ] *s* Geografie *f*, Erdkunde *f*
ge·o·log·i·cal [ˌdʒɪəʊ'lɒdʒɪkl] *Adj* geologisch
ge·ol·o·gist [dʒɪ'ɒlədʒɪst] *s* Geologe *m*, Geologin *f*
ge'ol·o·gy *s* Geologie *f*
ge·o·met·ric, **ge·o·met·ri·cal** [ˌdʒɪəʊ'metrɪk(l)] *Adj* geometrisch
ge·om·e·try [dʒɪ'ɒmətrɪ] *s* Geometrie *f*

St George's Day LK

Der 23. April ist **St George's Day**, der Nationalfeiertag der Engländer. Traditionalisten tragen eine Rose (**rose**) im Knopfloch.

ge·ra·ni·um [dʒɪ'reɪnjəm] *s* BOT Geranie *f*
ger·i·at·rics [ˌdʒerɪ'ætrɪks] *s Sg* MED Geriatrie *f*, Altersheilkunde *f*
germ [dʒɜːm] *s* **1.** BIOL, BOT Keim *m* (*auch fig*) **2.** MED Bakterie *f*, (Krankheits)Erreger *m*
▸**Ger·man** ['dʒɜːmən] **I** *Adj* **1.** deutsch: ***German measles*** *Sg* MED Röteln *Pl*; ***German shepherd***

Am Schäferhund *m* **II** *s* **2.** Deutsche *m*, *f* **3.** LING Deutsch *n*: ***in German*** auf Deutsch

Ger·man·ic [dʒɜːˈmænɪk] *Adj* germanisch

Ger·man·ism [ˈdʒɜːmənɪzəm] *s* LING Germanismus *m*

▶**Ger·ma·ny** [ˈdʒɜːmənɪ] *Eigenn* Deutschland *n*

ˈgerm·free *Adj* MED keimfrei

ger·mi·nate [ˈdʒɜːmɪneɪt] *v/i und v/t* keimen (lassen) *(auch fig)*

germ war·fare *s* MIL bakteriologische Kriegführung

ger·on·tol·o·gy [ˌdʒerɒnˈtɒlədʒɪ] *s* MED Gerontologie *f*, Alternsforschung *f*

ger·und [ˈdʒerənd] *s* LING Gerund *n*

G

Das Gerund GR

Das Gerund ist ein aus einer Verbform abgeleitetes Substantiv. Ins Deutsche wird es meist als Substantiv übersetzt:

Travelling in buses always makes me feel sick.	Beim Busfahren wird mir immer schlecht.

Auch deutsche Fremdwörter wie **Jogging**, **Shopping** oder **Training** gehen auf englische Gerund-Formen zurück.

ges·ta·tion [dʒeˈsteɪʃn] *s* Schwangerschaft *f*; ZOOL Trächtigkeit *f*: ***gestation period*** Trag(e)-zeit *f*

ges·tic·u·late [dʒeˈstɪkjʊleɪt] *v/i* gestikulieren

gesˌtic·uˈla·tion *s* Gestikulation *f*

ges·ture [ˈdʒestʃə] *s* Geste *f (auch fig)*, Gebärde *f*

▶**get** [get] *(unreg)* **I** *v/t* **1.** bekommen, erhalten **2.** sich *etw* verschaffen *oder* besorgen: ***get s.th. for s.o., get s.o. s.th.*** j-m etw besorgen **3.** erringen, erwerben, sich *Wissen etc* aneignen **4.** erwischen; *(auch telefonisch)* erreichen **5.** holen **6.** schaffen, bringen **7.** machen: ***get s.th. ready*** etw fertig machen **8.** *(mit Part Perf)* lassen: ***get one's hair cut*** sich die Haare schneiden lassen **9.** *j-n* dazu bringen (***to do*** zu tun) **10.** ***get going*** *Maschine etc, fig Verhandlungen etc* in Gang bringen; *fig* Schwung bringen in *(Akk)* **11.** ▶ ***have got*** haben: ***have got to*** müssen **12.** *ugs* kapieren, *(auch akustisch)* verstehen: ***don't get me wrong*** versteh mich nicht falsch **II** *v/i* **13.** kommen, gelangen: ***get home*** nach Hause kommen **14.** dahin kommen (***to do*** zu tun): ***get to know s.th.*** etw erfahren *oder* kennenlernen **15.** *(mit Part Perf oder Adj)* werden: ***get tired*** müde werden, ermüden **16.** beginnen, anfangen (***doing*** zu tun): ***get going*** in Gang kommen *(Maschine etc, fig Verhandlungen etc)*; *fig* in Schwung kommen

get für lassen SG

Get kann in bestimmten Fällen mit **lassen** (im Sinne von „veranlassen, dass etwas gemacht wird") übersetzt werden. **Get** steht vor dem Objekt und dem **past participle**:

I must get the car fixed soon.	Ich muss das Auto bald reparieren lassen.

◆**get a·bout** *v/i* **1.** herumkommen **2.** sich herumsprechen *oder* verbreiten *(Gerücht etc)*

◆**get a·cross** **I** *v/t* **1.** verständlich machen; *Idee etc* an den Mann bringen **II** *v/i* **2.** ankommen; sich verständlich machen **3.** ankommen, einschlagen; klar werden (***to s.o.*** j-m)

▶**get a·long** *v/i* **1.** vorwärtskommen, weiterkommen *(auch fig)* **2.** sich vertragen (***with*** mit *j-m*) **3.** zurechtkommen (***with*** mit *etw*)

◆**get a·round** *v/i* **1.** → ***get about*** **2.** → ***get round*** II

◆**get at** *v/i* **1.** herankommen an *(Akk)*, erreichen **2.** an *j-n* herankommen, *j-m* beikommen **3.** ***what is he getting at?*** worauf will er hinaus?

◆**get a·way** *v/i* **1.** loskommen, sich losmachen **2.** entkommen, -wischen: ***get away with*** davonkommen mit

◆**get back** **I** *v/t* **1.** zurückbekommen: ***get one's own back*** *ugs* sich rächen; ***get one's own back on s.o.*** *siehe* 3; → ***breath*** 1 **II** *v/i* **2.** zurückkommen **3.** ***get back at s.o.*** *ugs* sich an j-m rächen, es j-m heimzahlen

◆**get be·hind** *v/i* in Rückstand kommen (***with*** mit)

◆**get by** *v/i* **1.** aus-, durchkommen (***on*** mit) **2.** gerade noch annehmbar sein *(Arbeit etc)*, gerade noch ausreichen *(Kenntnisse)*

◆**get down** **I** *v/t* **1.** *Essen etc* runterkriegen **II** *v/i* **2.** aus-, absteigen **3.** ***get down to*** sich machen an *(Akk)*: → ***brass tacks***, ***business*** 6

◆**get in** **I** *v/t* **1.** *Bemerkung etc* anbringen **2.** *Spezialisten etc* (hin)zuziehen **II** *v/i* **3.** hinein-, hereinkommen **4.** einsteigen **5.** ***get in on*** *ugs* mitmachen bei

◆**get off** *v/i* **1.** absteigen, aussteigen **2.** davonkommen (***with*** mit) **3.** ***get off with s.o.*** etw mit j-m haben

◆**get on** *v/i* **1.** vorwärtskommen, vorankommen *(auch fig)*: ***he is getting on for sixty*** er geht auf die Sechzig zu; ***it is getting on for 5 o'clock*** es geht auf 5 Uhr (zu) **2.** → ***get along*** 2, 3

▶**get out** **I** *v/t* **1.** herausbekommen *(auch fig)* **2.** *Worte etc* herausbringen **II** *v/i* **3.** aussteigen **4.** *fig* herauskommen *(Geheimnis etc)*

◆**get o·ver** **I** *v/t* hinter sich bringen **II** *v/i* hinwegkommen über *(Akk)*, *fig auch* sich erholen von

◆**get round** **I** *v/t j-n* herumkriegen **II** *v/i* dazu kommen (***to doing*** zu tun)

◆**get through** **I** *v/t* **1.** durchbringen, -bekommen *(auch fig)* **2.** → ***get over*** **II** *v/i* **3.** durchkommen *(auch fig)*

◆**get to** *v/i* **1.** kommen nach, erreichen **2.** ***get to talking about*** zu sprechen kommen auf *(Akk)*

◆**get to·geth·er** **I** *v/t* **1.** *Menschen etc* zs.-bringen **2.** zs.-tragen **II** *v/i* **3.** zs.-kommen

▶**get up** **I** *v/t* **1.** *j-n* herausputzen **2.** *Buch etc* ausstatten, *Waren* (hübsch) aufmachen **II** *v/i* **3.** aufstehen, *(von einem Stuhl etc auch)* sich erheben

ˈget·a·way *s* Flucht *f*: ***getaway car*** Fluchtauto *n*

ˈget-toˌgeth·er *s ugs* (zwanglose) Zs.-kunft: ***have a get-together*** sich treffen, zs.-kommen

ˈget·up *s ugs* Aufmachung *f*: **a)** Ausstattung *f*, **b)** Aufzug *m (Kleidung)*

gey·ser *s* **1.** [ˈgaɪzə] Geysir *m* **2.** [ˈgiːzə] *Br* Durchlauferhitzer *m*

ghast·ly [ˈgɑːstlɪ] *Adj* **1.** grässlich, entsetzlich *(beide auch fig ugs)* **2.** gespenstisch

gher·kin [ˈgɜːkɪn] *s* Gewürz-, Essiggurke *f*

ghet·to ['getəʊ] *Pl* **ghet·tos, ghet·toes** *s* G(h)etto *n*
ghet·to blast·er *s ugs* Gettoblaster *m* (*tragbarer Stereo-Kassettenrekorder*)
▶**ghost** [gəʊst] *s* **1.** Geist *m*, Gespenst *n* **2. give up the ghost** den Geist aufgeben **3.** *fig* Spur *f*
'**ghost·ly** *Adj* geister-, gespensterhaft
ghost sto·ry *s* Geister-, Gespenstergeschichte *f*
ghost town *s* Geisterstadt *f*
ghost train *s* Geisterbahn *f*: **go on the ghost train** Geisterbahn fahren
ghost writ·er *s* Ghostwriter(in)
gi·ant ['dʒaɪənt] **I** *s* Riese *m* **II** *Adj* riesig: **giant slalom** (*Skisport*) Riesenslalom *m*
gib·ber ['dʒɪbə] *v/i* schnattern (*Affen, Personen*)
gib·ber·ish ['dʒɪbərɪʃ] *s* Geschnatter *n*
gibe [dʒaɪb] **I** *v/i*: **gibe at** spotten über (*Akk*), verhöhnen, -spotten **II** *s* höhnische Bemerkung
gib·lets ['dʒɪblɪts] *s Pl* Innereien *Pl* (*vom Geflügel*)
gid·di·ness ['gɪdɪnɪs] *s* **1.** Schwindel *m*, Schwindelgefühl *n* **2.** *fig* Leichtsinn *m*
'**gid·dy** *Adj* **1. I am** (*oder* **feel**) **giddy** mir ist schwind(e)lig **2.** schwindelerregend (*auch fig*) **3.** *fig* leichtsinnig
▶**gift** [gɪft] **I** *s* **1.** Geschenk *n*: **I wouldn't have it as a gift** das möchte ich nicht (mal) geschenkt; **gift token, gift voucher** Geschenkgutschein *m* **2.** *fig* Begabung *f*, Talent *n* (**for, of** für): **gift for languages** Sprachtalent; → **gab II** *Adj* **3.** geschenkt, Geschenk…: **don't look a gift horse in the mouth** einem geschenkten Gaul schaut man nicht ins Maul
'**gift·ed** *Adj* begabt, talentiert
gi·ga·byte ['gɪgəbaɪt] *s* IT Gigabyte *n*
gi·gan·tic [dʒaɪ'gæntɪk] *Adj* (**gigantically**) gigantisch, riesig
gig·gle ['gɪgl] **I** *v/i* kichern **II** *s* Gekicher *n*
gild [gɪld] *v/t* (*auch unreg*) **1.** vergolden **2.** *fig* versüßen; beschönigen
gill [gɪl] *s beim Fisch* Kieme *f*
gilt [gɪlt] **I** *Prät und Part Perf von* **gild II** *s* Vergoldung *f*: **take the gilt off the gingerbread** *fig* der Sache den Reiz nehmen
ˌ**gilt-'edged** *Adj* **1.** mit Goldschnitt **2. gilt-edged securities** *Pl* WIRTSCH mündelsichere (Wert)Papiere *Pl*
gim·crack ['dʒɪmkræk] *Adj* **1.** wertlos; kitschig **2.** wack(e)lig
gim·mick ['gɪmɪk] *s ugs* **1.** → **gadget 2.** (*bes* Reklame)Trick *m*, (-)Dreh *m*
gin [dʒɪn] *s* Gin *m*
gin·ger ['dʒɪndʒə] **I** *s* **1.** Ingwer *m* **2.** *ugs* Schmiss *m*, Schwung *m* **II** *Adj* **3.** rötlich *oder* gelblich braun **III** *v/t* **4.** *meist* **ginger up** *ugs j-n* aufmöbeln, -muntern; *etw* ankurbeln, in Schwung bringen
gin·ger ale *s* Gingerale *n*
gin·ger beer *s* Gingerbeer *n*, Ingwerbier *n*
'**gin·ger·bread** *s* Leb-, Pfefferkuchen *m* (*mit Ingwergeschmack*): → **gilt** II
gin·ger·ly ['dʒɪndʒəlɪ] *Adj und Adv* **1.** behutsam, vorsichtig **2.** zimperlich
gin·gi·vi·tis [ˌdʒɪndʒɪ'vaɪtɪs] *s* MED Zahnfleischentzündung *f*
gip·sy ['dʒɪpsɪ] *s* Zigeuner(in)
gi·raffe [dʒɪ'rɑːf] *s* ZOOL Giraffe *f*
gird·er ['gɜːdə] *s* TECH Balken *m*, Träger *m*
gir·dle ['gɜːdl] *s* **1.** Gürtel *m*, Gurt *m* **2.** Hüfthalter *m*, -gürtel *m*
▶**girl** [gɜːl] *s* **1.** Mädchen *n* **2.** (Dienst-)Mädchen *n*
▶**girl·friend** ['gɜːlfrend] *s* Freundin *f*
girl guide *s Br* Pfadfinderin *f*
girl·hood ['gɜːlhʊd] *s* Mädchenjahre *Pl*, Jugend(zeit) *f*
girl·ish ['gɜːlɪʃ] *Adj* **1.** mädchenhaft **2.** Mädchen…: **girlish games**
girl scout *s Am* Pfadfinderin *f*
gi·ro ['dʒaɪərəʊ] *s Br* Postgirodienst *m*: **giro account** Postgirokonto *n*; **giro cheque** Postscheck *m*
girth [gɜːθ] *s* **1.** (*auch* Körper)Umfang *m* **2.** (Sattel-, Pack)Gurt *m*
gist [dʒɪst] *s das* Wesentliche, Kern *m*
▶**give** [gɪv] (*unreg*) **I** *v/t* **1.** geben; schenken; *Blut etc* spenden **2.** geben, reichen: **give s.o. one's hand** j-m die Hand geben **3.** *Auskunft, Rat etc* geben, erteilen **4.** *sein Wort* geben **5.** *Aufmerksamkeit etc* widmen (**to** *Dat*) **6.** *sein Leben* hingeben, opfern (**for** für) **7.** geben, gewähren: **give s.o. until** j-m bis … Zeit geben *oder* lassen (**to do** zu tun) **8.** *Befehl, Auftrag etc* geben, erteilen **9.** *Hilfe* gewähren, leisten, *Schutz* bieten **10.** *Grüße etc* übermitteln: **give him my love** bestelle ihm herzliche Grüße von mir **11.** *j-m einen Schlag etc* geben, versetzen **12.** *j-m einen Blick* zuwerfen **13.** *Lebenszeichen etc* von sich geben: **give a cry** (*oder* **shout**) einen Schrei ausstoßen, aufschreien; **give a laugh** auflachen **14.** *Grund etc* (an)geben **15.** *Konzert etc* geben, veranstalten, *Theaterstück etc* geben, aufführen, *Vortrag* halten **16.** *Schmerzen etc* bereiten, verursachen **17.** *j-m zu tun etc* geben: **I was given to understand** man gab mir zu verstehen **II** *v/i* **18.** geben, spenden (**to** *Dat*) **19.** nachgeben (*auch Preise*) **20. what gives?** *sl* was gibts? **21.** führen (**on[to]** auf *Akk*, nach) (*Straße etc*); gehen (**on[to]** nach) (*Fenster etc*)
◆**give a·way** *v/t* **1.** her-, weggeben; verschenken: → **bride 2.** *j-n, etw* verraten **3.** *Chance etc* vertun
◆**give back** *v/t* **1.** zurückgeben (*auch fig*), *Blick* erwidern **2.** *Schall* zurückwerfen; *Licht etc* reflektieren
▶**give in** **I** *v/t* **1.** *Gesuch etc* einreichen, *Prüfungsarbeit etc* abgeben **II** *v/i* **2.** (**to**) nachgeben (*Dat*); sich anschließen (*Dat*) **3.** aufgeben, sich geschlagen geben
◆**give off** *v/t Geruch* verbreiten, ausströmen, *Rauch etc* ausstoßen, *Gas, Wärme etc* aus-, verströmen
◆**give out** **I** *v/t* **1.** aus-, verteilen **2.** bekannt geben **3. give o.s. out to be s.th.** sich als etw ausgeben **4.** → **give off II** *v/i* **5.** zu Ende gehen (*Kräfte, Vorräte*) **6.** versagen (*Maschine, Nieren etc*)
◆**give o·ver** **I** *v/t* **1.** übergeben (**to** *Dat*) **2.** *etw* aufgeben: **give over doing s.th.** aufhören, etw zu tun **3. give o.s. over to** sich hingeben (*Dat*) **II** *v/i* **4.** aufhören
◆**give up** **I** *v/t* **1.** aufgeben, aufhören mit: **give up smoking** das Rauchen aufgeben **2.** *Plan, Patienten etc* aufgeben **3.** *j-n* ausliefern: **give o.s. up** sich stellen (**to** *Dat*) **4.** (**to**) *Posten etc* abgeben, abtreten (an *Akk*); *Sitzplatz etc* frei machen (für) **5. give o.s. up to** sich hingeben (*Dat*); sich widmen (*Dat*) **II** *v/i* **6.** → **give in** 3 **7.** resignieren
ˌ**give-and-'take** *s* **1.** beiderseitiges Entgegenkommen *oder* Nachgeben, Kompromiss(bereit-

G

schaft *f*) *m* **2.** Meinungs-, Gedankenaustausch *m*

ˈgive·a·way I *s* Werbegeschenk *n* **II** *Adj*: ***giveaway price*** Schleuderpreis *m*

giv·en [ˈgɪvn] **I** *Part Perf von* **give II** *Adj* **1.** gegeben: ***given name*** *bes Am* → ***first name***; ***at the given time*** zur festgesetzten Zeit; ***within a given time*** innerhalb einer bestimmten Zeit **2.** ***be given to*** neigen zu: ***be given to doing s.th.*** die (An)Gewohnheit haben, etw zu tun **3.** vorausgesetzt **4.** in Anbetracht (*Gen*): ***given that*** in Anbetracht der Tatsache, dass

ˈgiv·er *s* Geber(in), Spender(in)

gla·cé [ˈglæseɪ] *Adj* **1.** glasiert; kandiert **2.** Glacé…

gla·cial [ˈgleɪsjəl] *Adj* **1.** eiszeitlich **2.** eisig (*auch fig*)

gla·cier [ˈglæsjə] *s* Gletscher *m*

►**glad** [glæd] *Adj* (→ ***gladly***) **1.** froh, erfreut (***of, about*** über *Akk*): ***I am glad to hear*** es freut mich zu hören; ***I am glad to be leaving*** ich gehe gern **2.** freudig, froh, erfreulich

glad·den [ˈglædn] *v/t* erfreuen

glad·i·a·tor [ˈglædɪeɪtə] *s hist* Gladiator(in)

glad·i·o·lus [ˌglædɪˈəʊləs] *Pl* **glad·i·o·li** [ˌglædɪˈəʊlaɪ] *s* BOT Gladiole *f*

glad·ly [ˈglædlɪ] *Adv* mit Freuden, gern

ˈglad·ness *s* Freude *f*

glam·or·ize [ˈglæməraɪz] *v/t* verherrlichen, glorifizieren

ˈglam·or·ous *Adj* bezaubernd (schön)

glam·our [ˈglæmə] *s* Zauber *m*, (*pej* falscher) Glanz: ***glamour girl*** Glamourgirl *n*, Film-, Reklameschönheit *f*

glance [glɑːns] **I** *v/i* **1.** einen (schnellen) Blick werfen, (rasch *oder* flüchtig) blicken (***at*** auf *Akk*): ***glance over*** (*oder* ***through***) ***a letter*** einen Brief überfliegen **2.** ***glance off*** abprallen (von) (*Kugel etc*), abgleiten (von) (*Messer etc*) **II** *s* **3.** (schneller *oder* flüchtiger) Blick (***at*** auf *Akk*): ***at a glance*** auf ˈeinen Blick; ***at first glance*** auf den ersten Blick; ***take a glance at*** *siehe* 1; → ***steal*** 1

gland [glænd] *s* ANAT Drüse *f*

glan·du·lar [ˈglændjʊlə] *Adj* Drüsen…: ***glandular fever*** Drüsenfieber *n*

glare [gleə] **I** *v/i* **1.** grell scheinen (*Sonne etc*), grell leuchten (*Scheinwerfer etc*) **2.** wütend starren: ***glare at s.o.*** j-n wütend anstarren, j-n anfunkeln **II** *s* **3.** greller Schein, grelles Leuchten: ***glare ice*** *Am* Glatteis *n* **4.** wütender *oder* funkelnder Blick

glar·ing [ˈgleərɪŋ] *Adj* **1.** grell **2.** grell, schreiend (*Farben*) **3.** eklatant, krass (*Fehler, Unterschied etc*), (himmel)schreiend (*Unrecht etc*) **4.** wütend, funkelnd (*Blick*)

►**glass** [glɑːs] **I** *s* **1.** Glas *n* **2.** *Koll* Glas(waren *Pl*) *n* **3.** (Trink)Glas *n*; Glas(gefäß) *n* **4.** (Fern-, Opern)Glas **5.** *Pl, auch* ► ***pair of glasses*** Brille *f* **II** *Adj* **6.** Glas…: ***glass eye***

glass blow·er *s* Glasbläser *m*

glass case *s* Glaskasten *m*, Vitrine *f*

glass ceil·ing *s fig* unsichtbare Wand

glass·ful [ˈglɑːsfʊl] *s ein* Glas voll

ˈglass·house *s* **1.** *bes Br* Gewächs-, Glas-, Treibhaus *n* **2.** ***people who live in glasshouses should not throw stones*** wer (selbst) im Glashaus sitzt, soll nicht mit Steinen werfen

ˈglass·ware *s* Glaswaren *Pl*

glass·y [ˈglɑːsɪ] *Adj* **1.** gläsern **2.** glasig (*Augen*)

glau·co·ma [glɔːˈkəʊmə] *s* MED grüner Star

glaze [gleɪz] **I** *v/t* **1.** verglasen: ***glaze in*** einglasen **2.** TECH, *auch* GASTR glasieren: ***glazed tile*** Kachel *f* **II** *v/i* **3.** ***glaze over*** glasig werden (*Augen*)

gla·zier [ˈgleɪzjə] *s* Glaser(in)

ˈglaz·ing *s* **1.** Verglasung *f* **2.** TECH, *auch* GASTR Glasur *f*

gleam [gliːm] **I** *s* schwacher Schein, Schimmer *m* (*auch fig*): ***gleam of hope*** Hoffnungsschimmer **II** *v/i* scheinen, schimmern

glean [gliːn] *v/t fig* sammeln, zs.-tragen; herausfinden, in Erfahrung bringen: ***glean from*** schließen *oder* entnehmen aus

ˈglean·ings *s Pl das* Gesammelte

glee [gliː] *s* **1.** Freude *f* **2.** Schadenfreude *f*

glee·ful [ˈgliːfʊl] *Adj* **1.** fröhlich **2.** schadenfroh

glen [glen] *s* Tal *n*

glib [glɪb] *Adj* **1.** schlagfertig (*auch Antwort etc*) **2.** oberflächlich

glide [glaɪd] **I** *v/i* **1.** gleiten **2.** FLUG gleiten, einen Gleitflug machen; segelfliegen **II** *s* **3.** Gleiten *n* **4.** FLUG Gleitflug *m*

ˈglid·er *s* FLUG **a)** Segelflugzeug *n*, **b)** *auch* ***glider pilot*** Segelflieger(in)

ˈglid·ing *s* FLUG Segelfliegen *n*

glim·mer [ˈglɪmə] **I** *v/i* **1.** glimmen **2.** schimmern **II** *s* **3.** Glimmen *n* **4.** Schimmer *m* (*auch fig*): ***glimmer of hope*** Hoffnungsschimmer

glimpse [glɪmps] **I** *s* flüchtiger Blick: ***catch*** (*oder* ***get***) ***a glimpse of*** *siehe* III **II** *v/i* flüchtig blicken (***at*** auf *Akk*) **III** *v/t* (nur) flüchtig zu sehen bekommen

glint [glɪnt] **I** *v/i* glänzen, glitzern **II** *s* Glanz *m*, Glitzern *n*

glis·ten [ˈglɪsn] → ***glint***

glitch [glɪtʃ] *s Am ugs* Störung *f*, Macke *f*

glit·ter [ˈglɪtə] **I** *v/i* **1.** glitzern, funkeln, glänzen: ***all that glitters is not gold*** es ist nicht alles Gold, was glänzt **II** *s* **2.** Glitzern *n*, Funkeln *n*, Glanz *m* **3.** *fig* Glanz *m*, Pracht *f*

ˈglit·ter·ing *Adj* **1.** glitzernd, funkelnd, glänzend **2.** *fig* prächtig

glitz [glɪts] *s ugs* Pomp *m*

glitz·y [ˈglɪtsɪ] *Adj ugs* prunkvoll; schick (*Kleidung*)

gloat [gləʊt] *v/i* (***over, at***) sich weiden (an *Dat*): **a)** verzückt betrachten (*Akk*), **b)** sich hämisch *oder* diebisch freuen (über *Akk*)

ˈgloat·ing *Adj* hämisch, schadenfroh

glob·al [ˈgləʊbl] *Adj* global: **a)** weltumspannend, Welt…; ***global warming*** Erwärmung *f* der Erdatmosphäre, **b)** umfassend, Gesamt…

glob·al·i·za·tion [ˌgləʊbəlaɪˈzeɪʃn] *s* WIRTSCH Globalisierung *f*

globe [gləʊb] *s* **1.** Kugel *f* **2.** Erde *f*, Erdball *m*, -kugel *f* **3.** GEOG Globus *m*

ˈglobeˌtrot·ter *s* Globetrotter(in), Weltenbummler(in)

glob·ule [ˈglɒbjuːl] *s* **1.** Kügelchen *n* **2.** Tröpfchen *n*

gloom [gluːm] *s* **1.** Düsterkeit *f* **2.** *fig* düstere *oder* gedrückte Stimmung: ***cast a gloom over*** einen Schatten werfen auf (*Akk*)

ˈgloom·y *Adj* **1.** düster (*auch fig*) **2.** hoffnungslos, pessimistisch

glo·ri·fi·ca·tion [ˌglɔːrɪfɪˈkeɪʃn] *s* **1.** Verherrlichung *f* **2.** REL Lobpreisung *f*

glo·ri·fied [ˈglɔːrɪfaɪd] *Adj ugs* besser

glo·ri·fy [ˈglɔːrɪfaɪ] *v/t* **1.** verherrlichen, glorifizieren **2.** REL lobpreisen **3.** *ugs* aufmotzen

ˈglo·ri·ous *Adj* **1.** ruhm-, glorreich **2.** herrlich, prächtig **3.** *iron* schön, großartig

glo·ry ['glɔːrɪ] **I** *s* **1.** Ruhm *m* **2.** Zier(de) *f*, Stolz *m* **3.** Herrlichkeit *f*, Glanz *m* **II** *v/i* **4.** sich freuen, glücklich sein (**in** über *Akk*) **5.** sich sonnen (**in** in *Dat*)
glo·ry hole *s Br ugs* Rumpelkammer *f*
gloss[1] [glɒs] *s* Glosse *f*, Anmerkung *f*
gloss[2] [glɒs] **I** *s* **1.** Glanz *m* **2.** *fig* (äußerer) Glanz **II** *v/t* **3.** *meist* **gloss over** beschönigen; vertuschen
glos·sa·ry ['glɒsərɪ] *s* Glossar *n*
gloss·y ['glɒsɪ] **I** *Adj* glänzend: ***be glossy*** glänzen; ***glossy magazine*** Hochglanzmagazin *n* **II** *s ugs* Hochglanzmagazin *n*
▶**glove** [glʌv] *s* Handschuh *m*: ***fit (s.o.) like a glove*** (j-m) wie angegossen passen; *fig* (zu j-m *oder* auf j-n) ganz genau passen
glove box, **glove com·part·ment** *s* MOT Handschuhfach *n*
glove pup·pet *s* Handpuppe *f*
glow [gləʊ] **I** *v/i* glühen (*auch fig* **with** vor *Dat*) **II** *s* Glühen *n*, Glut *f*
glow·er ['glaʊə] *v/i* finster blicken: ***glower at s.o.*** j-n finster anblicken
'**glow·worm** *s* ZOOL Glühwürmchen *n*
glu·cose ['gluːkəʊs] *s* CHEM Glukose *f*, Traubenzucker *m*
glue [gluː] **I** *s* Leim *m*; Klebstoff *m* **II** *v/t* leimen, kleben (**on** auf *Akk*; **to** an *Akk*): ***be glued to*** *fig* kleben an (*Dat*)
'**glue·sniff·ing** *s* Schnüffeln *n*
'**glue·y** *Adj* klebrig
glum [glʌm] *Adj* bedrückt
glut [glʌt] **I** *v/t* WIRTSCH *Markt* überschwemmen **II** *s* WIRTSCH Schwemme *f*
glu·ti·nous ['gluːtɪnəs] *Adj* klebrig
glut·ton ['glʌtn] *s* **1.** Vielfraß *m* **2.** *fig* Unersättliche *m*, *f*: ***glutton for punishment*** Masochist(in); ***glutton for work*** Arbeitstier *n*
'**glut·ton·ous** *Adj* gefräßig, unersättlich (*auch fig*)
'**glut·ton·y** *s* Gefräßigkeit *f*, Unersättlichkeit *f*
glyc·er·in ['glɪsərɪn], **glyc·er·ine** [glɪsə'riːn] *s* CHEM Glyzerin *n*
GM [dʒiː'em] *Abk* (= ***genetically modified***) gentechnisch verändert: ***GM food(s)*** gentechnisch veränderte Lebensmittel, Genfood *n*
GMT [dʒiːem'tiː] *Abk* (= ***Greenwich Mean Time***) WEZ *f*, westeuropäische Zeit
gnarled [nɑːld] *Adj* **1.** knorrig **2.** schwielig (*Hände*)
gnash [næʃ] *v/t*: ***gnash one's teeth*** mit den Zähnen knirschen
gnat [næt] *s* ZOOL *Br* (Stech)Mücke *f*
gnaw [nɔː] (*auch unreg*) **I** *v/t* **1.** *Loch etc* nagen (**into** in *Akk*) **2.** nagen an (*Dat*) (*auch fig*) **II** *v/i* **3.** nagen (**at** an *Dat*) (*auch fig*)
gnome [nəʊm] *s* Gnom *m*, Zwerg(in) (*beide auch pej Mensch*)
GNP [dʒiːen'piː] *Abk* (= ***gross national product***) BSP, Bruttosozialprodukt *n*
▶**go** [gəʊ] **I** *s Pl* **goes 1.** *ugs* Schwung *m*, Schmiss *m* **2.** ***have a go at s.o.*** j-n zurechtweisen, sich j-n vorknöpfen **3.** Erfolg *m*: ***make a go of s.th.*** etw schaffen, etw zum Erfolg führen **4.** *ugs* Versuch *m*: ***have a go at s.th.*** etw probieren; ***at one go*** auf 'einen Schlag, auf Anhieb **II** *v/i* (*unreg*) **5.** gehen, fahren, reisen (**to** nach): ***go on foot*** zu Fuß gehen; ***go by plane*** (*oder* ***air***) mit dem Flugzeug reisen **6.** (fort)gehen: ***I must be going*** ich muss gehen *oder* weg **7.** anfangen: ***go!*** (*Sport*) los! **8.** gehen, führen (**to** nach) (*Straße etc*) **9.** sich erstrecken, gehen (**to** bis) **10.** verkehren, fahren (*Bus etc*) **11.** *fig* gehen: ***let it go at that*** lass es dabei bewenden **12.** gehen, passen (**into** in *Akk*) **13.** (**to**) gehen (an *Akk*) (*Preis etc*), zufallen (*Dat*) (*Erbe*) **14.** TECH gehen, laufen, funktionieren (*alle auch fig*): ***keep*** (***set***) ***s.th. going*** etw in Gang halten (bringen); → ***get*** 10, 16 **15.** werden: ***go cold***; ***go blind*** erblinden **16.** (**with**) gehen (mit), sich anschließen (an *Akk*): → ***tide*** 2 **17.** sich halten (**by, on** an *Akk*), gehen, sich richten (**on** nach): ***going by her clothes*** ihrer Kleidung nach (zu urteilen) **18.** kursieren, im Umlauf sein (*Gerücht etc*): ***the story goes*** es heißt, man erzählt sich **19.** vergehen, -streichen: ***one minute to go*** noch eine Minute **20.** gelten (**for** für): ***it goes without saying*** es versteht sich von selbst **21.** verkauft werden (**for** für): → ***cake*** 1 **22.** dazu beitragen *oder* dienen (**to do** zu tun): ***it goes to show*** dies zeigt, daran erkennt man **23.** ausgehen, -fallen (*Entscheidung etc*) **24.** (**with**) harmonieren (mit), passen (zu) **25.** lauten (*Worte etc*) **26.** sterben **27.** (*im Part Präs mit Inf*) *zum Ausdruck einer Zukunft*, *bes* **a)** *einer Absicht*, **b)** *etw Unabänderlichen*: ***it is going to rain*** es gibt Regen; ***she is going to have a baby*** sie bekommt ein Kind; ***I am going to tell him*** ich werde *oder* will es ihm sagen **28.** (*mit Ger*) gehen: ***go***

be going to als Zukunftsform

GR

Be going to wird als „Zukunftsform" vor allem in folgenden Situationen verwendet:

1. Wenn eine **hohe Wahrscheinlichkeit** oder **etwas Unvermeidbares** ausgedrückt werden soll:

She's going to have a baby.	Sie bekommt ein Kind.
The glass is going to fall.	Das Glas fällt gleich um.
It's going to rain. (Look at those dark clouds.)	Es fängt (bestimmt) gleich an zu regnen. (Schau dir die dunklen Wolken da an.)

2. Wenn sich derjenige, der etwas sagt, ziemlich sicher ist, dass ein Geschehen eintritt oder verwirklicht wird, also **feste Absicht** oder **Gewissheit** des Sprechers im Vordergrund steht:

I'm going to tell him the truth.	Jetzt sag ich ihm aber die Wahrheit.
I'm going to see this film (this evening).	Ich werd mir den Film (heute Abend) ansehen.

Vielleicht haben Sie auch schon mal in einem Song oder anderswo die Form **"I'm gonna ..."**, **"you're gonna ..."** usw. gehört, wie z. B. in **"I'm gonna win this time"**. Sie steht für **"I'm going to win this time"** („Diesmal werde ich gewinnen") und gilt als sehr "locker". Schriftlich sollten Sie sie nicht verwenden.

swimming schwimmen gehen **29.** (daran)gehen (***to do*** zu tun): ***he went to find her*** er ging sie suchen; ***she went to see him*** sie besuchte ihn **III** *v/t* (*unreg*) **30.** *Weg, Strecke etc* gehen: ***go it alone*** *ugs* es ganz allein machen

go + Adjektiv

something / someone goes + *Adjektiv* oder *Farbadjektiv* bezeichnet in den meisten Fällen etwas Negatives oder Schlechtes.

something goes bad	etwas wird schlecht
something goes wrong	etwas geht schief
someone goes mad (*oder* **crazy** *oder* **nuts**)	jemand wird verrückt
someone goes deaf [def]	jemand wird schwerhörig/taub
someone goes blind	jemand wird blind
someone goes grey	jemand bekommt graue Haare
someone goes red	jemand wird rot (im Gesicht)
someone goes green with envy	jemand wird blass vor Neid

◆**go a·bout** *v/i* **1.** herumgehen, -fahren, -reisen **2. a)** → ***go*** 18, **b)** umgehen (*Grippe etc*) **3.** in Angriff nehmen, sich machen an (*Akk*)

◆**go af·ter** *v/i* **1.** nachlaufen (*Dat*) **2.** sich bemühen um

◆**go a·gainst** *v/i* **1.** *j-m* widerstreben **2.** *einem Verbot etc* zuwiderhandeln, sich widersetzen (*Dat*)

◆**go a·head** *v/i* **1.** voran-, vorausgehen (***of s.o.*** j-m): ***go ahead!*** *fig* nur zu!; ***go ahead with*** *fig* weitermachen *oder* fortfahren mit **2.** vorankommen (*Person, Arbeit*)

◆**go a·long** *v/i* **1.** weitergehen **2.** *fig* weitermachen, fortfahren **3.** ***go along with*** einverstanden sein mit; *j-m* beipflichten

◆**go a·round** *v/i* **1.** → ***go about*** **2.** → ***go round***

◆**go back** *v/i* **1.** zurückgehen **2.** (***to***) *fig* zurückgehen (auf *Akk*), zurückreichen (bis) **3.** ***go back on*** *fig sein Wort etc* nicht halten; *Entscheidung* rückgängig machen

◆**go be·yond** *v/i fig* überschreiten, hinausgehen über (*Akk*)

◆**go by** *v/i* **1.** vorbeigehen (*auch Chance etc*); vergehen (*Zeit*) **2.** → ***go*** 17

◆**go down** *v/i* **1.** hinuntergehen **2.** untergehen, sinken (*Schiff, Sonne etc*) **3.** → ***go back*** 2 **4.** (hinunter)rutschen (*Essen*) **5.** *fig* (***with***) Anklang finden, ankommen (bei); geschluckt werden (von) **6.** zurückgehen, sinken, fallen (*Fieber, Preise etc*), billiger werden **7.** ***go down in history*** in die Geschichte eingehen **8.** sich im Niedergang befinden

◆**go for** *v/i* **1.** holen (gehen) **2.** *Spaziergang etc* machen **3. a)** gelten als *oder* für, **b)** → ***go*** 20 **4.** nehmen: ***go for plan B*** sich für Plan B entscheiden

◆**go in** *v/i* **1.** hineingehen **2.** verschwinden (*Sonne etc*) **3.** ***go in for*** sich befassen mit, betreiben, *Sport* treiben; mitmachen (bei), sich beteiligen an (*Dat*), *Prüfung* machen; sich einsetzen für; sich begeistern für

◆**go in·to** *v/i* **1.** in *die Politik etc* gehen **2.** geraten in (*Akk*) **3.** (genau) untersuchen *oder* prüfen

◆**go off** *v/i* **1.** fort-, weggehen **2.** losgehen (*Gewehr etc*) **3.** nachlassen (*Schmerz etc*) **4.** *gut etc* verlaufen **5.** verderben (*Nahrungsmittel*) **6.** aufgeben: ***have gone off*** *j-n, etw* nicht mehr mögen

▶**go on** *v/i* **1.** weitergehen, -fahren **2.** angehen (*Licht etc*) **3.** weitermachen, fortfahren (***doing*** zu tun; ***with*** mit): ***go on talking*** weiterreden; ***he went on to say*** darauf sagte er **4.** weitergehen (*Verhältnisse etc*) **5.** vor sich gehen, passieren, vorgehen **6.** ***it is going on for 5 o'clock*** es geht auf 5 Uhr zu; ***he is going on for 60*** er geht auf die Sechzig zu **7.** → ***go*** 17 **8.** → ***strike*** 1

go on + Infinitiv oder Gerund

go on + **Infinitiv** bedeutet, dass eine neue Handlung einsetzt:

She went on to say how boring it had all been.	Dann sagte sie, wie langweilig das Ganze gewesen sei.

go on + **Gerund** beschreibt, dass mit einer begonnenen Handlung weitergemacht wird:

He went on talking even though nobody was listening.	Er redete weiter, obwohl (ihm) niemand zuhörte.

◆**go out** *v/i* **1.** hinausgehen **2.** ausgehen **3.** ausgehen, erlöschen (*Licht, Feuer*) **4.** in den Streik treten, streiken: → ***strike*** 1

◆**go o·ver** *v/i* **1.** hinübergehen (***to*** zu) **2.** *fig* übergehen (***into*** in *Akk*) **3.** *fig* übergehen, -treten (***from*** von; ***to*** zu) **4.** → ***go into*** 3 **5.** → ***go through*** 1

◆**go round** *v/i* **1.** herumgehen (*auch fig*) **2.** (für alle) (aus)reichen: ***there are enough chairs to go round*** es sind genügend Stühle da

◆**go through** *v/i* **1.** durchgehen, angenommen werden (*Antrag*) **2.** ***go through with*** durchführen, zu Ende führen **3.** durchgehen, -nehmen, -sprechen **4.** → ***go into*** 3 **5.** erleiden, durchmachen; erleben

◆**go to·geth·er** *v/i* **1.** zs.-passen (*Farben etc*) **2.** *ugs* miteinander gehen (*Liebespaar*)

◆**go up** *v/i* **1.** hinaufgehen **2.** steigen (*Fieber etc*), (*Preise auch*) anziehen **3.** ***go up in flames*** in Flammen aufgehen; ***go up in smoke*** in Rauch (u. Flammen) aufgehen; *fig* in Rauch aufgehen

◆**go with** *v/i* **1.** begleiten **2.** mit *einem Mädchen etc* gehen **3.** → ***go*** 24

◆**go with·out** *v/i* **1.** auskommen *oder* sich behelfen ohne **2.** verzichten auf (*Akk*)

goad [gəʊd] *v/t* anstacheln (***to do s.th., into doing s.th.*** dazu, etw zu tun)

'go-a·head *ugs* **I** *Adj* mit Unternehmungsgeist *oder* Initiative **II** *s*: ***get the go-ahead*** grünes Licht bekommen (***on*** für)

▶**goal** [gəʊl] *s* **1.** Ziel *n* (*auch fig*) **2.** SPORT (*auch erzieltes*) Tor: ***score a goal*** ein Tor schießen; ***keep goal*** im Tor stehen, das Tor hüten

goal a·re·a *s* SPORT Torraum *m*

goal·ie ['gəʊlɪ] *ugs* → ***goalkeeper***

'goal,keep·er *s* SPORT Torwart(in), -mann *m*,

-frau *f*, -hüter(in)
goal kick *s Fußball*: Abstoß *m*
goal line *s* SPORT Torlinie *f*
goal post *s* SPORT Torpfosten *m*
▶**goat** [gəʊt] *s* ZOOL Ziege *f*: ***act*** (*oder* ***play***) ***the goat*** *fig* herumalbern, -kaspern; ***get s.o.'s goat*** *ugs* j-n auf die Palme bringen
goat'ee *s* Spitzbart *m*
gob·ble ['gɒbl] *v/t meist* ***gobble up*** verschlingen (*auch fig Buch etc*), hinunterschlingen
'go-beˌtween *s* Vermittler(in): ***act as a go-between*** vermitteln
gob·lin ['gɒblɪn] *s* Kobold *m*
'go-cart *s* **1.** *bes Am* Laufstuhl *m* (*für Kinder*) **2.** *bes. Am* Sportwagen *m* (*für Kinder*) **3.** SPORT Gokart *m*
▶**god** [gɒd] *s* **1.** Gott *m*, Gottheit *f* **2. God** REL Gott *m*: ***so help me God!*** so wahr mir Gott helfe!; ***thank God*** Gott sei Dank; → ***act*** 1, ***bless*** 1, ***forbid*** 3, ***sake***, ***willing*** 1
'god-'aw·ful *Adj ugs* schrecklich
'god·child *s* (*unreg* ***child***) Patenkind *n*
'god'dam·mit *Interj ugs* verdammt noch mal
'god'damned *Adj ugs* verflucht
god·dess ['gɒdɪs] *s* Göttin *f* (*auch fig*)
'godˌfa·ther *s* Pate *m*: ***stand godfather to*** Pate stehen bei
'God-ˌfear·ing *Adj* gottesfürchtig
'god·forˌsak·en *Adj pej* gottverlassen
'god·less *Adj* gottlos
'god·like *Adj* gottähnlich, göttergleich
god·ly ['gɒdlɪ] *Adj* fromm
'godˌmoth·er *s* Patin *f*
'godˌpar·ent *s* Pate *m*, Patin *f*
'god·send *s* Geschenk *n* des Himmels
ˌgo-'get·ter *s ugs* Draufgänger(in)
gog·gle ['gɒgl] **I** *v/i* glotzen: ***goggle at s.o.*** j-n anglotzen **II** *s Pl, auch* ***pair of goggles*** Schutzbrille *f*
'gog·gle·box *s Br ugs* Glotze *f*, Glotzkiste *f* (*Fernseher*)
go·ing ['gəʊɪŋ] **I** *s* **1.** Boden-, Straßenzustand *m*, (*Pferderennsport*) Geläuf *n*; Tempo *n* **II** *Adj* **2.** ***going concern*** gut gehendes Geschäft **3.** ***going, going, gone!*** (*bei Versteigerungen*) zum Ersten, zum Zweiten, zum Dritten!
ˌgo·ings-'on *s Pl meist pej* Treiben *n*, Vorgänge *Pl*: ***there were strange goings-on*** es passierten merkwürdige Dinge
goi·ter, *bes Br* **goi·tre** ['gɔɪtə] *s* MED Kropf *m*
go-kart ['gəʊkɑːt] *s* SPORT Gokart *m*
▶**gold** [gəʊld] **I** *s* Gold *n*: → ***glitter*** 1 **II** *Adj* golden, Gold…
gold dig·ger *s ugs Frau, die nur hinter dem Geld der Männer her ist*
gold·en ['gəʊldən] *Adj* **1.** *meist fig* golden: ***golden opportunity*** einmalige Möglichkeit; ***golden wedding*** goldene Hochzeit **2.** golden, goldgelb: ***golden hamster*** ZOOL Goldhamster *m*
'gold·fish *s* Goldfisch *m*
gold med·al *s* Goldmedaille *f*
gold med·al·ist, **gold med·al·list** *s* Goldmedaillengewinner(in)
gold mine *s* Goldgrube *f* (*auch fig*), -mine *f*, -bergwerk *n*
ˌgold-'plat·ed *Adj* vergoldet
'gold·smith *s* Goldschmied(in)
golf [gɒlf] (*Sport*) **I** *s* Golf(spiel) *n* **II** *v/i* Golf spielen
golf ball *s* **1.** SPORT Golfball *m* **2.** TECH Kugel-, Schreibkopf *m* (*der Schreibmaschine*)
golf club *s* (*Sport*) **1.** Golfschläger *m* **2.** Golfklub *m*
golf course *s* SPORT Golfplatz *m*
golf·er ['gɒlfə] *s* SPORT Golfer(in), Golfspieler(in)
golf links *s Pl* (*auch Sg konstruiert*) SPORT Golfplatz *m*
Go·li·ath [gəʊ'laɪəθ] *s fig* Goliath *m*
gon·do·la ['gɒndələ] *s* Gondel *f*
gone [gɒn] **I** *Part Perf von* **go** **II** *Adj* **1.** fort, weg **2.** *ugs* verknallt (**on** in *Akk*) **3.** ***she's six months gone*** *ugs* sie ist im 6. Monat (*schwanger*)
gong [gɒŋ] *s* Gong *m*
gon·or·rhe·a, **gon·or·rhoe·a** [ˌgɒnə'rɪə] *s* MED Gonorrhö(e) *f*, Tripper *m*
goo [guː] *s ugs* **1.** Papp *m*, klebriges Zeug **2.** Schmalz *m*, sentimentales Zeug
▶**good** [gʊd] **I** *s* **1.** Nutzen *m*, Wert *m*: ***for one's own good*** zu seinem eigenen Vorteil; ***what good is it?*** wozu soll das gut sein?; ***it is no good trying*** es hat keinen Sinn *oder* Zweck, es zu versuchen **2.** *das* Gute, Gutes *n*: ***do s.o. good*** j-m Gutes tun; j-m guttun; ***be up to no good*** nichts Gutes im Schilde führen **3.** *Pl* bewegliches Vermögen: ***goods and chattels*** Hab *n* und Gut *n*; *ugs* Siebensachen *Pl* **4.** *Pl* WIRTSCH Güter *Pl*, Ware(n *Pl*) *f*: ***goods lift*** *Br* Lastenaufzug *m*; ***goods train*** *Br* Güterzug *m* **II** *Adj* **5.** *allg* gut: ***as good as*** so gut wie, praktisch; ***have a good time*** sich (gut) amüsieren; es sich gut gehen lassen **6.** gut, lieb: ***be so good as to fetch it*** sei so gut und hol es; → ***enough*** III **7.** gut, geeignet: ***good for colds*** gut gegen *oder* für Erkältungen; ***good for one's health*** gesund **8.** gut, richtig: ***in good time*** zur rechten Zeit, (gerade) rechtzeitig; ***all in good time*** alles zu seiner Zeit **9.** gut, reichlich: ***a good hour*** eine gute Stunde; ***a good many*** ziemlich viele **10.** (*vor Adj*) *verstärkend*: ***a good long time*** sehr lange (*Zeit*); ***good and …*** *ugs* ganz schön …, mordsmäßig … **11.** gut, triftig (*Grund*) **12.** gut, tüchtig (**at** in *Dat*)
▶**good·by**, **good·bye** [ˌgʊd'baɪ] **I** *s* Abschiedsgruß *m*: ***say goodby(e) to s.o.*** j-m Auf Wiedersehen sagen, sich von j-m verabschieden **II** *Adj* Abschieds…: ***goodby(e) kiss*** **III** *Interj* auf Wiedersehen!, TEL auf Wiederhören!
'good-for-ˌnoth·ing **I** *Adj* nichtsnutzig **II** *s* Nichtsnutz *m*
Good Fri·day *s* REL Karfreitag *m*
ˌgood-'hu·mored, **ˌgood-'hu·moured** *Adj* **1.** gut gelaunt **2.** gutmütig
▶**good-look·ing** [ˌgʊd'lʊkɪŋ] *Adj* gut aussehend
ˌgood-'na·tured *Adj* gutmütig
good·ness ['gʊdnɪs] *s* **1.** Güte *f* **2.** ***thank goodness*** Gott sei Dank; **(*my*) *goodness!, goodness gracious!*** du meine Güte!, du lieber Himmel!; → ***sake***
ˌgood-'tem·pered *Adj* gutmütig
ˌgood'will *s* **1.** gute Absicht, guter Wille: ***goodwill tour*** *bes* POL Goodwillreise *f*, -tour *f* **2.** Goodwill *m*: **a)** guter Ruf (*einer Institution etc*), **b)** WIRTSCH ideeller Firmen- *oder* Geschäftswert
good·y ['gʊdɪ] **I** *s ugs* **1.** Bonbon *m*, *n*: ***goodies*** *Pl* Süßigkeiten *Pl* **2.** FILM, TV *etc* Gute *m*, *f*, Held(in) **3.** Tugendbold *m* **II** *Adj* **4.** *ugs* (betont) tugendhaft **III** *Interj* **5.** *bes Kindersprache*: prima!
'good·y-ˌgood·y → ***goody*** 3, 4
goo·ey ['guːɪ] *Adj ugs* **1.** pappig, klebrig **2.**

schmalzig, sentimental
goof [guːf] *ugs* **I** *s* **1.** Schnitzer *m* **2.** Trottel *m* **II** *v/t* **3.** *oft* ***goof up*** vermasseln **III** *v/i* **4.** Mist bauen
'goof·y *Adj ugs* **1.** vertrottelt **2.** *Br* vorstehend (*Zähne*)
▶**goose** [guːs] *Pl* **geese** [giːs] *s* **1.** ORN Gans *f*: ***cook s.o.'s goose*** *ugs* j-m alles kaputt machen **2.** *fig* (dumme) Gans
goose·ber·ry ['gʊzbərɪ] *s* **1.** BOT Stachelbeere *f* **2.** ***play gooseberry*** *bes Br* das fünfte Rad am Wagen sein
goose bumps *s Pl bes Am*, **goose flesh** *s*, **goose pim·ples** *s Pl* Gänsehaut *f*
Gor·di·an ['gɔːdjən] *Adj*: ***cut the Gordian knot*** *fig* den gordischen Knoten durchhauen
gore [gɔː] *s* Zwickel *m*, Keil *m*
gorge [gɔːdʒ] **I** *s* **1.** enge Schlucht **2.** ***it makes my gorge rise*** mir wird übel davon *oder* dabei; mir kommt die Galle dabei hoch **II** *v/i* **3.** schlemmen: ***gorge on*** *siehe* 4 **III** *v/t* **4.** ***gorge o.s. on*** (*oder* ***with***) sich vollstopfen mit
gor·geous ['gɔːdʒəs] *Adj* **1.** prächtig, prachtvoll (*beide auch fig ugs*) **2.** *ugs* großartig, wunderbar
go·ril·la [gə'rɪlə] *s* ZOOL Gorilla *m* (*auch fig ugs Leibwächter*)
gor·y ['gɔːrɪ] *Adj* blutrünstig
gosh [gɒʃ] *Interj ugs* Mensch!, Mann!
ˌgo-'slow *s* WIRTSCH *Br* Bummelstreik *m*
gos·pel, *meist* **Gos·pel** ['gɒspl] *s* Evangelium *n* (*auch fig*): ***gospel truth*** reine Wahrheit
gos·sa·mer ['gɒsəmə] *s* **1.** Altweibersommer *m* **2.** feine Gaze
▶**gos·sip** ['gɒsɪp] **I** *s* **1.** Klatsch *m*, Tratsch *m*: ***gossip column*** Klatschspalte *f* **2.** Plauderei *f*, Schwatz *m*: ***have a gossip*** *siehe* 5 **3.** Klatschbase *f*, -maul *n* **II** *v/i* **4.** klatschen, tratschen **5.** plaudern, schwatzen (***with*** mit; ***about*** über *Akk*)
got [gɒt] *Prät und Part Perf von* ***get***
Goth·ic ['gɒθɪk] **I** *Adj* (***Gothically***) **1.** gotisch **2.** ***Gothic novel*** Schauerroman *m* **II** *s* **3.** ARCHI Gotik *f*
got·ta ['gɒtə; *Am* 'gɑtə] *sl für* **a)** ***have*** (*oder* ***has***) ***got to***: ***I gotta go*** ich muss gehen, **b)** ***have*** (*oder* ***has***) ***got a***: ***gotta light?*** hast du Feuer?

gotta SG

Kurzformen, die man häufig hört und mitunter auch liest:

ain't	[eɪnt]	**am not; isn't aren't; hasn't haven't**
'cause, 'cos, 'coz	[kɒz, kəz]	**because**
'em	[əm]	**them**
dunno	['dʌnəʊ]	**(I) don't know; (he *etc*) doesn't know**
gimme	['gɪmɪ]	**give me**
gonna	['gɒnə]	**going to**
gotta	['gɒtə]	**got to**
kinda	['kaɪndə]	**kind of**
mo'	[məʊ]	**moment**
pinta	['paɪntə]	**pint of**
see ya	['siːjʌ]	**see you**
sorta	['sɔːtə]	**sort of**
wanna	['wɒnə]	**want to**

got·ten ['gɒtn] *Am Part Perf von* ***get***
gou·lash ['guːlæʃ] *s* GASTR Gulasch *n*
gourd [gʊəd] *s* BOT Kürbis *m*
gour·met ['gʊəmeɪ] *s* Feinschmecker(in)
gout [gaʊt] *s* MED Gicht *f*
▶**gov·ern** ['gʌvn] **I** *v/t* **1.** regieren (*auch* LING) **2.** leiten, verwalten **3.** *fig* bestimmen, regeln: ***be governed by*** sich leiten lassen von **4.** *fig* zügeln, beherrschen: ***govern one's temper*** sich beherrschen **II** *v/i* **5.** regieren
'gov·ern·ing *Adj* **1.** regierend, Regierungs… **2.** leitend, Vorstands…: ***governing body*** Leitung *f*, Direktion *f*, Vorstand *m* **3.** *fig* leitend, bestimmend
▶**gov·ern·ment** ['gʌvnmənt] *s* **1.** *oft* **Government** Regierung *f*: ***Government spokesman*** Regierungssprecher *m*; → ***exile*** 1 **2.** Regierung(sform) *f* **3.** Leitung *f*, Verwaltung *f* **4.** Staat *m*: ***government monopoly*** Staatsmonopol *n*

government GR

Government wird als Singular aufgefasst, wenn man die Regierung als geschlossene Einheit sieht. Geht es um die einzelnen Regierungsmitglieder, steht das Verb im Plural:

The government has / have decided to publicize the report.	Die Regierung hat beschlossen, den Bericht zu veröffentlichen.

gov·ern·men·tal [ˌgʌvn'mentl] *Adj* **1.** Regierungs… **2.** Staats…, staatlich
gov·er·nor ['gʌvənə] *s* **1.** Gouverneur(in) **2.** Direktor(in), Leiter(in) **3.** *ugs der* Alte: **a)** alter Herr (*Vater*), **b)** Chef(in) (*auch Anrede*)
gown [gaʊn] *s* **1.** *meist in Zssgn* Kleid *n* **2.** JUR, REL, UNI Talar *m*, Robe *f*
GP [dʒiː'piː] *Abk* (= ***general practitioner***) Arzt *m*, Ärztin *f* für Allgemeinmedizin
grab [græb] **I** *v/t* **1.** (hastig *oder* gierig) ergreifen, packen **2.** *fig* an sich reißen; *Gelegenheit* beim Schopf ergreifen **3.** *ugs Zuhörer etc* packen, fesseln **II** *v/i* **4.** ***grab at*** (gierig *oder* hastig) greifen nach, schnappen nach **III** *s* **5.** (hastiger *oder* gieriger) Griff: ***make a grab at*** *siehe* 1, 4 **6.** ***be up for grabs*** *ugs* (für jeden) zu haben *oder* zu gewinnen sein
grace [greɪs] **I** *s* **1.** Anmut *f*, Grazie *f* **2.** Anstand *m* **3.** *meist Pl* gute Eigenschaft: → ***saving*** 3 **4.** Gunst *f*, Wohlwollen *n* **5.** (*auch göttliche*) Gnade, Barmherzigkeit *f* **6.** Tischgebet *n*: ***say grace*** das Tischgebet sprechen **II** *v/t* **7.** zieren, schmücken **8.** (be)ehren
grace·ful ['greɪsfʊl] *Adj* **1.** anmutig, graziös **2.** würde-, taktvoll
gra·cious ['greɪʃəs] **I** *Adj* **1.** wohlwollend **2.** gnädig, barmherzig (*Gott*) **II** *Interj* **3.** ***good gracious!, gracious me!*** du meine Güte!
gra·da·tion [grə'deɪʃn] *s* Abstufung *f*

grade [greɪd] I *s* 1. Grad *m*, Stufe *f* 2. MIL *bes Am* (Dienst)Grad *m* 3. WIRTSCH Qualität *f*, Handelsklasse *f* 4. *bes Am* Steigung *f*, Gefälle *n*: ***make the grade*** *fig* es schaffen, Erfolg haben; ***grade crossing*** schienengleicher (Bahn-)Übergang 5. PÄD *Am* Klasse *f*; Note *f*, Zensur *f* II *v/t* 6. sortieren, einteilen 7. abstufen, staffeln

grade school *s Am* Grundschule *f*

gra·di·ent ['greɪdjənt] *s* Steigung *f*, Gefälle *n*

grad·u·al ['grædʒʊəl] *Adj* allmählich, stufen-, schrittweise: ***gradually*** *auch* nach und nach

grad·u·ate I *s* ['grædʒʊət] 1. UNI Hochschulabsolvent(in), Akademiker(in); Graduierte *m, f* 2. *Am* Schulabgänger(in) II *Adj* ['grædʒʊət] 3. UNI Akademiker…; graduiert III *v/i* ['grædjʊeɪt] 4. UNI graduieren 5. PÄD *Am* die Abschlussprüfung bestehen (***from*** an *Dat*): ***graduate from*** *auch Schule* absolvieren IV *v/t* ['grædjʊeɪt] 6. → ***grade*** 7

grad·u·a·tion [ˌgrædʒʊ'eɪʃn] *s* 1. Abstufung *f*, Staffelung *f* 2. UNI Graduierung *f* 3. PÄD *Am* Absolvieren *n* (***from*** *einer Schule*)

graf·fi·ti [grə'fiːtɪ] *s Pl* Graffiti *Pl*

graft[1] [grɑːft] MED I *s* Transplantat *n* II *v/t Gewebe* verpflanzen, transplantieren

graft[2] [grɑːft] *ugs* I *s* 1. ***hard graft*** Schufterei *f* 2. *bes Am* Schmiergelder *Pl* II *v/i* 3. schuften 4. *bes Am* Schmiergelder zahlen

▸**grain** [greɪn] *s* 1. BOT (Samen-, *bes* Getreide-)Korn *n* 2. *Koll* Getreide *n*, Korn *n* 3. (*Sand- etc*)Körnchen *n*, (-)Korn *n*: → ***salt*** 1 4. *fig* Spur *f*: ***there's not a grain of truth in it*** da ist nicht ein Körnchen Wahrheit dabei 5. Maserung *f* (*vom Holz*): ***it goes against the grain*** *fig* es geht mir gegen den Strich

▸**gram** [græm] *s* Gramm *n*

gram·mar ['græmə] *s* Grammatik *f*: ***bad grammar*** grammatisch falsch; ***grammar*** (***book***) Grammatik

gram·mat·i·cal [grə'mætɪkl] *Adj* grammatisch, Grammatik…

gramme [græm] *s bes Br* Gramm *n*

grand [grænd] I *Adj* 1. großartig, grandios, prächtig 2. groß, bedeutend, wichtig 3. Haupt…: ***grand prize***; ***grand total*** Gesamt-, Endsumme *f* 4. *ugs* großartig, glänzend II *s* 5. MUS Flügel *m* 6. *Pl* **grand** *Am sl* Riese *m* (*$ 1000*)

gran·dad → ***granddad***

▸**grand·child** ['græntʃaɪld] *s* (*unreg* ***child***) Enkelkind *n*

'**grand·dad** *s ugs* Opa *m* (*auch alter Mann*), Großpapa *m*

▸**grand·daugh·ter** ['grænˌdɔːtə] *s* Enkelin *f*

gran·deur ['grændʒə] *s* 1. Pracht *f* 2. Größe *f*, Wichtigkeit *f*

▸**grand·fa·ther** ['grændˌfɑːðə] *s* Großvater *m*: ***grandfather clock*** Standuhr *f*

gran·di·ose ['grændɪəʊs] *Adj* großartig, grandios

▸**grand·ma** ['grænmɑː] *s ugs* Oma *f*, Großmama *f*

▸**grand·moth·er** ['grænˌmʌðə] *s* Großmutter *f*

▸**grand·pa** ['grænpɑː] *s ugs* Opa *m*, Großpapa *m*

▸**grand·par·ents** ['grænˌpeərənts] *s Pl* Großeltern *Pl*

▸**grand·son** ['grænsʌn] *s* Enkel *m*

grand·stand ['grændstænd] *s* SPORT Haupttribüne *f*

gran·ite ['grænɪt] *s* GEOL Granit *m*

gran·ny ['grænɪ] *s ugs* Oma *f*

grant [grɑːnt] I *v/t* 1. bewilligen, gewähren 2. *Erlaubnis etc* geben, erteilen 3. *Bitte etc* erfüllen, *auch* JUR *einem Antrag etc* stattgeben 4. JUR (*bes* formell) übertragen, übereignen 5. zugeben, zugestehen: ***I grant you that*** ich gebe zu, dass; ***take s.th. for granted*** etw als erwiesen *oder* gegeben ansehen; etw als selbstverständlich betrachten *oder* hinnehmen II *s* 6. Bewilligung *f*, Gewährung *f* 7. Stipendium *n* 8. JUR Übertragung *f*, Übereignung *f*

gran·u·lar ['grænjʊlə] *Adj* gekörnt, körnig, granuliert

gran·u·lat·ed ['grænjʊleɪtɪd] *Adj* → ***granular***: ***granulated sugar*** Kristallzucker *m*

gran·ule ['grænjuːl] *s* Körnchen *n*

▸**grape** [greɪp] *s* Weintraube *f*, -beere *f*

'**grape·fruit** *s* BOT Grapefruit *f*, Pampelmuse *f*

grape juice *s* Traubensaft *m*

'**grape·vine** *s* 1. BOT Weinstock *m* 2. ***I heard on the grapevine that*** *ugs* mir ist zu Ohren gekommen, dass

graph [græf] I *s* 1. Diagramm *n*, Schaubild *n*, grafische Darstellung 2. *bes* MATHE Kurve *f*: ***graph paper*** Millimeterpapier *n* II *v/t* 3. grafisch darstellen

'**graph·ic** *Adj* (***graphically***) 1. anschaulich, plastisch 2. grafisch: ***graphic artist*** Grafiker(in); ***graphic arts*** *Pl* Grafik *f*

graph·ics card *s* COMPUTER Grafikkarte *f*

graph·ite ['græfaɪt] *s* MIN Grafit *m*

graph·ol·o·gist [græ'fɒlədʒɪst] *s* Grafologe *m*

graph'ol·o·gy *s* Grafologie *f*

grap·ple ['græpl] *v/i*: ***grapple with*** kämpfen mit, *fig auch* sich herumschlagen mit

grasp [grɑːsp] I *v/t* 1. packen, (er)greifen, *Gelegenheit* ergreifen; an sich reißen 2. *fig* verstehen, begreifen II *v/i* 3. zugreifen, zupacken: ***grasp at*** greifen nach (*auch fig*) III *s* 4. Griff *m* 5. Reichweite *f* (*auch fig*) 6. *fig* Verständnis *n*: ***be beyond s.o.'s grasp*** über j-s Verstand gehen

▸**grass** [grɑːs] I *s* 1. BOT Gras *n*: ***not let the grass grow under one's feet*** *fig* keine Zeit verschwenden 2. Rasen *m*: ***keep off the grass*** Betreten des Rasens verboten! 3. *sl* Gras *n* (*Marihuana*) 4. *Br sl* Spitzel *m* II *v/i* 5. grasen, weiden 6. *Br sl* singen (***to*** bei): ***grass on*** *j-n* verpfeifen

'**grass̩hop·per** *s* ZOOL Heuschrecke *f*, Grashüpfer *m*

grass roots *s Pl* (*auch Sg konstruiert*) 1. *fig* Wurzel *f* 2. POL Basis *f* (*einer Partei*)

grass snake *s* ZOOL Ringelnatter *f*

grass wid·ow *s* Strohwitwe *f*

grass wid·ow·er *s* Strohwitwer *m*

grass·y ['grɑːsɪ] *Adj* grasbedeckt, Gras…

grate[1] [greɪt] I *s* 1. Gitter *n* 2. (Feuer)Rost *m* II *v/t* 3. vergittern

grate[2] [greɪt] I *v/t* 1. *Käse etc* reiben, *Gemüse etc auch* raspeln 2. knirschen *oder* kratzen *oder* quietschen mit 3. *etw* krächzen(d sagen) II *v/i* 4. knirschen; kratzen; quietschen 5. *fig* wehtun (***on s.o.*** j-m): ***grate on s.o.'s ears*** j-m in den Ohren wehtun

grate·ful ['greɪtfʊl] *Adj* dankbar (***to s.o. for s.th.*** j-m für etw)

grat·er ['greɪtə] *s* Reibe *f*, Raspel *f*

grat·i·fi·ca·tion [ˌgrætɪfɪ'keɪʃn] *s* 1. Befriedigung *f*, Genugtuung *f* (***at*** über *Akk*) 2. Freude *f*, Genuss *m*

grat·i·fy ['grætɪfaɪ] *v/t* 1. *j-n*, *Verlangen etc* befriedigen **2.** erfreuen: ***be gratified*** sich freuen (***at*** über *Akk*); ***I am gratified to hear*** ich höre mit Befriedigung *oder* Genugtuung

'grat·i·fy·ing *Adj* erfreulich (***to*** für)

grat·ing ['greɪtɪŋ] *s* Gitter(werk) *n*

gra·tis ['greɪtɪs] **I** *Adv* gratis, umsonst **II** *Adj* unentgeltlich, Gratis…

grat·i·tude ['grætɪtju:d] *s* Dankbarkeit *f*: ***in gratitude for*** aus Dankbarkeit für

gra·tu·i·tous [grə'tju:ɪtəs] *Adj* **1.** → ***gratis*** II **2.** freiwillig **3.** grundlos, unbegründet

gra'tu·i·ty *s* **1.** Zuwendung *f*, Gratifikation *f* **2.** Trinkgeld *n*

grave[1] [greɪv] *Adj* ernst (*Angelegenheit, Stimme, Zustand etc*)

▶ **grave**[2] [greɪv] *s* Grab *n*: ***dig one's own grave*** sich sein eigenes Grab schaufeln; ***turn in one's grave*** sich im Grab (her)umdrehen

'grave,dig·ger *s* Totengräber(in)

grav·el ['grævl] **I** *s* Kies *m* **II** *v/t Prät und Part Perf* **grav·eled**, *bes Br* **grav·elled** mit Kies bestreuen: ***gravel(l)ed path*** Kiesweg *m*

grav·el pit *s* Kiesgrube *f*

'grave·stone *s* Grabstein *m*

'grave·yard *s* Friedhof *m*

grav·i·tate ['grævɪteɪt] *v/i*: ***gravitate toward(s)*** sich hingezogen fühlen zu, neigen zu

,grav·i'ta·tion *s* PHYS Gravitation *f*, Schwerkraft *f*

,grav·i'ta·tion·al *Adj* PHYS Gravitations…: ***gravitational force*** Schwerkraft *f*; ***gravitational pull*** Anziehungskraft *f*

grav·i·ty ['grævətɪ] *s* **1.** Ernst *m* **2.** PHYS Gravitation *f*, Schwerkraft *f*

gra·vy ['greɪvɪ] *s* **1.** Braten-, Fleischsaft *m* **2.** (Braten)Soße *f*

gra·vy boat *s* Soßenschüssel *f*

▶ **gray**, *etc Am* → ***grey***, *etc*

graze[1] [greɪz] *v/i* weiden, grasen

graze[2] [greɪz] **I** *v/t* **1.** streifen **2.** MED sich *das Knie etc* (ab-, auf)schürfen *oder* (auf)schrammen **II** *s* **3.** MED Abschürfung *f*

grease **I** *s* [gri:s] **1.** (*zerlassenes*) Fett **2.** TECH Schmierfett *n*, Schmiere *f* **II** *v/t* [gri:z] **3.** (ein-) fetten, TECH (ab)schmieren: ***like greased lightning*** *ugs* wie ein geölter Blitz

greas·y ['gri:zɪ] *Adj* fett(ig)

▶ **great** [greɪt] *Adj* (→ ***greatly***) **1.** groß, beträchtlich: ***a great many*** sehr viele **2.** groß, bedeutend, wichtig **3.** ausgezeichnet, großartig **4.** *ugs* ***be great at*** gut *oder* groß sein in (*Dat*); ***be great on*** sich begeistern für **5.** *ugs* großartig, herrlich

▶ **Great Brit·ain** [,greɪt'brɪtn] *Eigenn* Großbritannien *n*

▶ **great-grand·child** [,greɪt'grænt∫aɪld] *s* (*unreg* ***child***) Urenkel(in)

,great-'grand,daugh·ter *s* Urenkelin *f*

,great-'grand,fa·ther *s* Urgroßvater *m*

,great-'grand,moth·er *s* Urgroßmutter *f*

,great-'grand,par·ents *s Pl* Urgroßeltern *Pl*

,great-'grand·son *s* Urenkel *m*

great·ly ['greɪtlɪ] *Adv* sehr, überaus

'great·ness *s* Größe *f*, Bedeutung *f*

▶ **Greece** [gri:s] *Eigenn* Griechenland *n*

greed [gri:d] *s* **1.** Gier *f* (***for*** nach): ***greed for power*** Machtgier **2.** Habgier *f*, -sucht *f* **3.** Gefräßigkeit *f*

'greed·i·ness *s* **1.** Gierigkeit *f* **2.** Gefräßigkeit *f*

'greed·y *Adj* **1.** gierig (***for*** auf *Akk*, nach): ***greedy for power*** machtgierig **2.** habgierig, -süchtig **3.** gefräßig

▶ **Greek** [gri:k] **I** *s* **1.** Grieche *m*, Griechin *f* **2.** LING Griechisch *n*: ***it's all Greek to me*** *fig* das sind für mich böhmische Dörfer **II** *Adj* **3.** griechisch

▶ **green** [gri:n] **I** *Adj* **1.** grün: ***have green fingers*** (*oder Am* ***a green thumb***) *fig* einen grünen Daumen haben; ***the lights are green*** die Ampel steht auf Grün; ***give s.o. the green light*** *fig* j-m grünes Licht geben (***on, to*** für); ***green with envy*** grün *oder* gelb vor Neid **2.** *fig* grün, unerfahren **II** *s* **3.** Grün *n*: ***dressed in green*** grün *oder* in Grün gekleidet; ***the lights are at green*** die Ampel steht auf Grün **4.** *Pl* grünes Gemüse

'green·back *s Am ugs* Dollar *m*

green card *s* **1.** *Am* Aufenthaltsgenehmigung *f* **2.** *Br* MOT grüne Versicherungskarte

'green,gro·cer *s bes Br* Obst- und Gemüsehändler(in)

'green·horn *s ugs* Grünschnabel *m*; Neuling *m*

'green·house *s* Gewächs-, Treibhaus *n*: ***greenhouse effect*** Treibhauseffekt *m*; ***greenhouse gas*** Treibhausgas *n*

Green·land ['gri:nlənd] *Eigenn* Grönland *n*

Green·wich Time, **Green·wich Mean Time** ['grenɪdʒ] *s* westeuropäische Zeit

▶ **greet** [gri:t] *v/t* **1.** grüßen **2.** begrüßen, empfangen **3.** *Nachricht etc* aufnehmen

'greet·ing *s* **1.** Gruß *m*, Begrüßung *f* **2.** *Pl* Grüße *Pl*; Glückwünsche *Pl*: ***greetings card*** Glückwunschkarte *f* **3.** *Am* Anrede *f* (*im Brief*)

gre·gar·i·ous [grɪ'geərɪəs] *Adj* **1.** gesellig **2.** ZOOL in Herden lebend, Herden…

gre·nade [grə'neɪd] *s* MIL Granate *f*

grew [gru:] *Prät von* ***grow***

▶ **grey** [greɪ] *bes Br* **I** *Adj* **1.** grau: ***grey area*** Grauzone *f*; ***grey matter*** ANAT graue Substanz; *ugs* Grips *m* **2.** grau(haarig), ergraut **3.** *fig* trüb, düster, grau **II** *s* **4.** Grau *n*: ***dressed in grey*** grau *oder* in Grau gekleidet **III** *v/i* **5.** grau werden, ergrauen: ***greying*** angegraut, grau meliert (*Haare*)

,grey-'haired *Adj* grauhaarig

'grey·hound *s* ZOOL Windhund *m*

grey·ish ['greɪɪ∫] *Adj* grau-, gräulich

grid [grɪd] *s* **1.** Gitter *n*, (Eisen)Rost *m* **2.** ELEK *etc* Versorgungsnetz *n* **3.** GEOG Gitter(netz) *n* (*auf Karten*) **4.** Bratrost *m*

grid·dle ['grɪdl] *s* (rundes) Backblech

'grid,i·ron *s* Bratrost *m*

'grid·lock *s* MOT Verkehrsstau *m*, Verkehrsinfarkt *m*

> **gridlock** LK
>
> Das Wort **gridlock** bezeichnet den völligen Stillstand des Straßenverkehrs, besonders in amerikanischen Städten, deren Straßen eine Art „Gitter" (**grid**) bilden, indem sie parallel von Nord nach Süd und von Ost nach West verlaufen. **Gridlock** entspricht etwa dem deutschen „Verkehrsinfarkt" und kann sich inzwischen auch auf den Autobahnverkehr beziehen.

grief [gri:f] *s* Gram *m*, Kummer *m*: ***come to grief*** zu Schaden kommen; fehlschlagen, scheitern

griev·ance ['gri:vns] *s* **1.** Beschwerde(grund *m*)

f; Missstand *m* **2.** ***nurse a grievance against*** einen Groll hegen gegen
grieve I *v/t* betrüben, bekümmern **II** *v/i* bekümmert sein, sich grämen (***about, over*** über *Akk*, wegen): ***grieve for*** trauern um
'griev·ous *Adj* **1.** schmerzlich, bitter **2.** schwer, schlimm (*Fehler, Verlust etc*): ***grievous bodily harm*** JUR *Br* schwere Körperverletzung
grill [grɪl] **I** *s* **1.** Grill *m* **2.** Grillen *n* **3.** Gegrillte *n* **4.** Grillroom *m* **II** *v/t* **5.** grillen **6.** *ugs j-n* in die Mangel nehmen (*bes Polizei*): ***grill s.o. about*** j-n ausquetschen über (*Akk*) **III** *v/i* **7.** gegrillt werden
'grill·room *s* Grillroom *m*
grim [grɪm] *Adj* **1.** grimmig **2.** erbittert, verbissen **3.** hart, unerbittlich **4.** grausig
gri·mace [grɪ'meɪs] **I** *s* Grimasse *f* **II** *v/i* eine Grimasse *oder* Grimassen schneiden
grime [graɪm] **I** *s* (dicker) Schmutz *oder* Ruß **II** *v/t* beschmutzen
'grim·y *Adj* schmutzig, rußig
grin [grɪn] **I** *v/i* grinsen: ***grin at s.o.*** j-n angrinsen; ***grin and bear it*** gute Miene zum bösen Spiel machen **II** *s* Grinsen *n*
grind [graɪnd] **I** *v/t* (*unreg*) **1.** *Messer etc* schleifen: → ***ax(e)*** 1 **2.** *auch* ***grind down*** (zer)mahlen, zerreiben, -kleinern **3.** *Kaffee etc* mahlen; *Fleisch* durchdrehen **4.** ***grind one's teeth*** mit den Zähnen knirschen **II** *v/i* (*unreg*) **5.** knirschen **6.** *ugs* schuften; pauken, büffeln (***for*** für) **III** *s* **7.** Knirschen **8.** *ugs* Schufterei *f*; Pauken *n*, Büffeln *n*
'grind·er *s* **1.** (*Messer- etc*)Schleifer *m* **2.** (*Kaffee*)Mühle *f*; (*Fleisch*)Wolf *m* **3.** ANAT Backenzahn *m*
'grind·stone *s* Schleifstein *m*: ***keep*** (*oder* ***have***) ***one's nose to the grindstone*** *fig* schuften
grip [grɪp] **I** *s* **1.** Griff *m*: ***come*** (*oder* ***get***) ***to grips with*** aneinandergeraten mit; *fig* sich auseinandersetzen mit **2.** *fig* Herrschaft *f*, Gewalt *f*: ***have*** (*oder* ***keep***) ***a grip on*** *etw* in der Gewalt haben, *Zuhörer etc* fesseln **3.** (Hand-)Griff *m* (*eines Koffers etc*) **II** *v/t* (*Am auch unreg*) **4.** ergreifen, packen **5.** *fig j-n* packen (*Furcht etc*), *Zuhörer etc* fesseln
gripe [graɪp] **I** *v/t* **1.** *Am ugs* ärgern **II** *v/i* **2.** Bauchschmerzen haben **3.** *ugs* (***about***) meckern (über *Akk*), nörgeln (an *Dat*, über *Akk*): ***gripe at*** *j-n* anmeckern **III** *s* **4.** *meist Pl* Bauchschmerzen *Pl*
grip·ping ['grɪpɪŋ] *Adj* packend, fesselnd
gris·ly ['grɪzlɪ] *Adj* grässlich, schrecklich
grist [grɪst] *s* Mahlgut *n*: ***it's all grist to the mill*** *fig* daraus ist Kapital zu schlagen
gris·tle ['grɪsl] *s* Knorpel *m*
'gris·tly *Adj* knorp(e)lig
grit [grɪt] **I** *s* **1.** (grober) Sand, Kies *m* **2.** Streusand *m* **3.** *fig* Mut *m* **II** *v/t* **4.** *Straße etc* sanden, streuen **5.** ***grit one's teeth*** die Zähne zs.-beißen (*auch fig*)
griz·zle ['grɪzl] *v/i Br ugs* **1.** quengeln **2.** sich beklagen (***about*** über *Akk*)
griz·zly ['grɪzlɪ] **I** *Adj* grau(haarig) **II** *s auch* ***grizzly bear*** ZOOL Grizzly(bär) *m*
groan [grəʊn] **I** *v/i* **1.** stöhnen, ächzen (***with*** vor *Dat*) **2.** ächzen, knarren (***under*** unter *Dat*) (*Fußboden etc*) **II** *s* **3.** Stöhnen *n*, Ächzen *n*
►**gro·cer** ['grəʊsə] *s* Lebensmittelhändler(in)
'gro·cer·y *s* **1.** Lebensmittelgeschäft *n* **2.** *Pl* Lebensmittel *Pl*
grog·gy ['grɒgɪ] *Adj ugs* **1.** groggy (*auch Boxen*) **2.** wacklig (*Tisch etc*)
groin [grɔɪn] *s* ANAT Leiste(ngegend) *f*
►**groom** [gruːm] **I** *s* **1.** Pferdepfleger *m*, Stallbursche *m* **2.** Bräutigam *m* **II** *v/t* **3.** *Pferde* versorgen, pflegen **4.** *Person, Kleidung* pflegen
groove [gruːv] **I** *s* **1.** Rinne *f*, Furche *f* **2.** TECH Rille *f* (*auch einer Schallplatte*), Nut *f* **3.** *fig* ausgefahrenes Gleis **II** *v/t* TECH rillen, nuten
grope [grəʊp] **I** *v/i* tasten (***for*** nach): ***grope about*** (*oder* ***around***) herumtappen, -tasten; ***grope in the dark*** *fig* im Dunkeln tappen **II** *v/t*: ***grope one's way*** sich vorwärts tasten
gross [grəʊs] **I** *Adj* **1.** Brutto…: ***gross domestic product*** BIP, Bruttoinlandsprodukt *n*; ***gross national product*** Bruttosozialprodukt *n* **2.** schwer, grob (*Fehler etc*), schreiend (*Ungerechtigkeit*), stark, maßlos (*Übertreibung*): ***gross negligence*** JUR grobe Fahrlässigkeit **3.** unfein, derb **4.** dick, feist **II** *s* **5.** *das* Ganze **6.** *Pl* ***gross*** Gros *n* (*12 Dutzend*) **III** *v/t* **7.** brutto verdienen *oder* einnehmen
gro·tesque [grəʊ'tesk] *Adj* grotesk
grot·to ['grɒtəʊ] *Pl* **grot·tos, grot·toes** *s* Grotte *f*
grouch [graʊtʃ] *ugs* **I** *v/i* (***about***) meckern (über *Akk*) **II** *s* Nörgler(in)
'grouch·y *Adj ugs* nörglerisch
ground[1] [graʊnd] **I** *Prät und Part Perf von* **grind II** *Adj* gemahlen (*Kaffee etc*): ***ground meat*** *Am* Hackfleisch *n*
►**ground**[2] [graʊnd] **I** *s* **1.** (Erd)Boden *m*, Erde *f*: ***above ground*** oberirdisch; BERGB über Tage; ***below ground*** BERGB unter Tage; ***break new*** (*oder* ***fresh***) ***ground*** Land urbar machen, *auch fig* Neuland erschließen; ***fall to the ground*** zu Boden fallen; *fig* sich zerschlagen, ins Wasser fallen **2.** Boden *m*, Gebiet *n* (*auch fig*): ***gain ground*** (an) Boden gewinnen, *fig auch* um sich greifen **3.** Grundbesitz *m* **4.** *oft Pl* SPORT Platz *m* **5.** *fig* Standpunkt *m*: ***hold*** (*oder* ***stand***) ***one's ground*** sich *oder* seinen Standpunkt behaupten **6.** *fig* (Beweg)Grund *m*: ***on the ground of*** aufgrund von (*oder Gen*); ***on grounds of age*** aus Altersgründen; ***on the ground that*** mit der Begründung, dass **7.** *Pl* (Boden)Satz *m* **8.** ELEK *Am* Erde *f*, Erdung *f* **II** *v/t* **9.** *fig* gründen, stützen (***on, in*** auf *Akk*) **10.** FLUG Startverbot erteilen (*Dat*) **11.** ELEK *Am* erden **III** *v/i* **12.** SCHIFF auflaufen
'ground-ˌbreak·ing *Adj* bahnbrechend, wegweisend
ground ca·ble *s* ELEK *Am* Massekabel *n*
ground crew *s* FLUG Bodenpersonal *n*
ground floor *s Br* Erdgeschoss *n*
ground frost *s* Bodenfrost *m*
ground·less ['graʊndlɪs] *Adj* grundlos, unbegründet
'ground·nut *s* BOT Erdnuss *f*
ground plan *s* ARCHI Grundriss *m*
ground staff *s* FLUG *Br* Bodenpersonal *n*
ground wa·ter *s* Grundwasser *n*
'ground-ˌwa·ter lev·el *s* Grundwasserspiegel *m*
'ground·work *s* ARCHI Fundament *n* (*auch fig*)
►**group** [gruːp] **I** *s* **1.** Gruppe *f*: ***group of islands*** Inselgruppe **2.** WIRTSCH Gruppe *f*, Konzern *m* **II** *v/t* **3.** eingruppieren (***into*** in *Akk*) **4.** zu einer Gruppe zs.-stellen **III** *v/i* **5.** sich gruppieren
group dy·nam·ics *s Sg Sozialpsychologie*: Gruppendynamik *f*
group sex *s* Gruppensex *m*
group ther·a·py *s* MED, PSYCH Gruppentherapie *f*

group

Group kann als Singular (die Gesamtheit bezeichnend) oder als Plural (in Bezug auf einzelne Mitglieder) aufgefasst werden:

The group has / have decided to stay here.	Die Gruppe hat beschlossen, hier zu bleiben.

grouse [graʊs] → ***grouch*** I
grove [grəʊv] *s* Wäldchen *n*, Gehölz *n*
grov·el ['grɒvl] *v/i Prät und Part Perf* **grov·eled**, *bes Br* **grov·elled**: ***grovel before*** (*oder* ***to***) ***s.o.*** *fig* vor j-m kriechen
'**grov·el·er**, '**grov·el·ler** *s* Kriecher(in)
'**grov·el·ing**, '**grov·el·ling** *Adj* kriecherisch
▶**grow** [grəʊ] (*unreg*) **I** *v/i* **1.** wachsen: ▶ ***grow up*** auf-, heranwachsen; ***grow out of*** **a)** herauswachsen aus (*einem Kleidungsstück*), **b)** *einer Angewohnheit etc* entwachsen **2.** *fig* zunehmen (***in*** an *Dat*), anwachsen **3.** *fig* (*bes* allmählich) werden: ***grow less*** sich vermindern **II** *v/t* **4.** *Gemüse etc* anbauen, anpflanzen, *Blumen etc* züchten **5.** ***grow a beard*** sich einen Bart wachsen lassen
'**grow·er** *s* Pflanzer(in), Züchter(in), *in Zssgn* …bauer *m*
growl [graʊl] **I** *v/i* **1.** knurren (*Hund*), brummen (*Bär*) (*beide auch Person*): ***growl at*** *j-n* anknurren **2.** (g)rollen (*Donner*) **II** *v/t* **3.** *oft* ***growl out*** *Worte* knurren, brummen **III** *s* **4.** Knurren *n*, Brummen *n* **5.** (G)Rollen *n*
grown [grəʊn] *Part Perf von* ***grow***
'**grown-up I** *Adj* [*auch* ˌgrəʊn'ʌp] **1.** erwachsen **2.** (nur) für Erwachsene; Erwachsenen… **II** *s* **3.** Erwachsene *m, f*
▶**growth** [grəʊθ] *s* **1.** Wachsen *n*, Wachstum *n* **2.** Wuchs *m*, Größe *f* **3.** *fig* Zunahme *f*, Anwachsen *n* (***in*** *Gen*) **4.** Anbau *m* **5.** MED Gewächs *n*, Wucherung *f*
growth in·dus·try *s* WIRTSCH Wachstumsindustrie *f*
growth rate *s* WIRTSCH Wachstumsrate *f*
grub [grʌb] **I** *v/i* **1.** graben **2.** stöbern, wühlen (***among, in*** in *Dat*; ***for*** nach) **II** *v/t* **3.** *oft* ***grub up*** (*oder* ***out***) ausgraben, *fig auch* aufstöbern **III** *s* **4.** ZOOL Made *f*, Larve *f* **5.** *sl* Futter *n* (*Essen*)
'**grub·by** *Adj* schmudd(e)lig, schmutzig
grudge [grʌdʒ] **I** *v/t* **1.** missgönnen (***s.o. s.th.*** j-m etw) **2.** ***grudge doing s.th.*** etw nur widerwillig *oder* ungern tun **II** *s* **3.** Groll *m*: ***bear s.o. a grudge*** einen Groll auf j-n haben
'**grudg·ing** *Adj* **1.** missgünstig **2.** widerwillig
gru·el ['grʊəl] *s* Haferschleim *m*
'**gru·el·ing**, '**gru·el·ling** *Adj fig* aufreibend, zermürbend
grue·some ['gruːsəm] *Adj* grausig, schauerlich
gruff [grʌf] *Adj* **1.** schroff, barsch **2.** rau (*Stimme*)
grum·ble ['grʌmbl] **I** *v/i* **1.** murren (***at, about, over*** über *Akk*) **2.** → ***growl*** 2 **II** *v/t* **3.** murren **III** *s* **4.** Murren **5.** → ***growl*** 5
grump·y ['grʌmpɪ] *Adj* mürrisch
grung·y ['grʌndʒɪ] *Adj bes Am ugs* eklig, mies
grunt [grʌnt] **I** *v/i* **1.** grunzen (*Schwein, auch Person*) **2.** murren, brummen (***at*** über *Akk*) **II** *v/t* **3.** grunzen, murren, brummen **III** *s* **4.** Grunzen *n*
'**G-string** *s etwa* Tanga(slip) *m*
guar·an·tee [ˌgærən'tiː] **I** *s* **1.** Garantie *f* (***on*** auf *Akk*, für): ***the watch is still under guarantee*** auf der Uhr ist noch Garantie; ***guarantee*** (***card***) Garantiekarte *f*, -schein *m* **2.** Kaution *f*, Sicherheit *f* **3.** Bürge *m*, Bürgin *f*, Garant(in) **II** *v/t* **4.** (sich ver)bürgen für, Garantie leisten für **5.** garantieren
guar·an·tor [ˌgærən'tɔː] → ***guarantee*** 3
▶**guard** [gɑːd] **I** *v/t* **1.** bewachen, wachen über (*Akk*); behüten, beschützen (***against, from*** vor *Dat*): ***a closely guarded secret*** ein streng gehütetes Geheimnis **2.** bewachen, beaufsichtigen **II** *v/i* **3.** sich hüten *oder* in Acht nehmen *oder* schützen (***against*** vor *Dat*) **III** *s* **4.** Wache *f*, (Wach)Posten *m*, Wächter(in); Aufseher(in), Wärter(in) **5.** Wache *f*, Bewachung *f*: ***be on guard*** Wache stehen **6.** BAHN *Br* Schaffner(in), *schweiz.* Kondukteur(in); *Am* Bahnwärter(in) **7.** Garde *f*: ***guard of hono***(***u***)***r*** Ehrengarde **8.** *fig* Wachsamkeit *f*: ***be on*** (***off***) ***one's guard*** (nicht) auf der Hut sein (***against*** vor *Dat*) **9.** *Boxen etc*: Deckung *f*
guard dog *s* Wachhund *m*
guard du·ty *s* Wachdienst *m*: ***be on guard duty*** Wache haben
guard·ed ['gɑːdɪd] *Adj* vorsichtig, zurückhaltend, (*Optimismus*) verhalten, gedämpft
guard·i·an ['gɑːdjən] *s* **1.** Hüter(in), Wächter(in): ***guardian angel*** Schutzengel *m* **2.** JUR Vormund *m*
'**guard·i·an·ship** *s* JUR Vormundschaft *f* (***of*** über *Akk*, für): ***be*** (***place***) ***under the guardianship of*** unter *j-s* Vormundschaft stehen (stellen)
'**guard·rail** *s* **1.** Handlauf *m* **2.** MOT *Am* Leitplanke *f*
guards·man ['gɑːdzmən] *s* (*unreg* ***man***) MIL Gardist *m*
gue·ril·la, **guer·ril·la** [gə'rɪlə] *s* MIL Guerilla *m*: ***gue***(***r***)***rilla war*** Gurerillakrieg *m*
▶**guess** [ges] **I** *v/t* **1.** schätzen (***at*** auf *Akk*) **2.** (er)raten **3.** ahnen, vermuten **4.** *bes Am ugs* glauben, meinen, annehmen **II** *v/i* **5.** schätzen (***at s.th.*** etw) **6.** raten: ***guessing game*** Ratespiel *n* **III** *s* **7.** Schätzung *f*, Vermutung *f*: ***at a guess*** schätzungsweise; ***I'll give you three guesses*** dreimal darfst du raten; → ***educated*** 2, ***rough*** 5, ***wild*** 5
'**guess·work** *s* (reine) Vermutung(en *Pl*)
▶**guest** [gest] **I** *s* Gast *m* **II** *Adj* **a)** Gast…: ***guest speaker*** Gastredner(in), **b)** Gäste…: ***guest list***
'**guest·house** *s* **1.** Gästehaus *n* **2.** Pension *f*, Fremdenheim *n*
guest room *s* Gast-, Gäste-, Fremdenzimmer *n*
guf·faw [gʌ'fɔː] **I** *s* schallendes Gelächter **II** *v/i* schallend lachen
guid·ance ['gaɪdns] *s* **1.** Leitung *f*, Führung *f* **2.** Anleitung *f*, Unterweisung *f*: ***for your guidance*** zu Ihrer Orientierung **3.** (*Berufs-, Ehe- etc*)Beratung *f*
▶**guide** [gaɪd] **I** *v/t* **1.** *j-n* führen, *j-m* den Weg zeigen **2.** *fig* lenken, leiten **3.** *etw, auch j-n* bestimmen: ***be guided by*** sich leiten lassen von **4.** anleiten **II** *s* **5.** (*Reise-, Berg- etc*)Führer(in) **6.** (*Reise- etc*)Führer *m* (***to*** durch, von) (*Buch*): ***guide to London*** London-Führer **7.** (***to***) Leitfaden *m* (*Gen*), Einführung *f* (in *Akk*), Handbuch *n* (*Gen*)
'**guide·book** → ***guide*** 7
guid·ed ['gaɪdɪd] *Adj* **1.** ***guided tour*** Führung *f* (***of*** durch) **2.** MIL, TECH (fern)gelenkt, (-)ge-

steuert: ***guided missile*** Lenkflugkörper *m*
guide dog *s* Blindenhund *m*
'guide·lines *s Pl* Richtlinien *Pl* (**on** *Gen*)
guid·ing ['gaɪdɪŋ] *Adj* leitend: ***guiding principle*** Leitprinzip *n*
guild [gɪld] *s* **1.** *hist* Gilde *f*, Zunft *f* **2.** Vereinigung *f*, Gesellschaft *f*
guile [gaɪl] *s* (Arg)List *f*, Tücke *f*
'guile·less *Adj* arglos
guil·lo·tine [ˌgɪlə'tiːn] **I** *s* Guillotine *f*, Fallbeil *n* **II** *v/t* durch die Guillotine *oder* mit dem Fallbeil hinrichten
guilt [gɪlt] *s* Schuld *f*: ***guilt complex*** Schuldkomplex *m*
▶**guilt·y** ['gɪltɪ] *Adj* **1.** schuldig (**of** *Gen*): → ***plea*** 2, ***plead*** 2 **2.** schuldbewusst: ***a guilty conscience*** ein schlechtes Gewissen (***about*** wegen)
guin·ea pig ['gɪnɪ] *s* **1.** ZOOL Meerschweinchen *n* **2.** *fig* Versuchskaninchen *n*
guise [gaɪz] *s*: ***in the guise of*** als … (verkleidet); ***under*** (*oder* ***in***) ***the guise of*** *fig* unter dem Deckmantel (*Gen*)
▶**gui·tar** [gɪ'tɑː] *s* MUS Gitarre *f*
gui'tar·ist *s* Gitarrist(in)
gulch [gʌlʃ] *s bes Am* (Berg)Schlucht *f*
gulf [gʌlf] *s* **1.** Golf *m*, Meerbusen *m*: ***Gulf States*** Golfstaaten *Pl* **2.** Abgrund *m* (*auch fig*) **3.** *fig* Kluft *f*
gull [gʌl] *s* ORN Möwe *f*
gul·let ['gʌlɪt] *s* **1.** ANAT Speiseröhre *f* **2.** Gurgel *f*, Kehle *f*
gul·li·ble ['gʌləbl] *Adj* leichtgläubig
gul·ly ['gʌlɪ] *s* **1.** (Wasser)Rinne *f* **2.** TECH Gully *m*: ***gully*** (***drain***) Abzugskanal *m*
gulp [gʌlp] **I** *v/t* **1.** *oft* ***gulp down*** *Getränk* hinunterstürzen, *Speise* hinunterschlingen **2.** ***gulp back*** *Tränen etc* hinunterschlucken **II** *s* **3.** (großer) Schluck: ***at one gulp*** auf 'einen Zug
gum¹ [gʌm] *s oft Pl* ANAT Zahnfleisch *n*
gum² [gʌm] **I** *s* **1.** Gummi *m, n*, Kautschuk *m* **2.** Klebstoff *m*, *bes* Gummilösung *f* **II** *v/t* **3.** gummieren **4.** (an-, ver)kleben
gump·tion ['gʌmpʃn] *s ugs* **1.** Grips *m* **2.** Mumm *m*, Schneid *m*
▶**gun** [gʌn] **I** *s* **1.** MIL Geschütz *n*, Kanone *f*: ***stick to one's guns*** *ugs* festbleiben, nicht nachgeben **2.** Gewehr *n*; Pistole *f*, Revolver *m* **3.** SPORT Startpistole *f*; Startschuss *m*: → ***jump*** 9 **4.** *Tankstelle*: Zapfpistole *f* **II** *v/t* **5.** ***gun down*** niederschießen
'gun·fight *s* Feuergefecht *n*, Schießerei *f*, Schusswechsel *m*
gun li·cence (*Am* **gun li·cense**) *s* Waffenschein *m*
gun·man ['gʌnmən] *s* (*unreg* ***man***) **1.** Bewaffnete *m* **2.** Revolverheld *m*
'gun·point *s*: ***at gunpoint*** mit vorgehaltener Waffe, mit Waffengewalt
'gunˌpow·der *s* Schießpulver *n*
'gunˌrun·ner *s* Waffenschmuggler(in)
'gunˌrun·ning *s* Waffenschmuggel *m*
'gun·shot *s* **1.** Schuss *m* **2.** *auch* ***gunshot wound*** Schusswunde *f*, -verletzung *f* **3.** Schussweite *f*: ***within*** (***out of***) ***gunshot*** in (außer) Schussweite
gur·gle ['gɜːgl] *v/i* gurgeln: **a)** gluckern (*Wasser*), **b)** glucksen (***with*** vor *Dat*) (*Person, Stimme*)
gu·ru ['guruː] *s* Guru *m*
gush [gʌʃ] **I** *v/i* **1.** strömen, schießen (***from*** aus) **2.** *ugs* schwärmen (***over*** von) **II** *s* **3.** Schwall *m*, Strom *m* (*beide auch fig*) **4.** *ugs* Schwärmerei *f*
'gush·er *s* **1.** *ugs* Schwärmer(in) **2.** Springquelle *f* (*Erdöl*)
'gush·ing, **'gush·y** *Adj ugs* schwärmerisch
gus·set ['gʌsɪt] *s Schneiderei*: Zwickel *m*, Keil *m*
gust [gʌst] *s* **1.** Windstoß *m*, Bö *f* **2.** *fig* (Gefühls)Ausbruch *m*: ***gust of anger*** Wutanfall *m*
gus·to ['gʌstəʊ] *s* Begeisterung *f*, Genuss *m*
gus·ty ['gʌstɪ] *Adj* **1.** böig **2.** stürmisch (*auch fig*)
gut [gʌt] **I** *s* **1.** *Pl bes* ZOOL Eingeweide *Pl*, Gedärme *Pl*: ***hate s.o.'s guts*** *ugs* j-n hassen wie die Pest **2.** ANAT Darm *m* **3.** *oft Pl ugs* Bauch *m* **4.** *Pl ugs* Mumm *m*, Schneid *m* **II** *v/t* **5.** ausweiden, -nehmen
'gut·less *Adj ugs* ohne Mumm *oder* Schneid
'guts·y *Adj ugs* **1.** mutig **2.** verfressen
gut·ter ['gʌtə] **I** *s* **1.** Gosse *f* (*auch fig*), Rinnstein *m* **2.** Dachrinne *f* **II** *v/i* **3.** tropfen (*Kerze*)
gut·ter press *s* Skandal-, Sensationspresse *f*
'gut·ter·snipe *s* Gassenkind *n*
gut·tur·al ['gʌtərəl] **I** *Adj* Kehl…, guttural (*beide auch* LING), kehlig **II** *s* LING Guttural *m*, Kehllaut *m*
▶**guy** [gaɪ] *s ugs* Kerl *m*, Typ *m*: ***guys*** Leute; ***are you guys going?*** geht ihr?; ***he's a nice guy*** er ist ein netter Kerl
guz·zle ['gʌzl] *v/t* **1.** (*auch v/i*) saufen; fressen **2.** *Geld* verprassen, *bes* versaufen
gym [dʒɪm] *s ugs* **1.** Turn-, Sporthalle *f* **2.** Fitnesscenter *n*
gym shoes *Pl* Turnschuhe *Pl*;
gym teacher *s* Turnlehrer(in)
gym·na·si·um [dʒɪm'neɪzjəm] *Pl* **gym·na·si·ums**, **gym·na·si·a** [dʒɪm'neɪzɪə] *s* Turn-, Sporthalle *f*
gym·nast ['dʒɪmnæst] *s* Turner(in)
gym'nas·tic **I** *Adj* (***gymnastically***) **1.** turnerisch, Turn…, gymnastisch, Gymnastik… **II** *s* **2.** ***gymnastics*** *Sg* Turnen *n*, Gymnastik *f* **3.** ***mental gymnastics*** *Pl* Gehirnakroba-tik *f*
gyn·e·co·log·i·cal, **gyn·ae·co·log·i·cal** [ˌgaɪnəkə'lɒdʒɪkl] *Adj* MED gynäkologisch
gyn·e·col·o·gist, **gyn·ae·col·o·gist** [ˌgaɪnə'kɒlədʒɪst] *s* Gynäkologe *m*, Gynäkologin *f*, Frauenarzt *m*, -ärztin *f*
ˌgyn·e'col·o·gy, **ˌgyn·ae'col·o·gy** *s* Gynäkologie *f*
gyp [dʒɪp] *sl* **I** *v/t* **1.** bescheißen **II** *s* **2.** Gauner(in) **3.** Beschiss *m*
gyp·sum ['dʒɪpsəm] *s* MIN Gips *m*
gyp·sy *bes Am* → ***gipsy***
gy·rate [ˌdʒaɪə'reɪt] *v/i* kreisen, sich (im Kreis) drehen
ˌgy'ra·tion *s* Kreisbewegung *f*, Drehung *f*

G

H

H [eɪtʃ] *Pl* **H's** ['eɪtʃɪz] *s* **1.** H *n* **2.** ***drop one's H's*** das H nicht aussprechen **3.** *sl* H [eɪtʃ] *n* (*Heroin*)
ha [hɑː] *Interj* ha!, ah!
ha·be·as cor·pus [ˌheɪbjəs'kɔːpəs] *s auch* ***writ of habeas corpus*** JUR gerichtliche Anordnung eines Haftprüfungstermins
hab·er·dash·er ['hæbədæʃə] *s* **1.** *Br* Kurzwarenhändler(in) **2.** *Am* Herrenausstatter(in)
▶**hab·it** ['hæbɪt] *s* **1.** (An)Gewohnheit *f*: ***out of habit*** aus Gewohnheit; ***get into a habit*** eine Gewohnheit annehmen; ***get into*** (***out of***) ***the habit of smoking*** sich das Rauchen angewöhnen (abgewöhnen); ***be in the habit of doing s.th.*** die Angewohnheit haben, etw zu tun **2.** (Ordens)Tracht *f*
hab·it·a·ble ['hæbɪtəbl] bewohnbar
hab·i·tat ['hæbɪtæt] *s* BOT, ZOOL Standort *m*, Heimat *f*
ha·bit·u·al [hə'bɪtʃʊəl] *Adj* **1.** gewohnheitsmäßig, Gewohnheits…: ***habitual criminal*** Gewohnheitsverbrecher(in) **2.** gewohnt, ständig: ***be habitually late*** ständig zu spät kommen
hack [hæk] **I** *v/t* **1.** (zer)hacken: ***hack to pieces*** (*oder* ***bits***) in Stücke hacken; *fig Ruf etc* zerstören **II** *v/i* **2.** *auch* ***hack away*** einhauen (auf *Akk*) **3.** trocken und stoßweise husten: ***hacking cough*** *siehe* 5 **4.** ***hack into a computer system*** in ein Computersystem eindringen **III** *s* **5.** Hieb *m* **6.** trockener, stoßweiser Husten **7.** *pej* Journalist(in)
hack·er ['hækə] *s* COMPUTER Hacker(in)
hack·le ['hækl] *s*: ***get s.o.'s hackle up*** j-n wütend machen
hack·neyed ['hæknɪd] *Adj* abgedroschen
had [hæd] *Prät und Part Perf von* ***have***
had·dock ['hædək] *s* ZOOL Schellfisch *m*
hae·mo·glo·bin [ˌhiːməʊ'gləʊbɪn] *s* PHYSIOL *bes Br* Hämoglobin *n*
hae·mo·phile ['hiːməʊfaɪl] *s* MED *bes Br* Bluter *m*
hae·mo·phil·i·a [ˌhiːməʊ'fɪlɪə] *s bes Br* Bluterkrankheit *f*
haem·or·rhage ['hemərɪdʒ] *s* MED *bes Br* Blutung *f*
haem·or·rhoids ['hemərɔɪdz] *s Pl* MED *bes Br* Hämorr(ho)iden *Pl*
haft [hɑːft] *s* Griff *m*, Heft *n* (*bes einer Stichwaffe*), Stiel *m* (*einer Axt*)
hag [hæg] *s* hässliches altes Weib, Hexe *f*
hag·gard ['hægəd] *Adj* **1.** wild (*Blick*) **2.** abgehärmt; abgespannt; abgezehrt, hager
haggis Dieses schottische Nationalgericht besteht aus gehackten Schafsinnereien, die mit Hafergrütze, Nierentalg und Zwiebeln gemischt und in einem Schafsmagen oder (häufiger) Kunststoffbeutel gekocht werden.
hag·gle ['hægl] *v/i* feilschen, handeln, schachern (***about, over*** um)
Hague [heɪg] *Eigenn* ***the Hague*** Den Haag
hail[1] [heɪl] **I** *s* **1.** Hagel *m* (*auch fig von Flüchen, Fragen etc*) **II** *v/i* **2.** *unpers* hageln **3.** ***hail down*** *fig* niederhageln, -prasseln (***on*** auf *Akk*)
hail[2] [heɪl] **I** *v/t* **1.** *j-m* zujubeln **2.** *j-n, Taxi etc* herbeirufen *oder* -winken **3.** *fig etw* begrüßen **II** *s* **4.** (Zu)Ruf *m*: ***within hail*** in Rufweite
'hail·stone *s* Hagelkorn *n*, (Hagel-)Schloße *f*
'hail·storm *s* Hagelschauer *m*
▶**hair** [heə] *s* (*einzelnes*) Haar; *Koll* Haar *n*, Haare *Pl*: ***do one's hair*** sich die Haare richten, sich frisieren; ***keep your hair on!*** *ugs* reg dich ab!; ***let one's hair down*** sich ungezwungen benehmen; aus sich herausgehen; ***split hairs*** Haarspalterei treiben; ***tear one's hair*** (***out***) sich die Haare raufen; ***without turning a hair*** ohne mit der Wimper zu zucken

hair — GR

⚠ Achten Sie auf die Bedeutung von Singular- und Pluralform:

hair	(einzelnes) Haar; (alle Kopf)Haare
hairs	(einzelne) Haare

hair·breadth ['heəbretθ] *s*: ***by a hairbreadth*** um Haaresbreite
'hair·brush *s* Haarbürste *f*
▶**hair·cut** ['heəkʌt] *s* Haarschnitt *m*: ***have a haircut*** sich die Haare schneiden lassen
▶**hair·do** ['heəduː] *Pl* **hair·dos** *s ugs* Frisur *f*
▶**hair·dress·er** ['heəˌdresə] *s* Friseur *m*, Friseuse *f*
'hairˌdress·ing *s* Frisieren *n*: ***hairdressing salon*** Friseur-, Frisiersalon *m*
'hair-ˌdri·er *s* Haartrockner *m*
haired [heəd] *Adj in Zssgn* …haarig
hair gel *s* Haargel *n*
hair grip *s* (Haar)Klemmchen *n*
'hair·less *Adj* unbehaart, kahl
'hair·line *s* **1.** Haaransatz *m* **2.** *auch* ***hairline crack*** TECH Haarriss *m*
'hair·piece *s* Haarteil *n* (*für Frauen*), Toupet *n* (*für Männer*)
'hair·pin *s* **1.** Haarnadel *f* **2.** *auch* ***hairpin bend*** Haarnadelkurve *f*
'hair-ˌrais·ing *Adj* haarsträubend
hair re·stor·er *s* Haarwuchsmittel *n*
hair slide *s Br* Haarspange *f*
'hairˌsplit·ting **I** *s* Haarspalterei *f* **II** *Adj* haarspalterisch
hair spray *s* Haarspray *m*, *n*
'hair·style *s* Frisur *f*

Hairstyles — WF

Afro	Afrolook
bald head [bɔːld]	Kahlkopf
bald patch	Glatze, Platte
bob	Bubikopf
bun	(Haar)Knoten

crew cut	Bürstenschnitt
curls	Locken
dreadlocks ['dredlɒks]	Dreadlocks, zusammengedrehte Haarsträhnen
flattop	Bürstenschnitt (*oben waagerecht geschnitten*)
fringe, *Am* **bangs**	Pony
frizz	Krauskopf, gekräuseltes Haar
highlights	(blondierte) Strähnchen
mohican [məʊ'hiːkən, 'məʊɪkən]	Irokesenschnitt
pageboy	Pagenschnitt, Pagenkopf
parting	Scheitel
side parting	Seitenscheitel
centre parting	Mittelscheitel
perm	Dauerwelle
pigtail	Zopf
plaits [plæts], *Am* **braids** [breɪdz]	Zöpfe
ponytail	Pferdeschwanz
short back and sides	Kurzhaarschnitt
straight hair	glattes Haar
wavy hair	welliges Haar
wig	Perücke

hair styl·ist *s* Hairstylist(in)

hair·y ['heərɪ] *Adj* **1.** haarig, behaart **2.** *ugs* haarig, schwierig; gefährlich

hale [heɪl] *Adj* gesund, kräftig, rüstig: ***hale and hearty*** gesund und munter

▶**half** [hɑːf] **I** *Adj* **1.** halb: ***half a mile*** eine halbe Meile; ***two and a half pounds*** zweieinhalb Pfund; → ***mind*** 5 **II** *Adv* **2.** halb, zur Hälfte: ***half as long*** halb so lang; ***half past two*** halb drei **3.** halb(wegs), fast, nahezu: ***half dead*** halb tot; ***not half bad*** *ugs* gar nicht übel; ***I half suspect*** ich vermute fast **III** *Pl* ***halves*** [hɑːvz] *s* **4.** Hälfte *f*: ***cut in(to) halves*** (*oder* ***in half***) halbieren; ***go halves with s.o. in*** (*oder* ***on***) ***s.th.*** etw mit j-m teilen **5.** SPORT **a)** (Spiel)Hälfte *f*, Halbzeit *f*, **b)** (*auch* ***half of the field*** Spielfeld)Hälfte *f*

Der unbestimmte Artikel bei half	
Der unbestimmte Artikel erscheint in der Regel nach **half**:	
We only met half an hour ago.	Wir haben uns erst vor einer halben Stunde kennen gelernt.
Im amerikanischen Englisch kann der unbestimmte Artikel auch vor **half** auftreten.	
We only met a half hour ago.	

ˌhalf-'baked *Adj ugs* nicht durchdacht, unausgegoren (*Plan etc*); grün (*Person*)

'half-breed *s* Mischling *m*, Halbblut *n*

half broth·er *s* Halbbruder *m*

half-caste ['hɑːfkɑːst] → ***half-breed***

ˌhalf-'heart·ed *Adj* halbherzig

'half-life *s* (*unreg* ***life***) PHYS Halbwertzeit *f*

ˌhalf-'mast *s*: ***fly at half-mast*** **a)** *auch* ***put at half-mast*** auf halbmast setzen, **b)** auf halbmast wehen

half meas·ure *s* Halbheit *f*, halbe Sache

half moon *s* Halbmond *m*

half·pen·ny ['heɪpnɪ] *s hist* **1.** *Pl* **half·pence** ['heɪpəns] halber Penny **2.** *Pl* **'half·pen·nies** ['heɪpənɪz] Halbpennystück *n*

'half·pipe *s* Halfpipe *f* (*Halbröhre zum Trickfahren*)

ˌhalf-'price *Adj und Adv* zum halben Preis

'half-seas o·ver *Adj. ugs* **a)** blau (*betrunken*), **b)** angesäuselt

half sis·ter *s* Halbschwester *f*

'half-ˌtim·ber(ed) *Adj* ARCHI Fachwerk…

half time *s* SPORT Halbzeit *f* (*Pause*): ***at half time*** bei *oder* zur Halbzeit

ˌhalf-'time I *Adj* **1.** Halbtags…: ***half-time job*** **2.** SPORT Halbzeit…: ***half-time interval*** Halbzeitpause *f*; ***half-time score*** Halbzeitstand *m* **II** *Adv* **3.** halbtags: ***work half-time***

'half-truth *s* Halbwahrheit *f*

ˌhalf'way I *Adj* **1.** auf halbem Weg *oder* in der Mitte (liegend) **2.** *fig* halb, teilweise **II** *Adv* **3.** auf halbem Weg, in der Mitte: ***meet s.o. halfway*** *bes fig* j-m auf halbem Weg entgegenkommen **4.** teilweise, halb(wegs)

'half-wit *s* Schwachkopf *m*, Trottel *m*

ˌhalf-'year·ly *Adj und Adv* halbjährlich

hal·i·but ['hælɪbət] *s* ZOOL Heilbutt *m*

hal·i·to·sis [ˌhælɪ'təʊsɪs] *s* übler Mundgeruch

▶**hall** [hɔːl] *s* **1.** Halle *f*, Saal *m* **2.** Diele *f*, Flur *m* **3.** UNI **a)** *auch* ***hall of residence*** Studentenheim *n*, **b)** Speisesaal *m*

hal·le·lu·jah [ˌhælɪ'luːjə] **I** *s* Halleluja *n* **II** *Interj* halleluja!

'hall·mark I *s* **1.** *Br* Feingehaltsstempel *m* **2.** *fig* (Kenn)Zeichen *n*, Merkmal *n* **II** *v/t* **3.** *Br Gold, Silber* stempeln **4.** *fig* kennzeichnen

hal·lo *bes Br* → ***hello***

Hal·low·een [ˌhæləʊ'iːn] *s* Abend *m* vor Allerheiligen (*an dem sich Kinder verkleiden und von Tür zu Tür ziehen*)

hall por·ter *s bes Br* Hausdiener(in) (*im Hotel*)

'hall·stand *s* Garderoben-, Kleiderständer *m*; (Flur)Garderobe *f*

hal·lu·ci·nate [hə'luːsɪneɪt] *v/i* halluzinieren

halˌlu·ci'na·tion *s* Halluzination *f*

ha·lo ['heɪləʊ] *Pl* **ha·los, ha·loes** *s* **1.** Heiligenschein *m* **2.** ASTR Hof *m*

hal·o·gen ['hælədʒen] *s* CHEM Halogen *n*

hal·o·gen lamp *s* Halogenlampe *f*

halt [hɔːlt] **I** *s* Halt *m*: ***bring to a halt*** *siehe* II; ***come to a halt*** *siehe* III **II** *v/t* anhalten, *auch fig* zum Stehen *oder* Stillstand bringen **III** *v/i* anhalten, *auch fig* zum Stehen *oder* Stillstand kommen

hal·ter ['hɔːltə] *s* **1.** Halfter *m*, *n* **2.** Strick *m*, Strang *m* (*zum Hängen*)

'hal·ter·neck *Adj* rückenfrei mit Nackenband (*Kleid, Shirt etc*)

halve [hɑːv] *v/t* halbieren

halves [hɑːvz] *Pl von* ***half***

▶**ham** [hæm] *s* **1.** Schinken *m*: ***ham and eggs*** Schinken mit (Spiegel)Ei **2.** *auch* ***ham actor*** *ugs* Schmierenkomödiant(in) **3.** *ugs* Funkamateur(in), Amateurfunker(in)

ham·burg·er ['hæmbɜːgə] *s* GASTR Hamburger *m*

ˌ**ham-'fist·ed** *Adj bes Br ugs* tollpatschig, ungeschickt

ham·let ['hæmlɪt] *s* Weiler *m*

▶**ham·mer** ['hæmə] **I** *s* **1.** Hammer *m*: ***come*** (*oder* ***go***) ***under the hammer*** unter den Hammer kommen; ***go at it hammer and tongs*** *ugs* sich mächtig ins Zeug legen; (sich) streiten, dass die Fetzen fliegen **2.** *Leichtathletik*: Hammer *m*: ***hammer throw*** Hammerwerfen *n*; ***hammer thrower*** Hammerwerfer(in) **II** *v/t* **3.** hämmern: ***hammer in*** einhämmern; ***hammer s.th. into s.o.'s head*** *fig* j-m etw einhämmern *oder* -bläuen **III** *v/i* **4.** hämmern (*auch Puls etc*): ***hammer at*** einhämmern auf (*Akk*)

ham·mock ['hæmək] *s* Hängematte *f*

ham·per[1] ['hæmpə] *v/t* (be)hindern

ham·per[2] ['hæmpə] *s* **1.** (Deckel)Korb *m* **2.** Fresskorb *m* **3.** *Am* Wäschekorb *m*

ham·ster ['hæmstə] *s* ZOOL Hamster *m*

'**ham·string** **I** *s* ANAT Kniesehne *f* **II** *v/t* (*unreg* ***string***) *fig* vereiteln; lähmen

▶**hand** [hænd] **I** *s* **1.** Hand *f*: ***at hand*** in Reichweite; nahe (bevorstehend); bei der *oder* zur Hand; ***by hand*** mit der Hand, manuell; ***hands down*** spielend, mühelos (*gewinnen etc*); ***hands off!*** Hände weg!; ***hands up!*** Hände hoch!; ***be hand in glove*** (***with***) ein Herz und eine Seele sein (mit); unter 'einer Decke stecken (mit); ***change hands*** den Besitzer wechseln; ***give*** (*oder* ***lend***) ***a*** (***helping***) ***hand*** mit zugreifen, *j-m* helfen (***with*** bei); ***have a hand in*** seine Hand im Spiel haben bei, beteiligt sein an (*Dat*); ***hold hands*** Händchen halten; ***live from hand to mouth*** von der Hand in den Mund leben; ***shake hands with*** *j-m* die Hand schütteln *oder* geben; → ***tie*** 7a **2.** *oft Pl* Hand *f*, Macht *f*, Gewalt *f*: ***be entirely in s.o.'s hands*** ganz in j-s Hand sein; ***fall into s.o.'s hands*** j-m in die Hände fallen **3.** *Pl* Hände *Pl*, Obhut *f*: ***in good hands*** **4.** Seite *f*: ***on the one hand ..., on the other hand*** *fig* einerseits ..., andererseits **5.** *oft in Zssgn* Arbeiter(in) **6.** Fachmann *m*, -frau *f*, Routinier *m*: ***an old hand*** ein alter Hase; ***be a dab hand at*** sehr geschickt *oder* geübt sein in (*Dat*) **7.** Hand *f*, Quelle *f*: ***at first*** (***second***) ***hand*** aus erster (zweiter) Hand **8.** Handschrift *f* **9.** Unterschrift *f* **10.** Applaus *m*, Beifall *m*: ***get a big hand*** stürmischen Beifall bekommen **11.** (Uhr)Zeiger *m* **12.** *Kartenspiel*: Spieler(in); Blatt *n*, Karten *Pl*: ***show one's hand*** *fig* seine Karten aufdecken **II** *v/t* **13.** aushändigen, (über)geben, (-)reichen

◆**hand a·round** *v/t* herumreichen, herumgehen lassen

◆**hand back** *v/t* zurückgeben

◆**hand down** *v/t* **1.** hinunter-, herunterreichen, -langen (***from*** von; ***to*** *Dat*) **2.** (***to***) *Tradition etc* weitergeben (an *Akk*), *Bräuche etc* überliefern (*Dat*)

◆**hand in** *v/t* **1.** hinein-, hereinreichen, -langen (***to*** *Dat*) **2.** *Prüfungsarbeit etc* abgeben, *Gesuch etc* einreichen (***to*** bei): → ***check*** 11

◆**hand on** *v/t* **1.** weiterreichen, -geben (***to*** *Dat*, an *Akk*) **2.** → ***hand down*** 2

◆**hand out** *v/t* **1.** aus-, verteilen (***to*** an *Akk*) **2.** *Ratschläge, Komplimente etc* verteilen

◆**hand o·ver** *v/t* (***to*** *Dat*) **1.** übergeben **2.** geben, aushändigen

◆**hand round** → ***hand around***

◆**hand up** *v/t* hinauf-, heraufreichen, -langen (***to*** *Dat*)

▶**hand·bag** ['hændbæg] *s Br* Handtasche *f*

hand bag·gage *s* Handgepäck *n*

'**hand·ball** *s bes Br* Handball(spiel *n*) *m*; *Am ein dem Squash ähnliches Spiel*

'**hand·book** *s* **1.** Handbuch *n* **2.** Reiseführer *m* (***of*** durch, von): ***a handbook of London*** ein London-Führer

hand brake *s* TECH Handbremse *f*

'**hand-carved** *Adj* handgeschnitzt

hand cream *s* Handcreme *f*

'**hand·cuff** **I** *s meist Pl* Handschelle *f* **II** *v/t j-m* Handschellen anlegen: ***handcuffed*** in Handschellen

hand·ful ['hændfʊl] *s* **1.** *eine* Handvoll (*auch fig Personen*) **2.** *ugs* Plage *f* (*Person, Sache*), Nervensäge *f*

hand gre·nade *s* MIL Handgranate *f*

'**hand-held** **I** *Adj* **1.** tragbar (*Kamera*) **2.** ***hand-held computer*** Handheld *m* **II** *s* **3.** Handheld *m*

hand·i·cap ['hændɪkæp] **I** *s* Handicap *n*: **a)** Vorgabe(rennen *n*, -spiel *n*) *f*, **b)** Behinderung *f* (*auch fig*), Nachteil *m* (***to*** für) **II** *v/t* behindern, benachteiligen: → ***mentally*** 1, ***physically***

hand·i·craft ['hændɪkrɑft] *s* **1.** Handfertigkeit *f* **2.** (*bes* Kunst)Handwerk *n*

hand·i·work ['hændɪwɜːk] *s* **1.** Handarbeit *f* **2.** *fig* Werk *n*

▶**hand·ker·chief** ['hæŋkətʃɪf] *s* Taschentuch *n*, *schweiz.* Nastuch *n*

▶**han·dle** ['hændl] **I** *s* **1.** (Hand)Griff *m*; Stiel *m*; Henkel *m*; Klinke *f*, Drücker *m*: ***fly off the handle*** *ugs* hochgehen, wütend werden **2.** *fig* Handhabe *f* (***against*** gegen) **II** *v/t* **3.** anfassen, berühren **4.** hantieren *oder* umgehen mit, *Maschine* bedienen **5.** *Thema etc* behandeln; *etw* erledigen, durchführen; mit *etw*, *j-m* fertig werden **6.** *j-n* behandeln, umgehen mit: → ***kid glove*** **III** *v/i* **7.** ***glass - handle with care!*** Vorsicht, Glas!

'**han·dle·bar** *s meist Pl* Lenkstange *f*

hand lug·gage *s* Handgepäck *n*

ˌ**hand-'made** *Adj* handgearbeitet

ˌ**hand-'op·er·at·ed** *Adj* handbedient, Hand...

'**hand-out** *s* **1.** Almosen *n*, milde Gabe **2.** Prospekt *m*, Hand-, Werbezettel *m* **3.** Handout *n* (*für Pressevertreter etc*)

'**hand·rail** *s* Handlauf *m*

'**hand·set** *s* TEL Hörer *m*

'**hand·shake** *s* Händedruck *m*: ***give s.o. a firm handshake*** j-m kräftig die Hand schütteln

▶**hand·some** ['hænsəm] *Adj* **1.** gut aussehend (*bes Mann*) **2.** beträchtlich, ansehnlich (*Summe etc*) **3.** großzügig, nobel

'**hand·stand** *s* Handstand *m*: ***do a handstand*** einen Handstand machen

ˌ**hand-to-'mouth** *Adj*: ***lead a hand-to-mouth existence*** von der Hand in den Mund leben

▶**hand·writ·ing** ['hændˌraɪtɪŋ] *s* (Hand)Schrift *f*

'**handˌwrit·ten** *Adj* handgeschrieben

hand·y ['hændɪ] *Adj* **1.** zur *oder* bei der Hand: ***keep s.th. handy*** etw griffbereit aufbewahren **2.** geschickt, gewandt **3.** handlich, praktisch **4.** nützlich: ***come in handy*** sich als nützlich erweisen; (sehr) gelegen kommen

'**hand·y·man** *s* (*unreg* ***man***) Mädchen *n* für alles, Faktotum *n*

▶**hang** [hæŋ] **I** *s* **1.** Sitz *m* (*eines Kleids etc*) **2.** ***get the hang of s.th.*** *ugs* etw rauskriegen *oder* kapieren **II** *v/t* (*unreg*) **3.** (auf)hängen; *Tür etc* einhängen: ***hang on a hook*** an einen Haken hängen **4.** *Prät und Part Perf* **hanged** *j-n* (auf-)hängen: ***hang o.s.*** sich erhängen **5.** *Kopf* hängen lassen *oder* senken **6.** behängen (***with*** mit) **7.** *Tapeten* ankleben **III** *v/i* (*unreg*) **8.** hängen (***by, on*** an *Dat*): ***hang by a thread*** *fig* an einem (dünnen *oder* seidenen) Faden hängen; ***hang over*** *fig* hängen *oder* schweben über (*Dat*) **9.** ***hang about*** (*oder* ***around***) herumlungern *oder* sich herumtreiben in (*Dat*)

◆**hang a·bout, hang a·round** *v/i* herumlungern, sich herumtreiben

◆**hang back** *v/i* zögern (***from doing*** zu tun)

◆**hang down** *v/i* hinunter-, herunterhängen (***from*** von)

◆**hang on** *v/i* **1.** (***to***) sich klammern (an *Akk*) (*auch fig*), festhalten (*Akk*) **2.** warten; TEL am Apparat bleiben **3.** nicht nachlassen (*Krankheit etc*)

◆**hang out I** *v/t* **1.** (hin-, her)aushängen, *Wäsche* (draußen) aufhängen **II** *v/i* **2.** heraushängen **3.** aushängen, ausgehängt sein

◆**hang o·ver I** *v/i* andauern, existieren (***from*** seit) **II** *v/t*: ***be hung over*** *ugs* einen Kater haben

◆**hang to·geth·er** *v/i* **1.** zs.-halten (*Personen*) **2.** einen (logischen) Zs.-hang haben, zs.-hängen

▶**hang up I** *v/t* **1.** aufhängen **2.** aufschieben **3.** ***be hung up on*** *ugs* einen Komplex haben wegen; besessen sein von **II** *v/i* **4.** TEL einhängen, auflegen

hang·ar ['hæŋə] *s* Hangar *m*, Flugzeughalle *f*

hang·er ['hæŋə] *s* Kleiderbügel *m*; Schlaufe *f*, Aufhänger *m*

hang glid·er *s* (*Sport*) **1.** (Flug)Drachen *m* **2.** Drachenflieger(in)

hang glid·ing *s* Drachenfliegen *n*

hang·ing ['hæŋɪŋ] **I** *Adj* Hänge… **II** *s meist Pl* Wandbehang *m*

hang·man ['hæŋmən] *s* (*unreg* ***man***) Henker *m*

'hang·out *s ugs* Treff(punkt) *m*

'hang,o·ver *s* **1.** Überbleibsel *n*, -rest *m* **2.** *ugs* Katzenjammer *m*, Kater *m* (*beide auch fig*)

'hang-up *s ugs* **1.** Komplex *m* **2.** Problem *n*, Schwierigkeit *f*

han·ker ['hæŋkə] *v/i* sich sehnen, Verlangen haben (***after, for*** nach): ***hanker to do s.th.*** sich danach sehnen, etw zu tun

'han·ker·ing *s* Sehnsucht *f*, Verlangen *n* (***for*** nach)

han·kie, han·ky ['hæŋkɪ] *s ugs* Taschentuch *n*

han·ky-pan·ky [,hæŋkɪ'pæŋkɪ] *s ugs* **1.** Hokuspokus *m* **2.** Techtelmechtel *n*

hap·haz·ard [,hæp'hæzəd] *Adj und Adv* plan-, wahllos, *Adv auch* aufs Geratewohl

▶**hap·pen** ['hæpən] *v/i* **1.** geschehen, sich ereignen, passieren: ***it will not happen again*** es wird nicht wieder vorkommen **2.** zufällig geschehen, sich zufällig ergeben: ***it happened that*** es traf *oder* ergab sich, dass **3.** ***if you (should) happen to see it*** wenn du es zufällig siehst *oder* sehen solltest; ***it happened to be cold*** zufällig war es kalt **4.** ***happen to*** geschehen *oder* passieren mit (*oder Dat*), zustoßen (*Dat*), werden aus **5.** ***happen on*** zufällig begegnen (*Dat*) *oder* treffen (*Akk*); zufällig stoßen auf (*Akk*)

hap·pen·ing ['hæpnɪŋ] *s* **1.** Ereignis *n* **2.** KUNST Happening *n*

hap·pi·ly ['hæpɪlɪ] *Adv* **1.** glücklich **2.** glücklicherweise, zum Glück

'hap·pi·ness *s* Glück *n*

▶**hap·py** ['hæpɪ] *Adj* (→ ***happily***) **1.** *allg* glücklich (***at, about*** über *Akk*; ***with*** mit): ***I am happy to see you*** es freut mich (sehr), Sie zu sehen; → ***birthday*** I, ***Easter*** I, ***new year*** 1 **2.** *ugs* beschwipst **3.** *in Zssgn:* **a)** …begeistert: → ***trigger-happy***, **b)** *ugs* …süchtig

,hap·py-go-'luck·y *Adj* unbekümmert, sorglos

hap·py hour *s ugs Zeit, in der in Pubs etc alkoholische Getränke verbilligt ausgeschenkt werden*

har·ass ['hærəs] *v/t* **1.** ständig belästigen (***with*** mit) **2.** aufreiben, zermürben **3.** schikanieren

har·ass·ment *s* Belästigung *f*, Schikanieren *n*: ***sexual harassment*** sexuelle Belästigung; ***harassment at work*** Mobbing *n*

har·bin·ger ['hɑːbɪndʒə] *s* Vorläufer *m*; Vorbote *m*; (erstes) Anzeichen

▶**har·bor, har·bour** ['hɑːbə] **I** *s* **1.** Hafen *m* **2.** Zufluchtsort *m*, Unterschlupf *m* **II** *v/t* **3.** *j-m* Zuflucht *oder* Unterschlupf gewähren **4.** *Gedanken, Groll etc* hegen

▶**hard** [hɑːd] **I** *Adj* **1.** *allg* hart **2.** schwer, schwierig: ***hard work*** harte Arbeit; ***hard to believe*** kaum zu glauben; ***hard to please*** schwer zufriedenzustellen; ***hard to imagine*** schwer vorstellbar **3.** heftig, stark: ***a hard blow*** ein harter Schlag, *fig auch* ein schwerer Schlag **4.** hart (*Winter*), (*auch Frost*) streng, (*Klima*) rau **5.** hart, streng: ***be hard on s.o.*** j-n hart *oder* ungerecht behandeln; j-m hart zusetzen **6.** hart, drückend: ***hard times*** *Pl* schwere Zeiten *Pl*; ***it is hard on him*** es ist hart für ihn, es trifft ihn schwer **7.** hart, nüchtern: ***the hard facts*** *Pl* die nackten Tatsachen *Pl* **8.** hart (*Droge*), (*Getränk auch*) stark **9.** ***hard of hearing*** schwerhörig **10.** ***hard up*** *ugs* in (Geld-) Schwierigkeiten; in Verlegenheit (***for*** um) **II** *Adv* **11.** hart, fest: ***frozen hard*** hart gefroren **12.** hart, schwer: ***work hard***; ***brake hard*** scharf bremsen; ***think hard*** scharf nachdenken; ***try hard*** sich große Mühe geben **13.** nahe, dicht

hard und hardly GR

⚠ Achten Sie auf den Bedeutungsunterschied:

hard (Adjektiv + Adverb)	hart; schwer
hardly (Adverb)	kaum, fast nicht

'hard·back *s* gebundene Ausgabe (*eines Buches*)

,hard-'boiled *Adj* **1.** hart (gekocht) (*Ei*) **2.** *fig* hart, unsentimental; nüchtern, sachlich

hard core *s* harter Kern (*einer Bande etc*)

'hard-core *Adj* **1.** zum harten Kern gehörend **2.** Hardcore… (*Pornografie*)

'hard,cov·er → ***hardback***

▶**hard disk** [,hɑːd'dɪsk] *s* COMPUTER Festplatte *f*: ***hard disk drive*** Festplattenlaufwerk *n*

,hard-'earned *Adj* hart verdient

hard·en ['hɑːdn] **I** *v/t* **1.** härten (*auch* TECH), hart machen **2.** *fig* hart machen, abstumpfen (***to*** gegen): ***hardened*** verstockt, abgebrüht **3.** *fig* abhärten (***to*** gegen) **II** *v/i* **4.** erhärten (*auch* TECH), hart werden **5.** *fig* hart werden, abstumpfen (***to*** gegen) **6.** *fig* sich abhärten (***to*** gegen) **7.** WIRTSCH anziehen (*Preise*)

hard hat *s* Schutzhelm *m*

,hard'head·ed *Adj* nüchtern, realistisch

,hard'heart·ed *Adj* hartherzig

hard line *s* **1.** *bes* POL harter Kurs: ***follow*** (*oder*

H

adopt) a hard line einen harten Kurs einschlagen **2.** *Pl bes Br* Pech *n* (***on*** für)

▸**hard·ly** [ˈhɑːdlɪ] *Adv* **1.** kaum, fast nicht: ***hardly ever*** fast nie **2.** (wohl) kaum, schwerlich **3.** (*zeitlich*) kaum

ˈ**hard·ness** *s* **1.** Härte *f* (*auch fig*) **2.** Schwierigkeit *f*

ˈ**hard-nosed** *Adj ugs* knallhart

hard sell *s* aggressive Verkaufsstrategie

ˈ**hard·ship** *s* **1.** Not *f*, Elend *n* **2.** Härte *f*: ***hardship case*** Härtefall *m*

hard shoul·der *s* MOT *Br* Standspur *f*

ˈ**hard·top** *s* MOT Hardtop *n*, *m* (*auch Wagen*)

▸**hard·ware** [ˈhɑːdweə] *s* **1.** Metall-, Eisenwaren *Pl*; Haushaltswaren *Pl* **2.** COMPUTER Hardware *f*

ˌ**hard-ˈwear·ing** *Adj Br* strapazierfähig

ˌ**hard-ˈwork·ing** *Adj* fleißig, arbeitsam

har·dy [ˈhɑːdɪ] *Adj* **1.** zäh, robust; abgehärtet **2.** BOT winterfest

hare [heə] *s* ZOOL Hase *m*: (***as***) ***mad as a March hare*** *ugs* total verrückt

ˈ**hare·bell** *s* BOT Glockenblume *f*

ˈ**hare·brained** *Adj* verrückt

ˌ**hareˈlip** *s* MED Hasenscharte *f*

ha·rem [ˈhɑːriːm] *s* Harem *m*

▸**harm** [hɑːm] **I** *s* Schaden *m*: ***there is no harm in doing s.th.*** es kann nicht(s) schaden, etw zu tun; ***there is no harm in trying*** ein Versuch kann nicht schaden; ***come to harm*** zu Schaden kommen; ***do s.o. harm*** j-m schaden *oder* etw antun; → ***bodily*** 1, ***mean***³ 1 **II** *v/t j-n* verletzen (*auch fig*), *j-m*, *j-s Ruf etc* schaden

harm·ful [ˈhɑːmfʊl] *Adj* schädlich (***to*** für): ***harmful to one's health*** gesundheitsschädlich

ˈ**harm·less** *Adj allg* harmlos

har·mon·ic [hɑːˈmɒnɪk] *Adj* (***harmonically***) harmonisch

harˈmon·i·ca [hɑːˈmɒnɪkə] *s* MUS Mundharmonika *f*

har·mo·ni·ous [hɑːˈməʊnjəs] *Adj* harmonisch

har·mo·ni·um [hɑːˈməʊnjəm] *s* MUS Harmonium *n*

har·mo·nize [ˈhɑːmənaɪz] **I** *v/i* harmonieren, zs.-passen, in Einklang sein (***with*** mit) **II** *v/t* harmonisieren, in Einklang bringen (***with*** mit)

har·mo·ny [ˈhɑːmənɪ] *s* MUS Harmonie *f*, *fig auch* Einklang *m*, Eintracht *f*

har·ness [ˈhɑːnɪs] **I** *s* (*Pferde- etc*)Geschirr *n*: ***die in harness*** *fig* in den Sielen sterben **II** *v/t Pferd etc* anschirren; anspannen (***to*** an *Akk*)

harp [hɑːp] **I** *s* **1.** MUS Harfe *f* **II** *v/i* **2.** Harfe spielen **3.** *fig* (***on, on about***) herumreiten (auf *Dat*), dauernd reden (von)

ˈ**harp·ist** *s* Harfenist(in)

har·poon [hɑːˈpuːn] **I** *s* Harpune *f* **II** *v/t* harpunieren

harp·si·chord [ˈhɑːpsɪkɔːd] *s* MUS Cembalo *n*

har·row [ˈhærəʊ] **I** *s* **1.** LANDW Egge *f* **II** *v/t* **2.** LANDW eggen **3.** *fig* quälen, peinigen

harsh [hɑːʃ] *Adj* rau (*Stoff, Stimme*); grell (*Farbe*); barsch, schroff (*Art etc*); streng (*Disziplin etc*), hart (*Worte etc*)

har·um-scar·um [ˌheərəmˈskeərəm] *Adj* unbesonnen, leichtsinnig

▸**har·vest** [ˈhɑːvɪst] **I** *s* Ernte *f*: **a)** Erntezeit *f*, **b)** Ernten *n*, **c)** (Ernte)Ertrag *m* **II** *v/t* ernten, *fig auch* einheimsen

har·vest fes·ti·val *s* Erntedankfest *n*

has [hæz] *er, sie, es* hat

ˈ**has-been** *s ugs* **1.** *etw* Überholtes **2.** *jemand, der den Höhepunkt seiner Karriere überschritten hat*

hash¹ [hæʃ] *s* **1.** GASTR Haschee *n* **2.** ***make a hash of*** *fig* durcheinanderbringen, verpfuschen

hash² [hæʃ] *s ugs* Hasch *n* (*Haschisch*)

hash·ish [ˈhæʃiːʃ] *s* Haschisch *n*

has·sle [ˈhæsl] *ugs* **I** *s* **1.** Krach *m*, (*auch* handgreifliche) Auseinandersetzung **2.** Mühe *f*: ***it was quite a hassle*** es war ganz schön mühsam (***doing, to do*** zu tun) **II** *v/i* **3.** Krach *oder* eine (handgreifliche) Auseinandersetzung haben

haste [heɪst] *s* Hast *f*, Eile *f*: ***make haste*** sich beeilen; ***more haste, less speed*** eile mit Weile

has·ten [ˈheɪsn] **I** *v/t j-n* antreiben; *etw* beschleunigen **II** *v/i* (sich be)eilen, hasten

hast·y [ˈheɪstɪ] *Adj* **1.** eilig, hastig, (*Abreise*) überstürzt **2.** voreilig, -schnell, übereilt

▸**hat** [hæt] *s* Hut *m*: ***I'll eat my hat if …*** *ugs* ich fresse einen Besen, wenn …; ***talk through one's hat*** *ugs* dummes Zeug reden; ***hats off!*** Hut ab!, alle Achtung! (***to*** vor *Dat*); → ***cocked hat***, ***old*** 1

hatch¹ [hætʃ] *s* **1.** FLUG, SCHIFF Luke *f*, *allg auch* Bodentür *f*, -öffnung *f* **2.** Durchreiche *f*

hatch² [hætʃ] **I** *v/t* **1.** *auch* ***hatch out*** *Eier, Junge* ausbrüten **2.** *Racheplan etc* ausbrüten, -hecken; *Programm etc* entwickeln **II** *v/i* **3.** brüten **4.** *auch* ***hatch out*** (*aus dem Ei*) ausschlüpfen **III** *s* **5.** Brut *f*

hatch³ [hætʃ] *v/t* schraffieren

ˈ**hatch·back** *s* MOT (Wagen *m* mit) Hecktür *f*

hatch·et [ˈhætʃɪt] *s* Beil *n*: ***bury the hatchet*** *fig* das Kriegsbeil begraben

▸**hate** [heɪt] **I** *v/t* **1.** hassen: ***hated*** verhasst **2.** nicht ausstehen können: → ***gut*** 1 **3.** nicht wollen *oder* mögen: ***hate doing*** (*oder* ***to do***) ***s.th.*** etw (nur) äußerst ungern tun **II** *s* **4.** Hass *m* (***for*** auf *Akk*, gegen): ***full of hate*** hasserfüllt **5.** *etw* Verhasstes: ***… is my pet hate*** *ugs* … kann ich auf den Tod nicht ausstehen *oder* leiden

ha·tred [ˈheɪtrɪd] → ***hate*** 4

hat·ter [ˈhætə] *s* (***as***) ***mad as a hatter*** total verrückt

hat trick *s* SPORT Hattrick *m*

haugh·ty [ˈhɔːtɪ] *Adj* hochmütig, überheblich

haul [hɔːl] **I** *s* **1.** Ziehen *n*, Zerren *n*; kräftiger Zug **2.** Fischzug *m*, *fig auch* Fang *m*, Beute *f*: ***make a big haul*** einen guten Fang machen **3. a)** Beförderung *f*, Transport *m*, **b)** Transportweg *m* **II** *v/t* **4.** ziehen, zerren: ***haul down*** *Flagge etc* ein-, niederholen; ***haul up*** *ugs* sich *j-n* vorknöpfen; *j-n* schleppen (***before*** vor

have für lassen SG

Have kann in bestimmten Fällen mit **lassen** (im Sinne von „veranlassen, dass jemand etwas macht bzw. dass etwas gemacht wird") übersetzt werden. Im Englischen folgt auf **have** das Objekt und anschließend ein Infinitiv ohne **to** bzw. ein **past participle**:

I'll have him change the tyres for me.	Ich werde ihn für mich die Reifen wechseln lassen.
We're having the house painted at the moment.	Wir lassen das Haus gerade streichen.

Akk); → ***coal*** **5.** befördern, transportieren **III** *v/i* **6.** ***haul away*** ziehen, zerren (***at, on*** an *Dat*)
'haul·age *s* → ***haul*** 3a
'haul·er, *bes Br* **haul·i·er** ['hɔːljə] *s* Transportunternehmer(in)
haulm [hɔːm] *s* Halm *m*, Stängel *m*
haunch [hɔːntʃ] *s* GASTR Lendenstück *n*, Keule *f*: ***haunch of beef*** Rindslende *f*
haunt [hɔːnt] **I** *v/t* **1.** spuken *oder* umgehen in (*Dat*): ***this room is haunted*** in diesem Zimmer spukt es; ***haunted castle*** Spukschloss *n* **2.** *fig* **a)** verfolgen, quälen: ***haunted look*** gehetzter Blick, **b)** *j-m* nicht mehr aus dem Kopf gehen, *j-n* nicht mehr loslassen **3.** häufig besuchen **II** *s* **4.** häufig besuchter Ort
'haunt·ing *Adj* **1.** quälend **2.** unvergesslich: ***haunting melody*** (*oder* ***tune***) Ohrwurm *m*
▶**have** [hæv] **I** *v/t* (*unreg*) **1.** *allg* haben: ***have on*** *Kleidungsstück* anhaben, *Hut* aufhaben; → ***get*** 11 **2.** haben, erleben **3.** *Kind* bekommen; ZOOL *Junge* werfen **4.** behalten: ***may I have it?*** **5.** *Gefühle, Verdacht etc* haben, hegen **6.** erhalten, bekommen: ***have back*** zurückbekommen **7.** essen, trinken: → ***breakfast*** I, *etc* **8.** haben, machen: → ***look*** 1, ***try*** 1, ***walk*** 1, ***wash*** 1 **9.** ***have on*** *ugs j-n* reinlegen **10.** ***have on*** *etw* vorhaben **11.** *vor Inf*: müssen: ▶ ***I have to go now***; → ***get*** 11 **12.** *mit Objekt und Part Perf*: lassen: ***I had a suit made*** ich ließ mir einen Anzug machen **13.** *mit Objekt und Inf*: (veran)lassen: ***I had him sit down*** ich ließ ihn Platz nehmen **14.** ***I had rather go than stay*** ich möchte lieber gehen als bleiben; ***you had better go*** du tätest gut daran zu gehen **II** *v/hilf* (*unreg*) **15.** haben, (*bei vielen v/i*) sein: ***I have come*** ich bin gekommen **III** *s* **16.** ***the haves and the have-nots*** die Begüterten und die Habenichtse

Die -ing-Form bei have (GR)

Have steht nie in der **-ing**-Form, wenn ein Besitzverhältnis ausgedrückt wird:

Our neighbours have a lovely swimming pool.	Unsere Nachbarn haben einen wunderschönen Swimmingpool.

ha·ven ['heɪvn] *s* **1.** *meist fig* (sicherer) Hafen **2.** *fig* Zufluchtsort *m*
'have-not *s meist Pl* Habenichts *m*: → ***have*** 16
hav·oc ['hævək] *s* Verwüstung *f*, Zerstörung *f*: ***cause*** (*oder* ***wreak***) ***havoc*** schwere Zerstörungen *oder* (*auch fig*) ein Chaos verursachen; ***play havoc with*** verwüsten, zerstören; *fig* verheerend wirken auf (*Akk*)

have + Substantiv (WF)

have a bath	ein Bad nehmen / baden
have a shower	(sich) duschen
have a wash	sich waschen
have breakfast	frühstücken
have lunch	zu Mittag essen
have dinner	zu Abend / zu Mittag essen
have tea	Tee trinken
have supper	zu Abend essen
have a try	es versuchen / es probieren
have a go	es versuchen / es probieren
have a look	mal sehen / mal schauen
have a cold	erkältet sein
have a headache	Kopfschmerzen haben
have measles	Masern haben

haw [hɔː] *v/i* → ***hem***², ***hum*** 2
hawk¹ [hɔːk] *s* ORN Falke *m* (*auch* POL), Habicht *m*
hawk² [hɔːk] *v/t* **1.** hausieren mit; auf der Straße verkaufen **2.** *auch* ***hawk about*** (*oder* ***around***) *Gerücht etc* verbreiten
'hawk·er *s* Hausierer(in); Straßenhändler(in)
haw·ser ['hɔːzə] *s* SCHIFF Kabeltau *n*, Trosse *f*
haw·thorn ['hɔːθɔːn] *s* BOT Weißdorn *m*
▶**hay** [heɪ] *s* Heu *n*: ***make hay while the sun shines*** *fig* das Eisen schmieden, solange es heiß ist; ***hit the hay*** *sl* sich in die Falle *oder* Klappe hauen
hay fe·ver *s* MED Heuschnupfen *m*
'hay·wire *Adj ugs* kaputt (*Gerät*); (völlig) durcheinander (*Pläne etc*); übergeschnappt (*Person*): ***go haywire*** kaputtgehen; (völlig) durcheinandergeraten; überschnappen
haz·ard ['hæzəd] **I** *s* **1.** Gefahr *f*, Risiko *n*: ***hazard to health*** Gesundheitsrisiko; ***hazard warning lights*** *Pl* MOT Warnblinkanlage *f* **2.** Zufall *m* **II** *v/t* **3.** riskieren: **a)** aufs Spiel setzen, **b)** (zu sagen) wagen, sich *eine Bemerkung etc* erlauben
'haz·ard·ous *Adj* gewagt, gefährlich, riskant
haze [heɪz] *s* **1.** Dunst(schleier) *m* **2.** *fig* Nebel *m*, Schleier *m*
ha·zel ['heɪzl] *Adj* (hasel)nussbraun
'ha·zel·nut *s* BOT Haselnuss *f*
ha·zy ['heɪzɪ] *Adj* **1.** dunstig, diesig **2.** *fig* verschwommen, nebelhaft (*Vorstellung etc*): ***be rather hazy about*** nur eine ziemlich verschwommene *oder* vage Vorstellung haben von
'H-bomb *s* MIL H-Bombe *f*, Wasserstoffbombe *f*
HD disquette [eɪtʃ'diːdɪˌsket] *s* COMPUTER HD-

have plus Substantiv (GR)

Zusammen mit einem Substantiv wird **have** auch als Vollverb in der Bedeutung von „essen", „trinken", o. Ä. benutzt, wobei dann auch die Verlaufsform möglich ist:

We were just having dinner when the police phoned.	Wir aßen gerade zu Abend, als die Polizei anrief.
People ought to have two litres of water a day.	Man sollte jeden Tag zwei Liter Wasser trinken.
Wait a moment, I'm having a shower!	Warte mal, ich dusche gerade!

Diskette *f*
▶**he** [hiː] **I** *Pron* er: ***he who*** wer; derjenige, welcher **II** *s* Er *m*: **a)** Junge *m*, Mann *m*, **b)** ZOOL Männchen *n* **III** *Adj in Zssgn* ZOOL …männchen *n*: ***he-goat*** Ziegenbock *m*
▶**head** [hed] **I** *v/t* **1.** anführen, an der Spitze stehen von (*oder Gen*) **2.** voran-, vorausgehen (*Dat*) **3.** (an)führen, leiten: ***headed by*** unter der Leitung von **4.** *Fußball*: köpfen **II** *v/i* **5.** (***for***) gehen, fahren (nach); sich bewegen (auf *Akk* … zu), lossteuern, -gehen (auf *Akk*); SCHIFF Kurs halten (auf *Akk*) **III** *Adj* **6.** Kopf… **7.** Chef…, Haupt…, Ober…: ***head cook*** Chefkoch *m*, -köchin *f*; ***head nurse*** Oberschwester *f* **IV** *s* **8.** Kopf *m*: ***from head to foot*** von Kopf bis Fuß; ***head over heels*** kopfüber (*stürzen*); bis über beide Ohren (*verliebt sein*); ***bury one's head in the sand*** den Kopf in den Sand stecken; ***go to s.o.'s head*** j-m in den *oder* zu Kopf steigen (*Alkohol*, *Erfolg etc*); ***keep one's head above water*** sich über Wasser halten (*auch fig*); ***lose one's head*** den Kopf *oder* die Nerven verlieren; → ***snap*** 5 **9.** (Ober)Haupt *n*: ***head of the family*** Familienvorstand *m*, -oberhaupt; ***head of state*** Staatsoberhaupt; → ***crown*** 5 **10.** (An)Führer(in), Leiter(in): ***head of government*** Regierungschef(in) **11.** Spitze *f*, führende Stellung: ***at the head of*** an der Spitze (*Gen*) **12.** Kopf(ende *n*) *m* (*eines Bettes etc*); Kopf *m* (*eines Briefs*, *Nagels etc*) **13.** Kopf *m*, (einzelne) Person: ***one pound a head*** ein Pfund pro Kopf *oder* Person **14.** *Pl* Vorderseite *f* (*einer Münze*): ***heads or tails?*** Wappen od Zahl?; ***I cannot make head or tail of it*** ich kann daraus nicht schlau werden **15.** BOT (*Salat- etc*)Kopf *m* **16.** Schaum(-krone *f*) *m* (*vom Bier etc*) **17.** Quelle *f* (*eines Flusses*) **18.** Überschrift *f*, Titelkopf *m* **19.** *in Zssgn ugs* …süchtige *m*, *f*
▶**head·ache** ['hedeɪk] *s* Kopfschmerz(en *Pl*) *m*, -weh *n*: ***be a bit of a headache for s.o., give s.o. a headache*** *ugs* j-m Kopfschmerzen *oder* Sorgen machen

Ausdrücke mit unbestimmtem Artikel a(n) GR

In einigen englischen Ausdrücken steht immer der unbestimmte Artikel, so z. B. bei:

have a headache / temperature	Kopfweh / Fieber haben
be in a hurry / rush	es eilig haben
make a noise	Lärm machen
make a living	seinen Lebensunterhalt verdienen
for a change	zur Abwechslung
for a long time	lange
as a rule	in der Regel
as a whole	als Ganzes
three times in a row	dreimal hintereinander

'**head·band** *s* Kopf-, Stirnband *n*
head boy *s* Schulsprecher *m*
head·er ['hedə] *s* **1.** Kopfsprung *m* **2.** *Fußball*: Kopfball *m*
ˌ**head'first** → ***headlong***
head girl *s* Schulsprecherin *f*

Headgear WF

baseball cap	Baseballmütze
beret ['bereɪ]	Baskenmütze
bowler hat [ˌbəʊlə'hæt], *Am* **derby** ['dɜːbɪ]	Melone
hard hat	Schutzhelm
helmet ['helmɪt]	Helm
hood [hʊd]	Kapuze
panama hat	Panamahut
peaked cap	Schirmmütze
sun hat	Sonnenhut
top hat	Zylinder
trilby [trɪlbɪ]	weicher Filzhut
woolly hat [ˌwʊlɪ'hæt]	Wollmütze

'**headˌhunt·er** *s* **1.** Kopfjäger(in) **2.** *jemand, der Führungskräfte abwirbt*
head·ing ['hedɪŋ] *s* **1.** Überschrift *f*, Titel(zeile *f*) *m* **2.** Thema *n*, (Gesprächs)Punkt *m*
'**head·lamp** → ***headlight***
head·land ['hedlənd] *s* Landspitze *f*, -zunge *f*
'**head·light** *s* MOT *etc* Scheinwerfer *m*: ***headlight flasher*** Lichthupe *f*
▶**head·line** ['hedlaɪn] *s* **1.** Schlagzeile *f*: ***hit the headlines*** Schlagzeilen machen **2.** Überschrift *f*
'**head·long** **I** *Adv* **1.** kopfüber, mit dem Kopf voran **2.** *fig* **a)** Hals über Kopf, **b)** ungestüm, stürmisch **II** *Adj* **3.** mit dem Kopf voran **4.** *fig* **a)** voreilig, -schnell, **b)** *siehe* 2b
▶**head·mas·ter** [ˌhed'mɑːstə] *s* PÄD (Di)Rektor *m*
▶**head·mis·tress** [ˌhed'mɪstrəs] *s* PÄD (Di)Rektorin *f*
head of·fice *s* Hauptbüro *n*, -sitz *m*, Zentrale *f*
ˌ**head-'on** *Adj* **1.** frontal (*auch Adv*), Frontal… **2.** *fig* direkt (*Art etc*)
'**head·phones** *s Pl* Kopfhörer *m*
ˌ**head'quar·ters** *s Pl* (*oft Sg konstruiert*) **1.** MIL Hauptquartier *n* **2.** (*Polizei*)Präsidium *n* **3.** → ***head office***
'**head·rest** *s* Kopfstütze *f*
'**head·scarf** *s* (*unreg* ***scarf***) Kopftuch *n*
'**head·set** *s* Kopfhörer *m*
'**headˌshrink·er** *s sl* Psychiater(in)
head start *s* SPORT Vorsprung *m* (*auch fig*): ***have a head start on s.o.*** j-m gegenüber im Vorteil sein
'**head·strong** *Adj* eigensinnig, halsstarrig
ˌ**head'wait·er** *s* Oberkellner(in)
'**head·way** *s*: ***make headway*** (***with***) (gut) vorankommen (mit), Fortschritte machen (bei)
head wind *s* FLUG, SCHIFF Gegenwind *m*
'**head·word** *s* Stichwort *n* (*im Wörterbuch*)
▶**heal** [hiːl] **I** *v/t* heilen (***of*** von) (*auch fig*) **II** *v/i oft* ***heal up*** (*oder* ***over***) (zu)heilen
'**heal·ing** **I** *s* Heilung *f* **II** *Adj* heilsam (*auch fig*), heilend: ***healing process*** Heil(ungs)prozess *m*
▶**health** [helθ] *s* **1.** Gesundheit *f*: ***health club*** Fitnessklub *m*; ***health food*** Reform- *oder* Biokost *f*; ***on health grounds*** aus gesundheitlichen Gründen; ***health hazard*** Gesundheitsrisiko *n*; ***health insurance*** Krankenversicherung *f*; ***health resort*** Kurort *m*; ***health service*** Gesundheitsdienst *m* **2.** *auch* ***state of health*** Ge-

(By) Hearsay	(Vom) Hörensagen SG
I've heard (that) they've put up ticket prices again.	Ich habe gehört, dass man die Eintrittspreise wieder erhöht / Flugpreise / Fahrpreise wieder verteuert hat.
They say (that) the headmaster is leaving.	Es wird gesagt, der Direktor geht (= *scheidet aus dem Amt*). / Der Direktor soll angeblich gehen.
People tell me (that) lentils are a good source of protein.	Ich höre immer / Die Leute sagen, dass in Linsen viele Proteine enthalten sind. *Freier übersetzt* Linsen sollen viele Proteine haben.
Apparently it rains non-stop in Ireland.	Anscheinend regnet es in Irland ununterbrochen.
It's not always like that but it's usually the case.	Es ist nicht immer so, aber im Allgemeinen trifft es schon zu / aber meistens schon.
You may not have heard it, but it's a well-known fact.	Das weißt du vielleicht nicht, aber es ist eine bekannte Tatsache.

sundheitszustand *m*: ***in good*** (***poor***) ***health*** gesund, bei guter Gesundheit (kränklich, bei schlechter Gesundheit) **3.** Gesundheit *f*, Wohl *n*: ***drink*** (***to***) (*oder* ***propose***) ***s.o.'s health*** auf j-s Wohl trinken; ***your*** (***very good***) ***health!*** auf Ihr Wohl!

ˌhealth-ˈcon·scious *Adj* gesundheitsbewusst

health farm *s* Gesundheitsfarm *f*

▶**health·y** [ˈhelθɪ] *Adj* **1.** *allg* gesund (*auch fig*) **2.** *ugs* gesund, kräftig (*Appetit*)

▶**heap** [hiːp] **I** *s* **1.** Haufen *m*: ***in heaps*** haufenweise **2.** *ugs* Haufen *m*, Menge *f*: ***heaps of time*** eine Menge Zeit; ***heaps of times*** unzählige Male; ***heaps better*** sehr viel besser **II** *v/t* **3.** häufen: ***heap up*** auf-, *fig auch* anhäufen **4.** *fig* überhäufen (***with*** mit)

▶**hear** [hɪə] (*unreg*) **I** *v/t* **1.** hören: ***I heard him laugh***(***ing***) ich hörte ihn lachen; ***make o.s. heard*** sich Gehör verschaffen **2.** *etw* hören, erfahren (***about, of*** von, über *Akk*) **3.** *j-n* anhören, *j-m* zuhören: ***hear s.o. out*** j-n ausreden lassen **4.** (an)hören, sich *etw* anhören **5.** *Bitte etc* erhören **6.** *Schüler, Gelerntes* abhören **7.** JUR verhören, -nehmen; *Fall* verhandeln **II** *v/i* **8.** hören: ***hear tell*** sagen hören; ***he would not hear of it*** er wollte davon nichts hören *oder* wissen; ***hear! hear!*** bravo!, sehr richtig!, *iron* hört, hört! **9.** hören, erfahren (***about, of*** von)

Verb + Objekt + past participle GR	
In Konstruktionen aus Verb + Objekt + **past participle** hat das **past participle** passivische Bedeutung:	
She heard her father's name <u>announced</u> over the loudspeaker.	Sie hörte, wie der Name ihres Vaters über den Lautsprecher <u>ausgerufen wurde</u>.
Ebenso bei folgenden Verben:	
find	finden
get / have / leave	lassen
like	(es) mögen
make	machen, lassen
want	mögen, wollen

heard [hɜːd] *Prät und Part Perf von* **hear**

ˈhear·ing *s* **1.** Hören *n*: ***within*** (***out of***) ***hearing*** in (außer) Hörweite; ***hearing aid*** Hörgerät *n* **2.** Gehör(sinn *m*) *n*: → ***hard*** 9 **3.** ***get a hearing*** sich Gehör verschaffen **4.** JUR Verhör *n*, Vernehmung *f*; Verhandlung *f* **5.** *bes* POL Hearing *n*, Anhörung *f*

ˈhear·say *s*: ***by hearsay*** vom Hörensagen

hearse [hɜːs] *s* Leichenwagen *m*

▶**heart** [hɑːt] *s* **1.** ANAT Herz *n* (*auch fig Gemüt, Mitgefühl, Empfinden etc*): ***by heart*** auswendig; ***to one's heart's content*** nach Herzenslust; ***with all one's*** (*oder* ***one's whole***) ***heart*** von ganzem Herzen; ***break s.o.'s heart*** j-m das Herz brechen; ***cry*** (*oder* ***sob***) ***one's heart out*** sich die Augen ausweinen; ***have no heart*** kein Herz haben, herzlos sein; ***my heart sank*** ich wurde deprimiert; ***take s.th. to heart*** sich etw zu Herzen nehmen; → ***bottom*** 1, ***stone*** 1 **2.** *fig* Kern *m* **3.** *Kartenspiel*: **a)** *Pl* Herz *n* (*Farbe*), **b)** Herz(karte *f*) *n*

ˈheart·ache *s* Kummer *m*

heart at·tack *s* MED Herzanfall *m*; Herzinfarkt *m*

ˈheart·beat *s* PHYSIOL Herzschlag *m*

ˈheartˌbreak·ing *Adj* herzzerreißend

ˈheart·burn *s* MED Sodbrennen *n*

heart con·di·tion *s* MED Herzleiden *n*

heart·en [ˈhɑːtn] *v/t* ermutigen

heart fail·ure *s* MED Herzversagen *n*

ˈheart·felt *Adj* tief empfunden, aufrichtig

hearth [hɑːθ] *s* **1.** Kamin *m* **2.** *auch* ***hearth and home*** *fig* häuslicher Herd, Heim *n*

heart·i·ly [ˈhɑːtɪlɪ] *Adv* **1.** herzlich, von Herzen **2.** herzhaft

heart·less [ˈhɑːtlɪs] *Adj* herzlos

ˌheart-ˈlung ma·chine *s* MED Herz-Lungen-Maschine *f*

ˈheartˌrend·ing *Adj* herzzerreißend

ˌheart-to-ˈheart *Adj* aufrichtig, offen

heart trans·plant *s* MED Herztransplantation *f*

heart·y [ˈhɑːtɪ] *Adj* (→ ***heartily***) **1.** herzlich **2.** → ***hale*** **3.** herzhaft, kräftig (*Appetit, Mahlzeit etc*)

▶**heat** [hiːt] **I** *s* **1.** *allg* Hitze *f*; *auch* PHYS Wärme *f* **2.** *fig* Ungestüm *n*; Eifer *m*: ***in the heat of the moment*** im Eifer *oder* in der Hitze des Gefechts; ***in the heat of passion*** JUR im Affekt **3.** SPORT (Einzel)Lauf *m*: (***preliminary***) ***heat*** Vorlauf **4.** ZOOL Läufigkeit *f*: ***in heat*** läufig **II** *v/t* **5.** *auch* ***heat up*** erhitzen, *Speisen* *auch* aufwärmen **6.** heizen **7.** ***heat up*** *Diskussion etc* anheizen **III** *v/i* **8.** sich erhitzen (*auch fig*)

'heat·ed *Adj* **1.** geheizt **2.** erhitzt, *fig auch* erregt, hitzig

'heat·er *s* Heizgerät *n*

heath [hiːθ] *s* **1.** *bes Br* Heide(land *n*) *f* **2.** BOT **a)** Erika *f*, **b)** → ***heather***

hea·then ['hiːðn] **I** *s* **1.** Heide *m*, Heidin *f*: ***the heathen*** *Koll* die Heiden *Pl* **2.** Barbar(in) **II** *Adj* **3.** heidnisch, Heiden… **4.** unzivilisiert, barbarisch

hea·then·ish ['hiːðənɪʃ] → ***heathen*** II

heath·er ['heðə] *s* BOT Heidekraut *n*

▶**heat·ing** ['hiːtɪŋ] **I** *s* Heizung *f* **II** *Adj* Heiz…: ***heating pad*** Heizkissen *n*

'heat·proof *Adj* hitzebeständig, -fest

heat rash *s* MED Hitzeausschlag *m*

'heat-reˌsist·ant → ***heatproof***

'heat·stroke *s* MED Hitzschlag *m*

heat wave *s* Hitzewelle *f*

heave [hiːv] **I** *s* **1.** Hochziehen *n*, -winden *n* **2.** *ugs* Wurf *m* **3.** Wogen *n* **II** *v/t* (*bes* SCHIFF *unreg*) **4.** (hoch)stemmen, (-)hieven **5.** hochziehen, -winden, *Anker* lichten **6.** *ugs* schmeißen, werfen **7.** *Seufzer etc* ausstoßen: → ***sigh*** II **8.** *ugs* auskotzen **III** *v/i* (*bes* SCHIFF *unreg*) **9.** sich heben und senken, wogen **10.** *ugs* würgen, Brechreiz haben: ***heave (up)*** kotzen **11.** ***heave to*** SCHIFF beidrehen

▶**heav·en** ['hevn] *s* **1.** Himmel(reich *n*) *m*: ***move heaven and earth*** *fig* Himmel und Hölle in Bewegung setzen; ***in seventh heaven*** *fig* im sieb(en)ten Himmel; ***thank heaven!*** Gott sei Dank!; ***what in heaven's name …?*** was in aller Welt …?; → ***forbid*** 3, ***sake***, ***stink*** 1 **2.** **Heaven** Himmel *m*, Gott *m*

'heav·en·ly *Adj* himmlisch (*auch fig*): ***heavenly body*** ASTR Himmelskörper *m*

heav·i·ly ['hevɪlɪ] *Adv* schwer (*auch fig*): ***heavily armed*** schwer bewaffnet; ***suffer heavily*** schwere (finanzielle) Verluste erleiden

▶**heav·y** ['hevɪ] **I** *Adj* (→ ***heavily***) **1.** *allg* schwer **2.** schwer (*Sturz*, *Verluste etc*), stark (*Regen*, *Trinker*, *Verkehr etc*), wuchtig (*Schlag*), hoch (*Geldstrafe*, *Steuern etc*) **3.** schwer (*Wein etc*), (*Nahrung auch*) schwer verdaulich **4.** drückend, lastend (*Stille etc*) **5.** (***with***) (schwer) beladen (mit); *fig* überladen, voll (von): ***heavy with meaning*** bedeutungsvoll, -schwer **6.** begriffsstutzig, dumm **7.** benommen (***with*** von): ***heavy with sleep*** schlaftrunken **8.** ***with a heavy heart*** schweren Herzens **II** *Adv* **9.** ***hang heavy*** dahinschleichen (*Zeit*); ***lie heavy on s.o.*** schwer auf j-m lasten

ˌheav·y-'du·ty *Adj* **1.** TECH Hochleistungs… **2.** strapazierfähig

'heav·y·weight (*Sport*) **I** *s* Schwergewicht *n* **II** *Adj* Schwergewichts…

Heb·ri·des ['hebrɪdiːz] *Eigenn Pl die* Hebriden *Pl*

heck·le ['hekl] *v/t Redner* durch Zwischenrufe *oder* -fragen aus dem Konzept bringen

'heckler *s* Zwischenrufer(in)

hec·tic ['hektɪk] *Adj* (***hectically***) hektisch

hec·to·li·ter, *bes Br* **hec·to·li·tre** ['hektəʊˌliːtə] *s* Hektoliter *m*, *n*

he'd [hiːd] *ugs für* ***he had***; ***he would***

▶**hedge** [hedʒ] **I** *s* **1.** Hecke *f* **2.** *fig* (Ab)Sicherung *f* (***against*** gegen) **II** *v/t* **3.** *auch* ***hedge in*** (*oder* ***round***) mit einer Hecke einfassen: ***hedge off*** mit einer Hecke abgrenzen *oder* abtrennen **4.** *fig* (ab)sichern (***against*** gegen) **III** *v/i* **5.** *fig* ausweichen, sich nicht festlegen (wollen)

'hedge·hog *s* ZOOL Igel *m*; *Am* Stachelschwein *n*

heed [hiːd] **I** *v/t* beachten, Beachtung schenken (*Dat*) **II** *s*: ***give*** (*oder* ***pay***) ***heed to***, ***take heed of*** *siehe* I

heed·ful ['hiːdfʊl] *Adj* achtsam: ***be heedful of*** → ***heed*** I

'heed·less *Adj* achtlos, unachtsam: ***be heedless of*** nicht beachten, *Warnung etc* in den Wind schlagen

hee-haw [ˌhiː'hɔː] **I** *s* **1.** Iah *n* (*Eselsschrei*) **2.** *fig* wieherndes Gelächter, Gewieher *n* **II** *v/i* **3.** iahen **4.** *fig* wiehernd lachen, wiehern

heel[1] [hiːl] *v/i* SCHIFF krängen

▶**heel**[2] [hiːl] **I** *s* **1.** ANAT Ferse *f* (*auch vom Strumpf etc*); Absatz *m*, Hacken *m* (*vom Schuh*): ***down at heel*** **a)** mit schiefen Absätzen, **b)** *fig* heruntergekommen (*Hotel etc*), (*Person auch*) abgerissen; ***on the heels of*** unmittelbar auf (*Akk*), gleich nach; ***follow at s.o.'s heels*** j-m auf den Fersen folgen, sich j-m an die Fersen heften; ***show a clean pair of heels***, ***take to one's heels*** die Beine in die Hand *oder* unter den Arm nehmen **II** *v/t* **2.** Absätze machen auf (*Akk*) **3.** *Fußball*: *Ball* mit dem Absatz kicken

heft·y ['heftɪ] *Adj* **1.** schwer **2.** kräftig, stämmig **3.** *ugs* mächtig, gewaltig (*Schlag etc*), stattlich (*Mehrheit etc*), saftig (*Preise etc*)

he·gem·o·ny [hɪ'gemənɪ] *s bes* POL Hegemonie *f*

heif·er ['hefə] *s* ZOOL Färse *f*

▶**height** [haɪt] *s* **1.** Höhe *f*: ***10 feet in height*** 10 Fuß hoch **2.** (Körper)Größe *f*: ***what height are you?*** wie groß sind Sie? **3.** Anhöhe *f*, Erhebung *f* **4.** *fig* Höhe(punkt *m*) *f*, Gipfel *m*: ***at the height of one's fame*** auf der Höhe seines Ruhms; ***at the height of summer*** im Hochsommer

ˌheight-ad'just·a·ble *Adj* höhenverstellbar

'height·en **I** *v/t* **1.** erhöhen (*auch fig*) **2.** *fig* vergrößern, steigern **II** *v/i* **3.** *fig* sich erhöhen, (an)steigen, zunehmen

hei·nous ['heɪnəs] *Adj* abscheulich

▶**heir** [eə] *s* JUR Erbe *m* (***to***, ***of*** *Gen*): ***heir to the throne*** Thronerbe *m*, -folger *m*; → ***universal*** 1

'heir·ess *s* Erbin *f*

held [held] *Prät und Part Perf von* ***hold***

hel·i·cop·ter ['helɪkɒptə] *s* Hubschrauber *m*

Hel·i·go·land ['helɪgəʊlænd] *Eigenn* Helgoland *n*

hel·i·port ['helɪpɔːt] *s* Hubschrauberlandeplatz *m*

'hel·i·ski·ing *s* Heliskiing *n*

he·li·um ['hiːlɪəm] *s* CHEM Helium *n*

▶**hell** [hel] *s* Hölle *f* (*auch fig*): ***like hell*** *ugs* wie verrückt *arbeiten etc*; ***a hell of a noise*** *ugs* ein Höllenlärm; ***what the hell …?*** *ugs* was zum Teufel …?; ***give s.o. hell*** *ugs* j-m die Hölle heißmachen; ***go to hell!*** *ugs* scher dich zum Teufel!; ***raise hell*** *ugs* einen Mordskrach schlagen; ***suffer hell on earth*** die Hölle auf Erden haben

he'll [hiːl] *ugs für* ***he will***

ˌhell'bent *Adj ugs* ganz versessen, wie wild (***on***, ***for*** auf *Akk*)

hell·ish ['helɪʃ] *Adj* **1.** höllisch (*auch fig ugs*) **2.** *ugs* verteufelt, scheußlich

Saying hello	Begrüßen
Hello (there)!	Hallo!
Hi! / Hey! *(Am)*	Hi!
How are you (doing)?	Wie geht's?
Hello, Mrs. Bryson. How are you?	Hallo, Frau Bryson. Wie geht's?
Morning. Where are you off to?	Morgen. Wohin geht's?
Hi, nice to see you.	Hi, schön dich zu sehen.
All right? *(ugs)*	Na, alles in Ordnung?
Good evening, sir. Do you have a reservation?	Guten Abend, mein Herr. Haben Sie reserviert?
Good morning. Camden Bike Shop, can I help you?	Guten Morgen. Camden Fahrräder – was kann ich für Sie tun?

▶ **hel·lo** [hə'ləʊ] **I** *Interj* **1.** hallo!, *österr.* servus!, *(überrascht auch)* nanu! **II** *Pl* **hel·los** *s* **2.** Hallo *n* **3.** Gruß *m*: ***say hello (to s.o.)*** (j-m) guten Tag sagen

helm [helm] *s* SCHIFF Ruder *n (auch fig)*, Steuer *n*: ***be at the helm*** am Ruder *oder* an der Macht sein; ***take the helm*** das Ruder übernehmen

helms·man ['helmzmən] *s (unreg **man**)* SCHIFF Steuermann *m (auch fig)*

▶ **help** [help] **I** *s* **1.** Hilfe *f (auch* COMPUTER*)*: ***come to s.o.'s help*** j-m zu Hilfe kommen **2.** Abhilfe *f* **3.** *(bes* Haus)Angestellte *m, f* **II** *v/t* **4.** *j-m* helfen *oder* behilflich sein (***in*** [*oder **with***] bei): ***help s.o. out*** j-m aushelfen (***with*** mit); → ***god*** 2 **5.** ***help s.o. to s.th.*** j-m zu etw verhelfen; ***help o.s.*** sich bedienen, zugreifen **6.** *mit can*: ***I cannot help it*** ich kann es nicht ändern; ich kann nichts dafür; ***it cannot be helped*** da kann man nichts machen, es ist nicht zu ändern; ***I could not help laughing*** ich musste einfach lachen **III** *v/i* **7.** helfen: ***help out*** aushelfen (***with*** mit)

'help·er *s* Helfer(in)

help·ful ['helpfʊl] *Adj* **1.** hilfsbereit **2.** hilfreich

'help·ing I *Adj* hilfreich: → ***hand*** 1 **II** *s* Portion *f (Essen)*: ***have** (oder **take**) **a second helping*** sich nachnehmen

'help·less *Adj* hilflos

hel·ter-skel·ter [ˌheltə'skeltə] **I** *Adv* holterdiepolter, Hals über Kopf **II** *Adj* hastig, überstürzt **III** *s* (wildes) Durcheinander, (wilde) Hast

hem[1] [hem] **I** *s* **1.** Saum *m* **2.** Rand *m*, Einfassung *f* **II** *v/t* **3.** *Kleid etc* (ein-)säumen **4.** ***hem in* a)** *auch **hem about*** (*oder **around***) umranden, einfassen, **b)** MIL einschließen, **c)** *fig* einengen

hem[2] [hem] *v/i* sich *(verlegen)* räuspern: ***hem and haw*** herumdrucksen, nicht recht mit der Sprache herauswollen

'he-man *s (unreg **man**) ugs* He-man *m (bes männlich wirkender Mann)*

hem·i·sphere ['hemɪˌsfɪə] *s* GEOG Halbkugel *f*, Hemisphäre *f*

'hem·line *s* Saum *m*: ***hemlines are going up again*** die Kleider werden wieder kürzer

he·mo·glo·bin, hem·or·rhoids *etc bes Am* → ***haemoglobin, haemorrhoids*** *etc*

hemp [hemp] *s* Hanf *m*

▶ **hen** [hen] *s* ORN **1.** Henne *f*, Huhn *n* **2.** *(Vogel)*Weibchen *n*

Offering help	Hilfe anbieten
Can I help (at all)?	Kann ich (irgendwie) helfen?
Do you need a hand?	Brauchst du Hilfe?
Is there anything I can do?	Kann ich irgendetwas machen?
Is there anything you need?	Brauchst du irgendetwas?
If there's anything you need, just let me know.	Wenn du etwas brauchst, gib mir einfach Bescheid.
Would you like me to do that for you?	Möchtest du, dass ich das für dich erledige?
Shall I try?	Soll ich es (mal) versuchen?
Are you looking for something (in particular)?	Suchst du irgendetwas (Bestimmtes)?
Asking for help	**Um Hilfe bitten**
Can / Could you help me?	Können / Könnten Sie mir helfen?
Excuse me, could you give me a hand?	Entschuldige, könntest du mir helfen?
Could you do me a favour?	Könntest du mir einen Gefallen tun?
I could really do with some help.	Ich könnte wirklich etwas Hilfe gebrauchen.
Would you mind carrying this for me?	Würde es dir etwas ausmachen, mir das zu tragen?
It'd be really nice / kind / sweet of you, if you have time.	Es wäre sehr nett / freundlich / lieb von dir, wenn du Zeit hast.

hence [hens] *Adv* **1.** ***a week hence*** in einer Woche **2.** folglich, daher, deshalb **3.** hieraus, daraus: ***hence it follows that*** daraus folgt, dass
ˌhenceˈforth, **ˌhenceˈfor·ward(s)** *Adv* von nun an, fortan
hench·man [ˈhentʃmən] *s* (*unreg* ***man***) *bes* POL Anhänger *m*; *pej* Handlanger *m*
hen·na [ˈhenə] *s* BOT *und Kosmetik*: Henna *n*
hen par·ty *s ugs* Damengesellschaft *f*, Kaffeeklatsch *m*
ˈhen·pecked *Adj* unter dem Pantoffel stehend: ***henpecked husband*** Pantoffelheld *m*
hep·a·ti·tis [ˌhepəˈtaɪtɪs] *s* MED Hepatitis *f*: ***hepatitis A*** (***B***)
►**her** [hɜː] **I** *Personalpron* **1.** sie (*Akk von* ***she***): ***I know her*** **2.** ihr (*Dat von* ***she***): ***I gave her the book*** **3.** *ugs* sie (*Nom*): ***he's younger than her***; ***it's her*** sie ist es **II** *Possessivpron* **4.** ihr(e) **III** *Reflexivpron* **5.** sich: ***she looked about her*** sie sah sich um
her·ald [ˈherəld] **I** *s* **1.** *hist* Herold *m* **2.** *fig* Vorbote *m* **II** *v/t* **3.** ankündigen (*auch fig*)
he·ral·dic [heˈrældɪk] *Adj* (***heraldically***) heraldisch, Wappen…
her·ald·ry [ˈher-əldrɪ] *s* Heraldik *f*, Wappenkunde *f*
►**herb** [hɜːb] *s* BOT Kraut *n*; *eng. S.* Heilkraut; Gewürz-, Küchenkraut
herb·al [ˈhɜːbl] *Adj* Kräuter…, Pflanzen…
her·biv·o·rous [hɜːˈbɪvərəs] *Adj* ZOOL pflanzenfressend
herd [hɜːd] **I** *s* **1.** Herde *f*, (*wild lebender Tiere auch*) Rudel *n* (*auch von Menschen*) **2.** *pej* Herde *f*, Masse *f* (*Menschen*): ***the*** (***common*** *oder* ***vulgar***) ***herd*** die große *oder* breite Masse **II** *v/i* **3.** *auch* ***herd together*** in Herden leben; sich zs.-drängen (*auch Menschen*) **4.** sich zs.-tun (***with*** mit) **III** *v/t* **5.** *Vieh* hüten **6.** *Vieh, auch Menschen* treiben: ***herd together*** zs.-treiben
herd in·stinct *s* ZOOL Herdeninstinkt *m*, (*auch bei Menschen*) Herdentrieb *m*
herds·man [ˈhɜːdzmən] *s* (*unreg* ***man***) Hirt *m*
►**here** [hɪə] *Adv* hier; (hier)her: ***come here*** komm her; ***here and there*** hier und da, da und dort; hierhin und dorthin; ***here's to you!*** auf dein Wohl!; ***here you*** (*oder* ***we***) ***are!*** hier (bitte)! (*da hast du es*)
ˈhere·aˌbouts *Adv* hierherum, in dieser Gegend
ˌhereˈaf·ter **I** *Adv* **1.** nachstehend, im Folgenden **2.** künftig, in Zukunft **II** *s* **3.** Jenseits *n*
ˌhereˈby *Adv* hiermit
he·red·i·ta·ry [hɪˈredɪtərɪ] *Adj* **1.** (ver)erblich, Erb…: ***hereditary disease*** Erbkrankheit *f* **2.** *fig* althergebracht, Erb…
ˌhereˈin *Adv* hierin
ˌhereˈof *Adv* hiervon
her·e·sy [ˈherəsɪ] *s* Ketzerei *f*
her·e·tic [ˈherətɪk] *s* Ketzer(in)
he·ret·i·cal [hɪˈretɪkl] *Adj* ketzerisch
ˌhere·upˈon *Adv* hierauf, darauf(hin)
ˌhereˈwith *Adv* hiermit
her·it·a·ble [ˈherɪtəbl] *Adj* erblich, vererbbar
ˈher·it·age *s* Erbe *n*
her·maph·ro·dite [hɜːˈmæfrədaɪt] *s* BIOL Zwitter *m*
her·met·ic [hɜːˈmetɪk] *Adj* (***hermetically***) hermetisch, TECH luftdicht: ***hermetically sealed*** luftdicht verschlossen
her·mit [ˈhɜːmɪt] *s* Einsiedler(in) (*auch fig*), Eremit(in)
ˈher·mit·age *s* Einsiedelei *f*

Heritage Day

LK

In Südafrika heißt der 24. September **Heritage Day**. Man feiert das neue Südafrika, das seit 1994 mit dem Ende des Apartheid-Regimes entstanden ist, und die **Rainbow Nation** mit ihrer Vielfalt an ethnischen Gruppierungen, Kulturen, Sprachen und Religionen. Ziel des **Heritage Day** ist es, die positiven Aspekte dieser Vielfalt zu betonen und die neue südafrikanische Identität zu stärken.

her·ni·a [ˈhɜːnjə] *s* MED Bruch *m*
►**he·ro** [ˈhɪərəʊ] *Pl* **he·roes** *s* Held *m*, THEAT *etc auch* Hauptperson *f*

Pluralbildung mit -oes

GR

Viele Substantive, die auf **-o** enden, bilden die Pluralform auf **-oes**. Einige wichtige Beispiele hierfür sind:

hero – heroes	**tomato – tomatoes**
potato – potatoes	**torpedo – torpedoes**

he·ro·ic [hɪˈrəʊɪk] *Adj* (***heroically***) **1.** heroisch, heldenhaft, Helden… **2.** hochtrabend, bombastisch (*Sprache, Stil*)
her·o·in [ˈherəʊɪn] *s* Heroin *n*
her·o·ine [ˈherəʊɪn] *s* Heldin *f*, THEAT *etc auch* Hauptperson *f*
ˈher·o·ism *s* Heldentum *n*
her·on [ˈherən] *s* ORN Reiher *m*
her·pes [ˈhɜːpiːz] *s* MED Herpes *m*
her·ring [ˈherɪŋ] *s* ZOOL Hering *m*
ˈher·ring·bone *s auch* ***herringbone design*** (*oder* ***pattern***) Fischgrätenmuster *n*
►**hers** [hɜːz] *Possessivpron*: ***it is hers*** es gehört ihr; ***a friend of hers*** eine Freundin von ihr; ***my mother and hers*** meine und ihre Mutter
►**her·self** [hɜːˈself] *Pron* **1.** *verstärkend*: sie (*Nom oder Akk*) selbst, ihr (*Dat*) selbst: ***she did it herself, she herself did it*** sie hat es selbst getan **2.** *refl* sich: ***she killed herself*** **3.** sich (selbst): ***she wants it for herself***
he's [hiːz] *ugs für* ***he is***; ***he has***
►**hes·i·tate** [ˈhezɪteɪt] *v/i* **1.** zögern, zaudern, Bedenken haben (***to do*** zu tun), unschlüssig sein (***over*** hinsichtlich) **2.** (*beim Sprechen*) stocken
ˌhes·iˈta·tion *s* **1.** Zögern *n*, Zaudern *n*, Unschlüssigkeit *f*: ***without*** (***any***) ***hesitation*** ohne zu zögern **2.** Stocken *n*
het [het] *Adj*: ***be het up*** *ugs* aufgeregt *oder* nervös sein (***about*** wegen)
het·er·o [ˈhetərəʊ] *ugs* → ***heterosexual***
het·er·o·dox [ˈhetərəʊdɒks] *Adj* heterodox, anders-, irrgläubig
het·er·o·ge·ne·ous [ˌhetərəʊˈdʒiːnjəs] *Adj* heterogen, ungleichartig, verschiedenartig
ˌhet·er·oˈsex·u·al **I** *Adj* heterosexuell **II** *s* Heterosexuelle *m, f*
hew [hjuː] *v/t* (*auch unreg*) hauen, hacken: ***hew down*** umhauen; ***hew off*** abhauen; ***hew up*** zerhauen, -hacken
hewn [hjuːn] *Part Perf von* ***hew***
hex·a·dec·i·mal [ˌheksəˈdesɪml] *Adj* MATHE *und* IT hexadezimal

hex·a·gon ['heksəgən] *s* Sechseck *n*
hex·ag·o·nal [hek'sægənl] *Adj* sechseckig
hey [heɪ] *Interj* **1.** → ***presto*** **2.** he!
hey·day ['heɪdeɪ] *s* **a)** Höhepunkt *m*, Gipfel *m*, **b)** Blüte(zeit) *f*: ***in one's heyday*** in seiner Glanzzeit
►**hi** [haɪ] *Interj ugs* hallo!
hi·ber·nate ['haɪbəneɪt] *v/i* überwintern: **a)** ZOOL Winterschlaf halten, **b)** den Winter verbringen
ˌhi·berˈna·tion *s* Überwinterung *f*, Winterschlaf *m*
hi·bis·cus [hɪ'bɪskəs] *s* BOT Hibiskus *m*, Eibisch *m*
hic·cough, hic·cup ['hɪkʌp] **I** *s* **1.** ***have*** (***the***) ***hiccoughs*** (*oder* ***hiccups***) einen Schluckauf haben **2.** *fig* Panne *f* **II** *v/i* **3.** hicksen
hick [hɪk] *bes Am ugs* **I** *s* Bauer *m*, Provinzler(in) **II** *Adj* Bauern..., provinziell: ***hick town*** (Provinz)Nest *n*, (Bauern)Kaff *n*
hid [hɪd] *Prät und Part Perf von* ***hide***[2]
ˈhid·den I *Part Perf von* ***hide***[2] **II** *Adj* geheim, verborgen
hide[1] [haɪd] *s* **1.** Haut *f*, Fell *n* (*beide auch fig*): ***save one's own hide*** die eigene Haut retten; ***tan s.o.'s hide*** *ugs* j-m das Fell gerben
►**hide**[2] [haɪd] (*unreg*) **I** *v/t* (***from***) verbergen (vor *Dat*): **a)** verstecken (vor *Dat*), **b)** verheimlichen (*Dat oder* vor *Dat*), **c)** verhüllen, -decken **II** *v/i auch* ***hide out*** (*bes Am* ***up***) sich verbergen *oder* verstecken
ˌhide-and-ˈseek *s* Versteckspiel *n*: ***play hide-and-seek*** Versteck spielen
ˈhide·a·way *s* **1.** Versteck *n* **2.** Zufluchtsort *m*
hid·e·ous ['hɪdɪəs] *Adj* abscheulich, scheußlich
ˈhide·out *s* Versteck *n*
hid·ing[1] ['haɪdɪŋ] *s ugs* Tracht *f* Prügel
hid·ing[2] ['haɪdɪŋ] *s*: ***be in hiding*** sich versteckt halten; ***go into hiding*** untertauchen; ***hiding place*** Versteck *n*
hi·er·arch·y ['haɪərɑːkɪ] *s* Hierarchie *f*
hi·er·o·glyph ['haɪərəʊglɪf] → ***hieroglyphic*** 1, 3
ˌhi·er·oˈglyph·ic *s* **1.** Hieroglyphe *f* **2.** *Pl* (*meist Sg konstruiert*) Hieroglyphenschrift *f* **3.** *Pl hum* Hieroglyphen *Pl*, unleserliches Gekritzel
hi·fi ['haɪfaɪ] *ugs* **I** *s* **1.** Hi-Fi *n* **2.** Hi-Fi-Anlage *f*; -Gerät *n* **II** *Adj* **3.** Hi-Fi-...
hig·gle·dy-pig·gle·dy [ˌhɪgldɪ'pɪgldɪ] *ugs* **I** *Adv* drunter und drüber, (wie Kraut und Rüben) durcheinander **II** *Adj* kunterbunt
►**high** [haɪ] **I** *Adj* (→ ***highly***) **1.** *allg* hoch; *eng. S. auch* hoch gelegen: → ***horse*** **2.** hoch (*Geschwindigkeit, Preise etc*), groß (*Hoffnungen, Lob etc*) **3.** (*rang- oder stellungsmäßig*) hoch: ***high society*** High Society *f* **4.** fortgeschritten (*Zeit*): ***high season*** Hochsaison *f*; ***high summer*** Hochsommer *m*; ***it is high time*** es ist höchste Zeit **5.** hoch, erstklassig (*Qualität etc*) **6. a)** gehoben: → ***spirit*** 4, **b)** *ugs* blau (*betrunken*), **c)** *ugs* high **7.** *ugs* scharf (***on*** auf *Akk*) **II** *Adv* **8.** hoch: ***aim high*** *fig* sich hohe Ziele setzen *oder* stecken; ***search high and low*** überall suchen **9.** hoch, mit hohem Einsatz (*spielen*) **III** *s* **10.** (An)Höhe *f*: ***on high*** hoch oben, droben; im Himmel **11.** METEO Hoch *n* **12.** *fig* Höchststand *m* **13.** *Am ugs* Highschool *f*
high al·tar *s* Hochaltar *m*
ˌhigh-ˈal·ti·tude *Adj* Höhen...
high and dry *Adj*: ***leave s.o. high and dry*** j-n im Stich lassen
high and might·y *Adj ugs* anmaßend, arrogant
ˈhigh·ball *s Am* Highball *m* (*Whiskycocktail*)
high beam *s* MOT *Am* Fernlicht *n*
ˈhigh·brow *oft pej* **I** *s* Intellektuelle *m*, *f* **II** *Adj* (betont) intellektuell
ˈhigh·chair *s* (Kinder)Hochstuhl *m*
High Church *s* anglikanische Hochkirche
ˌhigh-ˈclass *Adj* erstklassig
ˈhigh-flown *Adj* **1.** bombastisch, hochtrabend (*Worte etc*) **2.** (allzu) hochgesteckt (*Ziele etc*), (allzu) hochfliegend (*Pläne etc*)
ˌhighˈhand·ed *Adj* anmaßend, willkürlich
high heels *Pl* Stöckelschuhe *Pl*
high jump *s Leichtathletik*: Hochsprung *m*
high jump·er *s* Hochspringer(in)
ˈhigh·lands *s Pl* Hochland *n*: ***the Highlands*** das schottische Hochland
ˌhigh-ˈlev·el *Adj* hoch (*auch fig*): ***high-level talks*** *Pl* Gespräche *Pl* auf höherer Ebene
ˈhigh·light I *s* Höhe-, Glanzpunkt *m*; *Pl* Querschnitt *m* (***of*** durch *eine Oper etc*) **II** *v/t* hervorheben
ˈhigh·light·er *s* Leuchtstift *m*, Textmarker *m*
high·ly ['haɪlɪ] *Adv* **1.** *fig* hoch: ***highly gifted*** hochbegabt; ***highly interesting*** hochinteressant; ***highly paid*** hoch bezahlt; teuer bezahlt **2.** lobend, anerkennend: ***think highly of*** viel halten von
High Mass *s* REL Hochamt *n*
ˌhigh-ˈnecked *Adj* hochgeschlossen (*Kleid, Pulli etc*)
high·ness ['haɪnɪs] *s* **1.** *meist fig* Höhe *f* **2. Highness** Hoheit *f* (*Titel*)
ˌhigh-ˈpow·er(ed) *Adj* **1.** TECH Hochleistungs... **2.** *fig* dynamisch, energisch
ˌhigh-ˈpres·sure *Adj* TECH, METEO Hochdruck...
high priest *s* REL Hohepriester *m* (*auch fig*)
ˌhigh-ˈqual·i·ty *Adj* hochwertig
ˈhigh-ˌrank·ing *Adj* hochrangig: ***high-ranking officer*** MIL hoher Offizier
ˌhigh-res·oˈlu·tion *Adj* hochauflösend
ˈhigh·rise *s* Hochhaus *n*
►**high school** ['haɪskuːl] *s Am* Highschool *f*

High School LK

Die **secondary education** in den USA findet an **high schools** statt. Diese beginnt mit der 7. oder 9. Klasse und endet mit dem **High School Diploma** nach der 12. Klasse im Alter von 17 Jahren. Bei der sechsstufigen Gesamtschule unterscheidet man **Junior High School** (7.–9. Klasse) und **Senior High School** (10.–12. Klasse). Neben den Pflichtfächern (Englisch, Naturwissenschaften, Mathematik, Fremdsprachen, Geschichte) werden eine Reihe von lebenspraktischen Wahlfächern (z. B. Kochkurse, Erste Hilfe) angeboten.

high seas *s Pl die* hohe See (*außerhalb der Hoheitsgewässer*)
ˈhigh-ˌsound·ing *Adj* hochtönend, -trabend
ˈhigh-ˌspeed ˈtrain *s* Hochgeschwindigkeitszug *m*
high street *s* Hauptstraße *f*
high tea *s Br* frühes Abendessen
high-tech [ˌhaɪ'tek] *Adj ugs* Hightech-...
high tech·nol·o·gy *s* Hochtechnologie *f*
high ten·sion *s* ELEK Hochspannung *f*
ˌhigh-ˈten·sion *Adj* Hochspannungs...

▶ **high tide** [haɪ'taɪd] *s* Flut *f*, Hochwasser *n*
high trea·son *s* Hochverrat *m*
'high·way *s* Highway *m*, Haupt(verkehrs)straße *f*: ***highway code*** *Br* Straßenverkehrsordnung *f*
hi·jack ['haɪdʒæk] **I** *v/t* **1.** *Flugzeug* entführen **2.** *j-n, Geldtransport etc* überfallen **II** *s* **3.** (Flugzeug)Entführung *f* **4.** Überfall *m*
'hi·jack·er *s* **1.** (Flugzeug)Entführer(in) **2.** Räuber(in)
'hi·jack·ing → ***hijack*** II
▶ **hike** [haɪk] **I** *v/i* wandern **II** *s* Wanderung *f*: ***go on a hike*** eine Wanderung machen
'hik·er *s* Wanderer *m*, Wand(r)erin *f*
hi·lar·i·ous [hɪ'leərɪəs] *Adj* **1.** vergnügt, ausgelassen, übermütig **2.** lustig (*Geschichte etc*)
hi·lar·i·ty [hɪ'lærətɪ] *s* Vergnügtheit *f*, Ausgelassenheit *f*, Übermütigkeit *f*
▶ **hill** [hɪl] *s* Hügel *m*, Anhöhe *f*: ***(as) old as the hills*** uralt, (*Person auch*) steinalt; ***be over the hill*** *ugs* seine besten Jahre *oder* seine beste Zeit hinter sich haben; *bes* MED über den Berg sein
'hill·bil·ly *s Am meist pej* Hillbilly *m*, Hinterwäldler(in)
hill·ock ['hɪlək] *s* kleiner Hügel
ˌhill'side *s* (Ab)Hang *m*
ˌhill'top *s* Hügelspitze *f*
hill walk *s* Bergwanderung *f*
hilt [hɪlt] *s* Heft *n*, Griff *m* (*Schwert, Dolch*)
▶ **him** [hɪm] **I** *Personalpron* **1.** ihn (*Akk von* **he**): ***I know him*** **2.** ihm (*Dat von* **he**): ***I gave him the book*** **3.** *ugs* er (*Nom*): ***she's younger than him***; ***it's him*** er ist es **II** *Reflexivpron* **4.** sich: ***he looked about him*** er sah sich um
▶ **him·self** [hɪm'self] *Pron* **1.** *verstärkend*: er *oder* ihm *oder* ihn selbst: ***he did it himself, he himself did it*** er hat es selbst getan **2.** *refl* sich: ***he killed himself*** **3.** sich (selbst): ***he wants it for himself***
hind [haɪnd] *Adj* hinter, Hinter…
hind·er ['hɪndə] *v/t* **1.** *j-n, etw* aufhalten (***in*** bei); behindern **2.** (***from***) hindern (an *Dat*), abhalten (von)
hind·most ['haɪndməʊst] *Sup von* ***hind***
hin·drance ['hɪndrəns] *s* **1.** Behinderung *f*: ***be a hindrance to*** → ***hinder*** 1 **2.** Hindernis *n* (***to*** für)
'hind·sight *s*: ***with hindsight*** im Nachhinein (betrachtet)
Hin·du [ˌhɪn'duː] REL **I** *s* Hindu *m* **II** *Adj* Hindu…
'Hin·du·ism *s* Hinduismus *m*
hinge [hɪndʒ] **I** *s* **1.** TECH Scharnier *n*, (Tür)Angel *f* **2.** *fig* Angelpunkt *m* **II** *v/t* **3.** *Tür etc* einhängen **III** *v/i* **4.** (***on***) *fig* abhängen (von), ankommen (auf *Akk*); sich drehen (um)
hint [hɪnt] **I** *s* **1.** Wink *m*, Andeutung *f*: ***drop a hint*** eine Andeutung machen; ***broad hint*** Wink mit dem Zaunpfahl **2.** Fingerzeig *m*, Tipp *m* (***on*** für) **3.** Anspielung *f* (***at*** auf *Akk*) **4.** Anflug *m*, Spur *f* (***of*** von) **II** *v/t* **5.** andeuten **III** *v/i* **6.** (***at***) andeuten (*Akk*); anspielen (auf *Akk*)
hin·ter·land ['hɪntəlænd] *s* **1.** Hinterland *n* **2.** Umland *n*
hip¹ [hɪp] *s* ANAT Hüfte *f*
hip² [hɪp] *s* BOT Hagebutte *f*
hip³ [hɪp] *Interj*: ***hip, hip, hurrah!*** hipp, hipp, hurra!
hip⁴ [hɪp] *Adj sl* **1.** ***be hip*** alles mitmachen, was gerade in ist **2.** ***be hip*** auf dem Laufenden sein (***to*** über *Akk*), hip sein
'hip·bath *s* Sitzbad *n*
'hip·bone *s* ANAT Hüftbein *n*, -knochen *m*
hip flask *s* Taschenflasche *f*, Flachmann *m*
'hipˌhug·gers *s Pl bes Am* Hipsters *Pl* (*Hüfthose*)
hip joint *s* ANAT Hüftgelenk *n*
hip·pie ['hɪpɪ] *s* Hippie *m*
hip pock·et *s* Gesäßtasche *f*
hip·po·pot·a·mus [ˌhɪpə'pɒtəməs] *Pl* **hip·po·pot·a·mus·es**, **hip·po·pot·a·mi** [ˌhɪpə'pɒtəmaɪ] *s* ZOOL Fluss-, Nilpferd *n*
hip·py → ***hippie***
hip·sters ['hɪpstəz] *s Pl* Hipsters *Pl* (*Hüfthose*)
▶ **hire** ['haɪə] **I** *v/t* **1.** *Auto etc* mieten, *Flugzeug etc* chartern **2.** *auch* ***hire on*** *j-n* ein-, anstellen, SCHIFF (an)heuern; *j-n* engagieren; *bes pej* anheuern: ***hired killer*** gekaufter Mörder, gekaufte Mörderin, Killer(in) **3.** *meist* ***hire out*** vermieten **II** *s* **4.** Miete *f*: ***hire company*** Verleih (-firma *f*) *m*; ***on hire*** mietweise; ***for hire*** zu vermieten; (*Taxi*) frei **5.** Lohn *m*, Entgelt *n*
hire pur·chase *s*: ***on hire purchase*** *bes Br* auf Abzahlung *oder* Raten
▶ **his** [hɪz] *Possessivpron*: ***it is his*** es gehört ihm; ***a friend of his*** ein Freund von ihm; ***my mother and his*** meine und seine Mutter

> **Hispanics** LK
>
> Als **Hispanics** wird eine heterogene, spanisch sprechende Bevölkerungsgruppe der USA bezeichnet. Diese schnell zunehmende ethnische Gruppe zeichnet sich durch ihre starke kulturelle Identität aus. Neben den **Puerto Ricans** (v. a. in New York) und den **Cubans** (v. a. in Florida) stellen die **Mexican Americans** den weitaus größten Teil dieser Gruppe. Diese leben häufig als illegale Einwanderer mit niedrigem Bildungsstand in den Staaten Texas, New Mexiko, Arizona und Kalifornien, wo sie als tüchtige und billige Arbeitskräfte v. a. in der Landwirtschaft eine wichtige Rolle spielen.

hiss [hɪs] **I** *v/i* **1.** zischen, (*Katze*) fauchen: ***hiss at*** *siehe* 2 **II** *v/t* **2.** auszischen **3.** *etw* zische(l)n **III** *s* **4.** Zischen *n*, Fauchen *n*
his·to·ri·an [hɪ'stɔːrɪən] *s* Historiker(in)
his·tor·ic [hɪ'stɒrɪk] *Adj* (***historically***) **1.** historisch, geschichtlich (berühmt *oder* bedeutsam) **2.** → ***historical***
his'tor·i·cal [hɪ'stɒrɪkl] *Adj* **1.** → ***historic*** 1 **2.** historisch: **a)** geschichtlich (belegt *oder* überliefert), **b)** Geschichts…, **c)** geschichtlich(en Inhalts): ***historical novel*** historischer Roman
▶ **his·to·ry** ['hɪstərɪ] *s* **1.** Geschichte *f*: ***contemporary history*** Zeitgeschichte; ***history of art*** Kunstgeschichte; ***go down in history*** in die Geschichte eingehen; ***make history*** Geschichte machen **2.** (Entwicklungs-)Geschichte *f*, Werdegang *m* **3.** *allg, auch* MED Vorgeschichte *f*: → ***case history***
▶ **hit** [hɪt] **I** *s* **1.** Hieb *m* (*auch fig* ***at*** gegen), Schlag *m* **2.** Treffer *m* (*auch Sport und fig*): ***make*** (*oder* ***score***) ***a hit*** einen Treffer erzielen; *fig* gut ankommen (***with*** bei) **3.** *Internet*: Hit *m*, Zugriff *m auf eine Webseite* **4.** Hit *m* (*Buch, Schlager etc*): ***it was a big hit*** es hat groß eingeschlagen **5.** *sl* Schuss *m* (*Drogenin-*

jektion) **6.** *bes Am sl (von einem* **hit man** *ausgeführter)* Mord **II** *v/t (unreg)* **7.** schlagen **8.** *(auch fig seelisch, finanziell etc)* treffen: **hit the nail on the head** *fig* den Nagel auf den Kopf treffen; **hit the bottle** *ugs* saufen; → **hay**, **road**, **sack**[1] 3 **9.** MOT *etc j-n, etw* anfahren, *etw* rammen: **hit one's head against** *(oder* **on**) sich den Kopf anschlagen an *(Dat)*, mit dem Kopf stoßen gegen **10.** *etw* erreichen, schaffen: → **front page**, **headline** 1 **11.** *bes fig* stoßen auf *(Akk)*, finden **12.** *auch* **hit up** *bes Am ugs* anhauen, anpumpen (**for** um) **13.** *ugs* ankommen in *(Dat)*, erreichen **14.** *bes Am sl j-n* umlegen (**hit man**) **III** *v/i (unreg)* **15.** treffen **16.** schlagen (**at** nach) **17.** stoßen, schlagen (**against** gegen; **on** auf *Akk*) **18.** **hit on** *siehe* 10

◆**hit back** *v/i* zurückschlagen *(auch fig)*

◆**hit off** *v/t*: **hit it off** *ugs* sich gut vertragen (**with** mit)

◆**hit out** *v/i* **1.** um sich schlagen: **hit out at s.o.** auf j-n einschlagen **2.** *fig* her-, losziehen (**at** über *Akk*)

ˌ**hit-and-ˈrun** *Adj*: **hit-and-run accident** Unfall *m* mit Fahrerflucht; **hit-and-run driver** (unfall)flüchtiger Fahrer, (-)flüchtige Fahrerin

hitch [hɪtʃ] **I** *s* **1.** Ruck *m*, Zug *m* **2.** Schwierigkeit *f*, Haken *m*: **without a hitch** glatt, reibungslos **II** *v/t* **3.** rücken, ziehen: **hitch up** hochziehen **4.** befestigen, festhaken (**to** an *Akk*): **get hitched** *ugs* heiraten **5.** **hitch a ride** *ugs* im Auto mitgenommen werden **III** *v/i* **6.** sich festhaken, hängen bleiben (**on** an *Dat*) **7.** *ugs* → **hitchhike**

ˈ**hitch·er** *ugs* → **hitchhiker**

▶**hitch·hike** [ˈhɪtʃhaɪk] *v/i* per Anhalter fahren, trampen

ˈ**hitchˌhik·er** *s* Anhalter(in)

hith·er [ˈhɪðə] *Adv* hierher

ˌ**hith·erˈto** *Adv* bisher, bis jetzt

hit list *s*: **be on the hit list** auf der Abschussliste stehen *(auch fig)*

hit man *s (unreg* **man**) Killer *m (eines Verbrechersyndikats)*

hit or miss *Adv* aufs Geratewohl, auf gut Glück

hit song *s* Hit *m*

HIV [eɪtʃaɪˈviː] *Abk* (= **human immunodeficiency virus**) HIV *n*: **be HIV positive** (**negative**) HIV-positiv (negativ) sein

hive [haɪv] **I** *s* **1.** Bienenkorb *m*, -stock *m* **2.** Bienenvolk *n*; *fig* Schwarm *m (Menschen)* **II** *v/i* **3.** **hive off** *fig* abschwenken (**from** von); sich selbstständig machen; *bes Br ugs* sich aus dem Staub machen

hives [haɪvz] *s Pl (auch Sg konstruiert)* MED Nesselausschlag *m*

hoard [hɔːd] **I** *s* Vorrat *m* (**of** an *Dat*) **II** *v/t* horten, hamstern **III** *v/i* hamstern, sich Vorräte anlegen

hoard·ing [ˈhɔːdɪŋ] *s* **1.** Bau-, Bretterzaun *m* **2.** *Br* Reklametafel *f*

hoar·frost [ˌhɔːˈfrɒst] *s* (Rau)Reif *m*

hoarse [hɔːs] *Adj* heiser

ˈ**hoarse·ness** *s* Heiserkeit *f*

hoar·y [ˈhɔːrɪ] *Adj* **1.** weiß(grau) **2.** (alters)grau

hoax [həʊks] **I** *s* **1.** (Zeitungs)Ente *f* **2.** Streich *m*, (übler) Scherz: **play a hoax on s.o.** j-m einen Streich spielen, sich mit j-m einen Scherz erlauben **II** *v/t* **3.** *j-m* einen Bären aufbinden

hob [hob] *s* (Keramik)Kochfeld *n*

▶**hob·by** [ˈhɒbɪ] *s* Hobby *n*, Steckenpferd *n*

hob·by room *s* Hobbyraum *m*

hob·gob·lin [ˈhɒbgɒblɪn] *s* Kobold *m*

hob·nob [ˈhɒbnɒb] *v/i* freundschaftlich verkehren, auf Du und Du sein (**with** mit)

ho·bo [ˈhəʊbəʊ] *Pl* **ho·bos**, **ho·boes** *s Am* Landstreicher(in), Tippelbruder *m*, -schwester *f*

Hob·son's choice [ˈhɒbsnz] *s*: **it was** (**a case of**) **Hobson's choice** es gab nur ˈeine Möglichkeit

hock[1] [hɒk] *s* weißer Rheinwein

hock[2] [hɒk] *bes Am ugs* **I** *s*: **be in hock** versetzt sein; Schulden haben (**to** bei); im Kittchen sein *oder* sitzen; **put into hock** *siehe* II **II** *v/t* versetzen, ins Leihhaus tragen

hock·ey [ˈhɒkɪ] *s* SPORT *bes Br* Hockey *n*; *bes Am* Eishockey *n*

ho·cus-po·cus [ˌhəʊkəsˈpəʊkəs] *s* Hokuspokus *m*, fauler Zauber

hodge·podge [ˈhɒdʒpɒdʒ] → **hotchpotch**

hoe [həʊ] **I** *s* Hacke *f* **II** *v/t Boden* hacken: **hoe** (**up**) *Unkraut* aushacken

hog [hɒg] **I** *s* **1.** (Haus-, Schlacht-)Schwein *n*: **go the whole hog** *ugs* aufs Ganze gehen **2.** *ugs* rücksichtsloser Kerl; gieriger *oder* gefräßiger Kerl; Schmutzfink *m*, Ferkel *n* **II** *v/t* **3.** *ugs* rücksichtslos an sich reißen: **hog the middle lane** MOT die mittlere Spur für sich (allein) beanspruchen

Hog·ma·nay [ˈhɒgməneɪ] *s schottisch* Silvester (-abend *m*) *m*, *n*

ˈ**hog·wash** *s* **1.** Schweinefutter *n* **2.** *fig* Spülwasser *n (dünner Kaffee etc)* **3.** *fig* Gewäsch *n*, Geschwätz *n*

hoi pol·loi [ˌhɔɪˈpɒlɔɪ] *s pej* breite Masse, Pöbel *m*

hoist [hɔɪst] **I** *v/t* **1.** hochziehen; *Flagge, Segel* hissen **II** *s* **2.** Hochziehen *n* **3.** TECH (Lasten-)Aufzug *m*

hoi·ty-toi·ty [ˌhɔɪtɪˈtɔɪtɪ] *Adj* hochnäsig, eingebildet

▶**hold** [həʊld] **I** *s* **1.** Griff *m (auch Ringen)*, Halt *m*: **catch** *(oder* **get, take**) **hold of s.th.** etw ergreifen *oder* zu fassen bekommen; **get hold of s.o.** j-n erwischen; **keep hold of** festhalten; **let go one's hold of s.th.** etw loslassen **2.** Halt *m*, Stütze *f*: **lose one's hold** den Halt verlieren **3.** (**on, over, of**) Gewalt *f*, Macht *f* (über *Akk*), Einfluss *m* (auf *Akk*): **have a** (**firm**) **hold over s.o.** j-n in seiner Gewalt haben, j-n beherrschen **II** *v/t (unreg)* **4.** (fest)halten **5.** sich *die Nase, die Ohren* zuhalten: **hold one's nose** (**ears**) **6.** *Gewicht etc* tragen, (aus)halten **7.** *(in einem Zustand)* halten: **hold o.s. erect** sich gerade halten; **hold** (**o.s.**) **ready** (sich) bereithalten **8.** zurück-, abhalten: **there was no holding him** er war nicht zu halten **9.** *Wahlen, Pressekonferenz etc* abhalten; *Fest etc* veranstalten **10.** MIL *und fig Stellung* halten, behaupten: **hold one's own** (**with**) sich behaupten (gegen), bestehen (neben) **11.** *Aktien, Rechte etc* besitzen; *Amt etc* bekleiden **12.** *Platz etc* (inne)haben; *Rekord* halten; *Titel* führen **13.** fassen: **a)** enthalten, **b)** Platz bieten für **14.** *Bewunderung, Sympathie etc* hegen, haben (**for** für) **15.** der Ansicht sein (**that** dass) **16.** halten für **17.** halten: **hold responsible** verantwortlich machen; → **contempt** 1, **esteem** 3 **18.** *bes* JUR entscheiden (**that** dass) **19.** *Publikum, j-s Aufmerksamkeit* fesseln **20.** **hold s.th. against s.o.** j-m etw vorhalten *oder* vorwerfen; j-m etw übel nehmen *oder* nachtragen **III** *v/i (unreg)* **21.** halten, nicht (zer)reißen *oder* (zer)brechen

22. (sich) festhalten (***by, to*** an *Dat*) **23.** *auch* ***hold good*** (weiterhin) gelten, gültig sein *oder* bleiben **24.** anhalten, andauern **25.** TEL am Apparat bleiben

◆**hold back** **I** *v/t* **1.** zurückhalten **2.** → ***hold in*** I **3.** *fig* zurückhalten mit, verschweigen **II** *v/i* **4.** *fig* sich zurückhalten **5.** nicht mit der Sprache herausrücken

◆**hold down** *v/t* **1.** niederhalten, *fig auch* unterdrücken **2.** *ugs Posten* haben; sich in *einer Stellung etc* halten

◆**hold in** **I** *v/t* zügeln, zurückhalten: ***hold o.s. in*** **a)** *siehe* II, **b)** den Bauch einziehen **II** *v/i* sich zurückhalten *oder* beherrschen

◆**hold off** **I** *v/t* **1.** abhalten, fernhalten, abwehren **2.** *etw* aufschieben, *j-n* hinhalten **II** *v/i* **3.** sich fernhalten (***from*** von) **4.** zögern; warten (***from*** mit) **5.** ausbleiben (*Regen etc*)

◆**hold on** *v/i* **1.** festhalten (***to*** an *Dat*) (*auch fig*) **2.** sich festhalten (***to*** an *Dat*) **3.** aus-, durchhalten **4.** andauern, anhalten **5.** TEL am Apparat bleiben

◆**hold out** **I** *v/t* **1.** *Hand etc* ausstrecken: ***hold s.th. out to s.o.*** j-m etw hinhalten **II** *v/i* **2.** reichen (*Vorräte*) **3.** aus-, durchhalten

◆**hold o·ver** *v/t* **1.** *Sitzung, Entscheidung etc* vertagen, -schieben (***till, until*** auf *Akk*) **2.** *Film etc* verlängern (***for*** um)

◆**hold to·geth·er** *v/t und v/i* zs.-halten (*auch fig*)

◆**hold up** **I** *v/t* **1.** hochhalten **2.** *fig* hinstellen (***as an example*** als Beispiel) **3.** *j-n, etw* aufhalten; *etw* verzögern: ***be held up*** sich verzögern **4.** *j-n, Bank etc* überfallen **II** *v/i* **5.** sich halten (*Preise, Wetter etc*)

'hold·all *s bes Br* Reisetasche *f*

hold·er ['həʊldə] *s* **1.** *oft in Zssgn* Halter(in), TECH *auch* Halterung *f* **2.** Inhaber(in)

'hold·ing *s oft Pl* Besitz *m* (*an Effekten etc*): ***holding company*** WIRTSCH Holding-, Dachgesellschaft *f*

'hold·up *s* (bewaffneter) (Raub)Überfall

▶**hole** [həʊl] **I** *s* **1.** Loch *n*: ***be in a hole*** *ugs* in der Klemme sein *oder* sitzen *oder* stecken; ***make a hole in*** *fig* ein Loch reißen in (*Vorräte*); ***pick holes in*** *fig* an *einer Sache* herumkritteln, *Argument etc* zerpflücken; *j-m* am Zeug flicken **2.** Höhle *f*, Bau *m* (*eines Tiers*), Loch *n* (*einer Maus*) **II** *v/t* **3.** ein Loch *oder* Löcher machen in (*Akk*) **4.** *Golf*: *Ball* einlochen **III** *v/i* **5.** *oft* ***hole out*** (*Golf*) einlochen

▶**hol·i·day** ['hɒlədeɪ] **I** *s* **1.** Feiertag *m*: → ***public*** 3b **2.** freier Tag: ***take a holiday*** (sich) einen Tag freinehmen **3.** *meist Pl bes Br* Ferien *Pl*, Urlaub *m*: ***be on holiday*** im Urlaub sein, Urlaub machen **II** *Adj* **4.** *bes Br* Ferien…, Urlaubs… **III** *v/i* **5.** *bes Br* Urlaub machen, die Ferien verbringen

hol·i·day apart·ment *s* Ferienwohnung *f*

hol·i·day camp *s* Ferienlager *n*

hol·i·day home *s* Ferienhaus *n*

hol·i·day·mak·er ['hɒlədɪˌmeɪkə] *s bes Br* Urlauber(in)

Hol·land ['hɒlənd] *Eigenn* Holland *n*

hol·ler ['hɒlə] *v/i und v/t ugs* schreien, brüllen: ***holler for help*** um Hilfe schreien; ***holler at*** *j-n* anbrüllen

▶**hol·low** ['hɒləʊ] **I** *s* **1.** (Aus)Höhlung *f*, Hohlraum *m*: ***hollow of the hand*** hohle Hand **II** *Adj* **2.** hohl: ***beat s.o. hollow*** *Br ugs* j-n haushoch schlagen; ***feel hollow*** Hunger haben **3.** hohl, dumpf (*Klang, Stimme*) **4.** *fig* hohl, leer; falsch, unaufrichtig: → ***ring***[2] 2, 6 **5.** hohl: **a)** eingefallen (*Wangen*), **b)** tief liegend (*Augen*) **III** *Adv* **6.** hohl: ***ring hollow*** *fig* hohl klingen (*Versprechen etc*), unglaubwürdig klingen (*Protest etc*) **IV** *v/t* **7.** *oft* ***hollow out*** aushöhlen

hol·ly ['hɒlɪ] *s* BOT Stechpalme *f*

hol·o·caust ['hɒləkɔːst] *s* Massenvernichtung *f*, -sterben *n*, (*bes* Brand)Katastrophe *f*: ***the Holocaust*** *hist* der Holocaust

hol·o·gram ['hɒləgræm] *s* Hologramm *n*

hol·og·ra·phy [hɒ'lɒgrəfɪ] *s* Holografie *f*

hol·ster ['həʊlstə] *s* (Pistolen)Halfter *n*, *auch f*

▶**ho·ly** ['həʊlɪ] *Adj* heilig, (*Hostie etc*) geweiht

Ho·ly Ghost *s der* Heilige Geist

Ho·ly Scrip·ture *s die* Heilige Schrift

Ho·ly Spir·it → ***Holy Ghost***

ho·ly ter·ror *s ugs* Nervensäge *f*

ho·ly wa·ter *s* Weihwasser *n*

Ho·ly Week *s* Karwoche *f*

hom·age ['hɒmɪdʒ] *s* Huldigung *f*, Reverenz *f*: ***do*** (*oder* ***pay***) ***homage to s.o.*** j-m huldigen, j-m (die *oder* seine) Reverenz erweisen

▶**home** [həʊm] **I** *s* **1.** Heim *n*: **a)** Haus *n*, (*eigene*) Wohnung, **b)** Zuhause *n*, Daheim *n*, **c)** Elternhaus *n*: ▶ ***at home*** zu Hause, daheim (*beide auch Sport*); ***at home in*** *fig* zu Hause in (*Dat*), bewandert in (*Dat*); ***make o.s. at home*** es sich bequem machen; ***away from home*** abwesend, verreist, (*bes Sport*) auswärts; ***his home is in London*** er ist in London zu Hause **2.** Heimat *f* (*auch fig*): ***at home and abroad*** im In- und Ausland **3.** Heim *n*: ***home for the aged*** Alters-, Altenheim **II** *Adj* **4.** häuslich, Heim…: ***home address*** Privatanschrift *f*; ***home life*** häusliches Leben, Familienleben *n* **5.** inländisch, Inlands…: ***home affairs*** *Pl* innere Angelegenheiten *Pl*, Innenpolitik *f*; ***home market*** WIRTSCH Inlands-, Binnenmarkt *m* **6.** Heimat…: ***home town*** **7.** SPORT Heim…: ***home match*** **III** *Adv* **8.** heim, nach Hause: ***way home*** Heimweg *m*; ***that's nothing to write home about*** *ugs* das ist nichts Besonderes; → ***come home*** **9.** zu Hause, daheim **10.** *fig* ins Ziel: ***bring s.th. home to s.o.*** j-m etw klarmachen; ***the thrust went home*** der Hieb saß

home bank·ing WIRTSCH Homebanking *n*, elektronischer Bankverkehr *von zu Hause aus*

'home,com·ing *s* Heimkehr *f*

home com·pu·ter *s* Heimcomputer *m*

,home'grown *Adj* selbst angebaut (*Obst*), (*Gemüse auch*) selbst gezogen

'home·land *s* Heimatland *n*

home·less ['həʊmlɪs] *Adj* **1.** heimatlos **2.** obdachlos: ***be left homeless*** heimatlos werden

'home·like *Adj* wie zu Hause, gemütlich

'home·ly *Adj* **1.** einfach (*Mahlzeit, Leute*) **2.** *Am* unscheinbar

,home'made *Adj* haus-, selbst gemacht, Hausmacher…

Home Of·fice *s Br* Innenministerium *n*

ho·me·o·path ['həʊmjəʊpæθ] *s* MED Homöopath(in)

,ho·me·o'path·ic *Adj* (***homeopathically***) homöopathisch

ho·me·op·a·thy [ˌhəʊmɪ'ɒpəθɪ] *s* Homöopathie *f*

home page *s* IT Homepage *f*, Startseite *f*

home rule *s* POL Selbstverwaltung *f*

Home Sec·re·tar·y *s Br* Innenminister(in)

'home·sick *Adj*: ***be homesick*** Heimweh haben

'home·sick·ness *s* Heimweh *n*

'home·spun *Adj* schlicht, einfach

home truth *s* unangenehme Wahrheit
home·ward ['həʊmwəd] **I** *Adv* heimwärts, nach Hause **II** *Adj* Heim…, Rück…
'**home·wards** → ***homeward*** I
▶**home·work** ['həʊmwɜːk] *s* **1.** WIRTSCH Heimarbeit *f* **2.** PÄD Hausaufgabe(n *Pl*) *f*: ***do one's homework*** seine Hausaufgaben machen (*auch fig*)
'**home,work·er** *s* WIRTSCH Heimarbeiter(in)
hom·i·cide ['hɒmɪsaɪd] *s* JUR Mord *m*; Totschlag *m*
ho·mo ['həʊməʊ] *Pl* **ho·mos** *s ugs* Homo *m* (*Homosexuelle*)
ho·mo·ge·ne·ous [ˌhɒməʊ'dʒiːnjəs] *Adj* homogen, gleichartig
ho·mog·e·nize [hɒ'mɒdʒənaɪz] *v/t* homogenisieren
hom·o·graph ['hɒməʊgrɑːf] *s* LING Homograf *n*
hom·o·nym ['hɒməʊnɪm] *s* LING Homonym *n*
hom·o·phone ['hɒməʊfəʊn] *s* LING Homofon *n*
ho·mo·sex·u·al [ˌhəʊməʊ'sekʃʊəl] **I** *Adj* homosexuell **II** *s* Homosexuelle *m, f*
ho·mo·sex·u·al·i·ty [ˌhəʊməʊˌsekʃʊ'ælətɪ] *s* Homosexualität *f*
hom·y ['həʊmɪ] *Adj ugs* gemütlich, behaglich
▶**hon·est** ['ɒnɪst] *Adj* ehrlich: **a)** redlich, **b)** aufrichtig
'**hon·est·ly** **I** *Adv* → ***honest*** **II** *Interj ugs* ganz bestimmt!, ehrlich!
'**hon·es·ty** *s* Ehrlichkeit *f*: **a)** Redlichkeit *f*, **b)** Aufrichtigkeit *f*
▶**hon·ey** ['hʌnɪ] *s* **1.** Honig *m*: ***(as) sweet as honey*** honigsüß (*auch fig*) **2.** *bes Am ugs* Liebling *m*, Schatz *m*
'**hon·ey·bee** *s* Honigbiene *f*
'**hon·ey·comb** *s* Bienenwabe *f*
'**hon·ey·dew mel·on** *s* Honigmelone *f*
hon·eyed ['hʌnɪd] *Adj* honigsüß (*auch fig*)
'**hon·ey·moon** **I** *s* Flitterwochen *Pl*: ***honeymoon (trip)*** Hochzeitsreise *f* **II** *v/i* in den Flitterwochen sein, seine Flitterwochen verbringen; seine Hochzeitsreise machen, auf Hochzeitsreise sein
'**hon·ey·moon·er** *s* Flitterwöchner(in); Hochzeitsreisende *m, f*
honk [hɒŋk] MOT **I** *s* Hupsignal *n* **II** *v/i* hupen
hon·or, *etc Am* → ***honour***, *etc*
hon·or·ar·y ['ɒnərərɪ] *Adj* **1.** Ehren… **2.** ehrenamtlich
▶**hon·our** ['ɒnə] *bes Br* **I** *v/t* **1.** ehren **2.** ehren, auszeichnen: ***honour s.o. with*** j-m *etw* verleihen; j-n beehren mit **3.** WIRTSCH *Scheck etc* honorieren, einlösen **II** *s* **4.** Ehre *f*: ***(sense of) honour*** Ehrgefühl *n*; ***guest of honour*** Ehrengast *m*; ***do s.o. honour*** j-m zur Ehre gereichen, j-m Ehre machen; → ***debt*** **5.** Ehrung *f*, Ehre(n *Pl*) *f*: ***in s.o.'s honour*** zu j-s Ehren, j-m zu Ehren **6.** ***Your Honour*** *Am* JUR Euer Gnaden
'**hon·our·a·ble** *Adj Br* **1.** achtbar, ehrenwert **2.** ehrenvoll, -haft **3.** **Honourable** *der, die* Ehrenwerte (*Titel*)
hood [hʊd] *s* **1.** Kapuze *f* **2.** MOT *Br* Verdeck *n*; *Am* (Motor)Haube *f* **3.** TECH (Schutz)Haube *f*
hood·ed *Adj* mit Kapuze: ***hooded jumper*** (*oder* ***sweater***) Kapuzenpulli *m*
hood·lum ['huːdləm] *s ugs* **1.** Rowdy *m*; Schläger *m* **2.** Ganove *m*; Gangster *m*
'**hood·wink** *v/t* hinters Licht führen
hoo·ey ['huːɪ] *s bes Am sl* Krampf *m*, Quatsch *m*
hoof [huːf] *Pl* **hoofs, hooves** [huːvz] *s* ZOOL Huf *m*
▶**hook** [hʊk] **I** *s* **1.** Haken *m*: ***by hook or by crook*** unter allen Umständen, mit allen Mitteln **2.** Angelhaken *m*: ***hook, line and sinker*** *ugs* voll (u. ganz) **3.** *Boxen*: Haken *m* **II** *v/t* **4.** an-, ein-, fest-, zuhaken **5.** angeln (*auch fig ugs*) **6.** ***hook up*** anschließen, verbinden, angeschlossen werden **III** *v/i* **7.** sich (zu)haken lassen
hooked [hʊkt] *Adj* **1.** hakenförmig, Haken… **2.** mit (einem) Haken (versehen) **3.** *ugs* süchtig (***on*** nach) (*auch fig*): ***hooked on TV*** fernsehsüchtig
'**hook·er** *s Am sl* Nutte *f*
'**hook·y** *s*: ***play hooky*** *bes Am ugs* (die Schule) schwänzen
hoo·li·gan ['huːlɪgən] *s* Rowdy *m*
'**hoo·li·gan·ism** *s* Rowdytum *n*
hoop [huːp] *s allg* Reif(en) *m*: ***put through the hoop(s)*** *fig* durch die Mangel drehen, in die Mangel nehmen
hoo·ray [hʊ'reɪ] → ***hurrah***
hoot [huːt] **I** *v/i* **1.** (*höhnisch*) johlen: ***hoot at s.o.*** j-n verhöhnen **2.** *bes Br* heulen (*Fabriksirene etc*); MOT hupen **II** *v/t* **3.** auszischen, -pfeifen: ***hoot down*** niederschreien **III** *s* **4.** (*höhnischer, johlender*) Schrei: ***I don't care*** (*oder* ***give***) ***a hoot*** (*oder* ***two hoots***) *ugs* das ist mir völlig egal **5.** *bes Br* Heulen *n*; MOT Hupen *n*
'**hoot·er** *s bes Br* Sirene *f*; MOT Hupe *f*
Hoo·ver® ['huːvə] **I** *s* Staubsauger *m* **II** *v/t meist* **hoover** (staub)saugen, *Teppich etc auch* absaugen: ***hoover up*** aufsaugen **III** *v/i meist* **hoover** (staub)saugen
hooves [huːvz] *Pl von* ***hoof***
hop[1] [hɒp] **I** *s* BOT Hopfen *m* **II** *v/t Bier* hopfen
hop[2] [hɒp] **I** *v/i* **1.** hüpfen: ***hop off*** *Br ugs* abschwirren **2.** *ugs* schwofen, tanzen **II** *v/t* **3.** hüpfen über (*Akk*): ***hop it*** *ugs* abschwirren **III** *s* **4.** Sprung *m*: ***keep s.o. on the hop*** *ugs* j-n in Trab halten **5.** *ugs* Schwof *m*, Tanz(veranstaltung *f*) *m*
▶**hope** [həʊp] **I** *s* Hoffnung *f* (***of*** auf *Akk*): ***past*** (*oder* ***beyond***) ***(all) hope*** hoffnungs-, aussichtslos; ***in the hope*** auf gut Glück; in der Hoffnung (***of getting*** zu bekommen); ***no hope of success*** keine Aussicht auf Erfolg; ***hopes*** *Pl* ***of victory*** Siegeshoffnungen *Pl* **II** *v/i* hoffen (***for*** auf *Akk*): ***hope for the best*** das Beste hoffen; ***I hope so*** hoffentlich; ***I hope not*** hoffentlich nicht **III** *v/t* hoffen (***that*** dass)
hope·ful ['həʊpfʊl] *Adj* hoffnungsvoll: ***be hopeful that*** hoffen, dass
'**hope·ful·ly** *Adv* **1.** → ***hopeful*** **2.** hoffentlich
▶**hope·less** ['həʊpləs] *Adj* hoffnungslos
hop·ping ['hɒpɪŋ] *Adv*: ***be hopping mad*** *ugs* eine Stinkwut (im Bauch) haben
horde [hɔːd] *s* Horde *f*, (wilder) Haufen
ho·ri·zon [hə'raɪzn] *s* Horizont *m*: ***appear on the horizon*** am Horizont auftauchen, *fig auch* sich abzeichnen; → ***broaden*** I
hor·i·zon·tal [ˌhɒrɪ'zɒntl] **I** *Adj* horizontal, waag(e)recht: ***horizontal bar*** (*Turnen*) Reck *n*; ***horizontal line*** *siehe* II **II** *s* MATHE Horizontale *f*, Waag(e)rechte *f*
hor·mone ['hɔːməʊn] *s* BIOL Hormon *n*
▶**horn** [hɔːn] **I** *s* **1.** ZOOL Horn *n*, *Pl auch* Geweih *n*: → ***bull*** 1, ***dilemma*** **2.** ZOOL Fühler *m*, Fühlhorn *n* **3.** (*Pulver-, Trink*)Horn *n*: ***horn of plenty*** Füllhorn **4.** Horn *n* (*Substanz*) **5.** MUS

H

Horn *n* **6.** MOT Hupe *f* **II** *v/i* **7.** ***horn in*** *sl* sich eindrängen *oder* einmischen (***on*** in *Akk*)

hor·net ['hɔːnɪt] *s* ZOOL Hornisse *f*: ***stir up a hornet's nest*** *fig* in ein Wespennest stechen

'horn-rimmed *Adj*: ***horn-rimmed spectacles*** *Pl* Hornbrille *f*

horn·y ['hɔːnɪ] *Adj* **1.** *ugs* geil, scharf **2.** *ugs* sexy **3.** hornartig, schwielig (*Hände*)

hor·o·scope ['hɒrəskəʊp] *s* Horoskop *n*: ***cast a horoscope*** ein Horoskop stellen

hor·ren·dous [hɒ'rendəs] → ***horrific***

hor·ri·ble ['hɒrəbl] *Adj* schrecklich, furchtbar, scheußlich (*alle auch fig ugs*)

hor·rid ['hɒrɪd] → ***horrible***

hor·rif·ic [hɒ'rɪfɪk] *Adj* (***horrifically***) schrecklich, entsetzlich

hor·ri·fy ['hɒrɪfaɪ] *v/t* entsetzen: ***be horrified at*** (*oder* ***by***) entsetzt sein über (*Akk*); ***horrifying*** → ***horrible***

H

hor·ror ['hɒrə] **I** *s* **1.** Entsetzen *n*: ***in horror*** entsetzt **2.** Abscheu *f*, Horror *m* (***of*** vor *Dat*) **3.** Schrecken *m*, Gräuel *m* **4.** *ugs* Gräuel *m* (*Person oder Sache*) **II** *Adj* **5.** Horror…: ***horror film***

'hor·ror-ˌstrick·en, **'hor·ror-struck** *Adj* von Entsetzen gepackt

▸**horse** [hɔːs] *s* Pferd *n* (*auch Turnen*): ***back the wrong horse*** *fig* aufs falsche Pferd setzen; ***eat like a horse*** wie ein Scheunendrescher essen; ***get*** (*oder* ***come down***) ***off one's high horse*** *fig* von seinem hohen Ross herunterkommen; ***a horse of another*** (*oder* ***a different***) ***colo(u)r*** *fig* etw (ganz) anderes; (***straight***) ***from the horse's mouth*** *ugs* aus erster Hand; → ***cart*** 1, ***dark horse***, ***flog*** 1, ***gift*** 3

'horse·back *s*: ***on horseback*** zu Pferd; ***go on horseback*** reiten

horse chest·nut *s* BOT Rosskastanie *f*

'horse·hair *s* Rosshaar *n*

'horse·laugh *s* wieherndes Gelächter

horse·man ['hɔːsmən] *s* (*unreg* ***man***) (geübter) Reiter

'horseˌpow·er *s* PHYS Pferdestärke *f*

horse race *s* SPORT Pferderennen *n*

'horseˌrad·ish *s* BOT Meerrettich *m*, *österr.* Kren *m*

horse sense *s* gesunder Menschenverstand

horse·shoe ['hɔːʃʃuː] *s* Hufeisen *n*

horse trad·ing *s* *bes* POL *ugs* Kuhhandel *m*

'horseˌwom·an *s* (*unreg* ***woman***) (geübte) Reiterin

hor·ti·cul·tur·al [ˌhɔːtɪ'kʌltʃərəl] *Adj* Garten(-bau)…: ***horticultural show*** Gartenschau *f*

'hor·ti·cul·ture *s* Gartenbau *m*

ho·san·na [həʊ'zænə] **I** *Interj* hos(i)anna! **II** *s* Hos(i)anna *n*

▸**hose** [həʊz] **I** *s* Schlauch *m* **II** *v/t* spritzen: ***hose down*** abspritzen

ho·sier·y ['həʊzɪərɪ] *s* *Koll* Strumpfwaren *Pl*

hos·pice ['hɒspɪs] *s* Pflegeheim *n*(*für Kranke und Sterbende*), Hospiz *n*

hos·pi·ta·ble [hɒ'spɪtəbl] *Adj* gastfreundlich (*Person*); gastlich, gastfrei (*Haus etc*)

▸**hos·pi·tal** ['hɒspɪtl] *s* Krankenhaus *n*, Klinik *f*, *österr., schweiz.* Spital *n*: ***in*** (*Am* ***in the***) ***hospital*** im Krankenhaus

hos·pi·tal·i·ty [ˌhɒspɪ'tælətɪ] *s* Gastfreundschaft *f*, Gastlichkeit *f*

hos·pi·tal·ize ['hɒspɪtlaɪz] *v/t* ins Krankenhaus einliefern *oder* einweisen

▸**host¹** [həʊst] **I** *s* **1.** Gastgeber *m* **2.** BIOL Wirt *m* (*Tier oder Pflanze*) **3.** RUNDFUNK, TV Talkmaster *m*; Showmaster *m*; Moderator *m* **II** *v/t* **4.** RUNDFUNK, TV *Sendung* moderieren

host² [həʊst] *s* Menge *f*, Masse *f*: ***a host of questions*** eine Unmenge Fragen

Host³ [həʊst] *s* REL Hostie *f*

hos·tage ['hɒstɪdʒ] *s* Geisel *f*: ***take s.o. hostage*** j-n als Geisel nehmen

hos·tel ['hɒstl] *s* **1.** *meist* ***youth hostel*** Jugendherberge *f* **2.** *bes Br* (*Studenten-*, *Arbeiter- etc*) Wohnheim *n*

▸**host·ess** ['həʊstɪs] *s* **1.** Gastgeberin *f* **2.** Hostess *f* (*Betreuerin auf Messen etc*) **3.** FLUG Hostess *f*, Stewardess *f* **4.** Animier-, Tischdame *f*

hos·tile ['hɒstaɪl] *Adj* **1.** feindlich, Feind(es)…: WIRTSCH ***hostile takeover*** feindliche Übernahme **2.** (***to***) feindselig (gegen), feindlich gesinnt (*Dat*)

hos·til·i·ty [hɒ'stɪlətɪ] *s* **1.** Feindschaft *f*, Feindseligkeit *f* **2.** *Pl* MIL Feindseligkeiten *Pl*

▸**hot** [hɒt] **I** *Adj* **1.** *allg* heiß (*auch fig*): ***I am hot*** mir ist heiß; ***I went hot and cold*** es überlief mich heiß und kalt; ***hot favo(u)rite*** *ugs* (*bes Sport*) heißer *oder* hoher Favorit; ***hot tip*** *ugs* heißer Tipp; ***be in hot water*** *ugs* in Schwulitäten sein **2.** warm, heiß (*Speisen*): ***hot meal*** warme Mahlzeit; → ***potato*** **3.** scharf (gewürzt) **4.** ***be hot on*** *ugs* brennen *oder* scharf sein auf (*Akk*) **5.** ganz neu *oder* frisch: ***hot from the press*** frisch aus der Presse (*Nachrichten*), soeben erschienen (*Buch etc*) **6.** *ugs* toll, großartig, (*Nachrichten*) sensationell **7.** *ugs* heiß (*gestohlen*, *geschmuggelt etc*) **II** *Adv* **8.** heiß: ***give it to s.o. hot*** (***and strong***) *ugs* j-m gründlich einheizen; → ***track*** 1, ***trail*** 7 **III** *v/t* **9.** *Auto*, *Motor* frisieren **IV** *v/i* **10.** ***hot up*** *ugs* sich verschärfen; schwungvoller werden

hot air *s* **1.** TECH Heißluft *f* **2.** *ugs* heiße Luft, leeres Geschwätz

'hot·bed *s* *fig* Brutstätte *f*

ˌhot'blood·ed *Adj* heißblütig

hotch·potch ['hɒtʃpɒtʃ] *s* **1.** GASTR Eintopf *m*, *bes* Gemüsesuppe *f* mit Fleisch **2.** *fig* Mischmasch *m*

hot dog *s* Hotdog *n*, *m*

▸**ho·tel** [həʊ'tel] **I** *s* Hotel *n* **II** *Adj* Hotel…

ho·tel·ier [həʊ'telɪeɪ], **ho'telˌkeep·er** *s* Hotelier *m*

'hot·foot *ugs* **I** *Adv* schleunigst, schnell **II** *v/t*: ***hotfoot it*** rennen

'hot·head *s* Hitzkopf *m*

ˌhot-'head·ed *Adj* hitzköpfig

'hot·house *s* Treib-, Gewächshaus *n*

hot line *s* **1.** TEL Hotline *f*, Infotelefon *n* **2.** *bes* POL heißer Draht

hot pants *s* *Pl* Hotpants *Pl*, heiße Höschen *Pl*

'hot·plate *s* **1.** Koch-, Heizplatte *f* **2.** Warmhalteplatte *f*

hot rod *s* *bes Am sl* frisierter Wagen

hot spot *s* **1.** *bes* POL Unruhe-, Krisenherd *m* **2.** *bes Am ugs Nachtklub oder Amüsierbetrieb*, *in dem etw los ist*

ˌhot-'wa·ter *Adj* Heißwasser…: ***hot-water bottle*** Wärmflasche *f*

hound [haʊnd] **I** *s* **1.** Jagdhund *m* **2.** *pej* Hund *m*, gemeiner Kerl **II** *v/t* **3.** (*bes mit Hunden*, *auch fig j-n*) jagen, verfolgen

▸**hour** ['aʊə] *s* **1.** Stunde *f*: ***by the hour*** stundenweise; ***for hours*** (***and hours***) (***on end***) stundenlang; ***on the hour*** (immer) zur vollen Stunde; ***24 hours a day*** Tag und Nacht **2.** (Tages)Zeit *f*, Stunde *f*: ***at all hours*** zu jeder Zeit, jederzeit; → ***early*** 4, ***eleventh*** 1, ***late*** 1, ***small*** I

3. Zeitpunkt *m*, Stunde *f* **4.** Stunde *f*, Tag *m*: ***the man of the hour*** der Mann des Tages **5.** *Pl* (*Arbeits*)Zeit *f*, (*Geschäfts*)Stunden *Pl*: ***after hours*** nach Geschäftsschluss; nach der Polizeistunde; nach der Arbeit; *fig* zu spät
hour hand *s* Stundenzeiger *m*
hour·ly ['aʊəlɪ] *Adj und Adv* stündlich
▶**house I** *s* [haʊs] *Pl* **hous·es** ['haʊzɪz] **1.** Haus *n* (*auch* WIRTSCH, PARL, THEAT): → ***bring down*** 4, ***card*** 1 **2.** Haus(halt *m*) *n*: ***keep house*** den Haushalt führen (***for s.o.*** j-m); ***put*** (*oder* ***set***) ***one's house in order*** *fig* seine Angelegenheiten in Ordnung bringen **3.** Haus *n*, Geschlecht *n*: ***the House of Hanover*** das Haus Hannover **II** *v/t* [haʊz] **4.** unterbringen; beherbergen (*auch fig enthalten*)

Houses WF

bungalow ['bʌŋɡələʊ]	Bungalow
cottage	Häuschen (*bes auf dem Land*)
council house *Br*	gemeindeeigenes Wohnhaus (*meist Reihenhaus für eine Familie, mit preisgünstigen Mieten*)
detached house	Einzelhaus
high-rise (block)	Hochhaus
manor house ['mænəhaʊs]	Herrenhaus
semi-detached house ['semɪdɪˌtætʃt'haʊs], **semi**, *Am* **duplex** ['duːpleks]	Doppelhaushälfte
skyscraper	Wolkenkratzer
terraced house [ˌterəst'haʊs], **terrace**, *Am* **row house** [rəʊhaʊs]	Reihenhaus
tower block *Br*	Hochhaus
townhouse	Stadthaus

house a·gent *s Br* Häusermakler(in)
house ar·rest *s* Hausarrest *m*: ***be under house arrest*** unter Hausarrest stehen
'house·boat *s* Hausboot *n*
'house·bound *Adj fig* ans Haus gefesselt
'houseˌbreak·ing *s* Einbruch *m*
'houseˌbro·ken *Adj Am* stubenrein (*Hund etc, ugs auch Witz etc*)
'houseˌclean·ing *s* Hausputz *m*
'house·coat *s* Morgenrock *m*, -mantel *m*
'house·fly *s* ZOOL Stubenfliege *f*
▶**house·hold** ['haʊshəʊld] **I** *s* **1.** Haushalt *m* **II** *Adj* **2.** Haushalts…, häuslich: ***household remedy*** Hausmittel *n* **3.** ***household name*** (*oder* ***word***) (fester *oder* geläufiger) Begriff
'house·hold·er *s* Haushaltsvorstand *m*
'house-hunt *v/i* auf Haussuche sein: ***go house-hunting*** auf Haussuche gehen
'house-ˌhus·band *s* Hausmann *m*
'houseˌkeep·er *s* Haushälter(in), Wirtschafter(in)
'houseˌkeep·ing *s* Haushaltung *f*, Haushaltsführung *f*: ***housekeeping*** (***money***) Haushalts-, Wirtschaftsgeld *n*
'house·maid *s* Hausangestellte *f*, -mädchen *n*
House of Com·mons *s* PARL Unterhaus *n* (*GB*)

House of Commons LK

House of Commons wird das Unterhaus des britischen Parlaments genannt, in dem 659 gewählte Volksvertreter (529 aus England, 72 aus Schottland, 40 aus Wales und 18 aus Nordirland), sog. **Members of Parliament**, den Großteil der parlamentarischen Aufgaben erledigen. Diese bestehen v. a. aus der Gesetzgebung (Legislative), der Kontrolle der Regierung (d. h. der Exekutive) sowie der Überwachung der Finanzen. Den Vorsitz im **House of Commons** führt der **Speaker**, der die parlamentarischen Diskussionen leitet.

House of Lords LK

House of Lords wird das Oberhaus des britischen Parlaments genannt, dessen Vorsitz der **Lord Chancellor** hat. Es besteht aus über 700 nicht gewählten Mitgliedern, darunter **Lords Spiritual** (höhere Bischöfe der **Church of England**) und **Lords Temporal** (Lords auf Lebenszeit). Letztere bestehen aus den **Law Lords** (höhere Richter, **highest court of appeal**), den **hereditary peers** (ererbter Adelstitel) und den **life peers** (Ehrentitel auf Lebenszeit verliehen). Nur ein kleiner Teil der Mitglieder zeigt wirklich Interesse an der Politik und besucht regelmäßig die Sitzungen. Das **House of Lords** übt zwar eine wichtige Kontrollfunktion über die Regierung aus, stellt frei von Parteizwängen – ein wichtiges Gremium für Diskussionen dar und übt konstruktive Kritik an Gesetzesvorschlägen, kann jedoch faktisch lediglich eine Gesetzesvorlage auf ihrem Weg zum Gesetz verzögern.

House of Lords *s* PARL Oberhaus *n* (*GB*)
House of Rep·re·sent·a·tives *s* PARL Repräsentantenhaus *n* (*USA*)
'house-proud *Adj* übertrieben ordentlich (*Hausfrau*)
house rules *s Pl* Hausordnung *f*
ˌhouse-to-'house *Adj* von Haus zu Haus
'house·top *s* Dach *n*: ***cry*** (*oder* ***proclaim, shout***) ***from the housetops*** *etw* öffentlich verkünden, *etw Vertrauliches* an die große Glocke hängen
'house-trained *Adj bes Br* stubenrein (*Hund etc*)
'houseˌwarm·ing (par·ty) *s* Einzugsparty *f* (*im neuen Haus*)
▶**house·wife** ['haʊswaɪf] *s* (*unreg* ***wife***) Hausfrau *f*
'house·work *s* Hausarbeit *f*
hous·ing ['haʊzɪŋ] *s* **1.** Wohnung *f*: ***housing development*** *bes Am*, ***housing estate*** *Br* Wohn-

H

siedlung *f*; ***housing market*** Wohnungsmarkt *m*; ***housing shortage*** Wohnungsnot *f* **2.** *Koll* Häuser *Pl* **3.** Wohnen *n*: ***housing benefit*** *Br* Wohnbeihilfe *f*, Wohngeld *n*. ***housing conditions*** *Pl* Wohnverhältnisse *Pl*

hove [həʊv] *Prät und Part Perf von* ***heave***

hov·el ['hɒvl] *s pej* Loch *n*

hov·er ['hɒvə] *v/i* **1.** schweben (*auch fig* ***between*** zwischen *Leben und Tod etc*) **2.** sich herumtreiben (***about*** in der Nähe von) **3.** *fig* schwanken (***between*** zwischen *Dat*)

'hov·er·craft *Pl* **hov·er·craft** *s* Luftkissenfahrzeug *n*

▶**how** [haʊ] *Adv* **1.** *fragend*: wie: ▶ ***how are you?*** wie geht es dir?; ***how is your toothache?*** was machen deine Zahnschmerzen?; ***how about …?*** wie steht *oder* wäre es mit …?; ***how do you know?*** woher wissen Sie das?; ▶ ***how much?*** wie viel?; ***how many?*** wie viel?, wie viele?; → ***be*** 7, ***come*** 7, ***do***[1] 12 **2.** *ausrufend und relativ*: wie: ***how absurd!*** wie absurd!; ***he knows how to ride*** er kann reiten; ***I know how to do it*** ich weiß, wie man es macht; ***and how!*** *ugs* und ob!

▶**how·ev·er** [haʊ'evə] **I** *Adv* wie auch (immer): ***however you do it*** wie du es auch machst **II** *Konj* jedoch

howl [haʊl] **I** *v/i* **1.** heulen (*Wölfe, Wind etc*) **2.** brüllen, schreien (***in agony*** vor Schmerzen) **II** *v/t* **3.** brüllen, schreien: ***howl down*** *j-n* niederschreien, -brüllen **III** *s* **4.** Heulen *n*

'howl·er *s ugs* grober Schnitzer

'howl·ing *Adj* **1.** heulend **2.** *ugs* Mords…: ***howling success*** Bombenerfolg *m*

HP [eɪtʃ'piː] *Abk* (= ***hire purchase***) Ratenkauf *m*: ***buy s.th. on HP*** etw auf Raten kaufen; ***horsepower*** PS, Pferdestärke *f*; ***high pressure*** Hochdruck *m*

HQ [eɪtʃ'kjuː] *Abk* (= ***headquarters***) Hauptquartier *n*

hub [hʌb] *s* **1.** TECH (Rad)Nabe *f* **2.** *fig* Mittel-, Angelpunkt *m*

'hub·cap *s* MOT Radkappe *f*

hud·dle ['hʌdl] **I** *v/i* **1.** (sich) kauern: ***huddle up*** sich zs.-kauern **2.** *meist* ***huddle together*** (*oder* ***up***) sich zs.-drängen **3.** ***huddle*** (***up***) ***against*** (*oder* ***to***) sich kuscheln *oder* schmiegen an (*Akk*) **II** *s* **4.** (wirrer) Haufen; Wirrwarr *m*, Durcheinander *n* **5.** ***go into a huddle*** *ugs* die Köpfe zs.-stecken; sich beraten (***with*** mit)

hue[1] [hjuː] *s* **1.** Farbe *f* **2.** (Farb)Ton *m*, Tönung *f*, *auch fig* Färbung *f*, Schattierung *f*

hue[2] [hjuː] *s*: ***raise a hue and cry against*** lautstark protestieren gegen

huff [hʌf] **I** *v/i* keuchen, schnaufen **II** *s*: ***be in a huff*** muffeln; ***go into a huff*** muff(e)lig werden

'huff·y *Adj* **1.** muff(e)lig **2.** übelnehmerisch

hug [hʌg] **I** *v/t* **1.** umarmen, (*auch* ***hug to one***) an sich drücken **2.** *fig* (zäh) festhalten an (*Dat*) **II** *v/i* **3.** sich umarmen **III** *s* **4.** Umarmung *f*: ***give s.o. a hug*** j-n umarmen

▶**huge** [hjuːdʒ] *Adj* riesig, riesengroß (*beide auch fig*)

'huge·ly *Adv* ungeheuer, gewaltig

'huge·ness *s* ungeheure *oder* gewaltige Größe

hulk [hʌlk] *s* Koloss *m*: **a)** *Gebilde von gewaltigem Ausmaß*, **b)** klotziges *oder* sperriges *oder* unhandliches Ding, **c)** ungeschlachter Kerl, schwerfälliger Riese

'hulk·ing *Adj* **1.** klotzig, sperrig, unhandlich **2.** ungeschlacht, schwerfällig

hull[1] [hʌl] *v/t* schälen, enthülsen

hull[2] [hʌl] *s* SCHIFF Rumpf *m*

hul·la·ba·loo, **hul·la·bal·loo** [ˌhʌləbə'luː] *s* Lärm *m*, Getöse *n*

hum [hʌm] **I** *v/i* **1.** *allg* summen: ***hum*** (***with activity***) *ugs* voller Leben *oder* Aktivität sein **2.** ***hum and haw*** herumdrucksen, zögern, unentschieden sein **II** *v/t* **3.** *Lied* summen **III** *s* **4.** Summen *n*

▶**hu·man** ['hjuːmən] **I** *Adj* (→ ***humanly***) menschlich, Menschen…: ***human being*** Mensch *m*; ***human chain*** Menschenkette *f*; ***human dignity*** Menschenwürde *f*; ***human race*** Menschengeschlecht *n*; ***department of human resources*** Personalabteilung *f*; ***human rights*** *Pl* Menschenrechte *Pl*; → ***err*** **II** *s* Mensch *m*

hu·mane [hjuː'meɪn] *Adj* **1.** human, menschlich **2.** humanistisch

hu·man·ism ['hjuːmənɪzəm] *s* Humanismus *m*

'hu·man·ist *s* Humanist(in)

ˌhu·man'is·tic *Adj* (***humanistically***) humanistisch

hu·man·i·tar·i·an [hjuːˌmænɪ'teərɪən] *Adj* humanitär, menschenfreundlich

hu'man·i·ty *s* **1.** die Menschheit **2.** Humanität *f*, Menschlichkeit *f* **3.** *Pl* Altphilologie *f*; Geisteswissenschaften *Pl*

hu·man·kind [ˌhjuːmən'kaɪnd] → ***humanity*** 1

'hu·man·ly *Adv*: ***do everything humanly possible*** das Menschenmögliche *oder* sein Menschenmöglichstes tun

hum·ble ['hʌmbl] **I** *Adj* bescheiden: **a)** demütig: ***in my humble opinion*** meiner unmaßgeblichen Meinung nach; ***eat humble pie*** *fig* klein beigeben; → ***self***, **b)** anspruchslos, einfach, **c)** niedrig: ***of humble birth*** von niederer Geburt **II** *v/t* demütigen, erniedrigen

'hum·ble·ness *s* Bescheidenheit *f*, Demut *f*

hum·bug ['hʌmbʌg] *s* **1.** Humbug *m*: **a)** Schwindel *m*, Betrug *m*, **b)** Unsinn *m*, dummes Zeug **2.** *Br* Pfefferminzbonbon *m, n*

hum·ding·er [ˌhʌm'dɪŋə] *s ugs* **1.** Mordskerl *m* **2.** tolles Ding

hum·drum ['hʌmdrʌm] *Adj* eintönig, langweilig

hu·mid ['hjuːmɪd] *Adj* feucht

hu'mid·i·fi·er [hjuː'mɪdɪfaɪə] *s* TECH (Luft)Befeuchter *m*

hu'mid·i·fy [hjuː'mɪdɪfaɪ] *v/t* befeuchten

hu'mid·i·ty *s* Feuchtigkeit *f*: ***humidity of the air*** Luftfeuchtigkeit

hu·mil·i·ate [hjuː'mɪlɪeɪt] *v/t* demütigen, erniedrigen

huˌmil·i'a·tion *s* Demütigung *f*, Erniedrigung *f*

hum·ming·bird ['hʌmɪŋbɜːd] *s* ORN Kolibri *m*

hum·mock ['hʌmək] *s* Hügel *m*

▶**hu·mor** *Am* → ***humour***

hu·mor·ist ['hjuːmərɪst] *s* **1.** Humorist(in) **2.** Spaßvogel *m*

ˌhu·mor'is·tic *Adj* (***humoristically***) humoristisch

hu·mor·ous ['hjuːmərəs] *Adj* humorvoll, humorig

▶**hu·mour** ['hjuːmə] *bes Br* **I** *s* **1.** Humor *m*: (*auch* ***good***) ***sense of humour*** (Sinn *m* für) Humor **2.** Komik *f*, *das* Komische **3.** (Gemüts)Verfassung *f*: ***in a good*** (***bad***) ***humour*** (bei) guter (schlechter) Laune; ***out of humour*** schlecht gelaunt **II** *v/t* **4.** *j-m* seinen Willen tun *oder* lassen; *j-n, etw* hinnehmen

'hu·mour·less *Adj bes Br* humorlos

hump [hʌmp] **I** *s* **1.** Buckel *m*, (*eines Kamels*) Höcker *m* **2.** (kleiner) Hügel: ***be over the***

hump *fig* über den Berg sein **II** *v/t* **3.** *bes Br ugs* auf den Rücken *oder* die Schulter nehmen; tragen

'hump·back *s* **1.** Buckel *m* **2.** Buck(e)lige *m, f* **3.** ZOOL Buckelwal *m*

'hump·backed *Adj* buckelig, bucklig

hu·mus ['hjuːməs] *s* Humus *m*

Hun [hʌn] *s* **1.** *hist* Hunne *m*, Hunnin *f* **2.** *ugs pej* Deutsche *m, f*

hunch [hʌntʃ] **I** *s* **1.** → ***hump*** 1 **2.** dickes Stück **3.** (Vor)Ahnung *f*: ***have a hunch that*** das Gefühl *oder* den Verdacht haben, dass **II** *v/t* **4.** → ***hump*** 3: ***hunch one's shoulders*** die Schultern hochziehen

'hunch·back → ***humpback***

'hunch·backed → ***humpbacked***

▶**hun·dred** ['hʌndrəd] **I** *Adj* **1.** hundert: ***a*** (*oder* ***one***) ***hundred*** (ein)hundert **II** *s* **2.** Hundert *n*: ***hundreds of times*** hundertmal; ***hundreds*** *Pl* ***of thousands*** hunderttausende *Pl* **3.** MATHE Hunderter *m*

a hundred und a thousand

GR

Vor **hundred** und **thousand** steht im Englischen der unbestimmte Artikel **a**. Zur besonderen Betonung verwendet man stattdessen **one**:

He claims he's had over a hundred girlfriends.	Er behauptet, dass er über hundert Freundinnen gehabt hat.
I've told you one thousand times not to drive too fast.	Ich hab dir schon tausendmal gesagt, dass du nicht zu schnell fahren sollst.

hun·dred·fold ['hʌndrədfəʊld] **I** *Adj und Adv* hundertfach **II** *s das* Hundertfache

▶**hun·dredth** ['hʌndrədθ] **I** *Adj* **1.** hundertst **II** *s* **2.** *der, die, das* Hundertste **3.** Hundertstel *n*: ***a hundredth of a second*** eine Hundertstelsekunde

hung [hʌŋ] *Prät und Part Perf von* ***hang***

▶**Hun·gar·i·an** [hʌŋ'geərɪən] **I** *Adj* **1.** ungarisch **II** *s* **2.** Ungar(in) **3.** LING Ungarisch *n*

▶**Hun·ga·ry** ['hʌŋgərɪ] *Eigenn* Ungarn *n*

▶**hun·ger** ['hʌŋgə] **I** *s* Hunger *m* (*auch fig* ***for*** nach): ***hunger for knowledge*** Wissensdurst *m* **II** *v/i fig* hungern (***for*** nach)

hun·ger strike *s* Hungerstreik *m*: ***go on*** (***a***) ***hunger strike*** in den Hungerstreik treten

▶**hun·gry** ['hʌŋgrɪ] *Adj* hungrig (*auch fig* ***for*** nach): ***be*** (*oder* ***feel***) (***very***) ***hungry*** (sehr) hungrig sein, (großen) Hunger haben; ***go hungry*** hungern; ***hungry for knowledge*** wissensdurstig

hunk [hʌŋk] *s* großes Stück

▶**hunt** [hʌnt] **I** *s* **1.** Jagd *f*, Jagen *n* **2.** *fig* Jagd *f*: **a)** Verfolgung *f*, **b)** Suche *f* (***for*** nach): ***be on the hunt for*** auf der Jagd sein nach **II** *v/t* **3.** (*auch fig j-n*) jagen, Jagd machen auf (*Akk*): ***hunt down*** erlegen, zur Strecke bringen (*auch fig*); ***hunted look*** gehetzter Blick **4.** verfolgen **5.** ***hunt out*** (*oder* ***up***) heraussuchen; aufstöbern, -spüren **III** *v/i* **6.** jagen: ***go hunting*** auf die Jagd gehen; ***hunt for*** Jagd machen auf (*Akk*) (*auch fig*) **7.** suchen (***for*** nach)

▶**hunt·er** ['hʌntə] *s* Jäger(in) (*auch fig*)

'hunt·ing **I** *s* Jagen *n*, Jagd *f* **II** *Adj* Jagd…: ***hunting season*** Jagdzeit *f*

hur·dle ['hɜːdl] *s* Hürde *f* (*auch Leichtathletik und fig*): ***hurdles*** Hürdenlauf *m*

'hur·dler *m* Hürdenläufer(in)

hur·dy-gur·dy ['hɜːdɪˌgɜːdɪ] *s* Leierkasten *m*

hurl [hɜːl] *v/t* schleudern: ***hurl down*** zu Boden schleudern; ***hurl o.s.*** sich stürzen (***on, at*** auf *Akk*); ***hurl abuse at s.o.*** j-m Beleidigungen ins Gesicht schleudern

hurl·y-burl·y ['hɜːlɪˌbɜːlɪ] *s* Tumult *m*, Aufruhr *m*

hur·rah [hʊ'rɑː], **hur·ray** [hʊ'reɪ] **I** *Interj* hurra! **II** *s* Hurra(ruf *m*) *n*

hur·ri·cane ['hʌrɪkən] *s* Hurrikan *m*, Wirbelsturm *m*; Orkan *m*, *fig auch* Sturm *m*

hur·ried ['hʌrɪd] *Adj* eilig, hastig

▶**hur·ry** ['hʌrɪ] **I** *s* **1.** Hast *f*, Eile *f*: ▶ ***be in a hurry*** es eilig haben (***to do*** zu tun), in Eile sein; ***be in no hurry*** es nicht eilig haben; ***do s.th. in a hurry*** etw eilig *oder* hastig tun; ***there is no hurry*** es eilt nicht **2.** Hetze *f* **II** *v/t* **3.** schnell *oder* eilig befördern *oder* bringen **4.** *oft* ***hurry up*** *j-n* antreiben, hetzen; *etw* beschleunigen **III** *v/i* **5.** eilen, hasten: ***hurry*** (***up***) sich beeilen; ***hurry up!*** (mach) schnell!

▶**hurt** [hɜːt] (*unreg*) **I** *v/t* **1.** (*auch fig j-n, j-s Gefühle etc*) verletzen: ***hurt one's knee*** sich das *oder* am Knie verletzen; ***feel hurt*** gekränkt sein **2.** schmerzen, *j-m* wehtun (*beide auch fig*) **3.** schaden (*Dat*) **II** *v/i* **4.** schmerzen, wehtun (*beide auch fig*)

hurt·ful ['hɜːtfʊl] *Adj* **1.** verletzend **2.** schmerzlich **3.** schädlich (***to*** für)

▶**hus·band** ['hʌzbənd] **I** *s* (Ehe)Mann *m*, Gatte *m* **II** *v/t* Haus halten *oder* sparsam umgehen mit

'hus·band·ry *s* Landwirtschaft *f*

hush [hʌʃ] **I** *Interj* **1.** still!, pst! **II** *v/t* **2.** zum Schweigen bringen **3.** *meist* ***hush up*** vertuschen **III** *v/i* **4.** still werden, verstummen **IV** *s* **5.** Stille *f*, Schweigen *n*: ***hush money*** Schweigegeld *n*

husk [hʌsk] **I** *s* BOT Hülse *f*, Schale *f*, Schote *f* **II** *v/t* enthülsen, schälen

husk·y[1] ['hʌskɪ] *Adj* **1.** heiser, rau (*Stimme*) **2.** *ugs* stämmig, kräftig

hus·ky[2] ['hʌskɪ] *s* ZOOL Husky *m*, Eskimohund *m*

hus·sy ['hʌsɪ] *s* **1.** Fratz *m*, Göre *f* **2.** Flittchen *n*

hus·tle ['hʌsl] **I** *v/t* **1.** stoßen, drängen; (an)rempeln **2.** hetzen, (an)treiben; drängen (***into doing*** zu tun) **3.** (*in aller Eile*) *wohin* bringen *oder* schicken **4.** sich beeilen mit **5.** *bes Am ugs* ergattern; (sich) *etw* ergaunern **II** *v/i* **6.** sich drängen **7.** hasten, hetzen **8.** sich beeilen **III** *s* **9.** *meist* ***hustle and bustle*** Gedränge *n*; Gehetze *n*; Betrieb *m*, Wirbel *m*

'hus·tler *s bes Am ugs* Nutte *f*

▶**hut** [hʌt] *s* Hütte *f*

hy·a·cinth ['haɪəsɪnθ] *s* BOT Hyazinthe *f*

hy·ae·na → ***hyena***

hy·brid ['haɪbrɪd] *s* BIOL Hybride *f, m*, Kreuzung *f*

hy·dran·gea [haɪ'dreɪndʒə] *s* BOT Hortensie *f*

hy·drant ['haɪdrənt] *s* Hydrant *m*

hy·drau·lic [haɪ'drɔːlɪk] **I** *Adj* (***hydraulically***) PHYS, TECH hydraulisch **II** *s* ***hydraulics*** *Sg* PHYS Hydraulik *f*

hy·dro… ['haɪdrəʊ] Wasser…

ˌhy·dro'car·bon *s* CHEM Kohlenwasserstoff *m*

ˌhy·dro'chlo·ric *Adj*: ***hydrochloric acid*** CHEM Salzsäure *f*
ˌhy·dro·e'lec·tric *Adj*: ***hydroelectric power station*** Wasserkraftwerk *n*
'hy·dro·foil *s* Tragflächen-, Tragflügelboot *n*
hy·dro·gen ['haɪdrədʒən] *s* CHEM Wasserstoff *m*
ˌhy·dro'pho·bi·a *s* **1.** PSYCH Hydrophobie *f* **2.** VET Tollwut *f*
'hy·dro·plane *s* Wasserflugzeug *n*
hy·dro·pon·ics [ˌhaɪdrəʊ'pɒnɪks] *s Sg* Hydrokultur *f*
hy·e·na [haɪ'iːnə] *s* ZOOL Hyäne *f* (*auch fig*)
hy·giene ['haɪdʒiːn] *s* Hygiene *f*, Gesundheitspflege *f*
hy'gien·ic *Adj* (***hygienically***) hygienisch
hymn [hɪm] *s* Kirchenlied *n*, Choral *m*
'hymn·book *s* Gesangbuch *n*
hype [haɪp] **I** *s* Werberummel *m* **II** *v/t* einen Werberummel veranstalten um
hy·per… ['haɪpə] hyper…, übermäßig
ˌhy·per'ac·tive *Adj* hyperaktiv
ˌhy·per'crit·i·cal *Adj* hyperkritisch
'hy·per·link *s* COMPUTER Hyperlink *m*
'hy·perˌmar·ket *s Br* Groß-, Verbrauchermarkt *m*
ˌhy·per'sen·si·tive *Adj* hypersensibel, *auch* MED überempfindlich (***to*** gegen)
ˌhy·per'ten·sion *s* MED erhöhter Blutdruck
ˌhy·per'ven·ti·late *v/i* MED hyperventilieren
hy·phen ['haɪfn] *s* **1.** Bindestrich *m* **2.** Trennungszeichen *n*
hy·phen·ate ['haɪfəneɪt] *v/t* **1.** mit Bindestrich schreiben **2.** trennen
hyp·no·sis [hɪp'nəʊsɪs] *Pl* **hyp·no·ses** [hɪp'nəʊsiːz] *s* Hypnose *f*
hyp·not·ic [hɪp'nɒtɪk] *Adj* (***hypnotically***) hypnotisch
hyp·no·tist ['hɪpnətɪst] *s* Hypnotiseur(in)
hyp·no·tize ['hɪpnətaɪz] *v/t* hypnotisieren
hy·po… ['haɪpəʊ] Unter…, Sub…
hy·po·chon·dri·a [ˌhaɪpəʊ'kɒndrɪə] *s* Hypochondrie *f*
ˌhy·po'chon·dri·ac [ˌhaɪpəʊ'kɒndrɪæk] **I** *Adj* hypochondrisch **II** *s* Hypochonder *m*
hy·poc·ri·sy [hɪ'pɒkrəsɪ] *s* Heuchelei *f*
hyp·o·crite ['hɪpəkrɪt] *s* Heuchler(in)
ˌhyp·o'crit·i·cal *Adj* heuchlerisch
hy·po·der·mic [ˌhaɪpəʊ'dɜːmɪk] MED **I** *Adj* (***hypodermically***) subkutan **II** *s* subkutane Injektion *oder* Einspritzung
hy·pot·e·nuse [haɪ'pɒtənjuːz] *s* MATHE Hypotenuse *f*
hy·po·ther·mi·a [ˌhaɪpəʊ'θɜːmɪə] *s* MED Unterkühlung *f*
hy·poth·e·sis [haɪ'pɒθɪsɪs] *Pl* **hy·poth·e·ses** [haɪ'pɒθɪsiːz] *s* Hypothese *f*
hy·po·thet·i·cal [ˌhaɪpəʊ'θetɪkl] *Adj* hypothetisch
hys·ter·ec·to·my [ˌhɪstə'rektəmɪ] *s* MED Hysterektomie *f*, Totaloperation *f*, Entfernung *f* der Gebärmutter
hys·te·ri·a [hɪ'stɪərɪə] *s* Hysterie *f*
hys·ter·ic [hɪ'sterɪk] **I** *s* **1.** Hysteriker(in) **2.** *Pl* (*meist Sg konstruiert*) hysterischer Anfall: ***go*** (***off***) ***into hysterics*** hysterisch werden **II** *Adj* **3.** → ***hysterical***
hys'ter·i·cal *Adj* **1.** hysterisch **2.** sehr lustig, wahnsinnig komisch

I

►I [aɪ] *Pl* **I's I** *s* I *n* **II** *Pron* ich
i·bex ['aɪbeks] *Pl* **'i·bex·es** ['ɪbɪsiːz] *s* ZOOL Steinbock *m*
►ice [aɪs] **I** *s* **1.** Eis *n*: ***be*** (***skating***) ***on thin ice*** *fig* sich auf gefährlichem Boden bewegen; ***break the ice*** *fig* das Eis brechen; ***cut no ice*** (***with***) *ugs* keinen Eindruck machen (auf *Akk*), nicht ziehen (bei); ***put on ice*** kalt stellen; *fig ugs* auf Eis legen **2. a)** *Am* Fruchteis *n*, **b)** *Br* → ***ice cream*** **II** *v/t* **3.** gefrieren lassen **4.** *Getränk etc* mit *oder* in Eis kühlen **5.** GASTR glasieren **III** *v/i* **6.** gefrieren **7.** *meist* ***ice up*** (*oder* ***over***) zufrieren; vereisen
Ice Age *s* GEOL Eiszeit *f*
ice ax(e) *s* Eispickel *m*
ice bag *s* MED Eisbeutel *m*
ice·berg ['aɪsbɜːg] *s* Eisberg *m*: ***the tip of the iceberg*** die Spitze des Eisbergs (*auch fig*)
ice·berg let·tuce *s* Eis(berg)salat *m*
'ice·bound *Adj* eingefroren (*Schiff*); zugefroren (*Hafen*)
'ice·box *s* **1.** Eisfach *n* (*eines Kühlschranks*) **2.** *Am* Eis-, Kühlschrank *m*
'iceˌbreak·er *s* SCHIFF Eisbrecher *m*
ice buck·et *s* Eiskübel *m*
ˌice-'cold *Adj* eiskalt
►ice cream [aɪs'kriːm] *s* (Speise)Eis *n*, Eiscreme *f*: ***chocolate ice cream*** Schokoladeneis
'ice-cream *Adj* Eis…: ***ice-cream parlo(u)r*** Eisdiele *f*
ice cube *s* Eiswürfel *m*
iced [aɪst] *Adj* **1.** eisgekühlt: ***iced tea*** Eistee *m* **2.** gefroren **3.** GASTR glasiert, mit Zuckerguss
ice floe → ***floe***
ice hock·ey *s* SPORT Eishockey *n*
Ice·land ['aɪslənd] *Eigenn* Island *n*
Ice·land·er ['aɪsləndə] *s* Isländer(in)
Ice·lan·dic [aɪs'lændɪk] **I** *Adj* isländisch **II** *s* LING Isländisch *n*
ice lol·ly *s Br* Eis *n* am Stiel
ice pack *s* **1.** Packeis *n* **2.** MED Eisbeutel *m*
ice rink *s* (Kunst)Eisbahn *f*
ice wa·ter *s* Eiswasser *n*
i·ci·cle ['aɪsɪkl] *s* Eiszapfen *m*
i·ci·ness ['aɪsɪnɪs] *s* eisige Kälte (*auch fig*)
ic·ing ['aɪsɪŋ] *s Br* GASTR Glasur *f*, Zuckerguss *m*: ***icing sugar*** Puderzucker *m*

i·con [ˈaɪkɒn] *s* **1.** Ikone *f* **2.** COMPUTER Icon *n* (*Symbol*)
ICU [aɪsiːˈjuː] *Abk* (= ***intensive care unit***) Intensivstation *f*
i·cy [ˈaɪsɪ] *Adj* eisig (*auch fig*)
ID [aɪˈdiː] *Abk* (= ***identification***) Ausweis *m*
I'd [aɪd] *ugs für* ***I had***; ***I would***
►**i·de·a** [aɪˈdɪə] *s* **1.** Idee *f*, Vorstellung *f*, Begriff *m*: ***have no idea*** keine Ahnung haben; ***put ideas into s.o.'s head*** j-m Flausen in den Kopf setzen **2.** Absicht *f*, Gedanke *m*, Idee *f*: ***the idea is …*** der Zweck der Sache ist, …; es geht darum, … **3.** ***I have an idea that*** ich habe so das Gefühl, dass; es kommt mir (so) vor, als ob
►**i·de·al** [aɪˈdɪəl] **I** *Adj* (→ ***ideally***) **1.** ideal **2.** ideell **II** *s* **3.** Ideal *n*
iˈde·al·ism *s* Idealismus *m*
iˈde·al·ist *s* Idealist(in)
iˌde·alˈis·tic *Adj* (***idealistically***) idealistisch
iˈde·al·ize *v/t und v/i* idealisieren
iˈde·al·ly *Adv* **1.** → ***ideal*** I **2.** im Idealfall
i·den·ti·cal [aɪˈdentɪkl] *Adj* identisch (***to, with*** mit): ***identical twins*** *Pl* eineiige Zwillinge *Pl*
i·den·ti·fi·ca·tion [aɪˌdentɪfɪˈkeɪʃn] *s* **1.** Identifizierung *f*: ***identification card*** (Personal-)Ausweis *m*; ***identification papers*** *Pl* Ausweispapiere *Pl*; ***identification parade*** JUR *Br* Gegenüberstellung *f* **2.** Ausweis *m*, Legitimation *f*: ***he didn't have any identification*** er konnte sich nicht ausweisen
iˈden·ti·fy [aɪˈdentɪfaɪ] **I** *v/t* **1.** identifizieren, gleichsetzen (***with*** mit) **2.** identifizieren, erkennen (***as*** als) **3.** ***identify o.s.*** sich ausweisen *oder* legitimieren **II** *v/i* **4.** ***identify with*** sich identifizieren mit
i·den·ti·kit, i·den·ti·kit pic·ture [aɪˈdentɪkɪt] *s* JUR *Br* Phantombild *n*
i·den·ti·ty [aɪˈdentətɪ] *s* Identität *f*: **a)** (völlige) Gleichheit, **b)** Persönlichkeit *f*: ***prove one's identity*** → ***identify*** 3; ***loss of identity*** Identitätsverlust *m*; → ***mistaken*** 2
i·den·ti·ty card *s* (Personal)Ausweis *m*
i·den·ti·ty cri·sis *s* (*unreg* ***crisis***) Identitätskrise *f*
i·den·ti·ty pa·rade *s* JUR Gegenüberstellung *f*
i·de·o·log·i·cal [ˌaɪdɪəˈlɒdʒɪkl] *Adj* ideologisch
i·de·ol·o·gy [ˌaɪdɪˈɒlədʒɪ] *s* Ideologie *f*
id·i·o·cy [ˈɪdɪəsɪ] *s* MED Idiotie *f*, *pej auch* Blödheit *f*
id·i·om [ˈɪdɪəm] *s* LING Idiom *n*, idiomatischer Ausdruck, Redewendung *f*
id·i·o·mat·ic [ˌɪdɪəˈmætɪk] *Adj* (***idiomatically***) idiomatisch
id·i·ot [ˈɪdɪət] *s* MED Idiot *m*, *pej auch* Trottel *m*
id·i·ot·ic [ˌɪdɪˈɒtɪk] *Adj* (***idiotically***) *Adj* MED idiotisch, *pej auch* vertrottelt
i·dle [ˈaɪdl] **I** *Adj* **1.** untätig, müßig **2.** ruhig, still: ***idle moments*** *Pl* Mußestunden *Pl* **3.** faul, träge **4.** TECH stillstehend, außer Betrieb; leerlaufend, im Leerlauf: ***run idle*** *siehe* 8 **5.** nutz-, sinn-, zwecklos; vergeblich **6.** leer, hohl: ***idle gossip*** leeres Geschwätz **II** *v/i* **7.** faulenzen: ***idle about*** (*oder* ***around***) herumtrödeln **8.** TECH leerlaufen **III** *v/t* **9.** *meist* ***idle away*** *Zeit* vertrödeln
ˈi·dler *s* Müßiggänger(in)
i·dol [ˈaɪdl] *s* Idol *n* (*auch fig*); Gottesstatue *f*, Götterbild *n*; *pej* Götze(nbild *n*) *m*
i·dol·a·trous [aɪˈdɒlətrəs] *Adj* **1.** *pej* Götzen… **2.** *fig* abgöttisch
iˈdol·a·try *s* **1.** *Anbetung einer kultisch verehrten Figur oder eines Götterbildes*; *pej* Götzenanbetung *f*, -dienst *m* **2.** *fig* Vergötterung *f*
i·dol·ize [ˈaɪdəlaɪz] *v/t* **a)** abgöttisch verehren, vergöttern, **b)** idolisieren, zum Idol machen
i·dyll [ˈɪdɪl] *s* Idyll *n*
i·dyl·lic [ɪˈdɪlɪk] *Adj* (***idyllically***) idyllisch
i.e., ie [aɪˈiː] *Abk* ***id est*** (= ***that is to say***) d.h., das heißt
►**if** [ɪf] **I** *Konj* **1.** wenn, falls: ***if I were you*** wenn ich du wäre; ***as if*** als wenn *oder* ob; ***if so*** gegebenenfalls; wenn ja **2.** wenn auch, aber **3.** *indirekt fragend*: ob: ***see if you can do it*** **II** *s* **4.** Wenn *n*: ***without any ifs or buts*** ohne Wenn und Aber

if-Satz und would

⚠ In **if**-Sätzen steht fast nie **would**. Nur bei höflichen Bitten – meist in offiziellen Briefen – kann **would** vorkommen:

I would be very grateful if you would deal with the matter personally.	Ich wäre Ihnen sehr dankbar, wenn Sie sich der Sache persönlich annehmen würden.

ig·loo [ˈɪgluː] *s* Iglu *m, n*
ig·nite [ɪgˈnaɪt] **I** *v/t* **1.** an-, entzünden **2.** *fig* entzünden, -flammen **II** *v/i* **3.** sich entzünden **4.** MOT, TECH zünden
ig·ni·tion [ɪgˈnɪʃn] **I** *s* **1.** An-, Entzünden *n* **2.** MOT, TECH Zündung *f* **II** *Adj* **3.** MOT, TECH Zünd…: ***ignition key***; ***ignition coil*** Zündspule *f*
ig·no·min·i·ous [ˌɪgnəʊˈmɪnɪəs] *Adj* schändlich, schimpflich
ig·no·ra·mus [ˌɪgnəˈreɪməs] *s* Ignorant(in)
ˈig·no·rance *s* **1.** Unkenntnis *f* (***of*** *Gen*), Unwissenheit *f*: ***from*** (*oder* ***out of, through***) ***ignorance*** aus Unwissenheit **2.** *pej* Ignoranz *f*
ˈig·no·rant *Adj* **1.** ***be ignorant of s.th.*** etw nicht wissen *oder* kennen, nichts wissen von etw **2.** *pej* ignorant; ungebildet
ˈig·no·rant·ly *Adv* unwissentlich
ig·nore [ɪgˈnɔː] *v/t* ignorieren, nicht beachten, keine Notiz nehmen von
igua·na [ɪˈgwɑːnə] *s* ZOOL Leguan *m*
►**ill** [ɪl] **I** *Adj* **1.** *präd* krank: ***be taken*** (*oder* ***fall***) ***ill*** erkranken (***with*** an *Dat*), krank werden **2.** schlecht, schlimm: → ***fortune*** 3, ***luck*** 1, *etc* **II** *Adv* **3.** schlecht: ***speak*** (***think***) ***ill of*** schlecht sprechen (denken) von; → ***ease*** 2 **III** *s* **4. a)** *oft Pl* Übel *n*, **b)** *etw* Übles
I'll [aɪl] *ugs für* ***I will***
ˌill-adˈvised *Adj* **1.** schlecht beraten **2.** unbesonnen, unklug
ˌill-ˈbred *Adj* **1.** schlecht erzogen **2.** ungezogen
ˌill-disˈposed *Adj* übel gesinnt: ***be ill-disposed towards*** *j-m* übel gesinnt sein, *j-m* übelwollen; *einem Plan etc* ablehnend gegenüberstehen
►**il·le·gal** [ɪˈliːgl] *Adj* unerlaubt, verboten; illegal, gesetzwidrig, ungesetzlich: ***illegal parking*** Falschparken *n*
il·le·gal·i·ty [ˌɪliːˈgælətɪ] *s* Gesetzwidrigkeit *f*: **a)** Illegalität *f*, **b)** gesetzwidrige Handlung
il·leg·i·ble [ɪˈledʒəbl] *Adj* unleserlich
il·le·git·i·mate [ˌɪlɪˈdʒɪtɪmət] *Adj* **1.** ungesetzlich **2.** nicht ehelich, *bes* JUR nichtehelich, unehe-

Idioms and idiomatic expressions

SG

Body	**Körper**
I can't make head or tail of it.	Ich kann daraus nicht schlau werden.
Keep your nose to the grindstone – you've only got three days till the exam!	Du musst ranklotzen – du hast nur noch drei Tage bis zur Prüfung!
I shouldn't have taken on three jobs at once – I've bitten off more than I can chew.	Ich hätte nicht drei Jobs auf einmal annehmen sollen – ich habe mir mehr aufgeladen, als ich schaffen kann.
Don't look so serious – I was pulling your leg.	Schau nicht so ernst – ich habe dich nur auf den Arm genommen.
You shouldn't have said that – you really put your foot in it.	Das hättest du nicht sagen sollen – da bist du voll ins Fettnäpfchen getreten.
Animals	**Tiere**
What's the matter? Cat got your tongue?	Was ist los? Hat es dir die Sprache verschlagen?
You're barking up the wrong tree – it's not Patrick who's lying.	Da bist du auf dem Holzweg – es ist nicht Patrick, der lügt.
If we drop in to see Ms Baker on the way to the shops we can kill two birds with one stone.	Wenn wir auf dem Weg zum Einkaufen bei Frau Baker vorbeischauen, können wir zwei Fliegen mit einer Klappe schlagen.
Environment	**Umwelt**
Stop beating about the bush! What exactly are you trying to tell me?	Hör auf, wie die Katze um den heißen Brei herumzureden! Was willst du mir eigentlich sagen?
It's not nearly as bad as that – you're making a mountain out of a molehill.	Es ist bei Weitem nicht so schlimm – du machst aus einer Mücke einen Elefanten.
Food	**Essen**
Of course you'll win – it'll be a piece of cake / as easy as pie.	Natürlich gewinnst du – es wird ein Kinderspiel.
That would really be the icing on the cake.	Das wäre wirklich das Tüpfelchen auf dem i.
Golf is not really my cup of tea.	Golf ist nicht gerade mein Fall.
The subject of money is a hot potato at the moment.	Das Thema Geld ist zur Zeit ein heißes Eisen.
I managed to get out of Mrs Smith's class but they put me in Mr Townsend's instead. That's just out of the frying pan into the fire.	Ich hab's geschafft, aus der Klasse von Frau Smith zu kommen, aber sie haben mich dafür zu Herrn Townsend gesteckt. Das ist wie vom Regen in die Traufe.
Other	**Sonstige**
I think we've got our wires crossed – you're talking about a different Sarah.	Ich glaube wir reden aneinander vorbei – du redest von einer anderen Sarah.
Everyone was tired so they decided to call it a day.	Alle waren müde, so dass sie sich entschieden, Schluss zu machen.

lich

ˌill-ˈfat·ed *Adj* unglücklich, Unglücks…

ˌill-ˈfa·vored, **ˌill-ˈfa·voured** *Adj* unschön

ˌill-ˈhu·mored, **ˌill-ˈhu·moured** *Adj* schlecht *oder* übel gelaunt

il·lic·it [ɪˈlɪsɪt] *Adj* unerlaubt, verboten: ***illicit trade*** Schwarzhandel *m*

il·lit·er·a·cy [ɪˈlɪtərəsɪ] *s* **1.** Unbildung *f* **2.** Analphabetentum *n*

ilˈlit·er·ate [ɪˈlɪtərət] **I** *Adj* **1.** ungebildet **2.** analphabetisch **II** *s* **3.** Ungebildete *m*, *f* **4.** Analphabet(in)

ˌill-ˈjudged → ***ill-advised*** 2

ˌill-ˈman·nered *Adj* ungehobelt, ungezogen

ˌill-ˈmatched *Adj* schlecht zs.-passend

▸**ill·ness** [ˈɪlnɪs] *s* Krankheit *f*

il·log·i·cal [ɪˈlɒdʒɪkl] *Adj* unlogisch

ˌill-ˈtem·pered *Adj* schlecht gelaunt, übellaunig

ˌill-ˈtimed *Adj* ungelegen, unpassend

il·lu·mi·nate [ɪˈluːmɪneɪt] *v/t* **1.** be-, erleuchten, erhellen **2.** illuminieren, festlich beleuchten **3.** *fig etw* aufhellen, erläutern; *j-n* erleuchten

ilˌlu·miˈna·tion *s* **1.** Beleuchtung *f* **2.** Illumination *f*, Festbeleuchtung *f* **3.** *fig* Erläuterung *f*; Erleuchtung *f*

il·lu·sion [ɪˈluːʒn] *s* Illusion *f*: **a)** Sinnestäuschung *f*: → ***optical***, **b)** Einbildung *f*: ***be under the illusion that*** sich einbilden, dass; ***have no illusions*** sich keine Illusionen machen (***about*** über *Akk*)

ilˈlu·so·ry [ɪˈluːsərɪ] *Adj* illusorisch

il·lus·trate [ˈɪləstreɪt] *v/t* illustrieren: **a)** erläutern, veranschaulichen, **b)** bebildern

ˌil·lusˈtra·tion *s* Illustration *f*: **a)** Erläuterung *f*,

Veranschaulichung *f*: ***in illustration of*** zur Erläuterung von (*oder Gen*); ***by way of illustration*** als Beispiel, **b)** Bebilderung *f*, **c)** Bild *n*, Abbildung *f*
il·lus·tra·tive [ˈɪləstrətɪv] *Adj* illustrativ, erläuternd, veranschaulichend
il·lus·tra·tor [ˈɪləstreɪtə] *s* Illustrator(in)
il·lus·tri·ous [ɪˈlʌstrɪəs] *Adj* berühmt
ˌill-ˈwill *s* böses Blut: ***bear s.o. no ill-will*** j-m nicht böse sein
I'm [aɪm] *ugs für* ***I am***
im·age [ˈɪmɪdʒ] *s* **1.** Bild *n* (*auch* TV *etc*) **2.** Ab-, Ebenbild *n*: ***he is the very image of his father*** er ist seinem Vater wie aus dem Gesicht geschnitten, er ist ganz der Vater; → ***spitting* 3.** Image *n* **4.** bildlicher Ausdruck, Metapher *f*
i·ma·gi·na·ble [ɪˈmædʒɪnəbl] *Adj* vorstellbar: ***the greatest difficulty imaginable*** die denkbar größte Schwierigkeit
iˈma·gi·na·ry *Adj* imaginär (*auch* MATHE), eingebildet
▶**i·ma·gi·na·tion** [ɪˌmædʒɪˈneɪʃn] *s* **1.** Fantasie *f* **2.** Vorstellung *f*, Einbildung *f*: ***pure imagination*** reine Einbildung

imagination GR

Im Gegensatz zum Deutschen wird **imagination** („Vorstellung; Fantasie") nur im Singular benutzt.

⚠ Beachten Sie auch die Bedeutungsunterschiede!

It was probably just my imagination.	Ich hab's mir wahrscheinlich bloß eingebildet!
She has a vivid imagination.	Sie hat eine blühende Fantasie.

iˈma·gi·na·tive [ɪˈmædʒɪnətɪv] *Adj* **1.** fantasie-, einfallsreich **2.** fantasievoll
▶**i·ma·gine** [ɪˈmædʒɪn] **I** *v/t* **1.** sich *j-n*, *etw* vorstellen: ***I imagine him as a tall man*** ich stelle ihn mir groß vor; ***can you imagine him becoming famous?*** kannst du dir vorstellen, dass er einmal berühmt wird? **2.** sich *etw* einbilden: ***don't imagine that*** bilde dir nur nicht ein, dass **II** *v/i* **3.** ***just imagine!*** *iron* stell dir vor!, denk dir nur!
im·bal·ance [ˌɪmˈbæləns] *s* **1.** Unausgewogenheit *f*, Unausgeglichenheit *f* **2.** POL *etc* Ungleichgewicht *n*
im·be·cile [ˈɪmbɪsiːl] **I** *Adj* idiotisch, vertrottelt **II** *s* Idiot(in), Trottel *m*
im·be·cil·i·ty [ˌɪmbɪˈsɪlətɪ] *s* Idiotie *f*, Blödheit *f*
im·bibe [ɪmˈbaɪb] *v/t* **1.** *Feuchtigkeit etc* aufsaugen **2.** *Wissen etc* einsaugen, in sich aufnehmen
im·bue [ɪmˈbjuː] *v/t fig* erfüllen (**with** mit): ***imbued with hatred*** hasserfüllt
IMF [aɪemˈef] *Abk* (= ***International Monetary Fund***) IWF *m*, Internationaler Währungsfonds
▶**im·i·tate** [ˈɪmɪteɪt] *v/t* **1.** nachahmen, -machen, imitieren **2.** fälschen
ˌim·iˈta·tion **I** *s* **1.** Nachahmung *f*, Imitation *f*: ***in imitation of*** nach dem Muster von (*oder Gen*) **2.** Fälschung *f* **II** *Adj* **3.** unecht, künstlich
im·i·ta·tor [ˈɪmɪteɪtə] *s* Nachahmer(in), Imitator(in)
im·mac·u·late [ɪˈmækjʊlət] *Adj* **1.** *fig* unbefleckt, makellos **2.** tadel-, fehlerlos
im·ma·te·ri·al [ˌɪməˈtɪərɪəl] *Adj* **1.** unkörperlich, unstofflich **2.** unwesentlich, unerheblich (**to** für)
im·ma·ture [ˌɪməˈtjʊə] *Adj* unreif, unausgereift (*beide auch fig*)
ˌim·maˈtu·ri·ty *s* Unreife *f*
im·meas·ur·a·ble [ɪˈmeʒərəbl] *Adj* unermesslich, grenzenlos
im·me·di·ate [ɪˈmiːdjət] *Adj* **1.** (*räumlich, zeitlich*) unmittelbar: ***in the immediate vicinity*** in unmittelbarer Nähe, in der nächsten Umgebung; ***in the immediate future*** in nächster Zukunft **2.** sofortig, umgehend **3.** nächst (*Verwandtschaft*): ***my immediate family*** meine nächsten Angehörigen *Pl*
▶**im·me·di·ate·ly** [ɪˈmiːdjətlɪ] **I** *Adv* **1.** unmittelbar, direkt **2.** sofort, umgehend **II** *Konj* **3.** sobald
im·me·mo·ri·al [ˌɪmɪˈmɔːrɪəl] *Adj*: ***from*** (*oder* ***since***) ***time immemorial*** seit undenklichen Zeiten
im·mense [ɪˈmens] *Adj* riesig, *fig auch* enorm, immens
im·merse [ɪˈmɜːs] *v/t* **1.** (ein)tauchen (**in** in *Akk*) **2.** ***immerse o.s. in*** *fig* sich vertiefen in (*Akk*): ***immersed in*** vertieft in; ***immersed in thought*** gedankenversunken
imˈmer·sion *s* **1.** Eintauchen *n*: ***immersion heater*** Tauchsieder *m* **2.** *fig* Versunkenheit *f*, Vertiefung *f*
▶**im·mi·grant** [ˈɪmɪgrənt] *s* Einwanderer *m*, Einwanderin *f*, Immigrant(in)
im·mi·grate [ˈɪmɪgreɪt] *v/i* einwandern, immigrieren (**to** in *Akk*)
▶**im·mi·gra·tion** [ˈɪmɪˈgreɪʃn] *s* Einwanderung *f*, Immigration *f*
im·mi·nence [ˈɪmɪnəns] *s* nahes Bevorstehen
ˈim·mi·nent *Adj* **1.** nahe bevorstehend: ***his imminent death*** sein naher Tod **2.** drohend (*Gefahr etc*)
im·mo·bile [ɪˈməʊbaɪl] *Adj* unbeweglich
imˈmo·bi·lis·er *s* MOT Wegfahrsperre *f*
im·mo·bil·i·ty [ˌɪməʊˈbɪlətɪ] *s* Unbeweglichkeit *f*
imˈmo·bi·lize [ɪˈməʊbɪlaɪz] *v/t* unbeweglich machen; MED ruhig stellen: ***immobilized*** bewegungsunfähig
im·mod·er·ate [ɪˈmɒdərət] *Adj* unmäßig, maßlos
im·mod·est [ɪˈmɒdɪst] *Adj* **1.** unbescheiden **2.** schamlos
im·mor·al [ɪˈmɒrəl] *Adj* unmoralisch, unsittlich
im·mor·tal [ɪˈmɔːtl] *Adj* unsterblich, *fig auch* unvergänglich
im·mor·tal·i·ty [ˌɪmɔːˈtælətɪ] *s* Unsterblichkeit *f*, *fig auch* Unvergänglichkeit *f*
imˈmor·tal·ize [ɪˈmɔːtəlaɪz] *v/t* unsterblich machen, verewigen
im·mov·a·ble [ɪˈmuːvəbl] *Adj* **1.** unbeweglich **2.** *fig* fest, unerschütterlich; hart, unnachgiebig
im·mune [ɪˈmjuːn] *Adj* **1.** MED *und fig* (**from, to**) immun (gegen), unempfänglich (für): ***immune deficiency syndrome*** Immunschwächekrankheit *f*; ***immune system*** Immunsystem *n* **2.** geschützt, gefeit (**from, to** gegen) **3.** befreit, ausgenommen (**from** von)
imˈmu·ni·ty *s* MED, JUR *und fig* Immunität *f*: ***diplomatic immunity***
im·mu·nize [ˈɪmjunaɪz] *v/t* immunisieren, immun machen (**against** gegen) (*auch fig*)

im·mu·no·de·fi·cien·cy [ˌɪmjuːnəʊdɪˈfɪʃənsɪ] *s* Immunschwäche *f*
imp [ɪmp] *s* **1.** Kobold *m* **2.** *ugs* Racker *m*
im·pact [ˈɪmpækt] *s* **1.** Zs-, Anprall *m*; Aufprall *m*; MIL Auf-, Einschlag *m* **2.** *fig* (Ein)Wirkung *f*, (starker) Einfluss (**on** auf *Akk*)
im·pair [ɪmˈpeə] *v/t* beeinträchtigen
im·pale [ɪmˈpeɪl] *v/t* aufspießen (**on** auf *Akk*), durchbohren
im·pal·pa·ble [ɪmˈpælpəbl] *Adj* **1.** unfühlbar **2.** äußerst fein **3.** *fig* kaum (er)fassbar *oder* greifbar
im·part [ɪmˈpɑːt] *v/t* (**to** *Dat*) **1.** *Eigenschaft etc* verleihen **2.** mitteilen; *Kenntnisse etc* vermitteln
im·par·tial [ɪmˈpɑːʃl] *Adj* unparteiisch, unvoreingenommen
ˈimˌpar·tiˈal·i·ty [ˈɪmˌpɑːʃɪˈælətɪ] *s* Unparteilichkeit *f*, Unvoreingenommenheit *f*
im·pass·a·ble [ɪmˈpɑːsəbl] *Adj* **1.** unpassierbar **2.** *bes fig* unüberwindbar (*Hindernis etc*)
im·passe [æmˈpɑːs] *s fig* Sackgasse *f*: ***reach an impasse*** in eine Sackgasse geraten
im·pas·sioned [ɪmˈpæʃnd] *Adj* leidenschaftlich
im·pas·sive [ɪmˈpæsɪv] *Adj* **1.** teilnahmslos; ungerührt **2.** gelassen
im·pa·tience [ɪmˈpeɪʃns] *s* **1.** Ungeduld *f* **2.** Unduldsamkeit *f*
imˈpa·tient *Adj* **1.** ungeduldig: ***be impatient with*** keine Geduld haben mit **2.** ***be impatient for*** *etw* nicht erwarten können; ***be impatient to do s.th.*** es nicht erwarten können, etw zu tun **3.** unduldsam (**of** gegenüber)
im·peach [ɪmˈpiːtʃ] *v/t* **1.** JUR anklagen (**for** *Gen*); *Am bes Präsidenten* unter Amtsanklage stellen **2.** JUR anfechten **3.** infrage stellen, in Zweifel ziehen
imˈpeach·ment *s* **1.** JUR Anklage *f*; *Am* Impeachment *n* **2.** JUR Anfechtung *f* **3.** Infragestellung *f*
im·pec·ca·ble [ɪmˈpekəbl] *Adj* untadelig, einwandfrei
im·pede [ɪmˈpiːd] *v/t* **1.** *j-n, etw* (be)hindern: ***impede s.o.'s doing s.th.*** j-n daran hindern, etw zu tun **2.** *etw* erschweren
im·ped·i·ment [ɪmˈpedɪmənt] *s* **1.** Behinderung *f* **2.** Hindernis *n* (**to** für) **3.** MED (*bes* angeborener) Fehler: → ***speech*** 1
im·pel [ɪmˈpel] *v/t* **1.** antreiben (*auch fig*) **2.** zwingen: ***I felt impelled*** ich sah mich gezwungen *oder* fühlte mich genötigt (**to do** zu tun)
im·pend·ing [ɪmˈpendɪŋ] *Adj* **1.** nahe bevorstehend: ***his impending death*** sein naher Tod **2.** drohend (*Gefahr etc*)
im·pen·e·tra·ble [ɪmˈpenɪtrəbl] *Adj* **1.** undurchdringlich (**by** für) (*auch fig*) **2.** *fig* unergründlich, unerforschlich
im·per·a·tive [ɪmˈperətɪv] **I** *Adj* **1.** gebieterisch **2.** unumgänglich, unbedingt erforderlich **3.** LING Imperativ…, Befehls…: ***imperative mood*** *siehe* 4 **II** *s* **4.** LING Imperativ *m*, Befehlsform *f*
im·per·cep·ti·ble [ˌɪmpəˈseptəbl] *Adj* **1.** nicht wahrnehmbar, unmerklich **2.** verschwindend klein
im·per·fect [ɪmˈpɜːfɪkt] **I** *Adj* **1.** unvollkommen: **a)** unvollständig, **b)** mangel-, fehlerhaft **2.** ***imperfect tense*** *siehe* 3 **II** *s* **3.** LING Imperfekt *n*, unvollendete Vergangenheit
im·per·fec·tion [ˌɪmpəˈfekʃn] *s* **1.** Unvollkommenheit *f* **2.** Mangel *m*, Fehler *m*
im·pe·ri·al [ɪmˈpɪərɪəl] *Adj* **1.** kaiserlich, Kaiser… **2.** *Br* gesetzlich (*Maße und Gewichte*)
imˈpe·ri·al·ism *s* POL Imperialismus *m*

American Imperialism

Die fortgeschrittene Industrialisierung, die nach größeren Absatzmärkten verlangte, sowie die Rolle als wachsende Wirtschaftsmacht begründeten die imperiale Machtpolitik der USA. Den Höhepunkt erreichte der **American Imperialism** Anfang des 20. Jh. Zur Expansion zum **empire** führten u. a. der Ankauf Alaskas 1867, die Annexion Hawaiis 1898 (zur Sicherung der Vorherrschaft als See- und Handelsmacht im pazifischen Raum), die Annexion Guams und Puerto Ricos durch den Frieden von Paris 1899, die Errichtung von Finanzprotektoraten politisch unruhiger Staaten Mittel- und Südamerikas und der Bau des Panamakanals (Eröffnung 1914). Die widerstrebende Haltung des amerikanischen Volkes zum Imperialismus sorgte für die schnelle Auflösung dieses **empire**.

imˈpe·ri·al·ist **I** *s* Imperialist(in) **II** *Adj* imperialistisch
im·per·il [ɪmˈperəl] *v/t* gefährden
im·pe·ri·ous [ɪmˈpɪərɪəs] *Adj* **1.** gebieterisch **2.** dringend
im·per·ish·a·ble [ɪmˈperɪʃəbl] *Adj* **1.** unverderblich **2.** *fig* unvergänglich
im·per·ma·nent [ˌɪmˈpɜːmənənt] *Adj* vorübergehend, nicht von Dauer
im·per·me·a·ble [ɪmˈpɜːmjəbl] *Adj* undurchlässig
im·per·son·al [ɪmˈpɜːsnl] *Adj* unpersönlich (*auch* LING)
im·per·son·ate [ɪmˈpɜːsəneɪt] *v/t* **1.** THEAT *etc* verkörpern, darstellen **2.** *j-n* imitieren, nachahmen
im·per·ti·nence [ɪmˈpɜːtɪnəns] *s* **1.** Unverschämtheit *f*, Frechheit *f* **2.** Belanglosigkeit *f*
imˈper·ti·nent *Adj* **1.** unverschämt, frech **2.** belanglos (**to** für)
im·per·turb·a·ble [ˌɪmpəˈtɜːbəbl] *Adj* unerschütterlich
im·per·vi·ous [ɪmˈpɜːvjəs] *Adj* **1.** → ***impermeable*** **2.** *fig* unzugänglich (**to** für *oder Dat*)
im·pet·u·ous [ɪmˈpetʃʊəs] *Adj* **1.** heftig, ungestüm **2.** impulsiv **3.** übereilt, vorschnell
im·pe·tus [ˈɪmpɪtəs] *s* **1.** PHYS Triebkraft *f*, Schwung *m* (*auch fig*) **2.** *fig* Antrieb *m*, Impuls *m*: ***give an impetus to*** Auftrieb *oder* Schwung verleihen (*Dat*)
im·pi·e·ty [ɪmˈpaɪətɪ] *s* **1.** Gottlosigkeit *f* **2.** (**to** gegenüber) Pietätlosigkeit *f*; Respektlosigkeit *f*
im·pinge [ɪmˈpɪndʒ] *v/i* **1.** auftreffen (**on** auf *Akk*) **2.** *fig* (**on**) sich auswirken (auf *Akk*), beeinflussen (*Akk*)
imp·ish [ˈɪmpɪʃ] *Adj* schelmisch, spitzbübisch
im·plac·a·ble [ɪmˈplækəbl] *Adj* unversöhnlich, unnachgiebig
im·plant **I** *v/t* [ɪmˈplɑːnt] **1.** MED implantieren, einpflanzen (**in, into** *Dat*) **2.** *fig* einprägen (**in, into** *Dat*) **II** *s* [ˈɪmplɑːnt] **3.** MED Implantat *n*
im·plau·si·ble [ˌɪmˈplɔːzəbl] *Adj* unglaubwürdig
im·ple·ment **I** *s* [ˈɪmplɪmənt] Werkzeug *n* (*auch*

fig), Gerät *n* **II** *v/t* ['ɪmplɪment] aus-, durchführen
im·ple·men·ta·tion [ˌɪmplɪmen'teɪʃn] *s* Aus-, Durchführung *f*
im·pli·cate ['ɪmplɪkeɪt] *v/t* **1.** *j-n* verwickeln, hineinziehen (*in* in *Akk*) **2.** → ***imply*** 1, 3
ˌim·pli'ca·tion *s* **1.** Verwicklung *f* **2.** Folgerung *f* **3.** Folge *f*, Auswirkung *f* **4.** Andeutung *f*
im·plic·it [ɪm'plɪsɪt] *Adj* **1.** → ***implied*** **2.** vorbehalt-, bedingungslos: ***implicit faith*** (***obedience***) blinder Glaube (Gehorsam)
im'plic·it·ly *Adv* **1.** stillschweigend **2.** → ***implicit*** 2
im·plied [ɪm'plaɪd] *Adj* impliziert, (stillschweigend *oder* mit) inbegriffen
im·plode [ɪm'pləʊd] *v/i* PHYS implodieren
im·plore [ɪm'plɔː] *v/t* **1.** *j-n* anflehen **2.** *etw* erflehen, flehen um
im·plo·sion [ɪm'pləʊʒn] *s* PHYS Implosion *f*
im·ply [ɪm'plaɪ] *v/t* **1.** implizieren, (sinngemäß *oder* stillschweigend) beinhalten **2.** andeuten, zu verstehen geben **3.** mit sich bringen, zur Folge haben
im·po·lite [ˌɪmpə'laɪt] *Adj* unhöflich
im·pol·i·tic [ɪm'pɒlətɪk] *Adj* undiplomatisch, unklug
im·pon·der·a·ble [ɪm'pɒndərəbl] **I** *Adj* unwägbar **II** *s Pl* Imponderabilien *Pl*, Unwägbarkeiten *Pl*
►**im·port** **I** *v/t und v/i* [ɪm'pɔːt] **1.** importieren (*auch Daten*), einführen: ***importing country*** Einfuhrland *n* **II** *s* ['ɪmpɔːt] **2.** Import *m*, Einfuhr *f* **3.** *Pl* (Gesamt)Import *m*, (-)Einfuhr *f*; Importgüter *Pl*, Einfuhrware *f* **III** *Adj* ['ɪmpɔːt] **4.** Import…, Einfuhr…: ***import firm*** Importfirma *f*; ***import trade*** Importgeschäft *n*, Einfuhrhandel *m*
►**im·por·tance** [ɪm'pɔːtns] *s* Bedeutung *f*: **a)** Wichtigkeit *f*: ***attach importance to*** Bedeutung beimessen (*Dat*); ***be of no importance*** unwichtig *oder* belanglos sein (***to*** für), **b)** Ansehen *n*, Gewicht *n*: ***a matter of some importance*** eine nicht ganz unwichtige Sache
►**im·por·tant** [ɪm'pɔːtnt] *Adj* bedeutend: **a)** wichtig, von Belang (***to*** für), **b)** angesehen, gewichtig
im·port·er [ɪm'pɔːtə] *s* Importeur(in)
im·por·tu·nate [ɪm'pɔːtjʊnət] *Adj* lästig, zu-, aufdringlich
im·por'tune [ˌɪmpɔː'tjuːn] *v/t* belästigen, dauernd (*bes* mit Bitten) behelligen
im·pose [ɪm'pəʊz] **I** *v/t* **1.** (***on***) *etw* auferlegen, -bürden (*Dat*); *Strafe* verhängen (gegen) **2.** (***on***) **a)** *etw* aufdrängen, -zwingen (*Dat*): ***impose o.s.*** (*oder* ***one's presence***) ***on s.o.*** sich j-m aufdrängen; ***impose one's will on s.o.*** j-m seinen Willen aufzwingen, **b)** *etw* (*mit Gewalt*) einführen *oder* durchsetzen (bei) **II** *v/i* **3.** ausnutzen, *pej auch* missbrauchen (***on*** *Akk*) **4.** (***on*** *Dat*) sich aufdrängen; zur Last fallen
im'pos·ing *Adj* imponierend, imposant
im·po·si·tion [ˌɪmpə'zɪʃn] *s* **1.** Auferlegung *f*, -bürdung *f*; Verhängung *f* **2.** Auflage *f*, Pflicht *f* **3.** Abgabe *f*, Steuer *f* **4.** Ausnutzung *f*, *pej auch* Missbrauch *m* (***on*** *Gen*)
im·pos·si·bil·i·ty [ɪmˌpɒsə'bɪlətɪ] *s* Unmöglichkeit *f*
►**im·pos·si·ble** [ɪm'pɒsəbl] *Adj* unmöglich (*auch ugs unglaublich, unerträglich etc*): ***it is impossible for me to come*** ich kann unmöglich kommen
im'pos·si·bly *Adv* unglaublich
im·post·er, **im·post·or** [ɪm'pɒstə] *s* Betrüger(in), *bes* Hochstapler(in)
im·po·tence ['ɪmpətəns] *s* **1.** Unvermögen *n*, Unfähigkeit *f*; Hilflosigkeit *f*, Ohnmacht *f* **2.** MED Impotenz *f*
'im·po·tent *Adj* **1.** unfähig (***to do*** zu tun); hilflos, ohnmächtig **2.** MED impotent
im·pov·er·ish [ɪm'pɒvərɪʃ] *v/t* arm machen: ***be impoverished*** verarmen; verarmt sein
im·prac·ti·ca·ble [ɪm'præktɪkəbl] *Adj* **1.** undurchführbar **2.** unpassierbar (*Straße etc*)
im·prac·ti·cal [ɪm'præktɪkl] *Adj* **1.** unpraktisch (*Person*) **2.** undurchführbar
im·preg·nate ['ɪmpregneɪt] *v/t* **1.** BIOL schwängern; befruchten (*auch fig*) **2.** CHEM, TECH imprägnieren, tränken **3.** *fig* durchdringen, erfüllen (***with*** mit)
im·pre·sa·ri·o [ˌɪmprɪ'sɑːrɪəʊ] *Pl* **im·pre·sa·ri·os** *s* Impresario *m*, Theater-, Konzertagent(in)
►**im·press** *v/t* [ɪm'pres] **1.** beeindrucken, Eindruck machen auf (*Akk*), imponieren (*Dat*) **2.** (auf)drücken (***on*** auf *Akk*), (ein)drucken (***in***, ***into*** in *Akk*)
►**im·pres·sion** [ɪm'preʃn] *s* **1.** Eindruck *m* (***of*** von): ***give s.o. the wrong impression*** bei j-m einen falschen Eindruck erwecken; ***make a good*** (***bad***) ***impression*** einen guten (schlechten) Eindruck machen **2.** Eindruck *m*, Vermutung *f*: ***I have the impression*** (*oder* ***I am under the impression***) ***that*** ich habe den Eindruck, dass; ***under the impression that*** in der Annahme, dass **3.** Abdruck *m* (*auch* MED) **4.** BUCHDRUCK (*bes* unveränderte) Auflage, Nachdruck *m*
im'pres·sion·a·ble *Adj* leicht zu beeinflussen(d)
im'pres·sion·ism *s* Impressionismus *m*
im'pres·sion·ist **I** *s* Impressionist(in) **II** *Adj* impressionistisch
imˌpres·sion'is·tic [ɪmˌpreʃə'nɪstɪk] *Adj* (***impressionistically***) impressionistisch
im'pres·sive [ɪm'presɪv] *Adj* eindrucksvoll
im·print **I** *s* ['ɪmprɪnt] **1.** Ab-, Eindruck *m* **2.** *fig* Stempel *m*, Gepräge *n* **3.** BUCHDRUCK Impressum *n* **II** *v/t* [ɪm'prɪnt] **4.** (auf)drücken (***on*** auf *Akk*) **5.** ***imprint s.th. on s.o.'s memory*** j-m etw ins Gedächtnis einprägen
im·pris·on [ɪm'prɪzn] *v/t* JUR inhaftieren, *auch weit. S.* einsperren
im'pris·on·ment *s* **a)** Freiheitsstrafe *f*, Gefängnis(strafe *f*) *n*, Haft *f*, **b)** Inhaftierung *f*
im·prob·a·bil·i·ty [ɪmˌprɒbə'bɪlətɪ] *s* Unwahrscheinlichkeit *f*
im'prob·a·ble *Adj* unwahrscheinlich
im·promp·tu [ɪm'prɒmptjuː] **I** *s* MUS Impromptu *n* **II** *Adj und Adv* aus dem Stegreif, Stegreif…
im·prop·er [ɪm'prɒpə] *Adj* **1.** ungeeignet, unpassend **2.** unanständig, unschicklich **3.** unrichtig **4.** MATHE unecht (*Bruch*)
im·pro·pri·e·ty [ˌɪmprə'praɪətɪ] *s* **1.** Unschicklichkeit *f* **2.** Unrichtigkeit *f*
►**im·prove** [ɪm'pruːv] **I** *v/t* **1.** verbessern **2.** *Wert etc* erhöhen, steigern **II** *v/i* **3.** sich (ver)bessern, besser werden, Fortschritte machen (*auch Patient*), sich erholen (*gesundheitlich oder* WIRTSCH *Preise etc*): ***he*** (*oder* ***his health***) ***is improving*** es geht ihm besser
im'prove·ment *s* **1.** (Ver)Besserung *f* (***in*** *Gen*; ***on*** gegenüber, im Vergleich zu): ***improvement in the weather*** Wetterbesserung **2.** Erhöhung

I

f, Steigerung *f*
im·prov·i·dent [ɪm'prɒvɪdənt] *Adj* **1.** sorglos **2.** verschwenderisch
im·pro·vi·sa·tion [ˌɪmprəvaɪ'zeɪʃn] *s* Improvisation *f*
im·pro·vise ['ɪmprəvaɪz] *v/t und v/i* improvisieren
im·pru·dence [ɪm'pruːdəns] *s* **1.** Unklugheit *f* **2.** Unvorsichtigkeit *f*
im'pru·dent *Adj* **1.** unklug **2.** unvorsichtig
im·pu·dence ['ɪmpjʊdəns] *s* Unverschämtheit *f*
'im·pu·dent *Adj* unverschämt
im·pugn [ɪm'pjuːn] *v/t* bestreiten; anfechten
im·pulse ['ɪmpʌls] *s* **1.** PHYS, MED, ELEK *etc* Impuls *m* **2.** *fig* Impuls *m*: **a)** Anstoß *m*, Anreiz *m*, **b)** plötzliche Regung *oder* Eingebung: ***act on impulse*** impulsiv *oder* spontan handeln; ***on impulse*** einer plötzlichen Eingebung folgend
im'pul·sive *Adj fig* impulsiv
im·pu·ni·ty [ɪm'pjuːnətɪ] *s* Straflosigkeit *f*: ***with impunity*** straflos

im·pure [ɪm'pjʊə] *Adj* **1.** unrein (*auch* REL), unsauber **2.** *fig* schlecht, unmoralisch
im'pur·i·ty *s* **1.** Unreinheit *f* **2.** *fig* Schlechtheit *f*
im·pute [ɪm'pjuːt] *v/t* zuschreiben (**to** *Dat*): **a)** beimessen, **b)** anlasten: ***impute s.th. to s.o.*** j-n einer Sache bezichtigen

in — SG

in January	im Januar
in February	im Februar
in March	im März
in 1900	(im Jahre) 1900
in (the year) 2005	(im Jahre) 2005
in the morning	am Morgen
in the afternoon	am Nachmittag
in the evening	am Abend
in the beginning	am Anfang
in the end	am Ende
in the town	in der Stadt
in the country	auf dem Land
in the street	auf der Straße
in English	auf Englisch
in German	auf Deutsch

▶**in** [ɪn] **I** *Präp* **1.** *räumlich*: **a)** (*wo?*) in (*Dat*), an (*Dat*), auf (*Dat*): ***in London*** in London; → ***country*** 3, ***field*** 1, ***sky***, ***street***, *etc*, **b)** (*wohin?*) in (*Akk*): ***put it in your pocket*** steck es in die Tasche **2.** *zeitlich*: in (*Dat*), an (*Dat*): ***in 2001*** 2001; ***in two hours*** in zwei Stunden; → ***April***, ***beginning*** 1, ***evening***, *etc* **3.** *Zustand, Beschaffenheit, Art und Weise*: in (*Dat*), auf (*Akk*), mit: → ***brief*** 4, ***cash*** 2, ***English*** 3, *etc* **4.** *Tätigkeit, Beschäftigung*: in (*Dat*), bei, auf (*Dat*): ***in crossing the river*** beim Überqueren des Flusses; → ***accident*** 2, ***search*** 4 **5.** bei (*Schriftstellern*): ***in Shakespeare*** **6.** *Richtung*: in (*Akk*, *Dat*), auf (*Akk*), zu: → ***confidence*** 1, *etc* **7.** *Zweck*: in (*Dat*), zu, als: → ***answer*** 1, ***defence***, *etc* **8.** *Grund*: in (*Dat*), aus, zu: → ***honour*** 5, ***sport*** 3, *etc* **9.** *Hinsicht, Beziehung*: in (*Dat*), an (*Dat*): ***the latest thing in*** das Neueste auf dem Gebiet (*Gen*); → ***equal*** 1, ***number*** 3, *etc* **10.** nach, gemäß: → ***opinion*** 1, ***probability***, *etc* **11.** *Material*: in (*Dat*), aus, mit: → ***black*** 3, ***oil*** 3, *etc* **12.** *Zahl, Betrag*: in (*Dat*), von, aus, zu: ***five in all*** insgesamt *oder* im Ganzen fünf; ***one in ten Americans*** einer von zehn Amerikanern; → ***all*** 4, ***two***, *etc* **II** *Adv* **13.** (dr)innen: ***be in for s.th.*** etw zu erwarten haben; ***be in on*** eingeweiht sein in (*Akk*); beteiligt sein an (*Dat*) **14.** hinein; herein: → ***come in*** 1, *etc* **15.** da, (an)gekommen **16.** da, zu Hause **17.** POL an der Macht, an der Regierung **III** *Adj* **18.** ***in restaurant*** Restaurant, das gerade in ist **IV** *s* **19.** ***know the ins and outs of s.th.*** etw in- und auswendig kennen
in·a·bil·i·ty [ˌɪnə'bɪlətɪ] *s* Unfähigkeit *f*, Unvermögen *n*: ***inability to pay*** WIRTSCH Zahlungsunfähigkeit

Die Vorsilben in- / im- / il- / ir- — GR

Um ein Wort in sein Gegenteil zu verkehren, gibt es im Englischen neben der Vorsilbe **un-** auch **in-** oder **im-**, **il-** und **ir-**, je nachdem mit welchem Buchstaben das Grundwort anfängt. Parallelen zum Englischen gibt es bei deutschen Fremdwörtern (z. B. **indirect – indirekt**):

inability	Unfähigkeit
incredible	unglaublich
inexperienced	unerfahren
immoral	unmoralisch
imperfect	unvollkommen
illegal	unerlaubt
illegible	unleserlich
irregular	unregelmäßig
irresponsible	unverantwortlich

in·ac·ces·si·ble [ˌɪnæk'sesəbl] *Adj* unzugänglich (**to** für *oder Dat*) (*auch fig*)
in·ac·cu·ra·cy [ɪn'ækjʊrəsɪ] *s* Ungenauigkeit *f*
in'ac·cu·rate [ɪn'ækjʊrət] *Adj* ungenau
in·ac·tion [ɪn'ækʃn] *s* **1.** Untätigkeit *f* **2.** Trägheit *f*, Faulheit *f*
in·ac·tive [ɪn'æktɪv] *Adj* **1.** untätig **2.** träge (*auch* PHYS), faul **3.** WIRTSCH lustlos, flau
ˌin·ac'tiv·i·ty *s* **1.** → ***inaction*** **2.** WIRTSCH Lustlosigkeit *f*, Flauheit *f*
in·ad·e·quate [ɪn'ædɪkwət] *Adj* **1.** unzulänglich, ungenügend: ***be inadequate for*** nicht reichen für **2.** unangemessen (**to** *Dat*): ***feel inadequate to the occasion*** sich der Situation nicht gewachsen fühlen
in·ad·mis·si·ble [ˌɪnəd'mɪsəbl] *Adj* unzulässig, unstatthaft
in·ad·vert·ent [ˌɪnəd'vɜːtənt] *Adj* unabsichtlich, versehentlich: ***inadvertently*** *auch* aus Versehen
in·ad·vis·a·ble [ˌɪnəd'vaɪzəbl] *Adj* nicht ratsam *oder* empfehlenswert
in·al·ien·a·ble [ɪn'eɪljənəbl] *Adj* unveräußerlich
in·ane [ɪ'neɪn] *Adj* geistlos, albern
in·an·i·mate [ɪn'ænɪmət] *Adj* **1.** leblos, unbelebt **2.** *fig* schwunglos, langweilig
in·ap·pli·ca·ble [ɪn'æplɪkəbl] *Adj* nicht anwendbar *oder* zutreffend (**to** auf *Akk*): → ***delete*** II
in·ap·pro·pri·ate [ˌɪnə'prəʊprɪət] *Adj* unpassend, ungeeignet (**to, for** für)
in·apt·i·tude [ɪn'æptɪtjuːd] *s* **1.** Ungeschicktheit *f* **2.** Unfähigkeit *f*

in·ar·tic·u·late [ˌɪnɑːˈtɪkjʊlət] *Adj* **1.** undeutlich (ausgesprochen), unverständlich **2.** unfähig(, deutlich) zu sprechen **3.** unfähig, sich klar auszudrücken **4.** sprachlos (***with*** vor *Dat*)
in·as·much [ˌɪnəzˈmʌtʃ] *Konj*: ***inasmuch as*** da (ja)
in·at·ten·tion [ˌɪnəˈtenʃn] *s* Unaufmerksamkeit *f*
ˌin·atˈten·tive [ˌɪnəˈtentɪv] *Adj* unaufmerksam (***to*** gegen)
in·au·di·ble [ɪnˈɔːdəbl] *Adj* unhörbar
in·au·gu·ral [ɪˈnɔːgjʊrəl] *Adj* Einweihungs…, Eröffnungs…: ***inaugural speech***
inˈau·gu·rate [ɪˈnɔːgjʊreɪt] *v/t* **1.** *j-n* (feierlich) (in sein Amt) einführen *oder* einsetzen **2.** einweihen, eröffnen **3.** *Ära etc* einleiten
inˌau·guˈra·tion *s* **1.** (feierliche) Amtseinsetzung *oder* -einführung: ***Inauguration Day*** POL *Am* Tag *m* des Amtsantritts des Präsidenten (*20. Januar*) **2.** Einweihung *f*, Eröffnung *f* **3.** Beginn *m*
in·aus·pi·cious [ˌɪnɔːˈspɪʃəs] *Adj* ungünstig: ***be inauspicious*** unter einem ungünstigen Stern stehen
in·board [ˈɪnbɔːd] SCHIFF **I** *Adj* **1.** Innenbord…: ***inboard motor*** **II** *Adv* **2.** binnenbords **III** *s* **3.** Innenbordmotor *m* **4.** Innenborder *m* (*Boot*)
in·born [ˌɪnˈbɔːn] *Adj* angeboren
in·bred [ˌɪnˈbred] *Adj* **1.** angeboren **2.** durch Inzucht erzeugt
in·breed·ing [ˈɪnˌbriːdɪŋ] *s* Inzucht *f* (*auch fig*)
inc., **Inc.** *Abk* (= ***incorporated***)
in·cal·cul·a·ble [ɪnˈkælkjʊləbl] *Adj* **1.** unberechenbar (*auch Person etc*) **2.** unermesslich
in·can·des·cent [ˌɪnkænˈdesnt] *Adj* **1.** (weiß-)glühend **2.** *fig* leuchtend, strahlend
in·can·ta·tion [ˌɪnkænˈteɪʃn] *s* **1.** Beschwörung *f* **2.** Zauberformel *f*, -spruch *m*
in·ca·pa·bil·i·ty [ɪnˌkeɪpəˈbɪlətɪ] *s* Unfähigkeit *f*
inˈca·pa·ble *Adj* **1.** unfähig (***of*** zu *oder Gen*; ***of doing*** zu tun), nicht imstande (***of doing*** zu tun) **2.** nicht zulassend (***of*** *Akk*): ***incapable of proof*** nicht beweisbar
in·ca·pac·i·tate [ˌɪnkəˈpæsɪteɪt] *v/t* **1.** unfähig *oder* untauglich machen (***for s.th.*** für etw) **2.** JUR für rechts- *oder* geschäftsunfähig erklären
ˌin·caˈpac·i·tat·ed *Adj* **1.** *auch* ***incapacitated for work*** arbeits- *oder* erwerbsunfähig **2.** *körperlich, geistig* behindert **3.** *auch* ***legally incapacitated*** rechts-, geschäftsunfähig
ˌin·caˈpac·i·ty [ˌɪnkəˈpæsətɪ] *s* **1.** Unfähigkeit *f*, Untauglichkeit *f*: ***incapacity for work*** Arbeits- *oder* Erwerbsunfähigkeit *f* **2.** *auch* ***legal incapacity*** Rechts-, Geschäftsunfähigkeit *f*
in·car·cer·ate [ɪnˈkɑːsəreɪt] *v/t* einkerkern
in·car·nate [ɪnˈkɑːneɪt] *Adj* **a)** leibhaftig, *ein Teufel etc* in Menschengestalt, **b)** personifiziert, *die Unschuld etc* in Person
ˌin·carˈna·tion *s* Verkörperung *f*, Inbegriff *m*
in·cen·di·ar·y [ɪnˈsendjərɪ] **I** *Adj* **1.** Brand…: ***incendiary bomb*** **2.** *fig* aufwiegelnd: ***incendiary speech*** Hetzrede *f* **II** *s* **3.** Brandstifter(in) **4.** *fig* Aufwiegler(in)
in·cense[1] [ˈɪnsens] *s* Weihrauch *m*
in·cense[2] [ɪnˈsens] *v/t* erzürnen, erbosen: ***incensed*** zornig (***at*** über *Akk*)
in·cen·tive [ɪnˈsentɪv] *s* Ansporn *m*, Anreiz *m* (***to*** zu): ***incentive to buy*** Kaufanreiz
in·cer·ti·tude [ɪnˈsɜːtɪtjuːd] *s* Unsicherheit *f*, Ungewissheit *f*
in·ces·sant [ɪnˈsesnt] *Adj* unaufhörlich, unablässig
in·cest [ˈɪnsest] *s* Blutschande *f*, Inzest *m*
▸**inch** [ɪntʃ] **I** *s* Inch *m*, Zoll *m* (*auch fig*): ***by inches, inch by inch*** Zentimeter um Zentimeter; *fig* allmählich, ganz langsam; ***every inch*** *fig* jeder Zoll, *ein Gentleman etc* vom Scheitel bis zur Sohle; ***come within an inch of death*** beinahe *oder* um Haaresbreite sterben **II** *v/t und v/i* (sich) zentimeterweise *oder* sehr langsam bewegen

> **inch** LK
>
> Bundweite und Beinlänge von Jeans werden häufig in **Inch** angegeben.
>
> 32/34 ist z. B. eine gängige Größe:
>
> Bundweite in cm: 32 × 2,54 cm = 81,28 cm.
> Beinlänge in cm: 34 × 2,54 cm = 85,36 cm.
> Wenn man also nicht genau weiß, welche Größe in **Inch** man hat, misst man einfach Taille und Beinlänge in cm und dividiert das durch 2,54. Und schon hat man die richtigen Maße.

in·ci·dence [ˈɪnsɪdəns] *s* Auftreten *n*, Vorkommen *n*, Häufigkeit *f*
ˈin·ci·dent *s* Vorfall *m*, Ereignis *n*, *auch* POL Zwischenfall *m*: ***full of incident(s)*** ereignisreich
in·ci·den·tal [ˌɪnsɪˈdentl] **I** *Adj* **1.** nebensächlich, Neben…: ***incidental earnings*** *Pl* Nebenverdienst *m* **2.** beiläufig **3.** gelegentlich **4.** zufällig **II** *s* **5.** Nebensächlichkeit *f* **6.** *Pl* WIRTSCH Nebenausgaben *Pl*
ˌin·ciˈden·tal·ly [ˌɪnsɪˈdentlɪ] *Adv* nebenbei bemerkt, übrigens
in·cin·er·ate [ɪnˈsɪnəreɪt] *v/t und v/i* verbrennen
inˈcin·er·a·tor *s* Verbrennungsofen *m oder* -anlage *f*
in·ci·sion [ɪnˈsɪʒn] *s* (Ein)Schnitt *m* (*auch* MED)
in·ci·sive [ɪnˈsaɪsɪv] *Adj* **1.** (ein)schneidend **2.** *fig* scharf (*Verstand, Ton etc*) **3.** *fig* prägnant, treffend
in·ci·sor [ɪnˈsaɪzə] *s* ANAT Schneidezahn *m*
in·cite [ɪnˈsaɪt] *v/t* **1.** aufwiegeln, -hetzen, JUR anstiften (***to*** zu) **2.** *Zorn etc* erregen
inˈcite·ment *s* Aufwieg(e)lung *f*, -hetzung *f*, JUR Anstiftung *f* (***to*** zu)
in·ci·vil·i·ty [ˌɪnsɪˈvɪlətɪ] *s* Unhöflichkeit *f* (*auch Bemerkung etc*)
in·clem·ent [ɪnˈklemənt] *Adj* **1.** rau, unfreundlich (*Klima*) **2.** hart, unerbittlich
in·cli·na·tion [ˌɪnklɪˈneɪʃn] *s* **1.** Neigung *f*, *fig auch* Hang *m* **2.** *fig* Zuneigung *f* (***for*** zu) **3.** Gefälle *n*
in·cline [ɪnˈklaɪn] **I** *v/i* **1.** sich neigen (***to, toward[s]*** nach) **2.** *fig* neigen (***to, toward[s]*** zu) **II** *v/t* **3.** *Kopf etc* neigen **4.** *fig* veranlassen, bewegen (***to*** zu; ***to do*** zu tun) **III** *s* **5.** Gefälle *n* **6.** (Ab)Hang *m*
inˈclined *Adj* geneigt (*auch fig*): ***be inclined to do s.th.*** dazu neigen, etw zu tun
in·close, **in·clo·sure** → ***enclose***, ***enclosure***
▸**in·clude** [ɪnˈkluːd] *v/t* **1.** einschließen, -beziehen, -rechnen (***in*** *in Akk*): ***tax included*** einschließlich *oder* inklusive Steuer **2.** erfassen, aufnehmen: ***be included on the list*** auf der Liste stehen
inˈclud·ing *Präp* einschließlich

in·clu·sion [ɪn'kluːʒn] *s* Einschluss *m*, Einbeziehung *f* (*in* in *Akk*)
in'clu·sive [ɪn'kluːsɪv] *Adj* **1.** einschließlich, inklusive (*of Gen*): ***be inclusive of*** einschließen (*Akk*) **2.** Pauschal…: ***inclusive price***
in·cog·ni·to [ˌɪnkɒg'niːtəʊ] **I** *Adv* inkognito **II** *Pl* **in·cog·ni·tos** *s* Inkognito *n*: ***preserve*** (***disclose, reveal***) ***one's incognito*** sein Inkognito wahren (lüften)
in·co·her·ent [ˌɪnkəʊ'hɪərənt] *Adj* (logisch) unzusammenhängend
▶**in·come** ['ɪnkʌm] *s* Einkommen *n* (***from*** aus)
in·come brack·et, in·come group *s* Einkommensgruppe *f*
in·come tax *s* Einkommenssteuer *f*
in·com·ing ['ɪnˌkʌmɪŋ] *Adj* **1.** hereinkommend **2.** ankommend (*Telefongespräch etc*), nachfolgend, neu (*Mieter, Regierung etc*) **3.** WIRTSCH eingehend, -laufend: ***incoming orders*** *Pl* Auftragseingänge *Pl*; ***incoming mail*** Posteingang *m*
in·com·men·su·ra·ble [ˌɪnkə'menʃərəbl] *Adj* **1.** nicht vergleichbar (***with*** mit) **2.** unangemessen, unverhältnismäßig
ˌin·com'men·su·rate [ˌɪnkə'menʃərət] *Adj* **1.** unangemessen, nicht entsprechend (***with, to*** *Dat*) **2.** → ***incommensurable***
in·com·mu·ni·ca·do [ˌɪnkəmjuːnɪ'kɑːdəʊ] *Adj*: ***be incommunicado*** nicht zu sprechen *oder* von der Außenwelt abgeschnitten sein
in·com·mu·ni·ca·tive [ˌɪnkə'mjuːnɪkətɪv] *Adj* nicht mitteilsam, verschlossen
in·com·pa·ra·ble [ɪn'kɒmpərəbl] *Adj* **1.** unvergleichlich **2.** unvergleichbar (***with, to*** mit)
in·com·pat·i·ble [ˌɪnkəm'pætəbl] *Adj* **1.** unvereinbar **2.** unverträglich, MED *auch* inkompatibel: ***be incompatible*** (***with***) sich nicht vertragen (mit), nicht zs.-passen (mit) **3.** IT inkompatibel
in·com·pe·tence [ɪn'kɒmpɪtəns] *s* **1.** Unfähigkeit *f* **2.** JUR, *auch weit. S.* Nichtzuständigkeit *f*, Inkompetenz *f*
in'com·pe·tent *Adj* **1.** unfähig (***to do*** zu tun) **2.** JUR, *auch weit. S.* unzuständig, inkompetent
in·com·plete [ˌɪnkəm'pliːt] *Adj* **1.** unvollständig **2.** unvollzählig **3.** unvollendet
in·com·pre·hen·si·ble [ɪnˌkɒmprɪ'hensəbl] *Adj* unbegreiflich, unverständlich
inˌcom·pre'hen·si·bly *Adv* unverständlicherweise
inˌcompre'hen·sion *s* Unverständnis *n*
in·con·ceiv·a·ble [ˌɪnkən'siːvəbl] *Adj* **1.** unbegreiflich, unfassbar **2.** undenkbar, unvorstellbar (***to*** für): ***it is inconceivable to me that*** ich kann mir nicht vorstellen, dass
in·con·clu·sive [ˌɪnkən'kluːsɪv] *Adj* **1.** nicht überzeugend *oder* schlüssig **2.** ergebnis-, erfolglos
in·con·gru·i·ty [ˌɪnkɒŋ'gruːətɪ] *s* **1.** Nichtübereinstimmung *f* **2.** Unvereinbarkeit *f*
in'con·gru·ous [ɪn'kɒŋgruəs] *Adj* **1.** nicht übereinstimmend **2.** unvereinbar
in·con·se·quent [ɪn'kɒnsɪkwənt] *Adj* **1.** inkonsequent, unlogisch **2.** belanglos
in·con·sid·er·a·ble [ˌɪnkən'sɪdərəbl] *Adj* **1.** gering(fügig) **2.** unbedeutend, unwichtig (*auch Person*)
in·con·sid·er·ate [ˌɪnkən'sɪdərət] *Adj* **1.** rücksichtslos (***to, toward***[***s***] gegen) **2.** unbesonnen, (*Handlung auch*) unüberlegt
in·con·sist·ent [ˌɪnkən'sɪstənt] *Adj* **1.** inkonsequent **2.** unvereinbar (***with*** mit) **3.** widersprüchlich
in·con·sol·a·ble [ˌɪnkən'səʊləbl] *Adj* untröstlich
in·con·spic·u·ous [ˌɪnkən'spɪkjʊəs] *Adj* unauffällig
in·con·stant [ɪn'kɒnstənt] *Adj* **1.** unbeständig **2.** wankelmütig
in·con·test·a·ble [ˌɪnkən'testəbl] *Adj* unanfechtbar
in·con·ti·nent [ɪn'kɒntɪnənt] *Adj* **1.** unmäßig, zügellos **2.** MED inkontinent
in·con·tro·vert·i·ble [ˌɪnkɒntrə'vɜːtəbl] *Adj* **1.** unbestreitbar, unstreitig **2.** unanfechtbar
in·con·ven·ience [ˌɪnkən'viːnjəns] **I** *s* **1.** Unbequemlichkeit *f* **2.** Ungelegenheit *f*; Unannehmlichkeit *f*: ***put to inconvenience, be an inconvenience to*** *siehe* 4 **II** *v/t* **3.** *j-m* lästig sein *oder* zur Last fallen **4.** *j-m* Ungelegenheiten bereiten *oder* Umstände machen
ˌin·con'ven·ient *Adj* **1.** unbequem (***to*** für) **2.** ungelegen, lästig (***to*** für): ***at an inconvenient time*** ungelegen
in·cor·po·rate [ɪn'kɔːpəreɪt] **I** *v/t* **1.** vereinigen, zs.-schließen **2.** *Staatsgebiet* eingliedern; *Ort* eingemeinden **3.** WIRTSCH, JUR als (*Am* Aktien)Gesellschaft eintragen (lassen): ***incorporated company*** *Am* Aktiengesellschaft *f* **4.** in sich schließen, enthalten **II** *v/i* **5.** sich zs.-schließen (***with*** mit)
inˌcor·po'ra·tion *s* **1.** Vereinigung *f*, Zs.-schluss *m* **2.** Eingliederung *f*; Eingemeindung *f* **3.** WIRTSCH, JUR Eintragung *f* als (*Am* Aktien)Gesellschaft: → ***article*** 4
in·cor·rect [ˌɪnkə'rekt] *Adj* inkorrekt: **a)** unrichtig, **b)** ungehörig
in·cor·ri·gi·ble [ɪn'kɒrɪdʒəbl] *Adj* unverbesserlich
in·cor·rupt·i·ble [ˌɪnkə'rʌptəbl] *Adj* **1.** unbestechlich **2.** unverderblich (*Speisen*)
▶**in·crease** [ɪn'kriːs] **I** *v/i* zunehmen, (an)wachsen, (*Preise*) steigen, anziehen: ***increase in price*** (***value***) teurer (wertvoller) werden; → ***threefold*** II, ***fourfold*** II, *etc* **II** *v/t* vergrößern, -mehren, erhöhen: → ***threefold*** II, ***fourfold*** II, *etc* **III** *s* ['ɪnkriːs] Vergrößerung *f*, -mehrung *f*, Erhöhung *f*, Zunahme *f*, (An)Wachsen *n*: ***be on the increase*** zunehmen; ***increase in population*** Bevölkerungszunahme, -zuwachs *m*; ***increase in value*** Wertsteigerung *f*, -zuwachs *m*
in'creas·ing·ly *Adv* immer mehr: ***increasingly clear*** immer klarer
in·cred·i·ble [ɪn'kredəbl] *Adj* **1.** unglaublich (*auch ugs unerhört etc*), hanebüchen **2.** unglaubwürdig
in·cred·u·lous [ɪn'kredjʊləs] *Adj* ungläubig
in·cre·ment ['ɪnkrɪmənt] *s* (WIRTSCH Gewinn-) Zuwachs *m*, Zunahme *f*
in·crim·i·nate [ɪn'krɪmɪneɪt] *v/t* belasten
in'crim·i·nat·ing *Adj* belastend, Belastungs…
in·cu·ba·tor ['ɪnkjʊbeɪtə] *s* MED Brutkasten *m*
in·cul·cate ['ɪnkʌlkeɪt] *v/t*: ***inculcate s.th. in***(***to***) ***s.o., inculcate s.o. with s.th.*** j-m etw einschärfen
in·cur [ɪn'kɜː] *v/t* sich *etw* zuziehen, auf sich laden: ***incur debts*** Schulden machen; ***incur losses*** Verluste erleiden
in·cur·a·ble [ɪn'kjʊərəbl] *Adj* MED unheilbar, *fig auch* unverbesserlich
in·cur·sion [ɪn'kɜːʃn] *s* **1.** (feindlicher) Einfall: ***make an incursion into*** einfallen in (*Akk, Dat*) **2.** Eindringen *n* (***into*** in *Akk*) (*auch fig*)
in·debt·ed [ɪn'detɪd] *Adj* **1.** verschuldet (***to***

bei): ***be indebted to s.o.*** *auch* bei j-m Schulden haben, j-m Geld schulden **2.** (zu Dank) verpflichtet (***to s.o.*** j-m): ***I am greatly indebted to you for*** ich bin Ihnen zu großem Dank verpflichtet für, ich stehe tief in Ihrer Schuld wegen

in'debt·ed·ness *s* **1.** Verschuldung *f* **2.** Dankesschuld *f* (***to*** gegenüber)

in·de·cen·cy [ɪn'diːsnsɪ] *s* **1.** Unanständigkeit *f*, Anstößigkeit *f*, JUR Unzucht *f* **2.** Zote *f* **3.** Unschicklichkeit *f*

in'de·cent *Adj* **1.** unanständig, anstößig, JUR unzüchtig: → ***assault*** 3 **2.** unschicklich, ungehörig **3.** ungebührlich: ***indecent haste*** unziemliche Hast

in·de·ci·pher·a·ble [ˌɪndɪ'saɪfərəbl] *Adj* nicht zu entziffern(d), unentzifferbar

in·de·ci·sion [ˌɪndɪ'sɪʒn] *s* Unentschlossenheit *f*, Unschlüssigkeit *f*

in·de·ci·sive [ˌɪndɪ'saɪsɪv] *Adj* **1.** nicht entscheidend; noch nicht entschieden, unentschieden **2.** unentschlossen, unschlüssig **3.** unbestimmt, ungewiss

ˌin·de'ci·sive·ness *s* → ***indecision***

in·dec·o·rous [ɪn'dekərəs] *Adj* unschicklich, ungehörig

in·deed [ɪn'diːd] **I** *Adv* **1.** in der Tat, tatsächlich, wirklich: ***thank you very much indeed*** vielen herzlichen Dank **2.** *fragend*: wirklich?, tatsächlich?: ***I saw him yesterday. did you indeed?*** tatsächlich? **3.** allerdings, freilich; zwar **II** *Interj* **4.** ach wirklich?, was Sie nicht sagen!

in·de·fat·i·ga·ble [ˌɪndɪ'fætɪgəbl] *Adj* unermüdlich

in·de·fen·si·ble [ˌɪndɪ'fensəbl] *Adj* **1.** MIL unhaltbar (*auch fig*) **2.** nicht zu rechtfertigen(d), unentschuldbar

in·de·fin·a·ble [ˌɪndɪ'faɪnəbl] *Adj* unbestimmbar, undefinierbar

in·def·i·nite [ɪn'defɪnət] *Adj* **1.** unbestimmt (*auch* LING): ***indefinite article***; ***indefinite pronoun*** Indefinitivpronomen *n*, unbestimmtes Fürwort **2.** unbegrenzt, unbeschränkt: ***indefinitely*** *auch* auf unbestimmte Zeit

in·del·i·ble [ɪn'deləbl] *Adj* unauslöschlich (*auch fig*): ***indelible ink*** Zeichen-, Kopiertinte *f*

in·del·i·cate [ɪn'delɪkət] *Adj* **1.** taktlos **2.** unanständig, anstößig **3.** unfein, grob

in·dem·ni·fy [ɪn'demnɪfaɪ] *v/t* **1.** entschädigen, *j-m* Schadenersatz leisten (***for*** für) **2.** absichern (***from, against*** gegen)

in'dem·ni·ty *s* **1.** Entschädigung *f* **2.** Absicherung *f*

in·dent **I** *v/t* [ɪn'dent] **1.** (ein)kerben, auszacken **2.** *Zeile* einrücken, -ziehen **II** *s* ['ɪndent] **3.** Kerbe *f*, Auszackung *f* **4.** Einrückung *f*, -zug *m*

in·de·pend·ence [ˌɪndɪ'pendəns] *s* Unabhängigkeit *f* (***from*** von) (*auch* POL), Selbstständigkeit *f*: ***Independence Day*** *Am* Unabhängigkeitstag *m* (*4. Juli*)

▶**in·de·pen·dent** [ˌɪndɪ'pendənt] *Adj* **1.** unabhängig (***of*** von) (*auch* POL), selbstständig **2.** finanziell unabhängig: ***be independent*** auf eigenen Füßen stehen **3.** PARL partei-, fraktionslos

ˌin-'depth *Adj* tief schürfend, gründlich

in·de·scrib·a·ble [ˌɪndɪ'skraɪbəbl] *Adj* unbeschreiblich

in·de·struct·i·ble [ˌɪndɪ'strʌktəbl] *Adj* unzerstörbar

in·de·ter·mi·na·ble [ˌɪndɪ'tɜːmɪnəbl] *Adj* unbestimmbar

ˌin·de'ter·mi·nate [ˌɪndɪ'tɜːmɪnət] *Adj* **1.** unbestimmt (*auch* MATHE) **2.** ungewiss, unsicher

in·dex ['ɪndeks] **I** *Pl* **'in·dex·es, in·di·ces** ['ɪndɪsiːz] *s* **1.** Index *m*, (Stichwort- *etc*)Verzeichnis *n*, (Sach)Register *n* **2.** Kartei *f* **3.** WIRTSCH Index *m* **4.** MATHE Exponent *m*; Index *m*, Kennziffer *f* **5.** *fig* (***of, to***) (An)Zeichen *n* (von *oder* für *oder Gen*); Hinweis *m* (auf *Akk*); Gradmesser *m* (für *oder Gen*): ***be an index of*** *auch etw* aufzeigen, hinweisen *oder* -deuten auf (*Akk*) **II** *v/t* **6.** in einem Verzeichnis aufführen **7.** karteimäßig erfassen **8.** COMPUTER indexieren

in·dex card *s* Karteikarte *f*

in·dexed → ***index-linked***

in·dex fin·ger *s* Zeigefinger *m*

ˌin·dex-'linked *Adj* WIRTSCH indexgebunden, Index…

▶**In·dia** ['ɪndjə] *Eigenn* Indien *n*

▶**In·di·an** ['ɪndjən] **I** *Adj* **1.** indisch **2.** indianisch, Indianer… **II** *s* **3.** Inder(in) **4.** Indianer(in)

In·di·an club *s* SPORT Keule *f*

In·di·an corn *s* Mais *m*

In·di·an file **I** *s*: ***in Indian file*** *siehe* II **II** *Adv* im Gänsemarsch

In·di·an sum·mer *s* Altweiber-, Nachsommer *m*

In·di·a rub·ber ['ɪndjə] *s* **1.** Kautschuk *m*, Gummi *n*, *m* **2.** Radiergummi *m*

in·di·cate ['ɪndɪkeɪt] *v/t* **1.** deuten *oder* zeigen auf (*Akk*) **2.** *fig* hinweisen *oder* -deuten auf (*Akk*); zu erkennen *oder* verstehen geben **3.** ***be indicated*** angebracht *oder* angezeigt sein **4.** TECH anzeigen

ˌin·di'ca·tion *s* **1.** (***of***) (An)Zeichen *n* (für); Hinweis *m* (auf *Akk*); Andeutung *f* (*Gen*): ***there is every indication that*** alles deutet darauf hin, dass **2.** MED Indikation *f* **3.** TECH Anzeige *f*

in·dic·a·tive [ɪn'dɪkətɪv] **I** *Adj* **1.** ***be indicative of*** → ***indicate*** 2 **2.** LING indikativisch: ***indicative mood*** *siehe* 3 **II** *s* **3.** LING Indikativ *m*

in·di·ca·tor ['ɪndɪkeɪtə] *s* **1.** *Statistik etc*: Indikator *m* **2.** TECH Anzeiger *m* **3.** MOT Blinker *m*

in·di·ces ['ɪndɪsiːz] *Pl von* ***index***

in·dict [ɪn'daɪt] *v/t* JUR anklagen (***for*** wegen)

in'dict·ment *s* **1.** Anklage *f* **2.** *auch* ***bill of indictment*** Anklageschrift *f*

in·dif·fer·ence [ɪn'dɪfrəns] *s* **1.** Gleichgültigkeit *f*, Indifferenz *f* **2.** Mittelmäßigkeit *f*

in'dif·fer·ent *Adj* **1.** gleichgültig, indifferent (***to*** gegen[über]): ***he is indifferent to it*** es ist ihm gleichgültig **2.** mittelmäßig

in·dig·e·nous [ɪn'dɪdʒɪnəs] *Adj* **1.** einheimisch (***to*** in *Dat*) (*auch* BOT, ZOOL) **2.** *fig* angeboren (***to*** *Dat*)

in·di·gest·i·ble [ˌɪndɪ'dʒestəbl] *Adj* unverdaulich, schwer verdaulich (*auch fig*)

ˌin·di'ges·tion *s* MED Magenverstimmung *f*, verdorbener Magen

in·dig·nant [ɪn'dɪgnənt] *Adj* entrüstet, empört (***at s.th., with s.o.*** über *Akk*): ***become indignant*** sich entrüsten

ˌin·dig'na·tion *s* Entrüstung *f*, Empörung *f*: ***fill with indignation*** entrüsten; ***to my indignation*** zu meiner Entrüstung

in·di·rect [ˌɪndɪ'rekt] *Adj allg* indirekt: ***by indirect means*** *fig* auf Umwegen; ***indirect object*** LING Dativobjekt *n*; ***indirect speech*** (*bes Am* ***discourse***) LING indirekte Rede

in·dis·cern·i·ble [ˌɪndɪ'sɜːnəbl] *Adj* nicht wahrnehmbar, unmerklich

Adverbien in der indirekten Rede

GR

In der indirekten Rede müssen Adverbien verändert werden, wenn die zeitliche oder örtliche Perspektive beim Berichten anders ist.

Zeitangaben:

direkte Rede	**indirekte Rede**
today	**that (same) day**
tonight	**that night**
this morning *usw.*	**that morning** *usw.*
yesterday	**the day before / the previous day**
tomorrow	**the next day / the following day**
now	**then / at that point / immediately / straightaway** (= sofort), oder nicht wiedergegeben
next week / month *usw.*	**the following week / month** *usw.*
last night / week *usw.*	**the previous night / week** *usw.*
	the night / week *usw.* **before**
a week *usw.* **ago**	**a week** *usw.* **earlier**

Ortsangaben:

here	bei klarem Bezug auf einen bestimmten Ort: **there / in that place / at that spot**; bei unklarem Bezug muss näher definiert werden: **in the library / disco** *usw.*
in this street *usw.*	**in that street** *usw.*

in·dis·creet [ˌɪndɪˈskriːt] *Adj* **1.** unbesonnen, unbedacht **2.** indiskret
in·dis·cre·tion [ˌɪndɪˈskreʃn] *s* **1.** Unbesonnenheit *f* **2.** Indiskretion *f*
in·dis·crim·i·nate [ˌɪndɪˈskrɪmɪnət] *Adj* **1.** nicht wählerisch; kritiklos **2.** wahl-, unterschiedslos; ungeordnet
in·dis·pen·sa·ble [ˌɪndɪˈspensəbl] *Adj* unentbehrlich (*auch Person*), unerlässlich (***to*** für)
in·dis·posed [ˌɪndɪˈspəʊzd] *Adj* **1.** indisponiert, unpässlich **2.** abgeneigt (***to do*** zu tun): ***be indisposed to do s.th.*** *auch* etw nicht tun wollen
in·dis·po·si·tion [ˌɪndɪspəˈzɪʃn] *s* **1.** Unpässlichkeit *f* **2.** Abgeneigtheit *f* (***to do*** zu tun)
in·dis·pu·ta·ble [ˌɪndɪˈspjuːtəbl] *Adj* unstrittig, unstreitig
in·dis·so·lu·ble [ˌɪndɪˈsɒljʊbl] *Adj* **1.** unlöslich **2.** *fig* unauflösbar
in·dis·tinct [ˌɪndɪˈstɪŋkt] *Adj* **1.** undeutlich; unscharf **2.** verschwommen (*Erinnerung etc*)
in·dis·tin·guish·a·ble [ˌɪndɪˈstɪŋgwɪʃəbl] *Adj* nicht zu unterscheiden(d) (***from*** von)
in·di·vid·u·al [ˌɪndɪˈvɪdʃʊəl] **I** *Adj* (→ ***individually***) **1.** individuell, einzeln, Einzel…: ***individual case*** Einzelfall *m* **2.** individuell, persönlich (*Stil etc*) **II** *s* **3.** Individuum *n* (*auch pej*), Einzelne *m, f*
ˌin·diˈvid·u·al·ism *s* Individualismus *m*
ˌin·diˈvid·u·al·ist I *s* Individualist(in) **II** *Adj* individualistisch
ˈin·diˌvid·u·alˈis·tic *Adj* (***individualistically***) individualistisch
ˌin·diˌvid·uˈal·i·ty [ˌɪndɪˌvɪdʃʊˈæləti] *s* Individualität *f*
ˌin·diˈvid·u·al·ize [ˌɪndɪˈvɪdʃʊəlaɪz] *v/t* **1.** individualisieren **2.** individuell gestalten
ˌin·diˈvid·u·al·ly *Adv* **1.** individuell **2.** einzeln, jede(r, -s) für sich
in·di·vis·i·ble [ˌɪndɪˈvɪzəbl] *Adj* unteilbar
in·doc·tri·nate [ɪnˈdɒktrɪneɪt] *v/t* **1.** *pej bes* POL indoktrinieren **2.** unterweisen, schulen (***in*** in *Dat*)
inˌdoc·triˈna·tion *s* **1.** Indoktrination *f* **2.** Unterweisung *f*, Schulung *f*
in·do·lence [ˈɪndələns] *s* Trägheit *f*
ˈin·do·lent *Adj* träg
in·dom·i·ta·ble [ɪnˈdɒmɪtəbl] *Adj* **1.** unbezähmbar, nicht unterzukriegen(d) **2.** unbeugsam
In·do·ne·sia [ˌɪndəʊˈniːzjə] *Eigenn* Indonesien *n*
in·door [ˈɪndɔː] *Adj* Haus…, Zimmer…, (*Sport*) Hallen…: ***indoor aerial*** (*bes Am* ***antenna***) Zimmerantenne *f*; ***indoor shot*** FOTO Innenaufnahme *f*; ***indoor swimming pool*** Hallenbad *n*; ***indoor tournament*** Hallenturnier *n*
▸**in·doors** [ˌɪnˈdɔːz] *Adv* **1.** im Haus, drinnen **2.** ins Haus (hinein) **3.** SPORT in der Halle
in·du·bi·ta·ble [ɪnˈdjuːbɪtəbl] *Adj* unzweifelhaft, *Adv auch* zweifel-, fraglos
in·duce [ɪnˈdjuːs] *v/t* **1.** *j-n* veranlassen, bewegen (***to do*** zu tun) **2.** herbeiführen, verursachen, auslösen: ***induce labo(u)r*** MED die Geburt einleiten **3.** ELEK *etc* induzieren: ***induced current*** Induktionsstrom *m*
inˈduce·ment *s* Veranlassung *f*; Anreiz *m*: ***inducement to buy*** Kaufanreiz
in·duc·tion [ɪnˈdʌkʃn] *s* **1.** Auslösung *f* **2.** ELEK *etc* Induktion *f*
in·dulge [ɪnˈdʌldʒ] **I** *v/t* **1.** nachsichtig sein gegen: ***indulge o.s. in s.th.*** *siehe* 4 **2.** *Kinder* verwöhnen **3.** *einer Neigung etc* nachgeben, frönen **II** *v/i* **4.** ***indulge in s.th.*** sich etw gönnen *oder* leisten **5.** (***in***) schwelgen (in *Dat*), frönen (*Dat*)
inˈdul·gence *s* **1.** Nachsicht *f* **2.** Verwöhnung *f* **3.** Schwelgen *n* (***in*** in *Dat*) **4.** Luxus *m*; Genuss *m*
inˈdul·gent *Adj* nachsichtig (***to*** gegen)
▸**in·dus·tri·al** [ɪnˈdʌstrɪəl] *Adj* **1.** industriell, Industrie…: ***industrial action*** *Br* Arbeitskampf *m*; ***industrial espionage*** Industrie-, Werkspionage *f*; ***industrial estate*** *Br* Industriegebiet *n*; ***industrial tribunal*** Arbeitsgericht *n* **2.** industrialisiert, Industrie… **3.** Betriebs… **4.** industriell erzeugt, Industrie…: ***industrial products*** *Pl* gewerbliche Erzeugnisse *Pl*

Industrial Revolution

LK

Die **Industrial Revolution** (1740–1850) veränderte die Lebensbedingungen in Großbritannien grundlegend: Aus der Agrargesellschaft wurde eine Industriegesellschaft. Voraussetzungen waren u. a. der Reichtum an Rohstoffen wie Kohle, Eisenerz und Wolle, das expandierende **Empire**, einerseits als Rohstofflieferant, z. B. für Baumwolle, und andererseits als Absatzmarkt, und bedeutende technische Erfindungen wie die Dampfmaschine – sie ermöglichte Dampfschifffahrt und Eisenbahn – und die Webmaschine. Dank seiner Rohstoffe wurde Nordengland zum industriellen Kernland. Zunehmende Mechanisierung und Massenproduktion in Fabriken trugen zur Stellung Großbritanniens als führende Wirtschaftsmacht bei. Der Verlierer dieses Prozesses war die neu entstandene Arbeiterschicht. Die infolge der Landflucht verfügbaren Massen an billigen Arbeitskräften in den Industriestädten drückten die Löhne. Dies führte zu Massenarmut, Kinderarbeit und zur Verelendung der Arbeiterschicht.

in'dustri·al·ist *s* Industrielle *m, f*

in'dustri·al·ize *v/t* industrialisieren: ***industrialized country*** Industrieland *n*

in·dus·tri·ous [ɪn'dʌstrɪəs] *Adj* fleißig

▶**in·dus·try** ['ɪndəstrɪ] *s* **1.** Industrie *f*; Industrie(zweig *m*) *f*: ***steel industry*** Stahlindustrie **2.** Fleiß *m*

in·ed·i·ble [ɪn'edəbl] *Adj* ungenießbar

in·ef·fec·tive [ˌɪnɪ'fektɪv], **in·ef·fec·tu·al** [ˌɪnɪ'fektʃʊəl] *Adj* **1.** unwirksam, wirkungslos **2.** unfähig, untauglich

in·ef·fi·cient [ˌɪnɪ'fɪʃnt] *Adj* ineffizient: **a)** untüchtig, **b)** unrationell, unwirtschaftlich

in·el·e·gant [ɪn'elɪgənt] *Adj* unelegant

in·el·i·gi·ble [ɪn'elɪdʒəbl] *Adj* **(*for*)** nicht infrage kommend (für): **a)** ungeeignet, unannehmbar (für), **b)** nicht berechtigt *oder* befähigt (zu): ***be ineligible for*** keinen Anspruch haben auf (*Akk*), **c)** nicht teilnahmeberechtigt (an *Dat*), (*Sport auch*) nicht start- *oder* spielberechtigt (für)

in·ept [ɪ'nept] *Adj* **1.** unpassend **2.** ungeschickt, unbeholfen; unfähig

in·e·qual·i·ty [ˌɪnɪ'kwɒlətɪ] *s* Ungleichheit *f*, Verschiedenheit *f*

in·eq·ui·ta·ble [ɪn'ekwɪtəbl] *Adj* ungerecht

in'eq·ui·ty [ɪn'ewətɪ] *s* Ungerechtigkeit *f*

in·e·rad·i·ca·ble [ˌɪnɪ'rædɪkəbl] *Adj* unausrottbar (*auch fig*)

in·ert [ɪ'nɜːt] *Adj* PHYS träg (*auch fig*)

in·er·tia [ɪ'nɜːʃə] *s* Trägheit *f*

in·es·cap·a·ble [ˌɪnɪ'skeɪpəbl] *Adj* unvermeidlich: **a)** unabwendbar, **b)** unweigerlich

in·es·sen·tial [ˌɪnɪ'senʃl] **I** *Adj* unwesentlich **II** *s etw* Unwesentliches, Nebensache *f*

in·es·ti·ma·ble [ɪn'estɪməbl] *Adj* unschätzbar

in·ev·i·ta·ble [ɪn'evɪtəbl] **I** *Adj* unvermeidlich **II** *s das* Unvermeidliche

in·ex·act [ˌɪnɪg'zækt] *Adj* ungenau

in·ex·cus·a·ble [ˌɪnɪk'skjuːzəbl] *Adj* unverzeihlich, unentschuldbar

in·ex·haust·i·ble [ˌɪnɪg'zɔːstəbl] *Adj* unerschöpflich (*Thema etc*)

in·ex·o·ra·ble [ɪn'eksərəbl] *Adj* unerbittlich

in·ex·pe·di·ent [ˌɪnɪk'spiːdjənt] *Adj* **1.** nicht ratsam, unangebracht **2.** unzweckmäßig

in·ex·pen·sive [ˌɪnɪk'spensɪv] *Adj* billig, nicht teuer

in·ex·pe·ri·ence [ˌɪnɪk'spɪərɪəns] *s* Unerfahrenheit *f*

ˌin·ex'pe·ri·enced *Adj* unerfahren

in·ex·pert [ɪn'ekspɜːt] *Adj* **1.** unerfahren (***at, in*** in *Dat*) **2.** unfachmännisch **3.** ungeschickt, unbeholfen (***at, in*** in *Dat*)

in·ex·pli·ca·ble [ˌɪnɪk'splɪkəbl] *Adj* unerklärlich

in·ex·press·i·ble [ˌɪnɪk'spresəbl] *Adj* unaussprechlich, unsäglich

in·ex·tin·guish·able [ˌɪnɪk'stɪŋgwɪʃəbl] *Adj* **1.** unlöschbar **2.** *fig* unauslöschlich

in·ex·tri·ca·ble [ɪn'ekstrɪkəbl] *Adj* **1.** unentwirrbar (*auch fig*) **2.** *fig* ausweglos

in·fal·li·bil·i·ty [ɪnˌfælə'bɪlətɪ] *s* Unfehlbarkeit *f* (*auch* REL)

in'fal·li·ble *Adj* unfehlbar

in'fal·li·bly *Adv* **1.** unfehlbar **2.** *ugs* todsicher, ganz bestimmt

in·fa·mous ['ɪnfəməs] *Adj* **1.** verrufen, berüchtigt (***for*** wegen) **2.** infam, niederträchtig

'in·fa·my *s* **1.** Verrufenheit *f* **2.** Infamie *f*: **a)** Niedertracht *f*, **b)** niederträchtige Handlung

in·fan·cy ['ɪnfənsɪ] *s* frühe Kindheit, *bes* Säuglingsalter *n*: ***be still in its infancy*** *fig* noch in den Anfängen *oder* Kinderschuhen stecken

'in·fant I *s* Säugling *m*; kleines Kind **II** *Adj* Säuglings…: ***infant mortality*** Säuglingssterblichkeit *f*; ***infant prodigy*** Wunderkind *n*

in·fan·ti·cide [ɪn'fæntɪsaɪd] *s* **1.** Kindes-, Kindstötung *f* **2.** Kind(e)s-, Kindermörder(in)

in·fan·tile ['ɪnfəntaɪl] *Adj* **1.** infantil, kindisch **2.** kindlich **3.** Kinder…, Kindes…

in·fan·try ['ɪnfəntrɪ] *s* MIL Infanterie *f*

in·fan·try·man ['ɪnfəntrɪmən] *s* (*unreg* ***man***) Infanterist *m*

in·farct [ɪn'fɑːkt] *s* MED Infarkt *m*

in·fat·u·at·ed [ɪn'fætjʊeɪtɪd] *Adj* vernarrt (***with*** in *Akk*)

in·fect [ɪn'fekt] *v/t* **1.** MED infizieren, anstecken (***with*** mit; ***by*** durch): ***become infected*** sich anstecken **2.** *Luft* verpesten; *fig Atmosphäre* vergiften **3.** *fig* anstecken (***with*** mit)

▶**in·fec·tion** [ɪn'fekʃn] *s* **1.** MED Infektion *f*, Ansteckung *f* **2.** Verpestung *f*; *fig* Vergiftung *f*

▶**in·fec·tious** [ɪn'fekʃəs] *Adj* MED ansteckend (*auch fig Lachen etc*), infektiös: ***infectious disease*** Infektionskrankheit *f*; ***be infectious*** *fig* anstecken

in·fe·lic·i·tous [ˌɪnfɪ'lɪsɪtəs] *Adj* unglücklich (*auch fig Ausdruck etc*)

in·fer [ɪn'fɜː] *v/t* schließen, folgern (***from*** aus)

in·fer·ence ['ɪnfərəns] *s* (Schluss)Folgerung *f*, (Rück)Schluss *m*

in·fe·ri·or [ɪn'fɪərɪə] **I** *Adj* **1.** **(*to*)** untergeordnet (*Dat*), niedriger (als): ***be inferior to s.o.*** j-m untergeordnet sein; j-m unterlegen sein **2.** weniger wert (***to*** als) **3.** minderwertig, mittelmäßig **II** *s* **4.** Untergebene *m, f*

inˌfe·ri'or·i·ty [ɪnˌfɪərɪ'ɒrətɪ] *s* **1.** Unterlegenheit *f* **2.** Minderwertigkeit *f*, Mittelmäßigkeit *f*: ***inferiority complex*** PSYCH Minderwertigkeitskomplex *m*

in·fer·nal [ɪn'fɜːnl] *Adj* **1.** höllisch, Höllen…, infernalisch **2.** teuflisch

in'fer·no [ɪn'fɜːnəʊ] *Pl* **infer·nos** *s* Inferno *n*, Hölle *f*

in·fer·tile [ɪn'fɜːtaɪl] *Adj* unfruchtbar

in·fer·til·i·ty [ˌɪnfə'tɪlətɪ] *s* Unfruchtbarkeit *f*

in·fest [ɪn'fest] *v/t* **1.** verseuchen, befallen (*Parasiten etc*): ***infested with lice*** verlaust **2.** *fig* überschwemmen, -laufen: ***be infested with*** wimmeln von

in·fi·del ['ɪnfɪdəl] REL **I** *s* Ungläubige *m, f* **II** *Adj* ungläubig

in·fi·del·i·ty [ˌɪnfɪ'delətɪ] *s* (*bes eheliche*) Untreue

in·fight·ing [ˈɪnˌfaɪtɪŋ] *s* **1.** *Boxen*: Infight *m*, Nahkampf *m* **2.** (partei- *etc*)interne Kämpfe *Pl oder* Streitereien *Pl*
in·fil·trate [ˈɪnfɪltreɪt] **I** *v/t* **1.** einsickern in (*Akk*) **2.** einschleusen, -schmuggeln (***into*** in *Akk*) **3.** POL unterwandern **II** *v/i* **4.** einsickern (***into*** in *Akk*)
ˌin·filˈtra·tion *s* **1.** Einsickern *n* **2.** POL Unterwanderung *f*
in·fi·nite [ˈɪnfɪnət] *Adj* **1.** unendlich (*auch* MATHE), grenzenlos **2.** gewaltig, ungeheuer
in·fin·i·tes·i·mal [ˌɪnfɪnɪˈtesɪml] *Adj* **1.** unendlich klein **2.** MATHE infinitesimal: ***infinitesimal calculus*** Infinitesimalrechnung *f*
inˈfin·i·tive [ɪnˈfɪnətɪv] *s* LING Infinitiv *m*
inˈfin·i·ty *s* **1.** Unendlichkeit *f*, Grenzenlosigkeit *f* **2.** unendliche Menge *oder* Größe (*auch* MATHE)
in·firm [ɪnˈfɜːm] *Adj* schwach, gebrechlich
inˈfir·ma·ry *s* **1.** Krankenhaus *n* **2.** Krankenzimmer *n*, -stube *f* (*in Internat etc*)
inˈfir·mi·ty *s* Schwäche *f*, Gebrechlichkeit *f*; Gebrechen *n*
in·flame [ɪnˈfleɪm] *v/t* **1.** entzünden (*auch* MED): ***become inflamed*** sich entzünden **2.** *fig Gefühle etc* entfachen, -flammen; *j-n* entflammen, erregen: ***inflamed with rage*** wutentbrannt
in·flam·ma·ble [ɪnˈflæməbl] *Adj* **1.** brennbar, leicht entzündlich; feuergefährlich **2.** *fig* reizbar, leicht erregbar
in·flam·ma·tion [ˌɪnfləˈmeɪʃn] *s* MED Entzündung *f*
in·flam·ma·to·ry [ɪnˈflæmətərɪ] *Adj* **1.** MED entzündlich **2.** *fig* aufrührerisch, Hetz…
in·flate [ɪnˈfleɪt] *v/t* aufblasen, *Reifen etc* aufpumpen
inˈflat·ed *Adj* **1.** aufgeblasen: ***inflated with pride*** *fig* stolzgeschwellt **2.** *fig* schwülstig, bombastisch
inˈfla·tion [ɪnˈfleɪʃn] *s* **1.** Aufblasen *n*, -pumpen *n* **2.** WIRTSCH Inflation *f*: ***rate of inflation*** Inflationsrate *f*
inˈfla·tion·ar·y *Adj* WIRTSCH Inflations…, inflationär
in·flect [ɪnˈflekt] *v/t* **1.** beugen **2.** LING flektieren, beugen
inˈflec·tion *s* **1.** Beugung *f* **2.** LING Flexion *f*, Beugung *f*
in·flex·i·ble [ɪnˈfleksəbl] *Adj* inflexibel: **a)** unbiegsam, **b)** *fig* unbeweglich
in·flex·ion *bes Br* → ***inflection***
in·flict [ɪnˈflɪkt] *v/t* (***on***) **1.** *Leid, Schaden etc* zufügen (*Dat*), *Niederlage, Wunde etc* beibringen (*Dat*); *Strafe* auferlegen (*Dat*), verhängen (über *Akk*) **2.** aufbürden (*Dat*): ***inflict o.s. on s.o.*** sich j-m aufdrängen
inˈflic·tion *s* **1.** Zufügung *f*; Auferlegung *f* **2.** Plage *f*, Last *f*
ˈin-flight *Adj* FLUG **1.** Bord…: ***in-flight catering*** Bordverpflegung *f* **2.** während des Flugs
in·flow [ˈɪnfləʊ] → ***influx***
▶ **in·flu·ence** [ˈɪnflʊəns] **I** *s* Einfluss *m* (***on, over*** auf *Akk*; ***with*** bei): ***be under s.o.'s influence*** unter j-s Einfluss stehen; ***under the influence of drink*** (*oder* ***alcohol***) unter Alkoholeinfluss; ***under the influence*** *ugs* alkoholisiert **II** *v/t* beeinflussen
in·flu·en·tial [ˌɪnflʊˈenʃl] *Adj* einflussreich
▶ **in·flu·en·za** [ˌɪnflʊˈenzə] *s* MED Grippe *f*
in·flux [ˈɪnflʌks] *s* Zustrom *m* (*auch fig*), (WIRTSCH *Kapital- etc*)Zufluss *m*
in·fo [ˈɪnfəʊ] *ugs* → ***information***
▶ **in·form** [ɪnˈfɔːm] **I** *v/t* (***of, about***) benachrichtigen, unterrichten (von), informieren (über *Akk*): ***keep s.o. informed*** j-n auf dem Laufenden halten; ***inform s.o. that*** j-n davon in Kenntnis setzen, dass **II** *v/i*: ***inform against*** (*oder* ***on***) ***s.o.*** j-n anzeigen; *pej* j-n denunzieren
in·for·mal [ɪnˈfɔːml] *Adj* **1.** formlos, JUR *auch* formfrei **2.** zwanglos, ungezwungen **3.** inoffiziell
in·form·ant [ɪnˈfɔːmənt] *s* **1.** Informant(in), Gewährsmann *m* **2.** → ***informer***
in·for·mat·ics [ˌɪnfəˈmætɪks] *s Sg* Informatik *f*
▶ **in·for·ma·tion** [ˌɪnfəˈmeɪʃn] *s* **1.** Benachrichtigung *f*, Unterrichtung *f*; Nachricht *f*, Mitteilung *f*, Bescheid *m* **2.** Auskünfte *Pl*, Auskunft *f*, Information *f*: ***for your information*** zu Ihrer Information *oder* Kenntnisnahme **3.** *Koll* Nachrichten *Pl*, Informationen *Pl*: ***bit*** (*oder* ***piece***) ***of information*** Nachricht *f*, Information *f* **4.** *Koll* Erkundigungen *Pl*: ***gather information*** Erkundigungen einziehen

information GR

⚠ **information** hat keine Pluralform und ist nicht zählbar, wird also ohne den Artikel **an** verwendet:

Thanks for all this information.	Danke für all diese Informationen!
an interesting piece of information	eine interessante Information
some information / a piece of information	eine Information

Wenn **information** Subjekt ist, steht das Verb immer im Singular:

The latest information from Washington is …	Die neuesten Informationen aus Washington sind …

Asking for information	**Um Informationen bitten** SG
Can you tell me how to get to the station from here?	Kannst du / Können Sie mir sagen, wie ich von hier zum Bahnhof komme?
Could you explain what my jacket is doing in your wardrobe?	Kannst du mir erklären, wie meine Jacke in deinen Kleiderschrank kommt?
How can you tell that the weather's going to change?	Woher kannst du wissen, dass sich das Wetter ändern wird?
How was the trip to Scotland?	Wie war die Reise nach Schottland?
I'd like to know why you didn't tell me about it.	Ich möchte wissen, warum du mir nichts davon gesagt hast.
Did you know that they had got married?	Wusstest du, dass sie geheiratet haben?

in·for·ma·tion high·way *s* Datenautobahn *f*
in·for·ma·tion sci·en·tist *s* Informatiker(in)
in·for·ma·tion tech·nol·o·gy *s* Informationstechnologie *f*
in·form·a·tive [ɪn'fɔːmətɪv] *Adj* informativ, aufschlussreich
in'form·er *s* **1.** Denunziant(in) **2.** Spitzel *m*
in·fo·tain·ment [ˌɪnfə'teɪnmənt] *s* Infotainment *n*
in·fra dig [ˌɪnfrə'dɪg] *Adj*: ***it is infra dig for him*** *ugs* es ist unter seiner Würde (***to do*** zu tun)
ˌin·fra'red *Adj* PHYS infrarot
'in·fraˌstruc·ture *s* Infrastruktur *f*
in·fre·quent [ɪn'friːkwənt] *Adj* **1.** selten **2.** spärlich
in·fringe [ɪn'frɪndʒ] *v/t und v/i* (***infringe on***) *Gesetz, Vertrag etc* brechen, verletzen, verstoßen gegen
in'fringe·ment *s* Verletzung *f*; Verstoß *m* (***of*** gegen)
in·fu·ri·ate [ɪn'fjʊərɪeɪt] *v/t* wütend machen
in·fuse [ɪn'fjuːz] *v/t* **1.** *Tee etc* aufgießen; ziehen lassen **2.** *fig Mut etc* einflößen (***into*** *Dat*); *j-n* erfüllen (***with*** mit)
in'fu·sion [ɪn'fjuːʒn] *s* **1.** MED Infusion *f* **2.** Aufguss *m* **3.** *fig* Einflößung *f*
in·gen·ious [ɪn'dʒiːnjəs] *Adj* genial: **a)** erfinderisch, einfallsreich, **b)** sinnreich, raffiniert
in·ge·nu·i·ty [ˌɪndʒɪ'njuːətɪ] *s* Genialität *f*, Einfallsreichtum *m*
in·gen·u·ous [ɪn'dʒenjʊəs] *Adj* **1.** offen(herzig), aufrichtig **2.** naiv, kindlich-unbefangen
in·gle·nook ['ɪŋglnʊk] *s Br* Kaminecke *f*
in·glo·ri·ous [ɪn'glɔːrɪəs] *Adj* unrühmlich, schmählich
in·go·ing ['ɪnˌgəʊɪŋ] *Adj* **1.** nachfolgend, neu (*Mieter etc*) **2.** ***ingoing mail*** Posteingang *m*
in·got ['ɪŋgət] *s* (*Gold- etc*)Barren *m*
in·gra·ti·ate [ɪn'greɪʃɪeɪt] *v/t*: ***ingratiate o.s. with s.o.*** sich bei j-m einschmeicheln
in·grat·i·tude [ɪn'grætɪtjuːd] *s* Undank(barkeit *f*) *m*
in·gre·di·ent [ɪn'griːdjənt] *s* **1.** Bestandteil *m* (*auch fig*) **2.** GASTR Zutat *f*
in·hab·it [ɪn'hæbɪt] *v/t* bewohnen
in'hab·it·a·ble *Adj* bewohnbar
in'hab·it·ant *s* Einwohner(in) (*eines Orts, Landes*), Bewohner(in) (*bes eines Hauses*)

Inhabitants WF

Für die Bewohner mancher größerer Städte gibt es eigene Bezeichnungen:

Stadt	Bewohner
Aberdeen	Aberdonian
Birmingham	*umgangssprachlich* Brummie
Boston (USA)	Bostonian
Glasgow	Glaswegian
Liverpool	Liverpudlian
Los Angeles	Angeleno
Manchester	Mancunian

in·hale [ɪn'heɪl] **I** *v/t* **1.** einatmen, MED *auch* inhalieren **II** *v/i* **2.** einatmen **3.** inhalieren, Lungenzüge machen
in·here [ɪn'hɪə] *v/i* innewohnen (***in*** *Dat*)
in'her·ent [ɪn'hɪərənt] *Adj* innewohnend
in·her·it [ɪn'herɪt] *v/t* erben (***from*** von) (*auch fig*)
in'her·i·tance *s* Erbe *n* (*auch fig*): ***inheritance tax*** Erbschaftssteuer *f*
in·hib·it [ɪn'hɪbɪt] *v/t* **1.** hemmen (*auch* PSYCH), (ver)hindern **2.** *j-n* hindern (***from*** an *Dat*): ***inhibit s.o. from doing s.th.*** j-n daran hindern, etw zu tun
in·hibi·tion [ˌɪnhɪ'bɪʃn] *s* PSYCH Hemmung *f*
in·hos·pi·ta·ble [ˌɪnhɒ'spɪtəbl] *Adj* wenig gastfreundlich; ungastlich
in·hu·man [ɪn'hjuːmən], **in·hu·mane** [ˌɪnhjuː'meɪn] *Adj* inhuman, unmenschlich
in·hu·man·i·ty [ˌɪnhjuː'mænətɪ] *s* Unmenschlichkeit *f*
in·im·i·cal [ɪ'nɪmɪkl] *Adj* **1.** feindselig (***to*** gegen) **2.** (***to***) nachteilig (für), abträglich (*Dat*)
in·im·i·ta·ble [ɪ'nɪmɪtəbl] *Adj* unnachahmlich
in·iq·ui·tous [ɪ'nɪkwɪtəs] *Adj* **1.** ungerecht **2.** schändlich
in'iq·ui·ty *s* **1.** Ungerechtigkeit *f* **2.** Schändlichkeit *f*; Schandtat *f*
in·i·tial [ɪ'nɪʃl] **I** *Adj* anfänglich, Anfangs... **II** *s* Initiale *f*, (großer) Anfangsbuchstabe **III** *v/t Prät und Part Perf* **in·i·tialed**, *bes Br* **in·i·tialled** abzeichnen, POL paraphieren
in'i·tial·ly [ɪ'nɪʃəlɪ] *Adv* anfänglich, am Anfang
in·i·ti·ate **I** *v/t* [ɪ'nɪʃɪeɪt] **1.** einleiten, ins Leben rufen **2.** *j-n* einführen (***into*** in *Akk*): **a)** einweihen, **b)** aufnehmen, **c)** einarbeiten **II** *s* [ɪ'nɪʃɪət] **3.** Eingeweihte *m, f*
inˌi·ti'a·tion *s* **1.** Einleitung *f* **2.** Einführung *f*: **a)** Einweihung *f*, **b)** Aufnahme *f*, **c)** Einarbeitung *f*
in'i·ti·a·tive [ɪ'nɪʃətɪv] *s* Initiative *f*: ***take the initiative*** die Initiative ergreifen; ***on one's own initiative*** aus eigenem Antrieb
in'i·ti·a·tor [ɪ'nɪʃɪeɪtə] *s* Initiator(in), Urheber(in)
in·ject [ɪn'dʒekt] *v/t* MED injizieren, einspritzen (*auch* TECH): ***inject s.o. with s.th.*** j-m etw spritzen; *fig* j-m etw einflößen
in'jec·tion *s* MED Injektion *f*: **a)** Einspritzung *f* (*auch* TECH), Spritze *f*, **b)** eingespritztes Medikament
in·junc·tion [ɪn'dʒʌŋkʃn] *s* **1.** JUR gerichtliches Verbot: (***interim***) ***injunction*** einstweilige Verfügung **2.** ausdrücklicher Befehl
▸ **in·jure** ['ɪndʒə] *v/t* **1.** verletzen: ***injure one's leg*** sich am Bein verletzen **2.** *fig* kränken, verletzen **3.** *fig* schaden (*Dat*), schädigen
in·ju·ri·ous [ɪn'dʒʊərɪəs] *Adj* (***to***) schädlich (für), abträglich (*Dat*): ***be injurious*** (***to***) *auch* schaden (*Dat*)
▸ **in·ju·ry** ['ɪndʒərɪ] *s* **1.** MED Verletzung *f* (***to*** an *Dat*): ***injury to the head*** Kopfverletzung, -wunde *f* **2.** *fig* Kränkung *f*, Verletzung *f* (***to*** *Gen*)
in·ju·ry time *s* SPORT Nachspielzeit *f*
in·jus·tice [ɪn'dʒʌstɪs] *s* Unrecht *n*, Ungerechtigkeit *f*: ***do s.o. an injustice*** j-m unrecht tun; ***suffer an injustice*** ungerecht behandelt werden
▸ **ink** [ɪŋk] *s* **1.** Tinte *f* **2.** Tusche *f* **3.** (*Drucker-*)Schwärze *f*
ink·jet print·er *s* COMPUTER Tintenstrahldrucker *m*
ink·ling ['ɪŋklɪŋ] *s* **1.** Andeutung *f*, Wink *m* **2.** dunkle Ahnung: ***give s.o. an inkling of*** (*oder* ***as to***) j-m eine ungefähre Vorstellung geben von
'ink·pad *s* Stempelkissen *n*
ink stain *s* Tintenklecks *m*, -fleck *m*

I

in·land **I** *Adj* ['ɪnlənd] **1.** binnenländisch, Binnen… **2.** inländisch, einheimisch: ***Inland Revenue*** *Br ugs* Finanzamt *n* **II** *Adv* [ɪn'lænd] **3.** landeinwärts
in-laws ['ɪnlɔːz] *s Pl* angeheiratete Verwandte *Pl*, *eng. S.* Schwiegereltern *Pl*
in·lay **I** *v/t* (*unreg* ***lay***) [ˌɪn'leɪ] **1.** einlegen (***with*** mit): ***inlaid work*** *siehe* 3 **2.** parkettieren: ***inlaid floor*** Parkett(fußboden *m*) *n* **II** *s* ['ɪnleɪ] **3.** Einlegearbeit *f*
in·let ['ɪnlet] *s* **1.** Eingang *m* **2.** Einlass *m* (*auch* TECH) **3.** schmale Bucht; Meeresarm *m*
'in-line skat·er *s* Inlineskater(in)
in-line skates *Pl* Inlineskates *Pl*
in-line skat·ing *s* Inlineskaten *n*, Inlineskating *n*
in·mate ['ɪnmeɪt] *s* Insasse *m*, Insassin *f* (*einer Anstalt, eines Gefängnisses etc*)
in·most ['ɪnməʊst] *Adj* innerst
►**inn** [ɪn] *s* **1.** Gasthaus *n*, -hof *m* **2.** Wirtshaus *n*
in·nards ['ɪnədz] *s Pl ugs* Eingeweide *Pl*
in·nate [ˌɪ'neɪt] *Adj* angeboren (***in*** *Dat*)
►**in·ner** ['ɪnə] *Adj* **1.** inner, Innen…: ***inner door*** Innentür *f*; ***inner life*** Innen-, Seelenleben *n*; ***inner man*** Seele *f*; Geist *m*; *hum* Magen *m* **2.** *fig* tiefer, verborgen (*Sinn etc*)
in·ner·most ['ɪnəməʊst] → ***inmost***
'inn͵keep·er *s* (Gast)Wirt(in)
in·no·cence ['ɪnəsəns] *s* Unschuld *f*: **a)** Schuldlosigkeit *f*, **b)** Unberührtheit *f*: ***lose one's innocence*** seine Unschuld verlieren, **c)** Harmlosigkeit *f*, **d)** Arglosigkeit *f*, Naivität *f*
in·no·cent ['ɪnəsnt] *Adj* unschuldig: **a)** schuldlos (***of*** an *Dat*), **b)** sittlich rein, (*Mädchen auch*) unberührt: **(*as*) *innocent as a newborn babe*** so unschuldig wie ein neugeborenes Kind, **c)** harmlos: ***innocent air*** Unschuldsmiene *f*, **d)** arglos, naiv
in·noc·u·ous [ɪ'nɒkjʊəs] *Adj* harmlos
in·no·vate ['ɪnəʊveɪt] *v/i* Neuerungen einführen (***on, in*** bei, in *Dat*)
͵in·no'va·tion *s* Neuerung *f*
in·nu·en·do [ˌɪnjuː'endəʊ] *Pl* **in·nu·en·dos, in·nu·en·does** *s* (***about***) versteckte Andeutung (über *Akk*) *oder* Anspielung (auf *Akk*)
in·nu·mer·a·ble [ɪ'njuːmərəbl] *Adj* unzählig, zahllos
in·oc·u·late [ɪ'nɒkjʊleɪt] *v/t* MED impfen (***against*** gegen): ***inoculate s.o. with s.th.*** *fig* j-m etw einimpfen
in͵oc·u'la·tion *s* MED Impfung *f*
in·of·fen·sive [ˌɪnə'fensɪv] *Adj* harmlos
in·op·er·a·ble [ɪn'ɒpərəbl] *Adj* MED inoperabel
in·op·er·a·tive [ɪn'ɒpərətɪv] *Adj* unwirksam: **a)** wirkungslos, **b)** JUR ungültig
in·op·por·tune [ɪn'ɒpətjuːn] *Adj* ungünstig, unpassend
in·or·di·nate [ɪn'ɔːdɪnət] *Adj* un-, übermäßig, (*Forderung etc auch*) überzogen
in·or·gan·ic [ˌɪnɔː'gænɪk] *Adj* (***inorganically***) **1.** unorganisch **2.** CHEM anorganisch
in·pa·tient ['ɪn͵peɪʃnt] *s* stationärer Patient: ***inpatient treatment*** stationäre Behandlung
in·put ['ɪnpʊt] *s* Input *m*: **a)** WIRTSCH eingesetzte Produktionsmittel *Pl*, **b)** ELEK Eingangsleistung *f*, **c)** TECH eingespeiste Menge, **d)** IT (Daten)Eingabe *f*
in·quest ['ɪnkwest] *s* JUR gerichtliche Untersuchung: → ***coroner***
►**in·quire** [ɪn'kwaɪə] **I** *v/t* **1.** ***inquire s.th.*** (***of s.o.***) sich (bei j-m) nach etw erkundigen **II** *v/i* **2.** (nach)fragen, sich erkundigen (***of s.o.*** bei j-m; ***after, for*** nach; ***about*** wegen): ***inquire within*** Näheres im Hause (zu erfragen) **3.** ***inquire into*** *etw* untersuchen, prüfen
►**in·quir·y** [ɪn'kwaɪrɪ] *s* **1.** Erkundigung *f*, (An-, Nach)Frage *f*: ***on inquiry*** auf An- *oder* Nachfrage; ***make inquiries*** Erkundigungen einziehen (***of s.o.*** bei j-m; ***about, after*** über *Akk*, wegen) **2.** Untersuchung *f*, Prüfung *f* (***into*** *Gen*), Nachforschung *f*, Ermittlung *f*, Recherche *f* **3.** *Pl* BAHN *etc* Auskunft *f* (*Büro, Schalter*)
in·qui·si·tion [ˌɪnkwɪ'zɪʃn] *s* **1.** (*auch* gerichtliche *oder* amtliche) Untersuchung (***into*** *Gen*) **2.** **Inquisition** REL *hist* Inquisition *f*
in·quis·i·tive [ɪn'kwɪzətɪv] *Adj* **1.** wissbegierig **2.** neugierig
in·road ['ɪnrəʊd] *s bes Pl* **1.** *fig* (***into***) Eingriff *m* in (*Akk*), Übergriff *m* (auf *Akk*) **2.** *fig* übermäßige Inanspruchnahme (***into*** *Gen*): ***make inroads into s.o.'s savings*** ein großes Loch in j-s Ersparnisse reißen
in·sa·lu·bri·ous [ˌɪnsə'luːbrɪəs] *Adj* ungesund
in·sane [ɪn'seɪn] *Adj* wahn-, irrsinnig, MED *auch* geisteskrank
in·san·i·tar·y [ɪn'sænɪtərɪ] *Adj* unhygienisch, gesundheitsschädlich
in·san·i·ty [ɪn'sænətɪ] *s* Wahn-, Irrsinn *m*, MED *auch* Geisteskrankheit *f*
in·sa·ti·a·ble [ɪn'seɪʃəbl] *Adj* unersättlich (*Person*), unstillbar (*Durst etc*) (*beide auch fig*)
in·scrip·tion [ɪn'skrɪpʃn] *s* **1.** In- *oder* Aufschrift *f* **2.** (persönliche) Widmung
in·scru·ta·ble [ɪn'skruːtəbl] *Adj* unerforschlich, unergründlich
►**in·sect** ['ɪnsekt] *s* ZOOL Insekt *n*: ***insect repellent*** Insektenschutzmittel *n*; ***insect spray*** Insektenspray *n*
in'sec·ti·cide [ɪn'sektɪsaɪd] *s* Insektizid *n*, Insektenvernichtungsmittel *n*
in·se·cure [ˌɪnsɪ'kjʊə] *Adj* **1.** ungesichert, nicht fest **2.** *fig* unsicher
͵in·se'cu·ri·ty [ˌɪnsɪ'kjʊərətɪ] *s* Unsicherheit *f*
in·sem·i·nate [ɪn'semɪneɪt] *v/t* BIOL befruchten, ZOOL *auch* besamen
in͵sem·i'na·tion *s* Befruchtung *f*, Besamung *f*
in·sen·si·ble [ɪn'sensəbl] *Adj* **1.** unempfindlich (***to*** gegen): ***insensible to pain*** schmerzunempfindlich **2.** bewusstlos **3.** *fig* (***of, to***) unempfänglich (für), gleichgültig (gegen) **4.** unmerklich
in·sen·si·tive [ɪn'sensətɪv] *Adj* **1.** *auch* PHYS, TECH unempfindlich (***to*** gegen): ***insensitive to light*** lichtunempfindlich **2.** → ***insensible*** 1, 3
in·sep·a·ra·ble [ɪn'sepərəbl] *Adj* **1.** untrennbar (*auch* LING) **2.** unzertrennlich (***from*** von)
in·sert **I** *v/t* [ɪn'sɜːt] **1.** einfügen, -setzen, -schieben, *Instrument etc* einführen, *Schlüssel etc* (hinein)stecken, *Münze etc* einwerfen (***in, into*** in *Akk*) **2.** ***insert an advertisement in a newspaper*** eine Anzeige in eine Zeitung setzen, in einer Zeitung inserieren **II** *s* ['ɪnsɜːt] **3.** → ***insertion*** 2-4: ***insert key*** COMPUTER Einfügetaste *f*; ***insert mode*** COMPUTER Einfügemodus *m*
in'ser·tion *s* **1.** Einsetzen *n*, Einführung *f*, Einwurf *m* **2.** Einsatz(stück *n*) *m* **3.** Anzeige *f*, Inserat *n* **4.** (Zeitungs)Beilage *f*, (Buch)Einlage *f*
in·shore [ˌɪn'ʃɔː] *Adj* an *oder* nahe der Küste: ***inshore fishing*** Küstenfischerei *f*
►**in·side** **I** *s* [ˌɪn'saɪd] **1.** Innenseite *f*; *das* Innere: ***on the inside*** innen; ***from the inside*** von innen; ***turn inside out*** umdrehen, umstülpen; *fig* (völlig) umkrempeln; ***know inside out*** in- und auswendig kennen. ***overtake s.o. on the***

inside (*in GB etc*) j-n links überholen, (*in Deutschland etc*) j-n rechts überholen **II** *Adj* ['ɪnsaɪd] **2.** inner, Innen…: ***inside lane*** (*Sport*) Innenbahn *f*; MOT *Br* äußere Fahrspur **3.** ***inside information*** Insiderinformationen *Pl* **III** *Adv* [ˌɪn'saɪd] **4.** im Inner(e)n, (dr)innen **5.** hinein, herein **6.** ***inside of*** **a)** *zeitlich*: innerhalb (*Gen*), **b)** *Am siehe* 7 **IV** *Präp* [ˌɪn'saɪd] **7.** innerhalb, im Inner(e)n (*Gen*): ***inside the house*** im Hause

ˌin'sid·er *s* Insider(in), Eingeweihte *m, f*: ***insider trading*** (*oder* ***dealing***) WIRTSCH Insidergeschäfte *Pl*

in·sid·i·ous [ɪn'sɪdɪəs] *Adj* hinterhältig, heimtückisch

in·sight ['ɪnsaɪt] *s* **1.** (***into***) Einblick *m* (in *Akk*); Verständnis *n* (für) **2.** Einsicht *f*

in·sig·ni·a [ɪn'sɪgnɪə] *Pl* **in·sig·ni·a(s)** *s* **1.** Insignie *f*, Amts-, Ehrenzeichen *n* **2.** MIL Abzeichen *n*

in·sig·nif·i·cant [ˌɪnsɪg'nɪfɪkənt] *Adj* **1.** bedeutungslos **2.** geringfügig, unerheblich (*Betrag*) **3.** unbedeutend (*Person*)

in·sin·cere [ˌɪnsɪn'sɪə] *Adj* unaufrichtig, falsch

in·sin·u·ate [ɪn'sɪnjʊeɪt] *v/t* andeuten, anspielen auf (*Akk*): ***are you insinuating that …?*** wollen Sie damit sagen, dass …?

inˌsin·u'a·tion *s* (***about***) Anspielung *f* (auf *Akk*), Andeutung *f* (über *Akk*): ***by insinuation*** andeutungsweise

in·sip·id [ɪn'sɪpɪd] *Adj* fad (*auch fig*)

►**in·sist** [ɪn'sɪst] **I** *v/i* **1.** darauf bestehen: ► ***insist on*** bestehen auf (*Dat*), verlangen (*Akk*); ***insist on doing s.th.*** darauf bestehen, etw zu tun; etw unbedingt tun wollen **2.** (***on***) beharren (auf *Dat*), bleiben bei **3.** (***on***) Gewicht legen (auf *Akk*), (nachdrücklich) betonen (*Akk*) **II** *v/t* **4.** darauf bestehen (***that*** dass) **5.** darauf beharren, dabei bleiben (***that*** dass)

in'sist·ence *s* **1.** Bestehen *n*, Beharren *n* (***on*** auf *Dat*) **2.** Betonung *f* (***on*** *Gen*): ***with great insistence*** mit großem Nachdruck **3.** Beharrlichkeit *f*, Hartnäckigkeit *f*

in'sist·ent *Adj* **1.** beharrlich, hartnäckig: ***be insistent that*** darauf bestehen, dass **2.** eindringlich, nachdrücklich

ˌin·so'far *Adv*: ***insofar as*** soweit

in·sole ['ɪnsəʊl] *s* **1.** Brandsohle *f* **2.** Einlegesohle *f*

in·so·lence ['ɪnsələns] *s* Unverschämtheit *f*, Frechheit *f*

'in·so·lent *Adj* unverschämt, frech

in·sol·u·ble [ɪn'sɒljʊbl] *Adj* **1.** CHEM un(auf)löslich **2.** *fig* unlösbar

in·sol·ven·cy [ɪn'sɒlvənsɪ] *s* WIRTSCH Zahlungsunfähigkeit *f*, Insolvenz *f*

in'sol·vent *Adj* zahlungsunfähig, insolvent

in·som·ni·a [ɪn'sɒmnɪə] *s* Schlaflosigkeit *f*

in·spect [ɪn'spekt] *v/t* **1.** untersuchen, prüfen (***for*** auf *Akk*) **2.** besichtigen, inspizieren

in'spec·tion *s* **1.** Untersuchung *f*, Prüfung *f*: ***on inspection*** bei näherer Prüfung; ***for inspection*** WIRTSCH zur Ansicht **2.** Besichtigung *f*, Inspektion *f*

in'spec·tor *s* **1.** Inspektor(in), Aufsichtsbeamte *m*, -beamtin *f*, Kontrolleur(in) (*auch* BAHN *etc*) **2.** ***police inspector*** *Br* Polizeiinspektor(in), -kommissar(in)

in·spi·ra·tion [ˌɪnspə'reɪʃn] *s* Inspiration *f*: **a)** (REL göttliche) Eingebung, (plötzlicher) Einfall, **b)** Anregung *f*: ***be s.o.'s inspiration, be an inspiration to s.o.*** j-n inspirieren

in·spire [ɪn'spaɪə] *v/t* **1.** inspirieren, anregen (***to*** zu; ***to do*** zu tun) **2.** *Gefühl etc* erwecken, auslösen (***in*** in *Dat*) **3.** erfüllen (***with*** mit)

in·sta·bil·i·ty [ˌɪnstə'bɪlətɪ] *s* **1.** mangelnde Festigkeit *oder* Stabilität **2.** *bes* CHEM, TECH Instabilität *f* **3.** *fig* Unbeständigkeit *f* **4.** (***emotional***) ***instability*** *fig* Labilität *f*

in·stall [ɪn'stɔːl] *v/t* **1.** TECH *und* IT installieren: **a)** *Bad etc* einbauen, **b)** *Leitung etc* legen, **c)** *Telefon etc* anschließen **2.** *j-n* einsetzen (***as*** *interim president etc* als *Interimspräsidenten etc*)

in·stal·la·tion [ˌɪnstə'leɪʃn] *s* **1.** TECH Installation *f*, Einbau *m*, Anschluss *m* **2.** TECH Anlage *f*, Einrichtung *f* **3.** (Amts)Einsetzung *f*

in·stall·ment, *bes Br* **in·stal·ment** [ɪn'stɔːlmənt] *s* **1.** WIRTSCH Rate *f*: ***by*** (*oder* ***in***) ***instal(l)ments*** in Raten, ratenweise; ***first instal(l)ment*** Anzahlung *f* (***toward[s]*** auf *Akk*); ***monthly instal(l)ment*** Monatsrate; ***buy on the instal(l)ment plan*** *Am* auf Raten kaufen **2.** (Teil)Lieferung *f* (*eines Buchs etc*) **3. a)** Fortsetzung *f* **b)** RUNDFUNK, TV Folge *f*

in·stance ['ɪnstəns] *s* **1.** (*einzelner*) Fall: ***in this instance*** in diesem (besonderen) Fall **2.** Beispiel *n*: ***for instance*** zum Beispiel; ***as an instance of*** als Beispiel für **3.** ***in the first instance*** *fig* in erster Linie; zuerst

in·stant ['ɪnstənt] **I** *s* **1.** Moment *m*, Augenblick *m*: ***in an instant*** sofort, augenblicklich **II** *Adj* (→ ***instantly***) **2.** sofortig, augenblicklich: ***instant camera*** FOTO Sofortbildkamera *f*; ***instant coffee*** Pulverkaffee *m*; ***instant meal*** Fertig-, Schnellgericht *n*

in·stan·ta·ne·ous [ˌɪnstən'teɪnjəs] *Adj* sofortig, augenblicklich: ***his death was instantaneous*** er war auf der Stelle tot

I

Das Gerund nach Verb + Präposition

GR

Folgt auf Verbindungen von Verb + Präposition ein Verb, so steht es in der **-ing**-Form, z. B.:

believe in doing s.th.	daran glauben, dass man etw tun soll
concentrate on doing s.th.	sich auf etw konzentrieren
dream of doing s.th.	davon träumen, etw zu tun
insist on doing s.th.	darauf bestehen, etw zu tun
prevent s.o. from doing s.th.	j-n daran hindern, etw zu tun
succeed in doing s.th.	es schaffen, etw zu tun
talk about doing s.th.	davon reden, etw zu tun
think of doing s.th.	daran denken, etw zu tun
worry about doing s.th.	sich darüber Sorgen machen, etw zu tun *oder* tun zu müssen

ˌin·stanˈta·ne·ous·ly *Adv* sofort, auf der Stelle
in·stant·ly [ˈɪnstəntlɪ] *Adv* sofort, augenblicklich
▶ **in·stead** [ɪnˈsted] *Adv* **1.** ▶ ***instead of*** anstelle von (*oder Gen*), (an)statt (*Gen*): ***instead of me*** an meiner Stelle; ***instead of going*** (an-)statt zu gehen **2.** stattdessen, dafür

Das Gerund nach Konjunktionen

Nach Konjunktionen und Präpositionen steht das Verb in der **-ing** Form, so z. B. nach:

after	nach(dem)
before	bevor; ehe
by	indem; dadurch, dass
in spite of / despite	trotz; obwohl
instead of	(an)statt
on	bei; als
without	ohne
Instead of coming to me, he went straight to the teacher.	Statt zu mir zu kommen, ist er direkt zum Lehrer gegangen.

in·step [ˈɪnstep] *s* ANAT Rist *m*, Spann *m*
in·sti·gate [ˈɪnstɪgeɪt] *v/t* **1.** *j-n* aufhetzen, *auch* JUR anstiften (***to*** zu; ***to do*** zu tun) **2.** *etw Böses* anstiften, anzetteln; *etw* in Gang setzen, in die Wege leiten
ˌin·stiˈga·tion *s* **1.** Aufhetzung *f*, Anstiftung *f* **2.** ***at s.o.'s instigation*** auf jemandes Veranlassung (hin), auf j-s Betreiben *oder* Drängen
in·stil, in·still [ɪnˈstɪl] *v/t* **1.** einträufeln (***into*** *Dat*) **2.** *fig* einflößen (***into*** *Dat*)
in·stinct [ˈɪnstɪŋkt] *s* Instinkt *m*: ***by*** (*oder* ***from***) ***instinct*** instinktiv; ***instinct for self-preservation*** Selbsterhaltungstrieb *m*
inˈstinc·tive *Adj* instinktiv
in·sti·tute [ˈɪnstɪtjuːt] **I** *v/t* **1.** gründen, ins Leben rufen **2.** in Gang setzen, in die Wege leiten **II** *s* **3.** Institut *n*
ˌin·stiˈtu·tion *s* **1.** Institution *f*, Einrichtung *f* (*beide auch* SOZIOL); Institut *n*; Anstalt *f* **2.** Sitte *f*, Brauch *m* **3.** Gründung *f*
ˌin·stiˈtu·tion·al [ˌɪnstɪˈtjuːʃənl] *Adj* **1.** Instituts…; Anstalts… **2.** *bes pej* Einheits…
ˌin·stiˈtu·tion·al·ize *v/t* **1.** institutionalisieren **2.** in eine Anstalt einweisen
in·struct [ɪnˈstrʌkt] *v/t* **1.** (***in*** in *Dat*) unterrichten; ausbilden, schulen **2.** informieren, unterrichten **3.** instruieren, anweisen, beauftragen (***to do*** zu tun)
inˈstruc·tion *s* **1.** Unterricht *m*; Ausbildung *f*, Schulung *f* **2.** Informierung *f*, Unterrichtung *f* **3.** Instruktion *f*, Anweisung *f*, COMPUTER Befehl *m*: ***according to instructions*** auftragsgemäß; vorschriftsmäßig; ***instructions Pl for use*** Gebrauchsanweisung, -anleitung *f*
inˈstruc·tive *Adj* instruktiv, lehrreich
inˈstruc·tor *s* Lehrer(in); Ausbilder(in)
▶ **in·stru·ment** [ˈɪnstrʊmənt] *s* **1.** TECH Instrument *n* (*auch* MED): **a)** Werkzeug *n*, **b)** (*bes* Mess)Gerät *n* **2.** MUS Instrument *n* **3.** WIRTSCH, JUR Dokument *n*, Urkunde *f* **4.** *fig* Werkzeug *n*: **a)** (Hilfs)Mittel *n*, Instrument *n*, **b)** Handlanger(in)
in·stru·men·tal [ˌɪnstrʊˈmentl] *Adj* **1.** TECH Instrumenten… **2.** MUS Instrumental…: ***instrumental music*** **3.** behilflich, förderlich: ***be instrumental in*** beitragen zu
in·sub·or·di·nate [ˌɪnsəˈbɔːdnət] *Adj* aufsässig
in·sub·stan·tial [ˌɪnsəbˈstænʃl] *Adj* **1.** unkörperlich **2.** unwirklich **3.** wenig *oder* nicht gehaltvoll (*Essen etc*) **4.** nicht *oder* wenig stichhaltig (*Argument etc*); gegenstandslos (*Befürchtung etc*)
in·suf·fer·a·ble [ɪnˈsʌfərəbl] *Adj* unerträglich, unausstehlich
in·suf·fi·cien·cy [ˌɪnsəˈfɪʃnsɪ] *s* **1.** Unzulänglichkeit *f* **2.** Untauglich-, Unfähigkeit *f* **3.** MED Insuffizienz *f*
ˌin·sufˈfi·cient *Adj* **1.** unzulänglich, ungenügend **2.** untauglich, unfähig (***to do*** zu tun)
in·su·lar [ˈɪnsjʊlə] *Adj* **1.** Insel… **2.** *fig* engstirnig
in·su·late [ˈɪnsjʊleɪt] *v/t* ELEK, TECH isolieren (*auch fig* ***from*** von): ***insulating tape*** *Br* Isolierband *n*
ˌin·suˈla·tion *s* Isolierung *f*
in·su·lin [ˈɪnsjʊlɪn] *s* MED Insulin *n*
▶ **in·sult** **I** *v/t* [ɪnˈsʌlt] beleidigen **II** *s* [ˈɪnsʌlt] Beleidigung *f* (***to*** für *oder Gen*)
in·su·per·a·ble [ɪnˈsuːpərəbl] *Adj* unüberwindlich (*auch fig*)
in·sup·port·a·ble [ˌɪnsəˈpɔːtəbl] *Adj* unerträglich, unausstehlich
▶ **in·sur·ance** [ɪnˈʃɔːrəns] *s* **1.** WIRTSCH Versicherung *f*: ***insurance agent*** Versicherungsvertreter(in); ***insurance company*** Versicherung(sgesellschaft *f*); ***insurance policy*** Versicherungspolice *f*, -schein *m* **2.** WIRTSCH Versicherungssumme *f*; -prämie *f* **3.** *fig* (Ab)Sicherung *f* (***against*** gegen)
▶ **in·sure** [ɪnˈʃɔː] *v/t* WIRTSCH versichern (***against*** gegen; ***for*** mit *einer Summe*)
inˈsured *s* Versicherte *m, f*, Versicherungsnehmer(in)
inˈsur·er *s* Versicherer *m*, Versicherungsträger(in): ***insurers Pl*** Versicherung(sgesellschaft) *f*
in·sur·mount·a·ble [ˌɪnsəˈmaʊntəbl] *Adj fig* unüberwindlich
in·sur·rec·tion [ˌɪnsəˈrekʃn] *s* Aufstand *m*, Revolte *f*
in·tact [ɪnˈtækt] *Adj* intakt: **a)** unversehrt, unbeschädigt, **b)** ganz, vollständig
in·take [ˈɪnteɪk] *s* **1.** TECH Einlass(öffnung *f*) *m* **2.** (*Nahrungs- etc*)Aufnahme *f* **3.** aufgenommene Menge, Zufuhr *f*; (Neu)Aufnahme(n *Pl*) *f*, (Neu)Zugänge *Pl*
in·tan·gi·ble [ɪnˈtændʒəbl] *Adj* **1.** nicht greifbar **2.** *fig* unbestimmt, vage
in·te·ger [ˈɪntɪdʒə] *s* MATHE ganze Zahl
in·te·gral [ˈɪntɪgrəl] *Adj* **1.** integral (*Bestandteil etc*) **2.** ganz, vollständig **3.** MATHE Integral…: ***integral calculus*** Integralrechnung *f*
in·te·grate [ˈɪntɪgreɪt] **I** *v/t* integrieren: **a)** zs.-schließen (***into*** zu): ***integrated circuit*** ELEK integrierter Schaltkreis, **b)** eingliedern (***into*** in *Akk*), **c)** einbeziehen, einbauen (***into, with*** in *Akk*) **II** *v/i* sich integrieren (*siehe* Ia, b); sich einbeziehen *oder* einbauen lassen
ˌin·teˈgra·tion *s* Integration *f*, Integrierung *f*
in·teg·ri·ty [ɪnˈtegrətɪ] *s* **1.** Integrität *f* **2.** Vollständigkeit *f*; Einheit *f*
in·tel·lect [ˈɪntəlekt] *s* Intellekt *m*, Verstand *m*
ˌin·telˈlec·tu·al [ˌɪntəˈlektjʊəl] **I** *Adj* intellektuell: **a)** geistig, Geistes…: → ***property*** 1, **b)** verstandesbetont **II** *s* Intellektuelle *m, f*

▶**in·tel·li·gence** [ɪn'telɪdʒəns] *s* **1.** Intelligenz *f*: ***intelligence quotient*** Intelligenzquotient *m*; ***intelligence test*** Intelligenztest *m* **2.** nachrichtendienstliche Informationen *Pl* **3.** *auch* ***intelligence service*** Nachrichten-, Geheimdienst *m*
▶**in·tel·li·gent** [ɪn'telɪdʒənt] *Adj* **1.** intelligent **2.** vernünftig

intelligent or not? WF

clever	klug
brilliant	genial
brainy	gescheit
bright	gescheit, hell
cunning	schlau, gerissen
sharp	scharfsinnig
smart	schlau
daft	doof, dämlich
dumb (*Am*)	doof, dumm
idiotic	idiotisch
silly	dumm, albern
slow	schwer von Begriff
stupid	doof, dumm
thick	dumm

in,tel·li'gent·si·a [ɪn,telɪ'dʒentsɪə] *s* (*Pl konstruiert*) *Koll die* Intelligenz, *die* Intellektuellen *Pl*
in·tel·li·gi·ble [ɪn'telɪdʒəbl] *Adj* verständlich (***to*** für *oder Dat*)
in·tem·per·ate [ɪn'tempərət] *Adj* unmäßig
▶**in·tend** [ɪn'tend] *v/t* **1.** beabsichtigen, vorhaben (***s.th.*** etw; ***doing, to do*** zu tun): ***was this intended?*** war das Absicht? **2.** bestimmen (***for*** für, zu): ***it was intended for you*** es war für dich (bestimmt *oder* gedacht) **3.** sagen wollen, meinen (***by*** mit) **4.** bedeuten, sein wollen: ***it was intended as a compliment*** es sollte ein Kompliment sein
in'tend·ed I *Adj* **1.** beabsichtigt **2.** absichtlich **II** *s* **3.** ***her intended*** *ugs* ihr Zukünftiger
in·tense [ɪn'tens] *Adj* intensiv: **a)** stark, heftig: ***intense heat*** starke Hitze, **b)** hell, grell (*Licht*), **c)** satt (*Farben*), **d)** durchdringend (*Geräusch, Geruch*), **e)** angestrengt, **f)** sehnlich, dringend
in'tense·ness *s* Intensität *f*
in·ten·si·fi·ca·tion [ɪn,tensɪfɪ'keɪʃn] *s* Verstärkung *f*, Intensivierung *f*
in'ten·si·fy [ɪn'tensɪfaɪ] *v/t* (*auch v/i* sich) verstärken, intensivieren
in·ten·sive [ɪn'tensɪv] *Adj* intensiv: **a)** → ***intense*** a, **b)** gründlich, erschöpfend: ***intensive course*** Intensivkurs *m*; ***be in intensive care*** (*oder* ***the intensive care unit***) MED auf der Intensivstation liegen
in·tent [ɪn'tent] **I** *s* **1.** Absicht *f*, Vorsatz *m* (*auch* JUR): ***with intent*** absichtlich, mit Absicht, *bes* JUR vorsätzlich **II** *Adj* **2.** ***be intent on doing s.th.*** fest entschlossen sein, etw zu tun; etw unbedingt tun wollen **3.** aufmerksam, gespannt (*Blick etc*)
in'ten·tion *s* Absicht *f*, Vorsatz *m* (***of doing, to do*** zu tun): ***with the best*** (***of***) ***intentions*** in bester Absicht; ***good intentions*** *Pl* gute Vorsätze *Pl*
in'ten·tion·al [ɪn'tenʃənl] *Adj* absichtlich, *bes* JUR vorsätzlich: ***intentionally*** *auch* mit Absicht
in·ter... ['ɪntə] Zwischen...; Wechsel...
,in·ter'act *v/i* aufeinander (ein)wirken
,in·ter'ac·tion *s* Wechselwirkung *f*
,in·ter'ac·tive *Adj* IT interaktiv
,in·ter'breed *v/t und v/i* (*unreg* ***breed***) BIOL (sich) kreuzen
in·ter·cede [,ɪntə'siːd] *v/i* sich verwenden *oder* einsetzen (***with*** bei; ***for, on behalf of*** für)
in·ter·cept [,ɪntə'sept] *v/t Brief, Boten, Funkspruch etc* abfangen
,in·ter'cep·tion *s* Abfangen *n*
,in·ter'cep·tor *s auch* ***interceptor plane*** FLUG, MIL Abfangjäger *m*
in·ter·ces·sion [,ɪntə'seʃn] *s* Fürsprache *f*
in·ter·change I *v/t* [,ɪntə'tʃeɪndʒ] **1.** gegen- *oder* untereinander austauschen, auswechseln **2.** *Geschenke, Meinungen etc* austauschen, *Briefe* wechseln (***with*** mit) **II** *s* ['ɪntətʃeɪndʒ] **3.** Austausch *m*: ***interchange of ideas*** Gedankenaustausch **4.** MOT Autobahnkreuz *n*
,in·ter-'cit·y *s* BAHN *Br* Intercity *m*: ***inter-city train*** Intercityzug *m*
in·ter·com ['ɪntəkɒm] *s* (Gegen-, Haus-, SCHIFF, FLUG Bord)Sprechanlage *f*, Babyruf *m*
,in·ter·com'mu·ni·cate *v/i* **1.** miteinander in Verbindung stehen **2.** miteinander (durch eine Tür *etc*) verbunden sein
'in·ter,con·ti'nen·tal *Adj* interkontinental, Interkontinental...: ***intercontinental ballistic missile*** MIL Interkontinentalrakete *f*
'in·ter·course *s* **1.** Verkehr *m*, Umgang *m* (***with*** mit) **2.** (Geschlechts)Verkehr *m*
'in·ter·de,nom·i'na·tion·al *Adj* interkonfessionell, konfessionsübergreifend

Intentions	**Absichten** SG
I've decided to go to university.	Ich hab mich entschieden, auf die Uni(versität) zu gehen.
I'm going to ask her out.	Ich will sie fragen, ob sie mit mir ausgeht.
I want to train to be a teacher.	Ich möchte Lehrer(in) werden.
I'm planning to go on a cycling tour round Italy.	Ich hab vor, eine Radtour durch Italien zu machen.
I'm hoping to get a scholarship.	Ich hoffe, dass ich ein Stipendium kriege.
I don't intend to stay for long.	Ich habe nicht vor, lange zu bleiben. / Ich will (gar) nicht lange bleiben.
I feel like staying at home and watching TV.	Ich hab Lust, zu Hause zu bleiben und fernzusehen.

ˌ**in·ter·deˈpend·ence** *s* gegenseitige Abhängigkeit
ˌ**in·ter·deˈpen·dent** *Adj* voneinander abhängig
in·ter·dict I *s* [ˈɪntədɪkt] (amtliches) Verbot **II** *v/t* [ˌɪntəˈdɪkt] (amtlich) verbieten
▶**in·ter·est** [ˈɪntrəst] **I** *s* **1.** Interesse *n* (**in** an *Dat*, für): ***take*** (*oder* ***have***) ***an interest in*** sich interessieren für **2.** Reiz *m*, Interesse *n*: ***be of interest*** (***to***) reizvoll sein (für), interessieren (*Akk*) **3.** Wichtigkeit *f*, Bedeutung *f*: ***of great*** (***little***) ***interest*** von großer Wichtigkeit (von geringer Bedeutung) **4.** *bes* WIRTSCH Beteiligung *f*, Anteil *m* (**in** an *Dat*): ***have an interest in s.th.*** an *oder* bei etw beteiligt sein **5.** Interesse *n*, Vorteil *m*, Nutzen *m*: ***be in s.o.'s interest*** in j-s Interesse liegen; ***in your*** (***own***) ***interest*** zu Ihrem (eigenen) Vorteil **6.** WIRTSCH Zins(en *Pl*) *m*: ***bear interest*** Zinsen tragen, sich verzinsen (***at 4%*** mit 4%); ***interest rate, rate of interest*** Zinssatz *m* **II** *v/t* **7.** interessieren (**in** für)

interest GR

Beachten Sie die Bedeutungsunterschiede zwischen den zählbaren und unzählbaren Formen (letzteres nur im Singular und ohne **an**)!

She's never taken an / any interest in it.	Sie hat sich nie dafür interessiert.
His interests are reading and travelling.	Seine Interessen sind Lesen und Reisen.
You'll get more interest if you invest in shares.	Du bekommst mehr Zinsen, wenn du in Aktien investierst.

▶**in·ter·est·ed** [ˈɪntrəstɪd] *Adj* interessiert (**in** an *Dat*): ▶ ***be interested in*** sich interessieren für
▶**in·terest·ing** [ˈɪntrəstɪŋ] *Adj* interessant
ˈ**in·ter·face** *s* ELEK Schnittstelle *f*, COMPUTER *auch* Interface *n*
in·ter·fere [ˌɪntəˈfɪə] *v/i* **1.** (**in** in *Akk*) eingreifen; sich einmischen **2.** ***interfere with*** *j-n, etw* stören, behindern; sich zu schaffen machen an (*Dat*)
ˌ**in·terˈfer·ence** *s* **1.** Eingriff *m*; Einmischung *f* **2.** Störung *f*, Behinderung *f* (***with*** *Gen*)
in·ter·im [ˈɪntərɪm] **I** *s*: ***in the interim*** in der Zwischenzeit, inzwischen **II** *Adj* Interims…, Zwischen…: ***interim aid*** Überbrückungshilfe *f*; ***interim government*** Interims-, Übergangsregierung *f*; ***interim report*** Zwischenbericht *m*
in·te·ri·or [ɪnˈtɪərɪə] **I** *Adj* **1.** inner…, Innen…: ***interior decorator*** **a)** Innenausstatter(in), **b)** *auch* ***interior designer*** Innenarchitekt(in) **2.** binnenländisch, Binnen…; inländisch, Inlands… **II** *s* **3.** *oft Pl das* Innere **4.** Innenraum *m*, -seite *f* **5.** FOTO Innenaufnahme *f*, (FILM, TV *auch*) Studioaufnahme *f* **6.** Binnenland *n*, *das* Innere **7.** POL → ***department*** 3
in·ter·ject [ˌɪntəˈdʒekt] *v/t Bemerkung etc* dazwischen-, einwerfen
ˌ**in·terˈjec·tion** *s* LING Interjektion *f*
ˌ**in·terˈlace I** *v/t* **1.** verflechten, -schlingen, *auch fig* verweben **2.** durchflechten (***with*** mit) (*auch fig*) **II** *v/i* **3.** sich verflechten
in·ter·loc·u·tor [ˌɪntəˈlɒkjʊtə] *s* Gesprächspartner(in)
in·ter·lop·er [ˈɪntələʊpə] *s* Eindringling *m*
in·ter·lude [ˈɪntəluːd] *s* **1.** (*kurze*) Zeit, Periode *f* **2.** Unterbrechung *f* (**in** *Gen*) **3.** THEAT, MUS Zwischenspiel *n*, Intermezzo *n* (*beide auch fig*)
ˌ**in·terˈmar·riage** *s* **1.** Mischehe *f* **2.** Heirat *f* innerhalb der Familie *oder* zwischen Blutsverwandten
ˌ**in·terˈmar·ry** *v/i* **1.** eine Mischehe eingehen; untereinander heiraten **2.** innerhalb der Familie heiraten
in·ter·me·di·ar·y [ˌɪntəˈmiːdjərɪ] **I** *Adj* **1.** → ***intermediate*** **2.** vermittelnd **II** *s* **3.** Vermittler(in), Mittelsmann *m* **4.** WIRTSCH Zwischenhändler(in)
ˌ**in·terˈme·di·ate** [ˌɪntəˈmiːdjət] *Adj* **1.** Zwischen… **2.** PÄD für fortgeschrittene Anfänger
in·ter·mi·na·ble [ɪnˈtɜːmɪnəbl] *Adj* endlos
ˌ**in·terˈmin·gle** *v/t und v/i* (sich) vermischen
ˌ**in·terˈmis·sion** *s* Pause *f* (*auch* THEAT *etc*), Unterbrechung *f*: ***without intermission*** pausenlos
in·ter·mit·tent [ˌɪntəˈmɪtənt] *Adj* mit Unterbrechungen, periodisch (auftretend), MED *etc* intermittierend
in·tern [ɪnˈtɜːn] *v/t* internieren
in·ter·nal [ɪnˈtɜːnl] *Adj* **1.** inner, Innen…: ***internal injury*** (***medicine***) innere Verletzung (Medizin); ***he was bleeding internally*** er hatte innere Blutungen **2.** MED, PHARM innerlich anzuwenden(d) **3.** einheimisch, Inlands… **4.** POL innenpolitisch, Innen…: ***internal affairs*** *Pl* innere Angelegenheiten *Pl* **5.** (WIRTSCH *auch* betriebs)intern
inˌter·nal-comˈbus·tion en·gine *s* TECH Verbrennungsmotor *m*
in·ter·nal·ize [ɪnˈtɜːnəlaɪz] *v/t* verinnerlichen
▶**in·ter·na·tion·al** [ˌɪntəˈnæʃənl] **I** *Adj* **1.** international: ***international law*** Völkerrecht *n*; ***International Monetary Fund*** Internationaler Währungsfonds; ***International Date Line*** Datumsgrenze *f* **2.** Auslands…: ***international call*** TEL Auslandsgespräch *n*; ***international flight*** Auslandsflug *m* **II** *s* **3.** SPORT Internationale *m*, *f*, Nationalspieler(in); Länderkampf *m*, -spiel *n*
ˌ**in·terˈna·tion·al·ize** *v/t* internationalisieren
in·tern·ee [ˌɪntɜːˈniː] *s* Internierte *m*, *f*
▶**In·ter·net** [ˈɪntənet] *s* IT Internet *n*: ***Internet*** (***service***) ***provider*** Internet-Service-Anbieter *m*
in·tern·ment [ɪnˈtɜːnmənt] *s* Internierung *f*: ***internment camp*** Internierungslager *n*
ˈ**in·ter·phone** → ***intercom***
ˌ**in·terˈplan·e·ta·ry** *Adj* interplanetar(isch)
ˈ**in·ter·play** *s* Wechselspiel *n*
in·ter·pret [ɪnˈtɜːprɪt] **I** *v/t* **1.** auslegen, interpretieren (***as*** als) **2.** dolmetschen **3.** *Daten etc* auswerten **II** *v/i* **4.** dolmetschen (***for s.o.*** j-m)
inˌter·preˈta·tion *s* **1.** Auslegung *f*, Interpretation *f* **2.** Dolmetschen *n* **3.** Auswertung *f*
▶**in·ter·pret·er** [ɪnˈtɜːprɪtə] *s* Dolmetscher(in)
ˌ**in·ter·reˈlat·ed** *Adj* in Wechselbeziehung stehend, zs.-hängend
ˌ**in·ter·reˈla·tion** *s* Wechselbeziehung *f*
in·ter·ro·gate [ɪnˈterəʊɡeɪt] *v/t* verhören, -nehmen
inˌter·roˈga·tion *s* **1.** Verhör *n*, Vernehmung *f* **2.** Frage *f* (*auch* LING): ***interrogation mark*** (*oder* ***point***) Fragezeichen *n*
in·ter·rog·a·tive [ˌɪntəˈrɒɡətɪv] *Adj* **1.** fragend **2.** LING Interrogativ…, Frage…: ***interrogative***

Introducing someone	Jemanden vorstellen
This is my friend Mark.	Das ist mein Freund Mark.
I'd like you to meet my mother.	Ich möchte dir meine Mutter vorstellen.
Have you met Louise?	Kennst du Louise schon?
Do you two know each other?	Kennen Sie beide sich schon?
Can I introduce Stella? She doesn't know anyone here.	Darf ich Stella vorstellen? Sie kennt hier keinen.
Tony, this is Anne. Anne – Tony.	Tony, das ist Anne. Anne – Tony.
Michael, this is Simon and Rachel.	Michael, das sind Simon und Rachel.
Übliche Antworten sind:	
Pleased / Nice to meet you.	Freut mich, Sie kennenzulernen.
Hello!	Hallo!

pronoun Interrogativpronomen *n*, Fragefürwort *n*

ˌin·terˈrog·a·to·ry [ˌɪntəˈrɒgətərɪ] *Adj* fragend

▶ **in·ter·rupt** [ˌɪntəˈrʌpt] **I** *v/t* unterbrechen (*auch* ELEK), *j-m* ins Wort fallen **II** *v/i*: ***don't interrupt!*** unterbrich mich *etc* nicht!

ˌin·terˈrup·tion *s* Unterbrechung *f*: ***without interruption*** ununterbrochen

in·ter·sect [ˌɪntəˈsekt] **I** *v/t* (durch-)schneiden, (-)kreuzen **II** *v/i* sich schneiden *oder* kreuzen

ˌin·terˈsec·tion *s* **1.** MATHE Schnitt *m*: (***point of***) ***intersection*** Schnittpunkt *m* **2.** (Straßen)Kreuzung *f*

in·ter·sperse [ˌɪntəˈspɜːs] *v/t* **1.** einstreuen **2.** durchsetzen (***with*** mit)

ˈin·ter·state *Am* **I** *Adj* zwischenstaatlich **II** *s auch* ***interstate highway*** (*zwei oder mehrere Bundesstaaten verbindende*) Autobahn

in·ter·stice [ɪnˈtɜːstɪs] *s* **1.** Zwischenraum *m* **2.** Lücke *f*, Spalt *m*

ˌin·terˈtwine, **ˌin·terˈtwist** *v/t und v/i* (sich) verflechten *oder* verschlingen

ˌin·terˈur·ban *Adj* zwischen mehreren Städten (bestehend *oder* verkehrend)

in·ter·val [ˈɪntəvl] *s* **1.** (*zeitlicher oder räumlicher*) Abstand, (*zeitlich auch*) Intervall *n*: ***at regular intervals*** in regelmäßigen Abständen **2.** *Br* Pause *f* (*auch* THEAT *etc*), Unterbrechung *f* **3.** MUS, MATHE Intervall *n*

in·ter·vene [ˌɪntəˈviːn] *v/i* **1.** eingreifen, -schreiten, *bes* MIL, POL intervenieren **2.** (*zeitlich*) dazwischenliegen **3.** sich inzwischen ereignen; dazwischenkommen

in·ter·ven·tion [ˌɪntəˈvenʃn] *s* Eingreifen *n*, -schreiten *n*, Intervention *f*

▶ **in·ter·view** [ˈɪntəvjuː] **I** *s* **1.** Interview *n*: ***give s.o. an interview*** **2.** Einstellungsgespräch *n* **II** *v/t* **3.** interviewen **4.** ein Einstellungsgespräch führen mit

in·ter·view·ee [ˌɪntəvjuːˈiː] *s* Interviewte *m*, *f*

ˈin·terˌview·er *s* Interviewer(in)

ˌin·terˈweave *v/t* (*unreg* ***weave***) **1.** (miteinander) verweben *oder* verflechten (*auch fig*) **2.** vermengen, -mischen (***with*** mit) (*beide auch fig*)

in·tes·tate [ɪnˈtesteɪt] *Adj*: ***die intestate*** JUR ohne Hinterlassung eines Testaments sterben

in·tes·tine [ɪnˈtestɪn] *s* ANAT Darm *m*: ***intestines*** *Pl* Gedärme *Pl*; ***large intestine*** Dickdarm; ***small intestine*** Dünndarm

in·ti·ma·cy [ˈɪntɪməsɪ] *s* Intimität *f*: **a)** Vertrautheit *f*, **b)** (*auch pej plumpe*) Vertraulichkeit, **c)** intime (*sexuelle*) Beziehungen *Pl*, **d)** Gemütlichkeit *f*

in·ti·mate¹ [ˈɪntɪmət] *Adj* intim: **a)** vertraut, eng (*Freund etc*), **b)** vertraulich (*Mitteilung etc*), *pej auch* plumpvertraulich, **c)** in sexuellen Beziehungen stehend (***with*** mit), **d)** anheimelnd, gemütlich (*Atmosphäre etc*), **e)** innerst (*Wünsche etc*), **f)** gründlich, genau (*Kenntnisse etc*): ***be on intimate terms*** (***with***) auf vertrautem Fuße stehen (mit); intime Beziehungen haben (zu)

in·ti·mate² [ˈɪntɪmeɪt] *v/t* **1.** andeuten: ***intimate to s.o. that*** j-m zu verstehen geben, dass **2.** ankündigen; mitteilen

in·tim·i·date [ɪnˈtɪmɪdeɪt] *v/t* einschüchtern: ***intimidate s.o. into doing s.th.*** j-n nötigen, etw zu tun

inˌtim·iˈda·tion *s* Einschüchterung *f*

▶ **in·to** [ˈɪntʊ] *Präp* **1.** in (*Akk*), in (*Akk*) … hinein **2.** gegen: → ***crash*** 6, *etc* **3.** *Zustandsänderung*: zu: ***turn water into ice*** **4.** MATHE in (*Akk*): → ***divide*** 4 **5.** ***be into*** *ugs* stehen auf (*Akk*)

in·tol·er·a·ble [ɪnˈtɒlərəbl] *Adj* unerträglich

inˈtol·er·ance *s* Intoleranz *f*

inˈtol·er·ant *Adj* intolerant (***of*** gegenüber): ***be intolerant of s.th.*** etw nicht dulden *oder* tolerieren

in·to·na·tion [ˌɪntəʊˈneɪʃn] *s* **1.** LING Intonation *f*, Satzmelodie *f* **2.** Tonfall *m* **3.** MUS Intonation *f*

inˈtone *v/t* MUS intonieren: **a)** *Lied etc* anstimmen, **b)** *Ton* angeben

in·tox·i·cant [ɪnˈtɒksɪkənt] *s* Rauschmittel *n*

inˈtoxi·cate [ɪnˈtɒksɪkeɪt] *v/t* berauschen

inˌtox·iˈca·tion *s* Rausch *m*

in·trac·ta·ble [ɪnˈtræktəbl] *Adj* **1.** eigensinnig **2.** hartnäckig (*Krankheit*, *Problem etc*)

in·tran·si·gent [ɪnˈtrænsɪdʒənt] *Adj* unnachgiebig

in·tran·si·tive [ɪnˈtrænsətɪv] *Adj* LING intransitiv

in·tra·ute·rine de·vice [ˌɪntrəˌjuːtəraɪndɪˈvaɪs] *s* MED Spirale *f*

in·tra·ve·nous [ˌɪntrəˈviːnəs] *Adj* ANAT, MED intravenös

in-tray [ˈɪntreɪ] *s* Ablagekorb *m* für eingehende Post

in·tre·pid [ɪnˈtrepɪd] *Adj* unerschrocken

in·tri·ca·cy [ˈɪntrɪkəsɪ] *s* **1.** Kompliziertheit *f* **2.** Verworrenheit *f*

in·tri·cate [ˈɪntrɪkət] *Adj* **1.** verwickelt, kompliziert **2.** verworren

in·trigue [ɪnˈtriːg] **I** *v/t* faszinieren; interessieren; neugierig machen **II** *v/i* intrigieren (***against*** gegen) **III** *s* Intrige *f*

inˈtri·guing *Adj* **1.** faszinierend; interessant **2.** intrigant

I

in·trin·sic [ɪn'trɪnsɪk] *Adj* **1.** inner **2.** wesentlich

►**in·tro·duce** [ˌɪntrə'djuːs] *v/t* **1.** *neue Methode etc* einführen **2.** (**to**) *j-n* bekannt machen (mit), vorstellen (*Dat*) **3.** (**to**) *j-n* einführen (in *ein Fach etc*), bekannt machen (mit) **4.** *Redner, Programm etc* ankündigen **5.** *Gedanken, Gesetzesvorlage etc* einbringen (**into** in *Akk*) **6.** (**into** in *Akk*) einfügen; (hinein)stecken, einführen

►**in·tro·duc·tion** [ˌɪntrə'dʌkʃn] *s* **1.** Einführung *f* **2.** Vorstellung *f* **3.** Einleitung *f*, Vorwort *n* **4.** Leitfaden *m* (**to** *Gen*) **5.** Einbringung *f*

ˌin·troˈduc·to·ry [ˌɪntrə'dʌktərɪ] *Adj* **1.** Einführungs…: ***introductory price*** **2.** einleitend, Einleitungs…

in·tro·spec·tion [ˌɪntrəʊ'spekʃn] *s* Selbstbeobachtung *f*

ˌin·troˈspec·tive [ˌɪntrəʊ'spektɪv] *Adj* introspektiv

in·tro·vert ['ɪntrəʊvɜːt] PSYCH **I** *Adj* introvertiert **II** *s* introvertierter Mensch, Introvertierte *m, f*

in·tro·vert·ed [ˌɪntrəʊ'vɜːtɪd] → ***introvert*** I

in·trude [ɪn'truːd] *v/i* **1.** sich eindrängen (**into** in *Akk*) (*auch fig*) **2.** sich aufdrängen (**on** *Dat*) **3.** stören (***on s.o.*** j-n)

inˈtrud·er *s* **1.** Eindringling *m* **2.** Störenfried *m*

in·tru·sion [ɪn'truːʒn] *s* Störung *f* (**on** *Gen*)

inˈtru·sive [ɪn'truːsɪv] *Adj* aufdringlich

in·tu·i·tion [ˌɪntjuː'ɪʃn] *s* Intuition *f*

inˈtu·i·tive [ɪn'tjuːɪtɪv] *Adj* intuitiv

in·un·date ['ɪnʌndeɪt] *v/t* überschwemmen, -fluten (*beide auch fig*)

ˌin·unˈda·tion *s* Überschwemmung *f*, -flutung *f*

in·ure [ɪ'njʊə] *v/t* (**to**) abhärten (gegen), *fig auch* gewöhnen (an *Akk*)

in·vade [ɪn'veɪd] *v/t* **1.** einfallen *oder* eindringen in (*Akk*), MIL *auch* einmarschieren in (*Akk*) **2.** sich ausbreiten über (*Akk*) *oder* in (*Dat*), erfüllen **3.** *fig* überlaufen, -schwemmen **4.** *j-s Privatsphäre etc* verletzen, in *j-s Rechte* eingreifen

inˈvad·er *s* **1.** Eindringling *m* **2.** *Pl* MIL Invasoren *Pl*

in·va·lid[1] ['ɪnvəlɪd] **I** *Adj* **1.** krank, gebrechlich; invalid, arbeits-, erwerbsunfähig; kriegsbeschädigt **2.** Kranken… **II** *s* **3.** Kranke *m, f*; Invalide *m*, Invalidin *f*, Arbeits-, Erwerbsunfähige *m, f*; Pflegefall *m* **III** *v/t* ['ɪnvəliːd] **4.** zum Invaliden machen

in·val·id[2] [ɪn'vælɪd] *Adj* (rechts)ungültig, unwirksam

inˈval·i·date [ɪn'vælɪdeɪt] *v/t* für ungültig erklären

inˌval·iˈda·tion *s* Ungültigkeitserklärung *f*

in·va·lid·i·ty[1] [ˌɪnvə'lɪdətɪ] *s Br* Invalidität *f*, Arbeits-, Erwerbsunfähigkeit *f*

in·va·lid·i·ty[2] [ˌɪnvə'lɪdətɪ] *s* (Rechts)Ungültigkeit *f*

in·val·u·a·ble [ɪn'væljʊəbl] *Adj* unschätzbar, von unschätzbarem Wert (*beide auch fig*): ***be invaluable to s.o.*** für j-n von unschätzbarem Wert sein

in·var·i·a·ble [ɪn'veərɪəbl] *Adj* unveränderlich, gleichbleibend

in·va·sion [ɪn'veɪʒn] *s* **1.** (**of**) Einfall *m* (in *Akk*), Eindringen *n* (in *Akk*), MIL *auch* Invasion *f* (*Gen*), Einmarsch *m* (in *Akk*): ***invasion of tourists*** Touristeninvasion **2.** *fig* (**of**) Verletzung *f* (*Gen*), Eingriff *m* (in *Akk*)

in·vec·tive [ɪn'vektɪv] *s* Beschimpfung(en *Pl*) *f*, Schmähung(en *Pl*) *f*

in·veigh [ɪn'veɪ] *v/i* (**against**) schimpfen (über *oder* auf *Akk*), herziehen (über *Akk*)

in·vei·gle [ɪn'veɪgl] *v/t* verleiten, -führen (**into** zu; ***into doing s.th.*** dazu, etw zu tun)

►**in·vent** [ɪn'vent] *v/t* erfinden, *etw Unwahres auch* erdichten

►**in·ven·tion** [ɪn'venʃn] *s* Erfindung *f*

inˈven·tive [ɪn'ventɪv] *Adj* **1.** erfinderisch **2.** einfallsreich

inˈven·tor *s* Erfinder(in)

in·ven·to·ry ['ɪnvəntrɪ] WIRTSCH **I** *s* **1.** Inventar *n*: **a)** Bestandsliste *f*: ***take an inventory of*** *siehe* 3, **b)** (Waren-, Lager)Bestand *m* **2.** Inventur *f* **II** *v/t* **3.** eine Bestandsliste machen von

in·verse [ˌɪn'vɜːs] *Adj* umgekehrt

inˈver·sion *s* **1.** Umkehrung *f* **2.** CHEM, LING *etc* Inversion *f*

Inversion bei Adverbien

GR

Nach einigen englischen Adverbien am Satzanfang werden Subjekt und Prädikat umgestellt. Wichtige Beispiele hierfür sind:

only then	erst dann
hardly	kaum
no sooner … than / scarcely … when	kaum …, als
not only	nicht nur
never	nie
rarely / seldom	selten
little	wenig, kaum

Only then did I realize that I was mistaken.

Hardly had she said it than it happened.

No sooner was the argument over than they started quarrelling again.

Not only is she pretty, she's got brains as well.

Never have I been so embarrassed.

Seldom have I heard a story like this.

Little does he know what people really think of him.

in·vert [ɪn'vɜːt] *v/t* **1.** umkehren **2.** umwenden, umstülpen

in·vert·ed com·mas *Pl bes Br* Anführungszeichen *Pl*: ***between*** (*oder* ***in***) ***inverted commas*** in Anführungszeichen

in·ver·te·brate [ɪn'vɜːtɪbreɪt] ZOOL **I** *Adj* wirbellos **II** *s* wirbelloses Tier

in·vest [ɪn'vest] **I** *v/t* **1.** WIRTSCH (**in**) investieren (in *Akk oder Dat*), anlegen (in *Dat*) **2.** ***invest s.o. with*** j-m *etw* verleihen; j-n mit *Befugnissen etc* ausstatten **II** *v/i* **3.** ***invest in*** **a)** WIRTSCH investieren in (*Akk oder Dat*)

in·ves·ti·gate [ɪn'vestɪgeɪt] **I** *v/t Verbrechen etc* untersuchen, *Fall* recherchieren, *j-n, Anspruch etc* überprüfen, *einer Beschwerde etc* nachgehen, *Gebiet etc* (*wissenschaftlich*) erforschen **II** *v/i* ermitteln, recherchieren, Ermittlungen *oder* Nachforschungen anstellen: ***investigating committee*** Untersuchungsausschuss *m*

inˌves·tiˈga·tion *s* Untersuchung *f* (**into, of** *Gen*), Nachforschung *f*, Recherche *f*, Überprüfung *f*: ***be under investigation*** untersucht wer-

Inviting someone	**Jemanden einladen**
I hope you'll come to our wedding.	Ich hoffe, du kommst zu unserer Hochzeit?
Do drop in if you happen to be passing.	Schau doch einfach vorbei, falls du in der Gegend bist.
We'd love to see you if you feel like coming to visit.	Wir würden dich sehr gerne sehen, falls du Lust hast, uns zu besuchen.
Would you like to come round for dinner on Friday?	Möchtest du am Freitag zum Abendessen vorbeikommen?
Do you fancy a coffee?	Hast du Lust auf einen Kaffee?
Can I invite you for lunch?	Darf ich dich zum Mittagessen einladen?
You are invited to our housewarming party.	Du bist zu unserer Einweihungsfeier eingeladen.

den

in'ves·ti·ga·tor *s* Ermittler(in)

in·vest·ment [ɪn'vestmənt] *s* WIRTSCH Investition *f*, (Kapital)Anlage *f*; Anlagekapital *n*: ***investment trust*** Kapitalanlagegesellschaft *f*

in'vest·or *s* Investor(in), Kapitalanleger(in)

in·vet·er·ate [ɪn'vetərət] *Adj* **1.** eingewurzelt, unausrottbar **2.** MED hartnäckig; chronisch **3.** unverbesserlich

in·vid·i·ous [ɪn'vɪdɪəs] *Adj* gehässig

in·vigi·late [ɪn'vɪdʒɪleɪt] *v/i Br* die Aufsicht führen

in·vig·or·ate [ɪn'vɪgəreɪt] *v/t* stärken, kräftigen; beleben, anregen; er-, aufmuntern

in·vin·ci·ble [ɪn'vɪnsəbl] *Adj* **1.** MIL, SPORT unbesiegbar **2.** *fig* unüberwindlich

in·vis·i·ble [ɪn'vɪzəbl] *Adj* unsichtbar (***to*** für)

▶**in·vi·ta·tion** [ˌɪnvɪ'teɪʃn] *s* **1.** Einladung *f* (***to*** an *Akk*; zu): ***at the invitation of*** auf Einladung von (*oder Gen*) **2.** (höfliche) Aufforderung, Ersuchen *n* **3.** Herausforderung *f*: ***be an invitation for*** → ***invite*** 4

▶**in·vite** [ɪn'vaɪt] **I** *v/t* **1.** einladen (***to dinner*** zum Essen) **2.** (höflich) auffordern, ersuchen (***to do*** zu tun) **3.** bitten um, erbitten **4.** herausfordern (zu), einladen zu **II** *s ugs* → ***invitation*** 1

in·vo·ca·tion [ˌɪnvəʊ'keɪʃn] *s* **1.** Anrufung *f* (***to*** *Gen*) **2.** Beschwörung *f*

in·voice ['ɪnvɔɪs] WIRTSCH **I** *s* (Waren)Rechnung *f*, Faktura *f* **II** *v/t* fakturieren, in Rechnung stellen

in·voke [ɪn'vəʊk] *v/t* **1.** erflehen **2.** *Gott* anrufen **3.** *Geist* beschwören

in·vol·un·tar·y [ɪn'vɒləntərɪ] *Adj* **1.** unfreiwillig **2.** unabsichtlich **3.** unwillkürlich

in·volve [ɪn'vɒlv] *v/t* **1. a)** *j-n* verwickeln, hineinziehen (***in*** in *Akk*): ***involved in an accident*** in einen Unfall verwickelt, **b)** *j-n*, *etw* angehen, betreffen: ***the persons involved*** die Betroffenen **2. *be involved*** zu tun haben (***with*** mit) **3.** zur Folge haben, nach sich ziehen; verbunden sein mit; erfordern, nötig machen

in'volved *Adj* kompliziert; verworren

in·vul·ner·a·ble [ɪn'vʌlnərəbl] *Adj* **1.** unverwundbar (*auch fig*) **2.** *fig* unanfechtbar, hieb- und stichfest

in·ward ['ɪnwəd] **I** *Adv* **1.** einwärts, nach innen **2.** → ***inwardly*** **II** *Adj* **3.** innerlich, inner, Innen…

'in·ward·ly *Adv* **1.** innerlich, im Inner(e)n **2.** *fig* im Stillen, insgeheim

in·wards ['ɪnwədz] → ***inward*** I

I/O *Abk* (= ***input/output***) IT Eingabe/Ausgabe

i·o·dine ['aɪəʊdiːn] *s* CHEM Jod *n*

i·on ['aɪən] *s* CHEM, PHYS Ion *n*

i·o·ta [aɪ'əʊtə] *s fig* Jota *n*: ***not an iota of truth*** kein Körnchen Wahrheit

IOU [ˌaɪəʊ'juː] *Abk* (= ***I owe you***) Schuldschein *m*

IQ [aɪ'kjuː] *Abk* (= ***intelligence quotient***) IQ *m*

I·ran [ɪ'rɑːn] *Eigenn der* Iran

Ira·nian [ɪ'reɪnɪən] **I** *Adj* iranisch **II** *s* Iraner(in)

I·raq [ɪ'rɑːk] *Eigenn der* Irak

Ira·qi [ɪ'rɑːkɪ] **I** *Adj* irakisch **II** *s* Iraker(in)

i·ras·ci·ble [ɪ'ræsəbl] *Adj* jähzornig

i·rate [aɪ'reɪt] *Adj* zornig, wütend

▶**Ire·land** ['aɪələnd] *Eigenn* Irland *n*

ir·i·des·cent [ˌɪrɪ'desnt] *Adj* (*in den Regenbogenfarben*) schillernd

i·ris ['aɪərɪs] *s* **1.** ANAT Iris *f*, Regenbogenhaut *f* **2.** BOT Iris *f*, Schwertlilie *f*

▶**I·rish** ['aɪərɪʃ] **I** *Adj* **1.** irisch: ***Irish coffee*** Irish Coffee *m* **II** *s* **2.** ▶ ***the Irish*** *Pl* die Iren *Pl* **3.** LING Irisch *n*

IRA

Die **I**rish **R**epublican **A**rmy war ursprünglich eine Armee, die für die Unabhängigkeit Irlands kämpfte. In den 60er-Jahren spaltete sich jedoch eine extremistische Gruppe ab. Diese paramilitärische Organisation, auch **Provisional IRA** genannt, versuchte, mit terroristischen Methoden ein Ende der britischen Herrschaft über Nordirland und die Vereinigung mit der **Republic of Ireland** durchzusetzen.

▶**I·rish·man** ['aɪərɪʃmən] *s* (*unreg* ***man***) Ire *m*

▶**I·rish·wom·an** ['aɪərɪʃˌwʊmən] *s* (*unreg* ***woman***) Irin *f*

irk [ɜːk] *v/t* **1.** ärgern, verdrießen **2.** ermüden, langweilen

irk·some ['ɜːksəm] *Adj* **1.** ärgerlich, verdrießlich **2.** ermüdend, langweilig

▶**i·ron** ['aɪən] **I** *s* **1.** Eisen *n*: ***have several irons in the fire*** *fig* mehrere Eisen im Feuer haben; ***strike while the iron is hot*** *fig* das Eisen schmieden, solange es heiß ist; ***will of iron*** eiserner Wille **2.** Bügeleisen *n* **II** *Adj* **3.** eisern (*auch fig*), Eisen…: ***Iron Curtain*** POL Eiserner Vorhang; ***iron lung*** MED eiserne Lunge; ***iron ore*** MIN Eisenerz *n* **III** *v/t* **4.** bügeln, *schweiz.* glätten: ***iron out*** ausbügeln; *fig Meinungsverschiedenheiten etc* beseitigen

i·ron·ic, **i·ron·i·cal** [aɪˈrɒnɪk(l)] *Adj* ironisch
i·ron·ing board [ˈaɪənɪŋ] *s* Bügelbrett *n*
i·ro·ny [ˈaɪərənɪ] *s* Ironie *f*: ***irony of fate*** Ironie des Schicksals
ir·ra·tion·al [ɪˈræʃənl] *Adj* **1.** irrational, unvernünftig **2.** MATHE irrational
ir·rec·on·cil·a·ble [ɪˈrekənsaɪləbl] *Adj* **1.** unvereinbar (***with*** mit) **2.** unversöhnlich
ir·re·cov·er·a·ble [ˌɪrɪˈkʌvərəbl] *Adj* nicht wieder gutzumachen(d), unersetzlich, -bar (*Verlust etc*)
ir·re·deem·a·ble [ˌɪrɪˈdiːməbl] *Adj* **1.** WIRTSCH unkündbar (*Obligation etc*) **2.** nicht wieder gutzumachen(d) (*Verlust etc*)
ir·ref·u·ta·ble [ɪˈrefjʊtəbl] *Adj* unwiderlegbar
▶ **ir·reg·u·lar** [ɪˈregjʊlə] *Adj* **1.** unregelmäßig (*auch* LING) **2.** regel- *oder* vorschriftswidrig
irˌreg·uˈlar·i·ty [ɪˌregjʊˈlærətɪ] *s* **1.** Unregelmäßigkeit *f* **2.** Regel- *oder* Vorschriftswidrigkeit *f*
ir·rel·e·vance, **ir·rel·e·van·cy** [ɪˈreləvəns(ɪ)] *s* Irrelevanz *f*, Belanglosigkeit *f*
irˈrel·e·vant *Adj* irrelevant, unerheblich, belanglos (***to*** für)
ir·re·me·di·a·ble [ˌɪrɪˈmiːdjəbl] *Adj* nicht behebbar *oder* abstellbar
ir·rep·a·ra·ble [ɪˈrepərəbl] *Adj* irreparabel, nicht wieder gutzumachen(d)
ir·re·place·a·ble [ˌɪrɪˈpleɪsəbl] *Adj* unersetzlich, -bar
ir·re·press·i·ble [ˌɪrɪˈpresəbl] *Adj* un(be)zähmbar
ir·re·proach·a·ble [ˌɪrɪˈprəʊtʃəbl] *Adj* untadelig, tadellos
ir·re·sist·i·ble [ˌɪrɪˈzɪstəbl] *Adj* unwiderstehlich
ir·res·o·lute [ɪˈrezəluːt] *Adj* unentschlossen, unschlüssig
ir·re·spec·tive [ˌɪrɪˈspektɪv] *Adj*: ***irrespective of*** ohne Rücksicht auf (*Akk*)
ir·re·spon·si·ble [ˌɪrɪˈspɒnsəbl] *Adj* **1.** verantwortungslos: **a)** unzuverlässig, **b)** unverantwortlich **2.** JUR unzurechnungsfähig; nicht haftbar
ir·re·triev·a·ble [ˌɪrɪˈtriːvəbl] *Adj* unersetzlich, -bar
ir·rev·er·ence [ɪˈrevərəns] *s* Respektlosigkeit *f*
irˈrev·er·ent *Adj* respektlos
ir·re·vers·i·ble [ˌɪrɪˈvɜːsəbl] → ***irrevocable***
ir·rev·o·ca·ble [ɪˈrevəkəbl] *Adj* unwiderruflich, unumstößlich
ir·ri·gate [ˈɪrɪgeɪt] *v/t* **1.** LANDW bewässern **2.** MED *Wunde etc* ausspülen
ˌir·riˈga·tion *s* **1.** LANDW Bewässerung *f*: ***irrigation ditch*** Bewässerungsgraben *m* **2.** MED Ausspülung *f*
ir·ri·ta·ble [ˈɪrɪtəbl] *Adj* reizbar
ir·ri·tate [ˈɪrɪteɪt] *v/t* reizen, (ver)ärgern: ***irritated at*** (***by, with***) verärgert *oder* ärgerlich über (*Akk*)
ˈir·ri·tat·ing *Adj* ärgerlich
ˌir·riˈta·tion *s* Verärgerung *f*; Ärger *m* (***at, over, with*** über *Akk*)
is [ɪz] *er, sie, es* ist
Is·lam [ˈɪzlɑːm] *s* Islam *m*
Is·lam·ic [ɪzˈlæmɪk] *Adj* islamisch
▶ **is·land** [ˈaɪlənd] *s* **1.** Insel *f* **2.** Verkehrsinsel *f*
ˈis·land·er *s* Inselbewohner(in)
isn't [ˈɪznt] *ugs für* ***is not***
i·so·late [ˈaɪsəleɪt] *v/t* **1.** *auch* MED isolieren, absondern (***from*** von) **2.** CHEM *etc* isolieren **3.** *fig* **a)** isoliert *oder* einzeln betrachten, **b)** trennen (***from*** von)
ˈi·so·lat·ed *Adj* **1.** isoliert, abgesondert **2.** einzeln, vereinzelt: ***isolated case*** Einzelfall *m* **3.** abgeschieden
ˌi·soˈla·tion *s* **1.** Isolierung *f*, Absonderung *f*: ***isolation ward*** MED Isolierstation *f* **2.** ***consider in isolation*** → ***isolate*** 3a **3.** Abgeschiedenheit *f*

---

isle statt island (SG)

In einigen wenigen Eigennamen erscheint **isle** anstelle von **island**:

the British Isles	die Britischen Inseln
the Isle of Wight	die Insel Wight
the Isle of Man	die Insel Man

Zum Vergleich:
the Balearic Islands
the Canary Islands / the Canaries
the Channel Islands
the Falkland Islands
the Fiji Islands
Long Island
North Island, South Island (New Zealand)
the Orkney Islands
Rhode Island
the Shetland Islands

Isolationism (LK)

Isolationism bezeichnet die seit ihrer Gründung herrschende Tendenz der USA, das politische Handeln auf Amerika zu beschränken und sich nicht in internationale Angelegenheiten einzumischen. Diese war zu bestimmten Zeiten vorherrschendes politisches Prinzip:
1815–25 während der **Era of Good Feeling**, unter der Präsidentschaft von **J. Monroe**;
1919–29 zur Zeit der Wirtschaftsblüte, nach Unstimmigkeiten mit Europa aufgrund des Friedens von Versailles;
in den 30er-Jahren bis zum Angriff auf **Pearl Harbor** 1941.
1947 erfolgte mit der **Truman Doctrine** die endgültige Abkehr vom **isolationism**.

---

i·sos·ce·les [aɪˈsɒsɪliːz] *Adj* MATHE gleichschenk(e)lig (*Dreieck*)
i·so·tope [ˈaɪsəʊtəʊp] *s* PHYS Isotop *n*
Is·ra·el [ˈɪzreɪl] *Eigenn* Israel *n*
Is·rae·li [ɪzˈreɪlɪ] **I** *Adj* israelisch **II** *s* Israeli *m, f*
▶ **is·sue** [ˈɪʃuː] **I** *s* **1.** Ausgabe *f*, Erlass *m* **2.** WIRTSCH Ausgabe *f*, Emission *f*, Begebung *f*, Auflegung *f*, Ausstellung *f* **3.** Ausgabe *f* (*einer Zeitung etc*) **4.** Streitfrage *f*, -punkt *m*: ***be at issue*** zur Debatte stehen; ***point at issue*** strittige Frage **5.** Ausgang *m*, Ergebnis *n* **6.** JUR Nachkommen(schaft *f*) *Pl*: ***die without issue*** kinderlos sterben **II** *v/t* **7.** *Befehle etc* ausgeben, *auch* JUR *Haftbefehl* erlassen **8.** WIRTSCH *Banknoten*, *Wertpapiere etc* ausgeben, *Anleihe* begeben, auflegen, *Dokument*, *Wechsel etc* ausstellen **9.** *Zeitung etc* herausgeben **10.** *bes* MIL *Munition etc* ausgeben **III** *v/i* **11.** heraus-,

hervorkommen **12.** herausfließen, -strömen **13.** herrühren (***from*** von)

isth·mus ['ɪsməs] *s* Landenge *f*, Isthmus *m*

►**it** [ɪt] *Pron* **1.** es (*Nom oder Akk*) **2.** *auf schon Genanntes bezogen*: es, er, ihn, sie **3.** *unpersönliches oder grammatisches Subjekt*: es: ***it is raining***; ***oh, it was you*** oh, Sie waren es *oder* das **4.** *unbestimmtes Objekt* (*oft unübersetzt*) es: → ***foot*** 4, *etc* **5.** *verstärkend*: ***it is to him that you should turn*** an ihn solltest du dich wenden

It's me again GR

Nach **it is / it was** und in Kurzantworten steht das Personalpronomen in der Objektform, also **me** statt **I**, **her** statt **she** etc.

It's me again.	Ich bin's (schon) wieder.
Who wants more? – Me!	Wer möchte noch mehr? – Ich!
I thought it was them.	Ich dachte, dass sie es waren.

►**I·tal·ian** [ɪ'tæljən] **I** *Adj* **1.** italienisch **II** *s* **2.** Italiener(in) **3.** LING Italienisch *n*

i·tal·ic [ɪ'tælɪk] *typ* **I** *Adj* kursiv **II** *s oft Pl* Kursivschrift *f*: ***in italics*** kursiv

i'tal·i·cize [ɪ'tælɪsaɪz] *v/t* kursiv drucken

►**It·a·ly** ['ɪtəlɪ] *Eigenn* Italien *n*

itch [ɪtʃ] **I** *s* **1.** Jucken *n*, Juckreiz *m* **2.** MED Krätze *f* **3.** *fig* Verlangen *n* (***for*** nach): ***have an itch to do s.th.*** große Lust haben *oder* darauf brennen, etw zu tun **II** *v/i* **4.** jucken, (*Pullover etc auch*) kratzen **5.** *fig ugs* ***be itching for s.th.*** etw unbedingt (haben) wollen; ***he's itching to try it*** es reizt *oder* juckt ihn, es zu versuchen

'itch·y *Adj* juckend; kratzend

i·tem ['aɪtəm] *s* **1.** Punkt *m* (*der Tagesordnung etc*), (*Bilanz- etc*)Posten *m* **2.** (Waren)Artikel *m*; *weit. S.* Gegenstand *m*, Ding *n* **3.** (*Presse-, Zeitungs*)Notiz *f*, (*auch* RUNDFUNK, TV) Nachricht *f*, Meldung *f*

i·tem·ize ['aɪtəmaɪz] *v/t Rechnungsposten* einzeln aufführen, *auch Rechnung* spezifizieren, *Kosten etc* aufgliedern

i·tin·er·ant [ɪ'tɪnərənt] *Adj* (*beruflich*) reisend, Reise…, Wander…

i·tin·er·ar·y [aɪ'tɪnərərɪ] *s* **1.** Reiseweg *m*, -route *f*; Reiseplan *m* **2.** Reiseführer *m* (*Buch*)

it'll ['ɪtl] *ugs für* ***it will***

►**its** [ɪts] *Pron* sein, seine, ihr, ihre

it's [ɪts] *ugs für* ***it is***; ***it has***

its oder it's? GR

Its ist ein Possessivpronomen, das in der Regel vor einem Substantiv steht.

The dog has hurt its paw.	Der Hund hat sich an der Pfote verletzt.

It's ist die Kurzform von **it is** bzw. **it has.**

It's sunny outside.	Draußen ist es sonnig.
It's been raining.	Es hat geregnet.

►**it·self** [ɪt'self] *Pron* **1.** *refl* sich **2.** sich selbst **3.** *verstärkend*: selbst: ***by itself*** (für sich) allein; von allein *oder* selbst

IUD [aɪjuː'diː] *Abk* (= ***intra-uterine device***) Spirale *f*

I've [aɪv] *ugs für* ***I have***

i·vo·ry ['aɪvərɪ] **I** *s* **1.** Elfenbein *n* **2.** *Pl sl* (*bes* Klavier)Tasten *Pl*: ***tickle the ivories*** (auf dem Klavier) klimpern **II** *Adj* **3.** elfenbeinern, Elfenbein…: ***Ivory Coast*** Elfenbeinküste *f*; ***live in an ivory tower*** *fig* in einem Elfenbeinturm leben *oder* sitzen

i·vy ['aɪvɪ] *s* BOT Efeu *m*: ***Ivy League*** *Eliteuniversitäten im Osten der USA*

Ivy League LK

Zur **Ivy League** [ˌaɪvɪ'liːg] gehören folgende acht Hochschulen:

Brown	**Columbia**
Cornell	**Dartmouth College**
Harvard	**Pennsylvania**
Princeton	**Yale**

Der Name stammt nicht vom Efeu, sondern wahrscheinlich von der römischen Ziffer IV, wenn man sie wie I + V spricht [ˌaɪ'viː], da ursprünglich nur vier Universitäten zu diesem illustren Kreis zählten.

J

J [dʒeɪ] *Pl* **J's** *s* J *n*

jab [dʒæb] **I** *v/t* **1.** (hinein)stechen, (-)stoßen (***into*** in *Akk*) **II** *v/i* **2.** stechen, stoßen (***at*** nach) **III** *s* **3.** Stich *m*, Stoß *m* **4.** *Boxen*: Jab *m* **5.** MED *ugs* Spritze *f*

jab·ber ['dʒæbə] **I** *v/t* (daher)plappern, *Gebet etc* herunterrasseln **II** *v/i auch* ***jabber away*** plappern, schwatzen **III** *s* Geplapper *n*

jack [dʒæk] **I** *s* **1.** ***every man jack*** jeder, alle **2.** *Kartenspiel*: Bube *m*: ***jack of hearts*** Herzbube *m* **3.** TECH Hebevorrichtung *f*: (***car***) ***jack*** Wagenheber *m* **II** *v/t* **4.** hochheben, *Auto* aufbocken

jack·al ['dʒækɔːl] *s* ZOOL Schakal *m*

'jack·ass *s fig* Esel *m*, Dummkopf *m*

'jack·boot *s* **1.** Stulp(en)stiefel *m* **2.** Wasserstiefel *m*

jack·daw ['dʒækdɔː] *s* ORN Dohle *f*

►**jack·et** ['dʒækɪt] *s* **1.** Jacke *f*, Jackett *n* **2.** TECH Mantel *m* **3.** (Schutz)Umschlag *m*, (*Buch-, Am auch Schallplatten*)Hülle *f* **4.** Schale *f*: ***jacket potato*** Folienkartoffel *f*, Ofenkartoffel *f*

'jack-in-the-box *s* Schachtelmännchen *n*, -teufel *m*

'jack·knife *s* (*unreg* ***knife***) Klappmesser *n*

,jack-of-'all-trades *s auch pej* Hansdampf *m* in allen Gassen

jack plug *s* ELEK Bananenstecker *m*

'jack·pot *s Poker etc*: Jackpot *m*: ***hit the jackpot*** *ugs* den Jackpot gewinnen; *fig* das große Los ziehen (***with*** mit)

,Jack 'Ro·bin·son *s*: ***before you can say Jack Robinson*** im Nu, im Handumdrehen

jad·ed ['dʒeɪdɪd] *Adj* **1.** erschöpft, ermattet **2.** abgestumpft, übersättigt **3.** schal, reizlos geworden

jag [dʒæg] **I** *s* **1.** Zacke *f* **2.** Loch *n*, Riss *m* **II** *v/t* **3.** auszacken **4.** ein Loch reißen in (*Akk*)

jag·ged ['dʒægɪd], **'jag·gy** *Adj* **1.** (aus)gezackt, zackig **2.** zerklüftet (*Steilküste etc*)

jag·uar ['dʒægjʊə] *s* ZOOL Jaguar *m*

jail [dʒeɪl] **I** *s* Gefängnis *n*: ***in jail*** im Gefängnis; ***put in jail*** *siehe* II **II** *v/t* einsperren

'jail·bird *s ugs* Knastbruder *m*, Knacki *m*

'jail·break *s* Ausbruch *m* (aus dem Gefängnis)

'jail,break·er *s* Ausbrecher(in)

jail·er ['dʒeɪlə] *s* Gefängniswärter(in), -aufseher(in)

ja·lop·y, **ja·lop·py** [dʒə'lɒpɪ] *s ugs* alte Kiste *oder* Mühle (*Auto, Flugzeug*)

►**jam¹** [dʒæm] *s* Marmelade *f*

jam² [dʒæm] **I** *v/t* **1.** (hinein)pressen, (-)quetschen, (-)zwängen, *Menschen auch* (-)pferchen (***into*** in *Akk*): ***jam in*** hineinpressen *etc* **2.** (ein)klemmen, (-)quetschen: ***he jammed his finger*** (*oder* ***got his finger jammed***) ***in the door*** er quetschte sich den Finger in der Tür; ***be jammed in*** eingekeilt sein (***between*** zwischen *Dat*) **3.** *auch* ***jam up*** blockieren, verstopfen **4.** *auch* ***jam up*** (*Funk etc*) *Empfang* (*durch Störsender*) stören **5.** ***jam on the brakes*** MOT voll auf die Bremse treten **II** *v/i* **6.** sich (hinein)drängen *oder* (-)quetschen *oder* (-)zwängen (***into*** in *Akk*): ***jam in*** sich hineindrängen *etc* **7.** TECH sich verklemmen, (*Bremsen*) blockieren; Ladehemmung haben (*Pistole etc*) **III** *s* **8.** Gedränge *n* **9.** Verstopfung *f*: → ***traffic jam*** **10.** TECH Verklemmung *f*, Blockierung *f*; Ladehemmung *f* **11.** *ugs* Klemme *f*: ***be in a jam*** in der Klemme sein *oder* sitzen *oder* stecken

jamb [dʒæm] *s* (Tür-, Fenster)Pfosten *m*

jam·bo·ree [,dʒæmbə'riː] *s* **1.** Jamboree *n*, (internationales) Pfadfindertreffen **2.** große (Partei- *etc*)Veranstaltung **3.** *ugs* ausgelassene Feier

jam·my ['dʒæmɪ] *Adj Br sl* **1.** (kinder)leicht **2.** Glücks…: ***jammy beggar*** Glückspilz *m*

,jam-'packed *Adj ugs* vollgestopft (***with*** mit), (*Stadion etc*) bis auf den letzten Platz besetzt

jan·gle ['dʒæŋgl] **I** *v/i* klimpern (*Münzen etc*), klirren, rasseln (*Ketten etc*) **II** *v/t* klimpern *oder* klirren mit **III** *s* Klimpern *n*, Klirren *n*

jan·i·tor ['dʒænɪtə] *s* **1.** Pförtner(in) **2.** *bes Am* Hausmeister(in)

►**Jan·u·ar·y** ['dʒænjʊərɪ] *s* Januar *m*, *österr.* Jänner *m*: ***in January*** im Januar

►**Ja·pan** [dʒə'pæn] *Eigenn* Japan *n*

►**Jap·a·nese** [,dʒæpə'niːz] **I** *s* **1.** *Pl* **Jap·a·nese** Japaner(in) **2.** LING Japanisch *n* **II** *Adj* **3.** japanisch

jar¹ [dʒɑː] *s* **1.** (*irdenes oder gläsernes*) Gefäß, Krug *m* **2.** (*Marmelade-, Einmach*)Glas *n* **3.** *Br ugs* Glas *n* Bier

jar² [dʒɑː] **I** *v/i* **1.** kratzen, kreischen, quietschen (***on*** auf *Dat*) **2.** sich beißen (*Farben*); sich widersprechen (*Meinungen etc*); MUS dissonieren: ***jarring tone*** Misston *m* (*auch fig*) **3.** ***jar on*** wehtun (*Dat*) (*Farbe, Geräusch etc*), *Auge etc* beleidigen **4.** wackeln **II** *v/t* **5.** kratzen *oder* quietschen mit **6.** erschüttern, *fig auch* er-, aufregen **7.** *siehe* 3 **III** *s* **8.** Kratzen *n etc* (*siehe* 1) **9.** Erschütterung *f* (*auch fig*); Stoß *m* **10.** MUS Missklang *m*, Dissonanz *f* (*beide auch fig*)

jar·gon ['dʒɑːgən] *s* Jargon *m*

jas·min, **jas·mine** ['dʒæsmɪn] *s* BOT Jasmin *m*

jaun·dice ['dʒɔːndɪs] *s* **1.** MED Gelbsucht *f* **2.** *fig* Neid *m*, Eifersucht *f*

'jaun·diced *Adj* **1.** MED gelbsüchtig **2.** *fig* neidisch, eifersüchtig

jaunt [dʒɔːnt] **I** *v/i* einen Ausflug *oder* eine Spritztour machen **II** *s* Ausflug *m*, MOT Spritztour *f*: ***go for*** (*oder* ***on***) ***a jaunt*** *siehe* I

jaun·ty ['dʒɔːntɪ] *Adj* **1.** fesch, flott (*Hut etc*) **2.** unbeschwert, unbekümmert (*Einstellung, Person*) **3.** flott, schwungvoll (*Melodie*)

jave·lin ['dʒævlɪn] *s Leichtathletik*: Speer *m*; *als Sportdisziplin oder Wettkampf*: ***the javelin*** Speerwerfen *n*, Speerwurf *m*; *als Vorgang*: ***throwing the javelin*** Speerwurf *m*; ***javelin thrower*** Speerwerfer(in)

jaw [dʒɔː] **I** *s* **1.** ANAT Kiefer *m*: ***lower jaw*** Unterkiefer; ***upper jaw*** Oberkiefer **2.** *meist Pl* Mund *m*; ZOOL Rachen *m* (*auch fig*), Maul *n* **3.** TECH (Klemm)Backe *f*; Klaue *f* **4.** *ugs* Geschwätz *n* **II** *v/i* **5.** *ugs* schwatzen

'jaw·bone *s* ANAT Kieferknochen *m*

'jaw,break·er *s ugs* Zungenbrecher *m*

jay [dʒeɪ] *s* ORN Eichelhäher *m*

'jay,walk·er *s* unachtsamer Fußgänger, unachtsame Fußgängerin

jazz [dʒæz] **I** *s* **1.** MUS Jazz *m* **2.** ***and all that jazz*** *ugs* und so ein Zeug(s) **II** *Adj* **3.** MUS Jazz… **III** *v/t* **4.** *oft* ***jazz up*** MUS verjazzen **5.** *meist* ***jazz up*** *ugs* Schmiss *oder* Schwung bringen in (*Akk*); *j-n, etw* aufmöbeln

'jaz·zy *Adj* **1.** jazzartig **2.** *ugs* knallig (*Farben*), (*auch Kleidung etc*) poppig

►**jeal·ous** ['dʒeləs] *Adj* **1.** eifersüchtig (***of*** auf *Akk*) **2.** neidisch (***of*** auf *Akk*): ***be jealous of s.o.'s success*** j-m seinen Erfolg missgönnen **3.** eifersüchtig besorgt (***of*** um)

'jeal·ous·y *s* **1.** Eifersucht *f*; *Pl* Eifersüchteleien *Pl* **2.** Neid *m*

►**jeans** [dʒiːnz] *s Pl* Jeans *Pl*

jeep® [dʒiːp] *s* MOT Jeep® *m* (*Geländewagen*)

jeer [dʒɪə] **I** *v/i* (***at***) höhnische Bemerkungen machen (über *Akk*); höhnisch lachen (über *Akk*): ***jeer at*** *siehe auch* II **II** *v/t* verhöhnen **III** *s* höhnische Bemerkung; Hohngelächter *n*

'jeer·ing *Adj* höhnisch: ***jeering laughter*** Hohngelächter *n*

Je·ho·va's Wit·ness [dʒɪ'həʊvəz] *s* REL Zeuge *m*, Zeugin *f* Jehovas

jell [dʒel] **I** *v/i* **1.** gelieren **2.** *fig* Gestalt annehmen **II** *v/t* **3.** gelieren lassen, zum Gelieren bringen

jel·lied ['dʒelɪd] *Adj* in Aspik *oder* Sülze

jel·ly ['dʒelɪ] *s* Gallert(e *f*) *n*; Gelee *n*; Aspik *n*, Sülze *f*; Götterspeise *f*
jel·ly ba·by *s Br* Gummibärchen *n*
'jel·ly·fish *s* ZOOL Qualle *f*
jel·ly roll *s Am* Biskuitrolle *f*
jem·my ['dʒemɪ] *Br* **I** *s* Brech-, Stemmeisen *n* **II** *v/t auch* ***jemmy open*** aufbrechen, -stemmen
jeop·ard·ize ['dʒepədaɪz] *v/t j-n, etw* gefährden, in Gefahr bringen, *etw* infrage stellen
'jeop·ard·y *s* Gefahr *f*: ***put*** (*oder* ***place***) ***in jeopardy*** → ***jeopardize***
jerk [dʒɜːk] **I** *s* **1.** Ruck *m*; Sprung *m*, Satz *m*: ***by jerks*** sprung-, ruckweise; ***give a jerk*** rucken, einen Satz machen (*Auto etc*), zs.-zucken (*Person*) **2.** MED Zuckung *f*; (*bes* Knie)Reflex *m* **3.** *Am sl* Trottel *m* **II** *v/t* **4.** ruckartig ziehen an (*Dat*) **III** *v/i* **5.** sich ruckartig *oder* ruckweise bewegen: ***jerk to a stop*** ruckweise *oder* mit einem Ruck stehen bleiben **6.** (zs.-)zucken
'jerk·y *Adj* **1.** ruckartig, (*Bewegungen*) fahrig; stoß-, ruckweise **2.** *Am sl* blöd
jer·ry ['dʒerɪ] *s Br ugs* Pott *m* (*Nachttopf*)
'jer·ry-built *Adj* schlampig gebaut: ***jerry-built house*** Bruchbude *f*
jer·sey ['dʒɜːzɪ] *s* **1.** Pullover *m* **2.** SPORT Trikot *n* **3.** Jersey *m* (*Stoff*)
jest [dʒest] **I** *s* Spaß *m*: ***in jest*** im *oder* zum Scherz **II** *v/i* spaßen: ***jest with*** (seinen) Spaß treiben mit
'jest·er *s* **1.** Spaßvogel *m* **2.** *hist* (Hof)Narr *m*
'jest·ing *Adj* spaßend; spaßhaft
'jest·ing·ly *Adv* im *oder* zum Scherz
Jes·u·it ['dʒezjʊɪt] *s* REL Jesuit *m*
ˌJes·u'it·i·cal *Adj* jesuitisch, Jesuiten…
▸**jet** [dʒet] **I** *s* **1.** (*Feuer-, Wasser- etc*)Strahl *m* **2.** TECH Düse *f* **3.** FLUG Jet *m* **II** *v/i* **4.** (heraus-, hervor)schießen (***from*** aus) **5.** FLUG jetten
jet en·gine *s* Strahlmotor *m*, -triebwerk *n*
jet fight·er *s* FLUG, MIL Düsenjäger *m*
jet lag *s Störung des gewohnten Alltagsrhythmus durch die Zeitverschiebung bei Langstreckenflügen*
jet plane *s* Düsenflugzeug *n*
'jet-proˌpelled *Adj bes* FLUG mit Düsen- *oder* Strahlantrieb
jet pro·pul·sion *s bes* FLUG Düsenantrieb *m*
jet·sam ['dʒetsəm] *s* SCHIFF **1.** Seewurfgut *n* **2.** Strandgut *n*: → ***flotsam***
jet set *s* Jet-set *m*
'jetˌset·ter *s* Angehörige *m, f* des Jet-set
jet·ti·son ['dʒetɪsn] *v/t* **1.** SCHIFF über Bord werfen (*auch fig*) **2.** FLUG (im Notwurf) abwerfen, *Treibstoff* ablassen **3.** *ausgebrannte Raketenstufe* absprengen
jet·ty ['dʒetɪ] *s* SCHIFF **1.** Hafendamm *m*, Mole *f* **2.** Strombrecher *m* (*an Brücken*)
Jew [dʒuː] *s* Jude *m*, Jüdin *f*
jew·el ['dʒuːəl] **I** *s* **1.** Juwel *n* (*auch fig*), Edelstein *m*: ***jewel box*** Schmuckkassette *f* **2.** TECH Stein *m* (*einer Uhr*) **II** *v/t Prät und Part Perf* **jew·eled**, *bes Br* **jew·elled** **3.** mit Juwelen schmücken *oder* besetzen
'jew·el·er, **'jew·el·ler** *s* Juwelier(in)
▸**jew·elry**, *bes Br* **jew·el·lery** ['dʒuːəlrɪ] *s* Juwelen *Pl*, *weit. S.* Schmuck *m*: ***piece of jewel(l)ry*** Schmuckstück *n*
Jew·ish ['dʒuːɪʃ] *Adj* jüdisch, Juden…
jib¹ [dʒɪb] *s* **1.** SCHIFF Klüver *m* **2.** TECH Ausleger *m* (*eines Krans*)
jib² [dʒɪb] *v/i* **1.** scheuen, bocken (***at*** vor *Dat*) **2.** *fig* störrisch *oder* bockig sein: ***jib at*** sich sträuben gegen; streiken bei

jif·fy ['dʒɪfɪ] *s ugs* Augenblick *m*: ***in a jiffy*** im Nu, im Handumdrehen
jig·gered ['dʒɪgəd] *Adj ugs* **1.** ***I'm jiggered if*** der Teufel soll mich holen, wenn **2.** ***well, I'm jiggered!*** da bin ich aber baff!
jig·gle ['dʒɪgl] **I** *v/t* wackeln mit; schütteln; rütteln an (*Dat*) **II** *v/i* wackeln
jig·saw, **jig·saw puz·zle** ['dʒɪgsɔː] *s* Puzzle (-spiel) *n*
jim·my ['dʒɪmɪ] *Am* → ***jemmy***
jin·gle ['dʒɪŋgl] **I** *v/i* klimpern (*Münzen etc*), bimmeln (*Glöckchen etc*) **II** *v/t* klimpern mit, bimmeln lassen **III** *s* Klimpern *n*, Bimmeln *n*
jin·go·ism ['dʒɪŋgəʊɪzm] *s* Chauvinismus *m*
ˌjin·go'is·tic *Adj* (***jingoistically***) chauvinistisch
jinks [dʒɪŋks] *s Pl*: ***high jinks*** Ausgelassenheit *f*; ***they were having high jinks*** bei ihnen ging es hoch her
jinx [dʒɪŋks] *ugs* **I** *s* **1.** Unglücksbringer(in) **2.** Unglück *n*: ***put a jinx on*** *siehe* 3 **II** *v/t* **3.** Unglück bringen (*Dat*); verhexen
jit·ter ['dʒɪtə] *ugs s*: ***the jitters*** *Pl* Bammel *m*, eine Heidenangst (***about*** vor *Dat*): ***have the jitters*** Bammel *oder* eine Heidenangst haben; furchtbar nervös sein
'jit·ter·y *Adj ugs* furchtbar nervös
▸**job¹** [dʒɒb] **I** *s* **1.** (einzelne) Arbeit: ***make a good*** (***bad***) ***job of s.th.*** etw gut (schlecht) machen; → ***odd*** 5 **2.** Stellung *f*, Tätigkeit *f*, Arbeit *f*, Job *m*; Arbeitsplatz *m*: ***job centre*** *Br* Arbeitsamt *n*; ***job creation*** Arbeits(platz)beschaffung *f*; ***job description*** Arbeits(platz)beschreibung *f*; ***job interview*** Vorstellungsgespräch *n* **3.** Sache *f*: **a)** Aufgabe *f*, Pflicht *f*, **b)** Geschmack *m* **4.** *ugs* Sache *f*, Angelegenheit *f*: ***make the best of a bad job*** gute Miene zum bösen Spiel machen; das Beste daraus machen **5.** *ugs* Ding *n*, krumme Sache: ***pull a job*** ein Ding drehen
Job² [dʒəʊb] *Eigenn* BIBEL Hiob *m*: ***have the patience of Job, be*** (***as***) ***patient as Job*** eine Engelsgeduld haben; ***Job's comforter*** *jemand, der durch seinen Trost alles nur noch schlimmer macht*
job·ber ['dʒɒbə] *s Börse*: *Br* Jobber(in)
'job·hunt *v/i* auf Arbeitssuche sein: ***go jobhunting*** auf Arbeitssuche gehen
'job·hunt·er *s* Arbeitssuchende *m, f*
'job·less *Adj* arbeitslos
job seek·er *s* → ***jobhunter***
job shar·ing *s* Jobsharing *n*
jock·ey ['dʒɒkɪ] **I** *s* **1.** *Pferderennsport*: Jockey *m* **II** *v/t* **2.** *Pferd* (*als Jockey*) reiten **3.** manövrieren (*auch fig*): ***jockey out of*** *j-n* hinausbugsieren aus (*einer Stellung etc*); *j-n* betrügen um **III** *v/i* **4.** ***jockey for*** rangeln um (*auch fig*): ***jockey for position*** (*Sport etc, auch fig*) sich eine günstige Position zu verschaffen suchen
jock·strap ['dʒɒkstræp] *s* Suspensorium *n*
jo·cose [dʒəʊ'kəʊs], **joc·u·lar** ['dʒɒkjʊlə] *Adj* **1.** ausgelassen (*Person*) **2.** witzig, spaßig (*Bemerkung etc*)
jog [dʒɒg] **I** *v/t* **1.** stoßen an (*Akk*) *oder* gegen, *j-n* anstoßen, stupsen: ***jog s.o.'s memory*** *fig* j-s Gedächtnis nachhelfen **II** *v/i* **2.** trotten (*Person, Tier*), zuckeln (*Bus etc*); (*Sport*) joggen **III** *s* **3.** Stoß *m*, Stups *m* **4.** Trott *m*; (*Sport*) Trimmtrab *m*
'jog·ger *s* SPORT Jogger(in)
'jog·ging *s* SPORT Joggen *n*, Jogging *n*: ***jogging suit*** Jogginganzug *m*
jog·gle ['dʒɒgl] *v/t* (leicht) schütteln, rütteln an

J

(*Dat*)
jog trot *s* gemächlicher Trab, Trott *m* (*auch fig*)
'jog-trot *v/i* gemächlich traben (*bes Pferd*), trotten (*Person, Tier*)
john [dʒɒn] *s Am ugs* Klo *n*: ***in the john*** auf dem Klo
John Bull *s* England *n*, die Engländer *Pl*; ein typischer Engländer
John Han·cock ['hænkɒk] *s Am ugs* Friedrich Wilhelm *m* (*Unterschrift*)
►**join** [dʒɔɪn] **I** *v/t* **1.** *etw* verbinden, -einigen, zs.-fügen (***to*** mit): ***join hands*** die Hände falten; sich die Hand *oder* die Hände reichen; *fig* sich zs.-tun (***with*** mit) **2.** *Personen* vereinigen, zs.-bringen (***with, to*** mit) **3.** sich anschließen (*Dat oder* an *Akk*), stoßen *oder* sich gesellen zu: ***I'll join you later*** ich komme später nach **4.** eintreten in (*eine Firma, einen Verein etc*) **5.** teilnehmen *oder* sich beteiligen an (*Dat*), mitmachen bei **6.** einmünden in (*Akk*) (*Fluss, Straße*) **II** *v/i* **7.** sich vereinigen *oder* verbinden (***with*** mit) **8.** ***join in*** **a)** teilnehmen, sich beteiligen, mitmachen, **b)** *siehe* 5 **9.** zs.-kommen (*Straßen*), (*Flüsse auch*) zs.-fließen
'join·er *s* Tischler(in), Schreiner(in)
'join·er·y *s* **1.** Tischler-, Schreinerhandwerk *n* **2.** Tischler-, Schreinerarbeit *f*
►**joint** [dʒɔɪnt] **I** *s* **1.** Verbindung(sstelle) *f*, *bes* **a)** (Löt)Naht *f*, Nahtstelle *f*, **b)** ANAT, TECH Gelenk *n*: ***out of joint*** ausgerenkt, *fig* aus den Fugen; → ***nose*** 1 **2.** GASTR Braten(stück *n*) *m* **3.** *sl* Laden *m*, Bude *f* (*Lokal, Firma etc*): → ***clip joint*** **4.** *sl* Joint *m* (*Haschisch- oder Marihuanazigarette*) **II** *Adj* **5.** gemeinsam, gemeinschaftlich: ***take joint action*** gemeinsam vorgehen; ***joint venture*** WIRTSCH Gemeinschaftsunternehmen *n*
ˌjoint-'stock com·pa·ny *s* **1.** *Br* Kapital- *oder* Aktiengesellschaft *f* **2.** *Am* offene Handelsgesellschaft auf Aktien
joist [dʒɔɪst] *s* ARCHI **1.** Deckenträger *m*, -balken *m* **2.** I-Träger *m*
►**joke** [dʒəʊk] **I** *s* **1.** Witz *m*: ***crack jokes*** Witze reißen **2. a)** Scherz *m*, Spaß *m*: ***for a joke*** im *oder* zum Spaß; ***that's going beyond a joke*** das ist kein Spaß mehr, das ist nicht mehr lustig; ***he can't take a joke*** er versteht keinen Spaß, **b)** *meist* ***practical joke*** Streich *m*: ***play a joke on s.o.*** j-m einen Streich spielen **II** *v/i* **3.** scherzen, Witze *oder* Spaß machen: ***I'm not joking*** ich meine das ernst; ***you must be joking, are you joking?*** das ist doch nicht dein Ernst!
'jok·er *s* **1.** Spaßvogel *m*, Witzbold *m* **2.** Joker *m* (*Spielkarte*) **3.** *sl* Typ *m*, Kerl *m*
'jok·ing **I** *Adj* scherzhaft, spaßend: ***jokingly*** *auch* im Spaß **II** *s* Witze *Pl*: ***joking apart*** Scherz *oder* Spaß beiseite!
jol·li·fi·ca·tion [ˌdʒɒlɪfɪ'keɪʃn] *s ugs* (feucht-) fröhliches Fest, Festivität *f*
jol·ly ['dʒɒlɪ] **I** *Adj* **1.** lustig, fröhlich, vergnügt **2.** *ugs* angeheitert **II** *Adv* **3.** *Br ugs* ganz schön, ziemlich: ***a jolly nice chap*** ein prima Kerl
Jol·ly Rog·er [ˌdʒɒlɪ'rɒdʒə] *s* Totenkopf-, Piratenflagge *f*
jolt [dʒəʊlt] **I** *v/t* **1.** einen Ruck *oder* Stoß geben (*Dat*); *Passagiere* durchrütteln, -schütteln **2.** *fig j-m* einen Schock versetzen; *j-n* auf- *oder* wachrütteln: ***jolt s.o. out of*** *auch* j-n reißen aus **II** *v/i* **3.** einen Ruck machen; rütteln, holpern (*Fahrzeug*) **III** *s* **4.** Ruck *m*, Stoß *m* **5.** *fig* Schock *m*: ***give s.o. a jolt*** j-m einen Schock versetzen
Jor·dan ['dʒɔːdn] *Eigenn* **1.** Jordanien *n* **2.** *der* Jordan
Jor·da·ni·an [dʒɔː'deɪnjən] **I** *Adj* jordanisch **II** *s* Jordanier(in)
josh [dʒɒʃ] *v/t Am ugs j-n* veräppeln
joss stick [dʒɒs] *s* Räucherstäbchen *n*
jos·tle ['dʒɒsl] **I** *v/t* **1.** anrempeln **2.** dränge(l)n: ***jostle one's way through*** sich (durch)drängen durch **II** *v/i* **3.** ***jostle against*** rempeln gegen, anrempeln (*Akk*) **4.** (sich) dränge(l)n
jot [dʒɒt] **I** *s fig* Spur *f*: ***not a jot of truth*** kein Funke *oder* Körnchen Wahrheit **II** *v/t meist* ***jot down*** sich *etw* notieren
'jot·ter *s Br* Notizbuch *n*, -block *m*
joule [dʒuːl] *s* PHYS Joule *n*
jour·nal ['dʒɜːnl] *s* **1.** Journal *n*, Zeitschrift *f* **2.** Tagebuch *n* **3.** *Buchhaltung*: Journal *n* **4.** SCHIFF Logbuch *n* **5.** (*Fax*)Sendebericht *m*
jour·nal·ese [ˌdʒɜːnə'liːz] *s* Zeitungsstil *m*
'jour·nal·ism *s* Journalismus *m*
'jour·nal·ist *s* Journalist(in)
ˌjour·nal'is·tic *Adj* (***journalistically***) journalistisch
►**jour·ney** ['dʒɜːnɪ] *s* **1.** Reise *f*: ***go on a journey*** verreisen **2.** Reise *f*, Entfernung *f*: ***it's a two-day journey*** die Reise dauert zwei Tage
jo·vi·al ['dʒəʊvjəl] *Adj* lustig, fröhlich, vergnügt
jo·vi·al·i·ty [ˌdʒəʊvɪ'ælətɪ] *s* Lustigkeit *f*, Fröhlichkeit *f*
jowl [dʒaʊl] *s* **1.** (Unter)Kiefer *m* **2.** Wange *f*, Backe *f*; Hängebacke *f*
►**joy** [dʒɔɪ] *s* **1.** Freude *f* (***at*** über *Akk*; ***in*** an *Dat*): ***for joy*** vor Freude *weinen etc*; ***tears*** *Pl* ***of joy*** Freudentränen *Pl*; ***to s.o.'s joy*** zu j-s Freude **2.** *Br ugs* Erfolg *m*: ***I didn't have any joy*** ich hatte kein Glück
joy·ful ['dʒɔɪfʊl] *Adj* **1.** freudig, erfreut **2.** erfreulich, freudig (*Ereignis etc*)
'joy·less *Adj* **1.** freudlos **2.** unerfreulich
'joy·ous → ***joyful***
joy ride *s ugs* Spritztour *f* (*bes in einem gestohlenen Wagen*): ***go on a joy ride*** eine Spritztour machen
joy stick *s ugs* **1.** FLUG Steuerknüppel *m* **2.** COMPUTER Joystick *m*
ju·bi·lant ['dʒuːbɪlənt] *Adj* **1.** überglücklich **2.** jubelnd: ***jubilant shout*** Jubelschrei *m*
ˌju·bi'la·tion *s* Jubel *m*
ju·bi·lee ['dʒuːbɪliː] *s* Jubiläum *n*
►**judge** [dʒʌdʒ] **I** *s* **1.** JUR Richter(in): → ***sober*** I **2.** Schiedsrichter(in); Preisrichter(in); (*Sport auch*) Kampfrichter(in), (*Boxen*) Punktrichter(in) **3.** Kenner(in): ***a*** (***good***) ***judge of wine*** ein(e) Weinkenner(in) **II** *v/t* **4.** JUR *Fall* verhandeln; die Verhandlung führen gegen **5.** *Wettbewerbsteilnehmer, Leistungen etc* beurteilen (***on*** nach); als Schiedsrichter(in) (*etc, siehe* 2) fungieren bei **6.** entscheiden (***s.th.*** etw; ***that*** dass) **7.** beurteilen, einschätzen (***by*** nach) **III** *v/i* **8.** als Schiedsrichter(in) (*etc, siehe* 2) fungieren (***at*** bei) **9.** urteilen (***of*** über *Akk*): ***judging by his words*** seinen Worten nach zu urteilen
►**judg·ment, judge·ment** ['dʒʌdʒmənt] *s* **1.** JUR Urteil *n* **2.** Urteilsvermögen *n*: ***against one's better judg(e)ment*** wider bessere Einsicht **3.** Meinung *f*, Ansicht *f*, Urteil *n* (***on*** über *Akk*): ***in my judg(e)ment*** meines Erachtens; ***form a judg(e)ment on*** sich ein Urteil bilden über **4.** göttliches (Straf)Gericht: ***the Last Judg(e)ment*** das Jüngste Gericht; ***Day of Judg(e)-***

ment, Judg(e)ment Day Jüngster Tag

ju·di·ca·ture ['dʒuːdɪkətʃə] *s* JUR **1.** Rechtsprechung *f*, Rechtspflege *f* **2.** Gerichtswesen *n* **3.** → ***judiciary*** 3

ju·di·cial [dʒuː'dɪʃl] *Adj* **1.** JUR gerichtlich, Gerichts…: ***judicial error*** Justizirrtum *m*; ***judicial murder*** Justizmord *m* **2.** JUR richterlich **3.** kritisch

ju·di·ci·a·ry [dʒuː'dɪʃərɪ] JUR **I** *Adj* **1.** → ***judicial*** 1, 2 **II** *s* **2.** → ***judicature*** 2 **3.** *Koll* Richter(-schaft *f*) *Pl*

ju·di·cious [dʒuː'dɪʃəs] *Adj* **1.** vernünftig, umsichtig **2.** wohlüberlegt

ju·do ['dʒuːdəʊ] *s* SPORT Judo *n*

jug [dʒʌg] *s* **1.** Krug *m*; Kanne *f*; Kännchen *n* **2.** *sl* Knast *m* (*Gefängnis*)

jug·ger·naut ['dʒʌgənɔːt] *s* **1.** MOT *Br* Schwerlastzug *m* **2.** *fig* Moloch *m*

jug·gle ['dʒʌgl] **I** *v/t* **1.** jonglieren (mit) **2.** *fig* jonglieren mit (*Fakten, Worten etc*); *Fakten, Worte etc* verdrehen; *Konten etc* fälschen, frisieren **II** *v/i* **3.** jonglieren **4.** ***juggle with*** *siehe* 2

'jug·gler *s* **1.** Jongleur(in) **2.** Schwindler(in)

jug ket·tle *s Br elektrischer* Wasserkocher *m*

Ju·go·slav → ***Yugoslav***

▶**juice** [dʒuːs] **I** *s* **1.** Saft *m*: ***let s.o. stew in his own juice*** *ugs* j-n im eigenen Saft schmoren lassen **2.** *sl* ELEK Saft *m*; MOT Sprit *m* **II** *v/t* **3.** entsaften

'juic·y *Adj* **1.** saftig (*Obst, Fleisch etc*) **2.** saftig (*Gewinn etc*); lukrativ (*Vertrag etc*); pikant, schockierend (*Einzelheiten etc*)

ju·jit·su [dʒuː'dʒɪtsuː] *s* SPORT Jiu-Jitsu *n*

juke·box ['dʒuːkbɒks] *s* Jukebox *f*, Musikautomat *m*

▶**Ju·ly** [dʒuː'laɪ] *s* Juli *m*: ***in July*** im Juli

jum·ble ['dʒʌmbl] **I** *v/t auch* ***jumble together*** (*oder* ***up***) *Sachen* durcheinanderwerfen; *Fakten etc* durcheinanderbringen **II** *s* Durcheinander *n*

jum·ble sale *s Br* Wohltätigkeitsbasar *m*

jum·bo ['dʒʌmbəʊ] **I** *Pl* **jum·bos** *s* **1.** Koloss *m* (*Sache, Person*) **2.** FLUG Jumbo *m* **II** *Adj* **3.** riesig, Riesen…: ***jumbo jet*** FLUG Jumbojet *m*

'jum·bo-sized → ***jumbo*** 3

▶**jump** [dʒʌmp] **I** *s* **1.** Sprung *m*: ***make*** (*oder* ***take***) ***a jump*** einen Sprung machen; ***have the jump on s.o.*** *ugs* j-m voraus sein **2.** SPORT (*Hoch-, Ski- etc*)Sprung *m* **3.** ***give a jump*** *siehe* 6 **II** *v/i* **4.** springen: ***jump at*** *fig* sich stürzen auf (*Akk*); ***jump off*** abspringen (von); ***jump out of one's skin*** *fig* erschreckt zusammenfahren, *weit. S. auch* sich (zu Tode) erschrecken; ***jump up*** (*oder* ***to one's feet***) aufspringen; → ***conclusion*** 3 **5.** hüpfen, springen: ***jump for joy*** Freudensprünge machen **6.** zs.-zucken, auf-, zs.-fahren (***at*** bei) **7.** *fig* abrupt übergehen, überspringen, -wechseln (***to*** zu) **III** *v/t* **8.** springen über (*Akk*) **9.** *fig* überspringen, auslassen: ***jump the gun*** (*Sport*) einen Fehlstart verursachen; *fig* voreilig sein *oder* handeln; ***jump the queue*** sich vordränge(l)n (*beim Schlangestehen und fig*); MOT aus einer Kolonne ausscheren und überholen; → ***light***[1] 3 **10.** (heraus)springen aus: → ***rail***[1] 3, ***track*** 3

jump·er[1] ['dʒʌmpə] *s* SPORT (*Hoch- etc*)Springer(in)

jump·er[2] ['dʒʌmpə] *s* **1.** *bes Br* Pullover *m* **2.** *Am* Trägerrock *m*, -kleid *n*

jump·er ca·bles *s Pl Am* → ***jump leads***

jump leads [liːdz] *s Pl Br* MOT Starthilfekabel *n*

jump rope *s Am* Spring-, Sprungseil *n*

jump seat *s* Klapp-, Notsitz *m*

jump suit *s* Overall *m*

jump·y ['dʒʌmpɪ] *Adj* nervös; schreckhaft

junc·tion ['dʒʌŋkʃn] *s* **1.** Verbindung *f*, -einigung *f* **2.** BAHN Knotenpunkt *m* **3.** (Straßen-)Kreuzung *f*, (-)Einmündung *f*

junc·ture ['dʒʌŋktʃə] *s*: ***at this juncture*** in diesem Augenblick, zu diesem Zeitpunkt

▶**June** [dʒuːn] *s* Juni *m*: ***in June*** im Juni

▶**jun·gle** ['dʒʌŋgl] *s* Dschungel *m* (*auch fig*)

jun·ior ['dʒuːnjə] **I** *Adj* **1.** junior **2.** (***to***) jünger (als); untergeordnet (*Dat*): ***junior partner*** WIRTSCH Junior(partner) *m*; → ***management*** 2 **3.** PÄD ***junior high*** (***school***) *Am die unteren Klassen der Highschool*; ***junior school*** *Br* Grundschule *f* (*für Kinder von 7-11*) **4.** SPORT Junioren… **II** *s* **5.** Jüngere *m, f*: ***he is my junior by two years, he is two years my junior*** er ist 2 Jahre jünger als ich **6.** SPORT Junior(in)

ju·ni·per ['dʒuːnɪpə] *s* BOT Wacholder *m*

junk[1] [dʒʌŋk] *s* SCHIFF Dschunke *f*

junk[2] [dʒʌŋk] **I** *s* **1.** Trödel *m*; Altmaterial *n*; Schrott *m* **2.** Gerümpel *n*, Abfall *m* **3.** *pej* Schund *m*, Mist *m* **4.** *sl* Stoff *m*, *bes* Heroin *n* **II** *v/t* **5.** *etw unbrauchbar Gewordenes* ausrangieren, *Auto etc* verschrotten

jun·ket ['dʒʌŋkɪt] *s* (Sahne)Quark *m*; Dickmilch *f*

junk food *s* Junkfood *m* (*kalorienreiche Nahrung von geringem Nährwert*)

junk·ie ['dʒʌŋkɪ] *s sl* Junkie *m* (*Rauschgiftsüchtiger*), *bes* H-Fixer(in)

junk mail *s* (Post)Wurfsendungen *Pl*

'junk·yard *s* Schuttabladeplatz *m*; Schrottplatz *m*

jun·ta ['dʒʌntə] *s* POL Junta *f*

ju·rid·i·cal [ˌdʒʊə'rɪdɪkl] *Adj* **1.** gerichtlich, Gerichts… **2.** juristisch, Rechts…

ju·ris·dic·tion [ˌdʒʊərɪs'dɪkʃn] *s* Gerichtsbarkeit *f*; (*örtliche und sachliche*) Zuständigkeit (***of, over*** für): ***come*** (*oder* ***fall***) ***under*** (*oder* ***within***) ***the jurisdiction of*** unter die Zuständigkeit fallen von (*oder Gen*); ***have jurisdiction over*** zuständig sein für

ju·ris·pru·dence [ˌdʒʊərɪs'pruːdəns] *s* Rechtswissenschaft *f*

ju·rist ['dʒʊərɪst] *s* **1.** Jurist(in), Rechtsgelehrte *m, f* **2.** *Br* Rechtsstudent(in) **3.** *Am* Rechtsanwalt *m*, -anwältin *f*

ju·ror ['dʒʊərə] *s* **1.** JUR Geschworene *m, f* **2.** Preisrichter(in)

ju·ry ['dʒʊərɪ] *s* **1.** JUR *die* Geschworenen *Pl*: → ***trial*** 1 **2.** Jury *f*, Preis-, (*Sport auch*) Kampfgericht *n*

ju·ry box *s* JUR Geschworenenbank *f*

ju·ry·man ['dʒʊərɪmən] *s* (*unreg* ***man***) JUR Geschworene *m*

'ju·ry,wom·an *s* (*unreg* ***woman***) Geschworene *f*

▶**just** [dʒʌst] **I** *Adj* (→ ***justly***) **1.** gerecht (***to*** gegen) **2.** gerecht, angemessen: ***it is only just that*** es ist nur recht und billig, dass **3.** rechtmäßig (*Anspruch etc*); berechtigt, gerechtfertigt (*Zorn etc*) **II** *Adv* **4.** gerade, (so)eben: → ***now*** 3 **5.** gerade, genau, eben: ***just as*** gerade als; ***that is just like you*** das sieht dir ähnlich; → ***well***[1] 1 **6.** gerade (noch), ganz knapp **7.** nur, lediglich, bloß: → ***moment*** 1, *etc* **8.** ***just about*** ungefähr, etwa; gerade noch

▶**jus·tice** ['dʒʌstɪs] *s* **1.** Gerechtigkeit *f* (***to*** gegen): ***do justice to*** gerecht werden (*Dat*); *etw* richtig würdigen **2.** JUR Gerechtigkeit *f*, Recht *n*: ***bring to justice*** vor den Richter bringen **3.**

JUR Richter(in): ***justice of the peace*** Friedensrichter(in)

jus·ti·fi·a·ble ['dʒʌstɪfaɪəbl] *Adj* zu rechtfertigen(d), berechtigt, vertretbar

'jus·ti·fi·a·bly *Adv* berechtigterweise, mit gutem Grund, mit Recht

jus·ti·fi·ca·tion [ˌdʒʌstɪfɪ'keɪʃn] *s* Rechtfertigung *f*: ***in justification of*** zur Rechtfertigung von (*oder Gen*)

jus·ti·fy ['dʒʌstɪfaɪ] *v/t* **1.** rechtfertigen (***to*** vor *Dat*, gegenüber): ***be justified in doing s.th.*** etw mit gutem Recht tun; berechtigt sein, etw zu tun **2.** *typografisch*: justieren: ***justified text*** Blocksatz *m*; ***left*** (***right***) ***justified*** linksbündig (rechtsbündig)

just·ly ['dʒʌstlɪ] *Adv* mit *oder* zu Recht

jute [dʒuːt] *s* Jute(faser) *f*

ju·ven·ile ['dʒuːvənaɪl] **I** *Adj* jugendlich; Jugend…: ***juvenile court*** Jugendgericht *n*; ***juvenile delinquency*** Jugendkriminalität *f*; ***juvenile delinquent*** (*oder* ***offender***) straffällige(r) Jugendliche(r) **II** *s* Jugendliche *m, f*

jux·ta·pose [ˌdʒʌkstə'pəʊz] *v/t* nebeneinanderstellen (*auch fig*)

jux·ta·po·si·tion [ˌdʒʌkstəpə'zɪʃn] *s* **1.** Nebeneinanderstellung *f* **2.** Nebeneinanderstehen *n*: ***be in juxtaposition*** nebeneinanderstehen

K

K

K SG

In Geschäftsberichten sowie Stellenanzeigen und dergleichen erscheint oft die Abkürzung **K** hinter einer Geldangabe, etwa **£30K**, **£206K**. **K** ist hier die Abkürzung von **kilo** in der Bedeutung „tausend". Bei einer Stellenannonce, die z. B. ein Gehalt von **£44K** nennt, handelt es sich also um 44.000 Pfund.

K [keɪ] *Pl* **K's** *s* K *n*

kale [keɪl] *s* BOT Grün-, Braunkohl *m*

ka·lei·do·scope [kə'laɪdəskəʊp] *s* Kaleidoskop *n* (*auch fig*)

kan·ga·roo [ˌkæŋgə'ruː] *s* ZOOL Känguru *n*

Ka·po·si's sar·co·ma [kæ'pəʊsɪz sɑː'kəʊmə] *s* MED Kaposisarkom *n*

ka·put [kæ'pʊt] *Adj präd ugs* kaputt

ka·ra·o·ke [kærə'əʊkɪ] *s* Karaoke *n*

ka·ra·te [kə'rɑːtɪ] *s* Karate *n*: ***karate chop*** Karateschlag *m*

ka·yak ['kaɪæk] *s* Kajak *m, n* (*auch Sport*)

KB [keɪ'biː] *Abk* (= ***kilobyte***) KB *n*, Kbyte *n*

keel [kiːl] SCHIFF **I** *s* Kiel *m*: ***on an even keel*** *fig* gleichmäßig, ruhig **II** *v/i meist* ***keel over*** umschlagen, kentern

▸**keen** [kiːn] *Adj* **1.** scharf (geschliffen) **2.** schneidend (*Kälte*), scharf (*Wind*) **3.** scharf (*Sinne, Verstand etc*) **4.** WIRTSCH scharf (*Wettbewerb*); lebhaft, stark (*Nachfrage*) **5.** heftig, stark (*Gefühl*): ***keen interest*** starkes *oder* lebhaftes Interesse **6.** begeistert, leidenschaftlich (*Schwimmer etc*) **7.** versessen, scharf (***on, about*** auf *Akk*): ***be keen on*** *auch* begeistert sein von; ***be keen on doing*** (*oder* ***to do***) ***s.th.*** etw unbedingt tun wollen

▸**keep** [kiːp] **I** *s* **1.** (Lebens)Unterhalt *m* **2.** ***for keeps*** *ugs* für *oder* auf immer, endgültig: ***it's yours for keeps*** du kannst *oder* darfst es behalten **II** *v/t* (*unreg*) **3.** (be)halten **4.** *j-n, etw* lassen, (*in einem bestimmten Zustand*) (er)halten: ***keep closed*** *Tür etc* geschlossen halten; ***keep s.th. a secret*** etw geheim halten (***from*** vor *Dat*); → ***wait*** 1, *etc* **5.** (*im Besitz*) behalten: ***keep the change*** der Rest (*des Geldes*) ist für Sie; ***keep your seats, please*** bitte behalten Sie Platz **6.** *j-n* aufhalten: ***don't let me keep you*** lass dich nicht aufhalten **7.** aufheben, -bewahren: ***can you keep a secret?*** kannst du schweigen?, kannst du etw für dich behalten? **8.** *Beziehungen etc* unterhalten (***with*** zu) **9.** *Ware* führen **10.** *Laden etc* haben, betreiben **11.** *Versprechen, Wort* halten **12.** *Bett, Haus, Zimmer* hüten **13.** ernähren, er-, unterhalten: ***have a family to keep*** eine Familie ernähren müssen **14.** *Tiere* halten; sich *ein Auto etc* halten **III** *v/i* (*unreg*) **15.** bleiben: ***keep still*** stillhalten **16.** sich halten, (*in einem bestimmten Zustand*) bleiben **17.** *mit Ger* weiter…: ***keep smiling!*** immer nur lächeln!; ***keep*** (***on***) ***trying*** es weiter versuchen, es immer wieder versuchen

◆**keep at** *v/i* **1.** weitermachen mit **2.** *j-m* zusetzen (***to do*** zu tun)

◆**keep a·way** *v/t und v/i* (sich) fernhalten (***from*** von)

◆**keep back** *v/t* **1.** zurückhalten: ***keep s.o. back from doing s.th.*** j-n davon abhalten *oder* daran hindern, etw zu tun **2.** *fig* zurückhalten: **a)** *Lohn etc* einbehalten, **b)** *Tränen etc* unterdrücken, **c)** *etw* verschweigen

◆**keep down** **I** *v/t* **1.** *Kopf etc* unten behalten **2.** *Kosten etc* niedrig halten **3.** unter Kontrolle halten, *Volk, Gefühle etc auch* unterdrücken **4.** *Nahrung etc* bei sich behalten **II** *v/i* **5.** unten bleiben; sich geduckt halten

◆**keep from** **I** *v/t* **1.** abhalten von: ***keep s.o. from doing s.th.*** j-n davon abhalten, etw zu tun **2.** bewahren vor (*Dat*) **3.** *j-m etw* vorenthalten, verschweigen **II** *v/i* **4.** vermeiden (*Akk*): ***keep from doing s.th.*** es vermeiden *oder* sich davor hüten, etw zu tun; ***I could hardly keep from laughing*** ich konnte mir kaum das Lachen verkneifen

◆**keep in** **I** *v/t* **1.** nicht heraus- *oder* hinauslassen; PÄD nachsitzen lassen **2.** *Atem* anhalten **3.** *Gefühle* zurückhalten, unterdrücken **II** *v/i* **4.** drinbleiben, nicht herauskommen **5. keep in with** sich mit *j-m* gut stellen

◆**keep off** *v/t und v/i* (sich) fernhalten: **keep your hands off!** Hände weg!; **keep off!** Berühren verboten!; Betreten verboten!; → **grass** 2

◆**keep on I** *v/t* **1.** *Kleidungsstück* anbehalten, anlassen, *Hut* aufbehalten: → **shirt 2.** *Licht* brennen lassen, anlassen **II** *v/i* **3. a)** weitermachen, **b)** nicht lockerlassen, **c)** → **keep** 17 **4. keep on at** → **keep at** 2 **5.** leben *oder* sich ernähren von

◆**keep out I** *v/t* **1.** (**of**) nicht hinein- *oder* hereinlassen (in *Akk*), fernhalten, abhalten (von) **2.** *fig* heraushalten (**of** aus) **II** *v/i* **3.** draußen bleiben: **keep out!** Zutritt verboten! **4.** *fig* sich heraushalten (**of** aus): **keep out of sight** sich nicht blicken lassen

◆**keep to I** *v/i* **1.** bleiben in (*Dat*): → **left**[2] 3, **right** 9 **2.** *fig* festhalten an (*Dat*), bleiben bei **II** *v/t* **3. keep s.th. to a** (*oder* **the**) **minimum** etw auf ein Minimum beschränken **4. keep s.th. to o.s.** etw für sich behalten

◆**keep to·geth·er I** *v/t Dinge, fig Mannschaft etc* zs.-halten **II** *v/i* zs.-bleiben (*auch fig Mannschaft etc*), zs.-halten (*auch fig Freunde etc*)

◆**keep up I** *v/t* **1.** oben halten, hochhalten: → **chin** I **2.** *fig* aufrecht-erhalten, *Brauch etc auch* weiterpflegen, *Tempo* halten, *Preise etc* (hoch-)halten, *Mut* nicht sinken lassen **3.** in gutem Zustand *oder* in Ordnung halten **II** *v/i* **4.** oben bleiben **5.** *fig* sich halten, (*Preise etc auch*) sich behaupten; andauern, nicht nachlassen **6. keep up with a)** Schritt halten mit (*auch fig*): **keep up with the Joneses** es den Nachbarn gleichtun (wollen); → **time** 1, **b)** sich auf dem Laufenden halten über (*Akk*), **c)** in Kontakt bleiben mit

keep·er ['kiːpə] *s* **1.** Wächter(in), Aufseher(in) **2.** *meist in Zssgn* Inhaber(in), Besitzer(in); Halter(in), Züchter(in) **3.** Betreuer(in), Verwalter(in) **4.** Tierpfleger(in)

ˌkeep-'fit *s* Gymnastik *f*

keep·ing ['kiːpɪŋ] *s* **1.** Verwahrung *f*: **put in s.o.'s keeping** *j-n* in j-s Obhut geben; j-m *etw* zur Aufbewahrung geben **2. be in** (**out of**) **keeping with** (nicht) übereinstimmen mit; (nicht) passen zu; (nicht) entsprechen (*Dat*)

keep·sake ['kiːpseɪk] *s* (*Geschenk zum*) Andenken *n*: **as** (*oder* **for**) **a keepsake** als *oder* zum Andenken

keg [keg] *s* Fässchen *n*

ken [ken] *s*: **this is beyond my ken** das entzieht sich meiner Kenntnis

ken·nel ['kenl] *s* **1.** Hundehütte *f* **2. kennels** *Sg* Hundezwinger *m*; Hundeheim *n*

Ken·ya ['kenjə] *Eigenn* Kenia *n*

Ken·yan ['kenjən] **I** *Adj* kenianisch **II** *s* Kenianer(in)

kept [kept] *Prät und Part Perf von* **keep**

kerb [kɜːb] *s Br* Bord-, Randstein *m*

ker·nel ['kɜːnl] *s* **1.** Kern *m* (*auch fig*) **2.** (*Hafer-, Mais- etc*)Korn *n*

ker·o·sene ['kerəsiːn] *s* CHEM Kerosin *n*

ketch·up ['ketʃəp] *s* Ket(s)chup *m, n*

▸**ket·tle** ['ketl] *s* Kessel *m*: **electric kettle, jug kettle** *elektrischer* Wasserkocher; **a pretty** (*oder* **fine**) **kettle of fish** *iron* eine schöne Bescherung; **that's a different kettle of fish** das ist etw ganz anderes

ket·tle·drum *s* MUS Pauke *f*

▸**key** [kiː] **I** *s* **1.** Schlüssel *m* (*auch fig* **to** zu) **2.** Taste *f* (*eines Klaviers, einer Schreibmaschine etc*) **3.** MUS Tonart *f*: **major** (**minor**) **key** Dur *n* (Moll *n*); **off key** falsch *singen etc* **II** *Adj* **4.** Schlüssel… (*auch fig*) **III** *v/t* **5.** MUS stimmen **6. key in** COMPUTER *Daten* eingeben **7. keyed up** nervös, aufgeregt (**about** wegen)

▸**key·board** ['kiːbɔːd] *s* **1.** Tastatur *f* (*eines Klaviers, einer Schreibmaschine, eines Computers etc*): **keyboard instrument** Tasteninstrument *n* **2. keyboards** *Pl* (*Instrument*) Keyboard *n*

'key·boarder *s* COMPUTER: Texterfasser(in)

'keyˌboard·ist *s* MUS Keyboarder(in)

key cur·ren·cy *s* Leitwährung *f*

'key·hole *s* Schlüsselloch *n*: **keyhole surgery** Schlüssellochchirurgie *f*, endoskopische Chirurgie

'key·note *s* **1.** MUS Grundton *m* **2.** *fig* Grund-, Leitgedanke *m*: **keynote address** (*oder* **speech**) POL programmatische Rede

'key ring *s* Schlüsselring *m*, *weit. S.* Schlüsselanhänger *m*

key signa·ture *s* MUS Vorzeichen *n und Pl*

'key·stone *s* **1.** ARCHI Schlussstein *m* **2.** *fig* Grundpfeiler *m*

khak·i ['kɑːkɪ] **I** *s* **1.** Kaki *n* (*Farbe*) **2.** Kaki *m* (*Stoff*); *meist Pl* Kakiuniform *f* **II** *Adj* **3.** Kaki…: **a)** kakifarben, **b)** aus Kaki

▸**kick** [kɪk] **I** *s* **1.** (Fuß)Tritt *m*, Stoß *m*: **give s.o. a kick** j-m einen Tritt geben *oder* versetzen **2.** *Fußball*: Schuss *m* **3.** *Schwimmen*: Beinschlag *m* **4.** *ugs* Schwung *m* **5.** *ugs* **for kicks** zum Spaß; **he gets a kick out of it** es macht ihm einen Riesenspaß **II** *v/t* **6.** (mit dem Fuß) stoßen, treten, einen Tritt geben *oder* versetzen (*Dat*): **I could have kicked myself** ich hätte mich ohrfeigen *oder* mir in den Hintern beißen können; → **bucket** I **7.** loskommen von (*einer Droge, Gewohnheit etc*) **III** *v/i* **8.** (mit dem Fuß) stoßen, treten (**at** nach); strampeln; ausschlagen (*Pferd etc*): → **trace**[2] **9.** *ugs* meutern, rebellieren (**against, at** gegen)

◆**kick a·bout, kick a·round** *ugs* **I** *v/t* **1.** *j-n* herumkommandieren **2.** *j-n, etw* herumstoßen, -schubsen **II** *v/i* **3.** sich herumtreiben

◆**kick back** *v/i* zurücktreten

◆**kick in** *v/t* **1.** *Tür* eintreten **2.** *Am ugs etw* beisteuern (**for** zu)

◆**kick off I** *v/i* **1.** *Fußball*: anstoßen **2.** *ugs* anfangen **II** *v/t* **3.** *etw* wegtreten, *Schuhe* wegschleudern

◆**kick out I** *v/i* um sich treten; ausschlagen (*Pferd etc*) **II** *v/t ugs j-n* rausschmeißen (**of** aus) (*auch fig*)

◆**kick o·ver** *v/t* mit dem Fuß umstoßen

◆**kick up** *v/t* mit dem Fuß hochschleudern, *Staub* aufwirbeln: → **din** I, **dust** 1, **row**[3] I, *etc*

'kick·back *s* **1.** unangenehme Folge(n *Pl*) **2.** Schmiergeld *n*

'kick·off *s Fußball*: Anstoß *m*

kick start·er *s* Kickstarter *m* (*eines Motorrads*)

kid[1] [kɪd] *s* **1.** Zicklein *n*, Kitz *n* **2.** *auch* **kid leather** Ziegen-, Glacéleder *n* **3.** *ugs* **a)** Kind *n*: **my kid brother** mein kleiner Bruder, **b)** *bes Am* Jugendliche *m, f*

kid[2] [kɪd] *ugs* **I** *v/t j-n* auf den Arm nehmen **II** *v/i* albern; Spaß machen; schwindeln: **he was only kidding** er hat nur Spaß gemacht, er hat es nicht ernst gemeint; **no kidding?** im Ernst?, ehrlich?

kid glove *s* Glacéhandschuh *m*: **handle s.o. with kid gloves** *fig* j-n mit Samt- *oder* Glacé-

K

handschuhen anfassen

kid·nap ['kɪdnæp] *v/t Prät und Part Perf* **kidnaped**, *bes Br* **kid·napped** kidnappen, entführen

'kid·nap·er, **'kid·nap·per** *s* Kidnapper(in), Entführer(in)

'kid·nap·ing, **'kid·nap·ping** *s* Kidnapping *n*, Entführung *f*

kid·ney ['kɪdnɪ] *s* **1.** ANAT Niere *f* **2.** *fig* Art *f*, Schlag *m*

kid·ney bean *s* BOT Kidney-Bohne

kid·ney ma·chine *s* MED künstliche Niere: ***put on a kidney machine*** *j-n* an eine künstliche Niere anschließen

kid·ney stone *s* MED Nierenstein *m*

kid·ney trans·plant *s* MED Nierenverpflanzung *f*

▶ **kill** [kɪl] **I** *v/t* **1.** töten, umbringen, ermorden: ***kill two birds with one stone*** *fig* zwei Fliegen mit 'einer Klappe schlagen; ***be killed*** *auch* ums Leben kommen, umkommen; → ***accident*** 2, ***action*** 6 **2.** *Tier* schlachten **3.** (fast) umbringen: ***my feet are killing me*** meine Füße bringen mich (noch) um **4.** *auch* ***kill off*** *Knospen, Rost etc* vernichten **5.** *Gefühle* (ab)töten, ersticken; *Schmerzen* stillen **6.** *Zeit* totschlagen **7.** *ugs Flasche etc* vernichten, austrinken **II** *v/i* **8.** ***dressed to kill*** *ugs* todschick gekleidet, *pej* aufgedonnert

'kill·er I *s* **1.** Mörder(in), (*kaltblütiger, professioneller*) Killer(in) **2.** *bes in Zssgn* Vertilgungs- *oder* Vernichtungsmittel *n* **II** *Adj* **3.** tödlich: ***killer whale*** ZOOL Schwert-, Mordwal *m*

'kill·ing *Adj* **1.** tödlich **2.** vernichtend (*auch fig Blick*), mörderisch (*auch fig Tempo etc*) **3.** *ugs* umwerfend

'kill·joy *s* Spielverderber(in), Miesmacher(in)

kiln [kɪln] *s* Brenn- *oder* Trockenofen *m*

▶ **ki·lo** ['kiːləʊ] *Pl* **ki·los** *s* Kilo *n*

Pluralbildung mit -os

GR

Einige Substantive, die auf **-o** enden, bilden den Plural nicht auf **-oes** (**tomato – tomatoes**), sondern auf **-os**. Sie gehören folgenden Kategorien an:

Kurzformen:	**kilo – kilos**, **photo – photos**
Lehnwörter, aus anderen Sprachen:	**dynamo – dynamos**, **macho – machos**, **piano – pianos**
Wörter, in denen dem End-o ein Vokal vorangeht:	**radio – radios**, **studio – studios**, **video – videos**

ki·lo·byte ['kɪləʊbaɪt] *s* Kilobyte *n*

▶ **kil·o·gram**, **kil·o·gramme** ['kɪləgræm] *s* Kilogramm *n*

▶ **kil·o·me·ter**, *bes Br* **kil·o·me·tre** ['kɪlə,miːtə] *s* Kilometer *m*

'kil·o·watt *s* ELEK Kilowatt *n*

kilt [kɪlt] *s* Kilt *m*, Schottenrock *m*

ki·mo·no [kɪ'məʊnəʊ] *Pl* **ki·mo·nos** *s* Kimono *m*

kin [kɪn] *s Koll* (*Pl konstruiert*) Blutsverwandtschaft *f*, Verwandte *Pl*: → ***next*** 5

▶ **kind**[1] [kaɪnd] *s* **1.** Art *f*, Sorte *f*: ***all kinds of*** alle möglichen ..., allerlei; ***nothing of the kind*** nichts dergleichen **2.** Art *f*, Wesen *n*: ***different in kind*** der Art *oder* dem Wesen nach verschieden **3.** ***kind of*** *ugs* ein bisschen, irgendwie: ***I've kind of promised*** ich habe es halb und halb versprochen **4.** ***in kind*** in Naturalien *zahlen*

kind of

GR

Wie das deutsche **irgendwie**, **praktisch**, **oder so** erfüllt **kind of** in der gesprochenen Sprache die Funktion eines „Lückenbüßers“, um eine gewisse Abmilderung oder Unsicherheit auszudrücken. Eine ähnliche Funktion haben **like**, **sort of**, **I mean**, **you know** und **more or less**:

He kind of hates me.	Irgendwie hasst er mich.
Are you afraid? – Yeah, kind of.	Hast du Angst? – Ja, schon.
She was, like, “Get away from me!”	Sie schrie halt „Geh weg!“

▶ **kind**[2] [kaɪnd] *Adj* (→ ***kindly*** II) **1.** freundlich, liebenswürdig, nett (***to*** zu): ***kind to animals*** tierlieb; ***would you be so kind as to do this for me?*** sei so gut *oder* freundlich und erledige das für mich, erledige das doch bitte für mich; → ***enough*** III **2.** herzlich: → ***regard*** 4

kin·der·gar·ten ['kɪndə,gɑːtn] *s* Kindergarten *m*: ***kindergarten teacher*** Kindergärtner(in)

,kind'heart·ed *Adj* gütig, gutherzig

kin·dle ['kɪndl] **I** *v/t* **1.** an-, entzünden **2.** *Hass etc* entfachen, -flammen, *Interesse etc* wecken **II** *v/i* **3.** sich entzünden, Feuer fangen **4.** *fig* entbrennen, -flammen

kin·dling ['kɪndlɪŋ] *s* Anzündmaterial *n*

kind·ly ['kaɪndlɪ] **I** *Adj* **1.** freundlich, liebenswürdig **II** *Adv* **2.** → ***kind***[2] 1 **3.** freundlicher-, liebenswürdiger-, netterweise: ***kindly tell me*** sagen Sie mir bitte **4.** ***take kindly to*** sich mit *etw* an- *oder* befreunden

kind·ness ['kaɪndnɪs] *s* **1.** Freundlichkeit *f*, Liebenswürdigkeit *f* **2.** Gefälligkeit *f*

kin·dred ['kɪndrɪd] *Adj* verwandt, ähnlich

ki·net·ic [kɪ'netɪk] PHYS **I** *Adj* (***kinetically***) kinetisch **II** *s* ***kinetics*** *Sg* Kinetik *f*

▶ **king** [kɪŋ] *s* **1.** König *m* (*auch Schach und Kartenspiel*): ***king of hearts*** Herzkönig; → ***English*** 3, ***evidence*** 2 **2.** *Damespiel*: Dame *f*

▶ **king·dom** ['kɪŋdəm] *s* **1.** Königreich *n* **2.** *a* **Kingdom** REL Reich *n* (Gottes) **3.** *fig* Reich *n*: ***animal*** (***mineral, plant***) ***kingdom*** Tier- (Mineral-, Pflanzen)reich

'king·ly *Adj* königlich

'king·pin *s ugs* wichtigste Person; Dreh- und Angelpunkt *m*

king prawn *s* ZOOL Hummerkrabbe *f*

'king-size(d) *Adj* Riesen...: ***king-size(d) cigarettes*** *Pl* Kingsize-Zigaretten *Pl*

kink [kɪŋk] *s* **1.** Knick *m* (*in Draht etc*) **2.** *fig* Spleen *m*, Tick *m* **3.** ***have a kink in one's back*** (***neck***) einen steifen Rücken (Hals) haben

'kink·y *Adj* **1.** kraus (*Haar*) **2.** *fig* spleenig **3.** *ugs* abartig, pervers

kins·folk ['kɪnzfəʊk] *s Pl* Verwandtschaft *f*, (Bluts)Verwandte *Pl*

kin·ship ['kɪnʃɪp] *s* (Bluts)Verwandtschaft *f*

kins·man ['kɪnzmən] *s* (*unreg* ***man***) (Bluts)Verwandte *m*

K

ˈkins,wom·an *s* (*unreg* ***woman***) (Bluts)Verwandte *f*
ki·osk [ˈkiːɒsk] *s* **1.** Kiosk *m* **2.** *Br* Telefonzelle *f*
kip [kɪp] *Br sl* **I** *s* **1.** Schlaf *m*: ***have a kip*** pennen **2.** Schlafstelle *f* **II** *v/i* **3.** pennen **4.** ***kip down*** sich hinhauen
kip·per [ˈkɪpə] *s* Kipper *m* (*Räucherhering*)
▶ **kiss** [kɪs] **I** *s* **1.** Kuss *m*: ***kiss of life*** *Br* Mund-zu-Mund-Beatmung *f* **II** *v/t* **2.** küssen: ***kiss s.o. good night*** j-m einen Gutenachtkuss geben **3.** leicht berühren **III** *v/i* **4.** sich küssen **5.** sich leicht berühren
ˈkiss·er *s sl* Schnauze *f*, Fresse *f*; Visage *f*
kit [kɪt] **I** *s* **1.** (*Reise-, Reit- etc*)Ausrüstung *f*, (-)Sachen *Pl* **2.** MIL Montur *f*; Gepäck *n* **3.** Arbeitsgerät *n*, Werkzeug(e *Pl*) *n*; Werkzeugtasche *f*, -kasten *m* **4.** Baukasten *m*; Bastelsatz *m* **5.** *auch* ***press kit*** Pressemappe *f* **II** *v/t* **6.** *oft* ***kit out*** ausstatten (***with*** mit)
kit bag *s* **1.** MIL Kleider-, Seesack *m* **2.** Reisetasche *f*
▶ **kitch·en** [ˈkɪtʃɪn] **I** *s* Küche *f* **II** *Adj* Küchen…: ***kitchen knife*** (***table***, *etc*); ***kitchen foil*** Alufolie *f*; ***kitchen garden*** (Obst- und) Gemüsegarten *m*; ***kitchen sink*** Ausguss *m*, Spüle *f*; ***with everything but the kitchen sink*** mit Sack und Pack
kitch·en·ette [ˌkɪtʃəˈnet] *s* Kochnische *f*
kite [kaɪt] *s* Drachen *m*: ***fly a kite*** einen Drachen *oder fig* einen Versuchsballon steigen lassen
Kite·mark *s drachenförmiges Warengütesiegel der British Standards Institution*
kith [kɪθ] *s*: ***with kith and kin*** mit Kind und Kegel
kit·ten [ˈkɪtn] *s* Kätzchen *n*: ***have kittens*** *Br ugs* Zustände kriegen
ˈkit·ten·ish *Adj* **1.** (kindlich) verspielt *oder* ausgelassen **2.** kokett
kit·ty [ˈkɪtɪ] *s* Kätzchen *n*
ki·wi [ˈkiːwiː] **I** *s* **1.** ORN Kiwi *m* **2.** BOT Kiwi *f* **3.** *meist* **Kiwi** *ugs* Neuseeländer(in) **II** *Adj* **4.** *meist* **Kiwi** *ugs* neuseeländisch
Kleen·ex® [ˈkliːneks] *s* Papiertaschentuch *n*
klep·to·ma·ni·a [ˌkleptəʊˈmeɪnjə] *s* PSYCH Kleptomanie *f*
ˌklep·toˈma·ni·ac [ˌkleptəʊˈmeɪnɪæk] *s* Kleptomane *m*, -manin *f*
knack [næk] *s* **1.** Kniff *m*, Trick *m*: ***get the knack of doing s.th.*** dahinterkommen *oder* herausbekommen, wie man etw tut; ***have the knack of s.th.*** den Dreh von *oder* bei etw heraushaben **2.** Geschick *n*: ***have the*** (*oder* ***a***) ***knack of doing s.th.*** das Geschick *oder* Talent haben, etw zu tun
knack·er [ˈnækə] *s Br* **1.** Abdecker(in): ***knacker's yard*** Abdeckerei *f* **2.** Abbruchunternehmer(in)
ˈknack·ered *Adj Br ugs* geschlaucht, kaputt
knap·sack [ˈnæpsæk] *s* **1.** MIL Tornister *m* **2.** Rucksack *m*
knave [neɪv] *s* **1.** *veralt* Schurke *m* **2.** *Kartenspiel*: Bube *m*: ***knave of hearts*** Herzbube *m*
knead [niːd] *v/t Teig etc* (durch)kneten, *Muskeln auch* massieren
▶ **knee** [niː] *s* **1.** Knie *n*: ***on one's knees*** kniefällig, auf Knien; ***bring s.o. to his knees*** j-n auf *oder* in die Knie zwingen; ***go*** (***down***) (*oder* ***fall***) ***on one's knees to*** niederknien vor (*Dat*), *fig auch* in die Knie gehen vor (*Dat*) **2.** TECH Knie(stück) *n*; (Rohr)Krümmer *m*

knee: Tipps zur Aussprache

Fängt ein Wort auf **kn-** an, dann wird das **k** nicht gesprochen:

knead	[niːd]	**knife**	[naɪf]
knee	[niː]	**knit**	[nɪt]
kneel	[niːl]	**knock**	[nɒk]

Deshalb werden die folgenden Wörter gleich ausgesprochen:

knew	[njuː]	**new**
knight	[naɪt]	**night**
knot	[nɒt]	**not**
know	[nəʊ]	**no**

knee bend *s* Kniebeuge *f*
ˈknee·cap *s* ANAT Kniescheibe *f*
ˌknee-ˈdeep, **ˌknee-ˈhigh** *Adj* knietief, -hoch
knee joint *s* ANAT, TECH Kniegelenk *n*
▶ **kneel** [niːl] *v/i* (*meist unreg*) **1.** *auch* ***kneel down*** (sich) hinknien, niederknien (***to*** vor *Dat*) **2.** knien, auf den Knien liegen (***before*** vor *Dat*)
ˈknee·pad *s* Knieschützer *m*
knelt [nelt] *Prät und Part Perf von* ***kneel***
knew [njuː] *Prät von* ***know***
knick·ers [ˈnɪkəz] *s Pl bes Br* (Damen)Schlüpfer *m*: ***get one's knickers in a twist*** *ugs, oft hum* sich ins Hemd machen
knick·knack [ˈnɪknæk] *s* **1.** Nippsache *f* **2.** billiges Schmuckstück **3.** Spielerei *f*, Schnickschnack *m*
▶ **knife** [naɪf] **I** *Pl* **knives** [naɪvz] *s* Messer *n*: ***before you can say knife*** *bes Br ugs* im Nu, im Handumdrehen; ***have one's knife into s.o.*** j-n auf dem Kieker haben; ***go under the knife*** MED unters Messer kommen **II** *v/t* mit einem Messer stechen *oder* verletzen: ***knife*** (***to death***) erstechen
knife blade *s* Messerklinge *f*
knife edge *s* Messerschneide *f*: ***be balanced on a knife edge*** *fig* auf des Messers Schneide stehen
knife point *s* Messerspitze *f*: ***at knife point*** mit vorgehaltenem Messer
▶ **knight** [naɪt] **I** *s* **1.** *hist* Ritter *m* (*Br auch Adelsstufe*) **2.** *Schach*: Springer *m*, Pferd *n* **II** *v/t* **3.** zum Ritter schlagen
ˈknight·ly *Adj und Adv* ritterlich
▶ **knit** [nɪt] (*auch unreg*) **I** *v/t* **1.** stricken **2.** *auch* ***knit together*** zs.-fügen, verbinden (*auch fig*) **3.** *fig* verknüpfen **4.** *Stirn* runzeln; *Augenbrauen* zs.-ziehen **II** *v/i* **5.** stricken
ˈknit·ting **I** *s* **1.** Stricken *n* **2.** Strickarbeit *f*, -zeug *n* **II** *Adj* **3.** Strick…: ***knitting needle***
ˈknit·wear *s* Strickwaren *Pl*
knives [naɪvz] *Pl von* ***knife***
knob [nɒb] *s* (*runder*) Kniff, Knauf *m*
▶ **knock** [nɒk] **I** *s* **1.** Schlag *m*, Stoß *m* **2.** Klopfen *n* (*auch* MOT): ***there was a knock at*** (*Am* ***on***) ***the door*** es klopfte **II** *v/t* **3.** schlagen, stoßen: ***knock one's head against*** sich den Kopf anschlagen an (*Dat*); ***knock one's head against a brick wall*** *fig* mit dem Kopf gegen die Wand rennen **III** *v/i* **4.** schlagen, klopfen: ***knock at*** (*Am* ***on***) ***the door*** an die Tür klopfen **5.** schlagen, prallen, stoßen (***against, into*** gegen; ***on*** auf *Akk*) **6.** TECH klopfen (*Motor, Brennstoff*) **7.** ***knock about*** (*oder* ***around***) *ugs*

Not knowing something	Etwas nicht wissen
Sorry, I don't know.	Tut mir leid, das weiß ich nicht.
Don't know.	Weiß (ich) nicht.
No idea.	Keine Ahnung.
I haven't a clue.	Ich habe keinen Schimmer.
I haven't the faintest.	Ich habe nicht die geringste Ahnung.
I've never heard that.	Das habe ich noch nie gehört.
I'm afraid I can't answer that.	Das kann ich leider nicht beantworten.
You'll have to ask someone else.	Das musst du jemand anderen fragen.
I'm sorry, I'm not from round here.	Es tut mir leid, ich komme nicht aus der Gegend.
I'm not sure.	Ich bin mir nicht sicher.
They haven't told us.	Sie haben uns nicht Bescheid gegeben.
I don't know anything about it / that.	Darüber / Davon weiß ich nichts.

SG

K

sich herumtreiben in (*Dat*); herumliegen in (*Dat*) (*Gegenstand*)

◆**knock a·bout**, **knock a·round** **I** *v/t* **1.** herumstoßen **II** *v/i* **2.** *ugs* sich herumtreiben: ***knock about*** (*oder* ***around***) ***with*** *auch* gehen mit (*einem Mädchen etc*) **3.** *ugs* herumliegen (*Gegenstand*)

◆**knock back** *v/t bes Br ugs Getränk* runterkippen

◆**knock down** *v/t* **1. a)** umstoßen, umwerfen, **b)** niederschlagen, **c)** an-, umfahren; überfahren, **d)** *ugs* umhauen, sprachlos machen **2.** *Gebäude etc* abreißen, abbrechen **3.** (***to*** auf *Akk*; ***£ 2*** um 2 Pfund) *j-n*, *Preis* herunterhandeln; mit *dem Preis* heruntergehen

◆**knock in** *v/t Nagel* einschlagen

◆**knock off** **I** *v/t* **1.** abschlagen **2.** *ugs* aufhören mit: ***knock it off!*** hör auf (damit)!; ***knock off work*** *siehe* 6b **3.** *ugs Arbeit* erledigen **4.** *ugs j-n* umlegen **5.** *ugs Essen* wegputzen **II** *v/i* **6.** *ugs* **a)** *allg* aufhören, **b)** Feierabend *oder* Schluss machen

◆**knock out** *v/t* **1.** herausschlagen, -klopfen (***of*** aus), *Pfeife* ausklopfen: → ***bottom*** 3 **2. a)** bewusstlos schlagen, **b)** *Boxen*: k.o. schlagen, ausknocken, **c)** betäuben (*Droge etc*), **d)** *ugs* umhauen (*sprachlos machen, hinreißen*)

◆**knock to·geth·er** *v/t* **1.** (*auch v/i*) aneinanderstoßen **2.** *ugs etw* schnell zs.-zimmern, *Essen etc* (her)zaubern

◆**knock o·ver** *v/t* **1.** umwerfen, umstoßen **2.** überfahren

◆**knock up** **I** *v/t* **1.** hochschlagen, in die Höhe schlagen **2.** *Br ugs* herausklopfen, (*durch Klopfen*) wecken **3.** *Br ugs Geld* verdienen **4.** *sl Mädchen* bumsen; schwängern **II** *v/i* **5.** *Tennis etc*: sich einspielen

ˈ**knock·down** **I** *Adj* **1.** niederschmetternd (*auch fig*) **2.** ***knockdown price*** Schleuderpreis *m*: ***at a knockdown price*** spottbillig **II** *s* **3.** *Boxen*: Niederschlag *m*

knock·er [ˈnɒkə] *s* **1.** (Tür)Klopfer *m* **2.** *Pl sl* Titten *Pl*

ˌ**knock-ˈkneed** *Adj* x-beinig: ***be knock-kneed*** X-Beine haben

ˌ**knock-ˈknees** *s Pl* X-Beine *Pl*

ˈ**knock·out** **I** *s* **1.** *Boxen*: K. o. *m*: ***win by a knockout*** durch K. o. gewinnen **2.** *ugs* tolle Person *oder* Sache; Attraktion *f*; Bombenerfolg *m* **II** *Adj* **3.** *Boxen*: K.-o.-…

▶**knot** [nɒt] **I** *s* **1.** Knoten *m*: ***make*** (*oder* ***tie***) ***a knot*** einen Knoten machen; ***tie s.o.*** (***up***) ***in knots*** *ugs* j-n völlig durcheinanderbringen **2.** Astknoten *m*, Knorren *m* **3.** SCHIFF Knoten *m*, Seemeile *f* **4.** *fig* Knoten *m*, Schwierigkeit *f* **II** *v/t* **5.** (einen) Knoten machen in (*Akk*) **6.** (ver)knoten, (-)knüpfen **III** *v/i* **7.** sich verknoten

▶**know** [nəʊ] **I** *v/t* (*unreg*) **1.** *allg* wissen **2.** können: ***know how to do s.th.*** etw tun können **3.** kennen: **a)** sich auskennen in (*Dat*), **b)** vertraut sein mit, **c)** bekannt sein mit **4.** erfahren, erleben **5.** (wieder)erkennen (***by*** an *Dat*); unterscheiden (können) (***from*** von) **II** *v/i* (*unreg*) **6.** wissen (***of*** von, um), Bescheid wissen (***about*** über *Akk*): ***you never know*** man kann nie wissen; ***know better than to do s.th.*** sich davor hüten, etw zu tun **III** *s* **7.** ***be in the know*** Bescheid wissen

ˈ**know-all** *s* Besserwisser(in)

ˈ**know-how** *s* Know-how *n* (*auch* WIRTSCH): ***industrial know-how*** praktische Betriebserfahrung

know·ing [ˈnəʊɪŋ] *Adj* **1.** klug, gescheit **2.** schlau, durchtrieben **3.** verständnisvoll, wissend (*Blick*)

ˈ**know·ing·ly** *Adv* **1.** → ***knowing*** **2.** wissentlich, bewusst

know-it-all [ˈnəʊɪtɔːl] *s Am* → ***know-all***

▶**knowl·edge** [ˈnɒlɪdʒ] *s* **1.** Kenntnis *f*: ***it has come to my knowledge*** ich habe erfahren (***that*** dass); ***not to my knowledge*** meines Wissens nicht; ***without my knowledge*** ohne mein Wissen **2.** Wissen *n*, Kenntnisse *Pl*: ***have a good knowledge of*** viel verstehen von, sich gut auskennen in (*Dat*)

knowledge

GR

Knowledge steht nie im Plural und wird immer mit einem Verb im Singular verwendet:

His knowledge of history is limited.	Seine Geschichtskenntnisse sind begrenzt.

knowl·edge management *s* Wissensmanagement *n*

known [nəʊn] **I** *Part Perf von* ***know*** **II** *Adj* bekannt (***as*** als; ***for*** für; ***to s.o.*** j-m): ***known to***

the police polizeibekannt; ***make known*** bekannt machen; ***make o.s. known to s.o.*** sich j-m vorstellen
knuck·le ['nʌkl] **I** *s* **1.** ANAT (Finger)Knöchel *m*: → ***rap***[1] 1, 3 **2.** (*Kalbs-*, *Schweins*)Haxe *f*, (-)Hachse *f*: ***near the knuckle*** *ugs* reichlich gewagt (*Witz etc*) **II** *v/i* **3.** ***knuckle down*** sich anstrengen *oder* dahinterklemmen: ***knuckle down to work*** sich an die Arbeit machen, sich hinter die Arbeit klemmen **4.** ***knuckle under*** sich unterwerfen *oder* beugen (***to*** *Dat*), klein beigeben
'knuck·le-ˌdust·er *s* Schlagring *m*
KO [keɪ'əʊ] *Abk* (= ***knockout***) K. o. *m*
koa·la, **koa·la bear** [kəʊ'ɑːlə beə] *s* ZOOL Koala(bär) *m*
kohl [kəʊl] *s Kosmetik*: Kajal *n*
kook [kuːk] *s Am ugs* Spinner *m*
Ko·ran [kɒ'rɑːn] *s* REL Koran *m*
Ko·rea [kə'rɪə] *Eigenn* Korea *n*
Ko·rean [kə'rɪən] **I** *Adj* koreanisch **II** *s* Koreaner(in)
ko·sher ['kəʊʃə] *Adj* koscher (*Essen*)
kraut [kraʊt] *s pej* Deutsche *m*, *f*
Krem·lin ['kremlɪn] *Eigenn* Kreml *m*
kum·quat ['kʌmkwɒt] *s* BOT Kumquat *f*
Ku·wait [kʊ'weɪt] *Eigenn* Kuwait *n*
Ku·wai·ti [kʊ'weɪtɪ] **I** *Adj* kuwaitisch **II** *s* Kuwaiter(in)

L

L [el] *Pl* **L's** *s* L *n*
lab [læb] *s ugs* Labor *n*
la·bel ['leɪbl] **I** *s* **1.** Etikett *n*, (Klebe-, Anhänge)Zettel *m*, (-)Schild(chen) *n* **II** *v/t Prät und Part Perf* **la·beled**, *bes Br* **la·belled** **2.** etikettieren, beschriften **3.** als … bezeichnen, zu … stempeln: ***be label(l)ed a criminal*** zum Verbrecher gestempelt werden
la·bi·al ['leɪbjəl] *s* LING Lippen-, Labiallaut *m*
▸**la·bor** ['leɪbə] *Am* **I** → ***labour***, *etc* **II** *Adj* **1.** Gewerkschafts… **2.** ▸ ***labor union*** *Am* Gewerkschaft *f*

> **Labor Day** (LK)
>
> In Nordamerika wird der erste Montag im September als **Labor Day** mit patriotischen Reden und Paraden gefeiert; zugleich markiert dieser Tag das Ende der Sommerferien. Andere Länder feiern auch **Labour Day**, der aber dort auf Anfang Mai fällt. Der **May Day**, wie er ursprünglich hieß, erinnerte an den Streik der Arbeiter in Chicago am 1. Mai 1886, bei dem es zu blutigen Ausschreitungen kam. Später hat das **Socialist International Movement** den 1. Mai zum internationalen Tag der Arbeit erklärt. Da dieser Feiertag als sozialistisch bzw. kommunistisch galt, wollten viele Regierungen sich davon distanzieren und erklärten stattdessen **Labo(u)r Day** zum offiziellen Feiertag der Arbeiter.

la·bor·a·to·ry [lə'bɒrətərɪ] *s* Labor(atorium) *n*: ***laboratory assistant*** Laborant(in)
la·bo·ri·ous [lə'bɔːrɪəs] *Adj* **1.** mühsam **2.** schwerfällig (*Stil*) **3.** arbeitsam, fleißig
▸**la·bour** ['leɪbə] *bes Br* **I** *s* **1.** (schwere) Arbeit **2.** Mühe *f*, Plage *f* **3.** WIRTSCH Arbeiterschaft *f*; Arbeiter *Pl*, Arbeitskräfte *Pl* **4.** **Labour** POL die Labour Party (*Großbritanniens etc*) **5.** MED Wehen *Pl*: ***be in labour*** in den Wehen liegen **II** *v/i* **6.** (schwer) arbeiten (***at*** an *Dat*), sich bemühen (***for*** um), sich anstrengen *oder* abmühen (***to do*** zu tun) **7.** sich mühsam fortbewegen: ***labour through*** sich kämpfen durch (*Schlamm*, *Buch etc*) **8.** (***under***) zu leiden haben (unter *Dat*), zu kämpfen haben (mit); befangen sein (in *Dat*) **III** *v/t* **9.** ***labour the point*** die Sache ausführlich *oder* umständlich erklären **IV** *Adj* **10.** Arbeits…; Arbeiter… **11.** **Labour** POL Labour…: ***Labour Party*** Labour Party *f*
'la·bour·er *s bes Br* (*bes* Hilfs)Arbeiter(in)
'la·bour-inˌten·sive *Adj bes Br* arbeitsintensiv
'la·bour-ˌsav·ing *Adj bes Br* arbeitssparend
lab·ra·dor ['læbrədɔː] *s* ZOOL Labrador *m*
la·bur·num [lə'bɜːnəm] *s* BOT Goldregen *m*
lab·y·rinth ['læbərɪnθ] *s* Labyrinth *n*
lace [leɪs] **I** *s* **1.** *Textilwesen*: Spitze *f* **2.** Litze *f*, Tresse *f*, Borte *f* **3.** Schnürband *n*, -senkel *m* **II** *v/t* **4.** *auch* ***lace up*** (zu-, zs.-)schnüren: ***lace-up boot*** Schnürstiefel *m* **5.** mit Spitzen *oder* Litzen besetzen **6.** ***lace s.o.'s beer with vodka*** j-m heimlich Wodka ins Bier schütten; ***tea laced with rum*** Tee *m* mit einem Schuss Rum
lac·er·ate ['læsəreɪt] *v/t Gesicht etc* aufreißen; zerschneiden; zerkratzen
ˌlac·er'a·tion *s* Riss-; Schnitt-, Kratzwunde *f*
lach·ry·mose ['lækrɪməʊs] *Adj* **1.** tränenreich **2.** weinerlich **3.** traurig, ergreifend
▸**lack** [læk] **I** *s* **1.** Mangel *m* (***of*** an *Dat*): ***lack of sleep*** fehlender Schlaf; ***for*** (*oder* ***through***) ***lack of time*** aus Zeitmangel **II** *v/t* **2.** nicht haben, Mangel haben *oder* leiden an (*Dat*): ***we lack the political will*** es fehlt uns an politischem Willen **3.** es fehlen lassen an (*Dat*) **III** *v/i* **4.** **a)** ***be lacking*** fehlen, **b)** ***lack in*** Mangel haben *oder* leiden an (*Dat*): ***he is lacking in courage*** ihm fehlt der Mut **5.** ***lack for nothing*** von allem genug haben: ***he lacks for nothing*** es fehlt ihm an nichts
lack·a·dai·si·cal [ˌlækə'deɪzɪkl] *Adj* **1.** lustlos **2.** nachlässig (***about*** in *Dat*)

L

lack·ey ['lækɪ] *s* Lakai *m* (*auch fig pej*)
lack·ing ['lækɪŋ] *Adj* **1.** ***be found lacking*** sich nicht bewähren **2.** *Br ugs* beschränkt, dumm
'lack,lus·ter *Adj Am*, **'lack,lus·tre** *Adj bes Br* glanzlos, matt
la·con·ic [lə'kɒnɪk] *Adj* (***laconically***) **1.** lakonisch **2.** wortkarg
lac·quer ['lækə] **I** *s* **1.** (Farb)Lack *m* **2.** (*Haar-*) Festiger *m* **II** *v/t* **3.** lackieren
la·crosse [lə'krɒs] *s* SPORT Lacrosse *n* (*Ballspiel*)
lad [læd] *s* **1.** junger Kerl *oder* Bursche **2.** ***a bit of a lad*** *Br ugs* ein ziemlicher Draufgänger
►**lad·der** ['lædə] **I** *s* **1.** Leiter *f* (*auch fig*) **2.** *bes Br* Laufmasche *f* **II** *v/i* **3.** *bes Br* Laufmaschen bekommen
'lad·der·proof *Adj* maschenfest
lad·dish ['lædɪʃ] *Adj* machohaft
lad·en ['leɪdn] *Adj* **1.** (schwer) beladen (***with*** mit) **2.** *fig* bedrückt (***with*** von): ***laden with guilt*** schuldbeladen
la-di-da [,lɑːdɪ'dɑː] *Adj ugs* affektiert, affig
la·dies' choice *s* Damenwahl *f*
la·dies' man *s* (*unreg* ***man***) Frauenheld *m*
la·dies' room *s* Damentoilette *f*
la·dle ['leɪdl] **I** *s* **1.** Schöpflöffel *m*, -kelle *f* **2.** TECH Schaufel *f* (*eines Baggers etc*) **II** *v/t* **3.** *auch* ***ladle out*** (aus)schöpfen **4.** *auch* ***ladle out*** austeilen (*auch fig*)
►**la·dy** ['leɪdɪ] **I** *s* **1.** Dame *f*: ***ladies and gentlemen*** meine Damen und Herren **2.** ***Lady*** Lady *f* (*Titel*) **3.** ***Our Lady*** REL Unsere Liebe Frau, die Muttergottes **4.** ***Ladies*** *Sg* Damentoilette *f* **II** *Adj* **5.** weiblich: ***lady doctor*** Ärztin *f*
'la·dy·bird, *Am a* **'la·dy·bug** *s* ZOOL Marienkäfer *m*
,la·dy-in-'wait·ing *Pl* **la·dies-in-wait·ing** *s* Hofdame *f*
'la·dy-,kill·er *s ugs* Ladykiller *m*, Herzensbrecher *m*
'la·dy·like *Adj* damenhaft
la·dy's man → ***ladies' man***
lag[1] [læg] **I** *v/i* **1.** *meist* ***lag behind*** zurückbleiben, nicht mitkommen (*beide auch fig*): ***lag behind s.o.*** hinter j-m zurückbleiben **2.** *meist* ***lag behind*** sich verzögern **II** *s* **3.** → ***time lag***
lag[2] [læg] *v/t* TECH verschalen; isolieren, ummanteln
la·ger ['lɑːgə] *s* Lagerbier *n*
lag·ging ['lægɪŋ] *s* TECH Wärmeschutz *m*
la·goon [lə'guːn] *s* Lagune *f*
laid [leɪd] *Prät und Part Perf von* ***lay***[1]
laid-'back *Adj ugs* cool, locker
lain [leɪn] *Part Perf von* ***lie***[2]
lair [leə] *s* ZOOL Lager *n*; Bau *m*; Höhle *f*
la·i·ty ['leɪətɪ] *s* Laien *Pl*
►**lake** [leɪk] *s* See *m*: ***Lake Constance*** der Bodensee
lake dwell·ings *s Pl* Pfahlbauten *Pl*
lam [læm] *sl* **I** *v/t* verdreschen, -möbeln **II** *v/i*: ***lam into s.o.*** auf j-n eindreschen; über j-n herfallen (*auch mit Worten*)
►**lamb** [læm] **I** *s* **1.** Lamm *n*: (***as***) ***meek as a lamb*** lammfromm **2.** Lamm *n*: **a)** GASTR Lammfleisch *n*: ***lamb chop*** Lammkotelett *n*, **b)** → ***lambskin*** **II** *v/i* **3.** lammen
lam·baste [læm'beɪst] *v/t sl* **1.** verdreschen, -möbeln **2.** *fig* herunterputzen, zs.-stauchen
'lamb·skin *s* **1.** Lammfell *n* **2.** Schafleder *n*
lamb's wool *s* Lambswool *f*, Lammwolle *f*
lame [leɪm] **I** *Adj* **1. a)** lahm, **b)** gelähmt **2.** *fig* lahm: **a)** faul (*Ausrede*), **b)** schwach (*Argument*), **c)** matt, schwach (*Anstrengungen*) **II** *v/t* **3.** lähmen (*auch fig*)
lame duck *s ugs* **1.** Niete *f*, Versager(in) (*auch Sache*) **2.** POL *Am nicht wiedergewähltes Kongressmitglied bis zum Ablauf seiner Amtszeit*
lame·ness ['leɪmnɪs] *s* Lahmheit *f*
la·ment [lə'ment] **I** *v/i* **1.** jammern, (weh)klagen, *pej* lamentieren (***for, over*** um) **2.** trauern (***for, over*** um) **II** *v/t* **3.** beklagen: **a)** bejammern, bedauern, **b)** betrauern **III** *s* **4.** Jammer *m*, (Weh)Klage *f* **5.** Klagelied *n*
lam·en·ta·ble ['læməntəbl] *Adj* **1.** beklagenswert, bedauerlich **2.** *pej* erbärmlich, kläglich
lam·en·ta·tion [,læmen'teɪʃn] *s* **1.** (Weh)Klage *f* **2.** *pej* Lamento *n*, Lamentieren *n*
lam·i·nat·ed ['læmɪneɪtɪd] *Adj* TECH laminiert, geschichtet: ***laminated glass*** Verbundglas *n*
►**lamp** [læmp] *s* Lampe *f*, (*Straßen*)Laterne *f*
lam·poon [læm'puːn] **I** *s* Spott-, Schmähschrift *f* **II** *v/t* (*schriftlich*) verspotten
'lamp·post *s* Laternenpfahl *m*: → ***between*** 2
'lamp·shade *s* Lampenschirm *m*
lance [lɑːns] **I** *s* Lanze *f* **II** *v/t* MED *Geschwür etc* (mit einer Lanzette) öffnen
lan·cet ['lɑːnsɪt] *s* **1.** MED Lanzette *f* **2.** ARCHI **a)** *auch* ***lancet arch*** Spitzbogen *m*, **b)** *auch* ***lancet window*** Spitzbogenfenster *n*
►**land** [lænd] **I** *s* **1.** Land *n* (*Ggs. Wasser, Luft*): ***by land*** auf dem Landweg; ***by land and sea*** zu Wasser und zu Lande; ***see*** (*oder* ***find out***) ***how the land lies*** *fig* die Lage peilen; sich einen Überblick verschaffen **2.** Land *n*, Boden *m* **3.** Land *n*, Staat *m* **4.** *fig* Land *n*, Reich *n*: → ***milk*** I **II** *v/i* **5.** FLUG landen, SCHIFF *auch* anlegen **6.** *oft* ***land up*** landen, (an)kommen: ***land up in prison*** im Gefängnis landen **III** *v/t* **7.** *Personen, Güter, Flugzeug* landen, *Güter* ausladen, SCHIFF *auch* löschen **8.** *j-n* bringen: ***land o.s. in trouble*** in Schwierigkeiten geraten *oder* kommen **9.** *ugs Schlag, Treffer* landen, anbringen: ***he landed him one*** er knallte ihm eine **10.** *ugs j-n, etw* kriegen, erwischen, *Preis* ergattern **11.** ***land s.o. s.th.*** *ugs* j-m etw einbringen
land·ed ['lændɪd] *Adj* Land…, Grund…: ***landed property*** Land-, Grundbesitz *m*
land forc·es *s Pl* MIL Landstreitkräfte *Pl*
land·ing ['lændɪŋ] *s* **1.** FLUG Landung *f*, Landen *n*, SCHIFF *auch* Anlegen *n* **2.** (Treppen)Absatz *m*
land·ing field *s* FLUG Landeplatz *m*
land·ing gear *s* FLUG Fahrgestell *n*, -werk *n*
land·la·dy ['læn,leɪdɪ] *s* (Haus-, Gast-, Pensions)Wirtin *f*
land·lord ['lænlɔːd] *s* **1.** Grundeigentümer *m*, -besitzer *m* **2.** (Haus-, Gast-, Pensions)Wirt *m*
land·lub·ber ['lænd,lʌbə] *s* SCHIFF Landratte *f*
'land·mark *s* **1.** Grenzstein *m*, -zeichen *n* **2.** SCHIFF Landmarke *f*, Seezeichen *n* **3.** Wahrzeichen *n* (*einer Stadt etc*) **4.** *fig* Mark-, Meilenstein *m*
land of·fice *s Am* Grundbuchamt *n*
'land,own·er *s* Grundbesitzer(in), -eigentümer(in)
land reg·is·ter *s Br* Grundbuch *n*
land reg·is·try *s Br* Grundbuchamt *n*
land·scape ['lænskeɪp] *s* Landschaft *f* (*auch* MALEREI): ***landscape architect*** Landschaftsarchitekt(in); ***landscape gardener*** Landschaftsgärtner(in); ***landscape painter*** Landschaftsmaler(in)
'land·slide *s* **1.** Erdrutsch *m* **2.** *auch* ***landslide victory*** (*oder* ***win***) POL überwältigender Wahl-

L

sieg

land·ward, **land·wards** ['lændwəd(z)] *Adv* land(ein)wärts

lane [leɪn] *s* **1.** (Feld)Weg *m* **2.** Gasse *f*: **a)** Sträßchen *n*, **b)** Durchgang *m* (*zwischen Menschenreihen etc*) **3.** Schneise *f* **4.** SCHIFF Fahrrinne *f* **5.** FLUG Flugschneise *f* **6.** MOT (Fahr-)Spur *f*: ***change lanes*** die Spur wechseln; ***get in lane*** sich einordnen **7.** SPORT (*einzelne*) Bahn

►**lan·guage** ['læŋgwɪdʒ] *s* **1.** Sprache *f* **2.** Sprache *f*, Ausdrucks-, Redeweise *f*: → ***bad*** 3, ***strong*** 7 **3.** (Fach)Sprache *f*

lan·guage bar·ri·er *s* Sprachbarriere *f*

lan·guage course *s* Sprachkurs *m*

lan·guage la·bor·a·to·ry *s* Sprachlabor *n*

lan·guage school *s* Sprachenschule *f*

lan·guid ['læŋgwɪd] *Adj* **1.** schwach, matt **2.** *fig* lau, interesselos

lan·guish ['læŋgwɪʃ] *v/i* **1.** ermatten, erschlaffen **2.** erlahmen (*Interesse etc*) **3.** sich sehnen, schmachten (***for*** nach)

'lan·guish·ing *Adj* sehnsüchtig, schmachtend (*Blick etc*)

lan·guor ['læŋgə] *s* **1.** Schwachheit *f*, Mattigkeit *f* **2.** *fig* Lauheit *f*, Interesselosigkeit *f* **3.** einschläfernde Schwüle

'lan·guor·ous *Adj* **1.** → ***languid*** **2.** einschläfernd schwül

lank [læŋk] *Adj* **1.** hager, mager **2.** glatt (*Haar*)

'lank·y *Adj* schlaksig

lan·tern ['læntən] *s* Laterne *f*

La·os ['lɑːɒs, laʊs] *Eigenn* Laos *n*

lap¹ [læp] *s* Schoß *m* (*auch fig*): ***drop into s.o.'s lap*** j-m in den Schoß fallen

lap² [læp] **I** *v/t* **1.** wickeln (**[*a*]*round*** um) **2.** einschlagen, -wickeln (***in*** in *Akk*) **3.** hinausragen über (*Akk*) **4.** SPORT überrunden **II** *v/i* **5.** überstehen, hinausragen (***over*** über *Akk*) **6.** sich überlappen **III** *s* **7.** SPORT Runde *f*: ***lap of hono(u)r*** Ehrenrunde

lap³ [læp] **I** *v/t* **1.** (sch)lecken: ***lap up*** **a)** auf(sch)lecken, **b)** *fig ugs* fressen, schlucken (*kritiklos glauben*), **c)** *fig ugs Komplimente etc* gierig aufnehmen **II** *v/i* **2.** plätschern (***against*** gegen, an *Akk*)

lap belt *s* FLUG, MOT Beckengurt *m*

la·pel [lə'pel] *s* Aufschlag *m*, Revers *n*, *m*

lapse [læps] **I** *s* **1.** Versehen *n*, (kleiner) Fehler *oder* Irrtum **2.** Vergehen *n*, Entgleisung *f* **3.** Zeitspanne *f* **4.** JUR Verfall *m*, Erlöschen *n* **II** *v/i* **5.** vergehen, -streichen (*Zeit*); ablaufen (*Frist*) **6.** verfallen, -sinken (***into*** in *Akk*) **7.** JUR verfallen, erlöschen (*Anspruch etc*)

lap·top ['læptɒp] *s* COMPUTER Laptop *m*

lap·wing ['læpwɪŋ] *s* ORN Kiebitz *m*

lar·ce·ny ['lɑːsənɪ] *s* JUR Diebstahl *m*: ***grand (petty) larceny*** schwerer (einfacher) Diebstahl

larch [lɑːtʃ] *s* BOT Lärche *f*

lard [lɑːd] **I** *s* **1.** Schweinefett *n*, -schmalz *n* **II** *v/t* **2.** einfetten **3.** *Fleisch* spicken **4.** *fig* spicken, (aus)schmücken (***with*** mit)

lard·er ['lɑːdə] *s* **1.** Speisekammer *f* **2.** Speiseschrank *m*

►**large** [lɑːdʒ] **I** *Adj* (→ ***largely***) **1.** *allg* groß: ***(as) large as life*** in voller Lebensgröße; ***larger than life*** überlebensgroß **2.** groß (*Familie etc*), (*Einkommen etc auch*) beträchtlich, (*Mahlzeit*) ausgiebig, reichlich **3.** umfassend, weitgehend (*Vollmachten etc*) **4.** Groß…: ***large consumer*** Großverbraucher(in) **5.** *ugs* großspurig **II** *s* **6.** ***at large*** **a)** in Freiheit, auf freiem Fuß: ***set at large*** auf freien Fuß setzen, **b)** (sehr) ausführlich, **c)** in der Gesamtheit: ***the nation at large*** die ganze Nation

►**large·ly** ['lɑːdʒlɪ] *Adv* **1.** großen-, größtenteils **2.** allgemein

large·ness ['lɑːdʒnɪs] *s* **1.** Größe *f* **2.** *ugs* Großspurigkeit *f*

'large-scale *Adj* groß (angelegt), Groß…: ***large-scale experiment*** Großversuch *m*

lar·gess, **lar·gesse** [lɑː'dʒes] *s* Freigebigkeit *f*, Großzügigkeit *f*

lark¹ [lɑːk] *s* ORN Lerche *f*

lark² [lɑːk] *ugs* **I** *s* Jux *m*, Ulk *m*: ***for a lark*** zum Spaß, aus Jux **II** *v/i meist* ***lark about*** (*oder* ***around***) Blödsinn machen, herumalbern

lark·spur ['lɑːkspɜː] *s* BOT Rittersporn *m*

lar·va ['lɑːvə] *Pl* **lar·vae** ['lɑːviː] *s* ZOOL Larve *f*

lar·yn·gi·tis [ˌlærɪn'dʒaɪtɪs] *s* MED Kehlkopfentzündung *f*

lar·ynx ['lærɪŋks] *Pl* **la·ryn·ges** [lə'rɪndʒiːz] *s* ANAT Kehlkopf *m*

las·civ·ious [lə'sɪvɪəs] *Adj* **1.** geil, lüstern **2.** lasziv, schlüpfrig

la·ser ['leɪzə] *s* PHYS Laser *m*

la·ser beam *s* Laserstrahl *m*

la·ser gun *s* Laserpistole *f*

la·ser print·er *s* COMPUTER Laserdrucker *m*

la·ser sur·ge·ry *s* Laserchirurgie *f*

lash¹ [læʃ] **I** *s* **1.** Peitschenschnur *f* **2.** Peitschenhieb *m* **3.** *fig* (Peitschen)Hieb *m* (***at*** gegen) **4.** Peitschen *n* (*auch fig*) **5.** (Augen)Wimper *f* **II** *v/t* **6.** (aus)peitschen **7.** *fig* **a)** peitschen, **b)** peitschen an (*Akk*) *oder* gegen **8.** peitschen mit: ***lash its tail*** mit dem Schwanz um sich schlagen **9.** *fig* aufpeitschen (***into*** zu) **10.** *fig* geißeln, vom Leder ziehen gegen **III** *v/i* **11.** ***lash against*** *siehe* 7b; ***lash down*** niederprasseln (*Regen*) **12.** schlagen (***at*** nach): ***lash into*** **a)** einschlagen auf (*Akk*), **b)** *fig j-n* zs.-stauchen; ***lash out*** (wild) um sich schlagen; ausschlagen (*Pferd*); ***lash out at*** **a)** einschlagen auf (*Akk*), **b)** *auch* ***lash out against*** *siehe* 10

lash² [læʃ] *v/t* **1.** *auch* ***lash down*** (fest)binden (***to, on*** an *Dat*) **2.** SCHIFF (fest)zurren

lash·ing ['læʃɪŋ] *s* **1.** Auspeitschung *f* **2.** *Pl bes Br ugs* eine Unmenge (***of*** von, an *Dat*)

lass [læs], **las·sie** ['læsɪ] *s* **1.** Mädchen *n* **2.** Freundin *f*, Schatz *m*

las·si·tude ['læsɪtjuːd] *s* Mattigkeit *f*

las·so [læ'suː] **I** *Pl* **las·sos**, **las·soes** *s* Lasso *n*, *m* **II** *v/t* mit einem Lasso (ein)fangen

►**last¹** [lɑːst] **I** *Adj* (→ ***lastly***) **1.** letzt: ***last but one*** vorletzt; ***last but two*** drittletzt **2.** letzt, vorig: ***last Monday*** (am) letzten *oder* vorigen Montag; ► ***last night*** gestern Abend; letzte Nacht **3.** letzt (*allein übrig bleibend*): ***my last***

Signalwörter für das past tense GR

In Sätzen mit Ausdrücken, die einen eindeutigen Bezug zur Vergangenheit haben, muss das **simple past** stehen:

When did you last see her?	Wann haben Sie sie zum letzten Mal gesehen?

Weitere Signalwörter:
two minutes / days ago, yesterday, last week / Friday, on 1 January 2005, in 1945, just then

L

hope **4.** letzt (*am wenigsten erwartet oder geeignet*): ***the last thing I would do*** das Letzte, was ich tun würde **II** *Adv* **5.** zuletzt, an letzter Stelle: ***he came last*** er kam als Letzter; ***last but not least*** nicht zuletzt, nicht zu vergessen **6.** zuletzt, zum letzten Mal **7.** *in Zssgn*: ***last-mentioned*** letztgenannt, -erwähnt **III** *s* **8.** ▶ ***at last*** endlich, schließlich, zuletzt **9.** *der, die, das* Letzte: ***the last to arrive*** der Letzte, der ankam; ***to the last*** bis zum Äußersten; bis zum Ende *oder* Schluss

last² **I** *v/i* **1.** (an-, fort)dauern **2.** *auch* ***last out*** durch-, aushalten **3.** (sich) halten **4.** *auch* ***last out*** (aus)reichen (*Geld etc*) **II** *v/t* **5.** *j-m* reichen (*Geld etc*) **6.** *meist* ***last out*** überdauern, -leben

last³ [lɑːst] *s* Leisten *m*: ***stick to one's last*** *fig* bei seinem Leisten bleiben

'last-ditch *Adj* allerletzt: ***last-ditch attempt*** *auch* letzter verzweifelter Versuch

last·ing ['lɑːstɪŋ] *Adj* **1.** dauerhaft: **a)** andauernd, beständig: ***lasting peace*** dauerhafter Friede; ***lasting effect*** anhaltende Wirkung; ***lasting memories*** *Pl* bleibende Erinnerungen *Pl*, **b)** haltbar **2.** nachhaltig (*Eindruck etc*)

last·ly ['lɑːstlɪ] *Adv* zuletzt, zum Schluss

latch [lætʃ] **I** *s* **1.** Schnappriegel *m* **2.** Schnappschloss *n* **II** *v/t* **3.** ein-, zuklinken **III** *v/i* **4.** einschnappen **5.** ***latch on*** *ugs* kapieren: ***latch on to*** (*oder* ***onto***) ***s.th.*** etw kapieren

'latch·key *s* Haus-, Wohnungsschlüssel *m*: ***latchkey child*** Schlüsselkind *n*

▶ **late** [leɪt] **I** *Adj* (→ ***lately***) **1.** spät: ***late shift*** WIRTSCH Spätschicht *f*; ***it's getting late*** es ist schon spät **2.** vorgerückt, Spät...: ***late summer*** Spätsommer *m* **3.** verspätet: ***be late*** zu spät kommen (***for dinner*** zum Essen), sich verspäten; Verspätung haben (*Zug etc*) **4.** ***the latest fashion*** die neueste Mode **5.** letzt, früher, ehemalig; verstorben **II** *Adv* **6.** spät: ***as late as last year*** erst *oder* noch letztes Jahr; ***see you later*** auf bald, bis später; ▶ ***later*** (***on***) später; → ***sleep*** II **7.** zu spät

late und lately

⚠ Achten Sie auf den Bedeutungsunterschied:

late (Adjektiv + Adverb)	spät
lately (Adverb)	vor kurzem; in letzter Zeit

'late,com·er *s* Zuspätkommende *m, f*; Zuspätgekommene *m, f*

▶ **late·ly** ['leɪtlɪ] *Adv* **1.** vor kurzem, kürzlich **2.** in letzter Zeit, neuerdings

'late·ness *s* **1.** späte Zeit: ***the lateness of his arrival*** seine späte Ankunft **2.** Verspätung *f*, Zuspätkommen *n*

la·tent ['leɪtənt] *Adj* latent (*auch* MED *etc*), verborgen

lat·er·al ['lætərəl] *Adj* seitlich, Seiten...

'lat·er·al·ly *Adv* **1.** seitlich, seitwärts **2.** von der Seite

▶ **la·test** ['leɪtɪst] **I** *Adj und Adv Sup von* ***late*** **II** *s* ***at the latest*** spätestens

lathe [leɪð] *s* TECH Drehbank *f*

lath·er ['lɑːðə] **I** *s* **1.** (Seifen)Schaum *m* **2.** ***get in a lather, work o.s. up into a lather*** *ugs* außer sich geraten (***over*** wegen) **II** *v/t* **3.** einseifen **4.** *ugs* verprügeln **III** *v/i* **5.** schäumen

Lat·in ['lætɪn] LING **I** *Adj* lateinisch **II** *s* Latein(isch) *n*

Lat·in A·mer·i·can **I** *Adj* lateinamerikanisch **II** *s* Lateinamerikaner(in)

lat·i·tude ['lætɪtjuːd] *s* **1.** GEOG Breite *f*: ***in these latitudes*** in diesen Breiten *oder* Gegenden; → ***degree*** 2, ***parallel*** 3 **2.** *fig* Spielraum *m*, (Bewegungs)Freiheit *f*

la·trine [lə'triːn] *s* Latrine *f*

lat·ter ['lætə] *Adj* **1.** letzterwähnt, -genannt (*von zweien*): → ***former*** 2 **2.** letzt, später: ***the latter half of June*** die zweite Junihälfte

lat·tice ['lætɪs] *s* Gitter(werk) *n*

Lat·via ['lætvɪə] *Eigenn* Lettland *n*

Lat·vi·an ['lætvɪən] **I** *Adj* lettisch **II** *s* Lette *m*, Lettin *f*

laud·a·ble ['lɔːdəbl] *Adj* löblich, lobenswert

▶ **laugh** [lɑːf] **I** *s* Lachen *n*, Gelächter *n*: ***with a laugh*** lachend; ***have a good laugh*** herzlich lachen; ***have the last laugh*** am Ende recht haben **II** *v/i* lachen (***at*** über *Akk*): ***laugh at s.o.*** *auch* j-n auslachen; ***laugh to o.s.*** in sich hineinlachen; ***laugh out loud*** laut auf- *oder* herauslachen; → ***beard***, ***sleeve*** 1 **III** *v/t*: ***laugh off*** *etw* lachend *oder* mit einem Scherz abtun

'laugh·a·ble *Adj* lächerlich, lachhaft

laugh·ing ['lɑːfɪŋ] **I** *s* **1.** Lachen *n*, Gelächter *n* **II** *Adj* **2.** lachend **3.** lustig: ***it is no laughing matter*** es ist nicht(s) zum Lachen

laugh·ing gas *s* CHEM Lachgas *n*

'laugh·ing·stock *s* Zielscheibe *f* des Spotts: ***make s.o. the laughingstock of*** j-n zum Gespött (*Gen*) machen

▶ **laugh·ter** ['lɑːftə] *s* Lachen *n*, Gelächter *n*

▶ **launch¹** [lɔːntʃ] **I** *v/t* **1.** *Boot* zu Wasser lassen; *Schiff* vom Stapel lassen: ***be launched*** vom Stapel laufen **2.** *Geschoss*, *Torpedo* abschießen, *Rakete*, *Raumfahrzeug*, *Computer* starten **3.** *Rede*, *Kritik etc* vom Stapel lassen; *Drohungen etc* ausstoßen **4.** *Projekt etc* in Gang setzen, starten **II** *v/i* **5.** *fig* sich stürzen (***into*** in *Akk*) **III** *s* **6.** SCHIFF Stapellauf *m* **7.** Abschuss *m*, Start *m*

launch² [lɔːntʃ] *s* SCHIFF Barkasse *f*

launch·ing ['lɔːntʃɪŋ] → ***launch¹*** III

launch·ing pad *s* Abschussrampe *f*

launch·ing site *s* Abschussbasis *f*

laun·der ['lɔːndə] **I** *v/t Wäsche* waschen (u. bügeln); *fig Geld* waschen **II** *v/i* sich waschen (lassen)

laun·der·ette [ˌlɔːnd'ret] *s* Waschsalon *m*

laun·dro·mat ['lɔːndrəmæt] *s bes Am* Waschsalon *m*

▶ **laun·dry** ['lɔːndrɪ] *s* **1.** Wäscherei *f* **2.** Wäsche *f* **3.** *fig* Geldwaschanlage *f*

laun·dry bas·ket *s* Wäschekorb *m*

lau·rel ['lɒrəl] *s* **1.** BOT Lorbeer(baum) *m* **2.** Lorbeerkranz *m* **3.** ***rest on one's laurels*** *fig* (sich) auf seinen Lorbeeren ausruhen

la·va ['lɑːvə] *s* Lava *f*

lav·a·to·ry ['lævətərɪ] *s* **1.** Waschraum *m* **2.** Toilette *f*, Klosett *n*: ***in the lavatory*** in *oder* auf der Toilette

lav·a·to·ry at·tend·ant *s* Toilettenmann *m*, -frau *f*

lav·a·to·ry pa·per *s Br* Toiletten-, Klosettpapier *n*

lav·en·der ['lævəndə] *s* BOT Lavendel *m*

lav·ish ['lævɪʃ] **I** *Adj* **1.** sehr freigebig, verschwenderisch (***in*** in *Dat*) **2.** überschwänglich (*Lob etc*), großzügig (*Geschenk etc*), luxuriös, aufwendig (*Einrichtung etc*) **II** *v/t* **3.** verschwenden: ***lavish s.th. on s.o.*** j-n mit etw überhäufen

► **law** [lɔː] *s* **1.** (*objektives*) Recht, Gesetz(e *Pl*) *n*: ***against the law*** gesetz-, rechtswidrig; ***under German law*** nach deutschem Recht; ***law and order*** Recht *oder* Ruhe und Ordnung **2.** (*einzelnes*) Gesetz **3.** Recht *n*: **a)** Rechtssystem *n*, **b)** (*einzelnes*) Rechtsgebiet: → ***international*** 1 **4.** Rechtswissenschaft *f*, Jura *Pl*: ***read*** (*oder* ***study***) ***law*** Jura studieren **5.** Gericht *n*, Rechtsweg *m*: ***go to law*** vor Gericht gehen, prozessieren **6.** *ugs* Bullen *Pl* (*Polizei*); Bulle *m* (*Polizist*) **7.** *allg* Gesetz *n*, Vorschrift *f* **8. a)** *auch* ***law of nature, natural law*** Naturgesetz *n*, **b)** (wissenschaftliches) Gesetz, **c)** (Lehr)Satz *m*

'law-a,bid·ing *Adj* gesetzestreu

'law,break·er *s* Gesetzesübertreter(in), Rechtsbrecher(in)

law court *s* Gerichtshof *m*

law·ful ['lɔːfʊl] *Adj* **1.** gesetzlich, legal **2.** rechtmäßig, legitim **3.** gesetzlich anerkannt, rechtsgültig

'law·less *Adj* **1.** gesetzlos **2.** rechts-, gesetzwidrig **3.** zügellos

lawn [lɔːn] *s* Rasen *m*

lawn chair *s Am* Liegestuhl *m*

lawn mow·er *s* Rasenmäher *m*

'law·suit *s* JUR (Zivil)Prozess *m*, Verfahren *n*

► **law·yer** ['lɔːjə] *s* **1.** (Rechts)Anwalt *m*, (-)Anwältin *f* **2.** Jurist(in)

lax [læks] *Adj* **1.** schlaff, lose, locker **2.** *fig* lax, lasch (*Einstellung etc*), locker (*Sitten etc*) **3.** *fig* unklar, verschwommen (*Vorstellung etc*)

lax·a·tive ['læksətɪv] *s* PHARM mildes Abführmittel

'lax·i·ty, 'lax·ness *s* **1.** Schlaffheit *f* **2.** Laxheit *f*, Laschheit *f*

► **lay**[1] [leɪ] (*unreg*) **I** *v/t* **1.** legen, *Teppich* verlegen **2.** *Eier* legen **3.** *fig Hinterhalt etc* legen, *Hoffnungen etc* setzen (***on*** auf *Akk*) **4.** (her-) richten, *Tisch* decken **5.** be-, auslegen (***with*** mit) **6.** (***before***) vorlegen (*Dat*), bringen (vor *Dat*) **7.** *Anspruch etc* geltend machen **8.** *Schuld etc* zuschreiben, zur Last legen (***to*** *Dat*) **II** *v/i* **9.** (Eier) legen **10.** ***lay about one*** → ***lay about***; ***lay into s.o.*** über j-n herfallen (*auch mit Worten*) **11.** ***lay off*** *ugs j-n, etw* in Ruhe lassen; aufhören mit

◆ **lay a·bout** *v/i* (wild) um sich schlagen (***with*** mit)

◆ **lay a·side** *v/t* **1.** beiseitelegen, weglegen **2.** *Angewohnheit etc* ablegen, aufgeben **3.** (*für die Zukunft*) beiseitelegen *oder* auf die Seite legen, zurücklegen

◆ **lay a·way** *v/t* **1.** → ***lay aside*** 3 **2.** *angezahlte Ware* zurücklegen

◆ **lay down** *v/t* **1.** hinlegen **2.** *Amt, Waffen etc* niederlegen **3.** *sein Leben* hingeben, opfern **4.** planen, entwerfen; *Straße etc* anlegen **5.** *Grundsatz etc* aufstellen, *Regeln etc* festlegen, -setzen, *Bedingungen* (*in einem Vertrag*) niederlegen, verankern

◆ **lay in** *v/t* sich eindecken mit; einlagern

◆ **lay off** **I** *v/t* **1.** *Arbeiter* (*bes* vorübergehend) entlassen **2.** *Arbeit* einstellen **3.** *ugs* aufhören mit: ***lay off smoking*** *auch* das Rauchen aufgeben **II** *v/i* **4.** *ugs* Feierabend machen; Ferien machen, ausspannen; aufhören; eine Pause machen: ***lay off!*** hör auf (damit)!

◆ **lay on** *v/t* **1.** *Farbe etc* auftragen: ***lay it on*** *ugs* dick auftragen; → ***thick*** 6, ***trowel*** **2.** *Br Gas etc* installieren **3.** *Br Busse etc* einsetzen

◆ **lay o·pen** *v/t* **1.** bloß legen, freilegen **2.** *fig* offen darlegen; aufdecken, enthüllen

◆ **lay out** *v/t* **1.** ausbreiten, -legen **2.** ausstellen **3.** *Toten* aufbahren **4.** planen, entwerfen **5.** *typografisch*: aufmachen, das Layout (*Gen*) machen **6.** ***lay o.s. out*** *ugs* sich mächtig anstrengen

◆ **lay to** *v/i* SCHIFF beidrehen

◆ **lay up** *v/t* **1.** anhäufen, (an)sammeln: ***lay up trouble for o.s.*** sich Schwierigkeiten einbrocken *oder* einhandeln **2.** ***be laid up*** das Bett hüten müssen, bettlägerig sein: ***be laid up with influenza*** mit Grippe im Bett liegen

lay[2] [leɪ] *Prät von* ***lie***[2]

lay[3] [leɪ] *Adj* Laien…: **a)** REL weltlich: ***lay preacher*** Laienprediger(in), **b)** laienhaft, nicht fachmännisch

'lay·a,bout *s bes Br ugs* Faulenzer(in), Tagedieb(in)

'lay-by *s* MOT *Br* Park-, Rastplatz *m* (*Autobahn*), Parkbucht *f* (*Landstraße*)

lay·er ['leɪə] **I** *s* **1.** Schicht *f* (*auch* GEOL), Lage *f*: ***in layers*** schicht-, lagenweise **2.** *in Zssgn* …leger(in) **3.** LANDW, BOT Ableger *m* **II** *v/t* **4.** schicht- *oder* lagenweise anordnen, schichten

lay·ette [leɪ'et] *s* Babyausstattung *f*

lay·man ['leɪmən] *s* (*unreg* ***man***) Laie *m*

'lay·off *s* **1.** (*bes* vorübergehende) Entlassung **2.** *ugs* Pause *f*

'lay·out *s* **1.** Grundriss *m*, Lageplan *m* **2.** *typografisch*: Layout *n*

'lay,o·ver *s Am* Zwischenstation *f*

laze [leɪz] **I** *v/i* faulenzen **II** *v/t meist* ***laze away*** *Zeit* vertrödeln

'la·zi·ness *s* Faulheit *f*; Trägheit *f*

► **la·zy** ['leɪzɪ] *Adj* **1.** faul; träg(e) **2.** träg(e), langsam

'la·zy,bones *s Sg ugs* Faulpelz *m*

> **lb** SG
>
> Die Abkürzung **lb** stammt vom lateinischen *libra* (= Pfund).

LCD [elsiː'diː] *Abk* (= ***liquid crystal diode***) Flüssigkristalldiode *f*: ***LCD display*** Flüssigkristallanzeige *f*

► **lead**[1] [led] **I** *s* **1.** CHEM Blei *n* **2.** SCHIFF Senkblei *n*, Lot *n* **3.** (Bleistift)Mine *f* **4.** Blei *n*, Kugeln *Pl* **II** *v/t* **5.** verbleien: ***leaded*** verbleit **6.** mit Blei beschweren

► **lead**[2] [liːd] **I** *s* **1.** Führung *f*: **a)** Leitung *f*: ***under s.o.'s lead***, **b)** führende Stelle, Spitze *f*: ***be in the lead*** an der Spitze stehen, führend sein, (*Sport etc*) in Führung liegen, führen; ***take the lead*** die Führung übernehmen, sich an die Spitze setzen (***from*** vor *Dat*) (*beide auch Sport*) **2.** Vorsprung *m* (***over*** vor *Dat*) (*auch Sport*) **3.** Vorbild *n*, Beispiel *n*: ***follow s.o.'s lead*** j-s Beispiel folgen **4.** Hinweis *m*, Wink *m*; Anhaltspunkt *m* **5.** THEAT *etc* Hauptrolle *f*; Hauptdarsteller(in) **6.** (Hunde)Leine *f*: ***keep on the lead*** an der Leine führen *oder* halten **II** *Adj* **7.** Leit…, Führungs…: ***lead guitarist*** MUS Leadgitarrist(in) **III** *v/t* (*unreg*) **8.** führen: ***lead the way*** vorangehen; → ***garden*** 3, ***nose*** 1 **9.** führen, bringen (*auch Straße etc*) **10.** dazu bringen, veranlassen (***to do*** zu tun) **11.** (an)führen, leiten **12.** *Leben* führen **IV** *v/i* (*unreg*) **13.**

führen: **a)** vorangehen, **b)** die erste Stelle einnehmen, **c)** (*Sport*) an der Spitze *oder* in Führung liegen **14.** führen (*Straße etc*): ***lead to*** *fig* führen zu
◆ **lead a·stray** *v/t fig* irreführen; verführen
◆ **lead a·way** *v/t* **1.** wegführen, *Verhafteten etc* abführen **2.** *fig* abbringen (***from*** von)
◆ **lead off** **I** *v/t* **1.** → ***lead away*** **2.** einleiten, beginnen (***with*** mit) **II** *v/i* **3.** anfangen, beginnen
◆ **lead on** *v/t j-m* etw vor- *oder* weismachen: ***lead s.o. on to think that*** j-n glauben machen, dass
◆ **lead up** *v/i fig* (***to***) (allmählich) führen (zu); hinauswollen (auf *Akk*)
lead·en ['ledn] *Adj* bleiern: **a)** Blei…, **b)** bleigrau, **c)** *fig* schwer
▶ **lead·er** ['liːdə] *s* **1.** Führer(in) **2.** (An)Führer(in), (*Delegations-, Oppositions- etc*)Führer(in) **3.** MUS **a)** *bes Am* Leiter(in), Dirigent(in), **b)** *bes Br* Konzertmeister(in), **c)** (*Band-*) Leader(in) **4.** *bes Br* Leitartikel *m* **5.** *Sport etc*: Spitzenreiter *m* **6.** WIRTSCH Zug-, Lockartikel *m*
'lead·er·ship *s* **1.** Führung *f*, Leitung *f* **2.** *auch* ***leadership qualities*** *Pl* Führungsqualitäten *Pl*
lead-free ['ledfriː] *Adj* bleifrei (*Benzin*)
lead·ing ['liːdɪŋ] *Adj* **1.** führend: **a)** Leit…, leitend, **b)** Haupt…, erst **2.** erst
lead·ing ar·ti·cle → ***leader*** 4
'lead·ing-,edge tech'nol·o·gy *s* Spitzentechnik *f*
lead·ing la·dy *s* THEAT *etc* Hauptdarstellerin *f*
lead·ing light *s* führende *oder* wichtige Persönlichkeit
lead·ing man *s* (*unreg* ***man***) THEAT *etc* Hauptdarsteller *m*
lead·ing ques·tion *s* Suggestivfrage *f*
lead·ing strings *s Pl Am* Gängelband *n* (*auch fig*): ***keep s.o. in leading strings*** j-n am Gängelband führen *oder* haben *oder* halten
▶ **leaf** [liːf] **I** *Pl* **leaves** [liːvz] *s* **1.** BOT Blatt *n*: ***come into leaf*** ausschlagen **2.** Blatt *n* (*Buch*): ***take a leaf out of s.o.'s book*** *fig* sich an j-m ein Beispiel nehmen; ***turn over a new leaf*** *fig* ein neues Leben beginnen **3.** (*Fenster-, Tür-*) Flügel *m*; (*Tisch*)Klappe *f*; Ausziehplatte *f* (*eines Tischs*): ***pull out the leaves*** den Tisch ausziehen **II** *v/i* **4.** ***leaf through*** durchblättern

Pluralbildung mit -ves GR

Bei Substantiven, die im Singular auf **-f** bzw. **-fe** enden, verändert sich die Endung im Plural zu **-ves**. Beispiele dafür sind:

leaf – leaves	**knife – knives**
life – lives	**wife – wives**

Manche Wörter können den Plural auch regelmäßig durch Anhängen von **-s** bilden:

dwarf	**dwarves / dwarfs**
scarf	**scarves / scarfs**

leaf·let ['liːflɪt] *s* Flugblatt *n*, Hand-, Reklamezettel *m*; Prospekt *m*
league [liːg] *s* **1.** Liga *f*, Bund *m* **2.** Bündnis *n*, Bund *m*: ***be in league with*** gemeinsame Sache machen mit **3.** SPORT Liga *f*: ***league game*** Punktspiel *n*
leak [liːk] **I** *s* **1. a)** SCHIFF Leck *n* (*auch in Tank etc*): ***spring a leak*** ein Leck bekommen, **b)** undichte Stelle (*auch fig*) **2.** Auslaufen *n*; *fig* Durchsickern *n* **II** *v/i* **3.** lecken, leck sein **4.** tropfen (*Wasserhahn*) **5.** ***leak out*** auslaufen, -treten; *fig* durchsickern **III** *v/t* **6.** *fig* durchsickern lassen
'leak·age *s* **1.** → ***leak*** 2 **2.** WIRTSCH Leckage *f*
'leak·y *Adj* leck, undicht (*auch fig*)
▶ **lean¹** [liːn] **I** *Adj* mager (*auch* TECH *und fig*); schlank (*Produktion, Management*) **II** *s das* Magere (*des Fleisches*)
▶ **lean²** [liːn] **I** *v/i* (*bes Br auch unreg*) **1.** sich neigen, schief sein *oder* stehen **2.** sich beugen (***over*** über *Akk*): ***lean back*** sich zurücklehnen; ***lean forward*** sich vorbeugen; ***lean over backward(s)*** *ugs* sich fast umbringen (***to do*** zu tun) **3.** (***against***) sich lehnen (an *Akk*, gegen); lehnen (an *Dat*) **4.** (***on***) sich stützen (auf *Akk*); *fig* sich verlassen (auf *Akk*) **5.** ***lean to(ward[s])*** *fig* (hin)neigen *oder* tendieren zu **II** *v/t* (*bes Br auch unreg*) **6.** lehnen (***against*** an *Akk*, gegen) **III** *s* **7.** Neigung *f*
'lean·ing **I** *Adj* schräg, schief **II** *s fig* Neigung *f*, Tendenz *f* (***to, toward[s]*** zu)
leant [lent] *bes Br Prät und Part Perf von* ***lean²***
leap [liːp] **I** *v/i* (*auch unreg*) springen: ***leap at*** *fig* sich stürzen auf (*ein Angebot etc*); ***leap for joy*** Freudensprünge machen; ***leap out*** ins Auge springen (***at s.o.*** j-m); ***leap up*** aufspringen; *fig* sprunghaft anwachsen; → ***conclusion*** 3 **II** *v/t* (*auch unreg*) überspringen (*auch fig*), springen über (*Akk*) **III** *s* Sprung *m* (*auch fig*): ***take a leap*** einen Sprung machen; ***by*** (*oder* ***in***) ***leaps and bounds*** *fig* sprunghaft **IV** *Adj* Schalt…: ***leap day*** Schalttag; ***leap second*** Schaltsekunde; ***leap year*** Schaltjahr
'leap·frog **I** *s* Bockspringen **II** *v/i* Bock springen
leapt [lept] *Prät und Part Perf von* ***leap***
▶ **learn** [lɜːn] (*auch unreg*) **I** *v/t* **1.** (er)lernen: ***learn*** (***how***) ***to swim*** schwimmen lernen **2.** (***from***) erfahren, hören (von); ersehen, entnehmen (aus *einem Brief etc*) **II** *v/i* **3.** lernen **4.** hören, erfahren (***about, of*** von)
learn·ed ['lɜːnɪd] *Adj* gelehrt (*Mensch*), (*Abhandlung etc auch*) wissenschaftlich
'learn·er *s* **1.** Anfänger(in) **2.** Lernende *m, f*: ***be a fast*** (***slow***) ***learner*** schnell (langsam) lernen; ***learner driver*** Fahrschüler(in)
learnt [lɜːnt] *Prät und Part Perf von* ***learn***
lease [liːs] **I** *s* **1.** Pacht-, Mietvertrag *m* **2.** Verpachtung *f*, Vermietung *f* (***to*** an *Akk*); Pacht *f*, Miete *f*: ***take a lease on*** *siehe* 5 **3.** Pacht-, Mietzeit *f* **II** *v/t* **4.** ***lease out*** verpachten, -mieten (***to*** an *Akk*) **5.** pachten, mieten; leasen
leash [liːʃ] *s* (Hunde)Leine *f*: ***keep on the leash*** an der Leine halten *oder* führen
▶ **least** [liːst] **I** *Adj* (*Sup von* ***little***) **1.** geringst, mindest, wenigst: → ***resistance*** 1 **2.** geringst, unbedeutendst: ***at the least*** (***little***) ***thing*** bei der geringsten Kleinigkeit **II** *s* **3.** *das* Mindeste, *das* wenigste: ▶ ***at least*** wenigstens, zumindest; ***at*** (***the***) ***least*** mindestens; ***not in the least*** nicht im Geringsten *oder* Mindesten; ***to say the least*** gelinde gesagt **III** *Adv* **4.** am wenigsten: ***least of all*** am allerwenigsten
▶ **leath·er** ['leðə] **I** *s* Leder *n* (*auch hum Haut; auch* SPORT *Ball*): → ***tough*** 1 **II** *v/t ugs* versohlen
leath·er belt *s* Ledergürtel *m*
leath·er jack·et *s* Lederjacke *f*
'leath·er·neck *s* MIL *Am sl* Ledernacken *m*
leath·er·y ['leðərɪ] *Adj* lederartig, zäh

►**leave**[1] [liːv] (*unreg*) **I** *v/t* **1.** verlassen: **a)** von *j-m, einem Ort etc* fort-, weggehen, **b)** abreisen, abfahren *etc* von, **c)** von *der Schule* abgehen, **d)** *j-n, etw* im Stich lassen, *etw* aufgeben: ***she left him for another man*** sie verließ ihn wegen eines anderen Mannes **2.** lassen: ***leave alone*** allein lassen; *j-n, etw* in Ruhe lassen; ***leave it at that*** es dabei belassen *oder* (bewenden) lassen; ***leave s.o. to himself*** j-n sich selbst überlassen; → ***cold*** 4, ***lurch***[2] **3.** übrig lassen: ***be left*** übrig bleiben *oder* übrig sein **4.** *Narbe etc* zurücklassen, *Nachricht, Spur etc* hinterlassen **5.** hängen *oder* liegen *oder* stehen lassen, vergessen **6.** überlassen, anheimstellen (***to s.o.*** j-m) **7.** vermachen, -erben **II** *v/i* **8.** (fort-, weg)gehen, abreisen, abfahren (***for*** nach) **9.** gehen (*die Stellung aufgeben*)

◆**leave be·hind** *v/t* **1.** zurücklassen **2.** → ***leave***[1] 4, 5 **3.** *Gegner etc* hinter sich lassen (*auch fig*)

◆**leave on** *v/t Radio etc* anlassen, *Kleidungsstück auch* anbehalten

◆**leave out** *v/t* aus-, weglassen (***of*** von, bei)

◆**leave o·ver** *v/t Br* **1.** → ***leave***[1] 3 **2.** verschieben (***until*** auf *Akk*, bis)

leave[2] [liːv] *s* **1.** Erlaubnis *f*, Genehmigung *f*: ***ask leave of s.o., ask s.o.'s leave*** j-n um Erlaubnis bitten **2.** Urlaub *m*: ***on leave*** auf Urlaub **3.** Abschied *m*: ***take (one's) leave*** Abschied nehmen (***of*** von)

leav·en ['levn] **I** *s* **1.** Sauerteig *m*; Treibmittel *n* **II** *v/t* **2.** *Teig* säuern; (auf)gehen lassen **3.** *fig* auflockern (***with*** mit, durch)

leaves [liːvz] *Pl von* ***leaf***

Leb·a·nese [ˌlebəˈniːz] **I** *Adj* libanesisch **II** *s* Libanese *m*, Libanesin *f*

Leb·a·non ['lebənən] *Eigenn der* Libanon

lech·er ['letʃə] *s* Lüstling *m*

'lech·er·ous *Adj* geil, lüstern

lec·ture ['lektʃə] **I** *s* **1.** (***on*** über *Akk*; ***to*** vor *Dat*) Vortrag *m*; UNI Vorlesung *f*: ***lecture hall*** (*oder* ***theater***, *bes Br* ***theatre***) Hörsaal *m* **2.** Strafpredigt *f*: ***give*** (*oder* ***read***) ***s.o. a lecture*** *siehe* 4 **II** *v/i* **3.** (***on*** über *Akk*; ***to*** vor *Dat*) einen Vortrag *oder* Vorträge halten; UNI eine Vorlesung *oder* Vorlesungen halten **III** *v/t* **4.** *j-m* eine Strafpredigt halten

'lec·tur·er *s* **1.** Vortragende *m, f* **2.** UNI Dozent(in)

led [led] *Prät und Part Perf von* ***lead***[2]

LED [eliːˈdiː] *Abk* (= ***light-emitting diode***) Leuchtdiode *f*

ledg·er ['ledʒə] *s* WIRTSCH Hauptbuch *n*

lee [liː] *s* SCHIFF Lee(seite) *f*

leech [liːtʃ] *s* **1.** ZOOL Blutegel *m* **2.** *fig* Klette *f*; Blutsauger *m*

leek [liːk] *s* BOT Lauch *m*, Porree *m*

leer [lɪə] **I** *s* höhnisches *oder* boshaftes *oder* anzügliches Grinsen; lüsterner Seitenblick **II** *v/i* höhnisch *oder* boshaft *oder* anzüglich grinsen; lüstern schielen (***at*** nach)

lees [liːz] *s Pl* Bodensatz *m*

lee·ward ['liːwəd] *Adv* SCHIFF leewärts

'lee·way *s* **1.** FLUG, SCHIFF Abdrift *f* **2.** *fig* Rückstand *m*, Zeitverlust *m*: ***make up leeway*** (den Rückstand *oder* Zeitverlust) aufholen **3.** *fig* Spielraum *m*

left[1] [left] *Prät und Part Perf von* ***leave***[1]

►**left**[2] [left] **I** *Adj* **1.** link, Links… **II** *s* **2.** *die* Linke, linke Seite: ***on*** (*oder* ***to***) ***the left*** (***of***) links (von), linker Hand (von); ***on our left*** zu unserer Linken; ***the second turning on the left*** die zweite Querstraße links; ***keep to the left*** sich links halten; MOT links fahren **3.** ***the left*** POL die Linke **III** *Adv* **4.** links (***of*** von): ***turn left*** (sich) nach links wenden; MOT links abbiegen

'left-hand *Adj* **1.** link: ***left-hand bend*** Linkskurve *f* **2.** TECH linksgängig, -läufig: ***left-hand drive*** Linkssteuerung *f*

ˌleft-'hand·ed *Adj* **1.** linkshändig: ***be left-handed*** Linkshänder(in) sein **2.** linkisch, ungeschickt **3.** zweifelhaft (*Kompliment etc*)

ˌleft-'hand·er *s* Linkshänder(in)

left·ist ['leftɪst] *Adj* POL linksgerichtet, links stehend

ˌleft-'lug·gage lock·er *s* BAHN *Br* (Gepäck-)Schließfach *n*

ˌleft-'lug·gage of·fice *s* BAHN *Br* Gepäckaufbewahrung(sstelle) *f*

'leftˌo·ver *s meist Pl* Überbleibsel *n*, Rest *m*

'left-wing *Adj* POL dem linken Flügel angehörend, links…

►**leg** [leg] **I** *s* **1.** (*auch Hosen-, Stuhl- etc*)Bein *n*: ***be on one's last legs*** auf dem letzten Loch pfeifen; ***give s.o. a leg up*** j-m (hin)aufhelfen; *fig* j-m unter die Arme greifen; ***pull s.o.'s leg*** *ugs* j-n auf den Arm nehmen; ***stretch one's legs*** sich die Beine vertreten; → ***shake*** 7 **2.** (*Hammel- etc*)Keule *f*: ***leg of mutton*** **3.** Etappe *f*, Abschnitt *m* (*einer Reise etc*) **II** *v/i* **4.** *meist* ***leg it*** *ugs* zu Fuß gehen

leg·a·cy ['legəsɪ] *s* JUR Vermächtnis *n*, *fig auch* Erbe *n*

►**le·gal** ['liːgl] *Adj* **1.** gesetzlich, rechtlich: ***legal holiday*** *Am* gesetzlicher Feiertag; → ***tender***[2] 4 **2.** legal, gesetzmäßig, rechtsgültig **3.** Rechts…, juristisch: ***legal adviser*** Rechtsberater(in); ***legal aid*** *Br* Prozesskostenhilfe *f* **4.** gerichtlich: ***take legal action against s.o.*** gerichtlich gegen j-n vorgehen

le·gal·i·ty [liːˈgælətɪ] *s* Legalität *f*

le·gal·i·za·tion [ˌliːgəlaɪˈzeɪʃn] *s* Legalisierung *f*

'le·gal·ize *v/t* legalisieren

le·ga·tion [lɪˈgeɪʃn] *s* Gesandtschaft *f*

leg·end ['ledʒənd] *s* **1.** Legende *f* (*auch fig*), Sage *f* **2.** Legende *f*: **a)** erläuternder Text, Bilduntersschrift *f*, **b)** Zeichenerklärung *f* (*auf Karten etc*), **c)** Inschrift *f* (*auf Münzen etc*)

leg·gings ['legɪŋz] *s Pl* **1.** Leggin(g)s *Pl* **2.** Überhose *f*

leg·gy ['legɪ] *Adj* langbeinig

leg·i·ble ['ledʒəbl] *Adj* leserlich, lesbar

le·gion ['liːdʒən] *s* Legion *f*

'le·gion·ar·y *s* Legionär *m*

leg·is·late ['ledʒɪsleɪt] *v/i* Gesetze erlassen

ˌleg·is'la·tion *s* Gesetzgebung *f*

leg·is·la·tive ['ledʒɪslətɪv] **I** *Adj* **1.** gesetzgebend, legislativ: ***legislative assembly*** gesetzgebende Versammlung; ***legislative body*** *siehe* 3b; ***legislative power*** *siehe* 3a **2.** gesetzgeberisch, Legislatur…: ***legislative period*** Legislaturperiode *f* **II** *s* **3.** Legislative *f*: **a)** gesetzgebende Gewalt, **b)** gesetzgebende Körperschaft

leg·is·la·tor ['ledʒɪsleɪtə] *s* Gesetzgeber(in)

leg·is·la·ture ['ledʒɪsleɪtʃə] → ***legislative*** 3b

le·git·i·ma·cy [lɪˈdʒɪtɪməsɪ] *s* Legitimität *f*: **a)** Gesetzmäßigkeit *f*, Gesetzlichkeit *f*, **b)** Rechtmäßigkeit *f*, Berechtigung *f*, **c)** Ehelichkeit *f*

le'git·i·mate [lɪˈdʒɪtɪmət] *Adj* legitim: **a)** gesetzmäßig, gesetzlich, **b)** rechtmäßig, berechtigt, **c)** ehelich

le'git·i·mize *v/t* legitimieren

leg·room ['legrʊm] *s* FLUG, MOT Beinfreiheit *f*

leg·ume ['legjuːm] *s* BOT Hülsenfrucht *f*

►**lei·sure** ['leʒə] **I** *s* freie Zeit: ***at leisure*** mit Muße, in (aller) Ruhe; frei, unbeschäftigt; ***at your leisure*** wenn es Ihnen (gerade) passt, bei Gelegenheit **II** *Adj* Freizeit…: ***leisure activities*** *Pl* Freizeitgestaltung *f*; ***leisure facilities*** *Pl* Freizeiteinrichtungen *Pl*; ***leisure hours*** *Pl* Mußestunden *Pl*; ***leisure occupation*** Freizeitbeschäftigung *f*; ***leisure park*** Freizeitpark *m*

'lei·sure·ly *Adj und Adv* gemächlich, gemütlich

lei·sure time *s* Freizeit *f*

lei·sure wear *s* Freizeitkleidung *f*

lem·ming ['lemɪŋ] *s* ZOOL Lemming *m*

►**lem·on** ['lemən] **I** *s* **1.** Zitrone *f* **2.** *sl* Niete *f* (*Sache, Person*) **II** *Adj* **3.** Zitronen…: ***lemon juice***; ***lemon squash*** *Br Getränk aus Zitronenkonzentrat und Wasser*; ***lemon squeezer*** Zitronenpresse *f* **4.** zitronengelb

►**lend** [lend] *v/t* (*unreg*) **1.** (ver-, aus)leihen **2.** *fig Nachdruck, Würde etc* verleihen (***to*** *Dat*) **3.** *fig* leihen, gewähren: ***lend itself to s.th.*** sich für *oder* zu etw eignen; → ***hand*** 1

'lend·er *s* Aus-, Verleiher(in)

'lend·ing *Adj*: ***lending library*** Leihbücherei *f*

►**length** [leŋθ] *s* **1.** Länge *f*: **a)** *Dimension*: ***two feet in length*** 2 Fuß lang; ***what length is it?*** wie lang ist es?, **b)** Strecke *f*: ***go to great lengths*** sich sehr bemühen, **c)** Umfang *m* (*eines Buchs etc*), **d)** Dauer *f*: ***at length*** ausführlich; ***at great length*** in allen Einzelheiten **2.** Bahn *f* (*Stoff etc*) **3.** SPORT Länge *f* (Vorsprung)

'length·en **I** *v/t* verlängern, länger machen **II** *v/i* sich verlängern, länger werden

'length·ways, length·wise ['leŋθwaɪz] *Adv* der Länge nach, längs

'length·y *Adj* ermüdend lang, langatmig

le·ni·ence, le·ni·en·cy ['liːnjəns(ɪ)] *s* Milde *f*, Nachsicht *f*

'le·ni·ent *Adj* mild, nachsichtig (***to, toward[s]*** gegenüber)

lens [lenz] *s* **1.** ANAT, FOTO, PHYS Linse *f*: ***lens aperture*** FOTO Blende *f* **2.** FOTO, PHYS Objektiv *n* **3.** (*einzelnes*) Glas (*einer Brille*)

lent[1] [lent] *Prät und Part Perf von* ***lend***

Lent[2] [lent] *s* Fastenzeit *f*

len·til ['lentɪl] *s* BOT Linse *f*

Leo ['liːəʊ] *s* ASTR Löwe *m*: ***be (a) Leo*** Löwe sein

leop·ard ['lepəd] *s* ZOOL Leopard *m*

le·o·tard ['liːəʊtɑːd] *s* **1.** Trikot *n* **2.** Gymnastikanzug *m*

lep·er ['lepə] *s* Leprakranke *m, f*; *fig* Aussätzige *m, f*

lep·ro·sy ['leprəsɪ] *s* MED Lepra *f*

les·bi·an ['lezbɪən] **I** *Adj* lesbisch **II** *s* Lesbierin *f*

lese maj·es·ty [ˌliːz'mædʒɪstɪ] *s* **1.** Majestätsbeleidigung *f* (*auch fig*) **2.** Hochverrat *m*

le·sion ['liːʒn] *s* Verletzung *f*, Wunde *f*

►**less** [les] **I** *Adv* (*Komp von* ***little***) weniger: ***less and less*** immer weniger **II** *Adj* (*Komp von* ***little***) geringer, kleiner, weniger: ***in less time*** in kürzerer Zeit; ***no less a man than*** kein Geringerer als **III** *s* weniger, eine kleinere Menge *oder* Zahl: ***little less than*** so gut wie, schon fast; ***no less than*** nicht weniger als **IV** *Präp* weniger, minus, abzüglich

less·en ['lesn] **I** *v/i* **1.** sich vermindern *oder* verringern, abnehmen **II** *v/t* **2.** vermindern, verringern **3.** *fig* herabsetzen, schmälern; bagatellisieren

less·er ['lesə] *Adj* kleiner, geringer

►**les·son** ['lesn] *s* **1.** Lektion *f* (*auch fig*): → ***teach*** 2 **2.** (Lehr-, Unterrichts)Stunde *f*; *Pl* Unterricht *m*, Stunden *Pl*: ***give German (piano) lessons*** Deutschunterricht (Klavierunterricht) erteilen, Deutsch (Klavier) unterrichten **3.** *fig* Lehre *f*: ***this was a lesson to me*** das war mir eine Lehre

lest [lest] *Konj* **1.** (*meist mit folgendem* ***should***) dass *oder* damit nicht: ***he ran away lest he should be seen*** er lief weg, um nicht gesehen zu werden **2.** (*nach Ausdrücken des Befürchtens*) dass

►**let**[1] [let] (*unreg*) **I** *v/t* **1.** lassen: ***let alone*** *etw* sein lassen; *j-n, etw* in Ruhe lassen; geschweige denn, ganz zu schweigen von; ***let s.th. go*** etw loslassen; ***let o.s. go*** sich gehen lassen; aus sich herausgehen; ***let it go at that*** lass es dabei bewenden; ***let's go*** gehen wir!; ***let s.o. know*** j-n wissen lassen, j-m Bescheid geben; ***let into*** (her-, hin)einlassen in (*Akk*); *j-n* einweihen in (*ein Geheimnis*) **2.** *bes Br* vermieten, -pachten (***to*** an *Akk*): ***"to let"*** „zu vermieten“ **II** *v/i* **3.** ***let go*** loslassen (***of s.th.*** etw)

◆**let by** *v/t* vorbeilassen

◆**let down** *v/t* **1.** hinunter-, herunterlassen: → ***hair*** **2.** im Stich lassen; enttäuschen

◆**let in** *v/t* **1.** (her-, hin)einlassen **2.** *Stück etc* einlassen, -setzen **3.** *j-n* einweihen (***on*** *in ein Geheimnis*) **4.** ***let o.s. in for s.th.*** sich etw einbrocken, sich auf etw einlassen

◆**let off** *v/t* **1.** *Feuerwerk* abbrennen, *Gewehr etc* abfeuern **2.** *Gas etc* ablassen: → ***steam*** 1

◆**let on** *ugs* **I** *v/i* **1.** sich etw anmerken lassen (***about*** von) **II** *v/t* **2.** zugeben (***that*** dass) **3.** vorgeben

◆**let out** **I** *v/t* **1.** heraus-, hinauslassen (***of*** aus): ***let the air out of*** die Luft lassen aus **2.** *Kleidungsstück* auslassen **3.** *Schrei etc* ausstoßen **4.** *Geheimnis* ausplaudern, verraten **5.** → ***let***[1] 2 **II** *v/i* **6.** herfallen (***at*** über *Akk*) (*auch mit Worten*)

◆**let through** *v/t* durchlassen

◆**let up** *v/i ugs* nachlassen; aufhören

let[2] [let] *s Tennis*: Netzaufschlag *m*: ***let!*** Netz!

'let·down *s* Enttäuschung *f*

le·thal ['liːθl] *Adj* tödlich; Todes…

le·thar·gic [lə'θɑːdʒɪk] *Adj* (***lethargically***) lethargisch, teilnahmslos

leth·ar·gy ['leθədʒɪ] *s* Lethargie *f*, Teilnahmslosigkeit *f*

let's [lets] *ugs für* ***let us***

►**let·ter** ['letə] **I** *s* **1.** Buchstabe *m*: ***to the letter*** wortwörtlich, buchstäblich; *fig* peinlich genau **2.** Brief *m*, Schreiben *n* (***to*** an *Akk*): ***by letter*** brieflich; ***letter of application*** Bewerbungsschreiben; ***letter of complaint*** Beschwerdebrief; ***letter to the editor*** Leserbrief **3.** *Typografie*: Letter *f*, Type *f* **4.** *Pl* (*auch Sg konstruiert*) (schöne) Literatur; Bildung *f* **II** *v/t* **5.** beschriften

let·ter bomb *s* Briefbombe *f*

►**let·ter box** ['letəbɒks] *s bes Br* Briefkasten *m*

'let·ter·head *s* (gedruckter) Briefkopf *m*

let·ter o·pen·er *s* Brieföffner *m*

let·ter pa·per *s* Briefpapier *n*

let·ter scales *s Pl* Briefwaage *f*

►**let·tuce** ['letɪs] *s* BOT (*bes* Kopf)Salat *m*, *österr.* Häuptelsalat *m*

'let·up *s ugs* Nachlassen *n*; Aufhören *n*

leu·co·cyte ['luːkəʊsaɪt] *s* MED Leukozyt *m*, weißes Blutkörperchen

leu·ke·mi·a, leu·kae·mi·a [luː'kiːmɪə] *s* MED

Leukämie *f*

▶**lev·el** ['levl] **I** *s* **1.** TECH Libelle *f*, Wasserwaage *f* **2.** Ebene *f* (*auch fig*), ebene Fläche: ***A levels*** *Pl Br etwa* Abitur *n*; ***O levels*** *Pl Br* mittlere Reife; ***at government level*** auf Regierungsebene **3.** Höhe *f* (*auch* GEOG), (*Wasser- etc*)Spiegel *m*, (-)Stand *m*, (-)Pegel *m*; *fig* (*auch geistiges*) Niveau, Stand *m*, Stufe *f*: ***level of sound*** Geräuschpegel *m*, Tonstärke *f*; ***be on a level with*** auf gleicher Höhe sein mit; genauso hoch sein wie; *fig* auf dem gleichen Niveau *oder* auf der gleichen Stufe stehen wie **II** *Adj* **4.** eben (*Straße etc*): ***a level teaspoon*** ein gestrichener Teelöffel (voll) **5.** gleich (*auch fig*): ***level crossing*** *Br* schienengleicher (Bahn)Übergang; ***be level on points*** (*Sport*) punktgleich sein; ***be level with*** auf gleicher Höhe sein mit; genauso hoch sein wie; *fig* auf dem gleichen Niveau sein *oder* auf der gleichen Stufe stehen wie; ***draw level*** (*Sport*) ausgleichen; ***draw level with*** *j-n* einholen **6. a)** gleichmäßig, **b)** ausgeglichen (*Rennen etc*) **7.** ***do one's level best*** sein Möglichstes tun **8.** ***keep a level head*** einen kühlen Kopf bewahren, sich nicht aus der Ruhe bringen lassen **III** *v/t Prät und Part Perf* **lev·eled**, *bes Br* **lev·elled 9. a)** (ein)ebnen, planieren, **b)** *auch* ***level to the ground*** dem Erdboden gleichmachen **10.** *fig* gleichmachen, nivellieren; *Unterschiede* beseitigen, ausgleichen

◆**lev·el down** *v/t Preise, Löhne etc* drücken, herabsetzen

◆**lev·el off I** *v/t* **1.** → ***level*** 9a, 10 **2.** *Flugzeug* abfangen **II** *v/i* **3.** flach werden *oder* auslaufen (*Gelände etc*) **4.** *fig* sich stabilisieren *oder* einpendeln (***at*** bei)

◆**lev·el out I** *v/t* **1.** → ***level*** 10 **2.** → ***level off*** 2 **II** *v/i* **3.** → ***level off*** II

◆**lev·el up** *v/t Preise, Löhne etc* hinaufschrauben

ˌ**lev·el-'head·ed** *Adj* vernünftig

le·ver ['liːvə] **I** *s* **1.** PHYS, TECH Hebel *m* **2.** Brechstange *f* **3.** Anker *m* (*einer Uhr*) **4.** *fig* Druckmittel *n* **II** *v/t* **5.** *auch* ***lever off*** hochheben

lev·y ['levɪ] **I** *s* **1.** WIRTSCH Erhebung *f* **2.** WIRTSCH Steuer *f*, Abgabe *f* **3.** MIL Aushebung *f* **II** *v/t* **4.** *Steuern etc* **a)** erheben, **b)** (***on***) legen (auf *Akk*), auferlegen (*Dat*) **5.** MIL *Truppen* ausheben

lewd [ljuːd] *Adj* **1.** geil, lüstern **2.** unanständig, obszön

'**lewd·ness** *s* **1.** Geilheit *f*, Lüsternheit *f* **2.** Unanständigkeit *f*, Obszönität *f*

lex·i·cog·ra·pher [ˌleksɪ'kɒgrəfə] *s* Lexikograf(in)

lex·i·co·graph·ic [ˌleksɪkəʊ'græfɪk] *Adj* (***lexicographically***) lexikografisch

lex·i·cog·ra·phy [ˌleksɪ'kɒgrəfɪ] *s* Lexikografie *f*

li·a·bil·i·ty [ˌlaɪə'bɪlətɪ] *s* **1.** WIRTSCH, JUR Verpflichtung *f*, Verbindlichkeit *f*; Haftung *f*, Haftpflicht *f*: ***liability insurance*** Haftpflichtversicherung *f*; → ***limit*** 4 **2.** *Pl* WIRTSCH Passiva *Pl* **3.** *allg* Verantwortung *f*, Verantwortlichkeit *f*

li·a·ble ['laɪəbl] *Adj* **1.** WIRTSCH, JUR haftbar, -pflichtig (***for*** für): ***be liable for*** *auch* haften für **2.** unterworfen (***to s.th.*** einer Sache): ***be liable to s.th.*** *auch* einer Sache unterliegen; ***liable to penalty*** strafbar; ***liable to taxation*** steuerpflichtig **3.** ***be liable to do s.th.*** etw gern *oder* leicht tun; etw wahrscheinlich tun: ***that is liable to happen*** das kann durchaus *oder* leicht passieren

li·aise [lɪ'eɪz] *v/i* **1.** Verbindung aufnehmen (***with*** mit) **2.** sich verbünden (***with*** mit) **3.** zs.-arbeiten (***with*** mit)

li·ai·son [lɪ'eɪzən] *s* **1.** Verbindung *f* **2.** Bündnis *n* **3.** Zs.-arbeit *f* **4.** Liaison *f*

li·ar ['laɪə] *s* Lügner(in)

li·bel ['laɪbl] JUR **I** *s* (*schriftliche*) Verleumdung *oder* Beleidigung (***of, on*** *Gen*) **II** *v/t Prät und Part Perf* **li·beled**, *bes Br* **li·belled** (*schriftlich*) verleumden *oder* beleidigen

'**li·bel·ous**, '**li·bel·lous** *Adj* verleumderisch

lib·er·al ['lɪbərəl] **I** *Adj* **1.** liberal, aufgeschlossen **2.** *meist* **Liberal** POL liberal **3.** großzügig: **a)** freigebig (***with*** mit), **b)** reichlich (bemessen) **4.** ***liberal arts*** *Pl* Geisteswissenschaften *Pl* **II** *s* **5.** *meist* **Liberal** POL Liberale *m, f*

'**lib·er·al·ism** *s* Liberalismus *m*

lib·er·al·i·ty [ˌlɪbə'rælətɪ] *s* **1.** Liberalität *f* **2.** Großzügigkeit *f*

lib·er·al·ize ['lɪbərəlaɪz] *v/t* liberalisieren

lib·er·ate ['lɪbəreɪt] *v/t* **1.** befreien (***from*** von, aus) (*auch fig*); *Sklaven etc* freilassen **2.** *Gase etc, fig Kräfte etc* freisetzen: ***be liberated*** *auch* frei werden

ˌ**lib·er'a·tion** *s* **1.** Befreiung *f*; Freilassung *f* **2.** Freisetzung *f*

lib·er·tine ['lɪbətiːn] *s* Wüstling *m*

lib·er·ty ['lɪbətɪ] *s* **1.** Freiheit *f*: **a)** persönliche *etc* Freiheit *f*: ***at liberty*** frei, in Freiheit, auf freiem Fuß, **b)** freie Wahl, Erlaubnis *f*: ***be at liberty to do s.th.*** etw tun dürfen, **c)** *meist Pl* Privileg *n*, Vorrecht *n* **2.** Dreistigkeit *f*, (plumpe) Vertraulichkeit *f*: ***take liberties with*** sich Freiheiten gegen *j-n* herausnehmen; willkürlich mit *etw* umgehen

li·bi·do [lɪ'biːdəʊ] *s* Libido *f*, Geschlechtstrieb *m*

Li·bra ['liːbrə] *s* ASTR Waage *f*: ***be (a) Libra*** Waage sein

li·brar·i·an [laɪ'breərɪən] *s* Bibliothekar(in)

▶**li·bra·ry** ['laɪbrərɪ] *s* **1.** Bibliothek *f*: **a)** *öffentliche* Bücherei: ***library ticket*** Leserausweis *m*, **b)** *private* Büchersammlung, **c)** Bibliothekszimmer *n* **2.** (*Bild-, Zeitungs*)Archiv *n*

li·bret·tist [lɪ'bretɪst] *s* Librettist(in), Textdichter(in)

li'bret·to [lɪ'bretəʊ] *Pl* **li·bret·tos**, **li·bret·ti** [lɪ'bretɪ] *s* Libretto *n*: **a)** Textbuch *n*, **b)** (*Opern- etc*)Text *m*

Lib·ya ['lɪbɪə] *Eigenn* Libyen *n*

lice [laɪs] *Pl von* ***louse*** 1

li·cence ['laɪsəns] *s* **1.** Lizenz *f*, Konzession *f*, *behördliche* Genehmigung; (*Führer-, Jagd-, Waffen- etc*)Schein *m*: ***licence number*** MOT Kennzeichen *n* **2.** *dichterische* Freiheit **3.** Zügellosigkeit *f*

licence oder license SG

Im Amerikanischen wird das Substantiv mit **-se** geschrieben:

driving licence *Br*	Führerschein
driver's license *Am*	

li·cense ['laɪsəns] **I** *v/t* **1.** lizenzieren, konzessionieren, *behördlich* genehmigen: ***fully licensed*** mit voller Schankkonzession **2.** *j-m* eine Lizenz *oder* Konzession erteilen; (es) *j-m* (*offiziell*) erlauben (**to do** zu tun) **II** *s* **3.** *Am* → **licence**: **license plate** MOT Nummernschild *n*

li·cen·tious [laɪˈsenʃəs] *Adj* ausschweifend, zügellos

li·chen [ˈlaɪkən] *s* **1.** BOT Flechte *f* **2.** MED Knötchenflechte *f*

lick [lɪk] **I** *v/t* **1.** (ab)lecken: **lick up** auflecken; **lick s.o.'s boots** *fig* vor j-m kriechen; **lick one's lips** sich die Lippen lecken (*auch fig*) **2.** *ugs* verprügeln, -dreschen; übertreffen **II** *v/i* **3.** lecken (**at** an *Dat*) **III** *s* **4.** Lecken *n*: **give s.th. a lick** an etw lecken **5.** *ugs* Tempo *n*: **at full lick** mit voller Geschwindigkeit

ˈlick·ing *s ugs* Prügel *Pl*, Dresche *f*

lic·o·rice [ˈlɪkərɪs] *s* BOT Lakritze *f*

▶ **lid** [lɪd] *s* **1.** Deckel *m*: **put a** (*oder* **the**) **lid on** *Br ugs einer Sache* die Krone aufsetzen; *einer Sache* ein Ende machen **2.** (*Augen*)Lid *n*

li·do [ˈliːdəʊ] *Pl* **li·dos** *s Br* Frei- *oder* Strandbad *n*

▶ **lie**[1] [laɪ] **I** *s* Lüge *f*: **tell lies** (*oder* **a lie**) lügen; **give the lie to** *etw, j-n* Lügen strafen; → **white** 1 **II** *v/i* lügen: **lie to s.o.** j-n be- *oder* anlügen

▶ **lie**[2] [laɪ] **I** *s* **1.** Lage *f* (*auch fig*): **the lie of the land** *fig Br* die Lage (der Dinge) **II** *v/i* (*unreg*) **2.** liegen: **a)** *allg im Bett, im Hinterhalt etc* liegen; *ausgebreitet, tot etc* daliegen, **b)** begraben sein, ruhen, **c)** gelegen sein, sich befinden: **the town lies on a river** die Stadt liegt an einem Fluss; **lie second** (*Sport etc*) an zweiter Stelle liegen, **d)** begründet liegen (**in** in *Dat*) **3. a) lie heavy on s.o.'s stomach** j-m schwer im Magen liegen, **b)** *fig* lasten (**on** auf *der Seele etc*) **4.** *fig* stecken (**behind** hinter *Dat*)

◆ **lie a·bout** *v/i* herumliegen

◆ **lie a·head** *v/i*: **what lies ahead of us** was vor uns liegt, was uns bevorsteht

◆ **lie a·round** → **lie about**

◆ **lie back** *v/i* sich zurücklegen *oder* -lehnen; *fig* sich ausruhen

◆ **lie down** *v/i* **1.** sich hin- *oder* niederlegen: **lie down on** sich legen auf (*Akk*) **2. take lying down** *Beleidigung etc* widerspruchslos hinnehmen, sich *eine Beleidigung etc* gefallen lassen

◆ **lie in** *v/i Br* (*morgens*) lang im Bett bleiben

◆ **lie low** *v/i* sich verstecken *oder* versteckt halten; sich ruhig verhalten

◆ **lie up** *v/i* **1.** das Bett *oder* das Zimmer hüten (müssen) **2.** nicht benutzt werden, (*Maschine etc*) außer Betrieb sein

lie de·tec·tor *s* Lügendetektor *m*

ˈlie-down *s ugs* Schläfchen *n*: **have a lie-down** ein Schläfchen machen; sich (kurz) hinlegen

ˈlie-in *s*: **have a lie-in** *ugs* → **lie in**

lieu [ljuː] *s*: **in lieu** stattdessen; **in lieu of** anstelle von (*oder Gen*), (an)statt (*Gen*); → **oath** 1

lieu·ten·ant [lefˈtenənt, *Am* luːˈt-] *s* MIL **a)** Leutnant *m*, **b)** *Br* (*Am* **first lieutenant**) Oberleutnant *m*

▶ **life** [laɪf] *Pl* **lives** [laɪvz] *s* **1.** Leben *n*: **a)** organisches Leben, **b)** Lebenskraft *f*, **c)** Lebewesen *Pl*, **d)** Menschenleben *n*: **they lost their lives** sie kamen ums Leben; **a matter of life and death** eine lebenswichtige Angelegenheit; **early in life** in jungen Jahren; **late in life** in vorgerücktem Alter, **e)** Lebenszeit *f*, -dauer *f*: **all his life** sein ganzes Leben lang; **for life** fürs (ganze) Leben, für den Rest seines Lebens; *bes* JUR, POL lebenslänglich, auf Lebenszeit, **f)** menschliches Tun und Treiben, **g)** Lebensweise *f*, -wandel *m*, **h)** Schwung *m*: **full of life** voller Leben **2.** JUR Laufzeit *f* (*eines Wechsels, Vertrags etc*); WIRTSCH Haltbarkeit *f*, Lagerfähigkeit *f* **3.** JUR *ugs* lebenslängliche Freiheitsstrafe: **he is doing life** er sitzt lebenslänglich; **he got life** er bekam lebenslänglich

life an·nu·i·ty *s* Leibrente *f*

life as·sur·ance *s bes Br* Lebensversicherung *f*

ˈlife·belt *s* SCHIFF Rettungsring *m*

ˈlife·boat *s* SCHIFF Rettungsboot *n*

life ex·pect·an·cy *s* Lebenserwartung *f*

ˈlife·guard *s* Rettungsschwimmer(in); Bademeister(in)

life im·pris·on·ment *s* JUR lebenslängliche Freiheitsstrafe

life in·sur·ance *s* Lebensversicherung *f*

life jack·et *s* SCHIFF Rettungs-, Schwimmweste *f*

life·less [ˈlaɪflɪs] *Adj* **1.** leblos: **a)** tot, **b)** unbelebt **2.** *fig* matt, schwunglos

ˈlife·like *Adj* lebensecht, naturgetreu

ˈlife·line *s* **1.** SCHIFF Rettungsleine *f* **2.** *fig* Rettungsanker *m* **3.** Lebenslinie *f* (*in der Hand*)

ˈlife·long *Adj* lebenslang

life mem·ber *s* Mitglied *n* auf Lebenszeit

life peer *s* Peer *m* auf Lebenszeit

lif·er [ˈlaɪfə] *s* JUR *ugs* Lebenslängliche *m, f*

life raft *s* SCHIFF Rettungsfloß *n*

ˈlife,sav·er *s* **1.** Lebensretter(in) **2.** → **lifeguard** **3.** *ugs* rettender Engel; Rettung *f*

ˈlife,sav·ing *Adj* lebensrettend

life sen·tence *s* JUR lebenslängliche Freiheitsstrafe

ˈlife·size(d) *Adj* lebensgroß, in Lebensgröße

ˈlife·style *s* Lebensstil *m*, Lifestyle *m*

ˈlife·time *s* Lebenszeit *f*: **once in a lifetime** sehr selten, einmal im Leben; **during** (*oder* **in**) **s.o.'s lifetime** zu j-s Lebzeiten *oder* Zeit; in j-s Leben

▶ **lift** [lɪft] **I** *s* **1.** (Hoch-, Auf)Heben *n* **2.** TECH Hub(höhe *f*) *m* **3.** Luftbrücke *f* **4.** FLUG, PHYS Auftrieb *m*, *fig auch* Aufschwung *m*: **give s.o. a lift** *siehe* 9 **5. give s.o. a lift** j-n (im Auto) mitnehmen; **get a lift from s.o.** von j-m mitgenommen werden; → **thumb** II **6.** *bes Br* Lift *m*, Aufzug *m*, Fahrstuhl *m* **7.** (*Ski- etc*)Lift *m* **II** *v/t* **8.** *auch* **lift up** (hoch-, auf)heben; *Stim-*

Partizipien nach bestimmten Verben

GR

Nach folgenden „statischen“ Verben kann das **present participle** bzw. **past participle** stehen:

lie	liegen	**sit**	sitzen
remain	bleiben	**stand**	stehen

Im Deutschen steht dafür oft ein Infinitiv oder ein Hauptsatz, der mit „und“ angeschlossen ist:

Please remain <u>seated</u> until the aircraft has reached its final parking position.	Bleiben Sie bitte <u>sitzen</u>, bis das Flugzeug seine endgültige Parkposition erreicht hat.
Jamie sat there <u>cutting up</u> a sheet of paper.	Jamie saß da <u>und zerschnitt</u> ein Blatt Papier.

me etc erheben: ***lift one's eyes*** aufschauen, -blicken; → ***finger*** I, ***hand*** 1 **9.** *auch* ***lift up*** *j-n* aufmuntern, *j-m* Auftrieb *oder* Aufschwung geben **10.** *ugs* klauen (*auch plagiieren*) **11.** *Gesicht etc* liften, straffen **12.** *Embargo, Verbot etc* aufheben **III** *v/i* **13.** sich heben, steigen (*auch Nebel*): ***lift off*** starten (*Rakete*); abheben (*Flugzeug*) **14.** sich (hoch)heben lassen

ˈlift·boy *s bes Br* Liftboy *m*

ˈlift·off *s* Start *m* (*einer Rakete*); Abheben *n* (*eines Flugzeugs*)

lig·a·ment [ˈlɪɡəmənt] *s* ANAT Band *n*

lig·a·ture [ˈlɪɡətʃə] *s* MUS *und typografisch*: Ligatur *f*

▶ **light**[1] [laɪt] **I** *s* **1.** Licht *n*: **a)** Helligkeit *f*: ***stand*** (*oder* ***be***) ***in s.o.'s light*** j-m im Licht (*fig* im Weg) stehen, **b)** Beleuchtung *f*: ***in subdued light*** bei gedämpftem Licht, **c)** Schein *m*: ***by the light of a candle*** bei Kerzenschein, **d)** Lichtquelle *f*: ***hide one's light under a bushel*** sein Licht unter den Scheffel stellen, **e)** Sonnen-, Tageslicht *n*: ***bring*** (***come***) ***to light*** *fig* ans Licht bringen (kommen); ***see the light*** (***of day***) das Licht der Welt erblicken; *fig* herauskommen, auf den Markt kommen; *fig* bekannt *oder* veröffentlicht werden, **f)** *fig* Aspekt *m*: ***in the light of*** unter dem Aspekt *oder* in Anbetracht (*Gen*), **g)** *fig* Erleuchtung *f*: ***cast*** (*oder* ***shed, throw***) ***light on*** Licht auf *eine Sache* werfen; zur Lösung *oder* Aufklärung *einer Sache* beitragen; ***he has finally seen the light*** ihm ist endlich ein Licht aufgegangen **2.** MOT Scheinwerfer *m* **3.** *Br meist Pl* (Verkehrs)Ampel *f*: ***jump*** (*oder* ***shoot***) ***the lights*** bei Rot über die Kreuzung fahren; → ***amber*** 2, 5, ***green*** 1, 3, ***red*** 1, 3, ***yellow*** 3 **4.** Feuer *n* (*zum Anzünden*), *bes* Streichholz *n*: ***have you got a light?*** haben Sie Feuer? **5.** *fig* Leuchte *f*, großes Licht (*Person*): → ***leading light*** **II** *Adj* **6.** hell, licht: ***light blue*** Hellblau *n* **III** *v/t* (*auch unreg*) **7.** *auch* ***light up*** anzünden: ***light a cigarette*** sich eine Zigarette anzünden **8.** be-, erleuchten, erhellen: ***light up*** hell beleuchten **9.** *j-m* leuchten **IV** *v/i* (*auch unreg*) **10.** *auch* ***light up*** sich entzünden **11.** *meist* ***light up*** *fig* aufleuchten (*Augen etc*) **12.** ***light up*** Licht machen; MOT die Scheinwerfer einschalten; *ugs* sich eine (*Zigarette etc*) anzünden

▶ **light**[2] [laɪt] **I** *Adj* (→ ***lightly***) **1.** *allg* leicht (*z. B. Last; Kleidung; Mahlzeit, Wein; Schlaf; Fehler, Strafe*): (***as***) ***light as a feather*** federleicht; ***no light matter*** keine Kleinigkeit; ***light reading*** Unterhaltungslektüre *f*; ***make light of*** auf die leichte Schulter nehmen; verharmlosen, bagatellisieren **2.** locker (*Erde, Schnee*), locker gebacken (*Brot etc*) **3.** SPORT Halb…: ***light heavyweight*** Halb-, Leichtschwergewicht *n* **II** *Adv* **4.** ***travel light*** mit leichtem Gepäck reisen

▶ **light bulb** [ˈlaɪtbʌlb] *s* ELEK Glühbirne *f*

ˈlight-eˌmit·ting ˈdi·ode *s* Leuchtdiode *f*

light·en[1] [ˈlaɪtn] **I** *v/i* **1.** sich aufhellen, hell(er) werden **2.** *unpers* blitzen **II** *v/t* **3.** (*auch* blitzartig) erhellen

light·en[2] [ˈlaɪtn] **I** *v/t* **1.** leichter machen, erleichtern (*beide auch fig*) **2.** *j-n* aufheitern **II** *v/i* **3.** leichter werden

▶ **light·er** [ˈlaɪtə] *s* **1.** Anzünder *m* (*auch Gerät*) **2.** Feuerzeug *n*

ˈlight-ˌfin·gered *Adj* **1.** fingerfertig, geschickt **2.** langfing(e)rig, diebisch

ˈlight-ˌhead·ed *Adj* **1.** leichtsinnig, -fertig **2.** ***feel light-headed*** (leicht) benommen sein; wie auf Wolken schweben

ˈlight-ˌheart·ed *Adj* unbeschwert

ˈlight·house *s* Leuchtturm *m*

light·ing [ˈlaɪtɪŋ] *s* Beleuchtung *f*

light·ly [ˈlaɪtlɪ] *Adv* **1.** leicht **2.** wenig: ***eat lightly*** **3.** leichthin **4.** geringschätzig

light·ness[1] [ˈlaɪtnɪs] *s* Helligkeit *f*

light·ness[2] [ˈlaɪtnɪs] *s* **1.** Leichtheit *f*, Leichtigkeit *f* (*auch fig*) **2.** Lockerheit *f*

▶ **light·ning** [ˈlaɪtnɪŋ] **I** *s* Blitz *m*: (***as***) ***quick as lightning*** blitzschnell; ***struck by lightning*** vom Blitz getroffen; ***like lightning*** wie der Blitz; → ***flash*** 1, ***grease*** 3, ***streak*** 1, ***stroke*** 2 **II** *Adj* blitzschnell, Blitz…: ***with lightning speed*** mit Blitzesschnelle

light·ning con·duc·tor, **light·ning rod** *s* ELEK Blitzableiter *m*

light pen *s* COMPUTER Lichtstift *m*

ˈlight·proof *Adj* lichtundurchlässig

lights [laɪts] *s Pl* ZOOL Lunge *f*

ˈlight·ship *s* SCHIFF Feuer-, Leuchtschiff *n*

ˈlight·weight **I** *Adj* leicht(gewichtig) **II** *s* SPORT Leichtgewicht *n*

light year *s* ASTR Lichtjahr *n*

lig·ne·ous [ˈlɪɡnɪəs] *Adj* holzig, holzartig

lik·a·ble [ˈlaɪkəbl] *Adj* liebenswert, -würdig, sympathisch

▶ **like**[1] [laɪk] **I** *Adj und Präp* **1.** gleich (*Dat*), wie (*auch Adv*): ***a man like you*** ein Mann wie du; ***what is he like?*** wie ist er?; ***what does it look like?*** wie sieht es aus?; → ***feel*** 6 **2.** ähnlich (*Dat*), bezeichnend für: ***that is just like him!*** das sieht ihm ähnlich **3.** gleich (*Menge etc*): ***in like manner*** auf gleiche Weise; gleichermaßen **4.** ähnlich: ***they are as like as two peas in a pod*** sie gleichen sich wie ein Ei dem anderen **5.** ähnlich, gleich-, derartig **II** *s* **6.** *der, die, das* Gleiche: ***his like*** seinesgleichen; ***the like*** dergleichen; ***the likes*** *Pl* ***of me*** *ugs* meinesgleichen, Leute *Pl* wie ich

▶ **like**[2] [laɪk] **I** *v/t* gernhaben, mögen: ***I like it*** es gefällt mir; ***I like him*** ich kann ihn gut leiden, er ist mir sympathisch; ***how do you like it?*** wie gefällt es dir?, wie findest du es?; ***what do you like better?*** was hast du lieber?, was gefällt dir besser?; ***like doing*** (*bes Am auch* ***to do***) ***s.th.*** etw gern tun; ▶ ***I should*** (*oder* ***would***) ***like to know*** ich möchte gern wissen **II** *v/i* wollen: (***just***) ***as you like*** (ganz) wie du willst; ***do as you like*** mach, was du willst; ***if you like*** wenn du willst **III** *s* Neigung *f*, Vorliebe *f*: ***likes*** *Pl* ***and dislikes*** *Pl* Neigungen *Pl* und Abneigungen *Pl*

like·a·ble → ***likable***

like·li·hood [ˈlaɪklɪhʊd] *s* Wahrscheinlichkeit *f*: ***in all likelihood*** aller Wahrscheinlichkeit nach, höchstwahrscheinlich

ˈlike·ly **I** *Adj* **1.** wahrscheinlich, voraussichtlich: ***he is*** (***not***) ***likely to come*** er kommt wahrscheinlich (es ist unwahrscheinlich, dass er kommt) **2.** glaubhaft: ***a likely story!*** *iron* das soll glauben, wer mag! **3.** infrage kommend, geeignet **II** *Adv* **4.** wahrscheinlich: ***most likely*** höchstwahrscheinlich; (***as***) ***likely as not*** (sehr) wahrscheinlich; ***not likely!*** *ugs* wohl kaum!

ˌlike-ˈmind·ed *Adj* gleich gesinnt

lik·en [ˈlaɪkən] *v/t* vergleichen (***to*** mit)

like·ness [ˈlaɪknɪs] *s* **1.** Ähnlichkeit *f* (***between*** zwischen *Dat*; ***to*** mit) **2.** Abbild *n* (***of*** *Gen*)

like·wise [ˈlaɪkwaɪz] *Adv* desgleichen, ebenso

lik·ing [ˈlaɪkɪŋ] *s* Vorliebe *f* (***for*** für): ***this is not***

How likely is it?	Wie hoch ist die Wahrscheinlichkeit?
It looks as though it might rain after all.	Es sieht so aus, als würde es doch noch Regen geben.
I wouldn't be surprised if he turned up at the last minute.	Es würde mich nicht überraschen, wenn er in letzter Minute (nicht doch noch) erscheinen / auftauchen würde.
How likely is he to say yes?	Wie hoch ist die Wahrscheinlichkeit, dass er Ja sagt / zustimmt?
Maybe she got lost on the way.	Vielleicht hat sie sich verlaufen / verfahren.
Perhaps we can still convince them.	Vielleicht können wir sie noch überzeugen.

to my liking das ist nicht nach meinem Geschmack

li·lac ['laɪlək] **I** *s* BOT Flieder *m* **II** *Adj* lila(farben)

Lil·li·pu·tian [ˌlɪlɪ'pjuːʃn] **I** *Adj* winzig, zwergenhaft; Liliput…, Klein(st)… **II** *s* Liliputaner(in)

li·lo ['laɪləʊ] *Pl* **li·los** *s Br ugs* Luftmatratze *f*

lilt [lɪlt] *s* flotter Rhythmus; flotte *oder* schwungvolle Melodie

lil·y ['lɪlɪ] *s* BOT Lilie *f*: ***lily of the valley*** Maiglöckchen *n*

ˌlil·y-'liv·ered *Adj* feig

▸**limb** [lɪm] *s* **1.** (*Körper*)Glied *n*, *Pl auch* Gliedmaßen *Pl* **2.** Hauptast *m* (*eines Baums*): ***be out on a limb*** *ugs* in einer gefährlichen Lage sein; *Br* allein (da)stehen

lim·ber ['lɪmbə] **I** *Adj* **1.** biegsam, geschmeidig **2.** beweglich, gelenkig **II** *v/t* **3.** *meist* ***limber up*** biegsam *oder* geschmeidig machen, *Muskeln auch* auflockern **III** *v/i* **4.** *meist* ***limber up*** sich auflockern, Lockerungsübungen machen

lime¹ [laɪm] *s* CHEM Kalk *m*

lime² [laɪm] *s* BOT Linde *f*

lime³ [laɪm] *s* BOT Limonelle *f* (*Baum*); Limone *f*, Limonelle *f* (*Frucht*)

lime·light *s*: ***be in the limelight*** im Rampenlicht *oder* im Licht der Öffentlichkeit stehen

lim·er·ick ['lɪmərɪk] *s* Limerick *m*

'lime·stone *s* GEOL Kalkstein *m*

'lime·wash **I** *v/t* kalken, weißen, tünchen **II** *s* (Kalk)Tünche *f*

▸**lim·it** ['lɪmɪt] **I** *s* **1.** *fig* Grenze *f*, Beschränkung *f*, (*Zeit- etc*)Limit *n*: ***within limits*** in (gewissen) Grenzen; ***there is a limit to everything*** alles hat seine Grenzen; ***off limits*** Zutritt verboten (***to*** für); ***that's the limit!*** *ugs* das ist (doch) die Höhe! **2.** MATHE, TECH Grenzwert *m* **3.** WIRTSCH Limit *n*, Preisgrenze *f* **II** *v/t* **4.** beschränken, begrenzen (***to*** auf *Akk*); *Auflage*, *Preise etc* limitieren: ***limited*** (***liability***) ***company*** WIRTSCH *Br* Aktiengesellschaft *f*

ˌlim·i'ta·tion *s* **1.** *fig* Grenze *f*: ***know one's*** (***own***) ***limitations*** seine Grenzen kennen **2.** Begrenzung *f*, Beschränkung *f*: ***limitation of liability*** JUR Haftungsbeschränkung **3.** JUR Verjährung *f*

li·mo ['liːməʊ] *s* → ***limousine*** 1

lim·ou·sine ['lɪməziːn] *s* MOT **1.** Luxuslimousine *f* **2.** *Am* Kleinbus *m*

limp¹ [lɪmp] **I** *v/i* hinken (*auch fig Vers etc*), humpeln **II** *s* Hinken *n*: ***walk with a limp*** hinken, humpeln

limp² [lɪmp] *Adj* schlaff, schlapp: ***go limp*** erschlaffen

lim·pet ['lɪmpɪt] *s* ZOOL Napfschnecke *f*: ***hold on*** (*oder* ***hang on, cling***) ***to s.o. like a limpet*** *fig* wie eine Klette an j-m hängen

lim·pid ['lɪmpɪd] *Adj* klar (*auch fig Stil etc*), durchsichtig

lim·y ['laɪmɪ] *Adj* kalkig, Kalk…

lin·age ['laɪnɪdʒ] *s* **1.** Zeilenzahl *f* **2.** Zeilenhonorar *n*

linch·pin ['lɪntʃpɪn] *s* **1.** TECH Achsnagel *m* **2.** *fig* Stütze *f*

lin·den ['lɪndən] *s* BOT Linde *f*

▸**line¹** [laɪn] **I** *s* **1.** Linie *f* (*auch Sport*), Strich *m*: → ***toe*** II **2. a)** (*Hand- etc*)Linie *f*, **b)** Falte *f*, Runzel *f*, **c)** Zug *m* (*im Gesicht*) **3.** Zeile *f* (*auch* TV): ***read between the lines*** *fig* zwischen den Zeilen lesen; → ***drop*** 15 **4.** *Pl* THEAT *etc* Rolle *f*, Text *m* **5.** *Pl* (*meist Sg konstruiert*) *bes Br ugs* Trauschein *m* **6.** Linie *f*, Richtung *f*: ***line of sight*** Blickrichtung **7.** *Pl* Grundsätze *Pl*, Richtlinien *Pl*: ***along these lines*** nach diesen Grundsätzen; folgendermaßen **8.** Art *f* und Weise *f*, Methode *f*: ***line of thought*** Auffassung *f*; Gedankengang *m*; ***take a strong line*** energisch auftreten *oder* werden (***with s.o.*** gegenüber j-m), auf etw bestehen **9.** Grenze *f* (*auch fig*), Grenzlinie *f*: ***draw the line*** die Grenze ziehen, haltmachen (***at*** bei) **10.** Reihe *f*, Kette *f*; *bes Am* (Menschen-, *auch* Auto-)Schlange *f*: ***stand in line*** anstehen, Schlange stehen (***for*** um, nach) **11.** Reihe *f*, Linie *f*: ***be in*** (***out of***) ***line*** *fig* (nicht) übereinstimmen (***with*** mit); ***bring into line*** *fig* in Einklang bringen (***with*** mit); auf Vordermann bringen; ***fall into line*** sich einordnen; *fig* sich anschließen (***with*** *Dat*); ***keep s.o. in line*** *fig* j-n bei der Stange halten **12.** (Abstammungs)Linie *f* **13.** Fach *n*, Gebiet *n*: ***line*** (***of business***) Branche *f* **14.** (*Verkehrs-*, *Eisenbahn- etc*)Linie *f*, Strecke *f*, Route *f*, *eng. S.* BAHN Gleis *n*: ***the end of the line*** *fig* das (bittere) Ende **15.** (*Flug- etc*) Gesellschaft *f* **16.** *bes* TEL Leitung *f*: ***the line is busy*** (*Br* ***engaged***) die Leitung ist besetzt; ***hold the line*** bleiben Sie am Apparat; → ***hot line*** **17.** TECH (Rohr)Leitung *f* **18.** MIL **a)** Linie: ***behind enemy lines*** hinter den feindlichen Linien, **b)** Front *f*: ***all along the line, down the line*** *fig* auf der ganzen Linie **19.** GEOG Längen- *oder* Breitenkreis *m*: ***the Line*** der Äquator **20.** Leine *f*; Schnur *f*; Seil *n* **II** *v/i* **21.** → ***line up*** I **III** *v/t* **22.** lini(i)eren **23.** zeichnen; skizzieren **24.** *Gesicht* (zer)furchen **25.** *Straße etc* säumen

◆**line up** **I** *v/i* **1.** sich in einer Reihe *oder* Linie aufstellen, (*Sport*) sich aufstellen **2.** *bes Am* sich anstellen (***for*** um, nach) **II** *v/t* **3.** in einer Reihe *oder* Linie aufstellen **4.** *ugs* auf die Beine stellen, organisieren

line² [laɪn] *v/t* **1.** *Kleid etc* füttern **2.** *bes* TECH auskleiden, -schlagen (***with*** mit), *Bremsen*, *Kupplung* belegen **3.** (an)füllen: ***line one's***

Listing	**Aufzählen**
You have to take the following into account: one, he's very young; two, he doesn't speak good English; and three, he doesn't know what he's talking about.	Sie müssen Folgendes in Betracht ziehen: Erstens ist er sehr jung; zweitens spricht er kein gutes Englisch; und drittens weiß er nicht, wovon er redet.
Firstly, I'm tired; secondly, I don't feel like dancing, and thirdly, I haven't got any money.	Erstens bin ich müde; zweitens habe ich keine Lust zu tanzen, und drittens habe ich kein Geld.
On the one hand, it would be very hard work, but on the other (hand) it would be good experience.	Einerseits wäre es sehr harte Arbeit, aber andererseits wäre es eine gute Erfahrung.
There's Sarah; then there's Julia, Clare and Emily, and finally Maria and Sophie.	Da sind Sarah, dann Julia, Clare und Emily, und schließlich noch Maria und Sophie.

pockets sich bereichern

lin·e·age¹ ['lɪnɪɪdʒ] *s* **1.** geradlinige Abstammung **2.** Stammbaum *m* **3.** Geschlecht *n*

line·age² → ***linage***

lin·e·al ['lɪnɪəl] *Adj* geradlinig, direkt (*Nachkomme etc*)

lin·e·a·ment ['lɪnɪəmənt] *s meist Pl* (Gesichts-)Zug *m*

lin·e·ar ['lɪnɪə] *Adj* **1.** MATHE, TECH *etc* linear **2.** Längen…

lin·en ['lɪnɪn] **I** *s* **1.** Leinen *n* **2.** (*Bett-, Unter- etc*)Wäsche *f*: ***wash one's dirty linen in public*** *fig* seine schmutzige Wäsche in der Öffentlichkeit waschen **II** *Adj* **3.** Leinen…

lin·en bas·ket *s bes Br* Wäschekorb *m*

lin·er ['laɪnə] *s* **1.** SCHIFF Linienschiff *n* **2.** FLUG Verkehrsflugzeug *n* **3.** → ***eye liner***

lines·man ['laɪnzmən] *s* (*unreg* ***man***) SPORT Linienrichter *m*

'line-up *s* **1.** SPORT Aufstellung *f* **2.** *bes Am* (Menschen)Schlange *f*

lin·ger ['lɪŋgə] *v/i* **1.** verweilen, sich aufhalten (*beide auch fig* ***over, on*** bei *einem Thema etc*): ***linger on*** noch dableiben; nachklingen (*Ton*); *fig* fortleben, -bestehen (*Tradition etc*) **2.** *fig* (zurück)bleiben (*Verdacht etc*) **3.** trödeln: ***linger about*** (*oder* ***around***) herumtrödeln

'lin·ger·ing *Adj* **1.** nachklingend **2.** schleichend (*Krankheit*)

lin·go ['lɪŋgəʊ] *s ugs* **1.** Kauderwelsch *n* **2.** (Fach)Jargon *m*

lin·guist ['lɪŋgwɪst] *s* **1.** Linguist(in), Sprachwissenschaftler(in) **2.** Sprachkundige *m, f*: ***be a good linguist*** (sehr) sprachbegabt sein

lin'guist·ic **I** *Adj* (***linguistically***) **1.** linguistisch, sprachwissenschaftlich **2.** Sprach(en)… **II** *s Pl* (*meist Sg konstruiert*) **3.** Linguistik *f*, Sprachwissenschaft *f*

lin·i·ment ['lɪnɪmənt] *s* MED Einreibemittel *n*

lin·ing ['laɪnɪŋ] *s* **1.** Futter(stoff *m*) *n* **2.** *bes* TECH Auskleidung *f*, (*Brems-, Kupplungs*)Belag *m*

link [lɪŋk] **I** *s* **1.** (Ketten)Glied *n*; *fig* Glied *n* (*in einer Kette von Ereignissen etc*); Bindeglied *n*; Verbindung *f*, Zs.-hang *m* **2.** Manschettenknopf *m* **II** *v/t* **3.** *auch* ***link up*** verketten, -binden (***to, with*** mit): ***link arms*** sich unter- *oder* einhaken (***with*** bei) **4.** *auch* ***link up*** *fig* in Verbindung *oder* Zs.-hang bringen (***with*** mit), einen Zs.-hang herstellen zwischen (*Dat*) **III** *v/i* **5.** *auch* ***link up*** sich verketten *oder* verbinden (***to, with*** mit) **6.** *auch* ***link up*** *fig* sich zs.-fügen

links [lɪŋks] → ***golf links***

'link·up *s* Verbindung *f*, Zs.-hang *m*

li·no·le·um [lɪ'nəʊljəm] *s* Linoleum *n*

lin·seed ['lɪnsiːd] *s* BOT Leinsamen *m*

lin·seed oil *s* Leinöl *n*

lin·tel ['lɪntl] *s* ARCHI Oberschwelle *f*, (Tür-, Fenster)Sturz *m*

▶ **li·on** ['laɪən] *s* **1.** ZOOL Löwe *m*: ***venture into the lion's den*** *fig* sich in die Höhle des Löwen wagen; ***the lion's share*** der Löwenanteil; → ***beard*** II **2.** *fig* Größe *f*, Berühmtheit *f* (*Person*)

li·on·ess ['laɪənes] *s* Löwin *f*

▶ **lip** [lɪp] *s* **1.** ANAT Lippe *f*: ***lower*** (***upper***) ***lip*** Unter- (Ober)lippe; ***keep a stiff upper lip*** *fig* Haltung bewahren; sich nichts anmerken lassen; ***bite one's lip*** *fig* sich auf die Lippen beißen; → ***smack²*** 2 **2.** *ugs* Unverschämtheit *f*: ***none of your lip!*** sei nicht so unverschämt *oder* frech! **3.** Rand *m* (*einer Wunde, eines Kraters etc*)

'lip-read *v/t und v/i* (*unreg* ***read***) von den Lippen ablesen

lip salve *s* Lippenbalsam *m*, Lippenpflegestift *m*

lip ser·vice *s* Lippenbekenntnis *n*

'lip·stick *s* Lippenstift *m*: ***put on lipstick*** sich die Lippen schminken

liq·ue·fy ['lɪkwɪfaɪ] *v/t und v/i* **1.** (sich) verflüssigen **2.** schmelzen

li·queur [lɪ'kjʊə] *s* Likör *m*

▶ **liq·uid** ['lɪkwɪd] **I** *Adj* **1.** flüssig: ***liquid crystal diode*** Flüssigkristalldiode *f* **2.** Flüssigkeits… **3.** WIRTSCH liquid, flüssig **II** *s* **4.** Flüssigkeit *f*

liq·ui·date ['lɪkwɪdeɪt] *v/t* **1.** WIRTSCH liquidieren: **a)** *Gesellschaft* auflösen, **b)** *Sachwerte etc* realisieren, zu Geld machen, **c)** *Schulden etc* tilgen **2.** *fig j-n* liquidieren, beseitigen

,liq·ui'da·tion *s* **1.** WIRTSCH Liquidation *f*: **a)** Auflösung *f*, **b)** Realisierung *f*, **c)** Tilgung *f* **2.** *fig* Liquidierung *f*, Beseitigung

li·quid·i·ty [lɪ'kwɪdətɪ] *s* **1.** flüssiger Zustand **2.** WIRTSCH Liquidität *f*

liq·ui·dize ['lɪkwɪdaɪz] *v/t* **1.** (*v/i* sich) verflüssigen **2.** (im Mixer) zerkleinern *oder* pürieren

'liq·ui·diz·er *s* Mixer *m*

liq·uor ['lɪkə] *s* **a)** *Br* alkoholische Getränke *Pl*, Alkohol *m*: ***hard liquor*** *siehe* b, **b)** *Am*

liquor ≠ liqueur

Achten Sie auf den Unterschied:

liqueur [lɪ'kjʊə]	Likör
liquor ['lɪkə]	Spirituosen

L

Schnaps *m*, Spirituosen *Pl*
liq·uo·rice → ***licorice***
li·ra ['lɪərə] *Pl* **li·re** ['lɪərɪ], **li·ras** *s* Lira *f*
lisp [lɪsp] **I** *v/i* lispeln (*auch v/t*), mit der Zunge anstoßen **II** *s* Lispeln *n*: ***speak with a lisp*** *siehe* I
▶**list¹** [lɪst] **I** *s* **1.** Liste *f*, Verzeichnis *n*: ***be on the list*** auf der Liste stehen; ***list price*** Listenpreis *m* **II** *v/t* **2.** (in einer Liste) verzeichnen, erfassen, registrieren: ***listed building*** *Br* Gebäude *n* unter Denkmalschutz **3.** in eine Liste eintragen
list² [lɪst] SCHIFF **I** *s* Schlagseite *f* **II** *v/i* Schlagseite haben *oder* bekommen
▶**list·en** ['lɪsn] *v/i* **1.** hören, horchen (***to*** auf *Akk*): ***listen to*** **a)** *j-m* zuhören, *j-n* anhören: ***listen!*** hör mal!, **b)** auf *j-n*, *j-s Rat* hören, **c)** *einem Rat etc* folgen; → ***reason*** 3 **2.** ***listen in*** Radio hören: ***listen in to a concert*** sich ein Konzert im Radio anhören
'**lis·ten·er** *s* **1.** Horcher(in) **2.** Zuhörer(in): ***be a good listener*** (gut) zuhören können **3.** RADIO Hörer(in)
list·ing ['lɪstɪŋ] *s* Auflistung *f*, Verzeichnis *n*
list·less ['lɪstlɪs] *Adj* lust-, teilnahmslos
lit [lɪt] *Prät und Part Perf von* ***light¹***
lit·a·ny ['lɪtənɪ] *s* REL Litanei *f* (*auch fig*)
▶**li·ter** *Am* → ***litre***
lit·er·a·cy ['lɪtərəsɪ] *s* **1.** Fähigkeit *f* zu lesen und zu schreiben **2.** (literarische) Bildung, Belesenheit *f*
lit·er·al ['lɪtərəl] *Adj* **1.** wörtlich (*Übersetzung etc*): ***take s.th. literally*** etw wörtlich nehmen **2.** genau, wahrheitsgetreu **3.** nüchtern, prosaisch **4.** wörtlich, eigentlich (*Bedeutung eines Worts etc*) **5.** buchstäblich: ***he did literally nothing***
lit·er·ar·y ['lɪtərərɪ] *Adj* **1.** literarisch, Literatur…: ***literary critic*** Literaturkritiker(in); ***literary history*** Literaturgeschichte *f* **2.** gewählt, hochgestochen (*Ausdruck*)
lit·er·ate ['lɪtərət] *Adj* **1.** ***be literate*** lesen und schreiben können **2.** (literarisch) gebildet, belesen
▶**lit·e·ra·ture** ['lɪtərətʃə] *s* **1.** Literatur *f* **2.** *ugs* Informationsmaterial *n*
lith·o·graph ['lɪθəʊgrɑːf] *s* Lithografie *f*, Steindruck *m*
Lith·u·a·nia [ˌlɪθjuː'eɪnjə] *Eigenn* Litauen *n*
Lith·u·a·ni·an [ˌlɪθjuː'eɪnjən] **I** *Adj* litauisch **II** *s* Litauer(in)
lit·i·gant ['lɪtɪgənt] JUR *s* Prozessführende *m, f*, streitende Partei
lit·i·gate ['lɪtɪgeɪt] *v/i* (*und v/t*) prozessieren *oder* streiten (um)
ˌ**lit·i'ga·tion** *s* Rechtsstreit *m*, Prozess *m*
▶**li·tre** ['liːtə] *s bes Br* Liter *m, auch n*
lit·ter ['lɪtə] **I** *s* **1.** (herumliegender) Abfall **2.** Streu *f* (*für Tiere*), (*auch für Pflanzen*) Stroh *n* **3.** ZOOL Wurf *m* **4.** Trage *f*; Sänfte *f* **II** *v/t* **5.** Abfall herumliegen lassen in (*Dat*) *oder* auf (*Dat*); *Park etc* verschandeln (***with*** mit)
'**lit·ter·bin** *s* Abfallkorb *m*
'**lit·ter·bug** *s bes Am ugs*, **lit·ter lout** *s bes Br ugs jemand, der Straßen etc mit Abfall verschandelt*
▶**lit·tle** ['lɪtl] **I** *Adj* **1.** klein (*Kind etc*): ***the little ones*** *Pl* die Kleinen *Pl*; → ***finger*** I **2.** kurz (*Strecke oder Zeit*) **3.** wenig (*Hoffnung etc*): ***a little jam*** ein wenig *oder* ein bisschen Marmelade **4.** klein, gering(fügig) **II** *Adv* **5.** wenig, kaum: ***think little of*** wenig halten von; ***for as little as £ 10*** für nur 10 Pfund **6.** wenig, selten: ***I see very little of him*** **III** *s* **7.** Kleinigkeit *f*, *das* wenige, *das* bisschen: ▶ ***a little*** ein wenig, ein bisschen; ***little by little*** (ganz) allmählich, nach und nach

little und a little (GR)

⚠ Achten Sie auf den Bedeutungsunterschied:

a little	etwas, ein bisschen
little	wenig, kaum
Could I have a little more please?	Könnte ich bitte etwas mehr haben?
There's little hope of her winning the elections now.	Sie hat kaum noch Aussichten, die Wahlen zu gewinnen.

lit·ur·gy ['lɪtədʒɪ] *s* REL Liturgie *f*
liv·a·ble ['lɪvəbl] *Adj* **1.** wohnlich, bewohnbar **2.** lebenswert (*Leben*) **3.** *auch* ***livable with*** erträglich (*Schmerzen etc*): ***not livable with*** unerträglich **4.** ***livable with*** umgänglich (*Person*)
▶**live¹** [lɪv] **I** *v/i* leben: **a)** am Leben sein, **b)** am Leben bleiben: ***live through the night*** die Nacht überleben; ***you live and learn*** man lernt nie aus; ***live on*** *bes fig* weiter-, fortleben, **c)** sich ernähren (***on*** von): ***he lives off his wife*** er lebt auf Kosten *oder* von (den Einkünften) seiner Frau, **d)** ein *ehrliches etc* Leben führen: ***live up to*** *seinen Grundsätzen etc* gemäß leben, *seinem Ruf etc* gerecht werden, *den Erwartungen etc* entsprechen, **e)** wohnen (***with*** bei): ***live with*** zs.-leben mit; ***live together*** zs.-leben, **f)** das Leben genießen: ***live and let live*** leben und leben lassen **II** *v/t ein bestimmtes Leben* führen

Die Verwendung von live (GR)

Im Sinne von „lebendig" wird **live** nur vor dem Substantiv (attributiv) benutzt. Heißt **live** aber „direkt (übertragen)", „aktuell" oder „scharf; stromführend", kann es attributiv oder prädikativ (dem Verb nachgestellt) gebraucht werden:

The regulations governing the transport of live animals are very strict.	Die Vorschriften, die den Transport lebender Tiere regeln, sind sehr streng.
Is the match live?	Wird das Spiel direkt übertragen?
The live issue was all about whether to send troops.	Bei der aktuellen Frage ging es darum, ob Truppen entsandt werden sollten.
That landmine / wire's live!	Die Landmine ist scharf! / Der Draht steht unter Strom!

Alive steht nie vor dem Substantiv, sondern immer nach dem Verb:

Three victims were still alive after seven days under the rubble.	Nach sieben Tagen unter den Trümmern waren drei Opfer noch am Leben.

►**live²** [laɪv] **I** *Adj* **1.** lebend, lebendig: ***a real live lord*** *ugs* ein richtiger *oder* echter Lord **2.** aktuell (*Frage etc*) **3.** scharf (*Munition etc*) **4.** ELEK Strom führend: ***live wire*** *ugs* Energiebündel *n* **5.** RUNDFUNK, TV Direkt…, Original…, Live-…: ***live broadcast*** Direktübertragung *f* **II** *Adv* **6.** direkt, original, live

live·a·ble → ***livable***

live·li·hood ['laɪvlɪhʊd] *s* Lebensunterhalt *m*: ***earn a*** (*oder* ***one's***) ***livelihood*** seinen Lebensunterhalt verdienen

live·li·ness ['laɪvlɪnɪs] *s* **1.** Lebhaftigkeit *f* **2.** Lebendigkeit *f*

'live·ly *Adj* **1.** lebhaft (*Interesse, Person, Fantasie etc*) **2.** lebendig (*Schilderung etc*) **3.** aufregend (*Zeiten*) **4.** schnell, flott (*Tempo etc*)

liv·en ['laɪvn] *meist* ***liven up*** **I** *v/t* beleben **II** *v/i* in Schwung kommen

liv·er¹ ['lɪvə] *s* ANAT Leber *f* (*auch* GASTR)

liv·er² ['lɪvə] *s*: ***be a fast liver*** ein flottes Leben führen; ***loose liver*** liederlicher Mensch

liv·er·ied ['lɪvərɪd] *Adj* livriert

liv·er·ish ['lɪvərɪʃ] *Adj* **1.** ***be liverish*** *ugs* es mit der Leber haben **2.** mürrisch

liv·er sau·sage *s* Leberwurst *f*

liv·er spot *s* Leberfleck *m*

liv·er·wurst ['lɪvəwɜːst] *s bes Am* Leberwurst *f*

liv·er·y ['lɪvərɪ] *s* Livree *f*: ***in livery*** in Livree

lives [laɪvz] *Pl von* ***life***

live·stock ['laɪvstɒk] *s* Vieh(bestand *m*) *n*

liv·id ['lɪvɪd] *Adj* **1.** blau, bläulich (verfärbt) **2.** bleifarben, graublau **3.** fahl, aschgrau, bleich (***with*** vor *Dat*) **4.** *ugs* fuchsteufelswild

►**liv·ing** ['lɪvɪŋ] **I** *Adj* **1.** lebend (*auch Sprache*): ***within living memory*** seit Menschengedenken; → ***daylight*** **2.** Lebens…: ***living conditions*** *Pl* Lebensbedingungen *Pl* **II** *s* **3.** ***the living*** *Pl* die Lebenden *Pl* **4.** das Leben: → ***cost*** 1 **5.** Leben(sweise *f*) *n*: ***loose living*** lockerer Lebenswandel; → ***clean*** 5 **6.** Lebensunterhalt *m*: ***earn*** (*oder* ***make***) ***a living*** seinen Lebensunterhalt verdienen (***as*** als; ***out of*** durch, mit)

►**liv·ing room** ['lɪvɪŋruːm] *s* Wohnzimmer *n*

liz·ard ['lɪzəd] *s* ZOOL Eidechse *f*

lla·ma ['lɑːmə] *s* ZOOL Lama *n*

►**load** [ləʊd] **I** *s* **1.** Last *f*, *fig auch* Bürde *f*: ***his decision took a load off my mind*** bei seiner Entscheidung fiel mir ein Stein vom Herzen **2.** Ladung *f* (*auch einer Schusswaffe*): ***get a load of*** *ugs* sich *etw* ansehen *oder* anhören; *etw* zu sehen *oder* zu hören bekommen; ***get a load of this!*** *ugs* hör *oder* schau dir das mal an! **3.** *Pl ugs* (***of***) Massen *Pl* (von *Geld etc*), eine Unmasse (*Leute etc*): ***there was loads to eat*** es gab massenhaft zu essen **4.** ELEK, TECH Belastung *f* **II** *v/t* **5.** *auch* ***load up*** *Fahrzeug etc* beladen (***with*** mit) **6.** *Gegenstand etc* laden (***into*** in *Akk*; ***onto*** auf *Akk*), *Güter* verladen **7.** *Schusswaffe* laden: ***load the camera*** einen Film (in die Kamera) einlegen **8.** COMPUTER laden **9.** *j-n* überhäufen (***with*** mit *Arbeit, Vorwürfen etc*) **10.** beschweren, schwerer machen, *eng. S. Würfel* einseitig beschweren, präparieren **III** *v/i* **11.** *meist* ***load up*** (auf-, ein)laden **12.** (das Gewehr *etc*) laden, FOTO einen Film einlegen

'load·ed *Adj* **1.** be-, geladen *etc*, → ***load*** II **2.** ***loaded question*** Fang- *oder* Suggestivfrage *f*; ***loaded word*** emotionsgeladenes Wort; vorbelastetes Wort; Reizwort *n* **3.** *ugs* stinkreich: ***be loaded*** *auch* Geld wie Heu haben

loaf¹ [ləʊf] *Pl* **loaves** [ləʊvz] *s* **1.** Laib *m* (Brot); *weit. S.* Brot *n* **2.** *auch* ***meat loaf*** GASTR Hackbraten *m* **3.** ***use one's loaf*** *Br sl* sein Hirn anstrengen, (nach)denken

loaf² [ləʊf] *ugs* **I** *v/i* **1.** *auch* ***loaf about*** (*oder* ***around***) herumlungern: ***loaf about*** (*oder* ***around***) ***the streets*** auf den Straßen herumlungern **2.** faulenzen **II** *v/t* **3.** ***loaf away*** *Zeit* verbummeln

'loaf·er *s ugs* **1.** Müßiggänger(in) **2.** Faulenzer(in) **3.** (*Schuh*) Slipper *m*

loam [ləʊm] *s* Lehm *m*

'loam·y *Adj* lehmig, Lehm…

►**loan** [ləʊn] **I** *s* **1.** (Ver)Leihen *n*: ***on loan*** leihweise; ***a book on loan*** ein geliehenes Buch; ***may I have the loan of …?*** darf ich (mir) … (aus)leihen? **2.** WIRTSCH Anleihe *f* (*auch fig*): ***take up a loan*** eine Anleihe aufnehmen (***on*** auf *Akk*) **3.** WIRTSCH Darlehen *n*, Kredit *m* **4.** Leihgabe *f* (*für eine Ausstellung*) **II** *v/t* **5.** *bes Am* (***to***) (aus)leihen (*Dat*), ver-, ausleihen (an *Akk*)

loan shark *s ugs* Kredithai *m*

'loan·word *s* LING Lehnwort *n*

loath [ləʊθ] *Adj*: ***be loath to do s.th.*** etw nur (sehr) ungern *oder* widerwillig tun

loathe [ləʊð] *v/t* verabscheuen, hassen: ***loathe doing s.th.*** es hassen, etw zu tun

'loath·ing *s* Abscheu *m*

loath·some ['ləʊðsəm] *Adj* widerlich, abscheulich

loaves [ləʊvz] *Pl von* ***loaf¹***

lob [lɒb] (*bes Tennis*) **I** *s* Lob *m* **II** *v/t* **a)** ***lob a ball*** *siehe* III, **b)** *Gegner* überlobben **III** *v/i* lobben, einen Lob spielen *oder* schlagen

lob·by ['lɒbɪ] **I** *s* **1.** Vor-, Eingangshalle *f*; Wandelhalle *f*; THEAT Foyer *n* **2.** POL Lobby *f*, Interessengruppe *f*, -verband *m* **II** *v/t* **3.** *Abgeordnete* beeinflussen

'lob·by·ist *s* Lobbyist(in)

lobe [ləʊb] *s* BOT, ANAT Lappen *m*: ***lobe*** (***of the ear***) Ohrläppchen *n*

lob·ster ['lɒbstə] *s* ZOOL Hummer *m*: (***as***) ***red as a lobster*** krebsrot

►**lo·cal** ['ləʊkl] **I** *Adj* **1.** lokal, örtlich: ► ***local call*** TEL Ortsgespräch *n*; ***local derby*** (*Sport*) Lokalderby *n*; ***local elections*** *Pl* Kommunalwahlen *Pl*; ***local news*** Lokalnachrichten *Pl*; ***local time*** Ortszeit *f*; → ***colour*** 1 **2.** Orts…, ansässig, hiesig **3.** lokal, örtlich (beschränkt): ***local an(a)esthesia*** örtliche Betäubung; ***local custom*** ortsüblicher Brauch **II** *s* **4.** *meist Pl* Ortsansässige *m, f*, Einheimische *m, f* **5.** *Br ugs* (nächstgelegene) Kneipe, *bes* Stammkneipe *f*

lo·cal·i·ty [ləʊ'kælətɪ] *s* **1. a)** Örtlichkeit *f*, Ort *m*, **b)** Gegend *f* **2.** (*örtliche*) Lage

lo·cal·ize ['ləʊkəlaɪz] *v/t* lokalisieren

lo·cate [ləʊ'keɪt] **I** *v/t* **1.** ausfindig machen, aufspüren; SCHIFF *etc* orten; MIL *Ziel* ausmachen **2.** *Büro etc* errichten **3.** (*an einem bestimmten Ort*) an- *oder* unterbringen; (*an einen Ort*) verlegen: ***be located*** gelegen sein, liegen, sich befinden **II** *v/i* **4.** *Am* sich niederlassen

lo'ca·tion *s* **1.** Ausfindigmachen *n*; SCHIFF *etc* Ortung *f*; MIL Ausmachen *n* **2.** Stelle *f*, Platz *m*; Lage *f*, Standort *m* **3.** FILM, TV Gelände *n* für Außenaufnahmen

loch [lɒx] *s schottisch* **1.** See *m* **2.** Bucht *f*

►**lock¹** [lɒk] **I** *s* **1.** (*Tür-, Gewehr- etc*)Schloss *n*: ***under lock and key*** hinter Schloss und Riegel; unter Verschluss; ***lock, stock and barrel*** *fig* mit allem Drum und Dran; mit Stumpf und Stiel; mit Sack und Pack **2.** Verschluss *m*;

L

Sperrvorrichtung *f* **3.** Schleuse(nkammer) *f* **II** *v/t* **4.** *auch* ***lock up*** zu-, verschließen, zu-, versperren **5.** *auch* ***lock up*** einschließen, (ein-)sperren (***in*** in *Akk*): ***lock away*** wegschließen; ***lock out*** ausschließen (*auch* WIRTSCH) **6.** umschlingen, umfassen, *in die Arme* schließen **7.** TECH sperren **III** *v/i* **8.** schließen: ***lock up*** abschließen **9.** ab- *oder* verschließbar sein **10.** MOT *etc* blockieren (*Räder*)

lock² [lɒk] *s* (Haar)Locke *f*, (-)Strähne *f*

lock·er [ˈlɒkə] *s* **1.** Schließfach *n* **2.** Spind *m, n*

lock·et [ˈlɒkɪt] *s* Medaillon *n*

ˈlock·jaw *s* MED **1.** Kiefersperre *f* **2.** Wundstarrkrampf *m*

lock keep·er *s* Schleusenwärter(in)

ˈlock·out *s* WIRTSCH Aussperrung *f*

ˈlock·smith *s* Schlosser(in)

ˈlock·up *s* **1.** Arrestzelle *f*; *ugs* Kittchen *n* **2.** *bes Br* (Einzel)Garage *f*

lo·co [ˈləʊkəʊ] *bes. Am sl* verrückt

lo·co·mo·tion [ˌləʊkəˈməʊʃn] *s* Fortbewegungs…

ˈlo·coˌmo·tive [ˌləʊkəˈməʊtɪv] **I** *Adj* Fortbewegungs… **II** *s* BAHN Lokomotive *f*

lo·cum [ˈləʊkəm] *s* Vertreter(in)

lo·cust [ˈləʊkəst] *s* ZOOL Heuschrecke *f*

lo·cu·tion [ləʊˈkjuːʃn] *s* **1.** Ausdrucks-, Redeweise *f* **2.** Redewendung *f*, Ausdruck *m*

lodge [lɒdʒ] **I** *s* **1.** Sommer-, Gartenhaus *n*; (*Jagd- etc*)Hütte *f*; Gärtner-, Pförtnerhaus *n* **2.** Portier-, Pförtnerloge *f* **II** *v/i* **3.** logieren, (*bes* vorübergehend *oder* in Untermiete) wohnen **4.** übernachten **5.** stecken (bleiben) (*Kugel, Bissen etc*) **III** *v/t* **6.** aufnehmen, beherbergen, (für die Nacht) unterbringen **7.** *Antrag, Beschwerde etc* einreichen, *Anzeige* erstatten, *Berufung, Protest* einlegen (***with*** bei)

ˈlodg·er *s* Untermieter(in): ***take in lodgers*** Zimmer vermieten

ˈlodg·ing *s* **1.** Wohnen *n* **2.** *auch Pl* Unterkunft *f*: ***night's lodging, lodging for the night*** Nachtquartier *n*; → ***board*** 4 **3.** *Pl* möbliertes Zimmer: ***live in lodgings*** möbliert wohnen

loft [lɒft] *s* **1.** Dachboden *m*; Speicher *m*: ***in the loft*** auf dem Dachboden **2.** ARCHI Empore *f*, (*Orgel*)Chor *m*

ˈloft·y *Adj* **1.** hoch (ragend) **2.** hochfliegend (*Pläne etc*), hochgesteckt (*Ziele etc*), erhaben (*Gedanken, Stil etc*) **3.** stolz, hochmütig

log [lɒg] **I** *s* **1.** (Holz)Klotz *m*; (*gefällter*) Baumstamm; (*großes*) (Holz)Scheit: → ***sleep*** II **2.** → ***logbook*** **II** *v/t* **3.** in das Logbuch *etc* eintragen; *allg Ereignisse etc* aufzeichnen, festhalten **4.** COMPUTER ***log in*** (*oder* ***on***) einloggen; ***log out*** (*oder* ***off***) ausloggen

log·a·rithm [ˈlɒgərɪðəm] *s* MATHE Logarithmus *m*

ˈlog·book *s* **1.** SCHIFF Logbuch *n* **2.** FLUG Flugbuch *n* **3.** MOT Bord-, Fahrtenbuch *n*

log cab·in *s* Blockhaus *n*, -hütte *f*

log·ger·heads [ˈlɒgəhedz] *s Pl*: ***be at loggerheads*** Streit haben (***with*** mit), sich in den Haaren liegen

log·ic [ˈlɒdʒɪk] *s* PHIL *und allg* Logik *f*

ˈlog·i·cal *Adj* logisch

lo·gis·tics [ləʊˈdʒɪstɪks] *s Pl* (*oft Sg konstruiert*) MIL, WIRTSCH Logistik *f*

lo·go [ˈləʊgəʊ] *Pl* **lo·gos** *s* (Firmen)Logo *n*

loin [lɔɪn] *s* **1.** *meist Pl* ANAT Lende *f* **2.** GASTR Lende(nstück *n*) *f*

ˈloin·cloth *s* Lendenschurz *m*

loi·ter [ˈlɔɪtə] *v/i* **1.** bummeln: **a)** schlendern, **b)** trödeln **2.** herumlungern

ˈloi·ter·er *s* Bummler(in)

loll [lɒl] *v/i* sich rekeln: ***loll about*** (*oder* ***around***) herumlümmeln

lol·li·pop [ˈlɒlɪpɒp] *s* **1.** Lutscher *m* **2.** *Br* Eis *n* am Stiel

lol·li·pop man *s* (*unreg* ***man***) *Br ugs* (*etwa*) Schülerlotse *m*

lol·li·pop wom·an *s* (*unreg* ***woman***) *Br ugs* (*etwa*) Schülerlotsin *f*

lol·lop [ˈlɒləp] *v/i* hoppeln (*Hase, Fahrzeug*), latschen (*Person*)

lol·ly [ˈlɒlɪ] *s* **1.** *ugs* → ***lollipop*** 1 **2.** → ***lollipop*** 2 **3.** *Br sl* Kies *m* (*Geld*)

Lon·don·er [ˈlʌndənə] *s* Londoner(in)

lone [ləʊn] *Adj* **1.** einzeln: ***play a lone hand*** *fig* einen Alleingang machen; → ***wolf*** 1 **2.** allein stehend, einzeln (*Haus etc*)

lone·li·ness [ˈləʊnlɪnɪs] *s* Einsamkeit *f*

▶ **lone·ly** [ˈləʊnlɪ] *Adj* einsam

ˈlon·er *s* Einzelgänger(in) (*auch* ZOOL)

lone·some [ˈləʊnsəm] *Adj bes Am* einsam

▶ **long¹** [lɒŋ] **I** *Adj* **1.** *allg* lang (*auch fig*): → ***run*** 1 **2.** weit, lang (*Weg*), weit (*Entfernung*) **3.** zu lang: ***the coat is long on him*** der Mantel ist ihm zu lang **4.** weitreichend (*Gedanken*), gut (*Gedächtnis*) **5.** WIRTSCH langfristig **6.** ***be long on*** *ugs* eine Menge … haben **II** *Adv* **7.** lang(e): ***long dead*** schon lange tot; ***as*** (*oder* ***so***) ***long as*** solange wie; vorausgesetzt, dass; falls; ***long after*** lange danach; ***as long ago as 1900*** schon 1900; ***so long!*** *ugs* bis dann!; → ***ago, all*** 1 **III** *s* **8.** (eine) lange Zeit: ***for long*** lange (Zeit); → ***before*** 5

▶ **long²** [lɒŋ] *v/i* sich sehnen (***for*** nach): ***long to do s.th.*** sich danach sehnen, etw zu tun

▶ **long-dis·tance** [ˌlɒŋˈdɪstəns] *Adj* **1.** Fern…: ▶ ***long-distance call*** TEL Ferngespräch *n*; ***long--distance lorry driver*** Fernfahrer(in); ***long-distance runner*** Langstreckenläufer(in) **2.** FLUG, SPORT Langstrecken…

long drink *s* Longdrink *m*

ˌlongˈhaired *Adj* langhaarig

long·ing [ˈlɒŋɪŋ] **I** *Adj* sehnsüchtig **II** *s* Sehnsucht *f* (***for*** nach)

long·ish [ˈlɒŋɪʃ] *Adj* **1.** ziemlich lang **2.** länglich

lon·gi·tude [ˈlɒndʒɪtjuːd] *s* GEOG Länge *f*: → ***degree*** 2

long johns *s Pl ugs* lange Unterhose

long jump *s Leichtathletik*: *bes Br* Weitsprung *m*

long jump·er *s Leichtathletik*: *bes Br* Weitspringer(in)

ˌlong-ˈlife milk *s* H-Milch *f*

ˌlong-ˈlived *Adj* **1.** langlebig **2.** dauerhaft

ˈlong-ˌplay·ing rec·ord *s* Langspielplatte *f*

ˌlong-ˈrange *Adj* **1.** MIL, FLUG Fern…; Langstrecken… **2.** langfristig

long shot *s* **1.** SPORT Weitschuss *m* **2.** *fig* riskante Angelegenheit **3.** ***not by a long shot*** *fig* bei Weitem nicht, nicht im Entferntesten

ˌlong-ˈsight·ed *Adj* MED weitsichtig, *fig auch* weitblickend

ˌlong-ˈstand·ing *Adj* seit langer Zeit bestehend, alt

ˈlong-term *Adj* langfristig: ***long-term memory*** Langzeitgedächtnis *n*; ***long-term unemployed*** Langzeitarbeitslose *m, f*

long wave *s* ELEK, PHYS Langwelle *f*

ˈlong-wave *Adj* ELEK, PHYS Langwellen…

long-wind·ed [ˌlɒŋˈwɪndɪd] *Adj* **1.** ausdauernd (*Person*) **2.** langatmig, weitschweifig (*Erzäh-*

lung etc), (*auch Person*) umständlich

loo [luː] *s bes Br ugs* Klo *n*: ***in the loo*** auf dem *oder* im Klo; ***loo attendant*** Klomann *m*, -frau *f*; ***loo paper*** Klopapier *n*

►**look** [lʊk] **I** *s* **1.** Blick *m* (**at** auf *Akk*): ***give s.o. an angry look*** j-m einen wütenden Blick zuwerfen, j-n wütend ansehen; ***have a look at s.th.*** (sich) etw ansehen; ***have a look round*** sich umschauen in (*Dat*) **2.** Miene *f*, (Gesichts)Ausdruck *m*: ***the look on his face*** sein Gesichtsausdruck **3.** *oft Pl* Aussehen *n*: ***have the look of*** aussehen wie **II** *v/i* **4.** schauen: ***don't look!*** nicht hersehen!; ***look who is coming!*** schau (mal), wer da kommt; ***look in the mirror*** in den Spiegel schauen **5.** (nach)schauen, nachsehen **6.** ausschauen, -sehen (*beide auch fig*): ***look good on s.o.*** j-m stehen (*Hut etc*); ***it looks like snow*** es sieht nach Schnee aus **7.** liegen *oder* (hinaus)gehen nach: ***my room looks north*** **III** *v/t* **8.** *j-m* (*in die Augen etc*) sehen *oder* schauen *oder* blicken: ***look s.o. in the eye*** **9.** aussehen wie: ***she does not look her age*** man sieht ihr ihr Alter nicht an; ***look an idiot*** *fig* wie ein Idiot dastehen **10.** durch Blicke ausdrücken: → ***dagger***

look + Adjektiv (GR)

Das Verb **look** in der Bedeutung „aussehen" wird nicht mit einem Adverb, sondern mit einem Adjektiv benutzt:

You look angry. What's up?	Du siehst verärgert aus. Was ist los?

◆**look a·bout** → ***look around***

►**look af·ter** *v/i* **1.** nachblicken, -schauen, -sehen (*Dat*) **2.** aufpassen auf (*Akk*), sich kümmern um

◆**look a·head** *v/i* **1.** nach vorne sehen *oder* blicken *oder* schauen **2.** *fig* vorausschauen (***two years*** um zwei Jahre)

◆**look a·round** *v/i* **1.** sich umschauen *oder* umsehen in (*Dat*) **2.** ***look around one*** sich umsehen *oder* umblicken

►**look at** *v/i* **1.** ansehen, anschauen, betrachten: ***look at one's watch*** auf die Uhr schauen; ***to look at him*** wenn man ihn (so) ansieht **2.** sich *etw* anschauen, *etw* prüfen

look als Substantiv (SG)

⚠ Achten Sie auf die Bedeutungsunterschiede:

Blick (Art zu schauen)	
I don't like the look he's giving me.	Ich mag nicht, wie er mich anschaut.
What's that look for? What have I done now?	Wozu dieser Blick? Was habe ich denn jetzt gemacht?
Blick, (Gesichts)Ausdruck, Miene	
I don't like the look on his face.	Mir gefällt sein Gesichtsausdruck nicht.
Aussehen	
I don't like his look.	Mir gefällt sein (Kleidungs)Stil nicht.
She has the looks of a movie star.	Sie sieht aus wie ein Filmstar.

◆**look a·way** *v/i* wegblicken, -sehen, -schauen

◆**look back** *v/i* **1.** sich umsehen **2.** *auch fig* zurückblicken, -schauen (**on, to** auf *Akk*)

◆**look down** *v/i* **1.** hinunterblicken, -sehen, -schauen, herunterblicken, -sehen, -schauen (**on** auf *Akk*): ***look down on*** *fig* **a)** herabschauen auf (*Akk*), **b)** → ***look onto*** **2.** zu Boden blicken

►**look for** *v/i* suchen (nach)

◆**look for·ward** *v/i* sich freuen (**to** auf *Akk*): ***look forward to doing s.th.*** sich darauf freuen, etw zu tun

look forward to (GR)

Auf **look forward to** folgt immer ein Gerund oder Substantiv (und <u>nie</u> ein Infinitiv):

We're looking forward to meet<u>ing</u> you.	Wir freuen uns darauf, euch zu treffen.
We're looking forward to your visit.	Wir freuen uns auf euren Besuch.

◆**look in** *v/i* **1.** hineinsehen, -schauen, hereinsehen, -schauen **2.** einen kurzen Besuch machen, vorbeischauen (**on** bei)

◆**look in·to** *v/i* **1.** (hinein)schauen *oder* (-)sehen in (*Akk*): ***look into s.o.'s eyes*** j-m in die Augen schauen **2.** untersuchen, prüfen

◆**look on**[1] *v/i* ansehen, betrachten (**as** als)

◆**look on**[2] *v/i* zusehen, zuschauen

◆**look on·to** *v/i* (hinaus)gehen auf (*Akk*) *oder* nach: ***my room looks onto the garden***

◆**look out I** *v/i* **1.** hinausblicken, -sehen, -schauen, herausblicken, -sehen, -schauen (**of** zu): ***look out of the window*** aus dem Fenster blicken **2.** (**for**) aufpassen (auf *Akk*), auf der Hut sein (vor *Dat*): ***look out!*** pass auf!, Vorsicht! **3.** Ausschau halten (**for** nach) **4.** ***look out on*** (*oder* ***over***) → ***look onto*** **II** *v/t* **5.** *bes Br etw* heraussuchen; sich *etw* aussuchen: ***look s.th. out for s.o.*** j-m etw aussuchen

◆**look o·ver** *v/i* **1.** schauen *oder* blicken über (*Akk*) **2.** (sich) *etw* (flüchtig) ansehen *oder* anschauen, *etw* (flüchtig) überprüfen

◆**look round** → ***look around***

◆**look through** *v/i* **1.** blicken durch **2.** (hin-)durchsehen *oder* (-)durchschauen durch **3.** *fig j-n, etw* durchschauen **4.** *etw* (flüchtig) durchsehen *oder* -schauen

◆**look to** *v/i* **1.** achten *oder* achtgeben auf (*Akk*): ***look to it that*** achte darauf, dass; sieh zu, dass **2.** ***look to s.o. to do s.th.*** von j-m erwarten, dass er etw tut: ***I look to you to help me*** (*oder* ***for help***) ich erwarte Hilfe von dir

◆**look to·ward**, **look to·wards** → ***look*** 7.

◆**look up I** *v/i* **1.** hinaufblicken, -sehen, -schauen, heraufblicken, -sehen, -schauen **2.** aufblicken, -sehen, -schauen (**from** von; *fig* **to** zu) **II** *v/t* **3.** *Wort etc* nachschlagen (**in** in *Dat*) **4.** ***look s.o. up and down*** j-n von oben bis unten mustern

ˈlook·aˌlike *s* **1.** Doppelgänger(in) **2.** (genaues) Gegenstück

look·er [ˈlʊkə] *s*: ***she's a real looker*** *ugs* sie sieht einfach klasse aus

ˌlook·er-ˈon *Pl* **ˌlook·ers-ˈon** *s* Zuschauer(in)

ˈlook-in *s ugs* (Erfolgs- *etc*)Chance *f*: ***I don't get a look-in*** ich hab keine Chance
look·ing glass [ˈlʊkɪŋ] *s* Spiegel *m*
ˈlook·out *s* **1.** ***be on the lookout*** **(*for*)** → ***look out*** 3 **2.** Wache *f*, Beobachtungsposten *m*: ***act as lookout*** Schmiere stehen **3. a)** *bes* MIL Beobachtungsstand *m*, **b)** SCHIFF Krähennest *n* **4.** *ugs* Angelegenheit *f*, Sache *f*
ˈlook-ˌo·ver *s*: ***give s.th. a look-over*** → ***look over*** (*Adv*)
ˈlook·through *s*: ***give s.th. a lookthrough*** → ***look through***
loom[1] [luːm] *s* Webstuhl *m*
loom[2] [luːm] *v/i* **1.** *auch* ***loom up*** undeutlich *oder* drohend sichtbar werden; *fig* bedrohlich näher rücken **2.** *auch* ***loom up*** (drohend) aufragen: ***loom large*** *fig* sich auftürmen (*Schwierigkeiten etc*); eine große Rolle spielen
loon·y [ˈluːnɪ] *sl* **I** *Adj* bekloppt, verrückt **II** *s* Verrückte *m, f*
loon·y bin *s sl* Klapsmühle *f*
loop [luːp] **I** *s* **1.** Schlinge *f*, Schleife *f* **2.** Schleife *f*, Windung *f* (*eines Flusses etc*) **3.** Schlaufe *f*; Öse *f* **4.** FLUG Looping *m*, *auch n* **5.** COMPUTER Schleife *f* **6.** MED Spirale *f* **II** *v/t* **7.** *Schnur etc* schlingen (**[*a*]*round*** um) **8.** ***loop the loop*** FLUG loopen, einen Looping fliegen *oder* ausführen **III** *v/i* **9.** sich schlingen (**[*a*]*round*** um) **10.** *siehe* 6
ˈloop·hole *s fig* Schlupfloch *n*, Hintertürchen *n*: ***loophole in the law, legal loophole*** Gesetzeslücke *f*
▸ **loose** [luːs] **I** *Adj* **1.** los(e), locker; frei, nicht angebunden *oder* eingesperrt: ***break loose*** sich losreißen (***from*** von); ***come*** (*oder* ***get***) ***loose*** abgehen (*Knopf etc*), sich lockern (*Schraube etc*), sich ablösen, abblättern (*Farbe etc*); ***let loose*** *Hund* von der Leine lassen, *auch Flüche etc* loslassen, *seinem Ärger etc* Luft machen, freien Lauf lassen; ***loose connection*** ELEK Wackelkontakt *m*; → ***screw*** 1 **2. a)** lose (*Haar, Geldscheine etc*): ***loose change*** Kleingeld *n*, Münzen *Pl*, **b)** offen, lose, unverpackt (*Ware*) **3.** lose sitzend, weit (*Kleidungsstück*) **4.** *fig* lose (*Abmachung, Zs.-hang etc*); frei, ungenau (*Übersetzung etc*); unkonzentriert, nachlässig (*Spielweise etc*); unkontrolliert **5.** locker (*Moral, Lebenswandel etc*): → ***liver***[2], ***living*** 5 **II** *s* **6.** ***be on the loose*** **a)** auf freiem Fuß sein, **b)** *auch* ***go on the loose*** *ugs* auf den Putz hauen

loose und lose SG

⚠ Das Adjektiv **loose** wird oft mit dem Verb **lose** verwechselt. Merken Sie sich die Aussprache des s-Lauts:

loose [luːs] (stimmlos)	locker; lose, unverpackt
lose [luːz] (stimmhaft)	verlieren
Oh no – how could you lose all your loose change again!	Ach nein – wie konntest du nur schon wieder dein ganzes Kleingeld verlieren!

ˈloose-ˌfit·ting → ***loose*** 3
ˈloose-leaf *Adj* Loseblatt…: ***loose-leaf binder*** Schnellhefter *m*
ˈloos·en **I** *v/t* **1.** *Knoten, Fesseln etc, auch* MED *Husten, fig Zunge* lösen: ***loosen s.o.'s tongue*** j-m die Zunge lösen **2.** *Schraube, Griff etc, auch fig Disziplin etc* lockern: ***loosen one's hold of*** *etw* loslassen **3.** *auch* ***loosen up*** *Muskeln etc, auch fig j-n* auflockern **II** *v/i* **4.** sich lösen *oder* lockern **5.** ***loosen up*** (*bes Sport*) sich auflockern
loot [luːt] **I** *s* (Kriegs-, Diebes)Beute *f* **II** *v/t und v/i* plündern
lop [lɒp] *v/t* **1.** *Baum etc* beschneiden, (zu)stutzen **2.** *oft* ***lop off*** abhauen, abhacken
ˌlopˈsid·ed *Adj* **1.** schief, nach einer Seite hängend, SCHIFF mit Schlagseite **2.** *fig* einseitig
lo·qua·cious [ləʊˈkweɪʃəs] *Adj* geschwätzig, redselig
lord [lɔːd] **I** *s* **1.** Herr *m*, Gebieter *m* (***of*** über *Akk*) **2.** *fig* Magnat *m* **3.** ***the Lord*** **a)** *auch* ***Lord God*** Gott *m* (der Herr): ***Lord*** **(*only*)** ***knows where …*** Gott *oder* der Himmel weiß, wo …, **b)** *auch* ***our Lord*** (Christus *m*) der Herr: ***Lord's Prayer*** Vaterunser *m*; ***Lord's Supper*** (heiliges) Abendmahl **4.** *Br* Lord *m*: ***the Lords*** das Oberhaus; → ***drunk*** 1 **II** *v/t* **5.** ***lord it*** den Herren spielen (***over s.o.*** j-m gegenüber)
Lord Chan·cel·lor *s Br* Lordkanzler *m*
Lord May·or *s Br* Oberbürgermeister *m*
▸ **lor·ry** [ˈlɒrɪ] *s Br* Last(kraft)wagen *m*, Lastauto *m*
▸ **lose** [luːz] (*unreg*) **I** *v/t* **1.** *Sache, Interesse etc* verlieren, *Geld, Stellung etc auch* einbüßen: ***lose 10 pounds*** 10 Pfund abnehmen; → ***life*** 1d, ***sight*** 2, *etc* **2.** *Spiel, Prozess etc* verlieren **3.** *Zug etc, fig Chance etc* versäumen, -passen **4.** *Gelerntes* vergessen **5.** *5 Minuten etc* nachgehen (*Uhr*) **6.** *Gewohnheit, Krankheit etc* loswerden, *Verfolger auch* abschütteln **7.** ***lose s.o. s.th.*** j-n etw kosten, j-n um etw bringen **II** *v/i* **8.** *auch* ***lose out*** (***to***) verlieren (gegen), unterliegen (*Dat*) **9.** *auch* ***lose out*** verlieren, draufzahlen (***on*** bei) **10.** nachgehen (*Uhr*)
ˈlos·er *s* Verlierer(in): ***good*** (***bad***) ***loser***; ***be a bad loser*** *auch* nicht verlieren können; ***be a born loser*** der geborene Verlierer sein
ˈlos·ing *Adj* **1.** verlustbringend, Verlust… **2.** verloren, aussichtslos: ***fight a losing battle*** *fig* auf verlorenem Posten stehen
▸ **loss** [lɒs] *s* **1.** Verlust *m*: **a)** Einbuße *f*: ***loss of blood*** (***memory, time***) Blut- (Gedächtnis-, Zeit)verlust; ***dead loss*** Totalverlust; *fig* hoffnungsloser Fall (*Person*); ***sell s.th. at a loss*** etw mit Verlust verkaufen; → ***identity***, **b)** Schaden *m*, **c)** *verlorene Sache oder Person*, **d)** Abnahme *f*, Schwund *m* **2.** *Pl* MIL Verluste *Pl*, Ausfälle *Pl* **3.** ***be at a loss*** in Verlegenheit sein (***for*** um): ***be at a loss for words*** keine Worte finden
▸ **lost** [lɒst] **I** *Prät und Part Perf von* ***lose*** **II** *Adj* **1.** verloren: ***lost cause*** *fig* aussichtslose Sache; ***be a lost cause*** *auch* aussichtslos sein **2.** verloren (gegangen): ***be lost*** verloren gehen (*auch fig Arbeitsplätze etc*); ***give up for lost*** verloren geben; → ***property*** 1 **3.** verirrt: ***be lost*** sich verirrt haben, sich nicht mehr zurechtfinden (*auch fig*); ***get lost*** sich verirren; ▸ ***get lost!*** *ugs* hau ab! **4.** ***be lost on s.o.*** keinen Eindruck auf j-n machen, j-n kaltlassen **5.** ***lost in*** vertieft *oder* versunken in (*Akk*): ***lost in thought*** in Gedanken versunken, *bes Adv auch* gedankenversunken, -verloren

ˌlost-and-ˈfound (of·fice) *s Am* Fundbüro *n*

▶**lot** [lɒt] *s* **1.** Los *n*: ***draw lots*** losen (***for*** um) **2.** Los *n*, Schicksal *n* **3.** Anteil *m* **4.** Parzelle *f*; Grundstück *n* **5.** WIRTSCH Partie *f*, Posten *m* **6.** Gruppe *f*, Gesellschaft *f*: ***the whole lot*** **a)** die ganze Gesellschaft, **b)** *siehe* 7 **7.** ***the lot*** alles, das Ganze **8.** *ugs* Menge *f*, Haufen *m*: ▶ ***a lot of, lots of*** viel …, eine Menge …; ***a lot*** (*oder* ***lots***) ***better*** (sehr) viel besser **9.** ***a bad lot*** *ugs* ein mieser Typ; ein mieses Pack

a lot of

Der Ausdruck **a lot of** steht sowohl bei zählbaren als auch nicht-zählbaren Mengen, aber nicht nach **how, too, so, as**; für Entfernungsangaben kann **a lot of** ebenfalls nicht verwendet werden. (vgl. **much, many**)

A lot of coins had been thrown into the fountain.	Viele Münzen waren in den Brunnen geworfen worden.
She talked a lot of nonsense.	Sie redete viel Unsinn.
Aber:	
How many miles is it to York?	Wie viele Kilometer sind es bis nach York?
We stayed in Canada for many weeks.	Wir blieben viele Wochen in Kanada.

loth → ***loath***

lo·tion [ˈləʊʃn] *s* Lotion *f*, (*Haut-*, *Rasier*)Wasser *n*

lot·ter·y [ˈlɒtərɪ] *s* **1.** Lotterie *f*: ***lottery ticket*** Lotterielos *n* **2.** *fig* Glückssache *f*, Lotteriespiel *n*

lo·tus [ˈləʊtəs] *s* BOT Lotos(blume *f*) *m*

▶**loud** [laʊd] *Adj* **1.** (*auch Adv*) laut **2.** *fig* grell, schreiend (*Farben*), auffallend (*Kleidung*, *Benehmen*)

ˈloud·mouth *s ugs* Großmaul *n*

ˌloudˈspeak·er *s* Lautsprecher *m*

lounge [laʊndʒ] **I** *s* **1.** Wohnzimmer *n* **2.** Gesellschaftsraum *m*, Salon *m* (*eines Hotels*, *Schiffs*) **3.** Foyer *n* (*eines Theaters*) **4.** Wartehalle *f* (*eines Flughafens*) **5.** *Br vornehmerer und teurerer Teil eines Lokals* **II** *v/i* **6.** → ***loll*** 1

lounge bar → ***lounge*** 5

lounge suit *s bes Br* Straßenanzug *m*

lour → ***lower***[1]

louse I *s* [laʊs] **1.** *Pl* **lice** [laɪs] ZOOL Laus *f* **2.** *Pl* **ˈlous·es** *sl* Scheißkerl *m* **II** *v/t* [laʊz] **3.** ***louse up*** *sl* versauen, -murksen

lous·y [ˈlaʊzɪ] *Adj* **1.** verlaust **2.** *sl* fies, hundsgemein; lausig, mies **3.** ***be lousy with*** *sl* wimmeln von; strotzen vor (*Dat*) *oder* von: ***be lousy with money*** vor Geld stinken

lout [laʊt] *s* Flegel *m*, Rüpel *m*

ˈlout·ish *Adj* flegel-, rüpelhaft

lov·a·ble [ˈlʌvəbl] *Adj* liebenswert, reizend

love in Briefen

In Briefen ist die Schlussformel **Love, Sue** usw. unter guten Freunden und Familienangehörigen üblich, seltener jedoch unter Männern.

▶**love** [lʌv] **I** *s* **1.** Liebe *f* (***of, for, to*** zu): ***love*** herzliche Grüße (*Briefschluss*); ▶ ***be in love*** verliebt sein (***with*** in *Akk*); ▶ ***fall in love*** sich verlieben (***with*** in *Akk*); ***not for love or money*** nicht für Geld und gute Worte; um nichts in der Welt; ▶ ***make love*** sich (*körperlich*) lieben; ▶ ***make love to s.o.*** j-n (*körperlich*) lieben; ***there is no love lost between them*** sie können sich nicht leiden; ***love of adventure*** Abenteuerlust *f*; ***love of one's country*** Vaterlandsliebe; → ***give*** 10 **2.** *ugs* **a)** (*Anrede*, *oft unübersetzt*) Schatz, **b)** Schatz *m*: ***he's a real love*** er ist ein richtiger Schatz **3.** *bes Tennis*: null **II** *v/t* **4.** *j-n* (*auch körperlich*) lieben, lieb haben **5.** *etw* lieben, gerne mögen: ***love doing*** (*bes Am auch* ***to do***) ***s.th.*** etw sehr gern tun

Bestimmter Artikel bei abstrakten Begriffen

Abstrakte Begriffe wie z. B. **love, hate** oder **society** werden im Englischen in der Regel ohne den bestimmten Artikel **the** verwendet:

Religion means nothing to me.	Religion bedeutet mir nichts.

Auch wenn Abstrakta durch ein vorangehendes Adjektiv modifiziert werden, erscheinen sie ohne **the**, wenn ihre Gesamtbedeutung angesprochen wird:

German industry is facing a major crisis.	Die deutsche Industrie steht vor einer schweren Krise.

Ausnahme: Der bestimmte Artikel wird gesetzt, wenn das Adjektiv die Bedeutung des Substantivs so einschränkt, dass nur ein bestimmter Teilbereich eines größeren Ganzen beschrieben wird:

The German car industry is in serious difficulties.	Die deutsche Automobilindustrie steckt in ernsten Schwierigkeiten.

Abstrakte Begriffe mit nachfolgendem Zusatz werden meist mit **the** verbunden:

The people sitting at the back of the room started to get restless.	Die Leute, die hinten im Raum saßen, wurden langsam unruhig.

Handelt es sich trotz Zusatz eindeutig um eine verallgemeinernde Feststellung, erscheint kein bestimmter Artikel:

People of my age tend to like fast food.	Die Leute in meinem Alter mögen in der Regel Fast Food.

love·a·ble → *lovable*
love af·fair *s* (Liebes)Affäre *f*, (-)Verhältnis *n*
love bite *s ugs* Knutschfleck *m*
love du·et *s* MUS Liebesduett *n*
love han·dles *Pl fig hum* Rettungsring *m* (*Fettwulst an den Hüften*)
ˌlove-ˈhate (re·la·tion·ship) *s* Hassliebe *f*
love·less [ˈlʌvlɪs] *Adj* **1.** lieblos **2.** ungeliebt
love let·ter *s* Liebesbrief *m*
love life *s* (*unreg* ***life***) Liebesleben *n*
►**love·ly** [ˈlʌvlɪ] *Adj* **1.** (wunder)schön **2.** nett, reizend **3.** *ugs* prima, großartig
ˈloveˌmak·ing *s* **1.** (*körperliche*) Liebe **2.** Liebeskunst *f*
love match *s* Liebesheirat *f*
love po·em *s* Liebesgedicht *n*
lov·er [ˈlʌvə] *s* **1.** Liebhaber(in), Geliebte *m*; Geliebte *f* **2.** *Pl* Liebende *Pl*, Liebespaar *n*: ***they are lovers*** sie lieben sich **3.** (*Musik- etc*) Liebhaber(in), (-)Freund(in): ***lover of music, music lover***
love scene *s* THEAT *etc* Liebesszene *f*
ˈlove·sick *Adj* liebeskrank: ***be lovesick*** Liebeskummer haben
love song *s* Liebeslied *n*
love sto·ry *s* Liebesgeschichte *f*, (*bes rührselige auch*) Lovestory *f*
lov·ing [ˈlʌvɪŋ] *Adj* liebevoll, zärtlich: ***your loving father*** Dein Dich liebender Vater (*Briefschluss*)
►**low¹** [ləʊ] **I** *Adj und Adv* **1.** *allg* niedrig (*auch fig Löhne etc*): ***low in fat*** fettarm; → ***lie low***, ***profile*** 1 **2.** tief (*auch fig*): ***a low bow*** eine tiefe Verbeugung; ***low shot*** (*Sport*) Flachschuss *m*; ***the sun is low*** die Sonne steht tief; ***sunk so low*** *fig* so tief gesunken **3.** tief gelegen **4.** knapp (*Vorrat etc*): ***get*** (*oder* ***run***) ***low*** knapp werden, zur Neige gehen; ***we are getting*** (*oder* ***running***) ***low on sugar*** uns geht allmählich der Zucker aus; ***low on funds*** knapp bei Kasse **5.** schwach (*auch Puls*); niedergeschlagen, deprimiert: ***feel low*** in gedrückter Stimmung sein; sich elend fühlen; → ***spirit*** 4 **6.** gering (-schätzig): → ***opinion*** 2 **7.** ordinär, vulgär (*Ausdruck etc*); gemein, niederträchtig (*Trick etc*): ***feel low*** sich gemein vorkommen **8.** tief (*Ton etc*); leise (*Ton, Stimme etc*): ***in a low voice*** leise **II** *s* **9.** METEO Tief *n* **10.** *fig* Tief(punkt *m*, -stand *m*) *n*: ***be at a new low*** einen neuen Tiefpunkt erreicht haben
low² [ləʊ] *v/i* brüllen, muhen (*Rind*)
ˌlowˈbred *Adj* ungebildet, gewöhnlich
ˈlow·brow **I** *s* geistig Anspruchslose *m, f*, Unbedarfte *m, f* **II** *Adj* geistig anspruchslos, unbedarft
ˌlow-ˈcal·o·rie *Adj* kalorienarm
ˈlow-cost *Adj* kostengünstig
ˈlow-down *Adj ugs* fies, hundsgemein
ˈlow·down *s ugs*: ***give s.o. the lowdown*** j-n aufklären (***on*** über *Akk*); ***get the lowdown*** aufgeklärt werden (***on*** über *Akk*)
ˌlow-eˈmis·sion *Adj* MOT schadstoffarm
low·er¹ [ˈlaʊə] *v/i* **1.** finster *oder* drohend blicken: ***lower at s.o.*** j-n finster *oder* drohend ansehen **2.** sich auftürmen (*Wolken*)
►**low·er²** [ˈləʊə] **I** *v/t* **1.** niedriger machen **2.** *Augen, Preis, Stimme etc* senken **3.** *fig* erniedrigen: ***lower o.s.*** sich herablassen **4.** herunter-, herablassen, *Fahne, Segel* niederholen, streichen **II** *v/i* **5.** niedriger werden **6.** *fig* sinken, fallen
low·er³ [ˈləʊə] **I** *Komp von* ***low¹*** **II** *Adj* **1.** niedriger (*auch fig*): ***ˈlowerˌ-case*** *typografisch*: klein geschrieben **2.** unter, Unter…: ***the lower class***(***es*** *Pl*) SOZIOL die Unterschicht; ***lower court*** JUR untergeordnetes Gericht; ***lower deck*** SCHIFF Unterdeck *n*; → ***jaw*** 1, ***lip*** 1
low·est [ˈləʊɪst] **I** *Sup von* ***low¹*** **II** *Adj* **1.** niedrigst (*auch fig*): ***lowest bid*** WIRTSCH Mindestgebot *n* **2.** unterst
ˈlow-fat *Adj* fettarm
ˌlow-ˈin·come *Adj* einkommensschwach
ˌlow-ˈkey *Adj* **1.** gedämpft (*Farbe*), (*Ton auch*) leise **2.** zurückhaltend (*Empfang etc*)
low·land [ˈləʊlənd] *s* Tief-, Flachland *n*
Low Mass *s* REL Stille Messe
ˌlow-ˈnecked *Adj* tief ausgeschnitten, mit tiefem Ausschnitt (*Kleid*)
ˌlow-ˈpres·sure *Adj*: ***low-pressure area*** Tiefdruckgebiet *n*
low sea·son *s* Vor- *oder* Nachsaison *f*
ˌlow-ˈspir·it·ed *Adj* niedergeschlagen, deprimiert
►**low tide** [ˌləʊˈtaɪd] *s* Ebbe *f*, Niedrigwasser *n*
loy·al [ˈlɔɪəl] *Adj* **1.** loyal (***to*** gegenüber) **2.** (ge-)treu (***to*** *Dat*)
ˈloy·al·ty *s* Loyalität *f* (***to*** zu)
loz·enge [ˈlɒzɪndʒ] *s* **1.** MATHE Raute *f*, Rhombus *m* **2.** PHARM Pastille *f*
LP [elˈpiː] *Abk* **1.** *Br* (= ***Labour Party***) (die) Labour Party (*Großbritannien*) **2.** (= ***long-playing record***) LP *f*, Langspielplatte *f*
ˈL-plate *s Schild mit einem roten L an Privatwagen, das darauf hinweist, dass ein Fahrschüler fährt*
LSD [elesˈdiː] *Abk* (= ***lysergic acid diethylamide***) LSD *n*
Ltd. *Abk* (***limited***) mbH
LTU [eltiːˈjuː] *Abk* (= ***long-term unemployed*** *Pl*) Langzeitarbeitslose *Pl*
lu·bri·cant [ˈluːbrɪkənt] *s* TECH Schmiermittel *n*
lu·bri·cate [ˈluːbrɪkeɪt] *v/t* schmieren
ˌlu·briˈca·tion *s* Schmieren *n*
lu·cid [ˈluːsɪd] *Adj* klar (*Auskunft, Gedanke, Verstand etc*); hell, (*geistig*) klar: ***lucid interval*** (*oder* ***moment***) *bes* PSYCH heller *oder* lichter Augenblick
►**luck** [lʌk] *s* **1.** Schicksal *n*, Zufall *m*: ***as luck would have it*** wie es der Zufall wollte, (un-)glücklicherweise; ► ***bad*** (*oder* ***hard, ill***) ***luck*** Pech *n* (***on*** für), Unglück *n*; ***good luck*** Glück *n*; ***good luck!*** viel Glück! **2.** Glück *n*: ***for luck*** als Glücksbringer; ***be in*** (***out of***) ***luck*** (kein) Glück haben; ***try one's luck*** sein Glück versuchen
ˈluck·i·ly *Adv* zum Glück, glücklicherweise: ***luckily for me*** zu meinem Glück
ˈluck·less *Adj* glück-, erfolglos
►**luck·y** [ˈlʌkɪ] *Adj* (→ ***luckily***) **1.** Glücks…, glücklich: ► ***be*** (***very***) ***lucky*** (großes) Glück haben; ***lucky day*** Glückstag *m*; ***lucky fellow*** Glückspilz *m* **2.** Glück bringend, Glücks…: ***be lucky*** Glück bringen; ***lucky penny*** Glückspfennig *m*; → ***star*** 1
lu·cra·tive [ˈluːkrətɪv] *Adj* einträglich, lukrativ
lu·cre [ˈluːkə] *s*: ***filthy lucre*** *oft hum* schnöder Mammon
Lud·dite [ˈlʌdaɪt] *s* Maschinenstürmer(in)
lu·di·crous [ˈluːdɪkrəs] *Adj* absurd
lu·do [ˈluːdəʊ] *s Br* Mensch, ärgere dich nicht *n* (*Spiel*)
lug [lʌg] *v/t* zerren, schleifen; schleppen
►**lug·gage** [ˈlʌgɪdʒ] *s* (Reise)Gepäck *n*

lug·gage al·low·ance *s* FLUG Freigepäck *n*
lug·gage lock·er *s* Gepäckschließfach *n*
lug·gage trol·ley *s* Kofferkuli *m*
luke·warm [ˌluːk'wɔːm] *Adj* lau(warm) (*auch fig Zustimmung etc*), (*Unterstützung etc auch*) halbherzig, (*Applaus etc*) lau, mäßig
lull [lʌl] **I** *v/t* **1.** *meist* ***lull to sleep*** einlullen **2.** *fig j-n* beruhigen, beschwichtigen, *j-s Argwohn* zerstreuen: ***lull s.o. into a false sense of security*** j-n in Sicherheit wiegen **II** *v/i* **3.** sich legen, nachlassen (*Sturm*) **III** *s* **4.** (Ruhe)Pause *f* (***in*** in *Dat*): ***lull*** (***in the wind***) Flaute *f*; ***the lull before the storm*** die Ruhe vor dem Sturm (*auch fig*)
lull·a·by ['lʌləbaɪ] *s* Wiegenlied *n*
lum·ba·go [lʌm'beɪgəʊ] *s* MED Hexenschuss *m*
lum·ber[1] ['lʌmbə] **I** *s* **1.** *bes Am* Bau-, Nutzholz *n* **2.** Gerümpel *n* **II** *v/t* **3.** ***lumber s.o. with s.th.*** *Br ugs* j-m etw aufhalsen
lum·ber[2] ['lʌmbə] *v/i* schwerfällig gehen; (dahin)rumpeln (*Wagen*)
'lum·ber·jack *s bes Am* Holzfäller *m*, -arbeiter *m*
lum·ber mill *s bes Am* Sägewerk *n*
lum·ber room *s* Rumpelkammer *f*
lu·mi·nar·y ['luːmɪnərɪ] *s fig* Leuchte *f*
lu·mi·nos·i·ty [ˌluːmɪ'nɒsətɪ] *s* **1.** Leuchtkraft *f*; ASTR, PHYS Lichtstärke *f*, Helligkeit *f* **2.** *fig* Brillanz *f*
'lu·mi·nous *Adj* **1.** leuchtend: ***luminous paint*** Leuchtfarbe *f* **2.** *fig* intelligent, brillant; klar, einleuchtend
lump[1] [lʌmp] **I** *s* **1.** Klumpen *m*: ***have a lump in one's*** (*oder* ***the***) ***throat*** *fig* einen Kloß im Hals haben **2.** Schwellung *f*, Beule *f*; MED Geschwulst *f*, (*in der Brust*) Knoten *m* **3.** Stück *n Zucker etc* **4.** *fig* Gesamtheit *f*, Masse *f*: ***in the lump*** in Bausch und Bogen, pauschal; im Großen und Ganzen **5.** *ugs* Klotz *m* (*ungeschlachter, dummer Mensch*) **II** *Adj* **6.** Stück…: ***sugar lumps*** Würfelzucker *m* **7.** Pauschal… **III** *v/t* **8.** *oft* ***lump together*** zs.-ballen; *fig* zs.-werfen, in 'einen Topf werfen (***with*** mit) **IV** *v/i* **9.** Klumpen bilden, klumpen
lump[2] [lʌmp] *v/t*: ***lump it*** *ugs* sich damit abfinden
lu·na·cy ['luːnəsɪ] *s* MED Wahnsinn *m* (*auch fig*)
lu·nar ['luːnə] *Adj* Mond…: ***lunar eclipse*** ASTR Mondfinsternis *f*; ***lunar landing*** Mondlandung *f*; ***lunar module*** Mond(lande)fähre *f*
lu·na·tic ['luːnətɪk] **I** *Adj* **a)** MED wahnsinnig, geistesgestört: ***lunatic asylum*** *pej* Irrenanstalt *f*, **b)** *fig* verrückt **II** *s* **a)** MED Wahnsinnige *m, f*, Geistesgestörte *m, f*, **b)** *fig* Verrückte *m, f*
▶**lunch** [lʌntʃ] **I** *s* Mittagessen *n*: ***have lunch*** *siehe* II; ***lunch hour*** **a)** *auch* ***lunch break*** Mittagspause *f*, **b)** → ***lunchtime*** **II** *v/i* (zu) Mittag essen: ***lunch out*** auswärts *oder* im Restaurant zu Mittag essen

> **Artikel bei Mahlzeiten** (GR)
>
> Bei Mahlzeiten wird im Englischen – anders als im Deutschen – der bestimmte Artikel meist nicht gesetzt:
>
> | | |
> |---|---|
> | **Lunch is nearly ready.** | Das Mittagessen ist fast fertig. |
> | **I'll drop by after dinner.** | Ich schau nach dem Abendessen vorbei. |
>
> Nur wenn es sich um eine näher bestimmte Mahlzeit handelt wird **the** verwendet:
>
> | | |
> |---|---|
> | **The dinner we had there was simply magnificent.** | Das Abendessen, das wir dort bekamen, war einfach einmalig. |

lunch·eon meat ['lʌntʃən] *s* Frühstücksfleisch *n*
lunch·eon vouch·er *s* Essen(s)bon *m*
'lunch·time *s* Mittagszeit *f*: ***at lunchtime*** zur Mittagszeit
▶**lung** [lʌŋ] *s* ANAT Lungenflügel *m*: ***lungs*** *Pl* Lunge *f*
lunge [lʌndʒ] **I** *s* **a)** *bes Fechten*: Ausfall *m*, **b)** Sprung *m* vorwärts, Satz *m*: ***make a lunge*** *siehe* II **II** *v/i* **a)** *bes Fechten*: einen Ausfall machen, **b)** einen Sprung vorwärts *oder* einen Satz machen, **c)** sich stürzen (***at*** auf *Akk*)
lurch[1] [lɜːtʃ] **I** *s* **1.** Taumeln *n*, Torkeln *n* **2.** SCHIFF Schlingern *n* **3.** Ruck *m*: ***give a lurch*** *siehe* 6 **II** *v/i* **4.** taumeln, torkeln **5.** SCHIFF schlingern **6.** einen Ruck machen
lurch[2] [lɜːtʃ] *s*: ***leave in the lurch*** im Stich lassen
lure [lʊə] **I** *s* **1.** Köder *m* (***to*** für) (*auch fig*) **2.** *fig* Lockung *f*, Reiz *m* **II** *v/t* **3.** (an)locken, ködern (*beide auch fig*): ***lure away*** weglocken; ***lure into*** locken in (*Akk*); verlocken *oder* -führen zu
lu·rid ['lʊərɪd] *Adj* **1.** fahl, gespenstisch (*Beleuchtung etc*) **2.** grell (*Farben*) **3.** grässlich, schauerlich
lurk [lɜːk] *v/i* **1.** lauern (*auch fig*) **2.** schleichen: ***lurk about*** (*oder* ***around***) herumschleichen
lus·cious ['lʌʃəs] *Adj* **1.** köstlich, lecker; süß (u. saftig) **2.** sinnlich (*Lippen etc*), üppig (*Figur, Frau etc*), knackig (*Mädchen*)
lush [lʌʃ] *Adj* saftig (*Gras etc*), üppig (*Vegetation*)
lust [lʌst] **I** *s* **1.** sinnliche Begierde **2.** Gier *f* (***for*** nach): ***lust for power*** Machtgier **II** *v/i* **3.** gieren (***for, after*** nach)
lus·ter *Am* → ***lustre***
lust·ful ['lʌstfʊl] *Adj* lüstern
lus·tre ['lʌstə] *s bes Br* **1.** Glanz *m* (*auch fig*) **2.** Kronleuchter *m*
lus·trous ['lʌstrəs] *Adj* **1.** glänzend (*auch fig*) **2.** *fig* illuster
lust·y ['lʌstɪ] *Adj* **1.** kräftig, robust **2.** tatkräftig
lute [luːt] *s* MUS Laute *f*
lux·ate ['lʌkseɪt] *v/t* MED sich *die Schulter etc* aus- *oder* verrenken
lux'a·tion *s* Luxation *f*, Aus-, Verrenkung *f*
Lux·em·bourg ['lʌksəmbɜːg] *Eigenn* Luxemburg *n*
lux·u·ri·ant [lʌg'ʒʊərɪənt] *Adj* **1.** üppig (*Vegetation*) (*auch fig*) **2.** *fig* (über)reich, verschwenderisch, (*Fantasie*) blühend
lux'u·ri·ate [lʌg'ʒʊərɪeɪt] *v/i* schwelgen (***in*** in *Dat*)
lux'u·ri·ous *Adj* **1.** luxuriös, Luxus… **2.** verschwenderisch, genusssüchtig
lux·u·ry ['lʌkʃərɪ] **I** *s* **1.** *allg* Luxus *m* **2.** Luxusartikel *m* **II** *Adj* **3.** Luxus…, der Luxusklasse: ***luxury hotel*** Luxushotel *n*
ly·chee [ˌlaɪ'tʃiː] *s* BOT Litschi *f*
lye [laɪ] *s* CHEM Lauge *f*
ly·ing ['laɪɪŋ] **I** *Part Präs von* ***lie***[1] **II** *Adj* lügnerisch, verlogen

lymph [lɪmf] *s* PHYSIOL Lymphe *f*
lymph gland, **lymph node** *s* ANAT Lymphknoten *m*
lynch [lɪntʃ] *v/t* lynchen
lynch law *s* Lynchjustiz *f*
lynx [lɪŋks] *s* ZOOL Luchs *m*
'lynx-eyed *Adj fig* mit Augen wie ein Luchs
lyr·ic ['lɪrɪk] **I** *Adj* (***lyrically***) **1.** lyrisch (*auch fig gefühlvoll*) **II** *s* **2.** lyrisches Gedicht: ***lyrics*** *Pl* Lyrik *f* **3.** *Pl* (Lied)Text *m*
lyr·i·cal *Adj* **1.** → ***lyric*** 1 **2.** schwärmerisch: ***wax lyrical*** ins Schwärmen geraten
lyr·i·cist ['lɪrɪsɪst] *s* **1.** Lyriker(in) **2.** Texter(in), Textdichter(in)

M

M [em] *Pl* **M's** *s* M *n*
mac [mæk] *ugs* → ***mackintosh***
ma·ca·bre [mə'kɑːbrə] *Adj* makaber
mac·a·ro·ni [ˌmækə'rəʊnɪ] *s Sg* Makkaroni *Pl*: ***macaroni cheese*** mit Käse überbackene Makkaroni
mac·a·roon [ˌmækə'ruːn] *s* Makrone *f*
mace[1] [meɪs] *s* Amtsstab *m*
mace[2] [meɪs] *s* Muskatblüte *f*
Mach [mæk] *s*: ***fly at Mach two*** FLUG, PHYS mit einer Geschwindigkeit von zwei Mach fliegen
ma·che·te [mə'tʃetɪ] *s* Machete *f*, Buschmesser *n*
▸ **ma·chine** [mə'ʃiːn] **I** *s* **1.** Maschine *f* (*ugs auch Flugzeug, Motorrad etc*) **2.** Apparat *m*; Automat *m* **3.** POL (*Partei- etc*)Apparat *m* **II** *v/t* **4.** maschinell herstellen
ma·chine gun *s* Maschinengewehr *n*
ma'chine,read·a·ble *Adj* maschinell lesbar, maschinenlesbar
ˌma'chine'washable *Adj* waschmaschinenfest
ma·chin·er·y [mə'ʃiːnərɪ] *s* **1.** Maschinen *Pl*; Maschinerie *f* **2.** *fig* **a)** Maschinerie *f*, Räderwerk *n*, **b)** → ***machine*** 3
ma·chine tool *s* TECH Werkzeugmaschine *f*
ma·chine trans·la·tion *s* maschinelle Übersetzung
ma·chis·mo [mə'tʃɪzməʊ] *s* Machismo *m*, Männlichkeitswahn *m*
ma·cho ['mætʃəʊ] *Pl* **ma·chos** *s* Macho *m*
mack·er·el ['mækrəl] *Pl* **mack·er·el** *s* ZOOL Makrele *f*
mack·in·tosh ['mækɪntɒʃ] *s bes Br* Regenmantel *m*
mac·ro ['mækrəʊ] *Pl* **mac·ros** *s* COMPUTER Makro *n*
mac·ro·bi·ot·ic [ˌmækrəʊ'baɪɒtɪk] *Adj* makrobiotisch
mac·ro·cosm ['mækrəʊkɒzəm] *s* Makrokosmos *m*, Weltall *n*
▸ **mad** [mæd] *Adj* (→ ***madly***) **1.** wahnsinnig, verrückt (*beide auch fig*): ***go mad*** verrückt werden; ***drive s.o. mad*** j-n verrückt machen; ***like mad*** wie verrückt **2.** (***about, for, on***) wild, versessen (auf *Akk*), verrückt (nach), vernarrt (in *Akk*) **3.** *ugs* außer sich, verrückt (***with*** vor *Dat*) **4.** *bes Am ugs* wütend (***at, about*** über *Akk*, auf *Akk*) **5.** wild (geworden) (*Stier etc*)
▸ **mad·am** ['mædəm] *s* gnädige Frau (*Anrede, oft unübersetzt*)
'mad·cap *Adj* verrückt
ˌmad 'cow disˌease *s* VET Rinderwahn(sinn) *m*
mad·den ['mædn] *v/t* verrückt machen (*auch fig*)
'mad·den·ing *Adj* unerträglich: ***it is maddening*** es ist zum Verrücktwerden
made [meɪd] **I** *Prät und Part Perf von* ***make*** **II** *Adj*: ***be made for each other*** wie füreinander geschaffen sein; ***he is made for this job*** er ist für diese Arbeit wie geschaffen
ˌmade-to-'meas·ure *Adj* nach Maß angefertigt, Maß…: ***made-to-measure suit*** maßgeschneiderter Anzug, Maßanzug *m*
ˌmade-to-'or·der *Adj fig* maßgeschneidert, nach Maß
'made-up *Adj* **1.** (frei) erfunden **2.** geschminkt
'mad·house *s* Irrenhaus *n* (*auch fig*)
mad·ly ['mædlɪ] *Adv* **1.** wie verrückt **2.** *ugs* wahnsinnig, schrecklich
mad·man ['mædmən] *s* (*unreg* ***man***) Verrückte *m*
mad·ness ['mædnɪs] *s* **1.** Wahnsinn *m* (*auch fig*): ***sheer madness*** heller *oder* blanker Wahnsinn **2.** *bes Am ugs* Wut *f*
'mad,wom·an *s* (*unreg* ***woman***) Verrückte *f*
Ma·fi·a ['mæfɪə] *s* Mafia *f* (*auch fig*)
ma·fi·o·so [ˌmæfɪ'əʊsəʊ] *Pl* **ma·fi·o·sos**, **ma·fi·o·si** [ˌmæfɪ'əʊsɪ] *s* Mafioso *m* (*auch fig*)
mag [mæg] *ugs* → ***magazine*** 3
▸ **mag·a·zine** [ˌmægə'ziːn] *s* **1.** Magazin *n* (*einer Feuerwaffe, eines Fotoapparats*) **2.** Magazin *n*, Lagerhaus *n* **3.** Magazin *n*, Zeitschrift *f*
mag·a·zine rack *s* Zeitungsständer *m*
ma·gen·ta [mə'dʒentə] *Adj* dunkelrot
mag·got ['mægət] *s* ZOOL Made *f*
Ma·gi ['meɪdʒaɪ] *s Pl*: ***the Magi*** die Heiligen Drei Könige
mag·ic ['mædʒɪk] **I** *s* **1.** Magie *f*, Zauberei *f*: ***as if by magic, like magic*** wie durch Zauberei **2.** Zauber(kraft *f*) *m*, magische Kraft (*auch fig*) **II** *Adj* (***magically***) **3.** magisch, Zauber…: ***magic carpet*** fliegender Teppich; ***magic spell*** Zauberspruch *m*, Zauber *m*; ***magic trick*** Zaubertrick *m*, -kunststück *n*; ***magic wand*** Zauberstab *m* **4.** zauberhaft
ma·gi·cian [mə'dʒɪʃn] *s* **1.** Magier(in), Zauberer *m*, Zauberin *f* **2.** Zauberkünstler(in)
mag·is·trate ['mædʒɪstreɪt] *s* JUR Richter(in) (*an einem* ***magistrates' court***): ***magistrates' court*** *Br*, ***magistrate's court*** *Am erstinstanzliches Gericht für Straf- und Zivilsachen niederer Ordnung*

mag·lev ['mæglev] *s* BAHN Magnet(schwebe-)bahn *f*

Magna Carta LK

Die **Magna Carta** ist das erste bekannte verfassungsähnliche Dokument, das dem englischen König John 1215 angesichts des drohenden Bürgerkriegs von Adel und Klerus abgenötigt wurde. Es sicherte vor allem deren Rechte und Freiheiten und beschnitt, zum ersten Mal in der Geschichte, einen Monarchen formell in seinen Rechten. So setzte es erstmals die Macht des Gesetzes über die des Königs. Ursprünglich kaum mehr als ein Vertrag zwischen dem König und seinen aufständischen Baronen, lässt ihr die historische Entwicklung die Bedeutung eines grundlegenden Gesetzes zukommen.

mag·na·nim·i·ty [ˌmægnə'nɪmətɪ] *s* Großmut *f*
mag·nan·i·mous [mæg'nænɪməs] *Adj* großmütig
mag·ne·sia [mæg'niːʃə] *s* CHEM Magnesia *f*
mag·ne·si·um [mæg'niːzɪəm] *s* CHEM Magnesium *n*
mag·net ['mægnɪt] *s* Magnet *m* (*auch fig*)
mag·net·ic [mæg'netɪk] *Adj* (***magnetically***) **1.** magnetisch, Magnet…: ***magnetic field*** PHYS Magnetfeld *n*; ***magnetic pole*** PHYS magnetischer Pol, Magnetpol *m*; ***magnetic resonance tomography*** (*Abk **MRT***) MED Kernspintomografie *f* (*Abk* MR(T), KST); ***magnetic tape*** Magnetband *n* **2.** *fig* magnetisch, faszinierend
mag·net·ism ['mægnɪtɪzəm] *s* **1.** PHYS Magnetismus *m* **2.** *fig* Anziehungskraft *f*
'mag·ne·tize *v/t* **1.** magnetisieren **2.** *fig* anziehen, fesseln
mag·nif·i·cence [mæg'nɪfɪsns] *s* Großartigkeit *f*, Herrlichkeit *f*
mag'nif·i·cent *Adj* großartig, prächtig, herrlich (*alle auch fig ugs*)
mag·ni·fy ['mægnɪfaɪ] *v/t* **1.** (*auch v/i*) vergrößern: ***magnifying glass*** Vergrößerungsglas *n*, Lupe *f* **2.** *fig* aufbauschen
mag·ni·tude ['mægnɪtjuːd] *s* Größe(nordnung) *f*, *fig auch* Ausmaß *n*: ***of the first magnitude*** von äußerster Wichtigkeit
mag·no·lia [mæg'nəʊljə] *s* BOT Magnolie *f*
mag·pie ['mægpaɪ] *s* ORN Elster *f*
ma·hog·a·ny [mə'hɒgənɪ] *s* Mahagoni(holz) *n*
maid [meɪd] *s* **1.** ***old maid*** *pej* alte Jungfer; ***maid of hono(u)r*** Hofdame *f*; *Am* (erste) Brautjungfer **2.** (Dienst)Mädchen *n*, Hausangestellte *f*
maid·en ['meɪdn] *Adj* **1.** ***maiden name*** Mädchenname *m* (*einer Frau*) **2.** unverheiratet **3.** Jungfern…: ***maiden flight*** FLUG Jungfernflug *m*; ***maiden speech*** PARL Jungfernrede *f*; ***maiden voyage*** SCHIFF Jungfernfahrt *f*
▸**mail** [meɪl] **I** *s* Post(sendung) *f*: ***by mail*** *bes Am* mit der Post®; → ***incoming*** 3, ***outgoing*** 2 **II** *v/t bes Am* aufgeben, *Brief* einwerfen; (zu-)schicken (***to*** *Dat*)
'mail·box *s bes Am* Briefkasten *m*; IT Mailbox *f*, elektronischer Briefkasten
mail car·ri·er *s bes Am* Postbote *m*, Briefträger *m*
▸**mail·man** ['meɪlmæn] *s* (*unreg **man***) *bes Am* Postbote *m*, Briefträger *m*
'mail-ˌor·der *Adj*: ***mail-order catalog(ue)*** Versandhauskatalog *m*; ***mail-order firm*** (*oder **house***) Versandhaus *n*
'mail·shot *s* Mailing *n*, Briefaktion *f*
▸**main** [meɪn] **I** *Adj* (→ ***mainly***) **1.** Haupt…, wichtigst: ***main clause*** LING Hauptsatz *m*; ***main course*** Hauptgang *m*, Hauptgericht *n*; ***main office*** Hauptbüro *n*, Zentrale *f*; ***main reason*** Hauptgrund *m*; ***main street*** Hauptstraße *f*; ***main thing*** Hauptsache *f* **II** *s* **2.** *meist Pl* Haupt(gas-, -wasser)leitung *f*; (Strom)Netz *n*: ***mains cable*** Netzkabel *n* **3.** ***in*** (*Am auch **for***) ***the main*** hauptsächlich, in der Hauptsache
'main·frame *s* IT Großrechner *m*
main·land ['meɪnlənd] *s* Festland *n*
'main·line **I** *s* BAHN Hauptstrecke *f* **II** *Adj* traditionell **III** *v/t ugs* drücken, spritzen, fixen
main·ly ['meɪnlɪ] *Adv* hauptsächlich
'main·spring *s fig* (Haupt)Triebfeder *f*
'main·stay *s fig* Hauptstütze *f*
'main·stream **I** *s* **1.** Hauptrichtung: ***be in the mainstream of s.th.*** der Hauptrichtung von etw angehören **II** *Adj* **2.** *Politik*, *Partei*: der Mitte **3.** *Meinung etc*: vorherrschend
main·stream en·ter·tain·ment *s* Massenunterhaltung *f*
main·tain [meɪn'teɪn] *v/t* **1.** *Zustand* (aufrecht-)erhalten, beibehalten, (be-)wahren; WIRTSCH *Preis* halten **2.** instand halten, pflegen, TECH *auch* warten **3.** (*in einem bestimmten Zustand*) lassen **4.** *Familie etc* unterhalten, versorgen **5.** behaupten (***that*** dass; ***to*** *Inf* zu *Inf*) **6.** *Meinung*, *Recht etc* verfechten; auf *einer Forderung* bestehen
main·te·nance ['meɪntənəns] *s* **1.** (Aufrecht)Erhaltung *f*, Beibehaltung *f* **2.** Instandhaltung *f*, Pflege *f*, TECH *auch* Wartung *f*: ***maintenance-free*** wartungsfrei **3.** Unterhalt *m*: ***maintenance grant*** Unterhaltszuschuss *m*
mai·son·ette [ˌmeɪzə'net] *s* **1.** Maison(n)ette *f* **2.** Einliegerwohnung *f*
maize [meɪz] *s* BOT *bes Br* Mais *m*
ma·jes·tic [mə'dʒestɪk] *Adj* (***majestically***) majestätisch
maj·es·ty ['mædʒəstɪ] *s* Majestät *f* (*auch fig*): ***His*** (***Her***) ***Majesty*** Seine (Ihre) Majestät
ma·jor ['meɪdʒə] **I** *s* **1.** MIL Major(in) **2.** UNI *Am* Hauptfach *n* **3.** MUS Dur *n* **II** *Adj* **4.** größer, *fig auch* bedeutend, wichtig **III** *v/i* **5.** ***major in*** UNI *Am* als *oder* im Hauptfach studieren
Ma·jor·ca [mə'dʒɔːkə] *Eigenn* Mallorca *n*
ma·jor·ette [ˌmeɪdʒə'ret] *s* Majorette *f*
▸**ma·jor·i·ty** [mə'dʒɒrətɪ] *s* **1.** Mehrheit *f*: ***by a large majority*** mit großer Mehrheit; ***in the majority of cases*** in der Mehrzahl der Fälle; ***majority of votes*** Stimmenmehrheit; ***be in the*** (*oder **a***) ***majority*** in der Mehrzahl sein; ***majority decision*** Mehrheitsbeschluss *m* **2.** JUR Volljährigkeit *f*: ***reach one's majority*** volljährig werden
▸**make** [meɪk] **I** *s* **1.** Machart *f*, Ausführung *f*; Erzeugnis *n*, Fabrikat *n*, Produkt *n* **II** *v/t* (*unreg*) **2.** *allg z. B. Reise*, *Versuch* machen: ***make a speech*** eine Rede halten **3.** machen: **a)** anfertigen, herstellen, erzeugen (***from, of, out of*** von, aus), **b)** verarbeiten, formen (***to, into*** in *Akk*, zu), **c)** *Tee etc* zubereiten **4.** (er)schaffen **5.** ergeben, bilden **6.** verursachen: **a)** *Geräusch*, *Schwierigkeiten etc* machen, **b)** bewirken, (mit

M

sich) bringen **7.** machen *oder* ernennen zu: ***make s.o.*** (***a***) ***general*** j-n zum General ernennen **8.** *mit Adj*, *Part Perf etc*: machen: ***make angry*** zornig machen, erzürnen **9.** sich erweisen als (*Person*): ***he would make a good teacher*** er würde einen guten Lehrer abgeben **10.** *mit Inf*: *j-n* lassen, veranlassen *oder* bringen zu: ***make s.o. wait*** j-n warten lassen; ***make s.o. talk*** j-n zum Sprechen bringen; ***make s.th. do, make do with s.th.*** mit etw auskommen, sich mit etw behelfen **11.** ***make much of*** viel Wesens machen um; viel halten von **12.** sich eine Vorstellung machen von, halten für: ***what do you make of it?*** was halten Sie davon? **13.** schätzen auf (*Akk*) **14.** sich *Vermögen etc* erwerben, *Geld*, *Profit* machen, *Gewinn* erzielen **15.** schaffen: **a)** *Strecke* zurücklegen, **b)** *Geschwindigkeit* erreichen, machen **16.** *ugs Zug* erwischen: ***make it*** es schaffen **17.** sich belaufen auf (*Akk*), ergeben: ***two and two make four*** 2 und 2 macht *oder* ist 4 **III** *v/i* (*unreg*) **18.** ***make as if*** (*oder* ***as though***) so tun, als ob *oder* als wenn; ***make believe*** (***that***) vorgeben (dass)

make für lassen — SG

Drückt **make** aus, dass jemand dazu veranlasst werden soll, etwas (für jemanden) zu tun, wird es mit **lassen** übersetzt.

Make tritt in dieser Bedeutung vor dem Objekt und einem Infinitiv ohne **to** auf.

His mother made him tidy up his room.	Seine Mutter ließ ihn sein Zimmer aufräumen. (= Er musste sein Zimmer aufräumen.)

Im Passiv steht **make** mit **to: be made to** + Infinitiv.

We were made to wait for an hour.	Man ließ uns eine Stunde warten.

◆**make a·way** *v/i* sich davonmachen (***with*** mit)
◆**make for** *v/i* **1.** zugehen *oder* lossteuern auf (*Akk*); sich aufmachen nach; sich stürzen auf (*Akk*) **2.** förderlich sein, dienen (*Dat*), beitragen zu
◆**make off** → ***make away***
◆**make out I** *v/t* **1.** *Scheck etc* ausstellen; *Urkunde etc* ausfertigen; *Liste etc* aufstellen **2.** ausmachen, erkennen **3.** aus *j-m*, *einer Sache* klug werden **4.** ***make s.o. out to be bad*** (***a liar***) j-n als schlecht (als Lügner) hinstellen **II** *v/i* **5.** *bes Am* auskommen (***with*** mit *j-m*) **6.** *bes Am ugs gut etc* zurechtkommen **7.** *bes Am ugs* (herum)knutschen (***with*** mit)
◆**make up I** *v/t* **1.** bilden: ***be made up of*** bestehen *oder* sich zs.-setzen aus **2.** *Schriftstück etc* abfassen, aufsetzen, *Liste etc* anfertigen, *Tabelle* aufstellen, *Arznei*, *Bericht etc* zs.-stellen **3.** sich *eine Geschichte etc* ausdenken, *auch pej* erfinden **4.** *Paket etc* (ver)packen, (-)schnüren **5.** → ***mind*** 5 **6.** *Versäumtes* nachholen, wettmachen **7.** ***make it up*** sich versöhnen *oder* wieder vertragen (***with*** mit) **II** *v/i* **8.** sich schminken **9.** ***make up for*** wieder gutmachen, wettmachen **10.** *siehe* 7 **11.** ***make up to s.o.*** *ugs* j-m schöntun; sich an j-n heranmachen
'make-be,lieve *Adj* Fantasie…, Schein…: ***make-believe world***
mak·er ['meɪkə] *s* **1.** WIRTSCH Hersteller(in), Erzeuger(in) **2.** ***the Maker*** REL der Schöpfer
'make·shift I *s* Notbehelf *m* **II** *Adj* behelfsmäßig, provisorisch, Behelfs…
▶**make-up** ['meɪkʌp] *s* **1.** Make-up *n*: ***without make-up*** *auch* ungeschminkt **2.** Aufmachung *f*, (Ver)Kleidung *f* **3.** FILM *etc* Maske *f*: ***make-up artist*** Visagist(in) **4.** Zs.-setzung *f*
mak·ing ['meɪkɪŋ] *s* **1.** Erzeugung *f*, Herstellung *f*, Fabrikation *f*: ***be in the making*** im Werden sein; noch in Arbeit sein **2.** ***have the makings of*** das Zeug haben zu
mal·ad·just·ed [ˌmælə'dʒʌstɪd] *Adj* PSYCH verhaltensgestört
mal·a·droit [ˌmælə'drɔɪt] *Adj* **1.** ungeschickt **2.** taktlos
ma·laise [mæ'leɪz] *s* **1.** Unpässlichkeit *f*, Unwohlsein *n* **2.** *fig* Unbehagen *n*
ma·lar·i·a [mə'leərɪə] *s* MED Malaria *f*
mal·con·tent ['mælkənˌtent] **I** *Adj* unzufrieden **II** *s* Unzufriedene *m*, *f*, Nörgler(in), Querulant(in)
Mal·dives ['mɔːldaɪvz] *Eigenn Pl die* Malediven *Pl*
▶**male** [meɪl] **I** *Adj* männlich: ***male choir*** Männerchor *m*; ***male model*** Dressman *m*; ▶ ***male nurse*** (Kranken)Pfleger *m*; ***male prostitute*** Strichjunge *m*; → ***chauvinism***, ***chauvinist*** **II** *s* Mann *m*; ZOOL Männchen *n*
mal·e·dic·tion [ˌmælɪ'dɪkʃn] *s* Fluch *m*, Verwünschung *f*
ma·lev·o·lence [mə'levələns] *s* Böswilligkeit *f*
ma'lev·o·lent *Adj* übelwollend (***to*** *Dat*), böswillig
mal·for·ma·tion [ˌmælfɔː'meɪʃn] *s bes* MED Missbildung *f*
mal·func·tion [ˌmæl'fʌŋkʃn] **I** *s* **1.** MED Funktionsstörung *f* **2.** TECH schlechtes Funktionieren *oder* Arbeiten; Versagen *n* **II** *v/i* **3.** TECH schlecht funktionieren *oder* arbeiten; versagen
mal·ice ['mælɪs] *s* **1.** Böswilligkeit *f* **2.** Groll *m*: ***bear s.o. malice*** einen Groll auf j-n haben *oder* gegen j-n hegen, j-m grollen **3.** JUR böse Absicht, Vorsatz *m*: ***with malice*** (***aforethought***) vorsätzlich
ma·li·cious [mə'lɪʃəs] *Adj* **1.** böswillig, JUR *auch* vorsätzlich **2.** arglistig
ma·lig·nant [mə'lɪgnənt] *Adj* **1.** bösartig (*auch* MED), böswillig **2.** arglistig
ma·lin·ger [mə'lɪŋgə] *v/i* sich krank stellen, simulieren
ma'lin·ger·er *s* Simulant(in)
mall [mɔːl] *s* **1.** Allee *f* **2.** *Am* Einkaufszentrum *n*
mal·lard ['mælɑːd] *s* ORN Stockente *f*
mal·le·a·ble ['mælɪəbl] *Adj* **1.** TECH verformbar **2.** *fig* formbar
mal·let ['mælɪt] *s* Holzhammer *m*
mal·low ['mæləʊ] *s* BOT Malve *f*
mal·nu·tri·tion [ˌmælnjuː'trɪʃn] *s* **1.** Unterernährung *f* **2.** Fehlernährung *f*
mal·o·dor·ous [mæl'əʊdərəs] *Adj* übel riechend
mal·prac·tice [ˌmæl'præktɪs] *s* Vernachlässigung *f* der beruflichen Sorgfalt; (ärztlicher) Kunstfehler
malt [mɔːlt] **I** *s* Malz *n* **II** *v/t* mälzen
Mal·ta ['mɔːltə] *Eigenn* Malta *n*
Mal·tese [ˌmɔːl'tiːz] **I** *s* Malteser(in): ***the Maltese*** *Pl* die Malteser *Pl* **II** *Adj* maltesisch
mal·treat [ˌmæl'triːt] *v/t* **1.** schlecht behandeln

2. misshandeln
ˌmal'treat·ment *s* **1.** schlechte Behandlung **2.** Misshandlung *f*
mam·mal ['mæml] *s* ZOOL Säugetier *f*
mam·mon ['mæmən] *s* Mammon *m*
mam·moth ['mæməθ] **I** *s* ZOOL Mammut *n* **II** *Adj* Mammut…, Riesen…
►**man** [mæn] **I** *Pl* **men** [men] *s* **1.** Mensch *m* **2.** *oft* **Man** *Koll* der Mensch, die Menschen *Pl* **3.** Mann *m*: ***the man in** (**Am auch on**) **the street*** der Mann auf der Straße; ***be one's own man*** sein eigener Herr sein **4.** *weit. S.* Mann *m*, Person *f*; jemand; man: ***every man*** jeder(mann); ***no man*** niemand; ***man by man*** Mann für Mann; ***to a man*** bis auf den letzten Mann; → ***jack*** 1 **5.** (*Dame*)Stein *m*, (*Schach*)Figur *f* **II** *v/t* **6.** (*Raum*)*Schiff etc* bemannen
►**man·age** ['mænɪdʒ] **I** *v/t* **1.** *Betrieb etc* leiten, führen **2.** *Künstler, Sportler etc* managen **3.** *etw* zustande bringen, bewerkstelligen; es fertigbringen (***to do*** zu tun) **4.** umgehen (können) mit (*Werkzeug, Tieren etc*); mit *j-m, etw* fertig werden, *j-n* zu nehmen wissen **5.** *ugs Arbeit, Essen etc* bewältigen, schaffen **II** *v/i* **6.** auskommen (***with*** mit; ***without*** ohne) **7.** *ugs* es schaffen, zurechtkommen; es einrichten *oder* ermöglichen
'man·age·a·ble *Adj* **1.** lenk-, fügsam **2.** handlich
►**man·age·ment** ['mænɪdʒmənt] *s* **1.** (*Haus- etc*)Verwaltung *f* **2.** WIRTSCH Management *n*, Unternehmensführung *f*: ***junior** (**middle, top**) **management*** untere (mittlere, obere) Führungskräfte *Pl*; ***management buyout*** Management-Buy-out *n* (*Übernahme eines Unternehmens durch eigene Führungskräfte*); ***management consultant*** Betriebs-, Unternehmensberater(in) **3.** WIRTSCH Geschäftsleitung *f*, Direktion *f*: ***under new management*** unter neuer Leitung, (*Geschäft etc*) neu eröffnet
►**man·ag·er** ['mænɪdʒə] *s* **1.** (*Haus- etc*)Verwalter *m* **2.** WIRTSCH Manager *m*; Führungskraft *f*; Geschäftsführer *m*, Leiter *m*, Direktor *m* **3.** Manager *m* (*eines Schauspielers etc*) **4.** ***be a good manager*** gut *oder* sparsam wirtschaften können **5.** *Fußball*: (Chef)Trainer *m*
man·ag·er·ess [ˌmænɪdʒə'res] *s* **1.** (*Haus- etc*) Verwalterin *f* **2.** WIRTSCH Managerin *f*; Geschäftsführerin *f*, Leiterin *f*, Direktorin *f* **3.** Managerin *f* (*eines Schauspielers etc*)
man·a·ge·ri·al [ˌmænə'dʒɪərɪəl] *Adj* WIRTSCH geschäftsführend, leitend: ***managerial position*** leitende Stellung; ***managerial staff*** leitende Angestellte *Pl*
man·ag·ing ['mænɪdʒɪŋ] *Adj* WIRTSCH geschäftsführend, leitend: ***managing director*** Generaldirektor(in), leitender Direktor, leitende Direktorin
man·da·rin, **man·da·rine** ['mændərɪn] *s* BOT Mandarine *f*
man·date ['mændeɪt] *s* **1.** JUR Mandat *n*, (Prozess)Vollmacht *f* **2.** PARL Mandat *n*, Auftrag *m*
man·da·to·ry ['mændətərɪ] *Adj* obligatorisch, zwingend, verbindlich
man·di·ble ['mændɪbl] *s* ANAT Unterkiefer(knochen) *m*
man·do·lin ['mændəlɪn], **man·do·line** [ˌmændə'liːn] *s* MUS Mandoline *f*
mane [meɪn] *s* Mähne *f* (*auch fig eines Menschen*)
'man-ˌeat·er *s* **1.** Menschenfresser(in) **2.** Menschen fressendes Tier **3.** *ugs* männermordendes Wesen (*Frau*)
ma·neu·ver, *etc Am* → ***manoeuvre***, *etc*
man·ga·nese ['mæŋgəniːz] *s* CHEM Mangan *n*
mange [meɪndʒ] *s* VET Räude *f*
man·ger ['meɪndʒə] *s* Krippe *f*, Futtertrog *m*: → ***dog*** 1
man·gle[1] ['mæŋgl] **I** *s* (Wäsche)Mangel *f* **II** *v/t* mangeln
man·gle[2] ['mæŋgl] *v/t* **1.** zerfleischen, -reißen, -fetzen **2.** *fig Text* verstümmeln
man·go ['mæŋgəʊ] *Pl* **man·gos**, **man·goes** *s* BOT **1.** Mango(frucht, -pflaume) *f* **2.** Mangobaum *m*
man·gy ['meɪndʒɪ] *Adj* **1.** VET räudig **2.** *fig* schmutzig, eklig **3.** *fig* schäbig, heruntergekommen
'manˌhan·dle *v/t* **1.** misshandeln **2.** mit Menschenkraft bewegen
'man·hole *s* Kanal-, Einsteigeschacht *m*: ***manhole cover*** Schachtdeckel *m*
man·hood ['mænhʊd] *s* **1.** Mannesalter *n*: ***reach manhood*** ins Mannesalter kommen **2.** *euph* Manneskraft *f*
'man-hour *s* Arbeitsstunde *f*
'man·hunt *s* (Groß)Fahndung *f*
ma·ni·a ['meɪnjə] *s* **1.** MED Manie *f*, Wahn(sinn) *m*: → ***persecution*** 1 **2.** *fig* (***for***) Sucht *f* (nach), Leidenschaft *f* (für), Manie *f*, Fimmel *m*: ***mania for cleanliness*** Sauberkeitsfimmel *m*; ***have a mania for*** verrückt sein nach
ma·ni·ac ['meɪnɪæk] **I** *s* **1.** MED Wahnsinnige *m, f*, Verrückte *m, f* **2.** Fanatiker(in): ***car maniac*** Autonarr *m*, -närrin *f* **II** *Adj* (***maniacally***) **3.** MED wahnsinnig, verrückt
man·ic-de·pres·sive [ˌmænɪkdɪ'presɪv] PSYCH **I** *Adj* manisch-depressiv **II** *s* Manisch-Depressive *m, f*: ***be a manic-depressive*** manisch-depressiv sein
man·i·cure ['mænɪˌkjʊə] **I** *s* Maniküre *f*: ***have a manicure*** **II** *v/t* maniküren
man·i·fest ['mænɪfest] **I** *Adj* offenkundig, augenscheinlich **II** *v/t* offenbaren, manifestieren **III** *s* FLUG *bes Am* Passagierliste *f*
ˌman·i·fes'ta·tion *s* **1.** Offenbarung *f*, Manifestation *f* **2.** Anzeichen *n*, Symptom *n*
ˌman·i'fes·to [ˌmænɪ'festəʊ] *Pl* **man·i·fes·tos**, **man·i·fes·toes** *s* Manifest *n*
man·i·fold ['mænɪfəʊld] **I** *Adj* **1.** mannigfaltig, vielfältig **2.** TECH Mehr-, Vielfach…; Kombinations… **II** *s* **3.** TECH Verteiler *m*
ma·nip·u·late [mə'nɪpjʊleɪt] *v/t* **1.** *j-n, Preise etc* manipulieren **2.** TECH bedienen, betätigen **3.** *Konten etc* frisieren
maˌnip·u'la·tion *s* **1.** Manipulation *f* **2.** TECH Bedienung *f*, Betätigung *f* **3.** Frisieren *n*
man·kind [mæn'kaɪnd] *s* die Menschheit, die Menschen *Pl*
'man·ly *Adj* männlich; Männer…
'man-made *Adj* vom Menschen geschaffen *oder* verursacht; künstlich: ***man-made fibers*** (*bes Br* ***fibres***) *Pl* Kunst-, Chemiefasern *Pl*
man·ne·quin ['mænɪkɪn] *s* **1.** *veralt* Mannequin *n* **2.** Kleider- *oder* Schaufensterpuppe *f*
►**man·ner** ['mænə] *s* **1.** Art *f* (u. Weise *f*): ***in this manner*** auf diese Art *oder* Weise, so; ***in such a manner** (**that**)* so *oder* derart(, dass); ***adverb of manner*** Umstandswort *n* der Art und Weise, Modaladverb *n*; ***in a manner of speaking*** sozusagen **2.** Betragen *n*, Auftreten *n*: ***it's just his manner*** das ist so seine Art **3.** *Pl* Benehmen *n*, Umgangsformen *Pl*, Manieren *Pl*: ***it is bad manners*** es gehört *oder*

M

schickt sich nicht (***to do*** zu tun) **4.** *Pl* Sitten *Pl* (u. Gebräuche *Pl*)

ˈman·ner·ism *s* **1.** MALEREI *etc* Manierismus *m* **2.** Manieriertheit *f* **3.** manierierte Wendung (*in Rede etc*)

ma·noeu·vra·ble [məˈnuːvrəbl] *Adj bes Br* manövrierfähig; lenk-, steuerbar; *weit. S.* wendig (*Fahrzeug*)

maˈnoeu·vre [məˈnuːvə] **I** *s* **1.** *auch Pl* SCHIFF, MIL Manöver *n*: ***be on manoeuvres*** im Manöver sein; ***room for manoeuvre*** *fig* Handlungsspielraum *m* **2.** *fig* Manöver *n*, Schachzug *m*, List *f* **II** *v/i* **3.** SCHIFF, MIL manövrieren (*auch fig*) **III** *v/t* **4.** manövrieren (*auch fig*): ***manoeuvre s.o. into s.th.*** j-n in etw hineinmanövrieren

man·or [ˈmænə] *s Br* (Land)Gut *n*: ***manor*** (***house***) Herrenhaus *n*

ˈmanˌpow·er *s* **1.** menschliche Arbeitskraft *oder* -leistung **2.** (verfügbare) Arbeitskräfte *Pl*: ***manpower shortage*** Arbeitskräftemangel *m*

ˈmanˌser·vant *Pl* **ˈmenˌser·vants** *s* Diener *m*

man·sion [ˈmænʃn] *s* **1.** herrschaftliches Wohnhaus **2.** *Pl bes Br* (großes) Mietshaus

ˈmanˌslaugh·ter *s* JUR Totschlag *m*

man·tel·piece [ˈmæntlpiːs] *s*, **ˈman·tel·shelf** *s* (*unreg* ***shelf***) Kaminsims *m*

ˌman-to-ˈman *Adj* von Mann zu Mann

ˈman·trap *s* Fußangel *f*

man·u·al [ˈmænjʊəl] **I** *Adj* **1.** Hand…, manuell: ***manual work*** körperliche Arbeit; ***manual worker*** (Hand)Arbeiter(in) **2.** handschriftlich **II** *s* **3.** (Benutzer)Handbuch *n* (*auch* IT), Leitfaden *m*

man·u·fac·ture [ˌmænjʊˈfæktʃə] **I** *s* **1.** Fertigung *f*, Erzeugung *f*, Herstellung *f*: ***year of manufacture*** Herstellungs-, Baujahr *n* **2.** Erzeugnis *n*, Fabrikat *n* **II** *v/t* **3.** erzeugen, herstellen **4.** verarbeiten (***into*** zu) **5.** *fig Ausrede etc* erfinden

ˌman·uˈfac·tur·er *s* Hersteller(in), Erzeuger(in)

ˌman·uˈfac·tur·ing *Adj* Herstellungs…: ***manufacturing cost*** Herstellungskosten *Pl*

ma·nure [məˈnjʊə] **I** *s* (*bes natürlicher*) Dünger **II** *v/t* düngen

man·u·script [ˈmænjʊskrɪpt] *s* Manuskript *n*

Manx [mæŋks] *Adj* der Insel Man

▶**man·y** [ˈmenɪ] **I** *Adj* **1.** viel(e): ***many times*** oft; ***as many as forty*** nicht weniger als vierzig; ***we had one chair too many*** wir hatten einen Stuhl zu viel **2.** ***many a*** manch (ein): ***many a time*** so manches Mal **II** *s* **3.** viele: ***many of us*** viele von uns; ***a good many*** ziemlich viel(e); ***a great many*** sehr viele

many GR

Das Adjektiv **many** steht bei zählbaren Mengen in Fragen und verneinten Sätzen. In positiven Sätzen steht dafür meist **a lot of.** (vgl. **much, a lot of**)

How many subjects do we have tomorrow? – Too many.	Wie viele (Schul)Fächer haben wir morgen? – Zu viele.
a lot of subjects	viele Fächer

ˌman·y-ˈsid·ed *Adj* **1.** vielseitig (*auch fig*) **2.** *fig* vielschichtig (*Problem etc*)

▶**map** [mæp] **I** *s* **1.** (Land- *etc*)Karte *f*; (*Stadt- etc*)Plan *m*: ***put on the map*** *ugs Stadt etc* bekannt machen **II** *v/t* **2.** eine Karte machen von, *Gebiet* kartografisch erfassen; in eine Karte eintragen **3.** *meist* ***map out*** *fig* (bis in die Einzelheiten) (voraus)planen

ma·ple [ˈmeɪpl] *s* BOT Ahorn *m*

mar [mɑː] *v/t* **1.** beschädigen; verunstalten **2.** *fig Pläne etc* stören, beeinträchtigen; *Spaß etc* verderben

mar·a·thon [ˈmærəθn] (*Leichtathletik*) **I** *s* Marathonlauf *m* **II** *Adj* Marathon…, *fig auch* Dauer…

ma·raud [məˈrɔːd] **I** *v/i* plündern **II** *v/t* (aus-) plündern

maˈraud·er *s* Plünderer *m*, Plünderin *f*

mar·ble [ˈmɑːbl] **I** *s* **1.** Marmor *m* **2. a)** Murmel *f*, **b)** ***marbles*** *Sg* Murmelspiel *n*: ***play marbles*** (mit) Murmeln spielen **II** *Adj* **3.** marmorn (*auch fig*)

▶**March**[1] [mɑːtʃ] *s* März *m*: ***in March*** im März

▶**march**[2] [mɑːtʃ] **I** *v/i* **1.** MIL *etc* marschieren: ***march off*** abrücken; ***march past*** (***s.o.***) (an j-m) vorbeiziehen *oder* -marschieren; ***time is marching on*** es ist schon spät; → ***time*** 1 **II** *v/t* **2.** *Strecke* marschieren, zurücklegen **3.** ***march s.o. off*** j-n abführen **III** *s* **4.** MIL Marsch *m* (*auch* MUS); *allg* (Fuß)Marsch *m* **5.** Marsch (-strecke *f*) *m*: ***a day's march*** ein Tage(s)-marsch; ***steal a march on s.o.*** *fig* j-m zuvorkommen **6.** *fig* (Ab)Lauf *m*, (Fort)Gang *m*

march·ing or·ders [ˈmɑːtʃɪŋ] *s Pl* MIL Marschbefehl *m*: ***get one's marching orders*** *fig ugs* den Laufpass bekommen (*von Firma oder Freundin*); (*Sport*) vom Platz fliegen

mare [meə] *s* ZOOL Stute *f*: ***mare's nest*** *fig* Windei *n*, *auch* (Zeitungs)Ente *f*

mar·ga·rine [ˌmɑːdʒəˈriːn] *s*, **marge** [mɑːdʒ] *s Br ugs* Margarine *f*

mar·gin [ˈmɑːdʒɪn] *s* **1.** Rand *m* (*auch fig*) **2.** (Seiten)Rand *m*: ***in the margin*** am Rand **3.** Grenze *f* (*auch fig*) **4.** *fig* Spielraum *m*: ***allow*** (*oder* ***leave***) ***a margin for*** Spielraum lassen für **5.** WIRTSCH (*Gewinn-, Verdienst*)Spanne *f* **6.** SPORT Abstand *m*, (*auch* Punkt)Vorsprung *m*: ***by a wide margin*** mit großem Vorsprung

mar·gin·al [ˈmɑːdʒɪnl] *Adj* **1.** Rand…: ***marginal note*** Randbemerkung *f* **2.** Grenz… (*auch fig*) **3.** *fig* geringfügig

mar·gin·al·ly [ˈmɑːdʒɪnəlɪ] *Adv fig* **1.** geringfügig **2.** (nur) am Rand

mar·gue·rite [ˌmɑːgəˈriːt] *s* BOT **1.** Gänseblümchen *n* **2.** Margerite *f*

mar·i·hua·na, **mar·i·jua·na** [ˌmærjuːˈɑːnə] *s* Marihuana *n*

ma·ri·na [məˈriːnə] *s* Jachthafen *m*

ma·ri·nade [ˌmærɪˈneɪd] *s* Marinade *f*

mar·i·nate [ˈmærɪneɪt] *v/t* marinieren

ma·rine [məˈriːn] **I** *Adj* **1. a)** See…: ***marine chart*** Seekarte *f*, **b)** Meeres…: ***marine animal*** **II** *s* **2.** Marine *f* **3.** MIL Marineinfanterist(in): ***tell that to the marines!*** *ugs* das kannst du deiner Großmutter erzählen!

mar·i·o·nette [ˌmærɪəˈnet] *s* Marionette *f*

mar·i·tal [ˈmærɪtl] *Adj* ehelich, Ehe…: ***marital duties*** *Pl* (***rights*** *Pl*) eheliche Pflichten *Pl* (Rechte *Pl*); ***marital status*** Familienstand *m*

mar·i·time [ˈmærɪtaɪm] *Adj* **1.** See…: ***maritime blockade*** Seeblockade *f* **2.** seefahrend **3.** Küsten…

mar·jo·ram [ˈmɑːdʒərəm] *s* BOT Majoran *m*

mark[1] [mɑːk] *s* HIST (deutsche) Mark

▶**mark**[2] [mɑːk] **I** *s* **1.** Markierung *f*, *bes* TECH Marke *f* **2.** *fig* Zeichen *n*: ***mark of confidence***

Vertrauensbeweis *m*; **mark of respect** Zeichen der Hochachtung **3.** (Kenn)Zeichen *n*, Merkmal *n*: **distinctive mark** Kennzeichen **4.** Narbe *f* (*auch* TECH); Kerbe *f*, Einschnitt *m* **5.** Ziel *n* (*auch fig*): **hit the mark** (das Ziel) treffen; *fig* ins Schwarze treffen; **miss the mark** das Ziel verfehlen, danebenschießen (*auch fig*); **be wide of the mark** (weit) danebenschießen; *fig* sich (gewaltig) irren; (weit) danebenliegen (*Schätzung etc*) **6.** *fig* Norm *f*: **be up to the mark** den Anforderungen gewachsen sein (*Person*) *oder* genügen (*Leistungen etc*); *gesundheitlich* auf der Höhe sein **7. a)** (*Fuß-, Brems- etc*)Spur *f* (*auch fig*): **leave one's mark on** seinen Stempel aufdrücken (*Dat*); bei *j-m* seine Spuren hinterlassen, **b)** Fleck *m* **8.** WIRTSCH (*Fabrik-, Waren*)Zeichen *n*, (*Schutz-, Handels*)Marke *f* **9.** PÄD Note *f* (*auch Sport*), Zensur *f*: **get** (*oder* **obtain**) **full marks** die beste Note bekommen, die höchste Punktzahl erreichen **10. a)** *Fußball*: Elfmeterpunkt *m*, **b)** *Laufsport*: Startlinie *f*: **on your marks!** auf die Plätze!; **be quick** (**slow**) **off the mark** einen guten (schlechten) Start haben; *fig* schnell (langsam) schalten *oder* reagieren **II** *v/t* **11.** markieren, anzeichnen, *auch fig* kennzeichnen; *Wäsche* zeichnen; *Waren* auszeichnen; *Preis* festsetzen; *Temperatur etc* anzeigen; *fig* ein Zeichen sein für: **to mark the occasion** zur Feier des Tages, aus diesem Anlass; **mark time** MIL auf der Stelle treten (*auch fig*); *fig* abwarten **12.** Spuren hinterlassen auf (*Dat*); *fig j-n* zeichnen (*Krankheit etc*) **13.** bestimmen (**for** für) **14.** PÄD benoten, zensieren, (*Sport*) bewerten **15.** SPORT *Gegenspieler* decken, markieren **III** *v/i* **16. mark easily** leicht schmutzen

◆**mark down** *v/t* **1.** WIRTSCH (*im Preis*) herunter-, herabsetzen **2.** bestimmen, vormerken (**for** für)

◆**mark off** *v/t* **1.** abgrenzen, abstecken **2.** (*auf einer Liste*) abhaken

◆**mark out** *v/t* **1.** → **mark²** 13 **2.** abgrenzen, markieren

◆**mark up** *v/t* WIRTSCH (*im Preis*) hinauf-, heraufsetzen

'mark·down *s* WIRTSCH Preissenkung *f* (**of** um)

marked [mɑːkt] *Adj* deutlich, merklich, ausgeprägt

mark·ed·ly ['mɑːkɪdlɪ] *Adv* deutlich, ausgesprochen

mark·er ['mɑːkə] *s* **1.** Markierstift *m* **2.** Lesezeichen *n* **3.** SPORT Bewacher(in)

mar·ket ['mɑːkɪt] WIRTSCH **I** *s* **1.** Markt *m*: **a)** *Handel*: **be on the market** auf dem Markt *oder* im Handel sein; **put** (*oder* **place**) **on the market** auf den Markt *oder* in den Handel bringen; zum Verkauf anbieten, **b)** Handelszweig, **c)** Marktplatz *m*: **in the market** auf dem Markt, **d)** Wochen-, Jahrmarkt *m*, **e)** Absatzgebiet **2.** *Am* (Lebensmittel)Geschäft *n*, Laden *m* **II** *v/t* **3.** auf den Markt *oder* in den Handel bringen **4.** vertreiben **III** *Adj* **5.** Markt…

mar·ket a·nal·y·sis *s* (*unreg* **analysis**) Marktanalyse *f*

mar·ket day *s* Markttag *m*

mar·ket e·con·o·my *s*: **free market economy** freie Marktwirtschaft

mar·ket·ing ['mɑːkɪtɪŋ] *s* WIRTSCH Marketing *n*: **marketing strategy** Marketingstrategie *f*

mar·ket leader *s* Marktführer *m*

mar·ket place *s* Marktplatz *m*

mar·ket re·search *s* Marktforschung *f*

mar·ket share *s* Marktanteil *m*

mark·ing ['mɑːkɪŋ] *s* **1.** Markierung *f*, *auch fig* Kennzeichnung *f* **2.** ZOOL Musterung *f*, Zeichnung *f* **3.** PÄD Benotung *f*, Zensierung *f*, (*Sport*) Bewertung *f* **4.** SPORT Deckung *f*

marks·man ['mɑːksmən] *s* (*unreg* **man**) guter Schütze

'mark·up *s* WIRTSCH Preiserhöhung *f* (**of** um)

mar·ma·lade ['mɑːməleɪd] *s* (*bes* Orangen- und Zitronen)Marmelade *f*

> **marmalade** SG
>
> Neben ihrer Schreibweise unterscheidet sich **marmalade** von der deutschen „Marmelade" auch dadurch, dass sie aus Zitrusfrüchten – Apfelsinen, Zitronen, Limonen usw. – gemacht wird. Alle anderen Marmeladensorten heißen **jam**.

mar·mot ['mɑːmət] *s* ZOOL Murmeltier *n*

ma·roon [mə'ruːn] *Adj* kastanienbraun

mar·quee [mɑː'kiː] *s* großes Zelt, Partyzelt *n*

▶**mar·riage** ['mærɪdʒ] *s* **1.** Heirat *f*, Vermählung *f*, Hochzeit *f* (**to** mit) **2.** Ehe *f*: **by marriage** angeheiratet; **related by marriage** verschwägert; **gay** *oder* **same-sex marriage** Homo-Ehe *f*

mar·riage cer·tif·i·cate *s* Trauschein *m*

mar·riage guid·ance cen·ter (*Br* **cen·tre**) *s* Eheberatungsstelle *f*

▶**mar·ried** ['mærɪd] *Adj* verheiratet, ehelich, Ehe…: **married couple** Ehepaar *n*; **married life** Eheleben *n*

mar·row ['mærəʊ] *s* **1.** ANAT (Knochen)Mark *n*: **be frozen to the marrow** völlig durchgefroren sein **2.** *fig* Mark *n*, Kern *m*, *das* Innerste

▶**mar·ry** ['mærɪ] **I** *v/t* **1.** heiraten: **be married** verheiratet sein (**to** mit); **get married** heiraten **2.** *auch* **marry off** *Tochter etc* verheiraten (**to** an *Akk*, mit) **3.** *Paar* trauen **II** *v/i* **4.** heiraten: **marry into** einheiraten in (*Akk*)

> **marry** SG
>
> Das Verb **marry** kommt in den Konstruktionen **get married (to s.o.), marry s.o.** oder **marry s.o. to s.o.** vor und wird im Deutschen je nach Kontext unterschiedlich übersetzt:

I'm getting married tomorrow.	Morgen werde ich heiraten.
Joe had married Jane before they moved.	Joe hatte Jane geheiratet, bevor sie umzogen.
The Millers are trying to marry their daughter to a millionaire.	Die Millers versuchen, ihre Tochter an einen Millionär zu verheiraten.
Reverend Smith married us.	Pfarrer Smith hat uns getraut.

Mars [mɑːz] *s* ASTR Mars *m*

marsh [mɑːʃ] *s* Sumpf(land *n*) *m*, Marsch *f*

mar·shal ['mɑːʃl] **I** *s* **1.** MIL Marschall(in) **2.** *Am* Bezirkspolizeichef(in) **II** *v/t Prät und Part Perf* **mar·shaled**, *bes Br* **mar·shalled 3.** (an)ordnen, arrangieren

Marshall Plan LK

1947 initiierte der **Marshall Plan** das **European Recovery Programme** (1948–52), in dem die USA kriegsgeschädigten europäischen Ländern Hilfe in Form von Rohstoffen, Waren und Kapital zukommen ließen. Neben dem Wiederaufbau dienten diese Maßnahmen der Stärkung der westlichen Demokratien, um eine Ausweitung des kommunistischen Machtbereichs in Europa über die Grenzen des Ostblocks hinaus zu verhindern.

marsh·y [ˈmɑːʃɪ] *Adj* sumpfig, Sumpf…
mar·su·pial [mɑːˈsuːpɪəl] *s* Beuteltier *n*
mar·ten [ˈmɑːtɪn] *s* ZOOL Marder *m*
mar·tial [ˈmɑːʃl] *Adj* **1.** kriegerisch **2.** Kriegs…, Militär…: ***martial law*** Kriegsrecht *n* **3.** ***martial arts*** *Pl* asiatische Kampfsportarten *Pl*
Mar·tian [ˈmɑːʃn] *s* Marsmensch *m*
mar·ti·ni [mɑːˈtiːnɪ] *s* Martini *m* (*Cocktail*)
mar·tyr [ˈmɑːtə] **I** *s* **1.** Märtyrer(in): ***make a martyr of o.s.*** sich (auf)opfern; *iron* den Märtyrer spielen **II** *v/t* **2.** zum Märtyrer machen **3.** zu Tode martern
ˈmar·tyr·dom *s* Martyrium *n* (*auch fig*)
mar·vel [ˈmɑːvl] **I** *s* Wunder *n* (**of** an *Dat*) **II** *v/i Prät und Part Perf* **mar·veled**, *bes Br* **mar·velled** sich wundern, staunen (**at** über *Akk*)
mar·vel·ous, **mar·vel·lous** [ˈmɑːvələs] *Adj* **1.** erstaunlich, wunderbar **2.** *ugs* fabelhaft, fantastisch

Marx·ism [ˈmɑːksɪzəm] *s* Marxismus *m*
ˈMarx·ist **I** *s* Marxist(in) **II** *Adj* marxistisch
mar·zi·pan [ˌmɑːzɪˈpæn] *s* Marzipan *n*
mas·ca·ra [mæˈskɑːrə] *s* Wimperntusche *f*
mas·cot [ˈmæskət] *s* Maskottchen *n*: **a)** Glücksbringer(in), **b)** Talisman *m*
mas·cu·line [ˈmæskjʊlɪn] *Adj* **1.** männlich (*auch* LING), Männer… **2.** unfraulich, maskulin
mash [mæʃ] **I** *s* **1.** breiige Masse, Brei *m* **2.** *Br ugs* Kartoffelbrei *m* **II** *v/t* **3.** zerdrücken, -quetschen: ***mashed potatoes*** *Pl* Kartoffelbrei *m*, *schweiz.* Kartoffelstock *m*
mask [mɑːsk] **I** *s* **1.** *allg* Maske *f* (*auch fig*) **II** *v/t* **2.** maskieren: ***masked ball*** Maskenball *m* **3.** *fig* verschleiern
mas·o·chism [ˈmæsəʊkɪzəm] *s* PSYCH Masochismus *m*
ˈmas·o·chist *s* Masochist(in)
ˌmas·oˈchis·tic *Adj* (***masochistically***) masochistisch
ma·son [ˈmeɪsn] *s* **1.** Steinmetz(in) **2.** *oft* **Mason** Freimaurer *m*
mas·quer·ade [ˌmæskəˈreɪd] *s* Maskerade *f* (*auch fig*)
mass¹ [mæs] *s oft* **Mass** REL Messe *f*: ***go to mass*** zur Messe gehen
▸**mass²** [mæs] **I** *s* **1.** *allg* Masse *f* (*auch* PHYS): ***a mass of errors*** eine (Un)Menge Fehler; ***the masses*** *Pl* die (breite) Masse **2.** Mehrzahl *f*, überwiegender Teil **II** *v/t und v/i* **3.** (sich) (an-) sammeln *oder* (an)häufen **III** *Adj* **4.** Massen…: ***mass demonstration***, *etc*
mas·sa·cre [ˈmæsəkə] **I** *s* Massaker *n* **II** *v/t* niedermetzeln
mas·sage [ˈmæsɑːʒ] **I** *s* Massage *f*: ***give s.o. a massage*** j-n massieren **II** *v/t* massieren
mass de·struc·tion *s* MIL Massenvernichtung *f*: ***weapons of mass destruction*** Massenvernichtungswaffen *Pl*
mas·seur [mæˈsɜː] *s* Masseur *m*
mas·seuse [mæˈsɜːz] *s* Masseurin *f*, Masseuse *f*
mas·sive [ˈmæsɪv] *Adj allg* massiv (*auch fig*): ***on a massive scale*** in ganz großem Rahmen
mass me·di·a *s Pl* (*auch Sg konstruiert*) Massenmedien *Pl*
ˈmass-proˌduce *v/t* serienmäßig herstellen
mass pro·duc·tion *s* Massen-, Serienproduktion *f*
mass un·em·ploy·ment *s* Massenarbeitslosigkeit *f*
mast¹ [mɑːst] *s* SCHIFF (*auch Antennen- etc*) Mast *m*
mast² [mɑːst] *s* Mast(futter *n*) *f*
▸**mas·ter** [ˈmɑːstə] **I** *s* **1.** Meister *m*, Herr *m*: ***be master of s.th.*** etw (*auch eine Sprache etc*) beherrschen; ***be master of the situation*** Herr der Lage sein; ***be one's own master*** sein eigener Herr sein **2.** WIRTSCH Lehrherr *m*, Meister *m*; (Handwerks)Meister *m*: ***master tailor*** Schneidermeister **3.** *bes Br* Lehrer *m* **4.** MALEREI *etc* Meister *m*: ***an old master*** ein alter Meister **5.** UNI Magister *m*: ***Master of Arts*** Magister Artium *oder* der Geisteswissenschaften; ***Master of Science*** Magister der Naturwissenschaften **6.** → ***ceremony*** 1 **II** *v/t* **7.** Herr sein über (*Akk*), *auch Sprache etc* beherrschen **8.** *Aufgabe*, *Schwierigkeit etc* meistern, *Temperament etc* zügeln **III** *Adj* **9.** meisterhaft, -lich, Meister… **10.** Haupt…
mas·ter cop·y *s* Originalkopie *f*
mas·ter·ful [ˈmɑːstəfʊl] *Adj* **1.** herrisch, gebieterisch **2.** → ***master*** 9
mas·ter fuse *s* ELEK Hauptsicherung *f*
mas·ter key *s* Hauptschlüssel *m*
mas·ter·ly [ˈmɑːstəlɪ] → ***master*** 9
ˈmas·ter·mind **I** *s* **1.** überragender Geist, Genie *n* **2.** (führender) Kopf: ***be the mastermind behind*** stecken hinter (*Dat*) **II** *v/t* **3.** der Kopf (*Gen*) sein, stecken hinter (*Dat*)
ˈmas·ter·piece *s* **1.** Haupt-, Meisterwerk *n* **2.** Meisterstück *n*
mas·ter plan *s* Gesamtplan *m*
ˈmas·ter·stroke *s* Meisterstück *n*, -leistung *f*
mas·ter·y [ˈmɑːstərɪ] *s* **1.** Herrschaft *f*, Gewalt *f* (**of, over** über *Akk*): ***gain mastery over*** die Oberhand gewinnen über (*Akk*) **2.** Beherrschung *f* (*einer Sprache etc*)
mas·ti·cate [ˈmæstɪkeɪt] *v/t* (zer)kauen
ˌmas·tiˈca·tion *s* (Zer)Kauen *n*
mas·tiff [ˈmæstɪf] *s* ZOOL Bulldogge *f*
mas·tur·bate [ˈmæstəbeɪt] *v/i* masturbieren, onanieren
ˌmas·turˈba·tion *s* Masturbation *f*, Onanie *f*
mat¹ [mæt] **I** *s* **1.** Matte *f* (*auch Ringen etc*) **2.** Untersetzer *m*, -satz *m* **3.** Vorleger *m*, Abtreter *m* **4.** verfilzte Masse **II** *v/i* **5.** sich verfilzen
mat² [mæt] **I** *Adj* matt (*auch* FOTO), mattiert **II** *v/t* mattieren
▸**match¹** [mætʃ] *s* Streich-, Zündholz *n*
▸**match²** [mætʃ] **I** *s* **1.** *der, die, das* Gleiche *oder* Ebenbürtige: ***his match*** seinesgleichen; sein Ebenbild; jemand, der es mit ihm aufnehmen kann; ***be a*** (***no***) ***match for s.o.*** j-m (nicht) gewachsen sein; ***find*** (*oder* ***meet***) ***one's match*** seinen Meister finden (***in s.o.*** in j-m) **2.** (dazu) passende Sache *oder* Person, Gegenstück *n* **3.** (zs.-passendes) Paar, Gespann *n* (*auch fig*): ***they are an excellent match*** sie passen ausgezeichnet zueinander **4.** (*Fußball- etc*)Spiel *n*,

(*Box- etc*)Kampf *m* **5.** Heirat *f*; *gute etc* Partie (*Person*) **II** *v/t* **6.** *j-m*, *einer Sache* ebenbürtig *oder* gewachsen sein, gleichkommen: ***no one can match her cooking*** niemand kann so gut kochen wie sie; ***... cannot be matched*** ... ist unerreicht *oder* nicht zu überbieten **7.** *j-m*, *einer Sache* (*auch farblich etc*) entsprechen, passen zu **8.** *j-n*, *etw* vergleichen (***with*** mit): ***match one's strength against s.o.('s)*** seine Kräfte mit j-m messen **III** *v/i* **9.** zs.-passen, übereinstimmen (***with*** mit), entsprechen (***to*** *Dat*)

'match·box *s* Streich-, Zündholzschachtel *f*

match·ing ['mætʃɪŋ] *Adj* (dazu) passend

'match·less *Adj* unvergleichlich, einzigartig

'match,mak·er *s* **1.** Ehestifter(in) **2.** *pej* Kuppler(in)

match point *s Tennis etc*: Matchball *m*

mate¹ [meɪt] → ***checkmate***

mate² [meɪt] **I** *s* **1.** (Arbeits)Kamerad(in), (-)Kollege *m*, (-)Kollegin *f*; (*Anrede*) Kamerad!, Kumpel! **2.** ZOOL, *bes* ORN Männchen *n oder* Weibchen *n* **3.** SCHIFF Maat *m* **II** *v/t* **4.** *Tiere* paaren **III** *v/i* **5.** ZOOL sich paaren

▶**ma·te·ri·al** [mə'tɪərɪəl] **I** *Adj* **1.** materiell, physisch; Material...: ***material damage*** Sachschaden *m*; ***material defect*** Materialfehler *m* **2.** materiell: **a)** leiblich (*Wohlergehen*), **b)** wirtschaftlich: ***material wealth*** materieller Wohlstand **3.** wesentlich, ausschlaggebend (***to*** für); JUR erheblich, relevant **II** *s* **4.** Material *n*, Stoff *m* (*beide auch fig* ***for*** *zu einem Buch etc*)

ma'te·ri·al·ism *s* Materialismus *m*

ma'te·ri·al·ist *s* Materialist(in)

ma,teri·al'is·tic *Adj* (***materialistically***) materialistisch

ma'te·ri·al·ize **I** *v/t* **1.** *etw* verwirklichen **II** *v/i* **2.** sich verwirklichen **3.** erscheinen, sich materialisieren (*Geist*)

ma·ter·nal [mə'tɜːnl] *Adj* **1.** mütterlich, Mutter... **2.** *Großvater etc* mütterlicherseits

ma·ter·ni·ty [mə'tɜːnətɪ] **I** *s* Mutterschaft *f* **II** *Adj*: ***maternity benefits*** *Br* Mutterschaftsleistungen *Pl*; ***maternity dress*** Umstandskleid *n*; ***maternity leave*** Mutterschaftsurlaub *m*; ***maternity pay*** *Br* (*vom Arbeitgeber zu zahlendes*) Mutterschaftsgeld; ***maternity ward*** Entbindungsstation *f*

mat·ey ['meɪtɪ] *Adj* kameradschaftlich: ***be matey with s.o.*** mit j-m auf Du und Du stehen

math [mæθ] *s Am ugs* Mathe *f*

math·e·mat·i·cal [,mæθə'mætɪkl] *Adj* mathematisch; Mathematik...

math·e·ma·ti·cian [,mæθəmə'tɪʃn] *s* Mathematiker(in)

▶**math·e·mat·ics** [,mæθə'mætɪks] *s Pl* (*meist Sg konstruiert*) Mathematik *f*

Mathematische Symbole

WF

$2 + 2 = 4$	**two plus two is four**
$3 - 1 = 2$	**three minus one makes two**
$2 \times 3 = 6$	**two times** *od* **multiplied by three makes** *od* **is six**
$49 \div 7 = 7$	**fourty-nine divided by seven equals seven**
3^2	**three squared**
5^5	**five to the power of five**
$\neq$	**is not equal to**
$x > y$	**x is greater than y**
$x < y$	**x is less than y**
$x \geq y$	**x is greater than or equal to y**
$x \leq y$	**x is less than or equal to y**
$\sqrt{9} = 3$	**the square root of nine is three**

maths [mæθs] *s Pl* (*meist Sg konstruiert*) *Br ugs* Mathe *f*

mat·i·née ['mætɪneɪ] *s* THEAT Nachmittagsvorstellung *f*

mat·ing ['meɪtɪŋ] *s* ZOOL Paarung *f*: ***mating season*** Paarungszeit *f*

ma·tri·arch·y ['meɪtrɪɑːkɪ] *s* SOZIOL Matriarchat *n*

ma·tri·ces ['meɪtrɪsiːz] *Pl von* ***matrix***

ma·tric·u·late **I** *v/t und v/i* [mə'trɪkjʊleɪt] (sich) immatrikulieren **II** *s* [mə'trɪkjʊlət] Immatrikulierte *m*, *f*

ma,tric·u'la·tion *s* Immatrikulation *f*

mat·ri·mo·ni·al [,mætrɪ'məʊnjəl] *Adj* ehelich, Ehe...

mat·ri·mo·ny ['mætrɪmənɪ] *s* Ehe(stand *m*) *f*

ma·trix ['meɪtrɪks] *Pl* **ma·tri·ces** ['meɪtrɪsiːz], **'ma·trix·es** *s* **1.** TECH Matrize *f* **2.** MATHE Matrix *f*

ma·tron ['meɪtrən] *s* **1.** Matrone *f* **2.** *Br* Oberschwester *f*, Oberin *f*

▶**mat·ter** ['mætə] **I** *s* **1.** Materie *f* (*auch* PHYS), Substanz *f*, Stoff *m* **2.** MED Eiter *m* **3.** Sache *f*, Angelegenheit *f*: ***this is an entirely different matter*** das ist etw ganz anderes; ***a matter of course*** eine Selbstverständlichkeit; ***as a matter of course*** selbstverständlich, natürlich; ***a matter of fact*** eine Tatsache; ***as a matter of fact*** tatsächlich, eigentlich; ***a matter of form*** eine Formsache; ***as a matter of form*** der Form halber; ***a matter of taste*** (eine) Geschmackssache; ***a matter of time*** eine Frage der Zeit; ***it is a matter of life and death*** es geht um Leben und Tod; → ***laughing*** 3 **4.** *Pl* die Sache, die Dinge *Pl*: ***to make matters worse*** was die Sache noch schlimmer macht; ***as matters stand*** wie die Dinge liegen **5.** ▶ ***what's the matter (with him)?*** was ist los (mit ihm)?; ***it's no matter whether*** es spielt keine Rolle, ob; ***no matter what he says*** ganz gleich, was er sagt; ***no matter who*** gleichgültig, wer **II** *v/i* **6.** von Bedeutung sein (***to*** für): ***it doesn't matter*** es macht nichts; ***it doesn't really matter to me*** es macht mir nicht viel aus; ***it matters little*** es spielt kaum eine Rolle **7.** MED eitern

,mat·ter-of-'fact *Adj* sachlich, nüchtern

mat·tress ['mætrɪs] *s* Matratze *f*

ma·ture [mə'tjʊə] **I** *Adj* **1.** *allg* reif (*auch fig*) **2.** *fig* ausgereift (*Pläne etc*) **3.** WIRTSCH fällig (*Wechsel*) **II** *v/t* **4.** reifen lassen (*auch fig*) **III** *v/i* **5.** (heran)reifen (***into*** zu), reif werden (*beide auch fig*) **6.** WIRTSCH fällig werden

ma'tur·i·ty *s* **1.** Reife *f* (*auch fig*) **2.** WIRTSCH Fälligkeit *f*

maud·lin ['mɔːdlɪn] *Adj* **1.** weinerlich (*Stimme*) **2.** rührselig

mau·so·le·um [,mɔːsə'lɪəm] *Pl* **mau·so·le·ums**, **mau·so·le·a** [,mɔːsə'lɪə] *s* Mausoleum *n*

mauve [məʊv] *Adj* malvenfarbig, mauve, dunkellila

M

mawk·ish ['mɔːkɪʃ] *Adj* **1.** (unangenehm) süßlich **2.** *fig* rührselig, süßlich
max·im ['mæksɪm] *s* Maxime *f*, Grundsatz *m*
max·i·ma ['mæksɪmə] *Pl von* ***maximum***
'max·i·mize *v/t* WIRTSCH, TECH maximieren
max·i·mum ['mæksɪməm] **I** *Pl* **max·i·ma** ['mæksɪmə], **max·i·mums** *s* Maximum *n* **II** *Adj* maximal, Maximal…, Höchst…: ***maximum (permissible) speed*** (zulässige) Höchstgeschwindigkeit
▶ **May**[1] [meɪ] *s* Mai *m*: ***in May*** im Mai
▶ **may**[2] [meɪ] *v/hilf* (*unreg*) **1.** *Möglichkeit, Gelegenheit*: *ich* kann, *du* kannst *etc*, *ich* mag, *du* magst *etc*: ***it may happen (at) any time*** es kann jederzeit geschehen; ***it might happen*** es könnte geschehen; ***you may be right*** du magst recht haben, vielleicht hast du recht **2.** *Erlaubnis*: *ich* kann, *du* kannst *etc*, *ich* darf, *du* darfst *etc* **3.** ***you may well say so*** du hast gut reden; ***we might as well go*** da könnten wir (auch) ebenso gut gehen **4.** *Aufforderung*: ***you might help me*** du könntest mir (eigentlich) helfen

may in der indirekten Rede GR

Steht der einleitende Satz in der Vergangenheit, wird **may** in der indirekten Rede zu **might**:

"We may be a bit late," warned Adam. Adam warned that they might be a bit late.

M

▶ **may·be** ['meɪbiː] *Adv* vielleicht
May bug *s* ZOOL Maikäfer *m*
May Day *s* der 1. Mai
'may·day *Interj* FLUG, SCHIFF Mayday! (*internationaler Funknotruf*)
may·hem ['meɪhem] *s* **1.** JUR *bes Am* schwere Körperverletzung **2.** *fig* Chaos *n*: ***cause*** (*oder* ***create***) ***mayhem*** ein Chaos auslösen
mayo ['meəʊ] *Pl* **mayos** *s ugs* Majo *f*
may·on·naise [ˌmeɪə'neɪz] *s* Mayonnaise *f*
may·or [meə] *s* Bürgermeister(in)
'may·pole *s* Maibaum *m*
maze [meɪz] *s* Irrgarten *m*, Labyrinth *n* (*auch fig*): ***maze of streets*** Straßengewirr *n*; ***be in a maze*** verwirrt sein
MB [em'biː] *Abk* (= ***megabyte***) MB *n*, Mbyte *n*
MC [em'siː] *Abk* (= ***master of ceremonies***) Conférencier *m*
MCA [emsiː'eɪ] *Abk* (= ***maximum credible accident***) GAU *m*
McCoy [mə'kɔɪ] *s* ***the real McCoy*** das einzig Wahre
▶ **me** [miː] **I** *Personalpron* **1.** mich (*Akk von* ***I***): ***he knows me*** **2.** mir (*Dat von* ***I***): ***he gave me the book*** **3.** *ugs* ich (*Nom*): ***he's younger than me***; ***it's me*** ich bins **II** *Reflexivpron* **4.** mich: ***I looked about me*** ich sah mich um
▶ **mead·ow** ['medəʊ] *s* Wiese *f*, Weide *f*: ***in the meadow*** auf der Wiese *oder* Weide
mea·ger *Am*, **mea·gre** *bes Br* ['miːgə] *Adj* **1.** mager, dürr, (*Gesicht*) hager **2.** *fig* dürftig, kärglich: ***meager attendance*** spärlicher Besuch
▶ **meal**[1] [miːl] *s* Mahl(zeit *f*) *n*, Essen *n*: ***meals on wheels*** *Pl* Essen auf Rädern
meal[2] [miːl] *s* Schrotmehl *n*
'meal·time *s* Essenszeit *f*
meal·y ['miːlɪ] *Adj* mehlig
meal·y·mouthed ['miːlɪˌmaʊðd] *Adj* schönfärberisch, heuchlerisch (*Person*), (*Äußerung etc auch*) verschlüsselt
mean[1] [miːn] *Adj* **1.** gemein, niederträchtig **2.** schäbig, geizig **3.** *ugs* (*charakterlich*) schäbig: ***feel mean*** sich schäbig *oder* gemein vorkommen (***about*** wegen)
▶ **mean**[2] [miːn] **I** *Adj* **1.** mittler, Mittel…, durchschnittlich, Durchschnitts… **II** *s* **2.** Mitte *f*, Mittel(weg *m*) *n*, Durchschnitt *m*
▶ **mean**[3] [miːn] (*unreg*) **I** *v/t* **1.** beabsichtigen, vorhaben: ***mean to do s.th.*** etw tun wollen; ***I mean it*** es ist mir ernst damit; ***mean business*** es ernst meinen; ***mean no harm*** es nicht böse meinen; ***no harm meant!*** nichts für ungut! **2.** ***be meant for*** bestimmt sein für, (*Bemerkung etc*) gemünzt sein auf (*Akk*) **3.** meinen, sagen wollen: ***what do you mean by this?*** was wollen Sie damit sagen?; was verstehen Sie darunter? **4.** *eine Menge Arbeit etc* bedeuten **5.** bedeuten, heißen (*Wort etc*): ***does this mean anything to you?*** ist Ihnen das ein Begriff?, sagt Ihnen das etw? **II** *v/i* **6.** ***mean well*** (***ill***) ***by*** (*oder* ***to***) ***s.o.*** j-m wohlgesinnt (übel gesinnt) sein **7.** ***mean everything*** (***little***) ***to s.o.*** j-m alles (wenig) bedeuten

mean GR

Mean mit Infinitiv heißt „beabsichtigen, wollen"; mit Gerund heißt es aber „bedeuten":

I didn't mean to hurt your feelings!	Es war nicht meine Absicht, deine Gefühle zu verletzen!
Learning a foreign language means working hard.	Eine Fremdsprache zu lernen, bedeutet, dass man hart arbeiten muss.

me·an·der [mɪ'ændə] *v/i* sich winden *oder* schlängeln
▶ **mean·ing** ['miːnɪŋ] **I** *s* **1.** Sinn *m*, Bedeutung *f*: ***full of meaning*** *siehe* 3; ***do you get*** (*oder* ***take***) ***my meaning?*** verstehst du, was ich meine? **2.** Sinn *m*, Inhalt *m*: ***give one's life a new meaning*** seinem Leben einen neuen Sinn geben **II** *Adj* **3.** bedeutungsvoll, bedeutsam (*Blick etc*)
mean·ing·ful ['miːnɪŋfʊl] *Adj* **1.** bedeutungsvoll (*Blick, Ereignis etc*) **2.** sinnvoll (*Arbeit etc*)
'mean·ing·less *Adj* sinnlos
mean·ness ['miːnnɪs] *s* **1.** Gemeinheit *f*, Niederträchtigkeit *f* **2.** Geiz *m*
means [miːnz] *Pl* **means** *s* **1.** Mittel *n oder Pl*, Weg *m*: ***by all means*** auf alle Fälle, unbedingt; ***by no means*** keineswegs, auf keinen Fall; ***by means of*** mittels, durch, mit; ***find the means*** Mittel und Wege finden; ***a means of communication*** ein Kommunikationsmittel; → ***end*** 10 **2.** *Pl* Mittel *Pl*, Vermögen *n*: ***live within*** (***beyond***) ***one's means*** seinen Verhältnissen entsprechend (über seine Verhältnisse) leben
meant [ment] *Prät und Part Perf von* ***mean***[3]
'meantime → ***meanwhile***
▶ **mean·while** ['miːnwaɪl] **I** *Adv* inzwischen, unterdessen, in der Zwischenzeit **II** *s*: ***in the meanwhile*** *siehe* I

mea·sles ['mi:zlz] *s Pl* (*meist Sg konstruiert*) MED Masern *Pl*: → ***German*** 1

meas·ur·a·ble ['meʒərəbl] *Adj* **1.** messbar **2.** merklich

▶**meas·ure** ['meʒə] **I** *s* **1.** Maß(einheit *f*) *n*: ***measure of capacity*** Hohlmaß; ***measure of length*** Längenmaß **2.** *fig* (richtiges *oder* vernünftiges) Maß, Ausmaß *n*: ***beyond measure*** über alle Maßen, grenzenlos; ***in a great*** (*oder* ***large***) ***measure*** in großem Maße; großenteils; ***in some measure, in a*** (***certain***) ***measure*** bis zu einem gewissen Grade **3.** Maß *n*, Messgerät *n* **4.** MUS Takt *m* **5.** *Metrik*: Versmaß *n* **6.** Maßnahme *f*: ***take measures*** Maßnahmen treffen *oder* ergreifen **II** *v/t* **7.** (ver)messen, ab-, ausmessen: ***measure s.o.*** j-m Maß nehmen (***for*** für) **8.** *fig* messen (***by*** an *Dat*) **9.** *fig* vergleichen, messen (***against, with*** mit): ***measure one's strength with*** seine Kräfte messen mit **III** *v/i* **10.** messen, groß sein: ***it measures 7 inches*** es misst 7 Zoll, es ist 7 Zoll lang

'**meas·ure·ment** *s* **1.** (Ver)Messung *f* **2.** Maß *n*; *Pl auch* Abmessungen *Pl*: ***take s.o.'s measurements*** j-m Maß nehmen (***for*** für)

'**meas·ur·ing** *Adj* Mess…: ***measuring instrument*** Messgerät *n*

▶**meat** [mi:t] *s* **1.** Fleisch *n*: ***cold meat*** kalter Braten **2.** *fig* Substanz *f*, Gehalt *m*

'**meat·ball** *s* Fleischklößchen *n*

▶**me·chan·ic** [mɪ'kænɪk] *s* Mechaniker(in)

▶**me·chan·i·cal** [mɪ'kænɪkl] *Adj* mechanisch (*auch fig*): ***mechanical engineering*** Maschinenbau *m*; ***mechanical pencil*** *Am* Drehbleistift *m*

mech·a·nism ['mekənɪzəm] *s* Mechanismus *m* (*auch fig*)

▶**med·al** ['medl] *s* **1.** Medaille *f* **2.** Orden *m*

med·al·ist *Am* → ***medallist***

me·dal·lion [mɪ'dæljən] *s* Medaillon *n*

med·al·list ['medlɪst] *s bes Br* Medaillengewinner(in)

med·dle ['medl] *v/i* sich einmischen (***with, in*** in *Akk*)

med·dle·some ['medlsəm] *Adj* aufdringlich

▶**me·di·a** ['mi:djə] **I** *Pl von* ***medium*** **II** *s Pl* (*auch Sg konstruiert*) Medien *Pl*: ***media event*** Medienereignis *n*; ***media-shy*** medienscheu

Singularbedeutung trotz Pluralform

GR

Einige englische Fremdwörter werden als Singular verstanden, obwohl sie eigentlich Pluralformen sind. Meistens stehen sie mit einem Verb im Singular, z. B.:
data, media, graffiti, spaghetti, visa

The media <u>has</u> played a key role in this story.	In dieser Geschichte haben die Medien eine Schlüsselrolle gespielt.
The data <u>is</u> not very convincing.	Die Daten sind nicht sehr überzeugend.

me·di·ae·val → ***medieval***

me·dian strip ['mi:djən,strɪp] *s Am* Mittelstreifen *m*

me·di·ate ['mi:dɪeɪt] **I** *v/i* vermitteln (***between*** zwischen *Dat*) **II** *v/t* (durch Vermittlung) zustande bringen *oder* beilegen

,**me·di'a·tion** *s* Vermittlung *f*

Die Medien

WF

Printmedien:	
(news)paper	Zeitung
tabloid press	Boulevardpresse
tabloid	Boulevardblatt
magazine	Zeitschrift
(colour) supplement	Beilage(magazin)
headline	Schlagzeile
front page	Titelblatt
commentary	Kommentar
editorial	Leitartikel
gossip column	Klatschspalte
news; current affairs	Nachrichten; Zeitgeschehen
Funk und Fernsehen:	
radio	Radio, Hörfunk
television, TV	Fernsehen
programme (*Br*), **program** (*Am*)	Sendung
channel	(Fernseh)Sender
radio station	(Radio)Sender
report	Bericht, Beitrag
feature	Sonderbeitrag, Feature
documentary	Dokumentarfilm
serial	Serie
soap opera	Seifenoper, Soap
drama	Fernsehspiel
chat show (*Br*), **talk show** (*Am*)	Talkshow
game show	Spielshow
quiz show	Quizsendung
Medienberufe:	
presenter	Moderator(in)
anchorman, anchorwoman (*Am*)	Moderator(in) einer Nachrichtensendung
newsreader	Nachrichtensprecher(in)
journalist	Journalist(in)
reporter	Reporter(in)
editor	Redakteur(in)
correspondent	Korrespondent(in)

'**me·di·a·tor** *s* Vermittler(in)

med·ic ['medɪk] → ***medico***

▶**med·i·cal** ['medɪkl] **I** *Adj* **1.** medizinisch, ärztlich, Kranken…: ***medical certificate*** ärztliches Attest; ***medical examination*** ärztliche Untersuchung; ***on medical grounds*** aus gesundheitlichen Gründen; ***medical student*** Medizinstudent(in) **2.** internistisch: ***medical ward*** innere Abteilung **II** *s* **3.** *ugs* ärztliche Untersuchung

Me·di·care ['medɪkeə] *s Am* Krankenkasse *f*

med·i·cate ['medɪkeɪt] *v/t* medizinisch *oder* medikamentös behandeln: ***medicated shampoo*** (***soap***) medizinisches Haarwaschmittel (medizinische Seife)

,**med·i'ca·tion** *s* medizinische *oder* medikamentöse Behandlung

me·dic·i·nal [mə'dɪsɪnl] *Adj* heilkräftig, Heil…:

M

> ### Medicare / Medicaid
> LK
>
> Die USA haben keine flächendeckende Kranken- bzw. Sozialversicherung für alle Bürger. 1965 wurden zwei Sozialprogramme eingeführt, die bis heute wichtige Bestandteile der Sozialfürsorge sind: **Medicare** zur medizinischen Versorgung der Menschen ab 65 Jahren oder mit einer Behinderung, **Medicaid** zur Sicherung der medizinischen Versorgung der Arbeitslosen und Armen. Als problematisch erweisen sich die schrumpfenden Rücklagen aufgrund der hohen Arbeitslosenrate sowie die zunehmende Überalterung der Gesellschaft.

medicinal herbs *Pl* Heilkräuter *Pl*

►**med·i·cine** ['medsɪn] *s* **1.** Medizin *f*, Arznei *f*: ***give s.o. a dose*** (*oder* ***taste***) ***of his own medicine*** *fig* es j-m in *oder* mit gleicher Münze heimzahlen **2.** Medizin *f*, Heilkunde *f*; innere Medizin

med·i·cine ball *s* SPORT Medizinball *m*

med·i·cine chest *s* Hausapotheke *f*

med·i·cine man *s* (*unreg* ***man***) Medizinmann *m*

med·i·co ['medɪkəʊ] *Pl* **med·i·cos** *s ugs* Mediziner(in) (*Arzt und Student*)

me·di·e·val [ˌmedɪ'iːvl] *Adj* mittelalterlich

me·di·o·cre [ˌmiːdɪ'əʊkə] *Adj* mittelmäßig

me·di·oc·ri·ty [ˌmiːdɪ'ɒkrətɪ] *s* Mittelmäßigkeit *f*

med·i·tate ['medɪteɪt] **I** *v/i* (***on***) nachdenken (über *Akk*), grübeln (über *Akk*, *Dat*), *auch eng. S.* meditieren (über *Akk*) **II** *v/t* erwägen: ***meditate revenge*** auf Rache sinnen

ˌmed·i'ta·tion *s* Nachdenken *n*, Grübeln *n*; *eng. S.* Meditation *f*

Med·i·ter·ra·ne·an, **Med·i·ter·ra·ne·an Sea** [ˌmedɪtə'reɪnjən (siː)] *Eigenn das* Mittelmeer

me·di·um ['miːdjəm] **I** *Pl* **me·di·a** ['miːdjə], **me·di·ums** *s* **1.** *fig* Mitte *f*, Mittelweg *m* **2.** BIOL *etc* Medium *n*, Träger *m* **3.** WIRTSCH (*auch künstlerisches etc*) Medium *n*, Mittel *n*: → ***advertising*** II **4.** *Hypnose, Parapsychologie*: Medium *n* **II** *Adj* **5.** mittler, Mittel…, *auch* mittelmäßig **6.** GASTR englisch (*Steak*)

'me·di·um-priced *Adj* der mittleren Preislage

'me·di·um-range *Adj*: ***medium-range missile*** MIL Mittelstreckenrakete *f*

'me·di·um-size(d) *Adj* mittelgroß: ***medium-size(d) car*** MOT Mittelklassewagen *m*

'me·di·um-term *Adj* mittelfristig (*Planung etc*)

me·di·um wave *s* ELEK Mittelwelle *f*: ***on medium wave*** auf Mittelwelle

med·ley ['medlɪ] *s* **1.** Gemisch *n*, *pej* Mischmasch *m* **2.** MUS Potpourri *n*

meek [miːk] *Adj* **1.** sanft(mütig) **2.** bescheiden; *pej* unterwürfig: ***be meek and mild*** sich alles gefallen lassen

►**meet** [miːt] (*unreg*) **I** *v/t* **1.** begegnen (*Dat*); treffen, sich treffen mit **2.** *j-n* kennenlernen: ***when I first met him*** als ich seine Bekanntschaft machte; ***pleased to meet you*** *ugs* sehr erfreut(, Sie kennenzulernen) **3.** *j-n* abholen (***at the station*** von der Bahn) **4.** → ***halfway*** 3 **5.** (*feindlich*) zs.-treffen mit, (*Sport auch*) treffen auf (*Akk*): → ***fate*** 1 **6.** *fig* entgegentreten (*Dat*) **7.** münden in (*Akk*) (*Straße*); stoßen *oder* treffen auf (*Akk*): ***there is more to it than meets the eye*** da steckt mehr dahinter **8.** *j-s Wünschen* entgegenkommen, entsprechen, *einer Forderung, Verpflichtung* nachkommen, *Unkosten* bestreiten, decken **II** *v/i* **9.** zs.-kommen, -treten **10.** sich begegnen, sich (*auch verabredungsgemäß*) treffen: ***meet again*** sich wieder sehen; ***our eyes met*** unsere Blicke trafen sich **11.** (*feindlich*) zs.-stoßen, (*Sport*) aufeinandertreffen **12.** sich kennenlernen: ***we have met before*** wir kennen uns schon **13.** sich vereinigen (*Straßen etc*); sich berühren (*auch Interessen etc*) **14.** genau zs.-passen, sich decken: → ***end*** 6 **15.** ***meet with*** zs.-treffen mit; sich treffen mit; erleben, erleiden: ***meet with an accident*** einen Unfall erleiden, verunglücken; ***meet with a refusal*** auf Ablehnung stoßen; → ***approval*** 2

►**meet·ing** ['miːtɪŋ] *s* **1.** Begegnung *f*, Zs.-treffen *n*, -kunft *f* **2.** Versammlung *f*, Konferenz *f*, Tagung *f*: ***at a meeting*** auf einer Versammlung; ***meeting of members*** Mitgliederversammlung **3.** SPORT Veranstaltung *f*

meet·ing place *s* **1.** Tagungs-, Versammlungsort *m* **2.** Treffpunkt *m*

mega·byte ['megəbaɪt] *s* Megabyte *n*

'mega·flop *s* Megaflop *m*

'mega·hit *s* Megahit *m*

meg·a·lo·ma·ni·a [ˌmegələʊ'meɪnjə] *s* Größenwahn *m*

ˌmeg·a·lo'ma·ni·ac [ˌmegələʊ'meɪnɪæk] *Adj* größenwahnsinnig

meg·a·phone ['megəfəʊn] *s* Megafon *f*

mel·an·chol·y ['melənkəlɪ] **I** *s* **1.** Melancholie *f*, Schwermut *f* **II** *Adj* **2.** melancholisch, schwermütig **3.** traurig, schmerzlich (*Pflicht etc*)

mel·a·no·ma [melə'nəʊmə] *s* MED Melanom *n*

mel·low ['meləʊ] **I** *Adj* **1.** reif, weich (*Obst*) **2.** ausgereift, lieblich (*Wein*) **3.** sanft, mild (*Licht*), zart (*Farbton*) **4.** *fig* gereift, abgeklärt (*Person*) **5.** angeheitert, beschwipst **II** *v/t* **6.** reifen lassen (*auch fig*) **III** *v/i* **7.** reifen (*auch fig*)

me·lo·di·ous [mɪ'ləʊdjəs] *Adj* melodisch, melodiös

mel·o·dra·ma ['meləʊˌdrɑːmə] *s* Melodram(a) *n* (*auch fig*)

mel·o·dra·mat·ic [ˌmeləʊdrə'mætɪk] *Adj* (***melodramatically***) melodramatisch

mel·o·dy ['melədɪ] *s* Melodie *f*

mel·on ['melən] *s* BOT Melone *f*

►**melt** [melt] (*auch unreg*) **I** *v/i* **1.** (zer)schmelzen, sich auflösen: ***melt in the mouth*** auf der Zunge zergehen; ***melt away*** *fig* sich auflösen (*Menge*); dahinschmelzen (*Geld*); ***melt into tears*** *fig* in Tränen zerfließen **2.** verschmelzen (*Farben, Ränder etc*): ***melt into*** übergehen in (*Akk*) **II** *v/t* **3.** schmelzen, *Butter* zerlassen: ***melt down*** einschmelzen **4.** *fig j-s Herz* erweichen

'melt·down *s* **1.** Kernschmelze *f* (*im Reaktor*) **2.** *fig* Gau *m*

melt·ing ['meltɪŋ] *Adj* weich, angenehm (*Stimme*)

melt·ing point *s* PHYS Schmelzpunkt *m*

melt·ing pot *s* Schmelztiegel *m* (*auch fig*)

> ### Melting pot
> LK
>
> Beim **melting pot** handelt es sich um die traditionelle Vorstellung von den USA als Schmelztiegel, in dem Einwanderer unterschiedlicher Kulturen, Rassen und Religionen zu einer homogenen Nation von Ame-

rikanern zusammenwachsen. Dass die angestrebte Integration nur partiell gelungen ist, zeigen Rassenkonflikte und Segregationserscheinungen, v. a. in den Großstädten. Daher gilt die Vorstellung vom **melting pot** heute als überholt, an ihre Stelle tritt die der **salad bowl** als einer bunten Mischung verschiedener Kulturen, wobei einzelne Volksgruppen ihre ethnische Identität, oft in Form von traditionellen Gebräuchen oder ihrer eigenen Sprache, beibehalten.

▶ **mem·ber** ['membə] *s* **1.** Mitglied *n*, Angehörige *m, f*: ***member of the family*** Familienmitglied; ***Member of Parliament*** *Br* Unterhausabgeordnete *m, f*; ***Member of Congress*** *Am* → ***Congressman***; ***members only*** (Zutritt) nur für Mitglieder; ***member country*** Mitgliedsland *n* **2.** ANAT Glied(maße *f*) *n*; (männliches) Glied

'mem·ber·ship *s* **1.** (***of***) Mitgliedschaft *f* (bei), Zugehörigkeit *f* (zu): ***membership card*** Mitgliedsausweis *m*; ***membership fee*** Mitgliedsbeitrag *m* **2.** Mitgliederzahl *f*: ***have a membership of 200*** 200 Mitglieder haben

mem·brane ['membreɪn] *s* Membran *f*

mem·o ['meməʊ] *Pl* **mem·os** *s ugs* Memo *n* (→ ***memorandum*** 1)

mem·oirs ['memwɑːz] *s Pl* Memoiren *Pl*

mem·o·ra·ble ['memərəbl] *Adj* **1.** denkwürdig **2.** einprägsam **3.** unvergesslich

mem·o·ran·dum [ˌmemə'rændəm] *Pl* **mem·o·ran·da** [ˌmemə'rændə], **mem·o·ran·dums** *s* **1.** (*auch* Akten)Vermerk *m*, (-)Notiz *f*; (*geschäftliche*) Kurzmitteilung **2.** POL Memorandum *n*, Denkschrift *f*

me·mo·ri·al [mə'mɔːrɪəl] **I** *Adj* **1.** Gedenk…, Gedächtnis…: ***Memorial Day*** *Am* Gedenktag *m* für die Gefallenen (*30. Mai*); ***memorial service*** Gedenkgottesdienst *m* **II** *s* **2.** Denk-, Ehrenmal *n*, Gedenkstätte *f* (***to*** für) **3.** Gedenkfeier *f* (***to*** für)

mem·o·rize ['meməraɪz] *v/t* auswendig lernen, sich *etw* einprägen

▶ **mem·o·ry** ['memərɪ] *s* **1.** Gedächtnis *n*: ***from*** (*oder* ***by***) ***memory*** aus dem Gedächtnis, auswendig; ***memory for names*** Namensgedächtnis; ***call to memory*** sich *etw* ins Gedächtnis zurückrufen; ***have a good*** (***bad***) ***memory*** ein gutes (schlechtes) Gedächtnis haben; → ***sieve*** I **2.** Andenken *n*, Erinnerung *f* (***of*** an *Akk*): ***in memory of*** zum Andenken an **3.** *meist Pl* Erinnerung *f*: ***childhood memories*** Kindheitserinnerungen **4.** COMPUTER Speicher *m*: ***memory capacity*** Speicherkapazität *f*; ***memory expansion*** Speichererweiterung *f*

men [men] *Pl von* ***man***: ***men's magazine*** Herrenmagazin *n*; ***men's room*** *Am* Herrentoilette *f*

men·ace ['menəs] **I** *v/t* bedrohen **II** *s* Drohung *f*; Bedrohung *f* (***to*** *Gen*)

▶ **mend** [mend] **I** *v/t* **1.** ausbessern, reparieren, flicken, *Strümpfe etc* flicken; *fig Freundschaft etc* kitten **2.** (ver)bessern: ***mend one's ways*** sich bessern **II** *v/i* **3.** sich bessern (*auch Person*) **III** *s*: ***be on the mend*** auf dem Weg der Besserung sein

men·da·cious [men'deɪʃəs] *Adj* lügnerisch, verlogen

men·dac·i·ty [men'dæsətɪ] *s* Verlogenheit *f*

me·ni·al ['miːnjəl] *Adj* untergeordnet, niedrig (*Arbeit*)

men·in·gi·tis [ˌmenɪn'dʒaɪtɪs] *s* MED Hirnhautentzündung *f*

men·o·pause ['menəʊpɔːz] *s* PHYSIOL Wechseljahre *Pl*: ***go through the menopause*** in den Wechseljahren sein

men·stru·ate ['menstrʊeɪt] *v/i* PHYSIOL menstruieren

ˌ**men·stru'a·tion** *s* Menstruation *f*

▶ **men·tal** ['mentl] *Adj* (→ ***mentally***) **1.** geistig, Geistes…: ***mental arithmetic*** Kopfrechnen *n*; ***mental illness*** Geisteskrankheit *f*; ***mental handicap*** geistige Behinderung; ***mental hospital*** psychiatrische Klinik, Nervenheilanstalt *f*; ***make a mental note of s.th.*** sich etw (vor-) merken; ***mental state*** Geisteszustand *m* **2.** seelisch, psychisch: ***mental cruelty*** JUR seelische Grausamkeit

men·tal·i·ty [men'tælətɪ] *s* Mentalität *f*

men·tal·ly ['mentəlɪ] *Adv* **1.** geistig, geistes…: ***mentally deficient*** (*oder* ***deranged***) geistesgestört; ***mentally handicapped*** geistig behindert; ***mentally ill*** geisteskrank **2.** im Geist, in Gedanken

men·thol ['menθɒl] *s* CHEM Menthol *n*

▶ **men·tion** ['menʃn] **I** *s* Erwähnung *f*: ***get*** (*oder* ***be given***) ***a mention*** erwähnt werden **II** *v/t* erwähnen (***to*** gegenüber); ***don't mention it!*** bitte (sehr)!, gern geschehen!; ***not to mention*** ganz abgesehen *oder* zu schweigen von; nicht zu vergessen; → ***worth*** I

▶ **men·u** ['menjuː] *s* **1.** Speise(n)karte *f* **2.** COMPUTER Menü *n*

men·u bar COMPUTER Menüleiste *f*

'men·u-ˌdriv·en *Adj* COMPUTER menügesteuert (*Programm*)

MEP [emiː'piː] *Abk* (= ***Member of the European Parliament***) Europaabgeordnete *m, f*

mer·can·tile ['mɜːkəntaɪl] *Adj* Handels…: ***mercantile law*** Handelsrecht *n*

mer·ce·nar·y ['mɜːsɪnərɪ] *s* MIL Söldner *m*

mer·chan·dise ['mɜːtʃəndaɪz] *s* Ware(n *Pl*) *f*

mer·chant ['mɜːtʃənt] **I** *s* (Groß)Händler(in) **II** *Adj* Handels…: ***merchant ship***

mer·ci·ful ['mɜːsɪfʊl] *Adj* (***to***) barmherzig (gegen), gnädig (*Dat*)

'mer·ci·less *Adj* unbarmherzig

mer·cu·ri·al [mɜː'kjʊərɪəl] *Adj* **1.** Quecksilber… **2.** *fig* quecksilb(e)rig, quicklebendig; sprunghaft

mer·cu·ry ['mɜːkjʊrɪ] *s* **1. Mercury** ASTR, MYTH Merkur *m* **2.** CHEM Quecksilber *n*

mer·cy ['mɜːsɪ] *s* **1.** Barmherzigkeit *f*, Erbarmen *n*, Gnade *f*: ***without mercy*** → ***merciless***; ***be at s.o.'s mercy*** j-m (auf Gedeih und Verderb) ausgeliefert sein; ***have mercy on*** Mitleid *oder* Erbarmen haben mit **2.** (wahres) Glück, (wahrer) Segen

mer·cy kill·ing *s* Sterbehilfe *f*

mere [mɪə] *Adj* bloß, nichts als: ***a mere excuse*** nur eine Ausrede; ***mere imagination*** bloße *oder* reine Einbildung

▶ **mere·ly** ['mɪəlɪ] *Adv* bloß, nur, lediglich

merge [mɜːdʒ] **I** *v/i* **1.** (***in, into***) verschmelzen (mit), aufgehen (in *Dat*) **2.** zs.-laufen (*Straßen etc*) **3.** MOT sich einfädeln **4.** WIRTSCH fusionieren (***with*** mit) **II** *v/t* **5.** verschmelzen (***in, into*** mit) **6.** WIRTSCH fusionieren

'merg·er *s* WIRTSCH Fusion *f*

me·rid·i·an [mə'rɪdɪən] *s* **1.** GEOG Meridian *m*, Längenkreis *m* **2.** ASTR Kulminationspunkt *m*

mer·it ['merɪt] **I** *s* **1.** Verdienst *n* **2.** Wert *m*; Vorzug *m*: ***work of merit*** bedeutendes Werk; ***of artistic merit*** von künstlerischem Wert **II** *v/t* **3.**

M

Lohn, Strafe etc verdienen
mer·i·toc·ra·cy [ˌmerɪˈtɒkrəsɪ] *s* Leistungsgesellschaft *f*
mer·maid [ˈmɜːmeɪd] *s* Meerjungfrau *f*
mer·ri·ment [ˈmerɪmənt] *s* **1.** Fröhlichkeit *f*, Lustigkeit *f*, Ausgelassenheit *f* **2.** Gelächter *n*, Heiterkeit *f*
mer·ry [ˈmerɪ] *Adj* **1.** lustig (*auch Streich etc*), fröhlich, ausgelassen: ***merry Christmas!*** fröhliche *oder* frohe Weihnachten! **2.** *ugs* beschwipst, angeheitert: ***get merry*** sich einen andudeln
ˈmer·ry-go-round *Pl* **mer·ry-go-rounds** *s* Karussell *n*, *österr.* Ringelspiel *n*
mesh [meʃ] **I** *s* **1.** Masche *f* **2.** *meist Pl fig* Netz *n*, Schlingen *Pl*: ***mesh of lies*** Lügennetz *n*; ***mesh of intrigue*** Intrigennetz *n* **II** *v/t* **3.** in einem Netz fangen **III** *v/i* **4.** ineinandergreifen (*Zahnräder*; *auch fig*) **5.** *fig* passen (***with*** zu), zs.-passen
▶**mess** [mes] **I** *s* **1.** Unordnung *f*, *auch fig* Durcheinander *n*; Schmutz *m*; *fig* Patsche *f*, Klemme *f*: ***in a mess*** in Unordnung; schmutzig; ***be in a nice*** (*oder* ***fine***) ***mess*** ganz schön in der Klemme sein *oder* sitzen *oder* stecken; ***make a mess of*** *siehe* 3 **2.** MIL Messe *f*: ***officers' mess*** Offiziersmesse, -kasino *n* **II** *v/t* **3.** *auch* ***mess up*** in Unordnung bringen, *auch fig* durcheinanderbringen; schmutzig machen; *fig* verpfuschen, *Pläne etc* über den Haufen werfen **III** *v/i* **4.** ***mess about*** (*oder* ***around***) herumspielen, *pej auch* herumbasteln (***with*** an *Dat*)
mes·mer·ize [ˈmesməraɪz] *v/t fig* faszinieren: ***mesmerized*** fasziniert
▶**mes·sage** [ˈmesɪdʒ] *s* **1.** Mitteilung *f*, Nachricht *f*: ***can I give him a message?*** kann ich ihm etw ausrichten?; ***leave a message*** (***for s.o.***) (j-m) eine Nachricht hinterlassen; ***can I take a message?*** kann ich etw ausrichten?; ***get the message*** *ugs* kapieren **2.** COMPUTER Meldung *f* **3.** *fig* Anliegen *n* (*eines Künstlers etc*); Aussage *f* (*eines Romans etc*)
mes·sen·ger [ˈmesɪndʒə] *s* **1.** Bote *m*, Botin *f*: ***by messenger*** durch Boten **2.** *fig* (Vor)Bote *m*
mes·sen·ger boy *s* Laufbursche *m*, Botenjunge *m*
Mes·si·ah [mɪˈsaɪə] *s* REL der Messias
ˈmess-up *s* Durcheinander *n* (*auch fig*)
mess·y [ˈmesɪ] *Adj* **1.** schmutzig (*auch fig*) **2.** *fig* verfahren
met [met] *Prät und Part Perf von* ***meet***
met·a·bol·ic [ˌmetəˈbɒlɪk] *Adj* PHYSIOL Stoffwechsel…
me·tab·o·lism [meˈtæbəlɪzəm] *s* Stoffwechsel *m*
▶**met·al** [ˈmetl] **I** *s* Metall *n* **II** *Adj* → ***metallic*** 1
me·tal·lic [mɪˈtælɪk] *Adj* (***metallically***) **1.** metallen, Metall… **2.** metallisch (glänzend *oder* klingend)
met·al·lur·gy [meˈtælədʒɪ] *s* Metallurgie *f*, Hüttenkunde *f*
met·a·mor·pho·sis [ˌmetəˈmɔːfəsɪs] *Pl* **met·a·mor·pho·ses** [ˌmetəˈmɔːfəsiːz] *s* Metamorphose *f*, Verwandlung *f*
met·a·phor [ˈmetəfə] *s* Metapher *f*
met·a·phor·i·cal [ˌmetəˈfɒrɪkl] *Adj* metaphorisch, bildlich
met·a·phys·i·cal [ˌmetəˈfɪzɪkl] *Adj* **1.** metaphysisch **2.** übersinnlich
ˌmet·aˈphys·ics *s Sg* Metaphysik *f*
me·tas·ta·sis [məˈtæstəsɪs] *Pl* **me·tas·ta·ses** [məˈtæstəsiːz] *s* MED Metastase *f*; Metastasenbildung *f*
me·te·or [ˈmiːtɪɔː] *s* ASTR Meteor *m*
me·te·or·ic [ˌmiːtɪˈɒrɪk] *Adj* (***meteorically***) **1.** ASTR meteorisch, Meteor… **2.** *fig* kometenhaft (*Aufstieg etc*)
me·te·or·ite [ˈmiːtjəraɪt] *s* ASTR Meteorit *m*
me·te·or·o·log·i·cal [ˌmiːtjərəˈlɒdʒɪkl] *Adj* meteorologisch, Wetter…, Witterungs…: ***meteorological office*** Wetteramt *n*
me·te·or·ol·o·gist [ˌmiːtjəˈrɒlədʒɪst] *s* Meteorologe *m*, -login *f*
ˌme·te·orˈol·o·gy [ˌmiːtjəˈrɒlədʒɪ] *s* Meteorologie *f*
▶**me·ter**[1] [ˈmiːtə] *Am* → ***metre***
me·ter[2] [ˈmiːtə] *s* TECH Messgerät *n*, Zähler *m*: ***meter maid*** *bes Am ugs* Politesse *f*; ***meter reader*** Gas- *oder* Stromableser *m*
meth·a·done [ˈmeθədəʊn] *s* MED Methadon *n*
meth·od [ˈmeθəd] *s* **1.** Methode *f*, Verfahren *n*: ***the method of doing s.th.*** die Art und Weise, etw zu tun **2.** Methode *f*, System *n*, Planmäßigkeit *f*
me·thod·i·cal [mɪˈθɒdɪkl] *Adj* methodisch, systematisch, planmäßig
Meth·od·ist [ˈmeθədɪst] **I** *Adj* methodistisch **II** *s* Methodist(in)
meth·yl [ˈmeθɪl] *s* CHEM Methyl *n*: ***methyl alcohol*** Methylalkohol *m*
me·tic·u·lous [mɪˈtɪkjʊləs] *Adj* peinlich genau, akribisch
▶**me·tre** [ˈmiːtə] *s bes Br* **1.** Meter *m*, *n* **2.** Versmaß *n*
met·ric [ˈmetrɪk] **I** *Adj* (***metrically***) metrisch: ***metric system*** metrisches (Maß- und Gewichts)System **II** *s Sg* Metrik *f*, Verslehre *f*
me·trop·o·lis [mɪˈtrɒpəlɪs] *s* Metropole *f*, Hauptstadt *f*
met·ro·pol·i·tan [ˌmetrəˈpɒlɪtən] **I** *Adj* … der Hauptstadt **II** *s* Bewohner(in) der Hauptstadt
mew [mjuː] *v/i* miauen
Mex·i·can [ˈmeksɪkən] **I** *Adj* mexikanisch: ***Mexican wave*** La-Ola-Welle *f* **II** *s* Mexikaner(in)
Mex·i·co [ˈmeksɪkəʊ] *Eigenn* Mexiko *n*
mez·za·nine [ˈmetsəniːn] *s* ARCHI Zwischen-, Halbgeschoss *n*
mi·aow [miːˈaʊ] *v/i* miauen
▶**mice** [maɪs] *Pl von* ***mouse***
mick·ey [ˈmɪkɪ] *s*: ***take the mickey out of s.o.*** *bes Br ugs* j-n auf den Arm nehmen
mi·cro… [ˈmaɪkrəʊ] *in Zssgn* Mikro…, (sehr) klein
mi·crobe [ˈmaɪkrəʊb] *s* BIOL Mikrobe *f*
ˈmi·cro·chip *s* ELEK Mikrochip *m*
ˈmi·cro·comˌput·er *s* Mikrocomputer *m*
mi·cro·fiche [ˈmaɪkrəʊfiːʃ] *s* Mikrofiche *m*
ˈmi·cro·film *s* Mikrofilm *m*
ˌmi·croˈor·gan·ism *s* BIOL Mikroorganismus *m*
mi·cro·phone [ˈmaɪkrəfəʊn] *s* Mikrofon *f*
ˌmi·croˈpro·ces·sor *s* Mikroprozessor *m*
mi·cro·scope [ˈmaɪkrəskəʊp] **I** *s* Mikroskop *n* **II** *v/t* mikroskopisch untersuchen
mi·cro·scop·ic [ˌmaɪkrəˈskɒpɪk] *Adj* (***microscopically***) **1.** mikroskopisch **2.** mikroskopisch klein
mi·cro·wave [ˈmaɪkrəweɪv] *s* ELEK Mikrowelle *f*: ***microwave oven*** Mikrowellenherd *m*
mid [mɪd] *Adj attr. oder in Zssgn* mittler…, Mittel…: ***in mid-April*** Mitte April; ***be in one's mid-forties*** Mitte Vierzig sein
ˌmidˈair *s*: ***in midair*** in der Luft; ***midair collision*** Zs.-stoß *m* in der Luft

'mid·day I *s* Mittag *m* II *Adj* mittägig, Mittag(s)…

▶**mid·dle** ['mɪdl] I *Adj* **1.** mittler, Mittel…: ***middle classes*** *Pl* Mittelstand *m*; ***middle ear*** ANAT Mittelohr *n*; ***middle finger*** Mittelfinger *m*; ***middle name*** zweiter Vorname; → ***management*** 2 II *s* **2.** Mitte *f*: ***in the middle of*** in der Mitte (*Gen*), mitten in (*Dat*); ***in the middle of July*** Mitte Juli; ***in the middle of the street*** mitten auf der Straße **3.** Taille *f* **4.** mittlerer Teil, Mittelstück *n*

mid·dle age *s* mittleres Alter

ˌmid·dle-'aged *Adj* mittleren Alters

Mid·dle Ag·es *s Pl das* Mittelalter *n*

ˌmid·dle-'dis·tance *Adj* SPORT Mittelstrecken…

Mid·dle East *s der* Nahe Osten

'mid·dle·man *s* (*unreg* ***man***) *s* **1.** Mittelsmann *m* **2.** WIRTSCH Zwischenhändler *m*

ˌmid·dle-of-the-'road *Adj* gemäßigt

'mid·dle·weight *s* SPORT Mittelgewicht *n*

mid·dling ['mɪdlɪŋ] I *Adj* von mittlerer Größe *oder* Güte, mittelmäßig (*auch pej*): *how are you?* ***fair to middling*** so einigermaßen, mittelprächtig II *Adv ugs* leidlich, einigermaßen

ˌmid'field *s bes Fußball*: Mittelfeld *n*: ***in midfield*** im Mittelfeld; ***midfield man*** (*oder* ***player***) Mittelfeldspieler *m*

midge [mɪdʒ] *s* ZOOL Mücke *f*

midg·et ['mɪdʒɪt] I *s* Zwerg(in), Knirps *m* II *Adj* Zwerg…, Miniatur…, Kleinst…

mid·land ['mɪdlənd] *s*: ***the Midlands*** *Pl* Mittelengland *n*

'mid·life cri·sis *s* (*unreg* ***crisis***) PSYCH Midlife-Crisis *f*

▶**mid·night** ['mɪdnaɪt] I *s* Mitternacht *f*: ***at midnight*** um Mitternacht II *Adj* Mitternachts…: ***midnight sun***; ***burn the midnight oil*** bis spät in die Nacht arbeiten *oder* aufbleiben

'midˌsum·mer I *s* **1.** Hochsommer *m* **2.** ASTR Sommersonnenwende *f* II *Adj* **3.** hochsommerlich, Hochsommer…

ˌmid'way *Adj auch fig* auf halbem Weg (***between*** zwischen *Dat*)

'mid·wife *s* (*unreg* ***wife***) Hebamme *f*

ˌmid'win·ter *s* **1.** Mitte *f* des Winters **2.** ASTR Wintersonnenwende *f*

might¹ [maɪt] *s*: ***with all his might*** mit all seiner Kraft *oder* Gewalt

▶**might²** [maɪt] *Prät von* ***may²***

might·y ['maɪtɪ] I *Adj* mächtig, gewaltig (*beide auch fig*) II *Adv ugs* ungeheuer: ***mighty easy*** kinderleicht; ***mighty fine*** prima

> **might in der indirekten Rede** (GR)
>
> **Might** bleibt in der indirekten Rede unverändert:
>
> **"I might ask her to go out with me," said James.**
> **James said that he might ask her to go out with him.**

mi·graine ['miːgreɪn] *s* MED Migräne *f*

mi·grant ['maɪgrənt] → ***migratory***

mi·grate [maɪ'greɪt] *v/i* (ab-, aus)wandern, (*auch* ORN fort)ziehen

mi'gra·tion *s* **1.** Wanderung *f* (*auch* CHEM, ZOOL) **2.** Abwandern *n*, Fortziehen *n*

mi·gra·to·ry ['maɪgrətərɪ] *Adj* Wander…, Zug…: ***migratory bird*** Zugvogel *m*; ***migratory worker*** Wanderarbeiter(in)

mike [maɪk] *s ugs* Mikro *n* (*Mikrofon*)

Mi·lan [mɪ'læn] *Eigenn* Mailand *n*

▶**mild** [maɪld] *Adj* mild (*Strafe*, *Wein*, *Wetter etc*), (*Licht etc auch*) sanft, (*Fieber*, *Zigarre etc auch*) leicht: ***to put it mildly*** gelinde gesagt; ***that's putting it mildly*** das ist gar kein Ausdruck

mil·dew ['mɪldjuː] I *s* **1.** BOT Mehltau *m* **2.** Schimmel *m*, Moder *m* II *v/i* **3.** schimm(e)lig *oder* mod(e)rig werden

mild·ness ['maɪldnɪs] *s* Milde *f*

▶**mile** [maɪl] *s* Meile *f*: ***miles apart*** meilenweit auseinander; *fig* himmelweit (voneinander) entfernt; ***miles better*** *ugs* wesentlich besser; ***for miles*** meilenweit; ***it sticks out a mile*** *ugs* das sieht ja ein Blinder

> **mile** (LK)
>
> 1 Meile hat rund 1,6 km. Wenn ein Auto mit 50 Meilen pro Stunde (**50 mph**) fährt, entspricht das im Deutschen ca. 80 km/h.

mile·age ['maɪlɪdʒ] *s* **1.** zurückgelegte Meilenzahl *oder* Fahrtstrecke, Meilenstand *m*: ***low*** (***high***) ***mileage*** **2.** *auch* ***mileage allowance*** Meilengeld *n*

mile·om·e·ter [maɪ'lɒmɪtə] *s* MOT Meilenzähler *m*

M

> **might** (GR)
>
> Obwohl im täglichen Sprachgebrauch der Unterschied zwischen **may** und **might** im Sinne von „mögen" oder „können" oft nicht signifikant erscheint, drückt **might** aus, dass die Wahrscheinlichkeit doch etwas geringer ist.
>
> ⚠ Beim Perfektinfinitiv kann **might have** ein Ereignis beschreiben, das nicht stattfand (vgl. **could have**):

That may well be.	Das mag wohl sein!
We may fly to Australia this summer, but we're not sure yet.	Wir fliegen vielleicht im Sommer nach Australien, sind uns aber noch nicht sicher.
I might be late tonight, so don't wait for me.	Es könnte heute Abend spät werden, wartet also nicht auf mich.
She should be home by now: she may have had an accident.	Sie müsste schon längst zu Hause sein: vielleicht hatte sie einen Unfall!
You might have had an accident, driving like that!	Du hättest einen Unfall haben können, so wie du fährst!

'mile•stone *s* Meilenstein *m* (*auch fig*)
mil•i•tant ['mılıtənt] **I** *Adj* **1.** Krieg führend **2.** militant **II** *s* **3.** militante Person, militantes Mitglied
mil•i•ta•rism ['mılıtərızəm] *s* Militarismus *m*
'mil•i•ta•rist *s* Militarist(in)
,mil•i•ta'ris•tic *Adj* (***militaristically***) militaristisch
▸ **mil•i•ta•ry** ['mılıtərı] **I** *Adj* militärisch, Militär…: ***military academy*** Militärakademie *f*; ***military cemetery*** Soldatenfriedhof *m*; ***military dictatorship*** Militärdiktatur *f*; ***military government*** Militärregierung *f*; ***military police*** Militärpolizei *f*; ***do one's military service*** seinen Militärdienst ableisten **II** *s* (*Pl konstruiert*): ***the military*** das Militär
mi•li•tia [mı'lıʃə] *s* Miliz *f*, Bürgerwehr *f*
mi'li•tia•man [mı'lıʃəmən] *s* (*unreg* ***man***) Milizsoldat *m*
▸ **milk** [mılk] **I** *s* Milch *f* (*auch* BOT, CHEM): ***land of milk and honey*** *fig* Schlaraffenland *n*; ***it's no use crying over spilt milk*** geschehen ist geschehen **II** *v/t* melken (*auch fig*) **III** *v/i* Milch geben
milk bar *s* Milchbar *f*
milk choc•o•late *s* Vollmilchschokolade *f*
milk float *s Br* Milchwagen *m*
milk•man ['mılkmən] *s* (*unreg* ***man***) Milchmann *m*
milk pow•der *s* Milchpulver *n*, Trockenmilch *f*
milk shake *s* Milchshake *m*
milk tooth *s* (*unreg* ***tooth***) Milchzahn *m*
milk•y ['mılkı] *Adj* **1.** milchig **2.** mit (viel) Milch (*Kaffee etc*)
Milk•y Way *s* ASTR Milchstraße *f*
▸ **mill** [mıl] **I** *s* **1.** *allg* Mühle *f*: ***go through the mill*** *fig* eine harte Schule durchmachen; ***put s.o. through the mill*** *fig* j-n hart rannehmen **2.** Fabrik *f*, Werk *n*: → ***rolling mill, spinning mill*** **II** *v/t* **3.** *Korn etc* mahlen **4.** TECH *allg* verarbeiten **III** *v/i* **5.** *auch* ***mill about*** (*oder* ***around***) herumlaufen: ***milling crowd*** wogende Menge, (Menschen)Gewühl *n*
mil•len•ni•al [mı'lenıəl] *Adj* tausendjährig, Millennium…
mil•len•ni•um [mı'lenıəm] *Pl* **mil•len•ni•ums, mil•len•ni•a** [mı'lenıə] *s* Jahrtausend *n*: ***turn of the millennium*** Jahrtausendwende *f*
mil•len•ni•um baby *s* Millenniumbaby *n*
mil•len•ni•um bug *s* TECH Millenniumfehler *m*, *weit. S.* Jahr-2000-Problem *n*
mil•len•ni•um com•pli•ance *s* TECH Jahrtausendfähigkeit *f*
mil•le•pede ['mılıpi:d] *s* ZOOL Tausendfüßer *m*
mill•er ['mılə] *s* Müller(in)
mil•let ['mılıt] *s* BOT Hirse *f*
mil•li•gram, mil•li•gramme ['mılıgræm] *s* Milligramm *n*
mil•li•me•ter *Am*, **mil•li•me•tre** *bes Br* ['mılı,mi:tə] *s* Millimeter *m, n*
▸ **mil•lion** ['mıljən] *s* Million *f*: ***feel like a million dollars*** *ugs* sich ganz prächtig fühlen
mil•lion•aire [,mıljə'neə] *s* Millionär(in)
▸ **mil•lionth** ['mıljənθ] **I** *Adj* **1.** millionst **II** *s* **2.** *der, die, das* Millionste **3.** Millionstel *n*
'mill•pond *s* Mühlteich *m*: (***as***) ***smooth as a millpond*** spiegelglatt (*Meer etc*)
'mill•stone *s* Mühlstein *m*: ***be a millstone round s.o.'s neck*** *fig* j-m ein Klotz am Bein sein
mime [maım] **I** *s* **1.** Pantomime *f* **2.** Pantomime *m*, -mimin *f* **II** *v/t* **3.** (panto)mimisch darstellen **4.** mimen, nachahmen **III** *v/i* **5.** TV *etc* Play-back singen *oder* spielen
mim•ic ['mımık] **I** *Adj* **1.** mimisch **2.** nachgeahmt **II** *s* **3.** Nachahmer(in), Imitator(in) **III** *v/t Prät und Part Perf* **mim•icked 4.** nachahmen (*auch* BIOL)
'mim•ic•ry *s* **1.** Nachahmung *f* **2.** ZOOL Mimikry *f*
mim•ing ['maımıŋ] *s* TV *etc* Play-back *n*
mi•mo•sa [mı'məʊzə] *s* BOT Mimose *f*
min•a•ret ['mınəret] *s* ARCHI Minarett *n*
mince [mıns] **I** *v/t* zerhacken, (zer-)schneiden: ***mince meat*** Fleisch durchdrehen, Hackfleisch machen; ***minced meat*** Hackfleisch *n*, *österr.* Faschierte *n*; ***not to mince one's words*** *fig* kein Blatt vor den Mund nehmen **II** *v/i* geziert *oder* affektiert sprechen; tänzeln, trippeln **III** *s bes Br* Hackfleisch *n*, *österr.* Faschierte *n*
'mince•meat *s* **1.** Hackfleisch *n*, *österr.* Faschierte *n*: ***make mincemeat of*** *fig* aus *j-m* Hackfleisch machen; *Argument etc* (in der Luft) zerreißen **2.** Pastetenfüllung *f*
mince pie *s* gefüllte Pastete
minc•er ['mınsə] *s* Fleischwolf *m*
'minc•ing *Adj* geziert, affektiert; tänzelnd, trippelnd
▸ **mind** [maınd] **I** *s* **1.** Sinn *m*, Gemüt *n*, Herz *n*: ***have s.th. on one's mind*** etw auf dem Herzen haben **2.** Verstand *m*, Geist *m*: ***in one's mind's eye*** vor seinem geistigen Auge; ***be out of one's mind*** nicht (recht) bei Sinnen sein; ***enter s.o.'s mind*** j-m in den Sinn kommen; ***lose one's mind*** den Verstand verlieren; ***put s.th. out of one's mind*** sich etw aus dem Kopf schlagen; ***read s.o.'s mind*** j-s Gedanken lesen; → ***presence*** **3.** Kopf *m*, Geist *m* (*Person*) **4.** Ansicht *f*, Meinung *f*: ***to my mind*** meiner Ansicht nach, meines Erachtens; ***change one's mind*** es sich anders überlegen, seine Meinung ändern; ***give s.o. a piece of one's mind*** j-m gründlich die Meinung sagen; ***speak one's mind*** (***to s.o.***) (j-m) seine Meinung sagen **5.** Neigung *f*, Lust *f*, Absicht *f*: ***have s.th. in mind*** etw im Sinn haben; ***have a good*** (***half a***) ***mind to do s.th.*** gute (nicht übel) Lust haben, etw zu tun; ***make up one's mind*** sich entschließen, einen Entschluss fassen; zu der Überzeugung kommen (***that*** dass), sich klar werden (***about*** über *Akk*) **6.** Erinnerung *f*, Gedächtnis *n*: ***bear*** (*oder* ***keep***) ***in mind*** (immer) denken *an* (*Akk*), *etw* nicht vergessen; → ***stick***² 7 **II** *v/t* **7.** achtgeben auf (*Akk*): ***mind the step!*** Vorsicht, Stufe!; ***mind your head!*** stoß dir den Kopf nicht an! **8.** sehen nach, aufpassen auf (*Akk*): ***mind your own business!*** kümmere dich um deine eigenen Dinge! **9.** etw haben gegen: ▸ ***do you mind my smoking*** (*oder* ***if I smoke***)? haben Sie etw dagegen *oder* stört es Sie, wenn ich rauche?; ▸ ***would you mind coming?*** würden Sie so freundlich sein zu kommen? **III** *v/i* **10.** aufpassen: ***mind*** (***you***) wohlgemerkt; allerdings; ▸ ***never mind!*** macht nichts!, ist schon gut! **11.** etw dagegen haben: ***I don't mind*** meinetwegen, von mir aus (gern)
'mind-,bend•ing *Adj ugs* (nahezu) unfassbar *oder* unverständlich
'mind-,blow•ing, 'mind-,bog•gling *Adj ugs* irr(e)
mind•ed ['maındıd] *Adj in Zssgn* …gesinnt; *religiös, technisch etc* veranlagt; …begeistert
'mind•er *s* Aufseher(in); Aufpasser(in)

'mind-ex,pand·ing *Adj* bewusstseinserweiternd
mind·ful ['maɪndfʊl] *Adj* **1.** aufmerksam, achtsam: ***be mindful of*** achten auf (*Akk*) **2.** eingedenk (***of*** *Gen*): ***be mindful of*** denken an (*Akk*), bedenken
'mind·less *Adj* **1.** (***of***) unbekümmert (um), ohne Rücksicht (auf *Akk*) **2.** gedankenlos, blind
mind read·er *s* Gedankenleser(in)
▶**mine¹** [maɪn] *Possessivpron*: ***it is mine*** es gehört mir; ***a friend of mine*** ein Freund von mir; ***his mother and mine*** seine und meine Mutter
mine² [maɪn] **I** *v/i* **1.** schürfen, graben (***for*** nach) **II** *v/t* **2.** *Erz, Kohle* abbauen, gewinnen **3.** SCHIFF, MIL verminen **4.** *fig* untergraben, -minieren **III** *s* **5.** Bergwerk *n*, Zeche *f*, Grube *f* **6.** SCHIFF, MIL Mine *f* **7.** *fig* Fundgrube *f* (***of*** an *Dat*): ***he is a mine of information*** er ist eine gute *oder* reiche Informationsquelle
mine de·tec·tor *s* MIL Minensuchgerät *n*
min·er ['maɪnə] *s* Bergmann *m*
min·er·al ['mɪnərəl] **I** *s* **1.** Mineral *n* **2.** *meist Pl Br* Mineralwasser *n* **II** *Adj* **3.** Mineral…: ***mineral oil***; ***mineral water***; ***mineral coal*** Steinkohle *f*; ***mineral resources*** *Pl* Bodenschätze *Pl*
min·er·al·og·i·cal [ˌmɪnərə'lɒdʒɪkl] *Adj* mineralogisch
min·er·al·o·gist [ˌmɪnə'rælədʒɪst] *s* Mineraloge *m*, -login *f*
ˌmin·er'al·o·gy [ˌmɪnə'rælədʒɪ] *s* Mineralogie *f*
min·e·stro·ne [ˌmɪnə'strəʊnɪ] *s* Minestrone *f* (*italienische Gemüsesuppe*)
min·gle ['mɪŋgl] **I** *v/i* **1.** sich (ver)mischen (***with*** mit) **2.** sich (ein)mischen (***in*** in *Akk*); sich mischen (***among, with*** unter *Akk*) **II** *v/t* **3.** (ver-)mischen (***with*** mit)
min·i… ['mɪnɪ] *in Zssgn* Mini…
min·i·a·ture ['mɪnətʃə] **I** *s* **1.** Miniatur(gemälde *n*) *f* **2.** *fig* Miniaturausgabe *f*: ***in miniature*** en miniature, im Kleinen **II** *Adj* **3.** Miniatur…
'min·i·bar *s* Minibar *f*
min·i·bus *s* Kleinbus *m*
min·im ['mɪnɪm] *s* MUS halbe Note
min·i·ma ['mɪnɪmə] *Pl von* ***minimum***
min·i·mal ['mɪnɪml] *Adj* **1.** minimal **2.** → ***minimum*** II
'min·i·mize *v/t* **1.** auf ein Minimum herabsetzen, möglichst gering halten **2.** bagatellisieren, herunterspielen
min·i·mum ['mɪnɪməm] **I** *Pl* **min·i·ma** ['mɪnɪmə] *s* Minimum *n*: ***with a minimum of*** mit einem Minimum an (*Dat*); → ***keep to*** 3 **II** *Adj* Minimal…, Mindest…
min·ing ['maɪnɪŋ] **I** *s* Bergbau *m* **II** *Adj* Bergwerks…, Berg(bau)…: ***mining disaster*** Grubenunglück *n*
'min·i·skirt *s* Minirock *m*
▶**min·is·ter** ['mɪnɪstə] **I** *s* **1.** REL Geistliche *m, f*, Pfarrer(in) **2.** POL *bes Br* Minister(in): ***Minister of Defence*** Verteidigungsminister(in) **II** *v/i* **3.** ***minister to s.o.*** sich um j-n kümmern, für j-n sorgen
min·is·te·ri·al [ˌmɪnɪ'stɪərɪəl] *Adj* **1.** REL geistlich **2.** POL *bes Br* ministeriell, Minister…
min·is·tra·tion [ˌmɪnɪ'streɪʃn] *s meist Pl* Dienst *m* (***to*** an *Dat*)
min·is·try ['mɪnɪstrɪ] *s* **1.** REL geistliches Amt **2.** POL *bes Br* Ministerium *n*: ***Ministry of Defence*** Verteidigungsministerium
mink [mɪŋk] *s* ZOOL Nerz *m*
mi·nor ['maɪnə] **I** *s* **1.** UNI *Am* Nebenfach *n* **2.** JUR Minderjährige *m, f* **3.** MUS Moll *n* **II** *Adj* **4.** kleiner, *fig auch* unbedeutend, unwichtig **5.** JUR minderjährig **III** *v/i* **6.** ***minor in*** UNI *Am* als *oder* im Nebenfach studieren
▶**mi·nor·i·ty** [maɪ'nɒrətɪ] *s* **1.** Minderheit *f*: ***be in the*** (*oder* ***a***) ***minority*** in der Minderheit sein; ***minority government*** POL Minderheitsregierung *f* **2.** JUR Minderjährigkeit *f*
mint¹ [mɪnt] *s* **1.** BOT Minze *f*: ***mint sauce*** Minzsoße *f* **2.** Pfefferminz *n* (*Bonbon*)
mint² [mɪnt] **I** *s* **1.** Münze *f*, Münzanstalt *f* **2.** ***a mint*** (***of money***) *ugs* ein Heidengeld **II** *Adj* **3.** ungebraucht (*Münze*), postfrisch (*Briefmarke*); ***in mint condition*** in einwandfreiem *oder* tadellosem Zustand **III** *v/t* **4.** *Geld, auch fig Wort etc* prägen
mi·nus ['maɪnəs] **I** *Präp* **1.** MATHE minus, weniger **2.** *ugs* ohne **II** *Adj* **3.** Minus…: ***minus amount*** *siehe* 5a; ***minus sign*** *siehe* 4 **III** *s* **4.** Minus(zeichen) *n* **5.** Minus *n*: **a)** Fehlbetrag *m*, **b)** Nachteil *m*, **c)** Mangel *m* (***of*** an *Dat*)
▶**min·ute¹** ['mɪnɪt] **I** *s* **1.** Minute *f*: ***to the minute*** auf die Minute (genau); ***I won't be a minute*** ich bin gleich wieder da; ich bin gleich fertig; ***ten-minute*** zehnminütig; → ***silence*** I **2.** Augenblick *m*: ***at the last minute*** in letzter Minute; ***in a minute*** sofort; ***just a minute!*** Moment mal! **3.** *Pl* (Sitzungs)Protokoll *n*: ***take the minutes*** das Protokoll führen **II** *v/t* **4.** protokollieren
mi·nute² [maɪ'nju:t] *Adj* **1.** winzig **2.** peinlich genau, minutiös
min·ute hand *s* Minutenzeiger *m* (*einer Uhr*)
min·ute steak *s* GASTR Minutensteak *n*
minx [mɪŋks] *s* (kleines) Biest
mir·a·cle ['mɪrəkl] *s* Wunder *n* (*auch fig* ***of*** an *Dat*): ***as if by*** (***a***) ***miracle*** wie durch ein Wunder; ***work*** (***perform***) ***miracles*** Wunder tun (vollbringen)
mi·rac·u·lous [mɪ'rækjʊləs] *Adj* wunderbar (*auch fig*), Wunder…
mi'rac·u·lous·ly *Adv* wie durch ein Wunder
mi·rage ['mɪrɑ:ʒ] *s* **1.** PHYS Luftspieg(e)lung *f*, Fata Morgana *f* (*auch fig*) **2.** *fig* Illusion *f*
mire ['maɪə] *s* Schlamm *m*: ***drag through the mire*** *fig* in den Schmutz ziehen
▶**mir·ror** ['mɪrə] **I** *s* **1.** Spiegel *m* **2.** *fig* Spiegel(-bild *n*) *m* **II** *v/t* **3.** (wider)spiegeln (*auch fig*): ***be mirrored*** sich spiegeln (***in*** in *Dat*)
mir·ror im·age *s* Spiegelbild *n*
mir·ror writ·ing *s* Spiegelschrift *f*
mirth [mɜ:θ] *s* Fröhlichkeit *f*, Heiterkeit *f*, Freude *f*
mirth·ful ['mɜ:θfʊl] *Adj* fröhlich, heiter, lustig
'mirth·less *Adj* freudlos
mis… [mɪs] *in Zssgn* miss…, falsch
ˌmis·ad'ven·ture *s* **1.** Unfall *m*, Unglück(sfall *m*) *n* **2.** Missgeschick *n*: ***he's had a misadventure*** ihm ist ein Missgeschick passiert
mis·an·thrope ['mɪsənθrəʊp] *s* Menschenfeind(in), -hasser(in)
mis·an·throp·ic [ˌmɪsən'θrɒpɪk] *Adj* (***misanthropically***) menschenfeindlich
mis·an·thro·py [mɪ'sænθrəpɪ] *s* Menschenfeindlichkeit *f*, -hass *m*
ˌmis·ap'ply *v/t* **1.** falsch verwenden **2.** → ***misappropriate*** 1
'misˌap·pre'hend *v/t* missverstehen
'misˌap·pre'hen·sion *s* Missverständnis *n*: ***be*** (*oder* ***labo[u]r***) ***under a misapprehension*** sich in einem Irrtum befinden
ˌmis·ap'pro·pri·ate *v/t* **1.** unterschlagen, veruntreuen **2.** zweckentfremden

M

ˈmis·apˌpro·priˈa·tion *s* **1.** Unterschlagung *f*, Veruntreuung *f* **2.** Zweckentfremdung *f*
ˌmis·beˈhave *v/i* sich schlecht benehmen, sich danebenbenehmen, (*Kind*) ungezogen sein
ˌmis·beˈhav·ior, **ˌmis·beˈhav·iour** *s* schlechtes Benehmen, Ungezogenheit *f*
ˌmisˈcal·cu·late I *v/t* falsch berechnen, sich verrechnen in (*Dat*) **II** *v/i* sich verrechnen *oder* verkalkulieren
ˈmisˌcal·cuˈla·tion *s* Rechenfehler *m*, Fehlkalkulation *f*
ˌmisˈcar·riage *s* **1.** Fehlschlag(en *n*) *m*, Misslingen *n*: ***miscarriage of justice*** JUR Fehlurteil *n*, Justizirrtum *m* **2.** MED Fehlgeburt *f*: ***have a miscarriage*** → ***miscarry*** 2
ˌmisˈcar·ry *v/i* **1.** fehlschlagen, misslingen **2.** MED eine Fehlgeburt haben
mis·cel·la·ne·ous [ˌmɪsəˈleɪnjəs] *Adj* ge-, vermischt; verschiedenartig
mis·cel·la·ny [mɪˈselənɪ] *s* **1.** Gemisch *n* **2.** Sammlung *f*, Sammelband *m*
ˌmisˈchance *s*: ***by mischance*** durch einen unglücklichen Zufall
mis·chief [ˈmɪstʃɪf] *s* **1.** Unheil *n*, Schaden *m*: ***make mischief*** Unfrieden stiften (***between*** zwischen *Dat*) **2.** Unfug *m*, Dummheiten *Pl*: ***be*** (*oder* ***get***) ***up to mischief*** etw aushecken **3.** Übermut *m*, Ausgelassenheit *f*: ***be full of mischief*** immer zu Dummheiten aufgelegt sein
ˈmis·chief-ˌmak·er *s* Unruhestifter(in)
mis·chie·vous [ˈmɪstʃɪvəs] *Adj* **1.** boshaft, mutwillig **2.** schelmisch
ˌmis·conˈceive *v/t* falsch auffassen, missverstehen
ˌmis·conˈcep·tion *s* Missverständnis *n*
mis·con·duct I *v/t* [ˌmɪskənˈdʌkt] **1.** schlecht führen **2.** ***misconduct o.s.*** sich schlecht benehmen **II** *s* [ˌmɪsˈkɒndʌkt] **3.** schlechte Führung **4.** schlechtes Benehmen **5.** Verfehlung *f*
ˌmis·conˈstruc·tion *s* Missdeutung *f*, falsche Auslegung
ˌmis·conˈstrue *v/t* missdeuten, falsch auslegen
ˌmisˈcount I *v/t* falsch (aus)zählen **II** *v/i* sich verzählen
ˌmisˈdeal *v/t und v/i* (*unreg* ***deal***): ***misdeal*** (***the cards***) (*Kartenspiel*) sich vergeben
ˌmisˈdeed *s* Missetat *f*
mis·de·mean·or, **mis·de·mean·our** [ˌmɪsdɪˈmiːnə] *s* JUR Vergehen *n*
ˌmis·diˈrect *v/t* **1.** *j-n*, *etw* fehl-, irreleiten (*auch fig*), *j-m* den falschen Weg zeigen **2.** *Brief etc* falsch adressieren
mi·ser [ˈmaɪzə] *s* Geizhals *m*
mis·er·a·ble [ˈmɪzərəbl] *Adj* **1.** jämmerlich, erbärmlich, kläglich, *pej auch* miserabel **2.** traurig, unglücklich
mi·ser·ly [ˈmaɪzəlɪ] *Adj* geizig
mis·er·y [ˈmɪzərɪ] *s* **1.** Elend *n*, Not *f* **2.** Trübsal *f*, Jammer *m*
ˌmisˈfire I *v/i* **1.** versagen (*Schusswaffe*) **2.** MOT fehlzünden, aussetzen **3.** *fig* danebengehen (*Witz etc*), fehlschlagen (*Plan etc*) **II** *s* **4.** MOT Fehlzündung *f*
ˈmis·fit *s* **1.** schlecht sitzendes Kleidungsstück **2.** Außenseiter(in)
misˈfor·tune *s* **1.** schweres Schicksal, Unglück *n* **2.** Unglücksfall *m*; Missgeschick *n*
misˈgiv·ing *s* Befürchtung *f*, Zweifel *m*
ˌmisˈgov·ern *v/t* schlecht regieren *oder* verwalten
ˌmisˈguid·ed *Adj* irrig (*Entscheidung etc*), unangebracht (*Optimismus etc*)
ˌmisˈhan·dle *v/t* **1.** *etw* falsch behandeln *oder* handhaben **2.** *fig* falsch anpacken
mis·hap [ˈmɪshæp] *s* Unglück(sfall *m*) *n*; Missgeschick *n*: ***he's had a mishap*** ihm ist ein Missgeschick passiert; ***without mishap*** ohne Zwischenfälle
ˌmisˈhear (*unreg* ***hear***) **I** *v/t* falsch hören **II** *v/i* sich verhören
mish·mash [ˈmɪʃmæʃ] *s* Mischmasch *m*
ˌmis·inˈform *v/t j-n* falsch informieren (***about*** über *Akk*)
ˌmis·in·forˈma·tion *s* Fehlinformation *f*
ˌmis·inˈter·pret *v/t* missdeuten, falsch auffassen *oder* auslegen
ˈmis·inˌter·preˈta·tion *s* Missdeutung *f*, falsche Auslegung
ˌmisˈjudge *v/t* **1.** falsch beurteilen, verkennen **2.** falsch einschätzen
ˌmisˈlay *v/t* (*unreg* ***lay***) *etw* verlegen
ˌmisˈlead *v/t* (*unreg* ***lead***) **1.** irreführen, täuschen: ***be misled*** sich täuschen lassen **2.** verführen, -leiten (***into doing*** zu tun)
ˌmisˈman·age *v/t* schlecht verwalten *oder* führen
ˌmisˈman·age·ment *s* Misswirtschaft *f*, Missmanagement *n*
mis·no·mer [ˌmɪsˈnəʊmə] *s* falsche Benennung *oder* Bezeichnung
mi·sog·a·mist [mɪˈsɒgəmɪst] *s* Ehefeind(in)
mi·sog·y·nist [mɪˈsɒdʒɪnɪst] *s* Frauenfeind *m*
ˌmisˈplace *v/t* **1.** *etw* verlegen **2.** *etw* an eine falsche Stelle legen *oder* setzen: ***misplaced*** *fig* unangebracht, deplatziert
mis·print I *v/t* [ˌmɪsˈprɪnt] verdrucken **II** *s* [ˈmɪsprɪnt] Druckfehler *m*
ˌmis·proˈnounce *v/t* falsch aussprechen
ˈmis·proˌnun·ciˈa·tion *s* falsche Aussprache
ˌmis·quoˈta·tion *s* falsches Zitat
ˌmisˈquote *v/t* falsch zitieren
ˌmisˈread *v/t* (*unreg* ***read***) **1.** falsch lesen **2.** missdeuten
ˌmis·rep·reˈsent *v/t* **1.** falsch darstellen **2.** entstellen, verdrehen
ˈmisˌrep·re·senˈta·tion *s* **1.** falsche Darstellung **2.** Entstellung *f*, Verdrehung *f*
▶ **miss**[1] [mɪs] *s* **1.** **Miss** (*mit folgendem Namen*) Fräulein *n*: ***Miss Smith***; ***Miss America*** Miss *f* Amerika **2.** (*ohne folgenden Namen*) Fräulein *n* (*Anrede*)
▶ **miss**[2] [mɪs] **I** *v/t* **1.** *Chance*, *Zug etc* verpassen, *Beruf*, *Ziel etc* verfehlen, sich *etw* entgehen lassen: ***miss the boat*** (*oder* ***bus***) *ugs* den Anschluss *oder* seine Chance verpassen; ***miss doing s.th.*** versäumen, etw zu tun **2.** *auch* ***miss out*** auslassen, übergehen, -springen **3.** überhören; übersehen, nicht bemerken; nicht verstehen *oder* begreifen **4.** vermissen: ***we miss her very much*** sie fehlt uns sehr **II** *v/i* **5.** nicht treffen: **a)** danebenschlagen *etc*, **b)** danebengehen (*Schuss etc*) **6.** missglücken, -lingen **7.** ***miss out on*** *etw* verpassen; *etw* weglassen *oder* nicht berücksichtigen **III** *s* **8.** Fehlschuss *m*, -wurf *m etc* **9.** Verpassen *n*, Verfehlen *n*: → ***near*** 9
ˌmisˈshap·en *Adj* missgebildet, ungestalt
mis·sile [ˈmɪsaɪl] *s* **1.** (Wurf)Geschoss *n* **2.** MIL Rakete *f*: ***missile base*** (*oder* ***site***) Raketen(abschuss)basis *f*
miss·ing [ˈmɪsɪŋ] *Adj* **1.** fehlend: ***be*** (*oder* ***go***) ***missing*** fehlen; verschwunden *oder* weg sein **2.** (MIL *auch* ***missing in action***) vermisst: ***be missing*** vermisst sein *oder* werden

M

mis·sion ['mɪʃn] *s* **1.** (*Militär- etc*)Mission *f* **2.** *bes* POL Auftrag *m*, Mission *f* **3.** REL Mission *f* **4.** (innere) Berufung: ***mission in life*** Lebensaufgabe *f* **5.** FLUG, MIL Einsatz *m*
mis·sion con·trol *s* Kontrollzentrum *n*
ˌmis'spell *v/t* (*auch unreg* ***spell***) falsch schreiben
ˌmis'spell·ing *s* Rechtschreibfehler *m*
ˌmis'state *v/t* falsch angeben
ˌmis'state·ment *s* falsche Angabe
▶**mist** [mɪst] **I** *s* **1.** (feiner) Nebel **2.** *fig* Nebel *m*, Schleier *m*: ***see things through a mist*** alles wie durch einen Schleier sehen; ***through a mist of tears*** durch einen Tränenschleier **3.** Beschlag *m* (*auf Glas*) **II** *v/i* **4.** *auch* ***mist up*** (*oder* ***over***) (sich) beschlagen (*Glas*)
mis·tak·a·ble [mɪ'steɪkəbl] *Adj* **1.** leicht zu verwechseln(d) **2.** missverständlich
▶**mis·take** [mɪs'teɪk] **I** *v/t* (*unreg* ***take***) **1.** verwechseln (***for*** mit); verkennen, sich irren in (*Dat*) **2.** falsch verstehen, missverstehen **II** *s* **3.** Irrtum *m*, Versehen *n*, Fehler *m*: ***by mistake*** irrtümlich, aus Versehen; ***make a mistake*** einen Fehler machen; sich irren **4.** (*Rechen- etc*) Fehler *m*
mis'tak·en I *Part Perf von* ***mistake*** **II** *Adj* **1.** ***be mistaken*** sich irren: ***be mistaken in s.o.*** sich in j-m täuschen; ***unless I am very much mistaken*** wenn mich nicht alles täuscht **2.** irrig, falsch (*Meinung etc*), unangebracht (*Freundlichkeit etc*): ***a case of mistaken identity*** eine (Personen)Verwechslung
ˌmis'time *v/t* einen schlechten Zeitpunkt wählen für
mis·tle·toe ['mɪsltəʊ] *s* BOT **1.** Mistel *f* **2.** Mistelzweig *m*
ˌmis·trans'late *v/t* falsch übersetzen
ˌmis·trans'la·tion *s* Übersetzungsfehler *m*
mis·tress ['mɪstrɪs] *s* **1.** Herrin *f* (*auch fig*) **2.** *bes Br* Lehrerin *f* **3.** Mätresse *f*, Geliebte *f*
ˌmis'trust I *s* Misstrauen *n* (***of*** gegen) **II** *v/t* misstrauen (*Dat*)
mis'trust·ful [ˌmɪs'trʌstfʊl] *Adj* misstrauisch (***of*** gegen)
mist·y ['mɪstɪ] *Adj* **1.** (leicht) neb(e)lig **2.** *fig* unklar, verschwommen (*Vorstellung etc*): ***have only misty memories of s.th.*** sich nur schwach *oder* undeutlich an etw erinnern können **3.** beschlagen (*Glas*)
ˌmis·un·der'stand *v/t* (*unreg* ***stand***) **1.** missverstehen: ***don't misunderstand me*** versteh mich nicht falsch **2.** *j-n* nicht verstehen
ˌmis·un·der'stand·ing *s* Missverständnis *n*, *weit. S. auch* Meinungsverschiedenheit *f*, Differenz *f*
mis·use I *s* [ˌmɪs'juːs] **1.** Missbrauch *m*: ***misuse of power*** Machtmissbrauch **2.** falscher Gebrauch **II** *v/t* [ˌmɪs'juːz] **3.** missbrauchen **4.** falsch *oder* zu unrechten Zwecken gebrauchen
mite¹ [maɪt] *s* ZOOL Milbe *f*
mite² [maɪt] *s* **1.** kleines Ding, Würmchen *n* **2.** ***a mite*** *ugs* ein bisschen
mit·i·gate ['mɪtɪgeɪt] *v/t Schmerzen etc* lindern, *Strafe etc* mildern, *Zorn etc* besänftigen: ***mitigating circumstances*** *Pl* JUR mildernde Umstände *Pl*
mitt [mɪt] *s* **1.** Halbhandschuh *m* **2.** *Baseball*: Fanghandschuh *m* **3.** → ***mitten*** 1 **4.** *sl* Flosse *f*, Pfote *f* (*Hand*) **5.** *sl* Boxhandschuh *m*
mit·ten ['mɪtn] *s* **1.** Fausthandschuh *m*, Fäustling *m* **2.** → ***mitt*** 5
▶**mix** [mɪks] **I** *v/t* **1.** (ver)mischen, vermengen (***with*** mit), *Cocktail etc* mixen, *Teig* anrühren: ***mix into*** mischen in (*Akk*), beimischen (*Dat*): ***mix up*** zs.-, durcheinandermischen; gründlich mischen; (völlig) durcheinanderbringen; verwechseln (***with*** mit); ***be mixed up*** verwickelt sein *oder* werden (***in*** in *Akk*); (*geistig*) ganz durcheinander sein **2.** *fig* verbinden: ***mix business with pleasure*** das Angenehme mit dem Nützlichen verbinden **II** *v/i* **3.** sich (ver)mischen **4.** sich mischen lassen **5.** ***mix well*** kontaktfreudig sein: ***mix well with s.o.*** gut mit j-m auskommen **6.** verkehren (***with*** mit; ***in*** in *Dat*) **III** *s* **7.** (*auch Back- etc*)Mischung *f* **8.** *ugs* Durcheinander *n*
mixed [mɪkst] *Adj* gemischt (*auch fig Gefühle etc*); vermischt, Misch…: ***mixed blessing*** zweifelhaftes Vergnügen; ***mixed double(s*** *Pl*) (*Tennis etc*) gemischtes Doppel, Mixed *n*; ***a mixed doubles match*** ein gemischtes Doppel; ***mixed grill*** Mixed Grill *m*; ***mixed pickles*** *Pl* Mixed Pickles *Pl*, Mixpickles *Pl*
'mix·er *s* **1.** Mixer *m* (*auch Küchengerät*) **2.** TECH Mischmaschine *f* **3.** TV *etc* Mischpult *n* **4.** ***be a good*** (***bad***) ***mixer*** *ugs* kontaktfreudig (kontaktarm) sein
▶**mix·ture** ['mɪkstʃə] *s* Mischung *f*, *auch* CHEM Gemisch *n* (***of … and*** aus … und)
'mix-up *s ugs* **1.** Durcheinander *n* **2.** Verwechslung *f* **3.** Handgemenge *n*
mne·mon·ic [niː'mɒnɪk] *s* Gedächtnishilfe *f*, -stütze *f*
mo [məʊ] *Pl* **mos** *s ugs* Moment *m*, Augenblick *m*
moan [məʊn] **I** *v/i* stöhnen, ächzen **II** *s* Stöhnen *n*, Ächzen *n*
moat [məʊt] *s* (Burg-, Stadt)Graben *m*
mob [mɒb] **I** *s* **1.** Mob *m* **2.** Pöbel *m*, Gesindel *n* **3.** *sl* (Verbrecher)Bande *f* **II** *v/t* **4.** herfallen über (*Akk*); *Filmstar etc* bedrängen, belagern
▶**mo·bile** ['məʊbaɪl] **I** *Adj allg* beweglich, TECH *auch* fahrbar, MIL *auch* motorisiert: ***mobile home*** Wohnwagen *m*; ***mobile library*** Fahrbücherei *f*, Bücherbus *m*; ▶ ***mobile phone*** Mobiltelefon *n*, Handy *n* **II** *s ugs* Handy *n*
mo·bil·i·ty [məʊ'bɪlətɪ] *s* Beweglichkeit *f*
mo·bi·li·za·tion [ˌməʊbɪlaɪ'zeɪʃn] *s* Mobilisierung *f*, MIL *auch* Mobilmachung *f*
'mo·bi·lize I *v/t* mobilisieren, MIL *auch* mobil machen **II** *v/i* MIL mobil machen
mo·cha ['mɒkə] *s* Mokka *m*
mock [mɒk] **I** *v/t* **1.** verspotten, lächerlich machen **2.** nachäffen **II** *v/i* **3.** sich lustig machen, spotten (***at*** über *Akk*) **III** *Adj* **4.** nachgemacht, Schein…
'mock·er *s* **1.** Spötter(in) **2.** Nachäffer(in)
'mock·er·y *s* **1.** Spott *m*, Hohn *m*: ***hold up to mockery*** *j-n* lächerlich machen; *etw* ins Lächerliche ziehen **2.** *fig* Hohn *m* (***of*** auf *Akk*) **3.** Gespött *n*: ***make a mockery of*** *j-n* zum Gespött (der Leute) machen; *etw* ad absurdum führen
'mock·ing *Adj* spöttisch
'mock-up *s* Modell *n* (in natürlicher Größe), Attrappe *f*
mod·al ['məʊdl] **I** *Adj* LING *etc* modal: ***modal auxiliary*** modales Hilfsverb **II** *s* LING *ugs* modales Hilfsverb
mo·dal·i·ty [məʊ'dælətɪ] *s* Modalität *f*
mod cons ['mɒd'kɒnz] *Abk Pl* (= ***modern conveniences***) moderner Komfort
mode [məʊd] *s* **1.** (Art *f* und) Weise *f*: ***mode of address*** Anrede *f*; ***mode of life*** Lebensweise

2. LING Modus *m*, Aussageweise *f* 3. COMPUTER Modus *m*

mod·el ['mɒdl] I *s* 1. Muster *n*, Vorbild *n* (**for** für): **after** (*oder* **on**) **the model of** nach dem Muster von (*oder Gen*); **he is a model of self-control** er ist ein Muster an Selbstbeherrschung 2. (*fig* Denk)Modell *n* 3. Muster *n*, Vorlage *f* 4. MALEREI *etc* Modell *n* 5. *Mode*: Mannequin *n* 6. TECH Modell *n*, Typ(e *f*) *m* II *Adj* 7. vorbildlich, musterhaft: **model husband** Mustergatte *m* 8. Modell…: **model builder** Modellbauer(in) III *v/t Prät und Part Perf* **mod·eled**, *bes Br* **mod·elled** 9. modellieren 10. *fig* formen (**after**, **on** nach [dem Vorbild *Gen*]): **model o.s. on** sich *j-n* zum Vorbild nehmen 11. *Kleider etc* vorführen IV *v/i* 12. Modell stehen *oder* sitzen (**for** *Dat*) 13. als Mannequin *oder* Dressman arbeiten

▶ **mo·dem** ['məʊdem] *s* COMPUTER Modem *n*

mod·er·ate ['mɒdərət] I *Adj* 1. mäßig: a) gemäßigt (*auch* POL), maßvoll, b) mittelmäßig, c) gering: **moderately successful** mäßig erfolgreich, d) vernünftig, angemessen: **moderate demands** *Pl* maßvolle Forderungen *Pl* 2. mild (*Strafe, Winter etc*) II *s* 3. *bes* POL Gemäßigte *m, f* III *v/t* ['mɒdəreɪt] 4. mäßigen: **moderate one's language** sich mäßigen

mod·er·a·tion [ˌmɒdə'reɪʃn] *s* Mäßigung *f*: **in moderation** in *oder* mit Maßen, maßvoll

▶ **mod·ern** ['mɒdən] *Adj* modern

'**mod·ern·ize** *v/t* modernisieren

mod·est ['mɒdɪst] *Adj* bescheiden: a) zurückhaltend, b) anspruchslos, c) maßvoll, vernünftig

'**mod·es·ty** *s* Bescheidenheit *f*: a) Zurückhaltung *f*: **in all modesty** bei aller Bescheidenheit, b) Anspruchslosigkeit *f*

mod·i·cum ['mɒdɪkəm] *s* kleine Menge: **a modicum of sense** ein Funke Verstand

mod·i·fi·a·ble ['mɒdɪfaɪəbl] *Adj* modifizierbar

mod·i·fi·ca·tion [ˌmɒdɪfɪ'keɪʃn] *s* Modifikation *f*, (Ab-, Ver)Änderung *f*

mod·i·fy ['mɒdɪfaɪ] *v/t* 1. (ab-, ver)ändern, modifizieren 2. LING näher bestimmen

mod·u·lar ['mɒdjʊlə] *Adj* TECH Modul…

mod·u·late ['mɒdjʊleɪt] *v/t und v/i* MUS *etc* modulieren

ˌ**mod·u'la·tion** *s* Modulation *f*

mod·ule ['mɒdjuːl] *s* 1. TECH Modul *n*, ELEK *auch* Baustein *m* 2. *Raumfahrt*: Kapsel *f*

mo·hair ['məʊheə] *s* Mohair *m*

moist [mɔɪst] *Adj* feucht (**with** von): **moist with tears** tränenfeucht

mois·ten ['mɔɪsn] I *v/t* an-, befeuchten II *v/i* feucht werden

mois·ture ['mɔɪstʃə] *s* Feuchtigkeit *f*

mois·tur·iz·er ['mɔɪstʃəraɪzə] *s* Feuchtigkeitscreme *f*

mo·lar ['məʊlə] *s* Backenzahn *m*

mo·las·ses [məʊ'læsɪz] *s Pl Am* Sirup *m*

mold, *etc Am* → **mould**[1], **mould**[2], *etc*

mole[1] [məʊl] *s* ZOOL Maulwurf *m* (*ugs auch Spionage*), *schweiz.* Schermaus *f*

mole[2] [məʊl] *s* Muttermal *n*, Leberfleck *m*

mole[3] [məʊl] *s* Mole *f*, Hafendamm *m*

mo·lec·u·lar [məʊ'lekjʊlə] *Adj* CHEM, PHYS Molekular…

mol·e·cule ['mɒlɪkjuːl] *s* Molekül *n*

'**mole·hill** *s* Maulwurfshügel *m*: → **mountain** I

mo·lest [məʊ'lest] *v/t* (*auch unsittlich*) belästigen

mo·les·ta·tion [ˌməʊle'steɪʃn] *s* Belästigung *f*

moll [mɒl] *s sl* Gangsterbraut *f*

mol·li·fy ['mɒlɪfaɪ] *v/t* besänftigen, beschwichtigen

mol·lusc, **mol·lusk** ['mɒləsk] *s* ZOOL Molluske *f*, Weichtier *n*

mol·ly·cod·dle ['mɒlɪˌkɒdl] I *s* Weichling *m* II *v/t* verhätscheln

Mol·o·tov cock·tail ['mɒlətɒf] *s* Molotowcocktail *m*

mol·ten ['məʊltən] *Part Perf von* **melt**

mom [mɒm] *s bes Am ugs* Mami *f*, Mutti *f*

ˌ**mom-and-'pop store** *s Am ugs* Tante-Emma-Laden *m*

▶ **mo·ment** ['məʊmənt] *s* 1. Moment *m*, Augenblick *m*: **at the moment** im Augenblick; **at the last moment** im letzten Augenblick; (**not**) **for a moment** (k)einen Augenblick (lang); **just a moment!** a) *auch* **wait a moment!** Moment mal!, b) Augenblick!; **the moment of truth** die Stunde der Wahrheit 2. Bedeutung *f*, Belang *m* (**to** für): **of great** (**little**) **moment** von großer (geringer) Bedeutung; **of no moment** bedeutungs-, belanglos 3. PHYS Moment *n*: **moment of inertia** Trägheitsmoment

mo·men·tar·i·ly ['məʊməntərəlɪ] *Adv* 1. momentan, einen Augenblick (lang) 2. jeden Augenblick

'**mo·men·tar·y** *Adj* momentan

mo·men·tous [məʊ'mentəs] *Adj* bedeutsam, folgenschwer

mo'men·tum [məʊ'məntəm] *s* 1. PHYS Moment *n*, Impuls *m* 2. Wucht *f*, Schwung *m*: **gather** (*oder* **gain**) **momentum** in Fahrt kommen; *fig auch* an Boden gewinnen (*Bewegung etc*); **lose momentum** an Schwung verlieren (*auch fig*)

Mo·na·co ['mɒnəkəʊ] *Eigenn* Monaco *n*

mon·arch ['mɒnək] *s* Monarch(in), Herrscher(in)

mo·nar·chic [mɒ'nɑːkɪk] *Adj* (**monarchically**) 1. monarchisch 2. monarchistisch

mon·arch·ism ['mɒnəkɪzəm] *s* Monarchismus *m*

'**mon·ar·chist** I *s* Monarchist(in) II *Adj* monarchistisch

'**mon·arch·y** *s* Monarchie *f*: **constitutional monarchy** konstitutionelle Monarchie

Monarchy in Britain

LK

Großbritannien ist eine **constitutional monarchy**. Obwohl alle politischen Handlungen der Regierung im Namen der Majestät vollzogen werden, hat sie faktisch keine politische Macht mehr. Wichtige Entscheidungen trifft der Premierminister, der **Royal Assent**, die königliche Zustimmung, ist nur noch ein formaler Akt.

Der Monarch erfüllt als Staatsoberhaupt v. a. repräsentative Aufgaben und vertritt das Land nach außen. Außerdem ist er das Oberhaupt der **Church of England**, Oberbefehlshaber der Armee und Oberhaupt des **Commonwealth of Nations**.

Die Monarchie ist Quelle des nationalen Stolzes, offizielle Zeremonien bereichern das öffentliche Leben. In jüngster Vergangenheit hat sie jedoch stark an Prestige verloren, da die königliche Familie nicht mehr – wie dies seit **Queen Victoria** der Fall war – als christliches Vorbild standhalten kann.

Sehr umstritten ist u. a. die Wirtschaftlichkeit der Monarchie, wobei die hohen Staatskosten den ihr zu verdankenden Einnahmen im Tourismussektor gegenüber gestellt werden.

mon·as·ter·y [ˈmɒnəstərɪ] *s* (Mönchs-)Kloster *n*

mo·nas·tic [məˈnæstɪk] *Adj* (***monastically***) **1.** klösterlich, Kloster… **2.** mönchisch, Mönchs…

▶**Mon·day** [ˈmʌndɪ] *s* Montag *m*: ***on Monday*** (am) Montag; ***on Mondays*** montags

mon·e·tar·y [ˈmʌnɪtərɪ] *Adj* **1.** Währungs…: ***monetary reform*** **2.** Geld…, finanziell

▶**mon·ey** [ˈmʌnɪ] *s* Geld *n*: ***be out of money*** kein Geld (mehr) haben; ***be in the money*** *ugs* reich *oder* vermögend sein; ***be short of money*** knapp bei Kasse sein; ***I'll bet you any money that*** *ugs* ich wette mit dir um jeden Betrag, dass; ***get one's money's worth*** etw für sein Geld bekommen; ***have money to burn*** *ugs* Geld wie Heu haben; ***have money problems*** finanzielle Probleme haben; → ***roll*** 7

money GR

Im Gegensatz zum Deutschen wird **money** nur im Singular und ohne **a** benutzt:

The money for the extension has been granted.	Die Gelder für den Umbau sind bewilligt worden.

ˈmon·ey·bags *s Sg* Geldsack *m* (*reiche Person*)

mon·ey box *s* Sparbüchse *f*

ˈmon·ey,chang·er *s* **1.** (Geld)Wechsler *m* **2.** *bes Am* Wechselautomat *m*

mon·eyed [ˈmʌnɪd] *Adj* wohlhabend, vermögend

mon·ey laun·der·ing *s ugs* Geldwäsche *f*

ˈmon·ey,lend·er *s* Geldverleiher(in)

mon·ey ma·chine *Am* → ***cash dispenser***

ˈmon·ey,mak·er *s* **1.** guter Geschäftsmann, gute Geschäftsfrau **2.** gutes Geschäft, einträgliche Sache

mon·ey or·der *s* Post- *oder* Zahlungsanweisung *f*

mon·ey spin·ner *ugs bes Br* → ***moneymaker*** 2

money matters WF

bank account	Bankkonto
bill *Am*	Geldschein
bureau de change [ˌbjʊərəʊ dɪ ˈʃɒndʒ]	Wechselstube
cash	Bargeld
cash card	Geldautomatenkarte
cashpoint, cash dispenser	Geldautomat
check *Am*	Scheck
cheque *Br*	Scheck
cheque card	Scheckkarte
credit card	Kreditkarte
current account	Girokonto
exchange rate	Wechselkurs
interest	Zinsen
interest rate	Zinssatz
loan	Kredit, Darlehen
note	Geldschein
overdrawn	überzogen
PIN number	PIN, Geheimzahl
plastic [ˈplæstɪk] *Sg ugs*	Kreditkarten *Pl*

mon·ger [ˈmʌŋgə] *s in Zssgn* **1.** …händler(in) **2.** *fig pej* → ***scandalmonger***, ***scare-monger***, *etc*

mon·gol·ism [ˈmɒŋgəlɪzəm] *s* (*Downsyndrom*) *auch pej* Mongolismus *m*; → ***Down's syndrome***

ˈmon·gol·oid *Adj* (*mit den Merkmalen des Downsyndroms*) *auch pej* mongoloid

mon·grel [ˈmʌŋgrəl] *s* BIOL Bastard *m*, *bes* Promenadenmischung *f*

mon·i·tor [ˈmɒnɪtə] **I** *s* **1.** Monitor *m*: **a)** Abhörgerät *n*, **b)** Kontrollgerät *n*, -schirm *m* **II** *v/t* **2.** abhören **3.** überwachen

▶**monk** [mʌŋk] *s* Mönch *m*

▶**mon·key** [ˈmʌŋkɪ] **I** *s* **1.** ZOOL Affe *m*: ***make a monkey (out) of s.o.*** *ugs* j-n zum Deppen machen **2.** (kleiner) Schlingel **II** *v/i* **3.** ***monkey about*** (*oder* ***around***) herumalbern **4.** *auch* ***monkey about*** (*oder* ***around***) (***with***) *ugs* herumspielen (mit), herumpfuschen an (*Dat*)

mon·key busi·ness *s ugs* **1.** krumme Tour **2.** Blödsinn *m*, Unfug *m*

mon·key wrench *s* TECH Engländer *m*

mon·o [ˈmɒnəʊ] **I** *s* Mono *n* **II** *Adj* Mono…

Bestimmter Artikel bei Zeitangaben GR

Werden Monate sowie Wochen- oder Festtage als allgemeine Zeitangaben gebraucht, so stehen sie ohne den bestimmten Artikel **the**:

I start my new job on Monday.	Den neuen Job fang ich am Montag an.
It's pretty quiet around here in March.	Hier ist im März nicht viel los.

Der bestimmte Artikel wird verwendet, wenn es sich um einen näher definierten Monat bzw. Wochen- oder Festtag handelt:

I'll never forget the Monday after my 18th birthday.	Den Montag nach meinem 18. Geburtstag werde ich nie vergessen.

Bei Jahreszeiten ist der Gebrauch von **the** nach einer Präposition möglich, aber nicht üblich:

What's the weather like in (the) winter here?	Wie ist das Wetter hier im Winter?

Bei einer näheren Bestimmung der Jahreszeit durch eine Jahreszahl wird immer der bestimmte Artikel verwendet:

We first met in the summer of 2004.	Wir haben uns im Sommer 2004 kennengelernt.

M

mon·o... ['mɒnəʊ] *in Zssgn* ein..., mono...
mon·o·cle ['mɒnəkl] *s* Monokel *n*
mo·nog·a·mous [mɒ'nɒgəməs] *Adj* monogam(isch)
mo'nog·a·my *s* Monogamie *f*, Einehe *f*
mon·o·gram ['mɒnəgræm] *s* Monogramm *n*
mon·o·lith ['mɒnəlɪθ] *s* Monolith *m*
ˌmon·o'lith·ic *Adj* (***monolithically***) **1.** monolithisch (*auch fig*) **2.** *fig* gigantisch
mon·o·logue ['mɒnəlɒg] *s* Monolog *m*, Selbstgespräch *n*
mo·nop·o·lize [mə'nɒpəlaɪz] *v/t* **1.** WIRTSCH monopolisieren **2.** *fig* **a)** an sich reißen, *Unterhaltung auch* ganz allein bestreiten, **b)** *j-n, etw* mit Beschlag belegen
mo'nop·o·ly *s* WIRTSCH Monopol *n* (***of*** auf *Akk*) (*auch fig*)
ˌmon·o·syl'lab·ic *Adj* (***monosyllabically***) LING einsilbig (*auch fig Antworten etc*)
mo·not·o·nous [mə'nɒtnəs] *Adj* monoton, eintönig, *fig auch* einförmig
mo'not·o·ny [mə'nɒtənɪ] *s* Monotonie *f*, Eintönigkeit *f*, *fig auch* Einförmigkeit *f*, (ewiges) Einerlei
mon·ox·ide [mɒ'nɒksaɪd] *s* CHEM Monoxid *n*

> **Monroe Doctrine** LK
>
> Die **Monroe Doctrine** war ein Pfeiler der US-Außenpolitik im 19. Jahrhundert, die Präsident **James Monroe** 1823 bekannt gab. Er legte darin fest, dass sich die USA künftig nicht in die Angelegenheiten Europas einmischen werden. Europa warnte er im Gegenzug vor Einmischungen in die Angelegenheiten der Neuen Welt und verbot außerdem jede weitere europäische Kolonisation auf dem amerikanischen Kontinent. Ferner erkannten die USA die jungen Staaten Lateinamerikas an.

mon·soon [ˌmɒn'suːn] *s* Monsun *m*
mon·ster ['mɒnstə] **I** *s* **1.** Monster *n*, Ungeheuer *n* (*beide auch fig*) **2.** Monstrum *n* (*auch fig*) **II** *Adj* **3.** Riesen..., Monster...: ***monster film*** Monsterfilm *m*
mon·strance ['mɒnstrəns] *s* REL Monstranz *f*
mon·stros·i·ty [mɒn'strɒsətɪ] *s* **1.** Ungeheuerlichkeit *f* **2.** → ***monster*** 2
mon·strous ['mɒnstrəs] *Adj* monströs: **a)** ungeheuer, riesig, **b)** unförmig, ungestalt, **c)** *fig* ungeheuerlich, scheußlich
▶ **month** [mʌnθ] *s* Monat *m*: ***in a month of Sundays*** *ugs* seit einer Ewigkeit
▶ **month·ly** ['mʌnθlɪ] **I** *Adj* **1.** (*auch Adv*) monatlich **2.** Monats...: ***monthly season ticket*** Monatskarte *f* **II** *s* **3.** Monatsschrift *f*
▶ **mon·u·ment** ['mɒnjʊmənt] *s auch fig* Monument *n*, Denkmal *n* (***to*** für *oder Gen*)
mon·u·men·tal [ˌmɒnjʊ'mentl] *Adj* **1.** monumental (*auch fig*) **2.** *ugs* kolossal: ***monumental stupidity*** Riesendummheit *f*
moo [muː] **I** *v/i* muhen **II** *s* Muhen *n*
mood[1] [muːd] *s* LING Modus *m*
▶ **mood**[2] [muːd] *s* **1.** Stimmung *f*, Laune *f*: ***be in a good*** (***bad***) ***mood*** gute (schlechte) Laune haben, gut (schlecht) aufgelegt sein; ***be in the*** (***in no***) ***mood to do*** (nicht) dazu aufgelegt sein zu tun, (keine) Lust haben zu tun; ***be in the mood for*** aufgelegt sein zu; ***I am in no laughing mood*** (*oder* ***mood for laughing***) mir ist nicht nach *oder* zum Lachen zumute **2.** ***be in a mood*** schlechte Laune haben, schlecht aufgelegt sein; ***he is in one of his moods again*** er hat wieder einmal schlechte Laune
mood·y ['muːdɪ] *Adj* **1.** launisch, launenhaft **2.** schlecht gelaunt
▶ **moon** [muːn] **I** *s* Mond *m*: ***there is a full*** (***new***) ***moon*** es ist Vollmond (Neumond); ***be over the moon*** *ugs* überglücklich sein (***about, at*** über *Akk*); ***cry for the moon*** nach etw Unmöglichem verlangen; ***promise s.o. the moon*** j-m das Blaue vom Himmel (herunter) versprechen; ***once in a blue moon*** *ugs* alle Jubeljahre (einmal) **II** *v/i*: ***moon about*** (*oder* ***around***) herumtrödeln; ziellos herumstreichen
'moon·beam *s* Mondstrahl *m*
'moon·light **I** *s* Mondlicht *n*, -schein *m*: ***moonlight walk*** Mondscheinspaziergang *m* **II** *v/i ugs* schwarzarbeiten, *österr.* pfuschen
'moonˌlight·er *s ugs* Schwarzarbeiter(in), *österr.* Pfuscher(in)
'moon·lit *Adj* mondhell: ***moonlit night*** Mondnacht *f*
'moon·shine *s* **1.** Mondschein *m* **2.** *ugs* Unsinn *m*
moon·y ['muːnɪ] *Adj ugs* verträumt
moor[1] [mɔː] *s* (Hoch)Moor *n*
moor[2] [mɔː] *v/t* SCHIFF vertäuen, festmachen
moo·rings ['mɔːrɪŋz] *s Pl* SCHIFF **1.** Vertäuung *f* **2.** Liegeplatz *m*
moose [muːs] *Pl* **moose** *s* ZOOL Elch *m*
moose test *s* MOT Elchtest *m*
moot [muːt] *Adj* strittig (*Punkt*): ***moot question*** Streitfrage *f*
mop [mɒp] **I** *s* **1.** Mopp *m* **2.** (Haar)Wust *m* **II** *v/t* **3.** (ab)wischen: ***mop up*** aufwischen **4.** *Blut etc* abtupfen (***from*** von)
mope [məʊp] *v/i* den Kopf hängen lassen: ***mope about*** (*oder* ***around***) mit einer Leichenbittermiene herumlaufen
mo·ped ['məʊped] *s Br* Moped *n*
mo·raine [mɒ'reɪn] *s* GEOL Moräne *f*
mor·al ['mɒrəl] **I** *Adj* **1.** moralisch: **a)** sittlich, **b)** geistig, innerlich: ***moral obligation*** moralische Verpflichtung; ***moral support*** moralische Unterstützung; ***moral victory*** moralischer Sieg, **c)** sittenstreng, tugendhaft **2.** Moral..., Sitten... **II** *s* **3.** Moral *f* (*einer Geschichte etc*): ***draw the moral from*** die Lehre ziehen aus **4.** *Pl* Moral *f*, Sitten *Pl*: ***code of morals*** Sittenkodex *m*
mo·rale [mɒ'rɑːl] *s* Moral *f*, Stimmung *f*: ***raise*** (***keep up***) ***s.o.'s morale*** j-s Moral heben (aufrechterhalten)
mor·al·ist ['mɒrəlɪst] *s* Moralist(in)
mo·ral·i·ty [mə'rælətɪ] *s* **1.** Moral *f*, Tugend(haftigkeit) *f* **2.** Ethik *f*, Moral *f*
mor·al·ize ['mɒrəlaɪz] *v/i* moralisieren (***about, on*** über *Akk*)
mor·a·to·ri·um [ˌmɒrə'tɔːrɪəm] *Pl* **mor·a·to·ri·a** [ˌmɒrə'tɔːrɪə], **mor·a·to·ri·ums** *s* WIRTSCH, MIL, POL Moratorium *n*
mor·bid ['mɔːbɪd] *Adj* **1.** morbid, krankhaft (*beide auch fig*) **2.** grässlich, grauenerregend **3.** trübsinnig; pessimistisch
mor'bid·i·ty *s* **1.** Morbidität *f*, Krankhaftigkeit *f* (*beide auch fig*) **2.** Trübsinn *m*; Pessimismus *m*
mor·dant ['mɔːdənt] *Adj fig* ätzend, beißend
▶ **more** [mɔː] **I** *Adj* **1.** mehr **2.** mehr, noch (mehr): ***some more tea*** noch etw Tee; ***two more miles*** noch zwei Meilen **II** *Adv* **3.** mehr: ***more and more*** immer mehr; ***more and more***

difficult immer schwieriger; ***more or less*** mehr *oder* weniger; ungefähr; ***the more so because*** umso mehr, da **4.** *zur Bildung des Komp*: ***more important*** wichtiger; ***more often*** öfter **5.** noch: ***once more*** noch einmal **III** *s* **6.** Mehr *n* (**of** an *Dat*) **7.** ***some more*** noch etw (mehr); ***a little more*** etw mehr; ***what more do you want?*** was willst du denn noch?

mo·rel [mɒˈrel] *s* BOT Morchel *f*

mo·rel·lo [məˈreləʊ] *Pl* **mo·rel·los** *s auch* ***morello cherry*** BOT Morelle *f*

more·o·ver [mɔːˈrəʊvə] *Adv* außerdem, überdies, weiter, ferner

morgue [mɔːg] *s* **1.** Leichenschauhaus *n* **2.** *ugs* Archiv *n* (*eines Zeitungsverlags etc*)

Mor·mon [ˈmɔːmən] **I** *s* Mormone *m*, Mormonin *f* **II** *Adj* mormonisch

▶ **morn·ing** [ˈmɔːnɪŋ] **I** *s* Morgen *m*; Vormittag *m*: ***in the morning*** morgens, am Morgen; vormittags, am Vormittag; ***early in the morning*** frühmorgens, früh am Morgen; ▶ ***this morning*** heute Morgen *oder* Vormittag; ***tomorrow morning*** morgen früh *oder* Vormittag **II** *Adj* Morgen…; Vormittags…; Früh…

morn·ing coat *s* Cut(away) *m*

morn·ing pa·per *s* Morgenzeitung *f*

morn·ing sick·ness *s* MED Übelkeit *f* während der Schwangerschaft

morn·ing star *s* ASTR Morgenstern *m*

Mo·roc·co [məˈrɒkəʊ] *Eigenn* Marokko *n*

mo·rose [məˈrəʊs] *Adj* mürrisch

mor·pheme [ˈmɔːfiːm] *s* LING Morphem *n*

mor·phi·a [ˈmɔːfjə], **mor·phine** [ˈmɔːfiːn] *s* Morphium *n*

mor·pho·log·i·cal [ˌmɔːfəˈlɒdʒɪkl] *Adj* BIOL, LING morphologisch

mor·phol·o·gy [mɔːˈfɒlədʒɪ] *s* Morphologie *f*

Morse code [mɔːs] *s* Morsealphabet *n*

mor·sel [ˈmɔːsl] *s* **1.** Bissen *m*, Happen *m* **2.** ***a morsel of …*** ein bisschen …

mor·tal [ˈmɔːtl] **I** *Adj* **1.** sterblich **2.** tödlich (**to** für) **3.** Tod(es)…: ***mortal fear*** Todesangst *f*; ***mortal sin*** Todsünde *f* **4.** auf Leben und Tod: ***mortal enemy*** Todfeind(in) **5.** *ugs* ***of no mortal use*** absolut zwecklos; ***every mortal thing*** alles Menschenmögliche **II** *s* **6.** Sterbliche *m, f*: ***an ordinary mortal*** ein gewöhnlicher Sterblicher

mor·tal·i·ty [mɔːˈtælətɪ] *s* **1.** Sterblichkeit *f* **2.** *auch* ***mortality rate*** Sterblichkeit(sziffer) *f*

mor·tar[1] [ˈmɔːtə] *s* **1.** Mörser *m* **2.** MIL Granatwerfer *m*

mor·tar[2] [ˈmɔːtə] *s* Mörtel *m*

mort·gage [ˈmɔːgɪdʒ] **I** *s* Hypothek *f*: ***take out a mortgage*** eine Hypothek aufnehmen (**on** auf *Akk*) **II** *v/t* mit einer Hypothek belasten, eine Hypothek aufnehmen auf (*Akk*)

mor·ti·cian [mɔːˈtɪʃən] *s Am* Leichenbestatter(in)

mor·ti·fi·ca·tion [ˌmɔːtɪfɪˈkeɪʃn] *s* **1.** Demütigung *f*, Kränkung *f* **2.** Ärger *m*, Verdruss *m*: ***to one's mortification*** zu seinem Verdruss **3.** Kasteiung *f* **4.** Abtötung *f* **5.** MED Absterben *n*

mor·ti·fy [ˈmɔːtɪfaɪ] **I** *v/t* **1.** demütigen, kränken **2.** ärgern, verdrießen **3.** *Fleisch etc* kasteien **4.** *Leidenschaften* abtöten **II** *v/i* **5.** MED absterben (*Gewebe*)

mor·tu·ar·y [ˈmɔːtʃʊərɪ] **I** *s* Leichenhalle *f* **II** *Adj* Begräbnis…, Leichen…

mo·sa·ic [məʊˈzeɪɪk] *s* Mosaik *n*

Mos·cow [ˈmɒskəʊ] *Eigenn* Moskau *n*

Mo·selle [məʊˈzel] *Eigenn die* Mosel

Mos·lem [ˈmɒzləm] → ***Muslim***

mosque [mɒsk] *s* Moschee *f*

▶ **mos·qui·to** [məˈskiːtəʊ] *Pl* **mos·qui·tos, mos·qui·toes** *s* ZOOL Moskito *m*; *allg* Stechmücke *f*

mos·qui·to net *s* Moskitonetz *n*

moss [mɒs] *s* Moos *n*

ˈ**moss·y** *Adj* moosig, bemoost

▶ **most** [məʊst] **I** *Adj* **1.** meist, größt: ***for the most part*** größten-, meistenteils **2.** (*vor einem s im Pl, meist ohne Artikel*) die meisten: ***most people*** die meisten Leute **II** *s* **3.** *das* meiste, *das* Höchste: ***at (the) most*** höchstens, bestenfalls; ***make the most of*** *etw* nach Kräften ausnützen, das Beste herausholen aus **4.** das meiste, der größte Teil: ***he spent most of his time there*** er verbrachte die meiste Zeit dort **5.** die meisten *Pl*: ***better than most*** besser als die meisten; ***most of my friends*** die meisten meiner Freunde **III** *Adv* **6.** am meisten: ***most of all*** am allermeisten **7.** *zur Bildung des Sup*: ***the most important point*** der wichtigste Punkt **8.** (*vor Adj*) höchst, äußerst: ***most agreeable*** äußerst angenehm; ***he is most likely to come*** er kommt höchstwahrscheinlich

most ohne Artikel GR

Im Gegensatz zum Deutschen **meist** wird **most** ohne Artikel benutzt:

Most cars have ABS today.	Heutzutage haben die meisten Autos ABS.

most und mostly GR

⚠ Achten Sie auf den Bedeutungsunterschied:

most (Adjektiv + Adverb)	meist; am meisten
mostly (Adverb)	größtenteils; meistens

▶ **most·ly** [ˈməʊstlɪ] *Adv* **1.** größtenteils **2.** meist(ens)

MOT [ˌeməʊˈtiː] *s Br* **a)** *auch* ***MOT test*** (*etwa*) TÜV-Prüfung *f*: ***my car has failed*** (*oder* ***hasn't got through***) ***its*** (*oder* ***the***) ***MOT*** mein Wagen ist nicht durch den TÜV gekommen, **b)** *auch* ***MOT certificate*** (*etwa*) TÜV-Bescheinigung *f*

mo·tel [məʊˈtel] *s* Motel *n*

moth [mɒθ] *s* ZOOL **1.** Nachtfalter *m* **2.** Motte *f*

ˈ**moth·ball** *s* Mottenkugel *f*: ***put in mothballs*** einmotten (*auch fig*)

ˈ**moth-ˌeat·en** *Adj* **1.** mottenzerfressen **2.** *fig* veraltet

▶ **moth·er** [ˈmʌðə] **I** *s* Mutter *f* (*auch fig*): ***Mother's Day*** Muttertag *m*; ***mother's milk*** Muttermilch *f*; ***a mother of four*** eine Mutter von vier Kindern **II** *Adj* Mutter…: ***mother ship*** **III** *v/t* bemuttern

moth·er·hood [ˈmʌðəhʊd] *s* Mutterschaft *f*

▶ **moth·er-in-law** [ˈmʌðərɪnlɔː] *Pl* ˈ**moth·ers-in-law** *s* Schwiegermutter *f*

moth·er·less [ˈmʌðəlɪs] *Adj* mutterlos

ˈ**moth·er·ly** *Adj* mütterlich

M

ˌmoth·er-of-ˈpearl *s* Perlmutter *f, n*, Perlmutt *n*

ˌmoth·er-to-ˈbe *Pl* **ˌmoth·ers--to-ˈbe** *s* werdende Mutter

moth·er tongue *s* Muttersprache *f*

mo·tif [məʊˈtiːf] *s* KUNST Motiv *n*

mo·tion [ˈməʊʃn] **I** *s* **1.** Bewegung *f* (*auch* PHYS *etc*): ***be in motion*** in Gang sein (*auch fig*), in Bewegung sein; ***put*** (*oder* ***set***) ***in motion*** in Gang bringen (*auch fig*), in Bewegung setzen; ***go through the motions of doing s.th.*** *fig* etw mechanisch *oder* pro forma tun **2.** Bewegung *f*, Geste *f*, Wink *m*: ***motion of the head*** Kopfbewegung; ***make a motion with one's hand*** eine Handbewegung machen **3.** PARL *etc* Antrag *m*: ***on the motion of*** auf Antrag von (*oder Gen*) **II** *v/i* **4.** winken (***with*** mit; ***to, at*** *Dat*) **III** *v/t* **5.** *j-n* durch einen Wink auffordern, *j-m* ein Zeichen geben (***to do*** zu tun): ***motion s.o. into the room*** j-n ins Zimmer winken

ˈmo·tion·less *Adj* bewegungs-, regungslos

mo·tion pic·ture *s Am* Film *m*

mo·tion sick·ness *s* MED Bewegungs-, See-, Luftkrankheit *f*

mo·ti·vate [ˈməʊtɪveɪt] *v/t* motivieren, anspornen

ˌmo·tiˈva·tion *s* Motivation *f*, Ansporn *m*, Antrieb *m*

mo·tive [ˈməʊtɪv] **I** *s* Motiv *n*, Beweggrund *m* (***for*** zu) **II** *Adj* treibend (*auch fig*): ***motive power*** Antriebskraft *f*, *bes fig* Triebkraft *f*

mot·ley [ˈmɒtlɪ] *Adj* (kunter)bunt (*auch fig*)

▸**mo·tor** [ˈməʊtə] **I** *s* **1.** TECH Motor *m*, *fig auch* treibende Kraft **II** *Adj* **2.** Motor… **3.** PHYSIOL motorisch, Bewegungs…: ***motor nerve***

ˈmo·tor·bike *s ugs* Motorrad *n*, *schweiz.* Töff *n*

ˈmo·tor·boat *s* Motorboot *n*

ˈmo·tor·car *s* Kraftfahrzeug *n*

mo·tor car·a·van *s Br* Wohnmobil *n*

▸**mo·tor·cy·cle** [ˈməʊtəˌsaɪkl] *s* Motorrad *n*, *schweiz.* Töff *n*

ˈmo·torˌcy·clist *s* Motorradfahrer(in)

mo·tor in·dus·try *s* Autoindustrie *f*

mo·tor·ing [ˈməʊtərɪŋ] **I** *s* Autofahren *n*: ***school of motoring*** Fahrschule *f* **II** *Adj* Verkehrs…, Auto…

ˈmo·tor·ist *s* Autofahrer(in)

mo·tor·i·za·tion [ˌməʊtəraɪˈzeɪʃn] *s* Motorisierung *f*

ˈmo·tor·ize *v/t* motorisieren

mo·tor scoot·er *s* Motorroller *m*

▸**mo·tor·way** [ˈməʊtəweɪ] *s Br* Autobahn *f*: ***motorway junction*** Autobahndreieck *n*

mot·tled [ˈmɒtld] *Adj* gesprenkelt

mot·to [ˈmɒtəʊ] *Pl* **mot·tos, mot·toes** *s* Motto *n*

Pluralbildung mit -os oder -oes

GR

Einige Wörter, die auf **-o** enden, bilden ihren Plural wahlweise mit **-os** oder **-oes**:

buffalo	**buffalos / buffaloes**
halo	**halos / haloes**
mango	**mangos / mangoes**
mosquito	**mosquitos / mosquitoes**
motto	**mottos / mottoes**
tornado	**tornados / tornadoes**
volcano	**volcanos / volcanoes**
zero	**zeros / zeroes**

mould¹ [məʊld] *bes Br* **I** *s* **1.** TECH (Gieß-, Guss-, Press)Form *f*: ***be cast*** (*oder* ***made***) ***in the same*** (***a different***) ***mould*** *fig* aus demselben (einem anderen) Holz geschnitzt sein **II** *v/t* **2.** TECH gießen **3.** formen (*auch fig Charakter etc*), bilden (***out of*** aus), gestalten (***on*** nach dem Muster *Gen*); formen (***into*** zu)

mould² [məʊld] *s bes Br* Schimmel *m*

mould·er [ˈməʊldə] *v/i auch* ***moulder away*** *bes Br* vermodern; zerfallen

mould·y [ˈməʊldɪ] *Adj bes Br* **1. a)** verschimmelt, schimm(e)lig: ***go mouldy*** (ver)schimmeln, **b)** mod(e)rig: ***mouldy smell*** Modergeruch *m* **2.** *sl* schäbig (*Person, Summe etc*)

mound [maʊnd] *s* Erdwall *m*, -hügel *m*: ***mound of work*** *fig* Berg *m* Arbeit

mount¹ [maʊnt] **I** *v/t* **1.** *Pferd etc, fig Thron* besteigen; *Treppen* hinaufgehen **2.** *Kind etc* setzen (***on*** auf *ein Pferd etc*) **3.** errichten, *auch Maschine* aufstellen **4.** anbringen, befestigen; *Bild etc* aufkleben; *Edelstein* fassen **II** *v/i* **5.** aufsitzen (*Reiter*) **6.** steigen, *fig auch* (an-)wachsen **7.** *oft* ***mount up*** *fig* sich belaufen (***to*** auf *Akk*) **III** *s* **8.** Gestell *n*; Fassung *f* **9.** Reittier *n*

Mount² [maʊnt] *s in Eigennamen*: **a)** Berg *m*: ***Mount Sinai***, **b)** Mount *m*: ***Mount Everest***

▸**moun·tain** [ˈmaʊntɪn] **I** *s* Berg *m* (*auch fig*), *Pl auch* Gebirge *n*: ***in the mountains*** im Gebirge; ***make a mountain out of a molehill*** aus einer Mücke einen Elefanten machen **II** *Adj* Berg…, Gebirgs…

moun·tain bike *s* Mountainbike *n*

moun·tain chain *s* Berg-, Gebirgskette *f*

moun·tain climb·er *s* Bergsteiger(in)

moun·tain·eer [ˌmaʊntɪˈnɪə] *s* Bergsteiger(in)

ˌmoun·tainˈeer·ing *s* Bergsteigen *n*

ˈmoun·tain·ous *Adj* **1.** bergig, gebirgig **2.** *fig* riesig, (*Wellen auch*) haushoch

moun·tain range *s* Gebirgszug *m*

mount·ed [ˈmaʊntɪd] *Adj* beritten

mourn [mɔːn] **I** *v/i* **1.** trauern (***at, over*** über *Akk*; ***for, over*** um) **2.** Trauer(kleidung) tragen **II** *v/t* **3.** betrauern, trauern um

ˈmourn·er *s* Trauernde *m, f*

mourn·ful [ˈmɔːnfʊl] *Adj* traurig

ˈmourn·ing *s* **1.** Trauer *f* **2.** Trauer(kleidung) *f*: ***be in mourning*** Trauerkleidung tragen

▸**mouse** [maʊs] *Pl* **mice** [maɪs] *s* **1.** ZOOL Maus *f* **2.** *Pl a* **ˈmous·es** COMPUTER Maus *f* **3.** *fig* schüchterne *oder* ängstliche Person

mouse but·ton *s* COMPUTER Maustaste *f*

mouse click *s* COMPUTER Mausklick *m*

ˈmouse·hole *s* Mauseloch *n*

mouse key *s* COMPUTER Maustaste *f*

mouse mat, mouse pad *s* COMPUTER Mauspad *n*

mouse point·er *s* COMPUTER Mauszeiger *m*

mouse po·ta·to *s ugs* (abgestumpfter) Computerfreak

ˈmouse·trap *s* Mausefalle *f*

mousse [muːs] *s* **1.** GASTR Creme *f* **2.** *auch* ***styling mousse*** Schaum(festiger) *m*

mous·tache [məˈstɑːʃ] *s* Schnurrbart *m*

mous·y [ˈmaʊsɪ] *Adj* **1.** mausgrau **2.** schüchtern; ängstlich

▸**mouth I** *s* [maʊθ] *Pl* **mouths** [maʊðz] **1.** Mund *m*: ***down in the mouth*** *ugs* deprimiert; ***keep one's mouth shut*** *ugs* den Mund halten; ***take the words out of s.o.'s mouth*** j-m das Wort aus dem Mund nehmen; → ***stop*** 12, ***word*** 1 **2.** ZOOL Maul *n*, Schnauze *f*: → ***horse***

3. Mündung *f* (*eines Flusses etc*); Öffnung *f* (*einer Flasche etc*), Ein-, Ausfahrt *f* (*eines Hafens etc*) **II** *v/t* [maʊð] **4.** *Worte* (*unhörbar*) mit den Lippen formen

mouth·ful ['maʊθfʊl] *s* **1.** *ein* Mundvoll *m*, Bissen *m* **2.** *fig* ellenlanges Wort; Zungenbrecher *m*

mouth or·gan *s* MUS Mundharmonika *f*

'mouth·piece *s* **1.** Mundstück *n* (*eines Blasinstruments, einer Pfeife etc*) **2.** *fig* Sprachrohr *n* (*auch Person*)

ˌmouth-to-'mouth res·pi·ra·tion *s* MED Mund-zu-Mund-Beatmung *f*

'mouthwash *s* MED Mundwasser *n*

'mouthˌwa·ter·ing *Adj* appetitlich, lecker

▶**move** [muːv] **I** *v/t* **1.** (von der Stelle) bewegen, rücken; transportieren; *Körperteil* bewegen, rühren: ***move one's car*** seinen Wagen wegfahren **2. a)** *Wohnsitz etc* verlegen (**to** nach): ***move house*** umziehen, *schweiz.* zügeln, **b)** *Angestellten etc* versetzen (**to** nach) **3.** COMPUTER verschieben **4.** ***move on*** vorwärtstreiben; *j-n* auffordern weiterzugehen **5.** *fig* bewegen, rühren: ***be moved to tears*** zu Tränen gerührt sein **6.** bewegen, veranlassen (**to** zu): ***feel moved to say s.th.*** sich veranlasst fühlen, etw zu sagen **7.** *Schach etc*: ziehen *oder* einen Zug machen mit **8.** PARL *etc* beantragen (*auch* **that** dass) **II** *v/i* **9.** sich bewegen *oder* rühren; *fig* sich ändern (*Ansichten etc*): ***begin to move, move off*** sich in Bewegung setzen; ***move on*** weitergehen **10.** umziehen, *schweiz.* zügeln: ***move to*** *auch* ziehen nach; ***move in*** (***out, away***) ein- (aus-, weg)ziehen **11.** handeln, etw unternehmen **12.** (**in** in *guter Gesellschaft etc*) verkehren (*auch* **with** mit), sich bewegen **13.** *Schach etc*: einen Zug machen, ziehen **III** *s* **14.** Bewegung *f*: ***on the move*** in Bewegung; auf den Beinen; ***get a move on!*** *ugs* Tempo!, mach(t) schon! **15.** Umzug *m*, *schweiz.* Zügelte *f* **16. a)** *Schach etc*: Zug *m*: ***it is your move*** Sie sind am Zug, **b)** *fig* Schritt *m*: ***a clever move*** ein kluger Schachzug; ***make the first move*** den ersten Schritt tun **17.** SPORT Kombination *f*; Spielzug *m*

▶**move·ment** ['muːvmənt] *s* **1.** Bewegung *f* (*auch fig*) **2.** MUS Satz *m*

▶**mov·ie** ['muːvɪ] *bes Am ugs* **I** *s* **1.** Film *m*, *ugs auch* Streifen *m* **2.** Kino *n* **3.** ***go to the movies*** ins Kino gehen **II** *Adj* **4.** Film…, Kino…: ***movie camera*** Filmkamera *f*; ***movie star*** Filmstar *m*

mov·ing ['muːvɪŋ] *Adj* **1.** beweglich, (*Verkehr*) fließend: ***moving staircase*** Rolltreppe *f* **2.** *fig* bewegend, rührend

mow [məʊ] *v/t und v/i* (*auch unreg*) mähen

'mow·er *s* **a)** Mähmaschine *f*, **b)** Rasenmäher *m*

mown *Part Perf von* ***mow***

MP [em'piː] *Abk* **1.** ***Member of Parliament*** *Br* Unterhausabgeordnete *m, f*; **2.** = ***Military Police*** Militärpolizei *f*

mpg *Abk* (= ***miles per gallon***) *Benzinverbrauch in Meilen pro Gallone*

mph *Abk* (= ***miles per hour***) Stundengeschwindigkeit *f* (*in Meilen pro Stunde*)

▶**Mr** ['mɪstə] *Abk* (= ***mister***) Herr *m*

▶**Mrs** ['mɪsɪz] *Abk ursprünglich* ***Mistress*** Fr., Frau *f*

▶**Ms** [mɪz, məz] *Abk* Fr., Frau *f* (*neutrale Anredeform für unverheiratete und verheiratete Frauen*)

▶**much** [mʌtʃ] **I** *Adj* **1.** viel: ***as much again*** noch einmal so viel **II** *Adv* **2.** sehr: ***much to my regret*** sehr zu meinem Bedauern; ***much to my surprise*** zu meiner großen Überraschung; ***I thought as much*** das habe ich mir gedacht **3.** (*in Zssgn*) viel…: ***much-admired*** viel bewundert **4.** (*vor Komp*) viel: ***much better*** **5.** fast, mehr od weniger: ***much the same*** **III** *s* **6.** große Sache: ***nothing much*** nichts Besonderes; ***think much of*** viel halten von; ***he is not much of a dancer*** er ist kein großer Tänzer; → ***make*** 11

much GR

Das Adjektiv **much** steht bei nicht-zählbaren Mengen in Fragen und verneinten Sätzen. In positiven Sätzen steht dafür meist **a lot of.** (vgl. **many, a lot of**)

He is still young and hasn't got much experience.	Er ist noch jung und hat nicht viel Erfahrung.
For this job you need a lot of experience.	Für diese Stelle braucht man viel Erfahrung.

muck [mʌk] **I** *s* **1.** Mist *m*, Dung *m* **2.** Kot *m*, Dreck *m*, Schmutz *m* **3.** ***make a muck of*** *siehe* 6b **II** *v/t* **4.** düngen **5.** *auch* ***muck out*** ausmisten **6.** *oft* ***muck up*** **a)** schmutzig machen, **b)** *bes Br ugs* verpfuschen, -masseln **III** *v/i* **7.** *meist* ***muck about*** (*oder* ***around***) *bes Br ugs* **a)** herumgammeln, **b)** herumpfuschen (**with** an *Dat*), **c)** herumalbern

'muck·rake *v/i* Skandale aufdecken; im Schmutz wühlen

muck·y ['mʌkɪ] *Adj* schmutzig

mu·cous ['mjuːkəs] *Adj* schleimig: ***mucous membrane*** ANAT Schleimhaut *f*

mu·cus ['mjuːkəs] *s* Schleim *m*

▶**mud** [mʌd] *s* **1.** Schlamm *m*, Matsch *m* **2.** Schmutz *m* (*auch fig*): ***drag through the mud*** *fig* in den Schmutz ziehen *oder* zerren; ***sling*** (*oder* ***throw***) ***mud at s.o.*** *fig* j-n mit Schmutz bewerfen

mud·dle ['mʌdl] **I** *s* Durcheinander *n*, Unordnung *f*; Verwirrung *f*: ***be in a muddle*** durcheinander sein (*Dinge*), (*Person auch*) konfus sein; ***get in(to) a muddle*** durcheinandergeraten (*Dinge*); konfus werden (*Person*); ***make a muddle of*** *siehe* IIa **II** *v/t* durcheinanderbringen: **a)** in Unordnung bringen, **b)** konfus machen, **c)** verwechseln (**with** mit) **III** *v/i*: ***muddle through*** sich durchwursteln

mud·dy ['mʌdɪ] *Adj* **1.** schlammig, trüb **2.** schmutzig **3.** *fig* wirr; unklar

'mud·guard *s* MOT Kotflügel *m*; Schutzblech *n* (*eines Fahrrads*)

mud pack *s* MED Fango-, Schlammpackung *f*

'mudˌsling·ing *s* Verleumdung *f*

muf·fin ['mʌfɪn] *s* Muffin *n*: **a)** *Br* Hefeteigsemmel *f*, **b)** *Am kleine süße Semmel*

muf·fle ['mʌfl] *v/t* **1.** *oft* ***muffle up*** einhüllen, -wickeln **2.** *Ton etc* dämpfen: ***muffled voices*** *Pl* gedämpfte Stimmen *Pl*

'muf·fler *s* **1.** dicker Schal **2.** MOT *Am* Auspufftopf *m*

muf·ti ['mʌftɪ] *s*: ***in mufti*** in Zivil

mug [mʌg] **I** *s* **1.** Krug *m*; Becher *m*; große Tasse **2.** *sl* Visage *f* (*Gesicht*); Fresse *f* (*Mund*) **II**

v/t ugs **3.** (*bes auf der Straße*) überfallen und ausrauben **4.** *auch* ***mug up*** *Br etw* büffeln **III** *v/i* **5.** *Br ugs* büffeln
'mug·ger *s ugs* (*bes* Straßen)Räuber(in)
'mug·ging *s ugs* Raubüberfall *m*, *bes* Straßenraub *m*
mug·gy ['mʌgɪ] *Adj* schwül
mule [mjuːl] *s* **1.** ZOOL Maultier *n*; Maulesel *m*: (***as***) ***stubborn*** (*oder* ***obstinate***) ***as a mule*** (so) störrisch wie ein Maulesel **2.** *sl* Drogenkurier *m*
mul·ish ['mjuːlɪʃ] *Adj* störrisch, stur
mull [mʌl] *v/i und v/t*: ***mull over*** *s.th.*, ***mull*** *s.th.* ***over*** nachdenken über (*Akk*)
mulled [mʌld] *Adj*: ***mulled wine*** Glühwein *m*
mul·ti... ['mʌltɪ] *in Zssgn* viel..., mehr..., Mehrfach..., Multi...
ˌmul·ti'cul·tur·al *Adj* multikulturell
mul·ti·far·i·ous [ˌmʌltɪ'feərɪəs] *Adj* mannigfaltig, vielfältig
ˌmul·ti'func·tion·al *Adj* multifunktional: ***multifunctional keyboard*** Multifunktionstastatur *f*
ˌmul·ti'lat·er·al *Adj* **1.** vielseitig **2.** POL multilateral, mehrseitig
ˌmul·ti'lin·gual *Adj* mehrsprachig
ˌmul·ti'me·di·a *Adj* Multimedia...: ***multimedia group*** Medienkonzern *m*
ˌmul·timil·lion'aire *s* Multimillionär(in)
ˌmul·ti'na·tion·al WIRTSCH **I** *Adj* multinational (*Konzern*) **II** *s ugs* Multi *m*
mul·ti·ple ['mʌltɪpl] **I** *Adj* **1.** viel-, mehrfach: ***multiple sclerosis*** MED multiple Sklerose **2.** mannigfaltig, vielfältig **3.** ELEK, TECH Mehr(fach)..., Vielfach... **II** *s* **4.** *das* Vielfache (*auch* MATHE)
mul·ti·plex ['mʌltɪpleks] *s auch* ***multiplex cinema*** Multiplex(kino) *n*
mul·ti·pli·ca·tion [ˌmʌltɪplɪ'keɪʃn] *s* **1.** Vermehrung *f* (*auch* BIOL) **2.** MATHE Multiplikation *f*: ***multiplication sign*** Mal-, Multiplikationszeichen *n*; ***multiplication table*** Einmaleins *n*
mul·ti·plic·i·ty [ˌmʌltɪ'plɪsətɪ] *s* **1.** Vielfalt *f* **2.** Vielzahl *f*
mul·ti·pli·er ['mʌltɪplaɪə] *s* MATHE Multiplikator *m*
▶**mul·ti·ply** ['mʌltɪplaɪ] **I** *v/t* **1.** vermehren, -vielfachen **2.** MATHE multiplizieren, malnehmen (***by*** mit): ***6 multiplied by 5 is 30*** 6 mal 5 ist 30 **II** *v/i* **3.** sich vermehren (*auch* BIOL), sich vervielfachen
ˌmul·ti'pur·pose *Adj* Mehrzweck...
ˌmul·ti'sto·ry, **ˌmul·ti'sto·rey** *Adj* vielstöckig: ***multistor(e)y car park*** Park(hoch)haus *n*
ˌmul·ti-'task·ing *s* COMPUTER Multitasking *n*
mul·ti·tude ['mʌltɪtjuːd] *s* **1.** große Zahl, Vielzahl *f*: ***for a multitude of reasons*** aus vielerlei Gründen **2.** ***the multitude***(***s*** *Pl*) die Masse
ˌmul·ti'vi·ta·min **I** *s* Multivitaminpräparat *n* **II** *Adj* Multivitamin...
mum[1] [mʌm] **I** *Interj*: ***mum's the word*** Mund halten!, kein Wort darüber! **II** *Adj*: ***keep mum*** nichts verraten (***about*** von)
mum[2] [mʌm] *s bes Br ugs* Mami *f*, Mutti *f*
mum·ble ['mʌmbl] *v/t und v/i* (vor sich hin) murmeln
mum·bo jum·bo [ˌmʌmbəʊ'dʒʌmbəʊ] *s* **1.** Hokuspokus *m*, fauler Zauber **2.** Kauderwelsch *n*
mum·mi·fi·ca·tion [ˌmʌmɪfɪ'keɪʃn] *s* Mumifizierung *f*
mum·mi·fy ['mʌmɪfaɪ] **I** *v/t* mumifizieren **II** *v/i* vertrocknen
mum·my[1] ['mʌmɪ] *s* Mumie *f*
mum·my[2] ['mʌmɪ] → ***mum***[2]
mumps [mʌmps] *s Sg* MED Mumps *m*, Ziegenpeter *m*
munch [mʌntʃ] *v/t und v/i* mampfen: ***munch away at*** *etw* mampfen
mun·dane [ˌmʌn'deɪn] *Adj* **1.** weltlich **2.** alltäglich, profan; prosaisch, sachlich-nüchtern
Mu·nich ['mjuːnɪk] *Eigenn* München *n*
mu·nic·i·pal [mjuː'nɪsɪpl] *Adj* städtisch, Stadt..., kommunal, Gemeinde...: ***municipal council*** Stadt-, Gemeinderat *m*; ***municipal elections*** *Pl* Kommunalwahlen *Pl*
muˌnic·i'pal·i·ty [mjuːˌnɪsɪ'pælətɪ] *s* **1.** Gemeinde *f* **2.** Kommunalbehörde *f*, -verwaltung *f*
mu·ral ['mjʊərəl] **I** *Adj* Mauer..., Wand...: ***mural painting*** *siehe* II **II** *s* Wandgemälde *n*
▶**mur·der** ['mɜːdə] **I** *s* **1.** (***of***) Mord *m* (an *Dat*), Ermordung *f* (*Gen*): ***cry*** (*oder* ***scream***) ***blue murder*** *ugs* zetermordio schreien; ***get away with murder*** *ugs* sich alles erlauben können **II** *Adj* **2.** Mord...: ***murder trial*** Mordprozess *m*; ***murder victim*** Mordopfer *n*; ***murder weapon*** Mordwaffe *f* **III** *v/t* **3.** ermorden **4.** *fig* verschandeln, verhunzen
'mur·der·er *s* Mörder *m*
'murder·ess *s* Mörderin *f*
'mur·der·ous *Adj* mörderisch (*auch fig*)
murk·y ['mɜːkɪ] *Adj* dunkel, finster
mur·mur ['mɜːmə] **I** *s* **1.** Murmeln *n* **2.** Murren *n*: ***without a murmur*** ohne zu murren **II** *v/i* **3.** murmeln **4.** murren (***at, against*** gegen) **III** *v/t* **5.** *etw* murmeln
▶**mus·cle** ['mʌsl] **I** *s* ANAT Muskel *m* **II** *v/i*: ***muscle in on*** *fig ugs* sich eindrängen in (*Akk*)
'mus·cle·man *s* (*unreg* ***man***) Muskelmann *m*, -paket *n*
mus·cu·lar ['mʌskjʊlə] *Adj* **1.** Muskel...: ***muscular dystrophy*** MED Muskelschwund *m*, Muskeldystrophie *f* **2.** muskulös
muse [mjuːz] *v/i* (nach)sinnen, (-)grübeln (***on, over*** über *Akk*)
▶**mu·se·um** [mjuː'zɪəm] *s* Museum *n*
mush [mʌʃ] *s* **1.** Brei *m*, Mus *n* **2.** *Am* Maisbrei *m*
▶**mush·room** ['mʌʃrʊm] **I** *s* **1.** BOT (essbarer) Pilz, *österr.* Schwammerl *n*, *eng. S.* Champignon *m* **II** *Adj* **2.** Pilz...; pilzförmig: ***mushroom cloud*** Atompilz *m* **III** *v/i* **3.** Pilze sammeln **4.** *oft* ***mushroom up*** *fig* wie Pilze aus dem Boden schießen
mush·y ['mʌʃɪ] *Adj* **1.** breiig, weich **2.** *ugs* rührselig
▶**mu·sic** ['mjuːzɪk] *s* **1.** Musik *f*: ***that's music to my ears*** das ist Musik in meinen Ohren; ***face the music*** *ugs* dafür geradestehen; ***put*** (*oder* ***set***) ***to music*** vertonen **2.** Noten *Pl*
▶**mu·sic·al** ['mjuːzɪkl] **I** *Adj* **1.** Musik... **2.** musikalisch **II** *s* **3.** Musical *n*
mu·sic book *s* Notenheft *n*, -buch *n*
mu·sic cen·tre (*Am* **mu·sic cen·ter**) *s* Kompaktanlage *f*
mu·sic hall *s bes Br* Varieté(theater) *n*
▶**mu·si·cian** [mjuː'zɪʃn] *s* Musiker(in)
mu·sic stand *s* Notenständer *m*
mu·sic stool *s* Klavierstuhl *m*
musk [mʌsk] *s Kosmetik*: Moschus *m*
Mus·lim ['mʊzlɪm] **I** Muslim(in) **II** *Adj* muslimisch
muss [mʌs] *Am ugs* **I** *s* Durcheinander *n*, Verhau *m* **II** *v/t oft* ***muss up*** durcheinanderbringen, *Haar* zerwühlen
mus·sel ['mʌsl] *s* (Mies)Muschel *f*

M

▶**must**[1] [mʌst] **I** *v/hilf ich* muss, *du* musst *etc*: ***you must not smoke here*** du darfst hier nicht rauchen **II** *s* Muss *n*: ***this book is a(n absolute) must*** dieses Buch muss man (unbedingt) gelesen haben

must in der indirekten Rede GR

Steht der einleitende Satz in der Vergangenheit, wird **must** in der indirekten Rede zu **had to**:

"I must tell you what happened on Friday," she said.
She said she had to tell me what (had) happened on Friday.

Nur wenn die Notwendigkeit in der Zukunft liegt, bleibt **must** erhalten oder wird zu **would have to**:

"We must buy some new furniture," said Douglas.
Douglas said they must / would have to buy some new furniture.

must[2] [mʌst] *s* Most *m*
mus·tache *Am* → ***moustache***
mus·tard ['mʌstəd] *s* Senf *m*
mus·ter ['mʌstə] **I** *v/t* **1.** MIL (zum Appell) antreten lassen; *allg* zs.-rufen, versammeln **2.** *j-n, etw* auftreiben **3.** *auch **muster up** fig seine Kraft etc* aufbieten: → ***courage*** **II** *v/i* **4.** MIL (zum Appell) antreten; *allg* sich versammeln **III** *s* **5.** MIL (Antreten *n* zum) Appell: ***pass muster** fig* durchgehen (**with** bei); ganz passabel sein, den Anforderungen genügen
mustn't ['mʌsnt] *ugs für **must not***
mus·ty ['mʌstɪ] *Adj* **1.** muffig **2.** mod(e)rig
mu·ta·tion [mjuː'teɪʃn] *s* **1.** (Ver)Änderung *f* **2.** Umwandlung *f* **3.** BIOL Mutation *f*
mute [mjuːt] **I** *Adj* **1.** stumm (*auch* LING), *weit. S. auch* sprachlos **II** *s* **2.** Stumme *m, f* **3.** MUS Dämpfer *m* **II** *v/t* **4.** MUS dämpfen
mu·ti·late ['mjuːtɪleɪt] *v/t* verstümmeln (*auch fig*)
ˌmu·ti'la·tion *s* Verstümm(e)lung *f*
mu·ti·neer [ˌmjuːtɪ'nɪə] **I** *s* Meuterer *m* **II** *v/i* meutern
'mu·ti·nous *Adj* **1.** meuternd **2.** meuterisch
'mu·ti·ny I *s* Meuterei *f* **II** *v/i* meutern
mut·ter ['mʌtə] **I** *v/i* **1.** murmeln: ***mutter (away) to o.s.*** vor sich hin murmeln **2.** murren (***about*** über *Akk*) **II** *v/t* **3.** murmeln **III** *s* **4.** Murmeln *n* **5.** Murren *n*

mut·ton ['mʌtn] *s* Hammelfleisch *n*: ***(as) dead as mutton** ugs* mausetot
mut·ton chop *s* Hammelkotelett *n*
ˌmut·ton'chops *s Pl* Koteletten *Pl*
mu·tu·al ['mjuːtʃʊəl] *Adj* **1.** gegen-, wechselseitig: ***be mutual*** auf Gegenseitigkeit beruhen; ***by mutual consent*** in gegenseitigem Einvernehmen **2.** gemeinsam
mu·zak® ['mjuːzæk] *s* Musikberieselung *f*
muz·zle ['mʌzl] **I** *s* **1.** ZOOL Maul *n*, Schnauze *f* **2.** Maulkorb *m* (*auch fig*) **3.** Mündung *f* (*einer Feuerwaffe*) **II** *v/t* **4.** einen Maulkorb anlegen (*Dat*), *fig auch* mundtot machen
▶**my** [maɪ] *Possessivpron* mein(e)
my·co·sis [maɪ'kəʊsɪs] *Pl* **my·co·ses** [maɪ'kəʊsiːz] *s* MED Pilzkrankheit *f*
my·o·pi·a [maɪ'əʊpjə] *s* MED Kurzsichtigkeit *f* (*auch fig*)
my·op·ic [maɪ'ɒpɪk] *Adj* (***myopically***) MED kurzsichtig (*auch fig*)
myr·i·ad ['mɪrɪəd] **I** *s* Myriade *f*, *fig auch* Unzahl *f*: ***a myriad*** (*oder **myriads***) ***of*** *siehe* II **II** *Adj*: **(*a*) *myriad*** unzählige, zahllose
myrrh [mɜː] *s* BOT Myrrhe *f*
myr·tle ['mɜːtl] *s* BOT Myrte *f*
▶**my·self** [maɪ'self] *Pron* **1.** *verstärkend*: ich, mich *oder* mir selbst: ***I did it myself*** ich habe es selbst getan **2.** *refl* mich: ***I cut myself*** **3.** mich (selbst): ***I want it for myself***
mys·te·ri·ous [mɪ'stɪərɪəs] *Adj* mysteriös: **a)** geheimnisvoll: ***be very mysterious about*** ein großes Geheimnis machen aus, **b)** rätsel-, schleierhaft, unerklärlich
mys'te·ri·ous·ly *Adv* auf mysteriöse Weise, unter mysteriösen Umständen
▶**mys·ter·y** ['mɪstərɪ] *s* **1.** Geheimnis *n*, Rätsel *n* (**to** für *oder Dat*): ***it is a (complete) mystery to me*** es ist mir (völlig) schleierhaft; ***make a mystery of*** ein Geheimnis machen aus; ***shrouded in mystery*** in geheimnisvolles Dunkel gehüllt **2.** REL Mysterium *n*
mys·tic ['mɪstɪk] **I** *Adj* (***mystically***) mystisch **II** *s* Mystiker(in)
'mys·ti·cal → ***mystic*** I
mys·ti·fy ['mɪstɪfaɪ] *v/t* verwirren, vor ein Rätsel stellen: ***be mystified*** vor einem Rätsel stehen
myth [mɪθ] *s* Mythos *m*, Mythus *m*, *fig auch* Märchen *n*
myth·i·cal ['mɪθɪkl] *Adj* mythisch, sagenhaft, *fig auch* erdichtet
myth·o·log·i·cal [ˌmɪθə'lɒdʒɪkl] *Adj* mythologisch
my·thol·o·gy [mɪ'θɒlədʒɪ] *s* Mythologie *f*

M

must und have to GR

Beachten Sie die Unterschiede zwischen **must** und **have to**: Während **must** eine innere Verpflichtung ausdrückt, die der Sprechende für sich spürt, bedeutet **have to**, dass die Verpflichtung von einer externen Quelle kommt:

I really must call Dave soon.	Ich muss Dave wirklich bald anrufen.
Do you have to take a passport with you when you go to Britain?	Muss man seinen Pass mitnehmen, wenn man nach Großbritannien fährt?

⚠ Die verneinten Formen werden im Deutschen mit einem anderen Hilfsverb übersetzt:

You mustn't park on a double yellow line!	Man darf nicht im Halteverbot parken!
I don't have to have a work permit in the EU.	Ich brauche innerhalb der EU keine Arbeitserlaubnis.

N

N [en] *Pl* **N's** *s* N *n*

n/a *Abk* (= ***not applicable***) nicht zutreffend

nab [næb] *v/t ugs* **1.** schnappen, erwischen **2.** sich *etw* schnappen

na·dir [ˈneɪˌdɪə] *s* **1.** ASTR Nadir *m*, Fußpunkt *m* **2.** *fig* Tief-, Nullpunkt *m*: ***reach its nadir*** den Nullpunkt erreichen

naff [næf] **I** *Adj ugs Stil, Farbe etc*: geschmacklos, schräg **II** *v/i ugs* ***naff off!*** zieh Leine!

> **NAFTA**
>
> Beim **N**orth **A**merican **F**ree **T**rade **A**greement, das 1992 von den USA, Kanada und Mexiko abgeschlossen wurde, handelt es sich um ein Handelsabkommen, das v. a. durch eine schrittweise Abschaffung der Zölle den freien Handel zwischen diesen Ländern ermöglicht und so die Wirtschaft ankurbeln soll.

nag [næg] **I** *v/t* **1.** herumnörgeln an (*Dat*) **2.** ***nag s.o. for s.th.*** j-m wegen etw in den Ohren liegen; ***nag s.o. into doing s.th.*** j-m so lange zusetzen, bis er etw tut; ***nag s.o. to do s.th.*** j-m zusetzen, damit er etw tut **II** *v/i* **3.** nörgeln: ***nag at*** *siehe* 1 **III** *s* **4.** Nörgler(in)

ˈnag·ger *s* Nörgler(in)

ˈnag·ging **I** *s* **1.** Nörgelei *f* **II** *Adj* **2.** nörgelnd **3.** *fig* nagend, bohrend (*Schmerzen etc*)

▶**nail** [neɪl] **I** *s* **1.** (*Finger-, Zehen*)Nagel *m* **2.** TECH Nagel *m*: (***as***) ***hard as nails*** eisern, unerbittlich; → ***hit*** 8 **II** *v/t* **3.** (an)nageln (***on*** auf *Akk*; ***to*** an *Akk*): ***nailed to the spot*** *fig* wie angenagelt; ***nail down*** ver-, zunageln; *fig j-n* festnageln (***to*** auf *Akk*)

ˌnailˈbit·ing **I** *Adj* aufregend **II** *s* Nägelkauen *n*

nail brush *s* Nagelbürste *f*

nail file *s* Nagelfeile *f*

nail pol·ish *s* Nagellack *m*: ***nail polish remover*** Nagellackentferner *m*

nail scis·sors *s Pl, auch* ***pair of nail scissors*** Nagelschere *f*

nail var·nish *s bes Br* Nagellack *m*: ***nail varnish remover*** *s bes Br* Nagellackentferner *m*

na·ive, na·ïve [naɪˈiːv] *Adj* naiv (*auch* KUNST)

naˈive·ty *s* Naivität *f*

na·ked [ˈneɪkɪd] *Adj allg* nackt (*auch fig Wahrheit etc*), (*Wand etc auch*) kahl: ***with the naked eye*** mit bloßem Auge

▶**name** [neɪm] **I** *v/t* **1.** (be)nennen (***after***, *Am auch* ***for*** nach): ***named*** genannt, namens **2.** beim Namen nennen **3.** nennen, erwähnen **4.** ernennen zu; nominieren, vorschlagen (***for*** für); wählen zu; benennen, bekannt geben **5.** *Datum etc* festsetzen, bestimmen **II** *s* **6.** Name *m*: ***what is your name?*** wie heißen Sie?; ***by name*** mit Namen, namentlich; dem Namen nach; ***in the name of*** im Namen *des Gesetzes etc*; auf *j-s* Namen *bestellen etc*; ***put one's name down for*** kandidieren für; sich anmelden für; sich vormerken lassen für **7.** Name *m*, Bezeichnung *f* **8.** Schimpfname *m*: ***call s.o. names*** j-n beschimpfen *oder* verspotten **9.** Name *m*, Ruf *m*: ***get a bad name*** in Verruf kommen; ***have a bad name*** in schlechtem Ruf stehen **10.** (berühmter) Name, (guter) Ruf: ***have a name for being …*** im Rufe stehen, … zu sein; ***make a name for o.s.*** sich einen Namen machen (***as*** als)

name day *s* Namenstag *m*

ˈname-ˌdrop·per *s ugs jemand, der dadurch Eindruck schindet, dass er ständig prominente Bekannte erwähnt*

name·less [ˈneɪmlɪs] *Adj* **1.** namenlos, unbekannt **2.** ungenannt, unerwähnt **3.** *fig* unbeschreiblich

name·ly [ˈneɪmlɪ] *Adv* nämlich

name plate *s* Namensschild *n*

ˈname·sake *s* Namensvetter *m*, -schwester *f*

name tag *s* (*am Revers etc getragenes*) Namensschild

nan·ny [ˈnænɪ] *s bes Br* **1.** Kindermädchen *n* **2.** Oma *f*, Omi *f*

nan·ny goat *s* Geiß *f*, Ziege *f*

nan·ny state *s* Versorgerstaat *m*

nap [næp] **I** *v/i* ein Schläfchen *oder* Nickerchen machen: ***catch s.o. napping*** j-n überrumpeln *oder* -raschen **II** *s* Schläfchen *n*, Nickerchen *n*: ***have*** (*oder* ***take***) ***a nap*** *siehe* I

na·palm [ˈneɪpɑːm] *s* Napalm *n*: ***napalm bomb*** MIL Napalmbombe *f*

nape [neɪp] *s meist* ***nape of the neck*** Genick *n*

nap·kin [ˈnæpkɪn] *s* **1.** Serviette *f*: ***napkin ring*** Serviettenring *m* **2.** *bes Br* Windel *f*

Na·ples [ˈneɪplz] *Eigenn* Neapel *n*

nap·py [ˈnæpɪ] *s bes Br ugs* Windel *f*

nar·cis·si [nɑːˈsɪsaɪ] *Pl von* ***narcissus***

nar·cis·sism [ˈnɑːsɪsɪzəm] *s* PSYCH Narzissmus *m*

ˈnar·cis·sist *s* Narzisst(in)

ˌnar·cisˈsis·tic *Adj* (***narcissistically***) narzisstisch

nar·cis·sus [nɑːˈsɪsəs] *Pl* **nar·ˈcis·sus·es, nar·ˈcis·si** [nɑːˈsɪsaɪ] *s* BOT Narzisse *f*

nar·co·sis [nɑːˈkəʊsɪs] *Pl* **nar·co·ses** [nɑːˈkəʊsiːz] *s* MED Narkose *f*

nar·cot·ic [nɑːˈkɒtɪk] **I** *Adj* (***narcotically***) **1.** narkotisch, betäubend, einschläfernd (*auch fig*) **2.** Rauschgift…: ***narcotic addiction*** Rauschgiftsucht *f* **II** *s* **3.** Betäubungsmittel *n* **4.** *oft Pl* Rauschgift *n*

nark [nɑːk] *Br sl* **I** *s* (Polizei)Spitzel *m* **II** *v/t* ärgern

nar·rate [nəˈreɪt] *v/t* **1.** erzählen **2.** berichten, schildern

narˈra·tion *s* Erzählung *f*

nar·ra·tive [ˈnærətɪv] **I** *s* **1.** Erzählung *f* **2.** Bericht *m*, Schilderung *f* **II** *Adj* **3.** erzählend: ***narrative perspective*** Erzählperspektive *f* **4.** Erzählungs…

narˈrator *s* Erzähler(in) *m* (*f*)

▶**nar·row** [ˈnærəʊ] **I** *Adj* (*auch* → ***narrowly***) **1.** eng, schmal **2.** eng (*auch fig*), (*räumlich*) beschränkt: ***in the narrowest sense*** im engsten

Sinne **3.** zs.-gekniffen (*Augen*) **4.** *fig* eingeschränkt, beschränkt **5.** *fig* knapp, dürftig (*Einkommen etc*) **6.** *fig* knapp (*Mehrheit, Sieg etc*): ***by a narrow margin*** knapp, mit knappem Vorsprung; ***win by a narrow majority*** knapp gewinnen; → ***escape*** 8, ***squeak*** 6 **7.** *fig* gründlich, eingehend (*Untersuchung etc*) **II** *v/i* **8.** enger *oder* schmäler werden, sich verengen ([***in-***] ***to*** zu) **9.** *fig* knapp(er) werden, zs.-schrumpfen (***to*** auf *Akk*) **10.** *fig* sich annähern (*Standpunkte etc*) **III** *v/t* **11.** enger *oder* schmäler machen, verenge(r)n **12.** *auch* ***narrow down*** *fig* be-, einschränken (***to*** auf *Akk*); eingrenzen

ˈnar·row·ly *Adv* mit knapper Not: ***he narrowly escaped death*** er ist gerade noch mit dem Leben davongekommen; ***he narrowly escaped drowning*** er wäre beinahe *oder* um ein Haar ertrunken

na·sal [ˈneɪzl] **I** *Adj* **1.** ANAT Nasen…: ***nasal passages*** Nasenwege *Pl* **2. a)** näselnd (*Stimme*): → ***twang***, **b)** LING nasal, Nasal… **II** *s* **3.** LING Nasal(laut) *m*

na·sal spray *s* Nasenspray *m, n*

nas·ty [ˈnɑːstɪ] **I** *Adj* **1.** ekelhaft, eklig, widerlich (*Geschmack etc*); abscheulich (*Verbrechen, Wetter etc*) **2.** schmutzig, zotig (*Buch etc*) **3.** bös, schlimm (*Unfall etc*) **4. a)** hässlich (*Charakter, Benehmen etc*), **b)** gemein, fies (*Person, Trick etc*), **c)** übel gelaunt: ***turn nasty*** unangenehm werden **II** *s* **5.** *Br ugs pornografische oder Gewalt verherrlichende Videokassette*

▸**na·tion** [ˈneɪʃn] *s* Nation *f*: **a)** Volk *n*, **b)** Staat *m*

▸**na·tion·al** [ˈnæʃənl] **I** *Adj* **1.** national, National…, Landes…, Volks…: ***national anthem*** Nationalhymne *f*; ***national championship*** (*Sport*) Landesmeisterschaft *f*; ***national currency*** WIRTSCH Landeswährung *f*; ***national dish*** Nationalgericht *n*; ***National Guard*** *Am* Nationalgarde *f*; ***national language*** Landessprache *f*; ***national park*** Nationalpark *m*; ***national service*** Wehrdienst *m*; ***national team*** (*Sport*) Nationalmannschaft *f* **2.** staatlich, öffentlich, Staats…: ***National Health Service*** *Br* staatlicher Gesundheitsdienst; ***national insurance*** Sozialversicherung *f* **3.** landesweit (*Streik etc*), überregional (*Sender, Zeitung etc*); inländisch: ***national call*** TEL Inlandsgespräch *n* **II** *s* **4.** Staatsangehörige *m, f*

> **National Health Service**
>
> Der 1946 errichtete **National Health Service** ist Teil des britischen **social welfare system**, eine staatliche Krankenversicherung, in die alle Erwerbstätigen einzahlen müssen. Der Großteil medizinischer Behandlungen ist für alle Bürger quasi kostenfrei. Aktuelle Probleme stellen die Kostenexplosion im Gesundheitswesen, begrenzte Kapazitäten und oft lange Wartezeiten dar. Private Versicherungen erhalten deshalb verstärkt Zulauf.

na·tion·al·ism [ˈnæʃnəlɪzəm] *s* Nationalismus *m*

ˈna·tion·al·ist I *s* Nationalist(in) **II** *Adj* nationalistisch

ˌna·tion·alˈis·tic *Adj* (***nationalistically***) nationalistisch

▸**na·tion·al·i·ty** [ˌnæʃəˈnælətɪ] *s* Nationalität *f*, Staatsangehörigkeit *f*: ***have French nationality*** die französische Staatsangehörigkeit besitzen *oder* haben

> **Nationalitätenbezeichnungen**
>
> Nationalitätenbezeichnungen auf **-ese** und **-ss** haben im Singular und im Plural dieselbe Form:
>
> | | |
> |---|---|
> | **Chinese** | **Chinese** |
> | **Japanese** | **Japanese** |
> | **Lebanese** | **Lebanese** |
> | **Nepalese** | **Nepalese** |
> | **Portuguese** | **Portuguese** |
> | **Swiss** | **Swiss** |

ˈna·tion·al·ize *v/t* WIRTSCH verstaatlichen

ˈna·tion-wide *Adj und Adv* landesweit

▸**na·tive** [ˈneɪtɪv] **I** *Adj* **1.** eingeboren, Eingeborenen…: ▸ ***Native American*** Indianer(in) **2.** einheimisch, inländisch, Landes…: ***go native*** sich den Einheimischen anpassen **3.** heimatlich, Heimat…: ***native country*** (*oder* ***land***) Heimat *f*, Vaterland *n*; ***native language*** Muttersprache *f*; ***native speaker*** Muttersprachler(in); ***native speaker of English*** englischer Muttersprachler; ***native town*** Heimat-, Vaterstadt *f* **II** *s* **4.** Eingeborene *m, f* **5.** Einheimische *m, f*: ***a native of London*** ein gebürtiger Londoner

> **Native Americans**
>
> Zu den Ureinwohnern Nordamerikas zählen neben den **American Indians** auch die **Eskimos** und die **Aleuts**. Mit einem Anteil von 0,9% der amerikanischen Bevölkerung stellen sie heute die kleinste ethnische Minderheit der USA dar.
>
> Mit der Westwärtsbewegung der **frontier** wurden die **Indians** stark dezimiert durch Kämpfe, eingeschleppte Krankheiten und Hunger, aus ihren angestammten Siedlungsräumen verdrängt und Ende des 19. Jh. in Reservate in landwirtschaftlichen Ungunstgebieten abgeschoben.
>
> Der Grundlage ihrer traditionellen Lebensweise beraubt, ist ihre Kultur bis heute gefährdet. Den Traditionalisten, die ihre überlieferten Bräuche pflegen, stehen die Fortschrittlichen gegenüber, die durch Integration und Assimilierung am Wohlstand der amerikanischen Gesellschaft teilhaben wollen.
>
> Die **Native Americans** gehören heute zur ärmsten Bevölkerungsgruppe und haben mit Problemen wie Arbeitslosigkeit, Alkoholismus und Drogen zu kämpfen.

Na·tiv·i·ty [nəˈtɪvətɪ] *s die* Geburt Christi (*auch* KUNST): ***Nativity play*** Krippenspiel *n*

NATO [ˈneɪtəʊ] *Abk* (= ***North Atlantic Treaty Organization***) NATO *f*

nat·ter [ˈnætə] *bes Br ugs* **I** *v/i auch* ***natter away*** plaudern **II** *s* Schwatz *m*, Plausch *m*:

have a natter einen Schwatz halten
▶ **nat·u·ral** ['nætʃrəl] **I** *Adj* (→ ***naturally***) **1.** natürlich, Natur…: ***natural blonde*** echte Blondine; ***die a natural death*** eines natürlichen Todes sterben; ***natural disaster*** Naturkatastrophe *f*; ***natural gas*** Erdgas *n*; ***natural resources*** *Pl* Naturschätze *Pl*; ***natural science*** Naturwissenschaft *f* **2.** naturgemäß, -bedingt **3.** angeboren, eigen (***to*** *Dat*): ***natural talent*** natürliche Begabung **4.** natürlich, selbstverständlich **5.** natürlich, ungekünstelt (*Benehmen etc*) **6.** naturgetreu, natürlich wirkend **7.** Natur…, Roh…, (*Lebensmittel*) naturbelassen **8.** leiblich (*Eltern etc*) **II** *s* **9.** MUS Auflösungszeichen *n* **10.** *ugs* Naturtalent *n* (*Person*)
ˌnat·u·ral'is·tic *Adj* (***naturalistically***) naturalistisch
nat·u·ral·i·za·tion [ˌnætʃrəlaɪ'zeɪʃn] *s* Naturalisierung *f*, Einbürgerung *f*
'nat·u·ral·ize *v/t* **1.** naturalisieren, einbürgern: ***become naturalized*** *fig* sich einbürgern (*Wort etc*) **2.** BOT, ZOOL heimisch machen: ***become naturalized*** heimisch werden
'nat·u·ral·ly *Adv* **1.** *auch Interj* natürlich **2.** von Natur (aus) **3.** instinktiv, spontan: ***learning comes naturally to him*** das Lernen fällt ihm leicht **4.** auf natürlichem Wege
▶ **na·ture** ['neɪtʃə] *s* **1.** *allg* Natur *f*: ***back to nature*** zurück zur Natur **2.** Natur *f*, Wesen *n*, Veranlagung *f*: ***by nature*** von Natur (aus); ***it is (in) her nature*** es liegt in ihrem Wesen; → ***alien*** 3, ***second***[1] 1 **3.** Art *f*, Sorte *f*: ***of a serious nature*** ernster Natur **4.** (natürliche) Beschaffenheit

nature ohne Artikel GR

Im Gegensatz zum Deutschen wird **nature** in der Bedeutung „Natur, Landschaft" ohne Artikel benutzt:

Man is destroying nature.	Der Mensch zerstört die Natur.

na·ture trail *s* Naturlehrpfad *m*
naught·y ['nɔːtɪ] *Adj* **1.** ungezogen, unartig **2.** unanständig (*Witz etc*)
nau·se·a ['nɔːsjə] *s* Übelkeit *f*, Brechreiz *m*
nau·se·ate ['nɔːsɪeɪt] *v/t* Übelkeit erregen in (*Dat*); *fig* anwidern
nau·ti·cal ['nɔːtɪkl] *Adj* nautisch, See(fahrts)…: ***nautical mile*** Seemeile *f*
na·val ['neɪvl] *Adj* **1.** Flotten…, Marine…: ***naval base*** Flottenstützpunkt *m*; ***naval officer*** Marineoffizier(in); ***naval power*** Seemacht *f*; ***naval review*** Flottenparade *f* **2.** See…, Schiffs…: ***naval battle*** Seeschlacht *f*
nave [neɪv] *s* ARCHI Mittel-, Hauptschiff *n*
na·vel ['neɪvl] *s* ANAT Nabel *m*, *fig auch* Mittelpunkt *m*
na·vel or·ange *s* Navelorange *f*
nav·i·ga·ble ['nævɪgəbl] *Adj* SCHIFF schiffbar
nav·i·gate ['nævɪgeɪt] *v/t* **1.** SCHIFF befahren; durchfahren **2.** FLUG, SCHIFF steuern, lenken
ˌnav·i'ga·tion *s* **1.** Schifffahrt *f*, Seefahrt *f* **2.** FLUG, SCHIFF Navigation *f*
'nav·i·ga·tor *s* FLUG, SCHIFF Navigator(in)
nav·vy ['nævɪ] *s* Erd- *oder* Bauarbeiter(in)
▶ **na·vy** ['neɪvɪ] *s* **1.** (Kriegs)Marine *f* **2.** Kriegsflotte *f*
na·vy blue *s* Marineblau *n*
nay [neɪ] *s* PARL Gegen-, Neinstimme *f*: ***the nays have it*** die Mehrheit ist dagegen
Na·zi ['nɑːtsɪ] **I** *Adj* Nazi… **II** *s* Nazi *m*
Na·zism ['nɑːtsɪzm] *s* Nationalsozialismus *m*
▶ **near** [nɪə] **I** *Adv* **1.** *auch* ***near at hand*** nahe, (ganz) in der Nähe **2.** *auch* ***near at hand*** nahe (bevorstehend) (*Zeitpunkt etc*) **3.** nahezu, beinahe, fast: ***near impossible***; ***she came near to tears*** sie war den Tränen nahe; → ***nowhere*** 1 **II** *Adj* (→ ***nearly***) **4.** nahe (gelegen) **5.** kurz, nahe (*Weg*) **6.** nahe (*Zukunft etc*) **7.** nahe (verwandt) **8.** eng (befreundet) **9.** knapp: ***near miss*** FLUG Beinahezusammenstoß *m*; ***be a near miss*** knapp scheitern; ***that was a near thing*** *ugs* das hätte ins Auge gehen können, das ist gerade noch einmal gut gegangen **10.** genau, wörtlich (*Übersetzung etc*) **III** *Präp* **11.** nahe (*Dat*), in der Nähe von (*oder Gen*): ***near here*** nicht weit von hier; hier in der Nähe **IV** *v/t und v/i* **12.** sich nähern, näher kommen (*Dat*): ***be nearing completion*** der Vollendung entgegengehen

near und nearly GR

⚠ Achten Sie auf den Bedeutungsunterschied:

near (Adjektiv + Adverb)	nahe
nearly (Adverb)	beinahe, fast

near·by **I** *Adv* [ˌnɪə'baɪ] in der Nähe **II** *Adj* ['nɪəbaɪ] nahe (gelegen)
▶ **near·ly** ['nɪəlɪ] *Adv* **1.** beinahe, fast **2.** annähernd: ***not nearly*** bei Weitem nicht, nicht annähernd
ˌnear'sight·ed *Adj* MED kurzsichtig
ˌnear'sight·ed·ness *s* Kurzsichtigkeit *f*
neat [niːt] *Adj* **1.** sauber: **a)** ordentlich, reinlich: ***keep neat*** *etw* sauber halten, **b)** übersichtlich, **c)** geschickt: ***a neat solution*** eine saubere *oder* elegante Lösung **2.** pur: ***drink one's whisky neat***; ***two neat whiskies*** zwei Whisky pur
nec·es·sar·i·ly ['nesəsərəlɪ] *Adv* **1.** notwendigerweise **2.** ***not necessarily*** nicht unbedingt
▶ **ne·ces·sa·ry** ['nesəsərɪ] *Adj* **1.** notwendig, nötig, erforderlich (***to, for*** für): ***it is necessary for me to do it*** ich muss es tun; ***a necessary evil*** ein notwendiges Übel; ***if necessary*** nötigenfalls **2.** unvermeidlich, zwangsläufig, notwendig (*Konsequenz etc*)
ne·ces·si·tate [nɪ'sesɪteɪt] *v/t etw* notwendig *oder* erforderlich machen, erfordern: ***necessitate doing s.th.*** es notwendig machen, etw zu tun
ne'ces·si·ty *s* **1.** Notwendigkeit *f*: ***of*** (*oder* ***by***) ***necessity*** notgedrungen **2.** (dringendes) Bedürfnis: ***necessities*** *Pl* ***of life*** lebensnotwendiger Bedarf; ***be a necessity of life*** lebensnotwendig sein **3.** Not *f*: ***necessity is the mother of invention*** Not macht erfinderisch; → ***virtue*** 2
▶ **neck** [nek] **I** *s* **1.** Hals *m* (*auch einer Flasche etc*): ***be neck and neck*** Kopf an Kopf liegen (*auch fig*); ***be up to one's neck in debt*** bis an den Hals in Schulden stecken; ***it is neck or nothing*** es geht um alles od nichts; ***risk one's neck*** Kopf und Kragen riskieren; ***save one's neck*** den Kopf aus der Schlinge ziehen; ***stick one's neck out*** einiges riskieren **2.** Genick *n*:

break one's neck sich das Genick brechen; ***get it in the neck*** *ugs* eins aufs Dach bekommen **3.** → ***neckline*** **4.** GASTR Halsstück *n* (***of lamb*** vom Lamm) **II** *v/i* **5.** *ugs* knutschen, schmusen

ˌneck-and-ˈneck *Adj*: ***neck-and-neck race*** Kopf-an-Kopf-Rennen *n* (*auch fig*)

neck·lace [ˈneklɪs] *s* Halskette *f*

neck·let [ˈneklɪt] *s* Halskettchen *n*

ˈneck·line *s* Ausschnitt *m* (*eines Kleids etc*): ***with a low*** (*oder* ***plunging***) ***neckline*** tief ausgeschnitten

ˈneck·tie *s* Krawatte *f*, Schlips *m*

nec·tar [ˈnektə] *s* BOT Nektar *m*

nec·tar·ine [ˈnektərɪn] *s* BOT Nektarine *f*

née, **nee** [neɪ] *Adj bei Frauennamen*: geborene

►**need** [niːd] **I** *s* **1.** (***of, for***) (dringendes) Bedürfnis (nach), Bedarf *m* (an *Dat*): ***in need of help*** hilfs-, hilfebedürftig; ***in need of repair*** reparaturbedürftig; ***be in need of s.th.*** etw dringend brauchen **2.** Mangel *m* (***of, for*** an *Dat*) **3.** dringende Notwendigkeit: ***there is no need for you to come*** du brauchst nicht zu kommen **4.** Not(lage) *f*: ***if need be*** nötigen-, notfalls **5.** Armut *f*, Not *f*: ***in need*** in Not **6.** *Pl* Bedürfnisse *Pl*, Erfordernisse *Pl* **II** *v/t* **7.** benötigen, brauchen: ***your hair needs cutting*** du musst dir wieder einmal die Haare schneiden lassen **8.** erfordern **III** *v/hilf* **9.** brauchen, müssen: ***she need not do it*** sie braucht es nicht zu tun; ***you need not have come*** du hättest nicht zu kommen brauchen

needn't in der indirekten Rede

GR

Needn't bleibt in der indirekten Rede unverändert oder wird zu **didn't need to / didn't have to** umgeformt:

"You needn't take any money – I'll pay," he said.
He said I needn't take / didn't need to take / didn't have to take any money because he would pay.

►**nee·dle** [ˈniːdl] **I** *s* **1.** *allg* Nadel *f*, TECH *auch* Zeiger *m*: ***a needle in a haystack*** *fig* eine Stecknadel im Heuhaufen **II** *v/t* **2.** *ugs j-n* aufziehen, hänseln (***about*** wegen)

need·less [ˈniːdlɪs] *Adj* unnötig, überflüssig: ***needless to say*** selbstverständlich, natürlich

ˈneed·less·ly *Adv* unnötig(erweise)

ˈnee·dle·work *s* Hand-, Nadelarbeit *f*: ***do needlework*** handarbeiten

needy [ˈniːdɪ] *Adj* bedürftig

neg [neg] *s* FOTO *ugs* Negativ *n*

ne·gate [nɪˈgeɪt] *v/t* **1.** verneinen **2.** *Wirkung etc* neutralisieren, aufheben

neˈga·tion *s* **1.** Verneinung *f* **2.** Neutralisierung *f*, Aufhebung *f*

neg·a·tive [ˈnegətɪv] **I** *Adj* **1.** negativ (*auch* ELEK, MATHE, MED *etc*): **a)** verneinend: ***his test was negative*** MED sein Befund *oder* Test war negativ; ***negative pole*** ELEK Minuspol *m*, **b)** abschlägig, ablehnend **II** *s* **2.** Verneinung *f* (*auch* LING): ***answer in the negative*** verneinen **3.** abschlägige Antwort **4.** negative Eigenschaft **5.** FOTO Negativ *n*

►**ne·glect** [nɪˈglekt] **I** *v/t* **1.** vernachlässigen: ***neglected*** ungepflegt (*Erscheinung etc*), verwahrlost (*Kind etc*) **2.** es versäumen *oder* unterlassen (***to do*** zu tun) **II** *s* **3.** Vernachlässigung *f*: ***be in a state of neglect*** vernachlässigt *oder* verwahrlost sein **4.** Versäumnis *n*, Unterlassung *f*: ***neglect of duty*** Pflichtversäumnis

need / want

GR

Auf **need** im Sinne von „erledigt werden müssen" folgt entweder der Passivinfinitiv oder das Gerund.
⚠ Bei **want** im Sinne von „brauchen, nötig haben" steht nur das Gerund!

The figures need to be revised / the figures need / want revising.	Die Zahlen müssen revidiert werden.
He needs to be taken / he needs / wants taking down a peg or two!	Wir müssen ihm einen Dämpfer aufsetzen!

neˈglect·ful [nɪˈglektfʊl] → ***negligent*** 1

neg·li·gee, **neg·li·gé**, **neg·li·gée** [ˈneglɪʒeɪ] *s* Negligé *n*

neg·li·gence [ˈneglɪdʒəns] *s* **1.** Nachlässigkeit *f*, Unachtsamkeit *f* **2.** JUR Fahrlässigkeit *f*

ˈneg·li·gent *Adj* **1.** nachlässig, unachtsam: ***be negligent of*** *j-n, etw* vernachlässigen, *etw* außer Acht lassen **2.** JUR fahrlässig **3.** lässig, salopp

neg·li·gi·ble [ˈneglɪdʒəbl] *Adj* **1.** nebensächlich, unwesentlich **2.** geringfügig, unbedeutend, nicht der Rede wert

ne·go·ti·a·ble [nɪˈgəʊʃjəbl] *Adj* **1.** WIRTSCH verkäuflich; übertragbar, begebbar **2.** passier-, befahrbar (*Straße etc*)

ne·go·ti·ate [nɪˈgəʊʃɪeɪt] **I** *v/i* **1.** verhandeln (***with*** mit; ***for, about, on*** über *Akk*): ***negotiating skills*** *Pl* Verhandlungsgeschick *n*; ***negotiating table*** Verhandlungstisch *m* **II** *v/t* **2.** *Vertrag etc* aushandeln (***with*** mit) **3.** verhandeln über (*Akk*) **4.** WIRTSCH verkaufen; *Wechsel* begeben **5.** *Straße etc* passieren, *Hindernis etc* überwinden, *Steigung etc* schaffen; *Musikstück etc* meistern

neˌgo·tiˈa·tion *s* **1.** Verhandlung *f*: ***by way of negotiation*** auf dem Verhandlungsweg; ***it is still under negotiation*** darüber wird noch verhandelt **2.** Aushandeln *n* **3.** WIRTSCH Verkauf *m*; Begebung *f* **4.** Passieren *n*, Überwindung *f*

Ne·gress [ˈniːgrɪs] *s pej* Negerin *f* (*wird heutzutage kaum noch verwendet bzw. meist als abwertend empfunden*)

Ne·gro [ˈniːgrəʊ] *Pl* **Ne·groes** *s pej* Neger *m* (*wird heutzutage kaum noch verwendet bzw. meist als abwertend empfunden*)

neigh [neɪ] **I** *v/i* wiehern **II** *s* Wiehern *n*

►**neigh·bor**, **neigh·bour** [ˈneɪbə] **I** *s* Nachbar(in) **II** *v/t* (*auch v/i* ***neighbo(u)r on***) (an-) grenzen an (*Akk*)

►**neigh·bor·hood**, **neigh·bour·hood** [ˈneɪbəhʊd] *s* **1.** Nachbarschaft *f*, *Koll auch* Nachbarn *Pl*: ***in the neighbo(u)rhood of*** in der Umgebung *oder* Gegend von (*oder Gen*); *fig* um (… herum) **2.** Gegend *f*, Viertel *n*

ˈneigh·bor·ing, **ˈneigh·bour·ing** *Adj* benachbart, angrenzend; Nachbar…

ˈneigh·bor·ly, **ˈneigh·bour·ly** *Adj* **1.** (gut)nachbarlich **2.** Nachbarschafts…

N

-hood

GR

Die Endung **-hood** kann an verschiedene Substantive angehängt werden und entspricht in etwa dem deutschen „-schaft“ bzw. „-heit“.

adulthood	Erwachsenenalter
babyhood	früheste Kindheit; Babyalter
boyhood	*Junge*: Kindheit; Jugend
brotherhood	Bruderschaft
childhood	Kindheit
fatherhood	Vaterschaft
girlhood	*Mädchen*: Kindheit; Jugend
motherhood	Mutterschaft
neighbourhood	Nachbarschaft
priesthood	Priesterschaft
sisterhood	Schwesternschaft
widowhood	Witwenschaft

▶**nei·ther** ['naɪðə] **I** *Adj und Pron* **1.** kein (von beiden): ***neither of you*** keiner von euch (beiden) **II** *Konj* **2.** ▶ ***neither … nor*** weder … noch **3.** auch nicht: ***he does not know, and neither do I*** er weiß es nicht, und ich auch nicht

ne·ol·o·gism [niː'ɒlədʒɪzəm] *s* LING Neologismus *m*, Neuwort *n*

ne·on ['niːən] *s* CHEM Neon *n*: ***neon lamp*** Neonlampe *f*; ***neon sign*** Leuchtreklame *f*

neo-Na·zi [ˌniːəʊ'nɑːtsɪ] **I** *Adj* neonazistisch **II** *s* Neonazi *m*

N

Neoprene® (*Synthesekautschuk*) Neopren®

neoprene suit *s* Neoprenanzug *m*

Ne·pal [nɪ'pɔːl] *Eigenn* Nepal *n*

▶**neph·ew** ['nevjuː] *s* Neffe *m*

ne·phri·tis [nɪ'fraɪtɪs] *s* MED Nierenentzündung *f*

nep·o·tism ['nepətɪzəm] *s* Vetternwirtschaft *f*

nerd [nɜːd] *s ugs* **1.** Schwachkopf *m* **2.** langweiliger Computerfreak

▶**nerve** [nɜːv] **I** *s* **1.** Nerv *m*: ***get on s.o.'s nerves*** j-m auf die Nerven gehen *oder* fallen; ***he's got a nerve*** *ugs* der hat vielleicht Nerven!; ***have nerves of iron*** (***steel***) eiserne Nerven (Nerven aus Stahl) haben; ***hit*** (*oder* ***touch***) ***a nerve*** einen wunden Punkt treffen; ***bag*** (*oder* ***bundle***) ***of nerves*** *ugs* Nervenbündel *n* **2.** *fig* Stärke *f*, Energie *f*; Mut *m*; Selbstbeherrschung *f*; *ugs* Frechheit *f*: ***have the nerve to do s.th.*** den Nerv haben, etw zu tun; ***lose one's nerve*** den Mut *oder* die Nerven verlieren **II** *v/t* **3.** ***nerve o.s.*** sich moralisch *oder* seelisch vorbereiten (***for*** auf *Akk*)

nerve cell *s* Nervenzelle *f*

nerve cen·tre (*Am* **nerve cen·ter**) *s* **1.** Nervenzentrum *n* **2.** *fig* Schaltzentrale *f*

nerve gas *s* Nervengas *n*

'nerve-ˌrack·ing *Adj* nervenaufreibend

▶**nerv·ous** ['nɜːvəs] *Adj* **1.** Nerven…, nervös: ***nervous system*** Nervensystem *n*; → ***breakdown*** 1 **2.** nervös: ***a nervous wreck*** ein Nervenbündel; ***make s.o. nervous*** j-n nervös machen (***with*** mit)

'nerv·ous·ness *s* Nervosität *f*

▶**nest** [nest] **I** *s* **1.** ORN, ZOOL Nest *n*: → ***feather*** II, ***foul*** 9 **2.** *fig* Brutstätte *f* **3.** Serie *f*, Satz *m* (*ineinander passender Dinge*) **II** *v/i* **4.** nisten

nest egg *s* **1.** Nestei *n* **2.** *fig* Spar-, Notgroschen *m*

nes·tle ['nesl] **I** *v/i* **1.** *auch* ***nestle down*** sich behaglich niederlassen, es sich bequem machen (***in*** in *Dat*) **2.** sich schmiegen *oder* kuscheln (***against, to*** an *Akk*) **II** *v/t* **3.** schmiegen, kuscheln (***against, to*** an *Akk*)

▶**net**[1] [net] **I** *s* **1.** Netz *n* (*auch fig*): ***net curtain*** Store *m* **2.** *a* **Net** *ugs* Internet *n*, Netz *n*: ***on the net*** im Netz **II** *v/t* **3.** mit einem Netz fangen **4.** *fig* einfangen **5.** mit einem Netz abdecken

net[2] [net] WIRTSCH **I** *Adj* **1.** netto, Netto…, Rein… **II** *v/t* **2.** netto einbringen **3.** netto verdienen *oder* einnehmen

▶**Neth·er·lands** ['neðələndz] *Eigenn Pl die* Niederlande *Pl*

net·i·quette ['netɪket] *s Internet*: Verhaltenskodex *m*, Netzetikette *f*

net·tle ['netl] **I** *s* BOT Nessel *f*: ***grasp the nettle*** *fig* den Stier bei den Hörnern packen **II** *v/t* ärgern, reizen (***with*** mit)

net·tle rash *s* MED Nesselausschlag *m*

'net·work *s* **1.** Netz(werk) *n*, Geflecht *n* **2.** *fig* (*Händler-, Straßen- etc*)Netz *n*: ***social network*** soziales Netz **3.** RUNDFUNK, TV Sendernetz *n* **4.** IT Netz(werk) *n*

neu·ral·gia [ˌnjʊə'rældʒə] *s* MED Neuralgie *f*

ˌneu'ral·gic *Adj* (***neuralgically***) neuralgisch

neu·ri·tis [ˌnjʊə'raɪtɪs] *s* MED Nervenentzündung *f*

neu·ro·log·i·cal [ˌnjʊərə'lɒdʒɪkl] *Adj* MED neurologisch

neu·rol·o·gist [ˌnjʊə'rɒlədʒɪst] *s* Neurologe *m*, -login *f*, Nervenarzt *m*, -ärztin *f*

ˌneu'rol·o·gy *s* Neurologie *f*

neu·ro·sis [ˌnjʊə'rəʊsɪs] *Pl* **neu·ro·ses** [ˌnjʊə'rəʊsiːz] *s* MED Neurose *f*

neu·rot·ic [ˌnjʊə'rɒtɪk] **I** *Adj* (***neurotically***) neurotisch (*auch pej*) **II** *s* Neurotiker(in)

neu·ter ['njuːtə] **I** *Adj* **1.** LING neutral, sächlich **2.** BIOL geschlechtslos, ungeschlechtlich **II** *s* **3.** LING Neutrum *n* **III** *v/t* **4.** ZOOL kastrieren

neu·tral ['njuːtrəl] **I** *Adj* **1.** *allg* neutral **II** *s* **2.** Neutrale *m*, *f* **3.** MOT Leerlaufstellung *f*: ***the car is in neutral*** es ist kein Gang eingelegt; ***put the car in neutral*** den Gang herausnehmen

neu·tral·i·ty [njuː'trælətɪ] *s* Neutralität *f*

'neu·tral·ize *v/t* neutralisieren: ***neutralize each other*** sich gegenseitig aufheben

neu·tron ['njuːtrɒn] *s* PHYS Neutron *n*

▶**nev·er** ['nevə] *Adv* **1.** nie(mals): ***never ever*** garantiert nie; ***well I never!*** *ugs* na so was!; → ***die***[1] 1 **2.** durchaus nicht, ganz und gar nicht: → ***mind*** 10

'nev·er-ˌend·ing *Adj* endlos, nicht enden wollend

ˌnev·er-'nev·er *s*: ***buy s.th. on the never-never*** *Br ugs* etw auf Pump *oder* Stottern kaufen

ˌnev·er·the'less *Adv* nichtsdestoweniger, dennoch, trotzdem

▶**new** [njuː] *Adj* (→ ***newly***) *allg* neu: ***nothing new*** nichts Neues; ***be new to s.o.*** j-m neu *oder* ungewohnt sein; ***be new to s.th.*** (noch) nicht vertraut sein mit etw; ***feel a new man*** sich wie neu geboren fühlen; ***new moon*** Neumond *m*; ***new publications*** *Pl* Neuerscheinungen *Pl*; ***New Testament*** *das* Neue Testament; ***New World*** *die* Neue Welt; → ***broom***, ***leaf*** 2

Newspaper: Tabloids and Quality Press

LK

In **Großbritannien** haben regionale Zeitungen nur eine geringe Bedeutung. Nationale Zeitungen, die entweder an Wochentagen oder an Sonntagen erscheinen, bestimmen den Markt. Dabei wird zwischen **quality papers / broadsheets** und **popular papers / tabloids** unterschieden.

Quality Papers
Inhaltlicher Schwerpunkt dieser teureren und in größerem Format erscheinenden Zeitungen sind Politik und Wirtschaft, sowie andere wichtige nationale und internationale Nachrichten.
Die seriöse Berichterstattung spricht vor allem Leser mit höherem Bildungsstand an.

Beispiele: **Daily Telegraph, Guardian, Times, Sunday Times, Sunday Telegraph, Observer**

Tabloids
Die Inhalte dieser etwa halb so großen Zeitungen sind auf das Interesse der Leser ausgerichtet: Aufsehenerregendes aus der Welt der Stars, Katastrophen, Skandale, Sex und Verbrechen.
Die bunte Aufmachung mit reichlich Fotos, reißerischen Schlagzeilen sowie die einfachere Sprache ist auf ein breites Publikum ausgerichtet.

Beispiele: **Daily Mirror, Sun, Daily Mail, News of the World, Sunday Mirror, People**

In den **USA** spielen nationale Zeitungen (z. B. **Wall Street Journal** oder **USA Today**) eine untergeordnete Rolle. Marktführer sind regionale Zeitungen wie z. B. **New York Times, Los Angeles Times, Washington Post.**
Zeitungen und Zeitschriften, welche durch ihre reißerische Art der Berichterstattung, eine auffällige Illustration und die Verbreitung von Klatsch eine hohe Auflage erzielen (z. B. **New York World**), werden als **yellow press** (Regenbogenpresse) bezeichnet.

'new·born *Adj* neugeboren
'new,com·er *s* **1.** Neuankömmling *m* **2.** Neuling *m* (**to** auf *einem Gebiet*)
new·fan·gled ['nju:,fæŋgld] *Adj pej* neumodisch
New·found·land ['nju:fəndlənd] *Eigenn* Neufundland *n* (*Provinz in Kanada*)
New Guin·ea *Eigenn* Neuguinea *n*
new·ly ['nju:lɪ] *Adv* **1.** kürzlich, jüngst: ***newly married*** jungverheiratet, -vermählt **2.** neu
'new·ly·weds *s Pl die* Jungverheirateten *Pl oder* -vermählten *Pl*
▶ **news** [nju:z] *s Sg* Neuigkeit(en *Pl*) *f*, Nachricht(en *Pl*) *f*: ***this is good*** (***bad***) ***news*** das ist erfreulich (unerfreulich); ***a bit*** (*oder* ***piece***) ***of news*** eine Neuigkeit *oder* Nachricht; ***what news is there?*** was gibt es Neues?; ***this is news to me*** das ist mir (ganz) neu; ***have news from s.o.*** Nachricht von j-m haben; ***I haven't had any news from her for two months*** ich habe schon seit zwei Monaten nichts mehr von ihr gehört; ***I heard it on the news*** ich hörte es in den Nachrichten; ***news in brief*** Kurznachrichten *Pl*

news

GR

Trotz des **-s** am Wortende gehört **news** zu den englischen Substantiven, die nie im Plural, sondern immer im Singular stehen. Es erscheint stets mit der Singularform des Verbs und nie mit dem unbestimmten Artikel **a**:

That's good news.	Das sind gute Nachrichten!

news a·gen·cy *s* Nachrichtenagentur *f*
'news,a·gent *s* Zeitungshändler(in)
news black·out *s* Nachrichtensperre *f*
'news·cast *s* RUNDFUNK, TV Nachrichtensendung *f*
news deal·er *s Am* Zeitungshändler(in)
news flash *s* RUNDFUNK, TV Kurzmeldung *f*
'news,let·ter *s* Rundschreiben *n*, Mitteilungsblatt *n*
▶ **news·pa·per** ['nju:s,peɪpə] *s* Zeitung *f*: ***newspaper seller*** Zeitungsverkäufer(in)
news re·lease *s* Pressemitteilung *f*
'news·sheet *s* Informationsblatt *n*
'news·stand *s* Zeitungskiosk *m*, -stand *m*
news ven·dor *s* Zeitungsverkäufer(in)
'news,wor·thy *Adj* schlagzeilenträchtig
newt [nju:t] *s* ZOOL Molch *m*: ***as drunk as a newt*** stockbesoffen
▶ **new year** [nju:'jɪə] *s oft* ***New Year*** *das* neue Jahr: ***happy New Year!*** gutes neues Jahr!, Prosit Neujahr!
New Year's Day *s* Neujahr(stag *m*) *n*
▶ **New Year's Eve** [,nju:jɪəz'i:v] *s* Silvester (-abend *m*) *m*, *n*

New Year's Eve

LK

In Schottland ist zu Silvester das sogenannte **first-footing** Tradition. Beim **first-footing** versucht man, als Erster im neuen Jahr über die Türschwelle der Nachbarn zu gehen. Das soll den Gastgebern Glück bringen. Streng genommen erwartet man vom **first-footer**, dass er **tall, dark and handsome** ist. Als „Belohnung" bekommt er einen Whisky.

▶ **New Zea·land** [,nju:'zi:lənd] **I** *Eigenn* Neuseeland *n* **II** *Adj* neuseeländisch
▶ **New Zea·land·er** [,nju:'zi:ləndə] *s* Neuseeländer(in)
▶ **next** [nekst] **I** *Adj* **1.** *allg* nächst: (***the***) ***next day*** am nächsten Tag; ***next door*** nebenan, im nächsten Raum *oder* Haus; ***be next door to*** *fig* grenzen an (*Akk*); ***next month*** nächsten Monat; ***next time*** das nächste Mal; ***next but***

N

one übernächst; ▶ ***next to*** gleich neben (*Dat oder Akk*); gleich nach (*Rang, Reihenfolge*); beinahe, fast *unmöglich etc*, so gut wie *nichts etc* **II** *Adv* **2.** als Nächste(r, -s): ***you will be next*** du wirst der Nächste sein **3.** demnächst, das nächste Mal **4.** dann, darauf **III** *s* **5.** *der, die, das* Nächste: ***the next*** *Pl* ***of kin*** die nächsten Angehörigen *Pl*

ˌnext-ˈdoor *Adj* (von) nebenan: ***we are next-door neighbo(u)rs*** wir wohnen Tür an Tür

NHS [ˌeneɪtʃˈes] *Abk* (= ***National Health Service***) *Br* **I** *s* staatlicher Gesundheitsdienst: ***get s.th. on the NHS*** etw auf Krankenschein *oder* Rezept bekommen **II** *Adj* **a)** Kassen…: ***NHS glasses***, **b)** *Behandlung etc* auf Krankenschein

nib·ble [ˈnɪbl] **I** *v/t* **1.** knabbern an (*Dat*) **2.** *Loch etc* knabbern, nagen **II** *v/i* **3.** knabbern (***at*** an *Dat*): ***nibble at one's food*** im Essen herumstochern **III** *s* **4.** Knabbern *n*

Nic·a·ra·gua [ˌnɪkəˈrægjʊə] *Eigenn* Nicaragua *n*

▶**nice** [naɪs] *Adj* **1.** fein (*Unterschied etc*) **2.** fein, lecker (*Speise etc*) **3.** nett, freundlich (***to*** zu *j-m*) **4.** nett, hübsch, schön: ***nice and warm*** schön warm; → ***mess*** 1

ˈnice·ly *Adv* **1.** gut, fein: ***that will do nicely*** das genügt vollauf; das passt ausgezeichnet; ***she is doing nicely*** es geht ihr gut *oder* besser, sie macht gute Fortschritte **2.** genau, sorgfältig

ni·ce·ty [ˈnaɪsətɪ] *s* **1.** Feinheit *f* **2.** *Pl* feine Unterschiede *Pl*, Feinheiten *Pl*

niche [nɪtʃ] *s* **1.** Nische *f* **2.** *fig* Platz *m*, wo man hingehört: ***he has finally found his niche in life*** er hat endlich seinen Platz im Leben gefunden

nick [nɪk] **I** *s* **1.** Kerbe *f*, Einkerbung *f* **2.** ***in the nick of time*** gerade noch rechtzeitig, im letzten Moment **3.** *Br ugs* Kittchen *n*: ***in the nick*** im Kittchen **4.** ***be in good nick*** *Br ugs* gut in Schuss sein **II** *v/t* **5. a)** (ein)kerben: ***nick o.s. while shaving*** sich beim Rasieren schneiden, **b)** *j-n* streifen (*Kugel*) **6.** *Br ugs* klauen **7.** *Br ugs j-n* schnappen **8.** ***nick s.o.*** (***for***) ***$ 100*** *Am ugs* j-m 100 Dollar abknöpfen

nick·el [ˈnɪkl] **I** *s* **1.** CHEM, MIN Nickel *n* **2.** *Am* Fünfcentstück *n* **II** *v/t Prät und Part Perf* **nick·eled**, *bes Br* **nick·elled 3.** vernickeln

ˈnick·el-plate *v/t* vernickeln

nick·name [ˈnɪkneɪm] **I** *s* Spitzname *m* **II** *v/t j-m* den Spitznamen … geben

nic·o·tine [ˈnɪkətiːn] *s* Nikotin *n*

nic·o·tine patch *s* Nikotinpflaster *n*

▶**niece** [niːs] *s* Nichte *f*

niff [nɪf] *s Br ugs* Gestank *m*

ˈniff·y *Adj Br ugs* stinkend: ***be niffy*** stinken

nif·ty [ˈnɪftɪ] *Adj ugs* **1.** flott, fesch (*Kleidung, Person*) **2.** praktisch (*Gerät*)

Ni·ge·ria [naɪˈdʒɪərɪə] *Eigenn* Nigeria *n*

Ni·ger·ian [naɪˈdʒɪərɪən] **I** *Adj* nigerianisch **II** *s* Nigerianer(in)

nig·gle [ˈnɪgl] *v/i* **1.** herumnörgeln (***about, over*** an *Dat*) **2.** ***niggle at*** *fig* nagen an (*Dat*), plagen, quälen

▶**night** [naɪt] *s* **1.** Nacht *f*: ***at*** (*oder* ***by, in the***) ***night*** in der *oder* bei Nacht, nachts; ***night and day*** Tag und Nacht; ***have a good*** (***bad***) ***night*** gut (schlecht) schlafen; ***make a night of it*** bis zum Morgen feiern, durchmachen; ***stay the night*** übernachten (***at*** in *Dat*; ***at s.o.'s*** bei j-m) **2.** Abend *m*: ***last night*** gestern Abend; ***the night before last*** vorgestern Nacht; ***on the night of May 5th*** am Abend des 5. Mai **3.** Nacht *f*, Dunkelheit *f*

night bird *s* **1.** ORN Nachtvogel *m* **2.** *fig* Nachtmensch *m*; Nachtschwärmer(in)

night blindness *s* MED Nachtblindheit *f*

ˈnight·cap *s* Schlummertrunk *m*

ˈnight·club *s* Nachtklub *m*, -lokal *n*

ˈnight·dress *s* Nachthemd *n*

ˈnight·fall *s*: ***at nightfall*** bei Einbruch der Dunkelheit

night flight *s* Nachtflug *m*

ˈnight·gown *s* Nachthemd *n*

night·ie [ˈnaɪtɪ] *s ugs* Nachthemd *n*

night·in·gale [ˈnaɪtɪŋgeɪl] *s* ORN Nachtigall *f*

night life *s* Nachtleben *n*

night·ly [ˈnaɪtlɪ] **I** *Adj* (all)nächtlich; (all)abendlich **II** *Adv* jede Nacht; jeden Abend

night·mare [ˈnaɪtmeə] *s* Albtraum *m* (*auch fig*)

night nurse *s* Nachtschwester *f*

night owl *s ugs* Nachteule *f*, -mensch *m*; Nachtschwärmer(in)

night por·ter *s* Nachtportier

night school *s* Abendschule *f*

night shift *s* Nachtschicht *f*: ***be*** (*oder* ***work***) ***on night shift*** Nachtschicht haben

ˈnight·shirt *s* Nachthemd *n*

ˈnight·spot *ugs* → ***nightclub***

ˈnight·time *s*: ***in the*** (*oder* ***at***) ***nighttime*** zur Nachtzeit, nachts

night watch·man *s* (*unreg* ***man***) Nachtwächter *m*

ni·hil·ism [ˈnaɪɪlɪzəm] *s* Nihilismus *m*

ˈni·hil·ist I *s* Nihilist(in) **II** *Adj* nihilistisch

ˌni·hilˈis·tic *Adj* (***nihilistically***) nihilistisch

nil [nɪl] *s*: ***our team won three-nil*** (*oder* ***by three goals to nil***) (***3-0***) unsere Mannschaft gewann drei zu null (3: 0)

Nile [naɪl] *Eigenn der* Nil

nim·ble [ˈnɪmbl] *Adj* **1.** flink, gewandt **2.** *fig* geistig beweglich: ***nimble mind*** beweglicher Geist

nim·by [ˈnɪmbɪ] *Adj ugs* ablehnend: ***a nimby attitude*** eine Ohne-mich-Haltung

nin·com·poop [ˈnɪnkəmpuːp] *s* Einfaltspinsel *m*, Trottel *m*

▶**nine** [naɪn] **I** *Adj* neun: ***nine times out of ten*** in neun von zehn Fällen, fast immer; → ***wonder*** 5 **II** *s* Neun *f*: ***nine of hearts*** Herzneun; ***be dressed*** (***up***) ***to the nines*** *ugs* in Schale sein

> **9/11** LK
>
> **Nine eleven** ist zum Synonym geworden für den schlimmsten Terroranschlag der amerikanischen Geschichte, der sich am 11. 9. 2001 ereignete. Zwei entführte Passagierflugzeuge flogen in die **twin towers** des **World Trade Center** in New York, die wenig später in sich zusammenbrachen und über 3000 Menschen in den Tod rissen. Verantwortlich war der Terrorist Osama Bin Laden, Anführer des Al-Qaida Netzwerks.

nine·fold [ˈnaɪnfəʊld] **I** *Adj* neunfach **II** *Adv* neunfach, um das Neunfache: ***increase ninefold*** (sich) verneunfachen

▶**nine·teen** [ˌnaɪnˈtiːn] *Adj* neunzehn: → ***dozen***

▶**nine·teenth** [ˌnaɪnˈtiːnθ] *Adj* neunzehnt

▶**nine·ti·eth** [ˈnaɪntɪɪθ] *Adj* neunzigst

'nine-time *Adj* neunmalig
▶**nine·ty** ['naɪntɪ] **I** *Adj* neunzig **II** *s* Neunzig *f*: ***be in one's nineties*** in den Neunzigern sein; ***in the nineties*** in den Neunzigerjahren (*eines Jahrhunderts*)
nin·ny ['nɪnɪ] *s ugs* Dussel *m*, Dummkopf *m*
▶**ninth** [naɪnθ] **I** *Adj* **1.** neunt **II** *s* **2.** *der, die, das* Neunte: ***the ninth of May*** der 9. Mai **3.** Neuntel *n*
nip¹ [nɪp] **I** *v/t* **1.** kneifen, zwicken: ***nip off*** abzwicken **2.** *Pflanzen* schädigen (*Frost etc*): → ***bud*** I **II** *v/i* **3.** *bes Br ugs* sausen, flitzen: ***nip in*** MOT einscheren **III** *s* **4.** ***there's a nip in the air today*** heute ist es ganz schön kalt **5.** Kniff *m*
nip² [nɪp] *s* Schlückchen *n* (*Whisky etc*)
nip·pers ['nɪpəz] *s Pl, auch* ***pair of nippers*** (Kneif)Zange *f*
nip·ple ['nɪpl] *s* **1.** ANAT Brustwarze *f* **2.** (Gummi)Sauger *m* (*einer Saugflasche*) **3.** TECH (Schmier)Nippel *m*
nip·py ['nɪpɪ] *Adj* **1.** frisch, kühl, kalt **2.** ***be nippy*** *bes Br ugs* sich beeilen
nit [nɪt] *s* **1.** ZOOL Nisse *f* **2.** *ugs* Blödmann *m*
ni·ter *Am* → ***nitre***
'nit,pick·er *s ugs* pingeliger *oder* kleinlicher Mensch
'nit,pick·ing *Adj ugs* pingelig, kleinlich
ni·trate ['naɪtreɪt] *s* CHEM Nitrat *n*
ni·tre ['naɪtə] *s bes Br* CHEM Salpeter *m*
ni·tric ac·id ['naɪtrɪk] *s* CHEM Salpetersäure *f*
ni·tro·gen ['naɪtrədʒən] *s* CHEM Stickstoff *m*
ni·trog·e·nous [naɪ'trɒdʒɪnɪs] *Adj* stickstoffhaltig
ni·tro·glyc·er·in, ni·tro·glyc·er·ine [ˌnaɪtrəʊ'glɪsəriːn] *s* CHEM Nitroglyzerin *n*
nit·ty-grit·ty [ˌnɪtɪ'grɪtɪ] *s*: ***get down to the nitty-gritty*** *sl* zur Sache kommen
nit·wit ['nɪtwɪt] *s* Schwachkopf *m*
▶**no** [nəʊ] **I** *Adv* **1.** nein: ***say no to*** Nein sagen zu **2.** *beim Komp*: um nichts, nicht: ***they no longer live here*** sie wohnen nicht mehr hier; ***no longer ago than yesterday*** erst gestern **II** *Adj* **3.** kein: ▶ ***no one*** keiner, niemand; ***in no time*** im Nu *oder* Handumdrehen **4.** *vor Ger*: → ***deny*** 1, ***please*** 4 **III** *Pl* **noes** *s* **5.** Nein *n*: ***a clear no*** ein klares Nein (***to*** auf *Akk*) **6.** PARL Gegen-, Neinstimme *f*: ***the noes have it*** der Antrag ist abgelehnt

no GR

No in der Bedeutung **not any** kann auch vor Adjektiven und Substantiven stehen:

He's no better than his father.	Er ist nicht besser als sein Vater.
It's no good complaining.	Es nützt nichts zu jammern.

No·bel peace prize [nəʊ'bel] *s* Friedensnobelpreis *m*
No·bel prize *s* Nobelpreis *m*: ***Nobel prize winner*** Nobelpreisträger(in)
no·bil·i·ty [nəʊ'bɪlətɪ] *s* **1.** (Hoch)Adel *m* **2.** *fig* Adel *m*
no·ble ['nəʊbl] *Adj* **1.** adlig, von Adel **2.** *fig* edel, nobel **3.** prächtig, stattlich (*Gebäude etc*) **4.** Edel…: ***noble metal***
no·ble·man ['nəʊblmən] *s* (*unreg* ***man***) (hoher) Adliger
'no·ble,wom·an *s* (*unreg* ***woman***) (hohe) Adlige
▶**no·bod·y** ['nəʊbədɪ] **I** *Pron* keiner, niemand **II** *s fig* Niemand *m*, Null *f*
no-'claims ,bo·nus *s* Schadenfreiheitsrabatt *m*
noc·tur·nal [nɒk'tɜːnl] *Adj* nächtlich, Nacht…
nod [nɒd] **I** *v/i* **1.** nicken: ***nod at*** (*oder* ***to***) ***s.o.*** j-m zunicken; ***have a nodding acquaintance with s.o.*** j-n flüchtig kennen **2.** ***nod off*** einnicken **II** *v/t* **3.** ***nod one's head*** mit dem Kopf nicken **III** *s* **4.** Nicken *n*: ***give a nod*** nicken; ***give s.o. a nod*** j-m zunicken
node [nəʊd] *s* Knoten *m* (*auch* MED)
nod·ule ['nɒdjuːl] *s* BOT, MED Knötchen *n*
▶**noise** [nɔɪz] *s* **1.** Krach *m*, Lärm *m*: ***not to make any noise*** keinen Krach machen; ***make a lot of noise about s.th.*** *fig* viel Tamtam um etw machen **2.** Geräusch *n*: ***what's that noise?*** was ist das für ein Geräusch? **3.** RADIO *etc* Rauschen *n*
'noiseless *Adj* geräuschlos
noise lev·el *s* Lärmpegel *m*
noise pol·lu·tion *s* Lärmbelästigung *f*
noise pro·tec·tion *s* Lärmschutz *m*
▶**nois·y** ['nɔɪzɪ] *Adj* laut
no·mad ['nəʊmæd] *s* Nomade *m*, Nomadin *f*
no'mad·ic *Adj* (***nomadically***) nomadisch, Nomaden…
'no-man's-land *s* Niemandsland *n*
no·men·cla·ture [nəʊ'menklətʃə] *s* **1.** Nomenklatur *f* **2.** (Fach)Terminologie *f*
nom·i·nal ['nɒmɪnl] *Adj* **1.** nominal, nominell (*beide auch* WIRTSCH): ***nominal income*** Nominaleinkommen *n*; ***nominal value*** Nominalwert *m* **2.** LING nominal, Nominal…
nom·i·nate ['nɒmɪneɪt] *v/t* **1.** (***to***) ernennen (zu), einsetzen (in *Akk*): ***be nominated*** (***as*** *oder* ***to be***) ***…*** als … eingesetzt werden **2.** (***for***) nominieren (für), vorschlagen (als), als Kandidaten aufstellen (für)
,nom·i'na·tion *s* **1.** Ernennung *f*, Einsetzung *f* **2.** Nominierung *f*
nom·i·na·tive ['nɒmɪnətɪv] *s auch* ***nominative case*** LING Nominativ *m*, erster Fall
non… [nɒn] nicht…, Nicht…, un…

Die Vorsilbe non- GR

Die englische Vorsilbe **non-** entspricht dem deutschen **nicht- / un-** und verkehrt ein Wort in sein Gegenteil. Im Deutschen muss dafür häufig ein anderes Wortbildungsmuster gewählt werden:

nonalcoholic	alkoholfrei
nonprofit	gemeinnützig
nonreturnable bottle	Einwegflasche
nonstop	ohne Unterbrechung

,non·ac'cept·ance *s* Annahmeverweigerung *f*, Nichtannahme *f*
,non·ag'gres·sion pact *s* POL Nichtangriffspakt *m*
,non·al·co'hol·ic *Adj* alkoholfrei
,non·a'ligned *Adj* POL blockfrei
,non·ap'pear·ance *s* Nichterscheinen *n* (*vor Gericht etc*)
,non·at'tend·ance *s* Nichtteilnahme *f*
non·cha·lance ['nɒnʃələns] *s* Nonchalance *f*, Lässigkeit *f*, Unbekümmertheit *f*

N

'non·cha·lant *Adj* nonchalant, lässig, unbekümmert

,non·com'mis·sioned *Adj*: ***noncommissioned officer*** MIL Unteroffizier(in)

,non·com'mit·tal [,nɒnkə'mɪtl] *Adj* zurückhaltend, (*Antwort etc*) unverbindlich: ***be noncommittal*** sich nicht festlegen wollen

,non·com'pli·ance *s* (***with***) Zuwiderhandlung *f* (gegen), Nichtbefolgung *f* (*Gen*)

non com·pos men·tis [,nɒn'kɒmpəs'mentɪs] *Adj* JUR unzurechnungsfähig

,non·con'form·ist **I** *s* Nonkonformist(in) **II** *Adj* nonkonformistisch

non·de·script ['nɒndɪskrɪpt] *Adj* unbestimmbar; unauffällig

▶**none** [nʌn] **I** *Pron und s* (*meist Pl konstruiert*) kein, niemand: ***none of them are*** (*oder* ***is***) ***here*** keiner von ihnen ist hier; ***none of your tricks!*** lass deine Späße!; ***none but*** niemand *oder* nichts außer, nur; → ***business*** 6 **II** *Adv* in keiner Weise, nicht im Geringsten: ***none too high*** keineswegs zu hoch; ***none too soon*** kein bisschen zu früh

> **none of + Pluralwort** GR
>
> Nach Ausdrücken mit **none of** + Pluralwort steht das Verb meist im Plural:
>
> **None of us are happy about this.**
>
> **None of our products have been tested on animals.**

non·en·ti·ty [nɒ'nentətɪ] *s pej* Null *f* (*Person*)

,non·es'sen·tial *Adj* unwesentlich (***to*** für)

,none·the'less *Adv* nichtsdestoweniger, dennoch, trotzdem

N

,non·ex'ist·ence *s* Nichtvorhandensein *n*, Fehlen *n*

,non·ex'ist·ent *Adj* nicht existierend

,non-'fat *Adj* fettarm, Mager…

,non'fic·tion *s* Sachbücher *Pl*

,non·ful'fil·ment, **,non·ful'fill·ment** *s* Nichterfüllung *f*

'non,in·ter'fer·ence, **'non,in·ter'ven·tion** *s* POL Nichteinmischung *f*

'non,mem·ber *s* Nichtmitglied *n*

no-no ['nəʊnəʊ] *s* ***be a no-no*** *ugs* tabu sein, nicht infrage kommen

,non·ob'serv·ance *s* Nichtbefolgung *f*, -beachtung *f*

,no-'non·sense *Adj* nüchtern, sachlich, (*Warnung*) unmissverständlich

,non·par·ti'san *Adj* **1.** POL überparteilich **2.** unparteiisch

,non'pay·ment *s bes* WIRTSCH Nicht(be)zahlung *f*

,non'plus *v/t Prät und Part Perf* **,non'plused**, *bes Br* **,non'plussed** verblüffen

,non·pol'lut·ing *Adj* umweltfreundlich

,non'prof·it *Adj Am*, **,non-'prof·it-,mak·ing** *Adj* gemeinnützig

'non·pro,lif·er'a·tion *s* POL Nichtweitergabe *f* von Atomwaffen. ***nonproliferation treaty*** Atomsperrvertrag *m*

,non'res·i·dent **I** *Adj* **1.** nicht (orts)ansässig **2.** nicht im Hause wohnend **II** *s* **3.** Nichtansässige *m, f* **4.** nicht im Hause Wohnende *m, f*

,non·re'turn·a·ble *Adj* Einweg…: ***nonreturnable bottle***

▶**non·sense** ['nɒnsəns] *s* Unsinn *m*, dummes Zeug: ***talk nonsense***; ***make*** (***a***) ***nonsense of*** ad absurdum führen; illusorisch machen; ***stand no nonsense*** sich nichts gefallen lassen, nicht mit sich spaßen lassen

non·sen·si·cal [nɒn'sensɪkl] *Adj* unsinnig

,non'smok·er *s* **1.** Nichtraucher(in) **2.** BAHN *Br* Nichtraucherwagen *m*

,non-'smok·ing *Adj* Nichtraucher…: ***non-smoking compartment*** BAHN Nichtraucher (-abteil *n*) *m*

,non'stan·dard *Adj* LING nicht hochsprachlich

,non'start·er *s*: ***be a nonstarter*** keine *oder* kaum eine Chance haben (*Person, Sache*)

,non'stick *Adj* mit Antihaftbeschichtung (*Pfanne etc*)

,non'stop **I** *Adj* durchgehend (*Zug etc*), ohne Unterbrechung (*Reise etc*), ohne Zwischenlandung (*Flug*): ***nonstop flight*** *auch* Nonstop-Flug *m* **II** *Adv* nonstop, ohne Unterbrechung *oder* Zwischenlandung: ***talk nonstop*** ununterbrochen reden

,non'un·ion *Adj* WIRTSCH nicht organisiert

,non'vi·o·lent *Adj* gewaltlos

noo·dle ['nuːdl] *s* Nudel *f*

nook [nʊk] *s* Winkel *m*, Ecke *f*: ***search for s.th. in every nook and cranny*** nach etw in jedem Winkel suchen

noo·kie, **noo·ky** ['nʊkɪ] *s ugs* Nummer *f* (*Koitus*)

▶**noon** [nuːn] **I** *s* Mittag(szeit *f*) *m*: ***at noon*** am *oder* zu Mittag, *eng. S.* um 12 Uhr (mittags) **II** *Adj* mittägig, Mittags…

no one → ***nobody***

noose [nuːs] *s* Schlinge *f*: ***put one's head in***(***to***) ***the noose*** *fig* den Kopf in die Schlinge stecken

nope [nəʊp] *Adv ugs* nein

▶**nor** [nɔː] *Konj* **1.** → ***neither*** 2 **2.** auch nicht: ***he does not know, and nor do I*** er weiß es nicht und ich auch nicht

norm [nɔːm] *s* Norm *f*

▶**nor·mal** ['nɔːml] **I** *Adj* (→ ***normally***) normal, Normal… **II** *s* Normalzustand *m*: ***be back to normal*** sich normalisiert haben, wieder normal sein; ***go back*** (*oder* ***return***) ***to normal*** sich normalisieren; ***be above*** (***below***) ***normal*** über (unter) dem Durchschnitt *oder* Normalwert liegen

nor·mal·ize ['nɔːməlaɪz] **I** *v/t* **1.** normalisieren **2.** normen, vereinheitlichen **II** *v/i* **3.** sich normalisieren

nor·mal·ly ['nɔːməlɪ] *Adv* normalerweise, (für) gewöhnlich

Nor·man ['nɔːmən] **I** *s hist* Normanne *m*, Normannin *f* **II** *Adj* normannisch

▶**north** [nɔːθ] **I** *s* **1.** Norden *m*: ***in the north of*** im Norden von (*oder Gen*); ***to the north of*** *siehe* 5 **2.** *a* **North** Norden *m*, nördlicher Landesteil: ***the North*** *Br* Nordengland *n*; *Am* die Nordstaaten *Pl* **II** *Adj* **3.** Nord…, nördlich: ***North Pole*** Nordpol *m*; ***North Sea*** Nordsee *f*; ***North Star*** ASTR Polarstern *m* **III** *Adv* **4.** nordwärts, nach Norden **5.** ***north of*** nördlich von (*oder Gen*)

'north·bound *Adj* nach Norden gehend *oder* fahrend

,north'east **I** *s* Nordosten *m* **II** *Adj* nordöstlich, Nordost… **III** *Adv* nordöstlich, nach Nordosten

north·er·ly ['nɔːðəlɪ] **I** *Adj* nördlich, Nord… **II** *Adv* von *oder* nach Norden

▶**north·ern** ['nɔːðn] *Adj* nördlich, Nord…:

Northern Ireland Nordirland *n*

north·ern·er ['nɔːðənə] *s* **1.** Bewohner(in) des Nordens *(eines Landes)* **2. Northerner** *Am* Nordstaatler(in)

north·ern·most ['nɔːðnməʊst] *Adj* nördlichst

north·ward ['nɔːðwəd] *Adj und Adv* nördlich, nordwärts, nach Norden: ***in a northward direction*** in nördlicher Richtung, Richtung Norden

'north·wards *Adv* → ***northward***

ˌnorth'west I *s* Nordwesten *m* **II** *Adj* nordwestlich, Nordwest... **III** *Adv* nordwestlich, nach Nordwesten

▶**Nor·way** ['nɔːweɪ] *Eigenn* Norwegen *n*

▶**Nor·we·gian** [nɔː'wiːdʒən] **I** *Adj* **1.** norwegisch **II** *s* **2.** Norweger(in) **3.** LING Norwegisch *n*

▶**nose** [nəʊz] **I** *s* **1.** Nase *f*: ***cut off one's nose to spite one's face*** sich ins eigene Fleisch schneiden; ***follow one's nose*** immer der Nase nach gehen; seinem Instinkt folgen; ***lead s.o. by the nose*** j-n unter seiner Fuchtel haben; ***look down one's nose at*** die Nase rümpfen über *(Akk)*, auf *j-n*, *etw* herabblicken; ***poke*** *(oder* ***put, stick, thrust****)* ***one's nose into*** seine Nase stecken in *(Akk)*; ***put s.o.'s nose out of joint*** j-n ausstechen; j-n vor den Kopf stoßen; ***under s.o.'s*** *(****very****)* ***nose*** direkt vor j-s Nase; vor j-s Augen; → ***grindstone***, ***pick*** 7, ***rub*** 3 **2.** *fig* Nase *f*, Riecher *m* (***for*** für) **3.** *bes* TECH Nase *f*, Vorsprung *m*; SCHIFF Bug *m*; FLUG Nase *f* **II** *v/t* **4.** *Auto etc* vorsichtig fahren **5.** ***nose out*** *fig* ausschnüffeln **III** *v/i* **6.** *auch* ***nose about*** *(oder* ***around****)* *fig* herumschnüffeln (in *Dat*) (***for*** nach)

'nose·bleed *s* Nasenbluten *n*: ***have a nosebleed*** Nasenbluten haben

nose dive *s* FLUG Sturzflug *m*

'nose-dive *v/i* **1.** FLUG einen Sturzflug machen **2.** *ugs* purzeln *(Preise etc)*

nose drops *s Pl* MED Nasentropfen *Pl*

nose plas·ter *s bes* SPORT Nasenpflaster *n*

nosh [nɒʃ] *sl* **I** *s* **1.** *bes Br* Essen *n*: ***have a nosh*** (etw) essen; ***have a quick nosh*** schnell etw essen **2.** *Am* Bissen *m*, Happen *m*: ***have a nosh*** einen Happen essen **II** *v/i* **3.** *bes Br* essen **4.** *Am* einen Bissen *oder* Happen essen

ˌno-'smok·ing *Adj* → ***non-smoking***

nos·tal·gia [nɒ'stældʒə] *s* Nostalgie *f*; *weit. S.* Sehnsucht *f* (***for*** nach)

nos'tal·gic [nɒ'stældʒɪk] *Adj* (***nostalgically***) nostalgisch

nos·tril ['nɒstrəl] *s* Nasenloch *n*, *bes* ZOOL Nüster *f*

nos·y ['nəʊzɪ] *Adj ugs* neugierig: ***nosy parker*** *bes Br* neugierige Person, Schnüffler(in)

▶**not** [nɒt] *Adv* **1.** nicht: ***not even*** nicht einmal; ***not at all*** überhaupt nicht; ***thank you! - not at all*** danke! - bitte!; ***not that*** nicht, dass; ***it is wrong, is it not*** *(ugs* ***isn't it****)*? es ist falsch, nicht wahr?; → ***yet*** 2 **2.** ▶ ***not a*** kein(e)

no·ta·ble ['nəʊtəbl] **I** *Adj* **1.** beachtens-, bemerkenswert **2.** beträchtlich *(Unterschied etc)* **3.** angesehen, bedeutend **II** *s* **4.** bedeutende Persönlichkeit

'no·ta·bly *Adv* besonders, vor allem

no·ta·ry ['nəʊtərɪ] *s meist* ***notary public*** Notar(in)

no·ta·tion [nəʊ'teɪʃn] *s* MUS Notenschrift *f*

notch [nɒtʃ] **I** *s* **1.** Kerbe *f* **2.** *Am* Engpass *m* **3.** *fig* Grad *m*: ***be a notch above*** eine Klasse besser sein als **II** *v/t* **4.** (ein)kerben **5.** *oft* ***notch up*** *ugs Sieg, Einnahmen etc* erzielen: ***notch s.o. s.th.*** j-m etw einbringen

▶**note** [nəʊt] **I** *s* **1.** Bedeutung *f* **2.** ***take note of s.th.*** von etw Notiz *oder* etw zur Kenntnis nehmen; etw beachten **3.** *meist Pl* Notiz *f*, Aufzeichnung *f*: ***make a note of s.th.*** sich etw notieren *oder* vormerken; ***take notes*** (***of***) sich Notizen machen (über *Akk*); ***speak without notes*** frei sprechen; → ***mental*** 1 **4.** (diplomatische) Note **5.** Briefchen *n*, Zettel *m* **6.** Anmerkung *f*, Vermerk *m*, Notiz *f* **7.** Banknote *f*, Geldschein *m* **8.** MUS Note *f* **9.** *fig* Ton(art *f*) *m*: ***strike the right*** (***a false***) ***note*** den richtigen Ton treffen (sich im Ton vergreifen) **II** *v/t* **10.** (besonders) beachten *oder* achten auf *(Akk)* **11.** bemerken **12.** *oft* ***note down*** (sich) *etw* aufschreiben *oder* notieren

▶**note·book** ['nəʊtbʊk] *s* **1.** Notizbuch *n* **2.** COMPUTER Notebook *n*

'note·pad *s* **1.** Notizblock *m* **2.** COMPUTER Notepad *n (PC im Notizblockformat)*

not·ed ['nəʊtɪd] *Adj* bekannt, berühmt (***for*** wegen)

'noteˌpa·per *s* Briefpapier *n*

'noteˌwor·thy *Adj* bemerkenswert

▶**noth·ing** ['nʌθɪŋ] **I** *Pron* nichts (***of*** von): ***as if nothing had happened*** als ob nichts passiert sei; ***nothing doing*** *ugs* das kommt nicht infrage; nichts zu machen; ***nothing much*** nicht (sehr) viel; ***that's nothing to*** das ist nichts gegen *oder* im Vergleich zu; ***that's nothing to me*** das bedeutet mir nichts; ***there is nothing like*** es geht nichts über *(Akk)*; ***there is nothing to*** *(oder* ***in****)* ***it*** da ist nichts dabei; an der Sache ist nichts dran; ***I can make nothing of*** ich werde nicht schlau aus; ***to say nothing of*** ganz zu schweigen von; ***think nothing of*** nichts halten von; sich nichts machen aus; → ***but*** 4 **II** *s* Nichts *n*: ***for nothing*** umsonst; ***end in nothing*** sich in nichts auflösen **III** *Adv* durchaus nicht, keineswegs: ***nothing like complete*** alles andere als *oder* längst nicht vollständig

noth·ing·ness *s* Nichts *n*

▶**no·tice** ['nəʊtɪs] **I** *s* **1.** Beachtung *f*, Wahrnehmung *f*: ***bring s.th. to s.o.'s notice*** j-m etw zur Kenntnis bringen; ***escape notice*** unbemerkt bleiben; ***escape s.o.'s notice*** j-m *oder* j-s Aufmerksamkeit entgehen; ***take*** (***no***) ***notice of*** (keine) Notiz nehmen von, (nicht) beachten **2.** Ankündigung *f*, Bekanntgabe *f*, Mitteilung *f*: ***give s.o. notice of s.th.*** j-n von etw benachrichtigen **3.** Kündigung(sfrist) *f*: ***give s.o.*** (***his***) ***notice*** j-m kündigen; ***give the company one's notice*** kündigen; ***at short notice*** kurzfristig; ***till*** *(oder* ***until****)* ***further notice*** bis auf Weiteres; ***without notice*** fristlos **II** *v/t* **4.** bemerken: ***notice s.o. do***(***ing***) ***s.th.*** bemerken, dass jemand etw tut **5.** (besonders) beachten *oder* achten auf *(Akk)* **III** *v/i* **6.** es bemerken

'no·tice·a·ble *Adj* **1.** erkennbar, wahrnehmbar **2.** beachtlich

no·tice board *s bes Br* Anschlagtafel *f*, Schwarzes Brett

no·ti·fi·a·ble ['nəʊtɪfaɪəbl] *Adj* meldepflichtig *(bes Krankheit)*

no·ti·fi·ca·tion [ˌnəʊtɪfɪ'keɪʃn] *s* Meldung *f*, Mitteilung *f*, Benachrichtigung *f*

no·ti·fy ['nəʊtɪfaɪ] *v/t* **1.** melden, mitteilen (***s.th. to s.o.*** j-m etw) **2.** *j-n* benachrichtigen (***of*** von, ***that*** dass)

no·tion ['nəʊʃn] *s* **1.** Begriff *m* (*auch* MATHE,

N

PHIL), Vorstellung *f*: ***not to have the faintest*** (*oder* ***vaguest***) ***notion of*** nicht die leiseste Ahnung haben von **2.** Idee *f*: ***have a notion to do s.th.*** Lust bekommen (haben), etw zu tun
no·tion·al ['nəʊʃənl] *Adj* fiktiv, angenommen
no·to·ri·e·ty [ˌnəʊtə'raɪətɪ] *s* traurige Berühmtheit
no·to·ri·ous [nəʊ'tɔːrɪəs] *Adj* berüchtigt (***for*** für)
not·with·stand·ing [ˌnɒtwɪθ'stændɪŋ] **I** *Präp* ungeachtet, trotz **II** *Adv* nichtsdestoweniger, dennoch
nou·gat ['nuːgɑː] *s* (*etwa*) türkischer Honig
nought [nɔːt] *s* Null *f*: ***bring*** (***come***) ***to nought*** zunichtemachen (zunichtewerden)
noun [naʊn] *s* LING Substantiv *n*, Hauptwort *n*
nour·ish ['nʌrɪʃ] *v/t* **1.** (er)nähren **2.** *Gefühl* nähren, hegen
'nour·ish·ing *Adj* nahrhaft
'nour·ish·ment *s* **1.** Ernährung *f* **2.** Nahrung *f*: ***take nourishment*** Nahrung zu sich nehmen
▶**nov·el** ['nɒvl] **I** *Adj* (ganz) neu(artig) **II** *s* Roman *m*
'nov·el·ist *s* Romanschriftsteller(in)
no·vel·la [nəʊ'velə] *Pl* **no·vel·las, no·vel·le** [nəʊ'veliː] *s* Novelle *f*
nov·el·ty ['nɒvltɪ] *s* **1.** Neuheit *f*: **a)** *das* Neue, *weit. S. der* Reiz des Neuen, **b)** *etw* Neues **2.** *Pl* (billige) Neuheiten *Pl*
▶**No·vem·ber** [nəʊ'vembə] *s* November *m*: ***in November*** im November
nov·ice ['nɒvɪs] *s* **1.** REL Novize *m*, Novizin *f* **2.** Anfänger(in), Neuling *m* (***at*** auf *einem Gebiet*)
▶**now** [naʊ] **I** *Adv* **1.** nun, jetzt: ***now and again***, (***every***) ***now and then*** von Zeit zu Zeit, dann und wann; ***by now*** mittlerweile, inzwischen; ***from now*** (***on***) von jetzt an; ***up to now*** bis jetzt **2.** sofort **3.** ***just now*** gerade eben **II** *Konj* **4.** *auch* ***now that*** nun, da; jetzt, wo
▶**now·a·days** ['naʊədeɪz] *Adv* heutzutage
▶**no·where** ['nəʊweə] *Adv* **1.** nirgends, nirgendwo: ***have nowhere to live*** kein Zuhause haben; ***nowhere near*** bei Weitem nicht, auch nicht annähernd **2.** nirgendwohin: ***get nowhere*** (***fast***) überhaupt nicht weiterkommen, überhaupt keine Fortschritte machen; ***this will get us nowhere*** damit *oder* so kommen wir auch nicht weiter, das bringt uns auch nicht weiter
ˌno-'win sit·u'a·tion *s* ausweglose Situation
nox·ious ['nɒkʃəs] *Adj* schädlich (***to*** für): ***noxious substance*** Schadstoff *m*
noz·zle ['nɒzl] *s* TECH Schnauze *f*; Stutzen *m*; Düse *f*; Zapfpistole *f*
nu·ance ['njuːɑːns] *s* Nuance *f*
▶**nu·cle·ar** ['njuːklɪə] *Adj* **1.** BIOL *etc* Kern… **2.** PHYS Kern…, Atom…: ***nuclear energy*** Atom-, Kernenergie *f*; ***nuclear fission*** Kernspaltung *f*; ***nuclear fusion*** Kernfusion *f*, -verschmelzung *f*; ***nuclear physics*** *Sg* Kernphysik *f*; ***nuclear power*** Atom-, Kernkraft *f*; POL Atommacht *f*; ***nuclear power plant, nuclear power station*** Atom-, Kernkraftwerk *n*; ***nuclear reactor*** Atom-, Kernreaktor *m*; ***nuclear scientist*** Atomwissenschaftler(in); ***nuclear test*** Atomtest *m*; ***nuclear war***(***fare***) Atomkrieg (-führung *f*) *m*; ***nuclear warhead*** Atomsprengkopf *m*; ***nuclear weapons*** *Pl* Atom-, Kernwaffen *Pl*; ***nuclear winter*** nuklearer Winter **3.** *auch* ***nuclear-powered*** atomgetrieben: ***nuclear submarine*** Atom-U-Boot *n*
ˌnu·cle·ar-'free *Adj* atomwaffenfrei: ***nuclear-free zone*** atomwaffenfreie Zone
nu·cle·us ['njuːklɪəs] *Pl* **nu·cle·i** ['njuːklɪaɪ] *s* **1.** (*Atom-*, *Zell- etc*)Kern *m* **2.** *fig* Kern *m*
nude [njuːd] **I** *Adj* **1.** nackt: ***nude beach*** FKK-Strand *m*; ***nude model*** Aktmodell *n*; ***nude photograph*** Aktaufnahme *f*; ***nude swimming*** Nacktbaden *n* **II** *s* **2.** KUNST Akt *m* **3.** ***in the nude*** nackt
nudge [nʌdʒ] **I** *v/t j-n* anstoßen, stupsen **II** *s* Stups *m*
nud·ism ['njuːdɪzəm] *s* Nudismus *m*, Freikörperkultur *f*
'nud·ist *s* Nudist(in), FKK-Anhänger(in): ***nudist beach*** Nacktbadestrand *m*, FKK-Strand *m*
'nu·di·ty *s* Nacktheit *f*
nug·get ['nʌgɪt] *s* Nugget *n*: ***nuggets*** *Pl* ***of information*** *fig* bruchstückhafte Information(en *Pl*)
nui·sance ['njuːsns] *s* **1.** Plage *f*, Belästigung *f*, Missstand *m*: ***what a nuisance!*** wie ärgerlich!; ***public nuisance*** JUR öffentliches Ärgernis (*auch fig*) **2.** Landplage *f*, Nervensäge *f*, Quälgeist *m*: ***be a nuisance to s.o.*** j-n nerven, *ugs* j-m auf den Geist gehen; ***make a nuisance of o.s.*** den Leuten auf die Nerven gehen
nui·sance call *s* TEL Schockanruf *m*, *Pl auch* Telefonterror *m*
nuke [njuːk] **I** *s* Atom-, Kernwaffe *f* **II** *v/t* mit Atomwaffen angreifen
null [nʌl] *Adj*: ***null and void*** *bes* JUR null und nichtig
nul·li·fy ['nʌlɪfaɪ] *v/t* **1.** *bes* JUR für null und nichtig erklären **2.** aufheben
numb [nʌm] **I** *Adj* **1.** starr (***with*** vor *Kälte etc*), taub (*empfindungslos*) **2.** *fig* wie betäubt (***with*** vor *Schmerz etc*) **II** *v/t* **3.** starr *oder* taub machen **4.** *fig* betäuben
▶**num·ber** ['nʌmbə] **I** *s* **1.** Zahl *f*; Ziffer *f*: ***be good at numbers*** gut rechnen können **2.** (*Haus-*, *Telefon- etc*)Nummer *f*: ***be number one*** *fig* die Nummer eins sein; ***look after*** (*oder* ***take care of***) ***number one*** *ugs* (vor allem) an sich selbst denken; ***Number Ten*** Downing Street 10 (*der Regierungssitz des Premierministers*); ***have s.o.'s number*** *ugs* j-n durchschaut haben; ***his number is*** (*oder* ***has come***) ***up*** *ugs* jetzt ist er dran **3.** (An)Zahl *f*: ***a*** (***great***) ***number of people*** mehrere (sehr viele) Leute; ***five in number*** fünf an der Zahl; ***a number of times*** zu wiederholten Malen; ***in large numbers*** in großen Mengen, in großer Zahl **4.** Nummer *f*, Ausgabe *f* (*einer Zeitschrift etc*): → ***back number*** **5.** THEAT *etc* (Programm)Nummer *f*; MUS Nummer *f*, Stück *n* **II** *v/t* **6.** ***his days are numbered*** seine Tage sind gezählt **7.** nummerieren: ***numbered account*** WIRTSCH Nummernkonto *n* **8.** ***number s.o. among*** (*oder* ***with***) *fig* j-n zählen *oder* rechnen zu **9.** sich belaufen auf (*Akk*) **III** *v/i* **10.** ***number in*** sich belaufen auf (*Akk*) **11.** ***number among*** (*oder* ***with***) *fig* zählen zu

number und Plural GR

Nach der Wendung **a (large) number of** steht immer ein Substantiv im Plural bzw. ein Pluralwort mit einem Pluralverb:

A large number of problems still remain to be solved.	Viele Probleme müssen noch gelöst werden.

N

'num·ber·ing *s* Nummerierung *f*
'num·ber·less *Adj* unzählig, zahllos
'num·ber·plate *s* MOT *Br* Nummern-, Kennzeichenschild *n*
numb·ness ['nʌmnɪs] *s* **1.** Starr-, Taubheit *f* **2.** *fig* Betäubung *f*
numb·skull ['nʌmskʌl] *s ugs* Dummkopf *m*
nu·mer·al ['njuːmərəl] *s* **1.** Ziffer *f* **2.** LING Zahlwort *n*
nu·mer·ate ['njuːmərɪt] *Adj* ***be numerate*** rechnen können
nu·mer·i·cal [njuː'merɪkl] *Adj* numerisch: **a)** Zahlen…, **b)** zahlenmäßig
nu·mer·ous ['njuːmərəs] *Adj* zahlreich
▸**nun** [nʌn] *s* REL Nonne *f*
nup·tial ['nʌpʃl] **I** *Adj* Hochzeits… **II** *s Pl* Trauung *f*
▸**nurse** [nɜːs] **I** *s* **1.** (Kranken)Schwester *f*: → ***male*** I **2.** Kindermädchen *n* **II** *v/t* **3.** *Baby* säugen, stillen, *einem Baby* die Brust geben **4.** *Kranke* pflegen: ***nurse s.o. back to health*** j-n gesund pflegen **5.** *Krankheit* auskurieren **6.** *Stimme etc* schonen **7.** *fig Gefühl* hegen, nähren
nurs·er·y ['nɜːsərɪ] *s* **1.** Tagesheim *n*, -stätte *f* **2.** Pflanz-, Baumschule *f* **3.** Kinderzimmer *n*
nurs·er·y rhyme *s* Kinderreim *m*, -vers *m*
nurs·er·y school *s* Kindergarten *m*: ***nursery school teacher*** Kindergärtner(in)
nurs·ing ['nɜːsɪŋ] *s* **1.** Stillen *n* **2.** Krankenpflege *f*
nurs·ing bot·tle *s bes Am* Saugflasche *f*
nurs·ing home *s* **1.** Pflegeheim *n* **2.** *bes Br* Privatklinik *f*
▸**nut** [nʌt] *s* **1.** BOT Nuss *f*: ***a hard*** (*oder* ***tough***) ***nut to crack*** *fig* eine harte Nuss **2.** TECH (Schrauben)Mutter *f* **3.** *ugs* Fan *m* **4.** *ugs* Spinner(in) **5.** *ugs* Birne *f* (*Kopf*): ***be*** (***go***) ***off one's nut*** (anfangen zu) spinnen; ***do one's nut*** ausrasten **6.** *Pl vulg* Eier *Pl* (*Hoden*)
'nut·case *s ugs* Spinner(in)
'nut,crack·er *s auch Pl* Nussknacker *m*: ***a*** (***pair of***) ***nutcracker***(***s***) ein Nussknacker
'nut·house *s bes Br sl* Klapsmühle *f*
nut·meg ['nʌtmeg] *s* BOT Muskatnuss *f*
nu·tra·sweet® ['njuːtrəswiːt] *s* Süßstoff *m*
nu·tri·ent ['njuːtrɪənt] **I** *Adj* nahrhaft **II** *s* Nährstoff *m*
nu·tri·tion [njuː'trɪʃn] *s* Ernährung *f*
nu·tri·tion·al [njuː'trɪʃnl] *Adj* Nähr…: ***nutritional value*** Nährwert *m*
nu·tri·tion·ist *s* Ernährungsberater(in)
nu'tri·tious *Adj* nahrhaft
nuts [nʌts] *Adj ugs*: ***be nuts*** spinnen; ***be nuts about*** verrückt sein nach, wild *oder* scharf sein auf (*Akk*)
'nut·shell *s* BOT Nussschale *f*: (***to put it***) ***in a nutshell*** *fig* kurz gesagt, mit 'einem Wort
nut·ter ['nʌtə] *s ugs* Spinner(in)
nut·ty ['nʌtɪ] *Adj* **1.** Nuss… **2.** *ugs* verrückt (*auch Idee etc*): ***be nutty*** spinnen; ***be nutty about*** scharf sein auf (*Akk*)
ny·lon® ['naɪlɒn] *s* Nylon® *n* (*Chemiefaser*)
nymph [nɪmf] *s* Nymphe *f*
nym·pho·ma·ni·ac [ˌnɪmfəʊ'meɪnɪæk] **I** *Adj* nymphoman, mannstoll **II** *s* Nymphomanin *f*

O

O [əʊ] *Pl* **O's** *s* **1.** O *n* (*Buchstabe*) **2.** Null *f* (*Ziffer, auch* TEL)
oaf [əʊf] *s* Lümmel *m*, Flegel *m*
'oaf·ish *Adj* lümmel-, flegelhaft
oak [əʊk] *s* BOT Eiche *f*
oak·en ['əʊkən] *Adj* eichen, Eichen…
OAP [əʊeɪ'piː] *Abk* (= ***old age pensioner***) Rentner(in), Senior(in)
oar [ɔː] *s* Ruder *n*, Riemen *m*: ***put*** (*oder* ***shove, stick***) ***one's oars in*** *ugs* sich einmischen, seinen Senf dazugeben; ***rest on one's oars*** *fig* ausspannen
oars·man ['ɔːzmən] *s* (*unreg* ***man***) SPORT Ruderer *m*
'oars,wom·an *s* (*unreg* ***woman***) SPORT Ruderin *f*
o·a·sis [əʊ'eɪsɪs] *Pl* **o·a·ses** [əʊ'eɪsiːz] *s* Oase *f*
oath [əʊθ] *Pl* **oaths** [əʊðz] *s* **1.** Eid *m*, Schwur *m*: ***oath of office*** Amts-, Diensteid; ***on*** (*oder* ***under***) ***oath*** unter Eid, eidlich; ***be on*** (*oder* ***under***) ***oath*** unter Eid stehen; ***swear*** (*oder* ***take***) ***an oath*** einen Eid leisten *oder* ablegen, schwören (***on, to*** auf *Akk*) **2.** Fluch *m*
oat·meal ['əʊtmiːl] *s* Hafermehl *n*
oats [əʊts] *s Pl* BOT Hafer *m*: ***he feels his oats*** *ugs* ihn sticht der Hafer; ***be off one's oats*** *ugs* keinen Appetit haben; ***he's gone off his oats*** *ugs* ihm ist der Appetit vergangen; ***sow one's wild oats*** sich die Hörner abstoßen
ob·du·ra·cy ['ɒbdjʊrəsɪ] *s* Starrsinn *m*, Verstocktheit *f*
ob·du·rate ['ɒbdjʊrət] *Adj* starrsinnig, verstockt
o·be·di·ence [ə'biːdjəns] *s* Gehorsam *m* (***to*** gegen[über]), Folgsamkeit *f*
o'be·di·ent *Adj* gehorsam (***to*** *Dat*), folgsam: ***be obedient to s.o.*** *auch* j-m folgen
ob·e·lisk ['ɒbəlɪsk] *s* Obelisk *m*
o·bese [əʊ'biːs] *Adj* fettleibig
o'bes·i·ty *s* Fettleibigkeit *f*
▸**o·bey** [ə'beɪ] **I** *v/t* **1.** *j-m* gehorchen, folgen **2.** *Befehl etc* befolgen **II** *v/i* **3.** gehorchen, folgen
ob·fus·cate ['ɒbfʌskeɪt] *v/t fig* **1.** verwirren **2.** vernebeln
o·bit·u·ar·y [ə'bɪtʃʊərɪ] *s* **1.** Nachruf *m* **2.** *auch* ***obituary notice*** Todesanzeige *f*
▸**ob·ject**[1] [əb'dʒekt] **I** *v/t* **1.** einwenden (***that*** dass) **II** *v/i* **2.** Einspruch erheben (***to*** gegen) **3.** etw dagegen haben: ***if you don't object*** wenn du nichts dagegen hast; ***object to s.th.*** etw be-

O

anstanden; ***do you object to my smoking?*** haben Sie etw dagegen, wenn ich rauche?

object to GR

⚠ Nach **object to** steht entweder ein Substantiv oder ein Gerund, aber nie ein Infinitiv!
Das Gerund kann auch mit einem Objekt oder, etwas förmlicher, mit einem Possessivpronomen stehen:

I object to people abusing my hospitality.	Ich habe etwas dagegen, wenn Leute meine Gastfreundschaft ausnutzen.
We strongly objected to having to answer such questions.	Wir waren strikt dagegen, solche Fragen beantworten zu müssen.
Do you object to my using your phone?	Haben Sie etwas dagegen, wenn ich Ihr Telefon benutze?

ob·ject[2] ['ɒbdʒɪkt] *s* **1.** Objekt *n*, Gegenstand *m* (*auch fig des Mitleids etc*): ***money (is) no object*** Geld *oder* der Preis spielt keine Rolle **2.** Ziel *n*, Zweck *m*, Absicht *f*: ***with the object of doing s.th.*** mit der Absicht, etw zu tun **3.** LING Objekt *n*

ob·jec·tion [əb'dʒekʃn] *s* Einspruch *m* (*auch* JUR), Einwand *m* (**to** gegen); Abneigung *f* (**to** gegen): ***if you have no objections*** wenn du nichts dagegen hast; ***I have no objection to him*** ich habe nichts an ihm auszusetzen; ***raise an objection to s.th.*** gegen etw einen Einwand erheben

O

objection to GR

Nach dem förmlichen Ausdruck **have an objection to** steht immer ein Substantiv oder ein Gerund, aber nie ein Infinitiv:

I have no objection to your proposal.	Ich habe nichts gegen Ihren Vorschlag einzuwenden.
We have no objections to implementing the plans immediately.	Wir haben keinen Einwand gegen die sofortige Durchführung der Pläne.

ob'jec·tion·a·ble *Adj* **1.** unangenehm **2.** anstößig

ob·jec·tive [əb'dʒektɪv] **I** *Adj* **1.** objektiv, sachlich **2.** objektiv, tatsächlich **II** *s* **3.** OPT Objektiv *n* **4.** Ziel *n*: ***reach one's objective*** sein Ziel erreichen

ob·jec·tiv·i·ty [ˌɒbdʒek'tɪvətɪ] *s* Objektivität *f*

'ob·ject les·son *s* **1.** PÄD Anschauungsunterricht *m* **2.** *fig* Parade-, Schulbeispiel *n* (**in** für)

ob·jec·tor [əb'dʒektə] *s* Gegner(in) (**to** *Gen*): → ***conscientious*** 2

ob·li·gate ['ɒblɪgeɪt] *v/t*: ***feel obligated to do s.th.*** sich verpflichtet fühlen, etw zu tun

ˌob·li'ga·tion *s* Verpflichtung *f*: ***with no obligation to buy*** ohne Kaufverpflichtung *f*; ***without obligation*** unverbindlich; ***be under an obligation to do s.th.*** verpflichtet sein, etw zu tun

ob·lig·a·to·ry [ə'blɪgətərɪ] *Adj* verpflichtend, verbindlich, obligatorisch (**on** für): ***attendance is obligatory*** Anwesenheit ist Pflicht

o·blige [ə'blaɪdʒ] *v/t* **1.** nötigen, zwingen: ***be obliged to do s.th.*** *auch* etw tun müssen **2.** *fig* (*auch* zu Dank) verpflichten: ***feel obliged to do s.th.*** sich verpflichtet fühlen, etw zu tun; (***I am***) ***much obliged*** (***to you***) ich bin Ihnen sehr zu Dank verpflichtet, besten Dank; ***would you oblige me by*** (*Ger*)? wären Sie so freundlich, zu (*Inf*)? **3.** *j-m* gefällig sein, *j-m* einen Gefallen tun

o'blig·ing *Adj* entgegenkommend, gefällig

ob·lique [ə'bliːk] *Adj* **1.** *bes* MATHE schief, schiefwink(e)lig, schräg: ***at an oblique angle to*** im spitzen Winkel zu **2.** *fig* indirekt

ob·lit·er·ate [ə'blɪtəreɪt] *v/t* **1.** unkenntlich *oder* unleserlich machen **2.** vernichten, völlig zerstören **3.** *Sonne etc* verdecken

obˌlit·er'a·tion *s* **1.** Unkenntlichmachung *f* **2.** Vernichtung *f*

o·bliv·i·on [ə'blɪvɪən] *s*: ***fall*** (*oder* ***sink***) ***into oblivion*** in Vergessenheit geraten

o'bliv·i·ous *Adj*: ***be oblivious to*** (*oder* ***of***) ***s.th.*** sich einer Sache nicht bewusst sein; etw nicht bemerken *oder* wahrnehmen

ob·long ['ɒblɒŋ] **I** *Adj* rechteckig **II** *s* Rechteck *n*

ob·nox·ious [əb'nɒkʃəs] *Adj* widerwärtig, widerlich

o·boe ['əʊbəʊ] *s* MUS Oboe *f*

'o·bo·ist *s* Oboist(in)

ob·scene [əb'siːn] *Adj* obszön, unanständig, unzüchtig

ob·scen·i·ty [əb'senətɪ] *s* Obszönität *f* (*auch Wort etc*), Unanständigkeit *f*, Unzüchtigkeit *f*

ob·scure [əb'skjʊə] **I** *Adj* **1. a)** dunkel, unklar, (*Motive etc auch*) undurchsichtig: ***for some obscure reason*** aus einem unerfindlichen Grund, **b)** unbestimmt, undeutlich (*Gefühl*) **2.** obskur, unbekannt, unbedeutend **II** *v/t* **3.** *Sonne etc* verdecken **4.** nicht klarmachen

ob'scu·ri·ty *s* **1.** Unklarheit *f* **2.** Unbekanntheit *f*

ob·se·qui·ous [əb'siːkwɪəs] *Adj* unterwürfig

ob'se·qui·ous·ness *s* Unterwürfigkeit *f*

ob·serv·a·ble [əb'zɜːvəbl] *Adj* wahrnehmbar, merklich

ob'ser·vance *s* Beachtung *f*, Befolgung *f*, Einhaltung *f*

ob'ser·vant *Adj* aufmerksam, achtsam

ob·ser·va·tion [ˌɒbsə'veɪʃn] *s* **1.** Beobachtung *f*, Überwachung *f*: ***keep s.o. under observation*** j-n beobachten (lassen) **2.** Bemerkung *f*

ob·ser·va·to·ry [əb'zɜːvətrɪ] *s* Observatorium *n*

ob'serve *v/t* **1.** beobachten: **a)** überwachen, **b)** studieren, **c)** bemerken: ***he was observed entering the house*** er wurde beim Betreten des Hauses beobachtet **2.** *Vorschrift etc* beachten, befolgen, einhalten; *Fest* feiern, begehen **3.** bemerken, äußern (**that** dass)

ob'serv·er *s* Beobachter(in)

ob·sess [əb'ses] *v/t*: ***be obsessed by*** (*oder* ***with***) besessen sein von

ob·ses·sion [əb'seʃn] *s* **1.** Besessenheit *f*: ***have an obsession with*** → ***obsess*** **2.** fixe Idee, PSYCH Zwangsvorstellung *f*

ob'ses·sion·al [əb'seʃnl] *Adj* PSYCH zwanghaft: ***obsessional neurosis*** Zwangsneurose *f*

ob·so·les·cent [ˌɒbsəʊ'lesnt] *Adj* veraltend: ***be***

obsolescent veralten
ob·so·lete [ˈɒbsəliːt] *Adj* veraltet
ob·sta·cle [ˈɒbstəkl] *s* Hindernis *n* (***to*** für) (*auch fig*): ***be an obstacle to s.th.*** etw behindern, einer Sache im Weg stehen; ***put obstacles in s.o.'s way*** j-m Steine in den Weg legen
ob·sta·cle race *s* SPORT Hindernisrennen *n*
ob·ste·tri·cian [ˌɒbstəˈtrɪʃn] *s* MED Geburtshelfer(in)
ob·stet·rics [ɒbˈstetrɪks] *s Pl (meist Sg konstruiert)* Geburtshilfe *f*
ob·sti·na·cy [ˈɒbstɪnəsɪ] *s* Hartnäckigkeit *f* (*auch fig*), Halsstarrigkeit *f*
ob·sti·nate [ˈɒbstənət] *Adj* hartnäckig (*auch fig*), halsstarrig
ob·strep·er·ous [əbˈstrepərəs] *Adj* **1.** lärmend **2.** aufsässig
ob·struct [əbˈstrʌkt] *v/t* **1.** *Straße etc* blockieren, versperren, *auch Röhre, Arterie etc* verstopfen **2.** *Aussicht etc* versperren, die Sicht versperren auf (*Akk*): ***obstruct s.o.'s view*** j-m die Sicht nehmen **3.** *Straßenverkehr, fig Fortschritt etc* behindern, aufhalten, *Gesetzesvorlage etc* blockieren, sich *einem Plan etc* in den Weg stellen
obˈstruc·tion *s* **1.** Blockierung *f*, Versperrung *f*, Verstopfung *f* **2.** Behinderung *f* **3.** POL Obstruktion *f*
obˈstruc·tion·ism [əbˈstrʌkʃənɪzəm] *s* POL Obstruktionspolitik *f*
obˈstruc·tive [əbˈstrʌktɪv] *Adj* hinderlich
ob·tain [əbˈteɪn] **I** *v/t* erhalten, bekommen, sich *etw* verschaffen: ***obtain s.th. for s.o.*** j-m etw beschaffen *oder* besorgen **II** *v/i* bestehen; Geltung haben
obˈtain·a·ble *Adj* erhältlich: ***no longer obtainable*** nicht mehr lieferbar, vergriffen
ob·trude [əbˈtruːd] **I** *v/t* aufdrängen (***on*** *Dat*) **II** *v/i* sich aufdrängen (***on*** *Dat*)
obˈtru·sive [əbˈtruːsɪv] *Adj* aufdringlich
ob·tuse [əbˈtjuːs] *Adj* **1.** MATHE stumpf (*Winkel*) **2.** *fig* begriffsstutzig, beschränkt
▶**ob·vi·ous** [ˈɒbvɪəs] *Adj* offensichtlich, klar, einleuchtend: ***it is (very) obvious that*** es liegt (klar) auf der Hand, dass
▶**oc·ca·sion** [əˈkeɪʒn] **I** *s* **1.** (günstige) Gelegenheit, richtiger Zeitpunkt (***for*** für): ***take the occasion to do s.th.*** die Gelegenheit ergreifen, etw zu tun **2.** (besondere) Gelegenheit, Anlass *m*: ***on this occasion*** bei dieser Gelegenheit; ***on the occasion of*** anlässlich (*Gen*); ***for the occasion*** eigens zu diesem Zweck *oder* Anlass **3.** (*bes* festliches) Ereignis: ***to celebrate the occasion*** zur Feier des Tages; ***rise to the occasion*** sich der Lage gewachsen zeigen; → ***mark²*** 11 **4.** Anlass *m*, Anstoß *m* **5.** Grund *m*, Veranlassung *f* (***for*** zu) **II** *v/t* **6.** veranlassen, verursachen
ocˈca·sion·al [əˈkeɪʒənl] *Adj* gelegentlich, Gelegenheits…; vereinzelt: ***smoke an occasional cigarette*** gelegentlich *oder* hin und wieder eine Zigarette rauchen
ocˈca·sion·al·ly [əˈkeɪʒnəlɪ] *Adv* gelegentlich, hin und wieder
oc·ci·den·tal [ˌɒksɪˈdentl] *Adj* abendländisch, westlich
oc·cult [ɒˈkʌlt] **I** *Adj* okkult: **a)** geheimnisvoll, verborgen, **b)** übersinnlich, **c)** geheim, Geheim… **II** *s*: ***the occult*** das Okkulte
oc·cult·ism [ˈɒkəltɪzəm] *s* Okkultismus *m*
oc·cu·pant [ˈɒkjʊpənt] *s* **1.** Bewohner(in): ***the occupants*** *Pl* ***of the house*** die Hausbewohner *Pl* **2.** Insasse *m*, Insassin *f*: ***the occupants*** *Pl* ***of the car*** die Autoinsassen *Pl*
▶**oc·cu·pa·tion** [ˌɒkjʊˈpeɪʃn] *s* **1.** Besitznahme *f*, -ergreifung *f* **2.** MIL, POL Besetzung *f*: ***occupation troops*** *Pl* Besatzungstruppen *Pl* **3.** Beschäftigung *f* **4.** Beruf *m*: ***by occupation*** von Beruf
ˌ**ocˈcuˈpa·tion·al** [ˌɒkjʊˈpeɪʃənl] *Adj* **1.** Berufs…: ***occupational accident*** Arbeitsunfall *m*; ***occupational disease*** Berufskrankheit *f*; ***occupational hazard*** Berufsrisiko *n* **2.** Beschäftigungs…: ***occupational therapy***
oc·cu·pi·er [ˈɒkjʊpaɪə] → ***occupant*** 1
▶**oc·cu·py** [ˈɒkjʊpaɪ] *v/t* **1.** in Besitz nehmen, Besitz ergreifen von; MIL, POL besetzen **2.** ***be occupied*** bewohnt sein; besetzt sein (*Platz*) **3.** *Amt* bekleiden, innehaben **4.** *Raum* einnehmen; *Zeit* in Anspruch nehmen **5.** *j-n* beschäftigen: ***occupy o.s. with*** (*oder* ***in***) ***s.th.*** sich mit etw beschäftigen
oc·cur [əˈkɜː] *v/i* **1.** sich ereignen, vorkommen **2.** vorkommen (***in*** bei *Shakespeare etc*) **3.** zustoßen (***to*** *Dat*) **4.** einfallen, in den Sinn kommen (***to*** *Dat*): ***it occurred to me that*** es fiel mir ein *oder* mir kam der Gedanke, dass
oc·cur·rence [əˈkʌrəns] *s* **1.** Vorkommen *n* **2.** Ereignis *n*, Vorfall *m*, Vorkommnis *n*: ***be an everyday occurrence*** etw (ganz) Alltägliches sein
▶**o·cean** [ˈəʊʃn] *s* **1.** Ozean *m*, Meer *n*: ***ocean liner*** Ozeandampfer *m* **2.** ***oceans*** *Pl* ***of*** *ugs* eine Unmenge von
ˈ**o·cean**ˌ**go·ing** *Adj* hochseetüchtig, Hochsee…
o·cher *Am*, **o·chre** *bes Br* [ˈəʊkə] **I** *s* MIN Ocker *m, n* **II** *Adj* ockerfarben, -gelb
▶**o'clock** [əˈklɒk] *Adv* … Uhr: ***at five o'clock*** um fünf Uhr
oc·ta·gon [ˈɒktəgən] *s* Achteck *n*
oc·tag·o·nal [ɒkˈtægənl] *Adj* achteckig
oc·tane [ˈɒkteɪn] *s* CHEM Oktan *n*: ***octane number*** (*oder* ***rating***) Oktanzahl *f*
oc·tave [ˈɒktɪv] *s* MUS Oktave *f*
▶**Oc·to·ber** [ɒkˈtəʊbə] *s* Oktober *m*: ***in October*** im Oktober
oc·to·pus [ˈɒktəpəs] *Pl* **oc·to·pus·es, oc·to·pi** [ˈɒktəpaɪ] *s* ZOOL Krake *m*
oc·u·lar [ˈɒkjʊlə] *Adj* Augen…
ˈ**oc·u·list** *s* Augenarzt *m*, -ärztin *f*
OD [əʊˈdiː] *Abk* (= ***overdose***) **I** *v/i* eine Überdosis nehmen **II** *s* Überdosis *f*
odd [ɒd] *Adj* (→ ***oddly***) **1.** sonderbar, seltsam, merkwürdig **2.** *nach Zahlen*: ***50 odd*** (etw) über 50, einige 50 **3.** ungerade (*Zahl*) **4.** Einzel…, einzeln (*Schuh etc*) **5.** gelegentlich, Gelegenheits…: ***odd jobs*** *Pl* Gelegenheitsarbeiten *Pl*
ˈ**odd·ball** *s bes Am ugs* komischer Kauz
odd·i·ty [ˈɒdɪtɪ] *s* **1.** Merkwürdigkeit *f* **2.** komische Person *oder* Sache
ˌ**odd-ˈjob man** *s* (*unreg* ***man***) Mädchen *n* für alles
odd·ly [ˈɒdlɪ] *Adv* **1.** → ***odd*** 1 **2.** *auch* ***oddly enough*** merkwürdigerweise
odds [ɒdz] *s Pl* **1.** (Gewinn)Chancen *Pl*: ***the odds are 10 to 1*** die Chancen stehen 10 zu 1; ***the odds are that he will come*** er kommt wahrscheinlich; ***the odds are in our favo(u)r*** (*oder* ***on us***) (***against us***) unsere Chancen stehen gut (schlecht); ***against all odds*** wider Erwarten, entgegen allen Erwartungen; → ***stack*** 6 **2.** ***be at odds*** uneins sein (***with*** mit): ***be at odds with*** *auch* im Widerspruch stehen zu **3.** ***it makes no odds*** *Br* es spielt keine Rolle, es

O

macht keinen Unterschied **4.** ***odds and ends*** Krimskrams *m*

ˌodds-ˈon *Adj* aussichtsreichst (*Kandidat etc*), hoch, klar (*Favorit*): ***it's odds-on that he will come*** er kommt höchstwahrscheinlich

o·di·ous [ˈəʊdjəs] *Adj* **1.** abscheulich **2.** widerlich, ekelhaft

o·dom·e·ter [əʊˈdɒmɪtə] *s* MOT *Am* Meilenzähler *m*

o·dor, *etc Am* → ***odour***, *etc*

o·dor·if·er·ous [ˌəʊdəˈrɪfərəs] *Adj* duftend

o·dour [ˈəʊdə] *s bes Br* Geruch *m*, *bes* Duft *m*

ˈo·dour·less *Adj bes Br* geruchlos

od·ys·sey [ˈɒdɪsɪ] *s* Odyssee *f*

Oe·di·pus com·plex [ˈiːdɪpəs] *s* PSYCH Ödipuskomplex *m*

oe·soph·a·gus [ɪˈsɒfəgəs] *Pl* **oe·soph·a·gi** [ɪˈsɒfəgaɪ], **oe·soph·a·gus·es** *s* ANAT *bes Br* Speiseröhre *f*

oes·tro·gen [ˈiːstrəʊdʒən] *s* BIOL *bes Br* Östrogen *n*

►**of** [ɒv] *Präp* **1.** *allg* von **2.** *zur Bezeichnung des Genitivs*: ***the tail of the dog*** der Schwanz des Hundes **3.** *Ort*: bei: ***the Battle of Hastings*** die Schlacht bei Hastings **4.** *Entfernung*, *Trennung*, *Befreiung*: **a)** von: ***south of London*** südlich von London; → ***cure*** 4, *etc*, **b)** *Gen*: → ***rob***, *etc*, **c)** um: → ***cheat*** 3, *etc* **5.** *Herkunft*: von, aus: ***Mr X of London*** Mr X aus London; → ***family*** I, *etc* **6.** *Eigenschaft*: von, mit: ***a man of courage*** ein mutiger Mann, ein Mann mit Mut; → ***importance***, *etc* **7.** *Stoff*: aus, von: ***a dress of*** (***fine***) ***silk*** ein Kleid aus (feiner) Seide, ein Seidenkleid; (***made***) ***of steel*** aus Stahl (hergestellt) **8.** *Urheberschaft*, *Art und Weise*: von: ***the works of Shakespeare***; ***it was clever of him*** **9.** *Ursache*, *Grund*: **a)** an (*Dat*): → ***die***¹ 1, *etc*, **b)** auf (*Akk*): → ***proud*** 1, *etc*, **c)** vor (*Dat*): → ***afraid***, *etc*, **d)** nach: → ***smell*** 2, *etc* **10.** *Thema*: an (*Akk*): → ***think*** 6, *etc* **11.** *Apposition*, *unübersetzt*: **a)** ***the city of London*** die Stadt London; ***the month of April*** der Monat April, **b)** *Maß*: ***a glass of wine*** ein Glas Wein; ***a piece of meat*** ein Stück Fleisch **12.** *Zeit*: **a)** von: ***your letter of March 3rd*** Ihr Schreiben vom 3. März, **b)** *Am* vor: ***ten of three***

of ohne Entsprechung im Deutschen GR

In Verbindungen mit possessivem Bezug wie Mengen- oder Ortsangaben wird **of** nicht übersetzt, z. B.:

a glass of milk	ein Glas Milch
two slices of toast	zwei Scheiben Toastbrot
two feet of snow	60 cm Schnee
two pounds of carrots	zwei Pfund Karotten
a box of paints	ein Malkasten
the City of London	die Londoner City
the county of Kent	die Grafschaft Kent
the month of June	der Monat Juni
the University of Birmingham (aber auch **Birmingham University**)	die Universität Birmingham

►**off** [ɒf] **I** *Adv* **1.** fort(…), weg(…): ***be off*** (*Sport*) gestartet sein; ***I must be off*** ich muss gehen *oder* weg; ***off with you!*** fort mit dir!; → ***go off*** 1, *etc* **2.** ab(…): → ***cut off***, ***hat***, *etc* **3.** weg, entfernt: ***three miles off*** **4.** ***off and on*** ab und zu, hin und wieder **5.** ***5% off*** WIRTSCH 5% Nachlass; → ***take off*** 5 **6.** aus(…), aus-, abgeschaltet: → ***switch*** 5, 6, *etc* **7.** ***be off*** ausfallen, nicht stattfinden: ***their engagement is off*** sie haben ihre Verlobung gelöst **8.** aus(gegangen), alle **9.** ***she is off today*** sie hat heute ihren freien Tag; ***give s.o. the afternoon off*** j-m den Nachmittag freigeben; ***take a day off*** sich einen Tag freinehmen **10.** nicht mehr frisch, verdorben (*Nahrungsmittel*): → ***go off*** 5 **11.** ***well*** (***badly***) ***off*** gut (schlecht) d(a)ran *oder* gestellt *oder* situiert: ***how are you off for …?*** wie sieht es bei dir mit … aus? **II** *Präp* **12.** weg von, von (… weg *oder* ab *oder* herunter): ***jump off the bus*** vom Bus abspringen; → ***get off***, ***grass*** 2, *etc* **13.** abseits von (*oder Gen*), von … weg: ***a street off Piccadilly*** eine Seitenstraße von Piccadilly **14.** ***be off duty*** nicht im Dienst sein, dienstfrei haben **15.** ***be off s.th.*** etw nicht mehr mögen; von etw kuriert sein: → ***drug*** 2 **16.** SCHIFF vor *der Küste etc* **III** *Adj* **17.** (arbeits-, dienst)frei **18.** schlecht (*Tag etc*): ***I am having an off day*** heute geht alles schief, das ist heute nicht mein Tag **19.** ***on the off chance*** auf gut Glück; in der Hoffnung (***of getting*** zu bekommen); ***off season*** Nebensaison *f*

ˈoff·beat *Adj ugs* ausgefallen, unkonventionell

ˌoff-ˈcol·or, **ˌoff-ˈcol·our** *Adj* **1.** ***be*** (*oder* ***feel***) ***off-colo***(***u***)***r*** sich nicht wohlfühlen **2.** gewagt (*Witz etc*)

►**of·fence** [əˈfens] *s* **1.** *allg* Vergehen *n*, Verstoß *m* (***against*** gegen) **2.** JUR Straftat *f*; Vergehen *n* **3.** Beleidigung *f*, Kränkung *f*: ***give*** (*oder* ***cause***) ***offence*** Anstoß *oder* Ärgernis erregen (***to*** bei); ***take offence*** Anstoß nehmen (***at*** an *Dat*); ***be quick*** (*oder* ***swift***) ***to take offence*** schnell beleidigt sein; ***no offence*** (***meant*** *oder* ***intended***) nichts für ungut! **4.** Angriff *m*

►**of·fend** [əˈfend] **I** *v/t* beleidigen, kränken: ***be offended at*** (*oder* ***by***) sich beleidigt fühlen durch **II** *v/i* verstoßen (***against*** gegen)

ofˈfend·er *s* (Übel-, Misse)Täter(in): ***first offender*** JUR nicht Vorbestrafte *m*, *f*, Ersttäter(in)

►**of·fense** *Am* → ***offence***

of·fen·sive [əˈfensɪv] **I** *Adj* **1.** beleidigend, anstößig: ***get offensive*** ausfallend werden **2.** widerlich (*Geruch etc*) **3.** MIL, SPORT Angriffs…, Offensiv… **II** *s* **4.** *allg* Offensive *f*: ***take*** (*oder* ***go on***) ***the offensive*** die Offensive ergreifen

►**of·fer** [ˈɒfə] **I** *v/t* **1.** anbieten: → ***resistance*** 1 **2. a)** WIRTSCH *Ware* anbieten (***for sale*** zum Verkauf), offerieren, **b)** WIRTSCH *Preis*, *Summe* bieten, **c)** *Preis*, *Belohnung* aussetzen **3.** *Entschuldigung etc* vorbringen, *Vorschlag* machen **4.** sich bereit erklären (***to do*** zu tun): ***offer to help*** seine Hilfe anbieten **II** *v/i* **5.** es *oder* sich anbieten **III** *s* **6.** Angebot *n*: ***make s.o. an offer of s.th.*** j-m etw anbieten; ***his offer of help*** sein Angebot zu helfen, seine angebotene Hilfe **7.** WIRTSCH (An)Gebot *n*, Offerte *f* (***of*** über *Akk*): ***on offer*** zu verkaufen; im Angebot; ***or near offer*** Verhandlungsbasis

ˌoffˈhand **I** *Adv* **1.** auf Anhieb, so ohne Weiteres **II** *Adj* **2.** improvisiert, Stegreif… **3.** lässig (*Art etc*), hingeworfen (*Bemerkung*)

Offering something	Etwas anbieten
Would you like some tea?	Möchtest du einen Tee?
How about a glass of wine?	Wie wär's mit einem Glas Wein?
Help yourself (to salad).	Bedien dich (von dem Salat).
Can I persuade you to try some of this?	Kann ich dich dazu überreden, etwas davon zu probieren?
Do you fancy some ice cream?	Hast du Lust auf ein Eis?
More cake, anyone?	Möchte jemand noch ein Stück Kuchen?
(Who wants) Coffee?	(Wer möchte) Kaffee?
Why don't you have a piece of chocolate?	Nimm doch ein Stück Schokolade.
Go on, have some more.	Komm, nimm dir doch noch ein bisschen.
Here, take these with you.	Hier, nimm diese mit.

SG

▶**of·fice** ['ɒfɪs] *s* **1.** Büro *n*, *(einer Institution)* Geschäftsstelle *f*, *(Anwalts)*Kanzlei *f*: ***at the office*** im Büro **2.** *meist* **Office** *bes Br* Ministerium *n*: → ***foreign*** 1, ***Home Office*** **3.** *(bes* öffentliches) Amt, Posten *m*: ***be in*** (***out of***) ***office*** (nicht mehr) im Amt sein; (nicht mehr) an der Macht sein

of·fice block *s* Bürogebäude *n*

of·fice boy *s* Bürogehilfe *m*

of·fice girl *s* Bürogehilfin *f*

'of·fice,hold·er *s* Amtsinhaber(in)

of·fice hours *s Pl* Dienstzeit *f*; Geschäfts-, Öffnungszeiten *Pl*

▶**of·fi·cer** ['ɒfɪsə] *s* **1.** MIL Offizier(in) **2.** *(Polizei- etc)*Beamte *m*, (-)Beamtin *f*

▶**of·fi·cial** [ə'fɪʃl] **I** *Adj* **1.** offiziell, amtlich, dienstlich: ***official duties*** *Pl* Amtspflichten *Pl*; ***official language*** Amtssprache *f*; ***official secret*** Amts-, Dienstgeheimnis *n*; ***official trip*** Dienstreise *f*; → ***channel***, ***residence*** 1 **II** *s* **2.** Beamte *m*, Beamtin *f* **3.** *(Gewerkschafts- etc)* Funktionär(in)

of'fi·cial·dom *s* Beamtentum *n*, *die* Beamten *Pl*

of,fi·cial'ese [ə,fɪʃə'li:z] *s* Amtsenglisch *n*, Behördensprache *f*

off·ing ['ɒfɪŋ] *s*: ***be in the offing*** sich abzeichnen, in Sicht sein

'off-,li·cence *s Br* Wein- und Spirituosenhandlung *f*

'off·line *Adj und Adv* COMPUTER offline: ***work offline*** offline arbeiten

'off-peak *Adj*: ***off-peak electricity*** Nachtstrom *m*; ***off-peak hours*** *Pl* verkehrsschwache Stunden *Pl*

'off-,put·ting *Adj Br ugs* unangenehm, störend; unsympathisch *(Person, Wesen)*

'off-road·er *s* MOT Geländefahrzeug *n*

off·set I *s* ['ɒfset] **1.** Ausgleich *m*: ***as an offset*** als Ausgleich (***to*** für) **2.** BUCHDRUCK Offsetdruck *m* **II** *v/t* [ɒf'set] *(unreg* ***set****)* **3.** ausgleichen

'off·shoot *s* BOT Ableger *m* *(auch fig)*, Sprössling *m*

,off'shore I *Adv* vor der Küste **II** *Adj* küstennah: ***offshore drilling*** Offshorebohrung *f*; ***offshore fishing*** Küstenfischerei *f*

,off'side *Adj und Adv* SPORT abseits: ***be offside*** abseitsstehen *oder* im Abseits stehen; ***offside position*** Abseitsposition *f*, -stellung *f*; ***offside trap*** Abseitsfalle *f*

'off·spring *s* **1.** Nachkommen(schaft *f*) *Pl* **2.** *Pl* ***offspring*** Abkömmling *m*, Nachkomme *m*

,off-the-'rec·ord *Adj und Adv* nicht für die Öffentlichkeit bestimmt, inoffiziell

▶**of·ten** ['ɒfn] *Adv* oft(mals), häufig: ***more often*** öfters; ***as often as*** jedes Mal, wenn; ***as often as*** (*oder* ***more often than***) ***not*** sehr oft; ***ever so often*** öfters, von Zeit zu Zeit

o·gle ['əʊgl] *v/t (auch v/i:* ***ogle at****) j-m* (schöne) Augen machen; *pej* begaffen

oh [əʊ] *Interj* oh!: → ***dear*** 5, ***yes*** I

OHP [əʊeɪtʃ'pi:] *Abk* (= ***overhead projector***) Overheadprojektor *m*

oik [ɔɪk] *s ugs* Prolo *m*

▶**oil** [ɔɪl] **I** *s* **1.** Öl *n*: ***pour oil on troubled waters*** *fig* Öl auf die Wogen gießen; → ***midnight*** II **2.** (Erd)Öl *n*: ***strike oil*** auf Öl stoßen; *fig* Glück *oder* Erfolg haben, *auch* fündig werden **3.** *meist Pl* Ölfarbe *f*: ***paint in oils*** in Öl malen **II** *v/t* **4.** (ein)ölen, schmieren: ***oil the wheels*** *fig* für einen reibungslosen Ablauf sorgen; → ***palm***[1] 1

oil ca·tas·tro·phe *s* Ölpest *f*

oil change *s* MOT Ölwechsel *m*: ***do an oil change*** einen Ölwechsel machen

oil col·or, **oil col·our** *s* Ölfarbe *f*

,oil-con'tam·i·nat·ed *Adj* ölverseucht

oil cri·sis *s (unreg* ***crisis****)* Ölkrise *f*

O

Persönliches Passiv bei bestimmten Verben

GR

Im Gegensatz zum Deutschen kann im Englischen das persönliche Passiv gebildet werden. Die betroffene Person steht dabei immer an erster Stelle:

She was offered a company car.	Ihr wurde ein Firmenwagen angeboten. *Nicht*: ~~Sie wurde ein Firmenwagen angeboten.~~
I was taught to be friendly to everyone.	Man hat mir beigebracht, jedem gegenüber freundlich zu sein.

Folgende Verben können ebenfalls im persönlichen Passiv verwendet werden:
advise, allow, bring, expect, follow, give, help, promise, sell, send, show, tell

oil di·sas·ter *s* Ölkatastrophe *f*
'oil·field *s* Ölfeld *n*
'oil,fired *Adj*: ***oilfired central heating*** Ölzentralheizung *f*
oil lamp *s* Öl-, Petroleumlampe *f*
oil lev·el *s* MOT Ölstand *m*
oil paint *s* Ölfarbe *f*
oil paint·ing *s* **1.** Ölmalerei *f* **2.** Ölgemälde *n*
'oilpro,duc·ing coun·try *s* Ölförderland *n*
oil rig *s* (Öl)Bohrinsel *f*
oil sheik(h) *s* Ölscheich *m*
oil slick *s* Ölteppich *m*
oil well *s* Ölquelle *f*
oil·y ['ɔɪlɪ] *Adj* **1.** ölig, ölverschmiert **2.** *fig* schleimig
oint·ment ['ɔɪntmənt] *s* Salbe *f*
►**OK, o·kay** [,əʊ'keɪ] *ugs* **I** *Adj und Interj* okay(!), o. k.(!), in Ordnung(!) **II** *v/t* genehmigen, *einer Sache* zustimmen **III** *s* Okay *n*, O. K. *n*, Genehmigung *f*, Zustimmung *f*
►**old** [əʊld] **I** *Adj* **1.** *allg* alt: ***grow old*** alt werden, altern; ***I'm getting old!*** ich werde alt!; ***ten years old*** zehn Jahre alt; ***a ten-year-old boy*** ein zehnjähriger Junge; ***old boy*** *Br* ehemaliger Schüler, Ehemalige *m*; ***old girl*** *Br* ehemalige Schülerin, Ehemalige *f*; ***be old hat*** *ugs* ein alter Hut sein; ***the*** (*oder* ***his***) ***old lady*** (*oder* ***woman***) *ugs* seine Alte; seine alte Dame; ***the*** (*oder* ***her***) ***old man*** *ugs* ihr Alter; ihr alter Herr; ***old people's home*** Alten-, Altersheim *n*; ***of the old school*** *Gentleman etc* der alten Schule; ***Old Testament*** *das* Alte Testament; ***old wives' tale*** Ammenmärchen *n*; ***Old World*** *die* Alte Welt; → ***flame*** 1, ***hand*** 6, ***maid*** 1 **2.** *sl* (*verstärkend*) ***have a fine old time*** sich köstlich amüsieren; ***I can use any old thing*** ich hab für alles Verwendung; ***come any old time*** komm, wann es dir gerade passt **II** *s* **3.** ***the old*** *Pl* die Alten *Pl*
old age *s* (hohes) Alter: ***in one's old age*** im Alter; ***die of*** (*oder* ***from***) ***old age*** an Altersschwäche sterben
►**old-age** ['əʊldeɪdʒ] *Adj* Alters...: ***old-age pension*** Rente *f*, Pension *f*; ***old-age pensioner*** Rentner(in), Pensionär(in)
►**old-fash·ioned** [əʊld'fæʃnd] *Adj* **1.** altmodisch **2.** *Br ugs* missbilligend (*Blick etc*)
,old'maid·ish *Adj* altjüngferlich
o·le·an·der [,əʊlɪ'ændə] *s* BOT Oleander *m*
ol·fac·to·ry [ɒl'fæktərɪ] *Adj* Geruchs...
ol·i·garch·y ['ɒlɪgɑːkɪ] *s* Oligarchie *f*
ol·ive ['ɒlɪv] **I** *s* **1.** *auch* ***olive tree*** Oliven-, Ölbaum *m* **2.** Olive *f*: ***olive oil*** Olivenöl *n* **II** *Adj* **3.** olivgrün
O·lym·pi·ad [əʊ'lɪmpɪæd] *s* Olympiade *f*
O'lym·pic **I** *Adj* olympisch: ***Olympic champion*** Olympiasieger(in); ***Olympic Games*** *siehe* II; ***Summer*** (***Winter***) ***Olympic Games*** *Pl* Olympische Sommer- (Winter)spiele *Pl* **II** *s Pl* Olympische Spiele *Pl*
om·buds·man ['ɒmbʊdzmən] *s* (*unreg* ***man***) *s* POL Ombudsmann *m*
om·buds·wom·an *s* (*unreg* ***woman***) Ombudsfrau *f*
om·e·lett *s Am*, **om·e·lette** *s bes Br* ['ɒmlɪt] Omelett *n*
o·men ['əʊmen] *s* Omen *n*, Vorzeichen *n*
om·i·nous ['ɒmɪnəs] *Adj* ominös, unheilvoll: ***that's ominous*** das lässt nichts Gutes ahnen
o·mis·sion [ə'mɪʃn] *s* **1.** Aus-, Weglassung *f* **2.** Unterlassung *f*, Versäumnis *n*: ***sin of omission*** Unterlassungssünde *f*
►**o·mit** [ə'mɪt] *v/t* **1.** aus-, weglassen (***from*** aus) **2.** ***omit to do s.th.*** versäumen *oder* es unterlassen, etw zu tun
om·ni·bus ['ɒmnɪbəs] *s* Sammelband *m*
om·nis·ci·ent [ɒm'nɪsɪənt] *Adj* allwissend
►**on** [ɒn] **I** *Präp* **1.** auf (*Akk oder Dat*) **2.** *getragen von*: auf (*Dat*), an (*Dat*), in (*Dat*): ***find s.th. on s.o.*** etw bei j-m finden; ***have you got any money on you?*** hast du Geld bei dir?; → ***foot*** 1, *etc* **3.** *festgemacht oder sehr nahe*: an (*Dat*): ***the dog is on the lead*** der Hund ist angeleint; ***on the Thames*** an der Themse **4.** *Richtung, Ziel*: auf (*Akk*) ... (hin), an (*Akk*): ***drop s.th. on the floor*** etw zu Boden fallen lassen; ***hang s.th. on a peg*** etw an einen Haken hängen; → ***board*** 6, *etc* **5.** *fig auf der Grundlage von*: auf (*Akk*) ... (hin): ***on this evidence*** aufgrund dieses Beweismaterials; → ***condition*** 1, *etc* **6.** *aufeinanderfolgend*: auf (*Akk*), über (*Akk*): ***loss on loss*** Verlust auf *oder* über Verlust; ***be on one's second glass*** beim zweiten Glas sein **7.** (*gehörig*) zu, (*beschäftigt*) bei: ***be on a committee*** zu einem Ausschuss gehören **8.** *Zustand*: in (*Dat*), auf (*Dat*): ***be on*** *Medikament etc* ständig nehmen; *pej* ...abhängig *oder* ...süchtig sein; → ***duty*** 2, *etc* **9.** *gerichtet*: auf (*Akk*): ***a joke on s.o.*** ein Spaß auf j-s Kosten; ***the next round is on me*** *ugs* die nächste Runde geht auf meine Rechnung **10.** *Thema*: über (*Akk*): ***talk on a subject*** **11.** *Zeitpunkt*: an (*Dat*): ***on June 3rd*** am 3. Juni; ***on the morning of July 1st*** am Morgen des 1. Juli; ***on Friday*** am Freitag **II** *Adv* **12.** an..., auf...: → ***put on*** 1, ***keep on*** 1, *etc* **13.** weiter(...): ***and so on*** und so weiter; ***on and on*** immer weiter; ***on and off*** ab und zu, hin und wieder; ***from that day on*** von dem Tage an **III** *Adj* **14.** ***be on*** **a)** vor sich gehen: ***what's on?*** was ist los?, **b)** an sein (*Licht, Radio etc*), **c)** THEAT gegeben werden (*Stück*), FILM laufen (*Film*), RUNDFUNK, TV gesendet werden **15.** ***be always on at s.o.*** *ugs* j-m dauernd in den Ohren liegen (***about*** wegen)
►**once** [wʌns] **I** *Adv* **1.** einmal: ***once again*** (*oder* ***more***) noch einmal; ***once or twice*** ein paarmal; ***once in a while*** ab und zu, hin und wieder; ***once and for all*** ein für alle Mal; ***not once*** kein einziges Mal; → ***lifetime*** I, ***moon*** I **2.** einmal, einst: ***once upon a time there was*** es war einmal **II** *s* **3.** ***the once*** einmal, ein einziges Mal; ***this once*** dieses 'eine Mal **4.** ► ***at once*** **a)** auf einmal, gleichzeitig, **b)** sofort: ***all at once*** mit 'einem Mal **III** *Konj* **5.** sobald *oder* wenn (einmal)
on·com·ing ['ɒn,kʌmɪŋ] *Adj* entgegenkommend: ***oncoming traffic*** Gegenverkehr *m*
►**one** [wʌn] **I** *Adj* **1.** ein(e): → ***hundred*** 1, ***thousand*** 1 **2.** *betont*: einzig: ***they were all of one mind*** sie waren alle 'einer Meinung; ***his one thought*** sein einziger Gedanke; ***my one and only hope*** meine einzige Hoffnung; ***the one and only ...*** der einzigartige *oder* unvergleichliche ... **3.** ein gewisser ..., eine gewisse ..., ein gewisses ...: ***one day*** eines Tages; ***one John Smith*** ein gewisser John Smith **II** *s* **4.** Eins *f*, eins: ***at one*** um eins; ***be one up on s.o.*** j-m voraus sein; → ***number*** 2 **5.** *der, die, das* Einzelne: ***one by one, one after the other*** einer nach dem andern; ***I for one*** ich zum Beispiel; → ***another*** 1 **III** *Pron* **6.** ein(e): ***the one who*** der(jenige), welcher; ***one another*** sich (gegenseitig), einander **7.** *Stützwort, meist un-*

O

Das Stützwort one

Soll im Deutschen ein Substantiv im Satz nicht wiederholt werden, kann das dazugehörige Adjektiv allein auftreten. Im Englischen muss das Adjektiv mit dem Stützwort **one** (Singular) bzw. **ones** (Plural) stehen:

Which car shall we buy? The red one or the blue one?	Welches Auto wollen wir kaufen? Das rote oder das blaue?
These skirts are hideous. Haven't you got any nice ones?	Diese Röcke sind scheußlich. Haben Sie keine schönen?

übersetzt: ***the little ones*** die Kleinen; ***a red pencil and a blue one*** ein roter Bleistift und ein blauer **8.** man **9.** ***one's*** sein: ***break one's leg*** sich das Bein brechen

ˌone-ˈarmed *Adj*: ***one-armed bandit*** *ugs* einarmiger Bandit

ˌone-ˈhorse *Adj* einspännig: ***one-horse town*** *ugs* Nest *n*, Kaff *n*

ˌone-ˈlegged *Adj* einbeinig

ˈone-man *Adj* Einmann...: ***one-man band*** Einmannkapelle *f*; ***one-man show*** One-Man--Show *f*

ˈone-night *Adj*: ***one-night stand*** THEAT *etc* einmaliges Gastspiel; *fig* Sex *m* für eine Nacht

ˌone-ˈpar·ent fam·i·ly *s* Einelternteilfamilie *f*

ˈone-piece *Adj* einteilig

on·er·ous [ˈɒnərəs] *Adj* lästig, beschwerlich (***to*** für)

▶**one·self** [wʌnˈself] *Pron* **1.** *refl* sich (selbst *oder* selber): (***all***) ***by oneself*** ganz allein; ***cut oneself*** sich schneiden **2.** sich selbst *oder* selber **3.** man selbst *oder* selber: ***be oneself*** sich normal *oder* natürlich benehmen *oder* geben; ***not to be oneself*** nicht auf der Höhe sein; nicht ganz bei Verstand sein; ***be oneself again*** wieder ganz der Alte sein

ˌone-ˈsid·ed *Adj* einseitig (*auch fig*)

ˈone·time *Adj* ehemalig, früher

ˈone-track *Adj* BAHN eingleisig: ***have a one--track mind*** *fig* immer nur dasselbe im Kopf haben

ˈone-way *Adj* **1.** Einbahn...: ***one-way street*** **2.** ***one-way ticket*** *Am* einfache Fahrkarte, FLUG einfaches Ticket **3.** *fig* einseitig

ˈonˌgo·ing *Adj* laufend

▶**on·ion** [ˈʌnjən] *s* BOT Zwiebel *f*: ***know one's onions*** *ugs* sein Geschäft verstehen

ˈon·line *Adj und Adv* COMPUTER online: ***work online*** online arbeiten

ˈonˌlook·er *s* Zuschauer(in)

▶**on·ly** [ˈəʊnlɪ] **I** *Adj* **1.** einzig: ***only child*** Einzelkind *n*; → ***one*** 2 **II** *Adv* **2.** nur, bloß: ***if only he would leave!*** wenn er doch nur endlich ginge!; → ***but*** 2 **3.** erst: ***only yesterday***; ***only just*** eben erst, gerade **III** *Konj* **4.** nur, bloß

o.n.o. *Abk* (= ***or nearest offer***) VB, Verhandlungsbasis *f*; ***£ 50 o.n.o.*** Verhandlungsbasis £ 50

if only

Nach **if only** („wenn … nur / bloß") kann auch im **if**-Satz **would** stehen:

If only he would talk to me.	Wenn er nur mit mir reden würde!

⚠ Aber nicht bei statischen Verben:

If only I knew the answer.	Wenn ich bloß die Antwort wüsste!

ˈon·rush *s* Ansturm *m*

ˈon·set *s* Einbruch *m*, Beginn *m* (*des Winters*); Ausbruch *m* (*einer Krankheit*)

on·slaught [ˈɒnslɔːt] *s* (heftiger) Angriff (*auch fig*)

ˌon-the-ˈjob *Adj* praktisch (*Ausbildung*)

on·to [ˈɒntʊ] *Präp* **1.** auf (*Akk*) **2.** ***be onto s.o.*** *ugs* j-m auf die Schliche gekommen sein

on·ward, **on·wards** [ˈɒnwəd(z)] *Adv* vorwärts, weiter: ***from today onward(s)*** von heute an

ooze [uːz] **I** *v/i* (*ein-*, *durch*)sickern, (-)dringen (*auch Licht*, *Geräusch etc*): ***ooze out*** aussickern; entweichen (*Luft*, *Gas*); *fig* durchsickern (*Geheimnis etc*) **II** *v/t* absondern; *fig Charme* ausstrahlen, *Optimismus*, *gute Laune etc auch* verströmen; von *Sarkasmus etc* triefen

o·paque [əʊˈpeɪk] *Adj* **1.** undurchsichtig **2.** *fig* unverständlich

OPEC [ˈəʊpek] *Abk* (= ***Organization of*** (***the***) ***Petroleum Exporting Countries***) OPEC *f*, Organisation *f* der Erdöl exportierenden Länder

▶**o·pen** [ˈəʊpən] **I** *Adj* **1.** *allg* offen (*Buch*, *Fenster*, *Flasche etc*): ***the door is open*** die Tür ist *oder* steht offen; ***hold the door open for s.o.*** j-m die Tür aufhalten; ***keep one's eyes open*** *fig* die Augen offen halten; → ***arm***[1] 1, ***book*** 1 **2.** offen (*Gelände*, *Meer*), frei (*Feld*): → ***air***[1] 1 **3.** geöffnet, offen (*Laden etc*) **4.** *fig* offen (***to*** für), öffentlich: ***open letter*** offener Brief; ***open tournament*** *siehe* 13 **5.** *fig* zugänglich, aufgeschlossen (***to*** für *oder Dat*) **6.** *fig* ausgesetzt, unterworfen (***to*** *Dat*): ***open to question*** anfechtbar; ***that is open to argument*** darüber lässt sich streiten **7.** *fig* offen, unentschieden (*Frage etc*) **8.** *fig* **a)** offen, freimütig: ***be open with s.o.*** offen mit j-m reden, **b)** offen(kundig), unverhüllt: ***open secret*** offenes Geheimnis **9.** ***open cheque*** WIRTSCH *Br* Barscheck *m* **10.** ***open season*** Jagdzeit *f* **11.** LING offen (*Vokal*) **II** *s* **12.** ***in the open*** im Freien: ***bring into the open*** *fig* an die Öffentlichkeit bringen; ***come into the open*** Farbe bekennen; an die Öffentlichkeit treten (***with*** mit) **13.** *Golf*, *Tennis*: offenes Turnier **III** *v/t* **14.** *allg* öffnen, aufmachen, *Buch etc auch* aufschlagen **15.** *Debatte*, *Feuer*, *Konto etc* eröffnen, *neuen Markt etc* erschließen: ***open to traffic*** *Straße etc* dem Verkehr übergeben **16.** *fig Gefühle*, *Gedanken* enthüllen: ***open o.s. to s.o.*** sich j-m mitteilen **IV** *v/i* **17.** sich öffnen, aufgehen **18.** öffnen, aufmachen (*Laden etc*) **19.** führen, gehen (***onto*** auf *Akk* [… hinaus]) (*Tür*, *Fenster*) **20.** beginnen; anlaufen (*Film*)

◆**o·pen out** **I** *v/t* ausbreiten, *Stadtplan etc* auseinanderfalten **II** *v/i* auftauen, mitteilsam werden

O

◆**o·pen up** **I** *v/t* **1.** aufmachen, -schließen **2.** *neuen Markt etc* erschließen, *Möglichkeiten etc* eröffnen **II** *v/i* **3.** aufmachen, -schließen **4.** *fig* **a)** loslegen (**with** mit), **b)** → ***open out*** II

ˌ**o·pen-'air** *Adj* im Freien: ***open-air festival*** Open-Air-Festival *n*; ***open-air swimming pool*** Freibad *n*; ***open-air theater*** (*bes Br* ***theatre***) Freilichttheater *n*; ***open-air venue*** Open-Air--Gelände *n*

ˌ**o·pen-'end·ed** *Adj* zeitlich unbegrenzt: ***open--ended discussion*** Open-End-Diskussion *f*

▶**o·pen·er** ['əʊpnə] *s* **1.** (*Dosen-, Flaschen*)Öffner *m* **2.** *Am* Eröffnungsnummer *f* (*einer Show etc*)

ˌ**o·pen-'eyed** *Adj* mit großen Augen, staunend

ˌ**o·pen-'hand·ed** *Adj* freigebig

o·pen·ing ['əʊpnɪŋ] **I** *s* **1.** Öffnung *f* **2.** WIRTSCH freie Stelle **3.** Eröffnung *f* (*einer Debatte, des Feuers, eines Kontos etc*), Erschließung *f* (*eines neuen Markts etc*) **II** *Adj* **4.** Eröffnungs…: ***opening ceremony***; ***opening night*** THEAT Eröffnungsvorstellung *f* **5.** Öffnungs…: ***opening time***; ***opening time is at …*** das Geschäft *etc* ist ab … geöffnet; ***opening hours*** Öffnungs- (*oder* Geschäfts)zeiten

ˌ**o·pen-'mind·ed** *Adj* aufgeschlossen

ˌ**o·pen-'mouthed** *Adj* mit offenem Mund

ˌ**o·pen-'plan** *Adj*: ***open-plan office*** Großraumbüro *n*

O·pen U·ni·ver·si·ty *s Br* Fern(seh)universität *f* (*deren Kurse auch ohne entsprechenden Schulabschluss belegt werden können*)

Open University LK

Seit 1969 können Briten, die keine akademische Voraussetzung für ein Universitätsstudium besitzen, im Rahmen der **Open University** trotzdem studieren. Diese Art von Fernuni basiert vor allem auf häuslicher Arbeit und dem Austausch zwischen Student und Lehrpersonal per Post. Unterrichtseinheiten werden über Internet, Fernsehen, Radio oder spezielle Kursbücher vermittelt. Ergänzt wird das Studium durch Sommerkurse an bestimmten Universitäten.

O

op·er·a[1] ['ɒpərə] *s* MUS Oper *f*: ***go to the opera*** in die Oper gehen

op·er·a[2] ['ɒpərə] *Pl von* ***opus***

op·e·ra·ble ['ɒpərəbl] *Adj* **1.** durchführbar **2.** TECH betriebsfähig **3.** MED operabel, operierbar

op·er·a glass·es *s Pl, auch* ***pair of opera glasses*** Opernglas *n*

op·er·a house *s* Opernhaus *n*, Oper *f*

▶**op·er·ate** ['ɒpəreɪt] **I** *v/i* **1.** *bes* TECH arbeiten, in Betrieb sein, laufen (*Maschine etc*) **2.** wirksam sein *oder* werden; sich auswirken (***against*** gegen; ***in s.o.'s favo[u]r*** zu j-s Gunsten) **3.** MED operieren (***on s.o.*** j-n): ***operate on s.o. for appendicitis*** j-n am Blinddarm operieren **4.** WIRTSCH tätig sein **5.** MIL operieren **II** *v/t* **6.** TECH *Maschine* bedienen, *Schalter, Bremse etc* betätigen **7.** *Unternehmen, Geschäft* betreiben, führen

op·er·at·ic [ˌɒpə'rætɪk] *Adj* MUS Opern…

op·er·at·ing ['ɒpəreɪtɪŋ] *Adj* **1.** *bes* TECH Betriebs…, Arbeits…: ***operating instructions*** *Pl* Bedienungs-, Betriebsanleitung *f*; ***operating system*** COMPUTER Betriebssystem *n* **2.** WIRTSCH betrieblich, Betriebs…: ***operating costs*** (*oder* ***expenses***) *Pl* Betriebskosten *Pl* **3.** MED Operations…: ***operating room*** *Am*, ***operating theatre*** *Br* Operationssaal *m*; ***operating table*** Operationstisch *m*

▶**op·e·ra·tion** [ɒpə'reɪʃn] *s* **1.** *bes* JUR Wirksamkeit *f*, Geltung *f*: ***be in operation*** in Kraft sein; ***come into operation*** in Kraft treten **2.** *bes* TECH Betrieb *m*, Lauf *m* (*einer Maschine etc*): ***in operation*** in Betrieb; ***put in*** (***out of***) ***operation*** in (außer) Betrieb setzen **3.** TECH Bedienung *f*, Betätigung *f* **4.** TECH *etc* Wirkungs-, Arbeitsweise *f*; Arbeitsgang *m* **5.** WIRTSCH Geschäft *n*, (*Börse*) Transaktion *f* **6.** MED Operation *f*: ***appendix operation*** Blinddarmoperation *f*; ***have an operation on one's arm*** am Arm operiert werden **7.** MIL Operation *f*, Unternehmen *n*

ˌ**op·er'a·tion·al** [ɒpə'reɪʃənl] *Adj* **1.** *bes* TECH Betriebs…, Arbeits…; TECH betriebsbereit **2.** WIRTSCH betrieblich, Betriebs… **3.** MIL Operations…, Einsatz…

op·er·a·tive ['ɒpərətɪv] *Adj* **1.** wirksam: ***become operative*** *bes* JUR in Kraft treten: ***the operative word*** genau das richtige Wort **2.** MED operativ

▶**op·e·ra·tor** ['ɒpəreɪtə] *s* **1.** (Maschinen)Arbeiter(in), (*Kran- etc*) Führer(in); COMPUTER Operator *m* **2.** TEL Vermittlung *f* **3.** (*Reise*)Veranstalter(in) **4.** ***a clever*** (*oder* ***smooth***) ***operator*** *ugs* ein raffinierter Kerl

op·er·et·ta [ˌɒpə'retə] *s* MUS Operette *f*

oph·thal·mic [ɒf'θælmɪk] *Adj* Augen…

o·pi·ate ['əʊpɪət] *s* PHARM **1.** Opiat *n*, Opiumpräparat *n* **2.** Schlaf- *oder* Beruhigungsmittel *n*

▶**o·pin·ion** [ə'pɪnjən] *s* **1.** Meinung *f*, Ansicht *f*: ***in my opinion*** meines Erachtens, meiner Meinung *oder* Ansicht nach; ***be of the opinion that*** der Meinung *oder* Ansicht sein, dass; ***that is a matter of opinion*** das ist Ansichtssache; ***public opinion*** die öffentliche Meinung **2.** Meinung *f*: ***have a good*** (*oder* ***high***) (***bad, low***) ***opinion of*** eine (keine) hohe Meinung haben von **3.** Gutachten *n* (***on*** über *Akk*)

o'pin·ion·at·ed [ə'pɪnjəneɪtɪd] *Adj* starr-, eigensinnig

o·pin·ion poll *s* Meinungsumfrage *f*

o·pin·ion poll·ster *s* Meinungsforscher(in)

o·pi·um ['əʊpjəm] *s* Opium *n*

o·pos·sum [ə'pɒsəm] *s* ZOOL Opossum *n*, Beutelratte *f*

op·po·nent [ə'pəʊnənt] *s* Gegner(in), Gegenspieler(in) (*beide auch Sport*)

op·por·tune ['ɒpətjuːn] *Adj* **1.** günstig, passend **2.** rechtzeitig

'**op·por·tun·ism** *s* Opportunismus *m*

'**op·por·tun·ist** **I** *s* Opportunist(in) **II** *Adj* opportunistisch

▶**op·por·tu·ni·ty** [ˌɒpə'tjuːnɪtɪ] *s* Gelegenheit *f*, Möglichkeit *f*, Chance *f* (***of doing, to do*** zu tun; ***for s.th.*** für *oder* zu etw): ***at the first*** (*oder* ***earliest***) ***opportunity*** bei der erstbesten Gelegenheit; → ***equal*** 1, ***equality***

op·pose [ə'pəʊz] *v/t* sich widersetzen (*Dat*), angehen gegen

op'posed *Adj* **1.** entgegengesetzt: ***as opposed to*** im Gegensatz zu **2.** ***be opposed to*** ablehnend gegenüberstehen (*Dat*), gegen … sein

op'pos·ing *Adj* SPORT gegnerisch (*Mannschaft*)

What's your opinion?	Wie ist deine Meinung? SG
Do you like popcorn?	Magst du Popcorn?
Do you feel like going out tonight?	Hast du Lust, heute Abend auszugehen?
What do you think of this group?	Was hältst du von dieser Gruppe?
What do you think about what he said at the party?	Wie findest du das, was er auf der Party gesagt hat?
My opinion	**Meine Meinung**
I thought it was great.	Ich fand's toll.
It depends on what you mean by difficult.	Es hängt davon ab, was du unter schwierig verstehst.
I'm afraid I don't know much about this kind of thing.	Leider habe ich von dieser Sache nicht viel Ahnung.
I've no idea, I've never heard of them.	Ich hab keine Ahnung, ich hab von ihnen noch nie (was) gehört.
I felt it was a bit over the top.	Ich hatte das Gefühl, es war ein bisschen zu dick aufgetragen.
I didn't think that much of it, to be honest.	Ehrlich gesagt, das fand ich nicht so toll.
They're not that good, if you ask me.	Sie sind nicht so besonders, wenn du mich fragst.
In my opinion it was a load of rubbish.	Meiner Meinung nach war es ein Haufen Mist.

▶**op·po·site** ['ɒpəzɪt] **I** *Adj* **1.** gegenüberliegend **2.** entgegengesetzt (*Richtung*) **3.** gegensätzlich, entgegengesetzt: → ***sex*** 1 **4.** gegnerisch, Gegen…: ***opposite number*** (Amts)Kollege *m*, -kollegin *f* **II** *s* **5.** Gegenteil *n*, -satz *m*: ***be completely*** (*oder* ***just***) ***the opposite*** genau das Gegenteil sein **III** *Adv* **6.** gegenüber (***to*** *Dat*) **IV** *Präp* **7.** gegenüber (*Dat*)

ˌ**op·po'si·tion** *s* **1.** Widerstand *m*, Opposition *f* (***to*** gegen) **2.** Gegensatz *m* **3.** *oft* **Opposition** PARL Opposition *f*: ***be in opposition*** in der Opposition sein; ***opposition politician*** Oppositionspolitiker(in)

op·press [ə'pres] *v/t* **1.** bedrücken, (*auch Hitze etc*) lasten auf (*Dat*) **2.** unterdrücken, tyrannisieren

op·pres·sion [ə'preʃn] *s* **1.** Bedrücktheit *f* **2.** Unterdrückung *f*, Tyrannisierung *f*

op'pres·sive [ə'presɪv] *Adj* **1.** bedrückend **2.** drückend (*Hitze, Steuern etc*) **3.** tyrannisch

op'pres·sor *s* Unterdrücker(in), Tyrann(in)

opt [ɒpt] *v/i* sich entscheiden (***for*** für; ***against*** gegen; ***to do*** zu tun): ***opt out*** sich dagegen entscheiden; abspringen, zurücktreten (***of*** von)

op·tic ['ɒptɪk] **I** *Adj* (***optically***) Augen…, Seh…: ***optic nerve*** Sehnerv *m* **II** *s* **optics** *Sg* Optik *f*

'**op·ti·cal** *Adj* optisch: ***optical illusion*** optische Täuschung

op'ti·cian [ɒp'tɪʃn] *s* Optiker(in)

op·ti·ma ['ɒptɪmə] *Pl von* ***optimum***

op·ti·mal ['ɒptɪml] *Adj* → ***optimum*** II

op·ti·mism ['ɒptɪmɪzəm] *s* Optimismus *m*

'**op·ti·mist** *s* Optimist(in)

ˌ**op·ti'mis·tic** *Adj* (***optimistically***) optimistisch

'**op·ti·mize** *v/t* optimieren

op·ti·mum ['ɒptɪməm] **I** *Pl* **op·ti·ma** ['ɒptɪmə], **op·ti·mums** *s* Optimum *n* **II** *Adj* optimal, bestmöglich: ***in optimum condition*** im Bestzustand

op·tion ['ɒpʃn] *s* **1.** Wahl *f*: ***I had no option but to*** ich hatte keine andere Wahl, als zu; mir blieb nichts anderes übrig, als zu; ***leave one's options open*** sich alle Möglichkeiten offenlassen **2.** Option *f*, Vorkaufsrecht *n* (***on*** auf *Akk*) **3.** *bes* MOT Extra *n*, *Pl auch* Sonderausstattung *f*

op·tion·al ['ɒpʃənl] *Adj* freiwillig, fakultativ: ***be an optional extra*** *bes* MOT gegen Aufpreis erhältlich sein; ***optional extras*** Sonderausstattung *f*. ***optional subject*** PÄD Wahlfach *n*

op·u·lence ['ɒpjʊləns] *s* Reichtum *m*: ***live in opulence*** im Überfluss leben

'**op·u·lent** *Adj* **1.** wohlhabend, reich **2.** üppig, (*Mahlzeit auch*) opulent

o·pus ['əʊpəs] *Pl* **op·er·a** ['ɒpərə] *s bes* MUS Opus *n*, Werk *n*

▶**or** [ɔː] *Konj* **1.** oder: ***in a day or two*** in ein bis zwei Tagen; ***or so I believe*** glaube ich zumindest; → ***either*** 5, 6, ***else*** 3, ***so*** 3 **2.** *nach neg*: noch, und auch nicht

or·a·cle ['ɒrəkl] *s* Orakel *n*

o·rac·u·lar [ɒ'rækjʊlə] *Adj* orakelhaft

o·ral ['ɔːrəl] **I** *Adj* **1.** mündlich: ***oral exam*** mündliche Prüfung **2.** Mund…: ***oral cavity*** ANAT Mundhöhle *f*; ***oral sex*** Oralsex *m*; ***oral surgery*** Kieferchirurgie *f* **II** *s* **3.** PÄD mündliche Prüfung, *das* Mündliche

▶**or·ange** ['ɒrɪndʒ] **I** *s* BOT Orange *f*, Apfelsine *f*: ***orange juice*** Orangensaft *m*; ***orange squash*** *Br Getränk aus Orangenkonzentrat und Wasser* **II** *Adj* orange, orange(n)farben

or·ange·ade [ˌɒrɪndʒ'eɪd] *s* Orangeade *f*, (*mit Kohlensäure auch*) Orangenlimonade *f*

Orangeman ***Orangeman*** ist der Name eines Mitglieds der ***Orange Society***, einer irisch-protestantischen Gesellschaft, die für die Vorherrschaft der Protestanten in Nordirland kämpft. Die entsprechende schottische Vereinigung, die sich für die gesellschaftliche Vormacht der Protestanten in Schottland einsetzt, heißt ***Orange Lodge.*** Das Benennungsmotiv geht zurück auf den protestantischen ***King William of Orange*** (Wilhelm von Oranien aus den Niederlanden), der den irisch-katholischen ***King James II*** im Jahr 1690 besiegte.

o·rang-u·tan [ɔː'ræŋətæn] *s* ZOOL Orang-Utan *m*

O

o·ra·tion [ɔːˈreɪʃn] *s* Rede *f*, Ansprache *f*
or·a·tor [ˈɒrətə] *s* Redner(in)
or·a·tor·i·cal [ˌɒrəˈtɒrɪkl] *Adj* rednerisch
or·a·to·ri·o [ˌɒrəˈtɔːrɪəʊ] *Pl* **or·a·to·ri os** *s* MUS Oratorium *n*
or·bit [ˈɔːbɪt] **I** *s* **1.** ASTR Kreis-, Umlaufbahn *f*: ***put into orbit*** *siehe* 4 **2.** *fig* (Macht)Bereich *m*, Einflusssphäre *f* **II** *v/t* **3.** *Erde etc* umkreisen **4.** *Satelliten etc* in eine Umlaufbahn bringen
or·chard [ˈɔːtʃəd] *s* Obstgarten *m*; Obstplantage *f*
▸**or·ches·tra** [ˈɔːkɪstrə] *s* MUS Orchester *n*: ***orchestra pit*** THEAT Orchestergraben *m*
or·ches·tral [ɔːˈkestrəl] *Adj* Orchester…
or·ches·trate [ˈɔːkɪstreɪt] *v/t* orchestrieren
or·chid [ˈɔːkɪd] *s* BOT Orchidee *f*
or·dain [ɔːˈdeɪn] *v/t*: ***ordain s.o.*** (***as a priest***) REL j-n ordinieren *oder* zum Priester weihen
or·deal [ɔːˈdiːl] *s* **1.** *hist* Gottesurteil *n* **2.** *fig* Martyrium *n*, Tortur *f*
▸**or·der** [ˈɔːdə] **I** *s* **1.** Ordnung *f*: ***in order*** in Ordnung (*auch fig*); ***put in order*** in Ordnung bringen **2.** (öffentliche) Ordnung: → ***law*** 1 **3.** Ordnung *f*, System *n* **4.** (An)Ordnung *f*, Reihenfolge *f*: ***in order of importance*** nach Wichtigkeit; → ***alphabetic*** **5.** Ordnung *f*, Aufstellung *f* **6.** PARL *etc* (Geschäfts)Ordnung *f*: ***be the order of the day*** auf der Tagesordnung stehen (*auch fig*) **7.** Befehl *m*, Anordnung *f*: ***by order of*** auf Befehl von; ***be under*** (*oder* ***have***) ***orders to do s.th.*** Befehl haben, etw zu tun; → ***marching orders*** **8.** WIRTSCH Bestellung *f* (*auch im Restaurant*), Auftrag *m* (***for*** für): ***make to order*** auf Bestellung *oder* nach Maß anfertigen; ***last orders, please*** Polizeistunde!; ***order book*** Auftragsbuch *n*; ***order form*** Bestellschein *m* **9.** ▸ ***in order to*** um zu **10.** ***out of order*** nicht in Ordnung, defekt **11.** (Größen)Ordnung *f*: ***of*** (*oder* ***in***) (*Am* ***on***) ***the order of*** in der Größenordnung von **12.** REL *etc* Orden *m* **II** *v/t* **13.** *j-m* befehlen (***to do*** zu tun), *etw* befehlen, anordnen: ***order about*** (*oder* ***around***) *j-n* herumkommandieren **14.** *j-n* schicken, beordern (***to*** nach): ***order back*** zurückbeordern; ***order in*** hinein- *oder* hereinkommen lassen; ***order off*** (*Sport*) vom Platz stellen; ***order out*** hinausweisen **15.** MED *j-m etw* verordnen: ***order s.o. to*** (***stay in***) ***bed*** j-m Bettruhe verordnen **16.** WIRTSCH bestellen (*auch im Restaurant*) **17.** *fig* ordnen, in Ordnung bringen: ***ordered life*** geordnetes Leben **III** *v/i* **18.** bestellen (*im Restaurant*): ***are you ready to order?*** haben Sie schon gewählt?
ˈ**or·der·ly** **I** *Adj* **1.** ordentlich, geordnet **2.** *fig* gesittet, friedlich (*Menge etc*) **II** *s* **3.** MED Hilfspfleger *m* **4.** MIL (Offiziers)Bursche *m*
or·di·nal, **or·di·nal num·ber** [ˈɔːdɪnl] *s* MATHE Ordnungszahl *f*
or·di·nar·i·ly [ˈɔːdnrəlɪ] *Adv* **1.** normalerweise, gewöhnlich **2.** wie gewöhnlich *oder* üblich, normal
▸**or·di·nar·y** [ˈɔːdnrɪ] **I** *Adj* **1.** üblich, gewöhnlich, normal: ***in the ordinary way*** → ***ordinarily*** 1 **2.** alltäglich, mittelmäßig, Durchschnitts… **3.** ordentlich (*Gericht, Mitglied*) **II** *s* **4.** ***out of the ordinary*** ungewöhnlich, unüblich: ***nothing out of the ordinary*** nichts Ungewöhnliches
ore [ɔː] *s* MIN Erz *n*
or·gan [ˈɔːgən] *s* **1.** ANAT Organ *n*: ***organs*** *Pl* ***of speech*** Sprechwerkzeuge *Pl*; ***organ bank*** Organbank *f* **2.** *fig* Organ *n*: **a)** Werkzeug *n*, Instrument *n*, **b)** Sprachrohr *n* **3.** MUS Orgel *f*
or·gan grind·er *s* Leierkastenmann *m*, -frau *f*
or·gan·ic [ɔːˈgænɪk] *Adj* (***organically***) organisch (*auch fig*): ***organic chemistry*** organische Chemie; ***organic waste*** Biomüll *m*
or·gan·ism [ˈɔːgənɪzəm] *s* BIOL Organismus *m* (*auch fig*)
or·gan·ist [ˈɔːgənɪst] *s* MUS Organist(in)
▸**or·gan·i·za·tion** [ˌɔːgənaɪˈzeɪʃn] *s allg* Organisation *f*
ˌ**or·gan·iˈza·tion·al** *Adj* organisatorisch, Organisations…
ˈ**or·gan·ize** **I** *v/t allg* organisieren: ***organized crime*** das organisierte Verbrechen; ***organized tour*** Gesellschaftsreise *f* **II** *v/i* sich (gewerkschaftlich) organisieren
ˈ**or·gan·iz·er** *s* Organisator(in)
or·gasm [ˈɔːgæzəm] *s* Orgasmus *m*
or·gy [ˈɔːdʒɪ] *s* Orgie *f* (*auch fig*)
o·ri·ent **I** *s* [ˈɔːrɪənt] **Orient** *der* Orient, *poet das* Morgenland **II** *v/t* [ˈɔːrɪent] *fig etw* ausrichten (***toward***[***s***] auf *Akk*): ***orient o.s.*** sich orientieren (***by*** an *Dat*, nach) (*auch fig*); ***orient o.s. to a new situation*** sich auf eine neue Situation einstellen
o·ri·en·tal [ˌɔːrɪˈentl] **I** *Adj* orientalisch, *poet* morgenländisch: ***oriental carpet*** (*oder* ***rug***) Orientteppich *m* **II** *s* Orientale *m*, Orientalin *f*
o·ri·en·tate [ˈɔːrɪenteɪt] → ***orient*** II
ˌ**o·ri·enˈta·tion** *s* Orientierung *f*, *fig auch* Ausrichtung *f*
or·i·fice [ˈɒrɪfɪs] *s* Öffnung *f*
▸**or·i·gin** [ˈɒrɪdʒɪn] *s* Ursprung *m*, Abstammung *f*, Herkunft *f*: ***country of origin*** Ursprungsland *n*; ***have its origin in*** zurückgehen auf (*Akk*); stammen von *oder* aus
▸**o·rig·i·nal** [əˈrɪdʒənl] **I** *Adj* (→ ***originally***) **1.** Original…, Ur…: ***original text*** Ur- *oder* Originaltext *m* **2.** originell **II** *s* **3.** Original *n*: ***in the original*** im Original *oder* Urtext **4.** Original *n* (*Person*)
oˌ**rig·iˈnal·i·ty** [əˌrɪdʒəˈnælətɪ] *s* Originalität *f*
oˈ**rig·i·nal·ly** [əˈrɪdʒnəlɪ] *Adv* **1.** ursprünglich **2.** originell
o·rig·i·nate [əˈrɪdʒəneɪt] **I** *v/i* **1.** (***from***) zurückgehen (auf *Akk*), (her)stammen (von *oder* aus) **2.** ausgehen (***from, with*** von *j-m*) **II** *v/t* **3.** schaffen, ins Leben rufen
oˈ**rig·i·na·tor** *s* Urheber(in)
Ork·neys [ˈɔːknɪz] *Eigenn Pl die* Orkneyinseln *Pl*
or·na·ment **I** *s* [ˈɔːnəmənt] **1.** Ornament(e *Pl*) *n*, Verzierung(en *Pl*) *f*, Schmuck *m* **2.** *fig* Zier(de) *f* (***to*** für *oder Gen*) **II** *v/t* [ˈɔːnəment] **3.** verzieren, schmücken (***with*** mit)
or·na·men·tal [ˌɔːnəˈmentl] *Adj* dekorativ, schmückend, Zier…: ***ornamental plant*** Zierpflanze *f*
ˌ**or·na·menˈta·tion** [ˌɔːnəmenˈteɪʃn] *s* Ausschmückung *f*, Verzierung *f*
or·nate [ɔːˈneɪt] *Adj* **1.** reich verziert *oder* geschmückt **2.** *fig* überladen (*Stil etc*)
or·ni·thol·o·gist [ˌɔːnɪˈθɒlədʒɪst] *s* Ornithologe *m*, Ornithologin *f*
ˌ**or·niˈthol·o·gy** *s* Ornithologie *f*, Vogelkunde *f*
or·phan [ˈɔːfn] **I** *s* Waise(nkind *n*) *f* **II** *Adj* Waisen… **III** *v/t*: ***be orphaned*** verwaisen, Waise werden
or·phan·age [ˈɔːfənɪdʒ] *s* Waisenhaus *n*
or·tho·dox [ˈɔːθədɒks] *Adj* REL *und allg* orthodox: ***Orthodox Church*** griechisch-orthodoxe Kirche
or·tho·graph·ic, **or·tho·graph·i·cal** [ˌɔːθəʊ-

O

ˈgræfɪk(l)] *Adj* orthografisch
or·thog·ra·phy [ɔːˈθɒɡrəfɪ] *s* Orthografie *f*, Rechtschreibung *f*
or·tho·pae·dic *bes Br*, **or·tho·pe·dic** *Am* [ˌɔːθəʊˈpiːdɪk] MED **I** *Adj* (**orthopaedically**) orthopädisch **II** *s Pl* (*oft Sg konstruiert*) Orthopädie *f*
ˌor·thoˈpe·dist, **ˌor·thoˈpae·dist** *s* Orthopäde *m*, Orthopädin *f*
Os·car [ˈɒskə] *s* Oscar *m* (*amerikanischer Filmpreis*)
os·cil·late [ˈɒsɪleɪt] *v/i* **1.** *bes* PHYS oszillieren, schwingen **2.** *fig* schwanken (**between** zwischen *Dat*)
ˌos·cilˈla·tion *s* **1.** *bes* PHYS Oszillation *f*, Schwingung *f* **2.** *fig* Schwanken *n*
os·si·fy [ˈɒsɪfaɪ] *v/i* verknöchern (*auch fig*)
os·ten·si·ble [ɒˈstensəbl] *Adj* **1.** scheinbar **2.** an-, vorgeblich
os·ten·ta·tion [ˌɒstenˈteɪʃn] *s* **1.** (protzige) Zurschaustellung **2.** Protzerei *f*, Prahlerei *f*
ˌos·tenˈta·tious *Adj* **1.** protzend, prahlerisch: **be ostentatious about s.th.** mit etw protzen *oder* prahlen **2.** ostentativ, demonstrativ
os·tra·cism [ˈɒstrəsɪzəm] *s* Ächtung *f*
os·tra·cize [ˈɒstrəsaɪz] *v/t* ächten
os·trich [ˈɒstrɪtʃ] *s* ORN Strauß *m*
▶**oth·er** [ˈʌðə] **I** *Adj* **1.** ander **2.** *vor s im Pl*: andere, übrige: **the other guests 3.** ander, weiter, sonstig: **the other two** die anderen beiden, die beiden anderen; **any other questions?** sonst noch Fragen? **4.** zweit (*nur in*): **every other** jeder (jede, jedes) Zweite; **every other day** jeden zweiten Tag, alle zwei Tage **5. the other day** neulich, kürzlich; **the other night** neulich Abend **II** *Pron* **6.** ander: **the other** der (die, das) andere; **the two others** die beiden anderen; → **each** II **III** *Adv* **7.** anders (**than** als)
▶**oth·er·wise** [ˈʌðəwaɪz] *Adv* **1.** *auch Konj* sonst, andernfalls **2.** sonst, im Übrigen **3.** anderweitig: **be otherwise engaged** anderweitig beschäftigt sein **4.** anders (**than** als): **think otherwise** anderer Meinung sein; **X, otherwise (called) Y** X, auch Y genannt; **or otherwise** oder sonst irgendwie; oder nicht
OTT [ˌəʊtiːˈtiː] *Abk Br ugs* (= **over the top**) übertrieben, überzogen, *sl* durchgeknallt
ot·ter [ˈɒtə] *s* ZOOL Otter *m*
▶**ought** [ɔːt] *v/hilf ich* sollte, *du* solltest *etc*: **he ought to do it** er sollte es (eigentlich) tun; **he ought to have arrived by now** er müsste schon längst hier sein
▶**ounce** [aʊns] *s* **1.** Unze *f* **2.** *fig* Körnchen *n* (*Wahrheit*), Funke *m* (*Verstand*)
▶**our** [ˈaʊə] *Possessivpron* unser: **Our Father** REL Vaterunser *n*
▶**ours** [ˈaʊəz] *Possessivpron*: **it is ours** es gehört uns; **a friend of ours** ein Freund von uns; **their children and ours** ihre und unsere Kinder
▶**our·selves** [ˌaʊəˈselvz] *Pron* **1.** *verstärkend*: wir *oder* uns selbst: **we did it ourselves** wir haben es selbst getan **2.** *refl* uns: **for this we can only blame ourselves** dafür müssen wir uns selbst die Schuld geben **3.** uns (selbst): **we want it for ourselves** wir wollen es für uns selbst (haben)
oust [aʊst] *v/t fig* verdrängen (**from** aus)
▶**out** [aʊt] **I** *Adv* **1.** hinaus(…), heraus(…); aus(…): **way out** Ausgang *m*; **on the way out** beim Hinausgehen; **have a tooth out** einen Zahn gezogen bekommen **2.** außen, draußen **3.** nicht zu Hause, ausgegangen **4. be out** WIRTSCH streiken; → **come out** 2, **go out** 4 **5.** ins Freie; draußen, im Freien **6.** (*aus dem Gefängnis etc*) entlassen **7.** heraus: **a)** erschienen (*Buch etc*), **b)** enthüllt (*Geheimnis*): **out with it!** *ugs* heraus damit!, heraus mit der Sprache! **8.** POL nicht (mehr) im Amt *oder* an der Macht **9.** aus der Mode, out **10.** weit und breit **11.** aus, vorbei, vorüber: **before the week is out** vor Ende der Woche **12.** aus, erloschen: → **go out** 3 **13.** aus(verkauft) **14. be out for** aus sein auf (*Akk*): **be out to do s.th.** darauf aus sein, etw zu tun **15.** ▶ **out of a)** aus (… heraus); zu … hinaus, **b)** aus, von: **two out of three Americans** zwei von drei Amerikanern, **c)** außer *Reichweite etc*, **d)** außer *Atem*, *Übung etc*: **be out of** kein … mehr haben; **we are out of oil** uns ist das Öl ausgegangen, **e)** aus *der Mode etc*, **f)** außerhalb von (*oder Gen*), **g)** um *etw betrügen*, **h)** aus *Bosheit*, *Mitleid etc* **II** *Präp* **16.** *siehe* 15a **III** *v/t* outen
ˌout-and-ˈout *Adj* absolut: **an out-and-out lie** eine faustdicke Lüge
ˌoutˈbid *v/t* (*unreg* **bid**) überbieten
ˈout·board SCHIFF **I** *Adj* **1.** Außenbord… **II** *Adv* **2.** außenbords **III** *s* **3.** Außenbordmotor *m* **4.** Außenborder *m* (*Boot*)
ˈout·break *s* Ausbruch *m*: **outbreak of anger** Zornausbruch; **at the outbreak of the war** bei Kriegsausbruch
ˈoutˌbuild·ing *s* Nebengebäude *n*
ˈout·burst *s* (*Zorn- etc*)Ausbruch *m*
ˈout·cast I *Adj* ausgestoßen, verstoßen **II** *s* Ausgestoßene *m, f*, Verstoßene *m, f*
ˌoutˈclass *v/t* weit überlegen sein (*Dat*), (*Sport auch*) deklassieren
ˈout·come *s* Ergebnis *n*, Resultat *n*: **what was the outcome of the talks?** was ist bei den Gesprächen herausgekommen?
ˈout·cry *s fig* Aufschrei *m*, Schrei *m* der Entrüstung
ˌoutˈdat·ed *Adj* überholt, veraltet
ˌoutˈdis·tance *v/t* hinter sich lassen
ˌoutˈdo *v/t* (*unreg* **do**) **1.** (**in**) übertreffen (an *oder* in *Dat*), ausstechen (in *Dat*) **2.** schlagen, besiegen (**in** in *Dat*)
ˈout·door *Adj*: **outdoor court** (*Tennis etc*) Freiplatz *m*; **outdoor games** *Pl* Spiele *Pl* für draußen; **outdoor shoes** *Pl* Straßenschuhe *Pl*; **outdoor shot** FOTO Außenaufnahme *f*
▶**out·doors** [aʊtˈdɔːz] *Adv* draußen, im Freien; hinaus, ins Freie
▶**out·er** [ˈaʊtə] *Adj* äußer, Außen…: **outer garments** *Pl* Oberbekleidung *f*; **outer space** Weltraum *m*; **outer wall** Außenwand *f*
out·er·most [ˈaʊtəməʊst] *Adj* äußerst
ˈout·fit *s* **1.** Ausrüstung *f*, Ausstattung *f*, TECH *auch* Gerät(e *Pl*) *n*, Werkzeug(e *Pl*) *n* **2.** *ugs* Verein *m*, Laden *m*
ˈoutˌfit·ter *s* Ausrüster(in): (**men's**) **outfitter** Herrenausstatter(in)
ˈout·flow *s* Ausfluss *m*, *bes* WIRTSCH Abfluss *m*
ˌoutˈfox *v/t* überlisten
ˈoutˌgo·ing I *Adj* **1.** scheidend, aus dem Amt scheidend **2. outgoing mail** Postausgang *m* **II** *s Pl* **3.** Ausgaben *Pl*
ˌoutˈgrow *v/t* (*unreg* **grow**) **1.** *j-m* über den Kopf wachsen **2.** herauswachsen aus (*einem Kleidungsstück*); *einer Angewohnheit etc* entwachsen
ˈout·house *s* Nebengebäude *n*
out·ing [ˈaʊtɪŋ] *s* Ausflug *m*: **go for an outing**

einen Ausflug machen
out'land·ish *Adj* befremdend, befremdlich
ˌout'last *v/t* überdauern, -leben
'out·law I *s* **1.** *hist* Geächtete *m, f* **2.** Bandit(in) **II** *v/t* **3.** *hist* ächten, für vogelfrei erklären **4.** für ungesetzlich erklären, verbieten
'out·lay *s* Auslagen *Pl*, Ausgaben *Pl* (**on, for** für)
'out·let *s* **1.** Abfluss(öffnung *f*) *m*, Abzug(söffnung *f*) *m* **2.** WIRTSCH Verkaufsstelle *f* **3.** ***seek an outlet for*** *fig* ein Ventil suchen für
'out·line I *s* **1.** Umriss *m*, Kontur *f*, *Pl auch* Silhouette *f* **2.** *fig* Ab-, Grundriss *m* **II** *v/t* **3.** umreißen, *fig auch* in Umrissen darlegen
ˌout'live *v/t* überleben: ***have outlived its usefulness*** ausgedient haben (*Maschine etc*)
'out·look *s* **1.** (Aus)Blick *m*, (Aus)Sicht *f* (**from** von; **onto** auf *Akk*) **2.** *fig* (Zukunfts)Aussichten *Pl* (**for** für) **3.** *fig* Einstellung *f* (**on** zu): ***outlook on life*** Lebensauffassung *f*
'outˌly·ing *Adj* abgelegen, entlegen
ˌout·ma'neu·ver *Am*, **ˌout·ma'noeu·vre** *bes Br* *v/t* MIL ausmanövrieren (*auch fig*)
out·mod·ed [ˌaʊt'məʊdɪd] *Adj* veraltet, überholt
ˌout'num·ber *v/t j-m* zahlenmäßig überlegen sein: ***be outnumbered by s.o.*** j-m zahlenmäßig unterlegen sein
ˌout-of-'date *Adj* veraltet, überholt
ˌout-of-the-'way *Adj* **1.** abgelegen, entlegen **2.** *fig* ungewöhnlich, ausgefallen; wenig bekannt
'outˌpa·tient *s* ambulanter Patient: ***outpatients' department*** Ambulanz *f*; ***outpatient treatment*** ambulante Behandlung
ˌout'play *v/t* SPORT *j-m* spielerisch überlegen sein
'out·post *s* MIL Vorposten *m* (*auch fig*)
'outˌpour·ing *s* (Gefühls)Erguss *m*
'out·put *s* Output *m*: **a)** WIRTSCH, TECH Arbeitsertrag *m*, -leistung *f*, **b)** WIRTSCH Ausstoß *m*, Ertrag *m*, Produktion *f*, **c)** ELEK Ausgangsleistung *f*, **d)** COMPUTER (Daten)Ausgabe *f*
out·rage ['aʊtreɪdʒ] **I** *s* **1.** Gräueltat *f*: ***an outrage against*** ein Verbrechen an (*Dat*) *oder* gegen; *fig* eine grobe Verletzung (*Gen*) **2.** *auch* ***sense of outrage*** Empörung *f*, Entrüstung *f* (**at** über *Akk*) **II** *v/t* **3.** *Gefühle, Anstand etc* grob verletzen, mit Füßen treten **4.** *j-n* empören, schockieren
out'ra·geous *Adj* **1.** abscheulich, verbrecherisch **2.** empörend, unerhört
'out·right I *Adj* ['aʊtraɪt] **1.** völlig, gänzlich, total, (*Lüge etc*) glatt **II** *Adv* [aʊt'raɪt] **2.** ohne Umschweife, unumwunden **3.** auf der Stelle, sofort
ˌout'run *v/t* (*unreg* ***run***) **1.** schneller laufen als; *j-m* davonlaufen **2.** *fig* übersteigen
'out·set *s* Anfang *m*, Beginn *m*: ***at the outset*** am Anfang; ***from the outset*** (gleich) von Anfang an
ˌout'shine *v/t* (*unreg* ***shine***) überstrahlen, *fig auch* in den Schatten stellen
▶**out·side** [aʊt'saɪd] **I** *s* **1.** Außenseite *f*: ***from the outside*** von außen; ***on the outside*** auf der Außenseite, außen **2.** ***at the*** (***very***) ***outside*** (aller)höchstens, äußerstenfalls **3.** SPORT Außenstürmer(in): ***outside right*** Rechtsaußen *m* **II** *Adj* **4.** äußer, Außen...: ***outside broadcast*** (RUNDFUNK, TV) Außenübertragung *f*; ***outside lane*** (*Sport*) Außenbahn *f*; MOT *Br* innere Fahrspur **5.** ***outside chance*** kleine *oder* geringe Chance; (*Sport*) Außenseiterchance *f* **III** *Adv* **6.** draußen **7.** heraus, hinaus **8.** ***outside of*** **a)** *siehe* 9, **b)** *Am ugs* außer **IV** *Präp* **9.** außerhalb (*auch fig*)
ˌout'sid·er *s allg* Außenseiter(in)
'out·size I *s* Übergröße *f* **II** *Adj* übergroß
'out·skirts *s Pl* Stadtrand *m*, Peripherie *f*: ***on the outskirts of London*** am Stadtrand von London
ˌout'smart *ugs* → ***outwit***
'out·source *v/t* nach außen vergeben, outsourcen
ˌout'spo·ken *Adj* **1.** offen(herzig), freimütig: ***be outspoken*** kein Blatt vor den Mund nehmen **2.** unverblümt
ˌout'stand·ing *Adj* **1.** hervorragend **2.** *bes* WIRTSCH unerledigt, rückständig, (*Forderungen etc*) ausstehend
ˌout'stay *v/t* → ***welcome*** 6
ˌout'stretched *Adj* ausgestreckt
ˌout'strip *v/t* **1.** überholen **2.** *fig* übertreffen (**in** an *Dat*)
'out-tray *s* Ablagekorb *m* für ausgehende Post
ˌout'vote *v/t* überstimmen: ***be outvoted*** eine Abstimmungsniederlage erleiden
out·ward ['aʊtwəd] **I** *Adj* **1.** äußerlich, äußer (*beide auch fig*), Außen...: ***his outward cheerfulness*** seine zur Schau getragene Fröhlichkeit **II** *Adv* **2.** auswärts, nach außen **3.** → ***outwardly***
'out·ward·ly *Adv* äußerlich (*auch fig*)
out·wards ['aʊtwədz] → ***outward*** II
ˌout'weigh *v/t* überwiegen, (ge)wichtiger sein als
ˌout'wit *v/t* überlisten, reinlegen
'outˌwork·er *s* WIRTSCH Heimarbeiter(in)
o·va ['əʊvə] *Pl von* ***ovum***
o·val ['əʊvl] **I** *Adj* oval **II** *s* Oval *n*
o·va·ry ['əʊvərɪ] *s* **1.** ANAT Eierstock *m* **2.** BOT Fruchtknoten *m*
o·va·tion [əʊ'veɪʃn] *s* Ovation *f*: ***give s.o. a standing ovation*** j-m stehend eine Ovation bereiten
▶**ov·en** ['ʌvn] *s* Backofen *m*, Bratofen *m*, -röhre *f*
ov·en cloth *s* Topflappen *m*
ov·en glove, ov·en mitt *s* Topfhandschuh *m*
'ov·enˌproof *Adj* ofenfest, hitzebeständig
'ov·en-ˌread·y *Adj* bratfertig
▶**o·ver** ['əʊvə] **I** *Präp* **1.** *Lage*: über (*Dat*): ***the lamp over his head*** **2.** *Richtung, Bewegung*: über (*Akk*), über (*Akk*) ... (hin)weg: ***he jumped over the fence***; → ***get over***, *etc* **3.** über (*Dat*), auf der anderen Seite von (*oder Gen*): ***over the road*** auf der anderen (Straßen)Seite **4.** über *seiner Arbeit einschlafen etc*, bei *einem Glas Wein etc* **5.** *Herrschaft, Rang*: über (*Akk oder Dat*): ***be over s.o.*** über j-m stehen **6.** über (*Akk*), mehr als: ***over a mile***; ***over 10 dollars***; ***over a week*** über *oder* länger als eine Woche **7.** *zeitlich*: über (*Akk*), während: ***over many years*** viele Jahre hindurch **II** *Adv* **8.** hinüber, herüber (**to** zu) **9.** drüben: ***over there*** da drüben **10.** *allg* über...: → ***hand over*** 1, ***think*** 2, *etc* **11.** um...: → ***fall over***, ***turn over***, *etc* **12.** (***all***) ***over again*** noch einmal; ***over and over*** immer wieder **13.** darüber, mehr: ***children of 10 years and over*** Kinder von 10 Jahren und darüber; ***5 ounces and over*** 5 Unzen und mehr; ***over and above*** obendrein, überdies **14.** zu Ende, vorüber, vorbei: ***get s.th. over*** (***with***) *ugs* etw hinter sich bringen

ˌo·verˈact THEAT *etc* **I** *v/t Rolle* überziehen **II** *v/i* übertreiben (*auch weit. S.*)

ˌo·verˈage *Adj* zu alt

o·ver·all I *Adj* [ˌəʊvərˈɔːl] **1.** gesamt, Gesamt…: ***overall length*** Gesamtlänge *f* **II** *Adv* [ˌəʊvərˈɔːl] **2.** allgemein **3.** insgesamt **III** *s* [ˈəʊvərɔːl] **4.** *Br* Arbeitsmantel *m*, Kittel *m* **5.** *Am* Overall *m* **6.** *Pl* **a)** *Br* Overall *m*, **b)** *Am* → ***dungarees***

ˌo·verˈbal·ance I *v/t* umstoßen, umkippen **II** *v/i* Übergewicht bekommen, das Gleichgewicht verlieren, umkippen

ˌo·verˈbear·ing *Adj* anmaßend

ˌo·verˈbid *v/t* (*unreg* ***bid***) überbieten

ˈo·ver·board *Adv* SCHIFF über Bord: ***fall overboard*** über Bord gehen; ***throw overboard*** über Bord werfen (*auch fig*)

ˌo·verˈbook *v/t Flug, Hotel etc* überbuchen

ˈo·ver·cast *Adj* bewölkt, bedeckt

ˌo·verˈcharge I *v/t* **1.** *j-m* zu viel berechnen *oder* abverlangen: ***overcharge s.o.*** (***by***) ***£ 10*** j-m 10 Pfund zu viel berechnen **2.** *Betrag* zu viel verlangen **3.** überlasten, ELEK *auch* überladen (*auch fig*) **II** *v/i* **4.** zu viel berechnen *oder* verlangen (***for*** für)

ˈo·ver·coat *s* Mantel *m*

ˌo·verˈcome (*unreg* ***come***) **I** *v/t* überwältigen, -winden (*beide auch fig*), *Gefahren* bestehen: ***be overcome with emotion*** von seinen Gefühlen übermannt werden **II** *v/i* siegen

ˌo·verˈcrowd·ed *Adj* überfüllt; überlaufen (*auch Beruf*)

ˌo·verˈdo *v/t* (*unreg* ***do***) **1.** übertreiben: ***overdo it*** (*oder* ***things***) zu weit gehen, des Guten zu viel tun **2.** zu lange braten *oder* kochen: ***overdone*** *auch* übergar

ˈo·ver·dose I *s* Überdosis *f* **II** *v/i* eine Überdosis nehmen

ˈo·ver·draft *s* WIRTSCH (Konto)Überziehung *f*: ***have an overdraft of £ 100*** sein Konto um 100 Pfund überzogen haben

ˌo·verˈdraw *v/t* (*unreg* ***draw***) WIRTSCH *Konto* überziehen (***by*** um): ***be overdrawn*** sein Konto überzogen haben

ˌo·verˈdress *v/t und v/i* (sich) zu vornehm anziehen: ***overdressed*** *auch* overdressed

ˌo·verˈdue *Adj* überfällig: ***she is overdue*** sie müsste (schon) längst hier sein

ˌo·verˈes·ti·mate *v/t* **1.** zu hoch schätzen *oder* veran- *oder* veranschlagen **2.** *fig* überschätzen, überbewerten

ˌo·ver·exˈpose *v/t* FOTO überbelichten

ˌo·verˈfish·ing *s* Überfischung *f*

ˌo·verˈflow I *v/i* **1.** überlaufen, -fließen, (*Fluss etc*) über die Ufer treten: ***full to overflowing*** zum Überlaufen voll; (*Raum*) überfüllt **2.** überquellen (***with*** von) (*auch fig*) **II** *v/t* **3.** ***overflow its banks*** über die Ufer treten **III** *s* [ˈəʊvəfləʊ] **4.** Überlaufen *n*, -fließen *n* **5.** TECH Überlauf *m*: ***overflow valve*** Überlaufventil *n*

ˌo·verˈgrown *Adj* **1.** überwachsen, -wuchert (***with*** von) **2.** übergroß, (*Junge etc*) hoch aufgeschossen

o·ver·haul I *v/t* [ˌəʊvəˈhɔːl] **1.** TECH überholen: ***overhaul completely*** generalüberholen **2.** *fig Pläne etc* überprüfen **3.** *j-n, Fahrzeug etc* überholen **II** *s* [ˈəʊvəhɔːl] **4.** TECH Überholung *f*: ***complete overhaul*** Generalüberholung **5.** *fig* Überprüfung *f*

ˈo·ver·head I *Adj* **1.** oberirdisch, Frei…, Hoch…: ***overhead cable*** ELEK Oberleitung *f*; ***overhead projector*** Overhead-, Tageslichtprojektor *m*; ***overhead transparency*** Folie *f* **2.** allgemein: ***overhead costs*** (*oder* ***expenses***) *Pl siehe* 4 **3.** SPORT Überkopf…: ***overhead kick*** (*Fußball*) (Fall)Rückzieher *m*; ***overhead stroke*** *siehe* 5 **II** *s* **4.** ***overhead***(***s*** *Pl Br*) *Am* WIRTSCH laufende (Geschäfts)Kosten *Pl* **5.** *Tennis*: Überkopfball *m* **III** *Adv* [ˌəʊvəˈhed] **6.** (dr)oben; über uns

ˌo·verˈhear *v/t* (*unreg* ***hear***) zufällig hören

ˌo·verˈheat I *v/t Motor* überhitzen, *Raum* überheizen **II** *v/i* TECH heiß laufen

ˌo·ver·inˈdulge I *v/t* **1.** zu nachsichtig behandeln, *j-m* zu viel durchgehen lassen **2.** *einer Leidenschaft etc* übermäßig frönen **II** *v/i* **3.** ***overindulge in television*** zu viel fernsehen

o·ver·joyed [ˌəʊvəˈdʒɔɪd] *Adj* überglücklich

ˈo·ver·kill *s* MIL *und fig* Overkill *m*

o·ver·land I *Adv* [ˌəʊvəˈlænd] über Land, auf dem Landweg **II** *Adj* [ˈəʊvəlænd] (Über-) Land…

ˌo·verˈlap *v/i* **1.** (sich) überlappen **2.** *fig* sich überschneiden

ˌo·verˈleaf *Adv* umseitig, umstehend

ˌo·verˈload *v/t* überlasten (*auch* ELEK), -laden

ˌo·verˈlook *v/t* **1.** nicht beachten, übersehen **2.** überblicken, Aussicht gewähren: ***a room overlooking the sea*** ein Zimmer mit Meeresblick

o·ver·ly [ˈəʊvəlɪ] *Adv* übermäßig, allzu: ***he wasn't overly enthusiastic*** seine Begeisterung hielt sich in Grenzen

ˌo·verˈmanned *Adj* (personell) überbesetzt

ˌo·verˈmuch I *Adj* (all)zu viel **II** *Adv* übermäßig: ***I don't like him overmuch*** ich mag ihn nicht besonders

ˌo·verˈnight I *Adv* über Nacht (*auch fig*): ***stay overnight*** über Nacht bleiben; ***stay overnight with s.o.*** (*oder* ***at s.o.'s place***) bei j-m übernachten **II** *Adj* Nacht…: ***overnight bag*** Reisetasche *f*; ***overnight stay*** (*oder* ***stop***) Übernachtung *f*

ˈo·ver·pass *s bes Am* (Straßen-, Eisenbahn-) Überführung *f*

ˌo·verˈpay *v/t* (*unreg* ***pay***) **1.** zu teuer bezahlen, zu viel bezahlen für **2.** *j-m* zu viel zahlen, *j-n* überbezahlen

ˌo·verˈplay *v/t* **1. a)** → ***overact*** I, **b)** hochspielen **2.** ***overplay one's hand*** sich überreizen *oder* übernehmen

ˌo·verˈpop·u·lat·ed *Adj* übervölkert

ˈo·verˌpop·uˈla·tion *s* **1.** Übervölkerung *f* **2.** Überbevölkerung *f*

ˌo·verˈpow·er *v/t* überwältigen, -mannen (*beide auch fig*): ***overpowering*** *fig* überwältigend, (*Geruch*) aufdringlich, penetrant

ˌo·verˈrate *v/t* überbewerten (*auch Sport*), -schätzen

ˌo·verˈreach *v/t*: ***overreach o.s.*** sich übernehmen

ˌo·ver·reˈact *v/i* überreagieren, überzogen reagieren (***to*** auf *Akk*)

ˌo·ver·reˈac·tion *s* Überreaktion *f*, überzogene Reaktion

ˌo·verˈride *v/t* (*unreg* ***ride***) sich hinwegsetzen über (*Akk*)

ˌo·verˈrid·ing *Adj* vordringlich, -rangig: ***his overriding concern was*** es ging ihm vor allem darum (***to do*** zu tun)

ˌo·verˈrule *v/t Entscheidung etc* aufheben, *Einspruch etc* abweisen

ˌo·verˈrun (*unreg* ***run***) **I** *v/t* **1.** ***be overrun with*** überlaufen sein von **2.** BAHN *Signal* überfahren **II** *v/i* **3.** länger dauern als vorgesehen

O

ˌo·ver'seas **I** *Adv* nach *oder* in Übersee **II** *Adj* überseeisch, Übersee…, aus Übersee

ˌo·ver'see *v/t* (*unreg* ***see***) beaufsichtigen, überwachen

'o·ver·sexed *Adj* sexbesessen

ˌo·ver'shad·ow *v/t fig* **1.** in den Schatten stellen **2.** überschatten, einen Schatten werfen auf (*Akk*)

ˌo·ver'shoot *v/t* (*unreg* ***shoot***) hinausschießen über (*ein Ziel*) (*auch fig*)

'o·ver·sight *s* Versehen *n*: ***through an oversight*** aus Versehen

ˌo·ver'sim·pli·fy *v/t* (zu) grob vereinfachen, vergröbern

ˌo·ver'size(d) *Adj* übergroß, mit Übergröße

ˌo·ver'sleep *v/i* (*unreg* ***sleep***) verschlafen

ˌo·ver'staffed *Adj* (personell) überbesetzt

ˌo·ver'state *v/t* übertreiben, übertrieben darstellen

ˌo·ver'state·ment *s* Übertreibung *f*

ˌo·ver'stay *v/t* länger bleiben als: → ***welcome*** 6

ˌo·ver'step *v/t fig* überschreiten

▶**o·ver·take** [ˌəʊvə'teɪk] *v/t* (*unreg* ***take***) **1.** einholen (*auch fig*) **2.** (*auch v/i*) *bes Br* überholen **3.** *fig* überraschen

ˌo·ver'tax *v/t* **1.** zu hoch besteuern **2.** überbeanspruchen, *Geduld etc* strapazieren: ***overtax o.s.*** sich übernehmen

o·ver·throw **I** *v/t* [ˌəʊvə'θrəʊ] (*unreg* ***throw***) **1.** *Regierung etc* stürzen **2.** besiegen **II** *s* ['əʊvəθrəʊ] **3.** Sturz *m* **4.** Niederlage *f*

'o·ver·time **I** *s* **1.** WIRTSCH **a)** Überstunden *Pl*: ***be on*** (*oder* ***do***) ***overtime*** Überstunden machen, **b)** *auch* ***overtime pay*** Überstundenlohn *m* **2.** SPORT *Am* Verlängerung *f*: ***after overtime*** nach Verlängerung; ***the game went into overtime*** das Spiel ging in die Verlängerung **II** *Adv* **3.** ***work overtime*** WIRTSCH Überstunden machen

o·ver·ture ['əʊvəˌtjʊə] *s* MUS Ouvertüre *f* (***to*** zu)

ˌo·ver'turn **I** *v/t* **1.** umwerfen, -stoßen, -kippen **2.** *fig Regierung etc* stürzen **II** *v/i* **3.** umkippen, SCHIFF kentern

'o·ver·view *s fig* Überblick *m* (***of*** über *Akk*)

o·ver·weight **I** *s* ['əʊvəweɪt] Übergewicht *n* (*auch fig*) **II** *Adj* [ˌəʊvə'weɪt] übergewichtig (*Person*), zu schwer (***by*** um) (*Gegenstand*): ***be overweight by five kilos, be five kilos overweight*** fünf Kilo Übergewicht haben

o·ver·whelm [ˌəʊvə'welm] *v/t* **1.** überwältigen (*auch fig*) **2.** *fig* überhäufen, -schütten (***with*** mit)

ˌo·ver'whelm·ing *Adj* überwältigend: ***overwhelmingly*** mit überwältigender Mehrheit

ˌo·ver'work **I** *v/t* überstrapazieren (*auch fig*), überanstrengen: ***overworked*** *auch* gestresst; ***overwork o.s.*** *siehe* II **II** *v/i* sich überarbeiten

o·vi·duct ['əʊvɪdʌkt] *s* ANAT Eileiter *m*

o·vip·a·rous [əʊ'vɪpərəs] *Adj* ZOOL Eier legend

o·vu·la·tion [ˌɒvjʊ'leɪʃn] *s* BIOL Eisprung *m*

o·vum ['əʊvəm] *Pl* **o·va** ['əʊvə] *s* BIOL Ei(zelle *f*) *n*

▶**owe** [əʊ] *v/t* **1.** *j-m etw* schulden, schuldig sein (***for*** für) **2.** bei *j-m* Schulden haben, *j-m* Geld schulden **3.** *etw* verdanken, zu verdanken haben

ow·ing ['əʊɪŋ] *Adj* **1.** unbezahlt: ***how much is still owing to you?*** wie viel bekommst du noch?; ***there is still £ 1,000 owing*** es stehen noch 1000 Pfund aus **2.** ***owing to*** infolge, wegen

owl [aʊl] *s* ORN Eule *f*

▶**own** [əʊn] **I** *v/t* **1.** besitzen: ***who owns this car?*** wem gehört dieser Wagen? **2.** zugeben, (ein)gestehen (***that*** dass) **II** *v/i* **3.** ***own up*** es zugeben: ***own*** (***up***) ***to s.th.*** etw zugeben *oder* (ein)gestehen; ***own*** (***up***) ***to doing s.th.*** zugeben *oder* (ein)gestehen, etw getan zu haben **III** *Adj* **4.** eigen: ***own goal*** (*Sport*) Eigentor *n* (*auch fig*) **IV** *s* **5.** ***my own*** mein Eigentum: ***a car of one's own*** ein eigenes Auto; ***on one's own*** allein; ***come into one's own*** zur Geltung kommen; → ***get back*** 1, ***hold*** 10

▶**own·er** ['əʊnə] *s* Eigentümer(in), Besitzer(in)

ˌown·er-'oc·cu·pied *Adj* eigengenutzt (*Haus, Wohnung*)

own·er·ship ['əʊnəʃɪp] *s* Besitz *m*

ox [ɒks] *Pl* **ox·en** ['ɒksn] *s* ZOOL Ochse *m*

Ox·bridge ['ɒksbrɪdʒ] *s* (die Universitäten) Oxford und Cambridge *Pl*

ox·en ['ɒksn] *Pl von* **ox**

ox·ide ['ɒksaɪd] *s* CHEM Oxid *n*

ox·i·dize ['ɒksɪdaɪz] *v/t und v/i* oxidieren

'ox·tail *s* Ochsenschwanz *m*: ***oxtail soup***

ox·y·gen ['ɒksɪdʒən] *s* CHEM Sauerstoff *m*

ox·y·gen mask *s* MED Sauerstoffmaske *f*

ox·y·gen tent *s* MED Sauerstoffzelt *n*

oys·ter ['ɔɪstə] *s* ZOOL Auster *f*

oys·ter bed *s* Austernbank *f*

o·zone ['əʊzəʊn] *s* CHEM Ozon *n*

o·zone hole *s* Ozonloch *n*

o·zone lay·er *s* Ozonschicht *f* (*der Atmosphäre*)

P

P [piː] *Pl* **P's** *s* P *n*: ***mind one's p's and q's*** *ugs* sich anständig aufführen

pace [peɪs] **I** *s* **1.** Tempo *n* (*auch fig*), Geschwindigkeit *f*: ***at a*** (***very***) ***slow pace*** (ganz) langsam; ***keep pace with*** Schritt halten *oder* mitkommen mit (*auch fig*); ***keep pace with the times*** mit der Zeit gehen; ***set the pace*** das Tempo angeben (*auch fig*), (*Sport*) das Tempo machen **2.** Schritt *m* **3.** Gangart *f* (*eines Pferdes*): ***put s.o. through his paces*** *fig* j-n auf Herz und Nieren prüfen; ***show one's paces*** *fig* zeigen, was man kann **II** *v/t* **4.** SPORT *j-m*

Schrittmacherdienste leisten **5.** *auch* **pace out** (*oder* **off**) ab-, ausschreiten **6.** *Zimmer etc* durchschreiten **III** *v/i* **7. pace about** (*oder* **around**) hin und her laufen; **pace up and down** auf und ab gehen

'pace,mak·er *s* **1.** SPORT Schrittmacher(in) (*auch fig*) **2.** MED (*Herz*)Schrittmacher *m*

pach·y·derm ['pækɪdɜːm] *s* ZOOL Dickhäuter *m*

pa·cif·ic [pə'sɪfɪk] *Adj* (**pacifically**) friedlich, friedfertig, friedliebend: **Pacific Ocean** Pazifik *m*

pac·i·fi·er ['pæsɪfaɪə] *s* **1.** Friedensstifter(in) **2.** *Am* Schnuller *m*

pac·i·fism ['pæsɪfɪzəm] *s* Pazifismus *m*

'pac·i·fist I *s* Pazifist(in) **II** *Adj* pazifistisch

pac·i·fy ['pæsɪfaɪ] *v/t* **1.** *Land* befrieden **2.** besänftigen, beschwichtigen

►**pack** [pæk] **I** *s* **1.** Pack(en) *m*, Bündel *n* **2.** Paket *n* (*Waschpulver etc*), *bes Am* Packung *f*, Schachtel *f* (*Zigaretten*) **3.** Rudel *n* (*Wölfe etc*); JAGD Meute *f* **4.** *pej* Pack *n*, Bande *f*: **pack of thieves** Diebesbande; **a pack of lies** ein Sack voll Lügen **5.** (Karten)Spiel *n* **6.** MED, *Kosmetik*: Packung *f* **II** *v/t* **7.** *oft* **pack up** ein-, zs.-, ab-, verpacken: **pack s.o. s.th.** j-m etw einpacken **8.** *auch* **pack together** zs.-pferchen: → **sardine 9.** vollstopfen: **packed**, *Br ugs* **packed out** bis auf den letzten Platz gefüllt, brechend voll **10.** *Koffer etc* packen: **be packed** gepackt haben **11.** *meist* **pack off** *ugs* fort-, wegschicken **12.** *meist* **pack up** (*oder* **in**) *ugs* aufhören *oder* Schluss machen mit: **pack it in!** hör endlich auf (damit)! **III** *v/i* **13.** packen: **pack up** zs.-packen **14.** (sich) drängen (**into** in *Akk*) **15.** *meist* **pack off** *ugs* sich packen *oder* davonmachen: **send s.o. packing** j-n fort- *oder* wegjagen **16.** fest werden **17.** *ugs* **a)** *meist* **pack up** (*oder* **in**) aufhören, Feierabend machen, **b) pack up** absterben (**on s.o.** j-m) (*Motor*), seinen Geist aufgeben (*Waschmaschine etc*)

pack·age ['pækɪdʒ] **I** *s* **1.** Paket *n* (*auch fig*) **2.** Packung *f* (*Spaghetti etc*) **II** *v/t* **3.** verpacken; zu einem Paket abpacken

pack·age deal *s* Pauschalarrangement *n*

pack·age hol·i·day *s* Pauschalurlaub *m*

pack·age tour *s* Pauschalreise *f*

pack an·i·mal *s* Pack-, Lasttier *n*

pack·et ['pækɪt] *s* **1.** Päckchen *n*: **a packet of cigarettes** eine Packung *oder* Schachtel Zigaretten **2.** *Br sl* **cost a packet** ein Heidengeld kosten; **make a packet** ein Schweinegeld verdienen **3. catch** (*oder* **cop, get, stop**) **a packet** *Br sl* in Schwulitäten kommen; eins aufs Dach kriegen

pack ice *s* Packeis *n*

pack·ing ['pækɪŋ] *s* **1.** Packen *n*: **do one's packing** packen **2.** Verpackung *f*

pact [pækt] *s* Pakt *m*: **make a pact with s.o.** mit j-m einen Pakt schließen

pad[1] [pæd] *v/i* trotten

pad[2] [pæd] **I** *s* **1.** Polster *n* **2.** SPORT (*Knie- etc*)Schützer *m* **3.** (*Schreib- etc*)Block *m* **4.** (*Stempel*)Kissen *n*: **mouse pad** Mausmatte *f* **5.** ZOOL Ballen *m* **6.** (*Abschuss*)Rampe *f* **7.** *sl* Bude *f* (*Wohnung, Zimmer*) **II** *v/t* **8.** *auch* **pad out** (aus)polstern: **padded cell** Gummizelle *f* **9.** *oft* **pad out** *Rede etc* aufblähen (**with** mit)

'pad·ding *s* **1.** Polsterung *f* **2.** *fig* Füllsel *Pl*

pad·dle[1] ['pædl] **I** *s* **1.** Paddel *n* **2.** SCHIFF Schaufel *f*; Schaufelrad *n* **II** *v/i* **3.** paddeln (*auch schwimmen*) **III** *v/t* **4.** paddeln

pad·dle[2] ['pædl] *v/i* (herum)planschen (**in** in *Dat*)

pad·dle steam·er *s* Raddampfer *m*

pad·dling pool ['pædlɪŋ] *s* Plan(t)schbecken *n*

pad·dock ['pædək] *s* **1.** (Pferde)Koppel *f*; (*Pferderennsport*) Sattelplatz *m* **2.** *Motorsport*: Fahrerlager *n*

pad·dy[1] ['pædɪ] *s auch* **paddy field** Reisfeld *n*

pad·dy[2] ['pædɪ] *s Br ugs* Koller *m*: **be in a paddy** einen Koller haben

Pad·dy ['pædɪ] *s ugs* Paddy *m*, Ire *m*

pad·dy wag·on ['pædɪ] *s Am ugs* grüne Minna

pad·lock ['pædlɒk] **I** *s* Vorhängeschloss *n* **II** *v/t* mit einem Vorhängeschloss verschließen

pae·di·a·tri·cian [ˌpiːdɪə'trɪʃn] *s bes Br* Kinderarzt *m*, -ärztin *f*

pae·di·at·rics [ˌpiːdɪ'ætrɪks] *s Sg* Kinderheilkunde *f*

pa·gan ['peɪgən] **I** *s* Heide *m*, Heidin *f* **II** *Adj* heidnisch

'pa·gan·ism *s* Heidentum *n*

►**page**[1] [peɪdʒ] **I** *s* Seite *f* (*eines Buchs etc*): **be on page 10** auf Seite 10 stehen; **four-page** vierseitig **II** *v/t* paginieren

page[2] [peɪdʒ] **I** *s* **1.** Page *m*, *hist auch* Edelknabe *m* **II** *v/t* **2.** *j-n* ausrufen (lassen): **paging Mr X** Herr X, bitte! **3.** mit *j-m* über Funkrufempfänger Kontakt aufnehmen, *j-n* anpiepsen

pageant ['pædʒənt] *s* **1.** *Am* Schönheitswettbewerb *m* **2.** historische Aufführung **3.** (historischer) Festzug

'page·boy *s* **1.** Page *m* **2.** Pagenkopf *m* (*Frisur*)

pag·er ['peɪdʒə] *s* Funkrufempfänger *m*, Piepser *m*

pag·i·nate ['pædʒɪneɪt] *v/t* paginieren

ˌpag·i'na·tion *s* Paginierung *f*

pag·ing ['peɪdʒɪŋ] *s* Funkruf(dienst) *m*

pa·go·da [pə'gəʊdə] *s* Pagode *f*

paid [peɪd] **I** *Prät und Part Perf von* **pay II** *Adj*: **put paid to** *bes Br ugs* ein Ende machen (*Dat*), *Hoffnungen etc* zunichtemachen

pail [peɪl] *s* Eimer *m*, Kübel *m*

►**pain** [peɪn] **I** *s* **1.** Schmerz(en *Pl*) *m*: **be in pain** Schmerzen haben; **I have a pain in my back** mir tut der Rücken weh; **be a pain** (**in the neck**) *ugs* einem auf den Wecker gehen **2.** Schmerz *m*, Kummer *m*: **cause s.o. pain** j-m Kummer machen **3.** *Pl* Mühe *f*, Bemühungen *Pl*: **be at** (**great**) **pains to do s.th.** sich (große) Mühe geben, etw zu tun; **take pains** sich Mühe geben (**over, with** mit; **to do** zu tun) **II** *v/t* **4.** *bes fig* schmerzen

►**pain·ful** ['peɪnful] *Adj* **1.** schmerzend, schmerzhaft **2.** *fig* schmerzlich; unangenehm; peinlich

'pain,kill·er *s* Schmerzmittel *n*

pain·less ['peɪnlɪs] *Adj* **1.** schmerzlos **2.** *ugs* leicht, einfach

'pains,tak·ing *Adj* sorgfältig, gewissenhaft

►**paint** [peɪnt] **I** *v/t* **1.** *Bild, j-n* malen: **paint a gloomy** (**vivid**) **picture of s.th.** *fig* etw in düsteren (glühenden) Farben malen *oder* schildern; → **black** 1 **2.** anmalen, bemalen; (an-) streichen, *Auto etc* lackieren: **paint out** (*oder* **over**) übermalen; **paint one's face** *pej* sich anmalen; **paint the town red** *ugs* einen draufmachen **3.** MED (aus)pinseln (**with** mit) **II** *v/i* **4.** malen **III** *s* **5.** Farbe *f*; Lack *m*; *pej* Schminke *f*: **wet paint** frisch gestrichen!

'paint·box *s* Malkasten *m*

'paint·brush *s* Pinsel *m*

►**paint·er** ['peɪntə] *s* **1.** (*auch* Kunst)Maler(in), Anstreicher(in) **2.** (*Auto- etc*)Lackierer(in)

P

pain SG

Wenn einen jemand nervt, dann muss irgendwann vielleicht doch einmal etwas gesagt werden. Welche Möglichkeiten gibt es im Englischen?

you're irritating / bugging me	du regst mich auf
you're annoying me	du nervst
you're getting (⚠ *nicht* **going** *od* **falling**) **on my nerves**	du gehst / fällst mir auf die Nerven
you're driving me nuts / crazy	du machst mich wahnsinnig
you're a pain / pain in the neck / *vulg* **pain in the arse** *od Am* **ass**	du bist nervig / du gehst mir auf den Wecker / du gehst mir auf den Keks
Es geht auch noch direkter:	
go away!	geh weg!
get lost!	hau ab!
piss off! (*vulg*), **fuck off!** (*vulg*)	verpiss dich!

Vulgärausdrücke wie **piss (off)** oder **fuck (off)** sollten Sie selbst nicht gebrauchen. Man hört sie zwar ziemlich oft, aber wenn man sie in der falschen Situation verwendet, also unangemessen von ihnen Gebrauch macht, kann man sich ganz schön blamieren. Noch dazu, wenn das „übrige Englisch" nicht ganz astrein ist. Zu den Ausdrücken der Vulgärsprache zählen im Englischen die so genannten **four-letter words**. Das sind oft Wörter mit vier Buchstaben. Der Begriff **four-letter word** wird aber heute schon in einem weiteren Sinne verstanden, d. h. man bezeichnet damit Vulgärausdrücke schlechthin, egal aus wie vielen Buchstaben sie bestehen.

▶**paint·ing** ['peɪntɪŋ] *s* **1.** Malerei *f* **2.** Gemälde *n*, Bild *n*

pain thresh·old *s* Schmerzschwelle *f*

'paint·work *s* Lack *m* (*eines Autos etc*)

▶**pair** [peə] **I** *s* **1.** Paar *n* (*Stiefel etc*): ***in pairs*** paarweise **2.** *etw Zweiteiliges, meist unübersetzt*: ***a pair of trousers*** eine Hose **3.** Paar *n*, Pärchen *n* (*Mann und Frau*, ZOOL *Männchen und Weibchen*): ***pair skating*** (*Eis-, Rollkunstlauf*) Paarlauf(en *n*) *m* **4.** ***where is the pair to this shoe?*** wo ist der andere *oder* zweite Schuh? **5.** *Rudern*: Zweier *m* **II** *v/t* **6.** *auch* ***pair off*** (*oder* ***up***) paarweise anordnen, in Zweiergruppen einteilen: ***pair off*** *zwei (junge) Leute* zs.-bringen, verkuppeln **III** *v/i* **7.** ZOOL sich paaren **8.** *auch* ***pair off*** (*oder* ***up***) Paare bilden

pa·ja·mas *Am* → ***pyjamas***

Pa·ki·stan [ˌpɑːkɪstɑːn] *Eigenn* Pakistan *n*

Pa·ki·stan·i [ˌpɑːkɪ'stɑːnɪ] **I** *s* Pakistani *m, f*, Pakistaner(in) **II** *Adj* pakistanisch

pal [pæl] *ugs* **I** *s* Kumpel *m*: ***listen, pal, ...*** *bes Am* hör mal, Freundchen, ... **II** *v/i meist* ***pal up*** sich anfreunden (***with*** mit)

pal·ace ['pælɪs] *s* Palast *m* (*auch weit. S.*)

pal·at·a·ble ['pælətəbl] *Adj* schmackhaft (*auch fig*): ***make s.th. palatable to s.o***

pal·a·tal ['pælətl] *s* LING Gaumenlaut *m*

pal·ate ['pælət] *s* **1.** ANAT Gaumen *m* **2.** *fig* ***for s.o.'s palate*** für j-s Geschmack; ***have no palate for*** keinen Sinn haben für

pa·la·tial [pə'leɪʃl] *Adj* palastartig

pa·lav·er [pə'lɑːvə] *s ugs* **1.** Palaver *n*, endloses Gerede **2.** Theater *n*

▶**pale¹** [peɪl] **I** *Adj* **1.** blass, bleich: ***turn pale*** *siehe* 3 **2.** hell, blass (*Farbe*) **II** *v/i* **3.** blass *oder* bleich werden **4.** *fig* verblassen (***before, beside*** neben *Dat*)

pale² [peɪl] *s* Pfahl *m*: ***go beyond the pale*** *fig* die Grenzen des Anstandes überschreiten

pale·ness ['peɪlnɪs] *s* Blässe *f*

Pal·es·tine ['pæləstaɪn] *Eigenn* Palästina *n*

Pal·es·tin·i·an [ˌpælə'stɪnɪən] **I** *s* Palästinenser(in) **II** *Adj* palästinensisch

pall¹ [pɔːl] *s* **1.** Sargtuch *n*; Sarg *m* **2.** *fig* (*Dunst- etc*)Glocke *f*

pall² [pɔːl] *v/i* seinen Reiz verlieren (***on*** für): ***pall on s.o.*** *auch* j-n langweilen

'pall,bear·er *s* Sargträger(in)

pal·let ['pælɪt] *s* TECH Palette *f*

pal·let truck *s* Gabelstapler *m*

pal·li·a·tive ['pælɪətɪv] **I** *Adj* **1.** MED lindernd **2.** *fig* beschönigend **II** *s* **3.** MED Linderungsmittel *n*

pal·lid ['pælɪd] *Adj* blass (*auch fig*), bleich

pal·lor ['pælə] *s* Blässe *f*

pal·ly ['pælɪ] *Adj ugs* befreundet (***with*** mit): ***they are very pally*** sie sind dicke Freunde

palm¹ [pɑːm] **I** *s* **1.** Handfläche *f*, -teller *m*: ***grease*** (*oder* ***oil***) ***s.o.'s palm*** *ugs* j-n schmieren (***with*** mit); ***have an itching*** (*oder* ***itchy***) ***palm*** *ugs* eine offene Hand haben (*bestechlich sein*); ***have s.o. in the palm of one's hand*** j-n völlig in der Hand *oder* in seiner Gewalt haben **II** *v/t* **2.** *etw* in der Hand verschwinden lassen (*Zauberkünstler*) **3.** *ugs* ***palm s.th. off as*** etw an den Mann bringen als; ***palm s.th. off on(to) s.o.*** j-m etw andrehen; ***palm s.o. off with s.th.*** j-n mit etw abspeisen

palm² [pɑːm] *s* BOT Palme *f*

palm: Tipps zur Aussprache AS

Für die Palme und die Hand(innen)fläche gibt es ein und dasselbe englische Wort: **palm**, das sich aussprachemäßig in einem Punkt stark von der deutschen Palme unterscheidet: es wird ohne „l" gesprochen, also [pɑːm].

Neben **palm** gibt es noch ein paar andere Wörter, bei denen das geschriebene „l" nicht gesprochen wird:

calm [kɑːm], **half** [hɑːf], **talk** [tɔːk], **walk** [wɔːk] und **psalm** [sɑːm], bei dem Ihnen sicher auffällt, dass auch das „p" nicht mitgesprochen wird.

P

palm·ist ['pɑːmɪst] *s* Handleser(in)
'palm·is·try *s* Handlesekunst *f*
Palm Sun·day *s* REL Palmsonntag *m*
'palm·top *s* Palmtop *m (ein mobiler Kleinstcomputer)*
palm tree *s* BOT Palme *f*
pal·pa·ble ['pælpəbl] *Adj* **1.** fühl-, greif-, tastbar **2.** *fig* augenfällig, deutlich; offensichtlich
pal·pi·tate ['pælpɪteɪt] *v/i* **1.** klopfen, pochen *(Herz)* **2.** zittern (**with** vor *Dat*)
ˌpal·piˈta·tion *s auch Pl* Herzklopfen *n*
pal·sy ['pɔːlzɪ] *s* MED Lähmung *f*
pal·try ['pɔːltrɪ] *Adj* armselig, schäbig: ***a paltry £ 10*** lumpige 10 Pfund
pam·per ['pæmpə] *v/t* verwöhnen, *Kind auch* verhätscheln
pam·phlet ['pæmflɪt] *s* **1.** Broschüre *f*, Druckschrift *f* **2.** Flugblatt *n*, -schrift *f*
►**pan¹** [pæn] **I** *s* **1.** Pfanne *f*; Topf *m* **2.** (Waag-)Schale *f* **3.** *bes Br* (Klosett)Schüssel *f* **II** *v/t* **4.** *ugs Theaterstück etc* verreißen **III** *v/i* **5.** ***pan out*** *ugs* klappen: ***pan out well*** hinhauen
pan² [pæn] **I** *s* (Kamera)Schwenk *m* **II** *v/t Kamera* schwenken **III** *v/i* schwenken
pan·a·ce·a [ˌpænə'sɪə] *s* Allheilmittel *n*, *fig auch* Patentrezept *n*
Pan·a·ma ['pænəmɑː] *Eigenn* Panama *n*
ˌPan-A'mer·i·can *Adj* panamerikanisch
'pan·cake *s* Pfannkuchen *m*
pan·cake roll *s* Frühlingsrolle *f*
pan·cre·as ['pæŋkrɪəs] *s* ANAT Bauchspeicheldrüse *f*
pan·da ['pændə] *s* ZOOL Panda *m*
Pan·da car *s Br* (Funk)Streifenwagen *m*
pan·de·mo·ni·um [ˌpændɪ'məʊnjəm] *s* Chaos *n*, Tumult *m*
pan·der ['pændə] *v/i*: ***pander to*** *einem Laster etc* Vorschub leisten, *j-s Bedürfnisse etc* befriedigen
pane [peɪn] *s (Fenster)*Scheibe *f*
pan·el ['pænl] **I** *s* **1.** Tafel *f*, Platte *f*; (vertieftes) Feld **2.** ELEK, TECH *(Schalt-, Kontroll- etc)*Tafel *f* **3.** JUR Liste *f* der Geschworenen **4.** Diskussionsteilnehmer *Pl*, -runde *f*; Rateteam *n* **II** *v/t Prät und Part Perf* **pan·eled**, *bes Br* **pan·elled** **5.** täfeln
pan·el game *s* RUNDFUNK, TV Ratespiel *n*
pan·el·ing, **pan·el·ling** ['pænlɪŋ] *s* Täfelung *f*
pan·el·ist, **pan·el·list** ['pænəlɪst] *s* Diskussionsteilnehmer(in)
pang [pæŋ] *s* stechender Schmerz: ***pangs*** *Pl* ***of hunger*** nagender Hunger; ***feel a pang of conscience*** Gewissensbisse haben
pan·ic ['pænɪk] **I** *Adj* **1.** panisch: ***panic buying*** Angstkäufe *Pl*; ***be at panic stations*** rotieren; ***push the panic button*** *ugs* panisch reagieren **II** *s* **2.** Panik *f*: ***be in a panic*** in Panik sein; ***get into a panic*** *siehe* 5; ***throw into a panic*** *siehe* 4 **3.** ***be a panic*** *Am ugs* zum Totlachen sein **III** *v/t Prät und Part Perf* **pan·icked** **4.** in Panik versetzen, eine Panik auslösen unter (*Dat*) **IV** *v/i* **5.** in Panik geraten: ***don't panic!*** nur keine Panik!
'pan·ick·y *Adj ugs* **1.** überängstlich **2.** ***get panicky*** → ***panic*** 5
'pan·ic-ˌstrick·en *Adj* von panischem Schrecken erfasst *oder* ergriffen
pan·o·ra·ma [ˌpænə'rɑːmə] *s* **1.** Panorama *n* **2.** *fig* (allgemeiner) Überblick (**of** über *Akk*)
pan·o·ram·ic [ˌpænə'ræmɪk] *Adj* (***panoramically***) panoramisch, Panorama…: ***panoramic view*** **a)** Rundblick *m* (**of** über *Akk*), **b)** → ***panorama*** 2
pan·sy ['pænzɪ] *s* **1.** BOT Stiefmütterchen *n* **2.** *ugs* Weichling *m*
pant [pænt] **I** *v/i* **1.** keuchen: ***pant for breath*** nach Luft schnappen **2.** ***be panting*** *fig* lechzen (***after, for*** nach; ***to do s.th.*** danach, etw zu tun) **II** *v/t* **3.** ***pant out*** *Worte* (hervor)keuchen **III** *s* **4.** Atemstoß *m*
pan·the·is·tic [ˌpænθiː'ɪstɪk] *Adj* (***pantheistically***) pantheistisch
pan·ther ['pænθə] *s* ZOOL Pant(h)er *m*
pant·ies ['pæntɪz] *s Pl*, *auch* ***pair of panties*** Höschen *n (für Kinder)*, *(für Damen auch)* Schlüpfer *m*, Slip *m*
pan·to·mime ['pæntəmaɪm] *s* **1.** *Br* Weihnachtsspiel *n (für Kinder)* **2.** THEAT Pantomime *f*
pan·try ['pæntrɪ] *s* Speise-, Vorratskammer *f*
►**pants** [pænts] *s Pl*, *auch* ***pair of pants*** **1.** *Br* Unterhose *f* **2.** *bes Am* Hose *f*: ***catch s.o. with his pants down*** *ugs* j-n überrumpeln; ***talk the pants off s.o.*** *ugs* j-m ein Loch *oder* Löcher in den Bauch reden
pant·suit ['pæntsuːt] *s bes Am* Hosenanzug *m*
pan·ty hose ['pæntɪ] *s bes Am* Strumpfhose *f*
pan·ty lin·er *s* Slipeinlage *f*
pap [pæp] *s* Brei *m*
pa·pal ['peɪpl] *Adj* päpstlich
pap·a·raz·zi [ˌpæpə'rætsɪ] *Pl* Paparazzi *Pl*, Fotojäger *Pl*
pa·pa·ya [pə'paɪə] *s* BOT Papaya *f*
►**pa·per** ['peɪpə] **I** *s* **1.** Papier *n*: ***on paper*** *fig* auf dem Papier **2.** Tapete *f* **3.** Zeitung *f*: ***be in the papers*** in der Zeitung stehen **4.** *Pl (Ausweis)*Papiere *Pl*; Akten *Pl*, Unterlagen *Pl* **5.** PÄD Arbeit *f*, UNI Klausur(arbeit) *f* **6.** Referat *n*: ***give*** (*oder* ***read***) ***a paper*** ein Referat halten, referieren (**to** vor *Dat*; **on** über *Akk*) **II** *v/t* **7.** tapezieren **8.** ***paper over*** (*oder* ***up***) *fig Differenzen etc* (notdürftig) übertünchen
'pa·per·back *s* Paperback *n*, Taschenbuch *n*: ***in paperback*** als Taschenbuch
pa·per bag *s* (Papier)Tüte *f*
'pa·per·boy *s* Zeitungsjunge *m*
pa·per chase *s* Schnitzeljagd *f*
pa·per clip *s* Büro-, Heftklammer *f*
pa·per cup *s* Pappbecher *m*
pa·per feed *s* Papiereinzug *m*; Papiervorschub *m*
'pa·per·girl *s* Zeitungsmädchen *n*
pa·per hand·ker·chief *s* Papiertaschentuch *n*
pa·per knife *s (unreg* ***knife****)* Brieföffner *m*
pa·per mon·ey *s* Papiergeld *n*
pa·per plate *s* Pappteller *m*
'pa·per-thin *Adj* hauchdünn (*auch fig*), papierdünn
pa·per ti·ger *s fig* Papiertiger *m*
pa·per tis·sue *s* Papiertuch *n*
'pa·per·weight *s* Briefbeschwerer *m*
'pa·per·work *s* Schreibarbeit *f*
pa·pier-mâ·ché [ˌpæpjeɪ'mæʃeɪ] *s* Pappmaschee *n*
pap·ri·ka ['pæprɪkə] *s* Paprika *m (Gewürz)*
pa·py·rus [pə'paɪərəs] *Pl* **pa·py·ri** [pə'paɪəraɪ], **pa·py·rus·es** *s* **1.** BOT Papyrus(staude *f*) *m* **2.** *Schriftstück* Papyrus(rolle *f*) *m*
par [pɑː] **I** *s* **1.** WIRTSCH Nennwert *m*: ***at par*** zum Nennwert, al pari **2.** ***be on a par*** auf gleicher Stufe stehen (**with** wie): ***be on a par with*** *auch j-m* ebenbürtig sein; ***I'm feeling below*** (*oder* ***under***) ***par today*** *ugs* ich bin heute nicht (ganz) auf dem Posten **3.** *Golf*: Par *n*: ***that's***

P

par for the course *ugs* das ist ganz normal (***for*** für) **II** *Adj* **4.** ***par value*** WIRTSCH Nennwert *m*
par·a·ble ['pærəbl] *s* Parabel *f*
pa·rab·o·la [pə'ræbələ] *s* MATHE Parabel *f*
par·a·bol·ic [ˌpærə'bɒlɪk] *Adj* (***parabolically***) MATHE parabolisch, Parabel…
par·a·chute ['pærəʃuːt] **I** *s* Fallschirm *m*: ***parachute jump*** Fallschirmabsprung *m* **II** *v/t* mit dem Fallschirm absetzen *oder* abwerfen **III** *v/i* abspringen
'par·a·chut·ist *s* Fallschirmspringer(in); MIL Fallschirmjäger(in)
pa·rade [pə'reɪd] **I** *s* **1.** Umzug *m*, *bes* MIL Parade *f*: ***be on parade*** eine Parade abhalten **2.** *fig* Zurschaustellung *f* **II** *v/t* **3.** stolzieren durch **4.** *fig* zur Schau stellen **III** *v/i* **5.** ziehen (***through*** durch), *bes* MIL paradieren **6.** stolzieren (***through*** durch)
pa·rade ground *s* MIL Exerzierplatz *m*
par·a·digm ['pærədaɪm] *s* **1.** Musterbeispiel *n* (***of*** für) **2.** LING Paradigma *n*
par·a·dise, REL *meist* **Par·a·dise** ['pærədaɪs] *s* Paradies *n* (*auch fig*)
par·a·dox ['pærədɒks] *s* Paradox(on) *n*
ˌpar·a'dox·i·cal *Adj* paradox: ***paradoxically*** (***enough***) paradoxerweise
par·af·fin ['pærəfɪn] *s* **1.** *Br* Petroleum *n* **2.** *auch* ***paraffin wax*** Paraffin *n*
pa·ra·glid·er ['pærəglaɪdə] *s* **1.** Gleitschirm *m* **2.** Gleitschirmflieger(in)
pa·ra·glid·ing *s* Gleitschirmfliegen *n*
par·a·gon ['pærəgən] *s* Muster *n* (***of*** an *Dat*): ***paragon of virtue*** *bes iron* Ausbund *m* an Tugend
par·a·graph ['pærəgrɑːf] *s* **1.** Absatz *m*, Abschnitt *m* **2.** (Zeitungs)Notiz *f*
par·al·lel ['pærəlel] **I** *Adj* **1.** parallel (***to, with*** zu) (*auch fig*): ***parallel bars*** *Pl* (*Turnen*) Barren *m*; ***parallel case*** Parallelfall *m*; ***parallel processing*** COMPUTER Parallelverarbeitung *f* **II** *s* **2.** MATHE Parallele *f* (***to, with*** zu) (*auch fig*): ***without parallel*** ohne Parallele, ohnegleichen; ***draw a parallel between*** eine Parallele ziehen zwischen (*Dat*); ***have close parallels*** eine starke Ähnlichkeit haben (***with*** mit) **3.** *auch* ***parallel of latitude*** GEOG Breitenkreis *m* **III** *v/t Prät und Part Perf* **par·al·leled**, *Br auch* **par·al·lelled** **4.** gleichkommen (*Dat*), entsprechen (*Dat*)
'par·al·lel·ism *s* **1.** MATHE Parallelität *f* (*auch fig*) **2.** LING Parallelismus *m*
ˌpar·al'lel·o·gram [ˌpærə'leləʊgræm] *s* MATHE Parallelogramm *n*
Par·a·lym·pics [ˌpærə'lɪmpɪks] *s Pl* SPORT Paralympics *Pl*
par·a·lyse ['pærəlaɪz] *v/t bes Br* MED lähmen, *fig auch* lahmlegen, zum Erliegen bringen: ***paralysed with*** *fig* starr *oder* wie gelähmt vor (*Dat*)
pa·ral·y·sis [pə'rælɪsɪs] *Pl* **pa·ral·y·ses** [pə'rælɪsiːz] *s* MED Lähmung *f*, *fig auch* Lahmlegung *f*
par·a·lyt·ic [ˌpærə'lɪtɪk] **I** *Adj* (***paralytically***) **1.** MED Lähmungs…; gelähmt **2.** *Br ugs* sternhagelvoll **II** *s* **3.** MED Gelähmte *m*, *f*
par·a·lyze *Am* → ***paralyse***
pa·ram·e·ter [pə'ræmɪtə] *s* **1.** MATHE Parameter *m* **2.** *meist Pl fig* Rahmen *m*: ***within the parameters of*** im Rahmen (*Gen*)
par·a·mil·i·tar·y [ˌpærə'mɪlɪtərɪ] *Adj* paramilitärisch
par·a·mount ['pærəmaʊnt] *Adj*: ***of paramount importance*** von größter Bedeutung
par·a·noi·a [ˌpærə'nɔɪə] *s* MED Paranoia *f*
ˌpar·a'noi·ac [ˌpærə'nɔɪæk] **I** *Adj* (***paranoiacally***) paranoisch **II** *s* Paranoiker(in)
'par·a·noid *Adj* paranoid: ***be paranoid about*** ständig Angst haben vor (*Dat*)
par·a·pet ['pærəpɪt] *s* Brüstung *f*
par·a·pher·na·li·a [ˌpærəfə'neɪljə] *s Pl* (*auch Sg konstruiert*) **1.** (persönliche) Sachen *Pl* **2.** *ugs bes Br* Scherereien *Pl*
par·a·phrase ['pærəfreɪz] **I** *s* Paraphrase *f*, Umschreibung *f* **II** *v/t* paraphrasieren, umschreiben
par·a·ple·gi·a [ˌpærə'pliːdʒə] *s* MED Querschnitt(s)lähmung *f*
ˌpar·a'ple·gic **I** *Adj* querschnitt(s)gelähmt **II** *s* Querschnitt(s)gelähmte *m*, *f*
par·a·psy·chol·o·gy [ˌpærəsaɪ'kɒlədʒɪ] *s* Parapsychologie *f*
par·a·site ['pærəsaɪt] *s* BIOL Schmarotzer(in), Parasit *m* (*beide auch fig*)
par·a·sit·ic [ˌpærə'sɪtɪk] *Adj* (***parasitically***) BIOL parasitär, parasitisch, *fig auch* schmarotzerhaft
para·sol ['pærəsɒl] *s* Sonnenschirm *m*
par·a·troop·er ['pærəˌtruːpə] *s* MIL Fallschirmjäger(in)
par·boil ['pɑːbɔɪl] *v/t* halb gar kochen, ankochen
►**par·cel** ['pɑːsl] **I** *s* **1.** Paket *n* **2.** Parzelle *f* **II** *v/t Prät und Part Perf* **par·celed**, *bes Br* **par·celled** **3.** *meist* ***parcel up*** (als Paket) verpacken **4.** *meist* ***parcel out*** aufteilen, *Land* parzellieren
par·cel bomb *s* Paketbombe *f*
par·cels counter *s* Paketschalter *m*
parch [pɑːtʃ] *v/t und v/i* ausdörren, -trocknen, *v/i auch* verdörren, -trocknen
parch·ment ['pɑːtʃmənt] *s* Pergament *n*
►**par·don** ['pɑːdn] **I** *v/t* **1.** *etw* verzeihen: ***pardon s.o.*** (***for***) ***s.th.*** j-m etw vergeben *oder* verzeihen; ***pardon me*** **a)** *siehe* 3a, c, **b)** *Am siehe* 3b; ***pardon me for interrupting you*** verzeihen *oder* entschuldigen Sie, wenn ich Sie unterbreche; ***if you'll pardon the expression*** wenn ich so sagen darf **2.** JUR begnadigen **II** *s* **3.** ***I beg your pardon*** **a)** Entschuldigung!, Verzeihung!, **b)** *auch ugs* ► ***pardon?*** (wie) bitte?, **c)** erlauben Sie mal!, ich muss doch sehr bitten! **4.** JUR Begnadigung *f*
'par·don·a·ble *Adj* verzeihlich
pare [peə] *v/t* **1.** sich *die Nägel* schneiden: ***pare down*** *fig* einschränken **2.** *Apfel etc* schälen
►**par·ent** ['peərənt] **I** *s* Elternteil *n*: ► ***parents*** *Pl* Eltern *Pl* **II** *Adj*: ***parent company*** WIRTSCH Muttergesellschaft *f*
'par·ent·age *s* Abstammung *f*, Herkunft *f*
pa·ren·tal [pə'rentl] *Adj* elterlich, Eltern…: ***parental leave*** (*Erziehungsurlaub*) Elternzeit *f*
pa·ren·the·sis [pə'renθɪsɪs] *Pl* **pa·ren·the·ses** [pə'renθɪsiːz] *s* **1.** LING Parenthese *f*, Einschaltung *f* **2.** *meist Pl* (runde) Klammer: ***put in parentheses*** einklammern
par·ent·hood ['peərənthʊd] *s* Elternschaft *f*
'par·ent·less *Adj* elternlos
►**par·ents-in-law** ['peərəntsɪnlɔː] *s Pl* Schwiegereltern *Pl*
Par·is ['pærɪs] *Eigenn* Paris *n*
par·ish ['pærɪʃ] *s* **1.** REL Pfarrbezirk *m*, *auch Koll* Gemeinde *f*: ***parish church*** Pfarrkirche *f*; ***parish register*** Kirchenbuch *n*, -register *n* **2.**

P

auch ***civil parish*** POL *Br* Gemeinde *f*: ***parish council*** Gemeinderat *m*
pa·rish·ion·er [pəˈrɪʃənə] *s* REL Gemeinde(mit)glied *n*
par·i·ty [ˈpærətɪ] *s* **1.** Gleichheit *f* (***with*** mit) **2.** COMPUTER Parität *f*: ***parity check*** Plausibilitätskontrolle *f*
▶ **park** [pɑːk] **I** *s* **1.** Park *m* **II** *v/t* **2.** MOT parken, abstellen: ***a parked car*** ein parkender Wagen; ***he's parked over there*** er parkt dort drüben; ***park o.s.*** *ugs* sich hinhocken *oder* pflanzen **3.** *ugs* abstellen, lassen **III** *v/i* **4.** parken: ***a place to park*** ein Parkplatz **5.** einparken
par·ka [ˈpɑːkə] *s* Parka *m, f*
ˌpark-and-ˈride *s* Park-and-ride-System *n*
▶ **park·ing** [ˈpɑːkɪŋ] *s* **1.** Parken *n*: ***"no parking"*** „Parken verboten" **2.** Einparken *n* **3.** Parkplätze *Pl*, -fläche *f*
park·ing disc *s* Parkscheibe *f*
park·ing fee *s* Parkgebühr *f*
park·ing ga·rage *s bes Am* Park(hoch)haus *n*
▶ **park·ing lot** [ˈpɑːkɪŋlɒt] *s Am* Parkplatz *m*
park·ing me·ter *s* Parkuhr *f*
park·ing of·fence *s* Falschparken *n*
park·ing space *s* **1.** Parklücke *f*, Parkplatz *m* **2.** Stellplatz *m*
park·ing tick·et *s* Strafzettel *m* (*wegen Falschparkens*)
Par·kin·son's dis·ease [ˈpɑːkɪnsnz] *s* MED parkinsonsche Krankheit
ˈparkˌkeep·er *s* Parkwächter(in)
par·ky [ˈpɑːkɪ] *Adj Br ugs* kühl, frisch
par·lance [ˈpɑːləns] *s*: ***in common parlance*** einfach *oder* verständlich ausgedrückt; ***in legal parlance*** in der Rechtssprache
▶ **par·lia·ment** [ˈpɑːləmənt] *s* Parlament *n*
par·lia·men·tar·i·an [ˌpɑːləmenˈteərɪən] *s* Parlamentarier(in)
par·liamen·ta·ry [ˌpɑːləˈmentərɪ] *Adj* parlamentarisch
par·lor *Am*, **par·lour** *bes Br* [ˈpɑːlə] *s meist in Zssgn* Salon *m*
par·lor game *s* Gesellschaftsspiel *n*
pa·ro·chi·al [pəˈrəʊkjəl] *Adj* **1.** Pfarr…, Gemeinde… **2.** *fig* beschränkt, engstirnig
par·o·dist [ˈpærədɪst] *s* Parodist(in)
ˈpar·o·dy I *s* **1.** Parodie *f* (***of, on*** auf *Akk*) **2.** *fig* Abklatsch *m* (***of, on*** *Gen*) **II** *v/t* **3.** parodieren
pa·role [pəˈrəʊl] JUR **I** *s* bedingte (Haft)Entlassung; Hafturlaub *m*: ***put*** *s.o.* ***on parole*** *siehe* II **II** *v/t j-n* bedingt entlassen; *j-m* Hafturlaub gewähren
par·quet [ˈpɑːkeɪ] *s* **1.** Parkett *n* **2.** THEAT *Am* Parkett *n*
par·quet floor *s* Parkett(fuß)boden *m*
par·rot [ˈpærət] **I** *s* ORN Papagei *m* (*auch fig*) **II** *v/t etw* (wie ein Papagei) nachplappern
ˈpar·rot-ˌfash·ion *Adv*: ***learn parrot-fashion*** *etw* stur *oder* mechanisch lernen; ***repeat parrot-fashion*** → ***parrot*** II
par·ry [ˈpærɪ] **I** *v/t Frage* parieren, *Schlag, Stoß auch* abwehren **II** *s Fechten*: Parade *f*
par·si·mo·ni·ous [ˌpɑːsɪˈməʊnjəs] *Adj* geizig
par·si·mo·ny [ˈpɑːsɪmənɪ] *s* Geiz *m*
pars·ing [ˈpɑːsɪŋ] *s* IT Parsing *n*, Parsen *n*
pars·ley [ˈpɑːslɪ] *s* BOT Petersilie *f*
pars·nip [ˈpɑːsnɪp] *s* BOT Pastinake *f*, Pastinak *m*
par·son [ˈpɑːsn] *s* Pastor(in), Pfarrer(in): ***parson's nose*** *ugs* Bürzel *m*
ˈpar·son·age *s* Pfarrhaus *n*
▶ **part** [pɑːt] **I** *s* **1.** *allg* Teil *m*: (***a***) ***part of his money*** ein Teil seines Geldes; ***it is good in part(s), parts of it are good, part of it is good*** es ist zum Teil *oder* teilweise gut; ***for the most part*** größtenteils; meistens; ***be part of s.th.*** zu etw gehören; ***be part and parcel of*** einen wesentlichen Bestandteil bilden von (*oder Gen*); ***part of the body*** Körperteil; ***part of speech*** LING Wortart *f*; ***three-part*** dreiteilig **2.** TECH (Bau-, Ersatz)Teil *n* **3.** Teil *m*, Folge *f*, Fortsetzung *f* (*eines Romans, einer Fernsehserie etc*); Lieferung *f* (*eines Buchs etc*) **4.** Anteil *m*: ▶ ***take part*** teilnehmen, sich beteiligen (***in*** an *Dat*) **5.** *fig* Teil *m*, Seite *f*: ***for my part*** von meiner Seite, von mir; ***take s.th. in good part*** etw nicht übel nehmen **6.** *fig* Seite *f*, Partei *f*: ***take s.o.'s part*** für j-n *oder* j-s Partei ergreifen **7.** THEAT *etc* Rolle *f* (*auch fig*): ***act*** (*oder* ***play***) ***the part of*** die Rolle (*Gen*) spielen; ***play a part in*** eine Rolle spielen bei *oder* in (*Dat*) **8.** MUS (Sing- *oder* Instrumental)Stimme *f*, Partie *f*: ***for*** (*oder* ***in***) ***several parts*** mehrstimmig **9.** Gegend *f*, Teil *m* (*eines Landes etc*): ***in these parts*** hier(zulande) **10.** *Am* (Haar)Scheitel *m* **II** *v/t* **11.** trennen (***from***); *Streitende* trennen; *Vorhang* aufziehen; *Haar* scheiteln: → ***company*** 1 **III** *v/i* **12.** sich trennen (***from*** von): ***part*** (***as***) ***friends*** in Freundschaft auseinandergehen; ***part with*** *etw* aufgeben, sich von *j-m, etw* trennen **13.** sich zerteilen, aufreißen (*Wolken*) **IV** *Adj* **14.** Teil…: ***give s.th. in part exchange*** etw in Zahlung geben; ***part owner*** Miteigentümer(in); ***give s.o. £ 100 in part payment*** j-m 100 Pfund als Abschlagszahlung geben **V** *Adv* **15. *part …, part*** teils …, teils
par·tial [ˈpɑːʃl] *Adj* (→ ***partially***) **1.** teilweise, Teil…: ***partial success*** Teilerfolg *m* **2.** parteiisch, voreingenommen: ***be partial to s.th.*** *ugs* eine Schwäche *oder* besondere Vorliebe für etw haben
par·ti·al·i·ty [ˌpɑːʃɪˈælətɪ] *s* **1.** Parteilichkeit *f*, Voreingenommenheit *f* **2.** *ugs* Schwäche *f*, besondere Vorliebe (***for*** für)
par·tial·ly [ˈpɑːʃəlɪ] *Adv* teilweise, zum Teil: ***be partially to blame for*** mit schuld sein an (*Dat*); ***partially sighted*** sehbehindert
par·tic·i·pant [pɑːˈtɪsɪpənt] *s* Teilnehmer(in)
parˈtic·i·pate [pɑːˈtɪsɪpeɪt] *v/i* teilnehmen, sich beteiligen (***in*** an *Dat*)
parˌtic·iˈpa·tion *s* Teilnahme *f*, Beteiligung *f*
par·ti·ci·ple [ˈpɑːtɪsɪpl] *s* LING Partizip *n*, Mittelwort *n*: → ***past*** 2, ***present***[1] 3
par·ti·cle [ˈpɑːtɪkl] *s* **1.** Teilchen *n*, PHYS *auch* Partikel *f* **2.** LING Partikel *f*
▶ **par·tic·u·lar** [pəˈtɪkjʊlə] **I** *Adj* (→ ***particularly***) **1.** besonder, speziell: ***this particular case*** dieser spezielle Fall; ***be of no particular importance*** nicht besonders wichtig sein; ***for no particular reason*** aus keinem besonderen Grund **2.** ***be very particular about*** (*oder* ***over***) es sehr genau nehmen mit; sehr heikel *oder* wählerisch sein in (*Dat*) **II** *s* **3.** Einzelheit *f*: ***particulars*** *Pl* nähere Umstände *Pl oder* Angaben *Pl*; ***in particular*** insbesondere; ***in every particular, in all particulars*** in allen Einzelheiten; ***enter*** (*oder* ***go***) ***into particulars*** ins Einzelne gehen; ***further particulars from*** Näheres bei **4.** *Pl* Personalien *Pl*
parˈtic·u·lar·ize *v/t* spezifizieren, einzeln aufführen
parˈtic·u·lar·ly *Adv* besonders: ***not particularly*** *auch* nicht sonderlich
part·ing [ˈpɑːtɪŋ] **I** *Adj* **1.** Abschieds…: ***parting***

kiss **II** *s* **2.** Abschied *m* **3.** *bes Br* (Haar)Scheitel *m*

par·ti·san [ˌpɑːtɪˈzæn] **I** *s* **1.** Parteigänger(in) **2.** MIL Partisan(in) **II** *Adj* **3.** parteiisch **4.** MIL Partisanen…

par·ti·tion [pɑːˈtɪʃn] **I** *s* **1.** Teilung *f* **2.** *auch* ***partition wall*** Trennwand *f* **II** *v/t* **3.** *Land etc* teilen: ***partition off*** abteilen, abtrennen

►**part·ly** [ˈpɑːtlɪ] *Adv* teilweise, zum Teil

►**part·ner** [ˈpɑːtnə] **I** *s* **1.** *allg* Partner(in) **2.** WIRTSCH Gesellschafter(in), Partner(in), Teilhaber(in) **II** *v/t* **3.** *j-n* zum Partner haben, *j-s* Partner sein **4.** *oft* ***partner up*** (als Partner) zs.-bringen (***with*** mit) **III** *v/i* **5.** *oft* ***partner up*** sich (als Partner) zs.-tun (***with*** mit)

ˈpart·ner·ship *s* **1.** Partnerschaft *f*: ***go into partnership*** sich (als Partner) zs.-tun (***with*** mit) **2.** WIRTSCH Personen-, Personalgesellschaft *f*: (***general*** *oder* ***ordinary***) ***partnership*** offene Handelsgesellschaft; ***limited*** (*Am* ***special***) ***partnership*** Kommanditgesellschaft *f*

par·tridge [ˈpɑːtrɪdʒ] *s* ORN Rebhuhn *n*

ˌpart-ˈtime I *Adj* Teilzeit…, Halbtags…: ***part-time worker*** Teilzeitbeschäftigte *m, f,* Halbtagskraft *f* **II** *Adv* halbtags

►**par·ty** [ˈpɑːtɪ] *s* **1.** POL Partei *f*: ***within the party*** innerparteilich, parteiintern **2.** Gesellschaft, Gruppe *f*: ***there were three of us in our party*** wir waren zu dritt (in der Gruppe) **3.** (*Rettungs- etc*)Mannschaft *f*; MIL Kommando *n,* Trupp *m* **4.** Gesellschaft *f,* Party *f*: ***give*** (*oder* ***throw***) ***a party*** **5.** JUR (*Prozess-, Vertrags*)Partei *f*: ***a third party*** ein Dritter **6.** Teilnehmer(in), Beteiligte *m, f*: ***be a party to*** beteiligt sein an (*Dat*), *etw* mitmachen

par·ty line *s* POL Parteilinie *f*: ***follow the party line*** linientreu sein

par·ty poop·er *s* Spaßverderber(in)

par·ve·nu [ˈpɑːvənjuː] *s* Emporkömmling *m*

►**pass** [pɑːs] **I** *s* **1.** (*Gebirgs*)Pass *m* **2.** Passierschein *m*: ***free pass*** (Dauer)Freikarte *f,* BAHN *etc* (Dauer)Freifahrkarte *f,* -schein *m* **3.** ***get a pass in physics*** PÄD die Physikprüfung bestehen **4.** ***things have come to such a pass that*** die Dinge haben sich derart zugespitzt, dass **5.** SPORT Pass *m,* Zuspiel *n* **6.** ***make a pass at*** *ugs* Annäherungsversuche machen bei **II** *v/t* **7.** vorbeigehen, -fahren an (*Dat*) **8.** überholen **9.** *Prüfung* bestehen; *Prüfling* durchkommen lassen **10.** *fig* hinausgehen über (*Akk*), übersteigen, -treffen: ***pass s.o.'s comprehension*** (*oder* ***understanding***) über j-s Verstand *oder* Horizont gehen **11.** ***pass one's hand over*** (sich) mit der Hand fahren über (*Akk*) **12.** *j-m etw* reichen, geben, *etw* weitergeben: → ***buck***¹ 2 **13.** SPORT *Ball* abspielen, passen (***to*** zu) **14.** *Gesetz* verabschieden **15.** *Zeit* ver-, zubringen: ***pass the time reading*** sich die Zeit mit Lesen vertreiben **16.** *Urteil* abgeben, fällen, JUR *auch* sprechen (***on*** über *Akk*) **III** *v/i* **17.** vorbeigehen, -fahren (***by*** an *Dat*): ***let s.o. pass*** j-n vorbeilassen **18.** (***to***) übergehen (auf *Akk*), fallen (an *Akk*) **19.** vergehen (*Schmerz etc*), (*Zeit auch*) verstreichen **20.** durchkommen, (die Prüfung) bestehen **21.** (***as, for***) gelten (als), gehalten *oder* angesehen werden (für) **22.** durchgehen, unbeanstandet bleiben: ***let s.th. pass*** etw durchgehen lassen **23.** SPORT (den Ball) abspielen *oder* passen (***to*** zu) **24.** *Kartenspiel*: passen (*auch fig*): ***I'll pass on that*** da muss ich passen **25.** ***pass over s.th.*** etw übergehen *oder* ignorieren (***in silence*** stillschweigend)

◆**pass a·way I** *v/t* **1.** → ***pass*** 15 **II** *v/i* **2.** → ***pass*** 19 **3.** verscheiden, sterben

◆**pass by I** *v/i* **1.** vorbeigehen, -fahren **2.** → ***pass*** 19 **II** *v/t* **3.** *etw, j-n* übergehen

◆**pass down** *v/t* (***to***) *Tradition etc* weitergeben (*Dat oder* an *Akk*), *Bräuche etc* überliefern (*Dat*)

◆**pass off I** *v/t* **1.** *j-n, etw* ausgeben (***as*** als) **II** *v/i* **2.** *gut etc* vorübergehen, verlaufen **3.** vergehen (*Schmerz etc*)

◆**pass on I** *v/t* **1.** weitergeben (***to*** *Dat oder* an *Akk*) (*auch fig*); *Krankheit* übertragen **II** *v/i* **2.** übergehen (***to*** zu *einem anderen Thema etc*) **3.** → ***pass away*** 3

◆**pass o·ver** → ***pass by*** 3

◆**pass round I** *v/t* herumreichen, *Gerücht etc* in Umlauf setzen: ***be passed round*** *auch* die Runde machen **II** *v/i* herumgereicht werden, *auch fig* die Runde machen

◆**pass up** *v/t* sich *eine Chance etc* entgehen lassen

pass·a·ble [ˈpɑːsəbl] *Adj* **1.** passierbar, befahrbar **2.** *fig* passabel

pas·sage [ˈpæsɪdʒ] *s* **1.** Durchfahrt *f,* -reise *f*: → ***bird*** 1 **2.** Passage *f,* (Durch-, Verbindungs-)Gang *m* **3.** (See-, Flug)Reise *f*: → ***rough*** 2 **4.** ***with the passage of time*** mit der Zeit **5.** Verabschiedung *f* (*eines Gesetzes*) **6.** Passage *f,* Stelle *f* (*eines Texts*)

ˈpas·sage·way → ***passage*** 2

►**pas·sen·ger** [ˈpæsɪndʒə] *s* Passagier(in), Fahr-, Fluggast *m,* (*Auto- etc*)Insasse *m,* Insassin *f*

pas·sen·ger train *s* Personenzug *m*

ˌpass·er-ˈby *Pl* **ˌpass·ers-ˈby** *s* Passant(in)

pass·ing [ˈpɑːsɪŋ] **I** *s* **1.** ***with the passing of time*** mit der Zeit **2.** → ***passage*** 5 **3.** ***in passing*** beiläufig, nebenbei **II** *Adj* **4.** flüchtig (*Blick, Gedanke etc*)

pas·sion [ˈpæʃn] *s* **1.** Leidenschaft *f, weit. S. auch* Passion *f*: ***be a passion with s.o.*** j-s Leidenschaft sein; ***have a passion for s.th.*** eine Leidenschaft für etw haben; ***passions ran high*** die Erregung schlug hohe Wellen **2.** **Passion** REL Passion *f*: ***Passion play*** Passionsspiel *n*

pas·sion·ate [ˈpæʃənət] *Adj* leidenschaftlich

pas·sion fruit *s* BOT Passionsfrucht *f,* Maracuja *f*

pas·sive [ˈpæsɪv] **I** *Adj* **1.** passiv: ***passive resistance*** passiver Widerstand; ***passive smoking*** passives Rauchen, Passivrauchen *n*; ***passive vocabulary*** passiver Wortschatz **2.** LING passivisch: ***passive voice*** *siehe* 3 **II** *s* **3.** LING Passiv *n,* Leideform *f*

pasˈsiv·i·ty *s* Passivität *f*

ˈpass·key *s* Hauptschlüssel *m*

Pass·o·ver [ˈpɑːsˌəʊvə] *s* REL Passah *n*

►**pass·port** [ˈpɑːspɔːt] *s* **1.** (Reise)Pass *m*: ***hold a British passport*** einen britischen Pass haben; ***passport picture*** (*oder* ***photo***) Passbild *n* **2.** *fig* Schlüssel *m* (***to*** zu)

ˈpass·word *s* Kenn-, Passwort *n*

►**past** [pɑːst] **I** *Adj* **1.** vergangen: ***be past*** vorüber *oder* vorbei sein; ***for some time past*** seit einiger Zeit; ***learn from past mistakes*** aus Fehlern in der Vergangenheit lernen **2.** LING ***past participle*** Partizip *n* Perfekt; ***past perfect*** Plusquamperfekt *n,* Vorvergangenheit *f*; ***past tense*** Vergangenheit *f,* Präteritum *n* **3.** früher, ehemalig **II** *s* **4.** Vergangenheit *f* (*auch* LING): ***in the past*** in der Vergangenheit, früher

P

Passivkonstruktionen bei Verben des Sagens

GR

Bei Verben des Sagens, Meinens und Behauptens wie **say, claim, report** oder **suppose** werden folgende Passivkonstruktionen häufig verwendet:

Subjekt + Passiv + Infinitivkonstruktion	
He is believed to have bribed some politicians.	Er soll einige Politiker bestochen haben.
there + Passiv + Infinitivkonstruktion	
There are said to have been riots in the streets.	Es heißt, dass es auf den Straßen zu Ausschreitungen gekommen ist.
it + Passiv + **that**-Konstruktion	
It is feared that more jobs will be lost.	Es wird befürchtet, dass noch mehr Stellen abgebaut werden.

III *Adv* **5.** vorbei, vorüber: ***run past*** vorbeilaufen **IV** *Präp* **6.** *Zeit:* nach, über (*Akk*): ***half past seven*** halb acht; ***she is past forty*** sie ist über vierzig **7.** an … (*Dat*) vorbei *oder* vorüber **8.** über … (*Akk*) hinaus: ***I'm past caring*** das kümmert mich nicht mehr; ***be past it*** *ugs* es nicht mehr bringen; ***I wouldn't put it past him*** *ugs* das traue ich ihm glatt *oder* ohne Weiteres zu; → ***cure*** 2, ***hope*** I, *etc*

Der Gebrauch des past tense

GR

Das **past tense** wird verwendet bei Ereignissen, die keinen direkten Bezug mehr zur Gegenwart haben. Sie sind abgehakt und unveränderlich:

She got malaria after her trip to Borneo.

⚠ Beachten Sie den Unterschied:

Claire visited thirteen countries with the orchestra.	Claire hat (insgesamt) dreizehn Länder mit dem Orchester besucht. (Die Tournee ist vorbei.)
Claire has visited thirteen countries with the orchestra.	Claire hat (bisher) dreizehn Länder mit dem Orchester besucht. (Die Tournee dauert noch an.)

pas·ta ['pæstə] *s* Teigwaren *Pl*

paste [peɪst] **I** *s* **1.** (*Fisch-, Zahn- etc*)Paste *f* **2.** Kleister *m* **3.** *Am* → ***pastry*** **II** *v/t* **4.** kleben (***to, on*** an *Akk*): ***paste up*** ankleben **5.** COMPUTER einfügen (***into*** in *Akk*) **III** *v/i* **6.** COMPUTER ***copy and paste*** kopieren und einfügen

'paste·board *s* Karton *m*, Pappe *f*

pas·tel **I** *s* [pæ'stel] **1.** Pastellstift *m* **2.** Pastell (-zeichnung *f*) *n* **3.** Pastellfarbe *f*, -ton *m* **II** *Adj* ['pæstl] **4.** Pastell… **5.** pastellfarben

pas·teur·ize ['pɑːstʃəraɪz] *v/t* pasteurisieren, keimfrei machen

pas·time ['pɑːstaɪm] *s* Zeitvertreib *m*, Freizeitbeschäftigung *f*: ***as a pastime*** zum Zeitvertreib

pas·tor ['pɑːstə] *s* Pastor(in), Pfarrer(in)

'pas·to·ral **I** *Adj* **1.** pastoral, ländlich, idyllisch **2.** pastoral, seelsorgerisch: ***pastoral letter*** *siehe* 4 **II** *s* **3.** MUS Pastorale *n*, *f* **4.** REL Hirtenbrief *m*

pas·try ['peɪstrɪ] *s* **1.** (*Blätter-, Mürbe- etc*)Teig *m* **2.** *Br oft Pl* (Fein)Gebäck *n*

pas·ture ['pɑːstʃə] **I** *s* Weide(land *n*) *f* **II** *v/t* weiden (lassen) **III** *v/i* grasen, weiden

past·y[1] ['peɪstɪ] *Adj* blass, käsig

past·y[2] ['pæstɪ] *s bes Br* (Fleisch)Pastete *f*

pat[1] [pæt] **I** *s* **1.** Klaps *m*: ***give s.o.*** (***o.s.***) ***a pat on the back*** *fig ugs* j-m (sich selbst) auf die Schulter klopfen **2.** Portion *f* (*bes Butter*) **3.** (*Kuh*)Fladen *m* **4.** Trappeln *n* **II** *v/t* **5.** tätscheln; abtupfen (***with*** mit): ***pat s.o. on the head*** (***shoulder***) j-m den Kopf tätscheln (auf die Schulter klopfen); ***pat s.o.*** (***o.s.***) ***on the back*** *fig ugs* j-m (sich selbst) auf die Schulter klopfen; ***pat down*** *Haar etc* an-, festdrücken, *Erde etc* festklopfen **III** *v/i* **6.** trappeln

pat[2] [pæt] **I** *Adv* **1.** ***have*** (*oder* ***know***) ***s.th.*** (***off***) ***pat*** etw aus dem Effeff *oder* wie am Schnürchen können **2.** wie aus der Pistole geschossen **II** *Adj* **3.** glatt (*Antwort etc*)

patch [pætʃ] **I** *s* **1.** Fleck *m*; Flicken *m*: ***patches*** *Pl* ***of mist*** Nebelschwaden *Pl*; ***in patches*** *fig* stellenweise; ***not to be a patch on*** *Br ugs* nichts sein gegen **2.** Beet *n* **3.** ***go through a bad*** (***difficult***) ***patch*** eine Pechsträhne haben (eine schwierige Zeit durchmachen) **II** *v/t* **4.** flicken: ***patch up*** zs.-flicken (*auch fig*); *fig Streit* beilegen; ***patch things up*** sich zs.-raufen

patch pock·et *s* aufgesetzte Tasche

'patch·work *s* Patchwork *n*: ***patchwork blanket*** Flickendecke *f*

patch·y ['pætʃɪ] *Adj* **1.** fleckig **2.** *fig* lückenhaft; unterschiedlich

pat·ent ['peɪtənt] **I** *Adj* **1.** offenkundig, -sichtlich **2.** *Br ugs* patent (*Methode etc*) **II** *s* **3.** Patent *n*: ***patent office*** Patentamt *n*; ***protected by patent*** patentrechtlich geschützt; ***take out a patent on*** *siehe* 4 **III** *v/t* **4.** *etw* patentieren lassen

pat·ent leath·er *s* Lackleder *n*

pa·ter·nal [pə'tɜːnl] *Adj* **1.** väterlich, Vater… **2.** *Großvater etc* väterlicherseits

pa·ter·ni·ty [pə'tɜːnətɪ] *s* Vaterschaft *f*: ***paternity leave*** Vaterschaftsurlaub *m*; ***paternity suit*** JUR Vaterschaftsprozess *m*

▶**path** [pɑːθ] *Pl* **paths** [pɑːðz] *s* **1.** Weg *m* (*auch fig* ***to*** zu), Pfad *m*: ***stand in s.o.'s path*** j-m im Weg stehen; → ***cross*** 9 **2.** PHYS, TECH Bahn *f* **3.** COMPUTER Pfad *m*

pa·thet·ic [pə'θetɪk] *Adj* (***pathetically***) **1.** mitleiderregend: ***pathetic sight*** Bild *n* des Jammers **2.** *Br* kläglich (*Versuch etc*), erbärmlich, miserabel (*Leistung etc*)

patho·gen ['pæθədʒɪn] *s* MED Erreger *m*

P

path·o·log·i·cal [ˌpæθəˈlɒdʒɪkl] *Adj* pathologisch, krankhaft

pa·thol·o·gist [pəˈθɒlədʒɪst] *s* Pathologe *m*, -login *f*

paˈthol·o·gy *s* Pathologie *f*

pa·thos [ˈpeɪθɒs] *s das* Mitleiderregende

▶**pa·tience** [ˈpeɪʃns] *s* **1.** Geduld *f*: ***lose one's patience*** die Geduld verlieren (**with** mit); → ***saint*** 1 **2.** *bes Br* Patience *f* (*Kartenspiel*): ***play patience*** Patiencen *oder* eine Patience legen

▶**pa·tient** [ˈpeɪʃnt] **I** *Adj* geduldig (**with** mit) **II** *s* Patient(in)

pat·i·na [ˈpætɪnə] *s* Patina *f*

pa·ti·o [ˈpætɪəʊ] *Pl* **pa·ti·os** *s* **1.** Patio *m*, Innenhof *m* **2.** Veranda *f*, Terrasse *f*

pa·tri·arch [ˈpeɪtrɪɑːk] *s* Patriarch *m*

ˌpa·triˈar·chal [ˌpeɪtrɪˈɑːkl] *Adj* patriarchalisch

St Patrick's Day

Der 17. März ist für die Iren Nationalfeiertag. Am **St Patrick's Day** trägt man Klee (**shamrock**) im Knopfloch. Auch außerhalb Irlands sieht man Legionen von Iren bzw. Irischstämmigen in grünen T-Shirts. Viele Iren werden nach ihrem Schutzpatron **Patrick** genannt, der Irland von den Schlangen befreit haben soll.

pa·tri·ot [ˈpætrɪət] *s* Patriot(in)

pa·tri·ot·ic [ˌpætrɪˈɒtɪk] *Adj* (***patriotically***) patriotisch

pa·tri·ot·ism [ˈpætrɪəˌtɪzəm] *s* Patriotismus *m*

pa·trol [pəˈtrəʊl] **I** *s* **1.** MIL Patrouille *f*, (*Polizei*)Streife *f* **2.** Patrouille *f*, Streife *f*, Runde *f*: ***on patrol*** auf Patrouille *oder* Streife; ***patrol car*** (Funk)Streifenwagen *m*; ***patrol wagon*** *Am* (Polizei)Gefangenenwagen *m* **II** *v/t* **3.** abpatrouillieren (*Soldaten*), auf Streife sein in (*Dat*) (*Polizist*), seine Runde machen in (*Dat*) (*Wachmann*)

paˈtrol·man *s* (*unreg* ***man***) **1.** *Am* Streifenpolizist *m* **2.** *Br* motorisierter Pannenhelfer

pa·tron [ˈpeɪtrən] *s* **1.** Schirmherr *m* **2.** Gönner *m*, Förderer *m* **3.** (Stamm-)Kunde *m*; Stammgast *m*

pa·tron·age [ˈpætrənɪdʒ] *s* **1.** Schirmherrschaft *f*: ***under the patronage of*** unter der Schirmherrschaft von (*oder Gen*) **2.** Förderung *f*

pa·tron·ess [ˈpeɪtrənɪs] *s* **1.** Schirmherrin *f* **2.** Gönnerin *f*, Förderin *f*

pa·tron·ize [ˈpætrənaɪz] *v/t* **1.** fördern **2.** (Stamm)Kunde *oder* Stammgast sein in (*Dat*) **3.** gönnerhaft *oder* herablassend behandeln

ˈpa·tron·iz·ing *Adj* gönnerhaft, herablassend

pa·tron saint *s* Schutzheilige *m*, *f*

pat·ter¹ [ˈpætə] **I** *v/i* **1.** prasseln (*Regen etc*) **2.** trappeln **II** *s* **3.** Prasseln *n* **4.** Trappeln *n*

pat·ter² [ˈpætə] *s* **1.** Sprüche *Pl* (*eines Vertreters etc*) **2.** Jargon *m*: ***sales patter*** Verkaufsjargon *m*

▶**pat·tern** [ˈpætən] **I** *s* **1.** (*auch Schnitt-, Strick-*) Muster *n*; *fig* Muster *n*, Vorbild *n* **2.** WIRTSCH Muster *n*, (Waren)Probe *f* **3.** (*Stoff- etc*)Muster *n* **4.** *fig* Muster *n*, Schema *n*: ***follow its usual pattern*** nach dem üblichen Schema *oder* wie üblich verlaufen **II** *v/t* **5.** mustern **6.** bilden, gestalten (**on** nach)

paunch [pɔːntʃ] (dicker) Bauch, Wanst *m*

pau·per [ˈpɔːpə] *s* Arme *m*, *f*

pause [pɔːz] **I** *s* Pause *f*: ***without a pause*** ohne Pause **II** *v/i* innehalten

pave [peɪv] *v/t* pflastern: ***pave the way for*** *fig* den Weg ebnen (*Dat*)

ˈpave·ment *s* **1.** (Straßen)Pflaster *n* **2.** *Br* Bürger-, Gehsteig *m*: ***pavement artist*** Pflastermaler(in); ***pavement café*** Straßencafé *n* **3.** *Am* Fahrbahn *f*

ˈpav·ing stone *s* Pflasterstein *m*

paw [pɔː] **I** *s* **1.** Pfote *f* (*auch ugs Hand*), Tatze *f* **II** *v/t* **2.** *Boden* scharren, scharren an (*der Tür etc*) **3.** *ugs* betatschen **III** *v/i* **4.** scharren (**at** an *Dat*)

pawn¹ [pɔːn] *s* **1.** *Schach*: Bauer *m* **2.** *fig* Schachfigur *f*

pawn² [pɔːn] **I** *s*: ***be in pawn*** verpfändet *oder* versetzt sein **II** *v/t* verpfänden, versetzen

ˈpawnˌbrok·er *s* Pfandleiher(in)

ˈpawn·shop *s* Leih-, Pfandhaus *n*

pawn tick·et *s* Pfandschein *m*

▶**pay** [peɪ] **I** *s* **1.** Bezahlung *f*, Gehalt *n*, Lohn *m* **II** *v/t* (*unreg*) **2.** *Betrag* zahlen, entrichten, *Rechnung* (be)zahlen, begleichen: ***pay into*** einzahlen auf (*ein Konto*) **3.** *j-n* bezahlen **4.** *fig Aufmerksamkeit* schenken, *Besuch* abstatten, *Kompliment* machen: → ***attention*** 1, *etc* **III** *v/i* (*unreg*) **5.** zahlen: ***pay for*** *etw* bezahlen (*auch fig*); ***he paid dearly for it*** *fig* er musste teuer dafür bezahlen **6.** *fig* sich lohnen, sich bezahlt machen

◆**pay back** → ***repay***: → ***coin*** I

◆**pay in** *v/t* einzahlen

◆**pay off** **I** *v/t* **1.** *j-n* auszahlen **2.** *etw* ab(be)zahlen, tilgen **II** *v/i* **3.** → ***pay*** 6

◆**pay out** *v/t* ausgeben, bezahlen (**for** für)

◆**pay up** **I** *v/t j-n*, *etw* voll *oder* sofort bezahlen **II** *v/i* zahlen

pay·a·ble [ˈpeɪəbl] *Adj* zahlbar, fällig: ***be payable to*** ausgestellt sein auf (*Akk*)

ˈpay·day *s* Zahltag *m*

pay·ing [ˈpeɪɪŋ] *Adj* **1.** ***paying guest*** zahlender Gast **2.** lohnend, rentabel

ˌpay·ing-ˈin slip *s* Einzahlungsschein *m*

pay·ment [ˈpeɪmənt] *s* (Be)Zahlung *f*: ***in payment of*** als Bezahlung für; ***on payment of*** gegen Zahlung von (*oder Gen*)

ˈpay·off *s ugs* Pointe *f*

pay pack·et *s Br* Lohntüte *f*

ˌpay-per-ˈview TV *s* Pay-TV *n*

pay·phone *s* Münzfernsprecher *m*

pay rise *s* Lohn-, Gehaltserhöhung *f*

ˈpay·roll *s* Lohnliste *f*: ***be on s.o.'s payroll*** bei j-m beschäftigt sein

pay slip *s* Lohn-, Gehaltsabrechnung *f*

pay sta·tion *s Am* Münzfernsprecher *m*

pay TV *s* Pay-TV *n*, Bezahlfernsehen *n*

▶**PC** [piːˈsiː] *Abk* **1** (= ***personal computer***) PC *m*, Personal Computer *m* **2** *Br* ***police constable*** Polizist(in), Wachtmeister(in)

PE [piːˈiː] *Abk* (= ***physical education***) Sport *m* (*Schulfach*)

▶**pea** [piː] *s* BOT Erbse *f*: ***they are like two peas in a pod*** sie gleichen sich wie ein Ei dem anderen

▶**peace** [piːs] **I** *s* **1.** Friede(n) *m*: ***the two countries are at peace*** zwischen den beiden Ländern herrscht Frieden; ***make one's peace with*** sich aus- *oder* versöhnen mit **2.** JUR öffentliche Ruhe und Ordnung: ***keep the peace*** die öffentliche Ordnung aufrechterhalten; → ***breach*** 1 **3.** Ruhe *f*: ***peace of mind*** Seelenfrieden *m*; ***in peace and quiet*** in Ruhe und Frieden **II**

Adj **4.** Friedens…: ***peace conference*** Friedenskonferenz *f*; ***peace movement*** Friedensbewegung *f*; ***peace pipe*** Friedenspfeife *f*; ***peace treaty*** Friedensvertrag *m*
'peace·a·ble *Adj* friedlich (*Diskussion etc*), (*Person auch*) friedfertig
Peace Corps *s Am* Entwicklungsdienst *m*
peace·ful ['pi:sfʊl] *Adj* friedlich
'peace-ˌlov·ing *Adj* friedliebend
'peace·time I *s* Friedenszeiten *Pl* **II** *Adj* in Friedenszeiten
peach [pi:tʃ] *s* **1.** BOT Pfirsich *m*; Pfirsichbaum *m* **2.** *ugs* prima Person *oder* Sache: ***a peach of a shot*** ein genialer Schuss
pea·cock ['pi:kɒk] *s* ORN Pfau *m*: ***(as) proud as a peacock*** stolz wie ein Pfau
peak [pi:k] **I** *s* **1.** Spitze *f*, (*eines Bergs auch*) Gipfel *m* **2.** Schirm *m* (*einer Mütze*) **3.** *fig* Höhepunkt *m*, Höchststand *m*: ***be at its peak*** am höchsten sein **II** *v/i* **4.** einen Höchststand erreichen **III** *Adj* **5.** Höchst…, Spitzen…: ***peak hours*** *Pl* Hauptverkehrs-, Stoßzeit *f*; ELEK Hauptbelastungszeit *f*; ***peak time*** TV Hauptsendezeit *f*
peaked [pi:kt] *Adj*: ***peaked cap*** Schirmmütze *f*
'peak·y *Adj ugs* blass, kränklich
peal [pi:l] **I** *s* **1.** (*Glocken*)Läuten *n* **2.** (*Donner-*)Schlag *m*: ***peals*** *Pl* ***of laughter*** schallendes *oder* dröhnendes Gelächter **II** *v/i auch* ***peal out*** **3.** läuten **4.** krachen (*Donner*)
'pea·nut *s* BOT Erdnuss *f*: ***peanuts*** *Pl ugs* lächerliche Summe
pea·nut but·ter *s* Erdnussbutter *f*
▶**pear** [peə] *s* BOT **a)** Birne *f*, **b)** *auch* ***pear tree*** Birnbaum *m*
▶**pearl** [pɜ:l] **I** *s* **1.** Perle *f* **2.** Perlmutter *f*, *n*, Perlmutt *n* **II** *Adj* **3.** Perlen… **4.** Perlmutt(er)…

> **Pearl Harbor** LK
>
> Den japanischen Luftangriff auf den amerikanischen Militärstützpunkt **Pearl Harbor** auf Hawaii am 7. Dezember 1941 beantworteten die USA mit einer Kriegserklärung und damit dem Eintritt in den 2. Weltkrieg.

peas·ant ['peznt] *s* **1.** Kleinbauer *m*, -bäuerin *f* **2.** *fig ugs* Bauer *m*
pea·soup·er [ˌpi:'su:pə] *s ugs* Waschküche *f* (*dicker, gelber Nebel*)
peat [pi:t] *s* Torf *m*: ***cut*** (*oder* ***dig***) ***peat*** Torf stechen
peb·ble ['pebl] *s* Kiesel(stein) *m*: ***you are not the only pebble on the beach*** *ugs* ich *etc* kann auch ohne dich auskommen
'peb·bly *Adj* Kiesel…: ***pebbly beach***
pec·ca·dil·lo [ˌpekə'dɪləʊ] *Pl* **pec·ca·dil·los, pec·ca·dil·loes** *s* **1.** kleine Sünde **2.** Kavaliersdelikt *n*
peck [pek] **I** *v/t* **1.** picken **2.** *ugs j-m* einen flüchtigen Kuss geben (***on*** auf *Akk*) **II** *v/i* **3.** picken, hacken (***at*** nach): ***peck at one's food*** im Essen herumstochern **III** *s* **4.** *ugs* flüchtiger Kuss
'peck·er *s* **1.** *Am sl* Schwanz *m* (*Penis*) **2.** ***keep one's pecker up*** *ugs* die Ohren steifhalten
'peck·ing or·der *s* ORN Hackordnung *f* (*auch fig*)
pec·to·ral ['pektərəl] *Adj* Brust…
pe·cul·iar [pɪ'kju:ljə] *Adj* (→ ***peculiarly***) **1.** eigen(tümlich) (***to*** *Dat*): ***be peculiar to*** *auch* typisch sein für **2.** eigenartig, seltsam
peˌcu·li'ar·i·ty [pɪˌkju:lɪ'ærətɪ] *s* **1.** Eigenheit *f*, Eigentümlichkeit *f*: ***be a peculiarity of*** *auch* typisch sein für **2.** Eigenartigkeit *f*, Seltsamkeit *f*
pe'cul·iar·ly *Adv* **1.** → ***peculiar*** 2 **2.** besonders
pe·cu·ni·ar·y [pɪ'kju:njərɪ] *Adj* geldlich, Geld…: ***pecuniary difficulties*** *Pl* finanzielle Schwierigkeiten *Pl*
ped·a·gog·ic, ped·a·gog·i·cal [ˌpedə'gɒdʒɪk(l)] *Adj* pädagogisch
ped·a·gogue ['pedəgɒg] *s pej* Schulmeister(in), Pedant(in)
ped·a·go·gy ['pedəgɒdʒɪ] *s* Pädagogik *f*
ped·al ['pedl] **I** *s* **1.** Pedal *n* **II** *v/i Prät und Part Perf* **ped·aled**, *bes Br* **ped·alled** **2.** das Pedal treten **3.** (mit dem Rad) fahren, strampeln
ped·al bin *s* Treteimer *m*
ped·al boat *s* Tretboot *n*
ped·ant ['pedənt] *s* Pedant(in)
pe·dan·tic [pɪ'dæntɪk] *Adj* (***pedantically***) pedantisch (***about*** wenn es um … geht)
ped·ant·ry ['pedəntrɪ] *s* Pedanterie *f*
ped·dle ['pedl] *v/t* hausieren (gehen) mit (*auch fig*): ***peddle drugs*** mit Drogen handeln
'ped·dler *s* **1.** Drogenhändler(in) **2.** *Am* → ***pedlar***
ped·es·tal ['pedɪstl] *s* Sockel *m*: ***place*** (*oder* ***put, set***) ***s.o. on a pedestal*** *fig* j-n aufs Podest erheben; ***knock s.o. off his pedestal*** *fig* j-n von seinem Sockel stoßen
▶**pe·des·tri·an** [pɪ'destrɪən] **I** *Adj* **1.** Fußgänger…: ***pedestrian crossing*** *Br* Fußgängerüberweg *m*; ***pedestrian precinct*** (*oder* ***zone***) Fußgängerzone *f* **2.** *fig* prosaisch, trocken; fantasielos **II** *s* **3.** Fußgänger(in)

> **pedestrian crossing** WF
>
> Es gibt verschiedene Fußgängerübergänge, die alle nach Tieren benannt sind:
>
> **zebra crossing** Zebrastreifen
> **pelican crossing** Ampelübergang
> (eine Abkürzung von **pedestrian light controlled crossing**)
> **puffin crossing**
> (**puffin** heißt der Papageientaucher; der Name ist eine Abkürzung von **pedestrian user-friendly intelligent crossing**)
> **toucan crossing**
> (ein Übergang, der von Fußgängern und Radfahrern benutzt werden kann, also **„two can cross"**)

pe·di·a·tri·cian, pe·di·at·rics *Am* → ***paediatrician, paediatrics***
ped·i·cure ['pedɪˌkjʊə] *s* Pediküre *f*: ***have a pedicure*** sich pediküren lassen
ped·i·gree ['pedɪgri:] **I** *s* **1.** Stammbaum *m* **2.** Ab-, Herkunft *f* **II** *Adj* **3.** ZOOL reinrassig
ped·lar ['pedlə] *s* Hausierer(in)
pee [pi:] *ugs* **I** *v/i* pinkeln **II** *s*: ***have*** (***go for***) ***a pee*** pinkeln (gehen)
peek [pi:k] **I** *v/i* kurz *oder* verstohlen gucken (***at*** auf *Akk*) **II** *s*: ***have*** (*oder* ***take***) ***a peek at*** einen kurzen *oder* verstohlenen Blick werfen auf (*Akk*)
peel [pi:l] **I** *v/t Kartoffeln etc* schälen: ***peel*** (***off***)

P

Tapete etc abziehen, ablösen; *Kleider* abstreifen; ***keep one's eyes peeled*** *ugs* die Augen offen halten **II** *v/i auch* ***peel off*** sich lösen (*Tapete etc*), abblättern (*Farbe etc*), sich schälen (*Haut*) **III** *s* Schale *f*

'peel·er *s* (*Kartoffel- etc*)Schäler *m*

'peel·ings *s Pl* (*Kartoffel- etc*)Schalen *Pl*

peep¹ [piːp] **I** *v/i* **1.** piep(s)en **II** *s* **2.** Piep(s)en *n* **3.** *ugs* Piepser *m* (*Ton*)

peep² [piːp] **I** *v/i* **1.** → ***peek*** I **2.** *meist* ***peep out*** vorschauen (***from under*** unter *Dat*) **II** *s* **3.** → ***peek*** II

'peep·er *s meist Pl ugs* Gucker *m* (*Auge*)

'peep·hole *s* Guckloch *n*, (*in Tür*) Spion *m*

Peep·ing Tom ['piːpɪŋ] *s* Spanner *m*, Voyeur *m*

peep show *s* Peepshow *f*

peer¹ [pɪə] *v/i* angestrengt schauen, spähen: ***peer at s.o.*** j-n anstarren

peer² [pɪə] *s* **1.** *Br* Peer *m* **2.** Gleichgestellte *m, f*, Ebenbürtige *m, f*, Altersgenosse *m*, -genossin *f*: ***one's peers*** *Pl* seinesgleichen; ***peer group*** SOZIOL Peergroup *f* (*Gruppe etwa gleichaltriger Kinder oder Jugendlicher als primäre soziale Bezugsgruppe*)

'peer·age *s Br* Peerage *f*: ***raise to the peerage*** in den Adelsstand erheben

'peer·ess *s Br* Peeress *f*

'peer·less *Adj* unvergleichlich, einzigartig

peeved [piːvd] *Adj ugs* sauer (***about, at*** über *Akk*)

pee·vish ['piːvɪʃ] *Adj* gereizt; reizbar

peg [peg] **I** *s* **1.** Pflock *m*; (*Holz*)Nagel *m*, (-)Stift *m*; (*Zelt*)Hering *m*: ***be a square peg in a round hole*** *fig* am falschen Platz sein; ***take s.o. down a peg (or two)*** *ugs* j-m einen Dämpfer aufsetzen **2.** (Kleider)Haken *m*: ***off the peg*** von der Stange (*Anzug*) **3.** *Br* (*Wäsche-*)Klammer *f* **II** *v/t* **4.** anpflocken **5.** *auch* ***peg out*** *Br Wäsche* (an der Leine) anklammern **6.** WIRTSCH *Preise etc* stützen, halten **III** *v/i* **7.** ***peg away at*** *ugs* dranbleiben an (*einer Arbeit*) **8.** ***peg out*** *bes Br ugs* den Löffel abgeben (*sterben*)

pe·jo·ra·tive [pɪ'dʒɒrətɪv] *Adj* pejorativ, abschätzig, herabsetzend

pe·kin·ese [ˌpiːkɪ'niːz] *Pl* **pe·kin·ese** *s* ZOOL Pekinese *m*

pel·i·can ['pelɪkən] *s* ORN Pelikan *m*

pel·i·can cross·ing *s Br* Ampelübergang *m*

pel·let ['pelɪt] *s* **1.** Kügelchen *n* **2.** Schrotkorn *n*

pelt¹ [pelt] *s* Fell *n*, Pelz *m*

pelt² [pelt] **I** *v/t* **1.** bewerfen, *auch fig* bombardieren (***with*** mit) **II** *v/i* **2.** ***it is pelting (down), it is pelting with rain*** es gießt in Strömen **3.** stürmen, stürzen **III** *s* **4.** (***at***) ***full pelt*** mit voller Geschwindigkeit

pel·vic ['pelvɪk] *Adj* ANAT, MED Becken…: ***pelvic fin*** *beim Fisch* Bauchflosse *f*

pel·vis ['pelvɪs] *s* ANAT Becken *n*

▸ **pen¹** [pen] *s* (*Schreib*)Feder *f*; Füller *m*; Kugelschreiber *m*

> **pen** SG
>
> Beachten Sie bitte, dass **pen** sowohl für einen Kugelschreiber als auch für einen Füllfederhalter verwendet wird. Das deutsche „Hast du was zum Schreiben?" wird im Englischen oft durch **Have you got a pen?** wiedergegeben.

pen² [pen] **I** *s* **1.** Pferch *m*, (*Schaf*)Hürde *f* **2.** (*Lauf*)Gitter *n*, (-)Stall *m* **II** *v/t* (*auch unreg*) *auch* ***pen in*** (*oder* ***up***) **3.** *Tiere* einpferchen **4.** *Personen* zs.-pferchen

pe·nal ['piːnl] *Adj* **1.** Straf…: ***penal code*** Strafgesetzbuch *n*; ***penal colony*** Strafkolonie *f*; ***penal reform*** Strafrechtsreform *f* **2.** strafbar

pe·nal·ize ['piːnəlaɪz] *v/t* **1.** bestrafen, *weit. S. auch* benachteiligen **2.** *etw* unter Strafe stellen

pen·al·ty ['penltɪ] *s* **1.** Strafe *f*: ***pay the penalty for s.th.*** etw bezahlen *oder* büßen (***with*** mit) **2.** Nachteil *m* **3.** *Fußball*: Elfmeter *m*, *österr., schweiz.* Penalty *n*: ***penalty area*** (*oder* ***box***) Strafraum *m*; ***penalty kick*** Strafstoß *m*; ***penalty shoot-out*** Elfmeterschießen *n*

pen·ance ['penəns] *s* REL Buße *f*

ˌpen-and-'ink draw·ing *s* Federzeichnung *f*

pence [pens] *Pl von* ***penny***

pen·chant ['pɑ̃ːŋʃɑ̃ːŋ] *s* (***for***) Neigung *f*, Hang *m* (zu), Vorliebe *f* (für)

▸ **pen·cil** ['pensl] **I** *s* **1.** Bleistift *m* **2.** MATHE, PHYS (*Strahlen- etc*)Bündel *n* **II** *v/t Prät und Part Perf* **pen·ciled**, *bes Br* **pen·cilled** **3.** mit Bleistift markieren *oder* schreiben *oder* zeichnen **4.** *Augenbrauen etc* nachziehen

pen·cil case *s* Federmäppchen *n*

pen·cil sharp·en·er *s* (Bleistift)Spitzer *m*

pen·dant ['pendənt] *s* Anhänger *m* (*Schmuckstück*)

pend·ing ['pendɪŋ] **I** *Adj* **1.** *bes* JUR schwebend, anhängig **2.** bevorstehend **II** *Präp* **3.** bis zu

pen·du·lum ['pendjʊləm] *s* Pendel *n* (*auch fig*)

pen·e·trate ['penɪtreɪt] **I** *v/t* eindringen in (*Akk*) (*auch fig*); durchdringen, dringen durch **II** *v/i* eindringen (***into*** in *Akk*) (*auch fig*); durchdringen: ***penetrate through*** *auch* dringen durch

'pen·e·trat·ing *Adj* **1.** durchdringend; (*Verstand*) scharf **2.** scharfsinnig

ˌpen·e'tra·tion *s* **1.** Ein-, Durchdringen *n* **2.** Scharfsinn *m*

pen friend *s* Brieffreund(in)

pen·guin ['peŋgwɪn] *s* ORN Pinguin *m*

pen·i·cil·lin [ˌpenɪ'sɪlɪn] *s* MED Penicillin *n*

pen·in·su·la [pə'nɪnsjʊlə] *s* Halbinsel *f*

pen'in·su·lar *Adj* Halbinsel…; halbinselförmig

pe·nis ['piːnɪs] *Pl* **pe·nis·es, pe·nes** ['piːniːz] *s* ANAT Penis *m*

pen·i·tence ['penɪtəns] *s* Buße *f*: **a)** REL Bußfertigkeit *f*, **b)** Reue *f*

'pen·i·tent, pen·i·ten·tial [ˌpenɪ'tenʃl] *Adj* **a)** REL bußfertig, **b)** reuig

pen·i·ten·tia·ry [ˌpenɪ'tenʃərɪ] *s Am* (Staats-)Gefängnis *n*

'pen·knife *s* (*unreg* ***knife***) Taschenmesser *n*

pen name *s* Schriftstellername *m*

pen·nant ['penənt] *s* Wimpel *m*

pen·ni·less ['penɪlɪs] *Adj* (völlig) mittellos: ***be penniless*** *auch* kein Geld haben

▸ **pen·ny** ['penɪ] *Pl* **pen·nies**, *Koll* **pence** [pens] *s Br* Penny *m*: ***in for a penny, in for a pound*** wer A sagt, muss auch B sagen; ***a pretty penny*** *ugs* ein hübsches Sümmchen; ***the penny('s) dropped*** *ugs* der Groschen ist gefallen; ***spend a penny*** *ugs* mal verschwinden

pen·ny dread·ful *Pl* **pen·ny dreadfuls** *s Br ugs* Groschenroman *m*

pen·ny pinch·er *s ugs* Pfennigfuchser(in)

'pen·ny-ˌpinch·ing *Adj ugs* knick(e)rig

pen pal *ugs* → ***pen friend***

pen·sion ['penʃn] **I** *s* Rente *f*, Pension *f*: ***pension scheme*** Rentenversicherung *f* **II** *v/t*: ***pen-***

penny SG

Ein britisches Pfund hat 100 **pence.**

1p	**one penny, one p** [piː]
5p	**five pence, five p**
20p	**twenty pence, twenty p**

Der Plural von **penny** lautet allgemein **pence**. Nur wenn von einzelnen Ein-Penny-Münzen die Rede ist, sagt man **pennies**.

sion off *j-n* pensionieren, in den Ruhestand versetzen; *fig ugs Maschine etc* ausrangieren

'pen·sion·a·ble *Adj*: ***of pensionable age*** im Renten- *oder* Pensionsalter

pen·sion·er ['penʃənə] *s* Rentner(in), Pensionär(in), *österr.* Pensionist(in)

pen·sive ['pensɪv] *Adj* **1.** nachdenklich **2.** trübsinnig

pent [pent] *Prät und Part Perf von* ***pen²***

pen·ta·gon ['pentəgən] *s* Fünfeck *n*: ***the Pentagon*** das Pentagon

pen·tag·o·nal [pen'tægənl] *Adj* fünfeckig

pen·tath·lete [pen'tæθliːt] *s* SPORT Fünfkämpfer(in)

pen'tath·lon [pen'tæθlɒn] *s* Fünfkampf *m*

Pen·te·cost ['pentɪkɒst] *s* REL Pfingsten *n*, *auch Pl*

pent·house ['penthaʊs] *s* Penthouse *n*, -haus *n*

ˌpent-'up *Adj* an-, aufgestaut (*Gefühle*)

pe·nul·ti·mate [pe'nʌltɪmət] *Adj* vorletzt

pe·o·ny ['pɪənɪ] *s* BOT Pfingstrose *f*

▶ **peo·ple** ['piːpl] **I** *s* **1.** (*Pl konstruiert*) die Menschen *Pl*, die Leute *Pl*; Leute *Pl*, Personen *Pl*: ***my people*** *ugs* meine Angehörigen *Pl oder* Leute **2.** (*Pl konstruiert*) man: ***people say that*** man sagt, dass **3.** (*Pl konstruiert*) ***the people*** **a)** das (*gemeine*) Volk: ***a man of the*** (***common***) ***people*** ein Mann des Volks, **b)** die Bürger *Pl oder* Wähler *Pl*, die Bevölkerung: ***people's front*** Volksfront *f*; ***people's republic*** Volksrepublik *f* **4.** Volk *n*, Nation *f* **II** *v/t* **5.** besiedeln, bevölkern (***with*** mit)

pep [pep] *ugs* **I** *s* Pep *m*, Schwung *m* **II** *v/t*: ***pep up*** *j-n* aufmöbeln: ***pep things up*** Schwung in den Laden bringen

▶ **pep·per** ['pepə] **I** *s* Pfeffer *m*; Paprikaschote *f* **II** *v/t* pfeffern, *fig auch* spicken (***with*** mit)

'pep·per·box *Am* → ***pepper pot***

'pep·per·corn *s* Pfefferkorn *n*

pep·per mill *s* Pfeffermühle *f*

'pep·per·mint **I** *s* **1.** BOT Pfefferminze *f* **2.** Pfefferminz *n* (*Bonbon*) **II** *Adj* **3.** Pfefferminz…

pep·per pot *s* Pfefferstreuer *m*

pep·per·y ['pepərɪ] *Adj* **1.** pfeff(e)rig **2.** *fig* hitzig (*Person*)

pep pill *s ugs* Aufputschpille *f*

pep talk *s ugs* aufmunternde Worte *Pl*: ***give s.o. a pep talk*** j-m ein paar aufmunternde Worte sagen

pep·tic ['peptɪk] *Adj*: ***peptic ulcer*** MED Magengeschwür *n*

▶ **per** [pɜː] *Präp* **1.** per, durch **2.** pro, je: ***per annum*** pro Jahr; ***per person*** pro Person **3.** *meist* ***as per*** laut, gemäß

per cap·i·ta [pə'kæpɪtə] **I** *Adj* Pro-Kopf-… **II** *Adv* pro Kopf

per·ceive [pə'siːv] *v/t* **1.** wahrnehmen **2.** begreifen, erkennen

▶ **per cent** *Br*, **per·cent** *bes Am* [pə'sent] **I** *Adj und Adv* …prozentig **II** *s* Prozent *n*

per'cent·age *s* **1.** Prozentsatz *m*; Teil *m*: ***what percentage of …?*** wie viel Prozent von …?; ***in percentage terms*** prozentual (ausgedrückt) **2.** ***there's no percentage in doing s.th.*** *ugs* es bringt nichts, etw zu tun

per·cep·ti·ble [pə'septəbl] *Adj* wahrnehmbar, merklich

per'cep·tion *s* **1.** Wahrnehmung *f* **2.** Auffassung(sgabe) *f*

per'cep·tive *Adj* scharfsinnig

perch¹ [pɜːtʃ] *s* ZOOL (Fluss)Barsch *m*

perch² [pɜːtʃ] **I** *s* **1.** (Sitz)Stange *f* (*für Vögel*): ***knock s.o. off his perch*** *ugs* j-n von seinem Sockel stoßen **2.** *ugs* hoch gelegener Platz *oder* Standort **II** *v/i* **3.** (***on***) sich niederlassen (auf *Akk*, *Dat*), sich setzen (auf *Akk*) (*Vogel*) **4.** *ugs* hocken (***on*** auf *Dat*) **III** *v/t* **5.** ***perch o.s.*** *ugs* sich hocken (***on*** auf *Akk*)

per·co·late ['pɜːkəleɪt] **I** *v/t Kaffee* filtern, *weit. S.* kochen, machen **II** *v/i* durchsickern (*auch fig*), (*Kaffee*) durchlaufen

'per·co·la·tor *s* Kaffeemaschine *f*

per·cus·sion [pə'kʌʃn] **I** *s* **1.** Schlag *m*, Stoß *m*; Erschütterung *f* **2.** MUS Schlagzeug *n* **II** *Adj* **3.** ***percussion drill*** TECH Schlagbohrmaschine *f*; ***percussion instrument*** MUS Schlaginstrument *n*; ***percussion section*** *siehe* 2

per'cus·sion·ist *s* Schlagzeuger(in)

per·emp·to·ry [pə'remptərɪ] *Adj* **1.** gebieterisch, herrisch **2.** kategorisch (*Befehl etc*)

per·en·ni·al [pə'renjəl] *Adj* **1.** ewig, immerwährend **2.** BOT mehrjährig

pe·re·stroi·ka [pere'strɔɪkə] *s* POL Perestroika *f*

▶ **per·fect** ['pɜːfɪkt] **I** *Adj* **1.** perfekt: **a)** vollkommen, vollendet: ***perfect crime*** perfektes Verbrechen, **b)** fehler-, makellos **2.** gänzlich, vollständig: ***perfect fool*** ausgemachter Narr; ***perfect nonsense*** kompletter Unsinn; ***perfect strangers*** *Pl* wildfremde Leute *Pl* **3.** ***perfect tense*** *siehe* 4 **II** *s* **4.** LING Perfekt *n*: → ***future*** 4, ***past*** 2, ***present¹*** 3 **III** *v/t* [pə'fekt] **5.** vervollkommnen, perfektionieren

per·fec·tion [pə'fekʃn] *s* **1.** Vervollkommnung *f*, Vollendung *f* **2.** Vollkommenheit *f*, Perfektion *f*: ***to perfection*** vollkommen, perfekt

per'fec·tion·ism *s* Perfektionismus *m*

per'fec·tion·ist **I** *s* Perfektionist(in) **II** *Adj* perfektionistisch

per·fid·i·ous [pə'fɪdɪəs] *Adj* treulos, verräterisch

per·fi·dy ['pɜːfɪdɪ] *s* Treulosigkeit *f*

per·fo·rate ['pɜːfəreɪt] *v/t* **1.** durchbohren, -löchern **2.** perforieren, lochen

ˌper·fo'ra·tion *s* **1.** Durchbohrung *f*, -löcherung *f* **2.** Perforation *f*

▶ **per·form** [pə'fɔːm] **I** *v/t* **1.** *Arbeit, Dienst etc* verrichten, *Pflicht, auch Vertrag* erfüllen, MED *Operation* durchführen **2.** *Theaterstück etc* aufführen, spielen, *auch Konzert* geben, *Musikstück, Lied etc* vortragen, *Kunststück etc* vorführen, *Rolle* spielen **II** *v/i* **3.** ***perform well*** (*bes Sport*) eine gute Leistung zeigen; PÄD gut abschneiden **4.** TECH funktionieren, arbeiten (*Maschine etc*) **5.** THEAT *etc* eine Vorstellung geben, auftreten

▶ **per·form·ance** [pə'fɔːməns] *s* **1.** Erfüllung *f*, Durchführung *f* **2.** MUS, THEAT Aufführung *f*, Vorstellung *f*, Vortrag *m* **3.** Leistung *f* (*auch* TECH)

per'form·er *s* Darsteller(in), Künstler(in)

P

per'form·ing *Adj* dressiert (*Tier*)

per·fume **I** *s* ['pɜːfjuːm] **1.** Duft *m* **2.** Parfüm *n* **II** *v/t* [pə'fjuːm] **3.** parfümieren

per·func·to·ry [pə'fʌŋktərɪ] *Adj* flüchtig (*Blick etc*), (*auch Person*) oberflächlich

▶**per·haps** [pə'hæps] *Adv* vielleicht

per·il ['perəl] *s* Gefahr *f*: ***be in peril of one's life*** sich in Lebensgefahr befinden; ***at one's peril*** auf eigene Gefahr

'per·il·ous *Adj* gefährlich

▶**pe·ri·od** ['pɪərɪəd] **I** *s* **1.** Periode *f*, Zeit(dauer *f*, -raum *m*, -spanne *f*) *f*, Frist *f*: ***for a period of*** für die Dauer von **2.** Zeit(alter *n*) *f*, Epoche *f* **3.** PHYSIOL Periode *f* **4.** PÄD (Unterrichts-)Stunde *f* **5.** LING *bes Am* Punkt *m* **II** *Adj* **6.** zeitgenössisch, historisch; Stil…: ***period furniture*** Stilmöbel *Pl*

pe·ri·od·ic [ˌpɪərɪ'ɒdɪk] *Adj* (***periodically***) periodisch, regelmäßig wiederkehrend

ˌpe·ri'od·i·cal **I** *Adj* → ***periodic*** **II** *s* Zeitschrift *f*

pe·riph·er·al [pə'rɪfərl] *s* COMPUTER Peripheriegerät *n*

pe·riph·er·y [pə'rɪfərɪ] *s* Peripherie *f*, *auch fig* Rand *m*: ***on the periphery of the town*** am Stadtrand

per·i·scope ['perɪskəʊp] *s* Periskop *n*, Sehrohr *n*

per·ish ['perɪʃ] **I** *v/i* **1.** umkommen: ***be perishing (with cold)*** *ugs* vor Kälte umkommen **2.** brüchig werden, verschleißen (*Material*), schlecht werden, verderben (*Lebensmittel*) **II** *v/t* **3.** ***be perished (with cold)*** *ugs* ganz durchgefroren sein

'per·ish·a·ble *Adj* leicht verderblich

'per·ish·ing *bes Br ugs Adj* saukalt

per·i·to·ni·tis [ˌperɪtəʊ'naɪtɪs] *s* MED Bauchfellentzündung *f*

per·jure ['pɜːdʒə] *v/t*: ***perjure o.s.*** einen Meineid leisten

'per·ju·ry *s* Meineid *m*: ***commit perjury*** → ***perjure***

perk[1] [pɜːk] *ugs* **I** *v/t* → ***percolate*** I **II** *v/i* durchlaufen (*Kaffee*)

perk[2] [pɜːk] *ugs* **I** *v/t*: ***perk up*** *j-n* aufmöbeln **II** *v/i*: ***perk up*** aufleben

perk[3] [pɜːk] *ugs meist* ***perks*** *Pl* Vergünstigungen *Pl*, Extras *Pl*

perk·y ['pɜːkɪ] *Adj ugs* **1.** munter, lebhaft **2.** keck, selbstbewusst

▶**perm** [pɜːm] *ugs* **I** *s* Dauerwelle *f*: ***give s.o. a perm*** *siehe* II **II** *v/t*: ***perm s.o.'s hair*** j-m eine Dauerwelle machen

per·ma·nence ['pɜːmənəns] *s* Beständigkeit *f*, Dauerhaftigkeit *f*

▶**per·ma·nent** ['pɜːmənənt] **I** *Adj* beständig, dauerhaft, Dauer…: ***permanent address*** ständiger Wohnsitz; ***permanent wave*** Dauerwelle *f* **II** *s Am* Dauerwelle *f*

per·me·a·ble ['pɜːmjəbl] *Adj* durchlässig (***to*** für)

per·me·ate ['pɜːmɪeɪt] **I** *v/t* durchdringen (*auch fig*) **II** *v/i* dringen (***into*** in *Akk*; ***through*** durch)

per·mis·si·ble [pə'mɪsəbl] *Adj* zulässig, statthaft, erlaubt

▶**per·mis·sion** [pə'mɪʃn] *s* Erlaubnis *f*: ***by permission of*** mit Genehmigung (*Gen*); ***without permission*** unerlaubt, unbefugt; ***ask s.o.'s permission, ask s.o. for permission*** j-n um Erlaubnis bitten; ***give s.o. permission to do s.th.*** j-m die Erlaubnis geben *oder* j-m erlauben, etw zu tun

per'mis·sive [pə'mɪsɪv] *Adj* liberal; (sexuell) freizügig: ***permissive society*** tabufreie Gesellschaft

▶**per·mit** [pə'mɪt] **I** *v/t* **1.** *etw* erlauben, gestatten: ***not permitted*** *auch* verboten; ***permit s.o. to do s.th.*** j-m erlauben, etw zu tun **II** *v/i* **2.** es erlauben *oder* gestatten: ***weather (time) permitting*** wenn es das Wetter (die Zeit) erlaubt **3.** ***permit of*** *etw* zulassen **III** *s* ['pɜːmɪt] **4.** Genehmigung *f*: ***work permit*** Arbeitsgenehmigung *f*

per·ni·cious [pə'nɪʃəs] *Adj* schädlich

per·nick·et·y [pə'nɪkətɪ] *Adj ugs* **1.** pingelig, pedantisch **2.** kitz(e)lig (*Angelegenheit etc*)

per·pen·dic·u·lar [ˌpɜːpən'dɪkjʊlə] **I** *Adj* senkrecht, rechtwink(e)lig (***to*** zu) **II** *s* Senkrechte *f*

per·pe·trate ['pɜːpɪtreɪt] *v/t Verbrechen etc* begehen, verüben; *hum Buch etc* verbrechen

'per·pe·tra·tor *s* Täter(in); Verursacher(in)

per·pet·u·al [pə'petʃʊəl] *Adj* fortwährend, ständig, ewig

per'pet·u·ate [pə'petʃʊeɪt] *v/t* verewigen

per·pe·tu·i·ty [ˌpɜːpɪ'tjuːətɪ] *s*: ***in perpetuity*** auf ewig

per·plex [pə'pleks] *v/t* verwirren, verblüffen: ***perplexed*** *auch* perplex

per'plex·i·ty *s* Verwirrung *f*, Verblüffung *f*

per·qui·site ['pɜːkwɪzɪt] *s* → ***perk***[3]

per·se·cute ['pɜːsɪkjuːt] *v/t* **1.** *bes* POL, REL verfolgen **2.** belästigen

ˌper·se'cu·tion *s* **1.** Verfolgung *f*: ***persecution complex*** (*oder* ***mania***) PSYCH Verfolgungswahn *m* **2.** Belästigung *f*

Asking permission	**Um Erlaubnis bitten**
Can / Could I take a look at your photo album?	Kann ich / Könnte ich (mal) einen Blick in dein Fotoalbum werfen?
May I use your phone?	Darf ich (mal) dein Telefon benutzen?
Would it be possible to borrow a pair of Wellingtons?	Wäre es möglich, dass ich mir ein Paar Gummistiefel ausleihe?
Do you mind if I make myself a cup of tea?	Hättest du was dagegen, wenn ich mir eine Tasse Tee mache?
Would you mind if I made a couple of calls?	Hättest du was dagegen, wenn ich ein paar Anrufe erledigen würde?
I'd like to go via the post office; is that all right with you?	Ich möchte gern (noch) bei der Post vorbeigehen. Macht dir das was aus?
Are we allowed to go outside?	Dürfen wir nach draußen gehen?

per·se·ver·ance [ˌpɜːsɪˈvɪərəns] *s* Ausdauer *f*, Beharrlichkeit *f*
per·se·vere [ˌpɜːsɪˈvɪə] *v/i* beharrlich weitermachen (***at, in, with*** mit)
ˌper·seˈver·ing *Adj* ausdauernd, beharrlich
Per·sian [ˈpɜːʃn] **I** *Adj* **1.** persisch: ***Persian carpet*** Perser(teppich) *m*; ***the Persian Gulf*** der Persische Golf **II** *s* **2.** Perser(in) **3.** LING Persisch *n*
per·sist [pəˈsɪst] *v/i* **1.** ***persist in doing s.th.*** etw unbedingt tun wollen; darauf bestehen, etw zu tun; etw auch *oder* noch weiterhin tun **2.** ***persist with*** hartnäckig *oder* unbeirrt fortfahren mit **3.** anhalten, fortdauern
perˈsist·ence *s* **1.** Hartnäckigkeit *f*, Unbeirrtheit *f* **2.** Fortdauer *f*
perˈsist·ent *Adj* **1.** unbeirrt *(Person)*, *(auch Gerücht etc)* hartnäckig **2.** anhaltend, fortdauernd
per·snick·e·ty [pəˈsnɪkətɪ] *Am* → ***pernickety***
▶ **per·son** [ˈpɜːsn] *s* Person *f* (*auch* LING), Mensch *m*: ***in person*** persönlich
ˈper·son·a·ble *Adj* von sympathischem *oder* angenehmem Äußeren
ˈper·son·age *s* (bedeutende *oder* prominente) Persönlichkeit
▶ **per·son·al** [ˈpɜːsnəl] *Adj* **1.** persönlich, Personal…: ***personal column*** *(Zeitung)* Persönliches *n*; ▶ ***personal computer*** Personal Computer *m*; ***personal file*** Personalakte *f*; ***personal pronoun*** LING Personalpronomen *n*, persönliches Fürwort; ***personal stereo*** Walkman® *m* **2.** persönlich, privat *(Angelegenheit etc)*: ***personal questions*** (***problems***) persönliche Fragen (Probleme) **3.** äußer, körperlich: ***personal hygiene*** Körperpflege *f* **4.** persönlich, anzüglich *(Bemerkung etc)*: ***get personal*** persönlich werden
per·son·al·i·ty [ˌpɜːsəˈnælətɪ] *s* **1.** Persönlichkeit *f* *(auch eines Menschen)*: ***personality cult*** Personenkult *m* **2.** *Pl* persönliche *oder* anzügliche Bemerkungen *Pl*, Persönliches *n*
per·son·i·fi·ca·tion [pəˌsɒnɪfɪˈkeɪʃn] *s* Personifizierung *f*
perˈson·i·fy [pəˈsɒnɪfaɪ] *v/t* personifizieren: ***be avarice personified*** die Habgier in Person sein
per·son·nel [ˌpɜːsəˈnel] *s* **1.** Personal *n*, Belegschaft *f*: ***personnel manager*** Personalchef(in) **2.** die Personalabteilung
per·spec·tive [pəˈspektɪv] *s* Perspektive *f* (*auch fig*): ***in perspective*** perspektivisch richtig; *fig* in *oder* aus der richtigen Perspektive; ***the houses are out of perspective*** bei den Häusern stimmt die Perspektive nicht
per·spex® [ˈpɜːspeks] *s Br* Plexiglas® *n*
per·spi·ra·tion [ˌpɜːspəˈreɪʃn] *s* **1.** Transpirieren *n*, Schwitzen *n* **2.** Schweiß *m*
per·spire [pəˈspaɪə] *v/i* transpirieren, schwitzen
▶ **per·suade** [pəˈsweɪd] *v/t* **1.** *j-n* überreden (***into doing, to do*** zu tun): ***persuade s.o. out of s.th.*** j-m etw ausreden **2.** *j-n* überzeugen (***of*** von; ***that*** [davon,] dass)
per·sua·sion [pəˈsweɪʒn] *s* **1.** Überredung *f* **2.** *auch* ***powers*** *Pl* ***of persuasion*** Überredungskunst *f* **3.** Überzeugung *f*: ***be of the persuasion that*** der Überzeugung sein, dass
perˈsua·sive [pəˈsweɪsɪv] *Adj* überzeugend
pert [pɜːt] *Adj* keck (*auch Hut etc*), kess
per·tain [pəˈteɪn] *v/i*: ***pertain to s.th.*** etw betreffen; zu etw gehören
per·ti·na·cious [ˌpɜːtɪˈneɪʃəs] *Adj* **1.** hartnäckig, zäh **2.** beharrlich
per·ti·nent [ˈpɜːtɪnənt] *Adj* relevant (***to*** für); sachdienlich
per·turb [pəˈtɜːb] *v/t* beunruhigen
Pe·ru [pəˈruː] *Eigenn* Peru *n*
pe·ruse [pəˈruːz] *v/t* sorgfältig durchlesen
Pe·ru·vian [pəˈruːvjən] **I** *Adj* peruanisch **II** *s* Peruaner(in)
per·vade [pəˈveɪd] *v/t* durchdringen, erfüllen
per·verse [pəˈvɜːs] *Adj* **1.** eigensinnig, querköpfig **2.** pervers, widernatürlich
perˈver·sion *s* **1.** Pervertierung *f*, Verdrehung *f*, Entstellung *f* **2.** Perversion *f*
perˈver·si·ty *s* **1.** Eigensinn *m*, Querköpfigkeit *f* **2.** Perversität *f*
per·vert **I** *v/t* [pəˈvɜːt] pervertieren; verdrehen, entstellen: ***pervert the course of justice*** das Recht beugen **II** *s* [ˈpɜːvɜːt] perverser Mensch
pes·ky [ˈpeskɪ] *Adj bes Am ugs* lästig
pes·sa·ry [ˈpesərɪ] *s* MED Pessar *n*
pes·si·mism [ˈpesɪmɪzəm] *s* Pessimismus *m*
ˈpes·si·mist *s* Pessimist(in)
ˌpes·siˈmis·tic *Adj* (***pessimistically***) pessimistisch
pest [pest] *s* **1.** Schädling *m*: ***pest control*** Schädlingsbekämpfung *f* **2.** *ugs* Nervensäge *f*; Plage *f*

pest ≠ Pest

pest	=	Schädling; Nervensäge, Plage
Pest	=	plague

ˈpes·ter *v/t ugs j-n* belästigen (***with*** mit), *j-m* keine Ruhe lassen (***for*** wegen), *j-n* drängeln (***to do*** zu tun): ***pester s.o. into doing s.th.*** j-n so lange quälen, bis er etw tut
pest·i·cide [ˈpestɪsaɪd] *s* Schädlingsbekämpfungsmittel *n*
▶ **pet** [pet] **I** *s* **1.** Heimtier *n* **2. a)** *oft pej* Liebling *m*, **b)** Schatz *m* **II** *Adj* **3.** Lieblings…: ***pet name*** Kosename *m* **4.** Tier…: ***pet food*** Tiernahrung *f*; ***pet shop*** Tierhandlung *f*, Zoogeschäft *n* **III** *v/t* **5.** streicheln **IV** *v/i* **6.** *ugs* Petting machen
pet·al [ˈpetl] *s* BOT Blütenblatt *n*
pe·ter [ˈpiːtə] *v/i*: ***peter out*** versickern (*Bach etc*), allmählich zu Ende gehen (*Vorräte etc*), versanden (*Unterhaltung etc*), sich verlieren (*Erinnerung etc*), sich totlaufen (*Verhandlungen*)
pe·tite [pəˈtiːt] *Adj* zierlich *(Frau)*
pe·ti·tion [pəˈtɪʃn] **I** *s* Eingabe *f*, Gesuch *n*, (schriftlicher) Antrag: ***petition for divorce*** JUR Scheidungsklage *f* **II** *v/t* ersuchen (***for*** um; ***to do*** zu tun) **III** *v/i* einkommen, nachsuchen (***for*** um): ***petition for divorce*** JUR die Scheidung einreichen

Petition of Right

Aus gegebenem Anlass bat das englische Parlament 1628 in der **Petition of Right** Charles I u. a. darum, willkürliche Gefängnisstrafen und Steuererhebungen ohne die Zustimmung des Parlaments für ungesetzlich zu erklären. Der König unterzeichnete, betonte jedoch, dass dadurch keine neuen

P

Rechte geschaffen, sondern lediglich alte bestätigt würden. Diese offizielle Anerkennung führte zu einer entscheidenden Stärkung der bürgerlichen Rechte und Freiheiten und verlieh der **Petition of Right** ihren bis heute gültigen Verfassungscharakter.

pe'ti·tion·er *s* Antragsteller(in), JUR Kläger(in) (*im Scheidungsprozess*)
pet·ri·fy ['petrɪfaɪ] **I** *v/t*: ***petrified with horror*** vor Entsetzen wie versteinert, starr *oder* wie gelähmt vor Entsetzen; ***be petrified of*** panische Angst haben vor (*Dat*) **II** *v/i* versteinern, *fig auch* sich versteinern
▶ **pet·rol** ['petrəl] *Br* **I** *s* Benzin *n* **II** *Adj* Benzin...: ***petrol bomb*** Molotowcocktail *m*; ***petrol coupon*** Benzingutschein *m*; ***petrol pump*** Benzinpumpe *f*; Tank-, Zapfsäule *f*; ***petrol station*** Tankstelle *f*

petrol WF

An britischen Tankstellen gibt es generell folgende Benzinsorten:

unleaded [ˌʌn'ledɪd]	Benzin bleifrei
super unleaded	Super bleifrei
four-star	Super verbleit
regular	Normalbenzin (*verbleit*)
diesel ['diːzl]	Diesel

pe·tro·le·um [pə'trəʊljəm] *s* Erdöl *n*
pet·ti·coat ['petɪkəʊt] *s* Unterrock *m*
pet·ti·fog·ging ['petɪfɒgɪŋ] *Adj* **1.** kleinlich, pedantisch **2.** belanglos, unwichtig
pet·ting ['petɪŋ] *s ugs* Petting *n*
pet·ty ['petɪ] *Adj* **1.** belanglos, unbedeutend, (*Vergehen*) geringfügig: ***petty cash*** Portokasse *f* **2.** engstirnig
pet·u·lant ['petjʊlənt] *Adj* kindisch, bockig
pew [pjuː] *s* **1.** (Kirchen)Bank *f* **2.** *Br ugs* (Sitz-)Platz *m*: ***take a pew*** sich setzen
pew·ter ['pjuːtə] *s* Zinn *n*
pH [ˌpiː'eɪtʃ] *s auch* ***pH factor, pH value*** pH-Wert *m*
ˌpH'bal·anced *Adj* pH-neutral
pha·lanx ['fælæŋks] *Pl* **pha·lanx·es, pha·lan·ges** [fæ'lændʒiːz] *s* **1.** Phalanx *f* **2.** ANAT Finger- *oder* Zehenglied *n*
phal·li ['fælaɪ] *Pl von* ***phallus***
phal·lic ['fælɪk] *Adj* phallisch: ***phallic symbol*** Phallussymbol *n*
phal·lus ['fæləs] *Pl* **phal·li** ['fælaɪ] *s* Phallus *m*
phan·tom ['fæntəm] **I** *s* **1.** Phantom *n*, Trugbild *n* **2.** Geist *m* (*eines Verstorbenen*) **II** *Adj* **3.** ***phantom*** (***limb***) ***pain*** Phantomschmerz *m*
phar·i·see ['færɪsiː] *s* Pharisäer(in)
phar·ma·ceu·ti·cal [ˌfɑːmə'sjuːtɪkl] *Adj* pharmazeutisch: ***pharmaceutical industry*** Pharmaindustrie *f*
▶ **phar·ma·cist** ['fɑːməsɪst] *s* **1.** Pharmazeut(in) **2.** Apotheker(in)
'phar·macy *s* **1.** Pharmazeutik *f*, Pharmazie *f* **2.** Apotheke *f*
phar·yn·gi·tis [ˌfærɪn'dʒaɪtɪs] *s* MED Rachenkatarrh *m*
phase [feɪz] **I** *s* **1.** *allg* Phase *f*: ***phases*** *Pl* ***of the moon*** Mondphasen *Pl* **II** *v/t* **2.** schritt- *oder* stufenweise planen *oder* durchführen: ***phased*** schritt-, stufenweise; ***phase in*** schritt- *oder* stufenweise einführen; ***phase out*** auslaufen lassen
PhD [piːeɪtʃ'diː] *Abk* (= ***Doctor of Philosophy***) Dr. phil., Doktor *m* der Philosophie
pheas·ant ['feznt] *s* ORN Fasan *m*
phe·nom·e·na [fə'nɒmɪnə] *Pl von* ***phenomenon***
phe'nom·e·nal [fə'nɒmɪnl] *Adj* phänomenal
phe'nom·e·non [fə'nɒmɪnən] *Pl* **phe'nom·e·na** [fə'nɒmɪnə] *s allg* Phänomen *n*

phenomenon GR

Die Pluralform **phenomena** wird besonders im amerikanischen Englisch auch mit dem Verb im Singular benutzt: **This is an unusual phenomena.**

phew [fjuː] *Interj* puh!
phi·al ['faɪəl] *s* (Arznei)Fläschchen *n*
phil·an·throp·ic [ˌfɪlən'θrɒpɪk] *Adj* (***philanthropically***) philanthropisch, menschenfreundlich
phi·lan·thro·pist [fɪ'lænθrəpɪst] *s* Philanthrop(in), Menschenfreund(in)
phi'lan·thro·py *s* Philanthropie *f*, Menschenfreundlichkeit *f*
phil·a·tel·ic [ˌfɪlə'telɪk] *Adj* (***philatelically***) philatelistisch
phi·lat·e·list [fɪ'lætəlɪst] *s* Philatelist(in)
phil·har·mon·ic [ˌfɪlɑː'mɒnɪk] *Adj* philharmonisch
Phil·ip·pines ['fɪlɪpiːnz] *Eigenn Pl die* Philippinen *Pl*
phi·lis·tine ['fɪlɪstaɪn] *s* Spießer(in), Banause *m*, Banausin *f*
Phil·lips screw·driv·er ['fɪlɪps] *s* TECH Kreuzschlitzschraubenzieher *m*
phil·o·log·i·cal [ˌfɪlə'lɒdʒɪkl] *Adj* philologisch
phi·lol·o·gist [fɪ'lɒlədʒɪst] *s* Philologe *m*, -login *f*
phi'lol·o·gy *s* Philologie *f*
phi·los·o·pher [fɪ'lɒsəfə] *s* Philosoph(in)
phil·o·soph·i·cal [ˌfɪlə'sɒfɪkl] *Adj* philosophisch, *fig auch* abgeklärt, gelassen
phi·los·o·phize [fɪ'lɒsəfaɪz] *v/i* philosophieren (***about, on*** über *Akk*)
phi'los·o·phy *s* Philosophie *f*, *fig auch* (Welt-)Anschauung *f*
phlegm [flem] *s* **1.** PHYSIOL Schleim *m* **2.** *fig* Phlegma *n*
phleg·mat·ic [fleg'mætɪk] *Adj* (***phlegmatically***) phlegmatisch
pho·bi·a ['fəʊbjə] *s* PSYCH Phobie *f*, krankhafte Angst (***about*** vor *Dat*)
▶ **phone** [fəʊn] **I** *s* **1.** Telefon *n*: ***by phone*** telefonisch; ***be on the phone*** Telefon(anschluss) haben; am Telefon sein **2.** Hörer *m* **II** *v/i* **3.** telefonieren, anrufen: ***phone back*** zurückrufen **III** *v/t* **4.** *auch* ***phone up*** anrufen **IV** *Adj* **5.** Telefon...: ▶ ***phone book*** Telefonbuch *n*; ▶ ***phone booth*** (*Br* ***box***) Telefonzelle *f*; ▶ ***phone call*** Anruf *m*, Gespräch *n*; ▶ ***phonecard*** Telefonkarte *f*; ▶ ***phone number*** Telefonnummer *f*
'phone-in *s* RUNDFUNK, TV *Br* Sendung *f* mit telefonischer Zuhörer- *oder* Zuschauerbeteiligung

P

pho·neme ['fəʊniːm] *s* LING Phonem *n*
pho·net·ic [fəʊ'netɪk] **I** *Adj* (**phonetically**) phonetisch: **phonetic character** (*oder* **symbol**) Lautzeichen *n*; **phonetic transcription** Lautschrift *f* **II** *s* **phonetics** *Sg* Phonetik *f*
pho·ny, **pho·ney** ['fəʊnɪ] *ugs* **I** *Adj* **1.** falsch: **a)** gefälscht (*Geld*, *Pass etc*), **b)** unecht (*Schmuck*, *Gefühle etc*), **c)** erfunden (*Geschichte etc*), faul (*Sache*, *Entschuldigung etc*), Schein…, Schwindel…(*-firma etc*), **d)** verlogen (*Moral etc*) **II** *s* **2.** Fälschung *f* **3.** Schwindler(in)
phos·phate ['fɒsfeɪt] *s* CHEM Phosphat *n*
phos·phate-free *Adj* phosphatfrei
phos·pho·res·cent [ˌfɒsfə'resnt] *Adj* phosphoreszierend
phos·pho·rus ['fɒsfərəs] *s* CHEM Phosphor *m*
pho·to ['fəʊtəʊ] *Pl* **pho·tos** *s ugs* Foto *n*, Bild *n*: **in the photo** auf dem Foto; **take a photo** ein Foto machen (**of** von); **photo album** Fotoalbum *n*; **photo safari** Fotosafari *f*
'pho·to·cell *s* ELEK *f*, Fotozelle *f*
'pho·toˌcop·i·er *s* Fotokopierer *m*, -kopiergerät *n*
'pho·toˌcop·y **I** *s* Fotokopie *f*: **make** (*oder* **take**) **a photocopy of** eine Fotokopie machen von **II** *v/t* fotokopieren
pho·to fin·ish *s* SPORT Fotofinish *n*
Pho·to·fit® *s* Phantombild *n*
pho·to·gen·ic [ˌfəʊtəʊ'dʒenɪk] *Adj* (**photogenically**) fotogen
▶**pho·to·graph** ['fəʊtəgrɑːf] **I** *s* Fotografie *f*, Aufnahme *f*: **in the photograph** auf der Fotografie; **take a photograph** eine Aufnahme machen (**of** von) **II** *v/t* fotografieren **III** *v/i* sich *gut etc* fotografieren (lassen)
▶**pho·tog·ra·pher** [fə'tɒgrəfə] *s* Fotograf(in)
pho·to·graph·ic [ˌfəʊtə'græfɪk] *Adj* (**photographically**) fotografisch: **photographic studio** Fotostudio *n*
▶**pho·tog·ra·phy** [fə'tɒgrəfɪ] *s* Fotografie *f* (*Verfahren etc*)
ˌpho·to'sen·si·tive *Adj* lichtempfindlich
ˌpho·to'syn·the·sis *s* BIOL Fotosynthese *f*
phras·al ['freɪzl] *Adj*: **phrasal verb** LING *Verb in Verbindung mit einem Adverb und/oder einer Präposition*
phrase [freɪz] **I** *s* **1.** LING Phrase *f*, Satzteil *m* **2.** (Rede)Wendung *f*, Redensart *f* **3.** *pej* Phrase *f*: **empty phrases** *Pl* leere Phrasen *Pl* **II** *v/t* **4.** ausdrücken, formulieren
'phrase·book *s* Sprachführer *m*
phra·se·ol·o·gy [ˌfreɪzɪ'ɒlədʒɪ] *s* Ausdrucksweise *f*, Sprache *f*; Jargon *m*
phut [fʌt] *Adv*: **go phut** *ugs* kaputtgehen (*auch fig Ehe etc*); *fig* platzen (*Pläne etc*)
▶**phys·i·cal** ['fɪzɪkl] **I** *Adj* (→ **physically**) **1.** physisch, körperlich: **physical education** Sport *m*; **physical examination** *siehe* 3; **physical handicap** Körperbehinderung *f*; **physical jerks** *Pl Br ugs* Gymnastik *f*; **physical strength** Körperkraft *f* **2.** physikalisch **II** *s* **3.** ärztliche Untersuchung
phys·i·cal·ly ['fɪzɪkəlɪ] *Adv* → **physical**: **physically handicapped** körperbehindert; **physically impossible** *ugs* völlig unmöglich
phy·si·cian [fɪ'zɪʃn] *s* Arzt *m*, Ärztin *f*
phys·i·cist ['fɪzɪsɪst] *s* Physiker(in)
▶**phys·ics** ['fɪzɪks] *s Pl* (*meist Sg konstruiert*) Physik *f*
phys·i·og·no·my [ˌfɪzɪ'ɒnəmɪ] *s* Physiognomie *f*, Gesichtsausdruck *m*
phys·i·o·log·i·cal [ˌfɪzɪə'lɒdʒɪkl] *Adj* physiologisch
phys·i·ol·o·gy [ˌfɪzɪ'ɒlədʒɪ] *s* Physiologie *f*
phys·i·o·ther·a·py [ˌfɪzɪəʊ'θerəpɪ] *s* Physiotherapie *f*
phy·sique [fɪ'ziːk] *s* Körperbau *m*, Statur *f*
pi·an·ist ['pɪənɪst] *s* Pianist(in)
▶**pi·an·o** [pɪ'ænəʊ] *Pl* **pi·an·os** *s* MUS Klavier *n*
▶**pick** [pɪk] **I** *s* **1.** (Spitz)Hacke *f*, Pickel *m* **2.** (*Zahn*)Stocher *m* **3.** (Aus)Wahl *f*: **have one's pick of** auswählen können aus; **take one's pick** sich etw aussuchen; **the pick of the bunch** das (Aller)Beste, das Beste vom Besten **II** *v/t* **4.** (auf)hacken, (-)picken: → **hole** 1 **5.** *Körner* aufpicken; auflesen, (auf)sammeln; *Blumen*, *Obst* pflücken **6.** *Knochen* abnagen; *Am Hühner etc* rupfen: → **bone** 1 **7. pick one's nose** in der Nase bohren, popeln; **pick one's teeth** in den Zähnen (herum)stochern **8.** *Schloss* mit einem Dietrich *etc* öffnen, knacken **9.** *Streit* vom Zaun brechen (**with** mit) **10.** (aus)wählen, aussuchen: **pick one's way** (*oder* **steps**) sich seinen Weg suchen, mit vorsichtigen Schritten gehen (**through** durch); **pick a winner** *fig* das große Los ziehen; **pick one's words** seine Worte genau wählen **11.** zerpflücken, -reißen: → **piece** 1 **III** *v/i* **12. pick and choose** wählerisch sein; sich bei der Auswahl Zeit lassen
◆**pick at** *v/i* **1. pick at one's food** im Essen herumstochern **2.** herumnörgeln an (*Dat*); herumhacken auf (*Dat*)
◆**pick on** *v/i* **1.** → **pick at** 2 **2.** *j-n* (*für etw Unangenehmes*) aussuchen
◆**pick out** *v/t* **1.** (sich) *etw* auswählen **2.** ausmachen, erkennen

phrasal verbs GR

Bei diesen im Englischen sehr häufigen Verben gelten folgende Regeln:

Verben mit Präpositionen:
Das Objekt (Substantiv oder Pronomen) wird immer nachgestellt.

I came across a very interesting article / across it on the internet.	Ich bin im Internet auf einen sehr interessanten Artikel / darauf gestoßen.

Verben mit Adverbien:
Ein Pronomen als Objekt steht immer zwischen Verb und Adverb,
ein Substantiv als Objekt steht zwischen Verb und Adverb oder wird nachgestellt:

He forgot to switch it off.	Er vergaß, es auszuschalten.
We had to hand in our essays by Friday / to hand our essays in by Friday / to hand them in by Friday.	Wir mussten unsere Aufsätze / sie bis Freitag abgeben.

▶**pick up** **I** *v/t* **1.** aufheben, -lesen: ***pick o.s. up*** sich aufrappeln **2.** *ugs Passagiere* aufnehmen; *j-n* abholen **3.** *ugs Mädchen* aufgabeln; *Anhalter* mitnehmen; sich *eine Krankheit* holen *oder* einfangen **4.** *Funkspruch etc* auffangen **5.** *Kenntnisse*, *Informationen etc* aufschnappen **6.** zunehmen an (*Dat*): ***pick up speed*** schneller werden **II** *v/i* **7.** sich (wieder) erholen (*auch* WIRTSCH) **8.** stärker werden (*Wind etc*)

pick·a·back ['pɪkəbæk] **I** *Adv* huckepack: ***carry s.o. pickaback*** *siehe* II **II** *s*: ***give s.o. a pickaback*** j-n huckepack tragen

'pick·ax, **'pick·axe** → ***pick*** 1

pick·er ['pɪkə] *s* Pflücker(in)

pick·et ['pɪkɪt] **I** *s* **1.** Pfahl *m* **2.** Streikposten *m*: ***picket line*** Streikpostenkette *f* **II** *v/t* **3.** Streikposten aufstellen vor (*Dat*), durch Streikposten blockieren **III** *v/i* **4.** Streikposten stehen

pick·ings ['pɪkɪŋz] *s Pl* Ausbeute *f*: ***there are easy pickings in this job*** bei diesem Job kann man leicht ein paar Euro (dazu)verdienen

pick·le ['pɪkl] **I** *s* **1.** Salzlake *f*; Essigsoße *f* **2. a)** *Am* Essig-, Gewürzgurke *f*, **b)** *meist Pl* Pickles *Pl*: → ***mixed*** **3.** ***be in a*** (***pretty***) ***pickle*** *ugs* (ganz schön) in der Patsche sein *oder* stecken **II** *v/t* **4.** GASTR einlegen

'pick·led *Adj* **1.** eingelegt **2.** *ugs* blau (*betrunken*)

'pick·lock *s* **1.** Einbrecher(in) **2.** Dietrich *m*

'pick-me-up *s ugs* Muntermacher *m*, Anregungsmittel *n*

'pick,pock·et *s* Taschendieb(in)

'pick·up *s* **1.** Tonabnehmer *m*, Pick-up *m* (*am Plattenspieler*): ***pickup arm*** Tonarm *m* **2.** *auch* ***pickup truck*** kleiner Lieferwagen, Kleintransporter *m* **3.** *ugs* (Zufalls)Bekanntschaft *f* **4.** MOT *ugs* Beschleunigung(svermögen *n*) *f*

pick·y ['pɪkɪ] *Adj ugs* heikel, wählerisch: ***be a very picky eater*** beim Essen sehr heikel sein

pic·nic ['pɪknɪk] **I** *s* Picknick *n*: ***go on*** (*oder* ***for***) ***a picnic in the country*** zum Picknick aufs Land fahren; ***have a picnic*** Picknick machen; ***it's no picnic*** *ugs* es ist kein Honiglecken (***doing*** zu tun) **II** *v/i Prät und Part Perf* **pic·nicked** picknicken

pic·to·gram ['pɪktəgræm] *s* Piktogramm *n*

pic·to·ri·al [pɪk'tɔːrɪəl] **I** *Adj* **1.** bebildert, illustriert: ***pictorial report*** Bildbericht *m* **2.** bildhaft (*Sprache etc*) **II** *s* **3.** Illustrierte *f*

▶**pic·ture** ['pɪktʃə] **I** *s* **1.** Bild *n* (*auch* TV): **a)** Abbildung *f*, Illustration *f*: ***in the picture*** auf dem Bild, **b)** Gemälde *n*: (***as***) ***pretty as a picture*** sehr hübsch; ***be a picture*** eine Pracht *oder* ein Gedicht sein; ***be the picture of health*** aussehen wie das blühende Leben; ***his face was a picture*** du hättest sein Gesicht sehen sollen; → ***paint*** 1, **c)** FOTO Aufnahme *f*: ***take a picture*** eine Aufnahme machen (***of*** von), **d)** *fig* Vorstellung *f*: ***be in*** (***out of***) ***the picture*** (nicht) im Bild sein; ***put in the picture*** ins Bild setzen; ***get the picture?*** *ugs* kapiert? **2. a)** Film *m*, **b)** *Pl bes Br* Kino *n*: ***go to the pictures*** ins Kino gehen **II** *v/t* **3.** darstellen, malen **4.** *fig* sich *j-n*, *etw* vorstellen (***as*** als)

pic·ture book *s* Bilderbuch *n*

pic·ture card *s Kartenspiel*: Bild(karte *f*) *n*

pic·ture frame *s* Bilderrahmen *m*

pic·ture gal·ler·y *s* Gemäldegalerie *f*

pic·ture post·card *s* Ansichtskarte *f*

pic·tur·esque [,pɪktʃə'resk] *Adj* malerisch

pid·dle ['pɪdl] *ugs* **I** *v/i* pinkeln, (*Kind*) Pipi machen **II** *v/t*: ***piddle away*** *Zeit* vertrödeln

'pid·dling *Adj ugs* unwichtig

pidg·in Eng·lish ['pɪdʒɪn] *s* Pidginenglisch *n*

▶**pie** [paɪ] *s* GASTR Pie *f*: **a)** (*Fleisch- etc*)Pastete *f*, **b)** (*meist* gedeckter) (*Apfel- etc*)Kuchen: (***as***) ***easy as pie*** *ugs* kinderleicht; → ***finger*** I, ***humble*** I

▶**piece** [piːs] **I** *s* **1.** Stück *n*: ***piece of cake*** Stück Kuchen; *fig ugs* Kinderspiel *n*; ***a piece*** das *oder* pro Stück (*beim Preis*); ***piece by piece*** Stück für Stück; ***by the piece*** stückweise; ***in pieces*** entzwei, kaputt; (***all***) ***in one piece*** *ugs* ganz, unbeschädigt; heil, unverletzt; ***fall to pieces*** zerbrechen, entzweigehen; ***go to pieces*** *ugs* zs.-brechen (*Person*); ***pull*** (*oder* ***pick, tear***) ***to pieces*** in Stücke reißen; *fig Äußerung etc* zerpflücken; → ***advice*** 1, ***furniture***, ***mind*** 4, ***news*** **2.** Teil *n* (*einer Maschine etc*): ***take to pieces*** auseinandernehmen, zerlegen **3.** Teil *m* (*eines Services etc*): ***a 30-piece service*** ein 30-teiliges Service **4.** (Geld)Stück *n*, Münze *f* **5.** (*Schach*) Figur *f*; (*Dame etc*) Stein *m* **6.** (Zeitungs)Artikel *m* **II** *v/t* **7.** ***piece together*** zs.-stücke(l)n; *fig* zs.-fügen

'piece·meal **I** *Adv* **1.** schrittweise **II** *Adj* **2.** schrittweise **3.** unsystematisch

'piece·work *s* Akkordarbeit *f*: ***be on*** (*oder* ***do***) ***piecework*** im Akkord arbeiten

pie chart *s* Torten-, Kreisdiagramm *n*

,pie-'eyed *Adj ugs* blau (*betrunken*)

pier [pɪə] *s* **1.** Pier *m*, SCHIFF *auch f*, Landungsbrücke *f*, -steg *m* **2.** (*Brücken- etc*)Pfeiler *m*

pierce [pɪəs] *v/t* **1.** durchbohren, -stoßen: ***pierce s.o.'s ears*** j-m die Ohren durchstechen **2.** *fig* durchdringen: ***a cry pierced the silence*** ein Schrei zerriss die Stille

'pierc·ing *Adj* durchdringend, (*Kälte etc auch*) schneidend, (*Blick*, *Schmerz etc auch*) stechend, (*Schrei auch*) gellend

pi·e·ty ['paɪətɪ] *s* Frömmigkeit *f*

pif·fle ['pɪfl] *s ugs* Quatsch *m*

'pif·fling *Adj ugs* albern

▶**pig** [pɪg] *s* **1.** Schwein *n*: ***buy a pig in a poke*** *fig* die Katze im Sack kaufen; ***make a pig's ear of s.th.*** *Br sl* etw vermasseln **2.** *ugs pej* Schwein *n*; Fresssack *m* **3.** *sl* Bulle *m* (*Polizist*)

▶**pi·geon** ['pɪdʒɪn] *s* ORN Taube *f*

'pi·geon·hole **I** *s* **1.** (Ablege)Fach *n*: ***put in pigeonholes*** *siehe* 3 **II** *v/t* **2.** (in Fächern) ablegen **3.** *fig* einordnen, klassifizieren **4.** *fig* zurückstellen

'pi·geon-toed *Adv*: ***walk pigeon-toed*** über den großen Onkel gehen

pig·gish ['pɪgɪʃ] *Adj* schweinisch; gefräßig

pig·gy ['pɪgɪ] **I** *s* **1.** *Kindersprache*: Schweinchen *n* **II** *Adj* **2.** Schweins…: ***piggy eyes*** **3.** gefräßig (*bes Kind*)

'pig·gy·back → ***pickaback***

pig·gy bank *s* Sparschwein *n*

,pig'head·ed *Adj* dickköpfig, stur

pig i·ron *s* Roheisen *n*

pig·let ['pɪglɪt] *s* Ferkel *n*, Schweinchen *n*

pig·ment ['pɪgmənt] *s* Pigment *n*

pig·my → ***pygmy***

'pig·pen *bes Am* → ***pigsty***

'pig·skin *s* Schweinsleder *n*

'pig·sty *s* Schweinestall *m*, *fig auch* Saustall *m*

'pig·tail *s* Zopf *m*

pike[1] [paɪk] *Pl* **pikes**, *bes Koll* **pike** *s* ZOOL Hecht *m*

pike[2] [paɪk] → ***turnpike***

'pike·staff *s*: (***as***) ***plain as a pikestaff*** deutlich sichtbar; *fig* sonnenklar

P

▶**pile**[1] [paɪl] **I** *s* **1.** Stapel *m*, Stoß *m* **2.** Scheiterhaufen *m* **3.** Gebäude(komplex *m*) *n* **4.** (*Atom*)Reaktor *m* **5.** ***piles*** (*oder* ***a pile***) ***of …*** *ugs* ein Haufen …, eine *oder* jede Menge … **6.** ***a pile*** (***of money***) *ugs* eine Menge Geld: ***make a*** (*oder* ***one's***) ***pile*** (***from***) eine Menge Geld machen (bei), sich gesundstoßen (an *Dat*, mit) **II** *v/t* **7.** *auch* ***pile up*** (an-, auf)häufen, (auf-)stapeln: ***pile it on*** *ugs* dick auftragen **8.** laden, aufhäufen (***on, onto*** auf *Akk*); überhäufen, -laden (***with*** mit) **III** *v/i* **9.** *meist* ***pile up*** sich (auf *oder* an)häufen, sich ansammeln (*beide auch fig*) **10.** *ugs* (sich) drängen (***into*** in *Akk*): ***pile in*** (sich) hinein- *oder* hereindrängen **11.** ***pile up*** MOT *ugs* aufeinander auffahren
pile[2] [paɪl] *s* Pfahl *m*
piles [paɪlz] *s Pl* MED Hämorr(ho)iden *Pl*
'pile-up *s* MOT *ugs* Massenkarambolage *f*
pil·fer ['pɪlfə] *v/t und v/i* stehlen, klauen
'pil·fer·er *s* Dieb(in)
pil·grim ['pɪlgrɪm] *s* Pilger(in), Wallfahrer(in): ***the Pilgrim Fathers*** *Pl hist* die Pilgerväter *Pl*

Pilgrims LK

Im Jahr 1620 landeten 102 **Pilgrim Fathers**, eine Gruppe radikaler Puritaner, die vor der religiösen Verfolgung in England flohen, mit ihrem Schiff **Mayflower** an der Küste des heutigen Massachusetts. Dort gründeten sie die erste Kolonie **Plymouth** und legten damit den Grundstein für die heutige amerikanische Nation.

'pil·grim·age **I** *s* Pilger-, Wallfahrt *f*: ***go on*** (*oder* ***make***) ***a pilgrimage*** eine Pilger- *oder* Wallfahrt machen **II** *v/i* pilgern, wallfahr(t)en
▶**pill** [pɪl] *s* **1.** Pille *f*, Tablette *f*: ***a bitter pill*** (***for s.o.***) ***to swallow*** *fig* eine bittere Pille (für j-n); ***gild*** (*oder* ***sugar, sweeten***) ***the pill*** *fig* die bittere Pille versüßen **2.** ***the pill*** *ugs* die (*Antibaby*)Pille: ***be on the pill*** die Pille nehmen
pil·lage ['pɪlɪdʒ] **I** *v/t und v/i* plündern **II** *s* Plünderung *f*
pil·lar ['pɪlə] *s* Pfeiler *m*; Säule *f* (*auch fig*): ***from pillar to post*** *fig* von Pontius zu Pilatus
pil·lar box *s Br* Briefkasten *m*
pil·lion ['pɪljən] **I** *s* MOT Sozius(sitz) *m* **II** *Adv*: ***ride pillion*** auf dem Sozius(sitz) (mit)fahren
pil·lo·ry ['pɪlərɪ] **I** *s hist* Pranger *m* **II** *v/t hist* an den Pranger stellen; *fig* anprangern
▶**pil·low** ['pɪləʊ] **I** *s* (Kopf)Kissen *n* **II** *v/t bes Kopf* betten (***on*** auf *Akk*)
'pil·low·case *s* (Kopf)Kissenbezug *m*
pil·low fight *s* Kissenschlacht *f*
pil·low slip → ***pillowcase***
pil·low talk *s* Bettgeflüster *n*
pi·lot ['paɪlət] **I** *s* **1.** FLUG Pilot(in): ***automatic pilot*** Autopilot *m*; ***pilot's licence*** (*Am* ***license***) Flug-, Pilotenschein *m* **2.** SCHIFF Lotse *m*, Lotsin *f* **II** *v/t* **3.** FLUG steuern, fliegen **4.** SCHIFF lotsen, *fig auch* führen, leiten **III** *Adj* **5.** Versuchs…, Probe…: ***pilot film*** TV Pilotfilm *m*; ***pilot scheme*** Versuchs-, Pilotprojekt *n*; ***pilot study*** Pilot-, Leitstudie *f* **6.** *auch* ***pilot light*** Kontrolllampe *f*; Zündflamme *f*
pi·men·to [pɪ'mentəʊ] *Pl* **pi·men·tos** *s* rote Paprikaschote
pimp [pɪmp] **I** *s* Zuhälter(in) **II** *v/i* von Zuhälterei leben: ***pimp for s.o.*** j-s Zuhälter sein
pim·ple ['pɪmpl] *s* Pickel *m*, Pustel *f*
'pim·pled *Adj* pick(e)lig
▶**pin** [pɪn] **I** *s* **1.** (Steck)Nadel *f*: ***I have pins and needles in my leg*** mir ist das Bein eingeschlafen **2.** (*Haar-, Krawatten- etc*)Nadel *f* **3.** *bes Am* Brosche *f*; (Ansteck)Nadel *f* **4.** TECH Bolzen *m*, Stift *m*; MED Nagel *m* **5.** (*Reiß*)Nagel *m*, (-)Zwecke *f* **6.** *Am* (*Wäsche*)Klammer *f* **7.** *Pl ugs* Gestell *n* (*Beine*) **8.** *Bowling*: Kegel *m* **II** *v/t* **9.** *auch* ***pin up*** (***to, on***) heften, stecken (an *Akk*), festmachen, befestigen (an *Dat*): ***pin s.th. on s.o.*** *fig* j-m etw in die Schuhe schieben; j-m etw anhängen; ***pin one's hopes on*** seine Hoffnung setzen auf (*Akk*) **10.** ***pin down*** zu Boden drücken; *fig j-n* festlegen, -nageln (***to*** auf *Akk*)
PIN [pɪn] *Abk* (= ***personal identification number***) PIN *f*, PIN-Code *m*, Geheimzahl *f*
pin·a·fore ['pɪnəfɔː] *s* **1.** Schürze *f* **2.** *auch* ***pinafore dress*** Trägerkleid *n*, Kleiderrock *m*
'pin·ball *s* Flippern *n*: ***play pinball*** flippern
pin·ball ma·chine *s* Flipper *m*
pin·cers ['pɪnsəz] *s Pl*, *auch* ***pair of pincers*** Kneifzange *f*
pinch [pɪntʃ] **I** *v/t* **1.** kneifen, zwicken: ***pinch s.o.'s*** (*oder* ***s.o. on the***) ***arm*** j-n in den Arm zwicken; ***pinch one's fingers in the door*** sich die Finger in der Tür (ein)klemmen **2.** *ugs* klauen **3.** *ugs j-n* hopsnehmen (***for*** wegen) **II** *v/i* **4.** drücken (*Schuh*): → ***shoe*** 1 **III** *s* **5.** Kneifen *n*, Zwicken *n*: ***give s.o. a pinch*** j-n kneifen *oder* zwicken **6.** Prise *f* (*Salz etc*): → ***salt*** 1 **7.** *fig* Not(lage) *f*: ***at*** (*Am* ***in***) ***a pinch*** zur Not, notfalls
'pin,cush·ion *s* Nadelkissen *n*
pine[1] [paɪn] *s* BOT Kiefer *f*
pine[2] [paɪn] *v/i* **1.** sich sehnen (***for*** nach) **2.** *meist* ***pine away*** vor Gram vergehen
'pine,ap·ple *s* BOT Ananas *f*
pine tree → ***pine***[1]
ping-pong ['pɪŋpɒŋ] *s ugs* Pingpong *n*
pin·ion ['pɪnjən] *s* TECH Ritzel *n*
▶**pink** [pɪŋk] **I** *s* **1.** BOT Nelke *f* **2.** Rosa *n* **3.** ***be in the pink*** vor Gesundheit strotzen **II** *Adj* **4.** rosa: ***shocking pink*** pink; ***see pink elephants*** weiße Mäuse sehen; → ***tickle*** I **5.** POL rot angehaucht
pin·na·cle ['pɪnəkl] *s* (Fels)Gipfel *m*; *fig* Gipfel *m*, Höhepunkt *m*
'pin·point **I** *s* **1.** Nadelspitze *f* **2.** (winziger) Punkt: ***pinpoint of light*** Lichtpunkt **II** *v/t* **3.** genau zeigen **4.** *fig* genau festlegen *oder* bestimmen **III** *Adj* **5.** (haar)genau
'pin·prick *s* **1.** Nadelstich *m* **2.** *fig* Stichelei *f*
'pin·stripe(d) *Adj*: ***pinstripe(d) suit*** Nadelstreifenanzug *m*
▶**pint** [paɪnt] *s* **1.** Pint *n* **2.** *Br ugs* Halbe *f* (Bier): ***go for a pint*** sich auf ein Bier treffen
pin ta·ble *s* Flipper *m*
'pin-up *s* **1.** *auch* ***pinup girl*** Pin-up-Girl *n* **2.** Pin-up-Foto *n*
pi·o·neer [ˌpaɪə'nɪə] **I** *s* Pionier(in), *fig auch* Bahnbrecher(in), Wegbereiter(in) **II** *v/i und v/t fig* den Weg bahnen (für), Pionierarbeit leisten (für)
pi·ous ['paɪəs] *Adj* fromm
pip[1] [pɪp] *s*: ***give s.o. the pip*** *Br ugs* j-m auf die Nerven gehen, j-n nerven
pip[2] [pɪp] *s* **1.** (*Apfel- etc*)Kern *m* **2.** Auge *n* (*auf Spielkarten*), Punkt *m* (*auf Würfeln etc*) **3.** Ton *m* (*eines Zeitzeichens*)
pip[3] [pɪp] *v/t Br ugs* knapp besiegen *oder* schla-

gen: ***pip s.o. at the post*** (*Sport*) j-n im Ziel abfangen; *fig* j-m um Haaresbreite zuvorkommen

▶ **pipe** [paɪp] **I** *s* **1.** TECH Rohr *n*, Röhre *f* **2.** (*Tabaks*)Pfeife *f* **3.** (*Orgel*)Pfeife *f* **4.** *Pl* Dudelsack *m* **II** *v/t* **5.** (durch Rohre *oder* Kabel) leiten: ***piped music*** *pej* Musikberies(e)lung *f* **6.** *Torte etc* spritzen **III** *v/i* **7.** *ugs* ***pipe down*** die Luft anhalten, den Mund halten; ***pipe up*** loslegen (*Sänger, Band etc*); den Mund aufmachen, losreden

pipe clean·er *s* Pfeifenreiniger *m*

pipe dream *s* Hirngespinst *n*, Luftschloss *n*

'pipe·line *s* Rohrleitung *f*, (*für Erdöl, Erdgas*) Pipeline *f*: ***in the pipeline*** *fig* in Vorbereitung (*Pläne etc*), im Kommen (*Entwicklung etc*), im Anrollen (*Aktion etc*)

pip·er ['paɪpə] *s* Dudelsackpfeifer(in): ***pay the piper*** *fig* für die Kosten aufkommen

pipe smok·er *s* Pfeifenraucher(in)

pip·ing ['paɪpɪŋ] **I** *s* **1.** Rohrleitung *f*, -netz *n* **2.** GASTR Spritzguss *m* **II** *Adv* **3.** ***piping hot*** kochend heiß

pi·quant ['piːkənt] *Adj* pikant (*auch fig*)

pique [piːk] **I** *v/t* kränken, verletzen: ***be piqued*** pikiert sein (***at*** über *Akk*) **II** *s*: ***in a fit of pique*** gekränkt, verletzt, pikiert

pi·ra·cy ['paɪərəsɪ] *s* **1.** Seeräuberei *f*, Piraterie *f* **2.** Raubdruck *m*; Raubpressung *f*; Produktpiraterie *f*

pi·rate ['paɪərət] **I** *s* **1.** Pirat(in), Seeräuber(in) **II** *Adj* **2.** Piraten…, Seeräuber…: ***pirate ship*** **3.** ***pirate copy*** Raubkopie *f*; ***pirate edition*** Raubdruck *m*; ***pirate (radio) station*** Piraten-, Schwarzsender *m* **III** *v/t* **4.** unerlaubt kopieren *oder* nachdrucken *oder* nachpressen: ***pirated copy (edition, record)*** *siehe* 3

pir·ou·ette [ˌpɪrʊ'et] *s* Pirouette *f*: ***do a pirouette*** eine Pirouette drehen

Pis·ces ['paɪsiːz] *s Sg* ASTR Fische *Pl*: ***be (a) Pisces*** Fisch sein

piss [pɪs] *vulg* **I** *v/i* **1.** pissen: ***it is pissing down*** *bes Br* es schifft (*regnet stark*) **2.** ***piss off!*** verpiss dich! **II** *v/t* **3.** anpissen, pissen in (*Akk*) **4.** ***piss off*** ankotzen: ***be pissed off with*** die Schnauze voll haben von **III** *s* **5.** Pisse *f*: ***take the piss out of s.o.*** j-n verarschen **6.** Pissen *n*: ***have (go for) a piss*** pissen (gehen)

P

pissed *Adj vulg* **1.** *Br* blau (*betrunken*) **2.** *Am* (stock)sauer (***at*** auf *Akk*)

pis·ta·chi·o [pɪ'stɑːʃɪəʊ] *Pl* **pis·ta·chi·os** *s* BOT Pistazie *f* (*Baum und Frucht*)

piste [piːst] *s* (Ski)Piste *f*

pis·til ['pɪstɪl] *s* BOT Stempel *m*

pis·tol ['pɪstl] *s* Pistole *f*

pis·ton ['pɪstən] *s* TECH Kolben *m*

pis·ton ring *s* Kolbenring *m*

pis·ton rod *s* Kolbenstange *f*

pis·ton stroke *s* Kolbenhub *m*

pit¹ [pɪt] **I** *s* **1.** Grube *f*: ***pit of the stomach*** ANAT Magengrube **2.** Grube *f*, Zeche *f*: ***pit closure*** Zechenstilllegung *f*; ***pit disaster*** Grubenunglück *n* **3.** THEAT **a)** *bes Br* Parkett *n*, **b)** (*Orchester*)Graben *m* **4.** *meist Pl Motorsport*: Box *f*: ***pit stop*** Boxenstopp *m* **5.** (*bes Pocken*)Narbe *f* **II** *v/t* **6.** ***pitted with smallpox*** pockennarbig **7.** ***pit one's wits (strength) against*** sich (geistig) (seine Kräfte) messen an (*Dat*)

pit² [pɪt] *Am* → ***stone*** 2, 6

pitch¹ [pɪtʃ] *s* Pech *n*

pitch² [pɪtʃ] **I** *v/t* **1.** *Lager, Zelt etc* aufschlagen **2.** werfen, schleudern **II** *v/i* **3.** stürzen, fallen **4.** SCHIFF stampfen **5.** sich neigen (*Dach etc*) **6.** ***pitch in*** *ugs* sich ins Zeug legen; kräftig zulangen (*beim Essen*); zu Hilfe kommen, aushelfen (***with*** mit) **III** *s* **7.** SPORT *Br* (Spiel)Feld *n* **8.** MUS Tonhöhe *f* **9.** *fig* Grad *m*, Stufe *f* **10.** *bes Br* (Verkaufs)Stand *m*: ***queer s.o.'s pitch*** *fig ugs* j-m die Tour vermasseln, j-m einen Strich durch die Rechnung machen **11.** SCHIFF Stampfen *n* **12.** Neigung *f* (*eines Dachs etc*) **13.** → ***sales pitch***

ˌpitch-'black, **ˌpitch-'dark** *Adj* pechschwarz; stockdunkel

pitch·er¹ ['pɪtʃə] *s Baseball*: Werfer(in)

pitch·er² ['pɪtʃə] *s* Krug *m*

'pitch·fork **I** *s* **1.** Heugabel *f* **II** *v/t* **2.** *Heu* gabeln **3.** *fig j-n (unversehens oder gegen seinen Willen)* (hinein)drängen (***into*** in *Akk*)

'pit·fall *s fig* Falle *f*, Fallstrick *m*

pith [pɪθ] *s* **1.** BOT Mark *n* **2.** weiße Haut (*einer Orange etc*) **3.** *fig* Kern *m*

pith hel·met *s* Tropenhelm *m*

pith·y ['pɪθɪ] *Adj* markig, prägnant

pit·i·a·ble ['pɪtɪəbl] → ***pitiful***

pit·i·ful ['pɪtɪfʊl] *Adj* **1.** mitleiderregend (*Anblick etc*), bemitleidenswert (*Person, Zustand etc*) **2.** erbärmlich, jämmerlich, kläglich

'pit·i·less *Adj* unbarmherzig, mitleid(s)los

pit·ta bread ['pɪtə] *s* Fladenbrot *n*

pit·tance ['pɪtəns] *s* Hungerlohn *m*

pi·tu·i·tar·y, **pi·tu·i·tar·y gland** [pɪ'tjʊɪtərɪ] *s* ANAT Hirnanhang(drüse *f*) *m*

▶ **pit·y** ['pɪtɪ] **I** *s* **1.** Mitleid *n*: ***out of pity*** aus Mitleid; ***feel pity for*** Mitleid haben mit; ***take pity on*** Mitleid bekommen mit **2.** ***it is a (great) pity*** es ist (sehr) schade; ***what a pity!*** wie schade! **II** *v/t* **3.** bemitleiden, bedauern: ***I pity him*** er tut mir leid

'pit·y·ing *Adj* mitleid(s)voll, mitleidig

piv·ot ['pɪvət] **I** *s* **1.** TECH Drehzapfen *m* **2.** *fig* Dreh- und Angelpunkt *m* **II** *v/i* **3.** sich drehen: ***pivot on*** *fig* abhängen von

pix·el ['pɪksl] *s* IT Pixel *n*, Bildpunkt *m*

pix·ie, **pix·y** ['pɪksɪ] *s* Elf(e *f*) *m*; Kobold *m*

piz·za ['piːtsə] *s* Pizza *f*

piz·ze·ri·a [ˌpiːtsə'riːə] *s* Pizzeria *f*

pla·card ['plækɑːd] **I** *s* **1.** Plakat *n*; Transparent *n* **II** *v/t* **2.** mit Plakaten bekleben **3.** Plakatwerbung machen für

pla·cate [plə'keɪt] *v/t* beschwichtigen, besänftigen

▶ **place** [pleɪs] **I** *s* **1.** Ort *f*, Stelle *f*, Platz *m*: ***from place to place*** von Ort zu Ort; ***in places*** stellenweise; ***in place of*** anstelle von (*oder Gen*); ***in place*** an seinem (richtigen) Platz; ***out of place*** nicht an seinem (richtigen) Platz; fehl am Platz; unangebracht; ***if I were in your place I would …*** an Ihrer Stelle würde ich …; ***put o.s. in s.o.'s place*** sich in j-s Lage versetzen; ***put s.o. in his place*** j-n in die *oder* seine Schranken verweisen; ▶ ***take place*** stattfinden; ***take s.o.'s place*** j-s Stelle einnehmen **2.** Ort *m*, Stätte *f*: ***place of birth*** Geburtsort; ***place of work*** Arbeitsstätte **3.** Haus *n*, Wohnung *f*: ***at his place*** bei ihm (zu Hause) **4.** Wohnort *m*, Ort(schaft *f*) *m*: ***in this place*** hier **5.** Stelle *f* (*in einem Buch etc*): ***lose one's place*** die Stelle verblättern; die Zeile verlieren **6.** *Reihenfolge*: Platz *m*, Stelle *f*: ***in the first place*** erstens; in erster Linie; überhaupt (erst) **7.** SPORT Platz *m*: ***in third place*** auf dem dritten Platz **8.** (*Arbeits-, Lehr*)Stelle *f*; Platz *m* (*in einem Heim etc*); (*Studien- etc*)Platz *m* **II** *v/t* **9.** stellen, setzen, legen: ***place in*** in *eine Lage etc* versetzen **10.** (***with***) *Auftrag* erteilen (*Dat*), vergeben (an *Akk*), *Bestellung* aufgeben (bei) **11.** ***I can't place him*** ich weiß nicht, wo ich ihn unterbringen *oder* wohin ich ihn tun soll (*woher ich ihn kenne*) **12.** ***be placed*** (*Sport*) sich platzieren (***third*** an dritter Stelle), platziert sein

pla·ce·bo [plə'siːbəʊ] *Pl* **pla·ce·bos, pla·ce·boes** *s* MED Placebo *n*

place card *s* Tischkarte *f*

place mat *s* Set *n, m*, Platzdeckchen *n*

place name *s* Ortsname *m*

place set·ting *s* Gedeck *n*

plac·id ['plæsɪd] *Adj* **1.** ruhig, gelassen **2.** ruhig, friedlich

pla·gia·rism ['pleɪdʒjərɪzəm] *s* Plagiat *n*

'pla·gia·rist *s* Plagiator(in)

'pla·gia·rize *v/t und v/i* plagiieren (***from*** von)

plague [pleɪg] **I** *s* **1.** MED Seuche *f*; Pest *f* **2.** (*Insekten- etc*)Plage *f*: ***plague of insects*** **II** *v/t* **3.** plagen (***with*** mit): ***be plagued by*** geplagt werden von

plaice [pleɪs] *Pl* **plaice** *s* ZOOL Scholle *f*

plaid [plæd] *s* Plaid *n*

▶ **plain** [pleɪn] **I** *Adj* **1.** einfach, schlicht: ***plain clothes*** *Pl* Zivil(kleidung *f*) *n*; ***in plain clothes*** in Zivil; ***plain chocolate*** zartbittere Schokolade; ***plain cooking*** gutbürgerliche Küche **2.** unscheinbar, reizlos **3.** klar (u. deutlich), unmissverständlich: ***the plain truth*** die nackte Wahrheit; ***make s.th. plain*** etw klarstellen; ***make s.th. plain to s.o.*** j-m etw klarmachen **4.** offen (u. ehrlich): ***be plain with s.o.*** j-m gegenüber offen sein **5.** ausgesprochen, rein, völlig: ***plain nonsense*** barer Unsinn **II** *Adv* **6.** *ugs* (ganz) einfach **III** *s* **7.** Ebene *f*, Flachland *n*

'plain-clothes *Adj* in Zivil

plain·ness ['pleɪnnɪs] *s* **1.** Einfachheit *f*, Schlichtheit *f* **2.** Unscheinbarkeit *f* **3.** Klarheit *f* **4.** Offenheit *f*

ˌplain-'spo·ken *Adj* offen, freimütig: ***be plain-spoken*** *auch* sagen, was man denkt

plain·tiff ['pleɪntɪf] *s* JUR Kläger(in)

plain·tive ['pleɪntɪv] *Adj* klagend, kläglich; (*Lied etc*) schwermütig

plait [plæt] **I** *s* Zopf *m* **II** *v/t* flechten

▶ **plan** [plæn] **I** *s* **1.** (*Arbeits- etc*)Plan *m*: ***according to plan*** planmäßig, -gemäß; ***make plans*** (***for the future***) (Zukunfts)Pläne machen **2.** Plan *m*, Absicht *f*: ***change one's plans*** umdisponieren **3.** (*Stadt-, Sitz- etc*)Plan *m* **4.** TECH Grundriss *m* **II** *v/t* **5.** planen: ***planned economy*** Planwirtschaft *f* **6.** planen, beabsichtigen (***to do*** zu tun) **III** *v/i* **7.** planen: ***plan ahead*** vorausplanen; ***plan for*** (*oder* ***on***) einplanen, rechnen mit **8.** ***plan on doing s.th.*** planen *oder* beabsichtigen, etw zu tun

plane[1] [pleɪn] **I** *Adj* **1.** eben (*auch* MATHE); TECH plan, Plan… **II** *s* **2.** MATHE Ebene *f*: → ***inclined*** **3.** *fig* Ebene *f*, Stufe *f*: ***on the same plane as*** auf dem gleichen Niveau wie **4.** Hobel *m* **III** *v/t* **5.** hobeln: ***plane down*** abhobeln

▶ **plane**[2] [pleɪn] *s* Flugzeug *n*: ***by plane*** mit dem Flugzeug; ***go by plane*** fliegen

▶ **plan·et** ['plænɪt] *s* ASTR Planet *m*

plan·e·tar·i·um [ˌplænɪ'teərɪəm] *Pl* **plan·e·tar·i·ums, plan·e·tar·i·a** [ˌplænɪ'teərɪə] *s* Planetarium

plan·e·tar·y ['plænɪtərɪ] *Adj* planetarisch, Planeten…

plank [plæŋk] *s* **1.** Planke *f*, Bohle *f*, Brett *n*: (***as***) ***thick as two*** (***short***) ***planks*** *Br ugs* strohdumm **2.** POL Schwerpunkt *m* (*eines Parteiprogramms*)

'plank·ing *s* Planken *Pl*

plank·ton ['plæŋtən] *s* ZOOL Plankton *n*

▶ **plant** [plɑːnt] **I** *s* **1.** Pflanze *f*: ***plant pot*** Blumentopf *m* **2.** Werk *n*, Betrieb *m* **II** *v/t* **3.** (an-, ein)pflanzen; *Land* bepflanzen (***with*** mit) **4.** *Garten etc* anlegen **5.** *Polizisten etc* aufstellen, postieren; *Bombe* legen **6.** *Fuß etc* setzen (***on*** auf *Akk*); *Messer etc* stoßen (***into*** in *Akk*): ***plant a kiss on s.o.'s lips*** j-m einen Kuss auf die Lippen drücken **7.** ***plant s.th. on s.o.*** *ugs* j-m etw (*Belastendes*) unterschieben *oder* -jubeln

plan·tain ['plæntɪn] *s* BOT Kochbanane *f*

plan·ta·tion [plæn'teɪʃn] *s* **1.** Plantage *f*, Pflanzung *f* **2.** Schonung *f*

plant·er ['plɑːntə] *s* **1.** Plantagenbesitzer(in), Pflanzer(in) **2.** Pflanzmaschine *f* **3.** Übertopf *m*

plaque [plɑːk] *s* **1.** Gedenktafel *f* **2.** MED (*Zahn*)Belag *m*

plas·ma ['plæzmə] *s* Plasma *n*

plas·ter ['plɑːstə] **I** *s* **1.** MED Pflaster *n* **2.** (Ver-)Putz *m* **3.** *auch* ***plaster of Paris*** Gips *m*: ***have one's arm in plaster*** MED den Arm in Gips haben; ***put in plaster*** MED eingipsen; ***plaster cast*** Gipsabguss *m*, -modell *n*; MED Gipsverband *m* **II** *v/t* **4.** verputzen; (ver)gipsen: ***plaster over*** *fig* übertünchen **5.** bekleben (***with*** mit); *Plakate etc* kleben (***on*** an *oder* auf *Akk*)

'plas·tered *Adj sl* blau (*betrunken*): ***get plastered*** sich volllaufen lassen

▶ **plas·tic** ['plæstɪk] **I** *Adj* (***plastically***) **1.** plastisch: ***plastic surgery*** MED plastische Chirurgie, Schönheitschirurgie *f* **2.** plastisch, formbar: ***plastic explosive*** Plastikbombe *f* **3.** Plastik…, Kunststoff…: ***plastic bag*** Plastikbeutel *m*, -tüte *f*; ***plastic ball*** Gymnastikball *m*; ***plastic bullet*** Plastikgeschoss *n*; ***plastic film*** Kunststofffolie *f*; ***plastic money*** *siehe* 5 **II** *s* **4.** Plastik *n*, Kunststoff *m* **5.** Kreditkarten *Pl*, Plastikgeld *n*

'plas·tics I *s Pl* Kunststoffe *Pl* **II** *Adj* Plastik…, Kunststoff…: ***plastics industry*** Kunststoffindustrie *f*

▶ **plate** [pleɪt] **I** *s* **1.** Teller *m*: ***have a lot on one's plate*** viel am Hals haben, viel zu tun haben **2.** Platte *f* **3.** (*Namens-, Tür- etc*)Schild *n* **4.** (Bild)Tafel *f* (*in einem Buch etc*) **5.** Gegenstände *Pl* aus Edelmetall **6.** Doublé *n* **II** *v/t* **7.** panzern **8.** doublieren, plattieren: ***gold plated*** vergoldet

pla·teau ['plætəʊ] *Pl* **pla·teaux, pla·teaus** ['plætəʊz] *s* Plateau *n*, Hochebene *f*

plate rack *s* Geschirrständer *m*

▶ **plat·form** ['plætfɔːm] *s* **1.** Plattform *f*; Podium *n*, Tribüne *f* **2.** BAHN Bahnsteig *m* **3.** POL Plattform *f*

plat·i·num ['plætɪnəm] *s* CHEM Platin *n*

plat·i·tude ['plætɪtjuːd] *s* Plattitüde *f*, Plattheit *f*

pla·ton·ic [plə'tɒnɪk] *Adj* (***platonically***) platonisch: ***platonic love*** platonische Liebe

pla·toon [plə'tuːn] *s* MIL Zug *m*

plat·ter ['plætə] *s* Servierplatte *f*

plau·si·bil·i·ty [ˌplɔːzə'bɪlɪtɪ] *s* Plausibilität *f*

plau·si·ble ['plɔːzəbl] *Adj* **1.** plausibel, glaubhaft **2.** geschickt (*Lügner*)

▶ **play** [pleɪ] **I** *s* **1.** Spiel *n*: ***at play*** beim Spiel, spielend (*Kinder etc*); **be at play** spielen; **in (out of) play** im Spiel (im Aus) (*Ball*) **2.** Spiel(weise *f*) *n*: **fair play** (*Sport*) Fair Play *n*, Fairness *f* (*beide auch fig*) **3.** *fig* Spiel *n*: **bring into play** ins Spiel bringen, *Routine etc* aufbieten; **come into play** ins Spiel kommen **4.** *fig* Spiel(erei *f*) *n*: **play on words** Wortspiel; **in play** im Scherz **5.** THEAT Schauspiel *n*, (Theater)Stück *n* **6.** TECH Spiel *n*; *fig* Spielraum *m*: **allow** (*oder* **give**) **full** (*oder* **free**) **play to** freien Lauf lassen (*Dat*) **II** *v/i* **7.** spielen (*auch Sport*, THEAT *etc*): **play at** *Karten*, *Indianer etc* spielen; *fig* sich nur so nebenbei beschäftigen mit; **play for money** um Geld spielen; **play for time** Zeit zu gewinnen suchen; (*Sport*) auf Zeit spielen; **play with** spielen mit (*auch fig*); **play safe** *ugs* auf Nummer sicher gehen **III** *v/t* **8.** *Karten*, *Rolle*, *Stück etc* spielen, (*Sport*) *Spiel* austragen: **play (s.th. on) the piano** (etw auf dem) Klavier spielen; **play it safe** *ugs* auf Nummer sicher gehen; → **trick** 2, *etc* **9.** SPORT spielen gegen: **play s.o. at chess** gegen j-n Schach spielen **10.** *Karte* ausspielen: → **trump**[1] I **11.** THEAT *etc* spielen *oder* Vorstellungen geben in (*Dat*)

◆**play back** *v/t* *Tonband etc* abspielen: **play s.th. back to s.o.** j-m etw vorspielen

◆**play down** *v/t* herunterspielen, bagatellisieren

◆**play off** **I** *v/t* *j-n* ausspielen (**against** gegen) **II** *v/i* SPORT ein Entscheidungsspiel austragen (**for** um)

◆**play up** **I** *v/i* **1.** *Br ugs* verrücktspielen, Schwierigkeiten machen (*Auto*, *Bein etc*) **2. play up to** j-m schöntun **II** *v/t* **3.** hochspielen, aufbauschen **4.** *Br ugs j-n* auf die Palme bringen; *j-m* Schwierigkeiten machen (*Bein etc*)

play·a·ble ['pleɪəbl] *Adj* SPORT bespielbar (*Platz*)

'play·act *v/i pej* schauspielern

'play·back *s* Wiedergabe *f*, Abspielen *n*

'play·boy *s* Playboy *m*

▶**play·er** ['pleɪə] *s* **1.** MUS, SPORT Spieler(in) **2.** (*Platten*)Spieler *m*

'play,fel·low → **playmate**

P

play·ful ['pleɪfʊl] *Adj* **1.** verspielt **2.** schelmisch, neckisch

'play·ground *s* **1.** Schulhof *m* **2.** Spielplatz *m* **3.** *fig* Tummelplatz *m*

play group *s bes Br* Spielgruppe *f*

'play·house *s* **1.** Schauspielhaus *n* **2.** Spielhaus *n* (*für Kinder*)

play·ing card ['pleɪɪŋ] *s* Spielkarte *f*

play·ing field *s* Sportplatz *m*

'play,mak·er *s* SPORT Spielmacher(in)

'play·mate *s* Spielkamerad(in)

'play-off *s* SPORT Entscheidungsspiel *n*

'play·pen *s* Laufgitter *n*, -stall *m*

play·room ['pleɪrʊm] *s* Spielzimmer *n*

'play·school → **play group**

'play·thing *s* Spielzeug *n* (*auch fig*): **playthings** *Pl* Spielsachen *Pl*, -zeug *n*

'play·time *s* PÄD große Pause

play·wright ['pleɪraɪt] *s* Dramatiker(in)

plc *Abk* (= **public limited company**) AG *f*

plea [pliː] *s* **1.** (dringende) Bitte, Gesuch *n* (**for** um): **make a plea for mercy** um Gnade bitten **2.** JUR **enter a plea of (not) guilty** sich schuldig bekennen (seine Unschuld erklären)

plead [pliːd] (*bes schottisch und Am unreg*) **I** *v/i* **1.** (dringend) bitten (**for** um): **plead with s.o.** j-n bitten (**to do** zu tun) **2.** JUR **plead guilty** sich schuldig bekennen (**to doing s.th.** etw getan zu haben); **plead not guilty** seine Unschuld erklären **II** *v/t* **3.** JUR *und allg* zu seiner Verteidigung *oder* Entschuldigung anführen, geltend machen **4. plead s.o.'s case** JUR j-n vertreten; *allg* sich für j-n einsetzen

▶**pleas·ant** ['pleznt] *Adj* **1.** angenehm, (*Nachricht etc auch*) erfreulich: → **dream** 1 **2.** freundlich

▶**please** [pliːz] **I** *v/i* **1.** gefallen **2. as you please** wie Sie wünschen; **if you please** wenn ich bitten darf, *iron auch* gefälligst **II** *v/t* **3.** *j-m* gefallen *oder* zusagen, *j-n* erfreuen: **be pleased about** (*oder* **at**) sich freuen über (*Akk*); **I am pleased with it** es gefällt mir; **I am pleased to hear** es freut mich zu hören **4.** zufriedenstellen: (**just**) **to please you** (nur) dir zuliebe; **there is no pleasing him, you can't please him** man kann es ihm nicht recht machen; **please o.s.** tun, was man will; **please yourself!** mach, was du willst!; **be pleased with** zufrieden sein mit; → **hard** 2 **III** *Interj* **5.** bitte

'pleas·ing *Adj* angenehm

pleas·ur·a·ble ['pleʒərəbl] *Adj* angenehm

▶**pleas·ure** ['pleʒə] *s* **1.** Vergnügen *n*: **for pleasure** zum Vergnügen; **with pleasure** mit Vergnügen; **give s.o. pleasure** j-m Vergnügen *oder* Freude *oder* Spaß machen; **have the pleasure of doing s.th.** das Vergnügen haben, etw zu tun; **take pleasure in** Vergnügen *oder* Freude finden an (*Dat*); **he takes no pleasure in it** es macht ihm keinen Spaß **2. at (one's) pleasure** nach Belieben

pleat [pliːt] *s* Falte *f*

'pleat·ed *Adj*: **pleated skirt** Faltenrock *m*; **pleated trousers** Bundfaltenhose *f*

pleb [pleb] *s ugs pej* Prolet(in)

ple·be·ian [plɪ'biːən] *pej* **I** *Adj* proletenhaft **II** *s* Prolet(in)

pleb·i·scite ['plebɪsɪt] *s* Volksabstimmung *f*, -entscheid *m*

pled [pled] *bes schottisch und Am Prät und Part Perf von* **plead**

pledge [pledʒ] **I** *s* **1.** Pfand *n*: **as a pledge** als Pfand **2.** *fig* Unterpfand *n*: **as a pledge of** zum Zeichen (*Gen*) **3.** Versprechen *n*, Zusicherung *f*: **make a (firm) pledge** (fest) versprechen *oder* zusichern (**to do** zu tun) **II** *v/t* **4.** verpfänden: **pledge one's word** *fig* sein (Ehren)Wort geben **5.** versprechen, zusichern (**to do** zu tun, **that** dass) **6. pledge s.o. to s.th.** j-n zu etw verpflichten, j-m etw auferlegen; **pledge o.s.** sich verpflichten (**to do** zu tun)

ple·na·ry ['pliːnərɪ] *Adj* **1. plenary session** Plenarsitzung *f*, Vollversammlung *f* **2. plenary powers** *Pl* unbeschränkte Vollmacht

plen·i·po·ten·ti·ar·y [ˌplenɪpəʊ'tenʃərɪ] **I** *s* **1.** (General)Bevollmächtigte *m*, *f* **II** *Adj* **2.** (general)bevollmächtigt **3. plenipotentiary powers** *Pl* Generalvollmacht *f*

plen·ti·ful ['plentɪfʊl] *Adj* reichlich

▶**plen·ty** ['plentɪ] **I** *s* **1.** Überfluss *m*: **... in plenty** ...im Überfluss, ... in Hülle und Fülle; → **horn** 3 **2.** eine Menge: **that is plenty** das ist reichlich; **there are plenty more** es gibt noch viel mehr; ▶ **plenty of ...** eine Menge ..., viel(e) ... **II** *Adv* **3.** *ugs* ganz schön

ple·o·nasm ['plɪəʊnæzəm] *s* LING Pleonasmus *m*

pleu·ri·sy ['plʊərəsɪ] *s* MED Brustfell-, Rippenfellentzündung *f*

pli·a·ble ['plaɪəbl], **pli·ant** ['plaɪənt] *Adj* **1.** biegsam **2.** *fig* flexibel **3.** *fig* leicht beeinflussbar

plural: Pluralwörter im Englischen

GR

Im Englischen gibt es eine Reihe von Wörtern, die im Gegensatz zum Deutschen immer in der Mehrzahl stehen. Hier die wichtigsten:

trousers	Hose	**scissors**	Schere
jeans	Jeans	**pliers**	Zange
pants	Unterhose, *Am* Hose	**scales**	Waage
pyjamas	Schlafanzug	**surroundings**	Umgebung
swimming trunks	Badehose	**outskirts**	Stadtrand
tights	Strumpfhose	**thanks**	Dank
glasses	Brille	**congratulations**	Glückwunsch
binoculars	Fernglas	**goggles**	Taucher-, Schutzbrille

Alle diese Substantive erscheinen also mit der Pluralform des Verbs:

Where are my tights?	Wo ist meine Strumpfhose?
The police were asking for witnesses.	Die Polizei fragte nach Zeugen.
I don't know where the scissors are.	Ich weiß nicht, wo die Schere ist.

Bei der ersten Gruppe der oben angeführten Ausdrücke (von **trousers** bis einschließlich **scales**) handelt es sich um Gegenstände, die aus **zwei** mehr oder weniger identischen Hälften bestehen (z. B. eine Hose, eine Schere, eine Waage). Sie fordern im Englischen eine Pluralform des Verbs und erscheinen somit nie mit **a** bzw. **an**. Stattdessen kann man bei diesen Substantiven **some** bzw. **any** oder **a pair of** voransetzen:

He was wearing a brand new pair of jeans.	Er hatte (eine) nagelneue Jeans an.
I saw some very nice swimming goggles today.	Heute habe ich eine sehr schöne Taucherbrille gesehen.
Have you got any gold-rimmed glasses?	Haben Sie eine Brille mit Goldrand?
We need a new pair of kitchen scissors.	Wir brauchen eine neue Küchenschere.

pli·ers ['plaɪəz] *s Pl, auch* ***pair of pliers*** Beißzange *f*

plight [plaɪt] *s* Not(lage) *f*

plim·soll ['plɪmsəl] *s Br* Turnschuh *m*

plod [plɒd] *v/i* **1.** trotten **2.** *meist* ***plod away*** *fig* sich abmühen *oder* abplagen (***at*** mit), schuften

'plod·der *s fig* Arbeitstier *n*

plonk [plɒŋk] *v/t ugs* schmeißen, knallen: ***plonk down*** hinschmeißen

plop [plɒp] *ugs* **I** *v/i* plumpsen, (*ins Wasser*) platschen: ***plop into a chair*** sich in einen Sessel plumpsen lassen **II** *s* Plumps *m*, Platsch *m*

plot [plɒt] **I** *s* **1.** Grundstück *n*; Parzelle *f*; Beet *n* **2.** ARCHI *bes Am* Grundriss *m* **3.** Handlung *f* (*eines Films etc*) **4.** Komplott *n*, Verschwörung *f* **II** *v/i* **5.** sich verschwören (***against*** gegen) **III** *v/t* **6.** aushecken, planen **7.** (*in eine Karte etc*) einzeichnen

'plot·ter *s* **1.** Verschwörer(in) **2.** COMPUTER Plotter *m*

plough [plaʊ] **I** *s* Pflug *m* **II** *v/t auch* ***plough up*** (um)pflügen: ***plough back*** *Gewinne* reinvestieren (***into*** in *Akk*) **III** *v/i* pflügen: ***plough through*** sich einen Weg bahnen durch; SCHIFF sich pflügen durch; ***plough through a book*** *ugs* ein Buch durchackern

plow *Am* → ***plough***

ploy [plɔɪ] *s* Masche *f*, Tour *f*

pluck [plʌk] **I** *s* **1.** Ruck *m* **2.** Innereien *Pl* **3.** *fig* Mut *m* **II** *v/t* **4.** *Geflügel* rupfen **5.** *meist* ***pluck out*** ausreißen, -rupfen, -zupfen: → ***courage*** **III** *v/i* **6.** zupfen (***at*** an *Dat*): ***pluck at s.o.'s sleeve*** j-n am Ärmel zupfen

'pluck·y *Adj* mutig

plug [plʌg] **I** *s* **1.** Stöpsel *m* **2.** ELEK Stecker *m*; Steckdose *f* **3.** MOT (*Zünd*)Kerze *f* **II** *v/t* **4.** *auch* ***plug up*** zustöpseln; zu-, verstopfen **5.** ***plug in*** ELEK anschließen, einstecken **III** *v/i* **6.** ***plug away at*** *ugs* sich abschuften mit

'plug·hole *s* Abfluss(loch *n*) *m*

▶**plum** [plʌm] *s* **1.** Pflaume *f*; Zwetsche *f*, Zwetschge *f*, *österr.* Zwetschke *f* **2.** *fig ugs* **a)** Rosine *f*, **b)** *auch* ***plum job*** Bombenjob *m*

plum to·ma·to *Pl* **plum to·ma·toes** *s* Flaschentomate *f*

plum·age ['plu:mɪdʒ] *s* Gefieder *n*

plumb [plʌm] **I** *s* **1.** (Blei)Lot *n*, Senklot *n*: ***out of plumb*** aus dem Lot, nicht senkrecht **II** *Adj* **2.** lot-, senkrecht **III** *Adv ugs* **3.** (haar)genau **4.** *bes Am* komplett, total **IV** *v/t* **5.** SCHIFF ausloten, *fig auch* ergründen **6.** ***plumb in*** *bes Br Waschmaschine etc* anschließen

▶**plumb·er** ['plʌmə] *s* Installateur(in)

'plumb·ing *s* **1.** Installateurarbeit *f* **2.** Rohre *Pl*, Rohrleitungen *Pl*

plumb line *s* **1.** SCHIFF Lotschnur *f*, -leine *f* **2.** → ***plumb rule***

plumb rule *s* ARCHI Setzlatte *f*, Richtscheit *n*

plume [plu:m] **I** *s* **1.** (Schmuck)Feder *f*; Federbusch *m* **2.** (*Rauch*)Fahne *f* **II** *v/t* **3.** ***plume its feathers*** sich *oder* sein Gefieder putzen

plum·my ['plʌmɪ] *Adj* **1.** affektiert (*Stimme*) **2.** *ugs* prima, toll

plump[1] [plʌmp] **I** *Adj* mollig, rund(lich) **II** *v/t*: ***plump up*** *Kissen* aufschütteln

plump[2] [plʌmp] **I** *v/i* **1.** *meist* ***plump down*** fallen, plumpsen (***on*** auf *Akk*): ***plump down into a chair*** sich in einen Sessel fallen lassen **2.** ***plump for*** *bes Br* sich entscheiden für **II** *v/t* **3.** fallen lassen (***on*** auf *Akk*)

plum pud·ding *s* Plumpudding *m*

plun·der ['plʌndə] **I** *v/t* **1.** (aus)plündern **2.** *etw* rauben **II** *v/i* **3.** plündern **III** *s* **4.** Plünderung *f* **5.** Beute *f*

'plun·der·er *s* Plünderer *m*, Plünderin *f*

plunge [plʌndʒ] **I** *v/t* **1.** ***plunge a knife into s.o.'s back*** j-m ein Messer in den Rücken stoßen **2.** ***plunge into*** in *Schulden, einen Krieg etc* stürzen: ***be plunged into darkness*** in Dunkel gehüllt sein **II** *v/i* **3.** ***plunge into*** ins *Zimmer etc* stürzen; sich ins *Wasser*, in *eine Tätigkeit*, in *Schulden etc* stürzen **4.** stürzen (*Preise*,

Kurse) **5.** SCHIFF stampfen **III** *s* **6.** (Kopf-)Sprung *m*: ***take the plunge*** *fig* den Sprung *oder* den entscheidenden Schritt wagen

'plung·ing *Adj* tief (*Ausschnitt*): ***with a plunging neckline*** tief ausgeschnitten

plu·per·fect [ˌpluːˈpɜːfɪkt] *s auch* ***pluperfect tense*** LING Plusquamperfekt *n*

plu·ral [ˈplʊərəl] LING **I** *Adj* Plural…, Mehrzahl… **II** *s* Plural *m*, Mehrzahl *f*

'plu·ral·ism *s* SOZIOL Pluralismus *m*

ˌplu·ral'is·tic *Adj* (***pluralistically***) pluralistisch

plus [plʌs] **I** *Präp* **1.** MATHE plus, und, *bes* WIRTSCH zuzüglich **II** *Adj* **2.** Plus…: ***plus sign*** *siehe* 3 **III** *s* **3.** Plus(zeichen) *n* **4.** *fig* Plus *n*, Vorteil *m*

plush [plʌʃ] **I** *s* **1.** Plüsch *m* **II** *Adj* **2.** Plüsch… **3.** *ugs* feudal: ***plush restaurant*** Nobelrestaurant *n*

plu·to·ni·um [pluːˈtəʊnɪəm] *s* CHEM Plutonium *n*

ply[1] [plaɪ] **I** *v/i* **1.** verkehren (***between*** zwischen *Dat*) **II** *v/t* **2.** verkehren auf (*Dat*), befahren **3.** *fig j-n* überhäufen (***with*** mit *Fragen*)

ply[2] [plaɪ] *s* Lage *f*, Schicht *f*

'ply·wood *s* Sperrholz *n*

p.m., pm [piːˈem] *Abk* ***post meridiem*** (= ***afternoon***) nachm., nachmittags, abends

PM [piːˈem] *Abk* (= ***Prime Minister***) Premierminister(in); *Am* → ***p.m.***

pneu·mat·ic [njuːˈmætɪk] *Adj* (***pneumatically***) pneumatisch, Luft…; TECH Druck-, Pressluft…: ***pneumatic drill*** Pressluftbohrer *m*

pneu·mo·ni·a [njuːˈməʊnjə] *s* MED Lungenentzündung *f*

poach[1] [pəʊtʃ] *v/i und v/t* wildern

poach[2] [pəʊtʃ] *v/t Eier* pochieren: ***poached eggs*** *Pl auch* verlorene Eier *Pl*

poach·er [ˈpəʊtʃə] *s* Wilderer *m*, Wilderin *f*

PO Box [ˌpiːˈəʊ] *s* Postfach *n*

▶ **pock·et** [ˈpɒkɪt] **I** *s* **1.** (*Hosen- etc*)Tasche *f*: ***with nothing in one's pocket except*** mit nichts in der Tasche als; ***have in one's pocket*** *fig j-n, etw* in der Tasche haben **2.** *fig* Geldbeutel *m*: ***pay for s.th. out of one's own pocket*** etw aus eigener Tasche bezahlen; ***to suit every pocket*** für jeden Geldbeutel **3.** (*Nebel-*)Bank *f*; (*Widerstands- etc*)Nest *n* **4.** *Billard*: Loch *n*; FLUG (*Luft*)Loch *n* **II** *Adj* **5.** Taschen…: ***pocket calculator*** Taschenrechner *m*; ***pocket edition*** Taschenausgabe *f*; ***pocket money*** Taschengeld *n* **III** *v/t* **6.** einstecken, in die Tasche stecken; *fig* in die eigene Tasche stecken **7.** *Billard*: einlochen

'pock·et·book *s* **1.** *Br* Notizbuch *n* **2.** Brieftasche *f* **3.** *Am* Handtasche *f* **4.** *Am* Taschenbuch *n*

'pock·et·knife *s* (*unreg* ***knife***) Taschenmesser *n*

pock·mark [ˈpɒkmɑːk] *s* Pockennarbe *f*

'pock·marked *Adj* pockennarbig; *fig* übersät (***with*** mit)

pod [pɒd] **I** *s* BOT Hülse *f*, Schote *f* **II** *v/t* aus-, enthülsen

po·di·um [ˈpəʊdɪəm] *Pl* **po·di·ums, po·di·a** [ˈpəʊdɪə] *s* Podium *n*, Podest *n*

▶ **po·em** [ˈpəʊɪm] *s* Gedicht *n*

▶ **po·et** [ˈpəʊɪt] *s* Dichter *m*

'po·et·ess *s* Dichterin *f*

po·et·ic [pəʊˈetɪk] *Adj* (***poetically***) dichterisch: ***poetic justice*** *fig* ausgleichende Gerechtigkeit; ***poetic licence*** (*Am* ***license***) dichterische Freiheit

po'et·i·cal → ***poetic***

po·et·ry [ˈpəʊɪtrɪ] *s* Dichtung *f*; Gedichte *Pl*

poin·set·tia [pɔɪnˈsetɪə] *s* BOT Weihnachtsstern *m*

▶ **point** [pɔɪnt] **I** *s* **1.** (*Messer-, Nadel- etc*)Spitze *f* **2.** GEOG Landspitze *f* **3.** LING *Am* Punkt *m* **4.** ***four point three*** (***4.3***) 4,3 **5.** Punkt *m* (*auch* MATHE); Grad *m* (*einer Skala*): ***point of contact*** Berührungspunkt (*auch fig*); ***point of intersection*** Schnittpunkt; → ***freezing*** 1, *etc* **6.** Punkt *m*, Stelle *f*, Ort *m*: ***up to a point*** *fig* bis zu einem gewissen Punkt *oder* Grad; ***point of view*** *fig* Gesichts-, Standpunkt **7.** ELEK *Br* Steckdose *f* **8.** *Sport etc*: Punkt *m*: ***win on points*** nach Punkten gewinnen; ***winner on points*** Punktsieger(in) **9.** *auch* ***point of time*** Zeitpunkt *m*, Augenblick *m*: ***be on the point of doing s.th.*** im Begriff sein, etw zu tun **10.** Punkt *m* (*einer Tagesordnung etc*), (Einzel-, Teil)Frage *f*: ***point of interest*** interessante Einzelheit **11.** Kernpunkt *m*, -frage *f*, springender Punkt: ***be to*** (***beside***) ***the point*** (nicht) zur Sache gehören; ***come to the point*** zur Sache kommen; ***keep*** (*oder* ***stick***) ***to the point*** bei der Sache bleiben; ***make a point of doing s.th.*** Wert darauflegen, etw zu tun; ***get*** (*oder* ***see, take***) ***s.o.'s point*** verstehen, was jemand meint; ***miss the point*** nicht verstehen, worum es geht; ***that's not the point*** darum geht es nicht; ***that's the*** (***whole***) ***point!*** genau (das ist es)! **12.** Ziel *n*, Absicht *f* **13.** Sinn *m*, Zweck *m*: ***what's the point?*** wozu?; ***what's the point of*** (*oder* ***in***) ***waiting?*** was hat es für einen Sinn zu warten?; ***there's no point in that*** das hat keinen Zweck **14.** (hervorstechende) Eigenschaft, (Vor)Zug *m*: ***strong*** (***weak***) ***point*** starke (schwache) Seite; ***it has its points*** es hat seine Vorzüge **II** *v/t* **15.** (an-, zu)spitzen **16.** *Waffe etc* richten (***at*** auf *Akk*): ***point one's finger at s.o.*** (mit dem Finger) auf j-n deuten *oder* zeigen **17.** zeigen: ***point the way*** den Weg weisen (*auch fig*);

Getting to the point	**Zur Sache kommen** (SG)
As I was saying, it simply isn't that easy.	Wie ich schon sagte, es ist eben nicht so einfach.
The main thing is to make sure we plan everything in advance.	Die Hauptsache ist sicherzustellen, dass wir alles vorher (genau) planen.
The point is (that) I can't afford it any more.	Die Sache ist die, / Der Punkt ist, ich kann es mir nicht mehr leisten.
Actually, I came here to apologize.	Ich bin eigentlich hierher gekommen, um mich zu entschuldigen.
To cut a long story short, I'm very happy with it.	Um es kurz zu machen, / Kurz und gut, ich bin damit sehr glücklich.

P

point out zeigen; *fig* hinweisen *oder* aufmerksam machen auf (*Akk*); ***point out to s.o. that*** j-n darauf aufmerksam machen, dass **III** *v/i* **18.** (mit dem Finger) deuten *oder* zeigen (***at, to*** auf *Akk*): ***point to*** nach *einer Richtung* weisen *oder* liegen (*Haus etc*); *fig* hinweisen *oder* -deuten auf (*Akk*)

ˌpoint-ˈblank *Adj und Adv* **1.** *auch* ***at point-blank range*** aus kürzester Entfernung **2.** *fig* unverblümt

▶ **point·ed** [ˈpɔɪntɪd] *Adj* **1.** spitz: ***pointed arch*** ARCHI Spitzbogen *m* **2.** *fig* scharf (*Bemerkung etc*) **3.** *fig* ostentativ

ˈpoint·er *s* **1.** Zeiger *m* (*eines Messgeräts*) **2.** Zeigestock *m* **3.** *ugs* Fingerzeig *m*, Tipp *m*

ˈpoint·less *Adj* sinn-, zwecklos

poise [pɔɪz] **I** *s* **1.** (Körper)Haltung *f* **2.** *fig* Gelassenheit *f*; (Selbst)Sicherheit *f* **II** *v/t* **3.** balancieren: ***be poised*** *fig* schweben (***between*** zwischen *Dat*)

poised *Adj* gelassen; (selbst)sicher

▶ **poi·son** [ˈpɔɪzn] **I** *s* Gift *n* (***to*** für) (*auch fig*): ***what's your poison?*** *ugs* was willst du trinken? **II** *v/t* vergiften (*auch fig*) **III** *Adj* Gift…: ***poison gas*** Giftgas *n*

poison — SG

Die Frage **what's your poison?** ist humorvoll gemeint und bezieht sich auf das alkoholische „Leibgetränk" des Gastes, etwa Whisky oder Gin Tonic, das bei zu reichlichem Genuss durchaus eine „giftige" Wirkung haben kann.

ˈpoi·son·ing *s* Vergiftung *f*

▶ **poi·son·ous** [ˈpɔɪznəs] *Adj* giftig (*auch fig*), Gift…

poke [pəʊk] **I** *v/t* **1.** *j-n* (an)stoßen: ***poke s.o. in the ribs*** j-m einen Rippenstoß geben **2.** *Feuer* schüren **3.** *etw* stecken, *Kopf etc auch* strecken: → ***nose*** 1 **4.** ***poke fun at*** sich lustig machen über (*Akk*) **II** *v/i* **5.** ***poke about*** (*oder* ***around***) (herum)stöbern, (-)wühlen (***in*** in *Dat*) **III** *s* **6.** Stoß *m*: ***poke in the ribs*** Rippenstoß

pok·er[1] [ˈpəʊkə] *s* Feuerhaken *m*

po·ker[2] [ˈpəʊkə] *s* Poker(spiel) *n*

po·ker face *s* Pokergesicht *n*, Pokerface *n*

pok·y [ˈpəʊkɪ] *Adj* winzig (*Zimmer etc*)

▶ **Po·land** [ˈpəʊlənd] *Eigenn* Polen *n*

po·lar [ˈpəʊlə] *Adj* polar (*auch fig*), Polar…: ***polar bear*** ZOOL Eisbär *m*

ˈpo·lar·ize *v/t* ELEK, PHYS polarisieren (*auch fig*)

▶ **Pole**[1] [pəʊl] *s* Pole *m*, Polin *f*

▶ **pole**[2] [pəʊl] *s* GEOG, ELEK, *etc* Pol *m*: ***the North*** (***South***) ***Pole*** der Nordpol (Südpol); ***they are poles apart*** *fig* zwischen ihnen liegen Welten

pole[3] [pəʊl] *s* Pfosten *m*; (*Fahnen-, Leitungs-*) Mast *m*; (*Bohnen- etc*)Stange *f*; (*Leichtathletik*) (Sprung)Stab *m*

ˈpole·cat *s* ZOOL Iltis *m*

po·lem·ic [pəˈlemɪk] **I** *Adj* (***polemically***) **1.** polemisch **II** *s* **2.** *auch Pl* (*Sg konstruiert*) Polemik *f* **3.** polemische Äußerung

poˈlem·i·cal → ***polemic*** 1

pole star *s* ASTR Polarstern *m*

pole vault *s Leichtathletik*: Stabhochsprung *m*

pole vault·er *s* Stabhochspringer(in)

▶ **po·lice** [pəˈliːs] **I** *s* (*Pl konstruiert*) Polizei *f* **II** *v/t* (polizeilich) überwachen **III** *Adj* polizeilich, Polizei…: ***police car*** Polizeiauto *n*; ***police constable*** → ***constable***; ***police force*** Polizei *f*; ***police officer*** Polizeibeamte *m*, -beamtin *f*; ***police protection*** Polizeischutz *m*; ***police record*** Strafregister *n*; ***have a police record*** vorbestraft sein; ***police state*** Polizeistaat *m*; ▶ ***police station*** Polizeirevier *n*, -wache *f*

▶ **po·lice·man** [pəˈliːsmən] *s* (*unreg* ***man***) Polizist *m*

poˈliceˌwom·an *s* (*unreg* ***woman***) Polizistin *f*

pol·i·cy[1] [ˈpɒləsɪ] *s* **1.** Verfahren(sweise *f*) *n*, Taktik *f*, Politik *f*: ***it is our policy*** es ist unser Grundsatz (***to do*** zu tun) **2.** (*Außen-, Wirtschafts- etc*)Politik *f* **3.** Klugheit *f*: ***be good*** (***bad***) ***policy*** (un)klug *oder* (un)vernünftig sein

pol·i·cy[2] *s* (*Versicherungs*)Police *f*: ***take out a policy*** eine Versicherung abschließen

po·li·o [ˈpəʊlɪəʊ] *s* MED *ugs* Polio *f*

po·li·o·my·e·li·tis [ˌpəʊlɪəʊmaɪəˈlaɪtɪs] *s* MED (spinale) Kinderlähmung

▶ **Pol·ish**[1] [ˈpəʊlɪʃ] **I** *Adj* polnisch **II** *s* LING Polnisch *n*

▶ **pol·ish**[2] [ˈpɒlɪʃ] **I** *v/t* **1.** polieren, TECH *etc auch* (ab)schleifen, *Fußboden* bohnern: ***polish off*** *ugs Arbeit* wegschaffen; *Essen* wegputzen; ***polish up*** aufpolieren (*auch fig*) **II** *s* **2.** Politur *f*, Glanz *m* **3.** (*Möbel*)Politur *f*; (*Schuh*)Creme *f*; Bohnerwachs *n*; (*Nagel*)Lack *m* **4.** *fig* Schliff *m*

▶ **po·lite** [pəˈlaɪt] *Adj* höflich: ***to be polite*** aus Höflichkeit

poˈlite·ness *s* Höflichkeit *f*

▶ **po·lit·i·cal** [pəˈlɪtɪkl] *Adj* politisch: ***political economy*** Volkswirtschaft *f*; ***political science*** Politologie *f*; ***political scientist*** Politologe *m*, -login *f*; ***politically correct*** politisch korrekt

▶ **pol·i·ti·cian** [ˌpɒlɪˈtɪʃn] *s* Politiker(in)

▶ **pol·i·tics** [ˈpɒlətɪks] *s Pl* (*meist Sg konstruiert*) Politik *f*: ***what are his politics?*** wo steht er politisch?; ***go into politics*** in die Politik gehen; ***talk politics*** über Politik reden, politisieren

pol·ka [ˈpɒlkə] *s* MUS Polka *f*

ˈpol·ka-dot *Adj* gepunktet, getupft (*Kleid etc*)

poll [pəʊl] **I** *s* **1.** (*Meinungs*)Umfrage *f* **2.** *auch Pl* Stimmabgabe *f*, Wahl *f*: ***be defeated at the polls*** eine Wahlniederlage erleiden; ***go to the polls*** zur Wahl gehen **3.** Wahlbeteiligung *f* **II** *v/t* **4.** befragen: ***65% of those polled*** 65% der Befragten **5.** *Stimmen* erhalten

pol·len [ˈpɒlən] *s* BOT Pollen *m*, Blütenstaub *m*

pol·len count *s* Pollenwerte *Pl*: ***a high pollen count*** starker Pollenflug

poll·ing [ˈpəʊlɪŋ] **I** *s* → ***poll*** 2, 3 **II** *Adj* Wahl…: ***polling booth*** Wahlkabine *f*, -zelle *f*; ***polling day*** Wahltag *m*; ***polling place*** *Am*, ***polling station*** *bes Br* Wahllokal *n*

poll·ster [ˈpəʊlstə] *s* Meinungsforscher(in)

pol·lut·ant [pəˈluːtənt] *s* Schadstoff *m*

▶ **pol·lute** [pəˈluːt] *v/t* **1.** *Umwelt* verschmutzen, *Flüsse etc auch* verunreinigen **2.** (*moralisch*) verderben

polˈlut·er *s* (*Umwelt*)Verschmutzer(in)

▶ **pol·lu·tion** [pəˈluːʃn] *s* (*Umwelt*)Verschmutzung *f*, Verunreinigung *f*: ***pollution control*** Umweltschutz *m*; ***pollution level*** Schadstoffbelastung *f*

po·lo [ˈpəʊləʊ] *s* SPORT Polo *n*

po·lo neck *s* Rollkragen(pullover) *m*

ˈpo·lo-neck *Adj* Rollkragen…

po·lo shirt *s* Polohemd *n*

Political Correctness

SG

Die **Political correctness (P.C.)**, politisch korrekter Sprachgebrauch, entstand Anfang der 80er-Jahre vor allem in den USA. Sie ist der Versuch, Begriffe zu vermeiden, die bestimmte Bevölkerungsgruppen beleidigen oder ausgrenzen könnten, oder die als herablassend empfunden werden. Im Sinne der Gleichberechtigung wurden geschlechtsneutrale Alternativen zu Personenbezeichnungen gefunden, die mittlerweile auch weitgehend Eingang in den alltäglichen Sprachgebrauch gefunden haben:

P.C.	anstelle von	
chairperson	**chairman / -woman**	Vorsitzende(r)
spokesperson	**spokesman / -woman**	Sprecher(in)
head teacher	**headmaster / headmistress**	Schulleiter(in)
firefighter	**fireman**	Feuerwehrmann / -frau
law enforcement officer	**policeman**	Polizist(in)
flight attendant	**air hostess / steward(ess)**	Flugbegleiter(in)

Bezeichnungen für Bevölkerungsgruppen unterschiedlicher ethnischer Herkunft oder Religion unterliegen einem ständigen Wandel. Begriffe, die in den 1980er-Jahren **politically correct** waren, können inzwischen das Gegenteil sein. Hier ein paar aktuelle Beispiele für **P.C.**:

P.C.	anstelle von	
Black; African-American	**Afro-American**	Amerikaner afrikanischer Herkunft
Native American	**Indian**	Amerikaner indianischer Abstammung
Latino *m* / **Latina** *f*	**Hispanic**	Person mittel- oder südamerikanischer Abstammung
people of colo(u)r	**colo(u)red people; ethnic minorities, minority groups**	Personen unterschiedlicher nicht-weißer ethnischer Gruppen
(British) Asian	**Oriental; Paki(stani)**	Personen asiatischer Herkunft z. B. aus Indien, Pakistan, Bangladesch
indigenous / aboriginal Australian	**Aborigine**	Ureinwohner Australiens

Ähnliches gilt auch für Bezeichnungen von Behinderungen.
Bitte merken: **deaf** oder **hard of hearing** wird von tauben Menschen mittlerweile eher verwendet, als der frühere **P.C.**-Begriff **hearing impaired**. **Visually impaired** wird zwar für Blinde benutzt, **blind** ist aber eher üblich.

P.C.	anstelle von	
disability; disabled	**handicap; handicapped**	Behinderung; behindert
differently abled / disabled person	**handicapped person**	Behinderte(r)
blind; partially sighted	**visually impaired**	blind
deaf; hard of hearing	**hearing impaired; deaf and dumb**	taub
mentally challenged; person with mental disability	**mentally handicapped / retarded (person)**	geistig behindert; geistig Behinderte(r)
bipolar	**manic depressive**	Manisch-Depressive(r)

Political correctness wurde oft übertrieben und hat in den letzten Jahren einen eher schlechten Ruf erlangt. Mit umständlichen Euphemismen und dem Versuch, jedwede Sensibilitäten zu schonen, kamen oft sehr komplizierte und schwer verständliche Ausdrücke und Texte zustande, die in den 1990er-Jahren von Satirikern aufgegriffen und ins Lächerliche gezogen wurden. Außerdem wird kritisiert, dass man dadurch die Aufmerksamkeit auf die jeweilige Gruppe lenkt und diese eher als „Ausnahme" darstellt anstatt sie zu integrieren. **P.C.** wird mittlerweile oft als Schimpfwort für extrem linke politische Ansichten oder Gruppeninteressen verwendet.
Die Grundidee der **political correctness** hat allerdings in den letzten 20 Jahren viel dazu beigetragen, dass sich sowohl das Sozialbewusstsein als auch der Sprachgebrauch und die Politik mehr in Richtung Gleichberechtigung bewegten.

Political Life in Great Britain and the USA

Great Britain

Einerseits nehmen im politischen Alltag bis heute traditionelle Zeremonien einen festen Platz ein, wie z. B. das **State Opening of Parliament**. Andererseits besitzt das politische Geschehen häufig einen eher informellen Charakter. Die besondere, auch parteiübergreifende, Zusammenarbeit von Politikern spiegelt sich im sog. **pairing system** wider: Wenn zwei Parlamentarier wissen, dass sie bei einer Abstimmung gegensätzlich stimmen würden, braucht keiner der beiden zu erscheinen.
Im herrschenden **two-party system** stellt die Partei mit den meisten **MPs** (= **Members of Parliament**) die Regierung. Der Parteivorsitzende der Opposition bildet mit dem **shadow cabinet** das **alternative government**.

Conservative Party "Tories"

Befürworter freier Marktwirtschaft mit möglichst geringem staatlichem Eingreifen, Förderung privaten Unternehmertums, Eintreten für geringe Einkommensteuer;
Reduzierung von Sozialleistungen unter Margaret Thatcher (**Iron Lady**).

Labour Party

Ursprünglich Befürworter sozialer Marktwirtschaft und Verstaatlichung von Unternehmen, Eintreten für umfassende Sozialleistungen und Belange der Arbeiterschicht;
Hauptziele der **New Labour**: wirtschaftlicher Aufschwung und soziale Gerechtigkeit, Chancengleichheit im Bildungswesen, Förderung von staatlich-privater Zusammenarbeit.

Liberal Democratic Party

(u. a. ehem. **Whigs**, deutlich kleiner als die anderen beiden Parteien)
Befürworter der EU sowie der Dezentralisierung, Eintreten für Umweltschutz.

USA

Ein Großteil der amerikanischen Bevölkerung nimmt nicht aktiv am politischen Leben teil, was eine durchschnittliche Wahlbeteiligung an den Präsidentschaftswahlen von unter 60% zeigt.
Entscheidend zur politischen Meinungsbildung tragen die Medien bei, die u. a. im Wahlkampf gezielt zur Beeinflussung der Öffentlichkeit und damit der Wähler eingesetzt werden.
Eine wichtige Rolle im politischen Leben der USA spielen **lobbyists**, Vertreter organisierter Interessensgruppen, welche das politische Geschehen beeinflussen wollen und dabei mit wichtigen Informationen zur Entscheidungsfindung beitragen.
Das herrschende **two-party system** ist u. a. auf das Wahlsystem (**"the winner takes it all"**) zurückzuführen.
Die beiden großen Parteien basieren nicht auf politischen Ideologien, haben eine sehr lockere Organisation und keinerlei Geschlossenheit. Sie haben ähnliche politische und wirtschaftliche Ziele, welche jedoch auf unterschiedliche Weise erreicht werden sollen.

Democratic Party "liberal"

Befürworter sozialer Marktwirtschaft und staatlichen Eingreifens,
Eintreten für umfassende Sozialleistungen und Belange von Minderheiten, Alten und Armen;
Ablehnung einer weiteren Ausbreitung von Nuklearwaffen;
Eintreten für den Umweltschutz

Republican Party "conservative"

Befürworter freier Marktwirtschaft mit möglichst geringem staatlichem Eingreifen, Förderung privaten Unternehmertums mit dem Ziel des Wirtschaftswachstums;
Kürzungen von Sozialleistungen;
hohe Ausgaben für Militärhaushalt, Betonung der amerikanischen Führungsposition in der Welt

po'lyg·a·mous [pə'lɪgəməs] *Adj* polygam (*auch* BOT, ZOOL)
po'lyg·a·my *s* Polygamie *f* (*auch* BOT, ZOOL)
pol·y·glot ['pɒlɪglɒt] *Adj* polyglott, viel-, mehrsprachig
pol·y·gon ['pɒlɪgən] *s* MATHE Vieleck *n*
Poly·nesia [ˌpɒlɪ'niːzjə] *Eigenn* Polynesien *n*
pol·yp ['pɒlɪp] *s* MED, ZOOL Polyp *m*
poly·sty·rene [ˌpɒlɪ'staɪriːn] *s* Polystyrol *n*, *bes* Styropor® *n*
pol·y·syl·lab·ic [ˌpɒlɪsɪ'læbɪk] *Adj* (***polysyllabically***) LING viel-, mehrsilbig
pol·y·tech·nic [ˌpɒlɪ'teknɪk] *s* (*etwa*) technische Hochschule
poly·thene ['pɒlɪθiːn] *s* CHEM Polyäthylen *n*; Plastik *n*: ***polythene bag*** Plastikbeutel *m*
pol·y·va·lent [ˌpɒlɪ'veɪlənt] *Adj* CHEM mehrwertig
po·made [pə'meɪd] *s* Pomade *f*
pome·gran·ate ['pɒmɪˌgrænɪt] *s* BOT Granatapfel *m*
pomp [pɒmp] *s* Pomp *m*
'pomp·ous *Adj* **1.** aufgeblasen, wichtigtuerisch **2.** bombastisch, schwülstig (*Sprache*)

ponce [pɒns] *s Br sl* **1.** Zuhälter(in) **2.** Tunte *f*
▶**pond** [pɒnd] *s* Teich *m*, Weiher *m*
pon·der [ˈpɒndə] **I** *v/i* nachdenken (**on, over** über *Akk*) **II** *v/t* überlegen, nachdenken über (*Akk*): **ponder doing s.th.** erwägen, etw zu tun
ˈ**pon·der·ous** *Adj* **1.** massig, schwer **2.** *fig* schwerfällig
pong [pɒŋ] *Br ugs* **I** *s* Gestank *m* **II** *v/i* stinken
pon·toon [pɒnˈtuːn] *s* Ponton *m*
pon·toon bridge *s* Ponton-, Schiffsbrücke *f*
po·ny [ˈpəʊnɪ] *s* ZOOL Pony *n*
ˈ**po·ny·tail** *s* Pferdeschwanz *m* (*Frisur*)
poo·dle [ˈpuːdl] *s* ZOOL Pudel *m*
poof [pʊf], **poof·ter** [ˈpʊftə] *s Br sl* Schwule *m*
pooh [puː] *Interj* pah!
ˌ**pooh-ˈpooh** *v/t* geringschätzig abtun
▶**pool¹** [puːl] *s* **1.** Teich *m*, Tümpel *m* **2.** Pfütze *f*, (*Blut- etc*)Lache *f* **3.** (*Schwimm*)Becken *n*, (*Swimming-*)Pool *m*
pool² [puːl] **I** *s* **1.** (gemeinsame) Kasse, (*Kartenspiel auch*) Pot *m* **2.** *Pl Br* (*Fußball*)Toto *n*, *m*: **win (on) the pools** im Toto gewinnen; **pools win** Totogewinn *m* **3.** *Am* Poolbillard *n*: **shoot pool** Poolbillard spielen **4.** WIRTSCH *bes Am* Pool *m*, Kartell *n* **5.** (*Arbeits-, Fahr*)Gemeinschaft *f*; (*Mitarbeiter- etc*)Stab *m*; (*Fuhr*)Park *m*; (*Schreib*)Pool *m* **II** *v/t* **6.** *Geld etc* zs.-legen; *fig Kräfte etc* vereinen
poop [puːp] *s* SCHIFF **1.** Heck *n* **2.** *auch* **poop deck** (erhöhtes) Achter- *oder* Hinterdeck
pooped , **pooped out** [puːpt] *Adj Am ugs* erledigt, kaputt
▶**poor** [pʊə] **I** *Adj* (→ **poorly** II) **1.** arm, mittellos **2.** arm, bedauernswert **3.** *fig* arm (**in** an *Dat*); dürftig, mangelhaft, schwach: **poor consolation** ein schwacher Trost; → **health** 2 **II** *s* **4. the poor** *Pl* die Armen *Pl*
ˈ**poor·ly I** *Adj* **1.** *ugs* unpässlich, kränklich **II** *Adv* **2.** ärmlich: **he is poorly off** es geht ihm schlecht **3.** *fig* dürftig, mangelhaft, schwach: **poorly paid** schlecht bezahlt; **be poorly off for** knapp sein an (*Dat*); **do poorly in** schlecht abschneiden bei; **think poorly of** nicht viel halten von

P

pop¹ [pɒp] **I** *v/i* **1.** knallen **2.** (zer)platzen: **pop open** aufplatzen, -springen **3.** *ugs* ballern, schießen (**at** auf *Akk*) **4.** *ugs* sausen: **pop in** auf einen Sprung vorbeikommen; **pop off** den Löffel weglegen (*sterben*); **pop up** (plötzlich) auftauchen (*auch fig*) **II** *v/t* **5.** zerknallen **6.** *ugs* (schnell) stecken: **pop on** *Hut* aufstülpen **7. he's popped the question** *ugs* er hat ihr einen (Heirats)Antrag gemacht **III** *s* **8.** Knall *m* **9.** *ugs* Limo *f*
pop² [pɒp] **I** *s* Pop *m* **II** *Adj* **a)** Schlager…: **pop singer**; **pop song** Schlager *m*, **b)** Pop…: **pop concert** (**group, singer, star** *etc*)
pop³ [pɒp] *s bes Am* Papa *m*, Vati *m*
ˈ**pop·corn** *s* Popcorn *n*
pope [pəʊp] *s* REL Papst *m*, Päpstin *f*: **pope's nose** *Am ugs* Bürzel *m*
ˈ**pop-eyed** *Adj ugs* glotzäugig
ˈ**pop·gun** *s* Spielzeuggewehr *n*, -pistole *f*
pop·lar [ˈpɒplə] *s* BOT Pappel *f*
pop·lin [ˈpɒplɪn] *s* Popelin *m*
pop·per [ˈpɒpə] *s bes Br ugs* Druckknopf *m*
pop·py [ˈpɒpɪ] *s* BOT Mohn *m*
ˈ**pop·py·cock** *s ugs* Quatsch *m*
▶**pop·u·lar** [ˈpɒpjʊlə] *Adj* (→ **popularly**) **1.** populär, beliebt: **make o.s. popular with** sich bei *j-m* beliebt machen **2.** weitverbreitet **3.** populär, volkstümlich; allgemein *oder* leicht verständlich: **popular press** Boulevardpresse *f* **4.** volkstümlich **5.** *bes* POL Volks…: **popular front** Volksfront *f*
pop·u·lar·i·ty [ˌpɒpjʊˈlærətɪ] *s* Popularität *f*: **a)** Beliebtheit *f*, **b)** Volkstümlichkeit *f*
pop·u·lar·ize [ˈpɒpjʊləraɪz] *v/t* **1.** populär machen **2.** allgemein verständlich darstellen
ˈ**pop·u·lar·ly** *Adv* allgemein
pop·u·late [ˈpɒpjʊleɪt] *v/t* bevölkern, besiedeln
▶**pop·u·la·tion** [ˌpɒpjʊˈleɪʃn] *s* **1.** Bevölkerung *f*; Einwohnerschaft *f*: **population density** Bevölkerungsdichte *f*; **population explosion** Bevölkerungsexplosion *f* **2.** (Gesamt)Bestand *m* (*an Tieren etc*)
pop·u·lous [ˈpɒpjʊləs] *Adj* dicht besiedelt, bevölkert, (*Stadt*) einwohnerstark
por·ce·lain [ˈpɔːsəlɪn] *s* Porzellan *n*
porch [pɔːtʃ] *s* **1.** überdachter Vorbau, Vordach *n*, (*einer Kirche etc*) Portal *n* **2.** *Am* Veranda *f*
por·cu·pine [ˈpɔːkjʊpaɪn] *s* ZOOL Stachelschwein *n*
pore¹ [pɔː] *s* Pore *f*
pore² [pɔː] *v/i*: **pore over** vertieft sein in (*Akk*), über *seinen Büchern etc* hocken
▶**pork** [pɔːk] *s* Schweinefleisch *n*
pork chop *s* Schweinekotelett *n*
pork cut·let *s* Schweineschnitzel *n*
pork·y [ˈpɔːkɪ] *Adj ugs* fett, dick
porn [pɔːn] → **porno**
por·no [ˈpɔːnəʊ] **I** *s* Porno *m* **II** *Adj* Porno…
por·no·graph·ic [ˌpɔːnəʊˈgræfɪk] *Adj* (**pornographically**) pornografisch
por·nog·ra·phy [pɔːˈnɒgrəfɪ] *s* Pornografie *f*
po·rous [ˈpɔːrəs] *Adj* porös
por·poise [ˈpɔːpəs] *s* ZOOL Tümmler *m*
por·ridge [ˈpɒrɪdʒ] *s* Porridge *n*, *m*, Haferbrei *m*
▶**port¹** [pɔːt] *s* **1.** Hafen *m*: **come into port** einlaufen; **leave port** auslaufen; **any port in a storm** *fig* in der Not frisst der Teufel Fliegen; **port of call** Anlaufhafen **2.** *auch* **port city** Hafenstadt *f*
port² [pɔːt] *s* FLUG, SCHIFF Backbord *n*
port³ [pɔːt] *s* Portwein *m*
▶**port·a·ble** [ˈpɔːtəbl] **I** *Adj* tragbar: **portable radio** *siehe* IIa; **portable television set** *oder* **TV** *siehe* IIb **II** *s* **a)** Kofferradio *n*, **b)** Portable *n*, tragbares Fernsehgerät
por·tal [ˈpɔːtl] *s* Portal *n* (*auch im Internet*)
por·ter¹ [ˈpɔːtə] *s* **a)** Pförtner(in): **porter's lodge** Pförtnerloge *f*, **b)** *bes Br* Portier *m*
por·ter² [ˈpɔːtə] *s* **1.** (Gepäck)Träger *m* **2.** BAHN *Am* Schlafwagenschaffner(in)
ˈ**por·ter·house (steak)** *s* Porterhousesteak *n*
port·fo·li·o [ˌpɔːtˈfəʊljəʊ] *Pl* **port·fo·li·os** *s* **1.** (Akten-, Dokumenten)Mappe *f* **2.** POL Portefeuille *n*, Geschäftsbereich *m*
ˈ**port·hole** *s* SCHIFF Bullauge *n*
por·ti·co [ˈpɔːtɪkəʊ] *Pl* **por·ti·cos, por·ti·coes** *s* Säulenhalle *f*
por·tion [ˈpɔːʃn] **I** *s* **1.** Teil *m* **2.** Anteil *m* (**of** an *Dat*) **3.** Portion *f* (*Essen*) **II** *v/t* **4. portion out** auf-, verteilen (**among, between** unter *Akk*)
port·ly [ˈpɔːtlɪ] *Adj* beleibt, korpulent
por·trait [ˈpɔːtreɪt] *s* MALEREI Porträt *n*, FOTO *auch* Porträtaufnahme *f*: **portrait painter** Porträtmaler(in)
ˈ**por·trait·ist** *s* Porträtist(in), Porträtmaler(in) *oder* -fotograf(in)
por·trai·ture [ˈpɔːtrɪtʃə] *s* Porträtmalerei *f oder* -fotografie *f*

por·tray [pɔːˈtreɪ] *v/t* **1.** porträtieren **2.** *fig* schildern, darstellen (***as*** als) **3.** THEAT *etc* darstellen, verkörpern

porˈtray·al *s* **1.** Schilderung *f*, Darstellung *f* **2.** THEAT *etc* Verkörperung *f*

►**Por·tu·gal** [ˈpɔːtʃʊgl] *Eigenn* Portugal *n*

►**Por·tu·guese** [ˌpɔːtʃʊˈgiːz] **I** *Adj* **1.** portugiesisch **II** *s* **2.** Portugiese *m*, Portugiesin *f*: ► ***the Portuguese*** *Pl* die Portugiesen *Pl* **3.** LING Portugiesisch *n*

pose [pəʊz] **I** *s* **1.** Pose *f* (*auch fig*), Positur *f* **II** *v/t* **2.** aufstellen, in Positur stellen *oder* setzen **3.** *fig Problem*, *Frage* aufwerfen, *Bedrohung*, *Gefahr etc* darstellen (***for, to*** für) **III** *v/i* **4.** sich aufstellen, sich in Positur stellen *oder* setzen **5.** MALEREI Modell stehen *oder* sitzen (***for*** *Dat*); als (Maler- *oder* Foto)Modell arbeiten **6.** sich ausgeben (***as*** als)

posed *Adj* gestellt (*Aufnahme*)

ˈpos·er *s* **1.** *ugs* harte Nuss **2.** Wichtigtuer(in)

posh [pɒʃ] *Adj ugs* piekfein, feudal: ***posh hotel*** Nobelhotel *n*

►**po·si·tion** [pəˈzɪʃn] **I** *s* **1.** Position *f*, Lage *f*, Standort *m*: ***position of the sun*** ASTR Sonnenstand *m*; ***in (out of) position*** an der richtigen (falschen) Stelle **2.** (*Körper*)Stellung *f*, Position *f* **3.** Stelle *f*, Stellung *f* (***with, in*** bei) **4. a)** Position *f* (*in einem Beruf*, *Wettbewerb etc*), (Rang)Stellung *f*: ***be in third position*** in dritter Position *oder* auf dem dritten Platz liegen, **b)** (gesellschaftliche *oder* soziale) Stellung: ***people*** *Pl* ***of position*** Leute *Pl* von Rang **5.** *fig* Lage *f*, Situation *f*: ***be in a position to do s.th.*** in der Lage sein, etw zu tun **6.** *fig* (Sach-)Lage *f*, Stand *m* (der Dinge): ***legal position*** Rechtslage **7.** *fig* Einstellung *f* (***on*** zu): ***what is your position on …?*** wie stehen Sie zu …?; ***take the position that*** den Standpunkt vertreten, dass **II** *v/t* **8.** (auf)stellen; *Polizisten etc* postieren

pos·i·tive [ˈpɒzətɪv] **I** *Adj* **1.** *allg* positiv: ***his test was positive*** MED sein Befund war positiv; ***positive pole*** ELEK Pluspol *m* **2.** ausdrücklich (*Befehl etc*), definitiv, fest (*Versprechen etc*) **3.** sicher, eindeutig (*Beweis etc*) **4.** greifbar, konkret; konstruktiv **5.** ***be positive*** sicher sein (***that*** dass); ***be positive about*** sich sicher sein (*Gen*) **6.** *ugs* ausgesprochen, absolut **II** *s* **7.** FOTO Positiv *n* **8.** LING Positiv *m*

pos·sess [pəˈzes] *v/t* **1.** besitzen (*auch fig*) **2.** *fig* beherrschen (*Gedanke*, *Gefühl etc*): ***possessed with*** (*oder* ***by***) beherrscht *oder* erfüllt von; besessen von; ***like a man possessed*** wie ein Besessener

►**pos·ses·sion** [pəˈzeʃn] *s* **1.** Besitz *m*: ***be in s.o.'s possession*** in j-s Besitz sein; ***be in*** (*oder* ***have***) ***possession of*** im Besitz sein von (*oder Gen*); ***come*** (*oder* ***get***) ***into s.o.'s possession*** in j-s Besitz gelangen; ***take possession of*** Besitz ergreifen von, in Besitz nehmen **2.** Besitz(tum *n*) *m* **3.** *fig* Besessenheit *f*

posˈses·sive [pəˈzesɪv] *Adj* **1.** besitzgierig; (*Mutter etc*) Besitz ergreifend **2.** LING ***possessive case*** Genitiv *m*, zweiter Fall; ***possessive adjective*** attributives Possessivpronomen (*z. B.* ***my*** *car*); ***possessive pronoun*** substantivisches Possessivpronomen (*z. B. it is* ***mine***)

posˈses·sor *s* Besitzer(in)

►**pos·si·bil·i·ty** [ˌpɒsəˈbɪlətɪ] *s* Möglichkeit *f* (***of doing*** zu tun)

►**pos·si·ble** [ˈpɒsəbl] *Adj* möglich: ***do everything possible*** alles tun, was einem möglich ist; ***make s.th. possible for s.o.*** j-m etw möglich machen *oder* ermöglichen; ***if possible*** falls möglich

ˈpos·si·bly *Adv* **1.** möglicherweise, vielleicht **2.** ***when I possibly can*** wenn ich irgend kann; ***I can't possibly do this*** ich kann das unmöglich tun; ***how can I possibly do it?*** wie kann ich es nur *oder* bloß machen?

pos·sum [ˈpɒsəm] *ugs* → ***opossum***: ***play possum*** sich tot *oder* schlafend *oder* dumm stellen

post[1] [pəʊst] **I** *s* **1.** (*Tür-*, *Tor-*, *Ziel- etc*)Pfosten *m*, (*Laternen*)Pfahl *m*, (*Telegrafen- etc*)Mast *m*: → ***pip***[3] **II** *v/t* **2.** *auch* ***post up*** *Plakat etc* anschlagen, ankleben **3.** *etw* durch Aushang bekannt geben: ***post (as) missing*** FLUG, SCHIFF als vermisst melden

post[2] [pəʊst] **I** *s* **1.** MIL Posten *m*; Standort *m*, Garnison *f* **2.** Posten *m*, Platz *m*: ***at one's post*** auf seinem Posten **3.** Posten *m*, Stelle *f* **II** *v/t* **4.** *Polizisten etc* aufstellen, postieren **5.** *bes Br* versetzen, MIL abkommandieren (***to*** nach)

►**post**[3] [pəʊst] **I** *s* **1.** *bes Br* Post® *f*: ***by post*** mit der *oder* per Post®; ***has the post been yet?*** ist die Post schon da? **II** *v/t* **2.** *bes Br* aufgeben; einwerfen; mit der Post® (zu)senden **3.** ***keep s.o. posted*** j-n auf dem Laufenden halten

►**post·age** [ˈpəʊstɪdʒ] *s* Porto *n*: ***what is the postage for a letter to …?*** wie viel kostet ein Brief nach …?

post·age stamp *s* Postwertzeichen *n*, Briefmarke *f*

post·al [ˈpəʊstəl] **I** *Adj* postalisch, Post…: ***postal card*** *Am* Postkarte *f*; ***postal charges*** *Pl* Postgebühren *Pl* **II** *s Am ugs* Postkarte *f*

ˈpost·box *s bes Br* Briefkasten *m*

►**post·card** [ˈpəʊstkɑːd] *s* Postkarte *f*

ˈpost·code *s Br etwa* Postleitzahl *f*

►**post·er** [ˈpəʊstə] *s* Plakat *n*; Poster *m*, *n*

poste res·tante [ˌpəʊstˈrestɑːnt] *bes Br* **I** *s* Ab-

Possessivpronomen GR

Possessivpronomen können wie Substantive verwendet werden. In dieser Form ersetzen sie die Verbindung von Possessivpronomen + Substantiv:

That's my pen you're using! – No it's not, it's mine!

Folgende substantivische Possessivpronomen gibt es im Englischen:

mine, yours, his / hers / its, ours, yours, theirs

First past the post LK

Der Begriff **first past the post** bezeichnet das in Großbritannien übliche Mehrheitswahlrecht bei den Parlamentswahlen. Das Land ist in 659 Stimmkreise (mit je ca. 90 000 Einwohnern) aufgeteilt, die jeweils einen Vertreter in das **House of Commons** entsenden. Der Kandidat mit den meisten Stimmen zieht als Gewinner ins Parlament ein, alle anderen Stimmen verfallen.

P

Postponing a decision	Eine Entscheidung verschieben (SG)
I can't say for sure until I've heard from my brother.	Das kann ich erst sicher sagen, wenn ich von meinem Bruder gehört habe / wenn mein Bruder sich gemeldet hat.
It all depends on how well I do in my exams.	Es hängt alles davon ab, wie gut ich in den Prüfungen bin.
We'll have to wait and see how things go.	Wir müssen abwarten, wie die Dinge sich entwickeln.

teilung *f* für postlagernde Sendungen **II** *Adv* postlagernd

pos·te·ri·or [pɒˈstɪərɪə] *s hum* Allerwerteste *m*

pos·ter·i·ty [pɒˈsterətɪ] *s* die Nachwelt

ˌpost-ˈfree *Adj und Adv bes Br* portofrei

post·hu·mous [ˈpɒstjʊməs] *Adj* posthum, postum

▶ **post·man** [ˈpəʊstmən] *s* (*unreg* ***man***) *bes Br* Briefträger *m*, Postbote *m*

ˈpost·mark I *s* Poststempel *m* **II** *v/t* (ab)stempeln: ***be postmarked London*** in London abgestempelt sein

ˈpostˌmas·ter *s* Postamtsvorsteher *m*: ***Postmaster General*** Postminister(in)

post me·rid·i·em [ˌpəʊstməˈrɪdɪəm] *Adv* nachmittags (*Abk* ***p.m.***): ***3 p.m.*** 15 Uhr

ˌpost-ˈmod·ern *Adj* postmodern

post-mor·tem [ˌpəʊstˈmɔːtem] *s auch* ***post-mortem examination*** Autopsie *f*, Obduktion *f*

▶ **post of·fice** [ˈpəʊstˌɒfɪs] *s* Post® *f*, Postamt *n*: ***post office box*** Postfach *n*

ˌpostˈpaid → ***post-free***

post·pone [ˌpəʊstˈpəʊn] *v/t* verschieben (***to*** auf *Akk*), aufschieben (***to*** auf *Akk*; ***till, until*** bis): ***he postponed seeing his doctor*** er verschob seinen Arztbesuch

ˌpostˈpone·ment *s* Aufschub *m*

post·script [ˈpəʊsskrɪpt] *s* **1.** Postskript(um) *n*, Nachschrift *f* **2.** Nachbemerkung *f* (*zu einer Rede etc*)

pos·tu·late I *v/t* [ˈpɒstjʊleɪt] postulieren, (als gegeben) voraussetzen **II** *s* [ˈpɒstjʊlət] Postulat *n*, Voraussetzung *f*

pos·ture [ˈpɒstʃə] **I** *s* **1.** (Körper)Haltung *f*; Positur *f*, Stellung *f* **2.** *fig* Haltung *f* (***on*** in *Dat*, zu) **II** *v/i* **3.** sich in Positur stellen *oder* setzen **4.** *fig* sich aufspielen

post·war [ˌpəʊstˈwɔː] *Adj* Nachkriegs…

▶ **pot** [pɒt] **I** *s* **1.** (*Blumen-, Koch- etc*)Topf *m*: ***a pot of money*** *ugs* eine Menge Geld; ***he's got pots of money*** *ugs* er hat Geld wie Heu; ***go to pot*** *ugs* auf den Hund kommen (*Person etc*); immer schlechter werden (*Sprachkenntnisse etc*); ins Wasser fallen (*Pläne etc*); ***keep the pot boiling*** *fig* sich über Wasser halten; die Sache in Schwung halten **2.** (*Kaffee-, Tee-*) Kanne *f*; Kännchen *n*, Portion *f* (*Tee etc*) **3.** SPORT *ugs* Pokal *m* **4.** *Poker*: Pot *m*, Kasse *f* **5.** *ugs* → ***potbelly*** **6.** *sl* Pot *n* (*Marihuana*) **II** *v/t* **7.** *Pflanze* eintopfen: ***potted plant*** Topfpflanze *f* **8.** *Fleisch* einmachen, *Fisch* einlegen **9.** *Billard*: *Br* einlochen **10.** *ugs Kind* aufs Töpfchen setzen

po·ta·ble [ˈpəʊtəbl] *Adj* trinkbar

po·tas·si·um [pəˈtæsɪəm] *s* CHEM Kalium *n*

po·tas·si·um cy·a·nide *s* Zyankali *n*

▶ **po·ta·to** [pəˈteɪtəʊ] *Pl* **po·ta·toes** *s* Kartoffel *f*, *österr.* Erdapfel *m*: ***hot potato*** *ugs* heißes Eisen

po·ta·to bee·tle, *bes Am* **po·ta·to bug** *s* ZOOL Kartoffelkäfer *m*

po·ta·to chips *s Pl Am*, **po·ta·to crisps** *s Pl Br* Kartoffelchips *Pl*

po·ta·to peel·er *s* Kartoffelschäler *m* (*Küchengerät*)

po·ta·to sal·ad *s* Kartoffelsalat *m*

ˈpotˌbel·ly *s* Schmerbauch *m*

ˈpotˌboil·er *s pej* rein kommerzielle Arbeit (*Buch etc*)

po·ten·cy [ˈpəʊtənsɪ] *s* **1.** Stärke *f*; Wirksamkeit *f*, Wirkung *f* **2.** PHYSIOL Potenz *f*

ˈpo·tent *Adj* **1.** stark (*Medikament etc*) **2.** *fig* überzeugend, zwingend (*Argument etc*) **3.** PHYSIOL potent

po·ten·tate [ˈpəʊtənteɪt] *s* Potentat *m*

po·ten·tial [pəʊˈtenʃl] **I** *Adj* **1.** potenziell, möglich **II** *s* **2.** Potenzial *n*, Leistungsfähigkeit *f*: ***have the potential to be a top manager*** das Zeug zu einem Spitzenmanager haben **3.** ELEK Spannung *f*

po·ten·tial·ly [pəʊˈtenʃəlɪ] *Adv* potenziell, möglicherweise

ˈpot·hole *s* MOT Schlagloch *n*

ˈpot·holed *Adj* voller Schlaglöcher

po·tion [ˈpəʊʃn] *s* Trank *m*

ˌpotˈluck *s*: ***take potluck*** mit dem vorliebnehmen, was es gerade (*zu essen*) gibt; *fig* es probieren

pot plant *s* Topfpflanze *f*

pot·pour·ri [ˌpəʊˈpʊərɪ] *s* MUS Potpourri *n*, *fig auch* Allerlei *n*, Kunterbunt *n*

pot·ter¹ [ˈpɒtə] *v/i* **1.** schlendern **2.** *auch* ***potter about*** (*oder* ***around***) herumwerkeln

pot·ter² [ˈpɒtə] *s* Töpfer(in): ***potter's wheel*** Töpferscheibe *f*

ˈpot·ter·y *s* **1.** Töpferei *f* **2.** Töpferware(n *Pl*) *f*

pot·ty¹ [ˈpɒtɪ] *Adj bes Br ugs* verrückt (***about*** nach)

pot·ty² [ˈpɒtɪ] *s* Töpfchen *n*

ˈpot·ty-trained *Adj* sauber (*Kleinkind*)

pouch [paʊtʃ] *s* Beutel *m* (*auch* ZOOL); ANAT (*Tränen*)Sack *m*; ZOOL (*Backen*)Tasche *f*

poul·tice [ˈpəʊltɪs] *s* MED (warmer) (*Senf- etc*) Umschlag *oder* (-)Wickel

poul·try [ˈpəʊltrɪ] *s* Geflügel *n*

pounce [paʊns] **I** *v/i* sich stürzen (***on*** auf *Akk*) (*auch fig*) **II** *s* Sprung *m*, Satz *m*

▶ **pound¹** [paʊnd] *s* Pfund *n* (*Gewichts- und Währungseinheit*): ***by the pound*** pfundweise; ***five-pound note*** Fünfpfundschein *m*

pound² [paʊnd] *s* **1.** Tierheim *n* **2.** Abstellplatz *m* für abgeschleppte Fahrzeuge

pound³ [paʊnd] **I** *v/t* **1.** zerstoßen, -stampfen (***to*** zu) **2.** trommeln *oder* hämmern auf (*Akk*) *oder* an (*Akk*) *oder* gegen **II** *v/i* **3.** hämmern (***with*** vor *Dat*) (*Herz*): ***pound at*** (*oder* ***on***) *siehe* 2 **4.** stampfen

▶ **pour** [pɔː] **I** *v/t* **1.** gießen, schütten: ***pour s.th.***

over o.s. sich mit etw übergießen; ***pour s.o. a cup of tea*** j-m eine Tasse Tee eingießen; ***pour out*** ausgießen-, -schütten; *Getränke* eingießen, -schenken; *fig Sorgen etc* ausbreiten (***to*** vor *Dat*), *Herz* ausschütten (***to*** *Dat*) **II** *v/i* **2.** strömen (*auch fig*) **3.** ***it is pouring down*** (*oder* ***pouring with rain***) es gießt in Strömen; ***in the pouring rain*** im strömenden Regen

pout [paʊt] **I** *v/i* einen Schmollmund machen *oder* ziehen; schmollen **II** *s* Schmollmund *m*; Schmollen *n*: ***with a pout*** schmollend

pov·er·ty ['pɒvətɪ] *s* Armut *f* (*auch fig* ***of*** an *Dat*): ***poverty of ideas*** Ideenarmut

pov·er·ty line *s* Armutsgrenze *f*

'pov·er·ty-,strick·en *Adj* arm, Not leidend

POW [piːəʊ'dʌbljuː] *Abk* (= ***prisoner of war***) Kriegsgefangene *m, f*

▶**pow·der** ['paʊdə] **I** *s* **1.** (*Back-, Schieß- etc*) Pulver *n* **2.** (*Gesichts- etc*)Puder *m* **II** *v/t* **3.** pulverisieren: ***powdered milk*** Milchpulver *n*, Trockenmilch *f*; ***powdered sugar*** *Am* Puderzucker *m* **4.** *Baby etc* (ein)pudern, sich *die Nase etc* pudern: ***powder one's nose*** *auch euph* mal verschwinden

pow·der keg *s fig* Pulverfass *n*

pow·der puff *s* Puderquaste *f*

pow·der·y ['paʊdərɪ] *Adj* **1.** pulv(e)rig: ***powdery snow*** Pulverschnee *m* **2.** (ein)gepudert

▶**pow·er** ['paʊə] **I** *s* **1.** Kraft *f*, Macht *f*, Vermögen *n*: ***do everything in one's power*** alles tun, was in seiner Macht steht; ***it was out of*** (*oder* ***not in, beyond***) ***his power*** es stand nicht in seiner Macht (***to do*** zu tun) **2.** Kraft *f*, Energie *f*; *weit. S.* Wucht *f*, Gewalt *f* **3.** *meist Pl hypnotische etc* Kräfte *Pl*, *geistige etc* Fähigkeiten *Pl*, (*Denk-, Konzentrations- etc*)Vermögen *n* **4.** Macht *f*, Gewalt *f* (***over*** über *Akk*): ***be in power*** POL an der Macht sein; ***be in s.o.'s power*** in j-s Gewalt sein; ***come to power*** POL an die Macht kommen **5.** POL Gewalt *f* (*als Staatsfunktion*): → ***separation*** 2 **6.** POL, JUR *etc* (Amts)Gewalt *f*; Befugnis *f*: ***give*** (***have***) ***full powers*** Vollmacht geben (haben); → ***attorney*** 2 **7.** *meist Pl* POL Macht *f* (*Staat*) **8.** Macht(faktor *m*) *f*, einflussreiche Stelle *oder* Person: ***the powers*** *Pl* ***that be*** *ugs* die *Pl* da oben **9.** MATHE Potenz *f*: ***raise to the third power*** in die dritte Potenz erheben **10.** ELEK Strom *m* **II** *v/t* **11.** TECH antreiben

'pow·er-as,sist·ed *Adj* MOT Servo…

'pow·er·boat *s* Rennboot *n*

pow·er brake *s* MOT Servobremse *f*

'pow·er-dress·ing *s* Karrierelook *m*, durchgestyltes Outfit

▶**pow·er·ful** ['paʊəfʊl] *Adj* **1.** stark (*auch fig*), kräftig **2.** mächtig, einflussreich

'pow·er·less *Adj* **1.** kraftlos **2.** machtlos: ***be powerless to do s.th.*** nicht in der Lage sein, etw zu tun; ***be powerless to prevent s.th.*** nichts tun können, um etw zu verhindern

pow·er pack *s* ELEK Netzteil *n*

pow·er plant → ***power station***

pow·er point *s* ELEK *Br* Steckdose *f*

pow·er serve *s* *Tennis*: Kanonenaufschlag *m*

▶**power sta·tion** ['paʊə,steɪʃn] *s* Kraftwerk *n*: ***nuclear power station*** Kernkraftwerk *n*

power steer·ing *s* MOT Servolenkung *f*

pow·wow ['paʊwaʊ] *s ugs* Besprechung *f*

pox [pɒks] *s* MED *ugs* Syph *f* (*Syphilis*)

PR [piː'ɑː] *Abk* (= ***public relations***) PR *f*, Öffentlichkeitsarbeit *f*

prac·ti·ca·ble ['præktɪkəbl] *Adj* **1.** durchführbar **2.** passierbar (*Straße*)

▶**prac·ti·cal** ['præktɪkl] *Adj* **1.** *allg* praktisch: → ***purpose*** 1 **2.** praktisch denkend *oder* veranlagt **3.** ***practical joke*** Streich *m*: ***play a practical joke on s.o.*** j-m einen Streich spielen

prac·ti·cal·ly ['præktɪklɪ] *Adv* praktisch, so gut wie

▶**prac·tice** ['præktɪs] **I** *s* **1.** Praxis *f*: ***in practice*** in der Praxis; ***put in(to) practice*** in die Praxis umsetzen **2.** Übung *f*: ***in*** (***out of***) ***practice*** in (aus) der Übung; ***keep in practice*** in der Übung bleiben **3.** (*Arzt- etc*)Praxis *f* **4.** Brauch *m*, Gewohnheit *f*: ***practices*** *Pl pej* Praktiken *Pl*; ***it is common practice*** es ist allgemein üblich; ***make it a practice*** es sich zur Gewohnheit machen (***to do*** zu tun) **II** *Adj* **5.** Übungs…, Probe… **III** *v/t und v/i* **6.** *Am* → ***practise***

▶**prac·tise** ['præktɪs] *bes Br* **I** *v/t* **1.** *als Beruf* ausüben: ***practise law*** (***medicine***) als Anwalt (Arzt) praktizieren **2.** (ein-)üben **3.** *Grundsätze etc* praktizieren, *Geduld etc* üben **II** *v/i* **4.** (*als Anwalt oder Arzt*) praktizieren: ***practising Catholic*** praktizierender Katholik, praktizierende Katholikin **5.** üben

'prac·tised *Adj* **1.** geübt (***at, in*** in *Dat*): ***be practised at doing s.th.*** darin geübt sein, etw zu tun **2.** eingeübt, *pej auch* gekünstelt

prac·ti·tion·er [præk'tɪʃnə] *s*: ***medical practitioner*** → ***general practitioner***

prag·mat·ic [præg'mætɪk] *Adj* (***pragmatically***) pragmatisch

prag·ma·tist ['prægmətɪst] *s* Pragmatiker(in)

Prague [prɑːg] *Eigenn* Prag *n*

prai·rie ['preərɪ] *s* Prärie *f*

prai·rie schoon·er *s hist Am* Planwagen *m*

▶**praise** [preɪz] **I** *v/t* loben (***for*** wegen): → ***sky*** **II** *s* Lob *n*

'praise,wor·thy *Adj* lobenswert, löblich

pram [præm] *s bes Br ugs* Kinderwagen *m*

prance [prɑːns] *v/i* **1.** tänzeln (*Pferd, Person*) **2.** stolzieren

prank [præŋk] *s* Streich *m*: ***play a prank on s.o.*** j-m einen Streich spielen

prat·tle ['prætl] *v/i auch* ***prattle on*** plappern (***about*** von)

prawn [prɔːn] *s* ZOOL Garnele *f*

▶**pray** [preɪ] *v/i* beten (***to*** zu; ***for*** für, um)

▶**prayer** [preə] *s* **1.** Gebet *n*: ***prayer book*** Gebetbuch *n*; ***prayer mat*** (*oder* ***rug***) Gebetteppich *m* **2.** *oft Pl* Andacht *f*

preach [priːtʃ] **I** *v/i* predigen (***to*** zu, vor *Dat*): ***preach to the converted*** *fig* offene Türen einrennen; ***preach at*** (*oder* ***to***) ***s.o.*** *fig* j-m eine Predigt halten (***about*** wegen) **II** *v/t* predigen (*auch fig*); *Predigt* halten

'preach·er *s* Prediger(in)

pre·am·ble [priː'æmbl] *s* Einleitung *f*, JUR Präambel *f* (***to*** zu)

pre·ar·range [,priːə'reɪndʒ] *v/t* vorher abmachen *oder* vereinbaren

pre·car·i·ous [prɪ'keərɪəs] *Adj* prekär, unsicher

pre·cau·tion [prɪ'kɔːʃn] *s* Vorkehrung *f*, Vorsichtsmaßnahme *f* (***against*** gegen): ***as a precaution*** zur Vorsicht, vorsichtshalber

pre'cau·tion·ar·y *Adj* vorbeugend, Vorsichts…

pre·cede [,priː'siːd] *v/t* **1.** voraus-, vorangehen (*Dat*) **2.** (den) Vorrang haben vor (*Dat*) **3.** ***precede s.th. with*** (*oder* ***by***) ***s.th.*** etw mit etw einleiten, etw einer Sache vorausschicken

prec·e·dence ['presɪdəns] *s* Vorrang *m*: ***have*** (*oder* ***take***) ***precedence over*** → ***precede*** 2;

P

give precedence to (den) Vorrang geben (*Dat*)

prec·e·dent ['presɪdənt] *s* JUR Präzedenzfall *m* (*auch fig*): ***without precedent*** ohne Beispiel, noch nie da gewesen; ***set*** (*oder* ***establish***) ***a precedent*** einen Präzedenzfall schaffen

pre·cept ['priːsept] *s* Regel *f*, Richtlinie *f*

pre·cinct ['priːsɪŋkt] *s* **1.** *Pl* Gelände *n*; Umgebung *f* **2.** (*Fußgänger*)Zone *f*, (*Einkaufs*)Viertel *n* **3.** *Am* (*Polizei*)Revier *n*; (*Wahl*)Bezirk *m*

►**pre·cious** ['preʃəs] **I** *Adj* **1.** kostbar, wertvoll (*beide auch fig*) **2.** Edel…: ***precious stone***; ***precious metals*** **II** *Adv* **3.** ***precious little*** *ugs* herzlich wenig

prec·i·pice ['presɪpɪs] *s* Abgrund *m* (*auch fig*)

pre·cip·i·tate [prɪ'sɪpɪteɪt] **I** *v/t* **1.** (hinunter-, herunter)schleudern; *fig* stürzen (***into*** in *Akk*) **2.** *fig Ereignis* beschleunigen **3.** CHEM ausfällen **II** *v/i* **4.** CHEM ausfallen **III** *Adj* [prɪ'sɪpɪtət] **5.** überstürzt **IV** *s* **6.** CHEM Niederschlag *m*

pre,cip·i'ta·tion *s* **1.** Überstürzung *f* **2.** METEO Niederschlag *m* **3.** CHEM Ausfällung *f*

pre'cip·i·tous *Adj* **1.** steil (abfallend) **2.** *fig* überstürzt

pré·cis ['preɪsiː] **I** *Pl* **pré·cis** ['preɪsiːz] *s* Zs.-fassung *f* **II** *v/t* zs.-fassen

pre·cise [prɪ'saɪs] *Adj* **1.** genau, präzis: ***to be precise*** genau gesagt **2.** gewissenhaft

pre'cise·ly *Adv* **1.** → ***precise*** **2.** ***precisely!*** genau!

pre·ci·sion [prɪ'sɪʒn] **I** *s* Genauigkeit *f*, *auch* TECH Präzision *f* **II** *Adj* TECH Präzisions…, Fein…: ***precision instrument*** Präzisionsinstrument *n*

pre·clude [prɪ'kluːd] *v/t* **1.** *etw* ausschließen **2.** ***preclude s.o. from doing s.th.*** j-n (daran) hindern, etw zu tun

pre·co·cious [prɪ'kəʊʃəs] *Adj* frühreif

pre'co·cious·ness, **pre·coc·i·ty** [prɪ'kɒsətɪ] *s* Frühreife *f*

pre·con·ceived [,priːkən'siːvd] *Adj* vorgefasst

pre·con·cep·tion [,priːkən'sepʃn] *s* vorgefasste Meinung (***about*** über *Akk*)

pre·con·di·tion [,priːkən'dɪʃn] *s* Vorausbedingung *f*, Voraussetzung *f*

pre·cook [,priː'kʊk] *v/t* vorkochen

pre·cur·sor [,priː'kɜːsə] *s* (***of***, ***to*** *Gen*) **1.** Vorläufer(in) **2.** Vorbote *m*, -botin *f*

pre·date [priː'deɪt] *v/t Brief etc* zurückdatieren

pred·a·to·ry ['predətərɪ] *Adj* räuberisch: ***predatory animal*** Raubtier *n*

pre·de·ces·sor ['priːdɪsesə] *s* Vorgänger(in): ***predecessor in office*** Amtsvorgänger(in)

pre·des·ti·na·tion [priː,destɪ'neɪʃn] *s* REL *und weit. S.* Prädestination *f*, Vorherbestimmung *f*

,pre'des·tined *Adj* prädestiniert, vorherbestimmt (***to*** für, zu): ***be predestined to failure*** (*oder* ***fail***) (von vornherein) zum Scheitern verurteilt sein; ***he was predestined to do s.th.*** es war ihm vorherbestimmt, etw zu tun

pre·de·ter·mine [,priːdɪ'tɜːmɪn] *v/t* **1.** vorherbestimmen **2.** → ***prearrange***

pre·dic·a·ment [prɪ'dɪkəmənt] *s* missliche Lage, Zwangslage *f*

pred·i·cate ['predɪkət] *s* LING Prädikat *n*, Satzaussage *f*

pre·dic·a·tive [prɪ'dɪkətɪv] *Adj* prädikativ

pre·dict [prɪ'dɪkt] *v/t* vorher-, voraussagen

pre'dic·tion *s* Vorher-, Voraussage *f*: ***against all predictions*** entgegen allen Voraussagen

pre·di·lec·tion [,priːdɪ'lekʃn] *s* Vorliebe *f* (***for*** für)

pre·dis·pose [,priːdɪ'spəʊz] *v/t* **1.** geneigt machen, einnehmen (***in favo[u]r of*** für) **2.** *bes* MED anfällig machen (***to*** für)

,pre,dis·po'si·tion [,priː,dɪspə'zɪʃn] *s* (***to***) Neigung *f* (zu), *bes* MED *auch* Anfälligkeit *f* (für)

pre·dom·i·nant [prɪ'dɒmɪnənt] *Adj* (vor)herrschend, überwiegend

pre'dom·i·nate [prɪ'dɒmɪneɪt] *v/i* **1.** vorherrschen, -wiegen, überwiegen **2.** überlegen sein; die Oberhand *oder* das Übergewicht haben (***over*** über *Akk*)

pre·em·i·nent [,priː'emɪnənt] *Adj* hervor-, überragend

pre·emp·tive [,priː'emptɪv] *Adj* **1.** ***preemptive right*** Vorkaufsrecht *n* **2.** ***preemptive strike*** MIL Präventivschlag *m*

preen [priːn] *v/t sich*, *das Gefieder* putzen (*Vogel*): ***preen o.s.*** sich herrichten (*Person*)

pre·fab ['priːfæb] *s ugs* Fertighaus *n*

,pre'fab·ri·cate [,priː'fæbrɪkeɪt] *v/t* vorfabrizieren, -fertigen: ***prefabricated house*** Fertighaus *n*

pref·ace ['prefɪs] **I** *s* Vorwort *n* (***to*** zu) **II** *v/t Rede*, *Buch etc* einleiten (***with*** mit)

►**pre·fer** [prɪ'fɜː] *v/t* vorziehen (***to*** *Dat*), lieber mögen (***to*** als), bevorzugen: ***I prefer meat to fish*** Fleisch ist mir lieber als Fisch; ***prefer listening to talking*** lieber zuhören als reden; ***I'd prefer to stay at home*** ich bliebe lieber zu Hause; ***I'd prefer you not to go*** es wäre mir lieber, wenn du nicht gingst

prefer doing / to do s.th. GR

prefer wird immer mit Gerund oder Substantiv konstruiert, wenn Vergleiche gezogen werden. Wenn der Vergleich unausgesprochen bleibt, ist auch der Infinitiv möglich.

He prefers listening to singing.	Zuhören ist ihm lieber als Singen.
She prefers ice-cream to biscuits.	Sie mag lieber Eis als Kekse.
I'd prefer to go on my own.	Ich möchte lieber alleine gehen.

pref·er·a·ble ['prefərəbl] *Adj*: ***be preferable*** (***to***) vorzuziehen sein (*Dat*), besser sein (als)

'pref·er·a·bly *Adv* vorzugsweise, lieber, am liebsten

'pref·er·ence *s* **1.** Bevorzugung *f*, Vorzug *m*: ***give s.o. preference*** (***over***) j-m den Vorzug geben (gegenüber); ***what is your preference?*** was möchtest du lieber? **2.** Vorliebe *f* (***for*** für)

pref·er·en·tial [,prefə'renʃl] *Adj* bevorzugt, Vorzugs…

pre·fix **I** *s* ['priːfɪks] **1.** LING Präfix *n*, Vorsilbe *f* **2.** *Am* TEL Vorwahl *f* **II** *v/t* [,priː'fɪks] **3.** LING *einem Wort* eine Vorsilbe voranstellen **4.** *Bemerkung etc* voranstellen (***to*** *Dat*)

preg·nan·cy ['pregnənsɪ] *s* Schwangerschaft *f*; ZOOL Trächtigkeit *f*: ***pregnancy test*** Schwangerschaftstest *m*

'preg·nant *Adj* **1.** schwanger; ZOOL trächtig: ***she's four months pregnant*** sie ist im vierten Monat schwanger **2.** *fig* bedeutungsschwer, -voll, gewichtig: ***a pregnant pause*** eine Zäsur, eine beredsame Pause

P

pre·heat [ˌpriːˈhiːt] *v/t* vorheizen
pre·his·tor·ic [ˌpriːhɪˈstɒrɪk] *Adj* (***prehistorically***) prähistorisch, vorgeschichtlich
pre·judge [ˌpriːˈdʒʌdʒ] *v/t j-n* vorverurteilen: ***prejudge the issue*** sich vorschnell eine Meinung bilden
prej·u·dice [ˈpredʒʊdɪs] **I** *s* **1.** Vorurteil *n*, Voreingenommenheit *f*, *bes* JUR Befangenheit *f*: ***have a prejudice against*** Vorurteile haben *oder* voreingenommen sein gegen **2.** ***to the prejudice of*** zum Nachteil *oder* Schaden (*Gen*); ***without prejudice to*** *bes* JUR unbeschadet **II** *v/t* **3.** einnehmen (***in favo[u]r of*** für; ***against*** gegen): ***prejudiced*** (vor)eingenommen, *bes* JUR befangen **4.** schaden (*Dat*), beeinträchtigen
prej·u·di·cial [ˌpredʒʊˈdɪʃl] *Adj* (***to***) abträglich (*Dat*), schädlich (für): ***be prejudicial to*** → ***prejudice*** 4; ***prejudicial to health*** gesundheitsschädlich
pre·lim·i·nar·y [prɪˈlɪmɪnərɪ] **I** *Adj* Vor…: ***preliminary discussion*** Vorbesprechung *f*; ***preliminary measures*** *Pl* vorbereitende Maßnahmen *Pl*; ***preliminary round*** (*Sport*) Vorrunde *f* **II** *s Pl* Vorbereitungen *Pl*, vorbereitende Maßnahmen *Pl*
prel·ude [ˈpreljuːd] *s* MUS Vorspiel *n* (***to*** zu) (*auch fig*); Präludium *n*
pre·mar·i·tal [ˌpriːˈmærɪtl] *Adj* vorehelich
pre·ma·ture [ˈpreməˌtjʊə] *Adj* **1.** vorzeitig, verfrüht: ***be four weeks premature*** vier Wochen zu früh auf die Welt kommen; ***premature baby*** Frühgeburt *f* **2.** *fig* voreilig
pre·med·i·tat·ed [ˌpriːˈmedɪteɪtɪd] *Adj* vorsätzlich
preˌmed·iˈta·tion *s* Vorsatz *m*: ***with premeditation*** vorsätzlich
pre·mi·er [ˈpremjə] *s* Premier(minister) *m*, -ministerin *f*
prem·i·ere, prem·i·ère [ˈpremɪeə] **I** *s* Premiere *f*, Ur-, Erstaufführung *f* **II** *v/t* ur-, erstaufführen
prem·is·es [ˈpremɪsɪz] *s Pl* Gelände *n*, Grundstück *n*; Räumlichkeiten *Pl*, (*Geschäfts*)Räume *Pl*: ***on the premises*** an Ort und Stelle, im Haus *oder* Lokal
pre·mi·um [ˈpriːmjəm] *s* **1.** Prämie *f*, Bonus *m*: ***be at a premium*** *fig* hoch im Kurs stehen; ***put a premium on*** *fig* sehr viel Wert legen auf (*Akk*); fördern **2.** MOT *Am ugs* Super *n*
pre·mi·um gas·o·line *s* MOT *Am* Superbenzin *n*
pre·mo·ni·tion [ˌpreməˈnɪʃn] *s* (böse) Vorahnung
pre·na·tal [ˌpriːˈneɪtl] → ***antenatal***
pre·oc·cu·pa·tion [priːˌɒkjʊˈpeɪʃn] *s* Beschäftigung *f* (***with*** mit)
ˌpreˈoc·cu·pied [ˌpriːˈɒkjʊpaɪd] *Adj* gedankenverloren, geistesabwesend
ˌpreˈoc·cu·py [ˌpriːˈɒkjʊpaɪ] *v/t* (stark) beschäftigen
pre·or·dain [ˌpriːɔːˈdeɪn] *v/t* vorherbestimmen: ***his success was preordained*** sein Erfolg war ihm vorherbestimmt
prep [prep] *s Br ugs* Hausaufgabe(n *Pl*) *f*: ***do one's prep*** seine Hausaufgaben machen
pre·paid [ˌpriːˈpeɪd] *Adj Brief* frankiert, freigemacht: ***prepaid envelope*** Freiumschlag *m*
▶**prep·a·ra·tion** [ˌprepəˈreɪʃn] *s* **1.** Vorbereitung *f* (***for*** auf *Akk*, für): ***be in*** (*oder* ***under***) ***preparation*** in Vorbereitung sein; ***make preparations*** Vorbereitungen treffen **2.** Zubereitung *f* **3.** CHEM, MED Präparat *n*
pre·par·a·to·ry [prɪˈpærətərɪ] *Adj* **1.** vorbereitend, Vor(bereitungs)… **2.** ***preparatory to*** vor (*Dat*): ***preparatory to doing s.th.*** bevor *oder* ehe man etw tut
pre·par·a·to·ry school *s Br private Vorbereitungsschule auf die Public School*; *Am private Vorbereitungsschule auf Universität oder College*

> **Prep School** LK
>
> In England (*nicht in Schottland*) bezeichnet **prep school** oder ausführlicher **preparatory school** eine private Schule, die Schüler im Alter von circa 8 bis 13 Jahren auf eine weiterführende Privatschule (**public school**) vorbereiten soll. Sowohl **prep schools** als auch **public schools** sind größtenteils reine Jungen- bzw. Mädchenschulen, in denen Schuluniformen getragen werden.
>
> In den USA dagegen bezeichnet dieser Schultyp eine Schule, auf der Schüler auf das College oder die Universität vorbereitet werden.
>
> Beiden Formen ist gemeinsam, dass man mit ihnen im Allgemeinen Reichtum, Privilegien und einen hohen gesellschaftlichen Status verbindet.

▶**pre·pare** [prɪˈpeə] **I** *v/t* **1.** *Fest*, *Rede etc* vorbereiten; *j-n* (*auch seelich*) vorbereiten (***for*** auf *Akk*): ***prepare o.s. for*** sich gefasst machen auf **2.** anfertigen; *Speise etc* zubereiten **II** *v/i* **3.** ***prepare for*** sich vorbereiten auf (*Akk*); Vorbereitungen treffen für; sich gefasst machen auf (*Akk*)
preˈpared *Adj* **1.** vorbereitet (*Erklärung etc*) **2.** bereit, gewillt (***to do*** zu tun) **3.** gefasst, vorbereitet (***for*** auf *Akk*; ***to do*** darauf, zu tun)
preˈpared·ness *s* Bereitschaft *f*
pre·pon·der·ance [prɪˈpɒndərəns] *s fig* Übergewicht *n*
preˈpon·der·ant *Adj* überwiegend
preˈpon·der·ate [prɪˈpɒndəreɪt] *v/i* überwiegen; überlegen sein (***over*** *Dat*)
prep·o·si·tion [ˌprepəˈzɪʃn] *s* LING Präposition *f*, Verhältniswort *n*
pre·pos·sess [ˌpriːpəˈzes] *v/t*: ***be prepossessed by*** eingenommen sein von
ˌpre·posˈsess·ing *Adj* einnehmend
pre·pos·ter·ous [prɪˈpɒstərəs] *Adj* **1.** absurd **2.** lächerlich, lachhaft
prep·py [ˈprepɪ] *Adj* adrett
prep school *ugs* → ***preparatory school***
pre·puce [ˈpriːpjuːs] *s* ANAT Vorhaut *f*
pre·re·cord·ed [ˌpriːrɪˈkɔːdɪd] *Adj* bespielt (*Musik-*, *Videokassette*)
pre·req·ui·site [ˌpriːˈrekwɪzɪt] *s* Voraussetzung *f* (***for, of, to*** für)
pre·rog·a·tive [prɪˈrɒgətɪv] *s* Vorrecht *n*

> **Royal Prerogative** LK
>
> Das **Royal Prerogative** umfasst die Gesamtheit königlicher Vorrechte, die in einer modernen konstitutionellen Monarchie vom herrschenden Monarchen auf den Rat des

P

Premierministers und des Kabinetts hin ausgeübt werden. Faktisch trifft der Premierminister, der offiziell nur beratend tätig ist, die wichtigen Entscheidungen. Die königliche Zustimmung ist eine formale Amtshandlung und so selbstverständlich, dass die Königin diese Aufgaben nicht immer persönlich wahrnimmt. Wichtige Dokumente werden in ihrem Namen unterschrieben, die Rede zur jährlichen Eröffnung des Parlaments wird für sie verfasst.
Zu den Privilegien des herrschenden Monarchen von Großbritannien gehören im Rahmen des **Royal Prerogative**:
- Die Ernennung und die Entlassung von Ministern,
- die Auflösung des Parlaments sowie die Ankündigung von Neuwahlen,
- das Erlassen von Gesetzen und
- die Kriegserklärung.

Pres·by·te·ri·an [ˌprezbɪˈtɪərɪən] **I** *Adj* presbyterianisch **II** *s* Presbyterianer(in)

pre·school [ˌpriːˈskuːl] **I** *Adj* vorschulisch: ***of preschool age*** im Vorschulalter; ***preschool child*** Vorschulkind *n* **II** *s* Vorschule *f*, Kindergarten *m*

pre·scribe [prɪˈskraɪb] *v/t* **1.** *etw* vorschreiben **2.** MED *j-m etw* verschreiben, -ordnen (***for*** gegen)

pre·scrip·tion [prɪˈskrɪpʃn] *s* **1.** Vorschrift *f* **2.** MED verordnete Medizin; Rezept *n*: ***available only on prescription*** rezeptpflichtig

pre·scrip·tion charge *s* Rezeptgebühr *f*

▸**pres·ence** [ˈprezns] *s* Gegenwart *f*, Anwesenheit *f*: ***in the presence of*** in Gegenwart *oder* in Anwesenheit *oder* im Beisein von (*oder Gen*), vor *Zeugen*; ***make one's presence felt*** *fig* sich bemerkbar *oder* auf sich aufmerksam machen; ***presence of mind*** Geistesgegenwart *f*

▸**pres·ent**[1] [ˈpreznt] **I** *Adj* (→ ***presently***) **1.** anwesend (***at*** bei); vorhanden: → ***company*** 2 **2.** gegenwärtig, jetzig, derzeitig: ***at the present moment*** zum gegenwärtigen Zeitpunkt; ***in the present case*** im vorliegenden Fall **3.** LING ***present participle*** Partizip *n* Präsens; ***present perfect*** Perfekt *n*, zweite Vergangenheit; ***present tense*** Präsens *n*, Gegenwart *f* **II** *s* **4.** Gegenwart *f*, LING *auch* Präsens *n*: ***at present*** gegenwärtig, zurzeit; ***for the present*** vorerst, -läufig, einstweilen

Der Gebrauch des present perfect

Das **present perfect** wird verwendet, wenn (noch) ein direkter Bezug des Ereignisses zur Gegenwart besteht. Die Vergangenheit hat Auswirkungen auf die Gegenwart. Im Deutschen kann man häufig **bisher**, **bis jetzt** o. Ä. hinzufügen:

They haven't been to America.	Sie waren (bisher) noch nicht in Amerika.
She has decided to become a doctor.	Sie hat beschlossen, Ärztin zu werden.

pre·sent[2] [prɪˈzent] *v/t* **1.** präsentieren (***to*** *Dat*): **a)** (über)reichen, (-)bringen, (-)geben: ***present s.th. to s.o., present s.o. with s.th.*** *auch* j-m etw schenken, **b)** vorbringen, -legen, unterbreiten, **c)** zeigen, vorführen, THEAT *etc* aufführen, **d)** schildern, darstellen, **e)** *j-n*, *Produkt etc* vorstellen, **f)** *Programm etc* moderieren **2.** *Sicht*, *Ziel*, *Möglichkeit etc* bieten, *Schwierigkeit etc* darstellen, bieten: ***if the chance presents itself*** wenn sich die Chance bietet; ***this presents no problem*** (***to him***) das ist kein Problem (für ihn) **3.** ***present o.s.*** sich einfinden (*Person*); ***present itself*** sich einstellen (*Gedanke etc*)

▸**pres·ent**[3] [ˈpreznt] *s* Geschenk *n*: ***make s.o. a present of s.th.*** j-m etw schenken (*auch fig*)

pre·sent·a·ble [prɪˈzentəbl] *Adj* vorzeigbar (*Person*): ***be presentable*** sich sehen lassen können (*auch Sache*); ***make o.s. presentable*** sich zurechtmachen

pres·en·ta·tion [ˌprezənˈteɪʃn] *s* Präsentation *f*: **a)** Überreichung *f*, -gabe *f*, **b)** Unterbreitung *f*, **c)** Vorführung *f*, THEAT *etc* Aufführung *f*, **d)** Schilderung *f*, Darstellung *f*, **e)** Vorstellung *f*, **f)** RUNDFUNK, TV Moderation *f*

ˌpres·ent-ˈday *Adj* heutig, gegenwärtig

pre·sent·er [prɪˈzentə] *s* RUNDFUNK, TV *Br* Moderator(in)

pre·sen·ti·ment [prɪˈzentɪmənt] *s* (böse) Vorahnung

pres·ent·ly [ˈprezntlɪ] *Adv* **1.** in Kürze, bald **2.** *bes Am* gegenwärtig, derzeit

pres·er·va·tion [ˌprezəˈveɪʃn] *s* **1.** Bewahrung *f*; Erhaltung *f*: ***in a good state of preservation*** gut erhalten; ***there is a preservation order on this building*** *bes Br* dieses Gebäude steht unter Denkmalschutz **2.** Konservierung *f*

pre·serv·a·tive [prɪˈzɜːvətɪv] *s* Konservierungsmittel *n*

pre·serve [prɪˈzɜːv] **I** *v/t* **1.** bewahren, (be-)schützen (***from*** vor *Dat*) **2.** bewahren, erhalten **3.** konservieren, *Obst etc* einmachen, -kochen **II** *s* **4.** *meist Pl* Eingemachte *n*: ***strawberry preserves*** eingemachte Erdbeeren *Pl* **5.** (*Jagd*)Revier *n* **6.** *fig* Revier *n*, Ressort *n*

pre·side [prɪˈzaɪd] *v/i* den Vorsitz führen *oder* haben (***at, over*** bei): ***preside at a meeting*** *auch* eine Versammlung leiten

pres·i·den·cy [ˈprezɪdənsɪ] *s* POL Präsidentschaft *f*; Amtszeit *f* (*eines Präsidenten*)

▸**pres·i·dent** [ˈprezɪdənt] *s* **1.** Präsident(in) (*auch* POL) **2.** Vorsitzende *m*, *f* **3.** UNI *bes Am* Rektor(in)

President

In der Präsidialdemokratie der USA ist der **President** sowohl offizielles Staatsoberhaupt als auch amtierender Regierungsvorsitzender. Diese Machtfülle wird durch die führende Rolle der USA in der Weltpolitik noch verstärkt.

Infolge einer großen, von Parteimitgliedern und Anhängern finanzierten, Wahlkampagne wird der **President** für eine 4-jährige Amtszeit gewählt (max. zweimal), während der er im **White House** residiert. Zu seinen Aufgaben gehört als Oberhaupt der Exekutive die Umsetzung von Gesetzen und die Beratung der Legislative; ferner ist er

Oberbefehlshaber der Armee, kann Begnadigungen aussprechen und internationale Verträge schließen. Er ernennt die **Secretaries**, die Ministerposten des Kabinetts, der 13 wichtigsten Ressorts.

pres·i·den·tial [ˌprezɪ'denʃl] *Adj* POL Präsidenten…, Präsidentschafts…

▶**press** [pres] **I** *v/t* **1.** drücken, pressen **2.** drücken auf (*einen Knopf etc*), *Pedal etc* niederdrücken **3.** *Frucht* (aus)pressen **4.** *Schallplatte* pressen **5.** bügeln; *Blumen* pressen **6.** (*zurück- etc*)drängen: ***press back*** **7.** *j-n* (be)drängen (**to do** zu tun): ***be pressed for time*** unter Zeitdruck stehen, in Zeitnot sein **8.** bestehen auf (*Dat*): ***press the point*** darauf bestehen; ***press home*** *Forderung etc* durchsetzen; *Vorteil* ausnützen **II** *v/i* **9.** drücken **10.** drängen (*Zeit etc*): ***press for*** drängen auf (*Akk*) **11.** (sich) (*vorwärts etc*)drängen: ***press forward***; ***press on*** (*oder* ***ahead***) *fig* weitermachen (**with** mit) **III** *s* **12.** (*Frucht- etc*)Presse *f*; Spanner *m* (*für Tennisschläger etc*) **13.** (*Drucker*)Presse *f*: ***go to press*** in Druck gehen **14.** ***give s.th. a press*** etw drücken **15.** Presse *f*: ***have a good*** (***bad***) ***press*** eine gute (schlechte) Presse haben

Die Regierung der USA

WF

President	Präsident(in)
Vice-President	Vizepräsident(in)
Secretary of State	Außenminister(in)
Secretary of the Interior	Innenminister(in)
Secretary of Defense	Verteidigungsminister(in)
Secretary of the Treasury	Finanzminister(in)
Congressman	Mitglied des Repräsentantenhauses
Senator	Senator(in)
Gremien und Ministerien:	
the Cabinet	das Kabinett
the Congress	der Kongress
the Senate	der Senat (= das Oberhaus)
the House of Representatives	das Repräsentantenhaus
Department of State	Außenministerium
Department of the Interior	Innenministerium
Department of Defense	Verteidigungsministerium
Department of the Treasury	Finanzministerium
Department of Health and Human Services	Gesundheitsministerium
Department of Education	Bildungsministerium
Department of Homeland Security	Ministerium für Heimatschutz

press a·gen·cy *s* Presseagentur *f*

press box *s* Pressetribüne *f*: ***in the press box*** auf der Pressetribüne

press card *s* Presseausweis *m*

press clip·ping *s bes Am* Zeitungsausschnitt *m*

press con·fer·ence *s* Pressekonferenz *f*: ***at a press conference*** auf einer Pressekonferenz

press cut·ting *s bes Br* Zeitungsausschnitt *m*

press gal·ler·y *s* PARL Pressetribüne *f*: ***in the press gallery*** auf der Pressetribüne

press·ing ['presɪŋ] *Adj* **1.** dringend **2.** eindringlich

press pho·tog·ra·pher *s* Pressefotograf(in)

press stud *s bes Br* Druckknopf *m*

'press-up *s Br* Liegestütz *m*: ***do press-ups*** Liegestütze machen

▶**pres·sure** ['preʃə] **I** *s* PHYS, TECH, *etc* Druck *m*: ***under pressure*** *fig* unter Druck; ***bring pressure to bear on, put pressure on*** *fig* Druck ausüben auf (*Akk*); ***work at high pressure*** *fig* mit Hochdruck arbeiten **II** *v/t bes Am* → ***pressurize*** 2

pres·sure cook·er *s* Schnellkochtopf *m*

pres·sure group *s* POL Interessengruppe *f*

'pres·sure-ˌsen·si·tive *Adj* MED *etc* druckempfindlich

pres·sur·ize ['preʃəraɪz] *v/t* **1.** ***pressurized cabin*** FLUG Druck(ausgleichs)kabine *f* **2.** *fig bes Br j-n* unter Druck setzen (**to do s.th.** damit er etw tut): ***pressurize s.o. into doing s.th.*** j-n so lange unter Druck setzen, bis er etw tut

pres·tige [pre'stiːʒ] *s* Prestige *n*, Ansehen *n*

pres·tig·ious [pre'stɪdʒəs] *Adj* renommiert

pres·to ['prestəʊ] *Adv*: ***hey presto*** Hokuspokus (Fidibus)

pre·sum·a·ble [prɪ'zjuːməbl] *Adj* vermutlich

pre'sume **I** *v/t* **1.** annehmen, vermuten **2.** sich erdreisten *oder* anmaßen (**to do** zu tun) **II** *v/i* **3.** *siehe* 1 **4.** anmaßend *oder* aufdringlich sein: ***presume on*** *etw* ausnützen *oder* missbrauchen

pre'sum·ing *Adj* anmaßend

pre·sump·tion [prɪ'zʌmpʃn] *s* **1.** Annahme *f*, Vermutung *f* **2.** Anmaßung *f*

pre'sump·tu·ous [prɪ'zʌmptʃʊəs] *Adj* anmaßend

pre·sup·pose [ˌpriːsə'pəʊz] *v/t* voraussetzen (**that** dass)

pre·sup·po·si·tion [ˌpriːsʌpə'zɪʃn] *s* Voraussetzung *f*

pre·tence [prɪ'tens] *s* **1.** Heuchelei *f*, Verstellung *f*: ***his friendliness is just a pretence*** seine Freundlichkeit ist nur gespielt; ***make a pretence of doing s.th.*** so tun, als tue man etw **2.** ***under false pretences*** unter falschen Voraussetzungen **3.** Anspruch *m* (**to** auf *Akk*): ***make no pretence to*** keinen Anspruch erheben auf

pre·tend [prɪ'tend] **I** *v/t* **1.** vorgeben, -schützen, -täuschen: ***pretend to be asleep*** sich schlafend stellen **2.** behaupten (**to do** zu tun) **II** *v/i* **3.** sich verstellen: ***he's only pretending*** er tut nur so **4.** Anspruch erheben (**to** auf *Akk*) **III** *Adj* vorgetäuscht, gespielt

pre·tense *Am* → ***pretence***

pre·ten·sion [prɪ'tenʃn] *s* **1.** *oft Pl* Anspruch *m* (**to** auf *Akk*): ***make no pretensions to*** keinen Anspruch erheben auf **2.** Anmaßung *f*

pre·ten·tious [prɪ'tenʃəs] *Adj* anmaßend

pre'ten·tious·ness *s* Anmaßung *f*

pret·er·ite ['pretərət] *s* LING Präteritum *n*, (erste) Vergangenheit

pre·text ['priːtekst] *s* Vorwand *m*: ***on*** (*oder* ***under***) ***the pretext*** unter dem Vorwand (***of doing***

P

zu tun)
▶**pret·ty** [ˈprɪtɪ] **I** *Adj* hübsch, *iron auch* schön: → ***penny*** **II** *Adv ugs* ziemlich, ganz schön: ***pretty cold*** ziemlich *oder* ganz schön kalt; ***pretty good*** recht *oder* ganz gut; ***pretty much the same thing*** so ziemlich dasselbe; ***be sitting pretty*** *ugs* (*finanziell etc*) gut dastehen
pre·vail [prɪˈveɪl] *v/i* **1.** vorherrschen, weitverbreitet sein **2.** (***over, against***) siegen (über *Akk*), sich durchsetzen (gegen) **3.** ***prevail on s.o. to do s.th.*** j-n dazu bewegen, etw zu tun
preˈvail·ing *Adj* (vor)herrschend
prev·a·lence [ˈprevələns] *s* Vorherrschen *n*, weite Verbreitung
ˈprev·a·lent *Adj* vorherrschend, weitverbreitet
pre·var·i·cate [prɪˈværɪkeɪt] *v/i* Ausflüchte machen
preˌvar·iˈca·tion *s* Ausflucht *f*
▶**pre·vent** [prɪˈvent] *v/t* **1.** verhindern, -hüten, *einer Sache* vorbeugen **2.** (***from***) *j-n* hindern (an *Dat*), abhalten (von): ***prevent s.o. (from) doing s.th.*** j-n (daran) hindern *oder* davon abhalten, etw zu tun
preˈven·tion *s* (***of***) Verhinderung *f*, -hütung *f* (von), Vorbeugung *f* (gegen): ***prevention of accidents*** Unfallverhütung; ***prevention is better than cure*** Vorbeugen ist besser als Heilen
preˈven·tive *Adj* vorbeugend
pre·view [ˈpriːvjuː] *s* **1.** FILM, TV Voraufführung *f*; Vorbesichtigung *f* (*einer Ausstellung etc*), MALEREI Vernissage *f* **2.** FILM, TV, *auch allg* Vorschau *f* (***of*** auf *Akk*)
pre·vi·ous [ˈpriːvjəs] *Adj* **1.** vorher-, vorausgehend, vorherig: ***previous conviction*** JUR Vorstrafe *f*; ***have a previous conviction*** vorbestraft sein; ***on the previous day*** am Tag davor, am Vortag; ***on a previous occasion*** bei einer früheren Gelegenheit; ***previous owner*** Vorbesitzer(in) **2.** ***previous to*** vor (*Dat*): ***previous to doing s.th.*** bevor man etw tut
ˈpre·vi·ous·ly *Adv* früher, vorher
pre·war [ˌpriːˈwɔː] *Adj* Vorkriegs...
prey [preɪ] **I** *s* Beute *f*, Opfer *n* (*eines Raubtiers*; *auch fig*): ***be easy prey for*** eine leichte Beute sein für; → ***beast*** 1, ***bird*** 1 **II** *v/i*: ***prey on*** **a)** ZOOL Jagd machen auf (*Akk*), **b)** *fig* nagen an (*Dat*): ***prey on s.o.'s mind*** j-m keine Ruhe lassen, **c)** *fig j-n* ausnehmen
▶**price** [praɪs] **I** *s* **1.** Preis *m* (*auch fig*), (*Börse*) Kurs *m*: ***what is the price of ...?*** was *oder* wie viel kostet ...?; ***at a ... price*** zu einem *günstigen etc* Preis; ***at a price*** für entsprechendes Geld; ***(not) at any price*** *bes fig* um jeden (keinen) Preis; ***be above*** (*oder* ***beyond, without***) ***price*** *fig* unbezahlbar sein; ***pay a high price for*** *fig* einen hohen Preis bezahlen für; ***put a price on s.o.'s head*** einen Preis auf j-s Kopf aussetzen **2.** *Wetten*: Quote *f* **II** *v/t* **3.** den Preis festsetzen für; auszeichnen (***at*** mit) **4.** *ugs* nach dem Preis (*Gen*) fragen
ˈprice-ˌcon·scious *Adj* preisbewusst
price cut *s* Preissenkung *f*
price freeze *s* Preisstopp *m*
price·less [ˈpraɪslɪs] *Adj* unbezahlbar (*auch fig*)
price list *s* Preisliste *f*
price range *s* Preisklasse *f*, -kategorie *f*
price tag, **price tick·et** *s* Preisschild *n*
price·y [ˈpraɪsɪ] *Adj ugs* teuer
▶**prick** [prɪk] **I** *s* **1.** (*Insekten-, Nadel- etc*)Stich *m*; Einstich *m* **2.** stechender Schmerz, Stich *m* **3.** *vulg* Schwanz *m* (*Penis*) **4.** *fig vulg* Arschloch *n* **II** *v/t* **5.** (an-, auf-, durch)stechen, stechen in (*Akk*): ***prick one's finger*** sich in den Finger stechen (***on*** an *Dat*; ***with*** mit); ***his conscience pricked him*** *fig* er hatte Gewissensbisse **6.** prickeln auf *oder* in (*Dat*) **7.** ***prick up one's ears*** die Ohren spitzen (*auch fig*) **III** *v/i* **8.** stechen (*auch schmerzen*)
prick·le [ˈprɪkl] **I** *s* **1.** Stachel *m*, BOT *auch* Dorn *m* **2.** Prickeln *n*, Kribbeln *n* **II** *v/i* **3.** prickeln, kribbeln
ˈprick·ly *Adj* **1.** stach(e)lig, BOT *auch* dornig **2.** prickelnd, kribbelnd **3.** *fig* unangenehm
ˈpric·y → ***pricey***
▶**pride** [praɪd] **I** *s* Stolz *m* (*auch Gegenstand des Stolzes*); *pej* Hochmut *m*: ***take pride in*** *siehe* II **II** *v/t*: ***pride o.s. on*** stolz sein auf (*Akk*)
▶**priest** [priːst] *s* REL Priester *m*
ˈpriest·ess *s* Priesterin *f*
priesthood [ˈpriːsthʊd] *s* **1.** Priesteramt *n*, -würde *f* **2.** *Koll* Priesterschaft *f*
ˈpriest·ly *Adj* priesterlich
prig [prɪg] *s* Tugendbold *m*
ˈprig·gish *Adj* tugendhaft
prim [prɪm] *Adj auch* ***prim and proper*** etepetete; prüde
pri·ma·cy [ˈpraɪməsɪ] *s* Vorrang *m* (***over*** vor *Dat*); Vorrangstellung *f*
pri·mae·val *bes Br* → ***primeval***
pri·mal [ˈpraɪml] *Adj* **1.** ursprünglich, Ur... **2.** → ***primary*** 1
pri·ma·ri·ly [ˈpraɪmərəlɪ] *Adv* in erster Linie, vor allem
ˈpri·ma·ry **I** *Adj* **1.** wichtigst, Haupt...: ***of primary importance*** von höchster Wichtigkeit **2.** Anfangs..., Ur... **3.** grundlegend, elementar, Grund...: ***primary colo(u)r*** Grundfarbe *f* **II** *s* **4.** POL *Am* Vorwahl *f*

> **Primary School** (LK)
>
> Der erste Abschnitt der Schulausbildung in Großbritannien ist die **primary education**, welche Kinder im Alter von 5 (in Nordirland 4) bis 11 (in Schottland 12) absolvieren. Unterrichtet wird nach dem Klassenlehrerprinzip, dabei schwerpunktmäßig **three Rs (reading, writing, arithmetic)**.

prime [praɪm] **I** *Adj* **1.** wichtigst, Haupt...: ***of prime importance*** von höchster Wichtigkeit; ***prime minister*** Premierminister(in), Ministerpräsident(in); ***prime mover*** TECH Kraft-, Antriebsmaschine *f*; *fig* treibende Kraft; ***prime suspect*** Hauptverdächtige *m, f*; ***prime time*** TV Haupteinschaltzeit *f* **2.** erstklassig: ***in prime condition*** in Bestzustand **3.** ***prime number*** *sie-*

> **Prime Minister** (LK)
>
> Der Premierminister Großbritanniens, oder auch **Head of Her** oder **His Majesty's Government**, wird vom Monarchen ernannt und ist in der Regel der Parteivorsitzende derjenigen Partei, welche die Mehrheit im **House of Commons** stellt. Als mächtigster Politiker im Staat trifft er wichtige personelle und politische Entscheidungen, z. B. die Besetzung der Ministerposten.

Die britische Regierung WF

Prime Minister	Premierminister(in)
Deputy Prime Minister	Vizepremierminister(in)
Foreign Secretary	Außenminister(in)
Home Secretary	Innenminister(in)
Defence Secretary	Verteidigungsminister(in)
Chancellor of the Exchequer	Finanzminister(in)
Member of Parliament (MP)	Abgeordnete(r)
Parlament und Ministerien:	
House of Commons	Unterhaus
House of Lords	Oberhaus
the Cabinet	Kabinett
Foreign Office	Außenministerium
Home Office	Innenministerium
Ministry of Defence	Verteidigungsministerium
Treasury	Finanzministerium
Department of Health	Gesundheitsministerium
Department for Education and Skills	Bildungsministerium

he 5 **II** *s* **4.** ***in the prime of life*** in der Blüte seiner Jahre; ***be past one's prime*** seine besten Jahre hinter sich haben; (*Künstler etc*) den Zenit überschritten haben **5.** MATHE Primzahl *f* **III** *v/t* **6.** grundieren **7.** *j-n* instruieren, vorbereiten

prim·er[1] ['praımə] *s* **1.** Grundierfarbe *f*, -lack *m* **2.** MIL *etc* Zünder *m*

prim·er[2] ['praımə] *s* Fibel *f*

pri·me·val [praı'miːvl] *Adj* urzeitlich, Ur…: ***primeval forest*** Urwald *m*

prim·i·tive ['prımıtıv] *Adj* primitiv

pri·mor·di·al [praı'mɔːdjəl] *Adj* uranfänglich, ursprünglich

prim·rose *s* BOT Primel *f*, *bes* Schlüsselblume *f*

prim·u·la ['prımjʊlə] *s* BOT Primel *f*

▶**prince** [prıns] *s* **1.** Fürst *m* **2.** Prinz *m*: ***Prince Charming*** *fig* Märchenprinz; → ***consort***

'prince·ly *Adj* fürstlich (*auch fig*)

prin·cess [prın'ses, *vor Eigenn* 'prınses] *s* **1.** Fürstin *f* **2.** Prinzessin *f*

▶**prin·ci·pal** ['prınsəpl] **I** *Adj* (→ ***principally***) **1.** wichtigst, hauptsächlich, Haupt…: ***principal character*** Hauptfigur *f*, -person *f* (*eines Romans etc*); ***principal parts*** *Pl* LING Stammformen *Pl* (*eines Verbs*) **II** *s* **2.** PÄD Rektor(in) **3.** THEAT Hauptdarsteller(in); MUS Solist(in)

prin·ci·pal·i·ty [ˌprınsı'pæləti] *s* Fürstentum *n*

prin·ci·pal·ly ['prınsəplı] *Adv* in erster Linie, hauptsächlich

prin·ci·ple ['prınsəpl] *s* **1.** Prinzip *n*, Grundsatz *m*: ***man of principles*** Mann *m* mit Grundsätzen; ***in principle*** im Prinzip, an sich; ***on principle*** prinzipiell, grundsätzlich **2.** PHYS *etc* Prinzip *n*, (Natur)Gesetz *n*

▶**print** [prınt] **I** *v/t* **1.** *typografisch*: drucken: ***printed matter*** *Postsendung* Drucksache *f* **2.** *Rede etc* abdrucken **3.** *Stoff etc* bedrucken **4.** in Druckbuchstaben schreiben: ***printed characters*** *Pl* Druckbuchstaben *Pl* **5.** *auch* ***print off*** FOTO abziehen; ***print out*** COMPUTER *einen Text etc* ausdrucken **II** *v/i* **6.** *typografisch*: drucken **7.** ***be printing*** im Druck sein **III** *s* **8.** (*Finger- etc*)Abdruck *m* **9.** *typografisch*: Druck *m*: ***out of print*** vergriffen; ***in print*** gedruckt; ***print run*** Auflage *f* **10.** Gedruckte *n*: → ***small*** I **11.** KUNST Druck *m*; FOTO Abzug *m*

'print·a·ble *Adj* druckfähig, -reif

▶**print·er** ['prıntə] *s* **1.** Drucker(in): ***printer's ink*** Druckerschwärze *f* **2.** Drucker *m* (*Gerät*)

'print·ing *s* **1.** *typografisch*: Drucken *n*: ***printing ink*** Druckerschwärze *f*; ***printing press*** Druckpresse *f*; ***printing works*** *Pl* (*oft Sg konstruiert*) Druckerei *f* **2.** Auflage *f*

'print·out *s* COMPUTER Ausdruck *m*

pri·or ['praıə] *Adj* **1.** vorherig, früher **2.** vorrangig **3.** ***prior to*** vor (*Dat*)

pri·or·i·tize [praı'ɒrətaız] *v/t* den Vorrang geben (*Dat*), vorrangig behandeln

pri'or·i·ty *s* **1.** Priorität *f*, Vorrang *m*: ***give priority to*** → ***prioritize***; ***have*** (*oder* ***take***) ***priority*** den Vorrang haben (***over*** vor *Dat*), vorgehen **2.** vordringliche *oder* vorrangige Sache: ***a top priority*** eine Angelegenheit von äußerster Dringlichkeit **3.** MOT Vorfahrt *f*: ***have priority***

prise *bes Br v/t*: ***prise open*** aufbrechen, -stemmen

prism ['prızəm] *s* MATHE, PHYS *etc* Prisma *n*

pris·mat·ic [prız'mætık] *Adj* (***prismatically***) prismatisch, Prismen…

▶**pris·on** ['prızn] *s* Gefängnis *n*: ***be in prison*** im Gefängnis sein *oder* sitzen, einsitzen; ***prison cell*** Gefängniszelle *f*; ***prison sentence*** Gefängnis-, Freiheitsstrafe *f*

▶**pris·on·er** ['prıznə] *s* Gefangene *m*, *f*, Häftling *m*: ***hold*** (*oder* ***keep***) ***prisoner*** gefangen halten; ***take prisoner*** gefangen nehmen; ***prisoner of war*** Kriegsgefangene *m*, *f*; → ***bar*** 8

pris·sy ['prısı] *Adj ugs* etepetete, zimperlich

pri·va·cy ['prıvəsı] *s* **1.** Ungestörtheit *f*: ***there is no privacy here*** hier ist man nie ungestört **2.** Geheimhaltung *f*: ***in strict privacy*** streng vertraulich

▶**pri·vate** ['praıvıt] **I** *Adj* **1.** privat, Privat…: ***private*** (***limited***) ***company*** WIRTSCH *Br* Gesellschaft *f* mit beschränkter Haftung; ***private detective*** Privatdetektiv(in); ***private lessons*** *Pl* Privatunterricht *m*; ***private life*** Privatleben *n*; ***private matter*** Privatangelegenheit *f*; ***private patient*** *Br* Privatpatient(in); ***private school*** Privatschule *f*; ***privately owned*** in Privatbesitz **2.** ungestört (*Ort*): ***be a very private person*** sehr zurückgezogen leben **3.** geheim; vertraulich: ***keep s.th. private*** etw geheim halten *oder* vertraulich behandeln **4.** ***private soldier*** *siehe* 6 **II** *s* **5.** ***in private*** privat; unter vier Augen **6.** MIL Gefreite *m*, *f*

pri·va·tion [praı'veıʃn] *s* Entbehrung *f*

pri·va·t·i·za·tion [ˌpraıvətaı'zeıʃn] *s* Privatisierung *f*

'pri·vat·ize *v/t staatlichen Betrieb etc* privatisieren

priv·i·lege ['prıvılıdʒ] **I** *s* Privileg *n*, Vorrecht *n*; (besondere) Ehre **II** *v/t* privilegieren, bevorrechtigen: ***be privileged*** den Vorzug genießen (***to do*** zu tun)

priv·y ['prıvı] *Adj*: ***be privy to*** eingeweiht sein in (*Akk*)

▶**prize**[1] [praız] **I** *s* **1.** (Sieger-, Sieges)Preis *m*; (*Lotterie- etc*)Gewinn *m* **II** *Adj* **2.** preisgekrönt

3. *ugs pej* Riesen…: ***prize idiot*** Vollidiot(in) **III** *v/t* **4.** (hoch) schätzen

prize und price — SG

⚠ Die Substantive **prize** und **price** werden oft verwechselt. Merken Sie sich die Aussprache des s-Lauts:

prize [praɪz] (stimmhaft)	Preis, den man gewinnt
price [praɪs] (stimmlos)	Preis, den man bezahlt
I'd pay any price to get that prize.	Ich würde jeden Preis zahlen, um diese Auszeichnung zu bekommen.

prize² [praɪz] *Am* → ***prise***
'prize,win·ner *s* Preisträger(in); Gewinner(in)
'prize,-win·ning *Adj* preisgekrönt: ***prize-winning ticket*** Gewinnlos *n*
pro¹ [prəʊ] *Pl* **pros** *s* **1.** Jastimme *f* **2.** ***the pros and cons*** *Pl* das Für und Wider, das Pro und Kontra
pro² [prəʊ] *ugs* **I** *Pl* **pros** *s* Profi *m* **II** *Adj* Profi…
prob·a·bil·i·ty [ˌprɒbə'bɪlətɪ] *s* Wahrscheinlichkeit *f*: ***in all probability*** aller Wahrscheinlichkeit nach, höchstwahrscheinlich
▸**prob·a·ble** ['prɒbəbl] *Adj* wahrscheinlich
▸**prob·a·bly** ['prɒbəblɪ] *Adv* wahrscheinlich
pro·ba·tion [prə'beɪʃn] *s* Probe(zeit) *f*; JUR Bewährung(sfrist) *f*: ***he's still on probation*** er ist noch in der Probezeit; ***put s.o. on probation*** (***for two years***) j-s (Rest)Strafe (auf zwei Jahre) zur Bewährung aussetzen; ***probation officer*** Bewährungshelfer(in)
pro'ba·tion·ar·y *Adj*: ***probationary period*** Probezeit *f*; JUR Bewährungsfrist *f*
pro'ba·tion·er *s* **1.** Lernschwester *f* **2.** JUR *jemand, dessen (Rest)Strafe zur Bewährung ausgesetzt wurde*
probe [prəʊb] **I** *s* **1.** MED, TECH Sonde *f* **2.** *fig* Untersuchung *f* (*into Gen*) **II** *v/t* **3.** MED sondieren **4.** *fig* erforschen, (gründlich) untersuchen **III** *v/i* **5.** ***probe into*** *siehe* II
prob·lem ['prɒbləm] *s* **1.** Problem *n*: ***without any problem*** (völlig) problemlos; ***problem child*** Problemkind *n*; ***have a drink problem*** ein Alkoholproblem haben **2.** MATHE *etc* Aufgabe *f*: ***do*** (*oder* ***solve***) ***a problem*** eine Aufgabe lösen
prob·lem·at·ic [ˌprɒblə'mætɪk] *Adj* (***problematically***) problematisch
pro·ce·dur·al [prə'siːdʒərəl] *Adj* Verfahrens…, verfahrenstechnisch; JUR verfahrensrechtlich
pro'ce·dure *s* Verfahren(sweise *f*) *n*, Vorgehen *n*
pro·ceed [prə'siːd] *v/i* **1.** (weiter)gehen, (-)fahren; sich begeben (***to*** nach, zu) **2.** *fig* weitergehen (*Handlung etc*) **3.** *fig* fortfahren (***with*** mit): ***proceed with one's work*** seine Arbeit fortsetzen **4.** *fig* vorgehen, verfahren: ***proceed with*** *etw* durchführen; ***proceed to do s.th.*** sich anschicken *oder* daranmachen, etw zu tun **5.** ***proceed from*** herrühren *oder* kommen von **6.** ***proceed against*** JUR (gerichtlich) vorgehen gegen
pro'ceed·ings *s Pl* **1.** Vorgänge *Pl*, Geschehnisse *Pl* **2.** ***take proceedingss against*** → ***proceed*** 6
pro·ceeds ['prəʊsiːdz] *s Pl* Erlös *m*, Ertrag *m*, Einnahmen *Pl*
pro·cess ['prəʊses] **I** *s* Prozess *m*: **a)** Verfahren *n*, **b)** Vorgang *m*: ***in the process*** dabei; ***be in the process of doing s.th.*** (gerade) dabei sein, etw zu tun; ***thought process*** Denkprozess **II** *v/t* TECH, *auch Anträge etc* bearbeiten; *Daten* verarbeiten; (*chemisch etc*) behandeln; *Film* entwickeln; *Lebensmittel* haltbar machen, *Milch etc* sterilisieren: ***process into*** verarbeiten zu
'pro·cess·ing *s* Be-, Verarbeitung *f*: ***processing industry*** verarbeitende Industrie
pro·ces·sion [prə'seʃn] *s* Prozession *f*; (Um-)Zug *m*
pro·ces·sor ['prəʊsesə] *s* IT Prozessor *m*; (*Wort-, Text*)Verarbeitungsgerät *n*
pro·claim [prə'kleɪm] *v/t* proklamieren, verkünd(ig)en: ***proclaim s.o. king*** j-n zum König ausrufen
proc·la·ma·tion [ˌprɒklə'meɪʃn] *s* Proklamation *f*, Verkünd(ig)ung *f*
pro·cliv·i·ty [prə'klɪvətɪ] *s* Neigung *f*, Hang *m* (***to, toward***[***s***] zu)
pro·cras·ti·nate [prəʊ'kræstɪneɪt] *v/i* zaudern, zögern
pro·cre·ate ['prəʊkrɪeɪt] BIOL **I** *v/t* zeugen **II** *v/i* sich fortpflanzen
ˌpro·cre'a·tion *s* Zeugung *f*; Fortpflanzung *f*
pro·cure [prə'kjʊə] *v/t* **1.** (sich) *etw* beschaffen *oder* besorgen: ***procure s.o. s.th.*** j-m etw beschaffen **2.** verkuppeln (***for*** *Dat*)
pro'cure·ment *s* **1.** Beschaffung *f*, Besorgung *f* **2.** Verkupplung *f*
prod [prɒd] **I** *v/t* **1.** stoßen: ***prod s.o. in the ribs*** j-m einen Rippenstoß geben **2.** *fig* anspornen, anstacheln (***into*** zu) **II** *v/i* **3.** stoßen (***at*** nach) **III** *s* **4.** Stoß *m*: ***prod in the ribs*** Rippenstoß
prod·i·gal ['prɒdɪgl] **I** *Adj* verschwenderisch: ***be prodigal of*** verschwenderisch umgehen mit **II** *s* Verschwender(in)
pro·di·gious [prə'dɪdʒəs] *Adj* erstaunlich, großartig, wunderbar
prod·i·gy ['prɒdɪdʒɪ] *s* Wunder *n*: → ***child prodigy***
▸**pro·duce¹** [prə'djuːs] **I** *v/t* **1.** *allg* erzeugen; WIRTSCH *Waren* produzieren, herstellen, erzeugen; *Theaterstück etc* inszenieren; *Film* produzieren **2.** WIRTSCH *Gewinn etc* (ein)bringen, abwerfen **3.** *fig* erzeugen, hervorrufen, *Wirkung* erzielen **4.** hervorholen (***from*** aus *der Tasche etc*); *Ausweis etc* (vor)zeigen, vorlegen; *Beweise, Zeugen etc* beibringen **II** *v/i* **5.** produzieren: ***begin to produce*** die Produktion aufnehmen
prod·uce² ['prɒdjuːs] *s* (*bes Agrar*)Produkt(e *Pl*) *n*, (-)Erzeugnis(se *Pl*) *n*
pro·duc·er [prə'djuːsə] *s* **1.** Produzent(in), Hersteller(in) **2.** THEAT Regisseur(in); (*Film*)Produzent(in)
▸**prod·uct** ['prɒdʌkt] *s* Produkt *n* (*auch* CHEM, MATHE, *fig*), Erzeugnis *n*: ***product liability*** Produkthaftung *f*; ***product manager*** Produktmanager(in)
▸**pro·duc·tion** [prə'dʌkʃn] *s* **1.** *allg* Erzeugung *f*; WIRTSCH Produktion *f*, Herstellung *f*, Erzeugung *f*; THEAT Inszenierung *f*; (*Film*)Produktion *f*: ***go into production*** WIRTSCH die Produktion aufnehmen; in Produktion gehen; ***production line*** Fertigungsstraße *f*, Fließband *n*;

P

production site Produktionsstätte *f* **2.** *fig* Erzeugung *f*, Bewirkung *f* **3.** Vorzeigen, -legen *n* (*eines Ausweises etc*); Beibringung *f* (*von Beweisen, Zeugen etc*)
pro'duc·tive *Adj* produktiv (*auch fig*), ergiebig, rentabel; *fig* schöpferisch
pro·duc·tiv·i·ty [ˌprɒdʌk'tɪvətɪ] *s* Produktivität *f* (*auch fig*), Ergiebigkeit *f*, Rentabilität *f*
prof [prɒf] *s ugs* Prof *m* (*Professor*)
pro·fane [prə'feɪn] **I** *Adj* **1.** weltlich, profan, Profan… **2.** (gottes)lästerlich **II** *v/t* **3.** entweihen
pro·fess [prə'fes] *v/t* **1.** vorgeben, -täuschen; behaupten (***to be*** zu sein) **2.** erklären, bekunden: ***profess o.s.*** (***to be***) ***satisfied*** seine Zufriedenheit bekunden
pro'fessed *Adj* **1.** erklärt (*Gegner etc*) **2.** angeblich
pro'fess·ed·ly [prə'fesɪdlɪ] *Adv* **1.** erklärtermaßen **2.** angeblich
▶**pro·fes·sion** [prə'feʃn] *s* **1.** (*bes akademischer*) Beruf: ***by profession*** von Beruf **2.** Berufsstand *m*: ***the medical profession*** die Ärzteschaft, die Mediziner *Pl*
▶**pro·fes·sion·al** [prə'feʃənl] **I** *Adj* **1.** Berufs…, beruflich **2.** Fach…, fachlich **3.** professionell, Berufs… (*beide auch Sport*): ***turn professional*** ins Profilager überwechseln **4.** fachmännisch, gekonnt **II** *s* **5.** Berufssportler(in), Profi *m* **6.** Fachmann *m*, -frau *f*, Profi *m*
pro'fes·sion·al·ism [prə'feʃnəlɪzəm] *s* SPORT Professionalismus *m* (*auch allg*), Profitum *n*
pro·fes·sor [prə'fesə] *s* Professor(in)
pro'fes·sor·ship *s* Professur *f*
prof·fer ['prɒfə] *v/t*: ***proffer s.th. to s.o.*** j-m etw anbieten
pro·fi·cien·cy [prə'fɪʃnsɪ] *s* Können *n*, Tüchtigkeit *f*
pro'fi·cient *Adj* tüchtig (***at, in*** in *Dat*)
pro·file ['prəʊfaɪl] **I** *s* **1.** *allg* Profil *n*: ***in profile*** im Profil; ***keep a low profile*** *fig* Zurückhaltung üben **2.** *fig* Porträt *n* **II** *v/t* **3.** im Profil darstellen **4.** *fig* porträtieren
▶**prof·it** ['prɒfɪt] **I** *s* **1.** Gewinn *m*, Profit *m*: ***sell at a profit*** mit Gewinn verkaufen; ***profit margin*** Gewinnspanne *f*; ***profit sharing*** Gewinnbeteiligung *f* **2.** *fig* Nutzen *m*, Vorteil *m* **II** *v/i* **3.** (***by, from***) Nutzen *oder* Gewinn ziehen (aus), profitieren (von)
'prof·it·a·ble *Adj* **1.** gewinnbringend, einträglich, rentabel **2.** *fig* vorteilhaft, nützlich
prof·it·eer [ˌprɒfɪ'tɪə] *s* Profitmacher(in)
ˌprof·it'eer·ing *s* Wuchergeschäfte *Pl*
prof·li·gate ['prɒflɪgət] *Adj* **1.** lasterhaft, verworfen **2.** verschwenderisch
pro·found [prə'faʊnd] *Adj* **1.** *fig* tief (*Eindruck, Schweigen etc*) **2.** tiefgründig, -sinnig **3.** völlig (*Blindheit etc*)
pro·fuse [prə'fjuːs] *Adj* **1.** üppig, (*Blutung*) stark **2.** (*oft* allzu) freigebig, verschwenderisch (***in, of*** mit)
pro·fu·sion [prə'fjuːʒn] *s* Überfülle *f* (***of*** an *Dat*): ***in profusion*** in Hülle und Fülle
prog·no·sis [prɒg'nəʊsɪs] *Pl* **prog·no·ses** [prɒg'nəʊsiːz] *s* MED, *auch allg* Prognose *f*
prog·nos·ti·cate [prɒg'nɒstɪkeɪt] *v/t* voraus-, vorhersagen, *bes* MED prognostizieren
▶**pro·gram** ['prəʊgræm] **I** *s* **1.** COMPUTER Programm *n* **2.** *Am* → ***programme*** 1 **II** *Prät und Part Perf* **pro·grammed**, *Am auch* **pro·gramed** **3.** COMPUTER programmieren **4.** *Am* → ***programme*** 1
pro·gram·er, **pro·gram·ing** *Am* → ***programmer, programming***
▶**pro·gramme** ['prəʊgræm] **I** *s* **1.** *allg* Programm *n*, RUNDFUNK, TV *auch* Sendung *f*: ***be on the programme*** auf dem Programm stehen **II** *v/t* **2.** ein Programm aufstellen für
pro·gram·mer ['prəʊgræmə] *s* COMPUTER Programmierer(in)
'pro·gram·ming *Adj*: ***programming language*** Programmiersprache *f*
▶**pro·gress** **I** *s* ['prəʊgres] **1.** ***make slow progress*** (nur) langsam vorankommen **2.** *fig* Fortschritt(e *Pl*) *m*: ***make progress*** *siehe* 6 **3.** ***be in progress*** im Gange sein **II** *v/i* [prəʊ'gres] **4.** sich vorwärts bewegen **5.** *fig* fortschreiten: ***as the day progressed*** im Laufe des Tages **6.** *fig* Fortschritte machen

> **progress** GR
>
> Im Gegensatz zu seiner deutschen Entsprechung wird das Substantiv **progress** nur im Singular und immer mit der Singularform des Verbs gebraucht. **Progress** steht auch nie mit dem unbestimmten Artikel **a**:
>
> **Progress was being made.** — Es wurden Fortschritte erzielt.

pro·gres·sion [prəʊ'greʃn] *s* *Steuer*: Progression *f*, MATHE *auch* Reihe *f*
pro'gres·sive [prəʊ'gresɪv] *Adj* **1.** progressiv, fortschrittlich **2.** fortschreitend, MED *auch* progressiv **3.** LING progressiv (*auch Steuern*): ***progressive form*** Verlaufsform *f*
pro·hib·it [prə'hɪbɪt] *v/t* **1.** *etw* verbieten, untersagen: ***prohibit s.o. from doing s.th.*** j-m verbieten *oder* untersagen, etw zu tun **2.** *etw* verhindern: ***prohibit s.o. from doing s.th.*** j-n daran hindern, etw zu tun
pro·hi·bi·tion [ˌprəʊɪ'bɪʃn] *s* Verbot *n*: ***the Prohibition*** *hist Am* die Prohibition
pro·hib·i·tive [prə'hɪbətɪv] *Adj* unerschwinglich (*Preis*)
proj·ect[1] ['prɒdʒekt] *s* Projekt *n*, Vorhaben *n*
pro·ject[2] [prə'dʒekt] **I** *v/t* **1.** werfen, schleudern: ***project into space*** in den Weltraum schießen **2.** planen, in Aussicht nehmen **3.** *Bild etc* projizieren, werfen (***onto*** auf *Akk*) **II** *v/i* **4.** vorspringen, -stehen, (*Ohren*) abstehen
ˌproj·ect 'man·ag·er *s* Projektmanager(in)
pro·jec·tile [prəʊ'dʒektaɪl] *s* Projektil *n*, Geschoss *n*
pro·jec·tion [prə'dʒekʃn] *s* **1.** Vorsprung *m*, vorspringender Teil **2.** Werfen *n*, Schleudern *n* **3.** Planung *f* **4.** Projektion *f*
pro'jec·tion·ist *s* Filmvorführer(in)
pro'jec·tor *s* Projektor *m*
pro·le·tar·i·an [ˌprəʊlɪ'teərɪən] **I** *Adj* proletarisch, Proletarier… **II** *s* Proletarier(in)
pro·le'tar·i·at [ˌprəʊlɪ'teərɪət] *s* Proletariat *n*
pro·lif·e·rate [prəʊ'lɪfəreɪt] *v/i* sich stark *oder* schnell vermehren
proˌlif·er'a·tion *s* starke *oder* schnelle Vermehrung
pro·lif·ic [prəʊ'lɪfɪk] *Adj* (***prolifically***) BIOL fruchtbar, (*Schriftsteller etc auch*) (sehr) produktiv
pro·lix ['prəʊlɪks] *Adj* weitschweifig
pro·log *Am* → ***prologue***

P

Promises	**Versprechen** SG
I promise I won't break it.	Ich verspreche, ich werde es nicht kaputt machen.
It'll be ready on time, I promise.	Es wird rechtzeitig fertig, ich verspreche es.
You gave me your word.	Du hast mir dein Wort gegeben.
I swear I won't let you down.	Ich schwöre, ich lasse dich nicht im Stich.
I would never lie to you.	Ich würde dich nie anlügen.
Can I rely on you not to repeat this?	Kann ich mich darauf verlassen, dass du es nicht weitererzählst?
Can you guarantee it will work?	Kannst du mir versichern, dass es klappt?

pro·logue ['prəʊlɒg] *s* Prolog *m*; *fig* Auftakt *m* (***to*** zu)

pro·long [prəʊ'lɒŋ] *v/t Aufenthalt etc* verlängern (***by*** um), *Diskussion etc* in die Länge ziehen, WIRTSCH *Wechsel* prolongieren

pro'longed *Adj* anhaltend (*Applaus etc*), länger (*Abwesenheit etc*)

pro·lon·ga·tion [ˌprəʊlɒŋ'geɪʃn] *s* Verlängerung *f*, WIRTSCH Prolongierung *f*

prom [prɒm] *bes Br ugs* → ***promenade*** I, ***promenade concert***

prom·e·nade [ˌprɒmə'nɑːd] **I** *s* (Strand)Promenade *f* **II** *v/i und v/t* promenieren (auf *Dat*)

prom·e·nade con·cert *s* Promenadenkonzert *n* (*Konzert in ungezwungener Atmosphäre*)

prom·e·nade deck *s* SCHIFF Promenadendeck *n*

prom·i·nence ['prɒmɪnəns] *s* **1.** Vorsprung *m*, vorstehender Teil **2.** *fig* Prominenz *f*, Bekannt-, Berühmtheit *f*: ***come into*** (*oder* ***rise to***) ***prominence*** bekannt *oder* berühmt werden

'prom·i·nent *Adj* **1.** vorspringend, (*auch Zähne etc*) vorstehend **2.** *fig* prominent, bekannt

prom·is·cu·i·ty [ˌprɒmɪ'skjuːətɪ] *s* Promiskuität *f*, häufiger Partnerwechsel

pro·mis·cu·ous [prə'mɪskjʊəs] *Adj* promiskuitiv, (sexuell) ausschweifend (*Leben*): ***promiscuous girl*** Mädchen, das häufig den Partner wechselt; ***be promiscuous*** häufig den Partner wechseln

P

▸**prom·ise** ['prɒmɪs] **I** *s* **1.** Versprechen *n*: ***a promise is a promise*** versprochen ist versprochen; ***make a promise*** ein Versprechen geben; ***keep*** (***break***) ***a promise*** ein Versprechen halten (brechen); ***breach of promise*** Wortbruch *m* **2.** *fig* Hoffnung *f*, Aussicht *f* (***of*** auf *Akk*): ***show great promise*** zu den besten Hoffnungen berechtigen **II** *v/t* **3.** versprechen (*auch fig*): ***I promise you*** ich warne dich; → ***moon*** I **III** *v/i* **4.** es versprechen

'prom·is·ing *Adj* viel versprechend

prom·is·so·ry note ['prɒmɪsərɪ 'nəʊt] *s* Schuldschein *m*

prom·on·to·ry ['prɒməntrɪ] *s* Vorgebirge *n*

pro·mote [prə'məʊt] *v/t* **1.** *j-n* befördern, PÄD versetzen: ***be promoted*** (*Sport*) aufsteigen (***to*** in *Akk*); ***be promoted to*** (***the rank of***) ***general*** zum General befördert werden **2.** *Boxkampf, Konzert etc* veranstalten **3.** WIRTSCH werben für **4.** *etw* fördern

pro'mot·er *s* **1.** Promoter(in), Veranstalter(in) **2.** → ***sales promoter***

pro'mo·tion *s* **1.** Beförderung *f*, PÄD Versetzung *f*, (*Sport*) Aufstieg *m*: ***get promotion*** befördert werden; ***chances*** *Pl* ***of promotion, promotion prospects*** *Pl* Aufstiegschancen *Pl* **2.** Veranstaltung *f* **3.** WIRTSCH Werbung *f*: → ***sales promotion***

▸**prompt** [prɒmpt] **I** *Adj* **1.** prompt, unverzüglich, umgehend: ***be prompt to do*** (*oder* ***in doing***) ***s.th.*** etw schnell tun **2.** pünktlich **II** *Adv* **3.** ***at two o'clock prompt*** *ugs* pünktlich um *oder* Punkt zwei Uhr **III** *v/t* **4.** führen zu, *Gefühle etc* wecken **5.** *j-n* veranlassen (***to do*** zu tun) **6.** *j-m* ein-, vorsagen; THEAT *j-m* soufflieren **IV** *s* **7.** THEAT Soufflieren *n*: ***prompt box*** Souffleurkasten *m* **8.** COMPUTER Eingabeaufforderung *f*

'prompt·er *s* THEAT Souffleur *m*, Souffleuse *f*

'prompt·ness *s* **1.** Promptheit *f* **2.** Pünktlichkeit *f*

pro·mul·gate ['prɒmlgeɪt] *v/t* **1.** *Gesetz etc* verkünd(ig)en **2.** *Lehre etc* verbreiten

ˌpro·mul'ga·tion *s* **1.** Verkünd(ig)ung *f* **2.** Verbreitung *f*

prone [prəʊn] *Adj* **1.** auf dem Bauch *oder* mit dem Gesicht nach unten liegend: ***prone position*** Bauchlage *f* **2.** ***be prone to*** *fig* neigen zu, anfällig sein für: ***be prone to colds*** erkältungsanfällig sein; ***be prone to do s.th.*** dazu neigen, etw zu tun

'prone·ness *s* (***to***) Neigung *f* (zu), Anfälligkeit *f* (für)

prong [prɒŋ] *s* Zacke *f*, Zinke *f* (*einer Gabel*); (*Geweih*)Sprosse *f*

pro·noun ['prəʊnaʊn] *s* LING Pronomen *n*, Fürwort *n*

▸**pro·nounce** [prə'naʊns] **I** *v/t* **1.** aussprechen **2.** erklären für *oder* zu **3.** *Urteil* verkünden **II** *v/i* **4.** Stellung nehmen (***on*** zu), bekannt geben

pro'nounced *Adj* **1.** bestimmt, entschieden (*Ansicht etc*) **2.** ausgesprochen, -geprägt, deutlich

pro'nounce·ment *s* **1.** Erklärung *f* **2.** (*Urteils-*)Verkündung *f*

pron·to ['prɒntəʊ] *Adv ugs* fix, schnell

▸**pro·nun·ci·a·tion** [prəˌnʌnsɪ'eɪʃn] *s* Aussprache *f*

▸**proof** [pruːf] **I** *s* **1.** Beweis(e *Pl*) *m*, Nachweis *m*: ***as*** (*oder* ***in***) ***proof of*** als *oder* zum Beweis

proof GR

Im Gegensatz zu seinen deutschen Entsprechungen wird **proof** nur im Singular und dann meistens ohne **a** verwendet (vgl. **evidence**):

Do you have any proof that he caused the accident?	Haben Sie Beweise dafür, dass er den Unfall verursacht hat?

für (*oder Gen*); ***give proof of*** *etw* be- *oder* nachweisen; ***proof of age*** Altersnachweis; → ***contrary*** 6 **2.** Probe *f* (*auch* MATHE), Prüfung *f* **II** *Adj* **3.** (***against***) geschützt (vor *Dat*), undurchlässig (für); *fig* unempfindlich (gegen), unempfänglich (für): → ***heatproof, waterproof*** I, *etc* **III** *v/t* **4.** imprägnieren

ˈproofˌread·er *s* Korrektor(in)

prop¹ [prɒp] **I** *s* Stütze *f* (*auch fig*) **II** *v/t auch* ***prop up*** (ab)stützen: ***prop up*** *fig* stützen; ***prop against*** lehnen gegen *oder* an (*Akk*)

prop² [prɒp] *s* THEAT *etc* Requisit *n*

prop·a·gan·da [ˌprɒpəˈgændə] *s* Propaganda *f*

ˌprop·aˈgan·dist *s* Propagandist(in)

prop·a·gate [ˈprɒpəgeɪt] **I** *v/i* BIOL sich fortpflanzen *oder* vermehren **II** *v/t* verbreiten, propagieren

ˌprop·aˈga·tion *s* **1.** Fortpflanzung *f*, Vermehrung *f* **2.** Verbreitung *f*, Propagierung *f*

pro·pane [ˈprəupeɪn] *s* CHEM Propan(gas) *n*

pro·pel [prəˈpel] *v/t* (an)treiben

proˈpel·lant, proˈpel·lent *s* Treibstoff *m*; Treibgas *n*

proˈpel·ler *s* FLUG Propeller *m*, SCHIFF *auch* Schraube *f*

proˈpel·ling *Adj*: ***propelling pencil*** *Br* Drehbleistift *m*

pro·pen·si·ty [prəˈpensətɪ] *s* Hang *m*, Neigung *f* (***for, to*** zu): ***have a propensity for doing*** (*oder* ***to do***) ***s.th.*** dazu neigen, etw zu tun

▶**prop·er** [ˈprɒpə] *Adj* **1.** richtig, passend, geeignet: ***in the proper place*** am rechten Platz **2.** echt, wirklich, richtig: ***proper fraction*** MATHE echter Bruch **3.** anständig, schicklich (*Benehmen etc*) **4.** *oft nachgestellt*: eigentlich **5.** eigen(tümlich) (***to*** *Dat*) **6.** ***proper noun*** (*oder* ***name***) LING Eigenname *m* **7.** *ugs* richtig (*Feigling etc*), anständig, gehörig (*Tracht Prügel etc*)

ˈprop·er·ly *Adv* richtig (*etc*, → ***proper***): ***properly speaking*** eigentlich, genau, streng genommen

▶**prop·er·ty** [ˈprɒpətɪ] *s* **1.** Eigentum *n*, Besitz *m*: ***be s.o.'s property*** j-m gehören; ***intellectual property*** geistiges Eigentum; ***lost property*** Fundsachen *Pl*; ***lost property office*** *Br* Fundbüro *n* **2.** Land-, Grundbesitz *m*; Grundstück *n* **3.** PHYS *etc* Eigenschaft *f* **4.** THEAT *etc* Requisit *n*

proph·e·cy [ˈprɒfɪsɪ] *s* Prophezeiung *f*

proph·e·sy [ˈprɒfɪsaɪ] *v/t* prophezeien

proph·et [ˈprɒfɪt] *s* Prophet *m*: ***prophet of doom*** Schwarzseher *m*

ˈproph·et·ess *s* Prophetin *f*

pro·phet·ic [prəˈfetɪk] *Adj* (***prophetically***) prophetisch

pro·phy·lac·tic [ˌprɒfɪˈlæktɪk] **I** *Adj* (***prophylactically***) **1.** *bes* MED prophylaktisch, vorbeugend **II** *s* **2.** MED Prophylaktikum *n*, vorbeugendes Mittel **3.** Präservativ *n*

ˌpro·phyˈlax·is [ˌprɒfɪˈlæksɪs] *s* Prophylaxe *f*

pro·po·nent [prəˈpəunənt] *s* Befürworter(in) (***of*** von)

pro·por·tion [prəˈpɔːʃn] **I** *s* **1.** Verhältnis *n* (***of … to*** von … zu); *Pl* Größenverhältnisse *Pl*, Proportionen *Pl*: ***in proportion to*** im Verhältnis zu; ***out of all proportion*** unverhältnismäßig; ***be out of all proportion to*** in keinem Verhältnis stehen zu **2.** (An)Teil *m*: ***in proportion*** anteilig **II** *v/t* **3.** (***to***) in das richtige Verhältnis bringen (mit, zu), anpassen (*Dat*) **4.** anteilmäßig verteilen

proˈpor·tion·al [prəˈpɔːʃənl] **I** *Adj* **1.** → ***proportionate*** **2.** proportional, verhältnismäßig **3.** anteilmäßig: ***proportional representation*** POL Verhältniswahl(system *n*) *f* **4.** *typografisch*: ***proportional spacing*** Proportionalschrift *f* **II** *s* **5.** MATHE Proportionale *f*

proˈpor·tion·ate [prəˈpɔːʃnət] *Adj* (***to***) im richtigen Verhältnis (stehend) (zu), entsprechend (*Dat*)

pro·pos·al [prəˈpəuzl] *s* **1.** Vorschlag *m*: ***make s.o. a proposal*** j-m einen Vorschlag machen **2.** (Heirats)Antrag *m*: ***she received a proposal of marriage*** sie bekam einen Heiratsantrag

pro·pos·al form *s* Antrag(sformular *n*) *m*

pro·pose [prəˈpəuz] **I** *v/t* **1.** vorschlagen (***s.th. to s.o.*** j-m et; ***s.o. for*** j-n für *oder* als; ***that*** dass; ***doing*** zu tun): ***propose marriage to*** *siehe* 4 **2.** beabsichtigen, vorhaben (***to do*** zu tun) **3.** *Toast* ausbringen (***to*** auf *Akk*): → ***health*** 3 **II** *v/i* **4.** ***propose to*** *j-m* einen (Heirats)Antrag machen

propose GR

Propose mit Infinitiv heißt „beabsichtigen“; mit Gerund heißt es aber „vorschlagen“:

The town council is proposing to build a new office block on this site.	Der Stadtrat beabsichtigt, auf diesem Grundstück ein neues Bürogebäude zu errichten.
The chairman proposed postponing the decision to the next meeting.	Der Vorsitzende schlug vor, die Entscheidung auf die nächste Sitzung zu verschieben.

prop·o·si·tion [ˌprɒpəˈzɪʃn] *s* **1.** Behauptung *f* **2.** Vorschlag *m*: ***make s.o. a proposition*** j-m einen Vorschlag machen; j-m ein eindeutiges Angebot machen **3.** MATHE (Lehr)Satz *m* **4.** *ugs* Sache *f*: ***an easy proposition*** eine Kleinigkeit

pro·pound [prəˈpaund] *v/t Theorie etc* vertreten; *Problem etc* zur Debatte stellen

pro·pri·e·tar·y [prəˈpraɪətərɪ] *Adj* **1.** gesetzlich *oder* patentrechtlich geschützt: ***proprietary article*** Markenartikel *m* **2.** *fig* Besitz ergreifend

proˈpri·e·tor *s* Eigentümer *m*, Besitzer *m*

proˈpri·e·tress [prəˈpraɪətrɪs] *s* Eigentümerin *f*, Besitzerin *f*

pro·pri·e·ty [prəˈpraɪətɪ] *s* **1.** Anstand *m* **2.** *Pl* Anstandsformen *Pl*, -regeln *Pl* **3.** Richtigkeit *f*

pro·pul·sion [prəˈpʌlʃn] *s* TECH Antrieb *m*

pro·ro·ga·tion [ˌprəurəˈgeɪʃn] *s* PARL Vertagung *f*

pro·rogue [prəˈrəug] *v/t und v/i* (sich) vertagen

pro·sa·ic [prəuˈzeɪɪk] *Adj* (***prosaically***) prosaisch, nüchtern, sachlich

pro·scribe [prəuˈskraɪb] *v/t* **1.** *bes* JUR verbieten **2.** *hist* ächten

pro·scrip·tion [prəuˈskrɪpʃn] *s* **1.** *bes* JUR Verbot *m* **2.** *hist* Ächtung *f*

prose [prəuz] *s* **1.** Prosa *f* **2.** PÄD *bes Br* Übersetzung *f* in eine Fremdsprache, Hinübersetzung: ***an Italian prose*** eine Übersetzung ins Italienische

pros·e·cute [ˈprɒsɪkjuːt] **I** *v/t* **1.** JUR strafrechtlich verfolgen, (gerichtlich) belangen (***for*** we-

P

gen) **2.** *Untersuchung etc* durchführen **II** *v/i* **3.** JUR die Anklage vertreten: ***Mr X, prosecuting, …*** Mr X, der Vertreter der Anklage, …

ˌpros·e'cu·tion *s* **1.** JUR strafrechtliche Verfolgung, Strafverfolgung *f* **2.** ***the prosecution*** JUR die Staatsanwaltschaft, die Anklage(behörde) *f*: → ***witness*** 1 **3.** Durchführung *f*

'pros·e·cu·tor *s auch* ***public prosecutor*** Staatsanwalt *m*, -anwältin *f*

pros·e·ly·tize ['prɒsəlɪtaɪz] *v/t* bekehren

pros·pect I *s* ['prɒspekt] **1.** (Aus)Sicht *f*, (-)Blick *m* (***of*** auf *Akk*; ***over*** über *Akk*) **2.** *fig* Aussicht *f* (***of*** auf *Akk*): ***have s.th. in prospect*** etw in Aussicht haben **3.** Interessent(in), WIRTSCH möglicher Kunde, mögliche Kundin, potenzieller Käufer, potenzielle Käuferin **II** *v/t* [prə'spekt] **4.** *Gebiet* untersuchen (***for*** nach *Gold etc*) **III** *v/i* [prə'spekt] **5.** suchen, bohren (***for*** nach)

pro'spec·tive *Adj* voraussichtlich: ***prospective buyer*** Kaufinteressent(in), potenzieller Käufer, potenzielle Käuferin

pro'spec·tus [prə'spektəs] *s* Prospekt *m*

pros·per ['prɒspə] *v/i* gedeihen; WIRTSCH blühen, florieren

pros·per·i·ty [prɒ'sperətɪ] *s* Wohlstand *m*

pros·per·ous ['prɒspərəs] *Adj* **1.** gedeihend; WIRTSCH blühend, florierend **2.** wohlhabend

pros·tate ['prɒsteɪt] *s auch* ***prostate gland*** ANAT Prostata *f*, Vorsteherdrüse *f*

pros·ti·tute ['prɒstɪtjuːt] **I** *s* Prostituierte *m*, *f*, Dirne *f*: → ***male*** I **II** *v/t*: ***prostitute o.s.*** sich prostituieren (*auch fig*)

ˌpros·ti'tu·tion *s* Prostitution *f*

pros·trate I *Adj* ['prɒstreɪt] **1.** hingestreckt **2.** *fig* am Boden liegend; erschöpft: ***prostrate with grief*** gramgebeugt **II** *v/t* [prɒ'streɪt] **3.** niederwerfen **4.** *fig* erschöpfen

pro·tag·o·nist [prəʊ'tægənɪst] *s* **1.** THEAT *etc* Hauptfigur *f*, Held(in) **2.** *fig* Vorkämpfer(in)

▶ **pro·tect** [prə'tekt] *v/t* (be)schützen (***from*** vor *Dat*; ***against*** gegen), *Interessen etc* wahren, *Daten* sichern

▶ **pro·tec·tion** [prə'tekʃn] *s* **1.** Schutz *m*: ***protection factor*** *Kosmetik*: Lichtschutzfaktor *m* **2.** *auch* ***protection money*** Schutzgeld *n*; ***protection racket*** Schutzgelderpressung *f*

pro'tec·tion·ism [prə'tekʃənɪzəm] *s* WIRTSCH Protektionismus *m*

pro'tec·tive *Adj* **1.** Schutz…: ***protective clothing*** Schutzkleidung *f*; ***protective custody*** JUR Schutzhaft *f*; ***take into protective custody*** in Schutzhaft nehmen **2.** fürsorglich (***toward[s]*** gegenüber)

pro'tec·tor *s* **1.** Beschützer(in) **2.** Schutz *m*, (*Knie- etc*)Schützer *m*, (-)Schoner *m*

pro'tec·to·rate [prə'tektərət] *s* POL Protektorat *n*

pro·tein ['prəʊtiːn] *s* Protein *n*

▶ **pro·test I** *s* ['prəʊtest] **1.** Protest *m*: ***in*** (*oder* ***as a***) ***protest*** aus Protest (***against*** gegen); ***under protest*** unter Protest; ***without protest*** ohne Protest, widerspruchslos; ***make a protest*** Protest einlegen *oder* erheben (***to*** bei); ***protest march*** Protestmarsch *m* **II** *v/i* [prə'test] **2.** protestieren (***against, about*** gegen; ***to*** bei) **III** *v/t* [prə'test] **3.** *Am* protestieren gegen **4.** beteuern

Prot·es·tant ['prɒtɪstənt] **I** *s* Protestant(in) **II** *Adj* protestantisch, evangelisch

'Prot·es·tant·ism *s* Protestantismus *m*

prot·es·ta·tion [ˌprɒte'steɪʃn] *s* **1.** Beteuerung *f*: ***protestations*** *Pl* ***of innocence*** Unschuldsbeteuerungen *Pl* **2.** Protest *m* (***against*** gegen)

pro·to·col ['prəʊtəkɒl] *s* Protokoll *n*: ***protocol demands that*** das Protokoll verlangt, dass

pro·ton ['prəʊtɒn] *s* PHYS Proton *n*

pro·to·plasm ['prəʊtəʊplæzəm] *s* BIOL Protoplasma *n*

pro·to·type ['prəʊtəʊtaɪp] *s* Prototyp *m*

pro·tract [prə'trækt] *v/t* in die Länge ziehen, hinausziehen

pro'tract·ed *Adj* länger, langwierig

pro'trac·tor *s* MATHE Winkelmesser *m*

pro·trude [prə'truːd] *v/i* herausragen, vorstehen (***from*** aus)

pro'trud·ing *Adj* vorstehend (*auch Zähne etc*), vorspringend (*Kinn*)

pro'tru·sion [prə'truːʒn] *s* **1.** Herausragen *n*, Vorstehen *n* **2.** Vorsprung *m*, vorstehender Teil

pro·tu·ber·ance [prə'tjuːbərəns] *s* Vorsprung *m*; Schwellung *f*

pro'tu·ber·ant *Adj* vorstehend, -tretend

▶ **proud** [praʊd] **I** *Adj* **1.** *allg* stolz (***of*** auf *Akk*): ***be too proud to do s.th.*** zu stolz sein, um etw zu tun **2.** hochmütig **II** *Adv* **3.** ***do s.o. proud*** j-n fürstlich bewirten

prov·a·ble ['pruːvəbl] *Adj* be-, nachweisbar

▶ **prove** [pruːv] (*auch unreg*) **I** *v/t* be-, nachweisen; unter Beweis stellen: ***prove o.s.*** (***to be***) *siehe* II **II** *v/i*: ***prove*** (***to be***) sich erweisen *oder* herausstellen als

prov·en ['pruːvn] **I** *Part Perf von* ***prove*** **II** *Adj* bewährt

prov·e·nance ['prɒvənəns] *s* Herkunft *f*

pro·verb ['prɒvɜːb] *s* Sprichwort *n*

pro·ver·bi·al [prə'vɜːbjəl] *Adj* sprichwörtlich (*auch fig*)

▶ **pro·vide** [prə'vaɪd] **I** *v/t* **1.** versehen, -sorgen, beliefern (***with*** mit) **2.** zur Verfügung stellen, bereitstellen (***for s.o.*** j-m) **3.** vorsehen, -schreiben (***that*** dass) (*Gesetz etc*) **II** *v/i* **4.** ***provide against*** **a)** Vorkehrungen *oder* Vorsorge treffen gegen, **b)** verbieten (*Gesetz etc*); ***provide for*** **a)** sorgen für: ***she has two children to provide for*** sie hat zwei Kinder zu versorgen, **b)** vorsorgen für, **c)** *etw* vorsehen (*Gesetz etc*)

pro'vid·ed *Konj auch* ***provided that*** vorausgesetzt(, dass)

prov·i·dence ['prɒvɪdəns] *s* Vorsehung *f*

'prov·i·dent *Adj* vorausblickend, vorsorglich

prov·i·den·tial [ˌprɒvɪ'denʃl] *Adj* glücklich (*Geschick etc*)

ˌprov·i'den·tial·ly [ˌprɒvɪ'denʃəlɪ] *Adv* glücklicherweise

pro·vid·er [prə'vaɪdə] *s* **1.** Ernährer(in) **2.** (Internet)Provider *m*

prov·ince ['prɒvɪns] *s* **1.** Provinz *f* (*Verwaltungseinheit*) **2.** ***the provinces*** *Pl* die Provinz (*Ggs. Stadt*) **3.** *fig* (Aufgaben-, Wissens)Bereich *m*, (-)Gebiet *n*: ***this is outside*** (*oder* ***not within***) ***my province*** dafür bin ich nicht zuständig

pro·vin·cial [prə'vɪnʃl] **I** *Adj* **1.** Provinz… **2.** *pej* provinziell **II** *s* **3.** Provinzbewohner(in) **4.** *pej* Provinzler(in)

pro·vi·sion [prə'vɪʒn] **I** *s* **1.** Vorkehrung *f*: ***make provisions*** Vorkehrungen *oder* Vorsorge treffen (***against*** gegen; ***for*** für) **2.** Bestimmung *f*, Vorschrift *f*: ***with the provision that*** unter der Bedingung, dass **3.** Bereitstellung *f* **4.** *Pl* Proviant *m*, Verpflegung *f* **II** *v/t* **5.** verproviantieren (***for*** für)

pro'vi·sion·al [prə'vɪʒənl] *Adj* provisorisch, vorläufig

Proverbs

SG

A bird in the hand is worth two in the bush.	Besser der Spatz in der Hand als die Taube auf dem Dach.
A friend in need is a friend indeed.	Freunde erkennt man in der Not.
All that glitters is not gold.	Es ist nicht alles Gold, was glänzt.
A stitch in time saves nine.	Gleich getan, ist viel gespart.
Barking dogs seldom bite.	Hunde, die bellen, beißen nicht.
Beauty is in the eye of the beholder.	Schön ist, was gefällt.
Better late than never.	Lieber spät als nie.
Better safe than sorry.	Vorsicht ist besser als Nachsicht.
Birds of a feather flock together.	Gleich und gleich gesellt sich gern.
Curiosity killed the cat.	Sei nicht so neugierig. *od* Frag nicht so viel.
Don't count your chickens before they're hatched.	Man soll den Tag nicht vor dem Abend loben.
Don't put all your eggs in one basket.	Setz nicht alles auf eine Karte.
Honesty is the best policy.	Ehrlich währt am längsten.
If you can't stand the heat, get out of the kitchen.	Wer das Feuer scheut, muss kein Schmied werden.
It never rains but it pours.	Ein Unglück kommt selten allein.
It takes two to tango.	Dazu gehören immer zwei.
Let sleeping dogs lie.	Schlafende Hunde soll man nicht wecken.
Make hay while the sun shines. / Strike while the iron is hot.	Man soll das Eisen schmieden, solange es heiß ist.
Many hands make light work.	Viele Hände machen bald ein Ende.
Necessity is the mother of invention.	Not macht erfinderisch.
Never judge a book by its cover.	*etwa* Man soll nie nach Äußerlichkeiten urteilen.
No news is good news.	Keine Nachricht, gute Nachricht.
Nothing ventured nothing gained.	Wer nicht wagt, der nicht gewinnt.
Once bitten, twice shy.	Ein gebranntes Kind scheut das Feuer.
One good turn deserves another.	Eine Hand wäscht die andere.
Out of sight, out of mind.	Aus den Augen, aus dem Sinn.
Practise what you preach.	Tue, was du sagst.
The early bird catches the worm.	Morgenstund hat Gold im Mund. *wörtlich* Früher Vogel fängt den Wurm.
The grass is always greener on the other side of the fence.	Bei anderen ist immer alles besser.
The proof of the pudding is in the eating.	Probieren geht über Studieren.
There's no smoke without fire.	Wo Rauch ist, ist auch Feuer.
There's no use crying over spilt milk.	Hin ist hin. *od* Was passiert ist, ist passiert.
Too many cooks spoil the broth.	Viele Köche verderben den Brei.
Two wrongs don't make a right.	Es ist nicht recht, Unrecht mit Unrecht zu vergelten.
Variety is the spice of life.	In der Abwechslung liegt die Würze des Lebens.
Waste not, want not.	Spare in der Zeit, so hast du in der Not.
When in Rome, do as the Romans do.	*etwa* Andere Länder, andere Sitten.
When the cat's away the mice will play.	Wenn die Katze aus dem Haus ist, tanzen die Mäuse.
You can't have your cake and eat it.	Man kann nicht alles haben.
You can't make an omelette without breaking eggs.	Wo gehobelt wird, da fallen Späne.
You can't teach an old dog new tricks.	Was Hänschen nicht lernt, lernt Hans nimmermehr.

pro·vi·so [prəˈvaɪzəʊ] *Pl* **pro·vi·sos** *s* Vorbehalt *m*, Bedingung *f*: ***with the proviso that*** unter der Bedingung, dass
prov·o·ca·tion [ˌprɒvəˈkeɪʃn] *s* Provokation *f*: ***at the slightest provocation*** beim geringsten Anlass
pro·voc·a·tive [prəˈvɒkətɪv] *Adj* provozierend, (*sexuell auch*) aufreizend
pro·voke [prəˈvəʊk] *v/t j-n, etw* provozieren, *j-n, Tier* reizen: ***provoke s.o. into doing*** (*oder* ***to do***) ***s.th.*** j-n so provozieren, dass er etw tut
proˈvok·ing → ***provocative***
prowl [praʊl] **I** *v/i auch* ***prowl about*** (*oder* ***around***) herumschleichen, -streifen **II** *v/t* durchstreifen **III** *s* Herumstreifen *n*: ***be on the prowl*** *siehe* I; ***prowl car*** *Am* (Funk)Streifenwagen *m*
prox·im·i·ty [prɒkˈsɪmətɪ] *s* Nähe *f*: ***in the proximity of, in (close) proximity to*** in der Nähe von (*oder Gen*)
prox·y [ˈprɒksɪ] *s* **1.** (Handlungs)Vollmacht *f* **2.** (Stell)Vertreter(in), Bevollmächtigte *m*, *f*: ***by proxy*** durch einen Bevollmächtigten
prude [pruːd] *s* prüder Mensch: ***be a prude*** prüde sein
pru·dence [ˈpruːdns] *s* **1.** Klugheit *f*, Vernunft *f* **2.** Umsicht *f*, Besonnenheit *f*
ˈpru·dent *Adj* **1.** klug, vernünftig **2.** umsichtig, besonnen
prud·er·y [ˈpruːdərɪ] *s* Prüderie *f*
ˈprud·ish *Adj* prüde
prune¹ [pruːn] *s* Backpflaume *f*
prune² [pruːn] *v/t* **1.** *auch* ***prune back*** *Hecke etc* (be)schneiden **2.** *auch* ***prune down*** *fig Text etc* zs.-streichen
pru·ri·ence [ˈprʊərɪəns] *s* Lüsternheit *f*
ˈpru·ri·ent *Adj* lüstern
prus·sic ac·id [ˈprʌsɪk] *s* CHEM Blausäure *f*
pry¹ [praɪ] *bes Am* → ***prise***
pry² [praɪ] *v/i* neugierig sein: ***pry into*** seine Nase stecken in (*Akk*)
ˈpry·ing *Adj* neugierig
psalm [sɑːm] *s* Psalm *m*
pseu·do·nym [ˈsjuːdənɪm] *s* Pseudonym *n*: ***under the pseudonym of XY*** unter dem Pseudonym XY

> **pseudonym:**
> **Tipps zur Aussprache** AS
>
> **pseudonym** klingt im Englischen ganz anders.
> Bei den allermeisten englischen Wörtern, die mit **ps-** beginnen, wird das „p" gar nicht gesprochen.
> Beispiele:
> **pseudonym** [ˈsjuːdənɪm], **psychiatrist** [saɪˈkaɪətrɪst], **psychological** [ˌsaɪkəˈlɒdʒɪkl], **psychologist** [saɪˈkɒlədʒɪst], **psychotherapy** [ˌsaɪkəʊˈθerəpɪ]

psych [saɪk] *v/t ugs* **1.** ***psych out*** *j-n, etw* durchschauen; *j-n* psychologisch fertigmachen **2.** ***psych up*** auf-, hochputschen
psy·che [ˈsaɪkɪ] *s* Psyche *f*, Seele *f*
psy·chi·at·ric [ˌsaɪkɪˈætrɪk] *Adj* (***psychiatrically***) psychiatrisch (*Behandlung etc*); psychisch (*Störung etc*)
psy·chi·a·trist [saɪˈkaɪətrɪst] *s* Psychiater(in)
psyˈchi·a·try *s* Psychiatrie *f*
psy·chic [ˈsaɪkɪk] **I** *Adj* (***psychically***) **1.** psychisch, seelisch **2.** übersinnlich **3.** ***psychic research*** Parapsychologie *f* **4.** medial (begabt *oder* veranlagt): ***psychic healer*** Geistheiler(in) **II** *s* **5.** medial veranlagte Person, Medium *n*
ˈpsy·chi·cal → ***psychic*** I
psy·cho·a·nal·y·sis [ˌsaɪkəʊəˈnæləsɪs] *s* Psychoanalyse *f*
psy·cho·an·a·lyst [ˌsaɪkəʊˈænəlɪst] *s* Psychoanalytiker(in)
psy·cho·bab·ble [ˈsaɪkəʊˌbæbl] *s ugs pej* Psychologenjargon *m*
psy·cho·log·i·cal [ˌsaɪkəˈlɒdʒɪkl] *Adj* psychologisch: ***psychological warfare*** psychologische Kriegführung
psy·chol·o·gist [saɪˈkɒlədʒɪst] *s* Psychologe *m*, Psychologin *f*
psyˈchol·o·gy *s* **1.** Psychologie *f* **2.** psychologisches Geschick
psy·cho·path [ˈsaɪkəʊpæθ] *s* Psychopath(in)
psy·cho·sis [saɪˈkəʊsɪs] *Pl* **psy·cho·ses** [saɪˈkəʊsiːz] *s* MED Psychose *f*
psy·cho·so·mat·ic [ˌsaɪkəʊsəʊˈmætɪk] *Adj* (***psychosomatically***) psychosomatisch
psy·cho·ther·a·pist [ˌsaɪkəʊˈθerəpɪst] *s* Psychotherapeut(in)
ˌpsy·choˈther·a·py *s* Psychotherapie *f*
PTA [piːtiːˈeɪ] *Abk* (= ***parent-teacher association***) Eltern-Lehrer-Vertretung *f*, Elternbeirat *m*
PTO *Abk* (= ***please turn over***) b. w. (*bitte wenden!*)
▸ **pub** [pʌb] *s bes Br* Pub *n*, Kneipe *f*
pub crawl *s bes Br ugs* Kneipenbummel *m*: ***go on a pub crawl*** einen Kneipenbummel machen
pu·ber·ty [ˈpjuːbətɪ] *s* Pubertät *f*: ***be going through puberty*** in der Pubertät sein
pu·bic [ˈpjuːbɪk] *Adj* ANAT Scham…
▸ **pub·lic** [ˈpʌblɪk] **I** *Adj* **1.** öffentlich (*Versammlung etc*) **2.** öffentlich, allgemein bekannt: ***public figure*** Persönlichkeit *f* des öffentlichen Lebens; ***go public*** **a)** sich an die Öffentlichkeit wenden, **b)** WIRTSCH an die Börse gehen (*sich in eine AG umwandeln*); ***make public*** bekannt machen, publik machen **3. a)** öffentlich (*Einrichtung, Sicherheit, Verkehrsmittel etc*): ***public bar*** *Br* Ausschank *m*, Schenke *f*; ***public (limited) company*** WIRTSCH *Br* Aktiengesellschaft *f*; ***public convenience*** *Br* öffentliche Bedürfnisanstalt; ***public house*** *bes Br* Gaststätte *f*; ***public relations*** *Pl* Public Relations *Pl*, Öffentlichkeitsarbeit *f*; ***public school*** *Br* Public School *f*; *Am* staatliche Schule; ***public utility*** öffentlicher Versorgungsbetrieb; → ***nuisance*** 1, **b)** Staats…, staatlich: ***public holiday*** gesetzlicher Feiertag; → ***prosecutor***, **c)** Volks…: ***public library*** Volksbücherei *f* **II** *s* **4.** Öffentlichkeit *f*: ***in public*** in der Öffentlichkeit, öffentlich **5.** Publikum *n*, Öffentlichkeit *f*

> **public** GR
>
> **Public** kann sowohl mit dem Singular als auch mit dem Plural des Verbs verwendet werden, je nachdem, ob man sich auf die Gruppe als geschlossene Einheit oder als Menge von Einzelpersonen bezieht:
>
> | | |
> |---|---|
> | **The public expects / expect tax reductions.** | Die Öffentlichkeit erwartet Steuersenkungen. |

Public School

In England, Wales und Nordirland verbindet man mit der Bezeichnung **public school** eine Privatschule, die sehr hohe Studien- und Internatsgebühren verlangt und somit nur für eine zahlungskräftige Minderheit zugänglich ist. **Public school** ist der Name für diesen Schultyp, weil diese Schulen ursprünglich landesweit für alle Schüler offen waren. Staatliche Schulen heißen – leicht zu merken – einfach **state schools**. Die meisten der rund 200 britischen **public schools** haben eine weit zurückreichende Tradition. Zu ihnen gehören unter anderem **Eton, Harrow, Winchester** und für Mädchen **Cheltenham Ladies' College** und **Roedean**.
In den USA und in Schottland ist eine **public school** eine ganz normale vom Staat finanzierte Schule.

ˌpub·lic adˈdress sys·tem *s* Lautsprecheranlage *f*
pub·li·can [ˈpʌblɪkən] *s bes Br* (Gast-)Wirt(in)
pub·li·ca·tion [ˌpʌblɪˈkeɪʃn] *s* **1.** Bekanntgabe *f*, -machung *f* **2.** Publikation *f*, Veröffentlichung *f* (*beide auch Werk*)
pub·li·cist [ˈpʌblɪsɪst] *s* **1.** Publizist(in) **2.** Werbeagent(in)
pub·lic·i·ty [pʌbˈlɪsətɪ] *s* **1.** Publicity *f*, Bekanntheit *f* **2.** Publicity *f*, Reklame *f*, Werbung *f*: ***publicity campaign*** Werbefeldzug *m*; ***publicity stunt*** Werbegag *m*
publi·cize [ˈpʌblɪsaɪz] *v/t* **1.** bekannt machen, publik machen **2.** Reklame machen für
▶ **pub·lish** [ˈpʌblɪʃ] *v/t* **1.** bekannt geben *oder* machen **2.** publizieren, veröffentlichen, *Leserbrief auch* abdrucken **3.** *Buch etc* verlegen, herausbringen: ***published weekly*** erscheint wöchentlich
ˈpub·lish·er *s* **1.** Verleger(in), Herausgeber(in) **2.** *Pl* Verlag(shaus *n*) *m*
puck [pʌk] *s Eishockey*: Puck *m*
puck·er [ˈpʌkə] **I** *v/t* **1.** *auch* ***pucker up*** *Gesicht, Mund* verziehen, *Stirn* runzeln **II** *v/i auch* ***pucker up*** **2.** sich verziehen, sich runzeln **3.** Falten werfen **III** *s* **4.** Falte *f*
pud [pʊd] *Br ugs* → ***pudding***
pud·ding [ˈpʊdɪŋ] *s* **a)** *Br* Nachspeise *f*, -tisch *m*, **b)** (*Reis- etc*)Auflauf *m*, **c)** Pudding *m* (*im Wasserbad gekochte Mehlspeise*), **d)** (*Blut-*)Wurst *f*
pud·dle [ˈpʌdl] *s* Pfütze *f*
pu·er·ile [ˈpjʊəraɪl] *Adj* infantil
puff [pʌf] **I** *s* **1.** *Rauchen*: Zug *m*: ***take a puff at*** ziehen an (*Dat*) **2.** (*Luft-, Wind-*)Hauch *m*, (-)Stoß *m*: ***puff of air*** **3.** GASTR (*Wind*)Beutel *m* **4.** *ugs* Puste *f*: ***out of puff*** aus der *oder* außer Puste **5.** (*Puder*)Quaste *f* **6.** *ugs* Anpreisung *f*: ***give s.th. a puff*** etw hochjubeln **II** *v/t* **7.** *Rauch* blasen (***in s.o.'s face*** j-m ins Gesicht): ***puff out*** *Kerze etc* ausblasen; *Rauch etc* ausstoßen; *Brust* herausdrücken; *Gefieder* aufplustern; ***be puffed up*** (***with pride***) aufgeblasen sein **III** *v/i* **8.** schnaufen (*auch Lokomotive etc*), keuchen **9.** *auch* ***puff away*** paffen (***at*** an *einer Zigarette etc*) **10.** ***puff up*** (an)schwellen
puffed *Adj ugs* aus der *oder* außer Puste
puf·fin [ˈpʌfɪn] *s* ORN Papageientaucher *m*
puf·fin cross·ing *s* sensorengesteuerter Ampelübergang
puff paste *s Am*, **puff pas·try** *s* Blätterteig *m*
puff·y [ˈpʌfɪ] *Adj* (an)geschwollen, verschwollen
pug [pʌg] *s* ZOOL Mops *m*
pug·na·cious [pʌgˈneɪʃəs] *Adj* kampflustig; streitsüchtig
pug·nac·i·ty [pʌgˈnæsətɪ] *s* Kampf(es)lust *f*; Streitsucht *f*
puke [pjuːk] *sl* **I** *v/i* kotzen **II** *v/t* auskotzen **III** *s* Kotze *f*
▶ **pull** [pʊl] **I** *s* **1.** Ziehen *n*; Zug *m*, Ruck *m*: ***give the rope a*** (***good***) ***pull*** (kräftig) am Seil ziehen **2.** Anziehungskraft *f* (*auch fig*) **3.** Anstieg *m*, Steigung *f* **4.** Zug(griff *m*, -leine *f*) *m* **5.** *ugs* Beziehungen *Pl* (***with*** zu) **II** *v/t* **6.** ziehen: → ***string*** 1 **7.** ziehen an (*Dat*): ***pull s.o.'s hair*** j-n an den Haaren ziehen; ***pull a muscle*** sich eine Muskelzerrung zuziehen, sich etw zerren; → ***face*** 2, ***leg*** 1, *etc* **8.** reißen: → ***piece*** 1 **9. a)** *Zahn* ziehen, *Pflanze* ausreißen, **b)** *Messer, Pistole* ziehen: ***pull a gun on s.o.*** j-n mit der Pistole bedrohen, **c)** *bes Br Bier* zapfen **10.** *fig* anziehen **11.** ***pull one's punches*** (*Boxen*) verhalten schlagen; *fig* sich zurückhalten; ***not to pull one's punches, pull no punches*** kein Blatt vor den Mund nehmen **12.** *ugs Banküberfall etc* machen: → ***job***[1] 5 **III** *v/i* **13.** ziehen (***at, on*** an *Dat*)
◆**pull a·head** *v/i* vorbeiziehen (***of*** an *Dat*) (*Auto etc*) (*auch fig*)
◆**pull a·way** *v/i* **1.** anfahren (*Bus etc*) **2.** sich absetzen (***from*** von), (*Sport auch*) sich frei machen
◆**pull down** *v/t* **1.** *Gebäude* abreißen **2.** *j-n* mitnehmen, schwächen
◆**pull in** **I** *v/t* **1.** *Bauch etc* einziehen **2.** → ***pull*** 10 **3.** *bes Br ugs j-n* einkassieren **4.** *ugs* kassieren: ***he's pulling in quite a bit*** er verdient ganz schön **II** *v/i* **5.** einfahren (*Zug*) **6.** anhalten
◆**pull off** *v/t* **1.** *Schuhe etc* ausziehen; sich *die Kleider* vom Leib reißen **2.** *ugs etw* schaffen, schaukeln
◆**pull on** *v/t Kleid etc* anziehen, (sich) überziehen
◆**pull out** **I** *v/t* **1. a)** herausziehen (***of*** aus), **b)** → ***pull*** 9a, **c)** *Tisch* ausziehen **II** *v/i* **2.** abfahren (*Zug*) **3.** ausscheren (*Fahrzeug*) **4.** *fig* sich zurückziehen, (*auch Sport*) aussteigen (***of*** aus)
◆**pull through** **I** *v/t* **1.** durchziehen **2.** *fig Kranken, Kandidaten etc* durchbringen **II** *v/i* **3.** *fig* durchkommen
◆**pull to·geth·er** **I** *v/t* **1.** ***pull o.s. together*** sich zs.-reißen **2.** *Partei etc* zs.-schweißen **II** *v/i* **3.** an einem Strang ziehen
◆**pull up** **I** *v/t* **1.** hochziehen **2.** *Fahrzeug* anhalten **3.** *j-n* korrigieren; zurechtweisen (***for*** wegen) **II** *v/i* **4.** (an)halten **5.** ***pull up to*** (*oder* ***with***) (*Sport*) *j-n* einholen
pul·ley [ˈpʊlɪ] *s* TECH Flaschenzug *m*
ˈpull-in *s Br* Rasthaus *n*, -stätte *f*
ˈpull-out *Adj* ausziehbar: ***pull-out table*** Ausziehtisch *m*
ˈpullˌo·ver *s* Pullover *m*
ˈpull-up *s* Klimmzug *m*
pul·mo·nar·y [ˈpʌlmənərɪ] *Adj* ANAT, MED Lungen…
pulp [pʌlp] **I** *s* **1.** Fruchtfleisch *n* **2.** Brei *m*, breiige Masse: ***beat to a pulp*** *fig j-n* zu Brei schlagen **II** *Adj* **3.** Schund…: ***pulp novel***

Schundroman *m* **III** *v/t* **4.** *Bücher etc* einstampfen

pul·pit ['pʊlpɪt] *s* Kanzel *f*: ***in the pulpit*** auf der Kanzel

pulp·y ['pʌlpɪ] *Adj* breiig

pul·sate [pʌl'seɪt] *v/i* pulsieren, *auch fig* vibrieren (***with*** vor *Dat*)

pulse[1] [pʌls] **I** *s* **1.** Puls(schlag) *m*: ***feel*** (*oder* ***take***) ***s.o.'s pulse*** j-m den Puls fühlen **2.** ELEK, PHYS Impuls *m* **II** *v/i* **3.** pulsieren (***through*** durch) (*auch fig*)

pulse[2] [pʌls] *meist Pl s* Hülsenfrüchte *Pl*

pul·ver·ize ['pʌlvəraɪz] *v/t* **1.** pulverisieren **2.** *fig ugs j-n* auseinandernehmen

pu·ma ['pjuːmə] *s* ZOOL Puma *m*

pum·ice ['pʌmɪs] *s auch* ***pumice stone*** Bimsstein *m*

pum·mel ['pʌml] *v/t Prät und Part Perf* **pummeled**, *bes Br* **pum·melled** eintrommeln auf (*Akk*)

▸**pump** [pʌmp] **I** *s* **1.** Pumpe *f*; (*Zapf*)Säule **II** *v/t* **2.** pumpen: ***pump up*** aufpumpen; ***pump s.o.'s stomach*** MED j-m den Magen auspumpen; ***pump money into*** *fig* Geld hineinpumpen in (*Akk*) **3.** *ugs j-n* ausholen (***for*** über *Akk*) **III** *v/i* **4.** pumpen (*auch Herz*) **5.** herausschießen (***from*** aus) (*Blut etc*)

pump·kin ['pʌmpkɪn] *s* BOT Kürbis *m*

pun [pʌn] **I** *s* Wortspiel *n* **II** *v/i* Wortspiele *oder* ein Wortspiel machen

Punch[1] [pʌntʃ] *s* Kasper *m*, Kasperle *n*, *m*: ***be*** (***as***) ***pleased as Punch*** *ugs* sich freuen wie ein Schneekönig

punch[2] [pʌntʃ] **I** *s* **1.** (Faust)Schlag *m*: ***give s.o. a punch*** j-m einen Schlag versetzen; → ***pull*** 11 **2.** *fig* Schwung *m* **II** *v/t* **3.** (mit der Faust) schlagen

punch[3] [pʌntʃ] TECH **I** *s* Locher *m*; Lochzange *f*; Locheisen *n* **II** *v/t* lochen; *Loch* stanzen (***in*** in *Akk*): ***punched tape*** Lochstreifen *m*

punch[4] [pʌntʃ] *s* Punsch *m*

ˌPunch and ˈJu·dy show ['dʒuːdɪ] *s* Kasperletheater *n*

punch card *s* Lochkarte *f*

punch line *s* Pointe *f*

ˈpunch-up *s Br ugs* Schlägerei *f*

punc·til·i·ous [pʌŋk'tɪlɪəs] *Adj* peinlich genau

▸**punc·tu·al** ['pʌŋktʃʊəl] *Adj* pünktlich: ***be punctual*** pünktlich kommen (***for*** zu)

punc·tu·al·i·ty [ˌpʌŋktʃʊ'ælətɪ] *s* Pünktlichkeit *f*

punc·tu·ate ['pʌŋktʃʊeɪt] *v/t* **1.** interpunktieren **2.** *fig* (***with***) unterbrechen (durch, mit); durchsetzen (mit) **3.** *fig* unterstreichen, betonen

ˌpunc·tuˈa·tion *s* **1.** Interpunktion *f*: ***punctuation mark*** Satzzeichen *n* **2.** *fig* Unterbrechung *f*; Durchsetzung *f* **3.** *fig* Unterstreichung *f*, Betonung *f*

punc·ture ['pʌŋktʃə] **I** *v/t* **1.** durchstechen, -bohren **2.** MED punktieren **II** *v/i* **3.** ein Loch bekommen, platzen **III** *s* **4.** (Ein)Stich *m*; Loch *n* **5.** MOT Reifenpanne *f* **6.** MED Punktion *f*

pun·dit ['pʌndɪt] *s oft hum* Weise *m*, *f*

pun·gen·cy ['pʌndʒənsɪ] *s* Schärfe *f* (*auch fig*)

ˈpun·gent *Adj* scharf (*Geschmack*, *Geruch*), (*Bemerkung etc auch*) bissig

▸**pun·ish** ['pʌnɪʃ] *v/t* **1.** *j-n* (be)strafen (***for*** für, wegen) **2.** *etw* bestrafen

ˈpun·ish·a·ble *Adj* strafbar: ***punishable offence*** (*Am* ***offense***) strafbare Handlung; ***murder is punishable by death*** auf Mord steht die Todesstrafe

ˈpun·ish·ing *Adj* vernichtend (*Kritik etc*), mörderisch, zermürbend (*Rennen etc*)

▸**pun·ish·ment** ['pʌnɪʃmənt] *s* **1.** Bestrafung *f* **2.** Strafe *f*: ***as a punishment*** als *oder* zur Strafe (***for*** für)

pu·ni·tive ['pjuːnətɪv] *Adj* **1.** Straf… **2.** extrem hoch (*Steuern etc*)

punk [pʌŋk] *s* **1.** Punk *m* (*Bewegung und Anhänger*) **2.** MUS Punk *m*; Punker(in)

punk rock *s* MUS Punkrock *m*

punk rock·er *s* MUS Punkrocker(in)

punt [pʌnt] **I** *s* Stechkahn *m* **II** *v/t und v/i* staken

pu·ny ['pjuːnɪ] *Adj* schwächlich

pup [pʌp] → ***puppy***

pu·pa ['pjuːpə] *Pl* **pu·pae** ['pjuːpiː], **pu·pas** *s* ZOOL Puppe *f*

▸**pu·pil**[1] ['pjuːpl] *s* Schüler(in)

pu·pil[2] ['pjuːpl] *s* ANAT Pupille *f*

pup·pet ['pʌpɪt] *s* Puppe *f*: **a)** Handpuppe *f*, **b)** Marionette *f* (*auch fig*): ***puppet government*** *fig* Marionettenregierung *f*; ***puppet show*** Marionettentheater *n*, Puppenspiel *n*

pup·pet·eer [ˌpʌpɪ'tɪə] *s* Puppenspieler(in)

pup·py ['pʌpɪ] *s* Welpe *m*, junger Hund

pup·py fat *s Br ugs* Babyspeck *m*

pup·py love *s ugs* jugendliche Schwärmerei

pur·chas·a·ble ['pɜːtʃəsəbl] *Adj* käuflich

ˈpur·chase **I** *v/t* **1.** kaufen, erstehen **2.** *fig* erkaufen (***at the expense of*** auf Kosten *Gen*) **II** *s* **3.** Kauf *m* **4.** *Pl* Einkäufe *Pl*

ˈpur·chas·er *s* Käufer(in)

ˈpur·chas·ing *Adj*: ***purchasing power*** WIRTSCH Kaufkraft *f*

▸**pure** [pjʊə] *Adj* **1.** rein: **a)** pur, unvermischt, **b)** sauber, **c)** akzentfrei, fehlerlos, **d)** pur, völlig (*Unsinn etc*): ***by pure accident*** rein zufällig **2.** ehrlich (*Absicht*)

ˈpure·bred **I** *Adj* reinrassig, rasserein **II** *s* reinrassiges Tier

pu·ree ['pjʊəreɪ] **I** *s* Püree *n* **II** *v/t* pürieren

pur·ga·tive ['pɜːgətɪv] MED **I** *Adj* abführend **II** *s* Abführmittel *n*

pur·ga·to·ry ['pɜːgətərɪ] *s* REL Fegefeuer *n*: ***it is purgatory having to do s.th.*** es ist die Hölle, etw tun zu müssen

purge [pɜːdʒ] **I** *v/t Partei etc* säubern (***of*** von) **II** *s* POL Säuberung(saktion) *f*

pu·ri·fi·ca·tion [ˌpjʊərɪfɪ'keɪʃn] *s* Reinigung *f*

pu·ri·fi·er ['pjʊərɪfaɪə] *s* TECH Reiniger *m*

pu·ri·fy ['pjʊərɪfaɪ] *v/t* reinigen

pur·ism ['pjʊərɪzəm] *s* Purismus *m*

ˈpur·ist *s* Purist(in)

Pu·ri·tan ['pjʊərɪtən] *hist*, *fig meist* **puritan** **I** *s* Puritaner(in) **II** *Adj* puritanisch

Puritans LK

Die protestantische Gruppierung der **Puritans** entstand als religiöse Reformbewegung im 16. und 17. Jh. und wollte die **Church of England** von in ihren Augen erhaltenen katholischen Merkmalen reinigen (**purify**). Diese Bestrebungen führten zum **Civil War**, der mit der Errichtung des puritanischen **Commonwealth** (1653–58) unter **Oliver Cromwell** als **Lord Protector** endete. Kennzeichnend war der ideologische Protestantismus mit einer zentralen Stellung

der Bibel, einem asketischen Leben, harter Arbeit und Selbstaufopferung.
Erst Verfolgung, später Diskriminierung führten zur Auswanderung vor allem in die Neue Welt. So wurden die britischen Kolonien in **New England** überwiegend von **Puritans** gegründet (**Pilgrim Fathers**). Diese bestimmten im 17. Jh. mit ihrer religiösen Disziplin und strengen Moralvorstellungen das intellektuelle und kulturelle Leben in den Kolonien.

pu·ri·tan·i·cal [ˌpjʊərɪ'tænɪkl] *Adj fig* puritanisch
Pu·ri·tan·ism ['pjʊərɪtənˌɪzəm] *s hist, fig meist* **puritanism** Puritanismus *m*
pu·ri·ty ['pjʊərətɪ] *s* **1.** Reinheit *f* **2.** Ehrlichkeit *f*
pur·loin [pɜː'lɔɪn] *v/t oft hum* entwenden
pur·ple ['pɜːpl] *Adj* violett: ***his face turned purple*** sein Gesicht verfärbte sich blau; ***purple heart*** *bes Br ugs* Amphetamintablette *f*
pur·port ['pɜːpət] **I** *s* Tenor *m* **II** *v/t*: ***purport to be s.th.*** vorgeben, etw zu sein; etw sein sollen
▶**pur·pose** ['pɜːpəs] **I** *s* **1.** Zweck *m*, Ziel *n*; Absicht *f*, Vorsatz *m*: ***for all practical purposes*** praktisch; ▶ ***on purpose*** absichtlich; mit der Absicht; ***serve the same purpose*** denselben Zweck erfüllen; ***put to a good purpose*** gut anwenden *oder* nützen **2.** ***to no purpose*** vergeblich, umsonst **3.** Entschlossenheit *f*, Zielstrebigkeit *f*
pur·pose·ful ['pɜːpəsfʊl] *Adj* entschlossen, zielstrebig
'pur·pose·less *Adj* **1.** zwecklos **2.** ziel-, planlos
'pur·pose·ly *Adv* absichtlich
purr [pɜː] **I** *v/i* schnurren (*Katze*); surren (*Motor etc*) **II** *s* Schnurren *n*; Surren *n*
▶**purse** [pɜːs] **I** *s* **1. a)** Geldbeutel *m*, Portemonnaie *n*: ***hold the purse strings*** *fig* die Finanzen verwalten, **b)** *Am* Handtasche *f* **2.** SPORT Siegprämie *f*; (*Boxen*) Börse *f* **II** *v/t* **3.** *auch* ***purse up*** *Lippen* schürzen
'purs·er *s* **1.** SCHIFF Proviant- *oder* Zahlmeister(in) **2.** FLUG Purser *m* (*leitender Steward*)
pur·su·ance [pə'sjʊəns] *s*: ***in*** (***the***) ***pursuance of one's duty*** in Ausübung seiner Pflicht
pur·sue [pə'sjuː] *v/t* **1.** verfolgen **2.** *fig seinem Studium etc* nachgehen; *Absicht, Politik etc* verfolgen; *Angelegenheit etc* weiterführen
pur'su·er *s* Verfolger(in)
pur·suit [pə'sjuːt] *s* **1.** Verfolgung *f*: ***be in pursuit of s.o.*** j-n verfolgen **2.** *fig* Verfolgung *f*; Weiterführung *f*: ***in*** (***the***) ***pursuit of*** im Zuge (*Gen*), im *oder* in Verfolg (*Gen*) **3.** Beschäftigung *f*
pu·ru·lent ['pjʊərʊlənt] *Adj* eiternd, eit(e)rig
pus [pʌs] *s* MED Eiter *m*
▶**push** [pʊʃ] **I** *s* **1.** Stoß *m*: ***give s.o. a push*** j-m einen Stoß versetzen; ***give s.o. the push*** *Br ugs* j-n rausschmeißen (*entlassen*); ***get the push*** *Br ugs* fliegen; ***at a push*** *ugs* im Notfall, notfalls; ***if*** (*oder* ***when***) ***it comes to the push*** *ugs* wenn es darauf ankommt **2.** (*Werbe*)Kampagne *f* **3.** *ugs* Draufgängertum *n* **II** *v/t* **4.** stoßen, schubsen; schieben; *Taste etc* drücken: ***push one's way*** sich drängen (***through*** durch); ***he's pushing 70*** er geht auf die 70 zu **5.** *fig j-n* drängen (***to do*** zu tun): ***be pushed*** (***for time***) *ugs* es eilig haben; in Zeitnot sein; ***be pushed for money*** *ugs* knapp bei Kasse sein **6.** *fig* Reklame machen *oder* die Trommel rühren für **7.** *ugs Heroin etc* pushen **III** *v/i* **8.** stoßen, schubsen; schieben, drücken: ***push past s.o.*** sich an j-m vorbeidrängen **9.** ***push for*** *fig* drängen auf (*Akk*)
◆**push a·bout** → ***push around***
◆**push a·head** *v/i*: ***push ahead with*** *Plan etc* vorantreiben
◆**push a·long** *v/i ugs* sich auf die Socken machen
◆**push a·round** *v/t* herumschubsen (*auch fig ugs*)
◆**push for·ward** *v/i* → ***push ahead***
◆**push in** *v/i ugs* sich vordrängeln
◆**push off** *v/i* **1.** sich abstoßen (***from*** von) **2.** *meist Imp* abhauen, Leine ziehen
◆**push on** → ***push ahead***
◆**push out** *v/t fig j-n* hinausdrängen
◆**push up** *v/t* **1.** → ***daisy*** **2.** *Preise etc* hoch treiben
'push·bike *s Br ugs* Fahrrad *n*
push but·ton *s* Druckknopf *m*, -taste *f*
'push-ˌbut·ton *Adj* Druckknopf…: ***push-button telephone*** Tastentelefon *n*
'push·cart *s* **1.** (Hand)Karren *m* **2.** *Am* Einkaufswagen *m*
'push·chair *s Br* Sportwagen *m* (*für Kinder*)
push·er ['pʊʃə] *s ugs* **1.** Draufgänger(in) **2.** Pusher *m* (*Rauschgifthändler*)
'pushˌo·ver *s ugs* **1.** *fig* Kinderspiel *n* **2.** ***be a pushover for*** nicht widerstehen können (*Dat*); immer wieder hereinfallen auf (*Akk*)
'push-up *s Am* Liegestütz *m*: ***do push-ups*** Liegestütze machen
push·y ['pʊʃɪ] *Adj* draufgängerisch
pu·sil·lan·i·mous [ˌpjuːsɪ'lænɪməs] *Adj* kleinmütig, verzagt
puss [pʊs] *s ugs* Mieze *f*
puss·y ['pʊsɪ] *s Kindersprache*: Miezekatze *f*
'puss·y·cat → ***pussy***
'puss·y·foot *v/i auch* ***pussyfoot about*** (*oder* ***around***) *ugs* um den (heißen) Brei herumreden; sich nicht festlegen wollen
pus·tule ['pʌstjuːl] *s* MED Pustel *f*
▶**put** [pʊt] **I** *Adj* **1.** ***stay put*** sich nicht (vom Fleck) rühren **II** *v/t* (*unreg*) **2.** legen, setzen, stellen, tun: ***put s.th. before s.o.*** *fig* j-m etw vorlegen; ***put a tax on s.th.*** etw besteuern **3.** *Hand etc, fig Geld, Zeit* stecken (***in***[***to***] in *Akk*) **4.** *j-n in eine unangenehme Lage etc, etw auf den Markt, in Ordnung etc* bringen **5.** *etw in Kraft, in Umlauf etc* setzen **6.** unterwerfen, -ziehen (***to*** *Dat*) **7.** übersetzen (***into French*** ins Französische) **8.** *etw* ausdrücken, *in Worte* fassen: → ***mild*** **9.** schätzen (***at*** auf *Akk*) **10.** *Geld* setzen (***on*** auf *Akk*) **11.** *Schuld* geben (***on*** *Dat*) **III** *v/i* (*unreg*) **12.** ***put to sea*** SCHIFF in See stechen **13.** ***put upon s.o.*** *bes Br* j-m Ungelegenheiten bereiten
◆**put a·bout I** *v/t Gerücht* verbreiten, in Umlauf setzen **II** *v/i* SCHIFF den Kurs ändern
◆**put a·cross** *v/t etw* verständlich machen (***to*** *Dat*)
◆**put a·head** *v/t* SPORT in Führung bringen
◆**put a·side** *v/t* **1.** beiseitelegen **2.** *Ware* zurücklegen **3.** *fig* beiseiteschieben **4.** → ***put away*** 3
◆**put a·way** *v/t* **1.** weglegen, -stecken, -tun **2.** auf-, wegräumen **3.** → ***put by*** **4.** *ugs Speisen* verdrücken, *Getränke* schlucken
◆**put back** *v/t* **1.** zurücklegen, -stellen, -tun **2.**

P

Uhr zurückstellen (***by*** um): → ***clock*** 1 **3.** *fig* verschieben (***two days*** um zwei Tage; ***to*** auf *Akk*)

◆**put by** *v/t Geld* zurücklegen, auf die hohe Kante legen

◆**put down** **I** *v/t* **1.** hin-, niederlegen, -stellen, -setzen **2.** *Aufstand etc* niederwerfen **3.** *Fahrgast* absetzen **4.** *etw* aufschreiben: ***put s.o.***(***'s name***) ***down for*** j-n anmelden *oder* eintragen für **5.** *Betrag* anzahlen **6.** *Flugzeug* landen **7.** *j-n* halten (***as*** für) **8.** *etw* zuschreiben (***to*** *Dat*) **II** *v/i* **9.** FLUG landen

◆**put for·ward** *v/t* **1.** *Plan etc* vorlegen: ***put s.o.***(***'s name***) ***forward as*** j-n vorschlagen als **2.** *Uhr* vorstellen (***by*** um) **3.** *fig* vorverlegen (***two days*** um zwei Tage; ***to*** auf *Akk*)

◆**put in** **I** *v/t* **1.** herein-, hineinlegen, -stecken, -stellen, *Kassette etc* einlegen **2.** *Gesuch etc* einreichen, *Forderung etc auch* geltend machen **3.** *Arbeit*, *Zeit* verbringen (***on*** mit) **4.** *Bemerkung* einwerfen; *ein gutes Wort* einlegen (***for*** für) **II** *v/i* **5.** SCHIFF einlaufen (***at*** in *Akk*): ***put in at*** *auch* anlaufen (*Akk*) **6.** sich bewerben (***for*** um)

◆**put off** *v/t* **1.** *etw* verschieben (***till, until*** auf *Akk*); *j-m* absagen **2.** *j-n* hinhalten (***with*** mit) **3.** *j-n* aus dem Konzept bringen; *j-m* den Appetit *oder* die Lust *oder* die Laune verderben **4.** → ***put down*** 3

▶**put on** *v/t* **1.** *Mantel etc* anziehen, *Hut*, *Brille* aufsetzen; *Rouge etc* auflegen: → ***lipstick*** **2.** *Licht*, *Radio etc* anmachen, einschalten **3.** *einige Pfund* zunehmen: → ***weight*** 1 **4.** *Sonderzug etc* einsetzen **5.** THEAT *Stück etc* herausbringen **6.** *Bremse* anziehen **7.** *Essen*, *Topf etc* aufsetzen **8.** *Schallplatte etc* auflegen, *Kassette etc* einlegen **9.** vortäuschen, heucheln: ***put it on*** so tun als ob **10.** *ugs j-n* auf den Arm nehmen

◆**put out** **I** *v/t* **1.** heraus-, hinauslegen, -stellen **2.** *Hand etc* ausstrecken: → ***feeler***, ***tongue*** 1 **3.** *Feuer* löschen; *Licht*, *Radio*, *Zigarette etc* ausmachen, abschalten **4.** veröffentlichen, herausgeben; RUNDFUNK, TV bringen, senden **5.** aus der Fassung bringen; verstimmen, -ärgern; *j-m* Ungelegenheiten bereiten **6.** MED sich *den Arm etc* ver- *oder* ausrenken **II** *v/i* **7.** SCHIFF auslaufen: ***put out to sea*** in See stechen

◆**put o·ver** → ***put across***

◆**put through** *v/t* **1.** TEL *j-n* verbinden (***to*** mit) **2.** durch-, ausführen

◆**put to·geth·er** *v/t* **1.** zs.-setzen, *Gerät etc* zs.-bauen; *Mannschaft*, *Rede etc* zs.-stellen **2.** ***he is cleverer than all his friends put together*** er ist cleverer als alle seine Freunde zusammen

◆**put up** **I** *v/t* **1.** herauf-, hinauflegen, -stellen **2.** *Hand* (hoch)heben **3.** *Bild etc* aufhängen; *Plakat*, *Bekanntmachung etc* anschlagen **4.** *Schirm* aufspannen **5.** *Zelt etc* aufstellen, *Gebäude* errichten **6.** *j-n* unterbringen **7.** *Widerstand* leisten: → ***fight*** 1 **8.** *Preis etc* erhöhen **9.** *j-n* anstiften (***to*** zu) **II** *v/i* **10.** absteigen (***at*** in *Dat*) **11.** ***put up with*** sich abfinden mit; sich gefallen lassen

pu·ta·tive ['pjuːtətɪv] *Adj* mutmaßlich

'put·off *s bes Am ugs* (faule) Ausrede

'put-on *s Am ugs* Bluff *m*, Schwindel *m*

pu·tre·fy ['pjuːtrɪfaɪ] *v/i* (ver)faulen, verwesen

pu·trid ['pjuːtrɪd] *Adj* **1.** verfault, -west; (*Geruch*) faulig **2.** *ugs* miserabel, saumäßig

putsch [pʊtʃ] *s* POL Putsch *m*

putt [pʌt] *v/t und v/i Golf*: putten

putt·er ['pʌtə] *Am* → ***potter***[1]

put·ty ['pʌtɪ] **I** *s* Kitt *m*: ***he was*** (***like***) ***putty in her hands*** *fig* er war Wachs in ihren Händen **II** *v/t* kitten

'put-up job *s ugs* abgekartetes Spiel

▶**puz·zle** ['pʌzl] **I** *s* **1.** Rätsel *n* (*auch fig*); Geduld(s)spiel *n*: ***it is a puzzle to me*** es ist mir ein Rätsel *oder* rätselhaft; → ***jigsaw*** (***puzzle***) **II** *v/t* **2.** vor ein Rätsel stellen; verdutzen, -blüffen: ***be puzzled*** vor einem Rätsel stehen **3.** ***puzzle out*** *etw* ausknobeln, herausbringen **III** *v/i* **4.** sich den Kopf zerbrechen (***about, over*** über *Dat*)

'puz·zler *s ugs* harte Nuss

pyg·my ['pɪgmɪ] **I** *s* **1. Pygmy** Pygmäe *m*, Pygmäin *f* **2.** Zwerg(in) (*auch fig pej*) **II** *Adj* **3.** *bes* ZOOL Zwerg…

py·ja·mas [pə'dʒɑːməz] *s Pl*, *auch* ***pair of pyjamas*** Schlafanzug *m*, Pyjama *m*

py·lon ['paɪlən] *s* Hochspannungsmast *m*

pyr·a·mid ['pɪrəmɪd] *s* Pyramide *f*

pyre ['paɪə] *s* Scheiterhaufen *m*

py·ro·ma·ni·ac [ˌpaɪrəʊ'meɪnɪæk] *s* Pyromane *m*, -manin *f*

Pyr·rhic vic·to·ry ['pɪrɪk] *s* Pyrrhussieg *m*

py·thon ['paɪθn] *s* ZOOL Python(schlange) *f*

Q

Q [kjuː] *Pl* **Q's** *s* Q *n*

quack[1] [kwæk] **I** *v/i* quaken (*Ente*) **II** *s* Quaken *n*

quack[2] [kwæk] *s auch* ***quack doctor*** Quacksalber(in), Kurpfuscher(in)

quack·er·y ['kwækərɪ] *s* Quacksalberei *f*, Kurpfuscherei *f*

quad [kwɒd] *s ugs* Vierling *m*

quad·ran·gle ['kwɒdræŋgl] *s* Viereck *n*

quad'ran·gu·lar [kwɒ'dræŋgjʊlə] *Adj* viereckig

quad·ra·phon·ic [ˌkwɒdrə'fɒnɪk] *Adj* (***quadraphonically***) MUS, PHYS quadrofon(isch)

quad·ri·lat·er·al [ˌkwɒdrɪ'lætərəl] **I** *Adj* vierseitig **II** *s* Viereck *n*

quad·ru·ped ['kwɒdrʊped] *s* ZOOL Vierfüß(l)er *m*

quad·ru·ple ['kwɒdrʊpl] **I** *Adj* vierfach **II** *v/t*

und v/i (sich) vervierfachen
quad·ru·plet ['kwɒdrʊplɪt] *s* Vierling *m*
quail [kweɪl] *Pl* **quails**, *bes Koll* **quail** *s* ORN Wachtel *f*
quaint [kweɪnt] *Adj* idyllisch, malerisch
quake [kweɪk] **I** *v/i* zittern, beben (**with** vor *Dat*; **at** bei *einem Gedanken*) **II** *s ugs* Erdbeben *n*
Quak·er ['kweɪkə] *s* REL Quäker(in)
qual·i·fi·ca·tion [ˌkwɒlɪfɪ'keɪʃn] *s* **1.** Qualifikation *f*, Befähigung *f*, Eignung *f* (**for** für, zu) **2.** Vorbedingung *f*, Voraussetzung *f* (**of, for** für) **3.** Abschluss(zeugnis *n*) *m* **4.** Einschränkung *f*, Vorbehalt *m* **5.** LING nähere Bestimmung
qual·i·fied ['kwɒlɪfaɪd] *Adj* **1.** qualifiziert, geeignet, befähigt (**for** für) **2.** berechtigt: ***qualified to vote*** wahlberechtigt **3.** bedingt, eingeschränkt
qual·i·fy ['kwɒlɪfaɪ] **I** *v/t* **1.** qualifizieren, befähigen (**for** für, zu) **2.** berechtigen (**to do** zu tun) **3.** LING näher bestimmen **II** *v/i* **4.** sich qualifizieren *oder* eignen, die Bedingungen erfüllen (**for** für; **as** als) **5.** SPORT sich qualifizieren (**for** für) **6.** seine Ausbildung abschließen (**as** als)
qual·i·ta·tive ['kwɒlɪtətɪv] *Adj* qualitativ
▶**qual·i·ty** ['kwɒlətɪ] *s* **1.** Qualität *f*, WIRTSCH *auch* Güteklasse *f*: ***quality of life*** Lebensqualität; ***sound quality*** TV *etc* Tonqualität; ***quality goods*** *Pl* Qualitätswaren *Pl*; ***quality control*** (*oder* ***assurance***) Qualitätskontrolle *f*, Qualitätsprüfung *f*, Qualitätssicherung *f* ***quality management*** Qualitätsmanagement *n*; ***quality newspaper*** seriöse Zeitung **2.** Eigenschaft *f*: → ***leadership*** 2
qualms [kwɑːmz] *s Pl* Bedenken *Pl*, Skrupel *Pl*: ***have no qualms about doing s.th.*** keine Bedenken haben, etw zu tun
quan·da·ry ['kwɒndərɪ] *s* Dilemma *n*, Verlegenheit *f*: ***be in a quandary about what to do*** nicht wissen, was man tun soll
quan·ta ['kwɒntə] *Pl von* **quantum**
quan·ti·ta·tive ['kwɒntɪtətɪv] *Adj* quantitativ
▶**quan·ti·ty** ['kwɒntətɪ] *s* **1.** Quantität *f*; Menge *f*: ***in small quantities*** in kleinen Mengen; ***quantity discount*** (*oder* ***allowance***) WIRTSCH Mengenrabatt *m* **2.** MATHE Größe *f*: → ***unknown***
quan·tum ['kwɒntəm] PHYS **I** *Pl* **quan·ta** ['kwɒntə] *s* Quant *n* **II** *Adj* Quanten…
quar·an·tine ['kwɒrəntiːn] **I** *s* Quarantäne *f* **II** *v/t* unter Quarantäne stellen
▶**quar·rel** ['kwɒrəl] **I** *s* **1.** Streit *m*, Auseinandersetzung *f* (**with** mit) **2.** ***have no quarrel with*** nichts auszusetzen haben an (*Dat*) **II** *v/i Prät und Part Perf* **quar·reled**, *bes Br* **quarrelled 3.** (sich) streiten (**with** mit; **about, over** über *Akk*) **4.** ***quarrel with*** etw auszusetzen haben an (*Dat*)
quar·rel·some ['kwɒrəlsəm] *Adj* streitsüchtig
quar·ry¹ ['kwɒrɪ] *s* Steinbruch *m*
quar·ry² ['kwɒrɪ] *s* JAGD Beute *f*, *auch fig* Opfer *n*
quart [kwɔːt] *s* Quart *n* (*Hohlmaß*): ***you can't put a quart into a pint pot*** *ugs* das geht einfach nicht, das ist ein Ding der Unmöglichkeit
▶**quar·ter** ['kwɔːtə] **I** *s* **1.** Viertel *n*: ***a quarter of an hour*** eine Viertelstunde **2.** ***it's*** (***a***) ***quarter to*** (*Am auch* ***of***) ***six*** es ist Viertel vor sechs *oder* drei viertel sechs; ***at*** (***a***) ***quarter past*** (*Am auch* ***after***) ***six*** um Viertel nach sechs *oder* viertel sieben **3.** Quartal *n*, Vierteljahr *n* **4.** *Am* Vierteldollar *m* **5.** (Himmels)Richtung *f*; Gegend *f*, Teil *m* (*eines Landes etc*): ***from all quarters*** von überall(her) **6.** (Stadt)Viertel *n* **7.** *Pl* Quartier *n*, Unterkunft *f* (*beide auch* MIL) **8.** *fig* Seite *f*, Stelle *f*: ***in the highest quarters*** an höchster Stelle; ***from official quarters*** von amtlicher Seite **II** *v/t* **9.** vierteln **10.** *bes* MIL einquartieren (**on** bei)
'quar·ter·deck *s* SCHIFF Achterdeck *n*
ˌquar·ter'fi·nals *s Pl* SPORT Viertelfinale *n*
quar·ter·ly ['kwɔːtəlɪ] *Adj und Adv* vierteljährlich
quar·ter note *s* MUS *bes Am* Viertelnote *f*
quar·tet, **quar·tette** [kwɔː'tet] *s* MUS Quartett *n*
quartz [kwɔːts] *s* MIN Quarz *m*
quartz clock, **quartz watch** *s* Quarzuhr *f*
quash [kwɒʃ] *v/t* **1.** JUR *Urteil etc* annullieren, aufheben **2.** *Aufstand etc* niederschlagen, unterdrücken
qua·ver ['kweɪvə] **I** *v/i* **1.** zittern (*Stimme*) **2.** MUS tremolieren **II** *v/t* **3.** *etw* mit zitternder Stimme sagen **III** *s* **4.** Zittern *n* **5.** MUS Tremolo *n* **6.** MUS *Br* Achtelnote *f*
quay [kiː] *s* SCHIFF Kai *m*
quea·sy ['kwiːzɪ] *Adj*: ***I feel queasy*** mir ist übel
▶**queen** [kwiːn] **I** *s* **1.** (*auch Schönheits- etc*)Königin *f*: ***queen bee*** ZOOL Bienenkönigin; ***queen mother*** Königinmutter *f*; → ***English*** 3, ***evidence*** 2 **2.** *Kartenspiel, Schach*: Dame *f*: ***queen of hearts*** Herzdame **3.** *ugs* Schwule *m* **II** *v/t* **4.** *Schach*: *Bauern* in eine Dame verwandeln **5.** ***queen it*** *ugs* die große Dame spielen
'queen·ly *Adj* königlich
queer [kwɪə] **I** *Adj* **1.** komisch, seltsam: ***queer customer*** *ugs* komischer Kauz **2.** *ugs pej* schwul **II** *s* **3.** *ugs pej* Schwule *m* **III** *v/t* **4.** → ***pitch²*** 10
quell [kwel] *v/t Aufstand etc* niederschlagen, unterdrücken; *Zweifel etc* beseitigen
quench [kwentʃ] *v/t Durst* löschen, stillen
quer·u·lous ['kwerʊləs] *Adj* nörglerisch
que·ry ['kwɪərɪ] **I** *s* Frage *f* **II** *v/t* infrage stellen, in Zweifel ziehen
quest [kwest] **I** *s* Suche *f* (**for** nach): ***in quest of*** auf der Suche nach **II** *v/i* suchen (**after, for** nach)
▶**ques·tion** ['kwestʃən] **I** *s* **1.** Frage *f*: ***question mark*** Fragezeichen *n*; ***question master*** *Br* Quizmaster *n*; → ***ask*** 1, ***pop¹*** 7 **2.** Frage *f*, Problem *n*: ***this is not the point in question*** darum geht es nicht **3.** Frage *f*, Sache *f*: ***only a question of time*** nur eine Frage der Zeit **4.** Frage *f*, Zweifel *m*: ***there is no question that, it is beyond question that*** es steht außer Frage, dass; ***there is no question about this*** daran besteht kein Zweifel; ***be out of the question*** nicht infrage kommen; ***call into question*** *siehe* 6 **II** *v/t* **5.** (***about***) befragen (über *Akk*), JUR verhören, -nehmen (zu) **6.** bezweifeln, in Zweifel ziehen, infrage stellen
'ques·tion·a·ble *Adj* **1.** fraglich, zweifelhaft **2.** fragwürdig
'ques·tion·er *s* Fragesteller(in)
'ques·tion·ing **I** *Adj* fragend (*Blick etc*) **II** *s* Befragung *f*, JUR Verhör *n*, Vernehmung *f*
ques·tion·naire [ˌkwestʃə'neə] *s* Fragebogen *m*
▶**queue** [kjuː] *bes Br* **I** *s* Schlange *f*: ***stand in a queue*** *siehe* IIa; → ***jump*** 9 **II** *v/i meist* ***queue up*** (**for** nach, um) **a)** Schlange stehen, anstehen, **b)** sich anstellen
'queue-ˌjump·er *s jemand, der sich vordräng(el)t*; MOT Kolonnenspringer(in)

quib·ble ['kwɪbl] **I** *v/i* sich herumstreiten (***with*** mit; ***about, over*** wegen) **II** *s* kleinliche Beschwerde, Kleinigkeit *f*
▶**quick** [kwɪk] **I** *Adj* **1.** schnell, rasch: ***be quick!*** mach schnell!, beeil dich!; ***be quick to learn*** (*oder* ***at learning***) schnell lernen; ***a quick one*** *ugs* ein Gläschen auf die Schnelle; → ***offence*** 3, ***uptake*** **2.** kurz (*Reise etc*) **3.** aufbrausend, hitzig (*Temperament*) **II** *Adv* **4.** schnell, rasch **III** *s* **5.** ***cut s.o. to the quick*** *fig* j-n tief treffen (***with*** mit)
'**quick-**ˌ**act·ing** *Adj* schnell wirkend (*Medikament*)
'**quick-change** *Adj*: ***quick-change artist*** THEAT Verwandlungskünstler(in)
quick·en ['kwɪkən] *v/t und v/i* (sich) beschleunigen, *v/i auch* schneller werden
quick·ie ['kwɪkɪ] *s ugs etw Schnelles oder Kurzes, z. B.* Gläschen *n oder* Sex *m* auf die Schnelle, kurze Frage *etc*
'**quick·sand** *s* Treibsand *m*
ˌ**quick-'tem·pered** *Adj* aufbrausend, hitzig
ˌ**quick-'wit·ted** *Adj* aufgeweckt; schlagfertig; geistesgegenwärtig
quid [kwɪd] *Pl* **quid** *s Br ugs* Pfund *n* (*Währung*)
▶**qui·et** ['kwaɪət] **I** *Adj* **1.** ruhig, still: ***quiet, please*** Ruhe, bitte **2.** ruhig (*Leben etc*) **3.** geheim, heimlich: ***keep s.th. quiet*** etw für sich behalten **II** *s* **4.** Ruhe *f*, Stille *f*: → ***peace*** 3 **5.** ***on the quiet*** *ugs* heimlich **III** *v/t und v/i* **6.** → ***quieten***
'**qui·et·en** **I** *v/t* **1.** *auch* ***quieten down*** *j-n* beruhigen **2.** *Befürchtungen etc* zerstreuen **II** *v/i* **3.** *auch* ***quieten down*** sich beruhigen
quill [kwɪl] *s* **1.** ORN (Schwanz-, Schwung)Feder *f* **2.** *auch* ***quill pen*** *hist* Federkiel *m* **3.** ZOOL Stachel *m*
quilt [kwɪlt] *s* Steppdecke *f*
'**quilt·ed** *Adj* Stepp…
quin [kwɪn] *s Br ugs* Fünfling *m*
quince [kwɪns] *s* BOT Quitte *f*
qui·nine [kwɪ'niːn] *s* PHARM Chinin *n*
quint [kwɪnt] *s Am ugs* Fünfling *m*
quint·es·sence [kwɪn'tesns] *s* **1.** Quintessenz *f* **2.** Inbegriff *m*
quin·tet, **quin·tette** [kwɪn'tet] *s* MUS Quintett *n*
quin·tu·plet ['kwɪntjʊplɪt] *s* Fünfling *m*
quip [kwɪp] **I** *s* geistreiche *oder* witzige Bemerkung **II** *v/i* witzeln
quirk [kwɜːk] *s* **1.** Eigenart *f*, Schrulle *f* **2.** ***by some quirk of fate*** durch einen verrückten Zufall
quit [kwɪt] (*meist unreg*) *ugs* **I** *v/t* **1.** aufhören mit: ***quit doing s.th.*** aufhören, etw zu tun; ***quit one's job*** kündigen; ***quit smoking*** das Rauchen aufgeben **II** *v/i* **2.** aufhören **3.** kündigen
▶**quite** [kwaɪt] *Adv* **1.** ganz, völlig: ***be quite right*** völlig recht haben; ***quite*** (***so***) *bes Br* genau, ganz Recht **2.** ziemlich: ***quite a disappointment*** eine ziemliche Enttäuschung; ***quite a few*** ziemlich viele; ***quite good*** ganz *oder* recht gut **3.** ***it was quite a*** (*oder* ***some***) ***sight*** das war vielleicht ein Anblick; ***she's quite a girl*** sie ist ein tolles Mädchen
quits [kwɪts] *Adj* quitt (***with*** mit): ***call it quits*** *ugs* es gut sein lassen
quit·ter ['kwɪtə] *s*: ***he's no quitter*** *ugs* er gibt nicht so schnell auf
quiv·er[1] ['kwɪvə] **I** *v/i* zittern (***with*** vor *Dat*; ***at*** bei *einem Gedanken etc*) **II** *s* Zittern *n*
quiv·er[2] ['kwɪvə] *s* Köcher *m*
quix·ot·ic [kwɪk'sɒtɪk] *Adj* (***quixotically***) weltfremd-idealistisch
quiz [kwɪz] **I** *Pl* '**quiz·zes** *s* Quiz *n* **II** *v/t* ausfragen (***about*** über *Akk*)
'**quiz**ˌ**mas·ter** *s* Quizmaster *m*
quiz·zi·cal ['kwɪzɪkl] *Adj* wissend (*Blick etc*)
quoit [kɔɪt] *s* **1.** Wurfring *m* **2.** ***quoits*** *Sg* Wurfringspiel *n*
quo·rate ['kwɔːreɪt] *Adj* beschlussfähig
quo·rum ['kwɔːrəm] *s* Quorum *n* (*zur Beschlussfähigkeit erforderliche Teilnehmerzahl*)
quo·ta ['kwəʊtə] *s* Kontingent *n*, Quote *f*, WIRTSCH *auch* Soll *n*: ***quota system*** *Am* Quotenregelung *f*
quo·ta·tion [kwəʊ'teɪʃn] *s* **1.** Zitat *n* (***from*** aus): ***quotation from the Bible*** Bibelzitat *n* **2.** WIRTSCH Notierung *f* **3.** WIRTSCH (*verbindlicher*) Kosten(vor)anschlag: ***get a quotation*** einen Kostenvoranschlag einholen
quo·ta·tion marks *s Pl* Anführungszeichen *Pl*: ***put in quotation marks*** in Anführungszeichen setzen
quote [kwəʊt] **I** *v/t* **1.** zitieren (***from*** aus); *Beispiel etc* anführen: ***he was quoted as saying that*** er soll gesagt haben, dass **2.** ***be quoted at*** WIRTSCH notieren mit **II** *v/i* **3.** ***quote from*** zitieren **III** *s ugs* **4.** → ***quotation*** 1, 2 **5.** *Pl* Gänsefüßchen *Pl*: ***put*** (*oder* ***place***) ***in quotes*** in Gänsefüßchen setzen **IV** *Adv* **6.** ***quote … unquote*** Zitat … Zitat Ende
quo·tient ['kwəʊʃnt] *s* MATHE Quotient *m*

R

R [ɑː] *Pl* **R's** *s* R *n*: ***the three R's*** (= ***reading, writing, arithmetic***) Lesen *n*, Schreiben *n* und Rechnen *n*
rab·bi ['ræbaɪ] *s* REL Rabbiner *m*
▶**rab·bit** ['ræbɪt] *s* Kaninchen *n*
rab·bit punch *s* Genickschlag *m*
rab·ble ['ræbl] *s* **1.** Pöbel *m*, Mob *m* **2.** SOZIOL *pej* Pöbel *m*
'**rab·ble-**ˌ**rous·ing** *Adj* aufwieglerisch, Hetz…
rab·id ['ræbɪd] *Adj* **1.** VET tollwütig **2.** fanatisch
ra·bies ['reɪbiːz] *s* VET Tollwut *f*
rac·coon → ***racoon***

R

▸**race**[1] [reɪs] *s* **1.** Rasse *f* **2.** Rasse(nzugehörigkeit) *f* **3.** (*Menschen*)Geschlecht *n*

▸**race**[2] [reɪs] **I** *s* **1.** SPORT Rennen *n* (*auch fig* ***for*** um), Lauf *m*: ***race against time*** *fig* Wettlauf mit der Zeit **II** *v/i* **2.** an (einem) Rennen teilnehmen; um die Wette laufen *oder* fahren (***against, with*** mit) **3.** rasen, rennen **4.** durchdrehen (*Motor*) **III** *v/t* **5.** um die Wette laufen *oder* fahren mit **6.** rasen mit: ***race s.o. to hospital*** mit j-m ins Krankenhaus rasen

'race·course *s Pferdesport*: Rennbahn *f*

'race·horse *s* Rennpferd *n*

race meet·ing *s Pferdesport*: Rennveranstaltung *f*

rac·er ['reɪsə] *s* **1.** Rennpferd *n* **2.** Rennrad *n*, -wagen *m*

'race·track *s* **1.** *Automobilsport etc*: Rennstrecke *f* **2.** *bes Am* → ***racecourse***

ra·cial ['reɪʃl] *Adj* rassisch, Rassen...: ***racial discrimination*** Rassendiskriminierung *f*; ***racial segregation*** Rassentrennung *f*

rac·ing ['reɪsɪŋ] *Adj* Renn...: ***racing bicycle*** Rennrad *n*; ***racing car*** Rennwagen *m*; ***racing driver*** Rennfahrer(in)

ra·cism ['reɪsɪzəm] *s* Rassismus *m*

'ra·cist **I** *s* Rassist(in) **II** *Adj* rassistisch

rack[1] [ræk] **I** *s* **1.** Gestell *n*, (*Geschirr-, Zeitungs- etc*)Ständer, BAHN (*Gepäck*)Netz *n*, MOT (*Dach*)Gepäckträger *m* **2.** *hist* Folter(bank) *f*: ***put s.o. on the rack*** j-n auf die Folter spannen (*auch fig*) **II** *v/t* **3.** ***be racked by*** (*oder* ***with***) geplagt *oder* gequält werden von **4.** → ***brain*** 2

rack[2] [ræk] *s*: ***go to rack and ruin*** verfallen (*Gebäude, Person*), dem Ruin entgegentreiben (*Land, Wirtschaft*)

▸**rack·et**[1] ['rækɪt] *s Tennis etc*: Schläger *m*

rack·et[2] ['rækɪt] *s ugs* **1.** Krach *m*, Lärm *m*: ***make a racket*** Krach machen **2.** Schwindel *m*, Gaunerei *f*; (*Drogen- etc*)Geschäft *n*; organisierte Erpressung; Beruf *m*, Branche *f*: ***what's his racket?*** was macht er beruflich?

rack·et·eer [ˌrækə'tɪə] *s ugs* Gauner(in); Erpresser(in)

ra·coon [rə'kuːn] *s* ZOOL Waschbär *m*

rac·y ['reɪsɪ] *Adj* **1.** spritzig (*Geschichte etc*) **2.** gewagt

ra·dar ['reɪdɑː] **I** *s* Radar *m*, *n* **II** *Adj* Radar...: ***radar screen*** Radarschirm *m*; ***radar*** (***speed***) ***trap*** Radarkontrolle *f*; ***radar station*** Radarstation *f*

ra·di·al ['reɪdjəl] **I** *Adj* radial, Radial..., strahlenförmig: ***radial tire*** (*bes Br* ***tyre***) *siehe* II **II** *s* MOT Gürtelreifen *m*

ra·di·ant ['reɪdjənt] *Adj* strahlend (*auch fig* ***with*** vor *Dat*): ***be radiant with joy*** vor Freude strahlen

ra·di·ate ['reɪdɪeɪt] **I** *v/t Licht, Wärme etc* ausstrahlen, *Optimismus etc auch* verströmen **II** *v/i* strahlenförmig ausgehen (***from*** von)

ˌra·di'a·tion *s* **1.** Ausstrahlung *f*, *fig auch* Verströmen *n* **2.** PHYS (*eng. S.* radioaktive) Strahlung: ***radiation level*** Strahlenbelastung *f*; ***radiation sickness*** MED Strahlenkrankheit *f*

ra·di·a·tor ['reɪdɪeɪtə] *s* **1.** Heizkörper *m* **2.** MOT Kühler *m*: ***radiator grill*** Kühlergrill *m*

rad·i·cal ['rædɪkl] **I** *Adj* **1.** radikal (*auch* POL) **2.** MATHE Wurzel...: ***radical sign*** Wurzelzeichen *n* **II** *s* **3.** POL Radikale *m*, *f* **4.** MATHE, LING Wurzel *f*

rad·i·cal·ism ['rædɪkəlɪzəm] *s bes* POL Radikalismus *m*

'rad·i·cal·ize *v/t* radikalisieren

ra·dic·chio [ræ'dɪkjəʊ] *s* BOT Radicchio *m*

ra·di·i ['reɪdɪaɪ] *Pl von* ***radius***

▸**ra·di·o** ['reɪdɪəʊ] **I** *Pl* **ra·di·os** *s* **1.** Radio *n*, Rundfunkgerät *n*; Funkgerät *n* **2.** Radio *n*, Rundfunk *m*: ***on the radio*** im Radio; ***be in radio*** beim Rundfunk sein **3.** Funk *m*: ***by radio*** per *oder* über Funk **II** *v/t* **4.** *Nachricht etc* funken, durchgeben **5.** *j-n, Ort* anfunken **III** *v/i* **6.** ***radio for help*** per *oder* über Funk um Hilfe bitten

ˌra·di·o'ac·tive *Adj* radioaktiv: ***radioactive waste*** Atommüll *m*, radioaktiver Abfall

ˌra·di·o·ac'tiv·i·ty *s* Radioaktivität *f*

ra·di·o a·larm *s* Radiowecker *m*

ra·di·o cab *s* Funktaxi *n*

ra·di·o car *s Am* Funk(streifen)wagen *m*

ra·di·o cas·sette *s* Kassettenrekorder *m*

ra·di·o con·tact *s* Funkkontakt *m*, -verbindung *f*: ***be in radio contact with*** in Funkkontakt stehen mit

ˌra·di·o-con'trolled *Adj* funkgesteuert

ra·di·o fre·quen·cy *s* Hochfrequenz *f*

ra·di·o·gram ['reɪdɪəʊgræm] *s* **1.** Funkspruch *m* **2.** → ***radiograph***

ra·di·o·graph ['reɪdɪəʊgrɑːf] *s* MED Röntgenbild *n*, Röntgenaufnahme *f*

ra·di·o ham → ***ham*** 3

ra·di·o·log·i·cal [ˌreɪdɪəʊ'lɒdʒɪkl] *Adj* MED radiologisch, röntgenologisch

ra·di·ol·o·gist [ˌreɪdɪ'ɒlədʒɪst] *s* Radiologe *m*, Radiologin *f*

ˌra·di'ol·o·gy [ˌreɪdɪ'ɒlədʒɪ] *s* Radiologie *f*

ra·di·o mes·sage *s* Funkspruch *m*

ra·di·o op·er·a·tor *s* Funker(in)

ra·di·o set → ***radio*** 1

ra·di·o sig·nal *s* Funksignal *n*

ra·di·o sta·tion *s* Rundfunksender *m*, -station *f*

ra·di·o tax·i *s* Funktaxi *n*

ra·di·o tel·e·phone *s* Funktelefon *n*

ˌra·di·o'ther·a·py *s* MED Strahlen-, Röntgentherapie *f*

ra·di·o traf·fic *s* Funkverkehr *m*

rad·ish ['rædɪʃ] *s* BOT **1.** Rettich *m* **2.** Radieschen *n*

ra·di·us ['reɪdɪəs] *Pl* **ra·di·i** ['reɪdɪaɪ] *s* **1.** MATHE Radius *m*, Halbmesser *m* **2.** ***within a three-mile radius*** im Umkreis von drei Meilen (***of*** um)

raf·fle ['ræfl] **I** *s* Tombola *f* **II** *v/t oft* ***raffle off*** verlosen

raft [rɑːft] *s* Floß *n*

raft·er ['rɑːftə] *s* (Dach)Sparren *m*

rag [ræg] *s* **1.** Fetzen *m*, Lumpen *m*; Lappen *m*: ***in rags*** in Fetzen (*Stoff etc*); zerlumpt (*Person*); ***be*** (***like***) ***a red rag to a bull to s.o.*** *Br ugs* wie ein rotes Tuch für j-n sein; ***feel like a wet rag*** *ugs* total k.o. sein **2.** *ugs pej* Käseblatt *n*

'rag·bag *s* Sammelsurium *n* (***of*** von)

rage [reɪdʒ] **I** *s* **1.** Wut *f*, Zorn *m*: ***be in a rage*** wütend sein; ***fly into a rage*** wütend werden **2.** *ugs* ***be all the rage*** große Mode sein **II** *v/i* **3.** wettern (***against, at*** gegen); *fig* wüten (*Krankheit, Sturm*), toben (*Meer, Sturm*): ***a raging headache*** rasende Kopfschmerzen *Pl*

rag·ged ['rægɪd] *Adj* **1.** zerlumpt (*Kleidung, Person*) **2.** struppig, zottig (*Bart etc*) **3.** *fig* stümperhaft

raid [reɪd] **I** *s* **1.** (***on***) Überfall *m* (auf *Akk*), MIL *auch* Angriff *m* (gegen) **2.** Razzia *f* (***on*** in *Dat*): ***carry out a raid on*** *siehe* 4 **II** *v/t* **3.** überfallen, MIL *auch* angreifen **4.** eine Razzia machen in (*Dat*)

▶**rail**[1] [reɪl] *s* **1.** Geländer *n* **2.** (*Handtuch*)Halter *m* **3.** BAHN Schiene *f*, *Pl auch* Gleis *n*: ***go off the rails*** **a)** *auch* ***jump the rails*** entgleisen, **b)** *fig* auf die schiefe Bahn geraten **4.** (Eisen-)Bahn *f*: ***by rail*** mit der Bahn

rail[2] [reɪl] *v/i* schimpfen (***against, at*** über *Akk*)

rail·ing ['reɪlɪŋ] *s oft Pl* (Gitter)Zaun *m*

▶**rail·road** ['reɪlrəʊd] **I** *s* **1.** *Am* → ***railway*** **II** *v/t ugs* **2.** *Gesetzesvorlage etc* durchpeitschen (***through*** in *Dat*) **3.** ***railroad s.o. into doing s.th.*** j-n rücksichtslos drängen, etw zu tun

▶**rail·way** ['reɪlweɪ] *s bes Br* Eisenbahn *f*: ***railway station*** Bahnhof *m*

▶**rain** [reɪn] **I** *s* **1.** Regen *m*: ***in the rain*** im Regen; ***the rains*** *Pl* die Regenzeit (*in den Tropen*); → ***pour*** 3 **2.** *fig* (*Schlag- etc*)Hagel *m*, (*Funken*)Regen *m* **II** *v/i* **3.** *unpers* regnen: ***it is raining*** **4.** ***rain down on*** *fig* niederprasseln auf (*Akk*) (*Schläge etc*) **III** *v/t* **5.** → ***cat*** 1 **6.** *fig* ***rain blows on s.o.*** j-n mit Schlägen eindecken; ***rain abuse on s.o.*** j-n mit Beschimpfungen überschütten **7.** ***be rained off*** (*Am* ***out***) wegen Regens abgesagt *oder* abgebrochen werden

rain WF

Das englische Wetter ist gar nicht so schlecht wie sein Ruf. Man muss aber zugeben: Wenn es so viele unterschiedliche Bezeichnungen für Regen gibt, muss es dafür einen Grund geben.

It's …	es …
spitting	tröpfelt
drizzling	nieselt
raining (heavily)	regnet (stark)
pouring	regnet in Strömen
tipping down	schüttet
raining cats and dogs	gießt in Strömen
pelting down	prasselt nieder
bucketing down / coming down in buckets	gießt wie aus Kübeln

'rain·bow *s* Regenbogen *m*

rain check *s* ***take a rain check on s.th.*** später auf etw zurückkommen

'rain·coat *s* Regenmantel *m*

'rain·drop *s* Regentropfen *m*

'rain·fall *s* Niederschlag(smenge *f*) *m*

rain for·est *s* Regenwald *m*

'rain·proof *Adj* regen-, wasserdicht

'rainstorm *s* heftiger Regenguss

'rain,wa·ter *s* Regenwasser *n*

▶**rain·y** ['reɪnɪ] *Adj* regnerisch, verregnet, Regen…: ***the rainy season*** die Regenzeit (*in den Tropen*); ***put away*** (*oder* ***save***) ***s.th. for a rainy day*** etw für schlechte Zeiten zurücklegen

▶**raise** [reɪz] **I** *v/t* **1.** *Arm, gesunkenes Schiff etc* heben; *Vorhang etc* hochziehen: ***raise one's hat*** den Hut ziehen (***to s.o.*** vor j-m; *auch fig*) *oder* lüften; → ***eyebrow*** **2.** *Denkmal etc* errichten **3. a)** *Protest etc* hervorrufen: ***raise a laugh*** Gelächter ernten, **b)** *Erwartungen* (er)wecken: ***raise s.o.'s hopes*** in j-m Hoffnung erwecken; ***raise a suspicion*** Verdacht erregen, **c)** *Gerücht etc* aufkommen lassen, **d)** *Schwierigkeiten* machen **4.** *Staub etc* aufwirbeln: → ***dust*** 1 **5.** *Frage* aufwerfen, *etw* zur Sprache bringen **6.** *Anspruch* geltend machen, *Forderung* stellen **7.** *Kinder* auf-, großziehen; *Tiere* züchten; *Getreide etc* anbauen **8.** *Moral, Stimmung* heben **9.** *Gehalt etc* erhöhen, *Geschwindigkeit etc auch* steigern: → ***power*** 9 **10.** *Hypothek etc* aufnehmen (***on*** auf *Akk*); *Geld* zs.-bringen, beschaffen **11.** *Blockade etc, auch Verbot* aufheben **II** *s* **12.** *bes Am* Lohn- *oder* Gehaltserhöhung *f*

raise und rise SG

⚠ Die Verben **raise** und **rise** werden oft verwechselt. **raise** hat immer ein Objekt, **rise** nie.

Her song raised everybody's mood.	Ihr Lied hob bei allen die Stimmung.
The sun rises in the east.	Die Sonne geht im Osten auf.

rai·sin ['reɪzn] *s* Rosine *f*

rake [reɪk] **I** *s* **1.** Rechen *m*, Harke *f* **II** *v/t* **2.** rechen, harken: ***rake in*** *ugs Geld* kassieren; ***rake it in*** *ugs* das Geld nur so scheffeln; ***rake out*** *ugs etw* herausfinden; ***rake up*** *Laub etc* zs.-rechen, -harken; *ugs Leute* auftreiben, *Geld auch* zs.-kratzen; *ugs alte Geschichten etc* aufwärmen **3.** *Gelände etc* absuchen (***with*** mit *Fernglas etc*) **III** *v/i* **4.** *auch* ***rake about*** (*oder* ***around***) herumstöbern (***in*** in *Dat*)

'rake-off *s ugs* (Gewinn)Anteil *m*, Prozente *Pl*

rak·ish ['reɪkɪʃ] *Adj* flott, verwegen

ral·ly ['rælɪ] **I** *s* **1.** Kundgebung *f*, (Massen)Versammlung *f* **2.** *Motorsport*: Rallye *f* **3.** *Tennis etc*: Ballwechsel *m* **II** *v/t* **4.** *Truppen etc* (wieder) sammeln **III** *v/i* **5.** sich (wieder) sammeln: ***rally round*** *fig* sich zs.-tun; ***rally round s.o.*** *fig* sich um j-n scharen **6.** sich erholen (***from*** von) (*auch* WIRTSCH)

RAM [ræm] *Abk* (= ***random access memory***) Arbeitsspeicher *m*

ram [ræm] **I** *s* **1.** ZOOL Widder *m*, Schafbock *m* **2.** TECH Ramme *f* **II** *v/t* **3.** *Fahrzeug etc* rammen **4.** *Pfosten etc* rammen (***into*** in *Akk*): ***ram down*** *Erde etc* feststampfen, -treten; → ***throat***

ram·ble ['ræmbl] **I** *v/i* **1.** wandern **2.** *auch* ***ramble on*** *pej* faseln (***about*** von, über *Akk*) **II** *s* **3.** Wanderung *f*: ***go for*** (*oder* ***on***) ***a ramble*** eine Wanderung machen

'ram·bling *Adj* **1.** BOT Kletter…: ***rambling rose*** **2.** *fig* weitschweifig, unzusammenhängend **3.** weitläufig (*Gebäude*)

ram·i·fi·ca·tion [,ræmɪfɪ'keɪʃn] *s* Verzweigung *f*, -ästelung *f* (*beide auch fig*)

ram·i·fy ['ræmɪfaɪ] *v/i* sich verzweigen

ramp [ræmp] *s* Rampe *f*

ram·page [ræm'peɪdʒ] **I** *v/i*: ***rampage through*** **a)** (wild *oder* aufgeregt) trampeln durch (*Elefant etc*), **b)** randalierend ziehen durch **II** *s*: ***go on the rampage*** randalieren; ***go on the rampage through*** *siehe* Ib

ramp·ant ['ræmpənt] *Adj* **1.** wuchernd (*Pflanze*): ***be rampant*** wuchern **2.** *fig* grassierend

ram·part ['ræmpɑːt] *s* Wall *m*

ram·shack·le ['ræmʃækl] *Adj* baufällig; klapp(e)rig (*Fahrzeug*)

ran [ræn] *Prät von* ***run***

ranch [rɑːntʃ] *s* **1.** Ranch *f* **2.** (*Geflügel- etc*)

Farm *f*
'ranch·er *s* **1.** Rancher(in) **2.** (*Geflügel- etc*) Züchter(in) **3.** Rancharbeiter(in)
ran·cid ['rænsɪd] *Adj* ranzig: ***go rancid*** ranzig werden
ran·cor *Am* → ***rancour***
ran·cor·ous ['ræŋkərəs] *Adj* voller Groll (***toward[s]*** gegen)
ran·cour ['ræŋkə] *s bes Br* Groll *m*, Erbitterung *f*
ran·dom ['rændəm] **I** *Adj* aufs Geratewohl, zufällig, Zufalls…: ***random sample*** Stichprobe *f*; ***take random samples*** Stichproben machen **II** *s*: ***at random*** aufs Geratewohl
rand·y ['rændɪ] *Adj Br ugs* scharf, geil
rang [ræŋ] *Prät von* ***ring***[2]
range [reɪndʒ] **I** *s* **1.** (*Berg*)Kette *f* **2.** (*Koch-, Küchen*)Herd *m* **3.** (*Schieß-*)Stand *m*, (-)Platz *m* **4.** Entfernung *f*: ***at close*** (*oder* ***short***) ***range*** aus kurzer *oder* kürzester Entfernung, aus nächster Nähe **5.** Reich-, Schuss-, Tragweite *f* **6.** *fig* Bereich *m*, Spielraum *m*, Grenzen *Pl* **7.** WIRTSCH Kollektion *f*, Sortiment *n* **8.** *fig* Bereich *m*, Gebiet *n* **II** *v/i* **9.** schwanken, sich bewegen (***from … to, between … and*** zwischen … und) **III** *v/t* **10.** aufstellen, anordnen
range find·er *s* FOTO *etc* Entfernungsmesser *m*
rang·er ['reɪndʒə] *s* **1.** Förster(in) **2.** *Am* Ranger(in)
▶ **rank**[1] [ræŋk] **I** *s* **1.** Reihe *f*; MIL Glied *n*: ***close ranks*** die Reihen schließen; *fig* sich zs.-schließen **2.** *bes* MIL Rang *m*: ***in rank*** im Rang, rangmäßig; ***he is above me in rank*** er ist ranghöher als ich; ***top rank*** *fig* erstklassig; ***the ranks*** *Pl* (Unteroffiziere *Pl* und) Mannschaften *Pl*; *fig* das Heer, die Masse (*der Arbeitslosen etc*); ***the rank and file*** der Mannschaftsstand; *fig* die Basis (*einer Partei etc*); ***pull rank*** *ugs* den Vorgesetzten herauskehren (***on*** gegenüber); ***rise from the ranks*** vom Mannschaftsrang zum Offizier aufsteigen; *fig* sich hocharbeiten **3.** Rang *m*, (soziale) Stellung **II** *v/t* **4.** rechnen, zählen (***among*** zu); stellen (***above*** über *Akk*): ***be ranked 2nd in the world*** SPORT an 2. Stelle der Weltrangliste stehen **5.** MIL *Am* ranghöher sein als **III** *v/i* **6.** zählen, gehören (***among*** zu); gelten (***as*** als); rangieren (***above*** über *Dat*)
rank[2] [ræŋk] *Adj* **1.** (üppig) wuchernd **2.** übel (riechend *oder* schmeckend) **3.** *fig* krass (*Außenseiter*), blutig (*Anfänger*), blühend (*Unsinn*)
rank·ing ['ræŋkɪŋ] **I** *s* Rangliste *f*, Leistungseinstufung *f* **II** *Adj* MIL *Am* ranghöchst (*Offizier*)
ran·sack ['rænsæk] *v/t* **1.** durchwühlen **2.** plündern
ran·som ['rænsəm] **I** *s* Lösegeld *n*: ***hold s.o. to ransom*** j-n bis zur Zahlung eines Lösegelds gefangen halten; *fig* j-n erpressen; ***ransom demand*** Lösegeldforderung *f* **II** *v/t* auslösen, freikaufen
rant [rænt] *v/i auch* ***rant on, rant and rave*** (***about***) eifern (gegen), sich in Tiraden ergehen (über *Akk*)
rap[1] [ræp] **I** *s* **1.** Klopfen *n*; Klaps *m*: ***give s.o. a rap over the knuckles*** j-m auf die Finger klopfen (*auch fig*) **2.** ***take the rap*** *ugs* den Kopf hinhalten (***for*** für) **3.** MUS Rap *m* **II** *v/t* **4.** klopfen an (*Akk*) *oder* auf (*Akk*): ***rap s.o. over the knuckles*** j-m auf die Finger klopfen (*auch fig*) **5.** *meist* ***rap out*** *Befehl etc* bellen, *Fluch etc* ausstoßen **III** *v/i* **6.** klopfen (***at*** an *Akk*; ***on*** auf *Akk*) **7.** MUS rappen
rap[2] [ræp] *s*: ***I don't care a rap*** (***for it***) das ist mir völlig egal
ra·pa·cious [rə'peɪʃəs] *Adj* **1.** habgierig **2.** räuberisch **3.** ORN, ZOOL Raub…
ra·pac·i·ty [rə'pæsətɪ] *s* Habgier *f*
rape[1] [reɪp] **I** *s* Vergewaltigung *f*, JUR Notzucht *f* **II** *v/t* vergewaltigen
rape[2] [reɪp] *s* BOT Raps *m*: ***rape*** (***seed***) ***oil*** Rapsöl *n*
rap·id ['ræpɪd] **I** *Adj* schnell, rasch: ***rapid reaction force*** Eingreiftruppe *f* **II** *s Pl* Stromschnellen *Pl*
'rap·id-fire *Adj* **1.** MIL Schnellfeuer… **2.** *fig* schnell (aufeinanderfolgend)
ra·pid·i·ty [rə'pɪdətɪ] *s* Schnelligkeit *f*
rap·ist ['reɪpɪst] *s* Vergewaltiger *m*
rap·port [ræ'pɔː] *s* harmonisches Verhältnis (***between*** zwischen *Dat*; ***with*** zu)
rap·proche·ment [ræ'prɒʃmɑ̃ːŋ] *s bes* POL (Wieder)Annäherung *f* (***between*** zwischen *Dat*)
rapt [ræpt] *Adj*: ***with rapt attention*** mit gespannter Aufmerksamkeit
rap·ture ['ræptʃə] *s, auch Pl* Entzücken *n*, Verzückung *f*: ***be in raptures*** entzückt *oder* hingerissen sein (***about, at, over*** von); ***go into raptures*** in Verzückung geraten (***about, at, over*** über *Akk*)
▶ **rare**[1] [reə] *Adj* **1.** selten, rar **2.** dünn (*Luft*)
rare[2] [reə] *Adj* blutig (*Steak*)
rar·e·fied ['reərɪfaɪd] *Adj* **1.** dünn (*Luft*) **2.** *fig* exklusiv
▶ **rare·ly** ['reəlɪ] *Adv* selten
rar·ing ['reərɪŋ] *Adj*: ***be raring to do s.th.*** *ugs* es kaum mehr erwarten können *oder* ganz wild darauf sein, etw zu tun
rar·i·ty ['reərətɪ] *s* Seltenheit *f*, (*Briefmarke etc auch*) Rarität *f*
ras·cal ['rɑːskəl] *s hum* Schlingel *m*
rash[1] [ræʃ] *Adj* voreilig, -schnell
rash[2] [ræʃ] *s* **1.** MED (Haut)Ausschlag *m*: → ***come out*** 5 **2.** *fig* Flut *f*
rash·er ['ræʃə] *s* dünne Scheibe (*Frühstücksspeck etc*)
rasp [rɑːsp] **I** *s* **1.** Raspel *f* **2.** Kratzen *n* **II** *v/t* **3.** raspeln: ***rasp off*** abraspeln
rasp·ber·ry ['rɑːzbərɪ] *s* BOT Himbeere *f*
rasp·ing ['rɑːspɪŋ] *Adj* kratzend (*Geräusch*); krächzend (*Stimme*)
▶ **rat** [ræt] **I** *s* ZOOL Ratte *f* (*auch ugs pej*): ***smell a rat*** *fig* Lunte *oder* den Braten riechen; ***rats!*** *ugs* Mist! **II** *v/i*: ***rat on*** *ugs* *j-n* im Stich lassen; *j-n* verpfeifen; aussteigen aus (*einem Projekt etc*)
▶ **rate** [reɪt] **I** *s* **1.** Quote *f*, (*Inflations- etc*)Rate *f*, (*Geburten-, Sterbe*)Ziffer *f* **2.** (*Steuer-, Zins- etc*)Satz *m*, (*Wechsel*)Kurs *m*; ***at any rate*** *fig* auf jeden Fall **3.** *meist Pl Br* Gemeinde-, Kommunalsteuer *f* **4.** Geschwindigkeit *f*, Tempo *n* **II** *v/t* **5.** einschätzen (***highly*** hoch), halten (***as*** für): ***be rated as*** gelten als **6.** *Lob etc* verdienen
▶ **rath·er** ['rɑːðə] **I** *Adv* **1.** ziemlich: ***rather a success*** ein ziemlicher Erfolg; ***rather a cold night, a rather cold night*** eine ziemlich kalte Nacht **2.** ***I would rather stay at home*** ich möchte lieber zu Hause bleiben **3.** ***or rather*** (od) vielmehr **II** *Interj* **4.** *bes Br ugs* freilich!, und ob!
rat·i·fi·ca·tion [ˌrætɪfɪ'keɪʃn] *s* POL Ratifizierung *f*
rat·i·fy ['rætɪfaɪ] *v/t* ratifizieren
rat·ing ['reɪtɪŋ] *s* **1.** Einschätzung *f* **2.** RUND-

FUNK, TV Einschaltquote *f*
ra·ti·o ['reɪʃɪəʊ] *Pl* **ra·ti·os** *s* MATHE *etc* Verhältnis *n* (**of … to** von … zu)
ra·tion ['ræʃn] **I** *s* **1.** Ration *f* **II** *v/t* **2.** *etw* rationieren
ra·tion·al ['ræʃənl] *Adj* rational: **a)** vernunftbegabt, **b)** vernünftig
ra·tion·al·ism ['ræʃnəlɪzəm] *s* Rationalismus *m*
'ra·tion·al·ist **I** *s* Rationalist(in) **II** *Adj* rationalistisch
ˌra·tion·al'is·tic *Adj* (**rationalistically**) rationalistisch
ra·tion·al·i'za·tion [ˌræʃnəlaɪ'zeɪʃn] *s* WIRTSCH Rationalisierung *f*
'ra·tion·al·ize ['ræʃnəlaɪz] *v/t* **1.** rational erklären **2.** WIRTSCH rationalisieren
rat poi·son *s* Rattengift *n*
rat race *s ugs* endloser Konkurrenzkampf
rat·tle ['rætl] **I** *v/i* **1.** klappern (*Fenster etc*); rasseln, klirren (*Ketten*); klimpern (*Münzen etc*); prasseln (**on** auf *Akk*) (*Regen etc*); knattern (*Fahrzeug*): **rattle at** rütteln an (*Dat*); **rattle on** *ugs* quasseln (**about** über *Akk*); **rattle through** *Rede etc* herunterrasseln; *Arbeit* in Windeseile erledigen **II** *v/t* **2.** rasseln *oder* klimpern mit; rütteln an (*Dat*): **rattle off** *Gedicht etc* herunterrasseln **3.** *ugs j-n* verunsichern **III** *s* **4.** Klappern *n* (*etc, siehe* 1) **5.** Rassel *f*, Klapper *f* (*Spielzeug*), Knarre *f*, Schnarre *f* (*Lärminstrument*)
'rat·tle·snake *s* ZOOL Klapperschlange *f*
'rat·tle·trap *s ugs* Klapperkiste *f* (*Auto*)
'rat·trap *s ugs* Bruchbude *f*
rat·ty ['rætɪ] *Adj ugs* **1.** *Am* schäbig (*Kleidungsstück*) **2.** gereizt: **there's no need to be ratty** sei doch nicht gleich so gereizt
rau·cous ['rɔːkəs] *Adj* heiser, rau
rav·age ['rævɪdʒ] **I** *v/t* verwüsten **II** *s Pl* Verwüstungen *Pl*, *auch fig* verheerende Auswirkungen *Pl*
rave [reɪv] **I** *v/i* **1.** fantasieren, irrereden **2.** toben; wettern (**at** gegen) **3.** schwärmen (**about** von) **II** *s* Rave(party *f*) *m*, *n* (*Fete, bes mit Technomusik*)
rav·el ['rævl] *Prät und Part Perf* **rav·eled**, *bes Br* **rav·elled** **I** *v/t* **1.** *auch* **ravel up** verwickeln, -wirren **II** *v/i* **2.** *auch* **ravel up** sich verwickeln *oder* -wirren
ra·ven ['reɪvn] *s* ORN Rabe *m*
rav·en·ous ['rævənəs] *Adj* ausgehungert, heißhungrig
ra·vine [rə'viːn] *s* Schlucht *f*, Klamm *f*
rav·ing ['reɪvɪŋ] **I** *Adj* **1.** tobend **2.** fantasierend **3.** *ugs* toll (*Erfolg*), hinreißend (*Schönheit*) **II** *Adv* **4.** **raving mad** *ugs* völlig *oder* total übergeschnappt **III** *s Pl* **5.** Fantasien *Pl*, irres Gerede
rav·i·o·li [ˌrævɪ'əʊlɪ] *s Sg* Ravioli *Pl*
rav·ish ['rævɪʃ] *v/t* hinreißen
'rav·ish·ing *Adj* hinreißend
►**raw** [rɔː] **I** *Adj* **1.** roh (*Gemüse etc*) **2.** WIRTSCH, TECH roh, Roh…: **raw material** Rohstoff *m* **3.** unerfahren, grün **4.** wund (*Haut*) **5.** nasskalt (*Wetter, Tag etc*) **6.** **get a raw deal** *ugs* benachteiligt *oder* ungerecht behandelt werden **II** *s* **7.** **in the raw** im Natur- *oder* Urzustand; *ugs* nackt
ˌraw'boned *Adj* hager, knochig
►**ray¹** [reɪ] *s* Strahl *m*: **ray of light** Lichtstrahl; **ray of hope** Hoffnungsstrahl, -schimmer *m*
ray² [reɪ] *s* ZOOL Rochen *m*
ray·on ['reɪɒn] *s* Kunstseide *f*
raze [reɪz] *v/t*: **raze to the ground** dem Erdboden gleichmachen
►**ra·zor** ['reɪzə] *s* Rasiermesser *n*; -apparat *m*
ra·zor blade *s* Rasierklinge *f*
ra·zor edge *s*: **be on a razor edge** *fig* auf des Messers Schneide stehen
ˌra·zor-'sharp *Adj* messerscharf (*auch fig Verstand*)
raz·zle ['ræzl] *s*: **go on the razzle** *ugs* auf den Putz hauen
re [riː] *Präp*: **re your letter of …** WIRTSCH Betr.: Ihr Schreiben vom …
►**reach** [riːtʃ] **I** *v/t* **1.** *j-n, etw, Ort, Alter etc* erreichen **2.** **reach out** *Arm etc* ausstrecken **3.** **reach down** herunter-, hinunterreichen (**from** von) **4.** reichen *oder* gehen bis an (*Akk*) *oder* zu **II** *v/i* **5.** *auch* **reach out** greifen, langen (**for** nach) (*beide auch fig*) **6.** **reach out** die Hand ausstrecken **7.** reichen, gehen, sich erstrecken (**as far as, to** bis an *Akk oder* zu): **as far as the eye can reach** so weit das Auge reicht **III** *s* **8.** Reichweite *f* (*auch Boxen*): **within** (**out of**) **s.o.'s reach** in (außer) j-s Reichweite; **be within easy reach** leicht zu erreichen sein (*Instrument etc*); **she lives within easy reach of the shops** (*bes Am* **stores**) von ihrer Wohnung aus sind die Geschäfte leicht zu erreichen
re·act [rɪ'ækt] *v/i* **1.** reagieren (**to** auf *Akk*): **react against** sich wehren gegen **2.** CHEM reagieren (**with** mit)
re·ac·tion [rɪ'ækʃn] *s* Reaktion *f* (*auch* CHEM, POL *etc*)
re'ac·tion·ar·y POL **I** *Adj* reaktionär **II** *s* Reaktionär(in)
re·ac·ti·vate [rɪ'æktɪveɪt] *v/t* reaktivieren
re·ac·tive [rɪ'æktɪv] *Adj* CHEM reaktiv, reaktionsfähig
re'ac·tor *s* PHYS Reaktor *m*: **reactor core** Reaktorkern *m*
►**read¹** [riːd] **I** *v/t* (*unreg*) **1.** lesen: **read in** COMPUTER *einen Text etc* einlesen; **read s.th. into** etw hineinlesen in (*Akk*); **read out** verlesen; **read s.th. to s.o., read s.o. s.th.** j-m etw vorlesen; **read over** (*oder* **through**) (sich) *etw* durchlesen; **read up** nachlesen; **we can take it as read that** wir können davon ausgehen, dass **2.** *Zähler etc* ablesen **3.** (an)zeigen, stehen auf (*Dat*) (*Thermometer etc*) **4.** UNI studieren **5.** deuten, verstehen (**as** als) **II** *v/i* (*unreg*) **6.** lesen: **I've read about it** ich habe darüber *oder* davon gelesen; **read to s.o.** j-m (etw) vorlesen (**from** aus); → **line¹** 3 **7.** **read as follows** folgendermaßen lauten **8.** sich *gut etc* lesen **9.** sich vorbereiten (**for** auf *eine Prüfung*): **read up on** *etw* nachlesen; → **bar** 9 **III** *s* **10.** **be a good read** *bes Br* sich gut lesen
read² [red] *Prät und Part Perf von* **read¹**
read·a·ble ['riːdəbl] *Adj* lesbar: **a)** lesenswert, **b)** leserlich
►**read·er** ['riːdə] *s* **1.** Leser(in) **2.** Lektor(in) **3.** PÄD Lesebuch *n*
'read·er·ship *s* Leser(kreis *m*, -schaft *f*) *Pl*
read·i·ly ['redɪlɪ] *Adv* **1.** bereitwillig **2.** leicht, ohne Weiteres
'read·i·ness *s* **1.** Bereitschaft *f*: **readiness to help** Hilfsbereitschaft **2.** Gewandtheit *f*
read·ing ['riːdɪŋ] **I** *s* **1.** Lesen *n* **2.** Lesung *f* (*auch* PARL) **3.** **be** (*oder* **make**) **good reading** sich gut lesen **4.** Deutung *f*, Auslegung *f* **5.** TECH Anzeige *f*, (*Barometer- etc*)Stand *m* **II** *Adj* **6.** Lese…: **reading glasses** *Pl* Lesebrille *f*; **reading lamp** Leselampe *f*; **reading matter**

Lesestoff *m*, Lektüre *f*; ***reading room*** Lesezimmer *n*, -saal *m*

re·ad·just [ˌriːəˈdʒʌst] **I** *v/t* TECH nachstellen, korrigieren: ***readjust o.s.*** *siehe* II **II** *v/i* (***to***) sich wieder anpassen (*Dat oder* an *Akk*), sich wieder einstellen (auf *Akk*)

ˌre·adˈjust·ment *s* **1.** Nachstellung *f*, Korrektur *f* **2.** (***to***) Wiederanpassung *f* (an *Akk*), Wiedereinstellung *f* (auf *Akk*)

read-on·ly [ˈriːdˌəʊnlɪ] *Adj* COMPUTER schreibgeschützt: ***read-only memory*** Lesespeicher *m*

▶**read·y** [ˈredɪ] **I** *Adj* (→ ***readily***) **1.** bereit, fertig (***for s.th.*** für etw; ***to do*** zu tun): ***ready for takeoff*** FLUG startbereit, -klar; ***get*** (*oder* ***make***) ***ready*** (sich) bereit *oder* fertig machen; ***get ready for an examination*** sich auf eine Prüfung vorbereiten **2.** ***be ready to do s.th.*** bereit *oder* willens sein, etw zu tun; ***ready to help*** hilfsbereit, -willig **3.** schnell, schlagfertig **4.** im Begriff, nahe daran (***to do*** zu tun): → ***drop*** 10 **5.** ***ready money*** (*oder* ***cash***) Bargeld *n* **II** *s* **6.** ***the ready*** *ugs* Bargeld *n*: ***be a bit short of the ready*** knapp bei Kasse sein

ˈread·y-made *Adj* **1.** Konfektions…: ***ready-made suit*** Konfektionsanzug *m* **2.** *fig* passend, geeignet (*Entschuldigung etc*): ***ready-made solution*** Patentlösung *f*

re·af·firm [ˌriːəˈfɜːm] *v/t* nochmals versichern *oder* bestätigen

re·af·for·est [ˌriːəˈfɒrɪst] *v/t* wieder aufforsten

ˌre·af·for·esˈta·tion *s* Wiederaufforstung *f*

re·a·gent [riːˈeɪdʒənt] *s* CHEM Reagens *n*

▶**re·al** [rɪəl] **I** *Adj* (→ ***really***) **1.** echt (*Gold, Gefühl etc*): ***real time*** *auch* IT Echtzeit *f* **2.** real, tatsächlich, wirklich: ***taken from real life*** aus dem Leben gegriffen; ***his real name*** sein richtiger Name; ***the real reason*** der wahre Grund **3.** ***real estate*** Grundeigentum *n*, Immobilien *Pl*; ***real estate agent*** *Am* → ***estate agent*** **II** *Adv* **4.** *bes Am ugs* sehr: ***I'm real sorry*** tut mir echt leid **III** *s* **5.** ***for real*** *ugs* echt, im Ernst: ***be for real*** ernst gemeint sein

real als Adverb SG

In der amerikanischen Umgangssprache wird anstelle von **really** auch **real** als Adverb benutzt:

That movie was real cool.	Der Film war echt super!

re·al·ism [ˈrɪəlɪzəm] *s* Realismus *m*

ˈre·al·ist *s* Realist(in)

ˌre·alˈis·tic *Adj* (***realistically***) realistisch

▶**re·al·i·ty** [rɪˈælətɪ] *s* Realität *f*, Wirklichkeit *f*: ***in reality*** in Wirklichkeit; ***become*** (***a***) ***reality*** wahr werden

re·al·i·za·tion [ˌrɪəlaɪˈzeɪʃn] *s* **1.** Erkenntnis *f* **2.** Realisation *f* (*auch* WIRTSCH), Realisierung *f*, Verwirklichung *f*

▶**re·al·ize** [ˈrɪəlaɪz] *v/t* **1.** erkennen, begreifen, einsehen: ***he realized that*** *auch* ihm wurde klar, dass **2.** realisieren, verwirklichen **3.** WIRTSCH realisieren, zu Geld machen

▶**re·al·ly** [ˈrɪəlɪ] *Adv* **1.** wirklich, tatsächlich: ***really?*** *auch* im Ernst? **2.** eigentlich: ***not really*** eigentlich nicht **3.** ***well, really!*** ich muss schon sagen! **4.** ***you really must come*** du musst unbedingt kommen

realm [relm] *s*, *auch Pl fig* Reich *n*: ***be within the realms of possibility*** im Bereich des Möglichen liegen

re·an·i·mate [ˌriːˈænɪmeɪt] *v/t* **1.** MED wieder beleben **2.** *fig* neu beleben

ˌre·an·iˈma·tion *s* **1.** MED Wiederbelebung *f* **2.** *fig* Neubelebung *f*

reap [riːp] *v/t Getreide etc* schneiden, ernten; *Feld* abernten: ***reap the benefit(s) of*** *fig* die Früchte (*Gen*) ernten

re·ap·pear [ˌriːəˈpɪə] *v/i* wieder erscheinen *oder* auftauchen

re·ap·prais·al [ˌriːəˈpreɪzl] *s* Neubewertung *f*, -beurteilung *f*

rear[1] [rɪə] **I** *v/t* **1.** *Kind, Tier* auf-, großziehen **2.** *Kopf* heben, aufwerfen **II** *v/i* **3.** sich aufbäumen (*Pferd*)

rear[2] [rɪə] **I** *s* **1.** Hinter-, Rückseite *f*, MOT Heck *n*: ***at*** (*Am* ***in***) ***the rear of*** hinter (*Dat*); ***in the rear*** hinten, im Heck **2.** *ugs* Hintern *m* **3.** ***bring up the rear*** die Nachhut bilden **II** *Adj* **4.** hinter, Hinter…, Rück…, MOT *auch* Heck…: ***rear axle*** Hinterachse *f*; ***rear exit*** Hinterausgang *m*; ***rear window*** Heckscheibe *f*; ***rear wiper*** Heckscheibenwischer *m*

ˈrear·guard *s* MIL Nachhut *f*

re·arm [ˌriːˈɑːm] *v/i* MIL wieder aufrüsten

re·ar·ma·ment [rɪˈɑːməmənt] *s* Wiederaufrüstung *f*

rear·most [ˈrɪəməʊst] *Adj* hinterst

re·ar·range [ˌriːəˈreɪndʒ] *v/t Pläne etc* ändern; *Möbel etc* umstellen; die Möbel umstellen in (*Dat*)

ˈrear-view mir·ror *s* MOT Innen-, Rückspiegel *m*

rear·ward [ˈrɪəwəd] **I** *Adj* hinter, rückwärtig **II** *Adv* rückwärts

ˈrear·wards → ***rearward*** II

▶**rea·son** [ˈriːzn] **I** *s* **1.** Grund *m* (***for*** für): ***by reason of*** wegen; ***for reasons of health*** aus Gesundheitsgründen; ***with reason*** zu Recht; ***without any reason, for no reason*** ohne Grund, grundlos; ***there is every reason to believe that*** alles spricht dafür, dass; ***have every reason*** guten Grund haben (***to do*** zu tun) **2.** Verstand *m* **3.** Vernunft *f*: ***listen to reason*** Vernunft annehmen **II** *v/i* **4.** logisch denken **5.** vernünftig reden (***with*** mit) **III** *v/t* **6.** folgern (***that*** dass)

▶**rea·son·a·ble** [ˈriːznəbl] *Adj* **1.** vernünftig **2.** ganz gut, nicht schlecht **3.** *ugs* billig, günstig

ˈrea·son·a·bly *Adv* **1.** vernünftig **2.** ziemlich, einigermaßen

ˈrea·son·ing *s* **1.** logisches Denken **2.** Gedankengang *m*; Argumentation *f*

re·as·sem·ble [ˌriːəˈsembl] *v/t* TECH wieder zs.-bauen

re·as·sur·ance [ˌriːəˈʃɔːrəns] *s* Beruhigung *f*

ˌre·asˈsure *v/t* beruhigen

re·bate [ˈriːbeɪt] *s* **1.** Rabatt *m*, (Preis-)Nachlass *m* **2.** Rückzahlung *f*, -vergütung *f*

reb·el[1] [ˈrebl] **I** *s* Rebell(in) **II** *Adj* **a)** → ***rebellious***, **b)** Rebellen…

re·bel[2] [rɪˈbel] *v/i* rebellieren, sich auflehnen (***against*** gegen)

reˈbel·lion [rɪˈbeljən] *s* Rebellion *f*, Aufstand *m*

reˈbel·lious [rɪˈbeljəs] *Adj* rebellisch (*auch Jugendlicher etc*), aufständisch

re·birth [ˌriːˈbɜːθ] *s* Wiedergeburt *f* (*auch fig*)

re·boot [ˌriːˈbuːt] *v/i und v/t Computer etc* neu booten, neu laden

re·bound **I** *v/i* [rɪˈbaʊnd] **1.** ab-, zurückprallen (***from*** von) **2.** *fig* zurückfallen (***on*** auf *Akk*) **II**

s ['riːbaʊnd] **3.** SPORT Abpraller *m*, (*Basketball*) Rebound *m*
re·buff [rɪ'bʌf] **I** *v/t* schroff abweisen **II** *s* schroffe Abweisung: ***meet with a rebuff*** schroff abgewiesen werden
re·build [ˌriː'bɪld] *v/t* (*unreg* ***build***) **1.** wieder aufbauen **2.** umbauen **3.** *fig* wieder aufbauen
re·buke [rɪ'bjuːk] **I** *v/t* rügen, tadeln (***for*** wegen) **II** *s* Rüge *f*, Tadel *m*
re·cal·ci·trant [rɪ'kælsɪtrənt] *Adj* aufsässig
re·call [rɪ'kɔːl] **I** *v/t* **1.** *j-n* zurückrufen, *Botschafter etc auch* abberufen; *defekte Autos etc* (in die Werkstatt) zurückrufen **2. a)** sich erinnern an (*Akk*): ***I can't recall seeing her*** ich kann mich nicht daran erinnern, sie gesehen zu haben, **b)** erinnern an (*Akk*) **II** *s* **3.** Zurückrufung *f*, Abberufung *f*; Rückruf(aktion *f*) *m* **4.** Gedächtnis *n*: ***have total recall*** das absolute Gedächtnis haben **5.** ***be past recall*** für immer vorbei sein
re·cap[1] ['riːkæp] *ugs* → ***recapitulate***, ***recapitulation***
re·cap[2] [ˌriː'kæp] *v/t Am Reifen* runderneuern
re·ca·pit·u·late [ˌriːkə'pɪtjʊleɪt] *v/t und v/i* rekapitulieren, (kurz) zs.-fassen
're·caˌpit·u'la·tion *s* Rekapitulation *f*, (kurze) Zs.-fassung
re·cap·ture [ˌriː'kæptʃə] **I** *v/t* **1.** *Tier* wieder einfangen, *ausgebrochenen Häftling auch* wieder fassen **2.** MIL zurückerobern **II** *s* **3.** Wiedereinfangen *n*, Wiederergreifung *f* **4.** MIL Zurückeroberung *f*
re·cast [ˌriː'kɑːst] *v/t* (*unreg* ***cast***) **1.** umformen (*auch fig*); TECH umgießen **2.** THEAT *etc* neu besetzen, umbesetzen
re·cede [rɪ'siːd] *v/i* schwinden (*Hoffnung etc*)
re'ced·ing *Adj* fliehend (*Kinn, Stirn*)
re·ceipt [rɪ'siːt] *s* **1.** *bes* WIRTSCH Empfang *m*, Erhalt *m*, (*auch von Waren*) Eingang *m*: ***on receipt of*** nach Empfang (*Gen*) **2.** *bes* WIRTSCH Empfangsbescheinigung *f*, -bestätigung *f*, Quittung *f* **3.** *Pl* WIRTSCH Einnahmen *Pl*
▸ **re·ceive** [rɪ'siːv] *v/t* **1.** bekommen, empfangen, erhalten; *Aufmerksamkeit* finden **2.** *j-n* empfangen; *Vorschlag etc* aufnehmen **3.** *j-n* aufnehmen (***into*** in *Akk*) **4.** FUNK, RUNDFUNK, TV empfangen: ***are you receiving me?*** hören Sie mich?
re'ceiv·er *s* **1.** Empfänger(in) **2.** TEL Hörer *m* **3.** *auch* ***official receiver*** JUR *Br* Konkursverwalter(in) **4.** Hehler(in)
re'ceiv·ing **I** *s* Hehlerei *f* **II** *Adj*: ***be on the receiving end of*** *ugs* derjenige sein, der *etw* ausbaden muss; *etw* abkriegen
re·cent ['riːsnt] *Adj* jüngst (*Ereignisse etc*); neuer (*Foto etc*)
▸ **re·cent·ly** ['riːsntlɪ] *Adv* kürzlich, vor kurzem; in letzter Zeit
re·cep·ta·cle [rɪ'septəkl] *s* Behälter *m*
▸ **re·cep·tion** [rɪ'sepʃn] *s* **1.** (*auch offizieller*) Empfang: ***give*** (*oder* ***hold***) ***a reception*** einen Empfang geben; ***give s.o. an enthusiastic reception*** j-m einen begeisterten Empfang bereiten **2.** *Hotel*: Rezeption *f*: **a)** *auch* ***reception desk*** Empfang *m*: ***at reception*** am *oder* beim Empfang, **b)** Empfangshalle *f*: ***in reception*** in der Empfangshalle **3.** Aufnahme *f* (***into*** in *Akk*) **4.** FUNK, RUNDFUNK, TV Empfang *m*
re'cep·tion·ist [rɪ'sepʃənɪst] *s* **1.** Empfangsdame *f*, -chef *m* **2.** MED Sprechstundenhilfe *f*
re·cep·tive [rɪ'septɪv] *Adj* aufnahmefähig; empfänglich (***to*** für)

R

re·cess [rɪ'ses] **I** *s* **1.** Pause *f* (*Am auch* PÄD), Unterbrechung *f*, PARL Ferien *Pl* **2.** Nische *f* **II** *v/t* **3.** in eine Nische stellen **4.** einbauen: ***recessed*** Einbau…
re·ces·sion [rɪ'seʃn] *s* WIRTSCH Rezession *f*
re·cid·i·vist [rɪ'sɪdɪvɪst] *s* Rückfalltäter(in)
rec·ipe ['resɪpɪ] *s* GASTR Rezept *n* (***for*** für) (*auch fig*)
rec·ipe book *s* Kochbuch *n*
re·cip·i·ent [rɪ'sɪpɪənt] *s* Empfänger(in)
re·cip·ro·cal [rɪ'sɪprəkl] *Adj* wechsel-, gegenseitig; LING, MATHE reziprok
re'cip·ro·cate [rɪ'sɪprəkeɪt] **I** *v/t Einladung, Gefühle etc* erwidern **II** *v/i* sich revanchieren (***for*** für)
reˌcip·ro'ca·tion *s* Erwiderung *f*
re·cit·al [rɪ'saɪtl] *s* **1.** Vortrag *m*, (*Klavier- etc*) Konzert *n*, (*Lieder*)Abend *m* **2.** Schilderung *f*
rec·i·ta·tion [ˌresɪ'teɪʃn] *s* **1.** Auf-, Hersagen *n* **2.** Rezitation *f*, Vortrag *m*
rec·i·ta·tive [ˌresɪtə'tiːv] *s* MUS Rezitativ *n*
re·cite [rɪ'saɪt] *v/t* **1.** auf-, hersagen **2.** rezitieren, vortragen **3.** aufzählen
reck·less ['reklɪs] *Adj* rücksichtslos
'reck·less·ness *s* Rücksichtslosigkeit *f*
reck·on ['rekən] **I** *v/t* **1.** aus-, berechnen: ***reckon up*** zs.-rechnen **2.** ***reckon s.o. to be clever*** j-n für clever halten: ***he is reckoned to be clever*** er gilt als clever **3.** rechnen, zählen (***among*** zu) **4.** glauben, schätzen (***that*** dass) **II** *v/i* **5.** ***reckon on*** rechnen auf (*Akk*) *oder* mit; ***reckon with*** rechnen mit; ***he's a man to be reckoned with*** mit ihm muss man rechnen; ***you'll have me to reckon with*** du wirst es mit mir zu tun bekommen; ***reckon without*** nicht rechnen mit
'reck·on·ing *s* Berechnung *f*: ***by my reckoning*** nach meiner (Be)Rechnung; ***be out in one's reckoning*** sich verrechnet haben
re·claim [rɪ'kleɪm] *v/t* **1.** zurückfordern, -verlangen (***from*** von); *Gepäck etc* abholen **2.** ***reclaim land from the sea*** dem Meer Land abgewinnen **3.** TECH, CHEM wiedergewinnen (***from*** aus)
rec·la·ma·tion [ˌreklə'meɪʃn] *s* **1.** Rückforderung *f* **2.** TECH, CHEM Wiedergewinnung *f*
re·cline [rɪ'klaɪn] *v/i* sich zurücklehnen: ***reclining seat*** Liegesitz *m*
re·cluse [rɪ'kluːs] *s* Einsiedler(in)
rec·og·ni·tion [ˌrekəg'nɪʃn] *s* **1.** (Wieder)Erkennen *n*: ***be burnt beyond recognition*** bis zur Unkenntlichkeit verbrennen; ***the town has changed beyond recognition*** die Stadt ist nicht wieder zu erkennen **2.** Anerkennung *f*: ***in recognition of*** als Anerkennung für, in Anerkennung (*Gen*); ***gain*** (*oder* ***get, win***) ***recognition*** Anerkennung finden
rec·og·niz·a·ble ['rekəgnaɪzəbl] *Adj* (wieder) erkennbar: ***be hardly recognizable*** kaum zu erkennen sein
▸ **re·cog·nize** ['rekəgnaɪz] *v/t* **1.** (wieder) erkennen (***by*** an *Dat*) **2.** anerkennen (*auch* POL) **3.** eingestehen, zugeben (***that*** dass)
re·coil **I** *v/i* [rɪ'kɔɪl] **1.** zurückschrecken (***from*** vor *Dat*) (*auch fig*): ***recoil from doing s.th.*** davor zurückschrecken, etw zu tun **2.** zurückstoßen (*Gewehr etc*) **3.** ***recoil on*** *fig* zurückfallen auf (*Akk*) **II** *s* ['riːkɔɪl] **4.** Rückstoß *m*
rec·ol·lect [ˌrekə'lekt] **I** *v/t* sich erinnern an (*Akk*): ***recollect doing s.th.*** sich daran erinnern, etw getan zu haben **II** *v/i*: ***as far as I*** (***can***) ***recollect*** soweit ich mich erinnere
ˌrec·ol'lec·tion *s* Erinnerung *f* (***of*** an *Akk*): ***to***

the best of my recollection soweit ich mich erinnere

▶**rec·om·mend** [ˌrekəˈmend] *v/t* **1.** empfehlen (***as*** als; ***for*** für): ***recommend doing s.th.*** empfehlen *oder* raten, etw zu tun **2.** sprechen für: ***he has little to recommend him*** es spricht wenig für ihn

ˌrec·omˈmend·a·ble *Adj* empfehlenswert; ratsam

rec·om·men·da·tion [ˌrekəmenˈdeɪʃn] *s* Empfehlung *f*: ***on s.o.'s recommendation*** auf j-s Empfehlung

rec·om·pense [ˈrekəmpens] **I** *v/t* entschädigen (***for*** für) **II** *s* Entschädigung *f*: ***as a*** (*oder* ***in***) ***recompense*** als Entschädigung (***for*** für)

rec·on·cile [ˈrekənsaɪl] *v/t* **1.** ver-, aussöhnen (***with*** mit): ***they are now reconciled*** sie haben sich wieder versöhnt; ***become reconciled to s.th.*** *fig* sich mit etw abfinden **2.** in Einklang bringen (***with*** mit)

rec·on·cil·i·a·tion [ˌrekənsɪlɪˈeɪʃn] *s* **1.** Ver-, Aussöhnung *f* (***between*** zwischen *Dat*; ***with*** mit) **2.** Einklang *m*

rec·on·dite [ˈrekəndaɪt] *Adj* abstrus, schwer verständlich

re·con·di·tion [ˌriːkənˈdɪʃn] *v/t* TECH (general-) überholen: ***reconditioned engine*** Austauschmotor *m*

re·con·nais·sance [rɪˈkɒnɪsəns] *s* MIL Aufklärung *f*, Erkundung *f*

re·con·nais·sance flight *s* Aufklärungsflug *m*

re·con·nais·sance plane *s* Aufklärungsflugzeug *n*, Aufklärer *m*

rec·on·noi·ter *Am*, *bes Br* **rec·on·noitre** [ˌrekəˈnɔɪtə] *v/t* MIL erkunden, auskundschaften

re·con·quer [ˌriːˈkɒŋkə] *v/t* zurückerobern

ˌreˈcon·quest [ˌriːˈkɒŋkwest] *s* Zurückeroberung *f*

re·con·sid·er [ˌriːkənˈsɪdə] *v/t* noch einmal überdenken

ˈre·conˌsid·erˈa·tion *s* nochmaliges Überdenken

re·con·struct [ˌriːkənˈstrʌkt] *v/t* **1.** *auch fig* wieder aufbauen **2.** *fig Fall etc* rekonstruieren

ˌre·conˈstruc·tion *s* **1.** Wiederaufbau *m* **2.** *fig* Rekonstruktion *f*

▶**rec·ord**[1] [ˈrekɔːd] **I** *s* **1.** Aufzeichnung *f*, Niederschrift *f*; JUR Protokoll *n*: ***off the record*** inoffiziell; ***on record*** aktenkundig; geschichtlich verzeichnet, schriftlich belegt; *fig* aller Zeiten; ***he is*** (*oder* ***went***) ***on record as having said that*** er hat sich offiziell dahin gehend geäußert, dass; ***keep a record of*** Buch führen über (*Akk*); ***to set the record straight*** um das klarzustellen **2.** Vergangenheit *f*; *gute etc* Leistungen *Pl* (*in der Vergangenheit*): ***have a criminal record*** vorbestraft sein **3.** (Schall)Platte *f*: ***make a record*** eine Platte aufnehmen **4.** *Sport etc*: Rekord *m* **5.** IT: Datensatz *m* **II** *Adj* **6.** (Schall)Platten…: ▶ ***record player*** Plattenspieler *m* **7.** *Sport etc*: Rekord…: ***record holder*** Rekordhalter(in), -inhaber(in); ***in record time*** in Rekordzeit

▶**re·cord**[2] [rɪˈkɔːd] *v/t* **1.** schriftlich niederlegen, aufzeichnen; JUR protokollieren, zu Protokoll *oder* zu den Akten nehmen: (***by***) ***recorded delivery*** (per) Einschreiben **2.** (*auf Tonband etc*) aufnehmen, *Programm auch* aufzeichnen, mitschneiden **3.** *Messwerte* registrieren

ˈrec·ord-ˌbreak·ing *Adj Sport etc*: Rekord…

re·cord·er [rɪˈkɔːdə] *s* **1.** (*Kassetten*)Rekorder *m*, (*Tonband*)Gerät *n* **2.** MUS Blockflöte *f*

reˈcord·ing *s* Aufnahme *f*, Aufzeichnung *f*, Mitschnitt *m*: ***recording studio*** Aufnahme-, Tonstudio *n*

re·count[1] [rɪˈkaʊnt] *v/t* erzählen

re·count[2] **I** *v/t* [ˌriːˈkaʊnt] nachzählen **II** *s* [ˈriːkaʊnt] Nachzählung *f*

re·coup [rɪˈkuːp] *v/t* **1.** *Verlust etc* wiedereinbringen, sich *Ausgaben etc* zurückholen (***from*** von) **2.** *j-n* entschädigen (***for*** für)

re·course [rɪˈkɔːs] *s*: ***have recourse to*** greifen *oder* Zuflucht nehmen zu

▶**re·cov·er** [rɪˈkʌvə] **I** *v/t etw Verlorenes* wiederfinden; *Bewusstsein etc* wiedererlangen; *Kosten etc* wiedereinbringen; *Fahrzeug*, *Verunglückten etc* bergen: ***recover one's composure*** sich wieder fangen *oder* fassen; ***recover consciousness*** *auch* wieder zu sich kommen **II** *v/i* sich erholen (***from*** von) (*auch fig*): ***he has fully recovered*** er ist wieder ganz gesund

reˈcov·er·y *s* **1.** Wiederfinden *n*; Wiedererlangen *n*; Wiedereinbringung *f*; Bergung *f* **2.** Erholung *f* (*auch fig*): ***make a complete recovery*** völlig gesund werden; ***make a quick*** (*oder* ***speedy***) ***recovery*** sich schnell erholen; ***wish s.o. a speedy recovery*** j-m gute Besserung wünschen

rec·re·a·tion [ˌrekrɪˈeɪʃn] *s* Entspannung *f*, Erholung *f*; Unterhaltung *f*, Freizeitbeschäftigung *f*: ***recreation ground*** Spielplatz *m*

ˌrec·reˈa·tion·al [ˌrekrɪˈeɪʃənl] *Adj* Erholungs…; Freizeit…: ***recreational activities*** *Pl* Freizeitgestaltung *f*; ***recreational vehicle*** *Am* Wohnmobil *n*

re·crim·i·nate [rɪˈkrɪmɪneɪt] *v/i* Gegenbeschuldigungen vorbringen (***against*** gegen)

reˌcrim·iˈna·tion *s* Gegenbeschuldigung *f*

re·cruit [rɪˈkruːt] **I** *s* **1.** MIL Rekrut(in) **2.** (***to***) Neue *m*, *f* (in *Dat*); neues Mitglied (*Gen oder* in *Dat*) **II** *v/t* **3.** MIL rekrutieren; *Personal* einstellen; *Mitglieder* werben

reˈcruit·ment *s* MIL Rekrutierung *f*; Einstellung *f*; Werbung *f*

rec·ta [ˈrektə] *Pl von* ***rectum***

rec·tan·gle [ˈrekˌtæŋgl] *s* MATHE Rechteck *n*

recˈtan·gu·lar [rekˈtæŋgjʊlə] *Adj* rechteckig; rechtwink(e)lig

rec·ti·fi·ca·tion [ˌrektɪfɪˈkeɪʃn] *s* **1.** Berichtigung *f*, Korrektur *f* **2.** ELEK Gleichrichtung *f*

rec·ti·fy [ˈrektɪfaɪ] *v/t* **1.** berichtigen, korrigieren **2.** ELEK gleichrichten

rec·ti·lin·e·ar [ˌrektɪˈlɪnɪə] *Adj* geradlinig

rec·ti·tude [ˈrektɪtjuːd] *s* Redlichkeit *f*, Rechtschaffenheit *f*

rec·tor [ˈrektə] *s* Pfarrer(in)

ˈrec·to·ry *s* Pfarrhaus *n*

rec·tum [ˈrektəm] *Pl* **rec·tums**, **rec·ta** [ˈrektə] *s* ANAT Mastdarm *m*

re·cu·per·ate [rɪˈkuːpəreɪt] **I** *v/i* sich erholen (***from*** von) (*auch fig*) **II** *v/t Verluste etc* wettmachen

re·cur [rɪˈkɜː] *v/i* wiederkehren, wieder auftreten (*Problem*, *Symptom etc*), (*Schmerz auch*) wieder einsetzen

re·cur·rence [rɪˈkʌrəns] *s* Wiederkehr *f*, Wiederauftreten *n*, Wiedereinsetzen *n*

reˈcur·rent *Adj* wiederkehrend, wieder auftretend, wieder einsetzend

▶**re·cy·cle** [ˌriːˈsaɪkl] *v/t* wieder verwerten

ˌreˈcy·cling *s* Recycling *n*, Wiederverwertung *f*: ***recycling center*** (*bes Br* ***centre***) Wertstoffhof *m*

▶**red** [red] **I** *Adj* **1.** rot: ***the lights are red*** die

Ampel steht auf Rot; **go** (*oder* **turn**) **red** rot werden; → **flag**[1] 1, **paint** 2, **rag** 1 **2.** *oft* **Red** POL rot **II** *s* **3.** Rot *n*: **the lights are at red** die Ampel steht auf Rot; **dressed in red** rot *oder* in Rot gekleidet; **see red** *fig* rotsehen; **be in the red** WIRTSCH in den roten Zahlen sein, rote Zahlen schreiben **4.** *oft* **Red** POL Rote *m, f*

red car·pet *s* roter Teppich

ˌred-'car·pet *Adj*: **give s.o. the red-carpet treatment** j-n mit großem Bahnhof empfangen

Red Cross *s* Rotes Kreuz

ˌred'cur·rant *s* BOT Rote Johannisbeere

red·den ['redn] **I** *v/t* röten, rot färben **II** *v/i* rot werden (**with** vor *Dat*)

'red·dish *Adj* rötlich

re·dec·o·rate [ˌriː'dekəreɪt] *v/t Zimmer etc* neu streichen *oder* tapezieren

re·deem [rɪ'diːm] *v/t* **1.** *Pfand, Versprechen etc* einlösen **2.** *Ruf etc* wiederherstellen: **redeem o.s.** sich rehabilitieren **3.** *Gefangene etc* los-, freikaufen **4.** *Hypothek, Schulden* abzahlen, tilgen **5.** *schlechte Eigenschaft etc* ausgleichen, wettmachen **6.** *bes* REL erlösen (**from** von)

Re'deem·er *s* REL Erlöser *m*, Heiland *m*

re·demp·tion [rɪ'dempʃn] *s* **1.** Einlösung *f* **2.** Wiederherstellung *f* **3.** Los-, Freikauf *m* **4.** Abzahlung *f*, Tilgung *f* **5.** Ausgleich *m* **6.** *bes* REL Erlösung *f* (**from** von) **7. beyond** (*oder* **past**) **redemption** hoffnungslos

re·de·vel·op [ˌriːdɪ'veləp] *v/t Gebäude, Stadtteil* sanieren

ˌre·de'vel·op·ment *s* Sanierung *f*

ˌred-'hand·ed *Adj*: **catch s.o. red-handed** j-n auf frischer Tat ertappen

ˌred-'head·ed *Adj* rothaarig

red her·ring *s* **1.** Bückling *m* **2.** *fig* Ablenkungsmanöver *n*; falsche Fährte *oder* Spur

ˌred-'hot *Adj* **1.** rot glühend (*Metall*); glühend heiß **2.** *fig* glühend, überschwänglich (*Begeisterung*) **3.** *fig* brandaktuell (*Nachricht etc*)

Red In·di·an *s* Indianer(in)

re·dial [ˌriː'daɪəl] TEL **I** *s* **1.** Wahlwiederholung *f* **II** *v/t und v/i* **2.** erneut die gleiche Nummer wählen

re·di·rect [ˌriːdɪ'rekt] *v/t Brief etc* nachschicken, -senden (**to s.o.** j-m; **to a new address** an eine neue Adresse)

re·dis·cov·er [ˌriːdɪ'skʌvə] *v/t* wieder entdecken

ˌre·dis'cov·er·y *s* Wiederentdeckung *f*

re·dis·trib·ute [ˌriːdɪ'strɪbjuːt] *v/t* neu verteilen, umverteilen

ˌreˌdis·tri'bu·tion [ˌriːˌdɪstrɪ'bjuːʃn] *s* Neu-, Umverteilung *f*

ˌred-'let·ter day *s* Freuden-, Glückstag *m* (**for** für)

red light *s* **1.** rotes Licht (*Warnsignal etc*) **2.** Rotlicht *n*: **go through a red light** bei Rot (über die Kreuzung *oder* Ampel) fahren

ˌred-'light dis·trict *s* Rotlichtbezirk *m*, Bordellviertel *n*

red·ness ['rednɪs] *s* Röte *f*

re·do [ˌriː'duː] *v/t* (*unreg* **do**) **1.** nochmals tun *oder* machen: **redo one's hair** sich die Haare in Ordnung bringen **2.** → **redecorate**

re·dou·ble [ˌriː'dʌbl] *v/t bes Anstrengungen* verdoppeln

re·dress [rɪ'dres] **I** *v/t Unrecht* wieder gutmachen; *Missstand etc* abstellen, beseitigen; *Gleichgewicht* wieder herstellen **II** *s* Wiedergutmachung *f*; Abstellung *f*, Beseitigung *f*: **seek redress for** Wiedergutmachung verlangen für

red tape *s* Amtsschimmel *m*, Bürokratismus *m*

►**re·duce** [rɪ'djuːs] *v/t* **1.** *Foto etc* verkleinern **2.** *Steuern etc* senken, *Geschwindigkeit, Risiko etc* verringern, *Preis, Waren* herabsetzen, reduzieren (**from ... to** von ... auf *Akk*), *Gehalt etc* kürzen **3.** (**to**) verwandeln (in *Akk*), machen (zu): **reduce to a nervous wreck** aus *j-m* ein Nervenbündel machen **4. reduce s.o. to silence** (**tears**) j-n zum Schweigen (Weinen) bringen **5.** reduzieren, zurückführen (**to** auf *Akk*) **6.** CHEM reduzieren **7.** → **denominator**

re·duced-e·mis·sion *Adj* MOT abgasreduziert

re·duc·tion [rɪ'dʌkʃn] *s* **1.** Verkleinerung *f* **2.** Senkung *f*, Verringerung *f*, Herabsetzung *f*, Reduzierung *f*, Kürzung *f* **3.** CHEM Reduktion *f*

re·dun·dan·cy [rɪ'dʌndənsɪ] *s* **1.** WIRTSCH Freistellung *f*, -setzung *f* **2.** LING Redundanz *f*

re'dun·dant *Adj* **1.** überflüssig; WIRTSCH freigestellt, -gesetzt: **be made redundant** entlassen werden, den Arbeitsplatz verlieren **2.** LING redundant

re·du·pli·cate [rɪ'djuːplɪkeɪt] *v/t* wiederholen

red wine *s* Rotwein *m*

re-ech·o [riː'ekəʊ] *v/i* widerhallen (**with** von)

reed [riːd] *s* Schilf(rohr) *n*, Ried *n*; (*einzelnes*) Schilfrohr

re-ed·u·cate [ˌriː'edʒʊkeɪt] *v/t* umerziehen

reed·y ['riːdɪ] *Adj* **1.** schilfig **2.** piepsig (*Stimme*)

reef[1] [riːf] *s* (Felsen)Riff *n*

reef[2] [riːf] *v/t* SCHIFF *Segel* reffen

reef knot *s* Kreuz-, Weberknoten *m*

reek [riːk] **I** *s* Gestank *m*: **there was a reek of garlic** es stank nach Knoblauch **II** *v/i* stinken (**of** nach)

reel[1] [riːl] **I** *s* (*Kabel-, Schlauch- etc*)Rolle *f*, (*Film-, Garn- etc*)Spule *f* **II** *v/t*: **reel off** abrollen, abspulen; *fig* herunterrasseln

reel[2] [riːl] *v/i* **1.** sich drehen: **my head reeled** mir drehte sich alles, mir wurde schwindlig; **the room reeled before my eyes** das Zimmer drehte sich vor meinen Augen **2.** wanken, taumeln, (*Betrunkener auch*) torkeln

re-e·lect [ˌriːɪ'lekt] *v/t* wieder wählen

ˌre-e'lec·tion *s* Wiederwahl *f*: **seek re-election** sich erneut zur Wahl stellen

re-en·ter [ˌriː'entə] *v/t* wieder eintreten in (*Akk*) (*auch Raumfahrt*), wieder betreten

re-'en·try *s* Wiedereintreten *n*, -eintritt *m* (**into** in *Akk*)

ref [ref] *s* SPORT *ugs* Schiri *m*; (*Boxen*) Ringrichter(in)

ref. *Abk* (= **in** *oder* **with reference to**) Betr. (*Betreff*)

re·fec·to·ry [rɪ'fektərɪ] *s* UNI Mensa *f*

►**re·fer** [rɪ'fɜː] **I** *v/t* **1.** *j-n* ver-, hinweisen (**to** auf *Akk*) **2.** *j-n* (*um Auskunft etc*) verweisen (**to** an *Akk*) **3.** (**to**) *etw* übergeben (*Dat*), *auch Patienten* überweisen (an *Akk*): **refer back** zurückverweisen **II** *v/i* **4.** ver-, hinweisen (**to** auf *Akk*) **5.** (**to**) sich berufen *oder* beziehen (auf *Akk*); anspielen (auf *Akk*); erwähnen (*Akk*) **6.** (**to**) nachschlagen (in *Dat*), konsultieren (*Akk*)

►**ref·er·ee** [ˌrefə'riː] **I** *s* **1.** JUR, SPORT Schiedsrichter(in), (*Boxen*) Ringrichter(in) **2.** *Br* → **reference** 5b **II** *v/i* **3.** JUR, SPORT als Schiedsrichter (*oder* Ringrichter) fungieren, (*Sport auch*) pfeifen **III** *v/t* **4.** JUR, SPORT als Schiedsrichter fungieren bei, (*Sport auch*) *Spiel* pfeifen, (*Boxen*) *Kampf* leiten

ref·er·ence ['refrəns] *s* **1.** Verweis *m*, Hinweis

R

m (**to** auf *Akk*): (***list of***) ***references*** *Pl* Quellenangabe *f* **2.** Verweisstelle *f*; Beleg *m*, Unterlage *f*: ***reference number*** Aktenzeichen *n* **3.** (**to**) Bezugnahme *f* (auf *Akk*); Anspielung *f* (auf *Akk*); Erwähnung *f* (*Gen*): ***make*** (***a***) ***reference*** (***to***) → ***refer*** 5 **4.** (**to**) Nachschlagen *n* (in *Dat*), Konsultieren *n* (*Gen*): ***reference book*** Nachschlagewerk *n*; ***reference library*** Handbibliothek *f* **5.** Referenz *f*: **a)** Empfehlung *f*, **b)** Auskunftgeber(in): ***act as a reference for s.o.*** j-m als Referenz dienen

ref·er·ence rate WIRTSCH Referenzkurs *m*

ref·er·en·dum [ˌrefəˈrendəm] *Pl* **ref·er·en·dums, ref·er·en·da** [ˌrefəˈrendə] *s* POL Referendum *n*, Volksabstimmung *f*, -entscheid *m*

re·fill I *v/t* [ˌriːˈfɪl] **1.** wieder füllen, nach-, auffüllen **II** *s* [ˈriːfɪl] **2.** (*Füller*)Patrone *f*, (*Kugelschreiber- etc*)Mine *f* **3.** ***would you like a refill?*** *ugs* darf ich nachschenken?

re·fill pack *s* Nachfüllpackung *f*

re·fine [rɪˈfaɪn] *v/t* **1.** *Öl, Zucker* raffinieren **2.** *fig* verfeinern, kultivieren

reˈfined *Adj* **1.** raffiniert: ***refined sugar*** Raffinade *f* **2.** *fig* kultiviert, vornehm

reˈfine·ment *s* **1.** Raffination *f*, Raffinierung *f* **2.** Verbesserung *f*, -feinerung *f* **3.** *fig* Kultiviertheit *f*, Vornehmheit *f*

reˈfin·er·y *s* Raffinerie *f*

▶**re·flect** [rɪˈflekt] **I** *v/t* **1.** *Strahlen etc* reflektieren, zurückwerfen, -strahlen, *Bild etc* reflektieren, (wider)spiegeln (*auch Akk*): ***be reflected in*** sich (wider)spiegeln in (*Dat*) (*auch fig*); ***reflecting telescope*** Spiegelteleskop *n* **II** *v/i fig* **2.** nachdenken (**on** über *Akk*) **3.** ***reflect*** (***badly***) ***on*** sich nachteilig auswirken auf (*Akk*); ein schlechtes Licht werfen auf (*Akk*)

reˈflec·tion *s* **1.** Reflexion *f*, Zurückwerfung *f*, -strahlung *f*, (Wider)Spieg(e)lung *f* (*auch fig*) **2.** Spiegelbild *n* **3.** *fig* Überlegung *f*: ***on reflection*** nach einigem Nachdenken; wenn ich *etc* es mir recht überlege **4.** *meist Pl fig* Betrachtung *f* (**on** über *Akk*)

reˈflec·tive *Adj* **1.** reflektierend, (wider)spiegelnd **2.** *fig* nachdenklich

reˈflec·tor *s* **1.** Reflektor *m* **2.** Rückstrahler *m*

re·flex [ˈriːfleks] *s auch* ***reflex action*** Reflex *m*

re·flex cam·er·a *s* Spiegelreflexkamera *f*

re·flex·ive [rɪˈfleksɪv] *Adj* LING reflexiv, rückbezüglich: ***reflexive pronoun*** Reflexivpronomen *n*, rückbezügliches Fürwort; ***reflexive verb*** reflexives Verb, rückbezügliches Zeitwort

re·flex·ol·o·gy [rɪflekˈsɒlədʒɪ] *s* MED Reflexzonenmassage *f*

re·for·est [ˌriːˈfɒrɪst] → ***reafforest***

re·form [rɪˈfɔːm] **I** *s* **1.** POL *etc* Reform *f* **2.** Besserung *f* **II** *v/t* **3.** *j-n* bessern

ref·or·ma·tion [ˌrefəˈmeɪʃn] *s* **1.** Reformierung *f*: ***the Reformation*** REL die Reformation **2.** Besserung *f*

re·form·a·to·ry [rɪˈfɔːmətərɪ] *Adj* Reform…

reˈform·er *s* **1.** POL *etc* Reformer(in) **2.** REL Reformator *m*

re·fract [rɪˈfrækt] *v/t* PHYS *Strahlen, Wellen* brechen

reˈfrac·tion *s* Refraktion *f*, Brechung *f*

re·frac·to·ry [rɪˈfræktərɪ] *Adj* **1.** eigensinnig, störrisch **2.** hartnäckig

re·frain[1] [rɪˈfreɪn] *v/i* (**from**) absehen (von), sich enthalten (*Gen*), unterlassen (*Akk*): ***refrain from doing s.th.*** es unterlassen, etw zu tun, etw nicht tun; ***refrain from smoking*** das Rauchen unterlassen, nicht rauchen

re·frain[2] [rɪˈfreɪn] *s* Kehrreim *m*, Refrain *m*

re·fresh [rɪˈfreʃ] *v/t* (**o.s.** sich) erfrischen; *fig Gedächtnis* auffrischen

reˈfresh·er *s* **1.** Erfrischung *f* (*Getränk etc*) **2.** ***refresher course*** Auffrischungskurs *m*

reˈfresh·ing *Adj* erfrischend (*auch fig*)

▶**re·fresh·ment** [rɪˈfreʃmənt] *s* Erfrischung *f* (*auch Getränk etc*)

re·frig·er·ate [rɪˈfrɪdʒəreɪt] *v/t* TECH kühlen: ***refrigerated counter*** Kühltheke *f*

reˌfrig·erˈa·tion *s* Kühlung *f*

▶**re·fri·ge·ra·tor** [rɪˈfrɪdʒəreɪtə] *s* Kühlschrank *m*

re·fu·el [ˌriːˈfjʊəl] *v/t und v/i Prät und Part Perf* **re·fu·eled**, *bes Br* **re·fu·elled** FLUG, MOT auftanken

ref·uge [ˈrefjuːdʒ] *s* Zuflucht *f* (**from** vor *Dat*) (*auch fig*): ***place of refuge*** Zufluchtsort *m*; ***seek refuge*** Zuflucht suchen; ***take refuge in*** Zuflucht nehmen zu, sich flüchten in (*Akk*)

▶**ref·u·gee** [ˌrefjʊˈdʒiː] *s* Flüchtling *m*: ***refugee camp*** Flüchtlingslager *n*

re·fund I *v/t* [riːˈfʌnd] *Geld* zurückzahlen, -erstatten, *Auslagen* ersetzen: ***refund s.o. his money*** j-m sein Geld zurückzahlen **II** *s* [ˈriːfʌnd] Rückzahlung *f*, -erstattung *f*

re·fur·bish [ˌriːˈfɜːbɪʃ] *v/t* **1.** aufpolieren (*auch fig*) **2.** renovieren

▶**re·fus·al** [rɪˈfjuːzl] *s* **1.** Ablehnung *f*; Verweigerung *f*: → ***meet*** 15 **2.** Weigerung *f* (**to do** zu tun)

▶**re·fuse**[1] [rɪˈfjuːz] **I** *v/t* **1.** *Kandidaten etc* ablehnen, *Angebot auch* ausschlagen: ***refuse s.o. s.th.*** j-m etw ausschlagen *oder* verweigern **2.** sich weigern, es ablehnen (**to do** zu tun) **II** *v/i* **3.** ablehnen **4.** sich weigern

ref·use[2] [ˈrefjuːs] *s* Abfall *m*, Abfälle *Pl*, Müll *m*

ref·use dump *s* Müllabladeplatz *m*, Mülldeponie *f*

ref·use skip *s* Müllcontainer *m*

ref·use tip *s Br* Müllabladeplatz *m*, Mülldeponie *f*

ref·u·ta·ble [ˈrefjʊtəbl] *Adj* widerlegbar

ref·u·ta·tion [ˌrefjuːˈteɪʃn] *s* Widerlegung *f*

re·fute [rɪˈfjuːt] *v/t* widerlegen

re·gain [rɪˈgeɪn] *v/t* wieder-, zurückgewinnen: ***regain consciousness*** das Bewusstsein wiedererlangen; ***regain one's strength*** wieder zu Kräften kommen, *weit. S.* wieder gesund werden

re·gal [ˈriːgl] *Adj* **1.** königlich **2.** *fig* hoheits-, würdevoll

re·gale [rɪˈgeɪl] *v/t* **1.** fürstlich bewirten (***with*** mit) **2.** erfreuen, ergötzen (***with*** mit)

re·ga·li·a [rɪˈgeɪljə] *s Pl* Insignien *Pl*

re·gard [rɪˈgɑːd] **I** *s* **1.** Achtung *f*: ***hold s.o. in high*** (***low***) ***regard*** j-n hoch (gering) achten **2.** Rücksicht *f*: ***without regard to*** (*oder* ***for***) ohne Rücksicht auf (*Akk*); ***have no regard for, pay no regard to*** keine Rücksicht nehmen auf (*Akk*) **3.** ***in this regard*** in dieser Hinsicht; ***with regard to*** im Hinblick auf (*Akk*) **4.** ***give him my*** (***best***) ***regards*** grüße ihn (herzlich) von mir; ***with kind regards*** mit freundlichen Grüßen **II** *v/t* **5.** betrachten, ansehen **6.** *fig* betrachten (***with*** mit): ***regard as*** betrachten als, halten für; ***be regarded as*** gelten als **7.** ***as regards …*** was … betrifft

reˈgard·ing *Präp* bezüglich, hinsichtlich

reˈgard·less I *Adj*: ***regardless of*** ohne Rücksicht auf (*Akk*) **II** *Adv ugs* trotzdem: ***carry on***

regardless trotzdem weitermachen
re·gat·ta [rɪˈgætə] *s* SPORT Regatta *f*
re·gen·cy [ˈriːdʒənsɪ] *s* Regentschaft *f*
re·gen·er·ate [rɪˈdʒenəreɪt] *v/t und v/i* (sich) regenerieren *oder* erneuern
reˌgen·erˈa·tion *s* Regenerierung *f*, Erneuerung *f*
re·gent [ˈriːdʒənt] *s* Regent(in)
reg·gae [ˈregeɪ] *s* MUS Reggae *m*
re·gime [reɪˈʒiːm] *s* **1.** POL Regime *n* **2.** → ***regimen***
reg·i·men [ˈredʒɪmen] *s* Lebensweise *f*; *eng. S.* Diät *f*
reg·i·ment I *s* [ˈredʒɪmənt] **1.** MIL Regiment *n* **2.** *fig* Schar *f* **II** *v/t* [ˈredʒɪment] **3.** reglementieren, gängeln, bevormunden
reg·i·men·tal [ˌredʒɪˈmentl] *Adj* MIL Regiments…
ˌreg·i·menˈta·tion *s* Reglementierung *f*, Bevormundung *f*
▸**re·gion** [ˈriːdʒən] *s* Gebiet *n*, Gegend *f*, Region *f*: ***in the region of £ 50*** um die *oder* ungefähr 50 Pfund
re·gion·al [ˈriːdʒənl] *Adj* regional
▸**reg·is·ter** [ˈredʒɪstə] **I** *s* **1.** Register *n*, Verzeichnis *n*, (*Wähler- etc*)Liste *f*: ***keep a register of*** Buch führen über (*Akk*) **2.** TECH Registriergerät *n* **3.** Sprach-, Stilebene *f* **II** *v/t* **4.** registrieren, eintragen (lassen): ***registered trademark*** eingetragenes Warenzeichen **5.** *Messwerte* registrieren, anzeigen; *fig Empfindung* zeigen **6.** *Brief etc* einschreiben lassen: ***registered letter*** Einschreib(e)brief *m*, Einschreiben *n*; ***send s.th. by registered mail*** (*bes Br* ***post***) etw eingeschrieben schicken **III** *v/i* **7.** sich eintragen (lassen) **8.** *he told me who he was* ***but it didn't register*** *ugs* aber ich habe es nicht registriert *oder* zur Kenntnis genommen
reg·is·ter of·fice *s bes Br* Standesamt *n*
reg·is·trar [ˌredʒɪˈstrɑː] *s bes Br* Standesbeamter *m*, -beamtin *f*
reg·is·tra·tion [ˌredʒɪˈstreɪʃn] *s* Registrierung *f*, Eintragung *f*: ***registration document*** MOT *Br* (*etwa*) Kraftfahrzeugbrief *m*; ***registration number*** MOT (polizeiliches) Kennzeichen
ˈreg·is·try *s* Registratur *f*: ***registry office*** *bes Br* Standesamt *n*
re·gress [rɪˈgres] *v/i* **1.** sich rückläufig entwickeln (*Gesellschaft*) **2.** BIOL, PSYCH sich zurückentwickeln
re·gres·sion [rɪˈgreʃn] *s* **1.** rückläufige Entwicklung **2.** BIOL, PSYCH Regression *f*, Rückentwicklung *f*
reˈgres·sive [rɪˈgresɪv] *Adj* regressiv, rückläufig
re·gret [rɪˈgret] **I** *v/t* **1.** bedauern; bereuen: ***regret doing s.th.*** es bedauern *oder* bereuen, etw getan zu haben; ***we regret to inform you that*** wir müssen Ihnen leider mitteilen, dass **2.** *j-m, einer Sache* nachtrauern **II** *s* **3.** Bedauern *n* (***at*** über *Akk*); Reue *f*: ***with great regret*** mit großem Bedauern; ***have no regrets*** nichts bereuen; ***have no regrets about doing s.th.*** es nicht bedauern *oder* bereuen, etw getan zu haben

R

regret + Infinitiv oder Gerund

GR

regret + **Infinitiv** ist eher förmlich und drückt aus, dass man etwas Negatives mitzuteilen hat:

We regret to inform you that your application has been rejected.	Wir bedauern es, Ihnen mitzuteilen, dass Ihr Antrag abgelehnt worden ist.

regret + **Gerund** bezieht sich dagegen immer auf etwas Bedauerliches in der Vergangenheit:

I regret lending him that money. auch: **I regret having lent / that I lent him that money.**	Ich bedaure, ihm das Geld geliehen zu haben / dass ich ihm das Geld geliehen habe.

reˈgret·ful [rɪˈgretfʊl] *Adj* bedauernd: ***regretfully*** *auch* mit Bedauern
reˈgret·ta·ble *Adj* bedauerlich
reˈgret·ta·bly *Adv* bedauerlicherweise
re·group [ˌriːˈgruːp] *v/t und v/i* (sich) umgruppieren
▸**reg·u·lar** [ˈregjʊlə] **I** *Adj* **1.** (*zeitlich*) regelmäßig: ***regular customer*** Stammkunde *m*, -kundin *f*; Stammgast *m*; ***at regular intervals*** in regelmäßigen Abständen (*auch örtlich*) **2.** regelmäßig (*in Form oder Anordnung*) **3.** regelmäßig (*Atmen etc*) **4.** geregelt, geordnet (*Leben etc*): ***be in regular employment*** fest angestellt sein **5.** LING regelmäßig **6.** SPORT Stamm…: ***regular player*** **7.** ***regular gasoline*** MOT Normalbenzin *n* **II** *s ugs* **8.** Stammkunde *m*, -kundin *f*; Stammgast *m* **9.** SPORT Stammspieler(in) **10.** MOT Normalbenzin *n*
reg·u·lar·i·ty [ˌregjʊˈlærətɪ] *s* Regelmäßigkeit *f*
reg·u·lar·ize [ˈregjʊləraɪz] *v/t* regulieren
▸**reg·u·late** [ˈregjʊleɪt] *v/t* **1.** regeln, regulieren **2.** TECH einstellen, regulieren
ˌreg·uˈla·tion *s* **1.** Reg(e)lung *f*, Regulierung *f* **2.** TECH Einstellung *f* **3.** Vorschrift *f*
ˈreg·u·la·tor *s* TECH Regler *m*
re·ha·bil·i·tate [ˌriːəˈbɪlɪteɪt] *v/t* **1.** *Schwerbehinderte* rehabilitieren **2.** *Strafentlassene* resozialisieren **3.** *j-s Ruf etc* wieder herstellen: ***be reha-***

Expressing regret	**Bedauern ausdrücken** SG
I'm so sorry to hear that.	Das bedauere ich sehr.
What a shame / pity.	Wie schade.
That's terrible.	Das ist furchtbar.
I really didn't mean it (like that).	Das habe ich wirklich nicht (so) gemeint.
I hope you won't take it personally.	Ich hoffe, du nimmst das nicht persönlich.
I'm afraid I already have another commitment that evening.	Ich bin leider an dem Abend schon verabredet.
It's just not possible, unfortunately.	Es ist leider einfach nicht möglich.

bilitated rehabilitiert werden (*Person*)
ˈre·haˌbil·iˈta·tion *s* **1.** Rehabilitation *f*: ***rehabilitation center*** (*bes Br* ***centre***) Rehabilitationszentrum *n* **2.** Resozialisierung *f* **3.** Wiederherstellung *f*
re·hash I *v/t* [ˌriːˈhæʃ] *alte Fakten etc* neu auftischen **II** *s* [ˈriːhæʃ] Neuauftischung *f*
re·hears·al [rɪˈhɜːsl] *s* MUS, THEAT Probe *f*
reˈhearse *v/t und v/i* proben
reign [reɪn] **I** *s* Herrschaft *f* (*auch fig*): ***reign of terror*** Schreckensherrschaft **II** *v/i* herrschen (***over*** über *Akk*) (*auch fig*): ***silence reigned*** es herrschte Schweigen; ***the reigning world champion*** (*Sport etc*) der amtierende Weltmeister
re·im·burse [ˌriːɪmˈbɜːs] *v/t Auslagen* erstatten, vergüten: ***reimburse s.o. (for) s.th.*** j-m etw erstatten
ˌre·imˈburse·ment *s* Erstattung *f*, Vergütung *f*
rein [reɪn] **I** *s* Zügel *m*: ***give free rein to one's imagination*** seiner Fantasie freien Lauf *oder* die Zügel schießen lassen; ***keep a tight rein on*** *fig j-n, etw* streng kontrollieren; ***take the reins*** *fig* die Zügel *oder* das Heft in die Hand nehmen **II** *v/t*: ***rein in*** *Pferd etc* zügeln; *fig* bremsen
re·in·car·nate [riːˈɪnkɑːneɪt] *v/t*: ***be reincarnated*** wiedergeboren werden (***as*** als)
ˌre·in·carˈna·tion *s* Reinkarnation *f*, Wiedergeburt *f*
rein·deer [ˈreɪnˌdɪə] *Pl* **rein·deers**, *bes Koll* **rein·deer** *s* ZOOL Ren(tier) *n*
re·in·force [ˌriːɪnˈfɔːs] *v/t allg* verstärken, *fig auch* untermauern: ***reinforced concrete*** TECH Stahlbeton *m*
ˌre·inˈforce·ment *s* Verstärkung *f*, *fig auch* Untermauerung *f*: ***reinforcements*** *Pl* MIL Verstärkung *f*
re·in·state [ˌriːɪnˈsteɪt] *v/t j-n* wieder einstellen (***as*** als; ***in*** in *Dat*)
re·in·sur·ance [ˌriːɪnˈʃɔːrəns] *s* WIRTSCH Rückversicherung *f*
ˌre·inˈsure *v/t* rückversichern
re·is·sue [ˌriːˈɪʃuː] **I** *v/t* **1.** *Buch* neu auflegen **2.** *Briefmarken etc* neu herausgeben **II** *s* **3.** Neuauflage *f* **4.** Neuausgabe *f*
re·it·er·ate [riːˈɪtəreɪt] *v/t* (ständig) wiederholen
reˌit·erˈa·tion *s* (ständige) Wiederholung
re·ject [rɪˈdʒekt] *v/t* **1.** *j-n, etw* ablehnen, *Angebot auch* ausschlagen, *Bitte* abschlagen, *Plan etc* verwerfen **2.** *verpflanztes Organ etc* abstoßen
reˈjec·tion *s* **1.** Ablehnung *f*, Ausschlagung *f*, Abschlagen *n*, Verwerfung *f* **2.** MED Abstoßung *f*
re·joice [rɪˈdʒɔɪs] *v/i* (hoch) erfreut sein; jubeln (***at, over*** über *Akk*)
reˈjoic·ing *s*, *auch Pl* Jubel *m*
re·join[1] [ˌriːˈdʒɔɪn] *v/t* sich wieder anschließen (*Dat*) *oder* an (*Akk*), wieder eintreten in (*Akk*)
re·join[2] [rɪˈdʒɔɪn] *v/t* erwidern
reˈjoin·der *s* Erwiderung *f*
re·ju·ve·nate [rɪˈdʒuːvəneɪt] *v/t* verjüngen
reˌju·veˈna·tion *s* Verjüngung *f*
re·kin·dle [ˌriːˈkɪndl] *v/t* **1.** wieder anzünden **2.** *fig* wieder entfachen
re·lapse [rɪˈlæps] **I** *v/i* **1.** zurückfallen, wieder verfallen (***into*** in *Akk*) **2. a)** rückfällig werden, **b)** MED einen Rückfall bekommen *oder* erleiden **II** *s* **3.** Rückfall *m*: ***have a relapse*** *siehe* 2b
re·late [rɪˈleɪt] **I** *v/t* **1.** erzählen, berichten (***to s.o.*** j-m): ***strange to relate*** so seltsam es klingt **2.** in Verbindung *oder* Zs.-hang bringen (***to*** mit) **II** *v/i* **3.** sich beziehen (***to*** auf *Akk*) **4.** zs.-hängen (***to*** mit)
►**re·lat·ed** [rɪˈleɪtɪd] *Adj* **1.** verwandt (***to*** mit): → ***marriage*** 2 **2.** *fig* verwandt: ***be related to*** zs.-hängen mit
re·la·tion [rɪˈleɪʃn] *s* **1.** Verwandte *m, f* **2.** Beziehung *f* (***between*** zwischen *Dat*; ***to*** zu): ***bear no relation to*** in keiner Beziehung stehen zu; ***in*** (*oder* ***with***) ***relation to*** in Bezug auf (*Akk*) **3.** *Pl diplomatische, geschäftliche etc* Beziehungen *Pl* (***between*** zwischen *Dat*; ***with*** zu) **4.** Erzählung *f*, Bericht *m*
reˈla·tion·al *Adj*, *auch* IT relational
►**re·la·tion·ship** [rɪˈleɪʃnʃɪp] *s* **1.** Verwandtschaft *f* **2.** Beziehung *f*, Verhältnis *n* (***between*** zwischen *Dat*; ***to*** zu): ***have a relationship with s.o.*** ein Verhältnis mit j-m haben
►**rel·a·tive** [ˈrelətɪv] **I** *Adj* **1.** relativ: ***relatively*** *auch* verhältnismäßig **2.** ***relative to*** bezüglich, hinsichtlich **3.** LING relativ, Relativ...: ***relative clause*** Relativsatz *m*; ***relative pronoun*** Relativpronomen *n*, bezügliches Fürwort **II** *s* **4.** Verwandte *m, f*
ˌrel·aˈtiv·i·ty *s* Relativität *f*: ***theory of relativity*** PHYS Relativitätstheorie *f*
►**re·lax** [rɪˈlæks] **I** *v/t* **1.** *j-n, Muskeln etc* entspannen **2.** *Griff, Bestimmungen etc* lockern **3.** *fig* nachlassen in (*Dat*) **II** *v/i* **4.** sich entspannen, *fig auch* ausspannen **5.** sich lockern
ˌre·laxˈa·tion [ˌriːlækˈseɪʃn] *s* **1.** Entspannung *f* **2.** Lockerung *f*
reˈlaxed *Adj* entspannt, (*Atmosphäre auch*) zwanglos
re·lay I *s* [ˈriːleɪ] **1.** [*auch* ˌriːˈleɪ] ELEK Relais *n* **2.** Ablösung *f* (*Arbeiter etc*): ***work in relays*** in Schichten arbeiten **3.** *auch* ***relay race*** (*Sport*) Staffel(lauf *m*) *f*: ***relay*** (***team***) Staffel *f* **4.** RUNDFUNK, TV Übertragung *f* **II** *v/t* [riːˈleɪ] **5.** (***to***) *Nachricht* ausrichten (*Dat*), weitergeben (an *Akk*) **6.** RUNDFUNK, TV übertragen
re·lay [ˌriːˈleɪ] *v/t* (*unreg* ***lay***) *Kabel*, *Teppich* neu verlegen
re·lease [rɪˈliːs] **I** *v/t* **1.** entlassen (***from*** aus), freilassen: ***release*** (***one's hold on***) *j-n, etw* loslassen **2.** *fig* (***from***) befreien, erlösen (von); entbinden (von): ***release s.o. from a contract*** j-n aus einem Vertrag entlassen **3.** *Film*, *Leiche etc* freigeben; *Schallplatte* herausbringen; *Statistik etc* veröffentlichen **4.** MOT *Handbremse* lösen **II** *s* **5.** Entlassung *f*, Freilassung *f* **6.** Befreiung *f*, Erlösung *f*; Entbindung *f* **7.** Freigabe *f*; Veröffentlichung *f*: ***be on general release*** überall zu sehen sein (*Film*)
rel·e·gate [ˈrelɪgeɪt] *v/t etw* verbannen (***to*** in *Akk*): ***be relegated*** (*Sport*) absteigen (***to*** in *Akk*)
ˌrel·eˈga·tion *s* Verbannung *f*; (*Sport*) Abstieg *m*
re·lent [rɪˈlent] *v/i* **1.** nachgeben (*Person*) **2.** nachlassen (*Schmerz, Wind etc*)
reˈlent·less *Adj* **1.** unnachgiebig **2.** anhaltend (*Wind, Schmerz etc*)
rel·e·vant [ˈreləvənt] *Adj* **1.** relevant, bedeutsam, wichtig (***to*** für) **2.** sachbezogen, sach-, zweckdienlich
re·li·a·bil·i·ty [rɪˌlaɪəˈbɪlətɪ] *s* Zuverlässigkeit *f*, Verlässlichkeit *f*; Vertrauenswürdigkeit *f*
reˈli·a·ble *Adj* zuverlässig, verlässlich; vertrauenswürdig
re·li·ance [rɪˈlaɪəns] *s* **1.** Vertrauen *n*: ***place***

R

Showing relief	Erleichterung zeigen SG
That was lucky.	Das war aber ein Glück.
That was a close one.	Das war aber knapp.
Thank goodness (for that)! / Thank God (for that)!	Gott sei Dank!
What a relief!	Was für eine Erleichterung!
We made it at last!	Endlich haben wir es geschafft!
I'm so relieved you didn't have any problems.	Ich bin ja so erleichtert, dass du keine Probleme hattest.
I'm so glad everything's OK.	Ich bin ja so froh, dass alles in Ordnung ist.
It's a good thing you were insured.	Ein Glück, dass du versichert warst.
That's a weight off my mind.	Da fällt mir ein Stein vom Herzen.
I'll sleep easier now I know she's all right.	Jetzt bin ich ruhiger, wo ich weiß, dass es ihr gut geht.

complete reliance on volles Vertrauen setzen in (*Akk*) **2.** Abhängigkeit (***on*** von)

re'li·ant *Adj*: ***be reliant on*** abhängig sein von, angewiesen sein auf (*Akk*)

rel·ic ['relɪk] *s* **1.** Relikt *n*, Überbleibsel *n* **2.** REL Reliquie *f*

re·lief [rɪ'liːf] *s* **1.** Erleichterung *f* (*auch* MED): ***give*** (*oder* ***bring***) ***s.o. some relief*** MED j-m Erleichterung verschaffen; ***pain relief*** Schmerzlinderung *f*; ***to my great relief*** zu meiner großen Erleichterung; ***in*** (*oder* ***with***) ***relief*** erleichtert; → ***sigh*** I, II **2.** Unterstützung *f*, Hilfe *f*; *Am* Sozialhilfe *f*: ***be on relief*** Sozialhilfe beziehen **3.** *Br* (*Steuer*)Erleichterung *f* **4.** Ablösung *f* (*Person*[*en*]) **5.** Entlastung *f* **6.** Relief *n*: ***stand out in bold*** (*oder* ***sharp***) ***relief against*** sich deutlich abheben gegen

re·lief bus *s* Einsatzbus *m*

re·lief fund *s* Hilfsfonds *m*

re·lief map *s* Reliefkarte *f*

re·lief road *s* Entlastungsstraße *f*

re·lief train *s* Entlastungszug *m*

re·lieve [rɪ'liːv] *v/t* **1.** *Schmerzen*, *Not* lindern, *j-n*, *Gewissen* erleichtern: ***relieve one's feelings*** seinen Gefühlen Luft machen; ***she was relieved to hear that*** sie war erleichtert, als sie hörte, dass; ***relieve o.s.*** *euph* sich erleichtern **2.** ***relieve s.o. of*** j-m *ein schweres Gepäckstück*, *eine Arbeit etc* abnehmen; *hum* j-n um *seine Brieftasche etc* erleichtern **3.** *j-n* ablösen

R

▸**re·li·gion** [rɪ'lɪdʒən] *s* Religion *f*: ***soccer is a religion with him*** für ihn gibt es nur Fußball, Fußball ist sein Ein und Alles

▸**re·li·gious** [rɪ'lɪdʒəs] *Adj* **1.** religiös, Religions…: ***religious instruction*** PÄD Religion(sunterricht *m*) *f*; ***religious liberty*** Religionsfreiheit *f* **2.** religiös, fromm **3.** *fig* gewissenhaft: ***with religious care*** mit peinlicher Sorgfalt

re·lin·quish [rɪ'lɪŋkwɪʃ] *v/t* **1.** aufgeben, verzichten auf (*Akk*) **2.** (***to***) *Besitz*, *Recht* abtreten (*Dat oder* an *Akk*), überlassen (*Dat*)

rel·ish ['relɪʃ] **I** *v/t* **1.** genießen, sich *etw* schmecken lassen **2.** *fig* Gefallen *oder* Geschmack finden an (*Dat*): ***not to relish the idea*** nicht begeistert sein von der Aussicht (***of doing*** zu tun); ***not to relish having to do s.th.*** nicht davon begeistert sein, etw tun zu müssen **II** *s* **3.** ***with relish*** mit Genuss **4.** *fig* Gefallen *m*, Geschmack *m* (***for*** an *Dat*) **5.** GASTR Würze *f*; Soße *f*

re·lo·cate [ˌriːləʊ'keɪt] *v/t* umsiedeln (*auch v/i*), verlegen

ˌre·lo'ca·tion *s* Umsiedlung *f*, Verlegung *f*

re·luc·tance [rɪ'lʌktəns] *s* Widerwillen *m*: ***with reluctance*** widerwillig, ungern

re'luc·tant *Adj* widerwillig: ***reluctantly*** *auch* ungern; ***be reluctant to do s.th.*** etw nur ungern tun

▸**re·ly** [rɪ'laɪ] *v/i*: ***rely on*** sich verlassen auf (*Akk*); ***rely on s.o. to do s.th.*** sich darauf verlassen, dass jemand etw tut; ***have to rely on*** abhängig sein von, angewiesen sein auf (*Akk*)

▸**re·main** [rɪ'meɪn] **I** *v/i* **1.** *allg* bleiben **2.** (übrig) bleiben: ***a lot remains to be done*** es bleibt noch viel zu tun; ***it remains to be seen whether*** es bleibt abzuwarten, ob **II** *s Pl* **3.** (Über)Reste *Pl*

re'main·der [rɪ'meɪndə] *s* Rest *m* (*auch* MATHE)

re'main·ing *Adj* übrig, restlich

re·make **I** *v/t* (*unreg* ***make***) [ˌriː'meɪk] wieder *oder* neu machen **II** *s* ['riːmeɪk] Remake *n*, Neuverfilmung *f*

re·mand [rɪ'mɑːnd] JUR **I** *v/t*: ***be remanded in custody*** in Untersuchungshaft bleiben **II** *s*: ***be on remand*** in Untersuchungshaft sein; ***prisoner on remand, remand prisoner*** Untersu-

Religionen / Weltanschauungen und ihre Anhänger WF

Agnostizismus	**agnosticism** [æg'nɒstɪsɪzəm]	Agnostiker(in)	**agnostic** [æg'nɒstɪk]
Atheismus	**atheism** ['eɪθiɪzəm]	Atheist(in)	**atheist** ['eɪθiɪst]
Buddhismus	**Buddhism** ['bʊdɪzəm]	Buddhist(in)	**Buddhist** ['bʊdɪst]
Christentum	**Christianity**	Christ(in)	**Christian**
Hinduismus	**Hinduism**	Hindu	**Hindu**
Islam	**Islam** ['ɪzlaːm]	Moslem	**Muslim** ['mʊzlɪm, 'mʊs-]
Judentum	**Judaism** ['dʒuːdeɪɪzəm]	Jude, Jüdin	**Jew**

chungsgefangene *m*, *f*, -häftling *m*
►**re·mark** [rɪ'mɑːk] **I** *v/t* **1.** bemerken, äußern (***that*** dass) **II** *v/i* **2.** ***remark on*** sich äußern über *j-n*, *etw oder* zu *etw* **III** *s* **3.** Bemerkung *f* (***about, on*** über *Akk*): ***make a remark*** eine Bemerkung machen
re'mark·a·ble *Adj* bemerkenswert, beachtlich
re·mar·riage [ˌriː'mærɪdʒ] *s* Wiederverheiratung *f*, -heirat *f*
ˌre'mar·ry *v/i* wieder heiraten
re·me·di·al [rɪ'miːdjəl] *Adj*: ***remedial exercises*** *Pl* Heilgymnastik *f*
rem·e·dy ['remədɪ] **I** *s* **1.** MED (Heil)Mittel *n* (***for, against*** gegen) **2.** *fig* (Gegen)Mittel *n* (***for, against*** gegen): ***be beyond*** (*oder* ***past***) ***remedy*** hoffnungslos *oder* nicht mehr zu beheben sein **II** *v/t* **3.** *Mangel, Schaden* beheben; *Situation* bereinigen; *Missstand* abstellen
►**re·mem·ber** [rɪ'membə] **I** *v/t* **1.** sich erinnern an (*Akk*): ***remember doing s.th.*** sich daran erinnern, etw getan zu haben; ***suddenly he remembered that*** plötzlich fiel ihm ein, dass **2.** denken an (*Akk*): ***remember to do s.th.*** daran denken, etw zu tun; ***I must remember this*** das muss ich mir merken **3.** ***remember s.o. in one's will*** j-n in seinem Testament bedenken **4.** ***please remember me to your wife*** grüßen Sie bitte Ihre Frau von mir; ***he asked to be remembered to you*** er lässt Sie grüßen **II** *v/i* **5.** ***I can't remember*** ich kann mich nicht erinnern; ***if I remember right(ly)*** wenn ich mich recht erinnere *oder* entsinne

remember + Infinitiv oder Gerund GR

remember + **Infinitiv** besagt, dass man daran denken / nicht vergessen soll, etwas zu tun; es kann sich auf alle Zeitstufen beziehen:

Did you remember to take your tablets?	Hast du daran gedacht, deine Tabletten zu nehmen?

remember + **Gerund** bedeutet, dass man sich an ein Ereignis oder ein Erlebnis erinnert und bezieht sich immer auf etwas Vergangenes:

I remember dancing with you last summer.	Ich erinnere mich daran, wie ich im letzten Sommer mit dir getanzt habe.

re'mem·brance *s* Erinnerung *f* (***of*** an *Akk*): ***in remembrance of*** zur Erinnerung an; ***Remembrance Day*** (*oder* ***Sunday***) *Br* Volkstrauertag *m*
►**re·mind** [rɪ'maɪnd] *v/t j-n* erinnern (***of*** an *Akk*; ***that*** daran, dass): ***remind s.o. to do s.th.*** j-n daran erinnern, dass er etw tut
re'mind·er *s* Mahnung *f*
rem·i·nisce [ˌremɪ'nɪs] *v/i* in Erinnerungen schwelgen, sich in Erinnerungen ergehen (***about, on*** an *Akk*)
rem·i·nis·cence [ˌremɪ'nɪsns] *s meist Pl* Erinnerung *f*
ˌrem·i'nis·cent *Adj*: ***be reminiscent of*** erinnern an (*Akk*)
re·miss [rɪ'mɪs] *Adj* nachlässig: ***be remiss in one's duties*** seine Pflichten vernachlässigen
re·mis·sion [rɪ'mɪʃn] *s* **1.** (JUR *auch* Straf-)Erlass *m*: ***he was given three months' remission*** ihm wurden drei Monate (von seiner Strafe) erlassen (***for*** wegen) **2.** Vergebung *f* (*der Sünden*) **3.** MED vorübergehende Besserung
re·mit [rɪ'mɪt] *v/t* **1.** *Schulden, Strafe* erlassen; *Sünden* vergeben **2.** *Geld* überweisen (***to*** *Dat oder* an *Akk*) **3.** *bes* JUR zurückverweisen (***to*** an *Akk*)
re'mit·tance *s* Überweisung *f* (***to*** an *Akk*)
rem·nant ['remnənt] *s* **1.** (Über)Rest *m* (*auch fig*) **2.** WIRTSCH (Stoff)Rest *m*: ***remnant sale*** Resteverkauf *m*
re·mod·el [ˌriː'mɒdl] *v/t Prät und Part Perf* **re·mod·eled**, *bes Br* **re·mod·elled** umgestalten
re·mold *Am* → ***remould***
re·mon·strance [rɪ'mɒnstrəns] *s* Protest *m*, Beschwerde *f*
re·mon·strate ['remənstreɪt] *v/i* protestieren (***with*** bei; ***against*** gegen), sich beschweren (***with*** bei; ***about*** über *Akk*)
re·morse [rɪ'mɔːs] *s* Gewissensbisse *Pl*, Reue *f*: ***feel remorse*** Gewissensbisse haben
re'morse·ful [rɪ'mɔːsfʊl] *Adj* reumütig, reuig
re'morse·less *Adj* unbarmherzig (*auch fig*)
re·mote [rɪ'məʊt] *Adj* **1.** *räumlich*: fern, (weit) entfernt; abgelegen, entlegen **2.** *zeitlich*: fern: ***in the remote past*** in grauer Vorzeit **3.** *fig* entfernt (*Zs.-hang*), (*Verwandte auch*) weitläufig **4.** *fig* entfernt (*Möglichkeit*), gering (*Chance*): ***I haven't got the remotest idea*** ich habe keine blasse *oder* nicht die geringste Ahnung **5.** *fig* distanziert, unnahbar
re·mote ac·cess *s* COMPUTER Fernzugriff *m*
re·mote con·trol *s* TECH **1.** Fernlenkung *f*, -steuerung *f* **2.** Fernbedienung *f*
reˌmote-con'trolled *Adj* **1.** ferngelenkt, -gesteuert **2.** mit Fernbedienung
re·mould *bes Br* **I** *v/t* [ˌriː'məʊld] *Reifen* runderneuern **II** *s* ['riːməʊld] runderneuerter Reifen
re·mount [ˌriː'maʊnt] **I** *v/t Pferd etc* wieder besteigen; *Treppen* wieder hinaufgehen: ***remount one's bicycle*** wieder auf sein Fahrrad steigen **II** *v/i* wieder aufsitzen
re·mov·a·ble [rɪ'muːvəbl] *Adj* abnehmbar
re'mov·al [rɪ'muːvl] *s* **1.** Entfernung *f*; Abnahme *f* **2.** Umzug *m*: ***removal company*** Umzugsfirma *f*; ***removal van*** Möbelwagen *m*
►**re·move** [rɪ'muːv] **I** *v/t* **1.** entfernen (***from*** von); *Deckel, Hut etc* abnehmen; *Kleidung* ablegen **2.** *fig Schwierigkeiten etc* beseitigen, *Hindernisse* aus dem Weg räumen; *Zweifel etc* zerstreuen **II** *v/i* **3.** (um)ziehen (***from*** von; ***to*** nach)
re'mov·er *s* (*Flecken*)Entferner *m*
re·mu·ner·ate [rɪ'mjuːnəreɪt] *v/t* **1.** *j-n* entlohnen (***for*** für) **2.** *j-n* entschädigen (***for*** für)
reˌmu·ner'a·tion *s* **1.** Entlohnung *f* **2.** Entschädigung *f*
re'mu·ner·a·tive [rɪ'mjuːnərətɪv] *Adj* einträglich, lohnend
Ren·ais·sance [rə'neɪsəns] *s hist* Renaissance *f*
re·nal ['riːnl] *Adj* ANAT Nieren…: ***renal colic*** MED Nierenkolik *f*; ***renal failure*** MED Nierenversagen *n*
re·name [ˌriː'neɪm] *v/t* umbenennen (in *Akk*)
ren·der ['rendə] *v/t* **1.** *berühmt etc* machen: ***render s.o. incapable of doing s.th.*** es j-m unmöglich machen, etw zu tun **2.** *Hilfe* leisten, *Dienst auch* erweisen **3.** *Gedicht etc* vortragen **4.** übersetzen, -tragen (***into*** in *Akk*) **5.** *meist*

Cautious replies	Vorsichtige Antworten
It might be better to wait and see.	Vielleicht ist es besser abzuwarten.
Let me know what you decide.	Lass mich wissen / Ich würde gern wissen, wie du dich entscheidest.
I suggest we try again tomorrow.	Ich schlage vor, wir versuchen's morgen noch einmal.
If I were you I'd sleep on it first.	Ich an deiner Stelle würde erst einmal drüber schlafen.
It all sounds very fishy, if you ask me.	Das klingt alles sehr verdächtig, wenn du mich fragst.
If it's going to take ages, I'd rather not get involved.	Wenn das alles irrsinnig lange dauert, möchte ich lieber nichts damit zu tun haben.

render down *Fett* auslassen

'ren·der·ing *s* **1.** Vortrag *m* **2.** Übersetzung *f*, -tragung *f*

ren·dez·vous ['rɒndɪvuː] **I** *Pl* **ren·dez·vous** ['rɒndɪvuːz] *s* **1.** Rendezvous *n*, Verabredung *f*; Treffen *n*, Zs.-kunft *f* **2.** Treffpunkt *m* **II** *v/i Prät und Part Perf* **ren·dez·voused** ['rɒndɪvuːd] **3.** sich treffen (***with*** mit)

ren·di·tion [ren'dɪʃn] *bes Am* → ***rendering***

ren·egade ['renɪgeɪd] **I** *s* Abtrünnige *m, f* **II** *Adj* abtrünnig, wild geworden

re·new [rɪ'njuː] *v/t* erneuern: ***renew one's efforts*** erneute Anstrengungen machen; ***renew one's visa*** sein Visum erneuern lassen; ***give s.o. renewed hope*** j-m neue Hoffnung geben; ***with renewed strength*** mit neuen Kräften

re'new·a·ble *Adj*: ***renewable resources*** erneuerbare Energien; ***be renewable*** erneuert werden können *oder* müssen

re'new·al *s* Erneuerung *f*

re·nounce [rɪ'naʊns] *v/t* **1.** verzichten auf (*Akk*) **2.** *seinem Glauben etc* abschwören

ren·o·vate ['renəʊveɪt] *v/t* renovieren

ˌren·o'va·tion *s* Renovierung *f*

re·nown [rɪ'naʊn] *s* Berühmtheit *f*, Ruhm *m*: ***win renown*** berühmt werden

re'nowned *Adj* berühmt (***for*** wegen, für)

▶ **rent**[1] [rent] **I** *s* **1.** Miete *f*, *österr., schweiz.* (Miet)Zins *m*; Pacht *f*: ***for rent*** *bes Am* zu vermieten *oder* verpachten **2.** *bes Am* Leihgebühr *f*: ***for rent*** zu vermieten *oder* verleihen **II** *v/t* **3.** mieten; pachten (***from*** von) **4.** *auch* ***rent out*** *bes Am* vermieten; verpachten (***to*** an *Akk*) **5.** *bes Am Auto etc* mieten: ***rented car*** Leih-, Mietwagen *m*

rent[2] [rent] *s* Riss *m* (*auch fig*)

'rent-a-ˌcar (ser·vice) *s bes Am* Autoverleih *m*

rent·al ['rentl] *s* **1.** Miete *f*; Pacht *f* **2.** *bes Am* Leihgebühr *f*

rent·er ['rentə] *s* **1.** Mieter(in); Pächter(in) **2.** *bes Am* Vermieter(in); Verpächter(in)

ˌrent-'free *Adj* miet- *oder* pachtfrei

re·nun·ci·a·tion [rɪˌnʌnsɪ'eɪʃn] *s* **1.** Verzicht *m* (***of*** auf *Akk*) **2.** Abschwören *n*

re·o·pen [ˌriː'əʊpən] **I** *v/t* **1.** *Geschäft etc* wieder eröffnen **2.** *Verhandlungen etc* wieder aufnehmen; *Fall* wieder aufrollen **II** *v/i* **3.** wieder eröffnen **4.** wieder aufgenommen *oder* aufgerollt werden

re·or·ga·ni·za·tion ['riːˌɔːgənaɪ'zeɪʃn] *s* Umorganisation *f*; Umstellung *f*

ˌre'or·gan·ize *v/t* umorganisieren; *Möbel* umstellen; die Möbel umstellen in

▶ **re·pair** [rɪ'peə] **I** *v/t* **1.** reparieren; ausbessern **2.** *fig* wieder gutmachen **II** *s* **3.** Reparatur *f*; Ausbesserung *f*; ***beyond repair*** nicht mehr zu reparieren(d); ***be under repair*** in Reparatur sein **4.** ***be in good*** (***bad***) ***repair*** in gutem (schlechtem) Zustand sein **5.** *fig* Wiedergutmachung *f*

rep·a·ra·ble ['repərəbl] *Adj* reparabel, wieder gutzumachen(d)

ˌrep·a'ra·tion *s* **1.** Wiedergutmachung *f*: ***make reparation for*** *etw* wieder gutmachen **2.** *Pl* POL Reparationen *Pl*

rep·ar·tee [ˌrepɑː'tiː] *s* Schlagfertigkeit *f*; schlagfertige Antwort(en *Pl*): ***be good at repartee*** schlagfertig sein

re·pa·tri·ate [riː'pætrɪeɪt] *v/t* repatriieren, in den Heimatstaat zurückführen

ˌre·pa·tri'a·tion *s* Repatriierung *f*

re·pay [riː'peɪ] *v/t* (*unreg.* ***pay***) **1.** *Geld etc* zurückzahlen: ***I'll repay you some time*** ich gebe dir das Geld irgendwann einmal zurück; *fig* ich werde mich irgendwann einmal erkenntlich zeigen; das zahle ich dir schon noch heim **2.** *Besuch etc* erwidern **3. a)** (*positiv*) sich für *etw* erkenntlich zeigen: ***repay s.o. for his help*** j-n für seine Hilfe belohnen *oder* entschädigen, **b)** (*negativ*) *etw* vergelten, lohnen (***with*** mit): ***repay s.o.'s unkindness, repay s.o. for his unkindness*** j-m seine Gemeinheit heimzahlen

re'pay·a·ble *Adj* rückzahlbar: ***be repayable*** zurückgezahlt werden können *oder* müssen (***over two years*** in einem Zeitraum von zwei Jahren)

re'pay·ment *s* **1.** Rückzahlung *f* **2.** Erwiderung *f* **3.** Vergeltung *f*

re·peal [rɪ'piːl] **I** *v/t Gesetz etc* aufheben **II** *s* Aufhebung *f*

▶ **re·peat** [rɪ'piːt] **I** *v/t* **1.** wiederholen: ***repeat o.s.*** sich wiederholen; ***repeat s.th. after s.o.*** j-m etw nachsprechen; ***his answer doesn't bear repeating*** seine Antwort lässt sich nicht wiederholen **2.** *etw* weitererzählen, -sagen **II** *v/i* **3.** aufstoßen (***on s.o.*** j-m) (*Speise*) **III** *s* **4.** RUNDFUNK, TV Wiederholung *f* **5.** MUS Wiederholungszeichen *n*

re'peat·ed *Adj* wiederholt

re·pel [rɪ'pel] *v/t* **1.** *Angriff, Feind* zurückschlagen **2.** *Wasser etc, fig j-n* abstoßen

re'pel·lent *Adj fig* abstoßend: ***be repellent to*** abstoßend wirken auf (*Akk*)

re·pent [rɪ'pent] *v/t* bereuen

re·per·cus·sion [ˌriːpə'kʌʃn] *s meist Pl* Auswirkung *f* (***on*** auf *Akk*)

rep·er·toire ['repətwɑː] *s* THEAT *etc* Repertoire *n*: ***have a large repertoire of jokes*** viele Witze auf Lager haben

rep·e·ti·tion [ˌrepɪ'tɪʃn] *s* Wiederholung *f*: ***his answer doesn't bear repetition*** seine Antwort lässt sich nicht wiederholen

re·place [rɪ'pleɪs] *v/t* **1.** zurücklegen, -stellen: ***replace the receiver*** TEL (den Hörer) auflegen **2.** *j-n, etw* ersetzen (***with, by*** durch); *j-n* vertreten **3.** TECH austauschen, ersetzen; COMPUTER ersetzen

re'place·ment *s* **1.** Ersatz *m*; Vertretung *f* **2.** TECH Austausch *m*

re·plant [ˌriː'plɑːnt] *v/t* **1.** umpflanzen **2.** neu bepflanzen

re·play (*Sport*) **I** *s* ['riːpleɪ] **1.** Wiederholungsspiel *n* **2.** → ***action replay*** **II** *v/t* [ˌriː'pleɪ] **3.** *Spiel* wiederholen

re·plen·ish [rɪ'plenɪʃ] *v/t* (wieder) auffüllen

re·plete [rɪ'pliːt] *Adj* **1.** gesättigt, satt **2.** angefüllt (***with*** mit)

rep·li·ca ['replɪkə] *s* **1.** KUNST Replik *f*, Originalkopie *f* **2.** Kopie *f*, Nachbildung *f*

▶**re·ply** [rɪ'plaɪ] **I** *v/t* antworten, erwidern (***that*** dass) **II** *v/i* antworten (***to*** auf *einen Brief etc*; ***to s.o.*** j-m): ***reply to a letter*** *auch* einen Brief beantworten **III** *s* Antwort *f*, Erwiderung *f* (***to*** auf *Akk*): ***in reply to*** (als Antwort) auf; ***give no reply*** keine Antwort geben, nicht antworten

▶**re·port** [rɪ'pɔːt] **I** *s* **1.** *allg* Bericht *m* (***on*** über *Akk*) **2.** Gerücht *n* **3.** PÄD *Br* Zeugnis *n* **4.** Knall *m* **II** *v/t* **5.** berichten (***to s.o.*** j-m); berichten über (*Akk*): ***it is reported that*** es heißt, dass; ***he is reported to have said*** er soll gesagt haben; ***reported speech*** LING indirekte Rede **6.** *j-n, Unfall, Verbrechen etc* melden (***to s.o.*** j-m): ***report s.o.*** (***to the police***) j-n anzeigen (***for*** wegen); ***the car has been reported stolen*** der Wagen ist als gestohlen gemeldet **III** *v/i* **7.** berichten, Bericht erstatten (***on*** über *Akk*) **8.** sich melden (***to*** bei): ***report sick*** sich krankmelden; ***report for work*** sich zur Arbeit melden

▶**report card** [rɪ'pɔːtˌkɑːd] *Am* PÄD Zeugnis *n*

re·port·er [rɪ'pɔːtə] *s* Reporter(in), Berichterstatter(in)

re·pose [rɪ'pəʊz] *s* **1.** Ruhe *f* **2.** *fig* Gelassenheit *f*

rep·re·hen·si·ble [ˌreprɪ'hensəbl] *Adj* tadelnswert, verwerflich

▶**rep·re·sent** [ˌreprɪ'zent] *v/t* **1.** *j-n*, *Br auch Wahlbezirk* vertreten **2.** darstellen (*auch fig*) **3.** dar-, hinstellen (***as*** als): ***represent o.s. as*** sich ausgeben für **4.** *Beschwerden etc* vorbringen (***to*** bei)

ˌrep·re·sen'ta·tion *s* **1.** Vertretung *f* **2.** Darstellung *f*: ***be a representation of s.th.*** etw darstellen **3.** ***make representations to*** vorstellig werden bei (***about*** wegen)

ˌrep·re·sen'ta·tion·al [ˌreprɪzen'teɪʃənl] *Adj* gegenständlich (KUNST)

ˌrep·re'sent·a·tive [ˌreprɪ'zentətɪv] **I** *s* **1.** (Stell-)Vertreter(in); (Handels)Vertreter(in) **2.** PARL Abgeordnete *m, f*: → ***House of Representatives*** **II** *Adj* **3.** repräsentativ (***of*** für) **4.** POL repräsentativ: ***representative government*** Repräsentativsystem *n*

re·press [rɪ'pres] *v/t* **1.** *Volk, Gefühle etc* unterdrücken **2.** PSYCH verdrängen

re'pres·sion [rɪ'preʃn] *s* **1.** Unterdrückung *f* **2.** PSYCH Verdrängung *f*

re'pres·sive *Adj* repressiv

re·prieve [rɪ'priːv] JUR **I** *s* Begnadigung *f*; Vollstreckungsaufschub *m* **II** *v/t*: ***he was reprieved*** er wurde begnadigt; seine Urteilsvollstreckung wurde ausgesetzt

rep·ri·mand ['reprɪmɑːnd] **I** *v/t* rügen, tadeln (***for*** wegen) **II** *s* Rüge *f*, Tadel *m*

re·print **I** *v/t* [ˌriː'prɪnt] neu auflegen, nachdrucken **II** *s* ['riːprɪnt] Neuauflage *f*, Nachdruck *m*

re·pris·al [rɪ'praɪzl] *s bes* MIL, POL Repressalie *f*, Vergeltungsmaßnahme *f*: ***in*** (*oder* ***as a***) ***reprisal for*** als Vergeltung für; ***take reprisals*** Repressalien ergreifen (***against*** gegen)

re·proach [rɪ'prəʊtʃ] **I** *s* **1.** Vorwurf *m*: ***above*** (*oder* ***beyond***) ***reproach*** über jeden Tadel erhaben; ***look of reproach*** vorwurfsvoller Blick **2.** *fig* Schande *f* (***to*** für) **II** *v/t* **3.** *j-m* Vorwürfe machen (***for*** wegen)

rep·ro·bate ['reprəʊbeɪt] *s* verkommenes Subjekt

re·pro·cess [ˌriː'prəʊses] *v/t* *Kernbrennstoffe* wieder aufbereiten

ˌre'pro·cess·ing plant *s* Wiederaufbereitungsanlage *f*

re·pro·duce [ˌriːprə'djuːs] **I** *v/t* **1.** *Bild etc* reproduzieren **2.** *Ton etc* wiedergeben **II** *v/i* **3.** BIOL sich fortpflanzen *oder* vermehren

re·pro·duc·tion [ˌriːprə'dʌkʃn] *s* **1.** BIOL Fortpflanzung *f* **2.** Reproduktion *f* **3.** Wiedergabe *f*

ˌre·pro'duc·tive *Adj* BIOL Fortpflanzungs…

re·proof [rɪ'pruːf] *s* Rüge *f*, Tadel *m*

re·prove [rɪ'pruːv] *v/t* rügen, tadeln (***for*** wegen)

rep·tile ['reptaɪl] *s* ZOOL Reptil *n*, Kriechtier *n*

▶**re·pub·lic** [rɪ'pʌblɪk] *s* POL Republik *f*

re'pub·li·can, POL *Am* **Republican** **I** *Adj* republikanisch **II** *s* Republikaner(in)

re·pu·di·ate [rɪ'pjuːdɪeɪt] *v/t* **1.** *Angebot, Behauptung etc* zurückweisen **2.** *Schuld etc* nicht anerkennen

R

Reporting	**Etwas wiedergeben** SG
There were a lot of people there.	Es waren viele Leute dort.
You should have seen it!	Du hättest es sehen sollen!
I saw her leave around eleven o'clock.	Ich sah sie gegen elf Uhr gehen.
It said in the paper / They said on the news that the police had arrested a suspect.	Es stand in der Zeitung / Sie sagten in den Nachrichten, dass die Polizei einen Verdächtigen verhaftet hat.
They told me I had to pass my exams first.	Sie haben mir gesagt, ich müsste zuerst meine Prüfungen bestehen.
They say she's not coming back.	Man sagt, sie kommt nicht mehr zurück.
That's what I heard from Nicholas.	So habe ich das von Nicholas gehört.

re͵pu·di'a·tion *s* **1.** Zurückweisung *f* **2.** Nichtanerkennung *f*
re·pug·nance [rɪ'pʌgnəns] *s*: ***in*** (*oder* ***with***) ***repugnance*** angewidert
re'pug·nant *Adj* widerlich, widerwärtig
re·pulse [rɪ'pʌls] **I** *v/t* **1.** *Angriff*, *Feind* zurückschlagen **2.** *j-n*, *Angebot etc* ab-, zurückweisen **II** *s* **3.** Zurückschlagen *n* **4.** Ab-, Zurückweisung *f*
re'pul·sion *s* **1.** Abscheu *m*, *f*: ***with repulsion*** voller Abscheu **2.** PHYS Abstoßung *f*
re'pul·sive *Adj* PHYS abstoßend, *fig auch* widerlich, widerwärtig
re·pur·chase [͵riː'pɜːtʃəs] **I** *v/t* zurückkaufen **II** *s* Rückkauf *m*
rep·u·ta·ble ['repjʊtəbl] *Adj* angesehen
͵rep·u'ta·tion *s* (*eng. S.* guter) Ruf: ***have a reputation for being*** im Ruf stehen, *etw* zu sein; ***get o.s. a reputation as*** sich einen Namen machen als
re·pute [rɪ'pjuːt] **I** *s* (*eng. S.* guter) Ruf: ***of repute*** angesehen; ***be held in high repute*** hohes Ansehen genießen **II** *v/t*: ***be reputed to be*** gelten als
re'put·ed·ly *Adv* angeblich, dem Vernehmen nach
►**re·quest** [rɪ'kwest] **I** *s* **1.** (***for***) Bitte *f* (um), Wunsch *m* (nach): ***at s.o.'s request*** auf j-s Bitte hin; ***on request*** auf Wunsch; ***make a request for s.th.*** um etw bitten **II** *v/t* **2.** bitten *oder* ersuchen um **3.** *j-n* bitten, ersuchen (***to do*** zu tun)
re·quest stop *s Br* Bedarfshaltestelle *f*
re·qui·em ['rekwɪəm] *s* Requiem *n*
re·quire [rɪ'kwaɪə] *v/t* **1.** erfordern: ***be required*** erforderlich sein; ***if required*** wenn nötig **2.** benötigen, brauchen **3.** verlangen (***that*** dass; ***s.th. of s.o.*** etw von j-m): ***require s.o. to do s.th.*** von j-m verlangen, dass er etw tut; ***be required to do s.th.*** etw tun müssen
re'quired *Adj* erforderlich, notwendig: ***required reading*** PÄD, UNI Pflichtlektüre *f*
re'quire·ment *s* **1.** Anforderung *f*: ***meet the requirements*** den Anforderungen entsprechen **2.** Erfordernis *n*, Bedürfnis *n*
req·ui·site ['rekwɪzɪt] **I** *Adj* erforderlich, notwendig (***for*** für) **II** *s meist Pl* Artikel *m*
͵req·ui'si·tion **I** *s* **1.** Anforderung *f* **2.** MIL Requisition *f*, Beschlagnahme *f* **II** *v/t* **3.** anfordern **4.** MIL requirieren, beschlagnahmen
re·quite [rɪ'kwaɪt] *v/t etw* vergelten
re·run **I** *v/t* (*unreg* ***run***) [͵riː'rʌn] **1.** TV wiederholen **2.** ***be rerun*** (*Sport*) wiederholt werden (*Lauf*) **II** *s* ['riːrʌn] **3.** TV Wiederholung *f* (*auch allg*)

R

re·scind [rɪ'sɪnd] *v/t* JUR *Gesetz*, *Urteil etc* aufheben
re·scis·sion [rɪ'sɪʒn] *s* Aufhebung *f*
►**res·cue** ['reskjuː] **I** *v/t* retten (***from*** aus, vor *Dat*) **II** *s* Rettung *f*: ***come to s.o.'s rescue*** j-m zu Hilfe kommen; ***rescue operations*** *Pl* Rettungsarbeiten *Pl*; ***rescue party*** (*oder* ***squad***, ***team***) Rettungsmannschaft *f*
res·cu·er ['reskjʊə] *s* Retter(in)
►**re·search** [rɪ'sɜːtʃ] **I** *s* Forschung *f* (***on*** auf dem Gebiet *Gen*): ***carry out*** (*oder* ***do***) ***research into*** *etw* erforschen **II** *v/i* forschen: ***research into*** *etw* erforschen **III** *v/t etw* erforschen **IV** *Adj* Forschungs…: ***research team*** Forscherteam *n*; ***research worker*** Forscher(in)
re'search·er *s* Forscher(in)
re·sem·blance [rɪ'zembləns] *s* Ähnlichkeit *f* (***to*** mit; ***between*** zwischen *Dat*): ***there is a strong resemblance between them*** sie sind sich sehr ähnlich; ***bear a strong resemblance to*** starke Ähnlichkeit haben mit
re'sem·ble [rɪ'zembl] *v/t* ähnlich sein, ähneln (*Dat*)
re·sent [rɪ'zent] *v/t* übel nehmen, sich ärgern über (*Akk*)
re'sent·ful [rɪ'zentfʊl] *Adj* ärgerlich
re'sent·ment *s* Ärger *m* (***against***, ***at*** über *Akk*)
res·er·va·tion [͵rezə'veɪʃn] *s* **1.** *bes Am* (*Wild-*)Reservat *n*; *Am* (*Indianer*)Reservat *n*, (-)Reservation *f* **2.** Reservierung *f*, Vorbestellung *f*: ***make a reservation*** ein Zimmer *etc* bestellen **3.** Vorbehalt *m*: ***with reservation(s)*** unter Vorbehalt; ***without reservation*** vorbehaltlos
►**re·serve** [rɪ'zɜːv] **I** *s* **1.** Reserve *f* (***of*** an *Dat*): ***keep s.th. in reserve*** etw in Reserve halten **2.** *auch Pl* MIL Reserve *f* **3.** SPORT Reservespieler(in) **4.** (*Naturschutz-*, *Wild*)Reservat *n* **5.** Reserviertheit *f*, Zurückhaltung *f* **6.** ***without reserve*** vorbehaltlos **II** *v/t* **7.** (sich) *etw* aufsparen (***for*** für) **8.** ***reserve the right to do s.th.*** sich (das Recht) vorbehalten, etw zu tun **9.** reservieren (lassen), vorbestellen
re'served *Adj* reserviert, zurückhaltend
re·serv·ist [rɪ'zɜːvɪst] *s* MIL Reservist(in)
res·er·voir ['rezəvwaː] *s* Reservoir *n* (*auch fig* ***of*** an *Dat*)
re·set [͵riː'set] *v/t* (*unreg* ***set***) **1.** *Edelstein* neu fassen **2.** *Uhr* umstellen; *Zeiger etc* zurückstellen (***to*** auf *Akk*)
re·set·tle [͵riː'setl] *v/t* umsiedeln
͵re'set·tle·ment *s* Umsiedlung *f*
re·shuf·fle **I** *v/t* [͵riː'ʃʌfl] **1.** *Karten* neu mischen **2.** *Kabinett etc* umbilden **II** *s* ['riːʃʌfl] **3.** Umbildung *f*
re·side [rɪ'zaɪd] *v/i* **1.** wohnen, seinen Wohnsitz

Requests	**Bitten** SG
Would you mind checking my homework?	Würde es dir etwas ausmachen, meine Hausaufgaben zu überprüfen?
Do you think I could use your bathroom?	Darf ich mir mal die Hände waschen gehen? (*eigentlich* Ich müsste mal eure Toilette benutzen.)
Could you find out how much it costs?	Könntest du herausfinden, was es kostet?
Can I bring a friend?	Kann ich einen Freund / eine Freundin mitbringen?
You won't tell anyone, will you?	Du wirst doch niemandem davon erzählen (, oder)?
It would be nice to / if we could go to the seaside.	Es wäre schön, wenn wir ans Meer fahren könnten.
Please don't shout.	Bitte schrei nicht so!

haben; residieren **2.** ***reside in*** *fig* liegen *oder* ruhen bei *j-m*

res·i·dence ['rezɪdəns] *s* **1.** Wohnsitz *m*; Residenz *f*: ***official residence*** Amtssitz *m*; ***take up residence*** sich niederlassen **2.** Aufenthalt *m*: ***residence permit*** Aufenthaltsgenehmigung *f*, -erlaubnis *f*

'res·i·dent I *Adj* ansässig, wohnhaft: ***be resident abroad*** *auch* im Ausland wohnen **II** *s* Bewohner(in) *(eines Hauses)*, *(einer Stadt etc auch)* Einwohner(in), MOT Anlieger(in); (Hotel)Gast *m*

res·i·den·tial [ˌrezɪ'denʃl] *Adj* Wohn…

re·sid·u·al [rɪ'zɪdjʊəl] *Adj* übrig (geblieben), restlich, Rest…

res·i·due ['rezɪdjuː] *s bes* CHEM Rest *m*, Rückstand *m*

re·sign [rɪ'zaɪn] **I** *v/t* **1.** aufgeben; verzichten auf *(Akk)* **2.** *Amt etc* niederlegen **3.** ***resign o.s. to*** sich fügen in *(Akk)*, sich abfinden mit; ***be resigned to*** sich abgefunden haben mit **II** *v/i* **4.** zurücktreten (***from*** von), sein Amt niederlegen

res·ig·na·tion [ˌrezɪg'neɪʃn] *s* **1.** Rücktritt *m*, Amtsniederlegung *f*: ***hand in*** (*oder* ***send in, submit, tender***) ***one's resignation*** seinen Rücktritt einreichen **2.** Ergebenheit *f*; Resignation *f*

re·sil·i·ence [rɪ'zɪlɪəns] *s* **1.** Elastizität *f*; Strapazierfähigkeit *f* **2.** *fig* Zähigkeit *f*

re'sil·i·ent *Adj* **1.** elastisch; strapazierfähig **2.** *fig* zäh: ***be resilient*** nicht unterzukriegen sein

res·in ['rezɪn] *s* Harz *n*

'res·in·ous *Adj* harzig; Harz…

re·sist [rɪ'zɪst] **I** *v/t* **1.** *j-m*, *einer Sache* widerstehen: ***I could not resist doing it*** ich musste es einfach tun **2.** Widerstand leisten *(Dat oder* gegen), sich widersetzen *(Dat)* **II** *v/i* **3.** Widerstand leisten, sich widersetzen

▶**re·sist·ance** [rɪ'zɪstəns] *s* **1.** Widerstand *m* (***to*** gegen): ***offer*** (*oder* ***put up***) ***stubborn resistance*** hartnäckig(en) Widerstand leisten (***to*** *Dat*); ***without offering resistance*** widerstandslos; ***take the line of least resistance*** den Weg des geringsten Widerstandes gehen **2.** Widerstandskraft *f* (***to*** gegen) *(auch* MED) **3.** *(Hitze- etc)*Beständigkeit *f*, *(Stoß- etc)*Festigkeit *f* **4.** ELEK Widerstand *m (auch Bauteil)*

re'sist·ant *Adj (hitze- etc)*beständig, *(stoß- etc)* fest

re'sis·tor *s* ELEK Widerstand *m (Bauteil)*

re·sit PÄD, UNI *Br* **I** *v/t (unreg **sit**)* [ˌriː'sɪt] *Prüfung* wiederholen **II** *s* ['riːsɪt] Wiederholungsprüfung *f*

re·sole [ˌriː'səʊl] *v/t* neu besohlen

res·o·lute ['rezəluːt] *Adj* resolut, entschlossen

'res·o·lute·ness → ***resolution*** 3

res·o·lu·tion [ˌrezə'luːʃn] *s* **1.** Beschluss *m*, PARL *etc auch* Resolution *f* **2.** Vorsatz *m*: ***New Year's resolution*** guter Vorsatz fürs neue Jahr **3.** Resolutheit *f*, Entschlossenheit *f* **4.** Lösung *f*, Überwindung *f* **5.** CHEM *etc* Auflösung *f*, Zerlegung *f* (***into*** in *Akk*)

re·solve [rɪ'zɒlv] **I** *v/t* **1.** beschließen (***that*** dass; ***to do*** zu tun) **2.** *Problem etc* lösen, *Schwierigkeit etc* überwinden **3.** CHEM *etc* auflösen, zerlegen (***into*** in *Akk*) **II** *v/i* **4.** (***into*** in *Akk*) CHEM *etc* sich auflösen; *fig* zerfallen **III** *s* **5.** → ***resolution*** 2, 3

res·o·nance ['rezənəns] *s* **1.** PHYS Resonanz *f* **2.** voller Klang

'res·o·nant *Adj* **1.** PHYS Resonanz… **2.** voll *(Klang)*, volltönend, sonor *(Stimme)* **3.** ***be resonant with*** widerhallen von

re·sort [rɪ'zɔːt] **I** *s* **1.** Urlaubsort *m*: → ***health*** 1, ***seaside*** **2.** ***have resort to*** → 3; ***as a last resort*** notfalls, wenn alle Stricke reißen; ***as a last resort he went …*** als er nicht mehr weiterwusste, ging er … **II** *v/i* **3.** ***resort to*** greifen *oder* Zuflucht nehmen zu

re·sound [rɪ'zaʊnd] *v/i* widerhallen (***with*** von)

re·source [rɪ'sɔːs] *s* **1.** *Pl* (Geld)Mittel *Pl*; *(Boden-, Natur)*Schätze *Pl* **2.** Mittel *n*, Zuflucht *f*; Ausweg *m*: ***leave s.o. to his own resources*** j-n sich selbst überlassen **3.** Einfallsreichtum *m*, Findigkeit *f*

re'source·ful [rɪ'sɔːsfʊl] *Adj* einfallsreich, findig

▶**re·spect** [rɪ'spekt] **I** *s* **1.** Achtung *f*, Respekt *f* (***for*** vor *Dat*): ***have respect for*** Respekt haben vor **2.** Rücksicht *f* (***for*** auf *Akk*): ***out of respect for*** aus Rücksicht auf; ***have no respect for*** keine Rücksicht nehmen auf; ***without respect to*** ohne Rücksicht auf *(Akk)*; ungeachtet *(Gen)* **3.** Beziehung *f*, Hinsicht *f*: ***in many respects*** in vieler Hinsicht; ***in some respects*** in gewisser Hinsicht; ***with respect to*** was … anbelangt *oder* betrifft **4.** *Pl* Empfehlungen *Pl*: ***give my respects to your wife*** eine Empfehlung an Ihre Gemahlin **5.** ***pay one's respects to*** *j-m* seine Aufwartung machen; ***pay one's last respects to*** *j-m* die letzte Ehre erweisen **II** *v/t* **6.** respektieren, achten **7.** respektieren, berücksichtigen

re'spect·a·ble *Adj* **1.** ehrbar, geachtet **2.** gesellschaftsfähig *(Person)*, *(Kleidung, Benehmen auch)* korrekt **3.** respektabel, beachtlich

re'spect·ful [rɪ'spektfʊl] *Adj* respektvoll

re'spec·tive *Adj* jeweilig: ***they went to their respective offices*** jeder von ihnen ging zu seinem (jeweiligen) Büro

re'spec·tive·ly *Adv* beziehungsweise

res·pi·ra·tion [ˌrespə'reɪʃn] *s* Atmung *f*

res·pi·ra·tor ['respəreɪtə] *s* Atemschutzgerät *n*

re·spir·a·to·ry [rɪ'spaɪərətərɪ] *Adj* Atem…, Atmungs…: ***respiratory disease*** MED Erkrankung *f* der Atemwege; ***respiratory failure*** MED Atemversagen *n*; ***respiratory tract*** ANAT Atemwege *Pl*; ***respiratory system*** Atmungsorgane *Pl*

res·pite ['respaɪt] *s* **1.** Aufschub *m* **2.** Pause *f*: ***without respite*** ohne Pause *oder* Unterbrechung

re·splend·ent [rɪ'splendənt] *Adj* glänzend, strahlend

re·spond [rɪ'spɒnd] **I** *v/i* **1.** antworten (***to*** auf *Akk*): ***respond to a letter*** *auch* einen Brief beantworten **2.** *fig* reagieren (***to*** auf *Akk*; ***with*** mit), MED *etc auch* ansprechen (***to*** auf *Akk*) **II** *v/t* **3.** antworten (***that*** dass)

re'spond·ent *s* JUR Beklagte *m*, *f (in einem Scheidungsprozess)*

re·sponse [rɪ'spɒns] *s* **1.** Antwort *f* (***to*** auf *Akk*): ***give no response*** nicht antworten **2.** *fig* Reaktion *f* (***to*** auf *Akk*)

re·spon·si·bil·i·ty [rɪˌspɒnsə'bɪlətɪ] *s* **1.** Verantwortung *f*: ***a position of great responsibility*** eine verantwortungsvolle Position; ***on one's own responsibility*** auf eigene Verantwortung; ***claim responsibility for*** die Verantwortung übernehmen für *(einen Terroranschlag etc)*; ***have responsibility for*** die Verantwortung haben für; ***take (full) responsibility for*** die (volle) Verantwortung übernehmen für; ***take no***

R

responsibility for nicht haften für **2.** *oft Pl* Verpflichtung *f*, Pflicht *f*
▶ **re·spon·si·ble** [rɪ'spɒnsəbl] *Adj* **1.** verantwortlich (***for*** für): ***be responsible to s.o. for s.th.*** j-m (gegenüber) für etw verantwortlich sein; ***not to be responsible for*** nicht haften für **2.** (***for***) verantwortlich (für), schuld (an *Dat*): ***hold s.o. responsible for*** j-n verantwortlich machen für **3.** verantwortungsbewusst **4.** verantwortungsvoll (*Position*)
re'spon·sive *Adj* **1.** leichtgängig (*Kupplung etc*), elastisch (*Motor*): ***be responsive to*** reagieren auf (*Akk*), MED *etc auch* ansprechen auf (*Akk*); empfänglich sein für **2.** mitteilsam: ***he wasn't very responsive*** *auch* aus ihm war nicht viel herauszuholen
▶ **rest**[1] [rest] **I** *s* **1.** Ruhe(pause) *f*; Erholung *f*: ***have*** (*oder* ***take***) ***a rest*** sich ausruhen; ***have a good night's rest*** gut schlafen; ***lay to rest*** zur letzten Ruhe betten; *fig* ad acta legen; ***set s.o.'s mind at rest*** j-n beruhigen **2.** TECH Auflage *f*, Stütze *f*; TEL Gabel *f* **II** *v/i* **3.** (sich aus-) ruhen: ***let s.th. rest*** *fig* etw auf sich beruhen lassen; ***he will not rest until*** *fig* er wird nicht eher ruhen, bis; → ***laurel*** 3 **4.** lehnen (***against, on*** an *Dat*): ***rest on*** *bes* TECH ruhen auf (*Dat*) (*auch fig Blick*); *fig* beruhen auf (*Dat*), sich stützen auf (*Akk*); ***rest with*** *fig* bei *j-m* liegen **III** *v/t* **5.** ausruhen (lassen) **6.** lehnen (***against*** gegen; ***on*** an *Akk*)
▶ **rest**[2] [rest] *s* Rest *m*: ***the rest of us*** wir Übrigen; ***all the rest of them*** alle Übrigen; ***for the rest*** im Übrigen
▶ **res·tau·rant** ['restərɒnt] *s* Restaurant *n*, Gaststätte *f*
res·tau·rant car *s* BAHN *Br* Speisewagen *m*
rest·ful ['restfʊl] *Adj* **1.** ruhig, friedlich **2.** erholsam
rest home *s* Alten-, Alters- *oder* Pflegeheim *n*
rest·ing place ['restɪŋ] *s*: (***last***) ***resting place*** (letzte) Ruhestätte
res·ti·tu·tion [ˌrestɪ'tjuːʃn] *s* Rückgabe *f*, (*von Geld auch*) Rückerstattung *f* (***to*** an *Akk*): ***make restitution to s.o.*** j-m *etw* zurückgeben *oder* -erstatten
res·tive ['restɪv] *Adj* unruhig, nervös
'res·tive·ness *s* Unruhe *f*, Nervosität *f*
rest·less ['restlɪs] *Adj* **1.** ruhe-, rastlos **2.** unruhig (*Person, Nacht*): ***I had a restless night*** ich habe nicht gut geschlafen
re·stock [ˌriː'stɒk] *v/t Regal etc* wieder auffüllen
res·to·ra·tion [ˌrestə'reɪʃn] *s* **1.** Wiederherstellung *f* **2.** Restaurierung *f* **3.** Rückgabe *f*, Rückerstattung *f* (***to*** an *Akk*)
re·store [rɪ'stɔː] *v/t* **1.** *Ordnung etc* wieder herstellen: ***be restored*** (***to health***) wiederhergestellt *oder* wieder gesund sein **2.** *Gemälde etc* restaurieren **3.** zurückgeben, *Geld auch* zurückerstatten (***to*** *Dat*)
re'stor·er *s* **1.** Restaurator(in) **2.** → ***hair restorer***
re·strain [rɪ'streɪn] *v/t* (***from***) zurückhalten (von), hindern an (*Dat*): ***restrain s.o. from doing s.th.*** j-n davon zurückhalten *oder* daran hindern, etw zu tun; ***I had to restrain myself*** ich musste mich beherrschen (***from doing s.th.*** um nicht etw zu tun)
re'strained *Adj* **1.** beherrscht **2.** dezent (*Farbe etc*)
re·straint [rɪ'streɪnt] *s* **1.** Beherrschung *f* **2.** Be-, Einschränkung *f* (***on*** *Gen*)
re·strict [rɪ'strɪkt] *v/t* beschränken (***to*** auf *Akk*), einschränken
re'stric·tion *s* Be-, Einschränkung *f*: ***without restrictions*** uneingeschränkt
re'stric·tive *Adj* be-, einschränkend
rest room *s Am* Toilette *f* (*in Restaurant etc*)
re·struc·ture [ˌriː'strʌktʃə] *v/t* umstrukturieren
▶ **re·sult** [rɪ'zʌlt] **I** *s* **1.** Ergebnis *n*, Resultat *n*: ***without result*** ergebnislos **2.** Erfolg *m* **3.** Folge *f*: ***as a result of*** als Folge von (*oder Gen*) **II** *v/i* **4.** resultieren, sich ergeben (***from*** aus): ***result in*** zur Folge haben (*Akk*), führen zu; ***resulting*** → ***resultant***
re'sult·ant *Adj* daraus resultierend
ré·su·mé ['rezjuːmeɪ] *s* **1.** Resümee *n*, Zs.-fassung *f* **2.** *Am* (*bes* tabellarischer) Lebenslauf
re·sume [rɪ'zjuːm] **I** *v/t* **1.** *Arbeit* wieder aufnehmen, *Diskussion, Reise etc* fortsetzen **2.** *Platz* wieder einnehmen; *Mädchennamen etc* wieder annehmen **II** *v/i* **3.** weitermachen, fortfahren
re·sump·tion [rɪ'zʌmpʃn] *s* Wiederaufnahme *f*, Fortsetzung *f*
re·sur·face [ˌriː'sɜːfɪs] **I** *v/t* **1.** *Straße* neu belegen **II** *v/i* **2.** wieder auftauchen (*U-Boot*) **3.** *fig* wieder aufleben
re·sur·gence [rɪ'sɜːdʒəns] *s* Wiederaufleben *n*
re'sur·gent *Adj* wieder auflebend
res·ur·rect [ˌrezə'rekt] *v/t Brauch etc* wieder aufleben lassen, *Gesetz etc* wieder einführen
ˌres·ur'rec·tion *s* **1.** Wiedereinführung *f* **2. Resurrection** REL Auferstehung *f*
re·sus·ci·tate [rɪ'sʌsɪteɪt] *v/t* MED wieder beleben
reˌsus·ci'ta·tion *s* Wiederbelebung *f*
re·tail ['riːteɪl] **I** *s* **1.** Einzelhandel *m*: ***at retail*** *siehe* III **II** *Adj* **2.** Einzelhandels…: ***retail price***; ***retail dealer*** → ***retailer*** **III** *Adv* **3.** im Einzelhandel, einzeln **IV** *v/t* [riː'teɪl] **4.** im Einzelhandel verkaufen (***at, for*** für) **5.** *fig Gerücht etc* verbreiten **V** *v/i* [riː'teɪl] **6.** im Einzelhandel verkauft werden (***at, for*** für): ***it retails at £ 2*** *auch* es kostet im Einzelhandel zwei Pfund
re'tail·er *s* Einzelhändler(in)
re·tain [rɪ'teɪn] *v/t* **1.** *Gleichgewicht* halten; *Eigenschaft, Fassung etc* behalten, bewahren **2.** *Wasser* stauen (*Damm*), speichern (*Boden*); *Wärme* speichern
re'tain·er, re'tain·ing fee *s* (Honorar)Vorschuss *m* (*für Anwalt*)
re·take [ˌriː'teɪk] *v/t* (*unreg* ***take***) **1.** MIL zurückerobern **2.** FILM, TV *Szene etc* nochmals drehen
re·tal·i·ate [rɪ'tælɪeɪt] *v/i* **1.** Vergeltung üben, sich revanchieren (***against*** an *Dat*); *eng. S.* zurückschlagen, -treten **2.** *Sport, auch in Diskussion etc*: kontern (***with*** mit)
reˌtal·i'a·tion *s* Vergeltung(smaßnahmen *Pl*) *f*, Revanche *f*: ***in retaliation for*** als Vergeltung für
re'tal·i·a·to·ry [rɪ'tælɪətərɪ] *Adj* Vergeltungs…, Revanche…
re·tard [rɪ'tɑːd] *v/t* verzögern, hemmen
re'tard·ed *Adj*: (***mentally***) ***retarded*** (geistig) zurückgeblieben
retch [retʃ] *v/i* würgen
re·ten·tion [rɪ'tenʃn] *s* **1.** Bewahrung *f* **2.** Stauung *f*; Speicherung *f*
re'ten·tive *Adj* gut (*Gedächtnis*)
re·think [ˌriː'θɪŋk] *v/t* (*unreg* ***think***) noch einmal überdenken
ret·i·cence ['retɪsəns] *s* Schweigsamkeit *f*
'ret·i·cent *Adj* schweigsam: ***he was very reti-***

cent about it *von* ihm war nur sehr wenig darüber zu erfahren
ret·i·na ['retɪnə] *Pl* **ret·i·nas, ret·i·nae** ['retɪniː] *s* ANAT Netzhaut *f*
ret·i·nue ['retɪnjuː] *s* Gefolge *n*
▶**re·tire** [rɪ'taɪə] **I** *v/i* **1.** *allg* sich zurückziehen (*auch fig* ***from business*** aus dem Geschäftsleben; ***from competition*** vom aktiven Sport): ***retire from business*** *auch* sich zur Ruhe setzen **2.** in Rente *oder* Pension gehen, sich pensionieren lassen **3.** SPORT aufgeben **II** *v/t* **4.** in den Ruhestand versetzen, pensionieren
re'tired *Adj* pensioniert, im Ruhestand (lebend): ***be retired*** *auch* in Pension *oder* Rente sein; ***retired general*** General *m* außer Dienst
re·ti'ree *bes Am* Ruheständler(in)
re'tire·ment *s* **1.** Rückzug *m* **2.** Pensionierung *f*; Ruhestand *m*: ***retirement age*** Rentenalter *n* **3.** SPORT Aufgabe *f*
re'tir·ing *Adj* zurückhaltend
re·tort[1] [rɪ'tɔːt] **I** *s* (scharfe) Entgegnung **II** *v/t* (scharf) entgegnen
re·tort[2] [rɪ'tɔːt] *s* CHEM Retorte *f*
re·touch [ˌriː'tʌtʃ] *v/t* FOTO retuschieren
re·trace [rɪ'treɪs] *v/t Tathergang etc* rekonstruieren: ***retrace one's steps*** denselben Weg zurückgehen
re·tract [rɪ'trækt] *v/t* **1.** *Krallen etc*, FLUG *Fahrgestell* einziehen **2.** *Angebot etc* zurückziehen, *Behauptung etc* zurücknehmen, *Geständnis etc* widerrufen
re'tract·a·ble *Adj* einziehbar
re'trac·tion *s* **1.** Einziehen *n* **2.** Zurücknahme *f*, Widerruf *m*
re·train [ˌriː'treɪn] **I** *v/t* umschulen **II** *v/i* umschulen, sich umschulen lassen
ˌre'train·ing *s* Umschulung *f*: ***retraining course*** Umschulung(skurs *m*) *f*
re·tread **I** *v/t* [ˌriː'tred] *Reifen* runderneuern **II** *s* ['riːtred] runderneuerter Reifen
re·treat [rɪ'triːt] **I** *s* **1.** MIL Rückzug *m*: ***beat a*** (***hasty***) ***retreat*** *fig* abhauen **2.** Zufluchtsort *m* **II** *v/i* **3.** MIL sich zurückziehen **4.** zurückweichen (***from*** vor *Dat*)
re·trench [rɪ'trentʃ] *v/i* kürzen, abbauen, einsparen
re·tri·al [ˌriː'traɪəl] *s* JUR Wiederaufnahmeverfahren *n*
ret·ri·bu·tion [ˌretrɪ'bjuːʃn] *s* Vergeltung *f*
re·triev·al [rɪ'triːvl] *s* **1.** Zurückholen *n* **2.** Wiedergutmachen *n*, Wettmachen *n*; Rettung *f*: ***beyond*** (*oder* ***past***) ***retrieval*** hoffnungslos (*Situation*) **3.** JAGD Apportieren *n*
re·trieve [rɪ'triːv] *v/t* **1.** zurückholen **2.** *Fehler* wieder gutmachen, *Verlust auch* wettmachen; *Situation* retten **3.** (*auch v/i*) JAGD apportieren
ret·ro·ac·tive [ˌretrəʊ'æktɪv] *Adj* rückwirkend
ret·ro·grade ['retrəʊgreɪd] *Adj* rückschrittlich: ***retrograde step*** Rückschritt *m*
ret·ro·gres·sive [ˌretrəʊ'gresɪv] *Adj* rückschrittlich
ret·ro·spect ['retrəʊspekt] *s*: ***in retrospect*** rückschauend, im Rückblick
ˌret·ro'spec·tive *Adj* **1.** rückblickend, -schauend **2.** rückwirkend
ret·ro·vi·rus ['retrəʊˌvaɪrəs] *s* MED Retrovirus *n*, *auch m*
re·try [ˌriː'traɪ] *v/t* JUR **1.** *Fall* erneut verhandeln **2.** neu verhandeln gegen *j-n*
▶**re·turn** [rɪ'tɜːn] **I** *v/i* **1.** zurückkehren, -kommen; zurückgehen; *fig* wieder auftreten: ***return to*** *fig* auf *ein Thema*, *Vorhaben* zurückkommen; in *eine Gewohnheit etc* zurückfallen; in *einen Zustand* zurückkehren; → ***normal*** II **2.** ***return to sender*** *Brief* zurück an Absender **II** *v/t* **3.** (***to***) zurückgeben (*Dat*); zurückbringen (*Dat*); zurückschicken, -senden (*Dat oder* an *Akk*) **4.** zurücklegen, -stellen **5.** *Besuch*, *Kompliment etc* erwidern **6.** *Gewinn*, *Zinsen* abwerfen **7.** ***be returned*** (***to Parliament***) *Br* gewählt werden **8.** → ***verdict*** 1 **III** *s* **9.** Rückkehr *f*; *fig* Wiederauftreten *n*: ***on one's return*** bei seiner Rückkehr; ***by return*** (***of post***) *Br* postwendend, umgehend; ***many happy returns*** (***of the day***) herzlichen Glückwunsch zum Geburtstag **10.** Rückgabe *f*; Zurückbringen *n*; Zurückschicken *n*, -senden *n* **11.** Zurücklegen *n*, -stellen *n* **12.** Erwiderung *f* **13.** *auch Pl* WIRTSCH Gewinn *m* **14.** ***in return*** als Gegenleistung (***for*** für): ***expect nothing in return*** keine Gegenleistung erwarten **15.** (*Steuer*)Erklärung *f* **16.** *Tennis etc*: Return *m*, Rückschlag *m* **IV** *Adj* **17.** Rück…: ***return game*** (*Sport*) Rückspiel *n*; ***return journey*** Rückreise *f*; ***by return mail*** *Am* postwendend, umgehend; ▶ ***return ticket*** *Br* Rückfahrkarte *f*; Rückflugticket *n* **V** *Adv* **18.** ***the ticket costs £ 10 return*** *Br* hin und zurück kostet die Fahrkarte 10 Pfund
re'turn·a·ble *Adj* **1.** ***returnable bottle*** Pfandflasche *f* **2.** ***be returnable*** zurückgegeben *oder* zurückgeschickt werden müssen
re'turn key *s* COMPUTER Eingabetaste *f*
re·uni·fi·ca·tion [ˌriːjuːnɪfɪ'keɪʃn] *s* POL Wiedervereinigung *f*
ˌre'uni·fy [ˌriː'juːnɪfaɪ] *v/t* wieder vereinigen
re·un·ion [ˌriː'juːnjən] *s* **1.** Treffen *n*, Wiedersehensfeier *f* **2.** Wiedervereinigung *f*
re·u·nite [ˌriːjuː'naɪt] *v/t Land*, *Familie etc* wieder vereinigen
re·us·a·ble [ˌriː'juːzəbl] *Adj* wieder verwendbar
rev [rev] MOT *ugs* **I** *s* Umdrehung *f*: ***number of revs*** Drehzahl *f*; ***rev counter*** Drehzahlmesser *m* **II** *v/t auch* ***rev up*** *Motor* aufheulen lassen **III** *v/i auch* ***rev up*** aufheulen
re·val·u·a·tion [riːˌvæljʊ'eɪʃn] *s* Aufwertung *f*
ˌre'val·ue [ˌriː'væljuː] *v/t Dollar etc* aufwerten
re·vamp [riː'væmp] *v/t ugs Haus etc* aufmöbeln, *Theaterstück etc* aufpolieren, *Firma etc* auf Vordermann bringen
re·veal [rɪ'viːl] *v/t* **1.** den Blick freigeben auf (*Akk*); zeigen **2.** *Geheimnis etc* enthüllen, aufdecken
re'veal·ing *Adj* **1.** offenherzig (*Kleid etc*) **2.** *fig* aufschlussreich
rev·el ['revl] *v/i Prät und Part Perf* **rev·eled**, *bes Br* **rev·elled** **1.** (lärmend *oder* ausgelassen) feiern **2.** (***in***) schwelgen (in *Dat*); *pej* sich weiden (an *Dat*)
rev·e·la·tion [ˌrevə'leɪʃn] *s* **1.** Enthüllung *f*, Aufdeckung *f* **2.** REL Offenbarung *f*
rev·el·ry ['revlrɪ] *s* (lärmendes *oder* ausgelassenes) Feiern
re·venge [rɪ'vendʒ] **I** *s* **1.** Rache *f*: ***in revenge*** aus Rache (***for*** für); ***take*** (***one's***) ***revenge on s.o.*** (***for s.th.***) sich an j-m (für etw) rächen; → ***sweet*** 1 **2.** *Spiel*, SPORT Revanche *f*: ***give s.o. a chance to get his revenge*** j-m Revanche geben **II** *v/t* **3.** *j-n*, *etw* rächen
re'venge·ful [rɪ'vendʒfʊl] *Adj* rachsüchtig
rev·e·nue ['revənjuː] *s auch Pl* Staatseinnahmen *Pl*, -einkünfte *Pl*: → ***inland*** 2
re·ver·ber·ate [rɪ'vɜːbəreɪt] **I** *v/i* nach-, widerhallen **II** *v/t Schall* zurückwerfen

R

re,ver·ber'a·tion *s* **1.** Nach-, Widerhall *m* **2.** Zurückwerfen *n*
re·vere [rɪ'vɪə] *v/t* verehren; *Andenken* hochhalten
rev·er·ence ['revərəns] *s* Verehrung *f*; Ehrfurcht *f* (***for*** vor *Dat*): ***with reverence*** ehrfürchtig; ***hold in reverence*** verehren
'Rev·er·end *s* REL Hochwürden *m*
rev·er·ent ['revərənt], **rev·er·en·tial** [ˌrevə'renʃl] *Adj* ehrfurchtsvoll
rev·er·ie ['revərɪ] *s* (Tag)Träumerei *f*: ***fall into a reverie*** ins Träumen kommen
re·ver·sal [rɪ'vɜːsl] *s* **1.** Umstoßung *f*; JUR Aufhebung *f* **2.** Rückschlag *m*
re'verse **I** *s* **1.** Gegenteil *n*: ***quite the reverse*** ganz im Gegenteil **2.** Rückschlag *m* **3.** Kehr-, Rückseite *f* (*einer Münze*) **4.** MOT Rückwärtsgang *m*: ***put the car into reverse*** den Rückwärtsgang einlegen **II** *Adj* **5.** umgekehrt; (*Richtung*) entgegengesetzt: ***reverse gear*** *siehe* 4; ***in reverse order*** in umgekehrter Reihenfolge; ***reverse side*** linke (*Stoff*)Seite **III** *v/t* **6.** *Wagen* im Rückwärtsgang fahren *oder* rückwärtsfahren: ***reverse one's car out of the garage*** *auch* rückwärts aus der Garage fahren **7.** *Reihenfolge etc* umkehren: ***reverse the charges*** TEL *Br* ein R-Gespräch führen **8.** *Entscheidung etc* umstoßen; JUR *Urteil* aufheben **9.** *Blatt etc* umdrehen; *Mantel etc* wenden **IV** *v/i* **10.** MOT im Rückwärtsgang fahren *oder* rückwärtsfahren
re·vert [rɪ'vɜːt] *v/i*: ***revert to*** auf *ein Thema* zurückkommen; in *eine Gewohnheit etc* zurückfallen; in *einen Zustand* zurückkehren
re·view [rɪ'vjuː] **I** *s* **1.** Überprüfung *f*: ***be under review*** überprüft werden **2.** Besprechung *f*, Kritik *f*, Rezension *f*: ***review copy*** Rezensionsexemplar *n* **3.** MIL Parade *f* **4.** → ***revue*** **5.** PÄD *Am* (Stoff)Wiederholung *f* (***for*** für *eine Prüfung*) **II** *v/t* **6.** überprüfen **7.** besprechen, rezensieren **8.** MIL besichtigen, inspizieren **9.** PÄD *Am Stoff* wiederholen (***for*** für *eine Prüfung*)
re'view·er *s* Kritiker(in), Rezensent(in)
re·vise [rɪ'vaɪz] *v/t* **1.** revidieren: **a)** *Ansicht* ändern, **b)** *Buch etc* überarbeiten **2.** *Br* → ***review*** 9
re·vi·sion [rɪ'vɪʒn] *s* **1.** Revidierung *f*, Änderung *f*; Revision *f*, Überarbeitung *f* **2.** überarbeitete Ausgabe **3.** *Br* → ***review*** 5
re·vi·tal·ize [ˌriː'vaɪtəlaɪz] *v/t* neu beleben
re·viv·al [rɪ'vaɪvl] *s* **1.** Wiederbelebung *f* (*auch fig*) **2.** THEAT Wiederaufnahme *f* **3.** Wiederaufleben *n* (*auch fig*)
re'vive **I** *v/t* **1.** *j-n* wieder beleben; beleben **2.** *Brauch etc* wieder beleben, wieder aufleben lassen; *Erinnerungen* wachrufen **3.** THEAT *Stück* wieder aufnehmen **II** *v/i* **4.** wieder zu sich kommen; wieder aufleben **5.** wieder aufleben (*Brauch etc*)
rev·o·ca·tion [ˌrevə'keɪʃn] *s* Aufhebung *f*, Rückgängigmachung *f*, Widerruf *m*
re·voke [rɪ'vəʊk] *v/t Gesetz etc* aufheben, *Entscheidung*, *Erlaubnis etc* rückgängig machen, widerrufen
re·volt [rɪ'vəʊlt] **I** *s* **1.** Revolte *f*, Aufstand *m*: ***be in revolt*** (***against***) *siehe* 3 **2.** → ***revulsion*** **II** *v/i* **3.** revoltieren (***against*** gegen) **4.** *fig* Abscheu empfinden, empört sein (***against, at, from*** über *Akk*) **III** *v/t* **5.** mit Abscheu erfüllen, abstoßen
re'volt·ing *Adj* abscheulich, abstoßend
rev·o·lu·tion [ˌrevə'luːʃn] *s* **1.** Umdrehung *f*: ***number of revolutions*** MOT Drehzahl *f*; ***revolution counter*** MOT Drehzahlmesser *m* **2.** ASTR Umlauf *m* (***round*** um) **3.** POL Revolution *f*, *fig auch* Umwälzung *f*
ˌrev·o'lu·tion·ar·y **I** *Adj* POL revolutionär, *fig auch* umwälzend **II** *s* POL Revolutionär(in) (*auch fig*)
ˌrev·o'lu·tion·ize *v/t fig* revolutionieren
re·volve [rɪ'vɒlv] *v/i* sich drehen (***on an axis*** um eine Achse; ***round the Earth*** um die Erde): ***revolve around*** *fig* sich drehen um; ***he thinks the whole world revolves around him*** er glaubt, alles dreht sich nur um ihn
re'volv·er *s* Revolver *m*
re'volv·ing *Adj* Dreh…: ***revolving door***(***s*** *Pl*) Drehtür *f*; ***revolving stage*** THEAT Drehbühne *f*
re·vue [rɪ'vjuː] *s* THEAT Revue *f*; Kabarett *n*
re·vul·sion [rɪ'vʌlʃn] *s* Abscheu *f*: ***in revulsion*** angewidert
►**re·ward** [rɪ'wɔːd] **I** *s* (*auch ausgesetzte*) Belohnung: ***as a reward*** (***for***) als Belohnung (für); → ***finder*** **II** *v/t* belohnen
re'ward·ing *Adj* lohnend, (*Aufgabe etc auch*) dankbar
re·word [ˌriː'wɜːd] *v/t* umformulieren
re·write [ˌriː'raɪt] *v/t* (*unreg* ***write***) umschreiben
rhap·so·dize ['ræpsədaɪz] *v/i* schwärmen (***about, over*** von)
'rhap·so·dy *s* **1.** MUS Rhapsodie *f* **2.** *fig* Schwärmerei *f*: ***go into rhapsodies*** ins Schwärmen geraten (***about, over*** von)
rhe·sus fac·tor ['riːsəs] *s* MED Rhesusfaktor *m*
rhet·o·ric ['retərɪk] *s* **1.** Rhetorik *f* **2.** *pej* Phrasendrescherei *f*
rhe·tor·i·cal [rɪ'tɒrɪkl] *Adj* rhetorisch: ***rhetorical question*** rhetorische Frage
rheu·mat·ic [ruː'mætɪk] MED **I** *Adj* (***rheumatically***) **1.** rheumatisch: ***rheumatic fever*** rheumatisches Fieber **II** *s* **2.** Rheumatiker(in)
rheu·ma·tism ['ruːmətɪzəm] *s* Rheuma(tismus *m*) *n*
Rhine [raɪn] *Eigenn der* Rhein
rhi·no ['raɪnəʊ] *Pl* **rhi·nos** *s* ZOOL *ugs*, **rhi·noc·er·os** [raɪ'nɒsərəs] *s* ZOOL Rhinozeros *n*, Nashorn *n*
Rhodes [rəʊdz] *Eigenn* Rhodos *n*
rho·do·den·dron [ˌrəʊdə'dendrən] *s* BOT Rhododendron *m*, *n*
rhom·bus ['rɒmbəs] *Pl* **rhom·bus·es**, **rhom·bi** ['rɒmbaɪ] *s* MATHE Rhombus *m*, Raute *f*
rhu·barb ['ruːbɑːb] *s* **1.** BOT Rhabarber *m* **2.** *bes Am ugs* Krach *m*, Streit *m*
rhyme [raɪm] **I** *s* **1.** Reim *m* (***for*** auf *Akk*): ***do s.th. without rhyme or reason*** etw aus unerklärlichen Gründen tun **2.** Reim *m*, Vers *m* **II** *v/i* **3.** sich reimen (***with*** auf *Akk*) **III** *v/t* **4.** reimen (***with*** auf *Akk*, mit)
►**rhythm** ['rɪðəm] *s* Rhythmus *m*: ***disrupt s.o.'s rhythm*** j-n aus dem Rhythmus bringen; ***rhythm method*** MED Knaus-Ogino-Methode *f*
rhyth·mic, **rhyth·mi·cal** ['rɪðmɪk(l)] *Adj* rhythmisch, (*Atmen etc*) gleichmäßig
rib [rɪb] **I** *s* **1.** ANAT Rippe *f* (*auch* BOT *etc*): → ***dig*** 1, 5, ***poke*** 1, 6 **2.** Speiche *f* (*eines Regenschirms*) **II** *v/t* **3.** *ugs* aufziehen, hänseln (***for*** wegen)
rib·bon ['rɪbən] *s* **1.** (*auch* Farb-, Ordens-)Band *n* **2.** Streifen *m*; Fetzen *m*: ***tear to ribbons*** zerfetzen
rib cage *s* ANAT Brustkorb *m*
►**rice** [raɪs] *s* BOT Reis *m*
rice pad·dy *s* Reisfeld *n*

R

rice pud·ding *s* Milchreis *m*
rice wine *s* Reiswein *m*
▶**rich** [rɪtʃ] **I** *Adj* **1.** reich (*auch fig*): ***rich in*** reich an (*Dat*); ***rich in contrasts*** kontrastreich **2.** prächtig, kostbar (*Schmuck etc*) **3.** schwer (*Speise*) **4.** ertragreich, fett (*Boden*) **5.** voll (*Töne*), (*Farben auch*) satt **6.** ***that's rich!*** *ugs iron* na prima! **II** *s* **7.** ***the rich*** *Pl* die Reichen *Pl*
rich·es ['rɪtʃɪz] *s Pl* Reichtümer *Pl*
'rich·ness *s* **1.** Reichtum *m* (*auch fig*) **2.** Prächtigkeit *f*, Kostbarkeit *f* **3.** Schwere *f* **4.** Fettheit *f* **5.** Fülle *f*, Sattheit *f*
rick·ets ['rɪkɪts] *s Sg* MED Rachitis *f*
rick·et·y ['rɪkətɪ] *Adj* **1.** MED rachitisch **2.** schwach (auf den Beinen); gebrechlich **3.** wack(e)lig (*Möbelstück etc*)
rick·shaw ['rɪkʃɔː] *s* Rikscha *f*
ric·o·chet ['rɪkəʃeɪ] **I** *s* Querschläger *m* **II** *v/i* abprallen (***off*** von)
▶**rid** [rɪd] *v/t* (*meist unreg*) befreien (***of*** von): ▶ ***get rid of*** loswerden
'rid·dance *s*: ***good riddance*** (***to him***)***!*** *ugs* den sind wir Gott sei Dank los!
rid·den ['rɪdn] **I** *Part Perf von* ***ride*** **II** *Adj in Zssgn* geplagt *oder* heimgesucht von
rid·dle¹ ['rɪdl] *s* Rätsel *n* (*auch fig*): ***speak*** (*oder* ***talk***) ***in riddles*** in Rätseln sprechen
rid·dle² ['rɪdl] **I** *s* **1.** (Schüttel)Sieb *n* **II** *v/t* **2.** sieben **3.** ***riddle with bullets*** mit Kugeln durchlöchern *oder* -sieben; ***riddled with holes*** (***mistakes***) voller Löcher (Fehler)
▶**ride** [raɪd] **I** *s* **1.** Ritt *m*: ***give s.o. a ride on one's shoulders*** j-n auf seinen Schultern reiten lassen **2.** Fahrt *f*: ***give s.o. a ride*** j-n (*im Auto etc*) mitnehmen; ***go for a ride in the car*** eine Autofahrt machen; ***take s.o. for a ride*** *ugs* j-n reinlegen *oder* übers Ohr hauen **II** *v/i* (*unreg*) **3.** reiten (*auch rittlings sitzen*) (***on*** auf *Dat*): → ***roughshod*** **4.** fahren (***on*** auf *einem Fahrrad etc*, in *einem Bus etc*) **5.** ***ride up*** hochrutschen (*Rock etc*) **III** *v/t* **6.** reiten (auf *Dat*) **7.** *Fahr-*, *Motorrad* fahren, fahren auf (*Dat*): ***can you ride a bicycle?*** kannst du Rad fahren?
'rid·er *s* **1.** Reiter(in) **2.** (*Motorrad-*, *Rad*)Fahrer(in)
ridge [rɪdʒ] *s* **1.** (*Gebirgs*)Kamm *m*, (-)Grat *m* **2.** (*Dach*)First *m*
rid·i·cule ['rɪdɪkjuːl] **I** *s* Spott *m*: ***for fear of ridicule*** aus Angst, sich lächerlich zu machen; ***hold up to ridicule*** *siehe* II **II** *v/t* lächerlich machen, spotten über (*Akk*)
ri'dic·u·lous [rɪ'dɪkjʊləs] *Adj* lächerlich: ***don't be ridiculous*** mach dich nicht lächerlich
rid·ing ['raɪdɪŋ] *Adj* Reit...: ***riding school***; ***riding breeches*** Reithose *f*
rife [raɪf] *Adj*: ***rife with*** voll von, voller
rif·fle ['rɪfl] *v/i*: ***riffle through s.th.*** etw durchblättern
riff·raff ['rɪfræf] *s* Gesindel *n*, Pack *n*
ri·fle¹ ['raɪfl] *v/t* durchwühlen
ri·fle² ['raɪfl] *s* Gewehr *n*
ri·fle range *s* Schießstand *m*
rift [rɪft] *s* **1.** Spalt(e *f*) *m* **2.** *fig* Riss *m*
rig¹ [rɪg] *v/t Wahl etc* manipulieren
rig² [rɪg] **I** *s* **1.** SCHIFF Takelage *f*, Takelung *f* **2.** Bohrinsel *f* **3.** *ugs* Aufmachung *f* **4.** *Am ugs* Sattelschlepper *m* **II** *v/t* **5.** *Schiff* auftakeln **6.** ***rig out*** *ugs j-n* ausstaffieren (***as*** als); auftakeln **7.** ***rig up*** *ugs* provisorisch zs.-bauen (***from*** aus)
▶**right** [raɪt] **I** *Adj* (→ ***rightly***) **1.** richtig, recht: ***the right thing*** das Richtige; → ***all*** 3 **2.** richtig: **a)** korrekt, **b)** wahr: ***is your watch right?*** geht deine Uhr richtig?; ▶ ***be right*** recht haben **3.** richtig, geeignet: ***the right man in the right place*** der rechte Mann am rechten Platz **4.** richtig, in Ordnung: ***put*** (*oder* ***set***) ***right*** in Ordnung bringen; *j-n* aufklären (***on*** über *Akk*); *Irrtum* richtigstellen **5.** recht, Rechts... **6.** ***right angle*** MATHE rechter Winkel **II** *s* **7.** Recht *n*: ***know right from wrong*** Recht von Unrecht unterscheiden können **8.** Recht *n*; Anrecht *n* (***to*** auf *Akk*): ***right of access*** COMPUTER Zugriffsrecht *n*; ***by rights*** von Rechts wegen; ***it is my right of way*** MOT ich habe Vorfahrt; ***know one's rights*** seine Rechte kennen **9.** *die* Rechte, rechte Seite: ***on*** (*oder* ***to***) ***the right*** (***of***) rechts (von), rechter Hand (von); ***on our right*** zu unserer Rechten; ***the second turning to*** (*oder* ***on***) ***the right*** die zweite Querstraße rechts; ***keep to the right*** sich rechts halten; MOT rechts fahren **10.** ***the right*** POL die Rechte **III** *Adv* **11.** richtig, recht: ***if I get you right*** wenn ich Sie richtig verstehe; ***guess right*** richtig (er)raten; → ***serve*** 8 **12.** genau, direkt **13.** ***right away*** (*oder* ***off***) sofort; ***right now*** im Moment; sofort **14.** ganz, völlig **15.** rechts (***of*** von): ***turn right*** (sich) nach rechts wenden; MOT rechts abbiegen; ***right and left***; ***right, left and center*** (*bes Br* ***centre***) *fig ugs* überall; in jeder Hinsicht **IV** *v/t* **16.** aufrichten **17.** *Unrecht* wieder gutmachen
'right-ˌan·gled *Adj* MATHE rechtwink(e)lig
right·eous ['raɪtʃəs] *Adj* gerecht (*Zorn etc*)
right·ful ['raɪtfʊl] *Adj* rechtmäßig
'right-hand *Adj* **1.** recht: ***right-hand bend*** Rechtskurve *f*; ***right-hand man*** *fig j-s* rechte Hand **2.** TECH rechtsgängig, -läufig: ***right-hand drive*** Rechtssteuerung *f*
ˌright-'hand·ed *Adj* rechtshändig: ***be right-handed*** Rechtshänder(in) sein
ˌright-'hand·er *s* Rechtshänder(in)
right·ist ['raɪtɪst] *s* POL Rechte(r)
'right·ly *Adv* **1.** richtig **2.** mit Recht: ***rightly or wrongly*** zu Recht od Unrecht **3.** *ugs* ***I don't rightly know*** ich weiß (es) nicht sicher; ***I can't rightly say*** ich kann (es) nicht mit Sicherheit sagen
'right-wing *Adj* POL dem rechten Flügel angehörend, Rechts...: ***right-wing extremism*** Rechtsextremismus *m*
rig·id ['rɪdʒɪd] *Adj* **1.** starr (*auch Person*: ***with*** vor *Dat*), steif **2.** *fig* streng (*Disziplin etc*); starr (*Prinzipien etc*); genau, strikt (*Kontrolle etc*)
ri'gid·i·ty *s* **1.** Starre *f*, Starrheit *f*, Steifheit *f* **2.** *fig* Strenge *f*; Genauigkeit *f*, Striktheit *f*
rig·ma·role ['rɪgmərəʊl] *s ugs* **1.** Geschwätz *n* **2.** Theater *n*, Zirkus *m*
rig·or *Am* → ***rigour***
ri·gor mor·tis [ˌraɪgɔː'mɔːtɪs] *s* MED Leichenstarre *f*
rig·or·ous ['rɪgərəs] *Adj* **1.** streng (*Kontrolle etc*) **2.** (peinlich) genau
rig·our ['rɪgə] *s bes Br* **1.** Strenge *f*: ***the full rigour of the law*** die volle Härte des Gesetzes **2.** *Pl* Unbilden *Pl*
'rig-out *s Br ugs* Aufmachung *f*
rile [raɪl] *v/t ugs* ärgern, reizen
rim [rɪm] *s* **1.** Rand *m* (*einer Tasse etc*), (*eines Huts auch*) Krempe *f* **2.** TECH Felge *f*
rind [raɪnd] *s* (*Zitronen- etc*)Schale *f*; (*Käse-*) Rinde *f*; (*Speck- etc*)Schwarte *f*
▶**ring¹** [rɪŋ] **I** *s* **1.** *allg* Ring *m*: ***form a ring*** einen Kreis bilden; ***he's got rings round his***

eyes er hat Ringe unter den Augen; **run rings round s.o.** *fig* j-n in die Tasche stecken **2.** (*Zirkus*) Manege *f*; (*Boxen*) Ring *m* **3.** WIRTSCH Ring *m*, Kartell *n*; (*Spionage- etc*) Ring *m* **II** *v/t* **4.** *Vogel etc* beringen **5.** umringen, (*Polizei etc*) umstellen; *Stelle in einem Buch etc* einkreisen

▸**ring²** [rɪŋ] **I** *s* **1.** Läuten *n*; Klingeln *n* **2.** *fig* **that has a familiar ring to it** das kommt mir (irgendwie) bekannt vor; **have a hollow ring** hohl klingen (*Versprechen etc*), unglaubwürdig klingen (*Protest etc*) **3.** TEL *bes Br* Anruf *m*: **give s.o. a ring** j-n anrufen **II** *v/i* (*unreg*) **4.** läuten; klingeln: **the bell is ringing** es läutet *oder* klingelt; **ring for** nach *j-m*, *etw* läuten **5.** TEL *bes Br* anrufen: **ring for** *Arzt etc* rufen; **ringing tone** Rufzeichen *n* **6.** klingen (*auch fig*): **ring in s.o.'s ears** j-m im Ohr klingen; **ring hollow** hohl klingen (*Versprechen etc*), unglaubwürdig klingen (*Protest etc*) **III** *v/t* (*unreg*) **7.** läuten: → **bell** 1, **doorbell 8.** TEL *bes Br j-n* anrufen

◆**ring back** *v/t und v/i* TEL *bes Br* zurückrufen

◆**ring in** *v/i* **1.** *bes Br* sich telefonisch melden (**to** bei) **2.** *Am* (*bei Arbeitsbeginn*) einstempeln

◆**ring off** *v/i* TEL *bes Br* (den Hörer) auflegen, Schluss machen

◆**ring out** *v/i* **1.** erklingen, ertönen **2.** *Am* (*bei Arbeitsende*) ausstempeln

◆**ring round** *v/i bes Br* herumtelefonieren

◆**ring up** *v/t* **1.** → **ring²** 8 **2.** *Preis*, *Ware* (*in die Kasse*) eintippen

ring bind·er *s* Ringbuch *n*

ring fin·ger *s* Ringfinger *m*

'ring,lead·er *s* Rädelsführer(in)

ring road *s bes Br* Umgehungsstraße *f*

'ring·side *s*: **at the ringside** (*Boxen*) am Ring; **ringside seat** (*Boxen*) Ringplatz *m*; (*Zirkus*) Manegenplatz *m*

rink [rɪŋk] *s* (Kunst)Eisbahn *f*; Rollschuhbahn *f*

rinse [rɪns] **I** *v/t* **1.** *auch* **rinse out** (aus)spülen, *Wäsche* spülen: **rinse one's mouth out** sich den Mund ausspülen (**with** mit); **rinse the shampoo out of one's hair** sich das Shampoo aus dem Haar spülen **2.** sich *das Haar* tönen **II** *s* **3.** Spülung *f*: **give** *s.th.* **a rinse** *siehe* 1 **4.** Tönung(smittel *n*) *f*

ri·ot ['raɪət] **I** *s* **1.** Aufruhr *m*; Krawall *m*, Tumult *m*: **run riot** randalieren, randalierend ziehen (**through** durch); **his imagination ran riot** seine Fantasie ging mit ihm durch; **read s.o. the riot act** *oft hum* j-m die Leviten lesen; **riot police** Bereitschaftspolizei *f*; **riot squad** Überfallkommando *n*; **riot shield** Schutzschild *m* **2.** **riot of colo(u)r** Sinfonie *f* von *oder* Orgie *f* in Farben **3.** **be a riot** *ugs* zum Schreien (komisch) sein **II** *v/i* **4.** an einem Aufruhr teilnehmen; randalieren

'ri·ot·er *s* Aufrührer(in); Randalierer(in)

'ri·ot·ous *Adj* **1.** aufrührerisch; randalierend **2.** ausgelassen, wild

rip [rɪp] **I** *v/t* **1.** *auch* **rip up** zerreißen: **rip s.th.** sich etw zerreißen (**on** an *Dat*); **rip s.th. from s.o.'s hand** j-m etw aus der Hand reißen; **rip off one's shirt** sich das Hemd herunter- *oder* vom Leib reißen; **rip open** aufreißen **2.** **rip off** *ugs* abzocken; mitgehen lassen, klauen **II** *v/i* **3.** (zer)reißen **4.** **let her rip!** MOT *ugs* volle Pulle! **III** *s* **5.** Riss *m*

'rip·cord *s* Reißleine *f* (*am Fallschirm*)

▸**ripe** [raɪp] *Adj* reif (*auch fig*): **live to a ripe old age** ein hohes Alter erreichen; **the time is ripe for** die Zeit ist reif für; **ripe for development** baureif

rip·en ['raɪpən] **I** *v/i* reifen **II** *v/t* reifen lassen

'rip-off *s ugs* Nepp *m*; Diebstahl *m*

ri·poste [rɪ'pɒst] **I** *s* **1.** *Fechten*: Riposte *f* **2.** (schlagfertige *oder* scharfe) Entgegnung **II** *v/t* **3.** (schlagfertig *oder* scharf) entgegnen

rip·ple ['rɪpl] **I** *s* **1.** kleine Welle **2.** Plätschern *n* **II** *v/t* **3.** *Wasser* kräuseln **III** *v/i* **4.** sich kräuseln **5.** plätschern

'rip-,roar·ing *Adj ugs* **1.** ausgelassen (*Party etc*) **2.** toll (*Erfolg etc*)

▸**rise** [raɪz] **I** *v/i* (*unreg*) **1.** aufstehen (*auch am Morgen*), sich erheben **2.** aufsteigen (*Rauch etc*); sich heben (*Vorhang*): **his spirits rose** seine Stimmung hob sich **3.** ansteigen (*Straße*, *Wasser etc*), anschwellen (*Fluss etc*) **4.** (an)steigen (**by** um) (*Temperatur etc*), (*Preise etc auch*) anziehen **5.** aufgehen (*Sonne*, *Teig etc*) **6.** entspringen (*Fluss etc*); *fig* entstehen (**from, out of** aus) **7.** *auch* **rise up** sich erheben (**against** gegen) **8.** (**above**) erhaben sein (über *Akk*), stehen (über *Dat*): → **occasion** 3 **9.** (*beruflich oder gesellschaftlich*) aufsteigen: → **rank¹** 2 **II** *s* **10.** Steigung *f*; Anhöhe *f* **11.** ASTR Aufgang *m* **12.** *fig* Anstieg *m* (**in** *Gen*): **rise in population** Bevölkerungszunahme *f*; **the rise and fall** das Auf und Ab **13.** *fig* Aufstieg *m* (**to** zu): **the rise and fall** der Aufstieg und Fall **14.** *bes Br* Lohn- *oder* Gehaltserhöhung *f* **15.** **give rise to** verursachen, führen zu; Anlass geben zu

ris·en ['rɪzn] *Part Perf von* **rise**

'ris·er *s*: **early riser** Frühaufsteher(in); **late riser** Langschläfer(in)

'ris·ing I *s* **1.** Aufstand *m*, Erhebung *f* **II** *Adj* **2.** heranwachsend, kommend (*Generation*) **3.** aufstrebend (*Politiker etc*)

▸**risk** [rɪsk] **I** *s* Gefahr *f*, Risiko *n*: **at one's own risk** auf eigene Gefahr, auf eigenes Risiko; **at the risk of** (*Ger*) auf die Gefahr hin zu (*Inf*); **be at risk** gefährdet sein; **put at risk** gefährden; **run** (*oder* **take**) **a risk** ein Risiko eingehen; **run the risk of doing s.th.** Gefahr laufen, etw zu tun; **risk group** Risikogruppe *f* **II** *v/t* riskieren: **a)** *sein Leben etc* aufs Spiel setzen, **b)** *Sprung etc* wagen, **c)** es ankommen lassen auf *eine Verletzung etc*; **risk doing s.th.** es wagen *oder* riskieren, etw zu tun; → **neck** 1

'risk·y *Adj* riskant

ri·sot·to [rɪ'zɒtəʊ] *Pl* **ri·sot·tos** *s* GASTR Risotto *m*

ris·qué ['riːskeɪ] *Adj* gewagt (*Witz etc*)

ris·sole ['rɪsəʊl] *s* GASTR Frikadelle *f*

rite [raɪt] *s* Ritus *m*: **perform the last rites over** REL *j-m* die Sterbesakramente spenden

rit·u·al ['rɪtʃʊəl] **I** *s* **1.** Ritual *n* **II** *Adj* **2.** Ritual…: **ritual murder** Ritualmord *m* **3.** rituell

ritz·y ['rɪtsɪ] *Adj ugs* stinkvornehm, feudal

▸**ri·val** ['raɪvl] **I** *s* **1.** Rivale *m*, Rivalin *f*, Konkurrent(in): **rival** (**in love**) Nebenbuhler(in) **II** *Adj* **2.** rivalisierend, konkurrierend: **rival firm** Konkurrenzfirma *f* **III** *v/t Prät und Part Perf* **ri·valed**, *bes Br* **ri·valled** **3.** rivalisieren *oder* konkurrieren mit **4.** es aufnehmen mit (**for** an *Dat*)

'ri·val·ry *s* Rivalität *f*; Konkurrenz(kampf *m*) *f*

▸**riv·er** ['rɪvə] *s* Fluss *m*; Strom *m*: **down the river** flussabwärts; **up the river** flussaufwärts; **sell s.o. down the river** *ugs* j-n verraten und verkaufen; **rivers** *Pl* **of blood** Blutströme *Pl*

'riv·er·bed *s* Flussbett *n*

'riv·er·side *s* Flussufer *n*: **by the riverside** am

Fluss
riv·et ['rɪvɪt] **I** *s* **1.** TECH Niet *m* **II** *v/t* **2.** TECH (ver)nieten: ***stand riveted to the spot*** *fig* wie festgenagelt stehen (bleiben) **3.** *fig Aufmerksamkeit* richten, *Augen, Blick auch* heften (***on*** auf *Akk*); *j-s Aufmerksamkeit* fesseln
RNA [ɑːren'eɪ] *Abk* (= ***ribonucleic acid***) RNS *f* (*Ribonukleinsäure*)
roach [rəʊtʃ] *s Am* Küchenschabe *f*
▶**road** [rəʊd] *s* (Land)Straße *f*: ***on the road*** auf der Straße; ***be on the road*** mit dem Auto unterwegs sein; THEAT *etc* auf Tournee sein; ***be on the right road*** *fig* auf dem richtigen Weg sein; ***hit the road*** *ugs* sich auf den Weg machen, aufbrechen; ***one for the road*** *ugs* einen (*Schnaps etc*) zum Abschied *oder* für unterwegs; → ***Rome***
road ac·ci·dent *s* Verkehrsunfall *m*
'road-block *s* Straßensperre *f*
road hog *s ugs* Verkehrsrowdy *m*
'road,hold·ing *s* MOT Straßenlage *f*
'road·house *s Am* Rasthaus *n*
road map *s* Straßenkarte *f*
road safe·ty *s* Verkehrssicherheit *f*
'road·side *s* Straßenrand *m*: ***at*** (*oder* ***by***) ***the roadside*** am Straßenrand
road sign *s* Verkehrsschild *n*
road tax *s etwa* Kfz-Steuer *f*
road test *s* MOT Probefahrt *f*: ***do a road test*** eine Probefahrt machen
'road-test *v/t Auto* Probe fahren, eine Probefahrt machen mit
road toll *s* Straßenbenutzungsgebühr *f*
road us·er *s* Verkehrsteilnehmer(in)
'road·way *s* Fahrbahn *f*
road works *s Pl* Straßenbauarbeiten *Pl*
'road,wor·thy *Adj* verkehrssicher
roam [rəʊm] **I** *v/i* wandern **II** *v/t* wandern durch
roar [rɔː] **I** *v/i* **1.** brüllen (***with*** vor *Dat*): ***roar*** (***with laughter***) vor Lachen brüllen; ***roar at s.o.*** j-n anbrüllen **2.** donnern (*Fahrzeug, Geschütz*) **II** *v/t* **3.** *auch* ***roar out*** *etw* brüllen **III** *s* **4.** Brüllen *n*, Gebrüll *n*: ***roars*** *Pl* ***of laughter*** brüllendes Gelächter **5.** Donnern *n*
'roar·ing **I** *Adj* **1.** brüllend **2.** donnernd **3.** ***roaring success*** *ugs* Bombenerfolg *m* **II** *Adv* **4.** ***roaring drunk*** *ugs* sternhagelvoll **III** *s* **5.** → ***roar*** 4, 5
▶**roast** [rəʊst] **I** *v/t Fleisch* braten; *Kaffee etc* rösten **II** *v/i* braten: ***I'm roasting*** ich komme vor Hitze fast um **III** *s* Braten *m* **IV** *Adj* gebraten: ***roast beef*** Rinder-, Rindsbraten *m*; ***roast chicken*** Brathuhn *n*, -hühnchen *n*; ***roast pork*** Schweine-, Schweinsbraten *m*
'roast·ing *ugs* **I** *Adj* glühend heiß, knallheiß (*Tag etc*) **II** *Adv*: ***roasting hot*** *siehe* I
▶**rob** [rɒb] *v/t Bank etc* überfallen; *j-n* berauben: ***rob s.o. of s.th.*** j-m etw rauben
▶**rob·ber** ['rɒbə] *s* Räuber(in)
▶**rob·ber·y** ['rɒbərɪ] *s* Raub(überfall) *m*, (*Bank*)Raub *m*, (-)Überfall *m*
robe [rəʊb] *s auch Pl* Robe *f*, Talar *m*
rob·in ['rɒbɪn] *s* ORN Rotkehlchen *n*
ro·bot ['rəʊbɒt] *s* TECH Roboter *m* (*auch fig*)
ro·bust [rəʊ'bʌst] *Adj* **1.** robust (*Person, Gesundheit, Material etc*); *fig* gesund (*Firma etc*) **2.** *fig* nachdrücklich
▶**rock¹** [rɒk] *s* **1.** Fels(en) *m*; *Koll* Felsen *Pl*; GEOL Gestein *n* **2.** Felsbrocken *m*; *Am* Stein *m* **3.** *Pl* Klippen *Pl*: ***on the rocks*** on the rocks, mit Eis (*bes Whisky*); in ernsten Schwierigkeiten (*Firma etc*); ***their marriage is on the rocks*** in ihrer Ehe kriselt es gewaltig
▶**rock²** [rɒk] **I** *v/t* **1.** wiegen, schaukeln: ***rock a child to sleep*** ein Kind in den Schlaf wiegen **2.** erschüttern (*auch fig*): ***rock the boat*** *fig* alles kaputtmachen **II** *v/i* **3.** schaukeln **4.** schwanken **5.** MUS rocken **III** *s* **6.** → ***rock 'n' roll*** **7.** *auch* ***rock music*** Rock(musik *f*) *m*: ***rock group*** Rockgruppe *f*; ***rock singer*** Rocksänger(in)
rock and roll *s* MUS Rock and Roll *m*
rock bot·tom *s*: ***hit*** (*oder* ***reach***) ***rock bottom*** einen *oder* seinen Tiefpunkt erreichen
,rock-'bot·tom *Adj* allerniedrigst, äußerst (*Preise*)
rock·er ['rɒkə] *s* **1.** Kufe *f* (*eines Schaukelstuhls etc*): ***off one's rocker*** *ugs* übergeschnappt **2.** *Am* Schaukelstuhl *m* **3.** *Br* Rocker(in)
rock·er·y ['rɒkərɪ] *s* Steingarten *m*
▶**rock·et** ['rɒkɪt] **I** **1.** Rakete *f* **2.** ***give s.o. a rocket*** *bes Br ugs* j-m eine Zigarre verpassen **II** *v/i* **3.** *auch* ***rocket up*** hochschnellen, in die Höhe schießen (*Preise*) **4.** rasen, schießen
'rock·fall *s* Steinschlag *m*
rock gar·den *s* Steingarten *m*
rock·ing chair ['rɒkɪŋ] *s* Schaukelstuhl *m*
rock·ing horse *s* Schaukelpferd *n*
'rock 'lob·ster *s* ZOOL Languste *f*
rock 'n' roll [,rɒkən'rəʊl] *s* MUS Rock 'n' Roll *m*
rock·y¹ ['rɒkɪ] *Adj* **1.** felsig **2.** steinhart
rock·y² ['rɒkɪ] *Adj ugs* wack(e)lig
ro·co·co [rəʊ'kəʊkəʊ] *s* Rokoko *n*
rod [rɒd] *s* **1.** (*auch Angel*)Rute *f* **2.** TECH Stab *m*, Stange *f* **3.** ***rule with a rod of iron*** mit eiserner Faust regieren **4.** *Am sl* Schießeisen *n*, Kanone *f*
rode [rəʊd] *Prät von* ***ride***
ro·dent ['rəʊdənt] *s* Nagetier *n*
ro·de·o [rəʊ'deɪəʊ] *Pl* **ro·de·os** *s* Rodeo *m, n*
roe¹ [rəʊ] *s* ZOOL Rogen *m*
roe² [rəʊ] *s* ZOOL Reh *n*
'roe·buck *s* Rehbock *m*
roe deer *s* Reh *n*
rog·er ['rɒdʒə] *Interj im Funkverkehr* roger!, verstanden!
rogue [rəʊg] *s* **1.** Gauner(in): ***rogues' gallery*** Verbrecheralbum *n* **2.** *oft hum* Schlingel *m*, Spitzbube *m*
'ro·guish *Adj* schelmisch
▶**role** [rəʊl] *s* THEAT *etc* Rolle *f* (*auch fig*)
role play *s* Rollenspiel *n*
role-swap·ping *s* Rollentausch *m*
▶**roll** [rəʊl] **I** *s* **1.** Rolle *f*; (*Fett*)Wulst *f* **2.** Anwesenheits-, Namenliste *f* **3.** Brötchen *n*, Semmel *f* **4.** *Würfeln*: Wurf *m* **5.** SCHIFF Schlingern *n* **6.** Grollen *n*, Rollen *n* (*des Donners*); (*Trommel-*)Wirbel *m* **II** *v/i* **7.** rollen; sich wälzen: ***tears were rolling down her cheeks*** Tränen rollten ihr über die Wangen; ***heads will roll*** *fig* es werden einige Köpfe rollen; ***be rolling in money*** (*oder* ***it***) *ugs* im Geld schwimmen; → ***ball¹*** 1 **8.** rollen, fahren **9.** würfeln **10.** (sch)wanken (*Person*); SCHIFF schlingern **11.** grollen, rollen (*Donner*) **III** *v/t* **12.** *etw* rollen: ***roll the dice*** würfeln; ***roll one's eyes*** die Augen rollen *oder* verdrehen **13.** auf-, zs.-rollen: ***roll itself into*** sich zs.-rollen zu (*Tier*); ***roll a cigarette*** sich eine Zigarette drehen **14.** *Rasen etc* walzen; *Teig* ausrollen
◆**roll down** *v/t Ärmel* herunterkrempeln
◆**roll in** *v/i* hereinströmen (*Angebote etc*)
◆**roll out** *v/t Teig, Teppich* ausrollen
◆**roll up** **I** *v/t* **1.** auf-, zs.-rollen **2.** *Ärmel* hoch-,

aufkrempeln (*auch fig*) **3.** MOT *Fenster* hochkurbeln **II** *v/i* **4.** sich zs.-rollen (***into*** zu) (*Tier*) **5.** *ugs* antanzen **6.** ***roll up!*** (*Rummelplatz etc*) hereinspaziert!

'roll bar *s* MOT Überrollbügel *m*

roll call *s* Namensaufruf *m*: ***take roll call*** die Namen aufrufen

roll·er ['rəʊlə] *s* **1.** TECH Rolle *f*; Walze *f* **2.** Lockenwickler *m*

roll·er blind *s* Rollladen *m*, Rollo *n*

roll·er coast·er *s* Achterbahn *f*

roll·er skate *s* Rollschuh *m*

'roll·er-skate *v/i* Rollschuh laufen

roll·er skat·er *s* Rollschuhläufer(in)

roll·er skat·ing *s* Rollschuhlaufen *n*

roll·er tow·el *s* Rollhandtuch *n*

roll·ing mill ['rəʊlɪŋ] *s* TECH Walzwerk *n*

roll·ing pin *s* Nudelholz *n*, Teigrolle *f*

'roll-on *s* Deoroller *m*

ro·ly-po·ly [ˌrəʊlɪ'pəʊlɪ] *ugs* **I** *s* Dickerchen *n* **II** *Adj* dick und rund

ROM [rɒm] *Abk* (= ***read only memory***) Lesespeicher *m*

Ro·man ['rəʊmən] **I** *Adj* römisch: ***Roman numeral*** römische Ziffer **II** *s* Römer(in)

Ro·man Cath·o·lic I *Adj* (römisch-)katholisch **II** *s* Katholik(in)

ro·mance[1] [rəʊ'mæns] *s* **1.** Liebes- *oder* Abenteuerroman *m* **2.** Romanze *f*, Liebesverhältnis *n* **3.** Romantik *f*

Ro·mance[2] [rəʊ'mæns] *Adj* romanisch (*Sprache*)

Ro·man·esque [ˌrəʊmə'nesk] *Adj* romanisch (*Baustil*)

Ro·ma·nia [ruː'meɪnjə; rʊ'meɪnjə; *Am* rəʊ'meinjə] *Eigenn* Rumänien *n*

Ro·ma·nian [ruː'meɪnjən] **I** *Adj* **1.** rumänisch **II** *s* **2.** Rumäne *m*, Rumänin *f* **3.** LING Rumänisch *n*

ro·man·tic [rəʊ'mæntɪk] **I** *Adj* (***romantically***) (KUNST *etc oft* **Romantic**) romantisch **II** *s* (KUNST *etc oft* **Romantic**) Romantiker(in)

ro'man·ti·cism [rəʊ'mæntɪsɪzəm] *s* **1.** *oft* **Romanticism** KUNST *etc* Romantik *f* **2.** romantische Vorstellungen *Pl*

ro'man·ti·cist → ***romantic*** II

ro'man·ti·cize *v/t* romantisieren

Ro·ma·ny ['rɒmənɪ] *s* **1.** Zigeuner(in) **2.** Romani *n*, Zigeunersprache *f*

Rome [rəʊm] *Eigenn* Rom *n*: ***Rome was not built in a day*** Rom ist nicht an *oder* in einem Tag erbaut worden; ***all roads lead to Rome*** alle Wege führen nach Rom

R

romp [rɒmp] *v/i* **1.** *auch* ***romp about*** (*oder* ***around***) herumtollen **2.** ***romp through*** *ugs etw* spielend schaffen

▶**roof** [ruːf] **I** *s* Dach *n*; MOT Verdeck *n*: ***go through the roof*** *ugs* an die Decke gehen (*Person*); ins Unermessliche steigen (*Kosten etc*); ***have no roof over one's head*** kein Dach über dem Kopf haben; ***live under the same roof*** unter 'einem Dach leben *oder* wohnen (***as*** mit) **II** *v/t* bedachen: ***roof in*** (*oder* ***over***) überdachen

roof gar·den *s* Dachgarten *m*

roof rack *s* MOT Dachgepäckträger *m*

'roof·top *s*: ***scream*** (*oder* ***shout***) ***s.th. from the rooftops*** *fig* etw ausposaunen *oder* an die große Glocke hängen

rook[1] [rʊk] *v/t ugs j-n* betrügen (***of*** um)

rook[2] [rʊk] *s Schach*: Turm *m*

▶**room** [ruːm] **I** *s* **1.** Raum *m*, Zimmer *n* **2.** Raum *m*, Platz *m*: ***make room for s.o.*** j-m Platz machen **3.** *fig* Spielraum *m*: ***there is room for improvement*** es ließe sich noch manches verbessern; ***leave little room for doubt as to*** kaum einen Zweifel übrig lassen an (*Dat*) **II** *v/i* **4.** *Am* → ***lodge*** 3

'room·er *Am* → ***lodger***

'room·ing *Adj*: ***rooming house*** *Am* Fremdenheim *n*, Pension *f*

'room·mate *s* Zimmergenosse *m*, -genossin *f*

room ser·vice *s* Zimmerservice *m*

room·y ['ruːmɪ] *Adj* geräumig

roost [ruːst] **I** *s* (Hühner)Stange *f*: ***come home to roost*** *fig* sich rächen (*Fehler etc*); → ***rule*** 5 **II** *v/i* auf der Stange sitzen *oder* schlafen

'roost·er *s bes Am* Hahn *m*

▶**root**[1] [ruːt] **I** *s* ANAT, BOT, MATHE Wurzel *f* (*auch fig*); Ursache *f*: ***root and branch*** *fig* mit Stumpf und Stiel; ***get to the root of*** *fig einer Sache* auf den Grund gehen; ***have its roots in*** *fig* wurzeln in (*Dat*), seinen Ursprung haben in (*Dat*); ***pull out by the roots*** mit der Wurzel ausreißen *oder* (*fig*) ausrotten; ***put down*** (***new***) ***roots*** *fig* Fuß fassen; ***take root*** Wurzeln schlagen (*auch fig*) **II** *v/i* Wurzeln schlagen (*auch fig*) **III** *v/t*: ***root out*** *fig* (mit der Wurzel) ausrotten

root[2] [ruːt] **I** *v/i auch* ***root about*** (*oder* ***around***) herumwühlen (***among*** in *Dat*) **II** *v/t*: ***root out*** aufstöbern

root[3] [ruːt] *v/i*: ***root for*** *bes Am ugs* **a)** SPORT *j-n* anfeuern, **b)** *fig j-m* den Daumen drücken; *j-n* (tatkräftig) unterstützen

root beer *s Am Limonade aus Wurzelextrakten*

root di·rec·to·ry *s* COMPUTER Stamm-, Wurzelverzeichnis *n*

root·ed ['ruːtɪd] *Adj*: ***be rooted in*** *fig* wurzeln in (*Dat*), seinen Ursprung haben in (*Dat*); ***stand*** (*oder* ***be***) ***rooted to the spot*** wie angewurzelt dastehen

▶**rope** [rəʊp] **I** *s* **1.** Seil *n*, SCHIFF Tau *n*; Strick *m*: ***give s.o. plenty of rope*** *fig* j-m viel Freiheit *oder* Spielraum lassen; ***know the ropes*** *ugs* sich auskennen; ***jump rope*** *Am* seilhüpfen, -springen; ***show s.o. the ropes*** *ugs* j-n anlernen *oder* einarbeiten *oder* einweihen **2.** (*Perlen- etc*)Schnur *f* **II** *v/t* **3.** festbinden (***to*** an *Dat, auch Akk*) **4.** ***rope off*** (durch ein Seil) abgrenzen *oder* absperren

rope lad·der *s* Strickleiter *f*

rop·y, rop·ey ['rəʊpɪ] *Adj ugs* miserabel

ro·sa·ry ['rəʊzərɪ] *s* (*Gebete oft* **Rosary**) REL Rosenkranz *m*

rose[1] [rəʊz] **I** *s* **1.** BOT Rose *f*: ***life is not all roses*** das Leben hat nicht nur angenehme Seiten **2.** Brause *f* (*einer Gießkanne etc*) **II** *Adj* **3.** rosa-, rosenrot

rose[2] [rəʊz] *Prät von* ***rise***

ro·sé ['rəʊzeɪ] *s* Rosé *m* (*Wein*)

'rose·bush *s* BOT Rosenstock *m*, -strauch *m*

'roseˌcol·ored, 'rose,col·oured *Adj* rosa-, rosenrot: ***see things through rosecolo(u)red glasses*** (*oder* ***spectacles***) *fig* die Dinge durch eine rosa(rote) Brille sehen

'rose·hip *s* BOT Hagebutte *f*

rose·mar·y ['rəʊzmərɪ] *s* BOT Rosmarin *m*

ro·sette [rəʊ'zet] *s* Rosette *f* (*auch* ARCHI)

ros·in ['rɒzɪn] **I** *s* Kolophonium *n*, Geigenharz *n* **II** *v/t* mit Kolophonium einreiben

ros·ter ['rɒstə] *s* Dienstplan *m*

ros·trum ['rɒstrəm] *Pl* **ros·tra** ['rɒstrə], **rostrums** *s* Redner-, Dirigentenpult *n*

ros·y ['rəʊzɪ] *Adj* rosig (*auch fig*)
rot [rɒt] **I** *v/i auch* ***rot away*** (ver)faulen, (*bes Holz auch*) verrotten, morsch werden **II** *v/t* (ver)faulen *oder* verrotten lassen, morsch machen **III** *s* Fäulnis(prozess *m*) *f*
ro·ta ['rəʊtə] *s bes Br* Dienstplan *m*
ro·ta·ry ['rəʊtərɪ] **I** *Adj* rotierend, Rotations…, Dreh… **II** *s Am* Kreisverkehr *m*
ro·tate [rəʊ'teɪt] **I** *v/i* **1.** rotieren, sich drehen **2.** turnusmäßig wechseln **II** *v/t* **3.** rotieren lassen, drehen **4.** *Personal* turnusmäßig auswechseln
ro'ta·tion *s* **1.** Rotation *f*, Drehung *f* **2.** ***in rotation*** der Reihe nach, nacheinander
rote [rəʊt] *s*: ***learn s.th. by rote*** etw (mechanisch) auswendig lernen
ro·tor ['rəʊtə] *s* TECH, ELEK Rotor *m*
rot·ten ['rɒtn] *Adj* **1.** verfault, faul, (*bes Holz auch*) verrottet, morsch **2.** *ugs* miserabel: ***feel rotten*** sich mies fühlen (*auch fig*)
ro·tund [rəʊ'tʌnd] *Adj* rund und dick
rouge [ruːʒ] *s* Rouge *n*
▸**rough** [rʌf] **I** *Adj* (→ ***roughly***) **1.** uneben (*Straße etc*), rau (*Haut etc, auch Stimme*) **2.** stürmisch (*Meer, Überfahrt, Wetter*): ***he had a rough passage*** *fig* ihm ist es (eine Zeit lang) nicht gut gegangen **3. a)** grob (*Person, Behandlung etc*): ***be rough with*** grob umgehen mit, **b)** SPORT hart (*Spielweise etc*) **4.** roh, Roh…: ***rough diamond*** Rohdiamant *m*; ***be a rough diamond*** *fig* eine raue Schale haben; ***rough draft*** Rohfassung *f*; → ***copy*** 1 **5.** *fig* grob, ungefähr: ***at a rough guess*** grob geschätzt; ***I have a rough idea where it is*** ich kann mir ungefähr vorstellen, wo es ist; → ***estimate*** 5 **6.** ***feel rough*** *Br ugs* sich mies fühlen **II** *s* **7.** *Golf*: Rough *n* **8.** Rowdy *m* **9.** ***take the rough with the smooth*** die Dinge nehmen, wie sie kommen **III** *Adv* **10.** ***sleep rough*** im Freien übernachten **11.** ***play*** (***it***) ***rough*** (*Sport*) hart spielen **IV** *v/t* **12.** ***rough it*** *ugs* primitiv leben **13.** ***rough out*** entwerfen, skizzieren **14.** ***rough up*** *ugs j-n* zs.-schlagen
'rough·age *s* BIOL Ballaststoffe *Pl*
ˌrough-and-'tum·ble *s* Balgerei *f*: ***have a rough-and-tumble*** sich balgen
'rough·cast *s* ARCHI Rauputz *m*
rough·en ['rʌfn] **I** *v/t Haut etc* rau machen **II** *v/i* rau werden
'rough·ly *Adv* **1.** grob (*auch fig*) **2.** *fig* ungefähr: ***roughly speaking*** grob geschätzt, über den Daumen gepeilt
'rough·neck *s bes Am ugs* Grobian *m*; Schläger *m*
rough·ness ['rʌfnɪs] *s* **1.** Unebenheit *f*, Rauheit *f* **2.** Grobheit *f*
'rough·shod *Adv*: ***ride roughshod over*** sich rücksichtslos hinwegsetzen über (*Akk*)
rou·lette [ruː'let] *s* Roulette *n*
▸**round** [raʊnd] **I** *Adj* (→ ***roundly***) **1.** *allg* rund **2.** rund(lich), dick(lich) (*Körperteil*) **3.** rund: **a)** voll, ganz: ***a round dozen*** ein rundes Dutzend, **b)** ab- *oder* aufgerundet: ***the house cost £ 100,000 in round figures*** das Haus kostete rund(e) 100 000 Pfund **II** *Adv* (→ *Verben, z. B.* ***turn round***) **4.** → ***all*** 3 **5.** ***all*** (***the***) ***year round*** das ganze Jahr lang *oder* hindurch *oder* über **6.** ***round about*** *ugs* ungefähr **7.** ***be three yards round*** einen Umfang von drei Yards haben **III** *Präp* **8.** (rund) um, um (… herum): ***trip round the world*** Weltreise *f*; ***do you live round here?*** wohnen Sie hier in der Gegend?; → ***bend*** 1, ***clock*** 1, ***look*** 1 **9.** ungefähr **IV** *s* **10.** Runde *f*, Rundgang *m*: ***do*** (*oder* ***be out on***) ***one's rounds*** seine Runde machen, (*Arzt*) Hausbesuche machen; ***go the rounds*** *fig* umgehen (*Gerücht etc*), (*Krankheit auch*) grassieren (***of*** in *Dat*); ***the daily round*** *fig* der tägliche Trott **11.** Lage *f*, Runde *f* (*Bier etc*): ***it's my round*** die Runde geht auf mich **12.** *Boxen, Turnier, Verhandlungen etc*: Runde *f* **13.** MIL *etc* Schuss *m* **14.** MUS Kanon *m* **V** *v/t* **15.** rund machen, (ab)runden, *Lippen* spitzen **16.** umfahren, fahren um, *Kurve* nehmen
◆**round down** *v/t Preis etc* abrunden (***to*** auf *Akk*)
◆**round off** *v/t* **1.** *Mahlzeit etc* abrunden, beschließen (***with*** mit) **2.** *Preis etc* auf- *oder* abrunden (***to*** auf *Akk*)
◆**round up** *v/t* **1.** *Vieh* zs.-treiben **2.** *ugs Verbrecher* hochnehmen; *Leute* zs.-trommeln, *auch etw* auftreiben **3.** *Preis etc* aufrunden (***to*** auf *Akk*)
'round·a·bout **I** *s* **1.** *Br* Kreisverkehr *m* **2.** *Br* Karussell *n*, *österr.* Ringelspiel *n*: ***go on the roundabout*** Karussell fahren **II** *Adj* **3.** ***take a roundabout route*** einen Umweg machen; ***in a roundabout way*** *fig* auf Umwegen
round cell *s* ELEK Knopfzelle *f*
round·ly ['raʊndlɪ] *Adv* **1.** gründlich, gehörig **2.** rundweg, -heraus
round rob·in *s* **1.** Petition *f*, Denkschrift *f* (*bes eine mit im Kreis herum geschriebenen Unterschriften*) **2.** SPORT *Turnier, in dem jeder gegen jeden antritt*
rounds·man ['raʊndzmən] *s* (*unreg* ***man***) *Br* Ausfahrer *m*, Austräger *m*
'round-ˌta·ble *Adj*: ***round-table conference*** Round-Table-Konferenz *f*, Konferenz *f* am runden Tisch
'round-the-clock *Adj* 24-stündig, rund um die Uhr
round trip *s* Hin- und Rückfahrt *f*, FLUG Hin- und Rückflug *m*
▸**round-trip** ['raʊndtrɪp] *Adj*: ▸ ***round-trip ticket*** *Am* Rückfahrkarte *f*, FLUG Rückflugticket *n*
rouse [raʊz] *v/t* **1.** *j-n* wecken (***from, out of*** aus) **2.** *fig j-n* auf-, wachrütteln (***from, out of*** aus): ***rouse s.o. to action*** j-n so weit bringen, dass er (endlich) etw tut *oder* unternimmt **3.** *auch* ***rouse to anger*** *j-n* erzürnen, reizen
'rous·ing *Adj* mitreißend, zündend (*Rede etc*)
rout [raʊt] **I** *s*: ***put to rout*** *siehe* II **II** *v/t* MIL in die Flucht schlagen
route [ruːt] *s* Route *f*, Strecke *f*, Weg *m*, (*Bus-*) Linie *f*
rou·tine [ruː'tiːn] **I** *s* Routine *f* (*auch* COMPUTER) **II** *Adj* Routine…, routinemäßig
roux [ruː] *Pl* ***roux*** [ruːz] *s* GASTR Mehlschwitze *f*, Einbrenne *f*
▸**row**[1] [rəʊ] *s* Reihe *f*: ***four times in a row*** viermal nach- *oder* hintereinander; ***row house*** *Am* Reihenhaus *n*
▸**row**[2] [rəʊ] **I** *v/i und v/t* rudern **II** *s* Kahnfahrt *f*: ***go for a row*** rudern gehen
row[3] [raʊ] *ugs* **I** *s* Krach *m*: **a)** Krawall *m*: ***kick up*** (*oder* ***make***) ***a row*** Krach schlagen, **b)** Streit *m*: ***have a row with*** Krach haben mit **II** *v/i* (sich) streiten (***with*** mit; ***about*** über *Akk*)
row·boat ['rəʊbəʊt] *s Am* Ruderboot *n*
row·dy ['raʊdɪ] *Adj* **1.** rowdyhaft **2.** ausgelassen, laut (*Party*)
row·er ['rəʊə] *s* Ruderer *m*, Ruderin *f*
'row·ing *Adj* Ruder…: ***rowing boat*** *bes Br* Ruderboot *n*

R

►**roy·al** ['rɔɪəl] **I** *Adj* **1.** königlich, Königs…: ***Her Royal Highness*** Ihre Königliche Hoheit **2.** *fig* großartig, prächtig **II** *s* **3.** *ugs* Mitglied *n* des Königshauses
'roy·al·ist I *Adj* royalistisch **II** *s* Royalist(in)
'roy·al·ty *s* **1.** die königliche Familie **2.** *meist Pl* Tantieme *f* (***on*** auf *Akk*)
RSVP *Abk* (= ***répondez s'il vous plaît***) U.A.w.g. (*Um* [*oder um*] *Antwort wird gebeten*)
►**rub** [rʌb] **I** *s* **1.** ***give s.th. a rub*** etw abreiben *oder* polieren **2.** ***there's the rub*** *ugs* da liegt der Hase im Pfeffer **II** *v/t* **3.** reiben: ***rub dry*** trocken reiben; ***rub s.th. into*** etw einreiben in (*Akk*); ***rub one's hands*** (***together***) sich die Hände reiben (***with*** vor *Dat*); ***rub s.o.'s nose in s.th.*** *ugs* j-m etw unter die Nase reiben; ***rub salt into s.o.'s wound***(***s***) *fig* j-m Salz auf *oder* in die Wunde streuen; ***rub shoulders with*** *ugs* verkehren mit (*Prominenten etc*) **4.** abreiben; polieren **III** *v/i* **5.** reiben, scheuern (***against, on*** an *Dat*): ***rub against s.th.*** *auch* etw streifen
◆**rub a·long** *v/i Br ugs* **1.** sich durchschlagen **2.** *auch* ***rub along together*** recht gut miteinander auskommen: ***rub along with*** recht gut auskommen mit
◆**rub down** *v/t* **1.** abreiben, trocken reiben **2.** abschmirgeln, abschleifen
◆**rub in** *v/t* abreiben: ***rub*** (***it***) ***in that*** *ugs* darauf herumreiten, dass
◆**rub off I** *v/t* abreiben **II** *v/i* abgehen (*Farbe, Schmutz etc*): ***rub off on***(***to***) *fig* abfärben auf (*Akk*)
◆**rub out** *v/t* **1.** *Br* ausradieren **2.** *Am sl* umlegen (*töten*)
◆**rub up** *v/t*: ***rub s.o. up the wrong way*** *ugs* j-n verschnupfen
►**rub·ber** ['rʌbə] *s* **1.** Gummi *n, m*; Kautschuk *m* **2.** *Br* Radiergummi *m* **3.** Wischtuch *n* **4.** *ugs* Gummi *m* (*Kondom*)
rub·ber band *s* Gummiband *n*, -ring *m*, (Dichtungs)Gummi *m*
rub·ber din·ghy *s* Schlauchboot *n*
'rub·ber·neck *bes Am ugs* **I** *s* Gaffer(in), Schaulustige *m, f* **II** *v/i* neugierig gaffen, sich den Hals verrenken
rub·ber plant *s* BOT Gummibaum *m*
rub·ber stamp *s* Stempel *m*
,rub·ber-'stamp *v/t* **1.** (ab)stempeln **2.** *ugs* (automatisch) genehmigen
rub·bish ['rʌbɪʃ] *s* **1.** Abfall *m*, Abfälle *Pl*, Müll *m*: ***rubbish bin*** → ***dustbin***; ***rubbish tip*** Mülldeponie *f*, -halde *f* **2.** *fig* Blödsinn *m*, Quatsch *m*, *österr.* Schmarrn *m*
'rub·bish·y *Adj ugs* blödsinnig
rub·ble ['rʌbl] *s* Schutt *m*; Trümmer *Pl*
ru·bel·la [rʊ'belə] *s* MED Röteln *Pl*
ru·by ['ruːbɪ] **I** *s* MIN Rubin *m* **II** *Adj* rubinrot
ruck[1] [rʌk] *s* **1.** SPORT Feld *n*, *Rugby*: offenes Gedränge **2.** Masse *f* (*Ansammlung von Menschen*); *fig die* breite Masse
ruck[2] [rʌk] **I** *v/i*: ***ruck up*** Falten werfen **II** *s* Falte *f*
ruck·sack ['rʌksæk] *s* Rucksack *m*
ruc·tion ['rʌkʃn] *s oft Pl ugs* Krach *m*
rud·der ['rʌdə] *s* FLUG, SCHIFF Ruder *n*
rud·dy ['rʌdɪ] **I** *Adj* **1.** frisch, gesund (*Gesichtsfarbe*), rot (*Backen*) **2.** *Br sl* verdammt **II** *Adv* **3.** *siehe* 2
►**rude** [ruːd] *Adj* **1.** unhöflich; grob (***to*** zu) **2.** unanständig (*Witz etc*) **3.** bös (*Schock etc*): → ***awakening*** **4.** ***be in rude health*** vor Gesundheit strotzen
ru·di·men·ta·ry [ˌruːdɪ'mentərɪ] *Adj* **1.** elementar, Anfangs… **2.** primitiv **3.** rudimentär (*auch* BIOL)
ru·di·ments ['ruːdɪmənts] *s Pl* Anfangsgründe *Pl*, Grundlagen *Pl*: ***learn the rudiments of*** sich Grundkenntnisse aneignen in (*Dat*)
rue [ruː] *v/t*: ***rue the day …*** den Tag verwünschen, an dem …
rue·ful ['ruːfʊl] *Adj* reuevoll, reumütig
ruff [rʌf] *s* Halskrause *f* (*auch* ORN)
ruf·fle ['rʌfl] **I** *s* **1.** Rüsche *f* **II** *v/t* **2.** *Wasser* kräuseln; *Haar* zerzausen: ***ruffle*** (***up***) ***its feathers*** ORN sich aufplustern **3.** *Seiten* (rasch) durchblättern **4.** *j-n* verärgern: ***ruffle s.o.'s composure*** j-n aus der Fassung bringen
rug [rʌg] *s* **1.** Brücke *f*, (*Bett*)Vorleger *m*: ***pull the rug*** (***out***) ***from under s.o.*** *fig* j-m den Boden unter den Füßen wegziehen; ***sweep under the rug*** *Am fig etw* unter den Teppich kehren **2.** *bes Br* dicke Wolldecke
rug·by ['rʌgbɪ] *s auch* ***rugby football*** (*Sport*) Rugby *n*
rug·ged ['rʌgɪd] *Adj* **1.** zerklüftet (*Felsen*), felsig (*Landschaft*) **2.** zerfurcht, markant (*Gesicht*) **3.** robust, stabil (*Gerät etc*) **4.** strapazierfähig (*Kleidung*) **5.** *fig* rau (*Sitten etc*)
►**ru·in** ['rʊɪn] **I** *s* **1.** Ruine *f*: ► ***ruins*** *Pl* Ruinen *Pl*, Trümmer *Pl*; ***a castle in ruins*** eine Burgruine; ***be*** (***oder lie***) ***in ruins*** in Trümmern liegen; *fig* zerstört *oder* ruiniert sein **2.** Verfall *m*: ***fall into ruin*** verfallen **3.** Ruin *m*; Ende *n* (*von Hoffnungen etc*) **II** *v/t* **4.** *Gebäude, Gesundheit, Hoffnungen, Leben etc* zerstören, *j-n, Kleidung, Gesundheit, Ruf etc* ruinieren: ***ruin one's eyesight*** sich die Augen verderben
ru·in'a·tion *s*: ***be the ruination of s.o.*** j-s Ruin sein
'ru·in·ous *Adj* ruinös
'ru·in·ous·ly *Adv*: ***ruinously expensive*** sündhaft teuer
►**rule** [ruːl] **I** *s* **1.** Regel *f*, Normalfall *m*: ***as a rule*** in der Regel; ***make it a rule*** es sich zur Regel machen *oder* gemacht haben (***to do*** zu tun); → ***exception*** 1 **2.** Regel *f*; Bestimmung *f*, Vorschrift *f*: ***against the rules*** regelwidrig; verboten; ***as a rule of thumb*** als Faustregel; ***bend*** (*oder* ***stretch***) ***the rules*** es (mit den Vorschriften) nicht so genau nehmen; ***work to rule*** Dienst nach Vorschrift tun **3.** Herrschaft *f* **4.** → ***ruler*** 2 **II** *v/t* **5.** herrschen über (*Akk*): ***rule the roost*** *fig* das Regiment führen; ***be ruled by*** *fig* sich leiten lassen von; beherrscht werden von **6.** *bes* JUR entscheiden (***that*** dass) **7.** ***rule out*** *etw* ausschließen; *etw* unmöglich machen **8.** *Papier* lin(i)ieren; *Linie* ziehen **III** *v/i* **9.** herrschen (***over*** über *Akk*) **10.** *bes* JUR entscheiden (***against*** gegen; ***in favo***[***u***]***r of*** für; ***on*** in *Dat*)
►**rul·er** ['ruːlə] *s* **1.** Herrscher(in) **2.** Lineal *n*; Maßstab *m*
'rul·ing I *Adj* herrschend; *fig* vorherrschend **II** *s bes* JUR Entscheidung *f*; Verfügung *f*: ***give a ruling that*** entscheiden, dass
rum [rʌm] *s* Rum *m*
Ru·ma·nia *etc* → ***Romania***
rum·ble ['rʌmbl] **I** *v/i* **1.** grollen, rollen (*Donner*); rumpeln (*Fahrzeug*); knurren (*Magen*) **II** *v/t* **2.** *ugs j-n, etw* durchschauen **III** *s* **3.** Grollen *n*, Rollen *n*; Rumpeln *n*; Knurren *n* **4.** *Am sl* Straßenschlacht *f*
rum·bus·tious [rʌm'bʌstɪəs] *Adj ugs* wild, aus-

R

gelassen
ru·mi·nant ['ruːmɪnənt] *s* ZOOL Wiederkäuer *m*
ru·mi·nate ['ruːmɪneɪt] *v/i* **1.** ZOOL wiederkäuen **2.** *fig* grübeln (**on, over** über *Akk, Dat*)
ru·mi·na·tive ['ruːmɪnətɪv] *Adj* grüblerisch
rum·mage ['rʌmɪdʒ] **I** *v/i auch* **rummage about** (*oder* **around**) herumstöbern, -wühlen (**among, in, through** in *Dat*) **II** *s* Ramsch *m*
rum·mage sale *s Am* Wohltätigkeitsbasar *m*
rum·my ['rʌmɪ] *s* Rommé *n* (*Kartenspiel*)
ru·mor, ru·mour ['ruːmə] **I** *s* Gerücht(e *Pl*) *n*: ***rumo(u)r has it that*** es geht das Gerücht, dass **II** *v/t*: ***it is rumo(u)red that*** es geht das Gerücht, dass; ***he is rumo(u)red to be*** man munkelt, er sei
'ru·mor,mon·ger, 'ru·mour,mon·ger *s* Gerüchtemacher(in)
rump [rʌmp] *s* **1.** ZOOL Hinterbacken *Pl*; ORN Bürzel *m* **2.** *hum* Hinterteil *n* **3.** *fig* (kümmerlicher) Rest
rum·ple ['rʌmpl] *v/t* zerknittern, -knüllen; *Haar* zerzausen
rump steak *s* GASTR Rumpsteak *n*
rum·pus ['rʌmpəs] → ***row***³ I
rum·pus room *s Am ugs* Hobby- *oder* Partyraum *m*
►**run** [rʌn] **I** *s* **1.** Lauf *m* (*auch Sport*): ***at a run*** im Laufschritt; ***in the long run*** *fig* auf (die) Dauer; auf lange *oder* weite Sicht, langfristig; ***in the short run*** *fig* zunächst; auf kurze Sicht, kurzfristig; ***on the run*** auf der Flucht (***from the police*** vor der Polizei); ***run of good*** (***bad***) ***luck*** Glückssträhne *f* (Pechsträhne *f*) **2.** Fahrt *f*: ***go for a run in the car*** eine Spazierfahrt machen **3.** THEAT *etc* Laufzeit *f*: ***the play had a six-month run*** das Stück lief ein halbes Jahr lang **4.** Ansturm *m*, WIRTSCH *auch* Run *m* (***on*** auf *Akk*) **5.** ***have the run of*** *etw* benutzen dürfen **6.** *Am* Laufmasche *f* **7.** Auflage *f* (*einer Zeitung etc*) **8.** ***have the runs*** *bes Br ugs* den flotten Otto haben **II** *v/i* (*unreg*) **9.** laufen (*auch Sport*), rennen **10.** fahren (*Fahrzeug*); fahren, verkehren (*Bus etc*) **11.** laufen, fließen: ***tears were running down her face*** Tränen liefen ihr übers Gesicht; ***his nose was running*** ihm lief die Nase; ***it runs in the family*** *fig* das liegt bei ihm *etc* in der Familie; → ***cold*** 1 **12.** zerfließen, -laufen (*Butter, Farbe etc*) **13.** TECH laufen (*auch fig*): ***with the engine running*** mit laufendem Motor **14.** (ver)laufen (*Straße etc*) **15.** *bes* JUR gelten, laufen (***for two years*** zwei Jahre) **16.** THEAT *etc* laufen (***for six months*** ein halbes Jahr lang) **17.** *mit Adjektiven*: → ***low***¹ 4 **18.** POL *bes Am* kandidieren **19.** gehen, lauten (*Vers etc*) **III** *v/t* (*unreg*) **20.** *Strecke, Rennen* laufen: → ***course*** 3, ***errand***, ***temperature*** **21.** *j-n, etw* fahren, bringen **22.** *Wasser etc* laufen lassen: ***run s.o. a bath*** j-m ein Bad einlaufen lassen **23.** *Geschäft* führen, *Hotel etc auch* leiten **24.** TECH *Maschine, Computerprogramm etc* laufen lassen **25.** abdrucken, bringen (*Zeitung etc*) **26.** schmuggeln
◆**run a·bout** → ***run around***
◆**run a·cross** *v/i* **1.** *j-n* zufällig treffen **2.** stoßen auf (*Akk*)
◆**run af·ter** *v/i* nachlaufen (*Dat*) (*auch fig*)
◆**run a·gainst** *v/i* POL *bes Am* kandidieren gegen
◆**run a·long** *v/i*: ***run along!*** ab mit dir!
◆**run a·round** *v/i* sich herumtreiben (***with*** mit)
◆**run a·way** *v/i* davonlaufen (***from*** vor *Dat*) (*auch fig*): ***run away from home*** von zu Hause ausreißen; ***run away with*** durchbrennen mit; *fig* durchgehen mit (*Fantasie etc*); ***don't run away with the idea that*** glaube bloß nicht, dass
◆**run back** *v/t Band, Film* zurückspulen
◆**run down I** *v/t* **1.** MOT an-, umfahren **2.** schlechtmachen **3.** ausfindig machen **II** *v/i* **4.** ablaufen (*Uhr*), leer werden (*Batterie*)
◆**run for** *v/i* **1.** ***run for it!*** lauf, was du kannst!; ***run for one's life*** um sein Leben laufen **2.** POL *bes Am* kandidieren für
◆**run in** *v/t* **1.** *Wagen etc* einfahren **2.** *ugs Verbrecher etc* schnappen
◆**run in·to I** *v/i* **1.** laufen *oder* fahren gegen **2.** *j-n* zufällig treffen **3.** *fig* geraten in (*Akk*) **4.** *fig* sich belaufen auf (*Akk*), gehen in (*Akk*)
◆**run off** *v/i*: ***run off the road*** von der Straße abkommen (*Wagen etc*)
◆**run on** *v/i* **1.** weitergehen, sich hinziehen (***until*** bis) **2.** unaufhörlich reden (***about*** über *Akk*, von) **3.** TECH fahren mit: ***run on electricity*** elektrisch betrieben werden
◆**run out** *v/i* ablaufen (*Vertrag, Zeit etc*), ausgehen, zu Ende gehen (*Vorräte etc*): ***I've run out of money*** mir ist das Geld ausgegangen; → ***steam*** 1
►**run o·ver I** *v/t* MOT überfahren **II** *v/i* überlaufen
◆**run through** *v/i* **1.** *Szene etc* durchspielen **2.** *Notizen etc* durchgehen **3.** *Vermögen etc* durchbringen **4.** *j-n* durchlaufen (*Schauder etc*): ***run through s.o.'s mind*** j-m durch den Kopf gehen
◆**run to** *v/i bes Br* (aus)reichen für
◆**run up I** *v/t* **1.** *Flagge etc* aufziehen, hissen **2.** *hohe Rechnung, Schulden* machen **II** *v/i* **3.** ***run up against*** stoßen auf (*starken Widerstand etc*)
'run·a·bout *s* MOT Stadtwagen *m*
'run-a·round *s*: ***give s.o. the run-around*** *ugs* j-n hinhalten; j-n an der Nase herumführen
'run·a·way I *s* **1.** Ausreißer(in) **II** *Adj* **2.** ausgerissen: ***runaway child*** (kleiner) Ausreißer **3.** außer Kontrolle geraten: ***runaway inflation*** WIRTSCH galoppierende Inflation
'rundown I *Adj* **1.** abgespannt **2.** baufällig; heruntergekommen **3.** abgelaufen (*Uhr*), leer (*Batterie*) **II** *s* **4.** *ugs* (genauer) Bericht (***on*** über *Akk*)
rung¹ [rʌŋ] *Part Perf von* ***ring***²
rung² *s* Sprosse *f* (*einer Leiter*)
'run-in *s*: ***have a run-in with*** *ugs* in Konflikt kommen mit (*dem Gesetz etc*)
run·ner ['rʌnə] *s* **1.** SPORT Läufer(in); Rennpferd *n* **2.** *meist in Zssgn* Schmuggler(in) **3.** (*Schlitten- etc*)Kufe *f*
run·ner bean *s* BOT *Br* grüne Bohne
,run·ner-'up *Pl* **,run·ners-'up** *s* Zweite *m, f*, (*Sport auch*) Vizemeister(in) (***to*** hinter *Dat*)
run·ning ['rʌnɪŋ] **I** *s* **1.** Laufen *n*, Rennen *n*: ***be still in the running*** *fig* noch gut im Rennen liegen (***for*** um); ***be out of the running*** *fig* aus dem Rennen sein (***for*** um) **2.** Führung *f*, Leitung *f* **II** *Adj* **3.** SPORT Lauf…: ***running shoes***; ***running track*** Laufbahn *f*; ***running workout*** Lauftraining *n* **4.** fließend (*Wasser*); MED eiternd (*Wunde*) **5.** ***four times*** (***for three days***) ***running*** viermal (drei Tage) hinter- *oder* nacheinander **6.** ***running costs*** *Pl* Betriebskosten *Pl*, laufende Kosten *Pl* **7.** ***running mate*** POL *Am* Kandidat(in) für die Vizepräsidentschaft
run·ny ['rʌnɪ] *Adj* **1.** flüssig **2.** laufend (*Nase*),

tränend (*Augen*)
,run-of-the-'mill *Adj meist pej* durchschnittlich, mittelmäßig
'run-up *s* **1.** SPORT Anlauf *m* **2.** ***in the run-up to*** *fig* im Vorfeld (*Gen*)
'run·way *s* FLUG Start- und Landebahn *f*, Rollbahn *f*, Piste *f*
rup·ture ['rʌptʃə] **I** *s* Bruch *m* (*auch* MED *und fig*), Riss *m* **II** *v/i* zerspringen, (-)reißen, platzen **III** *v/t* zerbrechen, -reißen: ***rupture o.s.*** MED sich einen Bruch heben; ***rupture a muscle*** MED sich einen Muskelriss zuziehen
ru·ral ['rʊərəl] *Adj* ländlich: ***rural population*** Landbevölkerung *f*; → ***exodus***
ruse [ruːz] *s* List *f*
rush¹ [rʌʃ] *s* BOT Binse *f*
▶**rush²** [rʌʃ] **I** *v/i* **1.** hasten, hetzen, stürmen, (*auch Fahrzeug*) rasen: ***rush into*** *fig* sich stürzen in (*Akk*); *etw* überstürzen; ***the blood rushed to his face*** das Blut schoss ihm ins Gesicht; → ***conclusion*** 3 **II** *v/t* **2.** antreiben, drängen, hetzen: ***be rushed*** (***off one's feet***) auf Trab sein **3.** auf dem schnellsten Weg *wohin* bringen *oder* schaffen **4.** schnell erledigen; *Essen* hinunterschlingen: ***don't rush it*** lass dir Zeit dabei; ***rush a bill*** (***through***) eine Gesetzesvorlage durchpeitschen **5.** losstürmen auf (*Akk*) **III** *s* **6.** Ansturm *m* (***for*** auf *Akk*, nach): ***there was a rush for the door*** alles drängte zur Tür **7.** Hast *f*, Hetze *f*: ***what's the rush?*** wozu diese Hast?
▶**rush hour** ['rʌʃaʊə] *s* Rushhour *f*, Hauptverkehrs-, Stoßzeit *f*
'rush-hour *Adj*: ***rush-hour traffic*** Stoßverkehr *m*
rusk [rʌsk] *s* Zwieback *m*
▶**Rus·sia** ['rʌʃə] *Eigenn* Russland *n*
▶**Rus·sian** ['rʌʃn] **I** *s* **1.** Russe *m*, Russin *f* **2.** LING Russisch *n* **II** *Adj* **3.** russisch: ***Russian roulette*** russisches Roulette
▶**rust** [rʌst] **I** *s* Rost *m* **II** *v/i* (ein-, ver)rosten
rus·tic ['rʌstɪk] *Adj* (***rustically***) **1.** ländlich, bäuerlich **2.** rustikal (*Möbel*)
rus·tle ['rʌsl] **I** *v/i* **1.** rascheln (*Papier etc*), (*auch Seide*) knistern **II** *v/t* **2.** rascheln mit **3.** ***rustle up*** *ugs Geld, Hilfe etc* auftreiben; *Essen* zaubern
'rust·proof *Adj* rostfrei, nicht rostend
rust·y ['rʌstɪ] *Adj* **1.** rostig **2.** *fig* eingerostet (*Kenntnisse*): ***I'm very rusty*** ich bin ganz aus der Übung
rut¹ [rʌt] ZOOL **I** *s* Brunft *f* **II** *v/i* brunften
rut² [rʌt] **I** *s* **1.** (Rad)Spur *f*, Furche *f* **2.** *fig* (alter) Trott: ***get into a rut*** in einen Trott verfallen **II** *v/t* **3.** furchen: ***rutted*** ausgefahren
ruth·less ['ruːθlɪs] *Adj* unbarmherzig; rücksichtslos; hart
RV [ɑːˈviː] *Abk* (= ***recreational vehicle***) *Am* Wohnmobil *n*
rye [raɪ] *s* BOT Roggen *m*
rye bread *s* Roggenbrot *n*
rye whis·ky *s* Roggenwhisky *m*

S

S [es] *Pl* **S's** ['esɪz] *s* S *n*
Sab·bath ['sæbəθ] *s* REL Sabbat *m*
sa·ber *Am* → ***sabre***
sa·ble ['seɪbl] *s* ZOOL Zobel *m*
sab·o·tage ['sæbətɑːʒ] **I** *s* Sabotage *f*: ***act of sabotage*** Sabotageakt *m* **II** *v/t* einen Sabotageakt verüben gegen; sabotieren
sab·o·teur [,sæbəˈtɜː] *s* Saboteur(in)
sa·bre ['seɪbə] *s bes Br* Säbel *m* (*auch Fechten*)
sa·bre rat·tling *s fig* Säbelrasseln *n*
sac·cha·rin ['sækərɪn] *s* CHEM Sac(c)harin *n*
sac·cha·rine ['sækəraɪn] *Adj* **1.** unangenehm süß **2.** *fig* honig-, zuckersüß
sack¹ [sæk] **I** *s* **1.** Sack *m* **2.** *ugs* ***get the sack*** rausgeschmissen (*entlassen*) werden; ***give*** *s.o.* ***the sack*** *siehe* 4 **3.** ***hit the sack*** *ugs* sich in die Falle *oder* Klappe hauen **II** *v/t* **4.** *ugs j-n* rausschmeißen (*entlassen*)
sack² [sæk] **I** *v/t* plündern **II** *s* Plünderung *f*
'sack·cloth *s* Sackleinen *n*: ***in*** (*oder* ***wearing***) ***sackcloth and ashes*** *fig* in Sack und Asche
sack·ing ['sækɪŋ] *s* Sackleinen *n*
sack race *s* Sackhüpfen *n*
sac·ra·ment ['sækrəmənt] *s* REL Sakrament *n*
sa·cred ['seɪkrɪd] *Adj* **1.** geistlich (*Musik etc*) **2.** heilig (***to*** *Dat*) (*auch fig*): ***sacred cow*** heilige Kuh (*auch fig*)
sac·ri·fice ['sækrɪfaɪs] **I** *s* Opfer *n* (*auch fig*): ***make great sacrifices*** große Opfer bringen **II** *v/t* opfern (***to*** *Dat*) (*auch fig*)
sac·ri·fi·cial [,sækrɪˈfɪʃl] *Adj* Opfer…
sac·ri·lege ['sækrɪlɪdʒ] *s* Sakrileg *n*; *allg* Frevel *m*
sac·ri·le·gious [,sækrɪˈlɪdʒəs] *Adj* sakrilegisch; *allg* frevlerisch
sac·ris·ty ['sækrɪstɪ] *s* REL Sakristei *f*
▶**sad** [sæd] *Adj* (→ ***sadly***) *allg* traurig; schmerzlich (*Verlust*); bedauerlich (*Irrtum etc*): ***sad to say*** bedauerlicherweise, leider
sad·den ['sædn] *v/t* traurig machen *oder* stimmen, betrüben
▶**sad·dle** ['sædl] **I** *s* (*Reit-, Fahrrad- etc*)Sattel *m*: ***be in the saddle*** im Sattel sitzen; *fig* im Amt *oder* an der Macht sein **II** *v/t* satteln: ***saddle up*** aufsatteln; ***saddle s.o. with s.th.*** *fig* j-m etw aufhalsen *oder* -bürden; ***be saddled with s.th.*** *fig* etw am Hals haben **III** *v/i*: ***saddle up*** aufsatteln
'sad·dle·bag *s* Satteltasche *f*
sad·ism ['seɪdɪzəm] *s* Sadismus *m*
'sad·ist *s* Sadist(in)
sa·dis·tic [səˈdɪstɪk] *Adj* (***sadistically***) sadistisch
sad·ly ['sædlɪ] *Adv* **1.** traurig; schmerzlich: ***be***

sadly mistaken einem bedauerlichen Irrtum unterliegen **2.** bedauerlicherweise, leider
'sad·ness *s* Traurigkeit *f*
s.a.e. *Abk* (= ***stamped addressed envelope***) frankierter Rückumschlag
sa·fa·ri [sə'fɑːrɪ] *s* Safari *f*
sa·fa·ri park *s* Safaripark *m*
▶ **safe** [seɪf] **I** *Adj allg* sicher (***from*** vor *Dat*): ***be safe*** in Sicherheit sein; ***be safe with s.o.*** sicher bei j-m aufgehoben sein; ***be in safe hands*** in sicheren Händen sein; ***safe sex*** geschützter Verkehr; ***to be on the safe side, just to be safe*** um ganz sicher zu gehen; ***it is safe to say*** man kann mit Sicherheit sagen; ***keep s.th. in a safe place*** etw an einem sicheren Ort aufbewahren; ***he has arrived safely*** er ist gut angekommen; → ***play*** 7, 8 **II** *s* Safe *m*, Tresor *m*, Geld-, Panzerschrank *m*
'safe,break·er, 'safe,crack·er *s* Geldschrankknacker(in)
,safe-de'pos·it box *s* Bankschließfach *n*, (*auch in Hotel etc*) Tresorfach *n*
'safe·guard I *s* Schutz *m* (***against*** gegen, vor *Dat*) **II** *v/t* schützen (***against, from*** gegen, vor *Dat*); *Interessen* wahren
,safe'keep·ing *s* sichere Verwahrung: ***give s.o. s.th. for safekeeping*** j-m etw zur Verwahrung geben
▶ **safe·ty** ['seɪftɪ] *s allg* Sicherheit *f*: ***jump*** (***swim***) ***to safety*** sich durch einen Sprung (schwimmend) in Sicherheit bringen
safe·ty belt → ***seat belt***
safe·ty cur·tain *s* THEAT eiserner Vorhang
'safe·ty de,pos·it box → ***safe-deposit box***
safe·ty glass *s* Sicherheitsglas *n*
safe·ty is·land *s Am* Verkehrsinsel *f*
safe·ty lock *s* Sicherheitsschloss *n*
safe·ty meas·ure *s* Sicherheitsmaßnahme *f*
safe·ty net *s Zirkus etc*: Fangnetz *n*
safe·ty pin *s* Sicherheitsnadel *f*
safe·ty pre·cau·tion *s* Sicherheitsvorkehrung *f*
safe·ty ra·zor *s* Rasierapparat *m*
safe·ty valve *s* **1.** TECH Sicherheitsventil *n* **2.** *fig* Ventil *n* (***for*** für)
saf·fron ['sæfrən] *s* Safran *m*
sag [sæg] **I** *v/i* **1.** sich senken, absacken; durchhängen (*Leitung etc*) **2.** (herab)hängen **3.** *fig* sinken, nachlassen (*Interesse etc*); WIRTSCH nachgeben (*Preise etc*) **II** *s* **4.** Durchhängen *n* **5.** WIRTSCH Nachgeben *n* (***in*** *Gen*)
sa·ga ['sɑːgə] *s* **1.** Saga *f* **2.** *auch* ***family saga*** Familienroman *m* **3.** *pej* Geschichte *f*
sa·ga·cious [sə'geɪʃəs] *Adj* scharfsinnig, klug
sa·gac·i·ty [sə'gæsətɪ] *s* Scharfsinn *m*, Klugheit *f*
sage [seɪdʒ] *s* BOT Salbei *m*
Sa·git·tar·i·us [,sædʒɪ'teərɪəs] *s* ASTR Schütze *m*: ***be*** (***a***) ***Sagittarius*** Schütze sein
Sa·ha·ra [sə'hɑːrə] *Eigenn die* Sahara
said [sed] *Prät und Part Perf von* ***say***
▶ **sail** [seɪl] **I** *s* **1.** Segel *n*: ***set sail*** auslaufen (***for*** nach) **2.** Segelfahrt *f*, -partie *f*: ***go for a sail*** segeln gehen **II** *v/i* **3.** SCHIFF fahren; segeln (*auch fig*): ***go sailing*** segeln gehen **4.** SCHIFF auslaufen (***for*** nach) **5.** gleiten: ***she sailed into the room*** sie schwebte ins Zimmer; ***sail through an examination*** eine Prüfung spielend schaffen **III** *v/t* **6.** *Boot* segeln, *Schiff* steuern **7.** durchsegeln; befahren
'sail·boat *s Am* Segelboot *n*
sail·ing ['seɪlɪŋ] *s* **1.** Segeln *n*; Segelsport *m*: ***everything was plain sailing*** *fig* es ging alles glatt **2.** ***when is the next sailing to …?*** wann fährt das nächste Schiff nach …?
sail·ing boat *s bes Br* Segelboot *n*
sail·ing ship *s* Segelschiff *n*
▶ **sail·or** ['seɪlə] *s* **1.** Seemann *m*; Matrose *m*, Matrosin *f* **2.** Segler(in) **3.** ***be a good*** (***bad***) ***sailor*** seefest sein (leicht seekrank werden)
sail·or suit *s* Matrosenanzug *m*
'sail·plane *s* Segelflugzeug *n*
saint [seɪnt] *s* **1.** Heilige *m, f*: ***you need the patience of a saint*** man braucht eine Engelsgeduld **2.** *vor Eigennamen* **Saint**, *Abk* **St** [snt]: ***St Andrew*** der heilige Andreas
'saint·ly *Adj* heiligmäßig
▶ **sake** [seɪk] *s*: ▶ ***for the sake of*** um … willen, *j-m, einer Sache* zuliebe; ***for your sake*** dir zuliebe, deinetwegen; ***for God's*** (***goodness', heaven's***) ***sake*** *ugs* um Gottes willen; Herrgott noch mal; ***for the sake of peace*** um des lieben Friedens willen; ***for the sake of simplicity*** der Einfachheit halber
sal·a·ble *bes Am* → ***saleable***
▶ **sal·ad** ['sæləd] *s* Salat *m*
sal·ad cream *s* Salatmayonnaise *f*
sal·ad dress·ing *s* Dressing *n*, Salatsoße *f*
sal·a·man·der ['sælə,mændə] *s* ZOOL Salamander *m*
sa·la·mi [sə'lɑːmɪ] *s* Salami *f*
sal·a·ried ['sælərɪd] *Adj*: ***salaried employee*** Gehaltsempfänger(in), Angestellte *m, f*
'sal·a·ry *s* Gehalt *n*
▶ **sale** [seɪl] *s* **1.** Verkauf *m*: ***for sale*** zu verkaufen; ***not for sale*** unverkäuflich; ***be on sale*** verkauft werden, erhältlich sein; *bes Am* im Angebot sein; ***be up for sale*** zum Verkauf stehen **2.** *auch Pl* WIRTSCH Umsatz *m* **3.** WIRTSCH Schlussverkauf *m* **4.** Auktion *f*, Versteigerung *f*
'sale·a·ble *Adj bes Br* **1.** verkäuflich **2.** WIRTSCH absatzfähig
▶ **sales·clerk** ['seɪlzklaːk] *s Am* (Laden)Verkäufer(in)
'sales·girl *s* (Laden)Verkäuferin *f*
sales·man ['seɪlzmən] *s* (*unreg* ***man***) **1.** Verkäufer *m* **2.** (Handels)Vertreter *m*
'sales·man·ship *s* **1.** WIRTSCH Verkaufstechnik *f*; Verkaufsgeschick *n* **2.** *fig* Überzeugungskunst *f*
sales pitch *s* WIRTSCH *ugs* Verkaufsmasche *f*
sales pro·mo·ter *s* WIRTSCH Salespromoter(in), Verkaufsleiter(in)
sales pro·mo·tion *s* WIRTSCH Salespromotion *f*, Verkaufsförderung *f*
▶ **sales rep·re·sent·a·tive** ['seɪlzreprɪ,zentətɪv] *s* WIRTSCH (Handels)Vertreter(in)
sales slip *s Am* Kassenbeleg *m*, -zettel *m*
sales talk *s* WIRTSCH Verkaufsgespräch *n*
'sales,wom·an *s* (*unreg* ***woman***) **1.** Verkäuferin *f* **2.** (Handels)Vertreterin *f*
sa·li·ent ['seɪljənt] *Adj fig* hervorstechend, wichtigst
sa·line ['seɪlaɪn] *Adj* salzig, Salz…: ***saline solution*** Salzlösung *f*
sa·li·va [sə'laɪvə] *s* PHYSIOL Speichel *m*
sal·i·var·y ['sælɪvərɪ] *Adj* Speichel…: ***salivary gland*** Speicheldrüse *f*
sal·low ['sæləʊ] *Adj* (ungesund) gelblich (*Gesichtsfarbe etc*)
salm·on ['sæmən] **I** *Pl* **salm·ons**, *bes Koll* **salm·on** *s* ZOOL Lachs *m* **II** *Adj* lachsfarben
sal·mo·nel·la [,sælmə'nelə] *n Sg* MED Salmonellen *Pl*: ***salmonella poisoning*** Salmonellenvergiftung *f*, Salmonellose *f*

sal·on ['sælɔ̃:ŋ] *s* (*Friseur-, Schönheits- etc*)Salon *m*
sa·loon [sə'lu:n] *s* **1.** MOT *Br* Limousine *f* **2.** → ***saloon bar*** **3.** *hist Am* Saloon *m* **4.** SCHIFF Salon *m*
sa·loon bar *s Br vornehmerer und teurerer Teil eines Pubs*
sa·loon car → ***saloon*** 1
sal·sa ['sælsə] *s* **1.** MUS Salsa *m*, Salsamusik *f* **2.** GASTR Salsasoße *f*
►**salt** [sɔ:lt] **I** *s* **1.** Salz *n*: ***take s.th. with a pinch of salt*** *fig* etw nicht ganz für bare Münze nehmen; ***no composer worth his salt*** kein Komponist, der etw taugt *oder* der diesen Namen verdient; → ***rub*** 3 **II** *v/t* **2.** salzen **3.** *auch* ***salt down*** (ein)pökeln, einsalzen **4.** *Straße etc* (mit Salz) streuen **5.** ***salt away*** *ugs Geld* auf die hohe Kante legen, *pej* auf die Seite schaffen **III** *Adj* **6.** gepökelt, Salz…
'salt,cel·lar *s Br* Salzstreuer *m*
'salt-free *Adj* salzlos
salt·pe·ter *s Am*, **salt·pe·tre** *s bes Br* [,sɔ:lt'pi:tə] *s* CHEM Salpeter *m*
salt shak·er *Am* → ***saltcellar***
salt wa·ter *s* Salzwasser *n*
'salt,wa·ter *Adj* Salzwasser…, Meeres…
salt·y ['sɔ:ltɪ] *Adj* salzig
sa·lu·bri·ous [sə'lu:brɪəs] *Adj* **1.** gesund (*Klima etc*) **2.** vornehm (*Wohngegend etc*)
sal·u·tar·y ['sæljʊtərɪ] *Adj* gesund; *fig* heilsam, lehrreich
sal·u·ta·tion [,sælju:'teɪʃn] *s* **1.** Begrüßung *f*, Gruß *m* **2.** Anrede *f* (*im Brief*)
sa·lute [sə'lu:t] **I** *v/t* **1.** MIL salutieren vor (*Dat*) **2.** (be)grüßen **II** *v/i* **3.** MIL salutieren **III** *s* **4.** MIL **a)** Ehrenbezeigung *f*: ***take the salute*** die Parade abnehmen, **b)** Salut *m*: ***a 21-gun salute*** 21 Salutschüsse *Pl*
sal·vage ['sælvɪdʒ] **I** *v/t* **1.** bergen (***from*** aus) **II** *s* **2.** Bergung *f* **3.** Bergungsgut *n*
sal·va·tion [sæl'veɪʃn] *s* **1.** Rettung *f* **2.** REL (Seelen)Heil *n*; Erlösung *f*: ***Salvation Army*** Heilsarmee *f*
Sal'va·tion·ist *s* Mitglied *n* der Heilsarmee
sal·ver ['sælvə] *s* Tablett *n*
Sa·mar·i·tan [sə'mærɪtən] *s* Samariter(in): ***good Samaritan*** BIBEL barmherziger Samariter (*auch fig*)
sam·ba ['sæmbə] *s* MUS Samba *m*
►**same** [seɪm] **I** *Adj*: ► ***the same …*** der-, die-, dasselbe …, der *oder* die *oder* das gleiche …: ***the film with the same name*** der gleichnamige Film; ***amount*** (*oder* ***come***) ***to the same thing*** auf dasselbe hinauslaufen; ***same-sex relationship*** gleichgeschlechtliche Beziehung; → ***story***[1] 1, ***time*** 1 **II** *Pron*: ***the same*** der-, die-, dasselbe, der *oder* die *oder* das Gleiche: ***it is all the same to me*** es ist mir ganz egal; (***the***) ***same again*** noch mal das Gleiche; ***same to you*** (danke,) gleichfalls!; ***all*** (*oder* ***just***) ***the same*** dennoch, trotzdem **III** *Adv*: ***the same*** gleich; ***same as*** *ugs* genauso wie
'same·y *Adj Br ugs* eintönig
sam·ple ['sɑ:mpl] **I** *s* **1.** WIRTSCH Muster *n*, (*auch Blut- etc*)Probe *f*: ***sample bottle*** Probe-, Probierfläschchen *n* **2.** (***of***) Kostprobe *f* (*Gen*), *fig auch* (typisches) Beispiel (für) **II** *v/t* **3.** kosten (*auch fig*), probieren
san·a·to·ri·um [,sænə'tɔ:rɪəm] *Pl* **san·a·to·ri·ums, san·a·to·ri·a** [,sænə'tɔ:rɪə] *s* Sanatorium *n*
sanc·ti·mo·ni·ous [,sæŋktɪ'məʊnjəs] *Adj* frömmelnd, frömmlerisch
sanc·tion ['sæŋkʃn] **I** *s* **1.** Billigung *f*, Zustimmung *f* **2.** *meist Pl* Sanktion *f*: ***sanctions against*** Sanktionen gegen; ***impose sanctions on*** Sanktionen verhängen gegen *oder* über (*Akk*) **II** *v/t* **3.** sanktionieren
sanc·ti·ty ['sæŋktətɪ] *s* Heiligkeit *f*
sanc·tu·ar·y ['sæŋktʃʊərɪ] *s* **1.** (*Vogel- etc*)Schutzgebiet *n* **2.** Zuflucht *f*: ***seek sanctuary with*** Zuflucht suchen bei
►**sand** [sænd] **I** *s* **1.** Sand *m* **2.** *Pl* Sand(fläche *f*) *m* **II** *v/t* **3.** *Weg etc* sanden, mit Sand streuen **4.** schmirgeln: ***sand down*** abschmirgeln
san·dal ['sændl] *s* Sandale *f*
san·dal·wood ['sændlwʊd] *s* BOT *und Kosmetik*: Sandelholz *n*
'sand·bag I *s* Sandsack *m* **II** *v/t* mit Sandsäcken befestigen *oder* schützen
'sand·bank *s* Sandbank *f*
'sand·blast *v/t* TECH sandstrahlen
'sand·box *s Am* Sandkasten *m*
'sand,cas·tle *s* Sandburg *f*
sand dune *s* Sanddüne *f*
'sand·man *s* (*unreg* ***man***) Sandmännchen *n*
'sand,pa·per I *s* Sand-, Schmirgelpapier *n* **II** *v/t* (ab)schmirgeln
'sand·pit *s* **1.** *bes Br* Sandkasten *m* **2.** Sandgrube *f*
'sand·stone *s* GEOL Sandstein *m*
'sand·storm *s* Sandsturm *m*
sand·wich ['sænwɪdʒ] **I** *s* Sandwich *n* **II** *v/t*: ***be sandwiched between*** eingekeilt sein zwischen (*Dat*); ***sandwich s.th. in between*** *fig* etw einschieben zwischen (*Akk, auch Dat*)
sand·wich course *s* PÄD *etc Kurs, bei dem sich theoretische und praktische Ausbildung abwechseln*
sand·y ['sændɪ] *Adj* **1.** sandig, *präd auch* voller Sand: ***sandy beach*** Sandstrand *m* **2.** rotblond (*Haar*)
sane [seɪn] *Adj* **1.** geistig gesund, JUR zurechnungsfähig **2.** vernünftig
sang [sæŋ] *Prät von* ***sing***
san·guine ['sæŋgwɪn] *Adj* zuversichtlich, optimistisch
san·i·tar·i·um [,sænɪ'teərɪəm] *Am* → ***sanatorium***
san·i·tar·y ['sænɪtərɪ] *Adj* **1.** hygienisch, Gesundheits…: ***sanitary facilities*** *Pl* sanitäre Einrichtungen *Pl*, ***sanitary napkin*** *Am*, ***sanitary towel*** *Br* (Damen)Binde *f* **2.** hygienisch (einwandfrei), gesund
san·i·tor·i·um [,sænɪ'tɔ:rɪəm] *Am* → ***sanatorium***
san·i·ty ['sænətɪ] *s* geistige Gesundheit, JUR Zurechnungsfähigkeit *f*
sank [sæŋk] *Prät von* ***sink***
San·ta Claus ['sæntəklɔ:z] *s* der Weihnachtsmann, der Nikolaus
sap[1] [sæp] *s* **1.** BOT Saft *m* **2.** *ugs* Einfaltspinsel *m*, Trottel *m*
sap[2] [sæp] *v/t* schwächen
sap·ling ['sæplɪŋ] *s* BOT Schössling *m*
sap·phire ['sæfaɪə] *s* MIN Saphir *m*
sar·casm ['sɑ:kæzəm] *s* Sarkasmus *m*
sar'cas·tic *Adj* (***sarcastically***) sarkastisch
sar·co·ma [sɑ:'kəʊmə] *Pl* **sar·co·mas, sar·co·mat·a** *s* MED Sarkom *n*
sar·coph·a·gus [sɑ:'kɒfəgəs] *Pl* **sar·coph·a·gi** [sɑ:'kɒfəgaɪ], **sar·coph·a·gus·es** *s* Sarkophag *m*
sar·dine [sɑ:'di:n] *s* ZOOL Sardine *f*: ***be packed***

S

(**in**) **like sardines** wie die Sardinen sitzen *oder* stehen
Sar·din·ia [sɑːˈdɪnjə] *Eigenn* Sardinien *n*
sar·don·ic [sɑːˈdɒnɪk] *Adj* (**sardonically**) boshaft, höhnisch (*Lachen etc*)
sark·y [ˈsɑːkɪ] *Br ugs* → **sarcastic**
sash[1] [sæʃ] *s* Fensterrahmen *m* (*eines Schiebefensters*)
sash[2] [sæʃ] *s* Schärpe *f*
sash win·dow *s* Schiebefenster *n*
sass·y [ˈsæsɪ] *Adj Am ugs* frech
sat [sæt] *Prät und Part Perf von* **sit**
SAT [eseɪˈtiː] *Abk* **1.** *Am* (= **scholastic aptitude test**) Aufnahmeprüfung *f* **2.** *Br* (= **standard assessment task**) Einstufungstest *m*
Sa·tan [ˈseɪtən] *s* der Satan
sa·tan·ic [səˈtænɪk] *Adj* (**satanically**) satanisch
satch·el [ˈsætʃəl] *s* (Schul)Ranzen *m*
▸**sat·el·lite** [ˈsætəlaɪt] *s* **1.** ASTR (*auch künstlicher*) Satellit: **satellite dish** Satellitenschüssel *f*; **satellite transmission** TV Satellitenübertragung *f*; **satellite TV** Satellitenfernsehen *n* **2. a)** *auch* **satellite nation** (*oder* **state**) Satellit(enstaat) *m*, **b)** *auch* **satellite town** Satellitenstadt *f*
sa·ti·ate [ˈseɪʃɪeɪt] *v/t* (über)sättigen
sat·ire [ˈsætaɪə] *s* Satire *f* (**on** auf *Akk*)
sa·tir·i·cal [səˈtɪrəkl] *Adj* satirisch
ˈ**sat·i·rize** *v/t* satirisch darstellen
▸**sat·is·fac·tion** [ˌsætɪsˈfækʃn] *s* **1.** Befriedigung *f* **2.** (**at, with**) Zufriedenheit *f* (mit), Genugtuung *f* (über *Akk*): **to s.o.'s satisfaction** zu j-s Zufriedenheit
▸**sat·is·fac·to·ry** [ˌsætɪsˈfæktərɪ] *Adj* befriedigend, zufriedenstellend
▸**sat·is·fy** [ˈsætɪsfaɪ] *v/t* **1.** *j-n* befriedigen, zufriedenstellen: **be satisfied with** zufrieden sein mit; **a satisfied smile** ein zufriedenes Lächeln **2.** *Bedürfnis, Neugier etc* befriedigen; *Bedingungen etc* erfüllen **3.** *j-n* überzeugen (**of** von): **be satisfied that** davon überzeugt sein, dass
sat·u·rate [ˈsætʃəreɪt] *v/t* **1.** (durch)tränken (**with** mit): **saturated with** (*oder* **in**) **blood** blutgetränkt **2.** CHEM sättigen (*auch fig*)
ˌ**sat·uˈra·tion** *s* Sättigung *f*: **saturation point** CHEM Sättigungspunkt *m*; **reach saturation point** *fig* seinen Sättigungsgrad erreichen
▸**Sat·ur·day** [ˈsætədɪ] *s* Sonnabend *m*, Samstag *m*: **on Saturday** (am) Samstag; **on Saturdays** samstags
Sat·urn [ˈsætən] *s* ASTR Saturn *m*
sauce [sɔːs] *s* **1.** Soße *f* **2.** *ugs* Frechheit *f*:
ˈ**sauce·pan** *s* Kochtopf *m*
▸**sauc·er** [ˈsɔːsə] *s* Untertasse *f*
sau·ci·ness [ˈsɔːsɪnɪs] *s ugs* Frechheit *f*
ˈ**sau·cy** *Adj ugs* frech
Sau·di [ˈsaʊdɪ] *s ugs* Saudi *m, f*
ˈ**Sau·di Aˈra·bia** *Eigenn* Saudi-Arabien *n*
ˈ**Sau·di Aˈra·bian I** *Adj* saudi-arabisch **II** *s* Saudi-Araber(in)
sau·er·kraut [ˈsaʊəkraʊt] *s* Sauerkraut *n*
sau·na [ˈsɔːnə] *s* Sauna *f*: **have** (*oder* **take**) **a sauna** in die Sauna gehen
saun·ter [ˈsɔːntə] **I** *v/i* bummeln, schlendern **II** *s* Bummel *m*
▸**sau·sage** [ˈsɒsɪdʒ] *s* Wurst *f*
sav·age [ˈsævɪdʒ] **I** *Adj* wild: **a)** unzivilisiert, **b)** gefährlich (*Tier*), **c)** brutal, **d)** schonungslos **II** *s* Wilde *m, f* **III** *v/t* anfallen (*Tier*)
▸**save** [seɪv] **I** *v/t* **1.** retten (**from** vor *Dat*): **save s.o.'s life** j-m das Leben retten; → **bacon, face** 4, **neck** 1, **skin** 1 **2.** *Geld, Zeit etc* (ein)sparen; *etw* aufheben, (**for** für): **save s.th. for s.o.** j-m etw aufheben; **save one's strength** seine Kräfte schonen **3.** *j-m etw* ersparen: **you can save your excuses** du kannst dir deine Ausreden sparen; **save s.o. doing s.th.** es j-m ersparen, etw zu tun **4.** SPORT *Schuss* halten, *auch Matchball etc* abwehren; *Tor* verhindern **5.** COMPUTER *Daten, Text etc* speichern **II** *v/i* **6.** *auch* **save up** sparen (**for** für, auf *Akk*) **7. save on** *etw* (ein)sparen **III** *s* **8.** SPORT Parade *f*
ˈ**sav·er** *s* **1.** Retter(in) **2.** Sparer(in) **3.** *in Zssgn*: **be a real time saver** eine Menge Zeit sparen
▸**sav·ing** [ˈseɪvɪŋ] **I** *s* **1.** Ersparnis *f* (**on** gegenüber) **2.** *Pl* Ersparnisse *Pl*: **savings account** *Am* Sparkonto *n*; **savings and loan association** *Am* Bausparkasse *f*; **savings bank** Sparkasse *f* **II** *Adj* **3. his** (**only**) **saving grace** das einzig Gute an ihm
sav·ior, sav·iour [ˈseɪvjə] *s* Retter(in): **the Savio(u)r** REL der Heiland *oder* Erlöser
sa·vor, sa·vour [ˈseɪvə] **I** *s* **1.** (**of**) Geruch *m* (nach, von), Geschmack *m* (nach), Hauch *m* (von) **2.** *fig* Reiz *m* **II** *v/t* **3.** mit Genuss essen *oder* trinken **III** *v/i* **4. savo(u)r of** *fig* einen Beigeschmack haben von
ˈ**sa·vor·y**, ˈ**sa·vour·y** *Adj* schmackhaft
sa·voy [səˈvɔɪ] *s* BOT Wirsing(kohl) *m*
sav·vy [ˈsævɪ] *s sl* Grips *m*, Köpfchen *n*
saw[1] [sɔː] *Prät von* **see**[1]
▸**saw**[2] [sɔː] **I** *s* Säge *f* **II** *v/t* (*meist unreg*) sägen: **saw off** absägen; **saw up** zersägen
ˈ**saw·dust** *s* Sägespäne *Pl*
ˈ**saw·mill** *s* Sägewerk *n*
sawn [sɔːn] *Part Perf von* **saw**[2]
Sax·on [ˈsæksn] *hist* **I** *s* (Angel)Sachse *m*, (-)Sächsin *f* **II** *Adj* (angel)sächsisch
sax·o·phone [ˈsæksəfəʊn] *s* MUS Saxofon *n*
sax·o·phon·ist [sækˈsɒfənɪst] *s* Saxofonist(in)
▸**say** [seɪ] **I** *v/t* (*unreg*) **1.** sagen (**to** zu): **they say he is rich, he is said to be rich** man sagt, er sei reich; er soll reich sein; **what does your watch say?** wie spät ist es auf deiner Uhr?; **you can say that again!** das kannst du laut sagen!; **say, haven't I ...?** *Am ugs* sag mal, habe ich nicht ...?; → **easy** 8, **jack** 1, **knife** I, **nothing** I, **when** 5 **2.** *Gebet* sprechen, *Vaterunser etc* beten: → **grace** 6 **3.** annehmen: (**let's**) **say this happens** angenommen *oder* nehmen wir einmal an, das geschieht; **a sum of, say, £ 500** eine Summe von, sagen wir, 500 Pfund **4.** (be-)sagen, bedeuten: **that is to say** das heißt **II** *v/i* (*unreg*) **5.** es sagen: **I can't say** das kann ich nicht sagen; **you don't say!** was du nicht sagst!; **it goes without saying** es versteht sich von selbst (**that** dass) **III** *s* **6.** Mitspracherecht *n* (**in** bei) **7. have one's say** seine Meinung äußern, zu Wort kommen: **he always has to have his say** er muss immer mitreden
ˈ**say·ing** *s* Sprichwort *n*, Redensart *f*: **as the saying goes** wie man (so) sagt
ˈ**say-so** *s ugs* **1. just on his say-so** auf seine bloße Behauptung hin, nur weil er es sagt **2. on his say-so** mit seiner Erlaubnis
scab [skæb] *s* **1.** MED Grind *m*, Schorf *m* **2.** VET Räude *f* **3.** *sl* Streikbrecher(in)
sca·bi·es [ˈskeɪbiːz] *s* MED Krätze *f*
scaf·fold [ˈskæfəʊld] *s* **1.** (Bau)Gerüst *n* **2.** Schafott *n*
scaf·fold·ing [ˈskæfəldɪŋ] → **scaffold** 1

scal·a·wag ['skæləwæg] *bes Am* → ***scallywag***
scald [skɔːld] **I** *v/t* **1.** sich *die Finger etc* verbrühen (***with*** mit) **2.** *bes Milch* abkochen **II** *s* **3.** Verbrühung *f*
'scald·ing *Adj und Adv*: ***scalding*** (***hot***) kochend heiß
scale¹ [skeɪl] **I** *s* **1.** ZOOL (*auch Haut*)Schuppe *f*: ***the scales fell from my eyes*** *fig* es fiel mir wie Schuppen von den Augen **2.** Kesselstein *m* **II** *v/t* **3.** *Fisch* (ab)schuppen
▶**scale²** [skeɪl] *s* **1.** Waagschale *f* **2.** *meist Pl*, *auch* ***pair of scales*** Waage *f*: ***tip the scales*** *fig* den Ausschlag geben (***in favo***[***u***]***r of*** für)
▶**scale³** [skeɪl] **I** *s* **1.** Skala *f* (*auch fig*), Grad- *oder* Maßeinteilung *f* **2.** MATHE, TECH Maßstab *m*: ***to scale*** maßstab(s)gerecht, -getreu; ***scale model*** maßstab(s)gerechtes *oder* -getreues Modell **3.** MUS Skala *f*, Tonleiter *f* **4.** *fig* Ausmaß *n*, Maßstab *m*, Umfang *m*: ***on a large scale*** in großem Umfang **II** *v/t* **5.** erklettern **6.** ***scale down*** (***up***) *fig* verringern (erhöhen)
scal·lop ['skɒləp] *s* ZOOL Jakobsmuschel *f*, Kammmuschel *f*
scal·ly·wag ['skælɪwæg] *s bes Br* Schlingel *m*, (kleiner) Strolch
scalp [skælp] **I** *s* **1.** ANAT Kopfhaut *f* **2.** Skalp *m* **II** *v/t* **3.** skalpieren
scal·pel ['skælpəl] *s* MED Skalpell *n*
scamp [skæmp] *s* Schlingel *m*
scam·per ['skæmpə] *v/i* trippeln (*Kind etc*); huschen (*Maus etc*)
scan [skæn] **I** *v/t* **1.** *etw* absuchen (***for*** nach) **2.** *Zeitung etc* überfliegen **3.** *Metrik*: skandieren **4.** *Radar*, TV: abtasten **5.** *auch* ***scan in*** COMPUTER *Text*, *Bild etc* (ein)scannen **II** *s* **6.** MED Szintigramm *n*
scan·dal ['skændl] *s* **1.** Skandal *m* **2.** Skandalgeschichten *Pl*, Klatsch(geschichten *Pl*) *m*
scan·dal·ize ['skændəlaɪz] *v/t*: ***he was scandalized*** er war empört *oder* entrüstet (***by*** über *Akk*; ***to hear*** als er hörte)
'scan·dal,mon·ger *s* Klatschmaul *n*
scan·dal·ous ['skændələs] *Adj* **1.** skandalös: ***be scandalous*** *auch* ein Skandal sein (***that*** dass) **2.** Skandal…
Scan·di·na·via [,skændɪ'neɪvjə] *Eigenn* Skandinavien *n*
Scan·di·na·vi·an [,skændɪ'neɪvjən] **I** *s* Skandinavier(in) **II** *Adj* skandinavisch
scan·ner ['skænə] *s* TECH, COMPUTER, MED Scanner *m*
scan·ning *s* Scannen *n*, Abtasten *n*, MED *auch* Szintigrafie *f*
scant [skænt] *Adj* dürftig, gering
scant·y ['skæntɪ] *Adj* dürftig, kärglich (*Mahlzeit*); knapp (*Bikini etc*)
scape·goat ['skeɪpgəʊt] *s* Sündenbock *m*
scar [skɑː] **I** *s* Narbe *f*; Schramme *f*, Kratzer *m* **II** *v/t* Narben *oder* eine Narbe hinterlassen auf (*Dat*); *fig j-n* zeichnen
▶**scarce** [skeəs] *Adj* **1.** knapp (*Ware*): ***make o.s. scarce*** *ugs* sich dünn machen **2.** selten

▶**scarce·ly** ['skeəslɪ] *Adv* **1.** kaum **2.** kaum, schwerlich
'scarce·ness, **'scar·ci·ty** *s* **1.** Knappheit *f*, Mangel *m* (***of*** an *Dat*) **2.** Seltenheit *f*
scare [skeə] **I** *v/t* **1.** erschrecken, *j-m* einen Schreck(en) einjagen: ***scare the life*** (*oder* ***wits***) ***out of s.o.*** j-m einen ganz furchtbaren Schrecken einjagen; ***be scared*** Angst haben (***of*** vor *Dat*) **2.** ***scare away*** (*oder* ***off***) verjagen, -scheuchen; *fig j-n* ab-, verschrecken **II** *v/i* **3.** ***scare easily*** schreckhaft sein **III** *s* **4.** Schreck(en) *m*: ***give*** *s.o.* ***a scare*** *siehe* 1 **5.** Panik *f*
'scare·crow *s* Vogelscheuche *f* (*auch fig*)
'scare-,mon·ger *s* Panikmacher(in)
▶**scarf** [skɑːf] *Pl* **scarfs**, **scarves** [skɑːvz] *s* Schal *m*; Hals-, Kopftuch *n*
scar·let ['skɑːlət] *Adj* scharlachrot: ***scarlet fever*** MED Scharlach *m*
scar·per ['skɑːpə] *v/i Br sl* abhauen
scarred [skɑːd] *Adj* narbig
scarves [skɑːvz] *Pl von* ***scarf***
scar·y ['skeərɪ] *Adj ugs* **1.** unheimlich (*Gegend etc*); grus(e)lig (*Geschichte etc*): ***scary film*** Gruselfilm *m* **2.** furchtsam; schreckhaft
scath·ing ['skeɪðɪŋ] *Adj* ätzend, vernichtend (*Kritik etc*)
scat·ter ['skætə] **I** *v/t* **1.** *auch* ***scatter about*** (*oder* ***around***) ver-, ausstreuen: ***be scattered all over the place*** überall herumliegen **2.** *Menge etc* zerstreuen, *Vögel etc* auseinanderscheuchen **II** *v/i* **3.** sich zerstreuen (*Menge etc*), auseinanderstieben (*Vögel etc*), sich zerteilen (*Nebel etc*)
'scat·ter·brain *s ugs* Schussel *m*
'scat·ter·brained *Adj ugs* schusselig, schusslig
scat·tered ['skætəd] *Adj* **1.** ver- *oder* zerstreut (liegend) (*Häuser etc*) **2.** vereinzelt (*Schauer etc*)
scav·enge ['skævɪndʒ] **I** *v/i* **1.** ***scavenge on*** ZOOL leben von (*Abfällen*, *Aas*) **2.** *auch* ***scavenge for food*** (nach) Nahrung suchen: ***scavenge in*** herumwühlen in (*Dat*) **II** *v/t* **3.** *siehe* 1 **4.** *etw* ergattern
'scav·en·ger *s* ZOOL Aasfresser *m*
sce·nar·i·o [sɪ'nɑːrɪəʊ] *Pl* **sce·nar·i·os** *s* FILM, THEAT, TV Szenario *n* (*auch fig*), Szenarium *n*
▶**scene** [siːn] *s* **1.** THEAT *etc* **a)** Szene *f*: ***change of scene*** Szenenwechsel *m*; *fig* Tapetenwechsel *m*, **b)** Bühnenbild *n*, Kulissen *Pl*: ***behind the scenes*** hinter den Kulissen (*auch fig*), **c)** Ort *m* der Handlung, Schauplatz *m* (*auch eines Romans etc*) **2.** Schauplatz *m*: ***scene of the accident*** (***crime, crash***) Unfallort *m* (Tatort *m*, Absturzstelle *f*); ***be on the scene*** zur Stelle sein; ***come on***(***to***) ***the scene*** auf der Bildfläche erscheinen, auftauchen **3.** Szene *f*, Anblick *m*: ***scene of destruction*** Bild *n* der Zerstörung **4.** Szene *f*, (heftiger) Auftritt: ***make a scene*** (j-m) eine Szene machen **5.** *ugs* (*Drogen-*, *Pop- etc*)Szene *f* **6.** ***… is not my scene*** *ugs* … ist nicht mein Fall

scarce und scarcely GR

⚠ Achten Sie auf den Bedeutungsunterschied:

scarce (Adjektiv)	knapp; selten
scarcely (Adverb)	kaum

scene: Tipps zur Aussprache AS

Keine große **scene**, aber ein total ungewohntes Hörerlebnis!
Szene = **scene**, Szenario = **scenario**, ist ja klar! Aber Schere = **scissors**?

S

Und jetzt die Aussprache:
scenario [səˈnɑːrɪəʊ], **scene** [siːn], **sceptre** *oder* **scepter** [*beide*: ˈseptə], **descend** [dɪˈsend]
science [ˈsaɪəns], **scientific** [ˌsaɪənˈtɪfɪk], **scientist** [ˈsaɪəntɪst], **scissors** [ˈsɪzəz]
sc- am Wortanfang, gefolgt von **e** oder **i**, sagt Ihnen also, dass die *beiden* Buchstaben wie [s] gesprochen werden.
Aber keine Regel ohne Ausnahme:
sceptic [ˈskeptɪk], **sceptical** [ˈskeptɪkl], **scepticism** [ˈskeptɪsɪzm] werden mit [sk] gesprochen!

▶**scen·er·y** [ˈsiːnərɪ] *s* **1.** Landschaft *f*, Gegend *f* **2.** THEAT Bühnenbild *n*, Kulissen *Pl*
sce·nic [ˈsiːnɪk] *Adj* (***scenically***) **1.** landschaftlich, Landschafts… **2.** landschaftlich schön, malerisch: ***scenic road*** landschaftlich schöne Strecke **3.** THEAT Bühnen…
scent [sent] **I** *s* **1.** Duft *m*, Geruch *m* **2.** *bes Br* Parfüm *n* **3.** JAGD Witterung *f*: ***be on the scent of*** *fig einer Sache* auf der Spur sein **II** *v/t* **4.** wittern (*auch fig*) **5.** ***be scented with*** vom Duft (*Gen*) erfüllt sein **6.** *bes Br* parfümieren
scep·ter *Am* → ***sceptre***
scep·tic [ˈskeptɪk] *s Br* Skeptiker(in)
ˈ**scep·ti·cal** *Adj* skeptisch: ***be sceptical about*** (*oder* ***of***) ***s.th.*** einer Sache skeptisch gegenüberstehen
scep·ti·cism [ˈskeptɪsɪzəm] *s* Skepsis *f*
scep·tre [ˈseptə] *s bes Br* Zepter *n*
sched·ule [ˈʃedjuːl] **I** *s* **1.** Aufstellung *f*, Verzeichnis *n* **2.** (*Arbeits-*, *Stunden-*, *Zeit- etc*)Plan *m*; Programm *n*; Fahr-, Flugplan *m*: ***three months ahead of schedule*** drei Monate früher als vorgesehen; ***be behind schedule*** Verspätung haben, *weit. S.* im Verzug *oder* Rückstand sein; ***on schedule*** (fahr)planmäßig, pünktlich **II** *v/t* **3.** *etw* ansetzen (***for*** auf *Akk*, für); ***it is scheduled to take place tomorrow*** es soll morgen stattfinden; ***scheduled departure*** (fahr)planmäßige Abfahrt; ***scheduled flight*** Linienflug *m*
sche·mat·ic [skɪˈmætɪk] *Adj* (***schematically***) schematisch
scheme [skiːm] **I** *s* **1.** Schema *n*, System *n* **2.** *bes Br* Programm *n*, Projekt *n* **3.** Intrige *f*, *Pl auch* Machenschaften *Pl* **II** *v/i* **4.** intrigieren (***against*** gegen): ***scheme for*** hinarbeiten auf (*Akk*)
ˈ**schem·er** *s* Intrigant(in)
ˈ**schem·ing** *Adj* intrigant
schiz·o·phre·ni·a [ˌskɪtsəʊˈfriːnjə] *s* PSYCH Schizophrenie *f*
schiz·o·phren·ic [ˌskɪtsəʊˈfrenɪk] **I** *Adj* (***schizophrenically***) schizophren **II** *s* Schizophrene *m*, *f*
schlep [ʃlep] *Am ugs* **I** *v/t* schleppen **II** *v/i* latschen
schmalz, **schmaltz** [ʃmɒlts] *s bes* MUS *ugs pej* Schmalz *m*
ˈ**schmaltz·y** *Adj fig ugs pej* schmalzig
schmooze [ʃmuːz] *v/i Am ugs* plaudern
schnapps [ʃnæps] *s* Schnaps *m*
schnit·zel [ˈʃnɪtsl] *s* GASTR Wiener Schnitzel *n*
schol·ar [ˈskɒlə] *s* **1.** Gelehrte *m*, *f*, *bes* Geisteswissenschaftler(in) **2.** UNI Stipendiat(in)
ˈ**schol·ar·ly** *Adj* **1.** gelehrt **2.** wissenschaftlich
ˈ**schol·ar·ship** *s* **1.** Gelehrsamkeit *f* **2.** UNI Stipendium *n*
school[1] [skuːl] *s* Schule *f*, Schwarm *m* (*Delfine*, *Heringe etc*)
▶**school**[2] [skuːl] **I** *s* **1.** *allg* Schule *f* (*auch fig*): ***at*** (*Am* ***in***) ***school*** auf *oder* in der Schule; ***go to school*** in die *oder* zur Schule gehen; ***there is no school today*** heute ist schulfrei *oder* kein Unterricht; → ***old*** 1 **2.** *Am* Hochschule *f* **3.** UNI Fakultät *f*; Fachbereich *m* **II** *v/t* **4.** *j-n* schulen, unterrichten (***in*** in *Dat*); *Tier* dressieren: ***school o.s. to do s.th.*** es sich angewöhnen, etw zu tun
school age *s* schulpflichtiges Alter: ***be of school age*** schulpflichtig *oder* im schulpflichtigen Alter sein
ˈ**school-age** *Adj* schulpflichtig, im schulpflichtigen Alter
ˈ**school·bag** *s* Schultasche *f*
ˈ**school·boy** *s* Schuljunge *m*, Schüler *m*
school bus *s* Schulbus *m*
ˈ**school·child** *s* (*unreg* ***child***) Schulkind *n*
school days *s Pl* Schulzeit *f*
ˈ**school·friend** *s* Schulfreund(in)
ˈ**school·girl** *s* Schulmädchen *n*, Schülerin *f*
school·ing [ˈskuːlɪŋ] *s* Ausbildung *f*
school leav·er *s bes Br* Schulabgänger(in)
ˈ**school·mate** *s* Schulkamerad(in), Mitschüler(in)
ˈ**school**ˌ**teach·er** *s* (Schul)Lehrer(in)
ˈ**school·work** *s* Schulaufgaben *Pl*
ˈ**school·yard** *s* Schulhof *m*
schoon·er [ˈskuːnə] *s* **1.** SCHIFF Schoner *m* **2.** *Br* großes Sherryglas; *Am* großes Bierglas
sci·at·ic [saɪˈætɪk] *Adj* MED Ischias…
sciˈat·i·ca [saɪˈætɪkə] *s* MED Ischias *m*, *n*
▶**sci·ence** [ˈsaɪəns] *s* **1.** Wissenschaft *f* **2.** *auch* ***natural science*** Naturwissenschaft(en *Pl*) *f* **3.** *fig* Kunst *f*, Lehre *f*
sci·ence fic·tion *s* Science-Fiction *f*
sci·ence park *s* Technologiepark *m*
sci·en·tif·ic [ˌsaɪənˈtɪfɪk] *Adj* (***scientifically***) **1.** (*eng. S.* natur)wissenschaftlich **2.** *fig* systematisch
ˈ**sci·en·tist** *s* (*eng. S.* Natur)Wissenschaftler(in)
sci-fi [ˌsaɪˈfaɪ] *s ugs* Science-Fiction *f*
scin·til·lat·ing [ˈsɪntɪleɪtɪŋ] *Adj* sprühend (*Geist*, *Witz*), geistsprühend (*Unterhaltung etc*)
▶**scis·sors** [ˈsɪzəz] *s Pl*, *auch* ***pair of scissors*** Schere *f*
scle·ro·sis [ˌsklɪəˈrəʊsɪs] *s* MED Sklerose *f*
scoff[1] [skɒf] **I** *v/i* spotten (***at*** über *Akk*) **II** *s* spöttische Bemerkung
scoff[2] [skɒf] *v/t ugs Kuchen etc* verdrücken
scold [skəʊld] *v/t* ausschelten, -schimpfen, schimpfen mit (***for*** wegen)
ˈ**scold·ing** *s* Schelte *f*: ***give*** *s.o.* ***a scolding*** → ***scold***
scol·lop [ˈskɒləp] → ***scallop***
scone [skɒn] *s kleiner runder Kuchen, mit Butter serviert*
scoop [skuːp] **I** *s* **1.** Schöpfkelle *f*, Schöpfer *m*; (*Mehl- etc*)Schaufel *f*; (*Eis*)Portionierer *m* **2.** Kugel *f* (*Eis*) **3.** PRESSE, RUNDFUNK, TV (sensationelle) Erstmeldung **II** *v/t* **4.** schöpfen; schaufeln
scoot [skuːt] *v/i ugs* abhauen; rennen
scoot·er [ˈskuːtə] *s* **1.** (Kinder)Roller *m*, *auch* (Tret)Roller *m* (*aus Leichtmetall auch für Erwachsene*), Kickboard *n* **2.** (*Motor*)Roller *m*
scope [skəʊp] *s* **1.** Bereich *m*: ***be within*** (***beyond***) ***the scope of*** sich im Rahmen (*Gen*)

halten (den Rahmen [*Gen*] sprengen) **2.** (Spiel)Raum *m*, (Entfaltungs)Möglichkeit(en *Pl*) *f* (**for** für)

scorch [skɔːtʃ] **I** *v/t* **1.** an-, versengen, verbrennen **2.** ausdörren **II** *v/i* **3.** MOT *ugs* rasen **III** *s* **4.** *auch* ***scorch mark*** angesengte Stelle, Brandfleck *m*

ˈ**scorch·er** *s ugs* glühend heißer Tag

ˈ**scorch·ing** *Adj ugs* glühend heiß, sengend (*Hitze*)

►**score** [skɔː] **I** *s* **1.** (Spiel)Stand *m*; (Spiel)Ergebnis *n*: ***what is the score?*** wie steht es *oder* das Spiel?; ***the score stood at*** (*oder* ***was***) ***2-1*** das Spiel stand 2:1; ***keep*** (***the***) ***score*** anschreiben **2.** SPORT Torerfolg *m* **3.** MUS Partitur *f*; Musik *f* (*zu einem Film etc*) **4.** ***on that score*** deshalb, in dieser Hinsicht **5.** ***have a score to settle with s.o.*** eine alte Rechnung mit j-m zu begleichen haben **6.** ***scores*** *Pl* ***of*** eine Menge … **7.** ***know the score*** *ugs* wissen, was Sache ist **II** *v/t* **8.** SPORT *Treffer etc* erzielen, *Tor auch* schießen; *auch allg Erfolg, Sieg* erringen **9.** SPORT *j-m Punkte, Note* geben **10.** MUS in Partitur setzen; setzen (**for** für); die Musik schreiben zu *oder* für **11.** einkerben **12.** ***score out*** (*oder* ***through***) aus-, durchstreichen **III** *v/i* **13.** SPORT einen Treffer *etc* erzielen, ein Tor schießen **14.** erfolgreich sein, Erfolg haben (**with** mit): ***score off s.o.*** j-n als dumm hinstellen *oder* lächerlich machen; ***score with a girl*** *sl* ein Mädchen ins Bett kriegen

ˈ**score·board** *s* SPORT Anzeigetafel *f*

ˈ**score·line** *s* SPORT Endstand *m*

scor·er [ˈskɔːrə] *s* (*Sport*) **1.** Torschütze *m*, -schützin *f* **2.** Anschreiber(in)

scorn [skɔːn] *s* Verachtung *f* (**for** für, gegen): ***pour scorn on*** *etw* verächtlich abtun

scorn·ful [ˈskɔːnfʊl] *Adj* verächtlich

Scor·pi·o [ˈskɔːpɪəʊ] *s* ASTR Skorpion *m*: ***be*** (***a***) ***Scorpio*** Skorpion sein

scor·pi·on [ˈskɔːpjən] *s* ZOOL Skorpion *m*

►**Scot** [skɒt] *s* Schotte *m*, Schottin *f*

Scotch [skɒtʃ] **I** *Adj* schottisch (*Whisky etc*) **II** *s* Scotch *m* (*schottischer Whisky*)

Scotch, Scots oder Scottish? SG

Scots bezeichnet in erster Linie die Leute und ihre Sprache:
the Scots language, the Scots people

Scottish bezieht sich hauptsächlich auf Land und Leute sowie deren Traditionen und Produkte:

the Scottish Highlands, the Scottish New Year, Scottish woollens (Wollsachen), **Scottish history**

Scotch wird nur in Zusammenhang mit bestimmten traditionellen Produkten verwendet und gilt ansonsten als altmodisch und sogar beleidigend:

Scotch whisky, Scotch beef, Scotch broth (*dicke Suppe aus Hammelfleisch- oder Rinderbrühe, Gemüse und Gerstengraupen*), **Scotch egg** (*hart gekochtes Ei in paniertem Wurstbrät*), **Scotch terrier**.

Von allen drei Adjektiven wird **Scottish** am häufigsten verwendet.

S

Scotch tape® *s Am* durchsichtiger Klebestreifen *m*

scot-free [ˌskɒtˈfriː] *Adj*: ***get off scot-free*** ungeschoren davonkommen

►**Scot·land** [ˈskɒtlənd] *Eigenn* Schottland *n*

Scots [skɒts] *Adj* schottisch

►**Scots·man** [ˈskɒtsmən] *s* (*unreg* ***man***) Schotte *m*

►**Scots·wom·an** [ˈskɒtsˌwʊmən] *s* (*unreg* ***woman***) Schottin *f*

►**Scot·tish** [ˈskɒtɪʃ] *Adj* schottisch

scoun·drel [ˈskaʊndrəl] *s* Schurke *m*, Schurkin *f*, Schuft *m*

scour[1] [ˈskaʊə] *v/t Topf etc* scheuern, *Fußboden etc auch* schrubben

scour[2] *v/t Gegend etc* absuchen, abkämmen (**for** nach)

scourge [skɜːdʒ] **I** *s* Geißel *f* (*auch fig*) **II** *v/t* geißeln, *fig auch* heimsuchen

scout [skaʊt] **I** *s* **1.** *oft* **Scout** Pfadfinder *m*; *Am* Pfadfinderin *f* **2.** MIL Kundschafter(in), Späher(in) **3.** *Br* motorisierter Pannenhelfer (*eines Automobilklubs*) **4.** *bes* SPORT Talentsucher(in) **II** *v/i* **5.** ***scout about*** (*oder* ***around***) sich umsehen (**for** nach) **III** *v/t* **6.** *auch* ***scout out*** MIL auskundschaften, erkunden

scowl [skaʊl] **I** *v/i* ein böses Gesicht machen: ***scowl at*** *j-n* böse anschauen **II** *s* böses Gesicht

scrab·ble [ˈskræbl] *v/i meist* ***scrabble about*** (*oder* ***around***) herumwühlen (**for** nach)

scrag·gy [ˈskrægɪ] *Adj* dürr, knochig

scram [skræm] *v/i ugs oft Imp* abhauen, Leine ziehen

scram·ble [ˈskræmbl] **I** *v/i* **1.** klettern; krabbeln **2.** sich raufen (*auch fig*), (*bes Kinder*) sich balgen (**for** um); sich drängeln (**for** zu) **II** *v/t* **3.** *Ei* verrühren: ***scrambled eggs*** *Pl* Rührei(er *Pl*) *n* **4.** *Funkspruch etc* zerhacken **III** *s* **5.** Kletterei *f* **6.** Rauferei *f*, Balgerei *f*; Drängelei *f*

ˈ**scram·bler** *s* TECH Zerhacker *m*

scrap[1] [skræp] **I** *s* **1.** Stückchen *n*; Fetzen *m*: ***there is not a scrap of evidence*** es gibt nicht den geringsten Beweis; ***there is not a scrap of truth in it*** daran ist kein Wort wahr **2.** *Pl* (Speise)Reste *Pl* **3.** Altmaterial *n*; Altmetall *n*, Schrott *m*: ***sell s.th. for scrap*** etw als Schrott verkaufen **II** *v/t* **4.** *unbrauchbar Gewordenes* ausrangieren; *Plan etc* aufgeben, fallen lassen, *Methode etc auch* zum alten Eisen werfen **5.** verschrotten

scrap[2] [skræp] *ugs* **I** *v/i* sich streiten; sich balgen **II** *s* Streiterei *f*; Balgerei *f*

ˈ**scrap·book** *s* Sammelalbum *n*

►**scrape** [skreɪp] **I** *v/t* **1.** (ab)kratzen, (ab)schaben (**from** von); *Schuhe etc* abkratzen; *Karotten etc* schaben: ***scrape off*** abkratzen *oder* abschaben (von); ***scrape together*** (*oder* ***up***) *Geld* zs.-kratzen; ***scrape a living*** *fig* sich gerade so über Wasser halten **2.** sich *die Knie etc* ab- *oder* aufschürfen (**on** auf *Dat*); *Wagen etc* ankratzen **II** *v/i* **3.** scheuern (**against** an *Dat*): ***scrape along the ground*** am Boden schleifen **4.** *fig* ***scrape along*** (*oder* ***by***) über die Runden kommen (**on** mit); ***scrape through an examination*** mit Ach und Krach durch eine Prüfung kommen **III** *s* **5.** Kratzen *n* **6.** Aufschürfung *f*, Schürfwunde *f* **7.** ***be in a scrape*** *ugs* in Schwulitäten sein

ˈ**scrap·er** *s* TECH Kratzer *m*, Schaber *m*

scrap heap *s* Schrotthaufen *m*: ***be on the scrap heap*** *fig* zum alten Eisen gehören

scrap met·al *s* Altmetall *n*, Schrott *m*
scrap pa·per *s bes Br* Schmierpapier *n*
scrap·py ['skræpɪ] *Adj* zs.-gestoppelt
scrap val·ue *s* Schrottwert *m*
'scrap·yard *s* Schrottplatz *m*
▶**scratch** [skrætʃ] **I** *v/t* **1.** (zer)kratzen, *Wagen etc* ankratzen: ***scratch one's arm on a nail*** sich den Arm an einem Nagel aufreißen **2. a)** (ab)kratzen (***from*** von): ***scratch off*** abkratzen (von), **b)** *seinen Namen etc* einkratzen (***on*** in *Akk*) **3.** *j-n, sich* kratzen: ***scratch one's nose*** sich an der Nase kratzen; ***scratch one's head*** sich den Kopf kratzen (*vor Verlegenheit etc*) **II** *v/i* **4.** kratzen (***at*** an *Dat*) **5.** sich kratzen **III** *s* **6.** Kratzer *m* **7.** *fig* ***start from scratch*** ganz von vorn anfangen; ***be*** (*oder* ***come***) ***up to scratch*** den Anforderungen *oder* Erwartungen entsprechen **IV** *Adj* **8.** (bunt) zs.-gewürfelt (*Mannschaft etc*)
'scratch·pad *s bes Am* Schmierblock *m*
scratch pa·per *s Am* Schmierpapier *n*
scratch·y ['skrætʃɪ] *Adj* **1.** kratzend (*Geräusch*) **2.** zerkratzt (*Schallplatte*) **3.** kratzig (*Pullover etc*)
scrawl [skrɔːl] **I** *v/t* **1.** (hin)kritzeln **II** *s* **2.** Gekritzel *n* **3.** Klaue *f*
scraw·ny ['skrɔːnɪ] *Adj* dürr
scream [skriːm] **I** *v/i* **1.** schreien (***with*** vor *Dat*): ***scream with laughter*** vor Lachen brüllen **II** *v/t* **2.** *auch* ***scream out*** schreien: ***scream o.s. hoarse*** sich heiser schreien; ***scream the place down*** *ugs* zetermordio schreien; → ***rooftop*** **III** *s* **3.** Schrei *m*: ***screams*** *Pl* ***of laughter*** brüllendes Gelächter **4.** ***be a scream*** *ugs* zum Schreien (komisch) sein
scree [skriː] *s* Geröll *n*
screech [skriːtʃ] **I** *v/i und v/t* kreischen (*auch Bremsen etc*), (gellend) schreien **II** *s* Kreischen *n*; (gellender) Schrei
screed [skriːd] *s* langatmige Rede *etc*, Roman *m*
▶**screen** [skriːn] **I** *s* **1.** Wandschirm *m* **2.** FILM Leinwand *f*: ***adapt for the screen*** für den Film bearbeiten **3.** *Radar*, TV *etc*: (Bild)Schirm *m* **4.** *fig* Tarnung *f* **II** *v/t* **5.** abschirmen **6.** ***screen off*** abtrennen **7.** *Film* zeigen, *Fernsehprogramm auch* senden **8.** *fig j-n* überprüfen
'screen·play *s* FILM Drehbuch *n*
'screen·sav·er *s* COMPUTER Bildschirmschoner *m*
screen test *s* FILM Probeaufnahmen *Pl*
'screen·writ·er *s* FILM Drehbuchautor(in)
▶**screw** [skruː] **I** *s* **1.** TECH Schraube *f*: ***he has a screw loose*** *ugs* bei ihm ist eine Schraube locker; ***put the screws on s.o.*** *fig* j-m (die) Daumenschrauben anlegen *oder* ansetzen **II** *v/t* **2.** (an)schrauben (***to*** an *Akk*): ***screw together*** zs.-, verschrauben **3.** *auch* ***screw up*** *Papier etc* zs.-, zerknüllen **4.** ***screw up*** **a)** *Augen* zs.-kneifen, *Gesicht* verziehen, **b)** *ugs Plan etc* vermasseln **5.** ***screw s.th. out of s.o.*** etw aus j-m herauspressen **6.** (*auch v/i*) *vulg* bumsen, vögeln
'screw·ball *s bes Am ugs* Spinner(in)
▶**screw·driv·er** ['skruː ˌdraɪvə] *s* TECH Schraubenzieher *m*
screw top *s* Schraubverschluss *m*
screw·y ['skruːɪ] *Adj ugs* verrückt
scrib·ble ['skrɪbl] **I** *v/t* (hin)kritzeln **II** *s* Gekritzel *n*
'scrib·bler *s hum oder pej* Schreiberling *m*
scrimp [skrɪmp] *v/i* den Gürtel enger schnallen: ***scrimp and save*** jeden Pfennig zweimal umdrehen
script [skrɪpt] *s* **1.** Manuskript *n* (*einer Rede etc*); (FILM, TV) Drehbuch *n*, Skript *n*; THEAT Text(buch *n*) *m* **2.** Schrift(zeichen *Pl*) *f* **3.** Schreibschrift *f* **4.** PÄD UNI *Br* (schriftliche) Prüfungsarbeit
Scrip·ture ['skrɪptʃə] *s*, *auch* ***the Scriptures*** *Pl* die (Heilige) Schrift
'scriptˌ**writ·er** *s* FILM, TV Drehbuchautor(in)
scroll [skrəʊl] **I** *s* Schriftrolle *f* **II** *v/i* COMPUTER blättern, scrollen
scrooge [skruːdʒ] *s* Geizhals *m*
scro·tum ['skrəʊtəm] *Pl* **scro·tums, scro·ta** ['skrəʊtə] *s* ANAT Hodensack *m*
scrounge [skraʊndʒ] *ugs* **I** *v/i* schnorren (***off*** bei) **II** *v/t etw* schnorren (***off*** von, bei)
'scroung·er *s ugs* Schnorrer(in)
scrub[1] [skrʌb] *s* Gebüsch *n*, Gestrüpp *n*
scrub[2] [skrʌb] **I** *v/t* **1.** *etw* schrubben, scheuern, *schweiz.* fegen **2.** *ugs* streichen, ausfallen lassen **II** *s* **3.** Schrubben *n*, Scheuern *n*, *schweiz.* Fegen *n*: ***give*** *s.th.* ***a scrub*** *siehe* 1
scrub·bing brush ['skrʌbɪŋ] *s*, *Am* ***a*** **scrub brush** *s* Scheuerbürste *f*
scrub·by ['skrʌbɪ] *Adj* gestrüppreich
scruff [skrʌf] *s*: ***scruff of the neck*** Genick *n*
scruff·y ['skrʌfɪ] *Adj ugs* schmudd(e)lig
scrump·tious ['skrʌmpʃəs] *Adj ugs* fabelhaft, lecker (*Speise*)
scrunch [skrʌntʃ] **I** *v/t auch* ***scrunch up*** *Papier etc* zs.-knüllen **II** *v/i* knirschen
scru·ple ['skruːpl] **I** *s* Skrupel *m*: ***have no scruples about doing s.th.*** *siehe* II; ***without scruple*** skrupellos **II** *v/i*: ***not to scruple to do s.th.*** keine Skrupel haben, etw zu tun
scru·pu·lous ['skruːpjʊləs] *Adj* gewissenhaft
scru·ti·nize ['skruːtɪnaɪz] *v/t* **1.** genau prüfen **2.** mustern
'scru·ti·ny *s* **1.** genaue Prüfung **2.** musternder *oder* prüfender Blick
scu·ba ['skuːbə] *s* Tauchgerät *n*: ***scuba diving*** (Sport)Tauchen *n*
scuff [skʌf] *v/t* **1.** ***scuff one's feet*** schlurfen **2.** abwetzen
scuf·fle ['skʌfl] **I** *v/i* (sich) raufen (***for*** um) **II** *s* Rauferei *f*, Handgemenge *n*
scull [skʌl] (*Rudersport*) **I** *s* **1.** Skull *n* **2.** Skullboot *n*, Skuller *m* **II** *v/t und v/i* **3.** skullen
'scull·er *s* Skuller(in)
sculpt [skʌlpt] *v/t Figur etc* hauen (***in*** in *Dat*, aus)
▶**sculp·tor** ['skʌlptə] *s* Bildhauer(in)
▶**sculp·ture** ['skʌlptʃə] **I** *s* Skulptur *f*, Plastik *f*, KUNST *auch* Bildhauerei *f* **II** *v/t Figur etc* hauen (***in*** in *Dat*, aus)
scum [skʌm] *s* **1.** Schaum *m* **2.** *fig* Abschaum *m*: ***the scum of the earth*** der Abschaum der Menschheit
scurf [skɜːf] *s* (Kopf)Schuppen *Pl*
scur·ril·ous ['skʌrələs] *Adj* **1.** beleidigend; verleumderisch **2.** derb (*Witz etc*)
scur·ry ['skʌrɪ] **I** *v/i* **1.** huschen **2.** trippeln **II** *s* **3.** Getrippel *n*
scut·tle ['skʌtl] → ***scurry*** I
scythe [saɪð] **I** *s* Sense *f* **II** *v/t auch* ***scythe down*** *Wiese etc* mähen
▶**sea** [siː] *s* Meer *n* (*auch fig*), See *f*: ***at sea*** auf See; ***be all at sea*** *fig* völlig ratlos sein; ***by sea*** auf dem Seeweg; ***by the sea*** am Meer; ***go to sea*** zur See gehen; → ***put*** 12
sea an·i·mal *s* Meerestier *n*

'sea·bed *s* Meeresboden *m*, -grund *m*
'sea·board *s* Küste *f*
▶ **sea·food** ['siːfuːd] *s* Meeresfrüchte *Pl*
'sea,go·ing *Adj* hochseetüchtig, Hochsee…
'sea·gull *s* ORN Seemöwe *f*
'sea·horse *s* ZOOL Seepferdchen *n*
seal[1] [siːl] *s* ZOOL Seehund *m*, Robbe *f*
seal[2] [siːl] **I** *s* **1.** Siegel *n* **2.** Siegel *n*, Versieg(e)lung *f*; Plombe *f* **3.** TECH Dichtung *f* **4.** *für Postsendungen* Aufkleber *m* **II** *v/t* **5.** siegeln **6.** versiegeln; plombieren; *Briefumschlag etc* zukleben: ***sealed envelope*** verschlossener Briefumschlag *m* **7.** TECH abdichten **8.** ***seal off*** *Gegend etc* abriegeln **9.** *fig* besiegeln: ***seal s.o.'s fate*** j-s Schicksal besiegeln
sea lev·el *s*: ***above*** (***below***) ***sea level*** über (unter) dem Meeresspiegel, über (unter) Meereshöhe
seal·ing wax ['siːlɪŋ] *s* Siegelwachs *n*
sea li·on *s* ZOOL Seelöwe *m*
seam [siːm] *s* **1.** Saum *m*: ***burst at the seams*** *bes fig* aus allen Nähten platzen **2.** Fuge *f* **3.** GEOL Flöz *n*
sea·man ['siːmən] *s* (*unreg* ***man***) Seemann *m*
sea mile *s* Seemeile *f*
seam·stress ['semstrɪs] *s* Näherin *f*
seam·y ['siːmɪ] *Adj*: ***seamy side*** *fig* Schattenseite(n *Pl*) *f*
'sea·plane *s* See-, Wasserflugzeug *n*
'sea·port *s* Seehafen *m*, Hafenstadt *f*
sea pow·er *s* Seemacht *f*
sear [sɪə] *v/t* **1.** *Fleisch* rasch anbraten **2.** brennen in (*Dat*) (*Geruch etc*) **3.** *Pflanzen* vertrocknen lassen
▶ **search** [sɜːtʃ] **I** *v/i* **1.** suchen (***for*** nach): ***search through*** durchsuchen; → ***high*** 7 **II** *v/t* **2.** *j-n*, *etw* durchsuchen (***for*** nach): ***search me!*** *ugs* keine Ahnung! **3.** ***search out*** *j-n* ausfindig machen; *etw* herausfinden **III** *s* **4.** Suche *f* (***for*** nach): ***in search of*** auf der Suche nach **5.** Durchsuchung *f*
search en·gine *s* COMPUTER Suchmaschine *f*
search func·tion *s* COMPUTER Suchfunktion *f*
'search·ing *Adj* forschend, prüfend (*Blick*); bohrend (*Frage*)
'search·light *s* (Such)Scheinwerfer *m*
search par·ty *s* Suchmannschaft *f*, -trupp *m*
search war·rant *s* JUR Haussuchungs-, Durchsuchungsbefehl *m*
'sea·sick *Adj* seekrank
'sea,sick·ness *s* Seekrankheit *f*
'sea·side *s*: ***at*** (*oder* ***by***) ***the seaside*** am Meer; ***go to the seaside*** ans Meer fahren; ***seaside resort*** Seebad *n*
▶ **sea·son** ['siːzn] **I** *s* **1.** Jahreszeit *f*: → ***rainy*** **2.** *allg* Saison *f*, THEAT *auch* Spielzeit *f*, (*Jagd-, Urlaubs- etc*)Zeit *f*: ***in*** (***out of***) ***season*** in (außerhalb) der (Hoch)Saison; ***Season's Greetings!*** Frohe Weihnachten!; → ***close season***, ***compliment*** 2, ***high*** 4, ***low season***, ***open*** 10, ***silly*** I **3.** *ugs* → ***season ticket*** **II** *v/t* **4.** *Speise* würzen **5.** *Holz* ablagern
season·al ['siːzənl] *Adj* saisonbedingt; Saison…
'sea·soned *Adj* erfahren, routiniert
'sea·son·ing *s* Gewürz *n*
sea·son tick·et *s* **1.** BAHN *etc* Dauer-, Zeitkarte *f* **2.** THEAT Abonnement *n*
▶ **seat** [siːt] **I** *s* **1.** Sitz(gelegenheit *f*) *m*; (Sitz-)Platz *m*: ***take a seat*** Platz nehmen; ***take one's seat*** seinen Platz einnehmen **2.** Sitz(fläche *f*) *m* (*eines Stuhls etc*); Hosenboden *m*; Hinterteil *n*: ***do s.th. by the seat of one's pants*** *ugs* etw nach Gefühl und Wellenschlag tun **3.** (*Geschäfts-, Regierungs- etc*)Sitz *m* **II** *v/t* **4.** *j-n* setzen: ***be seated*** sitzen; ***please be seated*** bitte nehmen Sie Platz; ***remain seated*** sitzen bleiben **5.** Sitzplätze bieten für, Platz bieten (*Dat*): ***the tent seats 500 people*** das Zelt hat 500 Sitzplätze
▶ **seat belt** ['siːtbelt] *s* FLUG, MOT Sicherheitsgurt *m*: ***fasten one's seat belt*** sich anschnallen; ***wear a seat belt*** angegurtet *oder* angeschnallt sein; ***seat belt tensioner*** Gurtstraffer *m*
seat·er ['siːtə] *s* FLUG, MOT *in Zssgn* …sitzer *m*
'seat·ing **I** *s* Sitzgelegenheit(en *Pl*) *f* **II** *Adj*: ***a seating capacity of 200*** 200 Sitzplätze
sea ur·chin ['ɜːtʃɪn] *s* ZOOL Seeigel *m*
'sea·weed *s* BOT (See)Tang *m*
'sea,worth·y *Adj* seetüchtig
sec [sek] *ugs* → ***second***[2] 2
sec·a·teurs [,sekə'tɜːz] *s Pl*, *auch* ***pair of secateurs*** *Br* Gartenschere *f*
se·ces·sion [sɪ'seʃn] *s* POL *etc* Abspaltung *f* (***from*** von)
se·clud·ed [sɪ'kluːdɪd] *Adj* abgelegen, abgeschieden (*Haus etc*); zurückgezogen (*Leben*)
se'clu·sion [sɪ'kluːʒn] *s* Abgelegenheit *f*, Abgeschiedenheit *f*; Zurückgezogenheit *f*
▶ **sec·ond**[1] ['sekənd] **I** *Adj* (→ ***secondly***) **1.** zweit: ***he is going through his second childhood*** er fühlt sich wieder wie ein (richtiges) Kind; ***second home*** Zweitwohnung *f*; ***it has become second nature for*** (*oder* ***to***) ***him*** es ist ihm in Fleisch und Blut übergegangen; ***a second Shakespeare*** ein zweiter Shakespeare; ***a second time*** noch einmal; ***be second to none*** unübertroffen sein (***as*** als); → ***fiddle*** 1, ***thought***[2] 2, ***wind***[1] 2 **II** *s* **2.** *der, die, das* Zweite: ***the second of May*** der 2. Mai **3.** MOT zweiter Gang **4.** *Boxen*, *Duell*: Sekundant *m*: ***seconds out*** Ring frei **5.** *Pl* WIRTSCH Waren *Pl* zweiter Wahl **6.** *Pl ugs* Nachschlag *m* (*zweite Portion*) **III** *Adv* **7.** als Zweit(er, e, es) **IV** *v/t* **8.** *Antrag etc* unterstützen
▶ **sec·ond**[2] ['sekənd] *s* **1.** Sekunde *f* (*auch* MATHE, MUS) **2.** *fig* Augenblick *m*, Sekunde *f*: ***just a second*** Augenblick(, bitte)!; ***I won't be a second*** ich komme gleich (wieder); ***have you got a second?*** hast du einen Moment Zeit (für mich)?
se·cond[3] [sɪ'kɒnd] *v/t Br j-n* (*bes* vorübergehend) versetzen (***to*** in *Akk*)
sec·ond·ar·y ['sekəndərɪ] *Adj* **1.** sekundär, zweitrangig, nebensächlich **2.** ELEK *etc* sekundär, Sekundär… **3.** PÄD höher (*Schule etc*)

S

Secondary School

LK

Die an die **primary education** anschließende **secondary education** beginnt in Großbritannien im Alter von 11 Jahren. Ursprünglich wurde zu diesem Zeitpunkt mit der sog. **eleven plus**-Prüfung die weitere Schullaufbahn bestimmt. Mit Bestehen konnten Schüler fortan eine **grammar school** besuchen, wo die Ausbildung auf eine universitäre Laufbahn oder andere hochqualifizierte Berufe ausgerichtet war. Alle anderen Schüler besuchten die **secondary modern school**, in der mehr praktisches

> Grundlagenwissen vermittelt wurde. Aufgrund heftiger Kritik an diesem System als unfair und elitär wurde es in den 1970er-Jahren weitgehend durch die **comprehensive schools** ersetzt, die nahezu alle Schüler im Alter von 11 bis 16 Jahren besuchen.

ˌsec·ond-ˈbest **I** *Adj* zweitbest **II** *Adv*: ***come off second-best*** den Kürzeren ziehen

ˌsec·ond-ˈclass **I** *Adj* **1.** zweitklassig, -rangig **2.** BAHN *etc* zweiter Klasse **II** *Adv* **3.** BAHN *etc* zweite(r) Klasse

ˌsec·ond-deˈgree *Adj Verbrennungen* zweiten Grades

sec·ond hand *s* Sekundenzeiger *m*

ˌsec·ond-ˈhand *Adj* **1.** (*auch Adv*) aus zweiter Hand **2.** gebraucht, Gebraucht…, (*Kleidung auch*) getragen, (*Bücher*) antiquarisch: ***second-hand bookshop*** Antiquariat *n*; ***second-hand shop*** Secondhandladen *m*

sec·ond·ly [ˈsekəndlɪ] *Adv* zweitens

ˌsec·ond-ˈrate → ***second-class*** I 1

se·cre·cy [ˈsiːkrəsɪ] *s* **1.** Geheimhaltung *f*: ***in*** (*oder* ***amid***) ***great secrecy*** unter großer Geheimhaltung **2.** Verschwiegenheit *f*

▶**se·cret** [ˈsiːkrɪt] **I** *Adj* **1.** geheim, Geheim…: ***keep s.th. secret*** etw geheim halten (***from*** vor *Dat*); ***secret agent*** Geheimagent(in); ***secret police*** Geheimpolizei *f*; ***secret service*** Geheimdienst *m* **2.** heimlich (*Bewunderer etc*) **3.** verschwiegen **II** *s* **4.** Geheimnis *n*: ***in secret*** **a)** im Vertrauen, **b)** ***have no secrets from s.o.*** keine Geheimnisse vor j-m haben; ***make no secret of*** kein Geheimnis *oder* Hehl machen aus

▶**sec·re·tar·y** [ˈsekrətrɪ] *s* **1.** Sekretär(in) (***to*** *Gen*) **2.** POL Minister(in): ***Secretary of State*** *Br* Minister(in); *Am* Außenminister(in)

ˌsec·re·tar·y-ˈgen·er·al *s* Generalsekretär(in)

se·crete [sɪˈkriːt] *v/t* PHYSIOL absondern

seˈcre·tion *s* Absonderung *f*; Sekret *n*

se·cre·tive [ˈsiːkrətɪv] *Adj* heimlichtuerisch: ***be secretive about s.th.*** mit etw geheimtun

sect [sekt] *s* Sekte *f*

sec·tar·i·an [sekˈteərɪən] *Adj* konfessionsbedingt, Konfessions…

sec·tion [ˈsekʃn] **I** *s* **1.** Teil *m* **2.** Abschnitt *m* (*eines Buchs etc*); JUR Paragraf *m* **3.** Abteilung *f* **4.** MATHE, TECH Schnitt *m*: ***in section*** im Schnitt **II** *v/t* **5.** teilen

sec·tion·al [ˈsekʃənl] *Adj* MATHE, TECH Schnitt…

sec·tor [ˈsektə] *s allg* Sektor *m*

sec·u·lar [ˈsekjʊlə] *Adj* weltlich, profan

ˈsec·u·lar·ize *v/t* säkularisieren, verweltlichen

se·cure [sɪˈkjʊə] **I** *Adj* **1.** *allg* sicher (***against, from*** vor *Dat*): ***feel secure*** sich sicher fühlen; ***financially secure*** finanziell abgesichert **II** *v/t* **2.** *Tür etc* fest verschließen; sichern **3.** sichern (***against, from*** vor *Dat*) **4.** sich *etw* sichern *oder* beschaffen; *etw* erreichen

▶**se·cu·ri·ty** [sɪˈkjʊərətɪ] *s* **1.** *allg* Sicherheit *f*: ***Security Council*** Sicherheitsrat *m* (*der UNO*); ***for security reasons*** aus Sicherheitsgründen; ***security risk*** Sicherheitsrisiko *n* **2.** *Pl* WIRTSCH Effekten *Pl*, Wertpapiere *Pl*

se·dan [sɪˈdæn] *s* MOT *Am* Limousine *f*

se·date [sɪˈdeɪt] **I** *Adj* ruhig, gelassen; (*Tempo*) gemütlich **II** *v/t j-m* ein Beruhigungsmittel geben

seˈda·tion *s*: ***be under sedation*** unter dem Einfluss von Beruhigungsmitteln stehen; ***put under sedation*** → ***sedate*** II

sed·a·tive [ˈsedətɪv] **I** *Adj* beruhigend **II** *s* Beruhigungsmittel *n*

sed·en·tar·y [ˈsedntərɪ] *Adj* **1.** sitzend (*Beschäftigung etc*) **2.** sesshaft

sed·i·ment [ˈsedɪmənt] *s* (Boden)Satz *m*

se·duce [sɪˈdjuːs] *v/t* verführen, *weit. S. auch* verleiten (***into*** zu; ***into doing s.th.*** dazu, etw zu tun)

se·duc·tion [sɪˈdʌkʃn] *s* **1.** Verführung *f* **2.** *meist Pl* Verlockung *f*

seˈduc·tive *Adj* verführerisch, *weit. S. auch* verlockend

▶**see**[1] [siː] (*unreg*) **I** *v/t* **1.** sehen: ***I saw him arrive*** (*oder* ***arriving***) ich sah ihn (an)kommen **2.** (ab)sehen, erkennen **3.** ersehen, entnehmen (***from*** aus *der Zeitung etc*) **4.** (ein)sehen, verstehen: ***as I see it*** wie ich es sehe, in meinen Augen **5.** sich *etw* ansehen, besuchen **6. a)** *j-n* besuchen: ▶ ***go*** (***come***) ***to see s.o., go and see s.o.*** j-n besuchen (gehen *oder* kommen), **b)** *Anwalt etc* aufsuchen, **c)** zum *Arzt* gehen, **d)** *j-n* sprechen (***on business*** geschäftlich) **7.** *j-n* empfangen **8.** *j-n* begleiten, bringen (***to the station*** zum Bahnhof) **II** *v/i* **9.** sehen: ***you'll see*** du wirst schon sehen **10.** verstehen: ***I see*** (ich) verstehe!, aha!, ach so!; ***you see*** weißt du **11.** nachsehen **12.** ***let me see*** warte mal!, lass mich überlegen!; ***we'll see*** mal sehen

> **see** GR
>
> Verben der Sinneswahrnehmung wie **see** werden mit dem Infinitiv (ohne **to**!) verbunden, wenn der ganze Vorgang beobachtet wird. Bei nur einem Teil des Vorgangs steht das Gerund.

She saw the burglars break a window.	Sie sah, wie die Einbrecher ein Fenster einschlugen.
She saw them carrying boxes out to a van, then called the police.	Sie sah, wie sie dabei waren, Kisten zu einem Lieferwagen herauszutragen, dann rief sie die Polizei.

> ⚠ Gleiches gilt für: **feel, hear, listen to, notice** und **watch**.

◆**see a·bout** *v/i* sehen nach, sich kümmern um: ***I'll see about it*** ich werde mich darum kümmern; ***we'll*** (***soon***) ***see about that!*** *ugs* das wollen wir mal sehen!

◆**see off** *v/t* **1.** *j-n* verabschieden (***at*** am *Bahnhof etc*) **2.** verjagen, -scheuchen

◆**see o·ver, see round** *v/i* sich *ein Haus etc* ansehen

◆**see out** *v/t* **1.** *j-n* hinausbringen, -begleiten **2.** bis zum Ende (*Gen*) reichen (*Vorräte*)

◆**see through** **I** *v/i j-n, etw* durchschauen **II** *v/t j-m* hinweghelfen über (*Akk*)

◆**see to** *v/i*: ***see to it that*** dafür sorgen, dass

see[2] [siː] *s* **1.** Bistum *n*, Diözese *f* **2.** ***Holy See*** *der* Heilige Stuhl

▶**seed** [siːd] **I** *s* **1.** BOT Same(n) *m*; LANDW Saat(gut *n*) *f*: ***go*** (*oder* ***run***) ***to seed*** schießen; *fig* herunterkommen (*Person*); → ***sow***[1] 1 **2.** (*Orangen- etc*)Kern *m* **3.** SPORT gesetzter Spie-

ler, gesetzte Spielerin **II** *v/t* **4.** besäen **5.** SPORT *Spieler* setzen **III** *v/i* **6.** BOT schießen
'seed·bed *s* **1.** Saatbeet *n* **2.** *fig* Brutstätte *f*
seed·less ['si:dlɪs] *Adj* kernlos
'seed·y *Adj* vergammelt
see·ing ['si:ɪŋ] *Konj auch* ***seeing that*** da (*begründend*)
seek [si:k] (*unreg*) **I** *v/t* **1.** *Schutz*, *Zuflucht*, *Wahrheit etc* suchen: ***seek s.o.'s advice, seek advice from s.o.*** j-n um Rat bitten, Rat bei j-m suchen **2.** streben nach **3.** (ver)suchen (***to do*** zu tun) **II** *v/i* **4.** ***seek after*** (*oder* ***for***) suchen (nach)
▶**seem** [si:m] *v/i* **1.** scheinen: ***it seems impossible to me*** das (er)scheint mir unmöglich **2.** *unpers* ***it seems that*** es scheint, dass; anscheinend; ***it seems as if*** (*oder* ***though***) es sieht so aus *oder* scheint so, als ob
'seem·ing *Adj* scheinbar
'seem·ing·ly *Adv* **1.** scheinbar **2.** anscheinend
seen [si:n] *Part Perf von* ***see***[1]
seep [si:p] *v/i* sickern
see·saw ['si:sɔ:] *s* Wippe *f*
seethe [si:ð] *v/i fig* kochen: ***he was seething with rage*** er kochte *oder* schäumte vor Wut
'see-through *Adj* durchsichtig
seg·ment **I** *s* ['segmənt] Teil *m*, *n*; Stück *n*; BIOL, MATHE *etc* Segment *n* **II** *v/t* [seg'ment] zerlegen, -teilen
seg·re·gate ['segrɪgeɪt] *v/t* (*auch nach Rassen, Geschlechtern*) trennen
ˌseg·re'ga·tion *s* Trennung *f*: → ***racial***
seis·mic ['saɪzmɪk] *Adj* seismisch, Erdbeben…
seis·mo·graph ['saɪzməgrɑ:f] *s* Seismograf *m*, Erdbebenmesser *m*
seis·mol·o·gist [saɪz'mɒlədʒɪst] *s* Seismologe *m*, Seismologin *f*
seis'mol·o·gy *s* Seismologie *f*, Seismik *f*, Erdbebenkunde *f*
▶**seize** [si:z] **I** *v/t* **1.** *j-n*, *etw* packen (***by*** an *Dat*); *Gelegenheit* ergreifen; *Macht etc* an sich reißen **2.** *j-n* festnehmen; *etw* beschlagnahmen **II** *v/i* **3.** ***seize up*** TECH sich festfressen; (*Verkehr*) zum Erliegen kommen
sei·zure ['si:ʒə] *s* **1.** Festnahme *f*; Beschlagnahme *f* **2.** MED Anfall *m*
▶**sel·dom** ['seldəm] *Adv* selten: ***seldom, if ever*** (nur) äußerst selten, kaum jemals
se·lect [sɪ'lekt] **I** *v/t* **1.** (aus)wählen (***from*** aus) **II** *Adj* **2.** ausgewählt **3.** exklusiv
se'lec·tion *s* **1.** (Aus)Wahl *f* **2.** WIRTSCH *etc* Auswahl *f* (***of*** an *Dat*)
se'lec·tive *Adj* wählerisch (***in*** in *Dat*): ***selective service*** *Am* (Grund)Wehrdienst *m*
▶**self** [self] *Pl* **selves** [selvz] *s* Ich *n*, Selbst *n*: ***my humble self*** meine Wenigkeit; ***one's true self*** sein wahres Wesen; ***he is back to his old self*** er ist wieder (ganz) der Alte
ˌself-ab'sorbed *Adj* mit sich selbst beschäftigt
ˌself-ad'dressed *Adj*: ***self-addressed envelope*** Rückumschlag *m*
ˌself-ad'he·sive *Adj* selbstklebend
ˌself-ap'point·ed *Adj* selbst ernannt
ˌself-as'sured *Adj* selbstbewusst
ˌself-'ca·ter·ing *Adj* für Selbstversorger, mit Selbstverpflegung
ˌself-'cen·tered *Adj Am*, **ˌself-'cen·tred** *Adj bes Br* ichbezogen, egozentrisch
ˌself-'con·fi·dence *s* Selbstbewusstsein *n*, -vertrauen *n*
ˌself-'con·fi·dent *Adj* selbstbewusst
ˌself-'conscious *Adj* befangen, gehemmt

S

self-conscious SG

Achten Sie auf den Unterschied:

self-conscious	gehemmt, befangen
self-confident	selbstbewusst

ˌself-con'tained abgeschlossen (*Wohnung*, *Folge einer Fernsehserie etc*)
ˌself-con'trol *s* Selbstbeherrschung *f*: ***lose one's self-control*** die Beherrschung verlieren
ˌself-'crit·i·cal *Adj* selbstkritisch
ˌself-'crit·i·cism *s* Selbstkritik *f*
ˌself-de'fence *s Br*, **ˌself-'de·fense** *s Am* Selbstverteidigung *f*; JUR Notwehr *f*: ***in self-defence*** (*oder* ***self-defense***) in *oder* aus Notwehr
ˌself-de'lu·sion *s* Selbsttäuschung *f*
ˌself-de'struct *v/i* sich selbst zerstören
'self-deˌter·mi'na·tion *s* POL Selbstbestimmung *f*
ˌself-'ed·u·cat·ed *Adj*: ***self-educated person*** Autodidakt(in)
ˌself-ef'fac·ing *Adj* zurückhaltend
ˌself-em'ployed *Adj* (*beruflich*) selbstständig
ˌself-es'teem *s* Selbstachtung *f*
ˌself-'ev·i·dent *Adj* **1.** selbstverständlich: ***be self-evident*** sich von selbst verstehen **2.** offensichtlich
ˌself-'gov·ern·ment *s* POL Selbstverwaltung *f*
ˌself-'help *s* Selbsthilfe *f*: ***self-help group*** Selbsthilfegruppe *f*
ˌself-im'por·tance *s* Eigendünkel *m*, Überheblichkeit *f*
ˌself-im'por·tant *Adj* dünkelhaft, überheblich
self·ish ['selfɪʃ] *Adj* selbstsüchtig, egoistisch
self·less ['selflɪs] *Adj* selbstlos
ˌself-'made *Adj*: ***self-made man*** Selfmademan *m*
ˌself-'pit·y *s* Selbstmitleid *n*
ˌself-pos'sessed *Adj* selbstbeherrscht
ˌself-pos'ses·sion *s* Selbstbeherrschung *f*
'self-ˌpres·er'va·tion *s* Selbsterhaltung *f*: → ***instinct***
ˌself-re'li·ant *Adj* selbstständig
ˌself-re'spect *s* Selbstachtung *f*
ˌself-re'spect·ing *Adj*: ***no self-respecting businessman*** kein Geschäftsmann, der etw auf sich hält
ˌself-'right·eous *Adj* selbstgerecht
ˌself-'sat·is·fied *Adj* selbstzufrieden
ˌself-'seal·ing *Adj* selbstklebend (*Briefumschlag*)
▶**self-ser·vice** [ˌself'sɜ:vɪs] **I** *s* Selbstbedienung *f* **II** *Adj* Selbstbedienungs…, mit Selbstbedienung
ˌself-suf'fi·cient *Adj* WIRTSCH autark
ˌself-sup'port·ing *Adj* **1.** finanziell unabhängig: ***be self-supporting*** *auch* sich selbst tragen **2.** TECH freitragend (*Mast*); selbsttragend (*Mauer*)
ˌself-'willed *Adj* eigensinnig, -willig
▶**sell** [sel] (*unreg*) **I** *v/t* **1.** verkaufen (***to*** an *Akk*; ***for*** für), WIRTSCH *auch* **a)** absetzen, **b)** führen, vertreiben: ***sell o.s.*** sich verkaufen (*auch pej*); → ***river*** **2.** verkaufen, einen guten Absatz sichern (*Dat*) **3.** *ugs etw* schmackhaft machen (***to s.o.*** j-m); *j-n* begeistern, erwärmen (***on s.th.*** für etw): ***be sold on*** begeistert sein von **II** *v/i* **4.** verkaufen: ***sell by …*** mindestens haltbar bis … **5.** verkauft werden (***at, for*** für): ***sell at £ 5*** *auch* 5 Pfund kosten **6.** sich *gut etc*

verkaufen (lassen), gehen: → ***cake*** 1
◆**sell off** *v/t* (*bes* billig) abstoßen
◆**sell out** **I** *v/t* **1.** ausverkaufen: ***be sold out*** ausverkauft sein (*auch Stadion etc*); ***we have sold out of umbrellas*** Schirme sind ausverkauft **II** *v/i* **2.** ***the umbrellas sold out in two days*** die Schirme waren in zwei Tagen ausverkauft **3.** *ugs pej* sich verkaufen (***to*** an *Akk*)
◆**sell up** *Br* **I** *v/t sein Geschäft etc* verkaufen **II** *v/i* sein Geschäft *etc* verkaufen
'sell-by date *s* (Mindest)Haltbarkeitsdatum *n*
sell·er ['selə] *s* **1.** Verkäufer(in) **2.** ***be a good seller*** sich gut verkaufen, gut gehen
Sel·lo·tape® ['seləteɪp] *s Br* durchsichtiger Klebestreifen *m*
'sell-out *s* ausverkaufte Veranstaltung
selves [selvz] *Pl von* ***self***
se·man·tic [sɪ'mæntɪk] LING **I** *Adj* (***semantically***) semantisch **II** *s* ***semantics*** *Sg* Semantik *f*
sem·blance ['sembləns] *s* Anschein *m*
se·men ['siːmən] *s* PHYSIOL Samen(flüssigkeit *f*) *m*, Sperma *n*
se·mes·ter [sɪ'mestə] *s* UNI Semester *n*
sem·i… ['semɪ] halb…, Halb…
sem·i ['semɪ] *s ugs* **1.** *Br* → ***semidetached*** II **2.** *Am* → ***semitrailer***
sem·i·breve ['semɪbriːv] *s* MUS *Br* ganze Note
'sem·i,cir·cle *s* Halbkreis *m*
,sem·i'cir·cu·lar *Adj* halbkreisförmig
,sem·i'col·on *s* LING Semikolon *n*, Strichpunkt *m*
,sem·i·con'duc·tor *s* ELEK Halbleiter *m*
,sem·i·de'tached **I** *Adj*: ***semidetached house*** *siehe* II **II** *s* Doppelhaushälfte *f*
,sem·i'fi·nals *s Pl* SPORT Semi-, Halbfinale *n*
sem·i·nar·y ['semɪnərɪ] *s* Priesterseminar *n*
,sem·i·of'fi·cial *Adj* halbamtlich, offiziös
'sem·i,pre·cious *Adj*: ***semiprecious stone*** Halbedelstein *m*
,sem·i'skilled *Adj* angelernt (*Arbeiter*)
,sem·i-'skimmed 'milk *s* Halbfettmilch *f*
Sem·ite ['siːmaɪt] *s* Semit(in)
Se·mit·ic [sɪ'mɪtɪk] *Adj* semitisch
'sem·i,trail·er *s* MOT *Am* Sattelschlepper *m*
sem·o·li·na [,semə'liːnə] *s* Grieß *m*
sen·ate ['senɪt] *s* Senat *m*
sen·a·tor ['senətə] *s* Senator(in)
▶**send** [send] (*unreg*) **I** *v/t* **1.** *j-n* schicken (***to bed*** ins Bett; ***to prison*** ins Gefängnis): ***send s.o. after s.o.*** j-n j-m nachschicken **2.** (***to***) *etw, auch Grüße, Hilfe etc* senden, schicken (*Dat oder* an *Akk*), *Ware etc* versenden, -schicken (an *Akk*) **3.** *mit Adj oder Part Präs*: machen: ***send s.o. mad*** j-n wahnsinnig machen; → ***pack*** 15 **II** *v/i* **4.** ***send for*** **a)** *j-n* kommen lassen, **b)** sich *etw* kommen lassen, *etw* anfordern
◆**send a·way** **I** *v/t* **1.** fort-, wegschicken **2.** *Brief etc* absenden, abschicken **II** *v/i* **3.** ***send away for*** → ***send*** 4b
◆**send back** *v/t j-n, etw* zurückschicken, *Speise auch* zurückgehen lassen
◆**send down** *v/t* **1.** hinunter-, herunterschicken **2.** UNI *Br* relegieren **3.** *fig Preise, Temperatur etc* fallen lassen
◆**send off** **I** *v/t* **1.** → ***send away*** I **2.** *j-n* verabschieden **3.** SPORT vom Platz stellen **II** *v/i* **4.** → ***send away*** II
◆**send on** *v/t* **1.** *Gepäck etc* vorausschicken **2.** *Brief etc* nachschicken, -senden (***to*** an *eine Adresse*)
◆**send out** **I** *v/t* **1.** hinausschicken **2.** *Wärme etc* ausstrahlen **3.** *Einladungen, Prospekte etc* verschicken **II** *v/i* **4.** ***send out for s.th.*** etw holen lassen
◆**send up** *v/t* **1.** hinauf-, heraufschicken **2.** *fig Preise, Temperatur etc* steigen lassen **3.** *Br ugs* parodieren, verulken
▶**send·er** ['sendə] *s* Absender(in)
send-off *s ugs* Verabschiedung *f*
'send-up *s Br ugs* (***of***) Parodie *f* (auf *Akk*), Verulkung *f* (*Gen*): ***do a send-up of*** → ***send up*** 3
se·nile ['siːnaɪl] *Adj* senil
se·nil·i·ty [sɪ'nɪlətɪ] *s* Senilität *f*
sen·ior ['siːnjə] **I** *Adj* **1.** senior **2.** älter (***to*** als): ***senior citizens*** *Pl* Senioren *Pl* **3.** dienstälter; ranghöher (***to*** als): ***senior partner*** WIRTSCH Senior(partner) *m*, -partnerin *f* **4.** ***senior high (school)*** *Am die oberen Klassen der Highschool* **II** *s* **5.** Ältere *m, f*: ***he is my senior by two years, he is two years my senior*** er ist zwei Jahre älter als ich **6.** *Am* Student(in) im letzten Jahr
sen·ior·i·ty [,siːnɪ'ɒrətɪ] *s* **1.** (höheres) Alter **2.** (höheres) Dienstalter; (höherer) Rang
sen·sa·tion [sen'seɪʃn] *s* **1.** Empfindung *f*; Gefühl *n* **2.** Sensation *f*: ***cause*** (*oder* ***create***) ***a sensation*** großes Aufsehen erregen
sen'sa·tion·al [sen'seɪʃənl] *Adj* **1.** sensationell, Sensations… **2.** *ugs* fantastisch, sagenhaft
sen'sa·tional·ism [sen'seɪʃnəlɪzəm] *s* **1.** Sensationsgier *f* **2.** Sensationsmache *f*
▶**sense** [sens] **I** *s* **1.** PHYSIOL Sinn *m*: ***sense of hearing*** (***sight, smell, taste, touch***) Gehör-(Gesichts-, Geruchs-, Geschmacks-, Tast)sinn; ***sense of direction*** Orientierungssinn; → ***sixth*** 1 **2.** *Pl* (klarer) Verstand: ***bring s.o. to his senses*** j-n zur Vernunft bringen; ***come to one's senses*** zur Vernunft kommen **3.** Vernunft *f*, Verstand *m*: ***have the sense to do s.th.*** so klug sein, etw zu tun; → ***common sense*** **4.** Gefühl *n*, Empfindung *f*: ***sense of security*** Gefühl der Sicherheit **5.** Sinn *m*, Gefühl *n* (***of*** für): ***sense of duty*** Pflichtgefühl; → ***humour*** 1 **6.** Sinn *m*, Bedeutung *f*: ***in a sense*** in gewisser Hinsicht **7.** Sinn *m* (*etw Vernünftiges*): ***make sense*** einen Sinn ergeben; vernünftig sein; ***I couldn't make any sense of it*** ich konnte mir darauf keinen Reim machen **II** *v/t* **8.** fühlen, spüren
'sense·less *Adj* **1.** besinnungs-, bewusstlos **2.** sinnlos, unsinnig
sense or·gan *s* Sinnesorgan *n*
sen·si·bil·i·ty [,sensɪ'bɪlətɪ] *s auch Pl* Fein-, Zartgefühl *n*
▶**sen·si·ble** ['sensəbl] *Adj* **1.** vernünftig **2.** spürbar, merklich **3.** praktisch (*Kleidungsstück*)
▶**sen·si·tive** ['sensɪtɪv] *Adj* **1.** sensibel, empfindsam; empfindlich: ***be sensitive to*** empfindlich reagieren auf (*Akk*) **2.** einfühlsam **3.** empfindlich, schmerzempfindlich: ***heat-*** (***light-***) ***sensitive*** hitzeempfindlich (lichtempfindlich) **4.** heikel (*Thema etc*)
,sen·si'tiv·i·ty *s* Sensibilität *f*; Empfindlichkeit *f*; Einfühlsamkeit *f*; → ***sensitive***
sen·si·tize ['sensɪtaɪz] *v/t* sensibilisieren
sen·sor ['sensə] *s* ELEK, TECH Sensor *m*
sen·so·ry ['sensərɪ] *Adj* sensorisch, Sinnes…
sen·su·al ['sensjʊəl] *Adj* sinnlich, lustvoll
sen·su·al·i·ty [,sensjʊ'ælətɪ] *s* Sinnlichkeit *f*
sen·su·ous ['sensjʊəs] *Adj* sinnlich
sent [sent] *Prät und Part Perf von* ***send***
▶**sen·tence** ['sentəns] **I** *s* **1.** LING Satz *m* **2.** JUR Strafe *f*; Urteil *n*: ***pass sentence*** das Urteil

S

fällen (**on** über *Akk*) **II** *v/t* **3.** JUR verurteilen (**to** zu)

sen·ten·tious [sen'tenʃəs] *Adj* moralisierend

sen·ti·ment ['sentɪmənt] *s* **1.** Gefühle *Pl*; Sentimentalität *f* **2.** *auch Pl* Ansicht *f*, Meinung *f*

sen·ti·men·tal [ˌsentɪ'mentl] *Adj* gefühlvoll, gefühlsbetont; sentimental: ***for sentimental reasons*** aus Sentimentalität; ***sentimental value*** Erinnerungswert *m*

sen·ti·men·tal·i·ty [ˌsentɪmen'tæləti] *s* Sentimentalität *f*

sen·try ['sentrɪ] *s* MIL Wache *f*, (Wach[t])Posten *m*

sen·try box *s* Wachhäuschen *n*

sep·a·ra·ble ['sepərəbl] *Adj* trennbar

►**sep·a·rate** **I** *v/t* ['sepəreɪt] **1.** *allg* trennen (**from** von): ***be separated*** getrennt leben (**from** von) **2.** (auf-, ein-, zer)teilen (**into** in *Akk*) **II** *v/i* ['sepəreɪt] **3.** sich trennen (*auch Ehepaar*) **III** *Adj* ['seprət] **4.** getrennt, separat **5.** einzeln, gesondert, Einzel...: ***take for s.th. separately*** etw extra berechnen **6.** verschieden

sep·a·ra·tion [ˌsepə'reɪʃn] *s* **1.** Trennung *f* **2.** (Auf-, Ein-, Zer)Teilung *f*: ***separation of powers*** POL Gewaltenteilung *f*

sepa·ra·tism ['sepərətɪzəm] *s* POL Separatismus *m*

'**sep·a·ra·tist** POL **I** *s* Separatist(in) **II** *Adj* separatistisch

►**Sep·tem·ber** [sep'tembə] *s* September *m*: ***in September*** im September

se·quel ['siːkwəl] *s* **1.** Nachfolgefilm *m*, -roman *m* **2.** *fig* Folge *f* (**to** von *oder Gen*); Nachspiel *n*

se·quence ['siːkwəns] *s* **1.** (Aufeinander)Folge *f*: ***the sequence of events*** der Ablauf der Ereignisse; ***sequence of tenses*** Zeitenfolge **2.** (Reihen)Folge *f*: ***in sequence*** der Reihe nach **3.** Folge *f*, Reihe *f*, Serie *f*: ***sequence of wins*** Siegesserie **4.** FILM, TV Sequenz *f*, Take *m*, *n*

se·quen·tial [sɪ'kwenʃl] *Adj*, *auch* IT sequenziell

se·quoi·a [sɪ'kwɔɪə] *s* BOT Mammutbaum *m*

Ser·bia ['sɜːbjə] *Eigenn* Serbien *n*

Ser·bian ['sɜːbjən] **I** *Adj* serbisch **II** *s* Serbe *m*, Serbin *f*

ser·e·nade [ˌserə'neɪd] MUS **I** *s* Serenade *f*; Ständchen *n* **II** *v/t j-m* ein Ständchen bringen

se·rene [sɪ'riːn] *Adj* **1.** heiter, klar (*Himmel*, *Wetter etc*) **2.** heiter, gelassen (*Person*, *Gemüt etc*) **3.** ***His Serene Highness*** S-e Durchlaucht

se·ren·i·ty [sɪ'renətɪ] *s* Heiterkeit *f*; Gelassenheit *f*

S

serf [sɜːf] *s hist* Leibeigene *m*, *f*

ser·geant ['sɑːdʒənt] *s* **1.** MIL Feldwebel(in) **2.** Wachtmeister(in)

se·ri·al ['sɪərɪəl] **I** *s* **1.** (*Rundfunk-*, *Fernseh*)Serie *f*; Fortsetzungsroman *m* **II** *Adj* **2.** Serien...: ***serial killer*** Serienkiller(in) **3.** serienmäßig, Serien...: ***serial number*** Seriennummer *f*; WIRTSCH Fabrikationsnummer *f* **4.** *auch* IT seriell

Bekannte Fernsehserien

Im Kampf um Zuschauer liegt der Schwerpunkt der Fernsehprogramme in Großbritannien im Bereich Unterhaltung. Zwar sind britische Dokumentarserien wie **Life on Earth** international bekannt, die höchsten Einschaltquoten im Land haben jedoch die sog. **soap operas**, allen voran **Coronation Street** (ITV) und **East Enders** (BBC1), die beide im Arbeitermilieu angesiedelt sind, und deren nachvollziehbare Alltagsprobleme, Freuden und Leiden in allen Lebenslagen viele Zuschauer ansprechen.

Die Filmwerkstätten der USA haben eine Vielzahl von weltbekannten Serienerfolgen in verschiedenen Sparten produziert. Dazu zählen z. B. **soap operas** wie **Little House On The Prairie** (Unsere kleine Farm) oder **The Waltons**, welche die amerikanische Geschichte lebendig werden lassen, **detecive series** wie **Columbo**, aber auch **science fiction series** wie **Star Trek**, **hospital series** wie **Emergency Room**, und **comedies** wie **Ally McBeal** oder **Sex and the City**.

'**se·ri·al·ize** *v/t* in Fortsetzungen veröffentlichen *oder* senden

►**se·ries** ['sɪəriːz] *Pl* **se·ries** *s* **1.** Serie *f*, Reihe *f*, Folge *f* **2.** (*Rundfunk-*, *Fernseh- etc*)Serie *f*, (*Buch-*, *Vortrags- etc-*)Reihe *f*

►**se·ri·ous** ['sɪərɪəs] *Adj* **1.** ernst **2.** ernsthaft, (*Angebot etc auch*) seriös; (*Ratschlag etc*) ernst gemeint: ***are you serious?*** ist das dein Ernst?; meinst du das im Ernst?; ***be serious about doing s.th.*** etw wirklich tun wollen **3.** ernsthaft, ernstlich (*Schwierigkeiten*), schwer (*Krankheit*, *Schaden*, *Verbrechen etc*), schwer, ernstlich (*Bedenken*); ernst zu nehmend (*Rivale etc*)

'**se·ri·ous·ly** *Adv* ernst(haft, -lich); im Ernst: ***seriously ill*** ernstlich *oder* schwer krank; ***take seriously*** *j-n*, *etw* ernst nehmen

'**se·ri·ous·ness** *s* **1.** Ernst *m* **2.** Ernsthaftigkeit *f*, Seriosität *f* **3.** Schwere *f*

ser·mon ['sɜːmən] *s* **1.** REL Predigt *f* **2.** (Moral-, Straf)Predigt *f*

'**ser·mon·ize** *v/i* Moralpredigten halten

ser·pent ['sɜːpənt] *s literarisch und fig* Schlange *f*

ser·rat·ed [sɪ'reɪtɪd] *Adj* gezackt

►**ser·vant** ['sɜːvənt] *s* Diener(in) (*auch fig*); Dienstbote *m*, -mädchen *n*: → ***civil servant***

►**serve** [sɜːv] **I** *v/t* **1.** *j-m*, *seinem Land etc* dienen **2.** *j-n*, *etw* versorgen (**with** mit) **3.** *auch* ***serve up*** *Essen* servieren; *Alkohol* ausschenken: ***serve s.o.*** (**with**) ***s.th.*** j-m etw servieren **4.** *j-n* (*im Laden*) bedienen: ***are you being served?*** werden Sie schon bedient? **5.** *Amtszeit etc* durchlaufen; JUR *Strafe* verbüßen **6.** *einem Zweck* dienen, *Zweck* erfüllen **7.** JUR *Vorladung etc* zustellen (**on s.o.** j-m) **8.** ***serve s.o. right*** *ugs* j-m (ganz) recht geschehen **II** *v/i* **9.** *bes* MIL dienen (**under** unter *Dat*): ***serve on a committee*** einem Ausschuss angehören **10.** servieren **11.** dienen (**as, for** als): ***serve to do s.th.*** dazu dienen, etw zu tun **12.** REL ministrieren **13.** *Tennis etc*: aufschlagen: ***XY to serve*** Aufschlag XY **III** *s* **14.** *Tennis etc*: Aufschlag *m*

'**serv·er** *s* **1.** Servierlöffel *m*: ***salad servers*** *Pl* Salatbesteck *n* **2.** REL Messdiener(in); Ministrant(in) **3.** *Tennis etc*: Aufschläger(in) **4.** IT Server *m*

►**ser·vice** ['sɜːvɪs] **I** *s* **1. a)** Dienst *m* (**to** an *Dat*): ***can I be of any service to you?*** kann ich Ihnen irgendwie helfen?; ***do s.o. a service*** j-m einen Dienst erweisen; ***give good service*** gute Dienste leisten, **b)** Dienstleistung *f* (*auch* WIRTSCH) **2.** Service *m*; Bedienung *f* **3.** (*Post-, Staats-, Telefon- etc*)Dienst *m*: → ***civil service, secret*** 1 **4.** *Pl* MIL Streitkräfte *Pl* **5.** Betrieb *m*: ***be out of service*** außer Betrieb sein **6.** REL Gottesdienst *m* **7.** (*Kaffee- etc*)Service *n* **8.** TECH Wartung *f*, MOT Inspektion *f*: ***put one's car in for a service*** seinen Wagen zur Inspektion bringen **9.** JUR Zustellung *f* (*einer Vorladung etc*) **10.** *Tennis etc*: Aufschlag *m* **II** *v/t* **11.** TECH warten: ***my car is being serviced*** mein Wagen ist bei der Inspektion

'ser·vice·a·ble *Adj* **1.** brauchbar **2.** strapazierfähig

ser·vice a·re·a *s Br* (Autobahn)Raststätte *f*

ser·vice charge *s* Bedienung(szuschlag *m*) *f*

ser·vice in·dus·try *s* Dienstleistungsgewerbe *n*

ser·vice·man ['sɜːvɪsmən] *s* (*unreg* ***man***) **1.** Militärangehörige *m* **2.** Wartungstechniker *m*

ser·vice pro·vid·er *s* Dienstleister *m*, IT *auch* Serviceprovider *m*

ser·vice sta·tion *s* **1.** (Reparatur)Werkstatt *f* **2.** Tankstelle *f*

'ser·vice,wom·an *s* (*unreg* ***woman***) Militärangehörige *f*

ser·vi·ette [ˌsɜːvɪ'et] *s bes Br* Serviette *f*

ser·vile ['sɜːvaɪl] *Adj* servil, unterwürfig; (*Gehorsam*) sklavisch

serv·ing ['sɜːvɪŋ] *s* Portion *f*

ser·vi·tude ['sɜːvɪtjuːd] *s* Knechtschaft *f*

ses·a·me ['sesəmɪ] *s* BOT Sesam *m*

ses·sion ['seʃn] *s* **1.** JUR, PARL **a)** Sitzung *f*: ***be in session*** tagen, **b)** Sitzungsperiode *f* **2.** (*einzelne*) Sitzung, MED *auch* Behandlung

▶ **set** [set] **I** *s* **1.** Satz *m* (*Briefmarken, Werkzeuge etc*), (*Möbel- etc*)Garnitur *f*, (*Tee- etc*)Service *n* **2.** (*Fernseh-, Rundfunk*)Apparat *m*, (-)Gerät *n* **3.** THEAT Bühnenbild *n*: ***set designer*** Bühnenbildner(in) **4.** *Tennis etc*: Satz *m*: ***set point*** Satzball *m* **5.** (Personen)Kreis *m* **6.** (*Kopf- etc*)Haltung *f* **II** *Adj* **7.** festgesetzt, -gelegt: ***set books*** *Pl* (*oder* ***reading***) PÄD Pflichtlektüre *f*; ***set lunch*** (*oder* ***meal***) *Br* Menü *n* **8.** ***be set on doing s.th.*** (fest) entschlossen sein, etw zu tun; ***be dead set against s.th.*** strikt gegen etw sein **9.** bereit, fertig: ***be all set*** startklar sein; ***be all set for the journey*** reisefertig sein **10.** starr (*Ansichten, Lächeln etc*) **III** *v/t* (*unreg*) **11.** stellen, setzen, legen: → ***fire*** 1, ***music*** 1, ***trap*** 1 **12.** ***the novel is set in*** der Roman spielt in (*Dat*) **13.** *in einen Zustand* versetzen: ***set s.o. free*** j-n auf freien Fuß setzen, j-n freilassen; → ***right*** 4, *etc* **14.** veranlassen (***doing*** zu tun): ***set in motion*** in Gang setzen; ***set s.o. thinking*** j-m zu denken geben; j-m einen Denkanstoß *oder* Denkanstöße geben; → ***ball***[1] 1 **15.** TECH einstellen, *Uhr* stellen (***by*** nach), *Wecker* stellen (***for*** auf *Akk*) **16.** *Tisch* decken **17.** *Preis, Termin etc* festsetzen, -legen; *Rekord* aufstellen; *Präzedenzfall* schaffen: → ***example*** 1 **18.** *Edelstein* fassen (***in*** in *Dat*); *Ring etc* besetzen (***with*** mit) **19.** MED *Knochen* einrichten **20.** *Aufgabe, Frage* stellen **IV** *v/i* (*unreg*) **21.** untergehen (*Sonne etc*) **22.** fest werden (*Flüssiges*), (*Zement etc auch*) erstarren

◆ **set a·bout** *v/i* **1.** sich machen an (*Akk*), *etw* in Angriff nehmen: ***set about doing s.th.*** sich daranmachen, etw zu tun **2.** *ugs* herfallen über (*Akk*)

◆ **set a·gainst** *v/t* **1.** *j-n* aufhetzen gegen **2.** *fig etw* gegenüberstellen (*Dat*): ***set against*** im Vergleich zu

◆ **set a·part** *v/t j-n* unterscheiden, abheben (***from*** von)

◆ **set a·side** *v/t* **1.** *Geld* beiseitelegen; *Zeit* reservieren, einplanen **2.** *Plan etc* fallen lassen **3.** JUR *Urteil etc* aufheben

◆ **set back** *v/t* **1.** verzögern; *j-n, etw* zurückwerfen (***by two months*** um zwei Monate) **2.** ***the car set me back £ 500*** *ugs* der Wagen hat mich 500 Pfund gekostet *oder* um 500 Pfund ärmer gemacht

◆ **set by** → ***set aside*** 1

◆ **set down** *v/t* **1.** *Last* absetzen, abstellen, *Fahrgast* absetzen, aussteigen lassen **2.** (schriftlich) niederlegen

◆ **set in** *v/i* einsetzen (*Winter etc*)

◆ **set off I** *v/t* **1.** hervorheben, betonen, besser zur Geltung bringen **2.** *Alarm, Lawine, Streik etc* auslösen **3.** *Sprengladung* zur Explosion bringen; *Feuerwerk* abbrennen **II** *v/i* **4.** → ***set out*** 3

◆ **set on** *v/t Hund, Polizei* hetzen auf (*Akk*)

◆ **set out I** *v/t* **1.** arrangieren, herrichten, *auch Schachfiguren etc* aufstellen **2.** (schriftlich) darstellen **II** *v/i* **3.** aufbrechen, sich aufmachen

◆ **set up I** *v/t* **1.** *Denkmal, Straßensperren etc* errichten; *Gerät etc* aufbauen **2.** *Firma etc* gründen: → ***shop*** 1 **3.** *etw* auslösen, verursachen **4.** *j-n* versorgen (***with*** mit) **5.** *Rekord* aufstellen **6.** *ugs* in eine Falle locken, reinlegen **7.** ***set o.s. up*** *siehe* 9 **8.** ***set o.s. up as*** sich ausgeben für *oder* als; sich aufspielen als **II** *v/i* **9.** sich niederlassen (***as*** als)

'set·back *s* Rückschlag *m* (***to*** für)

set square *s* Winkel *m*, Zeichendreieck *n*

set·tee [se'tiː] *s* Sofa *n*

set·ting ['setɪŋ] *s* **1.** (*Gold- etc*)Fassung *f* **2.** Untergang *m* (*der Sonne etc*) **3.** Umgebung *f*; Schauplatz *m* (*eines Films etc*)

▶ **set·tle** ['setl] **I** *v/i* **1.** (***on***) sich niederlassen (auf *Akk, Dat*) *oder* setzen (auf *Akk*) **2.** sich beruhigen (*Person, Magen etc*), sich legen (*Aufregung etc*): → ***dust*** 1 **3.** sich niederlassen (***in*** in *einer Stadt etc*) **4.** sich einigen **5.** sich setzen (*Kaffee etc*); sich senken (*Boden etc*) **6.** ***settle for*** sich zufriedengeben *oder* begnügen mit **7.** ***settle into*** sich eingewöhnen in (*Dat*) **8.** ***settle on*** sich einigen auf (*Akk*) **II** *v/t* **9.** ***settle o.s.*** *siehe* 1 **10.** *j-n, Nerven etc* beruhigen **11.** vereinbaren; *Frage etc* klären, entscheiden: ***that settles it*** damit ist der Fall erledigt **12.** *Streit etc* beilegen **13.** *Land* besiedeln; *Leute* ansiedeln **14.** *Rechnung* begleichen, bezahlen; *Konto* ausgleichen; *Schaden* regulieren: → ***account*** 5 **15.** *seine Angelegenheiten* in Ordnung bringen

◆ **set·tle back** *v/i* sich (gemütlich) zurücklehnen

◆ **set·tle down I** *v/i* **1.** → ***settle*** 1, 2 **2.** sesshaft werden **3.** ***settle down in*** → ***settle*** 7 **II** *v/t* **4.** → ***settle*** 10 **5.** ***settle o.s. down*** → ***settle*** 1

◆ **set·tle in** *v/i* sich eingewöhnen; sich einleben

◆ **set·tle up** *v/i* **1.** (be)zahlen **2.** abrechnen (***with*** mit) (*auch fig*)

set·tled ['setld] *Adj* **1.** beständig (*Wetter*) **2.** fest (*Ansichten etc*)

set·tle·ment ['setlmənt] *s* **1.** Vereinbarung *f*; Klärung *f* **2.** Beilegung *f* **3.** Einigung *f*: ***reach a settlement*** sich einigen (***with*** mit) **4.** Siedlung *f*; Besiedlung *f* **5.** Begleichung *f*, Bezahlung *f*; Ausgleich *m*; Regulierung *f*

set·tler ['setlə] *s* Siedler(in)

'set-up *s* **1.** Aufbau *m*, Organisation *f* **2.** COMPUTER Setup *n* **3.** Zustände *Pl* **4.** *ugs* abgekartete Sache; Falle *f*

▶**sev·en** ['sevn] **I** *Adj* sieben **II** *s* Sieben *f*: ***seven of hearts*** Herzsieben

sev·en·fold ['sevnfəʊld] **I** *Adj* siebenfach **II** *Adv* siebenfach, um das Siebenfache: ***increase sevenfold*** (sich) versiebenfachen

▶**sev·en·teen** [ˌsevn'tiːn] *Adj* siebzehn

▶**sev·en·teenth** [ˌsevn'tiːnθ] *Adj* siebzehnt

▶**sev·enth** ['sevnθ] **I** *Adj* **1.** siebente(r, -s), siebte(r, -s) **II** *s* **2.** *der, die, das* Sieb(en)te: ***the seventh of May*** der 7. Mai **3.** Sieb(en)tel *n*

▶**sev·en·ti·eth** ['sevntɪəθ] *Adj* siebzigst

'sev·en-time *Adj* siebenfach

▶**sev·en·ty** ['sevntɪ] **I** *Adj* siebzig **II** *s* Siebzig *f*: ***be in one's seventies*** in den Siebzigern sein; ***in the seventies*** in den Siebzigerjahren (*eines Jahrhunderts*)

sev·er ['sevə] **I** *v/t* **1.** durchtrennen; abtrennen (***from*** von) **2.** *Beziehungen etc* abbrechen **II** *v/i* **3.** (zer)reißen

▶**sev·er·al** ['sevrəl] **I** *Adj* mehrere **II** *s* mehrere *Pl*: ***several of you***

sev·er·ance ['sevərəns] *s* **1.** Durch-, Abtrennung *f* **2.** *fig* Abbruch *m*

sev·er·ance pay *s* WIRTSCH Abfindung *f*

se·vere [sɪ'vɪə] *Adj* **1.** schwer (*Verletzung, Rückschlag etc*), stark (*Schmerzen*), hart, streng (*Winter*) **2.** streng (*Person, Disziplin etc*) **3.** scharf (*Kritik*): ***his severest critic*** *auch* sein ärgster Kritiker

se·ver·i·ty [sɪ'verətɪ] *s* **1.** Schwere *f*, Stärke *f*, Härte *f*, Strenge *f* **2.** Schärfe *f*

▶**sew** [səʊ] (*meist unreg*) **I** *v/t* nähen: ***sew on*** annähen; ***sew up*** ver-, zunähen; *ugs Handel etc* perfekt machen **II** *v/i* nähen

sew·age ['suːɪdʒ] *s* Abwasser *m*

sew·er [sʊə] *s* Abwasserkanal *m*, Kloake *f*

'sew·er·age *s* Kanalisation *f*

sew·ing ['səʊɪŋ] **I** *s* **1.** Nähen *n* **2.** Näharbeit *f*, Näherei *f* **II** *Adj* **3.** Näh…

sewn [səʊn] *Part Perf von* ***sew***

▶**sex** [seks] **I** *s* **1.** Geschlecht *n*: ***of both sexes*** beiderlei Geschlechts; ***the fair*** (***gentle*** *oder* ***weaker, opposite, stronger***) ***sex*** das schöne (schwache *oder* zarte, andere, starke) Geschlecht **2.** Sex *m*: **a)** Sexualität *f*, **b)** Sex-Appeal *m*, **c)** Geschlechtsverkehr *m*: ***have sex with*** schlafen mit **II** *Adj* **3. a)** Sexual…: ***sex crime*** (***life***, *etc*); ***sex education*** Sexualerziehung *f*; ***sex object*** Sexual-, Lustobjekt *n*, **b)** Geschlechts…: ***sex change*** Geschlechtsumwandlung *f*; ***sex organ*** Geschlechtsorgan *n*, **c)** Sex…: ***sex symbol*** (***film***, *etc*); ***sex appeal*** Sex-Appeal *m*

S

sex·ism ['seksɪzəm] *s* Sexismus *m*

'sex·ist I *s* Sexist(in) **II** *Adj* sexistisch

sex·ton ['sekstən] *s* REL Küster(in) (u. Totengräber(in))

sex·u·al ['sekʃʊəl] *Adj* sexuell, Sexual…, geschlechtlich, Geschlechts…: ***sexual abuse*** sexueller Missbrauch; ***sexual harassment*** sexuelle Belästigung; ***sexual intercourse*** Geschlechtsverkehr *m*

sex·u·al·i·ty [ˌsekʃʊ'ælətɪ] *s* Sexualität *f*

sex·y ['seksɪ] *Adj ugs* sexy, aufreizend

SF [es'ef] *Abk* (= ***science fiction***) Science-Fiction *f*

shab·by ['ʃæbɪ] *Adj allg* schäbig

shack [ʃæk] **I** *s* Hütte *f*, Baracke *f* **II** *v/i*: ***shack up*** *ugs* zs.-leben (***with*** mit)

shack·les ['ʃæklz] *s Pl* Fesseln *Pl*, Ketten *Pl* (*beide auch fig*)

▶**shade** [ʃeɪd] **I** *s* **1.** Schatten *m*: ***put in(to) the shade*** *fig* in den Schatten stellen **2.** (*Lampen-*)Schirm *m* **3.** (Farb)Ton *m* **4.** *fig* Nuance *f*: ***shade of meaning*** Bedeutungsnuance *f* **5.** ***a shade*** *fig* ein kleines bisschen: ***a shade*** (***too***) ***loud*** eine Spur zu laut **II** *v/t* **6.** abschirmen (***from*** gegen *Licht etc*) **III** *v/i* **7.** (allmählich) übergehen (***into*** in *Akk*)

▶**shad·ow** ['ʃædəʊ] **I** *s* **1.** Schatten *m*: ***be in s.o.'s shadow*** *fig* in j-s Schatten stehen; ***be only a shadow of one's former self*** *fig* nur noch ein Schatten seiner selbst sein; ***cast a shadow over*** (*oder* ***on***) *fig* einen Schatten werfen auf (*Akk*) **2.** *fig* Schatten *m* (*Person*) **3.** ***there isn't a shadow of doubt about it*** *fig* daran besteht nicht der geringste Zweifel **II** *v/t* **4.** *j-n* beschatten

shad·ow cab·i·net *s* POL Schattenkabinett *n*

shad·ow file *s* Schattendatei *f*

shad·ow·y ['ʃædəʊɪ] *Adj* **1.** schattig, dunkel **2.** *fig* geheimnisvoll, -umwittert

shad·y ['ʃeɪdɪ] *Adj* **1.** schattig; Schatten spendend **2.** *ugs* zwielichtig (*Person*), zweifelhaft (*Geschäft etc*)

shaft [ʃɑːft] *s* **1.** (*Pfeil- etc*)Schaft *m* **2.** (*Hammer- etc*)Stiel *m* **3.** (*Aufzugs-, Bergwerks- etc*)Schacht *m*

shag·gy ['ʃægɪ] *Adj* zottig, zott(e)lig

▶**shake** [ʃeɪk] **I** *s* **1.** Schütteln *n*: ***with a shake of one's head*** mit einem Kopfschütteln; ***give s.th. a good shake*** etw gut durchschütteln; ***in two shakes*** *ugs* sofort **2.** Shake *m*, Mixgetränk *n* **3.** ***he's got the shakes*** *ugs* er hat den *oder* einen Tatterich **4.** ***be no great shakes*** *ugs* nicht gerade umwerfend sein (***at*** in *Dat*; ***as*** als) **II** *v/i* (*unreg*) **5.** wackeln; zittern (***with*** vor *Dat*): ***shake with fear*** vor Angst zittern **6.** ***let's shake on it*** *ugs* Hand drauf! **III** *v/t* (*unreg*) **7.**

shake und Körperteile GR

Beachten Sie den Unterschied:

ohne Possessivpronomen:	**shake hands**	sich (*zur Begrüßung*) die Hand geben
immer mit Possessivpronomen:	**shake s.o.'s hand**	j-m die Hand schütteln
	shake one's head	den Kopf schütteln

Some people still shake hands instead of embracing.	Manche Leute geben sich immer noch die Hand, anstatt sich zu umarmen.
He shook my hand so hard that it hurt.	Er schüttelte mir die Hand so fest, dass sie weh-tat.
She shook her head in disbelief.	Sie schüttelte ungläubig den Kopf.

schütteln: ***shake one's head*** den Kopf schütteln; ***shake one's fist at s.o.*** j-m mit der Faust drohen; ***shake a leg*** *ugs* Dampf *oder* Tempo machen; → ***hand*** 1 **8.** *fig* **a)** *j-n* erschüttern: ***he was badly shaken by the accident*** der Unfall hat ihn arg mitgenommen, **b)** *j-s Glauben etc* erschüttern

◆ **shake down** *ugs* **I** *v/i* **1.** sich eingewöhnen *oder* einleben **II** *v/t* **2.** *bes Am j-n* ausnehmen *oder* erpressen **3.** *Am j-n* filzen, durchsuchen (***for*** nach)

◆ **shake off** *v/t Staub, Verfolger etc* abschütteln, *Besucher, Erkältung etc* loswerden

◆ **shake out** *v/t* ausschütteln

◆ **shake up** *v/t* **1.** *Kissen etc* aufschütteln **2.** *Flasche etc* durchschütteln **3.** → ***shake*** 8a

'shake·down *s ugs* **1.** (Not)Lager *n* **2.** *bes Am* Gaunerei *f*; Erpressung *f* **3.** *Am* Filzung *f*, Durchsuchung *f*

shak·en ['ʃeɪkən] *Part Perf von* ***shake***

'shak·er *s* Shaker *m*, Mixbecher *m*; *Am* (*Salz-*)Streuer *m*

shak·y ['ʃeɪkɪ] *Adj* wack(e)lig (*Person, Stuhl etc*)

shale [ʃeɪl] *s* GEOL Schiefer *m*

▶ **shall** [ʃæl] *v/hilf* (*unreg*) **1.** *Futur*: *ich* werde, *wir* werden **2.** *in* (*Entscheidungs*)*Fragen*: soll *ich* …?, sollen *wir*…?: ***shall we go?*** gehen wir?

shall in der indirekten Rede GR

Steht der einleitende Satz in der Vergangenheit, wird **shall** in der indirekten Rede zu **would**. Nur in Fragen wird **shall** zu **should**:
"Shall we go?" asked Matt.
Matt asked whether they should go.

shal·lot [ʃə'lɒt] *s* BOT Schalotte *f*

shal·low ['ʃæləʊ] **I** *Adj* seicht, flach (*beide auch fig*) **II** *s, oft Pl* seichte *oder* flache Stelle, Untiefe *f*

sham [ʃæm] **I** *s* **1.** Farce *f* **2.** Heuchelei *f* **II** *Adj* **3.** unecht, falsch (*Juwelen etc*), vorgetäuscht, geheuchelt (*Mitgefühl etc*) **III** *v/t* **4.** *Mitgefühl etc* vortäuschen, heucheln, *Krankheit etc* simulieren **IV** *v/i* **5.** sich verstellen, heucheln: ***he's only shamming*** er tut nur so

sha·man ['ʃeɪmən] *s* Schamane *m*, Schamanin *f*

sham·bles ['ʃæmblz] *s Pl* (*meist Sg konstruiert*): ***the room was*** (***in***) ***a shambles*** *ugs* das Zimmer war das reinste Schlachtfeld

▶ **shame** [ʃeɪm] **I** *s* **1.** Scham(gefühl *n*) *f*: ***have you no shame?*** schämst du dich vor gar nichts? **2.** Schande *f*: ***shame!*** pfui!; ***shame on you!*** schäm dich!; pfui!; ***put to shame*** *siehe* 4, 5 **3.** ***what a shame!*** (wie) schade!; ***it's a shame*** (es ist) schade; → ***crying*** 1 **II** *v/t* **4.** Schande machen (*Dat*) **5.** beschämen

ˌshame'faced *Adj* betreten, verlegen

shame·ful ['ʃeɪmfʊl] *Adj* **1.** beschämend **2.** schändlich

'shame·less *Adj* **1.** schamlos **2.** unverschämt

sham·poo [ʃæm'puː] **I** *s* Shampoo(n) *n*, Schampon *n*, Schampun *n* (*alle auch für Teppiche etc*), Haarwaschmittel *n* **II** *v/t Teppich etc* shampoonieren, schamponieren, schampunieren

sham·rock ['ʃæmrɒk] *s* Shamrock *m*, Kleeblatt *n* (*Wahrzeichen Irlands*)

shan·dy ['ʃændɪ] *s* Bier *n* mit Zitronenlimonade

shank [ʃæŋk] *s* **1.** TECH Schaft *m* (*eines Bohrers etc*) **2.** Hachse *f* (*beim Schlachttier*)

shan't [ʃɑːnt] *ugs für* ***shall not***

shan·ty¹ ['ʃæntɪ] *s* Hütte *f*, Baracke *f*

shan·ty² ['ʃæntɪ] *s* Shanty *n*, Seemannslied *n*

'shan·ty·town *s* Bidonville *n*, Slumviertel *n*, Elendsviertel *n*

▶ **shape** [ʃeɪp] **I** *s* **1.** Form *f*: ***in the shape of*** in Form (*Gen*) (*auch fig*); ***triangular in shape*** dreieckig; ***take shape*** *fig* Gestalt annehmen **2.** Gestalt *f* (*Person*) **3.** ***be in good*** (***bad***) ***shape*** (*körperlich, geistig*) in guter (schlechter) Verfassung sein; in gutem (schlechtem) Zustand sein (*Gebäude etc*) **II** *v/t* **3.** *Ton etc* formen (***into*** zu); *etw* formen (***from*** aus); *fig j-n, j-s Charakter etc* formen, prägen: ***shaped like*** (***a***) *…* …förmig **III** *v/i* **4.** *meist* ***shape up*** *ugs* sich *gut etc* machen (*Person*): ***things are shaping up nicely*** es sieht nicht schlecht aus

shaped *Adj* geformt, …förmig

'shape·less *Adj* **1.** weit; ausgebeult (*Kleidungsstück*) **2.** unförmig (*Person, Gegenstand*)

'shape·ly *Adj* wohlgeformt (*Beine etc*), wohlproportioniert (*Figur*)

shard [ʃɑːd] *s* Scherbe *f*

▶ **share** [ʃeə] **I** *s* **1.** Anteil *m* (***in, of*** an *Dat*): ***have a*** (***no***) ***share in*** (nicht) beteiligt sein an (*Dat*) **2.** WIRTSCH *bes Br* Aktie *f* **II** *v/t* **3.** *etw* teilen (*auch fig*), sich *etw* teilen (***with*** mit): ***we share an apartment*** (*bes Br* ***a flat***) wir leben in einer Wohngemeinschaft; ***they shared second place*** sie kamen gemeinsam auf den zweiten Platz **4.** *meist* ***share out*** verteilen (***among, between*** an *Akk*, unter *Akk*) **III** *v/i* **5.** teilen: ***share in*** sich teilen in (*Akk*)

shared *Adj* gemeinsam, Gemeinschafts…

'shareˌhold·er *s* WIRTSCH *bes Br* Aktionär(in)

'share-out *s* Verteilung *f*

'share·ware *s* IT Shareware *f* (*Computerprogramme, die ausprobiert werden können, bevor man für sie bezahlt*)

▶ **shark** [ʃɑːk] *s* **1.** ZOOL Hai(fisch) *m* **2.** *ugs* (*Kredit- etc*)Hai *m*

▶ **sharp** [ʃɑːp] **I** *Adj* **1.** scharf (*Messer etc, auch Gesichtszüge, Kurve etc*); spitz (*Nadel, Nase etc*) **2.** *fig* scharf: **a)** deutlich (*Gegensatz, Umrisse etc*), **b)** herb (*Geschmack*), **c)** schneidend (*Befehl, Stimme*), **d)** heftig (*Schmerz etc*), (*auch Frost, Wind*) schneidend, **e)** spitz (*Bemerkung, Zunge*), **f)** schnell (*Tempo etc*), **g)** jäh, plötzlich: ***brake sharply*** scharf bremsen **3.** *fig* scharf (*Augen, Verstand etc*); scharfsinnig, gescheit (*Person*) **4.** ***sharp practice*** unsaubere Geschäfte *Pl* **II** *Adv* **5.** ***at three o'clock sharp*** Punkt 3 (Uhr) **6.** MUS zu hoch: ***sing sharp*** **7.** ***look sharp*** *ugs* sich beeilen: ***look sharp!*** Tempo!

sharp·en ['ʃɑːpən] *v/t* **1.** *Messer etc* schärfen, schleifen **2.** *Bleistift etc* spitzen

'sharp·en·er *s* (*Bleistift*)Spitzer *m*

'sharp·ness *s* **1.** Schärfe *f* (*auch fig*) **2.** *fig* Scharfsinn *m*

'sharpˌshoot·er *s* Scharfschütze *m*, -schützin *f*

shat [ʃæt] *Prät und Part Perf von* ***shit***

shat·ter ['ʃætə] **I** *v/t* **1.** zerschmettern, -schlagen, -trümmern **2.** *fig Hoffnungen, Träume etc* zerstören **3.** *ugs j-n* schocken **4.** *ugs j-n* schlauchen **II** *v/i* **5.** zerspringen, (*Glas auch*) zersplittern

LK

Shakespeare

Leben

Über Shakespeares Leben sind nur sehr wenige gesicherte Daten bekannt.

23. April 1564	(vermutetes Geburtsdatum) Geboren in **Stratford-upon-Avon**, wo er auch aufwuchs und wahrscheinlich die **Grammar School** besuchte.
1582	Heirat mit Anne Hathaway, mit der er 3 Kinder hatte.
1589	Shakespeare ließ sich in London nieder und schrieb zu dieser Zeit seine ersten Dramen. Er hatte eine wichtige Position bei den **Lord Chamberlain's Men** (ab 1603 mit Thronbesteigung James I **King's Men**), die sich zur führenden Theatergruppe in London entwickelten und ihm zu zunehmendem Wohlstand verhalfen.
1592–94	Aufgrund von Pestepidemien wurden die Theater geschlossen.
1613	Rückkehr nach Stratford und Ruhestand.
23. April 1616	Gestorben in **Stratford-upon-Avon**.

Zeitgeschichtlicher Hintergrund

Shakespeare ist einer der bedeutendsten Schriftsteller aller Zeiten. Seine Schaffensperiode fiel kulturgeschichtlich in die Zeit der **English Renaissance**. Seine Theaterstücke wurden u. a. im **Globe Theatre** und am Königshof gespielt. Wie im **Golden Age**, dem **Elizabethan Age** üblich, schrieb er v. a. im **blank verse**, einem reimlosen, fünfhebigen Jambus.

Einige seiner berühmtesten Werke (Datierungen nicht sicher)

Komödien:
The Taming of the Shrew (1593)
A Midsummer Night's Dream (1595)
Much Ado About Nothing (1598)
The Tempest (1611)

Tragödien:
Romeo and Juliet (1595)
Hamlet (1600)
Othello (1602)
Macbeth (1605)

Historien:
Henry VI (1, 2 und 3) (1589–91)
Richard III (1592)
Henry IV (Teil 1 und 2) (1597)

Häufig verwendete Zitate

Hamlet:

**To be, or not to be: that is the question:
Whether 'tis nobler in the mind to suffer
The slings and arrows of outrageous fortune,
Or to take arms against a sea of troubles,
And by opposing end them?**

Hamlets innerer Konflikt, ob Selbstmord eine Möglichkeit ist, dem Schicksal zu entgehen, und sein Zögern aus Angst vor dem Tod.
Gebraucht im Zusammenhang mit einer schwierigen Entscheidung.

Romeo and Juliet:

**It was the nightingale, and not the lark,
That pierced the fearful hollow of thine ear.**

Julia will nicht zulassen, dass die gemeinsame Liebesnacht zu Ende geht.
Gebraucht zum Ausdruck, dass kein Grund zur Eile besteht.

A Midsummer Night's Dream:

The course of true love never did run smooth.

Lysander tröstet seine Geliebte Hermia angesichts ihrer schwierigen Situation.
Gebraucht, um bei Problemen in Sachen Liebe zu trösten.

Richard III:

A horse! A horse! My kingdom for a horse!

Letzte Worte Richards in größter Not kurz vor seinem Tod.
Gebraucht zum Ausdruck äußerster Bedrängnis.

S

'shat·ter·proof *Adj* splitterfrei, -sicher

▶**shave** [ʃeɪv] **I** *v/i* **1.** sich rasieren **II** *v/t* **2.** *j-n* rasieren **3.** sich *die Beine etc* rasieren: ***shave off*** sich *den Bart* abrasieren; *Holz* abhobeln **4.** *j-n, etw* streifen **III** *s* **5.** Rasur *f*: ***have a shave*** *siehe* 1; ***that was a close shave*** das war knapp, das hätte ins Auge gehen können

'shav·en *Adj* kahl geschoren

'shav·er *s* (*bes* elektrischer) Rasierapparat

'shav·ing **I** *s* **1.** Rasieren *n* **2.** *Pl* Späne *Pl* **II** *Adj* **3.** Rasier…: ***shaving brush*** Rasierpinsel *m*; ***shaving cream*** Rasiercreme *f*; ***shaving foam*** Rasierschaum *m*; ***shaving soap*** Rasierseife *f*

shawl [ʃɔːl] *s* **1.** Umhängetuch *n* **2.** Kopftuch *n*

shawl ≠ Schal

shawl	=	Umhängetuch
Schal	=	scarf

▶**she** [ʃiː] **I** *Pron* sie **II** *s* Sie *f*: **a)** Mädchen *n*, Frau *f*, **b)** ZOOL Weibchen *n* **III** *Adj in Zssgn* ZOOL …weibchen *n*: ***she-bear*** Bärin *f*

sheaf [ʃiːf] *Pl* ***sheaves*** [ʃiːvz] *s* **1.** LANDW Garbe *f* **2.** (*Papier- etc*)Bündel *n*

shear [ʃɪə] **I** *v/t* (*meist unreg*) *Schaf* scheren **II** *s Pl*, *auch* ***pair of shears*** (große) Schere

sheath [ʃiːθ] *Pl* ***sheaths*** [ʃiːðz] *s* **1.** (*Schwert- etc*)Scheide *f* **2.** Kondom *n*, *m* **3.** TECH Verkleidung *f*, Mantel *m*, *Kabel*, *Rohr* Armierung *f*

sheathe [ʃiːð] *v/t* **1.** *Schwert etc* in die Scheide stecken **2.** TECH umhüllen, verkleiden, *Kabel*, *Rohr* ummanteln

sheath knife *s* (*unreg* ***knife***) Fahrtenmesser *n*

sheaves [ʃiːvz] *Pl von* ***sheaf***

she·bang [ʃɪ'bæŋ] *s*: ***the whole shebang*** *bes Am ugs* der ganze Laden; die ganze Chose

shed[1] [ʃed] *v/t* (*unreg*) **1.** *Blut*, *Tränen etc* vergießen **2.** → ***light***[1] 1 **3.** BIOL *Blätter etc* verlieren, *auch Geweih* abwerfen: ***shed its skin*** sich häuten; ***shed a few pounds*** ein paar Pfund abnehmen **4.** *fig Gewohnheit*, *Hemmungen etc* ablegen

shed[2] [ʃed] *s* (*Geräte etc*)Schuppen *m*; (*Kuh- etc*)Stall *m*

she'd [ʃiːd] *ugs für* ***she had***; ***she would***

sheen [ʃiːn] *s* Glanz *m*

▶**sheep** [ʃiːp] *Pl* ***sheep*** *s* ZOOL Schaf *n* (*auch fig Person*)

'sheep·dog *s* Schäferhund *m*

sheep·ish ['ʃiːpɪʃ] *Adj* verlegen

'sheep·skin *s* Schaffell *n*

sheer [ʃɪə] **I** *Adj* **1.** bloß, rein: ***by sheer coincidence*** rein zufällig **2.** steil, (fast) senkrecht **3.** hauchdünn (*Stoff*) **II** *Adv* **4.** *siehe* 2

▶**sheet** [ʃiːt] *s* **1.** Betttuch *n*, (Bett)Laken *n*, Leintuch *n*: (***as***) ***white as a sheet*** kreidebleich **2.** Bogen *m*, Blatt *n* (*Papier*) **3.** (*Glas*)Scheibe *f* **4.** ***the rain was coming down in sheets*** es regnete in Strömen **5.** weite (*Eis- etc*)Fläche

sheet light·ning *s* Wetterleuchten *n*

sheet mu·sic *s* Notenblätter *Pl*

sheik, **sheikh** [ʃeɪk] *s* Scheich *m*

'sheik·dom, **'sheikh·dom** *s* Scheichtum *n*

▶**shelf** [ʃelf] *Pl* ***shelves*** [ʃelvz] *s* (*Bücher- etc*) Brett *n*, (-)Bord *n*: ***shelves*** *Pl* Regal *n*; ***she has been left on the shelf*** *fig ugs* sie hat keinen abgekriegt (= *ist unverheiratet geblieben*)

shelf life *s* WIRTSCH Haltbarkeit *f*

shell [ʃel] **I** *s* **1.** (*Austern-*, *Eier- etc*)Schale *f*, (*Erbsen- etc*)Hülse *f*, Muschel(schale) *f*, (*Schnecken*)Haus *n*, (*Schildkröten- etc*)Panzer *m*: ***come out of one's shell*** *fig* aus sich herausgehen **2.** MIL Granate *f* **3.** FLUG, SCHIFF Rumpf *m* **4.** Rohbau *m*; Gemäuer *n*, Außenmauern *Pl* **II** *v/t* **5.** schälen, enthülsen **6.** MIL mit Granaten beschießen **7.** (*auch v/i*) ***shell out*** *ugs* blechen

she'll [ʃiːl] *ugs für* ***she will***

'shell·fish *Pl* ***shell·fish*** *s* ZOOL Schal(en)tier *n*

'shell suit *s* Jogginganzug *m* aus Ballonseide

shel·ter ['ʃeltə] **I** *s* **1.** Unterstand *m*; MIL Bunker *m*; Wartehäuschen *n* (*an Bushaltestelle etc*); (*Obdachlosen- etc*)Unterkunft *f*: → ***air raid*** **2.** Schutz *m*; Unterkunft *f*: ***provide shelter for*** Obdach bieten *oder* gewähren (*Dat*); ***run for shelter*** Schutz suchen; ***take shelter*** sich unterstellen (***under*** unter *Dat*) **II** *v/t* **3.** schützen (***from*** vor *Dat*): ***a sheltered life*** ein behütetes Leben **III** *v/i* **4.** sich unterstellen

shelve [ʃelv] *v/t* **1.** *Bücher* (in ein Regal) einstellen **2.** *fig Plan etc* aufschieben, zurückstellen

shelves [ʃelvz] *Pl von* ***shelf***

shelv·ing ['ʃelvɪŋ] *s* Regale *Pl*

shep·herd ['ʃepəd] **I** *s* Schäfer *m* **II** *v/t j-n* führen

'shep·herd·ess *s* Schäferin *f*

sher·iff ['ʃerɪf] *s* Sheriff *m*

sher·ry ['ʃerɪ] *s* Sherry *m*

she's [ʃiːz] *ugs für* ***she is***; ***she has***

Shet·lands ['ʃetləndz] *Eigenn Pl die* Shetlandinseln *Pl*

shield [ʃiːld] **I** *s* Schild *m* **II** *v/t j-n* schützen (***from*** vor *Dat*); *pej j-n* decken

shift [ʃɪft] **I** *v/i* **1.** sich bewegen **2.** umspringen (*Wind*) **3.** *fig* sich verlagern *oder* verschieben *oder* wandeln **4.** *ugs* rasen **5.** → ***gear*** 1 **II** *v/t* **6.** *etw* bewegen, schieben, *Möbelstück auch* (ver)rücken **7.** *Schuld*, *Verantwortung* (ab-)schieben, abwälzen (***onto*** auf *Akk*) **8.** *Fleck etc* entfernen; *etw* loswerden **9.** → ***gear*** 1 **III** *s* **10.** *fig* Verlagerung *f*, Verschiebung *f*, Wandel *m* **11.** WIRTSCH Schicht *f* (*Zeit und Arbeiter*): ***the night shift*** die Nachtschicht

shift key *s* Umschalttaste *f* (*einer Schreibmaschine*)

shift lock *s* Feststelltaste *f*

shift work·er *s* Schichtarbeiter(in)

shift·y ['ʃɪftɪ] *Adj* verschlagen, verstohlen (*Blick etc*); hinterhältig, zwielichtig (*Charakter etc*)

shil·ling ['ʃɪlɪŋ] *s Br hist* Schilling *m*

shil·ly-shal·ly ['ʃɪlɪˌʃælɪ] *v/i ugs* sich nicht entscheiden können

shim·mer ['ʃɪmə] **I** *v/i* schimmern; (*Luft*) flimmern **II** *s* Schimmer *m*; Flimmern *n*

shin [ʃɪn] **I** *s* ANAT Schienbein *n* **II** *v/i*: ***shin up*** (***down***) *Baum etc* hinauf- (herunter)klettern

'shin·bone → ***shin*** I

▶**shine** [ʃaɪn] **I** *v/i* (*unreg*) **1.** scheinen (*Sonne etc*), leuchten (*Lampe etc*) **2.** glänzen (***with*** vor *Dat*; *fig* ***at*** in *Dat*) **II** *v/t* (*unreg*) **3.** *Prät und Part Perf* ***shined*** *Schuhe etc* polieren **4.** ***shine a torch*** (*bes Am* ***flashlight***) ***into*** mit einer Taschenlampe leuchten in (*Akk*) **III** *s* **5.** Glanz *m*: ***take a shine to s.o.*** *ugs* j-n sofort mögen

shin·gle[1] ['ʃɪŋgl] **I** *s* (Dach)Schindel *f* **II** *v/t* mit Schindeln decken

shin·gle[2] ['ʃɪŋgl] *s* grobe Kieselsteine *Pl*: ***shin-***

gle beach Kieselstrand *m*
shin·gles ['ʃɪŋglz] *s Sg* MED Gürtelrose *f*
shin·gly ['ʃɪŋglɪ] *Adj* kieselig: ***shingly beach*** Kieselstrand *m*
shin·y ['ʃaɪnɪ] *Adj* glänzend, (*Ärmel etc auch*) abgewetzt, blank
▶**ship** [ʃɪp] **I** *s* (*auch Raum*)Schiff *n*: ***when my ship comes in*** *fig* wenn ich das große Los ziehe **II** *v/t* verschiffen; *allg* verfrachten, -senden
'ship,build·er *s* Schiff(s)bauer(in)
ship·ment *s* **1.** Ladung *f* **2.** Verschiffung *f*; *allg* Verfrachtung *f*, Versand *m*
'ship,own·er *s* Reeder(in), (*bes Binnenschifffahrt auch*) Schiffseigner(in)
ship·per ['ʃɪpə] *s* Spediteur(in)
'ship·ping *s* **1.** → ***shipment*** 2 **2. a)** Schifffahrt *f*: ***shipping forecast*** Seewetterbericht *m*, **b)** *Koll* Schiffsbestand *m* (*eines Landes*)
'ship·shape *Adj* tadellos in Ordnung
'ship·wreck **I** *s* **a)** Schiffbruch *m*, **b)** Wrack *n* **II** *v/t*: ***be shipwrecked*** Schiffbruch erleiden; ***shipwrecked*** schiffbrüchig
'ship·yard *s* (Schiffs)Werft *f*
shirk [ʃɜːk] *v/i und v/t* sich drücken (vor *Dat*)
'shirk·er *s* Drückeberger(in)
▶**shirt** [ʃɜːt] *s* Hemd *n*: ***keep your shirt on!*** *ugs* reg dich nicht auf!; → ***bet*** 4
'shirt·sleeve **I** *Adj* hemdsärmelig **II** *s Pl*: ***in one's shirtsleeves*** in Hemdsärmeln, hemdsärmelig
shirt·y ['ʃɜːtɪ] *Adj ugs*: ***get shirty with s.o.*** j-n anschnauzen; ***there's no need to get shirty*** du musst mich nicht gleich anschnauzen
shit [ʃɪt] **I** *s* **1.** *vulg* Scheiße *f*: ***be in the shit*** *fig* in der Scheiße sitzen **2.** ***have*** (***go for***) ***a shit*** *vulg* scheißen (gehen) **3.** ***he's got the shits*** *vulg* er hat Dünnschiss *oder* die Scheißerei **4.** *fig vulg* Scheiß *m*: ***talk shit*** Scheiß reden **5.** *fig vulg* Arschloch *n* **6.** *sl* Shit *n* (*Haschisch*) **II** *v/i* (*meist unreg*) **7.** *vulg* scheißen **III** *v/t* (*meist unreg*) **8.** *vulg* vollscheißen, scheißen in (*Akk*): ***shit o.s.*** sich vollscheißen; *fig* sich vor Angst fast in die Hosen scheißen
shiv·er ['ʃɪvə] **I** *v/i* zittern (***with*** vor *Dat*) **II** *s* Schauer *m*: ***the sight sent shivers down my spine*** bei dem Anblick überlief es mich eiskalt; ***spiders give me the shivers*** *ugs* ich hab einen Horror vor Spinnen
shoal[1] [ʃəʊl] *s* Schwarm *m* (*Fische*): ***shoals*** *Pl* ***of*** Schwärme *Pl* von (*Touristen etc*)
shoal[2] [ʃəʊl] *s* Untiefe *f*; Sandbank *f*
▶**shock**[1] [ʃɒk] **I** *s* **1.** Wucht *f* (*einer Explosion, eines Schlags etc*) **2.** Schock *m* (*auch* MED): ***be in a state of*** (*oder* ***suffer from***) ***shock*** unter Schock stehen; ***come as*** (*oder* ***be***) ***a shock to s.o.*** ein Schock für j-n sein **3.** ELEK Schlag *m*, (*auch* MED Elektro)Schock *m* **II** *v/t* **4.** schockieren, empören **5.** *j-m* einen Schock versetzen: ***be shocked at*** (*oder* ***by***) erschüttert sein über (*Akk*)
shock[2] [ʃɒk] *s* (***shock of hair*** Haar)Schopf *m*
shock ab·sorb·er *s* MOT Stoßdämpfer *m*
shock·er ['ʃɒkə] *s ugs* Schocker *m* (*Film, Person etc*)
'shock·ing *Adj* **1.** schockierend, anstößig **2.** erschütternd **3.** *ugs* scheußlich **4.** ***shocking pink*** pink(farben)
'shock·proof *Adj* stoßfest, -sicher
shock ther·a·py, shock treat·ment *s* MED Schocktherapie *f*, -behandlung *f*
shock wave *s* Druckwelle *f*: ***send shock waves through*** *fig* erschüttern
shod [ʃɒd] *Prät und Part Perf von* ***shoe***
shod·dy ['ʃɒdɪ] *Adj* **1.** minderwertig (*Ware*), schlampig (*Arbeit*) **2.** gemein, schäbig (*Trick etc*)
▶**shoe** [ʃuː] **I** *s* **1.** Schuh *m*: ***be in s.o.'s shoes*** *fig* in j-s Haut stecken; ***step into*** (*oder* ***fill***) ***s.o.'s shoes*** *fig* j-s Stelle einnehmen **2.** (Huf-)Eisen *n* **II** *v/t* (*meist unreg*) **3.** *Pferd* beschlagen
'shoe·box *s* Schuhkarton *m*, -schachtel *f*
'shoe·horn *s* Schuhlöffel *m*
'shoe·lace *s* Schnürsenkel *m*
'shoe,mak·er *s* Schuhmacher(in), Schuster(in)
'shoe·string *s bes Am* Schnürsenkel *m*: ***start etc on a shoestring*** (***budget***) *fig* mit einem minimalen Budget (*oder* praktisch mit nichts) *anfangen etc*
'shoe·tree *s* Schuhspanner *m*
shone [ʃɒn] *Prät und Part Perf von* ***shine***
shoo [ʃuː] *v/t* (ver)scheuchen
shook [ʃʊk] *Prät von* ***shake***
▶**shoot** [ʃuːt] **I** *s* **1.** BOT Trieb *m* **2.** Jagd *f*; Jagd(revier *n*) *f* **II** *v/t* (*unreg*) **3.** schießen mit (*einem Gewehr etc*) **4.** *Pfeil etc* abfeuern, abschießen (***at*** auf *Akk*): ***shoot a glance at*** einen schnellen Blick werfen auf (*Akk*); ***shoot questions at s.o.*** j-n mit Fragen bombardieren; → ***bolt*** 1 **5. a)** JAGD schießen, erlegen: ***shoot the bull*** *Am ugs* plaudern, plauschen, **b)** anschießen, **c)** niederschießen, **d)** *auch* ***shoot dead*** erschießen: ***shoot o.s.*** sich erschießen **6.** *Riegel* vorschieben **7.** *Film etc* drehen, *auch* FOTO *j-n* aufnehmen **8.** → ***light***[1] 3 **III** *v/i* (*unreg*) **9.** schießen (***at*** auf *Akk*): ***shoot at goal*** (*Sport*) aufs Tor schießen **10.** schießen, rasen **11.** drehen, filmen **12.** BOT treiben **13.** *sl* fixen
◆**shoot down** *v/t* **1.** *j-n* niederschießen **2.** *j-n, Flugzeug etc* abschießen **3.** *ugs Antrag etc* abschmettern, *j-n auch* abfahren lassen
◆**shoot off** *v/t* *Waffe* abfeuern, -schießen: ***shoot off one's mouth*** *ugs* quatschen (*Geheimnisse verraten*); blöd daherreden
◆**shoot out** *v/t*: ***shoot it out*** sich eine Schießerei liefern (***with*** mit)
◆**shoot up** *v/i* in die Höhe schießen (*Flammen, Kind etc*), in die Höhe schnellen (*Preise*)
shoot·er ['ʃuːtə] *s bes Br sl* Schießeisen *n*
shoot·ing ['ʃuːtɪŋ] **I** *s* **1.** Schießen *n*; Schießerei *f* **2.** Erschießung *f*; Anschlag *m* **3.** FILM, TV Dreharbeiten *Pl*, Aufnahmen *Pl* **II** *Adj* **4.** stechend (*Schmerz*)
shoot·ing gal·ler·y *s* **1.** Schießbude *f* **2.** *Am sl* Fixertreff *m*
shoot·ing range *s* Schießstand *m*
shoot·ing star *s* ASTR Sternschnuppe *f*
'shoot-out *s* **1.** Schießerei *f* **2.** SPORT Elfmeterschießen *n*
▶**shop** [ʃɒp] **I** *s* **1.** Laden *m*, Geschäft *n*: ***shut up shop*** *ugs* (den Laden) dichtmachen **2.** Werkstatt *f* **3.** Betrieb *m*, Werk *n*: ***talk shop*** fachsimpeln; → ***closed shop*** **II** *v/i* **4.** ***go shopping*** einkaufen gehen; ***shop around*** sich informieren, die Preise vergleichen; ***shop for*** sich umsehen nach **III** *v/t* **5.** *bes Br sl j-n* verpfeifen
▶**shop as·sist·ant** ['ʃɒpəˌsɪstənt] *s Br* Verkäufer(in)
shop floor *s* Arbeiter *Pl* (*Ggs. Management*)
'shop,keep·er *s* Ladenbesitzer(in), -inhaber(in)
'shop,lift·er *s* Ladendieb(in)

'shop,lift·ing *s* Ladendiebstahl *m*
shop·per ['ʃɒpə] *s* Käufer(in)
▶**shop·ping** ['ʃɒpɪŋ] **I** *s* **1.** Einkaufen *n*: ***do one's shopping*** einkaufen, (seine) Einkäufe machen **2.** Einkäufe *Pl* (*Sachen*) **II** *Adj* **3.** Einkaufs…: ***shopping bag*** Einkaufsbeutel *m*, -tasche *f*; ***shopping basket*** Einkaufskorb *m*; ***shopping cart*** *Am* Einkaufswagen *m*; ***shopping center*** (*bes Br* ***centre***) Einkaufszentrum *n*; ***shopping list*** Einkaufsliste *f*, -zettel *m*; ***shopping mall*** *Am* Einkaufszentrum *n*; ***shopping street*** Geschäfts-, Ladenstraße *f*; ***shopping trolley*** *Br* Einkaufswagen *m*; → ***spree***
,shop-'soiled *Adj bes Br Ware*: angestaubt (*auch fig Ansichten etc*); angestoßen
shop stew·ard *s* WIRTSCH gewerkschaftlicher Vertrauensmann
'shop·talk *s* Fachsimpelei *f*
shop win·dow *s* Schaufenster *n*, Auslage *f*
'shop·worn *Am* → ***shop-soiled***
shore[1] [ʃɔː] *s* Küste *f*; (*See*)Ufer *n*: ***on shore*** SCHIFF an Land; ***shore leave*** Landurlaub *m*
shore[2] [ʃɔː] **I** *s* Stützbalken *m*, Strebe(balken *m*) *f* **II** *v/t meist* ***shore up*** (ab)stützen; *fig Währung etc* stützen
shorn [ʃɔːn] *Part Perf von* ***shear***
▶**short** [ʃɔːt] **I** *Adj* (→ ***shortly***) **1.** *räumlich, zeitlich*: kurz: ***a short time ago*** vor kurzer Zeit, vor kurzem; ***short and sweet*** *ugs* kurz und bündig; ***short holiday*** (*bes Am* ***vacation***) Kurzurlaub *m*; ***short story*** Short Story *f*, Kurzgeschichte *f*; Novelle *f*; ***be short for*** die Kurzform sein von; ***cut short*** *Urlaub etc* abbrechen; → ***notice*** 3, ***run*** 1, ***shrift***, ***story***[1] 1, ***work*** 1 **2.** klein (*Person*) **3.** ***be short of*** nicht genügend … haben; ***be in short supply*** WIRTSCH knapp sein; → ***cash*** 2, ***money*** **4.** barsch (***with*** zu), kurz angebunden **II** *Adv* **5.** plötzlich, abrupt: ***be caught*** (*oder* ***taken***) ***short*** *bes Br ugs* dringend mal (verschwinden) müssen; ***stop short of*** (*oder* ***at***) zurückschrecken vor (*Dat*); ***stop short of doing s.th.*** davor zurückschrecken, etw zu tun **6.** ***fall short of*** *etw* nicht erreichen, *den Anforderungen etc* nicht entsprechen; ***run short*** knapp werden, zur Neige gehen; ***we are running short of bread*** uns geht das Brot aus. ***sell short*** *j-n, etw* unterschätzen **7.** ***short of*** **a)** *räumlich* vor (*Dat*): ***three miles short of the airport***, **b)** *fig* außer **III** *s* **8.** ***he is called Bill for short*** er wird kurz Bill genannt; ***in short*** kurz(um) **9.** *Pl, auch* ***pair of shorts*** Shorts *Pl*; *bes Am* (Herren)Unterhose *f* **10.** *Br ugs* Kurze *m*, Schnaps *m* **11.** ELEK *ugs* Kurze *m* **12.** *ugs* Kurzfilm *m* **IV** *v/t* **13.** ELEK *ugs* einen Kurzen verursachen in (*Dat*); kurzschließen **V** *v/i* **14.** ELEK *ugs* einen Kurzen haben

short und shortly GR

⚠ Achten Sie auf den Bedeutungsunterschied:

short (Adjektiv + Adverb)	kurz
shortly (Adverb)	bald, in Kürze

'short·age *s* Knappheit *f*, Mangel *m* (***of*** an *Dat*)
,short-'change *v/t* **1.** *j-m* zu wenig (Wechselgeld) herausgeben **2.** *ugs j-n* übers Ohr hauen
short cir·cuit *s* ELEK Kurzschluss *m*
,short-'cir·cuit **I** *v/t* **1.** ELEK einen Kurzschluss verursachen in (*Dat*); kurzschließen **2.** *fig etw* umgehen **II** *v/i* **3.** ELEK einen Kurzschluss haben
,short'com·ings *s Pl* Unzulänglichkeiten *Pl*, Mängel *Pl*, (*auch einer Person*) Fehler *Pl*
short cut *s* **1.** Abkürzung(sweg *m*) *f*: ***take a shortcut*** abkürzen **2.** *fig* abgekürztes Verfahren
short·en ['ʃɔːtn] **I** *v/t* kürzen, *Kleidungsstück auch* kürzer machen, *Text auch* zs.-streichen, *Leben etc* verkürzen **II** *v/i* kürzer werden
'short·fall *s* Defizit *n*
,short'haired *Adj* kurzhaarig
'short·hand *s* Kurzschrift *f*, Stenografie *f*: ***do shorthand*** stenografieren; ***take down in shorthand*** *etw* (mit)stenografieren; ***shorthand typist*** Stenotypist(in)
,short'hand·ed *Adj* knapp an Personal
short list *s*: ***be on the short list*** *Br* in der engeren Wahl sein
'short-list *v/t Br* in die engere Wahl ziehen
,short-'lived *Adj* kurzlebig, *fig auch* von kurzer Dauer
short·ly ['ʃɔːtlɪ] *Adv* **1.** bald: ***shortly after*** kurz danach **2.** in kurzen Worten **3.** barsch
'short·ness *s* **1.** Kürze *f* **2.** Barschheit *f* **3.** → ***shortage***
,short-'range *Adj* **1.** MIL, FLUG Nah…, Kurzstrecken… **2.** kurzfristig
,short'sight·ed *Adj* MED kurzsichtig (*auch fig*)
,short-'sleeved *Adj* kurzärm(e)lig
,short'staffed → ***shorthanded***
,short-'tem·pered *Adj* aufbrausend, hitzig
'short-term *Adj* kurzfristig, -zeitig: ***short-term memory*** Kurzzeitgedächtnis *n*
short time *s* WIRTSCH Kurzarbeit *f*: ***be on*** (*oder* ***work***) ***short time*** kurzarbeiten
short wave *s* ELEK, PHYS Kurzwelle *f*
'short-wave *Adj* Kurzwellen…
short-wind·ed [,ʃɔːt'wɪndɪd] *Adj* kurzatmig
shot[1] [ʃɒt] **I** *Prät und Part Perf von* ***shoot*** **II** *Adj*: ***be*** (*oder* ***get***) ***shot of*** *ugs j-n, etw* los sein (loswerden)
▶**shot**[2] [ʃɒt] *s* **1.** Schuss *m*: ***like a shot*** blitzschnell; sofort; ***shot across the bows*** Schuss vor den Bug (*auch fig*); ***shot in the dark*** *fig* Schuss ins Blaue; ***call the shots*** *ugs* das Sagen haben **2.** (*Fußball etc*) Schuss *m*, (*Basketball etc*) Wurf *m*, (*Tennis etc*) Schlag *m* **3.** *guter etc* Schütze, *gute* Schützin: ***big shot*** *ugs* hohes Tier **4.** Schrot *m*, *n* **5.** *Kugelstoßen*: Kugel *f* **6.** *ugs* Versuch *m*: ***at the first shot*** beim ersten Versuch; ***I'll have a shot at it*** ich probiers mal **7. a)** FILM, TV Aufnahme *f*; Einstellung *f*: ***long shot*** Totale *f*, **b)** FOTO *ugs* Schnappschuss *m*, Aufnahme *f* **8.** MED *ugs* Spritze *f*
'shot·gun *s* Schrotflinte *f*: ***shotgun wedding*** *ugs* Mussheirat *f*
shot put *s Leichtathletik*: Kugelstoßen *n*
'shot-,put·ter *s* Kugelstoßer(in)
▶**should** [ʃʊd] **1.** *Prät von* ***shall***, *auch allg ich* sollte, *du* solltest *etc*: ***he should be home by then*** er müsste bis dahin wieder zu Hause sein **2.** *konditional*: *ich* würde, *wir* würden: ***I should go if …***; → ***like***[2] 1
▶**shoul·der** ['ʃəʊldə] **I** *s* **1.** Schulter *f*: ***shoulder to shoulder*** Schulter an Schulter (*auch fig*); ***a shoulder to cry on*** eine Schulter zum Ausweinen; ***give s.o. the cold shoulder*** j-m die kalte Schulter zeigen; ***put one's shoulder to the wheel*** *fig* sich mächtig ins Zeug legen; → ***chip*** 1, ***rub*** 3 **II** *v/t* **2.** schultern; *fig Kosten, Verant-*

S

Must / Should	Müssen / Sollten SG
I must be home by ten o'clock.	Ich muss bis 10 Uhr zu Hause sein.
We have to go to school in the morning.	Wir müssen morgens in die Schule.
I've got to write to my parents.	Ich muss meinen Eltern schreiben.
You should let someone know that you're going to be late.	Du solltest jemandem sagen, dass du erst später kommst.
We're supposed to be taking notes.	Wir sollten (eigentlich) mitschreiben.

wortung etc übernehmen **3.** (mit der Schulter) stoßen: ***shoulder one's way through*** sich einen Weg bahnen durch

shoul·der bag *s* Schulter-, Umhängetasche *f*

shoul·der blade *s* ANAT Schulterblatt *n*

shoul·der strap *s* Träger *m* (*eines Kleids etc*); Tragriemen *m*

shouldn't ['ʃʊdnt] *ugs für* ***should not***

▶**shout** [ʃaʊt] **I** *v/i* rufen, schreien (***for*** nach; ***for help*** um Hilfe): ***shout at s.o.*** j-n anschreien **II** *v/t* rufen, schreien: ***shout down*** *j-n* niederbrüllen; ***shout o.s. hoarse*** sich heiser schreien; → ***rooftop*** **III** *s* Ruf *m*, Schrei *m*: ***it's my shout*** *Br ugs* das ist meine Runde, ich bin dran

'shout·ing *s* Schreien *n*, Geschrei *n*: ***it's all over bar the shouting*** *Br ugs* die Sache ist so gut wie gelaufen

shove [ʃʌv] **I** *v/t* **1.** stoßen, schubsen: ***shove about*** (*oder* ***around***) *j-n* herumschubsen (*auch fig*) **2.** *etw* schieben, stopfen (***into*** in *Akk*) **II** *v/i* **3.** stoßen, schubsen: ***shove off*** (vom Ufer) abstoßen; ***shove off!*** *ugs* schieb ab!; ***shove over*** *bes Br ugs* rutschen **III** *s* **4.** Stoß *m*, Schubs *m*

shov·el ['ʃʌvl] **I** *s* Schaufel *f* **II** *v/t Prät und Part Perf* **shov·eled**, *bes Br* **shov·elled** schaufeln: ***shovel food into one's mouth*** Essen in sich hineinschaufeln

▶**show** [ʃəʊ] **I** *s* **1.** THEAT *etc* Vorstellung *f*; Show *f*; RUNDFUNK, TV Sendung *f*: ***steal the show from s.o.*** *fig* j-m die Schau stehlen **2.** Ausstellung *f*: ***be on show*** ausgestellt *oder* zu besichtigen sein **3.** Zurschaustellung *f*, Demonstration *f* **4.** ***on a show of hands*** durch Handzeichen **5.** Schau *f*: ***make a show of*** *Anteilnahme etc* heucheln **6.** *ugs gute etc* Leistung: ***put up a poor show*** eine schwache Leistung zeigen **7.** *ugs* Laden *m*: ***run the show*** den Laden schmeißen **II** *Adj* **8.** Muster…: ***show house*** **III** *v/t* (*meist unreg*) **9.** *auch fig Gefühle etc* zeigen, *Fahrkarte etc auch* vorzeigen, *Zeit etc* anzeigen (*Uhr etc*): ***show s.o. how to do s.th.*** j-m zeigen, wie man etw macht; ***show o.s.*** sich erweisen als; → ***door*** 1, *etc* **10.** *j-n* bringen, führen (***to*** zu): ***show s.o.*** (***a***)***round*** (*oder* ***over***) ***the house*** j-n durchs Haus führen, j-m das Haus zeigen **11.** ausstellen, zeigen **12.** zeigen: **a)** THEAT *etc* vorführen, **b)** TV bringen **IV** *v/i* (*meist unreg*) **13.** zu sehen sein: ***it shows*** man sieht es **14.** ***be showing*** gezeigt werden, laufen

◆**show a·round** *v/t* herumführen

◆**show in** *v/t* herein-, hineinführen, -bringen

◆**show off** **I** *v/t* **1.** angeben *oder* protzen mit (***to*** vor *Dat*) **2.** *Figur etc* vorteilhaft zur Geltung bringen **II** *v/i* **3.** angeben, protzen

◆**show out** *v/t* heraus-, hinausführen, -bringen

◆**show round** → ***show around***

◆**show up** **I** *v/t* **1.** herauf-, hinaufführen, -bringen **2.** sichtbar machen **3.** *j-n* entlarven; *etw* aufdecken **4.** *bes Br j-n* in Verlegenheit bringen **II** *v/i* **5.** zu sehen sein **6.** *ugs* kommen; aufkreuzen, -tauchen

show biz *s ugs*, **show busi·ness** *s* Showbusiness *n*, -geschäft *n*

'show·case *s* Schaukasten *m*, Vitrine *f*

'show·down *s* Kraft-, Machtprobe *f*

▶**show·er** ['ʃaʊə] **I** *s* **1.** (*Regen- etc*)Schauer *m*; (*Funken-*, *Kugel- etc*)Regen *m*; (*Geschoss-*, *Stein*)Hagel *m*; (*Wasser-*, *Wort- etc*)Schwall *m* **2.** Dusche *f*: ***have*** (*oder* ***take***) ***a shower*** duschen **II** *v/i* **3.** duschen **III** *v/t* **4.** ***shower s.o. with s.th., shower s.th. on s.o.*** j-n mit etw überschütten, *fig auch* j-n mit etw überhäufen

show·er cab·i·net *s* Duschkabine *f*

show·er cur·tain *s* Duschvorhang *m*

'show·girl *s* Revuegirl *n*

show jump·er *s* SPORT Springreiter(in)

show jump·ing *s* Springreiten *n*

show·man ['ʃəʊmən] *s* (*unreg* ***man***) **1.** THEAT *etc* Produzent *m* **2.** Schausteller *m* **3.** *fig* Showman *m*

shown [ʃəʊn] *Part Perf von* ***show***

'show-off *s ugs* Angeber(in)

'show·piece *s* **1.** Ausstellungsstück *n* **2.** Parade-, Prunkstück *n*

show·room ['ʃəʊrʊm] *s* Ausstellungsraum *m*

show·y ['ʃəʊɪ] *Adj* auffallend (*Person*), (*Farben, Kleidung etc auch*) auffällig

shrank [ʃræŋk] *Prät von* ***shrink***

shred [ʃred] **I** *s* **1.** Fetzen *m*: ***be in shreds*** zerfetzt sein; *fig* ruiniert sein (*Ruf etc*); ***tear to shreds*** zerfetzen; *fig Argument etc* zerpflücken, -reißen; *Stück etc* verreißen **2.** Schnitzel *n*, *m*, Stückchen *n* **3.** *fig* ***not a shred of doubt*** nicht der geringste Zweifel; ***there is not a shred of truth in this story*** an dieser Geschichte ist kein Wort wahr **II** *v/t* (*auch unreg*) **4.** zerfetzen; in den Papier- *oder* Reißwolf geben **5.** in (schmale) Streifen schneiden, *Gemüse auch* schnitzeln, *Fleisch auch* schnetzeln

'shred·der *s* **1.** Papier-, Reißwolf *m* **2.** Schnitzelmaschine *f*; Schnitzelwerk *n*

shrewd [ʃruːd] *Adj* scharfsinnig, klug, (*Beobachter*) scharf: ***that was a shrewd guess*** das war gut geraten

shriek [ʃriːk] **I** *s* (schriller) Schrei: ***shriek of terror*** Entsetzensschrei; ***shrieks*** *Pl* ***of laughter*** kreischendes Gelächter **II** *v/i* (gellend) aufschreien (***with*** vor *Dat*): ***shriek with laughter*** vor Lachen kreischen

shrift [ʃrɪft] *s*: ***give s.o. short shrift*** kurzen Prozess mit j-m machen

shrill [ʃrɪl] *Adj* **1.** schrill **2.** *fig* heftig, scharf (*Kritik etc*)

shrimp [ʃrɪmp] *s* **1.** ZOOL Garnele *f* **2.** *fig pej* Knirps *m*

shrine [ʃraɪn] *s* (Reliquien)Schrein *m*

shrink [ʃrɪŋk] **I** *v/i* (*unreg*) **1.** (zs.-, ein-)

schrumpfen (*auch fig*), (*Stoff etc auch*) einlaufen, -gehen **2.** *fig* abnehmen **3.** *fig* zurückschrecken (***from*** vor *Dat*): ***shrink from doing s.th.*** davor zurückschrecken, etw zu tun **II** *v/t* (*unreg*) **4.** (zs.-, ein)schrumpfen lassen, *Stoff etc auch* einlaufen *oder* -gehen lassen **III** *s* **5.** *ugs* Klapsdoktor(in)

'shrink·age *s* **1.** Schrumpfung *f* (*auch fig*), Einlaufen *n*, -gehen *n* **2.** *fig* Abnahme *f*

'shrink·ing *Adj*: ***shrinking violet*** *ugs* schüchternes Pflänzchen (*Person*)

'shrink·wrap *v/t* einschweißen

shriv·el ['ʃrɪvl] *v/i und v/t Prät und Part Perf* **shriv·eled**, *bes Br* **shriv·elled** runz(e)lig werden (lassen): ***shrivel(l)ed*** runz(e)lig

shroud [ʃraʊd] **I** *s* **1.** Leichentuch *n* **2.** *fig* Schleier *m* (***of secrecy*** des Geheimnisses) **II** *v/t* **3.** ***be shrouded in*** in *Nebel etc* gehüllt sein: ***be shrouded in mystery*** geheimnisumwittert sein

Shrove Tues·day [ʃrəʊv] *s* Faschings-, Fastnachtsdienstag *m*

shrub [ʃrʌb] *s* Busch *m*, Strauch *m*

'shrub·ber·y *s* Busch-, Strauchwerk *n*

shrug [ʃrʌg] **I** *v/t* **1.** ***shrug one's shoulders*** *siehe* 3 **2.** ***shrug off*** *fig etw* mit einem Achsel- *oder* Schulterzucken abtun, achselzuckend hinweggehen über (*Akk*) **II** *v/i* **3.** mit den Achseln *oder* Schultern zucken **III** *s* **4.** *auch* ***shrug of one's shoulders*** Achsel-, Schulterzucken *n*: ***give a shrug*** *siehe* 3

shrunk [ʃrʌŋk] *Prät und Part Perf von* ***shrink***

shuck [ʃʌk] *bes Am* **I** *s* Hülse *f*, Schote *f*; Schale *f* **II** *v/t* enthülsen; schälen **III** *s*: ***shucks!*** *ugs* Quatsch!; Mist!

shud·der ['ʃʌdə] **I** *v/i* schaudern (***at*** bei): ***shudder to think of*** mit Schaudern denken an (*Akk*) **II** *s* Schauder *m*

shuf·fle ['ʃʌfl] **I** *v/t* **1.** ***shuffle one's feet*** *siehe* 3 **2.** *Karten* mischen **II** *v/i* **3.** schlurfen **4.** *Kartenspiel*: mischen **III** *s* **5.** Schlurfen *n*, schlurfender Gang **6.** Mischen *n*

'shuf·fle·board *s* Shuffleboard *n* (*Spiel*)

shun [ʃʌn] *v/t j-n, etw* meiden

shunt [ʃʌnt] *v/t* **1.** *Zug etc* rangieren, verschieben **2.** ***shunt off*** *ugs j-n* abschieben (***to*** in *Akk*, nach)

▸**shut** [ʃʌt] (*unreg*) **I** *v/t* **1.** *Fenster, Tür etc* zumachen, *auch Fabrik etc* schließen: → ***mouth*** 1, ***trap*** 2 **2.** *j-n* einschließen (***in*** in *Akk*, *Dat*): ***shut one's finger in the door*** sich den Finger in der Tür einklemmen **II** *v/i* **3.** schließen (*auch Laden etc*), zugehen

◆**shut a·way** *v/t* **1.** *etw* wegschließen **2.** ***shut o.s. away*** sich einigeln (***in*** in *Dat*)

◆**shut down** **I** *v/t Fabrik etc* schließen, (*für immer auch*) stilllegen; (*Computer*) herunterfahren **II** *v/i* schließen (*Fabrik etc*)

◆**shut off** **I** *v/t* **1.** *Gas, Maschine etc* abstellen **2.** abtrennen; fernhalten (***from*** von) **II** *v/i* **3.** (sich) abschalten

◆**shut out** *v/t Gedanken, Schmerz etc* verdrängen

◆**shut up** **I** *v/t* **1.** *Geschäft* schließen: → ***shop*** 1 **2.** *j-n* einsperren (***in*** in *Akk*, *Dat*) **3.** *ugs j-m* den Mund stopfen **II** *v/i* **4.** ***shut up!*** *ugs* halt die Klappe!

'shut·down *s* Schließung *f*, (*für immer auch*) Stilllegung *f*

'shut-eye *s ugs* Schlaf *m*: ***get some shut-eye*** ein paar Stunden schlafen

shut·ter ['ʃʌtə] *s* **1.** Fensterladen *m* **2.** FOTO Verschluss *m*: ***shutter speed*** Belichtung(szeit) *f*

shut·tle ['ʃʌtl] **I** *s* **1.** → ***shuttle bus***, ***shuttle service***, ***shuttle train*** **2.** (*Raum*)Fähre *f*, (-)Transporter *m* **3.** → ***shuttlecock*** **II** *v/t* **4.** hin und her befördern

shut·tle bus *s* im Pendelverkehr eingesetzter Bus

'shut·tle·cock *s* Federball *m*

shut·tle ser·vice *s* Pendelverkehr *m*

shut·tle train *s* Pendelzug *m*

▸**shy** [ʃaɪ] **I** *Adj* **1.** scheu (*Tier*), (*Lächeln, Mensch auch*) schüchtern (***of*** gegenüber): ***fight shy of*** *einer Sache* aus dem Weg gehen; ***fight shy of doing s.th.*** sich hüten, etw zu tun **II** *v/i* **2.** scheuen (***at*** vor *Dat*) (*Pferd etc*) **3.** ***shy away*** *fig* zurückschrecken (***from*** vor *Dat*): ***shy away from doing s.th.*** davor zurückschrecken, etw zu tun

'shy·ness *s* Scheu *f*, Schüchternheit *f*

shy·ster ['ʃaɪstə] *s Am ugs* Winkeladvokat(in)

Si·a·mese twins [ˌsaɪə'mi:z] *s Pl* siamesische Zwillinge *Pl*

Si·be·ria [saɪ'bɪərɪə] *Eigenn* Sibirien *n*

sib·lings ['sɪblɪŋz] *s Pl* Geschwister *Pl*

Sic·i·ly ['sɪsɪlɪ] *Eigenn* Sizilien *n*

▸**sick** [sɪk] **I** *Adj* **1.** krank: ***be off sick*** krank(-geschrieben) sein; ***call in sick*** sich krankmelden **2.** ***be sick*** *bes Br* sich übergeben; ***he was*** (*oder* ***felt***) ***sick*** ihm war schlecht; ***be sick of s.th.*** *ugs* etw satthaben; ***be sick*** (***and tired***) ***of doing s.th.*** *ugs* es (gründlich) satthaben, etw zu tun; ***it makes me sick*** mir wird schlecht davon, *auch fig* es ekelt *oder* widert mich an **3.** makaber (*Witz etc*), abartig (*Person etc*) **II** *s* **4.** ***the sick*** *Pl* die Kranken *Pl* **5.** *Br ugs* Kotze *f*

sick bag *s* FLUG Spucktüte *f*

sick bay *s* Krankenzimmer *n* (*einer Schule etc*), SCHIFF (Schiffs)Lazarett *n*

'sick·bed *s* Krankenbett *n*

sick·en ['sɪkən] **I** *v/t j-n* anekeln, anwidern (*beide auch fig*) **II** *v/i* krank werden: ***be sickening for s.th.*** etw ausbrüten

sick·le ['sɪkl] *s* LANDW Sichel *f*

sick leave *s*: ***be on sick leave*** krank(geschrieben) sein

sick·ly ['sɪklɪ] *Adj* **1.** kränklich **2.** matt (*Lächeln*) **3.** widerwärtig (*Geruch etc*)

'sick·ness *s* **1.** Krankheit *f* **2.** Übelkeit *f*

sick·o ['sɪkəʊ] *Pl* **sick·os** *sl* Perversling *m*

▸**side** [saɪd] **I** *s* **1.** *allg* Seite *f* (*auch fig*): ***at*** (*oder* ***by***) ***the side of the road*** am Straßenrand; ***at*** (*oder* ***by***) ***s.o.'s side*** an j-s Seite; ***side by side*** nebeneinander; ***on the side*** nebenbei *verdienen etc*; ***his side of the story*** seine Version der Geschichte; ***be on s.o.'s side*** auf j-s Seite sein *oder* stehen; ***be on the wrong side of 50*** über 50 sein; ***put to one side*** *Geld* auf die Seite legen; ***take sides*** *siehe* 4; ***take to one side*** *j-n* beiseitenehmen; → ***safe*** I, ***seamy***, ***split*** 1, ***sunny*** **2.** SPORT Mannschaft *f* **II** *Adj* **3.** Seiten…: ***side door*** (***road***, *etc*) **III** *v/i* **4.** Partei ergreifen (***with*** für; ***against*** gegen)

'side·board *s* **1.** Sideboard *n* **2.** *Pl* → ***sideburns***

'side·burns *Pl* Koteletten *Pl*

'side·car *s* Bei-, Seitenwagen *m*

side dish *s* Beilage *f*

side ef·fect *s* Nebenwirkung *f*

side im·pact pro·tec·tion *s* MOT Seitenaufprallschutz *m*

side is·sue *s* Randproblem *n*

'side·line *s* **1.** Nebenbeschäftigung *f* **2.** SPORT Seitenlinie *f*

ˈside·long *Adj und Adv*: **sidelong glance** Seitenblick *m*; **look at s.o. sidelong** j-n von der Seite anschauen
ˈside,sad·dle **I** *s* Damensattel *m* **II** *Adv* im Damensitz
ˈside,split·ting *Adj* zwerchfellerschütternd
side step *s* Seitenschritt *m*, (*Boxen*) Seitschritt *m*, Sidestep *m*
ˈside·step **I** *v/t* **1.** *einem Schlag* (durch einen Seit[en]schritt) ausweichen **2.** *fig einer Frage etc* ausweichen **II** *v/i* **3.** einen Seit(en)schritt machen
ˈside·swipe **I** *s*: **take a sideswipe at** *ugs j-m* einen Seitenhieb versetzen **II** *v/t* MOT *Am geparktes Fahrzeug etc* streifen
ˈside·track *v/t j-n* ablenken; *etw* abbiegen
ˈside·walk *bes Am* → **pavement** 2
side·ward [ˈsaɪdwəd] **I** *Adj* seitlich: **sideward jump** Sprung *m* zur Seite **II** *Adv* seitwärts, nach der *oder* zur Seite
side·wards [ˈsaɪdwədz] → **sideward** II
ˈside·ways → **sideward**
si·dle [ˈsaɪdl] *v/i* (sich) schleichen (**out of** aus): **sidle up to s.o.** sich an j-n heranschleichen
siege [siːdʒ] *s* MIL Belagerung *f*: **lay siege to** belagern (*auch fig*)
si·es·ta [sɪˈestə] *s* Siesta *f*: **have** (*oder* **take**) **a siesta** Siesta halten
sieve [sɪv] **I** *s* Sieb *n*: **put through a sieve** (durch)sieben; **he's got a memory like a sieve** *ugs* er hat ein Gedächtnis wie ein Sieb **II** *v/t* (durch)sieben: **sieve out** aussieben (**from** aus)
sift [sɪft] **I** *v/t* **1.** (durch)sieben: **sift out** *fig* herausfinden (**from** aus) **2.** *fig Material etc* sichten, durchsehen **II** *v/i* **3. sift through** *siehe* 2
sigh [saɪ] **I** *v/i* (auf)seufzen: **sigh with relief** erleichtert aufatmen **II** *s* Seufzer *m*: **sigh of relief** Seufzer der Erleichterung; **breathe** (*oder* **heave**) **a sigh of relief** erleichtert aufatmen
►**sight** [saɪt] **I** *s* **1.** Sehvermögen *n*: **lose one's sight** das Augenlicht verlieren **2.** (An)Blick *m*: **at the sight of** beim Anblick von (*oder Gen*); **at first sight** auf den ersten Blick; **a sight for sore eyes** *ugs* eine Augenweide; **you're a sight for sore eyes** *ugs* schön, dich zu sehen; **be** (*oder* **look**) **a sight** *ugs* verboten *oder* zum Abschießen aussehen; **buy sight unseen** *etw* unbesehen kaufen; **catch sight of** erblicken; **know by sight** *j-n* vom Sehen kennen; **lose sight of** aus den Augen verlieren **3.** Sicht(weite) *f*: **be** (**with**)**in sight** in Sicht sein (*auch fig*); **come into sight** in Sicht kommen; **keep out of sight!** pass auf, dass dich niemand sieht!; **let out of one's sight** *j-n, etw* aus den Augen lassen **4.** *meist Pl* Sehenswürdigkeit *f* **5.** *oft Pl* Visier *n*: **set one's sights on** *fig etw* ins Auge fassen **6. a sight** *ugs* um einiges, viel *besser etc* **II** *v/t* **7.** sichten
ˈsight·ed *Adj* sehend
ˈsight-read *v/t und v/i* (*unreg* **read**) MUS vom Blatt singen *oder* spielen
ˈsight·see *v/i*: **go sightseeing** sich die Sehenswürdigkeiten anschauen
►**sight·see·ing** [ˈsaɪt,siːɪŋ] *s* Sightseeing *n*, Besichtigung *f* von Sehenswürdigkeiten: **sightseeing bus** Sightseeingbus *m*; **sightseeing tour** Sightseeingtour *f*, (Stadt)Rundfahrt *f*
►**sign** [saɪn] **I** *s* **1.** *allg* Zeichen *n*, MATHE, MUS *auch* Vorzeichen *n*, *fig auch* Anzeichen *n*: **signs** *Pl* **of fatigue** Ermüdungserscheinungen *Pl*; **all the signs are that** alles deutet darauf hin, dass; **there was no sign of him** von ihm war keine Spur zu sehen; **show signs of** Anzeichen zeigen von (*oder Gen*) **2.** (*Hinweis-, Warn- etc*)Schild *n* **3.** (*Stern-, Tierkreis*)Zeichen *n* **II** *v/t* **4.** unterschreiben, -zeichnen, *Bild, Buch* signieren; *Scheck* ausstellen; sich eintragen in (*Akk*): → **autograph** I **5.** SPORT *Spieler* verpflichten, unter Vertrag nehmen **III** *v/i* **6.** unterschreiben, -zeichnen: **sign for** den Empfang (*Gen*) (*durch seine Unterschrift*) bestätigen; → **dot** 2 **7.** SPORT (einen Vertrag) unterschreiben (**for, with** bei)
◆**sign a·way** *v/t* (schriftlich) verzichten auf (*Akk*)
◆**sign in** *v/i* sich (in eine Anwesenheitsliste *etc*) eintragen
◆**sign off** *v/i* **1.** RUNDFUNK, TV sein Programm beenden **2.** Schluss machen (*im Brief, auch allg*)
◆**sign on** **I** *v/t* **1. a)** → **sign** 5, **b)** *j-n* an-, einstellen, SCHIFF anheuern **II** *v/i* **2. a)** → **sign** 7, **b)** (einen Arbeitsvertrag) unterschreiben, SCHIFF anheuern **3.** RUNDFUNK, TV sein Programm beginnen
◆**sign out** *v/i* sich (aus einer Anwesenheitsliste *etc*) austragen
◆**sign o·ver** *v/t etw* überschreiben (**to** *Dat*)
◆**sign up** → **sign on** 1, 2
sig·nal [ˈsɪgnl] **I** *s* **1.** Signal *n*, Zeichen *n* (*beide auch fig*): → **busy** 6 **II** *Adj* **2.** beachtlich, un-, außergewöhnlich **III** *v/t Prät und Part Perf* **sig·naled**, *bes Br* **sig·nalled** **3. signal s.o. to do s.th.** j-m (ein) Zeichen geben, etw zu tun **4.** *fig Bereitschaft etc* signalisieren
sig·na·tory [ˈsɪgnətərɪ] *s* POL Unterzeichner(in)
►**sig·na·ture** [ˈsɪgnətʃə] *s* Unterschrift *f*, (*eines Bildes, Buchs*) Signatur *f*
sig·na·ture tune *s* RUNDFUNK, TV Erkennungsmelodie *f*
ˈsign·board *s* (Aushänge)Schild *n*
sig·net ring [ˈsɪgnɪt] *s* Siegelring *m*
sig·nif·i·cance [sɪgˈnɪfɪkəns] *s* Bedeutung *f*, Wichtigkeit *f*: **be of great significance to** von großer Bedeutung sein für
sigˈnif·i·cant *Adj* **1.** bedeutend, bedeutsam, wichtig **2.** vielsagend; bezeichnend
sig·ni·fy [ˈsɪgnɪfaɪ] *v/t* **1.** bedeuten **2.** *Meinung etc* kundtun
sign lan·guage *s* Zeichensprache *f*
ˈsign·post *s* Wegweiser *m*
si·lage [ˈsaɪlɪdʒ] *s* LANDW Silofutter *n*
►**si·lence** [ˈsaɪləns] **I** *s* Stille *f*; Schweigen *n*: **silence!** Ruhe!; **in silence** schweigend; **a one-minute silence** eine Schweigeminute **II** *v/t* zum Schweigen bringen (*auch fig*)
ˈsi·lenc·er *s* **1.** Schalldämpfer *m* **2.** MOT *Br* Auspufftopf *m*
►**si·lent** [ˈsaɪlənt] *Adj* still, (*Gebet, auch* LING *Buchstabe*) stumm; ruhig; schweigsam: **silent film** Stummfilm *m*; **the silent majority** die schweigende Mehrheit; **silent partner** WIRTSCH *Am* stiller Teilhaber, stille Teilhaberin; **remain silent** schweigen
Si·le·sia [saɪˈliːzjə] *Eigenn* Schlesien *n*
sil·hou·ette [,sɪluːˈet] **I** *s* Silhouette *f* **II** *v/t*: **be silhouetted against** sich (als Silhouette) abheben gegen
sil·i·con [ˈsɪlɪkən] *s* CHEM Silizium *n*
sil·i·cone [ˈsɪlɪkəʊn] *s* CHEM Silikon *n*
sil·i·co·sis [,sɪlɪˈkəʊsɪs] *s* MED Staublunge *f*
►**silk** [sɪlk] **I** *s* Seide *f* **II** *Adj* Seiden…
ˈsilk·worm *s* ZOOL Seidenraupe *f*
silk·y [ˈsɪlkɪ] *Adj* seidig (*Fell, Haare etc*), samtig

(Stimme)

sill [sɪl] *s (Fenster)*Bank *f*, (-)Brett *n*

sil·li·ness ['sɪlɪnɪs] *s* Albernheit *f*, Dummheit *f*

sil·ly ['sɪlɪ] **I** *Adj* albern, dumm: ***don't be silly!*** red doch keinen Unsinn!; ***silly billy*** *siehe* II; ***silly season*** *(Journalismus)* Saure-Gurken--Zeit *f* **II** *s ugs* Dummkopf *m*, Dummerchen *n*

si·lo ['saɪləʊ] *Pl* **si·los** *s* **1.** Silo *m*, *n* **2.** MIL Startsilo *m*, *n*

▸**sil·ver** ['sɪlvə] **I** *s* **1.** CHEM Silber *n (auch Besteck, Geschirr)* **2.** Silber(geld *n*, -münzen *Pl*) *n*: ***three pounds in silver*** drei Pfund in Silber **II** *Adj* **3.** silbern, Silber… **III** *v/t* **4.** versilbern

'sil·ver·fish *s* ZOOL Silberfischchen *n*

sil·ver foil *s* Silber-, Alu(minium)folie *f*; Silberpapier *n*

'sil·ver-haired *Adj* silberhaarig

sil·ver ju·bi·lee *s* 25-jähriges Jubiläum

sil·ver med·al *s* Silbermedaille *f*

sil·ver med·al·ist, sil·ver med·al·list *s* Silbermedaillengewinner(in)

sil·ver mine *s* Silberbergwerk *n*, -mine *f*

sil·ver pa·per *s* Silberpapier *n*

ˌsil·ver-'plat·ed *Adj* versilbert

sil·ver screen *s* Leinwand *f*; Kino *n*

'sil·ver·smith *s* Silberschmied(in)

'sil·ver·ware *s* Silber(besteck, -geschirr) *n*

sil·ver wed·ding *s* silberne Hochzeit

▸**sim·i·lar** ['sɪmɪlə] *Adj* ähnlich (***to*** *Dat*)

sim·i·lar·i·ty [ˌsɪmɪ'lærətɪ] *s* Ähnlichkeit *f* (***to*** mit)

'sim·i·lar·ly *Adv* **1.** ähnlich **2.** entsprechend

sim·i·le ['sɪmɪlɪ] *s* Simile *n*, Vergleich *m*

Similes – Einige bekannte englische Vergleiche WF

as black as coal	kohlenrabenschwarz
as blind as a bat	stockblind
as brown as a berry	braun gebrannt
as cool as a cucumber	seelenruhig
as dead as a dodo	mausetot
as dull as ditchwater	stinklangweilig
as fit as a fiddle	kerngesund
as flat as a pancake	völlig platt gedrückt
as red as a beetroot	rot wie eine Tomate
as thin as a rake	spindeldürr
as white as snow	schneeweiß

sim·mer ['sɪmə] **I** *v/i* **1.** köcheln, leicht kochen: ***simmer with*** *fig* kochen vor *(Zorn etc)*, fiebern vor *(Aufregung etc)*; ***simmer down*** *ugs* sich abregen **2.** *fig* gären, schwelen **II** *s* **3.** Köcheln *n*: ***bring to a simmer*** zum Köcheln bringen

sim·per ['sɪmpə] *v/i* albern *oder* affektiert lächeln

▸**sim·ple** ['sɪmpl] *Adj* (→ ***simply***) **1.** *allg* einfach, *(Aufgabe etc auch)* simpel, leicht, *(Lebensweise, Person, Stil etc auch)* schlicht, (MED *Bruch auch*) glatt: ***for the simple reason that*** aus dem einfachen Grund, weil **2.** einfältig; naiv, leichtgläubig

ˌsim·ple-'mind·ed *Adj* → ***simple*** 2

sim·plic·i·ty [sɪm'plɪsətɪ] *s* **1.** Einfachheit *f*, Schlichtheit *f*: ***be simplicity itself*** die einfachste Sache der Welt sein **2.** Einfältigkeit *f*; Naivität *f*, Leichtgläubigkeit *f*

sim·pli·fi·ca·tion [ˌsɪmplɪfɪ'keɪʃn] *s* Vereinfachung *f*

sim·pli·fy ['sɪmplɪfaɪ] *v/t* vereinfachen

sim·plis·tic [sɪm'plɪstɪk] *Adj* (***simplistically***) stark vereinfachend

sim·ply ['sɪmplɪ] *Adv* **1.** einfach (*etc*, → ***simple*** 1): ***to put it simply*** in einfachen Worten **2.** bloß, nur **3.** *ugs* einfach *großartig*

sim·u·late ['sɪmjʊleɪt] *v/t* **1.** vortäuschen, heucheln, *bes Krankheit* simulieren **2.** TECH *etc* simulieren

ˌsim·u'la·tion *s* **1.** Vortäuschung *f*, Simulieren *n*; Heuchelei *f* **2.** TECH *etc* Simulierung *f*

'sim·u·la·tor *s* **1.** Heuchler(in), Simulant(in) **2.** TECH Simulator *m*

si·mul·ta·ne·ous [ˌsɪməl'teɪnjəs] *Adj* simultan, gleichzeitig: ***simultaneous interpreter*** Simultandolmetscher(in)

▸**sin** [sɪn] **I** *s* Sünde *f*: ***live in sin*** *hum* in Sünde leben; ***(as) ugly as sin*** hässlich wie die Nacht; → ***deadly*** 1, ***mortal*** 3, **II** *v/i* sündigen

▸**since** [sɪns] **I** *Adv* **1.** *auch* ***ever since*** seitdem, -her **2.** inzwischen **II** *Präp* **3.** seit **III** *Konj* **4.** seit(dem) **5.** da

sin·cere [sɪn'sɪə] *Adj* aufrichtig: ***Yours sincerely*** Mit freundlichen Grüßen *(Briefschluss)*

sin·cer·i·ty [sɪn'serətɪ] *s* Aufrichtigkeit *f*: ***in all sincerity*** in aller Offenheit

sine [saɪn] *s* MATHE Sinus *m*

sine qua non [ˌsɪnɪkwɑː'nəʊn] *s* unbedingte Voraussetzung

sin·ew ['sɪnjuː] *s* ANAT Sehne *f*

'sin·ew·y *Adj* sehnig, *(Fleisch auch)* flechsig

sin·ful ['sɪnfʊl] *Adj* sündig, sündhaft

▸**sing** [sɪŋ] *(unreg)* **I** *v/i* **1.** singen **2.** pfeifen *(Kugel, Wind etc)* **II** *v/t* **3.** *etw* singen: ***sing s.o. s.th.*** j-m etw (vor)singen; ***sing a baby to sleep*** ein Baby in den Schlaf singen

singe [sɪndʒ] **I** *v/t* (sich *etw*) an- *oder* versengen **II** *s* ange- *oder* versengte Stelle

▸**sing·er** ['sɪŋə] *s* Sänger(in)

sing·er-song·writ·er *s* Liedermacher(in)

'sing·ing I *s* Singen *n*, Gesang *m* **II** *Adj*: ***singing lesson*** Sing-, Gesangsstunde *f*; ***singing voice*** Singstimme *f*

▸**sin·gle** ['sɪŋgl] **I** *Adj* **1.** einzig: ***not a single one*** kein Einziger **2.** einfach; einzeln, Einzel…: ▸ ***single room*** Einzelzimmer *n*; ***single ticket*** *siehe* 6 **3.** alleinstehend, unverheiratet: ***single mother*** alleinerziehende Mutter; ***single parent family*** Einelternteilfamilie *f*; ***single parents*** alleinerziehende Eltern **II** *s* **4.** Single *f (Schallplatte)* **5.** Single *m (Person)* **6.** *Br* einfache Fahrkarte, FLUG einfaches Ticket **7.** *meist Pl Tennis etc*: Einzel *n*: ***a singles match*** ein Einzel; ***men's singles*** Herreneinzel **III** *v/t* **8.** ***single out*** sich *j-n* herausgreifen

ˌsin·gle-'breast·ed *Adj* einreihig *(Anzug)*

sin·gle file *s und Adv*: ***(in) single file*** im Gänsemarsch

ˌsin·gle-'hand·ed *Adj und Adv* eigenhändig, (ganz) allein

ˌsin·gle-'mind·ed *Adj* zielstrebig, -bewusst

'sing·song *s* Singsang *m*

sin·gu·lar ['sɪŋgjʊlə] **I** *Adj* **1.** LING Singular…, Einzahl… **2.** *fig* einzigartig, einmalig **II** *s* **3.** LING Singular *m*, Einzahl *f*

sin·is·ter ['sɪnɪstə] *Adj* finster, unheimlich

▸**sink** [sɪŋk] **I** *v/i (unreg)* **1.** sinken, untergehen: ***leave s.o. to sink or swim*** j-n sich selbst über-

Singular im Englischen – Plural im Deutschen

GR

Im Englischen gibt es einige Ausdrücke, die man nicht im Plural gebrauchen kann, obwohl sie im Deutschen auch im Plural vorkommen. Das heißt, man darf sie auch nicht mit dem unbestimmten Artikel **a** bzw. **an** benutzen. Stattdessen können Sie, wo angebracht, **some** oder **any** einfügen. Hier die wichtigsten Beispiele:

advice	Rat(schlag), Ratschläge
He gave me some very useful advice.	Er gab mir einen guten Rat / einige gute Ratschläge.
information	Information, Informationen
Have you got any information on the Edinburgh Festival?	Haben Sie Informationen zum „Edinburgh Festival"?
knowledge	Kenntnis, Kenntnisse, Wissen
My knowledge of Latin isn't very good.	Meine Lateinkenntnisse sind nicht sehr gut.
news	Nachricht, Nachrichten (trotz **-s** am Ende verlangt **news** den Singular)
The news is on in two minutes.	In zwei Minuten kommen die Nachrichten.
I've got some good news for you.	Ich habe eine gute Nachricht für dich.
progress	Fortschritt, Fortschritte
She's making (some) progress.	Sie macht Fortschritte.
furniture	Möbel
My parents gave me this furniture.	Diese Möbel stammen von meinen Eltern.

Einigen dieser Substantive kann man auch **a piece of** voranstellen, um den Singular auszudrücken:

a piece of advice	ein Ratschlag
a piece of information	eine Information
a piece of news	eine Nachricht
a piece of furniture	ein Möbelstück

lassen **2.** sich senken (*Gebäude etc*); sinken, zurückgehen (*Hochwasser etc, fig Zahl etc*): → ***heart*** 1, ***spirit*** 4 **3.** sinken (***into a chair*** in einen Sessel; ***to the ground*** zu Boden; ***to one's knees*** auf die Knie; ***into a deep sleep*** in einen tiefen Schlaf): → ***oblivion*** **4.** ***sink in*** eindringen (*Flüssigkeit, auch fig Nachricht etc*) **II** *v/t* (*unreg*) **5.** *Schiff etc* versenken **6.** *Graben etc* ausheben, *Brunnen etc* bohren **7.** *Zähne etc* vergraben, -senken (***into*** in *Akk*) **8.** *Pläne etc* zunichtemachen **9.** *Streit etc* beilegen, begraben **10.** *Geld, Arbeit etc* investieren (***in, into*** in *Akk*) **III** *s* **11.** Spülbecken *n*, Spüle *f*; *bes Am* Waschbecken *n*

'sink·er *s* Grundgewicht *n* (*eines Fischnetzes*)

'sink·ing *Adj*: ***I got that sinking feeling when*** *ugs* mir wurde ganz anders, als; ***with a sinking heart*** schweren Herzens

S

sin·ner ['sɪnə] *s* Sünder(in)

si·nus ['saɪnəs] *s* ANAT (Nasen)Nebenhöhle *f*; Stirnhöhle *f*

si·nus·i·tis [ˌsaɪnə'saɪtɪs] *s* MED (Nasen)Nebenhöhlenentzündung *f*

Sioux [suː] *Pl* **Sioux** [suːz] *s* Sioux *m, f*

sip [sɪp] **I** *s* Schlückchen *n*: ***take a sip of*** *siehe* IIa **II** *v/t* **a)** nippen an (*Dat*) *oder* von, **b)** schlückchenweise trinken **III** *v/i*: ***sip at*** *siehe* IIa

si·phon ['saɪfn] **I** *s* **1.** Siphon(flasche *f*) *m* **2.** CHEM Saugheber *m* **II** *v/t* **3.** *auch* ***siphon off*** absaugen, *Benzin* abzapfen; *fig Geld, Personal etc* abziehen

SIPS ['esaɪpiːˌes] *Abk* (***= side impact protection system***) MOT Seitenaufprallschutz *m*

▶ **sir** [sɜː] *s* **1.** mein Herr (*Anrede, oft unübersetzt*): ***Dear Sirs*** Sehr geehrte Herren (*Anrede*

Sir

SG

Die Anrede **Sir** wird entweder dem Vornamen oder dem Vornamen + Nachnamen vorangestellt. Nie erscheint sie mit dem Nachnamen allein. Also: **Sir Winston** oder **Sir Winston Churchill** (nicht „Sir Churchill"!).

in Briefen) **2. Sir** *Br* Sir *m* (*Adelstitel*): ***Sir Winston*** (***Churchill***)

si·ren ['saɪərən] *s* Sirene *f*

sir·loin steak ['sɜːlɔɪn] *s* Lendensteak *n*

sis [sɪs] *s ugs* Schwesterherz *n*

sis·sy ['sɪsɪ] *s ugs* Weichling *m*

▶ **sis·ter** ['sɪstə] **I** *s* **1.** Schwester *f* **2.** REL (Ordens)Schwester *f*: ***Sister Mary*** Schwester Mary **3.** MED *Br* Oberschwester *f* **II** *Adj* **4.** Schwester…: ***sister company*** Schwester(gesellschaft) *f*; ***sister city*** *Am* Partnerstadt *f*; ***sister ship***, *etc*

sis·ter·hood ['sɪstəhʊd] *s* REL Schwesternschaft *f*

▶ **sis·ter-in-law** ['sɪstərɪnlɔː] *Pl* **'sis·ters-in-law** *s* Schwägerin *f*

Pluralbildung bei Zusammensetzungen

GR

Bei vielen Zusammensetzungen aus Substantiv und Präposition wird das Plural-**s** an das erste Element angehängt. Wichtige Beispiele hierfür sind:

sister-in-law	**sisters-in-law**
brother-in-law	**brothers-in-law**
mother-in-law	**mothers-in-law**
father-in-law	**fathers-in-law**
daughter-in-law	**daughters-in-law**
son-in-law	**sons-in-law**
passer-by	**passers-by**
⚠ aber:	
woman driver	**wom<u>e</u>n driver<u>s</u>**

⚠ Die Gesamtheit der angeheirateten Verwandtschaft wird mit **in-laws** bezeichnet.

sis·ter·ly ['sɪstəlɪ] *Adj* schwesterlich
▶ **sit** [sɪt] (*unreg*) **I** *v/i* **1.** sitzen: → ***fence*** 1, ***pretty*** II, ***tight*** 8 **2.** sich setzen **3.** babysitten **4.** tagen **II** *v/t* **5.** *j-n* setzen **6.** *Br* → ***sit for*** 1
◆ **sit a·bout**, **sit a·round** *v/i* herumsitzen
◆ **sit back** *v/i* sich zurücklehnen, *fig auch* die Hände in den Schoß legen
◆ **sit down I** *v/i* sich setzen, Platz nehmen; sitzen: ***sitting down*** im Sitzen **II** *v/t j-n* absetzen
◆ **sit for** *v/i* **1.** *Prüfung* ablegen, machen **2.** *j-m* (*Modell*) sitzen: ***sit for one's portrait*** sich porträtieren lassen
◆ **sit in** *v/i* **1.** ***sit in for*** *j-n* vertreten **2.** ***sit in on*** als Zuhörer teilnehmen an (*Dat*) **3.** ein Sit-in veranstalten; an einem Sit-in teilnehmen
◆ **sit on** *v/i* **1.** ***sit on a committee*** einem Ausschuss angehören **2.** *fig* sitzen auf (*Dat*) **3.** *ugs j-n* unterbuttern
◆ **sit out** *v/t* **1.** *Tanz* auslassen **2.** bis zum Ende *einer Veranstaltung etc* bleiben **3.** das Ende (*Gen*) abwarten; *Krise etc* aussitzen
◆ **sit up I** *v/i* **1.** sich aufrichten *oder* -setzen; aufrecht sitzen: ***make s.o. sit up*** (***and take notice***) *ugs* j-n aufhorchen lassen **2.** aufbleiben **3.** ***sit up*** (***at*** *oder* ***to the table*** bei Tisch) Platz nehmen **II** *v/t* **4.** *j-n* aufrichten *oder* -setzen
sit·com ['sɪtkɒm] *ugs* → ***situation comedy***
'**sit-down** *s* **1.** *auch* ***sit-down protest*** Sitzblockade *f* **2.** *ugs* Verschnaufpause *f*: ***have a sit-down*** eine Verschnaufpause einlegen
site [saɪt] **I** *s* **1.** Platz *m*, Ort *m*, Stelle *f*; *eng. S.* Standort *m*; (*Ausgrabungs*)Stätte *f* **2.** Baustelle *f* **3.** IT Website *f* **II** *v/t* **4.** platzieren, MIL *Raketen etc* stationieren: ***be sited*** gelegen sein, liegen
'**sit-in** *s* Sit-in *n*, Sitzstreik *m*: ***stage a sit-in in*** *Gebäude etc* besetzen
sit·ter ['sɪtə] *s* **1.** MALEREI *etc* Modell *n* **2.** Babysitter(in)
'**sit·ting I** *s* **1.** Sitzung *f* (*auch* MALEREI *etc*) **2.** ***read s.th. at a single sitting*** etw in 'einem Zug durchlesen **II** *Adj* **3.** ***sitting duck*** *fig* leichte Beute; ***sitting room*** Wohnzimmer *n*
sit·u·at·ed ['sɪtjʊeɪtɪd] *Adj* **1.** ***be situated*** gelegen sein, liegen **2.** *fig* ***be badly situated*** in einer schwierigen Lage sein; ***be well situated*** gut situiert sein; ohne Weiteres in der Lage sein (***to do*** zu tun)
▶ **sit·u·a·tion** [ˌsɪtjʊ'eɪʃn] *s* **1.** *fig* Lage *f*, Situation *f* **2.** Lage *f* (*eines Hauses etc*) **3.** ***situations*** *Pl* ***vacant*** (***wanted***) Stellenangebote *Pl* (Stellengesuche *Pl*)
sit·u·a·tion com·e·dy *s* RUNDFUNK, TV humorvolle Serie
▶ **six** [sɪks] **I** *Adj* sechs **II** *s* Sechs *f*: ***six of hearts*** Herzsechs; ***be all at sixes and sevens*** *ugs* nicht mehr wissen, wo einem der Kopf steht

half six = half past six SG

Oft lässt man im Englischen bei der Zeitangabe das Wort **past** nach **half** einfach weg. Also Vorsicht! Wenn Ihr englischsprachiger Freund sich mit Ihnen für **half six** in der Stadt verabredet, dann ist das halb sieben und nicht halb sechs.

six·fold ['sɪksfəʊld] **I** *Adj* sechsfach **II** *Adv* sechsfach, um das Sechsfache: ***increase sixfold*** (sich) versechsfachen
'**six-pack** *s* **1.** *Bier etc*: Sechserpackung *f* **2.** *ugs* Waschbrettbauch *m*
▶ **six·teen** [ˌsɪks'tiːn] *Adj* sechzehn
▶ **six·teenth** [ˌsɪks'tiːnθ] *Adj* sechzehnt
▶ **sixth** [sɪksθ] **I** *Adj* **1.** sechste(r, -s): ***sixth sense*** *fig* sechster Sinn **II** *s* **2.** *der, die, das* Sechste: ***the sixth of May*** der 6. Mai **3.** Sechstel *n*
▶ **six·ti·eth** ['sɪkstɪəθ] *Adj* sechzigst
'**six-time** *Adj* sechsmalig
▶ **six·ty** ['sɪkstɪ] **I** *Adj* sechzig **II** *s* Sechzig *f*: ***be in one's sixties*** in den Sechzigern sein; ***in the sixties*** in den Sechzigerjahren (*eines Jahrhunderts*)
▶ **size** [saɪz] **I** *s* **1.** Größe *f*, *fig auch* Ausmaß *n*, Umfang *m*: ***what size is …?*** wie groß ist …? **2.** (*Kleider-, Schuh- etc-*)Größe *f*, Nummer *f*: ***what size do you take?*** welche Größe tragen Sie?; ***I'll cut him down to size*** *ugs* dem werd ichs zeigen **II** *v/t* **3.** *meist* ***size up*** *j-n*, *etw* abschätzen
size·a·ble ['saɪzəbl] *Adj* beträchtlich (*Summe etc*)
siz·zle ['sɪzl] **I** *v/i* brutzeln **II** *s* Brutzeln *n*
'**siz·zler** *s ugs* glühend heißer Tag
skate [skeɪt] **I** *s* Schlittschuh *m*; Rollschuh *m* **II** *v/i* Schlittschuh laufen, eislaufen; Rollschuh laufen: ***skate over*** (*oder* ***round***) *s.th. fig* hinweggehen über (*Akk*); → ***ice*** 1
'**skate·board** *s* Skateboard *n*
'**skate·board·er** *s* Skateboardfahrer(in)
'**skate·park** *s* Skateboardanlage *f*
skat·er ['skeɪtə] *s* Eis-, Schlittschuhläufer(in); Rollschuhläufer(in); Inlineskater(in)
'**skat·ing** *Adj*: ***skating rink*** (Kunst)Eisbahn *f*; Rollschuhbahn *f*
ske·dad·dle [skɪ'dædl] *v/i ugs* türmen
skel·e·ton ['skelɪtn] **I** *s* **1.** Skelett *n*, Gerippe *n* (*beide auch fig Person etc*): ***have a skeleton in the cupboard*** (*Am* ***closet***) eine Leiche im Keller haben **2.** ARCHI, FLUG, SCHIFF Skelett *n* **3.** *fig* Entwurf *m*; Rahmen *m* **II** *Adj* **4.** Rahmen… **5.** Not…: ***skeleton service*** Notdienst *m* **6.** ***skeleton key*** Hauptschlüssel *m*
skep·tic, *etc bes Am* → ***sceptic***, *etc*
sketch [sketʃ] **I** *s* **1.** KUNST *etc* Skizze *f* **2.** THEAT *etc* Sketch *m* **II** *v/t* **3.** skizzieren **4.** *oft* ***sketch in*** (*oder* ***out***) *fig* skizzieren
sketch pad *s* Skizzenblock *m*
'**sketch·y** *Adj* flüchtig, oberflächlich, (*Erinnerung etc*) bruchstückhaft
skew [skjuː] **I** *Adj* schief; schräg; unsymmetrisch **II** *v/t fig* verzerren
skew·er [skjʊə] **I** *s* (Fleisch)Spieß *m* **II** *v/t Fleisch* aufspießen

▶**ski** [skiː] **I** *s* Ski *m* **II** *Adj* Ski…: ***ski lift, boots****, etc* **III** *v/i* Ski fahren *oder* laufen
skid [skɪd] **I** *v/i* **1.** MOT schleudern **II** *s* **2.** ***go into a skid*** MOT ins Schleudern kommen **3.** TECH Rolle *f*: ***he's on the skids*** *ugs* mit ihm geht es abwärts
ski·er [ˈskiːə] *s* Skifahrer(in), -läufer(in)
skiff [skɪf] *s* SCHIFF Skiff *n*, (*Rudersport auch*) Einer *m*
ski·ing [ˈskiːɪŋ] *s* Skifahren *n*, -laufen *n*, -sport *m*: ***skiing goggles*** Skibrille *f*
ski jump *s* Ski-, Sprungschanze *f*
▶**skil·ful** [ˈskɪlfʊl] *Adj* geschickt
▶**skill** [skɪl] *s* **1.** Geschick *n*: ***game of skill*** Geschicklichkeitsspiel *n* **2.** Fertigkeit *f*
skilled [skɪld] *Adj* **1.** geschickt (***at, in*** in *Dat*) **2.** ***skilled worker*** Facharbeiter(in)
skil·let [ˈskɪlɪt] *s bes Am* Bratpfanne *f*
▶**skill·ful** *Am* → ***skilful***
skim [skɪm] **I** *v/t* **1.** *auch* ***skim off*** *Fett etc* abschöpfen (***from*** von) **2.** *Milch* entrahmen: ***skimmed milk*** Magermilch *f* **3.** *Bericht etc* überfliegen **II** *v/i* **4.** ***skim over*** (*oder* ***through***) *siehe* 3
skim milk *s* Magermilch *f*
skimp [skɪmp] *v/i*: ***skimp on*** sparen an (*Dat*)
ˈskimp·y *Adj* dürftig (*Mahlzeit, Beweise etc*); knapp (*Kleidungsstück*)
▶**skin** [skɪn] **I** *s* **1.** Haut *f* (*auch einer Wurst, auf Milch etc*): ***by the skin of one's teeth*** *ugs* mit Ach und Krach, gerade noch; ***be all skin and bone(s)*** nur noch Haut und Knochen sein; ***that's no skin off my nose*** *ugs* das juckt mich nicht; ***be drenched*** (*oder* ***soaked***) ***to the skin*** bis auf die Haut durchnässt *oder* nass sein; ***get under s.o.'s skin*** *ugs* j-m unter die Haut gehen; j-m auf den Wecker fallen; ***save one's skin*** *ugs* seine Haut retten **2.** Haut *f*; Fell *n* **3.** (*Bananen-, Zwiebel- etc*)Schale *f* **4.** *ugs* → ***skinhead*** **II** *v/t* **5.** *Tier* abhäuten: ***skin s.o. alive*** *ugs* j-n zur Schnecke machen **6.** *Zwiebel etc* schälen: ***keep one's eyes skinned*** *ugs* die Augen offen halten **7.** sich *das Knie etc* aufschürfen
ˌskin-ˈdeep *Adj fig* oberflächlich
skin div·ing *s* Sporttauchen *n*
skin flick *s ugs* Sexfilm *m*
ˈskin·flint *s* Geizhals *m*
skin·ful [ˈskɪnfʊl] *s*: ***he's had a skinful*** *ugs* er hat schwer geladen (*ist betrunken*)
skin graft *s* Hauttransplantation *f*, -verpflanzung *f*
ˈskin·head *s bes Br* Skinhead *m*
skin·ny [ˈskɪnɪ] *Adj* dürr
skint [skɪnt] *Adj Br ugs* blank, pleite
ˌskin-ˈtight *Adj* hauteng
skip [skɪp] **I** *v/i* **1.** hüpfen **2.** *Br* seilhüpfen, -springen **3.** *fig* springen (***from one subject to another*** von ˈeinem Thema zum andern): ***skip over*** *etw* überspringen, auslassen **4.** *auch* ***skip off*** *ugs* abhauen, türmen **II** *v/t* **5.** *etw* überspringen, auslassen; *Vorlesung etc* schwänzen; *Mahlzeit* ausfallen lassen **III** *s* **6.** Hüpfer *m*
skip·per [ˈskɪpə] *s* **1.** SCHIFF Kapitän(in) **2.** SPORT Mannschaftsführer(in)
skip·ping rope [ˈskɪpɪŋ] *s Br* Spring-, Sprungseil *n*
skir·mish [ˈskɜːmɪʃ] *s* MIL Geplänkel *n* (*auch fig*)
▶**skirt** [skɜːt] **I** *s* Rock *m*, *schweiz.* Jupe *m* **II** *v/t siehe* III **III** *v/i*: ***skirt (a)round*** *fig* umgehen
ˈskirt·ing *Adj*: ***skirting board*** *Br* Fuß(boden)-Scheuerleiste *f*
skit [skɪt] *s* Parodie *f* (***on*** auf *Akk*): ***do a skit on*** *j-n, etw* parodieren
skive [skaɪv] *v/i auch* ***skive off*** *Br ugs* blaumachen
skul·dug·ger·y [skʌlˈdʌgərɪ] *s ugs* fauler Zauber
skulk [skʌlk] *v/i* sich herumdrücken, herumschleichen
skull [skʌl] *s* ANAT Schädel *m*: ***skull and crossbones*** Totenkopf *m* (*Symbol*); ***can't you get it into that thick skull of yours that …?*** *ugs* will es denn nicht in deinen Schädel, dass …?
skunk [skʌŋk] *s* **1.** ZOOL Skunk *m*, Stinktier *n* **2.** *ugs* Saukerl *m*
▶**sky** [skaɪ] *s*, *auch Pl* Himmel *m*: ***in the sky*** am Himmel; ***the sky's the limit*** *ugs* nach oben sind keine Grenzen gesetzt; ***praise to the skies*** *j-n, etw* in den Himmel heben
ˌsky-ˈblue *Adj* himmelblau
ˈskyˌdiv·er *s* SPORT Fallschirmspringer(in)
ˈskyˌdiv·ing *s* Fallschirmspringen *n*
ˌsky-ˈhigh *Adj und Adv* himmelhoch: ***blow sky-high*** in die Luft jagen; *fig Theorie etc* über den Haufen werfen, *Argument etc* widerlegen, *Mythos* zerstören
ˈsky·light *s* Dachfenster *n*
ˈsky·line *s* Skyline *f*, Silhouette *f* (*einer Stadt*)
ˈskyˌrock·et → ***rocket*** 3
ˈskyˌscrap·er *s* Wolkenkratzer *m*
slab [slæb] *s* **1.** (*Stein- etc*)Platte *f* **2.** dickes Stück (*Kuchen etc*)
slack [slæk] **I** *Adj* **1.** locker (*Seil etc*) **2.** *fig* lax (*Disziplin etc*) **3.** *fig* lasch, nachlässig **4.** WIRTSCH flau **II** *v/i* **5.** bummeln **6.** ***slack off*** → ***slacken*** 4
ˈslack·en **I** *v/t* **1.** lockern **2.** *fig* verringern: ***slacken one's speed*** langsamer werden **II** *v/i* **3.** locker werden **4.** *auch* ***slacken off*** *fig* nachlassen, (*Person auch*) abbauen
slag [slæg] *s* **1.** Schlacke *f* **2.** *Br sl* Schlampe *f*
slain [sleɪn] *Part Perf von* ***slay***
slake [sleɪk] *v/t* ***slake one's thirst*** seinen Durst löschen
sla·lom [ˈslɑːləm] *s* SPORT Slalom *m*
slam [slæm] **I** *v/t* **1.** *auch* ***slam shut*** *Tür etc* zuknallen, zuschlagen **2.** *auch* ***slam down*** *ugs etw* knallen (***on*** auf *Akk*): ***slam the brakes on*** MOT auf die Bremse steigen **3.** *fig* scharf kritisieren **II** *v/i* **4.** *auch* ***slam shut*** zuknallen, zuschlagen
slan·der [ˈslɑːndə] **I** *s* Verleumdung *f* **II** *v/t* verleumden
ˈslan·der·ous *Adj* verleumderisch
slang [slæŋ] **I** *s* Slang *m*; Jargon *m* **II** *v/t bes Br ugs j-n* wüst beschimpfen
ˈslang·ing *Adj*: ***they had a slanging match*** *bes Br ugs* sie beschimpften sich wüst
slant [slɑːnt] **I** *v/t* **1.** ***be slanted toward(s)*** (*oder* ***in favo[u]r of***) *fig* (einseitig) ausgerichtet sein auf (*Akk*) **II** *s* **2.** ***at*** (*oder* ***on***) ***a slant*** schräg **3.** *fig* Einstellung *f* (***on*** zu); Ausrichtung *f*
ˈslant·ing *Adj* schräg
slap [slæp] **I** *s* **1.** Schlag *m*, Klaps *m*: ***a slap in the face*** eine Ohrfeige, *österr.* eine Watsche, *bes fig* ein Schlag ins Gesicht (***for*** für) **II** *v/t* **2.** schlagen: ***slap s.o.'s face*** j-n ohrfeigen **3.** *auch* ***slap down*** *etw* klatschen (***on*** auf *Akk*) **III** *v/i* **4.** klatschen (***against*** gegen) (*Wellen etc*) **IV** *Adv* **5.** *ugs* direkt, genau
ˌslap-ˈbang → ***slap*** 5
ˈslap·dash *Adj* schlampig, schlud(e)rig

'slap·stick *s* THEAT *etc* Slapstick *m*, Klamauk *m*: ***slapstick comedy*** Slapstickkomödie *f*
'slap-up *Adj Br ugs* toll (*Essen*)
slash [slæʃ] **I** *v/t* **1.** auf-, zerschlitzen: ***slash one's wrists*** sich die Pulsadern aufschneiden **2.** *fig Preise* drastisch herabsetzen; *Ausgaben etc* drastisch kürzen **II** *v/i* **3.** ***slash at*** schlagen nach **4.** peitschen **III** *s* **5.** Hieb *m* **6.** Schlitz *m* (*in Kleid etc*) **7.** *auch* ***slash mark*** Schrägstrich *m* **8.** ***have*** (***go for***) ***a slash*** *Br sl* schiffen (gehen)
slate[1] [sleɪt] **I** *s* **1.** GEOL Schiefer *m* **2.** Schieferplatte *f* **3.** Schiefertafel *f*: ***put on the slate*** *fig etw* anschreiben; ***wipe the slate clean*** *fig* reinen Tisch machen **4.** POL *Am* Kandidatenliste *f* **II** *v/t* **5.** *Dach* mit Schiefer decken **6.** *Am j-n* vorschlagen (***for, to be*** als) **7.** *Am etw* ansetzen, planen (***for*** für)
slate[2] [sleɪt] *v/t bes Br ugs Theaterstück etc* verreißen
slaugh·ter ['slɔːtə] **I** *s* **1.** Schlachten *n*: ***ready for slaughter*** schlachtreif **2.** Gemetzel *n* **II** *v/t* **3.** *Tier* schlachten **4.** *Menschen* niedermetzeln
'slaugh·ter·house *s* Schlachthaus *n*, -hof *m*
▶**slave** [sleɪv] **I** *s* Sklave *m*, Sklavin *f* (*beide auch fig* ***of, to*** *Gen*) **II** *v/i auch* ***slave away*** sich abplagen
slave driv·er *s ugs* Sklaventreiber(in), Leuteschinder(in)
slave la·bor, slave la·bour *s* Sklavenarbeit *f* (*auch fig*)
slav·er ['slævə] *v/i* geifern
slav·er·y ['sleɪvərɪ] *s* Sklaverei *f*
slave trade, slave traf·fic *s* Sklavenhandel *m*
slav·ish ['sleɪvɪʃ] *Adj* sklavisch
slaw [slɔː] *s bes Am* Krautsalat *m*
slay [sleɪ] *v/t Am* ermorden, umbringen
'slay·er *s* Mörder(in)
slea·zy ['sliːzɪ] *Adj* schäbig, heruntergekommen; anrüchig
sled [sled] → ***sledge***
sledge [sledʒ] **I** *s* (*auch* Rodel)Schlitten *m* **II** *v/i* Schlitten fahren, rodeln
'sledge,ham·mer *s* TECH Vorschlaghammer *m*
sleek [sliːk] *Adj* **1.** geschmeidig (*Haar etc*) **2.** schnittig (*Auto*)
▶**sleep** [sliːp] **I** *s* Schlaf *m*: ***in one's sleep*** im Schlaf; ***I couldn't get to sleep*** ich konnte nicht einschlafen; ▶ ***go to sleep*** einschlafen (*ugs auch Bein etc*); ***put to sleep*** *Tier* einschläfern (*ugs auch j-n narkotisieren*) **II** *v/i* (*unreg*) schlafen: ***sleep late*** lang *oder* länger schlafen; ***sleep like a log*** *ugs* wie ein Murmeltier schlafen; ***sleep on*** *Problem etc* überschlafen; ***sleep through*** *Gewitter etc* verschlafen; ***sleep with s.o.*** mit j-m schlafen **III** *v/t* (*unreg*) Schlafgelegenheit bieten für: ***this tent sleeps four people*** in diesem Zelt können vier Leute schlafen
◆**sleep a·round** *v/i ugs* rumbumsen
◆**sleep in** *v/i* lang *oder* länger schlafen
◆**sleep off** *v/t*: ***sleep it off*** *ugs* seinen Rausch ausschlafen
◆**sleep to·geth·er** *v/i* miteinander schlafen
sleep·er ['sliːpə] *s* **1.** Schlafende *m, f*, Schläfer(in): ***be a light*** (***heavy***) ***sleeper*** einen leichten (festen) Schlaf haben **2.** BAHN *Br* Schwelle *f* **3.** BAHN Schlafwagen *m*; Schlafwagenplatz *m*
sleep·ing bag ['sliːpɪŋ] *s* Schlafsack *m*
sleep·ing car *s* BAHN Schlafwagen *m*
sleep·ing part·ner *s* WIRTSCH *Br* stiller Teilhaber, stille Teilhaberin
sleep·ing pill *s* Schlaftablette *f*
sleep·ing po·lice·man *s* (*unreg* ***man***) MOT *Br* Rüttelschwelle *f*
sleep·ing sick·ness *s* MED Schlafkrankheit *f*
sleep·ing tab·let *s* Schlaftablette *f*
sleep·less ['sliːplɪs] *Adj* schlaflos (*Nacht etc*)
'sleep·walk *v/i* schlaf-, nachtwandeln
'sleep,walk·er *s* Schlaf-, Nachtwandler(in)
sleep·y ['sliːpɪ] *Adj* **1.** schläfrig, müde **2.** *fig* verschlafen, verträumt (*Städtchen etc*)
'sleep·y·head *s ugs* Schlafmütze *f*
sleet [sliːt] *s* Schneeregen *m*
▶**sleeve** [sliːv] *s* **1.** Ärmel *m*: ***have*** (***oder keep***) ***s.th. up one's sleeve*** *fig* etw auf Lager *oder* in petto haben; ***laugh up one's sleeve*** *fig* sich ins Fäustchen lachen **2.** TECH Manschette *f*, Muffe *f* **3.** *bes Br* (*Platten*)Hülle *f*
'sleeve·less *Adj* ärmellos
sleeve note *s* Plattencovertext *m*
sleigh [sleɪ] *s* (*bes* Pferde)Schlitten *m*
sleight of hand [slaɪt] *s* **1.** Fingerfertigkeit *f* **2.** *fig* Taschenspielertrick *m*
slen·der ['slendə] *Adj* **1.** schlank **2.** *fig* mager (*Aussichten, Einkommen etc*)
slept [slept] *Prät und Part Perf von* ***sleep***
sleuth [sluːθ] *s ugs* Detektiv(in)
slew [sluː] *Prät von* ***slay***
▶**slice** [slaɪs] **I** *s* **1.** Scheibe *f* (*Brot etc*), Stück (*Kuchen etc*); *fig* Anteil *m* (***of*** an *Dat*) **2.** *Br* (*Braten*)Wender *m* **3.** *Golf, Tennis*: Slice *m* **II** *v/t* **4.** *auch* ***slice up*** in Scheiben *oder* Stücke schneiden: ***slice off*** *Stück* abschneiden (***from*** von) **5.** *Golf, Tennis*: *Ball* slicen
slick [slɪk] **I** *Adj* **1.** gekonnt (*Vorstellung etc*) **2.** geschickt, raffiniert **3.** glatt (*Straße etc*) **II** *s* **4.** (*Öl*)Teppich *m* **5.** *Motorsport*: Slick *m* (*Trockenreifen*) **6.** *Am ugs* Hochglanzmagazin *n*
'slick·er *s Am* Regenmantel *m*
slid [slɪd] *Prät und Part Perf von* ***slide***
▶**slide** [slaɪd] **I** *v/i* (*unreg*) **1.** gleiten; rutschen: ***let things slide*** *fig* die Dinge schleifen lassen **2.** schleichen **II** *v/t* (*unreg*) **3.** schieben; gleiten lassen **III** *s* **4.** Rutsche *f*, Rutschbahn *f* **5.** (*Erd- etc*)Rutsch *m* **6.** *Br* (*Haar*)Spange *f* **7.** Dia *n*
slide pro·jec·tor *s* Diaprojektor *m*
slide rule *s* Rechenschieber *m*, -stab *m*
slid·ing door ['slaɪdɪŋ] *s* Schiebetür *f*
▶**slight** [slaɪt] **I** *Adj* leicht (*Schmerz etc*), geringfügig (*Änderung etc*): ***I haven't got the slightest idea*** ich habe nicht die geringste Ahnung; ***not in the slightest*** nicht im Geringsten **II** *v/t j-n* beleidigen, kränken **III** *s* Beleidigung *f* (***on, to*** *Gen*)
▶**slim** [slɪm] **I** *Adj* **1.** schlank **2.** *fig* gering (*Chance, Hoffnung etc*) **II** *v/i* **3.** eine Schlankheitskur machen **III** *v/t* **4.** *auch* ***slim down*** *fig* verringern
slime [slaɪm] *s* Schleim *m*
slim·ming ['slɪmɪŋ] **I** *s* Abnehmen *n* **II** *Adj* Schlankheits…
slim·y ['slaɪmɪ] *Adj* schleimig (*auch fig*)
sling[1] [slɪŋ] **I** *s* **1.** MED Schlinge *f*: ***have one's arm in a sling*** den Arm in der Schlinge tragen **2.** Trag(e)riemen *m* (*für Gewehr*); Trag(e)tuch *n* (*für Baby*) **II** *v/t* (*unreg*) **3.** aufhängen
sling[2] [slɪŋ] *v/t* (*unreg*) schleudern: → ***mud*** 2
slink [slɪŋk] *v/i* (*unreg*) (sich) schleichen
▶**slip**[1] [slɪp] **I** *s* **1.** Versehen *n*: ***slip of the tongue*** Versprecher *m* **2.** Unterkleid *n*, -rock *m* **3.** (*Kissen*)Bezug *m* **4.** ***give s.o. the slip*** *ugs* j-m entwischen **II** *v/i* **5.** rutschen, (*auf Eis auch*) schlittern: ***slip out of s.o.'s hand*** j-m aus der Hand rutschen; ***he let slip that*** *fig* ihm

ist herausgerutscht, dass; ***let an opportunity slip (through one's fingers)*** sich eine Gelegenheit entgehen lassen **6.** ausrutschen **7.** *allg* schlüpfen **8.** sich vertun **9.** *fig* nachlassen, (*Gewinne etc*) zurückgehen **III** *v/t* **10.** ***slip s.th. into s.o.'s hand*** j-m etw in die Hand schieben; ***slip s.o. s.th.*** j-m etw zuschieben **11.** sich losreißen von **12.** ***slip s.o.'s attention*** j-m *oder* j-s Aufmerksamkeit entgehen; ***slip s.o.'s mind*** j-m entfallen **13.** ***he has slipped a disc, he has a slipped disc*** MED er hat einen Bandscheibenvorfall

◆**slip by** *v/i* verstreichen (*Zeit*)

◆**slip off** *v/t* schlüpfen aus (*einem Kleidungsstück*)

◆**slip on** *v/t* *Kleidungsstück* überstreifen, schlüpfen in (*Akk*)

◆**slip out** *v/i*: ***it just slipped out*** es ist mir *etc* so herausgerutscht

◆**slip past** → ***slip by***

◆**slip up** → ***slip***[1] 8

slip[2] [slɪp] *s auch* ***slip of paper*** Zettel *m*

'slip,cov·er *s Am* Schonbezug *m*

'slip-on I *Adj*: ***slip-on shoe*** *siehe* II **II** *s* Slipper *m*

slip·per ['slɪpə] *s* Hausschuh *m*, Pantoffel *m*

slipper ≠ Slipper

slipper	=	Hausschuh, Pantoffel
Slipper	=	*Br* slip-on shoe, *Am* loafer

slip·per·y ['slɪpərɪ] *Adj* **1.** glatt, rutschig, (*auch Fisch, Seife etc*) glitschig **2.** *fig* zwielichtig

slip road *s Br Autobahn*: Ausfahrt *f*; Einfahrt *f*

'slip·shod *Adj* schlampig, schlud(e)rig

'slip·stream (*Sport*) **I** *s* Windschatten *m* **II** *v/i* im Windschatten fahren

'slip-up → ***slip***[1] 1

slit [slɪt] **I** *s* Schlitz *m* (*auch im Rock etc*) **II** *v/t* (*unreg*) schlitzen: ***slit (open)*** aufschlitzen

sliv·er ['slɪvə] *s* (*Glas- etc*)Splitter *m*

slob·ber ['slɒbə] *v/i* sabbern

slog [slɒg] *ugs* **I** *v/i* **1.** ***slog away at*** sich abschuften mit **2.** sich schleppen (***through*** durch) **II** *s* **3.** Schufterei *f*

slo·gan ['sləʊgən] *s* Slogan *m*

slop [slɒp] **I** *v/t* **1.** verschütten: ***slop s.th. over one's trousers*** sich etw über die Hose schütten **II** *v/i* **2.** überschwappen; schwappen (***over*** über *Akk*) **3.** ***slop about*** (*oder* ***around***) *ugs* herumhängen

▶**slope** [sləʊp] **I** *s* **1.** (Ab)Hang *m* **2.** Neigung *f*, Gefälle *n* **II** *v/i* **3.** sich neigen, abfallen **4.** ***slope off*** *Br ugs* abhauen

slop·py ['slɒpɪ] *Adj* **1.** schlampig, schluderig, schludrig **2.** *ugs* vergammelt (*Kleidungsstück*) **3.** *ugs* schmalzig

slosh [slɒʃ] *ugs* **I** *v/i* **1.** ***slosh about*** (*oder* ***around***) herumschwappen **2.** ***slosh about*** (*oder* ***around***) (herum)plan(t)schen (***in*** in *Dat*) **II** *v/t* **3.** *Wasser etc* verspritzen

sloshed [slɒʃt] *Adj ugs* blau (*betrunken*)

slot [slɒt] *s* Schlitz *m*, (*eines Automaten etc auch*) Einwurf *m*

slot ma·chine *s* (Waren-, Spiel)Automat *m*

slouch [slaʊtʃ] **I** *s* **1.** krumme Haltung; latschiger Gang **2.** *ugs* ***be no slouch at*** nicht schlecht sein in (*Dat*); ***be no slouch at doing s.th.*** etw nicht ungern tun **II** *v/i* **3.** krumm dasitzen *oder* dastehen; latschen

slouch hat *s* Schlapphut *m*

slough [slʌf] *v/t Haut* abstreifen

Slo·vak ['sləʊvæk] **I** *Adj* slowakisch **II** *s* Slowake *m*, Slowakin *f*

Slo·va·kia [slə'vækɪə] *Eigenn die* Slowakei *f*

Slo·vene ['sləʊviːn] → ***Slovenian***

Slo·ve·nia [sləʊ'viːnjə] *Eigenn* Slowenien *n*

Slo·ve·ni·an [sləʊ'viːnjən] **I** *Adj* slowenisch **II** *s* Slowene *m*, Slowenin *f*

slov·en·ly ['slʌvnlɪ] *Adj* schlampig

▶**slow** [sləʊ] **I** *Adj* **1.** *allg* langsam, (*Person auch*) begriffsstutzig: ***be slow to do s.th.*** sich mit etw Zeit lassen; ***be (five minutes) slow*** (fünf Minuten) nachgehen (*Uhr*); ***slow lane*** MOT Kriechspur *f*; ***in slow motion*** in Zeitlupe; ***slowly but surely*** langsam, aber sicher; → ***uptake*** **2.** WIRTSCH schleppend **II** *v/t* **3.** *oft* ▶ ***slow down*** (*oder* ***up***) *Geschwindigkeit* verringern; *Projekt etc* verzögern: ***slow the car down*** langsamer fahren **III** *v/i* **4.** *oft* ▶ ***slow down*** (*oder* ***up***) langsamer fahren *oder* gehen *oder* werden

'slow·coach *s ugs* Langweiler(in)

'slow·down *s* WIRTSCH *Am* Bummelstreik *m*

'slow-,mov·ing *Adj* kriechend (*Verkehr*)

slow·ness ['sləʊnɪs] *s* Langsamkeit *f*, (*einer Person auch*) Begriffsstutzigkeit *f*

'slow·poke *Am* → ***slowcoach***

'slow·worm *s* ZOOL Blindschleiche *f*

sludge [slʌdʒ] *s* Schlamm *m*

slug[1] [slʌg] *s bes Am ugs* **1.** MIL *etc* Kugel *f* **2.** Schluck *m* (*Whisky etc*)

slug[2] [slʌg] *s* ZOOL Nacktschnecke *f*

slug[3] [slʌg] *bes Am* **I** *v/t j-m* einen Faustschlag versetzen **II** *s* Faustschlag *m*

slug·gish ['slʌgɪʃ] *Adj* **1.** träge (*Person*), träge fließend (*Fluss etc*) **2.** WIRTSCH schleppend

sluice [sluːs] **I** *s* Schleuse *f* **II** *v/t*: ***sluice down*** abspritzen; ***sluice out*** ausspritzen

sluice gate *s* Schleusentor *n*

slum [slʌm] *s*, *meist Pl* Slums *Pl*, Elendsviertel *n*

slump [slʌmp] **I** *v/i* **1.** ***slump into a chair*** sich in einen Sessel plumpsen lassen; ***sit slumped over*** zs.-gesunken sitzen über (*Dat*) **2.** WIRTSCH stürzen (*Preise*), stark zurückgehen (*Umsatz etc*) **II** *s* **3.** WIRTSCH starker Konjunkturrückgang: ***slump in prices*** Preissturz *m*

slung [slʌŋ] *Prät und Part Perf von* ***sling***[1], ***sling***[2]

slunk [slʌŋk] *Prät und Part Perf von* ***slink***

slur[1] [slɜː] *s*: ***slur on s.o.'s reputation*** Rufschädigung *f*

slur[2] [slɜː] *v/t* **1.** ***slur one's speech*** undeutlich sprechen, (*Betrunkener auch*) lallen **2.** MUS *Töne* binden

slurp [slɜːp] *v/t und v/i ugs* schlürfen

slush [slʌʃ] *s* **1.** Schneematsch *m* **2.** *ugs* rührseliges Zeug

'slush·y *Adj* **1.** matschig (*Schnee*) **2.** *ugs* rührselig

slut [slʌt] *s* Schlampe *f*

sly [slaɪ] **I** *Adj* **1.** gerissen, schlau: ***you're a sly one!*** du bist mir vielleicht einer! **2.** verschmitzt (*Lächeln etc*) **II** *s* **3.** ***on the sly*** heimlich

smack[1] [smæk] *v/i*: ***smack of*** *fig* schmecken *oder* riechen nach

smack[2] [smæk] **I** *v/t* **1.** *j-m* einen Klaps geben: ***smack s.o.'s bottom, smack s.o. on the bot-***

tom j-m eins hinten draufgeben; ***smack s.o.'s face*** *ugs* j-m eine runterhauen **2.** ***smack one's lips*** sich die Lippen lecken **II** *s* **3.** Klaps *m*: ***give s.o. a smack on the bottom*** *ugs* j-m eins hinten draufgeben **4.** klatschendes Geräusch **5.** *ugs* Schmatz *m* **6.** ***have a smack at*** *ugs* es mit *etw* versuchen **III** *Adv* **7.** *ugs* genau, direkt

smack·er ['smækə] *s ugs* **1.** Schmatz *m* **2.** *Br* Pfund *n*, *Am* Dollar *m*

'smack·ing *s ugs* Tracht *f* Prügel

▶**small** [smɔːl] **I** *Adj allg* klein: ***small ad*** *Br* Kleinanzeige *f*; ***small arms*** *Pl* Handfeuerwaffen *Pl*; ***small beer*** *ugs* ein kleiner Fisch, kleine Fische *Pl*; ***small change*** Kleingeld *n*; ***that's small change to him*** *fig* das ist ein Taschengeld für ihn; ***in the small hours*** in den frühen Morgenstunden; ***small print*** *das* Kleingedruckte (*eines Vertrags etc*); ***small talk*** Small Talk *m*, *n*, Geplauder *n*; ***make small talk*** plaudern; ***small town*** Kleinstadt *f*; ***feel small*** sich klein (u. hässlich) vorkommen; → ***wonder*** 5 **II** *Adv* klein **III** *s*: ***small of the back*** ANAT Kreuz *n*

ˌsmall-'mind·ed *Adj* **1.** engstirnig **2.** kleinlich

'small·pox *s* MED Pocken *Pl*

ˌsmall-'time *Adj fig* klein, Klein…

smarm·y ['smɑːmɪ] *Adj ugs* schmierig, schmeichlerisch

smart [smɑːt] **I** *Adj* **1.** smart (*Person*), (*auch Auto, Kleidung etc*) schick **2.** smart, schlau, clever **3.** vornehm (*Restaurant, Wohngegend etc*) **II** *v/i* **4.** wehtun; brennen **III** *s* **5.** (brennender) Schmerz

smart al·eck *s ugs* Besserwisser(in)

smart arse, *Am* **smart ass** *s vulg* Klugscheißer(in)

smart bomb *s* MIL intelligente Bombe(, *die ihr Ziel von allein findet*)

smart card *s* WIRTSCH Smartcard *f*, Chipkarte *f*

smart·en ['smɑːtn] **I** *v/t meist* ***smarten up*** *etw* verschönern: ***smarten o.s. up*** *siehe* II **II** *v/i meist* ***smarten up*** sich schick machen; sich etw Anständiges anziehen

'smart·ness *s* **1.** Schick *m* **2.** Schlauheit *f*, Cleverness *f*

smart·phone ['smɑːtfəʊn] *s* Smartphone *n* (*internetfähiges Mobiltelefon*)

smash [smæʃ] **I** *v/t* **1.** *auch* ***smash up*** zerschlagen; *Wagen* zu Schrott fahren; → ***smithereens*** **2.** schmettern (*auch Tennis etc*): ***smash one's fist down on the table*** mit der Faust auf den Tisch hauen **3.** *fig Aufstand etc* niederschlagen, *Spionagering etc* zerschlagen **II** *v/i* **4.** zerspringen: → ***smithereens*** **5.** ***smash into*** prallen an (*Akk*) *oder* gegen, krachen gegen **III** *s* **6.** Schlag *m*; (*Tennis etc*) Schmetterball *m* **7.** → ***smash-up*** **8.** Hit *m* (*Buch, Theaterstück etc*)

smashed [smæʃt] *Adj ugs* blau (*betrunken*): ***get smashed on*** sich volllaufen lassen mit

'smash·er *s ugs* Klassefrau *f*, toller Typ; tolles Ding

smash hit → ***smash*** 8

smash·ing ['smæʃɪŋ] *Adj ugs* toll

'smash-up *s* MOT schwerer Unfall

smat·ter·ing ['smætərɪŋ] *s*: ***a smattering of English*** ein paar Brocken Englisch

smear [smɪə] **I** *s* **1.** Fleck *m* **2.** MED (*entnommener*) Abstrich **3.** Verleumdung *f* **II** *v/t* **4.** *Farbe etc* verschmieren, *Schrift auch* verwischen **5.** *Creme etc* schmieren (***on, over*** auf *Akk*); *Haut etc* einschmieren (***with*** mit) **6.** *Glas etc* be-, verschmieren (***with*** mit): ***smeared with blood*** blutbeschmiert, -verschmiert **7.** verleumden **III** *v/i* **8.** schmieren (*Farbe etc*), sich verwischen (*Schrift*)

smear cam·paign *s* Verleumdungskampagne *f*

smear test *s* MED Abstrich *m*

▶**smell** [smel] **I** *v/i* (*meist unreg*) **1.** riechen (***at*** an *Dat*) **2.** riechen, *pej* stinken (***of*** nach) (*beide auch fig*): ***his breath smells*** er riecht aus dem Mund **II** *v/t* (*meist unreg*) **3.** *etw* riechen; *fig* wittern: ***smell out*** JAGD aufspüren (*auch fig*); *Zimmer etc* verpesten **4.** riechen an (*Dat*) **III** *s* **5.** Geruch *m*, *pej* Gestank *m*: ***smell of gas*** Gasgeruch; ***there's a smell of garlic in here*** hier stinkt es nach Knoblauch **6.** ***have*** (*oder* ***take***) ***a smell at*** riechen an (*Dat*)

> **smell + Adjektiv** GR
>
> Wie bei anderen Verben für Sinneswahrnehmung auch folgt auf **smell** in der Bedeutung „riechen, Geruch verbreiten" ein Adjektiv, das diesen Sinneseindruck beschreibt – kein Adverb!
>
> | | |
> |---|---|
> | **That smells delicious / awful.** | Das riecht lecker / furchtbar. |

'smell·ing *Adj*: ***smelling salts*** *Pl* Riechsalz *n*

'smell·y *Adj* stinkend: ***smelly feet*** *Pl* Schweißfüße *Pl*

smelt[1] [smelt] *Prät und Part Perf von* ***smell***

smelt[2] [smelt] *v/t Erz* schmelzen

▶**smile** [smaɪl] **I** *v/i* lächeln (***about*** über *Akk*): ▶ ***smile at*** *j-n* anlächeln, *j-m* zulächeln; *j-n, etw* belächeln, lächeln über (*Akk*); → ***keep*** 17 **II** *v/t*: ***smile one's approval*** beifällig *oder* zustimmend lächeln **III** *s* Lächeln *n*: ***with a smile*** lächelnd; ***be all smiles*** (übers ganze Gesicht) strahlen; ***give a smile*** lächeln; ***give s.o. a smile*** j-n anlächeln, j-m zulächeln

smil·ey ['smaɪlɪ] *s* Smiley *n* (*Emoticon in Form eines lächelnden Gesichts*)

smirk [smɜːk] *v/i* (selbstgefällig *oder* schadenfroh) grinsen

smite [smaɪt] *v/t* (*unreg*): ***be smitten by*** (*oder* ***with***) *fig* gepackt werden von

smith [smɪθ] *s* Schmied(in)

smith·er·eens [ˌsmɪðə'riːnz] *s Pl*: ***smash to smithereens*** in tausend Stücke schlagen *oder* zerspringen

smith·y ['smɪðɪ] *s* Schmiede *f*

smit·ten ['smɪtn] *Part Perf von* ***smite***

smock [smɒk] *s* Kittel *m*

▶**smog** [smɒg] *s* Smog *m*

smog a·lert *s* Smogalarm *m*

▶**smoke** [sməʊk] **I** *v/i* **1.** rauchen **II** *v/t* **2.** rauchen **3.** *Fisch, Fleisch etc* räuchern: ***smoke out*** ausräuchern **III** *s* **4.** Rauch *m*: ***there's no smoke without fire*** *fig* kein Rauch ohne Flamme; → ***go up*** 3 **5.** ***have a smoke*** eine rauchen **6.** *ugs* Glimmstängel *m*, Zigarette *f*

smoke bomb *s* Rauchbombe *f*

smoked [sməʊkt] *Adj* **1.** geräuchert, Räucher… **2.** ***smoked glass*** Rauchglas *n*

▶**smok·er** ['sməʊkə] *s* **1.** Raucher(in) **2.** BAHN Raucherwagen *m*

'smoke·stack *s* Schornstein *m*, Schlot *m*

smok·ing ['sməʊkɪŋ] **I** *s* Rauchen *n*: ***no smoking*** Rauchen verboten **II** *Adj*: ***smoking compartment*** Raucher(abteil *n*) *m*

'smok·y *Adj* **1.** rauchig, verräuchert **2.** rauchig (*Geschmack etc*) **3.** rauchfarben, -farbig

S

smol·der *Am* → ***smoulder***
smooch [smuːtʃ] *v/i ugs* knutschen, schmusen (***with*** mit)
▸**smooth** [smuːð] **I** *Adj* **1.** glatt (*Fläche, Haut etc*) **2.** ruhig (*Flug etc*) **3.** *fig* glatt, reibungslos **4.** *fig* (aal)glatt **II** *v/t* **5.** *auch* ***smooth out*** glätten, *Tischtuch etc auch* glatt streichen: ***smooth away*** *Falten etc* glätten; *fig Schwierigkeiten etc* aus dem Weg räumen; ***smooth over*** *fig Spannungen etc* ausgleichen **III** *s* **6.** → ***rough*** 9
smote [sməʊt] *Prät von* ***smite***
smoth·er [ˈsmʌðə] *v/t* **1.** *j-n, Aufstand, Feuer etc* ersticken **2.** *Gähnen etc* unterdrücken **3.** *fig j-n* überschütten (***with*** mit *Zuneigung etc*)
smoul·der [ˈsməʊldə] *v/i bes Br* glimmen, schwelen (*beide auch fig*)
SMS [esemˈes] *Abk* (= ***Short Message Service***) SMS *m*, (*Nachricht*) SMS *f*, Kurzmitteilungsdienst *m*
smudge [smʌdʒ] **I** *s* **1.** Fleck *m* **II** *v/t* **2.** *Farbe etc* verschmieren, *Schrift auch* verwischen **3.** *Glas etc* be-, verschmieren (***with*** mit) **III** *v/i* **4.** schmieren (*Farbe etc*), sich verwischen (*Schrift*)
smug [smʌg] *Adj* selbstgefällig
smug·gle [ˈsmʌgl] **I** *v/t* schmuggeln (***into*** nach *Deutschland etc*; in *Akk*): ***smuggle in*** (***out***) ein- (heraus)schmuggeln **II** *v/i* schmuggeln
ˈsmug·gler *s* Schmuggler(in)
ˈsmug·gling *s* Schmuggel *m*
smut [smʌt] *s* **1.** Rußflocke *f* **2.** *fig* Schmutz *m*
ˈsmut·ty *Adj* schmutzig
▸**snack** [snæk] *s* Snack *m*, Imbiss *m*: ***have a snack*** eine Kleinigkeit essen
▸**snack bar** [ˈsnækbɑː] *s* Snackbar *f*, Imbissstube *f*
snaf·fle [ˈsnæfl] *v/t bes Br etw* mitgehen lassen
snag [snæg] **I** *s fig* Haken *m* **II** *v/t* mit *etw* hängen bleiben (***on*** an *Dat*)
snail [sneɪl] *s* ZOOL Schnecke *f*: ***at a snail's pace*** im Schneckentempo
snail mail *s hum* Schneckenpost *f* (*im Gegensatz zur elektronischen Post*)
▸**snake** [sneɪk] **I** *s* ZOOL Schlange *f*: ***snake in the grass*** *fig* falsche Schlange (*Frau*); hinterlistiger Kerl (*Mann*) **II** *v/t und v/i*: ***snake*** (***one's way***) ***through*** sich schlängeln durch
ˈsnake·bite *s* Schlangenbiss *m*
snake charm·er *s* Schlangenbeschwörer(in)
ˈsnake·skin *s* Schlangenhaut *f*; -leder *n*
snak·y [ˈsneɪkɪ] *Adj* gewunden (*Straße etc*)
snap [snæp] **I** *v/i* **1.** (zer)brechen, (-)reißen: ***my patience snapped*** mir riss die Geduld *oder* der Geduldsfaden **2.** *auch* ***snap shut*** zuschnappen **3.** ***snap at*** schnappen nach (*auch fig*); *j-n* anfahren **4.** *ugs* ***snap out of it!*** Kopf hoch!; ***snap to it!*** mach fix! **II** *v/t* **5.** zerbrechen: ***snap off*** abbrechen; ***snap s.o.'s head off*** *ugs* j-m ins Gesicht springen **6.** mit *den Fingern* schnalzen: ***snap one's fingers at*** *fig* keinen Respekt haben vor (*Dat*), sich hinwegsetzen über (*Akk*) **7.** FOTO *ugs* knipsen **8.** ***snap up*** *etw* schnell entschlossen kaufen; *fig Gelegenheit* beim Schopf ergreifen: ***snap it up!*** *Am ugs* mach fix! **III** *s* **9.** FOTO *ugs* Schnappschuss *m* **10.** *Am* Druckknopf *m* **11.** (*Kälte*)Einbruch *m* **IV** *Adj* **12.** spontan: ***snap decision*** spontane Entscheidung
ˈsnapˌdrag·on *s* BOT Löwenmaul *n*
snap fas·ten·er *s Am* Druckknopf *m*
snap·py [ˈsnæpɪ] *Adj ugs* **1.** bissig; schnippisch **2.** modisch, schick **3.** ***make it snappy!*** *ugs* mach fix!
ˈsnap·shot *s* FOTO Schnappschuss *m*
snare [sneə] **I** *s* **1.** Falle *f*, Schlinge *f*, *fig auch* Fallstrick *m* **II** *v/t* **2.** in der Schlinge fangen **3.** *ugs etw* ergattern
snarl[1] [snɑːl] **I** *v/i* knurren (*Hund, auch Person*): ***snarl at s.o.*** j-n anknurren **II** *v/t etw* knurren **III** *s* Knurren *n*
snarl[2] [snɑːl] *v/t*: ***the traffic was snarled*** (***up***) es entstand ein Verkehrschaos
ˈsnarl-up *s* Verkehrschaos *n*
snatch [snætʃ] **I** *v/t* **1.** *etw* packen: ***snatch s.o.'s handbag*** j-m die Handtasche entreißen; ***snatch s.th. from s.o.'s hand*** j-m etw aus der Hand reißen **2.** *fig Gelegenheit* ergreifen; *ein paar Stunden Schlaf etc* ergattern **II** *v/i* **3.** ***snatch at*** greifen nach; *fig Gelegenheit* ergreifen **III** *s* **4.** ***make a snatch at*** greifen nach **5.** (*Gesprächs*)Fetzen *m*: ***snatch of conversation***
snaz·zy [ˈsnæzɪ] *Adj ugs* schick; *pej* protzig
sneak [sniːk] **I** *v/i* **1.** (sich) schleichen, sich stehlen: ***sneak up on s.o.*** (sich) an j-n heranschleichen **2.** *Br ugs* petzen: ***sneak on s.o.*** j-n verpetzen **II** *v/t* **3.** *ugs* stibitzen: ***sneak a look at*** heimlich einen Blick werfen auf (*Akk*) **III** *s* **4.** *Br ugs* Petzer(in), Petze *f*
ˈsneak·er *s Am* Turn- *oder* Wanderschuh *m*
ˈsneak·ing *Adj* heimlich, (*Verdacht auch*) leise
sneak pre·view *s Aufführung eines Films vor der eigentlichen Premiere*(, *um dessen Erfolg zu testen*)
ˈsneak·y *Adj* **1.** heimlich **2.** gerissen
sneer [snɪə] **I** *v/i* **1.** höhnisch *oder* spöttisch grinsen (***at*** über *Akk*) **2.** spotten (***at*** über *Akk*) **II** *s* **3.** höhnisches *oder* spöttisches Grinsen **4.** höhnische *oder* spöttische Bemerkung
sneeze [sniːz] **I** *v/i* niesen: ***not to be sneezed at*** *ugs* nicht zu verachten **II** *s* Niesen *n*; Nieser *m*
snick·er [ˈsnɪkə] *bes Am* → ***snigger***
snide [snaɪd] *Adj* abfällig
sniff [snɪf] **I** *v/i* **1.** schniefen, die Nase hochziehen **2.** schnüffeln (***at*** an *Dat*) **3.** ***sniff at*** *fig* die Nase rümpfen über (*Akk*): ***not to be sniffed at*** nicht zu verachten **II** *v/t* **4.** durch die Nase einziehen; *Klebstoff etc* schnüffeln, *Kokain etc* schnupfen **5.** ***sniff out*** aufspüren (*auch fig*)
snif·fle [ˈsnɪfl] **I** *v/i* → ***sniff*** 1 **II** *s* Schniefen *n*: ***he's got the sniffles*** *ugs* ihm läuft dauernd die Nase
snif·ter [ˈsnɪftə] *s Am* Kognakschwenker *m*
snig·ger [ˈsnɪgə] *bes Br* **I** *v/i* kichern (***at*** über *Akk*) **II** *s* Kichern *n*
snip [snɪp] **I** *v/t* **1.** durchschnippeln: ***snip off*** abschnippeln **II** *s* **2.** Schnitt *m* **3.** *Br ugs* Gelegenheitskauf *m*
snipe [snaɪp] **I** *s* ORN Schnepfe *f* **II** *v/i*: ***snipe at*** aus dem Hinterhalt schießen auf (*Akk*); *fig* aus dem Hinterhalt angreifen (*Akk*)
ˈsnip·er *s* Heckenschütze *m*, -schützin *f*
snip·pet [ˈsnɪpɪt] *s*: ***snippet of conversation*** Gesprächsfetzen *m*; ***snippets*** *Pl* ***of information*** bruchstückhafte Informationen *Pl*
snitch [snɪtʃ] *v/i*: ***snitch on s.o.*** *ugs* j-n verpetzen
sniv·el [ˈsnɪvl] *v/i Prät und Part Perf* **sniv·eled**, *bes Br* **sniv·elled** greinen, jammern
snob [snɒb] *s* Snob *m*
ˈsnob·ber·y *s* Snobismus *m*
ˈsnob·bish *Adj* snobistisch, versnobt
snog [snɒg] *v/i Br ugs* knutschen, schmusen (***with*** mit)

S

snook [snuːk] *s*: ***cock a snook at*** *Br ugs j-m* zeigen, was man von ihm hält
snook·er ['snuːkə] **I** *s Billard*: Snooker Pool **II** *v/t*: ***be snookered*** *ugs* völlig machtlos sein
snoop [snuːp] *v/i*: ***snoop about*** (*oder* ***around***) *ugs* herumschnüffeln (***in*** in *Dat*)
'snoop·er *s ugs* Schnüffler(in)
snoot·y ['snuːtɪ] *Adj ugs* hochnäsig
snooze [snuːz] *ugs* **I** *v/i* ein Nickerchen machen **II** *s* Nickerchen *n*
snore [snɔː] **I** *v/i* schnarchen **II** *s* Schnarchen *n*
'snor·er *s* Schnarcher(in)
snor·kel ['snɔːkl] **I** *s* Schnorchel *m* **II** *v/i* schnorcheln
snort [snɔːt] **I** *v/i* (*auch* verächtlich *oder* wütend) schnauben **II** *v/t* schnauben **III** *s* Schnauben *n*
snot [snɒt] *s ugs* Rotz *m*
'snot·ty *Adj ugs* **1.** Rotz…: ***snotty nose*** **2.** *fig* aufgeblasen
snout [snaʊt] *s* ZOOL Schnauze *f*, (*eines Schweins etc auch*) Rüssel *m*
▶**snow** [snəʊ] **I** *s* **1.** Schnee *m* (*auch sl Kokain, Heroin*): (***as***) ***white as snow*** schneeweiß **2.** Schneefall *m* **II** *v/unpers* **3.** schneien **III** *v/t* **4.** ***be snowed in*** (*oder* ***up***) eingeschneit sein; ***be snowed under with work*** mit Arbeit überhäuft sein
'snow·ball *s* Schneeball *m*: ***snowball fight*** Schneeballschlacht *f*
'snow·board *s* Snowboard *n*
'snow·board·er *s* Snowboardfahrer(in)
'snow·board·ing *s* Snowboarden *n*, Snowboarding *n*
'snow-capped *Adj* schneebedeckt (*Berggipfel*)
'snow·drift *s* Schneewehe *f*
'snow·drop *s* BOT Schneeglöckchen *n*
'snow·fall *s* Schneefall *m*
'snow·flake *s* Schneeflocke *f*
'snow·line *s* Schneegrenze *f*
'snow·man *s* (*unreg* ***man***) Schneemann *m*: → ***abominable***
'snow·mo·bile *s* Schneemobil *n*, -bob *m*
'snowplough *s*, **'snow·plow** *s Am* Schneepflug *m* (*auch beim Skifahren*)
snow raft·ing *s* Snowrafting *n*
'snow·shoe *s* Schneeschuh *m*
'snow·storm *s* Schneesturm *m*
,snow-'white *Adj* schneeweiß
snow·y ['snəʊɪ] *Adj* schneereich (*Tag etc*), (*Gegend auch*) verschneit
snub[1] [snʌb] *v/t j-n* brüskieren, *j-m* über den Mund fahren
snub[2] [snʌb] *Adj* Stups…: ***snub nose***
'snub-nosed *Adj* stupsnasig
snuff[1] [snʌf] *s* Schnupftabak *m*
snuff[2] [snʌf] *v/t Kerze* ausdrücken: ***snuff out*** *fig Leben* auslöschen; ***snuff it*** *Br ugs* den Löffel abgeben (*sterben*)
snuff film *s ugs Pornofilm, in dem tatsächlich gemordet wird*
snuf·fle ['snʌfl] → ***sniffle***
snug [snʌg] **I** *Adj* **1.** behaglich, gemütlich **2.** gut sitzend (*Kleidungsstück*): ***be a snug fit*** gut passen **II** *s* **3.** *Br* kleines Nebenzimmer (*eines Pubs*)
snug·gle ['snʌgl] *v/i*: ***snuggle up to s.o.*** sich an j-n kuscheln; ***snuggle down in bed*** sich ins Bett kuscheln
▶**so** [səʊ] **I** *Adv* **1.** so, dermaßen: ***he is so stupid*** (***that***) ***he …*** er ist so dumm, dass er … **2.** (ja) so: ***I am so glad*** **3.** so, in dieser Weise: ***is that so?*** wirklich?; ***so as to*** sodass, um zu; ***a mile or so*** etwa eine Meile; → ***forth*** 1, ***if*** 1, ***on*** 13 **4.** *verkürzend*: *He is tired*. ***So am I*** Ich auch; → ***hope*** II, ***think*** 6, *etc* **II** *Konj* **5.** deshalb **6.** ***so what?*** *ugs* na und?
soak [səʊk] **I** *v/t* **1.** *etw* einweichen (***in*** in *Dat*) **2.** ***soak up*** *Flüssigkeit* aufsaugen; *fig Neuigkeiten etc* in sich aufsaugen **3.** durchnässen: → ***skin*** 1 **4.** *ugs j-n* ausnehmen, neppen **II** *v/i* **5.** sickern
'soak·ing *Adj und Adv*: ***soaking*** (***wet***) völlig durchnässt, klitschnass
'so-and-so *Pl* **so-and-sos** *s ugs* **1.** Herr *oder* Frau *oder* Frl. Soundso *oder* Sowieso: ***a Mr so--and-so*** ein Herr Soundso **2.** *euph* blöder Hund
▶**soap** [səʊp] **I** *s* **1.** Seife *f* **2.** *ugs* → ***soap opera*** **II** *v/t* **3.** (sich) *etw* einseifen
soap bub·ble *s* Seifenblase *f*
soap dish *s* Seifenschale *f*
soap op·er·a *s* RUNDFUNK, TV Seifenoper *f*
'soap·suds *s Pl* Seifenschaum *m*
soap·y ['səʊpɪ] *Adj* **1.** Seifen…: ***soapy water*** **2.** seifig **3.** *ugs* schmeichlerisch
soar [sɔː] *v/i* **1.** aufsteigen: ***soar into the sky*** zum Himmel emporsteigen **2.** hochragen **3.** *fig* in die Höhe schnellen (*Preise etc*)
sob [sɒb] **I** *v/i* schluchzen **II** *v/t* schluchzen **III** *s* Schluchzen *n*; Schluchzer *m*
so·ber ['səʊbə] **I** *Adj* nüchtern (*auch fig*): (***as***) ***sober as a judge*** stocknüchtern **II** *v/t meist* ***sober up*** ausnüchtern, wieder nüchtern machen **III** *v/i meist* ***sober up*** (sich) ausnüchtern, wieder nüchtern werden: ***have a sobering effect on s.o.*** *fig* auf j-n ernüchternd wirken
sob sto·ry *s ugs* rührselige Geschichte
,so-'called *Adj* sogenannt
soc·cer ['sɒkə] *s* Fußball *m* (*Spiel*)
so·cia·ble ['səʊʃəbl] *Adj* gesellig (*Person, auch Abend etc*); zutraulich (*Tier*)
▶**so·cial** ['səʊʃl] *Adj* **1.** gesellschaftlich, Gesellschafts…, sozial, Sozial…: ***have a busy social life*** oft ausgehen *oder* Besuch haben; ***social science*** Sozialwissenschaft *f* **2.** sozial, Sozial…: ***social insurance*** Sozialversicherung *f*; ***social security*** *Br* Sozialhilfe *f*; ***be on social security*** Sozialhilfe beziehen; ***social worker*** Sozialarbeiter(in) **3.** POL Sozial…: ***social democrat*** Sozialdemokrat(in) **4.** BIOL gesellig (*Wesen*) **5.** *ugs* gesellig (*Person*)
so·cial·ism ['səʊʃəlɪzəm] *s* Sozialismus *m*
'so·cial·ist **I** *s* Sozialist(in) **II** *Adj* sozialistisch
so·cial·ize ['səʊʃəlaɪz] *v/i*: ***I don't socialize much*** ich gehe nicht oft aus; ***socialize with*** (gesellschaftlich) verkehren mit
▶**so·ci·e·ty** [sə'saɪətɪ] *s allg* Gesellschaft *f*
so·ci·o·log·i·cal [,səʊsjə'lɒdʒɪkl] *Adj* soziologisch
so·ci·ol·o·gist [,səʊsɪ'ɒlədʒɪst] *s* Soziologe *m*, Soziologin *f*
,so·ci'ol·o·gy *s* Soziologie *f*
▶**sock**[1] [sɒk] *s* Socke(n *m*) *f*: ***pull one's socks up*** *Br ugs* sich am Riemen reißen
sock[2] [sɒk] ***sock s.o. on the jaw*** j-m einen Kinnhaken verpassen
sock·et ['sɒkɪt] *s* **1.** ANAT (*Augen*)Höhle *f* **2.** ELEK Steckdose *f*; Fassung *f* (*einer Glühbirne*); (*Kopfhörer- etc*)Anschluss *m*
sod [sɒd] *bes Br sl* **I** *s* blöder Hund: ***poor sod*** armes Schwein **II** *v/t*: ***sod it!*** Scheiße! **III** *v/i*: ***sod off!*** verpiss dich!
so·da ['səʊdə] *s* **1.** *auch* **soda water** Soda *n*:

S

two whisky and sodas zwei Whisky mit Soda **2.** *bes Am* (*Orangen- etc*)Limonade *f*

sod·den ['sɒdn] *Adj* durchnässt, (*Boden*) aufgeweicht

so·di·um ['səʊdɪəm] *s* CHEM Natrium *n*

sodo·my ['sɒdəmɪ] *s* Analverkehr *m*

▶**so·fa** ['səʊfə] *s* Sofa *n*

'so·fa-bed *s* Bettcouch *f*

▶**soft** [sɒft] *Adj* **1.** *allg* weich: ***be soft in the head*** *ugs* eine weiche Birne haben; → ***spot*** 4 **2.** leise (*Stimme, Musik etc*); gedämpft, dezent (*Beleuchtung, Farbe, Musik*) **3.** sanft (*Berührung, Brise etc*) **4.** gutmütig; nachsichtig (***with*** gegen *j-n*) **5.** *ugs* ruhig (*Job etc*) **6.** verweichlicht: ***get soft*** verweichlichen **7.** weich (*Droge*): ▶ ***soft drink*** Softdrink *m*, alkoholfreies Getränk

,soft-'boiled *Adj* weich (gekocht) (*Ei*)

soft·en ['sɒfn] **I** *v/t* **1.** weich machen; *Wasser* enthärten **2.** *Ton, Licht etc* dämpfen **3.** ***soften up*** *ugs j-n* weichmachen **II** *v/i* **4.** weich werden

'soft·en·er *s* (*Wasser*)Enthärter *m*

,soft'heart·ed *Adj* weichherzig

,soft-'ped·al *v/t ugs etw* herunterspielen

soft sell *s* zurückhaltende Verkaufsstrategie

'soft-soap *v/t ugs j-m* um den Bart gehen

soft toy *s* Stofftier *n*

▶**soft·ware** ['sɒftweə] *s* COMPUTER Software *f*

soft·y ['sɒftɪ] *s ugs* Softie *m*

sog·gy ['sɒgɪ] *Adj* aufgeweicht (*Boden etc*), (*auch Gemüse etc*) matschig, (*Brot etc*) teigig, glitschig

▶**soil**[1] [sɔɪl] *s* Boden *m*, Erde *f*

soil[2] [sɔɪl] *v/t* schmutzig machen

so·journ ['sɒdʒɜːn] *s poet* Aufenthalt *m*

sol·ace ['sɒləs] *s* Trost *m*: ***seek solace in*** Trost suchen bei *oder* in

▶**so·lar** ['səʊlə] *Adj* Sonnen…: ***solar cell*** Solarzelle *f*; ***solar eclipse*** ASTR Sonnenfinsternis *f*; ***solar energy*** Sonnen-, Solarenergie *f*; ***solar panel*** Sonnenkollektor *m*; ***solar system*** Sonnensystem *n*

so·lar·i·um [səʊ'leərɪəm] *Pl* **so·lar·i·a** [səʊ'leərɪə], **so·lar·i·ums** *s* Solarium *n*

so·lar plex·us ['pleksəs] *s* ANAT Solarplexus *m*; Magengrube *f*

sold [səʊld] *Prät und Part Perf von* ***sell***

sol·der ['sɒldə] *v/t* (ver)löten

'sol·der·ing *Adj*: ***soldering iron*** Lötkolben *m*

▶**sol·dier** ['səʊldʒə] **I** *s* Soldat(in) **II** *v/i*: ***soldier on*** *bes Br* (unermüdlich) weitermachen

sole[1] [səʊl] *Adj* (→ ***solely***) einzig; alleinig, Allein…

sole[2] [səʊl] **I** *s* (*Fuß-, Schuh*)Sohle *f* **II** *v/t Schuh* besohlen

sole[3] [səʊl] *s* ZOOL Seezunge *f*

sole·ly ['səʊllɪ] *Adv* (einzig und) allein, ausschließlich

sol·emn ['sɒləm] *Adj* **1.** feierlich: ***give s.o. one's solemn pledge*** (*oder* ***word***) ***that*** *auch* j-m hoch und heilig versprechen, dass **2.** ernst

so·lic·it [sə'lɪsɪt] **I** *v/t etw* erbitten, bitten um: ***solicit s.o.'s help*** j-n um Hilfe bitten **II** *v/i* Männer ansprechen (*Prostituierte*)

so·lic·i·tor [sə'lɪsɪtə] *s* JUR *Br* Solicitor *m*, Anwalt *m*, Anwältin *f* (*mit vorwiegend beratender Funktion vor niederen Gerichten*)

so·lic·it·ous [sə'lɪsɪtəs] *Adj* **1.** dienstbeflissen **2.** besorgt (***about, for*** um)

▶**sol·id** ['sɒlɪd] **I** *Adj* **1.** *allg* fest **2.** stabil, massiv **3.** massiv: ***a solid gold watch*** eine Uhr aus massivem Gold **4.** *fig* einmütig, geschlossen (***for*** für; ***against*** gegen) **5.** *fig* gewichtig, triftig (*Grund etc*), stichhaltig (*Argument etc*) **6.** ***I waited for a solid hour*** *ugs* ich wartete eine geschlagene Stunde **II** *s* **7.** MATHE Körper *m* **8.** *Pl* feste Nahrung

sol·i·dar·i·ty [,sɒlɪ'dærətɪ] *s* Solidarität *f*: ***in solidarity with*** aus Solidarität mit; ***declare one's solidarity with*** sich solidarisch erklären mit

so·lid·i·fy [sə'lɪdɪfaɪ] **I** *v/t* **1.** fest werden lassen **2.** *fig* festigen **II** *v/i* **3.** fest werden **4.** *fig* sich festigen

so·lil·o·quy [sə'lɪləkwɪ] *s* **1.** THEAT Monolog *m* **2.** Selbstgespräch *n*

sol·i·taire [,sɒlɪ'teə] *s* **1.** Solitär *m* **2.** *bes Am* → ***patience*** 2

sol·i·tar·y ['sɒlɪtərɪ] **I** *Adj* **1.** einsam, (*Leben auch*) zurückgezogen, (*Ort etc auch*) abgelegen: → ***confinement*** 2 **2.** einzig **II** *s* **3.** *ugs* Einzelhaft *f*

so·lo ['səʊləʊ] **I** *Pl* **so·los** *s* MUS Solo *n* **II** *Adj* MUS Solo…: ***solo album*** Soloalbum *n*; ***solo flight*** FLUG Alleinflug *m* **III** *Adv* MUS solo: ***fly solo*** FLUG einen Alleinflug machen

'so·lo·ist *s* MUS Solist(in)

sol·stice ['sɒlstɪs] *s* ASTR Sonnenwende *f*

sol·u·ble ['sɒljʊbl] *Adj* **1.** CHEM löslich: ***soluble in water*** wasserlöslich **2.** *fig* lösbar

so·lu·tion [sə'luːʃn] *s* **1.** *fig* Lösung *f* (***to*** *Gen*) **2.** CHEM Lösung *f*; Auflösung *f*

solv·a·ble ['sɒlvəbl] *Adj fig* lösbar

solve [sɒlv] *v/t Fall, Rätsel etc* lösen

sol·ven·cy ['sɒlvənsɪ] *s* WIRTSCH Solvenz *f*, Zahlungsfähigkeit *f*

'sol·vent **I** *Adj* WIRTSCH solvent, zahlungsfähig **II** *s* CHEM Lösungsmittel *n*: ***solvent abuse*** Schnüffeln *n*

som·ber *Am* → ***sombre***

som·bre ['sɒmbə] *Adj* düster (*Farben, Raum etc, fig Miene etc*)

som·bre·ro [sɒm'breərəʊ] *Pl* **som·bre·ros** *s* Sombrero *m*

▶**some** [sʌm] **I** *Adj* **1.** (irgend)ein: ***some day*** eines Tages; ***some day (or other)*** irgendwann (einmal) **2.** *vor Pl*: einige, ein paar: → ***few*** 1 **3.** manche **4.** gewiss: → ***extent*** 2 **5.** etwas, ein wenig *oder* bisschen: ***have some more*** nimm noch etw; ***would you like some more cake?*** möchtest du noch ein Stück Kuchen? **6.** unge-

Die Verwendung von some GR

some steht in

nicht-verneinten Aussagesätzen:

There are some jokes I can't laugh at.	Es gibt Witze, über die ich nicht lachen kann.

höflichen Aufforderungen:

Have some crisps.	Nimm doch ein paar Chips!

Fragen, auf die eine positive Antwort erwartet wird:

Can you give me some tips?	Kannst du mir ein paar Tipps geben?

der Bedeutung „irgendeine(r, -s)“:

For some reason I feel funny.	Aus irgendeinem Grund ist mir komisch.

fähr: ***some 30 people*** **II** *Pron* **7.** (irgend)ein **8.** etwas **9.** einige, ein paar

▶**some·bod·y** ['sʌmbədɪ] **I** *Pron* jemand **II** *s*: ***be somebody*** etw vorstellen, jemand sein

'**some·day** *Adv* eines Tages

▶**some·how** ['sʌmhaʊ] *Adv* irgendwie

▶**some·one** ['sʌmwʌn] → ***somebody***

'**some·place** *Am* → ***somewhere*** 1

som·er·sault ['sʌməsɔːlt] *s* Salto *m*; Purzelbaum *m*: ***do*** (*oder* ***turn***) ***a somersault*** einen Salto machen; einen Purzelbaum schlagen

▶**some·thing** ['sʌmθɪŋ] **I** *Pron* **1.** etwas: ***or something*** *ugs* oder so **II** *Adv* **2.** ***something like*** *ugs* ungefähr; ***look something like*** so ähnlich aussehen wie; ***something over £ 200*** etwas mehr als 200 Pfund **3.** ***be something of a pianist*** so etw wie ein Pianist sein **III** *s* **4.** ***a little something*** eine Kleinigkeit (*Geschenk*); ***a certain something*** ein gewisses Etwas

'**some·time** *Adv* irgendwann

▶**some·times** ['sʌmtaimz] *Adv* manchmal

'**some·way** *Adv Am* irgendwie

'**some·what** *Adv* ein bisschen *oder* wenig: ***somewhat of a shock*** ein ziemlicher Schock

▶**some·where** ['sʌmweə] *Adv* **1.** irgendwo; irgendwohin **2.** *fig* ***somewhere between 30 and 40 people*** so zwischen 30 und 40 Leute; ***somewhere in the region of £ 100*** um 100 Pfund herum

som·nam·bu·lism [sɒm'næmbjʊlɪzəm] *s* Schlafwandeln *n*

som'nam·bu·list *s* Nacht-, Schlafwandler(in)

som·no·lent ['sɒmnələnt] *Adj* **1.** schläfrig **2.** einschläfernd

▶**son** [sʌn] *s* **1.** Sohn *m*: ***son of a bitch*** *sl* Scheißkerl *m* **2.** *Anrede*: *ugs* junger Mann

so·na·ta [sə'nɑːtə] *s* MUS Sonate *f*

▶**song** [sɒŋ] *s* **1.** Lied *n*: ***buy s.th. for a song*** *ugs* etw für ein Butterbrot kaufen; ***make a song and dance about*** *ugs* ein furchtbares Theater machen wegen **2.** Gesang *m* (*auch von Vögeln*): ***burst into song*** zu singen anfangen

'**song·bird** *s* Singvogel *m*

'**song·book** *s* Liederbuch *n*

son·ic ['sɒnɪk] *Adj* PHYS Schall...: ***sonic bang*** (*oder* ***boom***) FLUG Überschallknall *m*

▶**son-in-law** ['sʌnɪnlɔː] *Pl* **'sons-in-law** *s* Schwiegersohn *m*

son·net ['sɒnɪt] *s* Sonett *n*

so·no·rous ['sɒnərəs] *Adj* sonor, klangvoll, volltönend

▶**soon** [suːn] *Adv* bald: ***as soon as*** sobald; ***as soon as possible*** so bald wie möglich; ***I don't want to speak too soon*** ich will es nicht berufen

'**soon·er** *Adv* **1.** eher, früher: ***the sooner the better*** je früher, desto besser *oder* lieber; ***sooner or later*** früher od später; ***no sooner said than done*** gesagt, getan **2.** ***I would sooner ... than*** ich würde lieber ... als

soot [sʊt] *s* Ruß *m*

soothe [suːð] *v/t* **1.** *j-n* beschwichtigen, *auch j-s Nerven* beruhigen **2.** *Schmerzen* lindern, mildern

soot·y ['sʊtɪ] *Adj* rußig, Ruß...

sop [sɒp] **I** *s* Beschwichtigungsmittel *n* (***to*** für) **II** *v/t*: ***sop up*** aufsaugen

soph·ism ['sɒfɪzəm] *s* Sophismus *m*, Scheinbeweis *m*, Trugschluss *m*

so·phis·ti·cat·ed [sə'fɪstɪkeɪtɪd] *Adj* **1.** kultiviert **2.** TECH hoch entwickelt **3.** *pej* intellektuell

soph·o·more ['sɒfəmɔː] *s Am* Student(in) im zweiten Jahr

so·po·rif·ic [ˌsɒpə'rɪfɪk] **I** *Adj* (***soporifically***) einschläfernd: ***soporific drug*** *siehe* II **II** *s* Schlafmittel *n*

sop·ping ['sɒpɪŋ] *Adj und Adv*: ***sopping*** (***wet***) *ugs* patschnass

'**sop·py** *Adj Br ugs* schmalzig, rührselig

so·pra·no [sə'prɑːnəʊ] *Pl* **so·pra·nos** *s* Sopran *m* (*Tonlage, Stimme*), (*Sängerin auch*) Sopranistin *f*

sor·bet ['sɔːbeɪ] *s bes Br* Fruchteis *n*

sor·cer·er ['sɔːsərə] *s* Zauberer *m*, Hexenmeister *m*, Hexer *m*

'**sor·cer·ess** *s* Zauberin *f*, Hexe *f*

'**sor·cer·y** *s* Zauberei *f*, Hexerei *f*

sor·did ['sɔːdɪd] *Adj* schmutzig (*auch fig*)

▶**sore** [sɔː] **I** *Adj* **1.** weh, wund; entzündet: ***he is sore all over*** ihm tut alles weh; ***my legs are sore*** mir tun die Beine weh; ▶ ***sore throat*** Angina *f*, Halsschmerzen *f*; ***have a sore throat*** *auch* Halsschmerzen haben; → ***sight*** 2, ***thumb*** I **2.** *fig* wund (*Punkt*) **3.** *bes Am ugs* sauer (***about*** wegen) **II** *s* **4.** wunde Stelle, Wunde *f*

'**sore·ly** *Adv*: ***sorely missed*** schmerzlich vermisst; ***sorely needed*** dringend gebraucht

so·ror·i·ty [sə'rɒrətɪ] *s Am* Studentinnenverbindung *f*

sor·rel ['sɒrəl] *s* BOT Sauerampfer *m*

sor·row ['sɒrəʊ] *s* **1.** (***at, over***) Kummer *m* (über *Akk*, um), Trauer *f* (um); Traurigkeit *f* **2.** Sorge *f*: → ***drown*** 2

sor·row·ful ['sɒrəʊfʊl] *Adj* traurig, kummervoll

▶**sor·ry** ['sɒrɪ] **I** *Adj* **1.** ***feel sorry for s.o.*** j-n bedauern *oder* bemitleiden; ***I feel sorry for him*** er tut mir leid; ***I'm sorry*** *siehe* 3; ***I am sorry to say*** ich muss leider sagen **2.** traurig, jämmerlich **II** *Interj* **3. a)** (es) tut mir leid, **b)** Entschuldigung!, Verzeihung!: ***say sorry*** sich entschuldigen (***to s.o.*** bei j-m; ***for s.th.*** für etw) **4.** *bes Br* wie bitte?

▶**sort** [sɔːt] **I** *s* **1.** Sorte *f*, Art *f*, WIRTSCH *auch* Marke *f*: ***all sorts of things*** alles Mögliche **2.** Art *f*: ***nothing of the sort*** nichts dergleichen; ***what sort of*** (***a***) ***man is he?*** wie ist er?; ***I had a sort of*** (***a***) ***feeling that*** ich hatte das unbestimmte Gefühl, dass; ***I sort of expected it*** *ugs* ich habe es irgendwie *oder* beinahe erwartet **3.** ***of a sort, of sorts*** *pej* so etw Ähnliches wie **4.** ***be out of sorts*** *ugs* nicht auf der Höhe *oder* auf dem Damm sein **5.** *ugs guter etc* Kerl **II** *v/t* **6.** sortieren: ***sort out*** aussortieren; *Problem etc* lösen, *Frage etc* klären; *Br ugs j-n* zur Schnecke machen **III** *v/i* **7.** ***sort through*** *etw* durchsehen

sor·tie ['sɔːtiː] *s* **1.** MIL Ausfall *m*; FLUG Einsatz *m* **2.** *fig* Ausflug *m* (***into*** in *Akk*)

no sooner GR

Wenn am Satzanfang **no sooner** steht, werden Subjekt und Verb umgestellt:

No sooner <u>had she</u> shut the front door than she realized she'd forgotten her keys.	Sie hatte kaum die Haustür hinter sich zugemacht, als sie feststellte, dass sie ihre Schlüssel vergessen hatte.

S

SOS [ˌesəʊ'es] *s* SCHIFF SOS *n*: ***SOS message*** SOS-Ruf *m*
'so·so *Adj und Adv ugs* so lala
souf·flé ['su:fleɪ] *s* GASTR Soufflé *n*, Auflauf *m*
sought [sɔ:t] *Prät und Part Perf von* ***seek***
'sought-ˌaf·ter *Adj* begehrt (*Person*), (*Sache auch*) gesucht
soul [səʊl] *s* **1.** Seele *f* (*auch fig*) **2.** Gefühl *n*; (künstlerischer) Ausdruck **3.** ***be the soul of kindness*** die Güte selbst *oder* in Person sein **4.** MUS Soul *m*
'soul-deˌstroy·ing *Adj* geisttötend (*Arbeit etc*)
soul·ful ['səʊlfʊl] *Adj* gefühlvoll (*Musik etc*), seelenvoll (*Blick*)
soul mu·sic *s* Soulmusik *f*
'soul-ˌsearch·ing *s* Gewissensprüfung *f*
▶ **sound**[1] [saʊnd] **I** *s* **1.** Geräusch *n*; PHYS Schall *m*; (RADIO, TV *etc*) Ton *m*; MUS Klang *m*, (*Rockmusik etc auch*) Sound *m*; LING Laut *m*: ***I don't like the sound of it*** *fig* die Sache gefällt mir nicht **II** *v/i* **2.** erklingen, ertönen **3.** *fig* klingen **4.** ***sound off*** *ugs* tönen (***about, on*** von) **III** *v/t* **5.** ***sound one's horn*** MOT hupen; → ***alarm*** 1 **6.** LING (aus)sprechen

sound + Adjektiv (GR)	
Wie bei anderen Verben für Sinneswahrnehmung auch folgt auf **sound** in der Bedeutung „klingen" ein Adjektiv, das diesen Sinneseindruck beschreibt – kein Adverb!	
That sounds interesting / terrible.	Das klingt interessant / furchtbar.

sound[2] [saʊnd] **I** *Adj* **1.** gesund; intakt, in Ordnung **2.** *fig* klug, vernünftig (*Person, Rat etc*) **3.** *fig* gründlich (*Ausbildung etc*) **4.** *fig* gehörig (*Tracht Prügel*); vernichtend (*Niederlage*) **5.** *fig* fest, tief (*Schlaf*): → ***sleeper*** 1 **II** *Adv* **6.** ***be sound asleep*** fest *oder* tief schlafen
sound[3] [saʊnd] *v/t* **1.** SCHIFF (aus)loten **2.** ***sound out*** *j-n* ausholen (***about, on*** über *Akk*); *j-s Ansichten etc* herausfinden
sound bar·ri·er *s* PHYS Schallmauer *f*, -grenze *f*
sound card *s* COMPUTER Soundkarte *f*
'sound·ness *s* **1.** Gesundheit *f*; Intaktheit *f* **2.** *fig* Klugheit *f*, Vernünftigkeit *f* **3.** *fig* Gründlichkeit *f*
'sound·proof **I** *Adj* schalldicht **II** *v/t* schalldicht machen
sound track *s* **1.** *Film*: Tonspur *f* **2.** Filmmusik *f*
▶ **soup** [su:p] **I** *s* Suppe *f*: ***be in the soup*** *ugs* in der Patsche *oder* Tinte sitzen **II** *v/t*: ***soup up*** *ugs Auto, Motor* frisieren
soup plate *s* Suppenteller *m*
soup spoon *s* Suppenlöffel *m*
▶ **sour** ['saʊə] **I** *Adj* **1.** sauer: ***sour cream*** Sauerrahm *m*, saure Sahne; ***go sour*** sauer werden **2.** *fig* mürrisch **II** *v/i* **3.** sauer werden **III** *v/t* **4.** sauer werden lassen; säuern: ***soured cream*** *Br* Sauerrahm *m*
▶ **source** [sɔ:s] *s* Quelle *f*, *fig auch* Ursache *f*, Ursprung *m*: ***from a reliable source*** aus zuverlässiger Quelle
source code *s* IT Quelltext *m*
source file *s* IT Quelldatei *f*
source lan·guage *s* LING Ausgangssprache *f*
sour·puss ['saʊəpʊs] *s ugs* Miesepeter *m*
▶ **south** [saʊθ] **I** *s* **1.** Süden *m*: ***in the south of*** im Süden von (*oder Gen*); ***to the south of*** *sie*he 5 **2.** *a* **South** Süden *m*, südlicher Landesteil: ***the South*** *Br* Südengland *n*; *Am* die Südstaaten *Pl* **II** *Adj* **3.** Süd…, südlich: ***South Pole*** Südpol *m* **III** *Adv* **4.** südwärts, nach Süden **5.** ***south of*** südlich von (*oder Gen*)
South A·mer·i·can **I** *Adj* südamerikanisch **II** *s* Südamerikaner(in)
'south·bound *Adj* nach Süden gehend *oder* fahrend
ˌsouth'east **I** *s* Südosten *m* **II** *Adj* südöstlich, Südost… **III** *Adv* südöstlich, nach Südosten
south·er·ly ['sʌðəlɪ] **I** *Adj* südlich, Süd… **II** *Adv* von *oder* nach Süden
▶ **south·ern** ['sʌðən] *Adj* südlich, Süd…
'south·ern·er *s* **1.** Bewohner(in) des Südens (*eines Landes*) **2.** **Southerner** *Am* Südstaatler(in)
south·ern·most ['sʌðənməʊst] *Adj* südlichst
south·ward ['saʊθwəd] *Adj und Adv* südlich, südwärts, nach Süden: ***in a southward direction*** in südlicher Richtung, Richtung Süden
'south·wards *Adv* → ***southward***
ˌsouth'west **I** *s* Südwesten *m* **II** *Adj* südwestlich, Südwest… **III** *Adv* südwestlich, nach Südwesten
sou·ve·nir [ˌsu:və'nɪə] *s* Andenken *n* (***of*** an *Akk*), Souvenir *n*
sov·er·eign ['sɒvrɪn] **I** *s* Landesherr(in), Monarch(in) **II** *Adj* souverän (*Staat*)
sov·er·eign·ty ['sɒvrəntɪ] *s* Souveränität *f*
So·vi·et ['səʊvɪət] **I** *s*: ***the Soviets*** *Pl* die Sowjets *Pl* **II** *Adj* sowjetisch, Sowjet…
sow[1] [saʊ] *s* ZOOL Sau *f*
▶ **sow**[2] [səʊ] *v/t* (*meist unreg*) **1.** *Getreide etc* säen, *Samen* aussäen: ***sow the seeds of discord*** *fig* Zwietracht säen; → ***oats*** **2.** *Feld etc* besäen (***with*** mit)
soy [sɔɪ], **so·ya** ['sɔɪə] *s* Soja(soße) *f*
soy bean, **so·ya bean** *s* BOT Sojabohne *f*
soy sauce [ˌsɔɪ'sɔ:s] *s* Sojasoße *f*
spa [spɑ:] *s* (Heil)Bad *n*
▶ **space** [speɪs] **I** *s* **1.** Raum *m*: ***stare into space*** ins Leere starren **2.** Platz *m*, Raum *m* **3.** (Welt)Raum *m* **4.** Lücke *f*, Platz *m*, Stelle *f* **5.** Zwischenraum *m* **6.** *typografisch*: Leerzeile *f* **7.** Zeitraum *m* **II** *v/t* **8.** *auch* ***space out*** in Abständen anordnen: ***space the chairs two feet apart*** die Stühle im Abstand von zwei Fuß aufstellen

space (GR)	
Beachten Sie die Bedeutungsunterschiede zwischen den zählbaren und unzählbaren Formen (letztere nur im Singular und ohne **a**)!	
Leave a space between the address and the date.	Lassen Sie eine Leerzeile zwischen der Anschrift und dem Datum.
Three parking spaces are available for guests.	Für Gäste stehen drei Parkplätze zur Verfügung.
Space is limited.	Der Platz ist begrenzt.
Man has never ventured so far out into space.	Der Mensch hat sich nie so weit in den Weltraum hinausgewagt.

S

space bar *s* Leertaste *f*
▶ **space·craft** ['speɪskrɑːft] *s* (*unreg* ***craft***) (Welt)Raumfahrzeug *n*
space de·bris *s* Weltraummüll *m*
▶ **space flight** ['speɪsflaɪt] *s* (Welt)Raumflug *m*
space heat·er *s* Heizapparat *m*, -gerät *n*
space junk *s* Weltraumschrott *m*
'space·lab *s* Raumlabor *n*
'space·man *s* (*unreg* ***man***) **1.** Raumfahrer *m* **2.** Außerirdische *m*
space probe *s* Raumsonde *f*
'space·ship *s* Raumschiff *n*
▶ **space shut·tle** ['speɪsˌʃʌtl] *s* Raumfähre *f*, -transporter *m*
space sta·tion *s* (Welt)Raumstation *f*
space suit *s* Raumanzug *m*
space trav·el *s* (Welt)Raumfahrt *f*
space walk *s* Spaziergang *m* im All
'space,wom·an *s* (*unreg* ***woman***) **1.** Raumfahrerin *f* **2.** Außerirdische *f*
spac·ing ['speɪsɪŋ] *s* Zeilenabstand *m*: ***type s.th. in*** (*oder* ***with***) ***single*** (***double***) ***spacing*** etw mit einzeiligem (zweizeiligem) Abstand tippen
spa·cious ['speɪʃəs] *Adj* geräumig (*Zimmer etc*), weiträumig angelegt, weitläufig (*Garten etc*)
spade[1] [speɪd] *s* Spaten *m*: ***call a spade a spade*** *fig* das Kind beim Namen nennen
spade[2] [speɪd] *s Kartenspiel*: **a)** *Pl* Pik *n* (*Farbe*), **b)** Pik(karte *f*) *n*
'spade·work *s fig* (mühevolle) Vorarbeit
spa·ghet·ti [spə'getɪ] *s Sg* Spag(h)etti *Pl*

> **spaghetti** GR
>
> Beachten Sie, dass **spaghetti** im Englischen nur im Singular erscheint:
> **This spaghetti is wonderful!**
> Diese Spaghetti sind fantastisch!

▶ **Spain** [speɪn] *Eigenn* Spanien *n*
spam [spæm] **I** *s* **1.** ***spam***® Frühstücksfleisch *n* **2.** unerwünschter Werbemüll (*via E-Mail*), Junk-E-Mails *Pl* **II** *v/t* **3.** COMPUTER spammen, zumüllen (*mit E-Mails, Informationen, Werbung etc*)
'spam·ming *s Verbreitung von Werbemüll etc über E-Mail-Adressen*
span [spæn] **I** *s* **1.** FLUG, ORN (*Flügel*)Spannweite *f* **2.** Zeitspanne *f* **3.** (*Lebens*)Spanne *f*, (*Gedächtnis*)Umfang *m* **II** *v/t* **4.** *Fluss etc* überspannen (*Brücke*) **5.** *fig* sich erstrecken über (*Akk*)
span·gle ['spæŋgl] **I** *s* Paillette *f* **II** *v/t* mit Pailletten besetzen; *fig* übersäen (***with*** mit)
Span·iard ['spænjəd] *s* Spanier(in)
span·iel ['spænjəl] *s* ZOOL Spaniel *m*
▶ **Span·ish** ['spænɪʃ] **I** *Adj* **1.** spanisch **II** *s* **2.** ***the Spanish*** *Pl* die Spanier *Pl* **3.** LING Spanisch *n*
spank [spæŋk] *v/t j-m* den Hintern versohlen
'spank·ing **I** *Adj* flott, scharf (*Tempo*) **II** *Adv ugs*: ***spanking clean*** blitzsauber; ***spanking new*** funkelnagelneu **III** *s*: ***give s.o. a spanking*** → ***spank***
span·ner ['spænə] *s* TECH *bes Br* Schraubenschlüssel *m*: ***put*** (*oder* ***throw***) ***a spanner in the works*** *ugs* j-m in die Quere kommen
spar [spɑː] *v/i* **1.** *Boxen*: sparren (***with*** mit) **2.** sich ein Wortgefecht liefern
▶ **spare** [speə] **I** *v/t* **1.** *j-n, etw* entbehren **2.** *Geld, Zeit etc* übrig haben: ***can you spare me a cigarette*** (***10 minutes***)***?*** hast du eine Zigarette (10 Minuten Zeit) für mich (übrig)? **3.** *keine Kosten, Mühen etc* scheuen **4.** ***spare s.o. s.th.*** j-m etw ersparen, j-n mit etw verschonen; ***spare me the details*** erspar mir die Einzelheiten **II** *Adj* **5.** Ersatz…: ▶ ***spare part*** TECH Ersatzteil *n, m*; ***spare tire*** (*bes Br* ***tyre***) MOT Ersatz-, Reservereifen *m*; *Br fig hum* Rettungsring *m* **6.** überschüssig: ***spare bedroom*** Gästezimmer *n*; ***spare time*** Freizeit *f* **III** *s* **7.** MOT Ersatz-, Reservereifen *m* **8.** TECH *bes Br* Ersatzteil *n, m*
'spare·ribs *s Pl* GASTR Spareribs *Pl* (*gegrillte Rippenstücke vom Schwein*)
spar·ing ['speərɪŋ] *Adj* sparsam: ***be sparing with s.th., use s.th. sparingly*** sparsam mit etw umgehen
spark [spɑːk] **I** *s* Funke(n) *m* (*auch fig*): ***whenever they meet the sparks fly*** immer wenn sie zs.-kommen, fliegen die Fetzen **II** *v/i* Funken sprühen **III** *v/t* **a)** *auch* ***spark off*** *Krawalle etc* auslösen, **b)** *bes Am j-s Interesse etc* wecken
spar·kle ['spɑːkl] **I** *v/i* funkeln, (*Augen auch*) blitzen (***with*** vor *Dat*) **II** *s* Funkeln *n*, Blitzen *n*
spar·kling ['spɑːklɪŋ] *Adj* **1.** funkelnd, blitzend **2.** ***sparkling wine*** Perl- *oder* Schaumwein *m*; Sekt *m* **3.** *fig* sprühend (*Witz*); geistsprühend (*Dialog etc*); schwungvoll (*Vortrag etc*)
spark plug *s* MOT Zündkerze *f*
spar·ring ['spɑːrɪŋ] *Adj*: ***sparring partner*** (*Boxen*) Sparringspartner(in)
spar·row ['spærəʊ] *s* ORN Spatz *m*, Sperling *m*
sparse [spɑːs] *Adj* spärlich: ***sparsely populated*** dünn besiedelt *oder* bevölkert
spar·tan ['spɑːtən] *Adj* spartanisch (*Lebensweise etc*)
spasm ['spæzəm] *s* **1.** MED Krampf *m* **2.** (*Husten-, Lach- etc*)Anfall *m*
spas·mod·ic [spæz'mɒdɪk] *Adj* (***spasmodically***) **1.** MED krampfartig **2.** *fig* sporadisch, unregelmäßig
spas·tic ['spæstɪk] MED **I** *Adj* (***spastically***) spastisch **II** *s* Spastiker(in)
spat [spæt] *Prät und Part Perf von* ***spit***[2]
spate [speɪt] *s fig* Flut *f*, (*von Unfällen etc*) Serie *f*
spa·tial ['speɪʃl] *Adj* räumlich
spat·ter ['spætə] **I** *v/t* **1.** *j-n, etw* bespritzen (***with*** mit) **2.** *etw* spritzen (***over*** über *Akk*) **II** *v/i* **3.** spritzen **III** *s* **4.** Spritzer *m* **5.** ***there was a spatter of rain*** es regnete ein paar Tropfen
spat·u·la ['spætjʊlə] *s* Spachtel *m*, *bes österr. f*, MED Spatel *m, f*
spawn [spɔːn] **I** *s* ZOOL Laich *m* **II** *v/i* ZOOL laichen **III** *v/t fig* hervorbringen, produzieren
spay [speɪ] *v/t weibliches Tier* sterilisieren
▶ **speak** [spiːk] (*unreg*) **I** *v/i* **1.** sprechen, reden (***to, with*** mit; ***about*** über *Akk*): ***speaking!*** TEL am Apparat!; ***speak for*** sprechen für; ***this speaks for itself*** das spricht für sich selbst; ***we don't speak*** (***to each other***) wir sprechen *oder* reden nicht miteinander; ***so to speak*** sozusagen; → ***devil*** 1, ***generally***, ***ill*** 3, ***roughly*** 2, ***soon***, ***strict*** **2.** sprechen (***to*** vor *Dat*; ***about, on*** über *Akk*) **3.** sich aussprechen (***in favo***[***u***]***r of*** für; ***against*** gegen) **II** *v/t* **4.** sprechen, sagen: → ***mind*** 4, ***volume*** 1 **5.** *Sprache* sprechen
◆ **speak out** *v/i*: ***speak out against*** sich klar

S

und deutlich aussprechen gegen

◆**speak up** *v/i* **1.** lauter sprechen **2.** ***speak up for*** sich klar und deutlich aussprechen für

▶**speak·er** ['spiːkə] *s* **1.** Sprecher(in), Redner(in) **2. Speaker** PARL Speaker(in), Präsident(in) **3.** ***an English speaker*** jemand, der Englisch spricht **4.** ELEK Lautsprecher *m*

'**speaking I** *s*: → ***manner*** 1 **II** *Adj*: ***speaking clock*** TEL *Br* Zeitansage *f*; ***we are not on speaking terms*** wir sprechen *oder* reden nicht miteinander

spear [spɪə] **I** *s* Speer *m* **II** *v/t* aufspießen; durchbohren

'**spear·head I** *s* **1.** Speerspitze *f* **2.** MIL Angriffsspitze *f*; (*Sport*) (Sturm-, Angriffs)Spitze *f* **3.** *fig* Anführer(in) **II** *v/t* **4.** *fig* anführen

'**spear·mint** *s* BOT Grüne Minze

spec [spek] *s*: ***on spec*** *Br ugs* auf gut Glück

▶**spe·cial** ['speʃl] **I** *Adj* (→ ***specially***) **1.** speziell, besonder **2.** speziell, Spezial…: → ***effect*** **3.** Sonder…: ***special school*** (***train***, *etc*) **4.** speziell, bestimmt **II** *s* **5.** Sonderbus *m oder* -zug *m*; RUNDFUNK, TV Sondersendung *f*; WIRTSCH Sonderangebot *n*: ***be on special*** *Am* im Angebot sein

▶**special·ist** ['speʃəlɪst] **I** *s* Spezialist(in), MED *auch* Facharzt *m*, -ärztin *f* (***in*** für) **II** *Adj* Fach…

spe·ci·al·i·ty [ˌspeʃɪ'ælətɪ] *s* **1.** Spezialität *f*: ***the house speciality*** die Spezialität des Hauses **2.** Spezialgebiet *f*

special·i·za·tion [ˌspeʃəlaɪ'zeɪʃn] *s* Spezialisierung *f*

'**spe·cial·ize** *v/i* sich spezialisieren (***in*** auf *Akk*)

'**spe·cial·ly** *Adv* **1.** besonders **2.** speziell, extra

spe·cial·ty ['speʃltɪ] *Am* → ***speciality***

spe·cies ['spiːʃiːz] *Pl* **spe·cies** *s* BIOL Spezies *f*, Art *f* (*beide auch allg*)

spe·cif·ic [spə'sɪfɪk] **I** *Adj* **1.** spezifisch (*auch* PHYS), speziell, besonder: ***specific gravity*** spezifisches Gewicht **2.** konkret, präzis **3.** eigen (***to*** *Dat*) **II** *s Pl* **4.** Einzelheiten *Pl*

spe'cif·i·cal·ly *Adv* **1.** speziell, besonders **2.** ausdrücklich

spec·i·fi·ca·tion [ˌspesɪfɪ'keɪʃn] *s* genaue Angabe *oder* Beschreibung

spec·i·fy ['spesɪfaɪ] *v/t* genau angeben

spec·i·men ['spesɪmən] *s* **1.** Exemplar *n* **2.** Muster *n*; Probe *f* **3.** *ugs pej* Typ *m* (*Person*)

spe·cious ['spiːʃəs] *Adj* trügerisch: ***specious argument*** Scheinargument *n*

speck [spek] *s* kleiner Fleck, (*Staub-*)Korn *n*; Punkt *m*

speck·led ['spekld] *Adj* gesprenkelt

specs [speks] → ***spectacle*** 3

spec·ta·cle ['spektəkl] *s* **1.** Schauspiel *n* (*auch fig*): ***make a spectacle of o.s.*** sich lächerlich machen **2.** Anblick *m* **3.** *Pl*, *auch* ***pair of spectacles*** Brille *f*

spec·tac·u·lar [spek'tækjʊlə] **I** *Adj* spektakulär **II** *s* Show *f* der Superlative

▶**spec·ta·tor** [spek'teɪtə] *s* Zuschauer(in)

spec·ter *Am* → ***spectre***

spec·tra ['spektrə] *Pl von* ***spectrum***

spec·tral ['spektrəl] *Adj* **1.** geisterhaft, gespenstisch **2.** PHYS Spektral…

spec·tre ['spektə] *s bes Br* (*fig auch* Schreck-) Gespenst *n*

spec·trum ['spektrəm] *Pl* **spec·tra** ['spektrə] *s* PHYS Spektrum *n* (*auch fig*): ***a broad spectrum of opinion(s)*** ein breites Meinungsspektrum

spec·u·late ['spekjʊleɪt] *v/i* **1.** spekulieren, Vermutungen anstellen (***about, on*** über *Akk*): ***speculate that*** vermuten, dass **2.** WIRTSCH spekulieren (***in*** mit)

ˌ**spec·u'la·tion** *s* Spekulation *f* (*auch* WIRTSCH), Vermutung *f*

spec·u·la·tive ['spekjʊlətɪv] *Adj* spekulativ, WIRTSCH *auch* Spekulations…: ***speculative application*** Blindbewerbung *f*

spec·u·la·tor ['spekjʊleɪtə] *s* WIRTSCH Spekulant(in)

sped [sped] *Prät und Part Perf von* ***speed***

▶**speech** [spiːtʃ] *s* **1.** Sprache *f* (*Sprechvermögen, Ausdrucksweise*): ***speech defect*** (*oder* ***impediment***) Sprachfehler *m*; ***speech therapist*** Logopäde *m*, Logopädin *f* **2.** Rede *f*, Ansprache *f* (***to*** vor *Dat*), JUR Plädoyer *n*: ***give a speech*** eine Rede halten

'**speech·less** *Adj* sprachlos (***with*** vor *Dat*)

▶**speed** [spiːd] **I** *s* **1.** Geschwindigkeit *f*, Schnelligkeit *f*, Tempo *n*: ***at a speed of*** mit einer Geschwindigkeit von; ***at full*** (*oder* ***top***) ***speed*** mit Höchstgeschwindigkeit **2.** MOT *etc* Gang *m*: ***five-speed gearbox*** Fünfganggetriebe *f* **3.** FOTO Lichtempfindlichkeit *f* **4.** *sl* Speed (*Droge*) **II** *v/t* (*unreg*) **5.** rasch bringen *oder* befördern **6.** ***speed up*** (*Prät und Part Perf* ***-ed***) beschleunigen **III** *v/i* **7.** rasen: ***speed by*** wie im Flug vergehen (*Zeit*); ***be speeding*** MOT zu schnell fahren, die Geschwindigkeitsbegrenzung überschreiten **8.** ***speed up*** (*Prät und Part Perf* ***-ed***) beschleunigen (*Fahrer etc*), (*auch Wachstum etc*) schneller werden

speed boat *s* Renn-, Schnellboot *n*

speed bump *s* MOT Rüttelschwelle *f*

speed·ing ['spiːdɪŋ] *s* MOT zu schnelles Fahren, Geschwindigkeitsüberschreitung *f*

▶**speed lim·it** ['spiːdˌlɪmɪt] *s* MOT Geschwindigkeitsbegrenzung *f*, Tempolimit *n*

speed·om·e·ter [spɪ'dɒmɪtə] *s* MOT Tachometer *m*, *n*

'**speed trap** *s* Radarfalle *f*

speed·y ['spiːdɪ] *Adj* schnell, (*Antwort etc auch*) prompt: → ***recovery*** 2

▶**spell**[1] [spel] (*meist unreg*) **I** *v/t* **1. a)** *auch* ***spell out*** buchstabieren: ***spell out*** klarmachen (***for s.o.*** j-m), **b)** (*orthografisch richtig*) schreiben **2.** *Unglück etc* bedeuten **II** *v/i* **3.** (richtig) schreiben

spell[2] [spel] *s* **1.** Weile *f*: ***for a spell*** eine Zeit lang; ***cold spell*** METEO Kälteperiode *f* **2.** (*Husten- etc*)Anfall *m*

spell[3] [spel] *s* **1.** Zauber(spruch) *m* **2.** Zauber *m* (*auch fig*): ***be under s.o.'s spell*** in j-s Bann stehen; ***cast a spell on s.o.*** j-n verzaubern, *fig auch* j-n in seinen Bann ziehen

'**spellˌbind·ing** *Adj* fesselnd

'**spell·bound** *Adj und Adv* wie gebannt: ***hold s.o. spellbound*** j-n fesseln

'**spell·check·er** *s* COMPUTER Rechtschreibhilfe *f*, Rechtschreibprogramm *n*

spell·er ['spelə] *s* **1.** ***be a good*** (***bad***) ***speller*** gut (schlecht) in Rechtschreibung sein **2.** *Am* → ***spellchecker***

▶**spell·ing** ['spelɪŋ] *s* **1.** Rechtschreibung *f*: ***spelling mistake*** (Recht)Schreibfehler *m* **2.** Schreibung *f*, Schreibweise *f*

spelt [spelt] *Prät und Part Perf von* ***spell***[1]

▶**spend** [spend] *v/t* (*unreg*) **1.** *Geld* ausgeben (***on*** für): → ***penny*** **2.** *Urlaub*, *Zeit* verbringen: ***spend an hour doing s.th.*** eine Stunde damit verbringen, etw zu tun

'**spend·er** *s*: ***he's a big spender*** ihm sitzt das

Geld locker

'spend·ing **I** *s* Ausgaben *Pl* **II** *Adj*: ***spending money*** Taschengeld *n*; → ***spree***

spend·thrift ['spendθrɪft] **I** *s* Verschwender(in) **II** *Adj* verschwenderisch

spent [spent] **I** *Prät und Part Perf von* ***spend*** **II** *Adj* verbraucht

sperm [spɜːm] *s* BIOL Sperma *n*, Samen(flüssigkeit *f*) *m*: ***sperm bank*** Samenbank *f*

spew [spjuː] **I** *v/t* **1.** *auch* ***spew out*** *Rauch etc* ausstoßen, *Lava etc* spucken **2.** *auch* ***spew up*** *sl* auskotzen **II** *v/i* **3.** *auch* ***spew out*** hervorquellen (***from*** aus) **4.** *sl* kotzen

sphere [sfɪə] *s* **1.** Kugel *f* **2.** *fig* (*Einfluss- etc*) Sphäre *f*, (-)Bereich *m*: ***in the sphere of*** auf dem Gebiet (*Gen*)

spher·i·cal ['sferɪkl] *Adj* **1.** kugelförmig **2.** MATHE Kugel…, sphärisch

sphinc·ter ['sfɪŋktə] *s* ANAT Schließmuskel *m*

►**spice** [spaɪs] **I** *s* **1.** Gewürz *n* **2.** *fig* Würze *f* **II** *v/t* **3.** würzen (***with*** mit) (*auch fig*)

spice rack *s* Gewürzständer *m*

spick-and-span [ˌspɪkən'spæn] *Adj* blitzsauber

spic·y ['spaɪsɪ] *Adj* **1.** gut gewürzt, würzig **2.** *fig* pikant

►**spi·der** ['spaɪdə] *s* ZOOL Spinne *f*

spi·der web *s Am* Spinnwebe *f*, Spinnennetz *n*

spiel [ʃpiːl] *s ugs meist pej* Masche *f*

spike [spaɪk] **I** *s* **1.** Spitze *f*; Dorn *m*; Stachel *m* **2.** SPORT **a)** Spike *m*, Dorn *m*, **b)** *Pl* Spikes *Pl*, Rennschuhe *Pl* **3.** Zackenfrisur *f* **II** *v/t* **3.** aufspießen **4.** → ***lace*** 7

'spik·y *Adj* **1.** spitz(ig); stachelig, stachlig **2.** *Br ugs* leicht eingeschnappt

spill [spɪl] **I** *v/t* (*meist unreg*) *auch* ***spill out*** aus-, verschütten: ***I've spilt my coffee over my trousers*** ich habe mir meinen Kaffee über die Hose geschüttet; → ***bean*** 1, ***milk*** I **II** *v/i* (*meist unreg*) verschüttet werden; sich ergießen (***over*** über *Akk*); strömen (***out of*** aus) (*Menschen*): ***spill over*** überlaufen; *fig* übergreifen (***into*** auf *Akk*) **III** *s bes* SPORT *ugs* Sturz *m* (*vom Pferd*, [*Motor*]*Rad*): ***have a spill*** stürzen

spilt [spɪlt] *Prät und Part Perf von* ***spill***

spin [spɪn] **I** *v/t* (*unreg*) **1.** drehen; *Wäsche* schleudern; *Münze* hochwerfen **2.** *Fäden, Wolle etc* spinnen: → ***yarn*** 2 **3.** ***spin out*** *Arbeit etc* in die Länge ziehen, *Geld etc* strecken **II** *v/i* (*unreg*) **4.** sich drehen: ***spin round*** herumwirbeln; ***my head was spinning*** mir drehte sich alles **III** *s* **5.** SPORT Effet *m*: ***put spin on a ball*** einem Ball Effet geben **6.** MOT *ugs* Spritztour *f*: ***go for a spin*** eine Spritztour machen **7.** *bes Br ugs* ***be in a*** (***flat***) ***spin*** am Rotieren sein; ***send*** (*oder* ***throw***) ***s.o. in a*** (***flat***) ***spin*** j-n zum Rotieren bringen

spin·ach ['spɪnɪdʒ] *s* BOT Spinat *m*

spi·nal ['spaɪnl] *Adj*: ***spinal column*** Rückgrat *n*, Wirbelsäule *f*; ***spinal cord*** Rückenmark *n*

spin·dle ['spɪndl] *s* TECH Spindel *f*

'spin·dly *Adj* spindeldürr

spin doctor *s ugs* schönrednerische(r) Pressesprecher(in) (*eines Politikers etc*)

ˌspin-'dri·er *s* (Wäsche)Schleuder *f*

ˌspin-'dry *v/t* *Wäsche* schleudern

ˌspin-'dry·er → ***spin-drier***

spine [spaɪn] *s* **1.** ANAT Rückgrat *n*, Wirbelsäule *f* **2.** ZOOL Stachel *m*, BOT *auch* Dorn *m* **3.** (*Buch*)Rücken *m*

'spine·less *Adj fig* rückgratlos

spin·na·ker ['spɪnəkə] *s* SCHIFF Spinnaker *m*

spin·ney ['spɪnɪ] *s Br* Dickicht *n*

spin·ning mill ['spɪnɪŋ] *s* Spinnerei *f*

spin·ning wheel *s* Spinnrad *n*

'spin-off *s* **1.** Neben-, Abfallprodukt *n* **2.** *fig* (positiver) Nebeneffekt

spin·ster ['spɪnstə] *s* ältere unverheiratete Frau, *pej* alte Jungfer

spin·y ['spaɪnɪ] *Adj* ZOOL stach(e)lig, BOT *auch* dornig

spi·ral ['spaɪərəl] **I** *Adj* spiralenförmig, spiralig, Spiral…: ***spiral staircase*** Wendeltreppe *f* **II** *s* (*auch* WIRTSCH *Preis- etc*)Spirale *f*

spire ['spaɪə] *s* (*Kirch*)Turmspitze *f*

►**spir·it** ['spɪrɪt] *s* **1.** *allg* Geist *m*: ***in spirit*** im Geiste **2.** Stimmung *f*, Einstellung *f* **3.** Schwung *m*, Elan *m* **4.** *Pl* Laune *f*, Stimmung *f*: ***be in high spirits*** in Hochstimmung sein; ausgelassen *oder* übermütig sein; ***be in low spirits*** niedergeschlagen sein; ***lift*** (*oder* ***raise***) ***s.o.'s spirits*** j-s Stimmung heben; ***my spirits sank*** ich wurde deprimiert **5.** *meist Pl* Spirituose *f* **6.** CHEM Spiritus *m*

'spir·it·ed *Adj* beherzt (*Versuch etc*); erregt (*Auseinandersetzung*)

spir·it lev·el *s* TECH Wasserwaage *f*

spir·it·u·al ['spɪrɪtʃʊəl] **I** *Adj* **1.** geistig **2.** geistlich **II** *s* **3.** MUS Spiritual *n*

'spir·it·u·al·ism *s* Spiritismus *m*

'spir·it·u·al·ist *s* Spiritist(in)

ˌspir·it·u·al'is·tic *Adj* (***spiritualistically***) spiritistisch

spit[1] [spɪt] **I** *v/i* (*unreg*) **1. a)** spucken: ***spit at s.o.*** j-n anspucken, **b)** ausspucken **2.** ***it is spitting*** (***with rain***) es sprüht **3.** knistern (*Feuer*), brutzeln (*Fleisch etc*) **II** *v/t* (*unreg*) **4.** *Blut etc* spucken: ***spit out*** ausspucken; ***spit it out!*** *fig ugs* spucks aus! **5.** *auch* ***spit out*** *etw* fauchen **III** *s* **6.** Spucke *f*

spit[2] [spɪt] *s* **1.** (Brat)Spieß *m* **2.** GEOG Landzunge *f*

►**spite** [spaɪt] **I** *s* **1.** Boshaftigkeit *f*, Gehässigkeit *f*: ***out of*** (*oder* ***from***) ***pure spite*** aus reiner Bosheit **2.** ► ***in spite of*** trotz **II** *v/t* **3.** ärgern

spite·ful ['spaɪtfʊl] *Adj* boshaft, gehässig

spit·ting ['spɪtɪŋ] *Adj*: ***the bus stop is within spitting distance*** *ugs* bis zur Bushaltestelle ist es nur ein Katzensprung; ***she is the spitting image of her mother*** sie ist ganz die Mutter, sie ist ihrer Mutter wie aus dem Gesicht geschnitten

spit·tle ['spɪtl] *s* Spucke *f*

splash [splæʃ] **I** *v/i* **1.** spritzen; (*Regen*) klatschen (***against*** gegen) **2. a)** plan(t)schen, **b)** platschen (***through*** durch): ***splash down*** wassern (*Raumkapsel*) **3.** ***splash out on*** *bes Br ugs* tief in die Tasche greifen für **II** *v/t* **4.** bespritzen (***with*** mit): ***splash one's face with cold water*** sich kaltes Wasser ins Gesicht schütten **5.** *Wasser etc* spritzen (***on*** auf *Akk*; ***over*** über *Akk*): ***splash one's money about*** *bes Br ugs* mit Geld um sich werfen **6.** *ugs* in großer Aufmachung bringen (*Zeitung etc*) **III** *s* **7.** Spritzer *m*, Spritzfleck *m*: ***splash of paint*** Farbspritzer **8.** *bes Br* Spritzer *m*, Schuss *m* (*Soda etc*) **9.** ***make*** (***quite***) ***a splash*** *ugs* Furore machen

'splash·down *s* Wasserung *f*

splat [splæt] *v/i ugs* klatschen (***against*** gegen)

splat·ter ['splætə] → ***spatter*** 1-3

splay [spleɪ] *v/t auch* ***splay out*** *Finger, Zehen* spreizen

spleen [spliːn] *s* ANAT Milz *f*

splen·did ['splendɪd] *Adj* großartig, herrlich,

S

prächtig
'splen·dor, 'splen·dour *s* Pracht *f*
splice [splaɪs] *v/t* miteinander verbinden, *Film, Tonband etc* (zs-)kleben: ***get spliced*** *ugs* heiraten
splint [splɪnt] MED **I** *s* Schiene *f* **II** *v/t* schienen
splin·ter ['splɪntə] **I** *s* Splitter *m* **II** *v/t* zersplittern **III** *v/i* (zer)splittern: ***splinter off*** absplittern; *fig* sich absplittern *oder* abspalten (***from*** von)
splin·ter group *s* Splittergruppe *f*
▶**split** [splɪt] **I** *v/t* (*unreg*) **1.** (zer)spalten; zerreißen: ***split one's sides*** *ugs* sich vor Lachen biegen; ***be split*** *fig* gespalten sein (***on*** bezüglich); ***split ends*** *Pl* Haarspliss *m*; ***split personality*** PSYCH gespaltene Persönlichkeit; ***split second*** Bruchteil *m* einer Sekunde; → ***hair*** **2.** *auch* ***split up*** aufteilen (***between*** unter *Akk*; ***into*** in *Akk*); sich *etw* teilen: ***split three ways*** dritteln; ***split the difference*** *fig* sich auf halbem Wege einigen **II** *v/i* (*unreg*) **3.** sich spalten; zerreißen **4.** sich teilen (***into*** in *Akk*) **5.** *auch* ***split up*** (***with***) Schluss machen (mit), sich trennen (von) **III** *s* **6.** Riss *m*; Spalt *m* **7.** *fig* Bruch *m*; Spaltung *f* **8.** Aufteilung *f* **9.** *Pl* Spagat *m*: ***do the splits*** (einen) Spagat machen **10.** (*Bananen*)Split *m*
'splitting *Adj* rasend (*Kopfschmerzen*)
split screen *s* TV, COMPUTER geteilter Bildschirm
splodge [splɒdʒ] *s bes Br*, **splotch** [splɒtʃ] *s bes Am* Fleck *m*, Klecks *m*
splurge [splɜːdʒ] *ugs* **I** *v/i*: ***splurge on*** tief in die Tasche greifen für **II** *v/t Geld* verschwenden (***on*** für) **III** *s*: ***have a splurge*** tief in die Tasche greifen
splut·ter ['splʌtə] **I** *v/i* **1.** stottern (*auch* MOT) **2.** zischen (*Feuer etc*) **3.** prusten **II** *v/t* **4.** stottern
▶**spoil** [spɔɪl] **I** *v/t* (*auch unreg*) **1.** verderben **2.** *j-n* verwöhnen, *Kind auch* verziehen: ***be spoilt for choice*** die Qual der Wahl haben **II** *v/i* (*auch unreg*) **3.** verderben, schlecht werden **4.** ***be spoiling for a fight*** Streit suchen **III** *s* **5.** *meist Pl* Beute *f*
'spoil·er *s* MOT Spoiler *m*
'spoil·sport *s* Spielverderber(in)
spoilt [spɔɪlt] *Prät und Part Perf von* ***spoil***
spoke[1] [spəʊk] *Prät von* ***speak***
spoke[2] [spəʊk] *s* Speiche *f*: ***put a spoke in s.o.'s wheel*** *fig* j-m (einen) Knüppel zwischen die Beine werfen
spo·ken ['spəʊkən] *Part Perf von* ***speak***
spokes·man ['spəʊksmən] *s* (*unreg* ***man***) Sprecher *m*
'spokes,per·son *s* Sprecher(in)
'spokes,wom·an *s* (*unreg* ***woman***) Sprecherin *f*
sponge [spʌndʒ] **I** *s* **1.** Schwamm *m*: ***throw in the sponge*** *fig* das Handtuch werfen **2.** → ***sponge cake*** **3.** *fig* Schnorrer(in) **II** *v/t* **4.** *auch* ***sponge down*** (mit einem Schwamm) abwaschen **5.** *fig* schnorren (***from, off*** von, bei) **III** *v/i* **6.** *fig* schnorren (***off, on*** bei): ***sponge off s.o.*** *auch* j-m auf der Tasche liegen
sponge bag *s Br* Kulturbeutel *m*
sponge cake *s* Biskuitkuchen *m*
spong·er ['spʌndʒə] → ***sponge*** 3
'spong·y *Adj* **1.** schwammartig **2.** weich, *pej* teigig (*Brot etc*) **3.** nachgiebig (*Boden etc*)
spon·sor ['spɒnsə] **I** *s* **1.** Sponsor(in) (*auch* RUNDFUNK, TV), Geldgeber(in) **2.** Spender(in) **3.** Bürge *m*, Bürgin *f* **II** *v/t* **4.** sponsern **5.** bürgen für

S

spon·ta·ne·ous [spɒn'teɪnjəs] *Adj* spontan
spoof [spuːf] *s ugs* Parodie *f* (***of, on*** auf *Akk*)
spook [spuːk] *ugs* **I** *s* Gespenst *n* **II** *v/t Am j-m* einen Schrecken einjagen
'spook·y *Adj ugs* unheimlich
spool [spuːl] *s* Spule *f*
▶**spoon** [spuːn] *s* Löffel *m*
'spoon-feed *v/t* (*unreg* ***feed***) **1.** *Kind etc* füttern **2.** *fig j-m* alles vorkauen: ***spoon-feed s.o. with s.th., spoon-feed s.th. to s.o.*** j-m etw vorkauen
spoon·ful ['spuːnfʊl] *s ein* Löffel (voll)
spo·rad·ic [spə'rædɪk] *Adj* (***sporadically***) sporadisch, gelegentlich
spore [spɔː] *s* BIOL Spore *f*
spor·ran ['spɒrən] *s Schottentracht*: Felltasche *f*
▶**sport** [spɔːt] **I** *s* **1. a)** Sport(art *f*) *m*, **b)** *oft Pl allg* Sport *m* **2.** *auch* ***good sport*** *ugs* feiner *oder* anständiger Kerl: ***be a sport*** sei kein Spielverderber **3.** ***in sport*** zum Scherz, im Spaß **II** *Adj* **4.** *Am* Sport… **III** *v/t* **5.** protzen mit; mit *einem blauen Auge* herumlaufen
'sport·ing *Adj* **1.** Sport… **2.** fair (*auch Chance*), anständig, sportlich
sports [spɔːts] *Adj* Sport…: ***sports car*** Sportwagen *m*; ***sports centre*** (*Am* ***center***) Sportzentrum *n*; ***sports jacket*** Sakko *m, n*
sports·man ['spɔːtsmən] *s* (*unreg* ***man***) **1.** Sportler *m* **2.** feiner *oder* anständiger Kerl
'sports·man·like *Adj* sportlich, fair, anständig
'sports·man·ship *s* Sportlichkeit *f*, Fairness *f*
'sports,peo·ple *s Pl* Sportler *Pl*
'sports,wom·an *s* (*unreg* ***woman***) Sportlerin *f*
sport·y ['spɔːtɪ] *Adj ugs* **1.** sportlich; sportbegeistert **2.** flott (*Kleidung*)
▶**spot** [spɒt] **I** *s* **1.** Punkt *m*, Tupfen *m*; Fleck *m* **2.** MED Pickel *m* **3.** Ort *m*, Platz *m*, Stelle *f*: ***on the spot*** zur Stelle; an Ort und Stelle, vor Ort; auf der Stelle, sofort; ***put on the spot*** *j-n* in die Enge treiben; *j-n* in Verlegenheit bringen; ***be in a spot*** *ugs* in Schwulitäten sein; → ***rooted*** **4.** *fig* ***soft spot*** Schwäche *f* (***for*** für) **5.** ***a spot of*** *Br ugs* ein bisschen **6.** RUNDFUNK, TV (Werbe)Spot *m* **7.** *ugs* Spot *m* (*Spotlight*) **II** *v/t* **8.** entdecken, sehen
spot check *s* Stichprobe *f*
spot·less ['spɒtlɪs] *Adj* **1.** tadellos sauber **2.** *fig* untad(e)lig
'spot·light **I** *s* Spotlight *n*, Scheinwerfer(licht *n*) *m*: ***be in the*** (***political***) ***spotlight*** im Brennpunkt des (politischen) Interesses stehen **II** *v/t* (*auch unreg* ***light***) anstrahlen; *fig* aufmerksam machen auf (*Akk*)
,spot-'on *Adj und Adv Br ugs* genau richtig
spot·ted ['spɒtɪd] *Adj* getüpfelt; fleckig
'spot·ty *Adj* **1.** pick(e)lig **2.** *fig* uneinheitlich, unterschiedlich
spouse [spaʊz] *s* Gatte *m*, Gattin *f*
spout [spaʊt] **I** *v/t* **1.** *Wasser etc* (heraus)spritzen **II** *v/i* **2.** spritzen (***from*** aus) **III** *s* **3.** (*Wasser-etc*)Strahl *m* **4.** Schnauze *f*, Tülle *f* **5.** ***be up the spout*** *ugs* im Eimer sein (*Wagen etc*); in Schwulitäten sein (*Person*): ***she's up the spout*** bei ihr ist was unterwegs
sprain [spreɪn] MED **I** *v/t* sich *den Knöchel etc* verstauchen: ***sprain one's ankle*** **II** *s* Verstauchung *f*
sprang [spræŋ] *Prät von* ***spring***
sprat [spræt] *s* ZOOL Sprotte *f*
sprawl [sprɔːl] **I** *v/i* **1.** *auch* ***sprawl out*** ausgestreckt liegen *oder* sitzen **2.** *pej* sich ausbreiten (*Stadt etc*) **II** *v/t* **3.** ***be sprawled*** (***out***) *siehe* 1

spray [spreɪ] **I** *v/i* **1.** sprühen, spritzen **II** *v/t* **2.** besprühen, spritzen (***with*** mit); sich *die Haare* sprayen; *etw* sprühen, spritzen (***on*** auf *Akk*); *Parfüm etc* versprühen, zerstäuben **III** *s* **3.** Sprühnebel *m*; Gischt *f* **4.** Spray *m*, *n* **5.** Sprüh-, Spraydose *f*; Zerstäuber *m*

ˈspray·er → ***spray*** 5

spray gun *s* TECH Spritzpistole *f*

▶ **spread** [spred] **I** *v/t* (*unreg*) **1.** *auch* ***spread out*** ausbreiten, *Arme auch* ausstrecken; *Finger etc* spreizen **2.** *Butter etc* streichen (***on*** auf *Akk*); *Brot etc* (be)streichen (***with*** mit) **3.** *Furcht, Krankheit, Nachricht etc* verbreiten, *Gerücht auch* ausstreuen **II** *v/i* (*unreg*) **4.** *auch* ***spread out*** sich ausbreiten **5.** sich (*räumlich oder zeitlich*) erstrecken (***over*** über *Akk*) **6.** sich streichen lassen (*Butter etc*) **7.** sich verbreiten (*Furcht, Krankheit, Nachricht etc*), übergreifen (***to*** auf *Akk*) (*Feuer, Epidemie etc*): → ***wildfire*** **III** *s* **8.** FLUG, ORN Spannweite *f* **9.** (Brot)Aufstrich *m*, Paste *f* **10.** Verbreitung *f*, Ausstreuung *f* **11.** *fig* Spektrum *n* **12.** *ugs* Festessen *n*

ˈspread·sheet *s* COMPUTER Tabellenkalkulation *f*

spree [spriː] *s ugs*: ***go on a spree*** einen draufmachen; eine Sauftour machen; ***go on a spending*** (*oder* ***shopping***) ***spree*** wie verrückt einkaufen

sprig [sprɪg] *s* Zweig *m*

spright·ly [ˈspraɪtlɪ] *Adj* rüstig

▶ **spring** [sprɪŋ] **I** *v/i* (*unreg*) **1.** springen: ***spring at*** sich stürzen auf (*Akk*); ***spring to one's feet*** aufspringen **2.** springen, schnellen: ***spring back*** zurückschnellen; ***spring open*** aufspringen (*Deckel etc*) **3.** ***spring up*** aufkommen (*Wind*); aus dem Boden schießen (*Gebäude etc*) **4.** ***spring from*** herrühren von **II** *v/t* (*unreg*) **5.** ***spring s.th. on s.o.*** j-n mit etw überraschen **6.** → ***leak*** 1a **III** *s* **7.** Frühling *m*, Frühjahr *n*: ***in*** (***the***) ***spring*** im Frühling **8.** Quelle *f* **9.** Sprung *m* **10.** TECH Feder *f* **11.** Elastizität *f*; Federung *f* **IV** *Adj* **12.** Frühlings…: ***spring flowers***

ˈspring·board *s* Sprungbrett *n* (*auch fig* ***for, to*** für)

spring chick·en *s*: ***he's no spring chicken*** *ugs* er ist nicht mehr der Jüngste

ˌspring-ˈclean *v/t und v/i* gründlich putzen, *eng. S.* Frühjahrsputz machen (in *Dat*)

spring on·ion *s* Frühlingszwiebel *f*

spring roll *s* GASTR Frühlingsrolle *f*

spring tide *s* Springflut *f*, -tide *f*

ˈspring·time *s* Frühling(szeit *f*) *m*, Frühjahr *n*

spring·y [ˈsprɪŋɪ] *Adj* elastisch, federnd

sprin·kle [ˈsprɪŋkl] **I** *v/t* **1.** *Wasser etc* sprengen (***on*** auf *Akk*); *Salz etc* streuen (***on*** auf *Akk*); *etw* (be)sprengen *oder* bestreuen (***with*** mit) **II** *s* **2.** (Be)Sprengen *n*; (Be)Streuen *n* **3.** Sprühregen *m*

ˈsprin·kler *s* **1.** (*Rasen*)Sprenger *m*; Sprinkler *m*, Berieselungsanlage *f* **2.** REL Weihwasserwedel *m*

ˈsprin·kling *s*: ***a sprinkling of*** ein bisschen …, ein paar …

sprint [sprɪnt] (*Sport*) **I** *v/i* **1.** sprinten; *auch allg* sprinten, spurten **II** *s* **2.** *auch* ***sprint race*** Sprint *m* **3.** Sprint *m*, Spurt *m* (*beide auch allg*): ***put on a sprint*** einen Spurt hinlegen

ˈsprint·er *s* SPORT Sprinter(in)

sprite [spraɪt] *s* Geist *m*, Kobold *m*

spritz·er [ˈsprɪtsə] *s bes Am* Weinschorle *f*, Gespritzte *m*

sprout [spraʊt] **I** *v/i* **1.** sprießen (*Knospen etc*), keimen (*Kartoffeln, Saat etc*) **II** *v/t* **2.** ***sprout a beard*** sich einen Bart wachsen lassen **III** *s* **3.** Spross *m*; Trieb *m*; Keim *m* **4.** *Pl* Rosenkohl *m*

spruce[1] [spruːs] **I** *Adj* adrett **II** *v/t und v/i*: ***spruce*** (***o.s.***) ***up*** *ugs* sich fein machen

spruce[2] [spruːs] *s* BOT Fichte *f*

sprung [sprʌŋ] *Part Perf und Am Prät von* ***spring***

spud [spʌd] *s ugs* Kartoffel *f*

spun [spʌn] *Prät und Part Perf von* ***spin***

spunk [spʌŋk] *s ugs* Mumm *m*

ˈspunk·y *Adj ugs* mutig

spur [spɜː] **I** *s* **1.** Sporn *m* (*auch* ZOOL) **2.** *fig* Ansporn *m* (***to*** zu): ***on the spur of the moment*** spontan **II** *v/t* **3.** *einem Pferd* die Sporen geben **4.** *oft* ***spur on*** *fig* anspornen (***to*** zu)

spu·ri·ous [ˈspjʊərɪəs] *Adj* **1.** Pseudo…, Schein… **2.** geheuchelt, unecht

spurn [spɜːn] *v/t Rat* missachten: ***a spurned lover*** ein verschmähter Liebhaber

ˌspur-of-the-ˈmo·ment *Adj* spontan

spurt[1] [spɜːt] **I** *s* **1.** SPORT Spurt *m*, Sprint *m* (*beide auch allg*): ***put on a spurt*** einen Spurt hinlegen **2.** (*Arbeits*)Anfall *m*, (*Gefühls*)Aufwallung *f* **II** *v/i* **3.** SPORT spurten, sprinten (*beide auch allg*)

spurt[2] [spɜːt] *v/i* spritzen (***from*** aus)

sput·ter [ˈspʌtə] **I** *v/i* **1.** stottern (*auch* MOT) **2.** zischen (*Feuer etc*) **II** *v/t* **3.** stottern

▶ **spy** [spaɪ] **I** *v/i* spionieren, Spionage treiben (***for*** für): ***spy on*** *j-m* nachspionieren **II** *s* Spion(in)

squab·ble [ˈskwɒbl] **I** *v/i* (sich) streiten (***about, over*** um, wegen) **II** *s* Streit *m*

squad [skwɒd] *s* **1.** Mannschaft *f*, Trupp *m* **2.** (*Überfall- etc*)Kommando *n* (*der Polizei*); Dezernat *n* **3.** SPORT Kader *m*: ***squad player*** *Fußball*: Ergänzungsspieler(in)

squad car *s bes Am* Streifenwagen *m*

squad·ron [ˈskwɒdrən] *s* MIL, FLUG Staffel *f*; SCHIFF Geschwader *n*

squal·id [ˈskwɒlɪd] *Adj* **1.** verwahrlost (*Gebäude etc*); erbärmlich (*Verhältnisse etc*) **2.** *fig* schmutzig (*Geschichte*)

squall[1] [skwɔːl] **I** *v/i* schreien **II** *s* Schrei *m*

squall[2] [skwɔːl] *s* Bö *f*

ˈsquall·y *Adj* böig

squal·or [ˈskwɒlə] *s* Verwahrlosung *f*: ***live in squalor*** in erbärmlichen Verhältnissen leben

squan·der [ˈskwɒndə] *v/t Geld, Zeit etc* verschwenden (***on*** an *Akk*, auf *Akk*, für, mit), *Chance* vertun

▶ **square** [skweə] **I** *s* **1.** Quadrat *n* **2.** Feld *n* (*eines Brettspiels*): ***be back to square one*** *fig* wieder ganz am Anfang stehen **3.** (*öffentlicher*) Platz **4.** MATHE Quadrat(zahl *f*) *n* **5.** TECH Winkel(maß *n*) *m* **II** *Adj* **6.** quadratisch; Quadrat…: ***three yards square*** drei Yards im Quadrat; ***square root*** MATHE Quadratwurzel *f*; → ***peg*** 1 **7.** rechtwink(e)lig; eckig (*Schultern etc*) **8.** fair, gerecht **9.** ***be*** (***all***) ***square*** quitt sein **10.** *ugs* anständig, ordentlich (*Mahlzeit*) **III** *Adv* **11.** → ***squarely*** **IV** *v/t* **12.** *auch* ***square off*** (*oder* ***up***) quadratisch *oder* rechtwink(e)lig machen **13.** *auch* ***square off*** in Quadrate einteilen: ***squared paper*** kariertes Papier **14.** MATHE *Zahl* quadrieren, ins Quadrat erheben: ***4 squared equals 16*** 4 hoch 2 ist 16 **15.** *Konto* ausgleichen; *Schulden* begleichen: → ***account***

S

5 **16.** ***square s.th. with one's conscience*** etw mit seinem Gewissen vereinbaren *oder* in Einklang bringen **V** *v/i* **17.** übereinstimmen, in Einklang stehen (***with*** mit) **18.** ***square up*** abrechnen **19.** ***square up to*** sich *j-m, einem Problem etc* stellen
'square·ly *Adv* **1.** → ***square*** 6-8 **2.** direkt, genau
squash [skwɒʃ] **I** *v/t* **1.** zerdrücken, -quetschen: ***squash flat*** flach drücken **2.** quetschen, zwängen (***into*** in *Akk*) **3.** *j-n* zum Schweigen bringen (***with*** mit); *Gerücht etc* ersticken **II** *v/i* **4.** sich quetschen *oder* zwängen (***into*** in *Akk*) **III** *s* **5.** Gedränge *n* **6.** → ***lemon*** 3, ***orange*** I **7.** SPORT Squash *n*: ***squash court*** Squashcourt *m*; ***squash courts*** *Pl* Squashhalle *f*; ***squash racket*** Squashschläger *m*
'squashy *Adj* **1.** weich (*Frucht*) **2.** aufgeweicht (*Boden*)
squat [skwɒt] **I** *v/i* **1.** hocken, kauern: ***squat down*** sich (hin)hocken *oder* (-)kauern **2.** ***squat in a house*** ein Haus besetzt haben **II** *Adj* **3.** gedrungen, untersetzt **III** *s* **4.** Hocke *f* **5.** besetztes Haus
'squat·ter *s* Hausbesetzer(in)
squaw [skwɔː] *s* Squaw *f* (*Indianerfrau*)
squawk [skwɔːk] *v/i ugs* lautstark protestieren (***about*** gegen)
squeak [skwiːk] **I** *v/i* **1.** piep(s)en (*Maus etc*) **2.** quietschen (*Tür etc*) **3.** ***squeak through*** *ugs* es gerade noch schaffen **II** *s* **4.** Piep(s)en *n*; Piep(s) *m*, Piepser *m*; *fig ugs* Piep *m* **5.** Quietschen *n* **6.** ***that was a narrow squeak*** *ugs* das war knapp
'squeak·y *Adj* **1.** piepsig: ***squeaky voice*** *auch* Piepsstimme *f* **2.** quietschend
squeal [skwiːl] *v/i* **1.** kreischen (***with*** vor *Dat*) **2.** *fig ugs* singen: ***squeal on s.o.*** j-n verpfeifen
squeam·ish ['skwiːmɪʃ] *Adj* empfindlich, zartbesaitet
squeeze [skwiːz] **I** *v/t* **1.** drücken; *Orangen etc* auspressen, -quetschen: ***squeeze out*** *Schwamm etc* ausdrücken; *Saft etc* auspressen (***of*** aus) **2.** quetschen, zwängen (***into*** in *Akk*) **II** *v/i* **3.** sich quetschen *oder* zwängen (***into*** in *Akk*) **III** *s* **4.** ***give s.th. a squeeze*** etw drücken; ***put the squeeze on s.o.*** *ugs* j-n unter Druck setzen **5.** Gedränge *n*
'squeez·er *s* Presse *f*
squelch [skweltʃ] *v/i* p(l)atschen
squib [skwɪb] *s* Knallfrosch *m*: → ***damp*** 1
squid [skwɪd] *Pl* **squid** *oder* **squids** *s* Tintenfisch *m*, Kalmar *m*
squint [skwɪnt] **I** *v/i* **1.** schielen **2.** blinzeln **II** *s* **3.** Schielen *n*: ***have a squint*** schielen
squirm [skwɜːm] *v/i* sich winden (***with*** vor *Dat*) (*auch fig*)
squir·rel ['skwɪrəl] *s* ZOOL Eichhörnchen *n*
squirt [skwɜːt] **I** *v/i* spritzen (***from*** aus) **II** *v/t* bespritzen (***with*** mit) **III** *s* Strahl *m*
Sri Lan·ka [ˌsriː'læŋkə] *Eigenn* Sri Lanka *n*
stab [stæb] **I** *v/t* **1.** *j-m* einen Stich versetzen; *j-n* niederstechen: ***stab*** (***to death***) erstechen; ***he was stabbed in the stomach*** er bekam einen Stich in den Bauch; ***stab s.o. in the back*** *fig* j-m in den Rücken fallen **2.** ***stab one's finger at*** mit dem Finger stoßen nach (*oder* auf *Akk*) **II** *v/i* **3.** stechen (***at*** nach; ***with*** mit) **III** *s* **4.** Stich *m*: ***stab*** (***wound***) Stichverletzung *f*, -wunde *f*; ***stab in the back*** *fig* Dolchstoß *m* **5.** ***feel a stab of pain*** (***remorse***) einen stechenden Schmerz verspüren (Gewissensbisse fühlen) **6.** ***have*** (*oder* ***make***) ***a stab at s.th.*** *ugs* etw probieren
'stab·bing *Adj* stechend (*Schmerz*)
sta·bil·i·ty [stə'bɪlətɪ] *s* **1.** Stabilität *f* (*auch fig*) **2.** *fig* Dauerhaftigkeit *f* **3.** *fig* Ausgeglichenheit *f*
sta·bi·li·za·tion [ˌsteɪbəlaɪ'zeɪʃn] *s* Stabilisierung *f* (*auch fig*)
sta·bi·lize ['steɪbəlaɪz] *v/t und v/i* (sich) stabilisieren (*auch fig*)
'sta·bi·liz·er *s* TECH Stabilisator *m*
sta·ble¹ ['steɪbl] *Adj* **1.** stabil (*auch fig*) **2.** *fig* dauerhaft (*Beziehung etc*) **3.** *fig* ausgeglichen (*Person*)
sta·ble² ['steɪbl] *s* Stall *m* (*auch fig*)
stack [stæk] **I** *s* **1.** Stapel *m*, Stoß *m* **2.** ***stacks*** (*oder* ***a stack***) ***of*** *ugs* jede Menge *Zeit etc* **3.** → ***blow¹*** 11 **II** *v/t* **4.** stapeln: ***stack up*** aufstapeln **5.** vollstapeln (***with*** mit) **6.** ***the odds are stacked against us*** unsere Chancen sind gleich Null **III** *v/i* **7.** ***stack up against*** *bes Am ugs* sich halten gegen
►**sta·di·um** ['steɪdjəm] *s* SPORT Stadion *n*
►**staff** [stɑːf] **I** *s* **1.** Mitarbeiter(stab *m*) *Pl*; Personal *n*, Belegschaft *f*; Lehrkörper *m*, Kollegium *n*; MIL Stab *m*: ***editorial staff*** Redaktion *f*; ***be on the staff*** zur Belegschaft gehören **2.** (*Amts*)Stab *m*; (*Fahnen*)Stange *f* **II** *v/t* **3.** besetzen (***with*** mit)
staff of·fi·cer *s* MIL Stabsoffizier(in)
staff room *s* Lehrerzimmer *n*
stag [stæg] *s* ZOOL Hirsch *m*
►**stage** [steɪdʒ] **I** *s* **1.** THEAT Bühne *f* (*auch fig*): ***go on the stage*** zum Theater gehen; ***set the stage for*** die Voraussetzungen schaffen für **2.** Etappe *f* (*auch Radsport und fig*), (Reise)Abschnitt *m*: ***by*** (***easy***) ***stages*** etappenweise, *fig auch* Schritt für Schritt **3.** Stadium *n*, Stufe *f*, Phase *f* **4.** TECH Stufe *f* (*einer Rakete*) **II** *v/t* **5.** THEAT auf die Bühne bringen **6.** *Ausstellung, Demonstration etc* veranstalten: → ***comeback***
'stage·coach *s hist* Postkutsche *f*
stage di·rec·tion *s* Bühnen-, Regieanweisung *f*
stage door *s* Bühneneingang *m*
stage fright *s* Lampenfieber *n*
stage name *s* Künstlername *m*
stag·ger ['stægə] **I** *v/i* **1.** (sch)wanken, taumeln, (*Betrunkener auch*) torkeln **II** *v/t* **2.** *j-n* sprachlos machen, umwerfen **3.** *Arbeitszeit etc* staffeln
'stag·ger·ing *Adj* umwerfend (*Nachricht etc*), schwindelerregend (*Preis etc*)
stag·nant ['stægnənt] *Adj* **1.** stehend (*Gewässer*) **2.** *bes* WIRTSCH stagnierend
stag·nate [stæg'neɪt] *v/i bes* WIRTSCH stagnieren
stag'na·tion *s* Stagnation *f*
stag night *s Abschiedsfeier vom Junggesellendasein*
stag par·ty *s* → ***stag night***
staid [steɪd] *Adj* **1.** gesetzt, seriös, *pej* verknöchert (*Person*) **2.** altbacken
►**stain** [steɪn] **I** *s* **1.** Fleck *m* **2.** *fig* Makel *m* **3.** TECH Färbemittel *n*; (*Holz*)Beize *f* **II** *v/t* **4.** beflecken **5.** (ein)färben; *Holz* beizen: ***stained glass*** Farbglas *n* **III** *v/i* **6.** flecken
'stain·less *Adj* nicht rostend, rostfrei (*Stahl*)
►**stair** [steə] *s* **1.** (Treppen)Stufe *f* **2.** *Pl* Treppe *f*
stair car·pet *s* Treppenläufer *m*
'stair·case *s*, **'stair·way** *s* Treppe *f*, *österr. südd.* Stiege *f*; Treppenhaus *n*
stake¹ [steɪk] **I** *s* **1.** Pfahl *m*, Pfosten *m* **2.** *hist*

stair	
⚠ Plural und Singular von **stair** haben unterschiedliche Bedeutungen:	
stair	Stufe
stairs	Treppe

Marterpfahl *m*; Scheiterhaufen *m* **II** *v/t* **3.** *oft* ***stake out*** abstecken: ***stake*** (***out***) ***a*** (*oder* ***one's***) ***claim*** *fig* Ansprüche anmelden (***to*** auf *Akk*) **4.** *meist* ***stake out*** *bes Am ugs* überwachen (*Polizei*)

stake[2] [steɪk] **I** *s* **1.** Einsatz *m*: ***be at stake*** *fig* auf dem Spiel stehen; ***play for high stakes*** hoch *oder* um hohe Einsätze spielen **2.** Anteil *m*, Beteiligung *f* (***in*** an *Dat*) (*beide auch* WIRTSCH): ***have a stake in*** beteiligt sein an (*Dat*) **II** *v/t* **3.** *Geld*, *Hoffnung* setzen (***on*** auf *Akk*); *Ruf etc* riskieren, aufs Spiel setzen

'stake·out *s bes Am ugs* (polizeiliche) Überwachung

stal·ac·tite ['stæləktaɪt] *s* GEOL Stalaktit *m*

stal·ag·mite ['stæləgmaɪt] *s* GEOL Stalagmit *m*

stale [steɪl] *Adj* alt(backen) (*Brot etc*); abgestanden (*Luft etc*), (*Bier etc auch*) schal; *fig* abgedroschen (*Witz etc*)

stale·mate ['steɪlmeɪt] **I** *s* **1.** *Schach*: Patt *n* **2.** *fig* Patt(situation *f*) *n*, Sackgasse *f*: ***end in*** (***a***) ***stalemate*** in einer Sackgasse enden **II** *v/t* **3.** *Schach*: patt setzen **4.** *fig* in eine Sackgasse führen

stalk[1] [stɔːk] *s* Stängel *m*, Stiel *m*; Halm *m*

stalk[2] [stɔːk] *v/i* stolzieren; staksen, steif(beinig) gehen

stall[1] [stɔːl] **I** *s* **1.** (*Obst- etc*)Stand *m* **2.** *Pl* THEAT *Br* Parkett *n* **3.** *Pl* REL Chorgestühl *n* **4.** Box *f* (*im Stall*) **II** *v/t* **5.** *Motor* abwürgen **III** *v/i* **6.** absterben (*Motor*)

stall[2] [stɔːl] **I** *v/i* Ausflüchte machen; Zeit schinden **II** *v/t j-n* hinhalten; *etw* hinauszögern

stal·lion ['stæljən] *s* (Zucht)Hengst *m*

stal·wart ['stɔːlwət] *Adj* **1.** kräftig, robust **2.** *bes* POL treu (*Anhänger*)

stam·i·na ['stæmɪnə] *s* Stehvermögen *n*, (*physisch auch*) Kondition *f*

stam·mer ['stæmə] **I** *v/i* MED stottern **II** *v/t auch* ***stammer out*** stottern, stammeln **III** *s* MED Stottern *n*: ***have*** (*oder* ***speak with***) ***a stammer*** stottern

'stam·mer·er *s* MED Stotterer *m*, Stotterin *f*

▶**stamp** [stæmp] **I** *v/t* **1.** ***stamp one's foot*** aufstampfen; ***stamp out*** *Feuer* austreten; *Übel* ausrotten **2.** *Pass etc* (ab)stempeln; *Datum etc* aufstempeln (***on*** auf *Akk*) **3.** *Brief etc* frankieren: ***stamped addressed envelope*** frankierter Rückumschlag **4.** ***stamp out*** TECH ausstanzen **II** *v/i* **5.** sta(m)pfen, trampeln **III** *s* **6.** (Brief-)Marke *f*; (*Rabatt-*, *Steuer- etc*)Marke *f* **7.** Stempel *m* (*auch Abdruck*)

stamp al·bum *s* (Brief)Markenalbum *n*

stamp col·lec·tion *s* (Brief)Markensammlung *f*

stamp col·lec·tor *s* (Brief)Markensammler(in)

stam·pede [stæm'piːd] **I** *s* **1.** wilde Flucht (*von Tieren*); wilder Ansturm (***for*** auf *Akk*): ***there was a stampede for the door*** alles stürzte zur Tür **2.** *fig* (Massen)Ansturm *m* (***for*** auf *Akk*) **II** *v/t* **3.** in wilde Flucht jagen **4.** ***stampede s.o. into doing s.th.*** j-n so überrumpeln, dass er etw tut **III** *v/i* **5.** durchgehen

stamp·ing ground ['stæmpɪŋ] *s fig ugs* Tummelplatz *m*; Jagdrevier *n*

stance [stæns] *s* **1.** *bes* SPORT Stellung *f* **2.** *fig* Einstellung *f*, Haltung *f* (***on*** zu)

▶**stand** [stænd] **I** *s* **1.** (*Obst-*, *Messe- etc*)Stand *m* **2.** (*Kleider-*, *Noten- etc*)Ständer *m* **3.** *Sport etc*: Tribüne *f*: ***in the stand*** auf der Tribüne **4.** JUR *Am* Zeugenstand *m*: ***take the stand*** in den Zeugenstand treten **5.** (*Taxi*)Stand(platz) *m* **6.** *fig* Einstellung *f* (***on*** zu): ***take a stand*** Position beziehen (***on*** zu, ***against*** gegen) **II** *v/i* (*unreg*) **7.** *allg* stehen: ***stand still*** stillstehen; ***as matters*** (*oder* ***things***) ***stand*** nach Lage der Dinge, so wie die Dinge stehen; ***my offer still stands*** mein Angebot steht *oder* gilt noch; → ***awe*** I, ***correct*** 1, ***clear*** 14, ***firm***[1] II **8.** aufstehen **III** *v/t* (*unreg*) **9.** stellen (***on*** auf *Akk*): ***stand s.th. on its head*** *fig* etw auf den Kopf stellen **10.** *Beanspruchung*, *Hitze etc* aushalten, ertragen; *einer Prüfung etc* standhalten **11.** ***I can't stand him*** (***it***) ich kann ihn (das) nicht ausstehen *oder* leiden **12.** ***stand s.o. a drink*** *ugs* j-m einen Drink spendieren **13.** *Chance* haben **14.** → ***trial*** 1 **15.** → ***bail***[1] 2, ***surety***

◆**stand a·bout**, **stand a·round** *v/i* herumstehen

◆**stand back** *v/i* zurücktreten

◆**stand by** *v/i* **1.** danebenstehen: ***stand idly by*** tatenlos zusehen (*auch fig*) **2.** zu *j-m* halten **3.** zu *seinem Wort etc* stehen, *seinen Prinzipien etc* treu bleiben

◆**stand down** *v/i* **1.** JUR den Zeugenstand verlassen **2.** verzichten; zurücktreten (***in favo***[***u***]***r of*** zugunsten)

◆**stand for** *v/i* **1.** stehen für, bedeuten **2.** eintreten für, vertreten **3.** sich *etw* gefallen lassen, dulden **4.** *bes Br* kandidieren für: ***stand for election*** kandidieren, sich zur Wahl stellen

◆**stand in** *v/i* einspringen (***for*** für): ***stand in for s.o.*** *auch* j-n vertreten

◆**stand on** *v/i* **1.** stehen auf (*Dat*): ***stand on one's hands*** (***head***) einen Handstand (Kopfstand) machen; ***do s.th. standing on one's head*** *ugs* etw mit links machen **2.** ***stand on ceremony*** förmlich sein

◆**stand out** *v/i* **1.** hervorstechen: ***stand out against*** (*oder* ***from***) sich abheben von **2.** sich hartnäckig wehren (***against*** gegen)

◆**stand o·ver** *v/i* überwachen, aufpassen auf (*Akk*)

◆**stand to·geth·er** *v/i* zs.-halten, -stehen

◆**stand up** **I** *v/i* **1.** aufstehen; stehen: ***standing up*** im Stehen **2.** ***stand up for*** eintreten für **3.** ***stand up to*** *Beanspruchung etc* aushalten; *j-m* die Stirn bieten **II** *v/t* **4.** *ugs j-n* versetzen

'stand·a,lone *Adj* COMPUTER eigenständig, nicht vernetzt

▶**stand·ard**[1] ['stændəd] **I** *s* **1.** Norm *f*; Maßstab *m*: ***set high standards*** (***for***) viel verlangen (von), hohe Anforderungen stellen (an *Akk*); ***be up to*** (***below***) ***standard*** den Anforderungen (nicht) genügen *oder* entsprechen; ***by present-day standards*** nach heutigen Begriffen **2.** Standard *m*, Niveau *n*: ***standard of living*** Lebensstandard **II** *Adj* **3.** normal, Normal…; durchschnittlich, Durchschnitts…; Standard…, TECH *auch* Serien…, serienmäßig: ***standard format*** Standardformat *n*; ***standard letter*** Standardbrief *m* **4.** maßgebend, Standard…

stand·ard[2] ['stændəd] **I** *s* Standarte *f*, (*an Wagen*) Stander *m*; MIL *hist* Banner *n* **II** *Adj*: ***standard lamp*** *Br* Stehlampe *f*

stand·ard·i·za·tion [ˌstændədaɪ'zeɪʃn] *s* Stan-

dardisierung *f*, Normung *f*, Vereinheitlichung *f*
'stand·ard·ize *v/t bes* TECH standardisieren, normen, *auch allg* vereinheitlichen
'stand-by I *Pl* **stand bys** *s* **1.** Reserve *f* **2. *be on stand-by*** in Bereitschaft stehen **II** *Adj* **3.** Reserve…, Not… **4.** FLUG Stand-by-…
'stand-in *s* **1.** FILM, TV Double *n* **2.** Ersatzmann *m*, -frau *f*; Vertreter(in)
stand·ing ['stændɪŋ] **I** *Adj* **1.** stehend: ***standing room only*** nur (noch) Stehplätze; → ***ovation*** **2.** *fig* ständig: ***standing order*** WIRTSCH Dauerauftrag *m* **II** *s* **3.** Rang *m*, Stellung *f*; Ansehen *n*, Ruf *m*: ***of high standing*** hoch angesehen, von hohem Ansehen **4.** Dauer *f*: ***of long standing*** seit Langem bestehend, alt
stand·off·ish [ˌstænd'ɒfɪʃ] *Adj ugs* hochnäsig
'stand·point *s fig* Standpunkt *m*: ***from my standpoint*** von meinem Standpunkt aus
'stand·still *s* Stillstand *m* (*auch fig*): ***be at a standstill*** stehen (*Auto etc*); ruhen (*Produktion etc*); ***bring to a standstill*** *Auto etc* zum Stehen bringen; *Produktion etc* zum Erliegen bringen
'stand-up *Adj* **1. a)** Steh…, **b)** im Stehen (eingenommen) (*Mahlzeit*) **2. *stand-up fight*** wüste Schlägerei
stank [stæŋk] *Prät von* ***stink***
stan·za ['stænzə] *s* Strophe *f*
sta·ple¹ ['steɪpl] **I** *s* Heftklammer *f*; Krampe *f*: ***staple remover*** Klammernentferner *m* **II** *v/t* heften: ***staple together*** zs.-heften
sta·ple² ['steɪpl] **I** *s* **1.** WIRTSCH Haupterzeugnis *n* (*eines Landes etc*) **2.** Hauptnahrungsmittel *n* **II** *Adj* **3.** Haupt… **4.** üblich
sta·pler ['steɪplə] *s* (Draht)Hefter *m*
►**star** [stɑː] **I** *s* **1.** Stern *m*: ***Stars and Stripes*** *Sg das* Sternenbanner (*Staatsflagge der USA*); ***see stars*** Sterne sehen; ***you can thank your lucky stars that*** du kannst vom Glück reden *oder* sagen, dass **2.** *typografisch*: Sternchen *n* **3.** Star *m* (*Person*) **II** *Adj* **4.** Haupt…; Star… **III** *v/t* **5.** *Wort etc* mit einem Sternchen kennzeichnen **6. *a film starring …*** ein Film mit … in der Hauptrolle *oder* den Hauptrollen **IV** *v/i* **7.** die *oder* eine Hauptrolle spielen (***in*** in *Dat*)
star·board ['stɑːbəd] *s* FLUG, SCHIFF Steuerbord *n*
starch [stɑːtʃ] **I** *s* **1.** (*Kartoffel-, Wäsche- etc*) Stärke *f* **2.** *Pl* stärkereiche Nahrungsmittel *Pl*; *eng. S.* Kohle(n)hydrate *Pl* **II** *v/t* **3.** *Wäsche* stärken
'starch·y *Adj* **1.** stärkehaltig, -reich **2.** *fig ugs* steif
star·dom ['stɑːdəm] *s* (Star)Ruhm *m*
stare [steə] **I** *v/i* starren; große Augen machen: ***stare after*** *j-m* nachstarren; ***stare at*** *j-n* anstarren; → ***space*** 1 **II** *v/t*: ***stare s.o. out*** (*oder* ***down***) j-n so lange anstarren, bis er verlegen wird; ***stare s.o. in the face*** j-m ins Gesicht starren; vor j-s Augen liegen; *fig* klar auf der Hand liegen **III** *s* (starrer) Blick, Starren *n*
'star·fish *s* ZOOL Seestern *m*
'star·fruit *s* BOT Sternfrucht *f*, Karambole *f*, Baumstachelbeere *f*
stark [stɑːk] **I** *Adj* nackt (*Tatsachen etc*): ***be in stark contrast to*** in krassem Gegensatz stehen zu **II** *Adv ugs*: ***stark naked*** splitternackt; ***stark staring*** (*oder* ***raving***) ***mad*** total verrückt
stark·ers ['stɑːkəz] *Adj Br ugs* splitternackt
star·let ['stɑːlɪt] *s* Starlet *n*, Filmsternchen *n*
'star·light *s* Sternenlicht *n*
star·ling ['stɑːlɪŋ] *s* ORN Star *m*

S

'star·lit *Adj* stern(en)klar
star·ry ['stɑːrɪ] *Adj* Stern(en)…
ˌstar·ry-'eyed *Adj* blauäugig, naiv
'Star-ˌSpan·gled Ban·ner *s* **1.** *die* Nationalhymne (*der USA*) **2.** *das* Sternenbanner (*Staatsflagge der USA*)
►**start** [stɑːt] **I** *v/i* **1.** *auch* ***start off*** anfangen, beginnen: ***start doing*** (*oder* ***to do***) ***s.th.*** anfangen, etw zu tun; ***to start with*** anfangs, zunächst; erstens; → ***scratch*** 7 **2.** *auch* ***start off*** (*oder* ***out***) aufbrechen (***for*** nach): ***start back for home*** sich auf den Heimweg machen **3.** abfahren (*Bus, Zug*), ablegen (*Boot*), FLUG abfliegen, starten; (*Sport*) starten: ***starting from Monday*** ab Montag **4.** *auch* ***start up*** anspringen (*Motor etc*) **5.** zs.-fahren, -zucken (***at*** bei) **II** *v/t* **6.** *auch* ***start off*** anfangen, beginnen **7.** *auch* ***start up*** *Aktion* starten, *Geschäft, Familie etc* gründen, *Gerücht* in Umlauf setzen, *Computer* starten **8.** *Motor etc* anlassen, starten **III** *s* **9.** Anfang *m*, Beginn *m*, (*bes Sport*) Start *m*: ***at the start*** am Anfang; (*Sport*) am Start; ***for a start*** erstens; ***from start to finish*** von Anfang bis Ende; (*Sport*) vom Start bis zum Ziel; ***make a fresh start*** (***in life***) noch einmal von vorn anfangen; ***make a start on s.th.*** mit etw anfangen **10.** Aufbruch *m* **11. *give a start*** *siehe* 5; ***wake up with a start*** aus dem Schlaf aufschrecken **12.** Vorsprung *m* (***on, over*** vor *Dat*)

Verben mit Gerund oder Infinitiv GR

Folgende Verben können ohne Bedeutungsunterschied mit Gerund oder mit Infinitiv verbunden werden:

begin / start	beginnen, anfangen
continue	fortfahren, weitermachen
intend	vorhaben

Will you continue going / continue to go to the same school after you move?

Bei einigen anderen Verben unterscheidet man je nach Verwendung:
allgemeine Aussagen: Verb + Gerund
konkrete Fälle: Verb + Infintiv

like	(es) mögen
love	(es) lieben
hate	(es) hassen
prefer	(es) vorziehen

I hate washing up.
Right now I'd prefer to go for a walk.

'start·er *s* **1.** SPORT Starter(in) (*Kampfrichter[in] und Wettkampfteilnehmer[in]*) **2.** MOT Starter *m*, Anlasser *m* **3.** *ugs* Vorspeise *f*: ***as a starter*** als Vorspeise **4. *for starters*** *ugs* zunächst einmal: ***that's just for starters*** das ist nur der Anfang
'start·ing *Adj bes* SPORT Start…: ***starting point*** Ausgangspunkt *m* (*auch fig*)
star·tle ['stɑːtl] *v/t* **1.** erschrecken **2.** *fig* überraschen, bestürzen
start-up ['stɑːtʌp] *s* **1.** WIRTSCH Start-up *n*, Neugründung *f* (*einer Firma etc*): ***start-up company*** (*oder* ***business***) Start-up-Unternehmen *n* (*neu gegründete Firma etc*); ***start-up costs*** *Pl* Anlaufkosten *Pl* **2.** COMPUTER Start *m*

star·va·tion [stɑːˈveɪʃn] *s* Hungern *n*: ***die of starvation*** verhungern; ***starvation diet*** *ugs* Hungerkur *f*, Nulldiät *f*; ***starvation wages*** *Pl* Hungerlohn *m*
starve [stɑːv] **I** *v/i* **1.** hungern: ***starve (to death)*** verhungern; ***I'm starving*** *ugs* ich komme fast um vor Hunger **II** *v/t* **2.** hungern lassen: ***starve (to death)*** verhungern lassen; ***starve (out)*** aushungern **3.** ***be starved of*** knapp sein an (*Dat*)
star wars *s Pl* MIL *ugs* Krieg *m* der Sterne
▸**state** [steɪt] **I** *s* **1.** *oft* **State** POL Staat *m* **2.** POL *Am* (Bundes-, Einzel)Staat *m*: ***the States*** *Pl ugs* die (*Vereinigten*) Staaten *Pl*; → ***evidence*** 2 **3.** Zustand *m*: ***state of mind*** (Geistes-, Gemüts)Verfassung *f*, (-)Zustand *m*; ***be in a state of war with*** sich im Kriegszustand befinden mit; ***get in(to) a state*** *bes Br ugs* sich aufregen; nervös werden; → ***emergency, health*** 2 **4.** Stand *m*, Lage *f* **II** *Adj* **5.** staatlich, Staats…: ***State Department*** POL *Am* Außenministerium *n* **III** *v/t* **6.** angeben, nennen **7.** erklären, JUR aussagen (***that*** dass) **8.** festlegen, -setzen: ***on the stated date*** zum festgesetzten Termin
ˈstate·less *Adj* POL staatenlos
ˈstate·ly *Adj* **1.** gemessen (*Tempo etc*) **2.** prächtig
▸**statement** [ˈsteɪtmənt] *s* **1.** Statement *n*, Erklärung *f*; Angabe *f*; JUR Aussage *f*: ***make a statement*** eine Erklärung abgeben (***to*** vor *Dat*) **2.** WIRTSCH (*Bank-*, *Konto*)Auszug *m*
state of con·cern *s* POL Risikostaat *m*
ˌstate-of-the-ˈart *Adj* neuest, auf dem neuesten Stand der Technik stehend
states·man [ˈsteɪtsmən] *s* (*unreg* ***man***) Staatsmann *m*
ˈstates·man·like *Adj* staatsmännisch
stat·ic [ˈstætɪk] **I** *Adj* (***statically***) **1.** PHYS statisch (*auch fig*) **2.** *fig* gleichbleibend, konstant **II** *s* **3.** RADIO, TV atmosphärische Störungen *Pl* **4.** ***statics*** *Sg* PHYS Statik *f*
▸**sta·tion** [ˈsteɪʃn] **I** *s* **1.** (*auch Bus-*, *U-*)Bahnhof *m*, Station *f* **2.** (*Forschungs-*, *Unfall- etc*) Station *f*, Tankstelle *f*, (*Feuer*)Wache *f*, (*Polizei*)Revier *n*, (-)Wache *f*, (*Wahl*)Lokal *n* **3.** RUNDFUNK, TV Station *f*, Sender *m* **II** *v/t* **4.** aufstellen, postieren; MIL stationieren
sta·tion·ar·y [ˈsteɪʃnərɪ] *Adj* stehend (*Fahrzeug etc*): ***be stationary*** stehen
sta·tion·er [ˈsteɪʃnə] *s* Schreibwarenhändler(in)
ˈsta·tion·er·y *s* Schreibwaren *Pl*; Briefpapier *n*
sta·tion house *s Am* (Polizei)Revier *n*, (-)Wache *f*
ˈsta·tionˌmas·ter *s* Bahnhofsvorsteher(in)
sta·tion wag·on *s* MOT *Am* Kombiwagen *m*
sta·tis·ti·cal [stəˈtɪstɪkl] *Adj* statistisch
staˈtis·tics *s Pl* **1.** Statistik(en *Pl*) *f*: → ***vital*** 2 **2.** *Sg* Statistik *f* (*Wissenschaft*, *Methode*)
stat·ue [ˈstætʃuː] *s* Statue *f*, Standbild *n*
stat·ure [ˈstætʃə] *s* **1.** Statur *f*, Wuchs *m* **2.** *fig* Format *n*
sta·tus [ˈsteɪtəs] *s* **1.** Status *m*, Rechtsstellung *f* **2.** → ***marital*** **3.** Status *m*, Stellung *f*; Prestige *n*
sta·tus bar *s* COMPUTER Statuszeile *f*
sta·tus quo [kwəʊ] *s* Status *m* quo
sta·tus sym·bol *s* Statussymbol *n*
stat·ute [ˈstætjuːt] *s* **1.** Gesetz *n*: ***by statute*** gesetzlich **2.** Statut *n*, *Pl auch* Satzung *f*
stat·ute book *s* Gesetzbuch *n*
stat·ute law *s* Gesetzesrecht *n*
stat·u·to·ry [ˈstætjʊtərɪ] *Adj* **1.** gesetzlich (garantiert *oder* vorgeschrieben) **2.** satzungsgemäß
staunch[1] [stɔːntʃ] *v/t Blut* stillen
staunch[2] [stɔːntʃ] *Adj* **1.** treu, zuverlässig **2.** standhaft, fest
▸**stay** [steɪ] **I** *s* **1.** Aufenthalt *m*: ***stay in hospital*** Krankenhausaufenthalt **2.** JUR Aussetzung *f*, Aufschub *m*: ***he was given*** (*oder* ***granted***) ***stay of execution*** seine Hinrichtung wurde aufgeschoben **II** *v/i* **3.** bleiben (***for*** *oder* ***to lunch*** zum Mittagessen) **4.** wohnen (***with friends*** bei Freunden): ***stay the night at a hotel*** im Hotel übernachten **III** *v/t* **5.** ***stay the course*** (*Sport*) durchhalten (*auch fig*)
◆**stay a·way** *v/i* wegbleiben, sich fern halten (***from*** von)
◆**stay down** *v/i* unten bleiben (*auch fig*)
◆**stay in** *v/i* zu Hause *oder* drinnen bleiben
◆**stay on** *v/i*: ***stay on as chairman*** (weiterhin) Vorsitzender bleiben; ***stay on at school*** (mit der Schule) weitermachen
◆**stay out** *v/i* draußen bleiben: ***stay out (on strike)*** streiken
◆**stay up** *v/i* aufbleiben
ˈstay-at-home *s* Stubenhocker(in)
stay·ing pow·er [ˈsteɪɪŋ] *s* Ausdauer *f*
STD[1] [ˌestiːˈdiː] *Abk* (= ***sexually transmitted disease***) Geschlechtskrankheit *f*
STD[2] *Abk* (= ***subscriber trunk dialling***) *telph. Br* Selbstwählferndienst *m*: ***STD code*** *s* TEL *Br* Vorwahl(nummer) *f*
stead [sted] *s*: ***in s.o.'s stead*** an j-s Stelle
stead·fast [ˈstedfɑːst] *Adj* **1.** treu, zuverlässig **2.** fest, unverwandt (*Blick*)
▸**stead·y** [ˈstedɪ] **I** *Adj* **1.** (stand)fest, stabil **2.** ruhig (*Auge*, *Hand*), gut (*Nerven*) **3.** gleichmäßig **4.** fest (*Arbeitsplatz*, *Freundin etc*) **II** *v/t* **5.** *j-n*, *Nerven* beruhigen **III** *v/i* **6.** sich beruhigen **IV** *Interj* **7.** *auch* ***steady on!*** *Br ugs* Vorsicht!
▸**steak** [steɪk] *s* Steak *n*; (*Fisch*)Filet *n*
▸**steal** [stiːl] (*unreg*) **I** *v/t* **1.** stehlen (*auch fig*), *Gemälde etc* rauben: ***steal s.o.'s girlfriend*** j-m die Freundin ausspannen; ***steal a glance at*** einen verstohlenen Blick werfen auf (*Akk*); → ***march***[2] 5, ***show*** 1, ***thunder*** I **II** *v/i* **2.** stehlen **3.** sich stehlen, (sich) schleichen (***out of*** aus)
stealth [stelθ] *s*: ***by stealth*** → ***stealthy***
ˈstealth·y *Adj* heimlich, verstohlen
▸**steam** [stiːm] **I** *s* **1.** Dampf *m*: ***full steam ahead!*** SCHIFF volle Kraft *oder* Volldampf voraus!; ***under one's own steam*** *fig* auf eigene Faust; ***let off steam*** Dampf ablassen, *fig auch* sich Luft machen; ***run out of steam*** *fig* seinen Schwung verlieren; ***he ran out of steam*** *auch* ihm ging die Puste aus **2.** Dampf *m*, Dunst *m* **II** *v/i* **3.** dampfen (*auch* SCHIFF, BAHN): ***steaming hot*** dampfend heiß **4.** ***steam up*** beschlagen **III** *v/t* **5.** GASTR dämpfen, dünsten **6.** ***steam open*** *Brief* über Dampf öffnen **7.** ***get steamed up*** beschlagen; *fig ugs* sich aufregen (***about*** über *Akk*)
steam·er [ˈstiːmə] *s* **1.** Dampfer *m*, Dampfschiff *n* **2.** Dampfkoch-, Schnellkochtopf *m*
steam i·ron *s* Dampfbügeleisen *n*
ˈsteamˌroll·er *s* Dampfwalze *f*
ˈsteam·ship → ***steamer*** 1
▸**steel** [stiːl] **I** *s* Stahl *m*: → ***nerve*** 1 **II** *v/t*: ***steel o.s. for*** sich wappnen gegen, sich gefasst machen auf (*Akk*)
steel wool *s* Stahlwolle *f*
ˈsteelˌwork·er *s* Stahlarbeiter(in)
ˈsteel·works *s Pl* (*oft Sg konstruiert*) Stahlwerk *n*
steel·y [ˈstiːlɪ] *Adj* **1.** ***steely blue*** stahlblau **2.**

S

fig hart (*Blick*); eisern (*Entschlossenheit*)

►**steep**[1] [stiːp] *Adj* **1.** steil **2.** *fig* stark (*Preisanstieg etc*) **3.** *ugs* happig (*Forderung*), (*Preis auch*) gepfeffert, gesalzen

steep[2] [stiːp] **I** *v/t* eintauchen (*in* in *Akk*); *Wäsche* einweichen: ***steeped in history*** geschichtsträchtig **II** *v/i* weichen

steep·en ['stiːpən] *v/i* steiler werden

stee·ple ['stiːpl] *s* (*spitzer*) Kirchturm *m*, Kirchturmspitze *f*

'stee·ple·chase *s Pferdesport*: Hindernis-, Jagdrennen *n*; *Leichtathletik*: Hindernislauf *m*

steer[1] [stɪə] *s* (junger) Ochse

►**steer**[2] [stɪə] **I** *v/t* **1.** steuern, lenken **2.** *Kurs* steuern (*auch fig*) **3.** *j-n* lotsen, bugsieren **II** *v/i* **4.** ***steer by*** SCHIFF ansteuern, Kurs nehmen auf (*Akk*); *fig* zusteuern auf (*Akk*); → ***clear*** 13

'steer·ing **I** *s* Steuerung *f*, Lenkung *f* **II** *Adj*: ***steering column*** MOT Lenksäule *f*; ***steering wheel*** MOT Lenk-, *auch* SCHIFF Steuerrad *n*

stein [staɪn] *s* Maßkrug *m* (*für Bier*)

stel·lar ['stelə] *Adj* Stern(en)…

stem[1] [stem] **I** *s* **1.** BOT Stiel *m* (*auch eines Sektglases etc*), Stängel *m* **2.** LING Stamm *m* **II** *v/i* **3.** ***stem from*** stammen *oder* herrühren von

stem[2] [stem] *v/t Blutung* stillen; *fig* eindämmen, stoppen

stench [stentʃ] *s* Gestank *m*

sten·cil ['stensl] *s* Schablone *f*

ste·nog·ra·pher [stə'nɒgrəfə] *s Am* Stenotypist(in)

►**step** [step] **I** *s* **1.** Schritt *m* (*auch Geräusch*): ***step by step*** Schritt für Schritt (*auch fig*); ***take a step*** einen Schritt machen; ***it's just a few steps to the shop*** es sind nur ein paar Schritte bis zum Laden; → ***watch*** 4 **2.** Stufe *f*; Sprosse *f*: (***pair of***) ***steps*** *Pl* → ***stepladder***; → ***mind*** 7 **3.** ***be in*** (***out of***) ***step*** *bes* MIL im Gleichschritt *oder* Tritt (aus dem Tritt) sein; (*beim Tanzen*) im (aus dem) Takt sein; ***be out of step with*** *fig* nachhinken (*Dat*), zurück sein hinter (dat); ***keep*** (***in***) ***step with*** *fig* sich richten nach **4.** *fig* Schritt *m*: ***take steps*** Schritte *oder* etw unternehmen; ***a step in the right direction*** ein Schritt in die richtige Richtung; → ***legal*** 4 **5.** *fig* Schritt *m*, Stufe *f*: ***three-step plan*** Dreistufenplan *m* **II** *v/i* **6.** gehen; treten (***in*** in *Akk*; ***on*** auf *Akk*): ***step on it*** MOT *ugs* Gas geben, auf die Tube drücken (*beide auch fig*)

step GR

⚠ Plural und Singular von **step** können unterschiedliche Bedeutungen haben:

step	(Stein)Stufe
steps	(Stein)Treppe

◆**step a·side** *v/i* **1.** zur Seite treten **2.** *fig* Platz machen (***in favo[u]r of*** für), zurücktreten (***as*** als; ***in favo[u]r of*** zugunsten)

◆**step back** *v/i* zurücktreten

◆**step down** *v/i* **1.** herunter-, hinuntersteigen **2.** → ***step aside*** 2

◆**step for·ward** *v/i* **1.** vortreten, nach vorne treten **2.** *fig* sich melden (*Zeugen etc*)

◆**step in** *v/i* **1.** eintreten **2.** *fig* einschreiten; sich einmischen

◆**step out** *v/i* heraus-, hinaustreten; *bes Am* weggehen

◆**step up** **I** *v/i* herauf-, hinaufsteigen **II** *v/t Produktion etc* steigern

step… ['step] Stief…: ***stepfather*** Stiefvater *m*; ***stepmother*** Stiefmutter *f*

ˌstep-by-'step *Adj fig* schrittweise

'stepˌlad·der *s* Tritt- *oder* Stufenleiter *f*

steppe [step] *s*, *oft Pl* GEOG Steppe *f*

step·ping stone ['stepɪŋ] *s* Trittstein *m*; *fig* Sprungbrett *n* (***to*** für)

►**ster·e·o** ['sterɪəʊ] **I** *s* **1.** Stereo *n*: ***in stereo*** **2.** Stereogerät *n*, -anlage *f* **II** *Adj* **3.** Stereo…: ► ***stereo set*** Stereoanlage *f*, Musikanlage *f*; ***stereo unit*** Stereoanlage *f*

ster·e·o·type ['stɪrɪətaɪp] *s* Klischee(vorstellung *f*) *n*

'ster·e·o·typed *Adj* klischeehaft; stereotyp

ster·ile ['steraɪl] *Adj* **1.** MED steril, keimfrei **2.** BIOL steril, (*auch Boden*) unfruchtbar **3.** *fig* steril, unoriginell

ste·ril·i·ty [stə'rɪlətɪ] *s* Sterilität *f* (*auch fig*); Unfruchtbarkeit *f*

ster·i·li·za·tion [ˌsterəlaɪ'zeɪʃn] *s* MED Sterilisation *f*, Sterilisierung *f*

ster·i·lize ['sterəlaɪz] *v/t* sterilisieren

ster·ling ['stɜːlɪŋ] **I** *s* das Pfund Sterling **II** *Adj*: ***sterling silver*** Sterlingsilber *n*

stern[1] [stɜːn] *Adj* streng (*Person*, *Blick*, *Disziplin etc*)

stern[2] [stɜːn] *s* SCHIFF Heck *n*

ster·num ['stɜːnəm] *Pl* **ster·na** ['stɜːnə], **ster·nums** *s* ANAT Brustbein *n*

ster·oid ['stɪərɔɪd] *s* MED Steroid *n*

steth·o·scope ['steθəskəʊp] *s* MED Stethoskop *n*

stet·son ['stetsn] *s* Stetson *m*, Cowboyhut *m*

ste·ve·dore ['stiːvədɔː] *s* SCHIFF *bes Am* Schauermann *m*, Stauer *m*

stew [stjuː] **I** *v/t Fleisch*, *Gemüse* schmoren, *Obst* dünsten: ***stewed apples*** *Pl* Apfelkompott *n* **II** *v/i* schmoren, dünsten: → ***juice*** 1 **III** *s* Eintopf *m*

►**stew·ard** ['stjuːəd] *s* **1.** FLUG, SCHIFF Steward *m* **2.** Ordner *m*

►**stew·ard·ess** [ˌstjuːə'des] *s* FLUG, SCHIFF Stewardess *f*

stewed [stjuːd] *Adj ugs* blau (*betrunken*)

►**stick**[1] [stɪk] *s* **1.** Stock *m*, ([*Eis*]*Hockey auch*) Schläger *m*; (*Besen- etc*)Stiel *m*; (*auch* FLUG *Steuer*)Knüppel *m*: ***walk with a stick*** am Stock gehen; ***get hold of the wrong end of the stick*** *ugs* die Sache in den falschen *oder* verkehrten Hals bekommen; → ***cleft stick*** **2.** (trockener) Zweig, *Pl auch* Brennholz *n* **3.** Stück *n* (*Kreide etc*), Stange *f* (*Dynamit*, *Sellerie etc*), (*Lippen-*)Stift *m*, (*Räucher*)Stäbchen *n*, Streifen *m* (*Kaugummi*) **4.** *auch* ***stick of furniture*** *ugs* Möbelstück *n* **5.** ***live out in the sticks*** *ugs* in der finstersten Provinz leben

►**stick**[2] [stɪk] (*unreg*) **I** *v/t* **1.** mit *einer Nadel etc* stechen (***into*** in *Akk*) **2.** *etw* kleben (***on*** auf *Akk*, an *Akk*); an-, festkleben (***with*** mit) **3.** stecken: → ***nose*** 1 **4.** *ugs* tun, stellen, setzen, legen **5.** *bes Br ugs* → ***stand*** 11 **II** *v/i* **6.** kleben, halten; kleben bleiben (***to*** an *Dat*) **7.** stecken bleiben: ***stick in s.o.'s mind*** *fig* j-m im Gedächtnis bleiben **8.** ***stick at nothing*** vor nichts zurückschrecken **9.** ***stick to*** (*ugs* ***by***) bei *seiner Ansicht etc* bleiben, zu *seinem Wort etc* stehen; zu *j-m* halten; → ***gun*** 1, ***point*** 11

◆**stick out** **I** *v/i* **1.** vorstehen, (*Ohren etc*) abstehen **2.** *fig* auffallen: → ***mile***, ***thumb*** I **3.** ***stick out for*** bestehen auf (*Dat*) **II** *v/t* **4.** aus-, vor-

S

strecken: ***stick one's tongue out at s.o.*** j-m die Zunge herausstrecken; → ***neck*** 1 **5.** durchhalten, -stehen

◆**stick to·geth·er** *v/i* **1.** (*auch v/t*) zs.kleben **2.** *fig* zs.-halten

◆**stick up I** *v/t* **1.** *ugs j-n, Bank etc* überfallen **2.** ***stick 'em up!*** *ugs* Hände hoch! **II** *v/i* **3.** ***stick up for*** *j-n* verteidigen (*auch mit Worten*)

stick·er ['stɪkə] *s* Aufkleber *m*

'stick·ing *Adj*: ***sticking plaster*** Heftpflaster *n*; ***sticking point*** *fig* unüberwindliches Hindernis (*bei Verhandlungen etc*)

'stick-in-the-mud *s ugs* Rückschrittler(in)

stick·ler ['stɪklə] *s*: ***be a stickler for*** es ganz genau nehmen mit, großen Wert legen auf (*Akk*)

'stick-on *Adj*: ***stick-on label*** (Auf)Klebeetikett *n*

'stick·pin *s Am* Krawattennadel *f*

'stick-up *s ugs* (Raub)Überfall *m*

stick·y ['stɪkɪ] *Adj* **1. a)** klebrig (***with*** von), **b)** → ***stick-on*** **2.** schwül, drückend (*Wetter*) **3.** *ugs* heikel, unangenehm (*Lage*): ***he'll come to*** (*oder* ***meet***) ***a sticky end*** mit ihm wird es ein böses Ende nehmen

▸**stiff** [stɪf] **I** *Adj* **1.** *allg* steif: ***beat until stiff*** GASTR steif schlagen; ***have a stiff neck*** einen steifen Nacken haben; → ***bore***[2], ***lip*** 1 **2.** *fig* stark (*alkoholisches Getränk, Medizin*) **3.** *fig* schwer, schwierig (*Aufgabe*); hart (*Strafe*); scharf (*Konkurrenz*); hartnäckig (*Widerstand*) **4.** *ugs* happig, gepfeffert, gesalzen (*Preis*) **II** *s* **5.** *sl* Leiche *f*

'stiff·en I *v/t* **1.** *Wäsche* stärken, steifen **2.** *fig* verschärfen **II** *v/i* **3.** steif werden **4.** *fig* sich verschärfen

sti·fle ['staɪfl] **I** *v/t* ersticken, *fig auch* unterdrücken **II** *v/i* ersticken

stig·ma ['stɪgmə] *s* **1.** *fig* Stigma *n* **2.** *Pl* **stig·ma·ta** ['stɪgmətə] REL Stigma *n*, Wundmal *n*

'stig·ma·tize *v/t fig* brandmarken, stigmatisieren

sti·let·to [stɪ'letəʊ] *Pl* **sti·let·tos** *s* Stilett *n*

sti·let·to heel *s* Bleistift-, Pfennigabsatz *m*

still[1] [stɪl] **I** *Adj* **1.** *allg* still: → ***keep*** 15, ***stand*** 7, ***water*** 2 **2.** ohne Kohlensäure (*Getränk*) **II** *s* **3.** *Film*, TV: Standfoto *n*

Die Stellung von still

Still in der Bedeutung „(immer) noch" kann im Satz an folgenden Stellen stehen:

unmittelbar vor einer verneinten Verbform:

I still don't know.

nach einem nicht verneinten Modalverb wie **can** oder **may**:

He can still run faster than most of his older friends.
She may still remember you.

nach den Formen des Verbs **be** bzw. unmittelbar vor einem sonstigen Verb:

The weather is still terrible.
I still like you.
They were still playing football.

▸**still**[2] [stɪl] **I** *Adv* **1.** (immer) noch, noch immer **2.** *beim Komp*: noch **II** *Konj* **3.** dennoch, trotzdem

still[3] [stɪl] *s* CHEM Destillationsapparat *m*; Destillierkolben *m*

'still·born *Adj* tot geboren

still life *Pl* **still lifes** *s* MALEREI Stillleben *n*

stilt [stɪlt] *s* **1.** Stelze *f* **2.** ARCHI Pfahl *m*

'stilt·ed *Adj* gestelzt, gespreizt, geschraubt

stim·u·lant ['stɪmjʊlənt] *s* MED Stimulans *n*, Anregungsmittel *n*; *fig* Anreiz *m*, Ansporn *m* (***to*** für)

stim·u·late ['stɪmjʊleɪt] *v/t* **1.** MED *j-n, Kreislauf etc* stimulieren, anregen, *fig auch j-n* anspornen (***to do*** zu tun); PHYSIOL reizen **2.** *Produktion etc* ankurbeln

stim·u·lus ['stɪmjʊləs] *Pl* **stim·u·li** ['stɪmjʊlaɪ] *s* **1.** PHYSIOL Reiz *m* **2.** *fig* Anreiz *m*, Ansporn *m* (***to*** für)

▸**sting** [stɪŋ] **I** *v/t* (*unreg*) **1.** *j-n* stechen (*Biene etc*) **2.** brennen auf (*Dat*) *oder* in (*Dat*): ***sting s.o. into action*** *fig* j-n aktiv werden lassen **3.** *ugs j-n* neppen (***for*** um) **II** *v/i* **4.** stechen (*Bienen etc*) **5.** brennen (***from*** von) (*Augen etc*) **III** *s* **6.** Stachel *m* **7.** Stich *m* **8.** Brennen *n*, brennender Schmerz: ***take the sting out of s.th.*** *fig* einer Sache den Stachel nehmen

'sting·ing *Adj*: ***stinging nettle*** BOT Brennnessel *f*

stin·gy ['stɪndʒɪ] *Adj ugs* knick(e)rig (*Person*), mick(e)rig (*Mahlzeit etc*): ***be stingy with*** knickern mit

stink [stɪŋk] **I** *v/i* (*unreg*) **1.** stinken (***of*** nach): ***stink to high heaven*** wie die Pest stinken; *fig* zum Himmel stinken **2.** *ugs* hundsmiserabel sein **II** *v/t* **3.** ***stink out*** *ugs Zimmer etc* verstänkern **III** *s* **4.** Gestank *m*: ***there's a stink of garlic in here*** hier stinkt es nach Knoblauch **5.** ***cause*** (*oder* ***kick up, raise***) ***a stink*** *ugs* Stunk machen (***about*** wegen)

stink bomb *s* Stinkbombe *f*

stink·ing ['stɪŋkɪŋ] **I** *Adj* **1.** stinkend **2.** *ugs* scheußlich; blöd **II** *Adv* **3.** ***stinking rich*** *ugs* stinkreich

stint [stɪnt] *s* **a)** Pensum *n*, **b)** Zeit *f*: ***he did a three-year stint in the army*** er war drei Jahre lang beim Militär

stip·u·late ['stɪpjʊleɪt] *v/t* **1.** zur Auflage *oder* Bedingung machen **2.** festsetzen, vereinbaren

ˌstip·u'la·tion *s* **1.** Auflage *f*, Bedingung *f* **2.** Festsetzung *f*, Vereinbarung *f*

▸**stir** [stɜː] **I** *v/t* **1.** (um)rühren: ***stir up*** *Staub* aufwirbeln, *Schlamm* aufwühlen **2.** *Glied etc* bewegen, rühren **3.** *Blätter etc* leicht bewegen, *Wasser* kräuseln (*Wind*) **4.** *fig j-n* aufwühlen, bewegen **5.** ***stir up*** *fig Unruhe* stiften, *Streit* entfachen; *Erinnerungen* wachrufen **II** *v/i* **6.** sich rühren: ***stir from*** sich fort- *oder* wegrühren von **7.** *fig* sich rühren, wach werden **III** *s* **8.** ***give s.th. a stir*** etw (um)rühren **9.** ***cause*** (*oder* ***create***) ***a stir*** *fig* für Aufsehen sorgen

'stir·ring *Adj* aufwühlend, bewegend

stir·rup ['stɪrəp] *s* Steigbügel *m*

stitch [stɪtʃ] **I** *s* **1.** *Nähen etc*: Stich *m*: ***the wound needed eight stitches*** die Wunde musste mit acht Stichen genäht werden; ***he had his stitches out yesterday*** ihm wurden gestern die Fäden gezogen **2.** *Stricken etc*: Masche *f*: ***drop a stitch*** eine Masche fallen lassen **3.** ***have*** (*oder* ***get***) ***a*** (*oder* ***the***) ***stitch*** Seitenstechen haben; ***be in stitches*** *ugs* sich kaputtlachen **4.** ***he hadn't got a stitch on*** *ugs* er war splitterfasernackt **II** *v/t* **5.** *auch* ***stitch up*** zunähen, *Wunde* nähen: ***stitch on*** (***to***) *Knopf etc* annähen (an *Akk*) **6.** *Buch* broschieren, heften

▸**stock** [stɒk] **I** *s* **1.** Vorrat *m* (***of*** an *Dat*): ***have***

s.th. in stock etw vorrätig *oder* auf Lager haben; ***take stock*** WIRTSCH Inventur machen; ***take stock of*** *fig* sich klar werden über (*Akk*) **2.** WIRTSCH **a)** *bes Am* Aktie(n *Pl*) *f*, **b)** *Pl* Aktien *Pl*, **c)** *Pl* Wertpapiere *Pl* **3.** GASTR Brühe *f* **4.** Viehbestand *m* **5.** (*Gewehr*)Schaft *m* **6.** *fig* Abstammung *f*, Herkunft *f* **II** *v/t* **7.** WIRTSCH *Ware* vorrätig haben, führen **8.** ***be well stocked*** (***up***) ***with*** gut versorgt sein mit **III** *v/i* **9.** ***stock up*** sich eindecken (***on, with*** mit) **IV** *Adj* **10.** WIRTSCH ***stock model*** Serienmodell *n*; ***stock size*** Standardgröße *f* **11.** *pej* Standard…, stereotyp (*Ausrede etc*)

ˈstockˌbreed·er *s* Viehzüchter(in)

ˈstockˌbreed·ing *s* Viehzucht *f*

ˈstockˌbrok·er *s* WIRTSCH Börsenmakler(in)

stock cor·po·ra·tion *s* WIRTSCH *Am* Kapital- *oder* Aktiengesellschaft *f*

stock cube *s* Brühwürfel *m*

stock ex·change *s* WIRTSCH Börse *f*

ˈstockˌhold·er *s* WIRTSCH *bes Am* Aktionär(in)

stock·ing [ˈstɒkɪŋ] *s* Strumpf *m*

stock·ing mask *s* Strumpfmaske *f*

ˌstock-in-ˈtrade *s*: ***be part of s.o.'s stock-in--trade*** *fig* zu j-s Rüstzeug gehören

stock mar·ket *s* WIRTSCH Börse *f*

ˈstock·pile I *s* Vorrat *m* (***of*** an *Dat*) **II** *v/t* einen Vorrat anlegen an (*Dat*); *Lebensmittel etc* hamstern, horten

ˈstock·room *s* Lager(raum *m*) *n*

ˌstock-ˈstill *Adv* regungslos

ˈstockˌtak·ing *s* WIRTSCH Inventur *f*; *fig* Bestandsaufnahme *f*

stock·y [ˈstɒkɪ] *Adj* stämmig, untersetzt

sto·i·cal [ˈstəʊɪkl] *Adj* stoisch, gelassen

sto·i·cism [ˈstəʊɪsɪzəm] *s* Gelassenheit *f*

stoke [stəʊk] **I** *v/t auch* ***stoke up*** *Feuer, Hass etc* schüren **II** *v/i*: ***stoke up*** *ugs* sich vollstopfen (***on, with*** mit)

ˈstok·er *s* Heizer(in)

stole[1] [stəʊl] *Prät von* ***steal***

stole[2] [stəʊl] *s* Stola *f*

sto·len [ˈstəʊlən] *Part Perf von* ***steal***

stol·id [ˈstɒlɪd] *Adj* phlegmatisch

▶**stom·ach** [ˈstʌmək] **I** *s* **1.** Magen *m*: ***on an empty stomach*** auf leeren *oder* nüchternen Magen *rauchen etc*, mit leerem *oder* nüchternem Magen *schwimmen gehen etc*; ***on a full stomach*** mit vollem Magen; ***turn s.o.'s stomach*** j-m den Magen umdrehen **2.** Bauch *m* **3.** (***for***) Appetit *m* (auf *Akk*); *fig* Lust *f* (auf *Akk*, zu) **II** *v/t* **4.** vertragen (*auch fig*)

stom·ach·ache [ˈstʌməkeɪk] *s* **1.** Magenschmerzen *Pl* **2.** Bauchschmerzen *Pl*, -weh *n*

stom·ach up·set *s* Magenverstimmung *f*

stomp [stɒmp] *v/i* sta(m)pfen, trampeln

▶**stone** [stəʊn] **I** *s* **1.** (*auch Edel-*, MED *Gallen- etc*)Stein *m*: ***it's only a stone's throw*** (***away***) ***from*** es ist nur einen Katzensprung entfernt von; ***have a heart of stone*** ein Herz aus Stein haben; ***leave no stone unturned*** *fig* nichts unversucht lassen **2.** BOT Kern *m*, Stein *m* **3.** (*Hagel*)Korn *n* **4.** *Pl* ***stone(s)*** *Br Gewichtseinheit* (*= 6,35 kg*) **II** *v/t* **5.** mit Steinen bewerfen: ***stone*** (***to death***) steinigen **6.** entkernen, -steinen

Stone Age *s* Steinzeit *f*

ˌstone-ˈbroke *Am* → ***stony-broke***

ˌstone-ˈcold I *Adj* eiskalt **II** *Adv*: ***stone-cold sober*** *ugs* stocknüchtern

stoned [stəʊnd] *Adj sl* **1.** stinkbesoffen **2.** stoned (*unter Drogeneinwirkung*)

ˌstone-ˈdead *Adj* mausetot

ˌstone-ˈdeaf *Adj* stocktaub

stone fruit *s* Steinfrucht *f*, *Koll* Steinobst *n*

ˈstoneˌma·son *s* Steinmetz(in)

ˈstone·ware *s* Steingut *n*

ston·y [ˈstəʊnɪ] *Adj* **1.** steinig **2.** *fig* steinern (*Gesicht, Herz etc*), eisig (*Schweigen*)

ˌston·y-ˈbroke *Adj bes Br ugs* total abgebrannt *oder* pleite

stood [stʊd] *Prät und Part Perf von* ***stand***

stooge [stuːdʒ] *s ugs pej* Handlanger(in)

stool [stuːl] *s* **1.** (*Bar-, Klavier- etc*)Hocker *m*, (*Klavier- etc*)Stuhl *m*, (-)Schemel *m*: ***fall between two stools*** *fig* sich zwischen zwei Stühle setzen **2.** PHYSIOL Stuhl *m*

stoop [stuːp] **I** *v/i* **1.** *auch* ***stoop down*** sich bücken **2.** gebeugt gehen **3.** ***stoop to*** *fig* sich herablassen *oder* hergeben zu: ***stoop to doing s.th.*** sich dazu herablassen *oder* hergeben, etw zu tun **II** *s* **4.** gebeugte Haltung: ***walk with a stoop*** *siehe* 2

▶**stop** [stɒp] **I** *s* **1.** Halt *m*: ***come to a stop*** anhalten, stoppen, *weit. S.* aufhören; ***put a stop to*** *einer Sache* ein Ende machen *oder* setzen **2.** (*Bus*)Haltestelle *f* **3.** LING *bes Br* Punkt *m* **4.** ***pull out all the stops*** *fig* alle Register ziehen **II** *v/i* **5.** stehen bleiben (*auch Uhr etc*), (an)halten, stoppen: ***stop by s.o.'s place*** bei j-m vorbeischauen; → ***dead*** 14, ***thief*** **6.** aufhören: ***stop at nothing*** vor nichts zurückschrecken (***to get s.th.*** um etw zu bekommen); → ***short*** 5 **7.** *bes Br* bleiben (***for supper*** zum Abendessen) **III** *v/t* **8.** anhalten, stoppen; *Maschine etc* abstellen **9.** aufhören mit: ***stop doing s.th.*** aufhören, etw zu tun **10.** ein Ende machen *oder* setzen (*Dat*); *Blutung* stillen; *Arbeiten, Verkehr etc* zum Erliegen bringen; (*Boxen*) *Kampf* abbrechen **11.** *etw* verhindern; *j-n* abhalten (***from*** von), hindern (***from*** an *Dat*): ***stop s.o.*** (***from***) ***doing s.th.*** j-n davon abhalten *oder* daran hindern, etw zu tun **12.** *Rohr etc* verstopfen; *Zahn* füllen, plombieren: ***stop s.o.'s mouth*** *ugs* j-m den Mund stopfen **13.** *Scheck* sperren (lassen)

stop + Infinitiv oder Gerund (GR)

⚠ Achten Sie auf den Bedeutungsunterschied:

stop to do s.th.	anhalten / innehalten, um etw (Neues / anderes) zu tun
I stopped at a doorway to light up a cigarette.	Ich hielt an einem Hauseingang an, um mir eine Zigarette anzuzünden.
stop doing s.th.	aufhören, etw zu tun; mit etw aufhören
I finally stopped smoking last week.	Letzte Woche habe ich endlich mit dem Rauchen aufgehört.

◆**stop by** *v/i* vorbeischauen

◆**stop in** *v/i* **1.** vorbeischauen (***at*** bei) **2.** *bes Br* zu Hause bleiben

◆**stop off** *v/i ugs*, **stop o·ver** *v/i* Zwischenstation machen (***in*** in *Dat*)

◆**stop round** *v/i bes Am ugs* vorbeischauen

◆**stop up** **I** *v/t Leitung etc* verstopfen **II** *v/i bes Br* aufbleiben
'stop·cock *s* TECH Absperrhahn *m*
'stop·gap **I** *s* Notbehelf *m*, Übergangslösung *f*; *(Person)* Aushilfe *f*, *pej* Lückenbüßer(in) **II** *Adj*: ***stopgap measure*** Überbrückungsmaßnahme *f*
'stop,o·ver *s* Zwischenstation *f*; FLUG Zwischenlandung *f*
stop·page ['stɒpɪdʒ] *s* **1.** Arbeitseinstellung *f* **2.** TECH Verstopfung *f* *(auch* MED) **3.** *bes Br* (Gehalts-, Lohn)Abzug *m*
'stop·per *s* Stöpsel *m*
stop press *s bes Br* letzte Meldungen *Pl*
'stop·watch *s* Stoppuhr *f*
stor·age ['stɔːrɪdʒ] *s* **1.** (Ein)Lagerung *f* **2.** Lager(raum *m*) *n*: ***be in storage*** eingelagert sein **3.** Lagergeld *n*
stor·age heat·er *s* Speicherofen *m*
▶**store** [stɔː] **I** *s* **1.** Vorrat *m*, *Pl auch* Bestände *Pl* (***of*** an *Dat*): ***there was a shock in store for us*** auf uns wartete eine unangenehme Überraschung; ***have s.th. in store*** etw vorrätig *oder* auf Lager haben; ***have a surprise in store for s.o.*** eine Überraschung für j-n haben **2.** *bes Am* Laden *m*, Geschäft *n*; *bes Br* Kauf-, Warenhaus *n* **3.** Lager(halle *f*, -haus *n*) *n*: ***be in store*** *Br* eingelagert sein **4.** ***set great*** (***little***) ***store by*** *fig* großen (wenig) Wert legen auf *(Akk)* **II** *v/t* **5.** *auch* ***store up*** sich einen Vorrat anlegen an *(Dat)* **6.** *Kohle etc* lagern; *Möbel etc* einlagern; *Daten, Energie etc* speichern
'store·card *s* Kundenkreditkarte *f*
store de·tec·tive *s* Kaufhausdetektiv(in)
'store·house *s* **1.** Lagerhaus *n* **2.** *fig* Fundgrube *f* (***of*** von): ***be a storehouse of good ideas*** voller guter Ideen stecken
'store,keep·er *s bes Am* Ladenbesitzer(in)
store·room ['stɔːrʊm] *s* Lagerraum *m*
▶**sto·rey** ['stɔːrɪ] *s bes Br* Stock(werk *n*) *m*, Etage *f*: ***a six-storey building*** ein sechsstöckiges Gebäude
stork [stɔːk] *s* ORN Storch *m*
▶**storm** [stɔːm] **I** *s* **1.** Unwetter *n*; *(auch fig Protest- etc)*Sturm *m*: ***a storm in a teacup*** *Br fig* ein Sturm im Wasserglas **2.** ***take by storm*** MIL im Sturm nehmen *oder* *(auch fig)* erobern **II** *v/t* **3.** MIL *etc* stürmen **III** *v/i* **4.** stürmen, stürzen
storm cloud *s* Gewitterwolke *f*: ***the storm clouds are gathering*** *fig* es braut sich etw zusammen
storm·y ['stɔːmɪ] *Adj* stürmisch *(auch fig)*
▶**sto·ry**[1] ['stɔːrɪ] *s* **1.** Geschichte *f*; Märchen *n* *(auch fig ugs)*: ***his side of the story*** seine Version; ***it's the same old story*** es ist das alte Lied; ***to cut a long story short*** um es kurz zu machen, kurz und gut; → ***go*** 18 **2.** Story *f*, (Lebens-, Entwicklungs)Geschichte *f* **3.** Story *f*, Handlung *f* **4.** *Journalismus*: Story *f*, Bericht *m* (***on*** über *Akk*)
▶**sto·ry**[2] ['stɔːrɪ] *Am* → ***storey***
'sto·ry·book *Adj* ... wie im Märchen
sto·ry line → ***story***[1] 3
stoup [stuːp] *s* REL Weihwasserbecken *n*
stout [staʊt] **I** *Adj* **1.** korpulent, *(Frau auch)* vollschlank **2.** *fig* hartnäckig **II** *s* **3.** Stout *m* *(dunkles Bier mit starkem Hopfengeschmack)*
▶**stove** [stəʊv] *s* Ofen *m*, *(zum Kochen auch)* Herd *m*
stow [stəʊ] *v/t auch* ***stow away*** verstauen
'stow·a·way *s* FLUG, SCHIFF blinder Passagier

strad·dle ['strædl] *v/t* breitbeinig *oder* mit gespreizten Beinen stehen über *(Dat)*; rittlings sitzen auf *(Dat)*
strag·gle ['strægl] *v/i*: ***straggle in*** einzeln eintrudeln
'strag·gler *s* Nachzügler(in)
'strag·gly *Adj* struppig *(Haar)*
▶**straight** [streɪt] **I** *Adj* **1.** gerade, *(Haar)* glatt: ***straight line*** gerade Linie, MATHE Gerade *f*; ***keep a straight face*** ernst bleiben **2.** ***get*** (*oder* ***put***) ***s.th. straight*** etw in Ordnung bringen, *Zimmer etc auch* aufräumen; ***set s.o. straight about s.th.*** *fig* j-m etw klarmachen **3.** offen, ehrlich (***with*** zu) **4.** ohne Unterbrechung: ***in straight sets*** *(Tennis etc)* ohne Satzverlust; ***his third straight win*** *(Sport)* sein dritter Sieg hintereinander *oder* in Folge **5.** pur: ***drink one's whisky straight***; ***two straight whiskies*** zwei Whisky pur **6.** *sl* **a)** hetero *(heterosexuell)*, **b)** clean, sauber *(nicht mehr drogenabhängig)*: ***I'm straight*** ich nehm grundsätzlich keine Drogen **II** *Adv* **7.** gerade: ***straight ahead*** geradeaus **8.** genau, direkt **9.** *auch* ***straight off*** sofort **10.** klar *sehen, denken* **11.** *ugs auch* ***straight out*** offen, ehrlich **12.** ***straight up?*** *Br ugs* ehrlich? **III** *s* **13.** SPORT *(Gegen-, Ziel)*Gerade *f*
,straight·a'way *Adv* sofort
straight·en ['streɪtn] **I** *v/t* **1.** *auch* ***straighten up*** gerade hängen, legen *etc*, *Krawatte etc* gerade rücken **2.** ***straighten out*** *fig Angelegenheit etc* in Ordnung bringen, *Missverständnis* klären; *ugs j-m* (wieder) auf die Beine helfen; *j-n* (wieder) auf die richtige Bahn bringen **3.** ***straighten up*** in Ordnung bringen, aufräumen **II** *v/i* **4.** *auch* ***straighten out*** gerade werden *(Straße etc)* **5.** ***straighten up*** sich aufrichten
,straight'for·ward *Adj* **1.** aufrichtig **2.** einfach, unkompliziert **3.** glatt *(Absage etc)*
,straight-'out *Adj bes Am ugs* offen, ehrlich
strain [streɪn] **I** *v/t* **1.** *Seil etc* (an)spannen: ***strain one's ears*** (***eyes***) die Ohren spitzen (genau hinschauen) **2.** *sich, Augen etc* überanstrengen; sich *einen Muskel etc* zerren: ***strain a muscle*** *auch* sich eine Muskelzerrung zuziehen **3.** *Gemüse, Tee etc* abgießen **II** *v/i* **4.** sich anstrengen **5.** ***strain at*** zerren *oder* ziehen an *(Dat)*: ***strain at the leash*** an der Leine zerren *(Hund)*; *fig* es nicht mehr erwarten können **III** *s* **6.** Spannung *f* *(auch* TECH *und* POL *etc)* **7.** *fig* Belastung *f* (***on*** für): ***put a great strain on s.o.*** j-n stark belasten
strained *Adj* **1.** gezerrt: ***strained muscle*** *auch* Muskelzerrung *f* **2.** gezwungen *(Lächeln etc)* **3.** gespannt *(Beziehungen)* **4.** ***look strained*** abgespannt aussehen
'strain·er *s* Sieb *n*
strait [streɪt] *s auch Pl* Meerenge *f*, Straße *f*: ***be in desperate*** (*oder* ***dire***) ***straits*** *fig* in einer ernsten Notlage sein
'strait,jack·et *s* Zwangsjacke *f*: ***put in a straitjacket*** *j-n* in eine Zwangsjacke stecken
,strait'laced *Adj* prüde
strand [strænd] *s* *(Haar)*Strähne *f*; *(Woll- etc)* Faden *m*, *(Kabel)*Draht *m*; *fig* Faden *m* *(einer Handlung etc)*
strand·ed ['strændɪd] *Adj*: ***be stranded*** SCHIFF gestrandet sein; ***be*** (***left***) ***stranded*** *fig* festsitzen (***in*** in *Dat*) *(Person)*
▶**strange** [streɪndʒ] *Adj* **1.** merkwürdig, seltsam, sonderbar: ***strange to say*** so merkwürdig es auch klingen mag; ***strangely*** (***enough***) merkwürdiger-, seltsamer-, sonderbarerweise

S

2. fremd (*to s.o.* j-m) **3. be strange to** nicht vertraut sein mit

▶**stran·ger** ['streɪndʒə] *s* **1.** Fremde *m, f*: ***I'm a stranger here*** ich bin hier fremd; → ***perfect*** 2 **2. *be a stranger to*** → ***strange*** 3

stran·gle ['stræŋgl] *v/t* erwürgen, erdrosseln; *fig* abwürgen, ersticken

'stran·gle·hold *s* Würgegriff *m*: ***have a stranglehold on*** *fig j-n, etw* vollkommen beherrschen

stran·gu·late ['stræŋgjʊleɪt] *v/t* MED abschnüren, abbinden

ˌstran·gu'la·tion *s* **1.** Erwürgung *f*, Erdrosselung *f* **2.** MED Abschnürung *f*, Abbindung *f*

strap [stræp] **I** *s* **1.** Riemen *m*, Gurt *m*; Haltegriff *m*, Schlaufe *f* (*in Bus etc*); Träger *m* (*an Kleid etc*); (*Uhr*) (Arm-)Band *n* **II** *v/t* **2.** festschnallen (***to*** an *Dat*): ***be strapped in*** FLUG, MOT angeschnallt sein **3.** *auch* ***strap up*** *Br Bein etc* bandagieren **4. *be strapped*** (***for cash***) *ugs* knapp bei Kasse sein; abgebrannt *oder* pleite sein

'strapˌhang·er *s ugs* **1.** Stehplatzinhaber(in) (*in Bus etc*) **2.** Pendler(in)

strap·less ['stræplɪs] *Adj* schulterfrei (*Kleid*), (*auch Badeanzug*) trägerlos

stra·ta ['strɑːtə] *Pl von* ***stratum***

strat·a·gem ['strætədʒəm] *s* (MIL Kriegs)List *f*

stra·te·gic [strə'tiːdʒɪk] *Adj* (***strategically***) strategisch; strategisch wichtig

strat·e·gist ['strætɪdʒɪst] *s* Stratege *m*, Strategin *f*

strat·egy ['strætɪdʒɪ] *s* Strategie *f*

strat·i·fied ['strætɪfaɪd] *Adj* vielschichtig (*Gesellschaft*)

strat·o·sphere ['strætəʊˌsfɪə] *s* METEO Stratosphäre *f*

stra·tum ['strɑːtəm] *Pl* **stra·ta** ['strɑːtə] *s* GEOL, SOZIOL Schicht *f*

straw [strɔː] *s* **1.** Stroh *n*: → ***man*** 3 **2.** Stroh-, *auch* Trinkhalm *m*: ***the straw that breaks the camel's back, the last straw*** *fig* der Tropfen, der das Fass zum Überlaufen bringt; ***clutch at straws*** *fig* sich an einen Strohhalm klammern

▶**straw·ber·ry** ['strɔːbərɪ] *s* BOT Erdbeere *f*

straw hat *s* Strohhut *m*

straw man *s* (*unreg* ***man***) Strohmann *m*

straw poll, straw vote *s* POL Probeabstimmung *f*

stray [streɪ] **I** *v/i* **1.** sich verirren **2.** *fig* abschweifen (***from*** von) (*Gedanken etc*) **II** *Adj* **3.** verirrt (*Kugel, Tier*); streunend (*Tier*) **4.** vereinzelt **III** *s* **5.** verirrtes *oder* streunendes Tier

streak [striːk] *s* **1.** Streifen *m*; Strähne *f* (*im Haar*): ***a streak of lightning*** ein Blitz *m*; ***like a streak of lightning*** wie der Blitz **2.** *fig* (Charakter)Zug *m* **3.** *fig* (***un***)***lucky streak*** Glückssträhne (Pechsträhne) *f*; ***winning*** (***losing***) ***streak*** (*auch Sport*) Siegesserie (Niederlagenserie) *f*; ***be on a lucky streak*** eine Glückssträhne haben

'streak·y *Adj* streifig; durchwachsen (*Speck*)

▶**stream** [striːm] **I** *s* **1.** Bach *m* **2.** Strömung *f*: ***go against the stream*** *fig* gegen den Strom schwimmen **3.** (*Besucher-, Blut-, Verkehrs-etc*)Strom *m*; *fig* Flut *f*, Schwall *m* (*von Verwünschungen etc*) **4.** PÄD *Br* Leistungsgruppe *f* **II** *v/i* **5.** strömen (*Besucher, Blut, Licht etc*): ***tears were streaming down her face*** Tränen liefen ihr übers Gesicht; ***his face was streaming with sweat*** sein Gesicht war schweißüberströmt **6.** wehen, flattern (***in the wind*** im Wind) **III** *v/t* **7.** PÄD *Br Klasse* in Leistungsgruppen einteilen

'stream·er *s* **1.** Luft-, Papierschlange *f* **2.** COMPUTER Streamer *m*

'stream·ing *Adj*: ***he's got a streaming cold*** er hat einen fürchterlichen Schnupfen

'stream·line *v/t* rationalisieren

'stream·lined *Adj* stromlinienförmig, windschnittig, -schlüpfig

▶**street** [striːt] *s* Straße *f*: ***in*** (*bes Am* ***on***) ***the street*** auf der Straße; ***be*** (***right***) ***up s.o.'s street*** *fig* j-m zusagen; ***he's not in the same street as me, I'm streets ahead of him*** *ugs* ich bin ihm haushoch überlegen; ***walk the streets*** durch die Straßen laufen; auf den Strich gehen; → ***man*** 3

street bat·tle *s* Straßenschlacht *f*

'street·car *s Am* Straßenbahn *f*

street lamp, street light *s* Straßenlaterne *f*

street map *s* Stadtplan *m*

street val·ue *s* (Straßen)Verkaufswert *m* (*von Drogen*)

street vend·er, street vend·or *s* Straßenhändler(in)

'streetˌwalk·er *s* Strichmädchen *n*, Strichjunge *m*

'streetˌwise *Adj* lebenstüchtig, clever

▶**strength** [streŋθ] *s* **1.** Stärke *f* (*auch fig*), Kraft *f*, Kräfte *Pl*: ***strength of character*** Charakterfestigkeit *f*, -stärke; ***strength of will*** Willenskraft, -stärke; ***on the strength of*** auf *j-s Rat etc* hin; ***he hasn't got enough strength*** er ist nicht kräftig genug; ***go from strength to strength*** von Erfolg zu Erfolg eilen **2.** Macht *f* **3.** (An)Zahl *f*: ***in strength*** in großer Zahl, zahlreich; ***at full strength*** vollzählig; ***below*** (*oder* ***under***) ***strength*** nicht vollzählig; unterbesetzt;

'strength·en **I** *v/t* **1.** verstärken **2.** *fig* stärken: ***strengthen s.o.'s resolve*** j-n in seinem Vorsatz bestärken **II** *v/i* **3.** stärker werden, sich verstärken (*Wind etc*)

stren·u·ous ['strenjʊəs] *Adj* **1.** anstrengend **2.** unermüdlich

stress [stres] **I** *s* **1.** *fig* Stress *m*: ***be under stress*** unter Stress stehen, im Stress sein **2.** LING Betonung *f*: ***lay stress on*** *fig siehe* 5; ***stress mark*** Akzent *m*, Betonungszeichen *n* **3.** PHYS, TECH Beanspruchung *f*, Belastung *f*; (mechanische) Spannung **II** *v/t* **4.** stressen: ***be stressed*** gestresst sein **5.** LING betonen, *fig auch* Wert legen auf (*Akk*)

ˌstressed-'out *Adj* stressgeplagt

'stress-free *Adj* stressfrei

stress·ful ['stresful] *Adj* stressig, aufreibend

▶**stretch** [stretʃ] **I** *v/t* **1. *stretch out*** *Arm etc* ausstrecken; → ***leg*** 1 **2.** *Seil etc* spannen: ***be fully stretched*** *fig* richtig gefordert werden **3.** *Schuhe etc* (aus)weiten **4.** *fig* es nicht so genau nehmen mit: ***stretch a point*** ein Auge zudrücken **II** *v/i* **5.** sich dehnen, *auch* länger *oder* weiter werden **6.** sich dehnen *oder* strecken: ***stretch out*** sich ausstrecken **7.** sich (*räumlich*) erstrecken (***to*** bis zu), sich hinziehen (*räumlich*: ***to*** bis zu; *zeitlich*: ***into*** bis in *Akk*); *fig* reichen (***to*** für) (*Vorräte etc*) **III** *s* **8. *have a stretch*** *siehe* 6; ***be at full stretch*** *fig* sich sehr viel Mühe geben müssen; ***not by any stretch of the imagination*** nie und nimmer **9.** Dehnbarkeit *f*, Elastizität *f* **10.** Strecke *f* (*einer Straße*); (*Sport*) (*Gegen-, Ziel*)Gerade *f* **11.** Zeit(-raum *m*, -spanne *f*) *f*: ***at a stretch*** hinterei-

S

nander; ***do a three-year stretch*** *ugs* drei Jahre absitzen **IV** *Adj* **12.** → ***stretchy***

'stretch·er *s* Trage *f*

stretch marks *s Pl* Schwangerschaftsstreifen *Pl*

'stretch·y *Adj* dehnbar, elastisch

stri·at·ed [straɪ'eɪtɪd] *Adj* gestreift

strick·en ['strɪkən] *Adj* **1.** leidgeprüft (*Person*), schwer betroffen (*Gegend etc*) **2.** ***stricken with*** befallen *oder* ergriffen von: → ***panic-stricken***

strict [strɪkt] *Adj* streng (*Person, Disziplin, Gesetze etc*), (*Anweisungen etc auch*) strikt: ***be strict with*** streng sein mit *oder* zu *oder* gegen; ***in strict confidence*** streng vertraulich; ***strictly (speaking)*** streng genommen, genau genommen

stride [straɪd] **I** *v/i* (*unreg*) **1.** schreiten, mit großen Schritten gehen **II** *s* **2.** (großer) Schritt: ***get into one's stride*** *fig* (richtig) in Fahrt *oder* Schwung kommen; ***take s.th. in one's stride*** *fig* etw mühelos verkraften **3.** *fig* Fortschritt *m*

stri·dent ['straɪdnt] *Adj* schrill

strife [straɪf] *s* Streit *m*

▶**strike** [straɪk] **I** *s* **1.** WIRTSCH Streik *m*: ***be (out) on strike*** streiken, im Streik stehen; ***go on strike*** streiken, in den Streik treten **2.** (*Öl-etc*)Fund *m* **3.** MIL Angriff *m* **II** *v/i* (*unreg*) **4.** ***strike at s.o.*** → ***strike out*** 2 **5.** einschlagen (*Blitz*) **6.** schlagen (*Uhr*): ***it has just struck two o'clock*** es hat gerade zwei Uhr geschlagen **7.** WIRTSCH streiken (***for*** für) **8.** ***strike on*** *fig* kommen auf *einen Plan etc* **III** *v/t* (*unreg*) **9.** schlagen: ***strike s.o. a blow*** j-m einen Schlag versetzen; → ***dumb*** 1 **10.** treffen; einschlagen in (*Akk*) (*Blitz*): → ***lightning*** I **11.** *Streichholz* anzünden **12.** SCHIFF auflaufen auf (*Akk*) **13.** streichen (***from, off*** aus *einem Verzeichnis etc*, von *einer Liste etc*) **14.** *fig* stoßen auf (*Öl, eine Straße, Schwierigkeiten etc*): → ***oil*** 2 **15.** → ***balance*** 1, ***bargain*** 1 **16.** ***be struck by*** beeindruckt sein von; ***how does the house strike you?*** wie findest du das Haus?; ***it struck me as rather strange that*** es kam mir ziemlich seltsam vor, dass **17.** *j-m* einfallen, in den Sinn kommen **18.** *Münze etc* prägen **19.** *Saite etc* anschlagen: → ***chord***[1], ***note*** 9 **20.** *Lager, Zelt* abbrechen

◆**strike back** *v/i* zurückschlagen (*auch fig*)

◆**strike down** *v/t* **1.** niederschlagen **2.** *fig* niederwerfen (*Krankheit*); dahinraffen

◆**strike off** *v/t* **1.** abschlagen **2.** *Br Solicitor* von der Anwaltsliste streichen, *einem Arzt* die Approbation entziehen

◆**strike out I** *v/t* **1.** (aus)streichen **II** *v/i* **2.** ***strike out at s.o.*** auf j-n einschlagen **3.** ***strike out on one's own*** *fig* seine eigenen Wege gehen, WIRTSCH sich selbstständig machen

◆**strike through** *v/t* durchstreichen

◆**strike up I** *v/t* **1.** *Lied etc* anstimmen **2.** *Bekanntschaft, Freundschaft* schließen, *Gespräch* anknüpfen (***with*** mit) **II** *v/i* **3.** MUS einsetzen

strike bal·lot *s* WIRTSCH Urabstimmung *f*

'strike·bound *Adj* bestreikt; vom Streik lahmgelegt

'strike,break·er *s* WIRTSCH Streikbrecher(in)

strike call *s* WIRTSCH Streikaufruf *m*

strike pay *s* WIRTSCH Streikgeld(er *Pl*) *n*

'strik·er *s* **1.** WIRTSCH Streikende *m, f* **2.** *Fußball*: Stürmer(in)

'strik·ing *Adj* **1.** auffallend, (*Ähnlichkeit, Vorschlag etc*) verblüffend **2.** ***be within striking distance of*** *fig* kurz vor *einem Erfolg etc* stehen

▶**string** [strɪŋ] **I** *s* **1.** Schnur *f*, Bindfaden *m*; (*Schürzen-, Schuh- etc*)Band *n*; (*Puppenspiel*) Faden *m*, Draht *m*: ***with no strings attached*** *fig* ohne Bedingungen; ***pull the strings*** *fig* die Fäden ziehen; ***pull a few strings*** *fig* ein paar Beziehungen spielen lassen **2.** (*Perlen- etc*) Schnur *f* **3. a)** Saite *f* (*einer Gitarre, eines Tennisschlägers etc*); (*Bogen*)Sehne *f*: ***have two strings*** (*oder* ***a second string, another string***) ***to one's bow*** *fig* zwei *oder* mehrere Eisen im Feuer haben, **b)** ***the strings*** *Pl* MUS die Streichinstrumente *Pl*; die Streicher *Pl* **4.** *fig* Reihe *f*, Serie *f* **II** *Adj* **5.** MUS Streich… **III** *v/t* **6.** *Perlen etc* aufreihen **7.** *Gitarre etc* besaiten, *Tennisschläger etc* bespannen

◆**string a·long** *ugs* **I** *v/t j-n* hinhalten **II** *v/i* sich anschließen (***with s.o.*** j-m)

◆**string up** *v/t* **1.** aufhängen **2.** *ugs j-n* aufknüpfen

string bean *s* BOT *bes Am* grüne Bohne

stringed in·stru·ment [strɪŋd] *s* Saiten-, Streichinstrument *n*

strin·gent ['strɪndʒənt] *Adj* streng

string·y ['strɪŋɪ] *Adj* **1.** fas(e)rig (*Bohnen, Fleisch etc*) **2.** sehnig (*Arm etc*)

strip [strɪp] **I** *v/i* **1.** *auch* ***strip off*** sich ausziehen (***to*** bis auf *Akk*), (*beim Arzt*) sich frei machen; strippen: ***strip to the waist*** den Oberkörper frei machen **II** *v/t* **2.** *Farbe etc* abkratzen, *Tapete etc* abreißen (***from, off*** von) **3.** ***strip s.o. of s.th.*** j-m etw rauben *oder* wegnehmen: ***he was stripped of his title*** ihm wurde sein Titel aberkannt **4. a)** *auch* ***strip down*** *Motor etc* auseinandernehmen, zerlegen, **b)** *Wagen etc* ausschlachten **III** *s* **5.** (*Land-, Papier- etc*)Streifen **6.** Strip *m*: ***do a strip*** strippen **7.** *Fußball*: *Br* Dress *m*

strip car·toons *s Pl Br* Comics *Pl*

stripe [straɪp] *s* **1.** Streifen *m* **2.** MIL (Ärmel-)Streifen *m*, Winkel *m*

striped *Adj* gestreift: ***striped pattern*** Streifenmuster *n*

strip light·ing *s* Neonlicht *n*

strip·per ['strɪpə] *s* Stripper(in)

'strip·tease *s* Striptease *m, n*: ***do a striptease*** einen Striptease vorführen, strippen

strive [straɪv] *v/i* (*unreg*) **1.** sich bemühen (***to do*** zu tun) **2.** streben (***for, after*** nach) **3.** (an-)kämpfen (***against*** gegen)

striv·en ['strɪvn] *Part Perf von* ***strive***

strobe light ['strəʊb] *s* Stroboskoplicht *n*

strode [strəʊd] *Prät und Part Perf von* ***stride***

stroke [strəʊk] **I** *v/t* **1.** streicheln: ***stroke s.o.'s hair*** j-m übers Haar streichen **II** *s* **2.** Schlag *m* (*auch Tennis, einer Uhr etc*), Hieb *m*: ***a stroke of genius*** *fig* ein glänzender Einfall; ***a stroke of luck*** *fig* ein glücklicher Zufall; ***at a stroke*** *fig* auf 'einen Schlag; ***on the stroke of ten*** Punkt *oder* Schlag zehn (Uhr) **3.** ***give s.o. a stroke*** j-n streicheln **4.** MED Schlag(anfall) *m* **5.** (*Pinsel*)Strich *m*: ***with a stroke of the pen*** mit einem Federstrich (*auch fig*); ***he hasn't done a stroke (of work) yet*** *fig* er hat noch keinen Strich getan **6.** *Schwimmen*: Zug *m*; Stil(art *f*) *m*: → ***backstroke, breaststroke*** **7.** TECH (*Kolben*)Hub *m*; Takt *m*: ***four-stroke engine*** Viertaktmotor *m* **8.** *Rudern*: Schlagmann *m*, -frau *f*

stroll [strəʊl] **I** *v/i* bummeln, spazieren **II** *s* Bummel *m*, Spaziergang *m*: ***go for a stroll*** einen Bummel *oder* Spaziergang machen

'stroll·er *s* **1.** Bummler(in), Spaziergänger(in) **2.**

bes Am Sportwagen *m* (*für Kinder*)

▸**strong** [strɒŋ] **I** *Adj* (*auch* → ***strongly***) **1.** stark, kräftig (*Person, Arme etc*); *fig* mächtig (*Land etc*), stark (*Persönlichkeit etc*): → ***sex*** 1 **2.** stabil (*Möbel etc*), (*Schuhe etc auch*) fest; robust (*Person, Gesundheit*), (*Konstitution auch*) kräftig, (*Herz, Nerven*) stark; *fig* unerschütterlich (*Beweise*), stark (*Verdacht*): → ***point*** 14 **3.** stark (*Strömung*), (*Wind etc auch*) kräftig **4.** kräftig (*Geruch, Geschmack*), (*auch Eindruck, Ähnlichkeit etc*) stark **5.** überzeugt (*Anhänger etc*) **6.** stark (*Getränk, Medikament etc*) **7.** ***strong language*** Kraftausdrücke *Pl* **8.** groß, hoch (*Chance etc*), aussichtsreich (*Kandidat etc*) **9.** ***a nine-strong team*** ein neun Mann starkes Team; ***an 8,000-strong community*** eine 8000-Seelen-Gemeinde; ***our club is 500 strong*** unser Klub hat 500 Mitglieder **II** *Adv* **10.** ***be still going strong*** noch gut in Schuss sein (*alte Person, altes Gerät etc*)

'strong·box *s* (Geld-, Stahl)Kassette *f*

'stronghold *s* **1.** MIL Festung *f*; Stützpunkt *m* **2.** *fig* Hochburg *f*

strong·ly ['strɒŋlɪ] *Adv*: ***I strongly advised him against it*** ich riet ihm dringend davon ab

ˌstrong-'mind·ed *Adj* willensstark

strong room *s* Tresor(raum) *m*

stron·tium ['strɒntɪəm] *s* CHEM Strontium *n*

strove [strəʊv] *Prät von* ***strive***

struck [strʌk] *Prät und Part Perf von* ***strike***

struc·tur·al ['strʌktʃərəl] *Adj* **1.** strukturell (bedingt), Struktur…: ***structural change*** Strukturwandel *m*; ***structurally weak*** strukturschwach **2.** TECH Bau…, Konstruktions…

'struc·ture **I** *s* **1.** Struktur *f*; (Auf)Bau *m*, Gliederung *f* **2.** Bau *m*, Konstruktion *f* **II** *v/t* **3.** strukturieren; *Aufsatz etc* aufbauen, gliedern

▸**strug·gle** ['strʌgl] **I** *v/i* **1.** kämpfen (***with*** mit; ***for*** um), *fig auch* sich abmühen (***with*** mit; ***to do*** zu tun): ***struggle for words*** um Worte ringen **2.** zappeln; um sich schlagen *oder* treten **3.** sich quälen: ***struggle to one's feet*** mühsam aufstehen, sich aufrappeln **II** *s* **4.** Kampf *m* (*auch fig*), Handgemenge *n*: ***struggle for survival*** Überlebenskampf, Kampf ums Überleben

strum [strʌm] *v/t* **a)** klimpern auf *einer Gitarre etc*, **b)** *Melodie* klimpern

strung [strʌŋ] *Prät und Part Perf von* ***string***

strut[1] [strʌt] *v/i* stolzieren

strut[2] [strʌt] TECH **I** *s* Strebe *f*; Stütze *f* **II** *v/t* verstreben; (ab)stützen

strych·nine ['strɪkniːn] *s* CHEM, PHARM Strychnin *n*

stub [stʌb] **I** *s* **1.** (*Bleistift-, Zigaretten- etc*) Stummel *m* **2.** Kontrollabschnitt *m* (*einer Eintrittskarte etc*) **II** *v/t* **3.** sich *die Zehe(n)* anstoßen (***against, on*** an *Dat*) **4.** ***stub out*** *Zigarette* ausdrücken

stub·ble ['stʌbl] *s* Stoppeln *Pl*

'stub·bly *Adj* stopp(e)lig, Stoppel…

stub·born ['stʌbən] *Adj* **1.** eigensinnig, stur **2.** hartnäckig (*Fleck, Widerstand*)

stub·by ['stʌbɪ] *Adj*: ***stubby fingers*** *Pl* Wurstfinger *Pl*

stuc·co ['stʌkəʊ] *s* ARCHI Stuck *m*

'stuc·coed *Adj* Stuck…

stuck [stʌk] **I** *Prät und Part Perf von* ***stick***[2] **II** *Adj* **1.** ***be*** (*oder* ***get***) ***stuck*** klemmen; *fig ugs* hängen, nicht weiterkommen: ***I was really stuck*** ich war total aufgeschmissen; ***be stuck with*** *ugs j-n, etw* am Hals haben **2.** ***be stuck on*** *ugs* verknallt sein in (*Akk*) **3.** *Br ugs* ***get stuck in*** reinhauen (*beim Essen*); ***get stuck into*** sich stürzen auf (*ein Essen*) *oder* in (*eine Arbeit*)

ˌstuck-'up *Adj ugs* hochnäsig

stud[1] [stʌd] **I** *s* **1.** Beschlag- *oder* Ziernagel *m* **2.** (*Kragen-, Manschetten*)Knopf *m* **3.** Stollen *m* (*eines Fußballschuhs etc*) **II** *v/t* **4.** ***be studded with*** besetzt sein mit; übersät sein mit

stud[2] [stʌd] *s* Gestüt *n* (*Pferde*)

▸**stu·dent** ['stjuːdnt] *s* Student(in), PÄD *bes Am und allg* Schüler(in): ***student driver*** *Am* Fahrschüler(in)

stud farm *s* Gestüt *n*

stud·ied ['stʌdɪd] *Adj* wohlüberlegt, *pej* wohlberechnet (*Antwort etc*)

stu·di·o ['stjuːdɪəʊ] *Pl* **stu·di·os** *s* **1.** *allg* Studio *n*, (*eines Künstlers etc auch*) Atelier *n* **2.** Studio *n*, Einzimmerappartement *n*

stu·di·o a·part·ment *bes Am* → ***studio*** 2

stu·di·o couch *s* Schlafcouch *f*

stu·di·o flat *bes Br* → ***studio*** 2

stu·di·ous ['stjuːdjəs] *Adj* fleißig

▸**stud·y** ['stʌdɪ] **I** *s* **1.** *auch Pl* Studium *n* **2.** Studie *f*, Untersuchung *f* (***of*** über *Akk*): ***make*** (*oder* ***carry out***) ***a study of*** *etw* untersuchen **3.** *bes* MALEREI Studie *f* (***of*** zu) **4.** MUS Etüde *f* **5.** Arbeitszimmer *n* **II** *v/t* **6.** *Medizin etc, weit. S. Landkarte, j-s Gesicht etc* studieren **III** *v/i* **7.** studieren (***under s.o.*** bei j-m), *weit. S.* lernen (***for*** für *eine Prüfung*): ***study to be a doctor*** Medizin studieren

stuff [stʌf] **I** *s* **1.** *ugs allg* Zeug *n*: ***be good stuff*** etw Gutes sein; ***that's the stuff!*** so ists richtig!; genau!; ***do one's stuff*** zeigen, was man kann; ***know one's stuff*** sich gut auskennen **II** *v/t* **2.** (***with*** mit) *Hohlraum, Tier* ausstopfen; *Kissen etc* stopfen, füllen; sich *die Taschen* vollstopfen: ***stuffed full of*** gestopft voll von; ***stuff o.s.*** *ugs* sich vollstopfen **3.** *etw* stopfen (***into*** in *Akk*) **4.** GASTR *Ente etc* füllen: ***get stuffed!*** *Br sl* du kannst mich mal! **5.** ***stuff up*** *Loch etc* ver-, zustopfen (***with*** mit): ***my nose is stuffed up*** meine Nase ist verstopft *oder* zu

stuffed *Adj*: ***stuffed shirt*** *ugs* Fatzke *m*

'stuff·ing *s* Füllung *f* (*auch* GASTR): ***knock the stuffing out of s.o.*** *ugs* j-n schaffen

'stuff·y *Adj* **1.** stickig **2.** *fig* prüde; spießig

stum·ble ['stʌmbl] *v/i* stolpern (***on, over,*** *fig* ***at, over*** über *Akk*): ***stumble across*** (*oder* ***on***) *fig* stoßen auf (*Akk*); ***stumble through*** *Rede etc* herunterstottern

'stum·bling *Adj*: ***stumbling block*** *fig* Hindernis *n* (***to*** für)

stump [stʌmp] **I** *s* **1.** (*Baum-, Bein-, Kerzen- etc*)Stumpf *m*, (*Bleistift-, Kerzen-, Zahn-, Zigarren- etc*)Stummel *m* **II** *v/t* **2.** ***I'm stumped, you've got me stumped there*** *ugs* da bin ich überfragt **3.** ***stump up*** *ugs Geld* herausrücken **III** *v/i* **4.** sta(m)pfen

'stump·y *Adj* kurz und dick (*Arme etc*)

stun [stʌn] *v/t* betäuben; *fig* sprachlos machen: ***he was stunned by the news*** die Nachricht hat ihm die Sprache verschlagen

stung [stʌŋ] *Prät und Part Perf von* ***sting***

stunk [stʌŋk] *Prät und Part Perf von* ***stink***

stun·ner ['stʌnə] *s*: ***she's a real stunner*** *ugs* sie ist eine klasse Frau

'stun·ning *Adj* **1.** fantastisch **2.** unglaublich (*Nachricht*)

stunt[1] [stʌnt] *s* **1.** (*gefährliches*) Kunststück;

Changing the subject	Das Thema wechseln SG
(So) anyway, what have you been up to lately?	Übrigens, was hast du in letzter Zeit so gemacht?
However, that's all over now.	Na ja, das ist (zum Glück) jetzt alles vorbei.
To change the subject … I suggest we leave before it gets too late.	Themawechsel …, ich schlage vor, wir gehen, bevor es zu spät wird.

(*Film*) Stunt *m* (*gefährliche Szene, in der ein Stuntman die Rolle des Darstellers übernimmt*): ***do a stunt*** ein Kunststück vorführen *oder* zeigen; einen Stunt ausführen **2.** (*Werbe*)Gag *m*
stunt² [stʌnt] *v/t Wachstum* hemmen; das Wachstum (*Gen*) hemmen: ***stunted*** verkümmert
stunt fly·ing *s* Kunstflug *m*
stunt man *s* (*unreg* ***man***) *Film*: Stuntman *m*, Double *n*
stunt wom·an *s* (*unreg* ***woman***) *Film*: Stuntwoman *n*, Double *n*
stu·pen·dous [stjuːˈpendəs] *Adj* fantastisch
▶**stu·pid** [ˈstjuːpɪd] *Adj* **1.** dumm **2.** *fig ugs* blöd
stuˈpid·i·ty *s* Dummheit *f*
stu·por [ˈstjuːpə] *s*: ***in a drunken stupor*** im Vollrausch
stur·dy [ˈstɜːdɪ] *Adj* **1.** stämmig (*Beine etc*) **2.** *fig* hartnäckig (*Widerstand*)
stur·geon [ˈstɜːdʒən] *s* ZOOL Stör *m*
stut·ter [ˈstʌtə] **I** *v/i* MED stottern (*auch Motor*) **II** *v/t* → ***stammer*** II **III** *s* → ***stammer*** III
ˈstut·ter·er → ***stammerer***
▶**style** [staɪl] **I** *s* **1.** *allg* Stil *m*: ***style of leadership*** Führungsstil; ***in style*** in großem Stil; ***that's not my style*** *ugs* das ist nicht meine Art **2.** Ausführung *f*, Modell *n* **3.** COMPUTER Formatvorlage *f* **II** *v/t* **4.** entwerfen; gestalten: ***styling mousse*** *Kosmetik*: Schaumfestiger *m*
styl·ish [ˈstaɪlɪʃ] *Adj* **1.** stilvoll **2.** modisch, elegant
styl·ist [ˈstaɪlɪst] *s* **1.** Stilist(in) **2. a)** Modeschöpfer(in), **b)** → ***hair stylist***
styˈlis·tic *Adj* (***stylistically***) stilistisch, Stil…
styl·ize [ˈstaɪlaɪz] *v/t* stilisieren
sty·lus [ˈstaɪləs] *s* Nadel *f* (*eines Plattenspielers*)
sty·mie [ˈstaɪmɪ] *v/t ugs Gegner* mattsetzen; *Plan etc* vereiteln
styp·tic [ˈstɪptɪk] MED *Adj* blutstillend
Styr·ia [ˈstɪrɪə] *Eigenn die* Steiermark
Sty·ro·foam® [ˈstaɪrəfəʊm] *s Am* Styropor® *n*
suave [swɑːv] *Adj* verbindlich, *pej* aalglatt
sub [sʌb] *ugs* **I** *s* **1.** → ***subeditor, submarine*** I, ***subscription*** 1 **2.** SPORT Auswechselspieler(in) **3.** *Br* Vorschuss *m* **II** *v/i* **4.** → ***substitute*** IV **III** *v/t* **5.** → ***subedit*** **6.** *Br j-m* einen Vorschuss geben
ˈsub·comˌmit·tee *s* Unterausschuss *m*
ˌsubˈcon·scious **I** *Adj* unterbewusst: ***subconsciously*** im Unterbewusstsein; *ugs* unbewusst **II** *s* Unterbewusstsein *n*: ***in one's subconscious*** im Unterbewusstsein
ˌsubˈcon·ti·nent *s* Subkontinent *m*
ˈsubˌcul·ture *s* SOZIOL Subkultur *f*
sub·cu·ta·ne·ous [ˌsʌbkjuːˈteɪnjəs] *Adj* subkutan, unter der *oder* die Haut
ˌsub·diˈvide *v/t* unterteilen
ˈsub·diˌvi·sion *s* **1.** Unterteilung *f* **2.** Unterabteilung *f*
sub·due [səbˈdjuː] *v/t Land etc* unterwerfen; *Ärger etc* unterdrücken
subˈdued *Adj* **1.** gedämpft (*Stimme*), (*Farben, Licht auch*) dezent **2.** (merkwürdig) ruhig *oder* still (*Person*)
ˌsubˈed·it *v/t* redigieren
ˌsubˈed·i·tor *s* Redakteur(in)
ˈsubˌhead·ing *s* Untertitel *m*
ˌsubˈhu·man *Adj* unmenschlich
▶**sub·ject** [ˈsʌbdʒɪkt] **I** *s* **1.** Thema *n*: ***on the subject of*** über (*Akk*); ***be the subject of much criticism*** von verschiedenen Seiten kritisiert werden; ***change the subject*** das Thema wechseln, von etw anderem reden **2.** PÄD, UNI Fach *n* **3.** LING Subjekt *n*, Satzgegenstand *m* **4.** ***be the subject of, be a subject for*** Anlass *oder* Grund geben zu **5.** Untertan(in); Staatsangehörige *m, f*, -bürger(in) **6.** Versuchsperson *f*, -tier *n* **II** *Adj* **7.** ***subject to*** anfällig für: ***be subject to*** *auch* neigen zu **8.** ***be subject to*** unterliegen (*Dat*); abhängen von: ***be subject to the approval of*** (erst noch) genehmigt werden müssen von; ***prices subject to change*** Preisänderungen vorbehalten **III** *v/t* [səbˈdʒekt] **9.** *Land etc* unterwerfen **10.** ***subject to*** *einem Test etc* unterziehen; *der Kritik etc* aussetzen
sub·jec·tion [səbˈdʒekʃn] *s* **1.** Unterwerfung *f* **2.** Abhängigkeit *f* (***to*** von)
subˈjec·tive *Adj* subjektiv
sub·ject mat·ter *s* Stoff *m*; Inhalt *m*
sub·ju·gate [ˈsʌbdʒʊgeɪt] *v/t* unterjochen, -werfen
sub·junc·tive, **sub·junc·tive mood** [səbˈdʒʌŋktɪv] *s* LING Konjunktiv *m*
ˌsubˈlease *v/t* unter-, weitervermieten, unter-, weiterverpachten (***to*** an *Dat*)
ˌsubˈlet *v/t* (*unreg* ***let***) unter-, weitervermieten (***to*** an *Dat*)
sub·li·mate CHEM **I** *v/t* [ˈsʌblɪmeɪt] sublimieren **II** *s* [ˈsʌblɪmət] Sublimat *n*
sub·lime [səˈblaɪm] *Adj* **1.** großartig **2.** *iron* großzügig (*Missachtung*), allumfassend (*Unkenntnis*)
sub·lim·i·nal [ˌsʌbˈlɪmɪnl] *Adj* PSYCH unterschwellig
ˌsub·maˈchine gun *s* Maschinenpistole *f*
ˌsub·maˈrine **I** *s* Unterseeboot *n*, U-Boot *n* **II** *Adj* untermeerisch, -seeisch
sub·merge [səbˈmɜːdʒ] **I** *v/t* (ein)tauchen (***in*** in *Akk*) **II** *v/i* tauchen (*U-Boot*)
sub·mis·sion [səbˈmɪʃn] *s* **1.** Einreichung *f* **2.** *Boxen etc*: Aufgabe *f*
sub·mis·sive [səbˈmɪsɪv] *Adj* unterwürfig
sub·mit [səbˈmɪt] **I** *v/t* **1.** *Gesuch etc* einreichen (***to*** *Dat oder* bei) **2.** ***submit o.s.*** sich fügen (***to*** *Dat oder* in *Akk*) **II** *v/i* **3.** aufgeben
ˌsubˈnor·mal *Adj* **1.** unterdurchschnittlich **2.** unterdurchschnittlich intelligent
sub·or·di·nate [səˈbɔːdnət] **I** *Adj* untergeordnet (***to*** *Dat*): ***be subordinate to*** *auch* zurückstehen hinter (*Dat*); ***subordinate clause*** LING Neben-

S

satz *m* **II** *s* Untergebene *m, f* **III** *v/t* [sə'bɔːdɪneɪt] (**to**) unterordnen (*Dat*), zurückstellen (hinter *Akk*)
'sub·plot *s* Nebenhandlung *f*
sub·poe·na [səb'piːnə] JUR **I** *s* Vorladung *f* **II** *v/t Zeugen* vorladen
sub·scribe [səb'skraɪb] **I** *v/i* **1.** ***subscribe to*** *Zeitschrift etc* abonnieren; abonniert haben **2.** ***subscribe to*** *Ansicht etc* billigen **II** *v/t* **3.** *Geld* geben, spenden (**to** für)
sub'scrib·er *s* Abonnent(in); (*Fernsprech*)Teilnehmer(in)
sub·scrip·tion [səb'skrɪpʃn] *s* **1.** (Mitglieds)Beitrag *m* **2.** Abonnement *n*: ***take out a subscription to*** *Zeitschrift etc* abonnieren
'sub,sec·tion *s* Unterabteilung *f*
sub·se·quent ['sʌbsɪkwənt] *Adj* später
sub·ser·vi·ent [səb'sɜːvjənt] *Adj* **1.** unterwürfig **2.** untergeordnet (**to** *Dat*): ***be subservient to*** *auch* zurückstehen hinter (*Dat*)
sub·side [səb'saɪd] *v/i* **1.** sich senken (*Gebäude, Straße etc*): ***subside into a chair*** in einen Sessel sinken **2.** zurückgehen (*Überschwemmung, Nachfrage etc*), sich legen (*Sturm, Zorn etc*)
sub·sid·i·ar·i·ty [səb,sɪdɪ'ærətɪ] *s* POL Subsidiarität(sprinzip *n*) *f*
sub·sid·i·ar·y [səb'sɪdjərɪ] **I** *Adj* Neben…: ***subsidiary company*** *siehe* II; ***subsidiary subject*** PÄD, UNI Nebenfach *n* **II** *s* WIRTSCH Tochtergesellschaft *f*
sub·si·dize ['sʌbsɪdaɪz] *v/t* subventionieren
sub·si·dy ['sʌbsɪdɪ] *s* Subvention *f*
sub·sist [səb'sɪst] *v/i* existieren, leben (**on** von)
sub'sist·ence *s* Existenz *f*: ***live at subsistence level*** am Existenzminimum leben
,sub'son·ic *Adj* FLUG, PHYS Unterschall…: ***at subsonic speed*** mit Unterschallgeschwindigkeit
▶ **sub·stance** ['sʌbstəns] *s* **1.** Substanz *f*, Stoff *m*, Masse *f* **2.** *fig* Substanz *f*: ***in substance*** im Wesentlichen
,sub'stand·ard *Adj* minderwertig; LING inkorrekt
sub·stan·tial [səb'stænʃl] *Adj* **1.** solid (*Schrank etc*) **2.** *fig* beträchtlich, (*Änderungen etc auch*) wesentlich: ***substantially*** *auch* im Wesentlichen **3.** *fig* kräftig (*Mahlzeit*)
sub·stan·ti·ate [səb'stænʃɪeɪt] *v/t* beweisen, erhärten
sub·stan·tive ['sʌbstəntɪv] *s* LING Substantiv *n*, Hauptwort *n*
sub·sti·tute ['sʌbstɪtjuːt] **I** *s* Ersatz *m*; Ersatz(-mann) *m*, Vertretung *f*, (*Sport*) Auswechselspieler(in): ***substitutes' bench*** SPORT Reserve-, Auswechselbank *f* **II** *Adj* Ersatz…: ***substitute teacher*** *Am* Aushilfslehrer(in) **III** *v/t*: ***substitute A for B*** B durch A ersetzen, B gegen A austauschen *oder* auswechseln **IV** *v/i*: ***substitute for*** einspringen für, *j-n* vertreten
'sub,struc·ture *s* ARCHI Fundament *n*, Unterbau *m* (*beide auch fig*)
,sub'ten·ant *s* Untermieter(in)
sub·ter·fuge ['sʌbtəfjuːdʒ] *s* List *f*
sub·ter·ra·ne·an [,sʌbtə'reɪnjən] *Adj* unterirdisch
'sub,ti·tle *s* Untertitel *m*
sub·tle ['sʌtl] *Adj* **1.** fein (*Unterschied etc*), (*Aroma etc auch*) zart **2.** raffiniert (*Plan etc*) **3.** scharf (*Verstand*), scharfsinnig (*Person*)
'sub,to·tal *s* Zwischen-, Teilsumme *f*
▶ **sub·tract** [səb'trækt] *v/t* MATHE abziehen, subtrahieren (**from** von)
sub'trac·tion *s* Abziehen *n*, Subtraktion *f*
,sub'trop·i·cal *Adj* subtropisch
▶ **sub·urb** ['sʌbɜːb] *s* Vorort *m*: ***live in the suburbs*** am Stadtrand wohnen
sub·ur·ban [sə'bɜːbən] *Adj* Vorort…, vorstädtisch, Vorstadt…
sub'ur·bi·a [sə'bɜːbɪə] *s* **1.** Vorstadt *f*: ***live in suburbia*** am Stadtrand wohnen **2.** Vorstadtleben *n*
sub·ver·sion [səb'vɜːʃn] *s* POL Subversion *f*
sub'ver·sive [səb'vɜːsɪv] **I** *Adj* subversiv, umstürzlerisch **II** *s* Umstürzler(in)
sub·vert [sʌb'vɜːt] *v/t Regierung* zu stürzen versuchen
▶ **sub·way** ['sʌbweɪ] *s* **1.** Unterführung *f* **2.** *Am* U-Bahn *f*
▶ **suc·ceed** [sək'siːd] **I** *v/i* **1.** Erfolg haben, erfolgreich sein (*Person*), (*Plan etc auch*) gelingen: ***he succeeded in doing it*** es gelang ihm, es zu tun **2.** ***succeed to*** in *einem Amt* nachfolgen: ***succeed to the throne*** auf dem Thron folgen **II** *v/t* **3.** *j-m* nachfolgen, *j-m oder* auf *j-n* folgen: ***succeed s.o. as*** j-s Nachfolger werden als
▶ **suc·cess** [sək'ses] *s* Erfolg *m*: ***without success*** ohne Erfolg, erfolglos
▶ **suc·cess·ful** [sək'sesfʊl] *Adj* erfolgreich: ***be successful*** → ***succeed*** 1; ***he was successful in doing it*** es gelang ihm, es zu tun
suc·ces·sion [sək'seʃn] *s* **1.** Folge *f*: ***three times in succession*** dreimal nach- *oder* hintereinander; ***in quick succession*** in rascher Folge **2.** Nachfolge *f*
suc'ces·sive [sək'sesɪv] *Adj* aufeinanderfolgend: ***on three successive days*** *auch* drei Tage nach- *oder* hintereinander
suc'ces·sor [sək'sesə] *s* Nachfolger(in) (**to** in *einem Amt*): ***successor in office*** Amtsnachfolger(in); ***successor to the throne*** Thronfolger(in)
suc·cinct [sək'sɪŋkt] *Adj* kurz (u. bündig), knapp
suc·cu·lent ['sʌkjʊlənt] *Adj* saftig
suc·cumb [sə'kʌm] *v/i*: ***succumb to*** *einer Krankheit, der Versuchung etc* erliegen
▶ **such** [sʌtʃ] **I** *Adj* solch, derartig: ***such a man*** ein solcher *oder* so ein Mann; ***no such thing*** nichts dergleichen **II** *Adv* so, derart: ***such a nice day*** so ein schöner Tag; ***such a long time*** eine so lange Zeit; ***such is life*** so ist das Leben **III** *Pron* solch: ▶ ***such as*** wie (zum Beispiel); ***man as such*** der Mensch als solcher
'such·like **I** *Adj* solche **II** *Pron* dergleichen
suck [sʌk] **I** *v/t* **1.** saugen **2.** lutschen (an *Dat*) **3.** ***suck under*** hinunterziehen (*Strudel etc*) **II** *v/i* **4.** saugen (**at** an *Dat*) **5.** ***suck up to s.o.*** *Br ugs* sich bei j-m lieb Kind machen wollen **III** *s* **6.** ***have a suck of*** saugen *oder* ziehen an (*Dat*); lutschen an (*Dat*)
'suck·er *s* **1.** ZOOL Saugnapf *m*, -organ *n* **2.** TECH Saugfuß *m* **3.** *Am* Lutscher *m* **4.** *ugs* Gimpel *m*, leichtgläubiger Kerl: ***be a sucker for*** immer wieder reinfallen auf (*Akk*); verrückt sein nach
'suck·ing *Adj*: ***sucking pig*** Spanferkel *n*
suck·le ['sʌkl] *v/t* säugen (*auch* ZOOL), stillen
suc·tion ['sʌkʃn] *s* Saugwirkung *f*
suc·tion pump *s* TECH Saugpumpe *f*
Su·dan [suː'dɑːn] *Eigenn der* Sudan
sud·den ['sʌdn] **I** *Adj* plötzlich: ***be very sudden*** sehr plötzlich kommen **II** *s*: ***all of a sudden*** ganz plötzlich, auf einmal

S

suddenly ['sʌdnlɪ] *Adv* plötzlich, abrupt
suds [sʌdz] *s Pl* Seifenschaum *m*
sue [suː] JUR **I** *v/t j-n* verklagen (***for*** auf *Akk*, wegen) **II** *v/i* klagen (***for*** auf *Akk*)
suede, suède [sweɪd] *s* Wildleder *n*; Veloursleder *n*
su·et ['sʊɪt] *s* Nierenfett *n*, Talg *m*
▶**suf·fer** ['sʌfə] **I** *v/i* **1.** leiden (***from*** an *Dat*; *weit. S.* unter *Dat*) **2.** darunter leiden **II** *v/t* **3.** *Niederlage, Rückschlag, Verlust etc* erleiden; *Folgen* tragen
'suf·fer·er *s*: ***a cancer sufferer*** ein Krebskranker; ***a migraine sufferer*** jemand, der an Migräne leidet
'suf·fer·ing *s* Leiden *n*; Leid *n*
suf·fice [sə'faɪs] **I** *v/i* genügen, (aus)reichen (***for*** für) **II** *v/t j-m* genügen, reichen
suf·fi·cient [sə'fɪʃnt] *Adj* genügend, genug, ausreichend: ***be sufficient*** → ***suffice*** I
suf·fix ['sʌfɪks] *s* LING Suffix *n*, Nachsilbe *f*
suf·fo·cate ['sʌfəkeɪt] *v/i und v/t* ersticken
suf·frage ['sʌfrɪdʒ] *s* POL Wahl-, Stimmrecht *n*
suf·fuse [sə'fjuːz] *v/t*: ***be suffused with*** durchdrungen sein von
▶**sug·ar** ['ʃʊgə] **I** *s* **1.** Zucker *m* **2.** *bes Am ugs* Schatz (*Anrede*) **II** *v/t* **3.** zuckern: → ***pill*** 1
sug·ar beet *s* BOT Zuckerrübe *f*
sug·ar bowl *s* Zuckerdose *f*
sug·ar cane *s* BOT Zuckerrohr *n*
sug·ar dad·dy *s ugs alter Knacker, der ein junges Mädchen aushält*
sug·ar·y ['ʃʊgərɪ] *Adj* **1.** zuck(e)rig, Zucker… **2.** *fig* zuckersüß
▶**sug·gest** [sə'dʒest] *v/t* **1.** *j-n* vorschlagen (***as*** als), *etw auch* anregen: ***I suggest going*** (*oder* ***that we go***) ***home*** ich schlage vor heimzugehen **2.** hindeuten *oder* -weisen auf (*Akk*), schließen lassen auf (*Akk*): ***suggest that*** darauf hindeuten *oder* -weisen, dass; darauf schließen lassen, dass **3.** andeuten: ***I am not suggesting that*** ich will damit nicht sagen, dass
sug'gest·i·ble *Adj* beeinflussbar
▶**sug·ges·tion** [sə'dʒestʃən] *s* **1.** Vorschlag *m*, Anregung *f*: ***at s.o.'s suggestion*** auf j-s Vorschlag hin; ***make*** (*oder* ***offer***) ***a suggestion*** einen Vorschlag machen; ***be open to suggestions*** für Vorschläge offen sein **2.** Anflug *m*, Spur *f* **3.** Andeutung *f* **4.** PSYCH Suggestion *f*
sug'ges·tive *Adj* **1.** ***be suggestive of*** → ***suggest*** 2 **2.** zweideutig (*Bemerkung etc*), vielsagend (*Blick etc*)
su·i·cid·al [sʊɪ'saɪdl] *Adj* **1.** selbstmörderisch (*auch fig*): ***suicidal thoughts*** *Pl* Selbstmordgedanken *Pl* **2.** selbstmordgefährdet
su·i·cide ['sʊɪsaɪd] *s* **1.** Selbstmord *m* (*auch fig*): ***commit suicide*** Selbstmord begehen; ***he tried to commit suicide*** er unternahm einen Selbstmordversuch; ***suicide attempt*** Selbstmordversuch *m*; → ***attempt*** 1 **2.** Selbstmörder(in)
▶**suit** [suːt] **I** *s* **1.** Anzug *m*; Kostüm *n* **2.** *Kartenspiel*: Farbe *f*: ***follow suit*** (Farbe) bedienen; *fig* dasselbe tun, nachziehen **3.** → ***lawsuit*** **II** *v/t* **4.** *j-m* stehen (*Farbe etc*) **5.** *j-m* passen (*Termin etc*): ***that suits me fine*** das passt mir gut, das ist mir sehr recht **6.** ***suit s.th., be suited to s.th.*** geeignet sein *oder* sich eignen für etw; ***they are well suited*** (***to each other***) sie passen gut zusammen **7.** ***suit yourself!*** mach, was du willst! **8.** *etw* anpassen (***to*** *Dat*)
▶**suit·a·ble** ['suːtəbl] *Adj* passend, geeignet (***for, to*** für)
▶**suit·case** ['suːtkeɪs] *s* Koffer *m*
suite [swiːt] *s* **1.** (*Möbel*)Garnitur *f* **2.** Zimmerflucht *f* **3.** MUS Suite *f*
suit·or ['suːtə] *s* **1.** Verehrer *m* **2.** WIRTSCH Übernahmeinteressent(in)
sul·fate, sul·fide, sul·fur *Am* → ***sulphate, sulphide, sulphur***
sulk [sʌlk] **I** *v/i* schmollen **II** *s*: ***have the sulks*** *siehe* I
'sulk·y **I** *Adj* **1.** schmollend **2.** schnell schmollend **II** *s* **3.** *Trabrennen*: Sulky *n*
sul·len ['sʌlən] *Adj* mürrisch
sul·phate ['sʌlfeɪt] *s* CHEM *bes Br* Sulfat *n*
sul·phide ['sʌlfaɪd] *s* CHEM *bes Br* Sulfid *n*
sul·phur ['sʌlfə] *s* CHEM, MIN *bes Br* Schwefel *m*
sul·phu·ric [sʌl'fjʊərɪk] *Adj*: ***sulphuric acid*** Schwefelsäure *f*
sulphur·ous ['sʌlfərəs] *Adj* schwef(e)lig,

Any suggestions?	**Irgendwelche Vorschläge?**
Why don't you ask him?	Warum fragst du ihn nicht?
Shall I do it for you?	Soll ich das für dich tun?
Do you want me to have a look?	Möchtest du, dass ich (mir) das (mal) anschaue?
How about / What about going into town?	Wie wär's, wenn wir (mal) in die Stadt gehen / fahren?
Would you like to come round for dinner?	Hättest du Lust, zum Abendessen zu kommen?
How do you fancy going to see a film?	Hast du Lust, ins Kino zu gehen?
I feel like an ice cream. How about you?	Mir ist nach einem Eis. / Ich hätte Lust auf ein Eis. Du auch? / Wie sieht's mit dir aus?
If you speak to her, you could ask her if she wants to come.	Wenn du mit ihr redest, könntest du sie fragen, ob sie kommen möchte.
I could drive you, if you like.	Ich könnte dich fahren, wenn du willst.
Say we were to go next week.	Nehmen wir mal an, wir würden nächste Woche gehen / fahren.
Perhaps we could write her a letter.	Vielleicht könnten wir ihr einen Brief schreiben.

Summarizing	Zusammenfassen
In a nutshell / In short, it was a huge success.	Kurz gesagt, es war ein Riesenerfolg.
Briefly, I suggest we try somewhere else.	Kurz gesagt, ich schlage vor, wir probieren es irgendwo anders.
The gist of it was that they can't afford it.	Kurz: Sie können es sich nicht leisten.
The general idea is that we should all work together.	Die Grundidee ist, dass wir alle zusammenarbeiten sollten.
To put it simply, I just don't like him.	Einfach ausgedrückt, ich mag ihn nicht.
To cut a long story short, it's not an experience I want to repeat.	Langer Rede, kurzer Sinn: Es ist eine Erfahrung, die ich nicht wiederholen möchte.
You could sum it up by saying that it's definitely worth a visit.	Man könnte es so zusammenfassen: Es ist auf alle Fälle einen Besuch wert.

Schwefel…

sul·tan ['sʌltən] *s* Sultan *m*

sul·try ['sʌltrɪ] *Adj* **1.** schwül **2.** aufreizend (*Blick etc*)

▶ **sum** [sʌm] **I** *s* **1.** Summe *f* (*auch* MATHE), Betrag *m* **2.** (einfache) Rechenaufgabe: ***do sums*** rechnen **II** *v/t* **3.** ***sum up*** zs.-fassen **4.** ***sum up*** *j-n, etw* abschätzen **III** *v/i* **5.** ***sum up*** zs.-fassen: ***to sum up*** zs.-fassend

sum·ma·rize ['sʌməraɪz] *v/t und v/i* zs.-fassen

'sum·mar·y **I** *s* Zs.-fassung *f* **II** *Adj* summarisch (*auch* JUR); fristlos (*Entlassung*)

▶ **sum·mer** ['sʌmə] **I** *s* Sommer *m*: ***in (the) summer*** im Sommer **II** *Adj* Sommer…

sum·mer camp *s* Ferienlager *n*

'sum·mer·house *s* Gartenhaus *n*

sum·mer sales *s Pl* Sommerschlussverkauf *m*

'sum·mer·time *s* Sommer(szeit *f*) *m*: ***in (the) summertime*** im Sommer

sum·mer time *s bes Br* Sommerzeit *f* (*Uhrzeit*)

sum·mer·y ['sʌmərɪ] *Adj* sommerlich, Sommer…

sum·mit ['sʌmɪt] **I** *s* Gipfel *m* (*auch* WIRTSCH, POL), *fig auch* Höhepunkt *m* **II** *Adj bes* WIRTSCH, POL Gipfel…: ***summit conference***

sum·mon ['sʌmən] *v/t* **1.** *j-n* zitieren (***to*** in *Akk*); auffordern (***to do*** zu tun) **2.** *Versammlung etc* einberufen **3.** ***summon up*** *Kraft, Mut etc* zs.-nehmen

sum·mons ['sʌmənz] JUR **I** *s* Vorladung *f* **II** *v/t j-n* vorladen

sump [sʌmp] *s* TECH *bes Br* Ölwanne *f*

sump·tu·ous ['sʌmptʃʊəs] *Adj* luxuriös

▶ **sun** [sʌn] **I** *s* Sonne *f* **II** *v/t*: ***sun o.s.*** sich sonnen

'sun·bathe *v/i* sonnenbaden, sich sonnen

'sun·beam *s* Sonnenstrahl *m*

'sun·bed *s* Sonnenbank *f*

'sun·block *s* Sunblocker *m* (*Sonnenschutzmittel mit sehr hohem Lichtschutzfaktor*)

'sun·burn *s* Sonnenbrand *m*

'sun·burned, **'sun·burnt** *Adj*: ***be sunburned*** (*oder* ***sunburnt***) einen Sonnenbrand haben

sun·dae ['sʌndeɪ] *s* Eisbecher *m*

▶ **Sun·day** ['sʌndɪ] *s* Sonntag *m*: ***on Sunday*** (am) Sonntag; ***on Sundays*** sonntags

Sun·day best *s* Sonntagsstaat *m*

Sun·day school *s* Sonntagsschule *f*

'sun·di·al *s* Sonnenuhr *f*

'sun·down → ***sunset***

sun·dries ['sʌndrɪz] *s Pl* Diverses *n*, Verschiedenes *n*

sun·dry ['sʌndrɪ] *Adj* diverse, verschiedene: ***all and sundry*** jedermann, *pej* Hinz und Kunz

'sun,flow·er *s* BOT Sonnenblume *f*

sung [sʌŋ] *Part Perf von* ***sing***

'sun,glass·es *s Pl, auch* ***pair of sunglasses*** Sonnenbrille *f*

sun god *s* Sonnengott *m*

sunk [sʌŋk] *Prät und Part Perf von* ***sink***

sunk·en ['sʌŋkən] *Adj* **1.** ge-, versunken; versenkt **2.** eingefallen (*Wangen*), (*auch Augen*) eingesunken

sun lamp *s* Höhensonne *f*, Quarzlampe *f*

'sun·light *s* Sonnenlicht *n*

'sun·lit *Adj* sonnenbeschienen

▶ **sun·ny** ['sʌnɪ] *Adj* sonnig (*auch fig Wesen etc*), *fig* fröhlich (*Lächeln etc*): ***sunny-side up*** nur auf einer Seite gebraten (*Ei*)

▶ **sun·rise** ['sʌnraɪz] *s* Sonnenaufgang *m*: ***at sunrise*** bei Sonnenaufgang

'sun·roof *s* **1.** MOT Schiebedach *n* **2.** Dachterrasse *f*

'sun·screen *s* Sonnenschutzcreme *f*

▶ **sun·set** ['sʌnset] *s* Sonnenuntergang *m*: ***at sunset*** bei Sonnenuntergang

'sun·shade *s* Sonnenschirm *m*

▶ **sun·shine** ['sʌnʃaɪn] *s* Sonnenschein *m*

'sun·stroke *s* MED Sonnenstich *m*

'sun·tan *s* (Sonnen)Bräune *f*: ***suntan lotion*** Sonnenlotion *f*; ***suntan oil*** Sonnenöl *n*

'sun·tanned *Adj* braun gebrannt

'sun·up → ***sunrise***

sun vi·sor *s* MOT Sonnenblende *f*

su·per ['suːpə] *Adj ugs* super, klasse

su·per… ['suːpə] Über…, über…

,su·per·a'bun·dant *Adj* überreichlich

su·per·an·nu·at·ed [,suːpə'rænjʊeɪtɪd] *Adj* **1.** pensioniert, im Ruhestand **2.** *fig* überholt, veraltet

su·perb [suː'pɜːb] *Adj* ausgezeichnet

su·per·cil·i·ous [,suːpə'sɪlɪəs] *Adj* hochnäsig

su·per·fi·cial [,suːpə'fɪʃl] *Adj* oberflächlich (*auch fig*)

su·per·fi·ci·al·i·ty [,suːpə,fɪʃɪ'ælətɪ] *s* Oberflächlichkeit *f*

su·per·flu·ous [suː'pɜːflʊəs] *Adj* überflüssig

,su·per'hu·man *Adj* übermenschlich

,su·per·im'pose *v/t Bild etc* einblenden (***on*** in *Akk*)

su·per·in·tend·ent [,suːpərɪn'tendənt] *s* **1.** Aufsicht(sbeamte *m*, -beamtin *f*) *f* **2.** *Br* Kriminalrat *m*, -rätin *f*

su·pe·ri·or [suː'pɪərɪə] **I** *Adj* **1.** (***to***) überlegen (*Dat*), besser (als): ***be superior in number(s) to*** *j-m* zahlenmäßig überlegen sein **2.** ranghö-

her (*to* als): ***be superior to*** *auch* höher stehen als **3.** ausgezeichnet, hervorragend **4.** *pej* überheblich, -legen **II** *s* **5.** Vorgesetzte *m, f*
su͵pe·ri'or·i·ty [suːˌpɪərɪ'ɒrətɪ] *s* **1.** Überlegenheit *f* (*over* gegenüber): ***superiority in number(s)*** zahlenmäßige Überlegenheit **2.** Überheblichkeit *f*
su·per·la·tive [suː'pɜːlətɪv] **I** *Adj* **1.** unübertrefflich, überragend **2.** ***superlative degree*** *siehe* 3 **II** *s* **3.** LING Superlativ *m*
'su·per·man *s* (*unreg* ***man***) Supermann *m*
▸**su·per·mar·ket** ['suːpəˌmaːkɪt] *s* Supermarkt *m*
͵su·per'natu·ral **I** *Adj* übernatürlich **II** *s*: ***the supernatural*** das Übernatürliche
su·per·nu·mer·ar·y [ˌsuːpə'njuːmərərɪ] *Adj* überzählig
'su·per͵pow·er *s* POL Supermacht *f*
su·per·sede [ˌsuːpə'siːd] *v/t etw* ablösen, ersetzen
͵su·per'son·ic *Adj* FLUG, PHYS Überschall…: ***at supersonic speed*** mit Überschallgeschwindigkeit
'su·per·star *s Sport etc*: Superstar *m*
su·per·sti·tion [ˌsuːpə'stɪʃn] *s* Aberglaube *m*, *Pl* abergläubische Vorstellungen *Pl*
su·per·sti·tious [ˌsuːpə'stɪʃəs] *Adj* abergläubisch
'su·per͵struc·ture *s* ARCHI Oberbau *m*, SCHIFF (Deck)Aufbauten *Pl*; *fig* Überbau *m*
'su·per͵tank·er *s* SCHIFF Supertanker *m*
su·per·vene [ˌsuːpə'viːn] *v/i* dazwischenkommen
su·per·vise ['suːpəvaɪz] *v/t* beaufsichtigen
su·per·vi·sion [ˌsuːpə'vɪʒn] *s* Beaufsichtigung *f*: ***under s.o.'s supervision*** unter j-s Aufsicht
su·per·vi·sor ['suːpəvaɪzə] *s* Aufseher(in), Aufsicht *f*
▸**sup·per** ['sʌpə] *s* **1.** Abendessen *n*, *österr.* Nachtmahl *n*, *schweiz.* Nachtessen *n*: ***have supper*** zu Abend essen **2.** *kleiner Imbiss am späten Abend* **3.** → ***lord*** 3
sup·plant [sə'plɑːnt] *v/t* verdrängen
sup·ple ['sʌpl] *Adj* gelenkig (*Körper etc*), (*auch Material*) geschmeidig, (*Material*) biegsam, elastisch
sup·ple·ment **I** *s* ['sʌplɪmənt] **1.** Ergänzung *f* (*to Gen oder* zu) **2.** Nachtrag *m*, Anhang *m* (*to* zu *einem Buch*); Ergänzungsband *m* **3.** Beilage *f* (*zu einer Zeitung*) **II** *v/t* ['sʌplɪment] **4.** ergänzen, *Einkommen* aufbessern (***with*** mit)
sup·ple·men·ta·ry [ˌsʌplɪ'mentərɪ] *Adj* ergänzend, zusätzlich: ***supplementary benefit*** *Br* Sozialhilfe *f*
sup·pli·ca·tion [ˌsʌplɪ'keɪʃn] *s* Flehen *n*
sup·pli·er [sə'plaɪə] *s* WIRTSCH Lieferant(in)
▸**sup·ply** [sə'plaɪ] **I** *v/t* **1.** liefern; stellen, sorgen für **2.** *j-n*, *etw* versorgen, WIRTSCH beliefern (***with*** mit) **3.** *einem Bedürfnis etc* abhelfen **II** *s* **4.** Lieferung *f* (*to* an *Akk*) **5.** Versorgung *f* **6.** WIRTSCH Angebot *n*: ***supply and demand*** Angebot und Nachfrage; → ***short*** 2 **7.** *meist Pl* Vorrat *m* (***of*** an *Dat*), *Pl auch* Proviant *m*, MIL Nachschub *m* **8.** *Pl* (*Büro- etc*)Bedarf *m*
sup·ply teach·er *s Br* Aushilfslehrer(in)
▸**sup·port** [sə'pɔːt] **I** *v/t* **1.** (ab)stützen; *Gewicht etc* tragen; *fig Währung* stützen **2.** *j-n* (*auch finanziell*), *Forderung etc* unterstützen, *Familie* unterhalten: ***support Tottenham*** ein Tottenham-Anhänger sein **3.** *Hobby etc* finanzieren **4.** *Theorie etc* beweisen, erhärten **5.** *etw* aushalten, ertragen **II** *s* **6.** Stütze *f*, TECH *auch* Stützbalken *m*, -pfeiler *m* **7.** *fig* Unterstützung *f*: ***in support of*** zur Unterstützung (*Gen*)
sup'port·a·ble *Adj* erträglich
▸**sup·port·er** [sə'pɔːtə] *s* Anhänger(in) (*auch Sport*), Befürworter(in)
sup'port·ing *Adj* **1.** ***supporting wall*** tragende Wand **2.** *fig* unterstützend: ***supporting materials*** *Pl* PÄD Begleitmaterial *n*; ***supporting part*** (*oder* ***role***) THEAT *etc* Nebenrolle *f*; ***supporting program(me)*** (*Film*) Beiprogramm *n*
sup'port·ive *Adj*: ***he was very supportive when I …*** er war mir eine große Stütze, als ich …
▸**sup·pose** [sə'pəʊz] **I** *v/t* **1.** annehmen, vermuten: ***I suppose I must have fallen asleep*** ich muss wohl eingeschlafen sein **2.** ***he is supposed to be rich*** er soll reich sein; ***you are not supposed to smoke here*** du darfst hier nicht rauchen; ***aren't you supposed to be at work?*** solltest du nicht (eigentlich) in der Arbeit sein?; ***what is that supposed to mean?*** was soll denn das? **3.** *etw* voraussetzen **II** *v/i* **4.** ***I suppose so*** ich nehme es an, wahrscheinlich, vermutlich **III** *Konj* **5.** angenommen **6.** wie wäre es, wenn: ***suppose we went home?*** wie wäre es, wenn wir nach Hause gingen?
sup'posed *Adj* angeblich
sup'pos·ing *Konj* **1.** → ***suppose*** 5, 6 **2.** vorausgesetzt
sup·po·si·tion [ˌsʌpə'zɪʃn] *s* Annahme *f*, Vermutung *f*
sup·pos·i·to·ry [sə'pɒzɪtərɪ] *s* MED Zäpfchen *n*
sup·press [sə'pres] *v/t* **1.** unterdrücken **2.** ELEK entstören
sup·pu·rate ['sʌpjʊəreɪt] *v/i* eitern
su·prem·a·cy [sʊ'preməsɪ] *s* Vormachtstellung *f*
su·preme [sʊ'priːm] *Adj* **1.** höchst, oberst **2.** höchst, größt

> **Supreme Court**
>
> Der **Supreme Court** ist das oberste Organ der Judikative der USA. Seine große politische Bedeutung liegt in seiner Aufgabe, festzustellen, ob vom **Congress** ausgearbeitete Gesetze und Handlungen des **President** verfassungsgemäß sind.
> Ihm gehören 9 Richter an, die vom Präsidenten ernannt und vom Senat bestätigt werden – ein Akt von höchster politischer Tragweite. Außerdem stellt der **Supreme Court** den **highest court of appeal,** das oberste Berufungsgericht, dar, welches historische **landmark decisions** traf, die später Gesetzescharakter bekamen.

su'preme·ly *Adv* höchst, absolut
sur·charge **I** *s* ['sɜːtʃɑːdʒ] Auf-, Zuschlag *m* (***on*** auf *Akk*); (*Postsendung*) Nach-, Strafporto *n* (***on*** auf *Akk*) **II** *v/t* [sɜː'tʃɑːdʒ] Nachporto *oder* einen Zuschlag erheben auf (*Akk*)
▸**sure** [ʃɔː] **I** *Adj* (→ ***surely***) **1.** *allg* sicher: ***sure of o.s.*** selbstsicher; ***sure of victory*** (*oder* ***winning***) siegessicher; ***for sure*** ganz sicher *oder* bestimmt; ***sure thing!*** *bes Am ugs* (aber) klar!; ***be*** (*oder* ***feel***) ***sure*** sicher sein; ***you are sure to like this play*** dir wird das Stück sicher *oder* bestimmt gefallen; ***be sure to lock the door*** vergiss nicht abzuschließen; ***to be sure*** si-

cher(lich); ***make sure that*** sich (davon) überzeugen, dass; dafür sorgen, dass; ***make sure of s.th.*** sich von etw überzeugen; sich etw sichern **II** *Adv* **2.** *ugs* sicher, klar **3.** ***sure enough*** tatsächlich

'sure,fire *Adj ugs* (tod)sicher

sure·ly ['ʃɔːlɪ] *Adv* **1.** sicher: → ***slow*** 1 **2.** sicher(lich), bestimmt

sure·ty ['ʃɔːrətɪ] *s bes* JUR Bürgschaft *f*, Sicherheit *f*; Bürge *m*, Bürgin *f*: ***stand surety for s.o.*** für j-n bürgen

surf [sɜːf] **I** *s* Brandung *f* **II** *v/i* surfen **III** *v/t* ***surf the Internet*** im Internet surfen

▸**sur·face** ['sɜːfɪs] **I** *s* **1.** Oberfläche *f* (*auch fig*): ***on the surface*** äußerlich; vordergründig; oberflächlich betrachtet **2.** (*Straßen*)Belag *m*, (-)Decke *f* **II** *Adj* **3.** Oberflächen...: ***surface mail*** gewöhnliche Post (*Ggs. Luftpost*); ***surface tension*** PHYS Oberflächenspannung *f* **4.** *fig* oberflächlich **III** *v/i* **5.** auftauchen (*auch fig*) **IV** *v/t* **6.** *Straße* mit einem Belag versehen

sur·fact·ant [sɜː'fæktənt] *s* CHEM Tensid *n*

'surf·board *s* Surfboard *n*, -brett *n*

sur·feit ['sɜːfɪt] *s* Überangebot *n* (**of** an *Dat*)

surf·er ['sɜːfə] *s* Surfer(in)

'surf·ing *s* Surfen *n*

surge [sɜːdʒ] **I** *s* **1.** ***a surge of people*** eine wogende Menschenmenge; ***there was a sudden surge forward*** plötzlich drängte alles nach vorn **2.** *fig* Welle *f*, Woge *f* (*der Begeisterung*); (*Gefühls*)Aufwallung *f*, Anwandlung *f* **II** *v/i* **3.** drängen, strömen (*Menschenmenge*) **4.** *meist* ***surge up*** *fig* aufwallen (**in** in *Dat*) (*Zorn etc*)

▸**sur·geon** ['sɜːdʒən] *s* Chirurg(in)

sur·ger·y ['sɜːdʒərɪ] *s* **1.** Chirurgie *f* **2.** ***he needs surgery*** er muss operiert werden **3.** *Br* Sprechzimmer *n*; Sprechstunde *f*: ***surgery hours*** *Pl* Sprechstunden *Pl*

sur·gi·cal ['sɜːdʒɪkl] *Adj* **1.** chirurgisch; operativ; Operations...: ***surgical spirit*** *Br* Wundbenzin *n* **2.** ***surgical stocking*** Stützstrumpf *m*

'sur·gi·cen·ter *s Am* Poliklinik *f*

sur·ly ['sɜːlɪ] *Adj* griesgrämig

sur·mise **I** *s* ['sɜːmaɪz] Vermutung *f* **II** *v/t* [sɜː'maɪz] vermuten

sur·mount [sɜː'maʊnt] *v/t Schwierigkeit etc* überwinden

sur'mount·a·ble *Adj* überwindbar

▸**sur·name** ['sɜːneɪm] *s* Familien-, Nach-, Zuname *m*: ***what is his surname?*** wie heißt er mit Familiennamen?

sur·pass [sə'pɑːs] *v/t* übertreffen

sur·plus ['sɜːpləs] **I** *s* Überschuss *m* (**of** an *Dat*) **II** *Adj* überschüssig: ***be surplus to requirements*** zu viel sein

▸**sur·prise** [sə'praɪz] **I** *s* Überraschung *f*: ***in surprise*** überrascht; ***take by surprise*** überraschen; → ***much*** 2 **II** *Adj* überraschend, Überraschungs... **III** *v/t* überraschen: ***be surprised at*** (*oder* ***by***) überrascht sein über (*Akk*); ***I wouldn't be surprised if*** es würde mich nicht wundern, wenn

sur'pris·ing *Adj* überraschend: ***surprisingly*** (***enough***) überraschenderweise

sur·re·al·ism [sə'rɪəlɪzəm] *s* KUNST Surrealismus *m*

sur're·al·ist **I** *s* Surrealist(in) **II** *Adj* surrealistisch

sur,re·al'is·tic *Adj* (***surrealistically***) surrealistisch

sur·ren·der [sə'rendə] **I** *v/i* **1.** (**to**) MIL sich ergeben (*Dat*), kapitulieren (vor *Dat*) (*beide auch fig*): ***surrender to the police*** sich der Polizei stellen **II** *v/t* **2.** *etw* übergeben, ausliefern (**to** *Dat*) **3.** *Anspruch etc* aufgeben, verzichten auf (*Akk*) **III** *s* **4.** MIL Kapitulation *f* (**to** vor *Dat*) (*auch fig*) **5.** (**of**) Aufgabe *f* (*Gen*), Verzicht *m* (auf *Akk*)

sur·rep·ti·tious [,sʌrəp'tɪʃəs] *Adj* heimlich, verstohlen

sur·ro·gate ['sʌrəgeɪt] *Adj*: ***surrogate mother*** Leihmutter *f*

▸**sur·round** [sə'raʊnd] *v/t* **1.** umgeben **2.** *Haus etc* umstellen

▸**sur·round·ing** [sə'raʊndɪŋ] **I** *Adj* umliegend **II** *s Pl* Umgebung *f*

sur·veil·lance [sɜː'veɪləns] *s* Überwachung *f*: ***be under surveillance*** überwacht werden

sur·vey **I** *v/t* [sə'veɪ] **1.** (sich) *etw* betrachten (*auch fig*) **2.** *Land* vermessen **3.** *Haus etc* begutachten **II** *s* ['sɜːveɪ] **4.** Umfrage *f* **5.** Überblick *m* (**of** über *Akk*) **6.** Vermessung *f* **7.** Begutachtung *f*

sur'vey·or *s* **1.** Land(ver)messer(in) **2.** Gutachter(in)

sur·viv·al [sə'vaɪvl] *s* **1.** Überleben *n* (*auch fig*): ***survival training*** Überlebenstraining *n* **2.** Überbleibsel *n* (**from** aus *einer Zeit*)

▸**sur·vive** [sə'vaɪv] **I** *v/t* **1.** *j-n*, *etw* überleben; *Erdbeben etc* überstehen (*Haus etc*); *Jahrhundert etc* überdauern (*Brauch etc*) **II** *v/i* **2.** überleben (*auch fig*), am Leben bleiben **3.** erhalten bleiben *oder* sein

sur'vi·vor *s* Überlebende *m*, *f* (**from, of** *Gen*)

sus·cep·ti·ble [sə'septəbl] *Adj* **1.** empfänglich (**to** für) **2.** anfällig (**to** für) **3.** leicht zu beeindrucken(d)

▸**sus·pect** **I** *v/t* [sə'spekt] **1.** *j-n* verdächtigen (**of** *Gen*): ***suspect s.o. of doing s.th.*** j-n im *oder* in Verdacht haben, etw zu tun; ***be suspected of doing s.th.*** im *oder* unter dem Verdacht stehen, etw zu tun **2.** *etw* vermuten **3.** *etw* an-, bezweifeln **II** *s* ['sʌspekt] **4.** Verdächtige *m*, *f* **III** *Adj* ['sʌspekt] **5.** verdächtig, suspekt

sus·pend [sə'spend] *v/t* **1.** aufhängen (**from** an *Dat*) **2.** *Verkauf, Zahlungen etc* (vorübergehend) einstellen; JUR *Strafe* zur Bewährung aussetzen: ***he was given a two-year suspended sentence*** er bekam zwei Jahre mit Bewährung **3.** *j-n* suspendieren (***from duty*** vom Dienst); vorübergehend ausschließen (**from** aus); (*Sport*) sperren (***for two games*** für zwei Spiele)

sus'pend·er *s* **1.** *Br* Strumpfhalter *m*, Straps *m*: ***suspender belt*** Strumpf(halter)-, Strapsgürtel *m* **2.** *Pl*, *auch* ***pair of suspenders*** *Am* Hosenträger *Pl*

sus·pense [sə'spens] *s* Spannung *f*: ***in suspense*** gespannt, voller Spannung; ***keep s.o. in suspense*** j-n auf die Folter spannen

sus'pen·sion *s* **1.** MOT *etc* Aufhängung *f*: ***suspension bridge*** Hängebrücke *f* **2.** (vorübergehende) Einstellung **3.** Suspendierung *f*; vorübergehender Ausschluss; (*Sport*) Sperre *f*: ***he received a two-game suspension*** er wurde für zwei Spiele gesperrt

sus·pi·cion [sə'spɪʃn] *s* **1.** Verdacht *m* (**of** gegen): ***be above*** (*oder* ***beyond***) ***suspicion*** über jeden Verdacht erhaben sein; ***be under suspicion of murder*** unter Mordverdacht stehen **2.** *auch Pl* Verdacht *m*, Argwohn *m*, Misstrauen *n* (**of** gegen): ***with suspicion*** argwöhnisch, misstrauisch **3.** Verdacht *m*, Vermutung *f* **4.** *fig*

S

Hauch *m*, Spur *f*

sus'pi·cious *Adj* **1.** verdächtig **2.** argwöhnisch, misstrauisch (***of*** gegen): ***become suspicious*** *auch* Verdacht schöpfen

sus·tain [sə'steɪn] *v/t* **1.** *j-n* (*auch moralisch*) stärken **2.** *Interesse etc* aufrechterhalten **3.** *Schaden*, *Verlust* erleiden **4.** MUS *Ton* (aus)halten **5.** JUR *einem Einspruch etc* stattgeben **6.** *Gewicht* aushalten, tragen

sus'tain·a·ble *Adj Entwicklung*, *Wachstum etc*: nachhaltig

sus'tained *Adj* anhaltend

su·ture ['suːtʃə] MED **I** *s* Naht *f* **II** *v/t Wunde* nähen

svelte [svelt] *Adj* gertenschlank (*Frau*)

swab [swɒb] MED **I** *s* **1.** Tupfer *m* **2.** Abstrich *m*: ***take a swab*** einen Abstrich machen **II** *v/t* **3.** *Wunde* abtupfen

swag·ger ['swægə] **I** *v/i* stolzieren **II** *s*: ***walk with a swagger*** *siehe* I

swal·low[1] ['swɒləʊ] *s* ORN Schwalbe *f*

▶**swal·low**[2] ['swɒləʊ] **I** *v/t* **1.** schlucken (*auch fig ugs glauben*, *hinnehmen*): ***swallow one's words*** zugeben, dass man sich geirrt hat; ***swallow up*** *Betrieb*, *Gewinn etc* schlucken, verschlingen **2.** *Ärger*, *Tränen etc* hinunterschlucken, *seinen Stolz* vergessen **II** *v/i* **3.** schlucken **III** *s* **4.** Schluck *m*

swam [swæm] *Prät von* ***swim***

swamp [swɒmp] **I** *s* Sumpf *m* **II** *v/t* überschwemmen: ***be swamped with*** *fig* überschwemmt werden mit

'swamp·y *Adj* sumpfig

swan [swɒn] *s* ORN Schwan *m*

swank [swæŋk] *ugs* **I** *v/i* **1.** angeben **II** *s* **2.** Angeber(in) **3.** Angabe *f*

'swank·y *Adj ugs* **1.** piekfein **2.** angeberisch

'swan·song *s fig* Schwanengesang *m*

swap [swɒp] *ugs* **I** *v/t* **1.** *etw* tauschen (***with*** mit), (ein)tauschen (***for*** für, gegen): ***swap places*** die Plätze tauschen **II** *v/i* **2.** tauschen: ***swap over*** (*oder* ***round***) die Plätze tauschen **III** *s* **3.** Tausch *m*: ***do a swap*** tauschen **4.** Tauschobjekt *n*

swap meet *s Am etwa* Flohmarkt *m*, Tauschbörse *f*

swarm [swɔːm] **I** *s* **1.** Schwarm *m* (*Bienen*, *Touristen etc*) **II** *v/i* **2.** schwärmen (*Bienen*), (*Menschen auch*) strömen **3.** ***swarm with*** wimmeln von: ***the square was swarming with people*** auf dem Platz wimmelte es von Menschen

swarth·y ['swɔːðɪ] *Adj* dunkel (*Haut*), dunkelhäutig (*Person*)

swash·buck·ling ['swɒʃˌbʌklɪŋ] *Adj* verwegen (*Person*), abenteuerlich (*Film*)

swas·ti·ka ['swɒstɪkə] *s* Hakenkreuz *n*

swat [swɒt] **I** *v/t Fliege etc* totschlagen **II** *s* → ***swatter***

'swat·ter *s* Fliegenklappe *f*, -klatsche *f*

sway [sweɪ] **I** *v/i* **1.** sich wiegen (***in the wind*** im Wind) (*Bäume etc*), schaukeln (*Schiff etc*) **II** *v/t* **2.** hin und her bewegen, *seinen Körper* wiegen, *Fahne etc* schwenken **3.** *j-n* beeinflussen; umstimmen **III** *s* **4.** Schaukeln *n*

▶**swear** [sweə] (*unreg*) **I** *v/i* **1.** schwören (***on the Bible*** auf die Bibel; ***to God*** bei Gott): ***swear by*** *fig ugs* schwören auf (*Akk*); ***I couldn't swear to it*** ich kann es nicht beschwören **2.** fluchen: ***swear at s.o.*** j-n wüst beschimpfen **II** *v/t* **3.** schwören (***to do*** zu tun; ***that*** dass): ***swear s.th. to s.o.*** j-m etw schwören; → ***oath*** 1 **4.** ***swear in*** *Minister*, *Zeugen etc* vereidigen; ***I was sworn to secrecy*** ich musste hoch und heilig versprechen, kein Wort darüber zu sagen

swear + Präposition GR

⚠ Beachten Sie den Unterschied zwischen **swear by / on / to** und **swear at!**

My grandma swears by her old recipes.	Meine Oma schwört auf ihre alten Rezepte.
He swore on the Bible.	Er schwor auf die Bibel.
I swear to God.	Ich schwöre bei Gott.
We heard him swearing at his wife.	Wir hörten, wie er seine Frau wüst beschimpfte.

'swear·word *s* Fluch *m*; Kraftausdruck *m*

▶**sweat** [swet] **I** *v/i* (*Am auch unreg*) **1.** schwitzen (***with*** vor *Dat*) (*auch fig ugs*) **II** *v/t* (*Am auch unreg*) **2.** ***sweat out*** *Krankheit* ausschwitzen: ***sweat it out*** *ugs* durchhalten; ***sweat blood*** *ugs* sich abrackern (***over*** mit) **III** *s* **3.** Schweiß *m*: ***break out in a cold sweat*** in kalten Schweiß *oder* Angstschweiß ausbrechen; ***no sweat!*** *ugs* kein Problem!; ***get in(to) a sweat*** *fig ugs* ins Schwitzen geraten (***about*** wegen) **4.** *ugs* Schufterei *f*

'sweat·band *s* SPORT Schweißband *n*

▶**sweat·er** ['swetə] *s* Pullover *m*

sweat gland *s* ANAT Schweißdrüse *f*

'sweat·shirt *s* Sweatshirt *n* (*weiter Baumwollpullover*)

sweat·y ['swetɪ] *Adj* **1.** schweißig, verschwitzt **2.** nach Schweiß riechend, Schweiß… **3.** schweißtreibend

Swede [swiːd] *s* Schwede *m*, Schwedin *f*

▶**Swe·den** ['swiːdn] *Eigenn* Schweden *n*

▶**Swed·ish** ['swiːdɪʃ] **I** *Adj* **1.** schwedisch **II** *s* **2.** LING Schwedisch *n* **3.** ▶ ***the Swedish*** *Pl* die Schweden *Pl*

▶**sweep** [swiːp] **I** *s* **1.** ***give the floor a sweep*** den Boden kehren *oder* fegen *oder schweiz.* wischen; ***make a clean sweep*** *fig* gründlich aufräumen; (*Sport etc*) gründlich abräumen **2.** Hieb *m*, Schlag *m* **3.** Schornsteinfeger(in), Kaminkehrer(in) **II** *v/t* (*unreg*) **4.** *Fußboden*, *Krümel etc* kehren, fegen, *schweiz.* wischen: ***sweep the board*** (*Sport etc*) gründlich abräumen; → ***carpet*** 1, ***rug*** 1 **5.** fegen über (*Akk*) (*Sturm etc*); *fig Land etc* überschwemmen (*Protestwelle etc*) **6.** ***sweep along*** mitreißen; ***sweep s.o. off his feet*** *fig* j-s Herz im Sturm erobern **7.** *Horizont etc* absuchen (***for*** nach) **III** *v/i* (*unreg*) **8.** kehren, fegen: → ***broom*** **9.** rauschen (*Person*): ***sweep past s.o.*** an j-m vorbeirauschen

◆**sweep a·side** *v/t Einwände etc* beiseiteschieben

◆**sweep a·way** *v/t* **1.** aufräumen mit **2.** ***be swept away by*** *fig* mitgerissen werden von

◆**sweep up** *v/t* **1.** (*auch v/i*) zs.-kehren, -fegen **2.** *j-n* hochreißen

sweep·er ['swiːpə] *s* **1.** (*Straßen*)Kehrer(in) **2.** Kehrmaschine *f* **3.** *Fußball*: Libero *m*

'sweep·ing *Adj* **1.** durchgreifend (*Änderung etc*) **2.** pauschal

▶**sweet** [swiːt] **I** *Adj* **1.** süß (*auch fig*): ***sweet nothings*** *Pl* Zärtlichkeiten *Pl*; ***sweet potato*** BOT Batate *f*, Süßkartoffel *f*; ***revenge is sweet*** Rache ist süß; ***sweet talk*** *ugs* Schmeichelei(en *Pl*) *f*; ***have a sweet tooth*** gern naschen **2.** lieblich (*Musik etc*) **3.** lieb **II** *s* **4.** *Br* Bonbon *m, n*, Süßigkeit *f*, *österr.* Zuckerl *n* **5.** *Br* Nachtisch *m*: ***for sweet*** als *oder* zum Nachtisch

ˌsweet-and-ˈsour *Adj* GASTR süß-sauer

ˈsweet·corn *s* (Zucker)Mais *m*

sweet·en [ˈswiːtn] **I** *v/t* **1.** süßen **2.** *fig* besänftigen; freundlicher stimmen **3.** *auch* ***sweeten up*** *ugs j-n* schmieren **II** *v/i* **4.** süß(er) werden

ˈsweet·en·er *s* **1.** Süßstoff *m* **2.** *ugs* Schmiergeld *n*

ˈsweet·heart *s* Schatz *m* (*Anrede*)

sweet·ie [ˈswiːtɪ] *s ugs* **1.** *Br* Bonbon *m, n* **2.** Süße *m, f*: ***be a sweetie*** *fig* süß sein

ˈsweet·meat *s* Leckerei *f*

ˈsweet-talk *v/t ugs j-m* schmeicheln

▶**swell** [swel] **I** *v/i* (*meist unreg*) **1.** *auch* ***swell up*** MED (an)schwellen **2.** *fig* anschwellen (**into** zu) (*Geräusch*); anwachsen (*Zahl etc*) **II** *v/t* (*meist unreg*) **3.** *auch* ***swell out*** *Segel* blähen (*Wind*) **4.** *fig Zahl etc* anwachsen lassen **III** *s* **5.** SCHIFF Dünung *f* **IV** *Adj* **6.** *Am ugs* klasse

ˈswell·ing *s* Schwellung *f*

swel·ter [ˈsweltə] *v/i* vor Hitze fast umkommen

ˈswel·ter·ing *Adj* schwül

swept [swept] *Prät und Part Perf von* ***sweep***

swerve [swɜːv] **I** *v/i* **1.** schwenken (**to the left** nach links), einen Schwenk machen **2.** *fig* abweichen (**from** von) **II** *s* **3.** Schwenk(ung *f*) *m*, MOT *etc auch* Schlenker *m*

swift [swɪft] *Adj* schnell: ***be swift to do s.th.*** etw schnell tun

ˈswift·ness *s* Schnelligkeit *f*

swig [swɪg] *ugs* **I** *v/t Getränk* hinunterkippen **II** *s*: ***take a swig from the bottle*** einen Zug aus der Flasche tun; ***take a swig of beer*** einen kräftigen Schluck Bier nehmen

swill [swɪl] *v/t und v/i pej* saufen

▶**swim** [swɪm] **I** *v/i* (*unreg*) **1.** schwimmen: → ***tide*** 2 **2.** *fig* verschwimmen (**before s.o.'s eyes** vor j-s Augen); ***my head was swimming*** mir drehte sich alles **II** *v/t* (*unreg*) **3.** *Strecke* schwimmen; *Gewässer* durchschwimmen **III** *s* **4.** ***go for a swim*** schwimmen gehen

ˈswim·mer *s* Schwimmer(in)

ˈswim·ming I *s* Schwimmen *n* **II** *Adj* Schwimm…: ***swimming bath(s*** *Pl*) *Br* Schwimm-, *bes* Hallenbad *n*; ***swimming cap*** Badekappe *f*, -mütze *f*; ***swimming costume*** Badeanzug *m*; ***swimming pool*** Swimmingpool *m*, Schwimmbecken *n*; (***pair of***) ***swimming trunks*** *Pl* Badehose *f*

ˈswim·suit *s* Badeanzug *m*

▶**swin·dle** [ˈswɪndl] **I** *v/t j-n* beschwindeln (**out of** um): ***swindle s.o. out of s.th.*** *auch* j-m etw abschwindeln **II** *s* Schwindel *m*

ˈswin·dler *s* Schwindler(in)

swine [swaɪn] *s* **1.** *Pl* ***swine*** ZOOL Schwein *n* **2.** *Pl* ***swine(s)*** *sl pej* Schwein *n*

swing [swɪŋ] **I** *v/i* (*unreg*) **1.** (hin und her) schwingen **2.** sich schwingen; einbiegen, -schwenken (**into** in *Akk*): ***swing round*** sich ruckartig umdrehen; ***swing shut*** zuschlagen (*Tor etc*) **3.** MUS schwungvoll spielen (*Band etc*); Schwung haben (*Musik*) **II** *v/t* **4.** *etw, die Arme etc* schwingen **III** *s* **5.** Schwingen *n* **6.** Schaukel *f* **7.** *Boxen*: Schwinger *m* **8.** *fig* Schwung *m*: ***be in full swing*** in vollem Gang sein **9.** *fig* Umschwung *m*: ***swing in opinion*** Meinungsumschwung

swing door *s* Pendeltür *f*

swinge·ing [ˈswɪndʒɪŋ] *Adj bes Br* einschneidend (*Kürzungen etc*), extrem hoch (*Besteuerung etc*)

swing·ing [ˈswɪŋɪŋ] *Adj* **1.** schwingend **2.** *fig* schwungvoll **3.** *fig* lebenslustig

swipe [swaɪp] **I** *s* Schlag *m*: ***take a swipe at*** *siehe* II **II** *v/i*: ***swipe at*** schlagen nach **III** *v/t ugs* klauen

swirl [swɜːl] **I** *v/i* wirbeln **II** *s* Wirbel *m*

swish [swɪʃ] **I** *v/i* **1.** sausen, zischen **2.** rascheln (*Seide etc*) **II** *v/t* **3.** mit *dem Schwanz* schlagen **III** *s* **4.** Sausen *n*, Zischen *n* **5.** Rascheln *n* **IV** *Adj* **6.** *ugs* feudal

▶**Swiss** [swɪs] **I** *s* Schweizer(in): ▶ ***the Swiss*** *Pl* die Schweizer *Pl* **II** *Adj* schweizerisch, Schweizer(…): ***Swiss roll*** Biskuitrolle *f*

▶**switch** [swɪtʃ] **I** *s* **1.** ELEK, TECH Schalter *m* **2.** Gerte *f*, Rute *f* **3.** BAHN *Am* Weiche *f* **4.** *fig* Umstellung *f* **II** *v/t* **5.** *auch* ***switch over*** ELEK, TECH (um)schalten, *Produktion etc* umstellen (**to** auf *Akk*): ***switch off*** ab-, ausschalten; ***switch on*** an-, einschalten **III** *v/i* **6.** *auch* ***switch over*** ELEK, TECH (um)schalten (**to** auf *Akk*), *fig* überwechseln (**to** zu): ***switch off*** abschalten (*auch fig ugs Person*), ausschalten; ***switch on*** an-, einschalten; ***switch round*** umschlagen (*Wind*)

ˈswitch·back *s* **1.** Gebirgs-, Serpentinenstraße *f* **2.** Achterbahn *f*

ˈswitch·board *s* **1.** ELEK Schalttafel *f* **2.** (Telefon)Zentrale *f*: ***switchboard operator*** Telefonist(in)

▶**Swit·zer·land** [ˈswɪtsələnd] *Eigenn* die Schweiz

swiv·el [ˈswɪvl] *v/i Prät und Part Perf* ***swiv·eled***, *bes Br* ***swiv·elled*** sich drehen: ***swivel round*** sich herumdrehen

swiv·el chair *s* Drehstuhl *m*

swol·len [ˈswəʊlən] *Part Perf von* ***swell***

ˌswol·len-ˈhead·ed *Adj fig* aufgeblasen

swoon [swuːn] *v/i* schwärmen (**over** für)

swoop [swuːp] **I** *v/i* **1.** *auch* ***swoop down*** herabstoßen (**on** auf *Akk*) (*Raubvogel*) **2.** *fig* zuschlagen (*Polizei etc*): ***swoop on*** herfallen über (*Akk*); eine Razzia machen in (*Dat*) **II** *s* **3.** Razzia *f*

swop → ***swap***

▶**sword** [sɔːd] *s* Schwert *n*: ***cross swords*** die Klingen kreuzen (**with** mit) (*auch fig*)

> **sword** AS
>
> ⚠ **sword** [sɔːd] reimt sich auf **lord** nicht auf ~~**word**~~. Das **w** wird nicht gesprochen!

swore [swɔː] *Prät von* ***swear***

sworn [swɔːn] **I** *Part Perf von* ***swear*** **II** *Adj* **1.** ***sworn enemies*** *Pl* Todfeinde *Pl* **2.** JUR eidlich

swot [swɒt] *Br ugs* **I** *v/i* büffeln, pauken (**for** für) **II** *v/t*: ***swot up*** *siehe* I **III** *s* Büffler(in); Streber(in)

swum [swʌm] *Part Perf von* ***swim***

swung [swʌŋ] *Prät und Part Perf von* ***swing***

syl·la·bi [ˈsɪləbaɪ] *Pl von* ***syllabus***

syl·lab·ic [sɪˈlæbɪk] *Adj* Silben…; …silbig

syl·la·ble [ˈsɪləbl] *s* Silbe *f*

syl·la·bus [ˈsɪləbəs] *Pl* ***syl·la·bus·es, syl·la·bi***

['sɪləbaɪ] *s* PÄD, UNI Lehrplan *m*
sym·bi·o·sis [ˌsɪmbɪ'əʊsɪs] *s* BIOL Symbiose *f*
sym·bol ['sɪmbl] *s* Symbol *n* (*auch* CHEM), COMPUTER Sonderzeichen *n*
sym·bol·ic [sɪm'bɒlɪk] *Adj* (**symbolically**) symbolisch: **be symbolic of** *etw* symbolisieren
sym·bol·ism ['sɪmbəlɪzəm] *s* Symbolik *f*
sym·bol·ize ['sɪmbəlaɪz] *v/t* symbolisieren
sym·met·ri·cal [sɪ'metrɪkl] *Adj* symmetrisch
sym·me·try ['sɪmətrɪ] *s* Symmetrie *f*
sym·pa·thet·ic [ˌsɪmpə'θetɪk] *Adj* (**sympathetically**) **1.** mitfühlend **2.** verständnisvoll; wohlwollend: **be sympathetic to** (*oder* **toward[s]**) wohlwollend gegenüberstehen (*Dat*)
'sym·pa·thize *v/i* **1.** mitfühlen (**with** mit) **2.** (**with**) Verständnis haben (für); wohlwollend gegenüberstehen (*Dat*); sympathisieren (mit)
'sym·pa·thiz·er *s* Sympathisant(in)
▶**sym·pa·thy** ['sɪmpəθɪ] *s* **1.** Mitgefühl *n*: **in sympathy** mitfühlend; **letter of sympathy** Beileidsschreiben *n*; **sympathy strike** WIRTSCH Sympathiestreik *m* **2.** Verständnis *n*; Wohlwollen *n*: **be in sympathy with** sympathisieren mit **3.** *Pl* Sympathien *Pl*: **my sympathies are** (*oder* **lie**) **with** meine Sympathien gehören (*Dat*) **4.** *Pl* Beileid *n*, Teilnahme *f*
sym·phon·ic [sɪm'fɒnɪk] *Adj* (**symphonically**) MUS sinfonisch
sym·pho·ny ['sɪmfənɪ] *s* Sinfonie *f*. **symphony orchestra** Sinfonieorchester *n*
sym·po·si·um [sɪm'pəʊzjəm] *Pl* **sym·po·si·ums, sym·po·si·a** [sɪm'pəʊzjə] *s* Symposium *n*, Symposion *n*
symp·tom ['sɪmptəm] *s* MED Symptom *n*, Anzeichen *n* (**of** für, von) (*beide auch fig*)
symp·to·mat·ic [ˌsɪmptə'mætɪk] *Adj* (**symptomatically**) symptomatisch (**of** für)
syn·a·gogue ['sɪnəgɒg] *s* Synagoge *f*
syn·chro·nize ['sɪŋkrənaɪz] **I** *v/t* aufeinander abstimmen; *Film, Uhren* synchronisieren **II** *v/i* synchron sein (*Film*) *oder* gehen (*Uhren*)
syn·di·cate ['sɪndɪkət] *s* WIRTSCH Konsortium *n*
syn·drome ['sɪndrəʊm] *s* MED Syndrom *n*
syn·er·gy ['sɪnədʒɪ] *s* Synergie *f*
syn·od ['sɪnəd] *s* REL Synode *f*
syn·o·nym ['sɪnənɪm] *s* LING Synonym *n*
syn·on·y·mous [sɪ'nɒnɪməs] *Adj* synonym: **be synonymous with** *fig* gleichbedeutend sein mit
syn·op·sis [sɪ'nɒpsɪs] *Pl* **syn·op·ses** [sɪ'nɒpsiːz] *s* Zs.-fassung *f*
syn·tac·tic [sɪn'tæktɪk] *Adj* (**syntactically**) LING syntaktisch
syn·tax ['sɪntæks] *s* Syntax *f* (*auch* IT), Satzlehre *f*
syn·the·sis ['sɪnθəsɪs] *Pl* **syn·the·ses** ['sɪnθəsiːz] *s* Synthese *f*
syn·the·size ['sɪnθəsaɪz] *v/t* CHEM synthetisch *oder* künstlich herstellen
'syn·the·siz·er *s* Synthesizer *m*
syn·thet·ic [sɪn'θetɪk] *Adj* (**synthetically**) CHEM synthetisch, Kunst...
syph·i·lis ['sɪfɪlɪs] *s* MED Syphilis
sy·phon → **siphon**
Syr·ia ['sɪrɪə] *Eigenn* Syrien *n*
Syr·ian ['sɪrɪən] **I** *Adj* syrisch **II** *s* Syrer(in)
syr·inge ['sɪrɪndʒ] *s* MED Spritze *f*
syr·up ['sɪrəp] *s* **1.** Sirup *m* **2.** MED (*Husten*)Sirup *m*, (-)Saft *m*
'syr·up·y *Adj* **1.** sirupartig **2.** *fig* zuckersüß
sys·tem ['sɪstəm] *s* **1.** *allg* System *n*: **system of government** Regierungssystem; → **digestive** 2, **nervous** 1, **respiratory 2.** (*Straßen- etc*)Netz *n* **3.** IT Anlage *f*: **system crash** Absturz *m*; **system error** Systemfehler *m*; **system failure** Systemausfall *m*; **systems analyst** Systemanalytiker(in) **4.** Organismus *m*: **get s.th. out of one's system** *fig* sich etw von der Seele reden
sys·tem·at·ic [ˌsɪstə'mætɪk] *Adj* (**systematically**) systematisch
sys·tem·a·tize ['sɪstɪmətaɪz] *v/t* systematisieren

T

T [tiː] *s Pl* **T's** *s* T *n*: *ugs* **that's him to a T** das ist er, wie er leibt und lebt; **fit to a T** wie angegossen passen *oder* sitzen; **suit s.o. to a T** j-m ausgezeichnet passen
tab [tæb] *s* **1.** Aufhänger *m*, Schlaufe *f*; Lasche *f* **2.** Etikett *n*, Schildchen *n* **3.** **keep tabs on** *ugs j-n* überwachen **4.** *ugs* Rechnung *f*: **pick up the tab** (die Rechnung) bezahlen **5.** *auch* **tab stop** *ugs* Tabulator *m*
▶**ta·ble** ['teɪbl] **I** *s* **1.** Tisch *m*: **at the table** am Tisch; **under the table** *fig* unter der Hand; **drink s.o. under the table** j-n unter den Tisch trinken; **put on the table** auf den Tisch legen (*auch fig*); **turn the tables** (**on s.o.**) *fig* den Spieß umdrehen *oder* umkehren **2.** Tisch *m*, (Tisch)Runde *f* **3.** Tabelle *f*: → **content**[1] 1 **4.** MATHE Einmaleins *n* **II** *v/t* **5.** *fig* auf den Tisch legen **6.** *Am fig* zurückstellen
▶**table·cloth** ['teɪblklɒθ] *s* Tischdecke *f*, -tuch *n*
table lamp *s* Tischlampe *f*
table man·ners *s Pl* Tischmanieren *Pl*
'table·spoon *s* Esslöffel *m*
tab·let ['tæblɪt] *s* **1.** PHARM Tablette *f* **2.** Stück *n* (*Seife*) **3.** (*Stein- etc*)Tafel *f*
ta·ble ten·nis *s* SPORT Tischtennis *n*
'ta·ble·ware *s* Geschirr *n* und Besteck *n*
ta·ble wine *s* Tafel-, Tischwein *m*
tab·loid ['tæblɔɪd] *s* Boulevardblatt *n*, -zeitung *f*
tab·loid press *s* Boulevardpresse *f*
ta·boo [tə'buː] **I** *s* Tabu *n* **II** *Adj* Tabu...: **taboo subject** Tabu *n*; **be taboo** tabu sein
tab·u·lar ['tæbjʊlə] *Adj* tabellarisch: **in tabular form** tabellarisch

T

tab·u·late ['tæbjʊleɪt] *v/t* tabellarisch (an)ordnen

tab·u·la·tor *s typografisch*: Tabulator *m*

tach·o·graph ['tækəʊgrɑːf] *s* MOT Fahrten- *oder* Fahrtschreiber *m*

ta·chom·e·ter [tæ'kɒmɪtə] *s* MOT Drehzahlmesser *m*

tac·it ['tæsɪt] *Adj* stillschweigend

tac·i·turn ['tæsɪtɜːn] *Adj* schweigsam, wortkarg

tack [tæk] **I** *s* **1.** Stift *m*, Zwecke *f* **2.** Heftstich *m* **3.** ***change tack*** *fig* umschwenken **II** *v/t* **4.** heften (***to*** an *Akk*) **5.** *Stoffteile* heften **6.** ***tack on*** anfügen (***to*** *Dat*)

tack·le ['tækl] **I** *s* **1.** TECH Flaschenzug *m* **2.** (*Angel*)Gerät(e *Pl*) *n* **3.** *Fußball*: Angriff *m* (*auf einen ballführenden Gegner*); Zweikampf *m* **II** *v/t* **4.** *Problem etc* angehen **5.** *j-n* zur Rede stellen (***about*** wegen) **6.** *Fußball*: *ballführenden Gegner* angreifen

tack·y[1] ['tækɪ] *Adj* klebrig

tack·y[2] ['tækɪ] *Adj ugs* schäbig; heruntergekommen

tact [tækt] *s* Takt *m*

tact·ful ['tæktfʊl] *Adj* taktvoll

tac·tic ['tæktɪk] *s* **1.** *oft Pl* Taktik *f*, taktischer Zug **2.** *Pl* (*auch Sg konstruiert*) MIL, SPORT Taktik *f*

tac·ti·cal ['tæktɪkl] *Adj* taktisch

tac·ti·cian [tæk'tɪʃn] *s* Taktiker(in)

tact·less ['tæktlɪs] *Adj* taktlos

tad·pole ['tædpəʊl] *s* ZOOL Kaulquappe *f*

taf·fe·ta ['tæfɪtə] *s* Taft *m*

taf·fy ['tæfɪ] *Am* → ***toffee***

tag[1] [tæg] **I** *s* **1.** Etikett *n*; (*Namens-*, *Preis-*) Schild *n* **2.** stehende Redensart **3.** LING Frageanhängsel *n* **4.** COMPUTER Tag *m*, Marke *f*, Markierung *f* **II** *v/t* **5.** etikettieren; *Waren* auszeichnen: ***tag*** (***as***) *fig* bezeichnen als, *pej auch* abstempeln als **6.** COMPUTER taggen, markieren **7.** ***tag on*** → ***tack*** 6 **III** *v/i* **8.** ***tag along*** *ugs* mitgehen, -kommen; mittrotten: ***tag along behind s.o.*** hinter j-m hertrotten

tag[2] [tæg] *s* Fangen *n* (*Kinderspiel*): ***play tag***

ta·glia·tel·le [ˌtæljə'telɪ] *s Sg* Bandnudeln *Pl*

▶**tail** [teɪl] **I** *s* **1.** ZOOL Schwanz *m*: ***with one's tail between one's legs*** *fig* mit eingezogenem Schwanz **2.** Schwanz *m* (*eines Drachens*, *einer Kolonne etc*), (*eines Flugzeugs etc auch*) hinterer Teil, (*eines Kometen*) Schweif *m* **3.** *Pl* Frack *m* **4.** *Pl* Rück-, Kehrseite *f* (*einer Münze*): → ***head*** 14 **5.** *ugs* Schatten *m*, Beschatter(in): ***put a tail on*** *j-n* beschatten lassen **II** *v/t* **6.** *ugs j-n* beschatten **III** *v/i* **7.** ***tail off*** schwächer werden, abnehmen **8.** ***tail back*** MOT *bes Br* sich stauen (***to*** bis zu)

'tail·back *s* MOT *bes Br* Rückstau *m*

tail coat *s* Frack *m*

tail end *s* Ende *n*, Schluss *m*

T

'tail·gate **I** *s* MOT Hecktür *f* **II** *v/i und v/t* MOT *bes Am* zu dicht auffahren (auf *Akk*)

'tail·light *s* MOT Rücklicht *n*

▶**tai·lor** ['teɪlə] **I** *s* Schneider(in) **II** *v/t* schneidern; *fig* zuschneiden (***to*** auf *Akk*)

'tai·lor-made *Adj* maßgeschneidert (*auch fig*): ***tailor-made suit*** (***costume***) Maßanzug *m* (Schneiderkostüm *n*); ***be tailor-made for*** *fig* wie geschaffen sein für

'tail pipe *s* MOT *Am* Auspuffrohr *n*

'tail·wind *s* Rückenwind *m*

Tai·wan [ˌtaɪ'wɑːn] *Eigenn* Taiwan *n*

▶**take** [teɪk] **I** *s* **1.** *Film*, TV: Einstellung *f* **2.** *ugs* Einnahmen *Pl* **II** *v/t* (*unreg*) **3.** *allg* nehmen: ***take s.o. by the arm*** (***in one's arms***) j-n am Arm (in die Arme) nehmen; ***be taken*** besetzt sein (*Platz*); → ***care*** 2, 3, ***place*** 1, ***prisoner***, ***seat*** 1, *etc* **4.** (weg)nehmen **5.** mitnehmen **6.** bringen **7.** MIL *Stadt etc* einnehmen; (*Schach etc*) *Figur*, *Stein* schlagen; *Gefangene* machen **8.** *Preis etc* erringen: → ***lead***[2] 1 **9.** *Scheck etc* (an)nehmen; *Rat* annehmen: → ***advice*** 1, ***blame*** 4, ***tip***[3] 2 **10.** *Kritik etc* hinnehmen **11.** fassen; Platz bieten für **12.** *etw* aushalten, ertragen **13.** dauern: ***it took him two hours to do it*** er brauchte zwei Stunden, um es zu tun **14.** *Prüfung*, *Spaziergang etc* machen; *Schritte* unternehmen; *Risiko* eingehen: → ***oath*** 1, ***risk*** I, ***step*** 4, ***trouble*** 7, *etc* **15.** *Medizin etc* (ein-)nehmen **16.** → ***take down*** 4 **17.** ***be taken by*** (*oder* ***with***) angetan sein von **18.** ***he's got what it takes*** *ugs* er bringt alle Voraussetzungen mit **III** *v/i* (*unreg*) **19.** MED wirken, anschlagen

◆**take af·ter** *v/i j-m* nachschlagen; *j-m* ähneln

◆**take a·long** *v/t* mitnehmen

◆**take a·part** *v/t* auseinandernehmen (*auch fig ugs*), zerlegen

◆**take a·side** *v/t j-n* beiseitenehmen

◆**take a·way** **I** *v/t* **1.** wegnehmen (***from s.o.*** j-m) **2.** ***… to take away*** *Br* … zum Mitnehmen (*Essen*) **II** *v/i* **3.** ***take away from s.th.*** einer Sache Abbruch tun, etw schmälern

◆**take back** *v/t* **1.** MIL zurückerobern **2.** zurückbringen **3.** *Ware*, *etw Gesagtes* zurücknehmen **4.** bei *j-m* Erinnerungen wachrufen; *j-n* zurückversetzen (***to*** in *Akk*)

◆**take down** *v/t* **1.** herunternehmen, *Plakat etc* abnehmen **2.** *Hose* herunterlassen **3.** auseinandernehmen, zerlegen **4.** (sich) *etw* aufschreiben *oder* notieren, sich *Notizen* machen

◆**take for** *v/t*: ***what do you take me for?*** wofür hältst du mich eigentlich?

◆**take from** *v/t* **1.** ***take s.th. from s.o.*** j-m etw wegnehmen **2.** MATHE abziehen von **3.** *Single* auskoppeln aus (*einem Album*) **4.** ***you can take it from me that*** du kannst mir glauben, dass

◆**take in** *v/t* **1.** *j-n* (bei sich) aufnehmen: → ***lodger*** **2.** *fig etw* einschließen **3.** *Kleidungsstück* enger machen **4.** *etw* begreifen **5.** *j-n* hereinlegen: ***be taken in by*** hereinfallen auf (*Akk*)

▶**take off** **I** *v/t* **1.** *Kleidungsstück* ablegen, ausziehen, *Hut etc* abnehmen **2.** MED abnehmen, amputieren **3.** *Theaterstück etc* absetzen **4.** → ***off*** 9 **5.** WIRTSCH *Rabatt etc* abziehen **6.** *ugs j-n* nachahmen, -machen **II** *v/i* **7.** FLUG abheben **8.** SPORT abspringen **9.** *ugs* sich aufmachen

◆**take on** *v/t* **1.** *j-n* einstellen **2.** *Arbeit etc* an-, übernehmen **3.** *Ausdruck*, *Farbe etc* annehmen **4.** sich anlegen mit

◆**take out** *v/t* **1.** herausnehmen, *Zahn* ziehen: ***take s.o. out of himself*** j-n auf andere Gedanken bringen **2.** *j-n* ausführen, ausgehen mit **3.** *Versicherung* abschließen **4.** *seinen Frust etc* auslassen (***on*** an *Dat*): ***take it out on s.o.*** sich an j-m abreagieren

◆**take o·ver** **I** *v/t Amt*, *Macht*, *Verantwortung etc* übernehmen **II** *v/i* die Macht übernehmen

◆**take to** *v/i* **1.** Gefallen finden an (*Dat*) **2.** ***take to doing s.th.*** anfangen, etw zu tun **3.** sich flüchten *oder* zurückziehen in (*Akk*): ***take to one's bed*** ins Bett gehen; → ***heel***[2] 1

◆**take up** **I** *v/t* **1.** *Flüssigkeit* aufnehmen, -saugen **2.** *Aufmerksamkeit*, *Zeit* in Anspruch nehmen, *Platz* einnehmen: ***be taken up with*** stark in Anspruch genommen sein von **3.** *Vorschlag etc* aufgreifen **4.** ***take up doing s.th.*** anfangen, sich mit etw zu beschäftigen **5.** ***take s.o. up on his offer*** auf j-s Angebot zurückkommen **6.** *Erzählung etc* aufnehmen, fortfahren mit **II** *v/i* **7.** sich einlassen (***with*** mit)

'take·a,way *s Br* **1.** Essen *n* zum Mitnehmen **2.** Restaurant *n* mit Straßenverkauf

'take-home *Adj*: ***take-home pay*** Nettolohn *m*, -gehalt *n*

tak·en ['teɪkən] *Part Perf von* ***take***

▶**take·off** ['teɪkɒf] *s* **1.** FLUG Abheben *n*; Start *m*: → ***ready*** 1 **2.** SPORT Absprung *m* **3.** *ugs* Nachahmung *f*: ***do a takeoff off*** → ***take off*** 6

'take·out *Am* → ***takeaway***

'take,o·ver *s bes* WIRTSCH Übernahme *f*

tak·er ['teɪkə] *s* Interessent(in)

'tak·ings *s Pl* Einnahmen *Pl*

talc [tælk] *s* **1.** MIN Talk *m* **2.** → ***talcum powder***

tal·cum pow·der ['tælkəm] *s* Talkumpuder *m*; Körperpuder *m*

tale [teɪl] *s* **1.** Erzählung *f*; Geschichte *f*: ***tell tales*** petzen; ***tell tales about*** *j-n* verpetzen; ***tell tales out of school*** *fig* aus der Schule plaudern; → ***fairy tale***, ***old*** 1 **2.** Lüge(ngeschichte) *f*, Märchen *n*

tal·ent ['tælənt] *s* Talent *n* (*auch Person*), Begabung *f*; *Koll* Talente *Pl* (*Personen*): ***talent for acting*** schauspielerisches Talent; ***have great talent*** sehr begabt sein; ***have a great talent for music*** musikalisch sehr begabt sein; ***talent scout*** (*bes Sport*) Talentsucher(in)

'tal·ent·ed *Adj* talentiert, begabt

tal·is·man ['tælɪzmən] *s* Talisman *m*

▶**talk** [tɔːk] **I** *s* **1.** Gespräch *n* (*auch* POL *etc*), Unterhaltung *f* (***with*** mit; ***about*** über *Akk*): ***have a long talk with s.o.*** ein langes Gespräch mit j-m führen, sich lange mit j-m unterhalten **2.** Sprache *f* (*Art zu reden*): → ***baby talk*** **3.** Gerede *n*: ***there has been a lot of talk about …*** es ist viel die Rede von … gewesen; ***be the talk of the town*** Stadtgespräch sein; → ***small*** I **4.** Vortrag *m*: ***give a talk*** einen Vortrag halten (***to*** vor *Dat*; ***about, on*** über *Akk*) **II** *v/i* **5.** reden, sprechen, sich unterhalten (***to, with*** mit; ***about*** über *Akk*; ***of*** von): ***talk about s.th.*** *auch* etw besprechen; ***get o.s. talked about*** ins Gerede kommen; ***talking of*** da wir gerade von … sprechen; ***talk round s.th.*** um etw herumreden; ***you can talk!, look who's talking!, you're a fine one to talk!*** *ugs* das sagst ausgerechnet du!; → ***all*** 3, ***big*** 7, ***devil*** 1, ***hat*** **III** *v/t* **6.** *Unsinn etc* reden **7.** reden *oder* sprechen *oder* sich unterhalten über (*Akk*): → ***shop*** 3 **8.** ***talk s.o. into s.th.*** j-n zu etw überreden; ***talk s.o. into doing s.th.*** j-n überreden, etw zu tun; ***talk s.o. out of s.th.*** j-m etw ausreden; ***talk s.o. out of doing s.th.*** es j-m ausreden, etw zu tun; ***talk one's way out of s.th.*** sich aus etw herausreden

◆**talk down** **I** *v/t Flugzeug* heruntersprechen **II** *v/i*: ***talk down to s.o.*** herablassend mit j-m reden

◆**talk o·ver** *v/t Problem etc* besprechen (***with*** mit)

◆**talk round** *v/t j-n* bekehren (***to*** zu), umstimmen

◆**talk through** *v/t Problem etc* ausdiskutieren

talk·a·tive ['tɔːkətɪv] *Adj* gesprächig, redselig

'talk·er *s*: ***be a good talker*** gut reden können

'talk·ing **I** *s* Sprechen *n*, Reden *n*: ***do all the talking*** allein das Wort führen **II** *Adj* sprechend: ***talking doll*** Sprechpuppe *f*; ***talking point*** Gesprächsthema *n*; Streitpunkt *m*

'talk·ing-to *Pl* **talk·ing-tos** *s ugs* Standpauke *f*: ***give s.o. a talking-to*** j-m eine Standpauke halten

talk show *s* TV Talkshow *f*

▶**tall** [tɔːl] *Adj* **1.** groß (*Person*), hoch (*Gebäude etc*) **2.** *ugs* unglaublich (*Geschichte*): ***that's a tall order*** das ist ein bisschen viel verlangt

tal·low ['tæləʊ] *s* Talg *m*

tal·ly ['tælɪ] **I** *s Sport etc*: Stand *m*: ***keep a tally of*** Buch führen über (*Akk*) **II** *v/i* übereinstimmen (***with*** mit) **III** *v/t auch* ***tally up*** zs.-rechnen, -zählen

tal·on ['tælən] *s* ORN Kralle *f*, Klaue *f*

tam·bou·rine [ˌtæmbə'riːn] *s* MUS Tamburin *n*

▶**tame** [teɪm] **I** *Adj* **1.** ZOOL zahm **2.** *ugs* fad, lahm **II** *v/t* **3.** *Tier* zähmen; *Leidenschaft etc* (be)zähmen

tam·per ['tæmpə] *v/i*: ***tamper with*** sich zu schaffen machen an (*Dat*)

tam·pon ['tæmpɒn] *s* MED Tampon *m*

tan [tæn] **I** *v/t* **1.** *j-n, Haut* bräunen **2.** *Fell* gerben **II** *v/i* **3.** bräunen, braun werden **III** *s* **4.** Bräune *f* **IV** *Adj* **5.** gelbbraun

tan·dem ['tændəm] *s* Tandem *n*: ***in tandem*** *fig* zusammen, gemeinsam (***with*** mit)

tang [tæŋ] *s* (scharfer) Geruch *oder* Geschmack

tan·gent ['tændʒənt] *s* MATHE Tangente *f*: ***go off at a tangent*** *fig* plötzlich (vom Thema) abschweifen

tan·ger·ine [ˌtændʒə'riːn] *s* BOT Mandarine *f*

tan·gi·ble ['tændʒəbl] *Adj* greifbar, *fig auch* handfest

tan·gle ['tæŋgl] **I** *v/t* **1.** *auch* ***tangle up*** verwirren, durcheinanderbringen (*beide auch fig*), verheddern: ***get tangled*** *siehe* 2 **II** *v/i* **2.** sich verwirren, durcheinanderkommen, sich verheddern (*alle auch fig*) **3.** ***tangle with*** *ugs* aneinandergeraten mit **III** *s* **4.** Gewirr *n*, *fig auch* Wirrwarr *m*, Durcheinander *n*

tan·go ['tæŋgəʊ] **I** *Pl* **tan·gos** *s* MUS Tango *m* **II** *v/i* Tango tanzen: ***it takes two to tango*** *fig* dazu gehören zwei

tank [tæŋk] **I** *s* **1.** MOT *etc* Tank *m* **2.** MIL Panzer *m* **II** *v/t* **3.** ***tanked up*** *Br ugs* voll (*betrunken*)

tank·ard ['tæŋkəd] *s* (Bier)Humpen *m*

tank·er ['tæŋkə] *s* SCHIFF Tanker *m*, Tankschiff *n*; MOT Tank-, BAHN *auch* Kesselwagen *m*

tank top *s* Pullunder *m*, (Träger)Shirt *n*

tan·ta·lize ['tæntəlaɪz] *v/t j-n* aufreizen; hinhalten (***with*** mit)

'tan·ta·liz·ing *Adj* verlockend

tan·ta·mount ['tæntəmaʊnt] *Adj*: ***be tantamount to*** gleichbedeutend sein mit, hinauslaufen auf (*Akk*)

tan·trum ['tæntrəm] *s* Koller *m*: ***have*** (*oder* ***throw***) ***a tantrum*** einen Koller kriegen

Tan·za·nia [ˌtænzə'nɪə] *Eigenn* Tansania *n*

tap[1] [tæp] **I** *v/t* **1. a)** *siehe* 3: ***tap s.o. on the shoulder*** j-m auf die Schulter klopfen, **b)** antippen **2.** mit *den Fingern, Füßen* klopfen (***on*** auf *Akk*), mit *den Fingern* trommeln (***on*** auf *Akk, Dat*) **II** *v/i* **3.** ***tap on*** (leicht) klopfen an (*Akk*) *oder* auf (*Akk*) *oder* gegen **III** *s* **4.** (leichtes) Klopfen; Klaps *m*

▶**tap**[2] [tæp] **I** *s* **1.** TECH Hahn *m*: ***beer on tap*** Bier *n* vom Fass; ***have s.th. on tap*** *fig* etw zur Hand *oder* auf Lager haben **II** *v/t* **2.** *Fass* anzapfen, anstechen **3.** *Telefon*(*leitung*) anzapfen, abhören **4.** *Naturschätze etc* erschließen; *Vor-*

T

räte *etc* angreifen **5.** *Br ugs j-n* anpumpen *oder* anzapfen (***for*** um)
tap-dance ['tæpdɑːns] *v/i* steppen
tap danc·ing *s* Stepptanz *m*
▶**tape** [teɪp] **I** *s* **1.** *allg* Band *n*; (*Video- etc*)Kassette *f* **2.** (Band)Aufnahme *f*; TV Aufzeichnung *f* **3.** SPORT Zielband *n*: → ***breast*** II **4.** → ***tape measure*** **II** *v/t* **5.** *auch* ***tape up*** (mit Klebeband) zukleben **6.** (auf Band) aufnehmen; TV aufzeichnen: ***taped music*** Musik *f* vom Band
tape deck *s* Kassettendeck *n*
tape meas·ure *s* Maß-, Messband *n*, Bandmaß *n*
ta·per ['teɪpə] *v/i* **1.** *auch* ***taper off*** spitz zulaufen, sich verjüngen **2.** *auch* ***taper off*** *fig* langsam nachlassen
'tape-re,cord → ***tape*** 6
tape re·cord·er *s* Tonbandgerät *n*
ta·pes·try ['tæpɪstrɪ] *s* Gobelin *m*, Wandteppich *m*
'tape·worm *s* ZOOL Bandwurm *m*
tap wa·ter *s* Leitungswasser *n*
tar [tɑː] **I** *s* Teer *m* **II** *v/t* teeren: ***tar and feather*** *j-n* teeren und federn; ***they are all tarred with the same brush*** *fig pej* sie sind alle gleich
ta·ran·tu·la [tə'ræntjʊlə] *s* ZOOL Tarantel *f*
tar·dy ['tɑːdɪ] *Adj* spät, verspätet
tare [teə] *s* WIRTSCH Tara *f*
▶**tar·get** ['tɑːgɪt] **I** *s* **1.** (Schieß-, Ziel-)Scheibe *f*; *fig* Zielscheibe *f* (*des Spotts etc*) **2.** MIL Ziel *n* (*auch fig*); WIRTSCH *auch* Soll *n*: ***set o.s. a target of doing s.th.*** (es) sich zum Ziel setzen, etw zu tun; ***meet*** (*oder* ***reach***) ***a target*** ein Ziel erreichen **II** *v/t* **3.** ***be targeted at*** (*oder* ***on***) gerichtet sein auf (*Akk*); *fig* abzielen auf (*Akk*)
tar·get group *s* Zielgruppe *f*
tar·get lan·guage *s* Zielsprache *f*
tar·iff ['tærɪf] *s* **1.** Zoll(tarif) *m* **2.** *bes Br* Preisverzeichnis *n*
tar·mac ['tɑːmæk] *s* **1.** Asphalt *m* **2.** FLUG Rollfeld *n*
tar·nish ['tɑːnɪʃ] **I** *v/t Ansehen etc* beflecken **II** *v/i* anlaufen (*Metall*)
ta·rot ['tɑːrəʊ] *s* Tarot *m*, *n*
tar·pau·lin [tɑː'pɔːlɪn] *s* Plane *f*; SCHIFF Persenning *f*
tar·ra·gon ['tærəgən] *s* BOT Estragon *m*
tar·ry[1] ['tɑːrɪ] *Adj* teerig
tar·ry[2] ['tærɪ] *v/i* verweilen
tart[1] [tɑːt] *Adj* **1.** herb; sauer **2.** *fig* scharf, beißend
tart[2] [tɑːt] *s* **1.** Obstkuchen *m*; Obsttörtchen *n* **2.** *ugs* Flittchen *n*; Nutte *f*
tar·tan ['tɑːtən] *s* Schottenstoff *m*; Schottenmuster *n*
tar·tar ['tɑːtə] *s* CHEM Weinstein *m*; Zahnstein *m*
tar·tar sauce, **tar·tare sauce** ['tɑːtɑː 'sɔːs] *s* GASTR Remouladensoße *f*
task [tɑːsk] *s* Aufgabe *f*: ***take s.o. to task*** *fig* j-n zurechtweisen (***for*** wegen)
task force *s* MIL Sonder-, Spezialeinheit *f*
tas·sel ['tæsl] *s* Troddel *f*, Quaste *f*
▶**taste** [teɪst] **I** *s* **1.** Geschmack(ssinn) *m*: → ***sense*** 1 **2.** Geschmack *m*: ***have no taste*** nach nichts schmecken; ***leave a bad taste in s.o.'s mouth*** *fig* einen bitteren *oder* schlechten Nachgeschmack bei j-m hinterlassen **3.** Kostprobe *f*: ***have a taste of*** **a)** → 6, **b)** *fig* einen Vorgeschmack bekommen von **4.** *fig* Geschmack *m*: ***to s.o.'s taste*** nach j-s Geschmack; ***be in bad*** (*oder* ***poor***) ***taste*** geschmacklos sein; → ***account*** 2, ***matter*** 3 **5.** *fig* Vorliebe *f* (***for*** für) **II** *v/t* **6.** kosten, probieren **7.** schmecken **8.** *fig* kosten, erleben, kennenlernen **III** *v/i* **9.** schmecken (***of*** nach)

taste + Adjektiv GR

Wie bei anderen Verben für Sinneswahrnehmung auch folgt auf **taste** in der Bedeutung „schmecken" ein Adjektiv, das diesen Sinneseindruck beschreibt – kein Adverb!

This tastes excellent / different.	Das schmeckt ausgezeichnet / anders.

taste·ful ['teɪstfʊl] *Adj fig* geschmackvoll
'taste·less *Adj* geschmacklos (*auch fig*)
'tast·y *Adj* schmackhaft
tat [tæt] → ***tit***[1]
ta-ta [ˌtæ'tɑː] *Interj Br ugs* tschüss!
tat·tered ['tætəd] *Adj* zerlumpt (*Kleidung*, *Person*); *fig* ruiniert, ramponiert (*Ruf etc*)
'tat·ters *s Pl* Fetzen *Pl*, Lumpen *Pl*: ***be in tatters*** zerlumpt sein (*Kleidung*); *fig* ruiniert *oder* ramponiert sein
tat·too[1] [tə'tuː] **I** *v/t* **1.** tätowieren **2.** *Muster etc* eintätowieren (***on*** in *Akk*) **II** *s* **3.** Tätowierung *f*, Tattoo *m*, *n*: ***tattoo pen*** Tattoostift *m*
tat·too[2] [tə'tuː] *s* MIL Zapfenstreich *m*; (*meist* abendliche) Musikparade
tat·ty ['tætɪ] *Adj bes Br ugs* schäbig (*Kleidung*, *Möbel etc*)
taught [tɔːt] *Prät und Part Perf von* ***teach***
taunt [tɔːnt] **I** *v/t* verhöhnen, -spotten (***for, with*** wegen) **II** *s* höhnische *oder* spöttische Bemerkung
Tau·rus ['tɔːrəs] *s* ASTR Stier *m*: ***be*** (***a***) ***Taurus*** Stier sein
taut [tɔːt] *Adj* **1.** straff (*Seil etc*) **2.** *fig* angespannt (*Gesichtsausdruck etc*)
'taut·en **I** *v/t* spannen, straffen, straff anziehen **II** *v/i* sich spannen *oder* straffen
taw·dry ['tɔːdrɪ] *Adj* (billig und) geschmacklos
taw·ny ['tɔːnɪ] *Adj* gelbbraun
▶**tax** [tæks] **I** *s* **1.** Steuer *f* (***on*** auf *Akk*): ***before*** (***after***) ***tax*** vor (nach) Abzug der Steuern, brutto (netto); → ***put*** 2 **II** *v/t* **2.** besteuern **3.** *j-s Geduld etc* strapazieren
'tax·a·ble *Adj* steuerpflichtig
tax'a·tion *s* Besteuerung *f*
tax ad·vis·er *s* Steuerberater(in)
tax brack·et *s* Steuergruppe *f*, -klasse *f*
tax con·sult·ant *s* Steuerberater(in)
ˌtax-de'duct·i·ble *Adj* (steuerlich) absetzbar
tax disc *s* (Auto)Steuermarke *f*
tax e·va·sion *s* Steuerhinterziehung *f*
ˌtax-'free *Adj und Adv* steuerfrei
tax ha·ven *s* Steueroase *f*, -paradies *n*
▶**tax·i** ['tæksɪ] **I** *s* Taxi *n*, Taxe *f* **II** *v/i* FLUG rollen
'tax·i·cab → ***taxi*** I
tax·i driv·er *s* Taxifahrer(in)
'tax·iˌme·ter *s* Taxameter *m*, *n*, Fahrpreisanzeiger *m*
tax·ing ['tæksɪŋ] *Adj* anstrengend
tax·i rank, **tax·i stand** *s* Taxistand *m*
'taxˌpay·er *s* Steuerzahler(in)
tax rate *s* Steuersatz *m*
tax rea·sons *s Pl* steuerliche Gründe *Pl*

tax re·lief *s* Steuervergünstigung *f*
tax re·turn *s* Steuererklärung *f*
'T-bone (steak) *s* T-Bone-Steak *n* (*Steak aus dem Rippenstück des Rinds*)
▶**tea** [tiː] *s* Tee *m*: ***not for all the tea in China*** nicht um alles in der Welt; → ***cup*** 1, ***high tea***
tea bag *s* Tee-, Aufgussbeutel *m*
tea break *s* Teepause *f*
tea cad·dy *s* Teebüchse *f*, -dose *f*
▶**teach** [tiːtʃ] (*unreg*) **I** *v/t* **1.** *Fach* lehren, unterrichten **2.** *j-n, auch j-m etw* lehren, *j-n* unterrichten in (*Dat*); *j-m etw* beibringen: ***teach s.o. a lesson*** *fig* j-m eine Lektion erteilen **II** *v/i* **3.** unterrichten (***at*** an *einer Schule*)
▶**teach·er** ['tiːtʃə] *s* Lehrer(in)
'teach·ing *s* **1.** Unterrichten *n*; Lehrberuf *m* **2.** Lehre *f*
tea cloth → ***tea towel***
tea co·sy (*Am* **tea co·zy**) *s* Teewärmer *m*
'tea·cup *s* Teetasse *f*: → ***storm*** 1
'tea·house *s* Teehaus *n*
teak [tiːk] *s* Teak(holz) *n*
'tea,ket·tle *s* Tee-, Wasserkessel *m*
'tea,leaf *s* (*unreg* ***leaf***) **1.** Teeblatt *n* **2.** *Br sl* Langfinger *m*
▶**team** [tiːm] **I** *s* **1.** SPORT Mannschaft *f*, Team *n*, *allg auch* Gruppe *f* **2.** Gespann *n* **II** *v/i* **3.** ***team up*** sich zs.-tun (***with*** mit)
team ef·fort *s* Teamwork *n*: ***by a team effort*** mit vereinten Kräften
team game *s* SPORT Mannschaftsspiel *n*
'team·mate *s* SPORT Mannschaftskamerad(in)
team spir·it *s* SPORT Mannschaftsgeist *m*; *allg* Gemeinschaftsgeist *m*
team·ster ['tiːmstə] *s* Lkw-Fahrer(in)
'team·work *s* SPORT Mannschafts-, Zs.-spiel *n*; *allg* Teamwork *n*
tea par·ty *s* Teegesellschaft *f*
'tea·pot *s* Teekanne *f*: → ***tempest***
▶**tear**[1] [tɪə] *s* Träne *f*: ***be almost in tears*** den Tränen nahe sein, fast weinen; ***tears Pl of joy*** Freudentränen *Pl*; ***burst into tears*** in Tränen ausbrechen
▶**tear**[2] [teə] **I** *s* **1.** Riss *m* **II** *v/t* (*unreg*) **2.** zerreißen; sich *etw* zerreißen (***on*** an *Dat*); ***tear a muscle*** sich einen Muskel reißen, sich einen Muskelriss zuziehen; ***torn muscle*** Muskelriss *m* **3.** weg-, losreißen (***from*** von): ***tear s.th. from s.o.*** *auch* j-m etw entreißen; → ***hair*** **4.** ***be torn between … and*** *fig* hin- und hergerissen sein zwischen (*Dat*) … u **III** *v/i* (*unreg*) **5.** (zer)reißen **6.** *ugs* rasen, sausen **7.** ***tear into s.o.*** *ugs* über j-n herfallen (*auch mit Worten*)

tear

tear [tɪə]	Träne	reimt sich auf **beer**
tear [teə]	Riss; zerreißen	reimt sich auf **bear**

◆**tear a·way** *v/t* weg-, losreißen (***from*** von) (*auch fig*)
◆**tear down** *v/t* **1.** *Plakat etc* herunterreißen **2.** *Haus etc* abreißen
◆**tear off** *v/t* **1.** abreißen; abtrennen **2.** sich *Kleidung* vom Leib reißen **3.** *ugs Aufsatz etc* hinhauen
◆**tear out** *v/t* (her)ausreißen (***of*** aus); *Baum* entwurzeln: → ***hair***
◆**tear up** *v/t* **1.** aufreißen **2.** zerreißen

tear·drop ['tɪədrɒp] *s* Träne *f*
tear·ful ['tɪəfʊl] *Adj* **1.** weinend **2.** tränenreich (*Abschied etc*)
tear gas [tɪə] *s* Tränengas *n*
tear·ing ['teərɪŋ] *Adj*: ***be in a tearing hurry*** *ugs* es schrecklich eilig haben
tear·jerk·er ['tɪə,dʒɜːkə] *s ugs* Schmachtfetzen *m*
tear·off ['teərɒf] *Adj*: ***tearoff calendar*** Abreißkalender *m*
tea·room ['tiːrʊm] *s* Teestube *f*
tease [tiːz] **I** *v/t j-n, Tier* necken, *j-n* hänseln (***about*** wegen); *j-n, Tier* reizen **II** *v/i*: ***he is only teasing*** er macht nur Spaß **III** *s* Necker(in), Hänsler(in)
'teas·er *s* **1.** → ***tease*** III **2.** *ugs* harte Nuss
tea ser·vice, **tea set** *s* Teeservice *n*
'tea·spoon *s* Teelöffel *m*
teat [tiːt] *s* **1.** ZOOL Zitze *f* **2.** *Br* (Gummi)Sauger *m* (*einer Saugflasche*)
tea tow·el *s bes Br* Geschirrtuch *n*
tea trol·ley *s bes Br*, **tea wag·on** *s bes Am* Tee-, Servierwagen *m*
tech [tek] *s ugs* **1.** *bes Br* FH (*Fachhochschule*) **2.** Technologie *f*
▶**tech·ni·cal** ['teknɪkl] *Adj* **1.** *allg* technisch: ***technical knockout*** (*Boxen*) technischer K.o. **2.** fachlich, Fach…: ***technical term*** Fachausdruck *m*
tech·ni·cal·i·ty [,teknɪ'kælətɪ] *s* technische Einzelheit
tech'ni·cian [tek'nɪʃn] *s* Techniker(in)
▶**tech·nique** [tek'niːk] *s* **1.** TECH Technik *f*, Verfahren *n* **2.** MUS, MALEREI, SPORT *etc* Technik *f*
tech·no ['teknəʊ] *s* MUS Techno *n*, *m*
tech·no·crat ['teknəʊkræt] *s* Technokrat(in)
▶**tech·no·log·i·cal** [,teknə'lɒdʒɪkl] *Adj* technologisch; technisch
tech·nol·o·gist [tek'nɒlədʒɪst] *s* Technologe *m*, Technologin *f*
▶**tech·nol·o·gy** [tek'nɒlədʒɪ] *s* Technologie *f*; Technik *f*: ***technology park*** Technologiepark *m*
ted·dy, **ted·dy bear** ['tedɪ] *s* Teddy(bär) *m*
te·di·ous ['tiːdjəs] *Adj* langweilig
te·di·um ['tiːdjəm] *s* Langweiligkeit *f*
teem [tiːm] *v/i* (***with***) wimmeln (von); strotzen (von, vor *Dat*): ***the square was teeming with people*** auf dem Platz wimmelte es von Menschen; ***it is teeming with rain*** es regnet in Strömen
teen·age, **teen·aged** ['tiːneɪdʒ(d)] *Adj* **1.** im Teenageralter **2.** Teenager…, für Teenager
'teen,ag·er *s* Teenager *m*
teen band *s* Teenie-Group *f*, Teenie-Gruppe *f*
teens [tiːnz] *s Pl*: ***be in one's teens*** im Teenageralter sein
tee·ny ['tiːnɪ], **tee·ny-wee·ny** [,tiːnɪ'wiːnɪ] *Adj ugs* klitzeklein, winzig
tee shirt [tiː] *s* T-Shirt *n*
tee·ter ['tiːtə] *v/i* (sch)wanken
teeth [tiːθ] *Pl von* ***tooth***
teethe [tiːð] *v/i* zahnen
'teeth·ing *Adj*: ***teething troubles*** *Pl fig* Kinderkrankheiten *Pl*
tee·to·tal·er *s Am*, **tee·to·tal·ler** *s bes Br* [tiː'təʊtlə] *s* Abstinenzler(in)
tel·e·cast ['telɪkɑːst] **I** *v/t* (*meist unreg*) im Fernsehen übertragen *oder* bringen **II** *s* Fernsehsendung *f*
tel·e·com·mu·ni·ca·tions ['telɪkə,mjuːnɪ'keɪʃnz] *s Pl* Telekommunikation *f*, Fernmel-

T

dewesen *n*
tel·e·com·mu·ni·ca·tions sat·el·lite *s* Fernmelde-, Nachrichtensatellit *m*
tel·e·com·mut·er ['telɪkəˌmjuːtə] *s* Telearbeiter(in)
tel·e·com·mut·ing *s* Telearbeit *f*
▶**tel·e·gram** ['telɪgræm] *s* Telegramm *n*: ***by telegram*** telegrafisch
tel·e·graph ['telɪgrɑːf] **I** *s*: ***by telegraph*** telegrafisch **II** *v/t j-m etw* telegrafieren
tel·e·graph·ic [ˌtelɪ'græfɪk] *Adj* (***telegraphically***) telegrafisch
te·lep·a·thy [tɪ'lepəθɪ] *s* Telepathie *f*, Gedankenübertragung *f*
▶**tel·e·phone** ['telɪfəʊn] **I** *s* **1.** Telefon *n*: ***by telephone*** telefonisch; ***be on the telephone*** Telefon(anschluss) haben; am Telefon sein **2.** Hörer *m* **II** *v/i* **3.** telefonieren, anrufen **III** *v/t* **4.** anrufen: ***telephone s.th. to s.o.*** j-m etw telefonisch durchgeben **IV** *Adj* **5.** Telefon…: ***telephone banking*** Telefonbanking *n*. ***telephone booth*** (*Br* ***box***) Telefon-, Fernsprechzelle *f*; ***telephone call*** Telefonanruf *m*, -gespräch *n*; ***telephone directory*** Telefon-, Fernsprechbuch *n*; ***telephone exchange*** Fernsprechamt *n*; ***telephone number*** Telefonnummer *f*
te·leph·o·nist [tɪ'lefənɪst] *s bes Br* Telefonist(in)
tel·e·pho·to lens ['telɪˌfəʊtəʊ] *s* FOTO Teleobjektiv *n*
tel·e·ra·di·ol·o·gy [ˌtelɪreɪdɪ'ɒlədʒɪ] *s* MED Teleradiologie *f*
tel·e·pro·cess·ing [ˌtelɪ'prəʊsesɪŋ] *s* IT Datenfernverarbeitung *f*
tel·e·scope ['telɪskəʊp] **I** *s* **1.** Teleskop *n*, Fernrohr *n* **II** *v/t* **2.** *auch* ***telescope together*** zs.-, ineinanderschieben **3.** *fig* verkürzen, komprimieren (***into*** zu) **III** *v/i* **4.** sich zs.- *oder* ineinanderschieben (lassen)
tel·e·scop·ic [ˌtelɪ'skɒpɪk] *Adj* (***telescopically***) **1.** teleskopisch: ***telescopic sight*** Zielfernrohr *n* **2.** ausziehbar: ***telescopic aerial*** (*bes Am* ***antenna***) Teleskopantenne *f*; ***telescopic umbrella*** Taschenschirm *m*
tel·e·shop·ping ['telɪʃɒpɪŋ] *s* Teleshopping *n*
tel·e·text ['telɪtekst] *s* Bildschirmtext *m*
tel·e·vise ['telɪvaɪz] → ***telecast*** I
▶**tel·e·vi·sion** ['telɪˌvɪʒn] **I** *s* **1.** Fernsehen *n*: ***on*** (***the***) ***television*** im Fernsehen; ***watch television*** fernsehen; ***work in television*** beim Fernsehen beschäftigt sein **2.** Fernsehapparat *m*, -gerät *n* **II** *Adj* **3.** Fernseh…: ***television set*** *siehe* 2
tel·e·work·er ['telɪwɜːkə] *s* Telearbeiter(in)
tel·e·work·ing *s* Telearbeit *f*
tel·ex ['teleks] *s* **1.** Telex *n*, Fernschreiben *n* **2.** TECH Fernschreiber *m*

T

▶**tell** [tel] (*unreg*) **I** *v/t* **1.** sagen, erzählen: ***I can't tell you how …*** ich kann dir gar nicht sagen, wie …; ***you are telling me!*** *ugs* wem sagst du das!; → ***another*** 2 **2.** *Geschichte etc* erzählen: → ***tale*** 1 **3.** *seinen Namen etc* nennen; *Grund etc* angeben; *Zeit* anzeigen (*Uhr*) **4.** (mit Bestimmtheit) sagen; erkennen (***by*** an *Dat*): ***I can't tell one from the other, I can't tell them apart*** ich kann sie nicht auseinanderhalten **5.** *j-m* sagen, befehlen (***to do*** zu tun) **6.** ***tell off*** *ugs j-m* Bescheid geben (***for*** wegen) **II** *v/i* **7.** ***who can tell?*** wer weiß?; ***you can never*** (*oder* ***never can***) ***tell*** man kann nie wissen **8.** ***tell on s.o.*** j-n verpetzen *oder* verraten **9.** sich auswirken (***on*** bei, auf *Akk*), sich bemerkbar machen: ***tell against*** sprechen gegen; von Nachteil sein für

tell mit Objekt GR

Tell im Sinne von „sagen, erzählen" hat immer ein Objekt, das die Person bezeichnet, der etwas gesagt wird:
I told you there'd be trouble!
Tell me how the accident happened.
Ausnahmen: **tell lies, tell the truth**
You're telling lies!
Vor Gericht: **I swear to tell the truth, the whole truth and nothing but the truth.**

'teller *s bes Am* Kassierer(in) (*einer Bank*): ***automatic teller*** (***machine***) Geldautomat *m*
tell·ing ['telɪŋ] *Adj* **1.** aufschlussreich **2.** schlagend (*Argument*)
ˌtell·ing-'off *s*: ***give s.o. a*** (***good***) ***telling-off*** *ugs* j-m (kräftig) Bescheid stoßen (***for*** wegen)
'tell·tale I *Adj* verräterisch **II** *s ugs* Zuträger(in), Petze *f*
tel·ly ['telɪ] *s bes Br ugs* **1.** → ***television*** 1 **2.** Fernseher *m* (*Gerät*)
te·mer·i·ty [tɪ'merətɪ] *s* Frechheit *f*
temp [temp] *Br ugs* **I** *s* (*von einer Agentur vermittelte*[*r*]) Zeitsekretär(in) **II** *v/i* als Zeitsekretär(in) arbeiten
tem·per ['tempə] **I** *s* **1.** Temperament *n*, Gemüt(sart *f*) *n*, Wesen(sart *f*) *n* **2.** Laune *f*, Stimmung *f*: ***be in a bad temper*** schlecht gelaunt sein; ***keep one's temper*** ruhig bleiben; ***lose one's temper*** die Beherrschung verlieren **3.** *ugs* ***be in a temper*** gereizt *oder* wütend sein; ***fly into a temper*** an die Decke gehen; → ***fit²*** 1, ***work*** 8 **II** *v/t* **4.** TECH *Stahl* härten
tem·per·a·ment ['tempərəmənt] *s* **1.** → ***temper*** 1 **2.** Temperament *n*, Lebhaftigkeit *f*
tem·per·a·men·tal [ˌtempərə'mentl] *Adj* **1.** reizbar; launisch **2.** veranlagungsmäßig, anlagebedingt: ***temperamentally*** *auch* von der Veranlagung her, von Natur aus
tem·per·ate ['tempərət] *Adj* gemäßigt
▶**tem·per·a·ture** ['temprətʃə] *s* Temperatur *f*: ***have*** (*oder* ***be running***) ***a temperature*** erhöhte Temperatur *oder* Fieber haben; ***take s.o.'s temperature*** j-s Temperatur messen
tem·pest ['tempɪst] *s* (heftiger) Sturm (*poet außer in*): ***tempest in a teapot*** *Am fig* Sturm im Wasserglas
tem·pes·tu·ous [tem'pestjʊəs] *Adj poet oder fig* stürmisch
tem·pi ['tempiː] *Pl von* ***tempo***
tem·plate ['templɪt] *s* Schablone *f*; COMPUTER Maske *f*, Dokumentvorlage *f*
tem·ple¹ [templ] *s* Tempel *m*
tem·ple² [templ] *s* ANAT Schläfe *f*
tem·po ['tempəʊ] *Pl* **tem·pos, tem·pi** ['tempiː] *s* MUS Tempo *n* (*auch fig*)
tem·po·ral¹ ['tempərəl] *Adj* **1.** weltlich **2.** LING temporal, Zeit…, der Zeit
tem·po·ral² ['tempərəl] *Adj* ANAT Schläfen…
tem·po·rar·y ['tempərərɪ] *Adj* vorübergehend, zeitweilig
tempt [tempt] *v/t* **1.** *j-n* in Versuchung führen (*auch* REL); *j-n* verführen (***to*** zu; ***to do*** [*oder* ***to doing***] ***s.th.*** dazu, etw zu tun): ***be tempted***

to do s.th. versucht *oder* geneigt sein, etw zu tun **2.** ***tempt fate*** (*oder* ***providence***) das Schicksal herausfordern

temp'ta·tion *s* Versuchung *f* (*auch* REL), Verführung *f*

'tempt·er *s* Verführer *m*

'tempt·ing *Adj* verführerisch

'tempt·ress *s* Verführerin *f*

►**ten** [ten] **I** *Adj* **1.** zehn **II** *s* **2.** Zehn *f*: ***ten of hearts*** Herzzehn; ***tens*** *Pl* ***of thousands*** zehntausende *Pl* **3.** MATHE Zehner *m*

ten·a·ble ['tenəbl] *Adj* haltbar

te·na·cious [tɪ'neɪʃəs] *Adj* hartnäckig, zäh

te·nac·i·ty [tɪ'næsətɪ] *s* Hartnäckigkeit *f*, Zähigkeit *f*

ten·an·cy ['tenənsɪ] *s* Pacht-, Mietdauer *f*

ten·ant ['tenənt] *s* Pächter(in), Mieter(in)

►**tend¹** [tend] *v/i* neigen, tendieren (***to, toward***[***s***] zu): ***tend to do s.th.*** dazu neigen, etw zu tun

tend² [tend] **I** *v/t j-n* pflegen, *auch Wunde* versorgen **II** *v/i*: ***tend to*** *siehe* I

tend·en·cy ['tendənsɪ] *s* Tendenz *f*; Neigung *f*: ***have a tendency to*** (*oder* ***toward***[***s***]) neigen *oder* tendieren zu; ***have a tendency to do s.th.*** dazu neigen, etw zu tun

ten·den·tious [ten'denʃəs] *Adj* tendenziös

►**ten·der¹** ['tendə] *Adj* **1.** empfindlich, *fig auch* heikel **2.** zart, weich (*Fleisch*) **3.** zärtlich

ten·der² ['tendə] **I** *v/i* **1.** WIRTSCH ein Angebot machen (***for*** für) **II** *v/t* **2.** → ***resignation*** 1 **III** *s* **3.** WIRTSCH Angebot *n* **4.** ***legal tender*** gesetzliches Zahlungsmittel

ten·der³ ['tendə] *s* SCHIFF, BAHN Tender *m*

'ten·der·foot *s* (*auch unreg* ***foot***) *Am ugs* Anfänger(in), Neuling *m*

ˌten·der'heart·ed *Adj* weichherzig

ten·der·ize ['tendəraɪz] *v/t Fleisch* zart *oder* weich machen

'ten·der·loin *s* zartes Lendenstück

ten·don ['tendən] *s* ANAT Sehne *f*

ten·dril ['tendrəl] *s* BOT Ranke *f*

ten·e·ment ['tenəmənt] *s* Mietshaus *n*, *pej* Mietskaserne *f*

ten·fold ['tenfəʊld] **I** *Adj* zehnfach **II** *Adv* zehnfach, um das Zehnfache: ***increase tenfold*** (sich) verzehnfachen

ten·ner ['tenə] *s ugs* Zehner *m* (*Br Zehnpfundschein, Am Zehndollarschein*)

ten·nis ['tenɪs] *s* SPORT Tennis *n*

ten·nis ball *s* Tennisball *m*

ten·nis court *s* Tennisplatz *m*

ten·nis el·bow *s* MED Tennisarm *m*

ten·nis play·er *s* Tennisspieler(in)

ten·nis rack·et *s* Tennisschläger *m*

ten·or ['tenə] *s* **1.** MUS Tenor *m* **2.** Tenor *m*, Sinn *m* **3.** Verlauf *m*

'ten·pin *s* **1.** *Bowling*: Kegel *m*: ***tenpin bowling*** *Br* Bowling *n* **2.** ***tenpins*** *Sg Am* Bowling *n*

tense¹ [tens] *s* LING Zeit *f*, Tempus *n*

tense² [tens] *Adj* **1.** gespannt, straff (*Seil etc*), (an)gespannt (*Muskeln*) **2.** *fig* (an)gespannt (*Lage etc*); (über)nervös (*Person*)

ten·sile ['tensaɪl] *Adj* **1.** dehn-, spannbar **2.** ***tensile strength*** Zug-, Zerreißfestigkeit *f*

ten·sion ['tenʃn] *s* **1.** Spannung *f* (*auch* ELEK): → ***high tension*** **2.** *fig* Anspannung *f*; Spannung(en *Pl*) *f*

►**tent** [tent] *s* Zelt *n*

ten·ta·cle ['tentəkl] *s* ZOOL Tentakel *m*, *n*: **a)** Fühler *m*, **b)** Fangarm *m*

ten·ta·tive ['tentətɪv] *Adj* **1.** vorläufig; versuchsweise: ***tentatively*** *auch* mit Vorbehalt **2.** vorsichtig, zögernd

ten·ter·hooks ['tentəhʊks] *s Pl*: ***be on tenterhooks*** wie auf glühenden Kohlen sitzen; ***keep s.o. on tenterhooks*** j-n auf die Folter spannen

►**tenth** [tenθ] **I** *Adj* **1.** zehnt **II** *s* **2.** *der, die, das* Zehnte: ***the tenth of May*** der 10. Mai **3.** Zehntel *n*: ***a tenth of a second*** eine Zehntelsekunde

'ten-time *Adj* zehnmalig

tent peg *s* Hering *m*, Zeltpflock *m*

tent pole *s* Zeltstange *f*

ten·u·ous ['tenjʊəs] *Adj* **1.** dünn (*Faden etc*) **2.** *fig* lose (*Verbindung etc*); schwach (*Beweis etc*)

ten·ure ['teˌnjʊə] *s* **1.** Innehabung *f* (*eines Amtes*), (*von Grundbesitz auch*) Besitz *m* **2.** Amtsdauer *f*, Dienstzeit *f*

tep·id ['tepɪd] *Adj* lau(warm) (*auch fig*)

►**term** [tɜːm] **I** *s* **1.** Zeit(raum *m*) *f*, Dauer *f*; Laufzeit *f* (*eines Vertrags etc*): ***term of imprisonment*** JUR Freiheitsstrafe *f*; ***term of office*** Amtsdauer, -periode *f*, -zeit; ***in the long*** (***short***) ***term*** auf lange (kurze) Sicht **2.** PÄD, UNI *bes Br* Trimester *n* **3.** Ausdruck *m*, Bezeichnung *f*: ***term of abuse*** Schimpfwort *n*, Beleidigung *f*; ***in terms of*** was … betrifft; ***in terms of money*** finanziell (gesehen); ***in no uncertain terms*** unmissverständlich; → ***technical*** 2 **4.** *Pl* Bedingungen *Pl*: ***terms of payment*** WIRTSCH Zahlungsbedingungen; ***on one's own terms*** zu seinen Bedingungen; ***come to terms*** sich einigen (***with*** mit); ***come to terms with s.th.*** sich mit etw abfinden; → ***easy*** 5 **5.** ***be on friendly*** (***good***) ***terms with*** auf freundschaftlichem Fuß stehen (gut auskommen) mit; → ***speaking*** II **II** *v/t* **6.** nennen, bezeichnen als

ter·mi·nal ['tɜːmɪnl] **I** *Adj* **1.** MED **a)** unheilbar (*Krankheit*), **b)** im Endstadium, **c)** Sterbe… **II** *s* **2.** BAHN *etc* Endstation *f*: → ***air terminal*** **3.** COMPUTER Terminal *n*, Endeinrichtung *f* **4.** ELEK (Anschluss)Klemme *f*; Pol *m* (*einer Batterie*)

ter·mi·nate ['tɜːmɪneɪt] **I** *v/t* beenden; *Vertrag* kündigen, lösen; MED *Schwangerschaft* unterbrechen **II** *v/i* enden; ablaufen (*Vertrag*)

ˌter·mi'na·tion *s* **1.** Beendigung *f*; Kündigung *f*, Lösung *f*; MED (*Schwangerschafts*)Abbruch *m* **2.** Ende *n*; Ablauf *m*

ter·mi·ni ['tɜːmɪnaɪ] *Pl von* ***terminus***

ter·mi·nol·o·gy [ˌtɜːmɪ'nɒlədʒɪ] *s* Terminologie *f*, Fachsprache *f*

ter·mi·nus ['tɜːmɪnəs] *Pl* **ter·mi·ni** ['tɜːmɪnaɪ], **ter·mi·nus·es** *s* BAHN *etc* Endstation *f*

ter·mite ['tɜːmaɪt] *s* ZOOL Termite *f*

ter·race ['terəs] *s* **1.** Terrasse *f* **2.** *Pl* SPORT *bes Br* Ränge *Pl* **3.** Häuserreihe *f*, -zeile *f*

'ter·raced *Adj*: ***terraced house*** *Br* Reihenhaus *n*

ter·ra·cot·ta [ˌterə'kɒtə] *s* Terrakotta *f*

ter·rain [te'reɪn] *s* Gelände *n*, Terrain *n*

ter·res·tri·al [tə'restrɪəl] *Adj* **1.** irdisch **2.** Erd…: ***terrestrial globe*** Erdball *m* **3.** BOT, ZOOL Land…

►**ter·ri·ble** ['terəbl] *Adj* schrecklich, furchtbar (*beide auch fig ugs*)

ter·ri·er ['terɪə] *s* ZOOL Terrier *m*

ter·rif·ic [tə'rɪfɪk] *Adj* (***terrifically***) *ugs* toll, fantastisch; wahnsinnig

ter·ri·fy ['terɪfaɪ] *v/t j-m* schreckliche Angst einjagen: ***spiders terrify me, I'm terrified of spiders*** ich habe schreckliche Angst vor Spinnen

T

ter·ri·to·ri·al [ˌterəˈtɔːrɪəl] *Adj* territorial, Gebiets…: ***territorial claims*** *Pl* Gebietsansprüche *Pl*; ***territorial waters*** *Pl* Hoheitsgewässer *Pl*
ter·ri·to·ry [ˈterətərɪ] *s* **1.** (*auch* Hoheits-, Staats)Gebiet *n*, Territorium *n* **2.** ZOOL Revier *n* **3.** *fig* Gebiet *n*
ter·ror [ˈterə] *s* **1.** Entsetzen *n*: ***in terror*** voller Entsetzen; in panischer Angst; ***have a terror of*** panische Angst haben vor (*Dat*) **2.** Terror *m* **3.** Schrecken *m* (*Person, Sache*) **4.** *ugs* Landplage *f* (*bes Kind*)
ˈter·ror·ism *s* Terrorismus *m*
ˈter·ror·ist I *s* Terrorist(in) **II** *Adj* terroristisch, Terror…
ˈter·ror·ize *v/t* terrorisieren; einschüchtern
ter·ry, ter·ry·cloth [ˈterɪ(klɒθ)] *s* Frottier *n*
terse [tɜːs] *Adj* knapp (*Antwort etc*)
tes·sel·at·ed [ˈtesəleɪtɪd] *Adj* Mosaik…
▶**test** [test] **I** *s* **1.** *allg* Test *m*: ***put to the test*** auf die Probe stellen; ***stand the test of time*** die Zeit überdauern; ***pass*** (***fail***) ***a test*** eine Prüfung (nicht) bestehen; → ***driving test*** **2.** → ***test match*** **II** *v/t* **3.** testen, prüfen **4.** *j-s Geduld etc* auf eine harte Probe stellen
tes·ta·ment [ˈtestəmənt] *s* **1.** → ***will***[1] 2 **2. Testament** BIBEL *Altes, Neues* Testament **3.** *fig* Zeugnis *n* (***to*** *Gen*)
tes·ta·men·ta·ry [ˌtestəˈmentərɪ] *Adj* JUR testamentarisch
tes·ta·tor [teˈsteɪtə] *s* JUR Erblasser *m*
tes·ta·trix [teˈsteɪtrɪks] *Pl* **tes·ta·tri·ces** [teˈsteɪtrɪsiːz] *s* JUR Erblasserin *f*
test card *s* TV *Br* Testbild *n*
test case *s* JUR Musterprozess *m*
test drive *s* MOT Probefahrt *f*: ***go for a test drive*** eine Probefahrt machen
ˈtest-drive *v/t* (*unreg* ***drive***) *Auto* Probe fahren
tes·ter [ˈtestə] *s* **1.** Tester(in), Prüfer(in) **2.** TECH Test-, Prüfgerät *n*
tes·ti·cle [ˈtestɪkl] *s* ANAT Hoden *m*
tes·ti·fy [ˈtestɪfaɪ] **I** *v/i* **1.** JUR aussagen (***for*** für; ***against*** gegen) **2.** ***testify to*** ein deutliches Zeichen sein für **II** *v/t* **3.** ***testify that*** JUR aussagen *oder* bezeugen, dass; *fig* ein deutliches Zeichen dafür sein, dass
tes·ti·mo·ni·al [ˌtestɪˈməʊnjəl] *s* **1.** Referenz *f* **2.** Anerkennungsgeschenk *n*
tes·ti·mo·ny [ˈtestɪmənɪ] *s* **1.** JUR Aussage *f* **2.** ***be*** (***a***) ***testimony of*** (*oder* ***to***) → ***testify*** 2
test·ing [ˈtestɪŋ] *Adj*: ***testing times*** *Pl* harte Zeiten *Pl*
test lamp *s* TECH Prüflampe *f*
test match *s* *Kricket*: internationaler Vergleichskampf
test pat·tern *s* TV *Am* Testbild *n*
test pi·lot *s* FLUG Testpilot(in)
test tube *s* CHEM Reagenzglas *n*
ˈtest-tube ba·by *s* Retortenbaby *n*
tes·ty [ˈtestɪ] *Adj* gereizt
tet·a·nus [ˈtetənəs] *s* MED Tetanus *m*
tetch·y [ˈtetʃɪ] *Adj* reizbar
teth·er [ˈteðə] **I** *s* Strick *m*; Kette *f*: ***be at the end of one's tether*** *fig* mit seinen Nerven am Ende sein **II** *v/t Tier* anbinden; anketten
Teu·ton·ic [tjuːˈtɒnɪk] *Adj oft pej* teutonisch, (typisch) deutsch
▶**text** [tekst] **I** *s* Text *m* **II** *v/t* ***text s.o.*** j-m eine SMS schicken
▶**text·book** [ˈtekstbʊk] **I** *s* Lehrbuch *n* **II** *Adj* perfekt: ***textbook example*** Muster-, Paradebeispiel *n* (***of*** für)
tex·tile [ˈtekstaɪl] **I** *s* Stoff *m*: ***textiles*** *Pl* Textilien *Pl* **II** *Adj* Textil…
tex·tu·al [ˈtekstjʊəl] *Adj* textlich, Text…
tex·ture [ˈtekstʃə] *s* Textur *f*, Gewebe *n*; Beschaffenheit *f*
Thai·land [ˈtaɪlænd] *Eigenn* Thailand *n*
tha·lid·o·mide [θəˈlɪdəmaɪd] *s* PHARM Thalidomid *n*, Contergan *n*: ***thalidomide baby*** Contergankind *n*
Thames [temz] *Eigenn die* Themse
▶**than** [ðən] *Konj* als
▶**thank** [θæŋk] **I** *v/t j-m* danken, sich bei *j-m* bedanken (***for*** für): ▶ ***thank you*** (***very much***) danke (vielen Dank); ***no, thank you*** nein, danke; ***say "Thank you"*** sich bedanken; ***he's only got himself to thank that*** er hat es sich selbst zuzuschreiben, dass **II** *s Pl* Dank *m*: ***with thanks*** dankend, mit Dank; ▶ ***thanks*** (***a lot***) danke (vielen Dank); ***no, thanks*** nein, danke; ***thanks to*** dank (*Gen*), wegen (*Gen*)
thank·ful [ˈθæŋkfʊl] *Adj* dankbar (***for*** für); froh (***that*** dass; ***to be*** zu sein): ***thankfully*** *auch* zum Glück, Gott sei Dank
ˈthank·less *Adj* undankbar (*Aufgabe etc*)
ˈThanks,giv·ing (Day) *s Am* Thanksgiving Day *m* (*Erntedankfest; 4. Donnerstag im November*)

Thanksgiving Day
LK

Thanksgiving, der vierte Donnerstag im November, ist in den USA ein großes Familienfest und geht auf das Erntedankfest von 1621 zurück. Der erste Winter 1620 war für die **Pilgrims** sehr hart. Erst im Folgejahr hatten sie eine gute Ernte, nachdem sie mithilfe der eingeborenen Indianer gelernt hatten, Korn und andere Lebensmittel anzubauen. Beim heutigen **Thanksgiving** isst man gebratenen Truthahn und Kürbispastete. Im benachbarten Kanada wird **Thanksgiving** am zweiten Montag im Oktober gefeiert.

ˈthank-you I *s* Dankeschön *n* **II** *Adj*: ***thank-you letter*** Dankschreiben *n*
▶**that**[1] [ðæt] **I** *Pron und Adj* **1.** das: ***that is*** (***to say***) das heißt; ***at that*** zudem, obendrein; ▶ (***he's always been***) ***like that*** (er war schon immer) so; ***let it go at that*** *ugs* lassen wir es dabei bewenden; ***and that's that*** und damit basta **2.** jener, jene, jenes: ***that car over there*** das Auto dort drüben; ***those who*** diejenigen, welche **II** *Adv* **3.** *ugs* so, dermaßen: ***it's that simple*** so einfach ist das

that in der indirekten Rede
GR

Nach **say, tell, admit** und **think** können Sätze in der indirekten Rede mit oder ohne **that** angeschlossen werden. Nach **reply, answer, add, remark, explain** und **state** steht fast immer **that**.
⚠ Vor **that** steht kein Komma!
When he told her (that) he was leaving her, she replied that it was the happiest day of her life.

T

▶**that**[2] [ðæt] *Relativpron* der, die, das, welcher, welche, welches: ***everything that*** alles, was

▶**that**[3] [ðæt] *Konj* dass

thatch [θætʃ] **I** *s* **1.** (Dach)Stroh *n*, Reet *n* **2.** Stroh-, Reetdach *n* **II** *v/t* **3.** mit Stroh *oder* Reet decken: ***thatched*** stroh-, reetgedeckt

thaw [θɔː] **I** *v/i* (auf)tauen, (*Tiefkühlkost*, *fig Person*) auftauen: ***the snow is thawing*** es taut **II** *v/t* auftauen **III** *s* Tauwetter *n* (*auch fig* POL)

▶**the**[1] [ðə, *vor Vokalen* ðɪ] *bestimmter Artikel* **1.** der, die, das, *Pl* die **2.** *vor Maßangaben*: ***one dollar the pound*** ein Dollar das *oder* pro Pfund

Der bestimmte Artikel the

AS

Vor Wörtern, die in der Aussprache mit einem Konsonanten anfangen, wird der bestimmte Artikel [ðə] ausgesprochen:

the coast [ðə 'kəʊst]

the hotel [ðə həʊ'tel]

Beginnt ein Wort in der Aussprache mit einem Vokal, sagt man [ðɪ]:

the island [ðɪ 'aɪlənd]

the hour [ðɪ 'aʊə]

⚠ Vor Wörtern, die in der Schreibung mit einem Vokal, in der Lautung jedoch mit einem Konsonanten beginnen, spricht man ebenfalls [ðə]:

the euro [ðə 'jʊərəʊ]

the university [ðə ˌjuni'vɜːsətɪ]

Zur besonderen Betonung verwendet man [ðiː] auch vor Konsonanten:

This is the chance! [ðiː tʃɑːns]	Das ist <u>die</u> Gelegenheit!

the[2] [ðə] *Adv*: ***the … the*** je …, desto: ***the sooner the better*** je eher, desto besser

▶**the·a·ter** *s Am*, **the·a·tre** *s bes Br* ['θɪətə] **1.** Theater *n*: ***be in the theater*** (*oder* ***theatre***) beim Theater sein **2.** (*Hör*)Saal *m*; MED *Br* Operationssaal *m*: ***theater*** (*oder* ***theatre***) ***nurse*** Operationsschwester *f* **3.** *fig* Schauplatz *m*: ***theater*** (*oder* ***theatre***) ***of war*** Kriegsschauplatz

Theater

WF

actor, actress	Schauspieler, Schauspielerin
director	Regisseur(in)
stage manager	Inspizient(in)
cast	Ensemble
stage	Bühne
backstage	hinter der Bühne
dressing room	Garderobe
curtain	Vorhang
set	Bühnenbild
prop	Requisite
costume	Kostüm
lighting; lights *Pl*	Beleuchtung; *die* Scheinwerfer
audition	Vorsprechen; Vorsingen; Vortanzen
rehearsal	Probe
performance	Aufführung, Vorstellung

'**the·a·ter**ˌ**go·er** *s* Theaterbesucher(in)

the·at·ri·cal [θɪ'ætrɪkl] *Adj* **1.** Theater… **2.** *fig* theatralisch

theft [θeft] *s* Diebstahl *m*

▶**their** [ðeə] *Possessivpron* ihr: ***everyone took their seats*** alle nahmen Platz

▶**theirs** [ðeəz] *Possessivpron*: ***it is theirs*** es gehört ihnen; ***a friend of theirs*** ein Freund von ihnen; ***our children and theirs*** unsere Kinder und ihre

▶**them** [ðəm] *Pron* **1.** sie (*Akk*); ihnen (*Dat*): ***they looked behind them*** sie blickten hinter sich **2.** *ugs* sie (*Nom*): ***we are younger than them***

theme [θiːm] *s* Thema *n* (*auch* MUS)

theme park *s* Themenpark *m*

theme song *s Film etc*: Titelsong *m*

theme tune *s Film etc*: Themamelodie *f*

▶**them·selves** [ðəm'selvz] *Pron* **1.** *verstärkend*: sie *oder* sich selbst: ***they did it themselves*** sie haben es selbst getan **2.** *refl* sich: ***they cut themselves*** **3.** sich (selbst): ***they want it for themselves***

▶**then** [ðen] **I** *Adv* **1.** dann: → ***but*** 1 **2.** da; damals: ***by then*** bis dahin; ***from then on*** von da an **II** *Adj* **3.** damalig

the·o·lo·gi·an [θɪə'ləudʒən] *s* Theologe *m*, Theologin *f*

the·o·log·i·cal [θɪə'lɒdʒɪkl] *Adj* theologisch: ***theological college*** Priesterseminar *n*

the·ol·o·gy [θɪ'ɒlədʒɪ] *s* Theologie *f*

the·o·rem ['θɪərəm] *s bes* MATHE (Lehr)Satz *m*

the·o·ret·i·cal [θɪə'retɪkl] *Adj* theoretisch

'**the·o·rist** *s* Theoretiker(in)

'**the·o·rize** *v/i* theoretisieren (***about***, ***on*** über *Akk*)

'**the·o·ry** *s* Theorie *f*: ***in theory*** in der Theorie, theoretisch

ther·a·peu·tic [ˌθerə'pjuːtɪk] *Adj* (***therapeutically***) **1.** MED therapeutisch **2.** *ugs* wohltuend; gesund

'**ther·a·pist** *s* MED Therapeut(in)

'**ther·a·py** *s* MED Therapie *f*

▶**there** [ðeə] **I** *Adv* **1.** da, dort: ***there and then*** auf der Stelle; ***there you are*** hier bitte; da hast dus!, na also!; ***there you go!*** *ugs* so ists halt!; ***there you go again!*** *ugs* fängst du schon wieder an!; → ***over*** 9 **2.** (da-, dort)hin: ***there and back*** hin und zurück; ***get there*** *ugs* es schaffen; ***go there*** hingehen **3.** ***there is***, *Pl* ***there are*** es gibt *oder* ist *oder* sind: ***there are a lot of cars in the street*** auf der Straße sind viele Autos; ***there's a good boy!*** sei lieb *oder* brav!; das war lieb von dir! **II** *Interj* **4.** so; da hast dus!, na also: ***there, there*** ist ja gut!

'**there·a·bouts** *Adv*: ***five pounds or thereabouts*** ungefähr *oder* so etwa fünf Pfund

ˌ**there'af·ter** *Adv* danach

ˌ**there'by** *Adv* dadurch

▶**there·fore** ['ðeəfɔː] *Adv* **1.** deshalb, daher **2.** folglich, also

ˌ**there·up'on** *Adv* darauf

ther·mal ['θɜːml] **I** *Adj* **1.** thermisch, Thermo…, Wärme…: ***thermal printer*** Thermodrucker *m*

2. ***thermal spring*** Thermalquelle *f* **II** *s* **3.** Thermik *f*
ther·mo·mat ['θɜːməˌmæt] *s* Isomatte *f*
ther·mom·e·ter [θə'mɒmɪtə] *s* Thermometer *n*
Ther·mos® ['θɜːmɒs] *s*, *Am auch* ***Thermos® bottle***, *bes Br auch* ***Thermos® flask*** Thermosflasche® *f*
ther·mo·stat ['θɜːməʊstæt] *s* Thermostat *m*
▶**these** [ðiːz] *Pl von* ***this***
the·sis ['θiːsɪs] *Pl* **the·ses** ['θiːsiːz] *s* **1.** These *f* **2.** UNI Dissertation *f*, Doktorarbeit *f*
▶**they** [ðeɪ] *Pron* **1.** sie *Pl*: ***they who*** diejenigen, welche **2.** man

they bei unbekanntem grammatischem Geschlecht
SG

Wenn nicht bekannt ist, ob sich ein Pronomen auf eine weibliche oder eine männliche Person bezieht, wird statt der stilistisch unschönen Alternativform **he / she** meist die Pluralform **they** gewählt.

When someone visits the club for the first time, ~~he is~~ they are always offered a free drink.	Wer zum ersten Mal in den Klub kommt, erhält ein kostenloses Getränk.

they'd [ðeɪd] *ugs für* ***they had***; ***they would***
they'll [ðeɪl] *ugs für* ***they will***
they're [ðeə] *ugs für* ***they are***
they've [ðeɪv] *ugs für* ***they have***
▶**thick** [θɪk] **I** *Adj* **1.** *allg* dick: ***the thick end of £ 500*** *ugs* fast 500 Pfund; ***give s.o. a thick ear*** *ugs* j-m eins *oder* ein paar hinter die Ohren geben **2.** dick, dicht (*Nebel etc*): ***be thick with*** wimmeln von; ***thick with smoke*** verräuchert; ***the furniture was thick with dust*** auf den Möbeln lag dick der Staub; ***they are thick on the ground*** *ugs* es gibt sie wie Sand am Meer **3.** *bes Br ugs* dumm **4.** *bes Br ugs* dick befreundet (**with** mit) **5.** ***that's a bit thick!*** *bes Br ugs* das ist ein starkes Stück! **II** *Adv* **6.** dick, dicht: ***lay it on thick*** *ugs* dick auftragen **III** *s* **7.** ***in the thick of*** *fig* mitten in (*Dat*): ***in the thick of the fight*** im dichtesten Kampfgetümmel; ***through thick and thin*** durch dick und dünn
thick·en ['θɪkən] **I** *v/t* *Soße etc* eindicken, binden **II** *v/i* dicker werden, (*Nebel etc auch*) dichter werden
thick·et ['θɪkɪt] *s* Dickicht *n*
ˌthick'head·ed *Adj ugs* strohdumm
thick·ness ['θɪknɪs] *s* **1.** Dicke *f* **2.** Lage *f*, Schicht *f* **3.** *bes Br ugs* Dummheit *f*
ˌthick'set *Adj* gedrungen, untersetzt
ˌthick-'skinned *Adj fig* dickfellig

▶**thief** [θiːf] *Pl* **thieves** [θiːvz] *s* Dieb(in): ***stop, thief!*** haltet den Dieb!; ***they are*** (***as***) ***thick as thieves*** *ugs* sie sind dicke Freunde
thigh [θaɪ] *s* ANAT (Ober)Schenkel *m*
thim·ble ['θɪmbl] *s* Fingerhut *m*
▶**thin** [θɪn] **I** *Adj* **1.** dünn, (*Person, Arme etc auch*) dürr, (*Haar auch*) schütter: ***disappear*** (*oder* ***vanish***) ***into thin air*** *fig* sich in Luft auflösen; ***produce out of thin air*** *fig etw* herzaubern; ***this is just the thin end of the wedge*** *fig pej* das ist erst der Anfang; ***be thin on the ground*** *ugs* dünn gesät sein; ***he's getting thin on top*** *ugs* bei ihm lichtet es sich oben schon **2.** *fig* schwach (*Rede etc*), (*Ausrede etc auch*) fadenscheinig **II** *Adv* **3.** dünn **III** *v/t* **4.** *Soße etc* verdünnen, strecken **IV** *v/i* **5.** dünner werden, (*Nebel, Haar auch*) sich lichten, (*Haar auch*) schütter werden
▶**thing** [θɪŋ] *s* **1.** (*konkretes*) Ding: ***things*** *Pl* Sachen *Pl* (*Getränke etc*), (*Gepäck, Kleidung etc auch*) Zeug *n*; ***what's this thing?*** was ist das?; ***I couldn't see a thing*** ich konnte überhaupt nichts sehen **2.** *fig* Ding *n*, Sache *f*, Angelegenheit *f*: ***a funny thing*** etw Komisches; ***another thing*** etw anderes; ***first thing tomorrow*** gleich morgen früh; ***for one thing …, and for another*** zum einen …, und zum anderen; ***make a thing of*** *ugs etw* aufbauschen; ***know a thing or two about*** etw verstehen von; ***this proves three things*** das beweist dreierlei; → ***done*** 1, ***last***[1] 4, ***near*** 9, ***old*** 2, ***right*** 1 **3.** *Pl fig* Dinge *Pl*, Lage *f*, Umstände *Pl* **4.** Ding *n* (*Mädchen, Tier*), Kerl *m*

thingamajig
SG

Varianten dieses Wortes sind: **thingummy** ['θɪŋəmɪ], **thingummyjig** ['θɪŋəmɪdʒɪg], **thingumabob** ['θɪŋəmɪbɒb].

▶**think** [θɪŋk] **I** *v/t* (*unreg*) **1.** denken, glauben, meinen (**that** dass): ***I thought he was a burglar*** ich hielt ihn für einen Einbrecher **2.** ***think out*** (*oder* ***through***) *etw* durchdenken; ***think over*** nachdenken über (*Akk*), sich *etw* überlegen; ***think up*** sich *etw* ausdenken **3.** *j-n, etw* halten für: ***think o.s. clever*** **4.** ***I can't think why …*** ich kann nicht verstehen, warum … **5.** ***try to think where …*** versuch dich zu erinnern, wo … **II** *v/i* (*unreg*) **6.** denken (**of** an *Akk*): ***I think so*** ich glaube *oder* denke schon; ***think of doing s.th.*** sich mit dem Gedanken tragen *oder* daran denken, etw zu tun; ***I can't think of his name*** mir fällt sein Name nicht ein, ich kann mich nicht an seinen Namen erinnern; ***what do you think of*** (*oder* ***about***) ***…?***

Die -ing-Form bei statischen Verben
GR

Werden Zustandsverben wie **think**, **see** oder **love** in der **-ing**-Form verwendet, haben sie eine andere Bedeutung als in der **simple form**:

We're thinking of buying a house.	Wir spielen mit dem Gedanken, ein Haus zu kaufen.
I'm seeing my bank manager this morning.	Ich habe heute einen Termin mit dem Filialleiter meiner Bank.

Mit der **-ing**-Form kann aber auch eine besondere Betonung ausgedrückt werden:

I'm hoping we can come.	Ich hoffe (sehr), dass wir kommen können.

was halten Sie von …?; → ***better*¹** III, ***highly*** 2, ***little*** 5, ***much*** 2, ***nothing*** I **7.** nachdenken (***about*** über *Akk*): ***I'll think about it*** ich überlege es mir; → ***twice*** **III** *s* **8.** *ugs* ***have a think about*** nachdenken über (*Akk*); ***have another think coming*** schiefgewickelt sein

'think·er *s* Denker(in)

'think·ing I *Adj* **1.** denkend **2.** Denk…: ***put on one's thinking cap*** *ugs* scharf nachdenken **II** *s* **3.** Denken *n*: ***do some thinking*** nachdenken; ***to my way of thinking*** meiner Meinung nach

think tank *s* Planungs-, Sachverständigenstab *m*

thin·ner ['θɪnə] *s* Verdünner *m*

ˌthin-'skinned *Adj fig* dünnhäutig

▶**third** [θɜːd] **I** *Adj* (→ ***thirdly***) **1.** dritt: ***third party*** WIRTSCH, JUR Dritte *m*; ***Third World*** Dritte Welt **II** *s* **2.** *der, die, das* Dritte: ***the third of May*** der 3. Mai **3.** Drittel *n* **4.** MOT dritter Gang **III** *Adv* **5.** als Dritter (-e, -es)

ˌthird-'class *Adj* drittklassig, -rangig

ˌthird-de'gree *Adj Verbrennungen* dritten Grades

third·ly ['θɜːdlɪ] *Adv* drittens

ˌthird-'par·ty *Adj*: ***third-party insurance*** Haftpflichtversicherung *f*

ˌthird-'rate → ***third-class***

▶**thirst** [θɜːst] *s* Durst *m*: ***die of thirst*** verdursten; ***thirst for knowledge*** *fig* Wissensdurst

'thirst-ˌquench·ing *Adj* durstlöschend

▶**thirst·y** ['θɜːstɪ] *Adj* **1.** durstig: ***be*** (*oder* ***feel***) (***very***) ***thirsty*** (sehr) durstig sein, (großen) Durst haben **2.** ***gardening is thirsty work*** Gartenarbeit macht durstig

▶**thir·teen** [ˌθɜː'tiːn] *Adj* dreizehn

▶**thir·teenth** [ˌθɜː'tiːnθ] *Adj* dreizehnt

▶**thir·ti·eth** ['θɜːtɪəθ] *Adj* dreißigst

▶**thir·ty** ['θɜːtɪ] **I** *Adj* dreißig **II** *s* Dreißig *f*: ***be in one's thirties*** in den Dreißigern sein; ***in the thirties*** in den Dreißigerjahren (*eines Jahrhunderts*)

▶**this** [ðɪs] **I** *Pron* **1.** dieser, diese, dieses; dies, das: ▶ ***like this*** so; ***this is what I expected*** (genau) das habe ich erwartet; ***these are his children*** das sind seine Kinder **2.** ***after this*** danach; ***before this*** zuvor **II** *Adj* **3.** dieser, diese, dieses: → ***afternoon*** I, ***morning*** I, ***time*** 4, ***year*** **III** *Adv* **4.** *ugs* so, dermaßen

this·tle ['θɪsl] *s* BOT Distel *f*

thong [θɒŋ] *s* **1.** Riemen *m* **2.** Lendenschurz *m* **3.** Badeschuh *m* **4.** *meist* ***thongs*** Tanga(slip) *m*

tho·rax ['θɔːræks] *Pl* **tho·ra·ces** ['θɔːrəsiːz], **tho·rax·es** ['θɔːræksɪz] *s* ANAT Brustkorb *m*

thorn [θɔːn] *s* BOT Dorn *m*: ***be a thorn in s.o.'s side*** (*oder* ***flesh***) *fig* j-m ein Dorn im Auge sein

'thorn·y *Adj* **1.** dornig **2.** *fig* heikel

thor·ough ['θʌrə] *Adj* (→ ***thoroughly***) **1.** gründlich (*Person, Kenntnisse*), (*Prüfung etc auch*) eingehend, (*Reform etc auch*) durchgreifend **2.** fürchterlich (*Durcheinander, Langweiler etc*)

'thor·ough·bred *s* Vollblüter *m*

'thor·ough·fare *s* Hauptverkehrsstraße *f*: ***no thoroughfare*** Durchfahrt verboten!

'thor·oughˌgo·ing → ***thorough*** 1

▶**thor·ough·ly** ['θʌrəlɪ] *Adv* **1.** → ***thorough*** 1 **2.** völlig, total: ***I thoroughly enjoyed it*** es hat mir unwahrscheinlich gut gefallen

▶**those** [ðəʊz] *Pl von* ***that*¹**

▶**though** [ðəʊ] **I** *Konj* **1.** obwohl: → ***even*¹** 1 **2.** (je)doch **3.** ***as though*** als ob, wie wenn **II** *Adv* **4.** dennoch, trotzdem

thought¹ [θɔːt] *Prät und Part Perf von* ***think***

▶**thought²** [θɔːt] *s* **1.** Denken *n*: → ***lost*** 5 **2.** Gedanke *m* (***of*** an *Akk*): ***that's a thought!*** gute Idee!; ***on second thoughts*** (*Am* ***thought***) wenn ich es mir überlege **3.** ***with no thought for*** ohne Rücksicht auf (*Akk*), ohne an (*Akk*) zu denken

thought·ful ['θɔːtfʊl] *Adj* **1.** nachdenklich **2.** rücksichtsvoll, aufmerksam

'thought·less *Adj* **1.** gedankenlos **2.** rücksichtslos

▶**thou·sand** ['θaʊznd] **I** *Adj* **1.** tausend: ***a*** (*oder* ***one***) ***thousand*** (ein)tausend **II** *s* **2.** Tausend *n*: ***thousands of times*** tausendmal; → ***hundred*** 2 **3.** MATHE Tausender *m*

▶**thou·sandth** ['θaʊznθ] **I** *Adj* **1.** tausendst **II** *s* **2.** *der, die, das* Tausendste **3.** Tausendstel *n*: ***a thousandth of a second*** eine Tausendstelsekunde

thrash [θræʃ] **I** *v/t* **1.** *j-n* verdreschen, -prügeln; (*Sport*) *ugs j-m* eine Abfuhr erteilen **2.** ***thrash out*** *Problem etc* ausdiskutieren **II** *v/i* **3.** ***thrash about*** (*oder* ***around***) sich *im Bett* herumwerfen; um sich schlagen; zappeln (*Fisch*)

'thrash·ing *s*: ***give s.o. a thrashing*** j-m eine Tracht Prügel verpassen; (*Sport*) *ugs* j-m eine Abfuhr erteilen

▶**thread** [θred] **I** *s* **1.** Faden *m* (*auch fig*): ***lose the thread*** (***of the conversation***) den Faden verlieren (*in einem Gespräch*); ***pick up the thread*** den Faden wieder aufnehmen **2.** TECH Gewinde *n* **II** *v/t* **3.** *Nadel* einfädeln **4.** *Perlen etc* auffädeln, -reihen (***on*** auf *Akk*) **5.** ***thread one's way through*** sich schlängeln durch, sich durchschlängeln zwischen (*Dat*)

'thread·bare *Adj* **1.** abgewetzt, (*Kleidung auch*) abgetragen **2.** *fig* abgedroschen

▶**threat** [θret] *s* **1.** Drohung *f*: ***under threat of*** unter Androhung von (*oder Gen*) **2.** (***to***) Bedrohung *f* (*Gen oder* für), Gefahr *f* (für)

▶**threat·en** ['θretn] **I** *v/t* **1.** *j-m* drohen, *j-n* bedrohen (***with*** mit): ***threaten s.o. with s.th.*** *auch* j-m etw androhen **2.** *etw* androhen, drohen mit **3.** ***threaten to do s.th.*** (damit) drohen, etw zu tun **4.** *etw* bedrohen, gefährden: ***be threatened with extinction*** BIOL vom Aussterben bedroht sein **II** *v/i* **5.** drohen (*Gefahr etc*)

'threat·en·ing *Adj* drohend: ***threatening letter*** Drohbrief *m*

▶**three** [θriː] **I** *Adj* drei **II** *s* Drei *f*: ***three of hearts*** Herzdrei

'three-act *Adj*: ***three-act play*** THEAT Dreiakter *m*

ˌthree-'cor·nered *Adj* dreieckig

ˌthree-di'men·sion·al *Adj* **1.** dreidimensional **2.** *fig* plastisch

three·fold ['θriːfəʊld] **I** *Adj* dreifach **II** *Adv* dreifach, um das Dreifache: ***increase threefold*** (sich) verdreifachen

'three-piece *Adj* dreiteilig

ˌthree-'quar·ter *Adj* Dreiviertel…

'three-time *Adj* dreimalig

thresh [θreʃ] *v/t und v/i* dreschen

'thresh·ing *Adj*: ***threshing machine*** Dreschmaschine *f*

thresh·old ['θreʃhəʊld] *s* Schwelle *f* (*auch fig*): ***be on the threshold of*** an der Schwelle stehen zu (*oder Gen*); ***pain threshold*** Schmerzschwelle

threw [θruː] *Prät von* ***throw***

thrift [θrɪft] *s* Sparsamkeit *f*

'thrift·y *Adj* sparsam

thrill [θrɪl] **I** *s* **1.** prickelndes Gefühl; Nervenkit-

zel *m* **2.** aufregendes Erlebnis **II** *v/t* **3. *be thrilled*** (ganz) hingerissen sein (***at, about*** von): ***I was thrilled to hear that*** ich war begeistert, als ich hörte, dass
'**thrill·er** *s* Thriller *m*, Reißer *m*
'**thrill·ing** *Adj* fesselnd, packend
thrive [θraɪv] *v/i* gedeihen (*Pflanze, Tier*), sich prächtig entwickeln (*Kind*); *fig* blühen, florieren (*Geschäft etc*): ***thrive on*** geradezu aufblühen bei
throat [θrəʊt] *s* Kehle *f*, Gurgel *f*; Rachen *m*; Hals *m*: ***force*** (*oder* ***ram, thrust***) ***s.th. down s.o.'s throat*** *fig* j-m etw aufzwingen; → ***clear*** 17, ***sore*** 1
'**throat·y** *Adj* rau; heiser (*Stimme*); mit einer rauen *oder* heiseren Stimme
throb [θrɒb] **I** *v/i* hämmern (*Maschine*), (*Herz etc auch*) pochen, schlagen **II** *s* Hämmern *n*, Pochen *n*, Schlagen *n*
throes [θrəʊz] *s Pl*: ***be in the throes of*** (***doing***) ***s.th.*** mitten in etw (*Unangenehmem*) stecken
throm·bo·sis [θrɒm'bəʊsɪs] *Pl* **throm·bo·ses** [θrɒm'bəʊsiːz] *s* MED Thrombose *f*
throne [θrəʊn] *s* Thron *m* (*auch fig*): ***come to the throne*** auf den Thron kommen
throng [θrɒŋ] **I** *s* Schar *f* (***of*** von) **II** *v/i und v/t* sich drängen (in *Dat*)
throt·tle ['θrɒtl] **I** *v/t* erdrosseln **II** *s* MOT, TECH Drosselklappe *f*: ***go at full throttle*** (mit) Vollgas fahren
▸**through** [θruː] **I** *Präp* **1.** durch (*auch fig*): → ***live***[1] Ib **2.** *Am* bis (einschließlich) **II** *Adv* **3.** durch; durch…: ***through and through*** durch und durch; ***wet through*** völlig durchnässt; → ***let through, read***[1] 1, *etc* **III** *Adj* **4.** durchgehend (*Zug etc*): ***through traffic*** Durchgangsverkehr *m* **5. *be through*** *ugs* fertig sein (***with*** mit)
▸**through·out** [θruː'aʊt] **I** *Präp* **1. *throughout the night*** die ganze Nacht hindurch **2. *throughout the country*** im ganzen Land **II** *Adv* **3.** ganz, überall **4.** die ganze Zeit (hindurch)
'**through·way** *s Am* Schnellstraße *f*
▸**throw** [θrəʊ] **I** *s* **1.** *Leichtathletik*: (*Diskus-, Speer*)Wurf *m* **2.** Wurf *m*: → ***stone*** 1 **3.** *Fußball*: Einwurf *m*: ***take the throw*** einwerfen **II** *v/t* (*unreg*) **4.** *etw* werfen (***at*** nach): ***throw s.o. s.th.*** j-m etw hin- *oder* her- *oder* zuwerfen; ***throw a three*** eine Drei werfen *oder* würfeln; ***throw open*** *Tür etc* aufreißen; *fig Schloss etc* der Öffentlichkeit zugänglich machen; ***throw o.s. at s.o.*** sich auf j-n stürzen; *fig* sich j-m an den Hals werfen; ***throw o.s. into*** sich stürzen in (*Akk*) (*auch fig*); → ***balance*** 1, ***confusion*** 2a, ***doubt*** 5, ***light***[1] 1, ***water*** 1 **5.** ZOOL werfen **6.** *Hebel etc* betätigen **7.** *Reiter* abwerfen **8.** *ugs Party* schmeißen, geben **9.** *ugs Wutanfall etc* kriegen: → ***tantrum*** **III** *v/i* (*unreg*) **10.** werfen; würfeln
◆**throw a·bout, throw a·round** *v/t*: ***throw one's money about*** mit Geld um sich werfen; → ***weight*** 3
◆**throw a·way** *v/t* **1.** *etw* wegwerfen **2.** *Chance etc* vertun
◆**throw back** *v/t* zurückwerfen
◆**throw in** *v/t* **1.** hineinwerfen: ***throw the ball in*** (*Fußball*) einwerfen; → ***sponge*** 1, ***towel*** I **2.** *etw* (gratis) dazugeben: ***throw s.th. in*** (***for free***) etw (gratis) dazugeben
◆**throw off** *v/t* **1.** *Kleidungsstück* abwerfen, *Nervosität etc* ablegen **2.** *Verfolger* abschütteln **3.** *Krankheit* loswerden
◆**throw on** *v/t* sich *Kleidungsstück* überwerfen
◆**throw out** *v/t* **1.** *j-n* hinauswerfen (*auch fig entlassen*) **2.** *etw* wegwerfen **3.** *Vorschlag etc* ablehnen, verwerfen **4.** *Vorschlag etc* äußern **5.** *j-n* aus dem Konzept *oder* aus der Fassung bringen
◆**throw o·ver** *v/t* *Freund etc* sitzen lassen (***for*** wegen)
◆**throw to·geth·er** *v/t* **1.** zs.-werfen **2.** *etw* fabrizieren, zurechtbasteln **3.** *Leute* zs.-bringen
◆**throw up** **I** *v/t* **1.** in die Höhe werfen, hochwerfen **2.** *ugs Job etc* hinschmeißen **3.** *ugs etw Gegessenes* brechen **II** *v/i* **4.** *ugs* brechen (*sich übergeben*)
'**throw·a·way** *Adj* **1.** Wegwerf… **2.** hingeworfen (*Bemerkung*)
throw·er ['θrəʊə] *s* Werfer(in)
'**throw-in** → ***throw*** 3
thrown [θrəʊn] *Part Perf von* ***throw***
thru [θruː] *Am ugs* → ***through***
thrush[1] [θrʌʃ] *s* ORN Drossel *f*
thrush[2] [θrʌʃ] *s* MED Soor *m*
thrust [θrʌst] **I** *v/t* (*unreg*) **1.** *j-n, etw* stoßen (***into*** in *Akk*): → ***throat*** **2.** *etw* stecken, schieben (***into*** in *Akk*): → ***nose*** 1 **II** *v/i* (*unreg*) **3. *thrust at*** stoßen nach **III** *s* **4.** Stoß *m* **5.** MIL Vorstoß *m* (*auch fig*) **6.** PHYS Schub(kraft *f*) *m*
'**thru·way** *ugs* → ***throughway***
thud [θʌd] **I** *s* dumpfes Geräusch, Plumps *m* **II** *v/i* plumpsen
thug [θʌg] *s* Schläger(in)
▸**thumb** [θʌm] **I** *s* ANAT Daumen *m*: ***be all thumbs*** *ugs* zwei linke Hände haben; ***be under s.o.'s thumb*** *ugs* unter j-s Fuchtel stehen; ***give s.th. the thumbs up*** (***down***) etw akzeptieren (ablehnen); ***stick out like a sore thumb*** *ugs* ins Auge springen; → ***rule*** 2, ***twiddle*** **II** *v/t*: ***thumb a lift*** per Anhalter fahren, trampen (***to*** nach) **III** *v/i*: ***thumb through a book*** ein Buch durchblättern
thumb in·dex *s* (*auch unreg* ***index***) Daumenregister *n*
'**thumb·nail** **I** *s* Daumennagel *m* **II** *Adj* kurz (*Beschreibung etc*)
'**thumb·screw** *s* **1.** TECH Flügel- *oder* Rändelschraube *f* **2.** *hist* Daumenschraube *f*
'**thumb·tack** *s Am* Reißzwecke *f*, -nagel *m*
thump [θʌmp] **I** *v/t* **1.** *j-m* einen Schlag versetzen; *j-n* verprügeln **2. *thump out*** *Melodie* herunterhämmern (***on the piano*** auf dem Klavier) **II** *v/i* **3.** plumpsen **4.** hämmern, pochen (*Herz*) **5.** trampeln **III** *s* **6.** dumpfes Geräusch, Plumps *m* **7.** Schlag *m*
'**thump·ing** **I** *Adj* **1.** hämmernd (*Kopfschmerzen*) **2.** *ugs* riesig, Mords… **II** *Adv* **3. *thumping great*** *siehe* 2
▸**thun·der** ['θʌndə] **I** *s* Donner *m*, (*von Geschützen auch*) Donnern *n*: ***steal s.o.'s thunder*** *fig* j-m die Schau *oder* Show stehlen **II** *v/i* donnern (*auch fig Geschütze, Zug etc*) **III** *v/t auch* ***thunder out*** *etw* brüllen, donnern
'**thun·der·bolt** *s* Blitz *m und* Donnerschlag *m*: ***like a thunderbolt*** wie der Blitz
'**thun·der·clap** *s* Donner(schlag) *m*
'**thun·der·cloud** *s* Gewitterwolke *f*
thun·der·ous ['θʌndərəs] *Adj* donnernd (*Applaus*)
▸**thun·der·storm** ['θʌndəstɔːm] *s* Gewitter *n*
'**thun·der·struck** *Adj* wie vom Donner gerührt
thun·der·y ['θʌndərɪ] *Adj* gewitt(e)rig
▸**Thurs·day** ['θɜːzdɪ] *s* Donnerstag *m*: ***on***

T

Thursday (am) Donnerstag; ***on Thursdays*** donnerstags

thus [ðʌs] *Adv* **1.** so, auf diese Weise **2.** folglich, somit **3.** ***thus far*** bisher

thwart [θwɔːt] *v/t Pläne etc* durchkreuzen, vereiteln; *j-m* einen Strich durch die Rechnung machen

thyme [taɪm] *s* BOT Thymian *m*

thy·roid, **thy·roid gland** ['θaɪrɔɪd] *s* ANAT Schilddrüse *f*

ti·ar·a [tɪ'ɑːrə] *s* **1.** Tiara *f* **2.** Diadem *n*

Ti·bet [tɪ'bet] *Eigenn* Tibet *n*

tic [tɪk] *s* MED Tic(k) *m*, nervöses Zucken

tick[1] [tɪk] *s* ZOOL Zecke *f*

tick[2] [tɪk] *s*: ***on tick*** *ugs* auf Pump

tick[3] [tɪk] **I** *s* **1.** Ticken *n* **2.** Haken *m*, Häkchen *n* (*Vermerkzeichen*) **3.** *bes Br ugs* Augenblick *m*: ***in a tick*** sofort **II** *v/i* **4.** ticken: ***tick away*** vergehen, -rinnen **III** *v/t* **5.** *auch* ***tick off*** abhaken: ***tick off*** *ugs j-n* anpfeifen, zs.-stauchen

tick·er ['tɪkə] *s ugs* Pumpe *f* (*Herz*)

▶**tick·et** ['tɪkɪt] **I** *s* **1.** (*Eintritts-, Theater- etc*) Karte *f*; BAHN *etc* Fahrkarte *f*, -schein *m*, *schweiz.* Billet *n*, FLUG Flugschein *m*, Ticket *n*; (*Gepäck- etc*)Schein *m* **2.** Etikett *n*, (*Preis-etc*)Schild *n* **3.** Strafzettel *m*: → ***parking ticket*** **4.** POL *bes Am* Wahl-, Kandidatenliste *f* **II** *v/t* **5.** etikettieren **6.** ***be ticketed for*** *bes Am* einen Strafzettel bekommen wegen **7.** bestimmen, vorsehen (***for*** für)

tick·et in·spec·tor *s* Fahrkartenkontrolleur(in)

tick·et ma·chine *s* **1.** Fahrkartenautomat *m* **2.** Parkscheinautomat *m*

▶**tick·et of·fice** ['tɪkɪt,ɒfɪs] *s* Fahrkartenschalter *m*, (Theater)Kasse *f*

tick·et tout *s Br* Kartenschwarzhändler(in)

,tick·ing-'off *s ugs* Anpfiff *m*: ***give s.o. a ticking-off*** j-n anpfeifen *oder* zs.-stauchen

tick·le ['tɪkl] **I** *v/t und v/i* kitzeln: ***tickle s.o.'s fancy*** *fig* j-n anmachen *oder* antörnen; ***be tickled pink*** (*oder* ***to death***) *ugs* sich wie ein Schneekönig freuen (***at, by, with*** über *Akk*); → ***ivory*** 2 **II** *s* Kitzeln *n*

'tick·lish *Adj* kitz(e)lig (*auch fig*)

tid·al ['taɪdl] *Adj* Tiden…: ***tidal wave*** Flutwelle *f*; *fig* Welle *f*

tid·bit ['tɪdbɪt] *Am* → ***titbit***

tid·dly·winks ['tɪdlɪwɪŋks] *s Sg* Flohhüpfen *n* (*Spiel für Kinder*)

▶**tide** [taɪd] **I** *s* **1.** Gezeiten *Pl*; Flut *f* **2.** *fig* Strömung *f*, Trend *m*: ***go*** (*oder* ***swim***) ***with*** (***against***) ***the tide*** mit dem (gegen den) Strom schwimmen **II** *v/t* **3.** ***tide over*** *fig j-m* hinweghelfen über (*Akk*); *j-n* über Wasser halten

'tide·mark *s bes Br hum* schwarzer Rand (*in Badewanne*)

ti·di·ness ['taɪdɪnɪs] *s* Sauberkeit *f*, Ordentlichkeit *f*

▶**ti·dy** ['taɪdɪ] **I** *Adj* **1.** sauber, ordentlich, (*Zimmer auch*) aufgeräumt **2.** *ugs* ordentlich, beträchtlich (*Gewinn etc*) **II** *v/t* **3.** *auch* ***tidy up*** in Ordnung bringen, *Zimmer auch* aufräumen: ***tidy away*** weg-, aufräumen

▶**tie** [taɪ] **I** *s* **1.** Krawatte *f*, Schlips *m* **2.** Band *n*; Schnur *f* **3.** *Pl fig* Bande *Pl* **4.** Stimmengleichheit *f*; (*Sport*) Unentschieden *n*: ***end in a tie*** unentschieden ausgehen **5.** SPORT (*Pokal-*)Spiel *n*, (-)Paarung *f* **6.** BAHN *Am* Schwelle *f* **II** *v/t* **7. a)** binden (***to*** an *Akk*); (sich) *Krawatte etc* binden: ***my hands are tied*** *fig* mir sind die Hände gebunden, **b)** → ***tie up*** 1 **8.** ***be tied to*** *fig* (eng) verbunden sein mit **9.** ***the game was tied*** (*Sport*) das Spiel ging unentschieden aus **III** *v/i* **10.** ***they tied for second place*** (*Sport etc*) sie belegten gemeinsam den zweiten Platz

◆**tie down** *v/t j-n* festlegen (***to*** auf *Akk*)

◆**tie in** *v/i* (***with***) übereinstimmen (mit), passen (zu)

◆**tie up** *v/t* **1.** *Paket etc* verschnüren: → ***knot*** 1 **2.** ***be tied up*** WIRTSCH fest angelegt sein (***in*** in *Dat*) **3.** *etw* in Verbindung bringen (***with*** mit) **4.** *Verkehr etc* lahmlegen

'tie·break, **'tie,break·er** *s Tennis*: Tiebreak *m*, *n*

'tie-on *Adj* Anhänge…

'tie·pin *s* Krawattennadel *f*

tier [tɪə] *s* **1.** (Sitz)Reihe *f* **2.** Lage *f*, Schicht *f* **3.** *fig* Stufe *f*

'tie-up *s* (enge) Verbindung, (kausaler) Zs.-hang (***between*** zwischen *Dat*)

tiff [tɪf] *s* kleine Meinungsverschiedenheit

ti·ger ['taɪgə] *s* ZOOL Tiger *m*

▶**tight** [taɪt] **I** *Adj* **1.** fest sitzend, fest angezogen **2.** straff (*Seil etc*) **3.** eng (*auch Kleidungsstück*): → ***corner*** 2, ***fit***[1] 5 **4.** knapp (*Rennen etc*, WIRTSCH *Geld*) **5.** *ugs* knickerig, knickrig **6.** *ugs* blau (*betrunken*) **7.** *in Zssgn* …dicht: → ***airtight*** 1, *etc* **II** *Adv* **8.** fest: ***hold tight*** festhalten; ***sit tight*** sich nicht vom Fleck rühren; *fig* sich nicht beirren lassen **9.** *ugs* gut: ***sleep tight!*** **III** *s* **10.** *Pl*, *auch* ▶ (***pair of***) ***tights*** *bes Br* Strumpfhose *f*;

'tight·en **I** *v/t* **1.** *Schraube etc* anziehen: ***tighten one's belt*** *fig* den Gürtel enger schnallen **2.** *Seil etc* straffen: ***tighten up*** *siehe* 3 **II** *v/i* **3.** ***tighten up on*** *Gesetz etc* verschärfen

,tight'fist·ed → ***tight*** 5

,tight-'lipped *Adj* **1.** mit zs.-gekniffenen Lippen **2.** *fig* verschlossen: ***be tight-lipped about*** nicht reden wollen über (*Akk*)

'tight·rope *s* (Draht)Seil *n*: ***walk a tightrope*** *fig* einen Balanceakt ausführen; ***tightrope walker*** Drahtseilkünstler(in), Seiltänzer(in)

ti·gress ['taɪgrɪs] *s* ZOOL Tigerin *f*

tile [taɪl] **I** *s* **1.** (*Dach*)Ziegel *m*: ***be*** (***out***) ***on the tiles*** *ugs* einen draufmachen **2.** Fliese *f*, Kachel *f*, *schweiz.* Plättli *n* **II** *v/t* **3.** (mit Ziegeln) decken **4.** fliesen, kacheln, *schweiz.* plätteln

'til·er *s* **1.** Dachdecker(in) **2.** Fliesenleger(in)

till[1] [tɪl] *s* (Laden)Kasse *f*

▶**till**[2] [tɪl] → ***until***

tilt [tɪlt] **I** *v/t* **1.** kippen **II** *v/i* **2.** kippen; sich neigen **III** *s* **3.** (***at***) ***full tilt*** *ugs* mit Volldampf *arbeiten*; mit Karacho *fahren etc*

tim·ber ['tɪmbə] *s* **1.** *Br* Bau-, Nutzholz *n* **2.** Balken *m*

▶**time** [taɪm] **I** *s* **1.** *allg* Zeit *f*: ***some time ago*** vor einiger Zeit; ***all the time*** die ganze Zeit; ***at the time*** damals; ***at times*** manchmal; ***at the same time*** gleichzeitig; trotzdem; ***by the time*** wenn; als; ***for a time*** eine Zeit lang; ***for the time being*** vorläufig, fürs Erste; ***from time to time*** von Zeit zu Zeit; ▶ ***in time*** rechtzeitig; im Lauf der Zeit; ***in no time*** (***at all***) im Nu; ***in two years' time*** in zwei Jahren; ▶ ***on time*** pünktlich; ***be ahead of one's time*** seiner Zeit voraus sein; ***be behind the times*** rückständig sein; ***do time*** *ugs* sitzen (***for*** wegen); ***keep up*** (*oder* ***move***) ***with the times*** mit der Zeit gehen; ***take one's time*** sich Zeit lassen; ***there's no time to lose*** wir haben keine Zeit zu verlieren; → ***bide, immemorial, mark***[2] 11, ***nick*** 2, ***play*** 7 **2.** (Uhr)Zeit *f*: ***what's the time?*** wie spät ist es?; ▶ ***what time?*** um wie viel Uhr?;

on time und in time SG

Bei Terminen bedeutet **on time** „rechtzeitig" im Sinne von „pünktlich"; **in time** heißt, dass man früher als nötig erscheint, also „rechtzeitig" im Sinne von „frühzeitig":

If the train's on time, we should be all right.	Wenn der Zug pünktlich ist, müsste es klappen.
Always make sure you get to the company in time for an interview.	Sie sollten immer frühzeitig zu einem Vorstellungsgespräch erscheinen.

in good time ist eine Steigerung von **in time:**

Be there in good time, and we can have a drink beforehand.	Wenn du frühzeitig da bist, können wir vorher was trinken gehen.

⚠ **in time** kann auch „mit der Zeit, im Laufe der Zeit" bedeuten:

In time she got better and better.	Mit der Zeit wurde sie immer besser.

this time tomorrow morgen um diese Zeit **3.** MUS Takt *m*: ***in time*** im Takt (*auch marschieren etc*); ***in time with the music*** im Takt zur Musik; ***beat time*** den Takt schlagen **4.** Mal *n*: ***time and time again, time after time*** immer wieder; ***every time I …*** jedes Mal, wenn ich …; ***how many times?*** wie oft?; ***next time*** (***I …***) das nächste Mal(, wenn ich …); ***this time*** diesmal; ***three times*** dreimal; ***three times four equals*** (*oder* ***is***) ***twelve*** drei mal vier ist zwölf; → ***nine*** I, ***second***[1] 1 **II** *v/t* **5.** *etw* timen; stoppen, wie lang *jemand* braucht: ***he was timed at 20 seconds*** für ihn wurden 20 Sekunden gestoppt **6.** ***time well*** sich einen günstigen Zeitpunkt aussuchen für; (*Sport*) *Flanke, Schlag etc* gut timen

time bomb *s* Zeitbombe *f* (*auch fig*)

'time·card *s* Stechkarte *f*

time clock *s* Stechuhr *f*

'time-con,sum·ing *Adj* zeitaufwendig, -raubend

time dif·fer·ence *s* Zeitunterschied *m*

'time-,hon·ored, 'time-,hon·oured *Adj* althergebracht

'time,keep·er *s* **1.** SPORT Zeitnehmer(in) **2.** ***be a good timekeeper*** genau gehen (*Uhr*)

time lag *s* Zeitdifferenz *f*

'time-lapse *Adj Film*: Zeitraffer…

time·less ['taɪmlɪs] *Adj* **1.** immerwährend, ewig **2.** zeitlos

time lim·it *s* Frist *f*

time·ly ['taɪmlɪ] *Adj* rechtzeitig

,time-'out *Pl* **,times-'out** *s* SPORT Time-out *n*, Auszeit *f*

tim·er ['taɪmə] *s* Schaltuhr *f*, Kurzzeitmesser *m*: ***an egg timer*** eine Eieruhr

'time,sav·ing *Adj* zeitsparend

'time-share *s* Anteil *m* an einer Ferienwohnung

time-shar·ing *s* Timesharing *n*, Anteile *Pl* an einer Ferienwohnung

time sig·nal *s* RUNDFUNK Zeitzeichen *n*

time switch *s* Zeitschalter *m*

T

▶**time·ta·ble** ['taɪm,teɪbl] *s* **1.** Fahr-, Flugplan *m* **2.** PÄD *Br* Stundenplan *m* **3.** Zeitplan *m*

time zone *s* Zeitzone *f*

tim·id ['tɪmɪd] *Adj* ängstlich

tim·ing ['taɪmɪŋ] *s* Timing *n* (*Wahl des günstigen Zeitpunkts*)

▶**tin** [tɪn] **I** *s* **1.** Zinn *n* **2.** *Br* (Blech-, Konserven)Dose *f*, (-)Büchse *f* **II** *Adj* **3.** zinnern, Zinn… **III** *v/t* **4.** verzinnen **5.** *Br* einmachen, -dosen: → ***tinned***

tinc·ture ['tɪŋktʃə] *s* PHARM Tinktur *f*: ***tincture of iodine*** Jodtinktur

tin·der ['tɪndə] *s* Zunder *m*: (***as***) ***dry as tinder*** → ***tinder-dry***

'tin·der·box *s fig* Pulverfass *n*

,tin·der-'dry *Adj* so trocken wie Zunder

tine [taɪn] *s* **1.** Zinke *f*, Zacke *f* (*einer Gabel*) **2.** (*Geweih*)Sprosse *f*, Ende *n*

'tin·foil *s* Stanniol(papier) *n*; Alufolie *f*

ting [tɪŋ] **I** *v/i* klingeln, klirren **II** *s* Klingeln *n*, Klirren *n*

tinge [tɪndʒ] **I** *v/t* **1.** tönen: ***be tinged with*** *fig* einen Anflug haben von, etw von … an sich haben **II** *s* **2.** Tönung *f*: ***have a tinge of red*** ins Rote spielen **3.** *fig* Anflug *m* (***of*** von)

tin·gle ['tɪŋgl] **I** *v/i* prickeln, kribbeln (***with*** vor *Dat*) **II** *s* Prickeln *n*, Kribbeln *n*

tin god *s ugs* Idol *n*

tin hat *s* MIL *ugs* (Stahl-)Helm *m*

tink·er ['tɪŋkə] **I** *s* Kesselflicker(in) **II** *v/i auch* ***tinker about*** herumbasteln (***with*** an *Dat*): ***tinker with*** herumpfuschen an (*Dat*)

tin·kle ['tɪŋkl] **I** *v/i* bimmeln; klirren **II** *s* Bimmeln *n*; Klirren *n*: ***give s.o. a tinkle*** TEL *Br ugs* j-n anklingeln

tinned [tɪnd] *Adj Br* Dosen…, Büchsen…: ***tinned fruit*** Obstkonserven *Pl*; ***tinned meat*** Büchsenfleisch *n*

tin·ny ['tɪnɪ] *Adj* blechern (*Klang*)

tin o·pen·er *s Br* Dosen-, Büchsenöffner *m*

tin·sel ['tɪnsl] *s* **1.** Lametta *n* **2.** *fig* Flitter *m*

tint [tɪnt] **I** *s* (Farb)Ton *m*, Tönung *f*: ***have a tint of red*** ins Rote spielen **II** *v/t* tönen

▶**ti·ny** ['taɪnɪ] *Adj* winzig

▶**tip**[1] [tɪp] *s* **1.** *allg* Spitze *f*: ***it's on the tip of my tongue*** *fig* es liegt mir auf der Zunge; → ***iceberg*** **2.** Filter *m* (*einer Zigarette*)

tip[2] [tɪp] **I** *v/t* **1.** *Tisch etc* kippen: ***tip over*** umkippen; → ***scale***[2] 2 **2.** (aus)kippen, schütten **II** *v/i* **3.** kippen: ***tip over*** umkippen **III** *s* **4.** *bes Br* (*Schutt- etc*)Abladeplatz *m*, (-)Halde *f* **5.** *Br fig ugs* Saustall *m*

▶**tip**[3] [tɪp] **I** *s* **1.** Trinkgeld *n*: ***I left him a 50p tip*** ich habe ihm 50 Pence Trinkgeld gegeben **2.** Tipp *m*, Rat(schlag) *m*: ***take a tip from me and …*** hör auf mich und … **II** *v/t* **3.** *j-m* ein Trinkgeld geben **4.** tippen auf (*Akk*) (***as*** als) **5.** ***tip off*** *j-m* einen Tipp *oder* Wink geben

'tip-off *s ugs* Tipp *m*, Wink *m*

tip·ple ['tɪpl] *s ugs* (*alkoholisches*) Getränk

tip·sy ['tɪpsɪ] *Adj* angeheitert, beschwipst: ***be tipsy*** *auch* einen Schwips haben

'tip·toe **I** *v/i* auf Zehenspitzen gehen **II** *s*: ***stand on tiptoe*** sich auf die Zehenspitzen stellen; ***walk on tiptoe*** *siehe* I

,tip'top *Adj ugs* erstklassig: ***be in tiptop condition*** tipptopp in Ordnung sein

ti·rade [taɪ'reɪd] *s* Schimpfkanonade *f* (***against*** gegen)

▶**tire**¹ ['taɪə] *Am* → ***tyre***
tire² ['taɪə] **I** *v/t* ermüden, müde machen: ***tire out*** (völlig) erschöpfen **II** *v/i* ermüden, müde werden: ***tire of*** *fig j-n, etw* sattbekommen; ***tire of doing s.th.*** satt werden, etw zu tun
▶**tired** ['taɪəd] *Adj* **1.** müde: ***tired out*** (völlig) erschöpft; ▶ ***be tired of*** *fig j-n, etw* satthaben; ***be tired of doing s.th.*** es satthaben *oder* satt sein, etw zu tun **2.** *fig* abgegriffen
'**tired·ness** *s* Müdigkeit *f*
tire·less ['taɪəlɪs] *Adj* unermüdlich
tire·some ['taɪəsəm] *Adj* **1.** ermüdend **2.** *fig* lästig
ti·ro → ***tyro***
tis·sue ['tɪʃuː] *s* **1.** BIOL Gewebe *n* **2.** Papier(taschen)tuch *n* **3.** *auch* ***tissue paper*** Seidenpapier *n*
tit¹ [tɪt] *s*: ***tit for tat*** wie du mir, so ich dir
tit² [tɪt] *s sl* **1.** *meist Pl* Titte *f*: **a)** *weibliche Brust*, **b)** *Brustwarze* **2.** *Br* blöde Sau
tit³ [tɪt] *s* ORN Meise *f*
ti·tan·ic [taɪ'tænɪk] *Adj* (***titanically***) gigantisch
tit·bit ['tɪtbɪt] *s bes Br* Leckerbissen *m*
tit·il·late ['tɪtɪleɪt] *v/t j-n* (*sexuell*) anregen
ti·tle ['taɪtl] *s* **1.** *allg* Titel *m* **2.** JUR (Rechts)Anspruch *m* (***to*** auf *Akk*)
ti·tle deed *s* JUR Eigentumsurkunde *f*
ti·tle fight *s Boxen*: Titelkampf *m*
'**ti·tle,hold·er** *s* SPORT Titelhalter(in), -träger(in)
ti·tle page *s* Titelseite *f*
ti·tle role *s* THEAT *etc* Titelrolle *f*
'**tit·mouse** *s* (*unreg* ***mouse***) ORN Meise *f*
tit·ter ['tɪtə] **I** *v/i* kichern **II** *s* Kichern *n*
tit·tle-tat·tle ['tɪtl,tætl] *ugs* **I** *s* Geschwätz *n*; Klatsch *m*, Tratsch *m* **II** *v/i* schwatzen; klatschen, tratschen
tit·u·lar ['tɪtjʊlə] *Adj* nominell
▶**to I** *Präp* [tuː; tʊ; tə] **1.** *Richtung und Ziel, räumlich*: zu, nach, an (*Akk*), in (*Akk*): ***go to England*** nach England fahren; → ***bed*** 1, ***school***² 1, *etc* **2.** in (*Dat*): ***have you ever been to London?*** bist du schon einmal in London gewesen? **3.** *Richtung, Ziel, Zweck*: zu, auf (*Akk*), für: → ***death*** 1, ***invite*** 1, *etc* **4.** *Zugehörigkeit*: zu, für, in (*Akk*): → ***key*** 1, ***secretary*** 1, *etc* **5.** (im Verhältnis *oder* Vergleich) zu, gegen(über): → ***compare*** 1, ***nothing*** I, *etc* **6.** *Ausmaß, Grenze, Grad*: bis, (bis) zu, (bis) an (*Akk*) **7.** *zeitliche Ausdehnung oder Grenze*: bis, bis zu, bis gegen, vor (*Dat*): ***from three to four*** von drei bis vier (Uhr); → ***quarter*** 2 **8.** *Begleitung*: zu, nach: → ***dance*** 1 **9.** *zur Bildung des* (*betonten*) *Dativs*: ***to me*** mir **II** *Partikel* [tʊ] **10.** *zur Bezeichnung des Infinitivs*: ***to go*** gehen; ***easy to understand*** leicht zu verstehen **11.** *Zweck, Absicht*: um zu: ***he only does it to earn money*** er tut es nur, um Geld zu verdienen; → ***order*** 9 **12.** *zur Verkürzung eines Nebensatzes*: ***he was the first to arrive*** er kam als Erster; ***to hear him talk*** wenn man ihn (so) reden hört **III** *Adv* [tuː] **13.** zu (*geschlossen*) **14.** ***to and fro*** hin und her; auf und ab
toad [təʊd] *s* ZOOL Kröte *f*
'**toad·stool** *s* BOT ungenießbarer Pilz; Giftpilz *m*
toad·y ['təʊdɪ] *pej* **I** *s* Kriecher(in), Speichellecker(in) **II** *v/i*: ***toady to s.o.*** vor j-m kriechen
toast¹ [təʊst] **I** *s* **1.** Toast *m* **II** *v/t* **2.** toasten; rösten **3.** *ugs* sich *die Füße etc* wärmen
toast² [təʊst] **I** *s* Toast *m*, Trinkspruch *m*: ***drink a toast to*** *siehe* II **II** *v/t* auf *j-n oder j-s* Wohl trinken
toast·er ['təʊstə] *s* TECH Toaster *m*
▶**to·bac·co** [tə'bækəʊ] *Pl* **to·bac·cos** *s* Tabak *m*
to'bac·co·nist [tə'bækənɪst] *s* Tabak(waren)händler(in), *österr.* Trafikant(in)
to·bog·gan [tə'bɒgən] **I** *s* (Rodel)Schlitten *m* **II** *v/i* Schlitten fahren, rodeln, *schweiz.* schlitteln
tod [tɒd] *s*: ***on one's tod*** *Br ugs* ganz allein
▶**to·day** [tə'deɪ] **I** *Adv* **1.** heute: ***a week today, today week*** heute in einer Woche *oder* in acht Tagen **2.** heutzutage **II** *s* **3.** ***today's paper*** die heutige Zeitung, die Zeitung von heute **4.** ***of today, today's*** von heute, heutig
tod·dler ['tɒdlə] *s* Kleinkind *n*
tod·dy ['tɒdɪ] *s* Toddy *m* (*grogartiges Getränk*)
to-do [tə'duː] *s ugs* Theater *n* (***about*** um)
▶**toe** [təʊ] **I** *s* ANAT Zehe *f*: ***be on one's toes*** *fig* gut drauf sein; auf Draht sein; ***keep s.o. on his toes*** *fig* j-n auf Zack halten **II** *v/t*: ***toe the line*** *fig* spuren
'**toe·nail** *s* Zehennagel *m*
tof·fee ['tɒfɪ] *s bes Br* Toffee *n*, Karamellbonbon *n*, *m*: ***he can't play tennis for toffee*** *ugs* er hat vom Tennisspielen keine Ahnung
'**tof·fee-nosed** *Adj Br ugs* eingebildet, hochnäsig
tof·fy → ***toffee***
to·fu ['tɒfuː] *s* GASTR Tofu *m*
tog [tɒg] *ugs* **I** *v/t*: ***tog o.s. out*** (*oder* ***up***) sich in Schale werfen **II** *s Pl* Klamotten *Pl*
▶**to·geth·er** [tə'geðə] **I** *Adv* zusammen (***with*** mit); zusammen…: → ***keep together, live***¹ I, *etc* **II** *Adj ugs* ausgeglichen (*Person*)
to'geth·er·ness *s* Zs.-gehörigkeit(sgefühl *n*) *f*
tog·gle key ['tɒgl] *s* COMPUTER Umschalttaste *f*
tog·gle switch *s* ELEK Kippschalter *m*
toil [tɔɪl] **I** *s* mühselige Arbeit **II** *v/i* sich plagen (***at*** mit); sich schleppen
▶**toi·let** ['tɔɪlɪt] *s* Toilette *f*: ***go to the toilet*** auf die *oder* zur Toilette gehen
toi·let bag *s Br* Kulturbeutel *m*
toi·let pa·per *s* Toilettenpapier *n*
toi·let roll *s* Rolle *f* Toilettenpapier
to·ken ['təʊkən] **I** *s* **1.** Zeichen *n*: ***as a*** (*oder* ***in***) ***token of*** als *oder* zum Zeichen (*Gen*); zum Andenken an (*Akk*) **2.** Gutschein *m* **3.** (*Spiel-etc*)Marke *f* **II** *Adj* **4.** symbolisch **5.** Schein… **6.** Alibi…
to·ken strike *s* Warnstreik *m*
told [təʊld] *Prät und Part Perf von* ***tell***
tol·er·a·ble ['tɒlərəbl] *Adj* erträglich
'**tol·er·a·bly** *Adv* leidlich, einigermaßen
'**tol·er·ance** *s* **1.** Toleranz *f* (***of, toward***[***s***] gegenüber) **2.** MED, TECH Toleranz *f*
'**tol·er·ant** *Adj* tolerant (***of, toward***[***s***] gegenüber)
tol·er·ate ['tɒləreɪt] *v/t* **1.** tolerieren, dulden **2.** *j-n, etw* ertragen
toll¹ [təʊl] *s* **1.** Benutzungsgebühr *f*, Maut *f*; Autobahngebühr *f* **2.** ***take its toll*** (***on***) *fig* seinen Tribut fordern (von); seine Spuren hinterlassen (bei)
toll² [təʊl] *v/i* läuten (*bes Totenglocke*)
toll bridge *s* gebührenpflichtige Brücke, Mautbrücke *f*
,**toll-'free** *Adj und Adv* TEL *Am* gebührenfrei
toll road *s* gebührenpflichtige Straße, Mautstraße *f*
tom [tɒm] *s* ZOOL Kater *m*
tom·a·hawk ['tɒməhɔːk] *s hist* Tomahawk *m*, Streitaxt *f*

T

▶**to·ma·to** [tə'mɑːtəʊ] **I** *Pl* **to·ma·toes** *s* BOT Tomate *f*, *österr.* Paradeiser *m* **II** *Adj* Tomaten…: ***tomato ketchup*** Ketchup *n*
tomb [tuːm] *s* Grab(mal) *n*; Gruft *f*

> **tomb** AS
>
> ⚠ Anders als seine Schreibung vermuten lässt, reimt sich **tomb** [tuːm] auf **fume** [fjuːm].

tom·boy ['tɒmbɔɪ] *s* Wildfang *m* (*Mädchen*)
'**tomb·stone** *s* Grabstein *m*
'**tom·cat** *s* ZOOL Kater *m*
tome [təʊm] *s hum* Wälzer *m*
tom·fool·er·y [ˌtɒm'fuːlərɪ] *s* Unsinn *m*
to·mo·gram ['tɒməgræm] *s* MED Tomogramm *n*
to·mog·ra·phy [tə'mɒgrəfɪ] *s* MED Tomografie *f*: ***magnetic resonance tomography*** (*Abk* ***MRT***) Kernspintomografie *f* (*Abk* MR(T), KST)
▶**to·mor·row** [tə'mɒrəʊ] **I** *Adv* **1.** morgen: ***a week tomorrow, tomorrow week*** morgen in einer Woche *oder* in acht Tagen; ***tomorrow morning*** morgen früh; ***tomorrow night*** morgen Abend **II** *s* **2.** ***tomorrow's paper*** die morgige Zeitung, die Zeitung von morgen; ***the day after tomorrow*** übermorgen **3.** Zukunft *f*: ***of tomorrow, tomorrow's*** von morgen
▶**ton** [tʌn] *s* **1.** Tonne *f* (*Gewicht*) **2.** *ugs* ***tons*** *Pl* ***of*** jede Menge …; ***tons better*** viel *oder* wesentlich besser

> **ton** SG
>
> Eine **ton** wiegt in Großbritannien 1016 Kilo, in den USA 907,2 Kilo. Die Entsprechung der metrischen Tonne (1000 Kilo) heißt **tonne** [tʌn].

tone [təʊn] **I** *s* **1.** *allg* Ton *m*; Klang *m* **2.** MUS *Am* Note *f* **3.** *fig* Niveau *n* **II** *v/t* **4.** ***tone down*** *Kritik etc* abschwächen; ***tone up*** *j-n, Muskeln* kräftigen **III** *v/i* **5.** ***tone*** (***with***) harmonieren (mit), passen (zu)
tone di·al·ing, **tone di·al·ling** *s* TEL Tonwahl (-verfahren *n*) *f*
ton·er ['təʊnə] *s* TECH, *auch* COMPUTER Toner *m*: ***toner cartridge*** Tonerkassette *f*
tongs [tɒŋz] *s Pl*, *auch* ***pair of tongs*** Zange *f*
▶**tongue** [tʌŋ] *s* **1.** ANAT Zunge *f* (*auch fig*): ***tongue in cheek*** scherzhaft; ***bite one's tongue*** sich auf die Zunge beißen (*auch fig*); ***hold one's tongue*** den Mund halten; ***stick one's tongue out at s.o.*** j-m die Zunge herausstrecken **2.** (*Mutter*)Sprache *f* **3.** Zunge *f* (*eines Schuhs etc*); (*Land*)Zunge *f*: ***tongue of land*** **4.** Klöppel *m* (*einer Glocke*)
tongue twist·er *s* Zungenbrecher *m*
ton·ic ['tɒnɪk] *s* **1.** PHARM Tonikum *n*, Stärkungsmittel *n*: ***be a real tonic*** *allg* richtig guttun **2.** Tonic *n* (→ ***tonic water***): ***a gin and tonic*** ein Gin Tonic
ton·ic wa·ter *s* Tonicwater *n* (*mit Kohlensäure und Chinin versetztes Wasser*)
▶**to·night** [tə'naɪt] **I** *Adv* heute Abend; heute Nacht **II** *s*: ***tonight's program(me)*** das Programm (von) heute Abend

T

▶**tonne** [tʌn] → ***ton***
ton·sil ['tɒnsl] *s* ANAT Mandel *f*
ton·sil·li·tis [ˌtɒnsɪ'laɪtɪs] *s* MED Mandelentzündung *f*; *weit. S.* Angina *f*
▶**too** [tuː] *Adv* **1.** zu **2.** zu, sehr **3.** auch **4.** auch noch, noch dazu
took [tʊk] *Prät von* ***take***
▶**tool** [tuːl] *s* **1.** Werkzeug *n* (*auch fig Person*), Gerät *n*: ***be the tools of s.o.'s trade*** *fig* j-s Rüstzeug sein; → ***down***[1] 14 **2.** *vulg* Schwanz *m* (*Penis*)
tool bag *s* Werkzeugtasche *f*
'**tool·bar** *s* COMPUTER Symbolleiste *f*
tool box *s* Werkzeugkasten *m*
tool shed *s* Geräteschuppen *m*
toot [tuːt] MOT **I** *v/i* hupen **II** *v/t*: ***toot one's horn*** hupen
▶**tooth** [tuːθ] *Pl* ***teeth*** [tiːθ] *s* ANAT Zahn *m* (*auch eines Kamms, einer Säge, eines Zahnrads etc*): ***in the teeth of*** *fig* gegen; trotz, ungeachtet; ***fight tooth and nail*** *fig* erbittert *oder* verbissen kämpfen; ***get one's teeth into*** *fig* sich reinknien in (*Akk*); → ***armed***, ***brush***[1] 5, ***cut*** 10, ***edge*** 4, ***skin*** 1, ***sweet*** 1
▶**tooth·ache** ['tuːθeɪk] *s* Zahnschmerzen *Pl*, -weh *n*
▶**tooth·brush** ['tuːθbrʌʃ] *s* Zahnbürste *f*
tooth·less ['tuːθlɪs] *Adj* zahnlos
▶**tooth·paste** ['tuːθpeɪst] *s* Zahncreme *f*, -pasta *f*
'**tooth·pick** *s* Zahnstocher *m*
tooth·some ['tuːθsəm] *Adj* **1.** lecker, schmackhaft **2.** *ugs* gut aussehend, attraktiv
toot·sie, **toot·sy** ['tʊtsɪ] *s Kindersprache*: Füßchen *n*
▶**top**[1] [tɒp] **I** *s* **1.** oberer Teil; Gipfel *m*, Spitze *f* (*eines Bergs etc*); Krone *f*, Wipfel *m* (*eines Baums*); Kopfende *n*, oberes Ende (*eines Tischs etc*): ▶ ***at the top of*** (***the page***) oben auf (der Seite); ***from top to toe*** von Kopf bis Fuß; ***from top to bottom*** von oben bis unten; ***on top*** oben(auf); d(a)rauf; ▶ ***on top of*** (oben) auf (*Dat oder Akk*), über (*Dat oder Akk*); ***on top of each other*** auf-, übereinander; ***on top of it*** *fig* obendrein; ***get on top of s.o.*** *ugs* j-m zu viel *oder* zu schwierig werden; → ***thin*** 1 **2.** *fig* Spitze *f*: ***at the top of one's voice*** aus vollem Hals; ***be at the top of*** an der Spitze (*Gen*) stehen; ***stay on top*** an der Spitze bleiben **3.** (*Bikini- etc*)Oberteil *n* **4.** Oberfläche *f* (*eines Tischs etc*) **5.** Deckel *m* (*eines Glases*), (*auch einer Tube etc*) Verschluss *m*: → ***blow***[1] 11 **6.** MOT Verdeck *n*: → ***hardtop*** **7.** MOT höchster Gang **II** *Adj* **8.** oberst: ***the top dog*** *ugs* der, die Überlegene; ***top hat*** Zylinder *m* **9.** *fig* Höchst…, Spitzen…: ***top gear*** *siehe* 7; ***top manager*** Top-, Spitzenmanager(in); ***at top speed*** mit Höchstgeschwindigkeit; in Windeseile; → ***management*** 2 **III** *v/t* **10.** bedecken (***with*** mit) **11.** *fig* übersteigen; übertreffen, toppen **12.** ***top the bill*** der Star des Programms *oder* die Hauptattraktion sein
◆**top off** *v/t bes Am* abschließen, krönen (***with*** mit)
◆**top out** *v/t* das Richtfest (*Gen*) feiern
◆**top up** *v/t Tank etc* auffüllen; *ugs j-m* nachschenken
top[2] [tɒp] *s* Kreisel *m* (*Spielzeug*)
to·pee ['təʊpɪ] *s* Tropenhelm *m*
'**top·flight** *Adj ugs* Spitzen…
ˌ**top-'heav·y** *Adj* kopflastig (*auch fig*), oberlastig

▶**top·ic** ['tɒpɪk] *s* Thema *n*: ***topic of conversation*** Gesprächsthema
'**top·i·cal** *Adj* aktuell
'**top·knot** *s* Haarknoten *m*
top·less ['tɒplɪs] *Adj* oben ohne; Oben-ohne-...
ˌ**top-'lev·el** *Adj* auf höchster Ebene, Spitzen...
'**top·most** *Adj* oberst
ˌ**top-'notch** *Adj ugs* erstklassig, Spitzen...
to·pog·ra·phy [tə'pɒgrəfɪ] *s* Topografie *f*
top·per ['tɒpə] *s ugs* Zylinder *m*
'**top·ping** *s*: ***with a topping of whipped cream*** mit Schlagsahne darauf
top·ple ['tɒpl] **I** *v/i* **1.** *meist* ***topple over*** umkippen **II** *v/t* **2.** *fig Regierung etc* stürzen
ˌ**top-'quality** *Adj* Spitzen...: ***top-quality product*** Spitzenprodukt *n*
ˌ**top-'se·cret** *Adj* streng geheim
'**top·spin** *s Tennis etc*: Topspin *m* (*starker Aufwärtsdrall*)
top·sy-tur·vy [ˌtɒpsɪ'tɜːvɪ] *Adj ugs* **1.** in heilloser Unordnung **2.** *fig* konfus, wirr
torch [tɔːtʃ] *s* **1.** *bes Br* Taschenlampe *f* **2.** Fackel *f*
'**torch·light** *s*: ***by torchlight*** bei Fackelschein; ***torchlight procession*** Fackelzug *m*
tore [tɔː] *Prät von* ***tear²***
tor·ment I *v/t* [tɔː'ment] **1.** quälen, *fig auch* plagen: ***be tormented by*** gequält *oder* geplagt werden von **II** *s* ['tɔːment] **2.** Qual *f*: ***be in torment, suffer torment(s)*** Qualen leiden **3.** Quälgeist *m*
torn [tɔːn] *Part Perf von* ***tear²***
tor·na·do [tɔː'neɪdəʊ] *Pl* **tor·na·dos, tor·na·does** *s* Tornado *m*
tor·pe·do [tɔː'piːdəʊ] **I** *Pl* **tor·pe·does** *s* SCHIFF, MIL Torpedo *m* **II** *v/t* torpedieren (*auch fig*)
tor·pe·do boat *s* Torpedoboot *n*
tor·pid ['tɔːpɪd] *Adj* träg(e)
tor·por ['tɔːpə] *s* Trägheit *f*
torque [tɔːk] *s* PHYS Drehmoment *n*
tor·rent ['tɒrənt] *s* **1.** reißender Strom: ***torrents Pl of rain*** sintflutartige Regenfälle *Pl*; ***the rain fell in torrents*** es goss in Strömen **2.** *fig* Schwall *m*, Sturzbach *m* (***of*** von)
tor·ren·tial [tə'renʃl] *Adj* sintflutartig
tor·rid ['tɒrɪd] *Adj* sengend
tor·sion ['tɔːʃn] *s* PHYS Torsion *f*, Verdrillung *f*
tor·so ['tɔːsəʊ] *Pl* **tor·sos** *s* Rumpf *m*; KUNST Torso *m*
tort [tɔːt] *s* JUR unerlaubte Handlung
tor·toise ['tɔːtəs] *s* ZOOL Schildkröte *f*
tor·tu·ous ['tɔːtʃʊəs] *Adj* **1.** gewunden (*Pfad etc*) **2.** *fig* umständlich
tor·ture ['tɔːtʃə] **I** *v/t* **1.** foltern **2.** *fig* quälen: ***be tortured by*** gequält werden von **II** *s* **3.** Folter(ung) *f* **4.** *fig* Qual *f*
tor·ture cham·ber *s* Folterkammer *f*
To·ry ['tɔːrɪ] POL *Br* **I** *s* Tory *m*, Konservative *m, f* **II** *Adj* Tory..., toryistisch, konservativ
toss [tɒs] **I** *v/t* **1.** werfen: ***toss s.o. s.th.*** j-m etw zuwerfen; ***toss back*** *Kopf* zurückwerfen **2.** *Münze* hochwerfen: ***toss s.o. for s.th.*** mit j-m um etw losen **II** *v/i* **3.** *auch* ***toss about, toss and turn*** sich (*im Schlaf etc*) hin und her werfen **4.** *auch* ***toss up*** eine Münze hochwerfen: ***toss for s.th.*** um etw losen, etw auslosen **III** *s* **5.** Wurf *m* **6.** Hochwerfen *n* (*einer Münze*): ***win the toss*** (*Sport*) die Wahl gewinnen **7.** ***I don't give a toss about it*** *Br ugs* das ist mir völlig egal
'**toss-up** *s* **1.** → ***toss*** 6 **2.** ***it's a toss-up whether*** *ugs* es ist völlig offen, ob
tot¹ [tɒt] *s* **1.** *auch* ***tiny tot*** *ugs* Knirps *m* **2.** Schluck *m* (*Alkohol*)
tot² [tɒt] *v/t*: ***tot up*** *ugs* zs.-rechnen, -zählen
▶**to·tal** ['təʊtl] **I** *Adj* **1.** völlig, total, Total...: → ***recall*** 4 **2.** ganz, gesamt, Gesamt... **II** *s* **3.** Gesamtmenge *f*; (End)Summe *f*: ***a total of 20 cases*** insgesamt 20 Kisten; ***in total*** insgesamt **III** *v/t Prät und Part Perf* **to·taled**, *bes Br* **to·talled 4.** sich belaufen auf (*Akk*): ***... total(l)ing £ 500*** ... von insgesamt 500 Pfund **5.** *auch* ***total up*** zs.-rechnen, -zählen
to·tal·i·tar·i·an [ˌtəʊtælɪ'teərɪən] *Adj* POL totalitär
to·tal·ly ['təʊtəlɪ] *Adv* völlig, ganz, absolut, vollkommen
tote [təʊt] *s Pferdesport*: *ugs* Toto *n, m*
tote bag [təʊt] *s bes Am* Einkaufstasche *f*
to·tem ['təʊtəm] *s* Totem *n*
to·tem pole *s* Totempfahl *m*
tot·ter ['tɒtə] *v/i* (sch)wanken
'**tot·ter·y** *Adj* wack(e)lig
▶**touch** [tʌtʃ] **I** *s* **1.** Tastempfindung *f*: ***be soft to the touch*** sich weich anfühlen; → ***sense*** 1 **2.** Berührung *f*, MUS *etc* Anschlag *m*: ***at the touch of a button*** auf Knopfdruck **3.** ***get in touch with s.o.*** sich mit j-m in Verbindung setzen; ***keep in touch with s.o.*** mit j-m in Verbindung bleiben; ***lose touch*** den Kontakt verlieren (***with s.o.*** zu j-m) **4.** (*Pinsel- etc*)Strich *m*: ***put the finishing touches to*** letzte Hand legen an (*Akk*) **5.** *fig* Note *f*: ***a personal touch*** **6.** Spur *f* (*Salz etc*); *fig* Anflug *m* (*von Ironie etc*): ***a touch of flu*** eine leichte Grippe **7.** ***in(to) touch*** (*Fußball*) im (ins) Aus **II** *v/t* **8.** berühren; anfassen: ***touch wood!*** toi, toi, toi!; → ***nerve*** 1 **9.** *Alkohol, Essen etc* anrühren **10.** *fig* herankommen an (*Akk*) **11.** *fig* rühren, bewegen **12.** *fig* berühren, betreffen **13.** *ugs j-n* anpumpen (***for*** um) **III** *v/i* **14.** sich berühren **15.** ***touch on*** *Thema etc* berühren, streifen
◆**touch down** *v/i Flugzeug* aufsetzen
◆**touch off** *v/t Explosion, Krise etc* auslösen
◆**touch up** *v/t* **1.** ausbessern; FOTO retuschieren **2.** *Br ugs j-n* befummeln, betatschen
ˌ**touch-and-'go** *Adj* kritisch (*Situation etc*): ***it was touch-and-go whether*** es stand auf des Messers Schneide, ob
'**touch·down** *s* FLUG Aufsetzen *n*
tou·ché ['tuːʃeɪ] *Interj* eins zu null für dich!
touched [tʌtʃt] *Adj* **1.** gerührt, bewegt **2.** ***be touched*** *ugs* einen Schlag haben
'**touch·ing** *Adj* rührend, bewegend
'**touch·line** *s Fußball*: Seitenlinie *f*
touch screen *s* COMPUTER Berührungsbildschirm *m*
'**touch·stone** *s* Prüfstein *m* (***of*** für)
'**touch-type** *v/i* blindschreiben
touch·y ['tʌtʃɪ] *Adj* **1.** empfindlich, reizbar **2.** heikel (*Thema*)
▶**tough** [tʌf] *Adj* **1.** zäh (*Fleisch etc*): ***(as) tough as leather*** (*oder* ***old boots***) zäh wie Leder **2.** widerstandsfähig (*Material etc*), (*Person auch*) zäh **3.** *fig* hart (*Haltung etc*): ***get tough with*** hart vorgehen gegen **4.** *fig* hart (*Konkurrenz etc*), (*Problem, Verhandlungen etc auch*) schwierig
'**tough·en I** *v/t auch* ***toughen up*** *j-n* hart *oder* zäh machen **II** *v/i auch* ***toughen up*** hart *oder* zäh werden
▶**tour** [tʊə] **I** *s* **1.** Tour *f* (***of*** durch): **a)** (Rund-) Reise *f*, (-)Fahrt *f*: ***tour operator*** Reiseveran-

T

stalter(in), **b)** Ausflug *m*, Wanderung *f* **2.** Rundgang *m* (**of** durch): ***take s.o. on a tour of*** j-n herumführen in (*Dat*); → ***conduct*** 3, ***guided*** 1 **3.** THEAT *etc* Tournee *f* (*auch Sport*), Gastspielreise *f* (**of** durch): ***be on tour*** auf Tournee sein (***in*** in *Dat*) **II** *v/t* **4.** bereisen, reisen durch **5.** THEAT *etc* eine Tournee (*auch Sport*) *oder* Gastspielreise machen durch: ***be touring Germany*** auf Deutschlandtournee sein **III** *v/i* **6.** ***tour (a)round*** *siehe* 4 **7.** THEAT *etc* eine Tournee (*auch Sport*) machen, auf Tournee sein

'tour·ism *s* Tourismus *m*, Fremdenverkehr *m*

▸**tour·ist** ['tʊərɪst] **I** *s* Tourist(in) **II** *Adj* Touristen…: ***tourist association*** Fremdenverkehrsverband *m*; ***tourist class*** FLUG, SCHIFF Touristenklasse *f*; ***tourist season*** Reisesaison *f*, -zeit *f*; ***tourist trade*** Fremdenverkehrsgewerbe *n*

tour·na·ment ['tɔːnəmənt] *s* Turnier *n*

tou·sled ['taʊzld] *Adj* zerzaust (*Haar*)

tout [taʊt] **I** *v/t* **1.** (aufdringlich) Reklame machen für **2.** anpreisen (**as** als) **II** *v/i* **3.** ***tout for business*** Kunden werben **III** *s* **4.** *Br* (*Karten-*) Schwarzhändler(in)

▸**tow** [təʊ] **I** *v/t* *Boot etc* schleppen, *Auto etc auch* abschleppen: ***tow away*** *falsch geparktes Fahrzeug* abschleppen **II** *s*: ***give s.o. a tow*** j-n abschleppen; ***take in tow*** *Auto etc* abschleppen, *Boot etc* ins Schlepptau nehmen; ***with his children in tow*** *ugs* mit seinen Kindern im Schlepptau

▸**to·ward** *bes Am*, **to·wards** *bes Br* [tə'wɔːd(z)] *Präp* **1.** *Richtung*: auf (*Akk*) … zu, (in) Richtung, zu: → ***face*** 13, *etc* **2.** *zeitlich*: gegen: ***toward(s) the end of*** gegen Ende (*Gen*) **3.** *fig* gegenüber **4.** *fig* auf (*Akk*) … hin: ***they gave me s.th. toward(s) it*** sie zahlten mir etw dazu

▸**tow·el** ['taʊəl] **I** *s* Handtuch *n*, (*Bade- etc*) Tuch *n*: ***throw in the towel*** (*Boxen*) das Handtuch werfen (*auch fig*); → ***sanitary*** 1 **II** *v/t Prät und Part Perf* **tow·eled**, *bes Br* **tow·elled** *auch* ***towel down*** (mit einem Handtuch) abtrocknen *oder* abreiben

tow·el rail *s* Handtuchhalter *m*

▸**tow·er** ['taʊə] **I** *s* Turm *m*: ***tower block*** *Br* Hochhaus *n* **II** *v/i*: ***tower above*** (*oder* ***over***) überragen (*auch fig*)

'tow·er·ing *Adj* **1.** turmhoch **2.** *fig* überragend **3.** ***be in a towering rage*** vor Wut rasen

▸**town** [taʊn] *s* (Klein)Stadt *f*: ***go to town*** in die Stadt fahren *oder* gehen; ***be out on the town*** *ugs* einen draufmachen; → ***paint*** 2

town cen·tre *s Br* Innenstadt *f*, City *f*

▸**town hall** [ˌtaʊn'hɔːl] *s* Rathaus *n*

town plan·ning *s* Stadtplanung *f*

towns·folk ['taʊnzfəʊk] → ***townspeople***

town·ship ['taʊnʃɪp] *s Am* (Stadt)Gemeinde *f*; (Kreis)Bezirk *m*

T

towns·peo·ple ['taʊnzˌpiːpl] *s Pl* Städter *Pl*, Stadtbevölkerung *f*

'tow·rope *s* MOT Abschleppseil *n*

tox·ic ['tɒksɪk] *Adj* (***toxically***) toxisch, giftig, Gift…: ***toxic waste*** Giftmüll *m*

toxi·co·logi·cal [ˌtɒksɪkə'lɒdʒɪkl] *Adj* toxikologisch

tox·in ['tɒksɪn] *s* BIOL Toxin *n*

▸**toy** [tɔɪ] **I** *s* **1.** Spielzeug *n*: ***toys*** *Pl* Spielsachen *Pl*, -zeug *n*, WIRTSCH -waren *Pl* **II** *v/i* **2.** ***toy with*** spielen mit (*auch fig*) **III** *Adj* **3.** Spielzeug… **4.** ZOOL Zwerg… (*Hund*)

toy shop *s* Spielwarengeschäft *n*

▸**trace**[1] [treɪs] **I** *s* **1.** Spur *f* (*auch fig*): ***without (a) trace*** spurlos; ***lose all trace of s.o.*** j-n aus den Augen verlieren **II** *v/t* **2.** *j-n, etw* ausfindig machen, aufspüren, *etw* finden: ***he was traced to*** seine Spur führte nach **3.** *auch* ***trace back*** *etw* zurückverfolgen (**to** bis zu): ***trace s.th. to*** etw zurückführen auf (*Akk*) **4.** (durch)pausen

trace[2] [treɪs] *s* Zugleine *f*: ***kick over the traces*** *fig* über die Stränge schlagen

trace el·e·ment *s* CHEM Spurenelement *n*

tra·che·a [trə'kiːə] *Pl* **tra·che·ae** [trə'kiːiː] *s* ANAT Luftröhre *f*

trac·ing ['treɪsɪŋ] *s* Pause *f*

trac·ing pa·per *s* Pauspapier *n*

▸**track** [træk] **I** *s* **1.** Spur *f* (*auch eines Tonbands etc und fig*): ***be on the wrong track*** auf der falschen Spur *oder* auf dem Holzweg sein; ***keep track of*** sich auf dem Laufenden halten über (*Akk*); ***lose track of*** den Überblick verlieren über (*Akk*) **2.** Pfad *m*, Weg *m* **3.** BAHN Gleis *n*, Geleise *n*: ***jump the tracks*** aus den Schienen springen, entgleisen **4.** SPORT (*Lauf-, Radrenn*)Bahn *f*, (*Renn*)Strecke *f* **5.** TECH Raupe *f*, Gleis-, Raupenkette *f* **6.** Nummer *f* (*auf einer Langspielplatte etc*) **II** *v/t* **7.** verfolgen: ***track down*** aufspüren; aufstöbern, -treiben

ˌtrack-and-'field *Adj Am* Leichtathletik…: ***track-and-field sports*** *Pl* Leichtathletik *f*

'track·ball *s Notebook*: Trackball *m*, Rollkugel *f*

tracked [trækt] *Adj*: ***tracked vehicle*** Gleisketten-, Raupenfahrzeug *n*

track·er dog ['trækə] *s* Spürhund *m*

track e·vents *s Pl Leichtathletik*: Laufdisziplinen *Pl*

track·ing sta·tion ['trækɪŋ] *s Raumfahrt*: Bodenstation *f*

track rec·ord *s* **1.** SPORT Bahnrekord *m* **2.** ***have a good track record*** *fig* einiges vorzuweisen haben

'track·suit *s* Trainingsanzug *m*

tract[1] [trækt] *s* **1.** Fläche *f*, Gebiet *n* **2.** ANAT (*Verdauungs*)Trakt *m*, (*Atem-*)Wege *Pl*

tract[2] [trækt] *s* Traktat *m*, *n*, kurze Abhandlung

trac·ta·ble ['træktəbl] *Adj* folg-, fügsam

trac·tion ['trækʃn] *s* **1.** Ziehen *n* **2.** TECH Antrieb *m* **3.** MOT Bodenhaftung *f* **4.** ***his leg is in traction*** MED sein Bein ist im Streckverband

trac·tion en·gine *s* Zugmaschine *f*

trac·tor ['træktə] *s* Traktor *m*, Trecker *m*, Zugmaschine *f*

▸**trade** [treɪd] **I** *s* **1.** Handel *m* (***in*** mit *etw*) **2.** Branche *f*, Gewerbe *n*: ***be in the tourist trade*** im Fremdenverkehrsgewerbe (tätig) sein **3.** ***do good trade*** gute Geschäfte machen **4.** (*bes* Handwerks)Beruf *m*: ***by trade*** von Beruf **II** *v/i* **5.** handeln (***in*** mit *etw*), Handel treiben: ***trade with s.o.*** *auch* mit j-m Geschäfte machen **6.** ***trade on*** *pej* ausnutzen, ausnützen **III** *v/t* **7.** (ein)tauschen (***for*** gegen) **8.** ***trade in*** in Zahlung geben (***for*** für)

trade a·gree·ment *s* Handelsabkommen *n*

trade bar·ri·er *s* Handelsbarriere *f*, -schranke *f*

'trade·mark *s* **1.** WIRTSCH Warenzeichen *n* **2.** *fig* Kennzeichen *n*

trade name *s* Markenname *m*

trade price *s* Großhandelspreis *m*

trad·er ['treɪdə] *s* Händler(in)

trades·man ['treɪdzmən] *s* (*unreg* ***man***) **1.** (Einzel)Händler *m*; Ladeninhaber *m* **2.** Lieferant *m*: ***tradesman's entrance*** Lieferanteneingang *m*

▸**trade un·ion** [ˌtreɪd'juːnɪən] *s* Gewerkschaft *f*

trade un·ion·ist *s* Gewerkschaftler(in)

trad·ing part·ner ['treɪdɪŋ] *s* Handelspartner(in)
trad·ing stamp *s* Rabattmarke *f*
tra·di·tion [trə'dɪʃn] *s* Tradition *f*: ***by tradition*** traditionell(erweise)
tra'di·tion·al [trə'dɪʃənl] *Adj* traditionell: ***traditionally*** *auch* traditionellerweise; ***it is traditional for them to*** (*Inf*) es ist bei ihnen Brauch *oder* so üblich, dass sie
▶**traf·fic** ['træfɪk] **I** *s* **1.** Verkehr *m* **2.** (*bes* illegaler) Handel (***in*** mit): ***traffic in drugs*** Drogenhandel **II** *v/i Prät und Part Perf* **traf·ficked** **3.** (*bes* illegal) handeln (***in*** mit)
traf·fic cha·os *s* Verkehrschaos *n*
traf·fic cir·cle *s Am* Kreisverkehr *m*
traf·fic cone *s* Pylon(e *f*) *m*, Leitkegel *m*
traf·fic is·land *s* Verkehrsinsel *f*
traf·fic jam *s* Verkehrsstauung *f*, -stockung *f*, Stau *m*
traf·fick·er ['træfɪkə] *s* (*bes* illegaler) Händler, (illegale) Händlerin (***in*** mit): ***drug trafficker*** Drogenhändler(in)
▶**traf·fic light** ['træfɪkˌlaɪt] *s Br meist Pl* Verkehrsampel *f*
traf·fic of·fence *s*, **traf·fic of·fense** *s Am* Verkehrsdelikt *n*
▶**traffic sign** ['træfɪkˌsaɪn] *s* Verkehrszeichen *n*, -schild *n*
traffic war·den *s Br* Parküberwacher(in), Politesse *f*
trag·e·dy ['trædʒədɪ] *s* THEAT Tragödie *f* (*auch fig*), Trauerspiel *n*
trag·ic ['trædʒɪk] *Adj* (***tragically***) THEAT tragisch (*auch fig*): ***tragically*** *auch* tragischerweise; unter tragischen Umständen
trag·i·com·e·dy [ˌtrædʒɪ'kɒmədɪ] *s* THEAT Tragikomödie *f* (*auch fig*)
ˌtrag·i'com·ic *Adj* (***tragicomically***) tragikomisch
trail [treɪl] **I** *v/t* **1.** *etw* nachschleifen lassen **2.** verfolgen **3.** SPORT zurückliegen hinter (*Dat*) (***by*** um) **II** *v/i* **4.** ***trail (along) behind s.o.*** hinter j-m herschleifen **5.** sich schleppen **6.** SPORT zurückliegen ([***by***] ***2 - 0*** 0:2) **III** *s* **7.** Spur *f* (*auch fig*), JAGD *auch* Fährte *f*: ***trail of blood*** Blutspur; ***trail of dust*** (***smoke***) Staubwolke *f* (Rauchfahne *f*); ***be*** (***hot***) ***on s.o.'s trail*** j-m (dicht) auf der Spur sein **8.** Pfad *m*, Weg *m*
▶**trail·er** ['treɪlə] *s* **1.** MOT Anhänger *m* **2.** *Am* Caravan *m*, Wohnwagen *m* **3.** *Film*, TV: Trailer *m*, Vorschau *f*
▶**train** [treɪn] **I** *s* **1.** BAHN Zug *m*: ***by train*** mit der Bahn, mit dem Zug; ***on the train*** im Zug; ***train ferry*** Eisenbahnfähre *f*; ***train set*** (Spielzeug)Eisenbahn *f* **2.** Kolonne *f* **3.** Schleppe *f* **4.** *fig* Folge *f*, Kette *f* (*von Ereignissen etc*): ***train of thought*** Gedankengang *m* **II** *v/t* **5.** *j-n* ausbilden (***as*** als, zum), *auch Auge*, *Verstand etc* schulen; (*Sport*) trainieren; *Tier* abrichten, dressieren (***to do*** zu tun) **6.** *Geschütz*, *Kamera etc* richten (***on*** auf *Akk*) **III** *v/i* **7.** ausgebildet werden (***as*** als, zum) **8.** SPORT trainieren (***for*** für)
▶**train·ee** [treɪ'niː] *s* Auszubildende(r), Praktikant(in), Trainee *m*
'train·er *s* **1.** Ausbilder(in); Dresseur(in), Abrichter(in), Dompteur *m*, Dompteuse *f*; (*Sport*) Trainer(in) **2.** *Br* Turnschuh *m*
▶**train·ing** ['treɪnɪŋ] **I** *s* **1.** Ausbildung *f*, Schulung *f*; Abrichten *n*, Dressur *f* **2.** SPORT Training *f*: ***be in training*** im Training stehen, trainieren; (gut) in Form sein; ***be out of training*** nicht in Form sein **II** *Adj* **3.** Ausbildungs…, Schulungs… **4.** SPORT Trainings…
traipse [treɪps] *v/i ugs* latschen
trait [treɪt] *s* (Charakter)Zug *m*, Eigenschaft *f*
trai·tor ['treɪtə] *s* Verräter *m* (***to*** an *Dat*)
tra·jec·to·ry [trə'dʒektərɪ] *s* PHYS Flugbahn *f*
▶**tram** [træm] *s Br* Straßenbahn(wagen *m*) *f*: ***by tram*** mit der Straßenbahn; ***on the tram*** in der Straßenbahn
'tram·car *s Br* Straßenbahnwagen *m*
tramp [træmp] **I** *v/i* **1.** sta(m)pfen; trampeln **II** *v/t* **2.** sta(m)pfen *oder* trampeln durch **III** *s* **3.** *bes Br* Tramp *m*, Landstreicher(in) **4.** Wanderung *f* **5.** *bes Am* Flittchen *n*
tram·ple ['træmpl] **I** *v/i* trampeln: ***trample on*** herumtrampeln auf (*Dat*); *fig j-s Gefühle* mit Füßen treten **II** *v/t* zertrampeln: ***trample down*** niedertrampeln; ***be trampled to death*** zu Tode getrampelt werden; → ***underfoot***
tram·po·line ['træmpəliːn] *s* Trampolin *n*
'tram·way *s Br* Straßenbahn(linie) *f*
trance [trɑːns] *s* Trance *f*: ***go into a trance*** in Trance verfallen
tran·quil ['træŋkwɪl] *Adj* **1.** ruhig, friedlich **2.** sorgenfrei
tran'quil·i·ty *s Am*, **tran'quil·li·ty** *s bes Br* Ruhe *m*, Frieden *m*
'tran·quil·ize *v/t Am*, **'tran·quil·lize** *v/t bes Br* *j-n* beruhigen, *Tier auch* betäuben
'tran·quil·iz·er, **'tran·quil·liz·er** *s* Beruhigungs- *oder* Betäubungsmittel *n*
trans·act [træn'zækt] *v/t Geschäft* abwickeln, *auch Handel* abschließen
trans'ac·tion *s* **1.** Abwicklung *f*, Abschluss *m* **2.** Transaktion *f*, Geschäft *n*
trans·at·lan·tic [ˌtrænzət'læntɪk] *Adj* transatlantisch, Transatlantik…
tran·scen·den·tal [ˌtrænsen'dentl] *Adj*: ***transcendental meditation*** transzendentale Meditation
trans·con·ti·nen·tal ['trænzˌkɒntɪ'nentl] *Adj* transkontinental
tran·scribe [træn'skraɪb] *v/t* **1.** abschreiben, kopieren **2.** *Stenogramm etc* übertragen (***into*** in *Akk*) **3.** MUS transkribieren, umschreiben (***for*** für) **4.** ***transcribe onto*** → ***transfer*** 3
tran·script ['trænskrɪpt] *s* Abschrift *f*, Kopie *f*
tran·scrip·tion [træn'skrɪpʃn] *s* **1.** Abschreiben *n*, Kopieren *n* **2.** Übertragen *n* **3.** MUS Transkription *f*, Umschreibung *f* **4.** → ***transcript*** **5.** → ***phonetic*** I
tran·sept ['trænsept] *s* ARCHI Querschiff *n*
trans·fer **I** *v/t* [træns'fɜː] **1.** (***to***) *Betrieb etc* verlegen (nach); *j-n* versetzen (nach); (*Sport*) *Spieler* transferieren (zu), abgeben (an *Akk*); *Geld* überweisen (an *j-n*, auf *ein Konto*) **2.** JUR *Eigentum*, *Recht* übertragen (***to*** auf *Akk*) **3.** ***transfer to*** *Bandaufnahme etc* überspielen auf (*Akk*) **II** *v/i* [træns'fɜː] **4.** SPORT wechseln (***to*** zu) (*Spieler*) **5.** *Reise*: umsteigen (***from … to*** von … auf *Akk*) **III** *s* ['trænsfɜː] **6.** Verlegung *f*; Versetzung *f*; (*Sport*) Transfer *m*, Wechsel *m*; Überweisung *f*: ***transfer fee*** Transfersumme *f*, Ablöse(summe) *f* **7.** JUR Übertragung *f* **8.** Umsteigen *n*; *bes Am* Umsteige(fahr)karte *f* **9.** *bes Br* Abziehbild *n*
trans'fer·a·ble *Adj* übertragbar
trans·fig·ure [træns'fɪgə] *v/t* verklären
trans·fix [træns'fɪks] *v/t* **1.** durchstechen, -bohren (***with*** mit) **2.** ***stand transfixed to the spot*** wie angewurzelt dastehen
trans·form [træns'fɔːm] *v/t etw* umwandeln, *auch j-n* verwandeln (***into*** in *Akk*)

trans·for·ma·tion [ˌtrænsfəˈmeɪʃn] *s* Um-, Verwandlung *f*
trans·form·er [trænsˈfɔːmə] *s* ELEK Transformator *m*
trans·fu·sion [trænsˈfjuːʒn] *s* MED Bluttransfusion *f*, -übertragung *f*
trans·gress [trænsˈgres] **I** *v/t* verletzen, verstoßen gegen **II** *v/i* sündigen (***against*** gegen)
tran·si·ent [ˈtrænzɪənt] *Adj* flüchtig, vergänglich
tran·sis·tor [trænˈsɪstə] *s* ELEK Transistor *m*: ***transistor*** (***radio***) Transistorradio *n*
trans·it [ˈtrænsɪt] *s* **1.** Durchfahrt *f* **2.** WIRTSCH Transport *m*: ***in transit*** unterwegs, auf dem Transport
trans·it camp *s* Durchgangslager *n*
tran·si·tion [trænˈsɪʒn] *s* Übergang *m* (***from ... to*** von ... zu): ***period of transition*** Übergangsperiode *f*, -zeit *f*
tranˈsi·tion·al [trænˈsɪʒənl] *Adj* Übergangs...
tran·si·tive [ˈtrænsətɪv] *Adj* LING transitiv
tran·si·to·ry [ˈtrænsɪtərɪ] → ***transient***
trans·lat·a·ble [trænsˈleɪtəbl] *Adj* übersetzbar
▸**trans·late** [trænsˈleɪt] **I** *v/t* **1.** übersetzen (***from English into German*** aus dem Englischen ins Deutsche) **2.** ***translate into action*** *fig* in die Tat umsetzen **II** *v/i* **3.** sich *gut etc* übersetzen lassen
▸**trans·la·tion** [trænsˈleɪʃn] *s* Übersetzung *f*: ***translation program*** Übersetzungsprogramm *n*; ***translation software*** Übersetzungssoftware *f*
transˈla·tor *s* Übersetzer(in)
trans·lu·cent [trænzˈluːsnt] *Adj* lichtdurchlässig: ***translucent glass*** Milchglas *n*
trans·mi·gra·tion [ˌtrænzmaɪˈgreɪʃn] *s* Seelenwanderung *f*
trans·mis·sion [trænzˈmɪʃn] *s* **1.** Übertragung *f* (*einer Krankheit*) **2.** RUNDFUNK, TV Sendung *f*, *Pl auch* Programm *n* **3.** MOT Getriebe *n*: ***automatic transmission*** Automatikgetriebe *n* **4.** COMPUTER Übertragung *f*: ***transmission error*** Übertragungsfehler *m*
trans·mit [trænzˈmɪt] **I** *v/t* **1.** *Krankheit* übertragen **2.** *Signale* (aus)senden; RUNDFUNK, TV *Programm* senden **3.** PHYS *Wärme etc* leiten; *Licht etc* durchlassen **II** *v/i* **4.** RUNDFUNK, TV senden
transˈmit·ter *s* Sender *m*
trans·par·en·cy [trænsˈpærənsɪ] *s* **1.** Durchsichtigkeit *f* (*auch fig*) **2.** *fig* Durchschaubarkeit *f* **3.** Dia(positiv) *n* **4.** Folie *f* (*für Tageslichtprojektor*)
transˈpar·ent *Adj* **1.** durchsichtig **2.** *fig* durchsichtig, durchschaubar; offenkundig
tran·spi·ra·tion [ˌtrænspəˈreɪʃn] *s* Transpiration *f* (*auch* BOT), Schweißabsonderung *f*
tran·spire [trænˈspaɪə] *v/i* **1.** PHYSIOL transpirieren (*auch* BOT), schwitzen **2.** ***it transpired that*** es sickerte durch *oder* wurde bekannt, dass **3.** *ugs* passieren
trans·plant **I** *v/t* [trænsˈplɑːnt] **1.** MED transplantieren, verpflanzen **2.** *Pflanze* um-, verpflanzen **3.** *j-n* umsiedeln, *Betrieb etc* verlegen (***to*** nach) **II** *s* [ˈtrænsplɑːnt] **4.** MED Transplantation *f*, Verpflanzung *f* **5.** MED Transplantat *n*
ˌtrans·planˈta·tion *s* **1.** → ***transplant*** 4 **2.** Um-, Verpflanzung *f*
▸**trans·port** **I** *v/t* [trænˈspɔːt] **1.** *Waren, Truppen* transportieren, *auch Personen* befördern **II** *s* [ˈtrænspɔːt] **2.** Transport *m*, Beförderung *f*: ***transport café*** *Br* Fernfahrerlokal *n* **3.** Beförderungs-, Verkehrsmittel *n* *oder* *Pl* **4.** MIL Transportflugzeug *n*, (*Truppen*)Transporter *m*
ˌtrans·porˈta·tion *bes Am* → ***transport*** 2
transˈport·er *s* MOT (*Auto- etc*)Transporter *m*
trans·sex·u·al [trænˈsekʃʊəl] **I** *Adj* transsexuell **II** *s* Transsexuelle *m*, *f*
trans·sex·u·al·i·ty [trænˌsekʃʊˈælətɪ] *s* Transsexualität *f*
trans·verse [ˈtrænzvɜːs] *Adj* Quer...
ˌtransˈverse·ly *Adv* quer
trans·ves·tite [trænzˈvestaɪt] *s* Transvestit *m*
trap [træp] **I** *s* **1.** Falle *f* (*auch fig*): ***set a trap*** eine Falle aufstellen; ***set a trap for s.o.*** j-m eine Falle stellen; ***fall into s.o.'s trap*** j-m in die Falle gehen **2.** ***shut one's trap***, ***keep one's trap shut*** *sl* die Schnauze halten **II** *v/t* **3.** (in *oder* mit einer Falle) fangen **4.** ***be trapped*** eingeschlossen sein (*Bergleute etc*) **5.** *fig* in eine Falle locken: ***trap s.o. into doing s.th.*** j-n dazu bringen, etw zu tun **6.** SPORT *Ball* stoppen
ˈtrap·door *s* Falltür *f*
tra·peze [trəˈpiːz] *s* *Artistik*: Trapez *n*: ***trapeze artist*** Trapezkünstler(in)
traˈpe·zi·um [trəˈpiːzjəm] *Pl* **traˈpe·zi·ums**, **traˈpe·zi·a** [trəˈpiːzjə] *s* MATHE *bes Br* Trapez *n*; *bes Am* Trapezoid *n*
trap·e·zoid [ˈtræpɪzɔɪd] *s* MATHE *bes Br* Trapezoid *n*; *bes Am* Trapez *n*
trap·per [ˈtræpə] *s* Trapper *m*, Fallensteller(in)
trap·pings [ˈtræpɪŋz] *s Pl* **1.** Rangabzeichen *Pl* **2.** *fig* Drum und Dran *n*
trash [træʃ] *s* **1.** *Am* Abfall *m*, Müll *m*: ***trash can*** Abfall-, Mülleimer *m*; Abfall-, Mülltonne *f* **2.** Schund *m* **3.** Quatsch *m*, Unsinn *m* **4.** *bes Am* Gesindel *n*
ˈtrash·y *Adj* Schund...
trau·ma [ˈtrɔːmə] *s* PSYCH Trauma *n*
trau·mat·ic [trɔːˈmætɪk] *Adj* (***traumatically***) traumatisch
▸**trav·el** [ˈtrævl] **I** *v/i* *Prät und Part Perf* **trav·eled**, *bes Br* **trav·elled** **1.** reisen: → ***light²*** 4 **2.** WIRTSCH reisen (***in*** in *einer Ware*) **3.** fahren; sich verbreiten (*Neuigkeit etc*); TECH *etc* sich bewegen; PHYS sich fortpflanzen **4.** ***be really travel(l)ing*** *ugs* einen ganz schönen Zahn draufhaben **II** *v/t* **5.** bereisen; *Strecke* zurücklegen **III** *s* **6.** Reisen *n* **7.** *Pl* (*bes* Auslands)Reisen *Pl*
▸**trav·el a·gen·cy** [ˈtrævlˌeɪdʒənsɪ] *s* Reisebüro *n*
trav·el a·gent *s* Reisebüroinhaber(in) *oder* -kaufmann *m*, -kauffrau *f*; *weit. S.*, *auch*
trav·el a·gent's Reisebüro *n*
▸**trav·el·er** *s Am* → ***traveller***: ***traveler's check*** Reise-, Travellerscheck *m*
trav·el·ing *Am* → ***travelling***
▸**trav·el·ler** [ˈtrævlə] *s bes Br* **1.** Reisende *m*, *f*: ***traveller's cheque*** *Br* Reise-, Travellerscheck *m* **2.** WIRTSCH (Handels)Vertreter(in) (***in*** für)
ˈtrav·el·ling *Adj bes Br* **1.** Reise...: ***travelling*** (***alarm***) ***clock*** Reisewecker *m*; ***travelling salesman*** → ***traveller*** 2 **2.** Wander...: ***travelling circus***
trav·e·log *s Am*, **trav·e·logue** *s* [ˈtrævəlɒg] Reisebericht *m* (*Vortrag*), -film *m*
ˈtrav·el-sick *Adj* reisekrank
trav·el sick·ness *s* Reisekrankheit *f*
trav·erse [ˈtrævəs] *v/t* durch-, überqueren
trav·es·ty [ˈtrævəstɪ] *s* Zerrbild *n*: ***a travesty of justice*** ein Hohn auf die Gerechtigkeit
trav·o·la·tor [ˈtrævəleɪtə] *s* Rollsteig *m*
trawl·er [ˈtrɔːlə] *s* SCHIFF Trawler *m*
▸**tray** [treɪ] *s* **1.** Tablett *n* **2.** Ablagekorb *m*

T

treach·er·ous ['tretʃərəs] *Adj* **1.** verräterisch **2.** *fig* tückisch (*Strömung etc*)
'treach·er·y *s* Verrat *m*
trea·cle ['tri:kl] *s bes Br* Sirup *m*
'trea·cly *Adj* **1.** sirupartig **2.** *fig* süßlich
tread [tred] **I** *v/i* (*unreg*) **1.** treten (**on** auf *Akk*; in *Akk*): ***tread carefully*** vorsichtig auftreten; *fig* vorsichtig vorgehen; → ***corn²***, ***toe*** **I II** *v/t* (*unreg*) **2.** *Pfad, Wasser* treten: ***tread in*** eintreten (in *Akk*) **III** *s* **3.** Gang *m*; Schritt(e *Pl*) *m* **4.** MOT Profil *n* (*eines Reifens*)
'tread·mill *s hist* Tretmühle *f* (*auch fig*)
trea·son ['tri:zn] *s* Landesverrat *m*
►**treas·ure** ['treʒə] **I** *s* Schatz *m*, (*Person ugs auch*) Juwel *n*: ***treasure hunt*** Schatzsuche *f* **II** *v/t etw* zu schätzen wissen; *j-s Andenken* in Ehren halten
'treas·ur·er *s* Schatzmeister(in)
treas·ure trove [ˌtreʒə'trəʊv] *s* Fundgrube *f*
'Treas·ur·y *s* POL Finanzministerium *n*
►**treat** [tri:t] **I** *v/t* **1.** *j-n* behandeln (**like** wie); *etw* behandeln, umgehen mit: → ***dirt*** **2.** *etw* ansehen, betrachten (**as** als) **3.** MED *j-n* behandeln (**for** gegen): ***be treated for*** in ärztlicher Behandlung sein wegen **4.** CHEM, TECH *etw* behandeln (**with** mit; **against** gegen) **5.** *j-n* einladen (**to** zu): ***treat s.o. to s.th.*** *auch* j-m etw spendieren; ***treat o.s. to s.th.*** sich etw leisten *oder* gönnen **II** *v/i* **6.** ***treat of*** handeln von, behandeln **III** *s* **7.** (besondere) Freude, (besondere) Überraschung
trea·tise ['tri:tɪz] *s* (wissenschaftliche) Abhandlung (**on** über *Akk*)
►**treat·ment** ['tri:tmənt] *s allg* Behandlung *f*
►**trea·ty** ['tri:tɪ] *s* POL Vertrag *m*: ***by treaty*** vertraglich
tre·ble ['trebl] **I** *Adj* dreifach **II** *v/t und v/i* (sich) verdreifachen
►**tree** [tri:] *s* Baum *m*: ***in a tree*** auf einem Baum
'tree·less *Adj* baumlos
'tree·line *s* Baumgrenze *f*
tree trunk *s* Baumstamm *m*
tre·foil ['trefɔɪl] *s* **1.** BOT Klee *m* **2.** ARCHI Dreipass *m*
trek [trek] **I** *v/i* marschieren **II** *s langer, beschwerlicher Fußmarsch*
trel·lis ['trelɪs] *s* Spalier *n* (*für Pflanzen*)
►**trem·ble** ['trembl] **I** *v/i* zittern (**with** vor *Dat*): ***tremble at the thought*** (*oder* ***to think***) bei dem Gedanken zittern; ***tremble for*** zittern *oder* bangen um **II** *s* Zittern *n*
tre·men·dous [trɪ'mendəs] *Adj* **1.** gewaltig **2.** *ugs* klasse, toll
trem·or ['tremə] *s* **1.** Zittern *n*: → ***earth tremor*** **2.** Schauder *m*
trench [trentʃ] *s* Graben *m*, MIL Schützengraben *m*
trench coat *s* Trenchcoat *m*
trend [trend] *s* **1.** Trend *m*, Tendenz *f* (**toward[s]** zu) **2.** Mode *f*
'trendˌset·ter *s* Trendsetter(in) (*jemand, der einen neuen Trend in Gang setzt oder etw in Mode bringt*)
trend·y ['trendɪ] **I** *Adj ugs* modern, modisch: ***be trendy*** als schick gelten, in sein; ***trendy disco*** In-Disko *f* **II** *s* Schickimicki *m*
tres·pass ['trespəs] **I** *v/i*: ***trespass on*** **a)** *Grundstück etc* unbefugt betreten: ***no trespassing*** Betreten verboten!, **b)** *j-s Zeit etc* über Gebühr in Anspruch nehmen **II** *s* unbefugtes Betreten
'tres·pass·er *s*: ***trespassers will be prosecuted*** Betreten bei Strafe verboten!
►**tri·al** ['traɪəl] *s* **1.** JUR Prozess *m*, (Gerichts-) Verhandlung *f*, (-)Verfahren *n*: ***trial by jury*** Schwurgerichtsverfahren; ***be on*** (*oder* ***stand***) ***trial*** vor Gericht stehen (**for** wegen) **2.** Erprobung *f*, Probe *f*, Prüfung *f*, Test *m*: ***by trial and error*** durch Ausprobieren; ***on trial*** auf *oder* zur Probe; ***be on trial*** erprobt *oder* getestet werden; ***he's still on trial*** er ist noch in der Probezeit **3.** ***be a trial to*** *j-m* Ärger *oder* Sorgen machen
tri·al pe·ri·od *s* Probezeit *f*
tri·al run *s* TECH Probelauf *m*; MOT Probefahrt *f*: ***give a car a trial run*** einen Wagen Probe fahren
tri·an·gle ['traɪæŋgl] *s* **1.** MATHE Dreieck *n*: ***eternal triangle*** Dreiecksverhältnis *n* **2.** MUS Triangel *m* **3.** *Am* → ***set square***
tri·an·gu·lar [traɪ'æŋgjʊlə] *Adj* dreieckig
tri·ath·lon [traɪ'æθlən] *s* SPORT Triathlon *n, m*
trib·al ['traɪbl] *Adj* Stammes…
tribe [traɪb] *s* Stamm *m*
tribes·man ['traɪbzmən] *s* (*unreg* ***man***) Stammesangehörige *m*
'tribesˌwom·an *s* (*unreg* ***woman***) Stammesangehörige *f*
tri·bu·nal [traɪ'bju:nl] *s* JUR Gericht *n*
trib·u·tar·y ['trɪbjʊtərɪ] *s* Nebenfluss *m*
trib·ute ['trɪbju:t] *s*: ***be a tribute to*** *j-m* Ehre machen; ***pay tribute to*** *j-m* Anerkennung zollen
trice [traɪs] *s*: ***in a trice*** *ugs* im Nu, im Handumdrehen
tri·ceps ['traɪseps] *Pl* **tri·ceps** *s* ANAT Trizeps *m*
►**trick** [trɪk] **I** *s* **1.** Trick *m* (*auch pej*), (*Karten- etc*)Kunststück *n*: ***how's tricks?*** *ugs* wie gehts?; ***dirty trick*** Gemeinheit *f* **2.** Streich *m*: ***play a trick on s.o.*** j-m einen Streich spielen **3.** ***have a trick of doing s.th.*** die (merkwürdige) Angewohnheit *oder* die Eigenart haben, etw zu tun **4.** *Kartenspiel*: Stich *m*: ***take*** (*oder* ***win***) ***a trick*** einen Stich machen **II** *Adj* **5.** Trick…: ***trick question*** Fangfrage *f* **III** *v/t* **6.** *j-n* reinlegen: ***trick s.o. into doing s.th.*** j-n mit einem Trick dazu bringen, etw zu tun
'trick·er·y *s* Tricks *Pl*
trick·le ['trɪkl] *v/i* tröpfeln; rieseln
trick·ster ['trɪkstə] *s* Betrüger(in), Schwindler(in)
'trick·y *Adj* **1.** schwierig, (*Problem etc auch*) heikel **2.** durchtrieben, raffiniert
tri·cy·cle ['traɪsɪkl] *s* Dreirad *n*
tri·fle ['traɪfl] **I** *s* **1.** Kleinigkeit *f*; Lappalie *f*: ***a trifle*** ein bisschen, etwas **2. a)** *bes Br* Trifle *n* (*Biskuitdessert*), **b)** *Am Obstdessert mit Schlagsahne* **II** *v/i* **3.** ***trifle with*** *fig* spielen mit: ***he is not to be trifled with*** er lässt nicht mit sich spaßen
'tri·fling *Adj* unbedeutend, geringfügig
trig·ger ['trɪgə] **I** *s* Abzug *m* (*am Gewehr etc*): ***pull the trigger*** abdrücken **II** *v/t fig* auslösen
'trig·ger-ˌhap·py *Adj* schießwütig
trig·o·nom·e·try [ˌtrɪgə'nɒmətrɪ] *s* MATHE Trigonometrie *f*
trike [traɪk] *s ugs* Dreirad *n*
tril·lion ['trɪljən] *s* Billion *f*
tril·o·gy ['trɪlədʒɪ] *s* Trilogie *f*
trim [trɪm] **I** *v/t* **1.** *Hecke etc* stutzen, beschneiden, sich *den Bart etc* stutzen: ***trim off*** abschneiden **2.** *Kleidungsstück* besetzen (**with** mit): ***trimmed with fur*** pelzbesetzt, mit Pelzbe-

T

The Troubles

The Troubles bezeichnet den gewaltsamen Konflikt zwischen Katholiken und Protestanten in Nordirland, der in den 60er-Jahren begann und mehr als 3000, überwiegend zivile, Todesopfer forderte. Wichtige Stationen dieser Entwicklung waren:

1968 **Civil Rights Movement**: Nordirische Katholiken verlangen ein Ende der Diskriminierung, was auf Widerstand bei den Protestanten stößt. Aus Feindseligkeiten werden gewaltsame Auseinandersetzungen und Straßenkrawalle.

1969 Stationierung britischer Truppen; **IRA** beginnt ihren Terror.

1972 **Direct rule**: Nordirland wird direkt von London aus regiert.

1985 **Anglo-Irish-Accord**: Der Regierung in Dublin wird eine beratende Funktion hinsichtlich der Belange der Katholiken in Nordirland zugestanden. Im Gegenzug wird anerkannt, dass eine Wiedervereinigung nur mit der Mehrheit der Nordiren erfolgen kann.

1999 **Good Friday Agreement**: Der Anspruch Irlands auf die nordirischen Gebiete wird fallen gelassen. Im Gegenzug dazu bekommt Irland Mitspracherecht in gesamtirischen Gremien. Gründung der **Northern Irish Assembly**, in der Katholiken und Protestanten zusammenarbeiten; Ende der **direct rule.**

satz **II** *s* **3.** ***give*** *s.th.* ***a trim*** *siehe* 1 **4.** ***be in good trim*** *ugs* gut in Schuss sein (*Auto etc*), (*Person auch*) gut in Form sein **III** *Adj* **5.** gepflegt

'trim·ming *s* **1.** *auch Pl* Besatz *m* **2.** *Pl* Zubehör *n*; Extras *Pl*: ***with all the trimmings*** GASTR mit den üblichen Beilagen **3.** *Pl* Abfälle *Pl*

trin·ket ['trɪŋkɪt] *s* (*bes* billiges) Schmuckstück

tri·o ['triːəʊ] *Pl* **tri·os** *s* Trio *n*, Terzett *n*

▶**trip** [trɪp] **I** *v/i* **1.** stolpern (***over*** über *Akk*) **2.** sich vertun **II** *v/t* **3.** *auch* ***trip up*** *j-m* ein Bein stellen (*auch fig*) **III** *s* **4.** Reise *f*; Ausflug *m*, Trip *m*: ***go on a coach trip*** einen Busausflug machen **5.** *sl* Trip *m* (*Drogenrausch*): ***be on a trip*** auf dem Trip sein

tripe [traɪp] *s* **1.** GASTR Kaldaunen *Pl*, Kutteln *Pl* **2.** *ugs* Quatsch *m*, Mist *m*

tri·ple ['trɪpl] **I** *Adj* dreifach: ***triple jump*** (*Leichtathletik*) Dreisprung *m*; ***triple jumper*** Dreispringer(in) **II** *v/t und v/i* (sich) verdreifachen

tri·plet ['trɪplɪt] *s* Drilling *m*

trip·li·cate ['trɪplɪkət] *s*: ***in triplicate*** in dreifacher Ausfertigung

tri·pod ['traɪpɒd] *s* FOTO Stativ *n*

trip·per ['trɪpə] *s* (*bes Tages*)Ausflügler(in)

'trip,wire *s* Stolperdraht *m*

trite [traɪt] *Adj* abgedroschen; banal

tri·umph ['traɪəmf] **I** *s* Triumph *m* (***over*** über *Akk*): ***in triumph*** im Triumph, triumphierend **II** *v/i* triumphieren (***over*** über *Akk*)

tri·um·phal [traɪ'ʌmfl] *Adj* Triumph…: ***triumphal arch*** Triumphbogen *m*; ***triumphal procession*** Triumphzug *m*

tri'um·phant *Adj* triumphierend

triv·i·al ['trɪvɪəl] *Adj* **1.** trivial, alltäglich, gewöhnlich **2.** unbedeutend, belanglos

triv·i·al·i·ty [ˌtrɪvɪ'ælətɪ] *s* **1.** Trivialität *f* **2.** Belanglosigkeit *f*

trod [trɒd] *Prät von* ***tread***

'trod·den *Part Perf von* ***tread***

trol·ley ['trɒlɪ] *s* *Br* Einkaufs-, Gepäckwagen *m*; Kofferkuli *m*; (*Tee- etc*)Wagen *m*

trom·bone [trɒm'bəʊn] *s* MUS Posaune *f*

trom'bon·ist *s* Posaunist(in)

▶**troop** [truːp] **I** *s* **1.** Schar *f* **2.** *Pl* MIL Truppen *Pl* **II** *v/i* **3.** strömen

troop car·ri·er *s* FLUG, SCHIFF Truppentransporter *m*

troop·er ['truːpə] *s* **1.** MIL Kavallerist *m*; Panzerjäger *m*: ***swear like a trooper*** wie ein Landsknecht fluchen **2.** *Am* Polizist(in) (*eines Bundesstaats*)

tro·phy ['trəʊfɪ] *s* Trophäe *f*

trop·ic ['trɒpɪk] *s* **1.** ASTR, GEOG Wendekreis *m* **2.** *Pl* Tropen *Pl*

'trop·i·cal *Adj* tropisch, Tropen…: ***tropical forest*** Tropenwald *m*; ***tropical rainforest*** tropischer Regenwald

trot [trɒt] **I** *s* **1.** Trab *m*: ***on the trot*** *ugs* hintereinander; ***have the trots*** *ugs* Dünnpfiff haben **II** *v/i* **2.** traben: ***trot along*** (*oder* ***off***) *ugs* abziehen **III** *v/t* **3.** *Pferd* traben lassen **4.** ***trot out*** *ugs* auftischen, von sich geben

'trot·ter *s* Traber *m* (*Pferd*)

▶**trou·ble** ['trʌbl] **I** *v/t* **1.** *j-n* beunruhigen **2.** *j-m* Mühe *oder* Umstände machen; *j-n* bemühen (***for*** um), bitten (***for*** um; ***to do*** zu tun) **3.** ***be troubled by*** geplagt werden von, leiden an (*Dat*) **II** *v/i* **4.** sich bemühen (***to do*** zu tun), sich Umstände machen (***about*** wegen) **III** *s* **5.** Schwierigkeit *f*, Problem *n*: ***be in trouble*** in Schwierigkeiten sein; ***get into trouble*** **a)** *auch* ***run into trouble*** in Schwierigkeiten geraten, **b)** Schwierigkeiten *oder* Ärger bekommen (***with*** mit), **c)** *j-n* in Schwierigkeiten bringen; ***have trouble with*** Schwierigkeiten *oder* Ärger haben mit; ***have trouble doing s.th.*** Schwierigkeiten haben, etw zu tun **6.** Mühe *f*: ***put s.o. to trouble*** j-m Mühe *oder* Umstände machen; ***take the trouble to do s.th.*** sich die Mühe machen, etw zu tun **7.** *auch Pl* POL Unruhen *Pl* **8.** MED Leiden *n*, Beschwerden *Pl*

'trou·ble,mak·er *s* Unruhestifter(in)

'trou·ble,shoot·er *s* Friedensstifter(in)

trou·ble·some ['trʌblsəm] *Adj* lästig

trou·ble spot *s* POL Unruheherd *m*

trough [trɒf] *s* **1.** Trog *m* **2.** Wellental *n*

trounce [traʊns] *v/t* SPORT haushoch besiegen

troupe [truːp] *s* THEAT *etc* Truppe *f*

▶**trou·ser** ['traʊzə] **I** *s Pl*, *auch* ▶ ***pair of trousers*** Hose *f*: → ***wear*** 3 **II** *Adj* Hosen…: ***trouser suit*** Hosenanzug *m*

trous·seau ['truːsəʊ] *Pl* **trous·seaux** ['truːsəʊz], **trous·seaus** *s* Aussteuer *f*

trout [traʊt] *Pl* **trouts**, *bes Koll* **trout** *s* ZOOL Forelle *f*

trow·el ['traʊəl] *s* (Maurer)Kelle *f*: ***lay it on with a trowel*** *ugs* dick auftragen

troy , **troy weight** [trɔɪ] *s* Troygewicht *n* (*für*

Edelmetalle und -steine)
tru·ant ['truːənt] *s* (Schul)Schwänzer(in): **play truant** (die Schule) schwänzen
truce [truːs] *s* MIL Waffenstillstand *m* (*auch fig*)
▸**truck**[1] [trʌk] **I** *s* **1.** MOT Lastwagen *m*; Fernlaster *m* **2.** BAHN *Br* (offener) Güterwagen *m* **II** *v/t* **3.** *bes Am* auf *oder* mit Lastwagen transportieren
truck[2] [trʌk] *s*: **have no truck with** nichts zu tun haben wollen mit
truck driv·er *s* Lastwagenfahrer(in); Fernfahrer(in)
truck·er ['trʌkə] *Am* → **truck driver**
truck stop *s Am* Fernfahrerlokal *n*
truc·u·lent ['trʌkjʊlənt] *Adj* trotzig
trudge [trʌdʒ] *v/i* stapfen (**through** durch)
▸**true** [truː] *Adj* (→ **truly**) **1.** wahr: **be true** *auch* stimmen; **in the true sense of the word** im wahrsten Sinne des Wortes; → **come** 10 **2.** wahr, echt, wirklich: **true love** wahre Liebe **3.** treu (**to** *Dat*): **stay true to one's principles** seinen Grundsätzen treu bleiben **4.** getreu (**to** *Dat*): **true to form** wie nicht anders zu erwarten; **true to life** lebensecht
truf·fle ['trʌfl] *s* BOT Trüffel *f*
tru·ism ['truːɪzəm] *s* Binsenwahrheit *f*
tru·ly ['truːlɪ] *Adv* **1.** wahrheitsgemäß **2.** wirklich, wahrhaft **3.** aufrichtig: **Yours truly** *bes Am* Hochachtungsvoll (*Briefschluss*)

Truman Doctrine (LK)

In der **Truman Doctrine** (1947) sagten die USA allen Ländern militärische und wirtschaftliche Hilfe zur Bewahrung ihrer Unabhängigkeit zu. Diese endgültige Abkehr vom **isolationism** ist u. a. die Antwort auf sowjetische Bestrebungen, ihren kommunistischen Machtbereich auszudehnen. Praktische Anwendung fand sie z. B. in der finanziellen Unterstützung der Türkei und Griechenlands (die unter kommunistischen Druck geraten waren), dem **Marshall Plan**, der Berliner Luftbrücke und der Gründung der **NATO**.

trump[1] [trʌmp] **I** *s* **a)** *Pl* Trumpf *m* (*Farbe*), **b)** *auch* **trump card** Trumpf(karte *f*) *m*: **play one's trump card** *fig* seinen Trumpf ausspielen **II** *v/t Karte* mit einem Trumpf stechen, mit einem Trumpf *einen Stich* machen
trump[2] [trʌmp] *v/t*: **trump up** *pej* erfinden, erdichten
trum·pet ['trʌmpɪt] **I** *s* MUS Trompete *f* **II** *v/i* trompeten (*Elefant*)
'trum·pet·er *s* Trompeter(in)
trun·cate [trʌŋ'keɪt] *v/t* beschneiden, stutzen (*beide auch fig*)
trun·cheon ['trʌntʃən] *s* (Gummi)Knüppel *m*, Schlagstock *m*
trun·dle ['trʌndl] *v/t Karren etc* ziehen
▸**trunk** [trʌŋk] *s* **1.** (*Baum*)Stamm *m* **2.** ANAT Rumpf *m* **3.** Schrankkoffer *m* **4.** ZOOL Rüssel *m* (*des Elefanten*) **5.** MOT *Am* Kofferraum *m* **6.** *Pl, auch* **pair of trunks** (*Bade*)Hose *f*; (*Sport*) Shorts *Pl*
trunk road *s Br* Fernstraße *f*
truss [trʌs] **I** *v/t, auch* **truss up 1.** *j-n* fesseln **2.** GASTR *Geflügel etc* dressieren **II** *s* **3.** MED Bruchband *n*
▸**trust** [trʌst] **I** *v/t* **1.** trauen (*Dat*) **2.** sich verlassen auf (*Akk*): **trust s.o. to do s.th.** sich darauf verlassen, dass jemand etw tut; **trust him!** das sieht ihm ähnlich! **3.** (zuversichtlich) hoffen **II** *v/i* **4.** **trust in** vertrauen auf (*Akk*) **5.** **trust to** sich verlassen auf (*Akk*) **III** *s* **6.** Vertrauen *n* (**in** zu): **place** (*oder* **put**) **one's trust in** Vertrauen setzen in (*Akk*); **take s.th. on trust** etw einfach glauben; **position of trust** Vertrauensstellung *f* **7.** **hold s.th. in trust** etw treuhänderisch verwalten (**for** für); **place s.th. in s.o.'s trust** j-m etw anvertrauen **8.** WIRTSCH Trust *m*; *weit. S.* Großkonzern *m*
trust·ful ['trʌstfʊl], **'trust·ing** *Adj* vertrauensvoll; vertrauensselig
'trust,wor·thy *Adj* vertrauenswürdig
▸**truth** [truːθ] *Pl* **truths** [truːðz] *s* Wahrheit *f*: **in truth** in Wahrheit; **there is some** (**no**) **truth in it** daran ist etw (nichts) Wahres; **to tell** (**you**) **the truth** um die Wahrheit zu sagen; → **home truth**
truth·ful ['truːθfʊl] *Adj* **1.** wahrheitsgemäß **2.** wahrheitsliebend
▸**try** [traɪ] **I** *s* **1.** Versuch *m*: **have a try** es versuchen; → **worth** I **II** *v/t* **2.** versuchen (**to do** zu tun): **when their car didn't start, they tried pushing it** als ihr Wagen nicht ansprang, versuchten sie es mit Anschieben **3.** *etw* ausprobieren **4.** JUR (über) *eine Sache* verhandeln; *j-m* den Prozess machen (**for** wegen) **5.** *j-n, j-s Geduld, Nerven etc* auf eine harte Probe stellen **III** *v/i* **6.** es versuchen: **try and come** *bes Br ugs* versuch zu kommen; → **hard** 12 **7.** **try for** *Br* sich bemühen um

try + Gerund oder Infinitiv (GR)

try + **Gerund** deutet eine Möglichkeit an, oft auch als Vorschlag:

try doing s.th.	es mit etw versuchen; etw ausprobieren

I can't get this car to move. – Try releasing the handbrake.

try + **Infinitiv** betont die Herausforderung oder Schwierigkeit einer Sache:

try to do s.th.	versuchen / sich bemühen, etw zu tun

I've been trying to get through to her for an hour, but her phone's engaged.

▸**try on** *v/t* **1.** *Kleidungsstück* anprobieren, *Hut etc* aufprobieren **2.** **try it on** *Br ugs* probieren, wie weit man gehen kann
◆**try out** **I** *v/t* → **try** 3 **II** *v/i*: **try out for** *Am* → **try** 7
try·ing ['traɪɪŋ] *Adj* anstrengend
'try-out *s*: **give s.th. a try-out** etw ausprobieren
tsar [zɑː] *s hist* Zar *m*
tsa·ri·na [zɑː'riːnə] *s* Zarin *f*
'T-shirt *s* T-Shirt *n*
tub [tʌb] *s* **1.** Bottich *m*; Tonne *f* **2.** (*Margarine- etc*)Becher *m* **3.** *ugs* (Bade-)Wanne *f* **4.** SCHIFF *ugs* Kahn *m*
▸**tube** [tjuːb] *s* **1.** Röhre *f* (*auch* ANAT), Rohr *n* **2.** Schlauch *m* **3.** Tube *f* **4.** *ugs* U-Bahn *f* (*in London*): **by tube** mit der U-Bahn; **tube station** U-Bahn-Station *f*

'tube·less *Adj* schlauchlos (*Reifen*)
tu·ber ['tjuːbə] *s* BOT Knolle *f*
tu·ber·cu·lo·sis [tjuːˌbɜːkjʊ'ləʊsɪs] *s* MED Tuberkulose *f*
tu·bu·lar ['tjuːbjʊlə] *Adj* rohrförmig, Röhren…, Rohr…
TUC [tiːjuː'siː] *Br Abk* (= ***Trades Union Congress***) Gewerkschaftsbund *m*
tuck [tʌk] **I** *s* Saum *m*; Biese *f* **II** *v/t* stecken: ***tuck s.th. under one's arm*** sich etw unter den Arm klemmen **III** *v/i*: ***tuck into*** *bes Br ugs* sich *etw* schmecken lassen
◆**tuck a·way** *v/t* **1.** wegstecken: ***be tucked away*** versteckt liegen (*Haus etc*) **2.** *ugs Essen* verdrücken, wegputzen
◆**tuck in** **I** *v/t* → ***tuck up*** **II** *v/i bes Br ugs* reinhauen, zulangen
◆**tuck up** *v/t auch* ***tuck up in bed*** *Kind* ins Bett packen
▶**Tues·day** ['tjuːzdɪ] *s* Dienstag *m*: ***on Tuesday*** (am) Dienstag; ***on Tuesdays*** dienstags
tuft [tʌft] *s* (*Gras-, Haar- etc*)Büschel *n*
tug [tʌg] **I** *v/t* **1.** zerren, ziehen **2.** zerren *oder* ziehen an (*Dat*) **II** *v/i* **3.** ***tug at*** *siehe* 2 **III** *s* **4.** ***give s.th. a tug*** *siehe* 2; ***tug of war*** (*Sport*) Tauziehen *n* (*auch fig*)
tu·i·tion [tjuː'ɪʃn] *s* **1.** Unterricht *m* **2.** *bes Am* Unterrichtsgebühr(en *Pl*) *f*
tu·lip ['tjuːlɪp] *s* BOT Tulpe *f*
tulle [tjuːl] *s* Tüll *m*
tum·ble ['tʌmbl] **I** *v/i* **1.** fallen, stürzen; WIRTSCH purzeln (*Preise*) **2.** *auch* ***tumble down*** einstürzen **3.** ***tumble to s.th.*** *bes Br ugs* etw kapieren **II** *s* **4.** Fall *m*, Sturz *m*: ***have*** (*oder* ***take***) ***a tumble*** fallen, stürzen
'tum·ble·down *Adj* baufällig
tum·ble dry·er *s* Trockenautomat *m*, Wäschetrockner *m*
tum·bler ['tʌmblə] *s* (Trink)Glas *n*
tum·my ['tʌmɪ] *s ugs* Bauch *m*: ***he's got an upset tummy*** (*oder* ***a tummy bug***) er hat Bauchweh
tu·mor *s Am*, **tu·mour** *s bes Br* ['tjuːmə] MED Tumor *m*, Geschwulst *f*
tu·mult ['tjuːmʌlt] *s* Tumult *m*
tu'mul·tu·ous [tjuː'mʌltjʊəs] *Adj* tumultartig, (*Applaus, Empfang*) stürmisch
tu·na ['tuːnə] *s* ZOOL T(h)unfisch *m*, *schweiz.* Thon *m*
▶**tune** [tjuːn] **I** *s* **1.** Melodie *f*: ***to the tune of*** nach der Melodie von; *fig ugs* in Höhe von *500 Pfund etc* **2.** ***be out of tune*** MUS verstimmt sein; ***be in*** (***out of***) ***tune with*** *fig* (nicht) harmonieren *oder* übereinstimmen mit **II** *v/t* **3.** *auch* ***tune up*** MUS stimmen **4.** *auch* ***tune up*** TECH *Motor* tunen **5.** *meist* ***tune in*** *Radio etc* einstellen (***to*** auf *Akk*): ***be tuned in to*** *Sender, Programm* eingeschaltet haben; *fig* ein Gefühl haben für **III** *v/i* **6.** ***tune up*** (die Instrumente) stimmen (*Orchester*) **7.** ***tune in*** (das Radio *etc*) einschalten: ***tune in to*** *Sender, Programm* einschalten
tune·ful ['tjuːnfʊl] *Adj* melodiös
'tune·less *Adj* unmelodiös
'tun·er *s* **1.** (*Klavier- etc*)Stimmer(in) **2.** RADIO, TV Tuner *m*
'tun·ing *Adj*: ***tuning fork*** Stimmgabel *f*
Tu·ni·sia [tjuː'nɪzɪə; *Am* tuː'niːʒə] *Eigenn* Tunesien *n*
tun·nel ['tʌnl] **I** *s* Tunnel *m*; Unterführung *f* **II** *v/t Prät und Part Perf* **tun·neled**, *bes Br* **tun·nelled** **a)** *Berg* durchtunneln, **b)** *Fluss etc* untertunneln **III** *v/i*: ***tunnel through*** *siehe* IIa; ***tunnel under*** *siehe* IIb
tun·ny ['tʌnɪ] *s* → ***tuna***
tur·bid ['tɜːbɪd] *Adj* **1.** trüb (*Flüssigkeit*); dick (*Rauch etc*) **2.** *fig* verworren, wirr
tur·bine ['tɜːbaɪn] *s* TECH Turbine *f*
tur·bo ['tɜːbəʊ] *Pl* **tur·bos** *s ugs* → ***turbocharger***
ˌtur·bo'charg·er *s* MOT Turbolader *m*
tur·bot ['tɜːbət] *Pl* **tur·bots**, *bes Koll* **tur·bot** *s* ZOOL Steinbutt *m*
tur·bu·lence ['tɜːbjʊləns] *s* Turbulenz *f* (*auch* PHYS)
'tur·bu·lent *Adj* turbulent
turd [tɜːd] *s vulg* **1.** Scheißhaufen *m* **2.** Scheißkerl *m*
tu·reen [tə'riːn] *s* (Suppen)Terrine *f*
turf [tɜːf] **I** *Pl* **turfs**, **turves** [tɜːvz] *s* **1.** Rasen *m* **2.** Sode *f*, Rasenstück *n* **3.** ***the turf*** der Pferderennsport **II** *v/t* **4.** ***turf out*** *bes Br ugs j-n* rausschmeißen
tur·gid ['tɜːdʒɪd] *Adj* MED geschwollen, *fig auch* schwülstig
Turk [tɜːk] *s* Türke *m*, Türkin *f*
▶**tur·key** ['tɜːkɪ] *s* ORN Truthahn *m*, -henne *f*, Pute(r *m*) *f*: → ***cold turkey***
▶**Tur·key** ['tɜːkɪ] *Eigenn die* Türkei
▶**Turk·ish** ['tɜːkɪʃ] **I** *Adj* türkisch **II** *s* LING Türkisch *n*
tur·mer·ic ['tɜːmərɪk] *s* GASTR Kurkuma *n*, Gelbwurzel *f*
tur·moil ['tɜːmɔɪl] *s* Aufruhr *m*: ***be in a turmoil*** in Aufruhr sein
▶**turn** [tɜːn] **I** *s* **1.** (Um)Drehung *f*: ***give s.th. a turn*** (***two turns***) etw (zweimal) drehen **2.** Biegung *f*, Kurve *f*: ***make a right turn*** nach rechts abbiegen **3.** ***in turn*** der Reihe nach; abwechselnd; ***in*** (***his***) ***turn*** seinerseits; ***it is my turn*** ich bin dran *oder* an der Reihe; ***miss a turn*** (*Brettspiele*) einmal aussetzen; ***take turns*** sich abwechseln (***at*** bei); ***take turns at doing s.th.*** (*oder* ***to do s.th.***) etw abwechselnd tun; → ***wait*** 3 **4.** *fig* Wende *f*, Wendung *f*: ***at the turn of the century*** um die Jahrhundertwende; ***take a turn for the better*** (***worse***) sich bessern (sich verschlimmern) **5.** ***do s.o. a good*** (***bad***) ***turn*** j-m einen guten (schlechten) Dienst erweisen **II** *v/t* **6.** drehen, *Schlüssel auch* herumdrehen: → ***somersault*** **7.** *Schallplatte etc* umdrehen, *Seite* umblättern, *Braten etc* wenden: → ***hair***, ***inside*** 1, ***stomach*** 1, ***table*** 1, ***upside*** **8.** → ***corner*** 1 **9.** *Schlauch etc* richten (***on*** auf *Akk*), *Antenne* ausrichten (***toward[s]*** auf *Akk*), *Aufmerksamkeit* zuwenden (***to*** *Dat*): → ***back*** 1, ***blind*** 1, ***ear***[1] 1 **10.** verwandeln (***into*** in *Akk*) **11.** ***turn against*** *j-n* aufbringen gegen **III** *v/i* **12.** sich drehen: ***turn on*** *fig* abhängen von **13.** abbiegen; einbiegen (***onto*** auf *Akk*; ***into*** in *Akk*): → ***left***[2] 4, ***right*** 15 **14.** sich umdrehen: ***turn against*** *fig* sich wenden gegen; ***turn on*** losgehen auf (*Akk*); ***turn to s.o.*** sich j-m zuwenden; *fig* sich an j-n wenden; → ***grave***[2] **15.** *blass, sauer etc* werden; → ***turtle*** **16.** sich verwandeln, *fig auch* umschlagen (***into***, ***to*** in *Akk*)
◆**turn a·way** **I** *v/t* **1.** *Gesicht etc* abwenden (***from*** von) **2.** *j-n* abweisen, wegschicken **II** *v/i* **3.** sich abwenden (***from*** von)
◆**turn back** **I** *v/t* **1.** *Bettdecke* zurückschlagen **2.** *j-n* zurückschicken **3.** *Uhr* zurückstellen: → ***clock*** 1 **II** *v/i* **4.** umkehren **5.** zurückblättern (***to*** auf *Akk*)

◆**turn down** *v/t* **1.** *Kragen* umlegen **2.** → ***turn back*** 1 **3.** *Radio etc* leiser stellen **4.** *j-n, Angebot etc* ablehnen

◆**turn in** **I** *v/t* **1.** zurückgeben **2.** *Gewinn etc* erzielen, machen **3.** ***turn o.s. in*** sich stellen **II** *v/i* **4.** *ugs* sich aufs Ohr hauen *oder* legen

▶**turn off** **I** *v/t* **1.** *Gas, Wasser etc* abdrehen, *Licht, Radio etc* ausmachen, -schalten, *Motor etc* abstellen **2.** *ugs j-n* anwidern; *j-m* die Lust nehmen **II** *v/i* **3.** abbiegen

▶**turn on** *v/t* **1.** *Gas, Wasser etc* aufdrehen, *auch Gerät* anstellen, *Licht, Radio etc* anmachen, anschalten **2.** *ugs j-n* antörnen, anmachen

◆**turn out** **I** *v/t* **1.** *Licht* ausmachen, -schalten **2.** *j-n* hinauswerfen **3.** *Tasche etc* (aus)leeren **4.** *ugs Waren* ausstoßen **II** *v/i* **5.** kommen (**for** zu) **6.** sich erweisen *oder* herausstellen (***a success*** als Erfolg; ***to be false*** als falsch), sich entpuppen (***to be a good swimmer*** als guter Schwimmer)

◆**turn o·ver** **I** *v/t* **1.** → ***turn*** 7: ***turn s.th. over in one's mind*** sich etw durch den Kopf gehen lassen; → ***leaf*** 2 **2.** *etw* umkippen **3.** *j-n, etw* übergeben (**to** *Dat*) **4.** WIRTSCH umsetzen **II** *v/i* **5.** sich umdrehen **6.** umkippen **7.** umblättern: ***please turn over*** bitte wenden

◆**turn round** **I** *v/t*: ***turn one's car round*** wenden **II** *v/i* sich umdrehen

'turn·a·bout, **'turn·a·round** *s* Kehrtwendung *f* (*auch fig* **in, on** in *Dat*)

'turn·coat *s* Abtrünnige *m, f*, Überläufer(in)

turn·ing ['tɜːnɪŋ] **I** *s* Abzweigung *f* **II** *Adj*: ***turning circle*** MOT Wendekreis *m*; ***turning point*** *fig* Wendepunkt *m*

tur·nip ['tɜːnɪp] *s* BOT Rübe *f*

'turn-off *s* Abzweigung *f*

'turn·out *s* **1.** (*eng. S.* Wahl)Beteiligung *f* **2.** *ugs* Aufmachung *f* (*einer Person*)

'turn,o·ver *s* WIRTSCH Umsatz *m*

'turn·pike *s Am* gebührenpflichtige Schnellstraße; Mautschranke *f*

turn·stile ['tɜːnstaɪl] *s* Drehkreuz *n*

'turn,ta·ble *s* Plattenteller *m*

'turn-up *s Br* (Hosen)Aufschlag *m*

tur·pen·tine ['tɜːpəntaɪn] *s* CHEM Terpentin *n*

turps [tɜːps] *s Sg Br ugs* → ***turpentine***

tur·quoise ['tɜːkwɔɪz] *s* MIN Türkis *m*

tur·ret ['tʌrɪt] *s* **1.** ARCHI Ecktürmchen *n* **2.** MIL (Panzer)Turm *m*, SCHIFF Gefechts-, Geschützturm *m*

tur·tle ['tɜːtl] *s* ZOOL (Wasser)Schildkröte *f*: ***turn turtle*** SCHIFF kentern

'tur·tle·neck *s bes Am* Rollkragen(pullover) *m*

turves [tɜːvz] *Pl von* ***turf***

tusk [tʌsk] *s* Stoßzahn *m* (*eines Elefanten*)

tus·sle ['tʌsl] *s bes fig* (**over**) Gerangel *n* (um); Auseinandersetzung *f* (über *Akk*)

tus·sock ['tʌsək] *s* Grasbüschel *n*

tu·te·lage ['tjuːtɪlɪdʒ] *s* JUR Vormundschaft *f*

tu·tor ['tjuːtə] *s* **1.** Privat-, Hauslehrer(in) **2.** UNI *Br* Tutor(in)

tux [tʌks] *ugs* → ***tuxedo***

tux·e·do [tʌk'siːdəʊ] *Pl* **tux·e·dos** *s Am* Smoking *m*

▶**TV** [ˌtiː'viː] **I** *s* **1.** Fernsehen *n*: ***on (the) TV*** im Fernsehen; ***watch TV*** fernsehen **2.** Fernseher *m* (*Gerät*) **II** *Adj* **3.** Fernseh…: ▶ ***TV set*** Fernsehgerät *n*; ***TV guide*** Fernsehzeitschrift *f*

twad·dle ['twɒdl] *s ugs* Quatsch *m*, Unsinn *m*

twang [twæŋ] *s*: ***speak with a nasal twang*** näseln

tweed [twiːd] *s* Tweed *m* (*Stoff*)

tweet [twiːt] **I** *v/i* piep(s)en (*Vogel*) **II** *s* Piep(s)en *n*

tweez·ers ['twiːzəz] *s Pl, auch* ***pair of tweezers*** Pinzette *f*

▶**twelfth** [twelfθ] *Adj* zwölft

▶**twelve** [twelv] *Adj* zwölf

▶**twen·ti·eth** ['twentɪəθ] *Adj* zwanzigst

▶**twen·ty** ['twentɪ] **I** *Adj* zwanzig **II** *s* Zwanzig *f*: ***be in one's twenties*** in den Zwanzigern sein; ***in the twenties*** in den Zwanzigerjahren (*eines Jahrhunderts*)

twerp [twɜːp] *s ugs* Blödmann *m*, Heini *m*

▶**twice** [twaɪs] *Adv* zweimal: ***twice as much*** doppelt *oder* zweimal so viel; ***twice the amount*** die doppelte Menge; ***think twice*** es sich genau überlegen (***before*** bevor)

twid·dle ['twɪdl] *v/t*: ***twiddle one's thumbs*** Däumchen drehen (*auch fig*)

twig[1] [twɪg] *s* Zweig *m*

twig[2] [twɪg] *v/t und v/i Br ugs* kapieren

twi·light ['twaɪlaɪt] *s* **1.** (*bes* Abend-)Dämmerung *f*: ***at twilight*** in der Dämmerung **2.** Zwie-, Dämmerlicht *n*

twin [twɪn] **I** *s* Zwilling *m* **II** *Adj* Zwillings…: ***twin brother (sister)***; ***twin beds*** *Pl* zwei Einzelbetten; ***twin town*** Partnerstadt *f* **III** *v/t*: ***be twinned with*** die Partnerstadt sein von

ˌtwin-'bed·ded *Adj*: ***twin-bedded room*** Zweibettzimmer *n*

twine [twaɪn] **I** *s* **1.** Bindfaden *m*, Schnur *f* **II** *v/t* **2.** *auch* ***twine together*** zs.-drehen **3.** ***twine one's arms round*** die Arme schlingen um **III** *v/i* **4.** sich winden (***round*** um)

ˌtwin-'en·gined *Adj* FLUG zweimotorig

twinge [twɪndʒ] *s* stechender Schmerz, Stechen *n*: ***a twinge of conscience*** Gewissensbisse *Pl*

twin·kle ['twɪŋkl] **I** *v/i* glitzern (*Sterne*), (*auch Augen*) funkeln (***with*** vor *Dat*) **II** *s* Glitzern *n*, Funkeln *n*: ***with a twinkle in one's eye*** augenzwinkernd

'twin·kling *s*: ***in the twinkling of an eye*** im Handumdrehen, im Nu

twin·ning ['twɪnɪŋ] *s* Städtepartnerschaft *f*

twirl [twɜːl] **I** *v/t* (herum)wirbeln **II** *v/i* wirbeln (***round*** über *Akk*) **III** *s* Wirbel *m*

twirp → ***twerp***

▶**twist** [twɪst] **I** *v/t* **1.** drehen: ***twist off*** abdrehen, *Deckel* abschrauben; ***twist together*** zs.-drehen; ***his face was twisted with pain*** sein Gesicht war schmerzverzerrt **2.** wickeln (***round*** um): ***twist s.o. round one's little finger*** *fig* j-n um den (kleinen) Finger wickeln **3.** ***twist one's ankle*** (mit dem Fuß) umknicken, sich den Fuß vertreten **4.** *fig* entstellen, verdrehen **II** *v/i* **5.** sich winden (*Person*), (*Fluss etc auch*) sich schlängeln **III** *s* **6.** Drehung *f* **7.** Biegung *f*: ***be round the twist*** *Br ugs* spinnen **8.** *fig* (*überraschende*) Wendung **9.** MUS Twist *m*

'twist·er *s ugs* **1.** Gauner(in) **2.** *Am* Tornado *m*

twit [twɪt] *s bes Br ugs* Blödmann *m*

twitch [twɪtʃ] **I** *v/t* **1.** zucken mit **2.** zupfen an (*Dat*) **II** *v/i* **3.** zucken

twit·ter ['twɪtə] **I** *v/i* **1.** zwitschern **2.** *auch* ***twitter on*** *ugs* (aufgeregt) schnattern (***about*** über *Akk*) **II** *s* **3.** Gezwitscher *n*

▶**two** [tuː] **I** *Adj* **1.** zwei: ***in a day or two*** in ein paar Tagen; ***break (cut) in two*** in zwei Teile brechen (schneiden); ***the two cars*** die beiden Autos; → ***thing*** 2 **II** *s* **2.** Zwei *f*: ***two of hearts*** Herzzwei **3.** ***the two of us*** wir beide; ***in twos*** zu zweit, paarweise; ***put two and two together*** zwei und zwei zs.-zählen

'two-act *Adj*: ***two-act play*** THEAT Zweiakter *m*
'two-bit *Adj Am ugs* klein, unbedeutend
ˌtwo-'faced *Adj* falsch, heuchlerisch
two·fold ['tuːfəʊld] **I** *Adj* zweifach **II** *Adv* zweifach, um das Zweifache: ***increase twofold*** (sich) verdoppeln
ˌtwo-'hand·ed *Adj* **1.** zweihändig **2.** beidhändig
two·pence ['tʌpəns] *s Br* zwei Pence: ***I don't care*** (*oder* ***give***) ***twopence*** *ugs* das ist mir völlig egal
two·pen·ny ['tʌpnɪ] *Adj Br* **1.** für zwei Pence, Zweipenny… **2.** *fig* billig
'two-piece *Adj* zweiteilig
ˌtwo-'seat·er *s* FLUG, MOT Zweisitzer *m*
'two-time I *Adj* zweimalig **II** *v/t ugs Freundin etc* betrügen (***with*** mit)
ty·coon [taɪ'kuːn] *s* (*Industrie- etc*)Magnat *m*
tym·pa·num ['tɪmpənəm] *Pl* **tym·pa·na** ['tɪmpənə], **tym·pa·nums** *s* ANAT Trommelfell *n*
►**type** [taɪp] **I** *s* **1.** Art *f*, Sorte *f*; Typ *m*: ***of this type*** dieser Art; ***she's not my type*** *ugs* sie ist nicht mein Typ **II** *v/t* **2.** tippen, mit der Maschine schreiben **3.** *Krankheit etc* bestimmen **III** *v/i* **4.** Maschine schreiben, tippen
'type·cast *v/t* (*unreg* ***cast***) *Schauspieler* auf ein bestimmtes Rollenfach festlegen
'type·face *s* Schriftart *f*
'type·script *s* maschine(n)geschriebenes Manuskript
'typeˌset·ter *s* Schriftsetzer(in)
'typeˌwrit·er *s* Schreibmaschine *f*
'typeˌwrit·ten *Adj* maschine(n)geschrieben
ty·phoid , **ty·phoid fe·ver** ['taɪfɔɪd] *s* MED Typhus *m*
ty·phoon [taɪ'fuːn] *s* Taifun *m*
ty·phus ['taɪfəs] *s* MED Fleckfieber *n*, -typhus *m*
►**typ·i·cal** ['tɪpɪkl] *Adj* typisch (***of*** für)
typ·i·fy ['tɪpɪfaɪ] *v/t* **1.** typisch sein für, kennzeichnen **2.** ein typisches Beispiel sein für, verkörpern
typ·ing ['taɪpɪŋ] *Adj*: ***typing error*** Tippfehler *m*; ***typing pool*** Schreibzentrale *f*
►**typ·ist** ['taɪpɪst] *s* Schreibkraft *f*: → ***shorthand***
ty·po·graph·ic [ˌtaɪpə'græfɪk] *Adj* (***typographically***) typografisch: ***typographic error*** Druckfehler *m*
ty·pog·ra·phy [taɪ'pɒgrəfɪ] *s* Typografie *f*
ty·ran·ni·cal [tɪ'rænɪkl] *Adj* tyrannisch
tyr·an·nize ['tɪrənaɪz] *v/t* tyrannisieren
'tyr·an·ny ['tɪrənɪ] *s* Tyrannei *f*
ty·rant ['taɪərənt] *s* Tyrann(in)
►**tyre** ['taɪə] *s bes Br* Reifen *m*, *schweiz.* Pneu *m*
ty·ro ['taɪrəʊ] *Pl* **ty·ros** *s* Anfänger(in)
Ty·rol ['tɪrəl, tɪ'rəʊl] *Eigenn* Tirol *n*
tzar [zɑː] *s* → ***tsar***

U

U [juː] *Pl* **U's** *s* U *n*
u·biq·ui·tous [juː'bɪkwɪtəs] *Adj* allgegenwärtig
ud·der ['ʌdə] *s* ZOOL Euter *n*
UEFA [juː'eɪfə] *Abk* (= ***Union of European Football Associations***) UEFA *f*
UFO ['juːfəʊ] *oder* [ˌjuː ef 'əʊ] *Pl* **UFO's, UFOs** *Abk* (= ***unidentified flying object***) UFO *n*
ugh [ʌx] *Interj* igitt!
ug·li·ness ['ʌglɪnɪs] *s* Hässlichkeit *f*
►**ug·ly** ['ʌglɪ] *Adj* **1.** hässlich (*auch fig*) **2.** bös, schlimm (*Wunde etc*)
UHT [ˌjuːeɪtʃ'tiː] *Abk* (= ***ultra-heat-treated***): ***UHT milk*** H-Milch *f*
UK [juː'keɪ] *Abk* (= ***United Kingdom***) Vereinigtes Königreich
U·kraine [juː'kreɪn] *Eigenn die* Ukraine
ul·cer ['ʌlsə] *s* MED Geschwür *n*
ul·te·ri·or [ʌl'tɪərɪə] *Adj*: ***ulterior motive*** Hintergedanke *m*
ul·ti·ma·ta [ˌʌltɪ'meɪtə] *Pl von* ***ultimatum***
ul·ti·mate ['ʌltɪmət] **I** *Adj* letzt, End…; höchst **II** *s*: ***the ultimate in*** das Höchste an (*Dat*); *pej* der Gipfel an (*Dat*)
'ul·ti·mate·ly *Adv* **1.** schließlich **2.** letztlich
ul·ti·ma·tum [ˌʌltɪ'meɪtəm] *Pl* **ul·ti·ma·tums, ul·ti·ma·ta** [ˌʌltɪ'meɪtə] *s* Ultimatum *n*: ***give s.o. an ultimatum*** j-m ein Ultimatum stellen
ul·tra·high [ˌʌltrə'haɪ] *Adj*: ***ultrahigh frequency*** ELEK Ultrakurzwelle *f*
ˌul·tra'son·ic *Adj* Ultraschall…
'ul·tra·sound *s* PHYS Ultraschall *m*: ***ultrasound scanner*** MED Ultraschallgerät *n*
ˌul·tra'vi·o·let *Adj* ultraviolett
um·bil·i·cal [ˌʌmbɪ'laɪkl] *Adj*: ***umbilical cord*** ANAT Nabelschnur *f*
um·brage ['ʌmbrɪdʒ] *s*: ***take umbrage at*** Anstoß nehmen an (*Dat*)
►**um·brel·la** [ʌm'brelə] *s* **1.** (Regen-)Schirm *m* **2.** *fig* Schutz *m*: ***under the umbrella of*** unter dem Schutz (*Gen*)
um·brel·la or·gan·i·za·tion *s* Dachorganisation *f*
um·brel·la stand *s* Schirmständer *m*
um·pire ['ʌmpaɪə] (*Sport*) **I** *s* Schiedsrichter(in) **II** *v/i und v/t* als Schiedsrichter(in) fungieren (bei)
ump·teen [ˌʌmp'tiːn] *Adj*: ***umpteen times*** *ugs* x-mal
ˌump'teenth *Adj*: ***for the umpteenth time*** *ugs* zum x-ten Mal
UN [juː'en] *Abk* (= ***United Nations***) UNO *f*, *die* Vereinten Nationen *Pl*: ***UN soldier*** Blauhelm *m*
un·a·bashed [ˌʌnə'bæʃt] *Adj* unverfroren
un·a·ble [ʌn'eɪbl] *Adj*: ***be unable to do s.th.***

U

UK: How do you pronounce ...?

Achten Sie auf die nicht ganz einfache Aussprache folgender geographischer Namen Großbritanniens:

Aldeburgh	['ɔːldbərə]
Armagh	[ˌɑː'mɑː]
Berkshire	['bɑːkʃə]
Berwick	['berɪk]
Cambridge	['keɪmbrɪdʒ]
Chiswick	['tʃɪzɪk]
Cirencester	['saɪərənsestə, 'sɪsɪtə]
Clwyd	['kluːɪd]
Derby	['dɑːbɪ]
Durham	['dʌrəm]
Dyfed	['dʌvɪd]
Edinburgh	['edɪnbərə]
Fermanagh	[fə'mænə]
Gloucester	['glɒstə]
Greenwich	['grenɪtʃ, 'grenɪdʒ]
Gwynedd	['gwɪnəð]
Hebrides	['hebrɪdiːz]
Leicester	['lestə]
Leominster	['lemstə, 'lemɪnstə]
Llandudno	[læn'dɪdnəʊ]
Norfolk	['nɔːfək]
Norwich	['nɒrɪdʒ, 'nɒrɪtʃ]
Pembrokeshire	['pembrʊkʃə]
Plymouth	['plɪməθ]
Slough	[slaʊ]
Somerset	['sʌməset]
Thames	[temz]
Worcester	['wʊstə]

unfähig *oder* außerstande sein, etw zu tun; etw nicht tun können

un·a·bridged [ˌʌnə'brɪdʒd] *Adj* ungekürzt

un·ac·cept·a·ble [ˌʌnək'septəbl] *Adj* unannehmbar (*to* für); unzumutbar: ***be unacceptable to s.o.*** j-m nicht zugemutet werden können

un·ac·com·pa·nied [ˌʌnə'kʌmpənɪd] *Adj* ohne Begleitung (***by*** *Gen*) (*auch* MUS)

un·ac·count·a·ble [ˌʌnə'kaʊntəbl] *Adj* unerklärlich

ˌun·acˈcount·a·bly *Adv* unerklärlicherweise

un·ac·cus·tomed [ˌʌnə'kʌstəmd] *Adj* **1.** ungewohnt **2.** ***be unaccustomed to s.th.*** etw nicht gewohnt sein; ***be unaccustomed to doing s.th.*** es nicht gewohnt sein, etw zu tun

un·ac·quaint·ed [ˌʌnə'kweɪntɪd] *Adj*: ***be unacquainted with s.th.*** etw nicht kennen, mit einer Sache nicht vertraut sein

un·a·dul·ter·at·ed [ˌʌnə'dʌltəreɪtɪd] *Adj* **1.** unverfälscht **2.** *fig* völlig (*Unsinn etc*)

un·af·fect·ed [ˌʌnə'fektɪd] *Adj* **1.** ***be unaffected by*** nicht betroffen werden von **2.** natürlich, ungekünstelt

un·am·big·u·ous [ˌʌnæm'bɪgjʊəs] *Adj* unzweideutig

un-A·mer·i·can [ˌʌnə'merɪkən] *Adj* **1.** unamerikanisch **2.** antiamerikanisch

u·nan·i·mous [juː'nænɪməs] *Adj* einmütig; einstimmig: ***be unanimous in doing s.th.*** etw einmütig *oder* einstimmig tun; ***by a unanimous decision*** einstimmig

un·an·nounced [ˌʌnə'naʊnst] *Adj und Adv* unangemeldet

un·an·swer·a·ble [ˌʌn'ɑːnsərəbl] *Adj* **1.** nicht zu beantworten(d) **2.** unwiderlegbar

un·ap·proach·a·ble [ˌʌnə'prəʊtʃəbl] *Adj* unnahbar

un·armed [ˌʌn'ɑːmd] *Adj* unbewaffnet

un·asked [ˌʌn'ɑːskt] *Adj* **1.** ungestellt (*Frage*) **2.** unaufgefordert, ungebeten **3.** uneingeladen, ungebeten

un·as·sist·ed [ˌʌnə'sɪstɪd] *Adv* ohne (fremde) Hilfe, (ganz) allein

un·as·sum·ing [ˌʌnə'sjuːmɪŋ] *Adj* bescheiden

un·at·tached [ˌʌnə'tætʃt] *Adj* ungebunden (*Person*)

un·at·tend·ed [ˌʌnə'tendɪd] *Adj* unbeaufsichtigt

un·at·trac·tive [ˌʌnə'træktɪv] *Adj* unattraktiv

un·au·thor·ized [ˌʌn'ɔːθəraɪzd] *Adj* unbefugt, unberechtigt

un·a·vail·a·ble [ˌʌnə'veɪləbl] *Adj* **1.** nicht erhältlich **2.** nicht erreichbar

un·a·void·a·ble [ˌʌnə'vɔɪdəbl] *Adj* unvermeidlich

un·a·ware [ˌʌnə'weə] *Adj*: ***be unaware of s.th.*** sich einer Sache nicht bewusst sein, etw nicht bemerken; ***be unaware that*** nicht bemerken, dass

ˌun·aˈwares *Adv*: ***catch*** (*oder* ***take***) ***s.o. unawares*** j-n überraschen

un·bal·ance [ˌʌn'bæləns] *v/t j-n* aus dem (seelischen) Gleichgewicht bringen

ˌunˈbal·anced *Adj* labil (*Charakter, Person*)

un·bear·a·ble [ʌn'beərəbl] *Adj* unerträglich

un·beat·a·ble [ˌʌn'biːtəbl] *Adj* unschlagbar (*auch Preise etc*)

un·beat·en [ˌʌn'biːtn] *Adj* ungeschlagen, unbesiegt

un·be·known [ˌʌnbɪ'nəʊn] *Adv*: ***unbeknown to s.o.*** ohne j-s Wissen

un·be·liev·a·ble [ˌʌnbɪ'liːvəbl] *Adj* unglaublich

un·bend [ˌʌn'bend] (*unreg* ***bend***) **I** *v/t* gerade biegen **II** *v/i fig* auftauen, aus sich herausgehen

ˌunˈbend·ing *Adj* unbeugsam

un·bi·ased, un·bi·assed [ˌʌn'baɪəst] *Adj* unvoreingenommen, JUR unbefangen

un·bind [ˌʌn'baɪnd] *v/t* (*unreg* ***bind***) losbinden

un·blem·ished [ˌʌn'blemɪʃt] *Adj* makellos (*Ruf etc*)

un·born [ˌʌn'bɔːn] *Adj* ungeboren

un·break·a·ble [ˌʌn'breɪkəbl] *Adj* unzerbrechlich

un·bri·dled [ˌʌn'braɪdld] *Adj* ungezügelt, zügellos

un·bro·ken [ˌʌn'brəʊkən] *Adj* **1.** heil, unbeschädigt **2.** ununterbrochen

un·buck·le [ˌʌn'bʌkl] *v/t* auf-, losschnallen

un·bur·den [ˌʌn'bɜːdn] *v/t*: ***unburden o.s. to s.o.*** j-m sein Herz ausschütten

un·but·ton [ˌʌn'bʌtn] *v/t* aufknöpfen

un·called-for [ˌʌn'kɔːldfɔː] *Adj* **1.** ungerechtfertigt **2.** unnötig **3.** deplatziert, unpassend

un·can·ny [ʌn'kænɪ] *Adj* unheimlich

un·ceas·ing [ʌn'siːsɪŋ] *Adj* unaufhörlich

un·cer·e·mo·ni·ous·ly ['ʌnˌserɪ'məʊnjəslɪ] *Adv* ohne viel Federlesens

un·cer·tain [ʌn'sɜːtn] *Adj* **1.** unsicher, ungewiss,

unbestimmt: ***be uncertain of s.th.*** sich einer Sache nicht sicher sein; ***be uncertain how to do s.th.*** nicht sicher sein, wie man etw tut **2.** unbeständig (*Wetter*) **3.** vage: → ***term*** 3
un'cer·tain·ty *s* Unsicherheit *f*, Ungewissheit *f*
un·chain [ˌʌn'tʃeɪn] *v/t* losketten
un·changed [ˌʌn'dʒeɪndʒd] *Adj* unverändert
ˌun'chang·ing *Adj* unveränderlich
un·char·i·ta·ble [ˌʌn'tʃærɪtəbl] *Adj* unfair: ***it was rather uncharitable of you*** es war nicht gerade nett von dir
un·checked [ˌʌn'tʃekt] *Adj* **1.** ungehindert **2.** unkontrolliert, ungeprüft
un·chris·tian [ˌʌn'krɪstʃən] *Adj* unchristlich
un·civ·il [ˌʌn'sɪvl] *Adj* unhöflich
ˌun'civ·i·lized [ˌʌn'sɪvəlaɪzd] *Adj* unzivilisiert
▶**un·cle** ['ʌŋkl] *s* Onkel *m*: ***cry*** (*oder* ***say***) ***uncle*** *Am ugs* aufgeben
un·com·fort·a·ble [ʌn'kʌmfətəbl] *Adj* **1.** unbequem **2.** ***feel uncomfortable*** sich unbehaglich fühlen
un·com·mit·ted [ˌʌnkə'mɪtɪd] *Adj* **1.** nicht zweckgebunden (*Gelder etc*) **2.** wechselhaft (*Person*) **3.** unabhängig (*Wähler*)
un·com·mon [ʌn'kɒmən] *Adj* ungewöhnlich: ***not to be uncommon*** nichts Ungewöhnliches sein
un·com·mu·ni·ca·tive [ˌʌnkə'mjuːnɪkətɪv] *Adj* verschlossen, wortkarg
un·com·plain·ing·ly [ˌʌnkəm'pleɪnɪŋlɪ] *Adv* geduldig, ohne Murren
un·com·pro·mis·ing [ʌn'kɒmprəmaɪzɪŋ] *Adj* kompromisslos
un·con·cerned [ˌʌnkən'sɜːnd] *Adj* **1.** ***be unconcerned about*** sich keine Gedanken *oder* Sorgen machen über (*Akk*) **2.** ***be unconcerned with*** uninteressiert sein an (*Dat*)
un·con·di·tion·al [ˌʌnkən'dɪʃənl] *Adj* bedingungslos
un·con·firmed [ˌʌnkən'fɜːmd] *Adj* unbestätigt
un·con·scious [ʌn'kɒnʃəs] *Adj* **1.** MED bewusstlos **2.** ***be unconscious of s.th.*** sich einer Sache nicht bewusst sein, etw nicht bemerken **3.** unbewusst; unbeabsichtigt
un'con·scious·ness *s* MED Bewusstlosigkeit *f*
un·con·sid·ered [ˌʌnkən'sɪdəd] *Adj* unbedacht, unüberlegt
un·con·sti·tu·tion·al ['ʌnˌkɒnstɪ'tjuːʃənl] *Adj* verfassungswidrig
un·con·trol·la·ble [ˌʌnkən'trəʊləbl] *Adj* unkontrollierbar; nicht zu bändigen(d) (*Kind*)
ˌun·con'trolled *Adj* unkontrolliert, ungehindert
un·con·ven·tion·al [ˌʌnkən'venʃənl] *Adj* unkonventionell
un·con·vinced [ˌʌnkən'vɪnst] *Adj*: ***be unconvinced*** nicht überzeugt sein (***about*** von)
ˌun·con'vinc·ing *Adj* nicht überzeugend
un·cooked [ˌʌn'kʊkt] *Adj* ungekocht, roh
un·cork [ˌʌn'kɔːk] *v/t* entkorken
un·count·a·ble [ˌʌn'kaʊntəbl] *Adj* unzählbar (*auch* LING)
ˌun'count·ed *Adj* unzählig
un·cou·ple [ˌʌn'kʌpl] *v/t Wag(g)on etc* abkoppeln, abkuppeln
un·couth [ʌn'kuːθ] *Adj* ungehobelt (*Person, Benehmen*)
un·cov·er [ʌn'kʌvə] *v/t* aufdecken, *fig auch* enthüllen
un·crit·i·cal [ˌʌn'krɪtɪkl] *Adj* unkritisch
un·crowned [ˌʌn'kraʊnd] *Adj* ungekrönt (*auch fig*)
un·crush·a·ble [ʌn'krʌʃəbl] *Adj* knitterfrei
unc·tion ['ʌŋkʃn] *s* REL Salbung *f*: ***extreme unction*** Krankensalbung
unc·tu·ous ['ʌŋktjʊəs] *Adj* salbungsvoll
un·cut [ˌʌn'kʌt] *Adj* **1.** ungeschnitten **2.** ungekürzt (*Film, Roman etc*) **3.** ungeschliffen: ***uncut diamond*** *auch* Rohdiamant *m*
un·dam·aged [ˌʌn'dæmɪdʒd] *Adj* unbeschädigt
un·dat·ed [ˌʌn'deɪtɪd] *Adj* undatiert, ohne Datum
un·de·cid·ed [ˌʌndɪ'saɪdɪd] *Adj* **1.** unentschieden, offen **2.** unentschlossen: ***he is still undecided about what to do*** er ist sich noch nicht schlüssig, was er tun soll
un·de·lete [ˌʌndɪ'liːt] *v/t Text, Datei etc* wiederherstellen
un·de·ni·a·ble [ˌʌndɪ'naɪəbl] *Adj* unbestreitbar
▶**un·der** ['ʌndə] **I** *Präp allg* unter (*Lage etc: Dat; Richtung: Akk*): ***it costs under £10*** *auch* es kostet weniger als 10 Pfund; ***have s.o. under one*** j-n unter sich haben; → ***discussion, impression*** 2, ***influence*** I, ***review*** 1, *etc* **II** *Adv* unter; darunter
ˌun·der·a'chieve *v/i bes* PÄD hinter den Erwartungen zurückbleiben
ˌun·der'age *Adj* minderjährig
'un·der·brush *bes Am* → ***undergrowth***
'un·derˌcar·riage *s* FLUG Fahrwerk *n*, -gestell *n*
ˌun·der'charge **I** *v/t* **1.** *j-m* zu wenig berechnen: ***undercharge s.o. by £ 10*** j-m 10 Pfund zu wenig berechnen **2.** *Betrag* zu wenig verlangen **II** *v/i* **3.** zu wenig berechnen *oder* verlangen (***for*** für)
'un·der·clothes *s Pl* → ***underwear***
'un·der·coat *s* Grundierung *f*
'un·derˌcov·er *Adj*: ***undercover agent*** verdeckter Ermittler, verdeckte Ermittlerin
ˌun·der'cut *v/t* (*unreg* ***cut***) *j-n* (im Preis) unterbieten
ˌun·der·de'vel·oped *Adj* unterentwickelt: ***underdeveloped country*** Entwicklungsland *n*
'un·der·dog *s* Benachteiligte *m, f*, Unterdrückte *m, f*
ˌun·der'done *Adj* nicht durchgebraten
ˌun·der'es·ti·mate *v/t* **1.** zu niedrig schätzen *oder* veranschlagen **2.** *fig* unterschätzen, -bewerten
ˌun·der·ex'pose *v/t* FOTO unterbelichten
ˌun·der'fed *Adj* unterernährt
ˌun·der'floor *Adj*: ***underfloor heating*** Fußbodenheizung *f*
ˌun·der'foot *Adv*: ***the grass was wet underfoot*** das Gras war nass
ˌun·der'go *v/t* (*unreg* ***go***) erleben, durchmachen; sich *einer Operation etc* unterziehen
un·der·grad ['ʌndəgræd] *s ugs*, **ˌun·der'grad·u·ate** *s* UNI Student(in)
▶**un·der·ground** ['ʌndəgraʊnd] **I** *Adj* **1.** unterirdisch: ***underground car park*** Tiefgarage *f* **2.** *fig* Untergrund... **II** *Adv* [ˌʌndə'graʊnd] **3.** unterirdisch, unter der Erde: ***go underground*** *fig* untertauchen; in den Untergrund gehen **III** *s* **4.** *bes Br* U-Bahn *f*: ***by underground*** mit der U-Bahn **5.** *fig* Untergrund *m*
'un·der·growth *s* Unterholz *n*, Gestrüpp *n*
ˌun·der'hand *Adj*, **ˌun·der'hand·ed** *Adj* hinterhältig
ˌun·der'lie *v/t* (*unreg* ***lie***) zugrunde liegen (*Dat*)
ˌun·der'line *v/t* unterstreichen (*auch fig*)
un·der·ling ['ʌndəlɪŋ] *s*: ***he's just an underling*** *pej* er ist nur ein Rädchen im Getriebe
ˌun·der'ly·ing *Adj* zugrunde liegend
ˌun·der'manned *Adj* (personell) unterbesetzt

U

ˌun·derˈmen·tioned *Adj Br* unten erwähnt
ˌun·derˈmine *v/t* **1.** unterspülen, -waschen **2.** *fig* untergraben, -minieren
un·der·neath [ˌʌndəˈniːθ] **I** *Präp* unter (*Lage: Dat; Richtung: Akk*) **II** *Adv* darunter **III** *s ugs* Unterseite *f*
ˌun·derˈnour·ished *Adj* unterernährt
ˈun·der·pants *s Pl, auch* ***pair of underpants*** Unterhose *f*
ˈun·der·pass *s* (Straßen-, Eisenbahn)Unterführung *f*
ˌun·derˈpay *v/t* (*unreg* ***pay***) *j-m* zu wenig zahlen, *j-n* unterbezahlen
ˌun·derˈplay *v/t* **1.** ***underplay one's hand*** *fig* nicht alle Trümpfe ausspielen **2.** *fig etw* herunterspielen
ˌun·derˈpriv·i·leged *Adj* unterprivilegiert
ˌun·derˈrate *v/t* unterbewerten (*auch Sport*), -schätzen
ˈun·derˌrepreˈsent·ed *Adj* unterrepräsentiert
ˌun·derˈscore → ***underline***
ˌun·derˈsec·re·tar·y *s* POL Staatssekretär(in)
ˌun·derˈsell *v/t* (*unreg* ***sell***) **1.** → ***undercut*** **2.** *Ware* verschleudern, unter Wert verkaufen: ***undersell o.s.*** *fig* sich schlecht verkaufen
ˈun·der·shirt *s Am* Unterhemd *n*
ˈun·der·shorts *Am* → ***underpants***
ˈun·der·side *s* Unterseite *f*
ˌun·derˈsigned **I** *Adj* unterzeichnet **II** *s*: ***the undersigned*** der *oder* die Unterzeichnete, die Unterzeichneten *Pl*
ˌun·derˈsize (ˌ**un·derˈsized**) *Adj* zu klein
ˌun·derˈstaffed → ***undermanned***
▶ **un·der·stand** [ˌʌndəˈstænd] (*unreg* ***stand***) **I** *v/t* **1.** verstehen: ***make o.s. understood*** sich verständlich machen **2.** erfahren *oder* gehört haben (***that*** dass): ***am I to understand that …?*** soll das heißen, dass …?; ***give s.o. to understand that*** j-m zu verstehen geben, dass **II** *v/i* **3.** verstehen **4.** ***not to understand about*** nichts verstehen von
ˌun·derˈstand·a·ble *Adj* verständlich (*auch fig*): ***understandably*** *auch* verständlicherweise
ˌun·derˈstand·ing **I** *s* **1.** Verstand *m*: ***be*** (*oder* ***go***) ***beyond s.o.'s understanding*** über j-s Verstand gehen **2.** Verständnis *n* (***of*** für): ***with understanding*** verständnisvoll **3.** Abmachung *f*: ***come to an understanding*** eine Abmachung treffen (***with*** mit); ***on the understanding that*** unter der Voraussetzung, dass **II** *Adj* **4.** verständnisvoll
ˌun·derˈstate *v/t* untertreiben, untertrieben darstellen
ˌun·derˈstate·ment *s* Untertreibung *f*
ˈun·derˌstud·y THEAT **I** *s* zweite Besetzung **II** *v/t* die zweite Besetzung sein für
ˌun·derˈtake *v/t* (*unreg* ***take***) **1.** *etw* übernehmen **2.** sich verpflichten (***to do*** zu tun)
ˈun·derˌtak·er *s* (Leichen)Bestatter(in); Bestattungs-, Beerdigungsinstitut *n*
ˌun·der-the-ˈcount-er *Adj ugs* schwarz, illegal
ˈun·der·tone *s* **1.** ***in an undertone*** mit gedämpfter Stimme **2.** *fig* Unterton *m*
ˌun·derˈval·ue *v/t* unterbewerten, -schätzen
ˌun·derˈwa·ter **I** *Adj* Unterwasser… **II** *Adv* unter Wasser
ˈun·der·wear *s* Unterwäsche *f*
un·der·weight **I** *s* [ˈʌndəweɪt] Untergewicht *n* **II** *Adj* [ˌʌndəˈweɪt] untergewichtig (*Person*), zu leicht (***by*** um) (*Gegenstand*): ***be underweight by five kilos, be five kilos underweight*** fünf Kilo Untergewicht haben
ˈun·der·world *s* Unterwelt *f*
ˈun·der·write *v/t* (*unreg* ***write***) **1.** *Projekt* unterstützen (***with*** mit) **2.** *etw* versichern
un·de·served [ˌʌndɪˈzɜːvd] *Adj* unverdient
ˌun·deˈserv·ed·ly [ˌʌndɪˈzɜːvɪdlɪ] *Adv* unverdient(ermaßen)
un·de·sir·a·ble [ˌʌndɪˈsaɪərəbl] *Adj* **1.** nicht wünschenswert **2.** unerwünscht
un·dies [ˈʌndɪz] *s Pl ugs* (*bes* Damen)Unterwäsche *f*
un·dis·ci·plined [ʌnˈdɪsɪplɪnd] *Adj* undiszipliniert, disziplinlos
un·dis·cov·ered [ˌʌndɪˈskʌvəd] *Adj* unentdeckt; unbemerkt
un·dis·turbed [ˌʌndɪˈstɜːbd] *Adj* ungestört
un·di·vid·ed [ˌʌndɪˈvaɪdɪd] *Adj* ungeteilt (*auch fig*)
un·do [ˌʌnˈduː] *v/t* **1.** aufmachen, öffnen **2.** *fig* zunichtemachen **3.** *letzten Computerbefehl* rückgängig machen
ˌunˈdo·ing *s*: ***be s.o.'s undoing*** j-s Ruin *oder* Verderben sein
un·done [ˌʌnˈdʌn] *Adj* **1.** unerledigt: ***leave nothing undone*** nichts unversucht lassen **2.** offen: ***come undone*** aufgehen
un·doubt·ed [ʌnˈdaʊtɪd] *Adj* unbestritten
unˈdoubt·ed·ly *Adv* zweifellos, ohne (jeden) Zweifel
un·dreamed-of [ʌnˈdriːmdɒv], **un·dreamt-of** [ʌnˈdremtɒv] *Adj* ungeahnt
un·dress [ˌʌnˈdres] **I** *v/i* sich ausziehen, (*beim Arzt*) sich frei machen **II** *v/t j-n* ausziehen: ***get undressed*** *siehe* I
un·due [ˌʌnˈdjuː] *Adj* übermäßig
un·du·lat·ing [ˈʌndjʊleɪtɪŋ] *Adj* sanft (*Hügel*)
un·dy·ing [ʌnˈdaɪɪŋ] *Adj* ewig, unsterblich, unvergänglich
un·earned [ˌʌnˈɜːnd] *Adj fig* unverdient
un·earth [ˌʌnˈɜːθ] *v/t* **1.** ausgraben **2.** *fig* ausfindig machen
unˈearth·ly *Adj* **1.** überirdisch **2.** unheimlich **3.** ***at an unearthly hour*** *ugs* zu einer unchristlichen Zeit
un·eas·i·ness [ʌnˈiːzɪnɪs] *s* Unbehagen *n*
unˈeas·y *Adj* **1.** ***be uneasy*** sich unbehaglich fühlen; ***I'm uneasy about*** mir ist nicht wohl bei **2.** unruhig (*Nacht, Schlaf*)
un·eat·a·ble [ˌʌnˈiːtəbl] *Adj* ungenießbar
un·e·co·nom·ic [ˈʌnˌiːkəˈnɒmɪk] *Adj* (***uneconomically***) unwirtschaftlich
un·ed·u·cat·ed [ˌʌnˈedjʊkeɪtɪd] *Adj* ungebildet
un·e·mo·tion·al [ˌʌnɪˈməʊʃənl] *Adj* leidenschaftslos, kühl, beherrscht
▶ **un·em·ployed** [ˌʌnɪmˈplɔɪd] **I** *Adj* arbeitslos **II** *s*: ***the unemployed*** *Pl* die Arbeitslosen *Pl*
▶ **un·em·ploy·ment** [ˌʌnɪmˈplɔɪmənt] *s* Arbeitslosigkeit *f*: ***unemployment benefit*** *Br*, ***unemployment compensation*** *Am* Arbeitslosengeld *n*
un·end·ing [ʌnˈendɪŋ] *Adj* endlos
un·en·dur·a·ble [ˌʌnɪnˈdjʊərəbl] *Adj* unerträglich
un-Eng·lish [ˌʌnˈɪŋglɪʃ] *Adj* unenglisch
un·en·vi·a·ble [ˌʌnˈenvɪəbl] *Adj* wenig beneidenswert
un·e·qual [ˌʌnˈiːkwəl] *Adj* **1.** ungleich, unterschiedlich **2.** *fig* ungleich, einseitig **3.** ***be unequal to*** *einer Aufgabe etc* nicht gewachsen sein
ˌunˈe·qualed, ˌ**unˈe·qualled** *Adj* unerreicht, unübertroffen
un·e·quiv·o·cal [ˌʌnɪˈkwɪvəkl] *Adj* unzweideu-

tig, unmissverständlich
un·err·ing [ˌʌnˈɜːrɪŋ] *Adj* unfehlbar
un·e·ven [ˌʌnˈiːvn] *Adj* **1.** uneben **2.** ungleich (-mäßig) **3.** unterschiedlich, schwankend **4.** ungerade (*Zahl*) **5.** unregelmäßig (*Pulsschlag etc*)
un·e·vent·ful [ˌʌnɪˈventfʊl] *Adj* ereignislos
un·ex·am·pled [ˌʌnɪgˈzɑːmpld] *Adj* beispiellos, unvergleichlich
un·ex·pect·ed [ˌʌnɪkˈspektɪd] *Adj* unerwartet
un·ex·plained [ˌʌnɪkˈspleɪnd] *Adj* ungeklärt
un·ex·plored [ˌʌnɪkˈsplɔːd] *Adj* unerforscht
un·ex·posed [ˌʌnɪkˈspəʊzd] *Adj* FOTO unbelichtet
un·fail·ing [ʌnˈfeɪlɪŋ] *Adj* unerschöpflich
un·fair [ˌʌnˈfeə] *Adj* unfair, (*Wettbewerb*) unlauter
ˌun'fair·ness *s* Unfairness *f*
un·faith·ful [ˌʌnˈfeɪθfʊl] *Adj* untreu (**to** *Dat*)
un·fal·ter·ing [ʌnˈfɔːltərɪŋ] *Adj* unerschütterlich
un·fa·mil·iar [ˌʌnfəˈmɪljə] *Adj* **1.** nicht vertraut **2.** ***be unfamiliar with*** nicht vertraut sein mit, sich nicht auskennen in (*Dat*)
un·fash·ion·a·ble [ˌʌnˈfæʃnəbl] *Adj* unmodern
un·fas·ten [ˌʌnˈfɑːsn] *v/t* aufmachen, öffnen; losbinden
un·fa·vor·a·ble, **un·fa·vour·a·ble** [ˌʌnˈfeɪvərəbl] *Adj* ungünstig: **a)** unvorteilhaft (**to, for** für), **b)** negativ, ablehnend (*Antwort etc*)
un·feel·ing [ʌnˈfiːlɪŋ] *Adj* gefühl-, herzlos
un·fin·ished [ˌʌnˈfɪnɪʃt] *Adj* unfertig; unvollendet
un·fit [ˌʌnˈfɪt] *Adj* **1.** unpassend, ungeeignet; unfähig, untauglich: ***unfit for service*** *bes* MIL dienstunfähig, (-)untauglich; ***unfit to drive*** fahruntüchtig; → ***consumption*** 2 **2.** nicht fit, nicht in Form
un·flag·ging [ˌʌnˈflægɪŋ] *Adj* unermüdlich, unentwegt
un·fold [ˌʌnˈfəʊld] *v/t* auffalten, auseinanderfalten
un·fore·seen [ˌʌnfɔːˈsiːn] *Adj* unvorhergesehen, unvorhersehbar
un·for·get·ta·ble [ˌʌnfəˈgetəbl] *Adj* unvergesslich
un·for·giv·a·ble [ˌʌnfəˈgɪvəbl] *Adj* unverzeihlich
►**un·for·tu·nate** [ʌnˈfɔːtʃnət] *Adj* **1.** unglücklich; unglückselig **2.** bedauerlich
►**un·for·tu·nate·ly** [ʌnˈfɔːtʃnətlɪ] *Adv* leider
un·found·ed [ˌʌnˈfaʊndɪd] *Adj* unbegründet
un·fre·quent·ed [ˌʌnfrɪˈkwentɪd] *Adj* wenig besucht
un·friend·ly [ˌʌnˈfrendlɪ] *Adj* unfreundlich (**to** zu)
un·ful·filled [ˌʌnfʊlˈfɪld] *Adj* unerfüllt
un·furl [ˌʌnˈfɜːl] *v/t Fahne etc* auf-, entrollen, *Segel* losmachen
un·fur·nished [ˌʌnˈfɜːnɪʃt] *Adj* unmöbliert
un·gain·ly [ʌnˈgeɪnlɪ] *Adj* linkisch
un·gen·tle·man·like [ʌnˈdʒentlmənlaɪk], **un'gen·tle·man·ly** *Adj* wenig gentlemanlike
un·god·ly [ˌʌnˈgɒdlɪ] *Adj*: ***at an ungodly hour*** *ugs* zu einer unchristlichen Zeit
un·gov·ern·a·ble [ˌʌnˈgʌvənəbl] *Adj* unbeherrscht, ungezügelt (*Temperament*)
un·grate·ful [ʌnˈgreɪtfʊl] *Adj* undankbar
un·guard·ed [ˌʌnˈgɑːdɪd] *Adj* **1.** unbewacht **2.** *fig* unbedacht, unüberlegt
un·hap·pi·ness [ʌnˈhæpɪnɪs] *s* Traurigkeit *f*
►**un·hap·py** [ʌnˈhæpɪ] *Adj* unglücklich
un'hap·pi·ly *Adv* unglücklicherweise, leider
un·harmed [ˌʌnˈhɑːmd] *Adj* unversehrt
un·health·y [ʌnˈhelθɪ] *Adj* **1.** kränklich, nicht gesund **2.** ungesund **3.** *pej* unnatürlich, krankhaft
un·heard [ˌʌnˈhɜːd] *Adj*: ***go unheard*** keine Beachtung finden
ˌun'heard-of [ˌʌnˈhɜːdɒv] *Adj* noch nie da gewesen, beispiellos
un·hes·i·tat·ing [ʌnˈhezɪteɪtɪŋ] *Adj* **1.** prompt **2.** bereitwillig: ***unhesitatingly*** *auch* anstandslos
un·hinge [ˌʌnˈhɪndʒ] *v/t* **1.** *Tür etc* aus den Angeln heben **2.** ***unhinge s.o.('s mind)*** *fig* j-n völlig aus dem Gleichgewicht bringen
un·ho·ly [ˌʌnˈhəʊlɪ] *Adj ugs* furchtbar, schrecklich
un·hoped-for [ʌnˈhəʊptfɔː] *Adj* unverhofft, unerwartet
un·hurt [ˌʌnˈhɜːt] *Adj* unverletzt
u·ni [ˈjuːnɪ] *s ugs* Uni *f* (*Universität*)
un·i·den·ti·fied [ˌʌnaɪˈdentɪfaɪd] *Adj* unbekannt, nicht identifiziert: ***unidentified flying object*** unbekanntes Flugobjekt, UFO *n*
u·ni·fi·ca·tion [ˌjuːnɪfɪˈkeɪʃn] *s* Vereinigung *f*
►**u·ni·form** [ˈjuːnɪfɔːm] **I** *Adj* einheitlich **II** *s* Uniform *f*: ***in uniform*** in Uniform
'u·ni·formed *Adj* uniformiert, in Uniform
ˌu·ni'form·i·ty *s* Einheitlichkeit *f*
u·ni·fy [ˈjuːnɪfaɪ] *v/t* **1.** verein(ig)en **2.** vereinheitlichen
u·ni·lat·er·al [ˌjuːnɪˈlætərəl] *Adj fig* einseitig
un·im·ag·i·na·ble [ˌʌnɪˈmædʒɪnəbl] *Adj* unvorstellbar
ˌun·im'ag·i·na·tive *Adj* einfalls-, fantasielos
un·im·por·tant [ˌʌnɪmˈpɔːtənt] *Adj* unwichtig

Regretfully …	**Bedauerlicherweise …** SG
I'm afraid this time we'll have to say no.	Ich fürchte, diesmal müssen wir Nein sagen.
I wish I could, but there's just no way I can do it.	Ich wünschte, ich könnte, aber ich kann's auf keinen Fall tun.
I would have loved to come, but I've already made other plans.	Ich wäre gern gekommen, aber ich habe schon andere Pläne.
Unfortunately I've already accepted another job.	Leider habe ich schon einen anderen Job angenommen.
It's a shame it didn't work out.	Schade, dass es nicht geklappt hat.
It's a pity you couldn't make it.	Schade, dass du es nicht geschafft hast. / Schade, dass du nicht kommen konntest.
If only I didn't have so much work.	Wenn ich bloß nicht so viel Arbeit hätte.

Unlikely	Unwahrscheinlich
I'd be very surprised if he called again after that.	Es würde mich sehr überraschen, wenn er nach all dem noch mal anruft.
You probably haven't heard of them.	Du hast wohl / wahrscheinlich noch nie was von ihnen gehört. / Du kennst sie wohl / wahrscheinlich nicht.
It can't possibly get any worse.	Schlimmer kann es wirklich nicht mehr werden.
There's no way they'll agree now.	Sie werden jetzt wohl nicht mehr zustimmen.

SG

un·im·pressed [ˌʌnɪm'prest] *Adj* unbeeindruckt (***by*** von)
un·in·hab·it·a·ble [ˌʌnɪn'hæbɪtəbl] *Adj* unbewohnbar
ˌun·inˈhab·it·ed *Adj* unbewohnt
un·in·jured [ˌʌn'ɪndʒəd] *Adj* unverletzt
un·in·sured [ˌʌnɪn'ʃɔːd] *Adj* unversichert
un·in·tel·li·gent [ˌʌnɪn'telɪdʒənt] *Adj* unintelligent
un·in·tel·li·gi·ble [ˌʌnɪn'telɪdʒəbl] *Adj* unverständlich (***to*** für *oder Dat*)
un·in·tend·ed [ˌʌnɪn'tendɪd], **un·in·ten·tion·al** [ˌʌnɪn'tenʃənl] *Adj* unabsichtlich, unbeabsichtigt
un·in·ter·est·ed [ˌʌn'ɪntrəstɪd] *Adj* uninteressiert (***in*** an *Dat*): ***be uninterested in*** *auch* sich nicht interessieren für
ˌunˈin·ter·est·ing *Adj* uninteressant
un·in·ter·rupt·ed ['ʌnˌɪntə'rʌptɪd] *Adj* ununterbrochen
un·in·vit·ed [ˌʌnɪn'vaɪtɪd] *Adj* uneingeladen, ungebeten
▶ **un·ion** ['juːnjən] *s* **1.** Vereinigung *f*; Union *f*: ***Union Jack*** (***oder Flag***) Union Jack *m* (*britische Nationalflagge*) **2.** Gewerkschaft *f*
ˈun·ion·ist *s* Gewerkschaftler(in)
ˈun·ion·ize *v/t und v/i* (sich) gewerkschaftlich organisieren
u·nique [juː'niːk] *Adj* einzigartig; einmalig
u·ni·son ['juːnɪzn] *s*: ***in unison*** gemeinsam
u·nit ['juːnɪt] *s* **1.** *allg* Einheit *f*; PÄD Unit *f*, Lehreinheit *f*; TECH Element *n*, Teil *n*; (Anbau)Element *n* **2.** Abteilung *f* **3.** MATHE Einer *m*
▶ **u·nite** [juː'naɪt] **I** *v/t* verbinden, -einigen **II** *v/i* sich vereinigen *oder* zs.-tun: ***unite in doing s.th.*** etw gemeinsam tun
▶ **u·nit·ed** [juː'naɪtɪd] *Adj* verein(ig)t: ▶ ***United Kingdom*** Vereinigtes Königreich; ***United Nations*** *Pl* Vereinte Nationen *Pl*; ▶ ***United States*** (***of America***) Vereinigte Staaten (von Amerika) *Pl*; ***be united in*** sich einig sein in (*Dat*)
u·ni·ty ['juːnətɪ] *s* **1.** Einheit *f* **2.** MATHE Eins *f*
u·ni·ver·sal [ˌjuːnɪ'vɜːsl] *Adj* **1.** universal, universell **2.** allgemein **3.** Welt…: ***universal language*** (***time***, *etc*)
▶ **u·ni·verse** ['juːnɪvɜːs] *s* Universum *n*, Weltall *n*
▶ **u·ni·ver·si·ty** [ˌjuːnɪ'vɜːsətɪ] **I** *s* Universität *f*, Hochschule *f*: ***go to university*** die Universität besuchen **II** *Adj* Universitäts…: ***university professor***; ***university education*** akademische Bildung, Hochschulbildung *f*; Universitätsausbildung *f*
un·just [ˌʌn'dʒʌst] *Adj* ungerecht (***to*** gegen)
un·just·i·fi·a·ble [ˌʌndʒʌstɪ'faɪəbl] *Adj* nicht zu rechtfertigen, ungerechtfertigt
un·kempt [ˌʌn'kempt] *Adj* ungekämmt (*Haar*); ungepflegt (*Kleidung etc*)
un·kind [ʌn'kaɪnd] *Adj* unfreundlich (***to*** zu)
unˈkind·ness *s* Unfreundlichkeit *f*
▶ **un·known** [ˌʌn'nəʊn] *Adj* unbekannt (***to*** *Dat*): ***unknown quantity*** MATHE unbekannte Größe (*auch fig*), Unbekannte *f*
un·la·dy·like [ˌʌn'leɪdɪlaɪk] *Adj* wenig damenhaft
un·law·ful [ˌʌn'lɔːfʊl] *Adj* ungesetzlich, gesetzwidrig
▶ **un·lead·ed** [ˌʌn'ledɪd] *Adj* bleifrei (*Benzin*)
un·learn [ˌʌn'lɜːn] *v/t* (*auch unreg* ***learn***) *Ansichten etc* ablegen, aufgeben
un·leash [ˌʌn'liːʃ] *v/t* **1.** *Hund* loslassen, von der Leine lassen **2.** *fig seinem Zorn etc* freien Lauf lassen: ***all his anger was unleashed on her*** sein ganzer Zorn entlud sich auf sie
un·leav·ened [ˌʌn'levnd] *Adj* ungesäuert
▶ **un·less** [ən'les] *Konj* wenn *oder* sofern … nicht; es sei denn
un·like [ˌʌn'laɪk] *Präp* **1.** im Gegensatz zu **2.** ***he is quite unlike his father*** er ist ganz anders als sein Vater; ***that is very unlike him*** das sieht ihm gar nicht ähnlich
unˈlike·ly *Adj* **1.** ***he is unlikely to come*** es ist unwahrscheinlich, dass er kommt **2.** unwahrscheinlich, unglaubwürdig
un·lim·it·ed [ʌn'lɪmɪtɪd] *Adj* unbegrenzt
un·list·ed [ˌʌn'lɪstɪd] *Adj* TEL: ***be unlisted*** nicht im Telefonbuch stehen, geheim sein; ***unlisted number*** Geheimnummer *f*
un·load [ˌʌn'ləʊd] *v/t Fahrzeug* entladen, *auch Gegenstände* ab-, ausladen, SCHIFF *Ladung*, *Schiff* löschen
un·lock [ˌʌn'lɒk] *v/t* **1.** aufschließen **2.** COMPUTER entsperren
un·loved [ˌʌn'lʌvd] *Adj* ungeliebt
un·luck·i·ly [ʌn'lʌkɪlɪ] *Adv* unglücklicherweise: ***unluckily for me*** zu meinem Pech
unˈluck·y *Adj* unglücklich: ***unlucky day*** Unglückstag *m*; ***be unlucky*** Pech haben; Unglück bringen
un·made [ˌʌn'meɪd] *Adj* ungemacht (*Bett*)
un·man·age·a·ble [ʌn'mænɪdʒəbl] *Adj* **1.** widerspenstig **2.** unhandlich
un·man·ly [ˌʌn'mænlɪ] *Adj* unmännlich
un·manned [ˌʌn'mænd] *Adj* unbemannt
un·marked [ˌʌn'mɑːkt] *Adj* **1.** nicht gekennzeichnet **2.** SPORT ungedeckt, frei
un·mar·ried [ˌʌn'mærɪd] *Adj* unverheiratet, ledig
un·mask [ˌʌn'mɑːsk] *v/t fig* entlarven
un·matched [ˌʌn'mætʃt] *Adj* unvergleichlich, unübertroffen
un·men·tion·a·ble [ʌn'menʃnəbl] *Adj* Tabu…:

U

be unmentionable tabu sein
un·mer·ci·ful [ʌnˈmɜːsɪfʊl] *Adj* erbarmungslos, unbarmherzig
un·mis·tak·a·ble [ˌʌnmɪˈsteɪkəbl] *Adj* unverkennbar, unverwechselbar
un·moved [ˌʌnˈmuːvd] *Adj* ungerührt: ***he remained unmoved by it*** es ließ ihn kalt
un·mu·si·cal [ˌʌnˈmjuːzɪkl] *Adj* unmusikalisch
un·named [ˌʌnˈneɪmd] *Adj* ungenannt
un·nat·u·ral [ʌnˈnætʃrəl] *Adj* **1.** unnatürlich **2.** widernatürlich
un·nec·es·sar·y [ʌnˈnesəsərɪ] *Adj* unnötig: ***unnecessarily*** *auch* unnötigerweise
un·nerve [ˌʌnˈnɜːv] *v/t* **1.** entnerven **2.** entmutigen
un·no·ticed [ˌʌnˈnəʊtɪst] *Adj*: ***go*** (*oder* ***pass***) ***unnoticed*** unbemerkt bleiben
un·num·bered [ˌʌnˈnʌmbəd] *Adj* unnummeriert
un·ob·tru·sive [ˌʌnəbˈtruːsɪv] *Adj* unauffällig
un·oc·cu·pied [ˌʌnˈɒkjʊpaɪd] *Adj* **1.** leer (stehend), unbewohnt: ***be unoccupied*** leer stehen **2.** unbeschäftigt **3.** MIL unbesetzt
un·of·fi·cial [ˌʌnəˈfɪʃl] *Adj* inoffiziell
un·o·pened [ˌʌnˈəʊpənd] *Adj* ungeöffnet
un·or·tho·dox [ʌnˈɔːθədɒks] *Adj* unorthodox; unkonventionell
un·pack [ˌʌnˈpæk] *v/t und v/i* auspacken
un·paid, **un·paid-for** [ˌʌnˈpeɪd(fə)] *Adj* unbezahlt
un·par·al·leled [ʌnˈpærəleld] *Adj* beispiellos, einmalig
un·par·don·a·ble [ʌnˈpɑːdnəbl] *Adj* unverzeihlich
un·per·turbed [ˌʌnpəˈtɜːbd] *Adj* gelassen, ruhig
un·pick [ˌʌnˈpɪk] *v/t* auftrennen
un·play·a·ble [ˌʌnˈpleɪəbl] *Adj* SPORT unbespielbar (*Platz*)
un·pleas·ant [ʌnˈpleznt] *Adj* **1.** unangenehm, (*Nachricht etc auch*) unerfreulich **2.** unfreundlich
un·plug [ˌʌnˈplʌg] *v/t* den Stecker (*Gen*) herausziehen
un·po·lished [ˌʌnˈpɒlɪʃt] *Adj* **1.** unpoliert **2.** *fig* ungeschliffen, ungehobelt
un·pop·u·lar [ˌʌnˈpɒpjʊlə] *Adj* unpopulär, unbeliebt: ***make o.s. unpopular with*** sich bei *j-m* unbeliebt machen
un·prac·ti·cal [ˌʌnˈpræktɪkl] *Adj* unpraktisch
un·prec·e·dent·ed [ʌnˈpresɪdentɪd] *Adj* beispiellos, noch nie da gewesen
un·pre·dict·a·ble [ˌʌnprɪˈdɪktəbl] *Adj* **1.** unvorhersehbar **2.** unberechenbar (*Person*)
un·prej·u·diced [ˌʌnˈpredʒʊdɪst] *Adj* unvoreingenommen, JUR unbefangen
un·pre·pared [ˌʌnprɪˈpeəd] *Adj* **1.** unvorbereitet **2.** nicht gefasst *oder* vorbereitet (***for*** auf *Akk*)
un·pre·ten·tious [ˌʌnprɪˈtenʃəs] *Adj* bescheiden, einfach
un·prin·ci·pled [ʌnˈprɪnsəpld] *Adj* skrupellos
un·print·a·ble [ˌʌnˈprɪntəbl] *Adj* nicht druckfähig *oder* druckreif
un·pro·duc·tive [ˌʌnprəˈdʌktɪv] *Adj* unproduktiv (*auch fig*), unergiebig, unrentabel
un·pro·fes·sion·al [ˌʌnprəˈfeʃənl] *Adj* **1.** standeswidrig **2.** unfachmännisch
un·prof·it·a·ble [ˌʌnˈprɒfɪtəbl] *Adj* **1.** unrentabel **2.** *fig* nutz-, zwecklos
un·prompt·ed [ˌʌnˈprɒmptɪd] *Adj* spontan
un·pro·nounce·a·ble [ˌʌnprəˈnaʊnsəbl] *Adj* unaussprechbar
un·pro·tect·ed [ˌʌnprəˈtektɪd] *Adj* schutzlos; ungeschützt
un·proved [ˌʌnˈpruːvd], **ˌun'prov·en** [ˌʌnˈpruːvn] *Adj* unbewiesen
un·pro·voked [ˌʌnprəˈvəʊkt] *Adj* grundlos
un·pub·lished [ˌʌnˈpʌblɪʃt] *Adj* unveröffentlicht
un·punc·tu·al [ˌʌnˈpʌŋktʃʊəl] *Adj* unpünktlich
un·pun·ished [ˌʌnˈpʌnɪʃt] *Adj* unbestraft, ungestraft: ***go unpunished*** straflos bleiben
un·qual·i·fied [ˌʌnˈkwɒlɪfaɪd] *Adj* **1.** unqualifiziert, ungeeignet (***for*** für) **2.** uneingeschränkt
un·ques·tion·a·ble [ʌnˈkwestʃənəbl] *Adj* unbestritten: ***be unquestionable*** *auch* außer Frage stehen
un'ques·tion·ing *Adj* bedingungslos
un·quote [ˌʌnˈkwəʊt] *Adv* → ***quote*** 6
un·rav·el [ʌnˈrævl] **I** *v/t* **1.** *Pullover etc* auftrennen, -ziehen **2.** entwirren (*auch fig*) **II** *v/i* **3.** sich auftrennen *oder* aufziehen
un·read·a·ble [ˌʌnˈriːdəbl] *Adj* unlesbar: **a)** nicht lesenswert, **b)** unleserlich
un·re·al [ˌʌnˈrɪəl] *Adj* unwirklich
'unˌre·al'is·tic [ˌʌnˌrɪəˈlɪstɪk] *Adj* (***unrealistically***) unrealistisch
un·rea·son·a·ble [ʌnˈriːznəbl] *Adj* **1.** unvernünftig **2.** übertrieben, unzumutbar
un·rec·og·niz·a·ble [ˌʌnˈrekəgnaɪzəbl] *Adj* nicht wieder zu erkennen(d)
un·re·lat·ed [ˌʌnrɪˈleɪtɪd] *Adj* **1.** nicht verwandt (***to*** mit) **2.** ***be unrelated*** in keinem Zs.-hang stehen (***to*** mit)
un·re·lent·ing [ˌʌnrɪˈlentɪŋ] *Adj* unvermindert
un·re·li·a·ble [ˌʌnrɪˈlaɪəbl] *Adj* unzuverlässig
un·re·lieved [ˌʌnrɪˈliːvd] *Adj* ununterbrochen, ständig
un·re·mit·ting [ˌʌnrɪˈmɪtɪŋ] *Adj* unablässig, unaufhörlich
un·re·quit·ed [ˌʌnrɪˈkwaɪtɪd] *Adj* unerwidert (*Liebe*)
un·re·served [ˌʌnrɪˈzɜːvd] *Adj* **1.** uneingeschränkt **2.** nicht reserviert
ˌun·re'serv·ed·ly [ˌʌnrɪˈzɜːvɪdlɪ] *Adv* uneingeschränkt
un·rest [ˌʌnˈrest] *s* POL *etc* Unruhen *Pl*
un·re·strained [ˌʌnrɪˈstreɪnd] *Adj* hemmungslos, ungezügelt
un·re·strict·ed [ˌʌnrɪˈstrɪktɪd] *Adj* uneingeschränkt
un·re·ward·ing [ˌʌnrɪˈwɔːdɪŋ] *Adj* wenig lohnend, (*Aufgabe etc auch*) undankbar
un·ripe [ˌʌnˈraɪp] *Adj* unreif
un·ri·valed, **un·ri·valled** [ʌnˈraɪvld] *Adj* unerreicht, unübertroffen
un·roll [ˌʌnˈrəʊl] *v/t* auf-, entrollen
un·ruf·fled [ˌʌnˈrʌfld] *Adj* gelassen, ruhig
un·ru·ly [ʌnˈruːlɪ] *Adj* **1.** ungebärdig, wild **2.** widerspenstig (*Haare*)
un·sad·dle [ˌʌnˈsædl] *v/t* **1.** *Pferd* absatteln **2.** *Reiter* abwerfen
un·safe [ˌʌnˈseɪf] *Adj* unsicher, nicht sicher: ***feel unsafe*** sich nicht sicher fühlen
un·said [ˌʌnˈsed] *Adj*: ***leave s.th. unsaid*** etw nicht aussprechen; ***be left*** (*oder* ***go***) ***unsaid*** unausgesprochen *oder* ungesagt bleiben
un·sal·a·ble, **un·sale·a·ble** [ˌʌnˈseɪləbl] *Adj* unverkäuflich
un·salt·ed [ˌʌnˈsɔːltɪd] *Adj* ungesalzen
un·san·i·tar·y [ˌʌnˈsænɪtərɪ] *Adj* unhygienisch
un·sat·is·fac·to·ry [ˈʌnˌsætɪsˈfæktərɪ] *Adj* unbefriedigend
ˌun'sat·is·fied [ˌʌnˈsætɪsfaɪd] *Adj* unzufrieden (***with*** mit)
ˌun'sat·is·fy·ing [ˌʌnˈsætɪsfaɪɪŋ] → ***unsatisfac-***

U

tory

un·sa·vor·y, **un·sa·vour·y** [ˌʌn'seɪvərɪ] *Adj* **1.** fad **2.** *fig* unerfreulich (*Angelegenheit*); anrüchig (*Stadtteil, Vergangenheit*)

un·sci·en·tif·ic ['ʌnˌsaɪən'tɪfɪk] *Adj* (***unscientifically***) unwissenschaftlich

un·screw [ˌʌn'skruː] *v/t* ab-, losschrauben

un·script·ed [ˌʌn'skrɪptɪd] *Adj* improvisiert

un·scru·pu·lous [ʌn'skruːpjʊləs] *Adj* skrupel-, gewissenlos

un·seat [ˌʌn'siːt] *v/t* **1.** *Reiter* abwerfen **2.** *fig j-n* seines Amtes entheben

un·seed·ed [ˌʌn'siːdɪd] *Adj* SPORT ungesetzt

un·seem·ly [ʌn'siːmlɪ] *Adj* ungebührlich, unziemlich

un·seen [ˌʌn'siːn] *Adj* **1.** ungesehen, unbemerkt: → ***sight*** 2 **2.** unsichtbar

un·self·ish [ˌʌn'selfɪʃ] *Adj* selbstlos, uneigennützig

un·sen·ti·men·tal ['ʌnˌsentɪ'mentl] *Adj* unsentimental

un·set·tle [ˌʌn'setl] *v/t j-n* beunruhigen; durcheinanderbringen

ˌun'set·tled *Adj* **1.** unbesiedelt **2.** unbeglichen, unbezahlt (*Rechnung*) **3.** ungeklärt (*Frage etc*) **4.** unbeständig (*Wetter*) **5.** unsicher (*Lage etc*)

un·shak·a·ble, **un·shake·a·ble** [ʌn'ʃeɪkəbl] *Adj* unerschütterlich

un·shav·en [ˌʌn'ʃeɪvn] *Adj* unrasiert

un·sight·ly [ʌn'saɪtlɪ] *Adj* unansehnlich; hässlich

un·signed [ˌʌn'saɪnd] *Adj* unsigniert (*Gemälde*), nicht unterschrieben *oder* unterzeichnet (*Brief etc*)

un·skil·ful, **un·skill·ful** [ˌʌn'skɪlfʊl] *Adj* ungeschickt

ˌun'skilled *Adj* **1.** ungeschickt (***at, in*** in *Dat*) **2.** ***unskilled worker*** ungelernter Arbeiter

un·so·cia·ble [ʌn'səʊʃəbl] *Adj* ungesellig

un·so·cial [ˌʌn'səʊʃl] *Adj*: ***work unsocial hours*** *Br* außerhalb der normalen Arbeitszeit arbeiten

un·sold [ˌʌn'səʊld] *Adj* unverkauft

un·so·lic·it·ed [ˌʌnsə'lɪsɪtɪd] *Adj* unverlangt *oder* unaufgefordert eingesandt (*Manuskript etc*), unbestellt (*Ware*)

un·solved [ˌʌn'sɒlvd] *Adj* ungelöst (*Fall etc*)

un·so·phis·ti·cat·ed [ˌʌnsə'fɪstɪkeɪtɪd] *Adj* **1.** unkultiviert **2.** TECH unkompliziert

un·sound [ˌʌn'saʊnd] *Adj* **1.** nicht gesund; nicht intakt *oder* in Ordnung **2.** *fig* unklug, unvernünftig

un·spar·ing [ʌn'speərɪŋ] *Adj*: ***be unsparing in one's efforts*** keine Mühe scheuen (***to do*** zu tun)

un·speak·a·ble [ʌn'spiːkəbl] *Adj* unbeschreiblich, unsäglich

un·spoiled [ˌʌn'spɔɪld], **ˌun'spoilt** [ˌʌn'spɔɪlt] *Adj* **1.** unverdorben **2.** nicht verwöhnt, (*Kind auch*) nicht verzogen

un·sport·ing [ˌʌn'spɔːtɪŋ] *Adj*, **un·sports·man·like** [ˌʌn'spɔːtsmənlaɪk] *Adj* unsportlich, unfair

un·sta·ble [ˌʌn'steɪbl] *Adj* **1.** instabil (*auch fig*) **2.** *fig* labil (*Person*)

un·stead·y [ˌʌn'stedɪ] *Adj* **1.** wack(e)lig; (*Hand*) unsicher **2.** schwankend (*Preise etc*) **3.** ungleichmäßig

un·stint·ing [ʌn'stɪntɪŋ] → ***unsparing***

un·stop [ˌʌn'stɒp] *v/t* **1.** *Flasche* entstöpseln **2.** *Abfluss etc* frei machen

un·stressed [ˌʌn'strest] *Adj* LING unbetont

un·stuck [ˌʌn'stʌk] *Adj*: ***come unstuck*** abgehen, sich lösen; *fig ugs* auf den Bauch fallen (*Person*), schiefgehen (*Plan etc*)

un·stud·ied [ˌʌn'stʌdɪd] *Adj* ungekünstelt, natürlich

un·suc·cess·ful [ˌʌnsək'sesfʊl] *Adj* erfolglos; vergeblich: ***be unsuccessful*** keinen Erfolg haben (***in, with*** bei, mit)

un·suit·a·ble [ˌʌn'suːtəbl] *Adj* unpassend, ungeeignet (***for, to*** für)

un·sure [ˌʌn'ʃɔː] *Adj allg* unsicher: ***unsure of o.s.*** unsicher

un·sur·passed [ˌʌnsə'pɑːst] *Adj* unübertroffen

un·sus·pect·ed [ˌʌnsə'spektɪd] *Adj* **1.** unvermutet **2.** unverdächtig

ˌun·sus'pect·ing *Adj* nichts ahnend, ahnungslos

un·sweet·ened [ˌʌn'swiːtnd] *Adj* ungesüßt

un·swerv·ing [ʌn'swɜːvɪŋ] *Adj* unbeirrbar, unerschütterlich

un·tan·gle [ˌʌn'tæŋgl] *v/t* entwirren (*auch fig*)

un·tapped [ˌʌn'tæpt] *Adj* unerschlossen (*Naturschätze etc*)

un·teach·a·ble [ˌʌn'tiːtʃəbl] *Adj* unbelehrbar

un·ten·a·ble [ˌʌn'tenəbl] *Adj* unhaltbar (*Theorie etc*)

un·think·a·ble [ʌn'θɪŋkəbl] *Adj* undenkbar, unvorstellbar

ˌun'think·ing *Adj* gedankenlos

un·ti·dy [ʌn'taɪdɪ] *Adj* unordentlich

un·tie [ˌʌn'taɪ] *v/t* aufknoten, *Knoten* lösen, *j-n etc* losbinden (***from*** von)

▶**un·til** [ən'tɪl] **I** *Präp* **1.** bis **2.** ***not until*** erst: ***not until Monday*** erst (am) Montag; nicht vor Montag **II** *Konj* **3.** bis **4.** ***not until*** erst wenn, nicht bevor

un·time·ly [ʌn'taɪmlɪ] *Adj* **1.** vorzeitig, verfrüht **2.** unpassend, ungelegen

un·tir·ing [ʌn'taɪərɪŋ] *Adj* unermüdlich

un·told [ˌʌn'təʊld] *Adj* unermesslich (*Reichtum, Schaden etc*)

un·touched [ˌʌn'tʌtʃt] *Adj* **1.** unberührt, unangetastet **2.** unversehrt, heil

un·trans·lat·a·ble [ˌʌntræns'leɪtəbl] *Adj* unübersetzbar

un·treat·ed [ˌʌn'triːtɪd] *Adj* unbehandelt

un·true [ˌʌn'truː] *Adj* **1.** unwahr **2.** untreu (***to*** *Dat*)

un·truth [ˌʌn'truːθ] *s* Unwahrheit *f*

un·used[1] [ˌʌn'juːzd] *Adj* unbenutzt, ungebraucht

un·used[2] [ˌʌn'juːst] *Adj*: ***be unused to s.th.*** an etw nicht gewöhnt sein, etw nicht gewohnt sein; ***be unused to doing s.th.*** es nicht gewohnt sein, etw zu tun

un·u·su·al [ʌn'juːʒl] *Adj* ungewöhnlich

un·ut·ter·a·ble [ʌn'ʌtərəbl] *Adj* unbeschreiblich, unsäglich

un·var·nished [ʌn'vɑːnɪʃt] *Adj* ungeschminkt (*Wahrheit*)

un·var·y·ing [ʌn'veərɪɪŋ] *Adj* unveränderlich, gleichbleibend

un·veil [ˌʌn'veɪl] *v/t* enthüllen

un·versed [ˌʌn'vɜːst] *Adj* unbewandert (***in*** in *Dat*)

un·voiced [ˌʌn'vɔɪst] *Adj* **1.** unausgesprochen **2.** LING stimmlos

un·want·ed [ˌʌn'wɒntɪd] *Adj* unerwünscht, (*Schwangerschaft auch*) ungewollt

un·war·rant·ed [ʌn'wɒrəntɪd] *Adj* ungerechtfertigt

un·wa·ver·ing [ʌn'weɪvərɪŋ] *Adj* unerschütter-

U

lich
un·wel·come [ʌn'welkəm] *Adj* unwillkommen
un·well [ˌʌn'wel] *Adj*: ***be*** (*oder* ***feel***) ***unwell*** sich unwohl fühlen *oder* nicht wohlfühlen
un·whole·some [ˌʌn'həʊlsəm] *Adj* ungesund
un·wield·y [ʌn'wiːldɪ] *Adj* unhandlich, sperrig
un·will·ing [ˌʌn'wɪlɪŋ] *Adj* widerwillig: ***be unwilling to do s.th.*** nicht bereit *oder* gewillt sein, etw zu tun; etw nicht tun wollen
un·wind [ˌʌn'waɪnd] (*unreg* ***wind***) **I** *v/t* **1.** abwickeln **II** *v/i* **2.** sich abwickeln **3.** *ugs* abschalten, sich entspannen
un·wise [ˌʌn'waɪz] *Adj* unklug
un·wit·ting [ʌn'wɪtɪŋ] *Adj* **1.** unwissentlich **2.** unbeabsichtigt
un·wont·ed [ʌn'wəʊntɪd] *Adj* ungewohnt
un·wor·thy [ʌn'wɜːðɪ] *Adj*: ***be unworthy of s.th.*** einer Sache nicht würdig sein, etw nicht verdienen
un·wrap [ˌʌn'ræp] *v/t* auswickeln, -packen
un·writ·ten [ˌʌn'rɪtn] *Adj* ungeschrieben: ***unwritten law*** ungeschriebenes Recht; *fig* ungeschriebenes Gesetz
un·yield·ing [ʌn'jiːldɪŋ] *Adj* unnachgiebig
un·zip [ˌʌn'zɪp] *v/t* **1.** den Reißverschluss (*Gen*) aufmachen **2.** *eine Datei* entpacken
▶**up** [ʌp] **I** *Adv* **1.** oben; *1000 Meter etc* hoch, in einer Höhe von: ***up there*** dort oben; ***jump up and down*** hüpfen; ***walk up and down*** auf und ab *oder* hin und her gehen; → ***look up***, ***take up***, *etc* **2.** ***up to*** bis zu: ***up to a moment ago*** bis vor einem Augenblick; ***be up to s.th.*** *ugs* etw vorhaben, etw im Schilde führen; ***not to be up to s.th.*** einer Sache nicht gewachsen sein; ***it's up to you*** das liegt bei Ihnen; → ***ear***[1] 1, ***eye*** 1, ***feel*** 6, ***scratch*** 6, *etc* **II** *Präp* **3.** oben auf (*Dat*); her-, hinauf: ***up the river*** flussaufwärts; ***up yours!*** *Br vulg* leck mich (doch) am Arsch!; → ***climb*** 3, *etc* **III** *Adj* **4.** nach oben (gerichtet), Aufwärts… **5.** ***the up train*** der Zug nach London **6.** ***what's up?*** *ugs* was ist los? **7.** ***be well up in*** (*oder* ***on***) *ugs* viel verstehen von **8.** ***up for*** → ***sale*** 1; ***are you up for it?*** bist du (mit) dabei? **IV** *s* **9.** ***the ups and downs*** *Pl* die Höhen und Tiefen *Pl* (*des Lebens*) **V** *v/t* **10.** *ugs Angebot, Preis etc* erhöhen **VI** *v/i* **11.** ***he upped and left her*** *ugs* er hat sie von heute auf morgen sitzen lassen
ˌup-and-'com·ing *Adj* vielversprechend
'upˌbring·ing *s* Erziehung *f*
'upˌcom·ing *Adj* bevorstehend
up·date **I** [ʌp'deɪt] *v/t* auf den neuesten Stand bringen; aktualisieren **II** ['ʌpdeɪt] *s* Aktualisierung *f*; Neufassung *f* (*Buch*); COMPUTER aktualisierte Version, Update *n*
up'end *v/t* hochkant stellen
up'grade *v/t* **1.** *j-n* befördern **2.** TECH auf-, nachrüsten
up·heav·al [ʌp'hiːvl] *s fig* Umwälzung *f*
ˌup'hill **I** *Adv* **1.** aufwärts, bergan **II** *Adj* **2.** bergauf führend **3.** *fig* mühselig, hart
up'hold *v/t* (*unreg* ***hold***) **1.** *Rechte etc* schützen, wahren **2.** JUR *Urteil* bestätigen
up·hol·ster [ʌp'həʊlstə] *v/t* polstern: ***upholstered*** Polster…
'up·keep *s* Unterhalt *m*; Unterhaltungskosten *Pl*
ˌup'mar·ket *Adj* für den anspruchsvollen Kunden
up·on [ə'pɒn] *Präp* → ***on*** I
▶**up·per** ['ʌpə] **I** *Adj* ober: ***upper arm*** Oberarm *m*; ***upper class(es*** *Pl*) SOZIOL Oberschicht *f*; ***upper deck*** SCHIFF Oberdeck *n* (*auch eines Busses*); ***gain*** (*oder* ***get***) ***the upper hand*** die Oberhand gewinnen (***of*** über *Akk*); → ***jaw*** 1, ***lip*** 1 **II** *s* **1.** Obermaterial *n* (*eines Schuhs*) **2.** Aufputschmittel *n*

upon SG

Upon ist die veraltende Variante von **on** / **onto** und fast nur noch in Redewendungen oder sehr gehobenem Sprachgebrauch üblich:

upon my word	auf mein Wort
Once upon a time there was …	Es war einmal …

'up·per-ˌcase *Adj* großgeschrieben
'up·per·cut *s Boxen*: Aufwärtshaken *m*
up·per·most ['ʌpəməʊst] **I** *Adj* oberst: ***be uppermost*** oben sein; *fig* an erster Stelle stehen; ***be uppermost in s.o.'s mind*** *fig* für j-n an erster Stelle stehen **II** *Adv* nach oben
up·pish ['ʌpɪʃ] *Adj ugs*, **up·pi·ty** ['ʌpətɪ] *Adj ugs* hochnäsig
up·right ['ʌpraɪt] **I** *Adj* **1.** [*auch* ˌʌp'raɪt] aufrecht, gerade; senkrecht **2.** *fig* aufrecht, rechtschaffen **II** *Adv* [*auch* ˌʌp'raɪt] **3.** *siehe* 1: ***sit upright*** gerade sitzen **III** *s* **4.** Pfosten *m*
up·ris·ing ['ʌpˌraɪzɪŋ] *s* Aufstand *m*
up·roar ['ʌprɔː] *s* Aufruhr *m*, Tumult *m*
up·root [ʌp'ruːt] *v/t* **1.** *Pflanze* (mit den Wurzeln) ausreißen, *auch Baum etc*, *fig Menschen* entwurzeln **2.** *fig j-n* herausreißen (***from*** aus)
▶**up·set** **I** *v/t* [ʌp'set] (*unreg* ***set***) **1.** umstoßen, umwerfen **2.** *fig Pläne etc* durcheinanderbringen, *Gleichgewicht* stören **3.** *fig j-n* aus der Fassung bringen; aufregen; kränken, verletzen **4.** ***something has upset my stomach*** ich habe mir durch irgend(et)was den Magen verdorben **II** *s* ['ʌpset] **5.** (*Magen*)Verstimmung *f* **6.** *bes* SPORT Überraschung *f*
up·shot ['ʌpʃɒt] *s* Ergebnis *n*: ***what was the upshot of …?*** was ist bei … herausgekommen?
up·side ['ʌpsaɪd] *Adv*: ***upside down*** verkehrt herum; ***turn upside down*** umdrehen, *auch fig* auf den Kopf stellen
▶**up·stairs** [ˌʌp'steəz] **I** *Adv* **1.** die Treppe her- *oder* hinauf, nach oben **2.** oben, in einem oberen Stockwerk **3.** eine Treppe höher **II** *Adj* **4.** im oberen Stockwerk (gelegen), ober
up·start ['ʌpstɑːt] *s* Emporkömmling *m*
up·stream [ˌʌp'striːm] *Adv* flussauf(wärts)
up·surge ['ʌpsɜːdʒ] *s* **1.** Anschwellen *n* (***in*** *Gen*) **2.** Aufwallung *f*
up·take ['ʌpteɪk] *s*: ***be quick*** (***slow***) ***on the uptake*** *ugs* schnell begreifen (schwer von Begriff sein)
up·tight ['ʌptaɪt] *Adj ugs* **1.** nervös, reizbar **2.** verklemmt
▶**up-to-date** [ˌʌptə'deɪt] *Adj* **1.** modern **2.** aktuell, neu
up-to-the-min·ute [ˌʌptəðə'mɪnɪt] *Adj* **1.** hochmodern **2.** allerneu(e)st
up·town [ˌʌp'taʊn] *Am* **I** *Adv* in den Wohnvierteln, in die Wohnviertel **II** *Adj* in den Wohnvierteln (gelegen *oder* lebend): ***in uptown Los Angeles*** in den Außenbezirken von Los Angeles **III** *s* Wohnviertel *Pl*, Außenbezirke *Pl*
up·turn ['ʌptɜːn] *s* Aufschwung *m* (***in*** *Gen*)

U

ˌup'turned *Adj* **1.** nach oben gerichtet *oder* gebogen: ***upturned nose*** Stupsnase *f* **2.** umgedreht

up·ward ['ʌpwəd] **I** *Adv* **1.** nach oben: ***face upward*** mit dem Gesicht nach oben **2.** ***from £ 2 upward*** ab 2 Pfund; ***upward of £ 2*** *ugs* mehr als *oder* über 2 Pfund **3.** *fig* aufwärts **II** *Adj* **4.** Aufwärts…

up·wards ['ʌpwədz] → ***upward*** I

u·ra·ni·um [jʊ'reɪnɪəm] *s* CHEM Uran *n*

ur·ban ['ɜːbən] *Adj* städtisch, Stadt…

ur·bane [ɜː'beɪn] *Adj* weltmännisch

ur·chin ['ɜːtʃɪn] *s* **1.** Gassenjunge *m*, -mädchen *n* **2.** Seeigel *m*

u·re·thra [ˌjʊə'riːθrə] *Pl* **u·re·thrae** [ˌjʊə'riːθriː], **u·re·thras** *s* ANAT Harnröhre *f*

urge [ɜːdʒ] **I** *v/t* **1.** *auch* ***urge on*** antreiben, *fig auch* anspornen (***to*** zu) **2.** *j-n* drängen (***to do*** zu tun) **3.** drängen auf (*Akk*) **II** *s* **4.** Drang *m*, Verlangen *n*

ur·gen·cy ['ɜːdʒənsɪ] *s* Dringlichkeit *f*

►**ur·gent** ['ɜːdʒənt] *Adj* dringend: ***be urgent*** *auch* eilen; ***be in urgent need of s.th.*** etw dringend brauchen

u·ric ['jʊərɪk] *Adj* Urin…: ***uric acid*** Harnsäure *f*

u·ri·nal ['jʊərɪnl] *s* **1.** Urinal *n* **2.** Pissoir *n*

'u·ri·nar·y *Adj* Urin…, Harn…

u·ri·nate ['jʊərɪneɪt] *v/i* urinieren

u·rine ['jʊərɪn] *s* Urin *m*

urn [ɜːn] *s* **1.** Urne *f* **2.** Großkaffee-, Großteemaschine *f*

u·rol·o·gist [ˌjʊə'rɒlədʒɪst] *s* MED Urologe *m*, Urologin *f*

►**us** [ʌs] **I** *Personalpron* **1.** uns (*Akk oder Dat von **we***): ***both of us*** wir beide; → ***all*** 4 **2.** *ugs* wir (*Nom*): ***they are older than us***; ***it's us*** wir sinds **II** *Reflexivpron* **3.** uns: ***we looked around us*** wir sahen uns um

►**US(A)**[juːˈes(juːesˈeɪ)] *Abk* (= ***United States*** [***of America***]) USA *Pl*

US: How do you pronounce …?

Achten Sie auf die nicht ganz einfache Aussprache folgender geographischer Namen aus dem amerikanischen Raum:

Albuquerque	['ælbəkɜːkɪ]
Arkansas	['ɑːkənsɔː]
Boise	['bɔɪzɪ]
Colorado	[ˌkɒlə'rɑːdəʊ; *Am* ˌkɑːlə'rædəʊ, -'rɑːdəʊ]
Connecticut	[kə'netɪkət]
Des Moines	[dɪ'mɔɪn]
Idaho	['aɪdəhəʊ]
Illinois	[ˌɪlɪ'nɔɪ]
Iowa	['aɪəʊə]
Missouri	[mɪ'zʊərɪ]
New Orleans	[ˌnjuː'ɔːlɪənz; *Am* ˌnuː-]
Ohio	[əʊ'haɪəʊ]
Phoenix	['fiːnɪks]
Utah	['juːtɑː, 'juːtɔː]
Yosemite	[jəʊ'semɪtɪ]

us·a·ble ['juːzəbl] *Adj* brauch-, verwendbar

us·age ['juːzɪdʒ] *s* **1.** Brauch *m*, Gepflogenheit *f* **2.** (Sprach)Gebrauch *m* **3.** Behandlung *f*

►**use I** *v/t* [juːz] **1.** benutzen, gebrauchen, verwenden, *Taktik etc auch* anwenden: ***I could use a drink*** *ugs* ich könnte etw zu trinken vertragen **2.** *Benzin etc* (ver)brauchen: ***use up*** auf-, verbrauchen **3.** *j-n* benutzen (***for*** für) **II** *v/i* [juːs] **4.** ► ***I used to live here*** ich habe früher hier gewohnt; ***he used to be a chain smoker*** er war früher einmal Kettenraucher **III** *s* [juːs] **5.** Benutzung *f*, Gebrauch *m*, Verwendung *f*: ***come into use*** in Gebrauch kommen; ***go out of use*** außer Gebrauch kommen; ***make use of*** Gebrauch machen von, benutzen **6.** Verwendung(szweck *m*) *f*: ***with many uses*** vielseitig verwendbar **7.** Nutzen *m*: ***be of use*** nützlich *oder* von Nutzen sein (***to*** für); ***it's no use complaining*** es ist nutz- *oder* zwecklos zu reklamieren, es hat keinen Zweck zu reklamieren; → ***milk*** I

used[1] [juːzd] *Adj* gebraucht: ***used car*** Gebrauchtwagen *m*

►**used**[2] [juːst] *Adj*: ► ***be used to s.th.*** an etw gewöhnt sein, etw gewohnt sein; ► ***be used to doing s.th.*** es gewohnt sein, etw zu tun

►**use·ful** ['juːsfʊl] *Adj* nützlich: ***make o.s. useful*** sich nützlich machen

►**use·less** ['juːslɪs] *Adj* nutzlos: ***it is useless*** *auch* es ist zwecklos; ***he's useless*** *ugs* er ist zu nichts zu gebrauchen

'use·less·ness *s* Nutzlosigkeit *f*

us·er ['juːzə] *s* **1.** Benutzer(in) **2.** Verbraucher(in)

ˌus·er-'friend·ly *Adj* benutzer- *oder* verbraucherfreundlich

ush·er ['ʌʃə] **I** *s* **1.** Platzanweiser *m* **2.** JUR Gerichtsdiener *m* **II** *v/t* **3.** *j-n* führen, geleiten (***into*** in *Akk*; ***to*** zu *seinem Platz etc*)

ush·er·ette [ˌʌʃə'ret] *s* Platzanweiserin *f*

USSR [juesesˈɑː] *Abk* (= ***Union of Soviet Socialist Republics***) *hist* UdSSR *f*, Union *f* der Sozialistischen Sowjetrepubliken

►**u·su·al** ['juːʒl] **I** *Adj* üblich: ***as usual*** wie gewöhnlich *oder* üblich; ***it's not usual for him to be so late*** er kommt normalerweise nicht so spät; ***is it usual for him to be so late?*** kommt er immer so spät? **II** *s das* Übliche: ***the usual*** *ugs* (*in Pub etc*) wie immer

►**u·su·al·ly** ['juːʒəlɪ] *Adv* (für) gewöhnlich, normalerweise

u·sur·er ['juːʒərə] *s* Wucherer *m*, Wucherin *f*

u·su·ri·ous [juː'zjʊərɪəs] *Adj* wucherisch, Wucher…

u·surp [juː'zɜːp] *v/t Macht etc* an sich reißen, sich *des Throns* bemächtigen

u·su·ry ['juːʒʊrɪ] *s* Wucher *m*

u·ten·sil [juː'tensl] *s* Gerät *n*: ***utensils*** *Pl auch* Utensilien *Pl*

u·ter·us ['juːtərəs] *Pl* **u·ter·i** ['juːtəraɪ], **u·ter·us·es** *s* ANAT Gebärmutter *f*

u·til·i·tar·i·an [ˌjuːtɪlɪ'teərɪən] *Adj* zweckmäßig, praktisch

u·til·i·ty [juː'tɪlətɪ] *s* **1.** Nutzen *m*, Nützlichkeit *f* **2.** → ***public*** 3a

u·ti·lize ['juːtəlaɪz] *v/t* nutzen

ut·most ['ʌtməʊst] **I** *Adj* äußerst, höchst, größt **II** *s das* Äußerste: ***do one's utmost*** sein Möglichstes tun

U·to·pi·an [juː'təʊpjən] *Adj* utopisch (*Gesellschaft*)

ut·ter ['ʌtə] **I** *Adj* total, völlig **II** *v/t etw* äußern,

Seufzer etc ausstoßen, *Wort* sagen
'ut·ter·ance *s* **1.** ***give utterance to*** *seiner Meinung etc* Ausdruck geben **2.** Äußerung *f*
U-turn ['ju:tɜ:n] *s* **1.** MOT Wende *f*: ***do a U-turn*** wenden **2.** *fig* Kehrtwendung *f*: ***do a U-turn*** eine Kehrtwendung machen (***on*** in *Dat*)
u·vu·la ['ju:vjʊlə] *s* ANAT (Gaumen-)Zäpfchen *n*

V

V [vi:] *Pl* **V's** *s* V *n*
vac [væk] *s* UNI *Br ugs* Semesterferien *Pl*
va·can·cy ['veɪkənsɪ] *s* **1.** freie *oder* offene Stelle: ***"vacancies"*** „wir stellen ein" **2.** ***"vacancies"*** „Zimmer frei"; ***"no vacancies"*** „belegt"
'va·cant *Adj* **1.** leer stehend, unbewohnt: ***"vacant"*** „frei" (*Toilette*) **2.** frei, offen (*Stelle*): → ***situation*** 3 **3.** *fig* leer (*Blick, Gesichtsausdruck*)
va·cate [və'keɪt] *v/t Hotelzimmer etc* räumen
▶**va·ca·tion** [və'keɪʃn] **I** *s* **1.** *bes Am* Ferien *Pl*, Urlaub *m*: ***be on vacation*** im Urlaub sein, Urlaub machen **2.** *bes Br* UNI Semesterferien *Pl*; JUR Gerichtsferien *Pl* **II** *v/i* **3.** *bes Am* Urlaub machen, die Ferien verbringen
va'ca·tion·er *s Am* Urlauber(in)
vac·ci·nate ['væksɪneɪt] *v/t* impfen (***against*** gegen)
,vac·ci'na·tion *s* Impfung *f*
vac·cine ['væksi:n] *s* Impfstoff *m*
vac·il·late ['væsəleɪt] *v/i fig* schwanken (***between*** zwischen *Dat*)
vac·u·um ['vækjʊəm] **I** *Pl* **vac·u·ums, vac·u·a** ['vækjʊə] *s* PHYS Vakuum *n* **II** *v/t Teppich, Zimmer etc* saugen
vac·u·um clean·er *s* Staubsauger *m*
vac·u·um bot·tle *s Am*, **vac·u·um flask** *s Br* Warmhalteflasche *f*
'vac·u·um-packed *Adj* vakuumverpackt
vag·a·bond ['vægəbɒnd] *s* Vagabund(in), Landstreicher(in)
va·gi·na [və'dʒaɪnə] *s* ANAT Scheide *f*
va·grant ['veɪgrənt] *s* Nichtsesshafte *m, f*, Landstreicher(in)
vague [veɪg] *Adj* verschwommen, *fig auch* vage: ***be vague*** sich nur vage äußern (***about*** über *Akk*, zu); sich unklar ausdrücken; ***I haven't got the vaguest idea*** ich habe nicht die leiseste Ahnung
▶**vain** [veɪn] *Adj* **1.** eingebildet, eitel **2.** vergeblich: ▶ ***in vain*** *auch* vergebens **3.** ***take s.o.'s name in vain*** über j-n lästern
va·lence ['veɪləns] *s bes Am*, **'va·len·cy** *s bes Br* CHEM Valenz *f* (*auch* LING), Wertigkeit *f*
val·en·tine ['væləntaɪn] *s* **1.** Valentinskarte *f* **2.** *Person, der man am Valentinstag einen Gruß schickt*
va·le·ri·an [və'lɪərɪən] *s* Baldrian *m*
val·et ['vælɪt] *s* (Kammer)Diener *m*
val·et park·ing *s* Parkservice *m* (*in guten Hotels und Restaurants*)
val·et ser·vice *s* Reinigungsdienst *m* (*im Hotel*)
val·iant ['væljənt] *Adj poet* tapfer
val·id ['vælɪd] *Adj* **1. a)** gültig (***for two weeks*** zwei Wochen): ***be valid*** *auch* gelten, **b)** JUR rechtsgültig, -kräftig **2.** stichhaltig, triftig
va·lid·i·ty [və'lɪdətɪ] *s* **1.** Gültigkeit *f*; JUR Rechtsgültigkeit *f*, -kraft *f* **2.** Stichhaltigkeit *f*, Triftigkeit *f*
▶**val·ley** ['vælɪ] *s* Tal *n*
val·or, val·our ['vælə] *s poet* Tapferkeit *f*
▶**val·u·a·ble** ['væljʊəbl] **I** *Adj* wertvoll **II** *s Pl* Wertgegenstände *Pl*, -sachen *Pl*
val·u·a·tion [ˌvæljʊ'eɪʃn] *s* **1.** Schätzung *f*: ***carry out a valuation of*** *etw* schätzen **2.** Schätzwert *m* (***of, on*** *Gen*)
▶**val·ue** ['vælju:] **I** *s* **1.** *allg* Wert *m*: ***be of value*** wertvoll sein (***to*** für); ***be good value, be value for money*** preisgünstig *oder* -wert sein; ***put*** (*oder* ***place***) ***a high value on*** großen Wert legen auf (*Akk*) **2.** *Pl sittliche etc* Werte *Pl* **II** *v/t* **3.** *Haus etc* schätzen (***at*** auf *Akk*) **4.** *j-n, j-s Rat etc* schätzen
'val·ue-ˌadd·ed tax *s* WIRTSCH *Br* Mehrwertsteuer *f*
val·ue judg·ment, val·ue judge·ment *s* Werturteil *n*
val·ue·less ['væljʊlɪs] *Adj* wertlos
'val·u·er *s* Schätzer(in)
valve [vælv] *s* **1.** TECH, MUS Ventil *n* **2.** ANAT Klappe *f* **3.** ELEK *Br* Röhre *f*
vamp [væmp] *s* Vamp *m* (*Frau*)
vam·pire ['væmpaɪə] *s* Vampir *m*
van [væn] *s* **1.** Lieferwagen *m*, Transporter *m* **2.** BAHN *Br* (geschlossener) Güterwagen
van·dal ['vændl] *s* Vandale *m*, Vandalin *f*
van·dal·ism ['vændəlɪzəm] *s* Vandalismus *m*
van·dalize ['vændəlaɪz] *v/t* mutwillig beschädigen *oder* zerstören
vane [veɪn] *s* **1.** (*Propeller- etc*)Flügel *m* **2.** (*Wetter*)Fahne *f*
van·guard ['vængɑ:d] *s auch* MIL Vorhut *f*: ***be in the vanguard of*** *fig* an der Spitze (*Gen*) stehen
va·nil·la [və'nɪlə] *s* BOT Vanille *f*
van·ish ['vænɪʃ] *v/i* verschwinden; (*Angst, Hoffnung etc*) schwinden
van·i·ty ['vænətɪ] *s* Eitelkeit *f*
van·quish ['væŋkwɪʃ] *v/t poet* besiegen
van·tage point ['vɑ:ntɪdʒ] *s* Aussichtspunkt *m*: ***from my vantage point*** *fig* aus meiner Sicht
va·por *Am* → ***vapour***
va·por·ize ['veɪpəraɪz] *v/i* verdampfen, -dunsten
va·por·ous ['veɪpərəs] *Adj* dunstig, Dunst…
va·pour ['veɪpə] *s* Dampf *m*, Dunst *m*

va·pour trail *s* FLUG Kondensstreifen *m*
var·i·a·ble ['veərɪəbl] **I** *Adj* **1.** variabel, veränderlich (*beide auch* MATHE, PHYS *etc*) **2.** schwankend, unbeständig, wechselhaft **3.** einstell-, regulierbar **II** *s* **4.** MATHE, PHYS Variable *f*, veränderliche Größe (*beide auch fig*)
'var·i·ance *s*: ***be at variance with*** im Gegensatz *oder* Widerspruch stehen zu
'var·i·ant **I** *Adj* abweichend, verschieden **II** *s* Variante *f*
ˌvar·i'a·tion *s* **1.** Abweichung *f*; Schwankung *f* **2.** MUS Variation *f* (***on*** über *Akk*)
var·i·cose ['værɪkəʊs] *Adj*: ***varicose vein*** MED Krampfader *f*
var·ied ['veərɪd] *Adj* **1.** unterschiedlich **2.** abwechslungsreich, bewegt
var·ie·gat·ed ['veərɪgeɪtɪd] *Adj* **1.** unterschiedlich **2.** BOT panaschiert
va·ri·e·ty [və'raɪətɪ] *s* **1.** Abwechslung *f* **2.** Vielfalt *f*; WIRTSCH Auswahl *f*, Sortiment *n* (***of*** an *Dat*): ***for a variety of reasons*** aus den verschiedensten Gründen **3.** BOT, ZOOL Art *f* **4.** Varieté *n*
var·i·ous ['veərɪəs] *Adj* **1.** verschieden **2.** mehrere, verschiedene
var·nish ['vɑːnɪʃ] **I** *s* Lack *m* **II** *v/t* lackieren
var·y ['veərɪ] **I** *v/i* variieren, (*Meinungen*) auseinandergehen (***in*** über *Akk*): ***vary in size*** verschieden groß sein **II** *v/t* (ver)ändern; variieren
vas·cu·lar ['væskjʊlə] *Adj* ANAT, BOT Gefäß…
vase [vɑːz] *s* Vase *f*
vast [vɑːst] *Adj* gewaltig, riesig, (*Fläche auch*) ausgedehnt, weit
'vast·ly *Adv* gewaltig, weitaus
vat [væt] *s* (großes) Fass
vaude·ville ['vɔːdəvɪl] *s Am* Varieté *n*
vault¹ [vɔːlt] *s* **1.** ARCHI Gewölbe *n* **2.** *auch Pl* (Keller)Gewölbe *n*; Stahlkammer *f*, Tresorraum *m*; Gruft *f*
vault² [vɔːlt] **I** *v/i*: ***vault over*** springen über (*Akk*) **II** *v/t siehe* I **III** *s* Sprung *m*
vault·ed ['vɔːltɪd] *Adj* gewölbt
vault·ing ['vɔːltɪŋ] *Adj*: ***vaulting horse*** (*Turnen*) Sprungpferd *n*
VCR [viːsiː'ɑː] *Abk* (= ***video cassette recorder***) Videorekorder *m*
VD [viː'diː] *Abk* (= ***venereal disease***) Geschlechtskrankheit *f*
VDU [viːdiː'juː] *Abk* (= ***visual display unit***) Bildschirmanzeige *f*, Bildschirmdisplay *n*
►**veal** [viːl] *s* Kalbfleisch *n*
veal cut·let *s* Kalbsschnitzel *n*
veer [vɪə] *v/i*: ***veer to the left*** MOT den Wagen nach links reißen
veg [vedʒ] *Pl* **veg** *s* GASTR *bes Br ugs* Gemüse *n*
ve·gan ['viːgən] *s* Veganer(in)
vege·burg·er ['vedʒɪbɜːgə] *s* Gemüseburger *m*
►**veg·e·ta·ble** ['vedʒtəbl] **I** *s* **1.** *meist Pl* Gemüse *n*: ***and two vegetables*** und zweierlei Gemüse; ***be just a vegetable*** nur noch dahinvegetieren **II** *Adj* **2.** Gemüse… **3.** Pflanzen…
veg·e·tar·i·an [ˌvedʒɪ'teərɪən] **I** *s* Vegetarier(in): ***he's a vegetarian*** er ist Vegetarier, er lebt vegetarisch **II** *Adj* vegetarisch
veg·e·tate ['vedʒɪteɪt] *v/i* dahinvegetieren
ˌveg·e'ta·tion *s* Vegetation *f*
veg·ie, veg·gie ['vedʒɪ] *ugs* **I** *s* **1.** Vegetarier(in) **2.** *Pl. bes Am* Gemüse *n* **II** *Adj* **3.** vegetarisch **4.** *bes Am* Gemüse…
ve·he·mence ['viːəməns] *s* Vehemenz *f*, Heftigkeit *f*
've·he·ment *Adj* vehement, heftig
►**ve·hi·cle** ['vɪəkl] *s* **1.** Fahrzeug *n* **2.** *fig* Medium *n*

Vehicles

WF

caravan	Wohnwagen
convertible	Cabrio(let)
coupé	Coupé
estate car	Kombi
four-wheel drive	(Wagen mit) Allradantrieb
hatchback	Wagen mit Hecktür (die sich nach oben öffnet)
limousine, *ugs* **limo**	(luxuriöse) Limousine
lorry (*Br*)	Lkw
minivan	Kleintransporter
saloon (car)	Limousine
sedan [sɪ'dæn] (*Am*)	Limousine
station wagon (*bes Am*)	Kombi
stretch limo	Stretchlimo(usine) (*bes lange Luxuslimousine*)
trailer	Anhänger, *Am* Caravan *od* Wohnwagen
truck	Lkw
van	⚠ Lieferwagen, Transporter, ⚠ *nicht* Van

veil [veɪl] **I** *s* Schleier *m*: ***veil of mist*** Nebelschleier; ***draw a veil over*** *fig* den Schleier des Vergessens breiten über (*Akk*) **II** *v/t* verschleiern (*auch fig*)
vein [veɪn] *s* ANAT Vene *f*, *weit. S.* Ader *f* (*auch* BOT, GEOL)
Vel·cro® ['velkrəʊ] *s*: ***Velcro® (fastening)*** Klettverschluss® *m*
ve·loc·i·ty [vɪ'lɒsətɪ] *s* PHYS, TECH Geschwindigkeit *f*
vel·vet ['velvɪt] *s* Samt *m*: (***as***) ***smooth as velvet*** samtweich
'vel·vet·y *Adj* samtig (*auch fig Wein*)
vend·er → ***vendor***
ven·det·ta [ven'detə] *s* **1.** Blutrache *f* **2.** Fehde *f*
vend·ing ['vendɪŋ] *Adj*: ***vending machine*** (Verkaufs-, Waren)Automat *m*
'vend·or *s* (*Straßen*)Händler(in), (*Zeitungs- etc*) Verkäufer(in)
ve·neer [və'nɪə] **I** *s* **1.** Furnier *n* **2.** *fig* Fassade *f* **II** *v/t* **3.** furnieren
ven·er·a·ble ['venərəbl] *Adj* ehrwürdig
ven·er·ate ['venəreɪt] *v/t* verehren
ˌven·er'a·tion *s* Verehrung *f*
ve·ne·re·al [və'nɪərɪəl] *Adj*: ***venereal disease*** Geschlechtskrankheit *f*
Ve·ne·tian [və'niːʃn] *Adj*: ***Venetian blind*** Jalousie *f*
Ven·e·zu·e·la [ˌvenɪ'zweɪlə] *Eigenn* Venezuela *n*
venge·ance ['vendʒəns] *s* Rache *f*: ***take vengeance on*** sich rächen an (*Dat*); ***with a vengeance*** *ugs* gewaltig, und wie
Ven·ice ['venɪs] *Eigenn* Venedig *n*

ven·i·son ['venɪzn] *s* GASTR Wild(bret) *n*
ven·om ['venəm] *s* **1.** ZOOL Gift *n* **2.** *fig* Gift *n*, Gehässigkeit *f*
'ven·om·ous *Adj* **1.** giftig: ***venomous snake*** Giftschlange *f* **2.** *fig* giftig, gehässig
vent [vent] **I** *v/t* **1.** *seine Wut etc* abreagieren (***on*** an *Dat*) **II** *s* **2.** (Abzugs)Öffnung *f* **3.** Schlitz *m* (*in Kleid etc*) **4.** ***give vent to*** *seinem Ärger etc* Luft machen
ven·ti·late ['ventɪleɪt] *v/t* (be)lüften
ˌven·ti'la·tion *s* Ventilation *f*, (Be)Lüftung *f*
'ven·ti·la·tor *s* Ventilator *m*
ven·tral ['ventrəl] *Adj* Bauch...: ***ventral fin*** Bauchflosse *f*
ven·tri·cle ['ventrɪkl] *s* ANAT Herzkammer *f*
ven·tril·o·quist [ven'trɪləkwɪst] *s* Bauchredner(in)
ven·ture ['ventʃə] **I** *s* **1.** *bes* WIRTSCH Unternehmen *n*: → ***joint*** 5 **II** *v/t* **2.** *Ruf etc* riskieren, aufs Spiel setzen (***on*** bei) **3.** (zu äußern) wagen: ***venture to do s.th.*** es wagen, etw zu tun **III** *v/i* **4.** sich *wohin* wagen **5.** ***venture on*** sich wagen an (*Akk*)
ven·ture cap·i·tal *s* WIRTSCH Risikokapital *n*
ven·ue ['venjuː] *s* Schauplatz *m*, (*Sport*) Austragungsort *m*
Ve·nus ['viːnəs] *s* ASTR die Venus
verb [vɜːb] *s* LING Verb *n*, Zeitwort *n*
ver·bal ['vɜːbl] *Adj* **1.** mündlich **2.** Wort...: ***he suffers from verbal diarrh(o)ea*** *ugs* der bringt den Mund nicht zu **3.** ***verbal noun*** LING Verbalsubstantiv *n*
ver·bal·ize ['vɜːbəlaɪz] *v/t* ausdrücken, in Worte fassen
ver·ba·tim [vɜː'beɪtɪm] *Adj* (wort)wörtlich, *Adv auch* Wort für Wort
ver·bi·age ['vɜːbɪɪdʒ] *s* (leeres) Wortgeklingel
ver·bose [vɜː'bəʊs] *Adj* wortreich
ver·dict ['vɜːdɪkt] *s* **1.** JUR Spruch *m* (*der Geschworenen*): ***verdict of*** (***not***) ***guilty*** Schuldspruch (Freispruch) *m*; ***bring in*** (*oder* ***return***) ***a verdict of*** (***not***) ***guilty*** auf (nicht) schuldig erkennen **2.** Meinung *f*, Urteil *n* (***on*** über *Akk*)
ver·di·gris ['vɜːdɪgrɪs] *s* Grünspan *m*
verge [vɜːdʒ] **I** *s* Rand *m* (*auch fig*): ***be on the verge of*** kurz vor (*Dat*) stehen; ***be on the verge of tears*** den Tränen nahe sein; ***she was on the verge of falling*** sie wäre beinahe gestürzt **II** *v/i*: ***verge on*** *fig* grenzen an (*Akk*)
ver·ger ['vɜːdʒə] *s* Küster(in)
ver·i·fi·a·ble ['verɪfaɪəbl] *Adj* nachweisbar
ver·i·fy ['verɪfaɪ] *v/t* **1.** bestätigen **2.** (über)prüfen **3.** nachweisen
ver·i·ta·ble ['verɪtəbl] *Adj* wahr (*Triumph etc*)
ver·mil·ion [və'mɪljən] *Adj* zinnoberrot
ver·min ['vɜːmɪn] *s* (*Pl konstruiert*) **1.** Schädlinge *Pl*; Ungeziefer *n* **2.** *fig* Gesindel *n*, Pack *n*
'ver·min·ous *Adj* voller Ungeziefer
ver·mouth ['vɜːməθ] *s* Wermut *m*
ver·nac·u·lar [və'nækjʊlə] *s* Dialekt *m*, Mundart *f*
ver·nis·sage [ˌvɜːnɪ'sɑːʒ] *s* Vernissage *f*
ver·sa·tile ['vɜːsətaɪl] *Adj* **1.** vielseitig **2.** vielseitig verwendbar
verse [vɜːs] *s* **1.** Poesie *f*, Versdichtung *f* **2.** Vers *m* **3.** Strophe *f*
versed [vɜːst] *Adj*: ***be*** (***well***) ***versed in*** beschlagen *oder* bewandert sein in (*Dat*)
ver·sion ['vɜːʃn] *s* Version *f*: **a)** Darstellung *f* (*eines Ereignisses*), **b)** Fassung *f* (*eines Textes*), **c)** Übersetzung *f*, **d)** Ausführung *f* (*eines Geräts etc*)
ver·sus ['vɜːsəs] *Präp* JUR, SPORT gegen
ver·te·bra ['vɜːtɪbrə] *Pl* **ver·te·brae** ['vɜːtɪbriː], **ver·te·bras** *s* ANAT Wirbel *m*
'ver·te·bral *Adj*: ***vertebral column*** ANAT Rückgrat *n*, Wirbelsäule *f*
ver·te·brate ['vɜːtɪbreɪt] *s* ZOOL Wirbeltier *n*
ver·tex ['vɜːteks] *Pl* **ver·ti·ces** ['vɜːtɪsiːz], **ver·tex·es** *s* Scheitel(punkt) *m*
ver·ti·cal ['vɜːtɪkl] **I** *Adj* senkrecht, vertikal **II** *s* MATHE Senkrechte *f*, Vertikale *f*
ver·ti·go ['vɜːtɪgəʊ] *s* MED Schwindel *m*: ***suffer from vertigo*** an *oder* unter Schwindel leiden
verve [vɜːv] *s* Elan *m*, Schwung *m*
►**ver·y** ['verɪ] **I** *Adv* **1.** sehr: ***very much older*** sehr viel älter; ***I very much hope that*** ich hoffe sehr, dass; ***very high frequency*** ELEK Ultrakurzwelle *f*; → ***well***[1] 1 **2.** aller...: ***the very last drop*** der allerletzte Tropfen; ***for the very last time*** zum allerletzten Mal; ***at the very least*** zum Allermindesten, allermindest **II** *Adj* **3.** ***the very*** genau der *oder* die *oder* das: ***the very opposite*** genau das Gegenteil; ***be the very thing*** genau das Richtige sein (***for doing*** um zu tun); → ***act*** 1 **4.** ***the very thought of*** schon der *oder* der bloße Gedanke an (*Dat*); ***the very idea!*** um Himmels willen!
ves·i·cle ['vesɪkl] *s* Bläschen *n*
ves·sel ['vesl] *s* **1.** Schiff *n* **2.** Gefäß *n* (*auch* ANAT, BOT)
vest [vest] **I** *s* **1.** *Br* Unterhemd *n* **2.** *kugelsichere* Weste **3.** *Am* Weste *f* **II** *v/t* **4.** ***vest s.th. in s.o., vest s.o. with s.th.*** j-m etw übertragen *oder* verleihen: ***have a vested interest in*** ein persönliches Interesse haben an (*Dat*); ***vested interests*** *Pl* Interessengruppen *Pl* **III** *v/i* **5.** ***vest in*** zustehen (*Dat*), liegen bei
ves·ti·bule ['vestɪbjuːl] *s* (Vor)Halle *f*
ves·tige ['vestɪdʒ] *s* Spur *f*: ***there is not a vestige of truth in this story*** an dieser Geschichte ist kein Wort wahr
ves·try ['vestrɪ] *s* REL Sakristei *f*
vet[1] [vet] *ugs* **I** *s* Tierarzt *m*, -ärztin *f* **II** *v/t bes Br* überprüfen
vet[2] [vet] *s* MIL *Am ugs* Veteran(in)
vet·er·an ['vetərən] **I** *s* **1.** MIL Veteran(in) (*auch fig*) **II** *Adj* **2.** altgedient; erfahren **3.** ***veteran car*** MOT *Br* Oldtimer *m* (*Baujahr bis 1905*)
vet·er·i·nar·i·an [ˌvetərə'nerɪən] *s Am* Tierarzt *m*, -ärztin *f*
vet·er·i·nar·y ['vetərɪnərɪ] *Adj* tierärztlich: ***veterinary medicine*** Tier-, Veterinärmedizin *f*; ***veterinary surgeon*** *bes Br* Tierarzt *m*, -ärztin *f*
ve·to ['viːtəʊ] **I** *Pl* **ve·toes** *s* **1.** Veto *n* **II** *v/t* **2.** sein Veto einlegen gegen **3.** untersagen
vexed ['vekst] *Adj*: ***vexed question*** leidige Frage
►**vi·a** ['vaɪə] *Präp* über (*Akk*), (*bei Städtenamen auch*) via
vi·a·ble ['vaɪəbl] *Adj* **1.** lebensfähig (*auch fig*) **2.** *fig* durchführbar, realisierbar
vi·a·duct ['vaɪədʌkt] *s* Viadukt *m*, *n*
vi·al ['vaɪəl] *s* (*bes* Arznei)Fläschchen *n*
vibes [vaɪbz] *s Pl ugs* **1.** (*meist Sg konstruiert*) MUS Vibrafon *n* **2.** Atmosphäre *f* (*eines Orts etc*): ***I was getting positive vibes from her*** ich spürte, wie der Funke von ihr auf mich übersprang
vi·brant ['vaɪbrənt] *Adj* **1.** kräftig (*Farben, Stimme etc*) **2.** pulsierend (*Leben*) **3.** dynamisch (*Person*)

V

vi·bra·phone ['vaɪbrəfəʊn] *s* MUS Vibrafon *n*
vi·brate [vaɪ'breɪt] **I** *v/i* **1.** vibrieren, zittern **2.** flimmern (***with heat*** vor Hitze) (*Luft*) **3.** ***the city vibrates with life*** in der Stadt pulsiert das Leben **II** *v/t* **4.** in Schwingungen versetzen
vi'bra·tion *s* **1.** Vibrieren *n*, Zittern *n* **2.** *Pl ugs* → ***vibes*** 2
vi'bra·tor *s* Vibrator *m*
vic·ar ['vɪkə] *s* Pfarrer(in)
'vic·ar·age *s* Pfarrhaus *n*
vice[1] [vaɪs] *s* Laster *n*
vice[2] [vaɪs] *s* TECH *bes Br* Schraubstock *m*
vice...[3] [vaɪs] Vize..., stellvertretend
vice squad *s* Sittendezernat *n*, -polizei *f*
vi·ce ver·sa [ˌvaɪsɪ'vɜːsə] *Adv*: ***and vice versa*** und umgekehrt
vi·cin·i·ty [vɪ'sɪnətɪ] *s*: ***in the vicinity of*** in der Nähe von (*oder Gen*); ***in this vicinity*** hier in der Nähe; ***in the vicinity of 40*** *fig* um die 40 herum
vi·cious ['vɪʃəs] *Adj* brutal
vi·cious cir·cle *s* Circulus *m* vitiosus, Teufelskreis *m*
vi·cis·si·tudes [vɪ'sɪsɪtjuːdz] *s Pl das* Auf und Ab, (*des Lebens auch*) *die* Wechselfälle *Pl*
►**vic·tim** ['vɪktɪm] *s* Opfer *n*: ***fall victim to*** betroffen werden von; erkranken an (*Dat*)
'vic·tim·ize *v/t j-n* (immer wieder) zum Sündenbock machen
vic·tor ['vɪktə] *s* Sieger(in)
vic·to·ri·ous [vɪk'tɔːrɪəs] *Adj* siegreich
►**vic·to·ry** ['vɪktərɪ] *s* Sieg *m*: ***victory ceremony*** Siegerehrung *f*
►**vid·e·o** ['vɪdɪəʊ] **I** *Pl* **vid·e·os** *s* **1.** Video(kassette *f*) *n*: ***on video*** auf Video **2.** → ***video recorder*** **II** *v/t* **3.** auf Video aufnehmen, aufzeichnen
vid·e·o cam·er·a *s* Videokamera *f*
vid·e·o cas·sette *s* Videokassette *f*
vid·e·o cas·sette re·cord·er → ***video recorder***
vid·e·o clip *s* Videoclip *m*
vid·e·o nas·ty → ***nasty*** 5
'vid·e·o·phone *s* Bildfernsprecher *m*
vid·e·o re·cord·er *s* Videorekorder *m*
vid·e·o re·cord·ing *s* Videoaufnahme *f*
vid·e·o tape → ***video cassette***
'vid·e·o-tape → ***video*** 3
vie [vaɪ] *v/i* wetteifern (***with*** mit; ***for*** um)
Vi·en·na [vɪ'enə] *Eigenn* Wien *n*
Viet·nam [ˌvjet'næm] *Eigenn* Vietnam *n*

Vietnam War

Die französische Kolonie Vietnam wird 1945 im nördlichen Teil vom kommunistischen China besetzt. Im Genfer Abkommen 1954 wird die Teilung in Nord- und Südvietnam beschlossen. Die USA fürchten jedoch eine Ausweitung des kommunistischen Machtbereichs und unterstützen Südvietnam wirtschaftlich und militärisch. Der **Vietnam War** (1957–1975) beginnt mit Terroraktionen der **Vietcong,** kommunistischer Partisanen.
Verstärkte Unterstützung (Entlaubungsmittel **Agent Orange**) und später direktes Eingreifen in das Kriegsgeschehen bringen den USA zunehmende Kritik im eigenen Land ein.
Die bedingungslose Kapitulation der Republik Vietnam im Süden vor den Vietcong und der Rückzug der USA 1975 beenden schließlich den Krieg, stellen jedoch einen enormen Prestigeverlust für die Vereinigten Staaten dar.

►**view** [vjuː] **I** *s* **1.** Sicht *f* (***of*** auf *Akk*): ***in full view of*** direkt vor *j-s* Augen; ***in view of*** *fig* angesichts (*Gen*); ***with a view to*** *fig* mit Blick auf (*Akk*); ***with a view to doing s.th.*** in *oder* mit der Absicht, etw zu tun; ***be on view*** ausgestellt *oder* zu besichtigen sein; ***be hidden from view*** nicht zu sehen sein; ***come into view*** in Sicht kommen; ***have in view*** *etw* in Aussicht haben; ***keep in view*** *etw* im Auge behalten; ***block s.o.'s view*** j-m die Sicht versperren **2.** Aussicht *f*, Blick *m* (***of*** auf *Akk*): ***a room with a view*** ein Zimmer mit schöner Aussicht; ***there is a lovely view of the mountains from here*** von hier hat man einen herrlichen Blick auf die Berge **3.** FOTO *etc* Ansicht *f* **4.** Ansicht *f*, Meinung *f* (***about, on*** über *Akk*): ***in my view*** meiner Ansicht nach; ***take a dim*** (*oder* ***poor***) ***view of*** *etw* negativ beurteilen **5.** *fig* Überblick *m* (***of*** über *Akk*) **II** *v/t* **6.** *Haus etc* besichtigen **7.** *fig* betrachten (***as*** als; ***with*** mit) **III** *v/i* **8.** fernsehen
'view·er *s* **1.** (Fernseh)Zuschauer(in), Fernseher(in) **2.** (*Dia*)Betrachter(in)
'viewˌfind·er *s* FOTO Sucher *m*
'view·point *s* Gesichts-, Standpunkt *m*
vig·il ['vɪdʒɪl] *s* (Nacht)Wache *f*: ***keep vigil*** wachen (***over*** bei)
'vig·i·lance *s* Wachsamkeit *f*
'vig·i·lant *Adj* wachsam
vig·or ['vɪgə] *Am* → ***vigour***
'vig·or·ous *Adj* energisch
'vig·our *s bes Br* Energie *f*
vile [vaɪl] *Adj* **1.** gemein, niederträchtig **2.** *ugs* scheußlich
vil·la ['vɪlə] *s* Villa *f*
►**vil·lage** ['vɪlɪdʒ] *s* Dorf *n*
'vil·lag·er *s* Dorfbewohner(in)
vil·lain ['vɪlən] *s* **1.** Bösewicht *m*, Schurke *m*, Schurkin *f* (*in Film etc*) **2.** *Br ugs* Ganove *m*, Ganovin *f* **3.** *ugs* Bengel *m*
vinai·grette [ˌvɪnɪ'gret] *s* GASTR Essig und Ölsoße *f*
vin·di·cate ['vɪndɪkeɪt] *v/t* **1.** *etw* rechtfertigen; bestätigen **2.** *j-n* rehabilitieren
ˌvin·di'ca·tion *s* **1.** Rechtfertigung *f*, Bestätigung *f* **2.** Rehabilitation *f*
vin·dic·tive [vɪn'dɪktɪv] *Adj* rachsüchtig
vine [vaɪn] *s* BOT **1.** (Wein)Rebe *f* **2.** Kletterpflanze *f*
vin·e·gar ['vɪnɪgə] *s* Essig *m*
'vineˌgrow·er *s* Winzer(in)
vine·yard ['vɪnjəd] *s* Weinberg *m*
vi·no ['viːnəʊ] *Pl* **vi·nos** *s ugs* Wein *m*
vin·tage ['vɪntɪdʒ] **I** *s* **1.** Jahrgang *m* (*eines Weins*) **2.** Weinernte *f*, -lese *f* **II** *Adj* **3.** Jahrgangs...: ***vintage wine*** **4.** glänzend, hervorragend **5.** ***vintage car*** MOT *bes Br* Oldtimer *m* (*Baujahr 1919 - 30*)
vint·ner ['vɪntnə] *s* **1.** Weinhändler(in) **2.** *Am* Winzer(in)
vi·o·la [vɪ'əʊlə] *s* MUS Bratsche *f*
vi·o·late ['vaɪəleɪt] *v/t* **1.** *Vertrag etc* verletzen, *auch Versprechen* brechen, *Gesetz etc* übertre-

V

ten **2.** *Frieden, Ruhe etc* stören **3.** *Grab etc* schänden **4.** *Frau* schänden, vergewaltigen
ˌvi·o'la·tion *s* **1.** Verletzung *f*, Bruch *m*, Übertretung *f* **2.** Störung *f* **3.** Schändung *f* **4.** Vergewaltigung *f*
▸**vi·o·lence** ['vaɪələns] *s* **1.** Gewalt *f* **2.** Gewalttätigkeit *f* **3.** Heftigkeit *f*
▸**vi·o·lent** ['vaɪələnt] *Adj* **1.** gewalttätig **2.** gewaltsam: ***violent crime*** Gewaltverbrechen *n*; ***die a violent death*** eines gewaltsamen Todes sterben **3.** heftig (*Auseinandersetzung, Sturm etc*): ***be in a violent temper*** geladen sein
vi·o·let ['vaɪələt] **I** *s* BOT Veilchen *n*: → ***shrinking*** **II** *Adj* violett
▸**vi·o·lin** [ˌvaɪə'lɪn] *s* MUS Geige *f*, Violine *f*: ***violin case*** Geigenkasten *m*
ˌvi·o'lin·ist *s* Geiger(in), Violinist(in)
vi·o·lon·cel·lo [ˌvaɪələn'tʃeləʊ] *Pl* **vi·o·lon·cel·los** *s* MUS Violoncello *n*
VIP [ˌviːaɪ'piː] *Abk* (= ***very important person***) VIP *m* (*prominente Persönlichkeit*)
vi·per ['vaɪpə] *s* ZOOL Viper *f*
vi·ral ['vaɪərəl] *Adj* MED Virus…: ***viral infection*** Virusinfektion *f*
vir·gin ['vɜːdʒɪn] **I** *s* Jungfrau *f*: ***she's still a virgin*** sie ist noch Jungfrau **II** *Adj* jungfräulich, unberührt (*beide auch fig*)
vir·gin·i·ty [vɜː'dʒɪnɪtɪ] *s* Unschuld *f*, Jungfräulichkeit *f*
Vir·go ['vɜːgəʊ] *s* ASTR Jungfrau *f*: ***be (a) Virgo*** Jungfrau sein
vir·ile ['vɪraɪl] *Adj* **1.** männlich **2.** potent
vi·ril·i·ty [vɪ'rɪlətɪ] *s* **1.** Männlichkeit *f* **2.** Potenz *f*
vir·tu·al ['vɜːtʃʊəl] *Adj* **1.** *auch* IT virtuell: ***virtual reality*** virtuelle Realität **2.** ***he's a virtual alcoholic*** er ist praktisch schon Alkoholiker; ***it's a virtual certainty that*** es steht praktisch *oder* so gut wie fest, dass
'vir·tu·al·ly *Adv* praktisch, so gut wie
vir·tue ['vɜːtʃuː] *s* **1.** Tugend(haftigkeit) *f* **2.** Tugend *f*: ***make a virtue of necessity*** aus der Not eine Tugend machen **3.** Vorzug *m*, Vorteil *m* **4.** ***by*** (*oder* ***in***) ***virtue of*** kraft (*Gen*), aufgrund (*Gen*)
vir·tu·o·so [ˌvɜːtjʊ'əʊzəʊ] *bes* MUS **I** *Pl* **vir·tu·o·sos, vir·tu·o·si** [ˌvɜːtjʊ'əʊziː] *s* Virtuose *m*, Virtuosin *f* **II** *Adj* virtuos
vir·tu·ous ['vɜːtʃʊəs] *Adj* tugendhaft
vir·u·lent ['vɪrʊlənt] *Adj* **1.** (akut und) bösartig (*Krankheit*); schnell wirkend (*Gift*) **2.** *fig* bösartig, gehässig
vi·rus ['vaɪərəs] *s* MED *und* COMPUTER Virus *n*, *auch m*
vi·rus scan·ner *s* Virensuchprogramm *n*
▸**vi·sa** ['viːzə] **I** *s* Visum *n*, (*im Pass eingetragenes auch*) Sichtvermerk *m* **II** *v/t* ein Visum eintragen in (*Akk*)
vis-à-vis [ˌviːzɑː'viː] *Präp* in Anbetracht (*Gen*)
vis·cer·a ['vɪsərə] *s Pl* ANAT Eingeweide *Pl*
vis·count ['vaɪkaʊnt] *s* Viscount *m* (*englischer Adelstitel*)
'vis·count·ess *s* Viscountess *f*
vis·cous ['vɪskəs] *Adj* dick-, zähflüssig, CHEM *auch* viskos
vise *Am* → ***vice***²
vis·i·bil·i·ty [ˌvɪzə'bɪlətɪ] *s* Sicht(verhältnisse *Pl*, -weite *f*) *f*
'vis·i·ble *Adj* **1.** sichtbar **2.** *fig* (er)sichtlich
vi·sion ['vɪʒn] *s* **1.** Sehkraft *f* **2.** *fig* Weitblick *m* **3.** Vision *f*: ***vision of the future*** Zukunftsvision; ***have visions of doing s.th.*** sich schon etw tun sehen
vi·sion·ar·y ['vɪʒnərɪ] **I** *Adj* **1.** weitblickend **2.** eingebildet, unwirklich **II** *s* **3.** Seher(in) **4.** Fantast(in), Träumer(in)
▸**vis·it** ['vɪzɪt] **I** *v/t* **1.** *j-n* besuchen, *Museum etc auch* besichtigen **2.** *etw* inspizieren **II** *v/i* **3.** ***be visiting*** auf Besuch sein (*Am*: ***in*** in *Dat*; ***with*** bei) **4.** ***visit with*** *Am* plaudern mit **III** *s* **5.** Besuch *m*, Besichtigung *f* (***to*** *Gen*): ***for*** (*oder* ***on***) ***a visit*** auf Besuch; ***have a visit from*** Besuch haben von; ***pay a visit to*** *j-m* einen Besuch abstatten; *Arzt* aufsuchen **6.** *Am* Plauderei *f* (***with*** mit)
ˌvis·i'ta·tion *s* **1.** Inspektion *f* **2.** *fig* Heimsuchung *f* **3.** *ugs hum* überlanger Besuch (***from*** *Gen*)
'vis·it·ing *Adj* Besuchs…: ***visiting card*** Visitenkarte *f*; ***visiting hours*** *Pl* Besuchszeit *f*
▸**vis·i·tor** ['vɪzɪtə] *s* Besucher(in) (***to*** *Gen*; ***from*** aus): ***visitors*** *Pl* ***to England*** Englandbesucher *Pl*; ***have visitors*** Besuch haben; ***visitors' book*** Gästebuch *n*
vi·sor ['vaɪzə] *s* **1.** Visier *n* (*auch* MIL *hist*) **2.** Schirm *m* (*einer Mütze*) **3.** MOT (*Sonnen*)Blende *f*
vis·ta ['vɪstə] *s* Aussicht *f*, Blick *m* (***of*** auf *Akk*)
vis·u·al ['vɪʃʊəl] *Adj* **1.** Seh… **2.** visuell: ***visual aids*** *Pl* PÄD Anschauungsmaterial *n*, Lehrmittel *Pl*; ***visual display unit*** COMPUTER Bildschirm *m* **3.** optisch
'visu·al·ize *v/t* sich *etw* vorstellen
vi·tal ['vaɪtl] *Adj* (→ ***vitally***) **1.** lebenswichtig (*Organ etc*) **2.** Lebens…: ***vital statistics*** *Pl* Bevölkerungsstatistik *f*; *ugs hum* Maße *Pl* (*einer Frau*) **3.** unbedingt notwendig (***to, for*** für): ***of vital importance*** von größter Wichtigkeit **4.** vital
vi·tal·i·ty [vaɪ'tælətɪ] *s* Vitalität *f*
vi·tal·ly ['vaɪtəlɪ] *Adv* **1.** vital **2.** sehr viel: ***vitally important*** äußerst wichtig
vi·ta·min ['vɪtəmɪn] *s* Vitamin *n*
vi·ta·min pill *s* Vitamintablette *f*
vit·re·ous ['vɪtrɪəs] *Adj* Glas…
vi·va ['vaɪvə] *Br ugs* → ***viva voce***
vi·va·cious [vɪ'veɪʃəs] *Adj* lebhaft, temperamentvoll
vi·va vo·ce ['vəʊsɪ] *s* UNI mündliche Prüfung
viv·id ['vɪvɪd] *Adj* **1.** hell (*Licht*); kräftig, leuchtend (*Farben*) **2.** anschaulich (*Schilderung etc*), lebhaft (*Fantasie*)
viv·i·sec·tion [ˌvɪvɪ'sekʃn] *s* Vivisektion *f*
V-neck ['viːnek] *s* V-Ausschnitt *m*
'V-necked *Adj* mit V-Ausschnitt
vo·cab ['vəʊkæb] *ugs* → ***vocabulary*** 2
vo·cab·u·lar·y [vəʊ'kæbjʊlərɪ] *s* **1.** Vokabular *n*, Wortschatz *m* **2.** Vokabular *n*, Wortregister *n*, Wörterverzeichnis *n*

vocabulary GR

Im Gegensatz zum Deutschen wird **vocabulary** nur im Singular benutzt:

I must go through my vocabulary again.	Ich muss meine Vokabeln noch mal durchgehen.

vo·cal ['vəʊkl] **I** *Adj* **1.** Stimm…: ***vocal cords*** *Pl* ANAT Stimmbänder *Pl* **2.** *ugs* lautstark **II** *s Pl* **3.** ***vocals by XY*** Gesang: XY

V

vo·ca·tion [vəʊ'keɪʃn] *s* **1.** Begabung *f* (**for** für) **2.** Berufung *f*
vo'ca·tion·al [vəʊ'keɪʃənl] *Adj* Berufs...: ***vocational training*** Berufsausbildung *f*
vo·cif·er·ous [vəʊ'sɪfərəs] *Adj* lautstark (*Protest etc*)
vod·ka ['vɒdkə] *s* Wodka *m*
vogue [vəʊg] *s* Mode *f*: ***be in vogue*** Mode sein
vogue word *s* Modewort *n*
▸**voice** [vɔɪs] **I** *s* **1.** Stimme *f* (*auch fig*): ***give voice to*** *siehe* 4 **2.** ***have a voice in*** ein Mitspracherecht haben bei **3.** → ***active*** 2, ***passive*** 2 **II** *v/t* **4.** zum Ausdruck bringen **5.** LING stimmhaft aussprechen
voice box *s* Kehlkopf *m*
voiced [vɔɪst] *Adj* LING stimmhaft
'voice·less *Adj* LING stimmlos
'voice mail *s* IT Voicemail *f*, telefonische Nachricht: ***voice mail box*** Voicemailbox *f*, Sprachbox *f*
void [vɔɪd] **I** *Adj* **1.** leer: ***void of*** ohne **2.** JUR nichtig, ungültig: → ***null*** **II** *v/t* **3.** JUR nichtig *oder* ungültig machen **III** *s* **4.** *fig* (Gefühl *n* der) Leere
vol·a·tile ['vɒlətaɪl] *Adj* **1.** cholerisch (*Person, Temperament*); explosiv (*Lage etc*) **2.** CHEM flüchtig, (*Öl*) ätherisch
vol-au-vent ['vɒləʊvɑ̃ː] *s* GASTR Königinpastete *f*
vol·can·ic [vɒl'kænɪk] *Adj* (***volcanically***) vulkanisch, Vulkan...
vol·ca·no [vɒl'keɪnəʊ] *Pl* **vol·ca·nos, vol·ca·noes** *s* Vulkan *m*
vo·li·tion [vəʊ'lɪʃn] *s*: ***of one's own volition*** aus freien Stücken
vol·ley ['vɒlɪ] **I** *s* **1.** Salve *f*; (*Schlag- etc*)Hagel *m* **2.** *Tennis*: Volley *m*, Flugball *m*; (*Fußball*) Volleyschuss *m*: ***take on the volley*** *Ball* volley nehmen **II** *v/t* **3.** *Ball* volley schießen (***into the net*** ins Netz)
'vol·ley·ball *s* SPORT Volleyball *m*
volt [vəʊlt] *s* ELEK Volt *n*
'volt·age *s* ELEK Spannung *f*
vol·u·ble ['vɒljʊbl] *Adj* **1.** redselig **2.** wortreich
▸**vol·ume** ['vɒljuːm] *s* **1.** Band *m*: ***a two-volume novel*** ein zweibändiger Roman; ***speak volumes*** *fig* Bände sprechen **2.** MATHE, PHYS Volumen *n*, Rauminhalt *m* **3.** (*Handels- etc*)Volumen *n*, (*Verkehrs*)Aufkommen *n* **4.** Lautstärke *f*: ***at full volume*** in voller Lautstärke; ***turn to full volume*** *Radio etc* auf volle Lautstärke stellen, voll aufdrehen; ***turn the volume up*** (***down***) lauter (leiser) drehen; ***volume control*** Lautstärkeregler *m*
vo·lu·mi·nous [və'luːmɪnəs] *Adj* **1.** bauschig (*Kleidungsstück*) **2.** geräumig **3.** umfangreich (*Bericht etc*)
vol·un·tar·y ['vɒləntərɪ] *Adj* **1.** freiwillig: ***voluntary service overseas*** *Br* Entwicklungsdienst *m* **2.** unbezahlt
vol·un·teer [ˌvɒlən'tɪə] **I** *v/i* **1.** sich freiwillig melden (**for** zu) (*auch* MIL) **II** *v/t* **2.** *Hilfe etc* anbieten: ***volunteer to do s.th.*** sich anbieten, etw zu tun **3.** *etw* von sich aus sagen **III** *s* **4.** Freiwillige *m, f* (*auch* MIL); freiwilliger Helfer, freiwillige Helferin
vo·lup·tu·ous [və'lʌptʃʊəs] *Adj* **1.** sinnlich (*Lippen, Mund*); üppig (*Formen*); aufreizend (*Bewegungen*) **2.** kurvenreich (*Frau*)
vom·it ['vɒmɪt] **I** *v/t* erbrechen, *Blut* spucken; *Feuer, Lava* speien, *Rauchwolken etc* ausstoßen **II** *v/i* (sich er)brechen, sich übergeben
vo·ra·cious [və'reɪʃəs] *Adj* unersättlich (*Appetit*): ***he's a voracious reader of comics*** er verschlingt die Comics geradezu
vor·tex ['vɔːteks] *Pl* **vor·tex·es, vor·ti·ces** ['vɔːtɪsiːz] *s* Strudel *m* (*auch fig*), Wirbel *m*
▸**vote** [vəʊt] **I** *s* **1.** Abstimmung *f* (***about, on*** über *Akk*): ***put to the vote*** abstimmen lassen über (*Akk*); ***take a vote on*** abstimmen über; → ***censure*** 1 **2.** Stimme *f*; Stimmzettel *m*: ***cast one's vote for*** stimmen für, *j-m* seine Stimme geben **3.** *auch Pl* Wahlrecht *n*: ***get the vote*** wahlberechtigt werden **II** *v/i* **4.** wählen: ***vote for*** (***against***) stimmen für (gegen) **5.** ***vote on*** abstimmen über (*Akk*) **III** *v/t* **6.** wählen: ***vote out of office*** abwählen **7.** ***vote s.o. s.th.*** j-m etw bewilligen **8.** ***vote that*** *ugs* vorschlagen, dass
▸**vot·er** ['vəʊtə] *s* Wähler(in)
vouch [vaʊtʃ] *v/i*: ***vouch for*** sich verbürgen für; bürgen für
'vouch·er *s* Gutschein *m*
vow [vaʊ] **I** *s* Gelöbnis *n*: ***make*** (*oder* ***take***) ***a vow*** ein Gelöbnis ablegen **II** *v/t* geloben, schwören (***to do*** zu tun)
vow·el ['vaʊəl] *s* LING Vokal *m*, Selbstlaut *m*
▸**voy·age** ['vɔɪɪdʒ] *s* (See)Reise *f*
VSO [viːes'əʊ] *Abk* (= ***voluntary service overseas***) *Br* Entwicklungsdienst *m*
vul·can·ize ['vʌlkənaɪz] *v/t* vulkanisieren
vul·gar ['vʌlgə] *Adj* **1.** vulgär, ordinär **2.** geschmacklos
vul·ner·a·ble ['vʌlnərəbl] *Adj* **1.** *fig* verletz-, verwundbar; schutzbedürftig **2.** anfällig (***to*** für)
vul·ture ['vʌltʃə] *s* ORN Geier *m*

W

W ['dʌbljuː] *Pl* **W's** *s* W *n*
wack·y ['wækɪ] *Adj ugs* verrückt
wad [wɒd] *s* **1.** (*Papier- etc*)Knäuel *m*; (*Watte- etc*)Bausch *m* **2.** Bündel *n* (*Banknoten etc*)
wad·dle ['wɒdl] *v/i* watscheln
wade [weɪd] **I** *v/t* durchwaten **II** *v/i* waten: ***wade across*** *siehe* I; ***wade in*** hineinwaten; *ugs* sich einmischen; ***wade into*** waten in

(*Akk*); *ugs* losgehen auf *j-n*; sich reinknien in *eine Arbeit*; **wade through** waten durch; *ugs* sich durchkämpfen durch, *Fachliteratur etc auch* durchackern

'wad·ing *Adj*: **wading pool** *Am* Plan(t)schbecken *n*

wa·fer ['weɪfə] *s* **1.** (*bes* Eis)Waffel *f* **2.** REL Hostie *f*

waf·fle[1] ['wɒfl] *s* Waffel *f*

waf·fle[2] ['wɒfl] *v/i bes Br ugs* schwafeln

waft [wɑːft] **I** *v/i* ziehen (*Duft etc*) **II** *v/t* wehen

wag[1] [wæg] **I** *v/t*: **wag one's finger at** *j-m* mit dem Finger drohen; **wag its tail** mit dem Schwanz wedeln **II** *v/i* wedeln (*Schwanz*): **tongues will wag** das wird Gerede geben; **set tongues wagging** für Gerede sorgen **III** *s*: **with a wag of its tail** schwanzwedelnd

wag[2] [wæg] *s ugs* unterhaltsamer Mensch

▸**wage[1]** [weɪdʒ] *s meist Pl* Lohn *m*; Gehalt *n*

wage[2] [weɪdʒ] *v/t*: **wage (a) war against** (*oder* **on**) MIL Krieg führen gegen; *fig* einen Feldzug führen gegen

wage claim *s*, **wage de·mand** *s* Lohn- *oder* Gehaltsforderung *f*

wage earn·er *s* Verdiener(in)

wage freeze *s* Lohnstopp *m*

wage pack·et *s* Lohn- *oder* Gehaltstüte *f*

wage rise *s* Lohn- *oder* Gehaltserhöhung *f*

wa·ger ['weɪdʒə] **I** *s* Wette *f*: **have** (*oder* **place**) **a wager on** eine Wette abschließen *oder* eingehen auf (*Akk*) **II** *v/t*: **I'll wager that** ich wette, dass

wag·gle ['wægl] *v/i und v/t ugs* wackeln (mit)

wag·gon *Br* → **wagon**

wag·on ['wægən] *s* **1.** Fuhrwerk *n*, Wagen *m*: **be on the wagon** *ugs* keinen Alkohol (mehr) trinken **2.** BAHN *Br* (offener) Güterwagen **3.** *Am* (*Tee- etc*)Wagen *m*

wail [weɪl] **I** *v/i* jammern (*Person*); heulen (*Sirene, Wind*) **II** *v/t* jammern **III** *s* Jammern *n*; Heulen *n*

wain·scot ['weɪnskət] *s* **1.** Fuß(boden)-, Scheuerleiste *f* **2.** (Wand)Täfelung *f*

▸**waist** [weɪst] *s* Taille *f*: → **strip** 1

waist·coat ['weɪskəʊt] *s bes Br* Weste *f*

'waist·line *s* Taille *f*: **I'm watching my waistline** ich muss auf meine Linie achten

▸**wait** [weɪt] **I** *v/i* **1.** warten (**for, on** auf *Akk*; [**for**] **10 minutes** 10 Minuten): **wait for s.o.** *auch* j-n erwarten; **wait for s.o. to do s.th.** darauf warten, dass jemand etw tut; warten, bis jemand etw tut; **this can wait** das kann warten, das hat Zeit (**until** bis); **keep s.o. waiting** j-n warten lassen; **I can't wait to see him** ich kann es kaum erwarten, ihn zu sehen; **wait and see!** warte es ab!; **I'll have to wait and see how …** ich muss abwarten, wie …; **wait up** *ugs* aufbleiben (**for** wegen) **2. wait on s.o.** j-n (*bes im Restaurant*) bedienen; **wait at** (*Am* **on**) **table** bedienen **II** *v/t* **3. wait one's chance** auf eine günstige Gelegenheit warten (**to do** zu tun); **wait one's turn** warten, bis man an der Reihe ist **4. wait dinner for s.o.** *bes Am ugs* mit dem Abendessen auf j-n warten **III** *s* **5.** Wartezeit *f*: **have a long wait** lange warten müssen **6. lie in wait for s.o.** j-m auflauern

▸**wait·er** ['weɪtə] *s* Kellner *m*, Ober *m*, (*Anrede*) (Herr) Ober

'wait·ing I *s* Warten *n*: **"no waiting"** „Halt(e)-verbot" **II** *Adj*: **play a waiting game** (**with s.o.**) j-n hinhalten; **waiting list** Warteliste *f*

▸**waiting room** ['weɪtɪŋruːm] *s* BAHN Wartesaal *m*; MED *etc* Wartezimmer *n*

▸**wait·ress** ['weɪtrɪs] *s* Kellnerin *f*, Bedienung *f*, *schweiz.* Serviertochter *f*

waive [weɪv] *v/t* verzichten auf (*Akk*)

'waiv·er *s* Verzicht *m* (**of** auf *Akk*); Verzichtserklärung *f*

wake[1] [weɪk] *s* SCHIFF Kielwasser *n*: **follow in the wake of** *fig* folgen auf (*Akk*); **leave s.th. in one's wake** *fig* etw zurücklassen

▸**wake[2]** [weɪk] (*unreg*) **I** *v/t auch* ▸ **wake up** (auf)wecken; *fig* wecken, wachrufen: **wake s.o. up to s.th.** *fig* j-m etw bewusst machen **II** *v/i auch* ▸ **wake up** aufwachen, wach werden: **wake to s.th.** *fig* sich einer Sache bewusst werden

wake·ful ['weɪkfʊl] *Adj* schlaflos

wak·en ['weɪkən] **I** *v/t auch* **waken up** (auf)wecken **II** *v/i auch* **waken up** aufwachen, wach werden

'wak·ing *Adj*: **he spends all his waking hours studying** er lernt von früh bis spät

▸**Wales** [weɪlz] *Eigenn* Wales *n*

▸**walk** [wɔːk] **I** *s* **1.** Spaziergang *m*; Wanderung *f*: **go for** (*oder* **take**) **a walk** einen Spaziergang machen, spazieren gehen; **the church is just a five-minute walk from here** zu Fuß sind es nur fünf Minuten bis zur Kirche; **take the dog for a walk** den Hund Gassi führen **2.** Spazier-, Wanderweg *m* **3.** Gang *m* **4. from all walks** (*oder* **every walk**) **of life** *Leute* aus allen Berufen (*oder* Schichten) **II** *v/i* **5.** (zu Fuß) gehen, laufen; spazieren gehen; wandern: **walk into** hineingehen in (*Akk*), hereinkommen in (*Akk*); *fig* in *eine Falle* gehen; **walk all over s.o.** *ugs j-n* unterbuttern **III** *v/t* **6.** *Strecke* gehen, laufen: → **street 7.** *j-n* bringen (**to** zu; **home** nach Hause); *Hund* ausführen

◆**walk a·way** *v/i* **1.** → **walk off 2. walk away from** bei *einem Unfall* (fast) unverletzt bleiben

◆**walk in** *v/i* hineingehen, hereinkommen

◆**walk off** *v/i* **1.** fort-, weggehen **2. walk off with** *ugs* abhauen mit; *Preis etc* locker gewinnen

◆**walk out** *v/i* **1.** hinausgehen; (unter Protest) den Saal verlassen, (*Delegation etc auch*) ausziehen: **walk out of a meeting** eine Versammlung (unter Protest) verlassen; **walk out on s.o.** *ugs* j-n verlassen; j-n sitzen lassen **2.** in (den) Streik treten

◆**walk up** *v/i* **1.** hinaufgehen, heraufkommen **2. walk up to s.o.** auf j-n zugehen; **walk up!** treten Sie näher!

'walk·a,bout *s bes Br ugs* Bad *n* in der Menge: **do** (*oder* **go on**) **a walkabout** ein Bad in der Menge nehmen

walk·er ['wɔːkə] *s* **1.** Spaziergänger(in); Wand(e)rer *m*, Wand(r)erin *f*: **be a fast walker** schnell gehen **2.** SPORT Geher(in)

walk·ies ['wɔːkɪz] *s Pl*: **go walkies** *Br ugs* Gassi gehen

walk·ie-talk·ie [ˌwɔːkɪ'tɔːkɪ] *s* Walkie-Talkie *n*, tragbares Funksprechgerät

'walk-in *Adj* begehbar (*Schrank*)

walk·ing ['wɔːkɪŋ] **I** *s* Laufen *n* (*auch Sport*), Gehen *n*; Spazierengehen *n*; Wandern *n* **II** *Adj*: **a walking dictionary** *ugs* ein wandelndes Wörterbuch; **be given one's walking papers** *Am ugs* den Laufpass bekommen (*von Firma oder Freundin*); **walking shoes** *Pl* Wanderschuhe *Pl*; **walking stick** Spazierstock *m*; **walking tour** Wanderung *f*

Walk·man® ['wɔːkmən] *Pl* **Walk·mans®** *s* Walkman® *m* (*kleiner Kassettenrekorder*)

What do you want to do?	Was möchtest du tun?
What do you intend to do about it?	Was hast du vor (in der Sache) zu tun?
Where are you going to go on holiday?	Wohin wirst du in Urlaub fahren?
Who do you want to invite?	Wen möchtest du einladen?
We could walk or cycle – which would you rather (do)?	Wir könn(t)en zu Fuß gehen oder mit dem Rad fahren – was ist dir lieber?

SG

'walk-on THEAT **I** *Adj* **1.** ***walk-on part*** *siehe* 2 **II** *s* **2.** Statistenrolle *f* **3.** Statist(in)

'walk·out *s* **1.** Auszug *m* (***by, of*** *einer Delegation etc*) **2.** Ausstand *m*, Streik *m*

'walk,o·ver *s ugs* lockerer Sieg

▶**wall** [wɔːl] **I** *s* **1.** Wand *f* (*auch fig*): ***wall of fire*** Feuerwand; ***walls have ears*** die Wände haben Ohren; ***drive up the wall*** *ugs j-n* wahnsinnig machen; ***go to the wall*** kaputtgehen (*Firma etc*) **2.** Mauer *f* (*auch fig*): ***wall of silence*** Mauer des Schweigens **II** *v/t* **3.** mit einer Mauer umgeben: ***walled*** von Mauern umgeben; ***wall in*** einmauern; ***wall off*** durch eine Mauer abtrennen (***from*** von); ***wall up*** zu- *oder* einmauern

'wall·chart *s* Wandkarte *f*

▶**wal·let** ['wɒlɪt] *s* Brieftasche *f*

'wall,flow·er *s fig ugs* Mauerblümchen *n*

wal·lop ['wɒləp] *ugs* **I** *s* **1.** Ding *n* (*harter Schlag*): ***give*** *s.o.* ***a wallop*** *siehe* 2 **II** *v/t* **2.** *j-m* ein Ding verpassen **3.** SPORT *j-n* in die Pfanne hauen (***at*** in *Dat*)

'wal·lop·ing *Adj und Adv*: ***walloping (great)*** *ugs* riesig, Mords…

wal·low ['wɒləʊ] *v/i*: ***wallow in*** sich wälzen in (*Dat*), (*Tier auch*) sich suhlen in (*Dat*): ***wallow in luxury*** im Luxus schwelgen; ***wallow in self-pity*** sich in Selbstmitleid ergehen

wall paint·ing *s* Wandgemälde *n*

'wall,pa·per I *s* Tapete *f* **II** *v/t* tapezieren

,wall-to-'wall *Adj*: ***wall-to-wall carpeting*** Spannteppich *m*, Teppichboden *m*

wal·ly ['wɒlɪ] *s Br ugs* Trottel *m*

wal·nut ['wɔːlnʌt] *s* BOT Walnuss(baum *m*) *f*

wal·nut cake *s* Nusskuchen *m*

wal·rus ['wɔːlrəs] *Pl* **wal·rus·es**, *bes Koll* **walrus** *s* ZOOL Walross *n*

wal·rus mus·tache, wal·rus mous·tache *s* Seehundsbart *m*

waltz [wɔːls] **I** *s* MUS Walzer *m* **II** *v/i* Walzer tanzen; walzen

wand [wɒnd] *s* (*Zauber*)Stab *m*

▶**wan·der** ['wɒndə] *v/i* **1.** wandern; bummeln, schlendern: ***wander about*** (*oder* ***around***) herumirren; ***wander off*** verschwinden **2.** ***wander off the subject*** vom Thema abschweifen **3.** ***his mind wanders*** er kann sich schlecht konzentrieren

'wan·der·ings *s Pl* **1.** Reisen *Pl* **2.** ***he's off on his wanderings again*** er ist wieder mal verschwunden

wane [weɪn] **I** *v/i* abnehmen (*Mond*); *fig* schwinden (*Einfluss etc*) **II** *s*: ***be on the wane*** im Schwinden begriffen sein

wan·gle ['wæŋgl] *v/t ugs* **1.** *Eintrittskarten etc* organisieren: ***wangle s.th. out of s.o.*** j-m etw abluchsen **2.** ***wangle one's way out of*** sich herauswinden aus **3.** ***I'll wangle it*** ich werde das Kind schon schaukeln

wank [wæŋk] *v/i Br vulg* wichsen (*masturbieren*)

'wank·er *s Br fig vulg* Wichser *m*

wan·na ['wɒnə] *ugs für* **want to**; **want a**

▶**want** [wɒnt] **I** *v/t* **1.** *etw* wollen: ***he knows what he wants*** er weiß, was er will; ***want to do s.th.*** etw tun wollen; ***want s.o. to do s.th.*** wollen, dass jemand etw tut; ***want s.th. done*** wollen, dass etw getan wird; ***it wants doing at once*** *ugs* es muss sofort erledigt werden **2.** *j-n* brauchen; *j-n* sprechen wollen: ***you are wanted on the phone*** du wirst am Telefon verlangt **3.** ***be wanted*** (*polizeilich*) gesucht werden (***for*** wegen) **4.** *ugs etw* brauchen, nötig haben **5.** *ugs* ***you want to see a doctor*** du solltest zum Arzt gehen **II** *v/i* **6.** wollen: ***I don't want to*** ich will nicht; ***want in*** (***out***) *ugs* rein-(raus)wollen **7.** ***he does not want for anything*** es fehlt ihm an nichts **III** *s* **8.** Mangel *m* (***of*** an *Dat*): ***for want of*** mangels (*Gen*), in Ermang(e)lung (*Gen*); ***be in want of*** *etw* benötigen, brauchen **9.** Bedürfnis *n*, Wunsch *m*

want ad *s* Kleinanzeige *f*

want·ed ['wɒntɪd] *Adj*: ***he's a wanted man*** er wird (*polizeilich*) gesucht; er ist ein viel gefragter Mann

'want·ing *Adj*: ***they are wanting in*** es fehlt *oder* mangelt ihnen an (*Dat*); ***be found wanting*** den Ansprüchen nicht genügen

wan·ton ['wɒntən] *Adj* **1.** mutwillig **2.** liederlich (*Frau, Leben*) **3.** lüstern (*Blick etc*)

▶**war** [wɔː] *s* Krieg *m* (*auch fig*); *fig* Kampf *m* (***against*** gegen): ***be at war with*** sich im Krieg(szustand) befinden mit; *fig* auf (dem) Kriegsfuß stehen mit; ***declare war on*** *j-m* den Krieg erklären, *fig auch j-m* den Kampf ansagen; → ***wage***[2]

war·ble [wɔːbl] *v/i* trillern (*Vogel*)

war crime *s* Kriegsverbrechen *n*

war crim·i·nal *s* Kriegsverbrecher(in)

war cry *s* **1.** MIL *hist* Schlachtruf *m* **2.** *fig* Parole *f*

ward [wɔːd] **I** *s* **1.** Station *f* (*eines Krankenhauses*) **2.** POL *Br* Stadtbezirk *m* **3.** JUR Mündel *n* **II** *v/t* **4.** ***ward off*** *Schlag etc* abwehren, *Gefahr etc* abwenden

'ward·en *s* **1.** Aufseher(in): → ***traffic warden*** **2.** Haus-, Herbergsvater *m*, -mutter *f*; Heimleiter(in) **3.** *Am* (Gefängnis)Direktor(in)

'ward·er *s Br* Aufsichtsbeamte *m*, -beamtin *f* (*in Gefängnis*)

▶**ward·robe** ['wɔːdrəʊb] *s* **1.** (Kleider)Schrank *m* **2.** Garderobe *f* (*Kleiderbestand*)

ware [weə] *s in Zssgn* (*Glas- etc*)Waren *Pl*: → ***tableware***

'ware·house *s* Lager(haus) *n*

war·fare ['wɔːfeə] *s* Krieg(führung *f*) *m*

war game *s* Kriegsspiel *n* (*auch für Kinder etc*), Planübung *f*

'war·head *s* MIL Spreng-, Gefechtskopf *m*

'war·like *Adj* **1.** kriegerisch **2.** Kriegs…

▶**warm** [wɔːm] **I** *Adj* **1.** warm (*auch fig Farben, Stimme*): ***I am*** (*oder* ***feel***) ***warm*** mir ist warm;

dress warmly sich warm anziehen **2.** *fig* warm, herzlich (*Empfang*) **II** *s* **3.** ***come into the warm*** *bes Br ugs* komm ins Warme! **III** *v/t* **4.** *auch* ***warm up*** wärmen, sich *die Hände etc* wärmen **IV** *v/i* **5.** *auch* ***warm up*** warm *oder* wärmer werden, sich erwärmen: ***warm to*** *fig* sich für *j-n, etw* erwärmen

◆**warm o·ver** *v/t* **1.** *Am* → ***warm up*** 2 **2.** *bes Am fig alte Geschichten etc* aufwärmen

◆**warm up I** *v/t* **1.** → ***warm*** 4 **2.** *Br Speise* aufwärmen **3.** *Motor* warm laufen lassen **4.** *ugs* Schwung bringen in (*Akk*) **II** *v/i* **5.** → ***warm*** 5 **6.** SPORT sich aufwärmen **7.** *ugs* in Schwung kommen

,warm-'blood·ed *Adj* ZOOL warmblütig: ***warm-blooded animal*** Warmblüter *m*

,warm-'heart·ed *Adj* **1.** warmherzig **2.** → ***warm*** 2

'war,mon·ger *s* Kriegshetzer(in)

warm start *s* COMPUTER *und* MOT Warmstart *m*

warmth ['wɔːmθ] *s* Wärme *f*, *fig auch* Herzlichkeit *f*

'warm-up *s* SPORT Aufwärmen *n*: ***have a warm-up*** sich aufwärmen

▶**warn** [wɔːn] **I** *v/t* **1.** *j-n* warnen (***against, of*** vor *Dat*): ***warn s.o. not to do*** (*oder* ***against doing***) ***s.th.*** j-n davor warnen, etw zu tun; ***warn off*** verscheuchen (von, aus) **2.** *j-n* verständigen (***of*** von; ***that*** davon, dass) **II** *v/i* **3.** warnen (***against, of*** vor *Dat*)

'warn·ing I *s* **1.** Warnung *f* (***of*** vor *Dat*): ***without warning*** ohne Vorwarnung; ***let this be a warning to you*** lass dir das eine Warnung sein!, das soll dir eine Warnung sein! **2.** Verwarnung *f*: ***he was given a written warning*** *auch* er wurde schriftlich verwarnt **II** *Adj* **3.** Warn...: ***warning shot*** Warnschuss *m*; ***warning signal*** Warnsignal *n*; ***warning triangle*** Warndreieck *n*

warp [wɔːp] *v/i* sich verziehen *oder* werfen (*Holz*): ***he must have a warped mind*** *fig* er muss abartig veranlagt sein

war paint *s* Kriegsbemalung *f* (*auch hum Make-up*)

'war·path *s*: ***be on the warpath*** auf dem Kriegspfad sein

war·rant ['wɒrənt] **I** *v/t* **1.** *etw* rechtfertigen **II** *s* **2.** JUR ***arrest warrant*** Haftbefehl *m*; ***issue a warrant for s.o.'s arrest*** Haftbefehl gegen j-n erlassen; → ***death warrant, search warrant*** **3.** Rechtfertigung *f*

'war·ran·ty *s* Garantie(erklärung) *f*: ***the watch is still under warranty*** auf der Uhr ist noch Garantie

war·ri·or ['wɒrɪə] *s* Krieger(in)

War·saw ['wɔːsɔː] *Eigenn* Warschau *n*

'war·ship *s* Kriegsschiff *n*

wart [wɔːt] *s* Warze *f*: ***warts and all*** *ugs* ohne jede Beschönigung

'war·time I *s*: ***in wartime*** in Kriegszeiten **II** *Adj* Kriegs...: ***in wartime Germany*** in Deutschland während des Kriegs

war·y ['weərɪ] *Adj* vorsichtig: ***be wary of*** (*oder* ***about***) sich in Acht nehmen vor (*Dat*); ***be wary of doing s.th.*** Bedenken haben, etw zu tun

was [wɒz] **1.** *ich, er, sie, es* war **2.** *Passiv*: *ich, er, sie, es* wurde

▶**wash** [wɒʃ] **I** *s* **1.** Wäsche *f*: ***be in the wash*** in der Wäsche sein; ***come out in the wash*** *fig ugs* rauskommen; gut werden; ***give s.th. a wash*** etw waschen; ***have a wash*** sich waschen **2.** Waschanlage *f*, -straße *f* **3.** MED (*Mund*)Wasser *n* **II** *v/t* **4.** waschen, sich *die Hände etc* waschen: → ***linen*** 2 **III** *v/i* **5.** sich waschen **6.** sich *gut etc* waschen (lassen) **7.** ***that won't wash*** *ugs* das glaubt kein Mensch

◆**wash a·way** *v/t* wegschwemmen, -spülen

◆**wash down** *v/t* **1.** *Wagen etc* waschen, abspritzen **2.** *Essen etc* hinunterspülen (***with*** mit)

◆**wash out** *v/t* **1.** auswaschen **2.** ***be washed out*** (*Sport etc*) wegen Regens abgesagt *oder* abgebrochen werden

◆**wash up I** *v/i* **1.** *Br* abwaschen, (das) Geschirr spülen **2.** *Am* → ***wash*** 5 **II** *v/t* **3.** anschwemmen, anspülen

wash·a·ble ['wɒʃəbl] *Adj* waschbar, -echt, (*Tapete*) abwaschbar

'wash·bag *s* Kulturbeutel *m*

'wash,ba·sin *s* Waschbecken *n*, *schweiz* Lavabo *n*

wash·board *s* Waschbrett *n*

wash·board abs *s Pl* Waschbrettbauch *m*

wash·board stom·ach *s* Waschbrettbauch *m*

'wash·bowl *s Am* Waschbecken *n*, *schweiz* Lavabo *n*

'wash·cloth *s Am* Waschlappen *m*

'wash·day *s* Waschtag *m*

washed-out [,wɒʃt'aʊt] *Adj* **1.** verwaschen **2.** *ugs* schlapp, erschöpft

'wash·er *s* **1.** (*Geschirr*)Spülmaschine *f*; *Am* Waschmaschine *f* **2.** → ***dishwasher*** 1 **3.** TECH Unterlegscheibe *f*

▶**wash·ing** ['wɒʃɪŋ] **I** *s* Wäsche *f* (*auch Textilien*) **II** *Adj* Wasch..., Wäsche...: ***washing line*** Wäscheleine *f*; ▶ ***washing machine*** Waschmaschine *f*; ***washing powder*** Waschpulver *n*

,wash·ing-'up *s Br* Abwasch *m* (*auch Geschirr*): ***do the washing-up*** den Abwasch machen; ***washing-up liquid*** (Geschirr)Spülmittel *n*

'wash·out *s ugs* Pleite *f*

'wash·room *s Am* Toilette *f*

was·n't ['wɒznt] *ugs für* ***was not***

▶**wasp** [wɒsp] *s* ZOOL Wespe *f*

> **WASPs** LK
>
> Die **W**hite **A**nglo **S**axon **P**rotestants, also Amerikaner angelsächsischer Herkunft und protestantischen Kulturguts, stellen seit jeher die oberste soziale Schicht der amerikanischen Gesellschaft. Als angesehenste ethnische Gruppe bestimmen sie das kulturelle Leitbild der USA.

'wasp·ish *Adj* giftig

▶**waste** [weɪst] **I** *v/t* **1.** *Geld, Zeit etc* verschwenden, -geuden (***on*** an *Akk*, für); *Chance etc* vergeben: ***waste one's time doing s.th.*** seine Zeit damit verschwenden, etw zu tun; → ***breath*** 1 **2.** *j-n* auszehren **II** *v/i* **3.** ***waste away*** immer schwächer werden (*Person*) **III** *Adj* **4.** ungenutzt, überschüssig; Abfall... **5.** brachliegend (*Land*) **IV** *s* **6.** Verschwendung *f*: ***waste of time*** (***money, space***) Zeit- (Geld-, Platz-) verschwendung *f* **7.** Abfall *m*; Müll *m*

'waste,bas·ket *s* Papierkorb *m*

waste dis·pos·al *s* Abfall-, Müllbeseitigung *f*

waste·ful ['weɪstfʊl] *Adj* verschwenderisch: ***it is wasteful*** *auch* es ist Verschwendung (***to do*** zu tun)

▶**waste·pa·per bas·ket** [,weɪst'peɪpəbɑːskɪt] *s* Papierkorb *m*

waste

Im Gegensatz zum Deutschen wird **waste** nur im Singular benutzt.
⚠ Gleiches gilt für **rubbish**, **litter**, **garbage** und **trash**!

Nuclear waste has to be carefully disposed of.	Nukleare Abfälle müssen sorgfältig entsorgt werden.

waste pipe *s* Abflussrohr *n*
waste prod·uct *s* Abfallprodukt *n*
wast·er ['weɪstə] *s* Verschwender(in): ***be a real time waster*** reine Zeitverschwendung sein
▸**watch** [wɒtʃ] **I** *s* **1.** (*Armband-*, *Taschen*)Uhr *f* **2.** Wache *f*: ***be on the watch for*** Ausschau halten nach; auf der Hut sein vor (*Dat*); ***keep*** (***a***) ***careful*** (*oder* ***close***) ***watch on*** *etw* genau beobachten, scharf im Auge behalten **II** *v/t* **3.** beobachten; zuschauen bei, sich *etw* ansehen: ***watch s.o. do***(***ing***) ***s.th.*** beobachten, wie jemand etw tut; ***watch the clock*** *ugs* ständig auf die Uhr schauen; → ***television*** 1, ***TV*** 1 **4.** aufpassen auf (*Akk*); achten auf (*Akk*): ***watch you don't spill the coffee*** pass auf, dass du den Kaffee nicht verschüttest; ***watch it!*** *ugs* pass auf!, Vorsicht!; ***watch one's step*** *fig* aufpassen **III** *v/i* **5.** zuschauen: ***watch for*** **a)** *auch* ***watch out for*** Ausschau halten nach, **b)** warten auf (*Akk*) **6.** ***watch out!*** pass auf!, Vorsicht!; ***watch out for*** sich in Acht nehmen vor (*Dat*)
watch·ful ['wɒtʃfʊl] *Adj* wachsam
'watch,mak·er *s* Uhrmacher(in)
watch·man ['wɒtʃmən] *s* (*unreg* ***man***) Wachmann *m*, Wächter *m*
'watch·strap *s* Uhr(arm)band *n*
'watch,tow·er *s* Wachturm *m*

water: Tipps zur Aussprache

v und **w** tun sich im Englischen gegenseitig nur weh, wenn man sie gleich ausspricht.
Das englische **w** wird ganz anders als das deutsche gesprochen, es klingt eher wie das „u" bei dem Entsetzensschrei „Uaah!". **What?** spricht sich also wie „uott", und **wind** spricht sich wie „uind"!
Das englische **v** wird dagegen wie ein deutsches **w** in „Wasser", „winzig", „Wunsch" *usw.* ausgesprochen.
Kein Grund also, die beiden Laute im Eifer des Gefechts miteinander zu verwechseln oder gar beide wie das englische **w** zu sprechen.
Our visit to Venice was a very worthwhile adventure, wasn't it? [aʊə ˌvɪzɪt tə 'venɪs wəz‿ə ˌverɪ 'wɜːθwaɪl əd'ventʃə, 'wɒznt‿ɪt] Unser Venedig-Besuch war doch tatsächlich ein tolles Erlebnis, oder?

▸**wa·ter** ['wɔːtə] **I** *s* **1.** Wasser *n*: ***be under water*** unter Wasser stehen; ***that's all water under the bridge*** *fig* das ist Schnee von gestern; ***have water on the knee*** MED Wasser im Knie haben; ***throw cold water on*** *fig einer Sache* einen Dämpfer aufsetzen; → ***deep*** 1, ***head*** 8, ***hot*** 1 **2.** *Pl* Gewässer *Pl*; Wasser *Pl* (*eines Flusses etc*): ***still waters run deep*** *fig* stille Wasser sind tief; → ***trouble*** 4 **II** *v/t* **3.** *Blumen* gießen, *Rasen etc* sprengen **4.** *Vieh* tränken **5.** ***water down*** verdünnen, -wässern; *fig* abschwächen **III** *v/i* **6.** tränen (*Augen*): ***the sight made my mouth water*** bei dem Anblick lief mir das Wasser im Mund zusammen
'wa·ter·bed *s* Wasserbett *n*
wa·ter bird *s* Wasservogel *m*
wa·ter blis·ter *s* Wasserblase *f*
wa·ter buf·fa·lo *s* ZOOL Wasserbüffel *m*
wa·ter butt *s* Regentonne *f*
wa·ter can·non *s* (*auch unreg* ***cannon***) Wasserwerfer *m*
'wa·ter,col·or, **'wa·ter,col·our** *s* **1.** Wasser-, Aquarellfarbe *f* **2.** Aquarellmalerei *f* **3.** Aquarell *n*
'wa·ter·course *s* Wasserlauf *m*
'wa·ter·cress *s* BOT Brunnenkresse *f*
'wa·ter·fall *s* Wasserfall *m*
'wa·ter·front *s* Hafenviertel *n*
'wa·ter·hole *s* Wasserloch *n*
wa·ter hose *s* Wasserschlauch *n*
wa·ter ice *s bes Br* Fruchteis *n*
wa·ter·ing ['wɔːtərɪŋ] *Adj*: ***watering can*** (*Am auch* ***pot***) Gießkanne *f*
wa·ter jump *s* SPORT Wassergraben *m*
wa·ter lev·el *s* Wasserstand *m*
wa·ter lil·y *s* BOT Seerose *f*
Wa·ter·loo [ˌwɔːtə'luː] *s* (*Ort in Belgien*): ***meet one's Waterloo*** sein Waterloo erleben
'wa·ter·mark *s* Wasserzeichen *n*
'wa·ter,mel·on *s* BOT Wassermelone *f*
wa·ter pipe *s* **1.** Wasserrohr *n* **2.** Wasserpfeife *f*
wa·ter pis·tol *s* Wasserpistole *f*
wa·ter po·lo *s* SPORT Wasserball(spiel *n*) *m*
'wa·ter·proof **I** *Adj* wasserdicht **II** *s bes Br* Regenmantel *m* **III** *v/t* wasserdicht machen, imprägnieren
'wa·ter·side *s* Ufer *n*
'wa·ter·ski *v/i* Wasserski laufen
wa·ter ski·ing *s* Wasserskilaufen *n*
wa·ter sup·ply *s* Wasserversorgung *f*; Wasserreserven *Pl*
wa·ter ta·ble *s* Grundwasserspiegel *m*
'wa·ter·tight *Adj* wasserdicht, *fig auch* hieb- und stichfest
wa·ter va·por, **wa·ter va·pour** *s* Wasserdampf *m*
'wa·ter·way *s* Wasserstraße *f*
'wa·ter·wheel *s* Wasserrad *n*
'wa·ter·wings *s Pl* Schwimmflügel *Pl*
'wa·ter·works *s Pl* (*oft Sg konstruiert*) Wasserwerk *n*: ***turn on the waterworks*** *ugs* zu heulen anfangen
wa·ter·y ['wɔːtərɪ] *Adj* wäss(e)rig
watt [wɒt] *s* ELEK Watt *n*
▸**wave** [weɪv] **I** *v/t* **1.** schwenken; winken mit: ***wave one's hand*** winken; ***wave s.o. goodbye*** j-m nachwinken, j-m zum Abschied zuwinken **2.** ***wave aside*** *j-n* beiseitewinken; *fig j-n*, *etw* abweisen; ***wave away*** *j-n* mit einer Handbewegung verscheuchen; ***wave on*** *j-n*, *Verkehr* weiterwinken **3.** *Haar* wellen, in Wellen legen **II** *v/i* **4.** winken: ***wave at*** (*oder* ***to***) ***s.o.*** j-m zuwinken **5.** wehen (*Fahne etc*) **6.** sich wellen (*Haar*) **III** *s* **7.** *allg* Welle *f* (*auch fig*): → ***Mexican*** **8.** ***give a friendly wave*** freundlich winken;

give s.o. a wave j-m zuwinken
'wave·length *s* ELEK, PHYS Wellenlänge *f*: ***we aren't on the same wavelength*** *fig* wir haben nicht die gleiche Wellenlänge
wa·ver ['weɪvə] *v/i* **1.** flackern (*Licht, Augen*), zittern (*Stimme*) **2.** *fig* schwanken (***between*** zwischen *Dat*)
wav·y ['weɪvɪ] *Adj* wellig, gewellt: ***wavy line*** Wellenlinie *f*
wax[1] [wæks] **I** *s* **1.** Wachs *n* **2.** PHYSIOL (*Ohren-*) Schmalz *n* **II** *v/t* **3.** wachsen, *Fußboden auch* bohnern
wax[2] [wæks] *v/i* zunehmen (*Mond*)
wax·en ['wæksən] *Adj fig* wächsern
'wax·work *s* **1.** Wachsfigur *f* **2.** *Pl* (*meist Sg konstruiert*) Wachsfigurenkabinett *n*
wax·y ['wæksɪ] *Adj* wächsern (*auch fig*)
►**way** [weɪ] **I** *s* **1.** Weg *m*: ***way back*** Rückweg; ***way home*** Heimweg; ***way in*** Eingang *m*; ***way out*** Ausgang *m*; ***ways and means*** *Pl fig* Mittel und Wege *Pl*; ***by way of*** über (*Akk*), via; statt; ► ***by the way*** *fig* übrigens; ***be on the*** (*oder* ***one's***) ***way to*** unterwegs sein nach; ***give way*** nachgeben; ***go out of one's way*** sich besondere Mühe geben (***to do*** zu tun); ***lose one's way*** sich verlaufen *oder* verirren; ***make way*** Platz machen (***for*** für); → ***talk*** 8, *etc* **2.** Richtung *f*, Seite *f*: ***this way*** hierher; hier entlang **3.** Weg *m*, Entfernung *f*, Strecke *f*: ***be a long way from*** weit entfernt sein von; ***Easter is still a long way off*** bis Ostern ist es noch lang **4.** Art *f*, Weise *f*: ***in a way*** (*oder* ***some ways***) in gewisser Hinsicht; ***in no way*** in keiner Weise; ***no way!*** *ugs* kommt überhaupt nicht infrage!; ***way of life*** Lebensart, -weise; ***to my way of thinking*** meiner Ansicht nach; ***if I had my way*** wenn es nach mir ginge; ***you can't have it both ways*** du kannst nicht beides haben **5.** *meist Pl* Brauch *m*, Sitte *f*; Gewohnheit *f*: → ***mend*** 2 **II** *Adv* **6.** weit: ***they are friends from way back*** sie sind alte Freunde
'way·bill *s* Frachtbrief *m*
ˌway'lay *v/t* (*unreg* ***lay***) **1.** *j-m* auflauern **2.** *j-n* abfangen, abpassen
way·ward ['weɪwəd] *Adj* eigensinnig
►**we** [wiː] *Pron* wir *Pl*
►**weak** [wiːk] *Adj allg* schwach (***at, in*** in *Dat*), (*Kaffee etc auch*) dünn: ***be*** (*oder* ***feel***) ***weak at the knees*** *ugs* schwach auf den Beinen sein; weiche Knie haben; → ***point*** 14, ***sex*** 1, ***spot*** 4
'weak·en **I** *v/t* **1.** schwächen (*auch fig*) **II** *v/i* **2.** schwächer werden (*auch fig*) **3.** *fig* nachgeben
ˌweak-'kneed *Adj ugs* feig
weak·ling ['wiːklɪŋ] *s* Schwächling *m*
'weak·ness *s allg* Schwäche *f*: ***have a weakness for*** eine Schwäche haben für
weal [wiːl] *s* Striemen *m*
►**wealth** [welθ] *s* **1.** Reichtum *m* **2.** *fig* Fülle *f* (***of*** von)
wealth tax *s* Vermögenssteuer *f*
►**wealth·y** ['welθɪ] **I** *Adj* **1.** reich, wohlhabend, vermögend **II** *s* **2.** ***the wealthy*** *Pl* die Reichen *Pl*
wean [wiːn] *v/t Kind* entwöhnen: ***wean s.o. off s.th.*** j-n von etw abbringen, j-m etw abgewöhnen
►**weap·on** ['wepən] *s* Waffe *f* (*auch fig*): ***weapon(s) system*** MIL Waffensystem *n*
weap·on·ry ['wepənrɪ] *s* Waffen *Pl*
►**wear** [weə] **I** *s* **1.** *auch* ***wear and tear*** Abnutzung *f*, Verschleiß *m*: ***the worse for wear*** *ugs* abgenutzt (*Couch etc*); kaputt (*Person*) **2.** *oft in Zssgn* Kleidung *f* **II** *v/t* (*unreg*) **3.** *Bart, Brille, Schmuck* tragen, *Mantel etc auch* anhaben, *Hut etc auch* aufhaben: ***wear glasses*** *auch* Brillenträger sein; ***wear the trousers*** (*bes Am* ***pants***) *ugs* die Hosen anhaben; → ***seat belt*** **4.** ***wear an angry expression*** verärgert dreinschauen; ***wear a happy smile*** glücklich lächeln **III** *v/i* (*unreg*) **5.** ***s.th. to wear*** etw zum Anziehen **6.** sich abnutzen **7.** ***he has worn well*** er hat sich (*für sein Alter*) gut gehalten
◆**wear down** **I** *v/t* **1.** *Stufen* abtreten, *Absätze* ablaufen, *Reifen* abfahren **2.** *fig j-n, Widerstand etc* zermürben **II** *v/i* **3.** sich abtreten *oder* ablaufen *oder* abfahren
◆**wear off** *v/i* nachlassen (*Schmerz etc*)
◆**wear on** *v/i* sich hinziehen
◆**wear out** **I** *v/t* **1.** *Kleidung* abnutzen, abtragen **2.** *fig j-n* erschöpfen **II** *v/i* **3.** sich abnutzen *oder* abtragen
wear·ing ['weərɪŋ] *Adj* ermüdend
wea·ri·some ['wɪərɪsəm] *Adj* **1.** ermüdend **2.** langweilig **3.** lästig
wea·ry ['wɪərɪ] *Adj* **1.** erschöpft **2.** ***be weary of s.th.*** etw satthaben
wea·sel ['wiːzl] **I** *s* ZOOL Wiesel *n* **II** *v/i*: ***weasel out of*** *bes Am ugs* sich lavieren aus (*einer Verantwortung etc*)
►**weath·er** ['weðə] **I** *s* Wetter *n*; Witterung *f*: ***in all weathers*** bei jedem Wetter; ***be under the weather*** *ugs* sich nicht wohlfühlen; ***make heavy weather of s.th.*** *fig* sich etw unnötig schwer machen; → ***permit*** 2 **II** *v/t Krise etc* überstehen **III** *v/i* GEOL verwittern
'weath·er-ˌbeat·en *Adj* verwittert (*bes Gesicht*)
'weath·er-bound *Adj*: ***the planes*** (***ships***) ***were weather-bound*** die Flugzeuge (Schiffe) konnten wegen des schlechten Wetters nicht starten (auslaufen)
weath·er chart *s* Wetterkarte *f*
'weath·er·cock *s* Wetterhahn *m*
weath·er eye *s*: ***keep a weather eye open*** aufpassen (***for*** auf *Akk*)
weath·er fore·cast *s* Wettervorhersage *f*
'weath·er·man *s* (*unreg* ***man***) RUNDFUNK, TV Wetteransager *m*
'weath·er·proof **I** *Adj* wetterfest **II** *v/t* wetterfest machen
weath·er sat·el·lite *s* Wettersatellit *m*
weath·er sta·tion *s* Wetterwarte *f*
weath·er vane *s* Wetterfahne *f*
weave [wiːv] **I** *v/t* (*unreg*) **1.** weben; *Netz* spinnen **2.** flechten **3.** *Prät und Part Perf* ***weaved***: ***weave one's way through*** sich schlängeln durch **II** *v/i* (*unreg*) **4.** weben **5.** *Prät und Part Perf* ***weaved***: ***weave through*** *siehe* 3 **III** *s* **6.** Webart *f*
'weav·er *s* Weber(in)
web [web] *s* **1.** Netz *n* (*auch fig*): ***web of lies*** Lügengespinst *n*, -gewebe *n*, -netz; ***the Web*** das World-Wide Web **2.** ORN Schwimmhaut *f*
wed [wed] *v/t* (*auch unreg*) heiraten: ***they were wed in 1921*** sie haben 1921 geheiratet
we'd [wiːd] *ugs für* ***we had***; ***we would***
►**wed·ding** ['wedɪŋ] **I** *s* Hochzeit *f* **II** *Adj* Hochzeits…: ***wedding anniversary*** Hochzeitstag *m* (*Jahrestag*); ***wedding dress*** Braut-, Hochzeitskleid *n*; ***wedding ring*** Ehering *m*
wedge [wedʒ] **I** *s* **1.** Keil *m*: ***drive a wedge between*** *fig* einen Keil treiben zwischen (*Akk*); → ***thin*** 1 **2.** Stück *n* (*Kuchen etc*), Ecke *f* (*Käse*) **II** *v/t* **3.** verkeilen, mit einem Keil festklemmen **4.** ***wedge in*** einkeilen, -zwängen

'wedge-shaped *Adj* keilförmig
▶**Wednes·day** ['wenzdɪ] *s* Mittwoch *m*: ***on Wednesday*** (am) Mittwoch; ***on Wednesdays*** mittwochs
wee[1] [wiː] *Adj ugs* klein: ***a wee bit*** ein (kleines) bisschen; ***the wee (small) hours*** *Pl* die frühen Morgenstunden *Pl*
wee[2] [wiː] *ugs* **I** *v/i* Pipi machen **II** *s*: ***do*** (*oder* ***have***) ***a wee*** *siehe* I
▶**weed** [wiːd] **I** *s* **1.** Unkraut *n*: ***weed killer*** Unkrautvernichtungsmittel *n* **2.** *ugs* Schwächling *m* **II** *v/t* **3.** jäten: ***weed out*** *fig* aussieben, -sondern (***from*** aus) **III** *v/i* **4.** (Unkraut) jäten
'weed·y *Adj* **1.** voll Unkraut **2.** *ugs* rückgratlos
▶**week** [wiːk] *s* Woche *f*: ***week after week***; ***week in, week out*** Woche für Woche; ***after weeks of waiting*** nach wochenlangem Warten; ***for weeks*** wochenlang; → ***today*** 1
▶**week·day** ['wiːkdeɪ] *s* Wochen-, Werktag *m*: ***on weekdays*** werktags
▶**week·end** [ˌwiːk'end] **I** *s* Wochenende *n*: ***at the weekend*** am Wochenende **II** *Adj* ['wiːkend] Wochenend… **III** *v/i* das Wochenende verbringen
▶**week·ly** ['wiːklɪ] **I** *Adj* Wochen…; wöchentlich **II** *Adv* wöchentlich **III** *s* Wochen(zeit)schrift *f*, -zeitung *f*
wee·ny ['wiːnɪ] *Adj ugs* klitzeklein, winzig
weep [wiːp] (*unreg*) **I** *v/i* **1.** weinen (***for, with*** vor *Freude etc*; ***for*** um *j-n*; ***over*** über *Akk*) **2.** nässen (*Wunde*) **II** *v/t* **3.** *Tränen* weinen
'weep·ing *Adj*: ***weeping willow*** BOT Trauerweide *f*
'weep·y *Adj ugs* **1.** weinerlich **2.** rührselig
'wee-wee → ***wee***[2]
weft [weft] *s* Schussfaden *m*
▶**weigh** [weɪ] **I** *v/t* **1.** (ab)wiegen **2.** *fig* abwägen (***against*** gegen) **3.** ***weigh anchor*** SCHIFF den Anker lichten **II** *v/i* **4.** *10 Kilo etc* wiegen **5.** ***weigh on*** *fig* lasten auf (*Dat*)
◆**weigh down** *v/t* niederdrücken (*auch fig*): ***be weighed down with*** überladen sein mit; *fig* niedergedrückt werden von
◆**weigh in** *v/i* **1.** ***weigh in at*** (*Sport*) *100 Kilo etc* auf die Waage bringen **2.** *ugs* sich einschalten (***with*** mit)
◆**weigh out** *v/t* ab-, auswiegen
◆**weigh up** *v/t etw* abwägen; *j-n* einschätzen
▶**weight** [weɪt] **I** *s* **1.** *allg* Gewicht *n*: ***weights and measures*** *Pl* Maße und Gewichte *Pl*; ***it's five kilos in weight*** es wiegt fünf Kilo; ***gain*** (*oder* ***put on***) ***weight*** zunehmen; ***lose weight*** abnehmen **2.** Last *f* (*auch fig*): ***his decision took a weight off my mind*** bei seiner Entscheidung fiel mir ein Stein vom Herzen **3.** *fig* Bedeutung *f*: ***not to attach any weight to s.th.*** einer Sache keine Bedeutung *oder* kein Gewicht beimessen; ***throw one's weight about*** (*oder* ***around***) *ugs* sich aufspielen *oder* wichtigmachen; → ***carry*** 5 **II** *v/t* **4.** beschweren: ***be weighted in favo(u)r of*** (***against***) bevorteilen (benachteiligen)
weight cat·e·go·ry *s* SPORT Gewichtsklasse *f*
weight di·vi·sion *s* SPORT Gewichtsklasse *f*
weight·less ['weɪtlɪs] *Adj* schwerelos
weight lift·er *s* SPORT Gewichtheber(in)
weight lift·ing *s* SPORT Gewichtheben *n*
weight train·ing *s* SPORT Gewichttraining *n*
weight·y ['weɪtɪ] *Adj* **1.** schwer **2.** *fig* gewichtig; schwerwiegend
weir [wɪə] *s* Wehr *n*
weird [wɪəd] *Adj* **1.** unheimlich **2.** *ugs* sonderbar, verrückt
weird·o ['wɪədəʊ] *Pl* **weird·os** *s ugs* irrer Typ
welch → ***welsh***[2]
▶**wel·come** ['welkəm] **I** *Interj* **1.** ***welcome back*** (*oder* ***home***)! willkommen zu Hause!; ***welcome to England!*** willkommen in England! **II** *Adj* **2.** willkommen: ***you are welcome to do it*** Sie können es gerne tun; ▶ ***you're welcome*** nichts zu danken!, keine Ursache!, bitte sehr!, gern (geschehen)! **3.** angenehm **III** *v/t* **4.** begrüßen (*auch fig*) **IV** *s* **5.** Empfang *m*: ***give s.o. a warm welcome*** j-m einen herzlichen Empfang bereiten **6.** ***outstay*** (*oder* ***overstay***) ***one's welcome*** j-s Gastfreundschaft überstrapazieren
weld [weld] **I** *v/t* schweißen: ***weld together*** zs.-, verschweißen **II** *s* Schweißnaht *f*, -stelle *f*
'weld·er *s* Schweißer(in)
wel·fare ['welfeə] *s* **1.** Wohl *n*, (*einer Person auch*) Wohlergehen *n* **2.** *Am* Sozialhilfe *f*: ***be on welfare*** Sozialhilfe beziehen
wel·fare state *s* Wohlfahrtsstaat *m*
▶**well**[1] [wel] **I** *Adv* **1.** gut: (***all***) ***well and good*** schön und gut; ***as well*** ebenso, auch; ***as well as*** sowohl … als auch; nicht nur …, sondern auch; (***just***) ***as well*** ebenso (gut), genauso (gut); ***just as well*** das macht nichts; ***very well*** also gut, na gut; ***I couldn't very well say no*** ich konnte schlecht Nein sagen; ***be well in with s.o.*** auf gutem Fuß mit j-m stehen; ***do well*** gut daran tun (***to do*** zu tun); ***well done!*** bravo!; → ***off*** 11 **2.** gut, gründlich: ***be well aware of s.th.*** sich einer Sache voll und ganz bewusst sein; ***shake well*** kräftig schütteln **3.** weit: ***well in advance*** schon lange vorher **II** *Interj* **4.** nun, also (*oft unübersetzt*) **5.** ***well, well!*** na so was! **III** *Adj* **6.** gesund: ***not to feel well*** sich nicht wohlfühlen **7.** ***all's well that ends well*** Ende gut, alles gut; ***it's all very well for you to criticize*** (***laugh***) du kannst leicht kritisieren (du hast gut lachen)
well[2] [wel] **I** *s* **1.** Brunnen *m* **2.** (*Öl*)Quelle *f* **3.** ARCHI (*Aufzugs- etc*)Schacht *m* **II** *v/i* **4.** quellen (***from*** aus): ***tears welled*** (***up***) ***in her eyes*** die Tränen stiegen ihr in die Augen
we'll [wiːl] *ugs für* ***we will***
ˌwell-ad'vised *Adj* klug (*Plan etc*)
ˌwell-ap'point·ed *Adj* gut ausgestattet
ˌwell-'bal·anced *Adj* **1.** ausgeglichen (*Person*) **2.** ausgewogen (*Ernährung etc*)
ˌwell'be·ing *s* Wohl(ergehen) *n*: ***give s.o. a sense of wellbeing*** j-n mit Wohlbehagen erfüllen
ˌwell-'cho·sen *Adj* gut gewählt: ***with a few well-chosen words*** mit einigen wohlgesetzten Worten
ˌwell-'done *Adj* durchgebraten (*Steak*)
ˌwell-'earned *Adj* wohlverdient
ˌwell-'found·ed *Adj* (wohl) begründet
ˌwell-'groomed *Adj* gepflegt
ˌwell-'heeled *Adj ugs* betucht
ˌwell-in'formed *Adj* **1.** gut unterrichtet **2.** (vielseitig) gebildet
ˌwell-in'ten·tioned → ***well-meaning***
ˌwell-'kept *Adj* **1.** gepflegt **2.** streng gehütet (*Geheimnis*)
ˌwell-'known *Adj* (wohl) bekannt
ˌwell-'mean·ing *Adj* wohlmeinend (*Person*), (*Rat etc auch*) gut gemeint, wohlgemeint
ˌwell-'meant *Adj* gut gemeint, wohlgemeint
well-nigh [ˌwel'naɪ] *Adv* beinahe, nahezu
ˌwell-'off **I** *Adj* reich **II** *s*: ***the well-off*** *Pl* die

Reichen *Pl*

ˌwell-proˈpor·tioned *Adj* wohlproportioniert

well-read [ˌwelˈred] *Adj* belesen

ˌwell-ˈthought-of *Adj* angesehen

ˌwell-to-ˈdo *ugs* → ***well-off***

ˌwell-ˈworn *Adj* **1.** abgenutzt, abgetragen **2.** *fig* abgedroschen

Welsh[1] [welʃ] **I** *Adj* **1.** walisisch: ***Welsh rarebit*** GASTR überbackene Käseschnitte **II** *s* **2.** ***the Welsh*** *Pl* die Waliser *Pl* **3.** LING Walisisch *n*

welsh[2] [welʃ] *v/i*: ***welsh on*** *ugs Schulden* nicht bezahlen; *Versprechen* nicht halten

Welsh·man [ˈwelʃmən] *s* (*unreg* ***man***) Waliser *m*

ˈWelshˌwom·an *s* (*unreg* ***woman***) Waliserin *f*

welt [welt] *s* Striemen *m*

wel·ter·weight [ˈweltəweɪt] (*Sport*) **I** *s* Weltergewicht *n* **II** *Adj* Weltergewichts…

went [went] *Prät von* ***go***

wept [wept] *Prät und Part Perf von* ***weep***

were [wɜː] *du* warst, *Sie* waren, *wir*, *sie* waren, *ihr* wart

we're [wɪə] *ugs für* ***we are***

weren't [wɜːnt] *ugs für* ***were not***

were·wolf [ˈwɪəwʊlf] *s* (*unreg* ***wolf***) Werwolf *m*

▶**west** [west] **I** *s* **1.** Westen *m*: ***in the west of*** im Westen von (*oder Gen*); ***to the west of*** *siehe* 5 **2.** ***the West*** *Br* Westengland *n*; *Am* die Weststaaten *Pl*; POL der Westen: → ***wild*** 1 **II** *Adj* **3.** West…, westlich **III** *Adv* **4.** westwärts, nach Westen: ***go west*** *ugs* draufgehen (*sterben*, *kaputtgehen*) **5.** ***west of*** westlich von (*oder Gen*)

ˈwest·bound *Adj* nach Westen gehend *oder* fahrend

west·er·ly [ˈwestəlɪ] **I** *Adj* westlich, West… **II** *Adv* von *oder* nach Westen

▶**west·ern** [ˈwestən] **I** *Adj* westlich, West… **II** *s* Western *m*

ˈwest·ern·er *s* **1.** Bewohner(in) des Westens (*eines Landes*) **2. Westerner** Weststaatler(in)

west·ern·most [ˈwestənməʊst] *Adj* westlichst

west·ward [ˈwestwəd] *Adj und Adv* westlich, westwärts, nach Westen

ˈwest·wards *Adv* → ***westward***

▶**wet** [wet] **I** *Adj* **1.** nass, (*Farbe etc auch*) feucht: ***be*** (***still***) ***wet behind the ears*** *ugs* noch grün *oder* feucht *oder* noch nicht trocken hinter den Ohren sein; ***wet blanket*** *ugs* Spiel-, Spaßverderber(in); → ***paint*** 5, ***through*** 3 **2.** regnerisch **3.** *Br ugs* weichlich: ***don't be so wet!*** sei nicht so ein Waschlappen! **II** *s* **4.** Nässe *f* **III** *v/t* (*meist unreg*) **5.** nass machen, anfeuchten: ***wet one's bed*** ins Bett machen; ***wet o.s.*** in die Hose machen; ***wet one's whistle*** *ugs* einen zur Brust nehmen

ˈwet·back *s Am sl pej* illegaler Einwanderer (in die USA) aus Mexiko

weth·er [ˈweðə] *s* ZOOL Hammel *m*

we've [wiːv] *ugs für* ***we have***

whack [wæk] *s ugs* **1.** (knallender) Schlag **2.** (An)Teil *m* **3.** Versuch *m*: ***have a whack at s.th.*** etw probieren

whacked *Adj*: ***be whacked*** (***out***) *ugs* geschlaucht *oder* kaputt sein

ˈwhack·ing *ugs* **I** *Adj und Adv*: ***whacking*** (***great***) Mords…, riesig **II** *s*: ***give s.o. a whacking*** j-m eine Tracht Prügel verpassen

▶**whale** [weɪl] *s* ZOOL Wal *m*: ***have a whale of a time*** *ugs* sich prächtig amüsieren

wharf [wɔːf] *Pl* **wharfs, wharves** [wɔːvz] *s* Kai *m*

▶**what** [wɒt] **I** *Interrogativpron* **1.** was: ***what's for lunch?*** was gibts zum Mittagessen?; ***what for?*** wozu?; ***what about …?*** wie wärs mit …?; ***what if …?*** was ist, wenn …?; → ***age*** 1, ***like***[1] 1, ***so*** 6, *etc* **II** *Relativpron* **2.** was: ***he told me what to do*** er sagte mir, was ich tun sollte; ***know what's what*** *ugs* wissen, was Sache ist; ***tell s.o. what's what*** *ugs* j-m Bescheid geben **III** *Adj* **3.** was für ein(e), welch(er, e, es): ***what luck!*** so ein Glück!; → ***age*** 1, ***colour*** 1, ***pity*** 2, *etc* **4.** alle, die; alles, was: ***I gave him what money I had*** ich gab ihm, was ich an Geld hatte

Unbestimmter Artikel nach what und such GR

Der unbestimmte Artikel tritt nach **what** und **such** nur dann auf, wenn das folgende Substantiv zählbar ist, also eine Pluralform bilden kann:

She's such a lovely girl.	Sie ist so ein nettes Mädchen.

Vor unzählbaren Substantiven steht kein Artikel:

What dreadful weather!	Was für ein scheußliches Wetter!

⚠ Beachten Sie jedoch:

What a pity!	Wie schade!
What a shame!	

▶**what·ev·er** [wɒtˈevə] **I** *Pron* **1.** was (auch immer); alles, was **2.** egal, was **II** *Adj* **3.** welch(er, e, es) … auch (immer) **4.** ***no … whatever*** überhaupt kein(e) …

what for *s*: ***I'll give him what for!*** *bes Br ugs* dem werd ichs zeigen!

whats·it [ˈwɒtsɪt] *s ugs* Dingsbums *n*

ˌwhat·soˈev·er → ***whatever*** 1, 2, 4

▶**wheat** [wiːt] *s* BOT Weizen *m*: ***separate the wheat from the chaff*** *fig* die Spreu vom Weizen trennen

wheat germ *s* Weizenkeim *m*

whee·dle [ˈwiːdl] *v/t*: ***wheedle s.o. into doing s.th.*** j-m so lange schöntun, bis er etw tut; ***wheedle s.th. out of s.o.*** j-m etw abschmeicheln

▶**wheel** [wiːl] **I** *s* **1.** Rad *n*: → ***fifth*** 1, ***meal***[1], ***oil*** 4, ***shoulder*** 1, ***spoke***[2] **2.** *ugs* **a)** *Pl* fahrbarer Untersatz, Wagen *m*, **b)** (Fahr)Rad *n* **3.** SCHIFF, MOT Steuer *n*: ***be at the wheel*** MOT am Steuer sitzen (SCHIFF stehen); ***take the wheel*** das Steuer übernehmen **II** *v/t* **4.** *Fahrrad*, *Patienten im Rollstuhl etc* schieben, *Servierwagen etc auch* rollen **III** *v/i* **5.** ***wheel about*** (*oder* [***a***]***round***) herumfahren, -wirbeln **6.** kreisen (*Vogel*) **7.** ***wheel and deal*** *ugs pej* Geschäfte machen

ˈwheelˌbar·row *s* Schubkarre(n *m*) *f*

ˈwheel·base *s* MOT Radstand *m*

wheel brace *s mot* Kreuzschlüssel *m*

ˌwheelˈchair *s* MED Rollstuhl *m*: ***wheelchair user*** Rollstuhlfahrer(in)

wheel clamp *s Br* Radkralle *f*, Parkriegel *m*

wheeled [wiːld] *Adj* **1.** ***wheeled vehicle*** Räderfahrzeug *n* **2.** *in Zssgn* …räd(e)rig

ˌwheel·erˈdeal·er *s ugs pej* Geschäftemacher(in)

wheel·ie bin [ˈwiːlɪˌbɪn] *s Br ugs* Mülltonne

(mit Rädern)

wheeze [wiːz] *v/i* keuchen, pfeifend atmen

▶**when** [wen] **I** *Adv* **1.** *fragend*: wann **2.** *relativ*: **the day when** der Tag, an dem *oder* als; **the time when it happened** die Zeit, in *oder* zu der es geschah **II** *Konj* **3.** wann **4.** als: **he broke a leg when skiing** er brach sich beim Skifahren ein Bein **5.** wenn: **say when!** *ugs* sag ‚halt'!, sag, wenn du genug hast! **III** *Pron* **6. since when?** seit wann?

▶**when·ev·er** [wen'evə] *Konj* wann (auch) immer; jedes Mal, wenn

▶**where** [weə] **I** *Adv* (*fragend und relativ*) wo: **where ... (from)?** woher?; **where ... (to)?** wohin? **II** *Konj* wo; wohin

'**where·a·bouts** *s Pl* (*auch Sg konstruiert*) Verbleib *m* (*einer Sache*), (*einer Person auch*) Aufenthalt(sort) *m*

where'as *Konj* während, wohingegen

where'by *Adv* **1.** wodurch, womit **2.** wonach

ˌ**where·up'on** *Konj* worauf(hin)

▶**wher·ev·er** [weər'evə] *Adv* wo(hin) auch (immer); ganz gleich, wo(hin)

whet [wet] *v/t* **1.** *Messer etc* schärfen **2.** *fig Appetit* anregen

▶**wheth·er** ['weðə] *Konj* ob

whey [weɪ] *s* Molke *f*

▶**which** [wɪtʃ] **I** *Interrogativpron* **1.** welch(er, e, es): **which of you?** wer von euch? **II** *Relativpron* **2.** welch(er, e, es); der, die, das **3.** *auf den vorhergehenden Satz bezüglich*: was **III** *Adj* **4.** *fragend und relativ*: welch(er, e, es)

which'ev·er *Pron und Adj* welch(er, e, es) auch (immer); ganz gleich, welch(er, e, es)

whiff [wɪf] *s* **1.** Luftzug *m*, Hauch *m* **2.** Duft (-wolke *f*) *m* **3.** *fig* Anflug *m*, Hauch *m* (**of** von)

▶**while** [waɪl] **I** *s* **1.** Weile *f*: **a little while ago** vor kurzem; **for a while** eine Zeit lang; einen Augenblick; → **once** 1 **II** *Konj* **2.** während **3.** obwohl **III** *v/t* **4. while away** sich *die Zeit* vertreiben (**by doing s.th.** mit etw)

whilst [waɪlst] → **while** II

whim [wɪm] *s* Laune *f*: **as the whim takes one** nach Lust und Laune

whim·per ['wɪmpə] **I** *v/i* winseln (*Hund*); wimmern (*Person*) **II** *v/t* wimmern **III** *s* Winseln *n*; Wimmern *n*

whim·si·cal ['wɪmzɪkl] *Adj* **1.** wunderlich **2.** launenhaft

whim·sy ['wɪmzɪ] *s* **1.** Wunderlichkeit *f* **2.** Spleen *m*

whine [waɪn] **I** *v/i* **1.** jaulen (*Hund*) **2.** jammern (**about** über *Akk*) **II** *s* **3.** Jaulen *n* **4.** Gejammer *n*

'**whin·er** *s* Jammerer *m*, Jammerin *f*

whin·ny ['wɪnɪ] **I** *v/i* wiehern **II** *s* Wiehern *n*

▶**whip** [wɪp] **I** *s* **1.** Peitsche *f* **2.** PARL *Br* Einpeitscher(in) **3.** GASTR Creme *f* **II** *v/t* **4.** (aus-)peitschen: **whip into shape** *ugs j-n, etw* auf Zack bringen **5.** *Sahne etc* schlagen **6.** *bes* SPORT *ugs* überfahren (*hoch schlagen*) **7.** *Br ugs* klauen **III** *v/i* **8.** sausen, flitzen, (*Wind*) fegen

◆**whip back** *v/i* zurückschnellen (*Ast etc*)

◆**whip off** *v/t* sich *ein Kleidungsstück* herunterreißen

◆**whip out** *v/t Revolver etc* zücken

◆**whip up** *v/t* **1.** → **whip** 5 **2.** *Interesse etc* entfachen **3.** *Essen etc* herzaubern

'**whip·cord** *s* Peitschenschnur *f*

whip'lash *s* **1.** Peitschenschnur *f* **2.** Peitschenhieb *m*: **whiplash (injury)** MED Schleudertrauma *n*

whipped [wɪpt] *Adj*: **whipped cream** Schlagsahne *f*, -rahm *m*, *österr.* Schlagobers *m*

whip·ping ['wɪpɪŋ] *Adj*: **whipping boy** Prügelknabe *m*; **whipping cream** Schlagsahne *f*, -rahm *m*

'**whip-round** *s Br ugs* Sammlung *f* (*im Büro etc*): **have a whip-round** sammeln

whir *bes Am* → **whirr**

whirl [wɜːl] **I** *v/i* **1.** wirbeln **II** *v/t* **2.** wirbeln **III** *s* **3.** Wirbeln *n*; Wirbel *m*: **my head's in a whirl** mir schwirrt der Kopf; **give s.th. a whirl** *ugs* etw ausprobieren **4.** *fig* Trubel *m*

whirl·i·gig ['wɜːlɪgɪg] *s* **1.** Kreisel *m* **2.** Karussell *n*

'**whirl·pool** *s* **1.** Strudel *m* (*auch fig*) **2.** *auch* **whirl bath** Whirlpool *m* (*Unterwassermassagebecken*)

'**whirl·wind** *s* Wirbelwind *m*

whirr [wɜː] **I** *v/i* surren **II** *s* Surren *n*

whisk [wɪsk] **I** *s* **1.** Wedel *m* **2.** GASTR Schneebesen *m* **II** *v/t* **3. whisk away** *Fliegen* wegscheuchen **4.** *Eiweiß* schlagen

whisk·er ['wɪskə] *s* **1.** Schnurrhaar *n*: **by a whisker** *ugs* ganz knapp **2.** *Pl* Backenbart *m*

whis·key ['wɪskɪ] *s* (*amerikanischer oder irischer*) Whisky

whis·ky ['wɪskɪ] *s* (*bes schottischer*) Whisky: **whisky and soda** Whisky Soda; **two whiskies** zwei Whisky

▶**whis·per** ['wɪspə] **I** *v/i* **1.** flüstern, leise sprechen (**to** mit) **II** *v/t* **2.** flüstern, leise sagen: **whisper s.th. to s.o.** j-m etw zuflüstern **III** *s* **3.** Flüstern *n*: **say s.th. in a whisper** etw im Flüsterton sagen **4.** Gerücht *n*: **I've heard a whisper that** ich habe munkeln hören, dass

'**whis·per·ing** *Adj*: **whispering campaign** Verleumdungskampagne *f*

whist [wɪst] *s* Whist *n* (*Kartenspiel*)

▶**whis·tle** [wɪsl] **I** *v/i* **1.** pfeifen: **whistle at** *j-m* nachpfeifen; **whistle for** (nach) *j-m*, *einem Taxi etc* pfeifen; **he can whistle for it** *ugs* darauf kann er lange warten **II** *v/t* **2.** pfeifen **III** *s* **3.** Pfeife *f* **4.** Pfiff *m*: **give a whistle of surprise** einen überraschten Pfiff ausstoßen **5.** → **wet** 5

▶**white** [waɪt] **I** *Adj* **1.** *allg* weiß: **white bread** Weißbrot *n*; **white coffee** *Br* Milchkaffee *m*, Kaffee *m* mit Milch; **white lie** Notlüge *f*; **white man** Weiße *m*; **white paper** POL Weißbuch *n*; **white wedding** Hochzeit *f* in Weiß; **white wine** Weißwein *m* **II** *s* **2.** Weiß *n*: **dressed in white** weiß *oder* in Weiß gekleidet **3.** *oft* **White** Weiße *m*, *f* **4.** Eiweiß *n*; *das* Weiße (*im Auge*)

'**white·board** *s* Weißwandtafel *f*

ˌ**white-'col·lar** *Adj* Büro...: **white-collar crime** Wirtschaftskriminalität *f*; **white-collar worker** Büroangestellte *m*, *f*

whit·en ['waɪtn] **I** *v/t* weiß machen **II** *v/i* weiß werden

'**white·out** *s Am* Korrekturflüssigkeit *f*

'**white·wash** **I** *v/t* **1.** tünchen, anstreichen; weißen **2.** *ugs etw* übertünchen, beschönigen; *j-n* einer Mohrenwäsche unterziehen **II** *s* **3.** Tünche *f* **4.** *ugs* Tünche *f*, Beschönigung *f*; Mohrenwäsche *f*

ˌ**white-'wa·ter** *Adj* **white-water canoeing** Wildwasserfahren *n*; **white-water rafting** Rafting *n*

whit·ish ['waɪtɪʃ] *Adj* weißlich

Whit·sun ['wɪtsn] *s* **1.** Pfingstsonntag *m* **2.** Pfingsten *n oder Pl*

Whit Sun·day [wɪt] → **Whitsun** 1

whit·tle ['wɪtl] *v/t* **1.** (zurecht)schnitzen **2.** *fig* ***whittle away*** *Gewinn etc* allmählich aufzehren; ***whittle down*** *etw* reduzieren (***to*** auf *Akk*)
whiz, **whizz** [wɪz] **I** *v/i*: ***whiz(z) by*** (*oder* ***past***) vorbeizischen **II** *s ugs* As *n*, Kanone *f* (***at*** in *Dat*)
whiz kid, **whizz kid** *s ugs* Senkrechtstarter(in)
▶**who** [huː] **I** *Interrogativpron* **1.** wer; wen; wem: ***who do you think you are?*** für wen hältst du dich eigentlich? **II** *Relativpron* **2.** *unverbunden*: wer; wen; wem **3.** *verbunden*: welch(er, e, es); der, die, das
who'd [huːd] *ugs für* ***who had***; ***who would***
who·dun·it, **who·dun·nit** [ˌhuː'dʌnɪt] *s ugs* Krimi *m*
▶**who·ev·er** [huː'evə] **I** *Relativpron* wer auch (immer); wen auch (immer); wem auch (immer); egal, wer *oder* wen *oder* wem **II** *Interrogativpron*: ***whoever can that be?*** wer kann denn das nur sein?
▶**whole** [həʊl] **I** *Adj* (→ ***wholly***) ganz: → ***hog*** 1 **II** *s das* Ganze: ***the whole of the town*** die ganze Stadt; ***as a whole*** als Ganzes; ***on the whole*** im Großen (u.) Ganzen; alles in allem
'**whole·food** *s* Vollwertkost *f*
ˌ**whole-'heart·ed** *Adj* ungeteilt (*Aufmerksamkeit*), ernsthaft (*Versuch etc*)
ˌ**whole-'heart·ed·ly** *Adv* uneingeschränkt, voll und ganz
'**whole·meal** *Adj* Vollkorn…
'**whole·sale** **I** *s* **1.** Großhandel *m* **II** *Adj* **2.** Großhandels… **3.** *pej* Massen… **III** *Adv* **4.** en gros
'**whole**ˌ**sal·er** *s* Großhändler(in)
whole·some ['həʊlsəm] *Adj* **1.** gesund **2.** *fig* gut, nützlich
who'll [huːl] *ugs für* ***who will***
whol·ly ['həʊllɪ] *Adv* gänzlich, völlig
▶**whom** [huːm] **I** *Interrogativpron* wen; wem **II** *Relativpron* welch(en, e, es), den (die, das); welch(em, er), dem (der): ***the children, most of whom were tired, …*** die Kinder, von denen die meisten müde waren, …

whom – im gesprochenen Englisch who SG

Im mündlichen Sprachgebrauch wird **whom** meist durch **who** ersetzt:

Who did you see?	Wen hast du getroffen?
This is Beth, who I met at the party.	Das ist Beth, die ich auf der Party kennen gelernt habe.

⚠ Nach Präpositionen steht **whom**:

To whom did you talk at the party?	Mit wem hast du auf der Party gesprochen?

In der Umgangssprache wird die Präposition meist nachgestellt, sodass auch hier **who** häufiger gebraucht wird:

Who did you talk to at the party?	Mit wem hast du auf der Party gesprochen?

whoop [huːp] **I** *v/i* schreien, *bes* jauchzen **II** *v/t*: ***whoop it up*** *ugs* auf den Putz hauen **III** *s* (*bes* Freuden)Schrei *m*: ***whoops*** *Pl* ***of victory*** Siegesgeschrei *n*
'**whoop·ing** *Adj*: ***whooping cough*** MED Keuchhusten *m*
whop·per ['wɒpə] *s ugs* **1.** Mordsding *n* **2.** faustdicke Lüge
'**whop·ping** *Adj und Adv ugs* Mords…, riesig: ***whopping*** (***big***) ***lie*** → ***whopper*** 2
whore [hɔː] *s* Hure *f*
'**whore·house** *s* Bordell *n*, Freudenhaus *n*
whor·tle·ber·ry ['wɜːtlˌberɪ] *s* BOT Blau-, Heidelbeere *f*
who's [huːz] *ugs für* ***who is***; ***who has***
▶**whose** [huːz] **I** *Interrogativpron* wessen: ***whose coat is this?***, ***whose is this coat?*** wem gehört dieser Mantel? **II** *Relativpron* dessen, deren
▶**why** [waɪ] *Adv* warum, weshalb: ***why not go by bus?*** warum nimmst du nicht den Bus?; ***why on earth …?*** warum um alles in der Welt …?
wick [wɪk] *s* Docht *m*: ***get on s.o.'s wick*** *Br ugs* j-m auf den Wecker fallen *oder* gehen
wick·ed ['wɪkɪd] *Adj* **1.** gemein, niederträchtig **2.** *fig* unerhört **3.** *sl* super, geil
wick·er ['wɪkə] *Adj* Korb…: ***wicker basket*** Weidenkorb *m*; ***wicker chair*** Korbstuhl *m*
▶**wide** [waɪd] **I** *Adj* (→ ***widely***) **1.** breit **2.** weit offen, aufgerissen (*Augen*) **3.** *fig* umfangreich (*Wissen etc*), vielfältig (*Interessen etc*) **4.** → ***mark***² 5 **II** *Adv* **5.** weit **6.** ***go wide*** (*Sport*) danebengehen
ˌ**wide-'an·gle** *Adj*: ***wide-angle lens*** FOTO Weitwinkelobjektiv *n*
ˌ**wide-a'wake** *Adj* **1.** hellwach **2.** *fig* aufgeweckt, wach
ˌ**wide-'eyed** *Adj* **1.** mit großen *oder* aufgerissenen Augen **2.** *fig* naiv
wide·ly ['waɪdlɪ] *Adv* **1.** weit (*auch fig*): ***it is widely known that*** es ist weithin bekannt, dass; ***widely travel(l)ed*** weit gereist **2.** ***widely different*** völlig verschieden
'**wid·en** **I** *v/t* verbreitern **II** *v/i* breiter werden
ˌ**wide-'o·pen** → ***wide*** 2
wide screen *s Film*: Breitwand *f*, TV Breitbild *n*
'**wide·screen** *Adj Film*: Breitwand…, TV Breitbild…
'**wide·spread** *Adj* weitverbreitet
▶**wid·ow** ['wɪdəʊ] *s* Witwe *f*
'**wid·owed** *Adj* verwitwet: ***be widowed*** verwitwet sein; Witwe(r) sein
wid·ow·er *s* Witwer *m*
▶**width** [wɪdθ] *s* **1.** Breite *f*: ***six feet in width*** sechs Fuß breit; ***what width is …?*** wie breit ist …? **2.** Bahn *f* (*Stoff etc*)
wield [wiːld] *v/t Einfluss*, *Macht* ausüben
▶**wife** [waɪf] *Pl* **wives** [waɪvz] *s* (Ehe)Frau *f*, Gattin *f*
wig [wɪg] *s* Perücke *f*
wig·ging ['wɪgɪŋ] *s*: ***give s.o. a wigging*** *Br ugs* j-m eine Standpauke halten
wig·gle ['wɪgl] *v/t und v/i* wackeln (mit)
wig·wam ['wɪgwæm] *s* Wigwam *m*
▶**wild** [waɪld] **I** *Adj* **1.** *allg* wild: ***the Wild West*** der Wilde Westen; → ***oats*** **2.** stürmisch (*Wind*, *Applaus etc*) **3.** außer sich (***with*** vor *Dat*) **4.** verrückt (*Idee etc*); ausschweifend (*Fantasie*) **5.** ***it was just a wild guess*** ich hab einfach drauflosgeraten **II** *Adv* **6.** *ugs* ***go wild*** ausflippen; ***run wild*** Amok laufen; ***let one's children run wild*** seine Kinder machen lassen, was sie wollen **III** *s* **7.** ***in the wild*** in freier Wildbahn
'**wild·cat** **I** *s* Wildkatze *f* **II** *Adj*: ***wildcat strike*** wilder Streik

wil·der·ness ['wɪldənɪs] *s* Wildnis *f*
'**wild,fire** *s*: ***spread like wildfire*** sich wie ein Lauffeuer verbreiten
,**wild-'goose** *Adj*: ***be a wild-goose chase*** vergebliche Mühe sein
'**wild·life** *s* Tier- und Pflanzenwelt *f*
wil·ful ['wɪlfʊl] *Adj* **1.** eigensinnig **2.** absichtlich, *bes* JUR vorsätzlich
▶**will**[1] [wɪl] *s* **1.** Wille *m*: ***will to live*** Lebenswille; ***against one's will*** gegen seinen Willen; ***at will*** nach Belieben; ***of one's own free will*** aus freien Stücken; ***with the best will in the world, I can't do that*** ich kann das beim besten Willen nicht tun **2.** *auch* ***last will and testament*** Letzter Wille, Testament *n*: ***make one's will*** sein Testament machen; → ***remember*** 3

will in der indirekten Rede GR

Steht der einleitende Satz in der Vergangenheit, wird **will** in der indirekten Rede zu **would**:
"We will arrive tomorrow," Alex said.
Alex said that they would arrive the next day.

▶**will**[2] [wɪl] *v/hilf* **1.** *Futur*: ***I'll be back in 10 minutes*** ich bin in 10 Minuten zurück **2.** *Bereitschaft, Entschluss*: ***I won't go there again*** ich gehe da nicht mehr hin; ***the door won't shut*** die Tür schließt nicht; ***will you have some coffee?*** möchtest du eine Tasse Kaffee? **3.** *Bitte*: ***shut the window, will you?*** mach bitte das Fenster zu **4.** *Wiederholung*: ***accidents will happen*** Unfälle wird es immer geben; ***boys will be boys*** Jungen sind nun einmal so **5.** *Vermutung*: ***that will be my sister*** das wird *oder* dürfte meine Schwester sein
will·ful *Am* → ***wilful***
wil·lies ['wɪlɪz] *s Pl*: ***give s.o. the willies*** *ugs* j-m unheimlich sein
▶**will·ing** ['wɪlɪŋ] *Adj* **1.** bereit (***to do*** zu tun): ***willing to compromise*** kompromissbereit; ***God willing*** so Gott will **2.** (bereit)willig
▶**will·ing·ly** ['wɪlɪŋlɪ] *Adv* gern(e), bereitwillig
'**will·ing·ness** *s* **1.** Bereitschaft *f*: ***willingness to compromise*** Kompromissbereitschaft **2.** (Bereit)Willigkeit *f*
wil·low ['wɪləʊ] *s* BOT Weide *f*
'**wil·low·y** *Adj* gertenschlank
'**will,pow·er** *s* Willenskraft *f*
wil·ly-nil·ly [,wɪlɪ'nɪlɪ] *Adv* wohl od übel
wilt [wɪlt] *v/i* **1.** verwelken, welk werden **2.** schlaff werden
wil·y ['waɪlɪ] *Adj* gerissen, raffiniert
wimp [wɪmp] *s ugs* Schwächling *m*, Versager *m*, Waschlappen *m*, Weichei *n*

▶**win** [wɪn] **I** *s* **1.** *bes* SPORT Sieg *m* **II** *v/t* (*unreg*) **2.** gewinnen: → ***day*** 2 **3.** *j-m etw* einbringen **III** *v/i* (*unreg*) **4.** gewinnen, siegen: ***OK, you win*** okay, du hast gewonnen
◆**win back** *v/t* zurückgewinnen
◆**win out** → ***win through***
◆**win o·ver**, **win round** *v/t j-n* für sich gewinnen: ***win s.o. over*** (*oder* ***round***) ***to*** j-n gewinnen für
◆**win through** *v/i* sich durchsetzen
wince [wɪns] *v/i* zs.-zucken (***at*** bei)
winch [wɪntʃ] TECH **I** *s* Winde *f* **II** *v/t* winden
▶**wind**[1] [wɪnd] **I** *s* **1.** Wind *m*: ***there's s.th. in the wind*** *fig* es liegt etw in der Luft; ***find out*** (*oder* ***see***) ***which way the wind blows*** *fig* sehen, woher der Wind weht; ***get wind of s.th.*** *fig* Wind von etw bekommen; ***get the wind up*** *ugs* Angst kriegen; ***put the wind up s.o.*** *ugs* j-m Angst einjagen; ***sail close to the wind*** SCHIFF hart am Wind segeln; *fig* sich hart an der Grenze des Erlaubten bewegen; ***take the wind out of s.o.'s sails*** *fig* j-m den Wind aus den Segeln nehmen **2.** Atem *m* **3.** MED Blähungen *Pl*: ***it gives me wind*** davon bekomme ich Blähungen **II** *v/t* **4.** *j-m* den Atem verschlagen **5.** JAGD wittern
▶**wind**[2] [waɪnd] **I** *s* **1.** Umdrehung *f* **II** *v/t* (*unreg*) **2.** drehen (an *Dat*); *Uhr etc* aufziehen **3.** wickeln (***round*** um) **III** *v/i* (*unreg*) **4.** sich winden *oder* schlängeln (*Pfad etc*)
◆**wind back** *v/t Film etc* zurückspulen
◆**wind down** **I** *v/t* **1.** *Autofenster etc* herunterdrehen, -kurbeln **2.** *Produktion etc* reduzieren **II** *v/i* **3.** *ugs* sich entspannen
◆**wind for·ward** *v/t Film etc* weiterspulen; *auch* ***wind forward on Band*** vorspulen
◆**wind up** **I** *v/t* **1.** *Autofenster etc* hochdrehen, -kurbeln **2.** *Uhr etc* aufziehen **3.** *Versammlung etc* beschließen (***with*** mit) **4.** *Unternehmen* auflösen **II** *v/i* **5.** *ugs* landen (***in*** in *Dat*): ***wind up doing s.th.*** am Ende etw tun; ***you'll wind up having a heart attack*** du kriegst noch mal einen Herzinfarkt
wind·bag ['wɪndbæg] *s ugs* Schwätzer(in)
'**wind·break** *s* Windschutz *m*
'**wind·chill fac·tor** *s* METEO gefühlte Temperatur (*durch den Wind beeinflusstes Kältegefühl*)
wind en·er·gy *s* Windenergie *f*
'**wind·fall** *s* **1.** *Pl* Fallobst *n* **2.** unverhofftes Geschenk, unverhoffter Gewinn
wind·ing ['waɪndɪŋ] *Adj* gewunden (*Pfad etc*): ***winding stairs*** *Pl* Wendeltreppe *f*
wind in·stru·ment [wɪnd] *s* MUS Blasinstrument *n*
wind·lass ['wɪndləs] *s* TECH Winde *f*
wind·less ['wɪndlɪs] *Adj* windstill
wind·mill ['wɪnmɪl] *s* Windmühle *f*
▶**win·dow** ['wɪndəʊ] *s* **1.** Fenster *n* (*auch* COMPUTER) **2.** Schaufenster *n* **3.** Schalter *m* (*in*

-ing-Form im will-future GR

Das **will-future** kann mit **be** und einer **-ing**-Form kombiniert werden, um etwas bereits Vorhergesehenes anzukündigen; manchmal lässt sich im Deutschen das Wort „sowieso" hinzufügen:

We'll be landing in a few minutes.	Wir landen in wenigen Minuten.
We'll be seeing him at the weekend.	Wir sehen ihn (sowieso) am Wochenende.

oder um einen Satz höflicher klingen zu lassen:

I'm afraid you won't be working for us any longer.	Wir werden Sie leider nicht weiterbeschäftigen können.

W

Bank etc)
win·dow box *s* Blumenkasten *m*
win·dow clean·er *s* Fensterputzer(in)
win·dow dress·ing *s* **1.** Schaufensterdekoration *f* **2.** *fig* Mache *f*
win·dow en·ve·lope *s* Fensterumschlag *m*
'win·dow·pane *s* Fensterscheibe *f*
win·dow seat *s* Fensterplatz *m*
win·dow shade *s Am* Rollo *n*
'win·dow-shop *v/i*: ***go window-shopping*** einen Schaufensterbummel machen
'win·dowsill *s* Fensterbank *f*, -brett *n*
wind·pipe ['wɪndpaɪp] *s* ANAT Luftröhre *f*
wind pow·er *s* Windkraft *f*
'wind·screen *s* MOT *bes Br* Windschutzscheibe *f*: ***windscreen wiper*** Scheibenwischer *m*
'wind·shield *Am* → ***windscreen***
'wind·sock *s* Windsack *m*
'wind,surf·er *s* Windsurfer(in)
'wind,surf·ing *s* Windsurfing *n*
'wind·swept *Adj* (vom Wind) zerzaust
wind tun·nel *s* Windkanal *m*
wind·ward ['wɪndwəd] SCHIFF **I** *Adv* luvwärts **II** *s* Luv(seite *f*) *f*, *n*
wind·y ['wɪndɪ] *Adj* windig
▶**wine** [waɪn] *s* Wein *m*
wine bar *s* Weinlokal *n*
wine bot·tle *s* Weinflasche *f*
wine glass *s* Weinglas *n*
wine list *s* Weinkarte *f*
win·ery ['waɪnərɪ] *s Am* Weingut *n*
▶**wing** [wɪŋ] *s* **1.** *allg* Flügel *m*: ***take s.o. under one's wing*** *fig* j-n unter seine Fittiche nehmen **2.** FLUG Tragfläche *f* **3.** MOT *Br* Kotflügel *m*
'wing·er *s* SPORT Flügelstürmer(in)
wing nut *s* TECH Flügelmutter *f*
'wing·span *s* FLUG, ORN Flügelspannweite *f*
wink [wɪŋk] **I** *v/i* zwinkern: ***wink at*** *j-m* zuzwinkern; *etw* geflissentlich übersehen **II** *s* Zwinkern *n*: ***with a wink of the eye*** augenzwinkernd; ***give s.o. a wink*** j-m zuzwinkern; ***I didn't get a wink of sleep*** (*oder* ***I didn't sleep a wink***) ***last night*** ich habe letzte Nacht kein Auge zugetan; → ***forty*** I
win·ner ['wɪnə] *s* **1.** Gewinner(in), (*bes Sport*) Sieger(in) **2.** ***be a real winner*** *ugs* ein Riesenerfolg sein
'win·ning **I** *Adj* **1.** siegreich, Sieger…, Sieges…: ***winning post*** Zielpfosten *m* **2.** *fig* gewinnend (*Lächeln etc*) **II** *s Pl* **3.** Gewinn *m*
win·now ['wɪnəʊ] *v/t fig* reduzieren
win·o ['waɪnəʊ] *Pl* **win·os** *s ugs* Säufer(in)
▶**win·ter** ['wɪntə] **I** *s* Winter *m*: ***in*** (***the***) ***winter*** im Winter **II** *Adj* Winter…: ***winter sports*** *Pl* Wintersport *m* **III** *v/i* überwintern; den Winter verbringen
'win·ter·ize *v/t Am Auto etc* winterfest machen
'win·ter·y → ***wintry***
'win·ter·time *s* Winter(zeit *f*) *m*: ***in*** (***the***) ***wintertime*** im Winter
win·try ['wɪntrɪ] *Adj* **1.** winterlich, Winter… **2.** *fig* frostig (*Lächeln*)
▶**wipe** [waɪp] **I** *s*: ***give s.th. a wipe*** etw abwischen **II** *v/t Tisch etc* (ab)wischen; *Krümel etc* wischen (***off*** von): ***wipe one's feet*** (***shoes***) sich die Füße (Schuhe) abputzen (***on*** auf *Dat*); ***wipe one's nose*** sich die Nase putzen; ***wipe clean*** *Tafel etc* abwischen; ***that'll wipe the smile off his face*** *fig* da wird ihm das Lachen vergehen; ***wipe the floor with s.o.*** *ugs* j-n fertigmachen
◆**wipe a·way** *v/t* wegwischen, sich *die Tränen* ab- *oder* wegwischen
◆**wipe off** *v/t* ab-, wegwischen
◆**wipe out** *v/t* **1.** auswischen **2.** *Menschen* auslöschen, *Rasse* ausrotten **3.** *Gewinn etc* zunichtemachen
◆**wipe up** *v/t* aufwischen
wip·er ['waɪpə] *s* MOT (*Scheiben*)Wischer *m*
▶**wire** ['waɪə] **I** *s* **1.** Draht *m* **2.** ELEK Leitung *f* **3.** *Am* Telegramm *n* **II** *v/t* **4.** *auch* ***wire up*** Leitungen verlegen in (*Dat*) **5.** *Am j-m* ein Telegramm schicken; *j-m etw* telegrafieren
wire net·ting *s* Maschendraht *m*
'wire-tap *v/t j-n, j-s Telefon* abhören
wire wool *s* Stahlwolle *f*
wir·y ['waɪərɪ] *Adj* drahtig (*Figur etc*)
▶**wis·dom** ['wɪzdəm] *s* Weisheit *f*, Klugheit *f*
wis·dom tooth *s* (*unreg* ***tooth***) Weisheitszahn *m*
▶**wise** [waɪz] **I** *Adj* (→ ***wisely***) weise, klug: ***you were wise to do that, that was a wise thing to do*** es war klug von dir, das zu tun; ***it's easy to be wise after the event*** hinterher kann man leicht klüger sein; ***be none the wiser*** *ugs* nicht klüger sein als vorher; ***get wise to s.th.*** *ugs* etw spitzkriegen; ***wise guy*** *ugs* Klugschwätzer(in) **II** *v/t*: ***wise up*** *bes Am ugs j-n* aufklären (***to*** über *Akk*) **III** *v/i*: ***wise up to*** *bes Am ugs etw* spitzkriegen
wise·ly ['waɪzlɪ] *Adv* **1.** weise, klug **2.** klugerweise
▶**wish** [wɪʃ] **I** *v/t* **1.** ***I wish he were here*** ich wünschte *oder* wollte, er wäre hier **2.** wollen: ***I wish to make a complaint*** ich möchte mich beschweren **3.** *j-m etw* wünschen: ***wish s.o. well*** j-m alles Gute wünschen; ***I wouldn't wish that on my worst enemy*** das würde ich nicht einmal meinem ärgsten Feind wünschen **II** *v/i* **4.** ***if you wish*** (***to***) wenn du willst **5.** ***wish for s.th.*** sich etw wünschen **III** *s* **6.** Wunsch *m* (***for*** nach): ***make a wish*** sich etw wünschen; (***with***) ***best wishes*** herzliche Grüße (*Briefschluss*); ***send one's best wishes for s.o.'s birthday*** j-m einen Glückwunsch zum Geburtstag schicken

wish mit past tense GR

Nach **I wish** in der Bedeutung „ich wünschte" steht die jeweilige Vergangenheitsform, wobei **was** zu **were** wird:

I wish I were younger.	Ich wünschte, ich wäre jünger!
I wish you'd been there.	Ich wünschte, du wärest da gewesen.
I wish she'd just kept her mouth shut.	Ich wünschte, sie hätte einfach ihren Mund gehalten!

'wish·bone *s* Gabelbein *n*, -knochen *m*
wish·ful ['wɪʃfʊl] *Adj*: ***wishful thinking*** Wunschdenken *n*
wish·y-wash·y ['wɪʃɪ,wɒʃɪ] *Adj ugs* **1.** labb(e)rig **2.** *fig* lasch (*Person*); verschwommen (*Vorstellung etc*)
wisp [wɪsp] *s* (*Gras-, Haar*)Büschel *n*
wist·ful ['wɪstfʊl] *Adj* wehmütig
wit [wɪt] *s* **1.** Geist *m*, Witz *m* **2.** geistreicher Mensch **3.** *auch Pl* Verstand *m*: ***be at one's wits' end*** mit seiner Weisheit am Ende sein;

W

frighten s.o. out of his wits j-n zu Tode erschrecken; ***keep one's wits about one*** einen klaren Kopf behalten

witch [wɪtʃ] *s* Hexe *f*

'witch·craft *s* Hexerei *f*

witch doc·tor *s* Medizinmann *m*

witch hunt *s* POL Hexenjagd *f* (***for, against*** auf *Akk*)

▶**with** [wɪð] *Präp* **1.** *allg* mit: ***are you still with me?*** kannst du mir folgen? **2.** bei: ***she's staying with a friend*** sie wohnt bei einer Freundin; → ***will***[1] 1, *etc* **3.** vor (*Dat*): → ***tremble*** I, *etc* **4.** von: → ***part*** 12, *etc* **5.** für: ***are you with me or against me?*** bist du für od gegen mich?

with'draw (*unreg* ***draw***) **I** *v/t* **1.** *Geld* abheben (***from*** von) **2.** *Angebot etc* zurückziehen, *Anschuldigung etc* zurücknehmen: ***withdraw from the market*** vom Markt nehmen **3.** MIL *Truppen* zurück-, abziehen **II** *v/i* **4.** sich zurückziehen **5.** zurücktreten (***from*** von)

with'draw·al **I** *s* **1.** ***make a withdrawal*** Geld abheben (***from*** von) **2.** Rücknahme *f* **3.** MIL Ab-, Rückzug *m* **4.** Rücktritt *m* (***from*** von) **II** *Adj* **5.** ***withdrawal symptoms*** *Pl* MED Entziehungs-, Entzugserscheinungen *Pl*

with·er ['wɪðə] *v/i* eingehen, verdorren

'with·er·ing *Adj* vernichtend (*Blick*)

with'hold *v/t* (*unreg* ***hold***) *Informationen, Zahlung etc* zurückhalten: ***withhold s.th. from s.o.*** j-m etw vorenthalten

▶**with·in** [wɪð'ɪn] *Präp* innerhalb (*Gen*): → ***income, sight*** 3, *etc*

▶**with·out** [wɪð'aʊt] *Präp* ohne (*Akk*)

with'stand *v/t* (*unreg* ***stand***) **1.** *einem Angriff etc* standhalten **2.** *Beanspruchung etc* aushalten

wit·less ['wɪtlɪs] *Adj* geistlos

▶**wit·ness** ['wɪtnɪs] **I** *s* **1.** *allg* Zeuge *m*, Zeugin *f*: ***witness for the defence*** (*Am* ***defense***) JUR Entlastungszeuge; ***witness for the prosecution*** JUR Belastungszeuge **II** *v/t* **2.** Zeuge sein (*Gen*); *Veränderungen etc* erleben: ***did anybody witness the accident?*** hat jemand den Unfall gesehen? **3.** *etw* bezeugen, *Unterschrift* beglaubigen **4.** ***witness ...*** denken Sie nur an (*Akk*)... **III** *v/i* **5.** ***witness to*** *etw* bezeugen

wit·ness box *s bes Br*, **wit·ness stand** *s Am* Zeugenstand *m*

wit·ti·cism ['wɪtɪsɪzəm] *s* geistreiche *oder* witzige Bemerkung

wit·ty ['wɪtɪ] *Adj* geistreich, witzig

wives [waɪvz] *Pl von* ***wife***

wiz·ard ['wɪzəd] *s* **1.** Zauberer *m*, Zauberin *f*, Hexenmeister(in) **2.** *fig* Genie *n* (***at*** in *Dat*): ***financial wizard*** Finanzgenie

wiz·ened ['wɪznd] *Adj* verhutzelt

wob·ble ['wɒbl] **I** *v/i* wackeln (*Tisch etc*), zittern (*Stimme etc*), schwabbeln (*Pudding etc*), MOT flattern (*Reifen*) **II** *v/t* wackeln an (*Dat*)

woe [wəʊ] *s* Kummer *m*, Leid *n*: ***woe betide you if*** wehe, wenn du; ***tale of woe*** Leidensgeschichte *f*

woe·ful ['wəʊfʊl] *Adj* bedauerlich, beklagenswert

wok [wɒk] *s* GASTR Wok *m*

woke [wəʊk] *Prät von* ***wake***[2]

'wok·en *Part Perf von* ***wake***[2]

▶**wolf** [wʊlf] **I** *Pl* ***wolves*** [wʊlvz] *s* **1.** ZOOL Wolf *m*: ***a wolf in sheep's clothing*** *fig* ein Wolf im Schafspelz; ***cry wolf*** *fig* blinden Alarm schlagen **2.** *ugs* Schürzenjäger *m* **II** *v/t* **3.** *auch* ***wolf down*** *ugs Essen* hinunterschlingen

wolf whis·tle *s ugs* bewundernder Pfiff: ***give s.o. a wolf whistle*** j-m nachpfeifen

wolves [wʊlvz] *Pl von* ***wolf***

▶**wom·an** ['wʊmən] **I** *Pl* ***wom·en*** ['wɪmɪn] *s* Frau *f* **II** *Adj*: ***woman doctor*** Ärztin *f*; ***woman driver*** Frau *f* am Steuer

woman

Achten Sie auf die Bildung des Plurals bei Zusammensetzungen mit **woman**:

Singular	*Plural*
woman driver	**wom<u>e</u>n driver<u>s</u>**
woman priest	**wom<u>e</u>n priest<u>s</u>**

wom·an hat·er *s* Frauenhasser *m*

wom·an·ish ['wʊmənɪʃ] *Adj pej* weibisch

wom·an·ize ['wʊmənaɪz] *v/i* hinter den Frauen her sein

'wom·an·iz·er *s* Schürzenjäger *m*

wom·an·kind [ˌwʊmən'kaɪnd] *s* das weibliche Geschlecht

'wom·an·ly *Adj* fraulich (*Figur etc*); weiblich (*Tugend*)

womb [wuːm] *s* ANAT Gebärmutter *f*, Mutterleib *m*

wom·en ['wɪmɪn] *Pl von* ***woman***: ***women's lib*** *ugs*, ***women's movement*** Frauenbewegung *f*; ***women's team*** (*Sport*) Damenmannschaft *f*

won [wʌn] *Prät und Part Perf von* ***win***

▶**won·der** ['wʌndə] **I** *v/t* **1.** neugierig *oder* gespannt sein, gern wissen mögen (***if, whether*** ob; ***what*** was); sich fragen, überlegen: ***I wonder if you could help me*** vielleicht können Sie mir helfen **II** *v/i* **2.** sich wundern, erstaunt sein (***about*** über *Akk*) **3.** neugierig *oder* gespannt sein: ***well, I wonder*** na, ich weiß nicht (recht) **III** *s* **4.** Staunen *n*, Verwunderung *f*: ***in wonder*** erstaunt, verwundert **5.** Wunder *n*: ***nine days' wonder*** Eintagsfliege *f*; ***it's a wonder*** (***that***) es ist ein Wunder, dass; (***it's***) ***no*** (*oder* ***small, little***) ***wonder*** (***that***) kein Wunder, dass; ***wonders will never cease!*** *hum* es geschehen noch Zeichen und Wunder!; ***do*** (*oder* ***work***) ***wonders*** wahre Wunder vollbringen, Wunder wirken (***for*** bei) **IV** *Adj* **6.** Wunder…

▶**won·der·ful** ['wʌndəfʊl] *Adj* wunderbar

'won·der·land *s* **1.** Wunderland *n* **2.** Paradies *n*

won·ky ['wɒŋkɪ] *Adj Br ugs* **1.** wack(e)lig **2.** schwach (*Herz*)

wont [wəʊnt] *Adj*: ***be wont to do s.th.*** etw zu tun pflegen

won't [wəʊnt] *ugs für* ***will not***

woo [wuː] *v/t j-n* umwerben

▶**wood** [wʊd] *s* **1.** Holz *n*: → ***touch*** 8 **2.** *auch Pl* Wald *m*: ***be out of the wood*** (*Am* ***woods***) *fig* über den Berg sein; ***he can't see the wood for trees*** *fig* er sieht den Wald vor lauter Bäumen nicht

'wood·cut *s* Holzschnitt *m*

wood·ed ['wʊdɪd] *Adj* bewaldet

▶**wood·en** ['wʊdn] *Adj* hölzern (*auch fig*), Holz…

wood·land ['wʊdlənd] *s* Waldland *n*, Waldung *f*

'wood,peck·er *s* ORN Specht *m*

'wood·pile *s* Holzhaufen *m*, -stoß *m*

'wood·shed *s* Holzschuppen *m*

wood·wind ['wʊdwɪnd] MUS **I** *s*: ***the woodwind***

W

die Holzblasinstrumente *Pl*; die Holzbläser *Pl* **II** *Adj*: ***woodwind instrument*** Holzblasinstrument *n*

'wood·worm *s* ZOOL Holzwurm *m*

wood·y ['wʊdɪ] *Adj* **1.** waldig **2.** holzig

▶**wool** [wʊl] *s* Wolle *f*: ***pull the wool over s.o.'s eyes*** *fig* j-m Sand in die Augen streuen

▶**wool·en** *Am*, **wool·len** *bes Br* ['wʊlən] **I** *Adj* wollen, Woll… **II** *s Pl* Wollsachen *Pl*, -kleidung *f*

'wool·ly, *Am a* **'wool·y** *Adj* **1.** → ***woolen*** I **2.** wollig **3.** *fig* wirr

Worces·ter sauce ['wʊstə] *s* Worcestersoße *f*

▶**word** [wɜːd] **I** *s* **1.** *allg* Wort *n*: ***by word of mouth*** mündlich; ***word for word*** Wort für Wort; wortwörtlich; ***in a word*** in einem Wort; ***in other words*** mit anderen Worten; ***in one's own words*** mit eigenen Worten; ***angry isn't the word for …*** ärgerlich ist gar kein Ausdruck für …; ***he's a man of few words*** er macht nicht viele Worte; ***be as good as one's word*** halten, was man verspricht; ***break one's word*** sein Wort brechen; ***get*** (*oder* ***have***) ***the final*** (*oder* ***last***) ***word*** das letzte Wort haben (***on*** in *Dat*); ***give s.o. one's word*** (***of hono[u]r***) j-m sein (Ehren)Wort geben; ***he always has to have the last word*** er muss immer das letzte Wort haben; ***can I have a word*** (*oder* ***a few words***) ***with you?*** kann ich Sie mal kurz sprechen?; ***have words*** eine Auseinandersetzung haben (***with*** mit); ***keep one's word*** Wort halten (***to*** gegenüber); ***put into words*** *etw* ausdrücken, in Worte fassen; ***take s.o. at his word*** j-n beim Wort nehmen; → ***eat*** 2, ***edgeways***, ***fail*** 5, ***mum***¹ I, ***play*** 4 **2.** *Pl* Text *m* (*eines Lieds etc*) **3.** Nachricht *f*: ***there's been no word from her for months*** wir haben schon seit Monaten nichts mehr von ihr gehört; ***send word that*** Nachricht geben, dass **II** *v/t* **4.** *etw* ausdrücken, *Text* abfassen, formulieren

> **word** (GR)
>
> Im Sinne von „Nachricht" wird **word** nur im Singular und ohne Artikel benutzt:
>
> **Word of the attack spread like wildfire.** — Die Nachricht über den Anschlag verbreitete sich wie ein Lauffeuer.

'word·ing *s* Wortlaut *m*

'word·less *Adj* wortlos, stumm

word or·der *s* LING Wortstellung *f*

'word·play *s* Wortspielereien *Pl*

▶**word pro·cess·ing** ['wɜːd‚prəʊsesɪŋ] *s* COMPUTER Textverarbeitung *f*

word pro·ces·sor *s* COMPUTER Textverarbeitungssystem *n*

word·y ['wɜːdɪ] *Adj* wortreich, langatmig

wore [wɔː] *Prät von* ***wear***

▶**work** [wɜːk] **I** *s* **1.** *allg* Arbeit *f*: ***at work*** am Arbeitsplatz; ***be out of work*** arbeitslos sein; ***make short work of*** kurzen Prozess machen mit **2.** Werk *n* (*auch Tat*): → ***art*** 1 **3.** *Pl* (*oft Sg konstruiert*) Werk *n*, Fabrik *f* **4.** *Pl* TECH Werk *n*, Getriebe *n*: → ***spanner*** **5.** ***the whole works*** *Pl ugs* der ganze Krempel **II** *v/i* **6.** arbeiten (***at, on*** an *Dat*): → ***rule*** 2 **7.** funktionieren (*auch fig*) **III** *v/t* **8.** *j-n* arbeiten lassen: ***work o.s. into a temper*** *ugs* sich in einen Wutausbruch hineinsteigern **9.** *Maschine etc* bedienen **10.** bewirken: ***how did you work it?*** *ugs* wie hast du das geschafft?; → ***miracle***, ***wonder*** 5 **11.** ***work s.th. into*** *fig* etw einbauen in (*Akk*)

> **work** (GR)
>
> Im Gegensatz zum Deutschen wird **work** im Sinne von „Arbeit" nur im Singular und ohne **a** benutzt. **Job** kann dagegen auch im Plural oder mit einem unbestimmten Artikel stehen.
>
> **If he had work / a job he wouldn't have to register with the Job Centre.** — Wenn er eine Arbeit hätte, müsste er sich nicht beim Arbeitsamt melden.

◆**work in** *v/t Zitate etc* einbauen

◆**work off** *v/t* **1.** *Schulden* abarbeiten **2.** *Zorn etc* abreagieren (***on*** an *Dat*)

◆**work out** **I** *v/t* **1.** ausrechnen; *fig* sich *etw* zs.-reimen **2.** *Plan etc* ausarbeiten **II** *v/i* **3.** klappen: ***it'll never work out*** daraus kann nichts werden **4.** aufgehen (*Rechnung etc*): ***it didn't work out*** *fig* die Rechnung ist nicht aufgegangen **5.** *ugs* trainieren

◆**work o·ver** *v/t ugs j-n* zs.-schlagen

◆**work up** *v/t* **1.** *Zuhörer etc* aufpeitschen, -wühlen: ***be worked up*** aufgeregt *oder* nervös sein (***about*** wegen) **2.** sich *Appetit etc* holen; *Begeisterung etc* aufbringen **3.** *etw* ausarbeiten (***into*** zu)

work·a·ble ['wɜːkəbl] *Adj* **1.** formbar **2.** *fig* durchführbar

'work·a·day *Adj* Alltags…

At work (WF)

(job) application	Bewerbung
CV, curriculum vitae (*Br*), **résumé** (*Am*)	Lebenslauf
vacancy	offene Stelle
(job) interview	Vorstellungsgespräch
employer	Arbeitgeber(in)
employee	Arbeitnehmer(in)
trainee	Praktikant(in), Volontär(in), Trainee
freelancer	Freiberufler(in)
work freelance	freiberuflich arbeiten
be self-employed	selbstständig sein
apprenticeship	Lehre
part-time job	Teilzeitarbeit
temporary / permanent job	befristete / unbefristete Stelle
overtime	Überstunden
working conditions *Pl*	Arbeitsbedingungen *Pl*
notice period	Kündigungsfrist
give notice / resign	kündigen
unemployed	arbeitslos
unemployment benefit (*Br*) *od* **compensation** (*Am*)	Arbeitslosengeld

W

work·a·hol·ic [ˌwɜːkəˈhɒlɪk] *s ugs* Arbeitssüchtige *m, f,* Workaholic *m*
ˈwork·bench *s* TECH Werkbank *f*
ˈwork·book *s* PÄD Arbeitsheft *n*
work camp *s* Arbeitslager *n*
ˈwork·day *s* **1.** Arbeitstag *m* **2.** Werktag *m*
▸**work·er** [ˈwɜːkə] *s* **1.** Arbeiter(in) **2.** ***be a hard worker*** hart arbeiten
work force *s* **1.** Belegschaft *f* **2.** Arbeitskräftepotenzial *n*
work·ing [ˈwɜːkɪŋ] **I** *Adj* **1.** Arbeits…: ***working breakfast*** Arbeitsfrühstück *n*; ***working capital*** WIRTSCH Betriebskapital *n*; ***working day*** → ***workday***; ***working hours*** *Pl* Arbeitszeit *f*; ***working hypothesis*** Arbeitshypothese *f*; ***a working knowledge of French*** französische Grundkenntnisse *Pl*; ***have a working knowledge of*** ein bisschen was verstehen von; ***working lunch*** *bes* POL Arbeitsessen *n*; ***in working order*** in betriebsfähigem Zustand **2.** arbeitend, berufstätig: ***working class(es*** *Pl*) Arbeiterklasse *f* **II** *s Pl* **3.** TECH Arbeits-, Funktionsweise *f*
ˈwork·load *s* Arbeitspensum *n*
work·man [ˈwɜːkmən] *s* (*unreg* ***man***) Handwerker *m*
work·mate *s Br* Arbeitskollege *m*, -kollegin *f*
ˈwork·out *s ugs* Training *n*
work per·mit *s* Arbeitserlaubnis *f*, -genehmigung *f*
ˈwork·place *s* Arbeitsplatz *m*: ***in the workplace*** am Arbeitsplatz
ˈwork·sheet *s* Arbeitsblatt *n*
▸**work·shop** [ˈwɜːkʃɒp] *s* **1.** Werkstatt *f* **2.** Workshop *m* (*Seminar*)
ˈwork·shy *Adj* arbeitsscheu
work sta·tion *s* Computerarbeitsplatz *m*, Workstation *f*
ˈwork·top *s* Arbeitsplatte *f*
ˌwork-to-ˈrule *s* WIRTSCH *Br* Dienst *m* nach Vorschrift
▸**world** [wɜːld] **I** *s allg* Welt *f*: ***in the world*** auf der Welt; ***what in the world …?*** was um alles in der Welt …?; ***a man of the world*** ein Mann von Welt; ***all over the world*** in der ganzen Welt; ***they are worlds apart*** zwischen ihnen liegen Welten; ***bring into the world*** auf die Welt bringen; ***do s.o. a*** (*oder* ***the***) ***world of good*** j-m unwahrscheinlich guttun; ***mean*** (***all***) ***the world to s.o.*** j-m alles bedeuten **II** *Adj* Welt…: ***world champion*** Weltmeister(in); ***world championship*** Weltmeisterschaft *f*; ***World Cup*** (*Sport*) Weltcup *m*, -pokal *m*; Fußballweltmeisterschaft *f*; ***World Health Organization*** Weltgesundheitsorganisation *f*; ***world language*** Weltsprache *f*; ***world power*** POL Weltmacht *f*; ***world record*** Weltrekord *m*; ***world record holder*** Weltrekordler(in); ***world war*** Weltkrieg *m*
ˈworld-ˌfa·mous *Adj* weltberühmt
world·ly [ˈwɜːldlɪ] *Adj* **1.** weltlich, irdisch **2.** weltlich (gesinnt)
ˌworld·ly-ˈwise *Adj* weltklug
ˈworld·wide *Adj* weltweit, *Adv auch* auf der ganzen Welt
World-Wide Web *s* IT World-Wide Web *n* (*weltweite Verknüpfung von Datenbanken*)
▸**worm** [wɜːm] **I** *s* **1.** ZOOL Wurm *m* **II** *v/t* **2.** *Hund etc* entwurmen **3.** ***worm one's way through*** sich schlängeln *oder* zwängen durch; ***worm one's way into s.o.'s confidence*** sich in j-s Vertrauen einschleichen **4.** ***worm s.th. out of s.o.*** *fig* j-m etw entlocken
ˈworm-ˌeat·en *Adj* wurmstichig
ˈworm·hole *s* Wurmloch *n*
worn [wɔːn] *Part Perf von* ***wear***
ˌworn-ˈout *Adj* **1.** abgenutzt, abgetragen (*Kleidung*) **2.** *fig* erschöpft (*Person*)
▸**wor·ried** [ˈwʌrɪd] *Adj* besorgt, beunruhigt: ***be worried*** sich sorgen, sich Sorgen machen (***about*** über *Akk*, um, wegen)
wor·ri·some [ˈwʌrɪsəm] *Adj* besorgniserregend, beunruhigend
▸**wor·ry** [ˈwʌrɪ] **I** *v/t j-n* beunruhigen, *j-m* Sorgen machen **II** *v/i* sich sorgen, sich Sorgen machen (***about, over*** über *Akk*, um, wegen): ***not to worry*** mach dir keine Gedanken; ***worry at*** sich abmühen mit **III** *s* Sorge *f*
ˈwor·ry·ing → ***worrisome***
▸**worse** [wɜːs] **I** *Adj und Adv* schlechter, schlimmer: ***worse still*** was noch schlimmer ist; ***to make matters worse*** zu allem Übel; ***he's getting steadily worse*** sein Zustand verschlechtert sich immer mehr **II** *s* Schlechteres *n*, Schlimmeres *n*: → ***bad*** 7, ***turn*** 4
ˈwors·en **I** *v/t* schlechter machen, verschlechtern **II** *v/i* schlechter werden, sich verschlechtern
▸**wor·ship** [ˈwɜːʃɪp] **I** *v/t Prät und Part Perf* **wor·shiped**, *bes Br* **wor·shipped** **1.** *Gott* anbeten, *auch Ahnen, Helden* verehren; *weit. S. j-n* anbeten, vergöttern: ***worship God*** *auch* zu Gott beten **II** *s* **2.** Anbetung *f*, Verehrung *f* **3.** Gottesdienst *m*
ˈwor·ship·er, ˈwor·ship·per *s* **1.** Anbeter(in), Verehrer(in) **2.** Kirchgänger(in)
▸**worst** [wɜːst] **I** *Adj* schlechtest, schlimmst: ***of the worst kind*** der übelsten Sorte **II** *Adv* am schlechtesten *oder* schlimmsten: ***come off worst*** den Kürzeren ziehen (***in*** bei) **III** *s der, die, das* Schlechteste *oder* Schlimmste: ***at*** (***the***) ***worst*** schlimmstenfalls; ***if the worst comes to the worst*** wenn alle Stricke reißen; ***the worst of it is that*** das Schlimmste daran ist, dass; ***get the worst*** den Kürzeren ziehen (***of*** bei)
worth [wɜːθ] **I** *Adj* wert: ***it's worth £ 10*** es ist 10 Pfund wert; ***a skirt worth £ 20*** ein Rock im Wert von 20 Pfund; ***it's worth a try*** es ist einen Versuch wert; ***it isn't worth it*** es lohnt sich nicht; ***it might be worth your while*** es könnte sich für dich lohnen (***to do*** zu tun); ***worth mentioning*** erwähnenswert; ***not worth mentioning*** nicht der Rede wert; ***it isn't worth waiting any longer*** es lohnt sich nicht, noch länger zu warten; → ***candle***, ***salt*** 1 **II** *s* Wert *m*
ˈworth·less *Adj* wertlos
ˌworthˈwhile *Adj* lohnend: ***be worthwhile*** sich lohnen
wor·thy [ˈwɜːðɪ] *Adj* würdig: ***worthy of admiration*** bewunderns-, bewunderungswürdig
▸**would** [wʊd] *v/hilf* **1.** *konditional*: ***he said he would come*** er sagte, er würde kommen; ***he would have come if*** er wäre gekommen, wenn; ***what would you do if …?*** was würdest du tun, wenn …?; ***how would you know?*** wo-

would in der indirekten Rede GR

Would bleibt in der indirekten Rede unverändert:

"I would like some tea," said Sarah.
Sarah said that she would like some tea.

W

her willst du denn das wissen?; ***you wouldn't understand*** das verstehst du sowieso nicht; ***you would, wouldn't you?*** *ugs* das sieht dir ähnlich! **2.** *Bereitschaft, Entschluss*: ***he wouldn't tell us what had happened*** er wollte uns nicht sagen, was passiert war; ***the door wouldn't shut*** die Tür schloss nicht; ***I would rather not say what I think*** ich sage lieber nicht, was ich denke **3.** *höfliche Bitte*: ***shut the window, would you?*** mach doch bitte das Fenster zu **4.** *Wiederholung*: ***he would often take a walk after supper*** er machte nach dem Abendessen oft einen Spaziergang

'would-be *Adj pej* Möchtegern…

wouldn't ['wʊdnt] *ugs für* ***would not***

▶ **wound**[1] [wuːnd] **I** *s* Wunde *f*, Verletzung *f*: ***open old wounds*** *fig* alte Wunden aufreißen; → ***rub*** 3 **II** *v/t j-n* verwunden, verletzen; *fig j-s Stolz etc* verletzen

wound[2] [waʊnd] *Prät und Part Perf von* ***wind***[2]

wove [wəʊv] *Prät von* ***weave***

'wov·en *Part Perf von* ***weave***

wow [waʊ] *Interj ugs* wow!, Mann!, Mensch!

wran·gle ['ræŋgl] **I** *v/i* (sich) streiten (***with*** mit; ***over*** um) **II** *s* Streit *m*

> **wr-: Tipps zur Aussprache**
>
> **Wrack** klingt im Englischen ganz anders. Wo wir [vr-] sagen, wie etwa beim (Schiffs-) Wrack, sprechen englische Muttersprachler bei Wörtern, die mit „wr-“ am Anfang geschrieben werden, das „w“ *nicht* mit.
>
> Beispiele: **wrap** [ræp], **wreck** [rek], **wring** [rɪŋ], **wrong** [rɒŋ] und natürlich **write** [raɪt], **wrote** [rəʊt], **written** ['rɪtn]
>
> Und wie spricht sich wohl der berühmte Erbauer der Londoner St-Paul's Cathedral, **Sir Christopher Wren**, aus?

▶ **wrap** [ræp] **I** *v/t* **1.** *auch* ***wrap up*** einpacken, -wickeln (***in*** in *Akk*) **2.** *etw* wickeln (***[a]round*** um) **3.** ***wrap up*** *ugs Handel etc* unter Dach und Fach bringen **II** *v/i* **4.** ***wrap up*** sich warm anziehen **5.** ***wrap up!*** *ugs* Schnauze! **III** *s* **6.** *bes Am* Umhang *m* **7.** *ugs* ***be still under wraps*** noch geheim sein; ***keep under wraps*** *etw* geheim halten

'wrap·per *s Br* (Schutz)Umschlag *m*

'wrap·ping I *s* Verpackung *f* **II** *Adj*: ***wrapping paper*** Einwickel-, Packpapier *n*

wrath [rɒθ] *s* Zorn *m*

wreak [riːk] *v/t* anrichten; *Rache* üben

wreath [riːθ] *Pl* **wreaths** [riːðz] *s* Kranz *m*

▶ **wreck** [rek] **I** *s* **1.** SCHIFF Wrack *n* (*auch fig Person*) **II** *v/t* **2.** ***be wrecked*** SCHIFF zerschellen; Schiffbruch erleiden **3.** *Hoffnungen etc* zunichtemachen

'wreck·age *s* Trümmer *Pl* (*auch fig*), SCHIFF *auch* Wrackteile *Pl*

'wreck·er *s* MOT *Am* Abschleppwagen *m*

wren [ren] *s* ORN Zaunkönig *m*

wrench [rentʃ] **I** *v/t* **1.** ***wrench s.th. from*** (*oder* ***out of***) ***s.o.'s hand*** j-m etw aus der Hand winden; ***wrench off*** *Verschluss etc* mit einem Ruck aufschrauben **2.** MED sich *das Knie etc* verrenken **II** *s* **3.** MED Verrenkung *f* **4.** TECH *Br* Franzose *m*; *Am* Schraubenschlüssel *m*

wrest [rest] *v/t*: ***wrest s.th. from s.o.'s hand*** j-m etw aus der Hand reißen

wres·tle ['resl] **I** *v/i* **1.** ringen (***with*** mit) **2.** *fig* ringen, kämpfen (***with*** mit; ***for*** um) **II** *v/t* **3.** SPORT ringen gegen

'wres·tler *s* SPORT Ringer *m*

'wres·tling (*Sport*) **I** *s* Ringen *n* **II** *Adj* Ring…: ***wrestling match*** Ringkampf *m*

wretch [retʃ] *s* **1.** *auch* ***poor wretch*** armer Teufel **2.** *oft hum* Wicht *m*

wretch·ed ['retʃɪd] *Adj* **1.** elend; (tod)unglücklich **2.** scheußlich (*Kopfschmerzen, Wetter etc*) **3.** verflixt

wrig·gle ['rɪgl] **I** *v/i* sich winden; zappeln: ***wriggle out of*** *fig* sich herauswinden aus; sich drücken vor (*Dat*) **II** *v/t* mit *den Zehen* wackeln

wring [rɪŋ] *v/t* (*unreg*) **1.** *j-m die Hand* drücken; *die Hände* ringen **2.** *oft* ***wring out*** *Wäsche etc* auswringen: ***wring the truth out of s.o.*** die Wahrheit aus j-m herausholen

'wring·ing *Adv*: ***wringing wet*** klatschnass

wrin·kle[1] ['rɪŋkl] **I** *s* Falte *f*, Runzel *f* **II** *v/t auch* ***wrinkle up*** *Stirn* runzeln, *Nase* rümpfen **III** *v/i* faltig *oder* runz(e)lig werden

wrin·kle[2] ['rɪŋkl] *s ugs* Kniff *m*, Trick *m*

▶ **wrist** [rɪst] *s* Handgelenk *n*

'wrist·band *s* Armband *n*

wrist·let ['rɪstlɪt] *s* Armband *n*

'wrist·watch *s* Armbanduhr *f*

writ [rɪt] *s* JUR Befehl *m*, Verfügung *f*

▶ **write** [raɪt] (*unreg*) **I** *v/t* **1.** *Buch etc, j-m einen Brief etc* schreiben: ***it was written on*** (*oder* ***all over***) ***his face*** *fig* es stand ihm im Gesicht geschrieben **2.** *bes Am j-m* schreiben **II** *v/i* **3.** schreiben: ***write to s.o.*** j-m schreiben; → ***home*** 8

◆ **write back** *v/i* zurückschreiben

◆ **write down** *v/t* aufschreiben, niederschreiben

◆ **write in** *v/i* schreiben (***to*** an *Akk*): ***write in for*** *etw* anfordern

◆ **write off** *v/t* **1.** *j-n*, WIRTSCH *etw* abschreiben **2.** *bes Br Wagen* zu Schrott fahren

◆ **write out** *v/t* **1.** *Namen etc* ausschreiben **2.** *Bericht etc* ausarbeiten **3.** *j-m eine Quittung etc* ausstellen **4.** RUNDFUNK, TV *j-n* herausschreiben (***of*** aus *einer Serie*)

◆ **write up** *v/t* **1.** *Notizen etc* ausarbeiten **2.** berichten über (*Akk*); *etw* besprechen

'write-off *s* **1.** WIRTSCH Abschreibung *f* **2.** *bes Br* Totalschaden *m*

▶ **writ·er** ['raɪtə] *s* **1.** Schreiber(in), Verfasser(in), Autor(in) **2.** Schriftsteller(in)

'write-up *s* (Presse)Bericht *m*; Besprechung *f*, Kritik *f*

writhe [raɪð] *v/i* sich krümmen *oder* winden (***in, with*** vor *Dat*)

writ·ing ['raɪtɪŋ] **I** *s* **1.** Schreiben *n* (*Tätigkeit*) **2.** (Hand)Schrift *f* **3.** *Pl* Werke *Pl* **4.** ***in writing*** schriftlich **II** *Adj* **5.** Schreib…: ***writing desk*** Schreibtisch *m*

writ·ten ['rɪtn] **I** *Part Perf von* ***write*** **II** *Adj* schriftlich: ***written language*** Schriftsprache *f*

▶ **wrong** [rɒŋ] **I** *Adj* (→ ***wrongly***) **1.** falsch: ▶ ***be wrong*** falsch sein, nicht stimmen; unrecht haben; falsch gehen (*Uhr*) **2.** unrecht: ***you were wrong to say that*** es war nicht recht *oder* richtig von dir, das zu sagen **3.** ***is anything wrong?*** ist etw nicht in Ordnung? ***what's wrong with you?*** was ist los mit dir?, was hast du? **II** *Adv* **4.** falsch: ***get wrong*** *j-n, etw* falsch verstehen; ***go wrong*** einen Fehler machen; kaputtgehen; *fig* schiefgehen **III** *s* **5.** Unrecht *n*: ***be in the wrong*** im Unrecht sein **IV** *v/t* **6.** *j-m* unrecht tun

W

ˌ**wrongˈdo·er** *s* Misse-, Übeltäter(in)
ˌ**wrongˈdo·ing** *s* **1.** Missetat(en *Pl*) *f* **2.** Vergehen *n oder Pl*
wrong·ful [ˈrɒŋfʊl] *Adj* **1.** ungerechtfertigt **2.** gesetzwidrig
wrong·ly [ˈrɒŋlɪ] *Adv* zu Unrecht; fälschlicherweise
wrote [rəʊt] *Prät von* ***write***
wrought [rɔːt] *Adj*: ***wrought iron*** Schmiedeeisen *n*
ˌ**wrought-ˈi·ron** *Adj* schmiedeeisern
wrung [rʌŋ] *Prät und Part Perf von* ***wring***
wry [raɪ] *Adj* süßsauer (*Lächeln*); sarkastisch (*Humor*)

X

X [eks] *Pl* **X's** [ˈeksɪ] *s* X *n*
xeno·pho·bia [ˌzenəˈfəʊbjə] *s* Ausländerfeindlichkeit *f*
xeno·pho·bic [ˌzenəˈfəʊbɪk] *Adj* ausländerfeindlich
Xmas [ˈeksməs, ˈkrɪsməs] *ugs* → ***Christmas***
X-ray [ˈeksreɪ] **I** *v/t* **1.** röntgen **II** *s* **2.** Röntgenaufnahme *f*, -bild *n* **3.** Röntgenuntersuchung *f*: ***have an X-ray*** geröntgt werden
xy·lo·phone [ˈzaɪləfəʊn] *s* MUS Xylofon *n*

Y

Y [waɪ] *Pl* **Y's** *s* Y *n*
yacht [jɒt] **I** *s* Jacht *f*; (*Sport*) (Segel)Boot *n* **II** *v/i* ***go yachting*** segeln gehen

> **Die Verwendung von she bei Dingen** (GR)
>
> Boote oder Autos werden mit dem weiblichen Pronomen **she** bezeichnet, wenn der Sprecher eine besondere Beziehung zu ihnen hat:
>
> | | |
> |---|---|
> | **See the yacht over there? She's all mine!** | Siehst du die Jacht dort drüben? Sie gehört mir ganz allein! |

ˈ**yacht·ing** *s* Segeln *n*
yachts·man [ˈjɒtsmən] *s* (*unreg* ***man***) SPORT Segler *m*
ˈ**yachtsˌwom·an** *s* (*unreg* ***woman***) SPORT Seglerin *f*
yank [jæŋk] *ugs* **I** *v/t* reißen an (*Dat*): ***yank out*** (her)ausreißen, *Zahn* ziehen **II** *v/i*: ***yank on*** reißen an (*Dat*) **III** *s* Ruck *m*
Yan·kee [ˈjæŋkɪ] *s ugs* Ami *m*
yap [jæp] **I** *v/i* **1.** kläffen **2.** *ugs* quasseln **II** *s* **3.** Kläffen *n* **4.** *ugs* Gequassel *n*
▸**yard**[1] [jɑːd] *s* Yard *n*
▸**yard**[2] [jɑːd] *s* Hof *m*
ˈ**yard·stick** *s fig* Maßstab *m*
yarn [jɑːn] *s* **1.** Garn *n* **2.** *ugs* ***spin a yarn*** Garn spinnen: ***spin s.o. a yarn about*** j-m eine Lügengeschichte erzählen von
yawn [jɔːn] **I** *v/i* gähnen (*auch fig*) **II** *s* Gähner(in); Gähnen *n*: ***be a big yawn*** *ugs* zum Gähnen (langweilig) sein
yeah [jeə] *Adv ugs* ja
▸**year** [jɪə] *s* Jahr *n*: ***year after year*** Jahr für Jahr; ***year in, year out*** jahraus, jahrein; ***all year round*** das ganze Jahr hindurch; ***since the year dot*** *ugs* seit einer Ewigkeit; ***this year*** dieses Jahr, heuer
year·ly [ˈjɪəlɪ] *Adj und Adv* jährlich
yearn [jɜːn] *v/i* sich sehnen (***for*** nach; ***to do*** danach, zu tun)
ˈ**yearn·ing** **I** *s* Sehnsucht *f* **II** *Adj* sehnsüchtig
yeast [jiːst] *s* Hefe *f*
yell [jel] **I** *v/i* schreien, brüllen (***with*** vor *Dat*): ***yell at s.o.*** j-n anschreien *oder* anbrüllen **II** *v/t auch* ***yell out*** *etw* schreien, brüllen **III** *s* Schrei *m*
▸**yel·low** [ˈjeləʊ] **I** *Adj* **1.** gelb: ***yellow fever*** MED Gelbfieber *n*; ***Yellow Pages*** *Pl* TEL *die* gelben Seiten *Pl*, Branchenverzeichnis *n* **2.** *ugs* feig **II** *s* **3.** Gelb *n*: ***the lights were at yellow*** *Am* die Ampel stand auf Gelb **III** *v/i* **4.** gelb werden, sich gelb färben (*Blätter etc*), vergilben (*Papier*)
yep [jep] *Adv ugs* ja
▸**yes** [jes] **I** *Adv* ja: ***yes and no*** ja und nein; ▸ ***yes, please*** ja, bitte **II** *s* Ja *n*
yes man *s* (*unreg* ***man***) *pej* Jasager *m*
▸**yes·ter·day** [ˈjestədɪ] **I** *Adv* gestern: ***yesterday morning*** gestern Morgen; ▸ ***the day before yesterday*** vorgestern; ***I wasn't born yesterday*** ich bin (doch) nicht von gestern **II** *s*: ***yesterday's paper*** die gestrige Zeitung
▸**yet** [jet] **I** *Adv* **1.** *fragend*: schon **2.** noch: ***not yet*** noch nicht; ***as yet*** bis jetzt, bisher **3.** (doch) noch **4.** doch, aber **II** *Konj* **5.** aber, doch

> **as yet** (GR)
>
> Im Gegensatz zu **yet**, das auch in Fragesätzen vorkommen kann, wird **as yet** nur in verneinten Sätzen benutzt.
>
> ⚠ Beachten Sie auch die Wortstellung!
>
> Bisher haben wir noch keine Bestätigung seines Rücktritts bekommen.
>
> **As yet we've had no confirmation of his resignation.**
> **We've not as yet had any confirmation of his resignation.**
> **We've had no confirmation as yet of his resignation.**

Saying yes	Ja (zu etwas) sagen SG
Yes, I'd love to.	Ja, das würde ich sehr gern.
(That) sounds great.	(Das) klingt toll.
Good idea!	Gute Idee!
Let's do it.	Auf geht's. / Wir machen das.
I'll go along with that.	Ich schließ mich dem an.
We can certainly give it a go.	Probieren können wir's auf alle Fälle.

ye·ti ['jetɪ] *s* BOT Yeti *m*
yew [juː] *s* BOT Eibe *f*
'Y-fronts *s Pl* Herrenunterhose *f*
Yid·dish ['jɪdɪʃ] *s* LING Jiddisch *n*
yield [jiːld] **I** *v/t* **1.** *Früchte* tragen, *Gewinn* abwerfen, *Resultat etc* ergeben, liefern **2.** *auch* ***yield up*** MIL *Stellung etc* überlassen (***to*** *Dat*) **II** *v/i* **3.** nachgeben (*Boden etc*) **4.** nachgeben; MIL sich ergeben (***to*** *Dat*): ***yield to*** MOT *Am j-m* Vorfahrt gewähren **III** *s* **5.** WIRTSCH Ertrag *m*, Ertrag *m*
YMCA [ˌwaɪemsiː'eɪ] *Abk* (= ***Young Men's Christian Association***) CVJM *m* (*Christlicher Verein Junger Menschen*)
yo·ga ['jəʊgə] *s* Yoga *m*, *n*
yog·hurt, **yog·hourt**, **yog·urt** ['jɒgət] *s* Joghurt *m*, *n*
yolk [jəʊk] *s* (Ei)Dotter *m*, *n*, Eigelb *n*
►**you** [juː] *Pron* **1.** (*Nom*) du, Sie, ihr; (*Dat*) dir, Ihnen, euch; (*Akk*) dich, Sie, euch **2.** man
you'd [juːd] *ugs für* ***you had***; ***you would***
you'll [juːl] *ugs für* ***you will***
►**young** [jʌŋ] **I** *Adj* **1.** jung **II** *s* **2.** ***the young*** die jungen Leute *Pl*, die Jugend **3.** ZOOL Junge *Pl*
young·ster ['jʌŋstə] *s* Junge *m*
►**your** [jɔː] *Possessivpron* dein(e); *Pl* euer, eure; Ihr(e) (*auch Pl*)
you're [jʊə] *ugs für* ***you are***
►**yours** [jɔːz] *Pron* dein(er, e, es); *Pl* euer, eure(s); Ihr(er, e, es) (*auch Pl*), *in Briefen*: Dein(er, e, es); Euer, Eure(s): ***a friend of yours*** ein Freund von dir
►**your·self** [jɔː'self] *Pl* **your·selves** [jɔː'selvz] *Pron* **1.** *verstärkend*: selbst: ***you yourself told me, you told me yourself*** du hast es mir selbst erzählt **2.** *refl* dir, dich, sich: ***did you hurt yourself?*** hast du dich verletzt?
►**youth** [juːθ] **I** *s* **1.** Jugend *f*: ***in my youth*** in meiner Jugend **2.** Jugendliche *m*, *f* **3.** *Koll* Jugend *f* **II** *Adj* **4.** Jugend…: ***youth club*** Jugendklub *m*; ► ***youth hostel*** Jugendherberge *f*
you've [juːv] *ugs für* ***you have***
Yu·go·slav [ˌjuːgəʊ'slɑːv] **I** *s* Jugoslawe *m*, -lawin *f* **II** *Adj* jugoslawisch
Yu·go·sla·via [ˌjuːgəʊ'slɑːvjə] *Eigenn* Jugoslawien *n*
yum·my ['jʌmɪ] *Adj ugs* lecker
yup·pie ['jʌpɪ] *s* Yuppie *m*
YWCA [ˌwaɪdʌbljuːsiː'eɪ] *Abk* (= ***Young Women's Christian Association***) CVJF *m* (*Christlicher Verein Junger Frauen und Mädchen*)

Z

Z [zed, *Am* ziː] *Pl* **Z's** *s* Z *n*
Zam·bia ['zæmbɪə] *Eigenn* Sambia *n*
zap [zæp] *v/t ugs* **1.** umlegen, killen **2.** TV ***zap channels*** zappen **3.** ***zap up*** aufmotzen
zeal [ziːl] *s* Eifer *m*
zeal·ous ['zeləs] *Adj* eifrig
ze·bra ['zebrə, 'ziːbrə] *s* ZOOL Zebra *n*
ze·bra cross·ing *s Br* Zebrastreifen *m*
►**ze·ro** ['zɪərəʊ] **I** *Pl* **ze·ros**, **ze·roes** *s* Null *f* (*Am auch* TEL), (*einer Skala auch*) Nullpunkt *m*: ***10 degrees below zero*** 10 Grad unter null **II** *Adj* Null…: ***zero growth*** Nullwachstum *n* **III** *v/i*: ***zero in on*** MIL sich einschießen auf (*Akk*) (*auch fig*); *fig* sich konzentrieren auf (*Akk*)
ˌze·ro-e'mis·sion *Adj* schadstofffrei
zest [zest] *s* **1.** *fig* Würze *f* **2.** Begeisterung *f*: ***zest for life*** Lebensfreude *f*
zig·zag ['zɪgzæg] **I** *s* Zickzack *m* **II** *Adj* zickzackförmig, Zickzack… **III** *v/i* im Zickzack laufen, fahren *etc*, zickzackförmig verlaufen (*Weg etc*)
zilch [zɪltʃ] *Pron sl* nix, null
Zim·ba·bwe [zɪm'bɑːbwɪ] *Eigenn* Simbabwe *n*
zinc [zɪŋk] *s* CHEM Zink *n*
►**zip** [zɪp] **I** *s* **1.** Reißverschluss *m* **2.** Zischen *n*, Schwirren *n* **3.** *ugs* Schmiss *m*, Schwung *m* **II** *v/t* **4.** ***zip the bag up*** den Reißverschluss der Tasche zumachen; ***zip s.o. up*** j-m den Reißverschluss zumachen **5.** *eine Datei* komprimieren, zippen **III** *v/i* **6.** zischen, schwirren (*Kugeln etc*) **7.** *ugs* flitzen: ***zip by*** (*oder* ***past***) vorbeiflitzen
zip code *s Am etwa* Postleitzahl *f*
zip fas·ten·er *s bes Br* → ***zip*** 1
►**zip·per** ['zɪpə] *bes Am* → ***zip*** 1
zo·di·ac ['zəʊdɪæk] *s* ASTR Tierkreis *m*: ***signs Pl of the zodiac*** Tierkreiszeichen *Pl*
zom·bie ['zɒmbɪ] *s* Zombie *m*
zone [zəʊn] *s* Zone *f*
►**zoo** [zuː] *s* Zoo *m*
zo·o·log·i·cal [ˌzəʊə'lɒdʒɪkl] *Adj* zoologisch: ***zoological gardens*** *Pl* Tierpark *m*
zo'ol·o·gy *s* Zoologie *f*
zoom [zuːm] **I** *v/i* **1.** ***zoom in on*** FOTO *etw* heranholen **2.** *ugs* sausen **3.** *ugs* in die Höhe schnellen (*Preise*) **II** *s* **4.** *auch* ***zoom lens*** FOTO Zoom(objektiv) *n*
zuc·chi·ni [zuː'kiːnɪ] *Pl* **zuc·chi·nis**, **zuc·chi·ni** *s Am* BOT Zucchini *f*
Zu·rich ['zjʊrɪk] *Eigenn* Zürich *n*

Germany: Political
SWEDEN
COPENHAGEN
Baltic Sea
North Sea
DENMARK
Kiel
Schleswig-
Holstein
Mecklenburg-
West Pomerania
Hamburg
Hamburg
Schwerin
Bremen
Bremen
Elbe
NETHER-
STERDAM
LANDS
Lower Saxony
Oder
BERLIN
Berlin
Potsdam
Brandenburg
POLAND
Hanover
Magdeburg
Weser
North Rhine-
Westphalia
Saxony-Anhalt
GERMANY
Düsseldorf
Erfurt
Dresden
Saxony
Rhine
Hesse
Thuringia
LGIUM
Rhineland-
Palatinate
Wiesbaden
Mainz
Main
Mosel
Luxem-
bourg
PRAGUE
CZECH REP.
EMBOURG
Saarland
Saarbrücken
Bavaria
Stuttgart
Danube
Danube
Baden-
Wurttemberg
VIENNA
Munich
FRANCE
AUSTRIA
VADUZ
Liechten-
stein
BERNE
SWITZERLAND
1 : 5 500 000
50
100
150 km
ITALY
SLOVENIA
LJUBLJANA
ZAGREB
CROATIA

Europe: Political

30°
40°
50°
60°
70°
Barents Sea
Kolgujev
Poluostrov Kanin
Pečora
Ob
Kola Peninsula
Lapland
White Sea
URAL MOUNTAINS
Karelia
Kemijoki
Severnaja Dvina
Onega
FINLAND
Kamskoe vdhr.
Suchona
Lake Onega
Lake Ladoga
RUSSIA
Helsinki
Belaja
Kama
Tallinn
ESTONIA
Lake Peipus
Rybinsk Reservoir
Volga
Kujbyševskoe vdhr.
Rīga
LATVIA
Moskva
Moscow
50°
LITHUANIA
Daugava
Dnieper
Vilnius
Minsk
BELARUS
Volgogradskoe vdhr.
Zajyq
KAZAKHSTAN
Don
Caspian Depression
Kiev
UKRAINE
Dnieper
Doneck
Cimljanskoe vdhr.
Dniester
CARPATHIAN MTS
MOLDOVA
Chişinău
Prut
Sea of Azov
Caspian Sea
ROMANIA
Mureş
Crimea
CAUCASUS
5642 Elbrus
GEORGIA
Tbilisi
Baku
Kura
AZERBAIJAN
40°
Bucharest
Danube
Black Sea
Balkan Mts
BULGARIA
Sofia
ARMENIA
Yerevan
Araks
AZERBAIJAN
Skopje
Sea of Marmara
Ankara
Kizilirmak
IRAN
TURKEY
Aegean Sea
GREECE
Athens
IRAQ
Menderes
Aleppo
Euphrates
Tigris
SYRIA
Cyclades
Sporades
Nicosia
Baghdad
Crete
CYPRUS
LEBANON
Beirut
Euphrates
Sea
30°
40°

Great Britain and Ireland: Physical

Northern Ireland
Ulster
Belfast
Lough Neagh
Donegal
Lower L. Erne
Upper L. Erne
Donegal Bay
Sligo Bay
Sligo
Benbulben
526
Bangor
Nephin
807
Mourne Mts.
852
Clew Bay
Dundalk
L. Mask
Roscommon
Connaught
L. Corrib
L. Ree
Connemara
Galway
Galway Bay
Aran Islands
TARA
Dublin
Leinster
Tullamore
IRELAND
L. Derg
GLENDALOUGH
924
Wicklow
Shannon
Limerick
Kilkenny
Suir
Barrow
Tralee
Munster
919
Wexford
Blackwater
Waterford
Dingle Bay
Kerry
Cork
Bantry Bay
St. George's Channel
Celtic Sea
128
89
Irish Sea
139
159
Man
(Br.)
620
18
Douglas
Solway Firth
Cumbrian Mountains
978
North
Pennines
York
Middlesbrough
Yorkshire and Humberside
Scarborough
Harrogate
York
Lancaster
Morecambe Bay
Bradford
Leeds
Blackpool
Kingston-upon-Hull
Humber
13
Liverpool Bay
North West
Manchester
Liverpool
Anglesey
Holyhead
Sheffield
Trent
East Midlands
Chester
Stoke-on-Trent
Derby
Caernarvon
1085
Snowdon
Nottingham
The Wash
England
The Fens
Norfolk
Norwich
Leicester
Wolverhampton
Birmingham
Cambrian Mountains
East Anglia
Cardigan Bay
752
Wales
Coventry
Suffolk
Ouse
Aberystwyth
West Midlands
Northampton
Cambridge
Ipswich
Cardigan
Worcester
Colchester
56
Severn
330
Cotswold Hills
Thames
Oxford
London
Reading
Windsor
Greenwich
Swansea
Bristol
Cardiff
Bath
Canterbury
Bristol Channel
North Downs
294
South East
Dover
Strait of Dover
Dunkerque
STONEHENGE
Exmoor
Kent
Calais
Taunton
South Downs
Avon
Southampton
Hastings
Devon
South West
Portsmouth
Brighton
Eastbourne
Nord-Pas-de-Calais
Dartmoor
621
Exeter
Bournemouth
12
Wight
Lyme Bay
Cornwall
Plymouth
Land's End
English Channel
Picardie
Amiens
Isles of Scilly
172
Alderney
54
le Havre
Haute-Normandie
Rouen
Baie de la Seine
Guernsey
(U.K.)
Channel Islands
Jersey
Caen
54°
52°
50°
10°
8°
6°
4°

North and Central America: Physical

80°
60°
40°
O C E A N
Kap Morris Jesup
2900
Axel Heiberg Island
Ellesmere Island
Nares Strait
Knud Rasmussen Land
80°
Thule/Qaanaaq
Kong Frederik VIII Land
Jones Sound
Devon Island
Lancaster Sound
Greenland
Baffin Bay
2470
Somerset Island
Bylot Island
Gulf of Boothia
Boothia Peninsula
Baffin Island
Disko
Godhavn/ Qeqertarsuaq
Davis Strait
Melville Peninsula
Prince Charles Island
2591
Kong Christian IX Land
Foxe Basin
Arctic Circle
Denmark Strait
Iceland
Southampton Island
Iqaluit
Kong Frederik VI Kyst
Reykjavík
Hudson Strait
extreme drift ice limit
1300
Hudson Bay
240
Ungava
Ungava Bay
Julianehåb/ Qaqortoq
Uummannarsuaq/ Kap Farvel
60°
Labrador Sea
Belcher Islands
Labrador Peninsula
James Bay
Akimiski
Canadian Shield
Anticosti
Gulf of Saint Lawrence
Newfoundland
Cabot Strait
Lake Superior
St. Lawrence
Ottawa
Montréal
Lake Michigan
Lake Huron
Lake Ontario
Appalachian Mountains
Bay of Fundy
Nova Scotia
69
Chicago
Detroit
Niagara Falls
Boston
Cape Cod
L. Erie
ATLANTIC
New York
St. Louis
Ohio
Pittsburgh
Philadelphia
40°
Azores
Ozark Plateau
Washington DC
Mid-Atlantic Ridge
Mississippi
Mt. Mitchell
2037
Hatteras
Atlanta
Bermuda
OCEAN
Houston
New Orleans
4755
Cape Canaveral
Florida
Abyssal Plain
Bahama Islands
Gulf of Mexico
Miami
Straits of Florida
Andros
Nassau
6690
Tropic of Cancer
Havana
Turks and Caicos Islands
Cuba
1708
Yucatán Peninsula
2005
Hispaniola
Santo Domingo
Puerto Rico
Virgin Islands
20°
Cayman Islands
Greater Antilles
3175
Anguilla
Tajumulco
Belmopan
Kingston
San Juan
Jamaica
Guadeloupe
Dominica
Martinique
Cape Verde Islands
4220
Guatemala
Caribbean Sea
Tegucigalpa
Barbados
6662
San Salvador
Punta Gallinas
Lesser Antilles
Managua
3820
Caracas
Trinidad
Chirripó
Lake Nicaragua
San José
Panamá
SOUTH AMERICA
Georgetown
Coconut Island
Malpelo
80° West
60°
40°

North and Central America: Political

80°
60°
40°
20°
O C E A N
Ellesmere Island
Thule/Qaanaaq
Greenland
(Den.)
Devon Island
Baffin
Bay
Baffin Island
Godhavn/
Qeqertarssuaq
Davis Strait
Foxe
Basin
Southampton
Island
Iqaluit
Ivujivik
Hudson Strait
Godthåb/Nûk
Denmark Strait
Arctic Circle
ICELAND
Reykjavik
Hudson
Bay
Uummannarsuaq/
Kap Farvel
Labrador
Sea
Labrador Peninsula
Schefferville
Goose Bay
Moosonee
Sept-Îles
Gander
Newfoundland
Saint John's
Thunder Bay
Lake Superior
Québec
Gulf of
Saint Lawrence
Lake
Huron
Montréal
Fredericton
Sydney
Ottawa
St. Lawrence
Nova Scotia
Lake
Michigan
Toronto
Halifax
L. Ontario
Appalachian Mountains
Detroit
Buffalo
Boston
Chicago
L. Erie
New York
Indianapolis
Pittsburgh
ATLANTIC
St. Louis
Philadelphia
Ohio
Cincinnati
Baltimore
Azores
Washington DC
Memphis
Raleigh
Mississippi
Atlanta
Bermuda
(U.K.)
Savannah
Hamilton
New
Orleans
Jacksonville
O C E A N
Tampa
Orlando
Gulf of
Mexico
Miami
BAHAMAS
Nassau
DOMINICAN REPUBLIC
Tropic of Cancer
Havana
Santo Domingo
Puerto Rico
(U.S.)
CUBA
ANTIGUA AND BARBUDA
HAITI
JAMAICA
Kingston
Port-
au-Prince
SAINT VINCENT AND THE GRENADINES
DOMINICA
SAINT LUCIA
BELIZE
Belmopan
CAPE VERDE
HONDURAS
Tegucigalpa
Caribbean
Sea
BARBADOS
NICARAGUA
Caracas
GRENADA
TRINIDAD
AND TOBAGO
EL SALVADOR
Managua
San José
COSTA RICA
Panamá
PANAMA
Orinoco
VENEZUELA
Georgetown
Bogotá
GUYANA
French Guiana
(Fr.)
COLOMBIA
80° West

Australia and New Zealand: Physical

Australia and New Zealand: Political

Southern Africa: Physical

India: Physical
CHINA
Tibet
Tanggula Shan
Karakorum Range
Kashmir
Jammu and Kashmir
Srinagar
Islamabad
Peshawar
Khyber Pass
Rawalpindi
AFGHANISTAN
PAKISTAN
Sulaiman Range
Lahore
Faisalabad
Ludhiana
Punjab
Chandigarh
Simla
Himachal Pradesh
HIMALAYA
Trans-Himalaya
Siwalik Range
Nanda Devi 7817
Kailas 6714
Shilla 7026
Nu Jiang
Salween
Siling Co
Nam Co
Tangra Yumco
Lhasa
Brahmaputra
Namcha Barwa 7756
Haryana
Uttar Pradesh
Meerut
New-Delhi
Delhi
Thar Desert
Rajasthan
Jodhpur
Jaipur
Aravalli Range
Dhaulagiri 8167
Annapurna 8091
NEPAL
Kathmandu
Mount Everest 8846
Sikkim
Thimpu
BHUTAN
Arunachal Pradesh
Lucknow
Kanpur
Ganges
Yamuna
Varanasi (Benares)
Allahabad
Patna
Assam
Guwahati
Nagaland
Patkai Range
Khasi Hills
Shillong
Meghalaya
Imphal
Manipur
Tripura
BANGLADESH
Dhaka
Gujarat
Rann of Kachchh
Tropic of Cancer
Ahmadabad
Bhopal
Chambal
Son
Bihar
Madhya Pradesh
Vindhya Range
Narmada
Satpura Range
1353
Bhaunagar
Diu
Gulf of Khambhat
Daman
Silvassa
Dadra and Nagar Haveli
Tapti
Nagpur
Maharashtra
Bengal
Calcutta
Mouths of the Ganges
Mizoram
Chittagong
MYANMAR
Mandalay
Victoria 3053
Mumbay (Bombay)
Godavari
INDIA
Orissa
Mahanadi
Bhubaneshwar
Pune
Western Ghats
Eastern Ghats
Deccan
1240 Bela Dila
1680 Devodi
Vishakhapatnam
Ramree
Cheduba
Ragaing Yoma
Bago Yoma
Irrawaddy
Hyderabad
Bhima
Krishna
Bay of Bengal
Hubli
Goa
Andhra Pradesh
Karnataka
Yangon
Mouths of the Irrawaddy
Gulf of Martaba
Bangalore
Kolar Gold Fields
Cauvery
Chennai (Madras)
Laccadive Islands
Calicut/Kozhikode
Kerala
Tamil Nadu
Coimbatore
Pondicherry
Lakshadweep (India)
Cochin
Anaimudi 2695
Madurai
Palk Strait
Nine Degree Channel
Minicoy
Trivandrum
Eight Degree Channel
Gulf of Mannar
Cape Comorin
SRI LANKA
Anuradhapura
Kandy
2524 Pidurutalagala
Colombo
Ceylon
Dondra Head
Andaman Islands
Karen
Port Blair
Nachuge
Andaman and Nicobar Islands (India)
Ten Degree Channel
Andaman Sea
Nicobar Islands
Bananga
Banda Aceh
Sumatra
Meulaboh
Maldives
MALDIVES
Male
INDIAN OCEAN
3835
3070
4510
1900
25
1722
3374
1:20 000 000
0 200 400 600 km
70°
80°
90°
90° East
30°
20°
10°

The World: Political

MIDDLE AMERICA

1 **SAINT VINCENT AND THE GRENADINES** Kingstown
2 **GRENADA** St. George's

EUROPE

1 **NETHERLANDS** Amsterdam
2 **BELGIUM** Brussels
3 **LUXEMBOURG** Luxembourg
4 **CZECH REPUBLIC** Prague
5 **SLOVAKIA** Bratislava
6 **SWITZERLAND** Berne
7 **LIECHTENSTEIN** Vaduz
8 **AUSTRIA** Vienna
9 **HUNGARY** Budapest
10 **SLOVENIA** Ljubljana
11 **CROATIA** Zagreb
12 **ANDORRA**
13 **MONACO**
14 **SAN MARINO**
15 **VATICAN CITY**
16 **BOSNIA AND HERZEGOVINA** Sa
17 **SERBIA AND MONTENEGRO** Beog
18 **ALBANIA** Tirana
19 **MACEDONIA** Skopje
20 **MALTA** Valletta

O C E A N
North Land
Franz Josef Land
Novaya Zemlya
New Siberian Islands
Wrangel Island
Arctic Circle
R U S S I A
FINLAND
Helsinki
Tallinn ESTONIA
Riga
LATVIA
Vilnius LITHUANIA
Moscow
Minsk BELARUS
Warsaw
Kiev
UKRAINE
Chişinău
MOLDOVA
ROMANIA
Bucharest
Sofia BULGARIA
GREECE
Athens
TURKEY
Ankara
GEORGIA
Tbilisi
Baku
Yerevan
ARMENIA
Astana
KAZAKHSTAN
UZBEKISTAN
Tashkent
Bishkek
KYRGYZSTAN
TURKMENISTAN
Ashgabad
Dushanbe
TAJIKISTAN
Islamabad
Kabul
AFGHANISTAN
IRAN
Teheran
Baghdad
IRAQ
SYRIA
Damascus
Nicosia
CYPRUS
Cairo
EGYPT
KUWAIT
Kuwait
SAUDI ARABIA
Riyadh
Abu Dhabi
U.A.E.
Muscat
OMAN
PAKISTAN
New Delhi
INDIA
NEPAL
Kathmandu
BHUTAN
Thimpu
BANGLADESH
Dhaka
Ulaan Baatar
MONGOLIA
CHINA
Peking
NORTH KOREA
Pyongyang
Seoul
SOUTH KOREA
Shanghai
JAPAN
Tokyo
Kuril Islands
Aleutian Islands
PACIFIC OCEAN
Taipei
TAIWAN
Tropic of Cancer
Vientiane
Hanoi
LAOS
VIETNAM
MYANMAR
Rangoon
THAILAND
Bangkok
CAMBODIA
Phnom Penh
Manila
PHILIPPINES
Colombo
SRI LANKA
Male
MALDIVES
Kuala Lumpur
MALAYSIA
SINGAPORE
INDONESIA
Jakarta
Dili
EAST TIMOR
MARSHALL ISLANDS
Micronesia
MICRONESIA
Melanesia
Equator
KIRIBATI
PAPUA NEW GUINEA
Port Moresby
SOLOMON ISLANDS
TUVALU
SAMOA
VANUATU
FIJI
TONGA
Tropic of Capricorn
AUSTRALIA
Perth
Canberra
Sydney
Melbourne
Tasmania
NEW ZEALAND
Wellington
Khartoum
SUDAN
ERITREA
Asmara
Sanaa
YEMEN
DJIBOUTI
Djibouti
Addis Ababa
ETHIOPIA
SOMALIA
Mogadishu
CENTRAL AFRICAN REPUBLIC
UGANDA
Kampala
KENYA
Nairobi
DEMOCRATIC REPUBLIC CONGO
RWANDA
Kigali
Dodoma
TANZANIA
Victoria
SEYCHELLES
ZAMBIA
Lusaka
MALAWI
Lilongwe
COMOROS
Moroni
Antananarivo
MADAGASCAR
Port Louis
MAURITIUS
ZIMBABWE
Harare
MOZAMBIQUE
BOTSWANA
Gaborone
Maputo
Pretoria
Mbabane
SWAZILAND
Maseru
LESOTHO
SOUTH AFRICA
INDIAN OCEAN
Antarctic Circle
ANTARCTICA
AFRICA
1 BURKINA FASO Ouagadougou
2 IVORY COAST Yamoussoukro
3 GHANA Accra
4 TOGO Lomé
5 BENIN Porto-Novo
6 CAMEROON Yaoundé
7 EQUATORIAL GUINEA Malabo
8 SÃO TOMÉ AND PRÍNCIPE São Tomé
9 BURUNDI Bujumbura
ASIA
1 LEBANON Beirut
2 ISRAEL Jerusalem
3 JORDAN Amman
4 AZERBAIJAN Baku
5 BAHRAIN Al Manama
6 QATAR Doha
7 BRUNEI Bandar Seri Begawan
Capital
20° 40° 60° 80° 100° 120° 140° 160° 180°
80° 60° 40° 20° 0° 40° 60°

Austria and Switzerland: Political

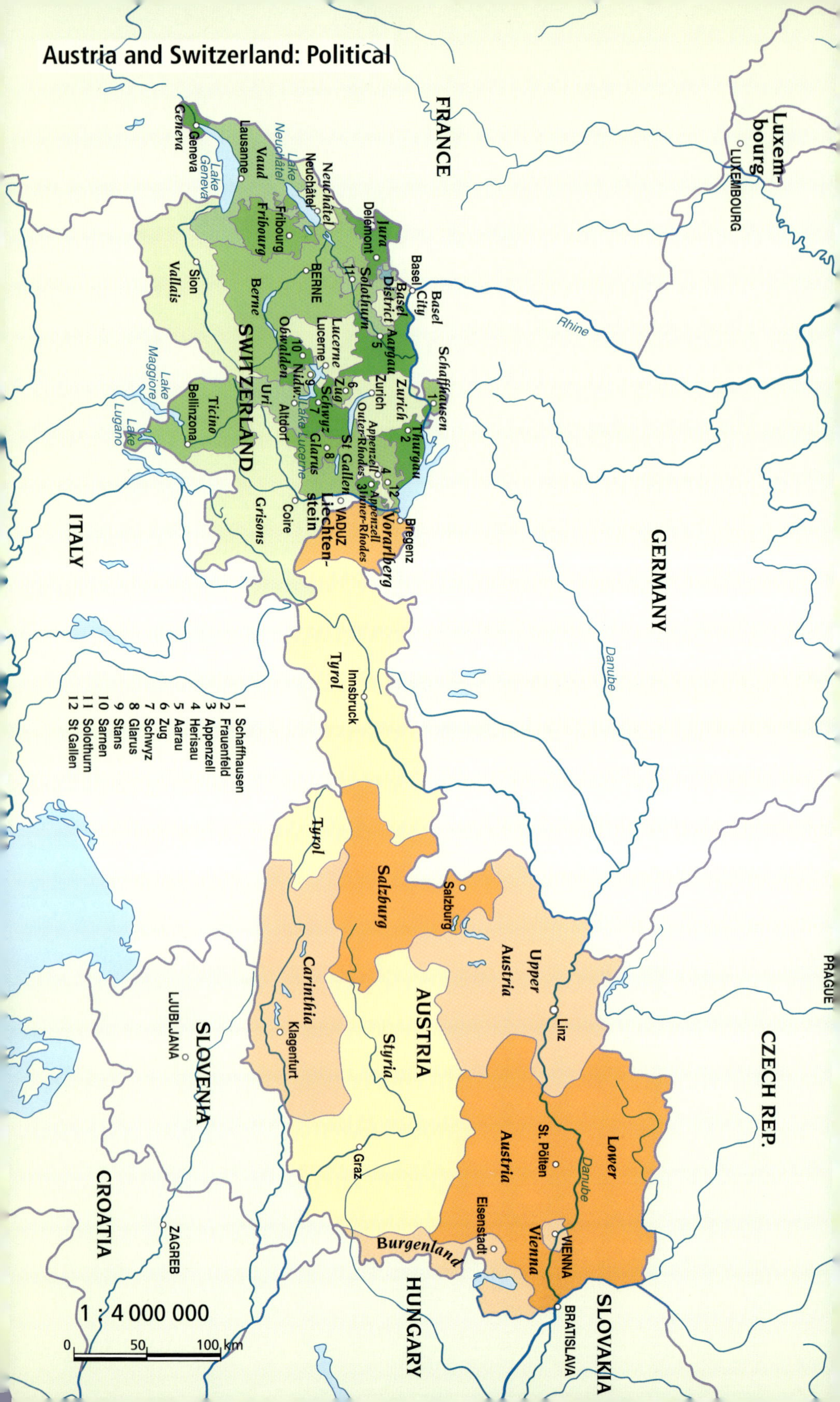

Prüfungstrainer

Schritt für Schritt fit für die Klausur

Inhaltsverzeichnis

Vorwort

Liebe Schülerin, lieber Schüler,

Sie gehören zu den fortgeschrittenen Lernern und haben als schulisches Ziel die Reifeprüfung vor Augen. Die folgenden Kapitel sollen Sie fit machen für die Aufgaben, die Sie in der Oberstufe und am Ende in der Abschlussprüfung erwarten. Dazu gehören vor allem auch die richtigen Lernstrategien und Arbeitstechniken, die erheblich zum Erfolg beitragen.

Bitte beachten Sie, dass die konkreten Aufgabentypen, denen Sie begegnen werden, sowie deren Bewertung den Rahmenbedingungen des für Sie geltenden Lehrplans unterliegen. Auf die feinen Unterschiede zwischen den Aufgabenstellungen in den einzelnen Bundesländern und Kantonen kann in diesem Rahmen nicht eingegangen werden. Die Tipps und Hinweise des Prüfungstrainers sind deshalb so angelegt, dass sie Ihnen ein solides Fundament zur Prüfungsvorbereitung und zur Lösung von Klausuraufgaben bieten.

Wesentlicher Bestandteil der schriftlichen Prüfung im Fach Englisch sind **text analysis**, **composition** und die **Übersetzung** vom Englischen ins Deutsche. Zu jedem dieser Bereiche können Sie sich zunächst informieren, welche **Anforderungen** mit dem jeweiligen Aufgabentyp an Sie gestellt werden. Im Anschluss daran finden Sie **Schritt-für-Schritt-Anleitungen**, wie Sie bei der Bearbeitung vorgehen sollten. **Useful phrases** bieten Ihnen Hilfen und Anregungen für das Formulieren. Der Abschnitt, der sich mit der Übersetzung beschäftigt, weist Sie auf potenzielle Fehlerquellen hin und zeigt Ihnen anhand von Beispielen, wie Sie schwierige Wörter und Strukturen sprachlich und stilistisch einwandfrei ins Deutsche übertragen können.

Darüber hinaus werden **Lern- und Arbeitstechniken** vorgestellt, die Ihnen eine effektive Unterrichts- und Prüfungsvorbereitung ermöglichen. So bekommen Sie unter anderem Tipps, wie Sie das einsprachige und das zweisprachige **Wörterbuch optimal nutzen** und wie Sie Ihren **Wortschatz systematisch erweitern** können.

In der Oberstufe spielt neben der schriftlichen auch die **mündliche Ausdrucksfähigkeit** eine nicht unbedeutende Rolle. Mit einem Repertoire an **Kommunikationsstrategien** und Techniken, die das **freie Sprechen** fördern, überzeugen Sie sowohl im Unterrichtsgespräch als auch beim Referat und in der mündlichen Prüfung.

Am Schluss des Prüfungstrainers finden Sie außerdem einige Hinweise zum **Zeitmanagement**. Sie werden feststellen, dass eine gezielte **Lernplanung** ein wesentlicher Bestandteil der erfolgreichen Prüfungsvorbereitung ist. Sie geraten nicht unter Zeitdruck, wenn Sie Ihre Englischkenntnisse systematisch ausbauen und die Fremdsprache immer wieder schriftlich und mündlich anwenden.

Für die Arbeit in der Oberstufe und für Ihre Abschlussprüfung wünschen wir Ihnen viel Erfolg!

LANGENSCHEIDT VERLAG

1. Text Analysis

Bei der Vorbereitung auf die Abschlussprüfung im Fach Englisch kommt der Bearbeitung von geschriebenen oder gesprochenen Texten eine zentrale Bedeutung zu. Es kann sich dabei um einen Sachtext oder einen literarischen Text handeln, den Sie anhand von Fragen analysieren sollen.

1.1 Aufgabenstellung

Ein Großteil dieser **questions on the text** zielt auf inhaltliche Gesichtspunkte ab. Ihre Aufgabe ist es, alle für die Beantwortung der jeweiligen Frage relevanten Textaussagen zu erkennen und in eigenen Worten wiederzugeben. Unter Umständen wird von Ihnen verlangt, den ganzen Text oder einen Teilaspekt zusammenzufassen (**summary**).

Auch textanalytische Fragen sind Bestandteil der **questions on the text**. Hier untersuchen Sie beispielsweise, wie der Text aufgebaut ist, welche sprachlichen Mittel der Autor verwendet, und was damit erreicht werden soll. Im Zusammenhang mit literarischen Texten wird häufig nach der Erzählperspektive oder nach der Art und Weise gefragt, wie einzelne Personen charakterisiert werden.

Da sich alle Fragen beziehungsweise Aufgaben auf den vorliegenden Text beziehen, ist es notwendig, dass Sie bei der Bearbeitung nicht über den Text hinausgehen. Das heißt, Sie sollen keine neuen Gesichtspunkte hinzufügen. Außerdem ist in diesem Teil der Prüfung auf eine persönliche Stellungnahme zu verzichten. Ihre persönliche Meinung ist erst bei der **composition** gefragt.

Auf den folgenden Seiten erhalten Sie Tipps, worauf Sie bei der Bearbeitung der **questions on the text** achten sollten.

1.2 Bewertung

Ihre sprachlichen Äußerungen werden immer nach zweierlei Gesichtspunkten bewertet. Zum einen wird festgestellt, ob die Antworten inhaltlich richtig und vollständig sind, zum anderen werden sprachliche Richtigkeit und Ausdrucksvermögen überprüft. Dabei kommt es nicht nur darauf an, möglichst wenige Fehler zu machen, sondern auch darauf, einen differenzierten Wortschatz und komplexe Satzstrukturen zu verwenden.

Die Bereiche Inhalt und Sprache (Sprachrichtigkeit und Ausdrucksvermögen) werden getrennt voneinander bewertet, und daraus wird dann die Gesamtpunktzahl errechnet. Beachten Sie, dass in bestimmten Fällen eine so genannte „Sperrklausel" in Kraft tritt: Wird ein Bereich mit 0 Punkten bewertet, kann für den anderen Teilbereich bei der betreffenden Aufgabe bestenfalls die Häfte der maximalen Punktzahl erreicht werden.

1.3 Texterschließung

Da auf den inhaltlichen Aspekt ein nicht unerheblicher Teil der Punkte entfällt, ist es außerordentlich wichtig, einen Klausur- oder Prüfungstext gut zu verstehen. Deshalb sollten Sie sich ein Repertoire an Strategien und Techniken aneignen, das Ihnen die Texterschließung erleichtert.

Die folgenden Schritte sollten Sie für jede einzelne Frage durchführen:

1. Schritt: Skimming

Beim **Skimming** geht es darum, den Text schnell und überfliegend zu lesen. Sie wollen erst einmal herausfinden, worum es in dem Text geht, und achten noch nicht auf Details. Schlagen Sie in dieser Phase auch noch keine Wörter nach! Viele Begriffe lassen sich aus anderen Fremdsprachen, Wortarten oder aus dem Zusammenhang ableiten.

2. Schritt: Scannen und markieren

Tasten Sie wie ein Scanner den Text nach der für die betreffende Frage relevanten Information ab. Erst in dieser Phase sollten Sie einzelne, Ihnen unbekannte Wörter im Wörterbuch nachschlagen, damit Sie die Textabschnitte richtig zuordnen können.

Markieren Sie die entsprechenden Passagen in verschiedenen Farben. Dazu eignen sich Textmarker oder farbige Stifte.

3. Schritt: Wörter nachschlagen und notieren

Jetzt geht es darum, die betreffende Textstelle genau zu lesen, um keinen wichtigen inhaltlichen Aspekt zu übersehen. Schlagen Sie Begriffe im Wörterbuch nach, deren Bedeutung Sie nicht erschließen können.

Für die anschließende Beantwortung der Frage ist es äußerst hilfreich, wenn Sie sich Paraphrasen oder Synonyme, die Sie in einem einsprachigen Wörterbuch finden, gleich notieren. Legen Sie sich dazu ein Konzeptblatt neben den Text und listen Sie dort die entsprechenden Erklärungen beziehungsweise Synonyme auf, etwa so:

Sales of solar power equipment are high. Wind energy projects are sprouting up across the country. …

sprout up:
appear suddenly
in large numbers

Nachdem Sie auf diese Weise auch die unklaren Stellen entschlüsselt haben, können Sie nun daran gehen, die Fragen zu beantworten. Dabei werden Ihnen Ihre Aufzeichnungen von großem Nutzen sein.

1.4 Textproduktion: Antworten formulieren

Bei der Beantwortung der **questions on the text** wird von Ihnen erwartet, dass Sie **eigenständige Formulierungen** verwenden und nicht Passagen aus dem Text wörtlich übernehmen. Auch auf längere Zitate sollten Sie unbedingt verzichten.

4. Schritt: Paraphrasieren und strukturieren

Notieren Sie die Aussagen aus dem Text, auf die sich die jeweilige Frage bezieht, in anderen Worten. Fassen Sie dabei inhaltliche Aspekte zusammen, die im Text sehr ausführlich oder unter Nennung mehrerer Beispiele behandelt werden. Bringen Sie die einzelnen Aspekte anschließend in eine logische Reihenfolge, indem Sie Ihre Aufzeichnungen nummerieren oder mit Pfeilen versehen.

Wenn Sie diesen Schritt in der Vorbereitungsphase immer wieder trainieren, werden Sie in der Prüfung bei manchen Fragen sogar darauf verzichten können. Wegen des Gesamtumfangs der schriftlichen Prüfung ist es nur bei umfangreicheren Fragen und natürlich beim Aufgabentyp **composition** empfehlenswert, Stichpunkte zu notieren.

Zu vielen Begriffen haben Sie bereits in der Phase der Texterschließung Synonyme gesammelt. Diese Aufzeichnungen können Sie jetzt auch dazu verwenden, um Aussagen zu paraphrasieren. Erinnern Sie sich noch an unser Beispiel?

Sales of solar power equipment are high. Wind energy projects are sprouting up across the country. …

sprout up:
appear suddenly
in large numbers

Mithilfe Ihrer Notizen ließe sich die Aussage des Textes so formulieren:

Quite a large number of technical facilities have appeared which make use of new sources of energy.

5. Schritt: Ausformulieren

Formulieren Sie aus den Hauptaussagen nun einen zusammenhängenden Text. Vermeiden Sie dabei Wortwiederholungen und achten Sie darauf, die einzelnen Aspekte sprachlich miteinander zu verknüpfen. Verwenden Sie **Konjunktionen** (**conjunctions / connectives**), um Beziehungen zwischen den Sätzen herzustellen und die Aussagen in eine logische Ordnung zu bringen. Durch die Untergliederung in Haupt- und Nebensätze zeigen Sie außerdem, dass Sie komplexe Satzstrukturen sicher beherrschen.

Auf Seite 570 finden Sie eine Reihe von Konjunktionen, die für die Formulierung Ihrer Antworten hilfreich sein können.

1.5 Wörterbucharbeit I: Textentschlüsselung

Nicht jedes unbekannte Wort führt dazu, dass eine Passage im Text unverständlich bleibt. Es bieten sich zahlreiche Möglichkeiten, wie Sie Wörter ohne Zuhilfenahme eines Wörterbuchs erschließen können:

✓ Erschließen Sie die Bedeutung aus dem Textzusammenhang.

✓ Leiten Sie die Bedeutung von einem Fremdwort oder aus einer anderen Fremdsprache (z. B. Latein, Französisch) ab.

✓ Nutzen Sie die Kenntnis von Wortbildungsregeln:
z. B. **cruel** (Adjektiv) – **cruelty** (Substantiv).

Eine ganze Reihe von Begriffen werden Sie trotz dieser Erschließungstechniken im Wörterbuch nachschlagen. Damit dies nicht zu viel Zeit in Anspruch nimmt, hat sich die folgende Vorgehensweise bewährt:

- Auf jeder Wörterbuchseite finden Sie oben sogenannte **search words**. Sie beziehen sich auf das erste und das letzte Stichwort auf dieser Doppelseite. Sie sparen viel Zeit beim Nachschlagen, wenn Sie beim Durchblättern auf diese **search words** achten.

- Haben Sie den gesuchten Eintrag gefunden, sollten Sie gezielt die Wortart ansteuern, die Sie suchen, und die anderen Teile des Eintrags außer Acht lassen.

- Innerhalb eines Eintrags helfen Ihnen Ziffern und kursiv geschriebene Angaben, die richtige Wortbedeutung zu finden. Jetzt erst sollten Sie genauer lesen und sich die Übersetzung des gesuchten Begriffs notieren.

Beachten Sie folgende Prinzipien, nach denen die Wörterbucheinträge gestaltet sind:

- **Compound words** (zusammengesetzte Wörter) sind häufig als separate Einträge aufgeführt.

- **Phrasal verbs** werden nach dem Hauptverb einzeln genannt und in alphabetischer Reihenfolge aufgelistet (z.B. **bring about, bring along, bring back, bring down, bring forth, bring forward** usw.).

- **Idiomatische Wendungen** finden Sie in der Regel im Wörterbucheintrag des entsprechenden bedeutungstragenden Wortes.

Machen Sie sich zu den Wörtern, die Sie im Wörterbuch nachschlagen, immer Notizen. Wenn Sie in einem einsprachigen Wörterbuch nachschlagen, schreiben Sie sich auch die Definitionen oder Synonyme auf, die Sie unter dem jeweiligen Stichwort finden. Diese können Sie später bei der Bearbeitung der **questions on the text** wieder verwenden.

1.6 Useful phrases: Connectives

Adding a point

as well	auch
in addition, …	außerdem
besides, …	außerdem; ferner
moreover, …	außerdem
as well as	sowohl … als auch
not only … but also	nicht nur …, sondern auch

Giving a reason or result

so	deshalb
that is why	deshalb; deswegen; daher
therefore	deshalb; daher
because of	wegen
due to	wegen, aufgrund von, infolge von
thus	so; folglich, somit
consequently	folglich, daher

Indicating time

when	als
after	nach; nachdem
before	vorher, zuvor
as soon as	sobald
subsequently	später
lately	vor kurzem; in letzter Zeit; neuerdings
eventually	schließlich

Expressing contrast

but	aber, jedoch
however	jedoch
whereas	während; wohingegen
nevertheless	nichtsdestoweniger; dennoch; trotzdem

Conjunctions with several meanings

as	*Grund*: da
	Zeit: während, als
as long as	*Grund*: vorausgesetzt, dass
	Zeit: so lange wie
since	*Grund*: da
	Zeit: seit
while	*Gegensatz*: während; wogegen
	Grund: obwohl; wenn auch
	Zeit: während

1.7 Summary

In einer **summary** werden die wichtigsten Informationen oder Argumente aus einem Text in verkürzter Form wiedergegeben. Da in der Aufgabenstellung häufig nicht die Zusammenfassung des gesamten Textes, sondern eines Teilaspektes verlangt wird, ähnelt sie den **questions on the text** und soll deshalb an dieser Stelle behandelt werden.

Diese oder ähnliche Formulierungen könnte der Aufgabenteil der Prüfung enthalten:

Summarize the author's arguments concerning / against… .
Sum up the facts about as mentioned in the text.

Für das Anfertigen der **summary** gelten die gleichen Hinweise, die schon im Zusammenhang mit den Fragen zum Textverständnis gegeben wurden. In der folgenden Checkliste finden Sie die wichtigsten Arbeitsschritte noch einmal in Kurzform:

✓ Markieren Sie die relevanten Textstellen.

✓ Schlagen Sie Wörter nach und notieren Sie die Erklärung und / oder Synonyme.

✓ Notieren Sie das Wichtigste in Stichpunkten.

✓ Lassen Sie Beispiele und nebensächliche Details weg.

✓ Verfassen Sie einen zusammenhängenden Text, der nicht länger als $^1/_3$ des Originals ist.

✓ Verwenden Sie dabei **connectives**.

✓ Wandeln Sie direkte in indirekte Rede um.

✓ Schreiben Sie im **present tense**.

✓ Verwenden Sie keine Zitate.

✓ Lesen Sie Ihren Text zum Schluss noch einmal durch.

Auch bei einer Zusammenfassung ist es wichtig, dass Sie nicht Passagen wörtlich aus dem Text übernehmen. Bemühen Sie sich um eigenständige Formulierungen. Fügen Sie inhaltlich aber nichts hinzu, was nicht im Originaltext steht. Vergessen Sie außerdem nicht, dass in der **summary** keinerlei persönliche Stellungnahme gefragt ist.

Zur Frage, ob im Einleitungssatz einer **summary** der Autor sowie die Überschrift des Artikels oder der Titel des Werkes genannt werden sollte, gibt es unterschiedliche Meinungen. Die zwei möglichen Varianten sollen hier kurz vorgestellt werden. Am besten fragen Sie nach, welche dieser Varianten von den Lehrkräften an Ihrer Schule bevorzugt werden.

Variante 1:
Im ersten Satz werden der Autor und der Titel genannt; außerdem wird kurz umrissen, worum es in dem Artikel bzw. Werk geht.

Variante 2:
Autor und Titel werden nicht explizit erwähnt. Die Zusammenfassung soll sich so lesen, als hätte sie der Autor selbst verfasst.

1.8 Fragen zur Textanalyse

Neben den Fragen zum Inhalt des vorliegenden Textes enthält die schriftliche Prüfung auch textanalytische Fragen. Wie eingangs erwähnt, geht es hier um die Struktur des Textes, die sprachliche Form sowie die Funktion rhetorischer Mittel. So lässt zum Beispiel die Wortwahl die Intention des Autors erkennen. Ironie, Metaphern oder rhetorische Fragen haben im Text immer eine bestimmte Funktion. Ihre Aufgabe ist es, diese Zusammenhänge zu erkennen und zu erläutern.

Ausgehend von typischen Beispielen sollen im Folgenden einzelne Bereiche der Textanalyse genauer betrachtet werden. Ergänzen Sie die Liste der **useful phrases** durch weitere Formulierungen, die Ihnen im Laufe der Prüfungsvorbereitung begegnen.

Examine the stylistic level of the passage and determine its function.

Hier wird von Ihnen erwartet, dass Sie sich intensiv mit dem sprachlichen Stil des Textes auseinandersetzen und erörtern, was der Verfasser durch die Wahl seiner Mittel erreichen will. Berücksichtigen Sie

- ✓ die Wortwahl (einfacher / gehobener Wortschatz; Fachwortschatz; Adjektive),
- ✓ die sprachliche Ebene (umgangssprachlich; förmlich),
- ✓ den Tonfall (ironisch; humorvoll; sachlich),
- ✓ die Satzstruktur (einfach; komplex),
- ✓ die Textsorte (expositorisch; deskriptiv; argumentativ; narrativ).

Choice of words: The author uses everyday / sophisticated vocabulary.
The text contains abstract / concrete words.
The passage is full of colloquialisms / abbreviations.
The writer uses depreciating / appreciating adjectives.

Register: The author employs colloquial expressions.
everyday language.
slang words.
formal language.
scientific terms.
legal expressions.

Tone: The tone of the text / passage is ironical, cynical, humorous,
angry, indignant, earnest,
informative, factual, detached.

Sentence structure: The text contains long, complex sentences.
short and clear sentences.
The writer employs complicated structures.
simple types of subordinate clauses.

Text types: descriptive, argumentative, expository, instructive, narrative

Show that the writer uses a variety of means to make his text interesting and convincing.

Auch bei dieser Frage sind wieder eine ganze Reihe von Aspekten zu berücksichtigen. Markieren Sie im Text alle Stellen, die das Interesse des Lesers wecken und die Argumentation des Verfassers unterstützen. Achten Sie besonders auf:

- ✓ Die Überschrift und den ersten Absatz,
- ✓ die Art und Weise, wie das Thema behandelt wird,
- ✓ die Struktur bzw. den Aufbau des Textes,
- ✓ den sprachlichen Stil,
- ✓ rhetorische Mittel,
- ✓ Beispiele, die der Veranschaulichung dienen,
- ✓ Zitate (Äußerungen von Experten, Betroffenen),
- ✓ Zahlen und Fakten.

Features that make a text interesting / convincing:

The heading	is devised to attract the reader's attention. arouses the reader's curiosity.
The writer employs	exclamations … enumerations … exaggerations … to make his text interesting.

Statistics and quotations give the impression of authority.
The author tries to convince the reader by mentioning facts and figures.
The text is presented as a human interest story.

The writer uses a number of stylistic devices. Find three examples and analyse their meaning and their specific function.

In der folgenden Übersicht sind die wichtigsten Stilmittel aufgezählt. Detaillierte Erklärungen zu den rhetorischen Mitteln finden Sie auf den Seiten 1209 und 1210. Achten Sie bei der Bearbeitung dieser Aufgabe darauf, dass Sie für jedes der **stylistic devices** die folgenden drei Interpretationsschritte vornehmen:

- ✓ Nennen Sie das Stilmittel und geben Sie die entsprechende Zeile an.
- ✓ Erläutern Sie die Bedeutung: Was will der Verfasser damit sagen?
- ✓ Gehen Sie auf die Funktion ein: Warum verwendet der Verfasser dieses Stilmittel genau an dieser Stelle? Welchen Zweck verfolgt er damit?

Rhetorical devices:

alliteration, antithesis, assonance, ellipsis, exaggeration, euphemism, figurative language, irony, metaphor, parallelism, personification, pun, repetition, rhetorical question, satire, simile, symbol

1.9 Besonderheiten bei literarischen Texten

Im Zusammenhang mit fiktionalen Texten gibt es eine Reihe von typischen Aufgabenstellungen, auf die Sie sich gut vorbereiten können. Dazu gehören im Besonderen die Personencharakterisierung und die Analyse der Erzählperspektive.

Personencharakterisierung

Der Autor eines literarischen Textes kann seine Figuren auf zwei verschiedene Arten und Weisen charakterisieren:

- zum einen, indem er eine Person beschreibt und über ihre Eigenschaften und Gefühle berichtet (**explicit characterization**),
- und zum anderen, indem er eine Person bestimmte Dinge tun oder sagen lässt, die dem Leser Rückschlüsse auf ihre Persönlichkeit ermöglichen (**implicit characterization**).

Beides sollten Sie im Auge behalten, wenn es darum geht, eine Figur zu charakterisieren. Ihre Aufgabe ist es, alle – auch die versteckten – Informationen über eine bestimmte Figur aus dem Text herauszufiltern.

Achten Sie dabei auf folgende Gesichtspunkte:

✓ Name, Alter, Beruf
✓ soziales Umfeld (Familie, Wohnort, Bildungsstand)
✓ äußeres Erscheinungsbild
✓ Verhalten
✓ Ausdrucksweise
✓ Charaktereigenschaften
✓ Gedanken und Gefühle
✓ Beziehungen zu anderen Personen

Bei dieser Aufgabe ist es ratsam, nach dem Markieren der relevanten Textstellen Notizen anzufertigen und diese gleich nach diesen übergeordneten Gesichtspunkten zu gliedern. Dabei ist es wichtig, die Zeilen festzuhalten, in denen Sie die entsprechende Information finden. Es wird von Ihnen erwartet, dass Sie bei Ihrer Personencharakterisierung auf den Text verweisen und Ihre Ausführungen durch Zeilenangaben (in Klammern) belegen. Besonders geschickt ist es, wenn Sie kurze Zitate mit Zeilenangaben in Ihren Text einbauen. Denken Sie daran, für jeden Aspekt, den Sie bearbeiten wollen, einen neuen Absatz zu beginnen. Eine einleitende Bemerkung sowie eine abschließende Zusammenfassung runden Ihre Darstellung ab.

Die folgende Liste von Adjektiven, die Ihnen bei einer Personenbeschreibung nützlich sein können, ist beliebig erweiterbar:

Adjectives describing people

age / looks		**character**	
middle-aged	(mittleren Alters)	kind-hearted	(gutherzig)
youthful	(jugendlich)	good-natured	(gutmütig)
good-looking	(gut aussehend)	hysterical	(hysterisch)
handsome	(gut aussehend)	jealous	(eifersüchtig)
tanned	(sonnengebräunt)	obstinate	(stur)
pale	(blass)	sympathetic	(mitfühlend)

Erzählperspektive

Zu den erzähltechnischen Möglichkeiten eines Autors, mithilfe derer er die Wirkung auf den Leser beeinflussen kann, gehört die Wahl der Erzählperspektive (**narrative perspective**). Darunter ist der Blickwinkel zu verstehen, aus dem die Geschichte erzählt wird.

Ein auktorialer Erzähler (**omniscient narrator**) taucht nie als Figur in der Geschichte auf. Er steht über den Dingen und kommentiert das Geschehen in der 3. Person (**third-person narrator**). Da er Personen und Ereignisse aus einer übergeordneten Position beschreibt, ist sein Blickfeld in keiner Weise eingeschränkt (**unlimited point of view**).

Der personale Erzähler (**disguised narrator**) ist zwar ebenfalls ein **third-person narrator**, er nähert sich aber im Verlauf der Erzählung einer oder mehreren Figuren an und nimmt ihren Blickwinkel ein (**limited point of view**).

Im Gegensatz zum auktorialen und personalen Erzähler ist der Icherzähler (**first-person narrator**) gleichzeitig eine Figur in der Geschichte und stellt die Ereignisse so dar, wie er / sie diese wahrgenommen hat.

Häufig ist es Teil der Fragestellung herauszuarbeiten, welche Wirkung der Autor mithilfe von **narrative perspective** und **point of view** erzielt oder erzielen will. Der personale sowie der Icherzähler geben dem Leser Einblick in die Gedanken und die Gefühlswelt bestimmter Figuren und wecken dadurch häufig die Sympathie des Lesers. Es ist durchaus nicht ungewöhnlich, wenn die Erzählperspektive innerhalb eines literarischen Textes mehrfach wechselt (**shifts of perspective / shifting point of view**). Gibt der Erzähler den Gedankengang einer Figur in geordneter Form wieder, spricht man von **interior monologue** oder **reported thought**.

third-person narrator		**first-person narrator**
with an unlimited point of view	**with a limited point of view**	**with a limited point of view**
Looks at the characters and events from a distance.	Presents the events and actions through the eyes of one of the characters.	Describes his / her own feelings and ideas.
May confine himself to the role of a mere observer.	The reader follows the protagonist's thoughts and reflections.	The reader shares his / her feelings and takes his / her side.
⟸⟹ shifting point of view		

Verweisen Sie auch hier in Ihrer Antwort wieder auf die entsprechenden Textstellen und belegen Sie Ihre Ausführungen durch kurze Zitate mit Zeilenangaben.

2. Comment / Composition

Im Prüfungsteil **comment / composition** wird von Ihnen erwartet, dass Sie ein vorgegebenes Thema ausführlich erörtern. Es kann sich dabei um eine persönliche Stellungnahme oder um eine literarische Erörterung handeln. Auch andere schriftliche Formen wie zum Beispiel das Verfassen eines Briefs, einer Rede oder eines Interviews können in der Aufgabenstellung enthalten sein.

2.1 Bewertung

Für die Bewertung spielt sowohl die inhaltliche als auch die sprachliche Leistung eine Rolle. In einigen Bewertungsskalen entfallen 40 % der Bewertungseinheiten auf den Inhalt, 60 % auf die sprachliche Darstellung. Andere wiederum beziehen Inhalt, Sprachrichtigkeit und Ausdrucksvermögen zu je einem Drittel in die Gesamtbewertung mit ein. Mit einem klaren Aufbau und stichhaltigen Argumenten erfüllen Sie die Anforderungen im inhaltlichen Bereich. Darüber hinaus sollen Sie Ihre Ausdrucksfähigkeit im Englischen unter Beweis stellen. Die Zahl der Fehler wird dabei ebenso berücksichtigt wie die Verwendung eines differenzierten Wortschatzes, idiomatischer Wendungen und textstrukturierender Elemente.

Da der Prüfungsteil **comment / composition** etwa ein Viertel der Gesamtpunktzahl oder sogar mehr ausmacht, lohnt es sich, diese Aufgabenform gut zu trainieren und auch während der Prüfung ausreichend Zeit dafür einzuplanen. Durch eine gezielte Vorbereitung können Sie sowohl im inhaltlichen als auch im sprachlichen Bereich größere Sicherheit erwerben und damit Ihr Prüfungsergebnis maßgeblich beeinflussen.

2.2 Aufgabenstellung

Bei den klassischen **Composition**-Themen lassen sich zwei verschiedene Arten unterscheiden, die jeweils die Struktur Ihres Aufsatzes festlegen:

Typ 1: dialektisch	Typ 2: linear
Pro und contra oder: Vor- und Nachteile	Auflistung mehrerer Argumente **first(ly), second(ly), third(ly)**

Einige Themenbeispiele:

Genetic engineering – a blessing or a curse?	How do you explain the fascination that media such as computers and TV hold for children?
Tourism contributes nothing at all to a better understanding between nations. Do you agree?	Education for peace. What could be done in families and at school to further this idea?
Hamlet, Prince of Denmark – a rebel, a philosopher or a madman? Discuss.	Cultural identity plays an important role in many contemporary works of literature. Choose one by an English-speaking author and show how the topic is treated.

2.3 Der Aufbau des klassischen Essays

Ein klarer und durchdachter Aufbau bildet den Rahmen für Ihre Ausführungen: Mit einer gelungenen Einleitung lösen Sie eine positive Erwartungshaltung aus. Sie überzeugen jeden Korrektor durch eine gut strukturierte und sprachlich gewandte Argumentation. Die Schlussbemerkung rundet das Bild ab und bestätigt damit den Gesamteindruck. Lesen Sie die folgenden Anregungen aufmerksam durch und versuchen Sie, sie beim Verfassen Ihres nächsten Essays umzusetzen.

Einleitung – Introduction

So führen Sie geschickt zum Thema hin:
- ✓ mit einer Definition eines oder mehrerer Schlüsselbegriffe aus der Aufgabenstellung,
- ✓ mit einem Zitat, einer Redewendung oder einem Sprichwort,
- ✓ mit einem persönlichen Erlebnis,
- ✓ mit einem geschichtlichen Rückblick,
- ✓ mit dem Hinweis auf ein aktuelles Ereignis,
- ✓ mit einer provozierenden Aussage.

Hauptteil – Main body

dialektischer Aufbau
Topic sentence: pro (or con) Argument 1 (+ example) Argument 2 (+ example) …
Topic sentence: con (or pro) Argument 3 (+ example) Argument 4 (+ example) Argument 5 (+ example) …

Präsentieren Sie zuerst die Position, die Sie nicht vertreten. Führen Sie anschließend aus, warum Sie anderer Meinung sind.

linearer Aufbau
Topic sentence 1 Argument 1 (+ example)
Topic sentence 2 Argument 2 (+ example)
Topic sentence 3 Argument 3 (+ example)
…

Bauen Sie Ihre Argumentation so auf, dass der wichtigste Aspekt zum Schluss genannt wird.

Schluss – Conclusion

Runden Sie Ihren Aufsatz ab, indem Sie
- ✓ auf die Einleitung und die darin enthaltenen Bilder oder Gedanken zurückverweisen,
- ✓ Ihre Erkenntnisse zusammenfassend darstellen, ohne das bereits Gesagte zu wiederholen,
- ✓ auf mögliche Auswirkungen hinweisen,
- ✓ oder den Blick auf die Zukunft richten.

Führen Sie in Ihrer Schlussbemerkung auf keinen Fall weitere Argumente an! Diese gehören in den Hauptteil.

2.4 Schritt für Schritt zum gelungenen Essay

1. Schritt: Brainstorming

Entscheiden Sie sich für ein Thema, zu dem Ihnen nach kurzem Nachdenken mehrere stichhaltige Argumente und auch die entsprechenden englischen Formulierungen einfallen. Sammeln Sie alle Ideen auf einem gesonderten Blatt. Lassen Sie ausreichend Platz zwischen den einzelnen Stichpunkten, sodass Sie noch weitere Gesichtspunkte ergänzen können. Handelt es sich um ein Thema mit dialektischem Ansatz, sollten Sie Ihre Notizen bereits nach „pro" und „contra" vorsortieren und in zwei Spalten beziehungsweise auf zwei Blättern festhalten.

2. Schritt: Gliederung

Verbinden Sie diejenigen Aufzeichnungen, die inhaltlich zusammenpassen, und ordnen sie diese einem übergeordneten Gesichtspunkt zu. Überlegen Sie sich eine logisch zusammenhängende Argumentationslinie und nummerieren Sie dann die Hauptpunkte Ihrer Gliederung. Diesen gedanklichen „roten Faden" sollten Sie beim Schreiben immer im Auge behalten. Möglicherweise stellt sich heraus, dass sich nicht alle Notizen in Ihren Essay einbauen lassen. Streichen Sie weg, was nicht unmittelbar in die logische Struktur passt, und ergänzen Sie auf Ihrem Konzeptblatt gegebenenfalls Beispiele oder weitere Aspekte.

3. Schritt: Einleitung

Nachdem Sie nun eine konkrete Vorstellung haben, was Sie in Ihrer **composition** ausführen wollen, können Sie die Einleitung verfassen. Denken Sie an die verschiedenen Möglichkeiten, wie Sie auf das Thema hinführen können. Vorsicht: Die Einleitung darf nicht zu lang werden!

4. Schritt: Hauptteil und Schluss

Beginnen Sie mit Ihren Ausführungen in einer neuen Zeile. Auch jeder übergeordnete Aspekt Ihrer Gliederung sollte in einem gesonderten Absatz behandelt werden. Es empfiehlt sich dabei, einen neuen Hauptpunkt mit einem **topic sentence** einzuleiten, mit dem Sie zunächst grob umreißen, was Sie im Anschluss genauer ausführen werden.

Verbinden Sie die einzelnen Argumente, die Sie vorher auf Ihrem Konzeptblatt skizziert haben, gedanklich und sprachlich. In der nebenstehenden Übersicht finden Sie eine Reihe von Ausdrücken, die dabei äußerst hilfreich sind. Überschlagen Sie zwischendurch die Anzahl der Wörter, die Sie bereits geschrieben haben. So können Sie vermeiden, dass ein Aspekt zu ausführlich oder zu knapp dargestellt wird. Die angegebene Wortzahl sollte nicht wesentlich über- oder unterschritten werden.

Schließen Sie Ihren Essay mit einer zusammenfassenden Bemerkung oder einem Ausblick ab. Der Umfang der Schlussbemerkung sollte etwa dem der Einleitung entsprechen.

5. Schritt: Korrekturlesen

Lesen Sie den fertigen Aufsatz noch einmal gründlich durch. Überprüfen Sie den Text auf Rechtschreibfehler, Wiederholungen oder unklare Formulierungen und führen Sie die entsprechenden Korrekturen aus.

2.5 Useful phrases

Üben Sie die einzelnen Schritte beziehungsweise Teile der **composition** so oft wie möglich und eignen Sie sich dabei ein Repertoire an **useful phrases** an, die Ihnen das Formulieren erleichtern.

Introduction

There was a time in history / America / England when ...
The history of mankind seems to be a history of ...
... has been a controversial issue for quite some time.
At first sight it seems to be true that ...
It is generally believed that ...
As we know from ...
With the world growing closer and closer together, the question arises whether ...

Main body

Listing arguments
first, second, third (firstly, secondly, thirdly)
in the first place, in the second place, thirdly
to begin with, then, finally
moreover; besides; in addition to that; what is more; furthermore
on the one hand, on the other hand
however; in contrast; contrary to; whereas; unlike

Giving examples
such as
for example (e.g.); for instance
to illustrate the point
that is (i.e.); that is to say
namely

Giving a result
consequently
therefore
thus
as a result

Conclusion

all in all
in short
to sum up
taking everything into consideration
all these things considered, ...
it seems to me that ...
I have come to the conclusion that ...
in my view / opinion
as I see it

2.6 Andere Formen der Composition

In vielen schriftlichen Prüfungen werden entweder als Alternative oder zusätzlich zum klassischen Essay andere Formen kreativen Schreibens von Ihnen erwartet. Zu dieser Art von Aufgabenstellung gehören **letter to the editor**, **interview**, **speech** oder die Interpretation eines **cartoon**. Bei der Bearbeitung dieser Aufgaben haben Sie relativ großen Gestaltungsspielraum, und natürlich ist hier Ihre Fantasie gefragt.

Letter-writing

Beim Verfassen von Briefen sind eine Reihe von formalen Kriterien zu beachten. Dies gilt für persönliche und förmliche Briefe in gleicher Weise:

Personal letter

(writer's address)
(no name!)

(date)

Dear …,

Thanks for your letter …

Love,
(name)

Formal letter
hier: **Letter to the editor**

(writer's address)
(no name!)

(date)

(addressee)
(name and address)

Dear Sir or Madam,

In response to your article on …
I would like to point out that …

(full name)

Anmerkung: Die Schlussformel bei förmlichen Briefen lautet:

Yours sincerely, oder **Yours faithfully,**

Beim **letter to the editor** fällt diese Schlussformel weg. Der Brief endet mit dem Namen und dem Wohnort.

Der **letter to the editor** stellt eine besondere Art des förmlichen Briefes dar. In der Aufgabenstellung wird vorgegeben, worauf Sie sich beziehen sollen: In der Regel ist die persönliche Stellungnahme zu einem Zeitungsartikel oder zu einer bestimmten Äußerung verlangt. Dabei dürfen Sie in eine Rolle schlüpfen, die Sie sich selbst zurechtlegen. So können Sie sich etwa als Betroffener oder als Experte äußern.

Ähnlich wie beim klassischen Essay sollen Sie also ein vorgegebenes Thema erörtern. Ihr Brief sollte, genauso wie die **composition**, stichhaltige Argumente aufweisen und einen klaren Aufbau erkennen lassen.

Interview / Dialogue

Bei diesem Aufgabentyp sind die Gesprächspartner und das Thema vorgegeben. Es besteht in der Regel ein inhaltlicher Zusammenhang zum schriftlichen Prüfungstext. Sie könnten etwa aufgefordert werden, das Gespräch zwischen einer Person, die im Text vorkam, und einem Freund, einem Politiker oder einer Nachbarin wiederzugeben. Es könnte aber auch Ihre Aufgabe sein, beispielsweise ein Interview zwischen einem Reporter und einem Sportler zu verfassen, der des Dopings überführt wurde.

Gehen Sie wieder schrittweise vor:

- ✓ Überlegen Sie sich den Inhalt und Verlauf des Gesprächs auf jeden Fall in einer Brainstorming-Phase.
- ✓ Versetzen Sie sich in die jeweilige Situation.
- ✓ Beginnen Sie das Gespräch nicht abrupt, sondern lassen Sie den Reporter einige einleitende Sätze sprechen.
- ✓ Achten Sie auf die passende sprachliche Stilebene (Umgangssprache / förmliche Sprache).
- ✓ Versuchen Sie, einen Spannungsbogen in Ihr Gespräch einzubauen.

Speech

Ähnlich wie in einem Essay müssen Sie auch in einer Rede überzeugende Argumente vorbringen und geschickt miteinander verknüpfen. Darüber hinaus sind bei einer Rede einige Besonderheiten zu beachten:

- ✓ Vergessen Sie nicht, Ihre Zuhörer angemessen zu begrüßen.
- ✓ Bauen Sie rhetorische Stilmittel in ihren Vortrag ein, um die Wirkung des Gesagten zu verstärken, zum Beispiel **alliteration**, **anaphora**, **repetition**, **exaggeration**, **rhetorical questions**, **metaphors**, **irony**. (Erläuterungen hierzu finden Sie auf den Seiten 1209 und 1210.)
- ✓ Während Sie sonst Wiederholungen vermeiden sollten, können Sie sie in einer Rede gezielt einsetzen, um Ihr Anliegen deutlich zu machen.
- ✓ Beziehen Sie Ihre fiktiven Zuhörer in die Argumentation mit ein.

Für alle auf dieser Doppelseite vorgestellten Aufgabentypen gilt:

Lesen und analysieren Sie einige **letters to the editor**, **interviews** und **speeches**. Dadurch bekommen Sie einen Blick dafür, was eine gute Rede oder ein interessantes Interview ausmacht. Außerdem erhalten Sie viele Anregungen für Formulierungen, die Sie am besten sammeln und die Sie sich einprägen sollten.

2.7 Mnemotechniken: Wortschatz strukturiert lernen

Wenn Sie einen Aufsatz, ein Interview oder eine Rede verfassen wollen, kommt es darauf an, möglichst schnell den benötigten Wortschatz zu einem bestimmten Thema abrufen zu können. Je besser Sie die englischen Vokabeln im Langzeitgedächtnis verankert und miteinander vernetzt haben, desto einfacher wird Ihnen das gelingen.

Assoziationen und Verknüpfungen

Mithilfe von Assoziationen können Sie Wörter als Bilder im Gedächtnis speichern, die Ihnen später den Zugriff wesentlich erleichtern. Wenn Sie mehrere Begriffe miteinander verbinden, können Sie diese sogar besser behalten. Für das Vokabellernen bedeutet das:

✓ Sammeln Sie Vokabeln zu bestimmten Themengebieten.

✓ Visualisieren Sie Begriffe zu einzelnen Themen mithilfe einer **mind map**. Dabei verbinden Sie neuen Wortschatz mit bereits bekannten Begriffen. Wie eine **mind map** zusammengesetzt sein könnte, sehen Sie hier an einem Beispiel:

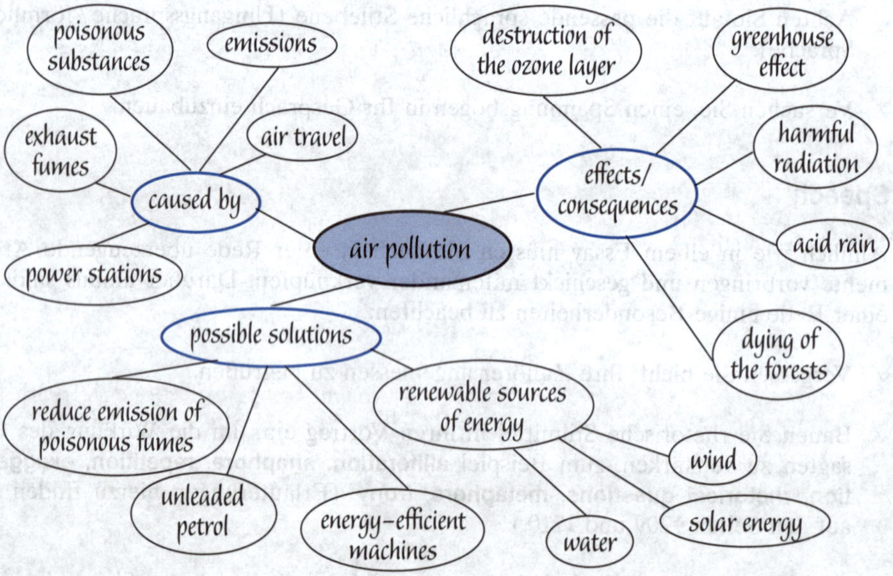

Ausgehend von den Texten, die im Unterricht behandelt werden, lassen sich zu vielen Themen **mind maps** erstellen. Sammeln Sie diese und ergänzen Sie neue Begriffe oder Aspekte, wann immer Sie Ihnen begegnen.

✓ Stellen Sie Gruppen von Wörtern zusammen und ordnen Sie sie nach bestimmten Kriterien, zum Beispiel englische Adjektive mit der Bedeutung „ärgerlich, wütend" nach Intensität:

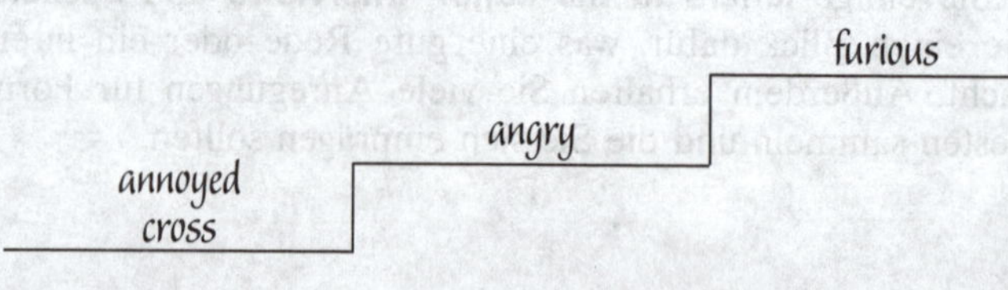

✓ Sammeln Sie Synonyme auf Karteikarten:

get bigger

expand	*rise*
grow	*climb*
swell up	*increase*
stretch	*develop*
widen	*escalate*

Notieren Sie sich zu jedem Wort einen Beispielsatz – aus einem Text, den Sie bearbeitet haben, oder aus einem einsprachigen Wörterbuch.

✓ Wörter tauchen häufig in bestimmten Kombinationen auf, sogenannten Kollokationen. Im Wörterbuch finden Sie bei vielen Stichwörtern Hinweise auf **collocations**. Stellen Sie diese Ausdrücke zusammen und wiederholen Sie sie regelmäßig. Auch hierzu ein Beispiel:

get
gain
pick up — *experience*
learn from
know from

teaching
practical
personal — *experience*
a memorable
a dreadful

Wörter lernen – und behalten

Um Informationen jederzeit aus Ihrem Gedächtnis abrufen zu können, müssen sie vom Kurzzeitspeicher in den Langzeitspeicher übergehen. Durch Visualisierung und Vernetzungen können Sie dafür sorgen, dass in Ihrem Gedächtnis Querverbindungen entstehen, die später den Zugriff erleichtern.

Es ist aber wichtig zu wissen, dass bereits der Kurzzeitspeicher nicht grenzenlos aufnahmefähig ist. Er kann nur eine gewisse Anzahl von Informationen verarbeiten. Beachten Sie deshalb beim Lernen die folgenden Regeln:

✓ Sorgen Sie für eine angenehme Lernatmosphäre, vermeiden Sie es aber, beim Vokabellernen nebenbei Musik zu hören.

✓ Beschränken Sie sich auf fünf bis zehn neue Begriffe. Prägen Sie sich diese Wörter ein und sprechen Sie dabei laut (oder leise) vor sich hin.

✓ Wiederholen Sie die Wörter nach circa fünf Minuten noch einmal. Bilden Sie zum Beispiel Sätze.

✓ Danach sollten Sie sich mit etwas anderem beschäftigen. Wechseln Sie zwischen schriftlichen und mündlichen Tätigkeiten ab. Durch diese Maßnahmen wird verhindert, dass sich ähnliche Daten, die hintereinander in Ihrem Kurzzeitspeicher einströmen, gegenseitig löschen.

✓ Noch am selben Tag sollten Sie eine erneute Wiederholungsphase einplanen. Wenn die Wörter dann am nächsten Tag im Unterricht noch einmal benutzt werden, sind sie schon auf dem Weg ins Langzeitgedächtnis.

2.8 Wörterbucharbeit II: Textproduktion

Das einsprachige Wörterbuch als Hilfsmittel

Nicht nur beim Nachschlagen von unbekannten Wörtern kann Ihnen das einsprachige Wörterbuch wertvolle Dienste leisten, sondern auch beim Abfassen eigener Texte im Rahmen von Hausaufgaben, Klausuren und natürlich der Abschlussprüfung. Der Nutzen des Wörterbuchs wird viel zu häufig unterschätzt.

Auf Seite 567 wurde bereits darauf hingewiesen, dass die **definitions** und **synonyms** als Formulierungshilfen bei der Beantwortung der **questions on the text** sehr nützlich sein können.

Die Wörterbucheinträge bieten aber darüber hinaus viele Hinweise zur Verwendung des jeweiligen Begriffs:

- Die unregelmäßigen Formen von Verben sind angegeben.
- Den Metainformationen und Beispielsätzen können Sie entnehmen, ob auf das Verb ein Infinitiv oder ein Gerund folgt.
- **Phrasal verbs** sind gesondert aufgeführt und machen es Ihnen leicht zu entscheiden, welche Präposition bzw. welches Adverb Sie anhängen müssen.
- Nach manchen Verben steht kein Adverb, sondern ein Adjektiv – auch dazu finden Sie einen Vermerk.
- Die unregelmäßigen Pluralformen von Substantiven sind ebenso dem Wörterbuch zu entnehmen wie
- Informationen, ob ein Substantiv mit oder ohne Artikel verwendet wird.
- Im Anhang sind alle unregelmäßigen Verbformen sowie
- Wortbildungsregeln aufgeführt. Bestimmte Nachsilben machen zum Beispiel Adjektive zu Verben (legal – legal**ize**) oder Substantive zu Adjektiven (debate – deb**able**).

Wenn Sie beim Formulieren einmal unsicher sind, ob die verwendete Konstruktion so auch richtig ist, schlagen Sie den Begriff im einsprachigen Wörterbuch nach. Auf diese Weise können Sie den einen oder anderen Fehler vermeiden.

Nachschlagen im zweisprachigen Wörterbuch

Arbeiten Sie regelmäßig mit diesem Wörterbuch, um Ihren Wortschatz zu erweitern und insgesamt Ihre Ausdrucksfähigkeit zu verbessern. Auch wenn ein zweisprachiges Wörterbuch keine **definitions** enthält, ist es in der Vorbereitungsphase von großem Nutzen.

- Machen Sie sich Notizen zu den Begriffen, die Sie nachschlagen. Halten Sie **collocations** und idiomatische Wendungen schriftlich fest.
- Denken Sie daran, dass nicht unbedingt die erste Bedeutung auch die gesuchte ist. Wenn Sie nicht in der Prüfung und daher auch nicht unter Zeitdruck sind, können Sie mehrere wichtige Bedeutungen eines Wortes notieren und später wiederholen. Das vergrößert Ihren aktiven und passiven Wortschatz.
- Nutzen Sie die Formulierungshilfen, die Ihnen das vorliegende Wörterbuch bietet, für das Verfassen Ihrer nächsten **composition**.
- Informieren Sie sich auf den Sonderseiten und in den Info-Fenstern über political correctness, landeskundliche Inhalte und grammatische Probleme.

3. Version / Übersetzung

Einen englischen Text ins Deutsche zu übersetzen, heißt nicht nur, die richtigen Entsprechungen für englische Ausdrücke und Verbformen zu finden, sondern auch, einen stilistisch einwandfreien deutschen Text zu verfassen. Dabei ist es manchmal nötig, von einer zu wörtlichen Übersetzung Abstand zu nehmen und freier zu formulieren. Bestimmte Strukturen – zum Beispiel Gerund- oder Partizipialkonstruktionen – lassen sich ohnehin nicht 1:1 ins Deutsche übertragen.

Da die Übersetzung dort, wo sie Teil der Prüfung ist, etwa 25 % der zu erreichenden Punktzahl ausmacht, lohnt es sich, die Technik des Übersetzens gut zu üben und in der Prüfung ausreichend Zeit dafür einzuplanen. Auf den folgenden Seiten erhalten Sie Tipps, wie Sie sich auf diesen Prüfungsteil vorbereiten können und worauf Sie besonders achten sollten.

3.1 Übersetzen – Schritt für Schritt

Der Übersetzungstext ist immer ein zusätzlicher Text, der mit den anderen Prüfungsteilen allenfalls in einem thematischen Zusammenhang steht. Dies bedeutet, dass auch diese Vorlage erst einmal gründlich zu lesen ist.

1. Schritt

Lesen Sie den gesamten Text durch, damit Sie einen ersten Eindruck bekommen, worum es geht. Gehen Sie anschließend Satz für Satz vor.

2. Schritt

Schlagen Sie unbekannte Begriffe im Wörterbuch nach und schreiben Sie die deutsche Entsprechung an den Rand.

3. Schritt

Übersetzen Sie den Satz ins Deutsche und berücksichtigen Sie dabei Unterschiede zwischen der englischen und der deutschen Satzkonstruktion. Meist ist es nicht nötig und in der Prüfung aus Zeitgründen auch gar nicht möglich, zuerst eine Rohfassung zu notieren. Lassen Sie aber nach jeder geschriebenen Zeile für spätere Korrekturen oder Ergänzungen eine Zeile frei. Wenn Ihnen für einen Ausdruck gerade keine deutsche Entsprechung einfällt, sollten Sie zunächst etwas Platz lassen und zügig weiterarbeiten.

4. Schritt

Nachdem Sie so Satz für Satz übersetzt haben, gehen Sie den gesamten Text noch einmal durch. Sie werden feststellen, dass Ihnen bei der zweiten Durchsicht weitere Formulierungen einfallen, mithilfe derer Sie Ihre Übersetzung ergänzen oder verbessern können.

Überprüfen Sie, ob Sie wirklich alle Sätze beziehungsweise Satzteile übersetzt haben.

Bieten Sie dem Korrektor auf keinen Fall Doppellösungen an!

3.2 Fremdwörter

Eine ganze Reihe von Fremdwörtern sind fester Bestandteil der deutschen Sprache geworden und es ist deshalb nicht nötig, sie durch ein deutsches Wort zu ersetzen. Dazu gehören:

englisch:		deutsch:	
	culture		Kultur
	modern		modern
	industrial		industriell
	national		national / National …

Auch geläufige Lehnwörter aus dem Englischen bleiben unübersetzt, vor allem dann, wenn es sich um Fachbegriffe handelt:

englisch:		deutsch:	
	computer		Computer
	software		Software
	CD player		CD-Player
	jeans		Jeans

Es gibt jedoch auch Fälle, in denen es sich lohnt, ein Fremdwort nicht einfach wörtlich zu übernehmen, sondern auf eine aussagekräftigere deutsche Entsprechung zurückzugreifen. Dadurch werten Sie Ihre Übersetzung stilistisch auf.

englisch:		deutsch:	
	consequence		Folge; Bedeutung; (Schluss)Folgerung
	take the consequences		die Folgen tragen
	of no consequence		ohne Bedeutung, unwichtig
	produce		erzeugen, herstellen; aufführen; bewirken, hervorrufen
	transparent		durchsichtig; offenkundig, klar

Gelegentlich kann eine wörtliche Übersetzung von Fremdwörtern sogar falsch sein, wenn nämlich die Bedeutungen des englischen und des deutschen Begriffs nicht übereinstimmen. Mehr zum Thema **false friends** finden Sie auf der folgenden Seite.

actual	≠	aktuell

actual
wirklich, tatsächlich, eigentlich

aktuell
topical, current; up-to-date

prospect	≠	Prospekt

prospect
Aussicht, Chance

Prospekt
brochure, leaflet

Version / Übersetzung

3.3 False friends

Als **false friends** bezeichnet man Begriffe, die im Englischen und Deutschen sehr ähnlich sind und von denen man deshalb fälschlicherweise vermutet, dass sie dieselbe Bedeutung haben. Beschäftigen Sie sich daher schon während der Vorbereitung auf die Prüfung mit Fehlerquellen wie dieser. In Ihrem Wörterbuch finden Sie viele Hinweise auf **false friends**, die im Verzeichnis der Info-Fenster (ab Seite 1247) aufgelistet sind.

blame	≠	blamieren

blame someone for something	**sich blamieren**
jemanden für etwas verantwortlich machen	make a fool of oneself

delicate	≠	delikat

delicate	**delikat**
zart, fein, zierlich; empfindlich	delicious

eventually	≠	eventuell

eventually	**eventuell**
schließlich	possibly; if necessary

overhear	≠	überhören

overhear	**überhören**
zufällig hören	miss; ignore

sympathetic	≠	sympathisch

sympathetic	**sympathisch**
mitfühlend, verständnisvoll	pleasant, likeable, nice

3.4 Wörter, die zu Verwechslungen führen

Ähnlich geschriebene englische Wörter können leicht zu Übersetzungsfehlern führen. Schlagen Sie das Wort lieber im Wörterbuch nach, falls Ihre deutsche Entsprechung nicht ins Satzgefüge passt. Hier einige Beispiele:

rose Vergangenheit von **rise**: aufstehen, sich erheben; aufgehen	**rouse** Infinitiv: (auf)wecken, wachrütteln
lay Infinitiv: legen; setzen; (her)richten	**lay** Vergangenheit von **lie**: liegen
industrious fleißig	**industrial** industriell, gewerblich
at last endlich, schließlich, zuletzt	**at least** wenigstens, zumindest

3.5 Übersetzen durch Wechsel der Wortart

Die Stilunterschiede zwischen beiden Sprachen machen es mitunter notwendig, die englische Satzkonstruktion leicht zu verändern. Scheuen Sie sich nicht, in Ihrer Übersetzung gelegentlich eine andere Wortart zu verwenden als in der Vorlage.

Nomen → Verb / Adjektiv / Adverb

He gave a friendly nod.	Er nickte freundlich.
It was his firm belief that …	Er war fest davon überzeugt, dass …
They won the World Cup three times in succession.	Sie gewannen dreimal hintereinander die WM.

Verb / Adjektiv → Adverb

Do you happen to know his phone number?	Weißt du zufällig seine Telefonnummer?
Most people don't like admitting their mistakes.	Die meisten Leute geben ihre Fehler nicht gerne zu.
The temperature is likely to reach forty degrees.	Die Temperaturen steigen voraussichtlich auf vierzig Grad.

3.6 Die Verlaufsform

Da es in der deutschen Sprache keine vergleichbare Form gibt, ist es notwendig, die englische Verlaufsform anders zum Ausdruck zu bringen. Dazu muss man wissen, welche Aspekte die **progressive form** beinhaltet.

In der deutschen Übersetzung der folgenden Beispielsätze ist die jeweilige Entsprechung für die Verlaufsform hervorgehoben.

Die Verlaufsform (in der Gegenwart wie auch in der Vergangenheit) verwendet man

- für Handlungen, die zum Zeitpunkt des Sprechens oder Schreibens gerade ablaufen beziehungsweise abliefen, und Beschäftigungen, die sich über einen längeren Zeitraum erstrecken / erstreckten:

A man with dark sunglasses is / was talking to the waiter.	Ein Mann mit dunkler Sonnenbrille spricht / sprach gerade mit der Bedienung.
The candidate is / was touring the country to gain votes.	Der Kandidat reist zurzeit / reiste zu dieser Zeit durchs Land, um Stimmen zu gewinnen.

- bei Vorgängen, die eine allmähliche Veränderung zum Ausdruck bringen:

His English is / was getting better and better.	Sein Englisch wird / wurde von Tag zu Tag besser.

- bei Verben, die einen Zustand beschreiben und eigentlich die **simple form** erforderlich machen. Bei der Verwendung der **progressive form** verändert sich die Bedeutung dieser Verben:

They are / were thinking of selling their car.	Sie spielen / spielten mit dem Gedanken, ihr Auto zu verkaufen.

- bei Vereinbarungen und festen Vorhaben, um Zukünftiges auszudrücken:

He is seeing his lawyer this afternoon.	Er hat heute Nachmittag einen Termin bei seinem Anwalt.

3.7 Das Present Perfect

Im Deutschen kommt das Perfekt in der gesprochenen Sprache sehr häufig vor. Der Gebrauch des **present perfect** unterscheidet sich davon grundsätzlich. Es beschreibt unter anderem Handlungen, die in der Vergangenheit begonnen haben und noch andauern oder einen Bezug zur Gegenwart haben. Deshalb verwendet man in diesen Fällen im Deutschen häufig das Präsens.

She has lived here for two years.	Sie lebt seit zwei Jahren hier.
He has been playing football since he was six.	Er spielt seit seinem 6. Lebensjahr Fußball.

3.8 Das Gerund

- Beim Gerund handelt es sich eigentlich um eine substantivierte Verbform, die im Deutschen oft als solche wiedergegeben wird.

Going by car has become rather expensive.	Autofahren ist ziemlich teuer geworden.

- In Verbindung mit einer Präposition kann das englische Gerund im Deutschen entweder mit einem Infinitiv oder mit einem Nebensatz übersetzt werden.

Many people are tired of sitting in smoke-filled pubs.	Viele Leute sind es leid, in verrauchten Kneipen zu sitzen.
Before leaving the house she always checks whether she has left a window open.	Bevor sie aus dem Haus geht, schaut sie immer nach, ob sie ein Fenster offen gelassen hat.

Wenn Sie das Gerund im Deutschen in einen Nebensatz umwandeln, müssen Sie zwei Dinge beachten:

Die Zeit im Nebensatz muss der des Hauptsatzes angepasst werden:

Before leaving the house she used to check whether she had left a window open.	Bevor sie aus dem Haus ging, …

Das Subjekt der Gerundkonstruktion ist normalerweise identisch mit dem des Hauptsatzes.

- Bestimmte Gerundkonstruktionen weisen aber auch ein eigenes Subjekt auf:

She objected to her daughter getting a tattoo.	Sie war nicht damit einverstanden, dass sich ihre Tochter ein Tattoo machen ließ.

3.9 Das Passiv

Bei der Übersetzung von Passivformen ist in einigen Fällen erhöhte Aufmerksamkeit geboten.

- Das persönliche Passiv existiert im Deutschen nicht; an seine Stelle rückt das unpersönliche „man“:

The new government was expected to reduce taxes.	Man erwartete von der neuen Regierung eine Steuersenkung.
I was offered a better paid job.	Man bot mir eine besser bezahlte Stelle an. (Mir wurde … angeboten.)

- Bei Verben des Sagens wird das Passiv im Deutschen ganz anders wiedergegeben:

He is said to have lost a fortune.	Er soll ein Vermögen verloren haben. Es heißt, er habe … Angeblich hat er …

3.10 Partizipialkonstruktionen

Partizipien können Ihnen in den folgenden Formen begegnen:

	present	past	present perfect
active:	writing	written	having written
passive:	being written	written	having been written

Hier sollen in erster Linie diejenigen Fälle besprochen werden, in denen die deutsche von der englischen Satzkonstruktion abweicht.

- Sehr oft bietet es sich an, das Partizip im Deutschen mit einem Nebensatz aufzulösen:

a widening gap between the rich and the poor	eine Kluft zwischen Arm und Reich, die sich immer mehr vergrößert / vergrößerte
When asked about her boyfirend, she quickly changed the subject.	Als man sie nach ihrem Freund fragte, wechselte sie schnell das Thema.

- Manche Sätze lassen sich auch beiordnen:

Looking straight into his eyes, she said in a low voice …	Sie blickte ihm geradewegs in die Augen und sagte mit leiser Stimme: …

- Gelegentlich ist es sogar angebracht, das englische Partizip überhaupt nicht zu übersetzen:

The speech given by the Prime Minister was broadcast live.	Die Rede des Premierministers wurde live übertragen.

3.11 Die indirekte Rede

Anders als im Englischen steht in der indirekten Rede im Deutschen der Konjunktiv. Außerdem spielt es keine Rolle, ob das einleitende Verb in der Gegenwart oder in der Vergangenheit steht:

She says she can't make it.	Sie sagt, sie könne nicht kommen.
She said she couldn't make it.	Sie sagte, sie könne nicht kommen.
The defendant says that he acted in self-defence.	Der Angeklagte sagt, er habe in Notwehr gehandelt.
The defendant said that he had acted in self-defence.	Der Angeklagte sagte, er habe in Notwehr gehandelt.

4. Referat und mündliche Prüfung

4.1 Anforderungen und Bewertung

Für das Fach Englisch ist eine mündliche Prüfung nicht unbedingt obligatorisch. Sie kann Ihnen in folgenden Fällen begegnen:

- Als viertes Abiturprüfungsfach (Colloquium),
- als freiwillige mündliche Prüfung zur Notenverbesserung,
- als nicht mehr ganz freiwillige mündliche Prüfung, wenn Sie aufgrund der Ergebnisse der schriftlichen Prüfung Gefahr laufen, die Prüfung nicht zu bestehen.

Allen mündlichen Prüfungen ist eine 20–30-minütige Vorbereitungszeit vorgeschaltet, in der Sie ein Kurzreferat zu einem Schwerpunktthema erarbeiten (Colloquium) oder sich zu den Prüfungsfragen Notizen machen (mündliche Prüfung). Das Prüfungsgespräch erstreckt sich über Themen, die im Unterricht bearbeitet wurden, und dauert zwischen 20 und 30 Minuten.

Da für die Bewertung von Referaten und mündlichen Prüfungen dieselben Kriterien gelten, sollen sie hier gemeinsam behandelt werden. Wie bei den schriftlichen Äußerungen, spielen inhaltliche und sprachliche Gesichtspunkte eine Rolle. Es wird zum einen überprüft, wie umfassend Sie das Thema bearbeiten und wie klar Sie Ihre Ausführungen strukturieren. Zum anderen müssen Sie Ihre mündliche Ausdrucksfähigkeit unter Beweis stellen. Dazu gehört neben der sprachlichen Richtigkeit eine gute Aussprache und Intonation sowie ein flüssiger, weitgehend freier Vortrag.

4.2 Das freie Sprechen

Nutzen Sie jede Gelegenheit, bei der Unterrichtsvor- oder -nachbereitung laut vor sich hin zu sprechen – natürlich auf Englisch! Fassen Sie den Inhalt eines besprochenen Textes zusammen oder bilden Sie Sätze mit den Wörtern, die Sie sich bei der Textarbeit notiert haben. Sie werden merken, dass es Ihnen mit der Zeit deutlich leichter fallen wird, spontan und trotzdem flüssig zu formulieren.

Die folgenden Tipps beziehen sich auf das Einüben von Referaten:

Prägen Sie sich die ersten Sätze gut ein!

Formulieren Sie die Einleitung Ihres Referats aus und lernen Sie die ersten Sätze auswendig. So geraten Sie nicht gleich zu Beginn ins Stocken, weil Ihnen in der anfänglichen Nervosität ein Begriff nicht einfällt.

Wenden Sie die read-and-look-up-Methode an!

Ihre Aufzeichnungen sollten übersichtlich und klar gegliedert sein. Werfen Sie einen Blick auf Ihre Notizen, schauen Sie dann auf und versuchen Sie, das Gelesene zusammenhängend wiederzugeben. Auf diese Weise üben Sie, sich von Ihrer schriftlichen Vorlage zu lösen.

Gehen Sie Ihr Referat mehrmals durch.

Halten Sie Ihr Referat im Stehen und stellen Sie sich dabei vor, Ihre Mitschüler säßen Ihnen gegenüber. Sprechen Sie laut, deutlich und nicht zu schnell.

4.3 Kommunikationsstrategien

Kommunikative Kompetenz ist gefragt, wenn Sie im Anschluss an Ihr Referat Fragen der Lehrkraft oder von Mitschülern beantworten. Auch in der mündlichen Prüfung liegen Ihnen nicht alle Fragen schriftlich vor, und Sie müssen spontan reagieren.

Wenn Sie sich die folgenden Strategien aneignen, geraten Sie auch in der Prüfungssituation nicht so leicht ins Stocken.

Wem fällt schon aus dem Stegreif eine Formulierung wie die folgende ein:

The Internet undeniably fosters communication.

Sagen Sie es mit einfacheren Worten!

Natürlich wird von Ihnen erwartet, dass Sie einen differenzierten Wortschatz verwenden. In Situationen, in denen Ihnen aber ein bestimmter Begriff nicht einfällt, sollten Sie lieber auf ein einfacheres Wort zurückgreifen als Hilfe suchend in die Runde zu blicken.

Sagen Sie doch einfach: *The Internet helps people to communicate.*

Paraphrasieren Sie das, was Sie sagen wollen!

Formulieren Sie den Satz so um, dass Sie den gleichen Inhalt nur mit anderen Worten wiedergeben. Achten Sie darauf, dass die Satzkonstruktion dann verändert werden muss.
Etwa so: *There is no doubt that the Internet helps people to communicate.*

Ändern Sie den Inhalt etwas ab!

Wenn Sie merken, dass Sie einen komplexen Gedanken nur mit Mühe versprachlichen können, sollten Sie versuchen, den Schwerpunkt anders zu setzen. Vieles lässt sich leicht verändert darstellen, ohne dass der Sinn dabei verloren geht.

Die andere Version könnte lauten: *The Internet has quite a number of positive effects.*

Fragen Sie nach, wenn Sie etwas nicht verstehen!

Zur Gesprächsfähigkeit gehört auch, dass Sie nachfragen, wenn Ihnen etwas nicht klar ist. Sind Sie nicht ganz sicher, ob Sie die Frage richtig verstanden haben, sollten Sie dies zum Ausdruck bringen:

If I understand correctly, the question refers to …
I am supposed to …
Let me get this straight: Do you mean … ?

Haben Sie den Sinn einer Frage überhaupt nicht verstanden, bitten Sie den Prüfer, diese zu wiederholen oder zu erläutern:

I am sorry, but I didn't quite get that question. Could you please repeat it?
I'm sorry, but I didn't catch that. Could you say that again, please?

5. Zeitmanagement

5.1 Vor der Prüfung

Eigentlich bereiten Sie sich während der gesamten Oberstufe auf die Abschlussprüfung vor. Wer in dieser Zeit dem Unterricht und den Hausaufgaben immer die nötige Aufmerksamkeit schenkt und wer außerdem einige Grundregeln der Lernplanung kennt, wird unmittelbar vor der Prüfung nicht unter Zeitdruck geraten.

Legen Sie die Lerninhalte fest!

Gibt es Teilgebiete der Grammatik, die Sie noch nicht sicher beherrschen? Überprüfen Sie, welche Arten von Fehlern Sie häufig machen, und nehmen Sie sich diese Bereiche gezielt vor. Erweitern Sie Ihren aktiven Wortschatz, indem Sie Vokabeln zu bestimmten Themen sammeln und auf Karteikarten festhalten.

Teilen Sie Ihren Lernstoff in überschaubare Einheiten!

Versuchen Sie nicht, in Marathonsitzungen Unmengen von Vokabeln auf einmal zu lernen! Planen Sie lieber kürzere Lern- und Arbeitsphasen, in denen Sie jeweils eine begrenzte Anzahl von Wörtern wiederholen, eine Stoffsammlung für eine **composition** anfertigen oder einen Text bearbeiten.

Erstellen Sie einen Zeitplan!

Schreiben Sie Ihre Lernvorhaben auf kleine Zettel und machen Sie einen Plan, wann Sie diese Vorhaben in die Tat umsetzen wollen. Streichen Sie das, was Sie erledigt haben, durch oder markieren Sie es mit einem Leuchtstift.

Suchen Sie sich Lernpartner und bilden Sie Arbeitsgruppen!

Erarbeiten Sie gemeinsam oder arbeitsteilig bestimmte Themenbereiche oder stellen Sie sich gegenseitig Aufgaben, die schriftlich oder mündlich bearbeitet werden müssen.

5.2 Während der Prüfung

✓ Machen Sie die Bearbeitungszeit für eine Aufgabe von der maximal erreichbaren Punktezahl abhängig: je weniger Punkte, desto kürzer die Bearbeitungszeit!

✓ Nehmen Sie sich bei längeren Aufgaben immer Zeit für ein Brainstorming und halten Sie Ihre Ideen schriftlich fest. Die Vorüberlegungen helfen Ihnen, klar zu strukturieren und zügig zu formulieren.

✓ Legen Sie immer wieder kurze Pausen ein, in denen Sie etwas essen oder trinken oder einfach versuchen zu entspannen.

✓ In Prüfungssituationen kommt es gelegentlich zu Denkblockaden. Brechen Sie dann den Gedankengang ab und machen Sie mit der nächsten Aufgabe oder dem nächsten Satz weiter. Zu einem späteren Zeitpunkt wird es Ihnen eher gelingen, die entstandene Lücke zu schließen.

A

A, a *n* A, a (*auch* MUS): *fig* ***das A und O*** the be-all and end-all, the essence; ***von A bis Z*** from beginning to end; ***wer A sagt, muss auch B sagen*** in for a penny, in for a pound
à *Präp* WIRTSCH (at) … each
@ *Abk* IT (= ***at***) @
Aal *m* eel: *fig* ***sich winden wie ein Aal*** wriggle like an eel
aalen *v/refl* ***sich aalen*** *ugs* laze, *in der Sonne*: bask in the sun
aalglatt *Adj fig* (as) slippery as an eel
Aargau *m der* Argovia, Argovie
Aas *n* **1.** carrion **2.** *vulg* beast, (*Frau*) *auch* bitch: ***kein Aas*** not a blessed soul
aasen *v/i ugs* ***mit etw aasen*** squander s.th.
Aasgeier *m auch fig* vulture
ab I *Adv* **1.** (*weg, fort*) off, away, THEAT exit, *Pl* (***beide*** *oder* ***alle ab***) exeunt: ***links ab*** (to the) left; ***weit ab*** far off; *ugs* ***ab*** (***durch die Mitte***)***!*** off with you! **2.** *ugs* (*los*) off, (*herunter*) *auch* down: ***der Knopf ist ab*** the button is (*oder* has come) off; → ***Hut***[1] 1 **3.** from: BAHN ***Berlin ab 16:30*** dep. (= departure from) Berlin 16:30; *ugs* ***von … ab*** from … on **4. *ab und zu*** now and then **II** *Präp* **5.** *örtlich*: from: ***ab Seite 17*** from page 17; WIRTSCH ***ab Berlin*** (***Fabrik, Lager***) ex Berlin (factory, warehouse) **6.** *zeitlich*: from … (on): ***ab heute*** from (VERW as of) today **7.** *Personen* ***ab 18 Jahren*** from (the age of) 18 up(wards); *Schuhe etc* ***ab 50 €*** from €50 up **III** *Adj präd* **8.** *ugs* (***ganz***) ***ab sein*** be dead beat, be bushed
abändern *v/t* alter, change, modify, PARL amend, JUR commute
Abänderung *f* alteration, modification, PARL amendment, JUR commutation
Abänderungsantrag *m* PARL ***einen Abänderungsantrag einbringen*** move an amendment
abarbeiten I *v/t* (*Schulden etc*) work off **II** *v/refl* ***sich abarbeiten*** slave (away)
Abart *f* BIOL *und fig* variety
abartig *Adj* abnormal, *sexuell*: *auch* perverse
Abbau *m* **1.** TECH dismantling **2.** BERGB working, exploitation (*of a mine*), mining (*of coal*): ***Abbau unter Tage*** underground working **3.** CHEM decomposition, disintegration (*auch* METEO), *im Körper, von Blutalkohol etc*: breakdown **4.** *fig der Kräfte*: decline **5.** *von Ausgaben etc*: reduction, cutback, (*Entlassung*) dismissal, (*Personalabbau*) *auch* retrenchment **6.** *von Missständen etc*: (gradual) removal, *von Vorurteilen etc*: (gradual) overcoming

> **Abbau** SG
>
> der Abbau von Arbeitskräften = **reducing the workforce**
>
> Oft verwendet man im Englischen eine Verbform mit **-ing** (**reducing**) als Entsprechung für das deutsche Substantiv (der Abbau).

abbaubar *Adj* ***biologisch abbaubar*** biodegradable; ***schwer abbaubar*** *Schadstoffe etc*.: difficult to break down
abbauen I *v/t* **1.** TECH dismantle, (*Gerüst, Kulissen*) take down, (*Zelt, Lager etc*) → ***abbrechen*** 2 **2.** BERGB work, (*Kohle, Erz*) *auch* mine **3.** CHEM (*auch* ***sich abbauen***) decompose, *auch* PHYSIOL (*Blutalkohol etc*) break down: ***sich abbauen*** be broken down **4.** (*senken*) reduce, cut back **5.** (*entlassen*) dismiss **6.** (*Missstände etc*) (gradually) remove, (*Vorurteile etc*) *auch* (gradually) overcome **II** *v/i* **7.** → ***nachlassen*** 2
abbeißen *v/t* bite off
abbeizen *v/t* remove with corrosives
Abbeizmittel *n* remover
abbekommen *v/t* **1.** get *s.th.* off **2.** get: ***etw abbekommen a)*** *auch* ***sein Teil abbekommen*** get one's share, **b)** (*verletzt werden*) get hurt, (*beschädigt werden*) be damaged
abberufen *v/t* (*Gesandten*) recall: ***j-n von einem Amt abberufen*** relieve s.o. from office
abbestellen *v/t* cancel (one's order for), (*Zeitung*) discontinue: ***j-n abbestellen*** ask s.o. not to come
abbetteln *v/t* ***j-m etw abbetteln*** wheedle s.th. out of s.o.
abbiegen I *v/i* turn (off): (***nach***) ***links abbiegen*** turn off left **II** *v/t ugs fig* head off, avoid
Abbieger, **Abbiegerin 1.** vehicle turning off **2.** driver turning off
Abbiegespur *f* filter lane
Abbild *n* **1.** (*Nachbildung*) copy **2.** (*Bild*) picture, (*Ebenbild*) image, likeness **3.** *fig* (*Spiegelbild*) reflection
abbilden *v/t* portray, depict, (*zeigen*) show: ***wie oben abgebildet*** as shown above
Abbildung *f* picture, illustration
abbinden I *v/t* **1.** untie, undo, (*Krawatte etc*) take off **2.** (*abschnüren*) tie off, MED ligate **II** *v/i* **3.** *Zement etc*: set
Abbitte *f* apology: ***j-m Abbitte leisten*** apologize to s.o. (***wegen*** for)
abbitten *v/t* ***j-m etw abbitten*** ask s.o.'s pardon for s.th.
abblasen *v/t* **1.** (*Dampf*) blow off **2.** *ugs fig* (*Veranstaltung etc*) call off, cancel
abblättern *v/i Farbe etc*: flake off
abblenden I *v/t* **1.** (*Licht etc*) dim, (*Scheinwerfer*) dip, *Am* dim **II** *v/i* **2.** MOT dip (*Am* dim) the headlights **3.** FOTO stop down
Abblendlicht *n* MOT dipped (*Am* dimmed) headlights *Pl*, low beam
abblitzen *v/i ugs* ***bei j-m abblitzen*** meet with a rebuff from s.o.; ***j-n abblitzen lassen*** send s.o. packing
abblocken *v/t auch fig* block
abbrausen I *v/t* (*auch* ***sich abbrausen***) shower **II** *v/i ugs Auto etc*: roar off, zoom off
abbrechen I *v/t* **1.** break off: *ugs* ***sich einen abbrechen*** nearly kill o.s. (***bei*** doing *s.th.*) **2.** (*Haus etc*) pull down, (*Gerüst etc*) take down, (*Zelt*) strike: ***das Lager abbrechen*** break camp; → ***Zelt*** **3.** *fig* (*Beziehungen, Diskussion*

etc) break off, (*Streik etc*) call off, (*Studium, Versuch etc*) abandon, (*Spiel, Kampf*) stop, (*Computerprogramm etc*) abort **II** *v/i* **4.** break off **5.** *fig* (*aufhören*) break off, stop, COMPUTER abort, cancel

abbremsen *v/t und v/i* brake, slow down

abbrennen I *v/t* (*Haus etc*) burn down, (*Feuerwerk*) let off **II** *v/i* burn down: → ***abgebrannt***

abbringen *v/t **j-n von etw abbringen*** put s.o. off (doing) s.th., *Person*: *auch* talk s.o. out of (doing) s.th.; ***j-n vom Rauchen*** *etc* ***abbringen*** get s.o. to stop smoking *etc*; ***j-n von einem Thema abbringen*** get s.o. off a subject; ***davon lasse ich mich nicht abbringen*** nothing will make me change my mind about that

abbröckeln *v/i* crumble (away), *fig Kurse, Preise*: crumble

Abbruch *m* **1.** *eines Hauses*: demolition **2.** *fig von Beziehungen etc*: break(ing off), *bes* SPORT break-off, stop(ping) **3.** *einer Sache* ***Abbruch tun*** detract from, (*schaden*) be detrimental to; ***das tut der Sache keinen Abbruch!*** that makes no difference!

abbruchreif *Adj* due for demolition, VERW condemned

Abbruchunternehmer, **Abbruchunternehmerin** demolition contractor

abbuchen *v/t* **1.** ***eine Summe von j-s Konto abbuchen*** debit a sum to s.o.'s account **2.** → ***abschreiben*** 2

Abbuchung *f* **1.** debit entry **2.** *per Auftrag*: payment by standing order

Abbuchungsauftrag *m* debit order

abbummeln *v/t ugs* (*Überstunden*) loaf away

abbürsten *v/t* (*Staub*) brush off, (*Kleidung*) brush (down)

abbüßen *v/t* (*seine Schuld*) expiate, atone for: JUR ***seine Strafe abbüßen*** serve a sentence

Abc *n* ABC, alphabet, *fig the* basics *Pl*

Abc-Schütze *m ugs* (school) beginner

ABC-Waffen *Pl* NBC weapons *Pl*

Abdampf *m* TECH exhaust steam

abdampfen *v/i* **1.** *Zug etc*: steam off, *ugs Person*: clear off **2.** TECH (*auch v/t*) evaporate

abdanken *v/i* resign, *König*: abdicate

Abdankung *f* resignation, abdication

abdecken *v/t* **1.** take off, uncover, (*Dach*) untile, (*Haus*) unroof, (*Tisch*) clear, (*Bett*) turn down **2.** (*zudecken*) cover (up), FOTO blank out **3.** WIRTSCH (*Schulden etc*) cover, meet **4.** *fig* (*einschließen*) cover **5.** SPORT mark, cover

abdichten *v/t* TECH seal, (*Maschinenteil*) pack, ca(u)lk, make *s.th.* watertight

abdrängen *v/t* push (*oder* force) *s.o.*, *s.th.* aside

abdrehen I *v/t* **1.** TECH twist off **2.** (*Gas, Wasser etc*) turn off, ELEK *auch* switch off **3.** (*Film*) finish (shooting) **II** *v/i* **4.** FLUG, SCHIFF turn away, (*ausscheren*) sheer off

abdriften *v/i auch fig* drift off

Abdruck[1] *m* (*Fußabdruck, Fingerabdruck*) (im)print, mark, (*Wachsabdruck, Zahnabdruck etc*) impression, (*Gipsabdruck*) cast

Abdruck[2] *m* **1.** printing **2.** text, (*Exemplar*) copy, (*Probeabdruck*) proof, (*Nachdruck*) reprint

abdrucken *v/t* print

abdrücken I *v/t* **1.** (*Gewehr etc*) fire (***auf*** *Akk* at) **2.** (*abformen*) make an impression of *s.th.*: ***sich abdrücken*** leave an imprint **3.** *ugs* ***j-n abdrücken*** hug s.o., squeeze s.o. **II** *v/i* **4.** pull the trigger: ***auf j-n abdrücken*** fire at s.o.

abduschen → ***abbrausen*** I

abdüsen *v/i ugs* zoom off

abebben *v/i fig* ebb away, *Zorn, Lärm etc*: *auch* die down, subside

Abend *m* evening, night (*beide auch Abendveranstaltung*): ***am*** (***späten***) ***Abend*** (late) in the evening, (late) at night; ***heute Abend*** this evening, tonight; ***morgen*** (***gestern***) ***Abend*** tomorrow (last) night; ***Sonntag Abend*** Sunday evening; ***guten Abend!*** good evening!; ***zu Abend essen*** have supper (*oder* dinner); ***es wird Abend*** it's getting dark; ***man soll den Tag nicht vor dem Abend loben*** don't count your chickens before they are hatched; ***es ist noch nicht aller Tage Abend*** things may take a turn yet

Abendandacht *f* evening prayer(s *Pl*)

Abendanzug *m* evening dress

Abendblatt *n* evening paper

Abendbrot *n* → ***Abendessen***

Abenddämmerung *f* dusk

Abendessen *n* evening meal, dinner, supper

abendfüllend *Adj Film etc*: full-length

Abendkasse *f* box office

Abendkleid *n* evening dress (*Am* gown)

Abendkurs *m* evening class(es *Pl*)

Abendland *n the* Occident

abendländisch *Adj* Western, occidental

abendlich *Adj* evening, of (*oder* in) the evening

Abendmahl *n* REL *the* Holy Communion, *the* Lord's (MALEREI *the* Last) Supper: ***das Abendmahl nehmen*** take Communion

Abendrot *n*, **Abendröte** *f* sunset glow

abends *Adv* in the evening(s): ***bis abends*** till evening; ***um 7 Uhr abends*** at seven (o'clock) in the evening, at 7 p.m

Abendschule *f* night school

Abendsonne *f* setting sun

Abendstern *m* evening star

Abendvorstellung *f* THEAT evening performance

Abendzeitung *f* → ***Abendblatt***

Abenteuer *n* adventure (*auch in Zssgn film, novel, playground, etc*), (*Liebesabenteuer*) (love) affair

Abenteuerferien *Pl* adventure holidays *Pl*

Abenteuerleben *n* adventurous life

abenteuerlich *Adj* adventurous, *fig* (*gewagt*) risky, *Idee, Plan etc*: wild, fantastic, *Aufmachung etc*: eccentric, odd

Abenteuerlust *f* love of adventure

Abenteurer *m* adventurer

Abenteurerin *f* adventuress

aber I *Konj* but: ***aber dennoch*** yet, (but) still; ***oder aber*** otherwise, or else **II** *Interj* ***aber, aber!*** come, come!; ***aber ja!, aber sicher!*** (but) of course!; ***aber nein!*** oh no!, of course not!; ***das ist aber nett von dir*** that's really nice of you

Aber *n* but: ***die Sache hat ein Aber*** there's just one catch to it; → ***Wenn***

Aberglaube *m* superstition

abergläubisch *Adj* superstitious

Aberhundert *Adj* ***Hundert und Aberhundert*** hundreds and (*oder* upon) hundreds

aberkennen *v/t bes* JUR ***j-m etw aberkennen*** deprive s.o. of s.th.

abermalig *Adj* renewed, repeated

abermals *Adv* again, once more

abernten *v/t* reap, harvest, (*Obst*) pick

aberwitzig *Adj* crazy, mad

abfackeln *v/t* (*Erdgas*) burn off

abfahren I *v/i* **1.** (***nach*** for) leave, depart, start,

SCHIFF sail: *ugs* ***j-n abfahren lassen*** send s.o. packing **2.** *Skiläufer*: run (*eng. S.* start) downhill **3.** *ugs* ***auf j-n (etw) (voll) abfahren*** be wild about s.o. (s.th.), dig s.o. (s.th.) (the big way) **II** *v/t* **4.** (*Schutt etc*) cart off, remove **5.** (*eine Strecke*) cover, travel, (*überwachen*) patrol **6.** (*Reifen etc*) wear down **7.** (*Film, Tonband etc*) start, run **8.** (*Fahrkarte*) use up **9.** ***ihm wurde ein Bein*** *etc* ***abgefahren*** he was run over and lost a leg *etc*

Abfahrt *f* **1.** (***nach*** for) start, departure **2.** (*Autobahnabfahrt*) exit **3.** *Skisport*: downhill (run), (*Hang*) slope

abfahrtbereit *Adj* ready to leave

Abfahrtslauf *m Skisport*: downhill (run)

Abfahrtsläufer, Abfahrtsläuferin downhiller

Abfahrtszeit *f* time of departure

Abfall *m* **1.** *auch* ***Abfälle*** *Pl* waste (*auch* TECH), (*Müll*) refuse, rubbish, *bes Am* garbage, (*Fleischabfall etc*) offal, (*herumliegender Abfall*) litter **2.** (*Abnahme*) decrease, (*auch* ELEK, *auch fig Leistungsabfall*) drop **3.** POL defection, ***von*** *einer Partei*: desertion (from), REL apostasy

Abfallbeseitigung *f* waste disposal

Abfalleimer *m* rubbish (*oder* litter) bin, *Am* trash (*oder* garbage) can

abfallen *v/i* **1.** fall off, drop off: *fig* ***von j-m abfallen*** *Angst etc*: fall away from s.o., leave s.o. **2.** *Gelände*: fall away, slope, drop (***steil*** steeply) **3.** (*abnehmen*) fall (off), drop, decrease, (*zurückfallen*) *Läufer etc*: drop back: ***abfallen gegen*** compare badly with **4.** (*übrig bleiben*) be left (over) **5.** *ugs* (*herausspringen*) be gained (***bei*** by): ***was fällt für mich dabei ab?*** what's in it for me? **6.** (***von*** from) *einer Partei*: break away, defect, REL apostatize

abfallend *Adj Gelände*: sloping: ***steil abfallend*** steep, precipitous

abfällig *Adj Bemerkung*: disparaging, *Kritik*: adverse, *Meinung, Urteil etc*: unfavo(u)rable: *Adv* ***abfällig sprechen über*** (*Akk*) speak disparagingly of

Abfallprodukt *n* waste product, *verwertbares*: spin-off, by-product

Abfallverwertung *f* waste recovery, recycling

Abfallwirtschaft *f* waste industry, waste management

abfälschen *v/t* (*Ball*) deflect

abfangen *v/t* **1.** (*Brief, Ball, Angreifer etc*) intercept, (*Person*) *auch* catch, (*Angriff, Entwicklung*) check, (*Boxhieb*) parry, (*Läufer*) catch up with **2.** (*Fahrzeug*) get *a car etc* under control, FLUG pull out **3.** TECH (*Mauer*) prop up, (*Stoß etc*) absorb, (*sammeln*) collect

Abfangjäger *m* FLUG interceptor

Abfangsatellit *m* hunter-killer satellite

abfärben *v/i beim Waschen*: run: ***abfärben auf*** (*Akk*) **a)** *Farbe*: run into, **b)** *fig* rub off on

abfassen *v/t* (*Werk*) write, (*Vertrag etc*) draft, *bes* VERW draw up, (*formulieren*) formulate, word

Abfassung composition, drawing up

abfaulen *v/i* rot off

abfedern I *v/t* TECH cushion, spring **II** *v/i* SPORT bound off

abfeilen *v/t* TECH file off

abfertigen *v/t* **1.** (*Waren, auch* FLUG, BAHN) dispatch, clear, (*Passagiere*) check in: ***einen Zug abfertigen*** start a train **2.** (*j-n bedienen*) attend to, serve, deal with: *ugs* ***j-n kurz abfertigen*** give s.o. short shrift **3.** *ugs* SPORT dispose of, (*besiegen*) beat

Abfertigung *f* **1.** dispatch (*auch* FLUG, BAHN), *beim Zoll*: (customs) clearance **2.** *eines Auftrags etc, von Kunden*: attendance (*Gen* to) **3.** *fig* snub **4.** → ***Abfertigungsschalter***

Abfertigungsschalter *m* dispatch counter, FLUG check-in counter

abfeuern *v/t* (*Waffe, Schuss*) fire (***auf*** *Akk* at), *Fußball*: (*Schuss*) let go with

abfinden I *v/t* (*Gläubiger*) pay (off), satisfy, (*Partner*) buy out, (*entschädigen*) pay *s.o.* compensation **II** *v/refl* ***sich abfinden mit j-m (etw)*** come to terms with s.o. (s.th.), ***mit etw*** *auch* resign o.s. to s.th., put up with s.th., (*akzeptieren*) accept s.th.; ***sich mit den Tatsachen abfinden*** *auch* face the facts; ***damit kann ich mich nicht abfinden!*** I just can't accept it!

Abfindung *f* settlement, *eines Gläubigers*: satisfaction, paying off, *für Arbeitnehmer*: severance pay, (*Entschädigung*) compensation

abflachen *v/t* (*auch* ***sich abflachen***) flatten (out)

abflauen *v/i Wind etc*: drop, *auch fig Wut etc*: die down, abate, *Krise, Verkehr etc*: ease off, WIRTSCH *Geschäfte, Konjunktur etc*: slacken (off), *Interesse etc*: flag

abfliegen I *v/i* FLUG start, take off, *Passagier*: fly, *allg* depart **II** *v/t* (*Strecke*) patrol (by plane)

abfließen *v/i* flow off (*auch Kapital*)

Abflug *m* FLUG start, takeoff, departure

abflugbereit *Adj* ready for takeoff

Abflughalle *f* departure lounge

Abflugzeit *f* (time of) departure

Abfluss *m* **1.** flowing off, discharge, *von Kapital*: outflow **2.** TECH (*Abflussstelle*) outlet

Abflussrohr *n* TECH drainpipe

abfordern *v/t* ***j-m etw abfordern*** demand (*fig auch* exact) s.th. of (*oder* from) s.o.

abformen *v/t* mo(u)ld, model

abfragen *v/t* **1.** ***j-n (etw) abfragen*** test (*Am* quiz) s.o. (on s.th.) **2.** COMPUTER interrogate

abfressen *v/t* crop, *völlig*: eat bare

abfrieren *v/i* ***ihm sind drei Zehen*** *etc* ***abgefroren*** he lost three toes *etc* through frostbite; *ugs* ***sich einen abfrieren*** be freezing to death

Abfuhr *f* **1.** removal **2. a)** *fig* rebuff, *ugs* brush-off, **b)** SPORT defeat, beating: ***sich eine Abfuhr holen*** get a beating, *fig* meet with a rebuff

abführen I *v/t* **1.** lead *s.o.* away, *gewaltsam*: march *s.o.* off, (*Häftling*) take *s.o.* into custody: ***j-n abführen lassen*** have s.o. taken away **2. *abführen von*** *einem Thema etc*: lead away from **3.** (*Steuern, Geld etc*) pay (over) (***an*** *Akk* to) **4.** TECH (*Wasser etc*) drain off, (*Wärme etc*) carry off **II** *v/i* **5.** MED **a)** act as a laxative, **b)** move the bowels

abführend *Adj*, **Abführmittel** *n* MED laxative

Abfüllanlage *f* bottling plant

abfüllen *v/t* draw off, (*Flaschen etc*) fill, (*Wein*) rack (off): ***in Beutel abfüllen*** bag; ***in*** (*oder* ***auf***) ***Flaschen abfüllen*** bottle

abfüttern[1] *v/t auch hum* feed

abfüttern[2] *v/t* (*Kleidung*) line

Abgabe *f* **1.** *allg* delivery, handing over, *des Gepäcks*: depositing, *Am* checking **2.** making (*an offer, a comment, etc*), giving (*an opinion etc*): ***Abgabe der Wahlstimme*** casting one's vote **3.** TECH *von Wärme, Dampf etc*: emission, *von Energie etc*: release, ELEK output **4.** (*Steuer*) tax, duty, (*Kommunalabgabe*) rate, *Am* local tax, (*Sozialabgabe*) contribution **5.** WIRTSCH (*Verkauf*) sale **6.** *eines Schusses*: firing **7.** *Fuß-*

ball etc: pass
abgabenfrei *Adj* **a)** tax-free, **b)** duty-free
abgabenpflichtig *Adj Person*: liable to payment of taxes (*etc*), *Einkommen*: taxable, *Waren*: dutiable
Abgang *m* **1.** leaving, departure, *auch* THEAT exit, ***aus*** *einem Amt*: retirement from: ***nach dem Abgang von der Schule*** after leaving school; *fig* ***sich einen guten Abgang verschaffen*** make a graceful exit **2.** *der Post, einer Sendung*: dispatch, (*Abfahrt*) departure, SCHIFF sailing **3.** *beim Turnen vom Gerät*: dismount **4.** MED *von Blut, Eiter etc*: discharge, *von Steinen etc*: passage **5.** WIRTSCH **a)** → ***Absatz*** 3, **b)** (*Verlust*) loss, **c)** *Bankbilanz*: items *Pl* disposed of
abgängig *Adj österr.* missing
Abgangszeugnis *n* (school-)leaving certificate, *Am* diploma
Abgas *n* waste gas, MOT exhaust fumes *Pl*
abgasarm *Adj* low-emission …
Abgasentgiftung *f* waste gas detoxification
abgasfrei *Adj* emission-free
abgasreduziert *Adj* reduced-emission …
Abgasuntersuchung, **Abgassonderuntersuchung** *f* exhaust-emission check
Abgastest *m* MOT fume emission test
abgearbeitet *Adj* worn out
abgeben **I** *v/t* **1.** (***bei***) (*Geld, Fahrkarte, Pass etc*) hand over (to), (*Brief, Waren etc*) deliver (to), (*Gepäck, Mantel etc*) deposit (at), *Am* check (at), (*einreichen*) hand in (to) **2.** (***an*** *Akk* to) (*abtreten, schenken*) give away, (*Leitung, Macht etc*) hand over, (*Amt etc*) surrender, (*Mitarbeiter*) transfer: ***j-m etwas von etw abgeben*** *auch* share *s.th.* with s.o. **3.** (*verkaufen*) sell (***an*** *Akk* to) **4.** SPORT (***an*** *Akk* to) (*Ball*) pass, (*Spiel, Satz*) lose, (*Punkt*) concede **5.** (*Erklärung*) make, (*Urteil, Meinung*) give, (*Stimme*) cast **6.** (*Wärme, Dampf etc*) give off, emit, (*Energie*) release **7.** ***einen Schuss abgeben*** fire (SPORT *auch* deliver) a shot, shoot **8.** *ugs* (*darstellen, sein*) be, (*Hintergrund, Filmstoff etc*) *auch* provide, serve as: ***er würde einen guten Lehrer*** *etc* ***abgeben*** he would make a good teacher *etc* **II** *v/i* **9.** SPORT pass (the ball) **III** *v/refl* **10.** ***sich abgeben mit*** concern o.s. with, ***sich abgeben mit j-m*** have dealings with s.o., associate with s.o.; ***sich viel abgeben mit*** spend much time on (*oder* with); ***mit ihm gebe ich mich nicht ab!*** I've no time for him!; ***damit kann ich mich nicht abgeben!*** I can't be bothered with that!
abgebrannt *Adj ugs fig* broke
abgebrüht *Adj ugs fig* hardened
abgedroschen *Adj ugs* trite, hackneyed
abgefahren *Adj Reifen*: bald
abgegriffen *Adj* **1.** (well-)worn, *Buch*: well--thumbed **2.** → ***abgedroschen***
abgehackt *Adj fig Sätze etc*: disjointed, *Redeweise*: chopped
abgehangen *Adj Fleisch*: hung
abgehärmt *Adj* haggard
abgehärtet *Adj* (***gegen***) inured (to), *auch fig* hardened (against): ***abgehärtet sein*** *auch* be hardy
abgehen **I** *v/i* **1.** *allg* leave, FLUG, BAHN *auch* depart, SCHIFF *auch* sail (*alle*: ***nach*** for), *Brief, Funkspruch*: be sent; ***von der Schule abgehen*** leave school **2.** THEAT, *auch fig* make one's exit: ***… geht*** (***gehen***) ***ab*** exit … **3.** *Farbe, Knopf etc*: come off **4.** MED *Steine etc*: be discharged, *Fötus*: be aborted **5.** *Straße etc*: branch off **6.** → ***weggehen*** 3 **7.** *Betrag etc*: be deducted, be taken off (***von*** from): ***hiervon gehen 7 % ab*** 7 per cent to be deducted (from this amount) **8.** *fig* ***von*** *einem Vorhaben etc* ***abgehen*** give up *a plan etc*; ***davon gehe ich nicht ab!*** nothing can change my mind about that!; ***davon kann ich nicht abgehen!*** I must insist on that! **9.** *ugs fig* (*fehlen*) ***was ihm abgeht, ist Mut*** what he lacks is courage; ***ihm geht jeder Humor ab*** he has no sense of humo(u)r at all **10.** ***gut*** (***glatt*** *etc*) ***abgehen*** go well (smoothly *etc*); ***es ging nicht ohne Streit ab*** there was a quarrel after all; ***sie geht mir sehr ab*** I miss her badly **II** *v/t* **11.** go (*oder* walk) along, (*überwachen*) patrol
abgehetzt *Adj* **1.** (*atemlos*) breathless, *präd* out of breath **2.** (*erschöpft*) worn(-)out, exhausted
abgekämpft *Adj* exhausted, spent
abgekartet *Adj ugs* ***abgekartetes Spiel*** put-up job
abgeklärt *Adj Person*: mellow, *Urteil, Meinung etc*: balanced
abgelagert *Adj Wein*: matured, *Holz, Tabak etc*: seasoned
abgelegen *Adj* remote, secluded
abgelten *v/t* (*Ansprüche*) satisfy
abgemagert *Adj* emaciated
abgeneigt *Adj* ***nicht abgeneigt sein, etw zu tun*** be quite prepared to do s.th.; ***ich bin nicht abgeneigt, es zu tun*** I don't mind doing it
abgenutzt *Adj auch fig* worn(-out)
Abgeordnete *m, f* delegate, representative, (*Parlamentsabgeordnete*) Member of Parliament, *Am* (*Kongressabgeordnete*) Congressman (-woman)
Abgeordnetenhaus *n* chamber of deputies, *Am* House of Representatives
abgepackt *Adj* WIRTSCH prepacked, packaged
abgerissen *Adj* **1.** *Kleidung*: ragged, shabby, *Person*: *auch* down-at-heel, seedy **2.** *Sätze, Gedanken etc*: incoherent, disjointed
abgerundet **I** *Adj Zahl*: round(ed), *fig* (well-) rounded **II** *Adv* in round figures
Abgesandte *m, f* envoy, POL *auch* emissary
abgeschieden *Adj* secluded
Abgeschiedenheit *f* seclusion
abgeschlafft *Adj ugs* whacked, dead beat
abgeschlossen *Adj* **1.** *Ausbildung etc*: completed **2.** TECH, *auch Wohnung*: self-contained
abgeschmackt *Adj fig* tasteless, *präd* in bad taste
abgesehen *Adv* ***abgesehen von*** apart (*bes Am* aside) from, except for; ***vom Wetter ganz abgesehen*** to say nothing of the weather
abgespannt *Adj* worn-out, exhausted
Abgespanntheit *f* exhaustion, fatigue
abgestanden *Adj* stale (*auch fig*), *Bier*: *auch* flat
abgestorben *Adj* dead, *Glieder*: numb
abgestumpft *Adj fig Gefühle etc*: deadened, blunted, dull(ed), *Person*: insensitive (***gegen*** to)
abgetakelt *Adj ugs* down(-)at(-)heel
abgetragen *Adj Kleidung*: worn, shabby, *Schuhe*: worn(-)down
abgewinnen *v/t* ***j-m etw abgewinnen*** win s.th. from s.o.; ***einer Sache Geschmack abgewinnen*** acquire a taste for s.th.
abgewirtschaftet *Adj* run(-)down
abgewöhnen *v/t* ***j-m etw abgewöhnen*** cure

(*oder* break) s.o. of s.th.; ***j-m das Rauchen abgewöhnen*** make s.o. stop smoking; ***sich das Rauchen abgewöhnen*** give up smoking
abgezehrt *Adj* emaciated
abgießen *v/t* **1.** (*Flüssigkeit*) pour off, (*Gemüse etc*) strain **2.** TECH cast
Abglanz *m* (*fig* ***schwacher Abglanz*** pale) reflection
abgleichen *v/t* **1.** TECH equalize, ELEK align **2.** WIRTSCH (*Konten*) square
abgleiten *v/i* **1.** slip (off) **2.** *fig Person, Leistung etc*: go down, *Gedanken etc*: wander away: *Vorwürfe etc* ***gleiten von ihm ab*** he is deaf to
abgöttisch *Adj* idolatrous: *Adv* ***abgöttisch lieben*** idolize, adore, (*j-n*) *auch* dote on
abgrasen *v/t* graze, *ugs fig* scour, comb
abgrenzen *v/t auch fig* mark off, demarcate (***gegen*** from), *fig* (*unterscheiden*) differentiate, (*Begriffe*) define
Abgrenzung *f* demarcation, *fig* differentiation, *begriffliche*: definition
Abgrund *m* abyss (*auch fig*), chasm, precipice: *fig* ***die Abgründe der Seele*** *etc* the depths of the soul *etc*; ***am Rande des Abgrunds*** on the brink of ruin (*oder* disaster)
abgründig *Adj* **1.** (*rätselhaft*) cryptic **2.** → ***abgrundtief***
abgrundtief *Adj* abysmal (*auch fig*), *fig Hass etc*: deadly
abgucken *v/t ugs* ***j-m etw abgucken*** learn (*oder* copy) s.th. from s.o.
Abguss *m* TECH casting, (*Gipsabguss etc*) cast
abhaben *v/t ugs* ***du kannst etw abhaben*** you can have some (of it)
abhacken *v/t* **1.** chop off, cut off **2.** (*Worte*) chop: → ***abgehackt***
abhaken *v/t* **1.** unhook **2.** *in einer Liste*: tick (*Am* check) off: *fig* ***etw abhaken*** cross s.th. off one's list
abhalftern *v/t ugs fig* ***j-n abhalftern*** sack s.o.
abhalten *v/t* **1.** hold *s.th.* away (***von sich*** from o.s.) **2.** (*abwehren*) keep away, keep off, (*Schlag etc*) ward off **3.** (*hindern*) stop (*oder* keep, prevent) (***j-n von*** s.o. from *doing*), (*abschrecken*) deter, discourage: ***lassen Sie sich (durch mich) nicht abhalten!*** don't let me disturb you! **4.** (*Konferenz, Gottesdienst, Prüfung, Wahlen etc*) hold, (*Lehrstunde, Vorlesung*) give: ***abgehalten werden*** be held, take place **5.** ***ein Kind abhalten*** hold a child over the pot **6.** SCHIFF (*auch v/i*) bear off
abhandeln *v/t* **1.** ***j-m etw abhandeln*** (*abkaufen*) buy s.th. from s.o.; ***j-m 10 Euro (vom Preis) abhandeln*** beat s.o. down by ten euros **2.** (*Thema etc*) deal with, treat
abhandenkommen *v/i* get lost; ***mir ist mein Bleistift abhandengekommen*** I have lost my pencil
Abhandlung *f* (***über*** *Akk* on) treatise, paper
Abhang *m* slope, *steiler*: precipice
abhängen I *v/t* **1.** take down, unhook, BAHN *etc* uncouple **2.** *fig* (*Konkurrenten etc*) shake off, (*Verfolger*) *auch* give *s.o.* the slip **II** *v/i* **3.** *Fleisch*: hang: → ***abgehangen*** **4.** ***abhängen von*** depend on, *auch finanziell*: be dependent on: ***das hängt ganz davon ab*** it all depends; ***letztlich abhängen von*** hinge on; ***es hängt von ihm ab*** it's for him to decide **5.** TEL hang up
abhängig *Adj* (***von***) dependent (on), (*drogenabhängig*) addicted (to): LING ***abhängige Rede*** indirect speech; ***abhängiger Satz*** subordinate clause; ***abhängig sein von*** → ***abhängen*** 4; ***abhängig machen von*** make *s.th.* conditional on
Abhängigkeit *f* (***von***) dependence (on), (*Drogenabhängigkeit*) dependency (on), addiction (to): ***gegenseitige Abhängigkeit*** interdependence
abhärmen *v/refl* ***sich abhärmen*** pine away, ***um*** grieve over: → ***abgehärmt***
abhärten *v/t* (***gegen*** to, against) toughen, *auch fig* harden (***sich*** o.s.)
Abhärtung *f* hardening
abhaspeln *v/t auch fig* reel off
abhauen I *v/t* cut off, chop off **II** *v/i ugs* beat it: ***hau ab!*** beat it!, get lost!
abheben I *v/t* **1.** lift off, take off, (*den Hörer*) pick up, (*Karten*) cut, (*Maschen*) slip **2.** (*Geld*) withdraw **II** *v/i* **3.** FLUG take off **4.** *ugs fig* flip **5.** answer the (tele)phone **6.** *Kartenspiel*: cut **7.** *fig* ***abheben auf*** (*Akk*) refer to **III** *v/refl* ***sich abheben*** **8.** (***gegen, von***) stand out (against), contrast (with)
abheften *v/t* file (away)
abheilen *v/i* heal (up)
abhelfen *v/i* (*einer Sache*) remedy
abhetzen *v/refl* ***sich abhetzen*** rush, *weit. S.* wear (*oder* tire) o.s. out
Abhilfe *f* remedy: ***Abhilfe schaffen*** remedy things
abhobeln *v/t* TECH plane off
abholen *v/t* call for, come for, pick up, collect: ***abholen lassen*** send for; ***j-n von der Bahn abholen*** go to meet s.o. at the station
Abholmarkt *m* cash and carry
abholzen *v/t* (*Bäume*) cut down, (*Gebiet*) deforest
Abholzung *f* deforestation
Abhöranlage *f* bugging system
abhorchen *v/t* MED auscultate, sound
abhören *v/t* **1.** → ***abfragen*** 1 **2.** → ***abhorchen*** **3.** (*Funkspruch etc*) intercept, ([*Telefon*]*Gespräch*) listen in on, monitor, *ugs* bug, (*Telefonleitung*) tap **4.** (*Tonaufnahme*) play back
Abi *n ugs* → ***Abitur***
Abitur *n* school-leaving (*Am* final) examination
Abiturient, **Abiturientin** **a)** candidate for the school-leaving examination, **b)** school-leaver with the „Abitur"
Abiturzeugnis *n* „Abitur" certificate, *Br* GCE A-levels *Pl*, *Am* (Senior High School) graduation diploma
abjagen *v/t* ***j-m etw abjagen*** snatch s.th. away from s.o.; ***j-m die Kunden*** *etc* ***abjagen*** steal s.o.'s customers *etc*
abkanzeln *v/t ugs* ***j-n abkanzeln*** give s.o. a dressing-down
abkapseln *v/refl* ***sich abkapseln*** shut (*oder* cut) o.s. off
abkarten *v/t ugs* fix, rig: → ***abgekartet***
abkassieren *v/i ugs fig* cash in
abkauen *v/t* chew (off), (*Fingernägel*) bite
abkaufen *v/t* ***j-m etw abkaufen*** buy s.th. from s.o.; *ugs fig* ***das kaufe ich dir*** *etc* ***nicht ab!*** I won't buy that!
Abkehr *f* (***von***) turning away (from), break (with)
abkehren *v/t* (*auch* ***sich abkehren***) turn away (***von*** from): *fig* ***sich abkehren von*** *auch* turn one's back on, *einer Politik etc*: abandon
abklappern *v/t ugs* (*Läden etc*) scour (***nach*** for), (*Museen etc*) do
abklären *v/t* clear: → ***abgeklärt***
Abklatsch *m fig* imitation
abklemmen *v/t* pinch off, MED clamp, ELEK dis-

connect

abklingen *v/i Lärm etc*: abate, *Schmerz*: ease, *Fieber, Schwellung*: go down, *Wirkung*: wear off, *Sturm, Erregung etc*: subside, die down

abklopfen I *v/t* **1.** (*Putz etc*) knock off, (*Staub*) brush off **2.** *bes* MED tap, percuss **3.** *ugs fig* (*Argumente etc*) scrutinize (**auf** *Akk* for) **II** *v/i* **4.** *Dirigent*: stop the orchestra

abknabbern *v/t* nibble off

abknallen *v/t ugs* bump *s.o.* off

abknapsen *v/t ugs* ***j-m etw abknapsen*** take s.th. off s.o.; ***sich etw abknapsen*** stint o.s. of s.th.

abknicken *v/t und v/i* snap (off): MOT ***abknickende Vorfahrt*** left-hand (*oder* right-hand) turn of a main road at a road junction

abknöpfen *v/t* **1.** unbutton **2.** *ugs* ***j-m etw abknöpfen*** wangle s.th. out of s.o.

abknutschen *v/t ugs* kiss and cuddle: ***sich abknutschen*** snog

abkochen *v/t* boil, (*Milch*) scald

abkommandieren *v/t* MIL detach, detail, assign, (*Offizier*) second (***nach, zu*** to)

abkommen *v/i* **1.** get away (*auch* SPORT): (***nicht***) ***abkommen können*** (not to) be able to get away; ***vom Wege abkommen*** lose one's way, *fig* go astray; ***vom Kurs abkommen*** deviate (from one's course); MOT ***von der Straße abkommen*** get (*oder* skid) off the road; *fig* ***vom Thema abkommen*** stray from the point **2.** ***von*** *einer Idee, einem Plan etc* ***abkommen*** give up, drop; ***von der Ansicht bin ich abgekommen*** I've changed my views about that

Abkommen *n bes* POL agreement

abkömmlich *Adj* available: ***er ist nicht abkömmlich*** he cannot get away

Abkömmling *m* **1.** JUR descendant **2.** CHEM derivative

abkoppeln *v/t* uncouple

abkratzen I *v/t* scratch off, scrape off **II** *v/i ugs* (*sterben*) kick the bucket

abkühlen *v/t, v/i und v/refl* ***sich abkühlen*** *auch fig* cool off

Abkühlung *f* cooling

abkupfern *v/t ugs* crib, copy

abkürzen I *v/t* shorten, (*Inhalt, Unterredung*) *auch* abridge, (*Wort*) *auch* abbreviate: (***den Weg***) ***abkürzen*** take a short cut **II** *v/i* take (*Weg*: be) a short cut

Abkürzung *f* abridg(e)ment, abbreviation, *des Weges*: short cut (*auch fig*)

Abkürzungsverzeichnis *n* list of abbreviations

abküssen *v/t* ***j-n abküssen*** smother s.o. with kisses

abladen *v/t* **1.** unload, (*Schutt, Müll*) dump **2.** *fig* (*Sorgen etc*) off-load: ***seinen Ärger abladen bei*** vent one's anger on; *auch* → ***abwälzen***

Abladeplatz *m* unloading point, *für Schutt, Müll*: dump

Ablage *f* **1.** (*Ablegen*) *von Akten*: filing **2.** place to put s.th., (*Aktenablage*) file **3.** *schweiz.* branch

ablagern *v/t* **1.** (*auch* ***sich ablagern***) CHEM, GEOL, MED deposit **2.** (*auch v/i*) (*Holz etc*) season, (*Wein*) mature: → ***abgelagert***

Ablagerung *f* CHEM, GEOL, MED **a)** deposition, **b)** deposit, sediment

Ablass *m* **1.** TECH outflow **2.** REL indulgence

ablassen I *v/t* **1.** let *s.th.* off (*oder* out), (*Flüssigkeit*) drain off, (*Kessel, Wanne etc*) drain, (*Dampf*) blow off: ***die Luft aus dem Reifen ablassen*** deflate the tyres (*Am* tires), let the tyres down **2.** WIRTSCH **a)** sell (*Dat* to), **b)** ***etw*** (***vom Preis***) ***ablassen*** knock s.th. off the price **II** *v/i* **3.** ***von etw ablassen*** stop doing s.th., give s.th. up; ***von j-m ablassen*** leave s.o. alone

Ablativ *m* LING ablative (case)

Ablauf *m* **1.** TECH **a)** discharge, **b)** (*Vorrichtung*) outlet, drain **2.** (*Verlauf*) course, run, (*Programmablauf*) order of events: ***der Ablauf der Ereignisse*** the course of events **3.** (*Ende*) end, *einer Frist, eines Vertrages etc*: expiration, *eines Wechsels*: maturity: ***nach*** (*oder* ***mit***) ***Ablauf*** upon expiration (*Gen* of); ***nach Ablauf von zwei Wochen*** after two weeks

ablaufen I *v/i* **1.** (*auch* ***ablaufen lassen***) *Wasser etc*: run off, (*sich leeren*) drain off: *fig* ***an ihm läuft alles ab*** everything runs off him like water off a duck's back **2.** (*verlaufen*) go: ***alles ist gut abgelaufen*** everything went off (*oder* turned out) well; ***was dort abläuft*** what's going on there **3.** (*enden*) run out, (*ungültig werden*) expire **4.** *Uhr*: run down, *Seil etc*: unwind, *Film, Tonband*: run: *fig* ***seine Uhr ist abgelaufen*** his hour is come **II** *v/t* **5.** (*Strecke etc*) walk the length of **6.** (*Läden etc*) (***nach*** for) scour, comb **7.** (*Sohlen etc*) wear out, (*Absätze*) wear down: → ***Hacke***[2], ***Rang*** 1

Ablaut *m* LING ablaut

ableben *v/i* die, pass away

Ableben *n* death, decease

ablecken *v/t* lick off

ablegen I *v/t* **1.** (*Hut, Mantel etc*) take off, (*alte Kleidung*) get rid of: ***abgelegte Kleider*** cast-offs *Pl* **2.** (*eine Last etc*) put down, (*Akten etc*) file, (*Spielkarten*) discard, ZOOL (*Eier*) deposit **3.** *fig* (*Gewohnheit etc*) give up, drop **4.** (*Eid, Gelübde etc*) take: ***eine Prüfung ablegen*** take (*mit Erfolg*: pass) an examination; → ***Geständnis***, ***Rechenschaft*** *etc* **II** *v/i* **5.** take off one's things (*oder* coat, hat, *etc*): ***bitte legen Sie ab!*** take off your coat, please! **6.** SCHIFF cast off, *Raumfähre*: separate

Ableger *m* LANDW layer, scion (*auch ugs fig Sprössling*)

ablehnen I *v/t* **1.** (*Angebot, Einladung etc*) refuse, (*auch Bewerber etc*) turn down, *als unannehmbar*: reject (*auch* PARL), *höflich*: decline, JUR (*Zeugen*) challenge **2.** (*missbilligen*) disapprove of, (*Buch, Stück etc*) condemn **II** *v/i* **3.** refuse, decline

ablehnend *Adj Antwort, Haltung etc*: negative, (*missbilligend*) disapproving: *Adv* ***ablehnend gegenüberstehen*** (*Dat*) disapprove of

Ablehnung *f* refusal, rejection (*auch einer Person, auch* PARL), (*Missbilligung*) disapproval (*Gen* of)

ableisten *v/t* serve: → ***Wehrdienst***

ableiten *v/t* **1.** TECH (*ablenken*) divert, (*Wasser etc*) drain off, (*Wärme*) carry off **2.** CHEM, MATHE, LING *und fig* derive (***aus*** from): ***sich ableiten*** *auch* be derived; ***seine Herkunft ableiten von*** trace one's origin back to

Ableitung *f* **1.** TECH diversion, draining off (*etc*, → ***ableiten*** 1) **2.** MATHE, LING *etc* derivation, (*das Abgeleitete*) derivative

ablenken I *v/t* **1.** divert, (*Lichtstrahlen, Ball etc*) deflect **2.** (*j-n, j-s Aufmerksamkeit etc*) divert, distract: ***den Verdacht von sich ablenken*** divert suspicion from o.s.; ***j-n*** (***von seinen Sorgen***) ***ablenken*** take s.o.'s mind off his worries **II** *v/i* **3.** (*das Thema wechseln*) change the subject **4.** be a diversion: ***das lenkt ab*** that takes one's mind off things

Ablenkung *f* **1.** TECH deviation, deflection **2.** (*Zerstreuung*) diversion, distraction

Ablenkungsmanöver *n* MIL diversion, *fig auch* red herring

ablesen *v/t* **1.** (*Rede*) read (from notes) **2.** (*Messgerät etc*) read: ***Gas*** (***Strom***) ***ablesen*** read the gas (electricity) meter **3.** *fig* (*feststellen*) see (***an*** *Dat* from): ***j-m etw vom Gesicht ablesen*** read s.th. in s.o.'s face; ***j-m einen Wunsch von den Augen ablesen*** anticipate s.o.'s wish

Ablesung *f* TECH reading

abliefern *v/t* deliver (***bei*** to, at)

ablösbar *Adj* WIRTSCH redeemable

Ablöse *f ugs* → ***Ablösesumme***

ablösen *v/t* **1.** remove, detach **2.** (*Posten etc*) relieve, (*Kollegen etc*) take over from, replace: ***j-n ablösen*** (*vom Amt entheben*) relieve s.o. of his duties; ***sich*** (*oder* ***einander***) ***ablösen*** take turns (***bei*** at); ***sich bei der Arbeit ablösen*** *auch* work in shifts **3.** *fig* (*folgen auf*) follow **4.** (*Hypothek etc*) redeem, (*Schuld etc*) pay off

Ablösesumme *f* SPORT transfer fee

Ablösung *f* **1.** removal, detachment **2.** *bei der Arbeit etc*: relief **3.** WIRTSCH redemption, repayment

Abluft *f* TECH waste air

abmachen *v/t* **1.** *ugs* remove, take off **2.** arrange, agree on, settle on: ***abgemacht!*** agreed!, it's a deal!, o.k.!

Abmachung *f* arrangement, agreement

abmagern *v/i* grow thin, lose weight: → ***abgemagert***

Abmagerungskur *f* (***eine Abmagerungskur machen*** go [*oder* be] on a) slimming diet

Abmahnung *f* (written) warning

abmalen *v/t* paint, (*kopieren*) copy

Abmarsch *m* marching off

abmarschieren *v/i* march off

abmelden **I** *v/t* cancel: ***sein Auto abmelden*** take one's car off the road; ***sein Telefon abmelden*** have one's telephone disconnected; ***j-n abmelden*** **a)** *polizeilich*: give notice of s.o.'s change of address, **b)** ***beim Verein*** *etc* cancel s.o.'s membership; *ugs* ***bei mir ist er abgemeldet!*** I'm through with him! **II** *v/refl* ***sich abmelden*** **a)** *polizeilich*: give notice of one's change of address, **b)** ***bei seinem Verein*** *etc* cancel one's membership, **c)** ***bei j-m*** (***vom Dienst*** *etc*) report to s.o. that one is leaving

Abmeldung *f* **1.** cancellation **2.** notice of change of address

abmessen *v/t auch fig* measure

Abmessung *f* measurement: ***Abmessungen*** *Pl auch* dimensions *Pl*

abmontieren *v/t* TECH take off, dismount, remove

abmühen *v/refl* ***sich abmühen, etw zu tun*** try hard to do s.th.; ***sich mit etw abmühen*** struggle with s.th.

abmurksen *v/t ugs* ***j-n abmurksen*** do s.o. in

abmustern *v/t* (*Seeleute*) pay off

abnabeln *v/t* ***ein Kind abnabeln*** cut the umbilical cord; *fig* ***sich abnabeln*** cut the cord

abnagen *v/t* gnaw off: ***einen Knochen abnagen*** *Tier*: gnaw (*Mensch*: pick) a bone

abnähen *v/t* take in, tuck

Abnäher *m* tuck

Abnahme *f* **1.** taking off (*oder* down), removal, MED amputation **2.** WIRTSCH (***bei Abnahme*** on) purchase (***von*** of) **3.** TECH acceptance, (*Abnahmeprüfung*) inspection (test) **4.** ***Abnahme einer Parade*** review (of the troops) **5.** (*Verringerung*) decrease, decline, *zahlenmäßige*: *auch* drop (*alle*: *Gen* in), *des Tempos, Gewichts*: loss (*Gen* in, of), *der Sehkraft etc*: failure, *des Interesses etc*: flagging, *des Mondes*: waning

abnehmbar *Adj* removable

abnehmen **I** *v/t* **1.** *allg* take off, TECH *auch* remove, MED *auch* amputate, (*Bart*) *auch* shave off, (*Bild, Gardinen etc*) take down, (*Obst*) gather, TEL (*den Hörer*) pick up: ***j-m Blut abnehmen*** take a blood sample from s.o. **2.** ***j-m etw abnehmen*** **a)** *allg* relieve s.o. of s.th., (*eine Mühe, einen Weg etc*) *auch* save s.o. s.th., **b)** (*wegnehmen*) take s.th. (away) from s.o., **c)** (*einen Preis abverlangen*) charge s.o. s.th.; ***j-m zu viel abnehmen*** overcharge s.o. **3.** (*abkaufen*) (*Dat* from) buy, purchase: *ugs fig* ***das nimmt ihm keiner ab!*** nobody will buy that! **4.** TECH accept, (*prüfen*) inspect, test **5.** ***die Parade abnehmen*** review the troops **6.** (*eine Prüfung*) hold: → ***Beichte, Eid*** *etc* **7.** (*Maschen*) decrease **8.** (*10 Pfund etc*) lose, get rid of **9.** (*Fingerabdrücke etc*) take **II** *v/i* **10.** *allg Vorräte etc, auch fig Einfluss etc*: decrease, diminish, *zahlenmäßig*: *auch* drop off, *Kräfte etc*: decline, dwindle, *Sehkraft*: fail, *Interesse*: flag, *Tempo*: slacken (off), slow down, *Sturm*: abate, *Mond*: (be on the) wane, *Tage*: grow shorter **11.** lose weight, *durch Diät*: be slimming

Abnehmer, **Abnehmerin** buyer, (*Kunde*) customer, (*Verbraucher*) consumer: ***keine Abnehmer finden*** find no market

Abneigung *f* (***gegen***) dislike (of, for), *stärker*: aversion (to)

abnorm *Adj* abnormal, (*ungewöhnlich*) exceptional, unusual

abnicken *v/t ugs* ***etw abnicken*** nod s.th. through

abnötigen *v/t* ***j-m Respekt abnötigen*** command s.o.'s respect

abnutzen *v/t* (*auch* ***sich abnutzen***) wear out

Abnutzung *f* wear and tear

Abnutzungserscheinung *f* sign of wear, MED sign of degeneration

Abonnement *n* subscription (***auf*** *Akk* to),

Abneigungen	**Dislikes** (SG)
Ich mag Montage nicht.	**I don't like Mondays.**
Ich mag es nicht, wenn man mich anstarrt.	**I don't like being stared at.**
Ich mach mir nicht besonders viel aus Würstchen.	**I'm not very keen on sausages.**
Ich kann Leute nicht ertragen, die endlos reden.	**I can't stand people who never stop talking.**

THEAT *auch* season ticket (***bei*** for)

Abonnent, **Abonnentin** subscriber (*Gen* to), THEAT season-ticket holder

abonnieren *v/t* subscribe to: *eine Zeitung etc* ***abonniert haben*** *auch* have a subscription for, get

abordnen *v/t* delegate

Abordnung *f* delegation

Abort *m* MED miscarriage

abpacken *v/t* WIRTSCH pack(age)

abpassen *v/t* (*j-n*, *Gelegenheit*) wait for

abpausen *v/t* trace

abperlen *v/i* ***von etw abperlen*** drip off s.th.

abpfeifen *v/t und v/i* SPORT (***das Spiel***) ***abpfeifen*** stop the game

Abpfiff *m* final whistle

abplacken, **abplagen** → ***abrackern***

abprallen *v/i* rebound, bounce off, *Geschoss*: ricochet: *fig* ***an j-m abprallen*** make no impression on s.o.

Abpraller *m* SPORT rebound

abputzen → ***abwischen***

abquälen *v/refl* ***sich abquälen*** **a)** *seelisch*: worry (o.s.), fret, **b)** → ***abrackern***, **c)** → ***abmühen***

abqualifizieren *v/t* dismiss

abquetschen *v/t* (*einen Finger etc*) crush

abrackern *v/refl* ***sich abrackern*** *ugs* slave (away)

abrahmen *v/t* (*Milch*) skim

abrasieren *v/t* shave off

abraten *v/i* ***j-m von etw abraten*** advise (*oder* warn) s.o. against (doing) s.th.

abräumen *v/t* clear away, remove: ***den Tisch abräumen*** clear the table

abreagieren **I** *v/t* (***an*** *Dat* on) abreact, work off **II** *v/refl* ***sich abreagieren*** get rid of one's aggressions, *ugs* let off steam

abrechnen **I** *v/t* deduct, (*Spesen etc*) account for **II** *v/i* settle accounts: ***mit j-m abrechnen*** settle up with s.o., *fig auch* get even with s.o.

Abrechnung *f* **1.** settlement (of accounts), (*Aufstellung*) statement **2.** → ***Abzug*** 4 **3.** *fig* (*Vergeltung*) requital: ***Tag der Abrechnung*** day of reckoning

Abrede *f* ***etw in Abrede stellen*** deny s.th.

abreiben *v/t* **1.** rub off, (*Körper*) rub down **2.** wipe *s.th.* clean, polish **3.** (*Zitrone etc*) grate

Abreibung *f* **1.** MED rub-down, *nasse*: sponge-down **2.** *ugs* (*Prügel*, *Niederlage*) beating

Abreise *f* (***bei meiner*** *etc* ***Abreise*** on my *etc*) departure (***nach*** for)

abreisen *v/i* (***nach*** for) depart, leave

Abreiß... tear-off (*pad*, *calendar*, *etc*)

abreißen **I** *v/t* tear (*oder* pull, rip) off, (*Faden etc*) snap, (*Gebäude*) pull down, demolish **II** *v/i* come off, *Faden etc*: snap, *fig Verbindung etc*: break off: ***die Arbeit reißt nicht ab*** there's no end of work

abrichten *v/t* (*Tier*) train, (*Pferd*) break in

Abrichtung *f* training, breaking-in

abriegeln *v/t* (*Tür etc*) bolt, bar, (*Straße*) block (off), *durch Polizei*: cordon (MIL *auch* seal) off

abringen *v/t* ***j-m etw abringen*** wring (*oder* wrest) s.th. from s.o.; ***sich ein Lächeln abringen*** force a smile

Abriss *m* **1.** (*Zs.-fassung*) summary, outline, (*Übersicht*) survey, (*Buch*) compendium **2.** *von Gebäuden*: demolition

abrücken **I** *v/t* move away **II** *v/i* march off, move off: *fig* ***von j-m abrücken*** disassociate o.s. from s.o.

Abruf *m* **1.** recall: ***sich auf Abruf bereithalten*** stand by **2.** WIRTSCH ***auf Abruf*** on call

abrufbereit *Adj* on call

abrufen *v/t* **1.** (*j-n*) call *s.o.* away, recall **2.** (*Waren*) call **3.** (*Daten*) retrieve

abrunden *v/t auch fig* round off: *eine Zahl* ***nach oben*** (***unten***) ***abrunden*** round up (down); → ***abgerundet*** I

abrupt *Adj* abrupt, sudden

abrüsten *v/i* MIL disarm

Abrüstung *f* disarmament (*auch in Zssgn conference*, *talks*, *etc*)

abrutschen *v/i* **1.** slip off, slip down, *Messer*: slip **2.** *fig Person*, *Leistungen*: go down, sag

absacken *v/i ugs* **1.** sag, *auch* SCHIFF sink, FLUG pancake **2.** → ***abrutschen*** 2

Absage *f* cancellation, (*Ablehnung*) refusal, *fig* rejection (***an*** *Akk* of)

absagen **I** *v/t* cancel, call off **II** *v/i* beg off, cry off: ***j-m absagen*** tell s.o. that one can't come

absägen *v/t* **1.** saw off **2.** *ugs fig* (*j-n*) ax(e), fire

absahnen *v/t ugs fig* cream off

absatteln *v/t* (*Pferd*) unsaddle

Absatz *m* **1.** heel: ***Schuhe mit hohen Absätzen*** high-heeled shoes **2.** JUR, BUCHDRUCK paragraph: ***neuer Absatz*** new line **3.** WIRTSCH sale(s *Pl*): ***guten*** (***reißenden***) ***Absatz finden*** find a ready market (*ugs* sell like hot cakes) **4.** (*Treppenabsatz*) landing, *im Gelände*: terrace

Absatzgebiet *n* WIRTSCH market(ing area)

Absatzmarke *f* COMPUTER hard return, paragraph mark

Absatzmarkt *m*, **Absatzmöglichkeit** *f* WIRTSCH market, outlet

Absatzsteigerung *f* WIRTSCH sales increase

Absatzstockung *f* stagnation of trade

Absatztrick *m Fußball*: backheel trick

absaufen *v/i ugs* BERGB, MOT be flooded, SCHIFF go down, *Person*: drown

absaugen *v/t* **1.** TECH suck off, *auch* MED aspirate **2.** (*Teppich etc*) vacuum

abschaben *v/t* scrape off

abschaffen *v/t* abolish, do away with, (*loswerden*) get rid of, (*Auto etc*) give up

Abschaffung *f* abolition

abschalten **I** *v/t* switch off, turn off, ELEK cut off, disconnect **II** *v/i ugs fig* switch off, relax

abschätzen *v/t* estimate, *auch fig* (*jemandes Fähigkeiten*, *die Lage etc*) assess, *ugs fig* size *s.o.*, *s.th.* up

abschätzend *Adj* assessing, speculative

abschätzig *Adj* contemptuous, disparaging

Abschaum *m* scum (*fig* ***der Menschheit*** of the earth)

Abscheu *m* (***vor*** *Dat*, ***gegen***) horror (of), disgust (at, for), abhorrence (of), loathing (for): ***Abscheu haben vor*** (*Dat*) abhor, detest, loathe

abscheuern *v/t* **1.** scrub (off) **2.** (*Haut*) rub off, scrape **3.** (*auch* ***sich abscheuern***) (*abnutzen*) wear thin

abscheulich *Adj* dreadful, abominable, *Verbrechen*: *auch* heinous, atrocious

abschicken → ***absenden***

abschieben **I** *v/t* **1.** push away (***von*** from) **2.** (*ausweisen*) deport **3.** *ugs* (*loswerden*) get rid of **II** *v/i* **4.** *ugs* push off

Abschiebung *f* JUR deportation

Abschiebungshaft *f* (***j-n in Abschiebungshaft nehmen*** put s.o. on) remand pending deportation

Abschied *m* **1.** (*Abschiednehmen*) parting, farewell, leave-taking, (*Abreise*) departure: ***Ab-***

schied nehmen **(*von*)** take leave (of), say goodby(e) (to); ***beim Abschied, zum Abschied*** on parting **2.** (*Entlassung*) dismissal, MIL discharge, (*Rücktritt*) resignation

Abschieds… farewell (*letter, visit, etc*)

Abschiedsfete *f ugs* leaving do

Abschiedskuss *m* goodby(e) kiss: ***j-m einen Abschiedskuss geben*** kiss s.o. goodby(e)

Abschiedsschmerz *m* wrench

Abschiedsstunde *f* hour of parting

Abschiedsworte *Pl* words *Pl* of farewell

abschießen *v/t* **1.** (*Waffe*) fire, (*Kugel, Pfeil etc*) shoot, (*Rakete etc*) launch **2.** (*töten*) shoot, (*j-n*) *auch* pick *s.o.* off, (*Flugzeug*) shoot (*oder* bring) down: *ugs fig* ***j-n abschießen*** put the skids under s.o.; → ***Vogel*** 1

Abschirmdienst *m* counterintelligence

abschirmen *v/t* **(*gegen*)** shield (from), protect (against)

Abschirmung *f* screen(ing), shield(ing)

abschlachten *v/t auch fig* slaughter

abschlaffen *v/i ugs* wilt: → ***abgeschlafft***

Abschlag *m* **1.** *Fußball*: goal kick, *Golf*: tee (-off) **2.** WIRTSCH (*Preisrückgang*) drop (in prices), (*Preisnachlass*) reduction, (*Teilzahlung*) part payment: ***auf Abschlag*** on account

abschlagen *v/t* **1.** knock off (*oder* down), (*Kopf*) cut off, (*Baum*) cut down **2.** *auch v/i* SPORT (*Ball*) kick off, *aus der Hand*: punt, *Golf*: tee off **3.** (*Angriff etc*) beat off **4.** *fig* (*ablehnen*) refuse, turn down

abschlägig *Adj* negative: ***abschlägige Antwort*** refusal, denial; *Adv* ***j-n*** **(*jemandes Bitte*** *etc*) ***abschlägig bescheiden*** reject s.o. (s.o.'s request)

Abschlagszahlung *f* part payment

abschleifen *v/t* TECH grind off, *auch fig* polish: ***sich abschleifen*** *auch fig* wear off

Abschleppdienst *m* breakdown (*Am* wrecking) service

abschleppen *v/t* FLUG, MOT tow off: *ugs* ***j-n abschleppen*** drag s.o. off

Abschleppseil *n* tow-rope

Abschleppwagen *m* breakdown lorry, *Am* wrecker (truck)

abschließbar *Adj* lockable

abschließen **I** *v/t* **1.** lock (up) **2.** (*isolieren*) shut off, TECH *auch* seal (off): → ***abgeschlossen*** 2 **3.** (*beenden*) end, close, finish, (*vollenden*) complete **4.** WIRTSCH (*Konten etc*) settle, (*Bücher etc*) close, balance, (*Vertrag etc*) conclude, sign, (*Verkauf*) effect: ***einen Handel abschließen*** strike a bargain, close a deal; ***eine Versicherung abschließen*** take out a policy; → ***Vergleich*** 1, ***Wette*** **II** *v/i* **5.** end, close (*auch* WIRTSCH), finish: ***mit dem Leben abgeschlossen haben*** have done with life

abschließend **I** *Adj* concluding, closing, final **II** *Adv* in conclusion, finally: ***abschließend sagte er*** *auch* he wound up by saying

Abschluss *m* **1.** *allg* conclusion, WIRTSCH *der Bücher etc*: closing, *der Konten etc*: settlement, *weit. S.* (*Geschäft*) deal, (*Verkauf*) sale: ***zum Abschluss*** → ***abschließend*** II; ***etw zum Abschluss bringen*** bring s.th. to a close **2.** *ugs* PÄD, UNI final examination

Abschlussprüfung *f* **1.** PÄD, UNI final examination, finals *Pl*, *Am auch* graduation: ***seine Abschlussprüfung machen*** **(*an*** *Dat*) graduate (at, *Am* from) **2.** WIRTSCH *der Bücher*: audit

Abschlusszeugnis *n* (school-)leaving certificate, *Am* (high-school) diploma

abschmecken *v/t* (*würzen*) season

abschmieren *v/t* TECH grease

abschminken *v/t* (*auch* ***sich abschminken***) take off (*oder* remove) *s.o.'s* (one's) make-up: *ugs* ***schmink dir das ab!*** forget it!

abschnallen *v/t* undo, (*Skier*) take off: MOT *etc* ***sich abschnallen*** unfasten one's seatbelt

abschneiden **I** *v/t* **1.** cut off (*auch fig Zufuhr etc*): ***j-m den Weg abschneiden*** bar s.o.'s way; ***j-m das Wort abschneiden*** cut s.o. short **II** *v/i* **2.** **(*den Weg*) *abschneiden*** take a short cut **3.** ***gut*** **(*schlecht*)** ***abschneiden*** do (*oder* come off) well (badly)

Abschneiden *n* performance

Abschnitt *m* **1.** *eines Buches etc*: section, paragraph **2.** BIOL, MATHE segment **3.** (*Gebiet*) sector **4.** (*Zeitabschnitt*) period, phase, *bes einer Reise*: stage **5.** (*Kontrollabschnitt*) counterfoil, coupon

abschnüren *v/t* **1.** → ***abbinden*** 2 **2.** *bes* MIL cut off **3.** ***j-m die Luft abschnüren*** choke s.o.

abschöpfen *v/t* skim off (*auch* WIRTSCH *Gewinne*), (*Kaufkraft*) absorb: *fig* ***den Rahm abschöpfen*** take the cream off

abschotten *v/refl* ***sich abschotten*** *fig* batten down the hatches, seal o.s. off

abschrägen *v/t* slope, bevel

abschrauben *v/t* screw off

abschrecken *v/t* **1.** deter, put *s.o.* off **2.** TECH quench, GASTR rinse with cold water

abschreckend **I** *Adj* deterrent: ***abschreckendes Beispiel*** warning; ***abschreckende Strafe*** exemplary punishment **II** *Adv* ***abschreckend wirken*** act as a deterrent

Abschreckung *f* deterrence: ***zur Abschreckung dienen*** act as a deterrent

Abschreckungspolitik *f* policy of deterrence

Abschreckungswaffe *f* deterrent (weapon)

abschreiben **I** *v/t* **1.** copy (out), PÄD crib **2.** WIRTSCH (*Maschine etc*) depreciate, write down, *vollständig*: write off (*auch ugs fig j-n, etw*), (*Betrag*) deduct **II** *v/i* **3.** PÄD crib **4.** ***j-m abschreiben*** write (to s.o.) to say one can't come

Abschreibung *f* WIRTSCH depreciation, write-off

Abschrift *f* copy: → ***beglaubigt***

abschrubben *v/t ugs* scrub

abschuften → ***abrackern***

abschürfen *v/t*, **Abschürfung** *f* MED graze

Abschuss *m* **1.** *einer Waffe*: discharge **2.** *einer Rakete etc*: launching

abschüssig *Adj* steep

Abschussliste *f ugs* hit list: ***j-n auf die Abschussliste setzen*** put the skids under s.o.; ***auf der Abschussliste stehen*** be a marked man

Abschussrampe *f* launching pad

abschütteln *v/t auch fig* shake off

abschwächen **I** *v/t* weaken, (*Aufprall etc*) soften, (*mildern*) tone down (*auch fig Bemerkung etc*) **II** *v/refl* ***sich abschwächen*** weaken, *Sturm, Lärm etc*: subside

abschweifen *v/i meist fig* deviate, stray, *Blick, Gedanken*: wander: ***vom Thema abschweifen*** digress (from one's subject)

abschwellen *v/i* **1.** MED go down **2.** *Lärm*: die down

abschwirren *v/i ugs* buzz off

abschwören *v/i* (*seinem Glauben etc*) renounce

Abschwung *m* WIRTSCH downturn

absegnen *v/t ugs* give one's blessing to

absehbar *Adj* ***in absehbarer Zeit*** in the foreseeable future; ***nicht absehbar sein*** be impos-

sible to predict (*Schaden*: to estimate)
absehen I *v/t* 1. → ***abgucken*** 2. foresee: ***es ist kein Ende abzusehen*** there's no end in sight 3. ***es abgesehen haben auf*** (*Akk*) a) be out to get, have an eye on, b) ***j-n*** *ugs* have it in for s.o. II *v/i* 4. ***absehen von*** a) (*unterlassen*) refrain from, b) (*außer Acht lassen*) disregard: → ***abgesehen***
abseifen *v/t* soap down
abseilen I *v/t* (*auch* ***sich abseilen***) *mount.* rope down II *v/refl* ***sich abseilen*** *ugs fig* (*sich absetzen*) make off
absein *v/i ugs* → ***ab*** 1, 2
abseits I *Präp* (*Gen*) off *the road etc* II *Adv* ***abseits liegen*** be out of the way; *fig* ***sich abseits halten*** keep aloof
Abseits *n* SPORT (***im Abseits stehen*** be) offside; *fig* ***sich ins Abseits manövrieren, ins Abseits geraten*** get (o.s.) isolated
Abseitsfalle *f* offside trap
abseitsstehen *v/i* stand aside, SPORT be offside
Abseitstor *n* goal scored from an offside position
absenden *v/t* send (off), *bes* WIRTSCH dispatch, forward, (*Brief etc*) post, *Am* mail
Absender, **Absenderin** sender
Absenker *m* LANDW layer
absetzbar *Adj* 1. *Ware*: sal(e)able 2. *Ausgaben*: (***steuerlich absetzbar***) deductible (for taxation) 3. *Beamter*: removable
absetzen I *v/t* 1. (*Last etc*) set down, put down, (*Hut, Brille etc*) take off, (*Geigenbogen*) lift 2. (*Fahrgäste etc*) set down, (*auch Fallschirmspringer*) drop 3. (*Beamten*) remove (from office), (*Herrscher*) depose 4. (*Veranstaltung etc*) cancel, (*Film etc*) take off, (*Tagesordnungspunkt etc*) remove 5. (*Betrag etc*) deduct, (*Waren*) sell; ***steuerlich absetzen*** deduct from tax 6. MED (*Medikament*) stop taking (*a medicament*), go off (*a drug*), (*Behandlung*) break off 7. BUCHDRUCK set (up) in type: ***eine Zeile absetzen*** begin a new paragraph 8. CHEM *etc* deposit II *v/i* 9. stop, break off: ***ohne abzusetzen*** in one go, *trinken*: in one gulp III *v/refl* ***sich absetzen*** 10. MIL retreat, SPORT *Läufer etc*: break away, *ugs fig* make off
Absetzung *f* 1. removal (from office), *eines Herrschers*: deposition 2. *eines Films etc*: withdrawal, *einer Veranstaltung etc*: cancel(l)ation
absichern I *v/t* → ***sichern*** 1 II *v/refl* ***sich absichern*** cover o.s
Absicht *f* intention, *auch* JUR intent, (*Ziel*) aim, object: ***in der Absicht zu*** *Inf* with the intention of *Ger*; ***ich habe die Absicht zu kommen*** I intend (*oder* I'm planning) to come; ***mit einer bestimmten Absicht*** for a purpose; ***mit Absicht*** on purpose
absichtlich I *Adj* intentional, deliberate, *bes* JUR wil(l)ful II *Adv* intentionally *etc*, on purpose
Absichtserklärung *f* declaration of intent
absitzen I *v/i Reiter*: dismount II *v/t ugs* (*Zeit*) sit out, (*Strafe etc*) do, serve
absolut *Adj allg* absolute, (*völlig*) *auch* complete, total: ***absolut nicht*** by no means; → ***Gehör***
Absolution *f* REL absolution
Absolutismus *m* absolutism
absolutistisch *Adj* absolutist
Absolvent, **Absolventin** school-leaver, *Am* graduate
absolvieren *v/t* 1. (*Schule etc*) finish, *Am* graduate from 2. (*Kurs etc*) attend, complete 3. (*Prüfung*) pass 4. *ugs* (*leisten*) do, *mühsam*: get through
absondern I *v/t* 1. separate, (*Kranke etc*) isolate 2. BIOL secrete II *v/refl* ***sich absondern*** 3. cut o.s. off
Absonderung *f* 1. separation, isolation 2. BIOL secretion
absorbieren *v/t auch fig* absorb
abspalten *v/t* (*auch* ***sich abspalten***) split off
Abspann *m* FILM, TV end titles (and credits) *Pl*
absparen *v/t* ***sich etw*** (***vom Mund***) ***absparen*** pinch and scrape for s.th.
abspecken *ugs* → ***abnehmen*** 8, 11
abspeichern *v/t und v/i* COMPUTER (*Daten*) store, (*sichern*) save
abspeisen *v/t ugs* feed, *fig* fob *s.o.* off
abspenstig *Adj* ***abspenstig machen*** (*Dat*) lure away (from); ***j-m die Freundin abspenstig machen*** steal s.o.'s girl(friend)
absperren *v/t* 1. (*Straße etc*) block off, *durch Polizei*: cordon off 2. (*Strom, Wasser etc*) turn (*amtlich*: cut) off 3. *Dialekt* lock (up)
Absperrung *f* 1. barrier, (*Polizeiabsperrung*) cordon 2. blocking off
abspielen I *v/t* 1. (*Platte, Band etc*) play 2. (*Ball*) pass II *v/refl* ***sich abspielen*** 3. happen, take place, (*los sein*) be going on: *ugs* ***da spielt sich nichts ab!*** nothing doing!
absplittern *v/i und v/t* (*auch* ***sich absplittern*** *fig Gruppe*) splinter off
Absprache *f* arrangement: ***laut Absprache*** → ***absprachegemäß***
absprachegemäß *Adv* as agreed
absprechen I *v/t* 1. ***j-m etw absprechen*** deny (*oder* dispute) s.o.'s *talent etc*; JUR ***j-m ein Recht absprechen*** deprive s.o. of a right 2. (*vereinbaren*) agree (up)on, arrange II *v/refl* 3. ***sich mit j-m absprechen*** agree with s.o. (***über*** *Akk* about)
abspringen *v/i* 1. jump off, SPORT *auch* take off, FLUG jump, *im Notfall*: bail out, *Lack etc*: come off, *Ball etc*: bounce off 2. *ugs fig* quit, get (*oder* back) out (***von*** of) 3. *ugs fig* ***und was springt für mich ab?*** what's in it for me?
abspritzen *v/t* hose down
Absprung *m* jump, SPORT take-off
Absprungbalken *m* take-off board
abspulen *v/t allg* unreel
abspülen *v/t* rinse (off)
abstammen *v/i* (***von*** from) be descended, LING be derived
Abstammung *f* 1. descent, origin: ***deutscher Abstammung*** of German extraction 2. LING derivation
Abstammungslehre *f* theory of evolution
Abstand *m* 1. distance (*auch fig*), (*Zwischenraum*) space, (*auch Zeitabstand*) interval, *fig* (*Unterschied*) difference, gap, (*Vorsprung*) margin: ***mit Abstand*** a) ***besser*** far better, b) ***gewinnen*** win by a wide margin; ***in regelmäßigen Abständen*** *auch zeitlich*: at regular intervals; *fig* ***Abstand halten, Abstand wahren*** keep one's distance; ***Abstand nehmen von*** refrain from (doing) 2. → ***Abstandssumme***
Abstandssumme *f* indemnity
abstatten *v/t* ***j-m einen Besuch abstatten*** pay s.o. a visit; → ***Dank***
abstauben I *v/t* 1. dust 2. *ugs* (*stehlen*) swipe II *v/i* 3. *Fußball*: tap (the ball) in
abstechen I *v/t* (*Schwein etc*) stick II *v/i* ***abstechen von*** stand out against (*fig* from)

Abstecher *m auch fig* excursion
abstecken *v/t* **1.** (*Kleid etc*) fit **2.** (*Gelände, Kurs etc*) mark out, *mit Pfählen*: stake out, (*Grenzen etc*) mark, *fig* (*Positionen*) define
abstehen *v/i Ohren etc*: stick out
Absteige *f ugs pej* dosshouse, *Am* flophouse
absteigen *v/i* **1.** climb down, *vom Fahrrad etc*: get off, *vom Pferd*: *auch* dismount **2.** (**in** *Dat* at) stay, put up **3.** SPORT go down, be relegated
Absteiger *m* SPORT relegated team (*oder* club)
abstellen *v/t* **1.** (*Koffer etc*) put down **2.** (*Möbel, Fahrrad etc*) leave (**bei** with), (*Auto etc*) park **3.** (*Wasser, Gas etc*) turn (*amtlich*: cut) off, (*Maschine etc*) stop, (*Radio, Motor etc*) switch off **4.** *fig* (*Missstand etc*) remedy, stop **5.** *fig* (*ausrichten*) (**auf** *Akk*) gear (to), aim (at) **6.** → **abkommandieren**
Abstellfläche *f* MOT parking space
Abstellgleis *n* BAHN siding: *fig* **j-n aufs Abstellgleis schieben** shelve s.o.
Abstellhahn *m* TECH stopcock
Abstellraum *m* storeroom
abstempeln *v/t* stamp (*auch fig*), (*Brief etc*) postmark
absterben *v/i* **1.** die (*auch fig*), *Zehen etc*: go numb **2.** *ugs Motor*: stall
Abstieg *m* **1.** descent, way down **2.** *fig* decline, *ugs* comedown **3.** SPORT (**vom Abstieg bedroht** threatened by) relegation
Abstiegskampf *m* SPORT relegation battle
abstillen *v/t* (*Kind*) wean
abstimmen I *v/i* **1.** vote (**über** *Akk* on): **über etw abstimmen lassen** put s.th. to the vote **II** *v/t* **2.** (**auf** *Akk*) *allg* tune (to), *fig* (*Farben etc*) match (with), (*Interessen etc*) coordinate (with), (*anpassen*) adjust (to): **zeitlich aufeinander abstimmen** synchronize **3.** (*Konten etc*) balance **III** *v/refl* **sich abstimmen 4.** come to an agreement (**mit** with)
Abstimmung *f* **1.** voting, vote (**über** *Akk* on), poll: **die Abstimmung ist geheim** voting is by ballot; **eine Abstimmung vornehmen** take a vote **2.** tuning (*etc*, → **abstimmen** II)
abstinent *Adj* abstinent, abstemious
Abstinenz *f* (total) abstinence
Abstinenzler, **Abstinenzlerin** teetotal(l)er
Abstoß *m Fußball*: goal kick
abstoßen I *v/t* **1.** (*Boot etc*) push off (*auch v/i*) **2.** (*Möbel*) knock, batter, (*Schuhe*) scuff **3.** (*Geweih, Haut etc*) shed: → **Horn** 1 **4.** MED (*Gewebe etc*) reject **5.** PHYS repel **6.** *fig* get rid of **7.** (*Ware*) sell off, (*Schulden*) get out of **8.** *fig* (*anwidern*) repel (*auch v/i*), revolt, disgust **II** *v/i* **9.** *Fußball*: take a goal kick
abstoßend I *Adj fig* repulsive (*auch* PHYS) **II** *Adv*: **abstoßend hässlich** revolting, repulsive
Abstoßung *f* PHYS *und fig* repulsion, MED rejection
abstottern *v/t* **etw abstottern** pay for s.th. in instal(l)ments
abstrahieren *v/t und v/i* abstract
abstrakt *Adj* abstract
Abstraktion *f* abstraction
Abstraktum *n* LING abstract noun
abstreifen *v/t* **1.** (*Ring etc*) slip off, (*Haut, Geweih*) shed **2.** (*Schuhe*) wipe **3.** (*absuchen*) search, scour
abstreiten *v/t* **1.** (*Schuld, Tatsache etc*) deny **2.** → **absprechen** 1
Abstrich *m* **1.** (*Kürzung*) (**an** *Dat* in) cut, curtailment: *fig* **Abstriche machen müssen** have to lower one's sights **2.** MED (**einen Abstrich machen** take a) smear (*von den Mandeln*: swab)
abstrus *Adj* abstruse
abstufen *v/t* **1.** (*Gelände*) terrace **2.** (*Farben*) shade off **3.** *fig* (*Löhne etc*) grade, graduate
Abstufung *f* **1.** (*Farbabstufung*) shade **2.** *fig* gradation
abstumpfen I *v/t auch fig* blunt, dull: **j-n abstumpfen** make s.o. insensible **II** *v/i und v/refl* **sich abstumpfen** become blunt (*fig* dulled, *Person*: insensible); → **abgestumpft**
Absturz *m* **1.** plunge, FLUG, COMPUTER crash **2.** *fig* downfall
Absturzstelle *f* site (*oder* scene) of the crash
abstürzen *v/i* plunge (down), FLUG, COMPUTER crash
abstützen *v/t* ARCHI prop, support
absuchen *v/t* (**nach** for) search all over, (*Gelände*) scour, comb, *mit Scheinwerfer*: sweep, (*Himmel, Horizont*) scan
absurd *Adj* absurd
Absurdität *f* absurdity
Abszess *m* MED abscess
Abszisse *f* MATHE abscissa
Abt *m* abbot
abtanzen *v/i* dance one's socks (*sl* butt) off
abtasten *v/t* **1.** feel (**nach** for), MED palpate: *fig* **j-n abtasten** feel s.o. out, size s.o. up **2.** ELEK, TV scan
abtauchen *v/i* **1.** dive under **2.** *ugs fig* go to earth
abtauen I *v/t* (*Eis*) thaw, (*Kühlschrank*) defrost **II** *v/i* thaw
Abtei *f* abbey
Abteil *n* BAHN compartment
abteilen *v/t* divide, *durch eine Wand*: partition off
Abteilung[1] *f* division, partitioning
Abteilung[2] *f* **1.** department, MED ward **2.** MIL detachment **3.** SPORT section, squad
Abteilungsleiter, **Abteilungsleiterin** head of a department, *im Kaufhaus*: floor manager(ess)
abtippen *v/t ugs* type (out)
Äbtissin *f* abbess
abtöten *v/t* (*Bakterien, Nerv, fig Gefühle etc*) kill, deaden
abtragen *v/t* **1.** *allg* clear away, (*Gebäude etc*) pull down, (*Erhebung*) level: (**die Speisen**) **abtragen** clear the table **2.** (*auch* **sich abtragen**) (*Kleidung etc*) wear out **3.** (*Schuld*) pay off
abträglich *Adj* detrimental (*Dat* to)
abtrainieren *v/t* (*Pfunde etc*) work off
Abtransport *m* transportation
abtransportieren *v/t* transport, take away
abtreiben I *v/t* **1.** (*Kind*) abort **II** *v/i* **2.** have an abortion **3.** *Boot, Floß etc*: drift off (course)
Abtreibung *f* MED (**eine Abtreibung vornehmen lassen** have an) abortion
Abtreibungspille *f* abortion pill
abtrennen *v/t* **1.** separate, (*Raum*) *auch* partition off **2.** (*Kupon etc*) detach **3.** (*Ärmel etc*) take off, (*Futter*) take out **4.** (*Glied*) *durch Unfall*: sever
abtreten I *v/t* **1.** (*Dat*, **an** *Akk* to) give up, JUR cede: **j-m etw abtreten** *auch* let s.o. have s.th. **2.** (*Teppich etc*) wear (out), (*Absätze etc*) wear down **3.** (*Schnee etc*) wipe off: *ugs* (**sich**) **die Füße abtreten** wipe one's shoes **II** *v/i* **4.** go off, THEAT (make one's) exit (*auch ugs fig sterben*), *Regierung etc*: resign **5.** MIL **abtreten!** dismiss!
Abtretung *f* (**an** *Akk* to) JUR transfer, cession (*auch* POL *eines Gebiets*)

abtrocknen *v/t und v/i* dry: (***Geschirr***) ***abtrocknen*** dry up

abtrünnig *Adj* unfaithful, disloyal, REL apostate: ***abtrünnig werden*** → ***abfallen*** 6

Abtrünnige *m, f* deserter, renegade, REL apostate

abtun *v/t fig* (*Argumente, auch j-n*) dismiss (***als*** as)

abtupfen *v/t* dab, MED *auch* swab

abverlangen → ***abfordern***

abwägen *v/t fig* (*Worte etc*) weigh

abwählen *v/t* **1.** ***j-n abwählen*** vote s.o. out of office **2.** PÄD (*Fach*) drop

abwälzen *v/t* (***auf*** *Akk* on[to]) shuffle off, off-load: ***die Verantwortung auf einen anderen abwälzen*** shift the responsibility (*ugs* pass the buck) to s.o. else

abwandeln *v/t* modify

abwandern *v/i Bevölkerung etc*: move, migrate, WIRTSCH *Kapital*: be drained off, SPORT *Spieler*: leave (the club), *Zuschauer*: drift off: ***ins Ausland abwandern*** *Wissenschaftler*: brain-drain

Abwanderung *f* migration, *auch* WIRTSCH exodus, *von Wissenschaftlern*: brain drain

Abwandlung *f* modification

Abwärme *f* waste heat

Abwart, **Abwartin** *schweiz.* caretaker

abwarten **I** *v/t* wait for: ***das bleibt abzuwarten*** that remains to be seen **II** *v/i* wait (and see): *ugs* ***abwarten*** (***und Tee trinken***)***!*** (let's) wait and see!

abwartend *Adj* ***eine abwartende Haltung einnehmen*** decide to wait and see, POL adopt a wait-and-see policy

abwärts *Adv* down, downward(s)

abwärtsgehen *v/i* go downhill; *fig* ***es geht abwärts mit j-m*** (***etw***) s.o. (s.th.) is going downhill

Abwärtstrend *m* downward trend

Abwasch *m* **1.** washing-up: *ugs* ***das ist ein Abwasch!*** that can be done in one go! **2.** dirty dishes *Pl*

abwaschbar *Adj* washable

abwaschen **I** *v/t* wash off, (*Geschirr*) wash up **II** *v/i* do the dishes (*oder* washing-up)

Abwaschwasser *n* dishwater

Abwasser *n* waste water, sewage

Abwasserkanal *m* sewer

Abwasserleitung *f* sewerage

abwechseln *v/i* alternate, *Personen*: (*auch* ***sich abwechseln***) *auch* take turns (***bei*** in), *turnusmäßig*: rotate

abwechselnd **I** *Adj* alternate, alternating **II** *Adv* alternately, by turns

Abwechslung *f* change, (*Zerstreuung*) diversion: ***Abwechslung brauchen*** need a change; ***Abwechslung bringen in*** (*Akk*) vary, liven up; ***zur Abwechslung*** for a change

abwechslungsreich *Adj* varied, *Leben*: eventful

Abweg *m fig* ***auf Abwege geraten*** (***führen***) go (lead) astray

abwegig *Adj* (*irrig*) wrong, (*unsinnig*) absurd

Abwehr *f* **1.** *eines Angriffs etc*: repulse, SPORT (*Ballabwehr, Schlagabwehr*) block, *durch Torwart*: save, (*Verteidigung*) defen/ce (*Am* -se) (*auch* SPORT), *fig* warding off **2.** (*Ablehnung*) refusal, rejection, (*Widerstand*) resistance: ***auf Abwehr stoßen*** meet with resistance **3.** *ugs* MIL counterintelligence

abwehren **I** *v/t* **1.** (*Angriff etc*) beat back, repulse, SPORT (*Ball, Schuss*) block, (*Schlag*) *auch* parry, *durch Torwart*: save **2.** *fig* (*Gefahr etc*) avert, ward off, (*Dank etc*) refuse, (*Ansinnen*) reject **II** *v/i* **3.** *fig* refuse **4.** *Boxer etc*: parry, *Fußball etc*: clear, *Torwart*: save

Abwehrhaltung *f* PSYCH defensiveness

Abwehrkräfte *Pl* MED resistance *Sg*

Abwehrmechanismus *m* defen/ce (*Am* -se) mechanism

Abwehrreaktion *f* defensive reaction (***gegen*** to)

Abwehrspieler, **Abwehrspielerin** defender, *Pl* defen/ce (*Am* -se)

Abwehrstoffe *Pl* MED antibodies *Pl*

abweichen *v/i* deviate (***vom Kurs*** from the course), depart (***von der Regel*** from the rule): (***voneinander***) ***abweichen*** differ, vary; ***vom Thema abweichen*** digress from the subject

abweichend *Adj* divergent: (***voneinander***) ***abweichend*** differing, varying

Abweichler, **Abweichlerin** POL deviationist

Abweichung *f* **1.** difference **2.** (***von*** from) *allg* deviation, *vom Thema*: digression, *von der Regel etc*: departure

abweiden *v/t* (*Wiese etc*) graze (down)

abweisen *v/t* (*j-n*) turn *s.o.* away, refuse to see, *schroff*: rebuff, (*Antrag etc*) reject, refuse, JUR dismiss, MIL (*Angriff etc*) repulse

abweisend *Adj* unfriendly, cool, *Antwort*: dismissive

Abweisung *f einer Bitte etc*: rejection, refusal, *einer Person*: *auch* rebuff, *einer Klage etc*: dismissal, *eines Angriffs*: repulse

abwenden *v/t* (*Kopf etc, auch* ***sich abwenden***) turn away, (*auch fig Gefahr etc*) avert, (*Schlag etc*) ward off: ***sich*** (***innerlich***) ***abwenden von*** turn one's back on

abwerben *v/t* entice away

abwerfen *v/t* **1.** (*Kleidung, Decke etc*) throw off, (*Bomben etc*) drop, (*Reiter*) throw, (*Blätter, Geweih, Haut etc*) shed, (*Spielkarte*) discard **2.** *fig* (*Gewinn*) yield, (*Zinsen*) bear

abwerten *v/t* (*Währung*) devalue

abwertend *Adj fig* depreciative

Abwertung *f* **1.** WIRTSCH devaluation **2.** *fig* depreciation

abwesend *Adj* **1.** absent, *präd* away, out, not in **2.** *fig* (*geistesabwesend*) absent-minded, *Blick*: faraway

Abwesende *m, f* absentee: ***die Abwesenden*** those absent

Abwesenheit *f* **1.** (***während meiner*** *etc* ***Abwesenheit*** during my *etc*) absence: ***durch Abwesenheit glänzen*** be conspicuous by one's absence **2.** *fig* (*Geistesabwesenheit*) absent-mindedness

abwetzen *v/t* wear out

abwickeln *v/t* **1.** unwind, MED (*Verband*) *auch* take off **2.** WIRTSCH (*Auftrag etc*) deal with, handle, (*Geschäfte etc*) transact, settle, JUR (*liquidieren*) wind up, (*Veranstaltung etc*) carry out (*oder* through), conduct

Abwicklung *f* handling, *eines Geschäfts etc*: transaction, settlement, JUR winding-up, *Am* wind-up

abwiegen *v/t* weigh out

abwimmeln *v/t ugs* ***j-n abwimmeln*** brush s.o. off

abwinkeln *v/t* (*Arm etc*) bend

abwinken **I** *v/t Motorsport*: flag down **II** *v/i* give a sign of refusal, decline

abwischen *v/t* ***etw abwischen*** **a)** wipe s.th. (clean), **b)** wipe s.th. off

abwracken *v/t* break up, scrap
abwürgen *v/t* **1.** (*den Motor*) stall, kill **2.** *fig* (*Diskussion etc*) choke off
abzahlen *v/t* pay off, *in Raten*: pay by instal(l)ments
abzählen *v/t* count, (*Geld*) *auch* count out: *ugs* ***das kann man sich an den Fingern abzählen*** that's not hard to guess
Abzahlung *f* payment (in full), *in Raten*: payment by (*Am* on) instal(l)ments, (*Rate*) instal(l)ment: ***auf Abzahlung*** on hire purchase, *bes Am* on the instal(l)ment plan
abzapfen *v/t* (*Bier etc*) tap, draw (off)
abzäunen *v/t* fence off (*oder* in)
Abzeichen *n allg* badge, MIL *auch* insignia *Pl*, FLUG marking
abzeichnen I *v/t* **1.** (***von*** from) copy, draw **2.** (*Brief etc*) initial, sign **II** *v/refl* ***sich abzeichnen*** **3.** stand out (***gegen*** against), show **4.** *fig* be emerging, be in the offing, *Gefahr etc*: loom
abziehen I *v/t* **1.** (*Ring etc*) take off, pull off, (*Haut, Bettbezug*) strip off, (*Bett*) strip, (*Hasen, Tomate etc*) skin **2.** (*Schlüssel*) take out **3.** (***von*** from) MATHE subtract, WIRTSCH deduct **4.** (*vervielfältigen*) make a copy (*oder* copies) of, FOTO print **5.** (*Messer etc*) whet, sharpen, (*Parkett*) surface **6.** *bes* MIL (*Truppen etc*) withdraw **7.** (*Flüssigkeiten*) draw off **8.** *ugs* (*eine Party etc*) give, throw: → ***Schau*** 2 **II** *v/i* **9.** *allg* move off, *ugs auch* go off, clear out (*oder* off), *bes* MIL *auch* withdraw, *Rauch etc*: escape, *Gewitter*: pass
abzielen *v/i* ***abzielen auf*** (*Akk*) aim at
Abzocke, **Abzockerei** *f pej* rip-off
abzocken *v/t* fleece, rip off, screw
Abzug *m* **1.** *bes* MIL withdrawal **2.** TECH outlet, escape **3.** (*Kopie*) copy, FOTO print, BUCHDRUCK proof **4.** (*Lohnabzug etc*) deduction, (*Rabatt*) discount: ***nach Abzug aller Kosten*** all charges deducted; ***vor*** (***nach***) ***Abzug der Steuern*** before (after) taxation **5.** *einer Schusswaffe*: trigger
abzüglich *Präp* (*Gen*) less, deducting
abzugsfähig *Adj Betrag*: deductible
Abzugshaube *f* cooker hood
Abzugsrohr *n* TECH offlet
abzweigen I *v/i Weg etc*: branch off **II** *v/t* (*Gelder etc*) set aside
Abzweigung *f* turn-off
abzwicken *v/t* nip off
Accessoires *Pl* accessories *Pl*
Acetat *n* CHEM acetate
Aceton *n* CHEM acetone
ach *Interj* oh!: ***ach je!*** oh dear!; ***ach komm!*** come on!; ***ach nein?*** you don't say so?; ***ach so!*** oh, I see!; ***ach was!, ach wo!*** of course not!
Ach *n* ***mit Ach und Krach*** barely; ***mit Ach und Krach eine Prüfung bestehen*** scrape through an exam; *ugs* ***Ach und Weh schreien*** wail
Achat *m* agate
Achillesferse *f fig* Achilles' heel
Achillessehne *f* ANAT Achilles' tendon
Achse *f* axis, *Pl* axes, TECH axle: *ugs* ***auf*** (***der***) ***Achse sein*** be on the move
Achsel *f* shoulder: ***die Achsel*** (*oder* ***mit den Achseln***) ***zucken*** shrug one's shoulders
Achselhöhle *f* armpit
Achselzucken *n* shrug (of one's shoulders)
Achsschenkel *m* MOT stub axle, *Am* steering knuckle
Achsschenkelbolzen *m* MOT kingpin
acht *Adj* eight: ***in acht Tagen*** in a week('s time); ***heute in acht Tagen*** today week; ***vor acht Tagen*** a week ago; ***alle acht Tage*** every other week
Acht[1] *f* (*Ziffer etc*) eight
Acht[2] *f* HIST outlawry
Acht[3] *f* ***Acht geben*** →***achtgeben***; ***außer Acht lassen*** disregard; ***etw in Acht nehmen*** take care of s.th., watch s.th; ***sich in Acht nehmen vor*** (*Dat*) beware of, watch out for
achtbar *Adj* respectable, *Firma etc*: reputable, *Leistung etc*: creditable
Achtbarkeit *f* respectability
achte *Adj* eighth: ***am achten Mai*** on the eighth of May, on May the eighth
Achteck *n* MATHE octagon
Achtel *n* eighth (part)
Achtelfinale *n* SPORT round before the quarter final: ***das Achtelfinale erreichen*** reach the last sixteen
Achtelnote *f* MUS quaver, *Am* eighth note
achten I *v/t* respect, (*Gesetz etc*) observe **II** *v/i* ***achten auf*** (*Akk*) **a)** pay attention to, **b)** (*aufpassen*) keep an eye on, watch, **c)** (*schonend behandeln*) be careful with, **d)** (*Wert legen auf*) attach importance to; ***achten Sie darauf, dass …*** see to it that …
ächten *v/t* HIST outlaw, *fig* ostracize, (*verbieten*) ban
achtens *Adv* eighthly
Achter *m Rudern*: eight
Achterbahn *f* roller coaster
Achterdeck *n* SCHIFF quarterdeck
achtfach *Adj und Adv* eightfold
achtgeben *v/i* ***achtgeben auf*** (*Akk*) **a)** pay attention to, **b)** (*aufpassen*) keep an eye on; ***gib acht!*** look out!, be careful!
achthundert *Adj* eight hundred
achtjährig *Adj* **1.** eight-year-old: ***ein achtjähriges Kind*** *auch* a child of eight **2.** *Zeitraum*: of eight years
achtlos *Adj* careless, thoughtless
Achtlosigkeit *f* carelessness
achtmal *Adv* eight times
achtsam *Adj* attentive, (*sorgsam*) careful
Achtsamkeit *f* carefulness
Achtstundentag *m* eight-hour day
achtstündig *Adj* eight-hour
achttägig *Adj* lasting a week, a week's *trip etc*
Achtung *f* **1.** (***vor*** for) respect, esteem, regard: ***Achtung genießen*** be highly regarded; ***in j-s Achtung steigen*** rise in s.o.'s esteem; ***sich Achtung verschaffen*** make o.s. respected; *ugs* ***alle Achtung!*** hats off! **2.** ***Achtung!*** look out!, *bes* VERW UND MIL attention!, (*Aufschrift*) danger!, caution!; ***Achtung, Stufe!*** mind the step!
Achtungserfolg *m* succès d'estime: ***sie erzielten einen Achtungserfolg*** they put up a good (*oder* reasonable) show
achtungsvoll *Adj* respectful
achtzehn *Adj* eighteen
achtzig *Adj* eighty: *ugs* ***auf achtzig sein*** be hopping mad; ***er ist Mitte achtzig*** he is in his mid-eighties
Achtzig *f* eighty
Achtziger, **Achtzigerin** octogenarian, man (woman) in his (her) eighties
Achtzigerjahre *Pl* ***die Achtzigerjahre*** *eines Jahrhunderts*: the eighties *Pl*
Achtzylindermotor *m* eight-cylinder engine

Adjektiv in der Funktion eines Substantivs

GR

Im Deutschen kann man ein Adjektiv ohne Weiteres in ein Substantiv zur Bezeichnung einer Person oder mehrerer Personen verwandeln: *blind – der/die Blinde, krank – ein Kranker / eine Kranke, grün – das Grüne* usw.

Im Englischen geht dies nur, wenn das vom Adjektiv abgeleitete Substantiv alle oder zumindest eine Gruppe von Menschen mit bestimmten Eigenschaften bezeichnet:

the old	die Alten	**the homeless**	die Obdachlosen
the sick	die Kranken	**the injured** [ˈɪndʒəd]	die Verletzten *usw.*

Dies trifft auch für Nationalitätenbezeichnungen zu:

the French	die Franzosen	**the English**	die Engländer
the Dutch	die Holländer	**the Chinese**	die Chinesen *usw.*

Man muss dabei dem Substantiv immer **the** voranstellen, und obwohl die Substantive die Pluralform des Verbs fordern, erhalten sie selbst kein Plural-**s** am Ende:

The rich are people who have a lot of money and possessions.	Reiche sind Leute mit viel Geld und Besitz.

Im Singular muss man ein Substantiv wie **man, woman, lady, girl, boy, person** bzw. das Stützwort **one** hinzufügen:

a sick person	eine Kranke, ein Kranker, ein kranker Mensch
sick people	Kranke (= mehrere Kranke, aber *vgl.* **the sick** oben)
that fat man over there	der Dicke da drüben
I'll have the little one.	Ich nehme das Kleine.
I mean the pretty girl.	Ich meine die Hübsche.

ächzen *v/i* groan (***vor*** with)
Acker *m* field, (*Ackerland*) farmland
Ackerbau *m* agriculture, farming
Ackergerät *n* agricultural implements *Pl*
Ackerland *n* farmland
ackern *v/i* **1.** plough, *Am* plow **2.** *ugs* (*schuften*) slog (away)
a conto *Adv* WIRTSCH on account
Acryl *n* (*Chemiefaser*) acrylic
Acrylamid *n* CHEM acrylamide
Acrylfarbe *f* acrylic paint
Acrylglas *n* acrylic glass
Action *f* action
a. D. *Abk* (= ***außer Dienst***) retired
ad absurdum: ***etw ad absurdum führen*** reduce s.th. to absurdity
ad acta: *fig* ***etw ad acta legen*** consider s.th. closed
Adam *m* BIBEL *und fig* Adam: *ugs* ***seit Adams Zeiten*** from the beginning of time
Adam Riese: *hum* ***nach Adam Riese*** according to Cocker
Adamsapfel *m* ANAT Adam's apple
Adamskostüm *n hum* ***im Adamskostüm*** in one's birthday suit
Adapter *m* ELEK adapter
adäquat *Adj* adequate
addieren *v/t* add (up)
Addiermaschine *f* adding machine
Addition *f* addition
ade *Interj* goodby(e) (*auch fig*), so long
Adel *m* aristocracy, nobility (*auch fig*), (*Adelstitel*) title: ***von Adel sein*** be of noble birth
adelig, **adlig** *Adj* noble (*auch fig*), titled
Adelige, **Adlige** *m, f* aristocrat, nobleman (noblewoman): ***die Ad(e)ligen*** *Pl* the nobility *Sg*
adeln *v/t* make *s.o.* a peer, *auch fig* ennoble
Adelskrone *f* coronet
Adelsstand *m* nobility, peerage
Ader *f allg* vein, (*Schlagader*) artery, *fig auch* bent: ***er hat eine humoristische Ader*** he has a streak of humo(u)r
Aderlass *m auch fig* bloodletting
ädern *v/t* vein
adieu → ***ade***
Adjektiv *n* adjective
adjektivisch *Adj* adjectival
Adjutant *m* MIL adjutant
Adler *m* eagle
Adlerauge *n* eagle eye: *fig* ***Adleraugen haben*** be eagle-eyed
Adlernase *f* aquiline nose
Admiral *m* SCHIFF, MIL admiral
Admiralität *f* admiralty
Admiralstab *m* naval staff
adoptieren *v/t* adopt
Adoption *f* adoption
Adoptiveltern *Pl* adoptive parents *Pl*
Adoptivkind *n* adopted child
Adrenalin *n* adrenalin(e)
Adressat, **Adressatin** addressee
Adressbuch *n* directory, *privat*: address book
Adresse *f* address: WIRTSCH ***erste Adresse*** first-class borrower; *fig* ***an die falsche Adresse geraten*** come to the wrong person; ***an die richtige Adresse geraten*** come to the right shop
Adressenverzeichnis *n* mailing list
adressieren *v/t* (***an*** *Akk* to) address, direct, (*Waren*) consign: ***falsch adressieren*** misdirect
adrett *Adj* neat
Adria *f the* Adriatic Sea
Advent *m* Advent
Advents… Advent (*wreath, season, etc*)
Adverb *n* adverb
adverbial *Adj* adverbial
Aerobic *n* SPORT aerobics *Pl* (*auch Sg konstr*)
Aerobictraining *n* aerobic workout
aerodynamisch *Adj* aerodynamic
Affäre *f* (*auch Liebesaffäre*) affair: ***sich aus der Affäre ziehen*** get out of it; ***sich gut aus der Affäre ziehen*** master the situation

Besondere Adverbien GR		
Einige englische Adjektive werden in derselben Form und Bedeutung auch als Adverbien gebraucht:		
früh	**early**	
gerade	**straight**	
hoch	**high**	
lang	**long**	
niedrig	**low**	
schnell	**fast**	
spät	**late**	
tief	**deep**	
weit (weg)	**far**	
In einigen Fällen haben Adjektiv und Adverb dieselbe Form, aber unterschiedliche Bedeutungen:		
Adjektiv		**Adverb**
einzige(r, -s)	**only**	nur
gerecht	**just**	genau; gerade; eben; nur
gesund	**well**	gut
hübsch	**pretty**	ziemlich

Affe *m* monkey, (*Menschenaffe*) ape: *ugs* ***(blöder) Affe*** twit; ***eingebildeter Affe*** conceited ass
Affekt *m* emotion: ***im Affekt*** in the heat of passion
Affekthandlung *f* JUR act committed in the heat of passion
affektiert *Adj* affected
Affektiertheit *f* affectation
affenartig *Adj* apelike, simian: *ugs* ***mit affenartiger Geschwindigkeit*** like a greased lightning
Affenbrotbaum *m* baobab
Affenliebe *f ugs* doting love
Affenschande *f ugs* crying shame
Affentheater *n ugs* hell of a fuss
Affenzahn *m ugs* (***einen Affenzahn draufhaben*** go at) breakneck speed
affig *Adj ugs* silly, (*geziert*) affected
Äffin *f* she-ape, she-monkey
Afghane *m*, **Afghanin** *f*, **afghanisch** *Adj* Afghan
Afghanistan *n* Afghanistan
Afrika *n* Africa
Afrikaner, **Afrikanerin**, **afrikanisch** *Adj* African
Afro-Look *m* (***im Afro-Look*** with an) Afro hairstyle
After *m* ANAT anus
Ägäis *f the* Aegean Sea
Agave *f* BOT agave
Agent, **Agentin** agent
Agentur *f* agency
Aggregat *n allg* aggregate, TECH unit
Aggregatzustand *m* PHYS aggregate (state)
Aggression *f* aggression
aggressiv *Adj* aggressive
Aggressivität *f* aggressiveness
Agitation *f* political agitation
Agitator *m*, **Agitatorin** *f* (political) agitator
agitatorisch *Adj* rabble-rousing
agitieren *v/i* agitate
Agonie *f* MED death throes *Pl*
Agrar... agrarian, agricultural
Agrarerzeugnisse *Pl* agricultural produce *Sg*
Agrarwirtschaft *f* rural economy
Ägypten *n* Egypt
Ägypter, **Ägypterin**, **ägyptisch** *Adj* Egyptian
ah *Interj* oh!, ah!
äh *Interj* **1.** *angeekelt*: ugh! **2.** *stotternd*: er!
aha *Interj* aha!, I see!
Aha-Erlebnis *n* aha-experience
Ahle *f* awl, pricker
Ahn *m* ancestor
ähneln *v/i* (*Dat*) be (*oder* look) like, resemble, take after *one's father etc*: ***sich*** (*oder* ***einander***) ***ähneln*** be (*oder* look) alike
ahnen **I** *v/t* (*vorhersehen*) foresee, (*Unglück etc*) have a presentiment (*oder* foreboding) of, (*vermuten*) suspect, (*spüren*) sense, guess: ***ohne zu ahnen, dass ...*** without dreaming that ...; ***wie konnte ich ahnen, dass ...*** how was I to know that ...; ***ich habe es geahnt!*** I knew it! **II** *v/i* ***mir ahnt Böses*** (***nichts Gutes***) I fear the worst
Ahnentafel *f* genealogical table
ähnlich *Adj* similar (*Dat* to): ***ähnlich sein*** → ***ähneln***; ***so etw Ähnliches*** something like that
Ähnlichkeit *f* (***mit*** to) likeness, resemblance, similarity: ***Ähnlichkeit haben mit*** → ***ähneln***
ähnlichsehen *v/i*: *ugs* ***das sieht ihm ähnlich!*** that's just like him!
Ahnung *f* presentiment, *ugs* hunch, *böse*: *auch* foreboding, misgiving, (*Vermutung*) suspicion: *ugs* ***keine Ahnung!*** no idea!; ***keine*** (***blasse***) ***Ahnung haben von*** have not the faintest idea of; ***er hat von Tuten und Blasen keine Ahnung*** he doesn't know the first thing about it, he hasn't got a clue
ahnungslos *Adj* unsuspecting, (*unwissend*) ignorant
Ahorn *m* maple
Ähre *f* ear: ***Ähren lesen*** glean
Aids *n* AIDS
aidskrank *Adj*: ***aidskrank sein*** have AIDS
Aidskranke *m*, *f* AIDS sufferer (*oder* patient), person suffering from AIDS
Aidsopfer *n* AIDS victim
Aidstest *m* AIDS test: ***einen Aidstest machen lassen*** have (*oder* go for) an AIDS test
Airbag *m* MOT airbag
Ajatollah *m* ayatollah
Akademie *f* academy, (*Fachschule*) *auch* college
Akademiker, **Akademikerin** university man (woman)
akademisch *Adj* academic(ally *Adv*): ***akademische Bildung*** university education
Akazie *f* BOT acacia
akklimatisieren *v/t* ***sich akklimatisieren*** *auch fig* acclimatize (***an*** *Akk* to)
Akkord[1] *m* MUS chord
Akkord[2] *m* WIRTSCH (***im Akkord arbeiten*** do) piecework
Akkordarbeit *f* → ***Akkord***[2]
Akkordarbeiter, **Akkordarbeiterin** pieceworker
Akkordeon *n* accordion
Akkordsatz *m* piece rate
akkreditieren *v/t* **1.** (*Gesandten etc*) accredit (***bei*** to) **2.** WIRTSCH open a credit for
Akkreditiv *n* **1.** POL credentials *Pl* **2.** WIRTSCH letter of credit (*Abk L/C*): ***j-m ein Akkreditiv eröffnen*** open a credit in favo(u)r of s.o.
Akku *m ugs*, **Akkumulator** *m* accumulator, storage battery
Akkusativ *m* accusative (case)
Akkusativobjekt *n* direct object

Akne *f* MED acne
Akontozahlung *f* payment on account
Akquisiteur, **Akquisiteurin** WIRTSCH canvasser, agent
Akribie *f* meticulousness
Akrobat, **Akrobatin** acrobat
akrobatisch *Adj* acrobatic
Akt *m* **1.** act (***der Verzweiflung*** *etc* of despair *etc*) **2.** THEAT act: ***in drei Akten*** *auch* three-act *play etc* **3.** (*Geschlechtsakt*) (sexual) act **4.** KUNST, FOTO nude
Akte *f meist Pl* file, record: ***eine Akte anlegen*** open a file (***über*** *Akk* on); ***zu den Akten legen*** file, *fig* shelve
Aktendeckel *m* folder
Aktenkoffer *m* attaché case
aktenkundig *Adj* on record
Aktenmappe *f* **1.** folder **2.** → ***Aktentasche***
Aktennotiz *f* note, memorandum, *ugs* memo
Aktenordner *m* file
Aktenschrank *m* filing cabinet
Aktentasche *f* briefcase
Aktenwolf *m* (paper) shredder
Aktenzeichen *n* file (*im Brief*: reference) number
Aktfoto *n* nude (photograph)
Aktie *f* share, *Am* stock: ***Aktien besitzen*** hold shares (*Am* stock) (*Gen* in, of); *auch fig* ***seine Aktien sind gestiegen*** his stock has gone up; *ugs* ***wie stehen die Aktien?*** how are things?
Aktiengesellschaft *f* limited company, *Am* (stock) corporation
Aktienindex *m* share index
Aktienkapital *n* share capital, (joint) stock
Aktienkurs *m* share price
Aktienmarkt *m* stock market, equity market
Aktienmehrheit *f* majority of stock: ***die Aktienmehrheit besitzen*** hold the controlling interest
Aktienpaket *n* block of shares
Aktientausch *m* stock swap(ping)
Aktion *f* (*Handlung*) action, (*Werbeaktion*) campaign, drive, (*Hilfsaktion etc*) operation(s *Pl*), (*Maßnahme*) measure(s *Pl*): ***Aktionen*** *Pl* activities *Pl*; ***in Aktion treten*** act
Aktionär, **Aktionärin** WIRTSCH shareholder, *Am* stockholder
Aktionsradius *m auch* MIL range (of action)
aktiv *Adj allg* active, *Bilanz*: favo(u)rable, MIL regular: ***aktives Wahlrecht*** right to vote; ***aktiver Wortschatz*** *auch* using vocabulary
Aktiv *n* LING active (voice)
Aktiva *Pl* WIRTSCH assets *Pl*: ***Aktiva und Passiva*** assets and liabilities
Aktivbox *f* COMPUTER active speaker
aktivieren *v/t auch fig* activate
Aktivist, **Aktivistin** POL activist
Aktivposten *m* WIRTSCH *und fig* asset
Aktivurlaub *m* activity holiday
Aktmodell *n* nude model
aktualisieren *v/t* make topical, *Programm, Buch*: update
aktuell *Adj* (*zeitnah*) topical, current, present-day, (*modern*) up(-)to(-)date, *the* latest …: ***ein aktuelles Problem*** an acute (*oder* immediate) problem; ***eine aktuelle Sendung*** RADIO, TV a current-affairs program(me *Br*)

aktuell ≠ actual

aktuell	=	current, *the* latest
actual	=	eigentliche(r, -s); tatsächliche(r, -s)

Akupressur *f* acupressure
Akupunkteur, **Akupunkteurin** acupuncturist
Akupunktur *f* acupuncture
Akustik *f* acoustics *Pl* (*auch Sg konstr*)
akustisch *Adj* acoustic(ally *Adv*)
akut *Adj* MED acute, *fig auch* urgent
Akzent *m* accent, (*Betonung, auch fig*) *auch* stress: ***besonderen Akzent legen auf*** (*Akk*) stress, emphasize
akzentfrei *Adj und Adv* without an accent
Akzept *n* WIRTSCH acceptance
akzeptabel *Adj* acceptable (**für** to), *Preis etc*: *auch* fair
Akzeptanz *f fig* acceptance
akzeptieren *v/t* accept (*auch* WIRTSCH), agree to
Alabaster *m* alabaster
Alarm *m* (***blinder Alarm*** false) alarm: *auch fig* ***Alarm schlagen*** sound the alarm
Alarmanlage *f* alarm system
alarmbereit *Adj* on the alert
Alarmbereitschaft *f* (***in Alarmbereitschaft*** on the) alert
alarmieren *v/t* alarm (*auch fig*), (*Polizei etc*) alert, call
alarmierend *Adj auch fig* alarming
Alarmstufe *f* alert phase
Alarmzustand *m* (***in den Alarmzustand versetzen*** put on the) alert
Albaner, **Albanerin**, **albanisch** *Adj* Albanian
Albanien *n* Albania
albern **I** *Adj* silly **II** *v/i* fool around
Albernheit *f* **1.** silliness **2.** silly remark
Albtraum *m auch fig* nightmare
Album *n* album
Alge *f* seaweed, alga, *Pl* algae
Algebra *f* algebra
algebraisch *Adj* algebraic(al)
Algerien *n* Algeria
Algerier, **Algerierin**, **algerisch** *Adj* Algerian
Algorithmus *m* algorithm
Alibi *n* (***ein Alibi beibringen*** produce an) alibi
Alibifrau *f* token woman
Alibifunktion *f* cover-up function
Alimente *Pl* maintenance *Sg*
alkalisch *Adj* CHEM alkaline
Alkohol *m* alcohol, (*Getränk*) *auch* liquor, drink
Alkoholeinfluss *m* ***unter Alkoholeinfluss*** under the influence of alcohol
alkoholfrei *Adj* nonalcoholic, soft *drink*
Alkoholgehalt *m* alcoholic content
Alkoholgenuss *m* consumption of alcohol
Alkoholiker, **Alkoholikerin**, **alkoholisch** *Adj* alcoholic
alkoholisieren *v/t* alcoholize: ***alkoholisiert*** drunk, JUR under the influence of alcohol
Alkoholismus *m* alcoholism
Alkoholmissbrauch *m* excessive drinking
Alkoholnachweis *m* MOT alcohol (*oder* breathalyzer) test
Alkoholproblem *n*: ***ein Alkoholproblem haben*** have a drink problem
Alkoholspiegel *m* blood alcohol concentration
alkoholsüchtig *Adj* addicted to alcohol
Alkoholsünder, **Alkoholsünderin** *ugs* MOT drunken driver
Alkoholvergiftung *f* alcoholic poisoning
Alkomat® *m* Breathalyzer®
all *Indefinitpron* all, (*jeder*) every: ***alle beide*** both (of them); ***wir alle*** all of us; ***fast alle*** al-

most everyone; ***all(e) und jeder*** all and sundry; ***alle Menschen*** all men, everybody; ***alle Welt*** all the world; ***alle zwei Tage*** every (other) day; ***auf alle Fälle*** at all events; ***ohne allen Zweifel*** without any doubt; → ***alle, alles***
All *n* universe, (*Weltraum*) (outer) space
allabendlich *Adv* every evening
allbekannt *Adj* well-known, *pej* notorious
alle *Adj präd ugs* **1.** (*aufgebraucht*) all gone, finished, *Geld*: all spent: ***alle machen*** finish **2.** (*erschöpft*) dead beat, whacked: ***j-n alle machen*** let s.o. have it
Allee *f* avenue

Allee ≠ alley

Allee	=	avenue
alley	=	Gasse; Weg

Allegorie *f* allegory
allein I *Adj präd und Adv allg* alone, (*ohne Hilfe*) *auch* by oneself, on one's own, (*ohne Zeugen*) *auch* in private, (*nur*) only: ***ganz allein*** all alone; ; ***einzig und allein*** (simply and) solely; ***du allein bist schuld!*** it's all your fault!; ***(schon) allein der Gedanke*** the very (*oder* mere) thought; ***allein reisende Kinder*** unaccompanied minors; ***allein erziehend*** →***alleinerziehend***; ***allein stehen*** → ***alleinstehen***; ***allein stehend*** → ***alleinstehend*** **II** *Konj* (*aber*) but, however
Alleinerbe *m* sole heir
Alleinerbin *f* sole heiress
alleinerziehend *Adj* single
Alleinerziehende *m, f* single parent (*oder* father, mother)
Alleingang *m* solo: ***im Alleingang*** SPORT solo, *fig auch* single-handed
Alleinherrschaft *f* autocracy
Alleinherrscher, Alleinherrscherin autocrat
alleinig *Adj* only, sole, exclusive
Alleininhaber, Alleininhaberin sole owner
Alleinschuld *f* sole responsibility
Alleinsein *n* loneliness: ***Angst vor dem Alleinsein*** fear of being alone
alleinstehen *v/i Person*: be unattached, be single
alleinstehend unmarried, single, *weit. S.* unattached
Alleinstehende *m, f* single
Alleinunterhalter, Alleinunterhalterin THEAT solo entertainer
Alleinverdiener, Alleinverdienerin sole earner
Alleinverkaufsrecht *n* monopoly
Alleinvertretung *f* sole agency
Alleinvertrieb *m* ***den Alleinvertrieb haben für*** be the sole distributors of
allemal *Adv ugs* (*leicht*) easily, any time; → ***Mal²***
allenfalls *Adv* (*zur Not*) if need be, (*vielleicht*) possibly, perhaps, (*höchstens*) at (the) most, at best
allenthalben *Adv* everywhere
aller... *vor Sup best, highest, etc* of all, very *best, prettiest, etc*
allerdings *Adv* **1.** (*jedoch*) but, though, however **2.** *ugs* (*gewiss*) indeed, certainly
allererst *Adj* first of all
allergen *Adj*, **Allergen** *n* MED allergenic
Allergie *f* MED allergy: ***eine Allergie gegen etw haben*** be allergic to s.th.
Allergiker, Allergikerin MED allergy sufferer
allergisch *Adj* MED allergic (***gegen*** to)
allerhand *Adj ugs* quite a lot, a good deal: ***das ist (ja) allerhand!*** *lobend*: not bad!, *tadelnd*: that's a bit thick!
Allerheiligen *n* All Saints' Day
allerhöchstens *Adv* at the very most
allerlei *Adj* all kinds of
Allerlei *n* medley
allerletzt *Adj* very latest: *ugs* ***das ist das Allerletzte!*** that really is the limit!
allerliebst *Adj* (very) lovely, sweet
allerneust, allerneuest *Adj* very latest: ***die allerneu(e)ste Mode*** the latest fashion (*ugs* thing)
allernötigst *Adj* most necesssary: ***das Allernötigste*** only what is (*oder* was) absolutely necessary
Allerseelen *n* All Souls' Day
allerseits *Adv ugs* ***guten Morgen allerseits!*** good morning everybody!
Allerwelts... ordinary, common
Allerwerteste *m ugs* posterior
alles *Indefinitpron* **1.** all, everything, the lot: ***alles in allem*** (taken) all in all; ***vor allem*** above all; ***er kann alles*** he can do anything; ***auf alles gefasst sein*** be prepared for the worst; ***j-n über alles lieben*** love s.o. more than anything; *ugs* ***um alles in der Welt!*** for heaven's sake!; → ***Mädchen*** **2.** *ugs* everybody: ***alles aussteigen!*** get out everybody, please!

Die Übersetzung von alles, was ...

GR

In den Verbindungen **alles / etwas / irgendetwas, was / das** wird das Relativpronomen im Englischen mit **that** übersetzt oder auch weggelassen:

Alles, was ich gesagt habe, hat er verdreht.	**He twisted everything (that) I said.**
Es gibt **etwas, das** ich dir sagen muss.	**There's something (that) I've got to tell you.**

allesamt *Adv ugs* all (of them *oder* us *etc*)
Alleskleber *m* all-purpose glue
Allesschneider *m* food slicer
allgegenwärtig *Adj* omnipresent
allgemein I *Adj* general, (*öffentlich*) public: ***von allgemeinem Interesse*** of general interest; ***auf allgemeinen Wunsch*** by popular request; ***unter allgemeiner Zustimmung*** by common consent; ***zur allgemeinen Überraschung*** to everybody's surprise; WIRTSCH ***allgemeine Unkosten*** *Pl* overhead *Sg*; ***allgemeines Wahlrecht*** universal suffrage; ***allgemeine Wehrpflicht*** compulsory military service; ***im Allgemeinen*** *siehe* **II** *Adv* generally, in general, (*im ganzen*) on the whole: ***es ist allgemein bekannt, dass*** it is a well-known fact that; ***allgemein beliebt*** popular with everyone; ***allgemein gesprochen*** generally speaking; ***allgemein gültig*** → ***allgemeingültig***; ***es ist allgemein üblich*** it is common practice; ***allgemein verbreitet*** widespread; ***allgemein verbindlich*** *Adj* generally binding ***allgemein verständlich*** *Adj* (easily) intelligible
Allgemeinbefinden *n* general state of health
Allgemeinbildung *f* general education
allgemeingültig *Adj* universally valid

Allgemeingut *n fig* common knowledge
Allgemeinheit *f* (general) public
Allgemeinmedizin *f* general medicine: ***Arzt für Allgemeinmedizin*** general practitioner
allgemeinverbindlich → ***allgemein verbindlich*** II
allgemeinverständlich → ***allgemein verständlich II***
Allgemeinwissen *n* general knowledge
Allgemeinwohl *n* public welfare
Allheilmittel *n auch fig* cure-all
Allianz *f* alliance
Alligator *m* alligator
alliiert *Adj* allied: HIST ***die Alliierten*** the Allies *Pl*
alljährlich *Adj* annual(ly *Adv*), yearly, *Adv auch* every year
Allmacht *f* omnipotence
allmächtig *Adj* omnipotent, *bes Gott*: almighty
allmählich *Adj* gradual(ly *Adv*), *Adv auch* by degrees, slowly
allmonatlich *Adj und Adv* monthly
allnächtlich *Adj und Adv* nightly
Allopathie *f* MED allopathy
Allparteien... all-party ...
Allrad... all-wheel (*drive etc*)
Allroundsportler, Allroundsportlerin allrounder
allseitig *Adj* (*allgemein*) general, universal, (*vielseitig*) allround: ***zur allseitigen Zufriedenheit*** to the satisfaction of everybody
allseits *Adv* on (*oder* from) all sides: ***allseits beliebt*** very popular
Alltag *m* everyday life: **(*grauer*) *Alltag*** daily routine
alltäglich *Adj* everyday, (*üblich*) usual, (*durchschnittlich*) ordinary, (*banal*) banal, trivial
alltags *Adv* on workdays
Alltags... everyday (*clothes etc*)
allumfassend *Adj* all-embracing
Allüren *Pl meist pej* affectation *Sg*, airs (and graces) *Pl*
Allwetter... all-weather (*flying etc*)
allwissend *Adj* omniscient
allwöchentlich *Adj und Adv* weekly
allzu *Adv* far too: ***nicht allzu spät*** not too late. ***allzu gut*** only too well; ***allzu sehr*** all too much; ***allzu viel*** too much: ***allzu viel ist ungesund*** enough is as good as a feast; ***allzu viele Fehler*** far too many mistakes
Allzweck... all-purpose
Alm *f* alpine pasture, alp
Almosen *n* alms *Pl*, *fig pej* pittance, *Am* handout
Almosenempfänger, Almosenempfängerin pauper
Alpaka *n* (*Alpakawolle*) alpaca
Alpen *Pl* Alps *Pl*
Alpenrose *f* Alpine rose
Alpenveilchen *n* cyclamen
Alpenvorland *n* foothills *Pl* of the Alps
Alphabet *n* alphabet
alphabetisch *Adj* alphabetical: ***alphabetisch ordnen*** → ***alphabetisieren***
alphabetisieren *v/t* arrange in alphabetical order
alphanumerisch *Adj* alphanumeric
alpin *Adj* Alpine: → ***Kombination*** 4
Alpinismus *m* alpinism
Alpinist, Alpinistin alpinist
Alptraum → ***Albtraum***
als *Konj* **1.** *im Vergleich*: as, *verneint*: but, *nach Komp*: than: ***sobald als möglich*** as soon as possible; ***mehr als genug*** more than enough; ***sie ist alles andere als hübsch*** she is anything but pretty **2.** *zur Bezeichnung einer Eigenschaft*: as, in one's capacity of: ***als Entschuldigung*** as (*oder* by way of) excuse; ***er starb als Bettler*** he died (as) a beggar; ***als Mädchen*** (*bzw.* ***als Kind***) as a girl (*bzw.* as a child) **3.** ***als ob*** as if, as though **4.** ***er ist zu jung, als dass er es verstehen könnte*** he is too young to understand it **5.** *zeitlich*: when, as, (*während*) while: ***damals, als*** at the time when; ***gerade als*** just as

Elegante Übersetzungen für als GR

Nebensätze mit **als** und zeitlichem Bezug können mit **on** + Gerund wiedergegeben werden:

Als er von der Ankunft seiner Schwester erfuhr, war er sehr glücklich.	**On hearing of his sister's arrival, he was very happy.**

Nach Verben wie **catch, find, keep, leave** oder Wahrnehmungsverben wie **feel, hear, see, watch** kann der als-Satz mit dem **present participle** übersetzt werden.
Die Satzstruktur lautet dann: Subjekt + Prädikat + Objekt + **present participle**:

Sie hat dich gesehen, als du eine Zigarette geraucht hast.	**She saw you smoking a cigarette.**

also *Konj* **1.** (*folglich*) so, therefore **2.** *ugs* (*nun*) then: ***also gut!*** very well (then)!; ***na also!*** there you are!; ***also los!*** let's get going, then!; ***du kommst also nicht?*** you're not coming then?

also ≠ also FF

also (*Konj*)	=	**1.** so, therefore **2.** then
also (*Adv*)	=	auch, ebenfalls

alt *Adj* **1.** *allg* old, (*bejahrt*) *auch* aged, (*geschichtlich alt*) *auch* ancient, (*lange bestehend*) *auch* long-standing (*friendship etc*), (*ehemalig*) *auch* former (*pupil etc*), (*unverändert*) unchanged, unchanging: ***alt werden*** → ***altern***; ***das alte Rom*** ancient Rome; ***die alten Sprachen*** the classical languages; ***wie alt bist du?*** how old are you?; ***ein zehn Jahre alter Junge*** a ten-year-old boy, a boy of ten; ***er ist (doppelt) so alt wie ich*** he is (twice) my age; *fig* ***das alte Lied*** the same old story; ***auf meine alten Tage*** in my old age; ***in alten Zeiten*** in former times; ***es bleibt alles beim Alten*** everything remains as it was (before); *hum* ***hier werde ich nicht alt*** I won't be here much longer; *ugs* ***alt aussehen*** look a right fool; → ***älter***, ***Hase*** **2.** (*Ggs. frisch*) *allg* old, (*altbacken, schal*) *auch* stale, (*gebraucht*) *auch* second-hand, used: → ***Eisen***
Alt *m* MUS alto
Altar *m* altar
Altarbild *n*, **Altarblatt** *n*, **Altargemälde** *n* altarpiece
altbacken *Adj* **1.** stale **2.** *ugs fig* antiquated
Altbau *m* old building

Altbausanierung *f* rehabilitation of old housing
Altbauwohnung *f* flat (*Am* apartment) in an old building
altbekannt *Adj* well-known
altbewährt *Adj* well-tried
Alte[1] *m* old man: ***die Alten*** old people; *ugs* ***der Alte*** (*Vater, Ehemann*) the old man, (*Chef*) the boss; ***er ist wieder ganz der Alte*** he is quite himself again
Alte[2] *f* **1.** old woman: *ugs* ***die Alte*** (*Mutter, Ehefrau*) the old lady (*oder* woman), (*Chefin*) the boss **2.** ZOOL mother
altehrwürdig *Adj* time-hono(u)red
alteingesessen *Adj* old-established
Alteisen *n* scrap iron
Altenheim *n* → ***Altersheim***
Altenpfleger, **Altenpflegerin** geriatric nurse
Altenteil *n fig* ***sich aufs Altenteil zurückziehen*** retire
Alter *n* **1.** age, (*Bejahrtheit*) (old) age: ***im Alter von 20 Jahren*** at the age of 20; ***er ist in meinem Alter*** he is my age; ***mittleren Alters*** middle-aged **2.** (*alte Leute*) old people
älter *Adj* older: ***mein älterer Bruder*** my elder brother; ***eine ältere Dame*** an elderly lady; ***er ist*** (***3 Jahre***) ***älter als ich*** he is my senior (by three years); ***er sieht*** (***10 Jahre***) ***älter aus, als er ist*** he looks (10 years) more than his age

> **älter: older oder elder?** SG
>
> **Older** gilt gleichermaßen für Personen und Sachen.
>
> **Elder** dagegen verwendet man nur in Bezug auf Personen, insbesondere Bekannte, Freunde, Familienmitglieder:
>
> **My elder sister works in a bank.**
>
> **The elder members of our club are going to the British Museum tomorrow.**
>
> Bei Vergleichen wird immer **older** verwendet:
>
> **He is ten years older than his wife.**

altern *v/i* grow old, *auch* TECH age
alternativ *Adj*, **Alternative** *f* alternative
Alternativmedizin *f* alternative medicine
Alterserscheinung *f* sign of old age
Altersgenosse *m*, **Altersgenossin** *f* contemporary
Altersgrenze *f* age-limit: ***flexible Altersgrenze*** *für Beamte*: flexible retirement age
Altersgründe *Pl* ***aus Altersgründen*** for reasons of age
Altersgruppe *f* age group
Altersheim *n* old people's home
Altersklasse *f bes* SPORT age group
Alterspyramide *f* SOZIOL age pyramid
Altersrente *f* old-age pension
altersschwach *Adj* infirm, *auch ugs fig* decrepit, *Stuhl etc*: rickety
Altersschwäche *f* infirmity (of old age): ***an Altersschwäche sterben*** die of old age
Altersunterschied *m* age difference
Altersversorgung *f* old-age pension (scheme)
Altersvorsorge *f* provision for (one's) old age
Altertum *n* antiquity
altertümlich *Adj* ancient, (*veraltet*) antiquated
ältest *Adj* oldest, *in der Familie*: eldest
Älteste *m, f* oldest, eldest: ***mein Ältester*** my eldest son
Altglas *n* TECH used glass
Altglascontainer *m* bottle bank
Altgriechisch *n* Old Greek
althergebracht *Adj* traditional
Althochdeutsch *n* Old High German
Altist, **Altistin** MUS alto(-singer)
altjüngferlich *Adj* old-maidish
altklug *Adj* precocious
Altlasten *Pl* old neglected deposits *Pl* of toxic waste
ältlich *Adj* elderly, oldish
Altmaterial *n* TECH salvage
Altmeister, **Altmeisterin** SPORT ex-champion, *fig* past master
Altmetall *n* scrap metal
altmodisch *Adj* old-fashioned
Altöl *n* TECH waste oil, used oil
Altpapier *n* TECH waste (*oder* used) paper
Altphilologe *m*, **Altphilologin** *f* classical philologist
altruistisch *Adj* altruistic
altsprachlich *Adj* classical
Altstadt *f* old town
Altstimme *f* MUS alto (voice)
Altweibersommer *m* Indian summer
Alufolie *f* alumin(i)um foil
Aluminium *n* aluminium, *Am* aluminum
Alzheimerkrankheit *f* Alzheimer's disease
am (*aus*: ***an dem***) *Präp* **1.** at the, on the, *zeitlich*: *auch* in the: ***am Fenster*** at the window; ***am Ufer*** on the shore; ***am 1. Mai*** (on) May 1st, (on) the first of May; ***am Anfang*** at the beginning; ***am Himmel*** in the sky; ***am Leben*** alive; ***am Morgen*** in the morning; ***am Wege*** by the wayside **2.** *vor Sup* ***er war am tapfersten*** he was (the) bravest; ***am besten*** best
Amalgam *n* CHEM amalgam
amalgamieren *v/t auch fig* amalgamate
Amaryllis *f* BOT amaryllis
Amateur, **Amateurin** amateur
Ambiente *n* ambience
Ambition *f* ambition
ambivalent *Adj* ambivalent
Amboss *m* anvil
ambulant *Adj* **1.** MED ambulant, (*auch* ***ambulant behandelter Patient***) outpatient: *Adv* ***ambulant behandelt werden*** receive outpatient treatment **2.** WIRTSCH *Gewerbe etc*: itinerant
Ambulanz *f* (*Krankenwagen*) ambulance, (*Klinik*) outpatients' department, (*Unfallstation*) casualty ward, *eines Betriebes*: first-aid room
Ameise *f* ant
Ameisenbär *m* anteater
Ameisenhaufen *m* anthill
Ameisensäure *f* formic acid
Ameisenstaat *m* colony of ants
amen *Interj* amen: *fig* ***zu allem Ja und Amen sagen*** agree (meekly) to everything
Amerika *n* America
Amerikaner, **Amerikanerin**, **amerikanisch** *Adj* American
amerikanisieren *v/t* Americanize
Amerikanismus *m allg* Americanism
Amethyst *m* amethyst
Ami *m ugs* Yank
Aminosäure *f* CHEM amino acid
Amme *f* (wet) nurse
Ammenmärchen *n pej* old wives' tale
Ammer *f* ZOOL bunting
Ammoniak *n* CHEM ammonia
Amnesie *f* MED amnesia

Amnestie *f*, **amnestieren** *v/t* JUR amnesty

Amöbe *f* BIOL am(o)eba

Amok: ***Amok laufen*** (***fahren***) run (drive) amok

Amokfahrt *f* mad drive

Amokläufer, **Amokläuferin** person running amok

Amor *m* Cupid

amortisieren **I** *v/t* amortize **II** *v/refl* ***sich amortisieren*** pay for itself

Ampel *f* **1.** hanging lamp **2.** (*Verkehrsampel*) traffic light(s *Pl*)

Amperemeter *n* ELEK ammeter

Amperestunde *f* ELEK ampere-hour

Amphibien... amphibian (*tank etc*)

Amphitheater *n* amphitheat/re (*Am* -er)

Ampulle *f* PHARM ampoule

Amputation *f* MED amputation

amputieren *v/t* MED amputate

Amputierte *m*, *f* MED amputee

Amsel *f* ZOOL blackbird

Amt *n* **1.** (*Posten*) post, office, (*Pflicht*) (official) duty, function, (*Aufgabe*) task: ***von Amts wegen*** ex officio, officially; → ***antreten*** 1, ***bekleiden*** 2, ***entheben*** *etc* **2.** (*Dienststelle*) office, agency, department **3.** TEL exchange

amtieren *v/i* hold office: ***amtieren als*** act (*oder* officiate) as

amtierend *Adj* **a)** acting *mayor etc*, **b)** reigning *champion etc*

amtlich *Adj* official

Amtsantritt *m* ***bei seinem*** *etc* ***Amtsantritt*** upon his *etc* assuming office

Amtsarzt *m*, **Amtsärztin** *f* public-health officer

Amtsbereich *m* competence

Amtsblatt *n* official gazette

Amtseid *m* ***den Amtseid ablegen*** take the oath of office, be sworn in

Amtsenthebung *f* removal from office, dismissal

Amtsführung *f* administration (of [an] office)

Amtsgeheimnis *n* official secret, (*Schweigepflicht*) official secrecy

Amtsgericht *n lower district court*

Amtsgeschäfte *Pl* official duties *Pl*

Amtsgewalt *f* (official) authority

Amtshandlung *f* official act

Amtsmissbrauch *m* abuse of (official) authority

amtsmüde *Adj* weary of one's office

Amtsperiode *f* term (of office)

Amtsschimmel *m hum* red tape

Amtsstunden *Pl* office hours *Pl*

Amtsträger, **Amtsträgerin** office holder

Amtsvorgänger, **Amtsvorgängerin** predecessor (in office)

Amtsvormund *m* public guardian

Amtsvorsteher, **Amtsvorsteherin** head official

Amtszeichen *n* TEL dial(ling) tone

Amtszeit *f* term (of office)

Amulett *n* charm

amüsant *Adj* amusing

amüsieren **I** *v/t* amuse, entertain **II** *v/refl* ***sich amüsieren*** **a)** amuse o.s., have a good time, **b)** (***über*** *Akk*) laugh (at), make fun (of)

Amüsierviertel *n* nightclub district

an **I** *Präp* (*Dat*) **1.** *zeitlich*: on: ***an einem kalten Tag*** on a cold day **2.** *örtlich*: on, at, (*nahe*) by, near, (*neben*) next to: ***an der Themse*** on the Thames; ***an der Wand*** on the wall; ***an der Kreuzung*** at the crossing; ***alles ist an seinem Platz*** everything is in its place; ***Tür an Tür wohnen*** live door to door; *fig* ***Kopf an Kopf*** neck and neck; ***er hat so etw an sich*** there is s.th. about him; ***es ist an ihm zu reden*** it is up to him to speak; ***an seiner Stelle*** in his place **3.** (*bei*) by: ***j-n an der Hand führen*** lead s.o. by the hand; ***j-n an der Stimme erkennen*** recognize s.o. from (*oder* by) his voice **4.** ***an*** (***und für***) ***sich*** in itself, as such **II** *Präp* (*Akk*) **5.** (*bestimmt für*) to, for: ***ein Brief an mich*** a letter for me **6.** (*gegen*) at, *stärker*: against: ***an die Tür klopfen*** knock at the door **III** *Adv* **7.** ***von … an*** from … (on *oder* onward); ***von heute an*** from today (on); ***von nun an*** from now on, henceforth **8.** *ugs* ***an - aus*** on - off; ***das Licht ist an*** the light is on; ***er hatte noch seinen Mantel an*** he still had his coat on **9.** *ugs* ***an die 100 Euro kosten*** cost about 100 euros

Anabolikum *n* MED anabolic steroid

Anachronismus *m* anachronism

anal *Adj* MED, PSYCH anal

Analgetikum *n* MED analgesic

analog *Adj* **1.** analogous (***zu*** to) **2.** IT analog(ue)

Analoganschluss *m* TEL analog(ue) connection

Analogarmbanduhr *f* analog(ue) watch

Die Präposition an

⚠ Beachten Sie die Präpositionen in folgenden Kontexten:

am Flughafen	**at the airport**
an Ostern / Weihnachten	**at Easter / Christmas**
am 24. Dezember	**on December 24th**
am Morgen / Abend	**in the morning / evening**
an der Tür	a) *Person*: **at the door** b) *kleben, hängen etc*: **on the door** c) *dicht daran stehen / sein etc*: **(close) by the door**
am Himmel	**in the sky**
an der Grenze (*Staatsgrenze*)	**on the border** *stehen, warten auch*: **at the border** (*entlang der Grenze*): **along the border**
Er lehnte die Holzplatte an die Wand.	**He leant the wooden board against the wall.**
Am Anfang sah alles so einfach aus.	**At first** *oder* **In the beginning everything looked so simple.**
am Anfang des Gedichts	**at the beginning of the poem**
am Ende des Zuges	**at the back of the train**
Am Ende war alles wieder gut.	**In the end, everything was all right again.**

Analogie *f* analogy
Analogrechner *m* analog(ue) computer
Analoguhr *f* analog(ue) clock
Analphabet, **Analphabetin** illiterate (person)
Analphabetentum *n* illiteracy
Analverkehr *m* anal intercourse
Analyse *f* analysis
analysieren *v/t* analy/se (*Am* -ze)
Analysis *f* analysis
Analytiker, **Analytikerin** PSYCH analyst
analytisch *Adj* analytic(al)
Anämie *f* MED an(a)emia
Ananas *f* BOT pineapple
Anarchie *f* anarchy
Anarchismus *m* anarchism
Anarchist, **Anarchistin** anarchist
anarchistisch *Adj* anarchic(al)
Anästhesie *f* MED an(a)esthesia
Anästhesist, **Anästhesistin** MED an(a)esthetist
Anatomie *f* **1.** anatomy **2.** institute of anatomy
Anatomiesaal *m* dissecting room
anatomisch *Adj* anatomical
anbahnen **I** *v/t* pave the way for, (*Gespräch etc*) open, begin **II** *v/refl* ***sich anbahnen*** be developing
anbändeln *v/i ugs* ***mit j-m anbändeln*** **a)** make up to s.o., **b)** → ***anlegen*** 14
Anbau *m* **1.** LANDW cultivation **2.** ARCHI annex, extension
anbauen *v/t* **1.** LANDW cultivate, grow **2.** (***an*** *Akk* to) build, add
Anbaufläche *f* LANDW **a)** arable land, **b)** area under cultivation
Anbauküche *f* unit kitchen
Anbaumöbel *Pl* sectional (*oder* unit) furniture *Sg*
Anbauschrank *m* cupboard unit
Anbauwand *f* wall unit
anbehalten *v/t* (*Kleid etc*) keep on
anbei *Adv* WIRTSCH ***anbei erhalten Sie*** enclosed please find; ***anbei schicke ich*** I am enclosing
anbeißen **I** *v/t* bite into **II** *v/i Fisch*: bite, *auch fig* take the bait
anbellen *v/t auch fig* bark at
anberaumen *v/t* fix, appoint
anbeten *v/t auch fig* worship, adore
Anbeter, **Anbeterin** worship(p)er, (*Verehrer*) admirer
Anbetracht: ***in Anbetracht*** (*Gen*) considering, in view of
anbetteln *v/t* ***j-n anbetteln*** beg s.o. (***um*** for)
Anbetung *f* worship, adoration
anbiedern *v/refl* ***sich anbiedern*** *pej* ingratiate o.s. (***bei*** with)
anbieten **I** *v/t* offer **II** *v/refl* ***sich anbieten*** *Person*: offer one's services, *Gelegenheit*: present itself
Anbieter, **Anbieterin** **1.** (*Händler*) supplier **2.** WIRTSCH (potential) seller **3.** TEL carrier **4.** IT provider
anbinden *v/t* (***an*** *Dat oder Akk* to) tie (up), bind, (*Boot*) moor, (*Tier*) *auch* tether, *fig verkehrsmäßig, politisch etc*: link: → ***angebunden***
Anblick *m* (***beim ersten Anblick*** at first) sight
anblicken *v/t* look at, *flüchtig*: glance at: ***j-n finster anblicken*** scowl at s.o.
anblinken *v/t* flash one's headlights at
anbraten *v/t* GASTR roast briefly
anbrechen **I** *v/t* (*Vorräte etc*) break into, (*Dose, Packung etc*) start (on), (*Flasche*) *auch* open **II** *v/i* begin, *Tag, fig neue Zeit*: dawn, *Nacht*: fall
anbrennen *v/i* (*auch* ***anbrennen lassen***) burn: *ugs* ***er lässt nichts anbrennen*** he doesn't miss a trick
anbringen *v/t* **1.** (*Schild, Vorhang etc*) put up, (***an*** *Dat* to) fix, fasten **2.** *ugs* bring (along) **3.** (*Bitte etc, auch Verbesserungen*) make, (*Gründe*) give, (*Bemerkung etc*) get in, (*Wissen*) display, (*Schlag*) land: ***Kritik anbringen*** criticize; → ***angebracht***
Anbruch *m* beginning, dawn
anbrüllen *v/t* ***j-n anbrüllen*** bawl at s.o.
Andacht *f* REL **a)** devotion, **b)** (*Gebet*) prayers *Pl*, **c)** (short) service
andächtig *Adj* **1.** devout, pious **2.** *fig* rapt, attentive, *Stille etc*: solemn: *Adv* ***andächtig zuhören*** listen with rapt attention
andauern *v/i* last, continue, go on, *hartnäckig*: persist
andauernd **I** *Adj* constant, continual, (*ständig*) incessant, (*hartnäckig*) persistent **II** *Adv* constantly *etc*: ***etw andauernd tun*** keep doing s.th.
Andenken *n* **1.** (***zum Andenken*** in) memory (***an*** *Akk* of) **2.** (*Geschenk*) keepsake, (*Reiseandenken*) souvenir (***an*** *Akk* of)
ander **I** *Adj* **1.** *allg* other, (*weitere*) *auch* further, (*nächste*) *auch* next, (*zweite*) *auch* second, (*übrig*) *auch* the rest of, (*verschieden*) *auch* different: ***ein anderes Buch*** another book; ***die anderen*** (*übrigen*) ***Bücher*** the rest of the books; ***am anderen Tag*** (on) the next day; ***ein anderes Hemd anziehen*** put on a new shirt; ***das andere Geschlecht*** the opposite sex; ***er ist ein ganz anderer Mensch*** he is a changed man; → ***Ansicht*** 1 **II** *Indefinitpron* **2.** ***ein anderer, eine andere*** someone else; ***die anderen*** the others; ***der eine oder andere*** someone or other; ***kein anderer als*** no one else (*oder* none) but, (*kein Geringerer als*) no less than **3.** ***anderes, andres*** other things *Pl*; ***alles andere*** everything else; ***alles andere als*** anything but, far from; ***unter anderem*** among other things; ***eins nach dem anderen*** one thing after the other; ***das ist etw ganz anderes*** that's a different thing altogether
anderenfalls *Adv* otherwise
andererseits *Adv* on the other hand
Anderkonto *n* WIRTSCH third-party account
andermal *Adv* ***ein andermal*** some other time
ändern **I** *v/t* change, (*auch Kleidungsstück*) alter, (*variieren*) vary: ***sein Testament ändern*** alter one's will; ***es lässt sich nicht ändern*** it can't be helped; ***ich kann es nicht ändern*** I cannot help it; ***das ändert nichts an der Tatsache, dass …*** that doesn't alter the fact that … **II** *v/refl* ***sich ändern*** alter, change: ***die Zeiten ändern sich*** times are changing; ***das Wetter ändert sich*** there will be a change in the weather
anders *Adv* **1.** differently (***als*** from): ***anders werden*** change; ***anders als seine Freunde*** unlike his friends; ***anders gesagt*** in other words; ***anders denkend*** → ***andersdenkend*** **2.** *bei Pron*: else: ***jemand anders*** somebody (*oder* anybody) else; ***niemand anders als er*** nobody but he; ***wer anders?*** who else?
andersartig *Adj* different
andersdenkend *Adj* thinking differently, POL *auch* dissident
andersgläubig *Adj* of a different faith, heterodox
andersherum **I** *Adv* the other way round **II** *Adj ugs* (*homosexuell*) queer

anderswo *Adv*, **anderswohin** *Adv* elsewhere, somewhere else
anderthalb *Adj* one and a half: ***anderthalb Pfund*** a pound and a half
Änderung *f* change, *auch von Kleidung*: alteration, (*Abänderung*) modification
Änderungsantrag *m* POL amendment
anderweitig I *Adj* **1.** other, further **II** *Adv* **2.** otherwise: ***wir haben die Stellung anderweitig vergeben*** we have given the job to s.o. else **3.** elsewhere
andeuten I *v/t* **1.** hint at, suggest, intimate, (*kurz erwähnen*) mention *s.th.* briefly, indicate **2.** KUNST *und fig* outline **II** *v/refl* ***sich andeuten*** **3.** *Veränderung etc*: be in the offing
Andeutung *f* hint, suggestion (*beide auch fig Spur*), *versteckte*: insinuation
andeutungsweise *Adv* ***andeutungsweise zu verstehen geben*** → ***andeuten*** 1
Andorra *n* Andorra
Andrang *m* crush, press, (*Ansturm*) rush, WIRTSCH run (***auf*** *Akk* on)
andrehen *v/t* **1.** (*Gas etc*) turn on, (*Licht etc*) *auch* switch on **2.** *ugs fig* ***j-m etw andrehen*** fob s.th. off on s.o.
androhen *v/t* ***j-m etw androhen*** threaten s.o. with s.th.
Androhung *f* threat: JUR ***unter Androhung von*** (*oder Gen*) under penalty of
Androide *m* android
anecken *v/i ugs* give offen/ce (*Am* -se) (***bei*** to)
aneignen *v/t* ***sich aneignen*** **1.** appropriate *s.th.* to o.s., take possession of, *widerrechtlich*: misappropriate, usurp **2.** (*Kenntnisse etc*) acquire, (*Meinung etc*) adopt
Aneignung *f* **1.** appropriation **2.** acquisition
aneinander *Adv* (to, of, *etc*) each other: ***aneinander denken*** think of each other
aneinandergeraten *v/i* clash (***mit*** with), (*handgemein werden*) come to blows
aneinandergrenzen *v/i* border on each other
aneinanderreihen *v/t* line up, *fig* string *words etc* together
Anekdote *f* anecdote
anekeln *v/t* disgust, sicken: ***es ekelt mich an*** it makes me sick
Anemone *f* BOT anemone
anerkannt *Adj* recognized, (*allgemein anerkannt*) accepted, *Tatsache*: established
anerkennen *v/t* acknowledge, recognize, (*Ansprüche etc*) admit, (*lobend anerkennen*) appreciate, (*billigen*) approve, (*Wechsel*) hono(u)r: *ein Tor* (***nicht***) ***anerkennen*** (dis)allow; ***anerkennende Worte*** appreciative words
anerkennenswert *Adj* commendable
Anerkennung *f* acknowledgement, recognition (*auch* POL), (*lobende Anerkennung*) appreciation, (*Billigung*) approval, WIRTSCH *eines Wechsels*: acceptance: ***in Anerkennung*** (*Gen*) in recognition of; ***Anerkennung verdienen*** deserve credit
anerziehen *v/t* ***j-m etw anerziehen*** instil(l) s.th. into s.o.
anerzogen *Adj* acquired
anfachen *v/t* fan, *fig* kindle, stir up
anfahren I *v/i* **1.** start (up) **II** *v/t* **2.** (*Güter etc*) deliver, *ugs* (*Getränke etc*) bring on **3.** (*rammen*) run into, (*auch Person*) hit, MOT collide with **4.** (*ansteuern*) stop (SCHIFF call) at **5.** TECH start **6.** *ugs* ***j-n anfahren*** snap at s.o.
Anfahrt *f* **1.** journey, ride **2.** (*Zufahrt*) approach, *vor einem Haus*: drive
Anfall *m* **1.** MED attack, fit (*auch fig*), *leichter*: touch: *hum* ***in einem Anfall von Großzügigkeit*** in a fit (*oder* burst) of generosity **2.** WIRTSCH, JUR accrual (*of a dividend etc*)
anfallen I *v/t* attack **II** *v/i* (*sich ergeben*) result, *Arbeit etc*: come up, *Kosten etc*: arise, *Gewinn etc*: accrue
anfällig *Adj* ***anfällig für*** *auch fig* susceptible (*oder* prone) to
Anfälligkeit *f* proneness (***für*** to), *weit. S.* delicacy
Anfang *m* beginning, start: ***am Anfang, im Anfang, zu Anfang*** → ***anfangs***; ***von Anfang an*** (right) from the beginning (*oder* start); ***Anfang Mai*** early in May; ***den Anfang machen*** begin, lead off; ***ein Anfang ist gemacht*** a start has been made; ***in den Anfängen stecken*** be in its infancy
anfangen I *v/t* begin, start, (*machen*) do: ***ein neues Leben anfangen*** turn over a new leaf; ***was soll ich bloß anfangen?*** what on earth am I to do?; ***er hat wieder angefangen zu rudern*** he has taken up rowing again; ***etw schlau anfangen*** set about s.th. cleverly; ***mit ihm ist nichts anzufangen*** he's hopeless **II** *v/i* begin, start: ***mit der Arbeit anfangen*** begin (*oder* start) (to) work; ***bei einer Firma anfangen*** start work(ing) with a firm; ***immer wieder von etw anfangen*** keep harping on s.th.; ***ich weiß nichts damit anzufangen*** I don't know what to do with (*fig* make of) it; ***das fängt ja gut an!*** that's a fine start; ***du hast angefangen!*** you started it!; ***fängst du schon wieder an?*** are you at it again?
Anfänger, **Anfängerin** beginner
Anfängerkurs(us) *m* beginners' course
anfänglich I *Adj* initial, (*ursprünglich*) original **II** *Adv* → ***anfangs***
anfangs *Adv* at first, at (*oder* in) the beginning
Anfangsbuchstabe *m* initial letter: ***großer*** (***kleiner***) ***Anfangsbuchstabe*** capital (small) letter
Anfangsgehalt *n* starting (*oder* initial) salary
Anfangsgründe *Pl* rudiments *Pl*
Anfangskapital *n* opening capital
Anfangsstadium *n* initial stage
Anfangszeit *f* starting time
anfassen I *v/t* **1.** seize, grab (***an*** *Dat* by), (*berühren*) touch: ***j-n anfassen*** take s.o. by the hand; *fig Politiker etc* ***zum Anfassen*** … of the people, popular **2.** *fig* (*behandeln*) treat, handle, (*Problem etc*) tackle **II** *v/i* **3.** (***mit***) ***anfassen*** lend a hand, help
anfauchen *v/t Katze*: spit at: *fig* ***j-n anfauchen*** snap at s.o.
anfechtbar *Adj auch* JUR contestable
anfechten *v/t* contest (*auch* JUR), (*Urteil*) appeal from
Anfechtung *f* **1.** contesting, *eines Urteils*: appeal (*Gen* from) **2.** (*Versuchung*) temptation
anfeinden *v/t* be hostile to: ***angefeindet werden*** meet with hostility
Anfeindung *f* hostility (*Gen* to)
anfertigen *v/t allg* make, WIRTSCH, TECH *auch* manufacture, PHARM prepare, (*Übersetzung, Zeichnung etc*) do: ***ein Gutachten anfertigen*** deliver an expert opinion (***über*** *Akk* on)
Anfertigung *f* making *etc*, manufacture
anfeuchten *v/t* moisten
anfeuern *v/t fig* encourage, *durch Zurufe*: cheer (on), *Am ugs* root for
anflehen *v/t* implore

anfliegen I *v/t planmäßig*: fly to, *weit. S.* land at II *v/i* approach: ***angeflogen kommen*** come flying (along)
Anflug *m* 1. FLUG approach: ***im Anflug sein auf*** (*Akk*) be approaching 2. *fig* (*Spur*) touch, trace, hint
Anflugschneise *f* FLUG approach lane
anfordern *v/t* ask for, demand, request
Anforderung *f* demand, request (*beide*: *Gen* for), (*Leistungsanforderung*) demands *Pl*, standard: ***auf Anforderung*** on request; ***allen Anforderungen genügen*** meet all requirements, *Am* fill the bill; ***den Anforderungen nicht genügen*** not to be up to standard; ***hohe Anforderungen stellen*** make high demands (***an*** *Akk* on), *Aufgabe etc*: *auch* be very exacting
Anfrage *f* inquiry, *auch* PARL question
anfragen *v/i* inquire (***bei j-m wegen etw*** of s.o. about s.th.)
anfreunden *v/refl* ***sich anfreunden*** become friends; ***sich mit j-m anfreunden*** make friends with s.o.; ***sich mit einem Gedanken*** *etc* ***anfreunden*** get to like the idea *etc*
anfügen *v/t* 1. add 2. (*beilegen*) enclose (*Dat* with) 3. TECH join, attach
anfühlen *v/t* (*auch* ***sich anfühlen***) feel
anführen *v/t* 1. lead, (*Tabelle etc*) *auch* be at the head of, MIL command 2. (*erwähnen*) state, mention, *einzeln*: specify, (*Gründe, Fakten etc*) give, (*Zeugen, Beweise etc*) produce, (*Beispiel, Buch etc*) quote: ***zur Entschuldigung anführen*** plead (as an excuse) 3. *ugs* ***j-n anführen*** dupe s.o., fool s.o.
Anführer, **Anführerin** leader
Anführungsstriche, **Anführungszeichen** *Pl* quotation marks *Pl*, inverted commas *Pl*

> **Anführungsstriche** GR
>
> Die englischen Anführungsstriche sind jeweils oben angebracht und nach innen gekehrt. Sie erinnern in ihrer Form an die Zahlen 66 bzw. 99: " " – **sixty-six and ninety-nine, like washing hanging on a line.**

Angabe *f* 1. statement, declaration, *genaue*: specification, (*Preisangabe*) quotation: ***Angaben*** *Pl* information *Sg*; ***nähere Angaben machen*** give (further) details; ***Angaben zur Person*** personal data; ***ohne Angabe von Gründen*** without giving reasons 2. *ugs* showing-off 3. *Tennis etc*: service
angaffen *v/t ugs* gawk at, gape at
angeben I *v/t* 1. give, state, *genau*: specify, (*Wert etc*) declare, (*Preise etc*) quote, (*Termin etc*) fix, (*Zeugen etc*) name, (*Richtung etc*) indicate, (*Tempo etc*) set: ***zu niedrig angeben*** understate II *v/i* 2. *ugs* (***mit***) show off ([with] *s.o., s.th.*), brag (about, of) 3. *Kartenspiel*: deal first 4. *Tennis etc*: serve
Angeber, **Angeberin** *ugs* show-off
Angeberei *f ugs* showing-off
angeberisch *Adj ugs* bragging, (*protzig*) showy
angeblich I *Adj* alleged, *pej* would-be II *Adv* allegedly: ***angeblich ist er reich*** he is said to be rich
angeboren *Adj* innate, inborn (*beide*: *Dat* in), MED congenital, hereditary
Angebot *n* offer, *Auktion*: bid, (*Warenangebot*) supply, (*Ausschreibungsangebot*) tender, *Am* bid: ***Angebot und Nachfrage*** supply and demand
angebracht *Adj* (*ratsam*) advisable, (*angemessen*) appropriate, proper: ***nicht angebracht*** → ***unangebracht***; ***es für angebracht halten zu*** *Inf* see fit to *Inf*
angebunden *Adj fig* ***kurz angebunden*** curt, short, brusque
angegossen *Adj ugs* ***wie angegossen passen*** (*oder* ***sitzen***) fit like a glove
angegriffen *Adj* exhausted, *Gesundheit etc*: impaired, *Organ, Nerven*: affected: ***angegriffen aussehen*** look worn out
angehaucht *Adj ugs fig* ***er ist kommunistisch*** (***künstlerisch***) ***angehaucht*** he has Communist leanings (an artistic bent)
angeheiratet *Adj* (related) by marriage: ***angeheirateter Vetter*** cousin by marriage
angeheitert *Adj* (a bit) tipsy, merry
angehen I *v/i* 1. *ugs* begin, start, *Licht etc*: go on, *Feuer etc*: (begin to) burn 2. *Pflanze etc*: take root 3. ***angehen gegen*** fight against II *v/t* 4. (*Gegner etc, auch* SPORT) attack, (*auch fig Problem etc*) tackle 5. *fig* (*betreffen*) concern: ***das geht dich nichts an!*** that's none of your business!; ***was geht mich das an?*** what's that got to do with me? 6. *ugs* ***j-n um etw angehen*** ask s.o. for s.th. III *v/unpers* 7. ***es geht an*** it's passable; ***es kann nicht angehen, dass …*** it can't be true that …
angehend *Adj* future, *Künstler etc*: budding: ***angehender Vater*** father to be
angehören *v/i* (*Dat*) belong (to) (*auch fig*), *einem Verein etc*: *auch* be a member (of): *fig* ***das gehört der Vergangenheit an*** that's a thing of the past
Angehörige *m, f* 1. (*Familienangehörige*) relative, *abhängig*: dependant: ***meine Angehörigen*** my family; ***die nächsten Angehörigen benachrichtigen*** notify the next of kin 2. (*Mitglied*) member
Angeklagte *m, f* JUR defendant
angeknackst *Adj ugs fig* → ***angeschlagen*** 3
Angel[1] *f* (*Türangel*) hinge: *auch fig* ***aus den Angeln heben*** unhinge; ***zwischen Tür und Angel*** a) in passing, b) in a hurry
Angel[2] *f* fishing rod
Angelegenheit *f* affair, matter: ***das ist meine Angelegenheit*** that's my business; ***kümmere dich um deine Angelegenheiten!*** mind your own business!
angelehnt *Adj Tür etc*: ajar
angelernt *Adj Arbeiter*: semiskilled
Angelgerät *n* fishing tackle
Angelhaken *m* fish(ing) hook
angeln I *v/i* (***nach*** for) fish, angle II *v/t* (*auch ugs fig* ***sich angeln***) catch, hook
Angelpunkt *m fig* pivot, central issue
Angelrute *f* fishing rod
Angelsachse *m*, **Angelsächsin** *f*, **angelsächsisch** *Adj* Anglo-Saxon
Angelschein *m* fishing permit
Angelschnur *f* fishing line
angemessen *Adj* suitable, appropriate, adequate (*alle*: *Dat* to), *Preis etc*: reasonable, fair, *Strafe*: just
angenehm *Adj* (*Dat* to) pleasant, agreeable: → ***verbinden*** 2
angenommen I *Adj Kind etc*: adopted, *Name*: *auch* assumed II *Konj* suppose, supposing
angepasst *Adj* PSYCH adjusted
Angepasstheit *f* adjustment

angeregt **I** *Adj* animated, lively **II** *Adv* animatedly: ***sich angeregt unterhalten*** *auch* have a lively conversation
angereichert *Adj* CHEM enriched
angeschlagen *Adj* **1.** *Geschirr etc*: chipped **2.** *Boxer*: groggy **3.** *fig seelisch*: shaken, *Gesundheit etc*: shaky
angeschlossen *Adj Sender etc*: connected, linked-up
angeschmutzt *Adj* soiled
angesehen *Adj* respected, *Firma etc*: reputable, *Person*: distinguished
Angesicht *n* face: ***von Angesicht*** by sight; ***von Angesicht zu Angesicht*** face to face; ***im Angesicht*** (*Gen*) → ***angesichts*** 2
angesichts *Präp* (*Gen*) **1.** at the sight of **2.** *fig* in view of
angespannt *Adj Nerven etc*: strained, *auch Lage etc*: tense, *Person*: tense(d up), *Aufmerksamkeit*: close: *Adv* ***angespannt zuhören*** listen intently
Angestellte *m, f* (salaried) employee: WIRTSCH ***die Angestellten*** *auch* the staff
Angestelltenversicherung *f* employees' insurance
angestrengt *Adj* strained, *Aufmerksamkeit etc*: close: *Adv* ***angestrengt nachdenken*** think hard
angetan *Adj* ***angetan sein von*** be taken with; → ***antun*** 2
angetrunken *Adj* slightly drunk
angewandt *Adj Künste etc*: applied
angewiesen *Adj* ***angewiesen sein auf*** (*Akk*) depend on
angewöhnen *v/t* ***j-m etw angewöhnen*** get s.o. used to s.th.; ***sich*** *etw* ***angewöhnen*** get into the habit of, take to *smoking etc*
Angewohnheit *f* (***aus Angewohnheit*** from) habit
angewurzelt *Adj* ***wie angewurzelt dastehen*** stand rooted to the spot
Angina *f* MED tonsillitis

Angina ≠ angina

Angina	=	tonsillitis
angina	=	Angina Pectoris

angleichen *v/t* (*auch* ***sich angleichen***) (*Dat*, ***an*** *Akk* to) adapt, adjust
Angleichung *f* (***an*** *Akk* to) adaptation, adjustment
Angler, **Anglerin** angler
angliedern *v/t* (***an*** *Akk* to) affiliate, POL (*Gebiet etc*) annex
Angliederung *f* affiliation, POL annexation
Anglikaner, **Anglikanerin**, **anglikanisch** *Adj* Anglican
Anglist, **Anglistin** professor (*oder* student) of English
Anglistik *f* English language and literature, *Am* English philology
Anglizismus *m* Anglicism
Anglo… Anglo-…
anglotzen *v/t ugs* stare at, gape at
Angola *n* Angola
Angorawolle *f* angora wool
angreifbar *Adj* open to attack, *fig auch* vulnerable
angreifen **I** *v/t* **1.** attack (*auch* SPORT *und fig*), CHEM corrode: JUR (***tätlich***) ***angreifen*** assault **2.** (*schwächen*) weaken, (*Augen etc*) affect, (*Nerven*) strain: → ***angegriffen*** **3.** (*Vorräte etc*) break into **4.** *fig* tackle **II** *v/i* **5.** attack
Angreifer, **Angreiferin** attacker (*auch* SPORT *und fig*), POL aggressor
angrenzen *v/i* ***angrenzen an*** (*Akk*) border on
angrenzend *Adj* adjacent, adjoining, *fig Gebiet etc*: related
Angriff *m* attack (*auch* SPORT *und fig*): JUR (***tätlicher***) ***Angriff*** assault (and battery); ***zum Angriff übergehen*** take the offensive, SPORT begin to attack; *fig* ***etw in Angriff nehmen*** tackle s.th.
Angriffsfläche *f fig* point of attack: ***j-m eine Angriffsfläche bieten*** give s.o. a handle
Angriffskrieg *m* war of aggression
angriffslustig *Adj* aggressive
Angriffsspiel *n* SPORT attacking play
Angriffswaffe *f* offensive weapon
angrinsen *v/t* grin at
Angst *f* fear, *große*: dread, terror (*alle*: ***vor*** *Dat* of), (*Unruhe*, *auch* PSYCH) anxiety (***um*** about): (***nur***) ***keine Angst!*** don't be afraid!; ***aus Angst lügen*** lie out of fear; ***aus Angst, bestraft zu werden*** for fear of being punished; ***Angst haben*** be scared (*oder* afraid) (***vor*** *Dat* of); ***um j-n Angst haben*** be worried about s.o.; ***j-n in Angst*** (***und Schrecken***) ***versetzen*** frighten s.o. (to death); *ugs* ***es mit der Angst*** (***zu tun***) ***bekommen*** get the wind up; ***mir ist angst und bange*** I'm scared stiff

Angst haben ≠ be anxious

Angst haben	=	be scared / frightened / afraid (vor of)
be anxious	=	besorgt sein

Angstgegner *m* SPORT bogy team
Angsthase *m* scaredy-cat
ängstigen *v/t* alarm, frighten, (*besorgt machen*) worry: ***sich ängstigen*** be afraid (***vor*** *Dat* of), (*sich sorgen*) be worried (***um*** about)
Angstkäufe *Pl* WIRTSCH panic buying *Sg*
ängstlich *Adj* timid, nervous, (*besorgt*) anxious: *Adv* ***ängstlich gehütet*** jealously guarded; ***ängstlich bemüht zu*** *Inf* anxious to *Inf*
Ängstlichkeit *f* nervousness, timidity, anxiety
Angstneurose *f* anxiety neurosis
Angstschrei *m* cry of fear
Angstschweiß *m* cold sweat
angstvoll *Adj* anxious, fearful
Angstzustand *m* (state of) anxiety: *ugs* ***Angstzustände kriegen*** get hysterical with fear
angucken *v/t ugs* look at
anhaben *v/t* **1.** *ugs* (*Kleidung*) wear, (*auch Licht etc*) have on **2.** ***j-m nichts anhaben können*** be unable to get at s.o.
anhaften *v/i* **1.** (*Dat* to) stick, cling **2.** *fig Mängel etc*: be inherent (*Dat* in)
anhalten **I** *v/t* **1.** *allg* stop, (*Pferd, Auto etc*) *auch* pull up: ***den Atem anhalten*** hold one's breath; ***mit angehaltenem Atem*** with bated breath **2.** ***j-n zu Fleiß etc anhalten*** urge s.o. to be *diligent etc* **II** *v/i* **3.** stop, pull up **4.** (*andauern*) last, continue, go on, *Wetter*: hold
anhaltend *Adj* constant, *Regen etc*: persistent, *Bemühungen etc*: sustained

Anhalter, **Anhalterin** *ugs* hitchhiker: ***per Anhalter fahren*** hitchhike
Anhaltspunkt *m* clue: ***keine Anhaltspunkte haben*** have nothing to go by
Anhang *m* **1.** *eines Buches etc*: appendix, (*Ergänzung*) supplement, (*Nachtrag*) annex **2.** (*Angehörige*) dependants *Pl*, family *Sg*, (*Gefolgschaft*) followers *Pl*
anhängen **I** *v/t* **1.** hang up, (***an*** *Akk* to) MOT, BAHN couple, *fig* (*anfügen*) add **2.** *ugs* ***j-m etw anhängen*** → ***andrehen*** 2; ***j-m einen Mord*** *etc* ***anhängen*** pin a murder *etc* on s.o. **II** *v/i* **3.** *einer Mode, Sekte etc*: follow, *einer Idee*: believe in: *fig* ***j-m anhängen*** *Ruf etc*: cling to s.o. **III** *v/refl* **4.** ***sich anhängen*** (***an*** *Akk* to) hold on, cling; *ugs fig* ***sich anhängen an*** (*Akk*) *beim Fahren, Laufen etc*: follow
Anhänger[1] *m* **1.** (*Schmuck*) pendant **2.** MOT trailer **3.** (*Kofferanhänger etc*) tag, label
Anhänger[2], **Anhängerin** follower, supporter, (*Jünger*) disciple, SPORT *etc* fan
Anhängerkupplung *f* trailer coupling
Anhängerschaft *f* followers *Pl*, following, SPORT *etc* fans *Pl*
anhängig *Adj Prozess etc*: pending: ***eine Klage anhängig machen*** institute legal proceedings
anhänglich *Adj* (*treu*) devoted, (*zärtlich*) affectionate
Anhängsel *n* appendage (*auch ugs Person*)
anhauchen *v/t* → ***angehaucht***
anhauen *v/t ugs* → ***angehen*** 6
anhäufen *v/t* (*auch* ***sich anhäufen***) accumulate, pile up
Anhäufung *f* accumulation
anheben *v/t* lift (up), *auch fig* (*Löhne etc*) raise
anheften *v/t* (***an*** *Akk* to) fasten, (*annähen*) tack, baste, *mit Nadeln etc*: pin
anheimelnd *Adj* hom(e)y, (*gemütlich*) cosy, (*vertraut*) familiar
anheimstellen *v/t* ***es j-m anheimstellen*** leave it to s.o.('s discretion)
anheizen *v/t* (*Kessel*) fire, *ugs fig* fuel, (*Konjunktur etc*) heat up: ***die Stimmung anheizen*** whip up emotions
anheuern *v/t* (*auch* ***sich anheuern lassen***) sign on
Anhieb *m ugs* ***auf Anhieb*** at the first go, (*sofort*) right off, *sagen können*: *auch* off the cuff
anhimmeln *v/t ugs* idolize, adore
Anhöhe *f* rise, hill, elevation
anhören **I** *v/t* (*Vortrag etc*) listen to (*auch* ***sich anhören***), (*Zeugen etc*) hear: ***mit anhören*** overhear; ***j-n bis zu Ende anhören*** hear s.o. out; ***das hört man ihm an!*** you can tell by the way he talks! **II** *v/refl* ***sich anhören*** *ugs* ***das hört sich gut an!*** that sounds good!
Anhörung *f* JUR, PARL hearing
Anilinfarbe *f* anilin(e) dye
animalisch *Adj* animal, *pej* brutish
Animateur, **Animateurin** (guest) host, entertainments officer
Animierdame *f* hostess
animieren *v/t* (*j-n*) encourage, *auch* FILM animate
Animosität *f* animosity
Anis *m* BOT anise, (*Gewürz*) aniseed
ankämpfen *v/i* ***ankämpfen gegen*** fight against
Ankauf *m* buying, purchase
ankaufen *v/t* buy, purchase
Anker *m* **1.** SCHIFF anchor (*auch* TECH): ***vor Anker gehen*** drop anchor; ***den Anker lichten*** weigh anchor; ***vor Anker liegen*** ride at anchor **2.** ELEK armature
Ankerkette *f* cable
ankern *v/i* **a)** (cast) anchor, **b)** ride at anchor
Ankerplatz *m* anchorage
Ankertau *n* cable
Ankerwinde *f* windlass
anketten *v/t* chain (***an*** *Akk* to)
Anklage *f* accusation, charge, JUR *auch* indictment (***wegen*** for): ***Anklage erheben*** bring (*oder* prefer) a charge (***wegen*** of); ***unter Anklage stehen*** (***wegen***) **a)** be accused (of), **b)** be on trial (for)
Anklagebank *f* (***auf der Anklagebank*** in the) dock
anklagen *v/t* (*Gen oder* ***wegen***) accuse (of), charge (with)
anklagend *Adj* accusing
Ankläger, **Anklägerin** JUR accuser: ***öffentlicher Ankläger*** Public Prosecutor
Anklageschrift *f* (bill of) indictment
Anklagevertreter, **Anklagevertreterin** counsel for the prosecution
anklammern (***an*** *Akk* to) **I** *v/t* (*Wäsche*) peg (on), TECH cramp, *mit Büroklammern*: clip **II** *v/refl* ***sich anklammern*** *auch fig* cling
Anklang *m* (***großen***) ***Anklang finden*** (***bei***) be well received (by), go down well (with); ***keinen Anklang finden*** fall flat
ankleben *v/t* stick on (***an*** *Akk* to)
Ankleidekabine *f* cubicle
ankleiden *v/t* (*auch* ***sich ankleiden***) dress
Ankleideraum *m* dressing room
anklicken *v/t* COMPUTER click (on)
anklopfen *v/i* knock (***an*** *Akk oder Dat* at)
Anklopfen *n* TEL call wait(ing)
anknabbern *v/t* nibble (at)
anknacksen *v/t ugs* crack (***sich den Arm*** *etc* one's arm *etc*)
anknipsen *v/t ugs* (*Licht etc*) switch on
anknüpfen **I** *v/t* **1.** (***an*** *Akk* to) tie, knot **2.** *fig* (*Unterhaltung etc*) begin, start: ***Beziehungen anknüpfen*** establish contacts (***mit*** with) **II** *v/i* **3.** *fig* ***anknüpfen an*** (*Akk oder Dat*) go on from, *j-s Worte etc*: go back to, *eine Erzählung etc*: pick up the thread of, *eine Tradition etc*: continue
Anknüpfungspunkt *m fig* starting point
ankommen **I** *v/i* **1.** arrive (***in*** *Dat* at, in): ***ankommen in*** (*Dat*) *auch* reach; ***ankommen um*** *Zug etc*: arrive at, be due at **2.** *ugs* ***ankommen*** (***bei*** with) **a)** (*angestellt werden*) get a job, **b)** (*Anklang finden*) go down well, *auch Person*: be a success; ***nicht ankommen*** *auch* be a flop; ***damit kommt er bei mir nicht an*** that cuts no ice with me **3.** ***ankommen gegen*** cope (*oder* deal) with, ***j-n*** *auch* get the better of s.o.; ***nicht ankommen gegen*** *auch* be powerless against **II** *v/unpers* **4.** ***ankommen auf*** (*Akk*) (*abhängen von*) depend on; ***es kommt*** (***ganz***) ***darauf an*** it (all) depends **5.** ***ankommen auf*** (*Akk*) (*wichtig sein*) matter; ***worauf es*** (***ihm***) ***ankommt, ist zu gewinnen*** the important thing (to him) is to win; ***darauf kommt es an*** that's the point; ***es kommt nicht auf den Preis an*** money is no object; ***darauf soll es*** (***mir***) ***nicht ankommen*** never mind that **6.** ***es auf etw ankommen lassen*** risk s.th.; ***ich lasse es darauf ankommen*** I'll risk it, I'll take a chance **7.** ***es kommt mich hart an*** I find it hard **III** *v/t* **8.** → ***überkommen***
Ankömmling *m* arrival
ankoppeln *v/t* (***an*** *Akk*) couple (to), (*Raumfäh-*

re) dock (with)

Ankopplungsmanöver *n* docking manoeuvre (*Am* maneuver)

ankotzen *v/t vulg* ***es kotzt einen an*** it makes you sick

ankreiden *v/t ugs* ***j-m etw ankreiden*** blame s.o. for s.th.

ankreuzen *v/t* mark with a cross

ankündigen I *v/t* announce, *durch Plakate*: bill, *in der Presse*: advertize, *fig* (*Frühling etc*) herald **II** *v/refl* ***sich ankündigen*** *Person*: announce one's visit, *fig Frühling etc*: announce itself

Ankündigung *f* announcement (*auch fig*), *in der Presse*: advertisement

Ankunft *f* (***bei seiner*** *etc* ***Ankunft*** on his *etc*) arrival

Ankunfts... arrival (*airport, lounge, etc*)

Ankunftszeit *f* time of arrival

ankurbeln *v/t fig* (*Produktion etc*) step up, boost

anlächeln *v/t* smile at

anlachen *v/t* smile (*oder* laugh) at: *ugs* ***sich j-n anlachen*** pick s.o. up

Anlage *f* **1.** (*das Anlegen*) *eines Gartens etc*: laying out, (*Bau*) construction, (*Art der Anlage*) arrangement, layout **2.** (*Einrichtung*) installation, facility, (*Fabrikanlage*) plant, work(s *Pl*): ***sanitäre Anlagen*** *Pl* sanitary facilities *Pl* **3.** (*Grünanlage*) (public) garden(s *Pl*) (*oder* park), grounds *Pl*, (*Sportanlage*) sports facilities *Pl* **4.** *ugs* (*Stereoanlage*) (hi-fi) set **5.** (*EDV-Anlage*) system **6.** (*Entwurf*) draft, design, *eines Romans etc*: structure **7.** *meist Pl* (*Begabung*) (***zu*** for) talent, gift **8.** (*Veranlagung*) (***zu***) (natural) tendency (of), *auch* MED disposition (to) **9.** (*Kapitalanlage*) investment: ***Anlagen*** *Pl Bilanz*: assets *Pl* **10.** WIRTSCH (*Beilage*) enclosure: ***in der*** (*oder* ***als***) ***Anlage sende ich Ihnen*** enclosed please find

anlagebedingt *Adj* inherent

Anlageberater, **Anlageberaterin** investment consultant

Anlagekapital *n* invested capital

Anlagevermögen *n* fixed assets *Pl*

Anlass *m* **1.** (*Gelegenheit*) occasion: ***aus Anlass*** (*Gen*) → ***anlässlich*** **2.** (*Grund*) cause, reason: ***aus diesem Anlass*** for this reason; ***beim geringsten Anlass*** at the slightest provocation; ***ohne jeden Anlass*** for no reason at all; ***Anlass geben zu*** give rise to; ***j-m Anlass geben zu*** *Inf* give s.o. cause to *Inf*; ***ich sehe keinen Anlass zu gehen*** I see no reason to go; ***etw zum Anlass nehmen zu*** *Inf* take occasion to *Inf*

anlassen I *v/t* **1.** *ugs* → ***anbehalten*** **2.** (*Licht, Radio etc*) leave on **3.** (*Motor etc*) start (up) **II** *v/refl* **4.** ***sich gut anlassen*** make a good start, *Geschäft, Wetter etc*: promise well; ***wie lässt er sich an?*** how is he making out?

Anlasser *m* MOT starter

anlässlich *Präp* (*Gen*) on the occasion of

anlasten *v/t* ***j-m etw anlasten*** blame s.o. for s.th.

Anlauf *m* **1.** SPORT run-up, *bes Skispringen*: approach: (***einen***) ***Anlauf nehmen*** take a run **2.** *fig* (***beim ersten Anlauf*** at the first) attempt: ***einen neuen Anlauf nehmen*** have another go **3.** *auch* TECH start

anlaufen I *v/i* **1.** SPORT run up (for the jump): *allg* ***angelaufen kommen*** come running along; ***anlaufen gegen*** → ***anrennen*** **2.** (*auch* ***anlaufen lassen***) start (up) **3.** *fig* start, get under way, FILM be shown **4.** *Kosten etc*: mount up, *Zinsen etc*: accrue **5.** (*beschlagen*) fog, (*sich verfärben*) tarnish: ***blau anlaufen*** go blue **II** *v/t* **6.** (*Hafen etc*) call at

Anlaufschwierigkeiten *Pl* initial problems *Pl*

Anlaufstelle *f* address (*oder* office) to turn to

Anlaufzeit *f* initial period

Anlaut *m* LING initial sound

anlauten *v/i* begin (***mit*** with)

Anlegebrücke *f* landing stage

anlegen I *v/t* **1.** (*Schmuck etc*) put on **2.** (***an*** *Akk*) (*Leiter etc*) put up (against), (*Lineal etc*) line up (against), (*Karte, Spielstein etc*) lay down (next to): *fig* ***einen strengen Maßstab anlegen*** apply a strict standard; → ***Hand*** **3.** (*Garten etc*) lay out, (*bauen*) construct, set up, (*einrichten*) instal(l), (*planen*) plan, design **4.** (*Akte etc*) start, (*Kartei*) *auch* set up **5.** (*Vorräte*) get in **6.** (*Kapital*) invest, (*Summe*) spend (***für*** on) **7.** ***einen Säugling anlegen*** give a baby the breast **8.** ***die Ohren anlegen*** *Hund etc*: set back its ears **9.** (*Holz, Kohle*) put on **10.** (*einen Verband*) apply **11.** ***es anlegen auf*** (*Akk*) be out for (*oder* to *Inf*); ***darauf angelegt sein zu*** *Inf* be designed to *Inf* **II** *v/i* **12.** SCHIFF land: ***im Hafen*** (*oder* ***am Kai***) ***anlegen*** dock **13.** ***anlegen auf*** (*Akk*) *Schütze*: (take) aim at **III** *v/refl* **14.** ***sich mit j-m anlegen*** tangle (*oder* pick a quarrel) with s.o., start a fight (*oder* an argument) with s.o.

Anleger, **Anlegerin** WIRTSCH investor

Anlegestelle *f* SCHIFF landing place

anlehnen I *v/t* **1.** lean (***an*** *Akk* against), (*Tür etc*) leave ajar **II** *v/refl* ***sich anlehnen an*** (*Akk*) **2.** lean against **3.** *fig* be model(l)ed on

Anlehnung *f* POL dependence (***an*** *Akk* on): ***in Anlehnung an*** (*Akk*) following

anleiern *v/t ugs* get on the road

Anleihe *f* WIRTSCH loan: ***eine Anleihe bei j-m machen*** borrow money from s.o., *fig* borrow from s.o.

anleimen *v/t* glue on (***an*** *Akk* to)

anleiten *v/t* **1.** guide, instruct **2.** → ***anhalten*** 2

Anleitung *f* **1.** guidance, direction **2.** directions *Pl*, instructions *Pl*

anlernen *v/t* teach, train: → ***angelernt***

anliegen *v/i* **1.** (***eng***) ***anliegen*** fit (tightly), cling (***an*** *Dat* to) **2.** *ugs* ***was liegt an?*** what's on the agenda?

Anliegen *n* request, *weit. S.* concern

anliegend *Adj* **1.** tight(-fitting), clinging **2.** adjacent, neighbo(u)ring **3.** WIRTSCH enclosed (***senden wir Ihnen*** please find)

Anlieger, **Anliegerin** neighbo(u)r, resident: MOT ***Anlieger frei!*** residents only!

Anliegerstaat *m* POL neighbo(u)ring (*an Gewässern*: riparian) state

Anliegerverkehr *m* resident traffic

anlocken *v/t* lure, *fig* attract

anlöten *v/t* solder (***an*** *Akk* to)

anlügen *v/t* ***j-n anlügen*** lie to s.o.

anmachen *v/t ugs* **1.** fasten (***an*** *Dat* to) **2.** (*Licht etc*) switch on, (*Feuer*) light **3.** (*mischen*) prepare, (*Salat*) dress, (*Mörtel etc*) temper **4.** ***j-n anmachen*** **a**) (*bes Frau*) give s.o. the come-on, **b**) (*anschnauzen*) snap at s.o.; ***das*** (***sie***) ***macht mich an*** *erotisch*: it (she) turns me on

anmalen *v/t* paint: *ugs* ***sich anmalen*** paint one's face

Anmarsch *m* MIL ***im Anmarsch sein*** be advancing (***auf*** *Akk* towards)

anmaßen *v/t* ***sich etw anmaßen*** arrogate s.th. to o.s., *stärker*: usurp s.th.; ***sich anmaßen zu Inf*** presume to *Inf*
anmaßend *Adj* arrogant, overbearing
Anmaßung *f* arrogance
Anmeldeformular *n* application form
anmelden **I** *v/t* **1.** (*Besucher etc*) announce **2.** (*j-n*) ***in der Schule, zu einem Kursus etc***: enrol(l) (at *school*, for *a course etc*), ***beim*** *Arzt etc*: make an appointment for *s.o.* with: ***j-n polizeilich anmelden*** register s.o. (with the police) **3.** TEL (*Gespräch*) book, *Am* place: ***den Fernseher*** (***das Radio***) ***anmelden*** get a television (radio) licen/ce (*Am* -se) **4.** (*Rechte, Forderungen etc*) put forward, (*Bedenken etc*) raise: → ***Konkurs, Patent*** 1 **II** *v/refl* ***sich anmelden*** **5.** announce o.s. (*auch fig*), enrol(l) (***zu*** for, ***in*** *Dat* at), ***beim*** *Arzt etc*: make an appointment with: ***sich polizeilich anmelden*** register (with the police)
Anmeldung *f* **1.** announcement **2.** enrol(l)ment: (***polizeiliche***) ***Anmeldung*** registration (with the police); ***nur nach vorheriger Anmeldung*** by appointment only **3.** reception (desk)
anmerken *v/t* **1.** (*anstreichen*) mark, (*notieren*) make a note of **2.** (*äußern*) remark, observe **3.** ***j-m seine Verlegenheit*** *etc* ***anmerken*** notice s.o.'s embarrassment *etc*; ***sich nichts anmerken lassen*** not to show one's feelings; ***man merkte ihr sofort an, dass …*** you only had to look at her to see that …; ***lass dir nichts anmerken!*** don't let on!
Anmerkung *f* (***über*** *Akk* on) remark, *kritische*: comment, *schriftliche*: (foot)note, *erläuternde*: annotation: *einen Text* ***mit Anmerkungen versehen*** annotate
Anmut *f* grace(fulness), charm, sweetness
anmuten *v/t* ***j-n seltsam*** *etc* ***anmuten*** strike s.o. as (being) odd *etc*
anmutig *Adj* graceful, *auch Gegend etc*: charming
annageln *v/t* nail on (***an*** *Akk* to)
annähen *v/t* sew on (***an*** *Akk* to)
annähernd **I** *Adj* approximate **II** *Adv* (***nicht annähernd*** not) nearly
Annäherung *f* approximation (*auch fig*), POL rapprochement
Annäherungsversuche *Pl* approaches *Pl*, *amouröse*: advances *Pl*
Annahme *f* **1.** acceptance, *eines Kindes, auch eines Antrags etc*: adoption, *eines Gesetzes*: passing, *bes Am* passage **2.** (*Vermutung*) assumption: ***ich habe Grund zu der Annahme, dass …*** I have reasons to believe that …; ***in der Annahme, dass …*** on the assumption (*oder* assuming) that …; ***gehe ich recht in der Annahme, dass …?*** am I right in thinking that …? **3.** → ***Annahmestelle***
Annahmestelle *f* receiving office
Annahmeverweigerung *f* nonacceptance
Annalen *Pl* annals *Pl*
annehmbar *Adj* acceptable (***für*** to), *Preis etc*: *auch* fair, reasonable, (*leidlich*) passable
annehmen **I** *v/t* **1.** *allg* accept, (*auch den Ball*) receive, (*eine Bestellung etc*) take, (*Namen, Titel etc*) adopt (*auch ugs Kind*), assume, PARL (*Antrag*) carry, (*Gesetzesvorlage*) pass, (*Schüler*) admit **2.** (*Aussehen, Form etc*) assume, (*Farbe, Geruch*) take (on), (*Gewohnheit etc*) acquire **3.** (*vermuten*) assume, suppose, *bes Am* guess: ***das ist nicht anzunehmen*** that's unlikely; *kommt er?* ***ich nehme*** (***es***) ***an*** I suppose so; ***nehmen wir an*** (*oder* ***angenommen***), ***er kommt*** suppose (*oder* supposing) he comes **II** *v/i* **4.** (***dankend***) ***annehmen*** accept (with thanks) **III** *v/refl* **5.** ***sich j-s*** (***einer Sache***) ***annehmen*** take care of s.o. (s.th.)
Annehmlichkeit *f* amenity: ***Annehmlichkeiten*** *Pl* ***des Lebens*** *auch* comforts *Pl* of life
annektieren *v/t* POL annex
Annonce *f* advertisement, *ugs* ad
annoncieren *v/t und v/i* advertise
annullieren *v/t* annul, WIRTSCH (*Auftrag*) cancel, SPORT (*Treffer*) disallow
Anode *f* ELEK anode, plate
anöden *v/t ugs* ***j-n anöden*** bore s.o. stiff
anomal *Adj* anomalous
Anomalie *f* anomaly
anonym *Adj* anonymous
Anonymität *f* anonymity
Anorak *m* anorak, parka
anordnen *v/t* **1.** arrange: ***neu anordnen*** rearrange **2.** (*verfügen*) order, direct
Anordnung *f* **1.** arrangement, (*Gruppierung*) grouping **2.** order, direction: ***auf Anordnung von*** (*oder Gen*) by order of; ***Anordnungen treffen*** give orders
Anorexie *f* MED anorexia (nervosa)
anorganisch *Adj* inorganic
anormal *Adj* abnormal
anpacken **I** *v/t* **1.** → ***packen*** 2 **2.** *ugs fig* (*j-n*) treat, (*Problem etc*) tackle **II** *v/i* **3.** → ***anfassen*** 3
anpassen **I** *v/t* **1.** (*Anzug etc*) fit (on) **2.** (*Dat oder* ***an*** *Akk*) *allg* adapt (to), *auch* WIRTSCH, TECH adjust (to), *farblich*: match (with) **II** *v/refl* ***sich anpassen*** **3.** (*Dat oder* ***an*** *Akk* to) adapt (o.s.), adjust (o.s.): → ***angepasst***
Anpassung *f* (***an*** *Akk* to) *allg* adaptation, adjustment
anpassungsfähig *Adj* adaptable (***an*** *Akk* to)
Anpassungsfähigkeit *f* adaptability
Anpassungsschwierigkeiten *Pl* difficulties *Pl* in adapting
anpeilen *v/t* **1.** FLUG, SCHIFF take a bearing of **2.** *fig* aim at
anpfeifen *v/t* SPORT ***ein Spiel anpfeifen*** give the starting whistle; *ugs* ***j-n anpfeifen*** blow s.o. up
Anpfiff *m* SPORT (starting) whistle: *ugs* ***einen Anpfiff kriegen*** get ticked off
anpflanzen *v/t* plant, cultivate, grow
anpflaumen *v/t ugs* ***j-n anpflaumen*** pull s.o.'s leg
anpöbeln *v/t* molest, mob
Anprall *m* impact (***gegen*** [up]on)
anprangern *v/t* denounce
anpreisen *v/t* (*Waren*) (re)commend, praise, *durch Reklame*: boost
Anprobe *f* (***zur Anprobe kommen*** come for a) fitting
anprobieren *v/t und v/i* try on, fit on
anpumpen *v/t ugs* ***j-n anpumpen*** touch s.o. (***um*** for)
Anrainer *m Staat*: neighbo(u)ring country
Anraten *n* ***auf Anraten des Arztes*** *etc* on the doctor's *etc* advice
anrechnen *v/t* (*berechnen*) charge, (*gutschreiben*) credit, allow, (*berücksichtigen*) take into account, (*abziehen*) deduct: PÄD ***etw als Fehler anrechnen*** count s.th. as a mistake; *fig* ***j-m etw als Verdienst anrechnen*** give s.o. credit for s.th.; ***j-m etw hoch anrechnen*** think highly of s.o. for s.th.
Anrecht *n* (***auf*** *Akk* to) right, claim

Anrede und Titel

SG

Im Englischen hat man den Vorteil, dass man nicht zwischen „Sie" und „du" unterscheiden muss. Es kann jeder mit **you** angeredet werden.
Bei Erwachsenen sollten Sie folgende Anrede benutzen:

bei Männern, egal ob verheiratet oder nicht:

Mr Harris [ˌmɪstəˈhærɪs]	Herr Harris

bei verheirateten Frauen:

Mrs Williams [ˌmɪsɪzˈwɪlɪəmz]	Frau Williams

bei unverheirateten Frauen bzw. wenn man nicht weiß, ob sie verheiratet sind:

Ms Collins [ˌmɪzˈkɒlɪnz]	Frau Collins

Heutzutage gilt die Anrede **Miss** (= Fräulein), außer in der Schule, als diskriminierend und sollte deshalb nur bei unverheirateten (älteren) Frauen benutzt werden, wenn diese es ausdrücklich wünschen. Ansonsten ist die neutrale Bezeichnung **Ms** höflicher. Eine unverheiratete Frau sollten Sie nie mit **Mrs** anreden, da dies sachlich falsch wäre.
Bei akademischen Titeln gibt es einen wichtigen Unterschied zum Deutschen: Sie sollten den Titel (**Dr, Professor** usw.) nie zusammen mit der Anrede (**Mr, Mrs, Ms**) benutzen. Es heißt also:

Dr Marsden	Herr (bzw. Frau) Dr. Marsden
Professor Bond	Herr (bzw. Frau) Professor Bond

Für Ärzte gilt dies ebenfalls:

Good morning, Dr Hope!	Guten Morgen, Frau (bzw. Herr) Dr. Hope!
I've been feeling very dizzy lately, Doctor.	Mir ist in letzter Zeit immer so schwindlig, Herr (bzw. Frau) Doktor.

Anrede *f*, **anreden** *v/t* address

anregen *v/t* **1.** *allg* stimulate (*auch v/i*), (*den Appetit*) *auch* whet, (*ermuntern*) *auch* encourage: ***j-n zum Nachdenken anregen*** give s.o. food for thought **2.** (*vorschlagen*) suggest

anregend *Adj* stimulating: *Adv* ***anregend wirken*** have a stimulating effect

Anregung *f* **1.** stimulation, *fig auch* encouragement **2.** (*Vorschlag*) (***auf Anregung*** at the) suggestion (***von*** *oder Gen* of)

anreichern **I** *v/t* CHEM, TECH enrich **II** *v/refl* ***sich anreichern*** accumulate

Anreicherung *f* CHEM concentration

Anreise *f* **a)** journey there, **b)** (*Ankunft*) arrival

anreisen *v/i* **a)** travel, **b)** arrive

anreißen *v/t* **1.** *ugs* → ***anbrechen*** I **2.** *fig* (*Problem etc*) raise

Anreiz *m* incentive

anrennen *v/i* ***anrennen gegen*** run against, MIL attack; ***angerannt kommen*** come running (up)

Anrichte *f* sideboard

anrichten *v/t* **1.** (*Speisen*) prepare, dress: ***es ist angerichtet!*** dinner *etc* is served! **2.** (*Unheil etc*) cause, (*Schaden*) do

anrüchig *Adj* dubious, *ugs* shady

anrücken *v/i* approach, MIL advance

Anruf *m* call

Anrufbeantworter *m* TEL answerphone, *Am* answerer

anrufen **I** *v/t* ***j-n anrufen*** **a)** call s.o., **b)** TEL call (*oder* ring) s.o. (up), **c)** *fig* appeal to s.o. (***um Hilfe*** *etc* for help *etc*); ***ein Gericht anrufen*** appeal to a court **II** *v/i* make a phonecall: ***bei j-m anrufen*** *siehe* I b

Anrufweiterschaltung *f* call diversion, call transfer

anrühren *v/t* **1.** touch (*auch fig*) **2.** (*Farbe etc*) mix **3.** *ugs fig* ***etw anrühren*** start s.th.

ans = ***an das***: → ***Herz***, ***Licht*** *etc*

Ansage *f* **1.** RADIO, TV announcement **2.** *Kartenspiel*: bid(ding)

ansagen *v/t und v/i* announce, *Kartenspiel*: bid: ***Trumpf ansagen*** declare trumps; *ugs fig* ***Sparen*** *etc* ***ist angesagt!*** saving *etc* is the word!; → ***Kampf*** 1

Ansager, **Ansagerin** announcer

ansammeln *v/t* collect, gather, assemble (*alle auch* ***sich ansammeln***), (*anhäufen*) accumulate, amass

Ansammlung *f* accumulation, (*Menschenansammlung*) gathering, crowd

ansässig *Adj* resident (***in*** *Dat* at, in): ***ansässig werden*** take up (one's) residence

Ansatz *m* **1.** TECH (*Kruste*) deposit, crust **2.** ANAT base: → ***Haaransatz*** **3.** *fig* (*Beginn*) first sign(s *Pl*), (*Versuch*) attempt, (*Methode*) approach: ***im Ansatz richtig*** basically right; ***gute*** (***gewisse***) ***Ansätze zeigen*** show good (some) promise; ***in den Ansätzen stecken bleiben*** get stuck at the beginning **4.** MATHE statement **5.** MUS *eines Bläsers*: embouchure, *eines Sängers*: intonation **6.** WIRTSCH estimate

Ansatzpunkt *m fig* point of departure

ansaugen *v/t* take in, suck in

anschaffen *v/t* buy: ***sich etw anschaffen*** *auch* get o.s. s.th.; *ugs* ***sich Kinder anschaffen*** have children

Anschaffung *f* **1.** buying, purchase **2.** (*das Angeschaffte*) acquisition

Anschaffungskosten *Pl* purchase cost *Sg*

Anschaffungspreis *m* cost price

anschalten *v/t* switch on, turn on

anschauen → ***ansehen***

anschaulich *Adj* (*deutlich*) clear, (*lebendig*) vivid, graphic

Anschauung *f* view, opinion, idea

Anschauungsmaterial *n* illustrative material, *eng. S.* audiovisual aids *Pl*

Anschauungsunterricht *m* visual instruction, object-teaching, *fig* object-lesson

Anschein *m* appearance: ***allem Anschein nach***

to all appearances; ***den Anschein erwecken*** give the impression; ***sich den Anschein geben*** pretend, make believe; ***es hat den Anschein, als ob*** it looks as if
anscheinend *Adj* apparent: *Adv* ***er ist anscheinend krank*** he seems to be ill
anschicken *v/refl* ***sich anschicken zu*** *Inf* get ready to *Inf, gerade*: be going to *Inf*
anschieben *v/t* (*Auto*) push-start
anschirren *v/t* (*Zugtier*) harness
Anschlag *m* **1.** (*Plakat*) poster, bill, (*Bekanntmachung*) notice **2.** (*Überfall, Bombenanschlag*) attack (***auf*** *Akk* on): ***Anschlag auf j-n*** (***jemandes Leben***) attempt on s.o.'s life; ***einem Anschlag zum Opfer fallen*** be assassinated **3.** MUS, TECH touch, *auf der Schreibmaschine*: stroke: ***sie schreibt 400 Anschläge in der Minute*** she types 400 strokes per minute **4.** WIRTSCH (*Kostenanschlag*) estimate **5.** TECH (*Sperre*) (limit) stop **6.** ***das Gewehr im Anschlag halten*** point the gun (***auf*** *Akk* at) **7.** (*Auftreffen*) impact, *beim Schwimmen*: touch
Anschlagbrett *n* notice (*Am* bulletin) board
anschlagen **I** *v/t* **1.** (*befestigen*) fasten (***an*** *Akk* to), (*Zettel etc*) stick up, put up **2.** (*Taste, Ton etc*) strike, hit, (*Glocke*) ring: *fig* ***einen anderen Ton anschlagen*** change one's tune; ***ein schnelleres Tempo anschlagen*** quicken one's pace **3.** (*anstoßen*) strike, hit, knock, (*Geschirr*) chip **II** *v/i* **4.** ***anschlagen an*** (*Akk*) hit (*Wellen*: break) against; ***mit dem Kopf an die Wand anschlagen*** hit one's head against the wall **5.** *Klingel etc*: (begin to) ring, *Hund*: bark **6.** *Schwimmen*: touch **7.** (*wirken*) (***bei*** on) *Kur etc*: take effect, *ugs gutes Essen etc*: show
Anschlagzettel *m* bill, poster
anschleppen *v/t* (*auch* ***angeschleppt bringen***) drag along
anschließen **I** *v/t* **1.** (***an*** *Akk* to) lock, *mit Kette*: chain **2.** (***an*** *Akk*) ELEK, TECH connect (to, with), link up (with), ELEK *mit Stecker*: plug in: → ***angeschlossen*** **3.** (*hinzufügen*) add (*Dat* to) **II** *v/refl* ***sich anschließen*** **4.** (***an*** *Akk*) (*angrenzen*) adjoin (*s.th.*), border (on) **5.** *fig* (*folgen*) follow: ***an den Vortrag schloss sich eine Diskussion an*** the lecture was followed by a discussion **6.** ***sich j-m anschließen*** follow s.o., join s.o., *fig* take s.o.'s side; ***sich j-s Meinung anschließen*** agree with s.o.; ***ich schließe mich an!*** I agree, (*mache mit*) I'll join you! **7.** ***sich an j-n anschließen*** befriend s.o.; ***er schließt sich leicht an*** he makes friends easily **III** *v/i* **8.** *Kragen etc*: fit closely
anschließend **I** *Adj* **1.** adjacent, next **2.** following **3.** close-fitting **II** *Adv* **4.** afterward(s): ***anschließend an die Vorstellung*** following the performance
Anschluss *m* **1.** ELEK, BAHN, TECH *etc* connection, telephone (connection), (*Leitung*) line: TEL ***keinen Anschluss bekommen*** not to get through; BAHN ***Anschluss haben*** have a connection (***nach*** to); ***seinen Anschluss verpassen*** miss one's connection; *fig* ***den Anschluss verpassen*** miss the boat; ***den Anschluss finden an*** (*Akk*) catch up with **2.** *fig* (***an*** *eine Partei etc*) affiliation (with), POL union **3.** ***im Anschluss an*** (*Akk*) after, following **4.** *ugs* (*Bekanntschaft*) contact, acquaintance: ***Anschluss finden*** make contact (*oder* friends) (***bei*** with); ***Anschluss suchen*** look for company
Anschlussdose *f* ELEK wall socket
Anschlussflug *m* connecting flight
Anschlussschnur *f* ELEK flexible cord, flex
Anschlusstreffer *m goal that leaves one more to level the score*
Anschlusszug *m* connecting train
anschmiegen *v/refl* ***sich anschmiegen an*** (*Akk*) nestle against, *Kleid etc*: cling to
anschmiegsam *Adj* affectionate
anschmieren *v/t ugs* (*betrügen*) cheat
anschnallen **I** *v/t* buckle on, (*Skier*) put on **II** *v/refl* ***sich anschnallen*** FLUG, MOT fasten one's seat belt
Anschnallpflicht *f* compulsory wearing of seat belts
anschnauzen *v/t ugs* ***j-n anschnauzen*** blow s.o. up
anschneiden *v/t* **1.** (*Brot etc*) cut into **2.** (*Kurve, Ball etc*) cut **3.** *fig* (*Thema etc*) broach: ***ein anderes Thema anschneiden*** change the subject
Anschnitt *m* first slice
anschrauben *v/t* screw on (***an*** *Akk* to)
anschreiben *v/t* **1.** write down, (*Spielstand*) score (*auch v/i*): ***j-m etw anschreiben*** charge s.o. with s.th.; ***etw anschreiben lassen*** buy s.th. on credit; *fig* ***bei j-m gut*** (***schlecht***) ***angeschrieben sein*** be in s.o.'s good (bad) books **2.** ***j-n anschreiben*** write (a letter) to s.o.
Anschreiben *n* covering letter
anschreien *v/t* shout at, scream at
Anschrift *f* address
Anschuldigung *f* accusation: ***Anschuldigungen gegen j-n erheben*** denounce s.o.
anschwärzen *v/t ugs* ***j-n anschwärzen*** run s.o. down, (*denunzieren*) denounce s.o. (***bei*** to)
anschwellen *v/i allg* swell, *fig* (*zunehmen*) increase, rise
anschwemmen *v/t* wash ashore, (*Land*) deposit
ansehen *v/t* look at: ***sich*** *etw* ***ansehen*** *auch* take a look at, (*prüfen*) examine, (*beobachten*) watch; ***sich einen Film*** (***ein Fernsehprogramm***) ***ansehen*** see a film (watch a TV program[me]); ***sich etw genau ansehen*** have a close look at s.th.; ***man sieht es ihr an, dass …*** you can tell by her face that …; ***man sieht ihm sein Alter nicht an*** he doesn't look his age; ***j-n ansehen für*** regard s.o. as, *fälschlich*: take s.o. for; ***ich sehe es für*** (*oder* ***als***) ***meine Pflicht an zu*** *Inf* I consider it my duty to *Inf*; ***etw mit ansehen*** watch (*oder* witness) s.th.; ***ich kann es nicht länger mit ansehen!*** I can't stand it any longer!; *ugs* ***sieh mal einer an!*** fancy that!; → ***finster*** 2, ***schief*** 3
Ansehen[1] *n* ***j-n vom Ansehen kennen*** know s.o. by sight; ***ohne Ansehen der Person*** without respect of persons
Ansehen[2] *n* (*Achtung*) reputation, standing, prestige: ***von hohem Ansehen*** of high standing; ***großes*** (*oder* ***ein hohes***) ***Ansehen genießen*** be highly esteemed; ***an Ansehen verlieren*** lose credit
ansehnlich *Adj* handsome, considerable
anseilen *v/t* (*auch* ***sich anseilen***) rope (up)
ansetzen **I** *v/t* **1.** (***an*** *Akk*) (*Bohrer etc*) apply (to), put (on, to), (*Flöte, Glas etc*) put to one's lips **2.** (***an*** *Akk* to) (*anfügen*) add, join, (*annähen*) sew on **3.** (*Termin etc*) fix, set, (*Kosten etc*) assess, (*Preis*) quote, MATHE (*Gleichung*) set up **4.** (*entwickeln*) develop, (*Knospen etc*) *auch* put forth, (*Rost, Patina etc*) put on: ***Fett ansetzen*** put on weight **5.** (*Bowle, Teig etc*)

prepare (*auch* CHEM), make, mix **6.** (*einsetzen*) bring in: ***j-n ansetzen auf*** (*Akk*) put s.o. onto; ***einen Hund*** (***auf eine Spur***) ***ansetzen*** set a dog on the trail **II** *v/i* **7.** begin, (make a) start, *fig Kritik*, *Reform etc*: set in: *auch fig* ***zum Endspurt ansetzen*** set o.s. for the final spurt; ***zur Landung ansetzen*** come in (to land); ***zum Sprechen ansetzen*** start to speak; ***zum Sprung ansetzen*** get ready for the jump **III** *v/refl* ***sich ansetzen*** **8.** *Kalk etc*: accumulate, deposit

Ansicht *f* **1.** (***über*** *Akk*) opinion (on), view (of): ***meiner Ansicht nach*** in my opinion, as I see it; ***der Ansicht sein*** (*oder* ***die Ansicht vertreten***), ***dass …*** take the view that …; ***anderer Ansicht sein*** take a different view, *weit. S.* disagree; ***die Ansichten sind geteilt*** opinion differs; ***zu der Ansicht gelangen*** (*oder* ***kommen***), ***dass …*** decide that … **2.** (*Bild*) view (*auch* TECH) **3.** WIRTSCH ***zur Ansicht*** on approval

Ansichtskarte, **Ansichtspostkarte** *f* picture postcard

Ansichtssache *f* ***das ist Ansichtssache*** that's a matter of opinion

ansiedeln *v/t* **1.** settle (*auch* ***sich ansiedeln***), WIRTSCH base, site: ***in London angesiedelt*** *Firma etc*: London-based **2.** *fig* place, (*Handlung etc*) set

Ansiedler, **Ansiedlerin** settler

Ansiedlung *f* settlement

Ansinnen *n* request, demand

anspannen *v/t* **1.** (*Zugtier*) harness (***an*** *Akk* to) **2.** (*Seil etc*) tighten, stretch, (*Muskeln*) flex, tense **3.** *fig* (*Geist etc*) strain: ***alle Kräfte anspannen*** strain every nerve

Anspannung *f* strain

anspielen **I** *v/i* **1.** *Kartenspiel*: (have the) lead, SPORT lead off, *Fußball*: kick off **2.** *fig* ***anspielen auf*** (*Akk*) allude to, insinuate (*s.th.*) **II** *v/t* **3.** (*Karte*) lead: SPORT ***j-n anspielen*** pass to s.o.

Anspielung *f* (***auf*** *Akk*) allusion (to), insinuation (about)

anspitzen *v/t* point, sharpen

Ansporn *m* incentive (***für*** to)

anspornen *v/t auch fig* spur (on)

Ansprache *f* **1.** (***eine Ansprache halten*** deliver an) address (***an*** *Akk* to) **2.** *ugs* ***keine Ansprache haben*** have no one to talk to

ansprechbar *Adj Person*: responsive: *ugs* ***er war nicht ansprechbar*** you couldn't talk to him

ansprechen **I** *v/t* **1.** (*j-n*) speak to, address, *bes pej* accost, (*sich wenden an*) appeal to *s.o.* (***wegen*** for) **2.** (*gefallen*) please, appeal to **3.** (*Problem etc*) touch (up)on **II** *v/i* **4.** (*reagieren*) *auch* TECH respond (***auf*** *Akk* to) **5.** (*gefallen*) appeal (to the public)

ansprechend *Adj* pleasing, attractive

Ansprechpartner, **Ansprechpartnerin** person to turn to

anspringen **I** *v/i Motor*: start (up) **II** *v/t* jump at

Anspruch *m* (***auf*** *Akk* to) *auch* JUR claim, right, *bes unbegründeter*: pretension: ***hohe Ansprüche stellen*** be very demanding, ***an j-n*** make heavy demands on s.o.; ***Anspruch haben auf*** (*Akk*) be entitled to; ***in Anspruch nehmen*** **a)** *auch* ***Anspruch erheben auf*** (*Akk*) lay claim to, **b)** (*j-n*, *j-s Hilfe etc*) call on, (*jemandes Zeit etc*) take up; ***j-n in Anspruch nehmen*** *Arbeit etc*: keep s.o. busy, ***ganz*** claim s.o.'s full attention

anspruchslos *Adj* undemanding (*auch fig Buch*, *Musik etc*), *geistig*: *auch* lowbrow, (*genügsam*) easily satisfied, (*schlicht*) plain, simple

Anspruchslosigkeit *f* undemandingness, (*Genügsamkeit*) modesty

anspruchsvoll *Adj* demanding (*auch fig*), *geistig*: *auch* highbrow, *Geschmack etc*: sophisticated, (*wählerisch*) particular

anspucken *v/t* spit (up)on, spit at

anstacheln *v/t* goad on, prod

Anstalt *f* **1.** establishment, institution, (*Lehranstalt*) institute, school **2.** (*Heilanstalt*) sanatorium, *Am* sanitarium, *ugs* (*Nervenheilanstalt*) mental home: ***j-n in eine Anstalt einweisen*** institutionalize s.o. **3.** ***Anstalten treffen zu*** make arrangements for; ***Anstalten machen zu*** *Inf* get ready to *Inf*

Anstand *m* (sense of) decency, (*Benehmen*) (good) manners *Pl*

anständig *Adj* **1.** (*schicklich*) proper, decent, (*achtbar*) respectable: *Adv* ***benimm dich anständig!*** behave yourself! **2.** *ugs Preis etc*: fair: ***ein anständiges Essen*** a decent meal; ***eine anständige Arbeit*** a good (*oder* proper) job

Anstandsbesuch *m* formal call

Anstandsdame *f* chaperon

Anstandsgefühl *n* tact

anstandshalber *Adv* for decency's sake

anstandslos *Adv* unhesitatingly, (*ungehindert*) freely

anstarren *v/t* gape at, stare at

anstatt **I** *Präp* (*Gen*) instead of **II** *Konj* ***anstatt zu arbeiten*** *etc* instead of working *etc*

anstauen *v/t* dam up: ***sich anstauen*** accumulate, *fig Wut etc*: build up; ***seine angestaute Wut*** his pent-up rage

anstechen *v/t* prick, (*Fass*) tap

anstecken **I** *v/t* **1.** pin on, (*Ring*) put on, slip on **2.** (*anzünden*) set on fire, (*Kerze*, *Zigarre etc*) light **3.** MED *und fig* infect (***mit*** with): ***er hat mich*** (***mit seinem Schnupfen***) ***angesteckt*** he has given me his cold **II** *v/i* **4.** MED *und fig* be infectious **III** *v/refl* ***sich anstecken*** **5.** ***ich habe mich bei ihm*** (***mit Grippe***) ***angesteckt*** I have caught the flu from him

ansteckend *Adj* MED *und fig* infectious

Anstecknadel *f* pin, (*Abzeichen*) badge

Ansteckung *f* MED infection

Ansteckungsgefahr *f* danger of infection

anstehen *v/i* **1.** queue (*bes Am* line) up (***nach*** for) **2.** WIRTSCH, JUR be up (***zur Entscheidung*** for decision), *Termin etc*: be fixed, *Punkt etc*: be on the agenda

ansteigen *v/i* rise, *fig auch* increase

anstelle *Präp* ***anstelle von*** (*oder Gen*) in place of, instead of

anstellen **I** *v/t* **1.** (*Leiter etc*) put (*oder* lean) (***an*** *Akk* against) **2.** (*Wasser*, *Heizung etc*) turn on, (*Radio etc*) *auch* switch on, (*Maschine*) start **3.** (*einstellen*) employ, *bes Am* hire: ***angestellt sein bei*** work for; *ugs* ***j-n zu etw anstellen*** have s.o. do s.th. **4.** (*durchführen*) make, carry out, *ugs* (*bewerkstelligen*) do, manage: ***Nachforschungen anstellen*** make inquiries; *ugs* ***was haben sie mit dir angestellt?*** what have they done to you?; ***Dummheiten anstellen***, ***etw*** (***Dummes***) ***anstellen*** get up to mischief; ***was hast du*** (***da***) ***wieder angestellt?*** what have you been up to (again)?; ***wie hast du das angestellt?*** how did you manage that?; → ***Überlegung*** **II** *v/refl* ***sich anstellen*** **5.** queue

(*bes Am* line) up (***nach*** for) **6.** *ugs* act, make (***als ob*** as if): ***sich bei etw ungeschickt anstellen*** go about s.th. clumsily; ***stell dich nicht so an!*** don't make such a fuss!; ***stell dich nicht so dumm an!*** don't act stupid!
anstellig *Adj* handy, clever
Anstellung *f* place, employment, job
Anstieg *m* **1.** ascent **2.** *fig* (*Gen*) rise (in), increase (of)
anstiften *v/t* **1.** → ***anzetteln*** **2.** ***j-n anstiften zu*** put s.o. up to, incite s.o. to (do)
Anstifter, **Anstifterin** instigator
anstimmen *v/t* MUS strike up
Anstoß *m* **1.** *Fußball*: kickoff **2.** *fig* impulse: ***den Anstoß geben zu*** start off, initiate **3.** *ugs* ***bei j-m Anstoß erregen*** scandalize s.o., give offen/ce (*Am* -se) to s.o.; ***Anstoß nehmen an*** (*Dat*) take exception to
anstoßen **I** *v/t* **1.** (*j-n, etw*) knock (*oder* bump) against: ***sich den Kopf anstoßen*** bump one's head (***an*** *Dat* against); ***j-n*** (***mit dem Ellbogen***) ***anstoßen*** nudge s.o. (with the elbow) **II** *v/i* **2.** *mit den Gläsern*: clink glasses: ***anstoßen auf*** (*Akk*) drink to **3.** (***an*** *Dat*) knock (against), bump (into): ***mit dem Kopf anstoßen*** *siehe* 1 **4.** ***mit der Zunge anstoßen*** lisp **5.** *Fußball*: kick off
Anstößer, **Anstößerin** *schweiz.* resident, (*Nachbar*) neighbour
anstößig *Adj* offensive, scandalous, (*unanständig*) indecent
anstrahlen *v/t* (*Gebäude etc*) illuminate: ***mit Scheinwerfern anstrahlen*** floodlight; *ugs fig* ***j-n anstrahlen*** beam on s.o.
anstreben *v/t* aim at, strive for
anstreichen *v/t* **1.** paint **2.** (*Fehler etc*) mark: ***etw rot anstreichen*** mark s.th. in red
Anstreicher, **Anstreicherin** house painter
anstrengen **I** *v/t* **1.** strain, be a strain on, (*ermüden*) exhaust: → ***angestrengt*** **2.** → ***Prozess*** 2 **II** *v/i* **3.** be exhausting, be a strain **III** *v/refl* ***sich anstrengen*** **4.** make an effort, try (hard), exert o.s.: ***streng dich mal an!*** you could try a bit harder!
anstrengend *Adj* strenuous, trying (***für*** to)
Anstrengung *f* **1.** (***mit äußerster Anstrengung*** with a supreme) effort **2.** (*Strapaze*) strain, exertion
Anstrich *m* **1.** painting, (*Farbe*) paint **2.** *fig* (*Anschein*) air, semblance
Ansturm *m* onrush (*auch fig*), MIL assault, *auch* SPORT attack, WIRTSCH (***auf*** *Akk*) run (on), rush (for)
Antagonismus *m* antagonism
Antarktis *f the* Antarctic
antarktisch *Adj* Antarctic
antasten *v/t* **1.** *allg* touch, (*Vorräte etc*) *auch* break into **2.** *fig* (*Rechte etc*) infringe (up)on
Anteil *m* **1.** (***an*** *Dat*) share (of, in), WIRTSCH (*Beteiligung*) *auch* participation (of), interest (in): *fig* ***er hatte keinen Anteil am Erfolg*** he had no part in the success **2.** (*Interesse*) interest, (*Mitgefühl*) sympathy: ***Anteil nehmen an*** (*Dat*) take an interest in, ***j-s Unglück*** sympathize with s.o. in his misfortune, ***j-s Freude*** share in s.o.'s joy
anteilig, **anteilmäßig** *Adj und Adv* proportionate(ly)
Anteilnahme *f* sympathy (***an*** *Dat* with): ***seine Anteilnahme aussprechen*** *bei Todesfall*: express one's sympathy
Anteilschein *m* → ***Aktie***
antelefonieren *ugs* → ***anrufen*** I b
Antenne *f* aerial, *bes Am* antenna (*auch fig*)
Anthologie *f* anthology
Anthrazit *m* MIN anthracite
anthrazitfarben *Adj Stoff*: charcoal grey (*Am* gray)
anthropisch *Adj* BIOL, *Umwelt etc*: anthropic: ***anthropisches Prinzip*** anthropic principle
anthropogen *Adj* BIOL, *Umwelt etc*: anthropic, anthropogenic
Anti…, **anti…** anti…
Antialkoholiker, **Antialkoholikerin** teetotal(l)er
Antibabypille *f ugs the* pill
Antibiotikum *n* MED antibiotic
Antiblockiersystem *n* MOT (*Abk* ***ABS***) anti-lock braking (system)
Antidepressivum *n* MED antidepressant
Antifaschismus *m* antifascism
Antifaschist, **Antifaschistin**, **antifaschistisch** *Adj* antifascist
Antigen *n* MED antigen
Antihaftbeschichtung *f* ***mit Antihaftbeschichtung*** *Pfanne etc*: nonstick
Antihistamin *n* MED antihistamine
antik *Adj* classical, ancient, *auch Möbel etc*: antique
Antike *f* **1.** (classical) antiquity **2.** *meist Pl* antique
Antikörper *m* MED antibody
Antilope *f* ZOOL antelope
Antipathie *f* (***gegen***) antipathy (to, against), dislike (of, for)
Antipersonenmine *f* anti-personnel mine
Antiqua *f* BUCHDRUCK Roman (type)
Antiquar, **Antiquarin** **1.** second-hand bookseller **2.** antique dealer
Antiquariat *n* second-hand bookshop
antiquarisch *Adj und Adv* second-hand
antiquiert *Adj* antiquated
Antiquität *f* antique
Antiquitätenhändler, **Antiquitätenhändlerin** antique dealer
Antiquitätenladen *m* antique shop
Antisemit, **Antisemitin** anti-Semite
antisemitisch *Adj* anti-Semitic
Antisemitismus *m* anti-Semitism
antiseptisch *Adj* antiseptic
antistatisch *Adj* antistatic
Antivirusprogramm *n* anti-virus program
antörnen *v/t ugs* turn on: ***j-n antörnen*** turn s.o. on; ***das törnt mich an*** it turns me on
Antrag *m* **1.** application (***auf*** *Akk* for), JUR petition, PARL motion, bill: ***einen Antrag stellen auf*** (*Akk*) apply (JUR petition, PARL move) for; ***auf Antrag von*** (*oder Gen*) on the application *etc* of **2.** ***er machte ihr einen Antrag*** he proposed to her **3.** → ***Antragsformular***
Antragsformular *n* application form
Antragsteller, **Antragstellerin** applicant, PARL mover
antreffen *v/t* find, *zufällig*: come across
antreiben *v/t* **1.** *auch fig* drive (on), urge (on) **2.** TECH drive **3.** *auch v/i* drift ashore
antreten **I** *v/t* **1.** ***ein Amt antreten*** take up an office; ***die Arbeit*** (***den Dienst***) ***antreten*** report for work (duty); ***eine Reise antreten*** start off on a journey; ***eine Strafe antreten*** begin to serve a sentence; → ***Erbschaft*** **2.** (*Motorrad*) kick **II** *v/i* **3.** (*sich aufstellen*) line up **4.** (*sich einfinden*) report (***bei*** to) **5.** SPORT enter (***bei, zu*** for), (*zum Kampf antreten*) compete (***gegen*** against)

Antrieb *m* **1.** *fig* impulse, urge, (*Beweggrund*) motive, (*Anreiz*) incentive: ***aus eigenem Antrieb*** of one's own accord; ***neuen Antrieb geben*** **a)** ***einer Sache*** give a fresh impetus to s.th., **b)** ***j-m*** give s.o. a new interest **2.** TECH drive
Antriebsaggregat *n* TECH drive assembly
Antriebskraft *f* driving power
Antriebsschwäche *f* PSYCH lack of drive
antriebsstark *Adj* PSYCH full of drive
Antriebswelle *f* MOT axle-drive shaft
antrinken *v/t ugs* ***sich einen antrinken*** get drunk; ***sich Mut antrinken*** give o.s. Dutch courage
Antritt *m* ***bei Antritt*** **a)** ***seiner Reise*** upon setting out on his journey, **b)** ***seines Amtes*** on entering upon his office, **c)** ***der Macht*** on coming into power, **d)** ***einer Erbschaft*** upon accession to an inheritance
Antrittsbesuch *m* first call
Antrittsrede *f* inaugural speech, PARL maiden speech
antun *v/t* **1.** ***j-m etw antun*** do s.th. to s.o.; ***j-m etw Gutes antun*** do s.o. a good turn; ***sich etw antun*** lay hands upon o.s **2.** ***es j-m antun*** take s.o.'s fancy; → ***angetan***
anturnen *v/t ugs* turn on; → ***antörnen***
Antwort *f* (***auf*** *Akk* to) answer, *fig* (*Reaktion*) *auch* response
antworten *v/i und v/t* answer, reply, *fig* respond: ***auf eine Frage antworten*** answer a question; ***j-m antworten*** answer s.o., reply to s.o.
Antwortschein *m Post*®: (international) reply coupon
anvertrauen I *v/t* ***j-m etw anvertrauen*** **a)** entrust s.o. with s.th., **b)** (*mitteilen*) confide s.th. to s.o. **II** *v/refl* ***sich j-m anvertrauen*** **a)** confide in s.o., **b)** entrust o.s. to s.o.
anwachsen I *v/i* **1.** grow on (***an*** *Akk* to), (*Wurzeln schlagen*) take root **2.** *fig* increase (***auf*** *Akk* to)
Anwalt *m*, **Anwältin** *f* **1.** JUR lawyer, *bes Am* attorney(-at-law), *beratender*: solicitor, *plädierender*: barrister, *Am* counselor-at-law, *vor Gericht*: counsel (***des Angeklagten*** for the defence) **2.** *fig* advocate
Anwaltschaft *f the* Bar
Anwaltshonorar *n* lawyer's fee
Anwaltskammer *f* Bar Council (*Am* Association)
Anwaltskosten *Pl* lawyer's fees *Pl*
Anwandlung *f* (***aus einer Anwandlung heraus*** on an) impulse: ***in einer Anwandlung von Freigebigkeit*** in a fit of generosity
anwärmen *v/t* warm (up), preheat
Anwärter, **Anwärterin** (***auf*** *Akk*) candidate (for), aspirant (to)
Anwartschaft *f* (***auf*** *Akk*) candidacy (for), qualification (for), JUR expectancy (of)
anweisen *v/t* **1.** (*j-n*) instruct, direct, (*anleiten*) guide, train **2.** (*zuweisen*) assign (*Dat* to): ***j-m einen Platz anweisen*** show s.o. to his seat **3.** (*Betrag etc*) remit (*Dat* to), (*Honorar etc*) order the payment of
Anweisung *f* **1.** instruction, direction **2.** (*Zuweisung*) assignment **3.** *eines Betrages etc*: remittance, transfer
anwendbar *Adj* applicable (***auf*** *Akk* to)
anwenden *v/t* use, make use of, (*auch Gesetz etc, Heilmittel*) apply (***auf*** *Akk* to): ***falsch anwenden*** misapply; ***nutzbringend anwenden*** make good use of; → ***äußerlich***, ***Gewalt*** 1
Anwender, **Anwenderin** IT user
Anwendung *f* **1.** use, application (***auf*** *Akk* to): ***unter Anwendung von Zwang*** by (using) force **2.** MED (hydrotherapeutic) treatment
Anwendungsbeispiel *n* example of use
Anwendungsprogramm *n* IT application program
Anwendungsvorschrift *f* directions *Pl* for use
anwerben *v/t allg* recruit
Anwerbung *f* recruitment
Anwesen *n* property, estate
anwesend *Adj* present (***bei*** at): ***nicht anwesend sein*** be absent
Anwesende *m*, *f* person present: ***Anwesende ausgenommen*** present company excepted
Anwesenheit *f* (***in Anwesenheit*** in the) presence (***von*** *oder Gen* of)
Anwesenheitsliste *f* attendance list
anwidern → ***anekeln***
Anwohner, **Anwohnerin** → ***Anlieger***
Anzahl *f* number
anzahlen *v/t* (pay *a sum* as a) deposit, make a down payment (on)
Anzahlung *f* deposit, *bei Ratenkäufen*: down payment
anzapfen *v/t* tap (*auch* ELEK, TEL)
Anzeichen *n* (***für*** of) sign, *auch* MED symptom: ***alle Anzeichen sprechen dafür, dass …*** there is every indication that …
Anzeige *f* **1.** announcement, notice, *bes* WIRTSCH advice, (*Inserat*) advertisement, *ugs* ad(vert): ***eine Anzeige aufgeben*** *auch* advertise **2.** *bei einer Behörde*: notification, (*Strafanzeige*) information: (***bei der Polizei***) ***Anzeige erstatten*** → ***anzeigen*** 3
anzeigen *v/t* **1.** ***j-m etw anzeigen*** notify s.o. of s.th. **2.** (*angeben*) indicate, TECH *auch* register **3.** denounce: ***j-n*** (***etw***) (***bei der Polizei***) ***anzeigen*** report s.o. (s.th.) to the police **4.** (*deuten auf*) indicate: ***es erscheint angezeigt zu*** *Inf* it seems advisable to *Inf*
Anzeigenblatt *n* advertising paper
Anzeigenteil *m einer Zeitung*: advertisements *Pl*
Anzeiger *m* **1.** gazette **2.** TECH indicator
Anzeigetafel *f* SPORT scoreboard
anzetteln *v/t* (*Streik, Revolte etc*) instigate: ***eine Verschwörung anzetteln*** plot (***gegen*** against)
anziehen I *v/t* **1.** (*Kleidung*) put on: ***j-n anziehen*** dress s.o. **2.** PHYS attract (*auch fig*), (*Feuchtigkeit, Geruch etc*) absorb, *fig* (*Besucher etc*) draw **3.** (*Seil, Schraube etc*) tighten, (*Bremse*) apply, (*Zügel*) draw in **4.** (*Bein etc*) draw up **II** *v/i* **5.** *Pferd etc*: pull away **6.** *Preise etc*: go up **III** *v/refl* ***sich anziehen*** **7.** dress (o.s.), get dressed
anziehend *Adj fig* attractive, charming: *Adv* ***anziehend wirken auf*** (*Akk*) attract
Anziehung *f auch fig* attraction
Anziehungskraft *f* **1.** PHYS attraction, *der Erde*: gravitational pull **2.** *fig* (***auf*** *Akk*) attraction (for), appeal (to)
Anziehungspunkt *m fig* cent/re (*Am* -er) of attraction
Anzug *m* **1.** suit **2.** *ugs* ***im Anzug sein*** *Feind*: be approaching, *Gewitter*: be coming up
anzüglich *Adj Bemerkung etc*: personal, *Witz*: suggestive: ***anzüglich werden*** get personal
Anzüglichkeit *f meist Pl* personal remark
anzünden *v/t* (*Zigarette etc*) light, (*Streichholz*) strike, (*Haus*) set on fire

Anzünder *m* lighter
anzweifeln *v/t* doubt, question
Aorta *f* ANAT aorta
apart *Adj* striking, unusual
Apartheid *f* apartheid
Apartheidpolitik *f* apartheid policy
Apartment *n* flatlet, *Am* apartment
Apartmenthaus *n* block of flatlets, *Am* apartment building
Apathie *f* apathy
apathisch *Adj* apathetic
aper *Adj österr., schweiz.* snow-free
Aperitif *m* aperitif
Apfel *m* apple: → ***sauer*** 1
Apfelbaum *m* apple tree
Apfelkuchen *m* ***gedeckter Apfelkuchen*** apple pie
Apfelmus *n* apple sauce
Apfelsaft *m* apple juice
Apfelsine *f* orange
Apfelstrudel *m* GASTR apfelstrudel
Apfelwein *m* cider
Aphorismus *m* aphorism
Apokalypse *f* apocalypse
Apostel *m auch fig* apostle
Apostelgeschichte *f* BIBEL *the* Acts *Pl* (of the Apostles)
Apostroph *m* apostrophe

Der Apostroph
GR

Der Apostroph wird vor allem in folgenden Fällen verwendet:

1. um bei abgekürzten Formen einen oder mehrere weggelassene Buchstaben zu ersetzen:

I am	→	**I'm**
you are	→	**you're**
do not	→	**don't**
it is	→	**it's**
fish and chips	→	**fish'n'chips**

2. um Besitz anzuzeigen:
Mr Brown's jacket
my mother's car
our friends' house
(*Plural*: Apostroph nach dem **-s**)
bei Wörtern, die auf **-s** enden:
James' pen *oder* **James's pen**,
beide gesprochen: ['dʒeɪmzɪz,pen]

3. bei Zeitangaben wie folgenden:
Saturday's newspaper
today's special offer

Apotheke *f* chemist's (shop), pharmacy, *Am* drugstore
apothekenpflichtig *Adj* obtainable in a chemist's shop (*Am* drugstore) only
Apotheker, **Apothekerin** pharmacist, (dispensing) chemist, *Am* druggist
Apparat *m allg* apparatus (*auch fig*), *fig auch* machinery, (*Gerät*) instrument, (*Vorrichtung*) device, (*Fotoapparat*) camera, (*Radioapparat*) radio, (*Fernsehapparat*) (TV) set, (*Telefonapparat*) *ugs* phone: TEL ***am Apparat!*** speaking!; ***am Apparat bleiben*** hold the line
Apparatur *f* equipment
Appartement *n* **1.** → ***Apartment*** **2.** (hotel) suite
Appell *m* MIL roll call: *fig* ***einen Appell richten an*** (*Akk*) → ***appellieren***
appellieren *v/i* ***appellieren an*** (*Akk*) (make an) appeal to
Appenzell *n* Appenzell
Appetit *m* (***j-m Appetit machen*** give s.o. an) appetite (***auf*** *Akk* for); ***ich habe Appetit auf Schokolade*** I feel like some chocolate

Guten Appetit
SG

Während es im Deutschen höflich ist, vor dem Essen einen „Guten Appetit!" zu wünschen, ist im Englischen ein solches Startsignal zu Beginn der Mahlzeit nicht so üblich. Man hört aber gelegentlich Folgendes:

Bon appetit! (*etwas förmlich*)
Enjoy your meal! (*vorwiegend von Kellnerinnen und Kellnern verwendet*)
Enjoy! (*besonders in den USA*)

appetitanregend *Adj*, **appetitlich** *Adj auch fig* appetizing
Appetitlosigkeit *f* loss of appetite
Appetitzügler *m* appetite suppressant
applaudieren *v/i* (*j-m*) applaud, cheer
Applaus *m* applause
approbiert *Adj Arzt*: qualified
Aprikose *f* BOT apricot
April *m* April: ***j-n in den April schicken*** make an April fool of s.o.; ***April, April!*** April fool!
Aprilscherz *m* April-fool joke
Aprilwetter *n* April weather
A-Probe *f* (*Dopingkontrolle*) A test
Aquaplaning *n* MOT aquaplaning
Aquarell *n*, **Aquarellfarbe** *f* water colo(u)r
Aquarellmaler, **Aquarellmalerin** water colo(u)rist
Aquarium *n* aquarium
Äquator *m* equator
Äquatortaufe *f* crossing-the-line ceremony
äquivalent *Adj*, **Äquivalent** *n* equivalent
Ära *f* era
Araber *m* Arab (*auch Pferd*)
Araberin *f* Arab (woman)
Arabien *n* Arabia
arabisch *Adj* Arab *states etc*, Arabian *nights etc*, Arabic *language etc*
Arbeit *f* **1.** work (*auch* PHYS), (*Schwerarbeit*) hard work, labo(u)r (*auch* POL), (*Aufgabe*) task, job: ***Tag der Arbeit*** May Day, *Am* Labor Day; ***geistige Arbeit*** brainwork; ***an*** (*oder* ***bei***) ***der Arbeit*** at work; ***an die Arbeit gehen*** start work; ***zur*** (*ugs* ***auf***) ***Arbeit gehen*** go to work; ***etw in Arbeit haben*** be working on s.th.; ***eine undankbare Arbeit*** a thankless task **2.** (*Mühe*) (***j-m viel Arbeit machen*** give s.o. a lot of) trouble **3.** (*Beschäftigung*) work, employment, job: ***Arbeit haben*** be in work, have a job; ***keine Arbeit haben*** be out of work, be without a job; ***Arbeit suchen*** look for a job ***Arbeit Suchende*** → ***Arbeitsuchende*** **4.** (piece of) work, (*Qualitätsarbeit*) workmanship: ***künstlerische Arbeit*** work of art **5.** (*Prüfungsarbeit*) paper: ***wissenschaftliche Arbeit*** treatise
arbeiten **I** *v/i allg* work, TECH function (*beide auch Herz etc*), run, *auch* WIRTSCH operate: ***arbeiten an*** (*Dat*) be working on; ***arbeiten bei***

work for; (***geschäftlich***) ***arbeiten mit*** deal with, do business with; ***mit Verlust arbeiten*** operate at a loss; ***sein Geld arbeiten lassen*** invest one's money **II** *v/t* (*anfertigen*) make **III** *v/refl* ***sich arbeiten durch*** work one's way through *the snow etc*

Arbeiter *m* worker, workman, *ungelernt*: labo(u)rer: ***die Arbeiter*** → ***Arbeiterschaft***; ***Arbeiter und Unternehmer*** labo(u)r and management; → ***angelernt***

Arbeiter… workers' …, working-class … (*family, area, etc*)

Arbeiterin *f* **1.** (female) worker **2.** ZOOL worker (bee *oder* ant)

Arbeiterklasse *f* working class(es *Pl*)

Arbeiterschaft *f* working class(es *Pl*), *auch* POL Labo(u)r

Arbeitgeber, **Arbeitgeberin** employer

Arbeitgeberanteil *m Sozialversicherung*: employer's contribution

Arbeitgeberverband *m* employers' association

Arbeitnehmer, **Arbeitnehmerin** employee

Arbeitnehmeranteil *m* employee's contribution

Arbeits… *meist* TECH working (*table etc*)

Arbeitsablauf *m* work routine (*oder* flow)

arbeitsam *Adj* industrious, diligent

Arbeitsamt *n* employment office, *Br* job centre

Arbeitsbedingungen *Pl* working (TECH operating) conditions *Pl*

Arbeitsbeschaffungsmaßnahme *f* (*Abk* ***ABM***) job-creation measure, *Pl.* job-creation scheme

Arbeitsbeschaffungsprogramm *n* job-creation scheme

Arbeitsbescheinigung *f* certificate of employment

Arbeitsbogen *m* PÄD work folder

Arbeitseifer *m* zeal

Arbeitseinkommen *n* earned income

Arbeitseinstellung *f* stoppage of work, *eines Betriebs*: shutdown, (*Streik*) strike

Arbeitserlaubnis *f* work (*oder* employment) permit

Arbeitsessen *n* working lunch (*oder* dinner)

arbeitsfähig *Adj* fit for work: POL ***arbeitsfähige Mehrheit*** working majority

Arbeitsfläche *f in der Küche*: worktop

Arbeitsfrieden *m* industrial peace

Arbeitsgang *m* TECH working cycle: ***in einem Arbeitsgang*** in a single pass

Arbeitsgebiet *n* sphere of work

Arbeitsgemeinschaft *f* working pool, PÄD *etc* study group

Arbeitsgenehmigung *f* (*Recht*) permission to work, (*Bescheinigung*) work permit

Arbeitsgericht *n* industrial tribunal

Arbeitsgrundlage *f* work(ing) basis

arbeitsintensiv *Adj* labo(u)r-intensive

Arbeitskampf *m* labo(u)r dispute

Arbeitskleidung *f* work clothes *Pl*

Arbeitsklima *n* work climate

Arbeitskraft *f* **1.** capacity for work **2.** (*Person*) worker, *Pl* manpower *Sg*

Arbeitskräftemangel *m* manpower shortage

Arbeitslast *f fig* workload

Arbeitsleistung *f* efficiency, TECH *auch* output

Arbeitslohn *m* wages *Pl*, pay

arbeitslos *Adj* unemployed, jobless

Arbeitslose *m, f* unemployed person: ***die Arbeitslosen*** the unemployed, the jobless

Arbeitslosengeld *n* unemployment benefit

Arbeitslosenhilfe *f* unemployment relief

Arbeitslosenunterstützung *f* job-seeker's allowance

Arbeitslosenzahl *f* unemployment figures *Pl*

Arbeitslosigkeit *f* unemployment

Arbeitsmarkt *m* labo(u)r (*oder* job) market: ***die Lage auf dem Arbeitsmarkt*** the job situation

Arbeitsmoral *f* (working) morale

Arbeitsnachweis *m* employment agency

Arbeitsniederlegung *f* strike, walkout

arbeitsparend *Adj* labo(u)r-saving

Arbeitsplatz *m* **1.** job: ***freie Arbeitsplätze*** vacancies *Pl*; ***Schaffung von Arbeitsplätzen*** job creation **2.** work place

Arbeitsplatzbeschreibung *f* job description

Arbeitsplatzsicherung *f* job security

Arbeitsplatzteilung *f* job sharing

Arbeitsplatzvernichter *m* job killer

Arbeitsprozess *m* ***j-n wieder in den Arbeitsprozess eingliedern*** put s.o. back to work

Arbeitsraum *m* workroom

Arbeitsrecht *n* industrial law

arbeitsreich *Adj* busy

arbeitsscheu *Adj* workshy

Arbeitsschluss *m* end of work: ***Arbeitsschluss ist um …*** work finishes at …; ***nach Arbeitsschluss*** after work

Arbeitsschutz *m* industrial safety

Arbeitsspeicher *m* COMPUTER main memory

Arbeitsstunde *f* (*Maßeinheit*) manhour, *Pl* working hours *Pl*

Arbeitssuche *f* search for work: ***auf Arbeitssuche sein*** be job hunting

arbeitssüchtig *Adj* ***arbeitssüchtig sein*** be a workaholic

Arbeitstag *m* working day, workday

Arbeitsteilung *f* division of labo(u)r

Arbeitstier *n ugs fig* demon for work

Arbeitsuche *f* (***auf Arbeitsuche sein*** be) job hunting

Arbeitsuchende *m, f* job seeker

arbeitsunfähig *Adj* unfit for work, *dauernd*: permanently disabled

Arbeitsunfall *m* industrial accident

Arbeitsvermittlung *f* employment agency

Arbeitsvertrag *m* employment contract

Arbeitsvorbereitung *f* TECH operations scheduling

Arbeitsweise *f* (working) method, TECH *auch* procedure

Arbeitszeit *f* (***gleitende Arbeitszeit*** flexible) working hours *Pl*: ***gleitende Arbeitszeit haben*** be on flexitime

Arbeitszeitverkürzung *f* reduction in working hours

Arbeitszimmer *n* study

Archäologe *m*, **Archäologin** *f* arch(a)eologist

Archäologie *f* arch(a)eology

archäologisch *Adj* arch(a)eological

Arche *f* ark: ***die Arche Noah*** Noah's ark

Archipel *m* archipelago

Architekt, **Architektin** architect

architektonisch *Adj* architectural

Architektur *f* architecture

Archiv *n* archives *Pl*

Areal *n* area

Arena *f* arena

arg **I** *Adj* bad: ***mein ärgster Feind*** my worst enemy; ***im Argen liegen*** be in a bad way **II** *Adv* badly, *ugs* (*sehr*) *auch* awfully

Argentinien *n the* Argentine, Argentina

Argentinier, **Argentinierin**, **argentinisch** *Adj* Argentine

Ärger *m* **1.** (***über*** *Akk* at, about *s.th.*, with *s.o.*)

Argumente logisch aufbauen	Ordering one's thoughts SG
Erstens, vielen Dank für Ihr Kommen.	**First (of all), thank you all for coming.**
Zuerst möchte ich über die letzten Berichte sprechen, die wir gehört haben.	**Firstly, I'd like to talk about the latest reports we've been hearing.**
Zweitens: Es gibt viel, was wir tun können, um zu helfen.	**Secondly, there's a lot we can do to help.**
Als Nächstes werfen wir einen Blick auf die Maßnahmen, die bisher ergriffen wurden.	**Next, let's look at the measures that have been taken so far.**
Ich möchte noch ein Argument anbringen …	**There's one more point I'd like to make …**
In Bezug auf den Mitgliedsbeitrag: Er kostet nur zehn Euro im Jahr.	**With regard to / Regarding the membership fee, it's only ten euros a year.**
Zum Abschluss die Frage, wie viele von Ihnen haben Interesse, der Gruppe beizutreten?	**Finally / Lastly, how many of you are interested in joining the group?**

annoyance, irritation, (*Zorn*) anger: ***zu meinem Ärger*** to my annoyance **2.** (***j-m Ärger machen*** cause s.o.) trouble: ***das gibt Ärger*** there will be trouble

ärgerlich *Adj* **1.** *Person*: (**über** *Akk* at, about *s.th.*, with *s.o.*) annoyed, angry, *ugs* cross **2.** *Sache*: annoying: ***wie ärgerlich!*** *auch* what a nuisance!

ärgern I *v/t* annoy, make *s.o.* angry **II** *v/refl* ***sich ärgern*** (**über** *Akk* at, about *s.th.*, with *s.o.*) be (*oder* get) annoyed, be angry: ***ärgere dich nicht!*** take it easy!

Ärgernis *n* annoyance: JUR ***öffentliches Ärgernis erregen*** cause a public nuisance; ***Ärgernis erregen*** give offen/ce (*Am* -se)

arglistig *Adj* malicious, JUR fraudulent: ***arglistige Täuschung*** wilful deceit

arglos *Adj* innocent, (*nichts ahnend*) unsuspecting

Arglosigkeit *f* innocence

Argument *n* argument

Argumentation *f* argumentation

argumentieren *v/i* argue, reason

Argwohn *m* suspicion (**gegen** of): ***Argwohn schöpfen*** grow suspicious

argwöhnisch *Adj* suspicious (**gegen** of)

Arie *f* MUS aria

Arier, **Arierin**, **arisch** *Adj* Aryan

Aristokrat, **Aristokratin** aristocrat

Aristokratie *f* aristocracy

aristokratisch *Adj* aristocratic(ally *Adv*)

Arithmetik *f* arithmetic

Arktis *f the* Arctic (regions *Pl*)

arktisch *Adj auch fig* arctic

arm *Adj* poor (**an** *Dat* in)

Arm *m allg* arm (*auch* TECH *und fig*), (*Ärmel*) *auch* sleeve, *eines Flusses, Leuchters*: *auch* branch: ***in die Arme nehmen*** embrace, hug; ***j-n auf den Arm nehmen*** **a)** pick s.o. up, **b)** *ugs fig* pull s.o.'s leg; ***j-m in die Arme laufen*** bump into s.o.; ***j-m unter die Arme greifen*** (**mit**) help s.o. (out with)

Armatur *f* armature, *Pl* fittings *Pl*

Armaturenbrett *n* MOT dashboard

Armband *n* bracelet

Armbanduhr *f* wrist watch

Armbinde *f* armlet, MED sling

Armbruch *m* fractured arm

Arme *m, f* poor man (woman): ***die Armen*** the poor; ***ich Arme(r)!*** poor me!

Armee *f* army

Armeekorps *n* army corps

Ärmel *m* sleeve: ***ohne Ärmel*** sleeveless; *ugs* ***etw aus dem Ärmel schütteln*** **a)** pull s.th. out of a hat, **b)** do s.th. off the cuff

Ärmelaufschlag *m* cuff

Ärmelkanal *m the* (English) Channel

ärmellos *Adj* sleeveless

Armenien *n* Armenia

armieren *v/t* ELEK (*Kabel*) armo(u)r, TECH (*Beton*) reinforce

…armig …-armed, …-branched

Armlehne *f* arm

Armleuchter *m* **1.** chandelier **2.** *ugs pej* idiot, twerp

ärmlich *Adj* poor, (*dürftig*) *auch* shabby: ***in ärmlichen Verhältnissen leben*** be poorly off; ***aus ärmlichen Verhältnissen stammen*** come from a poor family

armselig *Adj* wretched, *auch fig* miserable

Armut *f* poverty (*auch fig* **an** *Dat* in, of)

Armutsgrenze *f* ***an (unter) der Armutsgrenze liegen*** be on (under) the poverty line

Armutszeugnis *n* ***j-m (sich) ein Armutszeugnis ausstellen*** show s.o.'s (one's) incompetence

Aroma *n* (*Duft*) aroma, (*Geschmack*) flavo(u)r

Aromatherapie *f* MED aromatherapy

aromatisch *Adj* aromatic

arrangieren I *v/t* arrange **II** *v/refl* ***sich arrangieren*** come to an arrangement (*oder* agreement) (**mit** with)

Arrest *m* detention

arretieren *v/t* TECH arrest, stop

arrogant *Adj* arrogant

Arsch *m vulg* **1.** arse, *Am auch* ass: ***leck mich am Arsch!*** fuck you!; ***er (es) ist im Arsch*** he (it) has had it; ***j-m in den Arsch kriechen*** suck up to s.o. **2.** → ***Arschloch***

Arschkriecher, **Arschkriecherin** *vulg* arse licker

Arschloch *n vulg* arsehole, *Am auch* asshole, (*Person*) *auch* (stupid) bastard, shit

Arsen *n* CHEM arsenic

Arsenal *n auch fig* arsenal

Art *f* **1.** (*Wesen*) nature, (*Beschaffenheit*) *auch* kind: ***sie hat eine nette Art*** she is a nice person, ***mit Kindern*** she has a way with children; ***es ist nicht seine Art zu*** *Inf* he's not the sort to *Inf*; ***es ist (sonst) nicht ihre Art (zu*** *Inf*) it's not like her (to *Inf*); ***Fragen allgemeiner Art*** questions of general interest **2.** *auch* ***Art und Weise*** way, manner, (*Verfahren*) method: ***auf diese Art*** in this way; ***seine Art zu sprechen*** the way he talks; GASTR ***nach Art des Hauses*** à la maison **3.** *ugs* (*Benehmen*) behav-

io(u)r, manners *Pl* **4.** (*Sorte*) kind, sort, type, BIOL species: *iron* ***eine Art Dichter*** a poet of sorts; *fig* ***aus der Art schlagen*** go one's own way
Artenschutz *m* protection of species
Arterie *f* artery
Arteriosklerose *f* MED arteriosclerosis
artfremd *Adj* BIOL, MED alien, foreign
Arthrose *f* osteoarthritis, *seltener*: arthrosis
artig *Adj* well-behaved: ***sei artig!*** be good!, be a good boy (girl)!
Artikel *m allg* article, WIRTSCH *auch* item
artikulieren **I** *v/t* articulate **II** *v/refl* ***sich artikulieren*** express o.s
Artillerie *f* artillery
Artischocke *f* BOT artichoke
Artischockenboden *m* GASTR artichoke heart
Artist, **Artistin** (variety) artist
artistisch *Adj* artistic, acrobatic
Arznei *f* (***gegen*** for) medicine, medicament, drug
Arzneikunde *f* pharmaceutics *Sg*
Arzneimittel *n* → ***Arznei***
Arzneimittelabhängigkeit *f* drug dependence
Arzneimittelmissbrauch *m* drug abuse
Arzneipflanze *f* medicinal plant
Arzneischrank *m* medicine cabinet
Arzt *m* doctor, *formell*: physician: ***zum Arzt gehen*** (go to) see the doctor; → ***Allgemeinmedizin***
Arztberuf *m* medical profession
Ärztekammer *f* medical association
Ärzteschaft *f* medical profession
Arzthelfer, **Arzthelferin** doctor's assistant
Ärztin *f* lady doctor (*oder* physician)
ärztlich **I** *Adj* medical: → ***Attest*** **II** *Adv* ***j-n ärztlich behandeln*** attend s.o.
As *n* → ***Ass***
Asbest *m* asbestos
Asche *f* ashes *Pl* (*auch fig*), (*Zigarettenasche etc*) ash: ***glühende Asche*** embers *Pl*
Aschenbahn *f* SPORT cinder (MOT dirt) track
Aschenbecher *m* ashtray
Aschenputtel *n auch fig* Cinderella
Aschermittwoch *m* Ash Wednesday
ASCII-Code *m* ASCII code
Ascorbinsäure *f* CHEM ascorbic acid
äsen *v/i* graze, browse
aseptisch *Adj* aseptic
Asiat, **Asiatin**, **asiatisch** *Adj* Asian
Asien *n* Asia
Asket, **Asketin**, **asketisch** *Adj* ascetic
asozial *Adj* antisocial
Aspekt *m* aspect: ***unter diesem Aspekt betrachtet*** seen from this angle
Asphalt *m*, **asphaltieren** *v/t* asphalt
Ass *n* (*auch Tennis etc, auch ugs Person*) ace
Assessor *m*, **Assessorin** *f civil servant* (*lawyer, teacher, etc*) *who has completed his/her second state examination*
Assistent, **Assistentin** assistant
Assistenzarzt *m*, **Assistenzärztin** *f* junior doctor, assistant physician, medical assistant
assistieren *v/i* assist (***bei*** in)
Assoziation *f* association
assoziieren *v/t* associate
Ast *m allg* branch, *im Holz*: knot: *ugs* ***auf dem absteigenden Ast sein*** be going downhill
Aster *f* BOT aster
Ästhet, **Ästhetin** (a)esthete
ästhetisch *Adj* (a)esthetical
Asthma *n* MED asthma
Asthmatiker, **Asthmatikerin**, **asthmatisch** *Adj* asthmatic
Astrologe *m*, **Astrologin** *f* astrologer
Astrologie *f* astrology
Astronaut, **Astronautin** astronaut
Astronomie *f* astronomy
astronomisch *Adj auch ugs fig* astronomic(al)
Astrophysik *f* astrophysics *Sg*
ASU *Abk* = ***Abgassonderuntersuchung***
Asyl *n allg* asylum: ***um*** (***politisches***) ***Asyl bitten*** ask for (political) asylum
Asylant, **Asylantin** person seeking (*oder* having been granted) (political) asylum
Asylrecht *n* right of asylum
asymmetrisch *Adj* asymmetric(al)
asynchron *Adj* asynchronous
Atelier *n* studio
Atem *m* breath: ***außer Atem*** (***kommen*** get) out of breath; (***tief***) ***Atem holen*** take a (deep) breath; *fig* ***mir stockte der Atem*** my heart stood still; ***das verschlug mir den Atem*** that took my breath away; *ugs* ***j-n in Atem halten*** keep s.o. on the jump (*in Spannung*: in suspense); → ***anhalten*** 1
atemberaubend *Adj fig* breathtaking
Atembeschwerden *Pl* difficulty *Sg* in breathing
Atemgerät *n* breathing apparatus, MED respirator
atemlos *Adj auch fig* breathless
Atempause *f ugs* breather
Atemübungen *Pl* breathing exercises *Pl*
Atemwege *Pl* respiratory tract *Sg*
Atemzug *m* (*fig* ***im gleichen Atemzug*** in one) breath: ***bis zum letzten Atemzug*** to the last gasp
Atheismus *m* atheism
Atheist, **Atheistin** atheist
atheistisch *Adj* atheistic(al)
Äther *m* CHEM ether
ätherisch *Adj* ethereal, etheric: ***ätherisches Öl*** essential (*oder* volatile) oil
Äthiopien *n* Ethiopia
Äthiopier, **Äthiopierin**, **äthiopisch** *Adj* Ethiopian
Athlet, **Athletin** athlete
athletisch *Adj* athletic
Äthyl *n* CHEM ethyl
Äthylen *n* ethylene
Atlantik *m the* Atlantic (Ocean)
atlantisch *Adj* Atlantic: ***der Atlantische Ozean*** the Atlantic (Ocean)
Atlas *m* **1.** ANAT, GEOG atlas **2.** (*Seidenatlas*) satin, (*Baumwollatlas*) sateen
atmen *v/i und v/t* breathe: ***schwer*** (***tief***) ***atmen*** breathe hard (deep)
Atmen *n* breathing
Atmosphäre *f auch fig* atmosphere
atmosphärisch *Adj* atmospheric
Atmung *f* breathing, respiration: ***künstliche Atmung*** artificial respiration
Atom *n* atom
atomar *Adj* atomic, nuclear
Atomausstieg *m* POL opting out of nuclear energy, *allmählicher*: nuclear phaseout
Atombombe *f* atom(ic) bomb, A-bomb
Atombunker *m* nuclear shelter
Atomenergie *f* atomic energy
Atomexplosion *f* atomic explosion
Atomforschung *f* atomic research
atomgetrieben *Adj* nuclear-powered
Atomgewicht *n* atomic weight
Atomhülle *f* atomic shell
atomisieren *v/t auch fig* atomize

Atomkern *m* atomic nucleus
Atomkontrolle *f* atomic control
Atomkraft *f* nuclear power
Atomkraftwerk *n* nuclear power station
Atomkrieg(führung *f*) *m* nuclear war(fare)
Atommacht *f* POL nuclear power
Atommodell *n* atomic model
Atommüll *m* radioactive waste
Atomphysik *f* atomic physics *Sg*
Atomreaktor *m* atom reactor
Atomspaltung *f* atom splitting
Atomsperrvertrag *m* POL nonproliferation treaty
Atomsprengkopf *m* nuclear warhead
Atomtest *m* nuclear test
Atomteststopp(abkommen *n*) *m* test ban (treaty)
Atomtod *m* nuclear death
Atom-U-Boot *n* nuclear(-powered) submarine
Atomwaffen *Pl* atomic (*oder* nuclear) weapons *Pl*
atomwaffenfrei *Adj* nuclear-free *zone*
Atomwaffengegner, **Atomwaffengegnerin** anti-nuclear protester
Atomzahl *f* atomic number
Atomzeitalter *n* atomic age
Atrophie *f*, **atrophieren** *v/i* MED atrophy
ätsch *Interj* there!, serves you right!
Attaché *m* attaché
Attachment *n* COMPUTER attachment
Attacke *f*, **attackieren** *v/t und v/i* attack
Attentat *n* (***ein Attentat auf j-n verüben*** make an) attempt on s.o.'s life, (*Attentat mit Todesfolge*) assassination
Attentäter, **Attentäterin** assassin
Attest *n* (***ärztliches Attest*** medical *oder* doctor's) certificate
Attraktion *f* attraction
attraktiv *Adj* attractive
Attrappe *f* dummy
Attribut *n allg* attribute
attributiv *Adj* LING attributive
ätzen *v/t* **1.** CHEM corrode, eat into **2.** MED cauterize **3.** KUNST etch
ätzend **1.** *Adj* corrosive, *auch fig* caustic **2.** *ugs* (*schlecht*) lousy, the pits
au *Interj* **1.** ouch! **2.** ***au ja!*** oh yes!
Aubergine *f* BOT aubergine, eggplant
auch *Adv* **1.** (*ebenfalls*) also, too, as well: ***ich habe Hunger - ich auch*** I am hungry - so am I (*ugs* me too); ***ich glaube es - ich auch*** I believe it - so do I; ***ich kann es nicht - ich auch nicht*** I can't do it - nor (*oder* neither) can I **2.** (*sogar*) even: ***ohne auch nur zu fragen*** without so much as asking **3.** *zugestehend*: ***wenn auch*** even if, although; ***sosehr ich es auch bedauere*** however much I regret it **4.** *verallgemeinernd*: ***wann auch*** (***immer***) whenever; ***wer es auch*** (***immer***) ***sei*** whoever it may be; ***was er auch*** (***immer***) ***sagt*** whatever he may say; ***so schwierig es auch sein mag*** difficult as it may be **5.** *verstärkend*: ***wirst du es auch tun?*** are you really going to do it?; ***so schlimm ist es auch wieder nicht!*** it's not all that bad!
Audienz *f* audience (***bei*** with)
Audioguide *m* audio guide, audioguide
Audiokassette *f* audio cassette
audiovisuell *Adj* audiovisual
Auditorium *n* **1.** UNI (***Auditorium maximum*** main) lecture hall **2.** (*Zuhörerschaft*) audience
auf **I** *Präp* (*Dat*) **1.** *räumlich*: on, in, at: ***auf dem Tisch*** on the table; ***auf der Straße*** in (*Am* on) the street, on the road; ***auf See*** at sea; ***auf der Post®*** at the post office; ***auf der Welt*** in the world; ***auf dem Land*** in the country; ***er ist auf seinem Zimmer*** he is in his room **2.** (*bei*) at, during, on: ***auf dem Ball*** at the ball; ***auf seiner Reise*** during (*oder* on) his journey; ***auf Urlaub*** on vacation, *bes Br* on holiday **II** *Präp* (*Akk*) **3.** *räumlich*: (down) on, onto, into, (*hinauf*) up, *Richtung*: to, toward(s): ***er setzte sich auf einen Stuhl*** he sat down on a chair; ***auf die Erde fallen*** fall (on)to the ground; ***er ging auf die Straße*** he went (out) into the street; ***ich ging auf die Post®*** I went to the post office; ***geh auf dein Zimmer!*** go to your room!; ***sie zogen auf das Land*** they moved (in)to the country; *fig* ***auf Besuch kommen*** come for a visit; ***auf Reisen gehen*** go on a journey **4.** *zeitlich*: **a)** for: ***auf ein paar Tage*** for a few days; ***auf Jahre hinaus*** for years to come; ***es geht auf 9*** (***Uhr***) it's getting on for nine (o'clock); *ugs* ***auf eine Tasse Kaffee*** for a cup of coffee, **b)** after: ***Stunde auf Stunde verging*** hour after hour went by, **c)** until: ***auf morgen verschieben*** postpone until tomorrow; *ugs* ***auf bald!*** see you soon! **5.** ***auf diese Weise*** (in) this way; ***auf Deutsch*** in German; ***auf seinen Befehl*** by (*oder* at) his order; ***auf meine Bitte*** (***hin***) on my request **6.** *bei Mengenangaben*: ***von 80 Tonnen auf 100 erhöhen*** increase from 80 tons to 100; ***auf jeden entfallen …*** there is/are … (for) each; ***auf die Sekunde*** to the second; ***auf 100 m*** *sehen, hören etc*: at (*oder* from) a hundred metres, *herankommen etc*: as close as 100 metres **III** *Adv* **7.** *ugs* **a)** (*offen*) open: ***Augen auf!*** *auch* watch out!, **b)** (*wach*) awake, (*auf den Beinen*) up (and going); ***auf sein*** **a)** *Tür etc*: be open, **b)** *Person*: be up; ***ich war die ganze Nacht auf*** I was up all night **8.** ***auf und ab gehen*** walk up and down (*oder* to and fro); ***auf und davon gehen*** run away **IV** *Interj* **9.** ***auf!*** **a)** (get) up!, **b)** *ugs auch* ***auf gehts!*** let's go!, **c)** (*los*) come on!
Auf *n* ***das Auf und Ab des Lebens*** the ups and downs of life
aufarbeiten *v/t* **1.** (*Rückstände*) work (*oder* clear) off, catch up on **2.** (*Möbel etc*) furbish up, do up **3.** *fig* work *s.th.* up, (*Eindrücke etc*) digest
aufatmen *v/i* draw a deep breath, *fig* breathe again (*oder* freely), recover
aufbahren *v/t* (*Sarg*) put on the bier, (*Leiche*) lay out (in state)
Aufbau *m* **1.** (*das Aufbauen*) building, erection, construction, TECH assembly: *fig* ***im Aufbau*** (***begriffen***) ***sein*** be in its initial stages **2.** (*Struktur*) *auch fig* structure **3.** MOT car body
aufbauen **I** *v/t* **1.** build, erect, construct, TECH assemble, (*errichten*) set up, (*arrangieren*) arrange: ***wieder aufbauen*** rebuild, reconstruct **2.** (*ein Reich, Geschäft etc, den Angriff, Eiweiß, ugs einen Politiker, Sportler etc*) build up, (*schaffen*) organize, set up: ***sich eine Existenz aufbauen*** build o.s. an existence; ***eine Theorie*** *etc* ***aufbauen auf*** (*Dat*) base (*oder* found) a theory *etc* on **II** *v/i* **3.** (*auch* ***sich***) ***aufbauen auf*** (*Dat*) be based (*oder* founded) on **III** *v/refl* ***sich aufbauen*** **4.** be composed (***aus*** of) **5.** *ugs* ***sich aufbauen vor*** (*Dat*) plant o.s. (*mehrere*: line up) in front of
aufbäumen *v/refl* ***sich aufbäumen*** *Pferd*: rear; *fig* ***sich aufbäumen*** make a (last) desperate

effort; ***sich aufbäumen gegen*** rebel against
aufbauschen *v/t fig* exaggerate
Aufbauten *Pl* SCHIFF superstructure *Sg*
aufbegehren *v/i* rebel (***gegen*** against)
aufbehalten *v/t ugs* ***den Hut aufbehalten*** keep one's hat on
aufbekommen *v/t ugs* **1.** (*Tür etc*) get open, (*Knoten etc*) get undone **2.** (*Aufgabe*) be given *a task* (to do)
aufbereiten *v/t* **1.** *allg* prepare, (*Nahrungsmittel etc, auch fig Material etc*) *auch* process **2.** TECH *auch* treat **3.** (*Computertext*) edit **4.** *fig* work *s.th.* up
aufbessern *v/t allg* improve, (*Kenntnisse etc*) *auch ugs* brush up, (*Gehalt etc*) raise
aufbewahren *v/t* keep, preserve, (*lagern*) store (up)
Aufbewahrung *f* (***sichere Aufbewahrung***) safekeeping: ***j-m etw zur Aufbewahrung geben*** leave s.th. with s.o.
aufbieten *v/t* **1.** (*Kräfte, Mut etc*) muster, summon (up), (*Einfluss etc*) use **2.** (*Truppen*) mobilize **3.** (*Brautpaar*) publish (*oder* call) the banns of
Aufbietung *f* ***unter Aufbietung aller Kräfte*** by (a) supreme effort
aufbinden *v/t* undo, untie: → ***Bär***
aufblähen I *v/t* **1.** (*auch* ***sich aufblähen***) blow out, swell **2.** WIRTSCH, MED inflate **II** *v/refl* ***sich aufblähen*** → ***aufblasen*** II
aufblasbar *Adj* inflatable
aufblasen I *v/t* blow up, inflate **II** *v/refl* ***sich aufblasen*** *ugs pej* puff o.s. up
aufbleiben *v/i* **1.** (*wachen*) sit up, stay up **2.** *Tür etc*: remain open
aufblenden *v/i* **1.** MOT turn on the headlights full beam **2.** FOTO open the diaphragm
aufblicken *v/i* look up: ***zu j-m aufblicken*** look up at s.o. (*bes fig* to s.o.)
aufblitzen *v/i* flash (up)
aufblühen *v/i* (begin to) bloom, *fig Mädchen*: blossom (out), *Stadt, Wirtschaft etc*: (begin to) flourish
aufbocken *v/t* MOT jack up
aufbohren *v/t* TECH bore open, (*Motor*) rebore, (*Zahn*) drill
aufbrauchen *v/t* use up, consume
aufbrausen *v/i* **1.** CHEM effervesce **2.** *Person*: flare up
aufbrausend *Adj fig* quick-tempered
aufbrechen I *v/t* **1.** (*Tür, Schloss etc*) break open, (*Kiste etc*) prize open, (*Pflaster etc*) break up **II** *v/i* **2.** *Knospe, Geschwür etc*: (burst) open, *Eis*: break up **3.** (***nach*** for) start, set out
aufbringen *v/t* **1.** → ***aufbekommen*** 1 **2.** (*Geld*) raise, (*Mittel*) find, *fig* (*Mut, Energie etc*) muster, summon (up) **3.** (*Gerücht, Mode etc*) start **4.** (*erzürnen*) anger, *stärker*: incense: ***j-n gegen sich aufbringen*** get s.o.'s back up; → ***aufgebracht*** **5.** (*ein Schiff*) capture
Aufbruch *m* (***nach, zu*** for) departure, start: ***das Zeichen zum Aufbruch geben*** give the sign to leave
aufbrühen *v/t* (*Kaffee etc*) make, (*Tee*) *auch* brew
aufbügeln *v/t* **1.** (*Muster*) transfer (***auf*** *Akk* on) **2.** (*Hose etc*) iron, press
aufbürden *v/t fig* ***j-m etw aufbürden*** saddle s.o. with s.th.
aufdecken I *v/t* **1.** uncover, *fig auch* reveal, expose **2.** ***das Bett aufdecken*** turn down the bed **3.** (*Tischtuch*) put on **II** *v/i* **4.** lay the table
aufdonnern *v/refl* ***sich aufdonnern*** *ugs* get (all) dolled up
aufdrängen I *v/t* ***j-m etw aufdrängen*** force s.th. on s.o. **II** *v/refl* ***sich aufdrängen*** *Gedanke etc*: suggest itself; ***sich j-m aufdrängen*** impose o.s. on s.o.; ***ich will mich nicht aufdrängen*** I don't want to intrude
aufdrehen I *v/t* **1.** (*Ventil, Gas etc*) turn on **2.** (*Seil*) untwist **3.** *ugs* (*Radio*) turn up **4.** (*Haare*) put up in curlers **II** *v/i* **5.** *ugs* MOT step on the gas **6.** *ugs fig Person*: get going: → ***aufgedreht***
aufdringlich *Adj* obtrusive, *Person*: *auch* importunate, pushing, *Farbe*: *auch* loud, *Musik*: noisy, *Geruch*: overpowering
Aufdringlichkeit *f* obtrusiveness
Aufdruck *m* imprint, *philat.* overprint
aufdrucken *v/t* print (***auf*** *Akk* on)
aufdrücken *v/t* **1.** (*Tür etc*) push (*oder* press) open **2.** *ugs* (*Pickel etc*) squeeze open **3.** (*Stempel etc*) impress (*Dat oder* ***auf*** *Akk* on)
aufeinander *Adv* **1.** (*übereinander*) one on top of another (*oder* the other) **2.** (*gegenseitig*) one another, each other: ***aufeinander angewiesen sein*** depend on each other; ***aufeinander abgestimmte Farben*** matching colo(u)rs **3.** (*nacheinander*) one after the other; ***aufeinander folgen*** → ***aufeinanderfolgen***; ***aufeinander folgend*** → ***aufeinanderfolgend***
aufeinanderfolgen *v/i* succeed (one another)
aufeinanderfolgend *Adj* successive, consecutive: ***an drei aufeinanderfolgenden Tagen*** on three days running
aufeinanderprallen, **aufeinanderstoßen** *v/i* collide, *fig Meinungen, Personen*: *auch* clash
aufeinandertreffen *v/i* meet (one another)
Aufenthalt *m* **1.** stay **2.** BAHN *etc* (***fünf Minuten Aufenthalt*** five minutes') stop: ***ohne Aufenthalt*** nonstop; ***wir hatten zwei Stunden Aufenthalt in …*** we stopped in … for two hours
Aufenthaltserlaubnis *f* residence permit
Aufenthaltsort *m* whereabouts *Sg*, (*Wohnsitz*) residence
Aufenthaltsraum *m Hotel etc*: lounge, *Schule etc*: common room
auferlegen *v/t* ***j-m etw auferlegen*** impose s.th. on s.o.; ***sich keinen Zwang auferlegen*** be free and easy
auferstehen *v/i* REL rise (from the dead)
Auferstehung *f* resurrection
aufessen *v/t* eat up, finish
auffädeln *v/t* thread, string
auffahren I *v/i* **1.** ***auffahren auf*** (*Akk*) MOT crash into, SCHIFF run on; MOT ***zu dicht auffahren*** tailgate **2.** *erschreckt*: (give a) start, *zornig*: flare up: ***aus dem Schlaf auffahren*** wake with a start **II** *v/t* **3.** *ugs* (*Speisen etc*) bring on
Auffahrt *f* **1.** *der Wagen*: driving up **2.** (*Zufahrt*) approach, (*Autobahnauffahrt*) slip road, *zu einem Haus*: drive(way *Am*)
Auffahrunfall *m* MOT rear-end collision
auffallen *v/i* be conspicuous, attract attention: ***j-m auffallen*** strike s.o.; ***das fällt nicht auf*** nobody will notice; ***unangenehm auffallen*** make a bad impression
auffallend *Adj* noticeable, *Schönheit, Ähnlichkeit etc*: remarkable, striking
auffällig *Adj* **1.** → ***auffallend*** **2.** conspicuous, *Benehmen etc*: odd, strange, *Farben, Kleidung etc*: loud, *ugs* flashy
auffangen *v/t* **1.** (*Ball etc, auch fig Worte etc*) catch, *fig* (*Nachrichten etc*) pick up, (*Funk-*

spruch) auch intercept **2.** *(mildern) (Fall, Stoß, auch fig Preissteigerung etc)* cushion, *(Schlag)* parry, *Boxen*: block, *(Angriff etc)* stop **3.** *(sammeln)* collect, *fig (Flüchtlinge etc)* receive **4.** FLUG pull out

Auffanglager *n* reception camp

auffassen I *v/t* **1.** *(begreifen)* understand, grasp **2.** *(deuten)* interpret: ***falsch auffassen*** misunderstand, misinterpret; ***etw als Scherz auffassen*** take s.th. as a joke **II** *v/i* **3.** ***leicht (schwer) auffassen*** *ugs* be quick (slow) on the uptake

Auffassung *f* **1.** *(Ansicht)* view, opinion: ***nach meiner Auffassung*** in my view, as I see it **2.** *(Deutung)* interpretation **3.** → ***Auffassungsgabe***

Auffassungsgabe *f* grasp, intelligence

auffindbar *Adj* ***nicht auffindbar*** not to be found

auffinden *v/t* find, discover

auffischen *v/t ugs* **1.** *(Schiffbrüchige etc)* fish out (of the water) **2.** → ***aufgabeln***

aufflackern *v/i auch fig* flicker up

aufflammen *v/i auch fig* flare up

auffliegen *v/i* **1.** *Vogel*: fly up **2.** *Tür etc*: fly open **3.** *ugs Plan etc*: blow up: ***auffliegen lassen*** *(j-n)* expose, *(Bande)* bust, *(Veranstaltung)* break up

auffordern *v/t* **1.** ***j-n auffordern (, etw zu tun)*** ask *(stärker*: order, JUR summon) s.o. (to do s.th.); ***j-n dringend auffordern*** urge s.o. **2.** *(bitten)* invite: ***eine Dame (zum Tanz) auffordern*** ask a lady to dance

Aufforderung *f* request, call, *stärker*: order, JUR summons, *(Ersuchen)* invitation

aufforsten *v/t* reafforest

auffressen *v/t* eat up, devour: *ugs fig* ***die Arbeit frisst mich auf*** I'm drowning in work

auffrischen I *v/t* freshen up, *(Farben etc, auch fig Gedächtnis etc)* refresh, *(Vorräte)* replenish, *fig (Kenntnisse)* brush up, *(Bekanntschaft)* revive **II** *v/i Wind*: freshen

Auffrischungskurs *m* refresher course

aufführen I *v/t* **1.** MUS, THEAT *etc* perform, present, *(Film) auch* show, *(Stück) auch* put on **2.** *(nennen)* state, show, *in einer Liste*: list: ***einzeln aufführen*** specify, itemize; ***namentlich aufführen*** name **II** *v/refl* ***sich aufführen*** **3.** behave: ***sich schlecht aufführen*** *auch* misbehave

Aufführung *f* THEAT *etc* performance, FILM *auch* showing, *(Darbietung)* show

Aufführungsrechte *Pl* performing rights *Pl*

auffüllen *v/t* fill up, top up, *(Vorräte etc)* replenish

Aufgabe *f* **1.** *eines Briefs*: posting, *Am* mailing, *eines Telegramms*: sending, *des Gepäcks*: registering, *Am* checking, *einer Annonce*: insertion, *einer Bestellung*: giving, placing **2.** *allg eines Plans, einer Wohnung etc*: giving up *(auch Sport), eines Geschäfts etc*: *auch* closing down, *eines Amts etc*: resignation *(Gen* from) **3.** task, assignment, job, *(Pflicht)* duty, *(Zweck)* purpose, function: ***es ist nicht meine Aufgabe zu*** *Inf* it's not my job to *Inf*; ***es sich zur Aufgabe machen zu*** *Inf* make it one's business to *Inf* **4.** *(Denkaufgabe)* problem, *(Schulaufgabe)* homework, lesson, exercise: ***seine Aufgaben machen*** do one's homework **5.** *bes Volleyball*: service

aufgabeln *v/t ugs* pick up

Aufgabenbereich *m* (***das fällt nicht in meinen Aufgabenbereich*** that is outside my) scope of duties

Aufgang *m* **1.** *der Gestirne*: rising **2.** *(Treppenaufgang)* stairway

aufgeben I *v/t* **1.** *(Brief etc)* post, *bes Am* mail, *(Telegramm)* send, *(Gepäck)* register, *Am* check, *(Annonce)* insert, *(Bestellung)* give, place **2.** *allg (Wohnung, Beruf, Hoffnung, einen Patienten etc)* give up, *(Amt etc) auch* retire from, *(Plan etc) auch* abandon, *(Wettkampf etc)* stop: ***das Rauchen aufgeben*** give up *(oder* stop) smoking; *ugs* ***gibs auf!*** give (it) up! **3.** *(Rätsel)* ask, *(Schularbeit)* set, give **4.** *(den Ball)* serve **II** *v/i* **5.** give up, *Boxen und fig* throw in the towel

aufgeblasen *Adj ugs* bumptious

Aufgebot *n* **1.** ***das Aufgebot bestellen*** give notice of an intended marriage, *kirchlich*: ask the banns **2.** *(Menge)* array, crowd, *(Polizeiaufgebot)* force, SPORT team, *(Spielerkader)* squad, pool of players: ***mit starkem Aufgebot erscheinen*** turn out *(oder* up) in full force; ***das letzte Aufgebot*** the last reserves *Pl*

aufgebracht *Adj* (***gegen*** with, ***über*** *Akk* at, about) angry, *stärker*: furious

aufgedonnert *Adj ugs* dolled up

aufgedreht *Adj ugs fig* in high spirits

aufgedunsen *Adj* bloated, swollen

aufgehen *v/i* **1.** *Sonne etc, auch Teig*: rise, *Vorhang*: *auch* go up **2.** *Saat etc*: come up **3.** *(sich öffnen) allg* open, *Schleife etc*: *auch* come undone, *Naht*: come open, *Geschwür etc*: burst **4.** MATHE come out even: ***die Aufgabe geht nicht auf*** the sum doesn't work out; → ***Rechnung*** 1 **5.** ***aufgehen in*** *(Dat)* be (all) wrapped up in *one's work etc* **6.** ***j-m aufgehen*** *(klar werden)*

Aufforderungen	**Requests and demands** SG
Kannst du bitte das Fenster zumachen?	**Could / Would you please shut the window?**
Reichst du mir bitte den Zucker?	**Could you pass me the sugar, please?**
(Entschuldigung,) würde es Ihnen etwas ausmachen nicht zu rauchen?	**(Excuse me,) would you mind not smoking?**
Ich möchte, dass Sie das nächste Mal mit mir Rücksprache halten, bevor Sie weitermachen.	**I'd like you to check with me next time before you go ahead.**
Würdest du bitte die Musik leiser machen?	**Would you please turn the music down?** *stärker*: **Will you (please) turn the music down!**
Tu das nicht! Es ist gefährlich.	**Don't do that! It's dangerous.**
Sei still!	**Be quiet!**

dawn on s.o.; ***jetzt geht mir die Bedeutung seiner Worte auf*** now I realize what he meant; → ***Licht*** 2 **7.** ***in Flammen aufgehen*** go up in flames

aufgehoben *Adj fig* ***gut aufgehoben sein*** be in good hands (***bei j-m*** with s.o.)

aufgeilen *vulg* **I** *v/t* turn *s.o.* on **II** *v/refl* ***sich aufgeilen an*** (*Dat*) get turned on by

aufgeklärt *Adj* enlightened: (***sexuell***) ***aufgeklärt sein*** know the facts of life

aufgeknöpft *Adj ugs fig* chatty

aufgekratzt *Adj ugs fig* chirpy

aufgelegt *Adj* ***zu etw aufgelegt sein*** be in the mood for s.th., feel like (doing) s.th.; ***gut*** (***schlecht***) ***aufgelegt sein*** be in a good (bad) mood

aufgelöst *Adj fig* **1.** distraught: ***in Tränen aufgelöst*** in tears **2.** (*erschöpft*) all in

aufgeräumt *Adj fig* cheerful

aufgeregt *Adj* excited, nervous, upset

aufgeschlossen *Adj fig* open (***für*** to), *Person*: open-minded

Aufgeschlossenheit *f* open-mindedness

aufgeschmissen *Adj ugs* ***aufgeschmissen sein*** be (really) stuck

aufgeschossen *Adj* ***hoch aufgeschossen*** *Person*: lanky, gangling

aufgesetzt *Adj fig* artificial

aufgesprungen *Adj Lippen, Hände etc*: chapped

aufgestaut *Adj Ärger etc*: pent-up

aufgeweckt *Adj fig* bright, clever

aufgießen → ***aufbrühen***

aufgliedern *v/t* (sub)divide, *nach Klassen*: classify, *statistisch etc*: break down (***nach*** *Alter etc* by), (*einen Satz*) analyze

aufgraben *v/t* dig up

aufgreifen *v/t* **1.** (*j-n*) pick up, seize **2.** (*Idee etc*) take up

aufgrund *Präp* ***aufgrund von*** (*oder Gen*) on the basis (*oder* strength) of, (*wegen*) because of

Aufguss *m* **1.** infusion **2.** *fig* rehash

aufhaben *ugs* **I** *v/t* **1.** (*Hut etc*) have on **2.** (*Tür etc*) have open **3.** (*Schulaufgaben*) have to do: ***wir haben heute nichts auf*** we have no homework today **II** *v/i* **4.** *Geschäft etc*: be open

aufhacken *v/t* pick up, break up

aufhaken *v/t* unhook, undo

aufhalsen *v/t ugs* ***j-m etw aufhalsen*** land s.o. with s.th.

aufhalten **I** *v/t* **1.** keep open **2.** (*anhalten*) stop, (*j-n*) detain, hold up (*auch Auto, Verkehr*), (*hemmen*) check, stay, (*verzögern*) delay: ***ich wurde durch den Regen aufgehalten*** I was delayed by the rain; ***ich will Sie nicht länger aufhalten*** don't let me keep you **II** *v/refl* ***sich aufhalten*** **3.** stay (***im Ausland*** abroad, ***bei Freunden*** with friends) **4.** ***sich aufhalten mit*** spend (*unnütz*: waste) one's time on

> **aufhängen** GR
>
> Achten Sie auf die unterschiedlichen Zeitformen:
>
> | | |
> |---|---|
> | (*Kleider usw.*) (auf)hängen | **hang, hung, hung** |
> | (*jemanden*) hängen | **hang, hanged, hanged** |
>
> **He hung the coat up in the hall.**
> **They hanged him for murder.**

aufhängen **I** *v/t* **1.** (***an*** *Dat*) hang (up) (on), TECH suspend (from): ***j-n aufhängen*** hang s.o. **2.** *ugs* → ***aufbürden*** **II** *v/refl* ***sich aufhängen*** **3.** hang o.s

Aufhänger *m* **1.** *am Mantel etc*: tab **2.** *ugs fig* ***Aufhänger*** (***für einen Artikel*** *etc*) peg (on which to hang a story *etc*)

Aufhängung *f* TECH suspension

aufhäufen *v/t* (*auch* ***sich aufhäufen***) pile up, heap up, accumulate

aufheben *v/t* **1.** pick up, (*hochheben*) lift (up), (*Hand*) raise: ***j-n aufheben*** help s.o. up **2.** (*aufbewahren*) keep (***für später*** for later): → ***aufgehoben*** **3.** (*Sitzung etc*) close, (*Belagerung*) raise, (*Boykott etc*) call off **4.** (*rückgängig machen*) abolish, (*Vertrag*) cancel, (*auch Ehe*) annul, (*Gesetz*) abrogate, (*Urteil*) quash: ***ein Verbot aufheben*** lift a ban **5.** (*ausgleichen*) compensate, (*eine Wirkung*) cancel, neutralize: ***sich*** (*oder* ***einander***) ***aufheben*** cancel each other out (*auch* MATHE), neutralize each other

Aufheben *n* fuss, ado: ***viel Aufheben(s) machen*** make a big fuss (***von*** about)

Aufhebung *f* **1.** abolition (***der Todesstrafe*** of capital punishment), *eines Gesetzes*: abrogation, *eines Vertrags*: cancel(l)ation, *auch einer Ehe*: annulment **2.** (*Beendigung*) termination, *einer Belagerung*: raising, *eines Boykotts etc*: calling-off **3.** *einer Wirkung*: neutralization

aufheitern **I** *v/t* ***j-n aufheitern*** cheer s.o. up **II** *v/refl* ***sich aufheitern*** *Wetter*: clear (up), *auch fig Gemüt etc*: brighten (up)

Aufheiterungen *Pl* METEO sunny spells *Pl*

aufhellen **I** *v/t* **1.** (*Farbe*) lighten (*auch* FOTO) **2.** *fig* → ***erhellen*** 2 **II** *v/refl* ***sich aufhellen*** → ***aufheitern*** II

aufhetzen *v/t* ***j-n aufhetzen*** incite s.o. (***zu etw*** to [do] s.th.), ***gegen*** set s.o. against

Aufhetzung *f* instigation, POL agitation

aufheulen *v/i* (give a) howl, MOT roar

aufholen **I** *v/t* (*Arbeit etc*) catch up on: ***einen Rückstand*** (*oder* ***Zeitverlust***) ***aufholen*** make up leeway **II** *v/i* (***gegenüber***) catch up (with, on), gain (on)

aufhorchen *v/i* **1.** prick (up) one's ears **2.** *fig* sit up (and take notice)

aufhören *v/i* stop (*auch* ***aufhören mit***), (come to an) end: ***sie hörte nicht auf zu reden*** she didn't stop talking; ***wo haben wir aufgehört?*** where did we leave off?; ***hör auf*** (***damit***)***!*** stop it!; ***aufhören zu arbeiten*** *ugs* knock off (work[ing]); ***ohne aufzuhören*** without letup

aufkaufen *v/t* buy up

Aufkäufer, **Aufkäuferin** (wholesale) buyer

aufklappen *v/t und v/i* open

aufklaren *v/i Wetter*: clear (up)

aufklären **I** *v/t* **1.** (*Geheimnis etc*) clear up, (*Mord etc*) *auch* solve, (*Irrtum etc*) correct **2.** (*j-n*) enlighten, inform (***über*** *Akk* of): ***j-n*** (***sexuell***) ***aufklären*** explain the facts of life to s.o. **3.** MIL reconnoit/re (*Am* -er) **II** *v/refl* ***sich aufklären*** **4.** be cleared up, be solved **5.** → ***aufklaren***

Aufklärung *f* **1.** *eines Falls etc*: clearing up, solution, *eines Irrtums etc*: correction: ***Aufklärung verlangen*** demand an explanation **2.** (*Belehrung*) enlightenment (*auch* PHIL), education, information: ***sexuelle Aufklärung*** sex education **3.** MIL reconnaissance

Aufklärungsfilm *m* sex education film

Aufklärungsflugzeug *n* reconnaissance (*oder* scout) plane

Aufklärungsquote *f von Verbrechen*: clear-up rate
Aufklärungssatellit *m* reconnaissance satellite
Aufklärungszeit *f* HIST Age of Enlightenment
Aufklebeadresse *f* gummed address label
aufkleben *v/t* stick on (***auf*** *Akk* to), FOTO mount
Aufkleber *m* sticker
aufknöpfen *v/t* unbutton, undo
aufkochen *v/t* (*auch* ***aufkochen lassen***) bring *s.th.* to the boil
aufkommen *v/i* **1.** (*entstehen*) arise (*auch Zweifel, Verdacht etc*), *Wind*: spring up, *Nebel etc*: come up, *Mode etc*: come into fashion, *Gerücht*: start: ***Zweifel aufkommen lassen*** give rise to doubt; ***nicht aufkommen lassen*** suppress **2.** ***aufkommen für*** (*einstehen*) answer for, be responsible for, (*bezahlen*) pay; ***für den Schaden aufkommen*** compensate for the damage **3.** ***aufkommen gegen*** prevail against; ***er kommt gegen sie nicht auf*** he is no match for her; ***niemanden neben sich aufkommen lassen*** suffer no rival **4.** → ***aufholen*** II
Aufkommen *n* **1.** (*Entstehung*) rise **2.** WIRTSCH yield
aufkratzen *v/t* scratch open: ***sich aufkratzen*** scratch o.s. sore
aufkrempeln *v/t* (*Hose*) turn up, (*Ärmel*) roll up
aufkreuzen *v/i ugs fig* turn up
aufkriegen *ugs* → ***aufbekommen***
auflachen *v/i* (give a) laugh
Aufladegerät *n* charger
aufladen **I** *v/t* **1.** load (***auf*** *Akk* onto): *ugs fig* ***j-m (sich) etw aufladen*** saddle s.o. (o.s.) with s.th. **2.** (*Batterie*) charge, (*Motor*) supercharge, boost **II** *v/refl* ***sich aufladen*** **3.** *elektrisch*: become charged
Auflader *m* MOT supercharger
Auflage *f* **1.** *eines Buches*: edition, *einer Zeitung*: circulation **2.** (*Bedingung*) (***[j-m] etw zur Auflage machen*** make s.th. a) condition (for s.o.) **3.** TECH (*Stütze*) rest, support, (*Schicht*) layer, (*Belag*) coating, lining
Auflagenhöhe *f eines Buches*: number of copies, *einer Zeitung*: circulation
auflassen *v/t ugs* **1.** (*Tür etc*) leave open **2.** (*Hut etc*) keep on **3.** ***j-n (lange) auflassen*** let s.o. stay up (late) **4.** (*Grundstück*) convey
auflauern *v/i* ***j-m auflauern*** waylay s.o.
Auflauf *m* **1.** (*Menschenauflauf*) crowd, (*Tumult*) riot **2.** GASTR soufflé
auflaufen *v/i* **1.** SCHIFF run aground: ***auf eine Mine auflaufen*** hit a mine **2.** run (*oder* bump) (***auf*** *Akk* into): ***j-n auflaufen lassen*** **a)** SPORT obstruct s.o. unfairly, **b)** *fig* give s.o. what for **3.** *Gelder etc*: accumulate, run up, *Zinsen*: *auch* accrue
Auflaufform *f* ovenproof dish
aufleben *v/i* (***wieder***) ***aufleben*** *auch fig* revive; ***er lebte förmlich auf*** he really livened up
auflegen **I** *v/t* **1.** (*Kohlen, Schallplatte, Make-up etc*) put on, (*Tischtuch, Gedeck*) lay: ***den (Telefon)Hörer auflegen*** *siehe* 4 **2.** (*Buch*) publish, print: ***wieder auflegen*** reprint **3.** (*Aktien etc*) issue **II** *v/i* **4.** TEL replace the receiver, hang up
auflehnen *v/refl* ***sich auflehnen*** (***gegen***) rebel (against), oppose (*s.o., s.th.*)
Auflehnung *f* rebellion (***gegen*** against)
auflesen *v/t* pick up (*auch ugs fig j-n*)
aufleuchten *v/i auch fig* light up
aufliegen **I** *v/i* lie (*oder* rest, lean) (***auf*** *Dat* on) **II** *v/refl* ***sich aufliegen*** *ugs* MED get bedsore(s)
auflisten *v/t* list, make a list of
auflockern *v/t allg, auch fig* loosen up, (*Muskeln*) *auch* limber up, *fig* (*Unterricht etc*) *auch* liven up, (*Atmosphäre*) relax, (*Wohngebiet*) disperse
auflodern *v/i auch fig* flare up
auflösen **I** *v/t* **1.** *allg* dissolve, (*Versammlung etc*) *auch* break up, (*Verlobung*) break off, MIL (*Einheit*) disband: (***[sich] in seine Bestandteile) auflösen*** disintegrate **2.** MATHE (*Gleichung*, *auch* MUS *Dissonanz*) resolve (*auch Rätsel etc*), (*Klammern*) remove, MUS (*Vorzeichen*) cancel **3.** (*Vertrag*) cancel, annul, (*Firma etc*) liquidate, wind up **II** *v/refl* ***sich auflösen*** **4.** *allg* dissolve, *Versammlung etc*: *auch* break up, MIL *Einheit*: disband: ***sich in nichts auflösen*** vanish (into thin air), *Hoffnung etc*: go up in smoke; → ***Luft*** 1
Auflösung *f allg* dissolution, *einer Versammlung*: *auch* breakup, *einer Firma*: liquidation, *eines Vertrags*: annulment, MIL disbandment, MATHE, MUS, FOTO resolution, (*Zerfall*) disintegration (*auch fig*)
Auflösungszeichen *n* MUS natural
aufmachen **I** *v/t ugs* **1.** *allg* open: ***mach deine Augen auf!*** watch out! **2.** (*zurechtmachen*) make up, get up, design: ***etw*** *in der Presse* ***groß aufmachen*** splash s.th.; ***eine Rechnung aufmachen*** write out (*fig* present) a bill **II** *v/i* **3.** *ugs* open, *auf Klingelzeichen*: answer the door: ***j-m aufmachen*** let s.o. in **III** *v/refl* ***sich aufmachen*** **4.** set out (***nach*** for)
Aufmacher *m ugs Zeitung*: lead, *eng. S.* feature story (*oder* photo)
Aufmachung *f* **1.** presentation, getup, BUCHDRUCK layout: ***etw in großer Aufmachung herausbringen*** feature s.th. prominently **2.** *ugs* (*Kleidung*) outfit, getup
Aufmarsch *m* marching up, *von Truppen*: deployment
aufmarschieren *v/i auch fig* march up
aufmerksam *Adj* attentive (*auch höflich*), (*wachsam*) watchful, (*zuvorkommend*) obliging: ***j-n aufmerksam machen auf*** (*Akk*) call (*oder* draw) s.o.'s attention to; ***aufmerksam werden auf*** (*Akk*) notice, become aware of; *Adv* ***aufmerksam zuhören*** listen attentively; ***etw aufmerksam verfolgen*** follow s.th. closely
Aufmerksamkeit *f* **1.** attention, (*Zuvorkommenheit*) attentiveness: ***Aufmerksamkeit erregen*** attract attention; (*Dat*) ***Aufmerksamkeit schenken*** pay attention (to) **2.** (*kleines Geschenk*) small gift
aufmischen *v/t ugs* ***j-n aufmischen*** mess s.o. up
aufmöbeln *v/t ugs* jazz up, (*auch j-n*) pep up
aufmuntern *v/t* **1.** → ***ermuntern*** 1 **2.** ***j-n aufmuntern*** cheer (*ugs* pep) s.o. up; ***aufmunternde Worte*** *Pl* pep talk *Sg*
Aufmunterung *f* ***ich brauche eine Aufmunterung*** I need cheering up
aufmüpfig *Adj ugs* rebellious
aufnähen *v/t* sew on (***auf*** *Akk* to)
Aufnahme *f* **1.** *einer Tätigkeit etc*: taking up, *von Beziehungen etc*: *auch* establishing, *von Nahrung*: intake, *von Wissen etc*: absorption (*auch* PHYS), *von Eindrücken etc*: reception, taking in **2.** (***in*** *Akk*) (*Eingliederung*) integration (within), (*Einbeziehung*) inclusion (into), (*Zulassung*) admission (in[to]), (*Einschreibung*) registration: ***Aufnahme finden*** be ad-

mitted (***bei*** [in]to) **3.** (*Empfang*) (*auch fig* ***eine kühle*** *etc* ***Aufnahme finden*** meet with a cool *etc*) reception (***bei*** from) **4. a)** (*Unterbringung*) accommodation, *ins Krankenhaus*: admission (***in*** *Akk* to), **b)** (*Büro*) reception (office) **5.** WIRTSCH *von Kapital etc*: raising, *eines Schadens*: assessment **6.** FILM *etc* taking, shooting, (*Bild*) photo(graph), shot, (*Tonaufnahme*) (sound) recording, pickup: ***eine Aufnahme machen*** (***von*** of) take a picture, *auf Band*: make a (tape-)recording; ***Achtung, Aufnahme!*** FILM Action!, Camera!
aufnahmefähig *Adj* receptive (***für*** to)
Aufnahmefähigkeit *f* receptivity
Aufnahmegebühr *f* admission fee
Aufnahmegerät *n* RADIO, TV pickup (unit), (*Tonaufnahmegerät*) recorder, FOTO camera
Aufnahmeleiter *m* FILM production (RADIO recording) manager
Aufnahmeprüfung *f* entrance examination
Aufnahmeraum *m* FILM *etc* studio
Aufnahmewagen *m* recording van (*Am* truck)
aufnehmen *v/t* **1.** (*Last, fig Fährte etc*) pick up, (*Maschen*) take up **2.** (*empfangen*) receive (*auch fig Nachricht*), (*unterbringen*) accommodate, ***in*** *einen Verein, ein Krankenhaus etc*: admit (to), ***in*** *eine Liste etc*: enter (into), (*einbeziehen*) include (***in*** *Akk* into): ***j-n bei sich aufnehmen*** put s.o. up; *fig* ***etw übel aufnehmen*** take s.th. amiss **3.** (*fassen*) hold, (*Passagiere etc*) seat **4.** (*Eindrücke etc*) take in, (*auch* ***in sich aufnehmen*** *Wissen etc*) absorb, (*begreifen*) grasp **5.** MED, PHYS absorb, (*Nahrung*) take in **6.** (*Tätigkeit, Gespräch etc*) take up, (*Beziehungen*) enter into, (*Verkehr etc*) open: ***wieder aufnehmen*** resume; *fig* ***den Kampf mit j-m aufnehmen*** take s.o. on; ***ich kann es mit ihm nicht aufnehmen*** I'm no match for him; → ***Kontakt*** **7.** (*aufzeichnen*) record, *auf Band*: *auch* tape(-record), (*Protokoll*) draw up, (*Inventar*) make an inventory of, (*Schaden*) assess, (*Diktat, Personalien etc*) take (down), (*Telegramm, Bestellung, Bild*) take, (*Film*) shoot: ***j-n aufnehmen*** take s.o.'s picture **8.** WIRTSCH (*Geld etc*) borrow, (*auch Hypothek*) raise (***auf*** *Akk* on)
aufnötigen *v/t* ***j-m etw aufnötigen*** force s.th. upon s.o.
aufopfern *v/t* sacrifice (***sich*** o.s.)
aufopfernd *Adj* self-sacrificing
aufpäppeln *v/t ugs* ***j-n aufpäppeln*** feed s.o. up
aufpassen *v/i* **1.** pay attention: ***pass(t) auf!*** (*Vorsicht*) look out!, watch out!; *ugs* ***pass(t) mal auf!*** listen! **2.** ***aufpassen auf*** (*Akk*) look after, take care of, (*beobachten*) watch (over); *ugs* ***pass gut auf dich auf!*** take care (of yourself)!
Aufpasser, **Aufpasserin** *pej* watchdog, (*Spitzel*) spy
aufpeitschen *v/t auch fig* whip up (***sich*** o.s.)
aufpflanzen *v/t* plant: *fig* ***sich aufpflanzen*** plant o.s. (***vor*** *Dat* before)
aufpfropfen *v/t fig* graft (*Dat* on)
aufplatzen *v/i* burst (open)
aufplustern *v/refl* ***sich aufplustern*** **a)** *Vogel*: ruffle its feathers, **b)** *ugs fig* puff o.s. up
aufpolieren *v/t auch fig* polish up
Aufprall *m* impact
aufprallen *v/i* ***aufprallen auf*** (*Akk*) hit, *Auto etc*: *auch* crash into
Aufpreis *m* WIRTSCH extra charge
aufpumpen *v/t* pump up
aufputschen *v/t* **1.** → ***aufhetzen*** **2.** *durch Drogen etc*: *ugs* pep up (***sich*** o.s.), *fig* hype up, psych up
Aufputschmittel *n* stimulant, *ugs* pep pill, *sl* upper
aufraffen I *v/t* snatch up **II** *v/refl* ***sich aufraffen*** *fig* pull o.s. together; ***sich aufraffen, etw zu tun*** bring o.s. to do s.th.
aufragen *v/i* loom (up)
aufräumen *v/t und v/i* tidy (up): *fig* ***aufräumen mit*** *Missständen etc*: do away with
aufrechnen *v/t* ***etw aufrechnen*** set s.th. off (***gegen*** against)
aufrecht *Adj* upright (*auch fig redlich*), erect: *Adv* ***aufrecht sitzen*** sit up
aufrechterhalten *v/t* maintain, (*Meinung etc*) adhere to
Aufrechterhaltung *f* maintenance
aufregen I *v/t* excite, (*beunruhigen*) worry, upset, (*ärgern*) annoy **II** *v/refl* ***sich aufregen*** (***über*** *Akk* about) get excited, be upset
aufregend *Adj* exciting, (*beunruhigend*) upsetting
Aufregung *f* excitement: ***nur keine Aufregung!*** don't panic!
aufreiben I *v/t* **1.** (*Kräfte etc*) wear down: ***j-n aufreiben*** wear s.o. down **2.** MIL wipe out **II** *v/refl* ***sich aufreiben*** **3.** wear o.s. out
aufreibend *Adj* exhausting, (*nervenaufreibend*) trying, stressful
aufreihen *v/t* (*auch* ***sich aufreihen***) line up, (*Bücher etc*) put *s.th.* in a row
aufreißen I *v/t* **1.** (*Packung etc*) tear open, (*Straße etc*) tear up, (*Fenster, Tür*) fling open, *ugs* (*Mund, Augen*) open wide **2.** *ugs* **a)** ***j-n aufreißen*** pick s.o. up, **b)** (*einen Job etc*) land **II** *v/i* **3.** *Naht etc*: burst, *Wolken etc*: break up
aufreizen *v/t* **1.** → ***aufhetzen*** **2.** (*provozieren*) provoke **3.** (*Sinne*) excite
aufreizend *Adj* (*auch sexuell aufreizend*) provocative
aufrichten I *v/t* **1.** → ***errichten*** **2.** set upright, (*den Oberkörper*) straighten up, (*j-n*) *im Bett*: raise, *vom Boden*: help *s.o.* up **3.** *fig* (*trösten*) comfort, (*ermutigen*) encourage **II** *v/refl* ***sich aufrichten*** **4.** straighten o.s. (up), *im Bett etc*: sit up **5.** *fig* take heart (***an*** *Dat* from)
aufrichtig *Adj* sincere, *Bedauern*: heartfelt, (*offen*) frank, (*ehrlich*) honest: *Adv* ***es tut mir aufrichtig leid*** I really am sorry
Aufrichtigkeit *f* sincerity, honesty
aufriegeln *v/t* unbolt
Aufriss *m* ARCHI, MATHE elevation
aufrollen *v/t* **1.** (*zs.-rollen*) roll up, (*Fahne*) furl **2.** (*entrollen*) unroll, (*Fahne*) unfurl **3.** *fig* (***wieder***) ***aufrollen*** bring up (again), (*Prozess etc*) reopen
aufrücken *v/i* move up, *im Rang*: *auch* be promoted, MIL close the ranks
Aufruf *m allg* call, (*Appell*) appeal (***an*** *Akk* to), (*Namensaufruf*) roll call
aufrufen I *v/t* ***j-n aufrufen*** call (out) s.o.'s name; ***j-n aufrufen, etw zu tun*** call (up)on s.o. to do s.th. **II** *v/i*: ***zum Streik aufrufen*** call a strike
Aufruhr *m* turmoil (*auch fig*), (*Rebellion*) uprising, revolt, (*Tumult*) riot (*auch* JUR)
aufrühren *v/t fig* **1.** (*Gefühle etc*) rouse, (*alte Geschichten*) rake up **2.** → ***aufwühlen*** 2
Aufrührer, **Aufrührerin** rebel, POL agitator
aufrührerisch *Adj* rebellious, *Reden etc*: seditious
aufrunden *v/t* round up (***auf*** *Akk* to)

aufrüsten *v/t und v/i* **1.** MIL arm: ***wieder aufrüsten*** rearm **2.** COMPUTER upgrade
Aufrüstung *f* armament
aufs = ***auf das***
aufsagen *v/t* (*Gedicht etc*) recite
aufsammeln → ***auflesen***
aufsässig *Adj* rebellious (***gegen*** to)
Aufsatz *m* **1.** essay, PÄD *auch* composition, (*Abhandlung*) paper, (*Zeitungsaufsatz*) article **2.** TECH top, (*Kappe*) *auch* cap
aufsaugen *v/t auch fig* absorb
aufschauen → ***aufblicken***
aufscheuchen *v/t auch fig* startle
aufschieben *v/t* **1.** push open **2.** *fig* (***auf*** *Akk*, ***bis*** till) put off, postpone
Aufschlag *m* **1.** impact (***auf*** *Akk oder Dat* on): ***dumpfer Aufschlag*** thud **2.** (*Ärmelaufschlag*, *Am auch Hosenaufschlag*) cuff, (*Hosenaufschlag*) turnup, (*Jackenaufschlag*) lapel **3.** WIRTSCH extra charge **4.** *Tennis*: service: ***Aufschlag haben*** serve; ***j-m den Aufschlag abnehmen*** break s.o.'s serve
Aufschlagball *m Tennis*: service (ball)
aufschlagen **I** *v/i* **1.** hit: ***auf den*** (*oder* ***dem***) ***Boden aufschlagen*** hit the ground; ***dumpf aufschlagen*** thud **2.** *Tennis*: serve **II** *v/t* **3.** break (open), (*Ei*) crack **4.** (*Buch etc*, *auch Augen*) open, (*Bett*) turn down: ***Seite 10 aufschlagen*** open at page 10 **5.** (*Ärmel etc*) roll up **6.** ***sich das Knie*** *etc* ***aufschlagen*** bruise one's knee *etc* **7.** (*Gerüst etc*) mount, (*Zelt etc*) pitch: ***seinen Wohnsitz in X aufschlagen*** take up residence in X; → ***Zelt*** **8.** (*Prozente etc*) add (***auf*** *Akk* to)
Aufschläger, **Aufschlägerin** *Tennis*: server
aufschließen **I** *v/t* **1.** unlock, open **2.** BIOL, CHEM break down (*oder* up) **3.** (*Bodenschätze*, *Bauland*) develop **II** *v/i* **4.** open the door *etc* (***j-m*** for s.o.) **5.** MIL close (the) ranks, SPORT move up: ***aufschließen zu*** catch up with
aufschlitzen *v/t* slit open, slash
Aufschluss *m* ***Aufschluss geben*** (***über*** *Akk*) give information (on), explain (*s.th.*), ***j-m*** inform s.o. (about)
aufschlüsseln *v/t* (*Kosten*) allocate, *statistisch*: break down
aufschlussreich *Adj* informative, *weit. S.* revealing
aufschnallen *v/t* **1.** (*Gürtel etc*) unbuckle **2.** (*Decke etc*) strap on (***auf*** *Akk* to)
aufschnappen *v/t ugs fig* pick up
aufschneiden **I** *v/t* cut open, (*Brot etc*) slice, (*Braten*) carve, MED (*Geschwür*) open, lance **II** *v/i ugs* brag, boast, show off
Aufschneider, **Aufschneiderin** *ugs* show-off
Aufschnitt *m* cold cuts *Pl*
aufschnüren *v/t* untie, undo, (*Schuh etc*) unlace
aufschrauben *v/t* **1.** unscrew **2.** (*festschrauben*) screw on (***auf*** *Akk* to)
aufschrecken **I** *v/t* startle: ***j-n aufschrecken aus*** *seinen Gedanken etc*: rouse s.o. from **II** *v/i* (give a) start: ***aus dem Schlaf aufschrecken*** wake with a start
Aufschrei *m* cry, *fig* outcry
aufschreiben *v/t* write down, (*notieren*) take a note of: ***j-n aufschreiben*** *Polizei*: book s.o.
aufschreien *v/i* cry out (***vor*** with)
Aufschrift *f* inscription, (*Etikett*) label
Aufschub *m* postponement, (*Verzögerung*) delay, WIRTSCH (*Zahlungsaufschub*) respite, JUR *und fig* reprieve: ***die Sache duldet keinen Aufschub*** the matter bears no delay
aufschürfen *v/t* (*Haut*) graze: ***sich das Knie aufschürfen*** bark one's knee
aufschütteln *v/t* shake up
aufschütten *v/t* heap up, (*Damm*) raise
aufschwatzen *v/t ugs* ***j-m etw aufschwatzen*** talk s.o. into buying s.th.
aufschweißen *v/t* TECH weld open
aufschwemmen *v/t* bloat
aufschwingen *v/refl* ***sich aufschwingen*** **1.** soar (up) **2.** *fig* → ***aufraffen*** II
Aufschwung *m* **1.** *Turnen*: swing-up **2.** *fig* (*Auftrieb*) (fresh) impetus, WIRTSCH upswing, recovery, *seelisch*: uplift
aufsehen → ***aufblicken***
Aufsehen *n* ***Aufsehen erregen*** attract attention, *weit. S.* cause a stir (*oder* sensation); ***um Aufsehen zu vermeiden*** to avoid notice; ***Aufsehen erregend*** → ***aufsehenerregend***
aufsehenerregend *Adj* sensational
Aufseher, **Aufseherin** attendant, (*Gefängnisaufseher*[*in*]) warder
aufsein → ***auf*** 7
auf'seiten *Adv* ***aufseiten von*** on the part of
aufsetzen **I** *v/t* **1.** *allg*, *auch fig* put on: ***aufgesetzte Tasche*** patch pocket **2.** (*Brief*, *Rede etc*) draft **3.** ***j-n aufsetzen*** *im Bett etc*: set s.o. up **4.** *auch v/i* FLUG land: ***weich aufsetzen*** make a soft landing **II** *v/refl* ***sich aufsetzen*** **5.** sit up (***im Bett*** in bed)
Aufsetzer *m Fußball etc*: bounce shot
aufseufzen *v/i* heave a sigh
Aufsicht *f* **1.** supervision, (*Polizeiaufsicht*) surveillance, JUR custody: ***die Aufsicht haben*** (*oder* ***führen***) PÄD be on duty, be in charge (***über*** *Akk* of), *bei einer Prüfung*: invigilate (*an exam*); ***Aufsicht führend*** supervisory, *teacher etc* in charge; ***unter ärztlicher Aufsicht*** under medical supervision; ***ohne Aufsicht*** *Kinder*: unattended **2.** supervisor, person in charge
Aufsichtsbeamte *m*, **Aufsichtsbeamtin** *f* supervisor, *im Gefängnis*: warder
Aufsichtsbehörde *f* supervisory board
Aufsichtsrat *m* WIRTSCH supervisory board
aufsitzen *v/i* **1.** *auf Pferd*, *Fahrzeug*: get on, mount **2.** (*hereinfallen*) be taken in (*Dat* by) **3.** *ugs* ***j-n aufsitzen lassen*** let s.o. down
aufsparen *v/t auch fig* save (***für*** for)
aufsperren *v/t* (*Schnabel etc*) open wide: *ugs* ***Mund und Nase aufsperren*** gape
aufspielen **I** *v/t und v/i* play **II** *v/refl* ***sich aufspielen*** *ugs* give o.s. airs; ***sich als Held*** *etc* ***aufspielen*** play the hero *etc*
aufspießen *v/t* spear, *mit der Gabel*: *auch* fork, *mit einer Nadel*: pin, *mit den Hörnern*: gore, (*Fleisch*, *auch fig Missstände etc*) skewer
aufspringen *v/i* **1.** jump up, leap up, *Ball*: bounce: ***aufspringen auf*** (*Akk*) jump on to (*a train etc*) **2.** *Tür*, *Knospen*: burst open, *Haut*: chap, *Lippen*: crack
aufspulen *v/t* wind (up)
aufspüren *v/t auch fig* track down
aufstampfen *v/i* (***mit dem Fuß***) ***aufstampfen*** stamp one's foot
Aufstand *m* **1.** revolt, rebellion **2.** *ugs fig* (*Getue*) (big) fuss
Aufständische *m*, *f* rebel, insurgent
aufstapeln *v/t* stack (up)
aufstauen → ***aufgestaut***, ***stauen***
aufstechen *v/t* puncture, MED lance
aufstecken *v/t* **1.** (*Haar etc*) put up, pin up **2.** (*Kerzen*) put on: → ***Licht*** 2 **3.** *auch v/i ugs*

(*aufgeben*) give *s.th.* up: ***es aufstecken*** pack it in

aufstehen *v/i* **1.** rise, get up (***vom Tisch*** from the table): ***aufstehen dürfen*** *Kranke(r)*: be allowed (to get) up **2.** *fig Volk etc*: rise (in arms), rebel

aufsteigen *v/i* **1.** *allg* rise, *Vogel*: *auch* soar (up), FLUG take off, *Bergsteiger*: go up **2.** *fig* rise, be promoted (SPORT to the next higher division) **3.** ***aufsteigen auf*** *ein Pferd, Fahrzeug*: get on, mount **4.** *fig Gefühle, auch Tränen*: rise, well up: ***ein Verdacht stieg in mir auf*** I had a suspicion (***dass*** that)

Aufsteiger, Aufsteigerin 1. *ugs* (***sozialer***) ***Aufsteiger(in)*** social climber, *beruflicher*: success, *ugs* whiz kid **2.** SPORT (newly-)promoted team

aufstellen I *v/t* **1.** set up, (*Kragen etc*) put up, (*anordnen*) arrange, (*aufreihen*) line up, (*postieren*) place, (*auch Wachtposten*) post, (*Denkmal*) erect, (*Falle*) set, (*Leiter*) raise, (*Maschine etc*) install, (*Zelt*) pitch: ***die Ohren aufstellen*** *Tier*: prick its ears **2.** (*Kandidaten, Spieler etc*) nominate, (*Mannschaft*) compose, (*Truppe etc*) activate: POL ***sich*** (***als Kandidaten***) ***aufstellen lassen*** stand (*Am* run) for *election etc* **3.** (*Liste, Tabelle etc*) make (up), prepare, (*Bilanz etc*) *auch* draw up, (*Theorie etc*) advance, (*Regeln etc*) lay down, state, MATHE (*Gleichung*) form: ***einen Rekord aufstellen*** set (up) (*oder* establish) a record **II** *v/refl* ***sich aufstellen*** **4.** place o.s. (***vor*** *Dat* before), MIL form up: ***sich hintereinander aufstellen*** line up

Aufstellung *f* **1.** setting up (*etc*, → ***aufstellen*** 1), *einer Maschine etc*: installation **2.** *eines Kandidaten, Spielers*: nomination, (*Mannschaft*) line-up **3.** (*Liste*) list, (*Tabelle*) table, (*Übersicht*) survey, WIRTSCH statement: ***Aufstellung einer Bilanz*** preparation of a balance sheet

aufstemmen *v/t* prize open

Aufstieg *m* **1.** ascent (*auch* FLUG), (*Weg*) way up **2.** *fig* rise, (*Beförderung*) promotion (*auch Sport*): ***im Aufstieg begriffen sein*** be on the rise, be rising; SPORT ***den Aufstieg schaffen*** be promoted

Aufstiegschancen *Pl* promotion prospects *Pl*

Aufstiegsspiel *n* SPORT promotion tie

aufstöbern *v/t* track down, *fig auch* unearth

aufstocken *v/t* **1.** ARCHI raise **2.** (*Kapital etc*) increase

aufstöhnen *v/i* (give a loud) groan

aufstoßen I *v/t* **1.** push open **II** *v/i* **2.** burp, belch: ***j-m aufstoßen*** *Speise*: repeat on s.o. **3.** *ugs fig* ***j-m aufstoßen*** (*auffallen*) strike s.o.

aufstrebend *Adj fig* up-and-coming, rising, *bes Nation*: emergent

Aufstrich *m* (*Brotaufstrich*) spread

aufstülpen *v/t ugs* (*Hut etc*) clap on

aufstützen I *v/t* (*Arm etc*) prop up (***auf*** *Dat, Akk* on) **II** *v/refl* ***sich aufstützen auf*** (*Dat, Akk*) lean (up)on

aufsuchen *v/t allg* visit, (*einen Arzt etc*) (go and) see, (*Lokal, Toilette etc*) go to

auftakeln I *v/t* SCHIFF rig out **II** *v/refl* ***sich auftakeln*** *ugs* get dolled up

Auftakt *m* **1.** MUS upbeat **2.** *fig* (***den Auftakt bilden*** be a) prelude (***zu*** to)

auftanken *v/t und v/i* fill up, refuel

auftauchen *v/i* come up, emerge (*beide auch fig Problem etc*), *U-Boot*: surface, *fig Person, Sache*: turn up, *Zweifel etc*: arise

auftauen I *v/t* thaw, (*Tiefkühlkost*) defrost **II** *v/i auch fig* thaw

aufteilen *v/t* **1.** distribute, share (out) **2.** (*einteilen*) divide (***in*** *Akk* into)

auftischen *v/t auch fig* dish up

Auftrag *m* **1.** WIRTSCH order, *auch künstlerischer*: commission: ***etw in Auftrag geben*** order (*oder* commission) s.th. (***bei j-m*** from s.o.); ***im Auftrag und auf Rechnung von*** by order and for account of **2.** (*Anweisung*) order(s *Pl*) (*auch* MIL), instructions *Pl*, (*Mission, auch* MIL *Kampfauftrag*) mission, (*Besorgung*) errand: ***im Auftrag von*** (*oder Gen*) by order of, ***handeln*** act on behalf of

auftragen I *v/t* **1.** (*Speisen etc*) serve (up) **2.** (*Salbe, Make-up etc*) apply, put on **3.** ***j-m etw auftragen, j-m auftragen, etw zu tun*** instruct (*oder* tell) s.o. to do s.th. **4.** (*Kleidung*) wear out **II** *v/i* **5.** ***dieser Pullover trägt auf*** this pullover makes you look fat(ter); *ugs fig* ***dick auftragen*** lay it on thick

Auftraggeber, Auftraggeberin client, customer

Auftragsbestätigung *f vom Kunden*: confirmation (*vom Lieferanten*: acknowledg[e]ment) of (an) order

Auftragsbuch *n* order book

Auftragsdienst *m* TEL absent-subscriber service

auftragsgemäß *Adv* according to instructions, WIRTSCH as per order

Auftragslage *f* order situation

Auftragswerk *n eines Künstlers*: commissioned work

auftreffen *v/i* hit (***auf*** *Dat, Akk* on)

auftreiben *v/t ugs* get hold of, find

auftrennen *v/t* (*Naht etc*) undo, (*Gestricktes*) unravel

auftreten *v/i* **1.** ***leise auftreten*** tread softly; ***er kann mit dem verletzten Fuß nicht auftreten*** he can't walk on his injured foot **2.** THEAT make one's entrance, (*spielen*) appear (on stage) (***als*** as), *auch Musiker*: perform: ***Hamlet tritt auf*** enter Hamlet; ***zum ersten Mal auftreten*** make one's debut **3.** (*erscheinen*) appear (***öffentlich*** in public, ***als Zeuge*** as a witness, ***vor Gericht*** in court), (*hervortreten*) present o.s. (***als*** as), (*sich benehmen*) behave: ***als Vermittler auftreten*** act as go-between **4.** *fig Problem, Zweifel etc*: arise, *plötzlich*: crop up, *Seuche etc*: occur

Auftreten *n* **1.** appearance, THEAT *auch* performance, (*Vorkommen*) occurrence, *von Schwierigkeiten etc*: arising: THEAT ***erstes Auftreten*** debut **2.** (*Benehmen*) behavio(u)r

Auftrieb *m* **1.** PHYS buoyancy, FLUG *auch* lift **2.** *fig* (fresh) impetus, WIRTSCH upswing: (***neuen***) ***Auftrieb verleihen*** give (a fresh) impetus (*Dat* to)

Auftritt *m* THEAT entrance, (*Szene*) scene (*auch fig Streit*)

auftrumpfen *v/i fig* come it strong: ***auftrumpfen gegen*** make a strong showing against

auftun *v/refl* ***sich auftun*** *auch fig* open

auftürmen I *v/t* pile up **II** *v/refl* ***sich auftürmen*** loom (up), *fig Arbeit etc*: pile up

aufwachen *v/i auch fig* wake (up)

aufwachsen *v/i* grow up

aufwallen *v/i fig* surge, well up

Aufwand *m* **1.** expenditure (***an*** *Dat* of), (*Kosten*) cost, expense: ***einen großen Aufwand an Energie etc erfordern*** require a great deal of energy *etc*; ***der ganze Aufwand war umsonst*** it was a waste of time (energy, money, *etc*) **2.** (*Luxus*) luxury, (*Verschwendung*) extravagance: ***einen großen Aufwand treiben*** be very

extravagant
aufwändig → ***aufwendig***
Aufwandsentschädigung *f* expense allowance
aufwärmen I *v/t* **1.** warm up, heat up **2.** *fig* rehash, *ugs* drag up **II** *v/refl* ***sich aufwärmen*** **3.** warm o.s. up, SPORT warm up, limber up
Aufwärmen *n* SPORT warm-up
Aufwartefrau *f* charwoman
aufwarten *v/i fig* ***aufwarten mit*** come up with
aufwärts *Adv* up, upward(s)
Aufwärtsentwicklung *f* upward trend
aufwärtsgehen *v/i* ***es geht aufwärts (mit ihm)*** things are looking up (with him); ***mit dem Geschäft geht es aufwärts*** business is improving
Aufwärtshaken *m Boxen*: uppercut
Aufwasch *m* → ***Abwasch***
aufwaschen → ***abwaschen***
aufwecken *v/t* wake (up)
aufweichen I *v/t* **1.** soak, (*Boden*) make soggy **2.** *fig* (*System etc*) undermine **II** *v/i* **3.** become soggy, *auch fig* soften
aufweisen *v/t* ***etw aufweisen, etw aufzuweisen haben*** have (*oder* show) s.th.; ***große Mängel aufweisen*** have many defects
aufwenden *v/t* use, apply, (*Geld, Zeit*) spend (***für*** on): (***viel***) ***Mühe aufwenden*** take (great) pains
aufwendig *Adj* large-scale, (*kostspielig*) expensive, extravagant
Aufwendungen *Pl* expenditure *Sg*, expense *Sg*
aufwerfen I *v/t* **1.** (*Damm etc*) throw up **2.** *fig* (*Frage etc*) raise **II** *v/refl* ***sich aufwerfen*** **3.** set o.s. up (***zum Richter*** *etc* as judge *etc*)
aufwerten *v/t* WIRTSCH (*Währung*) revalue (upward), *auch fig* upvalue
Aufwertung *f* WIRTSCH revaluation (upward), *fig* upgrading
aufwickeln *v/t* **1.** roll (*oder* coil) up (*auch* ***sich aufwickeln***) **2.** *ugs* (*Haare*) put up in curlers **3.** → ***auswickeln***
aufwiegeln → ***aufhetzen***
aufwiegen *v/t fig* offset, make up for
Aufwind *m* **1.** FLUG upwind **2.** → ***Auftrieb*** 2: WIRTSCH ***im Aufwind*** on the upswing
aufwinden *v/t* wind up, (*heben*) hoist
aufwirbeln *v/t* whirl up (*auch v/i*), (*Staub*) raise: *fig* (***viel***) ***Staub aufwirbeln*** cause quite a stir
aufwischen *v/t* (*Wasser etc*) mop up, (*Boden etc*) wipe, mop
aufwühlen *v/t* **1.** (*Erde etc*) turn up, (*Meer etc*) churn up **2.** ***j-n aufwühlen*** stir s.o. deeply
aufwühlend *Adj fig* stirring
aufzählen *v/t* enumerate, *einzeln*: specify, (*nennen*) name, give
Aufzählung *f* enumeration
aufzäumen *v/t* bridle: → ***Pferd*** 1
aufzehren *v/t* eat up, *fig auch* use up, (*Ersparnisse etc*) spend
aufzeichnen *v/t* **1.** *allg* record, *schriftlich*: *auch* write down, *auf Tonband*: *auch* tape(-record), TV (video-)tape **2.** draw (***auf*** *Akk* on), sketch, TECH trace
Aufzeichnung *f* **1.** *auch* TECH, TV recording **2.** *Pl* notes *Pl*, record *Sg*, *weit. S.* papers *Pl*: ***sich Aufzeichnungen machen*** make notes (***über*** *Akk* of)
aufzeigen *v/t* show, demonstrate, (*Fehler etc*) point out
aufziehen I *v/t* **1.** (*Uhr etc*) wind up: ***Spielzeug zum Aufziehen*** clockwork toys *Pl* **2.** (*hoch ziehen*) draw up, pull up, (*Fahne etc*) hoist, THEAT (*Vorhang*) raise **3.** (*öffnen*) (*Gardine etc*) open, draw, (*Schublade*) (pull) open, (*Schleife*) undo **4.** (*Reifen*) mount, (*Saiten*) put on, (*Bild etc*) mount (on cardboard): *fig* ***andere Saiten aufziehen*** change one's tune **5.** (*großziehen*) *allg* raise, (*Kind*) *auch* bring up, (*Tier*) *auch* rear **6.** *ugs* (*organisieren*) organize, mount, (*Unternehmen*) set up **7.** *ugs* ***j-n aufziehen*** tease s.o., pull s.o.'s leg **8.** MED (*Spritze*) fill **II** *v/i* **9.** *Wolken*: gather, *Gewitter*: *auch* be brewing (*auch fig Gefahr*) **10.** MIL march up
Aufzucht *f* breeding, raising
Aufzug *m* **1.** procession, parade **2.** (*Fahrstuhl*) lift, *Am* elevator **3.** *ugs pej* (*Aufmachung*) get-up **4.** THEAT act
aufzwingen *v/t* ***j-m etw aufzwingen*** force s.th. (up)on s.o.
Augapfel *m* ANAT eyeball: *fig* ***etw wie seinen Augapfel hüten*** guard s.th. like gold
Auge *n* **1.** ANAT eye: ***gute*** (***schlechte***) ***Augen haben*** have good (bad) eyesight (*oder* eyes); ***vor aller Augen*** openly, in full view; ***unter vier Augen*** in private; ***nur fürs Auge*** just for show; ***Auge um Auge!*** an eye for an eye!; *ugs fig* ***blaues Auge*** black eye; ***mit einem blauen Auge davonkommen*** get off cheaply; ***mit bloßem Auge*** with the naked eye; ***vor meinem geistigen Auge*** in my mind's eye; *auch fig* ***mit verbundenen Augen*** blindfold; ***das Auge des Gesetzes*** the law; ***im Auge behalten*** keep an eye on, *fig* keep *s.th.* in mind; *ugs* ***j-m etw aufs Auge drücken*** land s.o. with s.th.; *ugs* ***etw aufs Auge gedrückt bekommen*** get landed with s.th.; ***ins Auge fallen*** catch the eye; ***ins Auge fallend*** **a)** striking, **b)** (*offensichtlich*) obvious; ***ins Auge fassen*** consider; ***j-m etw vor Augen führen*** make s.th. clear to s.o.; *ugs* ***das kann leicht ins Auge gehen*** that can easily go wrong; ***das hätte leicht ins Auge gehen können!*** that was close!; ***etw im Auge haben*** have s.th. in mind; ***ein Auge haben auf*** (*Akk*) have an eye on *s.o., s.th.*; ***seine Augen überall haben*** see everything; ***sich etw vor Augen halten*** bear s.th. in mind; ***nicht aus den Augen lassen*** keep one's eyes on; ***große Augen machen*** gape; *ugs* ***er wird Augen machen!*** he's in for a surprise!; ***sie hat*** (***vielleicht***) ***Augen gemacht!*** you should have seen her face!; ***j-m*** (***schöne***) ***Augen machen*** make eyes at s.o.; *fig* ***j-m die Augen öffnen*** open s.o.'s eyes; ***so weit das Auge reicht*** as far as the eye can see; *ugs* ***ein Auge riskieren*** risk a glance; *dem Tod, einer Gefahr etc* ***ins Auge sehen*** look *s.th.* in the eye, face; ***j-m in die Augen sehen*** look s.o. full in the face; *fig* ***in die Augen springen*** leap to the eye, be obvious; ***das stach mir ins Auge*** it caught my fancy; ***ich traute meinen Augen kaum*** I could hardly believe my eyes; ***aus den Augen verlieren*** lose sight of; *fig* ***die Augen verschließen vor*** (*Dat*) close one's eyes to; *ugs* ***ein Auge zudrücken*** turn a blind eye; ***ich habe kein Auge zugetan*** I didn't sleep a wink **2.** *auf Würfeln, Karten etc*: pip **3.** BOT eye **4.** (*Fettauge*) globule of fat
äugen *v/i bes* JAGD look
Augenarzt *m*, **Augenärztin** *f* eye specialist, ophthalmologist
Augenbank *f* MED eye bank
Augenbinde *f* MED (eye) patch
Augenblick *m* moment: ***einen Augenblick bitte!*** just a moment, please!; ***im Augenblick*** at the moment; ***im ersten Augenblick*** for a mo-

ment; ***im letzten Augenblick*** at the (very) last moment; ***alle Augenblicke*** every (*unbestimmt*: any) moment; ***er zögerte keinen Augenblick*** he didn't hesitate for a moment
augenblicklich **I** *Adj* **1.** (*sofortig*) immediate **2.** (*derzeitig*) present, current **3.** (*vorübergehend*) momentary **II** *Adv* **4.** (*sofort*) immediately **5.** at the moment, (just) now
Augenbraue *f* eyebrow
Augenbrauenstift *m* eyebrow pencil
Augenfältchen *Pl* crow's-feet *Pl*
Augenfarbe *f* colo(u)r of eyes
Augenheilkunde *f* ophthalmology
Augenhöhe *f* (***in Augenhöhe*** at) eye level
Augenhöhle *f* ANAT eye socket, orbit
Augeninnendruck *m* MED intra-ocular pressure
Augenklappe *f* eye patch
Augenklinik *f* eye clinic
Augenleiden *n* eye disease
Augenlicht *n* (eye)sight
Augenlid *n* eyelid
Augenmaß *n* **1.** ***ein gutes Augenmaß haben*** have a sure eye **2.** *fig* (good) *political etc* judg(e)ment
Augenmerk *n* ***sein Augenmerk richten auf*** (*Akk*) direct one's attention to
Augenschein *m* appearance(s *Pl*): ***dem Augenschein nach*** to all appearances; ***in Augenschein nehmen*** inspect closely
augenscheinlich *Adj* evident, apparent, obvious
Augenspiegel *m* MED ophthalmoscope
Augentropfen *Pl* MED eyedrops *Pl*
Augenweide *f fig* feast for the eyes
Augenwimper *f* eyelash
Augenwinkel *m* ***aus den Augenwinkeln*** *betrachten etc* out of the corner of one's eye
Augenwischerei *f ugs* eyewash
Augenzahn *m* eyetooth
Augenzeuge *m*, **Augenzeugin** *f* eyewitness
Augenzeugenbericht *m* eyewitness report
Augenzwinkern *n* (***mit einem Augenzwinkern*** with a) wink
August *m* (***im August*** in) August
Auktion *f* WIRTSCH auction (sale), public sale
Auktionator, Auktionatorin auctioneer
Auktionshaus *n* auctioneers *Pl*
Aula *f* PÄD, UNI assembly hall
Aupairmädchen *n* au pair (girl)
aus **I** *Präp* (*Dat*) **1.** out of, from: ***aus dem Fenster sehen*** look out of (*Am* out) the window; ***aus dem Haus gehen*** leave the house; BAHN ***aus Berlin*** from Berlin; ***aus unserer Mitte*** from among us; ***aus der Flasche*** *trinken* from the bottle **2.** (*Herkunft*) from, *zeitlich*: *auch* of: ***er ist aus Berlin*** he comes from Berlin; ***aus ganz Spanien*** from all over Spain; ***aus dem 19. Jh.*** of the 19th century; ***er liest aus seinem Roman*** he reads from his novel; ***aus dem Deutschen*** *übersetzen* from (the) German **3.** (*Material*) (made) of, from: *fig* ***aus ihm wurde ein guter Arzt*** he became a good doctor **4.** (*Grund*) ***aus Mitleid*** (***Neugier*** *etc*) out of pity (curiosity *etc*); ***aus Liebe*** from love; ***aus Liebe zu*** for the love of; ***aus Prinzip*** on principle; ***aus Spaß*** for fun; ***aus Versehen*** by mistake; ***aus der Mode*** out of fashion **II** *Adv* **5.** ***von … aus*** from; ***von hier aus*** from here; *fig* ***von Natur aus*** by nature; ***von mir aus kann er gehen*** he may go, for all I care; *ugs* ***von mir aus!*** I don't care!; ***von sich aus*** of one's own accord **6.** *ugs* (*ausgeschaltet*) off, out: ***ein - aus*** on - off **7.** ***aus und ein*** in and out; *fig* ***bei j-m ein und aus gehen*** be a frequent visitor at s.o.'s house; ***ich weiß nicht mehr ein noch aus*** I'm at my wits' end **8.** ***aus sein*** **a)** *Licht*, *Radio etc*: be off, *Feuer etc*: be out, **b)** (*zu Ende sein*) be over; ***die Schule ist aus*** school is over; *fig* ***mit ihm ist es aus*** he has had it; ***damit ist es*** (***jetzt***) ***aus!*** that's all over now, **c)** SPORT be out, *Ball*: a be out of play **9.** ***wir waren gestern Abend aus*** we were out last night **10.** ***aus sein auf*** (*Akk*) be out for (*oder* to get); ***sie ist auf sein Geld aus*** she is after his money
Aus *n* out: SPORT ***im*** (***ins***) ***Aus*** out (of play); *auch fig* ***das bedeutete das Aus für ihn*** with that he was out (of the game)
ausarbeiten *v/t* work out, *sorgfältig*: elaborate, (*entwickeln*) develop, (*entwerfen*) draw up
Ausarbeitung *f* working out, elaboration, development, *schriftliche*: draft
ausarten *v/i* degenerate (***in*** *Akk*, ***zu*** into), *Party*, *Spiel etc*: get out of hand
ausatmen *v/i und v/t* breathe out, exhale
ausbaden *v/t ugs* ***etw ausbaden müssen, etw auszubaden haben*** have to carry the can
ausbalancieren *v/t auch fig* balance (out)
Ausbau *m* **1.** TECH disassembly, removal **2.** ARCHI extension, (*Innenausbau*) interior works *Pl* **3.** (*Erweiterung*) *auch fig* expansion, development **4.** *fig* (*Festigung*) consolidation
ausbauen *v/t* **1.** TECH dismantle, remove **2.** ARCHI extend: ***das Dach ausbauen*** build rooms into the attic **3.** (*erweitern*) *auch fig* extend, expand, develop: SPORT ***seinen Vorsprung ausbauen*** increase one's lead **4.** (*festigen*) strengthen, consolidate
ausbaufähig *Adj* capable of development: *fig* ***eine ausbaufähige Stellung*** a position with good prospects
ausbedingen *v/t* ***sich etw ausbedingen*** reserve (o.s.) s.th.; ***sich ausbedingen, dass …*** make it a condition that …
ausbessern *v/t* mend, repair
Ausbesserung(sarbeit) *f* repair(s *Pl*)
ausbeulen **I** *v/t* **1.** TECH beat out **2.** (*Hose etc*) make baggy **II** *v/refl* ***sich ausbeulen*** **3.** go baggy
Ausbeute *f* profit, *auch* BERGB, TECH yield, output, *fig* result(s *Pl*)
ausbeuten *v/t* exploit (*auch pej Arbeiter*), BERGB *auch* work
Ausbeuter, Ausbeuterin *pej* exploiter
Ausbeutung *f auch pej* exploitation
ausbilden **I** *v/t* **1.** *allg* train, (*schulen*) *auch* instruct, (*bilden*) educate, (*entwickeln*) develop: ***j-n zum Sänger ausbilden*** train s.o. to be a singer **2.** BIOL form, develop **II** *v/refl* ***sich ausbilden*** **3.** *auch* ***sich ausbilden lassen zu*** train (*oder* be trained, study) to be: → ***ausgebildet*** **4.** *siehe* 2
Ausbilder, Ausbilderin *auch* MIL instructor
Ausbildung *f allg* training, PÄD, UNI education: (***noch***) ***in der Ausbildung stehen*** be undergoing training
Ausbildungsbeihilfe *f* grant
Ausbildungsgang *m* training
Ausbildungsplatz *m* training post
Ausbildungszeit *f* period of training
ausbitten *v/t* ***sich etw ausbitten*** ask for s.th.
ausblasen *v/t* blow out
ausbleiben *v/i* fail to come, (*fernbleiben*) stay away, (*aussetzen*) stop: MED ***die Periode blieb***

bei ihr aus she missed her period; *fig* ***es konnte nicht ausbleiben, dass …*** it was inevitable that …; ***(nicht) lange ausbleiben*** (not to) be long in coming
Ausbleiben *n* failure to come, (*Abwesenheit*) absence: MED ***Ausbleiben der Periode*** absence of the period
ausblenden *v/t* FILM, RADIO fade out
Ausblick *m* (***auf*** *Akk*) **1.** view (of): ***Zimmer mit Ausblick auf den See*** room(s) overlooking the lake **2.** *fig* outlook (on)
ausbomben *v/t* bomb out
ausbooten *v/t* **1.** SCHIFF disembark **2.** *ugs fig* ***j-n ausbooten*** oust s.o., get rid of s.o.
ausbrechen I *v/t* **1.** break out (*oder* off) **2.** → ***erbrechen*** 2 **II** *v/i* **3.** ***ausbrechen aus*** (*Dat*) break out of, escape from, *fig* break away from (*auch Sport*): *ugs* ***aus der Gesellschaft ausbrechen*** drop out of society **4.** *Krieg, Feuer, Krankheit etc*: break out, *Vulkan*: *auch* erupt **5.** ***in Tränen ausbrechen*** burst into tears; ***ihm brach der Schweiß aus*** he broke into a sweat; ***in Gelächter ausbrechen*** burst out laughing **6.** MOT swerve out of line
Ausbrecher, Ausbrecherin escaped prisoner
ausbreiten I *v/t* **1.** *allg* spread (out), *fig* (*Macht etc*) extend, expand, (*Wissen etc*) display **II** *v/refl* ***sich ausbreiten*** **2.** *Feuer, Seuche etc, auch Gerücht etc*: spread **3.** *Gelände*: spread (out), stretch (out), *Panorama*: open up (***vor j-m*** before s.o.) **4.** *ugs* (*sich breitmachen*) spread (o.s.) out
Ausbreitung *f* spread(ing), extension, expansion
ausbrennen I *v/t* burn out, MED (*Wunde*) cauterize: → ***ausgebrannt*** **II** *v/i* burn out
Ausbruch *m* **1.** (*Flucht*) escape: ***Ausbruch aus dem Gefängnis*** jailbreak, breakout **2.** *fig eines Kriegs, einer Krankheit etc*: outbreak, *eines Vulkans*: *auch* eruption, (*Gefühlsausbruch*) *auch* (out)burst: ***zum Ausbruch kommen*** break out
ausbrüten *v/t auch fig* hatch, *ugs* (*eine Krankheit*) be sickening for
ausbuchen *v/t* **1.** WIRTSCH cancel **2.** → ***ausgebucht***
ausbuchten *v/refl* ***sich ausbuchten*** bulge (*oder* curve) out(wards)
ausbuddeln *v/t ugs* dig up, dig out
ausbügeln *v/t auch ugs fig* iron out
ausbürgern *v/t* denaturalize
ausbürsten *v/t* brush (out)
auschillen *v/i ugs* chill out
Ausdauer *f* perseverance, *auch* TECH endurance, (*Zähigkeit*) tenacity, (*Stehvermögen*) *bes* SPORT staying power, stamina, (*Geduld*) patience
ausdauernd *Adj* **1.** persevering, *körperlich*: tireless, (*geduldig*) enduring **2.** LANDW perennial
ausdehnen *v/t und v/refl* ***sich ausdehnen*** *auch* PHYS, TECH stretch, expand, extend (***auf*** *Akk* to): → ***ausgedehnt***
Ausdehnung *f* extension (***auf*** *Akk* to), expansion, (*Verbreitung*) spread(ing), (*Ausmaß*) extent, (*Umfang*) size
ausdenken *v/t* ***sich etw ausdenken*** think *s.th.* up, *ugs* come up with, (*sich vorstellen*) imagine, (*erfinden*) invent, devise; ***nicht auszudenken sein*** be inconceivable; ***die Folgen sind nicht auszudenken*** the consequences could be disastrous
ausdiskutieren *v/t* thresh out
ausdörren *v/t* dry up, parch
ausdrehen *v/t ugs* (*Gas etc*) turn off, (*Licht*) *auch* switch off
Ausdruck[1] *m allg* expression (*auch Gesichtsausdruck, auch* MATHE *etc*), (*Wort*) *auch* word, term, (*Redewendung*) *auch* phrase: ***idiomatischer Ausdruck*** idiom; ***juristischer Ausdruck*** legal term; ***zum Ausdruck bringen*** express; ***zum Ausdruck kommen*** be expressed; *ugs* ***das ist gar kein Ausdruck!*** that's putting it mildly!
Ausdruck[2] *m* (*Computerausdruck*) printout
ausdrucken *v/t* (*Text etc*) print out
ausdrücken I *v/t* **1.** (*Frucht etc*) squeeze (out) **2.** (*Zigarette etc*) stub out **3.** (*formulieren*) express, put into words, (*zeigen*) show, reveal: ***ich weiß nicht, wie ich es ausdrücken soll*** I don't know how to put it; ***anders ausgedrückt*** in other words **II** *v/refl* ***sich ausdrücken*** **4.** express o.s **5.** (*sich zeigen*) reveal itself, be revealed
ausdrücklich I *Adj* express: ***ausdrücklicher Befehl*** strict order **II** *Adv* expressly, (*besonders*) specially
Ausdruckskraft *f* expressiveness
ausdruckslos *Adj* expressionless, *Blick, Miene*: *auch* blank
ausdrucksvoll *Adj* expressive
Ausdrucksweise *f* style, diction, *weit. S.* language
ausdünsten *v/t* (*Geruch etc*) give off
Ausdünstung *f* odo(u)r, perspiration
auseinander *Adv* apart, separated, *ugs Personen*: *auch* no longer together, *Ehe*: on the rocks: ***… schreibt man auseinander*** … is written in two words; ***die Kinder sind zwei Jahre auseinander*** the children are two years apart in age
auseinanderbrechen *v/t* break asunder
auseinanderbringen *v/t* (*Kämpfende, Freunde*) separate
auseinanderdividieren *v/t ugs fig* split (up)
auseinanderfallen *v/i* fall apart, *fig auch* break up
auseinanderfalten *v/t* unfold
auseinandergehen *v/i* **a)** separate, part, *Menge*: disperse, **b)** *fig Meinungen etc*: be divided (***über*** *Akk* on), **c)** *ugs* (*entzweigehen*) come apart, *fig Verbindung etc*: break off, *Verlobung*: be broken off, *Ehe*: go on the rocks, **d)** *ugs* (*dick werden*) grow fat
auseinandergehend *Adj fig Ansichten etc*: differing, divergent
auseinanderhalten *v/t* tell apart, distinguish between
auseinanderleben *v/refl* ***sich auseinanderleben*** drift apart
auseinandernehmen *v/t* **a)** take apart, TECH *auch* dismantle, **b)** *ugs fig* (*fertig machen*) *bes* SPORT clobber
auseinanderreißen *v/t* tear apart, *fig auch* separate
auseinandersetzen *v/t* ***j-m etw auseinander setzen*** explain s.th. to s.o.; ***sich auseinander setzen mit*** *einer Frage etc*: deal with, *stärker*: tackle (*a problem etc*)
Auseinandersetzung *f* **1.** dealing (***mit*** with) **2.** argument: *bes* POL ***kriegerische Auseinandersetzung*** armed conflict
auseinandertreiben *v/t* disperse, scatter
ausersehen, auserwählen *v/t* choose, select
auserwählt *Adj* REL ***das Auserwählte Volk*** the

chosen people
ausfahrbar *Adj* telescopic
ausfahren **I** *v/t* **1.** TECH extend, (*Fahrgestell*) *auch* lower **2.** MOT run *the engine* at top speed, (*Kurve*) round **3.** (*j-n*) take *s.o.* out for a drive, (*Baby etc*) take out **4.** (*Waren*) deliver **5.** wear out, rut: → ***ausgefahren*** **II** *v/i* **6.** go for a drive
Ausfahrt *f* **1.** drive **2.** (*Torausfahrt*) gateway, (*Autobahnausfahrt*) exit, (*Hafenausfahrt*) mouth: MOT ***Ausfahrt freihalten!*** keep exit clear!
Ausfall *m* **1.** TECH (*Versagen*) failure, breakdown **2.** (*Verlust*) loss, (*Fehlen*) absence, *des Unterrichts etc*: cancel(l)ation: SPORT ***ein glatter Ausfall*** (*Spieler*) *ugs* a dead loss **3.** *Fechten*: lunge: *fig* ***Ausfälle*** attacks (***gegen*** on) **4.** (*Ergebnis*) outcome
ausfallen *v/i* **1.** TECH fail, break down **2.** *Haare etc*: fall out **3.** not to take place: *Vortrag etc* ***ausfallen lassen*** call off, cancel; ***morgen fällt die Schule aus*** there is no school tomorrow **4.** *Person*: be absent, be unavailable **5.** ***gut*** (***schlecht***) ***ausfallen*** turn out well (badly); ***der Sieg fiel knapp aus*** it was a close victory
ausfällen *v/t* CHEM precipitate
ausfallend → ***ausfällig***
Ausfallerscheinung, **Ausfallserscheinung** *f* MED deficiency (*bei Sucht*: withdrawal) symptom
ausfällig *Adj* (***er wurde ausfällig*** he became) abusive
Ausfallmuster *n* WIRTSCH production (*oder* proof) sample
Ausfallstraße *f* arterial road
ausfasern *v/i* ravel out, fray (out)
ausfechten *v/t* *fig* fight out
ausfertigen *v/t* (*Schriftstück*) draw up, (*Urkunde*) execute, VERW (*Pass etc*) issue
Ausfertigung *f* **1.** drawing up, JUR execution **2.** (*Kopie*) (JUR certified) copy: → ***doppelt*** I, ***dreifach***
ausfindig *Adv* ***ausfindig machen*** find, discover
ausfliegen *v/i* fly out (*auch v/t* MIL), *Vögel*: leave the nest
ausfließen *v/i* flow out
ausflippen *v/i* *ugs* freak out, flip (out)
Ausflucht *f* *meist Pl* excuse
Ausflug *m* (***einen Ausflug machen***) (make an) excursion (*auch fig*), (go on a) trip, (go for an) outing
Ausflügler, **Ausflüglerin** (day) tripper, excursionist
Ausfluss *m* **1.** TECH **a)** outflow, **b)** outlet **2.** MED discharge
ausfragen *v/t* (*j-n*) (***über*** *Akk* about) question, quiz, *neugierig*: pump
ausfransen *v/i* fray (out)
ausfressen *v/t* *ugs* ***was hat er*** *etc* ***ausgefressen?*** what has he *etc* been up to?
Ausfuhr *f* export, (*Ausfuhrgüter*) exports *Pl*
ausführbar *Adj* **1.** *Plan etc*: practicable **2.** WIRTSCH exportable
ausführen *v/t* **1.** WIRTSCH export **2.** (*Plan, Arbeit, Gesetz, Befehl etc*) carry out, (*auch Gemälde etc*) execute, (*Auftrag etc*) fill: ***Reparaturen ausführen*** *auch* make repairs **3.** (*darlegen*) explain, argue **4.** take *s.o.* out, (*Hund*) take *a dog* for a walk
Ausführende *m, f* MUS performer
Ausfuhrgenehmigung *f* WIRTSCH export licen/ce (*Am* -se)
Ausfuhrhandel *m* export trade
Ausfuhrland *n* exporting country
ausführlich **I** *Adj* detailed, full **II** *Adv* in detail: ***sehr*** (***ziemlich***) ***ausführlich*** at great (some) length; ***ausführlich beschreiben*** give a detailed description (*oder* account) of
Ausfuhrprämie *f* export bounty
Ausfuhrquote *f* export quota
Ausfuhrsperre *f* embargo on exports
Ausführung *f* **1.** *eines Vorhabens, Befehls etc*: carrying out, *auch eines Gemäldes etc*: execution, *weit. S.* (*Fertigstellung*) completion **2.** (*Qualität*) quality, (*Typ*) type, model, (*Konstruktion*) design **3.** *Pl* remarks *Pl*, comments *Pl*
Ausfuhrzoll *m* export duty
ausfüllen *v/t* **1.** fill, *fig auch* occupy: ***ihre Arbeit füllt sie nicht aus*** she is not satisfied by her work **2.** (*Formular*) fill in, *Am* fill out, complete
Ausgabe *f* **1.** handing out, distribution, *eines Befehls, von Material etc, auch* WIRTSCH *von Aktien etc*: issue, *von Banknoten*: emission **2.** *eines Buchs*: edition, (*Exemplar*) copy, *einer Zeitschrift*: issue, number **3.** *Pl* expenditure *Sg*, (*Kosten*) expense(s *Pl*)
Ausgabekurs *m* WIRTSCH issue price
Ausgabestelle *f* issuing office
Ausgang *m* **1.** way out, exit: ***am Ausgang des Dorfs*** at the end of the village **2.** (*Ende*) end, close, (*Ergebnis*) outcome, result: ***Unfall mit tödlichem Ausgang*** fatal accident **3.** (*Anfang*) beginning: ***seinen Ausgang nehmen von*** start from **4.** outing: ***Ausgang haben*** have the day *etc* off, MIL have a pass
Ausgangspunkt *m auch fig* starting point
Ausgangssperre *f* → ***Ausgehverbot***
Ausgangssprache *f* source language
ausgeben **I** *v/t* **1.** hand out, distribute, *auch* WIRTSCH (*Aktien etc*) issue, (*Geld*) spend **2.** *ugs* ***einen*** (*oder* ***eine Runde***) ***ausgeben*** stand a round (of drinks) **3.** ***ausgeben für, ausgeben als*** pass *s.o., s.th.* off as **II** *v/refl* ***sich ausgeben*** **4.** pose (***für, als*** as)
ausgebeult *Adj Hose etc*: baggy
ausgebildet *Adj* trained
ausgebombt *Adj* bombed(-)out
ausgebrannt *Adj* gutted (by fire), *auch fig* burnt(-)out
ausgebucht *Adj* booked(-)up
ausgedehnt *Adj* extensive (*auch fig*), *zeitlich*: long
ausgedient *Adj* useless, discarded
ausgefahren *Adj* worn(-)out, rutty: → ***Gleis***
ausgefallen *Adj fig* unusual, *ugs* off-beat
ausgefeilt *Adj fig* polished
ausgeglichen *Adj fig* (well-)balanced, *auch Klima*: equable
ausgehen *v/i* **1.** go out: ***er ist ausgegangen*** *auch* he is not in **2.** (*enden*) end: ***gut ausgehen*** *auch* turn out well; LING ***auf einen Vokal ausgehen*** end in a vowel; SPORT ***unentschieden ausgehen*** end in a draw **3.** *Geld, Vorräte etc*: run out, *Licht, Zigarette etc*: go out: ***mir ging das Geld aus*** I ran out of money; *fig* ***ihr ging die Geduld aus*** she lost all patience; *ugs* ***ihm ging die Puste aus*** he ran out of steam **4.** → ***ausfallen*** 2 **5.** ***ausgehen von*** **a)** → ***abgehen*** 5, **b)** *Anregung, Idee etc*: come from, *Wärme, Ruhe etc*: be radiated by, **c)** proceed from, (*annehmen*) assume: ***wenn wir davon ausgehen, dass …*** proceeding on the assumption that …; ***man kann*** (***ruhig***) ***davon ausgehen, dass …*** it

is safe to assume that …; ***ich gehe davon aus, dass …*** *auch* I would think (that) … **6.** ***ausgehen auf*** (*Akk*) be bent on; ***auf Abenteuer ausgehen*** seek adventure; ***auf Betrug ausgehen*** be out to cheat **7.** ***leer ausgehen*** come away empty-handed, *weit. S. auch* be left out in the cold; ***(straf)frei ausgehen*** get off scot--free
ausgehend *Adj* ***das ausgehende Mittelalter*** the late Middle Ages *Pl*; ***im ausgehenden 19. Jh.*** toward(s) the end of the 19th century
ausgehungert *Adj* starved (*fig* ***nach*** for)
Ausgehverbot *n* curfew: MIL ***Ausgehverbot bekommen (haben)*** be confined to barracks
ausgeklügelt *Adj* ingenious, clever
ausgekocht *Adj ugs fig* shrewd, crafty
ausgelassen *Adj* gay, exuberant, (*laut*) boisterous: ***ausgelassen sein*** *auch* be in high spirits
ausgelastet *Adj auch* ***voll ausgelastet*** WIRTSCH, TECH working to capacity, *Person*: fully stretched
ausgelaugt *Adj ugs fig* washed(-)out
ausgemacht *Adj* **1.** (*sicher*) settled: ***eine ausgemachte Sache*** a foregone conclusion **2.** *Gauner, Narr etc*: utter, perfect: ***ausgemachter Blödsinn*** utter nonsense
ausgenommen **I** *Konj* (*auch* ***ausgenommen, wenn***) unless *it rains etc*: ***ausgenommen, dass …*** except that… **II** *Präp* except(ing), with the exception of: → ***Anwesende***
ausgeprägt *Adj* marked: ***ausgeprägtes Pflichtgefühl*** strongly developed sense of duty
ausgepumpt *Adj ugs fig* bushed, *Am* pooped
ausgerechnet *Adv ugs fig* ***ausgerechnet er*** he of all people; ***ausgerechnet Bananen*** bananas of all things; ***ausgerechnet heute*** today of all days; ***ausgerechnet jetzt*** just now
ausgereift *Adj* mature(d) (*auch fig*), *Konstruktion etc*: perfected
ausgeschlossen *Adj* **1.** ***sich ausgeschlossen fühlen*** feel left out of things **2.** impossible: ***das ist ausgeschlossen!*** that's out of the question!; ***jeder Zweifel ist ausgeschlossen*** there is no doubt about it
ausgeschnitten *Adj* ***(tief) ausgeschnitten*** *Kleid etc*: low-necked
ausgesprochen *Adj fig* pronounced, decided, marked: ***das war ausgesprochenes Pech*** that really was bad luck; *Adv* ***ausgesprochen falsch*** positively wrong
ausgestorben *Adj* extinct: *fig* ***wie ausgestorben*** completely deserted
ausgesucht *Adj fig* select, exquisite: ***ausgesuchte Qualität*** choice quality
ausgewachsen *Adj* **1.** full(y)-grown **2.** *ugs fig Skandal etc*: full-blown
Ausgewiesene *m, f* expellee
ausgewogen *Adj fig* (well-)balanced
ausgezeichnet *Adj* excellent: *Adv* ***das passt mir ausgezeichnet*** that suits me fine
ausgiebig **I** *Adj* ***ausgiebigen Gebrauch machen von*** make full use of **II** *Adv* ***ausgiebig duschen (frühstücken*** *etc*) have a good long shower (breakfast *etc*)
ausgießen *v/t* pour out, (*leeren*) empty
Ausgleich *m* **1.** balance, WIRTSCH *eines Kontos, einer Rechnung*: settlement, (*Entschädigung*) compensation: ***als Ausgleich für*** by way of compensation for; ***zum Ausgleich*** (*Gen*) in settlement of **2.** SPORT (*Treffer, Punkt*) equalizer: ***den Ausgleich erzielen*** → ***ausgleichen*** 3
ausgleichen **I** *v/t* **1.** compensate (for), offset: ***ausgleichende Gerechtigkeit*** poetic justice **2.** WIRTSCH (*Konten etc*) balance, settle, (*Verlust*) cover, (*Defizit*) make good **II** *v/i* **3.** SPORT equalize
Ausgleichsgetriebe *n* MOT differential (gear)
Ausgleichssport *m ich schwimme etc* ***als Ausgleichssport*** to keep fit
Ausgleichstor *n*, **Ausgleichstreffer** *m* equalizer
ausgleiten *v/i auch fig* slip
ausgraben *v/t auch fig* dig up
Ausgrabung *f meist Pl* excavation, *ugs* dig
ausgrenzen *v/t fig* exclude
Ausguck *m* SCHIFF, MIL lookout
Ausguss *m* sink, TECH outlet
aushacken *v/t* (*Augen etc*) pick out: → ***Krähe***
aushaken **I** *v/t* unhook **II** *v/unpers ugs* ***es hakte bei ihm aus*** **a)** he lost the thread, **b)** he lost his cool, **c)** he flipped; ***da hakts bei mir aus!*** I just don't get it!
aushalten **I** *v/t* **1.** (*Schmerzen etc*) bear, stand, (*standhalten*) sustain: ***es ist nicht auszuhalten*** (*oder* ***zum Aushalten***) it is unbearable **2.** *ugs* (*eine Frau*) keep **3.** MUS (*Ton*) hold **II** *v/i* **4.** hold out: ***er hält (es) nirgends lange aus*** he never lasts long in any place (*oder* job)
aushandeln *v/t* (*Tarif etc*) negotiate
aushändigen *v/t* hand over
Aushang *m* notice, bulletin
aushängen *v/t* **1.** (*Tür etc*) take off its hinges **2.** (*Anschlag etc*) put up, (*Bild*) show
Aushängeschild *n* **1.** sign **2.** *fig* (*Person*) figurehead
ausharren *v/i* hold out, wait
ausheben *v/t* **1.** (*Grube etc*) dig **2.** → ***aushängen*** 1 **3.** (*Nest*) rob **4.** *fig* (*Bande etc*) round up
aushecken *v/t ugs* hatch, cook up
ausheilen *v/i* be cured, *Wunde*: heal up
aushelfen *v/i* ***j-m aushelfen*** help s.o. out (***mit*** with)
Aushilfe *f* **1.** temporary help: ***zur Aushilfe (bei j-m) arbeiten*** → ***aushilfsweise*** **2.** → ***Aushilfskraft***
Aushilfskraft *f* temporary worker
aushilfsweise *Adv* ***aushilfsweise arbeiten*** work temporarily (***in*** *Dat* at), ***bei j-m*** *auch* help s.o. out
aushöhlen *v/t* hollow out, GEOL *und fig* erode, undermine
ausholen **I** *v/i* ***(weit) ausholen*** **a)** *zum Schlag etc*: swing back, **b)** *fig Erzähler*: go far back; ***mit der Axt (zum Schlag) ausholen*** raise the axe (to strike) **II** *v/t ugs* → ***ausfragen***
aushorchen → ***ausfragen***
aushungern *v/t* starve (out): → ***ausgehungert***
auskennen *v/refl* ***sich auskennen*** **a)** ***in*** *einem Ort*: know (one's way around) *a place*, **b)** ***in*** (*Dat*), ***mit*** know all about
ausklammern *v/t fig* leave *s.th.* out of consideration, ignore
Ausklang *m auch fig* finale
auskleiden *v/t* TECH line
ausklingen *v/i fig* end (***in*** *Dat* with)
ausklinken *v/t* TECH release
ausklopfen *v/t* (*Staub etc*) beat out (***aus*** *Dat* of), (*Pfeife*) knock out
ausknipsen *v/t ugs* switch off
ausknobeln *v/t ugs fig* figure out
auskochen *v/t* **1.** boil, MED sterilize (by boiling) **2.** → ***ausgekocht***
auskommen *v/i* **1.** ***auskommen mit*** make do (*oder* manage) with; ***mit seinem Geld aus-***

kommen make both ends meet; ***auskommen ohne*** manage (*oder* do) without **2.** ***mit j-m auskommen*** get on (*oder* along) with s.o.

auskommen ≠ come out

auskommen mit	=	make do *od* manage with
come out	=	herauskommen; (*Haare*) ausgehen; (*Homosexueller*) sich outen

Auskommen *n* **1.** livelihood: ***sein Auskommen haben*** make a (decent) living **2.** ***mit ihm*** *etc* ***ist kein Auskommen*** you can't get on with him *etc*
auskosten *v/t fig* enjoy to the full
auskratzen *v/t* **1.** (*Topf etc*) scrape out **2.** MED curette
auskugeln → ***ausrenken***
auskühlen *v/t* cool, (*Körper*) chill through
auskundschaften *v/t* spy out
Auskunft *f* **1.** information (***über*** *Akk* on, about): ***nähere Auskunft*** further particulars *Pl*; ***Auskünfte einholen*** make inquiries **2.** (*Stelle*) information office (*oder* desk), *auch* TEL Inquiries *Pl*
Auskunftei *f* WIRTSCH inquiry office
Auskunftsbeamte *m*, **Auskunftsbeamtin** *f* inquiry clerk
Auskunftsbüro *n* inquiry office
auskuppeln *v/i* MOT declutch
auskurieren *v/t* heal, cure
auslachen *v/t* laugh at, deride
ausladen *v/t* **1.** unload, SCHIFF (*Passagiere etc*) disembark **2.** *ugs* disinvite: ***j-n ausladen*** *auch* ask s.o. not to come
ausladend *Adj* **1.** projecting, jutting out **2.** *fig Gebärde etc*: sweeping
Auslage *f* **1.** (*Warenauslage*) (window) display, (*Schaufenster*) shopwindow **2.** *Pl* (***j-m seine Auslagen ersetzen*** refund s.o.'s) expenses *Pl*
Ausland *n* foreign countries *Pl*: ***im Ausland, ins Ausland*** abroad; ***aus dem Ausland*** from abroad; ***die Reaktion des Auslands*** reactions abroad
Ausländer, **Ausländerin** foreigner
ausländerfeindlich *Adj* hostile to foreigners
Ausländerfeindlichkeit *f* anti-alien feeling
ausländerfreundlich *Adj* foreigner-friendly, *präd* friendly to foreigners
ausländisch *Adj* foreign: ***ausländische Besucher*** *auch* visitors from abroad
Auslands... foreign (*department etc*)
Auslandsaufenthalt *m* stay abroad
Auslandsflug *m* international flight
Auslandsgespräch *n* TEL international call
Auslandskorrespondent, **Auslandskorrespondentin** foreign correspondent
Auslandsreise *f* journey (*oder* trip) abroad
Auslandsschutzbrief *m* MOT (certificate of) international travel cover
Auslandstournee *f* tour abroad
Auslandsverschuldung *f* WIRTSCH foreign debts *Pl*
auslassen **I** *v/t* **1.** (*Wort etc*) leave out, omit, (*Gelegenheit etc*) miss, (*überspringen*) skip **2.** (*Ärger, Zorn etc*) vent (***an*** *Dat* on): ***seinen Ärger an j-m auslassen*** *auch* take it out on s.o. **3.** (*Butter etc*) melt **4.** (*Naht, Saum*) let out **II** *v/refl* ***sich auslassen*** **5.** talk (at length) (***über*** *Akk* about)
Auslassung *f* omission
auslasten *v/t* TECH use to capacity: → ***ausgelastet***
Auslauf *m* **1.** SPORT run-out **2.** (chicken *etc*) run: ***die Kinder haben keinen Auslauf*** the children have nowhere to play
auslaufen *v/i* **1.** *Flüssigkeit, Tank etc*: run out **2.** SCHIFF sail **3.** (*enden*) end, *Vertrag, Amtszeit etc*: expire, *auch Produktion*: run out: WIRTSCH ***auslaufen lassen*** phase out, (*Modell*) discontinue **4.** *Farbe*: run, bleed
Ausläufer *Pl eines Gebirges*: foothills *Pl*
Auslaufmodell *n* WIRTSCH phase-out model
Auslaut *m* LING final sound
ausleben *v/refl* ***sich ausleben*** live it up
auslecken *v/t* lick out, lick clean
auslegen *v/t* **1.** *allg* lay out, (*Kabel etc*) *auch* pay out, (*Waren*) *auch* display **2.** (*bedecken*) cover, (*verzieren*) inlay: ***mit Teppich auslegen*** *auch* carpet; ***mit Papier auslegen*** line with paper **3.** (*eine Summe*) advance **4.** (*deuten*) interpret: ***falsch auslegen*** misinterpret **5.** TECH design (***auf*** *Akk* for)
Ausleger *m* **1.** *eines Krans*: jib, boom **2.** *a* **Auslegerboot** *n* outrigger
Auslegeware *f* floor coverings *Pl*
Auslegung *f* interpretation
ausleiern *v/t* (*auch* ***sich ausleiern***) wear out
ausleihen *v/t* **1.** lend (out), loan **2.** ***sich etw ausleihen von*** borrow s.th. from
auslernen *v/i* complete one's training: ***man lernt nie aus*** (we) live and learn
Auslese *f* **1.** choice, selection: BIOL ***natürliche Auslese*** natural selection **2.** *fig* (*Elite*) flower **3.** wine made from selected grapes
auslesen[1] *v/t* select, TECH sort
auslesen[2] *v/t* finish (reading)
ausleuchten *v/t auch fig* illuminate
ausliefern *v/t* **1.** hand over (*Dat* to), WIRTSCH deliver: *fig* ***j-m ausgeliefert sein*** be at s.o.'s mercy **2.** POL extradite
Auslieferung *f* **1.** WIRTSCH delivery **2.** POL extradition
Auslieferungsvertrag *m* JUR, POL extradition treaty
ausliegen *v/i Waren*: be on display, *Zeitungen*: be available
auslöffeln *v/t* spoon up: → ***Suppe***
ausloggen *v/i* COMPUTER log out (*oder* off)
auslöschen *v/t* **1.** → ***löschen***[1] 1 **2.** *fig* (*vernichten*) wipe out, (*töten*) *auch* kill
auslosen *v/t* draw (lots) for
auslösen *v/t* **1.** FOTO, TECH release, *auch fig* trigger (off), *fig* (*Wirkung etc*) produce, (*Begeisterung etc*) cause, (*Beifall*) arouse **2.** (*Pfand etc*) redeem
Auslöser *m* release, *auch fig* trigger
Auslosung *f* draw
Auslösung *f* **1.** releasing, triggering (*etc*, → ***auslösen***). **2.** WIRTSCH compensation
ausloten *v/t* plumb, SCHIFF *und fig* sound
ausmachen *v/t* **1.** *ugs* → **a)** ***löschen*** 1, **b)** ***ausschalten*** 1 **2.** (*sichten*) make out, spot, (*orten*) locate **3.** → ***abmachen*** 2 **4.** (*betragen*) amount to **5.** *fig* make up, form (part of): ***das macht den Reiz seiner Bilder aus*** this is what makes his pictures so attractive **6.** ***das macht nichts (viel) aus*** that doesn't matter (it matters a great deal); ***wenn es Ihnen nichts ausmacht*** if you don't mind; ***macht es Ihnen etw aus,***

wenn ich rauche? do you mind my smoking?; ***die Kälte macht mir nichts aus*** I don't mind the cold
ausmalen *v/t* **1.** paint, (*Bild*) colo(u)r **2.** *fig* depict (*Dat* to): ***sich etw ausmalen*** picture s.th. (to o.s.)
Ausmaß *n* dimensions *Pl*, *auch fig* extent: ***das Ausmaß des Schadens*** the extent of the damage; ***gewaltige Ausmaße annehmen*** assume horrendous proportions
ausmergeln *v/t* emaciate
ausmerzen *v/t* (*Fehler*) eliminate
ausmessen *v/t* measure
ausmisten *v/t* muck out
Ausnahme *f* exception: ***mit Ausnahme von*** (*oder Gen*) with the exception of, except (for); ***eine Ausnahme bilden*** *auch* be exceptional; ***bei j-m eine Ausnahme machen*** make an exception in s.o.'s case
Ausnahme… exceptional (*athlete*, *case*, *etc*)
Ausnahmezustand *m* (***den Ausnahmezustand verhängen*** declare a) state of emergency (***über*** *Akk* in)
ausnahmslos *Adv und Adj* without exception
ausnahmsweise *Adv* by way of exception, (*diesmal*) for once
ausnehmen *v/t* **1.** (*Wild*, *Fisch*) gut, (*Geflügel*) draw: *ugs fig* ***j-n ausnehmen*** fleece s.o. **2.** (*ausschließen*) except, exclude
ausnüchtern *v/i* sober up
Ausnüchterungszelle *f* drying-out cell
ausnutzen *v/t auch pej* use, take advantage of, *auch* TECH exploit
Ausnutzung *f* use, *auch pej* exploitation
auspacken **I** *v/t* unpack, (*Geschenk*) unwrap **II** *v/i ugs fig* spill the beans
auspeitschen *v/t* whip, flog
auspfeifen *v/t* boo
ausplaudern *v/t* blab out
ausposaunen *v/t ugs* trumpet (forth)
auspreisen *v/t* WIRTSCH price
auspressen *v/t* squeeze (out)
ausprobieren *v/t* try (out), test
Auspuff *m* MOT exhaust
Auspufftopf *m* silencer, *Am* muffler
auspumpen *v/t* pump out
ausquartieren *v/t* lodge *s.o.* elsewhere
ausquetschen *v/t ugs fig* ***j-n ausquetschen*** grill s.o.
ausradieren *v/t* erase, *fig auch* wipe out
ausrangieren *v/t* discard
ausrasten *v/i* **1.** TECH be released **2.** *ugs fig* flip out
ausrauben *v/t* rob
ausräuchern *v/t* fumigate, JAGD *und fig* smoke out
ausräumen *v/t* **1.** (*Raum etc*) clear, (*Möbel*) remove (***aus*** *Dat* from) **2.** *fig* (*Missverständnis etc*) clear up, (*Bedenken*) dispel
ausrechnen *v/t* (*fig* ***sich***) ***etw ausrechnen*** work s.th. out (for o.s.); *ugs* ***er ist leicht auszurechnen*** he is quite predictable; → ***ausgerechnet***
Ausrede *f* (***faule Ausrede*** lame) excuse
ausreden **I** *v/i* finish (speaking): ***j-n ausreden lassen*** hear s.o. out; ***j-n nicht ausreden lassen*** cut s.o. short **II** *v/t* ***j-m etw ausreden*** talk s.o. out of s.th.
ausreichen *v/i* be enough: ***eine Woche*** *etc* ***ausreichen*** last a week *etc*
ausreichend *Adj* **1.** sufficient, enough **2.** PÄD (*Note*) D
Ausreise *f* departure: ***bei der Ausreise*** on leaving the country; ***j-m die Ausreise verweigern*** refuse s.o. permission to leave the country
Ausreisevisum *n* exit visa
ausreißen **I** *v/t* pull out, tear out **II** *v/i ugs* run away (***vor j-m*** before s.o., ***von zu Hause*** from home)
Ausreißer, **Ausreißerin** *ugs* runaway
ausreiten *v/i* ride out
ausrenken *v/t* ***sich den Arm*** *etc* ***ausrenken*** dislocate one's arm *etc*
ausrichten *v/t* **1.** straighten, *in Linie*: align, (*anpassen*) adjust (*auch fig*, ***nach*** to): ***sich ausrichten*** line up; *fig* ***sich*** (*oder* ***sein Verhalten***) ***ausrichten nach*** orientate o.s. to; ***ausgerichtet auf*** (*Akk*) aimed at **2.** (*erreichen*) achieve: ***er wird*** (***bei ihr***) ***nichts ausrichten*** (***können***) he won't get anywhere (with her) **3.** (*mitteilen*) tell: ***kann ich etw ausrichten?*** can I take a message?; ***bitte richten Sie ihm meine Grüße aus*** please give him my (kind) regards **4.** (*Veranstaltung*) organize, (*Hochzeit etc*) arrange
Ausrichter, **Ausrichterin** organizer
Ausritt *m* ride
ausrollen **I** *v/t* (*Teppich etc*) unroll, (*Teig*) roll (out) **II** *v/i* MOT coast (FLUG taxi) to a standstill
ausrotten *v/t auch fig* root out, (*Ungeziefer*, *auch Volk*) exterminate
Ausrottung *f* extermination
ausrücken **I** *v/i* **1.** *Feuerwehr etc*: turn out, MIL march out **2.** *ugs* → ***ausreißen*** II **II** *v/t* **3.** (*Wort etc*) move out
Ausruf *m* cry, exclamation
ausrufen *v/t* cry, (*Namen etc*) call out, (*Streik*) call, POL proclaim: ***j-n zum König ausrufen*** proclaim s.o. king; ***j-n ausrufen lassen*** page s.o.
Ausrufungszeichen *n* exclamation mark
ausruhen *v/i* (*auch* ***sich ausruhen***) rest
ausrüsten *v/t* (***mit*** with) equip (*auch fig*), supply, (*Expedition etc*) fit out
Ausrüstung *f allg* equipment, (*Sportausrüstung*) *auch* outfit, (*Gerät*) gear, (*Zubehör*) accessories *Pl*
ausrutschen *v/i* slip (***auf*** *Dat* on)
Ausrutscher *m ugs fig* slip, gaffe
Aussaat *f* **a)** sowing, **b)** seed
Aussage *f allg* statement, *künstlerische*: *auch* message, JUR *auch* testimony: ***nach Ihrer Aussage*** according to what you said; JUR ***die Aussage verweigern*** refuse to give evidence; ***hier steht Aussage gegen Aussage*** it's his word against hers *etc*
aussagen **I** *v/i* JUR give evidence (***unter Eid*** upon oath) **II** *v/t* state, say, *bes fig* express
Aussagesatz *m* clause of statement
Aussatz *m* MED leprosy
Aussätzige *m, f auch fig* leper
aussaugen *v/t* suck: *fig* ***j-n*** (***bis aufs Blut***) ***aussaugen*** bleed s.o. (white)
Ausschabung *f* MED curettage
ausschachten *v/t* dig, excavate
ausschaffen *v/t schweiz.* expel
ausschalten *v/t* **1.** (*Licht*, *Radio etc*) switch off, ELEK (*Strom*) cut out, (*Motor etc*) stop **2.** *fig* (*Gegner*, *Fehler etc*) eliminate, (*Gefahr*) *auch* avoid, (*Gefühle*) exclude, *bes* SPORT neutralize
Ausschaltung *f fig* elimination
Ausschau *f* ***Ausschau halten*** → ***ausschauen***
ausschauen *v/i* look out (***nach*** for)
ausscheiden **I** *v/t* **1.** eliminate, exclude, (*aussondern*) sort out, remove **2.** PHYSIOL excrete **II** *v/i* **3.** (*nicht in Frage kommen*) be ruled out,

Person: be not eligible **4.** ***ausscheiden aus*** *einem Amt etc*: retire from, *einer Firma etc*: leave, SPORT be eliminated from, *einem Rennen etc*: drop out of
Ausscheidung *f* **1.** elimination **2.** PHYSIOL excretion, excrements *Pl* **3.** → ***Ausscheidungskampf***
Ausscheidungskampf *m* SPORT qualifying contest
ausschenken *v/t* pour (out), *als Wirt*: sell
ausscheren *v/i* **1.** MOT swing out **2.** *fig* deviate (***aus*** from)
ausschicken *v/t* send
ausschiffen *v/t* (*auch* ***sich ausschiffen***) disembark
ausschlachten *v/t* **1.** (*Tier*) cut up **2.** *ugs fig* (*Auto etc*) cannibalize, *pej* (*einen Fall etc*) exploit
ausschlafen **I** *v/t* (*Rausch*) sleep off **II** *v/i* (*auch* ***sich ausschlafen***) get a good night's sleep, *morgens*: sleep late
Ausschlag *m* **1.** MED (***einen Ausschlag bekommen*** break out into a) rash **2.** *fig* ***den Ausschlag geben für*** be decisive of; ***das gab den Ausschlag*** that decided (*oder* settled) it **3.** PHYS *eines Pendels etc*: swing, *eines Zeigers etc*: deflection, (*Ausschlagweite*) amplitude
ausschlagen **I** *v/i* **1.** *Pferd*: kick out **2.** *Pendel etc*: swing, *Zeiger etc*: deflect **3.** BOT sprout, *Baum*: come into leaf **II** *v/t* **4.** (*Zahn etc*) knock out: → ***Fass*** **5.** → ***auskleiden*** **6.** (*ablehnen*) refuse, turn *s.th.* down
ausschlaggebend *Adj* (*auch* ***von ausschlaggebender Bedeutung***) decisive: ***ausschlaggebend sein*** be decisive (***für*** of)
ausschließen **I** *v/t* **1.** → ***aussperren*** **2.** *fig* (*j-n*) (***aus*** from) exclude, *aus der Partei etc*: expel, (*nicht zulassen*) bar, SPORT disqualify: ***zeitweilig ausschließen*** suspend; JUR ***die Öffentlichkeit ausschließen*** exclude the public **3.** (*Möglichkeit, Irrtum etc*) rule out, (*ausnehmen*) exclude, except: → ***ausgeschlossen*** **II** *v/refl* ***sich ausschließen*** **4.** exclude o.s. (***von*** from)
ausschließlich *Adj* exclusive
ausschlüpfen *v/i* ZOOL hatch (out)
Ausschluss *m* (***aus*** from) exclusion, *aus der Partei etc*: expulsion, SPORT disqualification: ***zeitweiliger Ausschluss*** suspension; JUR ***unter Ausschluss der Öffentlichkeit*** in closed session
ausschmücken *v/t* **1.** decorate **2.** *fig* (*Erzählung etc*) embroider
ausschneiden *v/t* cut out, (*Bäume etc*) prune: → ***ausgeschnitten***
Ausschnitt *m* **1.** neck(line): ***mit tiefem Ausschnitt*** décolleté, low-necked **2.** (*Zeitungsausschnitt*) cutting, *Am* clipping **3.** (*Bildausschnitt*) detail, *Sport*, TV scene **4.** *fig* (*Teil*) (***aus***) part (of), extract (from)
ausschöpfen *v/t* **1.** (*Wasser, Boot*) bail out **2.** *fig* (*Thema etc*) exhaust
ausschreiben *v/t* **1.** (*Wort etc*) write out, (*Zahl*) write out (in words) **2.** → ***ausstellen*** 2 **3.** (*bekannt geben*) announce, (*eine Stelle*) advertise, WIRTSCH invite tenders for: ***einen Wettbewerb ausschreiben*** invite entries (WIRTSCH tenders) for a competition; ***Wahlen ausschreiben*** go to the country
Ausschreibung *f* WIRTSCH invitation to bid, SPORT invitation to a competition
Ausschreitung *f meist Pl* riot
Ausschuss *m* **1.** (***in einem Ausschuss sein*** be *oder* sit on a) committee **2.** WIRTSCH rejects *Pl*, TECH waste, scrap
Ausschussmitglied *n* committee member
Ausschusssitzung *f* committee meeting
ausschütteln *v/t* shake out
ausschütten **I** *v/t* **1.** pour out, (*verschütten*) spill: *fig* ***j-m sein Herz ausschütten*** unburden o.s. to s.o. **2.** WIRTSCH (*Dividende*) pay **II** *v/refl* **3.** ***sich*** (***vor Lachen***) ***ausschütten*** split one's sides laughing
ausschweifend *Adj Fantasie etc*: unbridled, *Leben etc*: dissolute
Ausschweifungen *Pl* excesses *Pl*
ausschweigen *v/refl* ***sich ausschweigen*** remain silent (***über*** *Akk* about)
ausschwitzen *v/t* exude
aussehen **I** *v/i* look: ***gut aussehen*** **a)** be good-looking, **b)** (*gesund*) look well; ***schlecht*** (*krank*) ***aussehen*** look ill; ***wie sieht er aus?*** what does he look like?; *ugs* ***sie sah vielleicht aus!*** she did look a sight!; ***so siehst du aus!*** nothing doing! **II** *v/unpers ugs* ***es sieht nach Regen aus*** it looks like rain; ***damit es nach etw aussieht*** to make it look impressive
Aussehen *n* looks *Pl*, appearance
aus sein → ***aus*** 8, 9, 10
außen *Adv* outside: ***von außen*** from (the) outside, from without; ***nach außen*** outward(s), *fig* outwardly (*calm etc*); *ugs* ***er bleibt außen vor*** he's (left) out of it
Außenaufnahmen *Pl* FILM location shooting *Sg*
Außenbezirke *Pl einer Stadt*: outskirts *Pl*
Außenbordmotor *m* outboard motor
aussenden *v/t* send out
Außendienst *m* field work: ***im Außendienst*** in the field
Außendienstmitarbeiter, **Außendienstmitarbeiterin** field worker, WIRTSCH (*Vertreter*) *auch* sales representative
Außenhandel *m* foreign trade, *Am* foreign commerce
Außenkante *f* outer edge
Außenminister, **Außenministerin** Foreign Minister (*Br* Secretary), *Am* Secretary of State
Außenministerium *n* Foreign Ministry (*Br* Office), *Am* State Department
Außenpolitik *f* foreign politics *Pl* (*bestimmte*: policy)
außenpolitisch *Adj* foreign: ***außenpolitische Debatte*** debate on foreign affairs
Außenseite *f* outside
Außenseiter, **Außenseiterin** outsider
Außenspiegel *m* MOT outside rear-view mirror
Außenstände *Pl* WIRTSCH outstanding debts *Pl*
Außenstelle *f* branch (office)
Außenstürmer, **Außenstürmerin** *Fußball etc*: winger, outside
Außentasche *f* outer pocket
Außenwand *f* outer wall
Außenwelt *f* outside world
außer **I** *Präp* (*Dat*) **1.** out of: → ***Atem***, ***Betrieb*** 3, ***Dienst***, ***Reichweite***; *fig* ***außer sich sein*** be beside o.s. (***vor*** with); ***außer sich geraten*** lose control of o.s **2.** (*abgesehen von*) apart (*bes Am* aside) from, except (for): ***alle außer dir*** all except (*oder* but) you **3.** (*neben*) besides, in addition to **II** *Konj* **4.** ***außer*** (***wenn***) unless; ***außer dass*** except that
außerberuflich *Adj* private
außerbetrieblich *Adj* external
außerdem *Adv* besides

äußere *Adj* outer, outside, external, WIRTSCH, POL foreign: ***keine äußeren Verletzungen*** no external injuries; POL ***äußere Angelegenheiten*** foreign affairs
Äußere *n* outside, *einer Person*: (outward) appearance, *s.o.'s* looks *Pl*: ***von angenehmem Äußeren*** personable; ***auf sein Äußeres achten*** be particular about one's appearance
außerehelich *Adj Kind*: illegitimate, *Beziehungen etc*: extramarital
außergerichtlich *Adj* extrajudicial: ***außergerichtlicher Vergleich*** out-of-court settlement
außergewöhnlich *Adj* exceptional, uncommon, WIRTSCH *Belastungen etc*: extraordinary
außerhalb I *Präp* (*Gen*) out of: ***außerhalb des Hauses*** outdoors, outside **II** *Adv* outside, (*außerhalb der Stadt*) out of town
außerirdisch *Adj* (*auch* ***außerirdisches Wesen***) extraterrestrial
äußerlich *Adj auch fig* outward, external, (*oberflächlich*) superficial: *Adv* MED ***äußerlich anzuwenden*** for external application only; ***äußerlich betrachtet*** on the face of it
Äußerlichkeit *f fig* superficiality: ***bloße Äußerlichkeiten*** mere formalities
äußern I *v/t* utter, express, (*Verdacht, Kritik etc*) voice **II** *v/refl* ***sich äußern*** **a)** express o.s. (*oder* give one's opinion) (***über*** *Akk* on), **b)** (***in*** *Dat* in) *Sache*: be shown, *Krankheit etc*: manifest itself
außerordentlich I *Adj* extraordinary, unusual, (*erstaunlich*) remarkable, (*hervorragend*) outstanding: ***außerordentlicher Professor*** senior lecturer, *Am* asscociate professor **II** *Adv* (*sehr*) extremely
außerparlamentarisch *Adj* extraparliamentary
außerplanmäßig *Adj* extraordinary, *Beamte*: supernumerary
außersinnlich *Adj* ***außersinnliche Wahrnehmung*** extrasensory perception
äußerst I *Adj* **1.** *räumlich*: outermost, remotest: *fig* POL ***die äußerste Linke*** the extreme left **2.** *zeitlich*: latest, final: ***der äußerste Termin*** *auch* the deadline **3.** *fig* extreme, utmost: ***von äußerster Wichtigkeit*** of utmost importance; ***im äußersten Fall*** at worst; ***mit äußerster Kraft*** by a supreme effort **II** *Adv* **4.** extremely
außerstande *Adj* ***außerstande sein*** be unable
Äußerste *n das* the limit, the most, (*das Schlimmste*) the worst: ***zum Äußersten entschlossen sein*** be desperate; ***bis zum Äußersten gehen*** go to the last extreme; ***sein Äußerstes tun*** do one's utmost; ***auf das Äußerste gefasst sein*** be prepared for the worst
Äußerung *f* **1.** statement, remark **2.** *fig* (*Ausdruck*) expression, sign
aussetzen I *v/t* **1.** expose (*Dat* to, *auch fig einer Gefahr, der Kritik etc*), (*Kind*) *auch* abandon, (*Tiere*) release **2.** SCHIFF (*Boot*) lower, (*Passagiere*) disembark, *pej* maroon **3.** (*Belohnung etc*) offer (*Dat* to): ***einen Preis auf j-s Kopf aussetzen*** put a price on s.o.'s head **4.** (*unterbrechen*) interrupt, (*Urteil, Verfahren, Zahlungen*) suspend: → ***Bewährung*** 2 **5.** ***etw aussetzen*** (*oder* ***auszusetzen haben***) ***an*** (*Dat*) object to, criticize; ***was ist daran auszusetzen?*** what's wrong with it?; ***er hat an allem etw auszusetzen*** he finds fault with everything **II** *v/i* **6.** (*versagen*) fail, MOT misfire, *Herz*: miss a beat **7.** (*abbrechen*) stop, break off, (*eine Pause machen*) take a rest, *bei einem Spiel*: sit out: ***aussetzen mit*** *einer Behandlung etc*: interrupt; ***ohne auszusetzen*** without interruption; *Spiel*: (***eine Runde***) ***aussetzen*** miss a turn
Aussetzer *m* **1.** MOT misfire **2.** *ugs fig* blackout
Aussicht *f* (***auf*** *Akk* of) **1.** view: ***ein Zimmer mit Aussicht auf das Meer*** a room overlooking the sea **2.** *fig* chance, prospect: ***Aussichten*** *Pl auch* outlook *Sg*; ***er hat Aussichten zu gewinnen*** he stands a chance to win; ***gute Aussichten auf Erfolg haben*** stand a good chance of success
aussichtslos *Adj* hopeless: ***eine aussichtslose Sache*** a lost cause; ***einen aussichtslosen Kampf führen*** fight a losing battle
Aussichtslosigkeit *f* hopelessness
Aussichtsplattform *f* observation platform
aussichtsreich *Adj* promising
Aussichtsturm *m* observation tower
Aussiedler, **Aussiedlerin** emigrant
aussitzen *v/t ugs* ***etw aussitzen*** sit s.th. out
aussöhnen *v/t* reconcile (***sich*** o.s.) (***mit*** with, to)
Aussöhnung *f* reconciliation
aussondern, **aussortieren** *v/t* sort out
ausspannen I *v/t* **1.** (*Pferde etc*) unharness: *ugs fig* ***j-m die Freundin ausspannen*** steal s.o.'s girl(friend) **2.** spread out, stretch out **II** *v/i* **3.** relax, (take a) rest
aussparen *v/t* **1.** TECH leave open **2.** *fig* (*Thema etc*) leave out, avoid
aussperren *v/t* ***j-n aussperren*** *auch* WIRTSCH lock s.o. out (***aus*** of)
Aussperrung *f* WIRTSCH lockout
ausspielen I *v/t* (*Karte*) play, *fig* (*Können*) bring to bear: ***j-n gegen j-n ausspielen*** play s.o. off against s.o. **II** *v/i Kartenspiel*: lead: ***wer spielt aus?*** *auch* whose lead (is it)?; *fig* ***er hat ausgespielt*** he's finished
ausspinnen *v/t fig* spin out
ausspionieren *v/t* spy out, spy on *s.o.*
Aussprache *f* **1.** pronunciation **2.** discussion, *auch* PARL debate
aussprechen I *v/t* **1.** (*Wort*) pronounce: → ***ausgesprochen*** **2.** (*Beileid, Meinung etc*) express: → ***Vertrauen*** **3.** JUR (*Scheidung*) grant **II** *v/i* **4.** → ***ausreden*** I **III** *v/refl* ***sich aussprechen*** **5.** express one's views (***über*** *Akk* on, about): ***sich für*** (***gegen***) ***etw aussprechen*** speak for (against) s.th. **6. a)** ***bei j-m*** unburden o.s. to s.o., **b)** ***mit j-m*** *ugs* have it out with s.o.
Ausspruch *m* remark, saying
ausspucken *v/t und v/i* spit out
ausspülen *v/t* rinse
ausstaffieren *v/t ugs* rig out
Ausstand *m* WIRTSCH strike, *ugs* walkout: ***in den Ausstand treten*** go on strike, walk out
ausstanzen *v/t* TECH punch out
ausstatten *v/t* (***mit*** with) **1.** fit out, equip, (*Wohnung*) *auch* furnish, (*Buch etc*) get up **2.** WIRTSCH *mit Kapital etc*: endow (*auch fig mit Talent etc*), JUR *mit Befugnissen etc*: vest
Ausstattung *f allg* outfit, equipment, *einer Wohnung*: furnishing, décor, THEAT *etc* sets and costumes *Pl*, (*Gestaltung*) design, (*Aufmachung*) get-up
Ausstattungsstück *n* THEAT spectacular (show)
ausstechen *v/t* **1.** GASTR cut out **2.** *fig* (*j-n*) outdo, (*Rivalen*) cut out
ausstehen I *v/t* stand, bear, suffer: ***es ist noch nicht ausgestanden*** it's not over yet; *ugs* ***ich kann ihn*** (***es***) ***nicht ausstehen*** I can't stand him (it) **II** *v/i Entscheidung*: be pending, *Zahlung*: be outstanding: ***seine Antwort steht***

noch aus he hasn't answered yet

aussteigen *v/i* (***aus***) get out (of) (*auch fig einem Unternehmen etc*), get off (*a train, bus, etc*), FLUG, SCHIFF disembark, *ugs* FLUG (*abspringen*) bail out (of), SPORT *aus einem Rennen, fig aus der Kernenergie, einem Geschäft etc*: opt out (of), *aus der Gesellschaft etc*: drop out (of)

Aussteiger, **Aussteigerin** *ugs* dropout

ausstellen **I** *v/t* **1.** (*Waren, Bilder etc*) display, show, exhibit **2.** (*Rechnung, Attest, Scheck etc*) make out (***auf j-s Namen*** in s.o.'s name), (*Pass*) issue, (*Wechsel*) draw (***auf*** *Akk* on) **II** *v/i* **3.** exhibit

Aussteller, **Ausstellerin** **1.** exhibitor **2.** WIRTSCH drawer

Ausstellfenster *n* MOT ventipane

Ausstellung **1.** exhibition, show, (*Messe*) fair **2.** *einer Urkunde etc*: issue

Ausstellungsdatum *n* date of issue

Ausstellungsgelände *n* exhibition grounds *Pl*

Ausstellungshalle *f* exhibition hall

Ausstellungsraum *m* show-room

Ausstellungsstück *n* exhibit

Ausstellungszentrum *n* exhibition centre

ausstempeln *v/i* clock out

aussterben *v/i auch fig* die out: → ***ausgestorben***

Aussteuer *f* trousseau

aussteuern *v/t* ELEK modulate

Ausstieg *m* **1.** *im Bus etc*: exit (door) **2.** (*das Aussteigen*) (***aus***) exit (from), getting out (of), *fig auch* opting out (of *nuclear energy, a business, etc*)

Ausstiegluke *f* (escape) hatch

ausstopfen *v/t* stuff

Ausstoß *m* WIRTSCH output, production

ausstoßen *v/t* **1.** TECH eject, blow off, exhaust **2.** WIRTSCH turn out, produce **3.** (*Worte etc*) utter, (*Schrei*) *auch* give, (*Seufzer*) heave **4.** ***j-n ausstoßen*** expel s.o. (***aus*** from): ***j-n aus der Gesellschaft ausstoßen*** ostracize s.o.

ausstrahlen *v/t* **1.** *auch fig* radiate **2.** RADIO broadcast, TV *auch* televise

Ausstrahlung *f* **1.** *fig* radiation, *einer Person*: charisma **2.** broadcast(ing)

Ausstrahlungskraft *f* charisma

ausstrecken *v/t* (*auch* ***sich ausstrecken***) stretch out: ***die Hand ausstrecken nach*** reach (out) for; → ***Fühler*** 1

ausstreichen *v/t* cross out

ausströmen **I** *v/i* (***aus*** from) *Wärme etc, auch fig Ruhe etc*: radiate, *Geruch*: emanate, *Gas etc*: escape **II** *v/t* radiate (*auch fig*), (*Geruch*) give off

aussuchen *v/t* choose, select: → ***ausgesucht***

Austausch *m* (***im Austausch*** in) exchange (***für*** for)

Austausch... PÄD, UNI exchange (*teacher, student, etc*)

austauschbar *Adj* interchangeable

austauschen *v/t* (***gegen***) exchange (for), (*ersetzen*) replace (by)

Austauschmotor *m* replacement engine

austeilen *v/t* distribute (***an*** *Akk* to, ***unter*** *Akk* among), (*Karten, ugs Schläge*) deal (out)

Auster *f* oyster

Austernbank *f* oyster bed

austoben *v/refl* ***sich austoben*** *Person*: have one's fling, *Kinder*: have a good romp

austragen **I** *v/t* **1.** (*Briefe etc*) deliver: ***Zeitungen austragen*** do a newspaper round (*Am* route) **2.** MED (*Kind*) carry to (full) term, *weit. S.* have **3.** (*Streit etc*) settle: ***die Sache austragen*** *ugs* have it out **4.** (*Turnier etc*) hold, (*Spiel*) play **5.** (*Daten etc*) remove, cancel **II** *v/refl* ***sich austragen*** **6.** *aus einer Anwesenheitsliste*: sign out

Austragungsort *m* SPORT venue

Australien *n* Australia

Australier, **Australierin**, **australisch** *Adj* Australian

austreiben **I** *v/t* **1.** → ***vertreiben*** **2.** (*Teufel etc*) exorcize: *fig* ***j-m etw austreiben*** cure s.o. of s.th. **II** *v/i* **3.** BOT sprout

austreten **I** *v/t* **1.** (*Feuer etc*) stamp out **2.** (*Pfad*) tread **3.** (*Schuhe*) wear out **4.** (*Stufen*) wear down **II** *v/i* **5.** (***aus***) come out (of), *Gas etc*: escape (from) **6.** ***austreten aus*** *einem Verein etc*: leave **7.** *ugs* (go and) spend a penny

austricksen *v/t ugs auch* SPORT trick

austrinken *v/t und v/i* drink up, finish (one's drink)

Austritt *m* (***aus*** *Dat*) leaving (*a club etc*)

austrocknen *v/t und v/i* dry up

austüfteln *v/t ugs* (*Plan etc*) work out

ausüben *v/t* **1.** (*Tätigkeit, Gewerbe*) carry on, (*Beruf etc*) practise, (*Funktion*) perform, (*Amt*) hold, (*Sport*) go in for **2.** (*Macht, Recht etc*) exercise, (***auf*** *Akk* on) (*Einfluss etc*) exert, (*Wirkung, Reiz etc*) have, (*Zwang etc*) use: → ***Druck***[1]

Ausübung *f* carrying on (*etc*), exercise: ***in Ausübung seiner Pflicht*** in the execution of his duty

ausufern *v/i fig* get out of hand

Ausverkauf *m* WIRTSCH **a)** selling off, **b)** (***im Ausverkauf kaufen*** buy at a) sale, **c)** *fig* sell-out

ausverkaufen *v/t* sell off: ***ausverkauft*** sold out, THEAT *etc. auch* full (*house etc*)

auswachsen **I** *v/t* (*Kleidung*) grow out of **II** *v/i* BOT go to seed **III** *v/refl* ***sich auswachsen*** *fig* develop (***zu*** into): → ***ausgewachsen***

Auswachsen *n ugs* ***es ist zum Auswachsen!*** **a)** it's enough to drive you crazy, **b)** (*langweilig*) it's dreadfully boring

Auswahl *f* **1.** selection, WIRTSCH *auch* choice, range: ***... in großer Auswahl*** a large assortment of ...; ***... zur Auswahl*** ... to choose from; ***eine Auswahl treffen*** select (***aus*** from) **2.** → ***Auswahlmannschaft***

auswählen *v/t* choose, select

Auswahlmannschaft *f* SPORT representative team

Auswanderer *m*, **Auswanderin** *f* emigrant

auswandern *v/i* emigrate

Auswanderung *f* emigration

auswärtig *Adj* **1.** nonlocal, *auch* WIRTSCH out-of-town **2.** POL foreign (*affairs, office, etc*): ***auswärtiger Dienst*** *auch* diplomatic service

auswärts *Adv* **1.** out, (*außer Haus*) away (from home), (*außerhalb der Stadt*) out of town: ***auswärts essen*** eat out; SPORT ***auswärts spielen*** play away from home; ***auswärts wohnen*** live out of town **2.** outward(s)

Auswärtsspiel *n* SPORT away match

auswaschen *v/t* wash out

Auswechselbank *f* SPORT substitutes' bench

auswechselbar *Adj* (***gegen***) exchangeable (for), (*ersetzbar*) replaceable (by)

auswechseln *v/t* (***gegen***) exchange (for), (*ersetzen*) replace (by), (*Rad etc*) change, SPORT (*Spieler*) substitute

Auswechselspieler, **Auswechselspielerin** substitute
Auswechslung, **Auswechselung** *f* exchange, (*Ersatz*) replacement, SPORT substitution
Ausweg *m fig* way out (**aus** of): ***als letzter Ausweg*** as a last resort
ausweglos *Adj* hopeless
ausweichen *v/i* **1.** (*Dat*) make way (for), get out of the way (of), (*einem Auto, Schlag etc, auch fig einer Sache*) dodge: ***j-s Blicken ausweichen*** avoid s.o.'s eyes; ***einer Frage ausweichen*** evade a question **2.** (*ausweichend antworten*) be evasive **3.** ***ausweichen auf*** (*Akk*) switch to
ausweichend *Adj fig* evasive
Ausweichmanöver *n fig* evasive action
Ausweichmöglichkeit *f* alternative
ausweinen *v/refl* ***sich ausweinen*** have a good cry (***bei j-m*** on s.o.'s shoulder)
Ausweis *m* (*Personalausweis*) identity (*Abk* ID) card, (*Mitgliedsausweis etc*) card, *weit. S.* pass
ausweisen **I** *v/t* **1.** (**aus** from) expel, (*Ausländer*) deport **2.** *fig* ***j-n ausweisen als*** show s.o. to be (*an expert etc*) **II** *v/refl* ***sich ausweisen*** **3.** prove one's identity: *fig* ***sich als Experte*** *etc* ***ausweisen*** prove o.s. an expert *etc*
Ausweiskontrolle *f* identity (*Abk* ID) check
Ausweispapiere *Pl* (identification) papers *Pl*
Ausweisung *f* (**aus** from) expulsion, *von Ausländern*: deportation
ausweiten *v/t* (*auch* ***sich ausweiten***) expand (*auch fig* **zu** into)
Ausweitung *f* expansion
auswendig *Adv* by heart: MUS ***auswendig spielen*** play from memory; ***etw in- und auswendig kennen*** know s.th. inside out
auswerfen *v/t* (*Anker etc*) cast
auswerten *v/t allg* evaluate, (*nutzen*) utilize, WIRTSCH *auch* exploit
Auswertung *f* evaluation, utilization
auswickeln *v/t* unwrap
auswiegen *v/t* weigh out
auswirken *v/refl* ***sich auswirken*** **a)** have consequences, **b)** ***auf*** (*Akk*) affect, **c)** ***in*** (*Dat*) result in: ***sich positiv*** (***negativ***) ***auswirken*** have a favo(u)rable (negative) effect
Auswirkung *f* **1.** effect (***auf*** *Akk* on) **2.** → ***Rückwirkung***
auswischen *v/t* wipe out: *ugs* ***j-m eins auswischen*** play a nasty trick on s.o.
auswringen *v/t* wring out
Auswuchs *m* **1.** MED outgrowth **2.** *fig* **a)** *Pl* excesses *Pl*, **b)** *der Fantasie*: product
Auswurf *m* **1.** MED sputum **2.** → ***Abschaum***
auszahlen **I** *v/t* (*Summe*) pay (out), (*j-n*) pay off, (*Teilhaber*) buy out **II** *v/refl* ***sich auszahlen*** *fig* pay
auszählen *v/t* (*auch einen Boxer*) count out
Auszahlung *f* payment
auszeichnen **I** *v/t* **1.** distinguish, (*ehren*) hono(u)r: *j-n, etw* ***mit einem Preis auszeichnen*** award a prize to; *einen Soldaten* (***mit einem Orden***) ***auszeichnen*** decorate **2.** WIRTSCH (*Waren*) price **II** *v/refl* ***sich auszeichnen*** **3.** distinguish o.s.
Auszeichnung *f* **1.** (mark of) distinction, (*Orden*) decoration, (*Preis*) award: *eine Prüfung* ***mit Auszeichnung bestehen*** pass with distinction **2.** WIRTSCH pricing
ausziehbar *Adj* pull-out, *Antenne etc*: telescopic
ausziehen **I** *v/t* **1.** (*Kleidung*) take off: ***j-n ausziehen*** undress s.o. **2.** (*Tisch etc*) pull out **3.** CHEM, TECH extract **II** *v/i* **4.** set out **5.** (***aus einer Wohnung***) ***ausziehen*** move out (of a flat) **III** *v/refl* ***sich ausziehen*** **6.** undress, take one's clothes off
Ausziehfeder *f* drawing pen
Ausziehplatte *f eines Tisches*: leaf
Ausziehtisch *m* pull-out table
Ausziehtusche *f* drawing ink
Auszubildende *m, f* trainee
Auszug *m* **1.** departure, *demonstrativ*: walkout: ***Auszug*** (***aus einer Wohnung***) move (from a flat) **2. a)** CHEM extraction, **b)** *auch fig* extract (**aus** from), **c)** MUS arrangement **3.** WIRTSCH (*Kontoauszug*) statement (of account)
auszugsweise *Adv* in parts: ***auszugsweise vorlesen*** read extracts from
auszupfen *v/t* pluck out
autark *Adj* WIRTSCH autarkic
Autarkie *f* autarky
authentisch *Adj* authentic(ally *Adv*)
Autismus *m* autism
autistisch *Adj* autistic
Auto *n* (motor)car, *bes Am* auto(mobile): ***Auto fahren*** drive (a car); ***mit dem Auto fahren*** go by car; ***können Sie Auto fahren?, fahren Sie Auto?*** do you drive?; → ***mitnehmen*** 1

Rund ums Auto WF

Armaturenbrett	**dashboard**
Außenspiegel	**wing mirror**, *Am* **side mirror**
Blinker	**indicator**, *Am* **blinker**
Bremse	**brake**
Felge	**wheel rim**
Gaspedal	**accelerator**, *Am* **gas pedal** ['gæs,pedl]
Handbremse	**hand brake**, *Am* **emergency brake**
Kofferraum	**boot**, *Am* **trunk**
Kotflügel	**wing**, *Am* **fender**
Kupplung	**clutch**
Lenkrad	**steering wheel**
Motor	**engine**
Motorhaube	**bonnet**, *Am* **hood** [hʊd]
Radkappe	**hubcap**
Rücklicht	**rear/tail light**
Rückspiegel	**rear-view mirror**
Schalthebel	**gear lever, gearshift**
Scheibenwischer	**windscreen** (*Am* **windshield**) **wiper**
Scheinwerfer	**headlight, headlamp**
Sicherheitsgurt	**seatbelt**
Sonnendach	**sunroof**
Stoßdämpfer	**shock absorber**
Stoßstange	**bumper**
Tacho(meter)	**speedometer** [spɪ'dɒmɪtə]
Windschutzscheibe	**windscreen**, *Am* **windshield**

Autoabgase *Pl* (car) exhaust fumes (*od* emissions) *Pl*
Autoapotheke *f* (driver's) first-aid kit
Autoatlas *m* road atlas
Autobahn *f* motorway, *Am* highway, freeway
Autobahnauffahrt *f* motorway *etc* approach, slip road
Autobahnausfahrt *f* exit
Autobahndreieck *n* motorway junction
Autobahngebühr *f* toll
Autobahnkreuz *n* motorway *etc* intersection
Autobahnmeisterei *f* motorway maintenance authority
Autobahnraststätte *f* motorway service area
Autobahnzubringer *m* slip road
Autobiografie *f* autobiography
Autobombe *f* car bomb
Autodidakt, **Autodidaktin** autodidact
Autodieb, **Autodiebin** car thief
Autodiebstahl *m* car theft
Autofähre *f* car ferry
Autofahrer, **Autofahrerin** motorist, (car) driver
Autofahrt *f* drive
autofrei *Adj* traffic-free
Autofriedhof *m ugs fig* car dump
autogen *Adj* MED, TECH autogenous: MED ***autogenes Training*** autogenic training
Autogramm *n* autograph
Autogrammjäger, **Autogrammjägerin** *ugs* autograph hunter
Autogrammstunde *f* autograph(ing) session
Autohändler, **Autohändlerin** car dealer
Autoindustrie *f* car (*oder* automobile, automotive) industry
Autokino *n* drive-in (cinema)
Autoknacker, **Autoknackerin** *ugs* car burglar
Autokolonne *f* line of cars, convoy
Automarke *f* make (of car)
Automat *m* **1.** (*Verkaufsautomat*) vending machine, (*Spielautomat*) slot machine, (*Musikautomat*) juke box, TECH automatic machine **2.** *fig* (*Person*) robot
Automatenrestaurant *n* automat
Automatik *f* automatism, TECH automatic system, MOT automatic transmission
Automatikgetriebe *n* automatic transmission
Automatikgurt *m* reel seat belt
Automatikschaltung *f* automatic gear change (*Am* gearshift)
Automatikwagen *m* automatic
Automation *f* automation
automatisch *Adj* automatic(ally *Adv*)
automatisieren *v/t* automate
Automechaniker, **Automechanikerin** car mechanic
Automobil *n* automobile; → ***Auto(...)***
Automobilausstellung *f* motor show
Automobilklub *m* automobile association
autonom *Adj* autonomous
Autonomie *f* autonomy
Autonummer *f* (car) number
Autopilot *m* FLUG autopilot
Autopsie *f* MED autopsy, post-mortem
Autor *m*, **Autorin** *f* author, writer
Autoradio *n* car radio
Autoreifen *m* tyre, *Am* tire
Autoreisezug *m* motorail train, *Am* autotrain
Autorennen *n* car (*oder* motor) race
Autorennsport *m* motor racing
Autoreparatur(werkstatt) *f* garage, repair (shop)
autorisieren *v/t* authorize
autoritär *Adj* authoritarian
Autorität *f* authority (*auch* = *Experte*)
Autoschalter *m einer Bank*: drive-up counter
Autoschlosser, **Autoschlosserin** car mechanic
Autoschlüssel *m* car key
Autoskooter *m* dodgem
Autostopp *m* ***Autostopp machen*** hitchhike
Autosuggestion *f* autosuggestion
Autotelefon *n* car telephone
Autounfall *m* car accident: ***er kam bei einem Autounfall ums Leben*** he died in a car crash
Autoverleih *m* car hire (*Am* car rental) service, *bes Am* rent-a-car (service)
Autowaschanlage *f* carwash
Autowerkstatt *f* garage, repair shop
Avantgarde *f*, **avantgardistisch** *Adj* avant-garde
Aversion *f* aversion (***gegen*** to)
Avitaminose *f* MED avitaminosis
Avocado *f* BOT avocado
Axt *f* axe, *Am* ax
Ayatollah *m* ayatollah
Azalee *f* BOT azalea
Azteke *m* HIST Aztec
Azubi *m*, *f ugs* → ***Auszubildende***
azurblau *Adj* azure (blue)

B

B, **b** *n* B, b, MUS B flat
babbeln *v/t und v/i ugs* babble
Baby *n* baby
Babyausstattung *f* layette
Babynahrung *f* baby food
Babypause *f* baby break
Babyruf *m Wechselsprechanlage*: baby monitor, intercom
Babysitter, **Babysitterin** babysitter

Baby — SG

Achten Sie auf den Unterschied:

baby	Baby, Säugling
toddler	Kleinkind, das schon laufen kann

Babyspeck *m ugs* puppy fat
Babysprache *f* babytalk
Babytragetasche *f* carrycot
Bach *m* stream, brook
Bache *f* ZOOL (wild) sow
Bachforelle *f* river trout
Bachstelze *f* ZOOL (water) wagtail
Backblech *n* baking tray
backbord *Adv* SCHIFF to port
Backbord *n, m* SCHIFF port (side)
Backe *f* **1.** cheek **2.** TECH (*Spannbacke*) jaw, (*Schneidbacke*) die **3.** *am Schi*: toe piece
backen **I** *v/t, auch v/i* bake, *Dialekt* (*braten*) fry **II** *v/i Lehm, Schnee etc*: cake, stick
Backenbart *m* sideburns *Pl*
Backenknochen *m* cheekbone
Backenzahn *m* molar
Bäcker *m* baker: ***beim Bäcker*** at the baker's
Bäckerei *f* **1.** baker's (shop) **2.** (*das Backen*) baking **3.** baker's trade
Bäckerladen *m* → ***Bäckerei*** 1
Bäckermeister, **Bäckermeisterin** master baker
Backfett *n* GASTR shortening
Backform *f* baking tin
Backhefe *f* baker's yeast
Backobst *n* dried fruit
Backofen *m* oven
Backpflaume *f* prune
Backpulver *n* baking powder
Backröhre *f* oven
Backstein *m* brick
Backwaren *Pl* bread, cakes and pastries *Pl*
Bad *n* **1.** bath (*auch* CHEM UND MED), *im Freien*: swim: ***ein Bad nehmen*** → ***baden*** 1 **2.** → **a)** ***Badeanstalt***, **b)** ***Badeort***, **c)** ***Badezimmer***
Badeanstalt *f* swimming pool, public baths *Pl*
Badeanzug *m* swimsuit
Badegast *m* **1.** bather **2.** → ***Kurgast***
Badehose *f* swimming trunks *Pl*
Badekappe *f* bathing cap
Bademantel *m* bathrobe
Badematte *f* bath mat
Bademeister, **Bademeisterin** pool attendant, *am Strand*: lifeguard
baden **I** *v/i* **1.** have (*oder* take) a bath **2.** swim: ***baden gehen*** **a)** go swimming, **b)** *ugs fig* come a cropper, *Sache*: go phut **II** *v/t* **3.** bath, *Am* bathe **III** *v/refl* ***sich baden*** **4.** *siehe* 1 **5.** *fig* bask (***in*** *Dat* in)
Badeort *m* seaside resort, (*Kurort*) health resort, spa
Badesachen *Pl* swimming things *Pl*
Badesalz *n* bath salts *Pl*
Badeschuhe *Pl* beach shoes *Pl*
Badetuch *n* bath towel
Badewanne *f* bath(tub)
Badezimmer *n* bathroom
Badezimmerschrank *m* bathroom cabinet
Badreiniger *m* bath cleaner
baff *Adj ugs* ***baff sein*** be flabbergasted
Bagage *f pej* bunch, lot: ***die ganze Bagage!*** the whole lot of them!
Bagatelle *f* trifle
bagatellisieren *v/t* play down
Bagatellschaden *m* petty damage(s *Pl*)
Bagger *m* TECH excavator
baggern *v/i und v/t* excavate, *nass*: dredge
Baggersee *m* flooded quarry
Baggy Pants, **Baggypants** *Pl* baggy pants *Pl*
Baguette *f* baguette
Bahn *f* **1.** (*Weg*) path, course: *fig* ***sich Bahn brechen*** forge ahead; ***auf die schiefe Bahn geraten*** go astray; ***Bahn frei!*** make way! **2.** (*Straße*) road, (*Fahrbahn*) lane, (*Rennbahn*) track, (*Piste*) course, piste **3.** *eines Läufers, Schwimmers*: lane **4.** (*Flugbahn*) trajectory, ASTR course, (*Umlaufbahn*) orbit **5.** (*Eisbahn*) rink, (*Kegelbahn*) alley **6.** (*Eisenbahn*) railway, *Am* railroad, (*Zug*) train, (*Straßenbahn*) tram, *Am* streetcar: ***mit der Bahn*** by train, WIRTSCH by rail; ***j-n zur Bahn bringen*** see s.o. off (at the station) **7.** (*Papierbahn etc*) web, (*Tuchbahn etc*) width
Bahn... railway (*Am* railroad) (*official etc*)
bahnbrechend *Adj* pioneer(ing), *Erfindung etc*: revolutionary, epoch-making
BahnCard® *f* railcard *allowing travel at a reduced rate throughout Germany*
Bahndamm *m* railway (*Am* railroad) embankment
bahnen *v/t* (*Weg*) clear: ***sich einen Weg bahnen*** force one's way (***durch*** through); *fig* ***den Weg bahnen für*** pave the way for
Bahnfahrt *f* train journey
Bahnfracht *f* WIRTSCH rail carriage (*Am* freight)
bahnfrei *Adj und Adv* WIRTSCH free on rail (*oder* board) (*Abk* f.o.r., f.o.b.)
Bahnhof *m* railway (*Am* railroad) station: ***auf dem Bahnhof*** at the station; *ugs fig* ***großer Bahnhof*** red-carpet treatment
Bahnhofshalle *f* concourse
Bahnhofsrestaurant *n* station restaurant
Bahnkörper *m* permanent way
bahnlagernd *Adv* WIRTSCH to be called for at the station
Bahnlinie *f* railway line
Bahnpolizei *f* railway police
Bahnreise *f* train journey
Bahnsteig *m* platform
Bahnstrecke *f* line, *Am* track
Bahnübergang *m* level (*Am* grade) crossing
Bahnverbindung *f* train connection
Bahre *f* (*Krankenbahre*) stretcher, (*Totenbahre*) bier: → ***Wiege***
Baiser *n* GASTR meringue
Baisse *f* WIRTSCH slump
Baissier *m* bear
Bajonett *n* bayonet
Bajonettverschluss *m* TECH bayonet joint (FOTO mount)
Bakterie *f* bacterium (*Pl* -ia), germ
bakteriell *Adj* bacterial
Bakteriologe *m*, **Bakteriologin** *f* bacteriologist
Balance *f* balance
Balanceakt *m fig* balancing act
balancieren *v/t und v/i* balance
bald *Adv* **1.** soon: ***bald darauf*** shortly afterwards; ***so bald wie möglich*** as soon as possible; ***bis bald!*** see you soon! **2.** *ugs* (*beinahe*) almost, nearly
Baldachin *m* canopy
baldig *Adj* speedy: ***baldige Antwort*** early reply
Baldrian *m* BOT valerian
Balearen *Pl the* Balearic Islands
Balg *m* **1.** skin **2.** *einer Orgel*, FOTO bellows *Pl* **3.** *ugs* (*Kind, Pl* ***Bälger***) brat
balgen *v/refl* ***sich balgen***, **Balgerei** *f* (***um*** for) scuffle, tussle
Balkan *m the* Balkan States, *the* Balkans
Balken *m* **1.** beam: *ugs* ***lügen, dass sich die Balken biegen*** lie in one's teeth **2.** ARCHI crossbar **3.** → ***Schwebebalken***
Balkendiagramm *n* bar chart
Balkenüberschrift *f* banner headline

Balkon *m* balcony, THEAT *auch* dress circle
Balkontür *f* French window(s *Pl*) (*Am* door)
Ball[1] *m* ball: *ugs fig* ***am Ball bleiben*** keep at it
Ball[2] *m* (***auf einem Ball*** at a) ball (*oder* dance)
Ballast *m auch fig* ballast
Ballaststoffe *Pl* MED roughage *Sg*
ballen **I** *v/t* **1.** make into a ball **2.** ***die Faust ballen*** clench one's fist **II** *v/refl* ***sich ballen*** **3.** form into a ball (*oder* balls), *Wolken*: gather
Ballen *m* **1.** ANAT ball (of one's foot *oder* hand) **2.** WIRTSCH bale
Ballerina *f* ballerina
Ballermann *m ugs* (*Pistole*) shooter, *Am sl* rod
ballern *v/i ugs* bang (away)
Ballett *n* ballet, (*Truppe*) ballet company
Ballettschule *f* ballet school
Balletttänzer, **Balletttänzerin** ballet dancer
Ballistik *f* ballistics *Pl* (*auch Sg konstr*)
ballistisch *Adj* ballistic
Balljunge *m* ball boy
Ballkleid *n* ball dress
Ballmädchen *n* ball girl
Ballon *m* **1.** balloon **2.** (*große Flasche*) carboy, *für Wein*: demijohn
Ballonreifen *m* balloon tyre (*Am* tire)
Ballspiel *n* ball game
Ballungsgebiet *n*, **Ballungsraum** *m*, **Ballungszentrum** *n* conurbation, WIRTSCH area of industrial concentration
Ballwechsel *m Tennis*: rally
Balsam *m auch fig* balm
balsamieren *v/t* embalm
Baltikum *n the* Baltic States *Pl*
baltisch *Adj* Baltic
Balz *f* ZOOL courting, (*Balzzeit*) mating season
balzen *v/i* court, (*sich paaren*) mate
Bambus(rohr *n*) *m* bamboo (cane)
Bambussprossen *Pl* GASTR bamboo sprouts *Pl*
Bammel *m ugs* ***Bammel haben*** (***vor*** *Dat*) be in a blue funk (of), be scared stiff (of)
banal *Adj* trite, banal
Banalität *f* banality (*auch banale Bemerkung*)
Banane *f* banana
Bananenrepublik *f* banana republic
Bananenstecker *m* ELEK banana plug
Banause *m*, **Banausin** *f* Philistine, lowbrow
Band[1] *m* (*Buch*) volume: *fig* ***das spricht Bände*** that speaks volumes
Band[2] *n* **1.** (*Farbband, Zierband, Ordensband*) ribbon, (*Schürzenband etc*) string, (*Hutband*) band, (*Isolierband, Klebeband, Maßband, Tonband, Videoband, Zielband*) tape: ***auf Band aufnehmen*** tape(-record) **2.** TECH (*Förderband*) (conveyor) belt, (*Fließband*) assembly line: *fig* ***am laufenden Band*** one after the other, (*pausenlos*) nonstop **3.** ANAT ligament **4.** RADIO wave band **5.** *meist Pl* ***Bande*** *der Liebe etc*: bond, link
Band[3] *f* MUS band, group
Bandage *f* bandage: *fig* ***mit harten Bandagen*** with one's gloves off
bandagieren *v/t* bandage
Bandaufnahme *f* tape recording
Bandbreite *f* **1.** ELEK band width **2.** *Statistik etc*: spread **3.** *fig* spectrum
Bande[1] *f* (*Diebesbande etc*) gang, *ugs pej auch* bunch: ***die ganze Bande*** the whole lot
Bande[2] *f Billard, Kegeln*: cushion, *Eishockey etc*: boards *Pl*
Bandeisen *n* band iron
Bandenkriminalität *f* gang crime
Bänderriss *m* MED torn ligament
Bänderzerrung *f* MED pulled ligament
Bandfilter *n, m* RADIO band(-pass) filter
Bandförderer *m* TECH belt conveyor
bändigen *v/t* (*zähmen*) tame, *fig auch* subdue, restrain, (*auch Naturkräfte*) control
Bändigung *f* taming (*etc*)
Bandit, **Banditin** bandit
Bandmaß *n* measuring tape
Bandnudeln *Pl* tagliatelle *Pl*
Bandscheibe *f* ANAT (intervertebral) disc
Bandscheibenschaden *m* MED **1.** damaged disc **2.** → ***Bandscheibenvorfall***
Bandscheibenvorfall *m* slipped disc
Bandwurm *m* tapeworm
Bandwurmsatz *m hum* endless sentence
bange *Adj* (***um*** about) anxious, (*besorgt*) worried
Bange *f* (***nur***) ***keine Bange!*** don't worry! ***j-m*** (*oder* ***j-n***) ***Bange machen*** frighten s.o.
bangen *v/i und v/refl* ***sich bangen*** be worried (***um*** about): ***es bangt ihm vor ...*** he is afraid of ...
Bangladesch *n* Bangladesh
Bank[1] *f* **1.** (*Sitzbank*) bench, (*Schulbank*) desk, (*Kirchenbank*) pew: *fig* ***etw auf die lange Bank schieben*** put s.th. off; *ugs* ***durch die Bank*** without exception, down the line **2.** → ***Drehbank***, ***Werkbank***
Bank[2] *f* **1.** WIRTSCH bank: ***Geld auf der Bank haben*** have money in the bank **2.** (*Spielbank*) bank: ***die Bank halten*** (***sprengen***) hold (break) the bank; ***auf Bank setzen*** go bank

Bank: bank oder bench?

SG

Bank (*Geldinstitut*)	**bank**
(Sitz)Bank (*Sitzgelegenheit*)	**bench**

She has some money in the bank.
I like sitting on a bench in Hyde Park.

Bankangestellte *m, f* bank clerk
Bankanweisung *f* banker's order
Bankausweis *m* bank return (*Am* statement)
Bankdiskont *m* bank discount, (*Bankdiskontsatz*) bank rate
Bankeinlage *f* (bank) deposit
Bankett *n* **1.** banquet **2.** *einer Straße*: shoulder: ***Bankette nicht befahrbar*** soft verges (*Am* shoulder)
Bankfach *n* **1.** banking **2.** (*Stahlfach*) safe(-deposit) box
bankfähig *Adj* bankable
Bankgeheimnis *n* banker's secrecy
Bankgeschäft *n* **1.** banking transaction **2.** banking (business)
Bankguthaben *n* **1.** bank balance **2.** → ***Bankkonto***
Bankhalter, **Bankhalterin** banker
Bankier *m* banker
Bankkauffrau *f*, **Bankkaufmann** *m* bank clerk
Bankkonto *n* bank account
Bankleitzahl *f* bank code (number)
Banknote *f* (bank)note, *Am* bill
Bankraub *m* bank robbery
Bankräuber, **Bankräuberin** bank robber
bankrott *Adj* bankrupt (*auch fig*), *ugs* broke
Bankrott *m* (*auch fig* ***den Bankrott erklären*** declare) bankruptcy; ***Bankrott machen*** go bankrupt
Bankrotterklärung *f auch fig* declaration of

bankruptcy
Banküberfall *m* bank holdup
Banküberweisung *f* bank transfer
Bankverbindung *f* **1.** (*Konto*) bank account **2.** *einer Bank*: correspondent
Bankwesen *n* banking
Bann *m* **1.** ban, (*Kirchenbann*) excommunication: ***in den Bann tun*** outlaw, REL excommunicate **2.** spell: ***in seinen Bann schlagen*** (*oder* ***ziehen***) → ***bannen*** 4; ***unter dem Bann stehen von*** (*oder Gen*) be under the spell of
bannen *v/t* **1.** banish (*auch fig Sorgen etc*), (*Gefahr*) ward off **2.** (*böse Geister*) exorcize **3.** REL excommunicate **4.** (*j-n*) (*festbannen*) transfix, (*fesseln*) captivate, spellbind: → ***gebannt*** **5.** *fig* capture (***auf*** *ein Foto etc* on)
Banner *n* banner (*auch fig*), standard
Bannkreis *m fig* sphere (of influence)
Bannmeile *f* neutral zone
Bantamgewicht(ler *m*) *n* SPORT bantamweight
bar *Adj* **1.** ***bares Geld*** (ready) cash; (***in***) ***bar bezahlen*** pay cash; ***gegen bar*** for cash; ***bar ohne Abzug*** net cash **2.** (*echt*) pure (*gold etc*), *pej auch* downright: ***barer Unsinn*** sheer nonsense; → ***Münze*** 1 **3.** ***bar jeglicher Vernunft*** devoid of any sense
Bar *f* bar, nightclub: ***an der Bar*** at the bar
Bär *m* bear (*auch* WIRTSCH *Baissier*): ASTR ***der Große*** (***Kleine***) ***Bär*** the Great (Little) Bear; *fig* ***j-m einen Bären aufbinden*** tell s.o. a whopping lie
Baracke *f* hut, *pej* shack
Barauszahlung *f* cash payment
Barbar, **Barbarin** *auch fig* barbarian
Barbarei *f* barbarism, (*Tat*) barbarity
barbarisch *Adj* barbarian, *auch fig pej* barbarous, (*grausam*) atrocious, *ugs* (*schlimm*) awful
bärbeißig *Adj* gruff
Barbestand *m* cash in hand, *einer Bank*: cash reserve
Bardame *f* barmaid
Bareinnahmen *Pl* cash receipts *Pl*
Bärendienst *m* ***j-m einen Bärendienst erweisen*** do s.o. a disservice
Bärenhunger *m ugs* ***einen Bärenhunger haben*** be ravenous
Barett *n* beret, *eines Richters etc*: cap
barfuß, **barfüßig** *Adj und Adv* barefoot(ed)
Bargeld *n* cash
bargeldlos *Adj und Adv* cashless
barhäuptig *Adj* bareheaded
Barhocker *m* barstool
bärig *Adj österr.* great
Bärin *f* she-bear
Bariton *m* baritone (*auch Sänger*)
Barkasse *f* (motor) launch
Barkauf *m* cash purchase
Barkeeper *m* barman
Barkredit *m* cash loan
barmherzig *Adj* (***gegen*** to) merciful, (*mildtätig*) charitable: → ***Samariter***
Barmherzigkeit *f* mercy, charity
Barmittel *Pl* cash *Sg*
Barmixer *m* bartender
barock *Adj* baroque (*auch fig*), *fig* (*seltsam*) bizarre
Barock *n, m* baroque period, (*Barockstil*) baroque style
Barometer *n auch fig* barometer
Barometerstand *m* barometric pressure
Baron *m* baron
Baronin *f* baroness
Barren *m* **1.** (*Goldbarren etc*) bullion, ingot **2.** SPORT parallel bars *Pl*
Barrengold *n* gold bullion
Barriere *f auch fig* barrier
Barrikade *f* barricade: ***auf die Barrikaden gehen*** *auch fig* mount the barricades (***für*** for)
barsch *Adj* gruff, brusque
Barsch *m* ZOOL perch, *auch* bass (*Pl meist* bass)
Barscheck *m* uncrossed cheque (*Am* check)
Bart *m* **1.** beard: ***sich einen Bart wachsen lassen*** (*oder* ***stehen lassen***) grow a beard; *ugs* ***so ein Bart!*** that's an old one! **2.** (*Schlüsselbart*) bit
bärtig *Adj* bearded
Bartstoppeln *Pl* stubble *Sg*
Barvermögen *n* liquid funds *Pl*
Barzahlung *f* cash payment: ***gegen Barzahlung*** cash down
Barzahlungsrabatt *m* WIRTSCH cash discount
Basar *m* bazaar
Base[1] *f* female cousin
Base[2] *f* CHEM base
Basel *n* Basel, Basle, Bâle
basieren *v/i* ***basieren auf*** (*Dat*) be based on
Basilika *f* ARCHI basilica
Basilikum *n* BOT basil
Basis *f* **1.** ARCHI, MATHE, MIL *etc* base **2.** *fig* (*Grundlage*) basis, foundation: POL (***an der***) ***Basis*** (at the) grassroots *Pl*
basisch *Adj* CHEM basic
Basisdemokratie *f* grassroots democracy
Basislager *n mount.* base camp
Basisstation *f* TEL base station
Baskenland *n the* Basque Provinces *Pl*
Baskenmütze *f* beret
Basketball(spiel *n*) *m* basketball
Bass *m allg* bass
Bassgeige *f* (double) bass
Bassgitarre *f* bass guitar
Bassin *n* tank, basin, (*Schwimmbassin*) pool
Bassist, **Bassistin** **1.** bass (singer) **2.** bass player
Bassschlüssel *m* MUS bass clef
Bassstimme *f* bass (voice, MUS *auch* part)
Bast *m* bast, raffia
basta *Interj* (***und damit***) ***basta!*** and that's that!
Bastard *m* BOT, ZOOL hybrid, cross(breed), (*Hund*) mongrel
Bastei *f* bastion
Bastelarbeit *f* **1.** handicraft (work) **2.** → ***basteln*** III
basteln **I** *v/t* make, (*bauen*) rig up, build **II** *v/i* do handicrafts: ***basteln an*** (*Dat*) *auch fig* tinker at
Basteln *n* handicrafts *Pl*, home mechanics *Pl*, *auch fig* tinkering
Bastion *f auch fig* bastion
Bastler, **Bastlerin** home mechanic, hobbyist
Bataillon *n* MIL battalion
Batik *f*, **batiken** *v/t und v/i* batik
Batist *m* batiste, cambric
Batterie *f* ELEK, MIL, TECH *und fig* battery
batteriebetrieben *Adj* battery-operated
Batterieladegerät *n* MOT battery charger
Bau *m* **1.** construction: ***im Bau*** under construction, being built **2.** (*Bauwerk*) building: → ***Bauten*** **3.** TECH design, (*auch Aufbau*) structure **4.** → ***Baugewerbe***: *ugs fig* ***er ist vom Bau*** he is an expert **5.** (*Fuchsbau*) earth, (*Kaninchenbau*) burrow **6.** *ugs* MIL (*Arrest*) detention: ***3 Tage Bau*** 3 days in the guardhouse
Bauamt *n* Building Authorities *Pl*
Bauarbeiten *Pl* construction work *Sg*, *an einer*

Straße: roadworks *Pl*
Bauarbeiter, **Bauarbeiterin** construction worker
Bauart *f* style, TECH design, (*Typ*) model, type
Bauaufsichtsbehörde *f* building supervisory board
Bauch *m* belly (*auch fig*), stomach, *ugs* tummy, ANAT abdomen, (*Dickbauch*) paunch: ***sich den Bauch halten vor Lachen*** split one's sides laughing; ***ich hab aus dem Bauch heraus reagiert*** *fig* it was a gut reaction
Bauchansatz *m* beginnings *Pl* of a paunch
Bauchentscheidung *f fig* gut decision
Bauchfell *n* ANAT peritoneum
Bauchfellentzündung *f* MED peritonitis
bauchfrei *Adj*: ***bauchfreies Shirt*** (*oder* ***Top***) crop(ped) top
bauchig *Adj* bulbous
Bauchklatscher *m ugs* belly flop
Bauchlandung *f* FLUG belly landing: ***eine Bauchlandung machen*** bellyland
Bauchmuskel *m* stomach muscle
Bauchnabel *m* navel, *ugs* belly button
bauchreden *v/i* ventriloquize
Bauchreden *n* ventriloquism
Bauchredner, **Bauchrednerin** ventriloquist
Bauchschmerzen *Pl* stomach-ache *Sg*
Bauchspeicheldrüse *f* pancreas
Bauchtanz *m* belly dance
Bauchtänzerin *f* belly dancer
Bauchweh *n ugs* stomach-ache
Baudenkmal *n* historical monument
bauen **I** *v/t* **1.** build, construct, TECH *auch* make **2.** *ugs fig* (*machen*) make, (*Prüfung*) take, pass, (*verursachen*) cause: ***einen Unfall bauen*** have an accident **II** *v/i* **3.** build (a house) **4.** *fig* ***bauen auf*** (*Akk*) rely on
Bauer[1] *n* (bird)cage
Bauer[2] *m* **1.** farmer, *fig pej* peasant, boor **2.** *Schach*: pawn, *Kartenspiel*: jack
Bäuerin *f* farmer's wife
bäuerlich *Adj* rustic
Bauernbrot *n* (coarse) brown bread
Bauernfänger, **Bauernfängerin** confidence trickster
Bauernfängerei *f* con game
Bauernhaus *n* farmhouse
Bauernhof *m* farm
Bauernmöbel *Pl* rustic furniture *Sg*
Bauernregel *f* country saying
bauernschlau *Adj* crafty
Bauerwartungsland *n* development area
Baufach *n* **1.** architecture **2.** building trade
baufällig *Adj* dilapidated
Baufirma *f* builders and contractors *Pl*
Baugelände *n* **1.** building area **2.** → ***Baustelle*** 1
Baugenehmigung *f* planning (and building) permission
Baugenossenschaft *f* cooperative building association
Baugerüst *n* scaffolding
Baugewerbe *n* building trade
Baugrund(stück *n*) *m* (building) site
Bauhandwerker *m* workman in the building trade
Bauherr, **Bauherrin** client, building owner
Bauingenieur, **Bauingenieurin** civil engineer
Baujahr *n* construction year: MOT ***Baujahr 1987*** (a) 1987 model
Baukasten *m* box of bricks, (*Stabilbaukasten*) construction set
Baukastensystem *n* TECH unit construction system
Bauklotz *m* building block: *ugs* ***da staunt man Bauklötze!*** it's mind-boggling!
Baukunst *f* architecture
Bauland *n* building land
Bauleiter, **Bauleiterin** site manager
baulich *Adj* architectural, structural: ***in gutem baulichen Zustand*** in good repair
Baum *m* tree: *er sitzt* ***auf dem Baum*** in the tree; *Geld etc* ***wächst nicht auf Bäumen*** doesn't grow on trees

Baumarten WF

Ahorn	**maple**
Birke	**birch (tree)**
Buche	**beech (tree)**
Eiche	**oak**
Fichte	**spruce**, *ugs mst* **pine (tree)** *od* **fir (tree)**
Kastanie	**(horse) chestnut**
Lärche	**larch**
Palme	**palm (tree)**
Pappel	**poplar**
Tanne	**fir (tree)**
Ulme	**elm**
Weide	**willow (tree)**
Teile des Baums	
Ast	**branch**
Zweig	**branch**, *kleiner* **twig**
Nadeln	**needles** *Pl*
Blätter	**leaves** *Pl*
Wurzel	**root**
Krone	**top**

Baumarkt *m* DIY cent/re (*Am* -er)
Baumbestand *m* stock of trees
Baumeister, **Baumeisterin** master builder, *weit. S.* architect
baumeln *v/i* **1.** (**an** *Dat* from) dangle, swing: ***mit den Beinen baumeln*** dangle one's legs **2.** *ugs* (*am Galgen baumeln*) swing
Baumgrenze *f* timberline
Baumschere *f* LANDW pruning shears *Pl*
Baumschule *f* (tree) nursery
Baumstamm *m* trunk, *gefällter*: log
baumstark *Adj fig* (as) strong as an ox
Baumsterben *n* death of trees
Baumwolle *f*, **baumwollen** *Adj* cotton
Bauplan *m* architect's plan, TECH blueprint
Bauplatz *m* (building) site
Bauprojekt *n* building project
Bausch *m* wad (*auch* MED *Wattebausch*): *fig* ***in Bausch und Bogen*** lock, stock and barrel
bauschen **I** *v/i und v/refl* ***sich bauschen*** billow **II** *v/t* puff out
bauschig *Adj* puffed out
Bausparkasse *f* building society
Bausparvertrag *m* building savings agreement
Baustahl *m* structural steel
Baustein *m* **1.** brick (*auch Spielbaustein*), (*als Material*) stone (for building) **2.** *fig* element, component, (*Beitrag*) contribution **3.** ELEK module: ***elektronischer Baustein*** electronic chip
Baustelle *f* **1.** building site **2.** *auf Straßen*: roadworks *Pl*
Baustil *m* (architectural) style

Baustoff *m* building material
Baustopp *m* ***einen Baustopp verhängen*** impose a halt on building
Bausubstanz *f* fabric (of a building)
Bautechniker, **Bautechnikerin** constructional engineer
Bauteil *n* structural member, component part
Bauten *Pl* **1.** building *Pl*, structures *Pl* **2.** THEAT *etc* setting *Sg*
Bauträger, **Bauträgerin** **1.** builder **2.** institution *etc* responsible for the building project
Bauunternehmer, **Bauunternehmerin** building contractor
Bauvorhaben *n* building project
Bauweise *f* (method of) construction, ARCHI style (of architecture)
Bauwerk *n* building
Bauzeichnung *f* construction drawing
Bayer, **Bayerin**, **bayrisch**, **bayerisch** *Adj* Bavarian
Bayern *n* Bavaria
Bazi *m österr.* scoundrel, rascal
Bazillenträger, **Bazillenträgerin** MED germ carrier
Bazillus *m* bacillus (*Pl* -cilli), germ, *ugs* bug
beabsichtigen *v/t* intend (***zu tun*** to do, doing): ***das war beabsichtigt*** that was intentional
beachten *v/t* pay attention to, note, (*berücksichtigen*) take into account, consider, (*bemerken*) notice, (*Vorschrift etc*) observe: ***nicht beachten*** ignore, disregard; ***bitte zu beachten*** please note
beachtenswert *Adj* noteworthy
beachtlich *Adj* considerable
Beachtung *f* (*Gen*) attention (to), (*Befolgung*) observing (of), (*Berücksichtigung*) consideration (of): ***Beachtung schenken*** (*Dat*) → ***beachten***
Beamte *m* official, (*Staatsbeamte*) government official, *Br* civil (*Am* public) servant, (*Polizeibeamte, Zollbeamte*) officer
Beamtenlaufbahn *f* civil service career
Beamtin *f* → ***Beamte***
beängstigen *v/t* worry, alarm
beängstigend *Adj* worrying, alarming
beanspruchen *v/t* **1.** (*Recht etc*) claim **2.** (*erfordern*) demand, require, (*Platz, Zeit*) take up: ***j-n ganz beanspruchen*** keep s.o. busy **3.** (*jemandes Hilfe etc*) avail o.s. of **4.** TECH stress
Beanspruchung *f* (*Gen* on) **1.** claim **2.** *j-s Zeit, der Kräfte etc*: demand **3.** *auch* TECH strain, stress
beanstanden *v/t* object to, criticize, *auch* WIRTSCH complain about, (*Waren*) reject
Beanstandung *f* (*Gen*) objection (to), complaint (about)
beantragen *v/t* **1.** apply for (***bei j-m*** to s.o.) **2.** (*vorschlagen*) propose, JUR, PARL move (for)
beantworten *v/t auch fig* answer (***mit*** with), reply to: ***mit Ja*** (***Nein***) ***beantworten*** answer yes (no)
Beantwortung *f* answer, reply
bearbeiten *v/t* **1.** *allg* work, LANDW *auch* cultivate, till, TECH *maschinell*: *auch* machine, (*verarbeiten*) process, (*behandeln*) treat **2.** (*Sachgebiet etc*) work on, (*erledigen*) deal with, VERW *auch* process, *verantwortlich*: be in charge of **3.** (*Buch*) edit, *neu*: revise, *für die Bühne etc*: adapt **4.** MUS arrange **5.** ***j-n bearbeiten*** **a)** (*beeinflussen*) work on s.o., **b)** *ugs* (*verprügeln*) give s.o. a working over; ***mit den Fäusten*** (***mit Fußtritten***) ***bearbeiten*** pound (kick)
Bearbeitung *f* **1.** working (*etc*, → ***bearbeiten***), treatment, LANDW cultivation, VERW processing **2.** *eines Buches*: **a)** revision, **b)** revised edition, THEAT *etc* adaptation **3.** MUS arrangement
beargwöhnen *v/t* be suspicious of
Beatmung *f* (***künstliche***) ***Beatmung*** artificial respiration
beaufsichtigen *v/t* supervise, (*Kind*) look after
Beaufsichtigung *f* supervision
beauftragen *v/t* (*anweisen*) instruct, (*Künstler etc*) commission, (*berufen*) appoint: ***j-n mit einem Fall beauftragen*** put s.o. in charge of a case
Beauftragte *m, f* representative, VERW commissioner
bebauen *v/t* **1.** build on **2.** LANDW cultivate
Bebauung *f* **1.** development **2.** LANDW cultivation
beben *v/i* shake, tremble (*auch Stimme etc*, ***vor*** *Dat* with)
Beben *n* trembling, GEOL tremor, *stärker*: earthquake
bebildern *v/t* illustrate
bebrillt *Adj* spectacled
Becher *m* **1.** tumbler, mug, (*Plastikbecher*) beaker, (*Eisbecher etc*) cup **2.** BOT cup, calix
bechern *v/i ugs* booze
Becken *n* **1.** basin (*auch* TECH), (*Spülbecken*) sink, (*Klosettbecken*) bowl, (*Schwimmbecken*) pool **2.** ANAT pelvis **3.** MUS cymbal
Beckenbruch *m* MED fractured pelvis
Beckenknochen *m* pelvic bone
Becquerel *n* PHYS Becquerel
bedacht *Adj* ***bedacht sein auf*** (*Akk*) be intent on; ***darauf bedacht sein zu*** *Inf* be anxious (*oder* careful) to *Inf*
Bedacht *m* ***mit Bedacht*** (*überlegt*) with deliberation, (*vorsichtig*) carefully, (*umsichtig*) circumspectly
bedächtig *Adj* (*überlegt*) careful, (*umsichtig*) circumspect, (*langsam*) slow
bedanken *v/refl* ***sich bedanken*** say thank you, express one's thanks (***bei j-m*** to s.o.): ***ich bedanke mich!*** thank you!; *iron* ***dafür bedanke ich mich!*** no, thank you very much!
Bedarf *m* (***an*** *Dat*) need (of), *bes* WIRTSCH (*Nachfrage*) demand (for), (*Verbrauch*) consumption (of), (*Erfordernisse*) requirements *Pl* (of): ***bei*** (***nach***) ***Bedarf*** if (as) required; ***Bedarf haben an*** (*Dat*) need; ***den Bedarf decken*** meet the demand; ***seinen Bedarf decken*** get everything one needs

Bedauern: I wish, if only

GR

Sätze, die Bedauern über etwas in der Vergangenheit Liegendes ausdrücken, können im Englischen mit **I wish** (= ich wünschte / wollte …) bzw. **if only** (= wenn doch nur …) eingeleitet werden. Nach diesen Wendungen steht immer das **past perfect**!

Ich wünschte, ich hätte sie nach ihrer Telefonnummer gefragt.	**I wish I had asked her for her phone number.**
Wenn er mich nur nach meiner Telefonnummer gefragt hätte.	**If only he had asked me for my phone number.**

B

Bedarfsartikel *m* commodity, *Pl auch* consumer goods *Pl*
Bedarfsfall *m* ***im Bedarfsfall*** if required
Bedarfsgüter *Pl* consumer goods *Pl*
Bedarfshaltestelle *f* request stop
bedauerlich *Adj* regrettable, unfortunate
bedauerlicherweise *Adv* unfortunately
bedauern **I** *v/t* (*etw*) regret, (*j-n*) feel sorry for: ***ich bedaure sehr, dass ...*** I am very sorry that ... **II** *v/i* ***bedaure!*** sorry!
Bedauern *n* regret (***über*** *Akk* for), (*Mitleid*) pity (***mit*** with): ***zu meinem (großen) Bedauern*** (much) to my regret
bedauernswert *Adj* **1.** pitiable **2.** → ***bedauerlich***
bedecken **I** *v/t* cover (up) **II** *v/refl* ***sich bedecken*** cover o.s., *Himmel*: cloud over
bedeckt *Adj* **1.** *Himmel*: overcast **2.** *fig* ***sich bedeckt halten*** keep a low profile

bedeckt ≠ bedecked

FF

bedeckt	=	(*Himmel*) overcast
bedecked	=	geschmückt

Bedeckung *f* **1.** covering **2.** (*Bewachung*) escort, *bes* SCHIFF convoy
bedenken *v/t* **1.** consider, think *s.th.* over, (*beachten*) bear *s.th.* in mind **2.** ***j-n mit etw bedenken*** give s.o. s.th.; ***j-n in seinem Testament bedenken*** remember s.o. in one's will
Bedenken *n meist Pl* (*Einwand*) objection, (*Zweifel*) doubt: ***keine Bedenken haben*** have no reservations (***wegen*** about)
bedenkenlos **I** *Adj* unscrupulous **II** *Adv* (*ohne zu zögern*) without hesitation, (*blindlings*) without thinking
bedenklich *Adj* **1.** (*zweifelhaft*) dubious **2.** (*Besorgnis erregend*) alarming, (*ernst*) serious, critical, (*gefährlich*) dangerous **3.** (*besorgt*) worried, sceptical
Bedenkzeit *f* time to think it over: ***ich gebe dir bis morgen Bedenkzeit*** I'll give you till tomorrow
bedeuten *v/t* **1.** mean, *Symbol, Wort etc*: *auch* stand for: ***was soll das (denn) bedeuten?*** what's the meaning of this?, *Bild etc*: what's that supposed to be?, *pej* what's the idea?; ***das hat nichts zu bedeuten!*** it doesn't mean a thing!, (*macht nichts*) it doesn't matter!; ***das bedeutet nichts Gutes!*** that's a bad thing!; ***das bedeutet mir viel*** that's very important to me **2.** ***j-m etw bedeuten*** (*zu verstehen geben*) point s.th. out to s.o.; ***j-m bedeuten, dass ...*** give s.o. to understand that ...

Was bedeutet ...?

SG

⚠ **mean** wird in der Frage immer mit **do** umschrieben!

Was bedeutet es?	**What does it mean?**
Was heißt es?	(nie ~~**What means it?**~~)

bedeutend **I** *Adj* important, (*beträchtlich*) *auch* considerable, (*namhaft*) great, outstanding **II** *Adv* considerably, a great deal *better*
bedeutsam → ***bedeutungsvoll***
Bedeutung *f* **1.** meaning **2.** (*Wichtigkeit*) importance, (*Tragweite*) import: ***von Bedeutung*** important, significant, *sachlich*: relevant (***für*** to); ***nichts von Bedeutung*** nothing important; → ***beimessen*** b
bedeutungsvoll *Adj* **1.** significant **2.** (*viel sagend*) meaningful
bedienen **I** *v/t* **1.** (*Kunden etc*) serve: *iron* ***ich bin bedient!*** I've had enough! **2.** (*Maschine etc*) operate **3.** *ugs* SPORT pass (the ball) to **II** *v/refl* ***sich bedienen*** **4.** *bei Tisch und weit. S.* help o.s.: ***bedienen Sie sich!*** help yourself!; ***sich einer Sache bedienen*** use s.th. **III** *v/i* **5.** *bei Tisch etc*: serve
Bedienung *f* **1.** service **2.** waiter, waitress **3.** TECH operation
Bedienungsanleitung *f* instructions *Pl* for use, *für Geräte*: operating instructions *Pl*
Bedienungsknopf *m* control knob
Bedienungskomfort *m* easy operation
bedingen *v/t* (*erfordern*) require, (*in sich schließen*) imply, (*nach sich ziehen*) entail, (*bestimmen*) determine, (*bewirken*) cause
bedingt **I** *Adj* **1.** ***bedingt durch, bedingt von*** conditional on, (*abhängig*) *auch* dependent on; ***bedingt sein durch*** *auch* be determined by **2.** (*eingeschränkt*) *Erfolg, Zustimmung etc*: qualified **II** *Adv* **3.** conditionally, (*nicht ganz*) up to a point, partly
Bedingung *f* condition: ***Bedingungen*** *Pl* terms *Pl*, (*Verhältnisse*) conditions *Pl*, (*Umstände*) *auch* circumstances *Pl*; ***Bedingungen stellen*** make stipulations; ***(es) zur Bedingung machen, dass ...*** make it a condition that ...; ***unter der Bedingung, dass ...*** provided (that) ...; ***unter diesen Bedingungen*** under these circumstances; ***unter keiner Bedingung*** on no

SG

Nach der Bedeutung fragen	**Asking the meaning of a word**
Was heißt das?	**What does that mean?**
Was heißt „hug" auf Deutsch?	**What's "hug" in German?**
Wie sagt man „zickig" auf Englisch?	**How do you say "zickig" in English?**
Wie nennt man einen Laden, der Früchte und Gemüse verkauft?	**What do you call a shop that sells fruit and vegetables?**
Was bedeutet „go over the top"?	**What does "go over the top" mean?**
Ist „arrogant" das gleiche wie „conceited"?	**Is "arrogant" the same as "conceited"?**
Was ist der Unterschied zwischen „story" und „tale"?	**What's the difference between "story" and "tale"?**
Kann man das so sagen?	**Can you say it like that?**

account; WIRTSCH ***zu günstigen Bedingungen*** on easy terms

bedingungslos *Adj* unconditional, *Gehorsam etc*: unquestioning

Bedingungssatz *m* conditional clause

Bedingungssätze mit anderen Einleitungswörtern als if GR

Englische Bedingungssätze können auch mit anderen Wörtern als **if** („wenn, falls") eingeleitet werden:

angenommen, (dass)	**assuming / supposing / supposing (that)**
solange	**as long as / so long as**
unter der Voraussetzung, dass	**on condition that**
vorausgesetzt, (dass)	**provided / providing (that)**
Angenommen, du wärst reich, was würdest du machen?	**Supposing you were rich, what would you do?**

bedrängen *v/t* press *s.o.* hard, *mit Bitten etc*: pester, *Sorgen, Zweifel etc*: beset: (***schwer***) ***bedrängt*** (*oder* ***in einer bedrängten Lage***) ***sein*** be hard-pressed, be in (bad) trouble

bedrohen *v/t* threaten: ZOOL ***bedrohte Arten*** endangered species

bedrohlich **I** *Adj* threatening, menacing, *Ausmaß, Lage etc*: alarming, (*unheilvoll*) ominous **II** *Adv* threateningly (*etc*)

Bedrohung *f* (*Gen* to) threat, menace (*beide auch fig Sache, Person etc*)

bedrucken *v/t* print

bedrücken *v/t* oppress, *seelisch*: depress

bedrückend *Adj* depressing

Bedrückung *f* oppression, *seelische*: depression

bedürfen *v/i* (*Gen*) need, require, take: ***es bedarf keiner weiteren Beweise*** no further evidence is required

Bedürfnis *n* need (***nach*** for), requirement, (*inneres Bedürfnis*) urge

Bedürfnisanstalt *f* public convenience

bedürfnislos *Adj* ***er ist bedürfnislos*** he doesn't need much

bedürftig *Adj* needy, poor

Bedürftigkeit *f* neediness, poverty

Beefsteak *n* steak: ***deutsches Beefsteak*** beefburger

beehren *v/t* hono(u)r

beeiden, **beeidigen** *v/t* (*etw*) swear to

beeidigt *Adj* JUR sworn

Beeidigung *f* confirmation by oath

beeilen *v/refl* ***sich beeilen*** hurry: ***beeil dich!*** hurry up!, *ugs* get a move on!

beeindrucken *v/t* impress

beeinflussen *v/t* influence, *nachteilig*: affect

Beeinflussung *f* influence (*Gen* on)

beeinträchtigen *v/t* impair, affect (adversely), (*Ruf, Schönheit etc*) detract from, (*behindern*) impede, (*vermindern*) reduce

Beeinträchtigung *f* (*Gen*) impairment (of), detraction (from), impeding (of), reduction (in)

beenden *v/t* **1.** *allg* (bring *s.th.* to an) end, conclude, close **2.** IT (*Anwendung*) close

Beendigung *f* conclusion, close

beengen *v/t* cramp

beerben *v/t* ***j-n beerben*** be s.o.'s heir

beerdigen *v/t* bury

Beerdigung *f* burial, funeral

Beerdigungsinstitut *n* undertaker's, funeral directors *Pl*

Beere *f* berry, (*Weinbeere*) grape

Beeren WF

Brombeere	**blackberry**
Erdbeere	**strawberry**
Heidelbeere	**blueberry, bilberry**
Himbeere	**raspberry** [ˈrɑːzbərɪ]
Preiselbeere	**cranberry**
Rote Johannisbeere	**redcurrant** [ˌredˈkʌrənt]
Schwarze Johannisbeere	**blackcurrant** [ˌblækˈkʌrənt]
Stachelbeere	**gooseberry** [ˈgʊzbərɪ]

Beerenauslese *f* quality wine made from selected grapes

Beet *n* bed

Beete *f* BOT → ***Bete***

befähigen *v/t* enable, qualify (***für, zu*** for): ***j-n*** (***dazu***) ***befähigen, etw zu tun*** enable s.o. to do s.th.

befähigt *Adj* (***zu***) capable (of), *zu einem Amt etc*: qualified (for)

Befähigung *f* qualification (***zu*** for), (*Fähigkeit*) ability

Befähigungsnachweis *m* certificate of qualification

befahrbar *Adj* passable, SCHIFF navigable

befahren **I** *v/t* drive on, (*benutzen*) use (*a road*), (*Strecke*) cover **II** *Adj* ***eine sehr*** (*oder* ***stark***) ***befahrene Straße*** a busy road

befallen *v/t* attack (*auch* MED), *fig* seize: ***befallen werden von*** *Furcht etc*: be seized by, *Insekten etc*: be infested by

befangen *Adj* **1.** inhibited, shy, self-conscious **2.** (*voreingenommen, auch* JUR) bias(s)ed: ***in einem Irrtum befangen sein*** be labo(u)ring under a delusion

Befangenheit *f* **1.** self-consciousness, shyness **2.** JUR *etc* (***wegen Befangenheit*** for) bias

befassen *v/refl* ***sich befassen mit*** concern o.s. with, *auch mit einem Problem etc*: deal with

Befehl *m* order, (*auch Befehlsgewalt, Computerbefehl*) command: ***auf Befehl von*** (*oder Gen*) by order of; (***den***) ***Befehl haben zu*** *Inf* be under orders to *Inf*; ***den Befehl haben*** (***übernehmen***) be in (take) command (***über*** *Akk* of)

befehlen **I** *v/t* ***j-m etw befehlen*** order s.o. to do s.th. **II** *v/i* give the orders

befehligen *v/t* be in command of

Befehlsbereich *m* MIL (area of) command

Befehlsform *f* LING imperative

Befehlshaber, **Befehlshaberin** commander

Befehlsmenü *n* COMPUTER command menu

Befehlstaste *f* COMPUTER command key

Befehlsverweigerung *f* refusal to obey an order

befestigen *v/t* **1.** (***an*** *Dat* to) fasten, fix **2.** (*Straße*) pave **3.** MIL fortify **4.** *fig* (*stärken*) strengthen

Befestigung *f* **1.** fastening, fixing **2.** MIL fortification **3.** *fig* strengthening

befeuchten *v/t* moisten

befinden **I** *v/t* ***etw für gut** etc* ***befinden*** think s.th. is good *etc* **II** *v/refl* ***sich befinden*** **a)** be, *Gebäude etc: auch* be located, **b)** *(sich fühlen)* be, feel **III** *v/i (entscheiden)* decide
Befinden *n* (state of) health
befindlich *Adj* ***alle im Haus befindlichen Möbel*** all furniture in the house
beflaggen *v/t* flag
beflecken *v/t* stain, soil, *fig* sully
befliegen *v/t (Strecke)* fly
beflügeln *v/t fig (j-n)* inspire, *(anspornen)* spur *s.o.* on, *(jemandes Fantasie)* fire
befolgen *v/t* follow, *(Rat) auch* take, *(Vorschrift)* observe
Befolgung *f* following *(etc)*, observance *(Gen* of)
befördern *v/t* **1.** convey, transport, *(Güter) auch* forward, *Am oder* SCHIFF ship **2.** *im Rang*: promote: ***er wurde zum Direktor (Major) befördert*** he was promoted manager (major)
Beförderung *f* **1.** conveyance, transport(ation), forwarding, *Am oder* SCHIFF shipment **2.** *im Rang*: promotion
Beförderungsmittel *n* (means of) transportation
befrachten *v/t* load, SCHIFF *und fig* freight
befragen *v/t* **1.** (***nach, über*** *Akk* about) question, ask, *Meinungsforschung*: poll, interview **2.** *(zu Rate ziehen)* consult
Befragung *f* interview, *der Öffentlichkeit*: (public opinion) poll
befreien **I** *v/t* (***von*** from) *allg* free, *bes* POL UND SOZIOL liberate, *(retten)* rescue, *von Steuern etc*: exempt, *von Haftung, Verpflichtungen*: release, *vom Unterricht*: excuse, *von einer Last, von Sorgen, Schmerzen etc*: relieve, *von einem Verdacht etc*: clear (of) **II** *v/refl* ***sich befreien*** (***von***) free *(oder* liberate) o.s. (from), *von etw Lästigem*: get rid of, *von einem Verdacht etc*: clear o.s. (of)
Befreier, **Befreierin** liberator
Befreiung *f* (***von*** from) freeing *(etc,* → ***befreien*** I), liberation, *(Rettung)* rescue, *von Steuern etc*: exemption, *von Verpflichtungen etc*: release
Befreiungsbewegung *f* liberation movement
Befreiungskampf *m* fight for independence
Befreiungskrieg *m* war of liberation *(oder* independence)
Befreiungsversuch *m eines Gefangenen*: attempt to escape
befremden *v/t* take *s.o.* aback
Befremden *n* astonishment (***über*** *Akk* at)
befremdlich *Adj* strange
befreunden *v/refl* ***sich befreunden*** become friends; ***sich befreunden mit*** make friends with, *fig* get used to *s.th.*
befreundet *Adj auch* POL *Nationen*: friendly: ***befreundet sein*** be friends (***mit*** with)
befrieden *v/t* POL pacify
befriedigen *v/t (j-n, j-s Hunger, Neugier etc)* satisfy, *(j-n) auch* please, *(Nachfrage, Wunsch)* meet, *(Erwartungen) auch* come up to: ***schwer zu befriedigen*** hard to please
befriedigend *Adj* satisfactory *(auch* PÄD *Note)*
befriedigt *Adj und Adv* satisfied, pleased
Befriedigung *f* satisfaction
befristen *v/t* set a time limit on
befristet *Adj* limited (in time)
Befristung *f* (setting of a) time limit
befruchten *v/t* BIOL fertilize *(auch fig)*, BOT pollinate, *fig (anregen)* stimulate: (***künstlich***) ***befruchten*** inseminate (artificially)
Befruchtung *f* BIOL fertilization *(auch fig)*, BOT pollination: ***künstliche Befruchtung*** artificial insemination
Befugnis *f auch Pl* authority, power(s *Pl*): ***j-m (die) Befugnis erteilen (zu*** *Inf*) authorize s.o. (to *Inf*)
befugt *Adj* authorized
befühlen *v/t* feel, touch
Befund *m allg* findings *Pl*: MED ***ohne Befund*** negative; ***der (sein, ihr*** *etc*) ***Befund war negativ*** his (her *etc*) test was negative
befürchten *v/t* fear: ***es ist zu befürchten, dass ...*** it is feared that ...; ***wir müssen das Schlimmste befürchten*** we must be prepared for the worst
Befürchtung *f* fear, *Pl auch* misgivings *Pl*
befürworten *v/t* advocate, *(empfehlen)* recommend, *(unterstützen)* support
Befürworter, **Befürworterin** advocate
Befürwortung *f* recommendation, support
begabt *Adj* gifted, talented
Begabung *f* gift, *(auch Person)* talent
begatten *v/t* copulate with, ZOOL mate with
Begattung *f* copulation, ZOOL mating
begeben **I** *v/refl* **1.** ***sich begeben nach*** *(oder* ***zu***) go to, ***zu*** *j-m*: *auch* join, see; ***sich an die Arbeit begeben*** set to work; ***sich auf die Reise begeben*** set out (on one's journey); → ***Gefahr*** **2.** ***sich begeben*** *(sich ereignen)* happen, occur **II** *v/t* **3.** *(Wechsel etc)* negotiate
Begebenheit *f* occurrence, incident
begegnen *v/i (Dat)* **1.** meet, *ugs* bump into, *(auch einer Sache)* come across: ***sich begegnen*** meet **2.** *(Schwierigkeiten etc)* meet with, *(entgegentreten)* face, *(vorbeugen)* obviate **3.** *(vorkommen)* be found (***bei*** in) **4.** ***j-m freundlich begegnen*** treat s.o. kindly
Begegnung *f* meeting, *(auch feindliche Begegnung)* encounter, SPORT bout, *(Spiel)* match
begehbar *Adj Weg*: passable
begehen *v/t* **1.** walk on **2.** *(besichtigen)* inspect **3.** *(Fehler)* make, *(Verbrechen)* commit **4.** *(feiern)* celebrate, *(Feiertag)* observe
begehren *v/t* desire *(auch j-n)*, *heftig*: crave for, *(verlangen)* demand: (***sehr***) ***begehrt*** (much) sought after, (very) much in demand
Begehren *n* desire (***nach*** for)
begehrenswert *Adj* desirable
begehrlich *Adj* covetous, greedy
Begehung *f* **1.** inspection **2.** *eines Verbrechens*: commission **3.** *eines Festes*: celebration
begeistern **I** *v/t* fill *s.o.* with enthusiasm (***für*** about), inspire **II** *v/refl* ***sich begeistern für*** be *(oder* get) enthusiastic about, *in Worten*: *auch* rave *(ugs* enthuse) about **III** *v/i* arouse enthusiasm (***durch*** by)
begeisternd *Adj* rousing, inspiring, *(großartig)* marvel(l)ous
begeistert **I** *Adj* (***von***) enthusiastic (about), keen (on), *(leidenschaftlich)* fervent: ***begeisterter Anhänger*** *(Gen oder* ***von***) fan (of); ***...begeistert*** ...-minded, *ugs* ...-mad **II** *Adv* enthusiastic(ally): ***begeistert sprechen von*** *auch* rave about
Begeisterung *f* enthusiasm (***für*** for, about): ***mit Begeisterung*** *auch* enthusiastically
Begierde *f* (***nach*** for) appetite, *bes sinnliche*: desire, lust
begierig *Adj* eager (***nach, auf*** *Akk* for): ***ich bin begierig zu erfahren*** I am anxious to know
begießen *v/t* **1.** pour water *etc* over *(oder* on),

(*Blumen*) water **2.** *ugs fig* celebrate (with a drink): ***das müssen wir begießen!*** that calls for a drink!
Beginn *m* (***zu Beginn*** at the) beginning
beginnen *v/t und v/i* begin, start, *förmlich*: commence
beglaubigen *v/t* certify, (*Diplomaten*) accredit (***bei*** to)
beglaubigt *Adj* (***öffentlich***) ***beglaubigt*** certified (by a notary public); ***beglaubigte Abschrift*** certified copy, *als Vermerk*: a true copy
Beglaubigung *f* certification, *eines Gesandten*: accreditation
Beglaubigungsschreiben *n* credentials *Pl*
begleichen *v/t* WIRTSCH pay, settle
Begleichung *f* settlement, payment
Begleitbrief *m* covering letter
begleiten *v/t* accompany (*auch* MUS *und fig*), (*eskortieren*) *auch* SCHIFF, MIL, MOT escort
Begleiter *m* **1.** companion, *dienstlicher*: attendant **2.** *einer Dame etc*: escort **3.** MUS accompanist
Begleiterin *f* → ***Begleiter*** 1, 3
Begleiterscheinung *f* concomitant, MED attendant symptom
Begleitflugzeug *n* escort plane
Begleitmusik *f* incidental music, *fig* accompaniment
Begleitperson *f* escort
Begleitschein *m* WIRTSCH waybill, *zollamtlicher*: (custom's) permit
Begleitschiff *n* escort vessel
Begleitschreiben *n* covering letter
Begleitumstände *Pl* attendant circumstances *Pl*
Begleitung *f* **1.** company, *auch* SCHIFF, MIL escort, (*Gefolge*) entourage: ***ohne Begleitung*** unaccompanied (*auch* MUS); ***in Begleitung von*** (*oder Gen*) accompanied by **2.** MUS accompaniment
beglücken *v/t* ***j-n beglücken*** make s.o. happy
beglückwünschen *v/t* congratulate (***zu*** on)
begnadet *Adj* inspired, highly gifted: ***begnadet mit*** blessed with
begnadigen *v/t*, **Begnadigung** *f* pardon, POL amnesty
begnügen *v/refl* ***sich begnügen*** (***mit*** with) be content, (*auskommen*) make do
Begonie *f* BOT begonia
begraben *v/t auch fig* bury
Begräbnis *n* burial, *feierliches*: *auch* funeral
begradigen *v/t* straighten
begreifen *v/t* understand (*auch v/i*), (*erfassen*) grasp: ***du musst begreifen, dass …*** you must realize that …; ***das begreife ich nicht!*** that's beyond me!; ***schnell begreifen*** *ugs* catch on quickly, be quick on the uptake
begreiflich *Adj* understandable: ***j-m etw begreiflich machen*** make s.th. clear to s.o.
begreiflicherweise *Adv* understandably (enough)
begrenzen *v/t* **1.** mark off, (*die Grenze bilden von*) form the boundary of **2.** *fig* (***auf*** *Akk* to) limit, restrict
Begrenztheit *f* limitations *Pl*
Begrenzung *f* **1.** (***auf*** *Akk* to) limiting, restriction **2.** (*Grenze*) bounds *Pl*, limit
Begrenzungslicht *n* MOT sidelight
Begriff *m* **1.** idea, notion, PHIL concept, (*Ausdruck*) term: ***sich einen Begriff machen von*** get an idea of, imagine; ***du machst dir keinen Begriff!*** you have no idea!; ***ist dir das ein Begriff?*** does that mean anything to you?; ***nach meinen Begriffen*** as I see it **2.** *ugs* ***schwer von Begriff*** slow (in the uptake) **3.** ***im Begriff sein, etw zu tun*** be about to do s.th.
begriffen *Adj* ***er war im Fortgehen begriffen*** he was leaving (*oder* about to leave)
begrifflich *Adj* conceptual, *Denken*: abstract
Begriffsbestimmung *f* definition
Begriffsinhalt *m* PHIL connotation
begriffsstutzig *Adj* dense, slow
Begriffsverwirrung *f* confusion
begründen *v/t* **1.** (*Behauptung etc*) give reasons for, (*Handlung*) explain, (*rechtfertigen*) justify **2.** (*gründen*) found, (*auch j-s Ruf, Rechte etc*) establish, (*Geschäft, Hausstand etc*) *auch* set up, *fig* lay the foundations of
begründet *Adj* well-founded, (*gerechtfertigt*) justified: ***begründeter Verdacht*** *bes* JUR reasonable suspicion
Begründung *f* **1.** reason(s *Pl*), argument(s *Pl*), (*Erklärung*) explanation: ***mit der Begründung, dass …*** on the grounds that …; ***ohne jede Begründung*** without giving any reasons **2.** (*Gründung*) establishment, foundation, setting up
begrüßen *v/t* greet, *freudig*: welcome (*auch fig*)
begrüßenswert *Adj* welcome
Begrüßung *f* greeting, welcome
Begrüßungsansprache *f* welcoming speech
Begrüßungsgeld *n* POL welcome money
begünstigen *v/t* favo(u)r, (*Sache*) *auch* promote
Begünstigte *m, f* WIRTSCH, JUR beneficiary
Begünstigung *f* favo(u)ring, promotion, (*Bevorzugung*) preferential treatment, *finanzielle*: benefit, JUR acting as accessory after the fact
begutachten *v/t* give an (expert's) opinion on, (*prüfen, ugs besichtigen*) examine: ***etw begutachten lassen*** obtain an expert's opinion on s.th.
begütert *Adj* wealthy, well-to-do
behaart *Adj* hairy, hirsute
behäbig *Adj* sedate, *Gestalt*: portly
behaftet *Adj* ***behaftet mit*** *einer Krankheit*: afflicted with, *Fehlern etc*: full of, *einem Makel*: tainted with
behagen *v/i* ***j-m behagen*** suit s.o., (*gefallen*) please s.o.: ***das behagt mir*** (***ganz und gar***) ***nicht*** I don't like that (at all)
Behagen *n* ease, comfort, (*Vergnügen*) pleasure, (*Zufriedenheit*) contentment
behaglich **I** *Adj* comfortable, (*gemütlich*) cosy **II** *Adv* comfortably, (*zufrieden*) contentedly
Behaglichkeit *f* comfort, cosiness
behalten *v/t* keep, (*im Gedächtnis behalten*) remember: ***Recht behalten*** be right (in the end); *Geheimnis etc* ***für sich behalten*** keep to o.s.; ***behalte das für dich!*** keep it under your hat!; *Nahrung* ***bei sich behalten*** retain

behalten ≠ behold

behalten	=	keep; remember
behold *poet*	=	sehen, erblicken

Behälter *m* container, receptacle, *für Öl etc*: tank
behämmert *Adj ugs* → ***bekloppt***
behänd(e) *Adj* nimble, agile (*auch geistig*), (*gewandt*) dexterous
behandeln *v/t allg* treat (*auch* MED, TECH), (*Thema, Problem etc, auch schwierige Person*) deal with, handle

B

Behandlung *f* treatment, (*Handhabung*) handling: ***in*** (***ärztlicher***) ***Behandlung*** under medical treatment
behängen *v/t* hang, (*drapieren*) drape, (*schmücken*) decorate: *ugs pej* ***sie war mit Schmuck behängt*** she was decked (out) with jewels
beharren *v/i* (***auf*** *Dat*) persist (in), *ugs* stick (to): ***darauf beharren, dass …*** insist that …
beharrlich *Adj* persistent, steadfast, (*hartnäckig*) stubborn
Beharrlichkeit *f* perseverance, stubbornness
behauen *v/t* hew
behaupten **I** *v/t* **1.** maintain, claim, say (***dass*** that): *ugs* ***steif und fest behaupten, dass …*** insist that … **2.** (*Recht etc*) maintain, assert **II** *v/refl* ***sich behaupten*** **3.** hold one's own, WIRTSCH *Kurse, Preise*: remain firm
Behauptung *f* **1.** claim, assertion **2.** *von Rechten etc*: maintenance, assertion
Behausung *f* dwelling
beheben *v/t allg* remove, (*Schaden*) *auch* repair, (*Missstand*) *auch* remedy
Behebung *f* removal, repair
beheimatet *Adj* ***beheimatet in*** (*Dat*) resident in, living in, coming from
beheizbar *Adj* heatable
beheizen *v/t* heat
Behelf *m* makeshift
behelfen *v/refl* ***sich behelfen*** (***mit*** with) make do, manage; ***sich behelfen ohne*** do without
Behelfs… temporary (*bridge, home, etc*)
behelfsmäßig **I** *Adj* makeshift, temporary **II** *Adv* as a makeshift, temporarily
behelligen *v/t* bother, trouble, *stärker*: molest
behend(e) *Adj* → ***behänd(e)***
beherbergen *v/t* put up, accommodate, *auch fig* house
beherrschen **I** *v/t* **1.** rule (over), govern **2.** *fig* (*die Lage*, WIRTSCH *den Markt, seine Gefühle etc*) control: ***j-n beherrschen*** dominate s.o. **3.** have complete command of, (*Sprache*) have a good command of, speak, know: ***sein Handwerk beherrschen*** know one's trade **II** *v/refl* ***sich beherrschen*** **4.** control o.s
beherrschend *Adj* dominating
Beherrschung *f* **1.** rule, domination (*auch fig*) **2.** *fig* (*Gen* of) control, (*Können*) mastery, command **3.** → ***Selbstbeherrschung***
beherzigen *v/t* ***etw beherzigen*** bear s.th. in mind
beherzt *Adj* courageous, *ugs* plucky
behilflich *Adj* ***j-m behilflich sein*** help (*oder* assist) s.o. (***bei*** in)
behindern *v/t* (***bei*** in) hinder, hamper, (*auch Sicht, Verkehr*, SPORT *Gegner*) obstruct
behindert *Adj* (***körperlich*** *oder* ***geistig***) ***behindert*** (physically *oder* mentally) handicapped
Behinderte *m, f* handicapped person
behindertengerecht *Adj* suitable for disabled persons; (*Gebäude*) with wheelchair access
Behinderung *f* **1.** hindrance, impediment, *auch* SPORT obstruction **2.** MED handicap
Behörde *f* (public) authority, (*Amt*) *auch* administrative body
behördlich *Adj* official
behüten *v/t* protect (***vor*** *Dat* from)
behutsam *Adj* cautious, careful, gentle
Behutsamkeit *f* caution, gentleness
bei *Präp* (*Dat*) **1.** *räumlich*: ***bei Berlin*** near Berlin; ***die Schlacht bei Waterloo*** the Battle of Waterloo; ***bei Hofe*** at court; ***beim Bäcker*** at the baker's; ***bei Familie Braun, bei Brauns*** at Braun's; ***bei*** (*per Adresse*) ***Braun*** c/o (= care of) Braun; ***bei j-m sitzen*** sit with s.o.; ***arbeiten bei*** work for; ***eine Stellung bei*** a job with; ***beim Heer*** (***bei der Marine***) in the army (navy); ***bei uns*** **a)** with us, **b)** (***zu Hause***) at home, **c)** (***in Deutschland***) in Germany, at home; ***ich habe kein Geld bei mir*** I have no money on me; ***er hatte seinen Hund bei sich*** he had his dog with him **2.** *zeitlich oder einen Zustand ausdrückend*: ***bei seiner Geburt*** (***Hochzeit***) at his birth (wedding); ***bei Tag*** (***Nacht***) by day (night), during the day (night); ***bei Licht*** by light; ***bei 70 Grad*** at 70 degrees; ***bei schönem Wetter*** when the weather is fine; ***beim Arbeiten*** while working; ***bei offenem Fenster*** with the window open; ***bei Regen*** (***Gefahr***) in case of rain (danger); *ugs* ***er ist nicht ganz bei sich*** he's not all there **3.** (*angesichts*) ***bei so vielen Problemen*** with (*oder* considering) all the problems; ***bei solcher Hitze*** in such heat; ***bei all seinen Bemühungen*** for all his efforts; *s.a. die Verbindungen mit den entsprechenden Stichwörtern*

bei: Profiübersetzung mit Partizip GR

Konstruktionen mit **bei**, die einen Vorgang ausdrücken, können nach Verben wie **catch, find, keep, leave** oder Wahrnehmungsverben wie **feel, hear, see, watch** mit dem **present participle** übersetzt werden. Die Satzstruktur lautet dann: Subjekt + Prädikat + Objekt + **present participle**:

Der Lehrer erwischte mich beim Rauchen auf der Toilette.	**The teacher caught me smoking in the toilets.**

beibehalten *v/t* retain, maintain, (*Richtung, Tempo*) keep
Beiblatt *n* supplement (*Gen* to)
Beiboot *n* dinghy
beibringen *v/t* **1.** ***j-m etw beibringen*** teach s.o. s.th., (*verständlich machen*) get s.th. across to s.o.; ***j-m etw schonend beibringen*** break s.th. gently to s.o. **2.** ***j-m*** *eine Niederlage* ***beibringen*** inflict *s.th.* on s.o. **3.** (*vorlegen*) furnish, (*Beweise etc*) produce
Beichte *f auch fig* confession: ***j-m die Beichte abnehmen*** confess s.o.
beichten *v/t und v/i auch fig* confess
Beichtgeheimnis *n* confessional secret
Beichtkind *n* penitent
Beichtstuhl *m* confessional
Beichtvater *m* (father) confessor
beide *Adj* both, *unbetont*: the two, (*der, die, das eine oder andere*) either: ***meine beiden Brüder*** both my brothers, my two brothers; ***wir beide*** both of us, we two; ***alle beide*** both of them; ***in beiden Fällen*** in either case; ***kein(e)s von beiden*** neither (of the two); ***beide Mal*** both times
beiderlei *Adj* (of) both kinds: ***beiderlei Geschlechts*** of either sex
beiderseitig *Adj und Adv* on both sides, (*gegenseitig*) mutual(ly *Adv*)
beiderseits **I** *Adv* on both sides, *fig auch* mutually **II** *Präp* (*Gen*) on both sides (of)
beidhändig *Adj* ambidextrous, SPORT two-handed

Der bestimmte Artikel bei both

Das deutsche Adjektiv **beide** wird mit **both** (betont) oder **the two** (unbetont) ins Englische übersetzt.
Der bestimmte Artikel kann nach **both** stehen, jedoch nie davor:

Beide Wohnungen waren bereits verkauft worden.	**Both (the) flats had already been sold.**

In der unbetonten Form steht der bestimmte Artikel vor **two**:

Wir beide teilen uns ein Zimmer.	**The two of us share a room.**

beidrehen *v/t* SCHIFF heave to
beieinander *Adv* together: **(*dicht*) *beieinander*** next to each other; *ugs* ***gut beieinander sein*** be in good shape; *ugs* ***er ist nicht ganz beieinander*** he's not all there
beieinanderhaben *v/t ugs* have *s.th.* together ***du hast wohl nicht alle beieinander!*** you must be out of your mind!
beieinanderhalten *v/t ugs* keep *s.th.* together
Beifahrer, Beifahrerin *im Pkw*: front passenger, *im Lkw*: driver's mate, *beim Rennen*: co-driver
Beifahrersitz *m* front-passenger seat
Beifall *m* applause, (*Zurufe*) (loud) cheers *Pl*, *fig* approval: ***Beifall ernten, Beifall finden*** draw applause, *fig* meet with approval, be acclaimed; ***Beifall klatschen, Beifall spenden*** applaud (***j-m*** s.o.)
beifällig *Adj* approving(ly *Adv*)
Beifallsruf *m* cheer(s *Pl*)
Beifallssturm *m* thunderous applause
Beifilm *m* supporting film
beifügen *v/t* (*Dat*) add (to), *einem Brief*: enclose (with)
Beifügung *f* LING apposition
Beigabe *f* **1.** addition, extra: ***als Beigabe*** *auch* into the bargain **2.** → ***Beilage*** 2
beige *Adj*, **Beige** *n* beige
beigeben I *v/t* add (*Dat* to) **II** *v/i ugs* ***klein beigeben*** knuckle under, climb down
Beigeordnete *m, f* assistant, POL town council(l)or
Beigeschmack *m* (unpleasant) taste, *fig* smack (***von*** of)
Beihilfe *f* **1.** aid, *staatliche*: grant, (*Subvention*) subsidy **2.** JUR aiding and abetting: **(*j-m*) *Beihilfe leisten*** aid and abet (s.o.)
beikommen *v/i* (*j-m*) get at, (*einer Sache*) cope with
Beil *n* ax(e), hatchet, (*Fleischerbeil*) chopper
Beilage *f* **1.** (*Zeitungsbeilage*) supplement, insertion, inset **2.** GASTR side dish: ***Fleisch mit Beilage*** meat and vegetables *Pl*
beiläufig I *Adj* casual **II** *Adv* casually, (*übrigens*) by the way: ***etw beiläufig erwähnen*** mention s.th. in passing
beilegen *v/t* **1.** (*Dat*) add (to), *einem Brief*: enclose (with) **2.** (*Namen*) give **3.** (*Streit*) settle
Beilegung *f eines Streits*: settlement
beileibe *Adv* ***beileibe nicht***(!) certainly not(!), by no means(!)
Beileid *n* (***j-m sein Beileid aussprechen*** offer s.o. one's) condolences *Pl*: (***mein***) ***herzliches Beileid!*** *auch iron* my heartfelt sympathy!
Beileidsbesuch *m* visit of condolence
Beileidsbrief *m* letter of condolence
Beileidskarte *f* condolence card
beiliegen *v/i* be enclosed (*einem Brief etc* with)
beiliegend *Adj und Adv* enclosed: ***beiliegend übersenden wir Ihnen ...*** enclosed please find ...
beim = ***bei dem***
beimengen → ***beimischen***
beimessen *v/t einer Sache* **a)** ***Glauben beimessen*** give credence to, **b)** ***Bedeutung*** *etc* ***beimessen*** attach importance *etc* to
beimischen *v/t* ***einer Sache etw beimischen*** mix s.th. with s.th., add s.th. to s.th.
Beimischung *f* admixture
Bein *n* leg (*auch Hosenbein, Tischbein etc*): (***früh***) ***auf den Beinen sein*** be up and about (early); ***dauernd auf den Beinen sein*** be always on the go; ***wieder auf den Beinen sein*** be back on one's feet (again); *ugs* ***j-m Beine machen*** make s.o. get a move on; ***ich muss mich auf die Beine machen!*** I must be off!; *ugs* ***die Beine in die Hand nehmen*** take to one's heels, run; *fig* ***auf eigenen Beinen stehen*** stand on one's own two feet; *fig* ***j-n*** (***etw***) ***auf die Beine stellen*** set s.o. (s.th.) up; ***j-m ein Bein stellen*** *auch fig* trip s.o. up; ***sich die Beine vertreten*** stretch one's legs; → ***Grab***
beinahe, *ugs* **beinah** *Adv* almost, nearly: ***beinahe etw tun*** come near doing s.th.
Beinahezusammenstoß *m* near miss
Beiname *m* epithet
Beinarbeit *f Boxen*: footwork, *Schwimmen*: legwork
Beinbruch *m* MED fractured leg: *ugs fig* ***das ist kein Beinbruch!*** that's no tragedy!
Beinfreiheit *f* MOT legroom
beinhalten *v/t* contain, (*besagen*) say, *stillschweigend*: imply
Beinprothese *f* artificial leg
Beinschiene *f* MED splint
beiordnen *v/t* **1.** ***j-m j-n beiordnen*** assign s.o. to s.o. **2.** LING coordinate
Beipackzettel *m* instructions *Pl*
beipflichten *v/i* agree (*Dat* to)
Beiprogramm *n* FILM supporting program(me *Br*)
Beirat *m* advisory board
beirren *v/t* disconcert: ***er lässt sich nicht beirren*** he stands firm, *ugs* he sticks to his guns
beisammen *Adv* together
Beisammensein *n* being together: ***geselliges Beisammensein*** get-together
Beischlaf *m* sexual intercourse
Beisein *n* ***im Beisein von*** (*oder Gen*) in the presence of
beiseite *Adv* aside
beiseitelassen *v/t* disregard
beiseitelegen *v/t* set aside (*auch Geld*)
beiseiteschaffen *v/t* remove, (*j-n*) get rid of
beiseiteschieben *v/t* push (*Argument*: brush) aside
beiseitetreten *v/i* step aside
beisetzen *v/t* **1.** (*Leiche*) bury **2.** (*Segel*) set
Beisetzung *f* burial, funeral
Beispiel *n* example, (*Vorbild*) model: (***wie***) ***zum Beispiel*** for example, for instance (*Abk* e.g.); ***ein Beispiel geben, mit gutem Beispiel vorangehen*** set an example; ***sich ein Beispiel an j-m*** (***etw***) ***nehmen*** take s.o. (s.th.) as an example
beispielhaft *Adj* exemplary, model ...

beispiellos *Adj* unprecedented, unheard-of
beispielsweise *Adv* for example, (as) for instance
beispringen → ***beistehen***
beißen *v/t und v/i* (***auf*** *Akk*, ***in*** *Akk* s.th.) bite, *Rauch, Pfeffer etc*: *auch* burn: ***nach j-m beißen*** snap at s.o.; *ugs fig* ***die Farben beißen sich*** the colo(u)rs clash; *ugs* ***er wird dich schon nicht beißen!*** he won't eat you!
beißend *Adj Wind etc, auch fig Kritik etc*: biting, *Geruch*: acrid
Beißring *m für Babys*: teething ring
Beißzange *f* (***eine Beißzange*** a pair of) pliers *Pl*
Beistand *m* **1.** help, aid, support: ***j-m Beistand leisten*** → ***beistehen*** **2.** → ***Rechtsbeistand***
Beistandspakt *m* POL mutual assistance pact
beistehen *v/i* ***j-m beistehen*** help (*oder* assist, stand by) s.o., come to s.o.'s aid, MED attend s.o.
beisteuern *v/t und v/i* contribute (***zu*** to)
beistimmen → ***zustimmen***
Beistrich *m* comma
Beitrag *m* contribution (*auch fig*), (*Mitgliedsbeitrag*) subscription (fee), fee: ***einen Beitrag leisten*** make a contribution (***zu*** to)
beitragen *v/t und v/i* contribute (***zu*** to)
Beitragserhöhung *f* increase in contributions, increased contributions *Pl*
beitragsfrei *Adj* noncontributary
beitragspflichtig *Adj* liable to subscription
beitreiben *v/t* JUR (*Steuern etc*) collect, (*Schulden*) recover
beitreten *v/i einem Verein etc*: join, *einem Vertrag*: *auch* accede to
Beitritt *m* joining (***zu*** of *a club etc*)
Beitrittserklärung *f* application for membership
Beiwagen *m* MOT sidecar
beiwohnen *v/i* (*Dat*) **1.** be present at, attend, *als Zeuge*: witness **2.** JUR have sexual intercourse with
Beiwort *n* epithet
Beize *f* **1.** corrosive, (*Holzbeize*) stain, *Färberei*: mordant, *Gerberei*: bate, METAL pickle **2.** (*Tabakbeize*) sauce **3.** GASTR marinade
beizeiten *Adv* in good time
beizen *v/t* **1.** TECH (*ätzen*) corrode, (*Holz*) stain, (*Häute*) bate, METAL pickle **2.** (*Tabak*) sauce **3.** GASTR marinate
bejahen *v/t* answer in the affirmative (*auch v/i*), *auch fig* say yes to
bejahend *Adj* affirmative
bejahrt *Adj* old, advanced in years
Bejahung *f* affirmation, *fig* positive attitude (*Gen* towards)
bejammern *v/t* lament
bekämpfen *v/t* fight (against), combat
Bekämpfung *f* fight (*Gen* against)
bekannt *Adj* known, (*wohlbekannt*) well-known (***wegen*** for): ***bekannt mit*** acquainted with, ***einer Sache*** *auch* familiar with s.th.; ***bekannt geben*** announce (*Dat* to); ***j-n bekannt machen mit*** introduce s.o. to; ***bekannt machen*** announce, make *s.th.* known; ***sich mit etw bekannt machen*** familiarize o.s. with s.th.; ***das ist mir bekannt*** I know (that); ***dafür bekannt sein, dass …*** have a reputation for *Ger*; ***bekannt werden*** become known, come out
Bekannte *m, f* friend, acquaintance
Bekanntenkreis *m* (circle of) friends *Pl*
Bekanntgabe *f* announcement
bekanntgeben → ***bekannt***
Bekanntheitsgrad *m* name recognition (rating)
bekanntlich *Adv* as everybody knows
bekanntmachen → ***bekannt***
Bekanntmachung *f* announcement, publication, *offizielle*: bulletin
Bekanntschaft *f* **1.** (***bei näherer Bekanntschaft*** on closer) acquaintance: ***j-s Bekanntschaft machen*** become acquainted with s.o. **2.** → ***Bekanntenkreis***
bekanntwerden → ***bekannt***
bekehren *v/t auch fig* convert (***zu*** to): ***sich bekehren*** (***zu*** to) become a convert, *fig auch* come round
Bekehrte *m, f* convert
Bekehrung *f* conversion
bekennen **I** *v/t* confess (to) **II** *v/refl* ***sich bekennen zu*** **a)** *einer Tat*: confess, **b)** *einem Glauben etc*: profess, **c)** ***j-m*** stand by s.o., (*eintreten für*) stand up for s.o.; → ***Farbe*** 3, ***schuldig*** 1
Bekennerbrief *m* letter claiming responsibility
Bekenntnis *n* **1.** confession **2.** (*Glaubensbekenntnis*) creed, (*Konfession*) denomination
Bekenntnisschule *f* denominational school
bekiffen *v/refl ugs* ***sich bekiffen*** get stoned; ***bekifft sein*** be stoned
beklagen **I** *v/t* lament, deplore, (*Tod etc*) mourn **II** *v/refl* ***sich beklagen*** complain (***über*** *Akk* of)
beklagenswert *Adj* **1.** deplorable **2.** *Person*: pitiable
Beklagte *m, f* JUR defendant
beklauen *v/t ugs* ***j-n beklauen*** steal from s.o.
bekleben *v/t* **1.** paste *s.th.* over **2.** ***etw bekleben mit*** stick (*oder* paste) *s.th.* on s.th.
bekleckern **I** *v/t* stain, mess up **II** *v/refl* ***sich bekleckern mit …*** spill … over o.s
bekleiden *v/t* **1.** dress: *fig* ***bekleiden mit*** (in)vest with **2.** (*Amt etc*) hold
Bekleidung *f* clothing, clothes *Pl*
Bekleidungsindustrie *f* clothing industry
beklemmen *v/t* oppress
beklemmend *Adj* oppressive, *fig auch* eerie
Beklemmung *f* oppression, *fig auch* anxiety
beklommen *Adj* uneasy, anxious
Beklommenheit *f* uneasiness, anxiety
bekloppt, **beknackt** *Adj ugs* nutty, batty, crazy, *präd* nuts
bekommen **I** *v/t allg* get, MED *auch* catch (*auch ugs Zug, Bus etc*), (*erhalten*) *auch* receive, (*erlangen*) obtain, (*Kind, Junge*) have: ***Hunger*** (***Durst***) ***bekommen*** get hungry (thirsty); ***sie bekommt ein Kind*** she's going to have a baby; ***Zähne bekommen*** cut one's teeth; ***etw geschenkt bekommen*** be given s.th. (as a present); ***wie viel bekommen Sie*** (***von mir***)***?*** how much do I owe you?; *ugs* ***bekommen Sie schon?*** are you being served? **II** *v/i* ***j-m*** (***gut***) ***bekommen*** agree with s.o.; ***j-m nicht*** (*oder* ***schlecht***) ***bekommen*** disagree with s.o.; ***wohl bekomms!*** cheers!; *fig* ***es wird ihm schlecht bekommen*** he will regret it

bekommen ≠ become

bekommen	=	get, receive, obtain
become	=	werden

bekömmlich *Adj* wholesome, *Essen*: *auch* easily digestible, light, *Klima, Luft*: salubrious

bekostigen *v/t* feed: ***sich selbst bekostigen*** cook for o.s

Bekostigung *f* feeding, (*Essen*) food: ***bei voller Bekostigung*** with full board

bekräftigen *v/t* confirm, (*erhärten*) corroborate

Bekräftigung *f* confirmation, corroboration

bekreuzigen *v/refl* ***sich bekreuzigen*** cross o.s

bekriegen *v/t* make war on: ***sich bekriegen*** be at war with one another

bekritteln *v/t pej* criticize

bekritzeln *v/t* scribble on

bekümmern *v/t* grieve, worry

bekunden *v/t* **1.** (*zeigen*) show, demonstrate **2.** (*erklären*) state, JUR *auch* testify

belächeln *v/t* smile (condescendingly) at

beladen *v/t* load, *fig auch* burden

Belag *m* **1.** covering, TECH (*Überzug*) *auch* coat(ing), (*Straßenbelag*) surface, (*Bremsbelag etc*) lining **2.** (*Brotbelag*) (sandwich) filling, (*Aufstrich*) spread **3.** MED (*Zungenbelag*) coating, (*Zahnbelag*) tartar

belagern *v/t auch fig* besiege

Belagerung *f* siege

Belang *m* **1.** ***von Belang*** of importance (***für*** to); ***ohne Belang*** unimportant, *sachlich*: irrelevant **2.** *Pl* interests *Pl*

belangen *v/t* JUR sue, *bes strafrechtlich*: prosecute

belanglos *Adj* unimportant, *sachlich*: irrelevant (***für*** to), (*gering*) negligible

Belanglosigkeit *f* insignificance, *sachliche*: irrelevance

belassen *v/t* ***etw an seinem Platz belassen*** leave s.th. in its place; ***es dabei belassen*** leave it at that; ***alles beim Alten belassen*** leave things as they are

Belastbarkeit *f allg* (maximum) capacity, *auch* MED *etc* resistance, *auch fig* (relative) strength

belasten *v/t* **1.** load (*auch* ELEK, TECH), (*beanspruchen*) stress, (*beschweren*) weight **2.** *fig* burden (***mit*** with, ***sich*** o.s.), (*anstrengen, auch* WIRTSCH, MED, *auch Beziehungen etc*) put (*oder* be) a strain on, *seelisch*: weigh on, worry, (*die Umwelt*) pollute, (*verseuchen*) TECH contaminate: ***das belastet mich sehr*** that's a great burden (*Sorge*: worry) to me; ***damit kann ich mich jetzt nicht belasten*** I can't be bothered with that now; → ***erblich*** **3.** (*Konto*) charge, (*Grundstück etc*) encumber: ***j-n*** (*oder* ***j-s Konto***) (***mit einem Betrag***) ***belasten*** charge a sum to s.o.'s account **4.** JUR UND POL incriminate

belästigen *v/t* molest, (*plagen, stören*) (***mit*** with) pester, bother

Belästigung *f* **1.** molestation, pestering: ***sexuelle Belästigung*** sexual harassment **2.** nuisance

Belastung *f* **1.** loading (*etc*, → ***belasten***) **2.** (*Last*) load (*auch* ELEK, TECH), TECH (*Beanspruchung*) stress (*Gen* on), (*Gewicht*) weight: ***zulässige Belastung*** safe load **3.** *fig* (*Gen oder* ***für***) *allg* (*financial etc*) burden (to, on), (*Sorge*) worry (to), (*Mühe, Ärger*) trouble (to), *seelische oder nervliche*: stress (on), (*Anstrengung, auch* MED, *auch von Beziehungen etc*) strain (on), *der Umwelt*: pollution (of), (*Verseuchung*) *auch* contamination (of): ***er ist zu einer Belastung geworden*** *Mitarbeiter etc*: he has become a liability **4.** WIRTSCH *eines Kontos*: charge (to), *eines Grundstücks etc*: encumbrance (of) **5.** JUR UND POL incrimination

Belastungsmaterial *n* JUR incriminating evidence

Belastungsprobe *f* **1.** TECH load test **2.** *fig* (severe) test

Belastungszeuge *m*, **Belastungszeugin** *f* witness for the prosecution

belaubt *Adj* leafy, in leaf

belaufen *v/refl* ***sich belaufen auf*** (*Akk*) amount to, run up to, total

belauschen *v/t* eavesdrop on, listen to

beleben I *v/t* liven up, stimulate, *Getränk etc*: *auch* revive, get *s.o.* going (again), (*Zimmer etc*) brighten: ***neu beleben*** put new life into **II** *v/refl* ***sich beleben*** *Straße etc*: come to life, *Gesicht*: brighten up

belebt *Adj* animated, lively, *Straße etc*: busy

Beleg *m* **1.** *bes* WIRTSCH record, (*Beweis*) proof, (*Belegschein, Unterlage*) voucher, (*Quittung*) receipt **2.** LING (*Beispiel*) example, (*Quelle*) reference

belegen *v/t* **1.** (*bedecken*) cover, (*auskleiden, auch Bremsen etc*) line: ***mit Teppichboden belegen*** carpet; *Brot* ***mit Schinken*** *etc* ***belegen*** put ham *etc* on; → ***belegt*** 4 **2.** (*Zimmer etc*) occupy, (*buchen*) book, (*einen Platz*) reserve **3.** UNI (*Fach, Vorlesungen*) enrol(l) for **4.** SPORT ***den ersten*** (***zweiten*** *etc*) ***Platz belegen*** be placed (*oder* come in) first (second *etc*) **5.** ***mit einer Strafe*** (***Steuer*** *etc*) ***belegen*** impose a penalty (tax *etc*) on **6.** (*beweisen*) supply evidence for, verify, (*Textstelle, Wort*) give a reference for; → ***belegt*** 5

Belegexemplar *n* author's copy

Belegschaft *f* personnel, staff, employees *Pl*, TECH workers *Pl*, work force

Belegschein *m* voucher

belegt *Adj* **1.** *Raum, Platz*: taken, occupied, (*voll belegt*) full (up) **2.** MED *Stimme*: husky, *Zunge*: coated **3.** TEL engaged, *Am* busy **4.** GASTR ***belegtes Brot*** sandwich; ***belegtes Brötchen*** filled roll **5.** documented: ***das ist nirgends belegt*** there is no evidence for it

belehren *v/t* instruct, (*aufklären*) inform (***über*** *Akk* of): ***sich belehren lassen*** listen to reason; ***j-n eines Besseren belehren*** set s.o. right, *weit. S.* open s.o.'s eyes

belehrend *Adj* instructive

Belehrung *f* instruction, (*Rat*) advice

beleibt *Adj* corpulent, stout

beleidigen *v/t* offend (*auch fig*), *gröblich*: insult: ***ich wollte Sie nicht beleidigen!*** no offen/ce (*Am* -se) meant!

beleidigend *Adj* insulting

Beleidigung *f* insult, JUR slander, *schriftliche*: libel

belesen *Adj* well-read

Belesenheit *f* wide reading

beleuchten *v/t* light (up), *auch festlich*: illuminate, *fig* throw light on

Beleuchter *m* THEAT *etc* lighting technician

Beleuchtung *f* lighting, illumination (*auch fig*), (*Lichter*) *auch* light(s *Pl*)

Beleuchtungskörper *m* lighting fixture, lamp

Belgien *n* Belgium

Belgier, **Belgierin**, **belgisch** *Adj* Belgian

belichten *v/t* FOTO expose

Belichtung *f* exposure

Belichtungsautomatik *f* automatic exposure

Belichtungsmesser *m* light meter

Belichtungszeit *f* exposure (time)

belieben I *v/t bes iron* deign **II** *v/i* please: ***wie es Ihnen beliebt*** as you wish

Belieben *n* ***nach Belieben*** at will; ***ganz nach Belieben*** as you like

beliebig I *Adj* any … (you like): ***jeder Beliebige*** anyone; ***in beliebiger Reihenfolge*** in any order (you *etc* like) II *Adv* at will: ***beliebig viele*** as many as you *etc* like
beliebt *Adj* popular (***bei*** with), *Ware*: very much in demand: ***sich bei j-m beliebt machen*** ingratiate o.s. with s.o.
Beliebtheit *f* popularity (***bei*** with)
Beliebtheitsgrad *m* popularity (rating)
beliefern *v/t*, **Belieferung** *f* supply
bellen *v/i und v/t auch fig* bark
Belletristik *f* fiction
belletristisch *Adj* belletristic
Belobigung *f* praise, commendation
belohnen *v/t*, **Belohnung** *f* reward
belüften *v/t* ventilate
Belüftung *f* ventilation
Belüftungsanlage *f* ventilation system
belügen *v/t* ***j-n belügen*** lie to s.o.; ***sich selbst belügen*** deceive o.s
belustigen I *v/t* amuse II *v/refl* ***sich belustigen über*** (*Akk*) be amused at
Belustigung *f* amusement
bemächtigen *v/refl* ***sich j-s*** (***einer Sache***) ***bemächtigen*** seize s.o. (s.th.)
bemalen *v/t* paint
bemängeln *v/t* criticize, fault: ***daran ist nichts zu bemängeln*** it can't be faulted
bemannen *v/t* man: ***bemannter Raumflug*** manned space flight
bemänteln *v/t* cover up, (*beschönigen*) palliate
bemerkbar *Adj* noticeable: ***sich bemerkbar machen*** draw attention to o.s., *Sache*: show, make itself felt
bemerken *v/t* **1.** (*wahrnehmen*) notice **2.** (*äußern*) remark
bemerkenswert *Adj* remarkable (***wegen*** for)
Bemerkung *f* remark, comment, *schriftliche*: note, (*Anmerkung*) annotation
bemessen I *v/t* **1.** proportion (***nach*** to), (*berechnen*) calculate, *zeitlich*: *auch* time, TECH dimension, (*Leistung*) rate, (*Strafe*, *Preis etc*) fix **2.** *fig* (*bewerten*) measure (***nach*** by) II *v/refl* ***sich bemessen*** **3.** be proportioned (*etc*, *siehe* I) III *Adj* **4.** (***knapp***) ***bemessen*** limited; ***meine Zeit ist knapp bemessen*** I am pressed for time
bemitleiden *v/t* pity
bemitleidenswert *Adj* pitiable
bemittelt *Adj* well(-)off, well-to-do
bemogeln *v/t ugs* cheat
bemühen I *v/t* trouble (***mit*** with, ***um*** for), (*Arzt*, *Fachmann etc*) call in II *v/refl* ***sich bemühen*** take trouble (*oder* pains) (***mit*** over), make an effort, try (hard); ***sich bemühen um*** **a)** try to get, (*eine Stellung*) apply for, **b)** (*einen Verletzten etc*) try to help *s.o.*, **c)** ***j-n*** (*oder* ***j-s Gunst***) court s.o.'s favo(u)r; ***bemüht sein zu*** *Inf* endeavo(u)r to *Inf*, *eifrig*: be anxious to *Inf*; ***bemühen Sie sich nicht!*** don't trouble (*oder* bother)!
Bemühung *f* effort(s *Pl*), endeavo(u)r(s *Pl*), trouble
bemüßigt *Adj* ***sich bemüßigt fühlen zu*** *Inf* feel bound (*oder* obliged) to *Inf*
bemuttern *v/t* mother
benachbart *Adj* neighbo(u)ring
benachrichtigen *v/t* (***von*** of) inform, notify, WIRTSCH advise
Benachrichtigung *f* notification, WIRTSCH advice
benachteiligen *v/t* put *s.o.* at a disadvantage, *bes sozial etc*: discriminate against: (***sozial***) ***benachteiligt*** underprivileged
Benachteiligung *f* discrimination (*Gen* against), (*Nachteil*) disadvantage, handicap
benebelt *Adj ugs fig* fuddled
Benefizspiel *n* SPORT charity match
Benefizvorstellung *f* charity performance
benehmen *v/refl* ***sich benehmen*** behave (***gegenüber*** towards): ***sich gut benehmen*** behave well, behave o.s.; ***sich schlecht benehmen*** misbehave, behave badly; ***benimm dich!*** behave yourself!
Benehmen *n* **1.** behavio(u)r, conduct, manners *Pl* **2.** VERW ***im Benehmen mit*** in agreement with; ***sich ins Benehmen setzen mit*** get in touch with
beneiden *v/t* envy (***j-n um etw*** s.o. s.th.)
beneidenswert *Adj* enviable
Beneluxstaaten *Pl* Benelux countries *Pl*
benennen *v/t* **1.** name, call **2.** (*Termin*) fix, (*Kandidaten*) nominate: ***j-n als Zeugen benennen*** call s.o. as a witness
Bengel *m* rascal
benommen *Adj* dazed
Benommenheit *f* daze, numbness
benoten *v/t* PÄD mark, *Am* grade
benötigen *v/t* need: ***dringend benötigen*** be in urgent need of, need *s.th.* badly
Benotung *f* **a)** marking, *Am* grading, **b)** marks *Pl*, *Am* grades *Pl*
benutzen *v/t* use, make use of, (*sich zunutze machen*) *auch* profit by: → ***Gelegenheit*** 1
Benutzer, **Benutzerin** user
benutzerfreundlich *Adj* user-friendly
Benutzerhandbuch *n* manual
Benutzeroberfläche *f* user (*oder* system) interface
Benutzung *f* use
Benutzungsgebühr *f* fee, charge
Benutzungsrecht *n* JUR right to use, user
Benzin *n* **1.** MOT petrol, *Am* gasoline, *ugs* gas; *auch* → ***Kraftstoff(…)*** **2.** CHEM benzine, (*Testbenzin*) white spirit
Benzinfeuerzeug *n* fuel lighter
Benzinfresser *m ugs* (*Auto*) fuel guzzler
Benzingutschein *m* petrol (*Am* gas) coupon
Benzinhahn *m* fuel cock
Benzinkanister *m* petrol can, *ugs* jerry can
Benzinmotor *m* petrol (*Am* gasoline) engine
Benzinpumpe *f* fuel pump
Benzintank *m* fuel tank
Benzinuhr *f* fuel ga(u)ge
Benzinverbrauch *m* petrol (*Am* gasoline) consumption
Benzol *n* benzene, benzol
beobachten *v/t* **1.** watch, observe **2.** (*wahrnehmen*) notice **3.** (*Feiertag*, *Gesetz etc*, *Stillschweigen etc*) observe
Beobachter, **Beobachterin** observer (*auch* MIL, POL *etc*), (*Zuschauer*) onlooker
Beobachtung *f* **1.** observation **2.** (*Einhaltung*) observance (*Gen* of)
Beobachtungsgabe *f* powers *Pl* of observation
Beobachtungsstation *f* observation station (MED ward)
bepacken *v/t* load (***mit*** with)
bepflanzen *v/t* plant (***mit*** with)
bequatschen *v/t ugs* **1.** thrash *s.th.* out **2.** ***j-n zu etw bequatschen*** talk s.o. into doing s.th.
bequem I *Adj* **1.** comfortable, (*günstig*) easy (*auch* WIRTSCH *Bedingungen*, *Raten etc*), convenient: ***es sich bequem machen*** make o.s. comfortable (*oder* at home), *fig* take the easy

way out **2.** *Person*: comfort-loving, (*träge*) lazy **II** *Adv* **3.** (*leicht*) easily
bequemen *v/refl* ***sich dazu bequemen, etw zu tun*** deign (*oder* bring o.s.) to do s.th.; ***sich zu einer Antwort*** *etc* ***bequemen*** deign to give an answer *etc*
Bequemlichkeit *f* **1.** comfort, ease **2.** (*Trägheit*) indolence **3.** (*Einrichtung*) convenience, *Pl auch* amenities *Pl*
berappen *v/t und v/i* pay
beraten I *v/t* (*j-n*) advise (**bei** on), (*etw*) discuss: ***sich beraten lassen von*** consult; ***gut*** (***schlecht***) ***beraten sein*** be well (ill-)advised (***zu*** *Inf* to *Inf*) **II** *v/refl* ***sich mit j-m über etw beraten*** discuss s.th. with s.o.
beratend *Adj* advisory
Berater, **Beraterin** adviser: ***fachmännischer*** (*oder* ***fachärztlicher***) ***Berater(in)*** consultant
Beratung *f* **1.** discussion (**über** *Akk* of), (*Besprechung*) consultation **2.** → ***Beratungsstelle***
Beratungsstelle *f* advisory board, information cent/re (*Am* -er)
berauben *v/t* (*Gen* of) rob, *fig auch* deprive
berauschen *v/t* intoxicate: *fig* ***sich berauschen*** get intoxicated (**an** *Dat* with)
berauschend *Adj auch fig* intoxicating: *iron* ***nicht gerade berauschend*** not so hot
berechenbar *Adj* calculable, *fig* predictable
berechnen *v/t* calculate (*auch fig*), (*schätzen*) estimate (**auf** *Akk* at), WIRTSCH (*in Rechnung stellen*) charge (***j-m etw*** s.o. s.th.)
berechnend *Adj fig* calculating
Berechnung *f* calculation: *fig* ***mit Berechnung*** with deliberation
berechtigen I *v/t* ***j-n*** (***zu einer Sache***) ***berechtigen*** entitle s.o. (to [do] s.th.), (*ermächtigen*) authorize s.o. (to do s.th.), (*befähigen*) qualify s.o. (to s.th.) **II** *v/i* ***zu einer Sache berechtigen*** entitle to s.th.; ***zu der Annahme*** (***Hoffnung***) ***berechtigen, dass …*** warrant the assumption (hope) that …
berechtigt *Adj* (**zu** to) entitled, authorized, (*gerechtfertigt*) justified, *Anspruch etc*: legitimate
Berechtigung *f* right (**zu** to), (*Ermächtigung*) authorization, (*Vollmacht*) authority, (*Rechtmäßigkeit*) legitimacy
bereden *v/t* **1.** ***etw bereden*** discuss s.th. **2.** → ***überreden***
Beredsamkeit *f* eloquence
beredt *Adj auch fig* eloquent
Bereich *m* **1.** area **2.** *fig* field, sphere, sector: ***im Bereich des Möglichen liegen*** be within the bounds of possibility, be possible; ***im sozialen Bereich*** in the social sector, socially; ***im persönlichen Bereich*** on the personal side, personally **3.** MIL (*Reichweite*) range
bereichern *v/t auch fig* enrich (***sich*** o.s.)
Bereicherung *f auch fig* enrichment
bereift *Adj Bäume etc*: rimy
Bereifung *f* MOT tyres *Pl*, *Am* tires *Pl*
bereinigen *v/t* (*Streit, auch* WIRTSCH *Konto*) settle, (*Missverständnis etc*) iron out, (*Statistik*) adjust
Bereinigung *f* settlement, adjustment
bereisen *v/t* travel around, tour, WIRTSCH *auch* cover
bereit *Adj* ready, (*gewillt*) *auch* prepared, willing: ***sich bereit erklären zu*** *Inf* agree (*freiwillig*: *auch* volunteer) to *Inf*; ***bereit machen*** (*auch* ***sich bereit machen***) (**zu** for) get ready, prepare (o.s.); ***zu allem bereit*** game for anything; ***bist du bereit?*** (are you) ready?
bereiten *v/t* **1.** prepare, (*Tee etc*) *auch* make **2.** (*zufügen*) give, (*verursachen*) cause: ***Ärger bereiten*** cause trouble; ***j-m Vergnügen bereiten*** give s.o. pleasure
bereiterklären → ***bereit***
bereitfinden *v/refl* ***sich bereitfinden zu*** *Inf* agree (*freiwillig*: *auch* volunteer) to *Inf*
bereithalten I *v/t* ***etw bereithalten*** have s.th. ready **II** *v/refl* ***sich bereithalten*** be ready (**für** for)
bereitliegen *v/i* be ready
bereitmachen → ***bereit***
bereits *Adv* already
Bereitschaft *f* **1.** readiness: ***in Bereitschaft sein*** → ***bereitstehen***; (***sich***) ***in Bereitschaft halten*** → ***bereithalten*** **2.** (*Polizeieinheit etc*) squad
Bereitschaftsarzt *m*, **Bereitschaftsärztin** *f* duty doctor
Bereitschaftsdienst *m* standby duty: ***Bereitschaftsdienst haben*** *Arzt etc*: be on call
Bereitschaftspolizei *f* riot police
Bereitschaftstasche *f* carrying (FOTO camera) case
bereitstehen *v/i* **1.** be ready, MIL stand by **2.** (*verfügbar sein*) be available
bereitstellen *v/t* provide, make available
Bereitstellung *f* provision
bereitwillig *Adj* willing, (*eifrig*) eager
Bereitwilligkeit *f* readiness, eagerness
bereuen *v/t* regret
Berg *m* mountain (*auch fig*), *kleiner*: hill: *fig* ***Berge von*** piles of; ***Berge versetzen*** move mountains; ***j-m goldene Berge versprechen*** promise s.o. the moon; ***über den Berg sein*** be over the worst; ***über alle Berge*** off and away; ***die Haare standen ihm zu Berge*** his hair stood on end; ***er hielt damit nicht hinterm Berg*** he made no bones about it

Berge WF

Manche Berg- und Gebirgsnamen lauten auf Englisch ganz anders als im Deutschen. Hier einige der wichtigsten Beispiele:

Alpen	**the Alps** [ælps]
Anden	**the Andes** ['ændiːz]
Dolomiten	**the Dolomites** ['dɒləmaɪts]
Fujiyama	**Mount Fuji** [ˌmaʊnt'fuːdʒɪ] (*stets ohne the*)
Himalaja	**the Himalaya(s)** [ˌhɪmə'leɪə(z)]
Karpathen	**the Carpathians** [kɑː'peɪθjənz]
Ölberg (*Jerusalem*)	**the Mount of Olives** [ˌmaʊntəv'ɒlɪvz]
Pyrenäen	**the Pyrenees** [ˌpɪrə'niːz]
Vogesen	**the Vosges** [vəʊʒ]

bergab *Adv auch fig* downhill
Bergakademie *f* mining college
Bergamt *n* mining office
Bergarbeiter, **Bergarbeiterin** miner
bergauf *Adv* uphill: *fig* ***es geht wieder bergauf*** things are looking up
Bergbahn *f* mountain railway
Bergbau *m* mining (industry)
bergen *v/t* **1.** (*retten*) rescue, (*Leichen, Fahrzeuge, Güter*) recover, SCHIFF salvage, (*Segel*) take

B

in **2.** (*enthalten*) contain, hold, *fig* harbo(u)r: ***eine gewisse Gefahr (in sich) bergen*** involve a certain danger
Bergführer, **Bergführerin** mountain guide
bergig *Adj* mountainous
Bergkette *f* mountain range
Bergkristall *m* crystallized quartz
Bergland *n* mountainous country
Bergmassiv *n* massif
Bergpredigt *f* BIBEL Sermon on the Mount
Bergrücken *m* (mountain) ridge
Bergschuh *m* mountaineering boot
Bergspitze *f* mountain peak
Bergsteigen *n* mountaineering
Bergsteiger, **Bergsteigerin** mountain climber, mountaineer
Bergstiefel *m* → ***Bergschuh***
Bergstraße *f* mountain road
Bergtour *f* mountain tour
Berg-und-Tal-Bahn *f* switchback (railway), *Am* roller coaster
Bergung *f* (*Rettung*) rescue, *von Toten, Fahrzeugen etc*: recovery, SCHIFF salvage
Bergungsarbeiten *Pl* rescue work *Sg*, SCHIFF salvage operations *Pl*
Bergungsdienst *m* recovery (SCHIFF salvage) service
Bergungsfahrzeug *n* recovery (FLUG crash) vehicle
Bergungsmannschaft *f* rescue party, SCHIFF salvage crew
Bergwacht *f* mountain rescue service
Bergwanderung *f* mountain hike
Bergwerk *n* mine
Bericht *m* (***über*** *Akk*) report (on), (*auch Erzählung*) account (of): ***Bericht erstatten*** report (***über*** *Akk* on, ***j-m*** to s.o.)
berichten *v/t und v/i* report (***über*** *Akk* on, ***j-m*** to s.o.), (*erzählen*) relate: ***j-m etw berichten*** (*melden*) inform s.o. of s.th.
Berichterstatter, **Berichterstatterin** reporter, RADIO, TV *auch* commentator, *im Ausland*: correspondent
Berichterstattung *f* reporting, (*Presseberichterstattung*) *auch* coverage, (*Bericht*) report
berichtigen *v/t* (*etw*) rectify, (*auch j-n*) correct (***sich*** o.s.), TECH *auch* adjust
beriechen *v/t* sniff at
Beringstraße *f the* Bering Strait
beritten *Adj* mounted, on horseback
Berliner[1] **I** *m* Berliner **II** *Adj* (of) Berlin
Berliner[2] *m* GASTR doughnut
Bermudadreieck *n* Bermuda triangle
Bermudainseln *Pl the* Bermudas *Pl*
Bermudashorts *Pl* bermudas *Pl*
Bern *n* Bern(e)
Bernhardiner *m* (*Hund*) St. Bernard
Bernstein *m* amber
bersten *v/i* burst (*fig* ***vor*** *Dat* with)
berüchtigt *Adj* notorious (***wegen*** for)
berücksichtigen *v/t* consider (*auch j-n*), take into consideration, (*bedenken*) *auch* bear in mind, allow for
Berücksichtigung *f* consideration: ***unter Berücksichtigung seines Alters*** *etc* considering his age *etc*
Beruf *m* occupation, *ugs* job, *akademischer oder freier*: profession, (*Gewerbe*) trade, (*Geschäft*) business, (*Fach*) line: ***von Beruf*** by profession, by trade
berufen I *v/t* ***j-n berufen*** appoint s.o. (***zu*** *einem Amt* to, ***zum Vorsitzenden*** chairman) **II** *v/refl* ***sich berufen auf*** (*Akk*) (*zitieren*) cite; ***sich auf etw berufen*** rely on, *entschuldigend*: plead (*ignorance etc*); ***sich darauf berufen, dass …*** plead that …; ***darf ich mich auf Sie berufen?*** may I mention your name? **III** *Adj* (*befähigt*) qualified: ***sich berufen fühlen zu*** *Inf* feel called upon to *Inf*; ***aus berufenem Munde*** from a competent authority
beruflich *Adj* professional, vocational; *auch* = ***Berufs…***
Berufsausbildung *f* vocational training
Berufsaussichten *Pl* career prospects *Pl*
Berufsberater, **Berufsberaterin** vocational (*oder* careers) adviser
Berufsberatung *f* vocational (*oder* careers) guidance
Berufsbild *n* job description
Berufserfahrung *f* (vocational) experience
Berufsfachschule *f* vocational college
Berufsgeheimnis *n* professional secret (*Schweigepflicht*: secrecy)
Berufskrankheit *f* occupational disease
Berufsleben *n* professional (*oder* active) life
Berufsrisiko *n* occupational hazard
Berufsschule *f* vocational school
Berufssoldat, **Berufssoldatin** regular (soldier)
Berufsspieler, **Berufsspielerin** SPORT professional (player)
Berufssportler, **Berufssportlerin** professional
berufstätig *Adj* working, (*angestellt*) employed
Berufstätige *m, f* working person
Berufsverbot *n* ban on pursuing one's career
Berufsverkehr *m* rush-hour traffic
Berufung *f* **1.** *innere*: calling **2.** (*Ernennung*) ap-

Berufe

WF

Apotheker(in)	**pharmacist**	Architekt(in)	**architect** ['ɑːkɪtekt]
Arzt, Ärztin	**doctor**	Bankdirektor(in)	**bank manager**
Bauarbeiter(in)	**builder, construction worker**	Bauleiter(in)	**site manager**
Bauzeichner(in)	**architectural draughtsman** ['drɑːftsmən] (*Frau:* **draughtswoman** ['drɑːftswʊmən])	Berater(in)	**consultant**
Blumenhändler(in)	**florist** ['flɒrɪst]	Börsenmakler(in)	**broker**
Botschafter(in)	**ambassador** [æm'bæsədə]	Buchhalter(in)	**accountant**

Buchhändler(in)	**bookseller**	Büroangestellte(r)	**office worker**
Chirurg(in)	**surgeon** ['sɜːdʒən]	Dirigent(in)	**conductor**
Dozent(in)	**lecturer**	Elektriker(in)	**electrician** [ˌɪlek'trɪʃn]
Ernährungswissenschaftler(in)	**dietician** [ˌdaɪə'tɪʃn]	Feuerwehrmann	**firefighter, fireman**
Filialleiter(in)	**branch manager**	Filmregisseur(in)	**film director**
Finanzberater(in)	**financial adviser**, *Am* **advisor**	Fleischer(in)	**butcher** ['bʊtʃə]
Fotograf(in)	**photographer** [fə'tɒgrəfə]	Gärtner(in)	**gardener**
Geologe, Geologin	**geologist** [dʒɪ'ɒlədʒɪst]	Geschäftsleiter(in)	**managing director**, *Am.* **chief executive officer** ['tʃiːfɪgˌzekjʊtɪv'ɒfɪsə], **CEO**
Grafiker(in)	**graphic designer**	Hebamme	**midwife**
Immobilienmakler(in)	**estate agent** [ɪ'steɪtˌeɪdʒənt], *Am* **realtor** ['rɪəltə]	Informatiker(in)	**computer scientist**
Ingenieur(in)	**engineer**	Innenarchitekt(in)	**interior designer**
Installateur(in)	**plumber** ['plʌmə]	Juwelier	**jeweller**
Kellner	**waiter**	Kellnerin	**waitress**
Koch, Köchin	**chef** [ʃef]	Kosmetiker(in)	**beautician** [bjuː'tɪʃn]
Krankenpfleger	**(male) nurse**	Krankenschwester	**nurse**
Landwirt	**farmer**	Lehrer(in)	**teacher**
leitende(r) Angestellte(r)	**executive** [ɪg'zekjʊtɪv]	Maler(in)	**painter, decorator** ['dekəreɪtə]
Marktforscher(in)	**market researcher**	Metzger(in)	**butcher** ['bʊtʃə]
Müllmann	**dustbin man**, *bes Am* **garbage collector**	Musiker(in)	**musician**
Naturwissenschaftler(in)	**scientist** ['saɪəntɪst]	Optiker(in)	**optician**
Personalchef(in)	**personnel manager** [ˌpɜːsə'nel]	Physiotherapeut(in)	**physiotherapist**
Pilot(in)	**pilot** ['paɪlət]	Polizist	**police officer, policeman** [pə'liːsmən]
Polizistin	**police officer, policewoman**	Postbote	**postman**
Postbotin	**postwoman**	Pressereferent(in)	**press officer**
Priester(in)	**priest**	Projektleiter(in)	**project manager**
Psychoanalytiker(in)	**psychoanalyst** [ˌsaɪkəʊ'ænəlɪst]	Psychologe, Psychologin	**psychologist** [saɪ'kɒlədʒɪst]
Rechtsanwalt, Rechtsanwältin	**lawyer** ['lɔːjə], **solicitor** [sə'lɪsɪtə], *Am* **attorney** [ə'tɜːnɪ]	Redakteur(in)	**editor** ['edɪtə]
Reiseleiter(in)	**tour guide**	Sänger(in)	**singer**
Sanitäter(in)	**paramedic** [ˌpærə'medɪk]	Schauspieler	**actor**
Schauspielerin	**actress**	Schneider(in)	**tailor**
Schreiner(in)	**joiner, carpenter**	Schriftsteller(in)	**writer**
Sekretärin	**secretary**	Taxifahrer(in)	**taxi** (*od* **cab**) **driver**
Tierarzt, Tierärztin	**vet, veterinary surgeon** [ˌvetərɪnərɪ'sɜːdʒən], *Am* **veterinarian** [ˌvetərɪ'neərɪən]	Verkäufer(in)	**sales assistant**; *im Außendienst*: **salesman** ['seɪlzmən], *Frau*: **saleswoman**
Verkaufsleiter(in)	**sales** (*od* **marketing**) **manager**	Versicherungsmakler(in)	**insurance broker**
Vertreter(in)	**sales rep** (*od* **representative**)	Werbetexter(in)	**copywriter**
Wirtschaftsprüfer(in)	**auditor** ['ɔːdɪtə]		

B

pointment (***zu*** to) 3. ***unter Berufung auf*** (*Akk*) with reference to 4. JUR (***Berufung einlegen*** file an) appeal (***bei*** with, ***gegen*** from)
Berufungsgericht *n*, **Berufungsinstanz** *f* JUR court of appeal
Berufungsverfahren *n* JUR 1. appeal proceedings *Pl* 2. (*Modus*) appellate procedure
beruhen *v/i* 1. ***beruhen auf*** (*Dat*) rest on, be based on, (*zurückzuführen sein*) be due to 2. ***etw auf sich beruhen lassen*** let s.th. rest; ***lassen wir die Sache auf sich beruhen!*** let's leave it at that!
beruhigen I *v/t* reassure, (*besänftigen*) calm (down): ***beruhigen Sie sich doch!*** calm down!; ***seien Sie beruhigt, ich werde …*** rest assured I'll …; ***wenn Sie das beruhigt*** if that puts your mind at rest II *v/refl* ***sich beruhigen*** *allg* calm down, *Lage*: quieten down
beruhigend *Adj* 1. reassuring 2. MED sedative
Beruhigung *f* calming (down) (*etc*), *der Lage*: stabilization, (*Gefühl der Beruhigung*) reassurance: ***zu meiner Beruhigung*** much to my relief; ***zu deiner Beruhigung*** *sei gesagt etc* to put your mind at rest
Beruhigungsmittel *n*, **Beruhigungspille** *f* MED sedative, *fig* soporific
Beruhigungsspritze *f* sedative injection
berühmt *Adj* famous (***wegen*** for): *ugs fig* ***das ist nicht gerade berühmt!*** that's nothing to write home about!
Berühmtheit *f* 1. fame: ***Berühmtheit erlangen*** become famous 2. (*Person*) celebrity
berühren I *v/t* 1. touch, *fig seelisch*: *auch* affect: ***j-n (un)angenehm berühren*** (dis)please s.o.; → ***peinlich*** 3 2. *fig* (*Thema etc*) touch (up)on, (*jemandes Interessen etc*) concern II *v/refl* ***sich berühren*** 3. touch, *fig auch* meet
Berührung *f* touch, (*Kontakt*) contact: ***in Berührung kommen mit*** come into contact with
Berührungsängste *Pl* ***Berührungsängste haben*** be scared at the idea of contact
Berührungspunkt *m* point of contact
besagen *v/t* say, (*bedeuten*) mean: ***das besagt gar nichts!*** that doesn't mean anything!
besagt *Adj bes* JUR aforesaid
besamen *v/t* inseminate, BOT pollinate
Besan *m* (*Segel*) mizzen
besänftigen *v/t* (*auch* ***sich besänftigen***) calm down: ***j-n besänftigen*** placate s.o.
Besänftigung *f* calming (down), placating
Besanmast *m* mizzenmast
besät *Adj fig* ***besät mit*** covered with
Besatz *m Mode*: trimming(s *Pl*)
Besatzung *f* 1. MIL a) occupying forces *Pl*, b) garrison 2. FLUG, SCHIFF crew
Besatzungsmacht *f* occupying power
Besatzungsstreitkräfte *Pl* occupying forces *Pl*
besaufen *v/refl* ***sich besaufen*** *ugs* get sloshed
Besäufnis *n ugs* booze-up
beschädigen *v/t* damage
Beschädigung *f* 1. damaging 2. (*Schaden*) *auch Pl* damage (*Gen* to)
beschaffen[1] *v/t* ***j-m etw beschaffen*** get (*oder* procure) s.o. s.th.; (***sich***) ***etw beschaffen*** get s.th., *mit Mühe*: get hold of s.th.
beschaffen[2] *Adj* ***gut*** (***schlecht***) ***beschaffen*** in good (bad) condition, good (bad)
Beschaffenheit *f* condition, state, (*Eigenschaft*) quality, (*Art*) nature
Beschaffung *f* procurement
Beschaffungskriminalität *f* drug-related crime
beschäftigen I *v/t* 1. ***j-n beschäftigen*** occupy s.o., keep s.o. busy, (*j-m etw zu tun geben*) find s.o. s.th. to do 2. (*Arbeitnehmer*) employ 3. (*j-n, j-s Geist etc*) occupy, *Problem*: preoccupy, be on *s.o.'s* mind II *v/refl* 4. ***sich beschäftigen*** (***mit***) be busy (with), work (at); ***sich mit einem Problem*** *etc* ***beschäftigen*** deal with a problem *etc*
beschäftigt *Adj* 1. busy 2. employed (***bei*** with)
Beschäftigte *m, f* employee
Beschäftigung *f* 1. occupation, work, activity: ***sie muss Beschäftigung haben*** she must have s.th. to do 2. employment, job: ***ohne Beschäftigung*** unemployed, out of work
Beschäftigungspolitik *f* employment (*oder* manpower) policy
Beschäftigungsprogramm *n* POL job creation program(me *Br*), job creation scheme
Beschäftigungstherapie *f* occupational therapy
beschälen *v/t* (*Stute*) cover
beschämen *v/t* ***j-n beschämen*** shame s.o., (*übertreffen*) put s.o. to shame
beschämend *Adj* shameful
beschämt *Adj* ashamed (***über*** *Akk* of)
Beschämung *f* shame: ***zu meiner Beschämung*** to my shame
beschatten *v/t* (*verfolgen*) shadow
beschauen *v/t* (*auch* ***sich*** *etw* ***beschauen***) (have a) look at
beschaulich *Adj* contemplative, (*friedlich*) tranquil
Bescheid *m* (*Antwort*) answer, VERW notice, (*Mitteilung*) information (***über*** *Akk* about): ***Bescheid bekommen*** be informed; ***j-m Bescheid geben*** let s.o. know (***über*** *Akk* about); *ugs* ***j-m gehörig Bescheid sagen*** give s.o. a piece of one's mind; ***Bescheid wissen*** a) be informed (***über*** *Akk* of), b) ***mit, in*** (*Dat*) know all about, c) (*eingeweiht sein*) be in the know, *iron* know the score; ***in einer Sache genau Bescheid wissen*** know the ins and outs of s.th.
bescheiden[1] I *v/t* 1. *bes* VERW, JUR notify: → ***abschlägig*** 2. ***es war ihm nicht beschieden zu*** *Inf* it was not granted to him to *Inf* II *v/refl* 3. ***sich bescheiden mit*** be content with
bescheiden[2] *Adj* modest (*auch fig*), (*einfach*) *auch* simple
Bescheidenheit *f* modesty
bescheinen *v/t* shine on: ***von der Sonne beschienen*** sunlit
bescheinigen *v/t* certify: ***j-m etw bescheinigen*** *auch iron* attest s.o. s.th.; ***den Empfang bescheinigen*** (*Gen oder* ***von***) acknowledge receipt of, *eines Geldbetrages*: give a receipt for; ***hiermit wird bescheinigt, dass …*** this is to certify that …
Bescheinigung *f* 1. attestation, certification 2. (*Urkunde*) certificate
bescheißen *v/t vulg* ***j-n*** (***um etw***) ***bescheißen*** cheat (*oder* do) s.o. (out of s.th.)
beschenken *v/t* ***j-n beschenken*** give s.o. a present (*oder* presents); ***j-n mit etw beschenken*** give s.o. s.th.
bescheren *v/t* ***j-m etw bescheren*** give (*fig* bring) s.o. s.th.
Bescherung *f* distribution of (Christmas) presents: *fig* ***eine schöne Bescherung!*** a fine mess!; ***da haben wir die Bescherung!*** there you are!; *ugs* ***die ganze Bescherung*** the whole bag of tricks
bescheuert → ***bekloppt***

beschichten *v/t* TECH coat
beschicken *v/t* **1.** (*Messe etc*) exhibit at **2.** (*Kongress etc*) send delegates to **3.** TECH charge
beschießen *v/t* fire at, *mit Artillerie*: shell, bombard (*auch* PHYS)
beschildern *v/t* (*Straßen etc*) signpost
Beschilderung *f* **1.** signposting **2.** (*Schilder*) signposts *Pl*
beschimpfen *v/t* ***j-n beschimpfen*** call s.o. names
Beschimpfung *f auch Pl* abuse
Beschiss *m vulg* swindle, rip-off, (*Reinfall*) frost
beschissen *Adj vulg* shitty
beschlafen *v/t fig* ***etw beschlafen*** sleep on s.th.
Beschlag *m* **1.** (*meist **Beschläge** Pl*) metal fitting(s *Pl*), (*Hufbeschlag*) shoeing **2.** (*Feuchtigkeit*) condensation, (*Überzug*) film **3.** ***in Beschlag nehmen, mit Beschlag belegen*** (*Plätze etc*) *ugs* grab, (*j-n, Unterhaltung etc*) monopolize
beschlagen **I** *v/t* **1.** put metal fittings on, (*Pferd*) shoe **2.** (*Spiegel etc*) steam up **II** *v/refl* ***sich beschlagen*** **3.** *Glas etc*: steam up, *Metall*: oxidize, (*schimmeln*) go mo(u)ldy **III** *Adj* **4.** ***gut beschlagen sein in*** (*Dat*) be well up in
Beschlagenheit *f* sound knowledge (***in*** *Dat* of)
Beschlagnahme *f* seizure, confiscation
beschlagnahmen *v/t* seize, confiscate, *fig* monopolize
beschleichen *v/t fig* ***j-n beschleichen*** *Furcht etc*: creep up on s.o.
beschleunigen *v/t und v/i* accelerate (*auch* MOT, PHYS), speed up (*beide auch* ***sich beschleunigen***): ***das Tempo beschleunigen*** speed up
Beschleuniger *m* TECH, PHYS accelerator
Beschleunigung *f* MOT acceleration (*auch* PHYS *und fig*), speeding up
Beschleunigungsspur *f* MOT acceleration lane
Beschleunigungsvermögen *n* acceleration
beschließen *v/t* **1.** (***zu*** *Inf* to *Inf*) decide, *endlich*: make up one's mind **2.** (*beenden*) close, end, *endgültig*: *auch* settle
beschlossen *Adj* agreed, settled
Beschluss *m* decision, resolution: PARL ***einen Beschluss fassen*** pass a resolution
beschlussfähig *Adj* ***beschlussfähig sein*** constitute a quorum; ***die Versammlung*** *etc* ***ist*** (***nicht***) ***beschlussfähig*** there is a (no) quorum
beschmieren *v/t* smear
beschmutzen *v/t* dirty, soil, *fig* sully
beschneiden *v/t* **1.** trim, (*Baum*) prune, (*Fingernägel etc*) cut **2.** MED circumcise **3.** *fig* (*kürzen*) cut (down), curtail
Beschneidung *f* **1.** trimming (*etc*) **2.** MED circumcision **3.** *fig* curtailment
beschnüffeln, **beschnuppern** *v/t* sniff at: *ugs fig* ***sich*** (***gegenseitig***) ***beschnüffeln*** take stock of each other
beschönigen *v/t* palliate, gloss over
Beschönigung *f* palliation
beschränken **I** *v/t* (***auf*** *Akk* to) limit, restrict **II** *v/refl* ***sich beschränken auf*** (*Akk*) confine o.s. to, *Sache*: be confined to
beschränkt *Adj* **1.** limited, restricted **2.** *pej geistig*: dense, (*engstirnig*) narrow-minded
Beschränktheit *f* **1.** limitedness **2.** *pej* stupidity, narrow-mindedness
Beschränkung *f* (***auf*** *Akk* to) limitation, restriction
beschreiben *v/t* **1.** (*Blatt etc*) write on **2.** (*schildern*) describe (*auch* MATHE): ***nicht zu beschreiben*** indescribable
Beschreibung *f* **1.** (***das spottet jeder Beschreibung*** that beggars) description **2.** TECH specification
beschreiten *v/t* walk on: *fig* ***neue Wege beschreiten*** tread new paths
beschriften *v/t* inscribe, (*Umschlag*) address, (*Kiste etc*) mark, (*Ware etc*) label
Beschriftung *f* inscription
beschuldigen *v/t* ***j-n einer Sache beschuldigen*** accuse s.o. of s.th.
Beschuldigte *m, f* accused
Beschuldigung *f* accusation, charge
beschummeln *v/t ugs* cheat (***um*** out of)
Beschuss *m* fire, bombardment (*auch* PHYS): ***unter Beschuss geraten*** *auch fig* come under fire; ***unter Beschuss nehmen*** **a)** → ***beschießen***, **b)** *fig* attack
beschützen *v/t* protect (***vor*** *Dat*, ***gegen*** from)
Beschützer, **Beschützerin** protector, protectress
beschwatzen *v/t* ***j-n beschwatzen, etw zu tun*** coax s.o. to do (*oder* into doing) s.th.
Beschwerde *f* **1.** (*Mühe*) trouble, hardship **2.** MED complaint: ***sein Herz macht ihm Beschwerden*** his heart is giving him trouble **3.** (*Klage*) complaint (***über*** *Akk* about), JUR appeal (***gegen*** from), (*Beschwerdegrund*) grievance
Beschwerdebuch *n* complaints book
Beschwerdeführer, **Beschwerdeführerin** JUR complainant
beschweren **I** *v/t* weight, *fig* weigh down **II** *v/refl* ***sich beschweren*** complain (***über*** *Akk* about, of, ***bei*** to)
beschwerlich *Adj* onerous, (*ermüdend*) tiring
beschwichtigen *v/t* appease (*auch* POL), (*beruhigen*) calm down, placate
Beschwichtigungspolitik *f* policy of appeasement
beschwindeln *v/t* ***j-n beschwindeln*** lie to s.o.
beschwingt *Adj fig* elated, buoyant, *Melodie*: bouncy
beschwipst *Adj ugs* tipsy, merry
beschwören *v/t* **1.** *bes* JUR swear to **2.** (*Geister*) conjure up (*auch fig*), (*bannen*) exorcise **3.** ***j-n beschwören*** (*anflehen*) implore s.o.
Beschwörung *f* **1.** (*Flehen*) entreaty **2.** (*Geisterbeschwörung*) invocation, exorcism
beseelen *v/t fig* inspire, (*Dinge*) bring to life
beseelt *Adj* inspired, *Dinge*: animate
besehen *v/t* (*auch* ***sich*** *etw* ***besehen***) have a look at, *prüfend*: *auch* examine
beseitigen *v/t* **1.** *allg* remove, (*Abfälle*) *auch* dispose of, *fig auch* eliminate, (*Missstände etc*) *auch* redress **2.** ***j-n beseitigen*** (*töten*) do away with s.o.
Beseitigung *f allg* removal, (*Abfallbeseitigung*) disposal, *fig auch* elimination
Besen *m* **1.** broom, *kleiner*: brush: *fig* ***neue Besen kehren gut*** a new broom sweeps clean; *ugs* ***ich fresse einen Besen, wenn …*** I'll eat my hat if … **2.** *pej* (*Frau*) (old) hag
Besenstiel *m* broomstick
besessen *Adj* (***von***) possessed (by), *fig auch* obsessed (with), (*rasend*) frantic: ***wie besessen*** like mad
Besessenheit *f fig* obsession, (*Raserei*) frenzy
besetzen *v/t* **1.** (*Platz*) take, (*auch Haus, Land etc*) occupy **2.** (*Stelle etc*) fill: ***wir wollen diesen Posten mit einer Frau besetzen*** we want

to put a woman in this position **3.** (*Rolle, Stück etc*) cast: ***neu besetzen*** recast **4.** (*Kleid etc*) trim (***mit*** with)

besetzt *Adj* **1.** occupied (*auch* MIL, POL), *Platz*: *auch* taken, *Bus etc*: full (up) **2.** THEAT ***das Stück ist gut besetzt*** the play is well cast **3.** TEL engaged, *Am* busy **4.** JUR *Gericht etc* ***besetzt mit*** composed of

Besetztzeichen *n* TEL engaged (*Am* busy) signal

Besetzung *f* **1.** occupation **2. a)** *einer Stelle etc*: filling, **b)** (*Personal*) staff, *des Gerichts*, *auch einer Sportmannschaft*: composition, (*Wettkampfteilnehmer*) entrants *Pl* **3.** THEAT **a)** casting, **b)** cast

besichtigen *v/t* view, inspect, (*Stadt etc*) visit, see: ***zu besichtigen sein*** be on view

Besichtigung *f* inspection (*auch* MIL), visit (*Gen* to): ***Besichtigung von Sehenswürdigkeiten*** sight-seeing

besiedeln *v/t* settle, colonize: ***dicht*** (***dünn***) ***besiedelt*** densely (sparsely) populated

Besiedlung, **Besiedelung** *f* settlement, colonization

besiegeln *v/t auch fig* seal

besiegen *v/t* defeat, beat, *fig* overcome, conquer

Besiegte *m, f the* defeated, loser: ***die Besiegten*** *auch* the vanquished

besingen *v/t* sing (of)

besinnen *v/refl* ***sich besinnen*** **1.** (*überlegen*) reflect, think: ***ohne sich zu besinnen*** without thinking twice; ***sich anders besinnen*** change one's mind; ***sich eines Besseren besinnen*** think better of it **2.** ***sich auf j-n*** (***etw***) ***besinnen*** remember s.o. (s.th.)

besinnlich *Adj* contemplative

Besinnung *f* **1.** (*Bewusstsein*) consciousness: ***die Besinnung verlieren*** lose consciousness, *fig* lose one's head; ***wieder zur Besinnung kommen*** regain consciousness, *fig* come to one's senses; *fig* ***j-n zur Besinnung bringen*** bring s.o. to his senses **2.** (*Überlegung*) (***auf*** *Akk*) contemplation (of), reflection (on)

besinnungslos *Adj* unconscious, *fig* blind

Besinnungslosigkeit *f* unconsciousness, *fig* blindness

Besitz *m* **1.** possession (*Gen*, ***an*** *Dat*, ***von*** of): ***Besitz ergreifen von*** **a)** *auch* ***in Besitz nehmen*** take possession of, **b)** *fig* take hold of *s.o.*; ***im Besitz sein von*** (*oder Gen*) be in possession of; → ***gelangen*** 1 **2.** (*Besitztum*) possession(s *Pl*), property, estate

besitzanzeigend *Adj* ***besitzanzeigendes Fürwort*** possessive pronoun

besitzen *v/t* possess, own, (*auch Eigenschaft etc*) have

Besitzer, **Besitzerin** possessor, owner, *eines Passes etc*: holder: ***den Besitzer wechseln*** change hands

Besitzergreifung *f*, **Besitznahme** *f* taking possession (***von*** of), *gewaltsame*: seizure

besitzlos *Adj* unpropertied

Besitzstand *m Geschäft*: acquired (*oder* vested) rights, JUR status of possession, ownership

Besitztum *n*, **Besitzung** *f* possession(s *Pl*), estate

besoffen *Adj ugs* sloshed, plastered

besohlen *v/t* (***neu besohlen*** re)sole

besolden *v/t* pay

besoldet *Adj* salaried

Besoldung *f* pay, salary

besonder *Adj* **1.** special, particular, (*bestimmt*) *auch* specific, (*außergewöhnlich*) exceptional, *Freude, Ehre etc*: great: ***nichts Besonderes*** nothing unusual; ***in diesem besonderen Fall*** in this particular case **2.** (*gesondert*) separate

Besonderheit *f* special quality (*oder* feature)

besonders *Adv* especially, particularly, (*hauptsächlich*) *auch* above all, (*außergewöhnlich*) exceptionally, (*sehr*) very much

besonnen *Adj* sensible, level-headed, (*ruhig*) calm

Besonnenheit *f* level-headedness, (*Ruhe*) calmness

besorgen *v/t* **1.** ***j-m etw besorgen*** get s.o. s.th., provide s.o. with s.th.; ***sich etw besorgen*** get (*oder* buy) s.th.; *ugs* ***dem werde ichs besorgen!*** I'll give him what for! **2.** (*erledigen*) see to, deal with, (*Haushalt*) manage: *ugs* ***wird besorgt!*** will do!

Besorgnis *f* concern, anxiety: ***Besorgnis erregend*** → ***besorgniserregend***

besorgniserregend *Adj* alarming, worrying

besorgt *Adj* (***um*** about) concerned, worried

Besorgtheit *f* **1.** → ***Besorgnis*** **2.** (***um*** for) solicitude, concern

Besorgung *f* **1.** (*Beschaffung*) procurement **2.** (*Einkauf*) purchase, (*Auftrag, Weg*) errand: ***Besorgungen machen*** go shopping **3.** (*Erledigung*) dealing (*Gen* with), *des Haushalts etc*: management

bespannen *v/t mit Stoff etc*: cover, *mit Saiten*: string

Bespannung *f* (*Überzug*) cover, (*Saiten*) strings *Pl*

bespielen *v/t* ***ein Tonband*** *etc* (***mit etw***) ***bespielen*** record (s.th.) on tape *etc*

bespielt *Adj Kassette etc*: prerecorded

bespitzeln *v/t* ***j-n bespitzeln*** spy on s.o.

bespötteln *v/t* scoff at

besprechen *v/t* **1.** discuss, talk *s.th.* over: ***sich mit j-m besprechen*** discuss the matter with s.o **2.** (*Buch, Film etc*) review **3.** (*Tonband etc*) record *s.th.* on **4.** MED cure by magic formulas

Besprechung *f* **1.** discussion, *weit. S.* conference: ***er ist in einer Besprechung*** he is in conference **2.** (*Buchbesprechung etc*) review

Besprechungsexemplar *n* review copy

besprengen *v/t* sprinkle, spray

bespritzen *v/t* spatter, splash

bespucken *v/t* spit at, spit on

besser *Adj und Adv* better (***als*** than): ***immer besser*** better and better; ***umso besser*** so much the better; (***oder***) ***besser gesagt*** or rather; ***besser ist besser*** let's keep on the safe side; ***besser werden*** improve, get better; ***es geht ihm heute besser*** he is better today; ***es geht*** (***wirtschaftlich***) ***besser*** things are looking up; ***er ist besser dran als ich*** he is better off than me; ***ich weiß es besser*** I know better; ***er täte besser*** (***daran***) ***zu gehen*** he had better go; ***etw Besseres*** something better; ***j-n eines Besseren belehren*** set s.o. right, *weit. S.* open s.o.'s eyes; → ***bessergestellt***, ***besinnen*** 1, ***Hälfte***

bessergehen → ***besser***

bessergestellt *Adj* better-off

bessern **I** *v/t* improve, (*j-n moralisch*) reform **II** *v/refl* ***sich bessern*** improve, *moralisch*: mend one's ways

Besserung *f* improvement: MED ***auf dem Wege der Besserung*** on the way to recovery, *ugs* on the mend; ***gute Besserung!*** hope you feel better soon!

Besserverdienende *Pl* higher-paid *employees, managers etc*
Besserwisser, **Besserwisserin**, **besserwisserisch** *Adj* know-(it-)all
Bestallung *f* appointment
Bestand *m* **1.** (continued) existence, (*Fortdauer*) duration: ***von Bestand sein, Bestand haben*** be lasting, last; ***keinen Bestand haben*** be short-lived, JUR not to be valid (in law) **2.** (*Vorrat*) *auch Pl* (***an*** *Dat* of) stock, supplies *Pl*: ***Bestand an Bäumen*** (***Fischen, Vieh*** *etc*) tree (fish, cattle, *etc*) population; → ***eisern*** **3.** (*Kapitalbestand*) assets *Pl*, (*Aktienbestand etc*) holdings *Pl*, (*Kassenbestand*) cash in hand, (*Warenbestand*) stock on hand, *Bilanz*: inventory **4.** (*Fahrzeugbestand*) rolling stock, fleet **5.** MIL (effective) strength
beständig I *Adj* **1.** constant, (*dauerhaft*) *auch* lasting, (*beharrlich*) steady (*auch* WIRTSCH *Markt, Nachfrage*), (*stabil*) stable **2.** (*zuverlässig*) reliable, *Leistung etc*: consistent, *Wetter*: settled **3.** (*widerstandsfähig*) *auch* TECH resistant (***gegen*** to), *Farben*: fast **II** *Adv* **4.** constantly (*etc*)
Beständigkeit *f* **1.** constancy, lastingness, steadiness, stability **2.** (*Zuverlässigkeit*) reliability **3.** (*Widerstandsfähigkeit*) *auch* TECH resistance (***gegen*** to), (*Farbechtheit*) fastness
Bestandsaufnahme *f* WIRTSCH stock-taking, *Am* inventory: ***eine Bestandsaufnahme machen*** *auch fig* take stock
Bestandteil *m* part, component, constituent (part), (*Grundbestandteil*) element, *einer Mischung*: ingredient: → ***auflösen*** 1
bestärken *v/t* (***in*** *Dat* in) strengthen, confirm, (*ermutigen*) encourage
bestätigen I *v/t* (*auch* WIRTSCH *Auftrag*) confirm, (*den Empfang*) acknowledge (receipt of), (*bescheinigen*) certify **II** *v/refl* ***sich bestätigen*** be confirmed, prove true
Bestätigung *f* **1.** confirmation, (*Empfangsbestätigung*) acknowledgement **2.** (*Schreiben*) letter of confirmation, (*Bescheinigung*) certificate
bestatten *v/t* bury
Bestattung *f* funeral, burial
Bestattungsinstitut *n* undertakers *Pl*, *Am* funeral home
bestäuben *v/t* **1.** dust, spray **2.** BOT pollinate
Bestäubung *f* **1.** spraying, dusting **2.** BOT pollination
bestaunen *v/t* marvel at
beste *Adj und Adv* best: ***mein bester Freund*** my best friend; ***der*** (***die***) ***erste Beste*** the first comer; ***das erste Beste*** the first thing; ***am besten wissen*** *etc* know *etc* best; ***am besten, wir besuchen ihn*** the best thing to do would be to call on him; ***im besten Fall*** at best; ***im besten Alter, in den besten Jahren*** in the prime of life; ***in bestem Zustand*** in perfect condition; ***mit bestem Dank*** with many thanks; (***von***) ***bester Qualität*** of first-class (*oder* prime) quality; ***eine Geschichte*** (***ein Lied***) ***zum Besten geben*** tell a story (oblige with a song); ***j-n zum Besten haben*** pull s.o.'s leg; ***sein Bestes tun*** (*oder* ***geben***) do one's best; ***das Beste herausholen*** (*oder* ***daraus machen***) make the best of it; *unsere Beziehungen etc* ***sind nicht die besten*** are not of the best; → ***bestens, Kraft*** 1
bestechen *v/t* **1.** bribe: ***sich bestechen lassen*** take bribes **2.** *fig auch v/i* impress (***durch*** by)
bestechend *Adj fig* impressive, *Leistung*: brilliant
bestechlich *Adj* corrupt(ible): ***bestechlich sein*** *auch* be open to bribery
Bestechlichkeit *f* corruptibility
Bestechung *f* bribery: ***passive Bestechung*** taking of bribes
Bestechungsaffäre *f* corruption scandal
Bestechungsgeld *n* bribe money
Bestechungsversuch *m* attempted bribery
Besteck *n* **1.** (*Essbesteck*) knife, fork and spoon, *Koll oder* ***Bestecke*** *Pl* cutlery *Sg* **2.** MED (set of) instruments *Pl*
bestehen I *v/t* **1.** (*durchmachen*) go (*oder* come) through, (*Kampf*) win, (*Prüfung etc*) pass: ***nicht bestehen*** fail; *fig* ***die Probe bestehen*** stand the test **II** *v/i* **2.** exist, *weit. S. Bedenken, Grund etc*: *auch* be, (*fortbestehen*) continue, last, (*noch bestehen*) remain, (have) survive(d); ***bestehen bleiben*** continue (to exist), survive **3.** ***bestehen aus*** be made of, *auch weit. S.* consist of **4.** ***bestehen auf*** (*Dat*) insist on; ***ich bestehe darauf***(***, dass du kommst***) I insist (on your coming) **5.** *in einer Prüfung*: pass

bestehen	SG
eine Prüfung machen	**<u>take</u> an exam**
eine Prüfung bestehen	**<u>pass</u> an exam**
eine Prüfung nicht bestehen	**<u>fail</u> an exam**

Bestehen *n* **1.** existence: ***seit Bestehen der Firma*** ever since the firm was founded; ***das 50-jährige Bestehen feiern*** celebrate the fiftieth anniversary **2.** *einer Prüfung*: passing **3.** ***sein Bestehen auf*** (*Dat*) his insistence on
bestehend *Adj* existing, (*gegenwärtig*) present
bestehlen *v/t* rob, steal from
besteigen *v/t* (*Berg, Turm etc*) climb (up), (*auch Thron*) ascend, (*Pferd, Fahrrad*) mount, (*Schiff, Zug etc*) board
Besteigung *f* ascent
Bestellbuch *n* WIRTSCH order book
bestellen *v/t* **1.** order (*auch* WIRTSCH), (*Zimmer etc*) book, (*Taxi*) call **2.** ***j-n*** (***zu sich***) ***bestellen*** ask s.o. to come, send for s.o. **3.** ***j-m eine Nachricht*** *etc* ***bestellen*** give (*oder* send) s.o. a message *etc*; ***kann ich etw bestellen?*** can I take a message? **4.** LANDW cultivate **5.** → ***ernennen*** **6.** ***es ist schlecht um ihn*** *etc* ***bestellt*** things are looking bad for him *etc* **7.** *ugs fig* ***er hat nicht viel zu bestellen*** he doesn't rate high (***bei*** with)
Besteller, **Bestellerin** WIRTSCH orderer, (*Käufer*) buyer
Bestellkarte *f*, **Bestellschein** *m* order form
Bestellung *f* **1.** order: ***auf Bestellung gemacht*** made to order, *Am* custom-made **2.** (*Nachricht*) message **3.** LANDW cultivation **4.** → ***Ernennung***
bestenfalls *Adv* at best
bestens *Adv* extremely well: (***ich***) ***danke bestens!*** thank you very much!; *ugs* ***ist ja bestens!*** that's just great!
besteuern *v/t* tax
Besteuerung *f* taxation
bestialisch *Adj* atrocious, *ugs fig auch* awful
Bestie *f* beast, *fig* brute

B

bestimmen I *v/t* 1. (*festsetzen*) determine, (*entscheiden*) decide, (*Preis, Ort, Termin etc*) fix 2. (*anordnen*) order, decide: ***er hat*** **(*dabei*)** ***nichts zu bestimmen*** he has no say (in this matter) 3. *bes durch Vertrag, Gesetz*: provide 4. (*bestimmend beeinflussen*) determine (*a policy etc*): ***bestimmt werden durch*** (*oder* ***von***) be determined by, depend on 5. (*ausersehen*) intend (***für, zu*** for): ***j-n zu seinem Nachfolger bestimmen*** name s.o. as one's successor; → ***bestimmt*** 3 6. (*ermitteln*) determine (*auch* MATHE, PHYS *etc*), (*Begriff*) define II *v/i* 7. (*anordnen*) give orders: ***hier bestimme ich!*** *ugs* I'm the boss here! 8. ***bestimmen über*** (*Akk*) dispose over

bestimmend *Adj* determinant (*factor etc*), LING determinative

bestimmt I *Adj* 1. *Anzahl, Tag etc*: certain, *Absicht, Plan etc*: special, *Verdacht etc*: definite: ***etw Bestimmtes*** a) (*etw Besonderes*) something (*oder* anything) special, b) (*etw Genaues*) something (*oder* anything) definite 2. (*entschlossen*) determined, firm 3. ***bestimmt sein*** a) ***für*** be meant for, b) ***zu etw*** be destined for (*oder* to be), c) ***nach*** WIRTSCH be destined for, FLUG, SCHIFF be bound for II *Adv* 4. (*gewiss*) certainly, for certain: **(*ganz*)** ***bestimmt*** definitely; ***bestimmt wissen, dass …*** know for sure that …; ***er kommt bestimmt*** he is sure to come; ***ich kann es nicht bestimmt sagen*** I can't tell with certainty 5. (*mit Nachdruck*) firmly, categorically

Bestimmtheit *f* certainty, (*Entschlossenheit*) firmness: ***mit Bestimmtheit*** → ***bestimmt*** II

Bestimmung *f* 1. (*Festsetzung*) fixing (*of a date etc*), (*Entscheidung*) decision (*Gen* on) 2. (*Vorschrift*) regulation, rule, *im Gesetz, Vertrag*: provision 3. (*Ermittlung*) determination (*auch* MATHE, PHYS *etc*), (*Begriffsbestimmung*) definition 4. (*Zweck*) intended purpose: *einen Bau etc* ***seiner Bestimmung übergeben*** inaugurate, open *s.th.* to the public 5. LING qualification: ***adverbiale Bestimmung*** adverbial element 6. (*Berufung*) vocation, (*Schicksal*) destiny 7. → ***Bestimmungsort***

Bestimmungsbahnhof *m* station of destination

Bestimmungsflughafen *m* airport of destination

bestimmungsgemäß *Adj und Adv* as directed

Bestimmungsort *m* (place *oder* point of) destination

Bestleistung *f* record, best performance

bestmöglich *Adj* best possible

bestrafen *v/t* punish (***wegen, für*** for), JUR (*verurteilen*) *auch* sentence (***mit*** to)

Bestrafung *f* punishment, (*Strafe*) *auch* penalty (*auch Sport*)

bestrahlen *v/t* 1. (*erleuchten*) shine on, illuminate 2. PHYS irradiate, MED *auch* give *s.o.* ray treatment

Bestrahlung *f* PHYS irradiation, MED *auch* ray treatment

bestrebt *Adj* ***bestrebt sein zu*** *Inf* endeavo(u)r (*oder* strive) to *Inf*, *eifrig*: be anxious to *Inf*

Bestrebung *f* effort, endeavo(u)r, (*Versuch*) attempt

bestreichen *v/t Brot etc* ***bestreichen mit*** spread *s.th.* on; ***mit Butter bestreichen*** butter

bestreiken *v/t* go out (*oder* be) on strike against

bestreikt *Adj* strike-bound

bestreiten *v/t* 1. (*anfechten*) dispute, contest, (*leugnen*) deny 2. (*Kosten etc*) bear, meet, pay (for) 3. (*Programm*) fill: ***sie bestritt die ganze Unterhaltung allein*** she did all the talking

bestreuen *v/t* strew: ***mit Salz*** *etc* ***bestreuen*** sprinkle with salt *etc*

Bestseller(liste *f*) *m* best seller (list)

bestücken *v/t* SCHIFF, MIL arm (with guns), *weit. S.* equip, *auch fig* provide (***mit*** with)

Bestuhlung *f* seating

bestürmen *v/t* 1. storm 2. *fig* (*drängen*) urge, (*anflehen*) implore, *mit Fragen*: bombard

bestürzen *v/t* dismay

bestürzend *Adj* dismaying

bestürzt *Adj* dismayed (***über*** *Akk* at)

Bestürzung *f* (***zu seiner*** *etc* ***Bestürzung*** to his *etc*) dismay

Besuch *m* 1. visit (*Gen*, ***bei, in*** *Dat* to), *kurzer*: call (***bei j-m*** on s.o., at s.o.'s house *etc*), (*Aufenthalt*) stay (***bei*** at): ***auf Besuch, zu Besuch*** on a visit; ***bei j-m zu Besuch sein*** be staying with s.o.; ***einen Besuch machen bei*** → ***besuchen*** 1 2. *einer Schule etc*: attendance (at) 3. (*Besucher*) visitor(s *Pl*), guest(s *Pl*), company

besuchen *v/t* 1. (*j-n*) go and see, *formell*: visit, pay a visit to, *kurz*: call on 2. (*Ort*) visit, (*Lokal etc*) go to, *häufig*: frequent, (*Schule, Veranstaltung etc*) go to, attend: ***gut besucht*** well attended

Besucher, Besucherin visitor (*Gen* to), caller, (*Gast*) guest, *häufiger*: patron, (*Zuschauer*) spectator

Besuchszeit *f* visiting hours *Pl*

besudeln *v/t* soil, *fig auch* sully, (*entweihen*) defile

Betablocker *m* MED beta blocker

betagt *Adj* aged, old

betasten *v/t* feel, touch

betätigen I *v/t* TECH (*bedienen*) operate, (*Knopf, Hebel etc*) actuate, (*Bremse*) apply, (*in Gang setzen*) put into action, (*steuern*) control II *v/refl* ***sich betätigen*** (***in*** *Dat* in) be active, *im Haushalt etc*: work, busy o.s.; ***sich betätigen als*** act (*oder* work) as; ***sich politisch betätigen*** be active in politics; ***sich sportlich betätigen*** do sports

Betätigung *f* 1. activity, (*Arbeit*) work, job: ***körperliche Betätigung*** (physical) exercise 2. TECH actuation, operation

Betätigungsfeld *n* field (of activity), *weit. S.* outlet

betäuben I *v/t auch fig* stun, daze, *völlig*: make *s.o.* unconscious, *ugs* knock *s.o.* out, *durch Lärm*: deafen, (*berauschen*) intoxicate, MED an(a)esthetize, (*Nerven, Schmerz*) deaden: *fig* ***wie betäubt*** stunned II *v/refl* ***sich betäuben*** *fig* seek consolation (***mit, durch*** in)

Betäubung *f* 1. stunning (*etc*) 2. (*Benommenheit*) daze 3. MED a) an(a)esthetization, b) (***örtliche***) ***Betäubung*** (*Narkose*) (local) an(a)esthesia

Betäubungsmittel *n* narcotic, MED *auch* an(a)esthetic

Bete *f* BOT beet: ***Rote Bete*** beetroot

beteiligen I *v/t* ***j-n beteiligen*** (***an*** *Dat* in) a) *auch* WIRTSCH give s.o. a share, b) (*mitmachen lassen*) let s.o. take part; ***beteiligt sein*** (***an*** *Dat*) participate (in), WIRTSCH have a share (in), *am Gewinn*: share (in), *an einem Unfall etc*: be involved (in), JUR be a party (to) II *v/refl* ***sich beteiligen*** (***an*** *Dat*) a) take (a) part (in), participate (in), b) WIRTSCH take an interest (in), c) contribute (to), help (in); ***sich an den Kosten beteiligen*** share (in) the expenses

Beteiligte *m, f* person concerned (*oder* involved)
Beteiligung *f* **1.** participation **2.** (*Anteil*) (**an** *Dat* in) share, interest **3.** (*Kapitalanlage*) investment, (*Aktienbesitz*) holding(s *Pl*), (*Teilhaberschaft*) partnership **4.** (*Teilnahme*) (**an** *Dat* at) attendance, (*Wahlbeteiligung etc*) turnout
beten *v/i* pray (**um** for), say a prayer, *bei Tisch*: say grace
beteuern *v/t* protest (***seine Unschuld*** one's innocence), swear to, (*versichern*) affirm (solemnly)
Beteuerung *f* protestation, solemn affirmation (*auch* JUR)
betiteln *v/t* **1.** (*Buch etc*) give a title to **2.** *ugs pej* ***j-n … betiteln*** call s.o. …
Beton *m* concrete
betonen *v/t auch fig* stress, emphasize
betonieren *v/t* concrete
Betonklotz *m* **1.** concrete block **2.** *pej* (*Haus*) concrete pile
Betonkopf *m ugs pej* hardliner
Betonmischmaschine *f* cement mixer
betont **I** *Adj fig* emphatic, marked: ***mit betonter Gleichgültigkeit*** with studied (*oder* marked) indifference **II** *Adv* markedly
Betonung *f auch fig* stress, emphasis
betören *v/t* bewitch, turn *s.o.'s* head
Betracht *m* ***in Betracht ziehen*** take into consideration; ***außer Betracht lassen*** disregard; ***in Betracht kommen*** be a possibility; ***nicht in Betracht kommen*** be out of the question
betrachten *v/t* look at, *fig auch* view: *fig* ***j-n als Freund*** *etc* ***betrachten*** look upon s.o. as (*oder* consider s.o.) a friend *etc*; ***genau betrachtet*** strictly speaking
beträchtlich *Adj* considerable
Betrachtung *f* view (*Gen* of), *besinnliche*: contemplation, (*Erwägung*) consideration: ***Betrachtungen anstellen über*** (*Akk*) reflect on; ***bei näherer Betrachtung*** on closer inspection
Betrag *m* amount, sum: ***im Betrag von*** to the amount of
betragen **I** *v/i* amount to, *insgesamt*: total **II** *v/refl* ***sich betragen*** behave
Betragen *n* behavio(u)r, conduct
betrauen *v/t* entrust (**mit** with)
betrauern *v/t* mourn
Betreff *m* WIRTSCH reference, *im Brief*: re: …
betreffen *v/t* **1.** (*angehen*) concern, (*sich beziehen auf*) refer to: ***was mich betrifft*** as for me, as far as I am concerned; ***was das betrifft*** as to that **2.** (*berühren*) affect: → ***betroffen*** 2
betreffend *Adj* **1.** concerning **2.** (*fraglich*) concerned: ***die betreffende Person*** (***Sache***) the person (matter) concerned (*oder* in question); ***das betreffende Buch*** the book referred to
betreiben *v/t* **1.** pursue, (*Unternehmen*) manage, run, (*Sport, Hobby*) go in for, do **2.** TECH operate, run
Betreiben *n* ***auf Betreiben von*** (*oder Gen*) at the instigation of
Betreiber, Betreiberin WIRTSCH *etc* person (*Pl* body *Sg*) running an enterprise *etc*
betreten[1] *v/t* step on (to), (*Gebiet*) set foot on, (*Raum*) enter
betreten[2] *Adj* embarrassed: ***betretenes Schweigen*** awkward silence
Betreten *n* ***Betreten verboten!*** keep off!, no entrance!
betreuen *v/t* look after, *auch* (*Kunden*) attend to, (*Sportler*) coach, WIRTSCH (*Gebiet etc*) serve
Betreuer, Betreuerin s.o. who looks after s.o. (*oder* s.th.), SPORT coach
Betreuung *f* care (***von*** *oder Gen* of, for)
Betrieb *m* **1.** (*Unternehmen*) enterprise, company, business, firm, (*Fabrik*) factory, works *Sg*, plant: ***öffentliche Betriebe*** public utilities **2.** (*Leitung*) management, running **3.** TECH (*Bedienung*) operation: ***in Betrieb*** working, in operation; ***außer Betrieb*** not working, (*defekt*) out of order; ***in Betrieb setzen*** put into operation, start; ***außer Betrieb setzen*** put out of action **4.** *fig* activity, (*Trubel*) bustle, (*Verkehr*) (heavy) traffic: ***wir hatten heute viel Betrieb*** we were very busy today
betrieblich *Adj* internal, company
betriebsam *Adj* active, busy
Betriebsamkeit *f* activity, (*Geschäftigkeit*) bustle
Betriebsangehörige *m, f* employee
Betriebsanleitung *f* operating instructions *Pl*
Betriebsausflug *m* (annual) work outing
betriebsblind *Adj* routine-blinded
Betriebsdirektor, Betriebsdirektorin production manager
betriebseigen *Adj* company(-owned)
betriebsfähig *Adj* in (good) working condition
Betriebsferien *Pl* works holidays *Pl*
Betriebsfest *n* company fête
Betriebsgeheimnis *n* trade secret
betriebsintern *Adj* internal
Betriebskapital *n* working capital
Betriebsklima *n* work climate
Betriebskosten *Pl* running costs *Pl*
Betriebsleiter, Betriebsleiterin works (*oder* production) manager
Betriebsrat *m* (*Person*: member of the) works council
betriebssicher *Adj* fail-safe, reliable (in service)
Betriebssicherheit *f* safety (in operation), reliability
Betriebsstillegung *f* closure, shutdown
Betriebsstörung *f* stoppage, *einer Maschine etc*: breakdown
Betriebssystem *n* operating system
Betriebsunfall *m* industrial accident
Betriebsverfassung *f* industrial relations scheme
Betriebswirt, Betriebswirtin graduate in business management
Betriebswirtschaft(slehre) *f* business management
betrinken *v/refl* ***sich betrinken*** get drunk
betroffen *Adj* **1.** (*bestürzt*) shocked, dismayed, *präd* taken aback **2.** (*berührt*) affected (**von** by): ***die betroffenen Personen*** the persons concerned
Betroffenheit *f* (***über*** *Akk* at) dismay, shock
betrüben *v/t* sadden
betrüblich *Adj* sad
betrübt *Adj* sad (***über*** *Akk* at, about)
Betrug *m* cheat, swindle, JUR fraud, (*Täuschung*) deception
betrügen *v/t und v/i* cheat, swindle, JUR defraud, (*Ehepartner etc*) deceive: ***j-n um etw betrügen*** cheat (*oder* do) s.o. out of s.th.; ***sich (selbst) betrügen*** deceive o.s
Betrüger, Betrügerin fraud, swindler
Betrügerei *f* cheating, (*Tat*) deceit, *auch* JUR fraud
betrügerisch *Adj* deceitful, fraudulent
betrunken *Adj* drunken, *präd* drunk
Betrunkene *m, f* drunk

Betrunkenheit *f* drunkenness
Bett *n* bed (*auch* GEOL, TECH): ***im Bett*** in bed; ***j-n zu Bett bringen*** put s.o. to bed; ***ins Bett gehen*** go to bed (*ugs* ***mit j-m*** with s.o.), *ugs* turn in; ***das Bett hüten*** (***müssen***) be laid up (***wegen*** with)
Bettbezug *m* duvet cover
Bettcouch *f* sofa-bed
Bettdecke *f* (*Wolldecke*) blanket, (*Steppdecke*) quilt, (*Tagesdecke*) bedspread
Bettel *m* ***der ganze Bettel*** the whole (wretched) business
bettelarm *Adj* desperately poor
Bettelbrief *m* begging letter
betteln *v/i* beg (***um*** for): ***betteln gehen*** go begging
Bettelstab *m* ***j-n an den Bettelstab bringen*** reduce s.o. to poverty
betten *v/t* bed (*auch* TECH): ***wie man sich bettet, so liegt man*** as you make your bed, so you must lie on it
Bettflasche *f österr., südd.* hot-water bottle
Bettjacke *f* bed jacket
bettlägerig *Adj* laid up
Bettlaken *n* sheet
Bettlektüre *f* bedtime reading
Bettler, **Bettlerin** beggar
Bettnässen *n* bed-wetting
Bettnässer, **Bettnässerin** bed-wetter
Bettruhe *f* (period of) bed rest: ***j-m Bettruhe verordnen*** order s.o. to stay in bed
Bettung *f* TECH bed(ding)
Bettvorleger *m* bedside rug
Bettwäsche *f*, **Bettzeug** *n* bed linen
betucht *Adj ugs* well-heeled, well-to-do
betupfen *v/t* dab, MED swab
beugen **I** *v/t* **1.** bend (*auch fig das Recht*), (*den Kopf*) bow: *fig* ***vom Alter gebeugt*** bowed with age **2.** LING inflect, (*Substantiv*) decline, (*Verb*) conjugate **II** *v/refl* ***sich beugen*** **3.** bend **4.** *fig* (*Dat* to) bow, submit
Beule *f* bump, *in Blech etc*: dent
beunruhigen **I** *v/t* disturb, *stärker*: alarm **II** *v/refl* ***sich beunruhigen*** be worried (***über*** *Akk*, ***wegen*** about)
Beunruhigung *f* anxiety, (*Sorge*) worry
beurkunden *v/t* record, (*beglaubigen*) certify, (*Geburt etc*) register
Beurkundung *f* recording, registration, certification
beurlauben *v/t* give s.o. leave (*oder* time off), *vom Amt*: suspend (from office): ***beurlaubt*** on leave
Beurlaubung *f* (granting of a) leave, *vom Amt*: suspension (from office)
beurteilen *v/t* judge (***nach*** by): ***falsch beurteilen*** misjudge; ***das kann ich*** (***kannst du***) ***nicht beurteilen!*** I am (you are) no judge (of this)!
Beurteilung *f* judg(e)ment, (*Einschätzung*) assessment, *in Personalakten*: confidential report
Beute *f* booty, (*auch Diebesbeute*) loot, *eines Tieres*: prey (*auch fig Gen* to), JAGD bag: ***zur Beute fallen*** (*Dat*) *auch fig* fall a prey to
Beutel *m* bag, *ugs* (*Geldbeutel*) purse, ZOOL pouch (*auch Tabaksbeutel*), sac
beuteln *v/t ugs fig* shake (up)
Beuteltier *n* marsupial
bevölkern *v/t* populate, (*bewohnen*) inhabit: ***dicht bevölkert*** densely populated
Bevölkerung *f* population
Bevölkerungsdichte *f* population density
Bevölkerungsexplosion *f* population explosion
Bevölkerungspolitik *f* population policy
Bevölkerungsrückgang *m* decline in population
Bevölkerungsschicht *f* social stratum (*oder* class)
bevollmächtigen *v/t* ***j-n bevollmächtigen*** authorize s.o. (***etw zu tun*** to do s.th.), JUR give s.o. power of attorney
Bevollmächtigte *m*, *f* authorized person (WIRTSCH, JUR representative), POL plenipotentiary
Bevollmächtigung *f* authorization, (*Vollmacht*) authority, power, JUR power of attorney
bevor *Adv* before: ***nicht bevor*** not until
bevormunden *v/t* ***j-n bevormunden*** keep s.o. in leading strings, *geistig*: *auch* spoon-feed s.o.
bevorraten *v/t* VERW stock up
bevorrechtigt *Adj* privileged
bevorstehen *v/i* **1.** be approaching, be forthcoming, *Probleme etc*: lie ahead, *Krise etc*: be imminent **2.** ***j-m bevorstehen*** be in store for s.o., await s.o.
bevorstehend *Adj* forthcoming, *pleasures etc* to come, (*drohend*) impending, imminent
bevorzugen *v/t* (***vor*** *Dat*) prefer (to), (*begünstigen*) favo(u)r (above)
bevorzugt *Adj* privileged, (*Lieblings…*) favo(u)rite, (*beliebt*) (most) popular: ***bevorzugte Behandlung*** preferential treatment
Bevorzugung *f* preference (*Gen* given to)
bewachen *v/t* guard, watch, SPORT mark
bewachsen *Adj* ***bewachsen mit*** overgrown with, covered with
Bewachung *f* **1.** guarding (*etc*) **2.** (*Mannschaft*) guard(s *Pl*)
bewaffnen *v/t* arm (***sich*** o.s., *auch fig*)
bewaffnet *Adj auch fig* armed (***mit*** with)
Bewaffnung *f* arming, (*Waffen*) arms *Pl*, weapons *Pl*
bewahren *v/t* **1.** (*erhalten*) keep: ***die Fassung bewahren*** keep one's head, keep cool **2.** (*behüten*) (***vor*** *Dat* from) keep, preserve, protect: → ***Gott***
bewähren *v/refl* ***sich bewähren*** prove one's (*oder* its) worth, stand the test, *Sache*: *auch* prove a success, *Grundsatz*: hold good: ***sich bewähren als*** prove to be *a good remedy etc*; ***sich nicht bewähren*** prove a failure; ***sich in einer Krise bewähren*** show up well in a crisis
bewahrheiten *v/refl* ***sich bewahrheiten*** prove (to be) true, (*sich erfüllen*) come true
bewährt *Adj* (*erprobt*) well-tried, (*zuverlässig*) reliable, (*erfahren*) experienced
Bewahrung *f* (***vor*** *Dat* from) preservation, (*Schutz*) *auch* protection
Bewährung *f* **1.** trial, (crucial) test **2.** JUR (release on) probation: ***3 Monate Gefängnis auf Bewährung*** a suspended sentence of three months; ***die Strafe wurde zur Bewährung ausgesetzt*** the defendant was placed on probation
Bewährungsfrist *f* JUR (period of) probation
Bewährungshelfer, **Bewährungshelferin** probation officer
Bewährungsprobe *f fig* (acid) test
bewaldet *Adj* wooded, woody
bewältigen *v/t* cope with, master, manage, (*Strecke*) cover
Bewältigung *f* (*Gen*) coping (with), mastering (*s.th.*)
bewandert *Adj* (***gut***) ***bewandert in*** (*Dat*) well

versed (*oder* well up) in
Bewandtnis *f* ***damit hat es folgende Bewandtnis*** the case is this; ***das hat seine eigene Bewandtnis*** thereby hangs a tale
bewässern *v/t* irrigate
Bewässerung *f* irrigation
bewegen I *v/t* **1.** move, TECH *auch* work, set *s.th.* going: *fig* ***etw bewegen*** move s.th., get things moving **2.** *fig* (*rühren*) move, touch: ***sage mir, was dich bewegt!*** tell me what's on your mind! **3.** ***j-n bewegen zu*** *Inf* prompt (*oder* get) s.o. to *Inf*; ***was hat ihn (bloß) dazu bewogen?*** what(ever) made him do it?; ***er ließ sich nicht bewegen*** he was adamant **II** *v/refl* ***sich bewegen*** **4.** *auch fig* move: ***sich nicht von der Stelle bewegen (lassen)*** not to budge; *fig die Preise* ***bewegen sich zwischen …*** range between …
bewegend *Adj fig* moving
Beweggrund *m* (***tieferer Beweggrund*** real) motive
beweglich *Adj* **1.** movable (*auch Feiertag*), mobile, TECH *auch* flexible: ***bewegliche Teile (bewegliches Ziel)*** moving parts (target); JUR ***bewegliche Sachen*** movables **2.** *körperlich, geistig*: agile, *Politik etc*: flexible
Beweglichkeit *f* mobility, flexibility, *geistige, körperliche*: agility
bewegt *Adj* **1.** *See*: rough **2.** *fig Zeiten, Leben etc*: turbulent **3.** *fig* (*gerührt*) moved, touched: ***mit bewegter Stimme*** in a choked voice
Bewegung *f* **1.** movement, motion (*auch* PHYS), *absichtsvolle*: move: ***keine Bewegung!*** don't move!; ***in Bewegung*** TECH in motion, *fig* astir; ***in Bewegung kommen*** get moving; ***in Bewegung setzen*** *auch fig* start; ***sich in Bewegung setzen*** start to move; *fig* ***in eine Sache Bewegung bringen*** get s.th. moving **2.** (***körperliche***) ***Bewegung*** (physical) exercise **3.** POL *etc* movement **4.** (*Gemütsbewegung*) emotion
Bewegungsfreiheit *f* freedom of movement (TECH motion, *fig* action), *fig* elbowroom
bewegungslos *Adj und Adv* motionless, immobile
Bewegungsstudie *f* motion study
Bewegungstherapie *f* therapeutic exercises *Pl*
bewegungsunfähig *Adj* unable to move
beweihräuchern *v/t fig* adulate
beweinen *v/t* mourn, lament
Beweis *m* (***für*** of) proof, (*auch* JUR ***Beweise***) evidence: ***als Beweis, zum Beweis*** as proof; ***zum Beweis einer Sache*** to prove s.th.; ***bis zum Beweis des Gegenteils*** pending proof to the contrary; ***den Beweis erbringen*** (*oder* ***liefern***) ***für etw, etw unter Beweis stellen*** prove s.th.; ***als Beweis seiner Zuneigung*** as a token of his affection
Beweisaufnahme *f* JUR hearing of evidence
beweisbar *Adj* provable: ***ist es beweisbar?*** can it be proved?
beweisen *v/t* **1.** prove (***j-m etw*** s.th. to s.o.) **2.** (*zeigen*) show
Beweisführung *f* argumentation, JUR presentation of (the) evidence
Beweiskraft *f* conclusiveness
beweiskräftig *Adj* conclusive
Beweislage *f* ***nach der Beweislage*** on the evidence
Beweislast *f* ***die Beweislast obliegt dem Kläger*** the onus (of proof) is on the plaintiff
Beweismaterial *n* evidence
Beweismittel *n* (piece of) evidence: ***die Beweismittel*** *Pl* the evidence *Sg* (***für*** of)
Beweisstück *n* (piece of) evidence, *vom Gericht zugelassenes*: exhibit
bewenden *v/i* ***es dabei bewenden lassen*** leave it at that
bewerben *v/refl* ***sich bewerben um*** apply for (***bei*** to), (*kandidieren*) stand for, *Am auch* run for, *einen Preis etc*: compete for
Bewerber, **Bewerberin** applicant, candidate, (*Wettbewerber(in)*, *auch* WIRTSCH *bei Ausschreibungen*) competitor, SPORT *auch* entrant
Bewerbung *f* application (***um*** for)
Bewerbungsformular *n* application form
Bewerbungsschreiben *n* (letter of) application
Bewerbungsunterlagen *Pl* application documents *Pl*
bewerfen *v/t* ***j-n bewerfen mit*** pelt s.o. with
bewerkstelligen *v/t* manage
bewerten *v/t* **1.** (*Leistung etc*) assess, (*auch j-n*) judge, rate: *der Sprung* ***wird mit 7 Punkten bewertet*** rates (*oder* scores) 7 points **2.** WIRTSCH (***mit*** at) value, assess: ***zu hoch (niedrig) bewerten*** overrate (underrate)
Bewertung *f* assessment, WIRTSCH *auch* valuation, PÄD mark(s *Pl*), *Am* grade(s *Pl*), SPORT point(s *Pl*), score(s *Pl*)
bewilligen *v/t* **1.** allow (***j-m etw*** s.o. s.th.) **2.** (*Antrag, Mittel etc*) grant, PARL appropriate
Bewilligung *f* **1.** *von Mitteln etc*: grant(ing), PARL appropriation **2.** (*Erlaubnis*) permission
bewirken *v/t* bring *s.th.* about, give rise to, result in: ***bewirken, dass jemand etw tut*** cause s.o. to do s.th.; ***das Gegenteil bewirken*** produce the opposite effect
bewirten *v/t* entertain
bewirtschaften *v/t* **1.** (*Gut etc*) run: ***bewirtschaftet*** *Berghütte etc*: open (to the public) **2.** LANDW cultivate **3.** WIRTSCH (*Mangelware*) ration
Bewirtschaftung *f* **1.** running **2.** LANDW cultivation **3.** WIRTSCH rationing
Bewirtung *f* entertainment, hospitality, *im Gasthaus*: food and service
bewohnbar *Adj* (in)habitable
bewohnen *v/t* live in, inhabit
Bewohner, **Bewohnerin** occupant, (*Mieter*) tenant, *eines Gebietes etc*: inhabitant
bewölken *v/refl* ***sich bewölken*** get cloudy, *völlig*: cloud over
bewölkt *Adj* cloudy
Bewölkung *f* clouding over, (*Wolken*) clouds *Pl*

Englische Substantive, die immer im Singular stehen (GR)

Einige englische Substantive bilden keinen Plural und werden immer mit einem Verb im Singular verbunden, auch wenn ihre deutsche Entsprechung im Plural stehen kann:

Beweis(e)	**evidence**
Fortschritt(e)	**progress**
Hausaufgabe(n)	**homework**
Information(en)	**information**
Möbel	**furniture**
Nachricht(en)	**news** (trotz **s**!)
Rat(schlag), Ratschläge	**advice**
Wissen, Kenntnis(se)	**knowledge**

Bewerbung

SG

Anschreiben

Das hier aufgeführte Beispiel ist eine Bewerbung für eine Stelle in Großbritannien. Der Stil ist formell und relativ nüchtern. Wenn man sich selbst zu sehr lobt, wirkt dies auf die Briten eher unglaubwürdig und übertrieben selbstbewusst.
Bewirbt man sich aber auf eine Stelle in den USA, sollte man seine Vorzüge deutlicher betonen und sich aggressiver verkaufen. Enthusiasmus, Selbstbewusstheit und die klare Darstellung der eigenen Erfolge und positiven Eigenschaften kommen dort am besten an.
Außerdem gibt man in einem amerikanischen Lebenslauf nie persönliche Details wie **date of birth**, **sex** und **marital status** an, wohingegen es in Großbritannien komisch wirken würde, sein Geburtsdatum nicht zu nennen.

Kate Miller
27 Church Street
Exeter
Devon
EX2 7AG

Attn. Ms Rachel Winterton
Human Resources Manager
Cloudburst Multimedia Design Ltd.
156 Wardour Street
London
W1V 2QT

Your ref: WD150904 / ES **17th Feburary 2005**

Dear Ms Winterton,

RE: Web Designer

I am very interested in applying for the above position with your company, and enclose my CV for your consideration.

As you will see, for the past two years I have been working for an Exeter-based web design company, prior to which I completed a degree in Creative Media and Technologies at the University of Bradford. I have also collaborated on a number of freelance projects.

I am looking to broaden my experience, particularly in the video field, and am keen to be part of a larger team. I am an enthusiastic and quick learner, with solid skills in online journalism and web design. As a member of Greenpeace, I am particularly interested in Cloudburst Multimedia's focus on environmental issues.

I hope to have the opportunity of discussing this further with you at interview. Should you have any questions, please do not hesitate to contact me on 07786 560124 or by e-mail at kmiller@btinternet.com.

I look forward to hearing from you.

Yours sincerely,

Kate Miller

Lebenslauf

CURRICULUM VITAE

Name:	Katharine Elizabeth Miller
Address:	27 Church Street, Exeter, Devon EX2 7AG
Tel.:	01392 556798
Mobile:	07786 560124
E-mail:	kmiller@btinternet.com
D.O.B.:	21st February 1980

WORK EXPERIENCE:

Oct 2002–present	Web Designer Spider Web Design Co., Exeter, Devon
Responsibilities:	Design, development and maintenance of websites for numerous company clients, including Tiptop Fashion, Williams & Burns Packaging and Hi-Rise Storage Facilities
Achievements:	Exeter Evening Standard Award for best local website (Tiptop Fashion, 2003)
Jan–May 2002	Trainee (Design for Industry Project) Madison, Prince & Murphy Architects, Bradford, W. Yorks.
Responsibilities:	Digital imaging for the MPM Dockside building project Web design and maintenance of company website
2001	Web design for Beckton Village Community Centre Web design for the Moorland Gift Shop, Oldham
2000	Web design and maintenance for freelance journalist Paul Hamilton

EDUCATION:

1991–1996	Saddlemoor School, Oldham, Lancs. 8 GCSEs (2 As, 5 Bs, 1C)
1996–1998	King Edward VII Sixth Form College, Manchester 3 A Levels (Computing B, English B, French C)
1999–2002	University of Bradford BSc degree in Creative Media & Technologies (2:2)

SKILLS:

Web:	HTML, JavaScript, Dreamweaver
Graphics:	Photoshop, Illustrator
Multimedia:	Flash, Director
Video:	Final Cut Pro
Audio:	Acid Pro, Cool Edit
DTP:	QuarkXPress
Office:	Microsoft Office and Macintosh packages

LANGUAGES:	English (mother tongue); French (good); Spanish (basic)
INTERESTS:	Film, photography, travel, environmental issues
REFEREES:	Mr Harold Madison, Director, Madison, Prince & Murphy Architects, 135 Cavendish Street, Bradford, W. Yorks. BD1 8RW. Tel: 01274 560900 E-mail: hmadison@mpm.com Ms Fiona Macpherson, Director of Studies, CMT Department, University of Bradford, Bradford, W. Yorks. BD1 5AQ. Tel: 01274 885780 E-mail: fmacpherson@uni-bradford.edu

Bewölkungsauflockerung *f* cloud dispersal
Bewölkungszunahme *f* increasing cloudiness
Bewunderer *m*, **Bewunderin** *f* admirer
bewundern *v/t* admire (***wegen*** for)
bewundernswert *Adj* admirable
Bewunderung *f* admiration
bewusst *Adj* **1.** conscious (*Gen* of): ***sich einer Sache bewusst sein*** (***werden***) be aware of (realize) s.th. **2.** (*absichtlich*) deliberate **3.** (*besagt*) said: ***die bewusste Person*** *auch* the person in question
bewusstlos *Adj* unconscious: ***bewusstlos werden*** lose consciousness
Bewusstlosigkeit *f* unconsciousness
Bewusstsein *n* consciousness, *fig auch* awareness: ***bei*** (***vollem***) ***Bewusstsein*** (fully) conscious; ***das Bewusstsein verlieren*** lose consciousness; ***j-n zum Bewusstsein bringen*** bring s.o. round; *fig* ***j-m etw zum Bewusstsein bringen*** bring s.th. home to s.o.; ***wieder zu(m) Bewusstsein kommen*** come to, regain consciousness; *fig* ***j-m zum Bewusstsein kommen*** dawn on s.o.; *fig* ***in dem Bewusstsein zu*** *Inf* (*oder* ***dass***) conscious of *Ger*
bewusstseinserweiternd *Adj Droge*: mind-expanding
bewusstwerden → ***bewusst*** 1
bezahlen *v/t und v/i* pay, (*Ware*) pay for: *fig* ***etw teuer bezahlen*** pay dearly for s.th.; ***sich bezahlt machen*** pay (off)
Bezahlfernsehen *n* pay TV
Bezahlung *f* (***gegen Bezahlung*** for) payment, (*Entgelt*) pay
bezähmen *v/t* (*Neugier etc*) restrain
bezaubern *v/t* bewitch, enchant, *fig auch* charm: ***bezaubernd*** charming, delightful
bezeichnen *v/t* **1.** (*kennzeichnen*) mark **2.** (*benennen*) designate (***als*** as), call, (*beschreiben*) describe, (*angeben*) indicate, (*bedeuten*) stand for
bezeichnend *Adj* typical, characteristic (***für*** of)
bezeichnenderweise *Adv* typically (enough)
Bezeichnung *f* **1.** marking **2.** (*Benennung*) designation, (*Name*) *auch* name, term, (*Zeichen*) sign
bezeugen *v/t* JUR *und fig* testify (to)
bezichtigen *v/t* accuse (*Gen* of)
beziehbar *Adj* **1.** *Wohnung etc*: ready for occupation **2.** WIRTSCH *Ware*: obtainable
beziehen **I** *v/t* **1.** (*Bett*) put clean sheets on, (*Sessel etc*) (***neu beziehen*** re-)cover **2.** (*Wohnung etc*) move into **3.** ***Posten beziehen*** take up one's post **4.** (*Informationen etc*) get, obtain, (*Ware*) *auch* buy, (*Gehalt*) draw, (*Zeitung*) take **5.** ***etw beziehen auf*** (*Akk*) relate (*oder* apply) s.th. to; ***er bezog es auf sich*** he took it personally **II** *v/refl* ***sich beziehen*** **6.** *Himmel*: cloud over **7.** ***sich beziehen auf*** (*Akk*) refer to, *Sache*: relate to; ***sich auf j-n beziehen*** use s.o.'s name (as a reference)
Bezieher, **Bezieherin** WIRTSCH buyer, customer, *einer Zeitung*: subscriber (*Gen* to)
Beziehung *f* (***zu***) (*auch persönliche Beziehung*) relation (to), relationship (with), connection (with), *Pl* (*Verbindungen*) connections *Pl* (with): ***diplomatische Beziehungen*** diplomatic relations; ***gute Beziehungen haben*** **a)** have good connections, **b)** ***zu j-m*** be on good terms with s.o., have a good relationship with s.o.; ***in dieser*** (***jeder***) ***Beziehung*** in this (every) respect; ***in gewisser Beziehung*** in a way; ***in politischer Beziehung*** politically; ***in wirtschaftlicher Beziehung*** economically
Beziehungskiste *f ugs fig* relationship
Beziehungskomödie *f* THEAT relationship comedy
Beziehungssatz *m* LING relative clause
beziehungsvoll *Adj* suggestive
beziehungsweise *Konj* **1.** (*oder vielmehr*) or rather **2.** or … respectively (*nachgestellt*): ***mit dem Auto beziehungsweise mit der Bahn*** by car or train respectively
Beziehungswort *n* LING antecedent
beziffern *v/t* number, (*schätzen*) estimate (***auf*** *Akk* at): ***sich beziffern auf*** (*Akk*) amount to
Bezirk *m* district, (*auch Wahlbezirk*) ward, *Am* precinct
Bezug *m* **1.** (*Überzug*) cover, (*Kissenbezug*) *auch* slip **2.** *einer Wohnung etc*: moving in(to *a flat etc*) **3.** *von Waren*: purchase, *einer Zeitung, von Aktien*: subscription (*Gen* to): ***bei Bezug von*** *100 Stück* on orders of **4.** *fig* reference (***auf*** *Akk* to): ***in Bezug auf*** (*Akk*) → ***bezüglich*** II; ***Bezug nehmen auf*** (*Akk*) refer to **5.** ***Bezüge*** *Pl* income *Sg*, (*Gehalt*) salary *Sg*
bezüglich **I** *Adj* ***bezüglich auf*** (*Akk*) relating to; LING ***bezügliches Fürwort*** relative pronoun **II** *Präp* concerning: ***bezüglich Ihres Schreibens*** with reference to your letter
Bezugnahme *f* ***unter Bezugnahme auf*** (*Akk*) with reference to
Bezugsbedingungen *Pl* terms *Pl* of sale
Bezugsperson *f* ***j-s Bezugsperson*** person to whom s.o. relates most closely, parent person
Bezugspreis *m* purchase (*einer Zeitung*: subscription) price
Bezugspunkt *m* reference point
Bezugsquelle *f* source (of supply)
bezwecken *v/t* ***etw bezwecken*** be aiming at s.th.
bezweifeln *v/t* doubt, question
bezwingen *v/t* overcome, conquer, (*schlagen*) *auch* SPORT defeat: ***sich bezwingen*** restrain o.s
Bezwinger, **Bezwingerin** conqueror, SPORT winner (*Gen* over)
Bezwingung *f* overcoming, defeat(ing), conquest
Bibel *f* Bible
bibelfest *Adj* well versed in the Scriptures
Bibelspruch *m* verse from the Bible
Biber *m* ZOOL beaver
Biberpelz *m* beaver (fur)
Bibliografie, **Bibliographie** *f* bibliography
Bibliothek *f* library
Bibliothekar, **Bibliothekarin** librarian
Bibliothekswissenschaft *f* library science
bieder *Adj* honest, upright, *iron* simple
biegen **I** *v/t* bend **II** *v/refl* ***sich biegen*** bend; → ***lachen*** II **III** *v/i* ***nach links*** (***rechts***) ***biegen*** turn left (right); ***um eine Ecke biegen*** turn (round) a corner
Biegen *n* ***auf Biegen oder Brechen*** by hook or by crook
biegsam *Adj* pliable, flexible, *Körper*: supple
Biegsamkeit *f* pliability, flexibility, *körperliche*: suppleness
Biegung *f* bend
Biene *f* **1.** ZOOL bee **2.** *ugs* (*Mädchen*) chick
Bienenfleiß *m* assiduity
Bienenhaus *n* apiary, beehouse
Bienenkönigin *f* queen bee
Bienenkorb *m* beehive
Bienenschwarm *m* swarm of bees

Bienenstaat *m* colony of bees
Bienenstich *m* bee-sting
Bienenstock *m* beehive
Bienenwabe *f* honeycomb
Bienenwachs *n* beeswax
Bienenzucht *f* beekeeping
Bienenzüchter, **Bienenzüchterin** beekeeper
Bier *n* beer: ***helles Bier*** lager, *Am* light beer; ***dunkles Bier*** *etwa* brown ale, *Am* dark beer; ***Bier vom Fass*** beer on draught; *ugs* ***das ist dein Bier!*** that's your problem!
Bierbrauerei *f* brewery
Bierdeckel *m* beer mat
Bierdose *f* beer can
bierernst *Adj ugs* deadly serious
Bierfass *n* beer barrel
Bierflasche *f* beer bottle
Biergarten *m* beer garden
Bierglas *n* beer glass
Bierhefe *f* brewer's yeast
Bierkeller *m* (*Lokal*) beer tavern
Bierkrug *m* beer mug, *Am* stein
Bierstube *f* beer tavern
Bierzelt *n* beer tent
Biest *n auch ugs fig* beast
bieten **I** *v/t* **1.** offer (***j-m etw*** s.o. s.th.), (*Anblick, Schwierigkeiten etc*) present, (*Leistung, Programm etc*) *auch* show: ***das lässt sie sich nicht bieten*** she won't stand for that; → ***Stirn*** **2.** WIRTSCH bid **II** *v/refl* ***sich bieten*** **3.** *Anblick, Gelegenheit etc*: present itself
bietenlassen → ***bieten*** I 1
Bieter, **Bieterin** WIRTSCH bidder
Bigamie *f* bigamy
bigott *Adj* bigoted
Bikarbonat *n* CHEM bicarbonate
biken *v/i* bike, cycle
Bikini *m* bikini
Bilanz *f* balance, (*Aufstellung*) balance sheet: ***die Bilanz ziehen*** strike the balance (*Gen* of), *fig auch* take stock (*Gen* of); *fig* ***negative Bilanz*** negative record
Bilanzjahr *n* financial year
Bilanzposten *m* balance-sheet item
Bild *n allg* picture (*auch* TV *und fig*), (*Foto*) *auch* photo, *in Büchern*: *auch* illustration, (*Abbild, Ebenbild*) image (*auch* OPT, TV), (*Gemälde*) painting, (*Porträt*) portrait, (*Anblick*) *auch* sight, (*Vorstellung*) idea, RHET image, metaphor: *fig* ***Bild der Zerstörung*** *etc* scene of destruction *etc*; ***im Bilde sein*** be in the picture, ***über*** (*Akk*) know about; ***sich ein Bild machen von*** get an idea of, visualize; ***du machst dir kein Bild!*** you have no idea!; ***j-n ins Bild setzen*** inform s.o., put s.o. in the picture; ***ein falsches Bild bekommen*** get a wrong impression
Bildarchiv *n* photographic archives *Pl*
Bildausfall *m* TV picture loss, blackout
Bildband *m* illustrated book
Bildbericht *m* photo-report
bilden **I** *v/t* **1.** form, shape (*auch fig*), (*Satz*) make up **2.** (*schaffen*) create, (*gründen*) establish, set up, (*Regierung*) form **3.** (*hervorbringen*) form, develop **4.** (*einen Bestandteil etc*) form, (*auch Attraktion, Grenze, Gefahr etc*) be **5.** (*j-n*) *geistig*: educate, (*jemandes Geist*) *auch* cultivate; → ***gebildet*** **II** *v/i* **6.** broaden the mind **III** *v/refl* ***sich bilden*** **7.** form, develop **8.** *geistig*: educate o.s., improve one's mind
bildend *Adj* educational, (*lehrreich*) informative: ***bildende Künste*** fine arts
Bilderbuch *n* picture book
Bilderbuch... *ugs fig* storybook ..., perfect
Bildergalerie *f* picture gallery
Bilderrätsel *n* picture puzzle
bilderreich *Adj* richly illustrated, *Sprache etc*: rich in images
Bilderschrift *f* pictographic script
Bildersprache *f* imagery
Bildfläche *f* TV image area: *ugs fig* ***auf der Bildfläche erscheinen*** turn up; ***von der Bildfläche verschwinden*** disappear
bildhaft *Adj fig* graphic
Bildhauer, **Bildhauerin** sculptor
Bildhauerei *f* sculpture
bildhauern *v/i und v/t ugs* sculpt
bildhübsch *Adj* (very) lovely
bildlich *Adj* pictorial, graphic, *Ausdruck etc*: figurative
Bildnis *n* portrait
Bildpunkt *m* IT pixel
Bildqualität *f* FOTO, TV picture quality
Bildredakteur, **Bildredakteurin** picture editor
Bildregie *f* camera-work
Bildröhre *f* picture tube
Bildschärfe *f* definition
Bildschirm *m* screen, IT *auch* monitor, VDU
Bildschirmarbeit *f* VDU work
Bildschirmarbeitsplatz *m* work station
Bildschirmschoner *m* screen saver
bildschön *Adj* (very) beautiful
Bildstörung *f* TV image interference
Bildtelefon *n* videophone
Bildung *f* **1.** (*das Bilden*) forming, formation, (*Entwicklung*) *auch* development, (*Schaffung*) *auch* creation, (*Gründung*) establishment, *eines Ausschusses etc*: setting-up: LING ***Bildung des Perfekts*** forming (of) the perfect **2.** (*Geistesbildung*) education, culture, (*Schulbildung etc*) formal education: ***etw für seine Bildung tun*** improve one's mind **3.** (*Benehmen*) (good) breeding
Bildungs... educational (*reform etc*)
Bildungsgang *m* (course of) education
Bildungsgrad *m* educational level
Bildungslücke *f* gap in one's education
Bildungsnotstand *m* education crisis
Bildungsurlaub *m* educational leave
Bildungsweg *m* (course of) education: ***zweiter Bildungsweg*** *the second way of obtaining university qualification through evening classes and correspondence courses*
Bildungswesen *n* education
Billard *n* billiards *Sg*
Billardkugel *f* billiard ball
Billardstock *m* cue
Billett *n schweiz.* ticket
Billiarde *f* quadrillion
billig *Adj* **1.** cheap, *Preis*: low **2.** *fig* cheap, *Ausrede, Rat etc*: poor **3.** (*angemessen*) fair
Billig... cut-price, *Am* cut-rate (*offer etc*)
Billiganbieter *m* cheap (*oder* cut-price) supplier
billigen *v/t* approve of, VERW approve
billigend *Adj* approving(ly *Adv*)
Billigflug *m* cheap flight
Billiglohnland *n* low-wage(s) country
Billigung *f* approval
Billion *f* trillion
bimmeln *v/i* ring, tinkle
Bimsstein *m* pumice (stone)
binär *Adj*, **Binär...** binary
Binde *f* **1.** (*Armbinde*) armband, bandage, (*Schlinge*) sling, (*Augenbinde*) blindfold, *ugs*

(*Damenbinde*) sanitary towel (*Am* napkin) **2.** *ugs fig* ***einen hinter die Binde gießen*** hoist one
Bindegewebe *n* ANAT connective tissue
Bindeglied *n* (connecting) link
Bindehaut *f* ANAT conjunctiva
Bindehautentzündung *f* MED conjunctivitis
Bindemittel *n* **1.** TECH bonding agent **2.** GASTR thickening
binden **I** *v/t* **1.** tie (***an*** *Akk* to), (*zs.-binden*) tie (up), (*Strauß*) make, (*Knoten, Schlips etc*) tie **2.** (*Buch*) bind **3.** TECH bind **4.** GASTR bind, thicken **5.** MUS tie, *legato*: slur **6.** WIRTSCH (*Geldmittel*) tie up, (*Preise*) fix **7.** *Fechten, auch* MIL (*Truppen*) bind **8.** *fig* (*j-n verpflichten*) bind, commit; → ***gebunden*** **II** *v/i* **9.** bind **10.** GASTR bind, thicken **11.** TECH *Zement etc*: harden, set, *Kunststoff*: bond **III** *v/refl* ***sich binden*** **12.** *fig* commit o.s., tie o.s. down
bindend *Adj fig* binding (***für*** upon)
Bindestrich *m* hyphen: ***mit Bindestrich schreiben*** hyphen(ate)
Bindewort *n* conjunction
Bindfaden *m* string
Bindis *Pl* (*Schmuck*) bindis *Pl*
Bindung *f* **1.** *fig* tie (*auch* POL), bond, (*Beziehung*) (lasting) relationship, (*Verpflichtung*) commitment **2.** (*Skibindung*) binding **3.** MUS ligature
Bingo *n Spiel*: bingo
binnen *Präp* (*Dat oder Gen*) within: ***binnen Kurzem*** before long
Binnengewässer *n* inland water
Binnenhafen *m* inland port
Binnenhandel *m* domestic trade
Binnenland *n* interior
Binnenmarkt *m* home (*der EU*: single) market
Binnenmeer *n* inland sea
Binnenschifffahrt *f* inland navigation
Binse *f* BOT rush: *ugs* ***in die Binsen gehen*** go to pot
Binsenweisheit *f* truism
Biochemie *f* biochemistry
Biochemiker, **Biochemikerin** biochemist
biodynamisch *Adj* biodynamic
Bioerzeugnis *n* organic product
Biogas *n* biogas
Biogenetik *f* biogenetics *Sg*
Biograf, **Biografin**, **Biograph**, **Biographin** biographer
Biografie, **Biographie** *f* biography
biografisch, **biographisch** *Adj* biographical
Bioladen *m* whole food shop
Biologe *m*, **Biologin** *f* biologist
Biologie *f* biology
biologisch *Adj* biological
Biomasse *f* biomass
Biomüll *m* organic waste
Biophysik *f* biophysics *Pl* (*auch Sg konstr*)
Biopsie *f* MED biopsy
Biorhythmus *m* biorhythm
Biosphäre *f* biosphere
Biotechnik *f* bioengineering
Biotop *n* biotope
Birke *f* birch (tree)
Birma *n* Burma
Birnbaum *m* pear-tree
Birne *f* **1.** BOT pear **2.** (*Glühbirne*) bulb **3.** *ugs* (*Kopf*) noodle
birnenförmig *Adj* pear-shaped
bis **I** *Präp* **1.** *zeitlich*: till, until, (*bis spätestens*) by: ***bis heute*** so far, to date; ***bis jetzt*** up to now; ***bis jetzt*** (***noch***) ***nicht*** not as yet; ***bis auf Weiteres*** for the present, *bes* VERW until further notice; ***bis in die Nacht*** into the night; ***bis vor einigen Jahren*** until a few years ago; ***bis zum Ende*** (right) to the end; (***in der Zeit***) ***vom … bis*** between … and; *ugs* ***bis dann*** (***bis morgen***)***!*** see you later (tomorrow)! **2.** *räumlich*: (up) to, as far as: ***bis hierher*** up to here; ***bis wohin?*** how far?; (***von hier***) ***bis London*** (from here) to London **3.** *vor Zahlen*: ***7 bis 10 Tage*** from 7 to 10 days, between 7 and 10 days; ***bis zu 10 Meter hoch*** as high as ten metres; ***bis zu 100 Personen*** as many as 100 persons; ***bis drei zählen*** count up to three **4.** ***bis auf das letzte Stück*** down to the last bit **5.** ***bis auf*** (*Akk*) except, but: ***alle bis auf einen*** all but one **II** *Konj* **6.** till, until

bis GR

Im Sinne von „spätestens um / am" heißt **bis** nicht **till** oder **until**, sondern **by:**

Ich habe heute Unterricht bis 17.00 Uhr.	**I've got lessons <u>till / until</u> 5 p.m. today.**
Anträge sind (spätestens) bis zum 15. Juni zu stellen.	**Applications must be submitted <u>by</u> 15 June (at the latest).**

Bisam *m* **1.** ZOOL musk **2.** (*Pelz*) musquash
Bisamratte *f* ZOOL muskrat
Bischof *m*, **Bischöfin** *f* bishop
bischöflich *Adj* episcopal
Bischofssitz *m* episcopal see
bisexuell *Adj* bisexual
bisher *Adv* up to now, so far: ***bisher*** (***noch***) ***nicht*** not (as) yet; ***wie bisher*** as before; ***die bisher beste Leistung*** the best performance so far

Signalwörter für das present perfect GR

Bei Sätzen mit folgenden Ausdrücken wird im Englischen das **present perfect** verwendet:

bisher, bis jetzt	**up to now / until now / till now**
in letzter Zeit	**lately, of late**
noch (nicht); schon	**yet**

Very little has been done about this problem till now.
I haven't seen her lately.
She hasn't dared to ask him yet.
Has she called yet?

bisherig *Adj* past, previous, (*derzeitig*) present: ***die bisherigen Ergebnisse*** results so far
Biskuit *m* GASTR sponge
Biskuitkuchen *m* sponge cake
Biskuitrolle *f* Swiss roll
bislang → ***bisher***
Biss *m auch ugs fig* bite
bisschen *Adj und Adv* ***ein*** (***kleines***) ***bisschen*** a (little) bit, a little; ***kein bisschen*** not a bit

Kleine Mengen GR

Im Englischen gibt es verschiedene Möglichkeiten, kleine Mengen zu beschreiben:

Personen, zählbare Gegenstände:

a few	einige, ein paar
few	(nur) wenige

She's got a few books on painting.
Only very few people came to the event.

nicht zählbare Dinge:

a little, (*umgangssprachlich*) **a bit of**	ein bisschen, etwas
little	wenig, kaum
a bit	etwas

Could I have a little mustard with this?
There's little point in cheating.
Want some? I've got a bit left.

Bissen *m* **1.** bite, morsel, mouthful **2.** (*Imbiss*) bite, snack
bissig *Adj* **1.** vicious: ***ein bissiger Hund*** *auch* a dog that bites **2.** *fig Bemerkung*: cutting, *Person*: snappish
Bisswunde *f* bite
Bistum *n* bishopric
Bit *n* IT bit
bitte *Adv* **1.** *bei Bitten und Aufforderungen*: please: ***bitte, gib mir die Zeitung!*** would you pass me the paper, please; ***bitte nicht!*** please don't; (***aber***) ***bitte!*** (*gern*) certainly, go ahead **2.** ***bitte*** (***sehr*** *oder* ***schön***)***!*** **a)** *nach „danke"* (*oft unübersetzt*): not at all, you're welcome, that's all right, **b)** *nach „Entschuldigung"*: it's all right, that's okay, *bes Am ugs* no problem, **c)** *beim Anbieten* (*oft unübersetzt*): here you are, *ugs* there you go **3.** ***wie bitte?*** pardon?, sorry?, *Am* excuse me? **4.** ***bitte schön?*** (*was wünschen Sie?*): can I help you?, *Am* may I help you?

Danke – Bitte SG

Wenn sich im Deutschen jemand für etwas bedankt, sagt der / die andere oft „bitte". Im Englischen gibt es dafür unterschiedliche Entsprechungen, aber niemals **please**.

Bitte, keine Ursache, ist schon gut	**not at all**
Bitte, gern geschehen	**you're welcome** (*oft Gästen gegenüber*)
Bitte, machen Sie sich / mach dir keine Sorgen; schon gut	**that's all right / OK**

Auf „danke" ist im Englischen nicht unbedingt eine Antwort nötig. Es gilt keineswegs als unhöflich, nichts zu sagen.

Bitte *f* request, *dringende*: entreaty: ***auf j-s Bitte*** at s.o.'s request; ***ich habe eine Bitte an Sie*** I have a favo(u)r to ask of you
bitten *v/t und v/i* ask (***j-n um etw*** s.o. for s.th.), (*ersuchen*) request, (*dringend bitten*) beg, (*anflehen*) implore: ***um j-s Namen*** (***Erlaubnis***) ***bitten*** ask s.o.'s name (permission); ***j-n zu sich bitten*** ask s.o. to come; ***für j-n bitten*** intercede for s.o.; ***es wird gebeten, dass …*** it is requested that …; ***wenn ich bitten darf*** if you don't mind; ***darf ich bitten?*** **a)** this way, please!, **b)** may I have this dance?, **c)** dinner is served!
bitter *Adj und Adv auch fig* bitter: ***es ist mein bitterer Ernst*** I mean it!; ***er hat es bitter nötig*** he badly needs it; ***das ist bitter!*** that's hard!
bitterböse *Adj* furious, (*schlimm*) wicked
bitterernst *Adj* dead serious
Bitterkeit *f auch fig* bitterness
bitterlich *Adv* ***bitterlich weinen*** weep bitterly
Bittgesuch *n*, **Bittschrift** *f* petition
Bittsteller, **Bittstellerin** petitioner
Biwak *n*, **biwakieren** *v/i* bivouac
bizarr *Adj* bizarre
Bizeps *m* biceps
Blackout, **Black-out** *m* blackout
blähen I *v/i Zwiebeln etc*: give you wind **II** *v/t und v/refl* ***sich blähen*** fill out
Blähungen *Pl* wind *Sg*, flatulence *Sg*
blamabel *Adj* embarrassing, *stärker*: disgraceful
Blamage *f* disgrace, fiasco
blamieren I *v/t* ***j-n blamieren*** make s.o. look like a fool, *weit. S.* compromise s.o. **II** *v/refl* ***sich blamieren*** make a fool of o.s., *weit. S.* compromise o.s.; → ***Knochen***
blank *Adj* **1.** shining, (*blank geputzt*) polished, *Schuhe*: shiny **2.** (*bloß*) naked, bare (*auch* TECH) **3.** (*abgetragen*) shiny **4.** *ugs* (*pleite*) broke **5.** *ugs* ***blanker Unsinn*** *etc* sheer nonsense *etc*
blanko *Adj* WIRTSCH (*Adv* in) blank
Blankoscheck *m* blank cheque (*Am* check)
Blankovollmacht *f* full discretionary power, *fig* carte blanche
Bläschen *n* **1.** small bubble **2.** MED (*Hautbläschen*) small blister, (*Eiterbläschen*) pustule
Blase *f* **1.** (*Luftblase*) bubble, *im Glas etc*: flaw. ***Blasen ziehend*** vesicant **2.** (*Sprechblase*) balloon **3. a)** ANAT bladder, **b)** MED (*Hautblase*) blister **4.** *ugs pej* bunch, lot
Blasebalg *m* bellows *Pl*
blasen *v/i und v/t allg* blow, MUS play
Blasenentzündung *f*, **Blasenkatarr(h)** *m* cystitis
Blasenleiden *n* bladder trouble
blasenziehend → ***Blase*** 1
Bläser, **Bläserin** MUS wind player: ***die Bläser*** *Pl* the wind (section) *Sg*
blasiert *Adj* conceited
Blasinstrument *n* MUS wind instrument
Blaskapelle *f* brass band
Blasmusik *f* **1.** music for brass instruments **2.** (playing of a) brass band
Blasphemie *f* blasphemy
blass *Adj* pale (***vor*** with), *fig* colo(u)rless: ***blass werden*** (turn) pale, *Farbe*: fade; ***blasser Neid*** sheer envy; ***blass vor Neid*** green with envy; → ***Ahnung***
Blässe *f* paleness, pallor
Blatt *n* **1.** BOT leaf: *fig* ***kein Blatt vor den Mund nehmen*** not to mince matters **2.** (*Papierblatt*) leaf, sheet, (*Seite*) page: MUS ***vom Blatt spielen*** sight-read; *fig* ***das steht auf einem anderen Blatt*** that's a different matter altogether; ***das Blatt hat sich gewendet*** the tide has turned **3.** (*Zeitung*) (news)paper **4.** KUNST (*Druck*) print, (*Zeichnung*) drawing, (*Stich*) engraving **5.** (*Spielkarte*) card, (*gezogene Karten*) *a good etc* hand **6.** (*Sägeblatt, Ruderblatt etc*) blade
Blättchen *n* **1.** small leaf (*etc*, → ***Blatt***) **2.** ANAT, BOT, CHEM lamella, TECH membrane **3.** slip (of

paper) **4.** (*Zeitung*) local paper

blättern *v/i* **1.** ***in einem Buch*** *etc* ***blättern*** leaf through a book *etc* **2.** COMPUTER scroll **3.** → ***abblättern***

Blätterteig *m* flaky pastry

Blattfeder *f* TECH leaf spring

Blattgold *n* gold leaf

Blattgrün *n* chlorophyll

Blattlaus *f* greenfly

Blattsäge *f* pad saw

Blattsalat *m* green salad

Blattwerk *n* foliage

blau *Adj* **1.** blue: ***blauer Fleck*** bruise; *ugs* ***blauer Brief*** **a)** (letter of) dismissal, **b)** PÄD letter of warning; → ***Auge*** 1, ***Blut*** **2.** *ugs* (*betrunken*) tight, sloshed

Blau *n* blue

blauäugig *Adj auch fig* blue-eyed

Blaubeere *f* BOT bilberry, *Am* blueberry

blaublütig *Adj* blue-blooded

Blaue *n* ***Fahrt ins Blaue*** mystery tour

Bläue *f* blue(ness)

bläuen *v/t* dye blue

Blaufuchs *m* ZOOL arctic (WIRTSCH blue) fox

Blauhelm *m* UN soldier

Blaukohl *m*, **Blaukraut** *n* GASTR red cabbage

bläulich *Adj* bluish

Blaulicht *n* ***mit Blaulicht*** with its lights flashing

blaumachen *v/i ugs* stay away (from work), *sl* skive

Blaumeise *f* ZOOL blue tit

Blaupause *f* blueprint

Blausäure *f* CHEM prussic acid

Blaustrumpf *m fig* bluestocking

Blazer *m* blazer

Blech *n* **1.** sheet metal, (*Blechtafel*) metal sheet **2.** (*Backblech*) baking tray **3.** *ugs* (*Unsinn*) rubbish

Blechbüchse *f*, **Blechdose** *f* tin, (tin) can

blechen *v/t und v/i ugs* cough up

blechern *Adj* (of) tin, *Klang*: tinny

Blechinstrument *n* MUS brass instrument

Blechschaden *m* MOT bodywork damage, dent(s *Pl*)

Blechschere *f* plate shears *Pl*

blecken *v/t* ***die Zähne blecken*** *Tier*: bare its fangs

Blei *n* **1.** lead: ***aus Blei*** (made of) lead; *fig* (***schwer***) ***wie Blei*** leaden **2.** JAGD shot, (*Kugel*) bullet

Bleibe *f ugs* place to stay

bleiben *v/i* **1.** stay (***im Bett*** in bed, ***zu Hause*** at home, ***draußen*** out, ***zum Essen*** for dinner); ***wo bleibt er denn nur?*** what has taken him?; *ugs fig* ***und wo bleibe ich?*** and where do I come in?; → ***Ball***[1] **2.** ***bleiben bei*** stick to (***der Wahrheit*** the truth); ***etw bleiben lassen*** not to do s.th., (*aufhören mit*) stop (doing) s.th.; ***lass das bleiben!*** stop it!; ***das werde ich schön bleiben lassen!*** I'll do nothing of the kind! → ***Sache*** 2 **3.** *in einem Zustand*: remain, keep: ***geschlossen*** (***gesund, trocken, kalt*** *etc*) ***bleiben*** stay closed (healthy, dry, cold); ***für sich bleiben*** keep to o.s.; ***das bleibt unter uns!*** *ugs* keep it under your hat!; ***bleiben Sie*** (***doch***) ***sitzen!*** don't get up!; ***es bleibt dabei!*** that's final!; ***und dabei bleibt es!*** and that's that! **4.** (*übrig bleiben*) be left (*Dat* to), remain

bleibend *Adj* lasting, *auch Schaden etc*: permanent

bleibenlassen → ***bleiben*** 2

bleich *Adj* pale (***vor*** with): ***bleich werden*** (turn) pale

bleichen *v/t und v/i* bleach

Bleichgesicht *n* paleface

Bleichmittel *n* bleach(ing agent)

bleiern *Adj auch fig* leaden

Bleifarbe *f* lead paint

bleifrei *Adj Benzin*: unleaded

Bleigehalt *m* lead content

bleihaltig *Adj* containing lead, *Benzin*: leaded

Bleikristall *n* lead crystal

Bleistift *m* (lead) pencil

Bleistiftspitzer *m* pencil sharpener

Bleivergiftung *f* lead poisoning

Blendautomatik *f* FOTO automatic aperture control

Blende *f* **1.** (*Schirm*) screen **2.** FOTO diaphragm, (*Öffnung*) aperture, (*Öffnungsweite*) f-stop: (***bei***) ***Blende 8*** at f-8 **3.** *am Kleid etc*: facing

blenden **I** *v/t* **1.** (*j-n, j-s Augen*) dazzle (*auch fig*) **2.** (*jemandes Augen ausstechen*) blind **II** *v/i* **3.** dazzle, be dazzling (*auch fig beeindrucken*) **4.** *fig* (*täuschen*) deceive

blenden ≠ blend

blenden	=	dazzle; blind
blend	=	mischen, vermischen

Blenden *n* MOT glare

blendend **I** *Adj* dazzling (*auch fig*), *fig* brilliant (*Leistung etc*): ***blendend aussehen*** look great **II** *Adv* dazzlingly (*etc*): ***sich blendend amüsieren*** have a great time; ***blendend weiß*** dazzling white

Blendeneinstellung *f* FOTO aperture setting

Blendenskala *f* aperture ring

Blendenzahl *f* FOTO f-stop

Blender, **Blenderin** *fig* fake

blendfrei *Adj* antiglare

Blendschutzscheibe *f* MOT antiglare screen

Blendschutzzaun *m* MOT antiglare barrier

Blendung *f* **1.** blinding, MOT *etc* dazzle, glare **2.** *fig* (*Täuschung*) deception

Blick *m* **1.** (***auf*** *Akk* at) look, *flüchtiger*: (quick) glance: ***auf den ersten Blick*** at first sight; ***mit einem Blick*** at a glance; ***einen Blick werfen auf*** (*Akk*) have a look at **2.** (*Aussicht*) view (***auf*** *Akk* of): ***mit Blick auf*** (*Akk*) with a view of, overlooking *the lake etc*

blicken *v/i* look (***auf*** *Akk* at): ***um sich blicken*** look around; ***sich blicken lassen*** show o.s.; ***das lässt tief blicken!*** that's very revealing!

Blickfang *m* eyecatcher

Blickfeld *n auch fig* field of vision

Blickkontakt *m* eye contact

Blickpunkt *m* **1.** OPT visual focus: *fig* ***im Blickpunkt stehen*** be in the centre of interest **2.** *fig* point of view

Blickrichtung *f* **1.** line of vision **2.** *fig* direction

Blickwinkel *m* **1.** angle of view **2.** *fig* point of view

blind **I** *Adj* **1.** blind (*auch fig* ***gegen, für*** to, ***vor*** *Dat* with): ***auf einem Auge blind*** blind in one eye; *fig* ***j-n blind machen gegen*** blind s.o. to; → ***Passagier*** **2.** *Spiegel*: cloudy, *Metall*: tarnished **3.** ARCHI, TECH blind **II** *Adv* **4.** *fliegen etc* blind, *fig vertrauen etc* blindly

Blindbewerbung *f* speculative application

Blinddarm *m* appendix

Blinddarmentzündung *f* appendicitis

Blinddarmoperation *f* appendectomy
Blinde *m, f* blind man (woman): ***die Blinden*** the blind; ***das sieht doch ein Blinder!*** you can see that with half an eye!
Blindenheim *n* home for the blind
Blindenhund *m* guide dog, *Am* seeing-eye dog
Blindenschrift *f* braille
Blindenstock *m* blind man's cane
Blindflug *m* instrument (*oder* blind) flying
Blindgänger *m* **1.** MIL dud **2.** *ugs fig* dud, wash-out
Blindheit *f* (*auch fig* ***mit Blindheit geschlagen*** struck with) blindness
blindlings *Adv* blindly
Blindschleiche *f* ZOOL blindworm
blindschreiben *v/i* touch-type
Blindversuch *m* blind test
blinken *v/i* **1.** sparkle, *Sterne*: twinkle, (*aufleuchten*) flash **2.** *auch v/t* (*signalisieren*) (flash a) signal, flash
Blinker *m* **1.** MOT indicator **2.** *Angeln*: spoon bait
Blinklicht *n* MOT **a)** flashing light (*auch Ampel*), **b)** → ***Blinker*** 1
Blinkzeichen *n* flashing (MOT indicator) signal
blinzeln *v/i* **1.** blink **2.** → ***zublinzeln***
Blitz *m* **1.** lightning, (*Blitzstrahl*) flash (of lightning): ***vom Blitz getroffen*** struck by lightning; *fig* ***wie vom Blitz getroffen*** thunderstruck; ***wie der Blitz*** → ***blitzschnell*** II **2.** FOTO flash
Blitzableiter *m* lightning conductor
blitzartig → ***blitzschnell***
Blitzaufnahme *f* FOTO flash shot
Blitzbesuch *m* lightning visit
Blitzbirne *f* FOTO flashbulb
blitzblank *Adj und Adv* sparkling clean
blitzen I *v/i* **1.** ***es hat geblitzt*** there was (a flash of) lightning **2.** (*aufblitzen*) flash **3.** *fig* flash, (*glänzen*) sparkle **II** *v/t* **4.** FOTO *ugs* flash
Blitzgerät *n* (electronic) flash (gun)
blitzgescheit *Adj ugs* very bright
Blitzkrieg *m* blitzkrieg
Blitzlampe *f* FOTO flashbulb
Blitzlicht *n* FOTO flashlight: ***mit Blitzlicht fotografieren*** (use a) flash
Blitzlichtwürfel *m* flashcube
blitzsauber *Adj ugs* (as) clean as a whistle
Blitzschlag *m* lightning
blitzschnell I *Adj* lightning ... **II** *Adv* with lightning speed, like a flash (*oder* shot)
Blitzstart *m* lightning start
Blitzstrahl *m* streak of lightning
Blitzwürfel *m* FOTO flashcube
Block *m* **1.** *allg* block (*auch Häuserblock, Briefmarkenblock etc, auch hist Richtblock*), (*Schreibblock*) *auch* pad, (*Fahrkartenblock*) book (of tickets) **2.** (*Felsblock*) boulder **3.** WIRTSCH, PARL, POL bloc
Blockade *f* blockade
Blockbuchstabe *m* block letter
Blockflöte *f* recorder
blockfrei *Adj* POL nonaligned
Blockhaus *n* log cabin
blockieren *v/t* block, (*auch v/i Räder*) lock, TECH jam
Blockschokolade *f* cooking chocolate
Blockschrift *f* block letters *Pl*
Blockstaat *m* POL aligned state
blöd *Adj ugs* (*dumm*) stupid, (*albern*) silly, (*unangenehm*) awkward
Blödel... slapstick (*show etc*)
blödeln *v/i* fool around
Blödheit *f ugs* stupidity, silliness
Blödmann *m ugs* idiot, silly ass
Blödsinn *m ugs* (*Unsinn*) rubbish, (*auch Unfug*) nonsense
blödsinnig *Adj* idiotic
blöken *v/i Schaf*: bleat, *Rind*: low
blond *Adj* blond(e), fair, fair-haired
blondieren *v/t* dye *one's hair* blond
Blondine *f* blonde
bloß I *Adj* **1.** bare, naked: ***mit bloßen Füßen*** barefoot(ed); ***mit bloßen Händen*** with one's bare hands; ***mit dem bloßen Auge*** with the naked eye **2.** (*nichts als*) mere: ***der bloße Gedanke*** the mere thought **II** *Adv* **3.** only, simply, merely: ***komm bloß nicht rein!*** don't you dare come in!
Blöße *f* **1.** bareness, nakedness **2.** *Sport und fig* opening: ***sich eine Blöße geben*** leave o.s. wide open
bloßlegen *v/t* lay bare, expose (*auch fig*)
bloßstellen *v/t* expose, show *s.o.* up
Bloßstellung *f* exposure
Blouson *m, n* blouson
Bluff *m*, **bluffen** *v/i und v/t* bluff
blühen *v/i* blossom (*auch fig*), be in bloom, *fig* (*gedeihen*) thrive: *ugs* ***wer weiß, was uns noch blüht!*** who knows what's in store for us!
blühend *Adj* flowering, *fig* flourishing, *Aussehen*: healthy, *Gesundheit*: glowing, *Fantasie*: lively
Blume *f* **1.** flower: ***j-m etw durch die Blume sagen*** hint to s.o. that; ***lasst Blumen sprechen!*** say it with flowers! **2.** *des Weins*: bouquet, *des Biers*: head, froth

Blumenarten WF

Begonie	**begonia**
Butterblume	**buttercup**
Chrysantheme	**chrysanthemum** [krɪ'sænθəməm]
Fleißiges Lieschen	**Busy Lizzie**
Flieder	**lilac** ['laɪlək]
Gänseblümchen	**daisy**
Geranie	**geranium** [dʒɪ'reɪnjəm]
Iris	**iris** ['aɪərɪs]
Krokus	**crocus** ['krəʊkəs]
Lilie	**lily** ['lɪlɪ]
Löwenzahn	**dandelion** ['dændɪlaɪən]
Narzisse	**daffodil** ['dæfədɪl]
Nelke	**carnation**
Orchidee	**orchid** ['ɔːkɪd]
Petunie	**petunia** [pɪ'tjuːnjə]
Rose	**rose**
Schneeglöckchen	**snowdrop**
Stiefmütterchen	**pansy** ['pænzɪ]
Tulpe	**tulip** ['tjuːlɪp]

Blumenbeet *n* flower bed
Blumenerde *f* garden mo(u)ld
Blumenhändler, **Blumenhändlerin** florist
Blumenkohl *m* cauliflower
Blumenladen *m* flower shop
Blumenmuster *n* floral design

blumenreich *Adj fig* flowery
Blumenstrauß *m* bunch of flowers, bouquet
Blumentopf *m* flowerpot, plant pot
Blumenzwiebel *f* flower bulb
blumig *Adj* flowery (*auch fig*), *Wein*: with a fine bouquet
Bluse *f* blouse
Blut *n* blood: ***sie kann kein Blut sehen*** she can't stand the sight of blood; ***Blut spenden*** donate (*oder* give) blood; *fig* ***blaues*** (***junges***) ***Blut*** blue (young) blood; ***j-n bis aufs Blut reizen*** drive s.o. wild; *ugs* ***Blut*** (***und Wasser***) ***schwitzen*** sweat blood; ***Blut vergießen*** shed blood; ***böses Blut machen*** breed bad blood; (***nur***) ***ruhig Blut!*** take it easy!; ***die Musik liegt ihm im Blut*** music is in his blood; ***Blut stillend*** → ***blutstillend***
Blutalkohol(gehalt) *m* blood alcohol
blutarm *Adj* **1.** MED an(a)emic **2.** *fig* very poor
Blutarmut *f* MED an(a)emia
Blutbad *n fig* massacre
Blutbank *f* MED blood bank
Blutbild *n* MED blood count
Blutblase *f* MED blood blister
Blutdruck *m* MED (***jemandes Blutdruck messen*** take s.o.'s) blood pressure
blutdrucksenkend *Adj* MED hypotensive
blutdürstig *Adj* bloodthirsty
Blüte *f* **1.** blossom, flower **2.** (*Blütezeit*) flowering time, *bes bei Bäumen*: blossom: ***in voller Blüte*** in (full) bloom **3.** *fig* (*Blütezeit*) heyday, WIRTSCH time of prosperity: ***in voller*** (*oder* ***höchster***) ***Blüte stehen*** be flourishing; ***in der Blüte seiner Jahre*** in his prime **4.** *fig* (*Elite*) flower, élite **5.** (*Stilblüte etc*) howler **6.** *ugs* (*Falschgeld*) dud
Blutegel *m* ZOOL leech
bluten *v/i* bleed (***aus*** from): *ugs fig* ***schwer bluten müssen*** have to pay through the nose; ***blutenden Herzens*** with a heavy heart
Blütenhonig *m* honey made from blossoms and flowers
Blütenknospe *f* (flower) bud
Blütenlese *f fig* anthology
Blütenstaub *m* pollen
blütenweiß *Adj* snow-white
Bluter *m* MED h(a)emophiliac
Bluterguss *m* MED h(a)ematoma, bruise
Blutfarbstoff *m* h(a)emoglobin
Blutfleck *m* bloodstain
Blutgefäß *n* blood vessel
Blutgerinnsel *n* MED blood clot
Blutgruppe *f* blood group
Bluthochdruck *m* MED high blood pressure
Bluthund *m* bloodhound
blutig *Adj* bloody (*auch fig*), (*blutbefleckt*) bloodstained, GASTR *Steak*: rare: *fig* ***blutiger Anfänger*** rank beginner; ***es ist mein blutiger Ernst*** I'm dead serious
blutjung *Adj* very young
Blutkonserve *f* unit of stored blood
Blutkörperchen *n* blood corpuscle
Blutkreislauf *m* (blood) circulation
Blutlache *f* pool of blood
blutleer, **blutlos** *Adj auch fig* bloodless
Blutorange *f* blood orange
Blutplasma *n* blood plasma
Blutprobe *f* **1.** blood (JUR alcohol) test **2.** MED blood sample
Blutrache *f* vendetta
blutrot *Adj* (dark) crimson
blutrünstig *Adj fig* gory, *Geschichte etc*: blood-curdling
Blutsauger *m auch fig* bloodsucker
Blutschande *f* incest
Blutsenkung *f* MED blood sedimentation
Blutspender, **Blutspenderin** blood donor
blutstillend *Adj* (*auch* ***blutstillendes Mittel***) styptic
blutsverwandt *Adj* related by blood (***mit*** to)
Blutsverwandte *m, f* blood relation
Blutsverwandtschaft *f* consanguinity
Bluttat *f* bloody deed
Bluttransfusion *f* blood transfusion
bluttriefend *Adj* dripping with blood
blutüberströmt *Adj* covered with blood
Blutübertragung *f* blood transfusion
Blutung *f* bleeding, *starke*, *auch innere*: h(a)emorrhage
blutunterlaufen *Adj* bloodshot
Blutvergießen *n* bloodshed
Blutvergiftung *f* blood poisoning
Blutverlust *m* loss of blood
Blutwäsche *f* MED (h[a]emo)dialysis
Blutwurst *f* GASTR black pudding
Blutzucker(spiegel) *m* MED blood sugar (level)
Blutzufuhr *f* blood supply
Bö *f* gust, squall
Bob *m* SPORT bob(sleigh)
Bobbahn *f* bob(sleigh) run
Bock *m* **1.** ZOOL buck, (*Widder*) ram, (*Ziegenbock*) he-goat: *ugs* ***alter Bock*** old goat; *fig* ***einen Bock schießen*** make a blunder; ***den Bock zum Gärtner machen*** set the fox to keep the geese; *ugs* ***Bock haben, etw zu tun*** feel like doing s.th.; *ugs* ***Bock auf etw haben*** feel like s.th.; → ***null*** **2.** (*Gestell*) stand, (*Hebebock*) jack **3.** *Turnen*: buck: ***Bock springen*** leapfrog **4.** bock (beer)
bockbeinig *Adj fig* stubborn
Bockbier *n* bock (beer)
bockig *Adj fig* stubborn, sulky
Bockshorn *n* ***j-n ins Bockshorn jagen*** scare s.o.
Bockspringen *n* leapfrog
Boden *m* **1.** (*Erdboden*) ground, LANDW *und fig* soil, *eines Gefäßes*, *des Meeres*: bottom, (*Fußboden etc*) floor: ***am Boden, auf dem Boden*** on the ground (*oder* floor); SPORT ***am Boden sein*** be down; ***zu Boden fallen*** fall to the ground; *ugs fig* (***völlig***) ***am Boden zerstört*** absolutely shattered; ***auf britischem Boden*** on British soil; ***den Boden unter den Füßen verlieren*** *auch fig* get out of one's depth; (***an***) ***Boden gewinnen*** (***verlieren***) gain (lose) ground; *fig* ***aus dem Boden schießen*** mushroom (up); ***etw aus dem Boden stampfen*** conjure s.th. up **2.** (*Dachboden*) attic

Boden	SG
Boden draußen	**ground**
Boden drinnen	**floor**

Bodenabstand *m* MOT ground clearance
Bodenbelag *m* floor covering
Bodenfläche *f* **1.** LANDW acreage **2.** ARCHI floor space
Bodenfrost *m* ground frost
Bodenhaftung *f* MOT road holding
Bodenhaltung *f* *Eier* ***aus Bodenhaltung*** free-range

bodenlos *Adj* **1.** bottomless **2.** *ugs fig* incredible, shocking
Bodennebel *m* ground fog
Bodenpersonal *n* FLUG ground crew
Bodenradar *n* ground-based radar
Bodenreform *f* land reform
Bodensatz *m* **1.** sediment **2.** *fig pej* dregs *Pl*
Bodenschätze *Pl* mineral resources *Pl*
Bodensee *m der* Lake Constance
bodenständig *Adj* native, (*örtlich*) local
Bodenstation *f Raumfahrt*: earth (*oder* tracking) station
Bodenstewardess *f* ground hostess
Bodenstreitkräfte *Pl* ground forces *Pl*
Bodenturnen *n* floor exercises *Pl*
Body *m* **1.** (*Körper*) body **2.** *Kleidung*: body (-stocking), *Am* body suit
Bodyguard *m* bodyguard
Bodypainting *n* body painting, body art
Bogen *m* **1.** *allg* bow, (*Biegung*) bend, curve, ELEK, MATHE arc, ARCHI arch, vault, TECH bend, *Eislauf*: curve, *Skisport*: turn: *fig* ***einen großen Bogen um j-n machen*** give s.o. a wide berth; ***den Bogen überspannen*** overdo it **2.** (*Papierbogen*) sheet
bogenförmig *Adj* arched
Bogengang *m* arcade
Bogenlampe *f* arc lamp
Bogenschießen *n* archery
Bogenschütze *m*, **Bogenschützin** *f* archer
Bohle *f* plank
Böhme *m*, **Böhmin** *f*, **böhmisch** *Adj* Bohemian: ***das sind für mich böhmische Dörfer*** that's (all) Greek to me
Böhmen *n* Bohemia
Bohne *f* BOT bean, (*Saubohne*) broad bean: ***Grüne Bohnen*** French (*oder* string) beans; ***Weiße Bohnen*** haricot beans; *ugs fig* ***blaue Bohnen*** bullets; *ugs* ***nicht die Bohne!*** not a bit!
Bohnenkaffee *m* (*ugs* real) coffee
Bohnenstange *f* beanpole (*auch ugs fig Person*)
Bohnenstroh *n ugs* ***dumm wie Bohnenstroh*** as thick as a plank
Bohner *m* floor polisher
bohnern *v/t* polish
Bohnerwachs *n* floor polish
bohren **I** *v/t* **1.** TECH drill, (*ausbohren*) bore, (*Tunnel etc*) drive **II** *v/i* **2.** *allg* drill (***nach*** for), *mit dem Finger etc*: bore: → ***Nase*** **3.** *fig Schmerz, Reue etc*: gnaw (***in*** *Dat* at) **4.** *fig* (*forschen*) probe, (*nicht lockerlassen*) keep at it (***bis*** until) **III** *v/refl* **5.** ***sich bohren in*** (*Akk*) bore into
bohrend *Adj fig Schmerz etc*: gnawing, *Blick*: piercing, *Fragen*: probing
Bohrer *m* drill
Bohrinsel *f* oil rig
Bohrloch *n* drill hole
Bohrmaschine *f* drill(ing machine)
Bohrmeißel *m*, **Bohrstahl** *m* boring tool
Bohrturm *m* derrick
Bohrung *f* drilling, (*Loch*) (drill) hole, MOT bore
Bohrversuch *m* trial drilling
böig *Adj* gusty, FLUG bumpy
Boiler *m* water heater, TECH boiler
Boje *f* buoy
Bolivien *n* Bolivia
Bollwerk *n auch fig* bulwark
Bolschewismus *m* Bolshevism
Bolzen *m* TECH bolt
bombardieren *v/t* bomb, *auch* PHYS *und fig* bombard
bombastisch *Adj* bombastic(ally *Adv*)
Bombe *f* **1.** bomb: → ***einschlagen*** 6 **2.** *ugs Fußball*: rocket
Bombenalarm *m* bomb alert
Bombenangriff *m* bomb attack, air raid
Bombenanschlag *m* **1.** bomb attack **2.** → ***Bombenattentat***
Bombenattentat *n* bomb attempt (***auf j-n*** on s.o.'s life)
Bombenbesetzung *f ugs* THEAT *etc* star cast
Bombendrohung *f* bomb threat
Bombenerfolg *m ugs* huge success, smash hit
bombenfest **I** *Adj* bombproof **II** *Adv ugs fig* ***bombenfest überzeugt*** dead sure
Bombengehalt *n ugs* fantastic salary
Bombengeschäft *n ugs* roaring business
Bombensache *f ugs* knockout
bombensicher *Adj* **1.** bombproof **2.** *ugs* sure--fire: ***es ist eine bombensichere Sache*** it's a dead cert
Bombenstimmung *f ugs* ***es herrschte eine Bombenstimmung*** everybody was in roaring high spirits
Bomber *m* bomber (*auch ugs fig Sport*)
Bomberjacke *f* bomber jacket
bombig *Adj ugs* great, terrific
Bon *m* voucher, (*Kassenbon*) receipt
Bonbon *m*, *n* **1.** sweet (*auch Pl*), *Am* candy **2.** *ugs fig* bonbon
Bond *m* WIRTSCH bond
Bonus *m* WIRTSCH **1.** bonus, premium **2.** special dividend
Bonze *m pej* bigwig
boomen *v/i* boom
Boot *n* boat: ***Boot fahren*** go boating; *fig* ***wir sitzen alle im gleichen Boot*** we are all in the same boat
booten *v/t und v/i* IT boot up
Bootsfahrt *f* boat trip
Bootsflüchtlinge *Pl* boat people *Pl*
Bootshaus *n* boathouse
Bootsmann *m* SCHIFF **1.** boatswain **2.** MIL petty officer
Bootsverleih *m* boat hire
Bord[1] *m* **1.** FLUG, SCHIFF ***an Bord*** on board, aboard; ***an Bord gehen*** go aboard, FLUG board the plane; ***an Bord nehmen*** take aboard; ***über Bord gehen*** *auch fig* go by the board; ***über Bord werfen*** *auch fig* throw overboard **2.** (*Rand*) edge
Bord[2] *n* (*Bücherbord*) shelf
Bordbuch *n* SCHIFF logbook
Bordcomputer *m* on-board (MOT *auch* dashboard) computer
Bordell *n* brothel
Bordfunk *m* **a)** ship's radio, **b)** aircraft radio (equipment)
Bordkarte *f* FLUG boarding pass
Bordmechaniker, **Bordmechanikerin** FLUG flight mechanic
Bordradar *n* airborne radar
Bordstein *m* kerb(stone), *Am* curb(stone)
Bordverpflegung *f* in-flight meals *Pl*
Borg *m* ***auf Borg*** on credit
borgen *v/t* **1.** borrow: ***sich etw borgen*** borrow s.th. **2.** (*leihen*) lend, *bes Am* loan
Borke *f* bark, (*Kruste, auch* MED *Schorf*) crust
borniert *Adj* narrow-minded
Börse *f* **1.** (*Geldbörse, auch Boxen*) purse **2.** WIRTSCH (***an*** [***auf***] ***der Börse*** on the) stock exchange: ***an die Börse gehen*** *Firma*: go public

Börsenbericht *m* market report
Börsenblatt *n* financial (news)paper
börsenfähig *Adj* marketable, listed: ***börsenfähige Wertpapiere*** listed securities
Börsengeschäft *n* stock market transaction
Börsenkrach *m ugs* (stock exchange) crash
Börsenkurs *m* market price, quotation
Börsenmakler, **Börsenmaklerin** stockbroker
Börsennotierung *f* quotation
Börsenspekulant, **Börsenspekulantin** stock exchange speculator
Börsenzettel *m* stock list
Borste *f* bristle
borstig *Adj* **1.** bristly **2.** *ugs fig* gruff
Borte *f* border, (*Besatzborte*) braid, (*Tresse*) galloon
bösartig *Adj* **1.** vicious (*auch Tier*) **2.** MED malignant
Bösartigkeit *f* **1.** viciousness **2.** MED malignancy
Böschung *f* slope, (*Uferböschung*) embankment
böse **I** *Adj* **1.** (*schlimm*) bad, (*verrucht*) *auch* evil, wicked, *ugs* (*scheußlich*) *auch* nasty: ***eine böse Sache*** a bad business **2.** (*bösartig*) vicious, nasty **3.** (*unartig*) naughty, bad **4.** (*zornig*) angry: ***j-m*** (*oder* ***auf j-n***) ***böse sein*** be angry (*ugs* mad) at s.o., be cross with s.o.; ***böse werden*** get angry; ***bist du mir böse, wenn …?*** would you mind terribly if …? **5.** *ugs* MED bad, (*entzündet*) sore: ***eine böse Erkältung*** a bad cold; ***ein böser Finger*** a sore finger **II** *Adv* **6.** badly (*etc*): ***es sieht böse aus*** things look bad; ***ich habe es nicht böse gemeint*** I meant no harm
Böse **I** *m, f* bad person **II** *n* evil, harm: ***Böses im Sinn haben*** be up to no good; ***Böses reden über*** (*Akk*) speak ill of
Bösewicht *m auch fig iron* villain
boshaft *Adj* malicious
Bosheit *f* malice, (*Bemerkung*) snide remark, (*Tat*) nasty trick: ***aus Bosheit*** out of spite
Bosnien *n* Bosnia
Bosnien-Herzegowina *n* Bosnia-Herzegovina
Bosnier, **Bosnierin**, **bosnisch** *Adj* Bosnian
Boss *m ugs* boss
böswillig *Adj* malicious, JUR *auch* wilful
Böswilligkeit *f* malevolence, JUR wilfulness
Botanik *f* botany
Botaniker, **Botanikerin** botanist
botanisch *Adj* botanic(al)
Bote *m* messenger, (*Kurier*) courier
Botengang *m* (***einen Botengang machen*** run an) errand
Botin *f* → ***Bote***
Botschaft *f* **1.** message (*auch fig*), (*Nachricht*) news **2.** POL embassy
Botschafter, **Botschafterin** ambassador
Bottich *m* vat, tub
Bouillon *f* clear soup, consommé
Bouillonwürfel *m* stock cube
Boulevard *m* boulevard
Boulevardpresse *f* gutter press
Boulevardzeitung *f* tabloid
Boutique *f* boutique
Bowle *f* punch bowl, (*Getränk*) (cold) punch
Box *f* **1.** (*Pferdebox*) box **2.** *für Rennwagen*: pit **3.** (*Parkbox*) parking space **4.** FOTO box camera **5.** (*Lautsprecherbox*) speaker
Boxe *f* → ***Box*** 1
boxen *v/i* box, *auch weit. S.* fight
Boxen *n* boxing
Boxer[1] *m* (*Hund*) boxer
Boxer[2], **Boxerin** boxer
Boxershorts *Pl* boxer shorts *Pl*
Boxhandschuh *m* boxing glove
Boxkampf *m* fight, boxing match
Boxring *m* ring
Boxsport *m* boxing
Boygroup *f* MUS boy band
Boykott *m*, **boykottieren** *v/t* boycott
B-Probe *f* (*bei Dopingkontrolle*) B test
brachliegen *v/i* **1.** lie fallow **2.** *fig Talent etc*: go to waste
Brahmane *m*, **brahmanisch** *Adj* Brahman
Branche *f* WIRTSCH **1.** industrial sector, trade **2.** line (of business)
Branchenkenntnis *f* knowledge of the trade
branchenüblich *Adj* usual in the trade
Branchenverzeichnis *n* classified directory
Brand *m* **1.** (***in Brand*** on) fire: ***in Brand geraten*** catch fire; ***in Brand stecken*** set fire to; *ugs* ***einen Brand haben*** be dying of thirst **2.** BOT blight, mildew **3.** MED gangrene
Brandanschlag *m* arson attack
Brandblase *f* blister
Brandbombe *f* incendiary bomb
branden *v/i auch fig* surge: ***branden gegen*** *auch* break against
Brandenburg *n* Brandenburg
Brandgefahr *f* fire hazard
Brandgeruch *m* burnt smell
Brandherd *m* **1.** source of (the) fire **2.** *fig* trouble spot
Brandkatastrophe *f* fire disaster
Brandmal *n* **1.** brand **2.** *fig* stigma
brandmarken *v/t auch fig* brand
Brandmauer *f* fire wall
Brandschaden *m* fire damage
Brandsohle *f* insole
Brandstelle *f* scene of the fire
Brandstifter, **Brandstifterin** arsonist
Brandstiftung *f* arson
Brandung *f* surf, breakers *Pl*
Brandursache *f* cause of the fire
Brandwunde *f* burn
Brandzeichen *n* brand
Branntwein *m* spirits *Pl*
Brasilianer, **Brasilianerin**, **brasilianisch** *Adj* Brazilian
Brasilien *n* Brazil
Bratapfel *m* baked apple
braten *v/t und v/i* roast, *auf dem Rost*: grill, broil, barbecue, *in der Pfanne*: fry, *im Ofen*: bake: *ugs* (***in der Sonne***) ***braten*** roast (in the sun)
Braten *m* roast, (*Keule*) joint: *ugs fig* ***fetter Braten*** fine catch; ***den Braten riechen*** smell a rat
Bratenfett *n* dripping
Bratensoße *f* gravy
bratfertig *Adj* oven-ready
Bratfett *n* cooking fat
Bratfisch *m* fried fish
Brathering *m* grilled (and pickled) herring
Brathuhn *n* roaster, broiler
Bratkartoffeln *Pl* fried potatoes *Pl*
Bratofen *m* oven
Bratpfanne *f* frying pan
Bratröhre *f* oven
Bratsche *f* MUS viola
Bratspieß *m* spit
Bratwurst *f* fried (*oder* grilled) sausage
Brauch *m* custom, (*alter Brauch*) tradition, (*Gewohnheit*) practice, WIRTSCH usage
brauchbar *Adj* usable, (*nützlich*) useful, *Plan*

etc: practicable
brauchen I *v/t* **1.** need, (*erfordern*) require, (*bes Zeit*) take: ***wie lange wird er brauchen?*** how long will it take him?; ***ich brauche drei Tage dazu*** it will take me three days **2.** → **a)** ***gebrauchen***, **b)** ***verbrauchen* II** *v/hilf* **3.** need, have to: ***du brauchst es nicht zu tun*** you needn't (*oder* you don't have to) do it; ***du brauchst es nur zu sagen!*** just say so!

brauchen	SG
brauchen, benötigen (*Zeit / Energie usw.*)	**need**
brauchen, in Anspruch nehmen	**take**

Braue *f* (eye)brow
brauen *v/t* brew
Brauer, Brauerin brewer
Brauerei *f* brewery
braun *Adj* brown, (*von der Sonne*) *auch* tanned: ***braun werden*** tan, get a tan; ***braun gebrannt*** tanned
Bräune *f* brownness, (*Sonnenbräune*) (sun)tan
bräunen I *v/t* brown, *Sonne*: tan **II** *v/i und v/refl* ***sich bräunen*** get brown, *Haut, Person*: *auch* tan, get a tan
braungebrannt → ***braun***
Braunkohle *f* brown coal, lignite
bräunlich *Adj* brownish
Bräunungscreme *f* liquid tan (make-up)
Bräunungsstudio *n* solarium
Brause *f* **1.** sprinkler, rose **2.** → ***Dusche*** **3.** *ugs* pop
Brausebad *n* shower
Brauselimonade *f* (fizzy) lemonade, *Am* lemon soda
brausen *v/i* **1.** *Wind, Auto etc*: roar, *Brandung, Orgel etc*: surge: ***brausender Beifall*** thunderous applause **2.** *ugs* (*flitzen*) zoom **3.** → ***duschen***
Brausepulver *n* sherbet powder
Brausewürfel *m* effervescent tablet
Braut *f* bride, (*Verlobte*) fiancée, *ugs* (*Freundin*) (*my etc*) girl
Bräutigam *m* (bride)groom, (*Verlobter*) fiancé
Brautjungfer *f* bridesmaid
Brautkleid *n* wedding dress
Brautpaar *n* engaged couple, *am Hochzeitstag*: bride and bridegroom
Brautschau *f ugs* ***auf Brautschau gehen*** look out for a wife
Brautschleier *m* bridal veil
brav *Adj* **1.** good, well-behaved: ***sei(d) brav!*** be good!; ***sei (schön) brav und geh zu Bett!*** go to bed like a good boy (*oder* girl)! **2.** honest, good, *auch iron* worthy
bravo *Interj* well done!, bravo!
Bravo(ruf *m*) *n* bravo, *Pl* cheers *Pl*
Brechdurchfall *m* MED diarrh(o)ea with vomiting
Brecheisen *n* TECH crowbar
brechen I *v/t* **1.** *allg* break (*auch fig Eid, Rekord, Schweigen, Widerstand, Willen etc*), *fig* (*Gesetz, Vertrag*) *auch* violate, PHYS (*Strahlen*) *auch* refract: ***(sich) den Arm brechen*** break one's arm; ***die Ehe brechen*** commit adultery **2.** *ugs* MED (*erbrechen*) vomit **II** *v/i* **3.** break (*auch fig Stimme, Widerstand etc*) **4.** ***brechen aus*** (*Dat*) burst out of **5.** *fig* ***brechen mit*** *j-m, einer Gewohnheit etc*: break with **6.** *ugs* MED be sick, vomit **III** *v/refl* ***sich brechen*** **7.** *Wellen*: break, PHYS *Licht etc*: be refracted
Brecher *m* breaker
Brechmittel *n* **1.** MED emetic **2.** *ugs fig* ***ein Brechmittel sein*** *Person*: be a (real) pest, *Sache*: be a dreadful thing
Brechreiz *m* MED nausea
Brechstange *f* TECH crowbar
Brechung *f* PHYS refraction
Brechungswinkel *m* angle of refraction
Brei *m* **1.** mush (*auch fig*), (*Haferbrei*) porridge, (*Kinderbrei etc*) mash, pudding: *ugs* ***j-n zu Brei schlagen*** beat s.o. to a pulp; → ***Katze, Koch*** **2.** TECH (*Papierbrei*) pulp
breiig *Adj* mushy
breit I *Adj* broad (*auch fig Akzent, Lachen etc*), *auch* TECH wide, (*flach*) flat, *fig Interesse etc*: widespread: ***die breite Öffentlichkeit*** the public at large; ***ein breites Publikum*** a wide public; → ***Masse*** 4 **II** *Adv* ***breit gefächert*** wide-ranging

breit ≠ bright		FF
breit	=	broad, wide
bright	=	hell, glänzend; (*Wetter*) heiter; (*Person*) gescheit

Breitband... RADIO, TV broadband ..., wideband ...
Breitbandkabelnetz *n* RADIO, TV broadband (*oder* wideband) cable network
breitbeinig *Adj und Adv* with legs apart
Breite *f* width, breadth (*auch fig*), ASTR, GEOG latitude: ***der Breite nach*** breadth-wise; *ugs* ***in die Breite gehen*** put on weight
Breitengrad *m* (degree of) latitude: ***der 30. Breitengrad*** the 30th parallel
Breitenkreis *m* parallel
Breitensport *m* mass sport(s *Pl*)
breitmachen *v/refl* ***sich breitmachen*** *ugs Person*: spread o.s. out, *fig Angst etc*: spread; ***sie haben sich im ganzen Haus breitgemacht*** they behaved as if they owned the place
breitschlagen *v/t ugs* ***j-n breitschlagen*** talk s.o. round, ***zu etw*** talk s.o. into (doing) s.th.; ***sich breitschlagen lassen*** give in
breitschultrig, breitschulterig *Adj* broad-shouldered
Breitseite *f auch fig* broadside
Breitspur *f* BAHN broad ga(u)ge
breittreten *v/t ugs* enlarge (up)on (*a subject etc*): ***etw überall breittreten*** talk about s.th. too much
Breitwandfilm *m* wide-screen film
Bremen *n* Bremen
Bremsbelag *m* MOT brake lining
Bremse[1] *f* MOT *etc* brake
Bremse[2] *f* ZOOL horsefly
bremsen I *v/t* **1.** brake, (*Fall*) cushion **2.** *ugs fig* check, (*verlangsamen*) slow down **II** *v/i* **3.** brake, apply the brakes **III** *v/refl* ***sich bremsen*** **4.** *ugs* restrain o.s.: ***sich mit etw bremsen*** cut down on s.th.
Bremsfallschirm *m* brake parachute
Bremsflüssigkeit *f* brake fluid
Bremskraftverstärker *m* brake booster
Bremsleuchte *f*, **Bremslicht** *n* stop light
Bremspedal *n* brake pedal
Bremsscheibe *f* brake disc

Bremsspur *f* skid mark(s *Pl*)
Bremstrommel *f* MOT brake drum
Bremsung *f* braking, PHYS retardation
Bremsvorrichtung *f* brake mechanism
Bremsweg *m* braking distance
brennbar *Adj* combustible
Brennelement *n* fuel element
brennen **I** *v/t allg* burn, (*Porzellan etc*) *auch* fire, (*Schnaps*) distil(l), (*Kaffee etc*) roast, *fig* (*CD*) *auch* write **II** *v/i* burn (*auch Sonne, Augen, Haut*), *Haus etc*: *auch* be on fire, *fig Wunde, Nessel*: sting, *Pfeffer etc*: be hot, *Licht, Lampe*: be on: ***es brennt!*** fire!; *ugs fig* ***wo brennt's denn?*** what's wrong?; *fig* ***vor Ungeduld brennen*** be burning with impatience; *ugs* ***darauf brennen zu*** *Inf* be dying to *Inf*
brennend **I** *Adj* burning (*auch fig Hitze, Frage, Interesse etc*) **II** *Adv* ***es interessiert mich brennend*** I'm terribly interested in it, ***ob*** I'm dying to know if
Brenner *m* **1.** (*Schnapsbrenner*) distiller **2.** TECH (*Schweißbrenner*) torch, (*Gasbrenner, Ölbrenner*) burner
Brennerei *f* distillery
Brennholz *n* firewood
Brennmaterial *n* fuel
Brennnessel *f* BOT (stinging) nettle
Brennofen *m* kiln, METAL furnace
Brennpunkt *m auch fig* focal point, focus: *fig* ***in den Brennpunkt rücken*** focus attention on; ***im Brennpunkt des Interesses stehen*** be in the focus of attention
Brennspiegel *m* burning mirror
Brennspiritus *m* methylated spirit
Brennstab *m* KERNPHYSIK fuel rod
Brennstoff *m* fuel
Brennstoffzelle *f* TECH fuel cell
Brennweite *f* OPT focal distance
brenzlig *Adj* **1.** burnt **2.** *ugs fig* ticklish
Bresche *f* breach: ***eine Bresche schlagen*** *auch fig* clear the way (***für*** for); *fig* ***in die Bresche springen*** step into the breach
Brett *n* board (*auch Spielbrett*), (*Regalbrett*) shelf, (*Tablett*) tray, SPORT springboard: ***Schwarzes Brett*** notice (*Am* bulletin) board; *ugs* ***Bretter*** *Pl* skis *Pl*; *ugs fig* ***ein Brett vor dem Kopf haben*** be very dense
Brettspiel *n* board game

Brettspiele WF

Dame	**draughts** [drɑ:fts], *Am* **checkers**
Halma	**halma** ['hælmə]
Mensch, ärgere dich nicht	**ludo** ['lu:dəʊ]
Mühle	**nine men's morris**
Schach	**chess**

Brezel *f* pretzel
Brief *m* letter: → ***blau***
Briefbeschwerer *m* paperweight
Briefbogen *m* sheet of writing paper
Briefbombe *f* letter bomb
Brieffreund, **Brieffreundin** pen friend
Briefgeheimnis *n* privacy of correspondence
Briefkasten *m am Haus*: letterbox, *Am* mailbox, *der Post*: postbox, *Am* mailbox, *für Vorschläge etc*: suggestion box, *Zeitung*: Question and Answer Column: ***elektronischer Briefkasten*** electronic mailbox; ***toter Briefkasten*** *Spionage*: letter drop
Briefkastenfirma *f* letter-box company
Briefkopf *m* letterhead
brieflich *Adj und Adv* in writing, by letter(s)
Briefmarke *f* (postage) stamp
Briefmarkenalbum *n* stamp album
Briefmarkenautomat *m* stamp machine
Briefmarkensammler, **Briefmarkensammlerin** stamp collector, philatelist
Briefmarkensammlung *f* stamp collection
Brieföffner *m* letter opener, paper knife
Briefpapier *n* notepaper
Briefpost *f* mail, post, *Am* first-class mail
Brieftasche *f* wallet, *Am* billfold

Brieftasche ≠ briefcase FF

Brieftasche	=	wallet, *Am* billfold
briefcase	=	Aktentasche

Brieftaube *f* ZOOL carrier pigeon
Brieftelegramm *n* letter telegram, *Am* lettergram
Briefträger, **Briefträgerin** postman (postwoman)
Briefumschlag *m* envelope
Briefwaage *f* letter balance
Briefwahl *f* postal vote, absentee voting
Briefwechsel *m* correspondence
Bries *n* GASTR sweetbread
Brigade *f* brigade
Brikett *n* briquette
brillant *Adj* brilliant
Brillant *m* diamond
Brille *f* **1.** (***eine Brille*** a pair of) glasses (*oder* spectacles) *Pl*, *ugs* specs *Pl*, (*Schutzbrille*) goggles *Pl* **2.** (*Klosettbrille*) toilet seat
Brillenetui *n* spectacle case
Brillenfassung *f*, **Brillengestell** *n* spectacle frame
Brillenglas *n* lens, glass
Brillenschlange *f* **1.** ZOOL spectacled cobra **2.** *ugs* foureyes *Pl* (*Sg konstr*)
Brillenträger, **Brillenträgerin** ***Brillenträger(in) sein*** wear glasses
bringen *v/t* **1.** (*herbringen*) bring, (*holen*) get, fetch (*alle*: ***j-m etw*** s.o. s.th.) **2.** (*wegbringen, hinbringen*) take ([***zu***] ***j-m*** to s.o.), (*setzen, stellen, legen*) put: ***j-n ins Krankenhaus bringen*** take s.o. to the hospital **3.** (*geleiten*) take: ***j-n nach Hause*** (***zur Bahn*** *etc*) ***bringen*** see s.o. home (to the station *etc*) **4.** (*verursachen*) cause, (*Gewinn, Glück, Linderung etc*) bring, (*Zinsen*) bear: ***j-n dazu bringen, dass er etw tut*** make s.o. do s.th. **5.** (*Film etc*) show, present, THEAT *auch* bring, MUS play, (*Lied*) sing, *Zeitung etc*: bring, have, carry (*an article etc*) **6.** (*leisten*) do, (*erreichen*) manage: ***es zu etw bringen*** make one's mark (in life); *ugs* ***das bringts!*** that's the stuff!; ***das bringts*** (***auch***) ***nicht!*** that's no use!; ***er bringt es nicht!*** **a)** he just can't do it!, **b)** he's no good!; → ***Leistung*** 1, ***weit*** II **7.** *mit Präp* ***an sich bringen*** get hold of; ***er brachte es auf 7 Punkte*** he managed seven points; ***es bis zum Major*** *etc* ***bringen*** make it to major *etc*; ***mit sich bringen*** involve, (*erfordern*) require, make it necessary; ***ich kann es nicht über mich*** (*oder* ***übers Herz***)

bringen, das zu tun I can't bring myself to do it; ***j-n um etw bringen*** rob s.o. of s.th., (*betrügen*) do s.o. out of s.th.; ***j-n wieder zu sich bringen*** bring s.o. round (*oder* to); ***j-n zum Lachen*** *etc* ***bringen*** make s.o. laugh *etc*; → ***hinter*** I

bringen: take, bring oder get? SG

irgendwohin bringen; vom Standort des Sprechers weg	**take**
herbringen; zum Standort des Sprechers oder Entgegennehmenden hin	**bring**
holen, herbringen	**get, fetch**
Er wurde ins Krankenhaus gebracht.	**He was taken to (*Am* to the) hospital.**
Bringen Sie mir bitte noch ein Glas Bier.	**Would you bring me another glass of beer, please?**
Würdest du mir bitte die Brille aus dem Schlafzimmer bringen?	**Would you fetch me my glasses from the bedroom, please?**

brisant *Adj* high-explosive, *fig* explosive
Brisanz *f* explosive effect, *fig* explosiveness
Brise *f* (***steife Brise*** strong) breeze
Brite *m* British man, Briton, *ugs* Brit: ***die Briten*** *Pl* the British
Britin *f* British woman
britisch *Adj* British: ***die Britischen Inseln*** the British Isles
bröckelig, **bröcklig** *Adj* crumbly
bröckeln *v/t und v/i* crumble
Brocken *m* **1.** piece, *großer*: hunk, (*Bissen*) morsel, bit, (*Klumpen*) lump: *ugs* ***ein Brocken (von Mann)*** a hulk of a man; *fig* ***ein harter Brocken*** a toughie **2.** *Pl einer Sprache*: scraps *Pl*, *einer Unterhaltung*: snatches *Pl*
brodeln *v/i* bubble, simmer, *fig* seethe (***vor*** *Dat* with)
Brokat *m* brocade
Broker *m* WIRTSCH broker
Brokkoli *Pl* broccoli *Sg*
Brom *n* CHEM bromine
Brombeere *f* blackberry
Bromid *n* CHEM bromide
Bromsäure *f* CHEM bromic acid
Bromsilber *n* CHEM bromide of silver
Bronchialasthma *n* MED bronchial asthma
Bronchialkatarr(h) *m* MED bronchial catarrh
Bronchien *Pl* bronchi *Pl*
Bronchitis *f* MED bronchitis
Bronze *f* bronze
Bronzemedaille *f* bronze medal
Bronzezeit *f archeol.* Bronze Age
Brosame *f meist Pl fig* crumb
Brosche *f* brooch
broschiert *Adj* paperback
Broschüre *f* pamphlet
Brot *n* bread, (*Laib*) loaf: ***(belegtes) Brot*** sandwich; *fig* ***das tägliche Brot*** one's daily bread; ***sein Brot verdienen*** earn a living
Brotaufstrich *m* spread
Brötchen *n* roll
Brötchengeber, **Brötchengeberin** *ugs* boss
Brotgetreide *n* breadgrain
Brotkasten *m* bread bin, *Am* breadbox
Brotkorb *m* bread basket: ***j-m den Brotkorb höher hängen*** put s.o. on short commons
Brotkrume *f*, **Brotkrümel** *m* (bread)crumb
brotlos *Adj fig* jobless, *Tätigkeit*: unprofitable: ***das ist eine brotlose Kunst!*** there is no money in it!
Brotmesser *n* bread knife
Brotneid *m* professional jealousy
Brotröster *m* toaster
Brotschneidemaschine *f* bread slicer
Brotzeit *f Dialekt* (break for a) snack
browsen *v/i*: ***im Web browsen*** browse on the web
Browser *m* IT browser
brr *Interj* **1.** (*halt*) whoa! **2.** (*pfui*) ugh!
Bruch *m* **1.** breaking, (*Bruchschaden*) breakage: ***zu Bruch gehen*** break, be smashed; ***Bruch machen*** crash; *ein Auto etc* ***zu Bruch fahren*** smash up **2.** *fig* breaking-off, rupture, *des Eides, Friedens etc*: breach, *eines Gesetzes etc*: violation: ***Bruch mit der Vergangenheit*** (clean) break with the past; ***in die Brüche gehen*** break up, *Ehe*: *auch* go on the rocks **3.** MED (*Knochenbruch*) fracture, (*Eingeweidebruch*) rupture, hernia: ***sich einen Bruch heben*** rupture o.s **4.** *ugs* (*Schund*) junk **5.** MATHE fraction
Bruchband *n* MED truss
Bruchbude *f ugs* ramshackle place, dump, *fig sl* lousy joint
brüchig *Adj* **1.** fragile, (*spröde*) brittle **2.** *fig Stimme*: cracked, *Ehe etc*: shaky
Bruchlandung *f* crash landing
Bruchrechnung *f* fractions *Pl*
Bruchschaden *m* breakage
bruchsicher *Adj* breakproof
Bruchstelle *f* crack, MED point of fracture
Bruchstrich *m* MATHE fraction stroke
Bruchstück *n* fragment (*auch fig*), *Pl fig auch* snatches *Pl*
bruchstückhaft I *Adj* fragmentary II *Adv* in fragments
Bruchteil *m* fraction: ***im Bruchteil einer Sekunde*** in a split second
Bruchzahl *f* fraction
Brücke *f* **1.** bridge (*auch* ELEK, SCHIFF, *Turnen, auch Zahnbrücke*): ***eine Brücke bauen*** (*oder* ***schlagen***) ***über*** (*Akk*) build a bridge across; *fig* ***alle Brücken hinter sich abbrechen*** burn one's boats **2.** (*kleiner Teppich*) rug
Brückenkopf *m* bridgehead
Brückenpfeiler *m* bridge pier
Bruder *m* brother (*auch* REL, *Pl* brethren), (*Mönch*) monk, *ugs* (*Kerl*) guy: *ugs* ***unter Brüdern*** among friends
Bruderkrieg *m* fratricidal war
brüderlich *Adj* brotherly
Brüderlichkeit *f* brotherliness
Brudermord *m*, **Brudermörder**, **Brudermörderin** fratricide
Brüderschaft *f* brotherhood: ***(mit j-m) Brüderschaft trinken*** drink the pledge of close friendship
Brühe *f* **1.** *für Suppen etc*: stock, (*Fleischbrühe etc*) broth **2.** *ugs pej* **a)** dirty water, **b)** (*Getränk*) slop, swill, dishwater **3.** *ugs* (*Schweiß*) sweat
brühen *v/t* scald
brühheiß *Adj* scalding (hot)

Briefe schreiben auf Englisch

SG

Anrede und Schluss:

Wenn man auf Englisch einen Brief schreiben will, fängt man immer mit **Dear ...** an, egal ob man an eine gute Freundin oder an den Chef eines Unternehmens schreibt.

Schreibt man zwei Leuten gleichzeitig, kann man einfach mit **Dear Mr and Mrs White** oder **Dear Richard and Mary** beginnen; **Dear** braucht man also nicht zweimal. Sollte man den Namen des Adressaten nicht kennen, schreibt man **Dear Sir / Madam**. In diesem Fall beendet man den Brief mit **Yours faithfully**, ansonsten ist **Yours sincerely** die übliche höfliche Form – in Amerika auch **Sincerely yours** oder nur **Sincerely**. Etwas weniger formell ist **Kind regards**, **Best regards** oder **Yours**. Wenn man sich gut versteht, schreibt man auch **All the best**.

Innerhalb der Familie oder unter Freunden – vor allem unter Freundinnen – ist es normal, den Brief mit **Love** oder sogar mit **Lots of love** zu beenden. Dies bedeutet ungefähr das Gleiche wie „Alles Liebe" – nicht, dass man verliebt ist! Sollte man einen Brief erhalten mit ein paar Kreuzchen **xxx** am Ende, bedeuten diese „Küsschen", sind aber nicht „wortwörtlich" gemeint!

Beispiel für einen Brief an eine Brieffreundin:

22 Alder Drive
Shelford
Cambridge
CB12 9AG

22nd April 2004

Dear Lucy,

Thanks for your letter; it was great to hear from you. Are you enjoying Berlin? It sounds as if you're having an amazing time. Have you managed to get to the art exhibition you told me about yet? Apparently it's coming to London when it finishes in Germany, so I hope to see it then.

Alternatively, I was thinking perhaps I could come and visit you in the summer. You could show me around town for a few days, then maybe we could go by train to the Baltic coast and camp on one of the islands. What do you think? I've never been to Germany.

Things are fairly quiet here; not much to report, I'm afraid. I've been quite busy with work, but I did go to Cathy's party last weekend. It was really good fun. Her brother's band played – mostly cover versions, but they weren't bad. Mark and Julia were there too; they both asked after you and said to send their love. Are you still in touch with Toby? Nobody here has heard from him for a while.

Anyway, I'd better go now as I have to hand in an essay tomorrow and I haven't even started yet.

Take care, keep in touch and I'll see you soon!

Lots of love,

Emma xxx

brühwarm *Adj fig* hot (*news etc*): *Adv* ***j-m etw brühwarm wieder erzählen*** tell s.th. straightaway to s.o.

Brühwürfel *m* stock cube

brüllen *v/i und v/t* roar (*auch fig Geschütz, Motor etc*), *Rind*: bellow, (*muhen*) low, *Kinder*: shout, (*heulen*) howl, bawl: ***vor Lachen brüllen*** roar with laughter

Brüllen *n* roar: *ugs* ***er*** (***es***) ***ist zum Brüllen!*** he's (it's) a scream!

Brüller *m ugs* **a)** (*Ereignis*) hoot **b)** (*Hit, Schlager*) smash hit

Brummbär *m fig* grumbler

brummen *v/i* **1.** *Bär etc*: growl **2.** (*summen*) *auch* ELEK hum: *fig* ***mir brummt der Kopf*** my head is throbbing **3.** *fig Person*: (***über*** *Akk* about)

Briefe schreiben auf Englisch

SG

Beispiel für einen offiziellen Brief:

Richard Dickinson
65 Ravenhill Park Road
Winchcombe
Glos.
GL52 8TZ

Attn. Mr James Ripley
Customer Services Dept.
Jones Electronics
25 The Promenade
Cheltenham
Glos.
GL50 3BP

14th March 2005

Your ref: JR/2210/rd

Re: FAULTY CD PLAYER

Dear Mr Ripley,

Further to our telephone conversation of last Monday, I would like to enquire as to whether my CD player has been repaired.

You may remember that it was taking the CDs but refusing to play them, and you mentioned that it might need a new laser.

I would be grateful if you could call me on 01242 777889 to let me know when it will be ready for collection.

Yours sincerely,

Richard Dickinson

growl, grumble **4.** *ugs fig im Gefängnis*: do time
Brummer *m* **1.** (*Fliege*) bluebottle, (*Hummel*) bumblebee **2.** *ugs* (***dicker***) ***Brummer*** → ***Brummi***
Brummi *m ugs* (*Lastwagen*) truck, *Br auch* lorry; *Br auch* juggernaut
brummig *Adj* grumpy
Brummkreisel *m* humming top
Brummschädel *m ugs* headache, (*Kater*) hangover
Brunch *m* brunch
brünett *Adj*, **Brünette** *f* brunette
Brunft *f*, **brunften** *v/i* JAGD rut
Brunftzeit *f* rutting season
Brunnen *m* well, (*Quelle*) spring, (*Springbrunnen*, *Trinkbrunnen*) fountain (*auch fig*), MED (mineral) waters *Pl*
Brunnenkresse *f* BOT watercress
Brunnenkur *f* mineral-water cure
Brunst *f* ZOOL rut, *des Weibchens*: heat, (*Brunstzeit*) rutting season
brünstig *Adj* ZOOL rutting, in heat
brüsk *Adj* brusque
brüskieren *v/t* snub
Brüssel *n* Brussels
Brust *f* **1.** breast, chest, (*Busen*) bosom, *sl* boob(y), breasts *Pl*: *einem Kind* ***die Brust geben*** breastfeed; *Schwimmen*: ***100 m Brust*** 100 m breaststroke; *ugs fig* ***einen zur Brust nehmen*** have a quick one; ***sich j-n zur Brust nehmen*** give s.o. hell **2.** → ***Bruststück***
Brust-an-Brust-Rennen *n* neck-and-neck race
Brustbein *n* **1.** ANAT breastbone **2.** *beim Geflügel*: wishbone
Brustbeutel *m* money bag

B

Brustbild *n* head-and-shoulder portrait
brüsten *v/refl* ***sich brüsten*** boast (***mit*** about)
Brustfell *n* ANAT pleura
Brustfellentzündung *f* MED pleurisy
Brustkasten *m*, **Brustkorb** *m* rib cage, chest
Brustkrebs *m* MED breast cancer
Brustschwimmen *n* breaststroke
Bruststimme *f* MUS chest voice
Bruststück *n* GASTR brisket, *von Lamm, Kalb, Geflügel*: breast
Brusttasche *f* breast pocket
Brustton *m fig* ***im Brustton der Überzeugung*** with deep conviction
Brüstung *f* parapet, (*Balkonbrüstung etc*) balustrade, (*Fensterbrüstung*) breast
Brustwarze *f* nipple
Brustweite *f* chest measurement, *einer Frau*: bust
Brut *f* **1.** (*Brüten*) brooding **2.** (*Junge*) brood, (*Fischbrut*) spawn **3.** *ugs fig* (*Kinder*) brood, (*Gesindel*) scum
brutal *Adj* brutal
Brutalität *f* brutality
Brutapparat *m* incubator
brüten **I** *v/i* brood (*fig* ***über*** *Dat* over), hatch, *Henne*: sit **II** *v/t* → ***Rache***
brütend *Adj fig* ***brütende Hitze*** sweltering heat
Brüter *m* PHYS ***Schneller Brüter*** fast breeder (reactor)
Brutstätte *f fig* hotbed
brutto *Adj*, **Brutto…** gross (*income, weight, etc*)
Bruttoinlandsprodukt *n* gross domestic product
Bruttoregistertonne *f* gross register ton
Bruttosozialprodukt *n* gross national product
BSE *Abk* (= ***bovine spongiforme Enzephalopathie***) BSE: ***Verbreitung von BSE*** BSE spread; ***ein Tier auf BSE testen*** test an animal for BSE
BSE-frei *Adj* BSE-free
BSE-infiziert *Adj* BSE-infected
BSE-Krise *f* BSE crisis
BSE-negativ *Adj* BSE-negative
BSE-positiv *Adj* BSE-positive
BSE-Verdacht *m* suspicion of BSE
Bub *m Dialekt* boy
Bube *m Kartenspiel*: jack
Bubi *m ugs pej* pipsqueak
Buch *n* book (*auch* WIRTSCH), (*Drehbuch*) script: ***Buch führen*** keep accounts, do the bookkeeping; ***Buch führen über*** (*Akk*) keep a record of; *fig* ***wie er*** (***es***) ***im Buche steht*** typical
Buchbesprechung *f* book review
Buchbinder, **Buchbinderin** bookbinder
Buchdruck *m* printing
Buchdrucker, **Buchdruckerin** printer
Buchdruckerei *f* **1.** printing plant, press **2.** (*Gewerbe*) printing
Buche *f* beech (tree)
buchen *v/t* **1.** (*Flug, Reise, Zimmer etc*) book, reserve **2.** WIRTSCH (*verbuchen*) book: *fig* ***etw als Erfolg buchen*** put s.th. down as a success
Bücherei *f* library
Bücherfreund, **Bücherfreundin** book lover
Büchergutschein *m* book token
Büchernarr *m*, **Büchernärrin** *f* bibliomaniac
Bücherregal *n* bookshelf
Bücherrevision *f* WIRTSCH audit
Bücherschrank *m* bookcase
Bücherständer *m* bookstand
Bücherstütze *f* bookend
Bücherwand *f* wall of bookshelves
Bücherwurm *m hum* bookworm
Buchfink *m* ZOOL chaffinch
Buchforderungen *Pl* WIRTSCH book claims *Pl*
Buchführung *f* WIRTSCH bookkeeping, accountancy: ***doppelte Buchführung*** double-entry bookkeeping
Buchgemeinschaft *f* book club
Buchhalter, **Buchhalterin** accountant
Buchhaltung *f* **1.** accounts department **2.** → ***Buchführung***
Buchhandel *m* book trade
Buchhändler, **Buchhändlerin** bookseller
Buchhandlung *f* bookshop, *Am* bookstore
Buchmacher, **Buchmacherin** bookmaker
buchmäßig *Adj und Adv* WIRTSCH according to the books
Buchmesse *f* book fair
Buchprüfer, **Buchprüferin** WIRTSCH auditor, accountant
Buchprüfung *f* WIRTSCH audit
Buchsbaum *m* BOT box (tree)
Buchse *f* TECH bush(ing), liner, ELEK socket
Büchse *f* **1.** tin, can, *große*: *auch* box **2.** (*Gewehr*) gun, rifle
Büchsenbier *n* canned beer
Büchsenfleisch *n* tinned (*oder* canned) meat
Büchsenmilch *f* tinned (*oder* canned) milk
Büchsenöffner *m* tin (*oder* can) opener
Buchstabe *m* letter: ***großer*** (***kleiner***) ***Buchstabe*** capital (small) letter
buchstabengetreu *Adj* literal
buchstabieren *v/t* spell, (*mühsam lesen*) spell out: ***falsch buchstabieren*** misspell
Buchstabieren *n* spelling
buchstäblich *Adj auch fig* literal
Bucht *f* bay, *kleine*: inlet
Buchumschlag *m* (book) jacket
Buchung *f* **1.** booking, reservation **2.** WIRTSCH booking, (*Posten*) entry
Buchweizen *m* BOT buckwheat
Buckel *m* **1.** hump (*auch fig*), (*buckliger Rücken*) hunchback, (*schlechte Haltung*) stoop: ***einen Buckel machen*** stoop, *Katze*: arch its back **2.** *ugs* (*Rücken*) back **3.** *ugs* (*Hügel*) hillock
bücken *v/refl* ***sich bücken*** bend (down) (***nach etw*** to pick up s.th.)
bucklig *Adj* hunchbacked
Bucklige *m, f* hunchback
Bückling *m* **1.** GASTR smoked herring **2.** *ugs* (*Verbeugung*) bow
buddeln *v/i und v/t ugs* dig
Buddhismus *m* Buddhism
Buddhist, **Buddhistin**, **buddhistisch** *Adj* Buddhist
Bude *f* **1.** (*Verkaufsbude*) kiosk, (*Marktbude*) stall **2.** (*Hütte*) shack **3.** *ugs* (*Zimmer etc*) place, *pej* dump, (*Studentenbude*) digs *Pl*, *Am* pad **4.** *ugs* (*Lokal*) *sl* joint: ***Leben in die Bude bringen*** liven things up
Budget *n* budget: ***etw im Budget vorsehen*** budget for s.th.
Büfett *n* **1.** sideboard **2.** (*Schanktisch*) counter, bar **3.** GASTR buffet
Büffel *m* ZOOL buffalo
büffeln *v/t und v/i ugs* swot, cram
Büffler, **Büfflerin** *ugs* swot
Bug *m* **1.** SCHIFF bow, FLUG nose: *fig* ***Schuss vor den Bug*** warning shot **2.** ZOOL shoulder (*auch* GASTR)
Bügel *m* **1.** (*Kleiderbügel*) hanger **2.** (*Steigbügel*) stirrup **3.** (*Brillenbügel*) ear piece **4.** TECH bow, (*Metallbügel*) shackle

Bügelbrett *n* ironing board
Bügeleisen *n* iron
Bügelfalte *f* crease
bügelfrei *Adj* noniron, drip-dry
bügeln *v/t und v/i* iron, (*Hose etc*) press
Buggy *m* **1.** (*Kinderwagen*) buggy **2.** (*Auto*) beach buggy
bugsieren *v/t* SCHIFF tow, *ugs fig* steer
buh *Interj* boo!
Buh *n* boo
buhen *v/i ugs* boo
buhlen *v/i* ***buhlen um*** court (*oder* woo) *s.o., s.th.*, strive after *s.th.*; ***um j-s Gunst buhlen*** court s.o.'s favo(u)r
Buhmann *m fig* bogey man
Buhne *f* TECH groyne
Bühne *f* **1.** THEAT stage, *weit. S.* theat/re (*Am* -er): ***hinter der Bühne*** *auch fig* backstage; *ugs fig* ***etw über die Bühne bringen*** bring s.th. off; ***glatt über die Bühne gehen*** go off smoothly; ***von der politischen*** *etc* ***Bühne abtreten*** quit the political *etc* scene **2.** (*Podium*, *auch* TECH) platform
Bühnenanweisung *f* stage direction
Bühnenarbeiter, **Bühnenarbeiterin** stage hand
Bühnenbearbeitung *f* stage adaptation
Bühnenbeleuchtung *f* stage lighting
Bühnenbild *n* (stage) set
Bühnenbildner, **Bühnenbildnerin** stage designer
Bühnenfassung *f* stage version
Bühnenkünstler, **Bühnenkünstlerin** stage artist
Bühnenlaufbahn *f* stage career
Bühnenmeister, **Bühnenmeisterin** stage manager
Bühnenrechte *Pl* stage rights *Pl*
bühnenreif *Adj* ready for the stage
Bühnenstück *n* (stage) play
Bühnenwerk *n* drama
bühnenwirksam *Adj* stageworthy
Buhrufe *Pl* boos *Pl*
Bukett *n* bouquet (*auch des Weins*)
Bulette *f* GASTR meatball
Bulgare *m* Bulgarian
Bulgarien *n* Bulgaria
Bulgarin *f*, **bulgarisch** *Adj* Bulgarian
Bulimie *f* bulimia
Bullauge *n* SCHIFF porthole
Bulldogge *f* ZOOL bulldog
Bulle *m* **1.** ZOOL bull (*auch ugs pej Mann*) **2.** *ugs pej* (*Polizist*) cop, bull: ***die Bullen*** *auch* the fuzz
Bullenhitze *f ugs* scorching heat
Bulletin *n* bulletin
bullig *Adj* **1.** *Person*: bull-like, hefty **2.** *ugs Hitze*: scorching
Bully *n* **1.** *Hockey*: bully **2.** *Eishockey*: face-off
bum *Interj* bang!
Bumerang *m* boomerang
Bummel *m* (***einen Bummel machen*** go for a) stroll
Bummelant, **Bummelantin** dawdler, slowcoach, *Am* slowpoke
Bummelei *f* dawdling, (*Faulenzen*) loafing
bummelig, **bummlig** *Adj* (*langsam*) slow, dawdling
bummeln *v/i ugs* **1.** (*schlendern*) (go for a) stroll: ***bummeln gehen*** go for a stroll, *weit. S.* go on a binge **2.** (*trödeln*) dawdle, (*faulenzen*) loaf
Bummelstreik *m* go-slow
Bummelzug *m ugs* slow train
bums *Interj* bang!
Bums *m* bang, crash
bumsen *v/i* **1.** bang, crash **2.** *vulg* ***mit j-m*** (*v/t* ***j-n***) ***bumsen*** bang s.o., screw s.o., have it off with s.o.
Bumslokal *n ugs* low dive
Bund[1] *n* bundle, *Schlüssel*, *Radieschen etc*: bunch
Bund[2] *m* **1.** *von Personen*: union, (*Band*) bond: ***Bund der Ehe*** union, bond of marriage **2.** (*Pakt*) pact **3.** POL alliance, (*Staatenbund*) federation: ***der Bund*** **a)** the Federal Government, **b)** → ***Bundesrepublik***, **c)** *ugs für* → ***Bundeswehr*** **4.** (*Verband*) association, union
Bund[3] *m* (*Hosenbund etc*) waistband
Bündel *n* bundle
bündeln *v/t* bundle up, ELEK bunch, OPT, PHYS focus
bündelweise *Adv* in bundles
Bundes... POL (German) Federal ..., German
Bundesbahn *f österr., schweiz.* Federal Railway(s *Pl*)
Bundesbürger, **Bundesbürgerin** German citizen
bundesdeutsch *Adj* German
Bundesebene *f*: ***auf Bundesebene*** on a national level
Bundesgebiet *n* Federal territory
Bundesgenosse *m*, **Bundesgenossin** *f* ally
Bundesgerichtshof *m* Federal Supreme Court
Bundeskanzler, **Bundeskanzlerin** Chancellor, *schweiz.* head of the Federal Chancellery
Bundesland *n* (federal) state: ***die alten Bundesländer*** former West Germany, the old Laender; ***die neuen Bundesländer*** former East Germany, the new Laender
Bundesliga *f* SPORT Bundesliga, Federal league: ***erste*** (***zweite***) ***Bundesliga*** First (Second) Division
Bundesminister, **Bundesministerin** (German) Federal minister (***für*** of)
Bundesnachrichtendienst *m* Federal Intelligence Service
Bundespräsident, **Bundespräsidentin** President of the German Federal Republic, *österr.* (Federal) President, *schweiz.* President of the Federal Council
Bundesrat *m* Bundesrat, Upper House (of the Federal Parliament), *schweiz.* Swiss government, Council of Ministers
Bundesregierung *f* Federal Government
Bundesrepublik (Deutschland) *f* Federal Republic (of Germany)
Bundesstaat *m* federal state, (*Staatsform*) (con)federation
Bundesstraße *f* Federal road
Bundestag *m* Bundestag, Lower House (of the German parliament)
Bundestagsabgeordnete *m, f* member of the Bundestag
Bundestagspräsident, **Bundestagspräsidentin** speaker of the Bundestag
Bundestrainer, **Bundestrainerin** coach of the (German) national team
Bundesverfassungsgericht *n* Federal Constitutional Court
Bundeswehr *f* (German) Armed Forces *Pl*
bundesweit *Adj und Adv* nationwide
Bundfaltenhose *f* pleated trousers *Pl*
bündig *Adj Stil, Rede*: concise, (*genau*) precise, (*knapp*) curt: → ***kurz*** 4
Bündnis *n* alliance: ***Bündnis für Arbeit*** alliance for jobs
bündnisfrei *Adj* POL nonaligned

Bündnispartner, **Bündnispartnerin** ally
Bundweite *f* waist (size)
Bungalow *m* bungalow
Bungeejumping *n* bungee jumping
Bunker *m* MIL bunker (*auch Kohlenbunker*, *auch Golf*), (*Luftschutzbunker*) air-raid shelter
Bunsenbrenner *m* CHEM Bunsen burner
bunt *Adj* **1.** colo(u)rful (*auch fig*), multicolo(u)red, *Glas*: stained, (*gefärbt*) colo(u)red: → ***Hund*** **2.** *fig* (*buntgewürfelt*) chequered, *Am* checkered, motley, mixed, (*abwechslungsreich*) varied: ***bunter Abend*** evening of entertainment, variety show; *ugs Adv* ***er treibt es zu bunt*** he goes too far; ***es ging bunt zu*** things were pretty lively
Buntdruck *m* **1.** colo(u)r printing **2.** colo(u)r print
Buntstift *m* crayon
Buntwäsche *f* colo(u)reds *Pl*
Bürde *f auch fig* burden
Burg *f* castle
Bürge *m* JUR guarantor (*auch fig*), *bes Strafrecht*: surety, *weit. S.* (*Referenz*) reference
bürgen *v/i* ***bürgen für*** JUR stand surety for, *weit. S.* guarantee, vouch for
Bürger, **Bürgerin** citizen, (*Einwohner*) inhabitant, resident
Bürgerinitiative *f* POL citizens' action group, local pressure group
Bürgerkrieg *m* civil war
bürgerlich *Adj* **1.** middle-class, *pej* bourgeois: ***bürgerliche Küche*** home cooking **2.** (*nichtadlig*) untitled **3.** (*staatsbürgerlich*) civil, civic: ***Bürgerliches Gesetzbuch*** Civil Code; ***bürgerliches Recht*** civil law
Bürgerliche *m*, *f* commoner
Bürgermeister, **Bürgermeisterin** mayor
bürgernah *ad* people-oriented, grassroots (*politician, politics, etc*)
Bürgerpflicht *f* civic duty
Bürgerrecht *n meist Pl* civil rights *Pl*
Bürgerrechtler, **Bürgerrechtlerin** civil rights activist
Bürgerrechtsbewegung *f* civil rights movement
Bürgerschaft *f* citizens *Pl*
Bürgersteig *m* pavement, *Am* sidewalk
Bürgertum *n the* middle classes *Pl*
Bürgin *f* → ***Bürge***
Bürgschaft *f* JUR (*Sicherheit*) surety, guarantee (*auch fig*), *im Strafrecht*: bail: ***Bürgschaft leisten, die Bürgschaft übernehmen*** stand surety, *im Strafrecht*: **a)** *Bürge*: go bail, **b)** *Angeklagter*: give bail, **c)** ***für einen Wechsel*** *etc* guarantee a bill *etc*
Burgund *n* Burgundy
Burgunder(wein) *m* burgundy
Büro *n* (***im Büro*** at the) office
Büroangestellte *m*, *f* office employee (*oder* worker, clerk)
Büroarbeit *f* office work
Büroautomation *f* office automation
Bürobedarf *m* office supplies *Pl*
Bürochef, **Bürochefin** head clerk
Bürocomputer *m* office computer, office PC
Bürogebäude *n* office building
Bürohengst *m ugs* desk jockey
Büroklammer *f* paper clip
Bürokrat, **Bürokratin** bureaucrat
Bürokratie *f* **1.** bureaucracy **2.** → ***Bürokratismus***
bürokratisch *Adj* bureaucratic(ally *Adv*)
Bürokratismus *m* red tape
Büromaschine *f* office machine
Büromöbel *Pl* office furniture *Sg*
Büropersonal *n* office staff
Bürostunden *Pl*, **Bürozeit** *f* office hours *Pl*
Bursche *m* **1.** (*Junge*) boy, lad **2.** (*Kerl*) fellow, *ugs* guy: ***ein übler Bursche*** a bad egg
Burschenschaft *f* (students') fraternity
burschikos *Adj* tomboyish, (*unbekümmert*) casual
Bürste *f* brush (*auch* ELEK, TECH)
bürsten *v/t* brush: ***sich die Haare bürsten*** brush one's hair
Bürstenschnitt *m* crew cut
Bürzel *m* ZOOL rump, GASTR parson's nose
Bus *m* (*auch* IT) bus, (*Reisebus*) coach: ***mit dem Bus fahren*** go by bus

> **Bus** SG
>
> Streng genommen unterscheidet man zwischen **bus** (= Nahverkehrsbus) und **coach** (= Reisebus bzw. öffentlicher Bus aus der Stadt hinaus aufs Land oder für Verbindungen zwischen Städten). Jedoch wird **bus** auch allgemein, also auch für Reisebusse, verwendet.

Busbahnhof *m* bus terminal
Busch *m* **1.** bush (*auch Urwald*), (*Strauch*) shrub, (*Gehölz*) copse, thicket: *ugs fig* ***bei j-m auf den Busch klopfen*** sound s.o.; ***hinterm Busch halten mit*** be quiet about; ***etw ist im Busch!*** there's s.th. going on! **2.** (*großer Strauß*) bunch
Büschel *n* **1.** bunch, (*Haarbüschel*) tuft, wisp, (*Blütenbüschel etc*) cluster **2.** PHYS pencil, brush
buschig *Adj* bushy (*auch Haar*)
Buschwindröschen *n* wood anemone
Busen *m* breast(s *Pl*), bust, bosom (*auch fig*)
Busenfreund, **Busenfreundin** bosom friend
Busfahrer, **Busfahrerin** bus driver
Busfahrt *f* bus ride, (*Reise*) coach tour
Bushaltestelle *f* bus stop
Buslinie *f* bus route: ***die Buslinie 8*** (bus) number 8
Bussard *m* ZOOL buzzard
Buße *f* **1.** penance, (*Sühne*) atonement: ***Buße tun*** → ***büßen*** **2.** JUR (*Strafe*) penalty, (*Geldbuße*) fine: ***zu einer Buße von 100 Euro verurteilt werden*** be fined 100 euros
büßen *v/t und v/i* (*Buße tun*) do penance: ***büßen für*** atone for, *fig* pay (*oder* suffer) for; ***das sollst du mir büßen!*** you'll pay for that!
Büßer, **Büßerin** penitent
busserln *v/t österr.* kiss
Bußgeld *n* fine
Bußgeldbescheid *m* notice of fine due
Bußgeldkatalog *m* list of fines
Busspur *f* bus lane
Buß- und Bettag *m* Day of Prayer and Repentance
Büste *f* bust
Büstenhalter *m* brassière, *ugs* bra
Butan *n* CHEM butane
Butt *m* (*Fisch*) flounder
Bütte *f* tub, vat
Büttenpapier *n* handmade paper
Büttenrede *f* carnival speech
Butter *f* butter: *ugs* ***alles in Butter!*** everything's okay!

Butterberg *m ugs fig* butter mountain
Butterblume *f* BOT buttercup
Butterbrot *n* (slice of) bread and butter: *ugs* ***für ein Butterbrot*** **a)** (*bekommen*) for a song, **b)** (*arbeiten*) for peanuts
Butterbrotpapier *n* greaseproof paper
Buttercreme *f* GASTR butter cream
Butterdose *f* butter dish
Buttermesser *n* butter knife
Buttermilch *f* buttermilk
buttern **I** *v/t* **1.** (spread with) butter **2.** *ugs* ***Geld in etw buttern*** sink money into s.th. **II** *v/i* **3.** make butter
butterweich *Adj auch ugs fig* very soft
Butzenscheibe *f* bull's-eye (pane)
Bypass *m* MED bypass
Byte *n* IT byte

C

C, **c** *n auch* MUS C, c
Cabrio(let) *n* MOT convertible, *bes Am auch* cabriolet
Cadmium *n* CHEM cadmium
Café *n* café
Cafeteria *f* cafeteria
Caipi *ugs*, **Caipirinha** *m* caipirinha
Callboy *m* male prostitute
Callcenter, **Call-center** *n* call cent/er (*Br auch* -re)
Callgirl *n* call girl
campen *v/i* camp
Camper, **Camperin** camper
Campingausrüstung *f* camping gear
Campingbus *m* camper, *Am* RV
Campingführer *m* camping guide
Campingplatz *m* camping site, campsite
Campingtisch *m* folding table
Campus *m* campus
canceln *v/t* (*Flug etc*) cancel
Cape *n* cape
Carport *m* carport
Carsharing, **Car-Sharing** *n* car sharing
Cashewnuss *f* BOT cashew (nut)
Casino *n österr* → ***Kasino***
Cäsium *n* CHEM c(a)esium
Casting *n* FILM, TV (*Rollenbesetzung*) casting
Catcher, **Catcherin** all-in wrestler
CB-Funk *m* CB (= citizens' band) radio
CD *f Abk* (= ***Compact Disc***) CD
CD-Brenner *m* CD burner, CD writer
CD-Player *m* CD player
CD-ROM *f* CD-ROM
CD-ROM-Laufwerk *n* CD-ROM drive
CD-Spieler *m* CD player
C-Dur *n* MUS C major
Cellist, **Cellistin** cellist
Cello *n* cello
Celsius *n* celsius: ***20 Grad Celsius*** *auch* 20 degrees centigrade
Cembalo *n* harpsichord
Cent *m* cent (*auch Eurocent*)
Chalet *n* chalet
Chamäleon *n* ZOOL *und fig* chameleon
Champagner *m* champagne
Champignon *m* (button) mushroom
Chance *f* chance, *Pl* (*Aussichten*) *auch* prospects *Pl*: ***keine Chance, nicht die geringste Chance*** not a chance; ***bei j-m Chancen haben*** stand a chance with s.o.
Chancengleichheit *f* equal opportunities *Pl*
Chanson *n* chanson
Chaos *n* chaos
Chaot, **Chaotin** *ugs* chaotic person, POL violent anarchist, *weit. S.* yob
chaotisch *Adj* chaotic(ally *Adv*)
Charakter *m allg* character, *einer Sache*: *auch* nature: *Gespräche etc* ***vertraulichen Charakters*** of a confidential nature
Charakterdarsteller, **Charakterdarstellerin** THEAT character actor (actress)
Charaktereigenschaft *f* trait
Charakterfehler *m* weakness, flaw
charakterfest *Adj* of strong character
charakterisieren *v/t* **1.** (*kennzeichnen*) characterize, mark **2.** (*beschreiben*) describe (***als*** as)
Charakterisierung *f* **1.** characterization **2.** (*Beschreibung*) description
Charakteristik *f* **1.** characterization **2.** MATHE, TECH characteristic
charakteristisch *Adj* (***für*** of) characteristic, typical
charakterlich **I** *Adj* of (one's) character, moral **II** *Adv* in character
charakterlos *Adj* **1.** unprincipled, weak **2.** (*nichtssagend*) colo(u)rless
Charakterlosigkeit *f* lack of character
Charakterrolle *f* THEAT character part
Charakterschwäche *f* weakness (of character)
Charakterstärke *f* strength (of character)
charaktervoll *Adj* full of character, *Gesicht etc*: *auch* striking
Charakterzug *m* trait
Charge *f* **1.** THEAT supporting part **2.** METAL charge
Charisma *n* charisma
charismatisch *Adj* charismatic(ally *Adv*)
charmant *Adj* charming
Charme *m* (***seinen Charme spielen lassen*** turn on the old) charm
Charta *f* POL charter
Charter *m* charter
Charterflug *m* charter flight
Chartermaschine *f* charter plane
chartern *v/t* charter
Chassis *n* chassis
Chat *m Internet*: chat
Chatraum *m* chat room

C

chatten *v/i* chat
Chauffeur, **Chauffeurin** driver, chauffeur
Chauvi *m ugs* male chauvinist (pig)
Chauvinismus *m* (***männlicher Chauvinismus*** male) chauvinism
Chauvinist, **Chauvinistin** **1.** chauvinist **2.** → ***Chauvi***
chauvinistisch *Adj* chauvinistic
checken *v/t* check
Checkliste *f* check list
Chef *m* **1.** head, *ugs* boss **2.** (*Küchenchef*) chef

Chef

SG

Obwohl man besonders in den USA das Wort **chief** (neben dem sehr geläufigen **boss**) salopp für einen Vorgesetzten, Abteilungsleiter bzw. Firmenchef verwendet, sollte man als „Nicht-Muttersprachler" den Gebrauch dieses Wortes im Sinne von „Chef" vermeiden, denn **chief** bezeichnet in erster Linie einen „Häuptling" (bei den Indianern usw.). Nur in bestimmten Amtsstiteln ist das Wort üblich, z. B. **Chief of Police** (Polizeipräsident), **Chief of Staff** (Generalstabschef). Ansonsten sollte man **boss** verwenden.

Chefarzt *m*, **Chefärztin** *f* senior consultant
Chefetage *f* (***in der Chefetage*** on the) executive floor
Chefideologe *m*, **Chefideologin** *f* chief ideologue
Chefin *f* **1.** → ***Chef*** **2.** *ugs* the boss's wife
Chefredakteur, **Chefredakteurin** editor in chief
Chefsekretär, **Chefsekretärin** executive (*oder* personal) assistant, *Am* executive (*oder* private) secretary
Chemie *f* chemistry
Chemiefaser *f* synthetic fibre (*Am* fiber)
Chemieindustrie *f* chemicals industry
Chemikalien *Pl* chemicals *Pl*
Chemiker, **Chemikerin** (analytical) chemist
chemisch *Adj* chemical: ***chemische Reinigung*** dry cleaning; *Adv* ***etw chemisch reinigen lassen*** have s.th. dry-cleaned
Chemotechniker, **Chemotechnikerin** laboratory technician
Chemotherapie *f* MED chemotherapy
Chester(käse) *m* Cheshire (cheese)
Chicorée *m* BOT chicory
Chiffre *f* cipher, code, *einer Anzeige*: box number
Chiffreanzeige *f* box-number advertisement
Chiffrenummer *f* box number
chiffrieren *v/t* (en)code
Chile *n* Chile
Chilene *m*, **Chilenin** *f*, **chilenisch** *Adj* Chilean
chillen *v/i* (*entspannen*) chill (out)
China *n* China
Chinakohl *m* Chinese leaves *Pl*
Chinese *m*, **Chinesin** *f*, **chinesisch** *Adj* Chinese
Chinin *n* quinine
Chintz *m* chintz
Chip *m* **1.** *auch* IT chip **2.** *Pl* GASTR crisps, *Am* potato chips *Pl*
Chipkarte *f* chip card, smart card
Chirurg, **Chirurgin** surgeon
Chirurgie *f* surgery

Chips ≠ *Br* chips

FF

Chips	=	crisps, *Am* potato chips
Br chips	=	Pommes frites

chirurgisch *Adj* surgical
Chlor *n* CHEM chlorine
Chlorgas *n* chloric gas
Chlorid *n* CHEM chloride
Chloroform *n* MED chloroform
Chlorophyll *n* BOT chlorophyll
Choke *m* MOT choke
Cholera *f* MED cholera
cholerisch *Adj* choleric
Cholesterin *n* MED cholesterol
Cholesterinspiegel *m* MED cholesterol level
Chor *m* choir (*auch* ARCHI), (*Chorgesang*) chorus (*auch* THEAT): *fig* ***im Chor*** in chorus

Chor ist nicht immer chorus

FF

Chor (*Sängergruppe*)	=	choir ['kwaɪə]
Ich singe in einem Chor.	=	I sing in a choir.
chorus	=	*Chor-*, *Sprechgesang*: Chor; Refrain
They spoke in chorus.	=	Sie sprachen im Chor (= alle zusammen).

Choral *m* hymn, chorale
Choreograf, **Choreografin** choreographer
Choreografie *f* choreography
Chorgesang *m* choral singing (*oder* music)
Chorgestühl *n* (choir) stalls *Pl*
Chorknabe *m* choirboy
Chorsänger, **Chorsängerin** chorister
Christ, **Christin** Christian
Christ... → ***Weihnachts...***
Christenheit *f* Christendom
Christentum *n* Christianity
Christkind *n* **1.** infant Jesus **2.** *ugs* Father Christmas, Santa Claus
christlich *Adj* (*Adv* like a) Christian
Chrom *n* chromium, METAL *auch* chrome
chromatisch *Adj* MUS chromatic
Chromosom *n* chromosome
Chronik *f* chronicle
chronisch *Adj* MED *und fig* chronic(ally *Adv*)
Chronist, **Chronistin** chronicler
Chronologie *f* chronology
chronologisch *Adj* chronological
circa *Adv* about, approximately
City *f* city (*oder* town) centre, *Am* downtown
Clique *f* clique, *ugs* crowd
Clou *m* high spot, (*Höhepunkt*) climax, (*Pointe*) point
Clown *m* clown (*auch fig*)
Cockpit *n* cockpit, FLUG *auch* flight deck
Cocktail *m* cocktail
Cocktailkleid *n* cocktail dress
Cocktailparty *f* cocktail party
Cocktailtomate *f* cocktail tomato
Code *m* code
codieren *v/t* (en)code
Codierung *f* (en)coding
Coffein *n* caffeine

City

City bedeutet ganz allgemein „Großstadt": **London, Birmingham, Edinburgh, Glasgow, Liverpool, Manchester** usw. sind **cities. The City** (mit großem „C") bzw. mit vollem Namen **the City of London** beschreibt das Londoner Finanzviertel, ein Gebiet von ca. 2,5 km², das tagsüber von Hunderttausenden von Pendlern wimmelt und nachts dagegen fast wie eine Geisterstadt wirkt.
Deutsch **City** für „Innenstadt" ist also nicht gleichbedeutend mit englisch **city** oder **City**! Deutsch **City** bedeutet im britischen Englisch **town centre** oder **city centre** bzw. im amerikanischen Englisch **downtown** [ˌdaʊnˈtaʊn].

Cola *f* Coke®
Computer *m* computer
Computerarbeitsplatz *m* work station
computergesteuert *Adj* computer-controlled
computergestützt *Adj* computerized, computer-controlled
Computergrafik *f* computer graphics *Pl*
computerisieren *v/t* computerize
Computerprogramm *n* computer program
Computerspiel *n* computer game
Computertomografie, **Computertomographie** *f* computer(ized axial) tomography
computerunterstützt *Adj* computer-aided, computer-assisted
Computervirus *m* computer virus
Container *m* container
Containerschiff *n* container ship
Containershow *f ugs term to describe the Big Brother reality TV show*
Contergankind *n ugs* thalidomide child
contra → ***kontra***
Cookie *n* IT cookie
cool *Adj sl* (*gefasst*) cool, laid-back: ***cool bleiben*** stay cool
Cooldown *n* SPORT cool-down
Copyshop *m* copy shop
Cord *m* corduroy
Cordhose *f* cords *Pl*, corduroys *Pl*
Cordsamt *m* corduroy, cord velvet
Corps *n* corps
Couch *f* couch
Couchgarnitur *f* three-piece suite
Couchtisch *m* coffee table
Coup *m* coup
Coupé *n* MOT coupé
Coupon *m* coupon, *im Scheckbuch*: counterfoil
Courage *f ugs* courage, pluck
couragiert *Adj ugs* courageous, plucky
Courtage *f* WIRTSCH commission, broker's fee
Cousin *m* (male) cousin; → ***Kusine***
Crashkurs *m* crash course
Creme *f* cream, GASTR crème
cremefarben *Adj* cream-colo(u)red
Cremespeise *f* crème
Cremetorte *f* cream gateau
Creutzfeldt-Jakob-Krankheit *f* MED Creutzfeldt-Jakob disease, CJD

Rund um den Computer

abbrechen	**abort, cancel**
abspeichern	**save**
abstürzen	**crash**
anklicken	**click (on)**
Ausdruck	**printout**
Befehl	**command**
Bildschirm	**monitor, screen**
Bildschirmschoner	**screen saver**
booten	**boot up**
CD-ROM	**CD-ROM**
CD-ROM-Laufwerk	**CD-ROM drive**
Datei	**file**
Diskette	**diskette, floppy (disk)**
Diskettenlaufwerk	**disk drive**
Drucker	**printer**
entfernen	**delete**
Fenster	**window**
Festplatte	**hard disk**
formatieren	**format**
Laufwerk	**drive**
Lautsprecher	**speaker**
Maus	**mouse**
Mauspad	**mouse mat, mousepad**
Menüleiste	**menu bar**
Modem	**modem**
Ordner	**folder**
Pfad	**path**
Schnittstelle	**interface**
Sicherungskopie	**backup (copy)**
Softwarepaket	**software package**
Sonderzeichen	**symbol**
Soundkarte	**sound card**
Speicher	**memory**
speichern	**save** (auf to)
Statuszeile	**status bar**
Symbolleiste	**toolbar**
Tastatur	**keyboard**
Treiber	**driver**
Zeichen	**character**
Zwischenablage	**clipboard**

Cross-over, **Crossover** *m* MUS crossover
Cup *m* SPORT cup
Cupfinale *n* cup final
Curry *n* **1.** curry **2.** curry powder
Currywurst *f* curried (*oder* grilled) sausage
Cursor *m* COMPUTER cursor
Cursortaste *f* COMPUTER arrow key
Cutter, **Cutterin** FILM *etc* editor, cutter
Cybercafé *n* IT cybercafé
Cyberfreak *m* IT cyberfreak
Cybergeld *n* IT cybermoney
Cyberspace *m* IT cyberspace

D

D, d *n* D, d, MUS D

da I *Adv* **1.** (*dort*) there, (*hier*) here: ***der (die, das) … da*** that … (there); ***da und dort*** here and there; ***er ist da*** he's here, he has arrived; ***da kommt sie*** here she comes; ***da liegt die Schwierigkeit*** that's the difficulty; ***da (hast du)!*** there you are!; ***da sein* a)** be there, (*existieren*) exist, (*anweisend sein*) be present; ***bist du noch da?*** are you still here?; ***ist noch Brot da?*** is there any bread left?; ***ich bin gleich wieder da!*** I'll be right back!; ***ist jemand da gewesen?*** has anyone been?; *fig* ***noch nie da gewesen*** unprecedented, unheard-of, **b)** *ugs* ***(voll) da sein*** *geistig*: be all there, (*in Form sein*) be in great shape, (*bei Bewusstsein*) be conscious **2.** *zeitlich*: then, at that time: ***da erst*** only then; ***hier und da*** now and then **3.** ***sieh da!*** look (at that)!; ***da haben wirs!*** there (you are)!; ***nichts da!*** nothing doing! **4.** (*in diesem Falle*) there, here, in that case: ***da bin ich Ihrer Meinung*** I do agree with you there (*oder* here); ***was kann man da machen?*** what's to be done?; ***was gibts denn da zu lachen?*** what's so funny about it?; ***und da zögerst du noch?*** and you still hesitate? **II** *Konj* **5.** as, since, because

dabei I *Adv* **1.** (*in der Nähe*) near, near by, close by: ***ein Brief war nicht dabei*** there was no letter (with it) **2.** ***dabei sein,*** *etw* ***zu tun*** be about to do, be on the point of doing **3.** (*gleichzeitig*) at the same time: ***sie strickte und hörte Radio dabei*** while knitting she listened to the radio **4.** (*außerdem*) as well, into the bargain **5.** (*obwohl*) yet, nevertheless **6.** (*bei diesem Anlass*) on the occasion, (*dadurch*) as a result: ***dabei gab es Streit*** this led to a quarrel; ***alle dabei entstehenden Kosten*** all costs incurred; ***es kommt nichts dabei heraus*** nothing will come of it **7.** (*anwesend*) present, there; ***dabei sein*** be present, be there, take part, (*mit ansehen*) be a witness: *fig* ***ich bin dabei!*** count me in; → ***bleiben*** 3 **8.** ***ich dachte mir nichts dabei*** *bei eigenen Worten etc*: I meant no harm, *bei Worten etc anderer*: I paid no particular attention to it; ***es ist nichts dabei!*** (*es ist leicht*) there's nothing to it!, (*es ist harmlos*) there's no harm in it!; ***was ist schon dabei?*** what of it?; ***lassen wir es dabei!*** let's leave it at that!; ***was soll ich dabei tun?*** where do I come into the picture? **II** *Konj* **9.** but, (and) yet

dabeibleiben *v/i* stay (*oder* remain) with it, them *etc*; *auch* → ***bleiben*** 3

dabeihaben *v/t ugs* have *s.o., s.th.* there: ***ich habe kein Geld dabei*** I have no money on me

dabeistehen *v/i* stand by

dableiben *v/i* remain, stay

Dach *n allg* roof, MOT *auch* top, *fig auch* shelter: ***unter Dach und Fach bringen* a)** shelter, **b)** *fig* complete; *ugs fig* ***eins aufs Dach kriegen*** get it in the neck

Dachboden *m* loft

Dachdecker(in) *m* roofer

Dachfenster *n* dormer (window)

Dachfirst *m* ridge (of a roof)

Dachgarten *m* roof garden

Dachgepäckträger *m* MOT roof rack

Dachgeschoss *n* attic stor(e)y, loft

Dachgesellschaft *f* WIRTSCH holding company

Dachkammer *f* attic, garret

Dachluke *f* skylight

Dachpappe *f* roofing (felt)

Dachrinne *f* gutter, eaves *Pl*

Dachs *m* ZOOL badger

Dachstuhl *m* roof truss, *aus Holz*: timbering

Dachterrasse *f* roof terrace

Dachverband *m* WIRTSCH umbrella organization

Dachwohnung *f* attic flat

Dachziegel *m* (roofing) tile

Dackel *m* ZOOL dachshund

dadurch I *Adv* **1.** *örtlich*: through it (*oder* there), that way **2.** (*auf diese Weise*) by it, (*deswegen*) because of that: ***alle dadurch verursachten Schäden*** all damages caused thereby; ***sie verschlief und kam dadurch zu spät*** she overslept, and so (*oder* that's why) she was late **II** *Konj* **3.** ***dadurch, dass es regnete*** because of (*oder* owing to) the rain **4.** ***dadurch, dass ich weniger trinke*** by drinking less

dafür I *Adv* **1.** for it (them, this, *etc*) **2.** (*stattdessen*) in return (for it), instead (of it) **3.** ***dafür sein*** be for it, be in favo(u)r of it; ***ich bin dafür zu bleiben*** I'm for staying; ***ich bin sehr dafür!*** I'm all for it!; PARL ***die Mehrheit ist dafür*** the ayes have it; → ***sprechen*** I **4.** ***dafür wirst du ja bezahlt*** that's what you are paid for **II** *Konj* **5.** ***er wurde dafür bestraft, dass er gelogen hatte*** he was punished for lying **6.** ***dafür sorgen, dass*** see to it that **7.** (*als Ausgleich*) but (then): ***sie arbeiten langsam, dafür aber sorgfältig*** they are slow but diligent

Dafürhalten *n* ***nach meinem*** *etc* ***Dafürhalten*** in my *etc* opinion, as I *etc* see it

dafürkönnen *v/t ugs* ***ich kann nichts dafür*** it's not my fault

dagegen I *Adv* **1.** *allg* against it (*oder* that): ***dagegen hilft Wärme*** warmth is good for it; ***dagegen hilft nichts*** there is no remedy (for it), *weit. S.* it can't be helped; ***dagegen sein*** be against (*oder* opposed to) it; ***ich bin dagegen, dass du allein gehst*** I'm against you(r) going alone; ***haben Sie etw dagegen, wenn ich rauche?*** do you mind if I smoke (*oder* my smoking)?; ***ich habe nichts dagegen*** I don't mind **2.** (*verglichen mit*) by (*oder* in) comparison, compared with **3.** (*im Austausch*) in exchange (for it) **II** *Konj* **4.** (*jedoch*) but, however, on the other hand, (*während*) whereas, while

dagegenhalten → ***einwenden***

dagegensprechen *v/i fig* speak against it

dagegenstellen *v/refl* ***sich dagegenstellen*** *fig* oppose it

dagewesen → ***da*** I 1a

daheim *Dialekt Adv* at home, (*in der Heimat*) back home

Daheim *n* home

daher I *Adv* **1.** from there **2.** *auch* ***von daher***

(*deshalb*) therefore; ***daher kommt es, dass*** that's why (*oder* how); ***daher ihr Misstrauen*** hence her suspicion **II** *Konj* **3.** *auch* ***von daher*** (*deshalb*) that's why, (and) so

dahergelaufen *Adj ugs pej* ***jeder dahergelaufene Kerl*** any guy who happens along

dahin I *Adv* **1.** there: ***auf dem Weg dahin*** on the way there; ***ist es noch weit bis dahin?*** is it much farther? **2.** *zeitlich*: ***bis dahin*** **a)** until then, till then, **b)** by then; ***bis dahin bin ich fertig*** I'll be finished by then **3.** ***dahin gehend, dass*** to the effect that; ***sich dahin gehend äußern*** **(*einigen*)*, dass*** say (agree) that **4.** ***es dahin*** (*soweit*) ***bringen, dass*** bring matters to the stage where; ***j-n dahin bringen, dass*** bring s.o. to the point of *Ger* **II** *Adj* **5.** gone, lost

dahingehen *v/i* pass

dahingehend → ***dahin*** I 3

dahingestellt *Adj* ***etw dahingestellt sein lassen*** leave it open as to whether; ***das bleibt dahingestellt*** that remains to be seen

dahinten *Adv* back there

dahinter *Adv* behind it *etc*, at the back (of him *etc*), *Am* back of him *etc*: *fig* ***es ist nichts dahinter*** there's nothing behind it

dahinterklemmen *v/refl* ***sich dahinterklemmen*** *ugs* buckle down (to it)

dahinterkommen *v/i ugs* find out (about it)

dahinterstecken *v/i fig* be behind it, be at the bottom of it: ***es steckt mehr dahinter*** there's more to it than meets the eye

dahinvegetieren *v/i* vegetate

dahinziehen *v/i* move (*Wolken*: drift) along

Dahlie *f* BOT dahlia

dalassen *v/t ugs* leave

daliegen *v/i* lie (there)

dalli *Adv ugs* ***dalli, dalli!, mach dalli!*** get a move on!

Dalmatiner *m* ZOOL Dalmatian

damalig *Adj* then, *nachgestellt*: at that time: ***in der damaligen Zeit*** → ***damals***

damals *Adv* then, in those days: ***die Leute*** **(*von*)** ***damals*** the people of that time

Damast *m* damask

Dame *f* **1.** lady, *beim Tanzen*: partner: ***Dame des Hauses*** hostess; ***meine Damen und Herren!*** ladies and gentlemen! **2. a)** (*Damespiel*) draughts (*Am* checkers) *Sg*, **b)** (*Damestein*) king, **c)** *Schach etc*: queen

Damebrett *n* draughtboard, *Am* checkerboard

Damenbinde *f* sanitary towel (*Am* napkin)

Damendoppel(spiel) *n Tennis*: *the* women's doubles *Pl*

Dameneinzel(spiel) *n Tennis*: *the* women's singles *Pl*

Damenfahrrad *n* lady's bicycle

Damenfriseur, **Damenfriseurin** ladies' hairdresser

Damenfußball *m* women's football (*oder* soccer)

damenhaft *Adj* ladylike

Damenkonfektion *f* ladies' ready-made (*Am* ready-to-wear) clothing

Damenmannschaft *f* SPORT women's team

Damenschneider, **Damenschneiderin** dressmaker

Damentoilette *f* ladies' toilet (*Am* restroom)

Damenunterwäsche *f* ladies' underwear, *feine*: lingerie

Damenwahl *f* ladies' choice

Damespiel *n* → ***Dame*** 2 a

damit I *Adv* with it (*oder* them, *betont*: that, those), (*mittels*) by it, with it: ***ich bin damit fertig*** I've finished with it; ***was willst du damit?*** what do you want it for?; ***was soll ich damit?*** what am I supposed to do with it?; ***was willst du damit sagen?*** what are you trying to say?; ***damit ist der Fall erledigt*** so much for that; *ugs* ***damit ist es nichts!*** it's no go! **II** *Konj* so that: ***damit nichts passiert*** lest anything should happen; ***ich bringe es mit, damit du es dir ansehen kannst*** I'll bring it (here) for you to look at

dämlich *Adj ugs* stupid, silly

Damm *m* **1.** bank, (*Deich*) dike, (*Staudamm*) dam, (*Bahndamm*) embankment, (*Fahrdamm*) roadway: *ugs fig* ***ich bin nicht auf dem Damm*** I don't feel well; ***sie ist wieder auf dem Damm*** she's fit again **2.** ANAT perineum

dämmerig, **dämmrig** *Adj* dusky, *Beleuchtung*: faint, dim

Dämmerlicht *n* twilight

dämmern I *v/unpers* ***es dämmert*** **a)** *morgens*: it is getting light (*abends*: dark), **b)** *ugs fig* **(*bei*)** ***j-m*** it's beginning to dawn on s.o. **II** *v/i* ***vor sich hin dämmern*** doze, be half asleep

Dämmerung *f* (*Morgendämmerung*) dawn, (*Abenddämmerung*) dusk, (*auch Halbdunkel*) twilight: ***in der Dämmerung*** **a)** at dawn, **b)** at dusk, at nightfall

Dämmung *f* TECH insulation

Dämon *m* demon

dämonisch *Adj* demoniac(al)

Dampf *m* (*Wasserdampf*) steam, (*Dunst*) vapo(u)r, *aggressiver*: fume: *ugs fig* ***Dampf ablassen*** let off steam; ***Dampf dahinter machen*** put on steam; ***j-m Dampf machen*** make s.o. get a move on

Dampfbad *n* steam bath

Dampfbügeleisen *n* steam iron

dampfen *v/i* steam

dämpfen *v/t* **1.** GASTR, TECH steam **2.** (*Schall*) deaden, silence, (*Stimme*) lower, (*Ton*) muffle, (*Trompete etc*) mute, (*Stoß etc*) cushion, absorb, (*Farbe, Licht etc*) soften: → ***gedämpft*** **3.** *fig* (*mäßigen*) restrain, (*Gefühle*) subdue, (*Stimmung*) put a damper on

Dampfer *m* steamer

Dämpfer *m allg* damper (*auch fig*), MUS *auch* mute: *ugs fig* ***einen Dämpfer bekommen*** be damp(en)ed; (*Dat*) ***einen Dämpfer aufsetzen*** put a damper on

Dampfkessel *m* steam boiler

Dampfkochtopf *m* pressure cooker

Dampfmaschine *f* steam engine

Dampfreiniger *m* steam cleaner

Dampfschiff *n* steamship

Dampfwalze *f auch fig* steamroller

Damwild *n* ZOOL fallow deer

danach *Adv* **1.** *zeitlich*: after (that), afterward(s), (*später*) later on: ***bald danach*** soon after **2.** *Reihenfolge*: then, next, behind (*oder* after) him *etc* **3.** (*gemäß*) according to it, (*entsprechend*) accordingly: *ugs das Essen war billig*, ***aber es war auch danach*** but it tasted like it, too; ***mir ist nicht danach*** I don't feel like it **4.** ***danach fragen*** ask for it; ***sich danach sehnen zu*** *Inf* long to *Inf*; ***sich danach erkundigen*** inquire about it

Däne *m* Dane

daneben *Adv* **1.** beside (*oder* next to) it (*oder* them): ***im Haus daneben*** next door **2.** *auch Konj* (*außerdem*) besides, (*gleichzeitig*) at the same time **3.** (*im Vergleich*) beside it (*oder*

them *etc*), in comparison **4.** (*vorbei*) off the mark: ***daneben!*** missed!
danebenbenehmen *v/refl* ***sich danebenbenehmen*** *ugs* behave badly
danebengehen *v/i* **1.** *Schuss etc*: miss **2.** *ugs fig* misfire, go wrong
D
danebengreifen *v/i* **1.** MUS strike a wrong (*fig* false) note **2.** *beim Fangen*: miss **3.** *ugs fig bei einer Prognose etc*: be wide of the mark
danebenschießen, **danebentreffen** *v/i* miss
Dänemark *n* Denmark
Dänin *f* Dane
dänisch *Adj* Danish
dank *Präp* (*Gen, Dat*) *auch iron* thanks to
Dank *m* thanks *Pl*, (*Dankbarkeit*) gratitude, (*Lohn*) reward: ***vielen*** (*oder* ***herzlichen, besten, schönen***) ***Dank!*** many thanks!, thank you very much!; ***als Dank, zum Dank*** by way of thanks; ***j-m seinen Dank abstatten*** extend (*oder* express) one's thanks to s.o.; ***j-m Dank schulden*** owe s.o. a debt of gratitude; ***das ist der*** (***ganze***) ***Dank!*** that's gratitude for you!; → ***Gott***
dankbar *Adj* **1.** grateful (***j-m für etw*** to s.o. for s.th.), *Publikum*: appreciative: ***ich wäre Ihnen dankbar, wenn Sie kämen*** I'd be much obliged if you came **2.** (*lohnend*) rewarding **3.** *ugs fig Material etc*: hard-wearing
Dankbarkeit *f* (***aus Dankbarkeit*** out of) gratitude (***für*** for)
danken **I** *v/i* **1.** thank (***j-m für etw*** s.o. for s.th.): ***danke*** (***schön***)***!*** (many) thanks!, thank you (very much)!; (***nein***) ***danke!*** no, thank you!, no, thanks!; ***nichts zu danken*** you are welcome; ***wie kann ich Ihnen nur danken?*** how can I begin to thank you?; *ugs* ***na, ich danke!*** thank you for nothing! **2.** (*ablehnen*) decline **II** *v/t* **3.** ***j-m etw danken*** reward s.o. for s.th. **4.** → ***verdanken***
dankenswerterweise *Adv* **1.** kindly **2.** *fig* commendably
Dankesbrief *m* thank-you letter
Dankeschön *n* thank-you
Dankesworte *Pl* words *Pl* of thanks
Dankgebet *n* thanksgiving (prayer)
Dankschreiben *n* letter of thanks
dann **I** *Adv* **1.** then, after that: ***dann und wann*** every now and then; ***was passierte dann?*** what happened next?; *ugs* ***bis dann!*** see you (later)! **2.** (*in diesem Fall*) then, in that case **II** *Konj* **3.** *ugs* (well) then, so: ***dann eben nicht!*** all right, forget it!
daran *Adv* **1.** at (*oder* on, in, to) it (*oder* that): ***es waren keine Knöpfe daran*** there were no buttons on it; ***halt dich daran fest!*** hold on to it!; ***nahe daran*** close to it; *fig* ***ich habe ihn*** *nicht geschlagen*, ***aber ich war nahe daran*** but I nearly did; → ***nahe*** II **2.** ***daran anschließend, im Anschluss daran*** afterward(s) **3.** ***es ist nicht daran zu denken*** it's out of the question; ***ich glaube nicht daran*** I don't believe it; ***es ist etw*** (***nichts***) ***daran*** there's s.th. (nothing) in it; ***es liegt mir viel daran*** it's very important to me; ***daran ist kein wahres Wort*** there's not a word of truth in it; ***daran stirbt man nicht*** you don't die of it; ***du tust gut daran zu gehen*** you are wise to go; ***das Schönste daran war*** the best thing about it was; → ***liegen***
darangehen *v/i* get down to it: ***darangehen, etw zu tun*** get down to doing s.th.
daranmachen *v/refl* ***sich daranmachen*** *ugs* → ***darangehen***
dransetzen *v/t* ***alles daransetzen, um zu*** *Inf* spare no effort to *Inf*
darauf *Adv* **1.** *räumlich*: on it *etc*, on top of it **2.** *zeitlich*: after (that), then: ***bald darauf*** soon after; ***eine Woche darauf*** a week later **3.** *fig* ***ich freue mich darauf*** I'm looking forward to it; ***darauf wollen wir trinken!*** let's drink to that!; ***sie ging direkt darauf zu*** she went straight for it; ***darauf steht Gefängnis*** there is a prison penalty for that; ***darauf bin ich stolz*** I'm proud of it; ***wie kommt er nur darauf?*** whatever makes him think of that?; ***ich komme nicht darauf*** (*ugs* ***drauf***) I can't think of it!
daraufhin *Adv* **1.** as a result, consequently **2.** (*danach*) after that **3.** ***etw daraufhin prüfen, ob*** examine s.th. to see if
daraus *Adv* **1.** from it *etc*: ***daraus lernen*** (***vorlesen***) learn (read) from it **2.** of it *etc*: ***was ist daraus geworden?*** what has become of it?; ***daraus wird nichts!*** *ugs* nothing doing! **3.** for it *etc*: ***ich mache mir nichts daraus*** **a)** I don't care for it, **b)** (*es stört mich nicht*) that doesn't worry me (a bit)!
darben *v/i* suffer want, (*hungern*) starve
darbieten *v/t* **1.** present (***sich*** itself) **2.** (*aufführen*) perform
Darbietung *f* **1.** presentation **2.** THEAT *etc* performance
darbringen *v/t* (*Dat* to) present, give
darin *Adv* **1.** in it *etc*: ***was ist darin?*** what's in it (*oder* inside)? **2.** there, in this (respect): ***darin irren Sie sich!*** there you are mistaken!; ***darin liegt der Unterschied*** that's the difference **3.** at it, at that: ***darin ist er sehr gut*** he is very good at that
darlegen *v/t* show, state: ***j-m etw darlegen*** explain s.th. to s.o.
Darlegung *f* explanation, (*Aussage*) statement
Darlehen *n* loan: ***ein Darlehen aufnehmen*** raise (*oder* take up) a loan
Darlehens… loan (*bank, contract, etc*)
Darm *m* **1.** ANAT bowel(s *Pl*), intestine(s *Pl*), gut(s *Pl*): ***den Darm entleeren*** evacuate the bowels, defecate **2.** (*Wurstdarm*) (sausage) skin
Darmentleerung *f* defecation
Darmflora *f* intestinal flora
Darmgeschwür *n* intestinal ulcer
Darmgrippe *f* gastroenteric influenza
Darmkrebs *m* cancer of the intestine, bowel cancer
Darmsaite *f* catgut (string)
Darmspiegelung *f* enteroscopy
Darmträgheit *f* constipation
Darmverschluss *m* ileus
darstellen *v/t* **1.** *allg* represent, (*beschreiben*) describe (*auch* MATHE), portray, (*zeigen*) show, (*ausdrücken*) express, (*bedeuten*) constitute, mean: ***falsch darstellen*** misrepresent; ***was soll das darstellen?*** what's that supposed to be?; ***eine Belastung darstellen*** be a burden **2.** THEAT *etc* act, play, *weit. S.* interpret: *ugs fig* ***er stellt etw dar*** he is really somebody **3.** CHEM prepare **4.** COMPUTER display
darstellend *Adj* **1.** ***darstellende Geometrie*** descriptive geometry **2.** → ***Kunst*** 1
Darsteller *m* player, actor: ***der Darsteller des Faust*** the actor playing Faust
Darstellerin *f* actress, player
darstellerisch *Adj* acting: ***seine darstellerische Leistung*** his performance (*oder* acting)
Darstellung *f* **1.** representation, description,

(*Bericht*) account: ***grafische Darstellung*** graph, diagram **2.** THEAT *etc* acting, performance, *weit. S.* interpretation **3.** CHEM preparation

darüber *Adv* **1.** *räumlich*: over it (*oder* that) (*auch zeitlich*), above it *etc*: ***das Zimmer darüber*** the room above; ***ich bin darüber eingeschlafen*** I fell asleep over it **2.** (*mehr*) more **3.** ***darüber hinaus*** **a)** beyond it *etc*, **b)** *fig* over and above that, (*außerdem*) moreover; *fig* ***er ist darüber hinaus*** he is past (all) that **4.** *fig* (*über eine Sache*) about it (*oder* that), (*über ein Thema*) on that, on it: ***ich freue mich darüber*** I'm glad about it; ***darüber vergisst er alle seine Sorgen*** that takes his mind off his problems; ***darüber kam sie nicht hinweg*** she didn't get over it

darüberstehen *v/i fig* be above it

darum *Adv* **1.** *räumlich*: (a)round it *etc* **2.** ***ich bat ihn darum*** I asked him: **a)** for it, **b)** to do it; ***darum geht es nicht!*** that's not the point! **3.** → ***deshalb***

darunter *Adv* **1.** *räumlich*: under it *etc*, underneath: ***das Zimmer darunter*** the room below; ***darunter trug sie …*** underneath she was wearing … **2.** (*weniger*) less, under: *ugs* ***darunter tut er es nicht*** he won't do it for less **3.** (*dabei*) among them, (*einschließlich*) including **4.** ***darunter leiden, dass*** suffer from *Ger*; ***was versteht man darunter?*** what do you understand by it?; ***darunter kann ich mir nichts vorstellen*** that doesn't mean anything to me

darunterfallen *v/i fig* come under (*a law etc*)

darunterliegen *v/i fig* be below (standard)

daruntersetzen *v/t* ***seinen Namen darunter setzen*** put one's name (*oder* signature) to it

Darwinismus *m* Darwinism

das **I** *bestimmter Artikel* the: ***das Buch des Monats*** the book of the month **II** *Demonstrativpron* this (one), that (one): ***das war sie!*** that was her!; ***das sind seine Bücher*** those are his books; ***das ist es ja (gerade)!*** that's the point!; ***nur das nicht!*** anything but that! **III** *Relativpron* which: ***das Geschäft, das ich meine*** the shop (which) I'm talking of **IV** *Personalpron ugs für* ***es***

da sein *v/i* → **da** I 1

Dasein *n* (***der Kampf ums Dasein*** the struggle for) existence

dasitzen *v/i* sit there: *fig* ***ohne Geld dasitzen*** be left without a penny

dass *Konj* that: ***so dass*** so that; ***es sei denn, dass*** unless; ***ohne dass*** without *Ger*; ***ich weiß, dass ich recht habe*** I know I'm right; ***er entschuldigte sich, dass er zu spät kam*** he apologized for being late; ***nicht, dass ich wüsste*** not that I know of; ***es ist lange her, dass ich sie gesehen habe*** it's a long time since I saw her; *ugs* ***dass du ja hingehst!*** be sure to go!

dastehen *v/i* stand there: ***mittellos dastehen*** be penniless; *ugs* ***wie stehe ich jetzt da!*** what a fool I look now!

Date *n* (*Termin, Partner*) date

Datei *f* (data) file

Dateienverzeichnis *n* directory

Dateiname *m* file name

Daten *Pl* data *Pl*, facts *Pl*, (*Personaldaten*) particulars *Pl*; ***Daten verarbeitend*** data-processing

Datenausgabe *f* IT data output

Datenaustausch *m* IT data exchange, data interchange

> **Daten**
>
> Obwohl **data** eine (lateinische) Pluralform ist, steht das dazugehörige Verb meist im Singular, z. B. **the data <u>is</u> incomplete**.

Datenautobahn *f* IT information highway

Datenbank *f* IT data bank

Datenbestand *m* IT database

Datenbit *n* IT data bit

Dateneingabe *f* IT data input

Datenerfassung *f* IT data collection

Datenformat *n* IT data format

Datenkomprimierung *f* IT data compression

Datenmissbrauch *m* data abuse

Datennetz *n* data network

Datenpflege *f* data management

Datensatz *m* (data) record

Datenschutz *m* data protection

Datenschutzbeauftragte *m, f* data protection commissioner

Datenspeicher *m* data memory

Datenspeicherung *f* data storage

Datenträger *m* IT data medium

Datenübertragung *f* data transfer (*oder* communications)

Datenverarbeitung *f* data processing

Datenverbund *m* data network

datieren *v/t und v/i* date (**von, aus** from)

Dativ *m* dative (case)

Dativobjekt *n* dative (*oder* indirect) object

Datscha *f* dacha

Dattel *f* BOT date

Datum *n* date: ***ohne Datum*** undated; ***welches Datum haben wir heute?*** what's the date today?; ***neueren Datums*** of recent date

Datumsangaben in geschriebenen Texten

am 12. Juni 2005	**on 12(th) June, 2005** *oder* **on June 12(th) 2005**
3. Juli 2005	**3 July 2005** *oder* **July 3(rd), 2005**
Montag, 14. April	**Monday, 14th April** *oder* **Monday, April 14(th)**
vom 1. Januar bis zum 3. Februar	**from January 1(st) until** *oder* **till February 3(rd)**
Heute ist der 30. März.	**It's March 30(th) today.**
Seit (dem) 2. Oktober haben wir keinen Strom.	**We've had no electricity since October 2(nd).**
Sie hat am 23. August Geburtstag.	**Her birthday is (on) August 23(rd).**
Er feiert am 31. März seinen 20. Geburtstag.	**He'll be 20** *oder* **He'll be celebrating his 20th birthday on March 31(st).**

Datumsgrenze *f* GEOG date line

Datumsstempel *m* date stamp, (*Gerät*) dater

Dauer *f* duration (*auch* LING, MUS), period (of time), *bes*, JUR term, (*Länge*) length: ***von Dau-***

D

er lasting; ***von kurzer*** (*oder* ***nicht von***) ***Dauer sein*** be short-lived, not to last long; ***auf die Dauer*** in the long run; ***der Lärm ist auf die Dauer unerträglich*** you can't stand the noise for long; ***das kann auf die Dauer nicht so weitergehen*** that can't go on indefinitely; ***für die Dauer von*** (*oder Gen*) for the duration of; ***für die Dauer von zwei Jahren*** for a period of two years

Dauerarbeitslose *m, f* long-term unemployed person

Dauerarbeitslosigkeit *f* chronic unemployment

Dauerauftrag *m* WIRTSCH standing order

Dauerbelastung *f* **1.** TECH continuous load **2.** *fig* permanent stress

Dauerbeschäftigung *f* permanent job

Dauerbrenner *m ugs* long-running success (*oder* hit)

Dauergast *m* permanent guest

dauerhaft *Adj allg* durable, (*beständig*) *auch* permanent, lasting, (*haltbar*) *auch* hard-wearing, solid: ***dauerhaft sein*** *auch* wear well

Dauerhaftigkeit *f* durability

Dauerkarte *f* season ticket

Dauerlauf *m* SPORT jogging: ***im Dauerlauf*** at a jog (trot)

Dauerlutscher *m ugs* lollipop

dauern *v/i* last, go on, (*Zeit dauern*) take: ***zwei Stunden dauern*** take two hours; ***wie lange dauert es denn noch?*** how much longer will it take?; ***es wird lange dauern, bis*** it will be a long time before; ***das dauert mir zu lange!*** that's too long for me!

dauern: last oder take? SG

(an)dauern, im Gange sein	**last**
dauern, Zeit kosten *bzw.* benötigen	**take**
Das Festival dauerte eine Woche.	**The festival lasted a week.**
Den Ärmelkanal zu überqueren dauert nicht lange. Ich habe nur 45 Minuten gebraucht.	**Crossing the Channel doesn't take long. It only took me 45 minutes.**

dauernd I *Adj* constant: ***dauernder Wohnsitz*** permanent residence **II** *Adv* constantly: ***dauernd etw tun*** keep doing; ***er kommt dauernd zu spät*** he is always late; ***das passiert dauernd*** that happens all the time

Dauerparker, Dauerparkerin long-term parker

Dauerregen *m* continuous rain

Dauerstellung *f* permanent post

Dauerwelle *f* (***Dauerwellen haben*** *ugs* have a) perm

Dauerzustand *m* ***zum Dauerzustand werden*** become permanent (*pej* chronic)

Daumen *m* thumb: ***am Daumen lutschen*** suck one's thumb; *ugs* ***j-m die Daumen drücken*** keep one's fingers crossed for s.o.; (***die***) ***Daumen drehen*** twiddle one's thumbs; ***über den Daumen gepeilt*** at a rough estimate

Daumennagel *m* thumbnail

Daunen *Pl* down *Sg*

Daunendecke *f* eiderdown

davon *Adv* **1.** *räumlich*: ***das Dorf liegt nicht weit davon*** (***entfernt***) the village is not far away (*oder* from it); ***davon zweigt ein Weg ab*** a path branches off it **2.** (*dadurch*) ***ich wachte davon auf*** I was awakened by it; ***davon wird man dick*** that makes you fat; *ugs* ***das kommt davon!*** that'll teach you!; ***was habe ich davon?*** what do I get out of it? **3.** ***hast du schon davon gehört?*** have you heard about it yet?; ***genug davon!*** enough of that! **4.** ***auf und davon*** up and away

davonfliegen *v/i* fly off, fly away

davonjagen *v/t* chase away

davonkommen *v/i* get away, get off, escape: ***mit dem Leben davonkommen*** survive; → ***Schreck***

davonlaufen *v/i* run away

davonmachen *v/refl* ***sich davonmachen*** *ugs* make off, beat it

davonstehlen *v/refl* ***sich davonstehlen*** steal away

davontragen *v/t* **1.** *auch fig* carry off: → ***Sieg*** **2.** (*Verletzung*) sustain, (*Krankheit*) get, catch

davonziehen *v/i* move away (*oder* off): SPORT ***j-m davonziehen*** pull away from s.o.

davor *Adv* **1.** before (*oder* in front of) it *etc*: ***mit einem Garten davor*** with a garden in front **2.** *zeitlich*: before that **3.** ***davor habe ich Angst*** I'm afraid of that; ***ich habe ihn davor gewarnt*** I warned him of it

DAX® *m Abk* (= ***Deutscher Aktienindex***) German Stock Index

dazu *Adv* **1.** (*zusätzlich*) in addition to it, besides: ***sie sang und spielte dazu Gitarre*** she sang and accompanied herself on the guitar; ***möchten Sie Reis dazu?*** would you like rice with it?; ***und sie ist noch dazu hübsch*** and she is pretty into the bargain **2.** (*zu diesem Zweck*) for it, for that purpose: ***dazu ist er*** (***es***) ***ja da!*** that's what he (it) is there for! **3.** ***wie ist es dazu gekommen?*** how did that come about?; ***dazu darf es nicht kommen*** that must not happen; ***ich kam nie dazu*** I never got (a)round to it; *ugs* ***wie komme ich dazu?*** why on earth should I?

dazugehören *v/i* belong to it *etc*; *auch* → ***gehören***

dazugehörig *Adj* belonging to it (*oder* them)

dazukommen *v/i* **1.** (***gerade dazukommen*** happen to) come along (***als*** when) **2.** join *s.o.*, *Sache*: be added

dazulernen *v/t und v/i* learn (*s.th.* new)

dazutun *v/t ugs* add

Dazutun *n* ***ohne sein etc Dazutun*** without his *etc* help

dazwischen *Adv* between (them), in between (*auch zeitlich*), (*darunter*) among them

dazwischenfahren *v/i* step in, interfere, *im Gespräch*: interrupt

dazwischenkommen *v/i* intervene: ***wenn nichts dazwischenkommt*** if all goes well

dazwischenliegen *v/i Zeit*: intervene

dazwischenreden *v/i* ***j-m dazwischenreden*** interrupt s.o.

dazwischenrufen *v/t und v/i* shout

dazwischentreten *v/i* intervene

DD-Diskette *f* double density disk

Deal *m ugs* deal

dealen *v/i* push (***mit etw*** s.th.)

Dealer, Dealerin dealer

Debakel *n* débâcle, fiasco

Debatte *f auch* PARL debate: ***zur Debatte stehen*** be under discussion; ***das steht nicht zur***

D

Debatte that's not the issue
debattieren *v/t und v/i* (***über eine Sache*** s.th.) debate, discuss
Debet *n* WIRTSCH debit
Debetsaldo *m* debit balance
Debetseite *f* debit side
debil *Adj* MED feebleminded
Debüt *n* debut: ***sein Debüt geben*** → ***debütieren***
debütieren *v/i* make one's debut
dechiffrieren *v/t* decipher, decode
Deck *n* SCHIFF (***an Deck, auf Deck*** on) deck
Deckbett *n* feather quilt
Deckchen *n* doily
Decke *f* **1.** (*Wolldecke*) blanket, (*Bettdecke*) (bed)cover, (*Tischdecke*) (table)cloth: *ugs* ***mit j-m unter einer Decke stecken*** be in league with s.o.; *fig* ***sich nach der Decke strecken*** cut one's coat according to one's cloth **2.** (*Zimmerdecke*) ceiling: *ugs fig* (***vor Freude***) ***an die Decke springen*** jump with joy; (***vor Wut***) ***an die Decke gehen*** go through the roof; ***mir fiel die Decke auf den Kopf*** I felt shut in **3.** TECH cover(ing), (*Straßendecke*) surface, MOT (*Laufdecke*) (outer) cover

Decke: blanket, cover oder ceiling? SG

(Woll)Decke; *übertragen*: Decke	**blanket**
(Bett)Decke; *übertragen*: Schutz	**cover**
(Zimmer)Decke; *übertragen*: Höchstgrenze	**ceiling**

The landscape was covered with a blanket of snow.

He ran for cover.

The government has imposed a ceiling on public spending.

Deckel *m* lid (*auch hum Hut*), cover, (*Schraubdeckel*) (screw) cap: *ugs* ***j-m eins auf den Deckel geben*** tick s.o. off (properly)
decken I *v/t* **1.** *ein Tuch etc* ***decken über*** (*Akk*) cover *s.th.* with **2.** (*Haus*) roof: ***ein Dach mit Stroh*** (***Ziegeln, Schiefer***) ***decken*** thatch (tile, slate) a roof **3.** ***den Tisch decken*** lay (*oder* set) the table (***für drei Personen*** for three) **4.** (*schützen*) *auch fig und pej* shield, protect: ***j-n decken*** cover up for s.o., SPORT mark s.o.; ***den Rückzug decken*** cover the retreat **5.** WIRTSCH *allg* cover, (*Kosten, Bedarf*) *auch* meet **6.** ZOOL (*begatten*) cover, serve **II** *v/i* **7.** *Farbe etc*: cover (*well etc*) **8.** SPORT cover, mark, *Boxer*: cover (up) **III** *v/refl* ***sich decken*** **9.** cover o.s., *Boxer*: cover up **10.** (***mit*** with) MATHE coincide, *fig auch* tally
Deckenbeleuchtung *f* ceiling lighting
Deckengemälde *n* ceiling fresco
Deckenleuchte *f* ceiling lamp, MOT dome lamp
Deckfarbe *f* TECH body colo(u)r
Deckfeder *f* deck feather
Deckmantel *m fig* cloak
Deckname *m* pseudonym, MIL code name
Deckung *f* **1.** (***in Deckung gehen*** take) cover **2.** WIRTSCH *allg* cover, (*Sicherheit*) *auch* security, (*Bedarfsdeckung*) supply: ***keine Deckung*** no funds **3.** SPORT covering, marking, *Boxen, Fechten*: *etc* guard **4.** MATHE *und fig* coincidence
deckungsgleich *Adj* MATHE congruent
Deckweiß *n* opaque white
Decoder *m* decoder
Defätismus *m* defeatism
Defätist, Defätistin, defätistisch *Adj* defeatist
defekt *Adj* defective (*auch* MED), faulty
Defekt *m* (***an*** *Dat* in) defect (*auch* MED), fault
defensiv *Adj*, **Defensive** *f* (***in der defensiv*** on the) defensive
defilieren *v/i* march past
definierbar *Adj* definable: ***schwer definierbar*** difficult to define
definieren *v/t* define
Definition *f* definition
definitiv *Adj* definite (*answer etc*), positive (*offer etc*): *Adv* ***es steht definitiv fest, dass ...*** it is definite that ...
Defizit *n* WIRTSCH *und fig* deficit
Deflation *f* deflation
deflationär, deflatorisch *Adj* WIRTSCH deflationary
deflorieren *v/t* deflower
deformieren *v/t auch* TECH deform
deftig *Adj ugs Essen*: solid, *Witz etc*: earthy, *Preise*: steep, *Schlag etc*: sound
Degen *m* sword, *Fechten*: épée
Degeneration *f* degeneration
degenerativ *Adj* degenerative
degenerieren *v/i*, **degeneriert** *Adj* degenerate
Degenfechten *n* SPORT épée fencing
degradieren *v/t* MIL demote, *bes fig* degrade
dehnbar *Adj auch fig* elastic
dehnen I *v/t allg* stretch (*auch fig*), TECH expand, (*Vokale*) lengthen, (*Worte*) drawl **II** *v/refl* ***sich dehnen*** stretch (o.s.)
Dehnung *f* extension, stretch(ing), TECH expansion, LING lengthening
dehydrieren *v/t* CHEM dehydrate
Deich *m* dike, dam, (*Flussdeich*) levee
Deichsel *f* pole, (*Deichselarm*) shaft
deichseln *v/t ugs* manage, wangle
dein *Possessivpron* (*in Briefen*: ***Dein***) **1.** your: REL ***dein Wille geschehe*** Thy will be done **2.** ***deiner, deine, dein(e)s, der*** (***die, das***) ***deine*** yours; ***einer deiner Freunde*** a friend of yours **3.** ***der*** (***die, das***) ***dein(ig)e*** your own, yours; ***die dein(ig)en*** your family, your people
deiner *Personalpron* (of) you: ***wir werden deiner gedenken*** we shall remember you
deinerseits *Adv* on your part
deinesgleichen *Indefinitpron* people like you, *pej* the likes of you
deinetwegen *Adv* (*dir zuliebe*) for your sake, (*wegen dir*) because of you
deinig → ***dein*** 3
Dekade *f allg* decade
dekadent *Adj* decadent
Dekadenz(erscheinung) *f* (symptom of) decadence
Dekagramm *n österr.* ten grams: ***10 Dekagramm Käse*** 100 grams of cheese
Dekan, Dekanin REL, UNI dean
Dekanat *n* dean's office
deklarieren *v/t* WIRTSCH declare
deklassieren *v/t* declass, SPORT outclass
Deklination *f* **1.** LING declension **2.** PHYS declination
deklinierbar *Adj* declinable
deklinieren *v/t* decline
Dekolleté, Dekolletee *n* (***tiefes Dekolleté*** plung-

ing) neckline
dekolletiert *Adj* décolleté
dekontaminieren *v/t* decontaminate
Dekor *n* **1.** decoration, *eines Raumes*: décor, (*Muster*) pattern **2.** THEAT décor, set(s *Pl*)
Dekorateur, **Dekorateurin** (*Schaufensterdekorateur(in)*) window-dresser, (*Innendekorateur[in]*) interior designer, THEAT scene painter
Dekoration *f allg* decoration, (*Schaufensterdekoration*) window display, (*Innendekoration*) furnishings *Pl*, THEAT set(s *Pl*)
dekorativ *Adj* decorative
dekorieren *v/t allg* decorate (*auch mit Orden*), (*Schaufenster*) *auch* dress
Dekret *n*, **dekretieren** *v/t* decree
Delegation *f* delegation
delegieren *v/t*, **Delegierte** *m*, *f* delegate
Delfin[1] *m* ZOOL dolphin
Delfin[2], **Delfinschwimmen** *n* butterfly (stroke)
delikat *Adj* delicious, *auch fig Problem etc*: delicate

delikat ist nicht immer delicate

delikat	=	*köstlich*: delicious
delicate	=	**1.** zart, fein **2.** (*Problem*) delikat, (*Frage*) heikel

Delikatesse *f* delicacy, *fig* (*Takt*) *auch* discretion

Delikatesse ≠ delicatessen

Delikatesse	=	delicacy
delicatessen *Pl*	=	**1.** Feinkost **2.** Feinkostgeschäft

Delikatessgeschäft *n* delicatessen *Sg*
Delikt *n* offen/ce (*Am* -se)
Delinquent, **Delinquentin** offender
Delirium *n auch fig* delirium
Delle *f ugs* dent
Delphin *m*, *n* → **Delfin**[1,2]
Delta *n* delta
dem I *bestimmter Artikel* ***gib es dem Jungen*** give it to the boy **II** *Demonstrativpron* ***wie dem auch sei*** however that may be; ***nach dem, was ich gehört habe*** from what I've heard **III** *Relativpron* ***der, dem ich es gegeben habe*** the one (*oder* person) I gave it to
Demagoge *m* demagogue
Demagogie *f* demagogy
Demagogin *f* demagogue
demagogisch *Adj* demagogic(ally *Adv*)
Demarkationslinie *f* demarcation line
demaskieren *v/t auch fig* unmask
Dementi *n* POL (official) denial
dementieren *v/t* deny (officially)
dementsprechend *Adv* accordingly
demgegenüber *Adv* in contrast to this
demgemäß *Adv* accordingly
demnach *Adv* **1.** therefore **2.** → ***demgemäß***
demnächst *Adv* shortly, soon: ***demnächst erscheinend*** *etc* forthcoming
Demo *f ugs* (*Demonstration*) demo
Demograf, **Demografin**, **Demograph**, **Demographin** demographer
Demografie, **Demographie** *f* demography
demografisch, **demographisch** *Adj* demographic
Demokassette *f ugs* demo (tape)
Demokrat, **Demokratin** POL democrat
Demokratie *f* democracy
demokratisch *Adj* democratic(ally *Adv*)
demokratisieren *v/t* democratize
demolieren *v/t* demolish, wreck
Demonstrant, **Demonstrantin** demonstrator
Demonstration *f* (POL ***eine Demonstration veranstalten*** hold a) demonstration: *fig* ***eine Demonstration der Macht*** a show of force
Demonstrationsrecht *n* right to demonstrate
Demonstrationsverbot *n* ban on demonstrations
Demonstrationszug *m* protest march
demonstrativ *Adj* demonstrative, *Schweigen etc*: pointed: *Adv* ***demonstrativ den Saal verlassen*** walk out (in protest)
Demonstrativpronomen *n* demonstrative (pronoun)
demonstrieren *v/t und v/i allg* demonstrate
Demontage *f* TECH *und fig* dismantling
demontieren *v/t* dismantle (*auch fig*), take down, (*zerlegen*) take apart
demoralisieren *v/t* demoralize
Demoskopie *f* (public) opinion research
demoskopisch *Adj* ***demoskopische Umfrage*** (public) opinion poll
Demoversion *f* demo version
Demut *f* humility
demütig *Adj* humble
demütigen *v/t* humiliate: ***sich demütigen*** humble o.s
Demütigung *f* humiliation
denaturieren *v/t* CHEM, PHYS denature
Den Haag *n* The Hague
Denkanstoß *m* impulse: ***j-m einen Denkanstoß geben***, (***bei j-m***) ***als Denkanstoß wirken*** set s.o. thinking
Denkart *f* way of thinking
Denkaufgabe *f* problem, brain teaser
denkbar *Adj* thinkable, conceivable: ***es ist durchaus denkbar, dass*** it's quite possible that; *Adv* ***es ist denkbar leicht*** it's really quite simple; ***die denkbar beste Methode*** the best method imaginable
Denkblase *f* thought bubble
Denke *f* (*Denkweise*) mentality, way of thinking
denken *v/t und v/i* **1.** *allg* think, (*sich vorstellen*) *auch* fancy, imagine, (*annehmen*) *auch* suppose, *Am ugs* guess: ***das gibt einem zu denken*** that makes you think; ***denken Sie nur!*** just imagine!; ***ich denke schon*** I (should) think so; ***das habe ich mir gedacht*** I thought as much; ***das hättest du dir denken können!*** you should have known that!; ***ich dachte mir nichts dabei*** I thought nothing of it; ***solange ich denken kann*** as long as I remember; *ugs* ***denkste!*** that's what you think! **2.** (*erwägen*) think of, consider: ***er denkt daran zu kommen*** he thinks of coming; ***ich denke nicht daran!*** I wouldn't dream of it! **3.** ***denken an*** (*Akk*) **a)** think of (*oder* about), **b)** remember: ***an Schlaf war nicht zu denken*** sleep was out of the question; ***wenn ich nur daran denke!*** the mere thought of it! **4.** ***denken über*** (*Akk*) think about (*oder* of)
Denken *n* thinking, thought
Denker, **Denkerin** thinker
Denkfabrik *f ugs* think-tank

denkfähig *Adj* intelligent
denkfaul *Adj* mentally lazy: ***er ist denkfaul*** *auch* he is too lazy to think
Denkfehler *m* flaw in one's reasoning
Denkmal *n* monument (*auch fig*), (*Statue*) statue: ***j-m ein Denkmal setzen*** *auch fig* erect a monument to s.o.
denkmalgeschützt *Adj*: ***denkmalgeschütztes Bauwerk*** listed building
Denkmalpflege *f* preservation of historic buildings and monuments
Denkmalschutz *m* ***unter Denkmalschutz stehen*** be listed (as a historic monument), *iron Person*: be a protected animal
Denkpause *f* pause for reflection
Denkprozess *m* thought process
Denkschrift *f* memorandum
Denkvermögen *n* intelligence
Denkweise *f* → ***Denkart***
denkwürdig *Adj* memorable
Denkzettel *m fig* (***j-m einen Denkzettel verpassen*** teach s.o. a) lesson
denn **I** *Konj* **1.** because, since **2.** *nach Komparativ*: than: ***mehr denn je*** more than ever **3.** ***es sei denn*** unless **II** *Adv* **4.** then: ***wo war es denn?*** where (then) was it?; ***war es denn so schlimm?*** was it really that bad?; ***was ist denn?*** what is it now?; ***wieso denn?*** (but) why?; ***wo warst du denn nur?*** where on earth have you been?
dennoch *Konj* (but) still, yet
Dental(laut) *m* LING dental
Denunziant, Denunziantin informer
denunzieren *v/t* ***j-n denunzieren*** denounce s.o. (***bei*** to)
Deo(dorant) *n* deodorant
Deodorantspray *m* deodorant spray
Deodorantstift *m* deodorant stick
Deoroller *m* roll-on (deodorant)
deplatziert *Adj Person*: out of place, *Bemerkung etc*: *auch* misplaced
Deponie *f* dump, tip
deponieren *v/t* (***bei*** with) deposit, leave
deportieren *v/t* deport
Deportierte *m, f* deportee
Depositen *Pl.* WIRTSCH deposits *Pl*
Depot *n* **1.** *allg* depot, WIRTSCH (*Depotkonto*) deposit **2.** *schweiz.* (*Pfand*) deposit
Depotschein *m* WIRTSCH deposit receipt
Depression *f allg* depression
depressiv *Adj* PSYCH depressive, depressed
deprimieren *v/t* depress
deprimierend *Adj* depressing
Deputation *f* delegation
der **I** *bestimmter Artikel* the: ***der arme Peter*** poor Peter **II** *Demonstrativpron* that (one), this (one): ***der mit der Brille*** the one with the glasses; *pej* ***der und sein Wort halten?*** him keep his word? **III** *Relativpron* who, which: ***er war der Erste, der es erfuhr*** he was the first to know **IV** *Personalpron ugs für* ***er***
derart *Adv* so: ***die Folgen waren derart, dass*** the consequences were such that
derartig **I** *Adj* such: ***nichts Derartiges*** nothing of the kind **II** *Adv* → ***derart***
derb *Adj* **1.** strong, sturdy, *Leder etc*: stout, *Stoff, Essen etc*: coarse **2.** *fig Sprache, Manieren etc*: coarse, crude, *auch Witz*: earthy
Derbheit *f* coarseness: ***Derbheiten*** *Pl* crude jokes (*oder* remarks) *Pl*
derentwegen **I** *Adv* because of her (*oder* that *etc*) **II** *Relativpron* because of whom (*oder* which)
dergleichen *Demonstrativpron* **1.** *adjektivisch*: such **2.** *substantivisch*: such a thing, the like: ***nichts dergleichen*** no such thing; ***und dergleichen mehr*** **a**) and so on, **b**) and the like
Derivat *n* CHEM, LING derivative
derjenige *Demonstrativpron* that: ***derjenige, der*** (*oder* ***welcher***) he (*oder* the one) who
dermaßen → ***derart***
Dermatologe *m*, **Dermatologin** *f* MED dermatol-

D

Relativpronomen: who, which oder that?

GR

bei Personen	**who / that**
bei Dingen und Tieren	**which / that**
Diejenigen, die es am besten wissen, sollten die Entscheidung treffen.	**Those who / that know best should make the decision.**
im Genitiv:	
bei Personen, Dingen und Tieren	**whose**
Ist dies das Auto, dessen Motor repariert werden soll?	**Is that the car whose engine needs repairing?**
im Akkusativ (Objektfall):	
bei Personen in förmlichen Kontexten **who** oder **whom** (wird häufig weggelassen)	
Der Herr, den wir gestern kennengelernt haben, hat angerufen.	**The man (whom) we met yesterday called.**
Verbindung von Relativpronomen + nachgestellter Präposition:	
bei Personen	**that / who**
bei Dingen	**that / which**
⚠ Verbindung von (vorangestellter) Präposition + Relativpronomen nie ~~**that**~~:	
bei Personen	**(by / for / with** *usw.*) **whom**
bei Dingen	**(in / on / through** *usw.*) **which**
Sie ist eine Person, vor der ich großen Respekt habe.	**She is a person for whom I have great respect.**
Er ist in einer Situation, in der er Hilfe gebrauchen kann.	**He's in a situation in which he could use some help.**

ogist
Dermatose *f* dermatosis, skin disease
derselbe *Demonstrativpron* the same
derzeit *Adv* at present
derzeitig *Adj* **1.** present **2.** (*damalig*) then, *nachgestellt*: at the time

D

Desaster *n* disaster
desensibilisieren *v/t* MED, FOTO desensitize
Deserteur, **Deserteurin** MIL deserter
desertieren *v/i auch fig* desert
desgleichen *Adv und Konj* likewise
deshalb *Adv und Konj* therefore, that's why: ***gerade deshalb!*** that's just why!; ***deshalb musst du doch nicht gehen*** there's no need for you to go; ***sie ist deshalb nicht glücklicher*** she isn't any happier for it
Designer, **Designerin** designer
Designer... designer (*fashions, jeans, dress, drug etc*)
designiert *Adj* ***der designierte Präsident*** the president designate
desillusionieren *v/t* disillusion
Desinfektion *f* disinfection
Desinfektionsmittel *n* disinfectant, MED *auch* antiseptic
desinfizieren *v/t* disinfect
Desinformation *f* disinformation
Desinteresse *f* indifference, lack of interest
desinteressiert *Adj* indifferent

desinteressiert ist nur selten disinterested

desinteressiert	=	indifferent
disinterested	*meist*	uneigennützig; objektiv

Desktop-Publishing *n* desktop publishing (*Abk* ***DTP***)
desolat *Adj* desolate
desorientiert *Adj* PSYCH confused
Despot, **Despotin** *auch fig* despot
despotisch *Adj* despotic(al)
dessen **I** *Relativpron* whose, *Sache*: *auch* of which **II** *Demonstrativpron* ***sich dessen bewusst sein, dass ...*** be aware (of the fact) that ...; ***dessen bin ich sicher*** I'm quite sure of that **III** *Possessivpron* ***mein Bruder und dessen Frau*** my brother and his wife; ***dessen ungeachtet*** nevertheless
Dessert *n* GASTR dessert
Destillat *n* distillate
destillieren *v/t und v/i* distil(l)
desto **I** *Adv* (all) the: ***desto besser!*** all (*oder* so much) the better! **II** *Konj* the ... the: ***je mehr, desto besser*** the more the better
destruktiv *Adj* destructive
deswegen → ***deshalb***
Detail *n* (***ins Detail gehen*** go into) detail
detaillieren *v/t* specify
detailliert **I** *Adj* detailed **II** *Adv* in detail
Detektiv, **Detektivin** detective
Detektivbüro *n* detective agency
Detektivroman *m* detective story
Deut *m* ***keinen Deut wert*** (***besser***) not worth a farthing (not a bit better)
deuten **I** *v/t* interpret, (*Zeichen, Traum etc*) read: ***falsch deuten*** misinterpret, *fig* misconstrue **II** *v/i* ***deuten auf*** (*Akk*) point at (*bes fig* to); ***alles deutet darauf hin, dass*** there is every indication that
deutlich *Adj allg* clear, (*deutlich hörbar*) *auch* distinct, (*lesbar*) *auch* legible, (*eindeutig*) *auch* plain: ***deutlicher Wink*** broad hint; ***deutlicher Fortschritt*** visible progress; *ugs fig* ***deutlich werden*** speak in very plain terms; ***muss ich noch deutlicher werden?*** do I have to spell it out (to you)?
Deutlichkeit *f* clearness, clarity: *fig* ***in aller Deutlichkeit*** in plain terms
deutsch *Adj* German: *Adv* ***deutsch reden*** talk (in) German; *ugs fig* ***mit j-m deutsch reden*** speak plainly with s.o.
Deutsch, **das Deutsche** German: ***auf Deutsch, in Deutsch*** in German; ***er kann gut Deutsch*** he speaks German well
Deutschamerikaner, **Deutschamerikanerin**, **deutsch-amerikanisch** *Adj* German-American
Deutsche *m, f* German
deutsch-englisch *Adj* POL Anglo-German, LING German-English
deutschfeindlich *Adj* anti-German
deutsch-französisch *Adj* POL Franco-German, LING German-French
deutschfreundlich *Adj* pro-German
Deutschland *n* Germany
Deutschlehrer, **Deutschlehrerin** German teacher
deutschsprachig *Adj Text*: German-language, *Gebiet*: German-speaking
Deutschunterricht *m* PÄD German lessons *Pl*: ***Deutschunterricht geben*** teach German
Deutung *f* interpretation
Devise *f* **1.** motto **2.** *Pl* WIRTSCH foreign exchange (*oder* currency) *Sg*
Devisenabkommen *n* foreign exchange agreement
Devisenbestimmungen *Pl* currency regulations *Pl*
Devisenbörse *f* foreign exchange market
Devisenbringer *m ugs fig* bringer of foreign exchange
Devisengeschäft *n* foreign exchange transaction
Devisenhändler, **Devisenhändlerin** foreign exchange dealer
Devisenknappheit *f* (foreign) currency stringency
Devisenkurs *m* exchange rate
devisenträchtig *Adj ugs* exchange-yielding
Devisenvergehen *n* currency offen/ce (*Am* -se)
devot *Adj pej* servile
Devotionalien *Pl* REL devotional objects *Pl*
Dezember *m* (***im Dezember*** in) December
dezent *Adj* discreet, unobtrusive, *Farbe, Musik etc*: soft

dezent ≠ decent

dezent	=	discreet, unobtrusive
decent	=	**1.** anständig **2.** passabel, annehmbar

dezentral *Adj* decentralized
dezentralisieren *v/t* decentralize
Dezernat *n* department
Dezernent, **Dezernentin** head of (a) department
Dezibel *n* decibel
Dezimalbruch *m* MATHE decimal (fraction)
Dezimalstelle *f* decimal (place)

Dezimalsystem *n* decimal system: ***nach dem Dezimalsystem*** decimally
Dezimalzahl *f* decimal (number)

Dezimalzahlen SG

Dezimalzahlen werden im Englischen anders geschrieben und gesprochen als im Deutschen. 7,2 (= sieben Komma zwei) wird zu **7.2** (= **seven point two**). Folgerichtig heißt das deutsche Komma bei Dezimalzahlen **decimal point** [ˌdesəmlˈpɔɪnt].

Dezimeter *m, n* decimet/re (*Am* -er)
dezimieren *v/t* decimate
d. h. *Abk* (= ***das heißt***) i.e
Dia *n ugs* slide
Diabetes *m* MED diabetes
Diabetiker, Diabetikerin diabetic
Diabetrachter *m* slide viewer
diabolisch *Adj* diabolic(al)
Diafilm *m* dia film
Diagnose *f* (***eine Diagnose stellen*** make a) diagnosis
diagnostizieren *v/t und v/i* diagnose
diagonal *Adj*, **Diagonale** *f* diagonal
Diagonalreifen *m* MOT cross-ply tyre (*Am* tire)
Diagramm *n* diagram, graph
Diakon *m* deacon
Diakonisse *f* Protestant (nursing) sister
Dialekt *m* (***Dialekt sprechen*** speak) dialect
dialektfrei *Adv* ***dialektfrei sprechen*** speak standard German *etc*
Dialektik *f* dialectics *Sg*
Dialer *m* TEL, IT dialer
Dialog *m* (***einen Dialog führen*** carry on a) dialog(ue *Br*), COMPUTER dialog
Dialogfeld *n* COMPUTER dialog box
Dialogform *f* dialog(ue *Br*) form
Dialyse *f* MED dialysis
Diamant *m*, **diamanten** *Adj* diamond
diametral *Adj* diametric(al): *Adv* ***diametral entgegengesetzt*** diametrically opposed
Diapositiv *n* slide
Diaprojektor *m* slide projector
Diarahmen *m* slide frame
Diät *f* (special) diet: ***Diät halten***, *Adv* ***Diät leben*** (keep to a) diet; ***j-n auf Diät setzen*** put s.o. on a diet
Diätassistent, Diätassistentin dietician
Diäten *Pl* PARL attendance allowance
Diätfahrplan *m ugs* dietary schedule
Diätkost *f* dietary food
Diätvorschrift *f* dietary
dich **I** *Personalpron* you **II** *Reflexivpron* yourself: ***schau dich an!*** look at yourself!
dicht **I** *Adj* **1.** *allg Nebel, Wald, Menge etc*: dense, *Verkehr*: *auch* heavy, *Haar, Hecke etc*: thick, *Stoff etc*: close(ly woven) **2.** (*undurchlässig*) tight, *Gefäß, Boot etc*: leakproof: *ugs fig* ***er ist nicht ganz dicht*** he's got a screw loose **3.** (*dicht zs.-gedrängt*) compact, *fig Handlung etc*: tight **II** *Adv* **4.** densely, thickly: ***dicht schließen*** shut tightly; ***dicht gedrängt stehen*** stand closely packed **5.** ***dicht an*** (*Dat*), ***dicht bei*** close to; ***dicht aufeinanderfolgen*** follow closely (*zeitlich*: in rapid succession); ***dicht hinter j-m*** close (*oder* hard) on s.o.'s heels; *fig* ***er war dicht daran aufzugeben*** he was on the point of giving up; ***dicht bevorstehen*** *Termin*: be very near, *Entscheidung etc*: be imminent; ***dicht behaart*** (very) hairy; ***dicht besiedelt, dicht bevölkert*** densely populated
Dichte *f* **1.** density (*auch* PHYS), denseness, thickness, *des Verkehrs*: *auch* heaviness **2.** *fig der Handlung etc*: tightness
dichten[1] *v/t* TECH seal, pack
dichten[2] **I** *v/t* write **II** *v/i* write poetry (*oder* plays *etc*)
Dichter, Dichterin poet(ess), *allg* writer
dichterisch *Adj* poetic(al): ***dichterisches Schaffen*** poetic (*oder* literary) work; ***dichterische Freiheit*** poetic licence
Dichtersprache *f* poetic language
dichtbehaart → ***dicht*** II 5
dichtbesiedelt → ***dicht*** II 5
dichtbevölkert → ***dicht*** II 5
dichtgedrängt → ***dicht*** II 4
dichthalten *v/i ugs* keep one's mouth shut
Dichtkunst *f* poetry
dichtmachen *v/t ugs* shut (up): (***den Laden***) ***dichtmachen*** shut up shop
Dichtung[1] *f* TECH seal, packing
Dichtung[2] *f allg* literature, (*Versdichtung*) poetry, (*Gedicht*) poem, (*Gesamtwerk*) (literary *oder* poetic) work(s *Pl*): *fig* ***Dichtung und Wahrheit*** fact and fiction
Dichtungsmasse *f* TECH sealing compound
Dichtungsring *m*, **Dichtungsscheibe** *f* washer
dick **I** *Adj* **1.** *allg* thick, (*dicht*) *auch* dense, heavy, (*massig, umfangreich*) *auch* big, large, (*beleibt*) stout, fat: ***dicke Milch*** curdled milk; *ugs* ***dicker Verkehr*** heavy traffic; ***dick machen*** be fattening; ***dick werden*** grow fat; ***durch dick und dünn*** through thick and thin **2.** *ugs* (*eng*) close, intimate, (*groß*) big: ***sie sind dicke Freunde*** they are (as) thick as thieves; ***dickes Lob ernten*** reap lavish praise; ***dicker Auftrag*** fat order; → ***Ende*** 1, ***Luft*** 1 **II** *Adv* **3.** thick(ly): ***dick mit Butter bestrichen*** thickly spread with butter **4.** *ugs* (*sehr*) very: ***dick befreundet sein*** be great pals (***mit j-m*** with s.o.); ***ich habe ihn*** (***es***) ***dick*** I'm sick of him (it); → ***auftragen*** 5

dick SG

Buch, Stoff, Soße, Lippen usw.	**thick**
Person, Körperteile	**fat**

⚠ **thick** auf eine Person bezogen bedeutet „blöd, schwer von Begriff".

dickbäuchig *Adj* fat-bellied
Dickdarm *m* ANAT colon
Dicke[1] *f allg* thickness, TECH *auch* diameter, (*Dichte*) *auch* denseness, heaviness, (*Massigkeit*) *auch* bigness, (*Umfang*) *auch* bulkiness, (*Beleibtheit*) stoutness, fatness
Dicke[2] *m, f ugs* fat person
Dickerchen *n ugs* fatso
dickfellig *Adj ugs fig* thick-skinned
Dickfelligkeit *f ugs* callousness
dickflüssig *Adj* thick(-flowing)
Dickhäuter *m* ZOOL pachyderm
Dickicht *n* **1.** thicket **2.** *fig* labyrinth
Dickkopf *m ugs fig* pigheaded fellow: ***einen Dickkopf haben*** → ***dickköpfig***
dickköpfig *Adj* ***dickköpfig sein*** be pigheaded
Dickköpfigkeit *f* pigheadedness, stubbornness
dicklich *Adj* **1.** *Person*: plump **2.** → ***dickflüssig***

D

dickmachen → ***dick*** I 1
Dickmilch *f* soured milk
dickschalig *Adj* BOT thick-skinned
Dickwanst *m ugs* fatso
Didaktik *f* didactics *Sg*
didaktisch *Adj* didactic(ally *Adv*)
die I *bestimmter Artikel* the **II** *Demonstrativpron* this (one), that (one): ***die nicht!*** not she! **III** *Relativpron* who, *bei Sachen*: which **IV** *Personalpron ugs für* ***sie*** 1
Dieb, Diebin thief
Diebesbande *f* gang of thieves
Diebesbeute *f*, **Diebesgut** *n* stolen goods *Pl*, loot
diebisch *Adj* **1.** thievish **2.** *fig Freude etc*: malicious: *Adv* ***sich diebisch freuen*** *ugs* be tickled pink (***über*** *Akk* at)
Diebstahl *m* theft, JUR larceny: ***einfacher*** (***schwerer***) ***Diebstahl*** petty (grand) larceny; ***geistiger Diebstahl*** plagiarism
diebstahlsicher *Adj* theftproof
Diebstahlsicherung *f* MOT theft protection
Diebstahlversicherung *f* insurance against theft
Diele *f* **1.** (*Brett*) floor board **2.** (*Vorraum*) (entrance) hall, *Am* hallway
dienen *v/i* **1.** serve ([***bei***] ***j-m*** s.o., ***zu*** for, ***als*** as): ***dazu dienen zu*** *Inf* serve to *Inf*; ***womit kann ich dienen?*** what can I do for you?; ***damit ist mir nicht gedient*** that's of no use to me; ***wozu soll das dienen?*** what's the use of that? **2.** MIL serve (***bei*** in)
Diener *m* **1.** *auch fig* servant **2.** (*Verbeugung*) bow (***vor*** *Dat* to)
Dienerin *f* maid(servant), *fig* handmaid
Dienerschaft *f* servants *Pl*
dienlich *Adj* useful (*Dat* to), expedient: ***dienlich sein a) j-m*** be of help (*Sache*: use) to s.o., **b)** ***einer Sache*** further s.th.
Dienst *m* **1.** *allg* service (***an*** *Dat* to), MIL *auch* duty: ***öffentlicher Dienst*** civil service; ***im*** (***außer***) ***Dienst*** on (off) duty; ***Dienst haben*** be on duty, *Apotheke*: be open; ***Dienst habend*** on duty; ***j-m einen guten*** (***schlechten***) ***Dienst erweisen*** do s.o. a good (bad) turn; ***j-m gute Dienste leisten*** serve s.o. well; ***in Dienst stellen*** (*Schiff etc*) put into service; (***j-m***) ***den Dienst versagen*** fail (s.o.); ***Dienst nach Vorschrift*** work-to-rule (campaign) **2.** (*Stellung*) post, employment, (*Arbeit*) work: ***im Dienste*** (*Gen*) ***stehen*** be employed by, work for, *pej* be on *s.o.'s* payroll; ***außer Dienst*** retired; ***den Dienst quittieren*** resign; → ***antreten*** 1
Dienstag *m* (***am Dienstag*** on) Tuesday
dienstags *Adv* on Tuesdays
Dienstalter *n* (***nach dem Dienstalter*** by) seniority
Dienstantritt *m* (***bei Dienstantritt*** on) taking up duty (*oder* one's job)
dienstbar *Adj* subservient (*Dat* to): ***sich etw dienstbar machen*** utilize (*oder* exploit) s.th.
dienstbereit *Adj* **1.** *Arzt*: on duty, *Apotheke*: open **2.** (*gefällig*) helpful
Diensteifer *m* zeal, *pej* officiousness
diensteifrig *Adj* zealous, *pej* officious
dienstfrei *Adj* ***dienstfreier Tag*** day off; ***dienstfrei haben*** be off duty
Dienstgebrauch *m* ***nur für den Dienstgebrauch*** for official use only
Dienstgeheimnis *n* official secret (*Pflicht*: secrecy)
Dienstgespräch *n* TEL official call
Dienstgrad *m* MIL rank, *Am* grade, SCHIFF rating
Dienstherr, Dienstherrin employer
Dienstjahre *Pl* years *Pl* of service
Dienstleister *m* service provider
Dienstleistung *f* service (rendered): ***Dienstleistungen*** services
Dienstleistungsbetrieb *m* (***öffentlicher Dienstleistungsbetrieb*** public) services enterprise
Dienstleistungsgewerbe *n* service industries *Pl*
dienstlich *Adj* official: *Adv* ***dienstlich verhindert*** prevented by official duties
Dienstmädchen *n* maid(servant), help
Dienstmarke *f* identity disc
Dienstpistole *f* service pistol
Dienstplan *m* duty roster
Dienstreise *f* official trip
Dienstschluss *m* ***nach Dienstschluss*** after (office) hours
Dienststelle *f* office, department
Dienststunden *Pl* office hours *Pl*
diensttauglich *Adj* fit for (MIL active) service
dienstuntauglich *Adj* unfit for (military) service

Die Demonstrativpronomen this und that (GR)

das, diese(r, -s): etw Näherliegendes oder gerade Erwähntes	**this** (Singular), **these** (Plural)
Ist das Ihr Hut?	**Is this your hat?**
Das sind meine fünf Katzen.	**These are my five cats.**
das, diese(r, -s): etw Fernerliegendes, distanziert Gesehenes	**that** (Singular), **those** (Plural)
Das ist nicht meine Handschrift.	**That isn't my handwriting.**
Diese Kekse machen dick.	**Those biscuits are fattening.**
Im selben Satz dienen **this / these** und **that / those** zur Unterscheidung zwischen mehreren Dingen:	
Welches Hemd gefällt dir besser – dieses (hier) oder dieses (da)?	**Which shirt do you prefer, this one or that one?**
This / these kann auch Zeitangaben oder abstrakte Begriffe stärker betonen:	
Diese Hitze ist unerträglich.	**This heat is unbearable.**
That / those kann auch die Einstellung des Sprechers hervorheben:	
Ich liebe diese Pralinen!	**I love those chocolates!**

Dienstverhältnis *n* (contract of) employment
Dienstvorschrift *f* regulations *Pl*
Dienstwagen *m* official car
Dienstweg *m* (***auf dem Dienstweg*** through) official channels *Pl*
Dienstwohnung *f* company, army *etc* flat (*oder* house)
Dienstzeit *f* **1.** office (*oder* working) hours *Pl* **2.** (period of) service
diesbezüglich *Adj und Adv* concerning this, in this connection
Diesel[1] *n* (*Kraftstoff*) diesel (oil)
Diesel[2] *m* (*Auto*) diesel
Dieselmotor *m* Diesel engine
dieser, **diese**, **dies**, **dieses**, *Pl* **diese** *Demonstrativpron* **I** *adjektivisch*: this, *Pl* these: ***dieser Tage*** **a)** (*neulich*) the other day, **b)** (*bald*) one of these days **II** *substantivisch*: **a)** this one, *Pl* these, **b)** he, she, it, *Pl* they: ***dieses und jenes, dies und das*** this and that, various things
diesig *Adj Wetter*: hazy
diesjährig *Adj* this year's
diesmal *Adv* this time
Dietrich *m* picklock, (*Nachschlüssel*) skeleton key
diffamieren *v/t* slander, defame
Differenz *f* difference
Differenzialgetriebe *n* MOT differential (gear)
Differenzialrechnung *f* MATHE differential calculus
differenzieren *v/t und v/i* differentiate
differieren *v/i* differ (***um*** by)
diffus *Adj* **1.** PHYS diffuse(d) **2.** *fig* vague
Digicam *f* digicam
digital *Adj* digital
Digitalanzeige *f* digital display
digitalisieren *v/t* digitalize
Digitalkamera *f* digital camera
Digitalrechner *m* digital computer
Digitaltechnik *f* digital technology
Digitaluhr *f* digital watch (*oder* clock)
Diktat *n* **1.** (PÄD ***Diktat schreiben*** write *oder* do) dictation; ***das Diktat aufnehmen*** take the dictation **2.** *fig* (*Befehl*) dictate
Diktator *m* dictator
diktatorisch *Adj* dictatorial
Diktatur *f* dictatorship
diktieren *v/t und v/i auch fig* dictate (***j-m*** to s.o.)
Diktiergerät *n* dictating machine
Dilemma *n* dilemma, *ugs* fix
Dilettant, **Dilettantin**, **dilettantisch** *Adj* dilettante
Dill *m* BOT dill
Dimension *f* **1.** MATHE, PHYS dimension **2.** *Pl* (*Umfang*) dimensions *Pl*, *fig* (*Ausmaß*) *auch* extent
DIN *Abk* (= ***Deutsches Institut für Normung***) German Institute for Standardization; (= ***Deutsche Industrienormen***) German Industrial Standards: ***DIN A4*** A4
Ding *n* **1.** *allg* thing, (*Gegenstand*) *auch* object: ***vor allen Dingen*** above all; *ugs* ***armes Ding!*** poor thing!; *fig* ***guter Dinge sein*** be cheerful **2.** *Pl* (*Angelegenheiten*) things *Pl*, matters *Pl*: ***der Stand der Dinge*** the state of affairs; (***so***,) ***wie die Dinge liegen*** as matters stand; ***unverrichteter Dinge*** without having achieved anything; ***das geht nicht mit rechten Dingen zu*** *ugs* there's s.th. fishy about it **3.** *ugs* ***ein tolles Ding*** a wow; ***ein Ding drehen*** pull a job; → ***verpassen*** 2 **4.** *ugs* ***das ist nicht mein Ding*** it's not my (kind of) thing
dingfest *Adj* ***j-n dingfest machen*** arrest s.o.
Dings, **Dingsbums**, **Dingsda** *m*, *f*, *n ugs* thingumajig
Dinosaurier *m* dinosaur
Diode *f* ELEK diode
Dioxid *n* CHEM dioxide
Dioxin *n* dioxin
Diözese *f* diocese
Diphtherie *f* MED diphtheria
Diphthong *m* diphthong
Diplom *n* diploma
Diplom... *allg* diplomaed, graduate (*engineer etc*), qualified (*interpreter etc*)
Diplomarbeit *f* dissertation
Diplomat, **Diplomatin** *auch fig* diplomat
Diplomatie *f auch fig* diplomacy
diplomatisch *Adj auch fig* diplomatic(ally *Adv*)
dir **I** *Personalpron* you, to you **II** *Reflexivpron* yourself: ***wasch dir die Hände!*** wash your hands!
direkt **I** *Adj* **1.** *allg* direct (*auch* LING), (*unmittelbar*) *auch* immediate, (*unverblümt*) *auch* plain: ***direkte Informationen*** *Pl auch* firsthand information *Sg* **II** *Adv* **2.** (*geradewegs*) direct, (*auch geradeheraus*) straight **3.** (*unmittelbar*, *auch ugs sofort*) directly, immediately: ***direkt vor dir*** right in front of you **4.** (*genau*) directly, exactly: ***direkt nach Süden liegen*** face due south **5.** *ugs* ***das ist direkt lächerlich*** *etc* that's downright ridiculous *etc* **6.** RADIO, TV live
Direktflug *m* direct flight
Direktion *f* **1.** management **2.** manager's office **3.** (*Leitung*) direction
Direktive *f* instruction(s *Pl*)
Direktor *m* **1.** WIRTSCH director, manager **2.** PÄD headmaster, principal
Direktorat *n* **1.** directorship **2.** headmaster's office
Direktorin *f* **1.** directress, manageress **2.** PÄD headmistress, principal
Direktorium *n* board of directors
Direktrice *f Textilindustrie*: directress
Dirigent, **Dirigentin** MUS conductor, conductress
dirigieren *v/t und v/i* direct, MUS conduct
Dirigismus *m* WIRTSCH planned economy
Dirndl(kleid) *n* dirndl
Dirne *f* prostitute, whore
Discjockey *m* disc jockey
Disco *f ugs* disco
Disharmonie *f auch fig* discord
disharmonisch *Adj auch fig* discordant
Diskant *m* MUS treble
Diskette *f* COMPUTER diskette, floppy (disk)
Diskettenlaufwerk *n* disk drive
Diskjockey *m* disc jockey
Disko *f ugs* disco
Diskont *m*, **diskontieren** *v/t* WIRTSCH discount
Diskontsatz *m* discount rate
Diskothek *f* discotheque
Diskrepanz *f* discrepancy
diskret *Adj* discreet
Diskretion *f* discretion
diskriminieren *v/t* discriminate against
Diskriminierung *f* discrimination (*Gen* against)
Diskus *m* SPORT discus
Diskussion *f* discussion (***über*** *Akk* on)
Diskussionsleiter, **Diskussionsleiterin** (panel) chairman
Diskussionsteilnehmer, **Diskussionsteilnehmerin** panel(l)ist
Diskussionsveranstaltung *f* forum

Diskuswerfen *n* discus throwing
Diskuswerfer, Diskuswerferin discus thrower
diskutabel *Adj* debatable
diskutieren *v/t und v/i* discuss, debate
dispensieren *v/t* ***j-n dispensieren*** exempt s.o. (***von*** from [doing])
Display *n* display
disponieren *v/i* make (one's) arrangements, plan ahead: ***über etw*** (***j-n***) ***disponieren*** dispose of s.th. (s.o.)
disponiert *Adj* ***gut*** (***schlecht***) ***disponiert sein*** be in good (bad) form
Disposition *f* **1.** *auch* MED disposition **2.** *Pl* (***seine Dispositionen treffen*** make one's) arrangements *Pl*
Dispositionskredit *m* WIRTSCH overdraft facilities *Pl*
Disqualifikation *f* disqualification (***wegen*** for)
disqualifizieren *v/t auch fig* disqualify (***wegen*** for)
dissen *v/t sl* diss
Dissertation *f* UNI dissertation, thesis
Dissident, Dissidentin POL dissident
Dissonanz *f* MUS dissonance, *fig auch Pl* discord
Distanz *f* distance, *fig auch* detachment: ***Distanz halten*** keep one's distance (***gegenüber*** from)
distanzieren *v/refl* ***sich distanzieren*** keep one's distance; ***sich distanzieren von*** dis(as)sociate o.s. from
distanziert *Adj fig* distanced, reserved
Distel *f* BOT thistle
Distelfink *m* ZOOL goldfinch
Disziplin *f* **1.** discipline **2.** (*Fach*) discipline, branch **3.** SPORT event
disziplinarisch *Adj* disciplinary
Disziplinarstrafe *f* disciplinary punishment
Disziplinarverfahren *n* disciplinary proceedings *Pl*
diszipliniert *Adj* disciplined
disziplinlos *Adj* undisciplined, unruly
Disziplinlosigkeit *f* lack of discipline
Diva *f* star
Divergenz *f auch fig* divergence
divergieren *v/i auch fig* diverge
divers *Adj* various, sundry
diversifizieren *v/t und v/i* WIRTSCH diversify
Dividend *m* MATHE dividend
Dividende *f* WIRTSCH dividend
dividieren *v/t und v/i* MATHE divide (***durch*** by)
Division *f* MATHE, MIL division
Divisor *m* MATHE divisor
DM *f Abk* (= ***Deutsche Mark***) HIST German Mark(s), Deutschmark(s)

doch in Aufforderungen (GR)

In Aufforderungen kann **doch** im Englischen mit einem doppelten Imperativ, einer Verbindung aus zwei Verben mit **and**, wiedergegeben werden. Häufig werden dabei die Verben **come, go, try** und **wait** verwendet:

Frag doch deinen Lehrer, wenn du es nicht verstehst!	**Go and ask your teacher if you don't understand it.**
Versuch doch, das Loch mit Watte zuzustopfen!	**Try and plug the hole with some cotton wool.**

doch I *Konj* **1.** (*aber*) but **II** *Adv* **2.** (*dennoch*) yet, however, nevertheless: ***höflich, doch bestimmt*** polite yet firm; ***also doch!*** I knew it!; ***ich habe also doch Recht*** so I'm right after all **3.** ***du kommst nicht mit? - doch!*** you won't come along? - Oh yes, I will!; ***er kommt doch?*** he will come, won't he?; ***ja doch!*** yes, indeed!, of course!; ***nicht doch!*** **a)** don't!, **b)** certainly not!; ***setzen Sie sich doch!*** do sit down, please!; ***frag ihn doch!*** just ask him!; ***sei(d) doch mal still!*** be quiet, will you!; ***das ist doch Peter!*** why, that's Peter!
Docht *m* wick
Dock *n* dock
Dockarbeiter, Dockarbeiterin docker
Dogge *f* ZOOL ***Deutsche Dogge*** Great Dane; ***Englische Dogge*** mastiff
Dogma *n* dogma
dogmatisch *Adj* dogmatic(ally *Adv*)
Dohle *f* ZOOL (jack)daw
Doktor *m* UNI doctor (*auch ugs Arzt*): ***seinen Doktor machen*** take (*oder* work for) one's doctor's degree
Doktorand, Doktorandin doctorand, doctoral candidate
Doktorarbeit *f* (doctoral) thesis
Doktorvater *m ugs* supervisor
Doktorwürde *f* doctorate
Doktrin *f* doctrine
Dokument *n* document (*auch fig*), JUR *auch* deed: WIRTSCH ***Dokumente gegen Zahlung*** documents against payment
Dokumentar... documentary (*report, play, etc*)
Dokumentarfilm *m* documentary (film)
Dokumentation *f* documentation
dokumentieren *v/t* document, *fig auch* demonstrate, show
Dokumentvorlage *f* IT style sheet, template
Dolch *m* dagger
Dolchstoß *m* dagger thrust, *fig* stab in the back
Dolde *f* BOT umbel
Dole *f schweiz., südd.* drain
Dollar *m* dollar
dolmetschen *v/i* interpret (*auch v/t*), act as interpreter
Dolmetscher, Dolmetscherin interpreter
Dolmetscherinstitut *n* school (UNI institute) for interpreters
Dolomiten *Pl the* Dolomites *Pl*
Dom *m* cathedral

Dom ≠ dome (FF)

Dom	=	cathedral
dome	=	Kuppel

Domäne *f* domain, *fig auch* province
domestizieren *v/t* domesticate
dominant *Adj* dominant
Dominante *f* MUS, BIOL dominant
dominieren *v/t und v/i* dominate: ***dominierend*** dominant, dominating
Dominikaner, Dominikanerin POL, **dominikanisch** *Adj*, **Dominikaner(mönch)** *m* Dominican
Domino *n*, **Dominospiel** *n* (game of) dominoes *Sg*
Dominostein *m* domino
Domizil *n* domicile
Dompfaff *m* ZOOL bullfinch

Dompteur *m*, **Dompteuse** *f* animal trainer
Donau *f the* Danube
Donner *m* thunder, *fig* (*Getöse*) *auch* roar: *ugs* ***wie vom Donner gerührt*** thunderstruck
donnern I *v/unpers* **1.** ***es donnert*** it is thundering **II** *v/i fig* **2.** *Motoren, Stimme etc*: thunder, roar **3.** *ugs* ***donnern gegen*** crash against (*oder* into) **III** *v/t fig* **4.** (*Befehle etc*) roar, thunder (out) **5.** *ugs* (*schlagen, schmeißen*) slam
donnernd *Adj fig* thunderous (*applause etc*)
Donnerstag *m* (***am Donnerstag*** on) Thursday
donnerstags *Adv* (on) Thursdays
Donnerwetter *ugs* **I** *n* (*Krach*) row **II** *Interj* ***Donnerwetter!*** wow!; ***warum*** (***wo*** *etc*) ***zum Donnerwetter?*** why (where *etc*) the hell?
doof *Adj ugs* dopey, *bes Am* dumb
dopen *v/t* dope: ***sich dopen*** take dope
Doping *n* doping
Dopingkontrolle *f* dope test
Doppel *n* **1.** duplicate **2.** *Tennis*: doubles *Pl*
Doppelagent, **Doppelagentin** double agent
Doppelbett *n* double bed
Doppeldecker *m* **1.** biplane **2.** *ugs* (*Bus*) double-decker
doppeldeutig *Adj* (*vage*) ambiguous, (*anzüglich*) suggestive
Doppeldeutigkeit *f* ambiguity, suggestiveness
Doppelfehler *m Tennis*: double fault
Doppelfenster *n* **1.** double window **2.** *Pl* double glazing *Sg*
Doppelgänger, **Doppelgängerin** double, *ugs* look-alike
Doppelhaushälfte *f* semi-detached (house)
Doppelkinn *n* double chin
Doppelklick *m* double click
doppelklicken *v/i* double-click
Doppelleben *n*: ***ein Doppelleben führen*** lead (*oder* live) a double life
Doppelname *m* hyphenated name
Doppelpass *m* **1.** SPORT one-two **2.** (*doppelte Staatsbürgerschaft*) two passports, *weit. S. auch* dual citizenship (*oder* nationality)
Doppelpunkt *m* colon
Doppelreifen *m* MOT dual tyre (*Am* tire)
Doppelrolle *f auch fig* double role
doppelseitig I *Adj Stoff*: double-faced, reversible **II** *Adv* on both sides
Doppelsieg *m* SPORT double win
Doppelspiel *n* **1.** *pej* (***ein Doppelspiel treiben*** play a) double game **2.** → ***Doppel*** 2
Doppelstecker *m* ELEK two-way plug
doppelt I *Adj* double, *bes* TECH dual, twin, *bes* ELEK duplex: ***den doppelten Preis*** (*oder* ***das Doppelte***) ***zahlen*** pay double the price; ***in doppelter Ausfertigung*** in duplicate **II** *Adv* doubly (*painful etc*), double, twice: ***doppelt so groß*** (***viel***) twice as big (much)

Der bestimmte Artikel bei double GR

Während der bestimmte Artikel im Deutschen vor **doppelt** steht, erscheint **the** im Englischen immer nach **double**:

Der Freizeitpark bietet den doppelten Spaß zum halben Preis.	**The theme park offers double the fun for half the price.**

Doppeltür *f* double doors *Pl*
Doppelverdiener *Pl* dual-income family *Sg*
doppelwandig *Adj* double-walled
Doppelzentner *m* quintal
Doppelzimmer *n* double room
Dorf *n* village
Dorfbewohner, **Dorfbewohnerin** villager
dörflich *Adj* village (*life etc*), rustic
Dorn *m* **1.** BOT thorn, (*Stachel*) spine (*auch* ZOOL): *fig* ***j-m ein Dorn im Auge sein*** be a thorn in s.o.'s side **2.** TECH spike, mandrel, *einer Schnalle*: tongue
Dornenkrone *f* crown of thorns
dornenlos *Adj* thornless
dornenreich *Adj fig* thorny
Dornenstrauch *m* bramble
Dornröschen *n* Sleeping Beauty
dörren *v/t* dry
Dörrobst *n* dried fruit
Dorsch *m* ZOOL cod
dort *Adv* there: ***dort drüben*** over there; ***von dort*** → ***dorther***
dorther *Adv* from there
dorthin *Adv* there
Dose *f* **1.** box **2.** (*Konservendose*) tin, can **3.** ELEK (*Steckdose*) outlet
Dosen... = ***Büchsen...***
dösen *v/i* **1.** doze **2.** daydream
dosieren *v/t* dose, *fig* give *s.th.* in small *etc* doses
Dosierung *f auch fig* dosage
Dosis *f auch fig* dose: ***zu geringe Dosis*** underdose; → ***Überdosis***
dotieren *v/t* endow (***mit*** with): ***ein mit € 100 000 dotiertes Turnier*** a tournament carrying a € 100,000 prize; ***eine gut dotierte Stellung*** a well-paid position
Dotierung *f* **1.** endowment **2.** (*Gehalt*) payment, remuneration
Dotter *n* yolk
doubeln *v/t und v/i* double (***für*** for)
Double *n* FILM double, stand-in
Doublé... gold-plated (*watch etc*)
downloaden *v/t* download
Downsyndrom, **Down-Syndrom** *n* MED Down's syndrome
Dozent, **Dozentin** (university) lecturer, *Am* assistant professor
dozieren *v/t und v/i auch fig* lecture (***über*** *Akk* on)
Drache *m* dragon
Drachen *m* **1.** (***einen Drachen steigen lassen*** fly a) kite **2.** SPORT hang glider **3.** *ugs pej* battle-ax(e)
Drachenfliegen *n* hang gliding
Drachenflieger, **Drachenfliegerin** hang glider (pilot)
Dragee, **Dragée** *n* dragée, coated tablet
Draht *m* wire: POL ***heißer Draht*** hot line; *ugs* ***auf Draht sein*** **a)** be in good form, **b)** (*wachsam, helle*) be on the ball
Drahtbürste *f* wire brush
Drahtesel *m hum* bike
Drahtfunk *m* wired radio
Drahtglas *n* wire(d) glass
Drahthaar... ZOOL wirehaired (*terrier etc*)
drahtig *Adj fig Person*: wiry
drahtlos *Adj* wireless, radio-...
Drahtsaite *f* MUS wire
Drahtseil *n* wire rope, *Zirkus*: tightrope
Drahtseilakt *m* tightrope act (*fig* walk)
Drahtseilbahn *f* cable railway
Drahtzaun *m* wire fence
Drahtzieher, **Drahtzieherin** *fig* wirepuller

D

D

drakonisch *Adj* Draconian
drall *Adj* buxom, strapping
Drall *m* TECH twist, *auch* SPORT spin
Drama *n auch fig* drama: ***aus etw ein Drama machen*** dramatize s.th.
Dramatik *f auch fig* drama
Dramatiker, **Dramatikerin** dramatist
dramatisch *Adj auch fig* dramatic(ally *Adv*)
dramatisieren *v/t auch fig* dramatize
Dramaturg, **Dramaturgin** THEAT dramaturge
Dramaturgie *f* dramaturgy
dran *Adv ugs* **1.** → ***daran*** **2.** ***ich bin dran*** it's my turn; ***jetzt ist er dran!*** now he's (in) for it! **3.** ***du bist gut dran!*** you are lucky!; ***er ist übel*** (*oder* ***arm***) ***dran*** he's in a bad way; ***spät dran sein*** be late; ***an der Sache ist was dran*** there is s.th. in it; ***man weiß nie, wie man mit ihr dran ist*** you never know what to make of her; ***jetzt weiß ich, wie ich dran bin*** now I know where I stand; → ***drauf*** 2, ***Drum, glauben*** II
dranbleiben *v/i ugs fig*: ***an etw dranbleiben*** keep at it; ***bleiben Sie*** *bitte* ***dran!*** **a)** TEL hang on **b)** TV stay tuned, *Am auch* stay ahead
Drang *m* (*Trieb*) urge, impulse, (*Verlangen*) desire (***nach*** for): ***Drang nach Erkenntnis*** thirst for knowledge
Drängelei *f ugs* pushing and shoving
drängeln *v/t und v/i ugs* **1.** push, shove **2.** *fig* pester **3.** MOT tailgate
drängen **I** *v/t* **1.** push: *fig* ***j-n drängen, etw zu tun*** urge s.o. to do s.th., *stärker*: pressure s.o. into doing s.th.; ***ich lasse mich nicht drängen!*** I won't be rushed! **II** *v/i* **2.** push, *Menge*: throng **3.** *fig* be urgent, be pressing: ***die Zeit drängt*** time is running short **4.** ***auf Zahlung drängen*** press for payment; ***auf eine Entscheidung drängen*** urge a decision **III** *v/refl* ***sich drängen*** **5.** crowd (***um*** round): ***sich nach vorne*** (***zur Tür*** *etc*) ***drängen*** force one's way to the front (towards the door *etc*); *fig* ***sich nach etw drängen*** be keen on (doing) s.th.
Drängen *n* ***auf sein Drängen hin*** at his insistence
drängend *Adj* urgent
Drängler, **Dränglerin** *ugs* **1.** pusher **2.** MOT tailgater
drangsalieren *v/t* torment
dranhalten *v/refl* ***sich dranhalten*** *ugs* **a)** hurry up, **b)** keep at it
drankommen *v/i ugs* **1.** ***jetzt komme ich dran*** now it's my turn; ***als erster*** (***nächster***) ***drankommen*** be first (next) **2.** PÄD be asked (a question)
drankriegen *v/t ugs* ***da hast du mich drangekriegt!*** you've got me there!
drannehmen *v/t ugs* (*Patienten*) take, (*Schüler*) ask
drapieren *v/t* drape
drastisch *Adj* drastic(ally *Adv*)
drauf *ugs Adv* **1.** → ***darauf*** **2.** ***drauf und dran sein, etw zu tun*** be on the point of doing s.th.; ***gut drauf sein*** be in a good mood, be in good form; ***er hatte 150 Sachen drauf*** he was doing 100 miles
Draufgänger, **Draufgängerin** daredevil, (*Erfolgsmensch*) go-getter, *bei Frauen*: wolf
draufgängerisch *Adj* reckless, *ugs* gutsy
draufgehen *v/i ugs* **1.** be killed **2.** be lost, *Geld*: go down the drain, (*kaputtgehen*) go to pot
draufhaben *v/t ugs* (***schwer***) ***was draufhaben*** be (just) great (*oder* super) (***in*** *Dat* at)
draufkommen *v/i ugs* ***j-m draufkommen*** find s.o. out; → ***darauf*** 3
draufkriegen *v/t ugs* ***eins draufkriegen*** **a)** get it in the neck, **b)** SPORT get a thrashing
drauflegen → ***draufzahlen*** I
drauflos *ugs* **I** *Adv* straight ahead **II** *Interj* (***feste***) ***drauflos!*** come on!
drauflosgehen *v/i ugs* make straight for it
drauflosreden *v/i ugs* start rattling away
draufmachen *v/t ugs* ***einen draufmachen*** have a ball (*saufend*: a booze-up), go to town
draufstoßen *v/t ugs fig* ***j-n draufstoßen*** spell it out to s.o.
draufzahlen *ugs* **I** *v/t* pay an extra *100 euros etc* **II** *v/i* lose money
draußen *Adv* outside, (*im Freien*) *auch* in the open (air), SCHIFF at sea: ***draußen im Garten*** out in the garden; ***bleib***(***t***) ***draußen!*** keep out!
drechseln *v/t* turn: → ***gedrechselt***
Drechsler, **Drechslerin** wood turner
Dreck *m* **1.** dirt, *stärker*: filth, (*Schlamm*) mud: *fig* ***im Dreck sitzen*** be in a mess; ***j-n*** (***etw***) ***in den Dreck ziehen*** drag s.o.'s name (s.th.) in the mud; ***j-n wie*** (***den letzten***) ***Dreck behandeln*** treat s.o. like dirt; ***er hat*** (***viel***) ***Dreck am Stecken*** he has a lot to answer for **2.** *fig* (*Kram, Quatsch*) rubbish: ***er kümmert sich einen Dreck darum*** he doesn't care a damn; ***das geht dich einen Dreck an!*** that's none of your business!
Dreckding *n ugs* damn thing
dreckig *Adj ugs* dirty, filthy, *fig* (*gemein*) *auch* nasty, mean: ***dreckige Witze*** dirty jokes; *Adv* ***dreckig lachen*** give a dirty laugh; ***es geht ihm dreckig*** he's having a bad time
Drecknest *n ugs pej* dump, hole
Drecksau *f*, **Dreckschwein** *n vulg* **1.** (dirty) pig **2.** (*Lump*) swine
Dreckskerl *m ugs* swine, bastard
Dreckwetter *n ugs* filthy weather
Dreh *m ugs* trick: ***den richtigen Dreh heraushaben*** have got the hang of it
Dreharbeiten *Pl* FILM shooting *Sg*
Drehbank *f* TECH lathe
drehbar *Adj* rotatable
Drehbleistift *m* propelling pencil
Drehbuch *n* script, *auch fig* scenario
Drehbuchautor *m* scriptwriter
Drehbühne *f* revolving stage
drehen **I** *v/t* **1.** *allg* turn, (*verdrehen*) twist (*auch fig*): *fig* ***man kann es drehen und wenden*** (***wie man will***) whichever way you look at it **2.** (*Zigarette etc*) roll **3.** (*Film*) shoot **4.** *ugs fig* wangle: → ***Ding*** 3 **5.** TECH turn **II** *v/i* **6.** turn (round): ***drehen an*** (*Dat*) turn, *auch fig* fiddle with; *ugs* ***daran ist nichts zu drehen und zu deuteln*** that's a fact **III** *v/refl* ***sich drehen*** **7.** turn, go round, *schnell*: spin round: ***die Erde dreht sich um die Sonne*** the earth revolves around the sun; ***mir dreht sich alles*** my head is spinning; *fig* ***sich drehen um*** revolve round, *Gespräch*: be about; ***es dreht sich darum, ob*** it's a question of whether
Dreher, **Dreherin** TECH lathe operator
Drehkraft *f* rotatory force
Drehkran *m* slewing crane
Drehkreuz *n* turnstile
Drehmoment *n* TECH torque
Drehorgel *f* barrel organ
Drehpause *f* FILM shooting break
Drehpunkt *m* TECH *und fig* pivot
Drehschalter *m* rotary switch

Drehscheibe *f* BAHN turntable, *fig* hub
Drehstrom *m* ELEK threephase current
Drehstrommotor *m* threephase A.C. motor
Drehstuhl *m* swivel chair
Drehtag *m* FILM shooting day
Drehtür *f* revolving door
Drehung *f* turn(ing), rotation: ***schnelle Drehung*** spin
Drehzahl *f* revolutions *Pl* per minute (*Abk* r. p. m.)
Drehzahlmesser *m* revolution counter
Drehzahlregelung *f* speed control
drei *Adj* three: *ugs* ***sie kann nicht bis drei zählen*** she is pretty dim(witted); ***drei viertel*** three-quarter; ***es war drei viertel zwei*** it was a quarter to two; ***drei viertel voll*** three-quarters full
Drei *f* (number) three, PÄD satisfactory
Dreiakter *m* THEAT three-act play
dreibeinig *Adj* three-legged
dreidimensional *Adj* three-dimensional
Dreieck *n* triangle

Dreiecke WF

gleichseitiges Dreieck	**equilateral triangle**
gleichschenkliges Dreieck	**isosceles triangle** [aɪˌsɑsɪliːzˈtraɪæŋl]
rechtwinkliges Dreieck	**right-angled triangle**
spitzwinkliges Dreieck	**acute-angled triangle**
stumpfwinkliges Dreieck	**obtuse-angled triangle**

dreieckig *Adj* triangular
Dreiecksverhältnis *n* (love) triangle
Dreieinigkeit *f* REL Trinity
Dreierkonferenz *f* TEL three-party conference, three-way conference
dreifach *Adj* threefold, triple: ***die dreifache Menge*** three times the amount; ***in dreifacher Ausfertigung*** in triplicate; ***das Dreifache*** three times as much, triple
dreifarbig *Adj* tricolo(u)r
Dreifuß *m* tripod
Dreiganggetriebe *n* three-speed gear
dreihundert *Adj* three hundred
dreijährig *Adj*, **Dreijährige** *m, f* three-year-old
Dreiklang *m* MUS triad
Dreikönige *Pl* REL (***zu Dreikönige*** on) Epiphany
dreimal *Adv* three times
Dreimeilenzone *f* three-mile limit
Dreimeterbrett *n* three-metre (diving) board
dreimotorig *Adj* three-engined
dreinblicken *v/i ugs* look *sad etc*
dreinreden *v/i ugs* interfere (*j-m oder* **bei** with)
dreinschlagen *v/i ugs* lay about one
Dreirad *n* tricycle
Dreisatz *m* MATHE rule of three
dreisilbig *Adj* trisyllabic
Dreisprung *m* SPORT triple jump
dreispurig *Adj Fahrbahn*: three-lane(d)
dreißig *Adj* thirty; ***sie ist Ende dreißig*** she is in her late thirties
Dreißig *f* thirty
dreißiger *Adj* ***die dreißiger Jahre*** *eines Jhs.*: the thirties *Pl*
Dreißiger, **Dreißigerin** man (woman) of thirty (*oder* in his [her] thirties): ***er ist in den Dreißigern*** he is in his thirties
Dreißigerjahre → ***dreißiger***
dreist *Adj Person*: impertinent, *ugs* cheeky, *auch fig Lüge etc*: brazen
dreistellig *Adj* MATHE three-digit
Dreistigkeit *f* impertinence, *ugs* cheek
dreistufig *Adj* TECH three-stage
Dreitagebart *m* (designer) stubble
dreitägig *Adj* three-day
Dreiteiler *m Anzug*: three-piece
dreiteilig *Adj* three-piece
Dreiviertelstunde *f* three quarters *Pl* of an hour
Dreivierteltakt *m* MUS three-four time
Dreiweg... TECH three-way (*switch etc*)
dreiwertig *Adj* CHEM trivalent
dreiwöchig *Adj* three-week
Dreizack *m* trident
dreizehn *Adj* thirteen: *ugs fig* ***jetzt schlägts aber dreizehn!*** that's the limit!
dreizehnt *Adj* thirteenth
Dreizimmerwohnung *f* three-room flat (*oder* apartment)
Dresche *f ugs* hiding
dreschen *v/t und v/i* LANDW thresh: → ***Phrase***
Dreschmaschine *f* threshing machine
Dresseur, **Dresseurin** animal trainer
dressieren *v/t* (*Tier*) train, (*Kind etc*) drill
Dressing *n* (salad) dressing
Dressman *m Pl* **Dressmen** male model
Dressur *f* **1.** (animal) training **2.** SPORT → ***Dressurreiten***
Dressurreiten *n* dressage
Drift *f* SCHIFF drift (current)
driften *v/i* drift
Drill *m* MIL *und fig* drill
drillen *v/t allg, auch fig* drill: ***gedrillt sein auf*** (*Akk*) be practised at
Drilling *m* triplet
drin *Adv ugs* **1.** → ***darin***: ***er ist drin*** he's inside **2.** *fig* ***das ist (bei mir) nicht drin!*** that's not on!, that's out!; ***es ist noch alles drin*** anything is still possible; ***mehr war nicht drin*** that was the best I *etc* could do
dringen *v/i* **1.** ***dringen durch*** force one's way through, *Licht etc*: penetrate, *Wasser etc*: seep through **2.** ***dringen aus*** (*Dat*) *Geräusch etc*: come from **3.** ***dringen in*** (*Akk*) penetrate (into), *Wasser*: *auch* seep into, *auch fig* invade; *fig* ***an die Öffentlichkeit dringen*** leak out **4.** ***dringen bis zu*** reach, get as far as **5.** *fig* ***dringen auf*** (*Akk*) insist on, press for **6.** *fig* (***mit Fragen***) ***in j-n dringen*** press s.o. (with questions); ***mit Bitten in j-n dringen*** plead with s.o.
dringend **I** *Adj* urgent, pressing, *Notwendigkeit etc*: imperative, *Verdacht etc*: strong, *Gründe*: compelling **II** *Adv* ***dringend brauchen*** need urgently (*oder* badly); ***dringend notwendig*** imperative; ***dringend empfehlen*** recommend strongly; ***j-n dringend ersuchen*** entreat s.o.
dringlich *Adj* urgent
Dringlichkeit *f* urgency: ***von größter Dringlichkeit*** of top (*oder* first) priority
Dringlichkeitsantrag *m* PARL emergency motion
Dringlichkeitsstufe *f* priority (class): ***höchste Dringlichkeitsstufe*** top priority
drinnen *Adv* inside, indoors
drinstecken *v/i ugs* ***da steckt viel Arbeit drin*** a lot of work has gone into it
dritt *Adj* third: ***dritter Klasse*** third-class; POL

D

die dritte Welt the Third World; ***wir waren zu dritt*** there were three of us; ***sie gingen zu dritt hin*** three of them went
Dritte *m, f* third, JUR third party: ***Dritte(r) werden*** SPORT finish third

D

Drittel *n* third
drittens *Adv* third(ly)
drittklassig *Adj fig* third-rate
drittletzt *Adj* last but two
drittrangig *Adj* third-rate
Droge *f* drug
drogenabhängig *Adj* addicted to drugs: ***drogenabhängig sein*** *auch* be a drug addict
Drogenabhängige *m, f* drug addict
Drogenabhängigkeit *f* drug addiction
Drogenhandel *m* drug trafficking
Drogenhändler, **Drogenhändlerin** drug dealer
Drogenkonsum *m* use of drugs
Drogenkurier *m* (drug) mule
Drogenmissbrauch *m* drug abuse
Drogenrausch *m ugs* (***im Drogenrausch*** on a) trip
Drogensucht *f* drug addiction
drogensüchtig *Adj* addicted to drugs
Drogensüchtige *m, f* drug addict
Drogenszene *f* drug scene
Drogentote *m, f* drug-related death
Drogerie *f* chemist's (shop), *Am* drugstore
Drogist, **Drogistin** chemist, *Am* druggist
Drohbrief *m* threatening letter
drohen *v/i* threaten (***j-m*** s.o.): ***j-m drohen*** **a)** ***mit der Faust*** (***dem Finger***) shake one's fist (finger) at s.o., **b)** *fig* (*j-m bevorstehen*) be in store for s.o.; ***mit der Polizei drohen*** threaten to call the police; ***er drohte zu ertrinken*** he threatened to drown, he was in danger of drowning
drohend *Adj* **1.** threatening **2.** *fig* (*bevorstehend*) imminent: ***drohende Gefahr*** *auch* threat, menace
Drohne *f auch fig* drone
dröhnen *v/i* boom, roar, (*widerhallen*) resound (***von*** with): *fig* ***mein Kopf dröhnt*** my head is ringing
Drohung *f* threat, menace
drollig *Adj* droll, funny
Dromedar *n* ZOOL dromedary
Drops *Pl* (***saure Drops*** acid) drops *Pl*
Drossel[1] *f* ZOOL thrush
Drossel[2] *f* TECH choke
drosseln *v/t* TECH throttle (*auch fig*), (*Heizung*) turn down
drüben *Adv* over there, on the other side
Druck[1] *m allg* pressure, *fig auch* stress, MED (*Druckgefühl*) sensation of pressure: ***ein Druck auf den Knopf genügt*** just press the button; *fig* ***auf j-n Druck ausüben, j-n unter Druck setzen*** put s.o. under pressure; *ugs* ***im Druck sein*** *zeitlich*: be pressed for time
Druck[2] *m* **1.** printing: ***zum Druck gehen*** go to press; ***im Druck sein*** be printing **2.** (*Kunstdruck*) print **3.** (*Druckart*) print **4.** (*Textildruck*) print
Druckabfall *m* drop in pressure
Druckanstieg *m* increase in pressure
Druckausgleich *m* pressure compensation
Druckbuchstabe *m* block letter: ***in Druckbuchstaben schreiben*** *auch* print
Drückeberger, **Drückebergerin** *ugs* shirker
druckempfindlich *Adj* sensitive to pressure, *Obst*: easily bruised
drucken *v/t allg* print
drücken **I** *v/t* **1.** *allg* press, (*quetschen*) *auch* squeeze, (*Taste*) *auch* push: ***j-m die Hand drücken*** shake hands with s.o.; ***j-m etw in die Hand drücken*** put (*heimlich*: slip) s.th. into s.o.'s hand; ***j-n (an sich) drücken*** hug s.o.; → ***Daumen*** **2.** (*j-n*) *Schuh*: pinch, *Magen*: pain, hurt, *fig Sorgen, Schulden etc*: weigh heavily on *s.o.* **3.** *fig* (*Leistung, Preise etc*) bring (*oder* force) down, (*Rekord*) better (***um*** by) **4.** *sl* (*Heroin etc*) shoot **II** *v/i* **5.** *allg* press, *Rucksack etc*: *auch* hurt, *Schuh*: pinch, *fig Hitze etc*: be oppressive: ***drücken auf*** (*Akk*) press on, (*Knopf etc*) press, push; *fig* ***auf die Stimmung drücken*** cast a gloom (on everything) **III** *v/refl* ***sich drücken*** **6.** *ugs* shirk: ***sich vor einer Sache drücken*** shirk (doing) s.th.
drückend *Adj fig Schulden etc*: heavy, *Schwüle etc*: oppressive
Drucker *m auch* COMPUTER printer
Drücker *m Türschloss*: latch, *Gewehr*: trigger: *ugs fig* ***am Drücker sitzen*** be at the controls; ***auf den letzten Drücker*** down to the last minute
Druckerei *f* printing office
Druckerzeugnis *n* publication
Druckfehler *m* misprint
Druckfehlerverzeichnis *n* errata *Pl*
druckfertig *Adj* ready for (the) press: ***druckfertiges Manuskript*** fair copy
Druckkabine *f* FLUG pressurized cabin
Druckknopf *m* press-stud, *ugs* popper, *Am* snap fastener, TECH push button
Druckluft *f* compressed air
Druckluft… compressed-air (*starter, drive, etc*)
Druckluftbremse *f* air brake
Druckmaschine *f* printing machine
Druckmesser *m* TECH pressure ga(u)ge
Druckmittel *n fig* lever
druckreif → ***druckfertig***
Drucksache *f* **1.** *Briefe*: printed (*Am auch* second-class) matter **2.** PARL Document
Druckschrift *f* **1.** block letters *Pl*: ***in Druckschrift schreiben*** *auch* print **2.** printing type **3.** publication
Druckstelle *f* tender spot, *bei Obst*: bruise
Druckverband *m* MED compression bandage
Druckwasserreaktor *m* pressurized water reactor
Druckwelle *f einer Explosion*: shock wave
Druckzeile *f* printline
drum *Adv ugs* → ***darum***
Drum: ***das ganze Drum und Dran*** everything that goes with it; ***mit allem Drum und Dran*** with all the trimmings
drunter *Adv ugs* **1.** → ***darunter*** **2.** ***es ging alles drunter und drüber*** it was absolutely chaotic
Drüse *f* gland
Drüsen… glandular
Dschungel *m auch fig* jungle
Dschunke *f* junk
DTP *n Abk* (= ***Desktop-Publishing***) DTP
du *Personalpron* (*in Briefen*: ***Du***) you: ***bist du es?*** is that you?; ***du Glückliche(r)!*** lucky you!; ***mit j-m per du sein*** → ***duzen*** b
Dübel *m*, **dübeln** *v/t* dowel, peg
Dublee… → ***Doublé…***
ducken **I** *v/t* ***den Kopf ducken*** duck one's head **II** *v/refl* ***sich ducken*** crouch (down), *ausweichend*: duck, *fig* cringe (***vor*** before)
Duckmäuser, **Duckmäuserin** *ugs pej* cringer, (*Heuchler*) hypocrite
dudeln *v/t und v/i ugs* tootle
Dudelsack *m* bagpipe(s *Pl*)

Duell *n* duel (***auf Pistolen*** with pistols), *fig auch* fight, (*Rededuell*) *auch* battle of words
duellieren *v/refl* ***sich duellieren*** fight a duel
Duett *n* MUS duet
Duft *m* smell, scent, fragrance, aroma
dufte *Adj ugs* great, super
duften *v/i* smell (***nach*** of): ***süß duften*** smell sweet
duftend *Adj* fragrant
duftig *Adj* gossamer, filmy
Duftnote *f* special scent
Duftstoff *m* scent, aroma
dulden *v/t* **1.** tolerate: ***ich dulde es nicht*** I won't have it (***dass*** that); → ***Aufschub*** **2.** → ***erdulden***
Dulder, **Dulderin** (patient) sufferer
Duldermiene *f iron* ***mit Duldermiene*** with a martyred expression
duldsam *Adj* (***gegen***) tolerant (of), (*nachsichtig*) indulgent (to), (*geduldig*) patient (with)
Duldsamkeit *f* tolerance (***gegen*** of), forbearance
Duldung *f* toleration, permission
dumm *Adj allg* stupid, *bes Am* dumb, *ugs* (*albern*) *auch* silly, *fig* (*unangenehm*) *auch* awkward: ***zu dumm!, so etw Dummes!*** how stupid!, what a nuisance!; *ugs* ***dummes Zeug*** (***reden*** talk) rubbish; ***sich dumm stellen*** act the fool; ***ich lasse mich nicht für dumm verkaufen*** I'm not that stupid; ***die Sache wird mir zu dumm*** I'm sick and tired of it; *Adv* ***j-m dumm kommen*** get fresh with s.o.; ***frag nicht so dumm!*** don't ask such silly questions!
Dumme *m, f* fool: *ugs* ***der Dumme sein*** be left holding the baby
dummerweise *Adv ugs* **1.** ***dummerweise habe ich es vergessen*** like a fool I forgot it **2.** unfortunately
Dummheit *f* **1.** stupidity **2.** stupid thing: ***was für eine Dummheit!*** what a stupid thing to do!; (***mach***) ***keine Dummheiten!*** don't do anything stupid!, none of your tricks!
dummkommen → ***dumm***
Dummkopf *m ugs* fool, idiot
dumpf *Adj* **1.** *Geräusch etc*: dull, muffled: ***dumpfer Aufprall*** thud **2.** (*muffig*) stuffy, (*modrig*) musty **3.** *fig* (*stumpfsinnig*) dull, *Atmosphäre etc*: gloomy, dismal **4.** *fig Gefühl etc*: dark, *Schmerz*: dull
Dumping *n* WIRTSCH dumping
Düne *f* dune
Dung *m* dung, manure
Düngemittel *n* → ***Dünger***
düngen *v/t und v/i* fertilize
Dünger *m* fertilizer, (*Mist*) dung, manure
Dunggrube *f* manure pit
dunkel *Adj* **1.** *allg* dark, (*düster*) *auch* gloomy (*auch fig*), *Farbe*: *auch* deep: ***es wird dunkel*** it is getting dark **2.** *Stimme*, *Ton etc*: deep **3.** *fig allg* dark, (*unbestimmt*) *auch* vague, dim, (*geheimnisvoll*) *auch* mysterious, (*zwielichtig*) shady, dubious: ***j-n im Dunkeln lassen*** leave s.o. in the dark (***über*** *Akk* about); *ugs* ***im Dunkeln tappen*** grope in the dark; *Adv* ***sich dunkel erinnern*** remember dimly
Dunkel *n the* dark, darkness (*auch fig*)
Dünkel *m* conceit
dunkelblau *Adj* dark blue
dunkelblond *Adj* dark blond
dunkelhaarig *Adj* dark(-haired)
dunkelhäutig *Adj* dark(-skinned), swarthy
Dunkelheit *f* darkness, *fig auch* obscurity: → ***Einbruch*** 2
Dunkelkammer *f* FOTO darkroom
dunkelrot *Adj* dark red
Dunkelziffer *f* estimated number of unknown cases
dünn **I** *Adj* **1.** *allg* thin, *Gewebe etc*: *auch* flimsy, *Stimme*, *Flüssigkeit etc*: *auch* weak, *Haar*: *auch* sparse, PHYS *Luft*: rare **2.** *fig* (*dürftig*) poor, meag/re (*Am* -er) **II** *Adv* ***dünn besiedelt*** sparsely populated; *ugs fig* ***dünn gesät sein*** be scarce, be few and far between
dünnbesiedelt → ***dünn*** II
Dünndarm *m* small intestine
Dünndruck(ausgabe *f*) *m* India-paper edition
Dünne *f allg* thinness (*auch fig*), weakness
dünnflüssig *Adj* thin, liquid, *Öl*: thin-bodied
dünngesät → ***dünn*** II
dünnhäutig *Adj auch fig* thin-skinned
Dünnheit *f* → ***Dünne***
dünnmachen *v/refl* ***sich dünnmachen*** *ugs* make o.s. scarce
Dunst *m* haze, mist, (*Ausdünstung*) vapo(u)r, fumes *Pl*, (*Dampf*) steam: *ugs fig* ***er hat keinen*** (***blassen***) ***Dunst davon*** he hasn't the foggiest (idea) about it
dünsten *v/t und v/i* GASTR stew
Dunstglocke *f* blanket of smog
dunstig *Adj* hazy, misty
Dunstschleier *m* (veil of) haze
Dünung *f* SCHIFF swell
Duo *n* MUS duo
Duplikat *n* duplicate, copy
Dur *n* MUS (***in Dur*** in) major
durch **I** *Präp* **1.** through: ***quer durch*** across; ***durch ganz Amerika*** *reisen etc* all over America **2.** (*mittels*) by, by means of, (*bes über j-n*) through: ***durch Zufall*** by chance **3.** MATHE ***10 durch 2*** 10 divided by 2 **4.** → ***wegen*** **II** *Adv* **5.** *zeitlich*: during, through(out): ***das ganze Jahr durch*** throughout the year; ***die ganze Nacht durch*** all night long; *ugs* ***es ist 5 Uhr durch*** it is past five **6.** *ugs* ***durch und durch*** through and through, completely: ***durch und durch nass*** drenched
durchackern *v/t ugs fig* plough (*Am* plow) through
durcharbeiten **I** *v/t* work (*oder* go) through **II** *v/i* work through (without a break) **III** *v/refl* ***sich durcharbeiten*** *auch fig* work one's way through
durchatmen *v/i* (***tief***) ***durchatmen*** breathe deeply
durchaus *Adv* **1.** thoroughly, quite: ***durchaus!*** absolutely!; ***durchaus möglich!*** quite possible!; ***wenn er durchaus kommen will*** if he insists on coming **2.** ***durchaus nicht*** by no means; ***durchaus nicht!*** absolutely not!; ***er wollte durchaus nicht gehen*** he absolutely refused to go
durchbeißen **I** *v/t* bite through **II** *v/refl* ***sich durchbeißen*** *ugs fig* struggle through
durchbiegen *v/refl* ***sich durchbiegen*** sag
durchblättern *v/t* leaf through
Durchblick *m* **1.** view (***auf*** *Akk* of) **2.** *ugs fig* grasp: ***Durchblick haben*** → ***durchblicken*** 3; ***sich den*** (***nötigen***) ***Durchblick verschaffen*** find out what's what
durchblicken *v/i* **1.** look through **2.** *fig* ***durchblicken lassen*** intimate (***dass*** that) **3.** *ugs* (*kapieren*) get it, (*Bescheid wissen*) know the score: ***da blicke ich nicht durch!*** I don't get

D

it!
durchbluten *v/t* supply with blood
Durchblutung *f* (blood) circulation
durchblutungsfördernd *Adj* MED stimulating (blood) circulation
Durchblutungsstörung *f* MED circulatory disturbance
durchbohren *v/t* pierce, stab: *fig* ***j-n mit Blicken durchbohren*** look daggers at s.o.
durchbohrend *Adj fig Blick*: piercing
'durchbrechen[1] **I** *v/t* break in two (*auch v/i*) **II** *v/i allg* break through (*auch* MIL *und Sport*), MED burst, *Zähne*: erupt, (*zum Vorschein kommen*) come through, *fig* reveal itself
durch'brechen[2] *v/t allg* break through, (*Blockade*) *auch* run, (*Regel etc*) break
durchbrennen *v/i* **1.** ELEK *Sicherung*: blow, *Birne*: burn out **2.** *ugs fig* (*ausreißen*) run away, *mit Geld*: *auch* make off, *mit Liebhaber*: *auch* elope
durchbringen I *v/t* **1.** *allg* get *s.o.*, *s.th.* through, (*Kranken*) pull *s.o.* through, (*Familie etc*) support **2.** (*Geld*) squander, blow **II** *v/refl* ***sich durchbringen*** **3.** get by
Durchbruch *m* **1.** breakthrough (*auch fig*), MED perforation, *der Zähne*: eruption: *fig* ***zum Durchbruch kommen*** show, become manifest, *Idee*: gain acceptance **2.** (*Öffnung*) opening
durchdacht *Adj* reasoned
durchdenken *v/t logisch*: reason *s.th.* (out)
durchdrängen *v/refl* ***sich durchdrängen*** force one's way through
durchdrehen I *v/t* **1.** GASTR mince **II** *v/i* **2.** *Räder*: spin **3.** *ugs* flip, *vor Angst*: panic
durch'dringen[1] *v/t* **1.** go through, penetrate **2.** (*j-n*) *Gefühl etc*: fill, pervade
'durchdringen[2] *v/i* **1.** get through, penetrate, *Stimme etc*: be heard: *fig* ***bis zu j-m durchdringen*** reach s.o. **2.** *fig* ***durchdringen mit*** *einem Vorschlag etc*: succeed with, get *s.th.* accepted
'durchdringend *Adj allg* penetrating, *Blick*: *auch* piercing, *Stimme*: *auch* loud, shrill, *Geruch*: *auch* pungent: ***durchdringende Kälte*** biting cold; ***durchdringender Schrei*** scream
durchdrücken *v/t* **1.** (*Knie*) straighten **2.** *ugs* → ***durchsetzen***[1] I
durchdrungen *Adj fig* filled (***von*** with)
durcheinander *Adv* ***durcheinander sein*** be at sixes and sevens, be in a mess; ***ganz durcheinander sein*** *Person*: be all mixed up, (*aufgeregt*) be in a flap
Durcheinander *n auch fig* confusion, mess
durcheinanderbringen *v/t* jumble up, *auch fig* (*Begriffe etc*) mix up, (*j-n*) confuse, get *s.o.* all flustered: ***alles durcheinanderbringen*** get everything mixed up
durcheinanderessen *v/t* ***alles durcheinanderessen*** eat everything as it comes
durcheinandergeraten *v/t* get mixed up
durcheinanderreden *v/i* talk all at once
'durchfahren[1] *v/i* pass (*oder* go, MOT drive) through, BAHN *auch* go nonstop (***bis*** to): ***die Nacht durchfahren*** travel all night
durch'fahren[2] *v/t* pass (*oder* go, MOT drive) through, (*Strecke*) drive
Durchfahrt *f allg* passage, (*Tordurchfahrt*) gate(way): ***Durchfahrt verboten!*** no thoroughfare!
Durchfahrtsstraße *f* through road
Durchfall *m* **1.** MED diarrh(o)ea **2.** *ugs* THEAT flop
durchfallen *v/i* **1.** fall through **2.** *ugs* **a)** (*auch* ***durchfallen lassen***) *in einer Prüfung*: fail, *bes Am* flunk, **b)** *bei einer Wahl*: be defeated, **c)** *Vorschlag etc*: be turned down, **d)** THEAT *etc* be a flop
Durchfallquote *f* PÄD *etc* failure rate
durchfechten *v/t fig* fight *s.th.* through
durchfeiern *v/i ugs* make a night of it
durchfinden *v/i und v/refl* ***sich durchfinden*** find one's way through: **(*sich*) *nicht mehr durchfinden*** be (completely) at a loss
'durchfliegen[1] *v/i* **1.** fly through, FLUG *auch* fly nonstop **2.** → ***durchfallen*** 2 a
durch'fliegen[2] *v/t* **1.** fly through, (*Strecke*) fly, cover **2.** *fig* (*Briefe, Zeitung etc*) skim (*oder* glance) through
durchfließen *v/t* flow (*oder* run) through
durchfluten *v/t fig Licht etc*: flood *a room etc*, *Gefühl etc*: flow through *s.o.*
durchfragen *v/refl* ***sich durchfragen*** ask one's way (***zu*** to)
durchfroren *Adj fig* frozen stiff
Durchfuhr *f* WIRTSCH transit
durchführbar *Adj* practicable, feasible: ***schwer durchführbar*** difficult to carry out
durchführen I *v/t* **1.** lead (*oder* take) *s.o.*, *s.th.* through **2.** (*Arbeit, Plan etc*) carry out (*oder* through), (*Tests etc*) do, (*Projekt etc*) realize, (*Veranstaltung*) organize, (*Gesetz*) enforce **II** *v/i* **3.** ***durchführen durch*** lead through; ***unter einer Brücke durchführen*** go (*oder* lead) under a bridge
Durchführung *f* carrying out, realization, JUR enforcement
Durchführungsvorschrift *f* implementing regulation
Durchfuhrzoll *m* WIRTSCH transit duty
durchfüttern *v/t ugs* feed, (*j-n*) *auch* support
Durchgang *m* **1.** passage, (*Weg*) *auch* alley: ***Durchgang verboten!, kein Durchgang!*** no thoroughfare!; ***den Durchgang versperren*** block the passage **2.** ASTR, WIRTSCH transit **3.** (*Phase*) stage, *einer Wahl*: round (*auch Sport*), *eines Rennens etc*: heat, (*Zeitabschnitt*) rotation (period)
durchgängig *Adj* general
Durchgangslager *n* transit camp
Durchgangsstraße *f* through road
Durchgangsverkehr *m* **1.** through traffic **2.** → ***Durchfuhr***
durchgeben *v/t* (*Meldung etc*) pass on: ***telefonisch durchgeben*** phone; **(*im Radio*) *durchgeben*** announce (on the radio)
durchgebraten *Adj* GASTR well done
durchgefroren → ***durchfroren***
durchgehen I *v/i* **1.** *allg* go through, *Antrag, Gesetz etc*: *auch* be passed: ***etw durchgehen lassen*** let s.th. pass, tolerate s.th.; *ugs* ***j-m etw durchgehen lassen*** let s.o. get away with s.th. **2.** *ugs* run away, *mit Geld*: *auch* make off, *Liebende*: *auch* elope, *Pferd*: bolt: *fig* ***mit j-m durchgehen*** *Fantasie etc*: run away with s.o.; ***ihm gingen die Nerven durch*** he lost his head **II** *v/t* **3.** (*prüfen*) go over, go through
durchgehend I *Adj* through *train etc*, *Betrieb etc*: continuous (*auch* TECH) **II** *Adv* throughout: ***durchgehend geöffnet*** open all day
durchgeistigt *Adj* spiritual
durchgeknallt *Adj sl Freund, Freundin, Bemerkung etc*: *Br* over-the-top …, over the top, *Abk* OTT
durchgreifen *v/i fig* (***gegen***) take steps

(against), *ugs* crack down (on)
Durchgreifen *n* **(*hartes, schnelles*) *Durchgreifen* (*gegen*)** (rigorous, fast) action (against), *ugs* crackdown (on)
durchgreifend *Adj* drastic, *Reform etc*: radical, sweeping
durchhalten I *v/i* hold out (to the end), *ugs* stick it out **II** *v/t* keep *s.th.* up, (*Tempo etc*) *auch* stand
Durchhaltevermögen *n* staying power, stamina
durchhängen *v/i* **1.** sag **2.** *ugs fig* **a)** *Person*: feel low, **b)** *Sendung etc*: be dull
Durchhänger *m ugs* ***einen Durchhänger haben*** feel low
durchhecheln *v/t ugs fig* gossip about, run *s.o., s.th.* down
durchhungern *v/refl* ***sich durchhungern*** scrape a living
'durchkämmen[1] *v/t* **1.** (*Haar*) comb out **2.** *fig a* **durch'kämmen[2]** comb (***nach*** for)
durchkämpfen I *v/refl* ***sich durchkämpfen*** *auch fig* fight one's way through **II** *v/t* → ***durchfechten***
durchkauen *v/t* chew *s.th.* well: *ugs fig* ***etw durchkauen*** go over s.th. again and again
durchkneten *v/t* knead thoroughly
durchkommen *v/i* **1.** *allg* come through (*auch fig*), *Kranker*: *auch* pull through, *am Telefon*, *durch eine Prüfung*: get through, *Sonne*: break through **2.** *fig* (***mit*** on) manage, get by: ***mit dieser Ausrede kommst du nicht durch!*** you won't get away with this excuse!
durchkreuzen *v/t fig* thwart
durchkriechen *v/i* creep (*oder* crawl) through
Durchlass *m* passage
durchlassen *v/t* let *s.o., s.th.* through (*oder* pass), (*Licht*) transmit: ***Wasser durchlassen*** leak; *ugs fig* ***etw durchlassen*** let s.th. pass, overlook s.th.
durchlässig *Adj* pervious (***für*** to)
Durchlauf *m* **1.** TECH, COMPUTER pass **2.** SPORT heat
'durchlaufen[1] I *v/i* run through, COMPUTER (*auch* ***durchlaufen lassen***) pass (through) **II** *v/t* (*Schuhe etc*) wear through
durch'laufen[2] *v/t* run (*fig auch* go, pass) through, (*Strecke*) cover: ***die Schule durchlaufen*** pass through school
durchlaufend *Adj auch* TECH continuous
Durchlauferhitzer *m* instantaneous water heater
durchleben *v/t* go (*oder* live) through: **(*im Geiste*) *noch einmal durchleben*** relive
durchlesen *v/t* read *s.th.* through: ***sorgfältig durchlesen*** peruse; ***flüchtig durchlesen*** skim
durch'leuchten[1] *v/t* **1.** MED X-ray, screen **2.** *fig* investigate, probe into *s.o.'s past etc*
'durchleuchten[2] *v/i* shine through
Durch'leuchtung *f* MED X-ray examination, screening
durchliegen *v/refl* ***sich durchliegen*** get bedsores
durchlöchern *v/t* **1.** perforate: ***völlig durchlöchert*** riddled with holes; ***von Kugeln durchlöchert*** riddled with bullets **2.** *fig* shoot holes in
durchmachen I *v/t allg* go through, (*Krankheit etc*) *auch* have, (*Wandlung etc*) undergo: ***er hat viel durchgemacht*** he has been through a lot **II** *v/i ugs* **(*die Nacht*) *durchmachen*** make a night of it
Durchmarsch *m*, **durchmarschieren** *v/i* march through
Durchmesser *m* diameter
durchmogeln *v/refl* ***sich durchmogeln*** *ugs* wangle one's way through
durchnässen *v/t* soak, drench
durchnehmen *v/t* PÄD do, go through
durchpausen *v/t* trace
durchpeitschen *v/t* (*Gesetz etc*) rush *s.th.* through, *ugs Am* railroad
durchqueren *v/t* cross, traverse
durchrasen *v/i* race (*oder* tear) through
durchrasseln → ***durchfallen*** 2 a
durchrechnen *v/t* calculate: ***noch einmal durchrechnen*** check
Durchreiche *f* (service) hatch
Durchreise *f* ***auf der Durchreise*** on one's way through; ***ich bin nur auf der Durchreise*** I'm just passing through
Durchreisevisum *n* transit visa
durchreißen I *v/t* tear (in two) **II** *v/i* tear, *Faden etc*: snap
durchringen *v/refl* ***sich durchringen*** make up one's mind: ***sich durchringen, etw zu tun*** finally bring o.s. to do s.th.
durchrosten *v/i* rust through
durchrutschen *v/i ugs* slip through (*auch fig*), *bei einer Prüfung*: scrape through
durchrütteln *v/t* shake (up), jolt
durchsacken *v/i* FLUG pancake
Durchsage *f* announcement
durchsagen *v/t* (*Befehl etc*) pass on, *im Radio*: announce
durchsägen *v/t* saw through
durchschaubar *Adj Motive etc*: obvious, *auch Person*: transparent: ***schwer durchschaubar*** *Person, Charakter*: inscrutable, puzzling, enigmatic
durchschauen *v/t* see through *s.o., s.th.*: ***du bist durchschaut!*** *ugs* I've got your number!
durchscheinen *v/i* shine through: ***durchscheinend*** transparent, translucent
durchscheuern *v/t* (*Stoff etc*) wear through
durchschimmern *v/i* shimmer through
durchschlafen *v/i* sleep through
Durchschlag *m* **1.** (*Sieb*) strainer **2.** (*Kopie*) (carbon) copy, *ugs* carbon **3.** ELEK blowout
'durchschlagen[1] I *v/t* **1.** cut in two **2.** GASTR pass *s.th.* through a strainer **II** *v/i* **3.** *Nässe etc*: come through, *Farbe*: show through **4.** ELEK *Sicherung*: blow **5.** MED act as a laxative **6.** *fig* (*sich auswirken*) be(come) effective: ***durchschlagen auf*** (*Akk*) affect **III** *v/refl* ***sich durchschlagen*** **7.** fight one's way through: ***sich mühsam durchschlagen*** scrape through; ***sich allein durchschlagen*** fend for o.s
durch'schlagen[2] *v/t Geschoss*: penetrate
'durchschlagend *Adj fig* very effective, *Erfolg etc*: sweeping, *Beweis etc*: conclusive: ***mit durchschlagendem Erfolg*** very effectively
Durchschlagpapier *n* copy paper, flimsy
Durchschlagskraft *f einer Kugel etc*: penetration, *fig eines Arguments etc*: force
durchschlängeln *v/refl* ***sich durchschlängeln*** *Person*: thread one's way (*fig* wriggle) through
durchschleusen *v/t* **1.** (*Schiff*) lock **2.** *fig* get *s.o., s.th.* through
durchschlüpfen *v/i* slip through
durchschmelzen *v/i* KERNPHYSIK melt down
durchschmoren *v/i ugs Kabel etc*: char, scorch
'durchschneiden[1] *v/t* cut (in two)
durch'schneiden[2] *v/t* **1.** cut **2.** *fig* intersect, *Straße etc*: cut through, (*Wasser, Luft*) cleave
Durchschnitt *m* average: ***im Durchschnitt*** on (an *oder* the) average; ***über (unter) Durch-***

D

schnitt above (below) (the) average; ***im Durchschnitt verdienen*** *etc* average; (***guter***) ***Durchschnitt sein*** be (a good) average
durchschnittlich **I** *Adj* average, (*gewöhnlich*) *auch* ordinary, (*mittelmäßig*) *auch* mediocre **II** *Adv* on (an *oder* the) average: ***durchschnittlich verdienen*** *etc auch* average
Durchschnitts... average (*age*, *income*, *speed*, *temperature*, *etc*)
Durchschreibeblock *m* carbon-copy pad
durchschreiben *v/t* make a (carbon) copy of
durchschreiten *v/t* walk through
Durchschrift *f* (carbon) copy
durchschwimmen *v/t* swim (through *oder* across)
durchschwitzen *v/i* soak with sweat
durchsehen **I** *v/i* see (*oder* look) through **II** *v/t* look *s.th.* over, go through, (*prüfen*) check: ***flüchtig durchsehen*** glance through
'durchsetzen¹ **I** *v/t* ***etw durchsetzen*** get s.th. through (*oder* accepted); ***durchsetzen, dass etw geschieht*** succeed in getting s.th. done; ***seinen Willen durchsetzen*** have one's way **II** *v/refl* ***sich durchsetzen*** *Person*: assert o.s., have one's way, *Idee etc*: be accepted, catch on, *Partei*, *Kandidat(in)*: be successful; ***sich durchsetzen gegen*** prevail against, *ugs* win out over (*auch Sport*); ***er kann sich nicht durchsetzen*** he has no authority
durch'setzen² *v/t* intersperse (***mit*** with)
'Durchsetzungsvermögen *n* self-assertion, authority: ***Durchsetzungsvermögen haben*** *auch* be able to assert o.s
Durchseuchung *f* spread of infection
Durchsicht *f* examination, inspection: ***bei Durchsicht der Akten*** on looking through (*prüfend*: on checking) the papers
durchsichtig *Adj* transparent, *fig auch* obvious
Durchsichtigkeit *f auch fig* transparency
durchsickern *v/i* ooze (*oder* seep) out, *auch fig* leak out
durchspielen *v/t* **1.** (*Szene*, *Stück etc*) play *s.th.* through **2.** *fig* rehearse, go through
durchsprechen *v/t* talk *s.th.* over, discuss
durchstarten *v/i* FLUG climb and reaccelerate, *ugs* go round again
durchstecken *v/t* put (*oder* pass) *s.th.* through
durchstehen *v/t* **1.** *fig* get through **2.** → ***durchhalten*** II
durchstellen *v/t* TEL ***ein Gespräch durchstellen*** put a call through
durchstöbern *v/t* rummage through
'durchstoßen¹ *v/i* break (*oder* push) through
durch'stoßen² *v/t* penetrate, pierce, (*Wolken etc*) break through
durchstreichen *v/t* cross out, cancel
durchstreifen *v/t* roam
durchströmen *v/t auch fig* flow through
durchsuchen *v/t* search, (*Gebiet etc*) comb, scour
Durchsuchung *f* search
Durchsuchungsbefehl *m* search warrant
durchtrainiert *Adj* top fit
durchtrennen *v/t* sever
durchtreten *v/t* MOT (*Pedal*) step on, *Am* floor, (*Starter*) kick
durchtrieben *Adj* sly
durchwachsen *Adj* **1.** *Speck*: streaky **2.** *präd ugs fig* so-so, mixed
Durchwahl *f* TEL **1.** (*Direktwahl*) direct dial(l)ing **2.** (*Nebenstelle*) extension
durchwählen *v/i* ***nach Berlin durchwählen*** dial through to Berlin, dial Berlin direct
durchwandern *v/t* hike through
durchweg *Adv* all of it (*oder* them), without exception, down the line
durchweicht *Adj* drenched, soaked
durchwühlen *v/t* rummage through
durchwursteln *v/refl* ***sich durchwursteln*** *ugs* muddle through
durchzählen *v/t bes* MIL count off
'durchziehen¹ **I** *v/t* **1.** pull *s.th.* through **2.** *ugs fig* (*Vorhaben etc*) push (*oder* see) *s.th.* through **II** *v/i* **3.** pass (*oder* march) through **4.** GASTR ***gut durchziehen lassen*** soak well **III** *v/refl* ***sich durchziehen*** **5.** *fig Motiv etc*: run through
durch'ziehen² *v/t* pass (*oder* march) through, *Fluss etc*, *auch fig Motiv etc*: run through, *fig Schmerz etc*: shoot through, *Geruch*: fill
durchzucken *v/t auch fig* flash through
Durchzug *m* **1.** passage, march through **2.** (*Luftzug*) draught, *Am* draft: ***Durchzug machen*** air the room thoroughly
durchzwängen *v/refl* ***sich durchzwängen*** squeeze (o.s.) through
dürfen **I** *v/hilf* ***etw tun dürfen*** be allowed to do s.th.; ***darf ich ihn besuchen?*** may I visit him?; ***ja, Sie dürfen*** yes, you may; ***nein, Sie dürfen es nicht*** no, you can't (*oder* mustn't); ***wir dürfen stolz auf ihn sein*** we can be proud of him; ***du darfst so etw nicht sagen!*** you mustn't say things like that!; ***was darf es sein?*** *Verkäufer(in)*: what can I do for you?, *Gastgeber(in)*: what would you like?; ***das dürfte genügen*** that should be enough **II** *v/t* ***er darf (es)*** he is allowed to; ***das darf man auf keinen Fall*** you can't possibly do that **III** *v/i* ***wenn ich nur dürfte*** if only I were allowed to
dürftig *Adj* poor, meag/re (*Am* -er), scanty: ***in dürftigen Verhältnissen leben*** be poorly off; *fig* ***dürftige Kenntnisse*** scanty knowledge (***von*** of)
Dürftigkeit *f* poorness (*auch fig*), meagreness
dürr *Adj* **1.** *allg* dry, *Äste*, *Holz*: *auch* dead, *Boden*: *auch* barren **2.** *Körper*, *Mensch*: thin, gaunt, skinny, *Hals*: scrawny **3.** *fig* ***in dürren Worten*** in plain terms
Dürre *f* drought
Dürrekatastrophe *f* disastrous drought
Dürreschäden *Pl* drought damage *Sg*
Durst *m* thirst (*auch fig* ***nach*** for): ***Durst haben*** (***bekommen***) be (get) thirsty; ***den Durst löschen*** quench (*oder* slake) one's thirst *ugs* ***er hat einen über den Durst getrunken*** he has had one too many
dürsten *v/i fig* thirst (***nach*** for)
durstig *Adj* thirsty (*auch fig* ***nach*** for)
durstlöschend, **durststillend** *Adj* thirst-quenching
Durststrecke *f fig* hard slog, hard times *Pl*
Duschbad *n* shower bath
Dusche *f* shower, douche (*auch* MED): *fig* ***wie eine kalte Dusche auf j-n wirken*** bring s.o. down to earth with a bump
duschen *v/i und v/refl* ***sich duschen*** (have a) shower
Duschgel *n* shower foam
Duschkabine *f* shower cubicle
Duschraum *m* shower room
Duschvorhang *m* shower curtain
Düse *f* nozzle
Dusel *m ugs* fluke, luck: ***Dusel haben*** be lucky; ***mit Dusel*** by a fluke
duselig *Adj ugs* **1.** dopey, dazed **2.** (*schläfrig*)

dürfen

GR

Wenn es um eine Erlaubnis im Einzelfall geht, wird **can** bzw. (etwas förmlicher) **may** verwendet:	
Dürfen wir heute Abend aufbleiben, um den Film zu sehen?	**Can we stay up to watch the film tonight?**
Be allowed to drückt im Präsens und in der indirekten Rede eine allgemeine Erlaubnis bzw. ein allgemeines Verbot aus:	
Ich darf keinen Zucker essen. Ich bin Diabetiker.	**I'm not allowed to eat sugar. I'm diabetic.**
In Zeitformen, in denen **can** bzw. **may** nicht möglich sind, wird ebenfalls **be allowed to** verwendet:	
Heute durfte ich unser neues Auto zum ersten Mal fahren.	**I was allowed to drive our new car for the first time today.**
Drückt **dürfen** in der verneinten Form einen Ratschlag, eine Warnung, eine Aufforderung o. Ä. aus, verwendet man im Englischen **shouldn't** oder (stärker) **mustn't**:	
Sie dürfen nicht vergessen, die Katze zu füttern.	**You mustn't forget to feed the cat.**
Allgemeine Annahmen können sowohl mit **ought to / should** als auch mit **be + probably** ausgedrückt werden:	
Das dürfte reichen.	**That ought to / should do.**
Das dürfte ihr Vater sein.	**That's probably her father.**

drowsy
düsen *v/i ugs* zoom
Düsenantrieb *m* jet propulsion: ***mit Düsenantrieb*** jet-propelled
Düsenflugzeug *n* jet plane
düsengetrieben *Adj* jet-propelled
Düsenjäger *m* MIL jet fighter
Düsenpilot, **Düsenpilotin** jet pilot
Düsentriebwerk *n* jet engine
Düsenverkehrsflugzeug *n* jetliner
Dussel *m ugs* dope
dusselig, **dusslig** *Adj ugs* dopey
düster *Adj auch fig* dark, gloomy, dismal: ***düstere Aussichten*** bleak prospects
Dutzend *n* dozen: ***zwei Dutzend*** two dozen; ***Dutzende von Leuten*** dozens of people; ***zu dutzenden*** in dozens; ***Dutzend Mal*** dozens of times
dutzendweise *Adv* in dozens, by the dozen
duzen *v/t* ***j-n duzen*** **a)** address s.o. with „du", **b)** *auch* ***sich mit j-m duzen*** be on first-name terms with s.o.
Duzfreund, **Duzfreundin** intimate friend
DV *f Abk* (= ***Datenverarbeitung***) DP, data processing
DVD *f Abk* (= ***digital video disc***) DVD
DVD-Brenner *m* DVD recorder (*oder* writer)
DVD-Laufwerk *n* DVD drive
DVD-Rekorder, **DVD-Recorder** *m* DVD recorder
Dynamik *f allg* dynamics *Pl* (*oft Sg konstr*), *fig auch* dynamism
Dynamiker, **Dynamikerin** go-getter
dynamisch *Adj auch fig* dynamic: WIRTSCH ***dynamische Rente*** index-linked pension
dynamisieren *v/t* **1.** speed *s.th.* up **2.** WIRTSCH (*Renten etc*) index-link
Dynamit *n* dynamite
Dynamo(maschine *f*) *m* ELEK dynamo
Dynastie *f* dynasty
D-Zug *m* fast train

E

E, **e** *n* E, e (*auch* MUS)
Ebbe *f* low tide: ***Ebbe und Flut*** high tide and low tide; ***es ist Ebbe*** the tide is out
eben **I** *Adj* **1.** (*flach*) even, level, flat, (*glatt*) smooth **II** *Adv* **2.** (*soeben*, *gerade*) just (now): ***eben erst*** only just; ***ich wollte eben gehen*** I was just going to leave **3.** (*genau*) just, exactly: (***das ist es ja***) ***eben!*** that's it!; ***eben nicht!*** on the contrary! **4.** ***eben noch*** (*mit Mühe*) only just **5.** (*nun einmal*) just: ***es taugt eben nichts*** it's just no good; ***er ist eben der Bessere*** he's better, that's all; ***so ist es eben!*** that's the way it is!; ***dann eben nicht!*** all right, forget it!
Ebenbild *n* image: ***das Ebenbild seines Vaters*** the spit and image of his father
ebenbürtig *Adj* equal: ***j-m ebenbürtig sein*** be s.o.'s equal, *fig auch* be a match for s.o.
ebender, **ebenderselbe**, **ebendie**, **ebendiesel-**

be, ebendas, ebendasselbe **I** *Demonstrativpron* the very same **II** *Adj* that very *man, woman, thing*
ebendeswegen *Adv* for that very reason
Ebene *f* **1.** GEOG plain **2.** MATHE plane **3.** *fig* (*Stufe*) level: ***auf staatlicher*** (***höchster***) ***Ebene*** at government (top) level
ebenerdig *Adj* at ground level
ebenfalls *Adv* likewise, *nachgestellt*: too, as well: ***ebenfalls nicht*** (***kein***) **...** not ... either; ***danke, ebenfalls!*** thanks, the same to you!
Ebenholz *n* ebony
ebenmäßig *Adj* well-proportioned, *Gesichtszüge*: regular
ebenso *Adv* **1.** just as *good etc* **2.** (in) the same way: ***ebenso gut*** (just) as well; ***ebenso viel*** just as much (*oder* many) **3.** → ***ebenfalls***
Eber *m* ZOOL boar
Eberesche *f* BOT mountain ash
ebnen *v/t* level: → ***Weg***
EC *m* = ***Eurocity***
Echo *n* echo, *fig auch* response: ***ein lebhaftes Echo finden*** meet with a lively response
Echolot *n* echo sounder
Echse *f* ZOOL lizard
echt **I** *Adj* genuine (*auch fig Gefühl etc*), *Dokument*: authentic, *Farbe*: fast, *Haar*(*farbe*): natural, (*wirklich*) real (*auch Gold, Leder etc*), (*wahr*) true (*auch Freund etc*), (*rein*) pure: ***ein echter Engländer*** a true (*oder* real) Englishman **II** *Adv* really: *ugs* ***echt gut!*** real good!; ***das ist echt Paul!*** that's Paul all over!
Echtheit *f* genuineness (*etc*), authenticity
Echtzeit *f* IT real time
Echtzeitverarbeitung *f* IT real-time processing
Eckball *m* SPORT corner
Ecke *f* **1.** corner (*auch Kante, Straßenecke, auch Sport*): ***an der Ecke*** at (*Haus*: on) the corner; ***gleich um die Ecke*** just round the corner; *fig* ***an allen Ecken und Enden*** everywhere; ***es fehlte an allen Ecken und Enden*** we were short on everything; *ugs* ***j-n um die Ecke bringen*** bump s.o. off **2.** *ugs* (*Stückchen*) piece, (*Strecke*) stretch, (*Gegend*) corner
eckig *Adj* square, angular, *fig* awkward
...eckig ...-cornered
Ecklohn *m* basic wage
Eckpfeiler *m* **1.** ARCHI corner pillar **2.** *fig* cornerstone
Eckplatz *m* corner seat
Eckstoß *m* SPORT corner kick
Eckzahn *m* eyetooth
Eckzins *m* basic interest rate
E-Commerce *m* (= ***elektronischer Handel***) IT e-commerce
Ecuador *n* Ecuador
edel *Adj* **1.** *auch fig* noble **2.** *Metall, Stein*: precious, *Wein etc*: exquisite
Edelgas *n* inert gas
Edelholz *n* rare wood
Edelmetall *n* precious metal
edelmütig *Adj* noble-minded
Edelpilzkäse *m* blue cheese
Edelstahl *m* high-grade steel
Edelstein *m* precious stone, *geschliffener*: gem
Edeltanne *f* BOT silver fir
Edelweiß *n* BOT edelweiss
Editor *m* IT editor
Edutainment *n* edutainment
EDV *f Abk* (= ***elektronische Datenverarbeitung***) EDP, electronic data processing
EDV-Anlage *f* electronic data processing equipment
EEG *n Abk* (= ***Elektroenzephalogramm***) EEG, electroencephalogram
Efeu *m* BOT ivy
Effeff *n ugs* ***etw aus dem Effeff können*** be a real wizard at s.th.
Effekt *m* effect, (*Ergebnis auch*) result
Effekten *Pl* WIRTSCH securities *Pl*, (*Aktien und Obligationen*) stocks and bonds *Pl*
Effektenbörse *f* stock exchange
Effektenhändler, **Effektenhändlerin** stock dealer
Effektenmakler, **Effektenmaklerin** stockbroker
Effekthascherei *f* sensationalism, (cheap) showmanship
effektiv *Adj* actual
Effektivität *f* effectiveness
effektvoll *Adj* effective, striking
Effizienz *f* efficiency
EG *f Abk* (= ***Europäische Gemeinschaft***) HIST EC, European Community
egal *Adj präd ugs* **1.** ***das ist*** (***ganz***) ***egal*** it doesn't matter; ***das ist mir*** (***ganz***) ***egal*** I don't care; ***das ist mir nicht egal*** I do care; ***ganz egal, wer*** (***warum*** *etc*) no matter who (why *etc*) **2.** (*gleich*) the same
Egge *f*, **eggen** *v/t* harrow
Egoismus *m* egoism
Egoist, **Egoistin** ego(t)ist
egoistisch *Adj* egotistic(al), selfish

egal SG

Das ist egal. So passt es ja auch.	**That doesn't matter. It's fine the way it is.**
Egal wie oft wir es versuchen, es geht immer schief.	**No matter how often we try, it always goes wrong.**
Ich werde es ihm sagen, ganz egal was passiert.	**I'm going to tell him, no matter what happens.**
Nach links oder nach rechts? Mir ist es egal.	**Shall we turn left or right? It makes no difference to me.**
Wir könnten entweder übernachten oder zurückfahren, mir ist es egal.	**We could either stay the night or drive back, I don't mind.**
Egal – du kannst es dir aussuchen.	**Whichever – you can choose.**
⚠ Folgende englische Entsprechungen sind umgangssprachlich und wirken unhöflicher als das Deutsche:	
Das ist mir egal!	**I don't care!**
Das ist mir vollkommen egal!	**I couldn't care less! /** *vulg* **I don't give a toss!**

egozentrisch *Adj* self-centred, *Am* self-centered
eh *Adv* **1.** *Dialekt* → ***ohnehin*** **2.** ***seit eh und je*** always; ***wie eh und je*** as ever
ehe *Konj* before: ***nicht ehe*** not until; → ***eher, ehest***
Ehe *f* marriage: ***sie hat eine Tochter aus erster Ehe*** she has a daughter by her first marriage; ***die Ehe brechen*** commit adultery; ***(mit j-m) die Ehe schließen*** get married (to s.o.); ***sie führen eine glückliche Ehe*** they are happily married
eheähnlich *Adj*: ***eheähnliche Gemeinschaft*** common-law marriage; ***in einer eheähnlichen Gemeinschaft leben*** cohabit
Eheberater, **Eheberaterin** marriage guidance counsel(l)or
Eheberatung(sstelle) *f* marriage guidance (bureau)
Ehebett *n* marriage bed
Ehebrecher, **Ehebrecherin** adulterer (adulteress)
ehebrecherisch *Adj* adulterous
Ehebruch *m* adultery
Ehefrau *f* wife, *weit. S.* married woman
Ehegatten *Pl* husband and wife
Ehekrach *m ugs* marital row
Ehekrise *f* marital crisis
Eheleben *n* married life
ehelich *Adj* marital, *Kind*: legitimate
ehemalig *Adj* former, ex-…, *(verstorben)* late
ehemals *Adv* formerly
Ehemann *m* husband, *weit. S.* married man
Ehepaar *n* married couple: ***das Ehepaar Brown*** Mr. and Mrs. Brown
Ehepartner, **Ehepartnerin** (marriage) partner
eher *Adv* **1.** earlier, sooner: ***je eher, desto lieber*** the sooner the better **2.** *(lieber)* rather, *(leichter)* more easily, *(mehr)* more, *(wahrscheinlicher)* more likely
Ehering *m* wedding ring
ehern *Adj* **1.** (of) brass **2.** *fig Gesetz, Wille*: iron
Ehescheidung *f* divorce; *auch* → ***Scheidung(s…)***
Eheschließung *f* marriage
ehest **I** *Adj* earliest **II** *Adv* ***am ehesten*** (the) earliest, (the) first, *(am besten)* best; ***er kann uns am ehesten helfen*** if anyone can help us, it's him
Ehestand *m* matrimony
Ehestreit *m* marital row
Eheversprechen *n* promise of marriage
Ehevertrag *m* marriage contract
ehrbar *Adj* hono(u)rable, respectable
Ehre *f* hono(u)r: ***zu Ehren*** *(Gen oder **von**)* in hono(u)r of; ***ihm zu Ehren*** in his hono(u)r; ***j-m die Ehre erweisen zu*** *Inf* do s.o. the hono(u)r of *Ger*; ***j-m die letzte Ehre erweisen*** pay one's last respects to s.o.; ***j-m (keine) Ehre machen*** be a (be no) credit to s.o.; ***in Ehren halten*** hold in hono(u)r; ***mit wem habe ich die Ehre?*** to whom have I the pleasure of speaking?
ehren *v/t* hono(u)r, *(achten)* respect: *diese Haltung etc* ***ehrt ihn*** does him credit
Ehrenamt *n* honorary post
ehrenamtlich **I** *Adj* honorary **II** *Adv* in an honorary capacity
Ehrenbürger, **Ehrenbürgerin** honorary citizen
Ehrendoktor *m* honorary doctor
Ehrengast *m* guest of hono(u)r
ehrenhaft *Adj* hono(u)rable, upright
ehrenhalber *Adv* for hono(u)r's sake: ***Doktor ehrenhalber*** doctor honoris causa
Ehrenkodex *m* code of hono(u)r
Ehrenlegion *f* Legion of Hono(u)r
Ehrenmal *n* (war) memorial
Ehrenmann *m* man of hono(u)r
Ehrenmitglied *n* honorary member
Ehrenplatz *m* place of hono(u)r
Ehrenrechte *Pl* JUR ***bürgerliche Ehrenrechte*** civil rights *Pl*
Ehrenrettung *f* vindication
Ehrenrunde *f* ***(eine Ehrenrunde drehen*** do a) lap of hono(u)r
Ehrensache *f* matter of hono(u)r
Ehrenschuld *f* debt of hono(u)r
Ehrentag *m* great day
Ehrentitel *m* honorary title
Ehrentreffer *m* SPORT consolation goal
Ehrentribüne *f* VIP lounge
ehrenvoll *Adj* hono(u)rable
Ehrenwache *f* guard of hono(u)r
ehrenwert *Adj* respectable
Ehrenwort *n* word of hono(u)r: ***sein Ehrenwort geben*** give one's word; ***Ehrenwort!*** I promise (you)!
Ehrenzeichen *n* decoration
ehrerbietig *Adj* ***(gegen*** towards) respectful, deferential
Ehrfurcht *f* ***(vor*** *Dat)* respect (for), *stärker*: awe (of); ***Ehrfurcht gebietend*** awe-inspiring
ehrfurchtgebietend *Adj* awe-inspiring
ehrfürchtig *Adj* respectful, reverential
Ehrgefühl *n* sense of hono(u)r
Ehrgeiz *m* ambition
ehrgeizig *Adj* ambitious
ehrlich **I** *Adj* honest, *Handel, Spiel etc*: fair, *(aufrichtig) auch* sincere, *(echt)* genuine, *(offen)* frank: ***ehrlich währt am längsten*** honesty is the best policy; ***seien wir (doch) ehrlich!*** let's face it! **II** *Adv* honestly *(etc)*: ***ehrlich gesagt*** to tell you the truth; *ugs* ***ehrlich?*** really?
Ehrlichkeit *f* honesty
ehrlos *Adj* disgraceful
Ehrung *f* hono(u)r *(Gen* conferred on)
ehrwürdig *Adj* venerable, REL Reverend
ei *Interj* oh
Ei *n* **1.** egg, PHYSIOL ovum: *fig* ***wie ein Ei dem anderen gleichen*** be as like as two peas; *ugs* ***wie aus dem Ei gepellt*** spick and span; ***j-n wie ein rohes Ei behandeln*** handle s.o. with kid gloves **2.** *Pl ugs (Geld)* quid *Pl*, *Am* bucks *Pl* **3.** *Pl vulg (Hoden)* balls *Pl*, *bes Am* nuts *Pl*
Eibe *f* BOT yew (tree)
Eiche *f* BOT oak (tree), *(Holz)* oak
Eichel *f* **1.** BOT acorn **2.** ANAT glans
Eichelhäher *m* ZOOL jay
eichen *v/t (Maße, Gewichte)* adjust, *(Messinstrumente)* calibrate
Eichhörnchen *n* ZOOL squirrel
Eichmaß *n* standard (measure)
Eid *m* oath: ***einen Eid ablegen*** *(oder* ***leisten, schwören)*** take an oath, swear ***(auf die Bibel*** by the Bible); ***j-m einen Eid abnehmen*** administer an oath to s.o.; ***unter Eid aussagen*** testify on oath; JUR ***an Eides statt*** → ***eidesstattlich***
Eidechse *f* ZOOL lizard
eidesstattlich *Adj und Adv* in lieu of (an) oath: ***eidesstattliche Erklärung*** affidavit
Eidgenosse *m*, **Eidgenossin** *f* Swiss (citizen):

die Eidgenossen the Swiss
eidgenössisch *Adj* Swiss
eidlich **I** *Adj* ***eidliche Aussage, eidliche Erklärung*** sworn statement, *schriftliche*: affidavit **II** *Adv* on (*oder* under) oath
Eidotter *n* (egg) yolk
Eierbecher *m* eggcup
Eierkocher *m* egg boiler
Eierkopf *m hum* egghead
Eierkuchen *m* pancake
Eierlöffel *m* egg spoon
Eierschale *f* eggshell
eierschalenfarben *Adj* off-white
Eierschwamm *m österr.* chanterelle
Eierspeise *f* egg dish
Eierstock *m* ANAT ovary
Eieruhr egg timer
Eierwärmer *m* egg cosy
Eifer *m* zeal, eagerness, (*Begeisterung*) enthusiasm, fervo(u)r: ***blinder Eifer*** rashness; ***blinder Eifer schadet nur*** haste is waste; ***im Eifer des Gefechts*** in the heat of the moment
eifern *v/i* **1.** ***nach etw eifern*** strive for s.th. **2.** ***eifern gegen*** rail against **3.** → ***wetteifern***
Eifersucht *f* jealousy (***auf*** *Akk* of)
eifersüchtig *Adj* jealous (***auf*** *Akk* of)
eifrig *Adj* keen, ardent, (*emsig*) busy: *Adv* ***eifrig bemüht sein zu*** *Inf* be anxious to *Inf*
eigen *Adj* **1.** own, of one's own: ***sich etw zu eigen machen*** make s.th. one's own, adopt; ***ein eigenes Zimmer*** a room of one's own **2.** (*persönlich*) own, personal, private: ***nur für den eigenen Gebrauch*** only for one's own use; ***eigene Ansichten*** personal views **3.** (*typisch*) characteristic, typical: ***mit dem ihr eigenen Charme*** with her characteristic charm **4.** (*genau*) particular, fussy

> **Wortstellung bei own** GR
>
> Eine mögliche englische Entsprechung von **ein eigener / eigenes, eine eigene** usw. ist **a(n)** + Substantiv + **of my / your / his / her / its / our / their own.**
> Das Substantiv kann auch nach **own** stehen, dann allerdings ohne **a(n)**:
> **my / your / his / her / its / our / their own** + Substantiv.
>
> | | |
> |---|---|
> | Ich hätte so gerne ein eigenes Auto. | **I'd love to have a car of my own.** **I'd love to have my own car.** |

...eigen ...-owned: ***staatseigen*** state-owned
Eigen *n my etc* own
Eigenart *f* peculiarity
eigenartig *Adj* peculiar
eigenartigerweise *Adv* strangely enough
Eigenbedarf *m* one's personal needs *Pl*, *eines Landes*: domestic requirements *Pl*
Eigenbrötler, Eigenbrötlerin **1.** eccentric **2.** solitary (person)
Eigenfinanzierung *f* self-financing
Eigengewicht *n* dead (TECH net) weight
eigenhändig **I** *Adj* personal: ***eigenhändige Unterschrift*** one's own signature **II** *Adv* personally, oneself
Eigenheim *n* house of one's own
Eigenheit *f* peculiarity
Eigeninitiative *f* one's own initiative
Eigenkapital *n* capital resources *Pl*
Eigenleben *n fig* ***ein Eigenleben entwickeln*** take on a life of its own
Eigenliebe *f* self-love, narcissism
Eigenlob *n* self-praise
eigenmächtig *Adj* high-handed, (*unbefugt*) unauthorized
Eigenmächtigkeit *f* **1.** high-handedness **2.** arbitrary act
Eigenname *m* proper name (*oder* noun)
Eigennutz *m* self-interest
eigennützig *Adj* selfish
eigens *Adv* (e)specially
Eigenschaft *f* quality, (*Merkmal*) characteristic, feature, CHEM, PHYS, TECH property: ***in seiner Eigenschaft als*** in his capacity of (*oder* as)
Eigenschaftswort *n* LING adjective
Eigensinn *m* stubbornness
eigensinnig *Adj* stubborn
eigenständig *Adj* independent
eigentlich **I** *Adj* real, actual: ***im eigentlichen Sinne*** in the true sense of the word **II** *Adv* actually, really, (*von Rechts wegen*) by rights: ***was wollen Sie eigentlich?*** what do you want anyhow?
Eigentor *n auch fig* own goal
Eigentum *n* property, JUR ownership: ***geistiges Eigentum*** intellectual property
Eigentümer, Eigentümerin owner, proprietor (proprietress)
eigentümlich *Adj* **1.** characteristic (*Dat* of) **2.** (*seltsam*) peculiar, strange
Eigentümlichkeit *f allg* peculiarity
Eigentumsrecht *n* (right of) ownership, title (***an*** *Dat* of)
Eigentumswohnung *f* freehold flat, *Am* condominium
Eigenwille *m* self-will
eigenwillig *Adj* **1.** self-willed, headstrong **2.** *fig Stil etc*: very individual
Eigenwilligkeit *f fig* (strong) individualism
eignen *v/refl* ***sich eignen*** (***als*** as, ***zu*** as, for) *Sache*: be suitable, *Person*: be suited; ***sich als Geschenk*** (***Lehrer*** *etc*) ***eignen auch*** make a good present (teacher *etc*)
Eigner, Eignerin owner
Eignung *f* (***zu, für***) suitability (for), *einer Person*: *auch* qualification (for, to be)
Eignungstest *m* aptitude test
Eilauftrag *m* WIRTSCH rush order
Eilbote *m* ***durch Eilboten*** express, *Am* (by) special delivery
Eilbrief *m* express letter, *Am* special delivery (letter)
Eile *f* hurry, rush: ***in Eile sein*** be in a hurry; ***damit hat es keine Eile*** there's no hurry
Eileiter *m* ANAT Fallopian tube
eilen *v/i* hurry, *Sache*: be urgent: ***Eilt!*** Urgent!; ***es eilt nicht*** there's no hurry
eilends *Adv* hurriedly, in a hurry
Eilfracht *f* express goods *Pl*, *Am* fast freight
eilig *Adj* hurried, (*dringend*) urgent: ***es eilig haben*** be in a hurry
eiligst → ***eilends***
Eilmarsch *m* forced march
Eilpaket *n* express parcel
Eiltempo *n* ***im Eiltempo*** in double quick time
Eilzug *m* fast train
Eilzustellung *f* special delivery
Eimer *m* bucket (*auch* TECH), pail: *ugs die Uhr*

etc ***ist im Eimer*** has had it; *ugs* ***ihre Ehe ist im Eimer*** their marriage is in tatters
eimerweise *Adv* in bucketfuls
ein[1] **I** *Adj* one: ***ein für alle Mal*** once and for all; ***ein und derselbe*** (***Mann***) one and the same person **II** *unbestimmter Artikel a*, *vor Vokal*: an: ***ein*** (***gewisser***) ***Herr Brown*** a (*oder* one) Mr. Brown; ***eines Tages*** one day **III** *Indefinitpron* (*jemand*) one, (*etwas*) one thing: ***einer von beiden*** one of them; *auch* → ***einer***
ein[2] *Adv* **1.** *Schalter*: on: ***ein - aus*** on - off **2.** ***ein und aus gehen*** come and go (***bei j-m*** at s.o.'s place); ***ich weiß nicht mehr ein noch aus*** I'm at my wits' end
Einakter *m* THEAT one-act play
einander *Adv* each other, one another
einarbeiten I *v/t* **1.** ***j-n einarbeiten*** acquaint s.o. with his (new) work, *ugs* break s.o. in **2.** ***etw einarbeiten in*** (*Akk*) work s.th. into **II** *v/refl* ***sich einarbeiten*** **3.** get into the (new) job (*oder* subject *etc*)
einarmig I *Adj* one-armed **II** *Adv* with one arm
einäschern *v/t* burn to ashes, (*Leiche*) cremate
Einäscherung *f einer Leiche*: cremation
einatmen *v/t und v/i* breathe in, inhale: ***tief einatmen*** take a deep breath
einäugig *Adj* one-eyed
Einbahn... one-way (*street*, *traffic*)
einbalsamieren *v/t* embalm
Einband *m* binding, cover
einbändig *Adj* in one volume
Einbau *m* installation, fitting
Einbau... built-in, fitted (*kitchen*, *cupboard*, *etc*)
einbauen *v/t* build in, install, fit: *fig* ***etw einbauen in*** (*Akk*) work s.th. into
einbegriffen *Adj* (***mit***) ***einbegriffen*** included
einbehalten *v/t* keep back, withhold, (*abziehen*) deduct
einberufen *v/t* **1.** (*Versammlung*) call, PARL convoke **2.** MIL (***zu***) call up (for), *Am* draft (to)
Einberufung *f* **1.** calling, PARL convocation **2.** MIL conscription, *Am* draft
Einberufungsbescheid *m* MIL call-up order, *Am* draft papers *Pl*
einbetten *v/t* embed
Einbettkabine *f* SCHIFF single-berth cabin
Einbettzimmer *n* single room
einbeulen *v/t* dent
einbeziehen *v/t* include (***in*** *Akk* in)
einbiegen *v/i* (***in*** *eine Straße etc*) turn (into): ***links einbiegen*** turn left
einbilden *v/refl* ***sich einbilden*** **1.** (*sich vorstellen*) imagine, (*glauben*) think: ***bilde dir ja nicht ein, dass ...*** don't think that ...; ***das bildest du dir nur ein*** you're imagining things; ***was bildest du dir eigentlich ein?*** who do you think you are? **2.** ***sich etw einbilden*** (***auf*** *Akk*) be (very) conceited (about); ***darauf brauchst du dir nichts einzubilden*** that's nothing to be proud of
Einbildung *f* **1.** illusion: ***das ist reine Einbildung*** you're (he is *etc*) imagining things **2.** (*Dünkel*) conceit
Einbildungskraft *f* imagination
einbinden *v/t* **1.** (*Buch*) bind **2.** MED bandage **3.** *fig* include, integrate
einbläuen *v/t* ***j-m etw einbläuen*** drum s.th. into s.o.'s head
einblenden I *v/t* FILM, RADIO, TV fade in **II** *v/refl* ***sich einblenden in*** (*Akk*) tune in to
Einblendung *f* fade-in, intercut
einbleuen → ***einbläuen***
Einblick *m fig* (***sich*** [***einen***] ***Einblick verschaffen*** get an) insight (***in*** *Akk* into); ***Einblick nehmen in*** (*Akk*) inspect
einbrechen I *v/i* **1.** ***in ein Haus*** *etc* ***einbrechen*** break into a house *etc*; ***bei ihm wurde eingebrochen*** his house was burgled **2.** MIL *und fig* ***einbrechen in*** (*Akk*) invade **3.** (*einstürzen*) collapse **4.** (***ins Eis***) ***einbrechen*** break through the ice **5.** *fig Kälte etc*: set in, *Nacht*: fall: ***bei einbrechender Dunkelheit*** at nightfall **6.** *fig* break down, SPORT *auch* wilt **7.** WIRTSCH (*Verluste erleiden*) suffer heavy losses, *Kurse*: slump **II** *v/t* **8.** (*Tür etc*) break down
Einbrecher, **Einbrecherin** burglar
einbringen I *v/t* **1.** bring in, *als Reingewinn*: net, (*Kapital*, *auch fig*) contribute (***in*** *Akk* to): ***es bringt mir ... ein*** it gets me ...; ***das bringt nichts ein!*** it doesn't pay! **2.** (*Verlust*, *Zeit*) make up (for) **3.** PARL ***eine Gesetzesvorlage einbringen*** introduce a bill **4.** JUR ***eine Klage einbringen*** file an action **II** *v/refl* ***sich einbringen*** **5.** commit o.s.
einbrocken *v/t* ***etw einbrocken*** crumble s.th. into the soup; *fig* ***j-m*** (***sich***) ***etw einbrocken*** get s.o. (o.s.) into trouble; ***das hat er sich selbst eingebrockt!*** it's his own fault!
Einbruch *m* **1.** break-in, (*Einbruchdiebstahl*) burglary **2.** ***bei Einbruch der Dunkelheit*** at nightfall; ***bei Einbruch der Kälte*** when the cold (weather) sets in **3.** MIL *und fig* invasion (***in*** *Akk* of) **4.** METEO ***Einbruch von Kaltluft*** influx of cold air **5.** (*Einsturz*) collapse **6.** WIRTSCH (*Kurseinbruch etc*) slump, (*Verlust*) loss **7.** *fig* setback, SPORT wilting, *völliger*: breakdown
Einbruchdiebstahl *m* burglary
einbruchsicher *Adj* burglar-proof
einbürgern *v/t* naturalize: ***sich einbürgern*** become naturalized, *fig* become established (*Wort*: adopted); ***es hat sich*** (***bei uns***) ***so eingebürgert*** it has become a custom (with us)
Einbürgerung *f* naturalization
Einbuße *f* loss (***an*** *Dat* of)
einbüßen I *v/t* lose **II** *v/i* ***einbüßen an*** (*Dat*) lose some of
einchecken *v/t und v/i* FLUG check in
eincremen *v/t* cream
eindämmen *v/t* dam up, *fig auch* check, (*Feuer etc*) get *s.th.* under control, POL contain
eindecken I *v/t* ***j-n eindecken mit*** supply s.o. with; ***gut eingedeckt sein*** be well stocked; *ugs* ***mit Arbeit eingedeckt sein*** be swamped with work **II** *v/refl* ***sich eindecken*** stock up (***mit*** on)
eindeutig *Adj* clear, unequivocal
Eindeutigkeit *f* clearness
eindeutschen *v/t* Germanize
eindimensional *Adj* one-dimensional
eindösen *v/i ugs* doze off
eindrängen *v/refl* ***sich eindrängen*** (***in*** *Akk*) push one's way in(to), *fig* intrude (into)
eindringen *v/i* (***in*** *Akk*) get in(to), *gewaltsam*: force one's way in(to), *Messer*, *Kugel etc*: penetrate (*s.th.*), MIL *auch* invade (*s.th.*): ***auf j-n eindringen*** **a)** attack s.o., **b)** *fig Gefühle etc*: come over s.o.; ***mit*** *Fragen etc* ***auf j-n eindringen*** press s.o. with
eindringlich *Adj Warnung etc*: urgent, *Rede etc*: forceful
Eindringlichkeit *f* urgency

Eindruck *m* **1.** impression: ***Eindruck machen*** be impressive; ***auf j-n Eindruck machen*** impress s.o.; ***einen schlechten Eindruck machen*** make a bad impression (***auf*** *Akk* on); ***den Eindruck erwecken, dass …*** give the impression that…; ***ich habe den Eindruck, dass …*** I have a feeling that …; → ***erwehren, schinden*** 2 **2.** (*Spur*) imprint

E

eindrücken *v/t* (*Scheibe etc*) break, (*Tür etc*) force, (*einbeulen*) dent

eindrucksvoll *Adj* impressive

einebnen *v/t* flatten, level (out *fig*)

eineiig *Adj* ***eineiige Zwillinge*** identical twins

eineinhalb *Adj* one and a half

Einelternteilfamilie *f* one-parent family

einengen *v/t* narrow down, restrict: ***sich eingeengt fühlen*** feel cramped

einer *Pron* someone, somebody; *auch* → **ein**[1] III

Einer *m* **1.** MATHE digit **2.** SCHIFF single (sculler)

einerlei *Adj* **1.** ***das ist*** (***mir***) ***einerlei*** it's all the same (to me), it is all one (to me); ***einerlei wer*** (***wo*** *etc*) no matter who (where *etc*) **2.** (*gleichartig*) the same

Einerlei *n* monotony: (***ewiges***) ***Einerlei*** same old routine

einerseits, einesteils *Adv* on the one hand

Eineurostück *n* one-euro piece

einfach I *Adj* **1.** *allg* simple, (*leicht*) *auch* easy, (*schlicht*) *auch* plain (*auch Essen*) **2.** single: ***einfache Fahrkarte*** single (ticket), *Am* one-way ticket **II** *Adv* **3.** simply, just: ***ich musste einfach lachen*** I couldn't help laughing

Einfachheit *f* simplicity, plainness: ***der Einfachheit halber*** to simplify matters

einfädeln I *v/t* **1.** thread **2.** *fig* arrange, *geschickt*: contrive **II** *v/refl* ***sich einfädeln*** **3.** MOT get in lane, filter (***in*** *Akk* into): ***sich links einfädeln*** filter to the left

einfahren I *v/i* **1.** come in, arrive **2.** BERGB descend into a mine **II** *v/t* **3.** (*Ernte*) bring in **4.** (*Auto*) run in **5.** FLUG (*Fahrgestell*) retract **6.** (*Tor etc*) crash into

Einfahrt *f* **1.** entrance, drive(way), *zur Autobahn*: approach: ***Einfahrt freihalten!*** keep clear of the gate(s)! **2.** entry (***in*** *Akk* into): ***der Zug aus … hat Einfahrt auf Gleis 1*** the train from … is now coming in on track 1 **3.** BERGB descent

Einfall *m* **1.** (*Gedanke*) idea **2.** (***in*** *Akk*) MIL invasion (of), (*Überfall*) raid (on) **3.** PHYS (*Lichteinfall*) incidence

einfallen *v/i* **1.** *fig* ***j-m einfallen*** occur to s.o.; ***mir fällt eben ein, dass …*** *auch* I've just remembered that …; ***es fällt mir*** (***jetzt***) ***nicht ein*** I can't think of it now; ***was fällt dir ein?*** **a)** how dare you!, **b)** you must be joking!; ***ich werde mir schon was einfallen lassen*** I'll come up with s.th.; → ***Traum*** **2.** MIL ***in ein Land einfallen*** invade a country; *ugs fig* ***bei j-m einfallen*** descend on s.o. **3.** *Licht*: enter **4.** MUS enter, join in **5.** *im Gespräch*: butt in (***in*** *Akk* on)

einfallslos *Adj* unimaginative, dull

Einfallslosigkeit *f* lack of ideas

einfallsreich *Adj* imaginative, inventive

Einfallsreichtum *m* wealth of ideas (*oder* invention)

Einfallswinkel *m* PHYS angle of incidence

Einfalt *f* naivety, simpleness

einfältig *Adj* naive, simple

Einfaltspinsel *m ugs pej* nincompoop

Einfamilienhaus *n* detached house

einfangen *v/t auch fig* catch, capture

einfarbig *Adj* unicolo(u)r(ed), *Stoff*: plain

einfassen *v/t* **1.** enclose, (*umsäumen, auch Kleid*) edge, border **2.** (*Edelstein*) set, (*Brillenglas etc*) frame

Einfassung *f* **1.** enclosure, border, edge **2.** frame, *eines Edelsteins*: setting

einfetten *v/t* grease, (*Haut*) cream

einfinden *v/refl* ***sich einfinden*** arrive, *ugs* turn up, (*sich versammeln*) assemble

einflechten *v/t fig* ***etw einflechten*** (*erwähnen*) mention s.th. in passing; ***etw einflechten in*** (*Akk*) work (*oder* insert) s.th. into

einfliegen I *v/t* (*j-n, etw*) fly in, (*Flugzeug*) test(-fly) **II** *v/i* (*sich nähern*) approach: ***einfliegen in*** (*Akk*) fly into, enter

einfließen *v/i* flow in(to ***in*** *Akk*): *fig* ***etw einfließen lassen*** slip s.th. in, (*andeuten*) give s.th. to understand

einflößen *v/t* ***j-m etw einflößen*** give s.o. s.th. (to drink); *fig* ***j-m Bewunderung*** (***Ehrfurcht, Mut*** *etc*) ***einflößen*** fill (*oder* inspire) s.o. with admiration (awe, courage, *etc*); ***j-m Angst einflößen*** fill s.o. with fear

Einflugschneise *f* approach corridor

Einfluss *m* influence (***auf*** *Akk* on): ***Einfluss haben auf*** (*Akk*) **a)** have an influence on, influence, **b)** (*einwirken*) have an effect on, affect; → ***geltend***

Einflussbereich *m* sphere of influence

Einflussnahme *f* intervention (***auf*** *Akk* in)

einflussreich *Adj* influential

einförmig *Adj* uniform, (*eintönig*) monotonous

Einförmigkeit *f* uniformity, (*Eintönigkeit*) monotony

einfrieren I *v/i* **1.** *Rohre etc*: freeze (up), *Wasser*: freeze over, *Schiff im Hafen*: become icebound **2.** *fig* freeze: ***etw einfrieren lassen*** freeze s.th. up **II** *v/t* **3.** GASTR (deep-)freeze **4.** *fig* (*Löhne, Preise etc,* POL *Beziehungen*) freeze

Einfügemodus *m* COMPUTER insert mode

einfügen I *v/t* (***in*** *Akk*) fit in(to), insert (into), COMPUTER *auch* paste (into) **II** *v/refl* ***sich einfügen*** (***in*** *Akk*) *fig* fit in (with), *Person*: adjust (to)

Einfügetaste *f* COMPUTER insert key

einfühlen *v/refl* ***sich einfühlen*** (***in*** *Akk*) empathize (with)

einfühlsam *Adj* sensitive

Einfühlungsvermögen *n* empathy

Einfuhr *f* WIRTSCH **1.** import **2.** *konkret*: imports *Pl*

Einfuhrartikel *m* imported article, *Pl* imports *Pl*

Einfuhrbestimmungen *Pl* import regulations *Pl*

einführen *v/t* **1.** introduce, (*Methode etc*) *auch* adopt **2.** ***j-n einführen*** introduce s.o. (***in*** *Akk* into, ***bei*** to); ***j-n*** (***in ein Amt***) ***einführen*** inaugurate s.o. **3.** (*hineinstecken*) (***in*** *Akk* into) insert, introduce **4.** WIRTSCH import

Einfuhrgenehmigung *f* import licen/ce (*Am* -se)

Einfuhrland *n* importing country

Einfuhrstopp *m* import ban

Einführung *f* **1.** *allg* introduction, *eines Gegenstandes*: *auch* insertion, (*Amtseinführung*) inauguration **2.** → ***Einfuhr*** 1

Einführungs… introductory (*course, price, offer, etc*)

Einfuhrverbot *n* import ban (***für*** on)

einfüllen *v/t* pour in(to ***in*** *Akk*)

Eingabe *f* **1.** application (***bei*** to, ***um, für*** for) **2.**

COMPUTER input
Eingabedaten *Pl* COMPUTER input data *Pl*
Eingabetaste *f* COMPUTER enter key, return key
Eingang *m* **1.** entrance, way in, entry **2.** (***zu*** to) access, entry, admission; *auch* → ***Zutritt*** **3.** *von Waren*: arrival, *von Briefen etc*: receipt: ***bei Eingang, nach Eingang*** on receipt **4.** ***Eingänge*** *Pl* **a)** *von Waren*: arrivals *Pl*, **b)** *von Post*: incoming mail *Sg*, **c)** (*Einnahmen*) receipts *Pl* **5.** (***zu Eingang*** at the) beginning (*Gen* of)
eingängig *Adj Melodie etc*: catchy
eingangs I *Adv* at the beginning **II** *Präp* (*Gen*) at the beginning of
Eingangsdatum *n* date of receipt
Eingangshalle *f* entrance hall
Eingangsstempel *m* date stamp
Eingangsworte *Pl* opening words *Pl*
eingebaut *Adj* built-in, TECH *auch* integrated
eingeben *v/t* **1.** (*Dat* to) (*Arznei*) give, administer **2.** (*Daten*) enter (***in einen Computer*** into a computer) **3.** *fig* ***j-m einen Gedanken eingeben*** give s.o. an idea
eingebildet *Adj* **1.** *Krankheit etc*: imaginary **2.** (*dünkelhaft*) conceited (***auf*** *Akk* about), (*anmaßend*) arrogant
Eingeborene *m, f* native
Eingebung *f* inspiration, (*Regung*) *auch* impulse: ***einer plötzlichen Eingebung folgend*** acting on the spur of the moment
eingefallen *Adj Wangen etc*: hollow, *Gesicht*: haggard
eingefleischt *Adj* inveterate: ***eingefleischter Junggeselle*** confirmed bachelor
eingehen I *v/i* **1.** *Geld, Post, Waren*: come in, arrive: ***eingehend*** incoming **2.** ***eingehen in*** *die Sprache etc* enter: → ***Geschichte*** 2 **3.** ***bei j-m ein- und ausgehen*** be a frequent visitor at s.o.'s place **4.** ***eingehen auf*** (*einen Vorschlag etc*) accept, agree to, (*Einzelheiten etc*) deal with, (*eine Frage etc*) go into, (*einen Scherz etc*) go along with; ***auf j-n eingehen*** respond to s.o., humo(u)r s.o., (*j-m zuhören*) listen to s.o. **5.** *Tier, Pflanze*: die (*auch ugs Mensch*: ***vor*** *Dat* with), *ugs Sportler etc*: go under, *Firma etc*: fold up **6.** (*einlaufen*) shrink **7.** *ugs* ***das geht ihm nicht ein*** he can't grasp it **II** *v/t* **8.** (*Vertrag, Ehe etc*) enter into; → ***Risiko, Wette***
eingehend I *Adj fig* thorough, detailed **II** *Adv* thoroughly, in detail
eingeklemmt *Adj* MED *Bruch*: strangulated, *Nerv*: trapped
eingemacht *Adj Obst etc*: preserved, *in Essig*: pickled
eingemeinden *v/t* incorporate (***in*** *Akk* into)
eingenommen *Adj* ***eingenommen sein von*** be taken with; ***von sich selbst eingenommen sein*** be full of o.s.; ***eingenommen sein für*** (***gegen***) be prejudiced towards (against)
eingerostet *Adj auch fig* rusty
eingeschlossen *Adj* **1.** locked in **2.** *im Preis etc*: included
eingeschnappt *Adj ugs* in a huff: ***sie ist leicht eingeschnappt*** she is very touchy
eingespielt *Adj* (***gut***) ***aufeinander eingespielt sein*** *auch fig* make a good team
Eingeständnis *n* (***nach eigenem Eingeständnis*** by one's own) admission, *stärker*: confession
eingestehen *v/t* admit
eingestellt *Adj* **1.** ***eingestellt gegen*** opposed to **2.** ***eingestellt auf*** (*Akk*) prepared for, geared to **3.** ***sozial*** *etc* ***eingestellt*** socially *etc* minded; ***materialistisch eingestellt sein*** be very materialistic
eingetragen *Adj* WIRTSCH registered
Eingeweide *Pl* insides *Pl*, *ugs* innards *Pl*, (*Gedärme*) intestines *Pl*, guts *Pl*
Eingeweihte *m, f* insider: ***die Eingeweihten*** *Pl* those in the know
eingewöhnen *v/refl* ***sich eingewöhnen*** settle (***in*** *Dat* into)
eingießen *v/t* pour (out)
eingipsen *v/t* MED put in plaster
eingleisig *Adj* single-track, *auch fig* one-track
eingliedern I *v/t* (***in*** *Akk*) integrate (into), incorporate (into), (*Land*) annex (to): ***j-n wieder eingliedern*** rehabilitate s.o. **II** *v/refl* ***sich eingliedern*** → ***einfügen*** II
Eingliederung *f* integration, *eines Gebiets*: annexation
eingraben I *v/t* **1.** (*Leichnam, Schatz etc*) bury, (*Pfahl, Pflanze etc*) dig in **2.** (*einritzen*) engrave (***in*** *Akk* on) **II** *v/refl* ***sich eingraben*** **3.** dig (o.s.) in, entrench o.s., *Tier*: burrow itself (***in*** *Akk* into)
eingravieren *v/t* engrave (***in*** *Akk* on)
eingreifen *v/i* **1.** step in, intervene, *störend*, *auch* JUR interfere (***in*** *Rechte* with), MIL go into action: ***in ein Gespräch eingreifen*** cut in on a conversation; ***in die Debatte eingreifen*** interfere in the debate; ***in j-s Leben eingreifen*** *Ereignis*: affect s.o.'s life **2.** TECH mesh (***in*** *Akk* with)
Eingreifen *n* intervention, interference, action
eingreifend *Adj fig* drastic, far-reaching
Eingreiftruppe *f*: ***schnelle Eingreiftruppe*** rapid reaction force
Eingriff *m* **1.** MED (***kleiner Eingriff*** minor, ***verbotener Eingriff*** illegal) operation **2.** (***in*** *Akk*) intervention (in), *störender*: interference (with, in)
einhaken I *v/t* hook *s.th.* in **II** *v/refl* ***sich einhaken*** link arms (***bei j-m*** with s.o.) **III** *v/i fig* cut in (***bei*** on): ***bei einer Sache einhaken*** take s.th. up
Einhalt *m* ***einer Sache*** ***Einhalt gebieten*** put a stop to, check
einhalten *v/t* (*Versprechen*) keep, (*Vertrag, Frist, Vorschrift etc*) keep to, observe, (*Verpflichtung*) meet: ***die Richtung einhalten*** keep going in the same direction
Einhaltung *f* (*Gen*) adherence (to), observance (of)
einhämmern *v/t fig* ***j-m etw einhämmern*** drum s.th. into s.o.'s head
Einhand... SCHIFF single-handed
einhandeln *v/t* ***etw für*** (*oder* ***gegen***) ***etw einhandeln*** swap (*oder* exchange) s.th. for s.th.; *ugs fig* ***sich etw einhandeln*** land o.s. with s.th.
einhändig *Adj und Adv* single-handed
einhängen I *v/t* **1.** (*Tür*) put *s.th.* on its hinges **2.** TEL ***den Hörer einhängen*** hang up, replace the receiver **II** *v/refl* **3.** ***sich bei j-m einhängen*** take s.o.'s arm **III** *v/i siehe* 2
einhauen → ***einschlagen*** 1, 2
einheimisch *Adj* local, native, *auch* BOT, ZOOL indigenous, WIRTSCH domestic: ***einheimische Mannschaft*** SPORT home team
Einheimische *m, f* native, *eines Ortes*: resident, local
einheimsen *v/t ugs* (*Geld etc*) pocket, rake in, (*Lob etc*) win
einheiraten *v/i* ***einheiraten in*** (*Akk*) marry into

E

Einheit *f* **1.** *allg* unit: ***eine geschlossene Einheit bilden*** form an integrated whole **2.** (*Geschlossenheit*) *auch* POL unity
einheitlich *Adj* uniform, homogeneous, (*genormt*) standard(ized), (*gemeinsam*) united
Einheitlichkeit *f* **1.** uniformity **2.** unity
Einheitsfront *f* POL united front
Einheitsgebühr *f* standard rate
Einheitsliste *f* POL single list (*Am* ticket)
Einheitspreis *m* standard price, (*Pauschale*) flat-rate price
Einheitsstaat *m* centralized state
Einheitswert *m Steuerrecht*: rateable value
einheizen *v/i ugs fig* ***j-m einheizen*** give s.o. hell
einhellig *Adj* unanimous
Einhelligkeit *f* unanimity
einher… *walk etc* along
einholen **I** *v/t* **1.** (*erreichen*) catch up with (*auch fig*), (*verlorene Zeit, Versäumtes*) make up for **2.** (*beschaffen*) get, (*Erlaubnis, Gutachten etc*) *auch* obtain: ***Auskünfte einholen*** make inquiries (***über*** *Akk* about); ***Rat einholen*** seek advice (***bei*** from) **3.** (*Segel*) strike, (*Schiff*) tow in **II** *v/i* **4.** *ugs* ***einholen gehen*** go shopping
Einhorn *n* unicorn
einhüllen *v/t* (***in*** *Akk*) wrap up (in), cover (with): *fig* ***eingehüllt in Nebel*** *etc* enveloped in fog *etc*
einhundert *Adj* a (*Am und betont*: one) hundred
einig *Adj* **1.** *Volk etc*: united **2.** ***einig sein mit*** be in agreement with; (***sich***) ***einig werden*** come to an agreement (***über*** *Akk* about); ***sich einig sein, dass …*** be agreed that …; ***sich nicht einig sein*** (***über*** *Akk* on) disagree, differ
einige *Indefinitpron* **I** *adjektivisch* **1.** a few, some, (*mehrere*) several **2. a**) (*viel*) quite a (bit of), (*etwas*) some, **b**) (*viele*) quite a few: ***es besteht einige Hoffnung, dass …*** there is some hope that …; ***es erregte einiges Aufsehen*** it caused quite a stir; ***einige Mal*** several times **3.** (*ungefähr*) some *hundred euros etc* **II** *substantivisch* **4.** *Pl* a few, some, (*mehrere*) several **5.** → ***einiges***
einigen **I** *v/t* unite **II** *v/refl* ***sich einigen*** (***über*** *Akk*, ***auf*** *Akk*) agree (on), reach an agreement (about)
einigermaßen *Adv* **a**) to some extent, somewhat, **b**) (*ziemlich*) quite, fairly, **c**) (*leidlich*) fairly well, *ugs* so-so
einiges *Indefinitpron* something, some things, (*viel*) quite a bit: ***einiges davon*** some of it; ***er hat einiges gelernt*** he has learned a thing or two; ***sein Plan hat einiges für sich*** there is s.th. to be said for his plan
Einigkeit *f* (*Eintracht*) unity, harmony, (*Übereinstimmung*) agreement, consensus: ***es herrschte Einigkeit darüber, dass …*** we (*oder* they) all agreed that …
Einigung *f* **1.** *eines Volkes etc*: unification **2.** (*Absprache*) agreement, settlement: ***es wurde keine Einigung erzielt*** no agreement was reached (***über*** *Akk* on)
einimpfen *v/t fig* ***j-m etw einimpfen*** **a**) indoctrinate s.o. with s.th., **b**) → ***einhämmern***
einjagen *v/t* ***j-m Angst*** (*oder* ***einen Schrecken***) ***einjagen*** frighten s.o., give s.o. a fright
einjährig *Adj* **1.** *Kind etc*: one-year-old **2.** *Kurs etc*: one-year **3.** BOT annual
einkalkulieren *v/t* take *s.th.* into account, allow for
Einkauf *m* **1.** purchase: ***Einkäufe machen*** → ***einkaufen*** II **2.** (*Einkaufen*) purchasing, buying **3.** WIRTSCH purchasing department
einkaufen **I** *v/t* buy, purchase **II** *v/i* ***einkaufen*** (***gehen***) go (*oder* do one's) shopping
Einkäufer, **Einkäuferin** WIRTSCH buyer
Einkaufsabteilung *f* purchasing department
Einkaufsbummel *m* ***einen Einkaufsbummel machen*** go on a shopping spree, *schwächer*: have a look around the shops
Einkaufskorb *m* (shopping) basket
Einkaufsliste *f* shopping list
Einkaufspreis *m* purchase price: ***zum Einkaufspreis*** at cost price
Einkaufstasche *f* shopping bag
Einkaufswagen *m Br* (shopping) trolley, *Am* (shopping) cart
Einkaufszentrum *n* shopping cent/re (*Am* -er)
Einkaufszettel *m* shopping list
einkehren *v/i* stop off (***in*** *Dat* at)
einkerben *v/t*, **Einkerbung** *f* notch
einkesseln *v/t* MIL encircle
einklagen *v/t* ***etw*** (***gegen j-n***) ***einklagen*** sue (s.o.) for s.th.
einklammern *v/t* put *s.th.* in brackets
Einklang *m* MUS unison, *fig auch* harmony: *fig* ***in Einklang bringen*** reconcile (***mit*** with); ***nicht im Einklang stehen*** be at variance
einkleiden **I** *v/t* ***j-n einkleiden*** *auch* MIL fit s.o. out **II** *v/refl* ***sich*** (***neu***) ***einkleiden*** fit o.s. out with a new set of clothes
einklemmen *v/t* (***sich***) ***den Finger einklemmen*** get one's finger caught (***in*** *Dat* in); → ***eingeklemmt***
einknöpfbar *Adj Futter etc*: button-in
einkochen *v/t* boil down, (*einmachen*) preserve
einkommen *v/i* **1.** SPORT come in **2.** VERW ***einkommen um*** apply for

Einkommen

WF

(Arbeits)Einkommen	**income**
(Arbeits)Lohn	**wages**
Bruttogehalt	**gross income**
Erziehungsgeld	**maternity / paternity pay**
Gehalt	**pay, salary**
Gehaltserhöhung	**pay rise** (*Br*), **pay raise** (*Am*)
Gehaltsgruppe	**pay bracket**
Gehaltskürzung	**pay cut**
Honorar	**fee**
Krankengeld	**sick pay**
Mindestlohn	**minimum wage**
Nettogehalt	**take-home pay**
Überstundenvergütung	**overtime (pay)**
Urlaubsgeld	**holiday pay** (*Br*), **vacation pay** (*Am*)
verfügbares Einkommen	**disposable income**
Weihnachtsgeld	**Christmas bonus**
Zahltag	**payday**

Einkommen *n* income, earnings *Pl*, (*Staatseinkommen*) revenue
Einkommensgruppe *f* income bracket
einkommensschwach *Adj* low-income
einkommensstark *Adj* high-income
Einkommensteuer *f* income tax
Einkommensteuererklärung *f* income-tax return
einköpfen *v/t Fußball*: head in
einkreisen *v/t* **1.** MIL surround, *auch* POL encircle **2.** *fig* (*Problem etc*) narrow down
Einkreisungspolitik *f* policy of encirclement
Einkünfte *Pl* income *Sg*, earnings *Pl*, (*Staatseinkünfte*) revenue *Sg*
einkuppeln *v/t* MOT let in the clutch
einladen I *v/t* **1.** (*Güter etc*) load (in) **2.** ***j-n einladen*** invite s.o. (***zum Abendessen*** *etc* to dinner *etc*), ask s.o. (round); ***ich lade dich (dazu) ein!*** that's my treat!, this is on me! **II** *v/i* **3.** *auch fig* invite
einladend *Adj fig* inviting; (*verlockend*) tempting, (*lecker*) delicious(-looking)
Einladung *f* invitation: ***auf Einladung von*** (*oder Gen*) at the invitation of
Einlage *f* **1.** *im Brief*: enclosure, *in der Zeitung etc*: insert **2.** (*Schuheinlage*) (arch) support, (*Einlegesohle*) insole **3.** (*Slipeinlage*, *Windeleinlage*) liner **4.** (*Polster*) padding **5.** (*Zahneinlage*) temporary filling **6.** (*Suppeneinlage*) garnish **7.** *bei der Bank*: deposit, (*Kapitaleinlage*) contribution **8.** THEAT *etc* interlude, extra
Einlass *m* admittance (***zu*** to): ***sich Einlass verschaffen*** get in; ***Einlass ab 18 Uhr*** opening at 18:00 hours
einlassen I *v/t* **1.** let *s.o.*, *s.th.* in, admit: ***Wasser (in die Wanne) einlassen*** run a bath **2.** (***in*** *Akk* in) (*Edelsteine*) set, TECH embed **II** *v/refl* **3.** ***sich einlassen auf*** (*Akk*) get involved in, *pej* let o.s. in for, (*einen Vorschlag*) agree to, (*eine Frage*) go into; ***lass dich nicht darauf ein!*** leave it alone!; ***sich mit j-m einlassen*** get involved with s.o. (*auch erotisch*); ***sich mit j-m auf einen Kampf (ein Wortgefecht) einlassen*** *ugs* tangle with s.o.
Einlauf *m* **1.** MED (***j-m einen Einlauf machen*** give s.o. an) enema **2.** SPORT finish
einlaufen I *v/i* **1.** come in (*auch Sport*), SCHIFF put in **2.** *Wasser*: run in: ***Badewasser einlaufen lassen*** run a bath **3.** *Kleidung*: shrink: ***nicht einlaufend*** nonshrink **II** *v/t* **4.** (*Schuhe*) wear in **III** *v/refl* ***sich einlaufen*** **5.** SPORT warm up
einläuten *v/t* ring in
einleben → ***eingewöhnen***
Einlegearbeit *f* inlaid work
einlegen *v/t* **1.** (*Film etc*) put in, insert, ***in einen Brief***: *auch* enclose (in *oder* with): *fig* ***eine Pause einlegen*** have a break; ***einen Spurt einlegen*** put in a spurt; → ***Wort*** 2 **2.** (*Geld bei der Bank*) deposit **3.** GASTR (***in Essig***) ***einlegen*** pickle **4.** TECH inlay (***mit*** with) **5.** (*Beschwerde etc*) lodge, file: → ***Berufung*** 4, ***Protest, Veto*** **6.** ***j-m (sich) die Haare einlegen*** set s.o.'s (one's) hair
Einleger, Einlegerin WIRTSCH depositor
Einlegesohle *f* insole
einleiten *v/t* **1.** start, begin, (*Verhandlungen*) *auch* open, (*Maßnahmen*, *Reformen etc*) initiate, (*auch Nebensatz*) introduce **2.** (*Schadstoffe*) discharge **3.** MED (*Geburt etc*) induce **4.** JUR institute: ***einen Prozess einleiten gegen*** bring an action against
einleitend I *Adj* introductory, opening, *Maßnahmen*: preliminary **II** *Adv* by way of introduction
Einleitung *f* **1.** start, opening, introduction (*auch* LING), (*Vorwort*) preface **2.** MED induction **3.** JUR institution
einlenken *v/i fig* relent
einlesen I *v/t* IT read **II** *v/refl* ***sich einlesen in*** (*Akk*) get into
einleuchten *v/i* make sense (***j-m*** to s.o.): ***es will mir nicht einleuchten, dass …*** I don't see why …
einleuchtend *Adj* clear, *Argument*: convincing
einliefern *v/t* **1.** ***j-n ins Krankenhaus (Gefängnis) einliefern*** take s.o. to (the) hospital (to prison) **2.** (*Briefe etc*) post, send
Einlieferung *f* **1.** (***in*** *Akk* to) *ins Krankenhaus*: admission, *ins Gefängnis*, *in eine Anstalt*: committal **2.** *von Briefen etc*: posting
Einlieferungsschein *m* postal receipt
einlochen *v/t* **1.** *Golf*: put(t) **2.** *ugs* ***j-n einlochen*** put s.o. in clink
einloggen *v/i* COMPUTER log in (*oder* on)
einlösen *v/t* **1.** (*Pfand*, *Wertpapier*) redeem, (*Scheck*) cash **2.** *fig* (*Versprechen etc*) keep
einlullen *v/t fig* lull
einmachen *v/t* preserve, *in Gläser*: *auch* bottle
einmal *Adv* **1.** once: ***einmal eins ist eins*** once one is one; ***einmal im Jahr*** once a year; ***einmal und nie wieder*** never again; ***noch einmal*** once more; ***noch einmal so alt (wie er)*** twice his age; ***auf einmal*** at one go, (*gleichzeitig*) at the same time, (*plötzlich*) suddenly **2.** (*früher*) once, before: ***das war einmal*** that's all in the past; ***es war einmal*** once upon a time there was; ***ich war schon einmal da*** **a)** I've been there before, **b)** I was there once; ***haben Sie schon einmal …?*** have you ever …? **3.** (*zukünftig*) one day, some day (or other): ***wenn du einmal groß bist*** when you grow up **4.** (*später*) later on **5.** ***nicht einmal*** not even, not so much as **6.** (*eben*) ***ich bin einmal so*** I can't help it; ***es ist nun einmal so*** that's the way it is **7.** ***erst einmal*** first **8.** ***hör einmal!*** listen!; ***lasst ihn doch einmal reden!*** let him talk, will you!; ***stell dir einmal vor!*** just imagine!
Einmaleins *n* **1.** (multiplication) table **2.** *fig* basics *Pl*
Einmalhandtuch *n* disposable towel
einmalig *Adj* **1.** *bes* WIRTSCH single, nonrecurring: ***einmalige Abfindung*** single payment **2.** *fig* (*einzigartig*) unique, singular, unparalle(l)ed, *ugs* fantastic: ***eine einmalige Chance*** the chance of a lifetime; *Adv* ***einmalig schön*** absolutely beautiful
Einmalzahlung *f* single payment, *Versicherung*: lump sum (*Abk* ls)
Einmannbetrieb *m* one-man business
Einmarsch *m* marching in, (*Einfall*) *auch* invasion
einmarschieren *v/i* march in: ***in ein Land einmarschieren*** march into (*oder* enter, invade) a country
einmischen *v/refl* ***sich einmischen*** (***in*** *Akk* in, with) meddle, interfere; ***sich in ein Gespräch einmischen*** join in (*störend*: *ugs* butt in on) a conversation; ***misch dich da nicht ein!*** just keep out of it!
Einmischung *f* interference
einmotorig *Adj* single-engined
einmotten *v/t* **1.** put *s.th.* in mothballs **2.** *fig* MIL

E

mothball
einmünden *v/i* ***einmünden in*** (*Akk*) *Fluss etc*: flow into, *Straße*: lead into, join, *fig* lead to
Einmündung *f Fluss*: mouth, estuary, *Straße*: junction
einmütig *Adj* unanimous
Einmütigkeit *f* unanimity
Einnahme *f* **1.** taking **2.** MIL capture, *eines Landes*: occupation **3.** *Pl* receipts *Pl*, (*Erlös*) proceeds *Pl*, (*Einkommen*) earnings *Pl*, income *Sg*, *des Staates*: revenue *Sg*
Einnahmequelle *f* source of income
einnehmen *v/t* **1.** (*Mahlzeit*) have, (*Medikament*) take **2.** (*Geld*) take in, (*verdienen*) earn **3.** MIL capture, (*Land etc*) occupy **4.** (*Platz, Raum*) take up: ***seinen Platz einnehmen*** take one's seat **5.** (*innehaben*) hold **6.** *fig* ***j-n*** (***für sich***) ***einnehmen*** win s.o. over, *stärker*: charm s.o.; ***j-n gegen sich einnehmen*** set s.o. against o.s
einnehmend *Adj fig* winning, engaging
einnicken *v/i ugs* nod off, doze off
einnisten *v/refl* ***sich einnisten*** nest, *fig Person*: install o.s
Einöde *f* wilderness
einölen *v/t* oil, (*Haut etc*) rub oil into
einordnen **I** *v/t* **1.** arrange (***nach*** according to), *in Akten*: file **2.** (*klassifizieren*) classify, ***in*** *ein System etc*: integrate (into), (*Kunstwerk etc*) place, *zeitlich*: date, (*einreihen*) (***unter*** *Akk* with) class, (*Person*) rank **II** *v/refl* ***sich einordnen*** **3.** → ***einfügen*** II **4.** MOT get in lane: ***sich links einordnen*** get into the left lane, *Br* filter to the left
einpacken **I** *v/t* pack (up), (*einwickeln*) wrap up, (*Paket*) do up **II** *v/i* pack: *ugs fig* ***da können wir einpacken!*** we might as well pack up and go!
einparken *v/t und v/i* park (between two cars)
einpassen *v/t* TECH fit *s.th.* in(to ***in*** *Akk*)
einpauken *v/t ugs* swot up on
einpendeln *v/refl* ***sich einpendeln*** *fig* find its (own) level
einpennen *v/i ugs* drop off
Einpersonenhaushalt *m* one-person (*oder* single-person) household
einpferchen *v/t fig* coop up
einpflanzen *v/t* **1.** LANDW plant **2.** MED (*Organ*) implant
Einphasen…, **einphasig** *Adj* ELEK single-phase
einplanen *v/t* include (in the plan), plan, (*berücksichtigen*) allow for
einpolig *Adj* ELEK single-pole
einprägen **I** *v/t* imprint (***in*** *Akk* on): *fig* ***j-m etw einprägen*** impress s.th. on s.o.; ***sich*** *etw* ***einprägen*** remember, (*lernen*) memorize **II** *v/refl* ***sich j-m einprägen*** stick in s.o.'s mind
einprägsam *Adj* easily remembered, *Melodie etc*: catchy
einprogrammieren → ***eingeben*** 2
einquartieren **I** *v/t* MIL billet (***bei*** on) **II** *v/refl* ***sich einquartieren bei*** move in with
Einquartierung *f* MIL billeting
einrahmen *v/t auch fig* frame
einrammen *v/t* ram *s.th.* in(to ***in*** *Akk*)
einrasten *v/i* **1.** TECH click into place, engage **2.** → ***einschnappen*** 2
einräumen *v/t* **1.** (*Bücher, Wäsche etc*) put away, (*Zimmer*) put the furniture in a room: ***einen Schrank einräumen*** put (the) things into a cupboard **2.** *fig* ***j-m etw einräumen*** grant s.th. to s.o.
einräumend *Adj* LING concessive
Einrede *f* JUR plea, demurrer
einreden **I** *v/t* ***j-m*** (***sich***) ***etw einreden*** talk s.o. (o.s.) into (believing) s.th.; ***j-m*** (***sich***) ***einreden, dass …*** persuade s.o. (o.s.) that …; ***das lasse ich mir nicht einreden*** I refuse to believe that; ***das redest du dir*** (***doch***) ***nur ein!*** you're imagining it! **II** *v/i* ***auf j-n einreden*** **a)** talk insistently to s.o., **b)** urge s.o.
einregnen **I** *v/i* ***eingeregnet sein*** be caught by the rain; *fig* ***auf j-n einregnen*** rain on s.o. **II** *v/unpers* ***es regnet sich ein*** the rain is settling in
Einreibemittel *n* liniment
einreiben *v/t* rub *s.th.* in: ***die Haut mit … einreiben*** rub … into the skin
einreichen *v/t* (***bei*** to) send in, *persönlich*: hand in, (*unterbreiten*) submit: JUR ***eine Klage einreichen*** file (*oder* bring) an action
einreihen **I** *v/refl* ***sich einreihen*** (***in*** *Akk*) take one's place (in), join (*s.th.*) **II** *v/t* class, classify: *fig* ***j-n einreihen unter*** (*Akk*) rank s.o. with
Einreiher *m* single-breasted suit
Einreise *f* entry
Einreisegenehmigung *f* entry permit
Einreisevisum *n* entry visa
einreißen **I** *v/t* **1.** tear **2.** (*Haus etc*) demolish, pull *s.th.* down **II** *v/i* **3.** tear **4.** *ugs fig Unsitte etc*: spread
einrenken **I** *v/t* **1.** MED set **2.** *fig* straighten *s.th.* out **II** *v/refl* ***sich einrenken*** **3.** *ugs fig* sort itself out
einrennen *v/t ugs* break open: → ***Tür***
einrichten **I** *v/t* **1.** (*Zimmer*) furnish, (*Küche, Geschäft etc*) fit *s.th.* out, equip, (*installieren*) install **2.** (*Schule, Betrieb etc*) set up, (*gründen*) found, establish, (*Buslinie etc*) open **3.** (*ermöglichen*) arrange: ***es einrichten, dass …*** *auch* see (to it) that …; ***wenn du es einrichten kannst*** if you can (manage to) **4.** MED (*Knochen*) set **II** *v/refl* ***sich einrichten*** **5.** ***sich*** (***neu***) ***einrichten*** (re)furnish one's flat (*oder* house); → ***häuslich*** **6.** (*sparen*) make ends meet **7.** ***sich einrichten auf*** (*Akk*) prepare for; ***auf so etw sind wir nicht eingerichtet*** we're not prepared for that sort of thing
Einrichtung *f* **1.** furniture, *einer Küche etc*: fittings *Pl*, (*Büroeinrichtung, Betriebseinrichtung etc*) equipment **2.** (*Anlage, Einbau*) installation: ***die sanitären Einrichtungen*** *auch* sanitation *Sg* **3.** (*Errichtung*) setting up, (*Gründung*) foundation **4.** (***öffentliche Einrichtung*** public) institution, *weit. S.* facility: *fig* ***zu einer ständigen Einrichtung werden*** become a permanent institution **5.** → ***Vorrichtung***
Einrichtungsgegenstände *Pl* equipment *Sg*, fixtures *Pl*
einrosten *v/i auch fig* get rusty
einrücken **I** *v/t* **1.** (*Zeile*) indent **2.** (*Anzeige*) put *s.th.* in *a newspaper etc* **II** *v/i* **3.** MIL **a)** (*eingezogen werden*) be called up, **b)** march in: ***einrücken in*** (*Akk*) march into
eins **I** *Adj* **1.** one: ***um eins*** at one (o'clock); SPORT ***eins zu zwei*** one two; *ugs fig* ***eins zu***

eins SG

⚠ Im Englischen wird die Ziffer „1" – zumindest handschriftlich – ohne Haken, also als gerader senkrechter Strich geschrieben.

null für dich! score one for you! **2.** (*einig*) ***eins sein*** (*oder* ***werden***) ***mit*** agree with **3.** (*einerlei*) ***es ist mir alles eins*** I couldn't care less; ***das ist doch alles eins*** it all amounts to the same thing **II** *Indefinitpron* **4.** one thing: ***eins gefällt mir nicht*** there is one thing I don't like about it; ***noch eins*** another thing

Eins *f* number one, PÄD (*Note*) A: ***eine Eins schreiben*** get an A; *ugs fig* ***wie eine Eins*** just super

einsacken *ugs* **I** *v/t auch fig* bag **II** *v/i Boden etc*: sag

einsam *Adj* lonely, *Leben*, *Ort etc*: isolated, secluded

Einsamkeit *f* loneliness, seclusion, isolation

einsammeln *v/t* gather, (*Hefte*, *Spenden etc*, *auch ugs Personen*) collect

Einsatz *m* **1.** (*eingesetztes Stück*) insert, *am Kleid*: inset, (*Filtereinsatz*) element **2.** (*Spieleinsatz*) stake (*auch fig*): ***den Einsatz verdoppeln*** double the stake(s) **3.** (*Wagnis*) risk: ***unter Einsatz seines Lebens*** at the risk of one's life **4.** MUS entry: ***den Einsatz geben*** give the cue **5.** (*Anstrengung*) effort(s *Pl*), hard work, (*Eifer*) zeal, (*Hingabe*) dedication: ***harter Einsatz*** SPORT hard tackling; ***mit vollem Einsatz*** all out **6.** (*Verwendung*) use, employment, *von Arbeitskräften*: *auch* deployment: ***im*** (***praktischen***) ***Einsatz*** TECH in (practical) operation **7.** MIL, *der Polizei etc*: action, *taktischer*, *auch von Waffen*: deployment, (*Kampfeinsatz*) mission: ***im Einsatz stehen*** be on duty, MIL be in action; ***zum Einsatz kommen*** be brought in(to action)

Einsatzbefehl *m* MIL combat order

einsatzbereit *Adj* **1.** ready for duty (MIL action, TECH use): ***sich einsatzbereit halten*** stand by; ***etw einsatzbereit halten*** have s.th. ready **2.** → ***einsatzfreudig***

einsatzfähig *Adj* usable, (*verfügbar*) available, MIL operational, *Person*: fit to work *etc*, *Sportler*: fit (to play *etc*)

einsatzfreudig *Adj* zealous, keen

Einsatzgruppe *f*, **Einsatzkommando** *n* task force

Einsatzwagen *m* police car (*oder* van)

einscannen *v/t* scan in

einschalten **I** *v/t* **1.** (*Licht*, *Gerät etc*) switch on, turn on, TECH *auch* connect: ***einen Sender einschalten*** tune in to; ***den Motor einschalten*** start the engine; ***den dritten Gang einschalten*** shift into third gear **2.** *fig* (*einfügen*) put in, insert: ***eine Pause einschalten*** have a break **3.** *fig* (*beteiligen*) call in: ***in einen*** (*oder* ***bei einem***) ***Fall Sachverständige einschalten*** call (*oder* bring) in experts on a case **II** *v/refl* ***sich einschalten*** **4.** *fig* step in, intervene: ***sich in ein Gespräch einschalten*** join in a conversation **5.** TV *Zuschauer*: tune in (***in*** *Akk* to) **6.** TECH switch itself on (automatically)

Einschaltquote *f* RADIO, TV viewing figures *Pl*, ratings *Pl*, *Am* Nielsen rating

einschärfen *v/t* ***j-m einschärfen zu*** *Inf* urge (*oder* warn) s.o. to *Inf*

einschätzen *v/t* **1.** *fig* judge, assess, rate: ***falsch einschätzen*** misjudge; ***zu hoch*** (***niedrig***) ***einschätzen*** overrate (underrate) **2.** *steuerlich*: assess

Einschätzung *f fig* assessment: ***nach meiner Einschätzung*** to my estimation

einschenken *v/t* pour (out)

einschicken *v/t* send in

einschieben *v/t* **1.** put in, insert **2.** *fig* fit in

Einschiebung *f* insertion

einschießen **I** *v/t* **1.** (*Scheibe etc*) shoot in, smash in **2.** (*Waffe*) try, test **3.** SPORT drive *the ball* home **II** *v/refl* ***sich einschießen*** **4.** *auch fig* zero in (***auf*** *Akk* on) **III** *v/i* **5.** SPORT score

einschiffen *v/refl* ***sich einschiffen*** embark (***nach*** for), board a (*oder* the) ship

einschlafen *v/i* **1.** fall asleep, *auch Bein etc*: go to sleep **2.** *fig Briefwechsel*, *Unterhaltung etc*: peter out **3.** *fig* (*sterben*) die peacefully, pass away

einschläfern *v/t* **1.** put *s.o.* to sleep (*auch* MED), (*schläfrig machen*) make *s.o.* drowsy **2.** (*Tier*) put down **3.** *fig* (*Gewissen*) soothe, (*Wachsamkeit*) dull

einschläfernd *Adj* MED *und fig* soporific

Einschlag *m* **1.** *eines Geschosses*: impact, *des Blitzes*: striking **2.** *fig* streak, touch: ***ein stark südländischer Einschlag*** a strong element of the Mediterranean **3.** MOT lock

einschlagen **I** *v/t* **1.** (*Nagel*) drive in(to ***in*** *Akk*) **2.** (*Fenster etc*) break, smash (in): ***mit eingeschlagenem Schädel*** with one's head bashed in; ***sich die Zähne einschlagen*** knock one's teeth out **3.** (*einwickeln*) wrap up **4.** (*Richtung*) take, (*Weg*) *auch* follow **5.** *fig* (*Laufbahn*) enter, (*Verfahren*, *Politik etc*) adopt: ***einen anderen Weg einschlagen*** adopt a different method **II** *v/i* **6.** (***in*** *Akk*) *Geschoss*: hit (*Blitz*: strike) (*the house etc*): *fig* ***wie eine Bombe einschlagen*** fall like a bombshell, cause a sensation **7.** *fig* (***gut***) ***einschlagen*** be a (great) success, be a (big) hit **8.** ***einschlagen auf*** (*Akk*) beat (*oder* hit away at) *s.o.*, *s.th.* **III** *v/refl* ***sich einschlagen*** **9.** *Tennis*: warm up

einschlägig *Adj* relevant: ***ein einschlägiger Fall*** a case in point; *Adv* ***einschlägig vorbestraft*** previously convicted for the same offence

Einschlagwinkel *m* MOT steering lock angle

einschleichen *v/refl* ***sich einschleichen*** *fig* creep in(to ***in*** *Akk*); ***sich in j-s Vertrauen einschleichen*** worm one's way into s.o.'s confidence

einschleppen *v/t* (*Krankheit etc*) bring *s.th.* in (-to ***in*** *Akk*)

einschleusen *v/t fig* (***in*** *Akk*) (*j-n*) infiltrate (into), (*etw*) smuggle in(to)

einschließen *v/t* **1.** lock (*oder* shut) *s.o.*, *s.th.* (***sich*** o.s.) up (*oder* in) **2.** (*umgeben*) enclose, *auch* MIL surround, encircle **3.** *fig* include (***in*** *Akk* in)

einschließlich **I** *Präp* (*Gen*) including, inclusive of: ***bis einschließlich Seite 7*** up to and including page 7 **II** *Adv* ***von Montag bis einschließlich Freitag*** from Monday to Friday inclusive, *Am* Monday through Friday

einschmeicheln *v/refl* ***sich bei j-m einschmeicheln*** ingratiate o.s. with s.o., play up to s.o.

einschmeichelnd *Adj* ingratiating

einschmelzen *v/t und v/i* melt (down)

einschmieren *ugs* → ***eincremen***

einschmuggeln *v/t* smuggle in(to ***in*** *Akk*)

einschnappen *v/i* **1.** catch, click **2.** *ugs fig* go into a huff: → ***eingeschnappt***

einschneiden *v/t* (***in*** *Akk* into) cut, carve

einschneidend *Adj fig* incisive, drastic, *Bedeutung etc*: far-reaching

einschneien *v/t* ***eingeschneit werden*** get (*oder* be) snowed in (*oder* up)

E

Einschnitt *m* **1.** cut, incision, (*Kerbe*) notch **2.** *fig* crucial event, (*Wendepunkt*) turning point
einschränken I *v/t* **1.** restrict (***auf*** *Akk* to), (*Ausgaben*) cut down, (*auch das Rauchen etc*) cut down on (*smoking etc*), (*Produktion etc*) reduce **2.** *fig* (*Behauptung etc*) qualify **II** *v/refl* ***sich einschränken*** **3.** economize (***in*** *Dat* in), cut down expenses
einschränkend *Adj* restrictive (*auch* LING), *Behauptung etc*: qualifying
Einschränkung *f* **1.** restriction, reduction, cut **2.** (*Vorbehalt*) qualification: ***ohne Einschränkung*** without reservation
einschrauben *v/t* screw in(to ***in*** *Akk*)
Einschreibebrief *m* registered letter
Einschreibegebühr *f* registration fee
einschreiben I *v/t* **1.** ***einen Brief einschreiben lassen*** have a letter registered; ***Einschreiben!*** registered! **2.** (*j-n*) enter, *als Mitglied*: enrol(l): ***sich einschreiben lassen*** *siehe* **II** *v/refl* ***sich einschreiben*** **3.** sign up, UNI register, enrol(l)
Einschreibung *f* signing up, UNI enrol(l)ment
einschreiten *v/i* intervene, step in: ***einschreiten gegen*** take action against
Einschub *m* insertion, TECH insert, ELEK slide-in module
einschüchtern *v/t* intimidate
Einschüchterung *f* intimidation
einschulen *v/t* ***ein Kind einschulen*** put a child to school
Einschuss *m* **1.** (*Treffer*) hit, (*Loch*) bullet hole, MED entry wound **2.** SPORT scoring (shot)
einschweißen *v/t in Folie*: shrink-wrap
einschwenken *v/i* turn (***in*** *Akk* into): ***nach links einschwenken*** turn (to the) left; *fig* ***einschwenken*** (***auf*** *Akk*) come round (to)
Einsegnung *f* consecration, *von Kindern*: confirmation
einsehen *v/t* **1.** have a look at, (*prüfen*) inspect **2.** (*Garten etc*) see, MIL (*Gelände*) observe **3.** *fig* (*verstehen*) understand, see, realize: ***ich sehe nicht ein, weshalb*** I don't see why
Einsehen *n* **4.** ***ein Einsehen haben*** show some consideration (***mit*** for), (*vernünftig sein*) be reasonable
einseifen *v/t* **1.** soap, (*Bart*) lather **2.** *ugs* ***j-n einseifen*** (*betrügen*) dupe s.o., take s.o. in
einseitig *Adj* one-sided (*auch fig*), POL unilateral, MED *auch* on one side, (*parteiisch*) bias(s)ed: ***einseitige Ernährung*** unbalanced diet; *Adv* ***einseitig beschrieben*** written on one side (only); ***etw sehr einseitig darstellen*** give a one-sided description of s.th.
Einseitigkeit *f* one-sidedness, *fig auch* bias, partiality
einsenden *v/t* send in
Einsender, **Einsenderin** sender, *an Zeitungen*: contributor
Einsendeschluss *m* closing date (for entries)
Einsendung *f* sending in, *bei einem Wettbewerb*: entry
Einser *m ugs* → ***Eins***
einsetzen I *v/t* **1.** put in, (*einfügen*) insert **2.** (*Ausschuss etc*) set up **3.** (*anwenden*) use, employ, (*Kraft etc*) apply, (*Einfluss, Können etc*) bring into play **4.** put into action, (*Polizei etc*) call in, (*Arbeitskräfte etc*) employ: ***j-n einsetzen in*** (*Dat*) (*oder* ***bei***) assign s.o. to; ***j-n als Erben einsetzen*** appoint s.o. one's heir **5.** (*Geld*) stake, *beim Wetten*: bet: *fig* ***sein Leben einsetzen*** risk one's life **II** *v/refl* ***sich einsetzen*** **6.** exert o.s.: ***sich voll einsetzen*** go all out; ***sich einsetzen für*** support, (*plädieren für*) speak up for, (*verfechten*) champion; ***sich bei j-m für j-n einsetzen*** intercede with s.o. for s.o. **III** *v/i* **7.** start (off), *Fieber, Regen etc*: set in **8.** MUS come in
Einsetzung *f* **1.** insertion **2.** (*Ernennung*) appointment
Einsicht *f* **1.** examination (***in Akten*** of records): ***Einsicht nehmen in*** (*Akk*) examine **2.** *fig* (*Verständnis*) understanding: ***zur Einsicht kommen*** listen to reason **3.** *fig* (*Erkenntnis*) insight: ***zu der Einsicht gelangen, dass ...*** realize that ...
einsichtig *Adj* reasonable
Einsichtnahme *f* (***zur Einsichtnahme*** for) inspection
einsickern *v/i* seep in: ***einsickern in*** (*Akk*) seep into, *auch fig Agenten etc*: infiltrate into
Einsiedler, **Einsiedlerin** hermit
einsilbig *Adj* monosyllabic (*auch fig*), *fig* (*wortkarg*) taciturn, silent
Einsilbigkeit *f fig* taciturnity
einsinken *v/i* sink in(to ***in*** *Akk*), *Boden etc*: cave in, sag
einsitzen *v/i* JUR serve a sentence
Einsitzer *m* FLUG, MOT single-seater
einsortieren *v/t* sort in(to ***in*** *Akk*)
einspannen *v/t* **1.** (*Pferd*) harness **2.** TECH clamp, fix: ***einen Bogen*** (***in die Schreibmaschine***) ***einspannen*** insert a sheet of paper into the typewriter **3.** *ugs fig* ***j-n einspannen*** rope s.o. in
einsparen *v/t* save, (*Arbeitsplatz*) eliminate
Einsparung *f* saving, *eines Arbeitsplatzes*: elimination
einspeichern *v/t* IT read in
einspeisen *v/t* feed (***in*** *Akk* into)
einsperren *v/t* lock up
einspielen I *v/t* **1.** (*Geld*) bring in **2.** TV (*zeigen*) show, (*einblenden*) fade in **3.** MUS (*Instrument*) play in **4.** (*Stück, Lied etc*) record **II** *v/refl* ***sich einspielen*** **5.** get into practice, SPORT warm up **6.** *fig Sache*: get going (properly): ***sich aufeinander einspielen*** get used to one another; → ***eingespielt***
Einspielergebnisse *Pl* box-office returns *Pl*
einsprachig *Adj* monolingual
einspringen *v/i fig* help out, step in(to the breach): ***für j-n einspringen*** take s.o.'s place, fill in for s.o.
Einspritz... MOT (fuel) injection (*engine, pump, etc*)
einspritzen *v/t* inject (***in*** *Akk* into): ***j-m etw einspritzen*** give s.o. an injection of s.th.
Einspruch *m* (***gegen***) objection (to) (*auch* JUR), protest (against), *bes* POL veto (against), JUR appeal (against): ***Einspruch erheben*** (***gegen***) object (to), JUR (file an) appeal (against), POL veto (*s.th.*)
Einspruchsfrist *f* appeal period
Einspruchsrecht *n* right to appeal, POL (power of) veto
einspurig *Adj* BAHN single-track, *Straße*: single-lane
einst *Adv* **1.** (*früher*) once **2.** (*künftig*) one day
einstampfen *v/t* (*Schriften etc*) pulp
Einstand *m* **1.** (***seinen Einstand geben*** celebrate the) start of one's new job **2.** *fig* debut **3.** *Tennis*: deuce
einstäuben *v/t* dust
einstecken *v/t* **1.** *allg* put in: ***den Stecker einstecken*** put the plug in **2.** put *s.th.* in one's pocket (*oder* bag *etc*), (*einpacken*) take **3.** *ugs*

fig (*Gewinn etc*) pocket, (*Tadel etc*) *auch* swallow, (*Schlag*) take: ***er kann viel einstecken*** he can take a lot
einstehen *v/i* ***einstehen für*** answer for, take responsibility for, (*garantieren*) vouch for
Einsteigekarte *f* FLUG boarding pass
einsteigen *v/i* **1.** get in(to ***in*** *Akk*), ***in*** *ein Verkehrsmittel*: get on (*a bus, train, plane*): ***alle(s) einsteigen!*** all aboard!; *ugs fig* ***in*** *ein Projekt etc* ***einsteigen*** get in on, start on (*oder* in); ***er ist in die Politik eingestiegen*** he went into politics; ***hart einsteigen*** SPORT play rough **2.** (*eindringen*) climb (*oder* get) in(to ***in*** *Akk*)
einstellbar *Adj* adjustable
einstellen **I** *v/t* **1.** put *s.th.* in(to ***in*** *Akk*), (*Möbel*) store, (*Auto*) put in the garage **2.** (*Arbeiter etc*) take on **3.** (***auf*** *Akk*) TECH set (to) (*auch Uhr*), adjust (to) (*auch fig*), (*Radio etc*) tune in (to), OPT focus (on) **4.** (*beenden*) stop, discontinue, (*Zahlungen etc*) *auch* suspend: JUR ***die Klage einstellen*** drop the action; ***das Verfahren einstellen*** dismiss the case; ***die Arbeit einstellen*** stop work, (*streiken*) (go on) strike, walk out; ***den Betrieb einstellen*** shut down; MIL ***das Feuer*** (***die Feindseligkeiten***) ***einstellen*** cease fire (hostilities) **5.** (*einen Rekord*) tie, equal **II** *v/refl* ***sich einstellen*** **6.** appear, turn up, *fig Fieber etc*: set in, *Probleme, Folgen etc*: arise: ***sich wieder einstellen*** come back (again) **7.** ***sich einstellen auf*** (*Akk*) adjust (to), adapt (to), (*sich vorbereiten*) prepare (o.s.) for: ***sich ganz auf j-n einstellen*** give s.o. one's undivided attention
einstellig *Adj Zahl*: one-digit, *Dezimalzahl*: one-place
Einstellknopf *m* control knob
Einstellung *f* **1.** *von Arbeitskräften*: employment **2.** TECH adjustment, setting, OPT, FOTO focus(s)ing, focus **3.** FILM (camera) angle, (*Szeneneinstellung*) take **4.** (*Beendigung*) discontinuance, cessation (*auch* MIL *von Feindseligkeiten*), (*Betriebseinstellung*) stoppage, *von Zahlungen*: suspension: JUR ***Einstellung des Verfahrens*** dismissal of a case; ***Einstellung einer Klage*** withdrawal of an action **5.** *fig* (*Anpassung*) adjustment (***auf*** *Akk* to) **6.** (***zu***) (*Haltung*) attitude (towards), (*Meinung*) opinion (of): ***seine politische Einstellung*** his political view *Pl*, *ugs* his politics *Pl*
Einstieg *m* **1.** entrance, way in **2.** *fig* (***in*** *Akk*) entry (into), getting in (on), start (on *oder* in): ***Einstieg in die Kernenergie*** opting for nuclear energy
Einstiegluke *f* (access) hatch
Einstiegsdroge *f* gateway (*oder* starter) drug
einstig *Adj* former
einstimmen **I** *v/i* **1.** ***in ein Lied*** (***das Gelächter***) ***einstimmen*** join in a song (the laughter) **II** *v/t* **2.** MUS (*ein Instrument*) tune (up) **3.** *fig* ***j-n*** (***sich***) ***einstimmen*** (***auf*** *Akk*) get s.o. (o.s.) in the proper mood (for)
einstimmig *Adj* **1.** MUS for one voice **2.** *Beschluss etc*: unanimous
Einstimmigkeit *f* unanimity, consensus
einstöckig *Adj* one-stor(e)y
einstöpseln *v/t* plug in
einstoßen *v/t* smash (in)
einstreichen *v/t ugs* (*Geld etc*) pocket
einstreuen *v/t fig* (*Bemerkung*) insert: ***Zitate*** *etc* ***in seine Rede einstreuen*** intersperse one's speech with quotations *etc*
einströmen *v/i* flow in(to ***in*** *Akk*)

einstudieren *v/t* learn *s.th.* (by heart), THEAT rehearse
Einstudierung *f* THEAT production
einstufen *v/t* class, grade, *nach Leistung*: rate: ***hoch einstufen*** rate high
Einstufen..., **einstufig** *Adj* single-stage
Einstufung *f* classification, rating
einstündig *Adj* one-hour, of one hour
einstürmen *v/i* ***einstürmen auf*** (*Akk*) rush at, MIL attack; *fig* ***auf j-n einstürmen*** assail s.o. (***mit Fragen*** with questions)
Einsturz *m*, **einstürzen** *v/i* collapse
Einsturzgefahr *f* danger of collapse
einstweilen *Adv* meanwhile, in the meantime, (*vorläufig*) for the time being
einstweilig *Adj* temporary: JUR ***einstweilige Verfügung*** interim order, (*Unterlassungsbefehl*) injunction
eintägig *Adj* one-day
Eintagsfliege *f* **1.** ZOOL day fly, ephemera **2.** *fig* nine days' wonder
eintauchen **I** *v/t* dip in(to ***in*** *Akk*) **II** *v/i* dive in(to ***in*** *Akk*)
eintauschen *v/t* (***gegen*** for) exchange, (*in Zahlung geben*) trade *s.th.* in
einteilen *v/t* **1.** divide (up) (***in*** *Akk* into), (***nach***) *Begabung etc*: rate (according to) **2.** (*Zeit*) organize, (*Geld*) budget, (*sparen mit*) use *s.th.* sparingly **3.** ***j-n einteilen zu*** assign s.o. to, MIL detail s.o. for
Einteiler *m*, **einteilig** *Adj* one-piece
Einteilung *f* **1.** (***in*** *Akk* into) division, *nach Klassen*: classification **2.** *der Zeit, Arbeit etc*: planning, organization, *des Geldes*: budgeting
eintippen *v/t* type in(to ***in*** *Akk*)
eintönig *Adj* monotonous, *Leben*: *auch* humdrum, dull
Eintönigkeit *f* monotony
Eintopf *m* GASTR stew
Eintracht *f* harmony
einträchtig *Adj* harmonious, peaceful
Eintrag *m* entry (*auch* WIRTSCH), WIRTSCH (*Posten*) *auch* item: ***Eintrag ins Klassenbuch*** black mark
eintragen **I** *v/t* **1.** enter (*auch* WIRTSCH), VERW register, *als Mitglied*: enrol(l): ***sich eintragen lassen*** (***bei***) register (with), enrol(l) (in); → ***eingetragen*** **2.** *fig* ***j-m etw eintragen*** (*Lob, Sympathie etc*) earn s.o. s.th. **II** *v/refl* ***sich eintragen*** **3.** register, (*sich vormerken lassen*) put one's name down: ***sich in eine Anwesenheitsliste eintragen*** sign in
einträglich *Adj* profitable
Eintragung *f* **1.** registration, enrol(l)ment **2.** → ***Eintrag***
eintreffen *v/i* **1.** arrive (***in*** *Dat*, ***auf*** *Dat* at) **2.** *fig* (*geschehen*) happen, (*sich erfüllen*) prove (*oder* come) true
Eintreffen *n* (***bei meinem*** *etc* ***Eintreffen*** on my *etc*) arrival
eintreiben *v/t* (*Schulden*) collect
eintreten **I** *v/i* **1.** go in, come in: ***er trat ins Haus ein*** he went into (*oder* entered) the house; ***bitte treten Sie ein!*** do come in, please! **2.** *fig* ***eintreten in*** *eine Firma, einen Verein etc*: join, enter; ***in den Krieg eintreten*** enter the war; ***in Verhandlungen eintreten*** enter into negotiations **3.** (*sich ereignen*) happen, take place, *auch Tod*: occur, *Fall, Umstände etc*: arise: ***es trat Stille ein*** silence fell; ***es ist eine Besserung eingetreten*** there has been an improvement **4.** ***eintreten für*** stand up for

E

E

s.o., support *s.th.* **5.** ***eintreten auf*** (*Akk*) kick **II** *v/t* **6.** (*Tür etc*) kick in (*oder* down) **7.** (*Schuhe*) break in **8.** ***ich habe mir einen Dorn*** *etc* (***in den Fuß***) ***eingetreten*** I've run a thorn *etc* into my foot

eintrichtern *v/t ugs* ***j-m etw eintrichtern*** drum s.th. into s.o.'s head

Eintritt *m* **1.** (***in*** *Akk* into) entry, entrance: ***bei seinem Eintritt in den Klub*** on his joining the club **2.** beginning, *des Winters etc*: setting in, *stärker*: onset: ***nach Eintritt der Dunkelheit*** after dark **3.** *eines Umstandes*: occurrence **4.** (*Zutritt*) admission: ***Eintritt frei!*** admission free!; ***Eintritt verboten!*** no entry! **5.** → ***Eintrittsgebühr***

Eintrittsgebühr *f*, **Eintrittsgeld** *n* admission (fee)

Eintrittskarte *f* (admission) ticket

eintrocknen *v/i* dry up

eintrudeln *v/i ugs* turn up

einüben *v/t* (***sich***) ***etw einüben*** practise s.th.

einverleiben *v/t* **1.** (*Dat*, ***in*** *Akk* to) add, (*Land*) annex **2.** *ugs* ***sich*** *etw* ***einverleiben*** (*essen, trinken*) get outside of

Einvernehmen *n* agreement, (good) understanding: ***in gutem Einvernehmen*** on good terms; ***im Einvernehmen mit*** in agreement with; ***stillschweigendes Einvernehmen*** tacit understanding

einverstanden *Adj* ***einverstanden sein*** agree; ***mit etw einverstanden sein*** agree to (*oder* approve of) s.th.; ***einverstanden!*** all right!, okay!

Einverständnis *n* (***zu***) consent (to), approval (of): ***sein Einverständnis erklären*** (give one's) consent

Einwand *m* objection (***gegen*** to): ***Einwände erheben*** raise objections

Einwanderer *m*, **Einwanderin** *f* immigrant

einwandern *v/i* immigrate (***in*** *Akk* to)

Einwanderung *f* immigration

Einwanderungs... immigration (*country, quota, etc*)

Einwanderungsland *n* country open to immigrants

Einwanderungsverbot *n* ban on immigration

einwandfrei *Adj* (*tadellos*) impeccable, (*fehlerfrei*) flawless, perfect: *Adv* ***einwandfrei der Beste*** undoubtedly the best; ***es steht einwandfrei fest*** it is beyond question

einwärts *Adv* inward(s)

einwechseln *v/t* **1.** (*Geld*) change (***in*** *Akk*, ***gegen*** into) **2.** SPORT ***j-n einwechseln*** send s.o. on the field

einwecken → ***einmachen***

Einwegflasche *f* nonreturnable bottle

Einwegspritze *f* MED disposable syringe

einweichen *v/t* soak

einweihen *v/t* **1.** open, inaugurate, REL consecrate **2.** *ugs fig* (*Kleid etc*) christen **3.** ***j-n einweihen in*** (*Akk*) initiate s.o. into; ***j-n in ein Geheimnis einweihen*** let s.o. into a secret; ***eingeweiht sein*** be in the know; → ***Eingeweihte***

Einweihung *f* (formal) opening, REL consecration

Einweihungsfeier *f* opening ceremony

einweisen *v/t* **1.** ***j-n einweisen in*** (*Akk*) send s.o. to, JUR *eine Heilanstalt*: commit s.o. to; ***j-n in ein Krankenhaus einweisen*** hospitalize s.o. **2.** ***j-n einweisen in*** *seinen Aufgabenbereich etc*: brief s.o. in, introduce s.o. to, *ein Amt*: inaugurate s.o. into **3.** (*Fahrer, Fahrzeug*) direct (***in*** *Akk* into)

Einweisung *f* **1.** JUR ***in*** *eine Heilanstalt*: committal to; ***Einweisung ins Krankenhaus*** hospitalization **2.** (***in*** *Akk*) briefing (in), introduction (to)

einwenden *v/t* ***etw einwenden*** (***gegen***) object (to); ***einwenden, dass …*** argue that …; ***ich habe nichts dagegen einzuwenden*** I have no objections; ***es lässt sich nichts dagegen einwenden*** there is nothing to be said against it

Einwendung *f* → ***Einwand***

einwerfen *v/t* **1.** (*Ball etc, auch fig Bemerkung etc*) throw in **2.** (*Fenster etc*) smash **3.** (*Brief etc*) post, *Am* mail, (*Münzen*) insert, put in

einwertig *Adj* CHEM monovalent

einwickeln *v/t* **1.** wrap up **2.** *ugs fig* ***j-n einwickeln*** take s.o. in, *schmeichelnd*: softsoap s.o.

einwilligen *v/i* (***in*** *Akk* to) agree, consent

Einwilligung *f* approval, consent

einwirken *v/i* ***einwirken auf*** (*Akk*) **a)** have an effect on, **b)** (*angreifen*) affect (*auch* CHEM), **c)** (*beeinflussen*) influence: ***auf j-n einwirken*** (*j-n überreden*) work on s.o.; ***etw einwirken lassen*** let s.th. take effect

Einwirkung *f* (***auf*** *Akk* on) effect, (*Einfluss*) influence

Einwohner, **Einwohnerin** inhabitant, *einer Stadt*: *auch* resident

Einwohnermeldeamt *n* residents' registration office

Einwohnerschaft *f* inhabitants *Pl*, population

Einwohnerzahl *f* (total) population

Einwurf *m* **1.** SPORT throw-in **2.** (*Münzeinwurf*) **a)** insertion, **b)** slot **3.** *fig* objection, (*Bemerkung*) comment

Einzahl *f* LING singular

einzahlen *v/t* pay in: ***Geld bei der Bank einzahlen*** deposit money at the bank; ***Geld*** (***auf ein Konto***) ***einzahlen*** pay money into an account

Einzahlung *f* payment, *bei der Bank*: deposit

Einzahlungsschein *m* pay(ing)-in slip, deposit slip

einzäunen *v/t* fence in

Einzäunung *f* enclosure, fence

einzeichnen *v/t* sketch in, (*markieren*) mark (***in, auf*** *Dat* on): ***… ist nicht eingezeichnet*** … isn't on the map

Einzel *n Tennis*: singles *Pl*

Einzelanfertigung *f* special design: ***es ist eine Einzelanfertigung*** it was custom-built

Einzelantrieb *m* TECH separate drive

Einzelaufstellung *f* WIRTSCH itemized list

Einzelbeispiel *n* isolated case

Einzelbetrag *m* (single) item

Einzelbett *n* single bed

Einzeldisziplin *f* SPORT individual event

Einzelexemplar *n* unique specimen (*Buch*: copy)

Einzelfall *m* isolated case

Einzelgänger, **Einzelgängerin** loner

Einzelhaft *f* solitary confinement

Einzelhandel *m* retail trade

Einzelhandelspreis *m* retail price

Einzelhändler, **Einzelhändlerin** retailer

Einzelhaus *n* detached house

Einzelheit *f* detail: ***bis in alle Einzelheiten*** down to the last detail; ***auf Einzelheiten eingehen*** go into detail

Einzelinteressen *Pl* individual interests *Pl*

Einzelkampf *m* **1.** MIL hand-to-hand combat, FLUG *ugs* dogfight **2.** SPORT individual competi-

tion
Einzelkind *n* only child
einzellig *Adj* BIOL monocellular
einzeln **I** *Adj* **1.** single, individual, (*getrennt*) separate, isolated: ***ein einzelner Schuh*** an odd shoe **2.** ***einzelne*** *Pl* several, some, a few; METEO ***einzelne Schauer*** scattered showers **II** *Adv* **3.** singly, individually, separately: ***einzeln eintreten*** enter one by one (*oder* one at a time); ***einzeln aufführen*** specify, itemize
Einzelne **I** *m, f* individual: ***jeder Einzelne (von uns)*** every (single) one (of us); ***Einzelne*** *Pl* some, a few **II** ***das Einzelne*** the detail(s *Pl*): ***im Einzelnen*** in detail, (*im Besonderen*) in particular; ***ins Einzelne gehen*** go into detail; ***ins Einzelne gehend*** detailed; ***Einzelnes gefällt mir nicht*** I don't like some things (*oder* points)
Einzelperson *f* individual
Einzelspiel *n* *Tennis*: singles *Pl* (match)
Einzelstück *n* **1.** odd piece **2.** unique specimen
Einzelteil *n* TECH (component) part
Einzelunterricht *m* private lessons *Pl*
Einzelwesen *n* individual (being)
Einzelzelle *f* JUR solitary cell
Einzelzimmer *n* single room
einziehbar *Adj* **1.** TECH retractable **2.** WIRTSCH collectible
einziehen **I** *v/t* **1.** draw *s.th.* in, TECH retract, (*Fahne*) haul down: ***den Kopf einziehen*** duck; SCHIFF ***die Segel einziehen*** take in sail; ***die Riemen einziehen*** ship the oars **2.** (*einsaugen*) draw in, inhale, breathe, (*Flüssigkeit*) soak in **3.** put in, (*Gummiband etc*) *auch* thread in, (*eine Wand etc*) put up **4.** MIL call up, draft **5.** JUR seize, confiscate, (*Banknoten etc*) withdraw (from circulation) **6.** (*Steuern etc*) collect **7.** → ***Erkundigung*** **II** *v/i* **8.** enter, *in ein Haus etc*: move in(to ***in*** *Akk*, ***bei*** with), MIL march in(to ***in*** *Akk*), *fig Frühling etc*: arrive: ***er zog ins Parlament ein*** he took his seat in Parliament **9.** *Flüssigkeit etc*: soak in
einzig **I** *Adj* **1.** only, single, (*alleinig*) sole: ***kein einziges Auto*** not a single car; ***sein einziger Halt*** his sole support; ***nicht ein einziges Mal*** not once **2.** → ***einzigartig*** I **II** *Adv* **3.** only, (*auch* ***einzig und allein***) solely, entirely: ***das ist das einzig Richtige*** that's the only thing to do
einzigartig *Adj* unique, *Schönheit etc*: singular, *Leistung etc*: unequal(l)ed, (*großartig*) *auch* fantastic: *Adv* ***einzigartig schön*** *auch weit. S.* marvel(l)ous
Einzige **I** *m, f* the only one: ***kein Einziger*** not (a single) one **II** ***das Einzige*** the only thing
Einzimmerwohnung *f* one-room flat (*Am* apartment)
einzuckern *v/t* sugar
Einzug *m* **1.** entry, *fig des Frühlings etc*: coming, arrival **2.** moving in(to ***in*** *eine Wohnung etc*) **3.** (*Papiereinzug*) paper feed
Einzugsermächtigung *f* standing order for a direct debit
Einzugsgebiet *n* GEOG catchment area
Eipulver *n* dried egg
Eis *n* **1.** ice: *ugs fig* ***etw auf Eis legen*** put s.th. on ice; ***das Eis brechen*** break the ice; → ***eislaufen*** **2.** (*Speiseeis*) ice cream: ***Eis am Stiel*** ice lolly, *Am* popsicle®
Eisbahn *f* (ice-)skating rink
Eisbär *m* polar bear
Eisbecher *m* GASTR sundae

Eis: ice oder ice cream? SG

Eis (*gefrorenes Wasser*)	**ice**
Glatteis	**black ice**
Eiswürfel *Pl*	**ice cubes**
(Speise)Eis	**ice cream**
Vanille- / Erdbeer- / Schokoladeneis	**vanilla / strawberry / chocolate ice cream**
Eisdiele	**ice cream parlour**

Eisbein *n* GASTR pickled knuckle of pork
Eisberg *m* iceberg
Eisbergsalat *m* iceberg lettuce
Eisbeutel *m* MED ice bag
Eisblumen *Pl* frostwork *Sg*
Eisbombe *f* GASTR bombe glacée
Eischnee *m* GASTR beaten egg white
Eisdiele *f* ice-cream parlo(u)r
Eisen *n* iron: *fig* ***ein heißes Eisen anfassen*** tackle a hot issue; ***j-n zum alten Eisen werfen*** throw s.o. on the scrap heap, shelve s.o.; ***er gehört zum alten Eisen*** he's past it; ***zwei Eisen im Feuer haben*** have more than one string to one's bow; **(*man muss*) *das Eisen schmieden, solange es heiß ist*** strike while the iron is hot
Eisenbahn *f* railway, *Am* railroad, (*Zug*) train: ***mit der Eisenbahn*** by rail, by train; → ***Bahn(...)***
Eisenbahner, **Eisenbahnerin** railwayman, *Am* railroadman
Eisenbahnfähre *f* train ferry
Eisenbahnknotenpunkt *m* (railway, *Am* railroad) junction
Eisenbahnnetz *n* railway (*Am* railroad) network
Eisenbahnschaffner, **Eisenbahnschaffnerin** guard, conductor
Eisenbahnwagen *m* railway carriage, coach, *Am* railroad car
Eisenerz *n* iron ore
Eisengehalt *m* iron content
Eisengießerei *f* iron foundry
eisenhaltig *Adj* **1.** ***eisenhaltig sein*** contain iron **2.** MIN ferruginous
Eisenhut *m* BOT monkshood
Eisenhütte *f*, **Eisenhüttenwerk** *n* ironworks *Pl* (*oft Sg konstr*)
Eisenmangel *m* MED iron deficiency
Eisenoxid *n* CHEM ferric oxide
Eisenwaren *Pl* ironware *Sg*, hardware *Sg*
Eisenwarengeschäft *n* hardware store
Eisenzeit *f* HIST *the* Iron Age
eisern *Adj auch fig* iron, of iron, *Nerven*: of steel, (*unnachgiebig*) *auch* adamant, hard, firm: ***eiserne Sparsamkeit*** rigorous economy; ***eiserne Gesundheit*** cast-iron constitution; ***eiserner Bestand*** permanent stock; ***eiserne Regel*** hard and fast rule; ***seine eiserne Ruhe*** his imperturbability; ***eisern sein*** be adamant; *Adv* ***eisern an etw festhalten*** adhere rigidly to s.th.; ***eisern sparen*** save rigorously; → ***Lunge*** 1, ***Vorhang***
Eiskälte *f* icy cold
Eisfach *n* freezer compartment
eisfrei *Adj* free of ice
eisgekühlt *Adj* chilled
Eisglätte *f* icy roads *Pl*
Eishockey *n* ice hockey
Eishockeyschläger *m* ice-hockey stick

Eishockeyspieler *m* ice-hockey player
eisig *Adj auch fig* icy; ***eisig kalt*** icy-cold
Eiskaffee *m* GASTR iced coffee
eiskalt *Adj* **1.** ice-cold **2.** GASTR chilled **3.** *fig* **a)** *Blick, Vernunft etc*: icy, *Mensch*: cold (as ice), **b)** (*gelassen*) cool, **c)** (*frech*) brazen
Eiskübel *m* ice bucket
Eiskunstlauf *m* figure skating
Eiskunstläufer, **Eiskunstläuferin** figure skater
Eislauf *m* ice-skating
eislaufen *v/i* ice-skate
Eisläufer, **Eisläuferin** ice-skater
Eismeer *n* polar sea: ***Nördliches*** (***Südliches***) ***Eismeer*** Arctic (Antarctic) Ocean
Eispickel *m* ice pick
Eisprung *m* PHYSIOL ovulation
Eisrevue *f* ice show
Eissalat *m* iceberg lettuce
Eisschießen *n* (Continentaltype) curling
Eisschnelllauf *m* speed skating
Eisschnellläufer, **Eisschnellläuferin** speed skater
Eisscholle *f* ice floe
Eisschrank *m* refrigerator, *ugs* fridge, *Am* icebox
Eissport *m* ice sports *Pl*
Eisstadion *n* ice stadium
Eistanz *m* ice dancing
Eistee *m* iced tea
Eiswaffel *f* ice-cream wafer
Eiswasser *n* ice water
Eiswürfel *m* ice cube
Eiszapfen *m* icicle
Eiszeit *f* ice age, glacial period
eitel *Adj* **1.** vain, conceited **2.** (*nichtig*) vain, futile: ***eitle Hoffnung*** idle hope; ***eitle Versprechungen*** empty promises

eitel ≠ idle

eitel	=	vain, conceited
idle	=	untätig, müßig; faul, träge

Eitelkeit *f allg* vanity, (*Nichtigkeit*) *auch* futility
Eiter *m* MED pus
Eiterbeule *f* abscess, boil, *fig* festering sore
Eiterbläschen *n* pustule
eiterig, **eitrig** *Adj* suppurative, festering
eitern *v/i* fester, suppurate
Eiterpfropf *m* core
Eiterpickel *m* spot, pimple
Eiterung *f* suppuration
Eiweiß *n* white of egg, (egg) white, BIOL albumen, protein
eiweißarm *Adj* low in protein, low-protein (*diet etc*)
Eiweißbedarf *m* protein requirement
Eiweißmangel *m* protein deficiency
eiweißreich *Adj* rich in protein, high-protein (*diet etc*)
Eizelle *f* BIOL egg cell, ovum
Ejakulation *f* PHYSIOL ejaculation
Ekel[1] *m* (***vor*** *Dat*) disgust (at), revulsion (against): ***Ekel empfinden*** → ***ekeln***; *ugs* ***… ist*** (***sind***) ***mir ein Ekel*** I can't stand …; ***Ekel erregend*** → ***ekelerregend***
Ekel[2] *n ugs pej* nasty person, beast, (*lästige Person*) pest
ekelerregend *Adj* repulsive
Ekelgefühl *n* revulsion
ekelhaft, **eklig**, **ekelig** *Adj* revolting, disgusting
ekeln *v/refl* ***sich ekeln*** *und v/unpers* ***es ekelt mich*** (*oder* ***mich ekelt, ich ekle mich***) ***davor*** (***vor ihm***) it (he) makes me sick
EKG *n Abk* (= ***Elektrokardiogramm***) ECG, electrocardiogram
Eklat *m* stir, sensation, (*Skandal*) scandal, (*Krach*) row
eklatant *Adj* striking, *pej* flagrant, blatant
Ekstase *f* ecstasy: ***in Ekstase geraten*** go into ecstasies (***über*** *Akk* over)
ekstatisch *Adj* ecstatic(ally *Adv*)
Ekzem *n* MED eczema
Elan *m* verve, zest
Elastan®, **Elasthan®** *n* Elastane®
Elastik *n* elastic
elastisch *Adj* elastic(ally *Adv*) (*auch fig*), (*federnd*) springy, (*biegsam*) MOT, TECH flexible (*auch fig*)
Elastizität *f auch fig* elasticity, flexibility
Elch *m* ZOOL elk, *nordamerikanischer*: moose
Elchtest *m* MOT moose (*oder* elk) test, *fig auch* acid (*oder* litmus) test
Electronic Banking *n* electronic banking
Elefant *m* elephant: ***wie ein Elefant im Porzellanladen*** like a bull in a china shop
Elefantenbulle *m* ZOOL bull elephant
Elefantenhochzeit *f* WIRTSCH giant merger
Elefantenkuh *f* ZOOL cow elephant
Elefantenrüssel *m* trunk
elegant *Adj* elegant (*auch fig*), smart: *fig* ***eine elegante Lösung*** a neat (*oder* clever) solution
Eleganz *f auch fig* elegance
Elegie *f* elegy
elegisch *Adj* elegiac, *fig auch* melancholy
elektrifizieren *v/t* electrify
Elektrifizierung *f* electrification
Elektrik *f* electricity, (*Anlage*) electrical system
Elektriker, **Elektrikerin** electrician
elektrisch **I** *Adj* electric(al): ***elektrischer Schlag*** (***Strom, Stuhl***) electric shock (current, chair) **II** *Adv* electrically: ***elektrisch betrieben*** *auch* run by electricity
elektrisieren *v/t auch fig* electrify
Elektrizität *f* electricity, (*Strom*) (electric) current
Elektrizitätswerk *n* (electric) power station
Elektroauto *n* electric car
Elektrobohrer *m* electric drill
Elektrochemie *f* electrochemistry
Elektrode *f* electrode: ***negative Elektrode*** cathode; ***positive Elektrode*** anode
Elektroenzephalogramm *n* MED (*Abk* ***EEG***) electroencephalogram
Elektrofahrzeug *n* electric vehicle
Elektrogerät *n* electrical appliance
Elektrogeschäft *n* electrical shop
Elektrogrill *m* electric grill
Elektroherd *m* electric cooker
Elektroingenieur, **Elektroingenieurin** electrical engineer
Elektrokardiogramm *n* MED (*Abk* ***EKG***) electrocardiogram
Elektrolyse *f* electrolysis
Elektromagnet *m* electromagnet
Elektromotor *m* (electric) motor
Elektron *n* PHYS electron
Elektronenblitz(**gerät** *n*) *m* FOTO electronic flash (gun)
Elektronengehirn *n* electronic brain
Elektronenmikroskop *n* electron microscope
Elektronik *f* **1.** electronics *Sg* **2.** electronic system

elektronisch *Adj* electronic(ally *Adv*): ***elektronische Post*** e-mail; ***elektronischer Briefkasten*** (voice) mailbox; ***elektronischer Handel*** e-commerce; ***elektronisches Geld*** *online*: electronic cash
Elektroofen *m* electric stove
Elektrophysik *f* electrophysics *Sg*
Elektrorasierer *m* electric razor
Elektroschock *m* MED electroshock
Elektrosmog *m* electromagnetic pollution, electronic smog
Elektrotechnik *f* electrical engineering
Elektrotechniker, **Elektrotechnikerin** electrical engineer
elektrotechnisch *Adj* electrotechnical, *Bauteil, Industrie etc*: electrical
Elektrotherapie *f* MED electrotherapy
Element *n allg* element, ELEK *auch* battery, cell: *fig* ***in seinem Element sein*** be in one's element; *pej* ***asoziale Elemente*** (*Personen*) antisocial elements
elementar *Adj* **1.** (*naturhaft*) elemental **2.** (*grundlegend*) elementary (*duty, mistake, etc*)
Elementarbegriff *m* fundamental idea
Elementargewalt *f* elemental force
Elementarteilchen *n* PHYS elementary particle
Elementarunterricht *m* elementary instruction
elend I *Adj* **1.** miserable, wretched (*beide auch fig pej*): ***elend aussehen*** look dreadful; ***sich elend fühlen*** feel wretched (*oder* terrible) **2.** (*arm*) poverty-stricken, (*erbärmlich*) pitiable **3.** *ugs fig* (*schrecklich*) terrible, awful **II** *Adv* **4.** miserably: ***elend zugrunde gehen*** perish miserably **5.** *ugs fig* (*sehr*) terribly, awfully
Elend *n* misery, (*Armut*) poverty: → ***Häufchen***, ***stürzen*** 3
Elendsquartier *n* hovel
Elendsviertel *n* slum(s *Pl*)
elf *Adj* eleven
Elf[1] *f* **1.** (number) eleven **2.** *Fußball*: team
Elf[2] *m*, **Elfe** *f* elf
Elfenbein *n*, **elfenbeinern** *Adj*, **elfenbeinfarbig** *Adj* ivory
Elfenbeinturm *m fig* ivory tower
Elfmeter *m Fußball*: penalty (kick)
Elfmeterschießen *n* penalty shoot-out
elft *Adj*, **Elfte** *m*, *f* eleventh
elftens *Adv* in the eleventh place
eliminieren *v/t* eliminate
elitär *Adj* elitist
Elite *f* élite
Elitedenken *n* elitism
Elixier *n* elixir
Ellbogen *m* elbow: *ugs fig* ***seine Ellbogen gebrauchen*** use one's elbows
Ellbogenfreiheit *f* elbow room
Ellbogengelenk *n* elbow joint
Ellbogengesellschaft *f* ruthlessly competitive society
Ellbogenmensch *m* (tough) go-getter
Elle *f* **1.** (*Knochen*) ulna **2.** (*Maß*) cubit, (*Zollstock*) yard stick
ellenlang *Adj ugs fig* endless
Ellipse *f* MATHE ellipse
elliptisch *Adj* MATHE elliptic(al)
El Salvador *n* El Salvador
Elsass *n das* Alsace, Alsatia
Elsässer, **Elsässerin**, **elsässisch** *Adj* Alsatian
Elster *f* ZOOL magpie
elterlich *Adj* parental (*duty, love, etc*), parents' (*bedroom etc*)
Eltern *Pl* parents *Pl*: *ugs fig* ***nicht von schlechten Eltern*** terrific
Elternabend *m* parent-teacher meeting
Elternbeirat *m* PÄD parents' council
Elternhaus *n* (one's parents') home
elternlos *Adj* orphan(ed)
Elternschaft *f* **1.** parenthood **2.** (*Eltern*) parents *Pl*
Elternsprechtag *m* PÄD open day
Elternteil *m* parent
Elternzeit *f* (*Erziehungsurlaub*) (extended) parental leave: ***Elternzeit nehmen*** take parental leave
E-Mail *f* e-mail, E-mail: ***j-m eine E-Mail schicken*** send s.o. an e-mail, e-mail s.o.
E-Mail-Adresse *f* e-mail (*oder* E-mail) address
Email *n*, **Emaille** *f*, **emaillieren** *v/t* enamel
Emanze *f ugs pej* women's libber
Emanzipation *f* emancipation: ***die Emanzipation der Frau*** *auch* women's liberation
emanzipatorisch *Adj* emancipatory
emanzipieren I *v/t* emancipate **II** *v/refl* ***sich emanzipieren*** become emancipated
Embargo *n* WIRTSCH embargo
Embolie *f* MED embolism
Embryo *m* embryo
embryonal *Adj* embryonic, embryo
emeritieren *v/t* UNI retire
Emigrant, **Emigrantin** emigrant
Emigration *f* emigration: ***in der*** (***die***) ***Emigration*** in(to) exile
emigrieren *v/i* emigrate
Emission *f* **1.** PHYS emission **2.** WIRTSCH issue
Emotikon *n* COMPUTER emoticon
Emotion *f* emotion
emotional *Adj* emotional
emotionalisieren *v/t* emotionalize
emotionell *Adj* emotional
Empfang *m* **1.** (*Erhalt*) receipt: ***nach Empfang, bei Empfang*** on receipt; ***in Empfang nehmen*** receive, (*j-n*) meet **2.** (*Begrüßung*) reception (*auch Veranstaltung*), welcome: ***j-m einen begeisterten Empfang bereiten*** give s.o. an enthusiastic reception **3.** RADIO *etc* reception **4.** *Hotel etc*: reception (desk)
empfangen I *v/t* receive (*auch Radio etc*), (*begrüßen*) *auch* welcome: ***sie empfängt niemanden*** she refuses to see anybody; ***wir wurden sehr freundlich empfangen*** we met with a friendly reception **II** *v/i* MED (*schwanger werden*) conceive
Empfänger, **Empfängerin** receiver, recipient, *eines Briefes*: addressee
empfänglich *Adj* (***für*** to) receptive, susceptible (*auch* MED), MED prone: ***für Eindrücke empfänglich*** impressionable
Empfänglichkeit *f* (***für*** to) receptivity, *auch* MED susceptibility
Empfängnis *f* MED conception
empfängnisverhütend *Adj* (*auch* ***empfängnisverhütendes Mittel***) contraceptive
Empfängnisverhütung *f* contraception
Empfangsantenne *f* receiving aerial (*Am* antenna)
Empfangsbereich *m* RADIO **1.** range of reception **2.** frequency range
Empfangsbescheinigung *f* receipt
Empfangsbestätigung *f* acknowledg(e)ment of receipt
Empfangschef, **Empfangschefin** reception (*Am* room) clerk
Empfangsdame *f*, **Empfangsherr** *m* receptionist
empfehlen I *v/t* **1.** recommend (***j-m etw*** s.th. to s.o.): ***nicht zu empfehlen*** not to be recom-

mended; ***es empfiehlt sich zu*** *Inf* it is advisable to *Inf* **II** *v/refl* ***sich empfehlen*** **2.** *Sache, Tun*: recommend itself **3.** (*weggehen*) take one's leave

empfehlenswert *Adj* recommendable, (*ratsam*) advisable

Empfehlung *f* (***auf Empfehlung*** on) recommendation: ***gute Empfehlungen haben*** have good references

E

Empfehlungsschreiben *n* letter of recommendation

empfinden *v/t* feel (*auch v/i*), (*Mitleid etc*) *auch* have: ***etw als lästig empfinden*** find s.th. a nuisance

Empfinden *n* (*Gefühl*) feeling, (*Meinung*) opinion, (*Sinn*) sense: ***nach meinem Empfinden*** the way I see it

empfindlich *Adj* **1.** *allg* sensitive (***gegen*** to) (*auch* MED, FOTO, TECH), (*zart*) delicate: *fig* ***empfindliche Stelle*** tender spot **2.** (*leicht gekränkt*) touchy, (*reizbar*) irritable (*auch Magen*): *Adv* ***empfindlich reagieren*** overreact **3.** (*spürbar*) *Kälte, Strafe etc*: severe, *Verlust*: bad: *Adv* ***empfindlich kalt*** bitterly cold; *fig* ***er war empfindlich getroffen*** he was badly hit

Empfindlichkeit *f* **1.** *allg* sensitivity (***gegen*** to), FOTO *auch* speed, (*Zartheit*) delicacy **2.** *fig* touchiness, irritability

empfindsam *Adj* (*feinfühlig*) sensitive, (*gefühlvoll*) sentimental

Empfindung *f* **a**) (*Sinneswahrnehmung*) sensation, perception, **b**) (*Gefühl*) feeling, emotion

empfindungslos *Adj* insensitive (***für, gegen*** to), *Glied*: numb

empirisch *Adj* empirical

empor *Adv* up, upward(s), *in Zssgn auch* (***hin-***) ***auf…, hoch…***

emporarbeiten *v/refl* ***sich emporarbeiten*** work one's way up

Empore *f* ARCHI gallery

empören I *v/t* **1.** outrage, shock **II** *v/refl* ***sich empören*** **2.** be outraged (***über*** *Akk* at) **3.** *Volk etc*: rebel (***gegen*** against)

empörend *Adj* outrageous, shocking

emporkommen *v/i fig* rise (in life)

Emporkömmling *m* upstart, parvenu

emporragen *v/i* tower (***über*** *Akk* above)

emporschießen *v/i* shoot up

empört *Adj* indignant (***über*** *Akk* at)

Empörung *f* **1.** indignation (***über*** *Akk* at) **2.** (*Aufstand*) revolt, rebellion

emsig *Adj* busy, (*fleißig*) industrious, hard-working

Emsigkeit *f* bustle, (*Fleiß*) industry, (*Eifer*) zeal

Emulsion *f* emulsion

E-Musik *f* serious music

Endabnehmer, **Endabnehmerin** WIRTSCH ultimate buyer

Endabrechnung *f* final account

Endbahnhof *m* terminus

Endbetrag *m* (sum) total

Ende *n* **1.** *allg* end, *zeitlich*: *auch* close, *eines Films etc*: *auch* ending: ***Ende*** (***der Durchsage***)***!*** end of the message!, *Funk*: over (and out)!; ***Ende Mai*** at the end of May; ***Ende der dreißiger Jahre*** in the late thirties; ***am Ende*** in the end, after all, (*schließlich*) eventually, (*vielleicht*) maybe; ***letzten Endes*** when all is said and done; *fig* ***ich bin am Ende*** I'm finished; ***bis zum bitteren Ende*** to the bitter end; ***einer Sache ein Ende machen*** (*oder* ***bereiten***) put an end to s.th.; ***etw zu Ende führen*** finish s.th., see s.th. through; ***zu Ende gehen*** **a**) → ***enden***, **b**) (*knapp werden*) run short; ***zu Ende sein*** be over, *Zeit*: be up; ***ein böses Ende nehmen*** come to a bad end; ***Ende gut, alles gut*** all's well that ends well; *ugs* ***das dicke Ende kommt nach*** there will be hell to pay; ***die Arbeit geht ihrem Ende entgegen*** the work is nearing completion; ***es geht mit ihm zu Ende*** he's going fast; → ***Latein***, ***Lied***, ***Weisheit*** **2.** *ugs* **a**) (small) piece, **b**) (long) distance (*oder* way): ***bis dahin ist es noch ein ganzes Ende*** it is still a long way to go

Endeffekt *m* final result: ***im Endeffekt*** in the final analysis, in the end

endemisch *Adj* MED endemic

enden *v/i allg* (come to an) end, *allmählich*: draw to a close, (*aufhören*) finish, stop, *Vertrag etc*: expire: ***mit einer Prügelei enden*** end in a brawl; LING ***enden auf*** (*Akk*) end with; ***nicht enden wollend*** unending; ***das Stück endet tragisch*** the play has a tragic ending

Endergebnis *n* final result

Endgerät *n* IT terminal

endgültig I *Adj* final: ***eine endgültige Antwort*** a definite answer **II** *Adv* finally, (*für immer*) for good: ***das steht endgültig fest*** that's final

Endgültigkeit *f* finality

Endivie *f* BOT endive

Endkampf *m* SPORT (***in den Endkampf kommen*** reach the) final(s *Pl*)

Endkunde *m* end customer

endlagern *v/t* KERNPHYSIK permanently dispose of

Endlagerung *f von Atommüll*: ultimate disposal

endlich I *Adj* final, ultimate, MATHE UND PHIL finite **II** *Adv* finally, at last: ***endlich doch*** after all

Endlichkeit *f* finiteness

endlos *Adj* endless

Endlosigkeit *f* endlessness

Endlospapier *n* continuous paper

Endlösung *f* POL HIST Final Solution

endogen *Adj* endogenous

Endoskop *n* MED endoscope

Endphase *f* final stage

Endpreis *m* retail price

Endprodukt *n* end product

Endreim *m* end rhyme

Endresultat *n* final result

Endrunde *f* SPORT final(s *Pl*)

Endsilbe *f* final syllable

Endspiel *n* SPORT final(s *Pl*): ***ins Endspiel einziehen*** go to the finals

Endspurt *m auch fig* final sprint, finish

Endstation *f* **1.** terminus **2.** *fig* end of the road

Endsumme *f* (sum) total

Endung *f* LING ending

Endverbraucher, **Endverbraucherin** end user

Endverstärker *m* ELEK output amplifier

Endziel *n* final objective, ultimate goal

Endziffer *f* last number

Endzweck *m* final purpose

Energie *f* energy (*auch fig*), ELEK *auch* power

Energiebedarf *m* energy demand

energiegeladen *Adj fig* bursting with energy

Energiekrise *f* energy crisis

energielos *Adj* lacking energy, weak

Energielosigkeit *f* lack of energy

Energiepolitik *f* energy policy

Energiequelle *f* source of energy

energiesparend *Adj* energy-saving
Energiesparlampe *f* energy-saving lamp
Energiesteuer *f* energy tax
Energieverbrauch *m* energy consumption
Energieverschwendung *f* waste of energy (*fig* of effort)
Energieversorgung *f* power supply
Energiewirtschaft *f* energy industry
energisch *Adj* energetic(ally *Adv*), *Worte*, *Ton etc*: firm, *Kinn*, *Protest etc*: strong: ***energisch werden*** put one's foot down
eng **I** *Adj* **1.** *allg* narrow (*auch fig*), (*beengt*) *auch* cramped, crowded, *Kleidung*: tight: ***enger werden*** narrow; ***ein Kleid enger machen*** take a dress in; ***auf engem Raum zs.-leben*** live crowded together; *fig* ***in engen Grenzen*** within narrow bounds; *ugs* ***das wird zeitlich sehr eng für mich*** I've got a tight schedule already; → ***Sinn*** 5, ***Wahl*** 2 **2.** *fig* close: ***enge Zs.-arbeit*** close cooperation; → ***Kreis*** 1 **II** *Adv* **3.** narrowly (*etc*): ***eng anliegend*** tight(-fitting); ***eng befreundet sein*** be close friends; *ugs* ***das darf man nicht so eng sehen!*** let's be (more) broadminded!
Engagement *n* **1.** THEAT *etc* engagement **2.** POL *und fig* commitment
engagieren **I** *v/t* engage, employ, take *s.o.* on **II** *v/refl* ***sich engagieren*** POL *und fig* get (*oder* be) involved (***in*** *Dat* in)
engagiert *Adj fig* dedicated, committed

engagiert ≠ engaged

engagiert	=	dedicated, committed
engaged	=	**1.** verlobt **2.** *Telefon*, *Toilette*: besetzt

enganliegend → ***eng*** II 3
Enge *f* **1.** narrowness (*auch fig*), *von Kleidung*: tightness: ***in großer Enge leben*** live in very cramped conditions **2.** (*enge Stelle*) narrow passage, (*Meerenge*) strait **3.** *fig* ***j-n in die Enge treiben*** drive s.o. into a corner; ***in die Enge getrieben*** with one's back to the wall
Engel *m* angel
Engelsgeduld *f* endless patience
engherzig *Adj* small-minded
England *n* England
Engländer *m* **1.** Englishman: ***er ist Engländer*** he is English; ***die Engländer*** *Pl* the English *Pl* **2.** TECH monkey wrench

Engländer

Im Deutschen wird der Begriff „Engländer" oft locker in Bezug auf die Briten allgemein benutzt. Auf Englisch sollte man allerdings etwas vorsichtiger sein und **the English** nur gebrauchen, wenn man die Engländer unter Ausschluss der Schotten, Iren und Waliser meint. Ansonsten heißt es korrekt **the British**.

Engländerin *f* Englishwoman
englisch *Adj* English: ***die englische Staatskirche*** the Anglican Church
Englisch *n* English, the English language: ***er spricht gutes Englisch*** he speaks good English; ***aus dem Englischen übersetzt*** translated from (the) English; ***(gut) Englisch sprechen*** speak English (well); ***Englisch sprechend*** English-speaking; ***Englisch geschrieben*** (written) in English
englisch-deutsch *Adj* **1.** POL Anglo-German **2.** LING English-German
Englischhorn *n* MUS cor anglais
englischsprachig *Adj* English-language
Englischunterricht *m* English lesson(s *Pl*)
engmaschig *Adj* **1.** fine-meshed **2.** *fig* close-meshed
Engpass *m fig* bottleneck, (*Versorgungsengpass*) supply shortfall
en gros *Adv* WIRTSCH wholesale
engstirnig *Adj* narrow-minded
Engstirnigkeit *f* narrow-mindedness
Enkel *m* grandchild, (*Enkelsohn*) grandson
Enkelin *f* granddaughter
Enklave *f* enclave
enorm *Adj* enormous, huge, *ugs* (*toll*) terrific: *Adv* ***enorm schnell*** incredibly fast
en passant *Adv* in passing
Ensemble *n* **1.** MUS, *Mode*: ensemble **2.** THEAT company, (*Besetzung*) cast
entarten *v/i* degenerate
entartet *Adj* degenerate, *fig auch* decadent
Entartung *f* degeneration
entbehren *v/t* **1.** (*auskommen ohne*) do without: ***kannst du … entbehren?*** can you spare …? **2.** (*vermissen*) miss
entbehrlich *Adj* dispensable, expendable
Entbehrung *f* privation, want
entbinden **I** *v/t* **1.** MED (*eine Frau*) deliver (***von*** of): ***entbunden werden von …*** *auch* give birth to … **2.** *fig* (***von*** from) release, excuse **II** *v/i* **3.** MED give birth to a child
Entbindung *f* **1.** MED delivery **2.** *fig* release (***von*** from)
Entbindungsheim *n* maternity home
Entbindungsklinik *f* maternity clinic
Entbindungsstation *f* maternity ward
entblättern **I** *v/t* **1.** strip *s.th.* of leaves **II** *v/refl* ***sich entblättern*** **2.** shed (its) leaves **3.** *hum* shed one's clothes, strip
entblöden *v/refl* ***sich nicht entblöden zu*** *Inf* have the nerve to *Inf*
entblößen *v/t*, **entblößt** *Adj* bare
entbrennen *v/i fig Kampf*: break out, *auch Zorn etc*: flare up
entdecken *v/t* discover, (*herausfinden*) *auch* find out, (*bemerken*) see, (*j-n*) *auch* spot: ***zufällig entdecken*** stumble (up)on
Entdecker, **Entdeckerin** discoverer
Entdeckung *f* discovery
Entdeckungsreise *f auch fig* expedition
Ente *f* **1.** ZOOL duck: ***junge Ente*** duckling; *ugs fig* ***lahme Ente*** slowcoach **2.** GASTR **a)** roast duck, **b)** ***kalte Ente*** white wine cup with champagne **3.** (*Zeitungsente*) hoax, canard **4.** *ugs* MED (bed) urinal
entehren *v/t* dishono(u)r (*auch Frau*), disgrace, (*entwürdigen*) degrade
Entehrung *f* dishono(u)r(ing), degradation
enteignen *v/t* expropriate, (*j-n*) dispossess
Enteignung *f* expropriation
enteisen *v/t* clear of ice, TECH defrost, de-ice
Enteisung *f* TECH defrosting, de-icing
Enteisungsanlage *f* defroster, de-icing system
Entenbraten *m* roast duck
Entenei *n* duck's egg

E

Entenjagd *f* duck shooting
enterben *v/t* disinherit
Enterich *m* ZOOL drake
entern *v/t* board
Enter-Taste *f* COMPUTER enter key, return key
entfachen *v/t* **1.** (*Feuer*) kindle **2.** *fig* (*Begierde etc*) rouse, (*eine Diskussion etc*) provoke
entfallen *v/i* **1.** ***es ist mir entfallen*** it has slipped my memory; ***der Name ist mir entfallen*** the name escapes me **2.** be cancel(l)ed, be dropped: ***entfällt*** *in Formularen*: not applicable **3.** ***auf j-n entfallen*** fall to s.o.
entfalten **I** *v/t* **1.** unfold (*auch fig*), open, spread out **2.** *fig* (*Fähigkeiten etc*) develop, (*Aktivität etc*) launch into, (*Pracht etc*) display **II** *v/refl* ***sich entfalten*** **3.** *Blüte etc*: open, unfold **4.** *fig* develop (***zu*** into)
Entfaltung *f* **1.** unfolding **2.** *fig von Mut, Pracht, Macht etc*: display, (*Entwicklung*) development
entfärben *v/t* remove the colo(u)r from, CHEM, TECH decolo(u)rize, (*bleichen*) bleach
entfernen **I** *v/t* **1.** *allg, auch fig* remove: ***j-n von der Schule entfernen*** expel s.o. from school **2.** COMPUTER delete **II** *v/refl* ***sich entfernen*** leave, go away: *fig* ***sich vom Thema entfernen*** depart from the subject
Entfernentaste *f* COMPUTER delete key
entfernt **I** *Adj auch fig* remote, distant, *Ähnlichkeit etc*: *auch* faint: ***eine Meile entfernt von*** a mile away from; ***zwei Meilen voneinander entfernt*** two miles apart; ***weit entfernt davon zu*** *Inf* far from *Ger* **II** *Adv auch* ***weit entfernt*** far away; ***entfernt verwandt*** distantly related; ***nicht im Entferntesten*** not in the least
Entfernung *f* **1.** (*Abstand*) distance, (*Reichweite*) range: ***in einer Entfernung von*** at a distance of; ***aus der*** (***einiger***) ***Entfernung*** from the (a) distance; ***aus kurzer Entfernung*** at close range **2.** (*Beseitigung, auch fig*) removal
Entfernungsmesser *m* FOTO range finder
Entfernungsskala *f* FOTO focus(s)ing scale
entfesseln *v/t fig* unleash, (*Streit etc*) provoke: ***einen Krieg entfesseln*** start a war
entfesselt *Adj fig* raging
entfetten *v/t* remove the grease (*oder* fat) from, TECH degrease
entflammbar *Adj* inflammable
entflammen **I** *v/t* **1.** TECH ignite **2.** *fig* rouse, kindle **II** *v/i* **3.** *siehe* 1 **4.** → ***entbrennen***
entflechten *v/t* WIRTSCH decartelize
entfliegen *v/i* fly away (*Dat* from)
entfliehen *v/i* ([***aus***] *Dat* from) flee, escape
entfremden **I** *v/t* alienate (*Dat* from) **II** *v/refl* ***sich*** (***j-m***) ***entfremden*** become estranged (from s.o.)
Entfremdung *f* estrangement, *auch* SOZIOL alienation
entfrosten *v/t* TECH defrost
Entfroster *m* TECH defroster
entführen *v/t* kidnap, abduct, (*ein Flugzeug*) hijack
Entführer, **Entführerin** kidnapper, (*Flugzeugentführer*[*in*]) hijacker
Entführung *f* kidnapping, (*Flugzeugentführung*) hijacking
entfusionieren *v/t und v/i* WIRTSCH demerge
Entfusionierung *f* WIRTSCH demerger
entgegen **I** *Präp* (*Dat*) contrary to, against: ***entgegen allen Erwartungen*** contrary to all expectations **II** *Adv Richtung*: towards: ***dem Wind entgegen*** against the wind
entgegenarbeiten → ***entgegenwirken***
entgegenbringen *v/t fig* ***j-m Vertrauen*** (***Zuneigung***) ***entgegenbringen*** show trust in (affection for) s.o.; ***einer Sache Interesse entgegenbringen*** show an interest in s.th.
entgegengehen *v/i* (*Dat*) walk towards, go to meet, *fig* approach, (*einer Gefahr, der Zukunft*) face, (*dem Untergang etc*) be heading for: ***dem Ende entgegengehen*** be drawing to a close
entgegengesetzt *Adj* **1.** opposite **2.** *fig Meinung etc*: contrary, opposed (*Dat* to), *Interessen*: conflicting
entgegenhalten *v/t fig* **1.** ***j-m etw entgegenhalten*** point s.th. out to s.o. **2.** ***einer Sache etw entgegenhalten*** say s.th. in answer to s.th., counter s.th. with s.th.
entgegenkommen *v/i* ***j-m entgegenkommen*** come towards (*oder* to) s.o., approach s.o., *fig* oblige s.o., make s.o. concessions; ***j-m auf halbem Wege entgegenkommen*** *bes fig* meet s.o. halfways; ***j-s Wünschen entgegenkommen*** comply with s.o.'s wishes
Entgegenkommen *n* obligingness, (*Zugeständnis*) concession(s *Pl*)
entgegenkommend *Adj* **1.** oncoming **2.** *fig* obliging
entgegenlaufen *v/i* ***j-m entgegenlaufen*** run towards s.o.
Entgegennahme *f* acceptance
entgegennehmen *v/t* accept, take
entgegensehen *v/i* (*Dat*) await, *freudig*: look forward (to), *gelassen*: face
entgegenstehen *v/i* stand in the way (*Dat* of): ***dem steht nichts entgegen*** there's nothing to be said against that
entgegenstellen **I** *v/t fig* **1.** → ***entgegenhalten*** 2 **2.** ***j-m etw entgegenstellen*** set s.th. against s.o. **II** *v/refl* **3.** ***sich j-m*** (***einer Sache***) ***entgegenstellen*** resist s.o. (s.th.)
entgegentreten *v/i* **1.** ***j-m entgegentreten*** **a)** step (*oder* walk) up to s.o., **b)** *fig* oppose s.o. **2.** (*einem Missstand etc*) take steps against, (*einem Gerücht*) contradict
entgegenwirken *v/i* (*Dat*) work against, counteract, *stärker*: fight
entgegnen *v/i* reply, *schlagfertig*: retort
entgehen *v/i* escape (*auch dem Tod etc*): *fig* ***j-m entgehen*** escape s.o. ('s notice); ***sich etw entgehen lassen*** let s.th. slip, miss s.th.; ***er ließ sich die Gelegenheit nicht entgehen*** he seized the opportunity; ***ihr entging nichts*** she didn't miss a thing
entgeistert *Adj und Adv* dum(b)founded
Entgelt *n* remuneration, payment, (*Lohn, Gehalt*) pay, (*Gebühr*) fee, JUR consideration, (*Belohnung*) reward: ***gegen Entgelt*** against payment; ***als Entgelt für*** in consideration of
entgelten *v/t* ***j-m etw entgelten*** pay s.o. for s.th.; *fig* ***j-n etw entgelten lassen*** make s.o. pay for s.th.
entgiften *v/t* detoxicate, (*Kampfstoffe, Giftmüll*) decontaminate
entgleisen *v/i* **1.** BAHN run off the rails, be derailed **2.** *fig* go too far, make a faux pas
Entgleisung *f* **1.** BAHN derailment **2.** *fig* faux pas, gaffe
entgleiten *v/i* ***j-m entgleiten*** **a)** slip out of s.o.'s hand(s), **b)** *fig* slip away from s.o.
entgräten *v/t* bone
enthaaren *v/t* depilate

Enthaarungscreme *f* depilatory cream
enthalten **I** *v/t* contain, *(fassen)* hold, *(umfassen)* comprise: ***mit enthalten sein*** be included (***in*** *Dat* in) **II** *v/refl* ***sich enthalten*** abstain (*Gen* from); PARL ***sich der Stimme enthalten*** abstain
enthaltsam *Adj* abstemious, *sexuell*: continent
Enthaltsamkeit *f* abstinence, *sexuelle*: continence
Enthaltung *f* *(auch Stimmenthaltung)* abstention
enthärten *v/t* *(Wasser)* soften
enthaupten *v/t* behead, decapitate
Enthauptung *f* beheading, decapitation
enthäuten *v/t* skin, *(Obst etc) auch* peel
entheben *v/t* *(Gen)* relieve (of), *einer Pflicht etc*: *auch* release (*oder* exempt) (from): ***j-n seines Amtes entheben*** remove s.o. from office, dismiss s.o.
enthüllen **I** *v/t* **1.** unveil, bare, *(zeigen)* show **2.** *fig* reveal, bring *s.th.* to light, *(Verbrechen etc) auch* expose **II** *v/refl* ***sich enthüllen*** **3.** *fig* reveal o.s., *Sache*: be revealed (*Dat* to)
Enthüllung *f* **1.** unveiling **2.** *fig* disclosure, exposure
Enthüllungsjournalismus *m* investigative journalism
Enthusiasmus *m* enthusiasm
Enthusiast, **Enthusiastin** enthusiast, *ugs* fan
enthusiastisch *Adj* enthusiastic(ally *Adv*)
entjungfern *v/t* deflower
entkalken *v/t* descale
entkeimen *v/t* disinfect, degerm(inate)
entkernen *v/t* stone, *(Äpfel)* core
entkleiden *v/t* **1.** *auch* ***sich entkleiden*** undress **2.** *fig* (*Gen* of) divest, strip
entkoffeiniert *Adj* decaffeinated
entkommen *v/i* ([***aus***] *Dat* from) get away, escape
Entkommen *n* (***es gab kein Entkommen*** there was no) escape
entkorken *v/t* uncork
entkräften *v/t* **1.** weaken, *(erschöpfen)* exhaust **2.** *fig* invalidate (*auch* JUR), *(auch widerlegen)* refute
Entkräftung *f* **1.** weakening **2.** *(Schwäche)* weakness, *(Erschöpfung)* exhaustion **3.** *fig* invalidation (*auch* JUR), refutation
entkrampfen *v/t* (*auch* ***sich entkrampfen***) relax
entladen **I** *v/t* **1.** unload (*auch Gewehr*), *auch* ELEK discharge **2.** *fig* *(Zorn etc)* give vent to, vent **II** *v/refl* ***sich entladen*** **3.** *Gewitter*: break **4.** ELEK discharge **5.** *Gewehr etc*: go off **6.** *fig Spannung*: be released, *Zorn*: erupt
Entladung *f* **1.** unloading, *auch* ELEK discharge **2.** *fig* explosion, outburst
entlang *Adv und Präp* along: ***die Straße entlang*** along (*oder* down) the street; ***hier entlang, bitte!*** this way, please!
entlanggehen *v/t* (*v/i* ***entlanggehen an*** *Dat*) go (*oder* walk) along
entlarven *v/t* unmask, expose
entlassen *v/t* **1.** dismiss, *(pensionieren)* pension off: ***j-n fristlos entlassen*** dismiss s.o. without notice **2.** (***aus*** *Dat* from) *(Gefangene)* release, *(auch Patienten)* discharge
Entlassung *f* **1.** dismissal **2.** (***aus*** *Dat* from) release, discharge
Entlassungspapiere *Pl* discharge papers *Pl*
entlasten *v/t* relieve (*fig* ***von*** of), JUR exonerate, clear *s.o.* of a charge, WIRTSCH *(Vorstand etc)* give *s.o.* a release
entlastend *Adj* JUR exonerating
Entlastung *f* relief, JUR exoneration, WIRTSCH release
Entlastungsmaterial *n* JUR exonerating evidence
Entlastungsstraße *f* bypass
Entlastungszeuge *m*, **Entlastungszeugin** *f* JUR witness for the defen/ce (*Am* -se)
Entlastungszug *m* BAHN relief train
entlauben *v/t* defoliate
entlaubt *Adj* bare
Entlaubungsmittel *n* defoliant
entlaufen *v/i* run away (*Dat* from)
entlausen *v/t* delouse
entledigen *v/refl* ***sich entledigen*** (*Gen*) **1.** get rid of, *eines Kleidungsstücks*: take off **2.** *fig einer Aufgabe*: carry out, discharge, *einer Verpflichtung*: fulfil(l)
entleeren *v/t* empty: MED ***den Darm entleeren*** evacuate (the bowels)
entlegen *Adj* remote, out-of-the-way
entlehnen *v/t* *(Wort etc)* borrow (*Dat*, ***aus, von*** from)
entleihen *v/t* borrow (***aus, von*** from)
Entlein *n* duckling
entloben *v/refl* ***sich entloben*** break off one's engagement
entlocken *v/t fig* (*Dat* from) elicit, draw
entlohnen *v/t* pay
Entlohnung *f* pay, payment, remuneration
entlüften *v/t* TECH deaerate, *(Bremse)* bleed
Entlüfter *m* TECH deaerator
Entlüftung *f* TECH aeration, airing
Entlüftungsschraube *f* MOT vent screw
entmachten *v/t* ***j-n (etw) entmachten*** deprive s.o. (s.th.) of his (its) power
entmenscht *Adj* inhuman, brutish
entmilitarisieren *v/t* demilitarize
Entmilitarisierung *f* demilitarization
entmündigen *v/t* (legally) incapacitate
Entmündigung *f* (legal) incapacitation
entmutigen *v/t* discourage, dishearten
Entmutigung *f* discouragement
Entnahme *f einer Probe etc*: taking, *von Geld*: withdrawal
entnazifizieren *v/t* POL HIST denazify
Entnazifizierung *f* denazification
entnehmen *v/t* *(Dat)* take (from, out of), *(einem Buch etc)* borrow (from), *(zitieren)* quote (from): *fig* ***etw entnehmen aus*** (*oder Dat*) gather from; ***ich entnehme Ihren Worten, dass …*** I take it that …
entnerven *v/t* enervate
entpacken *v/t* *(eine Datei)* unzip
entpersönlichen *v/t* depersonalize
entpolitisieren *v/t* depoliticize
entprivatisieren *v/t* deprivatize
entpuppen *v/refl* ***sich entpuppen als*** *ugs fig* turn out to be
entrahmen *v/t* *(Milch)* skim
enträtseln *v/t* solve, unravel, *(Schrift etc)* decipher
entrechten *v/t* ***j-n entrechten*** deprive s.o. of his rights
entreißen *v/t* ***j-m etw entreißen*** *auch fig* snatch s.th. from s.o.
entrichten *v/t* pay
entriegeln *v/t* unlock
entrinnen *v/i* (*Dat* from) escape, get away
Entrinnen *n* (***es gab kein Entrinnen*** there was no) escape
entrollen *v/t* unroll, *(Fahne etc)* unfurl

E

entrosten *v/t* remove the rust from
entrücken *v/t fig* (*Dat* from) carry away, remove
entrückt *Adj fig* enraptured
entrümpeln *v/t* clear out
entrüsten **I** *v/t* fill *s.o.* with indignation, shock, scandalize **II** *v/refl* ***sich entrüsten*** (***über*** *Akk*) get indignant (at *s.th.*, with *s.o.*), be shocked (at)
entrüstet *Adj* indignant, shocked
Entrüstung *f* indignation: ***ein Schrei der Entrüstung*** an outcry
entsaften *v/t* extract the juice from
Entsafter *m* juice extractor, juicer
entsagen *v/i* ***einer Sache entsagen*** renounce s.th., ***dem Thron entsagen*** *auch* abdicate; ***dem Alkohol entsagen*** give up drink
Entsagung *f* renunciation
entsagungsreich *Adj Leben*: full of privations
entschädigen *v/t* (***für*** for) compensate (*auch fig*), *für Auslagen*: reimburse: *fig* ***die Aussicht entschädigte uns für den langen Aufstieg*** the view made up for the long climb
Entschädigung *f* compensation (*auch fig*), reimbursement
entschärfen *v/t* (*Mine etc*) defuse (*auch fig Krise, Lage etc*), (*Munition*) deactivate, *fig* (*eine Rede etc*) take the edge off
Entscheid *m* decree, decision
entscheiden **I** *v/t* decide, *endgültig*: settle, JUR rule (***über*** *Akk* on): ***damit war die Sache entschieden*** that settled it; ***das musst du entscheiden*** that's up to you **II** *v/i* (***über*** *Akk*) decide (on), (*den Ausschlag geben*) be decisive (for) **III** *v/refl* ***sich entscheiden*** be decided, *Person*: decide, make up one's mind; ***sich entscheiden für*** decide on, settle on; ***er entschied sich dagegen*** he decided against it
entscheidend *Adj* decisive, (*kritisch*) *auch* crucial, *Fehler etc*: fatal: ***entscheidende Stimme*** casting vote
Entscheidung *f* (***über*** *Akk* on) decision, JUR *auch* ruling: ***eine Entscheidung treffen*** (*oder* ***fällen***) make (*oder* come to) a decision
Entscheidungsbedarf *m* ***es besteht Entscheidungsbedarf*** this calls for a decision
Entscheidungsfreiheit *f* freedom of choice
Entscheidungskampf *m* **1.** MIL decisive battle **2.** *fig* showdown
Entscheidungsspiel *n* SPORT deciding match, decider, (*Endspiel*) final
Entscheidungsträger, **Entscheidungsträgerin** decision-maker
entschieden **I** *Adj* **1.** determined, firm, *Gegner*: decided, declared, *Anhänger*: sta(u)nch **2.** (*eindeutig*) decided, definite **II** *Adv* **3.** firmly, decidedly, (*zweifellos*) definitely: ***ich bin*** (***ganz***) ***entschieden dafür*** I'm strongly in favo(u)r of it, I'm all for it
Entschiedenheit *f* determination, firmness: ***mit*** (***aller***) ***Entschiedenheit*** categorically
entschlacken *v/t* **1.** TECH remove the slag from **2.** MED purify, (*den Darm*) purge
Entschlackung *f* MED purification, *des Darmes*: purge
entschlafen *v/i fig* pass away
entschließen *v/refl* ***sich entschließen*** (***zu, für*** on, ***zu tun*** to do) decide, make up one's mind; ***sich anders entschließen*** change one's mind
Entschließung *f* POL resolution
entschlossen **I** *Adj* determined, firm, resolute: ***zu allem entschlossen sein*** be ready for anything **II** *Adv* resolutely, firmly: ***kurz entschlossen*** without a moment's hesitation
Entschlossenheit *f* determination
Entschluss *m* decision: ***einen Entschluss fassen, zu einem Entschluss kommen*** make (*oder* reach) a decision; ***zu dem Entschluss kommen zu*** *Inf* make up one's mind to *Inf*, decide to *Inf*
entschlüsseln *v/t* decipher
Entschlusskraft *f* determination
entschuldbar *Adj* excusable
entschuldigen **I** *v/t* excuse: ***das ist nicht zu entschuldigen*** that is impardonable; ***bitte, entschuldigen Sie mich*** (***für heute Abend***) I beg to be excused (for tonight) **II** *v/i* ***entschuldigen Sie!*** excuse me!, (*Verzeihung*) sorry!, *Am* excuse me! **III** *v/refl* ***sich entschuldigen*** apologize (***bei j-m für etw*** to s.o. for s.th.), *für Abwesenheit*: excuse o.s
entschuldigend *Adj* apologetic(ally *Adv*)
Entschuldigung *f* excuse, (*Vorwand*) *auch* pretext, (*Verzeihung*) apology: ***j-n um Entschuldigung bitten*** apologize to s.o. (***wegen*** for); ***als Entschuldigung, zur Entschuldigung*** as an excuse (***für*** for); ***Entschuldigung!*** → ***entschuldigen*** II

Entschuldigung SG

Im englischsprachigen Raum entschuldigt man sich relativ häufig. Wenn man z. B. mit jemandem im Geschäft, auf der Straße usw. aus Versehen in Berührung kommt, passiert es gar nicht so selten, dass sich beide betroffenen Personen gleichzeitig entschuldigen, egal wer an der „leichten Karambolage" schuld war.

So entschuldigt man sich im Allgemeinen auf Englisch:

Sorry.
I'm sorry.
Am **Excuse me.**
etwas formeller:
I'm so sorry.
I (do) beg your pardon.
I do apologize.

bei Schluckauf, Magenknurren usw.:

Excuse me.

Als Auftakt zu einer Frage:

Excuse me, *where's the nearest …?*

Pardon?, Pardon me?, *förmlicher* **I beg your pardon?** mit fragender Stimme heißt „Wie bitte?", wenn man etwas nicht verstanden hat.

Entschuldigungsgrund *m* (***etw als Entschuldigungsgrund anführen*** offer s.th. as an) excuse
Entschwefelungsanlage *f* TECH desulphurization plant
entschwinden *v/i* disappear
entsetzen **I** *v/t* horrify, shock, appal(l) **II** *v/refl* ***sich entsetzen*** (***über*** *Akk* at) be horrified, *moralisch*: be shocked
Entsetzen *n* (***zu meinem Entsetzen*** to my) horror
entsetzlich **I** *Adj* horrible, terrible, atrocious **II** *Adv* terribly, *ugs* (*äußerst*) *auch* awfully
Entsetzlichkeit *f* horribleness, atrocity

entseuchen *v/t* decontaminate
Entseuchung *f* decontamination
entsichern *v/t* (*Schusswaffe*) release the safety catch of, cock
entsinnen *v/refl* ***sich entsinnen*** (*Gen*) recall, recollect; ***wenn ich mich recht entsinne*** if I remember rightly
entsorgen *v/t* dispose of the nuclear (*oder* toxic *etc*) waste (of a plant *etc*)
Entsorgung *f* disposal of nuclear (*oder* toxic *etc*) waste
entspannen I *v/refl* ***sich entspannen*** **1.** *allg* relax, *Person*: *auch* take it easy **2.** *fig Lage etc*: ease off **II** *v/t* **3.** relax **III** *v/i* **4.** be relaxing
Entspannung *f* relaxation (*auch fig*), POL détente, WIRTSCH easing
Entspannungspolitik *f* policy of détente
Entspannungsübung *f* relaxation exercise
entsperren *v/t* IT unlock
entspiegelt *Adj* OPT antireflection
entspinnen *v/refl* ***sich entspinnen*** (***aus*** from) arise, develop
entsprechen *v/i* (*Dat*) **1.** correspond (to, with), agree (with), (*gleichwertig sein*) be equivalent (to): ***er entspricht nicht der Beschreibung*** he doesn't answer the description **2.** (*Anforderungen, Erwartungen etc*) meet, come up (to), (*einer Bitte*) comply (with): ***den Anforderungen nicht entsprechen*** fail to meet the requirements
entsprechend I *Adj* (*Dat* to) corresponding, (*passend*) appropriate, (*angemessen*) adequate, (*gleichwertig*) equivalent, (*jeweilig*) respective **II** *Adv* correspondingly (*etc*): ***er verhielt sich entsprechend*** he acted accordingly **III** *Präp* (*Dat*) according to, in compliance with: ***den Umständen entsprechend*** as can be expected under the circumstances
Entsprechung *f* equivalent
entspringen *v/i* **1.** *Fluss*: have its source (***in*** *Dat* in) **2.** *fig* (*Dat*, ***aus*** from) spring, arise, come
entstaatlichen *v/t* denationalize
Entstaatlichung *f* denationalization
entstammen *v/i* (*Dat* from) descend, *fig* (*herrühren von*) come, derive
entstauben *v/t* (free *s.th.* from) dust
entstehen *v/i* **1.** come into being, develop (***aus*** from) **2.** (*eintreten*) arise, come about, *Schwierigkeiten, Kosten etc*: (***aus, durch***) arise (*oder* result) (from), be caused (by) **3.** (*geschaffen, gebaut, konstruiert werden*) be created (built, produced), (*geschrieben, komponiert, gemalt werden*) be written (composed, painted)
Entstehen *n* → ***Entstehung***: ***im Entstehen begriffen*** in the making
Entstehung *f* coming into being, development, emergence, (*Ursprung*) origin, beginning, (*Schaffung*) creation
Entstehungsgeschichte *f* genesis
entsteigen *v/i* (*Dat*) get out of
entsteinen *v/t* stone
entstellen *v/t* **1.** disfigure **2.** *fig* (*Tatsachen etc*) distort, (*Bericht*) garble
Entstellung *f* **1.** disfigurement **2.** *fig* distortion
Entstickungsanlage *f* denitrification plant
entstören *v/t* ELEK radioshield, screen
Entstörung *f* screening, RADIO interference suppression
enttarnen *v/t* (*Spion*) unmask, expose
enttäuschen I *v/t* disappoint, let *s.o.* down **II** *v/i* be disappointing
Enttäuschung *f* disappointment
entthronen *v/t auch fig* dethrone
entvölkert *Adj* depopulated
entwachsen *v/i* ***einer Sache entwachsen*** grow out of s.th., outgrow s.th.
entwaffnen *v/t auch fig* disarm
entwaffnend *Adj fig* disarming
entwarnen *v/i* give the all-clear
Entwarnung *f* all-clear (signal)
entwässern *v/t* **1.** (*Boden*) drain **2.** MED (*Gewebe*) dehydrate
Entwässerung *f* **1.** draining **2.** MED dehydration
Entwässerungsanlage *f* drainage system
entweder *Konj* ***entweder … oder*** either … or; ***entweder oder!*** take it or leave it!
Entweder-oder *n* ***hier gibt es nur ein Entweder-Oder*** you've got to decide one way or the other
entweichen *v/i* escape (*Dat*, ***aus*** from)
entweihen *v/t* desecrate
Entweihung *f* desecration
entwenden *v/t* ***j-m etw entwenden*** steal (*oder* purloin) s.th. from s.o.
entwerfen *v/t* **1.** sketch, outline (*auch fig einen Plan etc*), (*gestalten*) design **2.** (*Programm etc*) plan, (*Plan etc*) work out, devise **3.** (*Vertrag etc*) draw up, draft
Entwerfer, **Entwerferin** designer
entwerten *v/t* **1.** (*Briefmarke, Fahrschein etc*) cancel **2.** WIRTSCH **a)** (*Geld*) demonetize, **b)** → ***abwerten*** **3.** *fig* devalue, *völlig*: invalidate
Entwerter *m* ticket-cancelling machine
Entwertung *f* **1.** cancel(l)ation **2.** *fig* devaluation
entwickeln I *v/t* **1.** *allg* develop, (*Wärme etc*) *auch* generate, (*Verfahren etc*) *auch* evolve, work out: ***er entwickelte mir seine Theorie*** he expounded his theory to me **2.** *fig* (*Tatkraft etc*) display, show: ***Geschmack für etw entwickeln*** acquire a taste for s.th. **II** *v/refl* **3.** ***sich entwickeln*** (***aus, zu***) develop (from, into), grow (out of, into); *fig* ***sich gut entwickeln*** be shaping well
Entwickler *m* FOTO developer
Entwicklung *f* development (*auch fig*), *auch* BIOL evolution, (*Tendenz*) *auch* trend
Entwicklungsabteilung *f* planning department, Development
Entwicklungsalter *n* formative years *Pl*, *eng. S.* age of puberty
Entwicklungsdienst *m* Voluntary Service Overseas, *Am* Peace Corps
entwicklungsfähig *Adj* capable of development, *Stellung etc*: progressive
Entwicklungsgeschichte *f* history, BIOL genesis
Entwicklungshelfer, **Entwicklungshelferin** development aid worker, *Br* member of the Voluntary Service Overseas, *Am* Peace Corps Worker
Entwicklungshilfe *f* development aid
Entwicklungsjahre *Pl* → ***Entwicklungsalter***
Entwicklungskosten *Pl.* development costs
Entwicklungsland *n* developing country
Entwicklungspolitik *f* third world policy
Entwicklungsprozess *m* (process of) development
Entwicklungsstufe *f* stage of development, phase
Entwicklungszeit *f* **1.** period of development **2.** → ***Entwicklungsalter*** **3.** MED incubation period **4.** FOTO developing time
entwirren *v/t* disentangle, unravel
entwischen *v/i* (*Dat* from) escape, slip away:

E

j-m entwischen auch give s.o. the slip
entwöhnen *v/t* **1.** (*Säugling*) wean **2.** ***j-n einer Sucht etc entwöhnen*** cure s.o. of
Entwöhnung *f* **1.** weaning **2.** curing, cure
entwürdigen *v/t* degrade (***sich*** o.s.)
entwürdigend *Adj* degrading
Entwürdigung *f* degradation
Entwurf *m* **1.** (*Konzept*) (first) draft, (*Skizze, auch fig*) sketch, outline, (*Plan*) plan, blueprint, (*Gestaltung*) design, (*Modell*) model **2.** WIRTSCH, JUR (*Vertragsentwurf*) draft, PARL (*Gesetzentwurf*) bill
entwurzeln *v/t auch fig* uproot
entziehen I *v/t* **1.** ***j-m etw entziehen*** *allg* withdraw s.th. from s.o. (*auch* MED), (*vorenthalten*) withhold s.th. from s.o., (*Rechte etc*) deprive (*oder* strip) s.o. of s.th.; ***j-m den Führerschein*** (***die Lizenz*** *etc*) ***entziehen*** revoke s.o.'s licen/ce (*Am* -se); ***etw j-s Zugriff*** (***Einfluss***) ***entziehen*** remove s.th. from s.o.'s reach (influence); PARL *etc* ***j-m das Wort entziehen*** rule s.o. out of order **2.** CHEM extract (*Dat* from) **II** *v/refl* **3.** ***sich entziehen*** (*Dat*) evade, (*meiden*) avoid; ***sich j-s Blicken entziehen*** disappear (from s.o.'s view); → ***Kenntnis***
Entziehung *f* withdrawal (*auch* MED), *von Rechten etc*: deprivation, (*Lizenzentziehung etc*) revocation, *zeitweilige*: suspension
Entziehungsanstalt *f* drying-out cent/re (*Am* -er)
Entziehungskur *f* withdrawal treatment
entziffern *v/t* decipher, (*Handschrift*) *auch* make out, (*entschlüsseln*) decode
Entzifferung *f* deciphering, decoding
entzippen *v/t* (*Datei*) unzip
entzücken *v/t* charm, delight
Entzücken *n* (***vor Entzücken*** with) delight (***über*** *Akk* at)
entzückend *Adj* charming, delightful, lovely, *ugs* sweet
entzückt *Adj* delighted (***über*** *Akk* at, ***von*** with)
Entzückung *f* **1.** delight **2.** → ***Verzückung***
Entzug *m* → ***Entziehung***
Entzugserscheinung *f* MED withdrawal symptom
entzündbar *Adj* inflammable
entzünden I *v/t* **1.** light **II** *v/refl* ***sich entzünden*** **2.** catch fire (***an*** *Dat* from) **3.** CHEM, TECH ignite **4.** MED become inflamed **5.** *fig* (***an*** *Dat* by) *Leidenschaft etc*: be roused, *Streit*: be sparked off
entzündet *Adj* MED inflamed, *Augen*: red
entzündlich *Adj* MED inflammatory
Entzündung *f* MED inflammation
entzündungshemmend *Adj* MED antiphlogistic
Entzündungsherd *m* MED focus of inflammation
entzwei *Adv* in two, in half, (*zerbrochen*) in pieces, broken
entzweibrechen *v/t und v/i* break in two
entzweien I *v/t* divide: ***Freunde entzweien*** turn friends against each other **II** *v/refl* ***sich entzweien*** fall out (***mit*** with)
entzweigehen *v/i* break, go to pieces
Entzweiung *f* split, rupture
Enzephalitis *f* MED encephalitis
Enzian *m* **1.** BOT gentian **2.** (*Schnaps*) (yellow) gentian spirit
Enzyklopädie *f* encyclop(a)edia
enzyklopädisch *Adj* encyclop(a)edic
Enzym *n* BIOL enzyme
Epidemie *f* epidemic
Epidemiologe *m*, **Epidemiologin** *f* epidemiologist
epidemisch *Adj* epidemic(ally *Adv*)
Epidermis *f* MED epidermis
Epigone *m* epigone
Epigramm *n* epigram
Epik *f* **1.** epic poetry **2.** narrative literature
Epiker, **Epikerin 1.** epic poet **2.** narrative author
Epilation *f* waxing, epilation
epilieren *v/t* wax, epilate
Epilepsie *f* MED epilepsy
Epileptiker, **Epileptikerin**, **epileptisch** *Adj* epileptic
Epilog *m* epilog(ue *Br*)
episch *Adj* epic
Episode *f auch* MUS episode
episodenhaft *Adj* episodic(ally *Adv*)
Epoche *f* (***Epoche machen*** mark an) epoch; ***Epoche machend*** → ***epochemachend***
epochemachend *Adj* epoch-making
Epos *n* epic (poem), epos
er *Personalpron* he, *von Dingen*: it: ***er ist es!*** it's him!
Er *m* ***es ist ein Er*** it's a he
Erachten *n* ***meines Erachtens*** in my opinion
erarbeiten *v/t* **1.** (*auch* ***sich erarbeiten***) work (hard) for, acquire (*auch Wissen etc*) **2.** (*zs.-tragen*) compile, (*entwickeln*) develop
Erbadel *m* hereditary nobility
Erbanlage *f* genetic make-up, MED hereditary disposition
Erbanspruch *m* hereditary title
erbarmen I *v/t* ***j-n erbarmen*** move s.o. to pity **II** *v/refl* ***sich erbarmen*** (*Gen*) take pity (on)
Erbarmen *n* pity, compassion: ***kein Erbarmen kennen*** be merciless
erbarmenswert *Adj* pitiful
erbärmlich I *Adj* **1.** *allg* pitiful, (*elend*) *auch* miserable, wretched, (*gering*) *auch* paltry **2.** (*gemein*) mean **3.** *ugs* terrible, awful **II** *Adv* **4.** pitifully (*etc*) **5.** *ugs* (*äußerst*) awfully: ***erbärmlich wenig*** precious little
erbarmungslos *Adj* merciless
erbauen I *v/t* **1.** build, erect **2.** *fig* edify: *ugs* ***er ist nicht besonders erbaut davon*** he's not exactly enthusiastic about it **II** *v/refl* **3.** ***sich erbauen*** (***an*** *Dat* by) be delighted, be uplifted
Erbauer, **Erbauerin** builder, (*Gründer*) founder
erbaulich *Adj* edifying (*auch iron*), REL *Schrift*: devotional
Erbauung *f* **1.** building, construction, erection **2.** *fig* edification
Erbe[1] *m* heir, successor (*beide*: ***j-s*** of *oder* to s.o., *auch fig*): ***Erbe eines Vermögens*** heir (*oder* successor) to an estate; ***j-n zum Erben einsetzen*** make s.o. one's heir
Erbe[2] *n* inheritance, *fig* heritage
erbeben *v/i* (***vor*** *Dat* with, ***bei*** at) shake, tremble
erben *v/t* inherit (*auch fig*), (*Geld*) *auch* come into
Erbengemeinschaft *f* JUR community of heirs
erbetteln *v/t* (***sich***) ***etw erbetteln*** get s.th. by begging, *pej* scrounge s.th. (***von*** off)
erbeuten *v/t* MIL capture, take
Erbfaktor *m* gene
Erbfehler *m* hereditary defect
Erbfeind, **Erbfeindin** sworn enemy
Erbfolge *f* JUR (***gesetzliche Erbfolge*** intestate) succession
Erbgut *n* BIOL genotype
erbgutschädigend *Adj* genetically damaging
Erbin *f* heiress

erbitten *v/t* ***(sich) etw erbitten*** ask for s.th.
erbittern *v/t* anger
erbittert *Adj* **1.** *Gegner, Kampf etc*: fierce **2.** (***über*** *Akk*) embittered (at, by), resentful (against)
Erbitterung *f* bitterness, (*Zorn*) anger
Erbkrankheit *f* hereditary disease
erblassen *v/i* go pale, turn pale
Erblasser, **Erblasserin** JUR *the* deceased, *testamentarisch*: testator (testatrix)
Erblast *f fig* (evil) legacy
erbleichen → ***erblassen***
erblich *Adj* hereditary, *Titel etc*: inheritable: *Adv* ***erblich belastet sein*** MED be subject to a(n) hereditary taint
erblicken *v/t* see, catch sight of
erblinden *v/i* go blind
Erblindung *f* going blind, loss of (one's) sight
erblühen *v/i* blossom (*auch fig* ***zu*** into)
Erbmasse *f* **1.** JUR estate **2.** BIOL genetic make-up, gene pool
Erbonkel *m* rich uncle
erbost *Adj* furious
erbrechen I *v/t* **1.** break open, (*Tür*) force, (*Brief*) open **2.** MED vomit, bring up **II** *v/i und v/refl* ***sich erbrechen*** **3.** MED vomit, be sick
Erbrechen *n* MED vomiting: *fig* ***bis zum Erbrechen*** ad nauseam
Erbrecht *n* **1.** law of succession **2.** (*Anspruch*) hereditary title
erbringen *v/t* produce
Erbschaft *f* inheritance: ***eine Erbschaft machen*** inherit; ***eine Erbschaft antreten*** succeed to an estate
Erbschaftssteuer *f* inheritance tax
Erbschein *m* certificate of heirship
Erbschleicher, **Erbschleicherin** *pej* legacy-hunter
Erbse *f* pea
Erbsensuppe *f* pea soup
Erbstück *n* heirloom
Erbsünde *f* REL original sin
Erbtante *f* rich aunt
Erbteil *n* share of the inheritance
Erdachse *f* earth's axis
Erdanziehungskraft *f* gravity
Erdapfel *m österr.* potato
Erdarbeiten *Pl* excavations *Pl*
Erdatmosphäre *f* (earth's) atmosphere
Erdbahn *f* earth's orbit
Erdball *m* globe, *weit. S.* earth
Erdbeben *n* earthquake
Erdbebengebiet *n* **1.** earthquake area **2.** area hit by an earthquake
Erdbebenherd *m* seismic focus
Erdbeere *f* strawberry
Erdbevölkerung *f* population of the earth
Erdboden *m* ground, earth: ***etw dem Erdboden gleichmachen*** raze s.th. to the ground; ***vom Erdboden verschwinden*** vanish; *fig* ***es (er) war wie vom Erdboden verschluckt*** it (he) had vanished (into thin air)
Erde *f* **1.** earth, soil, (*Boden*) ground: ***über der Erde*** above ground **2.** (*Erdball*) (planet) earth: ***auf Erden*** on earth; ***auf der ganzen Erde*** all over the world **3.** ELEK (*auch* ***an Erde legen***) earth, *Am* ground
erden *v/t* ELEK earth, *Am* ground
erdenken *v/t* think up, (*erfinden*) invent: ***erdacht*** imaginary
erdenklich *Adj* imaginable, conceivable: ***sich alle erdenkliche Mühe geben*** do one's utmost
Erderwärmung *f* global warming

Erde – was ist gemeint? SG

Planet	**(planet) earth** auf der ganzen Erde **all over the world, in the whole world**
Boden	**ground** 20 m über der Erde **20 m above ground** (⚠ *ohne* **the**); auf die Erde fallen **fall to the ground**

Erdgas *n* natural gas
Erdgeschichte *f* history of the earth
Erdgeschoss, **Erdgeschoß** *österr. n* ground (*Am* first) floor
erdichten *v/t* make up
erdichtet *Adj* made-up
erdig *Adj* earthy
Erdinnere *n* interior of the earth
Erdkabel *n* underground cable
Erdkarte *f* map of the world
Erdkruste *f* crust of the earth
Erdkugel *f* globe, *weit. S.* earth
Erdkunde *f* geography
erdkundlich *Adj* geographic(al)
Erdleitung *f* **1.** ELEK earth (*Am* ground) wire **2.** TECH underground pipe(line)
Erdnuss(butter) *f* peanut (butter)
Erdoberfläche *f* surface of the earth
Erdöl *n* (mineral) oil, petroleum
erdolchen *v/t* ***j-n erdolchen*** stab s.o. to death
Erdreich *n* earth, soil
erdreisten *v/refl* ***sich erdreisten zu*** *Inf* dare (*oder* have the cheek) to *Inf*
erdrosseln *v/t* strangle
erdrücken *v/t* **1.** crush (to death) **2.** *fig* overwhelm: ***von Arbeit erdrückt werden*** be swamped with work
erdrückend *Adj fig Sorgen etc*: crushing, *Übermacht etc*: overwhelming, *Beweismaterial*: damning
Erdrutsch *m auch* POL landslide
Erdsatellit *m* earth satellite
Erdschicht *f* layer of the earth, stratum
Erdstoß *m* seismic shock
Erdteil *m* continent
erdulden *v/t* endure, suffer
Erdumdrehung *f* rotation of the earth
Erdumfang *m* circumference of the earth
Erdumkreisung *f* orbit around the earth
Erdumlaufbahn *f* earth orbit
Erdung *f* ELEK earth, earthing, *Am* ground, grounding
Erdwärme *f* geothermal energy
ereifern *v/refl* ***sich ereifern*** get excited (***über*** *Akk* about)
ereignen *v/refl* ***sich ereignen*** happen, take place, occur
Ereignis *n* event, (*Vorfall*) incident, (*große Sache*) great event, sensation: ***freudiges Ereignis*** (*Geburt*) happy event
ereignislos *Adj* uneventful
ereignisreich *Adj* very eventful, (*aufregend*) exciting
Erektion *f* erection
Eremit *m* hermit
ererbt *Adj* inherited, BIOL *auch* hereditary
erfahren I *v/t* **1.** hear, be told, find out **2.** (*erleben*) experience, (*erleiden*) suffer, (*empfangen*) get, receive **II** *v/i* **3.** ***erfahren von*** get to know

about, hear about (*oder* that) **III** *Adj* **4.** experienced, (*alterfahren*) seasoned, (*bewandert*) well versed (**in** *Dat* in): ***er ist in diesen Dingen sehr erfahren*** *auch* he's an old hand at that sort of thing

Erfahrenheit *f* experience

Erfahrung *f* experience (*nur Sg* = *Kenntnis, Praxis*): ***technische Erfahrung*** *auch* know-how; ***aus (eigener) Erfahrung*** from experience; ***durch Erfahrung klug werden*** learn the hard way; ***in Erfahrung bringen*** learn, find out; ***die Erfahrung machen, dass …*** find that …; ***wir haben bisher mit dem Wagen nur gute Erfahrungen gemacht*** we've had absolutely no trouble with the car so far; ***die Erfahrung hat gezeigt, dass …*** past experience has shown that …

Erfahrungsaustausch *m* exchange of experience

erfahrungsgemäß *Adv* as experience shows, we know from experience

erfassen *v/t* **1.** seize, grasp, take: ***er wurde vom Auto erfasst*** he was hit by the car **2.** (*begreifen*) grasp, understand: ***er hats erfasst!*** he's got it! **3.** (*registrieren*) register, record, (*Daten eingeben*) capture, *manuell auch* key in, (*einbeziehen*) include, cover: ***zahlenmäßig erfassen*** count; ***steuerlich erfassen*** tax

Erfassung *f* registration, *von Daten etc*: capture, *manuelle auch* keying-in

erfinden *v/t* invent, (*erdichten*) make *s.th.* up

Erfinder, **Erfinderin** inventor

Erfindergeist *m* inventiveness

erfinderisch *Adj* inventive, (*fantasievoll*) imaginative, (*findig*) resourceful: → ***Not*** 2

Erfindung *f* invention (*auch fig*), (*Idee*) idea, *fig* (*Lüge*) fabrication

Erfindungsgabe *f* inventive talent, (*Fantasie*) imagination

erfindungsreich *Adj* inventive

erflehen *v/t* implore

Erfolg *m* success, (*Ergebnis*) result, outcome, (*Wirkung*) effect, (*Leistung*) achievement: ***guter Erfolg*** good result; ***er (es) war ein (großer) Erfolg*** he (it) was a (great) success; ***Erfolg haben*** succeed, be successful; ***keinen Erfolg haben*** be unsuccessful, fail; *ein Fest etc* ***zu einem Erfolg gestalten*** make a success of it; ***mit dem Erfolg, dass …*** with the result that …; ***Erfolg versprechend*** promising

erfolgen *v/i* **1.** follow **2.** (*sich ereignen*) take place, happen, *Zahlung*: be made

erfolglos *Adj* unsuccessful, (*fruchtlos*) fruitless

Erfolglosigkeit *f* failure, fruitlessness

erfolgreich *Adj* successful

Erfolgsaussichten *Pl* chances *Pl* of success

Erfolgsautor, **Erfolgsautorin** best-selling author

Erfolgsbeteiligung *f* WIRTSCH profit-sharing

Erfolgschance *f* chance (of success)

Erfolgserlebnis *n* **1.** success experience **2.** → ***Erfolgsgefühl***

Erfolgsgefühl *n* sense of achievement

Erfolgskurs *m* ***auf Erfolgskurs*** on the road to success (*oder* victory)

Erfolgsmensch *m* go-getter

Erfolgsquote *f* success rate

Erfolgsroman *m* best-selling novel

Erfolgsstory *f* success story, tale of success

Erfolgstyp *m* born winner, achiever

Erfolgszwang *m* ***unter Erfolgszwang stehen*** be under pressure to succeed (*oder* do well)

erfolgversprechend → ***Erfolg***

erforderlich *Adj* necessary, required: ***unbedingt erforderlich*** essential

erfordern *v/t* require, call for, (*Zeit, Mut etc*) *auch* take

Erfordernis *n* requirement, demand, (*Voraussetzung*) prerequisite

erforschen *v/t* investigate, study, research, (*Land*) explore: ***sein Gewissen erforschen*** search one's conscience

Erforscher, **Erforscherin** explorer

Erforschung *f* (*Gen*) investigation (of, into), research (into), exploration (of)

erfragen *v/t* ask (for), inquire (about)

erfreuen **I** *v/t* please **II** *v/refl* ***sich erfreuen an*** (*Dat*), ***sich erfreuen*** (*Gen*) enjoy

erfreulich *Adj* pleasant, pleasing, *Nachricht etc*: welcome, (*befriedigend*) gratifying, (*ermutigend*) encouraging

erfreulicherweise *Adv* fortunately

erfrieren **I** *v/i* freeze to death, *Pflanzen*: be killed by frost: ***ihm sind zwei Finger erfroren*** he lost two fingers through frostbite **II** *v/t* ***sich die Ohren erfroren haben*** have frostbitten ears

Erfrierung *f* MED frostbite

erfrischen *v/t* refresh (**sich** o.s.), revive

erfrischend *Adj* (*auch fig*) refreshing

Erfrischung *f* refreshment

Erfrischungsgetränk *n* **1.** soft drink **2.** cool drink

Erfrischungsraum *m* refreshment room

Erfrischungstuch *n* towelette

erfüllen **I** *v/t* **1.** *auch fig* fill (**mit** with): ***ein erfülltes Leben*** a full life **2.** (*Aufgabe, Pflicht, Vertrag etc*) fulfil(l), (*Wunsch*) *auch* grant, (*Bedingung, Erwartungen etc*) meet, (*Versprechen*) keep, (*Zweck*) serve **3.** ***seine Arbeit erfüllt ihn*** he finds his work very satisfying **II** *v/refl* ***sich erfüllen*** **4.** come true

Erfüllung *f* fulfil(l)ment: ***in Erfüllung gehen*** come true

Erfüllungsort *m* WIRTSCH place of fulfil(l)ment

erfunden *Adj* imaginary, *pej* fictitious, (all) made up

ergänzen *v/t* **1.** complement (***sich*** *oder* ***einander*** one another) **2.** (*vervollständigen*) complete, (*hinzufügen*) supplement, add: ***etw laufend ergänzen*** keep s.th. up to date **3.** (*Vorräte etc*) replenish

ergänzend **I** *Adj* complementary, (*nachträglich*) supplementary, (*zusätzlich*) additional **II** *Adv* in addition

Ergänzung *f* **1.** completion, (*Nachtragung*) supplementation, (*Hinzufügung*) addition **2.** (*das Ergänzte*) complement (*auch* LING, MATHE), supplement, addition, *zu einem Gesetz*: amendment

Ergänzungsband *m* supplement

Ergänzungsspieler, **Ergänzungsspielerin** *Fußball*: squad player

ergattern *v/t ugs* (manage to) get hold of

ergeben **I** *v/t* **1.** result in, (*betragen*) come to, (*abwerfen*) yield **2.** (*zeigen*) show, prove **II** *v/refl* ***sich ergeben*** **3.** (*Dat* to) surrender, capitulate: *fig* ***sich dem Trunk ergeben*** take to drink(ing) **4.** *Schwierigkeiten etc*: arise, *Diskussion etc*: ensue: ***sich ergeben aus*** result (*oder* arise) from; ***daraus ergibt sich, dass …*** it follows that …; ***es hat sich so ergeben*** it just happened that way **5.** ***sich ergeben in*** (*Akk*)

resign o.s. to **III** *Adj* **6.** (*Dat* to) loyal, devoted, (*schicksalsergeben*) resigned
Ergebenheit *f* devotion, loyalty
Ergebnis *n allg* result, outcome, *einer Untersuchung*: *auch* findings *Pl*, SPORT (*Punktzahl*) *auch* score
ergebnislos *Adj* without result: ***ergebnislos bleiben*** (*oder* ***verlaufen***) come to nothing
ergehen **I** *v/i* **1.** (**an** *Akk* to) *Befehl etc*: be issued, *Einladung etc*: be sent, *Berufung, Ruf*: be offered **2.** JUR *Gesetz*: come out, *Urteil, Beschluss*: be passed **3.** ***etw über sich ergehen lassen*** endure s.th. **II** *v/refl* ***sich ergehen*** **4.** ***über*** *ein Thema etc* hold forth on **5.** ***in*** *Vermutungen etc* indulge in **III** *v/unpers* **6.** ***es ist ihm schlecht ergangen*** he had a bad time of it; ***wie ist es dir ergangen?*** how did you fare?; ***mir ist es genauso ergangen*** it was the same with me
ergiebig *Adj* **1.** *allg* productive (*auch fig Gespräch etc*), *Vorkommen etc*: rich, *Geschäft*: lucrative, *fig Thema etc*: fruitful **2.** (*sparsam*) economical
ergießen *v/refl* ***sich ergießen in*** (***auf, über***) (*Akk*) pour into (on to, over)
erglühen *v/i* glow (***vor*** *Dat* with)
Ergonomie *f* ergonomics *Sg*
ergonomisch *Adj* ergonomic
ergötzen *v/refl* ***sich ergötzen an*** (*Dat*) be amused by, *schadenfroh*: gloat over
ergrauen *v/i* turn grey (*Am* gray)
ergreifen *v/t* **1.** seize, (*Dieb etc*) *auch* arrest **2.** (*Maßnahmen etc*) take: → ***Besitz*** 1, ***Flucht***[1], ***Wort*** 1 **3.** *fig* overcome, seize, (*bewegen*) move: ***Angst ergriff sie*** she was seized with fear
ergreifend *Adj fig* moving
Ergreifung *f* **1.** seizure, *eines Diebs etc*: *auch* apprehension **2.** *von Maßnahmen etc*: taking
ergriffen *Adj fig* (***tief ergriffen*** deeply) moved
Ergriffenheit *f* emotion
ergründen *v/t* get to the bottom of, (*Ursache etc*) find out
Erguss *m* **1.** MED (*Samenerguss*) emission, (*Bluterguss*) effusion (of blood) **2.** *fig* effusion, *auch iron* outpouring
Ergussgestein *n* GEOL effusive rock
erhaben *Adj* **1.** TECH raised, embossed **2.** *fig* lofty, sublime, grand **3.** *fig* ***erhaben über*** (*Akk*) above; ***über jeden Tadel*** (***alles Lob***) ***erhaben*** beyond reproach (all praise)
Erhabenheit *f fig* grandeur, loftiness
erhalten **I** *v/t* **1.** get, receive, (*erlangen*) obtain: ***einen Preis erhalten*** be awarded (*oder* given) a prize **2.** (*bewahren*) keep, maintain, (*Frieden, Freiheit etc*) *auch* preserve: ***j-n am Leben erhalten*** keep s.o. alive; ***das erhält*** (***einen***) ***jung*** that keeps you young; ***j-m das Augenlicht erhalten*** save s.o.'s eyesight **3.** (*ernähren*) keep, support **II** *v/refl* ***sich erhalten*** **4.** survive **5.** ***sich erhalten von*** subsist on **III** *Adj* **6.** ***gut erhalten sein*** be in good condition; ***erhalten bleiben*** survive; ***noch erhalten sein*** remain, be left
erhältlich *Adj* obtainable, available: ***schwer erhältlich*** hard to get hold of
Erhaltung *f* (*Bewahrung*) preservation, (*auch Versorgung*) maintenance, upkeep
erhängen *v/t* hang (***sich*** o.s.)
erhärten *v/t fig* corroborate, confirm
erhaschen *v/t* catch
erheben **I** *v/t* **1.** *allg* raise (*auch fig Stimme, Bedenken etc*), lift (up): ***j-n in den Adelsstand erheben*** raise s.o. to the peerage; → ***Anklage, Anspruch*** **2.** (*Zölle, Steuern*) levy, impose, (*Gebühr*) charge **II** *v/refl* ***sich erheben*** **3.** *Person*: rise (to one's feet), get up **4.** *Berg, Haus etc*: rise (***über*** *Dat* above) **5.** *Wind, fig Bedenken, Geschrei etc*: arise **6.** *Volk*: rise (in arms), revolt
erhebend *Adj fig* edifying
erheblich **I** *Adj* considerable, (*wichtig*) important **II** *Adv* considerably: ***erheblich besser*** much better
Erhebung *f* **1.** (*Bodenerhebung*) rise (in the ground), elevation **2.** elevation (***in den Adelsstand*** to a peerage) **3.** *von Zoll, Steuern*: levy, imposition, *von Gebühren*: charge **4.** *statistische*: survey: ***Erhebungen anstellen*** (***über*** *Akk*) make investigations (about), investigate (into) **5.** (*Volkserhebung*) uprising, revolt
erheitern *v/t* amuse
Erheiterung *f* amusement
erhellen **I** *v/t* **1.** light up, illuminate **2.** *fig* shed light (up)on **II** *v/refl* ***sich erhellen*** **3.** brighten
erhitzen **I** *v/t* heat (up): *fig* ***die Gemüter erhitzen*** make feelings run high **II** *v/refl* ***sich erhitzen*** get hot, *fig* get heated (*Person*: excited)
erhitzt *Adj* **1.** hot, *Person*: *auch* flushed **2.** *fig Debatte etc*: heated
erhoffen *v/t* (*auch* ***sich erhoffen***) hope for
erhofft *Adj* hoped-for
erhöhen **I** *v/t allg* raise (*auch fig* ***auf*** *Akk* to, ***um*** by), *fig* (*steigern*) *auch* increase, (*verstärken*) intensify, (*Wirkung, Eindruck etc*) enhance, heighten **II** *v/refl* ***sich erhöhen*** increase, *Preis etc*: rise, go up
Erhöhung *f* **1.** (*Anhöhe*) elevation, (*Hügel*) hill

Ergebnisse darstellen	**Stating the results** SG
Das Ergebnis der Wahl war ein Sieg für die regierende Partei.	**The result / outcome of the election was a victory for the ruling party.**
Die Firma hat sich auf Öffentlichkeitsarbeit konzentriert und in der Folge ihr Image verbessert.	**The company has been focussing on public relations, and as a result its image has improved.**
Das Wasser wurde verseucht; infolgedessen gibt es hier kaum noch Fische.	**The water has been contaminated; consequently there are hardly any fish here any more.**
Herr Schultz hat sich mit seinem Chef gestritten und folglich gekündigt.	**Mr Schultz had a fight with his boss and resigned in consequence.**
Drei Wochen heftiger Regenfälle verursachten in einigen Gebieten Überschwemmungen.	**Three weeks of heavy rainfall resulted in / caused flooding in some areas.**

E

2. *fig* raising, (*Steigerung, Zunahme*) (*Gen* in) increase, rise, (*Verstärkung*) intensification, heightening **3.** (*Lohnerhöhung, Gehaltserhöhung*) rise, *Am* raise, (*Preiserhöhung*) increase
erholen *v/refl* ***sich erholen*** recover (***von*** from, *auch fig Kurse, Preise*), (*sich ausruhen*) take a rest, relax: ***du siehst sehr erholt aus*** you look very rested (*oder* fit)
erholsam *Adj* restful, relaxing
Erholung *f* **1.** recovery (***von*** from, *auch fig und* WIRTSCH), (*Entspannung*) rest, relaxation **2.** (*Ferien*) holiday, *Am* vacation
Erholungsaufenthalt *m* holiday, *Am* vacation
erholungsbedürftig *Adj* in need of a rest (*oder* holiday)
Erholungsgebiet *n* recreation area
Erholungsheim *n* rest home
Erholungsort *m* (health *oder* holiday) resort
Erholungspause *f* rest, breather
Erholungsreise *f* holiday (*Am* vacation) trip
Erholungsurlaub *m* holiday, *Am* vacation, MIL convalescent leave
Erholungswert *m* recreational value
Erholungszentrum *n* recreation park
erhören *v/t* hear, answer
erigieren *v/i* PHYSIOL become erect
Erika *f* BOT heather
erinnern I *v/t* ***j-n erinnern*** remind s.o. (***an*** *Akk* of); ***j-n daran erinnern, dass …*** remind s.o. that … **II** *v/refl* ***sich*** (***an j-n*** *oder* ***etw***) ***erinnern*** remember (*oder* recall) (s.o. *oder* s.th.); ***wenn ich mich recht erinnere*** if I remember rightly; ***soviel ich mich erinnern kann*** as far as I remember **III** *v/i* ***erinnern an*** (*Akk*) remind one of, *fig auch* be suggestive of
Erinnerung *f* memory, recollection, reminiscence (*alle*: ***an*** *Akk* of), (*Andenken*) memento, souvenir, keepsake, (*Mahnung*) reminder: ***Erinnerungen*** *Pl* reminiscences *Pl*, (*Memoiren*) *auch* memoirs *Pl*; ***zur Erinnerung an*** (*Akk*) in memory of; ***in guter Erinnerung haben*** have fond memories of
Erinnerungstafel *f* memorial tablet
Erinnerungsvermögen *n* memory
Erinnerungswert *m* sentimental value
erkalten *v/i* **1.** get cold **2.** *fig* cool (off)
erkälten *v/refl* ***sich erkälten*** catch a cold; ***er ist stark erkältet*** he has a bad cold
Erkältung *f* cold
erkämpfen *v/t* gain (*oder* win) (after a hard struggle): ***sich etw hart erkämpfen müssen*** have to struggle hard for s.th.
erkaufen *v/t* buy: ***etw teuer erkaufen müssen*** (have to) pay a high price for s.th.; ***j-s Schweigen erkaufen*** bribe s.o. into silence
erkennbar *Adj* recognizable, (*wahrnehmbar*) discernible, to be seen
erkennen I *v/t* **1.** recognize (***an*** *Dat* by), (*wahrnehmen*) make out, see, (*entdecken*) detect, *ugs* spot, (*identifizieren*) identify, MED diagnose: ***erkennen an*** (*Dat*) *auch* know by; ***erkennen lassen*** show, reveal; ***zu erkennen geben*** indicate, give to understand; ***sich zu erkennen geben*** disclose one's identity, *fig* come out into the open; JUR ***j-n für schuldig erkennen*** find s.o. guilty **2.** (*einsehen*) realize, see **II** *v/i* **3.** JUR ***erkennen über*** (*Akk*) decide on; ***erkennen auf*** (*Akk*) pass a sentence of
erkenntlich *Adj* ***sich*** (***j-m***) ***erkenntlich zeigen*** show (s.o.) one's gratitude
Erkenntnis *f* knowledge, PHIL *auch* cognition, (*Einsicht*) realization, (*Gedanke*) idea, (*Entdeckung*) discovery: ***neueste Erkenntnisse*** the latest findings; ***zu der Erkenntnis gelangen, dass*** (come to) realize that
Erkenntnisstand *m* ***nach dem neuesten Erkenntnisstand*** according to the latest findings
Erkennung *f* recognition, identification
Erkennungsdienst *m* criminal identification department
Erkennungsmarke *f* identity disc, *Am* identification tag
Erkennungsmelodie *f* signature tune
Erkennungswort *n* password
Erkennungszeichen *n* **1.** sign to be recognized by **2.** FLUG identification sign
Erker *m* ARCHI oriel
Erkerfenster *n* bay window
erklärbar *Adj* explainable
erklären I *v/t* **1.** explain (***j-m etw*** s.th. to s.o.): ***kannst du mir erklären, warum?*** can you tell me why?; ***ich kann es mir nicht erklären*** I don't understand it **2.** (*deuten*) interpret, (*veranschaulichen*) illustrate: ***etw an einem Beispiel erklären*** illustrate s.th. by an example **3.** (*kundtun*) declare, express, announce: ***j-n für gesund erklären*** pronounce s.o. healthy; JUR ***er wurde für tot erklärt*** he was declared dead; → ***Einverständnis*** 1, ***Rücktritt*** 1 **II** *v/refl* ***sich erklären*** **4.** explain o.s., declare o.s. (*auch durch Heiratsantrag*), *Sache*: be explained: ***sich erklären für*** (***gegen***) declare for (against); ***sich einverstanden erklären*** consent (***mit*** to); ***sich solidarisch erklären*** declare one's solidarity (***mit*** with)
erklärend *Adj* explanatory
erklärlich *Adj* explainable, (*verständlich*) understandable
erklärt *Adj Gegner etc*: declared
Erklärung *f* **1.** (***zur Erklärung*** by way of) explanation (***für*** of) **2.** *auch* POL declaration, statement: ***eine Erklärung abgeben*** make a statement
erklettern, erklimmen *v/t* climb (up), (*Gipfel*) climb up to
erklingen *v/i* be heard, sound, ring out
erkranken *v/i* fall ill (*oder* sick) (***an*** *Dat* with), *Organ*: be diseased: ***erkranken an*** (*Dat*) *auch*

erinnern: remind oder remember?

SG

Bei **remind** sind mindestens zwei Personen beteiligt: A erinnert B an etwas.
Remember ist ein Vorgang, den eine Person oder eine Personengruppe nur selbst tun kann: sich erinnern bzw. an etwas denken.

Bitte erinnere mich an Toms Geburtstag.	**Please remind me about Tom's birthday.**
Tom erinnert mich an meinen Vater.	**Tom reminds me of my father.**
Erinnerst du dich an unsere letzten gemeinsamen Ferien?	**Do you remember our last holiday together?**

get, come down with; ***erkrankt sein an*** (*Dat*) *auch* have

Erkrankung *f* illness, sickness, *eines Organs*: disease

erkunden *v/t* explore, MIL reconnoit/re (*Am* -er), (*feststellen*) find out

erkundigen *v/refl* ***sich erkundigen*** (***über*** *Akk* about) ask, inquire, make inquiries; ***sich nach dem Weg erkundigen*** ask the way; ***sich nach j-m*** (*oder* ***j-s Befinden***) ***erkundigen*** inquire after s.o.

Erkundigung *f* inquiry: ***Erkundigungen einziehen*** make inquiries (***über*** *Akk* about)

Erkundung *f* MIL reconnaissance

erlahmen *v/i* **1.** grow weary, tire **2.** *fig Eifer, Interesse etc*: flag, wane

erlangen *v/t* get, obtain, (*erreichen*) attain, reach, (*gewinnen*) gain, acquire

Erlass *m* **1.** (*Gen*) *einer Schuld etc*: release (from), *einer Strafe etc*: remission (of) **2. a)** issuing, *eines Gesetzes*: enactment, **b)** (*Verordnung*) decree

erlassen *v/t* **1.** (*Verordnung*) issue, publish, (*Gesetz*) enact **2.** (*Strafe etc*) remit, (*Gebühren*) waive: ***j-m*** *eine Schuld, Verpflichtung etc* ***erlassen*** release s.o. from

erlauben *v/t* allow, permit (***j-m etw*** s.o. to do s.th.): ***j-m erlauben, etw zu tun*** *auch* give s.o. permission to do s.th.; ***sich erlauben zu*** *Inf* take the liberty of *Ger*, *pej auch* dare (to) *Inf*; ***sich etw erlauben*** (*gönnen*) treat o.s. to s.th.; ***erlauben Sie(, dass ich rauche)?*** may I (smoke)?; ***wenn Sie erlauben*** if you don't mind; ***erlauben Sie mal!, was erlauben Sie sich?*** who do you think you are?; ***er kann sich das erlauben*** *weit. S.* he can get away with it

Erlaubnis *f* permission: ***j-n um Erlaubnis bitten*** ask s.o.'s (*oder* s.o. for) permission (***etw zu tun*** to do s.th.); ***die Erlaubnis erhalten zu*** *Inf* be given permission to *Inf*

erläutern *v/t* explain, comment (up)on: ***durch Beispiele erläutern*** illustrate

erläuternd *Adj* explanatory, illustrative

Erläuterung *f* (***zur Erläuterung*** by way of) explanation, illustration, (*Anmerkung*) note

Erle *f* BOT alder

erleben *v/t* experience, (*Abenteuer, schöne Tage etc*) have, (*bes Schlimmes*) *auch* go through, (*noch miterleben*) live to see, (*mitansehen*) see: ***ich habe (es) selbst erlebt, was es heißt, arm zu sein*** I know from experience what it means to be poor; ***ich habe es oft erlebt(, dass …)*** I've often seen it happen (that …); ***wir werden es ja erleben!*** we'll see!

Erlebnis *n* experience, (*Ereignis*) event, (*Abenteuer*) adventure

erlebnisreich *Adj* eventful

erledigen **I** *v/t* **1.** (*beenden*) finish (off), (*sich kümmern um*) deal with, take care of, (*Problem, Geschäft etc*) settle, (*Auftrag*) carry out: ***würden Sie das für mich erledigen?*** would you do that for me? **2.** (*abtun*) dismiss **3.** *ugs* ***j-n erledigen*** *allg* finish s.o. (*auch Sport*), (*umbringen*) *auch* do s.o. in **II** *v/refl* **4.** ***sich selbst erledigen*** take care of itself, *ugs* sort itself out

erledigt *Adj* **1.** settled, finished: ***das wäre erledigt!*** that's that!; ***das ist für mich erledigt*** the matter's closed as far as I'm concerned **2.** *ugs fig Person*: finished, done for, (*erschöpft*) *auch* whacked: ***der ist erledigt!*** he's done for!; ***du bist für mich erledigt!*** I'm through with you!

Erledigung *f* **1.** settlement: ***zur umgehenden Erledigung*** for immediate attention **2.** *Pl* errands *Pl*, (*Einkäufe*) shopping *Sg*

erlegen *v/t* JAGD shoot, kill

erleichtern *v/t* (*Aufgabe etc*) make *s.th.* easier, facilitate, (*Bürde*) lighten, (*Not, Schmerz etc*) relieve, (*auch Gewissen*) ease: ***sich das Herz erleichtern*** unburden one's heart; ***das erleichterte mich sehr*** that was a great relief to me; *ugs fig* ***j-n um*** *seine Brieftasche etc* ***erleichtern*** relieve s.o. of

erleichtert *Adj* relieved: ***ich war erleichtert, als …*** it was a relief to me when …

Erleichterung *f* **1.** lightening, facilitation, easing **2.** relief (***über*** *Akk* at): ***zu meiner (großen) Erleichterung*** (much) to my relief **3.** *Pl* WIRTSCH, POL relief *Sg*, facilities *Pl*

erleiden *v/t* suffer, go through, (*Verletzungen, Verlust*) sustain: ***den Tod erleiden*** die

erlernbar *Adj* learnable

erlernen *v/t* learn

erlesen *Adj* select, choice, exquisite

erleuchten *v/t* **1.** light (up), illuminate **2.** *fig* enlighten

Erleuchtung *f* **1.** illumination **2.** *fig* enlightenment, (*Einfall*) idea, inspiration

erliegen *v/i* (*Dat*) (*einer Versuchung etc*) succumb (to), (*einem Irrtum etc*) be the victim (of)

Erliegen *n* ***zum Erliegen kommen*** break down; ***etw zum Erliegen bringen*** bring s.th. to a standstill

erlogen *Adj* made(-)up: ***das ist erlogen*** that's a lie

Erlös *m* proceeds *Pl*

erloschen *Adj* **1.** extinct (*auch Familie, Vulkan etc*) **2.** *fig Blick, Gefühl etc*: dead

erlöschen *v/i* go out, *auch fig Leben*: be extinguished, *Vertrag etc*: expire

Erlöschen *n* extinction, (*Ablauf*) expiry

erlösen *v/t* (***von*** from) release, free, (*retten*) rescue: ***j-n erlösen*** *iron* put s.o. out of his (her) misery, REL save (*oder* redeem) s.o.; ***er ist erlöst*** (*tot*) his sufferings are over

erlösend *Adj fig* ***das erlösende Wort sprechen*** break the tension; ***ein erlösendes Gefühl*** a great relief

Erlösung *f* **1.** *aus Gefangenschaft etc*: release **2.** REL salvation **3.** (*Erleichterung*) relief

ermächtigen *v/t* authorize (***j-n zu etw*** s.o. to do s.th.)

Ermächtigung *f* authorization, (*Befugnis*) authority

ermahnen *v/t* admonish (***j-n zur Vorsicht*** *etc* s.o. to be careful *etc*), (*warnen*) caution, warn (*auch Sport*)

Ermahnung *f* admonition, (*Warnung*) warning, *bes* SPORT (first) caution

Ermangelung: ***in Ermangelung*** (*Gen*) for want of

ermäßigen **I** *v/t* reduce, cut: ***zu ermäßigten Preisen*** at reduced prices **II** *v/refl* ***sich ermäßigen*** be reduced (***auf*** *Akk* to)

Ermäßigung *f* reduction

ermatten → ***erlahmen*** 1

ermattet *Adj* tired, exhausted, worn(-)out, *geistig*: weary

Ermattung *f* fatigue

ermessen *v/t* (*abschätzen*) estimate, assess, (*beurteilen*) judge, (*begreifen*) appreciate, realize

Ermessen *n* judg(e)ment, discretion: ***ich stelle es in Ihr Ermessen*** I leave it to you(r discre-

E

tion); ***das liegt ganz in Ihrem Ermessen*** *auch* it's entirely up to you
Ermessensfrage *f* matter of opinion
Ermessensspielraum *m* latitude
ermitteln **I** *v/t* find out, establish, (*Ort etc*) locate, (*bestimmen*) determine **II** *v/i polizeilich*: investigate, carry out investigations (***gegen*** concerning)
Ermittler, **Ermittlerin** investigator
Ermittlung *f* **1.** finding out *s.th.*, (*Bestimmung*) determination **2.** JUR investigation, inquiry: ***Ermittlungen anstellen*** **a)** make inquiries (***über*** *Akk* about), **b)** → ***ermitteln*** II **3.** *Pl* (*Feststellungen*) findings *Pl*
Ermittlungsausschuss *m* fact-finding committee
Ermittlungsbeamte *m*, **Ermittlungsbeamtin** *f* investigating officer
Ermittlungsverfahren *n* JUR preliminary proceedings *Pl*
ermöglichen *v/t* make *s.th.* possible, (*gestatten*) allow: ***j-m ermöglichen, etw zu tun*** make it possible for (*oder* enable) s.o. to do s.th.; ***etw ermöglichen*** *auch* enable s.th. to be done
ermorden *v/t* murder
Ermordete *m, f* (murder) victim
Ermordung *f* murder, (*Attentat*) assassination
ermüden *v/t und v/i* tire
ermüdend *Adj* tiring
ermüdet *Adj* tired
Ermüdung *f* tiredness, *auch* TECH fatigue
Ermüdungserscheinung *f auch* TECH sign of fatigue
ermuntern *v/t* (*ermutigen*) encourage (***zu etw, etw zu tun*** to do s.th.), (*anregen*) stimulate
ermunternd *Adj* encouraging
Ermunterung *f* encouragement
ermutigen *v/t* encourage (***zu etw, etw zu tun*** to do s.th.)
ermutigend *Adj* encouraging, reassuring
Ermutigung *f* (***zur Ermutigung*** as an) encouragement
ernähren **I** *v/t* feed, nourish, (*unterhalten*) support: ***schlecht ernährt*** malnourished **II** *v/refl* ***sich ernähren*** (***von***) live (on), *fig* make a living (by)
Ernährer, **Ernährerin** supporter, breadwinner
Ernährung *f* **1.** feeding, (*Nahrung*) food, MED nutrition: ***schlechte Ernährung*** malnutrition **2.** (*Unterhalt*) support
Ernährungsweise *f* eating habits *Pl*
Ernährungswissenschaft *f* dietetics *Sg*
Ernährungswissenschaftler, **Ernährungswissenschaftlerin** dietician
ernennen *v/t* appoint (***j-n zu etw*** s.o. s.th.)
Ernennung *f* appointment (***zum*** as *oder* to the post of)
erneuern **I** *v/t allg* (*Angebot*, *Vertrag*, *auch* TECH) renew, (*auswechseln*) *auch* replace, *fig* (*wieder aufleben lassen*) *auch* revive **II** *v/refl* ***sich erneuern*** be renewed, revive
Erneuerung *f allg* renewal, TECH *auch* replacement, *fig auch* revival
erneut **I** *Adj* renewed, new, (*wiederholt*) repeated, *Versuch*: *auch* fresh **II** *Adv* again, once more
erniedrigen **I** *v/t* **1.** degrade, (*demütigen*) humiliate **2.** → ***herabsetzen*** 2 **II** *v/refl* ***sich erniedrigen*** **3.** degrade o.s.: ***sich*** (***so weit***) ***erniedrigen, etw zu tun*** lower o.s. to do s.th.
erniedrigend *Adj* degrading, humiliating
Erniedrigung *f* degradation, (*Demütigung*) humiliation
ernst **I** *Adj allg* serious, (*ernsthaft*) *auch* earnest, (*bedrohlich*) *auch* grave, (*feierlich*) solemn, grave, (*streng*) *auch* severe, (*wichtig*) *auch* grave, weighty: ***ernste Musik*** serious music; ***ernst gemeint*** serious, sincere; ***ernst zu nehmend*** serious **II** *Adv* seriously (*etc*), in earnest: ***ich meine es ernst*** I'm serious about it, I mean it; ***j-n*** (***etw***) ***ernst nehmen*** take s.o. (s.th.) seriously; ***das war nicht ernst gemeint!*** I (*etc*) didn't mean it!
Ernst *m allg* seriousness, (*Ernsthaftigkeit*) *auch* earnestness, (*Bedrohlichkeit*) *auch* gravity, (*Strenge*) *auch* severity: ***allen Ernstes*** in all seriousness; ***Ernst machen mit*** go ahead with; ***ich meine es im Ernst, es ist mein voller Ernst*** I'm dead serious; ***ist das dein Ernst?*** are you serious?
Ernstfall *m* emergency: ***im Ernstfall*** **a)** in case of emergency, **b)** if things come to the worst, **c)** MIL in the event of a war
ernstgemeint → ***ernst*** I
ernsthaft *Adj* serious: ***sich ernsthafte Sorgen machen um*** be seriously worried about
Ernsthaftigkeit *f* seriousness
ernstlich **I** *Adj* serious **II** *Adv* ***ernstlich krank*** seriously ill; ***ernstlich böse*** really angry
ernstzunehmend → ***ernst*** I
Ernte *f* harvest (*auch fig*), (*Ertrag*) crop
Ernteausfall *m* crop failure
Erntedankfest *n* harvest festival
erntefrisch *Adj* … fresh from the fields
ernten *v/t und v/i* harvest, reap (*auch fig*)
Ernteschäden *Pl* crop damage *Sg*
Erntezeit *f* harvest time
ernüchtern *v/t* sober: *fig* ***j-n ernüchtern*** *auch* bring s.o. down to earth again
Ernüchterung *f* **1.** sobering-up **2.** *fig* disillusionment
Eroberer conqueror
erobern *v/t auch fig* conquer: → ***Sturm*** 2
Eroberung *f* (*fig* ***eine Eroberung machen*** make a) conquest
eröffnen **I** *v/t* **1.** *allg* open, *feierlich*: inaugurate: MIL ***das Feuer eröffnen*** open fire **2.** *fig* (*Aussichten etc*) open (up), offer **3.** ***j-m etw eröffnen*** disclose s.th. to s.o., inform s.o. of s.th. **II** *v/i* **4.** open (*auch Schach*) **III** *v/refl* ***sich eröffnen*** **5.** *Möglichkeit etc*: present itself
Eröffnung *f* **1.** opening (*auch Schach*), inauguration **2.** (*Mitteilung*) disclosure
Eröffnungsansprache *f* inaugural address
Eröffnungsbeschluss *m* JUR order to proceed, *Konkursverfahren*: bankruptcy order
Eröffnungsfeier *f* opening ceremony
Eröffnungskurs *m* WIRTSCH opening quotation
erogen *Adj* erogenous
erörtern *v/t* discuss
Erörterung *f* discussion (*Gen* of)
Erosion *f* erosion
Erotik *f* eroticism
erotisch *Adj* erotic(ally *Adv*)
erpicht *Adj* ***erpicht sein auf*** (*Akk*) be very (*ugs* dead) keen on; ***darauf erpicht sein zu*** *Inf* be bent on *Ger*
erpressbar *Adj* open to blackmail
erpressen *v/t* ***j-n erpressen*** blackmail s.o. (***etw zu tun*** into doing s.th.); ***etw erpressen*** extort s.th. (***von*** from)
Erpresser, **Erpresserin** blackmailer
Erpresserbrief *m* blackmail letter
Erpressung *f* blackmail

Erpressungsversuch *m* blackmail attempt
erproben *v/t* try (out), test
erprobt *Adj* well-tried, (*erfahren*) experienced
Erprobung *f* trial, test
erquicken *v/t* refresh (**sich** o.s.)
erquickend *Adj* refreshing
erquicklich *Adj fig* uplifting: *iron* ***wenig erquicklich*** not exactly edifying
Erquickung *f* refreshment
erraten *v/t* guess
errechnen *v/t* work out, calculate: ***sich errechnen aus*** be calculated from
erregbar *Adj* excitable, (*reizbar*) irritable
Erregbarkeit *f* excitability, (*Reizbarkeit*) irritability
erregen I *v/t* **1.** *allg* excite (*auch* ELEK), *sexuell*: *auch* arouse, (*reizen*) irritate, (*erzürnen*) infuriate **2.** *fig* (*verursachen*) produce, cause: ***j-s Zorn erregen*** provoke s.o.'s anger; ***Bewunderung erregen*** excite admiration; → ***Ärgernis, Aufsehen*** **II** *v/refl* ***sich erregen*** **3.** (***über*** *Akk* about) get excited, get all worked up, *zornig*: get angry
erregend *Adj* exciting
Erreger *m* **1.** *auch* ELEK exciter **2.** MED pathogen, (*Keim*) germ
erregt *Adj* excited (*auch sexuell*), *Debatte etc*: heated, *Zeiten*: turbulent
Erregung *f* **1.** creation, excitation (*auch* ELEK), causing **2.** excitement, *sexuelle*: *auch* (state of) arousal, (*Zorn*) anger
erreichbar *Adj* within reach, (*verfügbar*) available, *fig* attainable: ***leicht erreichbar*** within easy reach; ***zu Fuß*** (***mit dem Wagen***) ***leicht erreichbar*** within easy walking (driving) distance; ***er ist nie erreichbar*** you just can't get hold of him
erreichen *v/t* **1.** (*Ort, Person, Sache*) reach, (*Bus, Zug etc*) catch, (*einholen*) catch up with: ***j-n telefonisch erreichen*** get s.o. on the phone; *fig* ***ein hohes Alter erreichen*** live to an old age; ***leicht zu erreichen*** → ***erreichbar*** **2.** *fig* achieve, (*erlangen*) obtain, get: ***etw erreichen*** get somewhere; (***es***) ***erreichen, dass ...*** succeed in *Ger*; ***haben Sie*** (***bei ihm***) ***etw erreicht?*** did you get anywhere (with him)?
Erreichung *f* attainment: ***nach Erreichung der Altersgrenze*** on reaching the retirement age
erretten *v/t* (***aus, von*** from) save, rescue
Errettung *f* rescue
errichten *v/t* **1.** build, erect, (*Statue, Gerüst etc*) put up **2.** *fig* (*gründen*) found, *bes* WIRTSCH set up
Errichtung *f* **1.** building, erection **2.** *fig* foundation
erringen *v/t* gain, (*Preis*) *auch* win, (*Erfolg*) *auch* achieve
erröten *v/i* blush (***vor*** with, ***über*** *Akk* at)
Errungenschaft *f* **1.** acquisition **2.** *fig* achievement, (*Großtat*) feat
Ersatz *m* **1.** (*a Ersatzmann*) substitute, *ständiger*: replacement(s *Pl* MIL): ***als Ersatz für j-n*** to replace s.o.; ***das*** (***er***) ***ist kein Ersatz für ...*** that (he) can't replace ... **2.** WIRTSCH, JUR compensation, (*Entschädigung*) *auch* indemnification, (*Schadenersatz*) damages *Pl*: ***als Ersatz für*** **a)** by way of compensation, **b)** in exchange (*oder* return) for
Ersatzanspruch *m* claim for compensation
Ersatzbank *f* SPORT substitutes' bench
Ersatzbatterie *f* spare battery
Ersatzbefriedigung *f* PSYCH compensation
Ersatzdienst *m* → ***Wehrersatzdienst***
Ersatzhandlung *f* PSYCH displacement activity, *bes weit. S.* compensation
Ersatzkasse *f* health insurance society
Ersatzleistung *f* compensation
Ersatzmann *m* substitute (*auch Sport*), replacement (*auch* MIL)
Ersatzmine *f* refill
Ersatzmittel *n* substitute, *bes pej* ersatz
Ersatzmutter *f* mother-substitute
ersatzpflichtig *Adj* liable for damages
Ersatzreifen *m* spare tyre (*Am* tire)
Ersatzspieler, Ersatzspielerin SPORT substitute
Ersatzteil *m, n* TECH replacement part, *mitgeliefert*: spare (part)
Ersatzteilchirurgie *f* MED spare-part surgery
Ersatzteillager *n* spare parts store
ersatzweise *Adv* alternatively
ersaufen *v/i ugs* drown
ersäufen *v/t auch ugs fig* drown
erschaffen *v/t* create, make
Erschaffung *f* creation
erschallen *v/i* ring out, resound
erscheinen *v/i* **1.** *allg* appear (*auch Geist*: ***j-m*** to s.o.), (*kommen*) *auch* come, *ugs* turn up, *Buch etc*: *auch* be published, come out: ***soeben erschienen*** just published; ***vor Gericht erscheinen*** appear in court **2.** (*scheinen*) (***j-m*** to s.o.) seem, appear: ***es erscheint ratsam*** it would seem advisable
Erscheinen *n* **1.** *allg* appearance, *eines Buches etc*: *auch* publication **2.** (*Anwesenheit*) attendance (***bei*** at)
Erscheinung *f* **1.** appearance, (*Geistererscheinung*) apparition, (*Traumbild*) vision: ***in Erscheinung treten*** appear, *fig Sache*: *auch* make itself felt; ***stark*** (***kaum***) ***in Erscheinung treten*** be very (not) much in evidence; ***er tritt kaum in Erscheinung*** he keeps very much in the background **2.** *fig* sign, symptom (*auch* MED), (*Vorgang, Naturerscheinung*) phenomenon **3.** (*äußere Erscheinung*) (outward) appearance, (*Persönlichkeit*) figure
Erscheinungsjahr *n* year of publication
erschießen I *v/t* shoot (dead): ***j-n erschießen lassen*** have s.o. shot **II** *v/refl* ***sich erschießen*** shoot o.s
Erschießung *f* shooting, *standrechtliche*: execution (by a firing squad)
erschlaffen *v/i* **1.** *Muskeln etc*: grow tired, *Haut*: (begin to) sag **2.** *Person*: tire **3.** → ***erlahmen*** 1
erschlagen I *v/t* kill **II** *Adj ugs* ***wie erschlagen*** **a)** (*verblüfft*) dum(b)founded, **b)** (*erschöpft*) dead-beat, whacked
erschleichen *v/t* ***sich etw erschleichen*** obtain s.th. by trickery; ***sich j-s Vertrauen erschleichen*** worm o.s. into s.o.'s confidence
erschließen I *v/t* open (up) (*auch Markt etc*), (*Gebiet, auch Bauland*) develop **II** *v/refl* ***sich j-m erschließen*** *Geheimnis etc*: be revealed to s.o., *Möglichkeiten etc*: open up before s.o.
Erschließung *f* opening (up), development
erschöpfen I *v/t allg, auch fig* exhaust **II** *v/refl* ***sich erschöpfen*** exhaust o.s., *fig Vorräte, Thema etc*: be exhausted: ***sich erschöpfen in*** (*Dat*) *Tätigkeit etc*: be limited to
erschöpfend *Adj* **1.** exhausting **2.** *fig* (*gründlich*) exhaustive
erschöpft *Adj* exhausted (***von*** by), (*verbraucht*) spent, *Batterie*: *auch* dead, run(-)down
Erschöpfung *f* (***bis zur Erschöpfung*** to the point of) exhaustion

E

E

Erschöpfungszustand *m* (state of) exhaustion
erschrecken **I** *v/t* frighten, scare, (*aufschrecken*) startle: → ***Tod*** **II** *v/i* be frightened (***über*** *Akk* at)
Erschrecken *n* fright
erschreckend *Adj* frightening, *stärker*: appalling: *Adv* ***erschreckend wenige*** alarmingly few
erschrocken *Adj und Adv* frightened, (*bestürzt*) shocked
erschüttern *v/t* shake (*auch fig*), (*bestürzen*) shock, (*rühren*) move deeply
erschütternd *Adj* shocking, (*ergreifend*) deeply moving
Erschütterung *f* shock (*auch fig*), (*Rührung*) emotion
erschweren *v/t* make *s.th.* (more) difficult, complicate, (*hemmen*) impede, (*verschlimmern, auch* JUR) aggravate
erschwerend *Adj* JUR aggravating
erschwert *Adj* more difficult, harder
erschwindeln *v/t* ***sich etw von j-m erschwindeln*** cheat s.th. out of s.o.
erschwingen *v/t* afford
erschwinglich *Adj* within s.o.'s means: ***zu erschwinglichen Preisen*** at reasonable prices; ***das ist für uns nicht erschwinglich*** we can't afford it
ersehen *v/t* (***aus*** from) see, gather
ersehnen *v/t* long for
ersetzbar *Adj* replaceable (*auch* TECH), *Schaden*: reparable, *Verlust*: recoverable
ersetzen *v/t* (*etw, j-n*) replace (***durch*** by), (*j-n*) *auch* take the place of, (*ausgleichen*) compensate for, make up for: ***j-m den Schaden*** (***die Auslagen***) ***ersetzen*** compensate s.o. for the damage (reimburse s.o. for expenses)
Ersetzung *f* replacement, *eines Schadens etc*: compensation, *von Kosten*: reimbursement
ersichtlich *Adj* apparent, evident, clear: ***ohne ersichtlichen Grund*** for no apparent reason; ***daraus wird ersichtlich*** hence it appears
ersinnen *v/t* think up, devise, invent
erspähen *v/t ugs* spot
ersparen *v/t* **1.** (*auch* ***sich ersparen***) save **2.** *fig* ***sich etw ersparen*** spare o.s. s.th.; ***j-m Arbeit*** (***Kosten*** *etc*) ***ersparen*** save s.o. work (money *etc*); ***ihr bleibt nichts erspart*** she gets all the bad breaks
Ersparnis *f* **1.** (***an*** *Arbeit etc*) saving (in) **2.** *Pl* savings *Pl*
ersprießlich *Adj* fruitful, profitable
erst *Adv* (at) first, (*zuvor*) first, (*bloß*) only, just, (*nicht früher als*) only, not till, not until: (***eben***) ***erst*** just (now); ***erst als*** (***dann, jetzt***) only when (then, now); ***erst nächste Woche*** not before next week; ***erst nach*** only (*oder* not until) after; ***es ist erst fünf Uhr*** it's only five o'clock; ***ich muss erst*** (***noch***) ***telefonieren*** I've got to make a phone call first
erstarken *v/i* grow strong(er)
erstarren *v/i* grow stiff, stiffen, *vor Kälte*: go numb, CHEM *etc* solidify, *Blut*: coagulate, *fig* run cold, (*gefrieren*) freeze (*auch fig* ***vor*** *Dat* with): ***vor Schreck erstarren*** *auch* be paralysed with fear
erstarrt *Adj* stiff, *vor Kälte*: *auch* numb, *fig* paralysed
Erstarrung *f* stiffness, *vor Kälte*: numbness, CHEM solidification, *fig* paralysis, rigidity
erstatten *v/t* **1.** (*Auslagen etc*) refund (***j-m*** to s.o.) **2.** ***Anzeige erstatten gegen*** report *s.o.* to the police; → ***Bericht***
Erstattung *f* refund(ing)
Erstaufführung *f* THEAT *etc* première, FILM *auch* first run
erstaunen **I** *v/t* astonish, *stärker*: amaze **II** *v/i* → ***staunen*** I
Erstaunen *n* astonishment, *stärker*: amazement: ***in Erstaunen setzen*** → ***erstaunen*** I; (***sehr***) ***zu meinem Erstaunen*** (much) to my surprise
erstaunlich *Adj* astonishing, amazing
erstaunlicherweise *Adv* astonishingly, to my *etc* surprise (*oder* amazement)
erstaunt *Adj* (***über*** *Akk* at) astonished, amazed
Erstausgabe *f* first edition
erstbeste **I** *Adj* first, *ugs* any (old) **II** *substantivisch*: ***der*** (***die***) ***Erstbeste*** the first person one happens to see, just anyone; ***das Erstbeste*** the next best (*ugs* any old) thing *etc*
erste *Adj* first: ***Karl der Erste*** (***Karl I.***) Charles the First (Charles I); ***erste Qualität*** prime quality; ***das erste Mal*** the first time; ***beim ersten Mal*** the first time, (*sofort*) *auch* straightaway; ***zum ersten Mal*** for the first time; ***der Erste des Monats*** the first (day) of the month; ***erste Beste*** → ***erstbeste***; ***als Erste***(***r***), ***als Erstes*** first; ***er war der Erste*** he was first; ***er war der Erste, der ...*** he was the first to *Inf*; ***der*** (***die***) ***Erste*** *der Klasse*: top boy (girl); ***fürs Erste*** for the moment; → ***Blick*** 1, ***Geige, Hand, Hilfe*** 1 *etc*
erstechen *v/t* stab (to death)
erstehen[1] *v/i fig* rise, *Gebäude*: be built
erstehen[2] *v/t* (*kaufen*) buy, get
ersteigen *v/t* (*Berg etc*) climb, ascend, (*Gipfel*) climb up to
ersteigern *v/t* buy *s.th.* at an auction
Ersteigung *f* ascent, climbing
erstellen *v/t* **1.** (*Gebäude etc*) erect, build **2.** (*Buch*) produce **3.** (*Bilanz, Gutachten etc*) prepare, draw up
erstens *Adv* first(ly), first of all
erster → ***erste***
erstere *Adj the* former
erstgeboren *Adj* first-born
Erstgeburtsrecht *n* birthright
erstgenannt *Adj* first-mentioned
ersticken **I** *v/t* (*j-n*) suffocate, choke, (*auch Feuer, fig Gefühl, Aufstand*) smother, (*auch fig Lachen*) stifle: → ***Keim*** 1 **II** *v/i* suffocate (***durch, an*** *Dat* from): ***an einer Gräte ersticken*** choke (to death) on a bone; *fig* ***in Arbeit ersticken*** be swamped with work
Ersticken *n* suffocation: ***zum Ersticken*** (***heiß***) stifling(ly) hot
erstickend *Adj auch fig* stifling
Erstickung *f* suffocation
Erstickungsanfall *m* choking fit
Erstickungstod *m* death from suffocation
erstklassig *Adj* first-class, first-rate, top-quality (*goods etc*)
Erstling *m* **1.** first-born child **2.** *fig* first work
erstmalig **I** *Adj* first **II** *Adv*, *a* **erstmals** for the first time
Erstmeldung *f* exclusive report, *ugs* scoop
erstrahlen *v/i* shine
erstrangig *Adj* first-rate
erstreben *v/t* strive after, aim for, (*begehren*) desire
erstrebenswert *Adj* desirable
erstrecken *v/refl* **1.** ***sich erstrecken*** (***bis zu*** to) extend, stretch **2.** *fig* ***sich erstrecken über***

(*Akk*) cover; **sich erstrecken auf** (*Akk*) (*betreffen*) concern, apply to

Erstschlag *m* MIL first strike

Erststudium *n* intial course of studies, (*vor Zweitstudium*) previous course of studies

erstürmen *v/t* (take by) storm

Erstürmung *f* storming

Erstwähler, **Erstwählerin** first-time voter

ersuchen *v/t* **j-n ersuchen zu** *Inf* ask (*oder* request) s.o. to *Inf*; **j-n um etw ersuchen** request s.th. from s.o.

Ersuchen *n* (**auf sein Ersuchen hin** at his) request

ertappen *v/t* catch (**bei** at): **j-n beim Stehlen ertappen** catch s.o. stealing; *fig* **sich bei etw ertappen** catch o.s. doing s.th.

erteilen *v/t* (*Befehl, Rat, Unterricht etc*) give (**j-m** [to] s.o.), (*ein Recht etc*) confer (*Dat* on), (*Patent etc*) grant: **j-m das Wort erteilen** ask s.o. to speak; → **Lob**

ertönen → **erklingen**

Ertrag *m* yield, BERGB *etc* output, (*Einnahmen*) (**aus** from) proceeds *Pl*, returns *Pl*

ertragen *v/t* bear, endure, stand, (*dulden*) put up with: **das ist kaum noch zu ertragen** that is hardly bearable; **ich kann den Gedanken nicht ertragen, dass …** I can't bear to think that …; **nicht zu ertragen** unbearable

erträglich **I** *Adj* bearable, (*auch leidlich*) tolerable **II** *Adv* tolerably well

ertragreich *Adj* productive, profitable

Ertragslage *f* WIRTSCH profit situation

ertränken *v/t* drown (**sich** o.s.)

erträumen *v/t* **sich etw erträumen** dream of s.th.

ertrinken *v/i* drown, be drowned

Ertüchtigung *f* physical training

erübrigen **I** *v/t* (*Geld*) save, (*Zeit*) spare **II** *v/refl* **sich erübrigen** be unnecessary

eruieren *v/t* find out

Eruption *f* eruption

erwachen *v/i* wake up (*auch fig*), awake, *fig Erinnerungen, Gefühle etc*: be awakened, *Argwohn etc*: be aroused

Erwachen *n* (*fig* **unsanftes Erwachen** rude) awakening

erwachsen[1] *v/i* arise (**aus** from)

erwachsen[2] *Adj*, **Erwachsene** *m, f* grown-up, adult

Erwachsenenbildung *f* adult education

erwägen *v/t* consider, think *s.th.* over: **den Kauf eines Autos erwägen** consider buying a car

Erwägung *f* (**etw in Erwägung ziehen** take s.th. into) consideration

erwählen *v/t* choose

erwähnen *v/t* mention

erwähnenswert *Adj* worth mentioning

Erwähnung *f* mention

erwärmen **I** *v/t* warm (up): *fig* **j-n für etw erwärmen** get s.o. interested in s.th. **II** *v/refl* **sich erwärmen** get warm(er); *fig* **sich für etw erwärmen** warm to s.th.

Erwärmung *f* warming: **Erwärmung der Erdatmosphäre** global warming

erwarten *v/t* expect, (*warten auf*) wait for: *fig* **j-n erwarten** *Überraschung etc*: be in store for s.o.; **ein Kind erwarten** be expecting (a baby); **ich kann es kaum erwarten** (**zu** *Inf*) I can hardly wait (to *Inf*); **das war zu erwarten** that was to be expected

Erwarten *n* **über alles Erwarten** beyond all expectation; **wider Erwarten** contrary to all expectations

Erwartung *f* expectation, (*Hoffnung, Aussicht*) expectancy, anticipation: **in Erwartung einer Sache** awaiting s.th.; **in Erwartung Ihres Briefes** *etc auch* looking forward to your letter *etc*; **den** (*oder* **j-s**) **Erwartungen entsprechen** come up to (s.o.'s) expectations; **hinter den** (*oder* **j-s**) **Erwartungen zurückbleiben** fall short of (s.o.'s) expectations

erwartungsgemäß *Adv* as (was to be) expected

Erwartungshaltung *f* expectancy, (level of) expectations *Pl*

Erwartungshorizont *m* expectations *Pl*

erwartungsvoll *Adj* expectant(ly *Adv*)

erwecken *v/t* **1.** (*j-n, etw*) **wieder zum Leben erwecken** revive **2.** *fig* (*Interesse, Verdacht etc*) arouse, (*Erinnerungen*) bring back, (*Hoffnungen*) raise, (*Vertrauen*) inspire: → **Anschein**, **Eindruck** 1. *etc*

erwehren *v/refl* **sich erwehren** (*Gen*) ward off, resist; **sich nicht erwehren können** (*Gen*) be helpless against; **man konnte sich des Eindrucks nicht erwehren, dass …** you couldn't help feeling that …

erweichen *v/t* soften (*auch fig j-n*), *fig* (*rühren*) move: **sich erweichen lassen** give in

erweisen **I** *v/t* **1.** (*beweisen*) prove, show **2.** (*Ehre, Dienst, Gefallen etc*) do, (*Gunst*) grant, (*Achtung*) show: → **Ehre** **II** *v/refl* **3. sich erweisen als** prove (*oder* turn out) to be **4. sich** (**j-m gegenüber**) **dankbar erweisen** show one's gratitude (towards s.o.)

erweitern **I** *v/t* (*Straße etc*) widen, (*Gebäude, Betrieb etc, fig Einfluss etc*) extend, (*Buch*) enlarge, (*Kenntnisse*) broaden **II** *v/refl* **sich erweitern** widen, MED dilate, WIRTSCH expand, *Kenntnisse*: increase

Erweiterung *f* widening (*etc*), extension, enlargement, MED dilatation

Erwerb *m* acquisition, purchase

erwerben *v/t* acquire (*auch fig Wissen, Ruf, Rechte etc*), (*kaufen*) *auch* purchase, (*verdienen*) earn, *fig* (*Ruhm, Reichtum etc*) gain, win: **sich Verdienste erwerben um** render great service(s) to

erwerbsfähig *Adj* fit for work: **im erwerbsfähigen Alter** of employable age

Erwerbsfähigkeit *f* ability to work

Erwerbsleben *n* working life

erwerbslos → **arbeitslos**

Erwerbsminderung *f* reduction in earning capacity

Erwerbsquelle *f* source of income

erwerbstätig *Adj* (gainfully) employed

Erwerbstätige *m, f* employed person

Erwerbstätigkeit *f* gainful employment

erwerbsunfähig *Adj* unfit for work

Erwerbsunfähigkeit *f* incapacity to work

Erwerbszweig *m* **a)** branch of industry, **b)** line (of business)

Erwerbung *f* acquisition, purchase

erwidern *v/t* **1.** (**auf** *Akk* to) reply, answer: **auf meine Frage erwiderte er …** in reply to my question he said … **2.** *fig* (MIL *Feuer, fig Gruß, Besuch etc*) return

Erwiderung *f* **1.** (**auf** *Akk* to) reply, answer **2.** *fig* return

erwiesenermaßen *Adv* as has been proved

erwirken *v/t* obtain, secure

erwirtschaften *v/t* (*Gewinn*) make

erwischen *v/t allg* catch (*auch fig*): **sich erwischen lassen** get caught; *ugs* **ihn hats bös er-**

E

wischt! he's got it bad!

erwünscht *Adj* desired, (*willkommen*) welcome, (*wünschenswert*) desirable

erwürgen *v/t* strangle

Erz *n* ore

erzählen **I** *v/t* tell, *kunstvoll*: narrate: ***man hat mir erzählt*** I've been told; ***man erzählt sich*** they say; *ugs* ***das kannst du mir nicht erzählen!*** pull another one! **II** *v/i* tell a story (*oder* stories): ***erzählen von, erzählen über*** (*Akk*) tell (s.o.) of (*oder* about); ***erzähl mal!*** do tell!

E

erzählenswert *Adj* worth telling

Erzähler, Erzählerin narrator, storyteller, (*Schriftsteller*) narrative writer

Erzählung *f* narration, story, tale, (*Bericht*) account, LITERATUR (short) story

Erzbischof *m* archbishop

erzbischöflich *Adj* archiepiscopal

Erzbistum *n*, **Erzdiözese** *f* archbishopric

Erzengel *m* archangel

erzeugen *v/t allg* produce, TECH *auch* make, LANDW *auch* grow, CHEM, PHYS generate, *fig* (*verursachen*) *auch* cause, create

Erzeuger *m* **1.** father **2.** *allg* producer, *auch* TECH manufacturer, LANDW *auch* grower

Erzeugerland *n* country of origin

Erzeugnis *n* product (*auch fig*), LANDW *meist Pl* produce *Sg*, *literarisches*, *geistiges*: production: ***eigenes Erzeugnis*** my *etc* own make

Erzeugung *f* production, TECH *auch* manufacture, CHEM, PHYS generation, *fig* creation

Erzeugungskosten *Pl* production costs *Pl*

Erzfeind, Erzfeindin archenemy

Erzfeindschaft *f* archrivalry, deadly feud

Erzgauner, Erzgaunerin (real) scoundrel

Erzherzog, Erzherzogin archduke (archduchess)

Erzhütte *f* smelting works *Pl* (*auch Sg konstr*)

erziehbar *Adj* educable: ***schwer erziehbares Kind*** problem child

erziehen *v/t* bring *s.o.* up, raise, *geistig*: educate: ***j-n zu etw erziehen*** train (*oder* teach) s.o. to be (*oder* do) s.th.; → ***erzogen***

Erzieher *m* educator, (*Lehrer*) teacher, (*Hauslehrer, Internatserzieher*) tutor

Erzieherin *f* (lady) teacher, *eng. S.* nursery-school teacher, (*Internatserzieherin etc*) governess

erzieherisch *Adj* educational

Erziehung *f* upbringing, *geistige*, *politische*, *auch Verkehrserziehung etc*: education, (*Ausbildung*) training, (*Lebensart*) breeding, (*Manieren*) manners *Pl*

Erziehungsanstalt *f* approved (*Am* reform) school

Erziehungsberater, Erziehungsberaterin educational adviser

Erziehungsberatung *f* child guidance

Erziehungsberechtigte *m, f* **a)** parent, **b)** (legal) guardian

Erziehungsgeld *n* child-raising allowance

Erziehungsurlaub *m* child-raising leave

Erziehungswissenschaft *f* educational science

erzielen *v/t* obtain, get, (*Erfolg, Ergebnis etc*) achieve, (*Einigung etc*) reach, (*Gewinn*) make, (*Preis*) fetch, SPORT (*Punkte, Treffer*) score

erzkonservativ *Adj* ultra-conservative

erzogen *Adj* ***gut erzogen*** well bred; ***schlecht erzogen*** ill-bred

erzürnt *Adj* angry, furious

erzwingen *v/t* force

es *Personalpron* it, *bei bekanntem Geschlecht*: he, she: ***ich bin es!*** it's me!; ***bist du es?*** is it you?; ***es gibt*** there is, there are; ***ich hoffe es*** I hope so; ***ich weiß es (nicht)*** I (don't) know; *er kann nicht schwimmen*, ***aber ich kann es*** but I can; *du bist müde*, ***ich bin es auch*** so am I; ***ich will es*** I want to; ***ich will es versuchen*** I'll try; ***es wurde getanzt*** there was dancing, we (they) danced

Escapetaste *f* escape key

Esche *f* BOT ash (tree)

Esel *m* **1.** donkey, *männlicher*: jackass **2.** *ugs fig* (silly) ass: ***alter Esel*** old fool

Eselin *f* she-ass

Eselsbrücke *f fig* mnemonic (aid): ***j-m eine Eselsbrücke bauen*** give s.o. a hint

Eskalation *f* escalation

eskalieren *v/i und v/t* escalate

Eskapade *f* escapade

Eskimo *m* Eskimo

Eskorte *f*, **eskortieren** *v/t* escort

Esoterik *f* esotericism

Esoteriker, Esoterikerin, esoterisch *Adj* esoteric

Espe *f* BOT asp

Espenlaub *n* ***zittern wie Espenlaub*** tremble like an aspen leaf

Espresso *m* espresso

Essay *m* essay (***über*** *Akk* on)

Essayist, Essayistin essayist

essbar *Adj* eatable, (*genießbar*) edible: ***essbarer Pilz*** (edible) mushroom

Essbesteck *n* cutlery (set)

Esse *f* **1.** chimney **2.** (*Schmiedeesse*) forge

essen *v/t und v/i* eat: *etw* ***gern essen*** like; ***man isst dort ganz gut*** the food is quite good there; *ugs fig* ***gegessen sein*** be history; → ***Abend, Mittag*** *etc*

Essen *n* eating, (*Kost*) food, (*Gericht*) dish, (*Mahlzeit*) meal, (*Festessen*) dinner (party): ***Essen und Trinken*** food and drink

Essenmarke *f* meal ticket, *Br auch* luncheon voucher

Essenszeit *f* lunchtime, *abends*: dinnertime

Essenz *f auch fig* essence

Esser, Esserin eater: → ***stark*** 1

Essgeschirr *n* crockery, (*Service*) dinner service

Essgewohnheiten *Pl* eating habits *Pl*

Essig *m* vinegar: *ugs fig* ***damit ist es Essig!*** it's all off!

Essiggurke *f* gherkin

Essigsäure *f* acetic acid

Essig- und Ölständer *m* cruet stand

Esskastanie *f* (sweet) chestnut

Esslöffel *m* tablespoon: ***zwei Esslöffel*** two tablespoonfuls

Esslust *f* appetite

Essstäbchen *Pl* chopsticks *Pl*

Esstisch *m* dining table

Esswaren *Pl* food *Sg*

Esszimmer *n* dining room

Estland *n* Est(h)onia

Estragon *m* BOT tarragon

etablieren *v/refl* ***sich etablieren*** become established, *geschäftlich*: set o.s. up, start a business, *häuslich*: settle in

Etablissement *n* establishment

Etage *f* floor, stor(e)y

Etagenbett *n* bunk bed

Etagenheizung *f* single-stor(e)y heating (system)

Etagenwohnung *f* flat, *Am* apartment

Etappe *f auch* SPORT stage, leg: ***in Etappen*** in

stages
Etat *m* budget
Etatansatz *m* budgetary estimate
Etatentwurf *m* draft budget
Etatjahr *n* fiscal year
etatmäßig *Adj* budgetary, *Beamter*: permanent
E-Technik *f* electrical engineering
etepetete *Adj ugs* **1.** (*geziert*) la-di-da **2.** (*eigen*) fussy, finicky
Ethik *f* ethics *Sg*
Ethikunterricht *m* ethics
ethisch *Adj* ethical
ethnisch *Adj* ethnic
Ethnografie, **Ethnographie** *f* ethnography
ethnografisch, **ethnographisch** *Adj* ethnographic(ally *Adv*)
Ethnologe *m*, **Ethnologin** *f* ethnologist
Ethnologie *f* ethnology
Ethos *n* ethos, *weit. S.* ethics *Pl*
Etikett *n* label, (*Preisschild*) price tag
Etikette *f* (***Verstoß gegen die Etikette*** breach of) etiquette
etikettieren *v/t* put a label on, *fig* label
etliche *Indefinitpron Pl* several: ***etliches*** *Sg* a number of things; ***etliche Mal*** several times
Etüde *f* MUS étude
Etui *n* case
etwa *Adv* **1.** *auch* ***in etwa*** (*ungefähr*) about, approximately, *ugs* around; ***in etwa dasselbe*** more or less the same; ***wann etwa?*** approximately when?, (*um wie viel Uhr*) *auch ugs* around what time? **2.** (*vielleicht*) by any chance, (*zum Beispiel*) for instance, (let's) say: ***nicht etwa, dass …*** not that *it mattered etc*; ***ist das etwa besser?*** is that any better?; ***du glaubst doch nicht etwa …?*** surely you don't think …?
etwaig *Adj* any
etwas **I** *Indefinitpron* something, *verneinend, fragend oder bedingend*: anything: ***etwas anderes*** something (anything) else **II** *Adj* some, any, (*wenig*) a little: ***ich brauche etwas Geld*** I need some money **III** *Adv* a little: ***es erscheint etwas merkwürdig*** it seems a bit funny
Etwas *n* ***ein gewisses Etwas*** a certain something
Etymologie *f* etymology
etymologisch *Adj* etymological
Et-Zeichen *n* ampersand
EU *f Abk* (= ***Europäische Union***) EU, European Union
euch *Personalpron* (*in Briefen*: ***Euch***) (to) you, *refl*: yourselves, *nach Präp*: you: ***setzt euch!*** sit down!
Eucharistie *f the* Eucharist
euer **I** *Possessivpron* (*in Briefen*: ***Euer***) **1.** your: ***eu(e)re Mutter*** your mother; ***unser und euer Haus*** our house and yours **2.** ***der*** (***die***, ***das***) ***eu(e)re*** yours **II** *Personalpron* **3.** (*Gen von* ***ihr***) of you
Eugenik *f* eugenics *Sg*
Eule *f* owl: *fig* ***Eulen nach Athen tragen*** carry coals to Newcastle
Eunuch *m* eunuch
Euphemismus *m* euphemism
euphemistisch *Adj* euphemistic(ally *Adv*)
Euphorie *f* euphoria
EUR *Abk* (= ***Euro***) EUR, euro (*ISO-Währungscode*)
eure → ***euer***
eurerseits *Adv* for (*oder* on) your part
euresgleichen *Pron* people like yourselves, *pej* the likes of you
eurethalben, **euretwegen**, **euretwillen**, **um euretwillen** *Adv* because of you, (*euch zuliebe*) for your sake
Eurhythmie *f* eurhythmics *Sg*
Euro *m* (*Währung*) euro, *auch* Euro: ***Einführung des Euro*** introduction of the euro
Euro… Euro…, euro…
Euro-Banknote *f* euro note
Eurocent *m* eurocent
Eurocity(zug) *m* eurocity (train)
Eurogebiet *n* euro area
Euroland *n* **1.** *alle Länder mit Euro*: Euroland **2.** *einzelnes Land*: euro country (*oder* state)
Euronorm *f* European standard
Europa *n* Europe

Ein bisschen Europa WF

Europa	**Europe**
Euro (*Währung*)	**euro**
Euroland (*alle Länder, die den Euro eingeführt haben*)	**Euroland**
Europäische Union (EU)	**European Union (EU)**
Europäische Währungsunion (EWU)	**European Monetary Union (EMU)**
Europäische Zentralbank (EZB)	**European Central Bank (ECB)**
Europäisches Parlament	**European Parliament (EP)**
Europäische Kommission (EuK)	**European Commission (EC)**
europäischer Binnenmarkt	**single (European) market**

Europabgeorndete *m, f* member of the European Parliament, MEP
Europacup *n* European cup
Europäer, **Europäerin** European
europäisch *Adj* European: ***das Europäische Parlament*** the European Parliament; ***Europäisches Währungssystem*** European Monetary System
Europäische Gemeinschaft *f* European Community
Europäische Union *f* European Union
Europameister, **Europameisterin** SPORT European champion
Europameisterschaft *f* European championships *Pl*
Europapokal *m* European cup
Europapolitik *f* Euro-politics *Pl*
Europarat *m* Council of Europe
europaweit **I** *Adj* cross-Europe …, Europe-wide **II** *Adv* Europe-wide, all over (*oder* throughout) Europe
Euroskeptiker, **Euroskeptikerin** Eurosceptic
Eurowährung *f* eurocurrency
Eurozone *f* eurozone
Euter *n* udder
Euthanasie *f* euthanasia
EU-weit *Adj* EU-wide
evakuieren *v/t* evacuate (*auch* MIL UND PHYS)
Evakuierung *f* evacuation

evangelisch *Adj* Protestant
Evangelist *m* evangelist
Evangelium *n* gospel (*auch fig*): ***das Evangelium des Matthäus*** the Gospel according to St. Matthew
Evaskostüm *n ugs* ***im Evaskostüm*** in the nude
Eventualität *f* eventuality
eventuell **I** *Adj* possible **II** *Adv* possibly, (*notfalls*) if necessary, (*gegebenenfalls*) should the occasion arise

E

eventuell ≠ eventually

eventuell = possibly
eventually = schließlich

Evolution *f* evolution
ewig **I** *Adj* **1.** eternal, everlasting, perpetual: ***ewiger Schnee*** perpetual snow; ***die Ewige Stadt*** (*Rom*) the Eternal City; ***seit ewigen Zeiten*** from time immemorial, *ugs* for ages **2.** *ugs* (*ständig*) eternal, constant, endless **II** *Adv* **3.** eternally, forever: ***für immer und ewig*** for ever and ever; *ugs* ***es ist ewig schade*** it's just too bad; ***ewig*** (***lange***) for ages; ***es dauert ewig*** it's taking ages
Ewigkeit *f* eternity: ***bis in alle Ewigkeit*** to the end of time; *ugs* ***es ist eine Ewigkeit, seit …*** it's ages since …; ***ich habe eine Ewigkeit gewartet*** I've waited for ages
EWS *Abk* (= ***Europäisches Währungssystem***) EMS, European Monetary System
Ex… ex-…
exakt *Adj* precise, exact: ***die exakten Wissenschaften*** the exact sciences
Exaktheit *f* precision
Examen *n* examination, *ugs* exam: ***Examen machen*** take one's exams
Exekution *f* execution
exekutiv *Adj*, **Exekutive** *f* executive
Exekutivgewalt *f* executive power
Exempel *n* ***ein Exempel statuieren*** set a warning example; → ***Probe*** 2
Exemplar *n* specimen, sample, *eines Buches*: copy, *einer Zeitschrift*: issue
exemplarisch **I** *Adj* exemplary **II** *Adv* ***j-n exemplarisch bestrafen*** make an example of s.o.
exerzieren *v/t und v/i* MIL drill
Exhibitionismus *m* exhibitionism, JUR indecent exposure
Exhibitionist, **Exhibitionistin** exhibitionist
exhumieren *v/t* exhume
Exil *n* (***im Exil*** in) exile: ***ins Exil gehen*** go into exile
Exilregierung *f* government in exile
Existenz *f* **1.** existence, (*Unterhalt*) livelihood: ***gesicherte Existenz*** secure position **2.** *pej* (*Person*) character: → ***verkracht*** 2
Existenzangst *f* PSYCH existential anxiety, *weit. S.* economic fears *Pl*
Existenzberechtigung *f* right to exist, (*Grund*) raison d'être
Existenzialismus *m* existentialism
Existenzialist, **Existenzialistin**, **existenzialistisch** *Adj* existentialist
existenziell *Adj* **1.** existential **2.** ***von existenzieller Bedeutung*** vitally important
Existenzkampf *m* struggle for existence
Existenzminimum *n* subsistence level
existieren *v/i* **1.** exist, be: ***nur wenige existieren noch*** there are only a few left **2.** (*leben*) (***von*** on) exist, live
exklusiv *Adj* exclusive, *Kreis*: select
Exklusivbericht *m* exclusive (story)
Exklusivrechte *Pl* exclusive rights *Pl*
exkommunizieren *v/t* excommunicate
Exkremente *Pl* excrements *Pl*
Exkursion *f* excursion, field trip
exmatrikulieren *v/t* UNI cancel s.o.'s registration
Exodus *m auch fig* exodus
Exot, **Exotin** exotic
exotisch *Adj* exotic(ally *Adv*)
Expander *m* expander
Expansion *f* expansion
Expansionspolitik *f* expansionism
expedieren *v/t* dispatch
Expedition *f* **1.** expedition **2.** WIRTSCH forwarding (department)
Experiment *n* experiment
Experimental…, **experimentell** *Adj* experimental
experimentieren *v/i* experiment (***an*** *Dat* on, ***mit*** with)
Experte *m*, **Expertin** *f* expert
Expertise *f* **1.** expertise **2.** (*Gutachten*) expert's opinion
explodieren *v/i* explode
Explosion *f* explosion, blast
explosionsartig *Adj auch fig* explosive
Explosionsgefahr *f* danger of explosion
Explosionskraft *f* explosive force
explosiv *Adj auch fig* explosive
Exponat *n* exhibit
Exponent *m* MATHE *und fig* exponent
exponieren *v/t* expose (***sich*** o.s.) (*Dat* to)
exponiert *Adj* exposed
Export *m* exportation, exporting, (*Waren*) exports *Pl*
Exportabteilung *f* export department
Exportartikel *m* export article (*oder* item), *Pl auch* exports *Pl*
Exportausführung *f* TECH export model
Exporteur, **Exporteurin** exporter
Exportgeschäft *n*, **Exporthandel** *m* export trade
exportieren *m* export (***nach*** to)
Exportland *n* exporting country
Exportleiter, **Exportleiterin** export manager
Exportware *f* → ***Exportartikel***
express *Adv* ***express schicken*** send express (*Am* by special delivery)
Express *m* express (train)
Expressionismus *m* expressionism
Expressionist, **Expressionistin**, **expressionistisch** *Adj* expressionist
extern *Adj* external
Externgespräch *n* TEL outside (*oder* external) call
extra **I** *Adj* extra **II** *Adv* extra, (*gesondert*) *auch* separately, (*eigens*) specially, (*absichtlich*) on purpose: ***extra für dich*** just for you
Extra *n* (*Zubehör etc*) extra
Extrablatt *n einer Zeitung*: extra
extrahieren *v/t*, **Extrakt** *m* extract
Extrakt *m* extract
extravagant *Adj* extravagant, outré
extravertiert *Adj* (*auch* ***extravertierter Mensch***) extrovert
extrem *Adj* extreme
Extrem *n* (***bis zum Extrem*** to the) extreme
Extremismus *m* extremism
Extremist, **Extremistin**, **extremistisch** *Adj* extremist

Extremitäten *Pl* extremities *Pl*
extrovertiert → ***extravertiert***
Exzellenz *f* (***Eure, Seine Exzellenz*** your, his) Excellency
Exzentriker, **Exzentrikerin** eccentric
exzentrisch *Adj auch* MATHE, TECH eccentric
Exzess *m* excess: ***bis zum Exzess*** to excess
Eyeliner *m* eyeliner
EZB *f Abk* (= ***Europäische Zentralbank***) ECB, European Central Bank

F

F, **f** *n* F, f (*auch* MUS)
Fabel *f* fable (*auch fig*), *eines Dramas etc*: plot
fabelhaft *Adj* fantastic(ally *Adv*)
Fabeltier *n* fabulous beast
Fabrik *f* factory, works *Pl* (*oft Sg konstr*), mill

Fabrik ≠ fabric		
Fabrik	=	factory
fabric	=	Stoff, Gewebe

Fabrikanlage *f* (manufacturing) plant
Fabrikant, **Fabrikantin 1.** factory owner **2.** manufacturer
Fabrikarbeit *f* **1.** factory work **2.** → ***Fabrikware***
Fabrikarbeiter, **Fabrikarbeiterin** factory worker
Fabrikat *n* product, (*Typ*) make
Fabrikation *f* production
Fabrikationsnummer *f* serial number
Fabrikationsprogramm *n* production schedule
Fabrikbesitzer, **Fabrikbesitzerin** factory owner
Fabrikgebäude *n* factory building
Fabrikgelände *n* factory site
fabrikneu *Adj* brand-new
Fabrikschiff *n* factory ship
Fabrikware *f* manufactured product(s *Pl*)
fabrizieren *v/t* manufacture, make, *fig auch* concoct, (*anstellen*) manage (to do)
Facette *f* facet
Facettenauge *n* ZOOL compound eye
...fach *in Zssgn* ...fold, (*...mal*) ... times
Fach *n* **1.** compartment, partition, *im Regal*: shelf **2.** (*Fachbereich*) field, line: ***er ist vom Fach*** he is an expert; ***das schlägt nicht in mein Fach*** that's not in my line **3.** WIRTSCH (*Branche*) line (of business) **4.** (*Studienfach, Unterrichtsfach*) subject
Facharbeit *f* skilled work
Facharbeiter, **Facharbeiterin** skilled worker, *Pl* skilled labo(u)r *Sg*
Facharzt *m*, **Fachärztin** *f* specialist (***für*** in)
fachärztlich *Adj* (*Adv* by a) specialist
Fachausbildung *f* special(ized) training
Fachausdruck *m* technical term
Fachbereich *m* **1.** → ***Fachgebiet*** **2.** UNI department
Fachbuch *n* specialist book
Fächer *m* **1.** fan **2.** *fig* range, spectrum
fächerartig → ***fächerförmig***
fächerförmig *Adj* fan-like: *Adv* ***sich fächerförmig ausbreiten*** fan out
fächern *v/t* (*auch* ***sich fächern***) fan out
Fachfrau *f* (woman) expert
Fachgebiet *n* (special) field
fachgemäß, **fachgerecht** *Adj* expert(ly *Adv*), professional(ly *Adv*)
Fachgeschäft *n* specialist shop (*Am* store)
Fachhandel *m* specialized trade (*oder* dealers *Pl*)
Fachhochschule *f* (technical) college
Fachidiot, **Fachidiotin** *ugs pej* specialist borné
Fachingenieur, **Fachingenieurin** specialist (engineer)
Fachjargon *m* technical jargon
Fachkenntnis(se *Pl*) *f* specialized knowledge *Sg*, know-how *Sg*
Fachkräfte *Pl* qualified personnel *Sg*, specialists *Pl*
Fachkreis *m* ***in Fachkreisen*** among the experts
fachkundig *Adj* competent, expert
Fachlehrer, **Fachlehrerin** subject teacher
Fachleute *Pl* experts *Pl*
fachlich *Adj* technical, professional
Fachliteratur *f* specialized literature
Fachmann *m* (***in*** *Dat* in, at, ***für*** on) expert, specialist
fachmännisch *Adj* expert(ly *Adv*), specialist, *Arbeit*: professional: ***fachmännisches Urteil*** expert opinion
Fachpersonal *n* qualified personnel
Fachpresse *f* trade press
Fachrichtung *f* field
Fachschule *f* technical college
Fachsimpelei *f* shoptalk
fachsimpeln *v/i* talk shop
Fachsprache *f* technical language (*oder* terminology)
Fachstudium *n* special(ized) studies *Pl*
Fachübersetzer, **Fachübersetzerin** technical translator
Fachverband *m* professional (*gewerblicher*: trade) association
Fachwerk *n* framework, half-timbering
Fachwerkhaus *n* half-timbered house
Fachwissen *n* → ***Fachkenntnis(se)***
Fachwörterbuch *n* specialized dictionary
Fachzeitschrift *f* (professional, *gewerbliche*: trade) journal
Fackel *f auch fig* torch
fackeln *v/i ugs* ***nicht lange fackeln*** lose no time
fade *Adj* **1.** tasteless, (*schal*) stale, *Bier*: flat **2.** *fig* (*langweilig*) boring, dull
Faden *m* thread (*auch fig*), ELEK, TECH filament,

F

MED stitch, *von Bohnen, einer Marionette*: string: MED ***die Fäden ziehen*** remove the stitches; *fig* ***der rote Faden*** the thread (running through the story *etc*); ***den Faden verlieren*** lose the thread (of one's speech *etc*); ***es hing an einem Faden*** it hung by a thread; ***er hält alle Fäden in der Hand*** he pulls the strings

Fadenkreuz *n* OPT reticule

Fadennudeln *Pl* vermicelli *Pl*

fadenscheinig *Adj* threadbare (*auch fig*), *fig Ausrede*: flimsy

Fagott *n* MUS bassoon

Fagottist, Fagottistin bassoonist

fähig *Adj* able, capable, (*begabt*) gifted, talented, (*qualifiziert*) qualified: ***fähig sein zu*** be capable of; *pej* ***zu allem fähig*** capable of anything, *Verbrecher etc*: desperate; **(*dazu*) *fähig sein, etw zu tun*** be capable of doing s.th., be able (*oder* qualified) to do s.th.

Fähigkeit *f* ability, capability, (*Begabung*) talent

fahl *Adj* pale, *Gesicht*: *auch* ashen

Fähnchen *n* **1.** pennant, SPORT marker **2.** *ugs* (*Kleid*) cheap, flimsy dress

fahnden *v/i* ***fahnden nach*** search for

Fahnder, Fahnderin investigator

Fahndung *f* search

Fahndungsaktion *f* (police) search

Fahndungsdienst *m* tracing and search department

Fahndungsliste *f* wanted list

Fahne *f* **1.** flag, *bes fig* banner, SCHIFF, MIL colo(u)rs *Pl*: *fig* ***mit fliegenden Fahnen untergehen*** go down fighting **2.** *ugs* ***eine Fahne haben*** reek of the bottle **3.** BUCHDRUCK galley (proof)

Fahnenflucht *f* desertion: ***Fahnenflucht begehen*** desert

fahnenflüchtig *Adj* ***fahnenflüchtig sein*** be a deserter

Fahnenmast *m*, **Fahnenstange** *f* flagpole

Fähnrich *m* MIL cadet: SCHIFF ***Fähnrich zur See*** midshipman

Fahrausweis *m* ticket

Fahrbahn *f* road, carriageway, (*Spur*) lane

fahrbar *Adj* mobile

Fahrbereitschaft *f* car pool

Fähre *f* ferry

Fahreigenschaften *Pl* MOT road performance *Sg*

fahren I *v/i* **1.** *allg* go (***mit*** by *bus, train, etc*), MOT drive, *auf einem Fahrrad, in einem Fahrzeug*: ride, SCHIFF sail, (*verkehren*) run, (*abfahren*) leave, depart, go, (*in Fahrt sein*) be moving: *der Zug etc* ***fährt zweimal am Tag*** runs (*oder* goes) twice a day; ***über eine Brücke fahren*** cross a bridge; ***rechts fahren!*** keep to the right!; ***fahren mit*** *Diesel etc*: run on, be *diesel*-driven *etc*; *fig* ***mit der Hand*** *etc* ***fahren über*** (*Akk*) run one's hand *etc* over; ***in etw fahren*** *Kugel, Messer etc*: go into; ***gut*** **(*schlecht*)** ***fahren bei*** fare well (ill) with, do well (badly) by; ***es*** **(*der Gedanke*)** ***fuhr mir durch den Kopf*** it flashed through my mind; ***was ist in ihn gefahren?*** what has got into him?; *ugs* ***einen fahren lassen*** fart, let go **II** *v/t* **2.** (*lenken*) drive, (*befördern*) *auch* take, (*Güter*) *auch* transport, SCHIFF sail, (*Boot*) row, (*Strecke*) drive, cover, do: ***das Auto fährt 150 km/h*** the car does 150 km/h **3.** SPORT (*eine Zeit*) make, clock: ***ein Rennen fahren*** participate in a race **4.** TECH (*eine Schicht*) work, (*eine Leitung*) run, (*auch eine Anlage*) operate **5.** TV (*eine Sendung etc*) run

fahrend *Adj* travel(l)ing, itinerant

Fahrenheit *n* Fahrenheit: ***30 Grad Fahrenheit*** 30 degrees Fahrenheit

Fahrer, Fahrerin MOT **a)** *allg* driver, **b)** (*Chauffeur*) chauffeur (chauffeuse)

Fahrerflucht *f* hit-and-run offen/ce (*Am* -se): ***Fahrerflucht begehen*** fail to stop after an accident

Fahrgast *m* passenger, *bes eines Taxis*: fare

Fahrgeld *n* fare

Fahrgelegenheit *f* (means of) transport

Fahrgemeinschaft *f* car pool

Fahrgestell *n* **1.** MOT chassis, FLUG undercarriage **2.** *ugs* (*Beine*) pins *Pl*

fahrig *Adj* nervous, jumpy, (*unaufmerksam*) inattentive

Fahrkarte *f* ticket (***nach*** to)

Fahrkarten WF

Einzelfahrkarte, Einzelfahrschein	**single**
Rückfahrkarte	**return**
Tagesrückfahrkarte	**day return**
Zeitkarte für beliebig viele Hin- und Rückfahrten (*mit normalerweise 3 Monaten Gültigkeit*)	**period return**

Fahrkartenautomat *m* ticket machine

Fahrkartenkontrolle *f* ticket inspection

Fahrkartenkontrolleur, Fahrkartenkontrolleurin ticket inspector

Fahrkartenschalter *m* ticket office

Fahrkomfort *m* MOT driving comfort

fahrlässig *Adj* careless, *auch* JUR negligent: ***fahrlässige Tötung*** manslaughter (*Am* in the second degree)

Fahrlässigkeit *f* carelessness, *auch* JUR negligence

Fahrlehrer, Fahrlehrerin MOT driving instructor

Fahrplan *m* timetable (*auch fig*), *bes Am* schedule

Fahrplanänderung *f* change in the timetable

Fahrplanauszug *m* individual timetable

fahrplanmäßig I *Adj* scheduled **II** *Adv* according to schedule, on time

Fahrpraxis *f* driving experience

Fahrpreis *m* fare

Fahrpreisermäßigung *f* fare reduction

Fahrprüfung *f* driving test

Fahrrad *n* bicycle, *ugs* bike

Fahrradfahrer, Fahrradfahrerin cyclist

Fahrrinne *f* SCHIFF lane

Fahrschein *m* ticket

Fahrscheinautomat *m* ticket machine

Fahrschule *f* driving school

Fahrschüler, Fahrschülerin MOT learner (driver), *Am* student driver

Fahrspur *f* lane

Fahrstuhl *m* lift, *Am* elevator

Fahrstunde *f* driving lesson

Fahrt *f* **1.** (*Autofahrt*) drive, ride, (*Reise*) journey, trip, SCHIFF *auch* voyage, cruise: ***auf Fahrt gehen*** go on a trip; ***auf der Fahrt nach X*** on the way to X; ***gute Fahrt!*** have a good trip! **2.** (*Tempo*) speed (*auch* SCHIFF): ***in voller Fahrt*** at full speed; ***in Fahrt kommen*** **a)** get under way, **b)** *ugs fig* get going; *ugs* ***j-n in Fahrt bringen*** **a)** get s.o. going, **b)** make s.o. wild; *ugs* ***in Fahrt sein*** *Person*: **a)** be going it strong, **b)** be wild

Fahrtdauer *f* length of the trip: ***die Fahrtdauer beträgt 3 Stunden*** it will take 3 hours (to get there)

Fährte *f auch fig* trail, track: *fig* ***auf der falschen Fährte sein*** be on the wrong track

Fahrtenbuch *n* MOT logbook

Fahrtenschreiber *m* MOT tachograph

Fahrtkosten *Pl* travel(l)ing (*oder* travel) costs

Fahrtrichtungsanzeiger *m* MOT direction indicator

fahrtüchtig *Adj Wagen*: roadworthy, *Fahrer*: fit to drive

Fahrtunterbrechung *f* stop

Fahrtwind *m* airstream

fahruntüchtig *Adj Fahrzeug*: not roadworthy, *Person*: unfit to drive

Fahrverbot *n* ***j-n mit Fahrverbot belegen*** suspend s.o.'s driving licence (*Am* driver's license)

Fahrwasser *n ugs fig* track: ***im richtigen Fahrwasser sein*** be in one's element

Fahrweise *f* (way of) driving

Fahrwerk *n* MOT chassis, FLUG undercarriage

Fahrzeug *n* vehicle, SCHIFF vessel

Fahrzeugbrief *m* MOT (vehicle) registration document

Fahrzeughalter, **Fahrzeughalterin** car owner

Fahrzeugpapiere *Pl* documents *Pl*

Fahrzeugpark *m* MOT fleet (of cars)

Fahrzeugverkehr *m* (vehicular) traffic

Faible *n* weakness, *für j-n*: soft spot

fair *Adj* fair

Fairness *f* fairness

Fäkalien *Pl* f(a)eces *Pl*

Fakir *m* fakir

Faksimile *n* facsimile

Fakten *Pl* facts *Pl*, (*Angaben etc*) data *Pl*

faktisch *Adj* actual(ly *Adv*), *Adv auch* in fact

Faktor *m auch* BIOL, MATHE factor

Faktum *n* fact

Fakultät *f* UNI faculty, *bes Am* department

fakultativ *Adj* optional

Falke *m* ZOOL falcon, JAGD *und fig* POL *auch* hawk

Falkenbeize *f* falconry

Fall *m* **1.** *allg* fall (*auch* MIL), WIRTSCH *auch* drop, *fig* (*Sturz*) downfall: ***zu Fall bringen*** **a)** ***j-n*** cause s.o. to fall, *im Kampf*: bring s.o. down (*auch fig*), *durch Beinstellen*: trip s.o. up (*auch fig*), **b)** (*Pläne etc*) thwart, (*Gesetzentwurf etc*) defeat; *fig* ***zu Fall gebracht werden, zu Fall kommen*** fall, *auch Sache*: be ruined **2.** *allg* case (*auch* JUR, LING, MED), (*Angelegenheit*) *auch* matter, affair: ***auf alle Fälle*** **a)** in any case, (*ganz bestimmt*) definitely, **b)** *auch* ***für alle Fälle*** just in case, to be on the safe side; ***für den*** (*oder* ***im***) ***Fall, dass er kommt*** in case he should come; ***im Falle*** (*Gen*) in the event of; ***gesetzt den Fall*** suppose, supposing; ***in diesem Fall*** in that case; *ugs* ***klarer Fall!*** sure (thing)!; ***das ist (nicht) ganz mein Fall*** that's right up my street (not my cup of tea); ***das ist auch bei ihr der Fall*** it's the same with her

Falle *f* trap (*auch fig*), (*Schlinge*) snare, (*Grube*) pit: *fig* ***j-m in die Falle gehen*** walk into the trap set by s.o.; ***j-m eine Falle stellen*** set a trap for s.o.

fallen *v/i* **1.** *allg* fall (**von** from, off), (*hinfallen*) fall down, (*hinunterfallen*) drop: ***fallen lassen*** drop; ***von der Leiter fallen*** fall off a ladder; ***ich bin gefallen*** I had a fall; ***er ließ sich in einen Sessel fallen*** he dropped into a chair; *fig* ***fallen lassen*** drop **2.** MIL *Festung etc*: fall, *Soldat*: *auch* be killed (in action) **3.** *fig allg* fall, drop, *Fieber*, *Preise etc*: *auch* go down **4.** *Name*, *Bemerkung etc*: fall: ***es fielen harte Worte*** there were harsh words; ***sein Name fiel auch*** his name was mentioned too **5.** *Urteil etc*: fall, be made: ***die Entscheidung ist noch nicht gefallen*** the matter is still undecided **6.** SPORT *Tor etc*: be scored: ***die Entscheidung fiel in der letzten Minute*** the decider came in the last minute **7.** ***Schüsse fielen*** shots were fired **8.** *Hindernis*, *Schranke etc*: be removed, go **9.** *fig* ***an j-n fallen*** *Erbe etc*: fall (*oder* go) to s.o. **10.** ***fallen auf*** (*Akk*) *Blick*, *Licht etc*, *fig Fest*, *Verdacht etc*: fall on: ***die Wahl fiel auf sie*** she was chosen **11.** ***fallen unter*** come under **12.** ***fallen in*** (*Akk*) fall into: ***in Schlaf fallen*** fall asleep; *fig* ***j-m in den Arm fallen*** restrain s.o.; → ***Ohnmacht*** 2

fällen *v/t* **1.** (*Baum etc*) cut down **2.** JUR ***ein Urteil fällen*** (**über** *Akk* on) pass sentence, *auch fig* pass judg(e)ment; → ***Entscheidung***

fallenlassen → ***fallen*** 1

Fallgeschwindigkeit *f* PHYS rate of fall

fällig *Adj* WIRTSCH due, payable: ***längst fällig*** (long) overdue; ***fällig werden*** become due (*oder* payable), (*verfallen*) expire

Fälligkeit *f* (***bei Fälligkeit*** at) maturity

Fallobst *n* windfall

Fallout *m* KERNPHYSIK fallout

Fallrückzieher *m Fußball*: overhead kick

falls *Konj* if, in case: ***falls nicht*** if not, unless; ***falls sie kommt*** if she comes, if she should come, if she happens to come

Fallschirm *m* parachute

Fallschirmabsprung *m* parachute jump (*oder* descent)

Fallschirmabwurf *m* airdrop

Fallschirmjäger, **Fallschirmjägerin** MIL paratrooper

Fallschirmspringen *n* parachute jumping, SPORT skydiving

Fallschirmspringer, **Fallschirmspringerin** parachutist, SPORT skydiver

Fallstrick *m fig* trap

Fallstudie *f* case study

Falltür *f* trapdoor

falsch **I** *Adj* **1.** wrong, (*unwahr*) *auch* untrue, *präd* not true: ***falsche Darstellung*** misrepresentation **2.** (*künstlich*) false, (*gefälscht*) forged, fake(d), *Geld*: *auch* counterfeit: ***falscher Name*** fictitious name **3.** (*unaufrichtig*) false, (*unangebracht*) *auch* misplaced **II** *Adv* **4.** wrongly, falsely (*etc*): ***falsch aussprechen*** mispronounce; ***falsch schreiben*** misspell; ***falsch verstehen*** misunderstand; ***falsch gehen*** *Uhr*: be wrong; ***falsch singen*** sing out of tune; ***falsch geraten!*** wrong guess!; TEL ***falsch verbunden!*** sorry, wrong number!

Falschaussage *f* JUR false testimony

fälschen *v/t allg* fake, (*Unterschrift*, *Urkunde etc*) *auch* forge, (*Geld*) *auch* counterfeit, WIRTSCH (*Bücher etc*) tamper with, *ugs* doctor

Fälscher, **Fälscherin** forger, counterfeiter

Falschfahrer, **Falschfahrerin** wrong-way driver

Falschgeld *n* counterfeit money

Falschheit *f* falseness

fälschlich **I** *Adj* wrong, false **II** *Adv* → ***fälschlicherweise***
fälschlicherweise *Adv* wrongly, falsely, (*aus Versehen*) by mistake
Falschmeldung *f* false report, hoax
Falschparken parking offence
falschspielen *v/i* cheat
Falschspieler, **Falschspielerin** cardsharper, cheat
Fälschung *f* **1.** forging, (*Geldfälschung*) *auch* counterfeiting **2.** (*Bild etc*) fake, forgery
fälschungssicher *Adj* forgery-proof
Faltbett *n* folding bed
Faltblatt *n* leaflet
Faltboot *n* folding canoe
Fältchen *n* wrinkle, *Pl* crow's-feet *Pl*
Falte *f* **1.** fold, (*Knitterfalte, Bügelfalte*) crease, (*Rockfalte*) pleat: ***Falten werfen*** pucker **2.** (*Runzel*) crease, wrinkle, line
fälteln *v/t* pleat
falten *v/t* fold, (*in Falten legen*) pleat
Faltenrock *m* pleated skirt
Falter *m* ZOOL butterfly
faltig *Adj* creased, *Haut*: *auch* wrinkled, *Gesicht*: *auch* lined
Faltkarton *m* collapsible cardboard box
Faltprospekt *m* leaflet
Falz *m*, **falzen** *v/t* fold, TECH rabbet
familiär *Adj* **1.** family (*affairs etc*) **2.** *fig* (*vertraut*) familiar, (*zwanglos*) informal **3.** LING familiar, colloquial
Familie *f* family: (***die***) ***Familie Miller*** the Miller family; ***eine Familie gründen*** start a family; ***Familie haben*** have children; ***es liegt in der Familie*** it runs in the family
Familienangehörige *m, f* member of the family
Familienangelegenheit *f* family affair
Familienanschluss *m* ***Familienanschluss haben*** live (there) as one of the family
Familienbetrieb *m* family business (*oder* farm)
Familienfest *n* family celebration
Familiengericht *n* JUR family court
Familienkreis *m* family circle
Familienleben *n* family life
Familienmitglied *n* member of the family
Familienname *m* surname, last name
Familienoberhaupt *n* head of the family
Familienpackung *f* WIRTSCH family pack
Familienplanung *f* family planning
Familienrat *m* family council
Familienroman *m* roman fleuve
Familiensinn *m* sense of family
Familienstand *m* marital status
Familienvater *m* **1.** head of the family **2.** family man
Familienverhältnisse *Pl* family background *Sg*
Familienzuwachs *m* new arrival (to the family)
Fan *m* fan
Fanatiker, **Fanatikerin** fanatic
fanatisch *Adj* fanatic(al)
Fanatismus *m* fanaticism
Fang *m* **1.** *auch fig* catch, (*Fischzug*) *auch* haul **2.** ZOOL (*Vogelkralle*) claw, (*Fangzahn*) fang, *des Ebers*: tusk
Fangarm *m* ZOOL tentacle
Fangemeinde *f* fan club (*oder* community): ***seine Fangemeinde*** his fan base; ***eine treue Fangemeinde*** a faithful band of fans
fangen **I** *v/t* **1.** catch: ***sich fangen lassen*** get caught; ***Feuer fangen*** catch fire **2.** *fig* catch, *durch Fragen etc*: trap **II** *v/refl* ***sich fangen*** **3.** be caught **4.** *beim Stolpern etc*: catch o.s **5.** *fig* ***sich*** (***wieder***) ***fangen*** rally (*auch Sport*), recover, *weit. S.* get a grip on o.s. (again)
Fangen *n* ***Fangen spielen*** play catch (*Am* tag)
Fänger, **Fängerin** catcher
Fangfrage *f* trick question
Fangopackung *f* MED mud pack
Fangzahn *m* ZOOL fang
Fanklub *m* fan club
Fantasie *f* **1.** imagination, (*Geist*) mind: ***schmutzige Fantasie*** dirty mind; ***nur in seiner Fantasie*** only in his mind; ***ohne Fantasie*** → ***fantasielos*** **2.** *meist Pl* fantasy **3.** MUS fantasia
fantasielos *Adj* unimaginative
Fantasiepreis *m* exorbitant price
fantasiereich → ***fantasievoll***
fantasieren *v/i* **1.** (day)dream, fantasize **2.** MED be delirious, rave (*auch fig* ***von*** about) **3.** MUS improvise
fantasievoll *Adj* imaginative
Fantast, **Fantastin** visionary
Fantasterei *f* fantasy
fantastisch *Adj* fantastic(ally *Adv*), *ugs* (*großartig*) *auch* terrific(ally *Adv*), (*unglaublich*) *auch* incredible
Farbabzug *m* FOTO colo(u)r print
Farbaufnahme *f* colo(u)r photo
Farbband *n* typewriter ribbon
Farbdisplay *n* IT colo(u)r display
Farbdrucker *m* colo(u)r printer
Farbe *f* **1.** colo(u)r, (*Farbton*) *auch* shade, (*Anstrich, Malfarbe*) paint, *für Haar, Stoff*: dye: ***in Farbe*** TV in colo(u)r; → ***leuchtend*** **2.** (*Ge-*

Farben WF

Farben	
blau	**blue**
braun	**brown**
gelb	**yellow**
grau	**grey**, *Am* **gray**
grün	**green**
rosa	**pink**
rot	**red**
schwarz	**black**
weiß	**white**
Farbabstufungen	
dunkelblau	**dark blue**, *bes Kleidung*: **navy**
dunkelgelb	**dark yellow**
dunkelgrün	**dark green**
dunkelrot	**dark red**
hellblau	**light blue**
hellgelb	**light/pale yellow**
hellgrün	**light green**
hellrot	**light red**
knallrot	**bright red**
lila	**lilac**, *dunkler*: **mauve**
orange	**orange**
pink	⚠ **shocking pink**
purpur(rot)	**crimson**
rosa	**pink**
türkis	**turquoise**
violett	**purple**, *heller*: **violet**

Die deutsche Endung -lich bei Farben wird im Englischen meist durch **-ish** bzw. **-y** wiedergegeben. Beachten Sie dabei auch die Schreibweise:

bläulich	**bluish, bluey**
bräunlich	**brownish, browny**
gelblich	**yellowish, yellowy**
gräulich	**greyish,** *Am* **grayish**
grünlich	**greenish, greeny**
rötlich	**reddish, reddy**
weißlich	**whitish**

sichtsfarbe) complexion, colo(u)r **3.** *Kartenspiel*: suit: ***Farbe bekennen*** follow suit, *fig* show one's true colo(u)rs **4.** *Pl eines Klubs etc*: colo(u)rs *Pl*

farbecht *Adj* colo(u)rfast, nonfading

färben I *v/t* **1.** (*Haar, Stoff*) dye, (*Glas, Papier*) stain, (*tönen*) tint, colo(u)r (*auch fig*): ***gefärbter Bericht*** colo(u)red report **2.** (*abfärben*) stain, lose colo(u)r **II** *v/refl* ***sich färben*** **3.** (*Laub*: change) colo(u)r: ***sich rot etc färben*** turn red *etc*

farbenblind *Adj* colo(u)r-blind

farbenfreudig, **farbenfroh** *Adj* colo(u)rful

Farbenlehre *f* PHYS theory of colo(u)rs

farbenprächtig *Adj* colo(u)rful

Farbenspiel *n* play of colo(u)rs

Farbfernsehen *n* colo(u)r television (*oder* TV)

Farbfernseher *m*, **Farbfernsehgerät** *n* colo(u)r television (*oder* TV) set

Farbfilm *m* colo(u)r film

Farbfilter *n, m* FOTO colo(u)r filter

Farbfoto *n* colo(u)r photo

Farbfotografie *f* **1.** colo(u)r photography **2.** (*Bild*) colo(u)r photo

Farbgebung *f* colo(u)r scheme

farbig *Adj* colo(u)red (*auch Rasse*), *fig* colo(u)rful

Farbige *m, f* colo(u)red person (*oder* man, woman): ***die Farbigen*** the colo(u)red people

Farbkopierer *m* colo(u)r copier

farblich *Adj* colo(u)r, *auch Adv* in colo(u)r

farblos *Adj auch fig* colo(u)rless

Farbskala *f* colo(u)r chart

Farbstift *m* colo(u)red pencil, crayon

Farbstoff *m* TECH dye, (*Lebensmittelfarbstoff*) colo(u)ring

Farbton *m* **1.** hue, *heller*: tint, *dunkler*: shade **2.** MALEREI, FOTO tone

Färbung *f auch fig* colo(u)ring, hue

Farbwiedergabe *f* colo(u)r fidelity

Farbzusammenstellung *f* colo(u)r scheme

Farce *f* THEAT burlesque, *auch fig* farce

Farm *f* farm

Farmer, **Farmerin** farmer

Farn *m*, **Farnkraut** *n* BOT fern

Fasan *m* ZOOL pheasant

faschieren *v/t österr.* mince

Fasching *m*, **Faschings…** carnival

Faschismus *m* fascism

Faschist, **Faschistin**, **faschistisch** *Adj* fascist

Faselei *f*, **faseln** *v/i ugs* drivel

Faser *f* ANAT, BOT fibre, *Am* fiber

faserig *Adj* fibrous, *Fleisch etc*: stringy

fasern *v/i* fray

Fass *n* barrel, *kleines*: keg, (*Bottich*) vat, tub: ***Bier vom Fass*** → ***Fassbier***; ***(frisch) vom Fass*** *beer* on tap (*oder* draught), *wine* from the wood; *fig* ***das ist ein Fass ohne Boden*** there is no end to it; ***das schlägt dem Fass den Boden aus!*** that's the last straw!

Fassade *f* façade, front (*auch fig*)

fassbar *Adj* **1.** (*verständlich*) comprehensible: ***schwer fassbar*** difficult (to understand) **2.** → ***greifbar*** 2

Fassbier *n* draught beer

fassen I *v/t* **1.** (*ergreifen*) take hold of, grasp, (*packen*) seize, *auch* TECH grip: *ugs* ***zu fassen kriegen*** get hold of; ***j-n an*** (*oder* ***bei***) ***der Hand fassen*** take s.o. by the hand **2.** (*Verbrecher etc*) apprehend, catch **3.** (*einfassen*) mount (*in silver etc*), (*Edelstein*) *auch* set **4.** *räumlich*: hold, (*Personen*) *auch* accommodate, seat, (*enthalten*) contain **5.** *fig* (*begreifen*) grasp, understand, (*glauben*) believe: ***nicht zu fassen*** unbelievable, incredible **6.** (*ausdrücken*) put, formulate: ***etw in Worte fassen*** put s.th. into words **7.** *fig* ***einen Gedanken fassen*** form an idea; → ***Beschluss***, ***Entschluss***, ***Fuß*** 1, ***Plan***² 1 **II** *v/i* **8.** ***fassen an*** (*Akk*) touch; ***fassen nach*** grasp at **III** *v/refl* ***sich fassen*** **9.** regain one's composure, compose o.s.: → ***gefasst*** 1 **10.** ***sich kurz fassen*** be brief; ***fasse dich kurz!*** make it brief!; → ***Geduld***

Fassette *f* → ***Facette***

Fasson *f* **1.** (*Form*) shape, (*Schnitt*) cut: *fig* ***nach seiner (eigenen) Fasson*** after one's own fashion **2.** → ***Fassonschnitt***

Fassonschnitt *m* (*Frisur*) trim, short back and sides

Fassung *f* **1.** *einer Brille*: frame, *einer Lampe*: socket, *eines Edelsteins*: setting **2. a)** (*Abfassung*) formulation, **b)** text, wording, **c)** version (*of book, film, etc*) **3.** (*Beherrschung*) composure: ***j-n aus der Fassung bringen*** put s.o. out; ***die Fassung bewahren*** keep one's head; ***die Fassung verlieren*** lose one's composure (*vor Wut*: temper); ***seine Fassung wiedergewinnen*** → ***fassen*** 9; ***er war ganz außer Fassung*** he was completely beside himself; → ***ringen*** I

Fassungskraft *f* (powers *Pl* of) comprehension, mental capacity

fassungslos *Adj* stunned, speechless: ***fassungslos vor Schmerz (Glück)*** beside o.s. with grief (joy)

Fassungslosigkeit *f* shock

Fassungsvermögen *n* **1.** capacity **2.** → ***Fassungskraft***

fast *Adv* almost, *vor Zahlenangaben*: *auch* nearly, *in Verneinungen*: hardly: ***fast nie*** hardly ever; ***fast nichts*** *auch* next to nothing

fasten *v/i* fast

Fasten *n* fast(ing)

Fastenkur *f* starvation cure

Fastentag *m* day of fasting

Fastenzeit *f* Lent

Fast Food *n* fast food

Fastnacht *f* **1.** Shrove Tuesday, Mardi gras **2.** → ***Fasching(s…)***

Faszination *f* fascination

faszinieren *v/t* fascinate, mesmerize

fatal *Adj* **1.** (*verhängnisvoll*) fatal, disastrous **2.** (*peinlich*) (very) awkward

Fatalismus *m* fatalism

Fatalist, **Fatalistin** fatalist

fatalistisch *Adj* fatalist(ic)

Fata Morgana *f auch fig* fata morgana

fauchen *v/i* snarl, *Katze*: spit, hiss

faul *Adj* **1.** *Obst, Ei, Zahn etc*: rotten (*auch*

Holz), bad, *Fisch*, *Fleisch*: bad, off, (*stinkend*) putrid **2.** *ugs fig* rotten, *Kompromiss etc*: hollow: ***fauler Kunde*** shady customer; ***faule Sache*** fishy business; ***fauler Witz*** bad joke; ***an der Sache ist etw faul*** there is s.th. fishy about it **3.** (*träge*) lazy, idle
faulen *v/i* go bad, rot
faulenzen *v/i* loaf, laze around, *pej auch* be lazy
Faulenzer, **Faulenzerin** idler, (*Faulpelz*) lazybones *Sg*
Faulheit *f* laziness
faulig *Adj* rotten, (*modrig*) mo(u)ldy, (*faulend*) rotting
Fäulnis *f* rottenness, decay (*auch* MED), (*Verwesung*) putrefaction: ***in Fäulnis übergehen*** (begin to) rot
Faulpelz *m ugs* lazybones *Sg*
Faultier *n* **1.** ZOOL sloth **2.** → ***Faulpelz***
Faun *m* faun
Fauna *f* fauna
Faust *f* fist: *fig* ***auf eigene Faust*** *ugs* off one's own bat; ***mit eiserner Faust*** with an iron hand; ***mit der Faust auf den Tisch schlagen*** put one's foot down; ***das passt wie die Faust aufs Auge*** **a)** (*passt nicht*) it goes together like chalk and cheese, **b)** *iron* (*passt genau*) it fits (perfectly); → ***ballen*** 2
Fäustchen *n fig* ***sich ins Fäustchen lachen*** laugh up one's sleeve
faustdick *Adj* as big as your fist: *ugs fig* ***eine faustdicke Lüge*** a whopping great lie; *Adv* ***er hat es faustdick hinter den Ohren*** he's a sly one
faustgroß *Adj* as big as your fist
Fausthandschuh *m* mitt(en)
Faustschlag *m* punch
Faustskizze *f* rough sketch
Fauteuil *m österr.* armchair
favorisieren *v/t* favo(u)r
Favorit, **Favoritin** *auch* SPORT favo(u)rite
Fax *n*, **faxen** *v/t* TEL *ugs* fax
Faxanschluss *m* fax connection: ***haben Sie einen Faxanschluss?*** have you got a fax machine?
Faxen *Pl* nonsense *Sg*: ***Faxen machen*** **a)** pull faces, **b)** clown about
Faxnummer *f* fax number
Fazit *n* result, upshot, (*Schlussfolgerung*) conclusion: ***das Fazit ziehen aus*** sum *s.th.* up, draw one's conclusion from
FC *m Abk* (= ***Fußballclub***) FC, Football Club
FCKW *n Abk* (= ***Fluorchlorkohlenwasserstoff***) CFC, chlorofluorocarbon
Feber *m österr.* → ***Februar***
Februar *m* (***im Februar*** in) February
Fecht... fencing (*glove*, *mask*, *etc*)
fechten *v/i* **1.** fence, (*kämpfen*, *auch fig*) fight **2.** *ugs* (*betteln*) beg: ***fechten gehen*** go begging
Fechten *n* fencing
Fechter, **Fechterin** fencer
Fechtsport *m* fencing
Feder *f* **1.** feather, (*Schmuckfeder*) plume: *fig* ***sich mit fremden Federn schmücken*** adorn o.s. with borrowed plumes; *ugs* ***noch in den Federn liegen*** be still in bed; *fig* ***Federn lassen müssen*** not to escape unscathed **2.** (*Schreibfeder*) pen, (*Spitze*) nib **3.** TECH spring
Federball *m* shuttlecock, (*Spiel*) badminton
Federbett *n* duvet, featherbed
federführend *Adj* responsible
Federgewicht *n*, **Federgewichtler** *m* SPORT featherweight
Federhalter *m* fountain pen
Federkernmatratze *f* spring-interior mattress
federleicht *Adj* (as) light as a feather
Federlesen *n fig* ***nicht viel Federlesens machen mit*** make short work of
federn **I** *v/i* be springy, be elastic, (*nachgeben*) give, (*schnellen*) bounce **II** *v/t auch* TECH spring, cushion: ***gut gefedert*** well sprung
federnd *Adj* springy, elastic, resilient
Federung *f* springs *Pl*, MOT suspension
Federvieh *n* poultry
Federzeichnung *f* pen-and-ink drawing
Fee *f* fairy: ***gute Fee*** fairy godmother
Fegefeuer *n* purgatory
fegen **I** *v/t* **1.** sweep: ***Schnee fegen*** clear away the snow **2.** *schweiz.* scrub; → ***Platz*** 5 **II** *v/i auch fig* sweep, *ugs* (*flitzen*) *auch* flit, rush
Fehde *f* (***in Fehde liegen*** be at) feud
fehl *Adv* → ***Platz*** 2
Fehlanzeige *f* MIL, TECH nil return: *ugs* ***Fehlanzeige!*** negative!
fehlbar *Adj* fallible
Fehlbarkeit *f* fallibility
Fehlbesetzung *f* **1.** THEAT miscast **2.** *Sport etc*: wrong choice
Fehlbetrag *m* deficit
Fehlbezeichnung *f* misnomer
Fehldiagnose *f* MED wrong diagnosis
Fehleinschätzung *f* misjudg(e)ment
fehlen **I** *v/i* **1.** be absent (***in*** *der Schule*, ***bei*** *einer Sitzung etc* from) **2.** (*nicht vorhanden sein*) be missing: ***ihm fehlen zwei Zähne*** he has two teeth missing; ***du hast uns sehr gefehlt!*** we really missed you! **3.** (*mangeln*) be lacking: ***ihm fehlt*** (***es an***) ***Mut*** he is lacking (in) courage; ***uns fehlt es am nötigen Geld*** we haven't got the money; ***es fehlen uns immer noch einige Helfer*** we still need some helpers; ***es fehlt uns an nichts*** we have got everything we want; ***es fehlte an jeder Zs.-arbeit*** there was no cooperation whatsoever; ***das fehlte gerade noch!*** that's all we *etc* needed!; ***wo fehlts denn?*** what's the trouble?; ***fehlt Ihnen etwas?*** is anything wrong with you?; ***es fehlte nicht viel, und er ...*** he very nearly ... **4.** *fig* ***weit gefehlt!*** **a)** try again **b)** (*nichts dergleichen*) he *etc* couldn't be more wrong
Fehlen *n* **1.** absence (***bei***, ***in*** *Dat* from), *bes häufiges*: absenteeism **2.** (*Mangel*) lack, absence
fehlend *Adj* **1.** absent **2.** (*nicht vorhanden*) missing **3.** (*ausstehend*) outstanding
Fehlentscheidung *f* wrong decision (*auch Sport*), mistake
Fehlentwicklung *f* undesirable development
Fehler *m* **1.** *auch fig* mistake, error, *fig und* SPORT fault: ***grober Fehler*** blunder; ***einen Fehler machen*** make a mistake; ***dein*** (***eigener***) ***Fehler!*** (that's) your (own) fault! **2.** (*Mangel*) fault, defect, *bes* TECH flaw
fehlerfrei *Adj* faultless, perfect, (*makellos*) flawless
fehlerhaft *Adj* faulty (*auch* TECH), (*unrichtig*) incorrect, full of mistakes: TECH ***fehlerhafte Stelle*** flaw
Fehlermeldung *f* IT error message
Fehlerquelle *f* source of error (TECH trouble)
Fehlerquote *f* error rate
Fehlerverzeichnis *n* errata *Pl*
Fehlgeburt *f* MED miscarriage
fehlgeleitet *Adj fig* misguided
Fehlgriff *m* mistake, (*falsche Wahl*) *auch* wrong

Fehler

SG

Bei der Übersetzung des deutschen Worts „Fehler" gibt es eine ganze Reihe möglicher Entsprechungen: **mistake, error, fault** und andere mehr. Wann nimmt man was?

Fehler, Irrtum	**mistake**

Dies ist die häufigste Entsprechung für das deutsche Wort „Fehler". Es gibt verschiedene Arten von **mistakes**:

Rechtschreibfehler	**spelling mistake**
Du hast einen Rechenfehler gemacht.	**You've made a mistake in your calculations.**
Deine Englischübersetzung ist voller Fehler.	**Your English translation is full of mistakes.**
Fehler, Irrtum	**error** ['erə]

Error klingt ein bisschen gehobener als **mistake**; **error** wird auch in feststehenden Ausdrücken wie **typing error** (Tippfehler) und **printing error** (Druckfehler) verwendet.

Fehler, Defekt	**fault** [fɔːlt]
In der Software ist ein Fehler. Es ist nicht mein Fehler (= ich bin nicht schuld).	**There's a fault in the software. It's not my fault.**

Fault bezeichnet bei einer Sache oft den qualitativen Fehler im Sinne von Defekt – oder Schuld, wenn sich das Wort auf eine Person bezieht.

F

choice
Fehlinvestition *f* bad investment
Fehlkalkulation *f* miscalculation
Fehlkauf *m* bad buy
Fehlkonstruktion *f* **a)** faulty design, **b)** s.th. badly designed
Fehlleistung *f* (***freudsche Fehlleistung*** Freudian) slip
Fehlpass *m* SPORT bad pass
Fehlplanung *f* bad planning
Fehlschlag *m fig* failure, *ugs* washout
fehlschlagen *v/i fig* fail, go wrong
Fehlschluss *m* fallacy
Fehlschuss *m* miss
Fehlstart *m* false start: ***einen Fehlstart verursachen*** jump the gun
Fehltritt *m auch fig* slip
Fehlurteil *n* misjudg(e)ment, judicial error
Fehlverhalten *n* lapse
Fehlversuch *m* SPORT unsuccessful attempt
Fehlwurf *m* SPORT miss
Fehlzeit *f Gleitzeit*: time debit
fehlzünden *v/i*, **Fehlzündung** *f* MOT misfire, backfire
Feier *f* celebration, party, fête, (*Festakt*) ceremony: ***zur Feier des Tages*** to mark the occasion
Feierabend *m* ***Feierabend machen*** finish (work), *ugs* knock off (work), *Geschäft*: close; ***nach Feierabend*** after work
feierlich *Adj* solemn, (*förmlich*) ceremonious: *Adv* ***feierlich begehen*** celebrate
Feierlichkeit *f* **1.** solemnity, ceremoniousness **2.** (*Feier*) ceremony
feiern **I** *v/t allg* celebrate, (*Festtag*) *auch* keep, observe, (*Jahrestag*) *auch* commemorate **II** *v/i* celebrate, have a party: *ugs fig* ***feiern müssen*** *Arbeiter*: be laid off
Feiertag *m* (***gesetzlicher Feiertag*** public) holiday; ***kirchlicher Feiertag*** religious holiday
feige *Adj* cowardly
Feige *f* BOT fig
Feigenbaum *m* fig tree
Feigenblatt *n auch fig* fig leaf
Feigheit *f* cowardice
Feigling *m* coward
Feile *f* file
feilen *v/t und v/i* file: *fig* ***feilen an*** (*Dat*) polish
feilschen *v/i* haggle (***um*** about)
fein **I** *Adj* **1.** *allg* fine, (*dünn, zart*) *auch* delicate: ***feines Gebäck*** fancy cakes *Pl*; ***feiner Regen*** (light) drizzle **2.** *Qualität*: fine, (*erlesen*) *auch* choice, excellent, (*elegant*) elegant, (*vornehm*) refined: ***feine Art, feiner Ton*** good form; *ugs* ***sich fein machen*** dress up; ***nur vom Feinsten*** only of the best **3.** *Ohr, Gespür etc*: keen, fine, sensitive: ***feiner Humor*** subtle humo(u)r; ***feiner Unterschied*** subtle (*oder* fine) distinction **4.** (*nett*) *auch iron* nice, fine: ***fein!*** fine!, good! **II** *Adv* **5.** finely (*etc*): *auch fig* ***fein gesponnen*** fine-spun; ***er ist fein heraus*** he's sitting pretty
Feinabstimmung *f* ELEK, TECH *und fig* fine tuning
Feinarbeit *f* precision work
Feinbäckerei *f* patisserie
Feind *m* enemy, *rhet* foe, (*Gegner*) adversary: ***Freund und Feind*** friend and foe; ***sich Feinde machen*** make enemies; ***sich j-n zum Feind machen*** antagonize s.o.
Feindin *f* enemy
feindlich *Adj* MIL enemy (*troops etc*), *auch Person, Haltung etc*: hostile (***gegen*** to[wards]): WIRTSCH ***feindliche Übernahme*** hostile takeover
Feindlichkeit *f* hostility
Feindschaft *f* enmity, hostility, antagonism
feindselig *Adj* hostile (***gegen*** to)
Feindseligkeit *f* hostility (***gegen*** to): MIL ***die Feindseligkeiten einstellen*** cease hostilities
Feindstaat *m* enemy state
Feineinstellung *f* TECH fine adjustment
feinfühlig *Adj* sensitive, delicate, tactful
Feingefühl *n* sensitiveness, (*Takt*) tact
Feingehalt *m* standard
feingesponnen → ***fein*** II 5
Feingold *n* fine gold
Feinheit *f allg* fineness, (*Zartheit*) *auch* delicacy, (*Erlesenheit*) *auch* exquisiteness, (*Vornehmheit*) refinement, (*Eleganz*) elegance, (*Raffinesse*) subtlety: ***die Feinheiten*** the finer points, the niceties; ***die letzten Feinheiten*** the finishing touches
Feinkost *f* delicatessen *Pl*
Feinkostladen *m* delicatessen (shop)
feinmachen → ***fein*** I 2
feinmaschig *Adj* fine-meshed

Wichtige Feiertage der englischsprachigen Welt

LK

Viele der gesetzlichen Feiertage, **bank holidays**, in den USA und Großbritannien fallen immer auf einen Montag, z. B. **Spring Bank Holiday**. Das so gewonnene lange Wochenende, das **bank holiday weekend**, wird gerne für Kurzreisen genutzt. Fallen Feiertage wie Weihnachten oder Ostern auf das Wochenende, werden die freien Tage auf den folgenden Montag oder Dienstag bzw. vorigen Freitag verlegt.
Nicht alle der hier aufgeführten Feiertage sind auch arbeitsfrei. Feiertage ohne Länderkennzeichnung werden überall gefeiert.

1. Januar		**New Year's Day**	Neujahr
dritter Montag im Januar	USA	**Martin Luther King Day**	Geburtstag des Bürgerrechtlers Martin Luther King
25. Januar	Schottland	**Burns' Night**	Geburtstag des schottischen Nationaldichters Robert Burns
26. Januar	AUS	**Australia Day**	feiert die Ankunft der ersten britischen Siedler 1788
6. Februar	NZ	**Waitangi Day**	Nationalfeiertag zum Gedenken an den Vertrag von Waitangi 1840
dritter Montag im Februar	USA	**President's Day**	zur Ehrung der ehemaligen Präsidenten
1. März	Wales	**St David's Day**	St. David ist Schutzheiliger von Wales
17. März	IRL	**St Patrick's Day**	St. Patrick ist Schutzheiliger Irlands
23. April	England	**St George's Day**	St. George ist Schutzheiliger Englands
25. April	AUS NZ	**Anzac Day**	zum Gedenken an die Landung in Gallipoli im 1. Weltkrieg 1915
27. April	ZA	**Freedom Day**	feiert die ersten demokratischen Wahlen 1994
		Good Friday	Karfreitag
		Easter Sunday	Ostersonntag
		Easter Monday	Ostermontag
erster Montag im Mai	GB IRL	**May Bank Holiday**	Maifeiertag
	ZA	**May Day Bank Holiday**	
letzter Montag im Mai	GB	**Spring Bank Holiday**	
letzter Montag im Mai	USA	**Memorial Day**	zum Gedenken an im Krieg Gefallene
erster Montag im Juni	NZ	**Queen's Birthday**	offizieller Geburtstag von Königin Elisabeth II
14. Juni	USA	**Flag Day**	erinnert an die Annahme der **Stars and Stripes** als Nationalflagge 1777
erster Montag im Juni	IRL	**June Bank Holiday**	
1. Juli	CDN	**Canada Day**	feiert die Vereinigung der kanadischen Provinzen 1867
4. Juli	USA	**Independence Day**	Unabhängigkeitstag
12. Juli	Nordirland	**Battle of the Boyne**	Gedenken an die „Battle of the Boyne" (1690)
9. August	ZA	**National Women's Day**	zum Gedenken an den Protest schwarzer Frauen 1956
erster Montag im August	IRL	**August Bank Holiday**	
letzter Montag im August	GB	**August Bank Holiday**	
erster Montag im September	USA CDN	**Labor Day**	Tag der Arbeit

24. September	ZA	**Heritage Day**	
zweiter Montag im Oktober	USA	**Columbus Day**	zum Gedenken an die Landung von Columbus auf den Westindischen Inseln am 12. Oktober 1492
letzter Montag im Oktober	IRL	**Halloween**	
letzter Montag im Oktober	NZ	**Labour Day**	Tag der Arbeit
31. Oktober	USA GB	**Halloween**	Tag vor Allerheiligen
5. November	GB	**Guy Fawkes Night**	zur Erinnerung an den versuchten Sprengstoffanschlag auf das Parlamentsgebäude im Jahr 1605
11. November	USA CDN	**Veterans' Day**	zur Ehrung der Veteranen aller Kriege; Jahrestag des Waffenstillstands im Ersten Weltkrieg 1918
	GB	**Remembrance Day**	
zweiter Montag im Oktober	CDN	**Thanksgiving**	Erntedankfest
vierter Donnerstag im November	USA	**Thanksgiving**	Erntedankfest
30. November	Schottland	**St Andrew's Day**	St. Andrew ist Schutzheiliger Schottlands
16. Dezember	ZA	**Day of Reconciliation**	Nationalfeiertag
24. Dezember		**Christmas Eve**	Heiliger Abend
25. Dezember		**Christmas Day**	1. Weihnachtstag
26. Dezember		**Boxing Day**	2. Weihnachtstag
	IRL	**St Stephen's Day**	
31. Dezember		**New Year's Eve**	Silvester

Feinmechanik *f* precision mechanics *Sg*
Feinschmecker, **Feinschmeckerin** gourmet, *ugs* foodie
Feinschmeckerlokal *n* gourmet restaurant
Feinschnitt *m Tabak*: fine cut
feinsinnig *Adj Person*: sensitive
Feinstaubwert *m* fine dust levels *Pl*
Feinwäsche *f* delicate fabrics *Pl*
Feinwaschmittel *n* washing powder for delicate fabrics
Feinwerktechnik *f* precision mechanics *Sg*
feist *Adj* fat, stout
feixen *v/i ugs* smirk
Feld *n allg* field (*auch fig Gebiet*), ARCHI *auch* panel, (*Schachfeld etc*) square: ***auf dem Feld*** in the field; ***im Feld arbeiten*** WIRTSCH, *Forschung etc*: do fieldwork; ***das Feld anführen*** SPORT lead the field; *fig* ***das Feld behaupten*** stand one's ground; ***das Feld räumen*** beat a retreat; ***zu Felde ziehen gegen*** fight (*oder* campaign) against
Feldarbeit *f* **1.** LANDW work in the fields **2.** WIRTSCH, *Forschung etc*: fieldwork
Feldbett *n* campbed
Feldflasche *f* MIL water bottle
Feldforschung *f* field research, fieldwork
Feldfrüchte *Pl* field crop(s *Pl*)
Feldherr, **Feldherrin** HIST general
Feldhockey *n* field hockey
Feldküche *f* field kitchen
Feldlager *n* bivouac, camp
Feldlazarett *n* casualty clearing station, *Am* evacuation hospital
Feldmarschall, **Feldmarschallin** field marshal
Feldsalat *m* BOT lamb's lettuce
Feldspat *m* MIN feldspar
Feldspieler, **Feldspielerin** SPORT outfield player
Feldstecher *m* field glasses *Pl*, binoculars *Pl*
Feldstudie *f* field study
Feldversuch *m* field test
Feld-, **Wald- und Wiesen-…** *ugs* common-or--garden …
Feldwebel, **Feldwebelin** MIL sergeant
Feldweg *m* country lane
Feldzug *m* MIL campaign
Felge *f* **1.** TECH rim **2.** SPORT circle
Felgenbremse *f* rim brake
Fell *n* **1.** ZOOL coat **2.** *abgezogenes*: hide, skin (*auch hum Haut*), *ungegerbtes*: pelt, *gegerbtes*: fur: ***das Fell abziehen*** (*Dat*) skin; *fig* ***ein dickes Fell haben*** have a thick skin; *ugs* ***j-m das Fell über die Ohren ziehen*** fleece s.o.; ***seine Felle davonschwimmen sehen*** see one's hopes dashed
Fels *m auch fig* rock
Felsblock *m* boulder
Felsen *m* rock, cliff
felsenfest *Adj* unshakable: *Adv* ***ich bin felsenfest davon überzeugt*** I'm absolutely convinced of it
Felsenküste *f* rocky coast
Felsenriff *n* reef
felsig *Adj* rocky
Felsklettern *n* rock climbing
Felsspalte *f* crevice
Felswand *f* wall of rock, rock face
Felszacke *f* crag
feminin *Adj* feminine (*auch* LING), *pej* effemi-

nate
Feminismus *m* feminism
Feminist, **Feministin**, **feministisch** *Adj* feminist
Fenchel *m* BOT fennel
Fenster *n* window (*auch* COMPUTER): *fig* POL ***ein Fenster nach dem Westen*** a gate to the west; ***das Geld zum Fenster hinauswerfen*** throw one's money away; *ugs* ***er ist weg vom Fenster*** he has had his chips
Fensterbank *f*, **Fensterbrett** *n* windowsill
Fensterbriefumschlag *m* window envelope
Fensterglas *n* window glass
Fensterladen *m* shutter
Fensterleder *n* chamois (leather)
Fensterplatz *m* window seat
Fensterrahmen *m* window frame
Fensterscheibe *f* windowpane
Ferien *Pl* holidays *Pl*, *bes* JUR, UNI *oder Am* vacation *Sg*, PARL recess *Sg*: ***die großen Ferien*** the long vacation; ***Ferien machen*** go on holiday (*Am* vacation)
Ferien... holiday (*camp*, *home*, *village*, *etc*)
Ferienkurs *m* vacation course
Ferienlager *n* holiday camp
Ferienort *m* holiday resort
Ferienreise *f* holiday (*Am* vacation) trip
Ferienreisende *m*, *f* holidaymaker
Ferienwohnung *f* holiday flat
Ferienzeit *f* holiday period
Ferkel *n* ZOOL young pig, piglet: *fig pej* ***du Ferkel!*** you (dirty) pig!
Ferment *n* enzyme, ferment
fern I *Adj* far (*auch Adv*), (*entfernt*) far-off, *auch fig* distant, remote: ***der Ferne Osten*** the Far East; ***von fern*** from (*oder* at) a distance, from afar; *fig* ***in nicht allzu ferner Zukunft*** in the not too distant future **II** *Präp* (*Dat*) far (away) from
fernab *Adv* far away
Fernabfrage *f* TEL remote control facility
Fernamt *n* TEL long-distance exchange
Fernauslöser *m* FOTO cable release
Fernbedienung *f* remote control
fernbleiben *v/i* (*Dat* from) stay away, *der Schule etc*: be absent
Fernbleiben *n* absence, *häufiges*: absenteeism
Fernblick *m* vista
Ferndiagnose *f* telediagnosis
Ferne *f* distance: ***aus der Ferne*** from (*oder* at) a distance, from afar; ***in der Ferne*** far away, far off; *fig* **(*noch*) *in weiter Ferne*** (still) a long way off
ferner I *Adj* further: *auch* → ***fern*** **II** *Adv* further(more), besides: ***ferner liefen*** SPORT also ran; *ugs fig* ***er erschien unter ferner liefen*** he was among the also rans
Fernfahrer, **Fernfahrerin** MOT long-distance lorry driver, *Am* long-haul truck driver, *ugs* trucker
Fernfahrt *f* long-distance trip
Fernflug *m* long-distance flight
Ferngespräch *n* long-distance call
ferngesteuert *Adj* remote-controlled: ***ferngesteuertes Geschoss*** guided missile
Fernglas *n* binoculars *Pl*
fernhalten *v/t* keep away (*auch* ***sich fernhalten***) (***von*** from): ***j-n von sich fernhalten*** keep s.o. at a distance; ***etw von j-m fernhalten*** keep s.th. from s.o.
Fernheizung *f* district heating
fernher *Adv* (***von***) ***fernher*** from afar
Fernkopierer *m* telecopier
Fernkursus *m* correspondence course
Fernlaster *m ugs*, **Fernlastwagen** *m* long-distance lorry, *Am* long-haul truck
Fernleitung *f* TEL long-distance line, ELEK transmission line, TECH pipeline
Fernlenkung *f* remote control
Fernlenkwaffe *f* guided weapon (*oder* missile)
Fernlicht *n* MOT full (*oder* high) beam
fernliegen *v/i* ***es liegt mir fern zu*** *Inf* far be it from me to *Inf*; ***nichts lag mir ferner*** (***als***) nothing was farther from my mind (than)
Fernmeldeamt *n* telephone exchange
Fernmeldesatellit *m* communications satellite
Fernmeldetechnik *f* (tele)communications *Sg*
Fernmeldeturm *m* radio and TV tower
Fernmeldewesen *n* telecommunications *Sg*
fernmündlich → ***telefonisch***
Fernost..., **fernöstlich** *Adj* Far Eastern
Fernrohr *n* telescope
Fernschreiben *n* (***per Fernschreiben*** by) telex
Fernschreiber *m* telex machine
Fernseh... television (*oder* TV) (*aerial*, *camera*, *interview*, *studio*, *network*, *etc*)
Fernsehansager, **Fernsehansagerin** telecaster
Fernsehansprache *f* televised address
Fernsehanstalt *f* → ***Fernsehsender*** 2
Fernsehapparat *m* → ***Fernsehgerät***
Fernsehdebatte *f* televised debate
Fernsehdiskussion *f* TV panel discussion
Fernsehempfänger *m* → ***Fernsehgerät***
fernsehen *v/i* watch television, teleview
Fernsehen *n* (***im Fernsehen*** on) television (*oder* TV): ***etw im Fernsehen bringen*** (***oder übertragen***) telecast (*oder* televise) s.th.
Fernseher *m ugs* **1.** → ***Fernsehgerät*** **2.** televiewer
Fernsehfassung *f* television (*oder* TV) adaptation
Fernsehgebühr *f* television licence fee
Fernsehgerät *n* television set, TV (set)
Fernsehprogramm *n* **1.** television (*oder* TV) program(me *Br*) **2.** (*Heft*) program(me *Br*) guide
Fernsehrechte *Pl* television rights *Pl*
Fernsehröhre *f* television tube
Fernsehsatellit *m* TV satellite
Fernsehschirm *m* (television) screen
Fernsehsender *m* **1.** television transmitter **2.** (*Anstalt*) television (broadcasting) station **3.** (*Kanal*) television channel
Fernsehsendung *f* television (*oder* TV) program(me *Br*), telecast
Fernsehspiel *n* television play
Fernsehteilnehmer, **Fernsehteilnehmerin** **1.** TV licen/ce (*Am* -se) holder **2.** → ***Fernsehzuschauer(in)***
Fernsehturm *m* television tower
Fernsehübertragung *f* television (*oder* TV) broadcast
Fernsehzeitschrift *f* TV guide
Fernsehzuschauer, **Fernsehzuschauerin** television viewer, televiewer, *Pl auch* television audience *Sg*, viewing public *Sg*
Fernsicht *f* view
Fernsprech... *auch* ***Telefon...***
Fernsprechamt *n* telephone exchange
Fernsprechauftragsdienst *m* answering service
Fernsprechautomat *m* pay phone
Fernsprechbuch *n* telephone directory, *ugs* phone book
Fernsprecher *m* (***öffentlicher Fernsprecher*** public) telephone, *ugs* phone
Fernsprechgebühren *Pl* telephone charges *Pl*
Fernsprechnetz *n* telephone system

Fernsprechteilnehmer, **Fernsprechteilnehmerin** telephone subscriber
fernstehen *v/i* ***j-m fernstehen*** have no contact (*oder* connection) with s.o.
fernsteuern *v/t* operate *s.th.* by remote control
Fernsteuerung *f* remote control
Fernstraße *f* major road, (*Autobahn*) motorway, *Am* freeway
Fernstudium *n* → ***Fernunterricht***
Ferntourismus *m* long-haul tourism
Ferntransport *m* long-distance (*Am* long-haul) transport
Fernüberwachung *f* remote monitoring
Fernunterricht *m* correspondence course
Fernverkehr *m* long-distance traffic
Fernverkehrsstraße *f* → ***Fernstraße***
Fernwaffe *f* long-range weapon
Fernwärmenetz *n* long-distance heating system
Fernziel *n* long-term objective
Fernzug *m* long-distance train
Fernzugriff *m* IT remote access
Ferse *f allg* heel: ***j-m auf den Fersen*** **a)** ***sein*** be hard on s.o.'s heels, **b)** ***folgen*** dog s.o.'s footsteps
fertig **I** *Adj* **1.** (*bereit*) ready: (***Achtung,***) ***fertig, los!*** ready, steady, go! **2.** (*beendet*) finished, completed: ***fertig sein mit*** have finished (with); *fig* ***fertig werden mit*** cope (*oder* deal) with, (*Kummer etc*) get over; (***gut***) ***ohne ... fertig werden*** manage (*oder* get along) (quite well) without ... **3.** WIRTSCH finished, TECH prefabricated, *Kleidung*: ready-made, *Essen*: ready-to-eat, precooked **4.** *fig* accomplished, (*gereift*) mature **5.** *ugs fig* **a)** *auch* ***fix und fertig*** (*erschöpft*) bushed, **b)** (*ruiniert*) done for, **c)** (*sprachlos*) flabbergasted: ***der ist fertig!*** he has had it! **II** *Adv* **6.** ***fertig bringen*** → ***fertigbringen***; ***fertig machen*** **a)** get *s.o., s.th.* ready, **b)** (*vollenden*) finish; → ***fertigmachen*** ; ***fertig stellen*** → ***fertigstellen***

fertig: ready oder finished? SG

fertig, bereit für etwas Kommendes	**ready**
fertig, beendet, abgeschlossen	**finished**
Bist du fertig (zu gehen)?	**Are you ready to go?**
Bist du fertig mit deinen Hausaufgaben?	**Have you finished your homework?**

Fertigbauweise *f* TECH prefabricated construction
fertigbringen *v/t* ***etw fertig bringen*** get s.th. done, manage s.th., brin s.th. off; *ugs* ***es fertig bringen zu*** *Inf* manage to *Inf*; ***ich brachte es nicht fertig*** I couldn't do it, *weit. S.* I couldn't bring myself to do it
fertigen *v/t* make, produce
Fertigerzeugnis *n*, **Fertigfabrikat** *n* finished product
Fertiggericht *n* GASTR instant meal
Fertighaus *n* prefabricated house, *ugs* prefab
Fertigkeit *f* (*Geschick*) skill, (*Begabung*) talent, (*Können*) proficiency (***in*** *Dat* in)
fertigmachen *v/t ugs* ***j-n fertigmachen*** **a)** (*erschöpfen, umbringen*) finish s.o. (off), (*zermürben*) get s.o. down, **b)** (*hart kritisieren*) slam s.o., **c)** (*verprügeln*) mess s.o. up, clobber s.o. (*auch Sport*); → ***fertig*** II 6;
Fertigprodukt *n* finished product
fertigstellen *v/t* finish, complete
Fertigstellung *f* completion
Fertigteil *n* prefabricated part, *Pl* assembly units *Pl*
Fertigung *f* manufacture, production
Fertigungsstraße *f* TECH production line
fertigwerden → ***fertig*** I 2
Fes *m* fez
fesch *Adj* **1.** *ugs* (*modisch*) smart, chic **2.** *ugs* (*hübsch*) attractive **3.** *österr.* (*nett*) nice: ***sei fesch!*** be a good boy/girl!
Fessel[1] *f meist Pl auch fig* shackle, (*Fußfessel*) fetter, (*Handschelle*) handcuff: ***j-m Fesseln anlegen, j-n in Fesseln legen*** → ***fesseln*** 1
Fessel[2] *f* **1.** ANAT ankle **2.** ZOOL pastern
fesseln *v/t* **1.** ***j-n fesseln*** tie s.o. up (***an*** *Akk* to), *mit Handschellen*: handcuff s.o. **2.** *fig* ***ans Bett gefesselt*** confined to one's bed, bedridden **3.** *fig* fascinate, captivate, (*Aufmerksamkeit, Auge etc*) catch
fesselnd *Adj fig* fascinating, riveting, gripping
fest **I** *Adj* **1.** *allg* firm (*auch fig Absicht, Entschluss etc, auch* WIRTSCH *Börse, Kurse etc*), (*hart*) hard, *Währung*: *auch* stable, (*nicht flüssig, festgefügt*) solid, (*widerstandsfähig*) strong, (*starr*) fixed, TECH *auch* (*ortsfest*) stationary, (*straff, auch Schraube*) tight, (*gut befestigt*) firmly fixed: ***fest werden*** harden, *Flüssigkeit*: solidify, *Zement etc*: set **2.** *fig Einkommen, Kosten, Preise, Termin etc*: fixed, *Abmachung*: *auch* binding, *Kunde*: regular, *Stellung, Wohnsitz*: permanent, *ugs Freund(in)*: steady: ***fester Wohnsitz*** JUR *auch* fixed abode; ***fester Schlaf*** sound sleep; ***feste Freundschaft*** lasting friendship **II** *Adv* **3.** firmly (*etc*): ***fest schlafen*** sleep soundly; ***etw fest abmachen*** settle s.th. definitely; ***Kapital fest anlegen*** tie up capital; *Geld*: ***fest angelegt*** tied-up; ***j-n fest anstellen*** employ s.o. on a permanent basis; ***fest angestellt*** permanently employed; (*ugs* ***steif und***) ***fest behaupten, dass ...*** (absolutely) insist that ...; ***ich bin fest davon überzeugt, dass ...*** I'm absolutely convinced that ...; ***das habe ich*** (***ihm***) ***fest versprochen*** I gave (him) my word for it; *auch fig* ***fest verwurzelt*** deeply rooted **4.** *ugs auch* ***feste*** (*mächtig*) properly: ***immer feste!*** go at it!
Fest *n* **1.** celebration, festivities *Pl*, (*Gesellschaft*) party: ***ein Fest feiern*** celebrate **2.** (*Festtag*) holiday, REL feast: ***Frohes Fest!*** **a)** Merry Christmas!, **b)** Happy Easter!
Festakt *m* ceremony
festbinden *v/t* tie *s.o., s.th.* up: ***festbinden an*** (*Dat*) tie *s.o., s.th.* to
festbleiben *v/i* remain firm
Festessen *n* dinner, *großes*: *auch* banquet
festfahren *v/refl* ***sich festfahren*** *auch fig* get stuck, *Gespräche*: reach a deadlock
festfressen *v/refl* ***sich festfressen*** TECH seize, jam
Festgeldkonto *n* fixed-term, deposit account
festgelegt, **festgesetzt** *Adj* fixed
festhalten **I** *v/t* **1.** hold on to, grip **2.** (*j-n*) hold, keep, (*inhaftieren*) *auch* detain **3.** *fig in Wort, Ton*: record, *im Bild, mit der Kamera*: photograph, film, capture: ***einen Gedanken festhalten*** make a (*geistig*: mental) note of an idea; ***etw schriftlich festhalten*** put s.th. down in

F

writing **II** *v/refl* ***sich festhalten* 4.** hold tight, hold on: ***sich festhalten an*** (*Dat*) *auch fig* hold on to

festigen I *v/t allg* strengthen, (*Macht etc*) *auch* consolidate, (*Währung etc*) *auch* stabilize **II** *v/refl* ***sich festigen*** strengthen, grow stronger, *Währung etc*: *auch* stabilize, *Wissen*: improve

Festigkeit *f* firmness, strength, steadiness, stability; → ***fest***

Festigung *f* strengthening, consolidation, stabilization

festklammern I *v/t* clip (TECH clamp) *s.th.* on (***an*** *Akk* to) **II** *v/refl* ***sich festklammern an*** (*Dat*) cling to

festkleben I *v/t* (***an*** *Akk* to) stick, glue **II** *v/i* stick (***an*** *Dat* to)

festklemmen I *v/t* clamp (fast), wedge **II** *v/i* stick (fast), jam, be jammed

Festkörper *m* PHYS solid

Festkurs *m* WIRTSCH fixed rate

Festland *n* **a)** mainland, **b)** (*Ggs. Meer*) land, **c)** continent

Festland…, Festlands… continental

festlegen I *v/t* **1.** → ***festsetzen*** 1 **2.** (*Grundsätze etc*) lay down, define **3.** SCHIFF (*Kurs*) plot **4.** WIRTSCH (*Kapital*) tie up **5.** ***j-n auf eine Sache festlegen*** pin s.o. down to s.th. **II** *v/refl* **6.** ***sich festlegen auf*** (*Akk*) commit o.s. to, (*entscheiden für*) decide on

festlich I *Adj* festive, (*glanzvoll*) splendid **II** *Adv* festively (*etc*): ***festlich begehen*** celebrate; ***festlich gestimmt*** in a festive mood

Festlichkeit *f* **1.** festivity **2.** (*Stimmung*) festive atmosphere

festliegen *v/i* **1.** be fixed, *Kapital*: be tied up **2.** MOT be stuck, SCHIFF be grounded

festmachen I *v/t* **1.** (***an*** *Dat oder Akk* to) fix, fasten, SCHIFF moor **2.** *fig* fix, settle, (*Handel*) *auch* clinch: ***etw festmachen an*** (*Dat*) fix s.th. on **II** *v/i* **3.** SCHIFF moor

Festmeter *m, n* cubic met/re (*Am* -er)

festnageln *v/t* nail down (*auch fig* ***auf*** *Akk* to)

Festnahme *f*, **festnehmen** *v/t* arrest

Festnetz *n* TEL fixed line network

Festplatte *f* COMPUTER hard disk

Festplattenlaufwerk *n* hard disk drive

Festpreis *m* fixed price

Festrede *f* (ceremonial) address

Festredner, Festrednerin official speaker

Festsaal *m* (banqueting) hall

Festschrift *f* commemorative publication

festsetzen I *v/t* **1.** (*Zeit, Ort etc*) fix, arrange (***auf*** *Akk* for), (*Gehalt, Preis, Strafe etc*) fix (***auf*** *Akk* at), (*Schaden; Steuer*) assess, (*Bedingungen*) lay down, agree on, (*vorschreiben*) prescribe **2.** (*inhaftieren*) arrest **II** *v/refl* ***sich festsetzen*** **3.** settle (***in*** *Dat* in)

festsitzen *v/i* MOT be stuck (*auch ugs fig mit einer Arbeit etc*), SCHIFF be stranded

Festspeicher *m* COMPUTER read-only memory (*Abk* ROM)

Festspiel *n* festival performance: ***Festspiele*** *Pl* → ***Festspielwoche***

Festspielwoche *f* festival

feststehen *v/i Termin etc*: be fixed, (*sicher sein*) be certain, *als Tatsache*: be a fact

feststehend *Adj* **1.** TECH stationary **2.** *fig Tatsache etc*: established

feststellbar *Adj* **1.** ascertainable, (*merklich*) noticeable **2.** TECH lock-type

Feststellbremse *f* parking brake

feststellen *v/t* **1.** find out, discover, (*Sachverhalt etc*) establish, MED diagnose, (*Ort, Lage, Fehler*) locate **2.** (*erkennen*) realize, see, (*bemerken*) notice **3.** (*erklären*) state **4.** TECH lock

Feststelltaste *f* shift lock

Feststellung *f* **1.** establishing (*etc*, → ***feststellen***), discovery **2.** (*Wahrnehmung*) observation: ***er machte die Feststellung, dass …*** he found (*oder* realized) that … **3.** (*Bemerkung*) remark, (*Erklärung*) statement

Feststoffrakete *f* solid-fuel rocket

Festtag *m* (REL religious) holiday

festtäglich *Adj* festive

Festung *f* fortress, *kleinere*: fort

festverwurzelt → ***fest*** II 3

festverzinslich *Adj* WIRTSCH fixed interest (bearing): ***festverzinsliche Anlagepapiere*** investment bonds

Festwoche *f, auch Pl* festival

Festzelt *n* marquee

festziehen *v/t* tighten

Festzug *m* procession

Fetisch *m* fetish

Fetischismus *m* fetishism

Fetischist *m* fetishist

fett *Adj* **1.** *allg* fat, (*fettleibig*) *auch* obese, *Speisen*: fatty, *Milch, Boden etc*: rich: ***fett machen*** fatten; *Adv* ***fett essen*** eat fatty food **2.** *ugs fig* fat, rich, big: ***fette Beute*** big haul **3.** BUCHDRUCK bold: ***fett gedruckt*** in bold type

Fett *n* **1.** fat, (*Bratenfett*) dripping, (*Backfett*) shortening: *ugs fig* ***sein Fett weghaben*** have caught it **2.** (*Körperfett*) fat, *ugs* flab: ***Fett ansetzen*** put on (a lot of) weight **3.** TECH (*Schmierfett*) grease

fettarm *Adj* low-fat …, *präd* low in fat

Fettauge *n* blob of fat

Fettcreme *f* rich oil-based cream

Fettdruck *m* BUCHDRUCK bold(-faced) type

fetten I *v/t* grease **II** *v/i* be greasy

Fettfleck *m* grease spot

Fettgehalt *m* fat content

Fettgewebe *n* fatty tissue

fetthaltig *Adj* containing fat, fatty, *Creme*: oil-based

fettig *Adj* fat, fatty, *Creme*: oily, *Haar, Haut etc*: greasy

Fettleber *f* MED fatty liver

fettleibig *Adj* obese

Fettleibigkeit *f* obesity

Fettnäpfchen *n ugs fig* ***(bei j-m) ins Fettnäpfchen treten*** put one's foot in it

Fettsack *m ugs pej* fatso

Fettsalbe *f* greasy ointment

Fettschicht *f* layer of fat

Fettsucht *f* MED obesity

Fettwanst *m ugs* **1.** paunch **2.** → ***Fettsack***

Fetus *m* BIOL f(o)etus

Fetzen *m* **1.** rag (*auch hum Kleid*), (*Papierfetzen*) scrap, (*Stofffetzen*) shred: ***in Fetzen*** in shreds and tatters; *ugs* ***dass die Fetzen fliegen*** like crazy **2.** *Pl ugs fig* (*Gesprächsfetzen etc*) snatches *Pl*

fetzig *Adj ugs* wild, wicked

feucht *Adj* damp, *auch Augen, Lippen, Haut etc*: moist, *Luft*: humid, *Klima etc*: wet, (*feuchtkalt*) clammy: ***feuchte Hände*** sweaty palms

feuchtfröhlich *Adj ugs* (very) merry

Feuchtigkeit *f* damp(ness), moisture, (*bes Luftfeuchtigkeit*) humidity: ***vor Feuchtigkeit schützen!*** keep in a dry place!

Feuchtigkeitscreme *f* moisturizing cream,

moisturizer
Feuchtigkeitsgehalt *m* moisture content, *der Luft etc: auch* humidity
feudal *Adj* **1.** HIST feudal **2.** *ugs fig* sumptuous, *(vornehm)* posh
Feudalismus *m* HIST feudalism
Feuer *n* **1.** *allg* fire: MIL ***Feuer!*** fire!; ***haben Sie Feuer?*** have you got a light?; ***j-m Feuer geben*** give s.o. a light; ***das Olympische Feuer*** the Olympic flame; *fig* ***durchs Feuer gehen für*** go through fire and water for; ***mit dem Feuer spielen*** play with fire; ***zwischen zwei Feuer geraten*** be caught between the devil and the deep blue sea; → ***eröffnen*** 1 **2.** SCHIFF *(Signalfeuer)* beacon **3.** *fig allg* fire, *(Eifer) auch* fervo(u)r, *(Temperament) auch* spirit: ***Feuer und Flamme sein*** be all for it
Feueralarm *m* fire alarm
Feuerbestattung *f* cremation
Feuereifer *m* zeal
Feuereinstellung *f* MIL cessation of fire
feuerfest *Adj* fireproof, *(unverbrennbar)* incombustible
Feuergefahr *f* danger of fire
feuergefährlich *Adj* flammable
Feuergefecht *n* MIL gun battle
Feuerhaken *m* poker
Feuerkraft *f* MIL fire power
Feuerleiter *f* fire ladder, *(Nottreppe)* fire escape
Feuerlöscher *m* fire extinguisher
Feuermelder *m* fire alarm
feuern *v/t* **1.** *(Ofen,* MIL *Salut)* fire, *(Holz, Kohle) auch* burn **2.** *ugs (schleudern)* hurl, SPORT slam *(the ball)*: ***j-m eine feuern*** land s.o. one **3.** *ugs (entlassen)* fire
Feuerprobe *f fig* acid test
feuerrot *Adj* flaming red, *Gesicht: auch* crimson
Feuerschaden *m* damage caused by fire
Feuerschiff *n* lightship
Feuerschlucker, Feuerschluckerin fire-eater
Feuerschutz *m* **1.** fire prevention **2.** MIL covering fire
Feuerstein *m* flint
Feuerstelle *f* fireplace, hearth
Feuertaufe *f fig* baptism of fire
Feuerteufel *m ugs* fire bug
Feuertreppe *f* fire escape
Feuerung *f* **1.** *(Anlage)* heating **2.** *(Brennstoff)* fuel
Feuerversicherung *f* fire insurance
Feuerwache *f* fire station
Feuerwaffe *f* firearm
Feuerwehr *f* fire brigade: *ugs* ***wie die Feuerwehr*** like a flash
Feuerwehrauto *n* fire engine
Feuerwehrmann *m* fireman
Feuerwerk *n* fireworks *Pl (auch fig)*
Feuerwerkskörper *m* firework
Feuerzange *f* tongs *Pl*
Feuerzangenbowle *f* burnt punch
Feuerzeug *n* (cigarette) lighter
Feuerzeugbenzin *n* lighter fluid
Feuilleton *n* feature pages *Pl*
Feuilletonist, Feuilletonistin feature writer
feurig *Adj* **1.** *fig* fiery, passionate, ardent **2.** *Wein*: rich, heady
FH *f Abk* (= ***Fachhochschule***) *etwa*: (advanced) technical college
Fiasko *n* fiasco
Fibel[1] *f* PÄD primer
Fibel[2] *f (Spange)* fibula
Fiber *f* fibre, *Am* fiber
Fiberglas *n* fibre *(Am* fiber) glass
Fichte *f* BOT spruce, *ugs* pine (tree)
Fichtenholz *n* deal
Fichtennadelbad *n* spruce-needle bath
ficken *v/t und v/i vulg* fuck
fidel *Adj* cheerful
Fieber *n* fever *(auch fig)*, (high) temperature: ***Fieber haben*** → ***fiebern*** 1; ***j-m*** *(oder* ***j-s)*** ***Fieber messen*** take s.o.'s temperature
Fieberanfall *m* attack of fever
fieberfrei *Adj* ***sie ist fieberfrei*** her temperature is back to normal again
fieberhaft *Adj auch fig* feverish
Fieberkranke *m, f* fever case
Fieberkurve *f* temperature curve
Fiebermittel *n* antipyretic
fiebern *v/i* **1.** have *(oder* be running) a temperature, *(fantasieren)* be delirious **2.** *fig* be feverish (***vor*** with): ***fiebern nach*** yearn for
Fiebertabelle *f* temperature chart
Fieberthermometer *n* (clinical) thermometer
Fiebertraum *m* feverish dream
fiebrig → ***fieberhaft***
Fiedel *f*, **fiedeln** *v/t und v/i ugs* fiddle
fies *Adj ugs* nasty, mean
Fiesling *m ugs* meanie
Figur *f* **1.** *allg* figure *(auch* MATHE, MUS), *(Körperbau) auch* build: ***eine gute*** (***schlechte***) ***Figur machen*** cut a fine (poor) figure **2.** *im Buch, Film etc*: figure, character: ***komische Figur*** **a)** figure of fun, **b)** strange character **3.** *(Schachfigur)* piece, *Pl auch* chessmen **4.** KUNST figure, statue, *kleinere*: figurine
figurativ *Adj* LING figurative
figurbetont *Adj* tight-fitting, body-hugging
figurieren *v/i* figure (***als*** as)
figürlich *Adj* **1.** KUNST figured **2.** LING figurative
Fiktion *f* fiction
fiktiv *Adj* fictitious
Filet *n* GASTR fillet
Filetsteak *n* fillet steak
Filetstück *n* piece of sirloin
Filiale *f* branch (office), subsidiary, *(Kettenladen)* chain store
Filialleiter, Filialleiterin branch manager
Filigran *n*, **Filigranarbeit** *f* filigree
Film *m* **1.** FOTO film **2.** *(Spielfilm, auch* TV) film, *bes Am auch* movie: ***einen Film drehen*** (***über*** *Akk*) shoot *(oder* make) a film (of), film *s.th.*; *ugs fig* ***mir ist der Film gerissen*** I had a blackout **3.** *(Filmbranche) the* cinema, *bes Am the* movies *Pl*: ***beim Film sein*** **a)** be in the film *(bes Am auch* movie) business, **b)** be a film *(bes Am auch* movie) actor *(oder* actress) **4.** *(Häutchen)* film, coat(ing)
Filmarchiv *n* film library
Filmatelier *n* film studio
Filmaufnahme *f* **1.** shooting (of a film) **2.** *(Szene)* shot, take
Filmbericht *m* film report
Filmemacher, Filmemacherin film *(bes Am auch* movie) maker
filmen I *v/t* film, shoot **II** *v/i* be filming, make a film, *bei Außenaufnahmen*: be on location
Filmfestspiele *Pl* film festival *Sg*
Filmgelände *n* studio lot
Filmgesellschaft *f* film *(Am* motion-picture) company
Filmindustrie *f* film *(Am* motion-picture) industry
filmisch *Adj* cinematic(ally *Adv*)
Filmkamera *f* film *(oder* movie) camera,

(*Schmalfilmkamera*) cinecamera
Filmkritik *f* film review
Filmkritiker, **Filmkritikerin** film critic
Filmkunst *f* cinematography
Filmmaterial *n* footage
Filmmusik *f* **1.** film music **2.** *the* music to the film
Filmpack *m* film pack
Filmpreis *m* film (*bes Am auch* movie) award
Filmproduzent, **Filmproduzentin** (film) producer
Filmprojektor *m* film (*bes Am auch* movie) projector
Filmregisseur, **Filmregisseurin** film (*bes Am auch* movie) director
Filmreklame *f* screen advertising
Filmschauspieler, **Filmschauspielerin** film (*oder* screen, *bes Am auch* movie) actor (actress)
Filmstar *m* film (*bes Am auch* movie) star
Filmstreifen *m* reel, *weit. S.* strip
Filmstudio *n* film studio
Filmtheater *n* cinema, *Am* movie theater
Filmverleih *m* **1.** film distribution **2.** (*Gesellschaft*) film distributors *Pl*
Filmvorführer, **Filmvorführerin** projectionist
Filmvorführung *f* film (*bes Am auch* movie) show
Filmvorschau *f für Kritiker*: preview, (*Ausschnitte, als Reklame*) trailer, *in der Zeitung*: forthcoming films *Pl*
Filmwelt *f* film world, *Am auch* movieland
Filter *m*, *n* filter
Filteranlage *f* filtration plant
Filtereinsatz *m* filter element
Filterkaffee *m* filtered coffee
filtern *v/t* filter, (*Kaffee*) *auch* percolate
Filterpapier *n* filter paper
Filterzigarette *f* filter(-tipped) cigarette
Filtrat *n* filtrate
filtrieren *v/t* filter
Filz *m* **1.** felt **2.** *ugs* (*Filzhut*) felt hat **3.** *ugs pej* **a)** (*Geizhals*) skinflint, **b)** POL corruption
filzen I *v/t ugs fig* frisk **II** *v/i Wolle*: felt
Filzhut *m* felt hat
filzig *Adj* **1.** (*verfilzt*) felted, *Haar etc*: matted **2.** *ugs fig* (*geizig*) mean, stingy
Filzlaus *f* ZOOL crab louse
Filzpantoffel *m meist Pl* felt slipper
Filzstift *m* felt(-tipped) pen
Fimmel *m ugs* craze: ***einen Fimmel haben für*** be mad about
Finale *n* **1.** finale **2.** SPORT final (round), finals *Pl*
Finalist, **Finalistin** SPORT finalist
Finalsatz *m* LING final clause
Finanz… *meist* financial (*adviser, paper, etc*)
Finanzamt *n* inland (*Am* internal) revenue (office), *fig pej the* Tax Man
Finanzausschuss *m* finance committee
Finanzbeamte *m*, **Finanzbeamtin** *f* revenue officer
Finanzen *Pl* finances *Pl*
Finanzgericht *n* tax tribunal
Finanzgeschäft *n* financial transaction
finanziell *Adj* financial
finanzieren *v/t* finance, (*Anstalt etc*) *oft* fund
Finanzierung *f* financing
Finanzierungsgesellschaft *f* finance company
Finanzjahr *n* fiscal (*oder* financial) year
finanzkräftig *Adj* financially strong, potent
Finanzlage *f* financial situation
Finanzmann *m* financier
Finanzminister, **Finanzministerin** minister of finance, *Br* Chancellor of the Exchequer, *Am* Secretary of the Treasury
Finanzministerium *n* ministry of finance, *Br* Treasury, *Am* Treasury Department
Finanzpolitik *f* financial (*oder* fiscal) policy
finanzschwach *Adj* financially weak
Finanzteil *m einer Zeitung*: financial section
Finanzwelt *f* financial world
Finanzwesen *n* (public) finance
finden I *v/t* **1.** (*auch vorfinden*) find: ***nirgends zu finden*** nowhere to be found; *fig* ***ein Ende finden*** come to an end; ***ich fand keine Worte*** I was at a loss for words **2.** *fig* (*halten für*) find, think: ***ich finde es gut*** (***, dass …***) I think it's good (that …); ***wie finden Sie das Buch?*** how do you like (*oder* what do you think of) the book?; ***finden Sie*** (***nicht***)***?*** do (don't) you think so?; ***ich weiß nicht, was sie an ihm findet*** I don't know what she sees in him **II** *v/refl* ***sich finden*** **3.** *Sache*: be found, *Person*: find o.s. (***umringt*** *etc* surrounded *etc*): ***das wird sich finden*** we'll see **III** *v/i* **4.** ***nach Hause finden*** find one's way home; ***zu sich selbst finden*** sort o.s out
Finder, **Finderin** finder
Finderlohn *m* finder's reward
Findling *m* GEOL erratic block
Finesse *f* finesse, *Pl* tricks *Pl*: *Auto etc* ***mit allen Finessen*** with all the refinements
Finger *m* finger (*auch am Handschuh*): ***sich die Finger verbrennen*** *auch fig* burn one's fingers; ***sich in den Finger schneiden*** **a)** cut one's finger, **b)** *fig* make a big mistake; ***j-m auf die Finger klopfen*** *auch fig* rap s.o.'s

finden: think, believe oder like?

SG

finden im Sinne von „halten (für), glauben"	**believe**
finden im Sinne von „denken, glauben, meinen"	**think**
gut finden im Sinne von „mögen"	**like**
Ich finde, das ist Unsinn.	**I think / believe that's rubbish.**
Ich finde, das ist eine gute Idee!	**I think that's a good idea.**
Das finde ich gut!	**I like that.**
Wie findest du diesen Roman?	**What do you think of this novel? / How do you like this novel?**

⚠ **find** bedeutet eher „(wieder)finden, (vor)finden" oder „zufällig finden, entdecken"!

Ich habe eine Brieftasche gefunden.	**I found a wallet.**

knuckles; ***lass die Finger davon!*** **a)** hands off!, **b)** *fig* leave well alone!; *fig* ***sich etw aus den Fingern saugen*** make s.th. up; ***j-m auf die Finger sehen*** keep a sharp eye on s.o.; ***j-n um den kleinen Finger wickeln*** twist s.o. round one's little finger; ***keinen Finger rühren*** (*oder* ***krümmen***) not to lift a finger; ***er hat überall seine Finger im Spiel*** he's got a finger in every pie; → ***abzählen***
Fingerabdruck *m* fingerprint: ***genetischer Fingerabdruck*** genetic (*oder* DNA) fingerprint; ***(j-m) Fingerabdrücke abnehmen*** take s.o.'s fingerprints
fingerfertig *Adj* nimble-fingered
Fingerfertigkeit *f* dexterity
Fingerhut *m* **1.** BOT foxglove **2.** thimble
fingern **I** *v/i* ***fingern an*** (*Dat*) finger **II** *v/t ugs* (*bewerkstelligen*) wangle
Fingernagel *m* fingernail
Fingerring *m* ring
Fingerschale *f* finger bowl
Fingerspitze *f* fingertip
Fingerspitzengefühl *n* sure instinct, (*Takt*) tact
Fingersprache *f* finger language
Fingerübung *f* finger exercise
Fingerzeig *m* pointer, (*Warnung*) warning sign
fingieren *v/t* fake, (*erfinden*) fabricate
fingiert *Adj* fake(d), (*fiktiv*) fictitious
Finish *n Sport und* TECH finish
Fink *m* ZOOL finch
Finne[1] *f* (*Rückenflosse*) fin
Finne[2] *m*, **Finnin** *f* Finn
finnisch *Adj* Finnish
Finnland *n* Finland
finster *Adj* **1.** *auch fig* dark, (*düster*) black, gloomy **2.** (*grimmig*) grim, (*böse*) evil, sinister: ***finsterer Blick*** black look; *Adv* ***j-n finster ansehen*** glower at s.o. **3.** *ugs fig* (*fragwürdig*) shady, (*schlecht*) bad: ***es sieht finster aus!*** things are looking bad!
Finsternis *f* darkness, gloom(iness)
Finte *f bes* SPORT feint, *fig auch* trick
Firlefanz *m* (*Plunder*) frippery, junk
Firma *f* firm, company: ***die Firma Bosch*** (the) Bosch (Company); ***(An) Firma X.*** *im Brief*: Messrs. X., the X. Company
Firmament *n* (***am Firmament*** in the) sky
Firmenkunde *m*, **Firmenkundin** *f* corporate (*oder* business) customer, (*von Bank auch*) corporate client
Firmenname *m* company name
Firmenschild *n* company name, facia, *an einer Maschine etc*: nameplate
Firmensitz *m* (company) headquarters *Pl*
Firmenstempel *m* firm('s) stamp
Firmenverzeichnis *n* trade directory
Firmenwagen *m* company car
Firmenwert *m* goodwill
Firmenzeichen *n ugs* logo
firmieren *v/i* ***firmieren als*** have the company name of
Firmung *f* REL confirmation
Firn *m* corn snow
Firnis *m*, **firnissen** *v/t* varnish
First *m* ridge
Fis *n* MUS *ugs* sharp
Fisch *m* **1.** fish: ***Fische*** *Pl meist* fish *Sg* (*als Pl konstr*); *ugs fig* ***ein großer*** (*oder* ***dicker***) ***Fisch*** a big fish; ***kleine Fische*** **a)** (*Lappalie*) peanuts *Pl*, **b)** (*Leute*) small beer **2.** *Pl* ASTR Pisces *Sg*: ***er ist Fisch*** he is [a] Pisces
Fischauge *n* FOTO fish-eye (lens)
fischen *v/t und v/i* fish (***nach*** for, *auch ugs fig*): → ***trüb(e)*** 1
Fischen *n* fishing
Fischer *m* fisherman
Fischerboot *n* fishing boat
Fischerdorf *n* fishing village
Fischerei *f* **1.** fishing **2.** (*Gewerbe*) fishing industry
Fischereiflotte *f* fishing fleet
Fischereigrenze *f* fishing limit
Fischereihafen *m* fishing port
Fischereirecht *n* fishing right(s *Pl*)
Fischfang *m* fishing
Fischfilet *n* GASTR fish fillet
Fischgabel *f* fish fork
Fischgericht *n* GASTR fish dish
Fischgeruch *m* fishy smell
Fischgeschäft *n* fishmonger('s)
Fischgrätenmuster *n Textilien*: herringbone (pattern)
Fischgründe *Pl* fishing grounds *Pl*, fishery *Sg*
Fischhändler, **Fischhändlerin** fishmonger, *Am* fish dealer
Fischindustrie *f* fish-processing industry
Fischkonserven *Pl* tinned (*oder* canned) fish *Sg*
Fischkunde *f* ichthyology
Fischkutter *m* (fishing) trawler
Fischlaich *m* (fish) spawn
Fischmarkt *m* fish market
Fischmehl *n* fishmeal
Fischotter *m* ZOOL otter
Fischreiher *m* ZOOL heron
Fischrestaurant *n* fish (*oder* seafood) restaurant
Fischschuppe *f* scale
Fischstäbchen *n* GASTR fish finger (*Am* stick)
Fischsterben *n* fish kill
Fischvergiftung *f* MED fish poisoning
Fischzucht *f* fish farming
Fischzug *m* catch, haul (*auch fig*)
Fiskus *m* **1.** Treasury **2.** (*der Staat*) *the* government
Fisolen *Pl österr.* French beans *Pl*, runner beans *Pl*
Fistelstimme *f* **1.** MUS falsetto **2.** *pej* squeaky voice
fit *Adj* (***sich fit halten*** keep) fit; ***j-n (etw) fit machen*** *fig* get s.o. (s.th.) into shape
Fitness *f* (physical) fitness
Fitnesscenter *n* fitness centre (*Am* center), gym
Fitnesslehrer, **Fitnesslehrerin** fitness instructor
Fittich *m* (*fig* ***j-n unter seine Fittiche nehmen*** take s.o. under one's) wing
fix **I** *Adj* **1.** *Gehalt, Kosten etc*: fixed: ***fixe Idee*** fixed idea, obsession **2.** *ugs* (*schnell*) quick (***in*** *Dat* at), (*aufgeweckt*) smart, sharp **3.** ***fix und fertig*** **a)** all ready, **b)** → ***fertig*** 5 a **II** *Adv* **4.** *ugs* in a flash: ***mach (mal) fix!*** make it snappy!
fixen *v/i und v/t sl* shoot (*drugs*), *nur v/i* mainline, be on the needle
Fixer, **Fixerin** *sl* junkie
Fixerraum *m*, **Fixerstube** *f ugs* junkies' centre (*Am* center)
Fixierbad *n* FOTO fixer
fixieren *v/t* **1.** *allg, auch* MALEREI, FOTO, MED fix, *fig auch* determine: ***etw schriftlich fixieren*** record (*oder* formulate) s.th. **2.** PSYCH ***fixiert sein auf*** (*Akk*) be fixated (*oder* have a fixation) on **3.** (*anstarren*) stare at
Fixiermittel *n* FOTO fixative

F

Fixierung *f* **1.** fixing (*auch* FOTO *etc*) **2.** PSYCH fixation
Fixstern *m* fixed star
Fixum *n* WIRTSCH fixed sum (*oder* salary)
Fjord *m* fjord, fiord
FKK *n Abk* (= ***Freikörperkultur***) nudism
FKK-Anhänger, **FKK-Anhängerin** nudist
FKK-Gelände *n* nudist camp
FKK-Strand *m* nudist beach
flach *Adj* flat, (*eben*) *auch* level, even, (*seicht*, *auch fig*) shallow, (*niedrig*) low (*auch* SPORT *Schuss etc*): ***flacher Teller*** shallow (*weit. S.* dinner) plate; ***flach machen*** (***klopfen*** *etc*) flatten; ***flach werden*** flatten (out); ***mit der flachen Hand*** with the flat of one's hand
Flachdach *n* flat roof
Fläche *f* (*Oberfläche*) surface (*auch* MATHE), MATHE (*Ebene*) plane, (*Seitenfläche*) side, (*Grundfläche*) base, (*Gebiet*) area, space, (*Bodenfläche*) floorspace: (***weite***) ***Fläche*** expanse
Flächenausdehnung *f* area
Flächenbrand *m* extensive fire
flächendeckend *Adj* area-wide, overall, global, (*landesweit*) countrywide, nationwide
Flächeninhalt *m* MATHE area
Flächenmaß *n* surface measurement
Flächenstilllegung *f* set-aside scheme
flachfallen *v/i ugs* fall through
Flachheit *f* flatness, *fig* shallowness
Flachland *n* flat country
Flachmann *m ugs* hip flask
Flachpass *m Fußball*: low pass
Flachrelief *n* KUNST bas-relief
Flachs *m* **1.** BOT flax **2.** *ugs* kidding
Flachschuss *m Fußball*: low ball
flachsen *v/i ugs* joke around, kid
flackern *v/i* flicker
Fladen *m* flat cake
Fladenbrot *n* pitta bread
Flagge *f* flag: ***die Flagge streichen*** *auch fig* lower the flag; ***unter falscher Flagge*** under false colo(u)rs; *fig* ***Flagge zeigen*** make a stand
flaggen **I** *v/i* fly (*Person*: hoist) a flag (*oder* flags) **II** *v/t* flag, signal
Flaggschiff *n auch fig* flagship
Flair *n* aura, (*Reiz*) charm, (*Instinkt*, *Talent*) flair
Flak *f* **1.** → ***Flakgeschütz*** **2.** → ***Flakartillerie***
Flakartillerie *f* antiaircraft artillery
Flakfeuer *n* antiaircraft fire, *ugs* flak
Flakgeschütz *n* antiaircraft gun
Flakon *n, m* small bottle
flambieren *v/t* GASTR flame
Flamingo *m* ZOOL flamingo
flämisch *Adj* Flemish
Flamme *f auch fig* flame: ***in Flammen aufgehen*** go up in flames; ***in Flammen stehen*** be ablaze; ***auf kleiner Flamme kochen*** cook on a low heat
flammen *v/i* blaze
flammend *Adj fig* fiery, *Rede etc*: stirring
Flammenmeer *n* sea of flames
Flanell *m* flannel
Flanke *f allg* flank, (*Seite*) side, *Fußball*: cent/re (*Am* -er), *Turnen*: (flank) vault
flanken *v/i Fußball*: cent/re (*Am* -er)
flankieren *v/t* flank: WIRTSCH, POL ***flankierende Maßnahmen*** supporting measures
Flansch *m*, **flanschen** *v/t* TECH flange
Flaps *m* lout
flapsig *Adj* loutish
Fläschchen *n* **1.** small bottle, PHARM phial **2.** (*Babyfläschchen*) bottle
Flasche *f* **1.** bottle, (*Gasflasche etc*) cylinder: ***eine Flasche Wein*** a bottle of wine; ***einem Baby die Flasche geben*** give a baby its bottle; ***mit der Flasche aufziehen*** bottle-feed **2.** *ugs fig* (*Versager*) bum, washout, dud
Flaschenbier *n* bottled beer
Flaschengas *n* bottled gas
flaschengrün *Adj* bottle-green
Flaschenkind *n* bottle-fed baby
Flaschenmilch *f* bottled milk
Flaschenöffner *m* bottle opener
Flaschenpfand *n* deposit (on a bottle)
Flaschenpost *f* bottle post
Flaschentomate *f* plum tomato
Flaschenwein *m* bottled wine
flaschenweise *Adv* by the bottle
Flaschenzug *m* TECH block and pulley
Flatrate *f* TEL, IT flat-rate internet access

Fleischsorten

WF

Im Englischen werden etliche Fleischsorten ganz anders benannt, als es der Tiername vermuten lässt. Hier die wichtigsten:

Tier	**animal**	**Fleisch**	**meat**
Kuh, Rind	**cow**	Rindfleisch	**beef**
Kalb	**calf** [kɑːf]	Kalbfleisch	**veal**
Schwein	**pig**	Schweinefleisch	**pork**
		Schinken	**ham**
		Frühstücksspeck	**bacon** ['beɪkən]
Schaf	**sheep**	Hammelfleisch	**mutton**
Lamm	**lamb** [læm]	Lammfleisch	**lamb**
Reh, Hirsch	**deer**	Reh(fleisch), Hirsch(fleisch)	**venison** ['venɪsən]

Bei Geflügel ist es viel einfacher. Da verwendet man wie im Deutschen einfach den Tiernamen:

Tier	**animal**	**Fleisch**	**meat**
Huhn	**chicken**	Hühnerfleisch	**chicken**
Pute	**turkey**	Putenfleisch	**turkey**
Ente	**duck**	Entenfleisch	**duck**
Fasan	**pheasant** ['feznt]	Fasanenfleisch	**pheasant** ['feznt]

flatterhaft *Adj* flighty, *(unstet)* fickle
flattern *v/i allg* flutter *(auch* MED, TECH), flap, *Räder*: wobble
flau *Adj* **1.** *(unwohl)* queasy, *(schwach)* faint, *(matt)* listless **2.** *Geschmack*: stale **3.** FOTO *Negativ*: flat **4.** WIRTSCH slack
Flaum *m* down
flaumig *Adj* downy
Flausch *m* fleece
flauschig *Adj* fluffy
Flausen *Pl ugs* nonsense *Sg*, silly ideas *Pl*
Flaute *f* **1.** SCHIFF lull **2.** WIRTSCH slack period
Flechte *f* **1.** BOT lichen **2.** MED eczema **3.** *(Zopf)* braid
flechten *v/t* *(Haar)* plait, *(Kranz)* bind, *(Korb)* weave
Fleck *m* **1.** *(Schmutzfleck)* spot, *(Weinfleck etc)* stain: MED ***blauer Fleck*** bruise **2.** *fig (Schandfleck)* blemish **3.** *ugs (Stelle)* spot, *(Stück Land)* patch: ***am falschen Fleck*** *auch fig* in the wrong place; *fig* ***nicht vom Fleck kommen*** not to make any headway, not to be getting anywhere; ***sich nicht vom Fleck rühren*** not to budge
Fleckchen *n* **1.** speck **2.** *fig* (***ein schönes Fleckchen Erde*** a lovely) spot
flecken *v/i* stain
Flecken *m* → ***Fleck***
Fleckenentferner *m* stain remover
fleckenlos *Adj auch fig* spotless
Fleckfieber *n* → ***Flecktyphus***
fleckig *Adj* spotted, *(befleckt)* stained
Flecktyphus *m* MED (epidemic) typhus
Fledermaus *f* ZOOL bat
Fleecejacke *f* fleece jacket
Flegel *m* **1.** LANDW flail **2.** *(Lümmel)* lout
Flegelei *f* loutish behavio(u)r
flegelhaft *Adj* loutish
Flegeljahre *Pl* (***in den Flegeljahren sein*** be at an) awkward age *Sg*
flehen *v/i* ***flehen um*** beg for, implore
Flehen *n* entreaty, entreaties *Pl*
flehend, **flehentlich** *Adj* imploring, *Bitte*: urgent: *Adv* ***flehend bitten um*** → ***flehen*** I
Fleisch *n* **1.** *lebendes*: flesh *(auch fig)*: ***das eigene Fleisch und Blut*** one's own flesh and blood; ***j-m in Fleisch und Blut übergehen*** become second nature (to s.o.); *ugs* ***sich ins eigene Fleisch schneiden*** cut off one's nose to spite one's face; ***vom Fleisch fallen*** grow thin; ***Fleisch fressend*** → ***fleischfressend*** **2.** GASTR meat, *(Fruchtfleisch)* flesh

Fleisch: meat oder flesh? SG

das zum Verzehr bestimmte Fleisch	**meat**
(menschliches) Fleisch	**flesh**
Ich esse kein Fleisch. Ich bin Vegetarier.	**I don't eat meat. I'm a vegetarian.**
Fleischwunde	**flesh wound**
Der Geist ist willig, aber das Fleisch ist schwach.	**The spirit is willing but the flesh is weak.**

Fleischbrühe *f* consommé, *(Fond) (meist* beef) stock
Fleischer, **Fleischerin** butcher
Fleischerei *f*, **Fleischerladen** *m* butcher's shop
Fleischextrakt *m meist* beef extract
fleischfarben *Adj* flesh-colo(u)red
fleischfressend *Adj* BOT ZOOL carnivorous
Fleischfresser *m* ZOOL carnivore
Fleischgericht *n* meat dish
Fleischhauer, **Fleischhauerin** *österr.* butcher
fleischig *Adj allg* fleshy, *Tier*: meaty
Fleischkloß *m* **1.** GASTR meatball **2.** *ugs (Person)* mound of flesh
Fleischkonserven *Pl* tinned *(oder* canned) meat *Sg*
Fleischküchle *n südd.* meatball
fleischlich *Adj* carnal
fleischlos *Adj Diät*: meatless
Fleischpastete *f* meat pie
Fleischpflanzerl *n südd.* meatball
Fleischtomate *f* beef tomato
Fleischvergiftung *f* MED meat poisoning
Fleischwaren *Pl* meat products *Pl*
Fleischwolf *m* mincer, *Am* meat grinder
Fleischwunde *f* MED flesh wound
Fleischwurst *f* pork sausage
Fleiß *m* diligence, industry, *(Mühe)* hard work: ***viel Fleiß verwenden auf*** *(Akk)* take great pains over; ***ohne Fleiß kein Preis*** no sweet without sweat
fleißig **I** *Adj* diligent, hard-working, busy **II** *Adv* diligently, *ugs (viel)* a lot
flektieren *v/t* LING inflect
flennen *v/i ugs* cry, howl, bawl
fletschen *v/t* ***die Zähne fletschen*** snarl
flexibel *Adj auch fig* flexible
Flexibilität *f auch fig* flexibility
Flexion *f* LING inflection
flicken *v/t* mend, *(zs.-flicken)* patch up *(auch ugs fig)*
Flicken *m* patch
Flickschuster, **Flickschusterin** cobbler
Flickwerk *n fig* patchwork, patch-up job(s *Pl*)
Flickzeug *n* **1.** sewing kit **2.** MOT *etc* repair kit
Flieder *m* BOT lilac
Fliege *f* **1.** ZOOL fly: ***er tut keiner Fliege was zuleide*** he wouldn't hurt a fly; *die Menschen starben* ***wie die Fliegen*** like flies; ***zwei Fliegen mit einer Klappe schlagen*** kill two birds with one stone; *ugs* ***eine Fliege machen*** beat it **2.** *(Querbinder)* bow tie

Kleidung: Fliege ≠ fly FF

Fliege	=	bow tie
fly	=	Hosenschlitz

fliegen **I** *v/i* **1.** *allg* fly, *mit dem Flugzeug*: *auch* go by air: ***fliegen lassen*** fly; → ***Luft*** 3 **2.** *fig (eilen)* fly, rush **3.** *ugs fig aus einer Stellung*: be fired, get the sack, *auch* ***aus*** *der Schule, einer*

Fliegen WF

Flugzeug	**(aero)plane, aircraft,** *Am* **airplane**
Flughafen	**airport**
Flughalle	**terminal**
(Flug)Ticket	**(plane) ticket**
Flugnummer	**flight number**
Fluggesellschaft	**airline**

F

Charterflug	**charter flight**
Linienflug	**scheduled flight**
Direktflug	**direct flight**
Flug mit Zwischenlandung in …	**flight with a stop-over in …**
Anschlussflug	**connecting flight**
Abflug	*auf Anzeigetafel* **departures**
Start	*Abheben* **take-off**
Ankunft	*auf Anzeigetafel* **arrivals**
Landung	*Aufsetzen* **landing**
Verspätung	**delay**
Sicherheitskontrolle	**security check**
Zoll	**customs**
Bordkarte	**boarding card**
Passagier	**passenger**
Pilot(in)	**pilot**
Flugbegleiter(in)	**flight attendant**

Wohnung etc: be kicked out (of) **4.** *ugs fig* ***fliegen auf*** (*Akk*) really go for; ***auf j-n fliegen*** *auch* fall for s.o. **II** *v/t* **5.** (*Flugzeug, Personen etc*) fly, (*eine Strecke*) *auch* cover, (*Kurve*) *auch* do

Fliegen *n* flying, (*Luftfahrt*) aviation

fliegend *Adj* flying (*auch Sport*): ***fliegender Händler*** hawker; ***fliegender Teppich*** magic carpet

Fliegenfänger *m* flypaper

Fliegengewicht(ler *m*) *n* SPORT flyweight

Fliegenklatsche *f* fly swatter

Fliegenpilz *m* toadstool

Flieger *m* **1.** ZOOL *und Pferderennen*: flier, flyer **2.** airman (*auch* MIL), pilot **3.** MIL *Br* aircraftman 2nd class, *Am* airman basic **4.** *ugs* (*Flugzeug*) plane **5.** *Radsport*: sprinter

Fliegeralarm *m* air-raid warning

Fliegerangriff *m* air raid

Fliegerhorst *m* air base

Fliegerin *f* airwoman, woman pilot

fliegerisch *Adj* flying

Fliegerjacke *f* bomber jacket

fliehen I *v/i* (***vor*** *Dat* from, ***nach, zu*** to) flee, run away, (*entfliehen*) escape **II** *v/t* avoid, shun

fliehend *Adj* **1.** fleeing, fugitive **2.** *Stirn, Kinn*: receding

Fliehkraft *f* PHYS centrifugal force

Fliese *f* tile

Fliesenleger, Fliesenlegerin tiler

Fließarbeit *f* assembly-line work

Fließband *n* assembly line, (*Förderband*) conveyor belt

Fließbandfertigung *f* assembly-line production

fließen *v/i allg* flow (*auch fig*), *Wasser, Fluss etc*: *auch* run

fließend *Adj* **1.** flowing, *Wasser*: running **2.** *Verkehr*: fast-moving **3.** *Sprache etc*: fluent: *Adv* ***er spricht fließend Englisch*** he speaks fluent English **4.** *Grenze etc*: fluid

Fließheck *n* MOT fastback

flimmern *v/i* shimmer, TV flicker

flink *Adj* quick, *auch Füße, Hände*: nimble

Flinte *f* gun, (*Schrotflinte*) shotgun: *fig* ***die Flinte ins Korn werfen*** throw in the towel

Flipchart *f* flip chart

Flipper *m* pinball machine

flippern *v/i ugs* play pinball

flippig *Adj ugs* kooky

Flirt *m* flirtation, (*Person*) flirt

Flirt ist nicht gleich flirt

Flirt (*das Flirten*)	=	flirtation
flirt	=	flirtende Person

flirten *v/i* flirt

Flittchen *n ugs* hussie

Flitter *m* **1.** *Koll* sequins *Pl* **2.** *fig* **a)** *a* **Flitterglanz** *m* glitter, **b)** *a* **Flitterkram** *m* tinsel

Flitterwochen *Pl* honeymoon *Sg*

flitzen *v/i ugs* **1.** flit **2.** streak

Flitzer[1] *m ugs* nippy little car

Flitzer[2], **Flitzerin** *ugs* (*Nackter*) streaker

floaten *v/t und v/i* WIRTSCH float

Flocke *f allg* flake, (*Staubflocke etc*) fluff

flocken *v/i* flake

flockig *Adj* flaky, (*locker*) fluffy, CHEM flocculent

Floh *m* ZOOL flea: *ugs fig* ***j-m einen Floh ins Ohr setzen*** put ideas into s.o.'s head

Flohmarkt *m* flea market

Flop *m* flop

Flor[1] *m* (*Blüte*) bloom, (*Blumenfülle*) mass of flowers (*oder* blossoms)

Flor[2] *m* **1.** (*Gewebe*) gauze **2.** (*Trauerflor*) crêpe (band) **3.** *Samt, Teppich*: pile

Flora *f* flora

floral *Adj* floral

Florenz *n* Florence

Florett *n* foil

Florettfechten *n* foil fencing

florieren *v/i* flourish

Floskel *f* empty phrase

floskelhaft *Adj* meaningless, empty

Floß *n* raft

Flosse *f* **1.** ZOOL fin, *eines Wals, Seelöwen etc*: flipper (*auch Schwimmflosse*) **2.** FLUG stabilizer fin **3.** *ugs* (*Hand*) paw, mitt, (*Fuß*) trotter

flößen *v/t und v/i* float

Flöte *f* **1.** MUS flute, (*Blockflöte*) recorder **2.** (*hohes Glas*) flute glass **3.** *Kartenspiel*: flush

flöten *v/t und v/i* MUS play the flute (*oder* recorder), *auch fig* flute, *Vogel*: sing; *ugs* ***flöten gehen*** go down the drain

Flötist, Flötistin flautist, flute-player

flott I *Adj* **1.** (*schnell*) brisk, (*schwungvoll*) lively, *ugs* zippy, *Person*: dashing, breezy **2.** (*schick*) smart, snazzy **3.** SCHIFF ***flott sein*** be afloat; → ***flottmachen*** 1 **II** *Adv* **4.** briskly (*etc*): ***flott leben*** live it up

Flotte *f* FLUG, SCHIFF fleet

Flottenstützpunkt *m* SCHIFF naval base

flottmachen *v/t* **1.** SCHIFF float, set afloat **2.** ***etw*** (***wieder***) ***flottmachen*** get s.th. going again

Flöz *n* BERGB, GEOL seam

Fluch *m* **1.** (*Verwünschung*) curse **2.** (*Fluchwort*) curse, oath, swearword

fluchen *v/i* curse, swear: ***auf*** (*oder* ***über***) ***j-n*** (***etw***) ***fluchen*** curse s.o. (s.th.)

Flucht[1] *f* flight (***vor*** *Dat* from, *auch fig*), *eines Gefangenen*: escape: ***auf der Flucht*** *erschossen etc* while fleeing, *Gefangener*: while attempting to escape; ***auf der Flucht sein*** be on the run (***vor*** *Dat* from); ***die Flucht ergreifen*** → ***flüchten*** 1; ***in die Flucht schlagen*** put to flight; *fig* ***die Flucht nach vorn antreten*** seek refuge in attack

Flucht[2] *f* ARCHI, TECH alignment, straight line

fluchtartig **I** *Adj* hasty **II** *Adv* hastily, in a hurry

flüchten *v/i* **1.** flee (***nach, zu*** to), run away, *Gefangener*: escape (***aus*** from) **2.** (*auch* ***sich flüchten***) take shelter (*oder* refuge) (***in*** *Akk* in): *fig* ***sich in Ausreden flüchten*** resort to excuses

Fluchthelfer, **Fluchthelferin** escape agent

flüchtig **I** *Adj* **1.** (*hastig*) hasty, (*kurz*) brief, flying, *Blick, Prüfung etc*: cursory, (*oberflächlich*) superficial, (*schlampig*) careless, slapdash: ***flüchtige Bekanntschaft*** passing acquaintance **2.** (*vergänglich*) fleeting **3.** (*entflohen*) fugitive, escaped, *Schuldner etc*: absconding: ***flüchtiger Fahrer*** hit-and-run driver; ***flüchtig werden*** escape, JUR abscond **4.** CHEM volatile **II** *Adv* **5.** hastily (*etc*): ***flüchtig durchlesen*** skim over; ***j-n flüchtig kennen*** know s.o. vaguely; ***flüchtig sehen*** catch a glimpse of

Flüchtigkeitsfehler *m* slip

Flüchtling *m* fugitive, POL refugee

Flüchtlingslager *n* refugee camp

Fluchtversuch *m* attempt to escape

Fluchtwagen *m* getaway car

Fluchtweg *m* escape route

Flug *m* flight: *fig* (***wie***) ***im Flug***(***e***) very quickly

Flugbahn *f* trajectory, FLUG flight path

Flugball *m* SPORT volley

Flugbegleiter, **Flugbegleiterin** flight attendant

flugbereit *Adj* ready for take-off

Flugbetrieb *m* air traffic

Flugblatt *n* leaflet

Flugboot *n* flying boat, seaplane

Flugdatenschreiber *m* flight recorder, black box

Flugdauer *f* flying time

Flügel *m* **1.** *allg* wing (*auch* POL *und Sport*), (*Propellerflügel etc*) blade, (*Altarflügel*) panel, MIL flank: *fig* ***j-m die Flügel stutzen*** clip s.o.'s wings; ***j-m Flügel verleihen*** lend wings to s.o.; → ***link*** **2.** MUS grand (piano): ***am Flügel ...*** accompanied by ...

Flügelfenster *n* casement window

flügellos *Adj* wingless

Flügelmutter *f* TECH wing nut

Flügelschlag *m* flapping of wings

Flügelschraube *f* TECH thumbscrew

Flügelstürmer, **Flügelstürmerin** SPORT winger

Flügeltür *f* double door

flugfähig *Adj* airworthy

Fluggast *m* (air) passenger

Fluggastabfertigung *f* **1.** passenger clearance **2.** (*Schalter*) check-in desk

flügge *Adj* fully fledged: ***flügge werden*** **a)** fledge, **b)** *fig Person*: begin to stand on one's own two feet

Fluggeschwindigkeit *f* flying speed

Fluggesellschaft *f* airline

Flughafen *m* airport

Flughöhe *f* (flying) altitude

Flugkapitän *m* (flight) captain

Flugkarte *f* **1.** (air) ticket **2.** aeronautical map

flugklar *Adj* ready for take-off

Flugkörper *m* flying object, MIL missile

Fluglehrer, **Fluglehrerin** flying instructor

Flugleitung *f* air traffic control

Fluglinie *f* **1.** (*Strecke*) (air) route **2.** *ugs* (*Gesellschaft*) airline (company)

Fluglotse *m* air traffic controller

Flugnummer *f* flight number

Flugobjekt *n* ***unbekanntes Flugobjekt*** unidentified flying object

Flugpassagier *m* (air) passenger

Flugpersonal *n* aircrew, *Koll* flying personnel

Flugplan *m* timetable

Flugplatz *m* airfield, *großer*: airport

Flugpreis *m* (air) fare

Flugreise *f* journey by air

Flugschalter *m* flight desk

Flugschein *m* **1.** (air) ticket **2.** pilot's licen/ce (*Am* -se)

Flugschneise *f* approach corridor

Flugschreiber *m* flight recorder, black box

Flugsicherheit *f* air safety

Flugsicherung *f* air traffic control

Flugsteig *m* gate

Flugstrecke *f* (air) route, *zurückgelegte*: distance flown, (*Etappe*) leg

Flugstunde *f* **1.** flying hour **2.** ***nach zwei Flugstunden*** after a two-hour flight; ***sechs Flugstunden entfernt*** six flight-hours away

flugtauglich *Adj* fit to fly, *Flugzeug*: airworthy

Flugtechnik *f* aeronautical engineering

Flugticket *n* (air) ticket

flugtüchtig *Adj* airworthy

Flugüberwachung *f* air traffic control

Flugverbindung *f* air connection

Flugverkehr *m* air traffic, *planmäßiger*: air services *Pl*

Flugwetter *n* good flying weather

Flugzeit *f* flying time

Flugzeug *n* (aero)plane, *Am* (air)plane, aircraft (*auch Pl*): ***mit dem Flugzeug*** by air, by plane

Flugzeugabsturz *m* air (*oder* plane) crash

Flugzeugbau *m* aircraft construction

Flugzeugbesatzung *f* aircrew

Flugzeugentführer, **Flugzeugentführerin** hijacker, skyjacker

Flugzeugentführung *f* hijacking, skyjacking

Flugzeugfabrik *f* aircraft factory

Flugzeugführer, **Flugzeugführerin** pilot

Flugzeughalle *f* hangar

Flugzeugindustrie *f* aircraft industry

Flugzeugkatastrophe *f* air disaster

Flugzeugkonstrukteur, **Flugzeugkonstrukteurin** aircraft designer

Flugzeugträger *m* SCHIFF, MIL aircraft carrier

Am Flughafen

SG

Ich möchte meinen Flug stornieren.	**I'd like to cancel my flight.**
Letzter Aufruf für Passagier ...	**Last call for passenger ...**
Ihr Flug wird in Kürze geschlossen.	**The gate is about to be closed.**
Die Passagiere des Fluges 6458 nach Edinburgh werden gebeten, sich zum Flugsteig / Ausgang sechs zu begeben.	**Passengers for flight number 6458 to Edinburgh, please proceed to gate six.**
Bitte halten Sie Ihre Bordkarten bereit!	**Please have your boarding cards ready.**

Flugzeugunglück *n* air disaster, air crash
Flugziel *n* destination
Fluidum *n fig* aura, air, *eines Ortes*: atmosphere
fluktuieren *v/i* fluctuate
Flunder *f* ZOOL flounder
flunkern *v/i* fib, tell (tall) stories
Fluor *n* fluorine: ***mit Fluor anreichern*** fluoridate
Fluorchlorkohlenwasserstoff *m* (*Abk* ***FCKW***) chlorofluorocarbon (*Abk* CFC)
fluoreszieren *v/i* fluoresce
fluoreszierend *Adj* fluorescent
F
Flur[1] *m* (*Hausflur*) hall, (*Gang*) corridor
Flur[2] *f* open fields *Pl*: *fig* ***allein auf weiter Flur*** all alone
Flurbereinigung *f* consolidation (of farmland)
Flurschaden *m* crop damage
Fluse *f* dirt swirl, *Am* lint roll
Fluss *m* **1.** river, *kleiner*: stream **2.** (*das Fließen*) flow(ing), *fig des Verkehrs, der Rede*: flow: ***in Fluss kommen*** get going

Flüsse WF

Manche Flussnamen lauten auf Englisch ganz anders als im Deutschen. Andere haben eine etwas andere Schreibweise bzw. Aussprache. Hier einige Beispiele:

Amazonas	**Amazon** ['æməzn]
Donau	**Danube** ['dænjuːb]
Etsch	**Adige** ['ɑːdɪdʒeɪ]
Euphrat	**Euphrates** [juː'freɪtiːz]
Ganges	**Ganges** ['gændʒiːz]
Mosel	**Moselle** [məʊ'zel]
Nil	**Nile** [naɪl]
Rhein	**Rhine** [raɪn]
Themse	**Thames** [temz]
Weichsel	**Vistula** ['vɪstjʊlə]
Wolga	**Volga** ['vɒlgə]

flussabwärts *Adv* down the river, downstream
Flussarm *m* arm of a river
flussaufwärts *Adv* up the river, upstream
Flussbett *n* riverbed
Flüsschen *n* (little) stream
Flussdiagramm *n* flow chart, flow diagram
flüssig I *Adj* **1.** liquid, (*geschmolzen*) molten: ***flüssig machen, flüssig werden*** liquefy, melt **2.** *fig* flowing, fluent: *auch* → ***fließend*** 3 **3.** WIRTSCH (*verfügbar*) liquid, available; → ***flüssigmachen*** **II** *Adv* **4.** in liquid form **5.** *fig* fluently, *Verkehr etc*: smoothly
Flüssiggas *n* liquid gas
Flüssigkeit *f* **1.** *auch* WIRTSCH liquidity **2.** liquid
Flüssigkeitsbremse *f* MOT hydraulic brake
Flüssigkeitsmaß *n* liquid measure
Flüssigkristallanzeige *f* liquid crystal display (*Abk* LCD)
flüssigmachen *v/t* WIRTSCH realize, convert into cash
Flusskrebs *m* ZOOL freshwater crayfish
Flusslauf *m* course of a river
Flussmündung *f* mouth (of a river), estuary
Flusspferd *n* ZOOL hippopotamus, *ugs* hippo
Flussufer *n* riverbank, riverside
flüstern *v/t und v/i* (speak in a) whisper: *ugs* ***dem werde ich was flüstern!*** I'll tell him a thing or two!
Flüstern *n* whisper(ing)
Flüsterpropaganda *f* whispering campaign
Flüsterton *m* ***im Flüsterton*** in a whisper
Flut *f* **1.** (*Ggs. Ebbe*) high tide: ***es ist Flut*** the tide is in **2.** *meist Pl* waters *Pl*, (*Wogen*) waves *Pl* **3.** *fig von Tränen, Briefen etc*: flood, *von Worten*: *auch* torrent
fluten I *v/i Wasser, auch fig Verkehr, Menschen, Licht*: flood, stream, pour **II** *v/t* flood
Flutkatastrophe *f* flood disaster
Flutlicht *n* floodlights *Pl*: ***bei Flutlicht*** under floodlight
Flutwelle *f* tidal wave
Fock *f* SCHIFF foremast
Focksegel *n* foresail
Föderalismus *m* federalism
föderalistisch *Adj Staatsaufbau*: federal, *Bestrebungen*: federalistic
fohlen *v/i* ZOOL foal
Fohlen *n* foal, (*Hengstfohlen*) colt, (*Stutenfohlen*) filly
Föhn *m* **1.** (*Haartrockner*) hair drier **2.** (*Wind*) foehn
föhnen *v/t* (*Haar*) (blow-)dry
Föhre *f* BOT pine (tree)
Folge *f* **1.** (*Aufeinanderfolge*) succession, (*Reihenfolge*) order, (*Serie*) series: ***in der Folge*** subsequently; ***dreimal*** *etc* ***in Folge*** three times *etc* running (*oder* in a row); ***in rascher Folge*** in rapid succession **2.** (*Fortsetzung*) instal(l)ment, TV part, (*bes zweiter Teil*) sequel, (*Reihe*) serial, (*Heft, Ausgabe*) number, issue **3.** (*Ergebnis, logische Folge*) consequence, (*ernste Nachwirkung, Kriegsfolge etc*) aftermath, aftereffect: ***(üble) Folgen haben*** have (dire) consequences; ***die Folgen tragen*** bear the consequences; ***zur Folge haben*** result in, lead to; ***als Folge davon*** as a result **4.** ***Folge leisten*** (*Dat*) → ***folgen*** 2
Folgeerscheinung *f* → ***Folge*** 3
Folgekosten *Pl* follow-up costs *Pl*
folgen *v/i* **1.** *allg* follow (*auch mit den Blicken, auch zuhören, verstehen, sich richten nach*), *j-m als Nachfolger*: *auch* succeed, *j-m im Rang*: *auch* come after: ***Brief folgt!*** letter will follow!; ***wie folgt*** as follows; ***daraus folgt, dass …*** (from this) it follows that …; ***j-s Beispiel folgen*** follow s.o.'s example; ***können Sie*** (*geistig*) ***folgen?*** do you follow me?; ***ich kann Ihnen da(rin) nicht folgen*** (*zustimmen*) I can't agree with you there **2.** (*einem Befehl etc*) obey, (*einer Aufforderung etc*) comply with, (*einer Einladung*) accept **3.** *ugs* (*folgsam sein*) obey (***j-m*** s.o.)
folgend *Adj* following, (*nächst*) *auch* next, (*später*) subsequent: ***am folgenden Tage*** the following (*oder* next) day; ***im Folgenden*** in the following; ***es handelt sich um Folgendes*** the matter is as follows, *ugs* what it's (all) about is this
folgendermaßen *Adv* as follows
folgenreich, folgenschwer *Adj* momentous, (*sehr ernst*) grave
folgerichtig *Adj* logical, consistent
folgern *v/t* (***aus*** from) conclude, deduce
Folgerung *f* (***eine Folgerung ziehen*** draw a) conclusion
Folgesatz *m* **1.** LING consecutive clause **2.** MATHE, PHIL corollary
Folgeschäden *Pl* MED secondary (JUR consequential) damage *Sg*
Folgezeit *f* (***in der Folgezeit*** in the) period fol-

lowing
folglich *Konj* (*somit*) thus, (*daher*) consequently, therefore
folgsam *Adj* obedient, (*brav*) good
Folie *f* foil (*auch fig*), (*Plastikfolie*) film, *für Tageslichtprojektor*: (overhead) transparency
Folienkartoffel *f* jacket potato (baked in alumin[i]um foil), baked potato
Folklore *f* folklore, *weit. S. auch* traditional music (and dance)
folkloristisch *Adj* folkloristic
Folter *f auch fig* torture: *fig* ***j-n auf die Folter spannen*** keep s.o. on tenterhooks
foltern *v/t*, **Folterung** *f* torture, *fig auch* torment
Fon *n* → ***Phon***
Fön® *m* → ***Föhn*** 1
Fond *m* **1.** background **2.** MOT back (of the car)
Fonds *m* WIRTSCH fund, (*Gelder*) funds *Pl*, (*Staatspapiere*) government stocks *Pl*
Fondue *f, n* GASTR fondue
fönen → ***föhnen***
Fonotypist, **Fonotypistin** → ***Phonotypist(in)***
Fontäne *f* fountain, (*Wasserstrahl*) jet of water
Fonzahl *f* → ***Phonzahl***
forcieren *v/t* force
forciert *Adj* forced
Förderband *n* conveyor belt
Förderer *m*, **Förderin** *f* promoter, supporter, (*Mäzen[in]*) patron(ess), *bes Am* sponsor
förderlich *Adj* (*Dat* to) conducive, (*nützlich*) useful, beneficial
Fördermenge *f* BERGB output
fordern *v/t* **1.** *allg* demand (***von j-m*** of s.o.), (*erfordern*) *auch* call for, WIRTSCH *auch* claim, (*Preis*) ask (for): ***zu viel fordern*** ask (*oder* expect) too much, (*Preis*) overcharge (***von j-m*** s.o.) **2.** challenge, SPORT *auch* push *s.o.* to the limit: ***er war voll gefordert*** he was fully stretched; ***nun ist der Minister gefordert*** now it's for the minister to act **3.** (*Todesopfer etc*) claim
fördern *v/t* **1.** promote, support, *als Gönner*: patronize, *bes Am* sponsor, (*ermutigen*) encourage, (*förderlich sein*) help, be good for: ***förderndes Mitglied*** (***fördernde Maßnahmen***) supporting member (measures) **2.** BERGB produce; → ***zutage***
Förderpreis *m* (literary *etc*) award
Forderung *f* demand (***nach*** for, ***an*** *Akk* on), WIRTSCH call, (*Preisforderung*) charge, JUR (*Anspruch*) claim: ***Forderungen stellen*** make demands, JUR enter claims
Förderung *f* **1.** promotion, *der Künste, des Sports etc*: patronage, sponsorship, (*Ermutigung*) encouragement **2.** (*Kohleförderung, Ölförderung etc*) production, output
Forelle *f* ZOOL trout: ***Forelle blau*** trout au bleu
Forke *f* LANDW pitchfork
Form *f* **1.** *allg* form (*auch* LING, PHYS, *auch Art und Weise*), (*Gestalt*) *auch* shape (*auch fig*), *Mode*: style, *bes* TECH design, styling: LING ***aktive*** (***passive***) ***Form*** active (passive) voice; ***in aller Form*** formally; ***in Form von*** (*oder Gen*) in the form of; ***in höflicher*** (***netter***) ***Form*** politely (in a nice way); ***der Form halber*** pro forma, *weit. S.* to keep up appearances; ***die Form wahren*** observe the proprieties; *fig* (***greifbare***) ***Form(en) annehmen*** take shape **2.** TECH (*Modell*) model, (*Gussform, Pressform*) mo(u)ld, (*Spritzform etc*) die **3.** (*Kuchenform*) tin, (*Ausstechform*) pastry cutter **4.** *bes* SPORT form, condition: ***in*** (***guter***) ***Form*** in good form (*oder* shape); ***in bester Form, groß in Form*** in top form; ***nicht in Form*** off form; ***in Form bleiben, sich in Form halten*** keep in trim, keep fit; ***in Form kommen*** **a)** get into shape, **b)** *fig* get going
formal *Adj* formal
Formaldehyd *n* CHEM formaldehyde
Formalien *Pl* formalities *Pl*
Formalität *f* formality
Format *n* **1.** format, size **2.** *fig* stature, calib/re (*Am* -er)
formatieren *v/t* (*Text*) format
Formation *f* formation
Formations… formation (*flying, dancing, etc*)
Formatvorlage *f* IT template
formbar *Adj* METAL malleable
Formblatt *n* form
Formel *f* **1.** CHEM, MATHE *und fig* formula **2.** (*fester Wortlaut*) (set) formula, (*Floskel*) (set) phrase
Formel-I-Rennen *n* MOT formula-one race
formell *Adj* formal
Formelwagen *m* formula car
formen *v/t* form, shape (*beide auch* ***sich formen***), (*j-n, j-s Charakter*) *und* TECH mo(u)ld
Formenlehre *f* **1.** LING morphology **2.** MUS theory of musical forms
Formfehler *m* irregularity, JUR formal defect, *gesellschaftlicher*: faux pas
Formgebung *f* TECH styling, design
formieren *v/t* (*auch* ***sich formieren***) *allg* form up
förmlich **I** *Adj* **1.** *allg* formal, (*feierlich*) *auch* ceremonious **2.** *ugs* (*regelrecht*) regular **II** *Adv* **3.** *ugs* (*buchstäblich*) literally
Förmlichkeit *f allg* formality
formlos *Adj* **1.** shapeless **2.** *fig* (*zwanglos*) informal (*auch* JUR)
Formsache *f* matter of form, (***reine Formsache*** mere) formality
formschön *Adj* TECH beautifully designed, very stylish
Formtief *n* SPORT ***ein Formtief haben*** be off form
Formular *n* form
formulieren *v/t* formulate, phrase, word: ***wie soll ich es formulieren?*** how shall I put it?
Formulierung *f* formulation, wording, phrasing, *einzelne*: phrase
Formung *f* forming, shaping
formvollendet *Adj* perfect(ly shaped), finished, *Benehmen etc*: perfect
forsch *Adj* spirited, brisk, *ugs* peppy
forschen *v/i* **1.** do research (work) **2.** ***forschen nach*** search for **3.** (*fragen*) inquire, *stärker*: probe
forschend *Adj* inquiring(ly *Adv*), *Blick*: searching
Forscher, **Forscherin** researcher, (*Wissenschaftler*) *auch* (research) scientist, (*Entdecker*) explorer
Forscherdrang *m* intellectual curiosity, inquiring mind
Forschheit *f* spirit(edness), dash, *ugs* pep
Forschung *f auch Pl* research, (*Abteilung*) Research (Department)
Forschungs… research (*work, institute, etc*)
Forschungsauftrag *m* research assignment
Forschungsreise *f* **1.** expedition **2.** research trip
Forschungsreisende *m, f* explorer

Forschungssatellit *m* research satellite
Forst *m* forest
Förster, **Försterin** forester, forest ranger
Forsthaus *n* forester's house
Forstrevier *n* forest district
Forstwesen *n*, **Forstwirtschaft** *f*, **Forstwissenschaft** *f* forestry
fort *Adv* **1.** (*weg*) away, off, gone: ***sie sind schon fort*** they have already gone (*oder* left); ***ich muss fort*** I must be going **2.** (*verschwunden*) gone, lost **3.** ***und so fort*** and so on; ***in einem fort*** continuously

F

Fort *n* MIL fort
Fort…, **fort…** *auch* ***Weg…***, ***weg…***, ***Weiter…***, ***weiter…***
fortan *Adv* from now on
Fortbestand *m* continued existence
fortbestehen *v/i* continue, survive, *Kunstwerk etc*: live on
fortbewegen **I** *v/t* move **II** *v/refl* ***sich fortbewegen*** move, (*gehen*) walk

sich fortbewegen WF

(zu Fuß) **gehen**	**walk**
selbst am Steuer sitzend	
(Auto) **fahren**	**drive (a car)**
wenn man selbst lenkt	
(Fahrrad, Motorrad) **fahren**	**ride (a bicycle, a motorbike)**
mit dem / der … **fahren**	**go by / take a / the / my …**
Auto	**car**
Bus	**bus**
Zug	**train**
Fahrrad	**bicycle**, *ugs* **bike**
Motorrad	**motorbike**, *auch* **bike**
Schiff	**boat**
Straßenbahn	**tram**
U-Bahn	**underground**, *Am* **subway**
fliegen	**fly**
trampen	**hitchhike**

Fortbewegung *f* moving, (loco)motion
fortbilden *v/refl* ***sich fortbilden*** continue one's education (*oder* training), *eng. S.* do a course, *weit. S.* improve one's knowledge
Fortbildung *f* continuing education: ***berufliche Fortbildung*** further (vocational) training
Fortbildungskurs *m* (further training) course
fortbleiben *v/i* stay away
Fortdauer *f* continuation
fortdauern *v/i* continue, last
fortdauernd *Adj* continuous, lasting
forte *Adv*, **Forte** *n* MUS forte
fortfahren *v/i* **1.** leave, MOT *auch* drive away **2.** (*weitermachen*) continue: ***fortfahren zu reden*** continue (*oder* go on) talking; ***mit seiner Erzählung fortfahren*** continue (with) one's story; ***fahren Sie fort!*** go on!
fortfliegen *v/i* fly away, fly off
fortführen *v/t* **1.** lead *s.o.* away **2.** go on with, continue, (*Geschäft etc*) carry on
Fortführung *f* continuation
Fortgang *m* **1.** departure **2.** progress
fortgehen *v/i* **1.** go (away), leave **2.** *fig* (*weitergehen*) go on, continue
fortgeschritten *Adj Schüler, Alter, Stadium, Stunde etc*: advanced: ***Kurs für Fortgeschrittene*** advanced course
fortgesetzt **I** *Adj* continued, constant **II** *Adv* continually, constantly
fortjagen *v/t* ***j-n fortjagen*** chase s.o. away, *ugs* kick s.o. out
fortlaufen *v/i* **1.** run away ([***vor***] ***j-m*** from s.o.) **2.** (*weitergehen*) continue
fortlaufend *Adj* continuous, *Nummer etc*: consecutive: *Adv* ***fortlaufend nummeriert*** numbered consecutively
fortpflanzen **I** *v/t allg* propagate, BIOL *auch* reproduce, PHYS *auch* transmit, *fig auch* spread **II** *v/refl* ***sich fortpflanzen*** BIOL reproduce, PHYS be propagated, travel, *fig* spread
Fortpflanzung *f allg* propagation, BIOL *auch* reproduction, PHYS *auch* transmission, *fig auch* spread(ing)
Fortpflanzungsorgan *n* reproductive organ
Fortsatz *m* ANAT process, appendix
fortschreiben *v/t* **1.** (*Statistik*, *Projekt etc*) update, (*Wert*) reassess **2.** *fig* perpetuate
fortschreiten *v/i fig* advance (*auch Zeit*), progress
fortschreitend *Adj* progressive
Fortschritt *m* progress, (*Verbesserung*) improvement: ***Fortschritte machen*** make progress (*oder* headway); ***große Fortschritte machen*** make great strides
fortschrittlich *Adj* progressive, advanced, *Anlage etc*: (very) modern, up-to-date
fortsetzen *v/t* continue (*auch* ***sich fortsetzen***), (*wiederaufnehmen*) resume
Fortsetzung *f* continuation, *einer Geschichte etc*: *auch* sequel: ***Fortsetzung folgt*** to be continued; ***Fortsetzung auf*** (***von***) ***Seite 2*** continued on (from) page 2
Fortsetzungsroman *m* serial
fortwährend **I** *Adj* constant, continuous, incessant **II** *Adv* constantly (*etc*): ***er ruft fortwährend an*** *auch* he keeps ringing up
Fortzahlung *f* continued payment
Forum *n allg* forum, *fig auch* platform
fossil *Adj*, **Fossil** *n* (*auch fig*) fossil
Foto *n ugs* photo

Foto ist nicht immer photo FF

Foto(apparat)	=	camera
photo	=	*Bild*: Foto

Fotoalbum *n* photo album
Fotoapparat *m* camera
Fotoausrüstung *f* photographic equipment
fotogen *Adj* photogenic
Fotograf, **Fotografin** photographer
Fotografie *f* **1.** photography **2.** photograph, picture
fotografieren *v/i und v/t* photograph, take a picture (*oder* pictures) (of)
fotografisch *Adj* photographic(ally *Adv*)
Fotokopie *f*, **fotokopieren** *v/t* photocopy
Fotokopierer *m* photocopier
Fotolabor *n* photographic laboratory
Fotomodell *n* (photographer's) model
Fotomontage *f* photomontage
Fotoreportage *f* photographic reportage
Fotosatz *m* BUCHDRUCK photocomposition: ***im***

Fotosatz herstellen photocompose
Fotosynthese *f* photosynthesis
Fotothek *f* photographic library
Fotozelle *f* ELEK photocell
Fötus *m* BIOL f(o)etus
fotzen *v/t österr.* ***j-n fotzen*** give s.o. a cuff on the ear
Foul(spiel) *n*, **foulen** *v/i und v/t* foul
Foyer *n* foyer, lounge, *Am* lobby
Fr. *Abk* (= ***Frau***) Mrs; Ms (*Familienstand nicht erkennbar*)
Fracht *f* **1.** (*Ladung*) load, (*Luftfracht* air) freight, (*Schiffsfracht*) cargo **2.** (*Beförderung, Frachtgeld*) carriage, *Am* freight(age), SCHIFF freightage
Frachtbrief *m* consignment note, *Am* waybill
Frachter *m* SCHIFF freighter
Frachtflugzeug *n* (air) freighter
frachtfrei *Adj* carriage paid, *Am* freight prepaid
Frachtführer *m* carrier
Frachtgebühr *f*, **Frachtgeld** *n* → ***Fracht*** 2
Frachtgut *n* freight, SCHIFF cargo: ***als Frachtgut*** by goods (*Am* freight) train
Frachtkosten *Pl* freight charges (*oder* costs) *Pl*
Frachtraum *m* cargo hold, (*Ladekapazität*) freight capacity
Frachtsätze *Pl* freight rates *Pl*
Frachtschiff *n* cargo ship, freighter
Frachtverkehr *m* freight traffic
Frack *m* tailcoat, tails *Pl*: ***im Frack*** in evening dress, in tails
Frackhemd *n* dress shirt
Frage *f* **1.** *allg* question, *zweifelnde oder unangenehme*: query, (*Erkundigung*) inquiry, (*Zweifel*) *auch* doubt: ***eine Frage an j-n haben*** have a question to ask s.o.; ***(j-m) eine Frage stellen*** ask (s.o.) a question; ***die Frage stellt sich nicht*** the question does not arise; ***ohne Frage*** undoubtedly; ***das ist eben die Frage*** that's just the point ; *ugs* ***gar keine Frage!*** of course! **2.** (*Angelegenheit*) matter, question: ***das ist eine Frage der Zeit*** that's a matter of time; ***das ist eine andere Frage*** that's a different matter; ***in Frage stellen*** → ***infrage***
Fragebogen *m* form, questionnaire
Frageform *f* LING interrogative form
Fragefürwort *n* LING interrogative (pronoun)
fragen **I** *v/t und v/i* ask, (*ausfragen*) question, query: ***nach etw (j-m) fragen*** inquire about s.th. (after s.o.); ***(j-n) etw fragen*** ask (s.o.) a question; ***(j-n) fragen nach*** ask (s.o.) for; ***j-n nach seinem Namen (dem Weg) fragen*** ask s.o. his name (the way); ***es fragt sich, ob …*** it's a question of whether …; ***ich frage mich, warum …*** I (just) wonder why …; ***niemand fragte danach*** nobody bothered about it; ***wenn ich fragen darf*** if I may ask; WIRTSCH ***(sehr) gefragt*** in (great) demand; ***da fragst du mich zu viel*** I'm afraid I can't tell you that; ***er wird sich fragen lassen müssen, warum …*** he'll have to answer (the question) why …
Fragen *n* ***Fragen kostet nichts*** there's no harm in asking
fragend *Adj* questioning, inquiring, LING interrogative
Fragesatz *m* LING interrogative clause (*oder* sentence)
Fragestellung *f auch fig* question
Fragestunde *f* PARL question time
Frage-und-Antwort-Spiel *n* quiz, *auch fig* question and answer game
Fragewort *n* LING interrogative
Fragezeichen *n* question mark, *auch fig* query
fraglich *Adj* **1.** (*zweifelhaft*) doubtful **2.** (*betreffend*) in question
fraglos *Adv* undoubtedly
Fragment *n* fragment
fragmentarisch **I** *Adj* fragmentary **II** *Adv* fragmentarily, in fragmentary form
fragwürdig *Adj* questionable, (*verdächtig*) dubious, *ugs* shady
Fraktion *f* **1.** PARL parliamentary party, (*Untergruppe*) faction **2.** CHEM fraction
Fraktionsführer, **Fraktionsführerin**, **Fraktionsvorsitzende** *m, f* party (*Am* floor) leader
fraktionslos *Adj* independent
Fraktionszwang *m* party discipline
Fraktur *f* MED fracture
Franke *m* Franconian, HIST Frank
Franken[1] *n* GEOG Franconia
Franken[2] *m* (*Münze*) (Swiss) franc
frankieren *v/t* stamp, *mit einer Maschine*: frank
frankiert *Adj* prepaid, post paid: ***der Brief ist nicht ausreichend frankiert*** they didn't put enough stamps on this letter
franko *Adv* prepaid
Frankreich *n* France
Franse *f* **1.** fringe **2.** *Pl* (*Pony*) *ugs* fringe *Sg*, bangs *Pl*
fransen **I** *v/i* (*ausfransen*) fray **II** *v/t* fringe
fransig *Adj* fringed, (*ausgefranst*) frayed
Franziskaner *m* Franciscan (friar)
Franzose *m* Frenchman: ***die Franzosen*** *Pl* the French *Pl*; ***er ist Franzose*** he is a Frenchman, he is French
Französin *f* Frenchwoman: ***sie ist Französin*** she is French
französisch *Adj* French: ***französisches Bett*** (double) divan
Französisch *n* LING French: ***aus dem Französischen (ins Französische)*** from (into) French
frappant *Adj* remarkable, *Ähnlichkeit etc*: striking
frappieren *v/t* amaze
Fräse *f* **1.** TECH milling machine, *für Holz*: shaper **2.** LANDW rotary hoe
fräsen *v/t und v/i* TECH mill, (*Holz*) shape
Fraß *m* **1.** *ugs pej* muck **2.** (*Tierfutter*) feed **3.** (*Schädlingsfraß*) damage, (*Rostfraß, Säurefraß*) corrosion
Fratze *f* **1.** grimace: ***Fratzen schneiden*** pull faces **2.** *ugs* (*Gesicht*) *sl* mug
Frau *f* **1.** woman, VERW female, *vor Namen*: Mrs., Ms: ***die Frau von heute*** modern women **2.** (*Ehefrau*) wife: ***wie geht es Ihrer Frau?*** how is Mrs. X.? **3.** (*Herrin*) lady: ***gnädige Frau*** (*Anrede*) madam
Frauenarzt *m*, **Frauenärztin** *f* gyn(a)ecologist
Frauenbeauftragte *m, f* official women's representative
Frauenberuf *m* female profession
Frauenbewegung *f* women's liberation (*ugs* lib)
frauenfeindlich *Adj* anti-women
Frauenfrage *f* question of women's rights
Frauengestalt *f* LITERATUR female character
Frauenhaus *n* refuge for battered women
Frauenheilkunde *f* gyn(a)ecology
Frauenheld *m* ladykiller
Frauenkrankheit *f*, **Frauenleiden** *n* gyn(a)ecological disorder
Frauenquote *f* female quota, quota of women
Frauenrechte *Pl* women's rights *Pl*

Frauenrechtler, **Frauenrechtlerin** feminist
Frauensport *m* women's sport(s *Pl*)
Frauenzeitschrift *f* women's magazine
Fräulein *n* **1.** (young) lady, girl, *vor Namen*, *Anrede*: Miss **2.** *ugs* (*Verkäuferin*) salesgirl, (*Kellnerin*) waitress
fraulich *Adj* womanly, feminine
Freak *m ugs* freak
frech *Adj* impudent, *ugs* cheeky, *Am* fresh, (*dreist*) bold, brazen, (*kess*) saucy
Frechheit *f* impudence, *ugs* cheek: ***so eine Frechheit!*** what (a) cheek!; ***die Frechheit besitzen zu*** *Inf* have the cheek to *Inf*
Freemail *f* freemail, free web-based e-mail
Fregatte *f* frigate
frei **I** *Adj* **1.** *allg* free (**von** from, of), *Straße etc*: *auch* clear, (*unabhängig*) *auch* independent, unattached, (*ungezwungen*) free and easy, (*freizügig*) liberal, (*offen*) *auch* frank, open: ***ist dieser Platz noch frei?*** is this seat taken?; ***Zimmer frei!*** room(s) to let (*Am* rent)!, vacancies *Pl*; ***ein freier Tag*** a free day, (*dienstfrei*) a day off; ***den Oberkörper frei machen*** strip to the waist; ***freier Beruf*** independent profession; ***freie Künste*** liberal arts; ***die freie Wirtschaft*** free enterprise; ***ein freier Mensch*** (*der tun kann, was er will*) a free agent; ***freie Fahrt*** MOT clear road, BAHN green light; ***freie Fahrt haben*** *auch fig* have the green light; → ***Fuß*** 1, ***Hand***, ***Stück*** 1 **2.** (*unbeschrieben*) blank: ***einen freien Platz lassen*** leave a blank **3.** *Posten*: open, vacant: ***freie Stelle*** vacancy **4.** *Aussicht*, *Gelände etc*: open: ***in der freien Natur, im Freien*** in the open (country); → ***Himmel*** **5.** (*kostenlos*) free (of charge), (*portofrei*) prepaid: ***Eintritt frei*** admission free **6.** (*freischaffend*) *Journalist etc*: freelance **7.** PHYS free, CHEM *auch* uncombined: ***Wärme wird frei*** heat is released **8.** TEL *Leitung*: vacant, *Am* not busy **9.** SPORT (*ungedeckt*) unmarked **II** *Adv* **10.** freely (*etc*): ***frei halten*** **a)** (*Sitzplatz*) keep, (*Einfahrt etc*) keep clear **b)** (*Stelle etc*) keep open; ***sich frei machen*** free o.s. (**von** from), *ugs* (*sich Zeit nehmen*) arrange to be free; ***frei sprechen*** speak openly, *Redner(in)*: speak without notes; ***frei erfunden*** (entirely) fictitious, made(-)up; ***frei heraus*** frankly, point-blank; ***Lieferung frei Haus*** franco domicile; ***frei an Bord*** free on board (f.o.b.); ***frei finanziert*** privately financed; ***frei laufende Hühner*** free-running chicken; ***frei bekommen*** → ***freibekommen***; ***frei geben*** → ***freigeben***; ***frei haben*** → ***freihaben***; ***frei lassen*** → ***freilassen***; ***frei machen*** → ***freimachen***
Freibad *n* open-air swimming pool
freibekommen *v/t* **1.** *ugs* ***einen Tag*** *etc* ***freibekommen*** get a day *etc* off **2.** ***j-n freibekommen*** get s.o. released; ***etw freibekommen*** free s.th.
Freiberufler, **Freiberuflerin** freelance
freiberuflich *Adj* self-employed, *Journalist etc*: freelance, *Anwalt*, *Arzt*: in private practice (*auch Adv*): *Adv* ***freiberuflich tätig sein*** *auch* work (as a) freelance
Freibetrag *m* tax allowance
Freibier *n* free beer
freibleibend *Adj und Adv* WIRTSCH without engagement
Freibrief *m fig* excuse (**für** for)
Freidenker, **Freidenkerin** freethinker
Freier *m* suitor, *iron einer Prostituierten*: customer
Freiexemplar *n* free copy
Freifahrschein *m* free ticket
Freiflug *m* free flight
Freigabe *f allg* release, *des Wechselkurses*: floating, *einer Strecke etc*: clearance
freigeben *v/t* **1.** ***j-m einen Tag*** *etc* ***freigeben*** give s.o. a day *etc* off **2.** *allg* release, (*Wechselkurs*) float, (*Startbahn*, *Strecke etc*) clear: ***etw für den Verkehr freigeben*** open s.th. to traffic; ***etw zur Veröffentlichung freigeben*** release s.th. for publication
freigebig *Adj* generous
Freigebigkeit *f* generosity
Freigehege *n* open-air enclosure
Freigepäck *n* baggage allowance
Freigrenze *f* tax exemption limit
freihaben *v/i ugs* have the day off: ***Freitag habe ich frei*** Friday is my day off
Freihafen *m* free port
freihalten *v/t* ***j-n freihalten*** treat s.o., pay for s.o.
Freihandbücherei *f* open access library
Freihandel *m* free trade
Freihandelszone *f* free trade area
freihändig *Adj und Adv Schießen*: without support, *Radfahren etc*: with no hands, *Zeichnen etc*: freehand
Freihandzeichnung *f* freehand drawing
Freiheit *f* freedom, liberty: ***dichterische Freiheit*** poetic licen/ce (*Am* -se); ***in Freiheit sein*** be free; ***in Freiheit setzen*** release; ***sich die Freiheit nehmen zu*** *Inf* take the liberty of *Ger*; ***sich Freiheiten erlauben*** take liberties (***gegenüber*** with)
freiheitlich *Adj* free, *Gesinnung*: liberal
Freiheitsberaubung *f* deprivation of liberty, JUR illegal detention
Freiheitsbewegung *f* POL freedom movement
Freiheitsentzug *m* imprisonment
Freiheitskampf *m* struggle for freedom, revolt
Freiheitskämpfer, **Freiheitskämpferin** freedom fighter
Freiheitskrieg *m* war of liberation
Freiheitsliebe *f* love of freedom
Freiheitsstrafe *f* JUR prison sentence: ***zu einer Freiheitsstrafe von 5 Jahren verurteilt werden*** be sentenced to 5 years' imprisonment
freiheraus *Adv* openly, straight out
Freikarte *f* free (THEAT *auch* complimentary) ticket
freikaufen **I** *v/t* pay for *s.o.'s* release **II** *v/refl* ***sich freikaufen*** pay to be set free
Freiklettern *n* free climbing
freikommen *v/i* get free, JUR be released, (*freigesprochen werden*) be acquitted
Freikörperkultur *f* nudism: ***Anhänger(in) der Freikörperkultur*** nudist
Freilandgemüse *n* outdoor vegetables *Pl*
freilassen *v/t*, **Freilassung** *f* release
Freilauf *m* MOT *und Fahrrad*: (*auch* ***im Freilauf fahren***) freewheel
freilegen *v/t* lay open, expose, uncover
freilich *Adv* of course
Freilichtbühne *f*, **Freilichttheater** *n* open-air theat/re (*Am* -er)
Freilichtkino → ***Autokino***
Freilos *n* free (lottery) ticket, SPORT bye
Freiluft... open-air …, outdoor …
freimachen *v/t Brief* stamp, prepay; → ***frei*** I 1
Freimaurer *m* freemason
Freimaurerloge *f* freemason's (*oder* Masonic) lodge
Freimut *m*, **Freimütigkeit** *f* cando(u)r, openness

freimütig *Adj* candid, open
freinehmen *v/t* ***(sich) einen Tag*** *etc* ***freinehmen*** take a day *etc* off
Freiplastik *f* free-standing sculpture
Freiplatz *m* **1.** THEAT *etc* free seat **2.** *Tennis etc*: outdoor court
freischaffend *Adj* freelance
freischwimmen *v/refl* ***sich freischwimmen*** **a)** pass one's 15-minute swimming test, **b)** *fig* learn to stand on one's own two feet
freisetzen *v/t* CHEM, PHYS release (*auch fig*): ***j-n freisetzen*** make s.o. redundant; ***freigesetzte Arbeitskräfte*** redundant workers
Freisetzung *f* CHEM, PHYS release (*auch fig*), *von Arbeitskräften*: redundancy
freispielen *v/refl* ***sich freispielen*** break clear
Freisprechanlage *f* MOT hands-free car kit
Freisprechapparat *m* TEL hands-free set (*oder* unit)
freisprechen *v/t* **1.** (***von***) REL absolve (from), JUR acquit (of), *von einer Schuld*: exonerate (from), *von einem Verdacht*: clear (of) **2.** (*Lehrling*) release *s.o.* from his indentures
Freispruch *m* JUR acquittal
Freistaat *m* free state, republic
freistehen *v/i* **1.** SPORT be unmarked **2.** ***j-m freistehen*** be up to s.o.; ***es steht Ihnen frei zu*** *Inf* you are at liberty (*oder* free) to *Inf*
freistellen *v/t* **1.** ***j-n freistellen*** *auch* MIL exempt s.o. (***von*** from) **2.** ***j-m etw freistellen*** leave s.th. (up) to s.o.
Freistellung *f* (***von*** from) exemption, MIL release
Freistellungsauftrag *m application for exemption from taxation from capital*
Freistil *m*, **Freistil...** SPORT freestyle
Freistoß *m Fußball*: free kick
Freistunde *f* PÄD free period
Freitag *m* (***am Freitag*** on) Friday
freitags *Adv* on Friday(s)
Freitod *m* suicide
freitragend *Adj* ARCHI, TECH cantilever, self-supporting
Freitreppe *f* (outdoor) steps *Pl*
Freiübungen *Pl* (free) exercises *Pl*, cal(l)isthenics *Pl*
Freiumschlag *m* stamped addressed envelope
Freiverkehr *m* WIRTSCH ***im Freiverkehr*** in the open market, *Am* over the counter
Freiverkehrsbörse *f* WIRTSCH kerb market
freiweg *Adv ugs* straight out
Freiwild *n fig* fair game
freiwillig **I** *Adj* voluntary, (*aus sich heraus*) spontaneous **II** *Adv* voluntarily, of one's own free will: ***sich freiwillig melden*** volunteer (***zu*** for)
Freiwillige *m, f* volunteer
Freiwilligkeit *f* voluntariness
Freiwurf *m* SPORT free throw
Freizeichen *n* TEL dial(l)ing tone
Freizeit *f* **1.** free (*oder* leisure, spare) time **2.** PÄD holiday (*oder* weekend) course
Freizeitausgleich *m* free time compensation
Freizeitbeschäftigung *f* leisure-time activity (*oder* activities *Pl*), *eng. S.* hobby
Freizeitgestaltung *f* leisure-time activities *Pl*
Freizeithemd *n* sports shirt
Freizeitindustrie *f* leisure industry
Freizeitkleidung *f* casual (*oder* leisure) wear
Freizeitpark *m* leisure park
Freizeitsektor *m* leisure sector
Freizeitzentrum *n* leisure cent/re (*Am* -er)
Freizone *f* free zone
freizügig *Adj* **1.** WIRTSCH unrestricted **2.** (*großzügig*) generous, liberal **3.** *moralisch*: permissive, free, *Film etc*: *auch* candid
Freizügigkeit *f* **1.** *von Arbeitskräften etc*: free (-dom of) movement **2.** (*Großzügigkeit*) generosity **3.** permissiveness, *eines Films etc*: cando(u)r
fremd *Adj allg* strange, (*unbekannt*) *auch* unfamiliar, unknown, (*seltsam*) *auch* odd, (*ausländisch, weit. S. fremdartig*) foreign: ***fremde Leute*** strangers; ***fremde Hilfe*** outside help; ***fremdes Eigentum*** other people's property; *fig* ***j-m fremd sein*** **a)** be unknown to s.o., **b)** (*wesensfremd*) be foreign (*oder* alien) to s.o.'s nature; ***ich bin hier*** (***selbst***) ***fremd*** I'm a stranger here (myself)
Fremdarbeiter, **Fremdarbeiterin** foreign worker
fremdartig *Adj* foreign, (*merkwürdig*) strange, *Pflanze etc*, *auch fig* exotic
Fremdartigkeit *f* strangeness
Fremde[1] *m, f* stranger, (*Ausländer*[*in*]) foreigner, (*Tourist*[*in*]) tourist
Fremde[2] *f* foreign parts *Pl*: ***in die*** (***der***) ***Fremde*** away from home, *weit. S.* abroad
fremdenfeindlich *Adj* hostile to strangers, (*ausländerfeindlich*) hostile to foreigners
Fremdenführer, **Fremdenführerin** (tourist) guide
Fremdenhass *m* xenophobia
Fremdenheim *n* guesthouse
Fremdenindustrie *f* tourist industry
Fremdenlegion *f* Foreign Legion
Fremdenverkehr *m* tourism
Fremdenverkehrsbüro *n* tourist office
Fremdenzimmer *n* room (to let)
fremdgehen *v/i* be unfaithful (to one's husband *oder* wife)
Fremdherrschaft *f* foreign rule
Fremdkapital *n* loan capital
Fremdkörper *m* **1.** foreign body **2.** *fig* alien element
fremdländisch *Adj* foreign, exotic
Fremdling *m* stranger
Fremdsprache *f* foreign language
Fremdsprachenkorrespondent, **Fremdsprachenkorrespondentin** foreign correspondence clerk
Fremdsprachensekretär, **Fremdsprachensekretärin** bilingual secretary
Fremdsprachenunterricht *m* foreign-language teaching (*oder* lessons *Pl*)
fremdsprachig *Adj* **1.** speaking a foreign language **2.** *Buch, Unterricht etc*: → ***fremdsprachlich***
fremdsprachlich *Adj* foreign-language
Fremdwort *n* foreign word
frequentieren *v/t* frequent
Frequenz *f* **1.** ELEK, PHYS frequency **2.** MED (*Pulsfrequenz etc*) (pulse) rate **3.** (*Besucherzahl*) number of visitors **4.** (*Verkehrsdichte*) density of traffic
Frequenzbereich *m* ELEK frequency range
Fresko(**malerei** *f*) *n* fresco
Fressalien *Pl ugs* grub
Fresse *f vulg* mug, kisser: ***halt die Fresse!*** fuck up!
fressen **I** *v/t* **1.** eat, *Raubtier*: *auch* devour, *vulg Mensch*: stuff o.s. with, (*sich ernähren von*) eat, feed on: ***einem Tier*** (***…***) ***zu fressen geben*** feed an animal (on …); *ugs* ***er wird dich schon nicht fressen*** he won't bite you; → ***Besen*** 1, ***Narr*** **2.** *ugs fig* (*verbrauchen*) gobble up

F

(*money*), consume (*fuel etc*) **II** *v/refl* **3.** ***sich fressen in*** (*Akk*) *auch Säure etc*: eat into **III** *v/i* **4.** eat, *vulg Person*: eat like a pig **5.** *fig* ***fressen an*** (*Dat*) *Rost etc*: eat away
Fressen *n fig* food, *vulg* (*Essen*) grub: *ugs fig* ***das war ein gefundenes Fressen für ihn*** that was just what he was waiting for
Fresserei *f* **1.** *vulg* guzzling **2.** *ugs* blowout
Fressgier *f* voraciousness
Fresssack *m ugs* glutton
Fresssucht *f* MED b(o)ulimia
Frettchen *n* ZOOL ferret
Freude *f* joy (***über*** *Akk* at), pleasure, delight: ***Freude haben*** (*oder* ***finden***) ***an*** (*Dat*) enjoy; ***j-m Freude bereiten*** make s.o. happy; ***ich hoffe, es macht dir Freude!*** I hope it will give you pleasure; ***es macht mir keine Freude*** I don't enjoy it; ***zu meiner großen Freude*** much to my delight; → ***Leid*** 1
Freudenfest *n* celebration
Freudenfeuer *n* bonfire
Freudenschrei *m* cry of joy
Freudentag *m* red-letter day
Freudentränen *Pl* tears *Pl* of joy
freudestrahlend *Adj* radiant (with joy)
freudig *Adj* joyful, cheerful: ***freudiges Ereignis*** happy event; ***freudige Nachricht*** good news *Pl*
freudlos *Adj* cheerless, bleak
freudsch *Adj* → ***Fehlleistung***
freuen **I** *v/refl* ***sich freuen*** be glad (*oder* happy, pleased) (***über*** *Akk* about); ***sich freuen an*** (*Dat*) enjoy; ***sich freuen auf*** (*Akk*) be looking forward to **II** *v/t* please: ***das freut mich sehr*** I'm glad to hear that; ***ich hoffe, es freut dich*** I hope it will give you pleasure **III** *v/unpers* ***es freut mich, Sie zu sehen*** nice to see you; ***es würde mich freuen, wenn ...*** I'd be very pleased if ...
Freund *m* friend (*auch fig*), *eines Mädchens*: boyfriend: ***Freund und Feind*** friend and foe; *fig* ***ein Freund sein von*** be fond of; ***ein Freund der Musik*** *etc* a music *etc* lover; → ***dick*** 2

Freund(in) — SG

Freund(in), gute(r) Bekannter	**friend**
Freund, Partner, mit dem man eine Liebesbeziehung hat	**boyfriend**
Freundin, Partnerin, mit der man eine Liebesbeziehung hat	**girlfriend**

Beim Vorstellen eines Freundes / einer Freundin:

Dies ist mein Freund Peter. (*Liebesbeziehung*)
This is Peter, my boyfriend.

Dies ist meine Freundin Lisa. (*Liebesbeziehung*)
This is Lisa, my girlfriend.

Aber:

Dies ist mein Freund Hans. (*ein Bekannter*)
This is Hans, a friend of mine.

Dies ist meine Freundin Gabi. (*eine Bekannte*)
This is Gabi, a friend of mine.

Freundchen *n ironisch* mate, *Am* buddy
Freundeskreis *m* (circle of) friends *Pl*
Freundin *f* friend (*auch fig*), *eines Jungen*: girlfriend
freundlich *Adj* **1.** friendly (***gegen*** to), (*lieb*) kind, (*nett*) nice: ***freundliche Grüße*** kind regards (***an*** *Akk* to); ***bitte seien Sie so freundlich und ...*** (will you) be so kind as to ...; ***sehr freundlich!*** very kind of you! **2.** *Klima etc*: mild, pleasant, *Zimmer etc*: cheerful
freundlicherweise *Adv* kindly
Freundlichkeit *f* friendliness, kindness
Freundschaft *f* friendship: ***Freundschaft schließen mit*** make friends with; ***aus Freundschaft*** because we *etc* are friends
freundschaftlich *Adj* friendly, amicable: ***j-m freundschaftlich gesinnt sein*** be well-disposed towards s.o.
Freundschaftsbesuch *m* POL goodwill visit
Freundschaftsdienst *m* (***j-m einen Freundschaftsdienst erweisen*** do s.o. a) good turn
Freundschaftsspiel *n* SPORT friendly (game)
Frevel *m allg* sacrilege, (*Untat*, *auch fig*) (***an*** *Dat*, ***gegen*** against) crime, outrage
frevelhaft *Adj* sacrilegious, *Tat etc*: outrageous
Freveltat *f* outrage, crime
Frevler, **Frevlerin** offender, *bes* REL sinner
Frieden *m* peace, (*Ruhe*) tranquil(l)ity: ***innerer Frieden*** peace of mind; ***im Frieden*** in peacetime; ***Frieden schließen*** make peace; ***mit j-m Frieden schließen*** make (it) up with s.o.; ***lass mich in Frieden!*** leave me alone!
Friedensbedingungen *Pl* peace terms *Pl*
Friedensbewegung *f* POL peace movement
Friedensbruch *m* JUR breach (POL violation) of the peace
Friedensforschung *f* peace research
Friedensgespräche *Pl* peace talks *Pl*
Friedensinitiative *f* peace initiative
Friedenskonferenz *f* peace conference
Friedenskundgebung *f* peace rally
Friedensnobelpreis *m* Nobel Peace Prize
Friedenspolitik *f* policy of peace
Friedensschluss *m* conclusion of the peace treaty
Friedenstaube *f* dove of peace
Friedenstruppe *f* peacekeeping force
Friedensverhandlungen *Pl* peace negotiations *Pl*
Friedensvertrag *m* peace treaty
Friedenszeit(en *Pl*) *f* times *Pl* of peace, peacetime *Sg*
friedfertig *Adj* peaceable
Friedhof *m* cemetery
friedlich *Adj* peaceful, *Tier*: gentle
Friedlichkeit *f* peacefulness
friedliebend *Adj* peace-loving
frieren *v/i und v/unpers* freeze: ***ich friere, mich friert, es friert mich*** I am cold, *stärker*: I'm freezing; ***mich friert an den Füßen*** I've got cold feet; ***es friert*** it is freezing
Fries *m* ARCHI, *Textilien*: frieze
frigide *Adj* frigid
Frigidität *f* frigidity
Frikadelle *f* GASTR meatball
Frikassee *n* GASTR fricassee
Frisbeescheibe® *f* frisbee disc®
frisch **I** *Adj* **1.** *Obst etc*: fresh, *Eier*: *auch* freshly-laid, *Salat etc*: *auch* green, *Brot*: *auch* new: ***frische Farbe*** wet paint; ***frische Luft schöpfen*** get some fresh air; ***sich frisch machen*** freshen up; *fig* ***mit frischen Kräften*** refreshed, with renewed strength; ***noch in frischer Erinnerung*** fresh in my *etc* mind **2.**

(*sauber*) clean **3.** (*kühl*) fresh, cool, chilly **4.** *fig* (*lebhaft*) fresh (*auch Farbe*), brisk, lively **II** *Adv* **5.** freshly (*etc*), (*von neuem*) again: ***frisch gestrichen!*** wet paint!; ***frisch gebacken*** fresh from the oven; ***frisch verheiratet*** just married

Frische *f allg* freshness (*auch fig*), *körperliche*: *auch* vigo(u)r, (*Lebhaftigkeit*) *auch* briskness, liveliness, (*Kühle*) coolness: *fig* ***in alter Frische*** as alive and well as ever

Frischei *n* fresh(ly laid) egg

Frischfleisch *n* fresh meat

frischgebacken → ***frisch*** II 5

Frischgemüse *n* fresh vegetables *Pl*

frischgestrichen → ***frisch*** II 5

Frischhaltebeutel *m* polythene bag

Frischhaltefolie *f* cling film

Frischhaltepackung *f* vacuum (*oder* keep-fresh) package

frischmachen → ***frisch*** I 1

Frischmilch *f* fresh milk

Frischobst *n* fresh fruit

Frischzellentherapie *f* MED living-cell therapy

Friseur, **Friseurin** hairdresser: ***beim Friseur*** at the hairdresser's

Friseursalon *m* hairdresser's shop

Friseuse *f* hairdresser

frisieren **I** *v/t* **1.** ***j-n frisieren*** do s.o.'s hair **2.** *ugs fig* (*Bilanz etc*) doctor, (*Motor*) soup up **II** *v/refl* ***sich frisieren*** **3.** do one's hair

Frisiersalon *m* hairdresser's salon

Frist *f* (fixed) period of time, time limit, (*Zeitpunkt*) deadline, WIRTSCH (*Nachfrist*) respite, JUR (*Strafaufschub*) reprieve: WIRTSCH, JUR ***drei Tage Frist*** three days' grace; ***innerhalb einer Frist von 10 Tagen*** within a ten-day period; ***eine Frist setzen*** (***einhalten***) fix (meet) a deadline

fristen *v/t* ***sein Leben*** (*oder* ***Dasein***) ***fristen*** scrape a (bare) living

fristgemäß, **fristgerecht** *Adj und Adv* in time, within the prescribed time limit

fristlos *Adj und Adv* (***j-n fristlos entlassen*** dismiss s.o.) without notice

Fristverlängerung *f* extension (of the deadline)

Frisur *f* hairstyle, (*Schnitt*) haircut

Fritten *Pl ugs* chips *Pl*, *Am* fries *Pl*

Fritteuse *f* GASTR deep fryer

frittieren *v/t* deep-fry

frivol *Adj* (*leichtfertig*) frivolous, (*anzüglich*) risqué

Frivolität *f* frivolity

Frl. *Abk* (= ***Fräulein***) Miss

froh *Adj* glad, cheerful: ***sei froh, dass du nicht dabei warst*** be thankful you weren't there

fröhlich *Adj* cheerful, (*lustig*) *auch* merry

Fröhlichkeit *f* cheerfulness, (*Lustigkeit*) *auch* high spirits *Pl*

frohlocken *v/i* (***über Akk***) rejoice (in, at), *schadenfroh*: gloat (over)

Frohlocken *n* jubilation, gloating

Frohnatur *f* cheerful person

Frohsinn *m* cheerfulness

fromm *Adj* **1.** pious, devout **2.** ***frommer Wunsch*** wishful thinking

Frömmelei *f* sanctimoniousness

Frömmigkeit *f* piety

Fron(arbeit) *f fig* drudgery

frönen *v/i* (*Dat*) indulge in

Fronleichnam *m* Corpus Christi

Front *f allg* front, MIL (*Frontlinie*) *auch* front line: ***an der Front*** at the front; ***hinter der Front*** behind the lines; *fig* ***Front machen gegen*** turn against, resist; SPORT ***in Front gehen*** (***liegen***) take (be in) the lead

Frontal... head-on, frontal

Frontalangriff *m* frontal attack

Frontalzusammenstoß *m* head-on collision

Frontantrieb *m* MOT front-wheel drive

Frontkämpfer, **Frontkämpferin** front-line soldier, *ehemaliger*: ex-serviceman, *Am* veteran

Frontlader *m* front loader

Frontmotor *m* front-mounted engine

Frontwechsel *m fig* about-face

Frosch *m* **1.** ZOOL frog: *ugs* ***sei kein Frosch!*** don't be a spoilsport! **2.** (*Knallfrosch*) squib

Froschaugen *Pl fig* bulging eyes *Pl*

Froschmann *m* MIL *etc* frogman

Froschperspektive *f* (***aus der Froschperspektive sehen*** have a) worm's-eye view

Froschschenkel *m* GASTR frog's leg

Frost *m* frost

frostbeständig *Adj* frost-resistant

Frostbeule *f* chilblain

Frosteinbruch *m* sudden frost

frösteln *v/i* shiver (with cold): ***mich fröstelt*** I feel shivery

Frösteln *n* shivering

frostfrei *Adj* free of frost, frost-free

frostig *Adj* frosty, *fig auch* icy

Frostsalbe *f* chilblain ointment

Frostschaden *m* frost damage

Frostschutz *m* frost protection

Frostschutzmittel *n* antifreeze

Frostschutzscheibe *f* MOT defrosting screen

Frostwetter *n* frosty weather

Frottee, **Frotté** *m, n* terry(cloth), towel(l)ing

frottieren *v/t* rub down

Frottiertuch, **Frottierhandtuch** *n* terry towel

Frucht *f* **1.** BOT fruit (*auch Pl*): ***Früchte tragen*** *auch fig* bear fruit **2.** *Pl fig* fruit(s *Pl*)

fruchtbar *Adj* **1.** BIOL fertile: *fig* ***auf fruchtbaren Boden fallen*** fall on fertile ground **2.** *fig* fruitful, *Schriftsteller*: prolific

Fruchtbarkeit *f* **1.** fertility **2.** *fig* fruitfulness

Fruchtblase *f* amniotic sac

Fruchtbonbon *m, n* fruit drop

Fruchteis *n* fruit-flavo(u)red ice cream

fruchten *v/i* be of use, have an effect: ***es hat nichts gefruchtet*** it was no use

Fruchtfleisch *n* (fruit) flesh

fruchtlos *Adj* fruitless, *fig auch* futile

Fruchtpresse *f* juicer

Fruchtsaft *m* fruit juice

Fruchtwasser *n* PHYSIOL amniotic fluid

Fruchtzucker *m* fructose

frugal *Adj* frugal

früh **I** *Adj* early: ***ein früher van Gogh*** an early (work by) van Gogh; → ***früher***, ***frühest***, ***frühestens*** **II** *Adv* early: ***heute früh*** this morning; (***schon***) ***früh*** early on; ***früh genug*** soon enough; ***von früh bis spät*** from morning till night; ***zu früh kommen*** be early

Frühaufsteher, **Frühaufsteherin** early riser (*ugs* bird)

Frühe *f* (early) morning: ***in aller Frühe*** early in the morning

früher **I** *Adj* earlier, (*ehemalig*) former, (*einstig*) past: ***der frühere Besitzer*** the previous owner **II** *Adv* earlier, (*eher*) *auch* sooner, (*einstmals*) in the past: ***früher oder später*** sooner or later; ***früher habe ich geraucht*** I used to smoke; ***früher hat er nie geraucht*** he never used to smoke, he didn't use to smoke; ***ich kenne sie von früher*** I know her from

früher GR

früher wird meist mit **used to** übersetzt. Das darauf folgende Verb steht im Infinitiv.

Früher habe ich Fußball gespielt.	**I used to play football.**
Sie war früher Hoteldirektorin.	**She used to be a hotel manager.**

⚠ Bitte nicht verwechseln mit der Wendung **be used to s.th.** „etw gewohnt sein", die mit einem Nomen oder Gerund verbunden wird!

I don't need a car, I'm used to walking.

⚠ Der Ausdruck **formerly** *bzw.* **in former times** bedeutet nur im historischen Kontext „früher, in früheren Zeiten".

way back
Früherkennung *f* MED early diagnosis
frühest *Adj* earliest: ***in frühester Kindheit*** at a very early age
frühestens *Adv* at the earliest
Frühgeburt *f* premature birth
Frühgeschichte *f* early history
Frühjahr *n* (***im Frühjahr*** in [the]) spring
Frühjahrsmode *f* spring fashions *Pl*
Frühjahrsmüdigkeit *f* spring tiredness
Frühkartoffeln *Pl* new potatoes *Pl*
Frühling *m auch fig* spring(time): ***im Frühling*** in (the) spring
frühlingshaft *Adj* springlike, spring
Frühlingsrolle *f* GASTR spring roll
Frühlingswetter *n* spring weather
Frühmesse *f*, **Frühmette** *f* matins *Pl*
frühmorgens *Adv* early in the morning
Frühnebel *m* early morning fog
frühreif *Adj auch fig* precocious
Frühreife *f* precociousness, *fig auch* precocity
Frühschicht *f* early shift
Frühschoppen *m* pre-lunch drink(s *Pl*)
Frühsommer *m* early summer
Frühsport *m* early morning exercises *Pl*
Frühstadium *n* early stage
Frühstück *n* breakfast: ***zweites Frühstück*** mid-morning snack, *Br* elevenses *Pl*
frühstücken I *v/i* (have) breakfast **II** *v/t* have *s.th.* for breakfast
Frühstücksfernsehen *n* breakfast television
Frühstücksfleisch *n* luncheon meat
Frühstückspause *f* morning break
Frühwarnsystem *n* early warning system
Frühzeit *f* early period, (*Vorzeit*) prehistoric times *Pl*
frühzeitig I *Adj* early, (*vorzeitig*) untimely, premature **II** *Adv* early, in good time
Frühzug *m* early train
Frühzündung *f* MOT advanced ignition
Frust *m ugs f* PSYCH frustration
Frustessen *n ugs* comfort (*oder* stress) eating
Frustration *f* PSYCH frustration
frustrieren *v/t* frustrate
Fuchs *m* **1.** ZOOL **a)** fox, **b)** (*Pferd*) sorrel **2.** → ***Fuchspelz*** **3.** *fig* ***alter Fuchs*** cunning old devil; ***schlauer Fuchs*** sly fox
Fuchsbau *m* fox's den
Fuchsie *f* BOT fuchsia
Füchsin *f* ZOOL vixen
Fuchsjagd *f* fox hunt(ing)
Fuchspelz *m* fox (fur)
fuchsrot *Adj* ginger
Fuchsschwanz *m* **1.** ZOOL foxtail **2.** TECH pad saw
fuchsteufelswild *Adj ugs* hopping mad
Fuchtel *f ugs* ***j-n unter seiner Fuchtel halten*** keep s.o. under one's thumb
fuchteln *v/i* ***fuchteln mit*** wave *s.th.* around, *drohend*: brandish; ***mit den Händen fuchteln*** gesticulate wildly
Fug *m* ***mit Fug und Recht*** rightly
Fuge[1] *f* MUS fugue
Fuge[2] *f* TECH joint, (*Naht*) seam, (*Falz*) groove: ***aus den Fugen gehen*** **a)** fall apart, **b)** *fig* be thrown out of joint
fugen *v/t* joint
fügen I *v/t* TECH joint **II** *v/refl* ***sich fügen*** (*Dat oder* ***in*** *Akk* to) (*nachgeben*) submit, give in, (*sich abfinden*) resign o.s.; ***sich einem Befehl fügen*** comply with an order; → ***unabänderlich*** **III** *v/unpers* ***es fügt sich, dass …*** it so happens that …
fügsam *Adj* obedient
Fügung *f* (act of) providence, (stroke of) fate: ***durch eine glückliche Fügung*** by a lucky coincidence
fühlbar *Adj fig* noticeable, (*beträchtlich*) considerable
fühlen I *v/t allg* feel, (*spüren*) *auch* sense **II** *v/i* feel: ***fühlen nach*** feel for; ***mit j-m fühlen*** feel with s.o. **III** *v/refl* ***sich glücklich*** *etc* ***fühlen*** feel happy *etc*; ***sich fühlen als*** see o.s. as
Fühler *m* **1.** ZOOL feeler, antenna, tentacle: *fig* ***die Fühler ausstrecken*** put out one's feelers **2.** TECH sensor
Fühlung *f* contact: ***Fühlung haben mit*** be in touch with; ***Fühlung nehmen mit*** contact, get in touch with
Fühlungnahme *f* contacts *Pl*
Fuhre *f* **a)** loaded cart, **b)** (cart)load
führen I *v/t* **1.** lead (***nach, zu*** to), (*geleiten*) *auch* take, (*herumführen*) guide: *Besucher* ***in ein Zimmer*** (***durchs Haus***) ***führen*** show *s.o.* into a room (over the house) **2.** (*anführen*) lead, head, MIL *auch* command **3.** *fig* lead, (*verwalten, leiten*) be in charge of, (*Betrieb, Haushalt etc*) manage, run, (*Amt*) hold, (*Bücher*) keep, (*Geschäfte etc, einen Prozess etc*) conduct, (*Verhandlungen etc*) carry on: → ***Gespräch***, ***Klage*** 2 **4.** (*Namen*) bear, go by (*the name of*), (*Titel*) hold, *Buch*: have, bear, (*Wappen*) have: → ***Schild***[1] 1 **5.** (*Ware*) *auf Lager*: carry (in stock), *zum Verkauf*: sell, deal in **6.** (*handhaben*) use, wield **7.** (*bei sich tragen*) (*Waffe etc*) carry, have with (*oder* on) one: ELEK ***Strom führen*** **a)** be live, **b)** conduct current **8.** ***einen Schlag führen*** strike a blow **9.** *Werkzeug, Leitung* ***führen durch*** (***um*** *etc*) pass *s.th.* through (around *etc*) **II** *v/i* **10.** *allg* lead, SPORT *auch* be in the lead: ***führen nach***, *auch fig* ***führen zu*** lead to; *fig* ***das führt zu nichts*** that won't get us (you *etc*) anywhere; SPORT ***mit zwei Toren führen*** be two goals ahead **III** *v/refl* **11.** ***sich*** *gut etc* ***führen*** conduct o.s
führend *Adj* leading: ***führend sein*** lead, rank in first place
Führer[1] *m* (*Handbuch*) guide(book)
Führer[2], **Führerin 1.** *allg* leader, (*Leiter*) *auch* head, MIL *auch* commander, SPORT (*Mannschaftsführer[in]*) captain **2.** (*Fremdenführer[in]*) guide **3.** MOT driver, FLUG pilot, (*Kranführer(in) etc*) operator
führerlos *Adj* **1.** without a leader (*oder* guide

etc) **2.** *Wagen*: driverless, *Flugzeug*: pilotless
Führernatur *f* born leader
Führerschaft *f* leadership, *Koll the* leaders *Pl*
Führerschein *m* MOT driving licence, *Am* driver's license: ***seinen Führerschein machen*** take one's driving test
Führerscheinentzug *m* revocation of s.o.'s driving licence *(etc)*
Fuhrpark *m* car pool, fleet (of vehicles)
Führung *f* **1.** guidance, POL *etc* leadership, MIL command, WIRTSCH *(Unternehmensführung)* management, *Koll the* leaders *Pl*: ***unter der Führung von*** headed by; ***die Führung übernehmen*** take charge *(siehe auch* 5) **2.** *in einem Museum etc*: (guided) tour (***durch*** of) **3.** *von Verhandlungen etc*: conduct **4.** *(Benehmen) good etc* conduct, behavio(u)r **5.** SPORT lead: ***in Führung gehen, die Führung übernehmen*** take the lead; ***in Führung sein*** be in the lead **6.** *eines Titels*: use
Führungsaufgabe *f* executive function
Führungsetage *f* executive floor
Führungsgremium *n* executive committee
Führungskraft *f* WIRTSCH executive, *Pl* executive personnel *Sg*, POL leaders *Pl*
Führungsschicht *f* ruling class(es *Pl)*
Führungsschwäche *f* lack of *(oder* poor) leadership
Führungsspitze *f* top echelons *Pl*
Führungsstil *m* (style of) leadership
Führungstor *n*, **Führungstreffer** *m* goal that puts a team into the lead
Führungszeugnis *n* certificate of (good) conduct
Fuhrunternehmen *n* haulage company
Fuhrunternehmer, **Fuhrunternehmerin** haulage contractor
Fuhrwerk *n* horse-drawn vehicle, cart
Fülle *f* fullness *(auch fig)*, *(Klangfülle etc)* richness, *(Überfülle)* wealth, abundance, *(Körperfülle)* corpulence: → ***Hülle*** 4
füllen *v/t* **1.** fill *(auch* ***sich füllen****)*: *der Aufsatz* ***füllte drei Seiten*** took up three pages; ***in Flaschen füllen*** bottle **2.** GASTR stuff
Füller *m ugs*, **Füllhalter**, **Füllfederhalter** *m* fountain pen
füllig *Adj* full, *Figur, Person*: plump
Füllsel *n* filler, *fig auch* padding *(auch Pl)*
Füllung *f* **1.** filling *(auch Zahnfüllung)* **2.** GASTR stuffing **3.** *(Polsterung)* padding
Füllwort *n* filler
fummeln *v/i ugs* **1.** fiddle around (***an*** *Dat* with) **2.** *(knutschen)* pet
Fund *m* finding, discovery, *(Gefundenes)* find: ***einen Fund machen*** make a find
Fundament *n* ARCHI foundations *Pl*
fundamental *Adj* fundamental, basic
Fundamentalismus *m* fundamentalism
Fundamentalist, **Fundamentalistin**, **fundamentalistisch** *Adj* fundamentalist
Fundbüro *n* lost property office, *Am* lost and found
Fundgrube *f fig* (gold)mine
fundieren *v/t* **1.** *fig* substantiate **2.** *(Anleihe, Schuld)* fund
fundiert *Adj* **1.** *Wissen etc, auch Geschäft*: sound **2.** *Anleihe, Schuld*: funded
fündig *Adj* ***fündig werden*** *auch fig* strike gold
Fundsache *f* lost article, *Pl auch* lost property *Sg*
Fundstätte *f Archäologie*: site (of the discovery)
Fundus *m fig* store (***von, an*** *Dat* of)
fünf *Adj* five: *fig* (***alle***) ***fünfe gerade sein lassen*** stretch a point
Fünf *f* five, PÄD *(Note)* poor, *Br* E, *Am* F
Fünfeck *n* pentagon
fünfeckig *Adj* pentagonal
Fünfer *m* **1.** five-cent piece; five-euro note *(Am* bill) **2.** → ***fünf*** II
fünffach *Adj und Adv* fivefold
fünfhundert *Adj* five hundred
fünfjährig *Adj* five-year-old, *präd* five years old: ***ein fünfjähriges Kind*** *auch* a child of five
Fünfkampf *m* SPORT pentathlon
Fünfkämpfer, **Fünfkämpferin** pentathlete
Fünflinge *Pl* quintuplets *Pl*, *ugs* quins *Pl*
fünfmal *Adv* five times
Fünfprozentklausel *f* PARL five per cent hurdle
fünfstellig *Adj Zahl*: five-digit, *Dezimalzahl*: five-place
fünft *Adj* fifth: → ***Kolonne, Rad*** 1
Fünftagewoche *f* five-day working week
Fünftel *n* fifth
fünfzehn *Adj* fifteen
fünfzig *Adj* fifty; ***sie ist Mitte fünfzig*** she is in her mid-fifties
fünfziger *Adj* **1.** ***die fünfziger Jahre*** *eines Jhs.*: the fifties *Pl*
Fünfziger *m* **1.** man of fifty: ***er ist in den Fünfzigern*** he is in his fifties **2.** *ugs* fifty-cent piece; fifty-euro note *(Am* bill)
Fünfzigerin *f* woman of fifty *(oder* in her fifties)
Fünfzigerjahre → ***fünfziger***
fungieren *v/i* ***fungieren als*** act *(Sache*: serve) as
Funk *m* radio; *auch* → ***Rundfunk, Radio***
Funkamateur, **Funkamateurin** radio ham
Funkausstellung *f* radio and TV exhibition
Funkbild *n* photo-radiogram
Fünkchen *n* → ***Funke***
Funke *m auch fig* spark: *fig* ***ein Funke (von) Verstand*** a modicum of sense; ***kein Funke Hoffnung*** not a flicker of hope
funkeln *v/i* sparkle *(auch fig Geist, Witz)*, *(glitzern)* glitter, *Sterne*: twinkle, *Augen*: flash
funkelnagelneu *Adj ugs* brand-new
Funkempfänger *m* radio receiver
funken *v/t* radio *(auch v/i)*, send out: *ugs fig* ***zwischen uns hat es sofort gefunkt*** we clicked the moment we met
Funken *m* → ***Funke***
funkentstört *Adj* radio-screened
Funker, **Funkerin** radio operator
Funkgerät *n* radio (set)
Funkhaus *n* broadcasting cent/re *(Am* -er)
Funkmeldung *f* radio message
Funkpeilgerät *n* radio direction finder (RDF)
Funkruf(dienst) *m* paging
Funkrufempfänger *m* bleep(er)
Funksignal *n* radio signal
Funksprechgerät *n tragbares*: walkie-talkie
Funksprechverkehr *m* radio telephony
Funkspruch *m* radio message
Funkstation *f*, **Funkstelle** *f* radio station
Funkstille *f* radio silence
Funkstreife *f* **1.** radio patrol **2.** → ***Funkstreifenwagen***
Funkstreifenwagen *m* radio patrol car
Funktaxi *n* radio cab
Funktechnik *f* radio engineering
Funktelefon *n* radio telephone
Funktion *f* function, *(Stellung)* position: ***in***

F

Funktion treten go into action
Funktionär, **Funktionärin** official
funktionell *Adj* functional
funktionieren *v/i* function, work (*auch ugs fig*)
funktionsfähig *Adj* functioning, working
Funktionsstörung *f* MED malfunction
Funktionstaste *f* function key (*auch* IT)
Funkturm *m* radio tower
Funkuhr *f* radio (signal) controlled clock
Funkverbindung *f* radio contact
Funkverkehr *m* radio communication(s *Pl*)
für *Präp allg* for, (*als Ersatz*) *auch* in exchange (*oder* return) for, (*zu Gunsten von*) *auch* in favo(u)r of, (*anstatt*) *auch* instead of: ***Jahr für Jahr*** year after year; ***für mich*** for me, (*meiner Ansicht nach*) to me; ***ich für meine Person*** I myself; ***fürs Erste*** for the moment; ***für sich leben*** live by o.s.; ***an und für sich*** actually; ***eine Sache für sich*** another matter entirely; ***das hat viel für sich*** there's a lot to be said for it; ***was für (ein) …?*** what (kind of) …?
Für *n* ***das Für und Wider*** the pros and cons *Pl*
Fürbitte *f auch* REL intercession
Furche *f* LANDW, ANAT furrow (*auch fig Runzel*), GEOL, TECH *auch* groove, (*Wagenspur*) rut
Furcht *f* (***vor*** of) fear, *stärker*: dread: ***aus Furcht vor*** for fear of; ***j-m Furcht einflößen*** (*oder* ***einjagen***) frighten s.o.; ***Furcht einflößend*** frightening; ***Furcht erregend*** → ***furchterregend***
furchtbar **I** *Adj* terrible, *stärker*: dreadful **II** *Adv* terribly, *ugs* (*sehr*) *auch* awfully
furchteinflößend → ***Furcht***
fürchten **I** *v/t* be afraid of, *stärker*: dread: ***ich fürchte, wir schaffen es nicht*** I fear we're not going to make it **II** *v/i* ***für j-n fürchten*** fear for s.o. **III** *v/refl* ***sich fürchten*** (***vor*** *Dat* of) be frightened, be scared, be afraid; ***sich fürchten vor*** (*Dat*) *auch* dread; ***sich*** (***davor***) ***fürchten zu*** *Inf* be scared to *Inf*, be afraid of *Ger*
fürchterlich → ***furchtbar***
furchterregend *Adj* frightening
furchtlos *Adj* fearless, intrepid
Furchtlosigkeit *f* fearlessness
furchtsam *Adj* timorous
Furchtsamkeit *f* timorousness
füreinander *Adv* for each other, for one another
Furie *f* **1.** MYTH Fury **2.** *fig* virago
Furnier *n*, **furnieren** *v/t* veneer
Furore: ***Furore machen*** cause a sensation
Fürsorge *f* **1.** care (***für*** for), *liebevolle*: solicitude: ***ärztliche Fürsorge*** medical care **2.** ***öffentliche Fürsorge*** public welfare **3.** *ugs* (***von der Fürsorge leben*** live on) social security
Fürsorger, **Fürsorgerin** welfare worker
fürsorglich *Adj* considerate, solicitous
Fürsprache *f* intercession (***für*** for, ***bei*** with), (*Empfehlung*) recommendation
Fürsprecher, **Fürsprecherin** intercessor, (*Vermittler*) mediator, (*Verfechter*) advocate
Fürst *m* prince (*auch Titel und fig*), (*Herrscher*) ruler: *ugs* ***leben wie ein Fürst*** live like a king
Fürstenhaus *n* dynasty
Fürstentum *n* principality
Fürstin *f* princess
fürstlich *Adj* princely (*auch fig*), prince's, *fig* sumptuous, *Trinkgeld etc*: generous: *Adv* ***j-n fürstlich bewirten*** (***belohnen***) entertain (reward) s.o. royally
Furt *f* ford
Furunkel *m* MED boil
Fürwort *n* LING pronoun
Furz *m*, **furzen** *v/i vulg* fart
Fusel *m ugs* rotgut
Fusion *f* **1.** CHEM fusion **2.** WIRTSCH merger
fusionieren *v/t und v/i* WIRTSCH merge
Fusionsfieber *n* WIRTSCH merger mania
Fuß *m* **1.** foot, *Pl* feet: ***zu Fuß*** on foot; ***zu Fuß gehen*** walk; ***zu Fuß erreichbar*** within walking distance; ***gut zu Fuß sein*** be a good walker; *fig* (***festen***) ***Fuß fassen*** gain a foothold; (*Dat*) ***auf dem Fuße folgen*** follow on the heels of; *fig* ***auf die Füße fallen*** fall on one's feet; ***auf freiem Fuß*** at large; ***j-n auf freien Fuß setzen*** release s.o.; ***auf eigenen Füßen stehen*** stand on one's own two feet; ***auf großem Fuße leben*** live in grand style; ***auf gutem Fuße stehen mit*** be on good terms with; ***auf schwachen Füßen stehen*** be shaky; ***mit beiden Füßen auf der Erde stehen*** have both feet firmly on the ground; ***kalte Füße bekommen*** *auch ugs fig* get cold feet; → ***link*** **2.** *eines Berges*, *einer Seite*, *Liste etc*: foot, bottom, *eines Möbelstücks*: leg, *eines Glases*: stem, *einer Lampe*: stand: ***am Fuße des Berges*** at the foot of the mountain **3.** (*Maß*) foot (= 30,48 cm): ***10 Fuß lang*** ten feet long
Fußabdruck *m* footprint
Fußangel *f* mantrap, *fig* trap
Fußbad *n* footbath
Fußball *m* **1.** football, *Am* soccer ball **2.** (*Spiel*) football, *bes Am* soccer

Fußball WF

Abseits	**offside** [ˌɒfˈsaɪd]
Abstoß	**goal kick**
Eckball, Ecke	**corner**
Einwurf	**throw-in**
Elfmeter	**penalty** [ˈpenltɪ]
Freistoß	**free kick**
Kopfball	**header**
Latte, Querlatte *umgangssprachlich*:	**crossbar** *umgangssprachlich*:
Linienrichter(in)	**linesman** *bzw.* **lineswoman**
Pfosten, Torpfosten	**goalpost**
Schiedsrichter	**referee**
Schiedsrichterassistent(in) (*offizielle Bezeichnung für* Linienrichter[in])	**referee's assistant**
Seitenlinie	**touch line**
Strafraum	**penalty area**
Tor	**goal**
Torlinie	**goal line**
Torraum	**box**, **goal area**

Fußball… football (*club*, *match*, *etc*)
Fußballen *m* ANAT ball of the foot
Fußballer, **Fußballerin** *ugs* footballer
Fußballländerspiel *n* international (football) match
Fußballplatz *m* football pitch
Fußballspieler, **Fußballspielerin** football player
Fußballtoto *m*, *n* football pools *Pl*, *ugs the* pools *Pl*
Fußballverband *m* football association

Fußballweltmeister *m* world cup holders *Pl*
Fußballweltmeisterschaft *f* world cup
Fußbank *f* footstool
Fußboden *m* **1.** floor **2.** → ***Fußbodenbelag***
Fußbodenbelag *m* floor covering, flooring
Fußbodenheizung *f* underfloor heating
Fußbreit *m* ***keinen Fußbreit weichen*** not to budge an inch
Fußbremse *f* MOT footbrake
Fussel *f, m ugs* (piece of) fluff
fusselig *Adj ugs* covered in fluff: *fig* ***sich den Mund fusselig reden*** talk one's head off
fußen *v/i* ***fußen auf*** (*Dat*) be based (up)on
Fußende *n* (***am Fußende*** at the) foot
Fußfehler *m Tennis*: foot fault
Fußgänger, Fußgängerin pedestrian
Fußgängerbrücke *f* footbridge
Fußgängerübergang *m*, **Fußgängerüberweg** *m* pedestrian crossing
Fußgängerunterführung *f* (pedestrian) underpass, *Br auch* subway
Fußgängerzone *f* pedestrian precinct
Fußgelenk *n* ANAT ankle
fußhoch *Adj Schnee etc*: ankle-deep
Fußmatte *f* doormat, MOT floor mat
Fußnote *f* footnote
Fußpfad *m* footpath
Fußpflege *f* pedicure
Fußpfleger, Fußpflegerin pedicurist, *bes Br* chiropodist
Fußpilz *m* MED athlete's foot
Fußpuder *m* foot powder
Fußsohle *f* sole (of the foot)
Fußspur *f* footprint
Fußstapfe *f* footstep: *fig* ***in j-s Fußstapfen treten*** follow s.o.'s footsteps
Fußstütze *f* footrest
Fußtritt *m* **1.** (*Geräusch*) footstep **2.** (*Spur*) footprint **3.** (*Stoß*) kick: ***j-m einen Fußtritt versetzen*** give s.o. a kick, kick s.o.
Fußvolk *n fig* rank and file (*of a party etc*)
Fußweg *m* **1.** footpath **2.** ***eine Stunde*** *etc* ***Fußweg*** an hour's *etc* walk
futsch *Adj präd ugs* (*weg*) gone, (*kaputt*) broken, *sl* bust: ***es ist futsch*** *auch* it has had it
Futter[1] *n* **1.** (*Viehfutter*) fodder, (*Nahrung*) food, feed **2.** *ugs* (*Essen*) grub, *sl* chow
Futter[2] *n Mode*, TECH lining, ARCHI casing
Futteral *n* case, (*Hülle*) cover
futtern *v/i ugs* tuck in(to *v/t*)
füttern[1] *v/t auch* COMPUTER feed
füttern[2] *v/t* (*Rock etc, auch* TECH) line
Futternapf *m* feeding bowl
Futterneid *m fig* envy, jealousy
Futterstoff *m* lining (material)
Fütterung *f* feeding
Futur *n* LING (*auch* ***erstes Futur***) future (tense); ***zweites Futur*** future perfect (tense)
Futurismus *m* futurism
Futurist, Futuristin, futuristisch *Adj* futurist
Futurologe *m*, **Futorologin** *f* futurologist
Futurologie *f* futurology
Futurum *n* → ***Futur***

G

G, g *n auch* MUS G, g
Gabe *f* **1.** (***an*** *Akk* to) gift, present, (*Spende*) contribution, (*Schenkung*) donation **2.** (*Begabung*) gift, talent
Gabel *f* **1.** *allg* fork, (*Heugabel, Mistgabel*) *auch* pitchfork **2.** TEL cradle, rest **3.** *am Fahrrad*: fork, *der Deichsel*: shafts *Pl* **4.** (*Geweihgabel*) spire
gabelförmig *Adj* forked
gabeln I *v/refl* ***sich gabeln*** fork (off *oder* out) **II** *v/t* fork
Gabelstapler *m* forklift (truck)
Gabelung *f* fork
Gabentisch *m* table with (the) presents
Gabun *n* Gabon
gackern *v/i* cluck
gaffen *v/i* gape
Gaffer, Gafferin gawper
Gag *m* gag
Gage *f* fee
gähnen *v/i auch fig* yawn
Gähnen *n* yawn(ing)
gähnend *Adj auch fig* yawning: *Adv* ***gähnend leer sein*** be completely empty
Gala *f* gala dress
Gala… gala (*concert, performance, etc*)
galant *Adj* gallant
Galeere *f* galley
Galerie *f allg* gallery
Galerist, Galeristin gallery owner
Galgen *m* gallows *Pl*
Galgenfrist *f* → ***Gnadenfrist***
Galgenhumor *m* gallows (*oder* grim) humo(u)r
Galionsfigur *f auch fig* figurehead
gälisch *Adj*, **Gälisch** *n* LING Gaelic
Gallapfel *m* oakapple
Galle *f* **1.** ANAT gall bladder **2.** PHYSIOL *und fig* bile, *auch* BOT, ZOOL gall: *fig* ***mir kam die Galle hoch*** my blood was up
Gallenblase *f* ANAT gall bladder
Gallengang *m* bile (*oder* gall) duct
Gallenkolik *f* MED bilious attack
Gallenleiden *n* MED bilious complaint
Gallenstein *m* MED gallstone
Gallert *n* jelly
gallertartig *Adj* jelly-like, gelatinous
Gallier, Gallierin HIST Gaul
Galopp *m* gallop: ***im Galopp*** at a gallop, *fig auch* in a hurry; ***kurzer*** (*oder* ***leichter***) ***Galopp*** canter
galoppieren *v/i* gallop
galvanisch *Adj* galvanic(ally *Adv*): ***galvanische***

Zelle voltaic cell; ***galvanische Verzinkung*** electrogalvanizing
Galvaniseur, **Galvaniseurin** galvanizer, electroplater
galvanisieren *v/t* galvanize (*auch* MED), TECH *auch* electroplate
Galvanotechnik *f* electroplating
Gamasche *f* gaiter, (*Wickelgamasche*) puttee
Gambia *n the* Gambia
Gammaglobulin *n* MED gamma globulin
Gammastrahl *m* PHYS gamma ray
Gammastrahlung *f* gamma radiation
Gammelei *f ugs* loafing around
gammelig *Adj ugs* **1.** *Wurst etc*: old, *Obst*: rotten **2.** (*ungepflegt*) scruffy
gammeln *v/i ugs* loaf (*oder* bum) around
Gammler, **Gammlerin** *ugs* layabout, loafer, bum
Gämsbock *m* ZOOL chamois buck
Gämse *f* ZOOL chamois
gang *Adj* ***gang und gäbe sein*** be quite common (*oder* usual)
Gang *m* **1.** → ***Gangart*** **2.** (*Spaziergang*) walk, (*Besorgung*) errand, (*Weg*) way, (*Besuch*) visit **3.** (*Verlauf*) course: ***seinen Gang gehen*** take its course **4.** TECH running, working, action, (*Arbeitsgang*) operation: ***etw in Gang setzen*** (*oder* ***bringen***) *auch fig* start s.th., get s.th. going; ***in Gang kommen*** *auch fig* get going, get started; ***im Gang(e) sein*** **a)** TECH be running, be working, **b)** *fig* be under way, be in progress; *fig* ***es ist etw im Gange*** s.th. is going on; ***in vollem Gange sein*** be in full swing **5.** MOT gear, *auch* TECH speed: ***erster Gang*** first (*oder* bottom) gear; ***in den dritten Gang schalten*** change (*Am* shift) into third (gear); ***den Gang herausnehmen*** put the car in neutral **6.** (*Flur*) corridor (*auch* BAHN), hall(way), (*Durchgang*) passage(way), (*Bogengang*) arcade, *zwischen Sitzen*: aisle, (*Laufsteg*) walkway, (*Stollen*) tunnel **7.** ANAT duct **8.** GASTR course: ***Essen mit fünf Gängen*** five-course meal
Gangart *f* gait, walk, *eines Pferdes*: pace (*auch fig Tempo*)
gangbar *Adj Weg*: passable, *auch fig* practicable
gängeln *v/t ugs* ***j-n gängeln*** keep s.o. in leading strings
gängig *Adj* **1.** *Ausdruck*: current, *Methode etc*: (very) common **2.** WIRTSCH *Ware*: saleable, fast-selling
Gangschaltung *f* MOT gear change, *Am* gearshift, (*Fahrrad*) gears *Pl*
Gangster *m* gangster
Gangsterbande *f* gang of criminals
Gangsterboss *m* gang boss, gangland leader
Gangsterbraut *f* moll
Gangstertum *n* gangsterism
Gangway *f* **1.** FLUG steps *Pl* **2.** SCHIFF gangway
Ganove *m ugs pej* crook
Gans *f* goose, *Pl* geese: ***junge Gans*** gosling; *fig* ***dumme Gans*** stupid thing (*oder* girl)
Gänschen *n* gosling
Gänseblümchen *n* daisy
Gänsebraten *m* roast goose
Gänsefüßchen *Pl ugs* quotation marks *Pl*, inverted commas *Pl*
Gänsehaut *f fig* goosepimples *Pl*, *bes Am* goose bumps *Pl*: ***dabei kriege ich eine Gänsehaut*** it gives me the creeps
Gänseleberpastete *f* pâté de foie gras
Gänsemarsch *m* ***im Gänsemarsch*** in single file
Gänserich *m* gander
Gänseschmalz *n* goose dripping
ganz **I** *Adj* **1.** whole, (*vollständig*) *auch* complete: ***ganz Deutschland*** all (*oder* the whole) of Germany; ***die ganze Stadt*** the whole town; ***in der ganzen Welt*** all over the world; ***ganze Länge*** total (*oder* overall) length; ***ganze Zahl*** whole number; ***ganze zwei Stunden*** for two solid hours, (*nicht mehr*) for just two hours; ***von ganzem Herzen*** with all my *etc* heart; ***den ganzen Morgen*** (***Tag***) all morning (day); ***die ganze Nacht*** (***hindurch***) all night long; ***die ganze Zeit*** all the time; *ugs* ***mein ganzes Geld*** all my money **2.** *ugs* (*heil*) intact, in one piece: ***ganz machen*** mend **II** *Adv* **3.** (*völlig*) completely, totally: ***ganz aus Holz*** *etc* all wood *etc*; ***das ist etw ganz anderes*** that's a different matter altogether; ***nicht ganz*** not quite; ***nicht ganz zehn Minuten*** just under ten minutes; ***ganz gewiss*** certainly; ***ganz nass*** wet through; ***ganz wie du willst*** just as you like; (***ich bin***) ***ganz Ihrer Meinung*** I quite agree; ***er ist ganz der Vater*** he's just like his father; → ***Ohr*** **4.** ***ganz und gar*** totally, completely; ***ganz und gar nicht*** not at all **5.** (*ziemlich*) quite, *ugs* pretty, (*sehr*) very, really: ***ganz gut*** quite good, *ugs* not bad; ***ganz wenig*** a tiny bit; ***ich würde es ganz gern tun, aber …*** I wouldn't mind (doing it), but …; ***ganz besonders, weil*** (e)specially since
Ganze *n* whole, (*Gesamtheit*) *auch* entirety: ***einheitliches Ganzes*** integral whole; ***als Ganzes*** as a whole; ***das Ganze*** the whole thing; ***aufs Ganze gehen*** go all out; ***jetzt geht es ums Ganze*** it's all or nothing now; ***im Ganzen*** altogether, in all, WIRTSCH wholesale: → ***groß*** 7
Ganzheit *f* (***in seiner Ganzheit*** as a) whole
Ganzheitsmedizin *f* holistic medicine
Ganzheitsmethode *f* PED **1.** → ***Ganzwortmethode*** **2.** *auch* **Ganzheitsunterricht** *m* integrated curriculum
ganzjährig *Adj* all-year: *Adv* ***ganzjährig geöffnet*** open all year round
gänzlich *Adj und Adv* complete(ly), total(ly), entire(ly), *Adv auch* altogether
ganzmachen *v/t* mend
Ganzmetall… TECH all-metal
ganzseitig *Adj* full-page
ganztägig *Adj* all-day: *Adv* ***ganztägig geöffnet*** open all day
Ganztagsbeschäftigung *f* full-time job
Ganztagsschule *f* all-day school(ing)
Ganzwortmethode *f* PÄD whole-word method
gar[1] *Adj* GASTR done, cooked: ***nicht gar*** underdone
gar[2] *Adv* **1.** ***gar nicht*** not at all; ***gar nichts*** not a thing, nothing at all, absolutely nothing; ***gar nicht so schlecht*** (***viel***) not all that bad (much); ***gar keiner*** nobody at all; ***es besteht gar kein Zweifel*** there's no doubt whatsoever **2.** (*etwa*) perhaps, (*sogar*) even: ***oder gar …*** let alone …
Garage *f* garage
Garant, **Garantin** guarantor; *auch* → ***Bürge***
Garantie *f* guarantee: ***die Uhr hat ein Jahr Garantie*** the watch has got a year's guarantee; ***die Reparatur geht noch auf Garantie*** the repair is covered by the guarantee; ***dafür kann ich keine Garantie übernehmen*** I can't guarantee that; *ugs* ***er fällt unter Garantie durch*** he's bound to fail, **garantieren** *v/t* (*v/i* ***Garan-***

tie für) guarantee (*auch fig*)
Garantieschein *m* guarantee
Garantiezeit *f* guarantee
Garbe *f* LANDW sheaf
Garde *f* MIL *the* Guards *Pl*: *fig* ***die alte Garde*** the Old Guard
Garderobe *f* **1.** cloakroom, *Am* checkroom **2.** THEAT dressing room **3.** (*Flurgarderobe*) coat rack **4. a)** coat (and hat), **b)** (*Kleidung*) clothes *Pl*, wardrobe
Garderobenfrau *f*, **Garderobenmann** *m* cloakroom (*Am* checkroom) attendant
Garderobenmarke *f* cloakroom ticket, *Am* check
Garderobenständer *m* coat rack
Garderobier *m*, **Garderobiere** *f* THEAT dresser
Gardine *f* curtain
gären *v/i* **1.** (*auch* ***gären lassen***) ferment **2.** *fig Hass etc*: seethe: ***im Land gärte es*** the country was seething with discontent
Garn *n* thread, (*Baumwollgarn*) *auch* cotton: *fig* ***j-m ins Garn gehen*** fall into the (*oder* s.o.'s) trap; ***ein Garn spinnen*** spin a yarn
Garnele *f* shrimp, prawn
garnieren *v/t allg* decorate, (*Kleid, Hut*) *auch* trim, GASTR *auch* garnish (*auch fig*)
Garnison *f* MIL garrison
Garnisonstadt, **Garnisonsstadt** *f* garrison town
Garnitur *f* **1.** *Wäsche etc*: set, (*Möbelgarnitur*) *auch* suite **2.** (*Besatz*) trimmings *Pl* **3.** *fig* ***zur ersten*** (***zweiten***) ***Garnitur gehören*** be first--rate (second-rate)
Garten *m* garden: ***botanischer Garten*** botanical gardens *Pl*; BIBEL ***der Garten Eden*** the garden of Eden
Gartenarbeit *f* gardening
Gartenarchitekt, **Gartenarchitektin** landscape gardener
Gartenbau *m* horticulture
Gartenbau... horticultural (*show etc*)
Gartenfest *n* garden party
Gartengeräte *Pl* gardening tools *Pl*
Gartenhaus *n* summerhouse
Gartenlokal *n* beer garden
Gartenmöbel *Pl* garden furniture *Sg*
Gartenschere *f* pruning shears *Pl*, *bes Br* secateurs *Pl*
Gartenstadt *f* garden city
Gartenzaun *m* garden fence
Gartenzwerg *m* **1.** (garden) gnome **2.** *ugs fig* little squirt
Gärtner, **Gärtnerin** gardener
Gärtnerei *f* **1.** (*Gartenarbeit*) gardening **2.** (*Betrieb*) market garden, *Am* truck farm
Gärung *f* **1.** fermentation **2.** *fig* (state of) unrest
Gärungsprozess *m* (process of) fermentation
Gas *n* gas: MOT ***Gas geben*** step on the gas (*auch ugs fig*); ***Gas wegnehmen*** throttle back (*oder* down); ***mit Gas vergiften*** gas
Gasanzünder *m* gaslighter
Gasbackofen *m* gas oven
Gasbehälter *m* gas tank
gasbeheizt *Adj* gas-fired
Gasfeuerzeug *n* gaslighter
Gasflasche *f* gas cylinder
gasförmig *Adj* gaseous
Gashahn *m* gas tap
Gasheizung *f* gas heating
Gasherd *m* gas stove
Gaskammer *f* gas chamber
Gaskocher *m* gas (*oder* camping) stove
Gasleitung *f* gas mains *Pl*
Gas-Luft-Gemisch *n* MOT gas-air mixture
Gasmaske *f* gas mask
Gasofen *m* gas stove
Gaspedal *n* MOT accelerator, *Am* gas pedal
Gasrohr *n* gaspipe
Gasse *f* alley, (*auch Spalier*) lane
Gast *m* **1.** guest, *in einem Lokal etc*: customer, (*Besucher*) visitor: ***Gäste haben*** *auch* have company **2.** THEAT guest (performer *oder* artist)
Gastarbeiter, **Gastarbeiterin** foreign worker
Gastdirigent, **Gastdirigentin** guest conductor
Gastdozent, **Gastdozentin** guest lecturer
Gästebuch *n* visitors' book
Gästehaus *n* guesthouse
Gästezimmer *n* **1.** guestroom **2.** *in einer Pension etc*: lounge
gastfreundlich *Adj* hospitable
Gastfreundschaft *f* hospitality
Gastgeber *m* **1.** host **2.** *Pl* SPORT home team *Sg*
Gastgeberin *f* hostess
Gasthaus *n*, **Gasthof** *m* restaurant, (*bes Landgasthaus*) inn
Gasthörer, **Gasthörerin** UNI guest student, *Am* auditor
gastieren *v/i* THEAT give a guest performance, *bes Am* guest
Gastland *n* host country
gastlich *Adj* hospitable
Gastlichkeit *f* hospitality
Gastmannschaft *f* visiting team
Gastprofessor, **Gastprofessorin** visiting professor
Gastrecht *n* (right of) hospitality
Gastritis *f* MED gastritis
Gastrolle *f* THEAT guest part
Gastronom, **Gastronomin** restaurant proprietor (*Koch*: chef)
Gastronomie *f* **1.** (*Gewerbe*) catering trade **2.** (*Kochkunst*) gastronomy
gastronomisch *Adj* **1.** catering **2.** gastronomic(al)
Gastspiel *n* THEAT guest performance
Gaststätte *f* restaurant
Gaststättengewerbe *n* catering trade
Gaststube *f* lounge, taproom
Gasturbine *f* gas turbine
Gastvorlesung *f*, **Gastvortrag** *m* guest lecture
Gastvorstellung *f* THEAT guest performance
Gastwirt *m* landlord, proprietor
Gastwirtin *f* landlady, proprietress
Gastwirtschaft *f* restaurant
Gasvergiftung *f* gas poisoning
Gaswerk *n* gasworks *Pl* (*auch Sg konstr*)
Gaszähler *m* gasmeter
Gatte *m* husband, JUR spouse
Gatter *n* (*Tor*) gate, (*Zaun*) fence
Gattin *f* wife, JUR spouse
Gattung *f* **1.** BIOL genus **2.** (*Art*) species, (*Sorte*) kind, type **3.** KUNST (art) form, LITERATUR genre
Gattungsbegriff *m* generic term
Gattungsname *m* **1.** BIOL generic name **2.** LING collective (*oder* common) noun
GAU *m Abk* (= ***größter anzunehmender Unfall***) **1.** maximum credible accident, MCA **2.** *fig* absolute disaster
Gaukler, **Gauklerin** **1.** tumbler **2.** clown
Gaul *m* horse, *pej* nag: ***alter Gaul*** (old) jade; *fig* ***einem geschenkten Gaul sieht man nicht ins Maul*** never look a gift horse in the mouth
Gaumen *m* palate

Gaumenlaut *m* LING palatal
Gaumenzäpfchen *n* ANAT uvula
Gauner, **Gaunerin** swindler, crook, *sl* con man, (*Halunke*) rascal
Gaunersprache *f* thieves' Latin
Gaunerstreich *m*, **Gaunerstück** *n* swindle
Gaze *f* gauze (*auch* MED), cheesecloth
Gazelle *f* ZOOL gazelle
geachtet *Adj* esteemed
Geächtete *m, f* outlaw
geartet *Adj* disposed: ***er ist so geartet, dass …*** he is the kind of person that …; ***anders geartet sein*** be different
Gebäck *n* (fancy) cakes *Pl*, (*Kekse*) biscuits *Pl*, *Am* cookies *Pl*

G

Gebälk *n* beams *Pl*, timberwork
geballt *Adj* **1.** *Faust*: clenched **2.** *fig* concentrated
gebannt *Adj und Adv* spellbound
Gebärde *f* gesture
gebärden *v/refl* ***sich gebärden*** (***wie*** like) behave, act
Gebärdenspiel *n* gestures *Pl*, gesticulation, pantomime (*auch fig*)
Gebärdensprache *f* **1.** sign language **2.** THEAT mimicry
Gebaren *n* behavio(u)r, WIRTSCH conduct
gebären **I** *v/t* give birth to: ***geboren werden*** be born; → ***geboren*** **II** *v/i* give birth
Gebärmutter *f* ANAT womb, uterus
Gebärmutterkrebs *m* MED cancer of the womb
Gebärmuttervorfall *m* MED (uterine) prolapse
Gebäude *n* building, *prächtiges*: edifice (*auch fig Gedankengebäude*), *fig* structure
Gebäudekomplex *m* complex (of buildings)
Gebein *n* **1.** bones *Pl* **2.** *Pl* (*sterbliche Reste*) (mortal) remains *Pl*
Gebell *n* barking
geben **I** *v/t* **1.** *allg* (***j-m etw*** s.o. s.th., s.th. to s.o.) give, (*reichen*) *auch* hand, (*gewähren*) *auch* grant: ***lass dir eine Quittung geben!*** ask for a receipt!; ***geben Sie mir bitte Frau X*** TEL can I speak to Mrs. X, please; *ugs fig* ***es j-m geben*** let s.o. have it; → ***Anlass*** 2, ***Bescheid***, ***gegeben*** **2.** (*Unterricht*, *Fach etc*) give, teach **3.** (*Konzert etc*) give, (*Essen*, *Party*) *auch* have, (*Stück etc*) perform, *ugs* do, (*Film*) show: ***was wird heute Abend gegeben?*** what's on tonight? **4.** (*ergeben*) produce, yield: ***Milch geben*** give milk; ***zweimal fünf gibt zehn*** two times five makes ten; ***das gibt eine gute Suppe*** that will make a good soup; ***Flecken geben*** make (*oder* leave) stains; *fig* ***das gibt keinen Sinn*** that doesn't make sense; ***ein Wort gab das andere*** one word led to another **5.** (*tun*, *legen etc*) put, (*dazugeben*) add **6.** ***von sich geben*** **a)** CHEM give off, emit, **b)** (*Äußerung etc*) make, (*Schrei etc*) give, let out, **c)** (*erbrechen*) bring up; ***sie gab keinen Ton von sich*** she didn't utter a sound. **7.** ***viel geben auf*** (*Akk*) set great store by *s.th.*, think highly (*oder* a lot) of *s.o.*; ***ich gebe nicht viel auf*** (*Akk*) I don't think much of **II** *v/i* **8.** give (***mit vollen Händen*** freely) **9.** *Kartenspiel*: deal: ***wer gibt?*** whose deal is it? **10.** *Tennis*: serve **III** *v/refl* ***sich geben*** **11.** (*sich benehmen*) act, behave: ***sich gelassen geben*** pretend to be calm; ***er gibt sich gern als Experte*** he likes to act the expert **12.** *Gelegenheit etc*: arise **13.** (*nachlassen*, *vorübergehen*) pass, *ugs* blow over: ***das wird sich alles geben*** everything will be all right, things will come right **IV** *v/unpers* **14.** ***es gibt*** there is, there are: ***der beste Spieler, den es je gab*** the best player of all time; ***es gab viel zu tun*** there was a lot to do; *ugs* ***was gibts?*** what's up?; ***was gibts Neues?*** what's new?; ***was gibt es zum Mittagessen?*** what's for lunch?; ***was gibts heute Abend im Fernsehen?*** what's on television tonight?; ***das gibt es*** (***bei mir***) ***nicht!*** that's out!; ***das gibts doch nicht!*** you're joking!; ***heute wirds noch was geben*** (*Gewitter*, *Krach etc*) I think we're in for s.th.; ***er hat Recht, da gibts nichts!*** he's right, and no mistake about it!
Geben *n* **1.** giving: ***Geben ist seliger denn Nehmen*** it is more blessed to give than to receive **2.** *Kartenspiel*: ***am Geben sein*** be dealing; ***er ist am Geben*** it's his deal
Geber, **Geberin** **1.** giver, *Kartenspiel*: dealer **2.** TEL transmitter
Geberlaune *f* ***in Geberlaune sein*** be in a generous mood
Gebet *n* prayer: *ugs fig* ***j-n ins Gebet nehmen*** give s.o. a good talking-to
Gebetbuch *n* prayerbook
Gebiet *n* **1.** area, region, (*Bezirk*) district, zone, (*Staatsgebiet*) territory **2.** *fig* (*Fachgebiet*) field, (*Bereich*) *auch* sphere: ***Fachmann auf dem Gebiet*** (*Gen*) authority on
gebieten **I** *v/t* **1.** ***j-m gebieten, etw zu tun*** order s.o. to do s.th. **2.** (*Achtung*, *Ehrfurcht*) command **3.** (*erfordern*) require, call for: ***die Vernunft gebietet uns zu*** *Inf* reason demands of us to *Inf* **II** *v/i* **4.** ***gebieten über*** (*Akk*) control, rule over, (*verfügen über*) have at one's disposal; → ***geboten***
Gebieter *m* master, lord, (*Herrscher*) ruler
Gebieterin *f* mistress
gebieterisch *Adj* domineering, *Ton etc*: peremptory
Gebietsanspruch *m* territorial claim
Gebietshoheit *f* territorial sovereignty
Gebietsleiter, **Gebietsleiterin** WIRTSCH regional manager
gebietsweise *Adv* ***gebietsweise Regen*** local showers
Gebilde *n* (*Ding*) thing, object, (*Werk*) work, creation, (*Gefüge*) structure
gebildet *Adj* educated, (well-)informed, (*kultiviert*) cultured, refined
Gebinde *n* (*Blumengebinde*) arrangement
Gebirge *n* mountains *Pl*
gebirgig *Adj* mountainous
Gebirgsausläufer *m* spur
Gebirgsgegend *f* mountainous region
Gebirgskette *f* mountain range
Gebirgsvolk *n* mountain people (*oder* tribe)
Gebirgszug *m* mountain range
Gebiss *n* **1.** (set of) teeth *Pl*, *künstliches*: dentures *Pl* **2.** *am Zaum*: bit
Gebläse *n* TECH fan, (*Gebläsemaschine*) blower
Gebläsemotor *m* MOT supercharger engine
geblümt *Adj* floral, flowered
Geblüt *n auch* ZOOL blood
gebogen *Adj* bent, *Nase*: hooked
gebongt *Adj ugs* ***ist gebongt!*** will do!
geboren *Adj* born: ***geborener Deutscher*** (***Berliner***) ***sein*** be German (a Berliner) by birth; ***geborene Schmidt*** née Schmidt; ***sie ist eine geborene Schmidt*** her maiden name is Schmidt; *fig* ***geboren sein zu*** be born to be (*oder* to do), *einem Beruf etc*: be cut out for; ***er ist der geborene Geschäftsmann*** he is a born businessman; *auch* → ***gebären***

geborgen *Adj* safe, secure
Geborgenheit *f* safety, security
Gebot *n* **1.** BIBEL commandment **2.** (*Vorschrift*) rule **3.** (*Erfordernis*) requirement, necessity: ***das Gebot der Vernunft*** (***des Herzens, der Stunde***) the dictates *Pl* of reason (of one's heart, of the moment) **4.** WIRTSCH bid **5.** ***j-m zu Gebote stehen*** be at s.o.'s disposal
geboten *Adj* (*nötig*) necessary, (*dringend geboten*) imperative, (*gehörig*) due: ***geboten sein auch*** be called for
Gebotsschild *n* mandatory sign
gebrannt *Adj* burnt, *Kaffee etc*: roasted, *Keramik*: fired: → ***Kind***
Gebräu *n* brew, *fig auch* concoction
Gebrauch *m* **1.** use, (*Anwendung*) *auch* application (*auch* MED, PHARM), LING usage: ***Gebrauch machen von*** use, make use of; ***von etw guten*** (***schlechten***) ***Gebrauch machen*** put s.th. to good (bad) use; ***außer Gebrauch kommen*** pass out of use; ***im Gebrauch sein*** be in use, be used; ***etw in Gebrauch nehmen*** put s.th. into use; ***der Gebrauch seines linken Arms*** the use of his left arm; ***zum persönlichen Gebrauch*** for personal use; ***vor Gebrauch schütteln!*** shake before use! **2.** *meist Pl* practice, (*Sitte*) custom
gebrauchen *v/t* **1.** use: ***kannst du das gebrauchen?*** can you make use of that?; ***das kann ich gut gebrauchen*** I can make good use of that; ***seinen Verstand gebrauchen*** use one's brains; ***du wirst nicht mehr gebraucht*** you can go; *ugs* ***er ist zu nichts zu gebrauchen*** he is hopeless **2.** *ugs* use, do with: ***ich könnte einen Kognak gebrauchen*** I could do with a brandy
gebräuchlich *Adj* common (*auch* LING), (*üblich*) normal: ***allgemein gebräuchlich*** in common use; ***nicht mehr gebräuchlich*** no longer used
Gebrauchsanleitung *f*, **Gebrauchsanweisung** *f* directions *Pl* for use, instructions *Pl* (for use)
Gebrauchsartikel *m* article of daily use
gebrauchsfähig *Adj* usable
Gebrauchsfahrzeug *n* utility vehicle
gebrauchsfertig *Adj* ready for use
Gebrauchsgrafik *f* commercial art
Gebrauchsgüter *Pl* (consumer) durables *Pl*
Gebrauchsmuster *n* JUR utility model
Gebrauchswert *m* practical value
gebraucht *Adj* used, WIRTSCH *auch* secondhand
Gebrauchtwagen *m* used (*oder* secondhand) car
Gebrauchtwagenhändler, **Gebrauchtwagenhändlerin** used car dealer
gebräunt *Adj* tanned, bronzed
Gebrechen *n* disability, (physical) handicap, infirmity
gebrechlich *Adj* frail, infirm
Gebrechlichkeit *f* frailty, infirmity
gebrochen *Adj* broken (*auch* LING), *fig auch* broken-hearted: ***sie spricht nur gebrochen Englisch*** she speaks only broken English
Gebrüder *Pl* WIRTSCH ***Gebrüder*** (*Abk* ***Gebr.***) ***Wolf*** Wolf Brothers (*Abk* Bros.)
Gebrüll *n* roaring, bellowing (*auch* ZOOL), (*Geschrei*) screaming, yelling
gebückt *Adj* stooping: ***gebückte Haltung*** stoop
Gebühr *f* **1.** charge, fee, (*Tarif*) rate, (*Postgebühr*) postage, (*Straßenbenutzungsgebühr*) toll: ***ermäßigte Gebühr*** reduced rate **2.** ***nach Gebühr*** duly; ***über Gebühr*** unduly, excessively
gebühren *v/i* ***j-m gebühren*** be due to s.o.
gebührend **I** *Adj* due, proper **II** *Adv* duly, properly
Gebühreneinheit *f* unit
Gebührenerlass *m* remission of fees
gebührenfrei *Adj* free of charge
Gebührenordnung *f* scale of fees (*oder* charges)
gebührenpflichtig *Adj* subject to charges: ***gebührenpflichtige Straße*** toll road; ***gebührenpflichtige Verwarnung*** summary fine
Gebührensatz *m* rate
gebündelt *Adj* bundled, PHYS *auch* pencil(l)ed
gebunden *Adj* **1.** BUCHDRUCK bound **2.** CHEM bound (*auch* PHYS), fixed: ***gebundene Wärme*** latent heat **3.** MUS legato (*auch Adv*), slurred **4.** *fig Person*: bound, tied, engaged: ***vertraglich gebunden*** bound by contract; ***sich an etw gebunden fühlen*** feel committed to s.th. **5.** WIRTSCH *Kapital*: tied (up) **6.** GASTR thickened **7.** ***in gebundener Rede*** in verse
Geburt *f* **1.** birth (*auch fig*), (*Abstammung*) *auch* descent: ***von Geburt Deutsche(r) sein*** be a German by birth **2.** MED (child)birth, (*Entbindung*) delivery: ***von Geburt an*** from birth; ***bei der Geburt sterben*** die at birth; *ugs fig* ***eine schwere Geburt*** a tough job
Geburtenkontrolle *f*, **Geburtenregelung** *f* birth control
Geburtenrückgang *m* decline in the birthrate
geburtenschwach *Adj* low-birthrate (*year etc*)
geburtenstark *Adj* high-birthrate
Geburtenüberschuss *m* excess of births
Geburtenziffer *f* birthrate
gebürtig *Adj* ***er ist gebürtiger Engländer*** he is English by birth
Geburtsanzeige *f* birth announcement
Geburtsdatum *n* date of birth
Geburtshaus *n* ***mein*** *etc* ***Geburtshaus*** the house where I *etc* was born
Geburtshelfer *m* obstetrician
Geburtshelferin *f* midwife
Geburtshilfe *f* obstetrics *Sg*, *eng. S.* midwifery
Geburtsjahr *n* year of birth
Geburtsjahrgang *m* cohort

SG

Geburtstag	**Birthday**
Wann hast du Geburtstag?	**When's your birthday?**
Ich habe heute Geburtstag.	**It's my birthday today.**
Herzlichen Glückwunsch zum Geburtstag!	**Happy birthday!**
Alles Gute zum Geburtstag und alles Liebe wünschen Tom und Anna.	**Happy birthday and lots of love from Tom and Anna.**
Er hat am 16. November Geburtstag – das heißt, er ist Skorpion.	**His birthday is on 16th November – that means he's a Scorpio.**
Wo ist das Geburtstagskind?	**Where's the birthday boy / girl?**

Geburtsland *n* native country
Geburtsort *m* birthplace: ***Geburtsort und Geburtstag*** place and date of birth
Geburtsstadt *f* native town
Geburtsstunde *f* **1.** hour of birth **2.** *fig* birth
Geburtstag *m* birthday, VERW date of birth: ***sie hat heute Geburtstag*** it's her birthday today; (***ich***) ***gratuliere zum Geburtstag*** many happy returns (of the day)
Geburtstags... birthday (*card, party, present, etc*)
Geburtstagskind *n* birthday boy (girl)
Geburtsurkunde *f* birth certificate
Gebüsch *n* bushes *Pl*, shrubbery
gedacht *Adj* assumed: ***gedacht als*** intended (*oder* meant) as (*oder* to be)
Gedächtnis *n* memory: ***aus dem Gedächtnis*** from memory, (*auswendig*) by heart; ***sich etw ins Gedächtnis zurückrufen*** recall s.th.; ***zum Gedächtnis an*** (*Akk*) in memory of
Gedächtnishilfe *f* mnemonic (aid)
Gedächtnislücke *f* lapse of memory
Gedächtnisschwund *m* amnesia, loss of memory
Gedächtnisstörung *f* partial amnesia
Gedächtnistraining *n*, **Gedächtnisübung** *f* memory training
gedämpft *Adj* **1.** *Schall*: muffled, *Stimme, Farbe, Licht, fig Stimmung etc, ugs auch Person*: subdued: ***gedämpfter Optimismus*** guarded optimism **2.** GASTR steamed
Gedanke *m* thought (***an*** *Akk* of, ***über*** *Akk* on), (*Einfall, Absicht*) *auch* idea: ***kein schlechter Gedanke!*** not a bad idea!; ***in Gedanken*** absent-mindedly; ***in Gedanken versunken*** lost in thought; ***j-n auf andere Gedanken bringen*** get s.o.'s mind on to other things; ***j-n auf den Gedanken bringen zu*** *Inf* give s.o. the idea of *Ger*; ***j-n auf dumme Gedanken bringen*** give s.o. silly ideas; ***j-s Gedanken lesen*** read s.o.'s mind; ***sich Gedanken machen über*** (*Akk*) think about, *besorgt*: be worried about; ***wie kommst du auf den Gedanken?*** what makes you think of that?; → ***spielen*** 1, ***tragen*** 9
Gedankenaustausch *m* exchange of ideas
Gedankenblitz *m* sudden inspiration, *ugs* brainwave
Gedankenfreiheit *f* freedom of thought
Gedankengang *m* train of thought
Gedankenleser, **Gedankenleserin** mind-reader
gedankenlos *Adj* thoughtless, (*rücksichtslos*) *auch* inconsiderate, (*leichtsinnig*) careless
Gedankenlosigkeit *f* thoughtlessness
gedankenreich *Adj* full of ideas
Gedankenreichtum *m* wealth of ideas
Gedankensprung *m* jump (from one idea to the other)
Gedankenstrich *m* dash
Gedankenübertragung *f* telepathy
gedankenvoll *Adj* pensive
Gedankenwelt *f* (world of) ideas *Pl*
gedanklich *Adj* intellectual
Gedärm *n, meist*
Gedärme *Pl* intestines *Pl*, ZOOL entrails *Pl*
Gedeck *n* **1.** cover: ***ein Gedeck*** (***mehr***) ***auflegen*** set a (another) place **2.** (*Speise*) set meal **3.** (*Gedeckpreis*) cover charge
Gedeih: ***auf Gedeih und Verderb*** come what may
gedeihen *v/i* thrive, prosper, develop well, *fig auch* progress: ***so weit gediehen sein, dass*** have reached a point where
Gedeihen *n* thriving (*etc*), prosperity, success
gedenken **I** *v/i* (*Gen*) think of, remember, (*erwähnen*) mention, (*feiern*) commemorate **II** *v/t* ***zu tun gedenken*** think of doing, intend to do
Gedenken *n* (***im Gedenken an*** *Akk* in) memory (of); *auch* → ***Andenken*** 1
Gedenkfeier *f* commemoration (ceremony)
Gedenkgottesdienst *m* memorial service
Gedenkminute *f* a minute's silence (***für*** in memory of)
Gedenkmünze *f* commemorative coin
Gedenkrede *f* commemorative address
Gedenkstätte *f* memorial (place)
Gedenkstein *m* memorial (stone)
Gedenkstunde *f* hour of remembrance
Gedenktafel *f* commemorative plaque
Gedenktag *m* day of remembrance
Gedicht *n* poem: *ugs fig* ***dieses Kleid ist ein Gedicht*** this dress is a (perfect) dream
Gedichtsammlung *f* collection of poems, (*Auswahl*) anthology
gediegen *Adj* **1.** METAL native, solid, pure **2.** WIRTSCH good-quality, (*geschmackvoll*) tasteful **3.** *Wissen, Charakter etc*: solid
Gediegenheit *f allg* solidity
Gedränge *n* **1.** (*Menge*) crowd, *ugs* crush **2.** (*Ansturm*) rush (***nach, um*** for) **3.** *Rugby*: scrummage **4.** *ugs fig* ***damit wir nicht ins Gedränge kommen*** so that we don't get pushed for time **5.** → ***Gedrängel***
Gedrängel *n* pushing
gedrängt *Adj* **1.** crowded, packed: *Adv* ***gedrängt voll*** (*ugs* jam-)packed **2.** *fig Stil etc*: concise
gedrechselt *Adj fig Rede, Stil*: stilted
gedruckt *Adj* **1.** printed **2.** *ugs* ***lügen wie gedruckt*** lie through one's teeth
gedrückt *Adj fig* depressed (*auch* WIRTSCH): ***die Stimmung war gedrückt*** spirits were low; ***gedrückter Stimmung sein*** be in low spirits
gedrungen *Adj Gestalt*: stocky
Geduld *f* patience: ***Geduld haben mit*** be patient with; ***jetzt reißt mir aber die Geduld!*** that's done it!; ***sich in Geduld fassen*** have patience
gedulden *v/refl* ***sich gedulden*** be patient; ***gedulden Sie sich bitte einen Augenblick!*** wait a minute, please!
geduldig *Adj* patient
Geduldsprobe *f* ***eine Geduldsprobe für j-n sein*** be a test of s.o.'s patience
Geduldsspiel *n* puzzle
gedungen *Adj* hired (*killer etc*)
gedunsen *Adj* bloated
geehrt *Adj* hono(u)red: *im Brief*: ***Sehr geehrter Herr X*** Dear Mr. X!; ***Sehr geehrte Herren*** Dear Sirs, Gentlemen
geeignet *Adj* (***für*** for) suitable, suited, right, qualified: ***er ist nicht dafür geeignet*** he's not the right man for it; ***im geeigneten Augenblick*** at the right moment; ***geeignete Schritte unternehmen*** take appropriate action
Gefahr *f* danger, threat (*beide*: ***für*** for, to), (*Risiko*) risk: ***auf eigene Gefahr*** at one's own risk; ***außer Gefahr*** out of danger; ***auf die Gefahr hin zu*** *Inf* at the risk of *Ger*; ***ohne Gefahr*** safely; ***sich einer Gefahr aussetzen, sich in Gefahr begeben*** expose o.s. to danger, take risks; ***Gefahr laufen zu*** *Inf* run the risk of *Ger*; ***in Gefahr bringen*** → ***gefährden***; ***es besteht keine Gefahr*** it's perfectly safe; → ***schweben*** 1
gefährden *v/t* endanger, (*bedrohen*) threaten,

(*aufs Spiel setzen*) (put at) risk, (*in Frage stellen*) jeopardize
gefährdet *Adj* endangered: ***gefährdet sein*** *auch* be in danger, be at risk
Gefährdung *f* **1.** endangering (*etc*, → ***gefährden***) **2.** (*Gen* to) danger, threat
Gefahrenherd *m* (constant) source of danger, POL trouble spot
Gefahrenstelle *f* danger spot
Gefahrenzone *f* danger zone
Gefahrenzulage *f* danger money
gefährlich *Adj* dangerous (*Dat*, ***für*** to), risky, (*ernst*) grave, critical: ***gefährliche Krankheit*** serious illness
Gefährlichkeit *f* danger(ousness), (*Ernst*) gravity
gefahrlos *Adj* not dangerous, safe
Gefährt *n* vehicle
Gefährte *m*, **Gefährtin** *f* companion
gefahrvoll *Adj* dangerous
Gefälle *n* **1.** fall, slope, incline, *einer Straße*: *auch* gradient, *bes Am* grade **2.** ELEK, MATHE, PHYS gradient **3.** *fig* difference(s *Pl*), (*Lohngefälle, Preisgefälle*) differential
gefallen[1] *v/i* **1.** please: ***es (er) gefällt mir (nicht)*** I (don't) like it (him); *ugs* ***er gefällt mir nicht*** (*er sieht krank aus*) he doesn't look too well; ***solche Filme gefallen der Masse*** films like that appeal to the masses; ***hat dir das Konzert gefallen?*** did you enjoy the concert?; ***wie gefällt es Ihnen in Berlin?*** how do you like Berlin? **2.** ***sich etw gefallen lassen*** put up with s.th.; ***das lasse ich mir nicht gefallen!*** I'm not going to put up with it!; ***sie lässt sich von ihm nichts gefallen*** she won't stand any nonsense from him; ***das lasse ich mir gefallen!*** now you're talking! **3.** ***sich gefallen in*** (*Dat*) indulge in; ***sich in der Rolle des Fachmanns gefallen*** fancy o.s. as an expert
gefallen[2] *Adj* fallen, MIL *auch* killed in action: ***die Gefallenen*** *Pl* the dead *Pl*
Gefallen[1] *m* (***j-m einen Gefallen tun*** do s.o. a) favo(u)r: ***j-n um einen Gefallen bitten*** ask a favo(u)r of s.o.
Gefallen[2] *n* pleasure: ***Gefallen finden an a***) *einer Sache*: enjoy, take pleasure in, **b**) *j-m*: like, take (a fancy) to
Gefallenendenkmal *n* war memorial
gefällig *Adj* **1.** agreeable, pleasant **2.** (*hilfsbereit*) obliging, kind: ***j-m gefällig sein*** oblige s.o., help s.o.; *ugs* ***etw zu trinken gefällig?*** would you like s.th. to drink?; → ***gefälligst***
Gefälligkeit *f* **1.** obligingness: ***etw aus Gefälligkeit tun*** do s.th. out of sheer kindness **2.** → ***Gefallen***[1]
gefälligst *Adv iron* if you don't mind: ***sei gefälligst still!*** be quiet, will you!
gefangen *Adj* **1.** caught, MIL captive, (*eingekerkert*) imprisoned, in prison: ***sich gefangen geben*** surrender; ***j-n gefangen halten a***) keep (*oder* hold) s.o. prisoner, **b**) *fig* hold s.o. under one's spell, *Sache*: have s.o. spellbound; ***gefangen nehmen*** arrest, MIL capture, take *s.o.* prisoner, *fig* captivate **2.** *fig* captivated
Gefangene *m, f* prisoner, (*Strafgefangene*) convict
Gefangenenlager *n* prison camp, MIL prisoner-of-war camp
Gefangennahme *f* arrest, MIL capture
Gefangenschaft *f* imprisonment, MIL captivity: ***in Gefangenschaft geraten*** be taken prisoner
Gefängnis *n* **1.** prison, jail, *Br auch* gaol: ***ins Gefängnis kommen*** be sent (*oder* go) to prison **2.** → ***Freiheitsstrafe***
Gefängnisdirektor, **Gefängnisdirektorin** governor (*Am* warden) (of a prison)
Gefängnisstrafe *f* → ***Freiheitsstrafe***
Gefängniszelle *f* prison cell
Gefasel *n ugs* drivel
Gefäß *n* vessel (*auch* ANAT, BIOL), receptacle, (*Schale*) bowl, (*Topf*) jar
gefäßerweiternd *Adj* PHARM vasodilating
Gefäßkrankheit *f* vascular disease
gefasst *Adj* **1.** calm, composed **2.** ***gefasst sein auf*** (*Akk*) be prepared for; ***sich gefasst machen auf*** (*Akk*) prepare for; *ugs* ***er kann sich auf etw gefasst machen*** he's in for it now
Gefasstheit *f* calmness, composure
gefäßverengend *Adj* vasoconstrictive
Gefecht *n* **1.** fight, battle: ***außer Gefecht setzen*** *auch fig* put *s.o., s.th.* out of action; → ***Eifer, Hitze*** **2.** SPORT fencing bout
Gefechtskopf *m* MIL warhead
Gefechtsstand *m* MIL command post, FLUG turret
gefeit *Adj* immune (***gegen*** to)
Gefieder *n* plumage, feathers *Pl*
gefiedert *Adj* feathered
Geflecht *n* **1.** *auch fig* network, mesh **2.** ANAT (*Nervengeflecht*) plexus
gefleckt *Adj* spotted
Geflügel *n* poultry (*auch in Zssgn disease, farm, farming, etc*)
Geflügelhändler, **Geflügelhändlerin** poulterer
Geflügelsalat *m* GASTR chicken salad
Geflügelschere *f* poultry shears *Pl*
geflügelt *Adj* **1.** winged **2.** *fig* ***geflügeltes Wort*** saying
Geflunker *n* fibbing, (*Lügen*) fibs *Pl*
Geflüster *n* whispering
Gefolge *n* **1.** entourage, (*Bedienstete*) attendants *Pl*, (*Trauergefolge*) cortège, mourners *Pl* **2.** *fig* ***im Gefolge von*** (*oder Gen*) in the wake of
Gefolgschaft *f* followers *Pl*, adherents *Pl*
Gefolgsmann *m* **1.** HIST vassal **2.** *bes* POL follower, supporter
gefräßig *Adj* greedy, ZOOL voracious
Gefräßigkeit *f* greediness, ZOOL voracity
Gefreite *m, f* MIL lance corporal, *Am* private first class, FLUG aircraftman first class, *Am* airman third class
Gefrieranlage *f* refrigeration plant
Gefrierbeutel *m* freezer bag
gefrieren *v/i* (*auch* ***gefrieren lassen***) freeze
Gefrierfach *n* freezer, freezing compartment
Gefrierfleisch *n* frozen meat
Gefrierpunkt *m* (***auf dem Gefrierpunkt*** at) freezing point
Gefrierschrank *m* freezer
Gefrierschutzmittel *n* TECH antifreeze
gefriertrocknen *v/t* freeze-dry
Gefriertruhe *f* deep freeze, freezer
Gefüge *n* structure, *fig auch* system
gefügig *Adj* compliant, docile: ***j-n gefügig machen*** bring s.o. to heel
Gefühl *n* **1.** *allg* feeling, (*Empfindung*) *auch* sentiment, (*Wahrnehmung*) *auch* sensation, (*Tastsinn*) touch, feel: ***ein Gefühl der Kälte*** a cold sensation; ***für mein Gefühl, meinem Gefühl nach*** my feeling is that, I think that; ***ich habe das Gefühl, dass …*** I have a feeling that …; ***mit Gefühl*** → ***gefühlvoll*** II **2.** (***für***) (*Gespür*) sense (of), (*Begabung*) flair (for languages etc): ***sich auf sein Gefühl verlassen*** rely

G

on one's instinct **3.** *meist Pl* feeling, emotion: ***j-s Gefühle verletzen*** hurt s.o.'s feelings
gefühllos *Adj* **1.** *Gliedmaßen*: numb **2.** *fig* insensitive (*gegen* to), (*hartherzig*) unfeeling, heartless
Gefühllosigkeit *f* **1.** numbness **2.** *fig* heartlessness, cruelty
gefühlsarm *Adj* (emotionally) cold
Gefühlsausbruch *m* (emotional) outburst
gefühlsbetont *Adj* emotional
Gefühlsduselei *f ugs* sentimentality
Gefühlsleben *n* emotional life
gefühlsmäßig *Adj* emotional, *weit. S.* intuitive, instinctive
Gefühlsmensch *m* emotional person
Gefühlsnerv *m* sensory nerve
Gefühlsregung *f* emotion
Gefühlssache *f* ***das ist Gefühlssache*** it's a matter of feeling
gefühlvoll **I** *Adj* full of feeling, (*empfindsam*) sensitive, (*gefühlsbetont*) emotional, (*auch pej rührselig*) sentimental **II** *Adv* feelingly (*etc*), *singen etc*: with feeling, *ugs* (*vorsichtig*) gently
gefüllt *Adj* filled, GASTR *auch* stuffed
gefurcht *Adj* furrowed
gegeben *Adj* given: ***etw als gegeben voraussetzen*** take s.th. for granted; ***unter den gegebenen Umständen*** under the circumstances; ***zu gegebener Zeit*** **a)** when the occasion arises, **b)** at some future time
gegebenenfalls *Adv* should the occasion arise, (*notfalls*) if necessary
Gegebenheit *f* given fact: ***Gegebenheiten*** *Pl* circumstances *Pl*, (*Tatsachen*) reality *Sg*
gegen **I** *Präp* **1.** toward(s), *zeitlich*: *auch* at about: ***gegen Osten*** toward(s) the east, eastward(s); ***gegen zehn*** (***Uhr***) (at) about ten o'clock **2.** against (*auch fig*): ***gegen die Wand lehnen*** lean against the wall; ***ein Mittel gegen*** a remedy for; ***gegen die Vernunft*** contrary to reason; ***ich wette 10 gegen 1*** I bet you ten to one **3.** (*gegenüber*) toward(s), to: ***freundlich gegen*** kind to **4.** (*im Vergleich zu*) compared with **5.** (*für*) in return for: ***gegen Bezahlung*** for cash; ***etw eintauschen gegen*** exchange s.th. for **6.** JUR, SPORT versus **II** *Adv* **7.** (*ungefähr*) about, around
Gegenangebot *n* counteroffer
Gegenangriff *m auch fig* counterattack
Gegenanzeige *f* MED contraindication
Gegenargument *n* counterargument
Gegenbefehl *m* counterorder
Gegenbeispiel *n* counterexample
Gegenbesuch *m* return visit: ***j-m einen Gegenbesuch machen*** return s.o.'s visit
Gegenbewegung *f bes fig* countermovement
Gegenbeweis *m* (***den Gegenbeweis antreten*** furnish) proof to the contrary, JUR *auch* counterevidence
Gegend *f* region (*auch* ANAT), area, (*Landschaft*) countryside, (*Wohngegend*) neighbo(u)rhood: ***in der Gegend von*** (*oder Gen*) near, around, in the *Munich etc* area; ***in unserer Gegend*** where we live
Gegendarstellung *f* correction, reply
Gegendemonstration *f* counterdemonstration
Gegendienst *m* reciprocal service: ***als Gegendienst*** in return; ***zu Gegendiensten gern bereit*** glad to reciprocate
gegeneinander *Adv* against (*zueinander*: toward[s]) each other (*oder* one another), (*gegenseitig*) mutually
gegeneinanderhalten *v/t* compare
Gegeneinladung *f* return invitation
Gegenerklärung *f* counterstatement
Gegenfahrbahn *f* opposite lane
Gegenfrage *f* counterquestion
Gegengerade *f* SPORT back straight, *bes Am* backstretch
Gegengewicht *n auch fig* counterweight: ***ein Gegengewicht bilden zu*** counterbalance
Gegengift *n* antidote
Gegenkandidat, **Gegenkandidatin** rival (candidate)
Gegenklage *f* JUR cross action
Gegenleistung *f* return (service): ***als Gegenleistung*** in return (***für*** for)
Gegenlicht *n* back light(ing): ***bei Gegenlicht*** against the light
Gegenlichtaufnahme *f* contre-jour shot
Gegenlichtblende *f* lens hood
Gegenliebe *f* ***er stieß mit seinem Vorschlag auf wenig Gegenliebe*** his suggestion didn't go down particularly well
Gegenmaßnahme *f* countermeasure: ***Gegenmaßnahmen ergreifen*** take steps (***gegen*** against)
Gegenmittel *n auch fig* antidote

Gegensätze ausdrücken	Expressing contrasts (SG)
Fünfzehn Euro ist relativ günstig für eine Theaterkarte. Dennoch ist das für manche Leute viel Geld.	**Fifteen euros is quite reasonable for a theatre ticket. However, for some people that's a lot of money.**
Ich würde die Opposition nicht wählen, obwohl ich finde, dass die Regierung keine gute Arbeit leistet.	**I wouldn't vote for the opposition, although I don't think the government is doing a good job.**
Die Prüfung ist gut gelaufen, obwohl sie kaum etwas dafür gelernt hatte.	**The exam went well, even though she'd hardly done any revision.**
Trotz all der Beweise gegen ihn, konnte er seine Unschuld beweisen.	**In spite of / Despite all the evidence against him, he was able to prove that he was innocent.**
Ich sehe nicht viel fern. Aber trotzdem gibt es einige Serien, die ich mag.	**I don't watch much television. Having said that, there are some series that I like.**
Einerseits möchte ich in den Urlaub fahren. Andererseits muss ich auch etwas Geld verdienen.	**On the one hand, I'd like to go on holiday. On the other hand, I need to earn some money.**

Gegenoffensive *f* counteroffensive
Gegenpartei *f* opposite (*oder* other) side, POL opposition, SPORT opponents *Pl*
Gegenpol *m fig* counterpart
Gegenprobe *f* (*auch* ***die Gegenprobe machen***) crosscheck
Gegenrede *f* reply, (*Einwand*) objection
Gegenrevolution *f* counterrevolution
Gegenrichtung *f the* opposite direction: ***Verkehr aus der Gegenrichtung*** oncoming traffic
Gegensatz *m* **1.** contrast: ***im Gegensatz zu*** in contrast to (*oder* with), as opposed to, unlike *the British etc*; ***im Gegensatz dazu*** by way of contrast **2.** (*Gegenteil*) *the* opposite **3.** *meist Pl der Meinungen etc*: differences *Pl*
gegensätzlich *Adj* opposite, *Meinungen etc*: contrary, (*unvereinbar*) conflicting, (*verschieden*) different
Gegenschlag *m auch fig* counterblow: ***zum Gegenschlag ausholen*** get ready to hit back
Gegenseite *f* opposite (*oder* other) side
gegenseitig *Adj* mutual, reciprocal: ***gegenseitige Abhängigkeit*** interdependence; ***gegenseitiges Interesse*** mutual interest; *Adv* ***sich gegenseitig helfen*** help one another (*oder* each other)
Gegenseitigkeit *f* reciprocity, mutuality: ***Abkommen auf Gegenseitigkeit*** mutual agreement; ***auf Gegenseitigkeit beruhen*** be mutual; *iron* ***das beruht ganz auf Gegenseitigkeit*** the feeling is mutual
Gegensinn *m* ***im Gegensinn*** in the opposite direction
Gegenspieler, **Gegenspielerin** antagonist, *auch* SPORT opponent, *auch* POL opposite number
Gegenspionage *f* counterespionage
Gegensprechanlage *f* intercom (system)
Gegenstand *m* **1.** object (*auch fig*), thing, *bes* WIRTSCH item, article: *fig* ***Gegenstand des Mitleids*** object of pity; ***Gegenstand des Spotts*** figure of fun **2.** (*Thema*) subject, (*Inhalt*) subject-matter, (*Angelegenheit*) matter, affair, (*Streitfrage*) issue: ***zum Gegenstand haben*** deal with
gegenständlich *Adj* concrete (*auch* LING), (*anschaulich*) graphic(ally *Adv*), KUNST representational
gegenstandslos *Adj* **1.** abstract, KUNST *auch* nonrepresentational **2.** *fig* (*hinfällig*) invalid, (*unbegründet*) unfounded
gegensteuern *v/i* **1.** MOT correct (with the lock) **2.** *fig* take countermeasures
Gegenstimme *f* **1.** PARL vote against: ***ohne Gegenstimme*** *auch* unanimously **2.** *fig* objection
Gegenströmung *f* **1.** countercurrent **2.** *fig* countermovement
Gegenstück *n* (***zu***) counterpart (of), KUNST pendant (to)
Gegenteil *n* opposite (***von*** of): (***ganz***) ***im Gegenteil*** on the contrary
gegenteilig *Adj* contrary, opposite: ***gegenteiliger Meinung sein*** disagree; *Adv* ***gegenteilig entscheiden*** come to a different decision
Gegentor *n*, **Gegentreffer** *m* SPORT goal against: ***ein Gegentor hinnehmen*** (***müssen***) concede a goal
gegenüber I *Adv* **1.** opposite, across the way (*oder* street), *Person*: *auch* face to face: ***sie saßen einander gegenüber*** they sat facing one another **II** *Präp* (*Dat*) **2.** opposite, facing: ***sich einer Aufgabe, einem Gegner etc gegenüber sehen*** be up against **3.** *fig* to, toward(s): ***er war mir gegenüber sehr höflich*** he was very polite to me **4.** (*im Vergleich zu*) compared with, as against **5.** (*im Gegensatz zu*) in contrast to **6.** (*in Anbetracht von*) in view of, in the face of
Gegenüber *n* **1.** person opposite, vis-à-vis, SPORT opponent, POL *etc* opposite number **2.** house opposite (*oder* across the road)
gegenüberliegen *v/i* (*Dat*) be opposite, face
gegenübersehen *v/refl* ***sich*** *einem Problem etc* ***gegenübersehen*** be confronted with
gegenüberstehen *v/i* **1.** ***j-m gegenüberstehen*** face s.o.; ***sich*** (*oder* ***einander***) ***gegenüberstehen*** be facing each other, ***feindlich*** be enemies **2.** (*einem Problem etc*) be faced (*oder* confronted) with, be up against
gegenüberstellen *v/t fig* (*Dat* with) (*j-n*) confront, (*etw*) compare
Gegenüberstellung *f* **1.** *auch* JUR confrontation **2.** (*Vergleich*) comparison
gegenübertreten *v/i* ***j-m gegenübertreten*** face s.o.
Gegenverkehr *m* oncoming traffic
Gegenversuch *m* control test
Gegenvorschlag *m* counterproposal
Gegenwart *f* **1.** *the* present (time): ***... der Gegenwart*** present-day, contemporary **2.** (***in ihrer*** *etc* ***Gegenwart*** in her *etc*) presence **3.** LING present (tense)
gegenwärtig I *Adj* **1.** present, current, (*heutig*) present-day, contemporary, of our time, today's **2.** → ***anwesend*** **II** *Adv* **3.** at the moment, at present, (*heutzutage*) nowadays, these days
gegenwartsbezogen, **gegenwartsnah(e)** *Adj* topical
Gegenwartsliteratur *f* contemporary literature
Gegenwartsprobleme *Pl* present-day problems *Pl*
Gegenwehr *f* opposition, resistance
Gegenwert *m* equivalent (value)
Gegenwind *m* headwind
gegenzeichnen *v/i und v/t* countersign
Gegenzug *m* **1.** *Schach und fig* countermove **2.** train coming from the other direction
gegliedert *Adj* **1.** jointed **2.** *fig* organized, structured, (*unterteilt*) subdivided
Gegner *m* **1.** opponent (*auch Sport*), (*Feind*) adversary, enemy (*auch* MIL), (*Rivale*) rival: ***ein Gegner sein von*** be against **2.** JUR opposing party
Gegnerin *f* → ***Gegner*** 1
gegnerisch *Adj* opposing (*auch* JUR *und Sport*), antagonistic, *auch* MIL enemy, hostile: ***die gegnerische Partei*** *auch* the other side
Gegnerschaft *f* **1.** opposition, opponents *Pl* **2.** (*Widerstand*) opposition (***gegen*** to), (*Rivalität*) rivalry
Gehabe *n* affectation, airs *Pl*
Gehackte *n* → ***Hackfleisch***
Gehalt[1] *m* **1.** *fig* (*Inhalt*) content, (*Substanz*) substance **2.** (***an*** *Dat* of) content, *prozentualer*: percentage, CHEM *auch* concentration: ***Gehalt an Öl*** oil content
Gehalt[2] *n* salary, pay: ***bei vollem Gehalt*** on full pay
gehaltlos *Adj* **1.** *Nahrung*: unsubstantial **2.** *fig* empty, lacking substance
Gehaltsabrechnung *f* salary statement, *ugs* pay slip
Gehaltsabzug *m* deduction from salary

Gehaltsansprüche *Pl* salary expectations *Pl*
Gehaltsempfänger, **Gehaltsempfängerin** salaried employee
Gehaltserhöhung *f* salary increase, *bes Am* (pay) raise
Gehaltsforderung *f* salary claim
Gehaltsgruppe *f*, **Gehaltsklasse** *f* salary bracket
Gehaltskürzung *f* salary cut
Gehaltsliste *f* payroll
Gehaltsstreifen *m* pay slip
Gehaltsstufe *f* salary bracket
Gehaltszahlung *f* payment of salary
Gehaltszulage *f* **1.** bonus **2.** → ***Gehaltserhöhung***
gehaltvoll *Adj* **1.** *Nahrung*: substantial **2.** *fig* rich in content, (*tief*) profound
gehandicapt, **gehandikapt** *Adj* handicapped
geharnischt *Adj fig* sharp, withering
gehässig *Adj* spiteful, venomous
Gehässigkeit *f* **a)** spite(fulness), venom, venomousness, **b)** spiteful words *Pl* (*oder* act)
Gehäuse *n* **1.** TECH case, casing, *eines Geräts*: cabinet, *einer Kamera*: body **2.** ZOOL shell
gehbehindert *Adj* ***sie ist gehbehindert*** she can't walk properly
Gehege *n* enclosure, *für Tiere*: *auch* pen, JAGD preserve: *fig* ***j-m ins Gehege kommen*** get in s.o.'s way, cross s.o.
geheim *Adj allg* secret, (*vertraulich*) *auch* confidential, (*verborgen*) *auch* hidden, *Lehre etc*: occult: ***im Geheimen*** secretly; ***in geheimer Wahl*** by closed ballot; ***geheim!*** *auf Dokumenten*: Restricted!; ***streng geheim!*** top-secret!; ***etw geheim halten*** keep s.th. secret (***vor*** *Dat* from)
Geheim... secret (*agent, agreement, order, etc*)
Geheimakte *f* classified document, *Pl* secret files *Pl*
Geheimdienst *m* secret service
Geheimfach *n* secret drawer
Geheimhaltung(spflicht) *f* (observance of) secrecy
Geheimkonto *n* secret account
Geheimnis *n* secret (***vor*** *Dat* from), (*Rätsel*) *auch* mystery: ***ein*** (***kein***) ***Geheimnis machen aus*** make a (no) secret out of
Geheimniskrämer, **Geheimniskrämerin**, **Geheimnistuer**, **Geheimnistuerin** mystery-monger
Geheimniskrämerei *f*, **Geheimnistuerei** *f* mystery-mongering
Geheimnisträger, **Geheimnisträgerin** POL bearer of official secrets
geheimnisumwittert *Adj* mysterious
Geheimnisverrat *m* JUR betrayal of a state (WIRTSCH trade) secret
geheimnisvoll *Adj* mysterious
Geheimnummer *f* **1.** secret (TEL ex-directory) number **2.** → ***Geheimzahl***
Geheimpolizei *f* secret police
Geheimpolizist, **Geheimpolizistin** member of the secret police
Geheimsache *f* secret (MIL, POL security) matter
Geheimtipp *m ugs* hot tip
Geheimzahl *f* (*Bank*) PIN number
Geheimzeichen *n* secret sign, (*Chiffre*) code
gehemmt *Adj* inhibited
gehen **I** *v/i* **1.** (***zu Fuß gehen***) walk, go (on foot): ***schwimmen*** (***tanzen***) ***gehen*** go swimming (dancing); ***auf die*** (*oder* ***zur***) ***Bank*** (***Post®***) ***gehen*** go to the bank (post office); ***auf die Straße gehen*** **a)** go out into the street, **b)** *fig* take to the streets; ***über die Brücke gehen*** cross the bridge; *fig* ***an die Arbeit gehen*** get down to work; ***das geht zu weit*** that is going too far; ***wie ich ging und stand*** **a)** as I was, **b)** (*sofort*) at once **2.** (*fortgehen*) go, leave, (*aus einem Amt scheiden*) *auch* resign: ***er ist gegangen*** he's gone, he has left; ***j-n gehen lassen*** let s.o. go (*straffrei*: off) **3.** (*verkehren*) (***nach, bis*** to, as far as) go, run: ***der Zug geht über München*** the train goes via Munich **4.** (*führen*) (***nach*** to) go, lead: ***gehen um*** go round **5.** (*funktionieren*) go, work, *Maschine*: *auch* run, *Klingel*: go, ring, *Radio etc*: be on: ***die Uhr geht nicht mehr*** the watch has stopped; *fig* ***das Gedicht geht so ...*** the poem goes like this ... **6.** WIRTSCH *Ware*: (***gut***) ***gehen*** sell (well); → ***Geschäft.*** **7.** *Teig*: rise **8.** *Wind*: blow **9.** ***gehen an*** (*Akk*) *fig* **a)** (*reichen*) go as far as, reach to, **b)** *Erbe etc*: fall to, go to **10.** *fig* ***das Fenster geht auf die Straße*** the window looks out on(to) the street; ***die Fenster gehen nach Westen*** the windows face (*oder* look) west **11.** *fig* ***das geht gegen dich*** this is meant for you **12.** *fig* ***in die Industrie*** (***Politik*** *etc*) ***gehen*** go into industry (politics *etc*); ***in den Saal gehen 100 Personen*** the hall holds (*oder* seats) 100 persons; ***der Schaden geht in die Millionen*** the damage runs into millions; ***wie oft geht 2 in 10?*** how many times goes 2 into 10?; ***in sich gehen*** do a bit of soul-searching **13.** *ugs fig* ***mit*** *einem Jungen, Mädchen* ***gehen*** go out with; ***fest gehen*** go steady **14.** *fig* ***nach seinen Worten zu gehen*** to go by his words; ***wenn es nach ihr ginge*** if she had her way **15.** *fig* ***gehen über*** (*Akk*) go beyond; ***ihre Familie geht ihr über alles*** her family means everything to her; ***es geht nichts über ...*** there's nothing like ... **16.** ***vor sich gehen*** happen; ***was geht hier vor?*** what's going on?; ***wie geht das vor sich?*** how does it go (*oder* work)? **II** *v/unpers* **17.** *fig* (*klappen*) work, (*möglich sein*) be possible, (*erlaubt sein*) be allowed: ***es geht*** **a)** it works, **b)** (*ich kann es allein*) I can manage; ***es geht nicht*** **a)** it doesn't work, **b)** it can't be done, it's impossible; ***es wird schon gehen*** it'll be all right; ***es geht*** (***eben***) ***nicht anders*** it can't be helped **18.** (*ergehen*) be, feel: ***wie geht es Ihnen?, wie gehts?*** how are you?, *zu einem Kranken*: how are you feeling?; ***es geht mir gut*** I'm fine, *geschäftlich*: I'm doing fine; ***es geht mir schlecht*** I'm not feeling too good, *geschäftlich*: things aren't going too well; ***mir geht es genauso*** I feel exactly the same way, *ugs* same here; ***ihm ist es genauso gegangen*** it was the same with him; ***so geht es, wenn man lügt*** that's what comes of lying; ***es sich gut gehen lassen*** have a good time, enjoy o.s.; ***sich gehen lassen*** **a)** let o.s. go, (*sich nicht beherrschen*) lose one's temper, **b)** (*sich entspannen*) relax **19.** ***es geht auf 10*** (***Uhr***) it is getting on for ten **20.** ***es geht über meine Kraft*** it's too much for me **21.** ***es geht um den Frieden*** (***sein Leben***) peace (his life) is at stake; ***ihr geht es nur ums Geld*** she's just interested in the money; ***worum geht es?*** what's it all about?, what's the problem?; ***es geht darum zu*** *Inf* it's a question of *Ger*; ***darum geht es*** (***ja***)***!*** that's the (whole) point!; ***darum geht es hier gar nicht*** that's not the point **III** *v/t* **22.** (*Strecke etc*) walk, go (on foot): *hum* ***er ist ge-***

gangen worden he was sacked
Gehen *n* walking: ***50 km Gehen*** SPORT 50 kilomet/res (*Am* -ers) walk
gehenlassen → ***gehen*** I 2, II 18
Geher, Geherin SPORT walker
geheuer *Adj* ***nicht*** (***ganz***) ***geheuer*** (*unheimlich*) creepy, (*verdächtig*) fishy, (*riskant*) a bit risky; ***er*** (***die Sache***) ***ist mir nicht geheuer*** I've got a funny feeling about him (it)
Geheul *n* howling, howls *Pl*
Gehilfe *m*, **Gehilfin** *f* **1.** helper, assistant **2.** (*Bürogehilfe etc*) clerk **3.** JUR (*Tatgehilfe*) accessory before the fact
Gehirn *n* **1.** *auch fig* brain **2.** *ugs* (*Verstand*) brain(s *Pl*), mind
Gehirn... cerebral; *auch* ***Hirn...***
Gehirnblutung *f* cerebral h(a)emorrhage
Gehirnchirurgie *f* brain surgery
Gehirnerschütterung *f* concussion
Gehirnhautentzündung *f* meningitis
Gehirntumor *m* cerebral tumo(u)r
Gehirnwäsche *f* POL brainwashing: ***j-n einer Gehirnwäsche unterziehen*** brainwash s.o.
gehoben *Adj Stellung*: high, senior, *Stil*: elevated, WIRTSCH up-market (*article, shop, etc*): ***gehobene Ansprüche*** expensive tastes; ***gehobene Stimmung*** high spirits *Pl*
Gehöft *n* farm(stead)
Gehölz *n* copse, coppice, small wood
Gehör *n* **1.** (sense of) hearing, ear(s *Pl*): ***feines Gehör*** sensitive ear; MUS ***absolutes Gehör*** perfect pitch; ***nach dem Gehör*** by ear **2.** (***Gehör finden*** get a) hearing: *einer Warnung, Bitte etc* ***kein Gehör schenken*** turn a deaf ear to; ***sich Gehör verschaffen*** make o.s. heard
gehorchen *v/i* ***j-m*** (***einem Befehl etc***) (***nicht***) ***gehorchen*** (dis)obey s.o. (an order *etc*)
gehören **I** *v/i* **1.** belong (*Dat* to): ***wem gehört das Buch?*** whose book is this?; ***gehört es dir?*** is it yours?; ***es gehört mir*** it belongs to me, it is mine; *fig* ***das gehört nicht hierher!*** that's beside the point!; ***der Raumfahrt gehört die Zukunft*** the future belongs to space travel **2.** ***gehören zu*** belong to (*auch als Mitglied*), *als Teil*: *auch* be part of, (*zählen zu*) rank (*oder* be) among; ***er gehört zu den besten Spielern*** he is one of the best players; ***es gehört zu seiner Arbeit*** it is part of his job; ***dazu gehört*** **a)** ***Geld*** you need money for that, **b)** ***Zeit*** that kind of thing takes time, **c)** ***Mut*** it takes (a lot of) courage; ***dazu gehört schon einiges!*** that takes a lot of doing!; ***es gehört nicht viel dazu!*** there's nothing to it! **3.** ***gehören unter*** (*Akk*) come under **4.** ***gehören in*** (*Akk*) belong in: *ugs* ***du gehörst ins Bett!*** you should be in bed! **II** *v/refl* ***sich gehören*** **5.** be proper: ***wie es sich gehört*** properly; ***er weiß, was sich gehört*** he knows how to behave; ***das gehört sich nicht!*** it's not done!
Gehörfehler *m* hearing defect
Gehörgang *m* auditory canal
gehörig **I** *Adj* **1.** (*j-m*, ***zu*** *etw*) belonging to: (***nicht***) ***zur Sache gehörig*** (ir)relevant **2.** (*gebührend*) right, due, proper **3.** *ugs* (*groß*) good, sound: ***eine gehörige Tracht Prügel*** a good hiding; ***j-m einen gehörigen Schrecken einjagen*** put the fear of God into s.o. **II** *Adv* **4.** duly, properly
gehörlos *Adj* deaf
Gehörlosenschule *f* school for the deaf
Gehörn *n* horns *Pl*, JAGD antlers *Pl*
Gehörnerv *m* auditory nerve
gehörnt *Adj* horned: *fig* ***gehörnter Ehemann*** cuckolded husband
gehorsam *Adj* obedient (***gegen*** to)
Gehorsam *m* obedience (***gegen[über]*** to): ***j-m den Gehorsam verweigern*** disobey s.o.
Gehörsinn *m* sense of hearing
Gehörverlust *m* loss of hearing
Gehsteig *m* pavement, *Am* sidewalk
Gehupe *n ugs* blaring horns *Pl*
Gehversuch *m* attempt to walk
Geier *m auch fig* vulture
Geifer *m* **1.** slaver, (*Schaum*) foam **2.** *fig* venom
geifern *v/i* **1.** dribble, slaver **2.** *fig* ***geifern gegen*** rail at
Geige *f* violin: (***auf der***) ***Geige spielen*** play (on) the violin; (***die***) ***erste*** (***zweite***) ***Geige spielen*** play first (second) violin (*fig* fiddle)
geigen *v/i* play the violin
Geigenbauer, Geigenbauerin violin-maker
Geigenharz *n* resin
Geigenkasten *m* violin case
Geigenstrich *m* stroke (of the bow)
Geiger, Geigerin violinist
Geigerzähler *m* Geiger counter
geil *Adj* **1.** *ugs pej* randy, *vulg* horny, (*lüstern*) lecherous: *fig* ***geil sein auf*** (*Akk*) be hot for, be dead keen on **2.** *ugs* (***echt***) ***geil*** hot, terrific, wicked
Geisel *f* (***j-n als Geisel nehmen*** take s.o.) hostage
Geiseldrama *n* hostage drama
Geiselnahme *f* taking of hostages
Geiselnehmer, Geiselnehmerin hostage-taker
Geiß *f* ZOOL (nanny) goat, (*Rehgeiß*) doe
Geißel *f* **1.** whip **2.** BIOL flagellum **3.** *fig* scourge
geißeln *v/t* **1.** whip, REL flagellate **2.** *fig* castigate
Geißeltierchen *n* flagellate
Geißelung *f* **1.** flagellation **2.** *fig* castigation
Geist *m* **1.** (*Verstand*) mind, intellect, (*Denken*) spirit, (*Esprit*) wit: ***Geist und Körper*** mind and body; ***ein großer Geist*** a great mind (*oder* thinker); ***ein Mann von Geist*** a (man of) wit; ***im Geiste*** **a)** *vor sich sehen*: in one's mind's eye, **b)** *bei j-m sein etc*: in one's thoughts; *hum* ***den Geist aufgeben*** give up the ghost, *Motor etc*: *auch* conk out; *ugs* ***j-m auf den Geist gehen*** get on s.o.'s nerves; → ***scheiden*** III **2.** (*Haltung*) spirit, (*Kampfgeist etc*) morale: ***der Geist der Zeit*** the spirit of the times; ***wes Geistes Kind er ist*** what sort of person he is **3.** spirit, ghost: ***böser Geist*** evil spirit, demon; ***der Heilige Geist*** the Holy Ghost
Geisterbahn *f* ghost train
Geisterbild *n* TV double image
Geistererscheinung *f* apparition
Geisterfahrer, Geisterfahrerin *driver using the motorway in the wrong direction*
geisterhaft *Adj* ghostly
Geisterhand *f* ***wie von Geisterhand*** as if by magic
Geisterstadt *f* ghost town
Geisterstunde *f* witching hour
geistesabwesend *Adj* absent(-minded)
Geistesabwesenheit *f* absent-mindedness
Geistesarbeit *f* brainwork
Geistesblitz *m* (flash of) inspiration, (*Idee*) brainwave
Geistesgegenwart *f* presence of mind
geistesgegenwärtig *Adv* ***geistesgegenwärtig sprang er zur Seite*** he had the presence of mind to jump aside

Geistesgeschichte *f* history of thought (*oder* ideas): ***die deutsche Geistesgeschichte*** the history of German thought
geistesgestört *Adj* mentally disturbed
Geistesgestörte *m, f* mentally disturbed person
geisteskrank *Adj* mentally ill, *auch pej* insane
Geisteskranke *m, f* mental case (*oder* patient), *bes pej* lunatic, *Pl the* mentally ill
Geisteskrankheit *f* mental disease
Geistesleben *n* intellectual life
Geistesprodukt *n* (intellectual) product, *ugs* brainchild
geistesschwach *Adj* feeble-minded
Geistesschwäche *f* feeble-mindedness
Geistesstörung *f* mental disorder
Geistesverfassung *f* frame of mind
geistesverwandt *Adj* congenial (***mit*** to)
Geistesverwandtschaft *f* affinity
Geistesverwirrung *f* confused state of mind
Geisteswissenschaft *f* arts subject, *Pl the* arts *Pl*, *the* humanities *Pl*
Geisteswissenschaftler, **Geisteswissenschaftlerin** scholar, (*Student*) arts student
geisteswissenschaftlich *Adj* arts …
Geisteszerrüttung *f* mental derangement, dementia
Geisteszustand *m* mental state
geistig[1] **I** *Adj* mental (*auch* PSYCH), (*intellektuell*) intellectual, (*seelisch*) spiritual: ***geistiges Eigentum*** intellectual property; → ***Diebstahl*** **II** *Adv* mentally (*etc*): ***geistig anspruchsvoll*** demanding, highbrow; ***geistig behindert*** mentally handicapped
geistig[2] *Adj* ***geistige Getränke*** spirits *Pl*, alcoholic drinks *Pl*
geistlich *Adj* **1.** religious, spiritual, *Musik etc*: *auch* sacred: ***geistlicher Orden*** religious order **2.** clerical, (*kirchlich*) ecclesiastical: ***der geistliche Stand*** the clergy; ***geistliches Amt*** ministry
Geistliche **1.** *m* clergyman, *bes protestantischer*: minister, (*Priester*) priest, MIL chaplain, padre **2.** *f* woman priest; woman minister: ***die Geistlichen*** *Pl* → ***Geistlichkeit***
Geistlichkeit *f the* clergy
geistlos *Adj* trivial, (*langweilig*) dull, (*seicht*) insipid, (*dumm*) stupid
Geistlosigkeit *f* lack of wit, dullness, insipidity, (*Bemerkung*) platitude
geistreich *Adj* witty, brilliant
geisttötend *Adj* soul-destroying
geistvoll *Adj* **1.** → ***geistreich*** **2.** (*tief*) profound
Geiz *m* stinginess, meanness
geizen *v/i* ***geizen mit*** be stingy with; ***mit Lob*** *etc* ***geizen*** be sparing with (*oder* stint) one's praise
Geizhals *m* miser, *ugs* meanie
geizig *Adj* miserly, stingy, mean
Gejammer *n ugs pej* moaning
Gejohle *n ugs* howling
Gekicher *n ugs* giggling
Gekläff *n ugs* yapping
Geklapper *n ugs* rattling, clatter
Geklimper *n ugs pej* tinkling
geknickt *Adj ugs fig* crestfallen
gekonnt *Adj* competent, masterly
gekränkt *Adj* offended, hurt
Gekritzel *n pej* **1.** scrawling, scribbling **2.** (*Schrift*) scrawl, scribble
gekünstelt *Adj* artificial, affected
gekürzt *Adj* abridged
Gel *n* CHEM, *Kosmetik*: gel
Gelächter *n* laughter
geladen *Adj* **1.** *allg* loaded, MIL *auch* charged **2.** *ugs fig* ***geladen sein*** (***auf*** *Akk*) be furious (*oder* mad) (at)
Gelage *n* feast, banquet, (*Trinkgelage*) drinking bout, *ugs* binge
gelagert *Adj fig* ***anders gelagert*** different; ***in besonders gelagerten Fällen*** in special cases
gelähmt *Adj auch fig* paralyzed
Gelände *n* country, ground, terrain, (*Baugelände, Ausstellungsgelände etc*) site: ***auf dem Gelände*** *eines Betriebs etc*: on the premises
Gelände… cross-country (*car, race, etc*)
Geländefahrzeug *n* off-roader
geländegängig *Adj* all-terrain
Geländer *n* (*Geländerstange*) railing, (*Treppengeländer*) banisters *Pl*, (*Balkongeländer etc*) balustrade
Geländewagen *m* cross-country vehicle
gelangen *v/i* **1.** ***gelangen an*** (*Akk*) (*oder* ***nach, zu, auf*** *Akk*) reach, arrive at, get (*oder* come) to; ***ans Ziel gelangen*** **a)** reach one's destination, **b)** *fig* achieve one's end, *ugs* make it; ***in den Besitz gelangen von*** (*oder Gen*) get hold of, acquire; ***in j-s Hände gelangen*** get into (*oder* reach) s.o.'s hands **2.** ***zu etw gelangen*** win (*oder* gain, achieve) s.th.; ***zu Reichtum gelangen*** become rich; → ***Ansicht*** 1, ***Einsicht*** 3, ***Erkenntnis***, ***Macht*** 1, ***Schluss*** 2 **3.** THEAT *etc* ***zur Aufführung gelangen*** be performed
gelangweilt *Adj und Adv* bored
gelassen *Adj* calm, composed
Gelassenheit *f* calmness, composure: ***mit Gelassenheit*** calmly, coolly
Gelatine *f* gelatine
geläufig *Adj* **1.** *Ausdruck etc*: common, current, (*vertraut*) familiar: ***das ist mir geläufig*** I'm familiar with that **2.** fluent
Geläufigkeit *f* **1.** familiarity **2.** fluency
gelaunt *Adj* ***gut*** (***schlecht***) ***gelaunt sein*** be in a good (bad) mood
Geläut(e) *n* ringing
gelb *Adj*, **Gelb** *n* yellow, *Verkehrsampel*: amber: ***bei Gelb*** on amber; ***der gelbe Sack*** the bag for recyclable waste; ***Gelbe Seiten*** (*Branchenadressbuch*) Yellow Pages
Gelbe *n vom Ei*: yolk: *ugs fig* ***das ist auch nicht das Gelbe vom Ei!*** it's not all that good!
gelblich *Adj* yellowish
Gelbsucht *f* MED jaundice
Geld *n* money: ***Gelder*** *Pl* funds *Pl*, money; ***bares Geld*** cash; ***großes Geld*** notes *Pl*, *Am* bills *Pl*; ***kleines Geld*** change; *ugs* (***viel***) ***Geld machen*** make (a lot of) money; ***das große Geld machen*** make big money, make a packet; ***etw zu Geld machen*** turn s.th. into cash, sell s.th. off; ***um Geld spielen*** play for money; *ugs* ***im Geld schwimmen*** be rolling in money; ***das geht ins Geld*** that costs a packet; ***Geld spielt keine Rolle*** money is no object; → ***Fenster***, ***Heu***
Geldabwertung *f* (currency) devaluation
Geldangelegenheiten *Pl* money (*oder* financial) matters *Pl*
Geldanlage *f* investment
Geldanweisung *f* money order, remittance
Geldaufwertung *f* (currency) revaluation
Geldausgabe *f* (financial) expenditure
Geldautomat *m* cash dispenser, *Am* money machine
Geldbetrag *m* amount (*oder* sum) of money
Geldbeutel *m* purse

Geldbuße *f* fine
Geldeinwurf *m* **1.** insertion of coins **2.** *am Automaten*: (coin) slot
Geldentwertung *f* currency depreciation, inflation
Geldgeber, **Geldgeberin** financial backer, investor
Geldgeschäfte *Pl* money transactions *Pl*
Geldgeschenk *n* gift of money
Geldgier *f* greed for money, avarice
geldgierig *Adj* greedy for money, avaricious
Geldknappheit *f* lack of money, (financial) stringency
geldlich *Adj* financial, pecuniary
Geldmangel *m* lack of money
Geldmann *m* financier
Geldmarkt *m* money market
Geldmittel *Pl* funds *Pl*
Geldprämie *f* bonus, (*Belohnung*) reward, (*Preis*) award, (cash) prize
Geldquelle *f* source of money (*oder* income)
Geldschein *m* (bank)note, *Am* bill
Geldschrank *m* safe
Geldschwierigkeiten *Pl* financial difficulties *Pl*
Geldsendung *f* (cash) remittance
Geldsorgen *Pl* financial worries *Pl*
Geldspende *f* donation, contribution
Geldstrafe *f* (*auch j-n* ***mit einer Geldstrafe belegen***) fine
Geldstück *n* coin
Geldumtausch *m* exchange of money, conversion
Geldverdienen *n* moneymaking
Geldverdiener, **Geldverdienerin** moneymaker, *in der Familie*: breadwinner
Geldverlegenheit *f* financial embarrassment: ***in Geldverlegenheit sein*** be short of money, *ugs* be hard up
Geldverschwendung *f* waste of money
Geldwaschanlage *f* money laundering outfit
Geldwäsche *f fig* money laundering
Geldwechsel *m* **1.** → ***Geldumtausch*** **2.** (*Stelle*) Change
Geldwechsler *m* (*Automat*) change machine
Geldwert *m* cash (*Kaufkraft*: currency) value
Gelee *n* **1.** GASTR jelly **2.** PHARM gel
gelegen *Adj* **1.** situated, located **2.** (*passend*) convenient, suitable: ***es kommt mir sehr gelegen*** it suits me fine
Gelegenheit *f* **1.** opportunity, chance: ***die Gelegenheit ergreifen*** (*oder* ***benutzen, beim Schopf packen***) seize the opportunity; ***die Gelegenheit verpassen*** miss the chance; ***bei der ersten besten Gelegenheit*** at the first opportunity; → ***passend*** 2 **2.** (*Anlass*) occasion: ***bei Gelegenheit*** → ***gelegentlich*** III; ***bei dieser Gelegenheit*** on this occasion **3.** (*Kochgelegenheit, Waschgelegenheit etc*) facility **4.** WIRTSCH bargain
Gelegenheitsarbeit *f* casual work (*oder* job)
Gelegenheitsarbeiter, **Gelegenheitsarbeiterin** casual labo(u)rer
Gelegenheitsjob *m* occasional job (*bzw.* work)
gelegentlich **I** *Adj* occasional, (*zufällig*) chance **II** *Adv* occasionally, (*manchmal*) *auch* sometimes
gelehrig *Adj* clever, quick to learn
Gelehrsamkeit *f* erudition, learning
gelehrt *Adj* learned
Gelehrte *m, f* learned man (woman), scholar, scientist
Geleit *n auch* MIL escort, SCHIFF *auch* convoy: ***j-m freies Geleit geben*** JUR grant s.o. safe-conduct
geleiten *v/t* escort (*auch* SCHIFF, MIL), accompany
Geleitschiff *n* escort ship
Geleitschutz *m* escort, SCHIFF *auch* convoy
Geleitzug *m* SCHIFF convoy
Gelenk *n allg* joint, TECH *auch* link, (*Gelenkverbindung*) articulation
Gelenk... TECH articulated: ***Gelenkbus*** *m* articulated bus
Gelenkentzündung *f* MED arthritis
gelenkig *Adj* flexible (*auch* TECH), supple, lithe
Gelenkigkeit *f* flexibility, suppleness, litheness
Gelenkrheumatismus *m* MED articular rheumatism
gelernt *Adj* trained, *Arbeiter*: skilled
geliebt *Adj* dear, beloved
Geliebte **1.** *m* lover **2.** *f* love(r), sweetheart, (*Mätresse*) mistress
gelieren *v/i* (*auch* ***gelieren lassen***) jell
gelinde *Adv* ***gelinde gesagt*** to put it mildly
gelingen *v/i und v/unpers* succeed, be successful, be a success, (*gut geraten*) turn out well: ***nicht gelingen*** not to succeed (*etc*), fail; ***ihm gelang die Flucht, es gelang ihm zu fliehen*** he succeeded in escaping, he managed to escape; ***es gelang ihm nicht(, das zu tun)*** he failed (to bring it off); ***endlich ist es mir gelungen*** at last I managed (*oder* made) it
Gelingen *n* success: ***gutes Gelingen!*** good luck!; ***auf gutes Gelingen!*** to success!
gellend *Adj* piercing, shrill: *Adv* ***gellend lachen*** shriek with laughter
geloben *v/t* promise, vow, swear
Gelöbnis *n* vow, pledge
gelobt *Adj* ***das Gelobte Land*** BIBEL the Land of Promise
gelöst *Adj fig* relaxed
gelten **I** *v/i* **1.** (*wert sein*) be worth (*10 dollars etc*): *fig* ***viel*** (***wenig***) ***gelten*** count for much (little) (***bei*** with); ***was er sagt, gilt*** what he says goes; → ***Wette*** **2.** (*gültig sein*) be valid, be good, *Preis, Vertrag etc*: be effective, *Gesetz etc*: *auch* be in force: (***weiterhin***) ***gelten*** hold (good); ***gelten für*** apply to; ***das gilt für alle*** that applies to (*ugs* goes for) all of you; ***gelten lassen*** allow (*auch Sport*), (***als***) accept (as), let *s.o., s.th.* pass (for); ***das lasse ich gelten!*** I'll agree to that!; ***es gilt!*** done!, it's a deal!; ***das gilt nicht!*** **a)** that's not allowed (*oder* fair), **b)** *Sport etc*: that doesn't count!; ***mein Angebot gilt noch!*** my offer still stands! **3.** ***gelten als*** be regarded as, be considered to be **4.** ***j-m gelten*** *Bemerkung, Schuss etc*: be meant for s.o., be aimed at s.o., *Liebe, Hass etc*: be for s.o. **II** *v/unpers* **5.** ***es gilt zu*** *Inf* it is necessary (for us *etc*) to *Inf*; ***es gilt als sicher, dass ...*** **a)** it seems certain that ..., **b)** ***er kommt*** *auch* he's sure to come **6.** ***es galt unser Leben*** *etc* our lives *etc* were at stake
geltend *Adj* current(ly valid), *Gesetz, Recht etc*: *auch* effective, *nachgestellt*: in force, *Meinung etc*: accepted: ***geltend machen*** (*Anspruch, Rechte*) assert, enforce, *als Entschuldigung*: plead; ***geltend machen, dass ...*** maintain that ...; (***bei j-m***) ***seinen Einfluss geltend machen*** bring one's influence to bear (on s.o.)
Geltung *f* (*Gültigkeit*) validity, (*Wert*) value, (*Ansehen*) prestige, (*Einfluss*) influence, (*Bedeutung*) weight: ***Geltung haben*** → ***gelten*** 2; ***an Geltung verlieren*** lose prestige; ***einer***

G

Sache Geltung verschaffen enforce s.th.; ***etw zur Geltung bringen*** show s.th. (off) to advantage; ***zur Geltung kommen*** show to advantage
Geltungsbedürfnis *n*, **geltungsbedürftig** *Adj* craving for admiration
Gelübde *n* (***ein Gelübde ablegen*** take a) vow
gelungen *Adj* successful, *präd* a success, *Werk etc*: excellent
Gelüst *n* craving (***nach*** for)
gelüsten *v/unpers* ***es gelüstet mich nach*** I am craving for, I feel like
gemächlich *Adj und Adv* leisurely, (*ohne Hast*) *auch* unhurried
gemacht *Adj fig* ***ein gemachter Mann*** a made man; ***sie waren gemachte Leute*** they had got it made

Gemahl *m* husband: ***Ihr Herr Gemahl*** Mr. X
Gemahlin *f* wife: ***Ihre Frau Gemahlin*** Mrs. X
gemahnen *v/t und v/i* (***j-n***) ***gemahnen an*** (*Akk*) remind (s.o.) of
Gemälde *n* painting, picture
Gemäldeausstellung *f* exhibition of paintings
Gemäldegalerie *f* picture (*oder* art) gallery
gemäß **I** *Adj* appropriate (*Dat* to) **II** *Präp* (*Dat*) according to, in accordance with, pursuant to, under (*a law etc*)
gemäßigt *Adj* moderate (*auch* POL), *Klima*, *Zone*: temperate
Gemäuer *n* walls *Pl*: ***altes Gemäuer*** (old) ruins
Gemecker *n ugs pej* belly-aching
gemein *Adj* **1.** *pej* low, mean, nasty, *ugs* (*scheußlich*) awful (*job etc*), (*ordinär*) vulgar, (*unanständig*) dirty, filthy (*joke etc*): ***gemeiner Trick*** dirty trick **2.** ***etw gemein haben*** have s.th. in common (***mit*** with) **3.** *allg* common (*auch* BOT, MATHE, ZOOL), general: ***das gemeine Volk*** the common people
Gemeinde *f* **1.** POL municipality, (*Gemeindeverwaltung*) *auch* local government (*oder* authority), (*Gemeindebewohner*) community **2.** (*Pfarrgemeinde*) parish, (*Gemeindemitglieder*) *auch* parishioners *Pl*, (*Kirchengemeinde*) congregation **3.** (*Zuhörer*) audience **4.** (*Anhänger*) following
Gemeindeamt *n* **1.** local authority **2.** municipal office
Gemeindebezirk *m* district
Gemeindehaus *n* **1.** REL parish hall **2.** → ***Gemeindezentrum***
Gemeinderat[1] *m* municipal council
Gemeinderat[2] *m*, **Gemeinderätin** *f* (*Person*: council[l]or)
Gemeindeschwester *f* district nurse
Gemeindesteuern *Pl* (local) rates *Pl*, *Am* local taxes *Pl*
Gemeindeverwaltung *f* local government (*oder* authority)
Gemeindevorstand *m* local board
Gemeindewahl *f* local election
Gemeindezentrum *n* community cent/re (*Am* -er)
gemeingefährlich *Adj Verbrecher*: dangerous: ***gemeingefährlich sein*** be a public danger
Gemeingut *n auch fig* common property
Gemeinheit *f* **a)** meanness, nastiness, **b)** mean thing (to do *oder* say): ***so eine Gemeinheit!*** what a dirty trick!, *enttäuscht*: what rotten luck!
gemeinhin *Adv* generally
Gemeinkosten *Pl* overhead (cost) *Sg*
gemeinnützig *Adj* for the public benefit, public welfare …, *Betrieb*, *Verein*: nonprofit(-making)
Gemeinplatz *m* commonplace
gemeinsam **I** *Adj* common (*auch* MATHE), *Eigentum*, *Aktion*, *Konto etc*: joint, *Freund etc*: mutual: HIST ***Gemeinsamer Markt*** Common Market; ***gemeinsame Sache machen*** make common cause (***mit*** with); ***sie haben vieles gemeinsam*** they have a great deal in common; → ***Nenner*** **II** *Adv* jointly, together: ***etw gemeinsam tun*** do s.th. together
Gemeinsamkeit *f der Ansichten etc*: common ground, *der Interessen etc*: mutuality, *des Handelns*: joint action, (*Verbundenheit*) solidarity: ***Gemeinsamkeiten entdecken*** discover things in common
Gemeinschaft *f* community (*auch* POL), (*Gruppe*) team, (*Verband*) association: ***eheliche Gemeinschaft*** JUR matrimony; ***in enger Gemeinschaft leben*** live close together (***mit*** with)
gemeinschaftlich → ***gemeinsam***
Gemeinschaftsanschluss *m* TEL party line
Gemeinschaftsantenne *f* communal aerial (*Am* antenna)
Gemeinschaftsarbeit *f* teamwork
Gemeinschaftserziehung *f* **1.** PÄD coeducation **2.** social education
Gemeinschaftsgeist *m* community spirit
Gemeinschaftsproduktion *f* coproduction
Gemeinschaftsraum *m* communal room
Gemeinschaftssendung *f* simultaneous broadcast, hookup
Gemeinschaftswährung *f* common (*oder* single) currency; (*in EU*) single European currency
Gemeinschuldner, **Gemeinschuldnerin** bankrupt
Gemeinsinn *m* public spirit
gemeinverständlich *Adj* intelligible to all, popular
Gemeinwesen *n* community, (*Staat*) polity
Gemeinwohl *n* public welfare
gemessen *Adj fig* measured: ***gemessenen Schrittes*** with measured steps
Gemetzel *n* slaughter, massacre
Gemisch *n* mixture
gemischt *Adj auch fig* mixed
gemischtwirtschaftlich *Adj* WIRTSCH mixed-type
Gemme *f* gem
Gemsbock → ***Gämsbock***
Gemse → ***Gämse***
Gemüse *n* vegetable, *Koll* vegetables *Pl*, *bes Am ugs* veg(g)ies *Pl*, (*Grüngemüse*) greens *Pl*

Gemüsesorten WF

Artischocke	**artichoke** ['ɑːtɪtʃəʊk]
Aubergine	**aubergine** ['əʊbəʒiːn], *Am* **eggplant**
Blaukraut	**red cabbage**
Blumenkohl	**cauliflower**
Bohne	**bean**
Brokkoli	**broccoli**, *Am* **calabrese** ['kæləbriːs]
Karotte	**carrot**
Erbse	**pea**
Kartoffel	**potato**
Kichererbse	**chick pea**

Kohl	**cabbage**
Lauch	**leek**
Mais	**maize**, *Am* **corn**
Möhre	**carrot**
Paprika	**pepper**
Rosenkohl	**Brussels sprouts**
Rotkohl	**red cabbage**
Sellerie	*Stange*: **celery**; *Knolle*: **celeriac** [sɪ'leriæk]
Spinat	**spinach** ['spɪnɪdʒ]
Tomate	**tomato** [tə'mɑːtəʊ; *Am* tə'meɪtəʊ]
Weißkohl	**(white) cabbage**
Zucchini	**courgette** [ˌkʊə'ʒet], *Am* **zucchini**
Zwiebel	**onion** ['ʌnjən]

Gemüsebau, **Gemüseanbau** *m* vegetable gardening, *Am* truck farming
Gemüsegarten *m* kitchen garden
Gemüsehändler, **Gemüsehändlerin** greengrocer
Gemüsekonserven *Pl* tinned (*oder* canned) vegetables *Pl*
Gemüseladen *m* greengrocer's shop
gemustert *Adj* (*auch* ***in sich gemustert***) patterned
Gemüt *n* (*Geist*) mind, (*Seele*) soul (*auch Person*), (*Herz*, *Gefühl*) heart, feeling, (*Wesensart*) disposition, nature: ***die Gemüter bewegen*** cause quite a stir; *ugs* ***sich eine Flasche Wein zu Gemüte führen*** get outside a bottle of wine; → ***erhitzen*** I
gemütlich *Adj* **1.** comfortable, snug, cosy, (*angenehm*) pleasant: ***mach es dir gemütlich!*** **a)** make yourself at home!, **b)** *auch* ***sei gemütlich!*** relax! **2.** *Person*: good-natured, pleasant **3.** *auch Adv* (*gemächlich*) leisurely, unhurried(ly *Adv*), *Adv* (*ungestört*) in peace
Gemütlichkeit *f* **1.** cosiness (*etc*) **2.** cosy (*oder* relaxed) atmosphere **3.** (*Gemächlichkeit*) leisure(liness): ***in aller Gemütlichkeit*** → ***gemütlich*** 3

Gemütlichkeit SG

Da der Begriff „Gemütlichkeit" sich durch keinen englischen Ausdruck genau wiedergeben lässt, begegnet man auch im Englischen diesem aus dem Deutschen stammenden Lehnwort. Es wird oft kleingeschrieben und etwa [gə'mjuːt…] ausgesprochen.

Gemütsart *f* disposition, nature
Gemütsbewegung *f* emotion
gemütskrank *Adj* emotionally disturbed
Gemütskrankheit *f* emotional disturbance, mental disorder
Gemütsmensch *m ugs* **a)** warm-hearted person, **b)** *iron* callous beast
Gemütsruhe *f* peace of mind: *ugs* ***in aller Gemütsruhe*** calmly, *iron* as cool as you please
Gemütsverfassung *f*, **Gemütszustand** *m* frame of mind, (mental) state
gemütvoll *Adj* soulful, sentimental, *Person*: warm(-hearted)
Gen *n* BIOL gene
genau **I** *Adj* exact, accurate, precise, *Bericht etc*: detailed, (*sorgfältig*) careful, (*streng*) strict: ***Genaueres*** particulars *Pl*, further details *Pl*; ***man weiß nichts Genaues*** we don't know anything definite **II** *Adv* exactly (*etc*): ***genau dasselbe*** (***das Gegenteil***) exactly (*oder* just) the same (the opposite); ***genau das, was ich brauche*** just what I need; ***genau in der Mitte*** right in the middle; ***genau*** (***um***) ***10 Uhr*** (at) ten o'clock sharp; ***genau beobachten*** (***zuhören***) watch (listen) closely; ***ich weiß es genau*** I know it for sure; ***sich genau an die Regeln halten*** keep strictly to the rules; ***es nicht sehr genau nehmen*** not to be particular (***mit*** about); (***stimmt***) ***genau!*** exactly!; ***genau genommen*** strictly speaking
Genauigkeit *f* exactness, accuracy, precision, (*Sorgfalt*) thoroughness
genauso → ***ebenso***; ***genauso gut*** → ***ebenso***
Genbank *f* gene bank
Gendatei *f* DNA file
Genealogie *f* genealogy
genehm *Adj* ***j-m genehm sein*** suit s.o.
genehmigen *v/t* approve (*auch* VERW, JUR), (*zulassen*) permit, VERW authorize, license: *ugs* ***sich einen genehmigen*** have a drink
Genehmigung *f* **1.** approval, permission, authorization **2.** (*Lizenz*) permit, licen/ce (*Am* -se)
geneigt *Adj* inclined (*auch fig* ***zu*** to)
General, **Generalin** MIL general
General… general (*agency*, *amnesty*, *etc*)
Generalbass MUS basso continuo
Generalbevollmächtigte *m*, *f* **1.** POL plenipotentiary **2.** WIRTSCH general representative
Generaldirektor, **Generaldirektorin** general manager
Generalkonsul, **Generalkonsulin** consul general
Generalkonsulat *n* consulate general
Generalleutnant *m* lieutenant general
Generalmajor, **Generalmajorin** major general
Generalprobe *f auch fig* dress rehearsal
Generalsekretär, **Generalsekretärin** secretary-general
Generalstaatsanwalt *m*, **Generalstaatsanwältin** *f* Chief State Prosecutor
Generalstab *m* MIL General Staff
Generalstreik *m* general strike
Generalüberholung *f* TECH complete overhaul
Generalversammlung *f* **1.** WIRTSCH general meeting **2.** POL *der UNO*: General Assembly
Generalvertreter, **Generalvertreterin** general agent
Generalvollmacht *f* JUR general power of attorney
Generation *f* generation: *Mobiltelefon etc* ***der dritten Generation*** third-generation …
Generationenvertrag *m* contract between the generations
Generationskonflikt *m*, **Generationsproblem** *n* generation gap
Generator *m* ELEK generator
generell *Adj* general
genesen *v/i* recover (***von*** from), get well
Genesung *f* convalescence, *völlige*: recovery
Genesungs… convalescent (*home*, *leave*, *etc*)
Genetik *f* genetics *Sg*
Genetiker, **Genetikerin** genetic scientist
genetisch *Adj* genetic(ally *Adv*)
Genf *n* Geneva

Der Genitiv

Bei Menschen und Tieren steht üblicherweise der **s**-Genitiv, bei Dingen der **of**-Genitiv:

Norahs 18. Geburtstag war der schönste Tag ihres Lebens.	**Norah's 18th birthday was the best day of her life.**

Der **of**-Genitiv kann aber auch bei Personen stehen, um den Bezug eines Relativsatzes zu verdeutlichen:

Das ist die Unterschrift des Mannes, der das Paket lieferte.	**This is the signature of the man who delivered the package.**

Genfer *Adj* Genevan: ***der Genfer See*** Lake Geneva
Genfood *n* GM foods
genial *Adj* of genius, inspired, (*großartig*) brilliant, ingenious: ***eine geniale Idee*** *auch iron* a brilliant idea
Genialität *f* genius, brilliancy, ingenuity
Genick *n* (back of the) neck: ***(sich) das Genick brechen*** break one's neck; *fig* ***das brach ihm das Genick*** that was his undoing
Genickschuss *m* shot in the neck
Genie *n allg* genius
genieren I *v/t* ***j-n genieren*** embarrass s.o., (*stören*) bother s.o. **II** *v/refl* ***sich genieren*** be embarrassed, be shy; ***genieren Sie sich nicht!*** don't be shy!
genießbar *Adj* edible, eatable, *Getränk*: drinkable
genießen *v/t* **1.** enjoy, *stärker*: relish **2.** (*zu sich nehmen*) have, eat, drink **3.** *fig* (*Vorteil*, *Ruf etc*) enjoy, have, (*Erziehung etc*) receive, get: ***j-s Vertrauen genießen*** be in s.o.'s confidence
Genießer, **Genießerin** bon vivant
Genitalien *Pl* genitals *Pl*
Genitiv *m* LING genitive (case)
Genmanipulation *f* genetic engineering
genmanipuliert *Adj* genetically manipulated, *in Zssg(n)*: GM …
Genom *n* genome
genormt *Adj* standardized
Genosse *m*, **Genossin** *f* **1.** POL comrade **2.** *ugs* pal
Genossenschaft *f* WIRTSCH, **genossenschaftlich** *Adj* cooperative
Genre *n allg* genre
Gentechnik *f* genetic engineering
gentechnikfrei *Adj* GM-free
gentechnisch *Adj*: ***gentechnisch verändert*** genetically modified (*oder* engineered)
Gentest *m* MED DNA test
Genua *n* Genoa
genug *Adj und Adv* enough, sufficient(ly): ***mehr als genug*** more than enough; ***ich habe nicht genug Zeit*** I haven't enough time (*oder* time enough) to do it; ***genug (davon)!*** enough (of that)!; ***ich habe genug davon!*** I've had enough of that!
Genüge *f* **1.** ***zur Genüge*** (well) enough, sufficiently, (*nur zu gut*) only too well, (*oft genug*) often enough **2.** ***Genüge tun*** (*Dat*) → ***genügen*** 2
genügen *v/i* **1.** be enough, be sufficient: ***das genügt (mir)!*** that's enough (for me)!, that'll do (for me)!, *fig auch* that's good enough (for me)! **2.** (*Anforderungen etc*) satisfy, meet
genügend *Adj* **1.** *auch Adv* → ***genug*** **2.** (*befriedigend*) satisfactory
genügsam *Adj* content with little, modest, *im Essen*: *auch* frugal
Genugtuung *f* (***über*** *Akk* at) satisfaction, gratification: ***ich hörte mit Genugtuung, dass …*** I was gratified to hear that …
Genuss *m* **1.** *von Speisen*, *Getränken*: consumption, eating, drinking, *von Tabak*: smoking, *von Drogen*: taking **2.** (*Vergnügen*) pleasure: *etw* ***mit Genuss*** *essen*, *lesen*, *tun* with relish; ***ein wahrer Genuss*** a real treat **3.** *auch* JUR (*Nutznießung*, *Besitz*) enjoyment: ***in den Genuss einer Sache kommen*** get (the benefit of) s.th.
Genussmittel *n* semiluxury food, drink, and tobacco, *anregendes*: stimulant
genusssüchtig *Adj* hedonistic
Geograf, **Geografin**, **Geograph**, **Geographin** geographer
Geografie, **Geographie** *f* geography
geografisch, **geographisch** *Adj* geographic(al)
Geologe *m*, **Geologin** *f* geologist
Geologie *f* geology
geologisch *Adj* geological
Geometer *m* surveyor
Geometrie *f* geometry
geometrisch *Adj* geometric(al)
Geophysik *f* geophysics *Sg*
Geopolitik *f* geopolitics *Sg*
Gepäck *n* luggage, *bes Am* baggage
Gepäckabfertigung *f* **1.** BAHN luggage (*bes Am* baggage) processing, FLUG checking-in of luggage (*bes Am* baggage) **2.** (*Schalter*) luggage (*bes Am* baggage) office, FLUG check-in counter
Gepäckablage *f* luggage (*bes Am* baggage)

Geografische Bezeichnungen

Bezeichnungen von Ländern, Straßen, Plätzen, Bergen oder Seen stehen in der Regel ohne den bestimmten Artikel **the**:

Mein Nachbar kommt aus der Türkei.	**My neighbour is from Turkey.**
Unseren letzten Sommerurlaub verbrachten wir am Genfer See.	**We spent our last summer holidays at Lake Geneva.**

Geografische Namen, die im Plural stehen, werden immer von **the** begleitet:

die Niederlande	**the Netherlands**	die Alpen	**the Alps**

Geometrische Figuren

WF

Flächen	**plane surfaces**
Kreis	circle
Quadrat	square
Dreieck	triangle
Rechteck	rectangle
Körper	**solids**
Kugel	sphere
Würfel	cube
Kegel	cone
Pyramide	pyramid
Zylinder	cylinder

rack
Gepäckannahme *f* → ***Gepäckabfertigung***
Gepäckaufbewahrung *f* **1.** receiving of left luggage (*bes Am* baggage) **2.** (*Schalter*) left-luggage office, *Am* baggage room
Gepäckausgabe *f* FLUG baggage claim
Gepäckkontrolle *f* luggage (*bes Am* baggage) check
Gepäckschein *m* luggage ticket, *Am* baggage check
Gepäckstück *n* piece of luggage (*bes Am* baggage)
Gepäckträger *m* **1.** porter **2.** *am Fahrrad*: carrier, MOT (*Dachgepäckträger*) roof rack
gepanzert *Adj* armo(u)red
Gepard *m* ZOOL cheetah
gepfeffert *Adj fig Preise, Rechnung etc*: steep, *Prüfungsfrage etc*: tough, *Brief etc*: sharp, *Witz*: juicy
gepflegt *Adj Person, Äußeres etc*: well-groomed, *Garten etc*: *auch* well-tended, *Wein, Speisen etc*: select, excellent, *Gespräch, Stil etc*: cultured, refined
Gepflogenheit *f* habit, custom, WIRTSCH *etc* practice
Geplänkel *n auch fig* skirmish
Geplapper *n ugs* babbling, *pej* (*Geschwätz*) *auch* chatter(ing)
Geplauder *n* chatting, chat
Gepolter *n* rumbling
Gepräge *n fig* stamp, character: (*Dat*) ***das Gepräge geben*** leave one's stamp on
gequält *Adj* pained, *Lächeln*: forced
Gequassel *n*, **Gequatsche** *n ugs* blather
gerade I *Adj* **1.** straight (*auch fig*), *Haltung*: upright, erect, (*eben*) even (*auch Zahl*): ***gerade biegen*** straighten out **2.** *fig* (*aufrichtig*) sincere, *Person*: *auch* upright **II** *Adv* **3.** (*soeben, auch genau*) just: ***gerade erst*** just now; ***nicht gerade schön*** *etc* not exactly beautiful *etc*; ***er wollte gerade gehen*** he was just about to leave; ***ich war gerade dort als …*** I happened to be there when …; ***nun gerade!*** now more than ever!; ***gerade du!*** especially you!; ***warum gerade ich?*** why me of all people?; ***gerade an diesem Tag*** on that very day
Gerade *f* **1.** MATHE straight line **2.** SPORT straight: ***linke (rechte) Gerade*** *Boxen*: straight left (right)
geradeaus *Adv* straight ahead (*oder* on)
geradebiegen *v/t ugs fig* straighten out
geradeheraus *Adv fig* straight out, frankly
gerädert *Adj ugs fig* ***wie gerädert*** (absolutely) whacked
geradeso *etc* → ***ebenso*** *etc*
geradestehen *v/i fig* answer (**für** for)
geradewegs *Adv* straight, directly, (*sofort*) straightaway
geradezu *Adv* **1.** (*fast*) almost, next to, (*wirklich*) really **2.** → ***geradeheraus***
Geradheit *f* **1.** straightness **2.** *fig* uprightness, honesty
geradlinig *Adj* **1.** straight (*auch Adv*), *Abstammung etc*: lineal, direct, *Bewegung*: linear **2.** *fig* straight(forward)
gerammelt *Adj ugs* ***gerammelt voll (von)*** chock-full (of), jam-packed (*oder* crammed) (with)
Gerangel *n ugs* tussle, *fig auch* wrangling
Gerät *n* **1.** TECH device, *ugs* gadget, (*auch Haushaltsgerät*) appliance, (*Apparat, auch Turngerät*) apparatus, (*Messgerät*) instrument **2.** (*Radiogerät, Fernsehgerät*) set **3.** *Koll* (*Ausrüstung, auch Sportgerät*) equipment, gear, (*Werkzeug*) tools *Pl*, (*Küchengerät*) utensils *Pl* **4.** (*Motorrad etc*) machine
geraten[1] *v/i* **1.** turn out (***gut*** well, ***zu kurz*** too short *etc*) **2.** ***an j-n geraten*** come across s.o.; ***an etw geraten*** come by (*oder* get) s.th.; ***an einen Betrüger geraten*** fall into the hands of a swindler; ***in Schwierigkeiten geraten*** get into difficulties; ***in einen Sturm geraten*** be caught in a storm; → ***Abweg, Adresse, außer*** 1, ***Bahn*** 1, ***Brand*** 1 *etc* **3.** ***geraten nach*** *Kind*: take after (*one's father*)
geraten[2] *Adj* (*ratsam*) advisable
Geräteschuppen *m* toolshed
Geräteturnen *n* apparatus gymnastics *Sg*
Geratewohl *n* ***aufs Geratewohl*** at random
Gerätschaften *Pl* → ***Gerät*** 3
Geratter *n* rattling, rattle
geräumig *Adj* spacious, roomy
Geräumigkeit *f* spaciousness, roominess
Geräusch *n* sound, (*auch* ELEK *Störung*) noise
geräuscharm *Adj* quiet, noiseless
Geräuschdämpfung *f* sound damping
Geräuschkulisse *f* background noise
geräuschlos *Adj* noiseless, silent
Geräuschlosigkeit *f* noiselessness
Geräuschpegel *m* decibel (*oder* noise) level
geräuschvoll *Adj* noisy, loud
gerben *v/t* tan
Gerber, Gerberin tanner
Gerberei *f* tannery
Gerbsäure *f* tannic acid
gerecht *Adj* **1.** just, fair **2.** *j-m* (*einer Sache*) ***gerecht werden*** do justice to, (*Anforderungen, Wünschen etc*) meet, fulfil(l), (*Erwartungen*) *auch* come up to
gerechterweise *Adv* justly, *einräumend*: to be fair
gerechtfertigt *Adj* justified
Gerechtigkeit *f* justice, fairness: → ***widerfahren***
Gerechtigkeitssinn *m* sense of justice
Gerede *n* talk, (*Klatsch*) gossip: ***ins Gerede kommen*** get talked about
geregelt *Adj Arbeit, Zeiten etc*: regular
gereizt *Adj* irritable, irritated (*auch* MED)
Gereiztheit *f* irritability, irritation
Geriatrie *f* geriatrics *Sg*
Gericht[1] *n* (*Speise*) dish, (*Gang*) course
Gericht[2] *n* court (of justice), law court, *fig* tribunal, (*die Richter*) the court, (*Gebäude*) court(house): ***das Jüngste Gericht*** REL the Last Judgement; ***vor Gericht bringen*** take *s.o., s.th.* to court; ***vor Gericht gehen*** go to

G

Geräusche: einige Verben mit ihren englischen Übersetzungen

WF

bimmeln	**ring**
brummen	*Insekten*: **hum, buzz**; *Motor*: **drone**
brutzeln	*in der Pfanne*: **sizzle**
glucksen	*Wasser usw.*: **gurgle**; *vor Lachen*: **chortle**
hupen	*beim Autofahren*: **honk, hoot, toot**
klimpern	*Schüssel, Geld*: **jingle, jangle**; *auf dem Klavier*: **tinkle**
klirren	*Gläser beim Anstoßen*: **clink**; *brechendes Glas*: **tinkle**; *Ketten, Schlüsselbund*: **jingle, jangle**; *Teller, Fensterscheiben*: **rattle**
knacken	*Gelenke, Nüsse*: **crack**; *brechendes Holz*: **snap**
knallen	*Schuss*: **bang**; *Peitsche*: **crack**; *Sektkorken*: **pop**
knirschen	*Kies, Sand, Schnee*: **crunch**; *mit den Zähnen*: **grind one's teeth**
knistern	*Feuer*: **crackle**; *Papier*: **rustle** [ˈrʌsl]
krachen	*Becken (= Musikinstrument), Donner usw.*: **crash**; *Schuss*: **bang**; *Tür beim Zufallen*: **bang, slam**; *Eis*: **crack**
läuten	*Wecker*: **ring**
rascheln	*Laub, Papier*: **rustle** [ˈrʌsl]
rauschen	*Wasser*: **rush**; *Blätter im Wind*: **rustle**; *Brandung, Sturm*: **roar**; *Tonband, Aufnahme*: **hiss**
schwirren	*kleine Insekten*: **buzz**; *Pfeil*: **whiz(z)**; *Flügel*: **whirr**, *Am* **whir**
summen	*Bienen usw.*: **buzz**; *ein Lied*: **hum**
surren	*Insekt*: **buzz**; *Kamera, Motor*: **whirr**, *Am* **whir**, *leiser*: **hum**
ticken	*Uhr*: **tick**
zischen	*Schlange, aus Reifen usw. entweichende Luft*: **hiss**; *Sprudel*: **fizz**

court; ***vor Gericht aussagen*** testify in court; ***vor Gericht kommen*** come before the court; ***j-n vor Gericht stellen*** bring s.o. to trial; *fig* ***mit j-m ins Gericht gehen*** take s.o. to task; ***zu Gericht sitzen über*** (*Akk*) sit in judg(e)ment on

gerichtlich *Adj* judicial, legal: ***gerichtlich vereidigt*** sworn

Gerichtsbarkeit *f* jurisdiction

Gerichtsbeschluss *m* court order: ***durch Gerichtsbeschluss*** by order of the court

Gerichtsgebäude *n* law court, courthouse

Gerichtshof *m* court of justice, law court

Gerichtskosten *Pl* costs *Pl* (of an action)

Gerichtsmedizin *f* forensic medicine

Gerichtsmediziner, **Gerichtsmedizinerin** medical expert (*Am* examiner)

Gerichtsreferendar, **Gerichtsreferendarin** junior lawyer (*who has passed his first State Examination*)

Gerichtssaal *m* courtroom

Gerichtsstand *m* (legal) venue, WIRTSCH legal domicile

Gerichtsurteil *n* judg(e)ment, *in Strafsachen*: sentence

Gerichtsverfahren *n* **1.** (*Prozess*) (legal) proceedings *Pl*, lawsuit, (*Strafprozess*) trial **2.** (*Verfahrensweise*) court procedure

Gerichtsverhandlung *f* (judicial) hearing, (*Strafverhandlung*) trial

Gerichtsvollzieher, **Gerichtsvollzieherin** bailiff, *Am* marshal

gering **I** *Adj* little, small, slight, (*niedrig*) low, *Meinung, Qualität*: *auch* poor, *Hoffnung, Chance etc*: slim, *Bedeutung, Rolle etc*: minor: ***in geringerem Maße*** to a less degree; ***kein Geringerer als*** no less a person than; ***nicht im Geringsten*** not in the least; ***das soll meine geringste Sorge sein!*** that's the least of my worries!; → ***Chance*** **II** *Adv* ***gering achten*** think little of, (*Folgen, Gefahr etc*) disregard

geringachten → ***gering*** II

geringfügig *Adj* insignificant, negligible, slight, minor, *Betrag, Vergehen*: small, petty

Geringfügigkeit *f* insignificance, slightness, smallness

geringschätzig *Adj* contemptuous, *Bemerkung*: *auch* disparaging

Geringschätzung *f* (*für, Gen*) disdain (of), low regard (for)

gerinnen *v/i* coagulate, *bes Blut*: *auch* clot, *Milch*: curdle

Gerinnsel *n* MED clot

Gerinnung *f* coagulation

Gerippe *n allg* skeleton, *fig* (*Gerüst*) *auch* frame

gerippt *Adj* ribbed

gerissen *Adj ugs fig* cunning, crafty

Germ *m österr.* baker's yeast

Germane *m*, **Germanin** *f* Teuton

germanisch *Adj* Germanic, Teutonic

Germanist, **Germanistin** Germanist, (*Student[in]*) *auch* student of German

Germanistik *f* German (studies *Pl oder* philology)

Germknödel *m österr.* dumpling made of yeast dough

gern(e) *Adv* gladly, with pleasure: ***etw (sehr) gern(e) tun*** **a)** like (love) to do (*oder* doing) s.th., **b)** (*dazu neigen*) tend to do s.th.; ***etw gern(e) essen (trinken)*** like s.th.; ***gern(e) lesen*** like reading; ***ich hätte (möchte) gern(e) …*** I'd (I would) like to *Inf*; ***(ja,) gern(e)!*** yes, please!, I'd love to!; ***(aber) gern(e)!*** gladly!, of course!; ***herzlich*** (*oder* ***liebend***) ***gern(e)!*** with great pleasure!; ***gern geschehen!*** not at all!, (you're) welcome!; ***ich möchte gern(e) wissen, ob …*** I'd like to know if …, (*ich frage mich*) I wonder if …; ***er kann gern(e) kom-***

gern / ungern GR

Die deutschen Adverbien **gern** und **ungern** werden meist durch englische Verbkonstruktionen wiedergegeben.

gern	
Ich tanze gern.	**I enjoy dancing / I love dancing.**
Er mag sie sehr gern.	**He's very fond of her / He likes her a lot.**
Sie würde gern Urlaub machen.	**She'd like to go on holiday.**
Gern geschehen!	**Don't mention it. / My pleasure.**
ungern	
Ich warte ungern auf jemanden.	**I don't like waiting for people / I hate waiting for people.**
Er fährt ungern Ski.	**He's not very keen on skiing.**
Kannst du mir dein Handy leihen? – Ungern.	**Can you lend me your mobile phone? – I'd rather not.**

men! **a)** he's welcome!, **b)** (*von mir aus*) I don't mind if he comes!; ***das kannst du gern(e) haben!*** you're welcome to it!; ***er sieht es nicht gern(e)*** he doesn't like it
gernhaben *v/t* like, be fond of; *ugs* ***du kannst mich gernhaben!*** go to blazes!
Gernegroß *m ugs* show-off
Geröll *n* GEOL scree, (*Geschiebe*) rubble
Gerontologie *f* MED gerontology
Gerste *f* BOT barley
Gerstenkorn *n* **1.** barleycorn **2.** MED sty
Gerte *f* switch, twig
gertenschlank *Adj* (slim and) willowy
Geruch *m* smell, *pej* odo(u)r (*auch fig*), (*bes Duft*) scent
geruchlos *Adj* odo(u)rless
Geruchsnerv *m* olfactory nerve

Gerüche WF

neutral:	**smell**
angenehm:	**scent** [sent] (= Duft)
	fragrance ['freɪgrəns] (= Duft)
	aroma (= Aroma, *bes. von Essen*)
unangenehm:	**smell** (= schlechter Geruch)
	odour ['əʊdə] (= Geruch, Gestank)
	stink (= Gestank)
	stench [stenʃ] (= penetranter Gestank)
	ugs **pong** (= Mief)

Mit **smell** verbindet man – wenn es nicht näher bezeichnet wird – einen neutralen oder auch unangenehmen Geruch. Es kann aber auch näher bestimmt werden: **pleasant / nice / lovely smell** *oder auch* **horrible / nasty / bad smell**

Geruchssinn *m* (sense of) smell
Gerücht *n* rumo(u)r: ***es geht das Gerücht, dass …*** it is rumo(u)red that …
geruhen *v/t* ***geruhen, etw zu tun*** deign to do s.th.
gerührt *Adj fig* touched, moved
Gerümpel *n pej* junk
Gerund *n* LING gerund
Gerüst *n* **1.** (*Baugerüst etc*) scaffold(ing), (*Arbeitsbühne*) stage, (*Rahmen*) frame **2.** *fig* frame(work)
gerüttelt *Adj fig* ***ein gerüttelt Maß an*** (*Dat*) a fair amount of
gesalzen *Adj* **1.** salted **2.** → ***gepfeffert***
gesammelt *Adj* **1.** ***gesammelte Werke*** collected works **2.** *fig* concentrated
gesamt *Adj* whole, entire, all, *Bedarf, Einfuhr, Erlös, Preis etc*: total
Gesamtansicht *f* general view
Gesamtauflage *f einer Zeitung*: total circulation, *eines Buchs*: total number of copies published
Gesamtausgabe *f* **1.** *eines Werks*: complete edition **2.** *Pl* WIRTSCH total expenditure *Sg*
Gesamtbetrag *m* total (amount)
Gesamtbevölkerung *f* total population
Gesamtbild *n fig* overall picture
gesamtdeutsch *Adj* all-German
Gesamteindruck *m* general impression
Gesamteinnahme(n *Pl*) *f* WIRTSCH total receipt(s *Pl*)
Gesamtheit *f* totality, *the* whole: ***die Gesamtheit der Arbeiter*** *etc* all the workers *etc*; ***in seiner Gesamtheit*** in its entirety, as a whole
Gesamthochschule *f* comprehensive university
Gesamtkosten *Pl* overall (*oder* total) cost *Sg*
Gesamtlänge *f* overall length
Gesamtnote *f* PÄD aggregate mark
Gesamtschaden *m* total damage
Gesamtschule *f* comprehensive school
Gesamtsieger, **Gesamtsiegerin** overall winner
Gesamtsumme *f* (sum) total, total amount
Gesamtumsatz *m* total turnover
Gesamtwerk *n* complete works *Pl*
Gesamtzahl *f* total (number)
Gesandte *m, f* POL envoy
Gesandtschaft *f allg* legation
Gesang *m* singing, (*Lied*) song, (*Fach*) (***Gesang studieren*** study) voice
Gesangbuch *n* REL hymnbook
Gesanglehrer, **Gesanglehrerin** singing teacher
gesanglich *Adj* vocal
Gesangunterricht *m* singing lessons *Pl*
Gesangverein *m* choral society
Gesäß *n* buttocks *Pl*, *ugs* bottom
Gesäßtasche *f* back pocket
Geschäft *n allg* business, (*Handel*) *auch* trade, (*Transaktion*) *auch* (business) deal, transaction, (*Firma*) *auch* firm, enterprise, (*Büro*) office, (*Ladengeschäft*) *auch* shop, *bes Am* store, (*Angelegenheit*) *auch* affair: ***ein gutes (schlechtes) Geschäft*** a good (bad) deal; ***ein gutes Geschäft machen*** make a good profit (*ugs* a packet) (***mit*** *etw* out of); ***Geschäfte machen mit*** deal in, *gewinnreich*: make money out of; ***mit j-m Geschäfte machen, mit j-m ins Geschäft kommen*** do business with s.o.; ***gut im Geschäft sein*** be doing well; ***in Geschäften*** on business; ***wie gehen die Geschäfte?*** how's business?; ***Geschäft ist Geschäft!*** business is business!; ***er versteht sein Geschäft!*** he knows his business (*oder* stuff)!

Geschäfte und Läden WF

Antiquitätenladen	**antique shop** [æn'tiːkʃɒp]
Apotheke	**chemist's**, *bes Am* **pharmacy**
Bäckerei	**bakery**
Blumengeschäft	**florist's** ['flɒrɪsts]
Buchhandlung	**bookshop**, *bes Am* **bookstore**
Drogerie	**chemist's**, *Am* **drugstore**
Fotogeschäft	**photo shop**
Friseur(laden)	**hairdresser's**
Gemüsehändler	**greengrocer's**
Juwelier(laden)	**jeweller's**
Kaufhaus	**department store**
Metzger(ei)	**butcher's** ['bʊtʃəz]
Optiker	**optician**
Reinigung	**dry cleaner's**
Schreibwarengeschäft	**stationery shop**
Schuhgeschäft	**shoe shop**
Supermarkt	**supermarket**
Zeitungshändler	**newsagent**, *Am* **newsdealer**

geschäftehalber *Adv* on business
Geschäftemacher, **Geschäftemacherin** *pej* profiteer
geschäftig *Adj* busy, active
Geschäftigkeit *f* activity
geschäftlich **I** *Adj* business, commercial **II** *Adv* as regards business: ***geschäftlich verreist*** away on business; ***geschäftlich zu tun haben*** have (some) business (***mit*** with)
Geschäftsabschluss *m* (business) transaction (*oder* deal)
Geschäftsbedingungen *Pl* terms *Pl* of business
Geschäftsbereich *m* sphere of activity, scope, *eines Ministers*: portfolio, JUR jurisdiction
Geschäftsbericht *m* (business) report
Geschäftsbeziehungen *Pl* business connections *Pl*
Geschäftsbrief *m* business letter
Geschäftsessen *n* business lunch
geschäftsfähig *Adj* competent, having legal capacity
Geschäftsfähigkeit *f* legal capacity
Geschäftsfrau *f* businesswoman
Geschäftsfreund, **Geschäftsfreundin** business associate, colleague
geschäftsführend *Adj* managing, executive, acting
Geschäftsführer, **Geschäftsführerin** manager (-ess), *eines Vereins etc*: secretary
Geschäftsführung *f* management
Geschäftsgebaren *n* business methods *Pl*
Geschäftshaus *n* **1.** shop (*oder* office) building **2.** (*Firma*) commercial firm, company
Geschäftsinhaber, **Geschäftsinhaberin** owner (of a business), *eines Ladens etc*: proprietor (proprietress)
Geschäftsjahr *n* financial year
Geschäftskosten *Pl* business expenses *Pl*: ***auf Geschäftskosten*** on expense account
Geschäftslage *f* business situation
Geschäftsleben *n* (***im Geschäftsleben*** in) business (life)
Geschäftsleitung *f allg* management
Geschäftsleute *Pl* businesspeople
Geschäftsmann *m* businessman
geschäftsmäßig *Adj und Adv* businesslike
Geschäftsordnung *f* rules *Pl* of procedure, PARL standing orders *Pl*: ***zur Geschäftsordnung*** on a point of order
Geschäftspartner, **Geschäftspartnerin** (business) partner
Geschäftsräume *Pl* business premises *Pl*, offices *Pl*
Geschäftsreise *f* (***auf Geschäftsreise*** on a) business trip
geschäftsschädigend *Adj* damaging to business
Geschäftsschädigung *f* JUR injurious malpractice, *weit. S.* trade libel (*Gen* on)
Geschäftsschluss *m* closing time: ***nach Geschäftsschluss*** *auch* after business hours
Geschäftssinn *m* business sense
Geschäftssitz *m* place of business
Geschäftsstelle *f* office(s *Pl*)
Geschäftsstraße *f* shopping street
Geschäftsstunden *Pl* office hours *Pl*, (*Laden*) opening hours *Pl*
Geschäftsträger, **Geschäftsträgerin** POL chargé d'affaires
geschäftstüchtig *Adj* smart, efficient (in business)
Geschäftstüchtigkeit *f* business efficiency, smartness
geschäftsunfähig *Adj* JUR legally incapacitated
Geschäftsunfähigkeit *f* JUR legal incapacity
Geschäftsverbindung *f* business connection
Geschäftsverkehr *m* business (dealings *Pl*)
Geschäftsviertel *n* commercial district, *Am auch* downtown
Geschäftswert *m einer Firma*: goodwill
Geschäftszimmer *n* office
Geschäftszweig *m* branch (of business)
geschehen *v/i* happen, occur, take place: ***ihm wird nichts geschehen*** nothing will happen to him; ***was soll damit (mit ihm) geschehen?*** what's to be done with it (him)?; ***es muss etw geschehen!*** s.th. must be done!; ***da war es um ihn geschehen*** he was done for; → ***recht*** 5
Geschehen *n* happenings *Pl*, events *Pl*
gescheit *Adj* clever, intelligent, bright, (*vernünftig*) wise, sensible
Geschenk *n* present, gift: ***j-m etw zum Geschenk machen*** give s.o. s.th. (as a present); ***als Geschenk verpacken*** gift-wrap
Geschenkartikel *m* gift
Geschenkgutschein *m* gift voucher
Geschenkpackung *f* gift box
Geschichte *f* **1.** story, (*Erzählung*) *auch* narrative **2.** (*auch Wissenschaft*) history: ***die Geschichte der Neuzeit*** modern history; ***Geschichte machen*** make history; ***in die Geschichte eingehen*** go down in history **3.** *ugs* business, thing: ***die ganze*** (*iron* ***eine schöne***) ***Geschichte*** the whole (a nice) business
geschichtlich *Adj* historical, (*geschichtlich bedeutsam*) historic
Geschichtsbuch *n* history book
Geschichtsforscher, **Geschichtsforscherin** historian
Geschichtsforschung *f* historical research
Geschichtslehrer, **Geschichtslehrerin** history

teacher
Geschichtsunterricht *m* history
Geschick[1] *n* (*Schicksal*) fate, lot
Geschick[2] *n* skill
Geschicklichkeit *f* skill, (*Gewandtheit*) dexterity, (*Raffinesse*) cleverness
geschickt *Adj* skil(l)ful (***zu*** at, ***in*** *Dat* in), (*gewandt*) *auch* dexterous, (*raffiniert*) *auch* clever
Geschicktheit *f* → ***Geschicklichkeit***
geschieden *Adj Person*: divorced, *Ehe*: dissolved: ***meine geschiedene Frau*** my ex-wife
Geschiedene **1.** *m* divorcé, divorced man **2.** *f* divorcée, divorced woman
Geschirr *n* **1.** dishes *Pl*, *irdenes*: crockery, (*Tafelgeschirr*) tableware, service, (*Porzellan*) china, (*Küchengeschirr*) kitchenware, pots and pans *Pl*: ***das Geschirr abräumen*** clear the table; ***Geschirr spülen*** do the dishes, wash up **2.** (*Pferdegeschirr etc*) harness
Geschirrspüler *m*, **Geschirrspülmaschine** *f* dishwasher
Geschirrspülmittel *n* washing-up liquid
Geschirrtuch *n* tea towel
geschlagen *Adj* **1.** beaten, defeated: ***sich geschlagen geben*** admit defeat **2.** *ugs* (*ganz*) full: ***zwei geschlagene Stunden*** (***lang***) for two solid hours
Geschlecht *n* **1.** BIOL sex: ***beiderlei Geschlechts*** of both sexes; ***das andere*** (***schwache, schöne***) ***Geschlecht*** the opposite (weaker, fair) sex **2.** LING gender **3.** (*Gattung*) race, (*Abstammung*) lineage, (*Familie*) family: ***das menschliche Geschlecht*** the human race
geschlechtlich *Adj* sexual
Geschlechtsakt *m* sexual act
Geschlechtshormon *n* sex hormone
geschlechtskrank *Adj* suffering from a venereal disease, having VD
Geschlechtskrankheit *f* venereal disease (*Abk* V.D.)
Geschlechtsleben *n* sex life
geschlechtslos *Adj* sexless, asexual
Geschlechtsmerkmal *n* sex characteristic
Geschlechtsorgan *n* sex(ual) organ
Geschlechtsreife *f* sexual maturity
geschlechtsspezifisch *Adj* sex-specific
Geschlechtsteil *n meist Pl* genitals *Pl*
Geschlechtstrieb *m* sexual urge
Geschlechtsumwandlung *f* sex change
Geschlechtsverkehr *m* sexual intercourse
Geschlechtswort *n* LING article
geschliffen *Adj* **1.** *Glas*: cut **2.** *fig Stil*, *Sprache etc*: polished
geschlossen **I** *Adj* **1.** closed, LING, MIL close: (***in sich***) ***geschlossen*** *auch* TECH self-contained, *fig* compact; ***geschlossene Gesellschaft*** closed society, (*Fest*) private party; ***geschlossene Veranstaltung*** private meeting; ***geschlossene Ortschaft*** built-up area **2.** (*vereint*) united **II** *Adv* **3.** (*einstimmig*) unanimously: ***geschlossen hinter j-m stehen*** be solidly behind s.o.
Geschmack *m* taste (*auch fig* ***an*** *Dat* for), (*Aroma*) *auch* flavo(u)r: ***Geschmack finden an*** (*Dat*) develop a taste for; ***einen guten Geschmack haben*** **a)** *Essen*: taste good, **b)** *fig Person*: have good taste; ***für meinen Geschmack*** for my taste; ***das ist nicht nach meinem Geschmack*** that's not to my taste; ***über Geschmack lässt sich*** (***nicht***) ***streiten*** there's no accounting for tastes
geschmacklich *Adj und Adv* in taste
geschmacklos *Adj* tasteless: ***geschmacklos sein*** *fig auch* be in bad taste
Geschmacklosigkeit *f auch fig* tastelessness: ***das war eine Geschmacklosigkeit*** that was in bad taste
Geschmacksrichtung *f* taste
Geschmackssache *f* (***das ist Geschmackssache*** that's a) matter of taste
Geschmackssinn *m* (sense of) taste
Geschmacksverirrung *f* lapse of taste
Geschmacksverstärker *m* flavour enhancer
geschmackvoll *Adj* tasteful: ***geschmackvoll sein*** *fig auch* be in good taste
geschmeidig *Adj* **1.** supple, pliant, (*glatt*) sleek, soft **2.** *fig* flexible
Geschnatter *n* cackling, *ugs fig auch* chatter (-ing)
Geschöpf *n* **1.** creature **2.** *fig* creation
Geschoss[1] *n* projectile, (*Kugel*) *auch* bullet, (*Wurfgeschoss*, *Raketengeschoss*) missile
Geschoss[2], **Geschoß** *österr.* *n* (*Stockwerk*) sto-r(e)y, floor
geschraubt *Adj Rede*, *Stil etc*: stilted
Geschrei *n* **1.** **a)** shouting, yelling, (*Babygeschrei*) *auch* bawling, **b)** shouts *Pl*, screams *Pl* **2.** *ugs fig* (***um*** about) fuss, noise
geschult *Adj* trained (*auch Auge*)
Geschütz *n* gun: *fig* ***schweres Geschütz auffahren*** bring up one's heavy guns
Geschützfeuer *n* gunfire, shelling
geschützt *Adj allg* protected
Geschützturm *m* turret
Geschwader *n* SCHIFF squadron, FLUG group, *Am* wing
Geschwafel *n ugs pej* waffle
Geschwätz *n pej* twaddle, (*Klatsch*) gossip
geschwätzig *Adj* talkative, *ugs* gabby, (*klatschsüchtig*) gossipy
Geschwätzigkeit *f* talkativeness
geschweige *Konj* (***geschweige denn***) not to mention, let alone, much less
Geschwindigkeit *f* speed, PHYS velocity, (*Tempo*) *auch* rate, pace: ***mit einer Geschwindigkeit von …*** at a speed (*oder* rate) of …
Geschwindigkeitsbegrenzung *f*, **Geschwindigkeitsbeschränkung** *f* speed limit
Geschwindigkeitsmesser *m* tachometer, MOT *auch* speedometer
Geschwindigkeitsrekord *m* speed record
Geschwindigkeitsüberschreitung *f* speeding
Geschwister *Pl* brother(s *Pl*) and sister(s *Pl*), siblings *Pl*
geschwisterlich *Adj* **a)** brotherly, **b)** sisterly
Geschwisterpaar *n* **a)** brother and sister, **b)** two brothers (*oder* sisters) *Pl*
geschwollen *Adj* **1.** swollen **2.** *fig Sprache etc*: pompous, bombastic
Geschworene *m*, *f* JUR juror: ***die Geschworenen*** *Pl* the (members *Pl* of the) jury *Sg*
Geschworenenbank *f* jury box, *weit. S. the* jury
Geschwulst *f* MED tumo(u)r, growth
geschwungen *Adj* curved
Geschwür *n* MED abscess, boil, ulcer
Geselchte *n österr.* salted and smoked meat
Geselle *m* journeyman
gesellen *v/refl* ***sich gesellen zu*** join
gesellig *Adj* social, gregarious (*auch fig*), *Person*: sociable: ***geselliges Leben*** social life
Geselligkeit *f* **1.** sociability **2.** social life: ***die Geselligkeit lieben*** be fond of company
Gesellin *f* → ***Geselle***
Gesellschaft *f* **1.** society: ***die vornehme Ge-***

G

sellschaft high society; **Dame der Gesellschaft** society lady **2.** (*Umgang*) (**in guter Gesellschaft** in good) company: **in j-s Gesellschaft** in s.o.'s company; **j-m Gesellschaft leisten a**) keep s.o. company, **b**) join s.o. (**bei** in) **3.** party, (*Gäste*) *auch* guests *Pl*: **eine Gesellschaft geben** give a party **4.** (*Vereinigung*) society, WIRTSCH company, *Am auch* corporation: → **Haftung²** **5.** *ugs pej* bunch, lot

Gesellschafter, Gesellschafterin 1. companion **2.** WIRTSCH partner

gesellschaftlich *Adj* social

Gesellschaftsanzug *m* formal dress

gesellschaftsfähig *Adj* socially acceptable, *weit. S.* presentable

Gesellschaftskritik *f* social criticism

gesellschaftskritisch *Adj* socio-critical

Gesellschaftsordnung *f* social order

Gesellschaftsrecht *n* company law

Gesellschaftsreise *f* package (*oder* conducted) tour

Gesellschaftsschicht *f* (social) class, social stratum

Gesellschaftsspiel *n* parlo(u)r game

Gesellschaftssystem *n* social system

Gesellschaftstanz *m* ballroom dance

Gesellschaftswissenschaft *f* **1.** sociology **2.** *Pl* social sciences *Pl*

Gesenk *n* TECH die, swage

Gesetz *n allg* law, (*Einzelgesetz*) *auch* act: **nach dem Gesetz** under the law (**über** *Akk* on); **vor dem Gesetz** in the eyes of the law

Gesetzblatt *n* law gazette

Gesetzbuch *n* code (of law)

Gesetzentwurf *m* (draft) bill

Gesetzeskraft *f* legal force: **Gesetzeskraft erhalten** pass into law; (*Dat*) **Gesetzeskraft verleihen** enact

Gesetzeslücke *f* loophole in the law

Gesetzesvorlage *f* (draft) bill

gesetzgebend *Adj* legislative: → **Gewalt** 2

Gesetzgeber *m* legislator

Gesetzgebung *f* legislation

gesetzlich *Adj* legal, statutory, (*rechtmäßig*) lawful, legitimate: **gesetzlich geschützt** protected (by law), *Erfindung etc*: patented, *Warenzeichen etc*: registered, *bes literarisches Werk*: copyright

Gesetzlichkeit *f* legality, lawfulness

Gesetzlosigkeit *f* lawlessness

gesetzmäßig *Adj* legal, lawful, *Anspruch*: legitimate

Gesetzmäßigkeit *f* legality, lawfulness, legitimacy

gesetzt I *Adj* **1.** sedate: **gesetzten Alters, in gesetztem Alter** of mature age **2.** SPORT seeded: **gesetzter Spieler** seed **II** *Konj* → **Fall** 2

Gesetztheit *f* sedateness

gesetzwidrig *Adj* unlawful, illegal

Gesetzwidrigkeit *f* **1.** unlawfulness, illegality **2.** offen/ce (*Am* -se), illegal act

Gesicht *n* **1.** face, (*Miene*) *auch* look: **ein trauriges Gesicht machen** look sad; **ein langes Gesicht machen** pull a long face; **das Gesicht verziehen** make a face; **j-m etw ins Gesicht sagen** tell s.o. s.th. to his (her) face; **j-m wie aus dem Gesicht geschnitten sein** be the spit and image of s.o.; *fig* **sein wahres Gesicht zeigen** show one's true face; **das Gesicht verlieren** (**wahren**) lose (save one's) face; **das gibt der Sache ein ganz anderes Gesicht** that puts a different complexion on the matter **2.** (*Sehkraft*) (eye)sight: **das zweite Gesicht** second sight; **zu Gesicht bekommen** catch sight of, see; **aus dem Gesicht verlieren** lose sight of

Gesichtsausdruck *m* (facial) expression, face

Gesichtscreme *f* face cream

Gesichtsfarbe *f* complexion

Gesichtsfeld *n* OPT field of vision

Gesichtskontrolle *f* face check

Gesichtskreis *m* horizon

gesichtslos *Adj fig* featureless

Gesichtsmaske *f* face mask

Gesichtsmassage *f* facial massage, *ugs* facial

Gesichtsmilch *f* cleansing milk

Gesichtsmuskel *m* facial muscle

Gesichtspackung *f* face pack

Gesichtspflege *f* care of one's face

Gesichtsplastik *f* facial surgery

Gesichtspunkt *m* **1.** point of view, viewpoint, angle: **von diesem Gesichtspunkt aus** (**gesehen**) (looked at) from this point of view **2.** (*Einzelheit*) point, aspect

Gesichtsverlust *m* loss of face

Gesichtswasser *n* face lotion

Gesichtswinkel *m* OPT visual angle

Gesichtszüge *Pl* features *Pl*

Gesindel *n* riffraff

gesinnt *Adj* **1.** disposed (*Dat* towards) **2.** *in Zssgn* ...-minded

Gesinnung *f* (cast of) mind, character, (*Überzeugung*) convictions *Pl*, views *Pl*

gesinnungslos *Adj* unprincipled

Gesinnungswandel *m* change of heart, *bes* POL about-face

gesittet *Adj* civilized

Gesöff *n ugs pej* awful stuff

gesondert *Adj* separate

Gespann *n* **1.** (*Pferdegespann etc*) team **2.** MOT, SPORT combination **3.** *fig* pair

gespannt *Adj* **1.** *Seil etc*: tight, taut **2.** *fig Lage, Nerven etc*: tense, *Beziehungen etc*: *auch* strained, *Aufmerksamkeit*: close **3.** (*begierig*) eager, anxious, (*neugierig*) curious, (*aufgeregt*) excited: **gespannt sein auf** (*Akk*) be anxious (*stärker*: dying) to see (*oder* know); **ich bin gespannt, ob** (**wie** *etc*) ... I wonder if (how *etc*) ...; **da bin ich aber gespannt!** I can't wait to see that!

Gespanntheit *f* **1.** tension (*auch fig der Beziehungen, Lage, Nerven etc*), (*Angespanntheit*) *auch* tenseness **2. a**) eagerness, intentness, **b**) (anxious) anticipation

Gespenst *n* ghost, *bes fig* (*Gefahr*) spect/re (*Am* -er)

gespenstisch *Adj* **1.** ghostly, *ugs* spooky **2.** *fig* eerie, nightmarish

Gespiele *m*, **Gespielin** *f* playmate

gesponsert *Adj* sponsored

Gespött *n* mockery, derision: **j-n zum Gespött machen** make a laughingstock of s.o.

Gespräch *n* talk (*auch* POL), conversation, (*Telefongespräch*) *auch* call, (*Diskussion*) discussion, (*Zwiegespräch*) dialog(ue *Br*): **ein Gespräch führen mit** have a talk *etc* with; **das Gespräch auf etw bringen** steer the conversation round to s.th.; **im Gespräch sein** be under discussion; **mit j-m ins Gespräch kommen** get talking to s.o.; **mit j-m im Gespräch bleiben** stay in contact (*oder* touch) with s.o.

gesprächig *Adj* talkative, (*mitteilsam*) communicative

Gesprächsbereitschaft *f* willingness to have talks (*oder* to negotiate): ***er zeigte Gesprächsbereitschaft*** he showed that he was ready to talk (*oder* was open to negotiation)
Gesprächseinheit *f* → ***Gebühreneinheit***
Gesprächsguthaben *n* (*beim Handy*) credit minutes *Pl*
Gesprächspartner, **Gesprächspartnerin** interlocutor, *weit. S. interesting etc* person to talk to
Gesprächsrunde *f* POL round of talks
Gesprächsstoff *m* topic(s *Pl*) (of conversation)
gespreizt *Adj fig* affected
Gespür *n* (**für** for) flair, nose
gestaffelt *Adj Anordnung etc*: staggered, *Löhne, Steuern, Zinsen etc*: graduated
Gestalt *f* **1.** form, shape: ***in Gestalt von*** in the form (*oder* shape) of; ***(feste) Gestalt annehmen*** take shape **2.** (*Figur, Person*) figure, (*Romangestalt etc, auch ugs Typ*) *auch* character **3.** (*Wuchs*) build
gestalten I *v/t* **1.** (*formen*) shape, fashion, (*Raum etc*) decorate, (*Kunstwerk*) create, (*entwerfen*) design: ***etw interessant gestalten*** make s.th. interesting **2.** (*Fest etc*) arrange, (*auch Freizeit, Leben*) organize **II** *v/refl* ***sich gestalten*** **3.** (*werden*) develop: ***sich gestalten zu*** become, turn into, (turn out to) be (*a success etc*); ***sich anders gestalten*** turn out differently
Gestalter, **Gestalterin 1.** (*Schöpfer*) creator, TECH designer, stylist **2.** organizer
gestalterisch *Adj* creative, artistic, TECH *etc* design(ing)
Gestaltung *f* **1.** shaping (*auch fig*), forming, design, *eines Kunstwerks*: creation, (*Form*) form, shape **2.** arrangement, organization
gestanden *Adj* ***ein gestandener Mann*** a man who has made his mark (in life)
geständig *Adj* confessing (one's guilt): ***geständig sein*** confess
Geständnis *n auch* JUR confession: ***ein Geständnis ablegen*** confess; ***j-m ein Geständnis machen*** confess s.th. to s.o.
Gestank *m* stench, *ugs* stink
gestatten *v/t* allow, permit: ***gestatten Sie (, dass ich …)?*** may I (…)?; ***gestatten Sie eine Frage?*** may I ask you s.th.?; ***wenn Sie gestatten*** with your permission
Geste *f auch fig* gesture
gestehen *v/t und v/i* confess: → ***offen***
Gestehungskosten *Pl* WIRTSCH production costs *Pl*, *für Material*: prime cost *Sg*
Gestein *n* rock
Gestell *n* stand, rack, shelve, (*Bock*) trestle, (*Rahmen*) frame
gestellt *Adj* **1.** FOTO posed, unnatural **2.** → ***stellen*** 5
Gestellungsbefehl *m* MIL call-up (*Am* induction) order
gestern *Adv* yesterday: ***gestern Abend*** yesterday evening, (*spät*) last night; *Zeitung etc* ***von gestern*** yesterday's; *fig* ***er ist nicht von gestern*** he wasn't born yesterday
gestielt *Adj allg* stemmed
Gestik *f* gestures *Pl*
gestikulieren *v/i* gesticulate
Gestirn *n* star
gestirnt *Adj* starry
Gestöber *n* drift(ing), flurry (of snow)
gestochen *Adj* ***wie gestochen*** *Handschrift*: very neat; *Adv* FOTO ***gestochen scharf*** very sharp
gestört *Adj* disturbed, disordered, PSYCH unbalanced, TECH faulty
Gestotter *n* stuttering
gesträhnt *Adj Haar*: streaked-in
Gesträuch *n* shrubbery, bushes *Pl*
gestreift *Adj* striped
gestrichen *Adj* **1.** painted **2.** *Wort etc*: deleted **3.** ***gestrichen voll*** level, (*übervoll*) brimful(l); ***drei gestrichene Teelöffel (voll)*** three level teaspoons (full)
gestrig *Adj* of yesterday: ***die gestrige Zeitung*** yesterday's paper
Gestrüpp *n* **1.** undergrowth, brushwood **2.** *fig* jungle
Gestühl *n* seats *Pl*, (*Kirchengestühl*) pews *Pl*
Gestüt *n* stud farm, (*Pferde*) stud
Gesuch *n* application, request, petition
gesucht *Adj* **1.** wanted (*auch* JUR), (*begehrt*) much sought-after, in (great) demand **2.** *fig Höflichkeit etc*: studied
gesund *Adj allg* healthy (*auch fig Appetit, Klima etc*), sound (*auch fig Ansicht, Firma, Schlaf etc*), *Kost, Lebensweise etc*: *auch* healthful, (*geistig gesund*) sane: ***gesund sein*** *auch* be in good health, be well; ***gesund und munter*** (as) fit as a fiddle; ***(wieder) gesund werden*** → ***gesunden***; ***Gemüse ist gesund*** vegetables are good for you(r health); *iron* ***das ist (ganz) gesund für ihn!*** that's good for him!; → ***Menschenverstand***
Gesundbeter, **Gesundbeterin** faith healer
gesunden *v/i* recover (*auch fig*)
Gesundheit *f* health, healthiness (*auch von Kost, Klima, Lebensweise*), (*geistige Gesundheit*) sanity: ***bei guter Gesundheit sein*** be in good health; ***auf j-s Gesundheit trinken*** drink to s.o.'s health; ***auf Ihre Gesundheit!*** your health!; ***Gesundheit!*** *beim Niesen*: bless you!

> **Gesundheit!** SG
>
> **Bless you!** steht kurz für **God bless you!** und bedeutet „Gott segne dich / Sie!". Früher glaubte man nämlich, dass eine Person beim Niesen einen Dämon loswürde.

gesundheitlich *Adj* physical: ***sein gesundheitlicher Zustand*** his (state of) health; ***aus gesundheitlichen Gründen*** for health reasons; *Adv* ***gesundheitlich geht es ihm gut*** he is in good health; ***wie geht's gesundheitlich?*** how's your health?
Gesundheitsamt *n* public health office
Gesundheitsapostel *m iron* health freak
gesundheitsbewusst *Adj* health-conscious
Gesundheitsfarm *f* health farm
gesundheitsfördernd *Adj* healthy
gesundheitshalber *Adv* for health reasons
Gesundheitspflege *f* (personal) hygiene, health care
Gesundheitsreform *f* health service reform(s *Pl*)
Gesundheitsschaden *m* health defect
gesundheitsschädlich *Adj* injurious to health, unhealthy
Gesundheitswesen *n* Public Health (Service)
Gesundheitszeugnis *n* health certificate
Gesundheitszustand *m* (state of) health
gesundschreiben *v/t*: ***j-n gesundschreiben*** pass s.o. fit

gesundschrumpfen *v/t und v/refl* ***sich gesundschrumpfen*** *ugs* slim down
gesundstoßen *v/refl* ***sich gesundstoßen*** *ugs* line one's pockets
Gesundung *f auch fig* recovery
geteilt *Adj* **1.** divided: ***geteilter Meinung sein*** disagree; ***darüber kann man geteilter Meinung sein*** that's a matter of opinion **2.** (*gemeinsam*) shared
Getöse *n* din, (deafening) noise
getragen *Adj* **1.** *Kleidung*: secondhand, old **2.** *fig* measured, slow, solemn
Getrampel *n* trampling
Getränk *n* drink, beverage
Getränkeautomat *m* drinks dispenser
Getränkekarte *f* list of beverages, *oft*: wine list
Getränkesteuer *f* alcohol tax
getrauen *v/refl* ***sich getrauen*** → ***trauen²*** II
Getreide *n* grain, cereal(s *Pl*)

Getreidearten WF

Gerste	**barley**
Hafer	**oats**
Mais	**maize**, *Am* **corn**
Reis	**rice**
Roggen	**rye**
Weizen	**wheat**
Zuckermais	**sweet corn**

Getreidearten *Pl* cereals *Pl*
Getreidebau *m* cultivation of cereals
Getreideernte *f* grain harvest, (*Ertrag*) *auch* grain crop
Getreidefeld *n* grain field
Getreideland *n* **1.** grain-growing country (*oder* land) **2.** (*Felder*) grain fields *Pl*
Getreidepflanze *f* cereal plant
Getreidesilo *m* (grain) silo
getreu *Adj* (*genau*) true, faithful
Getriebe *n* **1.** TECH gear(ing), mechanism, MOT transmission, gearbox **2.** *fig* wheels *Pl* **3.** *fig* (*Betrieb*) bustle, rush
Getriebeschaden *m* MOT gearbox trouble
getrost *Adv* confidently, safely
Getto *n* ghetto
Getue *n ugs* fuss (***um*** about)
Getümmel *n* turmoil
geübt *Adj Auge etc*: practised, *Person*: experienced
Gewächs *n* **1.** plant **2.** WIRTSCH produce, growth **3.** wine, (*Sorte, Jahrgang*) vintage **4.** MED growth
gewachsen *Adj* ***j-m gewachsen sein*** be a match for s.o.; ***einer Sache gewachsen sein*** be up (*oder* equal) to s.th.; ***sich der Lage gewachsen zeigen*** rise to the occasion
Gewächshaus *n* greenhouse, hothouse
gewagt *Adj* daring (*auch fig*), risky, *Witz etc*: risque
gewählt *Adj fig Sprache*: refined
Gewähr *f* guarantee: ***ohne Gewähr*** without guarantee, *auf Fahrplänen, Preislisten etc*: subject to change; ***für etw Gewähr bieten*** (*oder* ***leisten***) guarantee s.th.
gewähren *v/t* grant (***j-m eine Bitte*** s.o. a request), (*Einblick, Schutz, Vorteil etc*) give, afford: ***j-n gewähren lassen*** let s.o. have his way
gewährleisten *v/t* guarantee, ensure
Gewahrsam *m* ***in Gewahrsam nehmen*** **a)** take *s.th.* in safe keeping, **b)** take *s.o.* in custody
Gewährsfrau *f*, **Gewährsmann** *m* informant, source
Gewalt *f* **1.** violence (*auch Gewalttätigkeit*), force: ***mit Gewalt*** by force; ***mit aller Gewalt*** **a)** with all one's strength, **b)** *fig* at all costs; ***j-m Gewalt antun*** do violence to s.o.; ***Gewalt anwenden*** use force; → ***roh*** 3 **2.** (*Macht*) power, VERW, JUR authority, (*Beherrschung*) control (***über*** *Akk* of): ***die gesetzgebende Gewalt*** the legislature; ***höhere Gewalt*** act of God; ***etw in seine Gewalt bringen*** gain control of s.th.; ***etw (sich) in der Gewalt haben*** have s.th. (o.s.) under control; ***in j-s Gewalt sein*** be in s.o.'s power (*oder* hands); ***die Gewalt verlieren über*** (*Akk*) lose control over
Gewaltakt *m* act of violence
Gewaltanwendung *f* (use of) force
Gewaltenteilung *f* POL separation of powers
gewaltfrei *Adj* non-violent
Gewaltherrschaft *f* tyranny
gewaltig *Adj* **1.** (*mächtig*) powerful, mighty **2.** (*riesig*) enormous, huge, colossal (*auch ugs fig Irrtum etc*)
gewaltlos *Adj* **I** *Adj* nonviolent **II** *Adv* without violence
Gewaltlosigkeit *f* nonviolence
Gewaltmarsch *m* forced march
Gewaltmaßnahme *f* drastic measure
Gewaltmonopol *n* monopoly on the use of force
gewaltsam **I** *Adj* forcible, *Tod etc*: violent **II** *Adv* forcibly, by force: ***etw gewaltsam öffnen*** force s.th. (open)
Gewaltsamkeit *f* violence
Gewalttat *f* act of violence
gewalttätig *Adj* violent, brutal
Gewalttätigkeit *f* **a)** violence, **b)** act of violence
Gewaltverbrechen *n* crime of violence
Gewaltverbrecher, **Gewaltverbrecherin** violent criminal
Gewaltverzichtsabkommen *n* POL nonaggression treaty
Gewand *n* **1.** robe **2.** *fig* garment
gewandt *Adj* agile, nimble, *Auftreten etc*: elegant, (*wendig*) clever
Gewandtheit *f* agility, elegance, cleverness
gewappnet *Adj fig* prepared (***für*** for)
gewärtig *Adj* ***gewärtig sein*** (*Gen*) → ***gewärtigen***
gewärtigen *v/t* expect, (*rechnen mit*) reckon with: ***etw zu gewärtigen haben*** be in for s.th.
Gewäsch *n ugs pej* blather
Gewässer *n* (stretch of) water, *Pl* waters *Pl*, rivers and lakes *Pl*
Gewässerschutz *m* prevention of water pollution
Gewebe *n* (woven) fabric, *feines*: tissue (*auch* ANAT *und fig von Lügen etc*), (*Webart*) weave
Gewebeprobe *f* MED tissue sample
Gewehr *n* gun, *bes* MIL rifle
Gewehrkolben *m* (rifle) butt
Gewehrkugel *f* (rifle) bullet
Gewehrlauf *m* (rifle) barrel
Geweih *n* antlers *Pl*, horns *Pl*
Gewerbe *n* trade, business, (*Beruf*) occupation: ***Handel und Gewerbe*** trade and industry
Gewerbefreiheit *f* freedom of trade
Gewerbegebiet *n* industrial estate
Gewerbelehrer, **Gewerbelehrerin** teacher at a trade school

Gewerbeordnung *f* industrial code
Gewerbeschein *m* trade licen/ce (*Am* -se)
Gewerbeschule *f* trade school
Gewerbesteuer *f* trade tax
gewerbetreibend *Adj* carrying on a trade, industrial
Gewerbetreibende *m, f* person carrying on a trade, trader
Gewerbezweig *m* (branch of) trade (*oder* industry)
gewerblich *Adj* commercial, industrial, trade
gewerbsmäßig *Adj* professional, gainful, *Adv auch* for gain
Gewerkschaft *f* trade (*Am* labor) union
Gewerkschaftler, **Gewerkschaftlerin** (trade, *Am* labor) unionist
gewerkschaftlich *Adj* trade (*Am* labor) union: *Adv* ***gewerkschaftlich organisiert*** unionized, organized
Gewerkschafts… (trade, *Am* labor) union (*boss, member, official, etc*)
Gewerkschaftsbund *m* federation of trade (*Am* labor) unions
Gewicht *n auch fig* weight: ***ein Gewicht von … haben*** weigh …; ***nach Gewicht verkaufen*** sell by weight; *fig* ***Gewicht haben*** carry weight (***bei*** with); (***nicht***) ***ins Gewicht fallen*** be of (no) importance; ***Gewicht legen auf*** (*Akk*) stress, emphasize; ***Gewicht beimessen*** (*Dat*) attach importance to; ***Gewicht verleihen*** (*Dat*) lend weight to; → ***spezifisch***
gewichten *v/t Statistik*: weigh: *fig* (***neu***) ***gewichten*** (re)assess
Gewichtheben *n* SPORT weight lifting
Gewichtheber, **Gewichtheberin** weight lifter
gewichtig *Adj auch fig* weighty
Gewichtsabnahme *f* loss of weight
Gewichtsklasse *f* SPORT weight (class)
Gewichtsverlust *m* loss of weight
Gewichtszunahme *f* increase in weight
gewillt *Adj* ***gewillt sein, etw zu tun*** be willing (*oder* ready) to do s.th.
Gewimmel *n* swarm(ing), *von Insekten etc*: swarming mass, (*Menschengewimmel*) milling crowd
Gewinde *n* TECH thread
Gewindebohrer *m* (screw) tap
Gewinn *m* **1.** WIRTSCH profit (*auch fig*), (*Ertrag, Zuwachs*) gain(s *Pl*): ***Gewinn-und-Verlust-Rechnung*** profit and loss account; ***mit Gewinn*** at a profit; ***Gewinn ziehen aus*** profit by; ***Gewinn bringend*** → ***gewinnbringend*** **2.** *fig* (*Vorteil*) gain, advantage **3.** (*Preis, Lotteriegewinn*) prize, (*Spielgewinn*) winnings *Pl* **4.** (*Gewinnlos*) winner **5.** *fig* (*Person etc*) asset (***für*** to)
Gewinnanteil *m* share in (the) profits, dividend
Gewinnbeteiligung *f* profit sharing
gewinnbringend *Adj* profitable
Gewinnchance *f* chance (of winning)
gewinnen I *v/t* **1.** (*Krieg, Wahl etc, auch j-s Vertrauen etc*) win, (*Preis, Geld*) *auch* get, (*erlangen*) gain (*auch Zeit, Einblick etc*): ***Höhe gewinnen*** FLUG gain height; ***j-n für sich gewinnen*** win s.o. over; ***j-n für etw gewinnen*** win s.o. to s.th.; → ***Spiel*** 2 **2.** (*erzeugen*) produce, BERGB mine, win, (*rückgewinnen*) recover (***aus*** from) **II** *v/i* **3.** (***bei, in*** *Dat* at) win, be the winner, *Los, Zahl etc*: come up a winner **4.** (*profitieren*) gain: *fig* ***an Bedeutung gewinnen*** gain in importance; ***sie hat sehr gewonnen*** she has greatly improved

gewinnend *Adj auch fig* winning, engaging
Gewinner, **Gewinnerin** winner
Gewinnlos *n* winning ticket, winner
Gewinnmaximierung *f* WIRTSCH maximization of profits
Gewinnspanne *f* profit margin
Gewinnsucht *f* (***aus Gewinnsucht*** from) greed
Gewinnung *f* winning, production
Gewinnzahl *f* winning number
Gewinsel *n pej* whining
Gewirr *n* tangle (*auch fig*), (*Straßengewirr etc*) maze, (*Durcheinander*) jumble
gewiss I *Adj* **1.** certain: ***nichts Gewisses*** nothing definite **2.** ***einer Sache gewiss sein*** be certain (*oder* sure) of s.th. **II** *Adv* **3.** certainly, for certain: ***gewiss!*** certainly!, sure!; ***aber gewiss!*** but of course!
Gewissen *n* conscience: ***j-m ins Gewissen reden*** reason with s.o.
gewissenhaft *Adj* conscientious
Gewissenhaftigkeit *f* conscientiousness
gewissenlos *Adj* unscrupulous
Gewissenlosigkeit *f* unscrupulousness
Gewissensbisse *Pl* twinges *Pl* of remorse
Gewissensfrage *f* matter of conscience
Gewissensfreiheit *f* freedom of conscience
Gewissensgründe *Pl* ***aus Gewissensgründen*** for reasons of conscience
Gewissenskonflikt *m*, **Gewissensnot** *f* moral dilemma
Gewissenszwang *m* moral constraint
gewissermaßen *Adv* so to speak
Gewissheit *f* certainty: ***mit Gewissheit*** for certain; ***sich Gewissheit verschaffen*** make sure (***über*** *Akk* of); (***zur***) ***Gewissheit werden*** become a certainty
Gewitter *n* **1.** thunderstorm **2.** *fig* storm
gewittern *v/unpers* ***es gewittert*** there is a thunderstorm
Gewitterwolke *f* thundercloud
gewittrig *Adj* thundery
gewitzt *Adj ugs* smart, clever
gewogen *fig* ***j-m gewogen sein*** be well disposed to (*oder* toward[s]) s.o.
gewöhnen *v/t und v/refl* ***sich*** (***j-n***) ***gewöhnen an*** (*Akk*) get (s.o.) used to; ***sich daran gewöhnen, etw zu tun*** get used to doing s.th.

used to mit Gerund GR

⚠ Nach **get used to** als Übersetzung für **sich gewöhnen an** steht immer ein Nomen oder ein Gerund, aber nie ein Infinitiv!

Ich muss mich erst daran gewöhnen, lange zu arbeiten.	**I'll have to get used to work<u>ing</u> long hours.**
Mach dir keine Sorgen, daran gewöhnst du dich schon.	**Don't worry, you'll get used to <u>it</u>.**

Gewohnheit *f* habit: ***die Gewohnheit haben, etw zu tun*** be in the habit of doing s.th.; ***aus Gewohnheit*** from habit; ***sich etw zur Gewohnheit machen*** make a habit of s.th.
Gewohnheits… habitual (*drinker etc*)
gewohnheitsmäßig *Adj und Adv* habitual(ly), *Adv auch* out of habit
Gewohnheitssache *f* matter of habit
Gewohnheitstier *n ugs* creature of habit
gewöhnlich I *Adj* **1.** common, ordinary, (*üb-*

Gewohnheit: custom oder habit? SG

Gewohnheit, Brauch oder Tradition einer größeren Gruppe von Menschen / einer Volksgruppe	**custom**
persönliche (An)Gewohnheit	**habit**

Smoking is a filthy habit.
It is the custom here to dance around a maypole on May 1st.

⚠ Der Ausdruck **as was his / her / ... custom** weicht von dieser Regel ab:
He got up at 4 o'clock as was his custom.

lich) usual **2.** *pej* common, vulgar **II** *Adv* **3.** commonly (*etc*): (***für***) ***gewöhnlich*** usually, normally; ***wie gewöhnlich*** as usual
gewohnt *Adj* usual: ***etw*** (***zu tun***) ***gewohnt sein*** be used to (doing) s.th.
Gewöhnung *f* (***an*** *Akk* to) **1.** habituation **2.** (*Sucht*) addiction
Gewölbe *n* ARCHI vault
gewölbt *Adj* **1.** ARCHI vaulted, arched **2.** *Stirn*: domed
Gewühl *n* → ***Gewimmel***
gewunden *Adj* winding, *auch fig* tortuous
Gewürz *n* spice, condiment, seasoning

Gewürze WF

Basilikum	**basil** ['bæzl]
Chili	**chil(l)i**
Dill	**dill**
Estragon	**tarragon** ['tærəgən]
Ingwer	**ginger**
Knoblauch	**garlic**
Koriander	**coriander** [ˌkɒrɪ'ændə]
Lorbeer(blätter)	**bay (leaves)**
Majoran	**marjoram** ['mɑːdʒərəm]
Minze	**mint**
Muskat	**nutmeg**
Nelke	**clove** [kləʊv]
Oregano	**oregano** [ˌɒrɪ'gɑːnəʊ]
Paprika	**paprika** ['pæprɪkə, pə'priːkə]
Petersilie	**parsley** ['pɑːslɪ]
Pfeffer	**pepper**
Piment	**allspice, pimento** [pɪ'mentəʊ]
Rosmarin	**rosemary** ['rəʊzmərɪ]
Safran	**saffron** ['sæfrən]
Salbei	**sage**
Schnittlauch	**chives** [tʃaɪvz], *Am* **chive**
Thymian	**thyme** [taɪm]
Zimt	**cinnamon** ['sɪnəmən]

Gewürzgurke *f* pickled gherkin
Gewürzmischung *f* mixed herbs (*oder* spices) *Pl*
Gewürznelke *f* clove
Gewürzständer *m* spice rack
gezahnt, **gezähnt** *Adj allg* toothed, serated (*auch* BOT), *Briefmarke*: perforated
Gezeiten *Pl* tide(s *Pl*)
Gezeiten... tidal
Gezeitenkraftwerk *n* tidal power plant
Gezeitenwechsel *m* turn of the tide
Gezeter *n pej* nagging
gezielt *Adj fig Maßnahme etc*: specific, *Indiskretion etc*: calculated
geziemen *v/unpers* ***wie es sich geziemt*** as is proper
geziemend *Adj* proper
geziert *Adj* affected
Gezwitscher *n* chirping, twitter(ing)
gezwungen *Adj fig Lächeln etc*: forced, *Benehmen*: stiff, *Atmosphäre*: (con)strained: *Adv* ***gezwungen lachen*** force a laugh
gezwungenermaßen *Adv* of necessity: ***gezwungenermaßen etw tun*** be forced to do s.th.
ggf., **ggfs.** *Abk* (= ***gegebenenfalls***) should the occasion arise; if necessary; if applicable
Ghana *n* Ghana
Ghetto *n* → ***Getto***
Gicht *f* MED gout
Gichtknoten *m* gouty node
Giebel *m* gable
Gier *f* greed(iness) (***nach*** for)
gierig *Adj* greedy (***nach*** for)
gießen I *v/t* **1.** pour **2.** (*begießen*) water **3.** TECH found, KUNST cast **II** *v/i* **4.** pour: ***es gießt*** (***in Strömen***) it is pouring (with rain)
Gießer, **Gießerin** TECH founder
Gießerei *f* TECH **1.** casting **2.** (*Betrieb*) foundry
Gießkanne *f* watering can
Gift *n auch fig* poison, ZOOL venom: *ugs* ***darauf kannst du Gift nehmen!*** you bet your life on it!
Giftgas *n* poison gas
gifthaltig *Adj* poisonous, toxic
giftig *Adj* poisonous, *fig auch* venomous, (*vergiftet*) poisoned, CHEM, MED toxic
Giftmischer, **Giftmischerin** poisoner
Giftmord *m* (murder by) poisoning
Giftmüll *m* toxic waste
Giftpilz *m* poisonous mushroom, toadstool
Giftschlange *f* **1.** venomous (*oder* poisonous) snake **2.** *fig* snake
Giftstoff *m* poisonous (*oder* toxic) substance
Giftzahn *m* (poison) fang
Gigabyte *n* gigabyte
Gigant *m fig* giant
gigantisch *Adj* gigantic(ally *Adv*)
Gilde *f* guild
Ginster *m* BOT broom
Gipfel *m* summit (*auch fig* POL), top, peak, *fig auch* height: ***auf dem Gipfel der Macht*** at the height (*oder* peak) of power; *ugs* ***das ist*** (***doch***) ***der Gipfel!*** that's the limit!
Gipfelkonferenz *f* summit conference
gipfeln *v/i fig* ***gipfeln in*** (*Dat*) culminate in
Gipfeltreffen *n* POL summit (meeting)
Gips *m* TECH plaster, KUNST, MED *auch* plaster of Paris, CHEM gypsum
Gipsabdruck *m* plaster cast
Gipsbein *n ugs* leg in plaster
gipsen *v/t* (MED put in) plaster
Gipsverband *m* MED plaster cast
Giraffe *f* ZOOL giraffe
girieren *v/t* WIRTSCH endorse
Girlande *f* garland
Girobank *f* WIRTSCH clearing bank

Girokonto *n* current (*bes Am* checking) account
Girozentrale *f* clearing house
Gischt *m*, *f* (sea) spray
Gitarre *f* guitar
Gitarrist, **Gitarristin** guitarist
Gitter *n* **1.** lattice, *vor Fenstern*: *auch* grille, (*Gitterstäbe*) bars *Pl*, (*Drahtgitter*) (wire) screen, (*Gitterrost*) grate: ***hinter Gittern*** behind bars **2.** OPT grating **3.** ELEK *und auf Landkarten*: grid
Gitterbett *n* cot, *Am* crib
Gitterfenster *n* lattice (*oder* barred) window
Gittermast *m* ELEK pylon
Gitternetz *n auf Landkarten*: grid
Glacéhandschuhe, **Glaceehandschuhe** *Pl* kid gloves *Pl*: *fig* ***mit Glacéhandschuhen anfassen*** handle *s.o.* with kid gloves *Pl*
Gladiole *f* BOT gladiolus
Glanz *m* **1.** lust/re (*Am* -er) (*auch fig*), shine, gloss, (*Glitzern*) glitter, (*Leuchtkraft*) brilliance (*auch fig*) **2.** *fig* glamo(u)r, (*Pracht*) splendo(u)r
glänzen *v/i* shine (*auch fig Person*), gleam, *Nase, Stoff etc*: be shiny, (*funkeln*) *auch* sparkle
glänzend *Adj* **1.** lustrous, glossy, shining, *Nase, Stoff etc*: shiny **2.** *fig* brilliant, (*großartig*) splendid: *Adv* ***sich glänzend amüsieren*** have a great time
Glanzlack *m* gloss paint
Glanzleder *n* patent leather
Glanzleistung *f* brilliant performance (*oder* feat)
Glanzlicht *n auch fig* highlight
glanzlos *Adj auch fig* dull
Glanznummer *f* star turn
Glanzpapier *n* glazed paper
Glanzpunkt *m fig* highlight, *ugs* high spot
Glanzstück *n* pièce de résistance
glanzvoll *Adj* splendid, magnificent
Glanzzeit *f* heyday
Glas *n* **1.** glass, (*Einmachglas etc*) jar: ***drei Glas Wein*** three glasses of wine **2.** (*Brillenglas etc*) lens, glass, (*Fernglas, Opernglas*) glasses *Pl*

Trinkgläser WF

Glas	**glass**
Becherglas	**tumbler**
Bierglas	**beer glass**
Bierkrug	**beer mug**
Schnapsglas	**shot glass**
Sherryglas	**sherry glass**
Sektglas	**champagne glass**
Wasserglas	**water glass**
Weinglas	**wine glass**
Kognakschwenker	**brandy glass** (*Br*), **snifter** (*Am*)

Glasbläser *m* glass blower
Glascontainer *m* bottle bank
Glaserei *f* glazier's (work)shop
gläsern *Adj* **1.** (of) glass **2.** *fig* (*durchschaubar*) transparent
Glasfaser *f*, **Glasfiber** *f* glass fib/re (*Am* -er)
Glasfaserkabel *n* fibre-optic cable
Glashaus *n* ***wer im Glashaus sitzt, soll nicht mit Steinen werfen*** people who live in glass houses should not throw stones
glasieren *v/t* **1.** TECH glaze **2.** GASTR glaze, *mit Zuckerguss*: ice, *Am* frost
glasig *Adj* glassy (*auch fig*), vitreous
Glaskeramikkochfeld *n* glass ceramic cooking zone
glasklar *Adj auch fig* crystal-clear
Glasmalerei *f* glass painting
Glasnost *f* POL glasnost
Glasscheibe *f* (glass) pane
Glasscherben *Pl* (pieces *Pl* of) broken glass *Sg*
Glasschneider *m* TECH glass cutter
Glasur *f* **1.** TECH glaze, enamel **2.** GASTR glaze, (*Zuckerglasur*) icing, *Am* frosting
Glaswaren *Pl* glassware *Sg*
glatt I *Adj* **1.** *allg* smooth (*auch fig Landung, Verlauf etc, auch pej Person, Manieren*), (*eben*) *auch* even, (*poliert*) polished **2.** (*rutschig*) slippery **3.** *Zahl etc*: even, round **4.** *ugs fig* (*klar*) plain, *Sieg etc*: clear, *Absage*: flat, *Lüge*: downright: ***das ist glatter Wahnsinn*** that's sheer madness **II** *Adv* **5.** smoothly (*etc*), (*ganz*) clean; ***glatt rasiert*** clean shaven; ***glatt*** (***anliegend***) TECH flush; *ugs fig* ***glatt gewinnen*** win clearly, win hands down **6.** *ugs fig* ***glatt ablehnen*** (***leugnen***) refuse (deny) flatly; ***das bringt er glatt fertig*** I wouldn't put it past him; ***etw glatt vergessen*** clean forget (about) s.th.
Glätte *f auch fig einer Person*: smoothness, *pej* slipperiness
Glatteis *n* (black, *Am* glare) ice, *weit. S.* icy ground, icy roads *Pl*: *fig* ***j-n aufs Glatteis führen*** trip s.o. up
glätten I *v/t* **1.** smooth, (*polieren*) polish (*auch fig*) **2.** *schweiz.* (*bügeln*) iron **II** *v/refl* ***sich glätten*** smooth down
glattgehen *v/i* go smoothly
glattrasiert → ***glatt*** II 5
glattstellen *v/t* WIRTSCH square, even up
glattweg *Adv ugs* → ***glatt*** 6
Glatze *f* bald head: ***eine Glatze haben*** (***bekommen***) be (go) bald
Glatzkopf *m* **1.** → ***Glatze*** **2.** *ugs* (*Person*) baldie
glatzköpfig *Adj* bald(headed)
Glaube *m* (***an*** *Akk* in) *allg* belief, (*Vertrauen, Bekenntnis*) faith: ***in gutem Glauben*** *auch* JUR in good faith; ***Glauben schenken*** (*Dat*) give credence to, believe; ***den Glauben verlieren*** lose faith
glauben I *v/t allg* believe, (*vermuten*) *auch* think, suppose, *Am auch* guess: ***das glaube ich dir nicht!*** I don't believe you!; ***es ist nicht zu glauben!*** it's incredible! **II** *v/i* believe (***an*** *Akk* in): ***an j-n glauben*** *auch* have faith in s.o., trust s.o.; ***ich glaube, ja!*** I think so!; *ugs* ***er*** (***es***) ***hat dran glauben müssen*** he (it) has had it; ***er wird dran glauben müssen*** he's for it
Glaubensbekenntnis *n* creed (*auch fig*), confession (of faith)
Glaubensfreiheit *f* religious freedom
Glaubensgemeinschaft *f* denomination, church
Glaubensgenosse *m*, **Glaubensgenossin** *f* fellow believer
Glaubenskrieg *m* religious war
Glaubenslehre *f*, **Glaubenssatz** *m* dogma
glaubhaft *Adj* credible, plausible, (*überzeugend*) convincing: ***etw glaubhaft machen*** *auch* JUR substantiate s.th.
gläubig *Adj* believing, REL *auch* religious, (*fromm*) devout
Gläubige *m, f* believer: ***die Gläubigen*** *Pl* the

faithful *Pl*
Gläubiger, **Gläubigerin** WIRTSCH creditor
glaubwürdig *Adj* credible, reliable
Glaubwürdigkeit *f* credibility
gleich I *Adj* **1.** same, *Lohn, Rechte, Stellung etc*: equal (*auch* MATHE, TECH), (*identisch*) identical: ***in gleicher Höhe mit*** level with; ***auf gleiche Weise*** (in) the same way; ***zur gleichen Zeit*** at the same time; ***das ist mir gleich!*** it's all the same to me!, *pej* I don't care!; ***ganz gleich, wann*** (***wer*** *etc*) no matter when (who *etc*); ***das Gleiche*** the same (thing); ***3 mal 3 ist gleich 9*** three times three equals (*oder* is) nine **II** *Adv* **2.** equally, alike: ***gleich alt*** (***groß***) of the same age (size); ***gleich hoch wie*** level with; ***gleich schnell*** just as fast; ***gleich aussehen*** (***gekleidet sein***) look (be dressed) alike; ***alle gleich behandeln*** treat everybody the same way; ***gleich bleiben*** (*auch* ***sich gleich bleiben***) stay the same (*oder* unchanged): ***das bleibt sich gleich!*** that makes no difference!; ***gleich gesinnt*** like-minded, kindred (*souls*); ***gleich bleibend*** → ***gleichbleibend***; ***gleich lautend*** → ***gleichlautend*** **3.** (*sofort*) at once, right away, in a moment: ***gleich darauf, gleich danach*** immediately afterwards; ***gleich nach …*** right after …; ***es ist gleich 11*** (***Uhr***) it's almost eleven (o'clock); ***ich komme gleich!*** (I'm) coming!, just a minute!; (***ich***) ***bin gleich wieder da!*** I'll be right back!; *ugs* ***bis gleich!*** see you soon (*oder* later)! **4.** (*direkt*) immediately, directly: ***gleich neben …*** right next to …; ***gleich gegenüber*** just (*oder* directly) opposite
gleichaltrig *Adj* (of) the same age
gleichartig *Adj* of the same kind, homogeneous, (*ähnlich*) like, similar
gleichbedeutend *Adj* (***mit***) synonymous (with) (*auch* LING), equivalent (to)
Gleichbehandlung *f* equal treatment
gleichberechtigt *Adj* having equal rights
Gleichberechtigung *f* equal rights *Pl*, equality
gleichbleibend *Adj* constant, *Nachfrage, Qualität etc*: steady
gleichen *v/i* (*Dat*) be (*oder* look) like: ***sich*** (*oder* ***einander***) ***gleichen*** be (*oder* look) alike, be similar; ***j-m gleichen an*** (*Dat*) equal s.o. in
gleichermaßen *Adv* **1.** equally **2.** → ***gleicherweise***
gleicherweise *Adv* in like manner, likewise
gleichfalls *Adv* also, likewise: ***danke, gleichfalls!*** (thanks,) the same to you!
gleichförmig *Adj* **1.** uniform, (*eintönig*) monotonous **2.** (*regelmäßig*) regular
Gleichförmigkeit *f* **1.** uniformity, monotony **2.** regularity
gleichgeschlechtlich *Adj* ***gleichgeschlechtliche Beziehung*** same-sex relationship; ***gleichgeschlechtliches Paar*** same-sex couple
gleichgesinnt → ***gleich*** II 2
Gleichgewicht *n auch fig* balance, equilibrium (*auch* PHYS): ***seelisches Gleichgewicht*** (mental) equilibrium; ***das Gleichgewicht der Kräfte*** POL the balance of power; ***j-n aus dem Gleichgewicht bringen*** *auch fig* throw s.o. off balance; ***das Gleichgewicht verlieren*** lose one's balance
gleichgültig *Adj* indifferent (***gegen*** to), (*belanglos*) unimportant: ***das*** (***er***) ***ist mir gleichgültig*** I don't care (for him); ***es ist völlig gleichgültig, ob …*** it doesn't matter at all whether …; ***gleichgültig, wann*** (***ob*** *etc*) no matter when (whether *etc*); ***es war ihm völlig gleichgültig*** (***geworden***) he was past caring
Gleichgültigkeit *f* indifference (***gegen*** to)
Gleichheit *f* equality, identity, (*Einheitlichkeit*) uniformity
Gleichheitszeichen *n* MATHE equals sign
gleichkommen *v/i* (*Dat*) **1.** equal (***an*** *Dat* in) **2.** (*entsprechen*) amount to
gleichlautend *Adj* identical: ***gleichlautendes Wort*** homonym
gleichmachen *v/t* make equal (*Dat* to): → ***Erdboden***
Gleichmacherei *f pej* egalitarianism
gleichmäßig *Adj* regular, even, (*gleichbleibend*) constant, (*ebenmäßig*) symmetrical: *Adv* ***etw gleichmäßig verteilen*** distribute s.th. evenly
Gleichmäßigkeit *f* regularity, evenness, constancy, symmetry
Gleichmut *m* equanimity, calmness
gleichmütig *Adj* calm, imperturbable
gleichnamig *Adj* of the same name, MATHE *Bruch*: with a common denominator
Gleichnis *n* simile, BIBEL parable
gleichrangig *Adj* **1.** of the same rank **2.** *fig* of equal importance
Gleichrichter *m* ELEK rectifier
gleichschalten *v/t fig* coordinate, POL bring into line
Gleichschritt *m* MIL marching in step
gleichseitig *Adj* equilateral
gleichsetzen *v/t* **1.** equate (*Dat*, ***mit*** with) **2.** → ***gleichstellen*** 2
Gleichstand *m* SPORT level score
gleichstellen *v/t* **1.** → ***gleichsetzen*** 1 **2.** ***j-n gleichstellen*** put s.o. on an equal footing (*Dat* with)
Gleichstellung *f* equalization
Gleichstrom *m* ELEK direct current (DC)
gleichtun *v/t* ***es j-m gleichtun*** equal (*oder* match) s.o. (***an*** *oder* ***in*** *Dat* in)
Gleichung *f* equation
gleichwertig *Adj* of the same value, equivalent, (*gleich gut*) equally good, *Gegner*: evenly matched
gleichzeitig *Adj und Adv* simultaneous(ly), *Adv auch* at the same time
Gleichzeitigkeit *f* simultaneousness
gleichziehen *v/i* SPORT (*einholen, auch fig*) (***mit*** with) catch up, draw level, (*ausgleichen*) equalize, level the score
Gleis *n* rail(s *Pl*), *bes Am* track(s *Pl*), line: *fig* ***auf ein totes Gleis schieben*** put *s.o., s.th.* on ice; ***das ausgefahrene Gleis*** **a)** the beaten track, **b)** (*auch* ***das alte Gleis***) the same old rut
Gleiskörper *m* permanent way
Gleitboot *n* hydroglider, hydroplane
gleiten *v/i* **1.** glide, slide, (*rutschen*) slip, *Hand, fig Lächeln, Blick etc*: pass: ***er ließ den Brief in die Tasche gleiten*** he slipped the letter into his pocket **2.** *fig Arbeitnehmer*: make use of flextime
gleitend *Adj fig Lohn-, Preisskala etc*: sliding: ***gleitende Arbeitszeit*** → ***Gleitzeit***
Gleitfläche *f* sliding surface
Gleitflug *m* glide
Gleitflugzeug *n* glider
Gleitklausel *f* WIRTSCH escalator clause
Gleitkomma *n* floating point
Gleitmittel *n* lubricant
Gleitschirm *m* SPORT paraglider
Gleitschirmfliegen *n* paragliding
Gleitschutz *m* MOT antiskid device

Gleitwachs *n Skisport*: gliding wax
Gleitzeit *f* flexible working hours *Pl*, flextime
Gleitzeitkarte *f* time card
Gletscher *m* glacier
Gletscherbrand *m* glacial sunburn
Gletscherkunde *f* glaciology
Gletscherspalte *f* crevasse
Glied *n* **1.** limb, member: ***der Schreck fuhr ihr in die Glieder*** she had a bad shock **2.** (*Penis*) (male) member, penis **3.** (*Kettenglied, auch fig Bindeglied*) link **4.** MIL rank **5.** (*Mitglied*) member
gliedern **I** *v/t* (*ordnen*) arrange, organize, (*unterteilen*) (sub)divide (***in*** *Akk* into) **II** *v/refl* ***sich gliedern in*** (*Akk*) be (sub)divided into
Gliederpuppe *f* jointed doll, KUNST lay figure
Gliederschmerz *m* rheumatism
Gliederung *f* (*Anordnung*) arrangement, organization, (*Aufbau*) structure, (*Unterteilung*) (sub)division
Gliedmaßen *Pl* limbs *Pl*
glimmen *v/i* smo(u)lder (*auch fig*), glow
Glimmer *m* MIN mica
Glimmstängel *m ugs* fag
glimpflich *Adj* mild, light: *Adv* ***glimpflich mit j-m verfahren*** be lenient with s.o.; ***glimpflich davonkommen*** get off lightly
glitschig *Adj ugs* slippery
glitzern *v/i* glitter
global *Adj* global, *fig auch* general
Globalisierung *f* globalization
Globus *m* globe
Glöckchen *n*, **Glöcklein** *n* little bell
Glocke *f* **1.** bell: *ugs fig* ***etw an die große Glocke hängen*** shout s.th. from the housetops **2.** (*Käseglocke etc*) cover
Glockenblume *f* bellflower
glockenförmig *Adj* bell-shaped
Glockengeläut *n* bell ringing
Glockengießer, **Glockengießerin** bell founder
Glockenrock *m* flared skirt
Glockenschlag *m* stroke (of the clock)
Glockenspiel *n* chime(s *Pl*), carillon
Glockenstuhl *m* belfry
Glockenturm *m* bell tower, belfry
Glorie *f* **1.** glory **2.** → ***Glorienschein***
Glorienschein *m fig* halo
glorreich *Adj* glorious
Glossar *n* glossary
Glosse *f* **1.** (*Randglosse*) gloss **2.** *Zeitung etc*: commentary
Glotzaugen *Pl ugs* goggle-eyes *Pl*
Glotze *f ugs* (*Fernseher*) gogglebox, *Am* tube
glotzen *v/i ugs* goggle, gawp
Glück *n* **1.** luck, fortune, (*Glücksfall*) good luck: ***auf gut Glück*** on the off-chance, (*wahllos*) at random; ***zum Glück*** fortunately; ***zu meinem Glück*** luckily for me; ***Glück bringend*** lucky; ***Glück haben*** be lucky; ***er hatte kein Glück*** he had no luck; ***das Glück haben zu*** *Inf* have the good fortune to *Inf*; ***Glück gehabt!*** that was lucky!; ***noch mal Glück gehabt!*** that was close!; ***viel Glück!*** good luck!; ***j-m Glück wünschen*** **a)** wish s.o. luck, **b)** (*gratulieren*) congratulate s.o. (***zu etw*** on s.th.), ***zum Geburtstag*** wish s.o. (a) happy birthday; ***(es ist) ein Glück, dass …*** (it's a) good thing that …; ***er kann von Glück sagen, dass …*** he may thank his lucky stars that … **2.** (*Glückseligkeit*) happiness, bliss
glückbringend → ***Glück*** 1

Glück, glücklich

SG

Glück haben	**be lucky**
Er hatte Glück und fand seine Schultasche wieder.	**He was lucky to find his schoolbag again.**
Hast du ein Glück!	**You lucky devil** ['devl]**!**
Heute ist mein Glückstag.	**It's my lucky day.**
Glückszahl	**lucky number**
Glücksbringer	**lucky charm**
(innerlich) glücklich	**happy**
glücklich sein	**be happy**
Sie scheint in ihrer neuen Klasse ganz glücklich zu sein.	**She seems very happy in her new class.**

Glucke *f* **1.** ZOOL sitting hen **2.** *fig* (mother-)hen
glucken *v/i* **a)** sit, **b)** cluck
glücken → ***gelingen***
gluckern *v/i* glug, gurgle
glücklich **I** *Adj* happy, (*vom Glück begünstigt*) lucky, fortunate: ***sich glücklich preisen*** (*oder* ***schätzen***) count o.s. lucky; ***ein glücklicher Einfall*** a happy thought **II** *Adv* happily, (*mit Glück*) luckily, (*sicher*) safely, *ugs* (*endlich*) finally, at (long) last
glücklicherweise *Adv* luckily, fortunately, as luck would have it
Glücksache *f* ***es ist Glücksache*** it is a matter of luck
Glücksbringer *m* mascot, (*Gegenstand*) *auch* lucky charm
glückselig *Adj* blissful, very happy
Glückseligkeit *f* bliss, happiness
glucksen *v/i* gurgle, (*lachen*) chuckle
Glücksfall *m* lucky chance (*ugs* break), stroke of luck
Glücksgöttin *f* Fortune
Glückskind *n* child of Fortune
Glücksklee *m* four-leaf clover
Glückspfennig *m* lucky penny
Glückspilz *m ugs* lucky dog
Glücksspiel *n* **1.** game of chance, *Koll* gambling **2.** *fig* gamble
Glücksspieler, **Glücksspielerin** gambler
Glücksstern *m* lucky star
Glückssträhne *f* streak of luck
Glückstag *m* lucky (*oder* happy) day
glückstrahlend *Adj* radiant (with happiness)
Glückstreffer *m* **1.** SPORT fluke (hit *oder* shot) **2.** *fig* stroke of luck
Glückwunsch *m* congratulations *Pl* (***zu*** on), good wishes *Pl* (***für*** for): ***meinen*** (*oder* ***herzlichen***) ***Glückwunsch!*** congratulations!, ***zum Geburtstag*** happy birthday!
Glückwunsch… congratulatory
Glückwunschkarte *f* greetings card
Glückwunschtelegramm *n* greetings telegram
Glühbirne *f* light bulb
glühen **I** *v/i* (***vor*** *Dat* with) glow, *fig auch* burn **II** *v/t* TECH anneal
glühend *Adj* **1.** glowing (*auch fig*), *Metall*: *auch* red-hot, *Kohle*: live: *Adv* ***glühend heiß*** scorching **2.** *fig Liebe, Verlangen etc*: burning, ardent
Glühfaden *m* filament
Glühwein *m* mulled wine, *Am* glogg

G

Herzlichen Glückwunsch!	**Congratulations!** SG
Herzlichen Glückwunsch zum Geburtstag!	**Happy birthday!**
Du hast deinen Führerschein (bestanden)? Herzlichen Glückwunsch!	**You passed your driving test? Congratulations! / Well done!**
Du hast die beste Note bekommen! Herzlichen Glückwunsch!	**You got the top mark! Well done! / Congratulations!**
Ich habe das Gerücht gehört, dass Sie sich verlobt haben – darf ich gratulieren?	**I heard a rumour you'd got engaged – may I congratulate you?**
Herzlichen Glückwunsch zur Hochzeit!	**Congratulations on your marriage!**

G

Glühwürmchen *n* glow-worm
Glut *f* **1.** (blazing) heat **2.** (glowing) fire **3.** (*Glutasche*) embers *Pl*, (*Kohlenglut*) live coal **4.** *fig* ardo(u)r, glow
Glyzerin *n* CHEM glycerin(e)
GmbH *f Abk* (= ***Gesellschaft mit beschränkter Haftung***) limited liability company
Gnade *f* **1.** mercy: ***j-m auf Gnade und Ungnade ausgeliefert sein*** be at s.o.'s mercy; ***Gnade vor Recht ergehen lassen*** show mercy **2.** (*Gunst*) favo(u)r **3.** REL grace
gnaden *v/i* ***dann gnade dir Gott!*** (then) God help you!
Gnadenakt *m* act of grace
Gnadenfrist *f* reprieve: ***eine Gnadenfrist von drei Tagen*** three days' grace
gnadenlos *Adj* merciless
Gnadenstoß *m auch fig* coup de grâce
gnädig *Adj* gracious, (*barmherzig*) merciful: ***gnädige Frau*** *in der Anrede*: madam
Gnom *m* gnome
Gobelin *m* Gobelin (tapestry)
Gokart *m* MOT go-kart, kart
Gold *n* gold: ***Gold gewinnen*** SPORT win gold; ***es ist nicht alles Gold, was glänzt*** all that glitters is not gold
Goldader *f* vein of gold
Goldbarren *m* ingot of gold
Goldbergwerk *n* gold mine
golden *Adj* **1.** (of) gold, (*vergoldet*) gilt **2.** *fig* golden: ***goldene Hochzeit*** golden wedding; ***goldene Schallplatte*** golden disc
Goldfisch *m* goldfish
goldgelb *Adj* golden(-yellow)
Goldgräber, **Goldgräberin** gold digger
Goldgrube *f ugs fig* goldmine
Goldhamster *m* ZOOL golden hamster
goldig *Adj ugs* sweet, *Am auch* cute
Goldklumpen *m* lump of gold, nugget
Goldlack *m* BOT wallflower
Goldmedaille *f* gold medal
Goldmedaillengewinner, **Goldmedaillengewinnerin** gold medal(l)ist
Goldmine *f* goldmine
Goldmünze *f* gold coin
Goldplombe *f* gold filling
Goldrahmen *m* gilt frame
goldrichtig *Adj und Adv ugs* dead right, *Person*: okay
Goldschmied, **Goldschmiedin** goldsmith
Goldschnitt *m* gilt edge(s *Pl*): ***mit Goldschnitt*** *Buch etc*: gilt-edged
Goldstück *n* **1.** gold coin **2.** *ugs fig* (*Person*) jewel
Goldwaage *f* ***jedes Wort auf die Goldwaage legen*** weigh every word
Goldwährung *f* gold standard
Golf[1] *m* GEOG gulf
Golf[2] *n* SPORT golf
Golfplatz *m* golf course, (golf) links *Pl*
Golfschläger *m* golf club
Golfspiel *n* **1.** golf **2.** game of golf
Golfspieler, **Golfspielerin** golfer
Golfstaat *m* Gulf state
Golfstrom *m* GEOG Gulf Stream
Gondel *f* gondola, *einer Seilbahn*: *auch* (cable) car
Gong(schlag) *m* (sound of the) gong
gönnen *v/t* **1.** ***j-m etw gönnen*** not to (be)-grudge s.o. s.th.; ***j-m etw nicht gönnen*** → ***missgönnen*** **2.** ***j-m (sich) etw gönnen*** allow s.o. (o.s.) s.th.
Gönner, **Gönnerin** patron(ess)
gönnerhaft *Adj* patronizing
Gönnermiene *f* (***mit Gönnermiene*** with a) patronizing air
Gonokokken *Pl* MED gonococci *Pl*
Gonorrhö(e) *f* MED gonorrh(o)ea
Gör *n*, **Göre** *f ugs pej* brat
Gorilla *m* gorilla (*auch sl Leibwächter*)
Gosse *f auch fig* gutter
Gotik *f* KUNST **a)** Gothic (style), **b)** Gothic period
gotisch *Adj* Gothic
Gott *m* God, (*Gottheit*) god, deity: ***Gott sei Dank!*** thank God!; ***leider Gottes*** unfortunately; ***Gott bewahre!, Gott behüte!*** God forbid!; ***weiß Gott*** (, ***was*** *etc*) God knows (what *etc*); ***um Gottes willen!*** for God's sake!; ***großer Gott!, lieber Gott!*** good Lord!; ***der liebe Gott*** the good Lord; → ***wahr***
Götterbild *n* idol
Götterspeise *f* GASTR jelly
Gottesdienst *m* (divine) service
gottesfürchtig *Adj* godfearing, pious
Gotteshaus *n* house of God, church
Gotteslästerer *m*, **Gotteslästerin** *f* blasphemer
Gotteslästerung *f* blasphemy
Gottesmutter *f* Mother of God
Gottessohn *m* Son of God
Gottheit *f* deity, god, goddess
Göttin *f* goddess
göttlich *Adj* divine, godlike
gottlos *Adj* ungodly, (*böse*) wicked
Gottlosigkeit *f* ungodliness, wickedness
gottserbärmlich *Adj ugs Zustand etc*: pitiful, (*schlimm*) dreadful
gottverdammt *Adj vulg* (god)damned
gottverlassen *Adj ugs* godforsaken
Gottvertrauen *n* trust in God
gottvoll *Adj ugs fig* capital, very funny
Götze *m*, **Götzenbild** *n* idol
Gouverneur, **Gouverneurin** governor
Grab *n* grave, (*bes Grabmal*) tomb: *fig* ***mit einem Bein im Grab stehen*** have one foot in the grave; *ugs* ***sich im Grabe umdrehen*** turn in one's grave; ***verschwiegen wie das Grab***

(as) silent as the grave

graben I *v/t* dig, (*Schacht etc*) sink: ***ein Loch*** (*oder* ***einen Gang***) ***graben*** ZOOL burrow **II** *v/i* dig (***nach*** for) **III** *v/refl* ***sich graben*** (***in*** *Akk* into) dig, *Tier*: burrow itself, *fig Kugel etc*: bury itself; *fig* ***sich in j-s Gedächtnis graben*** engrave itself on s.o.'s memory

Graben *m* ditch (*auch Sport*), MIL trench, (*Burggraben*) moat, GEOL graben, rift

Grabesstille *f* deathly silence

Grabesstimme *f* (***mit Grabesstimme*** in a) sepulchral voice

Grabfund *m* grave find

Grabgewölbe *n* (burial) vault, tomb

Grabinschrift *f* epitaph

Grabkammer *f* burial chamber

Grabmal *n* tomb, (*Denkmal*) monument

Grabrede *f* funeral oration

Grabstätte *f* burial place, (*Grab*) tomb

Grabstein *m* tombstone, gravestone

Grad *m allg* degree (*auch* UNI *und fig*), MIL *etc* rank, grade: (***bei***) ***10 Grad Wärme*** (***Kälte***) (at) ten degrees above (below) zero (*oder* freezing point); ***Verwandte(r) zweiten*** (***dritten***) ***Grades*** relative once (twice) removed; ***Verbrennungen dritten Grades*** third-degree burns; *fig* ***bis zu einem gewissen Grad*** to a certain degree, up to a point; ***im höchsten Grade*** in the highest degree, extremely

Gradeinteilung *f* graduation

gradieren *v/t* CHEM, TECH graduate

Gradmesser *m fig* ga(u)ge, barometer

Gradnetz *n auf Karten*: (map) grid

graduell *Adj* gradual, *auch Adv* in degree

graduieren I *v/t* **1.** TECH graduate **2.** UNI confer a degree upon **II** *v/i* **3.** UNI graduate

Graduierte *m, f* graduate

Graf *m* count, *britischer*: earl

Graffito *m, n* (*Pl* ***Graffiti***) graffito

Grafik *f* **1.** graphic arts *Pl*, (*Gestaltung*) art (-work) **2.** (*Bild*) **a)** KUNST, COMPUTER: graphic, (*Druck*) print, **b)** TECH graph, diagram, **c)** illustration(s *Pl*)

Grafikbildschirm *m* graphics screen

Grafiker, Grafikerin 1. (graphic) artist **2.** commercial artist, (graphic) designer

Grafikkarte *f* IT graphics card

Grafikmodus *m* IT graphics mode

Grafikprogramm *n* IT graphics software

Gräfin *f* countess

grafisch *Adj* **1.** graphic, art … **2.** TECH graphic, diagrammatic: ***grafische Darstellung*** → ***Grafik*** 2b

Grafit *m* graphite

Grafitbombe *f* MIL graphite bomb

Grafologe *m*, **Grafologin** *f* graphologist

Grafologie *f* graphology

grafologisch *Adj* graphological

Grafschaft *f* county

gram *Adj* ***j-m*** (***wegen einer Sache***) ***gram sein*** bear s.o. a grudge (because of s.th.)

Gram *m* grief, sorrow

grämen I *v/t* grieve **II** *v/refl* ***sich grämen*** (***über*** *Akk*, ***wegen***) grieve (over), (*sich sorgen*) worry (about)

grämlich *Adj* morose, sullen

Gramm *n* gramme, *Am* gram

Grammatik *f* grammar, (*Grammatikbuch*) grammar book

grammatikalisch, grammatisch *Adj* grammatical

Grammofon *n* gramophone, *Am* phonograph

Granat *m* MIN garnet

Granatapfel *m* BOT pomegranate

Granate *f* **1.** MIL shell, (*Gewehrgranate, Handgranate*) grenade **2.** *ugs* SPORT cannonball

Granatfeuer *n* shellfire

Granatsplitter *m* shell splinter

Granatwerfer *m* mortar

grandios *Adj* grandiose, *ugs* (*toll*) terrific

Granit *m* granite

Granne *f* **1.** LANDW awn, beard **2.** ZOOL kemp

Grapefruit *f* grapefruit

Graphik *etc* → ***Grafik***

Graphit *m* → ***Grafit***

Graphologe *etc* → ***Grafologe***

Gras *n* grass: ZOOL ***Gras fressend*** → ***grasfressend***; *ugs* ***das Gras wachsen hören*** hear the grass grow; ***über etw Gras wachsen lassen*** let the grass grow over s.th.; ***ins Gras beißen*** bite the dust

grasbedeckt *Adj* grassy

grasen *v/i* graze

grasfressend *Adj* graminivorous

grasgrün *Adj* grass-green

Grashalm *m* blade of grass

Grashüpfer *m* ZOOL grasshopper

Grasnarbe *f* turf

grassieren *v/i* be rife, *Krankheit*: *auch* rage: ***es grassieren Gerüchte, dass …*** there are rumo(u)rs that …

grässlich *Adj* horrible, terrible, ghastly (*alle auch ugs fig*), (*scheußlich*) dreadful, hideous, *Verbrechen*: monstrous, atrocious

Grat *m* **1.** TECH bur(r) **2.** (*Berggrat*) ridge

Gräte *f* (fish)bone

Gratifikation *f* gratuity, bonus

gratis *Adv* free (of charge)

Grätsche *f Turnen*: straddle, (*Sprung*) straddle vault

grätschen *v/t und v/i* straddle, *v/i* do a straddle vault

Gratulant, Gratulantin congratulator, well-wisher

Gratulation *f* congratulations *Pl* (***zu*** on)

gratulieren *v/i* congratulate (***j-m zu etw*** s.o. on s.th.): ***j-m zum Geburtstag gratulieren*** wish s.o. many happy returns (of the day); (***ich***) ***gratuliere!*** congratulations!

Gratwanderung *f fig* tightrope walk

grau I *Adj* grey, *Am* gray, *fig auch* bleak: ***der graue Alltag*** the drab monotony of everyday life; → ***Haar, Vorzeit*** **II** *Adv* ***grau meliert*** greying, *Am* graying

Graubrot *n* rye bread

Graubünden *n the* Grisons

Gräuel *m* **1.** horror: ***er*** (***es***) ***ist mir ein Gräuel*** I loathe him (it) **2.** (*Gräueltat*) atrocity

Gräuelmärchen *n* atrocity story

Gräueltat *f* atrocity

grauen *v/i und v/unpers* ***es graut mir*** (*oder* ***mir graut***) ***vor*** (*Dat*) I dread (the thought of), I am terrified of

Grauen *n* horror (***vor*** *Dat* of)

grauenhaft, grauenvoll *Adj auch ugs fig* horrible

grauhaarig *Adj* grey-(*Am* gray-)haired

gräulich *Adj* **1.** greyish, *Am* grayish; **2.** → ***grässlich***

graumeliert → ***grau*** II

Graupe *f* pearl barley

Graupel(n *Pl*) *f* soft hail, sleet

graupeln *v/unpers* ***es graupelt*** a soft hail is falling

G

grausam *Adj* **1.** cruel **2.** *ugs fig* awful
Grausamkeit *f* cruelty
Grauschleier *m fig* greyness, *Am* grayness
grausen → ***grauen***
Grausen *n* → ***Grauen***
grausig → ***grauenhaft***
Grauzone *f fig* grey (*Am* gray) area
Graveur, **Graveurin** engraver
gravieren *v/t* engrave
gravierend *Adj fig* serious
Gravierung *f* engraving
Gravitation *f* PHYS gravitation
Gravitationsgesetz *n* law of gravitation
Grazie *f* grace
graziös *Adj* graceful

graziös ≠ gracious

graziös	=	graceful
gracious	=	**1.** wohlwollend **2.** gnädig, barmherzig

Greencard *f* green card
greifbar *Adj* **1.** handy, (*verfügbar*) available: ***in greifbarer Nähe***, *Adv* ***greifbar nahe*** *auch fig* near at hand, within reach **2.** *fig* (*konkret*) tangible, concrete (*results etc*): ***greifbare Formen annehmen*** be taking shape
greifen **I** *v/t* **1.** seize, take hold of, grab: ***zum Greifen nah*** within reach; *fig* ***zu hoch gegriffen*** *Preis etc*: too high **2.** (*Saite*) stop, (*Taste*) touch, (*Note*, *Akkord*) strike **II** *v/i* **3.** ***greifen an*** (*Akk*) touch; ***greifen nach*** reach for, *fest*: grasp at, *hastig*: grab for; ***greifen in*** (*Akk*) reach into; ***greifen zu*** **a)** reach for, **b)** *fig* (*Maßnahmen*, *einem Mittel etc*) resort to; *fig* ***um sich greifen*** spread; → ***Arm***, ***Tasche*** 2, ***Waffe*** *etc* **4.** *Bremse*, *Räder*, *Feile etc*: grip **5.** *fig* (*wirken*) (begin to) take effect, have an impact
Greifer *m* TECH gripper (hand)
Greifvogel *m* bird of prey
Greifzange *f* gripping tongs *Pl* (*auch Sg konstr*)
Greifzirkel *m* cal(l)ipers *Pl*
greis *Adj* (very) old
Greis *m* (very) old man
Greisenalter *n* old age
greisenhaft *Adj* senile
Greisenhaftigkeit *f* senility
Greisin *f* (very) old woman
grell *Adj Licht*: glaring (*auch fig*), *Farbe*: *auch* loud, *Ton etc*: shrill
Gremium *n* body (*of experts etc*)
Grenzbereich *m* **1.** border area **2.** *fig* borderland
Grenzbewohner, **Grenzbewohnerin** inhabitant of the border area
Grenze *f* **1.** border, (*Landesgrenze*) *auch* frontier, (*Grenzlinie*) boundary (*auch fig*): ***an der Grenze*** on the border, at the frontier; *fig* ***die Grenze ziehen bei*** draw the line at **2.** *fig* borderline, (*Schranke*) limit (*Gen* to), bounds *Pl* (*Gen* of): ***in Grenzen*** within limits, up to a point; ***ohne Grenzen*** → ***grenzenlos***; ***sich in Grenzen halten*** keep within (reasonable) limits, *iron Erfolg etc*: be rather limited; ***Grenzen setzen*** (*Dat*) set limits to; ***alles hat seine Grenzen*** there is a limit to everything
grenzen *v/i auch fig* border (**an** *Akk* on)
grenzenlos *Adj* boundless, immense, *Elend*, *Leid etc*: infinite, *Macht*: unlimited: *Adv* ***grenzenlos dumm*** incredibly stupid
Grenzenlosigkeit *f* boundlessness, immensity, infinity
Grenzfall *m fig* borderline case
Grenzgänger, **Grenzgängerin** **a)** (*auch* illegal) border crosser, **b)** frontier commuter
Grenzgebiet *n* **1.** border area **2.** *fig* borderland
Grenzkonflikt *m* border dispute
Grenzkontrolle *f* border control
Grenzkosten *Pl* WIRTSCH marginal cost *Sg*
Grenzland *n* border area
Grenzlinie *f* boundary (line), borderline (*auch fig*), POL demarcation line, SPORT line
Grenzpfahl *m* boundary post
Grenzposten *m* border guard
Grenzschutz *m* frontier protection, (*Truppe*) border police
Grenzstadt *f* frontier town
Grenzstein *m* boundary stone
Grenzübergang *m* border crossing (point), checkpoint
grenzüberschreitend *Adj* WIRTSCH, POL border-crossing, across the border(s)
Grenzverkehr *m* (***kleiner Grenzverkehr*** local) border traffic
Grenzwert *m* MATHE, PHYS limit(ing value), threshold value
Grenzzwischenfall *m* border incident
Greuel *etc* → ***Gräuel***
Grieben *Pl* GASTR greaves *Pl*
Grieche *m* Greek
Griechenland *n* Greece
Griechin *f* Greek (woman)
griechisch *Adj* Greek, KUNST *etc auch* Grecian: ***griechisch-orthodox*** Greek (Orthodox); ***griechisch-römisch*** Gr(a)eco-Roman
Griechisch *n* LING Greek
griesgrämig *Adj ugs* grumpy, grouchy
Grieß *m* **1.** GASTR semolina **2.** TECH grit **3.** MED gravel
Grießbrei *m* semolina pudding
Griff *m* **1.** (**nach**) grasp (at), grab (for), reaching (for): *fig* ***Griff nach der Macht*** bid for power; ***einen guten Griff machen*** make a good choice (**mit** with); ***im Griff haben*** (***in den Griff bekommen***) (*Situation etc*) have (get) *s.th.* under control, *auch geistig*: have (get) a (good) grip on, (*auch j-n*) be (get) on top of **2.** (*Handgriff*) movement (of the hand), *fester*: grip (*auch Turnen*), *mount.*, *Ringen etc*: hold, MUS stop, fingering **3.** (*Türgriff*, *Messergriff etc*) handle, (*Koffergriff etc*) grip, (*Haltegriff*) *im Bus etc*: strap **4.** *von Stoff*: feel
griffbereit *Adj* (ready) to hand, handy
Griffel *m allg* style
griffig *Adj* **1.** *Werkzeug etc*, *auch fig Ausdruck etc*: handy **2.** *Fahrbahn etc*: having a good grip, *Reifen etc*: nonskid
Griffleiste *f beim Wörterbuch etc*: edge index
Grill *m* GASTR grill, *Am* barbecue: ***... vom Grill*** roast *chicken etc*
Grille *f* **1.** ZOOL cricket **2.** *ugs fig* silly idea, whim
grillen *v/t* grill, *im Freien*: *auch* barbecue
Grillparty *f* barbecue
Grimasse *f* grimace: ***Grimassen schneiden*** pull faces, grimace
grimmig *Adj auch fig* grim, fierce
Grind *m* MED scab
grinsen *v/i*, **Grinsen** *n* (***über*** *Akk* at) grin, *höhnisch*: sneer
grippal *Adj* MED ***grippaler Infekt*** influenza(l)

infection
Grippe *f* influenza, *ugs* flu
Grippe… influenza (*epidemic*, *virus*, *etc*)
grippekrank *Adj* down with influenza, *ugs* having the flu
Grippewelle *f* wave of influenza
grob *Adj* **1.** *allg* coarse (*auch* TECH, *auch fig derb*, *unfein*), *Arbeit*, *Oberfläche*, *Skizze etc*: rough: *fig* ***wir sind aus dem Gröbsten heraus*** we are over the worst; ***ein Mann fürs Grobe*** a man for the dirty work; → ***schätzen*** 1 **2.** *fig Fehler*, *Lüge*, *Verstoß etc*: gross **3.** (*unhöflich*) rude: ***gegen j-n grob werden*** be rude to s.o.
Grobeinstellung *f* TECH coarse adjustment
Grobheit *f* coarseness, roughness, *fig auch* rudeness: ***Grobheiten*** *Pl* rude words *Pl*
Grobian *m* rude fellow, ruffian
grobkörnig *Adj* coarse-grained
grobmaschig *Adj* wide-meshed
grölen *v/i und v/t* bawl, roar
Groll *m* ranco(u)r, resentment, (*Zorn*) anger
grollen *v/i* **1.** be angry: ***j-m grollen*** have a grudge against s.o. (***wegen*** because of) **2.** *Donner*: rumble
Grönland *n* Greenland
Gros *n* main body
Groschen *m fig* penny, *Am* cent: *ugs* ***der Groschen ist gefallen!*** the penny has dropped!
Groschenroman *m ugs* penny dreadful, *Am* dime novel
groß **I** *Adj* **1.** *allg* big, *Buchstabe*: *auch* capital, *Fläche*, *Zahl*, *Raum etc*, *auch Familie*, *Einkommen etc*: *auch* large: ***wie groß ist es?*** what size is it? **2.** *Person*: tall, *Berg*, *Turm etc*: high **3.** *Reise*, *Zeitspanne*: long, *Entfernung*: great **4.** (*erwachsen*) grown-up, *ugs Bruder*, *Schwester*: big: ***die Großen*** *Pl* the grown-ups *Pl* **5.** *fig allg* great, (*beträchtlich*) *auch* big, *Fehler*: big, bad, *Hitze*, *Kälte*: intense: ***Friedrich der Große*** Frederick the Great; ***Groß--München*** Greater Munich; ***eine größere Sache*** a major affair; ***große Worte*** big words; ***groß angelegt*** large-scale; ***Großes leisten*** achieve great things; → ***Ferien***, ***Geld***, ***Los*** 1, ***Welt*** **6.** (*großartig*) great, grand: *ugs* ***ganz groß*** super, terrific; ***in etw groß sein*** be great at (doing) s.th.; ***ich bin kein großer Tänzer*** I'm no great dancer **7.** ***im Großen*** on a large scale, WIRTSCH wholesale, in bulk; ***im Großen und Ganzen*** on the whole, by and large **II** *Adv* **8.** *ugs* ***etw groß feiern*** celebrate s.th. in great style; ***groß in Mode sein*** be all the rage

> **groß** SG
>
> Beachten Sie den Unterschied bei der Beschreibung einer „großen“ Person:
>
> | | |
> |---|---|
> | groß und kräftig gebaut | **big** |
> | hoch gewachsen | **tall** |
> | groß(artig) | **great** |

Großabnehmer, **Großabnehmerin** WIRTSCH bulk purchaser
Großaktionär, **Großaktionärin** major shareholder
großanglegt → ***groß*** I 5
Großangriff *m* MIL large-scale attack
großartig *Adj* grand, great, marvel(l)ous, (*prächtig*) splendid, magnificent, (*toll*) *auch* fantastic
Großaufnahme *f* FILM close-up
Großauftrag *m* WIRTSCH large (*oder* big) order
Großbank *f* big (*oder* major) bank
Großbetrieb *m* large-scale enterprise
Großbritannien *n* Great Britain
Großbuchstabe *m* capital (letter)
Größe *f* **1.** *allg* size (*auch Kleidergröße etc*), (*Körpergröße*) height, (*Flächeninhalt*) dimensions *Pl*, area: ***welche Größe haben Sie?*** what size do you take? **2.** MATHE, PHYS quantity, ASTR magnitude **3.** *fig* (*Ausmaß*) extent, (*Bedeutung*) greatness **4.** *ugs fig* (*Person*) great figure, celebrity, authority, FILM, SPORT *etc* star
Großeinkauf *m* WIRTSCH bulk purchase
Großeinsatz *m* large-scale operation
Großeltern *Pl* grandparents *Pl*
Großenkel, **Großenkelin** *etc* → ***Urenkel*** *etc*
Größenordnung *f* **1.** ASTR *etc* order (of magnitude) **2.** *fig* scale: ***dieser Größenordnung*** of this order
großenteils *Adv* mostly, largely
Größenverhältnisse *Pl* proportions *Pl*, dimensions *Pl*
Größenwahn *m* megalomania
größenwahnsinnig *Adj* megalomaniac
Großfahndung *f* dragnet operation
Großfamilie *f* extended family
Großfeuer *n* big blaze, four-alarm fire
Großflughafen *m* major airport
Großformat *n* large size
Großfürst, **Großfürstin** grand duke (duchess)
Großgrundbesitz *m* large land holdings *Pl*, large estates *Pl*
Großgrundbesitzer, **Großgrundbesitzerin** big landowner
Großhandel *m* wholesale trade: ***im Großhandel*** wholesale
Großhandels… wholesale
Großhändler, **Großhändlerin** wholesaler
Großhandlung *f* wholesale firm
großherzig → ***großmütig***
Großherzog, **Großherzogin** grand duke (duchess)
Großhirn *n* ANAT cerebrum
Großindustrie *f* big industry
Großindustrielle *m*, *f* big industrialist
Grossist, **Grossistin** wholesaler
großjährig → ***volljährig***
Großkapitalist, **Großkapitalistin** big capitalist
Großkauffrau *f*, **Großkaufmann** *m* big merchant
Großkonzern *m* big concern
großkotzig *Adj ugs* (*protzig*) flash, (*angeberisch*) show-off(ish), arrogant
Großküche *f* canteen kitchen
Großkunde *m*, **Großkundin** *f* big client
Großkundgebung *f* mass rally
Großmacht *f* super power
Großmarkt *m* hypermarket
Großmaul *n ugs* bigmouth
Großmut *f* magnanimity, generosity
großmütig *Adj* magnanimous, generous
Großmutter *f* grandmother
Großneffe *m* grandnephew
Großnichte *f* grandniece
Großonkel *m* great-uncle
Großprojekt *n* large-scale project
Großraum *m* ***der Großraum München*** Greater Munich
Großraumbüro *n* open-plan office
Großraumflugzeug *n* wide-bodied jet

G

Geschichte Großbritanniens: wichtige Meilensteine

LK

G

1000 v. Chr.	Einwanderung der Kelten
55 v. Chr.	Julius Caesar landet auf den britischen Inseln
43 n. Chr.–410	Römische Provinz **Britannia**: Städtegründungen und Straßenbau
5. Jh.	Germanische Besiedelung duch Angeln, Sachsen, Jüten
597	Christliche Missionare in Canterbury
ab 787	Beginn der Wikinger-Überfälle (200 Jahre lang)
991–1016	Dänen auf englischem Thron
1066	**Battle of Hastings**: **William the Conqueror** besteigt den englischen Thron
1215	**Magna Carta**: Grenzen der königlichen Macht, Rechte des freien Mannes
1284	**Statute of Wales**: Wales wird vom englischen Königshaus kontrolliert
1337–1453	**Hundred Years War** zwischen England und Frankreich: England verliert seine Ländereien auf dem Kontinent
14. / 15. Jh.	**Peasents' Revolt**: Abschaffung der Leibeigenschaft
1455–1485	**War of the Roses** zwischen den Adelsgeschlechtern **Lancaster** und **York**
1476	Einführung des Buchdrucks von **William Caxton**
1509–1547	**Henry VIII** mit Lordkanzler **Thomas Morus**
1534	**Act of Supremacy**: Gründung der **Church of England**
1558–1603	Goldenes Zeitalter unter **Queen Elizabeth I**
1564–1616	**William Shakespeare**
1580	erste Weltumsegelung von **Sir Francis Drake**
1588	Sieg über die spanische **Armada**
1603	**James VI** von Schottland wird **James I** von England
1605	**Gunpowder Plot**: versuchtes Attentat auf den König im Parlament
1628	**Petition of Rights**: Stärkung der bürgerlichen Rechte und Freiheiten
1642–49	**Civil War**: Puritaner kämpfen gegen die Monarchie der **Stuarts**
1649	Hinrichtung von **Charles I**: **Oliver Cromwell** wird **Lord Protector** der Republik
1660	**Charles II**: Restauration der Monarchie und Anglican Church
1665	Pestepedemie in London
1666	**Great Fire** von London und anschließend moderner Wiederaufbau
1688	**Glorious Revolution**: William of Orange und Mary aus dem Hause Stuart
1689	**Bill of Rights**: Durchsetzung der parlamentarischen Monarchie
1707	**Act of Union**: Vereinigtes Königreich Großbritannien
1740–1850	**Industrial Revolution**: Erfindungen, Mechanisierung, Massenproduktion
1770	Australien wird britische Sträflingskolonie
1783	**Treaty of Paris**: Unabhängigkeit der amerikanischen Kolonien
1800	**United Kingdom of Great Britain and Ireland**
1805	**Battle of Trafalgar**: Horatio Nelson besiegt Napoleons Flotte
1832	**Reform Bill**: symbolischer Machtzuwachs des Bürgertums
1836–42	**Recession**: Zunahme des Proletariats, irische Immigration
1837–1901	**Queen Victoria** und **Victorian Age**: bürgerliches Lebens- und Selbstwertgefühl
1871–73	**Great Depression**: Missernten, Billigimporte
1914	Kriegserklärung an Deutschland
1916	**Easter Rising** in Irland wird niedergeschlagen
1920	Teilung Irlands durch die britische Regierung
1922	Gründung des Irischen Freistaates
1939	Kriegserklärung an Deutschland
1947	**Independence of India Act**
1949	Austritt Irlands aus dem Commonwealth: **Republic of Ireland**
2. Juni 1953	Krönung **Elisabeth II**
1958	**Notting Hill Riots**: gewaltsame, rassistische Unruhen
1960–65	Entkolonialisierung, v.a. in Afrika
1969	Stationierung britischer Truppen in Nordirland, Terroranschläge der IRA
1973	Beitritt zur Europäischen Gemeinschaft
1979–90	**Thatcherism**: Sparmaßnahmen, Konkurrenzprinzip, Privatisierungen
1982	**Falklands War**: Rückeroberung der von argentinischen Truppen besetzten Falklandinseln

Großrechner *m* mainframe computer
Großreinemachen *n* thorough house-cleaning
großschreiben *v/t* capitalize
Großschreibung *f* capitalization
großsprecherisch *Adj* boastful
großspurig *Adj* arrogant
Großstadt *f* big city
Großstädter, **Großstädterin** city-dweller
großstädtisch *Adj* of a big city, urban
Großtante *f* great-aunt
Großtat *f* great feat
Großteil *m* large part
größtenteils *Adv* for the most part, mostly
Großtuer, **Großtuerin** boaster, show-off
großtuerisch *Adj* boastful
großtun *v/i* talk big: ***großtun mit*** brag about, show off with
Großunternehmen *n* large-scale enterprise
Großunternehmer, **Großunternehmerin** big industrialist
Großvater *m* grandfather
Großveranstaltung *f* big event, *bes* POL mass rally
Großverdiener, **Großverdienerin** big earner
Großwildjagd *f* big game hunt(ing)
großziehen *v/t* raise, (*Tier*) rear
großzügig *Adj* **1.** generous (*auch freigebig*), broad-minded **2.** (*geräumig*) spacious **3.** *Planung*, *Anlage etc*: large-scale
Großzügigkeit *f* **1.** broad-mindedness, generosity **2.** large scale
grotesk *Adj* grotesque
Grotte *f* grotto
Grübchen *n* dimple
Grube *f* pit, BERGB *auch* mine
Grübelei *f* brooding
grübeln *v/i* (**über** *Akk* over, on) brood, muse
Grubenarbeiter, **Grubenarbeiterin** miner
Grubenunglück *n* mine disaster
grüezi *Interj schweiz.* hello
Gruft *f* tomb, vault, *in Kirchen*: crypt
Grufti *m ugs* wrinkly
grün *Adj* green (*auch fig und* POL), *Hering*: fresh: ***grüner Salat*** lettuce; *ugs* ***grüner Junge*** greenhorn; ***die Grünen*** POL the Greens, the Green Party; *fig* ***grünes Licht geben*** (***bekommen***) give *s.o.* (get) the green light (***für*** for); ***der Grüne Punkt*** the symbol for recyclable packaging; ***eine Entscheidung vom grünen Tisch*** an armchair decision; ***grün vor Neid*** green with envy; ***j-n grün und blau schlagen*** beat s.o. black and blue; ***auf keinen grünen Zweig kommen*** get nowhere; *ugs* ***er ist dir nicht grün*** he has it in for you
Grün *n allg* green (*auch Golf*): ***bei Grün, auf Grün*** MOT at green; *ugs* ***das ist dasselbe in Grün*** it's practically the same thing
Grund *m* **1.** (*Boden*) ground, (*Meeresgrund, auch eines Gefäßes*) bottom (*auch fig*): ***am Grund, auf dem Grund*** at the bottom; ***auf Grund laufen*** SCHIFF run aground; *fig* ***einer Sache auf den Grund gehen*** (***kommen***) go (get) to the bottom of s.th. **2.** ***Grund*** (***und Boden***) land, property: *ugs fig* ***in Grund und Boden*** *verdammen etc* outright, *sich schämen*: terribly **3.** (*Grundlage*) basis, foundation(s *Pl*): ***von Grund auf*** *verändern etc*: entirely, thoroughly, radically; ***im Grunde*** (***genommen***) actually, basically **4.** (*Vernunftgrund*) reason, (*Ursache*) *auch* cause, (*Beweggrund*) *auch* motive: ***aus diesem Grund*** for this reason; ***aus persönlichen Gründen*** for personal reasons; ***mit gutem Grund*** for good reason, justly; ***allen*** (***keinen***) ***Grund haben zu*** *Inf* have every (no) reason to *Inf*; ***ich frage aus einem bestimmten Grund*** I ask for a reason ***auf Grund*** → ***aufgrund***; ***zu Grunde*** → ***zugrunde***

Grund: reason, cause oder purpose?	SG
Grund, Erklärung	**reason**
reason that / why	
do s.th. with / without a reason	
do s.th. for no reason (at all)	
give a reason for (doing) s.th.	
for some reason or other	
for obvious / personal reasons	
Grund, Ursache, Anlass	**cause**
the cause of death	
the cause for complaint	
Grund, Zweck, Ziel, Absicht	**purpose**
for practical purposes	
do s.th. on purpose	
the purpose of our visit	

Grundanstrich *m* priming coat
Grundausbildung *f* MIL basic training
Grundbedeutung *f* primary meaning
Grundbegriff *m* baic concept, *Pl* fundamentals *Pl*
Grundbesitz *m* landed property, real estate
Grundbesitzer, **Grundbesitzerin** landowner
Grundbestandteil *m* basic component, element
Grundbuch *n* land register
Grundbuchamt *n* land registry

Gründe angeben	**Explaining the cause** SG
Wir kamen nicht rein, weil die Tür abgeschlossen war.	**We couldn't get in because the door was locked.**
Da wir den Anfang des Films verpasst haben, möchte ich ihn lieber an einem anderen Tag sehen.	**Since we've missed the start of the film, I'd prefer to see it another day.**
Er kam nicht auf die Website, weil zu viele Leute versuchten sich einzuloggen.	**He couldn't access the website as too many people were trying to log on.**
Infolge eines Unfalls in der Nähe von Koblenz haben alle Züge nach Süden Verspätung.	**Owing to an accident near Koblenz, all southbound trains are subject to delays.**
Auf Grund des Regenmangels sind die Pflanzen alle eingegangen.	**The plants all died due to the lack of rain.**

Grundbuchauszug *m* extract from the land register
grundehrlich *Adj* thoroughly honest
gründen **I** *v/t* found (*auch eine Familie*), establish, set up: *fig* ***etw gründen auf*** (*Akk*) base (*oder* found) s.th. on **II** *v/refl* ***sich gründen auf*** (*Akk*) *fig* be based on **III** *v/i* ***gründen auf*** (*Dat*) rest (*oder* be based) on, (*herrühren von*) be due to
Gründer, **Gründerin** founder
grundfalsch *Adj* absolutely wrong
Grundfarbe *f* PHYS primary colo(u)r
Grundfläche *f* (surface) area, MATHE base, ARCHI floor space
Grundgebühr *f* basic rate (*oder* charge)
Grundgedanke *m* basic idea
Grundgehalt *n* basic salary
Grundgesetz *n* basic (constitutional) law
grundieren *v/t* ground, TECH prime
Grundierfarbe *f* primer
Grundierung *f* (*Schicht*) priming coat
Grundkapital *n* initial capital, (*Aktien*) original stock
Grundkenntnisse *Pl* basic knowledge *Sg*
Grundkurs *m* UNI basic course
Grundlage *f* foundation, *fig auch* basis: ***jeder Grundlage entbehren*** be completely unfounded
Grundlagenforschung *f* basic research
grundlegend *Adj* basic(ally *Adv*), fundamental, *Buch etc*: definitive
gründlich *Adj auch fig* thorough: ***gründliche Arbeit leisten*** make a thorough job of it
Gründlichkeit *f* thoroughness, carefulness
Grundlinie *f* MATHE, SPORT base line
Grundlohn *m* basic wage(s *Pl*)
grundlos **I** *Adj fig* groundless, unfounded **II** *Adv* for no reason (at all)
Grundmauer *f* foundation wall
Grundnahrungsmittel *n*, *meist Pl* basic food (-stuff)
Gründonnerstag *m* Maundy Thursday
Grundprinzip *n* basic principle
Grundrechnungsart *f* ***die vier Grundrechnungsarten*** the four fundamental operations of arithmetics
Grundrechte *Pl* POL basic rights *Pl*
Grundregel *f* ground rule
Grundriss *m* **1.** ARCHI ground plan **2.** *fig* outline(s *Pl*)
Grundsatz *m* principle: ***es sich zum Grundsatz machen, etw zu tun*** make it a rule to do s.th.
grundsätzlich **I** *Adj* fundamental **II** *Adv* in principle: ***ich bin grundsätzlich dagegen*** I am absolutely against it
Grundschule *f* primary (*oder* elementary, *Am auch* grade) school
Grundschüler, **Grundschülerin** primary (*oder* elementary) pupil
Grundstein *m* ARCHI foundation stone: *fig* ***den Grundstein legen zu*** lay the foundations of
Grundsteinlegung *f* laying (of) the foundation stone
Grundstock *m* basis
Grundstoff *m* CHEM element, (*Rohstoff*) raw material
Grundstoffindustrie *f* basic industry
Grundstrich *m beim Schreiben*: downstroke
Grundstück *n* plot (of land), WIRTSCH, JUR property, real estate, (*Baugrundstück*) *auch* site
Grundstücksmakler, **Grundstücksmaklerin** (real) estate agent, *Am* realtor
Grundstücksmarkt *m* property market
Grundstückspreis *m* land price
Grundstudium *n* UNI basic course
Grundstufe *f* PÄD elementary classes *Pl*
Grundton *m* **1.** MUS keynote **2.** (*Farbe*) ground shade
Grundübel *n* basic evil (*weit. S.* problem)
Gründung *f* foundation, (*Geschäftsgründung*, *Familiengründung etc*) setting up
Gründungsvertrag *m* founding treaty
grundverkehrt *Adj* utterly wrong
grundverschieden *Adj* entirely different
Grundwasser *n* (under)ground water
Grundwasserspiegel *m* ground-water level
Grundwehrdienst *m* basic military service
Grundwortschatz *m* basic vocabulary
Grundzahl *f* cardinal number
Grundzug *m* characteristic (feature), *Pl* basics *Pl*, (*Umrisse*) outline(s *Pl*): ***in seinen Grundzügen schildern*** outline
grünen *v/i* be (*oder* turn) green
Grünfläche *f* green space, lawn, *einer Stadt*: park area
Grünfutter *n* LANDW green fodder
Grüngürtel *m* green belt
Grünkohl *m* (curly) kale
grünlich *Adj* greenish

Gruppenbezeichnungen

Im Englischen können einige Gruppenbezeichnungen als Singular oder als Plural aufgefasst werden – je nachdem, ob man die Gruppe als geschlossene Einheit sieht (Singular) oder an die einzelnen Mitglieder denkt (Plural). Einige dieser Gruppenbezeichnungen, die wahlweise mit Verben im Singular oder Plural verbunden werden können, sind:

Armee	**army**	Komitee	**committee**
Bevölkerung	**population**	Öffentlichkeit	**public**
Familie	**family**	Orchester	**orchestra**
Firma	**company**	Personal	**staff**
Gruppe	**group**	Regierung	**government**
Klasse	**class**	Team	**team**
Klub	**club**	Zuschauer, Zuhörer	**audience**

Das Komitee hat beschlossen, die Sitzung zu verschieben. — **The committee has** *oder* **have decided to postpone the meeting.**

⚠ Diese Bezeichnungen treten im amerikanischen Englisch in der Regel nur mit Verben im Singular auf.

Grünschnabel *m ugs* whippersnapper
Grünspan *m* verdigris
Grünspecht *m* ZOOL green woodpecker
Grünstreifen *m* → ***Mittelstreifen***
grunzen *v/i und v/t* grunt
Grünzeug *n ugs* **a)** greens *Pl*, **b)** herbs *Pl*
Gruppe *f allg* group (*auch* WIRTSCH *Konzern*), (*Arbeitsgruppe*) *auch* team, MIL squad
Gruppenarbeit *f* teamwork
Gruppenbild *n* group photo
Gruppendynamik *f* group dynamics *Pl* (*auch Sg konstr*)
Gruppenreise *f* group travel
Gruppensex *m* group sex
Gruppentherapie *f* group therapy
gruppenweise *Adv* in groups
gruppieren **I** *v/t* group: ***neu gruppieren*** regroup **II** *v/refl* ***sich gruppieren*** form a group (*oder* groups) (***um*** [a]round)
Gruppierung *f* **1.** grouping, formation **2.** (*Gruppe*) group(s *Pl*)
Grusel... horror (*film, story, etc*)
gruselig *Adj* creepy, spooky
gruseln *v/t, v/i und v/unpers* ***es gruselt mir*** (*oder* ***mich***), ***mich gruselt*** it gives me the creeps; ***es war zum Gruseln*** it was enough to give you the creeps
Gruß *m* greeting(s *Pl*) (***aus*** from), MIL salute: ***viele Grüße*** (*oder* ***einen schönen Gruß***) ***an ...*** give my regards (*herzlicher*: my love) to ...; ***mit besten Grüßen, mit freundlichem Gruß*** Yours sincerely; ***herzliche Grüße*** love, best wishes
grüßen **I** *v/t* greet, *bes* MIL salute, *ugs* say hello: *ugs* ***grüß dich!*** hello (there)!, hi!; ***grüßen Sie ihn von mir!*** give my regards (*herzlicher*: my love) to him! **II** *v/i* say good morning (*etc*), say hello, *bes* MIL salute
gschamig *Adj österr.* shy
gucken *v/i* look, peep
Guckloch *n* peephole
Guerillakrieg *m* guerrilla war(fare)
Gugelhupf *m österr., südd.* ring cake
Gulasch *m* GASTR goulash
Gulaschsuppe *f* goulash soup
Gulden *m* HIST *niederländischer*: guilder
Gülle *f schweiz., südd.* liquid manure
gültig *Adj* valid (*auch fig Argument etc*), good (*auch Sport*), (*in Kraft*) effective (***ab, vom*** as from), in force, (*gesetzlich*) legal: ***gültig werden*** become valid, *Vertrag etc*: become effective
Gültigkeit *f* validity, JUR, POL legal force
Gültigkeitsdauer *f* (period of) validity, *eines Vertrags*: *meist* term: ***seine Gültigkeitsdauer verlieren*** expire
Gummi **1.** *m, n* rubber, (*Klebgummi*) gum **2.** *m ugs* (*Kondom*) rubber **3.** *n* → ***Gummiband*** **4.** *m* → ***Radiergummi***
gummiartig *Adj* rubbery
Gummiball *m* rubber ball
Gummiband *n* rubber band, *in Kleidung*: elastic
Gummibärchen *n* GASTR jelly baby
Gummibaum *m* (*Zimmerpflanze*) rubber plant
gummieren *v/t* gum, TECH rubberize
Gummihandschuh *m* rubber glove
Gummiknüppel *m* (rubber) truncheon, *Am* club, *ugs* billy
Gummilinse *f* FOTO zoom lens
Gummiparagraph *m ugs* elastic clause
Gummischlauch *m* **1.** rubber hose **2.** MOT inner tube
Gummistiefel *m* wellington (boot), *Am* rubber boot
Gummistrumpf *m* elastic stocking
Gummizug *m* elastic
Gunst *f* favo(u)r; ***zu Gunsten*** → ***zugunsten***
günstig *Adj* favo(u)rable (***für*** to), (*passend*) convenient: ***günstige Gelegenheit*** opportunity; ***im günstigsten Fall*** at best; ***zu günstigen Bedingungen*** on easy terms; ***günstiges Angebot, günstiger Kauf*** bargain
Günstling *m* favo(u)rite
Günstlingswirtschaft *f* favo(u)ritism
Gurgel *f* throat, (*Schlund*) gullet
Gurgelmittel *n* gargle
gurgeln *v/i* gargle, *Wasser etc*: gurgle
Gürkchen *n* (*auch* ***saures Gürkchen***) gherkin
Gurke *f* **1.** cucumber, (*Essiggurke*) gherkin **2.** *ugs fig* (*Niete*) lemon
Gurkenhobel *m* cucumber slicer
gurren *v/i* coo
Gurt *m* belt (*auch* FLUG, MOT, *auch Patronengurt*), (*Haltegurt, Tragegurt*) strap
Gürtel *m* belt (*auch fig Zone*), *fig* (*Polizeigürtel, Absperrung*) cordon: ***den Gürtel enger schnallen*** *auch fig* tighten one's belt
Gürtellinie *f* waist(line): ***unter der*** (*oder* ***die***) ***Gürtellinie*** *auch fig* below the belt
Gürtelreifen *m* MOT radial tyre (*Am* tire)
Gürtelrose *f* MED shingles *Pl*
Gürtelschnalle *f* belt buckle
Gürteltasche *f* belt bag, bum bag, *bes Am sl* fanny bag
Gürteltier *n* armadillo
Gurtstraffer *m* seatbelt tensioner
Guru *m* guru
Guss *m* **1.** TECH (*Gießen*) founding, casting, (*Gusseisen*) cast iron (*oder* metal), (*Produkt*) casting: *fig* (***wie***) ***aus einem Guss*** of a piece **2.** (*Wasserstrahl etc*) gush, jet, (*Regenguss*) downpour **3.** (*Zuckerguss etc*) icing
Gussbeton *m* cast concrete
Gusseisen *n* cast iron

G

Grüße ausrichten	Sending greetings (SG)
Grüßen Sie Louisa (von mir), wenn Sie sie sehen.	**Give my regards to Louisa when you see her.**
Oma sagt dir ganz liebe Grüße.	**Grandma sends her love.**
Schöne Grüße von Alice und Michael.	**Michael and Alice say hello.**
Ich soll dich von Tony grüßen; er hofft, es geht dir gut.	**Tony sends his regards / best wishes and hopes you're doing well.**
Grüß sie alle von mir!	**Say hi to everyone from me! / Give everyone my love!**
Grüße aus dem sonnigen Barcelona!	**Greetings from sunny Barcelona!**

gusseisern *Adj* cast-iron
Gussform *f* mo(u)ld
Gussstahl *m* cast steel
gut I *Adj allg* good, *Wetter etc*: *auch* fine: ***ganz gut*** quite good, not bad; ***also gut!*** all right (then)!; ***schon gut!*** never mind!; ***(es ist) gut, dass …, nur gut, dass …*** (it's a) good thing that …; ***auch gut!, es ist ganz gut so!*** it's just as well!; ***gut werden*** (*gelingen*) turn out well; ***(wieder) gut werden*** come right (again), be all right; ***sei (bitte) so gut und …*** would you be good enough to …; ***in einer Sache gut sein*** be good at (doing) s.th.; ***das ist gut gegen*** (*oder* ***für***) ***Erkältungen*** that's good for colds; ***mir ist nicht gut!*** I don't feel (so) well!; ***wozu soll das gut sein?*** what's that in aid of?; ***er ist immer für eine Überraschung gut*** he's always good for a surprise; ***lass (mal*** *oder* ***es) gut sein!*** that'll do!; ***Gut und Böse*** good and evil; ***im Guten*** in a friendly way, (*gütlich*) amicably **II** *Adv* well, *aussehen, riechen, schmecken etc*: good: ***er spricht gut Englisch*** he speaks good English; ***gut aussehend*** good-looking; ***gut bezahlt*** well-paid; ***gut gebaut*** well-built; ***gut gehen*** go (off) well, work out well: ***das kann nicht gut gehen!*** that's bound to go wrong!; ***wenn alles gut geht*** if nothing goes wrong; ***mir geht es gut*** I'm (*finanziell*: doing) well (*oder* fine); ***gut gelaunt*** in a good mood, *ugs* chirpy; ***gut gemeint*** well-meant; ***gut situiert*** well-to-do; ***gut unterrichtet*** well-informed; ***es gut haben*** have it good, have a good time; ***du hast es gut!*** you are lucky!; ***es ist gut möglich, es kann gut sein*** it may well be; ***es gefällt mir gut*** I (do) like it; ***gut gemacht!*** well done!; ***so gut wie gewonnen*** as good as won; ***so gut wie nichts*** hardly anything; ***so gut wie unmöglich*** practically impossible; ***gut zwei Stunden*** a good two hours; ***gut (und gern)*** easily; ***ich kann ihn doch nicht gut fragen*** I can't very well ask him; *ugs* ***machs gut!*** **a)** good luck!, **b)** so long!, take care (of yourself)!; → ***Gute, Reise***
Gut *n* **1.** (*Besitz*) good(s *Pl*), property, possession(s *Pl*): *fig* ***das höchste Gut*** the greatest good **2.** *meist Pl* **a)** WIRTSCH goods *Pl*, **b)** BAHN goods *Pl*, *Am* freight **3.** (*Landgut*) estate **4.** TECH (*Füllgut etc*) material, stock
Gutachten *n* (expert) opinion
Gutachter, Gutachterin expert, JUR expert witness
gutartig *Adj* **1.** good-natured **2.** MED benign
Gutartigkeit *f* **1.** good nature **2.** MED benignity
gutaussehend → ***gut*** II
gutbezahlt → ***gut*** II
gutbürgerlich *Adj* solid middle-class: ***gutbürgerliche Küche*** good plain cooking
Gutdünken *n* discretion: ***handle nach eigenem Gutdünken*** use your own discretion
Gute *n the* good: ***das Gute an der Sache*** the good thing about it; ***Gutes tun*** do good; ***des Guten zu viel tun*** overdo it; ***das ist des Guten zu viel*** that's too much of a good thing; ***alles Gute!*** all the best!, good luck!
Güte *f* **1.** goodness, kindness: ***würden Sie die Güte haben zu*** *Inf* would you be so kind as to *Inf*; *ugs* ***(du) meine Güte!*** good gracious! **2.** WIRTSCH quality: ***erster Güte*** **a)** first-class, **b)** *iron* of the first water
Güteklasse *f* WIRTSCH grade, quality
Gutenachtgeschichte *f* bedtime story
Gutenachtkuss *m* goodnight kiss
Güterbahnhof *m* goods station, *Am* freight depot
Gütergemeinschaft *f* JUR community of property
Güterkraftverkehr *m* road haulage
Gütertrennung *f* JUR separation of property
Güterverkehr *m* goods (*Am* freight) traffic
Güterwagen *m* BAHN (goods) waggon, *Am* freight car
Güterzug *m* goods (*Am* freight) train
Gütezeichen *n* mark of quality, *fig auch* hallmark
gutgehen → ***gut*** II
gutgelaunt → ***gut*** II
gutgemeint → ***gut*** II
gutgläubig *Adj* **1.** credulous **2.** acting (*oder* done) in good faith, bona fide
Gutgläubigkeit *f* credulity, gullibility
Guthaben *n* credit (balance), (*Konto*) account
gutheißen *v/t* ***etw gutheißen*** approve (of) s.th.
gutherzig *Adj* kind(-hearted)
gütig *Adj* kind (***zu*** to)
gütlich I *Adj* **1.** amicable **II** *Adv* **2.** amicably **3.** ***sich gütlich tun an*** (*Dat*) help o.s. to, take (*oder* eat, drink) one's fill of
gutmachen *v/t* make good, (*auch Zeit etc*) make up for, (*Fehler etc*) put right
gutmütig *Adj* good-natured
Gutmütigkeit *f* good nature
Gutsbesitzer, Gutsbesitzerin (big) landowner
Gutschein *m* coupon, *bes Br* voucher
gutschreiben *v/t* ***j-m etw gutschreiben*** credit s.o. with s.th., pass s.th. to s.o.'s credit
Gutschrift *f* **1.** credit (entry *oder* item) **2.** (*Gutschein*) credit voucher
Gutschriftanzeige *f* credit note
Gutshaus *n* manor (house)
Gutsherr, Gutsherrin lord (lady) of the manor
Gutshof *m* estate
gutsituiert → ***gut*** II
Gutsverwalter, Gutsverwalterin (landowner's) steward
guttun *v/i* do s.o. good
guttural *Adj* guttural
gutunterrichtet → ***gut*** II
gutwillig *Adj* willing (to oblige)
Gutwilligkeit *f* willingness
Gymnasialbildung *f* secondary school education
Gymnasiast, Gymnasiastin grammar-school (*Am* high-school) student
Gymnasium *n etwa* grammar school, *Am* high school

Gymnasium ≠ gymnasium

Gymnasium	=	grammar school, *Am* high school
gymnasium	=	Turnhalle

Gymnastik *f* gymnastics *Sg*, (physical) exercises *Pl*, (*Freiübungen*) *auch* callisthenics *Pl*
Gymnastikanzug *m* leotard
Gymnastikball *m* exercise ball, plastic ball
gymnastisch *Adj* gymnastic
Gynäkologe *m*, **Gynäkologin** *f* gyn(a)ecologist
Gynäkologie *f* gyn(a)ecology
gynäkologisch *Adj* gyn(a)ecological

H

H, h *n* H, h
ha *Interj* ha, ah
Haar *n auch* BOT hair: ***sich die Haare kämmen*** (*ugs* ***machen***) comb (do) one's hair; ***sich die Haare schneiden lassen*** get a haircut; ***sich die Haare raufen*** tear one's hair; *fig* ***aufs Haar*** to a T; ***sich aufs Haar gleichen*** be absolutely identical; ***um ein Haar*** by a hair's breadth; ***um ein Haar wäre ich überfahren worden*** I just missed being run over, I had a narrow escape; ***er*** **(*es*)** ***ist um kein Haar besser*** he (it) is not a bit better; ***Haare spalten*** split hairs; ***ein Haar in der Suppe finden*** find a fly in the ointment; ***sich in die Haare geraten*** quarrel, clash; ***sich in den Haaren liegen*** be at loggerheads, be quarrel(l)ing; ***sie hat Haare auf den Zähnen*** she's a tough customer; *ugs* ***es hing an einem Haar*** it was touch and go; ***sein Leben hing an einem Haar*** his life hung by a thread; ***das ist bei den Haaren herbeigezogen*** that's (pretty) far-fetched; ***ihr wurde kein Haar gekrümmt*** they did not touch a hair on her head; *ugs* ***Haare lassen müssen*** **a)** not to escape unscathed, **b)** (*Verluste erleiden*) suffer (heavy) losses; ***kein gutes Haar an j-m lassen*** pull s.o. to pieces; ***ihm standen die Haare zu Berge, ihm sträubten sich die Haare*** it made his hair stand on end; ***lass dir deshalb keine grauen Haare wachsen!*** don't lose any sleep over it!
Haaransatz *m* hairline
Haarausfall *m* loss of hair
Haarband *n* headband, (*Schleife*) (hair) ribbon
Haarbürste *f* hairbrush
haaren *v/i* **1.** *auch* ***sich haaren*** *Tier*: lose its hair **2.** *Pelz etc*: shed (hairs)
Haarentferner *m* hair remover
Haarersatz *m* hairpiece, (*Perücke*) wig
Haaresbreite *f* ***er entging um Haaresbreite einem Unfall*** he escaped an accident by a hair's breadth; ***sie ging nicht um Haaresbreite von ihrer Meinung ab*** she didn't budge from her opinion one little bit

Haarfarben WF

blond	**fair, blond,** *bes Frau*: **blonde** ['blɒnd]
dunkelbraun	**dark brown**
grau	**grey,** *Am* **gray**
hellbraun	**light brown**
kastanienbraun	**chestnut**
mattbraun	**mousy, mousey**
pechschwarz	**jet black**
rot	**red**
rotblond	**sandy**
rotbraun	**auburn** ['ɔːbən]
rötlich, kupferfarben	**ginger**
schwarz	**black**

Haarfarbe *f* hair colo(u)r
Haarfärbemittel *n* hair dye
Haarfestiger *m* setting lotion
Haargarn *n* hair yarn
Haargefäß *n* ANAT capillary (vessel)
Haargel *n* hair gel
haargenau *Adj* precise: *ugs* **(*stimmt*)** ***haargenau!*** dead right!
haarig *Adj* hairy (*auch ugs fig gefährlich, schwierig*)
...haarig ...-haired
haarklein *Adj* (down) to the last detail
Haarklemme *f* hair clip
Haarkur *f* hair restorer
haarlos *Adj* hairless, (*kahl*) bald
Haarmittel *n* restorer
Haarnadel *f* hairpin
Haarnadelkurve *f* MOT hairpin bend
Haarnetz *n* hairnet, *flüssiges*: hair lacquer
Haaröl *n* hair oil
Haarpflege *f* hair care
Haarriss *m* hairline crack, *in Glasur*: craze
haarscharf **I** *Adj* very precise, exact **II** *Adv* by a hair's breadth: ***der Wagen fuhr haarscharf an uns vorbei*** the car missed us by an inch
Haarschleife *f* (hair) ribbon, bow
Haarschnitt *m* haircut
Haarspalterei *f* splitting hairs: ***Haarspalterei treiben*** split hairs
Haarspange *f* (hair) slide, *Am* barrette
Haarspitzen *Pl* hair tips *Pl*
Haarspliss *m* split ends *Pl*
Haarspray *m, n* hairspray
Haarsträhne *f* strand of hair
haarsträubend *Adj* hair-raising
Haarteil *n* hairpiece
Haartrockner *m* hair-drier
Haarwäsche *f*, **Haarwaschen** *n* shampoo
Haarwaschmittel *n* shampoo
Haarwasser *n* hair tonic
Haarwuchs *m* growth of (the) hair, (*Haare*) hair
Haarwuchsmittel *n* hair restorer
Haarwurzeln *Pl* roots *Pl* of one's hair
Hab *n* **(*all sein*)** ***Hab und Gut*** all one's possessions *Pl*
Habe *f* possessions *Pl*, belongings *Pl*
haben **I** *v/t* have (got), (*besitzen*) *auch* own, possess: ***etw haben wollen*** want (to have) s.th.; ***er will es so haben*** that's the way he wants it; ***du kannst es haben!*** you may have it!, *gern*: you're welcome to it!; **(*noch*)** ***zu haben sein*** *Ware*: be (still) available; *ugs* ***sie ist noch zu haben*** she's still to be had; ***was hast du?*** what's wrong?; *ugs* ***er hat es im Hals*** he has a bad throat; ***wir haben schönes Wetter*** the weather is fine (here); ***wir haben Winter!*** it's winter!; *Dialekt* ***es hat viel Schnee*** there's a lot of snow; ***welche Farbe hat das Kleid?*** what colo(u)r is the dress?; ***da hast dus!*** there you are!, *fig auch* I told you so!; ***das hätten wir!*** well, that's that!; *ugs* ***und damit hat sichs!*** and that's final!; *ugs* ***er hats ja!*** he can (well) afford it!; ***woher hast du das?*** where

did you get that from?, (*Nachricht*) who told you?; ***was hast du gegen ihn?*** what have you got against him?; ***was habe ich davon?*** **a)** what do I get out of it?, **b)** ***wenn …?*** what's the good if …?; ***ich habe nicht viel davon gehabt*** I didn't get much out of it; ***das hast du nun davon!*** there (you are)!; *ugs* ***ich habs!*** (I've) got it!; ***das werden wir gleich haben!*** (that's) no problem!; ***wie gehabt*** as had, same as ever; *ugs* ***sie haben etw miteinander*** they are lovers; ***die Prüfung hatte es in sich*** the exam was pretty tough; ***er hat etw Überspanntes*** there's s.th. eccentric about him; ***das hat er so an sich*** that's the way he is; ***er hat viel von seinem Vater*** he takes after his father; ***ich habe viel zu erzählen*** I have a lot to tell; ***dafür bin ich nicht zu haben!*** count me out!; ***hab dich nicht so!*** don't make a fuss!, (*führ dich nicht so auf*) don't take on so! **II** *v/hilf* have: ***hast du ihn gesehen?*** have you seen him?; ***du hättest es mir sagen sollen!*** you should (*oder* might) have told me!; ***er hätte es tun können*** he could have done it

haben: have und have got GR

Haben in der Bedeutung „besitzen" wird mit **have** oder **have got** übersetzt.
Have got steht vor allem in Sätzen im **present tense**, in verneinten Sätzen und in Fragen. **Have** kann in allen Kontexten stehen und ist förmlicher als **have got**.

Ich habe nicht viele Freunde.	**I haven't got / don't have many friends.**
Sie hat drei Katzen.	**She's got / has three cats.**

Haben *n* WIRTSCH credit: → ***Soll*** 1
Habenichts *m* have-not
Habenseite *f* WIRTSCH credit side
Habgier *f* greed
habgierig *Adj* greedy
habhaft *Adj j-s, einer Sache* ***habhaft werden*** get hold of, *eines Verbrechers*: *auch* catch
Habicht *m* ZOOL hawk
Habilitation *f* university lecturing qualification
habilitieren *v/refl* ***sich habilitieren*** qualify to give lectures at a university
Habitat *n* ZOOL habitat
Habseligkeiten *Pl* belongings *Pl*
Habsucht *f* greed
habsüchtig *Adj* greedy
Hachse *f* **1.** ZOOL hock **2.** GASTR knuckles *Pl* **3.** *ugs* (*Bein*) leg, *Pl* pins *Pl*
Hackbeil *n* chopper
Hackbraten *m* meat loaf
Hackbrett *n* **1.** chopping board **2.** MUS dulcimer
Hacke[1] *f* LANDW hoe, (*Pickel*) pickax(e)
Hacke[2] *f Dialekt* (*Ferse, Absatz*) heel: *ugs* ***sich die Hacken ablaufen*** run o.s. off one's feet (***nach*** for)
hacken I *v/t* **1.** (*auch v/i*) hack, LANDW *auch* hoe **2.** chop **II** *v/i* **3.** (***nach*** at) pick, peck
Hackepeter *m* GASTR *raw minced meat mixed with onions and spices*
Hacker, Hackerin *ugs* COMPUTER hacker
Hackfleisch *n* minced (*Am* ground) meat: *ugs* ***aus dir mache ich Hackfleisch!*** I'll make mincemeat of you!
Hackmesser *n* chopper
Hackordnung *f auch fig* pecking order
Häcksel *m, n* LANDW chaff
Hacksteak *n* GASTR beefburger
Hader *m* quarrel, strife, (*Zwietracht*) discord
hadern *v/i* quarrel (***mit*** with)
Hafen *m* **1.** harbo(u)r, (*Handelshafen*) port, (*Hafenanlagen*) dock(s *Pl*): ***in den Hafen einlaufen*** put into port **2.** *fig* (***ruhiger***) ***Hafen*** haven

Hafen: harbour oder port? SG

Hafen; Ort, an dem Schiffe anlegen	**harbour**
Handelshafen; Ort, an dem Seehandel getrieben wird	**port**
Entlang der irischen Küste gibt es viele natürliche Häfen.	**There are a lot of natural harbours along the Irish coast.**
ein sicherer Hafen (*auch übertragen*)	**a safe harbour**
Lastkraftverkehr zum Hafen	**lorry traffic to the port**
die Hafenstadt Dover	**the port of Dover**

Hafenanlagen *Pl* docks *Pl*
Hafenarbeiter, Hafenarbeiterin docker
Hafenbecken *n* harbo(u)r basin, (wet) dock
Hafeneinfahrt *f* harbo(u)r entrance
Hafengebühren *Pl* harbo(u)r dues *Pl*
Hafenmeister, Hafenmeisterin harbo(u)r master
Hafenrundfahrt *f* boat tour of a harbo(u)r
Hafenstadt *f* (sea)port
Hafenviertel *n* dock area, docklands *Pl*
Hafer *m* oats *Pl*: *ugs* ***ihn sticht der Hafer*** he's getting cocky
Haferbrei *m* porridge
Haferflocken *Pl* rolled oats *Pl*
Hafergrütze *f* groats *Pl*
Hafermehl *n* oatmeal
Haferschleim *m* gruel
Haff *n* lagoon
Haft *f* **1.** custody: ***in Haft*** under arrest, in custody; ***j-n in Haft nehmen*** take s.o. into custody **2.** (*Haftstrafe*) imprisonment
Haftanstalt *f* prison
haftbar *Adj* (***für*** for) responsible, JUR liable: ***j-n haftbar machen*** make s.o. liable, hold s.o. responsible
Haftbefehl *m* arrest warrant: ***Haftbefehl gegen j-n*** warrant for s.o.'s arrest
haften[1] *v/i* (***an*** *Dat* to) (*auch* ***haften bleiben***) cling, stick: *fig* ***im Gedächtnis haften*** stick (in one's mind)
haften[2] *v/i* (***für*** for) be (held) responsible, JUR be liable: ***haften für*** guarantee
haftenbleiben → ***haften***[1]
Haftentlassung *f* release (from custody)
Haftfähigkeit *f* **1.** adhesive power(s *Pl*) **2.** JUR fitness to undergo detention
Häftling *m* prisoner
Haftnotiz *f* self-stick (removable) note
Haftpflicht *f* (legal) liability
haftpflichtig *Adj* liable (***für*** for)
Haftpflichtversicherung *f* third party (liability) insurance

Haftrichter, **Haftrichterin** (committing) magistrate

Haftstrafe *f* imprisonment

Haftung[1] *f* TECH adhesion

Haftung[2] *f* (legal) liability, (*Bürgschaft*) guarantee: ***beschränkte*** (***persönliche***) ***Haftung*** limited (personal) liability; ***Gesellschaft mit beschränkter Haftung*** private limited (liability) company; ***Haftung übernehmen*** accept liability (***für*** for)

Haftvermögen *n* adhesive power(s *Pl*)

Hagebutte *f* BOT rose hip

Hagel *m* **1.** hail **2.** *von Schlägen etc*: hail, shower, *von Schimpfwörtern etc*: volley, torrent

Hagelkorn *n* hailstone

hager *Adj* gaunt

Hagerkeit *f* gauntness

haha *Interj* ha ha

Häher *m* ZOOL jay

Hahn *m* **1.** ZOOL cock, (*Haushahn*) *auch* rooster: *ugs* ***Hahn im Korb sein*** be cock of the walk; ***es kräht kein Hahn danach*** nobody cares (two hoots) about it **2.** (*Wetterhahn*) weathercock **3.** (*Wasserhahn*) tap, *Am* faucet, (*Fasshahn*) spigot **4.** (*Gewehrhahn*) hammer

Hähnchen *n* GASTR chicken

Hahnenfuß *m* BOT crowfoot

Hahnenkamm *m auch* BOT cockscomb

Hahnenkampf *m* cockfight

Hai *m*, **Haifisch** *m* shark

Haifischflosse *f* shark fin

Hain *m* grove

Häkchen *n* **1.** small hook **2.** *in einer Liste*: tick, *Am* check **3.** LING apostrophe

Häkelarbeit *f*, **Häkelei** *f* crochet work

häkeln *v/t und v/i* crochet

Häkelnadel *f* crochet needle

haken *v/t* hook (***an*** *Akk* onto)

Haken *m* **1.** *allg* hook, (*Kleiderhaken*) *auch* peg: ***Haken und Öse*** hook and eye; *Boxen*: ***rechter*** (***linker***) ***Haken*** right (left) hook **2.** → ***Häkchen*** 2 **3.** *ugs fig* ***der Haken an der Sache*** the snag; ***die Sache hat einen Haken*** there is a catch to it; ***da sitzt der Haken*** there's the snag

Hakenkreuz *n* swastika

Hakennase *f* hooked nose

Halali *n* JAGD (***das Halali blasen*** sound the) mort

halb **I** *Adj* half: ***eine halbe Stunde*** half an hour; ***halb drei*** half past two; ***halb Deutschland*** half of Germany; MUS ***halbe Note*** half note; MUS ***halber Ton*** semitone; ***auf halber Höhe*** halfway (up); ***die halbe Summe*** half the sum; ***zum halben Preis*** for half the price, (at) half-price; *fig* ***nur die halbe Wahrheit*** only half the truth; ***eine halbe Sache*** a half-measure; ***er macht keine halben Sachen*** he doesn't do things by halves; ***nichts Halbes und nichts Ganzes*** neither one thing nor the other; ***mit halbem Herzen*** → ***halbherzig***; ***j-m auf halbem Wege entgegenkommen*** *bes fig* meet s.o. halfway; ***sich auf halbem Wege einigen*** split the difference **II** *Adv* half, (*fast*) almost: ***halb so viel*** half as much; ***halb und halb*** half and half, (*zum Teil*) partly; *ugs* (***mit j-m***) ***halbe-halbe machen*** → ***halbpart***; ***es ist halb so schlimm*** it's not as bad as all that; ***halb fertig*** half-finished, WIRTSCH semifinished; GASTR ***halb gar*** underdone, rare; SPORT ***halb links*** inside left; SPORT ***halb rechts*** inside right; ***halb nackt*** half naked; *auch* LING ***halb offen*** half-open; ***halb tot*** half-dead; *auch fig* ***halb verdaut*** undigested; ***halb verfault*** rotting; ***halb verhungert*** starving; ***halb wach*** half-awake, dozing; ***halb lachend, halb weinend*** half laughing, half crying; ***halb wünschte er, dass …*** he half wished that …; ***das ist ja halb geschenkt*** that's a giveaway; ***damit war die Sache halb gewonnen*** that was half the battle

> **Der bestimmte Artikel bei half**
>
> Der bestimmte Artikel steht im Deutschen vor dem Adjektiv **halb**, während er im Englischen immer nach **half** erscheint:
>
> | | |
> |---|---|
> | Wir haben das Buch zum halben Preis bekommen. | **We got the book for half the price.** |

halbamtlich *Adj* semiofficial

Halbbildung *f* superficial knowledge

halbbitter *Adj* plain (*chocolate*)

Halbblut *n* **1.** (*Person*) half-caste **2.** (*Pferd*) half-breed

Halbblut…, **Halbblüter** *m*, **halbblütig** *Adj* ZOOL half-breed

Halbbruder *m* half brother

halbdunkel *Adj* dusky, *Raum*: dimly-lit

Halbdunkel *n* semidarkness, twilight

Halbe *m, f, n* pint (of beer)

Halbedelstein *m* semiprecious stone

…halben, **…halber** *in Zssgn* (*wegen*) on account of, due to, (*um … willen*) for the sake of, (*zwecks*) for

Halbfabrikat *n* semifinished product

halbfertig → ***halb*** II

halbfett *Adj* **1.** BUCHDRUCK (*Adv* in) semibold **2.** *Käse etc*: medium-fat

Halbfinale *n* SPORT semifinal

Halbformat *n* FOTO half-frame

halbgar → ***halb*** II

halbgebildet *Adj* semiliterate

Halbgott *m* demigod

Halbgöttin *f* demigodess

Halbheit *f* half measure

halbherzig *Adj* half-hearted(ly *Adv*)

halbhoch *Adj* medium-high, *Sport etc*: shoulder-high

halbieren *v/t* halve, divide (*oder* cut) in half, MATHE bisect

Halbinsel *f* peninsula

Halbjahr *n* half-year, (period of) six months *Pl*

Halbjahres…, **Halbjahrs…** half-yearly, six-month …

halbjährig *Adj Dauer*: half-yearly, six-month …, of six months, *Alter*: six-month-old

halbjährlich *Adj und Adv* half-yearly, semiannual(ly), *Adv auch* every six months

Halbkreis *m* semicircle

Halbkugel *f auch* GEOG hemisphere

halblang *Adj* medium-length, *Rock*, *Hose etc*: knee-length, LING *Laut*: half-long: *ugs* ***mach mal halblang!*** draw it mild!

halblaut **I** *Adj* low **II** *Adv* in an undertone

Halbleder *n* half-leather: ***in Halbleder gebunden*** half-bound

halbleinen *Adj* half-linen

Halbleinen *n* half-linen (cloth): ***in Halbleinen gebunden*** half-cloth

Halbleiter *m* ELEK semiconductor

Halblinke *m, f* SPORT inside left

halblinks → ***halb*** II

halbmast *Adv* (**auf halbmast** at) half-mast

Halbmesser *m* radius

Halbmittelgewicht(ler *m*) *n Boxen etc*: light middleweight

Halbmond *m* half moon, (*auch Symbol*) crescent: **wir haben Halbmond** there's a half moon

halbmondförmig *Adj* crescent-shaped

halbnackt → **halb** II

halboffen → **halb** II

halboffiziell *Adj* semiofficial

halbpart *Adv ugs* (**mit j-m**) **halbpart machen** go halves (*ugs* fifty-fifty) with s.o.

Halbpension *f* half-board

Halbprofil *n* semiprofile

Halbrechte *m, f* SPORT inside right

halbrechts → **halb** II

Halbrelief *n* half relief, mezzo-relievo

halbrund *Adj* semicircular

Halbrund *n* semicircle

Halbschlaf *m* doze

Halbschuh *m* (low) shoe

Halbschwergewicht(ler *m*) *n Boxen etc*: light heavyweight

Halbschwester *f* half sister

halbseiden *Adj* **1.** half-silk **2.** *pej* (*auch* **halbseidenes Milieu**) demimonde

halbseitig *Adj* **1.** BUCHDRUCK half-page **2.** MED unilateral: **halbseitige Lähmung** hemiplegia

Halbstarke *m, f ugs* yobbo

Halbstiefel *m* ankle boot

halbstündig *Adj* half-hour

halbstündlich *Adj und Adv* half-hourly, *Adv auch* every half-hour

halbtägig *Adj* half a day's, half-day

halbtags *Adv* **halbtags arbeiten** work part-time

Halbtags... half-day, part-time (*job etc*)

Halbtagskraft *f* part-time worker, part-timer

Halbton *m* **1.** MUS semitone **2.** FOTO, BUCHDRUCK half-tone

halbtot → **halb** II

halbverdaut → **halb** II

halbverfault → **halb** II

halbverhungert → **halb** II

Halbvokal *m* LING semivowel

halbwach → **halb** II

Halbwahrheit *f* half-truth

Halbwaise *f* half-orphan

halbwegs *Adv* (just) a bit (*better etc*), (*leidlich*) tolerably, *ugs* so-so

Halbwelt *f* demimonde

Halbwertzeit, **Halbwertszeit** *f* PHYS half-life

Halbwissen *n* superficial knowledge

Halbwüchsige *m, f* adolescent, teenager

Halbzeit *f* **1.** half(-time): **erste** (**zweite**) **Halbzeit** first (second) half **2.** → **Halbzeitpause**

Halbzeitpause *f* half-time

Halbzeitstand *m* half-time score

Halde *f* **1.** (*Schutthalde*) dump, (*Schlackenhalde*) slag heap, (*Kohlenhalde*) coal stocks *Pl* **2.** WIRTSCH (surplus) stocks *Pl*: **auf Halde legen** stockpile; **auf Halde liegen** be (excessively) stockpiled

Halfpipe *f* SPORT halfpipe

Hälfte *f* half: **die Hälfte der Leute** (**Zeit**) half the people (time); **um die Hälfte teurer sein** cost half as much again; **Kinder zahlen die Hälfte** children pay half(-price); **zur Hälfte** half (of it *oder* them); *ugs* **meine bessere Hälfte** my better half

Halfter *n* **1.** *auch m* (*Zaum*) halter **2.** *auch f* (pistol) holster

Hall *m* sound, (*Widerhall*) echo

Halle *f* **1.** hall, (*Vorhalle*) *auch* entrance hall, (*Hotelhalle*) foyer, lounge **2.** (*Werkshalle*) shop, (*Flugzeughalle*) hangar **3.** (*Turnhalle*) gymnasium, *ugs* gym, (*Tennishalle*) covered court(s *Pl*), (*Schwimmhalle*) indoor (swimming) pool: **in der Halle** indoors

halleluja *Interj*, **Halleluja** *n* hallelujah

hallen *v/i* (**von** with) reverberate, echo

Hallen... SPORT indoor (*handball, tennis, record, sports, etc*)

Hallenbad, **Hallenschwimmbad** *n* indoor (swimming) pool

Hallenfußball *m* five-a-side football

hallo *Interj* hello, *ugs* hi, *erstaunt*: hey: **hallo** (**, Sie**)**!** excuse me!, *ugs* hey, you!

Hallo *n fig* hullabaloo

Hallodri *m ugs* scallywag

Halluzination *f* hallucination

halluzinatorisch *Adj* hallucinatory

halluzinogen *Adj* hallucinogenic

Halluzinogen *n* hallucinogen

Halm *m* blade, (*Getreidehalm*) stalk

Halo *m* ASTR, MED halo

Halogen *n* halogen

Halogenbirne *f* halogen bulb

Halogenlampe *f* halogen lamp

Halogenlicht *n* halogen light

Halogenscheinwerfer *m* MOT halogen headlight

Hals *m allg* neck, (*Kehle, Rachen*) throat: MED **steifer Hals** stiff neck; **aus vollem Hals**(**e**) *schreien etc*: at the top of one's voice, **lachen** roar with laughter; **Hals über Kopf** headlong, (*hastig*) *auch* helter-skelter, *sich verlieben etc*: head over heels; **bis an den Hals** up to one's neck (*fig auch* ears); **auf dem** (*oder* **am**) **Hals haben** have *s.o., s.th.* on one's back, be stuck with; **j-m die Polizei** *etc* **auf den Hals hetzen** get the police *etc* onto s.o.; **sich j-n** (**etw**) **vom Hals**(**e**) **schaffen** get rid of s.o. (s.th.); **j-m um den Hals fallen** fling one's arms round s.o.'s neck; **sich j-m an den Hals werfen** throw o.s. at s.o.; **sich den Hals brechen** break one's neck; *fig* **das bricht ihm den Hals** that'll be his undoing; *ugs* **einer Flasche den Hals brechen** crack a bottle; *ugs* **er hat es in den falschen Hals bekommen** he took it the wrong way; *ugs* **es hängt mir zum Hals**(**e**) **heraus!** I'm fed up (to the teeth) with it!; **bleib mir damit vom Hals**(**e**)**!** don't bother me with that!; → **umdrehen**, **Wasser**

Halsabschneider, **Halsabschneiderin**, **halsabschneiderisch** *Adj fig* cutthroat

Halsband *n* **1.** necklace **2.** *Tier*: collar

halsbrecherisch *Adj* breakneck

Halsentzündung *f* MED sore throat

Halskette *f* necklace

Halskragen *m auch* ZOOL collar

Hals-Nasen-Ohren-Arzt *m*, **Hals-Nasen-Ohren-Ärztin** *f* ear, nose and throat specialist

Halsschlagader *f* carotid (artery)

Halsschmerzen *Pl* **Halsschmerzen haben** have a sore throat

halsstarrig *Adj* stubborn

Halstuch *n* neckerchief, (*Schal*) scarf

Hals- und Beinbruch! *ugs* break a leg!

Halsweh *n* → **Halsschmerzen**

Halswirbel *m* ANAT cervical vertebra

halt[1] *Interj* stop, *bes* MIL halt, (*warte*) wait (a minute), (*es genügt*) that'll do

halt[2] *Adv* → **eben** 5

Halt *m* **1.** hold, *für die Füße*: *auch* foothold, (*Stütze, auch fig*) support **2.** *fig* (moral) stability **3.** (*Anhalten*) stop: ***ohne Halt*** nonstop; *j-m, einer Sache* ***Halt gebieten*** call a halt to, stop; ***Halt machen*** → ***haltmachen***

haltbar *Adj* **1.** *Material*: durable, hard-wearing, TECH *auch* wear-resistant, *Farbe*: fast **2.** *Lebensmittel*: not perishable: ***begrenzt haltbar*** perishable; ***haltbar sein*** keep (well); ***haltbar machen*** preserve; ***haltbar bis ...*** to be used before ... **3.** SPORT stoppable (*shot*) **4.** *fig Theorie etc*: tenable

Haltbarkeit *f* **1.** durability, TECH *auch* (long *etc*) service life, WIRTSCH shelf life, *von Farben*: fastness **2.** *von Lebensmitteln*: keeping quality: ***von geringer Haltbarkeit*** perishable **3.** *fig einer Theorie etc*: tenability

Haltbarkeitsdatum *n* sell-by date

Haltegriff *m* strap

Haltelinie *f* MOT stop line

halten **I** *v/t* **1.** (*festhalten*) hold, (*stützen*) hold (up), support: ***er hielt ihr den Mantel*** he held her coat for her; → ***Stellung*** 1 **2.** (*in einem Zustand halten*) keep: ***sauber*** (***trocken, warm***) ***halten*** keep clean (dry, warm); → ***Ordnung*** **3.** (*abhalten*) *allg* hold, (*Hochzeit, Messe*) *auch* celebrate, (*Mahlzeit, Schläfchen etc*) take, have **4.** (*beibehalten, einhalten*) keep, (*Preise, Geschwindigkeit etc*) hold (*auch* MUS *Ton*), maintain: → ***Versprechen, Wort*** 3 **5.** SPORT (*Schuss*) stop, block, *Torwart*: save, (*Rekord*) hold **6.** (*enthalten, fassen*) hold, contain **7.** (*Rede etc*) make, deliver, (*Vortrag etc*) give: → ***Vorlesung*** **8.** (*aufhalten, anhalten*) hold back, stop, keep: ***er war nicht zu halten*** there was no holding him; ***mich hält hier nichts mehr*** there is nothing holding me here any more; ***haltet den Dieb!*** stop thief! **9.** ***sich*** (*ein Auto, einen Hund, Personal etc*) ***halten*** keep, (*eine Zeitung*) take **10.** (*behandeln*) treat: ***er hielt seine Kinder sehr streng*** he was very strict with his children **11.** ***halten für*** (*irrtümlich*: mis)take *s.o., s.th.* for, consider *s.o., s.th.* (to be); ***ich halte es für ratsam*** I think it advisable; ***man sollte es nicht für möglich halten, aber ...*** you wouldn't believe it but ...; ***wofür halten Sie mich*** (***eigentlich***)***?*** who do you think I am?; ***für wie alt hältst du ihn?*** how old do you think he is? **12.** ***viel halten von*** think highly (*stärker*: the world) of; ***nicht viel halten von*** not to think much of; ***er hält nichts vom Sparen*** he doesn't believe in saving; ***was halten Sie von ...?*** **a)** what do you think of ...?, **b)** ***einer Tasse Tee*** *etc? auch* how about a cup of tea *etc?* **13.** (*handhaben*) do, handle: ***wie hältst du es mit ...?*** what do you usually do about ...?; ***das kannst du halten, wie du willst!*** please yourself! **14.** ***etw auf sich halten*** *siehe* 21 **II** *v/i* **15.** hold (*auch fig Wetter*), (*haltbar sein*) last, *Lebensmittel, Blumen etc*: keep **16.** (*anhalten*) stop, MOT *auch* draw up, pull up **17.** *Torwart*: save **18.** *fig* ***an sich halten*** restrain o.s., control o.s **19.** ***halten auf*** (*Akk*) pay attention to, (*Wert legen auf*) set great store by, (*bestehen auf*) insist on **20.** ***halten auf*** (*Akk*) **a)** SCHIFF *auch* ***halten nach*** head for, **b)** (*zielen*) aim at; ***nach Süden halten*** be heading south; ***mehr nach links halten*** keep (aim) more to the left **21.** ***auf sich halten*** **a)** be particular about one's appearance, **b)** be self-respecting **22.** ***zu j-m halten*** stand by s.o., *ugs* stick to s.o., (*Partei nehmen*) side with s.o. **III** *v/refl* ***sich halten*** **23.** (*festhalten*) hold on (***an*** *Dat* to): *fig* ***sich halten an*** (*Akk*) (*Tatsachen, Vorschriften etc*) keep to, *ugs* stick to; ***sich an j-n halten*** rely on s.o., *wegen Schadenersatz*: hold s.o. liable **24.** *Material etc*: wear well, last long, *Lebensmittel, Blumen etc*: keep, *Wetter*: hold: *ugs* ***sie hat sich gut gehalten*** she is well-preserved **25.** ***sich halten für*** think (*oder* consider) o.s. (to be); ***sie hält sich für etw Besonderes*** she thinks she's s.th. special **26.** ***sich aufrecht halten*** hold (*oder* carry) o.s. upright; ***ich kann mich kaum noch auf den Beinen halten*** I'm ready to drop **27.** (*bleiben*) keep, stay: ***du musst dich warm halten*** you must keep warm; ***halte dich mehr links*** keep more to the left; ***sich an der Spitze halten*** stay at the top; ***er hat sich bei der Firma nicht lange gehalten*** he didn't last long with the firm

Halten *n* **1.** MOT ***zum Halten bringen*** stop, bring *s.th.* to a standstill; *fig* ***da gab es kein Halten mehr*** there was no holding them (*etc*) **2.** → ***Haltung*** 3

Haltepunkt *m* stop

Halter[1] *m* TECH holder, (*Griff*) handle, (*Stütze*) rest

Halter[2], **Halterin** JUR owner

Halterung *f* TECH holding device

Halteschild *n* stop sign

Haltesignal *n* stop signal

Haltestelle *f* stop

Halteverbot *n* no stopping (zone)

Halteverbotsschild *n* no stopping sign

haltlos *Adj* **1.** *Charakter, Mensch*: unstable, weak **2.** *Theorie etc*: untenable, (*unbegründet*) unfounded

Haltlosigkeit *f* **1.** weakness, instability **2.** untenableness, unfoundedness

haltmachen *v/i* (make a) stop: *fig* ***vor nichts haltmachen*** stop at nothing

Haltung *f* **1.** (*Körperhaltung*) posture, (*Stellung, auch Sport*) position, (*Pose*) pose: MIL ***Haltung annehmen*** stand to attention **2.** *fig* (*Benehmen*) deportment, behavio(u)r, (*Einstellung*) attitude (***gegenüber*** towards), (*Fassung*) composure: ***politische Haltung*** political outlook (*oder* views *Pl*); ***Haltung bewahren*** **a)** control o.s., **b)** *auch* ***Haltung zeigen*** bear up well **3.** *eines Tieres etc*: keeping

Haltungsschaden *m* MED damaged posture

Halunke *m* scoundrel

Hamburger **I** *m* **1.** *a* **Hamburgerin** *f* Hamburger **2.** GASTR hamburger **II** *Adj* **3.** (of) Hamburg

Häme *f ugs* sneers *Pl*, snide remarks *Pl*: ***voller Häme*** *sagen etc*: sneeringly

hämisch *Adj* malicious, sneering

Hammel *m* **1.** ZOOL wether **2.** GASTR mutton **3.** *ugs fig* idiot

Hammelbraten *m* roast mutton

Hammelfleisch *n* mutton

Hammelkeule *f* leg of mutton

Hammelsprung *m* PARL division

Hammer *m* **1.** hammer (*auch* MUS, *Sport und Auktion*), (*Holzhammer*) mallet, PARL *etc* gavel: ***Hammer und Sichel*** hammer and sickle; ***unter den Hammer kommen*** come under the hammer **2.** *ugs fig* (*Schlag etc, tolle Sache*) whammy: ***das ist ein Hammer!*** (*unerhört*) that beats everything!

Hammerklavier *n* piano(forte)

hämmern **I** *v/i* **1.** hammer, *fig Herz, Puls*: *auch* pound **2.** ***hämmern auf*** (*Akk*), ***hämmern gegen*** hammer away at, pound (at) **II** *v/t* **3.** hammer, beat, (*schmieden*) forge

Hammerwerfen *n* SPORT hammer throwing

H

Hammerwerfer, **Hammerwerferin** hammer thrower
Hämoglobin *n* h(a)emoglobin
Hämophile *m* MED h(a)emophiliac
Hämorriden, **Hämorrhoiden** *Pl* MED h(a)emorrhoids *Pl*, *ugs* piles *Pl*
Hampelmann *m* **1.** jumping Jack **2.** *ugs fig* fidget, (*Kasper*) clown
Hamster *m* ZOOL hamster
Hamsterkäufe *Pl* panic buying *Sg*
hamstern *v/t und v/i* hoard
Hand *f* hand (*a Handschrift, Kartenspiel*): ***j-m die Hand geben*** (*oder* ***reichen, schütteln***) shake hands with s.o.; ***Hand in Hand gehen*** walk (*fig* go) hand in hand (***mit*** with); ***Hände hoch*** (***weg***)***!*** hands up (off)!; *Fußball*: ***Hand!*** hands!; *fig* ***die öffentliche Hand*** the public authorities *Pl*, the State; ***j-s rechte Hand*** s.o.'s right-hand man; ***an Hand von*** (*oder Gen*) by means of, on the basis of; ***aus erster*** (***zweiter***) ***Hand*** *kaufen, wissen etc*: firsthand (secondhand); ***bei der Hand, zur Hand*** at hand, handy; ***mit der Hand, von Hand*** *machen etc*: by hand; ***unter der Hand*** secretly, on the quiet; ***etw unter der Hand verkaufen*** sell s.th. privately; ***zu Händen*** *auf Brief*: c/o (= care of), VERW Attention *Mr. Smith*; ***mit leeren Händen abziehen*** go away empty-handed; (***mit***) ***Hand anlegen*** lend a hand; ***etw in die Hände bekommen*** get hold of s.th.; ***j-m in die Hände fallen*** fall into s.o.'s hands; ***j-m etw an die Hand geben*** furnish s.o. with s.th.; ***aus der Hand geben*** part with; ***j-n in der Hand haben*** have s.o. in one's grip (*ugs* over a barrel); ***Hand und Fuß haben*** make sense; ***j-m freie Hand lassen*** give s.o. a free hand; ***von der Hand in den Mund leben*** live from hand to mouth; ***letzte Hand an etw legen*** put the finishing touches to s.th.; *fig* ***die Hände in den Schoß legen*** twiddle one's thumbs; ***aus der Hand legen*** lay aside; ***seine Hand ins Feuer legen für*** put one's hand into the fire for; ***es liegt in seiner Hand*** it's up to him; ***es liegt klar auf der Hand*** it's obvious; *fig* ***etw in die Hand nehmen*** take charge of s.th.; ***j-m*** (***etw***) ***in die Hände spielen*** play (s.th.) into s.o.'s hands; ***Hand breit*** → ***Handbreit*** ; ***Hand voll*** → ***Handvoll*** ; ***alle Hände voll zu tun haben*** have one's hands full; ***in andere Hände übergehen*** change hands; ***das war von langer Hand vorbereitet*** that was carefully planned long beforehand; ***eine Hand wäscht die andere*** you scratch my back and I'll scratch yours; ***sich mit Händen und Füßen*** (***gegen etw***) ***wehren*** fight (s.th.) tooth and nail; ***von der Hand weisen*** dismiss; ***es lässt sich nicht von der Hand weisen, dass …*** it can't be denied that …; ***mit beiden Händen zugreifen*** jump at the chance
Handarbeit *f* **1.** (*Ggs. Kopfarbeit*) manual work **2.** (*Ggs. Maschinenarbeit*) handiwork, handicraft, (*Erzeugnis*) handmade article: ***diese Vase ist Handarbeit*** this vase is handmade **3.** *auch* PÄD needlework
Handarbeiter, **Handarbeiterin** manual worker
Handaufheben *n* PARL ***durch Handaufheben*** by a show of hands
Handball *m* (European) handball, *Am* team handball
Handballen *m* ANAT ball of the thumb
Handballer, **Handballerin** *ugs*, **Handballspieler**, **Handballspielerin** handball player
handbetätigt *Adj* TECH hand-operated, manual
Handbetrieb *m* manual operation: ***mit Handbetrieb*** → ***handbetätigt***
Handbewegung *f* gesture: ***j-n durch eine Handbewegung auffordern zu*** *Inf* motion s.o. to *Inf*
Handbibliothek *f* reference library
Handbohrer *m* TECH gimlet
Handbohrmaschine *f* hand drill
handbreit *Adj* a few inches wide
Handbreit *f* hand's breadth
Handbremse *f* handbrake
Handbuch *n* manual, handbook, (*Führer*) guide
Händchen *n* ***Händchen halten*** hold hands
Handcreme *f* hand cream
Händedruck *m* handshake
Handel *m* **1.** commerce, business, (*Handelsverkehr*) trade (***mit*** *etw* in, *j-m* with), *bes Börse*: trading, (*auch illegaler Handel*) traffic: ***Handel und Gewerbe*** trade and industry; ***im Handel*** on the market; ***nicht mehr im Handel*** off the market; ***in den Handel bringen*** (***kommen***) put (be) on the market; ***Handel treiben mit*** **a)** ***etw*** deal in s.th., **b)** ***j-m*** trade (*oder* do business) with s.o.; ***Handel treibend*** trading **2.** (*Geschäft*) (business) transaction, *ugs* deal, *fig auch* bargain, (*Tauschhandel*) barter
Händel *Pl* quarrel *Sg*, fight *Sg*: ***Händel suchen*** (try to) pick a quarrel
handeln **I** *v/i* **1.** *allg* act, (*Maßnahmen ergreifen*) *auch* take action, (*sich verhalten*) *auch* behave **2.** WIRTSCH trade, do business (***mit j-m*** with s.o.): ***handeln mit*** *einer Ware*: trade (*oder* deal, *bes illegal*: traffic) in **3.** (*feilschen*) (***um***) bargain (for), haggle (over): ***er lässt mit sich handeln*** he is open to an offer (*weit. S.* a suggestion) **4.** ***handeln von*** *Buch, Film etc*: be about, deal with **II** *v/t* **5.** WIRTSCH ***gehandelt werden*** be sold, *an der Börse*: be traded, be listed, *fig Name etc*: be mentioned **III** *v/unpers* **6.** ***es handelt sich um*** it concerns, it is a question of, it is about; ***worum handelt es sich?*** what is it (all) about?, what's the problem?; ***es handelt sich darum, ob*** (*oder* ***wer*** *etc*) the question is whether (*oder* who *etc*); ***darum handelt es sich*** (***nicht***)***!*** that's just (not) the point!; ***bei dem Opfer handelt es sich um einen Ausländer*** the victim is a foreigner
Handeln *n* acting (*etc*): ***gemeinsames*** (***rasches***) ***Handeln*** joint (quick) action
Handelsabkommen *n* trade agreement
Handelsattaché *m* commercial attaché
Handelsbank *f* merchant bank
Handelsbarriere *f* trade barrier
Handelsbericht *m* trade (*oder* market) report
Handelsbeschränkungen *Pl* trade restrictions *Pl*
Handelsbetrieb *m* commercial enterprise
Handelsbezeichnung *f* trade name
Handelsbeziehungen *Pl* trade relations *Pl*
Handelsbilanz *f* (***aktive Handelsbilanz*** surplus, ***passive Handelsbilanz*** adverse) balance of trade
Handelsdefizit *n* trading deficit
handelseinig *Adj* ***handelseinig werden*** come to terms (***mit*** with)
Handelsfirma *f* (commercial) firm
Handelsflotte *f* merchant fleet
Handelsgenossenschaft *f* traders' cooperative
Handelsgericht *n* commercial court
Handelsgesellschaft *f* (trading) company, *Am* (business) corporation: ***offene Handelsgesell-***

H

schaft general partnership
Handelsgesetzbuch *n* Commercial Code
Handelshafen *m* trading port
Handelskammer *f* Chamber of Commerce
Handelskette *f* chain (of stores)
Handelsklasse *f* ***Äpfel der Handelsklasse A*** grade one apples
Handelskorrespondenz *f* commercial correspondence
Handelskredit *m* business loan
Handelskrieg *m* trade war(fare)
Handelsmacht *f* (great) trading nation
Handelsmarine *f* merchant navy
Handelsmarke *f* trade name, brand
Handelsminister, **Handelsministerin** minister of commerce, *Br* Trade Secretary, *Am* Secretary of Commerce
Handelsministerium *n* ministry of commerce, *Br* Board of Trade, *Am* Department of Commerce
Handelsname *m* trade name
Handelsnation *f* trading nation
Handelsniederlassung *f* **1.** business establishment **2.** (*Sitz*) registered seat **3.** (*Zweigstelle*) branch
Handelspartner, **Handelspartnerin** trading partner
Handelsplatz *m* trading cent/re (*Am* -er)
Handelspolitik *f* trade policy
Handelsrabatt *m* trade discount
Handelsrecht *n* commercial law
Handelsregister *n* commercial (*oder* trade) register: ***ins Handelsregister eintragen*** (***lassen***) register, *Am* incorporate
Handelsschiff *n* trading vessel
Handelsschifffahrt *f* merchant shipping
Handelsschranke *f* trade barrier
Handelsschule *f* commercial school
Handelsspanne *f* trade margin
Handelssperre *f* (trade) embargo
Handelsstadt *f* commercial cent/re (*Am* -er)
handelsüblich *Adj* usual in the trade: ***handelsübliche Qualität*** commercial quality; ***handelsübliche Bezeichnung*** trade name
Handelsverkehr *m* trade, trading
Handelsvertrag *m* trade agreement
Handelsvertreter, **Handelsvertreterin** commercial representative
Handelsvertretung *f* commercial agency, POL trade mission
Handelsvolumen *n* volume of trade
Handelsware *f* commodity: ***Handelswaren*** *Pl* merchandise *Sg*
Handelsweg *m* trade route
Handelswert *m* market value
Handelszweig *m* line of business
händeringend *Adv* imploringly, (*verzweifelt*) despairingly
Händeschütteln *n* shaking of hands, handshake
Händetrockner *m* hand drier
Handfertigkeit *f* manual skill
handfest *Adj* **1.** sturdy, strong **2.** *fig Skandal, Krach etc*: huge, *Beweis etc*: solid, *Lüge*: whopping
Handfeuerlöscher *m* fire extinguisher
Handfeuerwaffe *f* hand gun, *Pl meist* small arms *Pl*
Handfläche *f* palm
handgearbeitet, **handgefertigt** *Adj* handmade
Handgelenk *n* wrist: *ugs* ***aus dem Handgelenk*** off the cuff, (*mühelos*) just like that
handgemacht *Adj* handmade
handgemalt *Adj* handpainted
Handgemenge *n* fray, brawl
Handgepäck *n* hand luggage (*Am* baggage), FLUG *auch* cabin luggage (*Am* baggage), carry-on luggage (*Am* baggage)
handgeschrieben *Adj* handwritten
handgestrickt *Adj* **1.** handknitted **2.** *ugs pej* home-made
handgewebt *Adj* **1.** handwoven **2.** → ***handgestrickt*** 2
Handgranate *f* hand grenade
handgreiflich *Adj* **1.** ***er wurde handgreiflich*** he got violent, *sexuell*: he started to paw **2.** *fig* (*offensichtlich*) obvious, plain
Handgreiflichkeiten *Pl* violence *Sg*
Handgriff *m* **1.** handle, grip **2.** *fig* movement of the hand, (*Bedienung*) manipulation: ***mit wenigen Handgriffen*** *machen etc*: in no time, (*geschickt*) deftly
Handhabe *f* (*Beweis*) proof, (*Druckmittel*) lever: ***er hat keinerlei Handhabe*** he hasn't got a leg to stand on
handhaben *v/t* **1.** (*Werkzeug etc*) use, manage, handle, (*Maschine*) operate **2.** *fig* handle, deal with, (*anwenden*) apply
Handhabung *f* handling (*auch fig*), management, use, operation, *fig* (*Anwendung*) application
Handheld *m* handheld (computer)
Handicap, **Handikap** *n auch fig* handicap (**für** to)
Handkamera *f* hand-held camera
Handkante *f* side of the hand: ***Schlag mit der Handkante*** → ***Handkantenschlag***
Handkantenschlag *m* (karate) chop
Handkarren *m* handcart
Handkoffer *m* small suitcase
Handkuss *m* ***j-m einen Handkuss geben*** kiss s.o.'s hand; *ugs fig* ***mit Handkuss*** gladly
Handlanger, **Handlangerin** odd-job man (woman), *pej* dogsbody, POL *etc* henchman
Händler, **Händlerin** trader, merchant, dealer: → ***fliegend***
Handlesekunst *f* palmistry
handlich *Adj* handy
Handlichkeit *f* handiness
Handlung *f* **1.** act, action **2.** *eines Films etc*: action, story, (*Schema*) plot: ***Ort der Handlung*** scene (of action)
Handlungsbedarf *m* ***es besteht*** (***kein***) ***Handlungsbedarf*** this calls (there is no need) for action
Handlungsbevollmächtigte *m, f* (authorized) agent, proxy
handlungsfähig *Adj* JUR having disposing capacity, *weit. S. Regierung etc*: functioning, *auch Mehrheit*: working
Handlungsfähigkeit *f* JUR legal capacity, *weit. S.* capacity to act
Handlungsfreiheit *f* freedom of action: ***j-m Handlungsfreiheit geben*** give s.o. a free hand
Handlungsgehilfe *m*, **Handlungsgehilfin** *f* (commercial) clerk, (*Verkäufer[in]*) shop assistant
handlungsreich *Adj* full of action, action-packed
Handlungsreisende *m, f* commercial travel(l)er
Handlungsschema *n* plot
Handlungsspielraum *m* room for manoeuvre (*Am* maneuver)
Handlungsvollmacht *f* limited authority to act

H

and sign
Handlungsweise *f* way of acting, conduct, (*Vorgehen*) procedure
Handmühle *f* handmill
Handpflege *f* care of one's hands, manicure
Handpuppe *f* glove puppet
Handreichung *f auch Pl* help
Handrücken *m* back of the hand
Handsäge *f* hand saw
Handschelle *f* (*auch j-m* ***Handschellen anlegen***) handcuff
Handschlag *m* handshake: ***durch Handschlag bekräftigen*** shake hands on; *ugs* ***er tut keinen Handschlag*** he doesn't lift a finger
Handschrift *f* **1.** handwriting, *auch fig s.o.'s* hand **2.** (*Text*) manuscript
Handschriftendeutung *f* graphology
handschriftlich **I** *Adj* handwritten **II** *Adv* in writing, *korrigieren etc*: by hand
Handschuh *m* glove (*auch Sport*)
Handschuhfach *n* MOT glove compartment
Handspiegel *m* hand mirror
Handspiel *n Fußball*: hands *Sg*
Handstand *m* handstand
Handstandüberschlag *m* handspring
Handsteuerung *f* manual control
Handstreich *m* coup (de main)
Handtasche *f* handbag, *Am* purse, pocketbook

Handtasche usw. WF

	Br	*Am*
Handtasche	**handbag**	*auch* **purse**
Geldbeutel	**purse**	**change purse**
Brieftasche	**wallet**	*auch* **pocket-book**
Aktentasche	**briefcase**	**briefcase**

Handtuch *n* (***das Handtuch werfen*** *auch ugs fig* throw in the) towel
Handtuchhalter *m* towel rack
Handumdrehen *n* ***im Handumdrehen*** in no time
handverlesen *Adj auch fig* handpicked
Handvoll *f auch fig* handful
Handwaffe *f* small weapon
Handwagen *m* handcart
Handwaschbecken *n* washbasin
Handwäsche *f* hand wash(ing)
Handwerk *n* trade, (*bes Kunsthandwerk*) craft: ***das Handwerk*** (*Berufsstand*) the trade; ***ein Handwerk lernen*** learn a trade; *fig* ***j-m das Handwerk legen*** put a stop to s.o.('s game); ***j-m ins Handwerk pfuschen*** botch at s.o.'s trade; ***er versteht sein Handwerk*** he knows his business (*oder* stuff)

Handwerker SG

Im Englischen verwendet man meist nicht den allgemeinen Begriff „Handwerker", sondern konkretisiert, um welchen Handwerksberuf es sich tatsächlich handelt: **plumber** ['plʌmə] (Klempner), **electrician** [ɪˌlek'trɪʃn] (Elektriker), **decorator** ['dekəreɪtə] / **painter** (Maler) usw. Dies ist ein Beispiel dafür, wie trotz prinzipiell gleicher Ausdrucksmöglichkeiten zwei Sprachen unterschiedlichen Gebrauch von bestimmten Wörtern machen.

Handwerker, **Handwerkerin** (skilled) manual worker, (*bes Kunsthandwerker[in]*) craftsman (craftswoman)
handwerklich *Adj* craft ..., craftsman's ...: ***handwerklicher Beruf*** skilled trade; ***handwerkliches Können*** craftsmanship, skill(s *Pl*)
Handwerkskammer *f* chamber of handicrafts
Handwerksmeister, **Handwerksmeisterin** master craftsman (craftswoman)
Handwerkszeug *n* tools *Pl* (*fig auch* of the trade)
Handwurzel *f* ANAT wrist, carpus
Handwurzelknochen *m* wristbone, carpal bone
Handy *n* mobile (phone), *Am meist* cellphone

Handy ≠ handy FF

Handy	=	mobile (phone), *Am* cellphone
handy	=	handlich, praktisch

Handynummer *f* mobile (phone) number, *Am meist* cellphone number
Handzeichen *n* **1.** sign **2.** PARL show of hands
Handzeichnung *f* sketch
Handzettel *m* leaflet
hanebüchen *Adj* ridiculous, incredible
Hanf *m* hemp
Hang *m* **1.** (*auch Skihang*) slope **2.** *fig* (***zu***) (natural) inclination (to, for), bent (for), tendency (to), (*Anfälligkeit*) proneness (to)

Hang SG

In der übertragenen Bedeutung wird „Hang" oft durch eine englische Verbkonstruktion ausgedrückt, z. B. „er hat einen Hang zum Übertreiben" **he's inclined** (*oder* **he tends**) **to exaggerate** [ɪg'zædʒəreɪt].

Hangar *m* hangar
Hängebacken *Pl* flabby cheeks *Pl*
Hängebahn *f* suspension railway
Hängebauch *m* (drooping) paunch
Hängebrücke *f* suspension bridge
Hängebrust *f*, **Hängebusen** *m* sagging breasts *Pl*
Hängelampe *f* hanging lamp
hangeln *v/i Turnen*: climb (*oder* travel) hand over hand
Hängematte *f* hammock
hängen **I** *v/i* **1.** hang (***an*** *der Decke etc* from, ***an*** *einem Haken etc* on): ***voller*** *Bilder, Früchte etc* ***hängen*** be full of; ***über j-m hängen*** *auch fig Schicksal etc*: hang over s.o.; *fig* ***die ganze Arbeit hängt an mir*** I am stuck with all the work; → ***Tropf*** **2.** (***an*** *Dat* to) *Schmutz etc*: cling, stick **3.** (*festsitzen*) be stuck, be caught: *ugs fig* ***woran hängts?*** what's the problem?; ***er hängt in Latein*** he's bad at Latin **4.** ***hängen an*** (*Dat*) **a)** *am Geld, Leben etc*: love, *auch an einem Brauch etc*: cling to, **b)** *an j-m*: be fond of, be devoted to; ***hängen bleiben*** **a)** (***an*** *Dat*) get (*oder* be) caught (by), catch (on, in), get (*oder* be) stuck (in): *fig* ***im Gedächtnis hängen bleiben*** stick in one's mind, **b)** (*klemmen*) jam,

stick, **c)** *fig* (*aufgehalten werden*) be held up, SPORT be stopped (***an*** *Dat* by); ***hängen lassen*** **a)** let *s.th.* hang, (let *s.th.*) dangle, **b)** *ugs* (*vergessen*) leave: *ugs fig* ***j-n hängen lassen*** leave s.o. in the lurch, **c)** ***sich hängen lassen*** let o.s. go **5.** (*schief sein*) be lopsided **II** *v/t* **6. *j-n hängen*** hang s.o.; ***gehängt werden*** be hanged **7. *etw hängen an*** (*Akk*) **a)** *die Decke etc*: hand s.th. from, **b)** *die Wand, einen Haken etc*: hang s.th. on, **c)** (*einhängen, anhaken*) hook s.th. on to **III** *v/refl* **8. *sich hängen an*** (*Akk*) hang on to; *ugs* ***sich ans Telefon hängen*** get on the phone; ***sich an j-n hängen*** cling (*oder* stick) to s.o., (*beschatten*) trail s.o., *Laufsport etc*: drop in behind s.o.

Hängen *n ugs* ***mit Hängen und Würgen*** only just, barely; ***er hat mit Hängen und Würgen die Prüfung bestanden*** he (barely) scraped through

hängenbleiben → ***hängen*** I 4

hängenlassen → ***hängen*** I 4

Hängeohren *Pl* drooping (*oder* floppy) ears *Pl*

Hängepartie *f Schach*: adjourned game

Hängepflanze *f* hanging plant

Hängeschrank *m* wall cabinet

Hansdampf *m ugs* ***Hansdampf in allen Gassen*** jack-of-all-trades

Hanse *f* Hanseatic League

hanseatisch *Adj* Hanseatic

Hänselei *f* teasing, *ugs* kidding

hänseln *v/t* tease, *ugs* kid

Hansestadt *f* Hanse town

Hanswurst *m pej* clown

Hantel *f* dumbbell

hantieren *v/i* **1.** bustle (*gemütlich*: potter) around **2. *hantieren mit*** work with, handle; ***hantieren an*** (*Dat*) work on, *pej* fiddle with

hapern *v/unpers ugs* ***es hapert mit*** (*oder* ***bei***) there are problems with; ***es hapert an*** (*Dat*) there isn't (*oder* aren't) enough; ***woran hapert es?*** what's the problem?

Häppchen *n* (*Bissen*) morsel, (*Appetithäppchen*) titbit, (*Brötchen*) canapé

Happen *m* **1.** bite (to eat): ***einen Happen essen*** have a bite **2.** *fig* (*Beute*) (***ein fetter Happen*** a fine) catch

happig *Adj ugs Preis etc*: steep

Happy End, **Happyend** *n* happy ending

Härchen *n* little (*oder* tiny) hair

Hardcover *n Buch etc*: hard-cover

Hardliner *m* hardliner

Hardware *f* COMPUTER hardware

Harem *m* harem

Harfe *f* MUS harp

Harfenist, **Harfenistin** harpist

Harke *f* rake: *ugs fig* ***j-m zeigen, was eine Harke ist*** show s.o. what's what

harmlos *Adj* harmless

Harmlosigkeit *f* harmlessness

Harmonie *f auch fig* harmony

Harmonielehre *f* MUS harmony

harmonieren *v/i* harmonize (***mit*** with)

harmonisch *Adj* MATHE, MUS harmonic(al), *auch fig* harmonious

harmonisieren *v/t auch fig* harmonize

Harn *m* (*Urin*) urine

Harnblase *f* ANAT bladder

Harnflasche *f* urinal

Harnisch *m* (suit of) armo(u)r, (*Brustharnisch*) cuirass

Harnleiter *m* ANAT ureter

Harnprobe *f* MED urine sample

Harnröhre *f* ANAT urethra

Harnsäure *f* MED uric acid

harntreibend *Adj* (*auch* ***harntreibendes Mittel***) diuretic

Harnuntersuchung *f* urinalysis

Harnwege *Pl* urinary tract *Sg*

Harpune *f* harpoon

harren *v/i* wait (*Gen oder* ***auf*** *Akk* for)

Harsch(schnee) *m* crusted snow

hart **I** *Adj* **1.** hard (*auch Landung*): ***hartes Ei*** hard-boiled egg **2.** *fig allg* hard, (*streng*) *auch Strafe, Kritik etc*: *auch* severe, (*zäh, schwierig*) *auch* tough (*auch Politik, Kurs etc*), SPORT rough (*play, player*), *Schlag, Verlust etc*: heavy, *Worte, Gegensätze, Farben etc*: harsh: ***harte Tatsachen*** hard facts; ***er blieb hart*** he stood firm; ***das war hart!*** that was tough!; ***das war hart für ihn*** that was hard on him; → ***nehmen***, ***Nuss***, ***Schule*** **3.** *Droge, Getränk, Währung*: hard **II** *Adv* **4.** *allg* hard, (*streng*) *auch* severely; ***hart gefroren*** frozen hard; ***hart gekocht*** hard-boiled; ***hart arbeiten*** work hard; ***es ging hart auf hart*** it was either do or die; ***wenn es hart auf hart geht*** when it comes to the crunch **5. *hart*** (*dicht, nahe*) ***an*** (*Dat*) hard by, close to; SCHIFF ***hart am Wind*** closehauled

Härte *f* **1.** hardness **2.** *fig* toughness, SPORT roughness, rough play, (*Schärfe*) harshness, severity: JUR (***unbillige Härte*** undue) hardship **3.** FOTO contrast

Härtefall *m* case of hardship

härten **I** *v/t* harden, (*Stahl*) temper **II** *v/i* harden, grow hard

Härtetest *m* endurance test, *fig* acid test

hartgefroren → ***hart*** II 4

hartgekocht → ***hart*** II 4

Hartgeld *n* coins *Pl*

hartgesotten *Adj fig* hard-boiled, *Verbrecher etc*: hardened

Hartgummi *n, m* hard rubber

hartherzig *Adj* hard-hearted

Hartkäse *m* hard cheese

hartnäckig *Adj* stubborn (*auch Krankheit*), (*beharrlich*) persistent

Hartnäckigkeit *f* stubbornness, persistence

Hartplatz *m* hard pitch (*Tennis*: court)

Hartschalenkoffer *m* hard-top case

Härtung *f* hardening, *von Stahl*: *auch* tempering

Hartwurst *f* hard sausage

Harz *n* resin, (*Geigenharz*) rosin

harzig *Adj* resinous

Hasardspiel *n* game of chance, *fig* gamble

Hasch *n ugs* (*Haschisch*) hash

Haschee *n* GASTR hash

haschen[1] **I** *v/t* (***sich haschen*** play) catch **II** *v/i* ***haschen nach*** snatch at, *fig* seek

haschen[2] *v/i ugs* smoke hash

Häschen *n* young hare, *ugs* bunny

Häscher, **Häscherin** *pej* catchpole

Hascherl *n Dialekt* ***armes Hascherl*** poor little thing, poor creature

Haschisch *n* hashish

Hase *m* hare: *fig* ***alter Hase*** old hand; ***sehen, wie der Hase läuft*** see how things develop; ***da liegt der Hase im Pfeffer*** that's the real problem; ***mein Name ist Hase*** (***, ich weiß von nichts***)***!*** search me!

Haselnuss *f* **1.** hazelnut **2.** → ***Haselnussstrauch***

Haselnussstrauch *m* hazelnut (tree)

Hasenbraten *m* roast hare

Hasenfuß *m ugs* coward

H

Hasenklein *n*, **Hasenpfeffer** *m* GASTR jugged hare
Hasenscharte *f* MED hare lip
Häsin *f* female hare, doe
Haspel *f* TECH hasp, reel
haspeln *v/t* **1.** TECH reel, wind **2.** *auch v/i* splutter
Hass *m* (***auf*** *Akk*, ***gegen*** of, for) hatred, hate: ***aus Hass*** out of hatred; ***einen Hass haben auf*** (*Akk*) → ***hassen***
hassen *v/t* hate: → ***Pest***
hasserfüllt *Adj* full of hate, *Blick etc*: venomous
hässlich *Adj* ugly, *fig auch* nasty
Hassliebe *f* love-hate relationship
Hast *f* hurry, *des Lebens*: rush
hasten *v/i* hurry
hastig I *Adj* **1.** hurried, (*voreilig*) rash **2.** (*schlampig*) slapdash **II** *Adv* **3.** hastily, in a hurry: ***nicht so hastig!*** just a minute!
hätscheln *v/t* cuddle, *fig* pamper
Haube *f* **1.** bonnet, (*Kapuze*) hood, (*Schwesternhaube etc*) cap, (*Nonnenhaube*) cornet: *fig* ***unter die Haube bringen*** find a husband for **2.** (*Trockenhaube*) (hair-)drier **3.** *der Vögel*: crest **4.** TECH cover, MOT bonnet, *Am* hood, FLUG cowling
Hauch *m* **1.** breath, (*Lufthauch*) breath (of wind), (*Dufthauch*) whiff **2.** LING aspiration **3.** *fig* (*Anflug*) touch
hauchdünn *Adj* **1.** wafer-thin, *Gewebe*, *Kleid etc*: flimsy **2.** *fig Chance*, *Vorsprung etc*: very slim, *Mehrheit etc*: bare: ***hauchdünner Sieg*** knife-edge victory
hauchen *v/i und v/t* breathe (*auch fig flüstern*), LING aspirate
Hauchlaut *m* LING aspirate
Haudegen *m* ***alter Haudegen*** *ugs* warhorse
Haue[1] *f* (*Hacke*) hoe
Haue[2] *f ugs* (***Haue kriegen*** get a) spanking
hauen I *v/t* **1.** *ugs* (*j-n*) hit, *mit der Hand*: *auch* slap, (*prügeln*) thrash, (*Kind*) *auch* spank: ***sich hauen*** fight, scrap; → ***Ohr***, ***Pauke*** **2.** *ugs* (*schmeißen*) bang, slam **3.** *Dialekt* (*hacken*) hew, cut, (*Holz*) chop, (*fällen*) chop down **II** *v/i* **4.** hit (out) (***nach*** at)
Hauer *m* ZOOL tusk
Häufchen *n* small heap (*etc*, → ***Haufen***): *fig* ***wie ein Häufchen Unglück*** (*oder* ***Elend***) (looking) the picture of misery
Haufen *m* **1.** heap, pile: *ugs* ***über den Haufen rennen*** (***fahren***) knock *s.o.*, *s.th.* down; ***j-n über den Haufen schießen*** shoot s.o. down; ***über den Haufen werfen* a**) (*Plan etc*) upset, **b**) (*Theorie etc*) explode **2.** *ugs* (*große Menge*) loads of, a lot (*oder* lots) of: ***er hat einen Haufen Freunde*** he has lots (*oder* a lot) of friends; ***einen Haufen Geld kosten*** (***verdienen***) cost (make) a packet **3.** *ugs* (*Schar*) crowd, (*Gruppe*) bunch, MIL outfit **4.** *vulg* (*Kothaufen*) turd
häufen I *v/t* heap up, *fig auch* accumulate: ***gehäuft*** heaped **II** *v/refl* ***sich häufen*** *auch fig* accumulate, pile up, *Schulden*: *auch* mount, (*zahlreicher werden*) increase (in number), (*sich ausbreiten*) spread
haufenweise *Adv ugs* in piles, (*in Massen*) in crowds: ***er hat haufenweise Geld*** he has loads of money
Haufenwolke *f* cumulus (cloud)
häufig I *Adj* frequent, (*verbreitet*) widespread **II** *Adv* frequently, often: ***häufig besuchen*** *auch* frequent
Häufigkeit *f* frequency, (high) incidence
Häuflein *n* → ***Häufchen***
Häufung *f* accumulation, (*Zunahme*) increase, (*Verbreitung*) spreading, (*Wiederholung*) frequent occurrence
Haupt *n auch fig* head: ***etw an Haupt und Gliedern reformieren*** reform s.th. root and branch
Haupt... main, chief, principal
Hauptabnehmer, **Hauptabnehmerin** biggest buyer (*oder* importer)
Hauptabteilungsleiter, **Hauptabteilungsleiterin** (senior) head of department
Hauptaktionär, **Hauptaktionärin** principal shareholder (*Am* stockholder)
Hauptakzent *m* primary stress
Hauptaltar *m* high altar
hauptamtlich *Adj und Adv* full-time, *Adv auch* on a full-time basis
Hauptangeklagte *m*, *f* principal defendant
Hauptanschluss *m* TEL main line
Hauptanteil *m* principal (*fig* lion's) share
Hauptattraktion *f* main attraction, highlight
Hauptaufgabe *f* main duty (*oder* work)
Hauptaugenmerk *n* ***sein Hauptaugenmerk richten auf*** (*Akk*) give one's special attention to
Hauptausgang *m* main exit
Hauptbahnhof *m* main station
Hauptberuf *m* main job
hauptberuflich *Adj und Adv* full-time, *Adv auch* as one's main job
Hauptbeschäftigung *f* main job
Hauptbestandteil *m* main constituent
Hauptbetrieb *m* **1.** WIRTSCH (*Zentrale*) head office, *der Produktion*: central works *Pl* (*auch Sg konstr*) **2.** → ***Hauptbetriebszeit***
Hauptbetriebszeit *f* WIRTSCH peak hours *Pl*, (*Saison*) main season, *Verkehr*: rush hours *Pl*
Hauptbuch *n* WIRTSCH main ledger
Hauptdarsteller, **Hauptdarstellerin** leading actor (actress), lead
Haupteinfahrt *f*, **Haupteingang** *m* main entrance
Haupteinkaufszeit *f* peak shopping hours *Pl*
Häuptelsalat *m österr.* lettuce
Hauptfach *n* PÄD, UNI main subject, *Am* major: ***als*** (*oder* ***im***) ***Hauptfach studieren*** study *s.th.* as a main subject, *Am* major in
Hauptfehler *m* chief mistake, *weit. S.* main fault
Hauptfeldwebel *m* MIL sergeant major, *Am* first sergeant
Hauptfigur *f* central figure, THEAT *etc* main character
Hauptfilm *m* feature film
Hauptgang *m* GASTR main course
Hauptgebäude *n* main building
Hauptgedanke *m* main idea
Hauptgericht *n* GASTR main course
Hauptgeschäft *n* **1.** (*Tätigkeit*, *Umsatz*) main business **2.** → ***Hauptgeschäftsstelle***
Hauptgeschäftsstelle *f* head office, (*Laden*) main store
Hauptgeschäftszeit *f* peak business hours *Pl*
Hauptgesichtspunkt *m* major consideration
Hauptgewicht *n fig* main emphasis
Hauptgewinn *m* first prize
Hauptgrund *m* main reason
Haupthahn *m* TECH main tap
Hauptkasse *f* main cash desk, THEAT box office
Hauptlast *f* main burden: ***die Hauptlast tragen*** bear the brunt (*Gen* of)

Häuptling *m* **1.** chieftain **2.** *ugs* boss
Hauptmahlzeit *f* main meal
Hauptmangel *m* main fault (*Schwäche*: weakness)
Hauptmann *m* MIL captain
Hauptmasse *f* bulk
Hauptmerkmal *n* chief characteristic
Hauptnahrung *f* staple (food)
Hauptnenner *m* MATHE common denominator
Hauptniederlassung *f* WIRTSCH head office, headquarters *Pl*
Hauptperson *f* most important person, central figure (THEAT *auch* character)
Hauptpostamt *n* main post office
Hauptprobe *f* THEAT dress (MUS general) rehearsal
Hauptquartier *n* headquarters *Pl*
Hauptreisezeit *f* peak tourist season
Hauptrolle *f* THEAT *etc* leading role, main part, lead: *fig* ***die Hauptrolle spielen*** *Sache*: be all-important, *Person*: be the central figure
Hauptsache *f* main (*oder* most important) thing: ***Hauptsache, du bist da!*** (the) main thing (is), you're here!
hauptsächlich *Adj und Adv* main(ly), chief(ly)
Hauptsaison *f* peak season
Hauptsatz *m* LING main clause
Hauptschalter *m* ELEK master switch
Hauptschlagader *f* ANAT aorta
Hauptschlüssel *m* master key
Hauptschuld *f* ***er trägt die Hauptschuld daran*** it's mainly his fault
Hauptschuldige *m, f* chief culprit, JUR principal
Hauptschule *f* extended elementary school (*classes 5-9*)
Hauptsendezeit *f* TV prime time
Hauptsitz *m* head office, headquarters *Pl*, *weit. S.* principal place of business, base
Hauptspeicher *m* COMPUTER main memory
Hauptstadt *f* capital (city)
Hauptstraße *f* main street
Hauptstudium *n* PÄD, UNI degree module, (*Fächer*) main subjects *Pl*
Hauptstütze *f fig* mainstay
Haupttäter, **Haupttäterin** JUR principal (in the first degree)
Hauptteil *m* main part, *weit. S.* most of it
Hauptthema *n* main subject
Hauptton *m* **1.** LING main stress **2.** MUS keynote
Haupttor *n* main gate
Haupttreffer *m* first prize, *ugs* jackpot
Haupttribüne *f* grandstand
Hauptunterschied *m* main difference
Hauptverkehrsstraße *f* main road
Hauptverkehrszeit *f* rush hour
Hauptversammlung *f* general meeting
Hauptvertreter, **Hauptvertreterin** general agent
Hauptverwaltung *f* head office
Hauptwaschgang *m* main wash
Hauptwort *n* noun
Hauptzeuge *m*, **Hauptzeugin** *f* chief witness
Hauptziel *n* main objective
Hauptzweck *m* chief purpose
hau ruck *Interj* heave-ho
Haus *n* house (*auch* ASTR, THEAT, *Firma*), (*Gebäude*) building, (*Heim, Familie*) family, (*Geschlecht*) dynasty: PARL ***das (Hohe) Haus*** the House; ***außer Haus*** out, not in; ***im Haus*** inside, WIRTSCH on the premises; ***ins Haus*** in (-doors); *fig* ***ins Haus stehen*** be forthcoming; ***das steht uns noch ins Haus*** we are yet in for that; ***j-n nach Haus(e) bringen*** take (*oder* see) s.o. home; ***nach Haus(e) kommen*** come (*oder* get) home; ***zu Haus(e)*** *auch* SPORT at home; ***er ist nicht zu Hause*** *auch* he is not in; ***bei uns zu Haus(e)*** where I come from, at home; *fig* ***in einer Sache zu Hause sein*** be at home in s.th.; ***sich wie zu Haus(e) fühlen*** feel at home; ***fühl dich (ganz) wie zu Hause!*** make yourself at home!; *fig* ***von Haus(e) aus*** originally, actually; THEAT ***vor vollem Haus(e) spielen*** play to a full house; ***aus gutem Haus(e) sein*** come from a good family
Hausangestellte *m, f* domestic (servant)
Hausantenne *f* roof aerial (*bes Am* antenna)
Hausapotheke *f* medicine cabinet
Hausarbeit *f* **1.** housework **2.** *auch Pl* PÄD homework
Hausarrest *m* (***j-n unter Hausarrest stellen*** place s.o. under) house arrest
Hausarzt *m*, **Hausärztin** *f* family doctor, *eines Kurhotels etc*: resident doctor
Hausaufgabe(n *Pl*) *f* (***seine Hausaufgabe machen*** *auch fig* do one's) homework
Hausaufsatz *m* PÄD essay to be written at home
Hausball *m* private dance, house party
Hausbar *f* cocktail cabinet, *mit Theke*: bar
Hausbau *m* house building
Hausbesetzer, **Hausbesetzerin** squatter
Hausbesetzung *f* squatting
Hausbesitzer, **Hausbesitzerin** house owner, (*Vermieter[in]*) landlord (landlady)
Hausbesuch *m* home visit
Hausbewohner, **Hausbewohnerin** occupant, (*Mieter[in]*) tenant
Hausboot *n* houseboat
Hausbrand *m* domestic fuel
Häuschen *n* **1.** small house, cottage: *ugs fig* ***(ganz) aus dem Häuschen geraten*** get into a flap (***wegen*** about, ***vor*** *Dat* with); ***ganz aus dem Häuschen sein*** *ugs* be wild (***vor*** with) **2.** *ugs* (*Abort*) loo, *Am* john
Hausdetektiv, **Hausdetektivin** store detective
Hauseigentümer, **Hauseigentümerin** → ***Hausbesitzer(in)***
hausen *v/i* **1.** (*wohnen*) live **2.** *fig* (***übel***) ***hausen*** wreak havoc (***unter*** *Dat* among)
Häuserblock *m* block (of houses)
Häuserflucht *f* row of houses
Hausflur *m* hall(way)
Hausfrau *f* housewife
Hausfreund, **Hausfreundin** *iron* (secret) lover
Hausfriedensbruch *m* illegal entry of *s.o.'s* house, *weit. S.* violation of *s.o.'s* privacy
Hausgebrauch *m* ***für den Hausgebrauch*** for use in the home; *ugs fig* ***für den Hausgebrauch reichen*** be enough to get by on
Hausgehilfe *m*, **Hausgehilfin** *f* domestic help(er)
hausgemacht *Adj* GASTR *und fig* home-made
Hausgemeinschaft *f* house community, *eng. S.* household
Haushalt *m* **1.** household, (*Heim*) home, (*Haushaltung*) housekeeping: ***(j-m) den Haushalt führen*** run the household (for s.o.); ***j-m im Haushalt helfen*** help in the house **2.** WIRTSCH, POL budget **3.** BIOL balance
haushalten *v/i* economize: ***haushalten mit*** be economical with; ***mit seinen Kräften haushalten*** husband one's energies
Haushälter, **Haushälterin** housekeeper
haushälterisch *Adj* economical
Haushalts... **a)** household (*article etc*), **b)** WIRTSCH, POL budget (*committee, debate, etc*),

budgetary (*deficit, policy, etc*)
Haushaltsgeld *n* housekeeping money
Haushaltsgerät *n* household appliance
Haushaltsjahr *n* fiscal year
Haushaltsloch *n* budget deficit
Haushaltsmittel *Pl* budgetary means *Pl*: (***gebilligte***) ***Haushaltsmittel*** appropriations *Pl*
Haushaltspackung *f* family pack
Haushaltsplan *m* PARL budget: ***im Haushaltsplan vorsehen*** budget for
Haushaltungskosten *Pl* household expenses *Pl*
Haushaltungsvorstand *m* head of (the) household
Hausherr *m* **1.** head of (the) household **2.** (*Vermieter*) landlord **3.** (*Gastgeber*) host
Hausherrin *f* **1.** lady of the house **2.** (*Vermieterin*) landlady **3.** (*Gastgeberin*) hostess
haushoch I *Adj* huge (*auch ugs fig*): ***haushoher Sieg*** smashing victory; ***haushohe Niederlage*** crushing defeat **II** *Adv* ***haushoch gewinnen*** win hands down; ***haushoch schlagen*** trounce; ***haushoch verlieren*** get an awful drubbing; ***j-m haushoch überlegen sein*** be streets ahead of s.o.
Haushund *m* domestic dog
hausieren *v/i* ***mit etw hausieren*** (***gehen***) hawk s.th., *auch fig* peddle s.th.
Hausierer, Hausiererin hawker, peddler
Hauskatze *f* domestic cat
Hauskleid *n* house frock
Hauslehrer, Hauslehrerin private tutor(ess)
häuslich *Adj* domestic, household, (*Familien…*) family, (*das Zuhause liebend*) homekeeping, domesticated: JUR ***häusliche Gemeinschaft*** joint household; ***im häuslichen Kreis*** in the family circle; ***er ist sehr häuslich*** he's a real housebody; *Adv* ***sich häuslich einrichten*** (*oder* ***niederlassen***) settle down, *iron* ***bei j-m*** come to stay with s.o.
Häuslichkeit *f* domesticity
Hausmacherart *f* GASTR ***nach Hausmacherart*** home-made, traditional-style …
Hausmann *m* house husband
Hausmannskost *f* good plain cooking
Hausmarke *f* own brand, (*Wein*) house wine, *ugs one's* favo(u)rite brand
Hausmeister, Hausmeisterin caretaker
Hausmittel *n* household remedy
Hausmüll *m* household waste
Hausmusik *f* music-making in the home
Hausnummer *f* house number
Hausordnung *f* house rules *Pl*
Hausrat *m* household effects *Pl*
Hausratversicherung *f* household contents insurance
Haussammlung *f* door-to-door collection
Hausschlüssel *m* front-door key
Hausschuh *m* slipper
Hausse *f Börse*: bull market, boom: ***auf Hausse spekulieren*** bull the market
Haussemarkt *m* bull market
Haussespekulant, Haussespekulantin bull
Haussespekulation *f* bull operation
Haussprechanlage *f* intercom
Haussuchung *f* house search
Haussuchungsbefehl *m* search warrant
Haustelefon *n* intercom
Haustier *n* domestic animal, pet
Haustür *f* front door
Hausverbot *n* ***j-m Hausverbot erteilen*** order s.o. to stay away (from a house *etc*)
Hausverwalter, Hausverwalterin 1. → ***Hausmeister***(***in***) **2.** property manager(ess)
Hausverwaltung *f* property management
Hauswirt *m* landlord
Hauswirtin *f* landlady
Hauswirtschaft *f* **1.** housekeeping **2.** → ***Hauswirtschaftslehre***
Hauswirtschaftslehre *f* domestic science, *bes Am* home economics *Sg*
Hauszeitung *f* house organ
Hauszelt *n* frame tent
Haut *f allg* skin (*auch fig*), ANAT, BOT *auch* membrane, *auf der Milch etc*: *auch* film, (*Schale*) *auch* peel, (*Fell*) hide: ***bis auf die Haut durchnässt*** soaked to the skin; *ugs* ***mit Haut und Haar*** completely; *ugs* ***auf der faulen Haut liegen, sich auf die faule Haut legen*** loaf; ***eine dicke Haut haben*** *bes fig* have a thick skin; ***mit heiler Haut davonkommen*** come out of it unscathed; ***seine*** (***eigene***) ***Haut retten*** save one's skin; ***sich seiner Haut wehren*** defend o.s.; ***ich möchte nicht in seiner Haut stecken*** I wouldn't like to be in his shoes; ***er ist nur noch Haut und Knochen*** he's just skin and bones; ***es kann eben keiner aus seiner Haut*** a leopard can't change his spots; ***das geht einem unter die Haut*** it gets under your skin
Hautabschürfung *f* (skin) abrasion, graze
Hautarzt *m*, **Hautärztin** *f* dermatologist
Hautausschlag *m* (skin) rash: ***einen Hautausschlag bekommen*** come out in a rash
Häutchen *n* ANAT, BOT membrane, pellicle, (*auch Nagelhäutchen*) cuticle, *auf Milch etc*: skin
Hautcreme, Hautkreme *f* skin cream
häuten I *v/t* skin, flay **II** *v/refl* ***sich häuten*** ZOOL shed its skin, *Schlange*: slough off
hauteng *Adj* skin-tight
Hautevolee *f oft iron* upper crust (*ugs*)
Hautfarbe *f* colo(u)r (of one's skin), complexion
hautfarben *Adj* flesh-colo(u)red, skin-colo(u)red
Hautkrankheit *f* skin disease
Hautkrebs *m* MED skin cancer
hautnah *Adj* **1.** *bes* SPORT (very) close **2.** *ugs fig* (*anschaulich*) vivid, realistic
Hautpflege *f* skin care
Hautpflegemittel *n* skin-care product
Hautpilz *m* MED fungal infection
Hautsalbe *f* skin ointment
Hautschere *f* cuticle scissors *Pl*
Hauttransplantation *f* skin graft(ing)
Häutung *f* ZOOL sloughing
Hautverletzung *f*, **Hautwunde** *f* superficial wound, (skin) lesion
Havarie *f* (*Unfall*) accident, (*Schaden*) damage: SCHIFF (***große*** [***kleine***]) ***Havarie*** (general [petty]) average
Haxe *f Dialekt für* ***Hachse***
Hbf. *Abk* (= ***Hauptbahnhof***) cent. sta., central station; main sta., main station
HD-Diskette *f* HD disquette
he *Interj* hey
Hebamme *f* midwife
Hebebaum *m* TECH heaver
Hebebühne *f* TECH lifting platform, MOT car lift
Hebel *m* lever: ***den Hebel ansetzen*** apply the lever, *fig* tackle it; *fig* ***alle Hebel in Bewegung setzen*** move heaven and earth; ***am längeren Hebel sitzen*** be in the stronger position; ***an den Hebeln der Macht sitzen*** be at the controls
Hebelarm *m* lever arm

Hebelgriff *m Ringen etc*: lever hold
Hebelkraft *f*, **Hebelmoment** *n*, **Hebelwirkung** *f* leverage
heben **I** *v/t* **1.** *allg* lift (*auch Sport*), raise, TECH *auch* hoist: *ugs fig* ***einen heben*** have a drink, hoist one **2.** *fig* (*Augen*, *Stimme*, *Niveau*, *Moral etc*) raise, (*Ansehen*, *Wirkung etc*) enhance **3.** *Dialekt* (*halten*) hold **II** *v/refl* ***sich heben*** **4.** *Vorhang etc*: rise, go up, *Nebel*: lift: ***sich heben und senken*** rise and fall **5.** *fig Stimmung etc*: rise, improve, *Wohlstand*: *auch* increase
Heben *n* lifting (*etc*), SPORT weight-lifting
Heber *m* **1.** CHEM (*Saugheber*) siphon, (*Stechheber*) pipette **2.** → ***Gewichtheber***
Hebevorrichtung *f*, **Hebezeug** *n* TECH lifting gear, hoist
hebräisch **I** *Adj* Hebrew
Hebräisch *n*, **das Hebräische** Hebrew
Hebriden *Pl the* Hebrides *Pl*
Hebung *f* **1.** lifting, *auch eines Wracks*, *Schatzes etc*: raising **2.** *fig* improvement, rise, (*Erhöhung*) increase, (*Förderung*) promotion **3.** *poet* stress(ed syllable)
hecheln *v/i Hund etc*: pant
Hecht *m* **1.** ZOOL pike: *ugs fig* ***toller Hecht*** some guy; ***er ist*** (***wie***) ***der Hecht im Karpfenteich*** he really stirs things up **2.** *ugs* (*Mief*) fug
hechten *v/i Schwimmen*: do a pike-dive, *Turnen*: do a long-fly, *Fußball etc*: dive full-length
Hechtsprung *m Schwimmen*: pike-dive, *Turnen*: long-fly, *Fußball etc*: (flying) dive
Heck *n* SCHIFF stern, MOT rear, back, FLUG tail
Heckantrieb *m* MOT rear-wheel drive
Hecke *f* hedge
Heckenrose *f* dogrose
Heckenschere *f* hedge clippers *Pl*
Heckenschütze *m* sniper
Heckfenster *n* rear window
Heckflosse *f* MOT tailfin
Heckklappe *f* tailgate
hecklastig *Adj* FLUG, MOT tailheavy
Hecklicht *n* FLUG, MOT taillight
Heckmotor *m* rear engine
Heckscheibe *f* rear window
Heckscheibenheizung *f* rear-window defroster
Heckscheibenwischer *m* rear(-window) wiper
Heckspoiler *m* MOT back spoiler
heda *Interj* hey (there)
Hedonismus *m* hedonism
Hedonist, **Hedonistin** hedonist
hedonistisch *Adj* hedonistic(ally *Adv*)
Heer *n* army, *fig* host
Heeres… army (*command*, *group*, *etc*)
Heerschar *f fig* host
Hefe *f* **1.** yeast **2.** *fig* (*Abschaum*) dregs *Pl*
Hefegebäck *n* yeast pastries *Pl*
Hefeteig *m* yeast dough
Heft[1] *n* **1.** (*Schreibheft*, *Schulheft*) exercise book **2.** *einer Zeitschrift*: number, issue, *eines Buches*: fascicle, (*Exemplar*) copy **3.** (*Bändchen*) booklet
Heft[2] *n* (*Griff*) handle, *eines Dolchs etc*: hilt: *fig* ***das Heft in der Hand haben*** (***behalten***) hold the rein (stay in control)
Heftchen *n* (*Briefmarkenheftchen etc*) book
heften **I** *v/t* **1.** (***an*** *Akk* to) fix, *mit Nadeln etc*: pin: *fig* ***seine Augen heften auf*** (*Akk*) fix one's eyes on **2.** (*Saum etc*) baste, tack **3.** BUCHDRUCK stitch: ***geheftet*** in sheets **II** *v/refl* **4.** ***sich an j-s Fersen heften*** stick hard on s.o.'s heels; *fig* ***sich heften auf*** (*Akk*) *Blicke*, *Augen etc*: be glued to
Hefter *m* file
Heftfaden *m*, **Heftgarn** *n* tacking thread
heftig *Adj allg* violent, fierce, *Kälte*, *Schmerz*: *auch* severe, *Regen*: heavy, (*wütend*) furious, *auch Worte*: angry, vehement, (*leidenschaftlich*) passionate
Heftigkeit *f* violence, fierceness, vehemence, severity, passion
Heftklammer *f* paper clip, TECH staple
Heftmaschine *f* TECH stapler
Heftpflaster *n* MED (sticking) plaster
Heftstich *m Näherei*: tack(ing stitch)
Heftzwecke *f* drawing pin, *Am* thumbtack
hegen *v/t* **1.** (*Wild etc*) preserve, (*Pflanze etc*) tend, (*schützen*) protect: ***hegen und pflegen*** *auch fig* take loving care of **2.** *fig* (*Hass*, *Verdacht etc*) have, (*Hoffnung*, *Wunsch etc*) *auch* cherish
Hehl: ***kein(en) Hehl machen aus*** make no secret of
Hehler, **Hehlerin** JUR receiver of stolen goods, *sl* fence
Hehlerei *f* JUR receiving of stolen goods, *sl* fencing
hehr *Adj* sublime, noble
Heide[1] *m* heathen, pagan
Heide[2] *f* **1.** heath(land), (*Heidemoor*) moorland **2.** → ***Heidekraut***
Heidekraut *n* BOT heather
Heidelbeere BOT bilberry, *bes Am* blueberry
Heiden… *ugs* → ***Mords…***
Heidengeld *n ugs* ***ein Heidengeld*** *kosten etc*: a lot of money, a packet
Heidentum *n* heathenism, paganism
Heideröschen *n* BOT heath rose
Heidin *f* → ***Heide***[1]
heidnisch *Adj* heathen, pagan
Heidschnucke *f* ZOOL moorland sheep
heikel *Adj* **1.** *Situation*, *Thema etc*: delicate, *auch Problem*: tricky: ***ein heikler Punkt*** a sore point **2.** *Dialekt Person*: fussy, *im Essen*: squeamish
heil *Adj Person*: unharmed, safe and sound, *Sache*: undamaged, whole, intact: ***wieder heil*** **a)** healed(-up), mended, **b)** repaired; *fig* ***eine heile Welt*** an intact world
Heil *n* well-being, good, REL salvation: ***sein Heil versuchen*** try one's luck; ***sein Heil in der Flucht suchen*** take flight, run for it; HIST ***Heil!*** hail!
Heiland *m* REL Savio(u)r
Heilanstalt *f* sanatorium, (*Nervenheilanstalt*) (mental) home
heilbar *Adj* curable
Heilbarkeit *f* curability
Heilbrunnen *m* mineral spring
Heilbutt *m* ZOOL halibut
heilen **I** *v/t* cure, (*Wunde*) heal: ***j-n heilen von*** *auch fig* cure s.o. of **II** *v/i Wunde*: heal (up)
heilend *Adj* healing, curative
Heilerde *f* healing earth
Heilfasten *n* fasting cure
heilfroh *Adj ugs* ***heilfroh sein*** be really glad
Heilgymnast, **Heilgymnastin** physiotherapist
Heilgymnastik *f* physiotherapy
heilig **I** *Adj* holy, (*geheiligt*, *geweiht*) sacred (*auch fig Eid*, *Pflicht etc*), (*unverletzlich*) sacrosanct, (*fromm*) saintly, pious: ***der heilige Paulus*** Saint (*Abk* St.) Paul; ***der Heilige Abend*** Christmas Eve; ***die Heilige Jungfrau*** the Blessed Virgin; ***die Heilige Nacht*** Holy Night; ***der Heilige Vater*** the Holy Father; ***das Heilige***

Land the Holy Land; *fig* ***heilige Kuh*** sacred cow; ***ihm ist nichts heilig*** nothing is sacred to him; → ***Geist*** 3, ***Schrift*** 2, ***Stuhl*** 1 **II** *Adv* → ***heilighalten, heiligsprechen***
Heilige *m, f auch fig* saint
heiligen *v/t* **1.** hallow, sanctify; → ***Zweck*** **2.** (*heilig halten*) hold *s.th.* sacred
Heiligenschein *m* halo, gloriole
heilighalten *v/t* hold *s.th.* sacred, (*Sonntag etc*) keep (holy), observe
Heiligkeit *f* holiness, *auch fig* sacredness, sanctity, *einer Person*: saintliness: ***Seine*** (***Eure***) ***Heiligkeit*** (*Papst*) His (Your) Holiness
heiligsprechen *v/t* canonize
Heiligsprechung *f* canonization
Heiligtum *n* **1.** (*Stätte*) (holy) shrine **2.** (*Reliquie*) (sacred) relic, *ugs* s.th. sacred: ***das ist sein Heiligtum!*** that's sacred to him!
Heiligung *f* sanctification (*auch fig*), *des Sonntags etc*: observance
Heilklima *n* healthy climate
Heilkraft *f* healing power(s *Pl*)
heilkräftig *Adj* curative
Heilkraut *n* medicinal herb
Heilkunde *f* medicine
heillos *Adj ugs Durcheinander etc*: hopeless, unholy, *auch Schreck etc*: frightful
Heilmethode *f* cure, treatment
Heilmittel *n* (***gegen*** for) remedy, cure (*beide auch fig*), medicine
Heilpädagogik *f* therapeutic pedagogy
Heilpflanze *f* medicinal herb
Heilpraktiker, Heilpraktikerin nonmedical practitioner, *Am* naturopathic doctor
Heilquelle *f* mineral spring
heilsam *Adj auch fig* salutary, healthy: ***heilsam sein*** (***für***) *auch* be good (for)
Heilsarmee *f* Salvation Army
Heilschlaf *m* healing sleep, (*Verfahren*) hypnotherapy
Heilserum *n* MED antiserum
Heilung *f* **a)** (***von*** of) curing, cure (*auch fig*), **b)** *einer Wunde etc*: healing, **c)** (*Genesung*) recovery
Heilungsprozess *m* healing process
Heilverfahren *n* (medical) treatment, therapy
Heilwirkung *f* therapeutic effect
heim *Adv* home
Heim *n* (*Zuhause, Anstalt*) home, (*Jugendheim, Studentenheim etc*) hostel
Heimarbeit *f* homework, outwork, *weit. S.* cottage industry
Heimarbeiter, Heimarbeiterin homeworker
Heimat *f* home (*auch fig*) (*auch* → ***Heimatland, Heimatort, Heimatstadt***), BOT, ZOOL habitat: ***zweite Heimat*** second home; ***in der Heimat*** at home; ***in meiner Heimat*** *auch* in my (native) country, where I come from
Heimatdichtung *f* regional literature
Heimatfilm *m* (sentimental) film with a regional background

> **Heimat** SG
>
> „Heimat" wird mit **home** nicht optimal wiedergegeben, denn es gibt im Englischen keine genaue Entsprechung. Deshalb wurde z. B. der Titel der Fernsehserie „Heimat" (die in Großbritannien großen Anklang fand) beibehalten.

Heimathafen *m* SCHIFF home port
Heimatkunde *f* PÄD local studies *Pl*
Heimatland *n* home (*oder* native) country
heimatlich *Adj* home, native, (*heimatlich anmutend*) homelike, *präd* like home, *Am* hom(e)y
heimatlos *Adj* homeless
Heimatmuseum *n* museum of local history
Heimatort *m* home town (*Dorf*: village)
Heimatstadt *f* home town
Heimatvertriebene *m, f* expellee
heimbegleiten *v/t* ***j-n heimbegleiten*** see s.o. home
Heimchen *n* ZOOL (house) cricket
Heimcomputer *m* home computer
heimelig *Adj* cosy, *ugs* hom(e)y
heimfahren *v/i* go home, (*auch v/t*) drive home
Heimfahrt *f* journey home
heimfinden *v/i* find one's way home
Heimgang *m fig* death
heimgehen *v/i* **1.** go home **2.** *fig* pass away, die
Heimindustrie *f* cottage industry
heimisch *Adj Industrie, Produkte etc*: domestic, home, *Bevölkerung, Pflanze, Tier*: native, indigenous, *Gewässer*: inland, home (*waters*): ***heimisch sein in*** (*Dat*) *auch fig* be at home in; ***heimisch werden*** settle (down), become acclimatized (***in*** *Dat* to); ***sich heimisch fühlen*** feel at home
Heimkehr *f* return (home)
heimkehren *v/i* return home, come back
Heimkehrer, Heimkehrerin homecomer, POL repatriate
Heimkind *n* institution child
Heimkino *n* home movies *Pl*
heimkommen *v/i* return (*oder* come, get) home
Heimleiter, Heimleiterin head of a home (*oder* hostel)
heimleuchten *v/t ugs* ***j-m heimleuchten*** send s.o. packing
heimlich **I** *Adj allg* secret, (*unerlaubt*) *auch* clandestine, (*verstohlen*) furtive **II** *Adv* secretly (*etc*), in secret, (*auch* ***heimlich, still und leise***) *ugs* on the quiet
Heimlichkeit *f* **1.** secrecy, furtiveness **2.** *meist Pl* secret
Heimlichtuerei *f* secretiveness
heimlichtun *v/i* be secretive (***mit*** about)
Heimmannschaft *f* SPORT home team
Heimniederlage *f* SPORT home defeat
Heimorgel *f* MUS electric organ
Heimreise *f* journey home: ***auf der Heimreise*** on the way home
heimreisen *v/i* go (*oder* travel) home
Heimsieg *m* SPORT home victory
Heimspiel *n* SPORT home game
Heimstärke *f* SPORT home strength
Heimstätte *f auch fig* home
heimsuchen *v/t* **1.** *Katastrophe etc*: strike, BIBEL visit, *Krankheiten etc*: plague, afflict, *Vorahnungen etc, auch Gespenst*: haunt: ***heimgesucht von*** struck (*etc*) by; ***von Dürre*** (***Krieg***) ***heimgesucht*** drought-ridden (war-torn) **2.** *ugs* (*besuchen*) descend on
Heimsuchung *f* BIBEL visitation, *fig auch* affliction, (*Plage*) ordeal, (*Katastrophe*) disaster
Heimtrainer *m* exercise machine, (*Fahrrad*) exercise bike
Heimtücke *f* perfidy, (*Verrat*) treachery
heimtückisch *Adj* insidious (*auch fig Krankheit*), treacherous
Heimvorteil *m* SPORT advantage of playing at home

heimwärts *Adv* homeward(s), home
Heimweg *m* (***auf dem Heimweg*** on my *etc*) way home
Heimweh *n* homesickness: ***Heimweh haben*** be homesick (***nach*** for)
Heimwerker, **Heimwerkerin** do-it-yourselfer, DIYer, DIY woman
Heimwerker... do-it-yourself (*kit etc*)
heimzahlen *v/t* ***j-m*** *etw* ***heimzahlen*** repay s.o. for
heimzu *Adv ugs* on the way home
Heini *m ugs pej* twerp, twit
Heinzelmännchen *n* brownie
Heirat *f* marriage, (*auch Partie*) match
heiraten *v/t und v/i* (***j-n***) ***heiraten*** marry (s.o.), get married (to s.o.)
Heiratsannonce *f* marriage ad
Heiratsantrag *m* (marriage) proposal: ***einen Heiratsantrag machen*** propose (*Dat* to)
Heiratsanzeige *f* **1.** marriage announcement **2.** marriage ad
heiratsfähig *Adj* marriageable: ***im heiratsfähigen Alter*** of marriageable age
Heiratsmarkt *m* marriage market
Heiratsschwindler, **Heiratsschwindlerin** marriage impostor
Heiratsurkunde *f* marriage certificate
Heiratsvermittlung *f* **1.** marriage brokerage **2.** (*Büro*) marriage bureau
heiser *Adj* (***sich heiser reden*** *auch fig* talk o.s.) hoarse
Heiserkeit *f* hoarseness
heiß I *Adj* **1.** *allg* hot, *fig* (*leidenschaftlich*) *auch* ardent, passionate, *Kampf etc*: *auch* fierce, *Diskussion*: heated: ***heiße Zone*** torrid zone; ***etw heiß machen*** heat s.th. up; ***mir ist*** (***wird***) ***heiß!*** I'm (getting) hot!; → ***Draht, Eisen, Hölle, Ofen*** 2 **2.** *ugs fig* (*toll, geil, gefährlich*) hot: ***heiße Ware*** hot goods *Pl*; ***heißer Tip*** hot tip; → ***Höschen*** **II** *Adv* **3.** hotly (*etc*): ***heiß begehrt*** coveted; ***etw heiß ersehnen*** long for s.th. (fervently); ***heiß ersehnt*** longed-for; ***sie lieben sich heiß und innig*** they adore each other; ***heiß geliebt*** dearly loved; ***heiß umkämpft*** fiercely embattled; ***heiß umstritten*** **a)** highly controversial, **b)** hotly debated; → ***hergehen***
heißbegehrt → ***heiß*** II 3
heißblütig *Adj* hot-blooded, passionate
heißen[1] **I** *v/i* **1.** be called (***nach*** after): ***wie heißen Sie?*** what's your name?; ***wie heißt das?*** **a)** what's that called?, **b)** ***auf Englisch?*** what's that (called) in English, what's the English (word) for it? **2.** (*lauten*) read, be **3.** (*bedeuten*) mean: ***was heißt das?, was soll das heißen?*** **a)** what does it mean?, **b)** what do you mean (by this)?, *verdutzt*: what's the (big) idea?; ***das hieße, das würde heißen*** that would mean; ***das will (et)was heißen!*** that's saying something!; ***das will nichts heißen!*** that doesn't mean a thing!; ***soll das heißen, dass …?*** do you mean to say that …?; ***das soll nicht heißen, dass …*** that doesn't mean that …; ***das heißt*** that is (*Abk* i. e.) **II** *v/unpers* **4.** ***es heißt, dass …*** they say that …; ***in dem Brief heißt es, dass …*** the letter says that … **5.** ***jetzt heißt es handeln!*** now it's time to act! **III** *v/t* **6.** (*nennen*) call **7.** ***j-n etw tun heißen*** tell s.o. to do s.th.; → ***willkommen***
heißen[2] *v/t* SCHIFF hoist
heißersehnt → ***heiß*** II 3
heißgeliebt → ***heiß*** II 3
Heißhunger *m auch fig* (sudden) craving (***nach*** for)
heißlaufen *v/i* (*auch* ***sich heißlaufen***) TECH overheat, *ugs Telefonleitung*: be buzzing
Heißluft... hot-air …
Heißluftherd *m* fan-assisted oven
heißmachen *v/t* ***etw heißmachen*** heat s.th. up
Heißsporn *m fig* hothead
heißumkämpft → ***heiß*** II 3
heißumstritten → ***heiß*** II 3
Heißwasser... = ***Warmwasser...***
heiter *Adj* **1.** (*vergnügt*) cheerful, (*gelassen*) serene, (*amüsant*) amusing, funny: *ugs iron* (***das***) ***kann ja heiter werden!*** nice prospects! **2.** (*hell, sonnig*) bright, sunny: → ***Himmel*** **3.** MUS scherzando
Heiterkeit *f* **1.** cheerfulness, serenity, funniness, (*Gelächter*) laughter: ***Heiterkeit erregen*** cause amusement **2.** brightness
Heizanlage *f* heating system
heizbar *Adj* heatable, with heating
Heizdecke *f* electric blanket
Heizelement *n* heating element
heizen I *v/t* (*Raum etc*) heat, (*Ofen*) fire **II** *v/i* put (*oder* have) the heating on
Heizer *m* boilerman, SCHIFF, BAHN stoker
Heizfläche *f* heating surface
Heizgas *n* fuel gas
Heizkessel *m* boiler
Heizkissen *n* electric pad
Heizkörper *m* radiator, ELEK heater
Heizkosten *Pl* heating costs *Pl*
Heizlüfter *m* fan heater
Heizmaterial *n* fuel
Heizofen *m* **1.** stove **2.** (electric, oil, *etc*) heater
Heizöl *n* (fuel) oil
Heizplatte *f* hotplate
Heizung *f* **1.** (central) heating **2.** → ***Heizkörper***
Heizungsanlage *f* heating system
Heizungsmonteur *m* heating engineer
Hektar *n* hectare
Hektik *f* hectic atmosphere, *des Lebens*: mad rush, *ugs* rat race, *einer Person*: nervy state: *ugs* ***nur keine Hektik!*** take it easy!
hektisch *Adj* hectic(ally *Adv*)
Hektoliter *m, n* hectolit/re (*Am* -er)
Held *m* hero (***des Tages*** of the day)
Heldenepos *n* epic (poem)
heldenhaft *Adj* heroic(ally *Adv*)
Heldensage *f* saga
Heldentat *f* heroic deed
Heldentenor *m* MUS heroic tenor
Heldentum *n* heroism
Heldin *f* heroine
helfen *v/i* **1.** (*j-m*) help, assist, aid, lend *s.o.* a hand: ***j-m bei etw helfen*** help s.o. with s.th.; ***j-m aus dem (in den) Mantel helfen*** help s.o. off (on) with his *etc* coat; *fig* ***j-m aus einer Verlegenheit helfen*** help s.o. out of a difficulty; ***ihm ist nicht zu helfen*** there is no help for him, *iron* he's hopeless; ***er weiß sich zu helfen*** **a)** he can look after himself, **b)** (*er hat gute Einfälle*) he is resourceful; ***sich nicht mehr zu helfen wissen*** be at one's wits' end; ***ich kann mir nicht helfen*** **a)** I can't help it, **b)** ***…, ich muss einfach lachen*** *etc* I can't help laughing *etc*; *iron* ***dir werd ich (schon) helfen!*** just you wait! **2.** *Sache*: help: ***das hilft gegen Schnupfen*** that's good for colds; ***das hilft mir wenig!*** that's not much help!, *ugs* a fat lot it helps!; ***das half*** that worked; ***es hilft nichts*** it's no use; ***da hilft kein Jammern!*** it's no use complaining!; ***da hilft nur eines*** there's only one

H

thing for it

Helfer, **Helferin** helper, assistant: ***ein Helfer in der Not*** a friend in need

Helfershelfer, **Helfershelferin** accomplice

Helgoland *n* Heligoland

Helium *n* CHEM helium

hell **I** *Adj* **1.** light, *Farbe*: *auch* pale, *Licht etc*: bright, *Haar, Teint*: fair, *Kleidung etc*: light-colo(u)red, *Klang, Stimme*: clear, *Gelächter*: loud: ***helles Bier*** lager; ***es wird schon hell*** it is getting light already **2.** *fig* (*gescheit*) bright, intelligent **3.** *ugs* (*sehr groß*) great, *Unsinn, Verzweiflung etc*: utter, *Neid*: pure: ***heller Wahnsinn*** sheer madness **II** *Adv* ***hell begeistert*** (absolutely) enthusiastic

hellblau *Adj* light blue

hellblond *Adj* very fair

helle *Adj präd ugs* bright, intelligent

Helle[1] *f, n* brightness, (bright) light

Helle[2] *n ugs* (glass of) beer (*Br* lager)

Heller *m ugs* ***keinen*** (***roten***) ***Heller wert*** not worth a cent; ***auf Heller und Pfennig*** to the last penny

hellgrün *Adj* light green

hellhörig *Adj* **1.** *fig* ***das machte ihn hellhörig*** that made him prick up his ears **2.** *Haus, Wände*: poorly soundproofed

Helligkeit *f* brightness (*auch* TV), (*Licht*) light, PHYS luminosity

Helligkeitsregelung *f* TECH brightness control

Helling *f* SCHIFF slip(way), (building) cradle

helllicht *Adj* ***am helllichten Tage*** in broad daylight

hellrot *Adj* light red

hellsehen *v/i* have second sight, be clairvoyant

Hellsehen *n* clairvoyance

Hellseher, **Hellseherin**, **hellseherisch** *Adj* clairvoyant

hellwach *Adj auch fig* wide-awake

Helm *m* helmet

Hemd *n* shirt, (*Unterhemd*) vest, *Am* undershirt: *fig* ***j-n bis aufs Hemd ausziehen*** fleece s.o.

Hemdbluse *f* shirt

Hemdblusenkleid *n* shirtwaist(er *Br*)

Hemdsärmel *m* shirtsleeve: ***in Hemdsärmeln*** in one's shirtsleeves

hemdsärmlig, **hemdsärmelig** *Adj auch fig* shirtsleeve

Hemisphäre *f* hemisphere

hemmen *v/t* **1.** *auch fig* (*aufhalten*) stop, check, (*behindern*) hinder, impede **2.** PSYCH inhibit: → ***gehemmt***

Hemmnis *n* obstacle

Hemmschuh *m fig* drag (**für** on)

Hemmschwelle *f* PSYCH inhibition threshold

Hemmung *f* **1.** check, hindrance **2.** PSYCH inhibition, *weit. S. auch* scruple: ***Hemmungen haben*** be inhibited; ***nur keine Hemmungen!*** don't be shy! **3.** TECH stop, *einer Uhr*: escapement

hemmungslos *Adj* **1.** unrestrained, *Weinen etc*: *auch* uncontrollable **2.** (*bedenkenlos*) unscrupulous

Hemmungslosigkeit *f* **1.** lack of restraint, recklessness **2.** unscrupulousness

Hengst *m* stallion, (*Zuchthengst*) stud

Henkel *m* handle

Henkelkrug *m* jug

henken *v/t* hang

Henker *m* executioner: *ugs* (***wer, wo*** *etc*) ***zum Henker?*** → ***Teufel***

Henna *n* henna

Henne *f* ZOOL hen

Hepatitis *f* MED hepatitis

her *Adv* **1.** *zeitlich*: ago: ***wie lange ist es her?*** how long ago was it?; ***das ist lange her*** that was a long time ago; ***es ist ein Jahr her, dass ...*** it's a year since ... **2.** *räumlich*: ***von ... her*** from; ***von oben her*** from above; ***von weit her*** from afar; ***um mich her*** around me; ***her damit!*** give (it to me)!; → ***herhaben*** *etc*, ***hinter*** I **3.** *fig* ***von ... her*** from the point of view of; ***vom Technischen her*** from a technical point of view, technically (speaking)

herab *Adv* down: *fig* ***von oben herab*** condescendingly

herab... down; *auch* → ***herunter***

herabblicken *v/t* → ***herabsehen***

herabgehen, **herabhängen**, **herabkommen** → ***heruntergehen*** *etc*

herablassen **I** *v/t* let down, lower **II** *v/refl fig* ***sich herablassen zu antworten*** *etc* deign to answer *etc*

herablassend *Adj* condescending (***zu*** towards)

Herablassung *f* condescension

herabsehen *v/i* ***herabsehen auf*** (*Akk*) *auch fig* look down on

herabsetzen *v/t* **1.** reduce, lower, (*kürzen*) cut (back): (***im Preis***) ***herabsetzen*** reduce (in price); ***zu herabgesetzten Preisen*** at reduced prices, cut-price ... **2.** *fig* (*j-n*) disparage, (*Leistung*) belittle

herabsetzend *Adj fig* disparaging

Herabsetzung *f* **1.** reduction (*auch* WIRTSCH), (*Kürzung*) *auch* cut **2.** *fig* disparagement

herabsteigen *v/i* descend, climb (*oder* come) down, *vom Pferd*: dismount

herabwürdigen *v/t* degrade (***sich*** o.s.)

Herabwürdigung *f* degradation

Heraldik *f* heraldry

heran *Adv* near, close: ***heran an*** (*Akk*) up to; ***nur heran!*** come closer!

heranbilden *v/t* (*auch* ***sich heranbilden***) train (***zu*** to be)

heranbringen *v/t* bring up (***an*** *Akk* to)

heranführen *v/t* lead (*oder* bring) up (***an*** *Akk* to): *fig* ***j-n an etw heranführen*** introduce s.o. to s.th.

herangehen *v/i* ***herangehen an*** (*Akk*) **a)** go up to, **b)** *fig* (*eine Aufgabe etc*) approach, tackle

heranholen *v/t* **1.** fetch, get **2.** FOTO zoom in on

herankämpfen *v/refl* ***sich herankämpfen*** (***an*** *Akk*) SPORT close in (on), pull up (to)

herankommen *v/i* **1.** → ***herannahen*** **2.** ***herankommen an*** (*Akk*) come up to (*auch fig*), approach, (*eine Leistung etc*) come near; *fig* ***an j-n herankommen*** get through to s.o.; ***an etw herankommen*** get at (*oder* get hold of) s.th.; *fig* ***die Sache*** (*oder* ***es***) ***an sich herankommen lassen*** wait and see; ***er*** (***es***) ***kommt nicht an ... heran*** *auch* he (it) can't touch ...

heranmachen *v/refl* ***sich heranmachen an*** (*Akk*) *ugs* **a)** (*etw*) set to work on, **b)** (*j-n*) sidle up to, *fig* approach, *schmeichelnd*: make up to, *beeinflussend*: start working on

herannahen *v/i* draw near, approach

Herannahen *n* approach

heranpirschen *v/refl* ***sich heranpirschen an*** (*Akk*) creep up to

heranreichen *v/i* ***heranreichen an*** (*Akk*) **a)** come up to, **b)** *fig* come near, touch

heranreifen *v/i* (***zu*** into) ripen, *fig Plan etc*: *auch* mature, *Person*: *auch* grow up

heranrücken *v/i* **1.** come close(r) (**an** *Akk* to): **an j-n heranrücken** move up (close) to s.o. **2.** → **herannahen**

herantreten *v/i* **an j-n herantreten** go up to s.o., *auch fig* approach s.o., *fig Problem etc*: confront s.o.

heranwachsen *v/i* grow up: **heranwachsen zu** grow (up) into

Heranwachsende *m, f* adolescent, young person

heranwagen *v/refl* **sich heranwagen an** (*Akk*) venture near, (*j-n*) dare to approach, *fig* (*eine Aufgabe etc*) dare to tackle

heranziehen I *v/t* **1.** pull *s.th.* up (**an** *Akk* to) **2.** (*aufziehen*) raise, (*Nachwuchs etc*) train **3. j-n heranziehen** (**zu** *einer Aufgabe etc*) call on s.o. (to do *s.th.*), enlist s.o.('s services) (for *s.th.*); **einen Fachmann heranziehen** call in an expert **4.** (*zitieren*) cite, invoke **II** *v/i* **5.** draw near, approach

herauf *Adv* up, upwards: (**hier**) **herauf** up here; **den Berg herauf** up the hill, uphill; **den Fluss herauf** up the river, upstream; **die Treppe herauf** up the stairs, upstairs; *in Zssgn auch* **empor...**

heraufarbeiten *v/refl* **sich heraufarbeiten** *auch fig* work one's way up

heraufbeschwören *v/t* **1.** (*Erinnerungen etc*) conjure up **2.** (*Unheil etc*) bring on

heraufkommen *v/i* come up (**zu** to)

heraufschalten *v/i* MOT shift up

heraufsetzen *v/t* (*Preis etc*) raise

heraufsteigen *v/t* (*Berg, Treppe etc*) climb, mount

heraufziehen I *v/t* pull *s.o., s.th.* up **II** *v/i* draw near, approach, *Gewitter*: *auch* come up

heraus *Adv* out (**aus** of): **zum Fenster heraus** out of the window; *fig* **aus einem Gefühl** *der Verlassenheit etc* **heraus** from (*oder* out of) a sense of; **heraus damit!** out with it!; **heraus mit der Sprache!** *ugs* spit it out!; *ugs* **jetzt ist es heraus!** now the secret's out!

herausarbeiten I *v/t auch fig* work out **II** *v/refl* **sich herausarbeiten aus** work one's way out of, *fig auch* manage to get out of

herausbekommen *v/t* **1.** (*Fleck etc*) get out (**aus** of) **2.** *fig* (*Rätsel etc*) work out, solve, (*den Sinn*) figure out, *ugs* (*Ergebnis*) get, (*Geheimnis etc*) find *s.th.* out: **etw aus j-m herausbekommen** get s.th. out of s.o. **3. Sie bekommen noch 10 Euro heraus** you get ten euros change

herausbringen *v/t* **1.** → **herausbekommen** 1 **2.** *auch fig* bring out, (*Buch*) *auch* publish, THEAT produce: **sie brachte kein Wort heraus** she couldn't say a word; *fig* **j-n (etw) groß herausbringen** give s.o. (s.th.) a big buildup

herausfahren I *v/i* **1.** come (*oder* drive) out (**aus** of) **2.** *fig Bemerkung etc*: slip out **II** *v/t* **3.** drive out (**aus** of): SPORT **er hat eine gute Zeit (den Sieg) herausgefahren** he made good time (won the race)

herausfallen *v/i* (**aus** of) fall out, *Sache*: *auch* drop out

herausfiltern *v/t auch fig* filter out

herausfinden I *v/t* find, (*entdecken*) find out, discover **II** *v/i* find one's way out (**aus** of)

Herausforderer *m*, **Herausforderin** *f* challenger, POL rival (candidate)

herausfordern I *v/t* (*j-n*) challenge, *trotzig*: defy, (*provozieren*) *auch* provoke: **j-n zum Duell herausfordern** challenge s.o. to a duel; *fig* **das Schicksal herausfordern** court disaster, *ugs* ask for it; **Kritik (Protest) herausfordern** *siehe* II **II** *v/i* **zur Kritik (zum Protest) herausfordern** invite (*oder* provoke) criticism (protest)

herausfordernd *Adj* challenging, (*trotzig*) defiant, (*aufreizend*) provocative

Herausforderung *f* challenge (*auch fig Aufgabe etc*), (*Provokation*) provocation, (*Trotz*) defiance

Herausgabe *f* **1.** surrender (*auch* JUR), delivery **2.** BUCHDRUCK editing, (*Veröffentlichung*) publication

herausgeben I *v/t* **1.** (*Dat* to) hand *s.th.* over, give *s.th.* back, return **2.** (*Buch etc*) publish, *als Bearbeiter*: edit, (*Briefmarken etc, auch Vorschrift etc*) issue **3. j-m 10 Euro herausgeben** give s.o. ten euros change **II** *v/i* **4.** (**j-m**) **herausgeben** give (s.o.) change (**auf** *Akk* for); **können Sie (auf 100 Euro) herausgeben?** can you give change (for 100 euros)?

Herausgeber, **Herausgeberin** (*Verleger*) publisher, (*Redakteur, Verfasser*) editor

herausgehen *v/i* **1.** → **hinausgehen** 1: *fig* **aus sich herausgehen** come out of one's shell **2.** *Fleck etc*: come out (**aus** of)

herausgreifen *v/t* pick out, (*Beispiel etc*) cite

herausgucken *v/i* peep out

heraushaben *v/t ugs fig* have found *s.th.* out, (*Rätsel, Aufgabe*) have got, have solved: **jetzt hat er es heraus** he has got the hang of it now

heraushalten *v/t fig* **j-n (sich) aus einer Sache heraushalten** keep s.o. (o.s.) out of s.th.

heraushelfen *v/i* **j-m heraushelfen** *auch fig* help s.o. out (**aus** of)

herausholen *v/t* **1.** get *s.o., s.th.* out (**aus** of) (*auch fig retten*) **2.** *fig* (*Geld, Geheimnis, Antwort etc*) get *s.th.* out (**aus** of); **das Letzte aus sich herausholen** make a supreme effort

heraushören *v/t* hear, *fig* detect (**aus** in *s.o.'s words etc*)

herauskehren *v/t fig* act, play *the expert etc*, (*zeigen*) show

herauskommen *v/i* **1.** (**aus**) come out (of), emerge (from), *auch fig* get out (of): *fig* **er kam aus dem Lachen nicht heraus** he couldn't stop laughing; **sie ist auf dem Foto gut herausgekommen** she came out well in the photo; *ugs* **groß herauskommen** be a great success **2.** *fig Gesetz, Erzeugnis etc*: come out, *Buch*: *auch* be published, appear, *Briefmarken etc*: be issued: **mit einem neuen Modell herauskommen** *Firma*: come out with a new model; *ugs fig* **herauskommen mit** come out with, (*gestehen*) admit **3.** (**aus** of) **a)** MATHE be the result, **b)** *fig* come (out): **es kommt nichts dabei heraus** it doesn't pay; **es kommt auf eins** (*oder* **dasselbe**) **heraus** it boils down to the same thing; *auch* → **herausspringen** 2

herauskriegen *ugs* → **herausbekommen**

herauskristallisieren *v/t und v/refl* **sich herauskristallisieren** *auch fig* crystallize (**aus** of)

herauslassen *v/t* let out (**aus** of)

herauslaufen I *v/i* run out (**aus** of) **II** *v/t* SPORT (*einen Sieg, Vorsprung etc*) gain

herauslocken *v/t* **j-n herauslocken** lure s.o. out (**aus** of); *fig* **etw aus j-m herauslocken** worm s.th. out of s.o.

herausmachen *ugs* **I** *v/t* (**aus**) take out (of), remove (from) **II** *v/refl* **sich herausmachen** *fig*

be coming on well
herausnehmbar *Adj* removable
herausnehmen *v/t* (**aus**) take *s.o.*, *s.th.* out (of), remove (from): **sich die Mandeln herausnehmen lassen** have one's tonsils out; *fig* **sich etw herausnehmen, sich Freiheiten herausnehmen** take liberties
herausplatzen *v/i ugs* **1.** burst out laughing **2. herausplatzen mit** blurt out
herausputzen *v/t* (**sich**) **herausputzen** dress (o.s.) up, *ugs* spruce (o.s.) up
herausragen *v/i* (**aus**) jut out (from), *Haus etc*: tower (above), *fig* stand out (from)
herausreden *v/refl* **sich herausreden** talk one's way out (**aus** of)
herausreißen *v/t* **1.** pull (*Papier*: tear) *s.th.* out **2.** *fig* **j-n herausreißen aus** *seiner Umgebung etc*: tear s.o. away from, *dem Schlaf, einem Traum etc*: rouse s.o. from, *der Arbeit etc*: interrupt s.o. in; *ugs* **j-n herausreißen** *Aussage, Leistung etc*: save s.o.
herausrücken **I** *v/t* **1.** push (*oder* move) *s.th.* out (**aus** of) **2.** *siehe* 3 a **II** *v/i* **3.** *ugs fig* **herausrücken mit a)** come out with, (*Geld*) fork out, cough up, **b)** (*der Wahrheit etc*) come out with; **mit der Sprache herausrücken** talk, (*gestehen*) come out with it
herausrutschen *v/i ugs fig* slip out: **das ist mir so herausgerutscht** it just slipped out
herausschauen *v/i* **1.** look out (**aus** of) **2.** → **herausspringen** 2
herausschinden *v/t* **etw herausschinden aus** manage to get s.th. out of
herausschlagen *v/t* (**aus** of) **1.** knock *s.th.* out **2.** *ugs fig* get *s.th.* out: **Geld herausschlagen aus** make money out of; **möglichst viel herausschlagen** make the most of it
herausschneiden *v/t* cut *s.th.* out (**aus** of)
heraussehen *v/i* look out (**aus** of)
herausspringen *v/i* **1.** jump out (**aus** of) **2.** *ugs fig* be gained (**bei** by): **was springt für mich dabei heraus?** what's in it for me?
heraussprudeln *v/i* bubble out, *fig Worte etc*: come spluttering out
herausstellen **I** *v/t* **1.** put *s.th.* out(side) **2.** *fig* point out, (*betonen*) emphasize, underline: **groß herausstellen** highlight, feature (*auch* THEAT) **II** *v/refl* **sich herausstellen 3.** turn out (**als** to be), come to light: **es stellte sich heraus, dass sie Recht hatte** she turned out to be right
herausstrecken *v/t* stick out (**aus** of): → **Zunge**
herausstreichen *v/t* **1.** cross out (**aus** of) **2.** *fig* praise *s.o.*, *s.th.* (to the skies): **sich herausstreichen** blow one's own trumpet
herausströmen *v/i auch fig* pour out (**aus** of)
heraussuchen *v/t* (**aus**) choose (from), pick out (of)
herauswachsen *v/i* **herauswachsen aus** grow out of, (*Kleidung*) *auch* outgrow
herauswagen *v/refl* **sich herauswagen** venture out (**aus** of)
herauswinden *v/refl* **sich herauswinden aus** *fig* wriggle out of
herauswirtschaften *v/t* get *s.th.* out (**aus** of): **einen Gewinn herauswirtschaften** make a profit (**aus** out of)
herausziehen *v/t allg* pull out (**aus** of), (*Zahn*) *auch* extract, *fig* (*Truppen*) *auch* withdraw (**aus** from)
herb *Adj* **1.** sour, tart, *Wein*: dry, *Duft*: tangy **2.** *fig Worte, Schicksal etc*: harsh, *Enttäuschung, Verlust etc*: bitter, *Schönheit, Stil etc*: austere
Herbarium *n* herbarium
herbei *Adv* here, up, over; *auch* **her..., heran...**
herbeieilen *v/i* come running (up)
herbeiführen *v/t fig* bring about, cause, lead to, *bes* MED induce
herbeilassen *v/refl* **sich herbeilassen, etw zu tun** condescend to do s.th.
herbeirufen *v/t* call (over), (*Arzt etc*) call for, send for
herbeischaffen *v/t* bring (up), fetch, get, (*Zeugen, Beweise etc*) produce
herbeisehnen *v/t* long for
herbeiströmen *v/i* flock to the scene: **herbeiströmen zu** flock to
herbeiwünschen *v/t* **sich etw herbeiwünschen** long for s.th.; **sich j-n herbeiwünschen** wish s.o. were (*oder* was) here
herbeiziehen *v/t* pull *s.o.*, *s.th.* near: → **Haar**
herbekommen *v/t* get *s.o.*, *s.th.* (here)
herbemühen **I** *v/t* **j-n herbemühen** ask s.o. to come (here) **II** *v/refl* **sich herbemühen** take the trouble to come
Herberge *f* **1.** (*Jugendherberge*) (youth) hostel **2.** (*Gasthaus*) inn **3.** (*Obdach*) shelter
Herbergsmutter *f*, **Herbergsvater** *m* (hostel) warden
herbestellen *v/t* ask *s.o.* to come
herbeten *v/t* rattle off
Herbheit *f* **1.** sourness, *des Weins etc*: dryness **2.** *fig einer Kritik etc*: harshness, *einer Enttäuschung etc*: bitterness, *der Schönheit, des Stils*: austerity
herbitten *v/t* **j-n herbitten** ask s.o. to come
herbringen *v/t* bring *s.o.*, *s.th.* (along)
Herbst *m* autumn, *Am auch* fall
Herbstfärbung *f* autumnal tints *Pl*
Herbstferien *Pl* autumn break *Sg*
herbstlich *Adj* autumn(al)
Herbstmonat *m* autumn month
Herbstzeitlose *f* BOT meadow saffron
Herd *m* **1.** (*Küchenherd*) (kitchen) stove, cooker, (*Ofen*) oven **2.** *fig* (*Heim*) hearth **3.** *fig* cent/re (*Am* -er), seat, (*auch Erdbebenherd, Krankheitsherd*) focus
Herde *f* **1.** herd, (*Schafherde etc*) flock **2.** *fig pej the* (common) herd
Herdentier *n* ZOOL gregarious animal: *fig pej* **ein Herdentier sein** follow the herd
Herdentrieb *m auch fig* herd instinct
Herdinfektion *f* MED focal infection
Herdplatte *f* hotplate
herein *Adv* in: **von draußen herein** from outside; **herein!** come in!; **hier herein!** this way, please!; *auch* **ein..., hinein...**, *ugs* **rein...**
hereinbekommen *v/t auch* WIRTSCH get *s.th.* in, (*Außenstände*) recover, (*Sender*) get
hereinbitten *v/t* **j-n hereinbitten** ask s.o. (to come) in
hereinbrechen *v/i Nacht*: fall, *Sturm*: break, *Winter*: set in: *fig* **hereinbrechen über** (*Akk*) *Unglück etc*: befall
hereinbringen *v/t* bring in, *mit Mühe*: get in
hereinfallen *v/i ugs fig* **hereinfallen** (**auf** *Akk*) be taken in (by), fall for (*s.o.*, *s.th.*); **hereinfallen mit** make a (bad) mistake with
hereinführen *v/t* **j-n hereinführen** show s.o. in (-to **in** *Akk*)
hereinholen *v/t* **1.** bring *s.o.*, *s.th.* in **2.** WIRTSCH (*Aufträge*) get (in)

hereinkommen *v/i* come in (*auch* WIRTSCH *Aufträge*), (*eindringen*) get in: ***hereinkommen in*** (*Akk*) come into (*oder* inside)
hereinlassen *v/t* let *s.o.*, *s.th.* in
hereinlegen *v/t ugs fig* ***j-n hereinlegen*** take s.o. for a ride, fool s.o., *auch finanziell*: take s.o. in; ***man hat uns hereingelegt*** we have been had
hereinnehmen *v/t* take *s.th.* in(to ***in*** *Akk*), WIRTSCH (*Waren*) take in, *fig* include, fit in
hereinplatzen *v/i ugs* burst in(to ***in*** *Akk*)
hereinschauen *v/i* **1.** look in(to ***in*** *Akk*) **2.** *ugs* (***bei j-m***) ***hereinschauen*** drop by (at s.o.'s place)
hereinschneien *v/i ugs fig* (***bei j-m***) ***hereinschneien*** blow in (at s.o.'s place)
hereinziehen → ***hineinziehen*** I
herfahren **I** *v/i* travel (*oder* come, drive) here: ***hinter j-m herfahren*** drive behind s.o., follow s.o.'s car **II** *v/t* ***j-n herfahren*** drive s.o. here
Herfahrt *f* (***auf der Herfahrt*** on the) journey (*oder* way) here
herfallen *v/i* ***herfallen über*** (*Akk*) fall upon, attack
herfinden *v/i* find one's way
herführen *v/t* ***j-n herführen*** bring s.o. here; ***was führt Sie her?*** what brings you here?
Hergang *m* course (of events), the way s.th. happened, (*Umstände*) circumstances *Pl*: ***schildern Sie*** (***mir***) ***den Hergang!*** tell me what (*oder* how it) happened!
hergeben *v/t* ***etw hergeben*** hand s.th. over, give s.th. away: ***etw wieder hergeben*** give s.th. back; ***gib*** (***es***) ***her!*** give (it to me)!; *fig* ***seinen Namen*** (*oder* ***sich***) ***hergeben zu*** (*oder* ***für***) ***etw*** lend one's name to s.th.
hergebracht → ***herkömmlich***
hergehen *v/unpers fig* ***es ging hoch her*** things were pretty lively; ***es ging heiß her*** the sparks flew
hergehören = ***hierher gehören***
herhaben *v/t ugs* ***wo hast du das her?*** **a)** where did you get that (from)?, **b)** *fig* (*Nachricht etc*) who told you that?
herhalten *v/i ugs* ***herhalten müssen*** have to suffer (for it), *Sache*: have to serve (***als*** as)
herholen *m* fetch: *fig* ***weit hergeholt*** far-fetched
herhören *v/i* listen
Hering *m* **1.** ZOOL herring: *hum* ***wie die Heringe*** packed like sardines **2.** tent peg
herkommen *v/i* **1.** come (here): ***wo kommst du her?*** where do you come from?; ***komm her!*** come here! **2.** *fig* ***herkommen von*** *allg* come from, be due to, *Wort*: *auch* be derived from
herkömmlich *Adj* conventional (*auch* MIL *Waffe*), customary, traditional
Herkunft *f* origin, *einer Person*: *auch* birth, descent, (*Milieu*) origins *Pl*, background: ***er ist deutscher Herkunft*** he is of German extraction, *eng. S.* he is German by birth
Herkunftsland *n* country of origin
herlaufen *v/i* run here: ***hinter j-m herlaufen*** *auch fig* run after s.o.
herleiten *v/t fig* (*auch* ***sich***) ***herleiten von*** derive from
hermachen *v/refl* ***sich hermachen über*** (*eine Arbeit etc*) set about, tackle, (*Essen*, *fig j-n*) attack
Hermelin **1.** *n* ZOOL ermine **2.** *m* (*Pelz*) ermine (fur)
hermetisch *Adj* hermetic(ally *Adv*)
hernehmen *v/t* (***von*** from) take, get: *ugs fig* (***sich***) ***j-n hernehmen*** give s.o. hell
hernieder, **hernieder...** → ***herab*(...)**, ***herunter*(...)**
Heroin *n* heroin
heroinsüchtig *Adj* heroin-addicted
Heroinsüchtige *m*, *f* heroin addict
heroisch *Adj* heroic(ally *Adv*)
Heroismus *m* heroism
Heros *m* hero
Herpes *m* MED herpes
herplappern *v/t ugs* rattle off
Herr *m* gentleman, (*Besitzer*, *Gebieter*) master, (*Herrscher*) ruler (***über*** *Akk* over, of): ***mein Herr!*** Sir!; ***meine Herren!*** gentlemen!; ***Herr Miller*** Mr. Miller; ***Herr Doktor*** (***Professor*** *etc*) Doctor (Professor *etc*); ***Ihr Herr Vater*** your father; SPORT ***Herren*** *Pl* men *Pl*; (***Gott***) ***der Herr*** the Lord (God); ***der Herr Jesus*** Our Lord Jesus; ***sein eigener Herr sein*** be one's own boss; *einer Sache* ***Herr werden*** master, (get *s.th.* under) control; ***Herr der Lage sein*** have the situation well in hand; → ***Land*** 3
Herrchen *n eines Hundes*: master
Herrenausstatter *m* men's outfitter, *Am* haberdasher
Herrenbekleidung *f* men's wear
Herrendoppel *n Tennis*: men's doubles *Pl*
Herreneinzel *n Tennis*: men's singles *Pl*
Herrenfahrrad *n* man's bicycle
Herrenfriseur, **Herrenfriseurin** barber, men's hairdresser
Herrenhaus *n* mansion
Herrenkonfektion *f* men's ready-to-wear clothes *Pl*
herrenlos *Adj* ownerless, *Hund*: stray
Herrenmode *f* men's fashion
Herrenschneider, **Herrenschneiderin** gentlemen's tailor
Herrenschnitt *m* (*Frisur*) Eton crop, shingle
Herrentoilette *f* men's toilet, gents *Sg*
Herrgott: ***der Herrgott*** the Lord (God), God; *vulg* ***Herrgott*** (***noch mal***)***!*** for God's sake!
Herrgottsfrühe *f* ***in aller Herrgottsfrühe*** at an unearthly hour
herrichten *v/t* arrange, (*bereiten*) prepare, make, *ugs* fix, (*fertig machen*) get *s.th.* ready, (*Zimmer*) tidy, (*reparieren*) do up, repair: *ugs* ***sich herrichten*** smarten o.s. up
Herrin *f* mistress (*auch eines Tieres*), lady, (*Herrscherin*) ruler
herrisch *Adj* imperious, (*barsch*) peremptory
herrje *Interj* good gracious, dear me
herrlich *Adj* marvel(l)ous, wonderful, magnificent, *ugs* fantastic: *Adv ugs* ***sich herrlich amüsieren*** have great fun
Herrschaft *f* **1.** (***über*** *Akk* over) power, control, (*Regierung*) rule, *eines Monarchen*: *auch* reign: *fig* ***die Herrschaft verlieren über*** (*Akk*) lose control of **2.** ***meine Herrschaften!*** ladies and gentlemen!, *ugs* folks!
herrschaftlich *Adj* nobleman's, HIST manorial, (*vornehm*) stately
herrschen *v/i* **1.** rule (***über*** *Akk* over): ***über einen Staat*** *etc* ***herrschen*** rule a state *etc* **2.** *fig* prevail, reign, *Krankheit*: rage: ***es herrschte*** *Frieden*, *Ordnung etc*: there was ...; ***es herrschte Stille*** silence reigned
herrschend *Adj* **1.** ruling **2.** *fig* prevailing, current
Herrscher *m* ruler, sovereign, monarch

H

Herrscherhaus *n* (ruling) dynasty
Herrscherin *f* → ***Herrscher***
Herrschsucht *f* domineeringness, *ugs* bossiness
herrschsüchtig *Adj* domineering, *ugs* bossy
herrufen *m* ***j-n herrufen*** call s.o. (here)
herrühren *v/i* ***herrühren von*** come (*zeitlich*: date) from, be due to
hersagen *v/t* say, recite
herschaffen *v/t* bring (*oder* get) *s.o., s.th.* (here)
hersehen *v/i* look (here)
Herspiel *n* SPORT return match
herstellen *v/t* **1.** WIRTSCH, TECH produce (*auch einen Film*), manufacture, make **2.** *fig* (*Frieden, Ordnung, Kontakte etc*) establish, (*Verbindung*) make **3.** *ugs* put (*oder* place) *s.th.* here
Hersteller, **Herstellerin** manufacturer, maker, *auch* FILM producer
Herstellerfirma *f* manufacturers *Pl*
Herstellung *f* **1. a)** manufacture, *auch eines Buches, Films*: production, **b)** Production (Department) **2.** *fig* establishment, making (*of contacts etc*)
Herstellungskosten *Pl* production costs *Pl*
Herstellungsverfahren *n* manufacturing method (*oder* process)
Hertz *n* PHYS cycles *Pl* (per second), hertz
herüber *Adv* **1.** over (here), *über Grenze, Straße etc*: across: ***hier herüber!*** over here!, this way! **2.** *ugs* → ***hinüber***
herüberkommen *v/i* come over (*auch auf Besuch*), *über Grenze, Straße etc*: come across
Herübersetzung *f* translation from the foreign language
herum *Adv* **1.** (*ringsherum*) around: ***immer um etw herum*** round and round s.th. **2.** (*ziellos, verstreut*) about, (a)round (*the room, town, etc*) **3.** (*in der Nähe*) around **4.** ***um die Ecke herum*** (a)round the corner; ***rechts herum*** (to the) right; ***anders*** (***falsch, so***) ***herum*** the other (the wrong, this) way round **5.** *ugs* ***um ... herum*** (*ungefähr*) around, about (*2 o'clock, ten dollars, etc*); ***um Ostern herum*** around Easter **6.** (*vorbei*) over, up: *Zeit etc*: ***herum sein*** be over
herum... *dance, move, travel, walk, etc* (a)round, about
herumärgern *v/refl* ***sich herumärgern mit*** be plagued with
herumbekommen, **herumbringen** → ***herumkriegen***
herumdrehen **I** *v/t* turn round (*auch* ***sich herumdrehen***), *ugs* (*wenden*) turn over **II** *v/i ugs* ***herumdrehen an*** (*Dat*) fiddle with
herumdrücken *v/refl* ***sich herumdrücken*** *ugs* **1.** hang around **2.** ***um eine Sache*** dodge s.th.
herumfahren **I** *v/i* **1.** drive around, go (*oder* travel) around **2.** ***um etw herumfahren*** drive round s.th. **3.** (*sich umdrehen*) spin round **II** *v/t* **4.** drive (*oder* take) *s.o., s.th.* around
herumfragen *v/i* ask around
herumfuchteln → ***fuchteln***
herumführen **I** *v/t* ***j-n herumführen*** lead s.o. around; ***j-n im Haus*** *etc* ***herumführen*** show s.o. around the house *etc*; → ***Nase*** **II** *v/i* ***um etw herumführen*** *Straße, Zaun etc*: run (a)round s.th.
herumfuhrwerken *v/i ugs* bustle around
herumgehen *v/i* **1.** walk (*oder* go) around (***im Park*** *etc* the park *etc*): *fig* ***j-m im Kopf herumgehen*** go round and round in s.o.'s head, haunt s.o.'s mind **2.** ***um etw herumgehen*** (*auch ugs herumreichen*) go round s.th. **3.** *Gegenstand*: be passed around **4.** *fig Gerücht etc*: make the round **5.** *Zeit, Tag etc*: pass
herumhängen *v/i ugs fig* hang around (***mit*** with)
herumkommandieren *v/t* ***j-n herumkommandieren*** order s.o. around
herumkommen *v/i* **1.** ***um etw herumkommen*** come (*mühsam oder fig* get) round s.th., *fig auch* avoid s.th.; ***um die Tatsache kommen wir nicht herum*** we can't get away from that (fact) **2.** (*reisen*) get around: ***er ist weit herumgekommen*** he has seen a lot of the world
herumkriegen *v/t ugs* **1.** ***j-n herumkriegen*** get s.o. round; ***j-n dazu herumkriegen, dass er etw tut*** talk s.o. into doing s.th. **2.** (*Zeit*) get through
herumlaufen *v/i* (***um etw***) ***herumlaufen*** run (*oder* go) around (s.th.); ***frei herumlaufen*** *Verbrecher etc*: be at large, *Hund etc*: run free
herumlungern *v/i* loiter (*oder* hang, loaf) around
herumpfuschen *v/i* ***herumpfuschen an*** (*Dat*) monkey (about) with
herumreichen **I** *v/t* hand (*oder* pass) *s.th.* (a)round: *ugs fig* ***j-n herumreichen*** introduce s.o. to (all) one's friends **II** *v/i* (***um etw***) ***herumreichen*** *Gürtel etc*: go (a)round (s.th.)
herumreißen *v/t* (*Steuer etc*) pull *s.th.* around
herumreiten *v/i* **1.** (***um etw***) ***herumreiten*** ride (a)round (s.th.) **2.** *ugs fig* ***auf einer Sache herumreiten*** keep harping on s.th.
herumschlagen *v/refl* ***sich herumschlagen mit*** **a)** ***j-m*** fight with s.o., **b)** ***einer Sache*** struggle with s.th.
herumschnüffeln *v/i ugs fig* snoop around
herumstehen *v/i* ***herumstehen um*** stand (a)round (*s.o., s.th.*)
herumstoßen *v/t ugs* ***j-n herumstoßen*** push s.o. around
herumstreiten *v/refl* ***sich herumstreiten*** *ugs* squabble (***über*** *Akk* about, over)
herumtragen *v/t* **1.** carry *s.o., s.th.* around (***mit sich*** with one) **2.** *fig* (*Neuigkeit etc*) spread *s.th.* around
herumtrampeln *v/i* trample (***auf*** *Dat* on)
herumtreiben *v/refl* ***sich herumtreiben*** *ugs* **1.** knock around **2.** → ***herumlungern***
Herumtreiber, **Herumtreiberin** **1.** loiterer, loafer **2.** tramp
herumwerfen *v/t* ***etw herumwerfen*** throw s.th. around
herumzeigen *v/t* ***etw herumzeigen*** show (*zur Prüfung*: pass) s.th. round
herumziehen *v/i* move (*oder* wander) around
herunter *Adv* **1.** down, (*weg*) off: ***herunter damit!*** down with it!; ***herunter mit dem Hut!*** off with your hat!; ***die Treppe herunter*** down the stairs, downstairs; ***den Fluss herunter*** down the stream, downstream **2.** *ugs fig* ***herunter sein*** be run down, be in bad shape: ***er ist mit den Nerven ganz herunter*** he is a nervous wreck **3.** *ugs* → ***hinunter***
herunter... *meist* down; *auch* → ***herab...***, *ugs* ***hinab...***, ***hinunter...***
herunterbekommen *v/t ugs* ***etw herunterbekommen*** get s.th. down (*weg*: off)
herunterfahren *v/t* (*Computer*) shut down
herunterfallen *v/i* fall down: ***vom Baum herunterfallen*** fall (*oder* drop) off the tree
heruntergehen *v/i* go down (*auch* FLUG), *fig Preise etc*: *auch* fall, drop: ***mit der Geschwindigkeit heruntergehen*** slow down; ***mit den Preisen heruntergehen*** reduce (*oder* lower)

prices
herunterkommen *Adj* seedy, shabby, *gesundheitlich*: *präd* in bad shape, *auch* WIRTSCH run-down, *moralisch*: degenerate
herunterhandeln *v/t* (*Preise etc*) beat *s.th.* down (**um** by)
herunterhängen *v/i* hang down (**von** from)
herunterhauen *v/t ugs* ***j-m eine herunterhauen*** slap s.o.('s face)
herunterholen *v/t* **1.** get *s.o., s.th.* down **2.** *ugs* shoot (*oder* bring) *s.th.* down
herunterklappen *v/t* turn *s.th.* down
herunterkommen *v/i* **1.** come (*mühsam*: get) down **2.** *gesundheitlich*: get into bad shape, WIRTSCH get run down, *stärker*: be ruined, *moralisch*: go downhill, sink low, (*verwahrlosen*) go to seed, (*verfallen*) decay; → ***heruntergekommen*** **3.** ***herunterkommen von*** *ugs* get over, (*Drogen etc*) *sl* kick
heruntermachen *v/t ugs* **1.** knock, pull *s.o., s.th.* to pieces **2.** → ***herunterputzen***
herunterputzen *v/t ugs* ***j-n herunterputzen*** blow s.o. up
herunterschalten *v/i* MOT (***in den ersten Gang***) ***herunterschalten*** change (*oder* shift) down (into first [gear])
herunterschrauben *v/t fig* lower
herunterspielen *v/t ugs fig* ***etw herunterspielen*** play s.th. down
herunterstürzen *v/i* fall down (**von** from)
herunterwirtschaften *v/t ugs* ***etw herunterwirtschaften*** run s.th. down
hervor *Adv* out of, (out) from, forth: ***hinter einem Baum hervor*** from behind a tree
hervorbringen *v/t* produce
hervorgehen *v/i* **1.** (***als Sieger*** *etc*) ***hervorgehen*** come off (a winner *etc*) **2.** follow (**aus** from): ***daraus geht hervor, dass …*** from this follows that …; ***aus dem Brief geht nicht hervor, ob …*** the letter doesn't say whether … **3.** (**aus** from) (*entstehen*) develop, spring, (*stammen*) come: ***aus der Ehe gingen drei Kinder hervor*** there were three children of this marriage
hervorheben *v/t* **1.** MALEREI, BUCHDRUCK ***etw hervorheben*** set s.th. off **2.** *fig* emphasize, stress, (*hinweisen auf*) point out
hervorholen *v/t* ***etw hervorholen*** (**aus**) get s.th. out (of), produce s.th. (from)
hervorragen *v/i* **1.** project, stick out **2.** *fig* stand out (**unter** *Dat* among)
hervorragend **I** *Adj* **1.** projecting **2.** *fig* outstanding, excellent, superior, *Persönlichkeit, Bedeutung etc*: prominent **II** *Adv* **3.** excellently, outstandingly (well)
hervorrufen *v/t* **1.** THEAT call for **2.** *fig* call forth, (*bewirken*) *auch* cause, give rise to, produce
hervorstechen *v/i* stand out (**aus** from)
hervorstechend *Adj* **1.** → ***hervorragend*** 2 **2.** (*auffallend*) striking
hervortreten *v/i* **1.** step forth, (**aus**) step out (of), emerge (from) **2.** (*sich abheben*) stand out, *fig Tatsache etc*: emerge, become evident: ***etw hervortreten lassen*** set s.th. off, *fig* bring s.th. out, show s.th. **3.** *Adern, Augen*: protrude **4.** → ***hervortun***
hervortun *v/refl* ***sich hervortun*** distinguish o.s. (**als** as, **durch** by)
herwagen *v/refl* ***sich herwagen*** dare to come
Herweg *m* (***auf dem Herweg*** on the) way here
Herz *n* heart (*auch fig*), *Kartenspiel*: hearts *Pl*: ***im Grunde seines Herzens*** at heart; ***leichten Herzens*** with a light heart; ***schweren Herzens*** with a heavy heart, very reluctantly; ***von Herzen gern*** with (the greatest) pleasure, gladly; ***von (ganzem) Herzen*** *danken etc*: with all my *etc* heart; ***von Herzen kommend*** heartfelt; ***auf Herz und Nieren prüfen*** put *s.th.* to the acid test, *ugs* vet *s.o., s.th.* (thoroughly); ***j-m das Herz brechen*** break s.o.'s heart; ***sich ein Herz fassen*** take heart, pluck up courage; ***j-m zu Herzen gehen*** move s.o. deeply; ***er ist mir ans Herz gewachsen*** I have grown fond of him; ***was haben Sie auf dem Herzen?*** what's on your mind?, *weit. S.* what can I do for you?; ***j-m etw ans Herz legen*** enjoin s.th. on s.o.; ***das liegt mir sehr am Herzen*** that's very important to me; ***seinem Herzen Luft machen*** give vent to one's feelings; ***j-n ins Herz schließen*** take s.o. to one's heart; ***sie sind ein Herz und eine Seele*** they are very close, *ugs* they are as thick as thieves; → ***ausschütten*** 1, ***bringen*** 7, ***Stoß*** 1, ***tief*** I
Herzanfall *m* heart attack
Herzass *n Kartenspiel*: ace of hearts
Herzasthma *n* cardiac asthma
Herzbeschwerden *Pl* heart trouble *Sg*
Herzbeutel *m* ANAT pericardium
Herzchen *n Anrede*: darling
Herzchirurg, **Herzchirurgin** heart surgeon
Herzdame *f* (*Karte*) queen of hearts
herzeigen *v/t* show: ***zeig (mal) her!*** let me see!
herzen *v/t* hug, (*kosen*) cuddle
Herzensangelegenheit *f* affair of the heart: ***das ist mir eine Herzensangelegenheit*** it is a matter dear to my heart
Herzensbrecher *m ugs* ladykiller
Herzenslust *f* ***nach Herzenslust*** to one's heart's content
Herzenswunsch *m* dearest wish
herzerfrischend *Adj* (very) refreshing
herzergreifend *Adj* (deeply) moving
Herzerweiterung *f* MED dilatation of the heart
Herzfehler *m* MED cardiac defect
Herzflimmern *n* MED heart flutter
herzförmig *Adj* heart-shaped
herzhaft *Adj* **1.** (*kräftig*) hearty **2.** → ***beherzt***
Herzhaftigkeit *f* heartiness
herziehen **I** *v/t* **1.** draw *s.th.* near(er) **2.** ***hinter sich herziehen*** drag *s.o., s.th.* along (behind one) **II** *v/i* **3.** move here **4.** *ugs fig* ***über j-n (etw) herziehen*** run s.o. (s.th.) down
herzig *Adj* sweet, lovely
Herzinfarkt *m* MED cardiac infarction, *ugs meist* heart attack, coronary
Herzkammer *f* ANAT ventricle
Herzkatheter *m* MED cardiac catheter
Herzkirsche *f* BOT heart cherry
Herzklappe *f* MED cardiac valve
Herzklappenfehler *m* MED valvular (heart) defect
Herzklopfen *n* beating (MED palpitation) of the heart: ***er hatte Herzklopfen*** his heart was throbbing (**vor** *Dat* with)
herzkrank *Adj* suffering from a heart condition, cardiac
Herzkranke *m, f* MED cardiac
Herzkranzgefäß *n* ANAT coronary vessel
Herzleiden *n* heart disease (*oder* condition)
herzlich *Adj* cordial, hearty (*auch Lachen*), *Empfang, Lächeln, Person etc*: *auch* warm, friendly, *Anteilnahme, Bitte etc*: sincere, heartfelt: ***herzliche Grüße, mit herzlichen Grüßen*** kind regards (**an** *Akk* to), *intimer*: (with) love;

H

→ ***Beileid***, ***Dank***
Herzlichkeit *f* heartiness, cordiality, warmth, sincerity
herzlos *Adj* heartless
Herzlosigkeit *f* heartlessness
Herz-Lungen-Maschine *f* MED heart-lung machine
Herzmassage *f* MED heart massage
Herzog *m* duke
Herzogin *f* duchess
herzoglich *Adj* ducal
Herzogtum *n* dukedom, duchy
Herzoperation *f* heart operation
Herzrhythmusstörung *f* arrythmia
Herzschlag *m* **1.** heartbeat **2.** MED heart attack (*oder* failure)
Herzschrittmacher *m* MED (cardiac) pacemaker
Herzschwäche *f* cardiac insufficiency
H
Herzspezialist, **Herzspezialistin** heart specialist
herzstärkend *Adj* (*auch* ***herzstärkendes Mittel***) cardiotonic
Herzstillstand *m* MED cardiac arrest
Herzstück *n* *fig* core
Herztod *m* death by heart failure
herzu, **herzu…** → ***heran***(…), ***herbei***(…), ***hinzu***(…)
Herzverpflanzung *f* MED heart transplant
Herzversagen *n* MED heart failure
herzzerbrechend *Adj* heartbreaking
herzzerreißend *Adj* heartrending
Hesse *m*, **Hessin** *f*, **hessisch** *Adj* Hessian
Hessen *n* Hesse
Hete *f sl* hetero: ***er ist eine Hete*** he's straight
heterogen *Adj* heterogeneous
heterosexuell *Adj*, **Heterosexuelle** *m, f* heterosexual
Hetze *f* **1.** (***gegen***) agitation (against), (virulent) campaign (against), (*Rassenhetze*) baiting (of) **2.** *ugs* (*Eile*) (mad) rush, rat race **3.** → ***Hetzjagd*** 1, 2
hetzen **I** *v/t* **1.** *auch fig* hunt, hound **2.** ***einen Hund*** *etc* ***hetzen auf*** (*Akk*) set a dog *etc* on **3.** *fig* rush: ***sich hetzen*** rush o.s., drive o.s. (hard) **II** *v/i* **4.** (***gegen*** against) agitate, (*schmähen*) vituperate **5.** *ugs* (*hasten, sich beeilen*) rush, hurry
hetzerisch *Adj Reden etc*: inflammatory
Hetzjagd *f* **1.** hunt(ing) (with hounds) **2.** *fig* (*Verfolgung*) chase **3.** → ***Hetze*** 2
Hetzrede *f* inflammatory speech
Heu *n* hay: *ugs* ***er hat Geld wie Heu*** he's rolling in money
Heuboden *m* hayloft
Heuchelei *f* hypocrisy, (*Verstellung*) dissimulation, (*Gerede*) cant
heucheln **I** *v/t* simulate, feign **II** *v/i* play the hypocrite, dissemble
Heuchler, **Heuchlerin** hypocrite
heuchlerisch *Adj* hypocritical
heuen *v/i* make hay
heuer *Adv österr., schweiz.* this year
Heuer *f* SCHIFF pay
heuern *v/t* SCHIFF hire
Heuernte *f* hay harvest
Heugabel *f* hayfork, pitchfork
heulen *v/i* **1.** ZOOL howl **2.** *ugs* bawl, *auch fig Sirene*: wail: *fig* ***es ist zum Heulen*** it's a (great) shame
Heuler *m ugs* (*Fehler*) howler
Heulsuse *f ugs pej* crybaby
heurig *Adj österr.* this year's
Heurige *m österr.* new wine
Heuschnupfen *m* hay fever
Heuschober *m* haystack
Heuschrecke *f* ZOOL grasshopper, locust
heute **I** *Adv* today, this day: ***heute Abend*** this evening, tonight; ***heute in acht Tagen*** a week from now, *Br auch* today week; ***heute vor acht Tagen*** a week ago (today); ***von heute*** → ***heutig***; ***von heute an*** from today; *fig* ***von heute auf morgen*** overnight **II** ***das Heute*** the present, today
heutig *Adj* today's, of today, (*gegenwärtig*) *auch* present(-day), modern: ***bis auf den heutigen Tag*** to this day
heutzutage *Adv* nowadays, today
Hexe *f* witch (*auch fig*), sorceress, *fig* (*böses Weib*) hellcat: (***alte***) ***Hexe*** (old) hag
hexen *v/i* practise witchcraft: *ugs* ***ich kann doch nicht hexen!*** I can't work miracles!
Hexenjagd *f fig* witch-hunt
Hexenkessel *m fig* inferno
Hexenmeister *m* sorcerer
Hexenschuss *m* MED *ugs* lumbago
Hexerei *f* witchcraft, magic (*auch fig*): ***das ist keine Hexerei!*** there's nothing to it!
Hickhack *m ugs* squabbling
Hieb *m* **1.** stroke, blow, (*Fausthieb*) *auch* punch: *ugs* ***Hiebe bekommen*** get a thrashing; ***auf einen Hieb*** at one go **2.** *fig* (*Seitenhieb*) dig (***auf*** *Akk* at)
hieb- und stichfest *Adj fig* watertight, cast-iron
hier *Adv allg* here (*auch fig in diesem Fall*), (*anwesend*) *auch* present; ***hier sein*** be here, be present; ***hier drinnen*** (***draußen, oben***) in (out, up) here; ***hier und da*** here and there, *zeitlich*: now and then; ***hier und heute*** here and now; ***von hier an*** (*oder* ***ab***) from here (on); ***hier entlang!*** this way!; ***hier, bitte!*** here you are!
hieran *Adv* **1.** ***hieran kann man sehen, dass …*** you can see from this that …; ***hieran ist kein wahres Wort*** there is not a word of truth in this **2.** ***hieran schließt sich … an*** this is followed by …
Hierarchie *f* hierarchy
hieraus *Adv* from this, out of this
hierbei *Adv* here, (*bei dieser Gelegenheit*) on this occasion, (*in diesem Zs.-hang*) in this connection
hierbleiben *v/i* stay here
hierdurch *Adv* by this, hereby
hierfür *Adv* for this, for it
hierher *Adv* here, this way, over here: ***bis hierher*** up to here, *auch zeitlich*: so far; ***bis hierher und nicht weiter*** this far and no further; (***komm***) ***hierher!*** come here!; ***hierher gehören*** belong here: *fig* ***das gehört nicht hierher*** *auch* that's irrelevant
hierhin *Adv* here
hierhinauf *Adv* up here
hierhinein *Adv* in here
hierin *Adv auch fig* in this, here
hiermit *Adv* with this, *förmlich*: herewith, (*beiliegend*) *auch* enclosed
hiernach *Adv* **1.** *zeitlich*: after this (*oder* it) **2.** (*demzufolge*) according to this
Hieroglyphe *f* hieroglyph
Hiersein *n* ***während seines Hierseins*** during his stay (here)
hierüber *Adv fig* about this (subject)
hierum *Adv* **1.** (a)round this **2.** = ***hierherum*** 2 **3.** *fig* about this (*oder* it): ***hierum geht es nicht*** that's not the point
hierunter *Adv* **1.** under this, among these **2.** *fig*

verstehen etc: by this, by that: **hierunter fällt …** this includes …
hiervon *Adv* of (*oder* from) this
hierzu *Adv* **1.** (*dafür*) for this **2.** (**im Gegensatz hierzu** in contrast) to this
hierzulande *Adv* in this country, here
hiesig *Adj* local, *nachgestellt*: here, of this place (*oder* country)
hieven *v/t auch fig* heave
Hi-Fi-Anlage *f* hi-fi set
high *Adj ugs* high
Highlife, **High Life** *n ugs* high life: **Highlife machen** live it up
Hightech *n* high tech
Hightechindustrie *f* high-tech industry
Hilfe *f* **1.** help, aid, assistance, *für Notleidende*: relief: **ärztliche Hilfe** medical assistance; **Erste Hilfe** first aid; **Hilfe flehend** imploring; **j-m Hilfe leisten** help s.o., aid s.o.; **j-m zu Hilfe kommen** (**eilen**) come (rush) to s.o.'s aid: *etw* **zu Hilfe nehmen** make use of, use; **um Hilfe rufen** call for help; **Hilfe suchend** seeking (for) help; **mit Hilfe von** → **mithilfe**; **ohne Hilfe** without help, unaided; (**zu**) **Hilfe!** help! **2.** (*Hilfskraft*) help
Hilfeleistung *f* aid, assistance, help
Hilferuf *m auch fig* cry for help
Hilfestellung *f auch fig* support
hilfesuchend → **Hilfe** 1
hilflos *Adj* helpless
Hilflosigkeit *f* helplessness
hilfreich *Adj auch fig* helpful
Hilfsaktion *f* relief (*zur Rettung*: rescue) action
Hilfsarbeiter, **Hilfsarbeiterin** unskilled worker, labo(u)rer
hilfsbedürftig *Adj* in need (of help), (*notleidend*) needy
hilfsbereit *Adj* ready to help, helpful
Hilfsbereitschaft *f* readiness to help
Hilfsdienst *m* emergency service
Hilfsfonds *m* relief fund
Hilfskraft *f* **1.** assistant, help **2.** temporary worker
Hilfsmittel *n* aid
Hilfsmotor *m* auxiliary engine (ELEK motor)
Hilfsorganisation *f* relief organization
Hilfsquelle *f* source of help, *Pl* resources *Pl*
Hilfsverb *n* auxiliary verb
Hilfswerk *n* relief organization
Hilfswissenschaft *f* complementary science (*oder* subject)
Himbeere *f* BOT raspberry
Himbeergeist *m* white raspberry brandy
Himbeersaft *m* raspberry juice
Himbeerstrauch *m* BOT raspberry bush
Himmel *m* sky, REL *und fig* heaven: **der Himmel auf Erden** heaven on earth; **am Himmel** in the sky; *fig* (**wie**) **aus heiterem Himmel** out of the blue; **unter freiem Himmel** in the open air; **zum Himmel** (**empor**) skyward(s), heavenward(s); **im Himmel sein** be in heaven; **in den Himmel heben** praise *s.o.*, *s.th.* to the skies; *ugs* **weiß der Himmel** (**, wo**)**!** God knows (where)!; **das schreit zum Himmel** it's a crying shame; *ugs* **das stinkt zum Himmel** that stinks to high heaven; **um Himmels willen! a)** *auch* (**ach**,) **du lieber Himmel!** good heavens!, **b)** *auch* **Himmel** (**noch mal**)**!** for Heaven's sake!

Himmel: sky oder heaven? (SG)

Himmel mit Sonne, Mond und Sternen	**sky**
Himmel als religiöser Begriff	**heaven**
Es sind schwarze Wolken am Himmel.	**There are black clouds in the sky.**
Ich war so glücklich, ich fühlte mich wie im Himmel.	**I was so happy I thought I was in heaven.**

himmelangst *Adj* **mir war** (*oder* **wurde**) **himmelangst** I was scared to death
Himmelbett *n* four-poster
himmelblau *Adj* sky-blue
Himmelfahrt *f* **Christi Himmelfahrt a)** the Ascension of Christ, **b)** (**an Himmelfahrt** on) Ascension Day; **Mariä Himmelfahrt a)** the Assumption of the Virgin Mary, **b)** Assumption Day
Himmelfahrtskommando *n ugs* MIL suicide mission
Himmelfahrtsnase *f ugs* tip-tilted nose
Himmelfahrtstag *m* (**am Himmelfahrtstag** on) Ascension Day
Himmelreich *n* kingdom of heaven
Himmelschlüssel *m* BOT primrose
himmelschreiend *Adj* outrageous, terrible: **himmelschreiende Schande** crying shame
Himmelskarte *f* star map
Himmelskörper *m* celestial body
Himmelsrichtung *f* direction, *Kompass*: cardinal point
himmelweit I *Adj fig* vast: **es ist ein himmelweiter Unterschied zwischen** (*Dat*) **…** there is a world of difference between … **I** *Adv* **himmelweit verschieden sein** differ enormously
himmlisch *Adj* heavenly, divine, *fig auch* marvel(l)ous
hin I *Adv* **1.** (*dorthin*) there: **nichts wie hin!** let's go!; **hin zu** to, *Richtung*: towards; (**bis**) **hin zu a)** as far as, **b)** *fig* (even) including, **c)** *zeitlich*: till; **über eine Sache hin** over s.th.; **hin und her** to and fro, back and forth; **hin und zurück** there and back, *Fahrkarte*: return (*bes Am* round-trip) (*ticket*); **hin und her gerissen sein a)** **zwischen** be torn between, **b)** *ugs* **von** be gone over; **etw hin und her überlegen** think s.th. over carefully **2. auf eine Sache hin** (*als Folge*) as a result of, (*aufgrund von*) on the basis of, (*wegen*) because of, (*in Beantwortung*) in reply to, on; **auf seine Bitte hin** at his request; **auf ihren Rat hin** at her advice **3. hin und wieder** now and then **4.** *ugs* **hin oder her a)** more or less, give or take (*ten dollars, years, etc*), **b)** *auch* **… hin, … her** I don't care; **Anstand hin, Anstand her** fairness or no **II** *Adj präd* **5.** *ugs* **hin sein a)** (*kaputt*) be wrecked, *auch fig* be ruined, (*verloren*) be gone, (*erschöpft*) be dead(-beat), (*tot*) be gone, be done for: **es** (**er**) **ist hin** *allg auch* it (he) has had it; **hin ist hin!** gone is gone!, **b)** (**ganz**) **hin** (**von**) → **hingerissen I**
Hin *n* → **Hin und Her**
hinab, **hinab…** → **herab**(**…**), **herunter**(**…**), **hinunter**(**…**)
hinarbeiten *v/i* **hinarbeiten auf** (*Akk*) work towards, aim at
hinauf *Adv* up: **da hinauf** up there; **bis hinauf zu** up to; **den Berg hinauf** up the hill, uphill; **die Straße hinauf** up the street; (**die Treppe**) **hinauf** upstairs

hinauf… *climb, drive, look, etc* up, *auch* **empor…, hoch…**
hinaufgehen **I** *v/i* go up (*auch fig Preise etc*): **mit dem Preis hinaufgehen** raise the price **II** *v/t* go up: **die Treppe hinaufgehen** *auch* go upstairs
hinaufsteigen *v/i* go (*klettern*: climb) up: **auf etw hinaufsteigen** *auch* mount s.th.
hinaus *Adv* **1.** out, outside: **hinaus aus** out of; **da hinaus!** this way (out)!; **zum Fenster hinaus** out of the window; **nach vorn** (**hinten**) **hinaus wohnen** live at the front (back); **hinaus sein über** (*Akk*) be beyond, be past; **über das Alter** (*oder* **darüber**) **ist er hinaus** he is past that age; **hinaus** (**mit dir** *oder* **euch**)**!** out (with you)!, get out!; **hinaus damit!** out with it!; *auch* → **hinauslaufen, hinauswollen** *etc* **2. über** *etw* **hinaus** *auch fig* beyond, (*höher als, mehr*) above, over: **auf Jahre hinaus** for years (to come); → **darüber** 3
hinausbegleiten *v/t* **j-n hinausbegleiten** see s.o. out (**aus** of)
hinausekeln *v/t ugs* **j-n hinausekeln** freeze s.o. out (**aus** of)
hinausfliegen *v/i* **1.** (*auch v/t*) fly out **2.** *ugs fig* get kicked out, *aus einer Stellung*: *auch* get the sack
hinausgehen *v/i* **1.** go out (**aus** of) **2.** *fig* **hinausgehen auf** (*Akk*) *Fenster etc*: open on(to) **3.** *fig* **hinausgehen über** (*Akk*) go beyond, *Sache*: *auch* exceed
hinauslaufen *v/i* **1.** run out (**aus** of) **2.** *fig* **hinauslaufen auf** (*Akk*) come to, amount to, lead to; **es läuft auf dasselbe hinaus** it comes (*oder* amounts) to the same thing
hinauslehnen *v/refl* **sich hinauslehnen** lean out (**aus** of)
hinausschieben *v/t fig* put *s.th.* off, postpone
hinauswachsen *v/i fig* **über j-n** (**sich**) **hinauswachsen** surpass s.o. (o.s.)
hinauswagen *v/refl* **sich hinauswagen** venture (to go) out (**aus** of)
hinauswerfen *v/t* **1.** throw *s.th.* out (**aus** of): → **Fenster 2.** *ugs* (*j-n*) throw (*oder* kick) *s.o.* out (**aus** of), *aus einer Firma etc*: *auch* sack, fire
hinauswollen *v/i* **1.** want to go (*oder* get) out (**aus** of) **2.** *fig* **worauf will er hinaus?** what is he driving at?; **worauf will das hinaus?** what's the idea (of that)?; **hoch hinauswollen** be aiming high
hinausziehen **I** *v/t* **1.** pull *s.o., s.th.* out (**aus** of) **2.** *fig* **etw hinausziehen** drag s.th. out **II** *v/i* **3.** go out, march out **III** *v/refl* **sich hinausziehen** **4.** drag on, *Arbeit, Prozess etc*: take longer than expected
hinauszögern *v/t* delay: **sich hinauszögern** be delayed
hinbiegen *v/t ugs fig* **etw hinbiegen** wangle s.th.
Hinblick *m* **im Hinblick auf** (*Akk*) with regard to, in view of
hinbringen *v/t* **1.** take *s.o., s.th.* there **2.** (*Zeit etc*) pass, spend **3.** → **hinkriegen**
hindenken *v/i* **wo denkst du hin!** of course not!
hinderlich *Adj* cumbersome, troublesome: **hinderlich sein** (*Dat*) hamper, impede, be a handicap to, **j-m** *auch* be in s.o.'s way
hindern *v/t* hamper, impede, (*stören*) interfere (**bei** with): **j-n am Arbeiten hindern** prevent (*oder* keep) s.o. from working
Hindernis *n allg* (**für** to) obstacle, *fig auch* impediment, (*Nachteil*) handicap: *fig* **auf Hindernisse stoßen** run into obstacles; **j-m Hindernisse in den Weg legen** put obstacles in s.o's way; **eine Reise mit Hindernissen** a journey full of mishaps
Hindernislauf *m* obstacle race
hindeuten *v/i* **hindeuten auf** (*Akk*) point at, *fig* point to, indicate
Hindu *m* Hindu
Hinduismus *m* Hinduism
hindurch *Adv* **1.** *räumlich*: through: **mitten** (*oder* **ganz**) **hindurch** right through **2.** *zeitlich*: through(out): **die ganze Nacht** (**den ganzen Tag**) **hindurch** all night (day) (long); **das ganze Jahr hindurch** throughout the year
hindurch… = **durch…**
hinein *Adv* in, inside, *auch zeitlich*: into (*May etc*): **da hinein** in there; **bis tief in die Nacht hinein** far into the night; *ugs* **hinein!** let's go!
hineinbekommen *v/t* get *s.o., s.th.* in(to **in** *Akk*)
hineindenken *v/refl* **sich hineindenken in** (*Akk*) go into, **j-n** put o.s. into s.o.'s position
hineingehen *v/i* **1.** (**in** *Akk*) go in(to), enter (*the house etc*) **2.** *fig* hold: **in die Kanne gehen zwei Liter hinein** the can holds two litres; **in den Saal gehen 500 Personen hinein** the hall seats 500 persons **3.** *ugs* → **hineinpassen** 2
hineingeraten *v/i* **hineingeraten in** (*Akk*) get into
hineinknien *v/refl* **sich hineinknien in** (*Akk*) *ugs fig* buckle down to
hineinkommen *v/i* (**in** *Akk*) come in(to), (*gelangen*) get in(to)
hineinkriegen *ugs* → **hineinbekommen**
hineinleben *v/i* **in den Tag hineinleben** take it easy
hineinlegen *v/t* **1.** put *s.th.* in(to **in** *Akk*) **2.** → **hereinlegen**
hineinpassen *v/i* **1.** fit in(to **in** *Akk*) **2.** go in(to **in** *Akk*)
hineinreden *v/i* **j-m hineinreden** interrupt s.o.; *fig* **j-m** (**in seine Angelegenheiten**) **hineinreden** interfere with s.o.'s affairs
hineinstecken *v/t ugs auch fig* put *s.th.* in(to **in** *Akk*): → **Nase**
hineinsteigern *v/refl* **sich hineinsteigern in** (*Akk*) get worked up about, **seine Wut** work o.s. up into a rage
hineinversetzen → **versetzen** II
hineinziehen **I** *v/t* pull (*oder* draw) *s.o., s.th.* in (-to **in** *Akk*): *fig* **j-n in eine Sache hineinziehen** involve s.o. in s.th. **II** *v/i* march (*oder* move) in(to **in** *Akk*)
hinfahren **I** *v/t* take (*oder* drive) *s.o., s.th.* there **II** *v/i* go (MOT *auch* drive) there
Hinfahrt *f* journey there: **auf der Hinfahrt** on the way there
hinfallen *v/i* fall (down)
hinfällig *Adj* **1.** (*gebrechlich*) frail **2.** *fig* (*ungültig, überholt*) invalid, no longer valid: **etw hinfällig machen** invalidate s.th.
hinfinden *v/i* (*auch* **sich hinfinden**) find one's way there
Hinflug *m* outward flight, (**auf dem Hinflug** on the) flight there
hinführen **I** *v/t* **j-n hinführen** lead (*oder* take) s.o. there (*oder* **zu** to) **II** *v/i* lead (*oder* go) there: *fig* **wo soll das** (**noch**) **hinführen?** where is this leading to?
Hingabe *f* **1.** (**an** *Akk* to) devotion, dedication: **mit Hingabe** *auch* lovingly **2.** (*Aufopferung*) sacrifice

hingeben I *v/t* give away, (*opfern*) sacrifice, give up II *v/refl* ***sich hingeben*** **a)** *einer Aufgabe etc*: devote (*oder* dedicate) o.s. to, *der Verzweiflung etc.* abandon o.s. to, **b)** ***j-m*** give o.s. to s.o.; ***sich Hoffnungen*** (***Illusionen***) ***hingeben*** have hopes (illusions)
hingebungsvoll *Adj und Adv* devoted(ly), *Adv auch* with dedication
hingegen *Konj* however, on the other hand
hingehen *v/i* **1.** go (there): ***wo gehst du hin?*** where are you going? **2.** *Zeit etc*: pass, go by **3.** *fig* (*tragbar sein*) pass, do: ***etw hingehen lassen*** let s.th. pass
hingehören *v/i* belong: ***wo gehört das hin?*** where does this belong (*oder* go)?
hingeraten *v/i* get (***irgendwo*** somewhere): ***wo ist es*** (***er***) ***hingeraten?*** what has become of it (him)?
hingerissen I *Adj* (***von***) enraptured (by), ecstatic (*präd* in raptures, *ugs* gone) (over) II *Adv* in raptures, ecstatically
hinhalten *v/t* **1.** ***j-m etw hinhalten*** hold s.th. out to s.o.; → ***Kopf*** 1 **2.** *fig* ***j-n hinhalten*** put s.o. off, keep s.o. on a string
Hinhaltetaktik *f* delaying tactics *Pl* (*oft Sg konstr*)
hinhauen *ugs* I *v/t* **1.** slam *s.th.* down **2.** *fig* (*Arbeit, Zeichnung etc*) knock off II *v/i* **3.** *fig* (*klappen*) work, (*gut sein*) be okay, (*stimmen*) be right, (*ausreichen*) do III *v/refl* ***sich hinhauen*** **4.** hit the ground, (*schlafen gehen*) hit the sack
hinhören *v/i* listen
hinken *v/i* (walk with a) limp: ***der Vergleich hinkt*** that's a lame comparison
hinknien *v/i* (*auch* ***sich hinknien***) kneel down
hinkommen *v/i* **1.** come (*oder* get) there: *fig* ***wo kämen wir denn hin, wenn …*** where would we be if … **2.** *ugs* go, belong: ***wo kommt das hin?*** where does that go? **3.** *ugs mit seinem Geld etc*: manage **4.** *ugs* (*stimmen*) be right: ***wieder hinkommen*** (*in Ordnung kommen*) come right
hinkriegen *v/t ugs* manage: ***etw hinkriegen*** (*fertig bekommen*) get s.th. done
hinlangen *v/i ugs* (***kräftig***) ***hinlangen*** **a)** (*zuhauen*) let go with a wallop, **b)** *fig* (really) go to town (***bei*** on)
hinlänglich *Adj* sufficient
hinlegen I *v/t* **1.** put (*oder* lay) down **2.** *ugs* (*Geld*) fork out **3.** *ugs* (*machen, zeigen*) do *s.th.* brilliantly: ***sie haben ein tolles Spiel hingelegt*** they played a fantastic game II *v/refl* ***sich hinlegen*** **4.** lie down
hinmachen *ugs* I *v/t* **1.** fix **2. a)** (*j-n*) kill, **b)** (*etw*) wreck, break II *v/i* **3.** *Dialekt* hurry up: ***mach(t) hin!*** get a move on!
hinnehmen *v/t* **1.** accept, *fig auch* take, put up with **2.** *ugs* ***mit hinnehmen*** take *s.o., s.th.* along
hinreichen I *v/t* **1.** → ***reichen*** 1 II *v/i* **2.** be sufficient, do **3.** ***hinreichen*** (***bis***) ***zu*** go as far as
hinreichend *Adj* sufficient
Hinreise *f* journey there (*oder* out), SCHIFF voyage out: ***auf der Hinreise*** on the way there
hinreißen *v/t fig* **1.** enrapture, thrill: → ***hingerissen*** **2.** ***sich hinreißen lassen*** (let o.s.) be carried away (***von*** by, ***zu*** into *doing*)
hinreißend *Adj* breathtaking, fantastic
hinrichten *v/t* execute
Hinrichtung *f* execution
hinschaffen *v/t* get there
hinschauen → ***hinsehen***
hinschicken *v/t* send
hinschludern *v/t ugs* ***etw hinschludern*** knock s.th. off sloppily
hinschmeißen *v/t ugs* **1.** (*werfen*) chuck down **2.** (*aufgeben*) chuck in
hinschreiben I *v/t* write (down): ***rasch hinschreiben*** jot down, (*Brief etc*) dash off II *v/i* write (to s.o.)
hinsehen *v/i* look: ***ohne hinzusehen*** without looking; ***bei näherem Hinsehen*** at a closer look
hin sein → ***hin*** II
hinsetzen I *v/t* **1.** set (*oder* put) *s.th.* down, (*j-n*) seat, (*Kind*) sit *s.o.* down **2.** (*hinschreiben*) put: ***wo soll ich meinen Namen hinsetzen?*** where shall I put my name? II *v/refl* ***sich hinsetzen*** **3.** sit down, take a seat
Hinsicht *f* ***in dieser*** (***in einer, in jeder***) ***Hinsicht*** in this (in one, in every) respect; ***in mancher*** (***vieler***) ***Hinsicht*** in some (many) respects (*oder* ways); ***in politischer Hinsicht*** politically
hinsichtlich *Präp* (*Gen*) with regard to, regarding, as to
Hinspiel *n* SPORT first leg
hinstellen I *v/t* **1.** put, place, (*abstellen*) put down **2.** *ugs* (*Haus etc*) put up **3.** *fig* ***j-n*** (***etw***) ***hinstellen als*** make s.o. (s.th.) out to be II *v/refl* ***sich hinstellen*** **4.** stand (***vor j-n*** in front of s.o.) **5.** *fig* ***sich hinstellen als*** claim (*fälschlich*: pretend) to be
hintansetzen, hintanstellen *v/t fig* put *s.th.* last, (*vernachlässigen*) neglect
hinten *Adv* at the back (*oder* rear), (*im Hintergrund*) in the background: ***hinten im Garten*** at the back of the garden; ***hinten am Auto*** at the rear of the car; ***hinten im Buch*** at the end of the book; ***nach hinten*** to the back, (*zurück*) back, (*rückwärts*) backwards; ***von hinten*** from the back, from behind; *ugs* ***den sehe ich am liebsten von hinten*** I'm glad to see the back of him; ***das reicht hinten und vorn nicht*** that's not nearly enough; ***das stimmt hinten und vorn nicht*** that's all wrong
hintenherum *Adv ugs* **1.** around to the back **2.** *fig* on the quiet
hintenüber *Adv* backwards
hinter I *Präp* (*Dat und Akk*) behind: ***hinter dem Haus*** behind (*oder* at the back of) the house; *fig* ***etw hinter sich bringen*** get s.th. over (with), (*Strecke*) cover; ***hinter etw kommen*** find out about s.th., (*verstehen*) get (the hang of) s.th.; ***j-n*** (***etw***) ***hinter sich lassen*** leave s.o. (s.th.) behind; ***etw hinter sich haben*** have s.th. behind one; ***er hat schon viel Schlimmes hinter sich*** he has been through a lot; *fig* ***hinter j-m stehen*** be behind s.o., *auch* ***sich hinter j-n stellen*** back s.o. (up); ***hinter j-m*** (***etw***) ***her sein*** be after s.o. (s.th.) II *Adj* → ***hintere***
Hinterachsantrieb *m* MOT rear-axle drive
Hinterachse *f* MOT rear axle
Hinterausgang *m* rear exit
Hinterbacke *f ugs* buttock
Hinterbänkler, **Hinterbänklerin** PARL backbencher
Hinterbein *n* hind leg: *fig* ***sich auf die Hinterbeine stellen*** put up a fight
Hinterbliebene *m, f* surviving dependant: ***die Hinterbliebenen*** the bereaved
hinterbringen *v/t* ***j-m etw hinterbringen*** inform s.o. of s.th.

H

Hinterdeck *n* SCHIFF afterdeck
hintere *Adj* back, rear: ***die hinteren Reihen*** the back rows, the rows at the back; ***die Hinteren konnten kaum etw sehen*** those at the back could hardly see anything
hintereinander *Adv* **1.** one behind the other, *in Reihenfolge*: one after the other (*auch zeitlich*): ***drei Tage*** (***dreimal***) ***hintereinander*** three days (times) running (*oder* in a row, at a stretch); ***zum dritten Mal hintereinander*** for the third successive time, for the third time in a row; **2.** → ***nacheinander***
hintereinandergehen *v/i* walk one behind the other
hintereinanderschalten *v/t* ELEK connect in series
Hintereingang *m* rear entrance
hinterfragen *v/t* scrutinize (closely)
Hinterfuß *m* hind foot
Hintergebäude *n* back building
Hintergedanke *m* ulterior motive, arrière-pensée
hintergehen *v/t* deceive, cheat
Hintergrund *m* (*fig* ***vor dem Hintergrund*** against the) background (*Gen* of); ***in den Hintergrund drängen*** thrust *s.o.*, *s.th.* into the background; ***sich im Hintergrund halten*** stay in the background
Hintergrund... background (*information*, *music*, *etc*)
hintergründig *Adj* enigmatic(al), cryptic, (*tief*) profound, *Humor etc*: subtle
Hintergrundinformation *f* piece of background information
Hinterhalt *m* **1.** (*auch* ***aus dem Hinterhalt angreifen***) ambush **2.** *fig* ***etw im Hinterhalt haben*** have s.th. in reserve
hinterhältig → ***hinterlistig***
Hinterhand *f* **1.** ZOOL hindquarters *Pl* **2.** *fig* (***noch***) ***etw in der Hinterhand haben*** have s.th. up one's sleeve
Hinterhaus *n* back building
hinterher *Adv* **1.** *räumlich*: behind, after **2.** *zeitlich*: afterwards, after the event **3.** ***hinterher sein, dass ...*** see to it that ...; → ***hinter*** I
hinterherlaufen *v/i* run behind: ***j-m hinterherlaufen*** run (*oder* walk) behind s.o., (*verfolgen*, *auch ugs fig*) run after s.o.
Hinterhof *m* backyard
Hinterkopf *m* back of one's head: *ugs* ***etw im Hinterkopf haben*** have s.th. at the back of one's mind
Hinterland *n* hinterland
hinterlassen **I** *v/t allg* leave (behind), *testamentarisch*: *auch* bequeath (***j-m etw*** s.th. to s.o.) **II** *Adj Werke etc*: posthumous
Hinterlassenschaft *f* JUR estate, *fig* legacy
Hinterlassung *f* ***unter Hinterlassung von*** (*oder Gen*) leaving *s.th.* behind
hinterlegen *v/t* deposit (***bei*** with)
Hinterlegung *f* deposit: ***gegen Hinterlegung von*** (*oder Gen*) on depositing *s.th.*
Hinterlist *f* **1.** insidiousness, underhandedness **2.** underhand(ed) trick
hinterlistig *Adj* insidious, underhanded, (*verschlagen*) crafty
Hintermann *m* **1.** ***mein etc Hintermann*** the man (MOT car) behind me *etc* **2.** *fig meist Pl* man behind it
Hintermannschaft *f* defen/ce (*Am* -se)
Hintern *m ugs* bottom, backside, behind: *fig* ***sich auf den Hintern setzen*** buckle down to work
Hinterrad *n* rear wheel
Hinterradantrieb *m* MOT rear-wheel drive
hinterrücks *Adv* **1.** from behind **2.** *fig* behind *s.o.'s* back
Hinterseite *f* back
Hintersitz *m* back seat
hinterste *Adj* back (most), (*letzte*) last, hindmost: ***am hintersten Ende*** at the very end
Hinterteil *n* **1.** back (part), rear **2.** → ***Hintern***
Hintertreffen *n* ***ins Hintertreffen geraten*** fall behind, *weit. S.* be losing out
hintertreiben *v/t* prevent, (*Gesetz etc*) torpedo, (*vereiteln*) foil
Hintertreppe *f* back stairs *Pl*
Hintertür *f* **1.** back door **2.** *a* **Hintertürchen** *n* (*Ausweg*) loophole
Hinterwäldler, **Hinterwäldlerin** backwoodsman, *Am auch* hick
hinterwäldlerisch *Adj* backwoods ..., *Am auch* hick ...
hinterziehen *v/t* ***Steuern hinterziehen*** evade taxes
Hinterzimmer *n* back room
hintun *v/t ugs* put: *fig* ***ich weiß nicht, wo ich ihn hintun soll*** I can't place him
hinüber *Adv* over, *quer*: across: ***da hinüber!*** over there!; *ugs* ***hinüber sein*** **a)** (*tot*) be gone, **b)** (*betrunken*) be dead to the world, **c)** (*kaputt*) be ruined, have had it, **d)** (*verdorben*) have gone bad
hinüberfahren **I** *v/t* take (MOT *auch* drive) *s.o.*, *s.th.* over (*oder* across) (***über*** *Akk a bridge etc*) **II** *v/i* go (*oder* travel, MOT drive) across (*oder* over) (***nach, zu*** to)
Hinübersetzung *f* translation into the foreign language
Hin und Her: ***das Hin und Her*** the coming and going, *auch fig* the to-and-fro; ***nach langem Hin und Her*** after endless discussions
hin- und herlaufen *v/i* run to and fro
Hin- und Rückfahrkarte *f* return (*Am* round-trip) ticket
Hin- und Rückfahrt *f* return journey, *Am* round trip
Hin- und Rückflug *m* return (*Am* round-trip) flight
hinunter *Adv* down: ***den Hügel hinunter*** down the hill, downhill; ***die Treppe hinunter*** down the stairs, downstairs; ***die Straße hinunter*** down the street; ***da hinunter!*** down there!
hinunter... *fall*, *look*, *walk*, *etc* down, *auch* → ***herunter...***
hinuntergehen **I** *v/i* → ***heruntergehen*** **II** *v/t* go (*oder* walk) down (*the street*, *etc*)
hinunterschlucken *v/t auch fig* swallow
hinunterspülen *v/t auch fig* wash down
hinunterstürzen **I** *v/t* **1.** throw *s.o.*, *s.th.* down: ***sich hinunterstürzen*** throw o.s. down **2.** (*rennen*) rush down (*the stairs etc*) **3.** (*trinken*) gulp down **II** *v/i* **4.** crash down
hinwagen *v/refl* ***sich hinwagen*** venture there
hinweg *Adv* **1.** (*fort*) away, off **2.** ***über eine Sache hinweg*** over (*oder* across) s.th.; *fig* ***über j-n*** (*oder* ***j-s Kopf***) ***hinweg*** over s.o.'s head **3.** *fig* ***darüber ist er hinweg*** (*eine Enttäuschung etc*) he has got over that
hinweg... → ***fort..., weg...***
Hinweg *m* (***auf dem Hinweg*** on the) way there
hinweggehen *v/i fig* ***hinweggehen über*** (*Akk*) pass over, ignore; ***lachend*** (***achselzuckend***) ***über etw hinweggehen*** laugh (shrug) s.th. off

hinweghelfen *v/t* ***j-m über etw hinweghelfen*** *auch fig* help s.o. to get over s.th.
hinwegkommen *v/i* ***über etw hinwegkommen*** *auch fig* get over s.th.
hinwegsehen *v/i* ***über etw hinwegsehen*** **a)** see (*oder* look) over s.th., **b)** *fig* ignore s.th., overlook s.th.
hinwegsetzen **I** *v/i* ***über*** *einen Graben etc* ***hinwegsetzen*** jump over **II** *v/refl* ***sich hinwegsetzen über*** (*Akk*) → ***hinweggehen***
Hinweis *m* (***auf*** *Akk*) **1. a)** (*Rat*) tip, (*Wink*) hint (as to), **b)** *auch Pl* information (on, about), **c)** (*Anhaltspunkt*) indication (of), clue (as to), **d)** (*Anmerkung*) note (about), comment (on): ***sachdienliche Hinweise*** relevant information; ***Hinweise zur Benutzung*** directions for use **2.** (*Verweis*) reference (to) **3.** (*Anspielung*) allusion (to)
hinweisen **I** *v/t* ***j-n auf etw hinweisen*** point s.th. out to s.o. **II** *v/i* ***hinweisen auf*** (*Akk*) *auch fig* point to, *fig auch* indicate, (*verweisen*) refer to; ***darauf hinweisen, dass ...*** point out (*betonen*: emphasize) that ...
hinweisend *Adj* ***hinweisendes Fürwort*** demonstrative pronoun
Hinweisschild *n*, **Hinweistafel** *f* sign
hinwerfen *v/t* **1.** throw *s.th.* down, *ugs* (*fallen lassen*) drop (*auch fig Bemerkung etc*): ***sich hinwerfen*** throw o.s. down; ***j-m etw hinwerfen*** throw s.th. to s.o. **2.** *ugs fig* (*aufgeben*) chuck **3.** *ugs fig* (*Brief etc*) dash off
hinwirken *v/i* ***hinwirken auf*** (*Akk*) work towards
hinwollen *v/i ugs* want to go: ***wo willst du hin?*** where are you going?
hinziehen **I** *v/t* **1.** *auch fig* draw *s.o., s.th.* (***zu*** to, towards): *fig* ***sich hingezogen fühlen zu*** feel drawn towards **2.** *fig* (*verzögern*) drag *s.th.* out **II** *v/i* **3.** move (***über*** *Akk* across, ***zu*** towards), (*umziehen*) move there **III** *v/refl* ***sich hinziehen*** **4.** *zeitlich*: drag on (***über Wochen*** *etc* for weeks *etc*) **5.** *räumlich*: stretch (***bis zu*** to, as far as)
hinzielen *v/i fig* ***hinzielen auf*** (*Akk*) aim at, *Sache*: be aimed at
hinzu *Adv* in addition, besides
hinzufügen *v/t* (*Dat*) add (to), (*beilegen*) enclose (with)
Hinzufügung *f* addition: ***unter Hinzufügung von*** (*oder Gen*) (by) adding, *als Beilage*: enclosing
hinzukommen *v/i* **1.** come (along): ***hinzukommen zu*** (*sich anschließen*) join (*s.o., s.th.*) **2.** be added, (*nachfolgen*) follow: ***hinzu kommt, dass ...*** add to this ..., besides ...; ***es kommt noch hinzu, dass er ...*** what is more he ...
hinzusetzen **I** *v/t* (*Bemerkung etc*) add **II** *v/refl* ***sich*** (***zu j-m***) ***hinzusetzen*** join s.o., sit (down) with s.o.
hinzuzählen *v/t* add
hinzuziehen *v/t* ***j-n hinzuziehen*** call s.o. in, consult s.o.
Hiobsbotschaft *f* bad news *Sg*
Hipsters *Pl* (*Hüfthose*) hipsters *Pl*, *Am* hiphuggers *Pl*
Hirn *n* **1.** ANAT brain **2.** GASTR brains *Pl* **3.** *fig* (*Verstand*) brain(s *Pl*), (*Geist*) head, mind: ***sich das Hirn zermartern*** rack one's brains
Hirngespinst *n* (***ein reines Hirngespinst*** a mere) fantasy, (*verstiegene Idee*) pipe dream
Hirnhaut ANAT meninges *Pl*
Hirnhautentzündung *f* MED meningitis
hirnlos *Adj auch ugs fig* brainless
Hirnrinde *f* ANAT cerebral cortex
hirnrissig *Adj ugs* mad
Hirntod *m* brain death
Hirsch *m* stag, *als Gattung*: deer

> **deer** GR
>
> **Deer** wird im Englischen als Bezeichnung für die Tiere **Hirsch** und **Reh** und zur Benennung der Gattung **Rotwild** verwendet. Im Singular und im Plural hat **deer** die gleiche Form.

Hirschbraten *m* roast venison
Hirschfänger *m* hunting knife
Hirschkalb *n* fawn
Hirschkeule *f* GASTR haunch of venison
Hirschkuh *f* hind
Hirschleder *n*, **hirschledern** *Adj* buckskin
Hirse *f* BOT millet
Hirte *m* heardsman, (*Schafhirte*) shepherd (*auch* REL): ***der Gute Hirte*** (*Christus*) the (Good) Shepherd
Hirtenbrief *m* REL pastoral
Hirtenspiel *n* pastoral
Hirtenvolk *n* pastoral people
Hirtin *f* heardswoman, (*Schafhirtin*) shepherdess
his, His *n* MUS B sharp
hissen *v/t* hoist
Historiker, Historikerin historian
historisch *Adj* historical, (*geschichtlich bedeutsam*) historic (*figure, moment, etc*)

> **historisch** SG
>
> ⚠ Beachten Sie den Unterschied:
>
> **historical** *neutral*: geschichtlich, die Vergangenheit betreffend
>
> **historic** *emotional gefärbt*: historisch bedeutsam

Hit *m* MUS *und ugs fig* hit
Hitliste *f* MUS *the* top ten *etc* (of the week *etc*)
Hitparade *f* MUS hit parade
Hitze *f allg* heat, *fig auch* passion: ***in der Hitze des Gefechts*** in the heat of the moment
hitzebeständig *Adj* heat-resistant
hitzeempfindlich *Adj* sensitive to heat, heat-sensitive
Hitzefrei *n*, **hitzefrei** *n* ***Hitzefrei haben*** have time off from school because of very hot weather
Hitzegrad *m* degree of heat
Hitzewelle *f* heat wave
Hitzschlag *m* heat stroke
HIV-negativ *Adj* HIV negative
HIV-positiv *Adj* HIV positive
H-Milch *f* long-life milk, UHT milk
Hobby *n* hobby
Hobbyraum *m* workroom
hobeln *v/i und v/t* plane
hoch **I** *Adj* **1.** *allg* high (*auch fig Einkommen, Kosten, Preis etc*), *Baum, Gestalt etc*: *auch* tall, *Schnee, Wasser*: deep, *Tempo etc, auch Ehre, Wert etc*: *auch* great, *Strafe*: heavy, *Stimme, Ton*: high(-pitched): ***ein hohes Alter erreichen*** live to a ripe old age; ***eine hohe Niederlage***

SPORT a crushing defeat; MUS **das hohe C** top C; PARL **das Hohe Haus** the House; **der hohe Norden** the far North; *fig* **das ist mir zu hoch!** that's above me!; → **Maß**[1] 4, **Ross**, **Tier** *etc* **II** *Adv* **2.** high (*auch zahlenmäßig etc*), *fig* highly: **hoch bezahlt** highly paid; **hoch dotiert** highly paid, *Turnier etc*: carrying a high price; **hoch entwickelt** highly developed, TECH sophisticated; **hoch qualifiziert** highly qualified; **hoch oben** high up, *am Himmel*: on high; **hoch gewinnen** win high; **hoch schätzen** esteem highly; **hoch verlieren** SPORT get trounced; **hoch spielen** play (*auch fig* gamble) high; **sie kamen drei Mann hoch** there were three of them; **j-m etw hoch und heilig versprechen** promise s.o. s.th. solemnly; **wenn es hoch kommt** at (the) most; **Hände hoch!** hands up!; **hoch begabt** → **hochbegabt**; →, **hinauswollen** 2 **3.** → **a)** **hinauf**, **b)** **herauf** **4.** MATHE **fünf hoch zwei** five (raised) to the second power; **sechs hoch drei** six cubed

H

hoch: high oder tall? SG

hoch, wenn es um die Höhe von schmalen, schlanken Dingen geht	**tall**
hoch, wenn ein Gegenstand über dem Boden ist bzw. wenn auch die Länge oder Breite eine Rolle spielt	**high**

a tall tree / tower / skyscraper

a high fence / wall / hedge / mountain

⚠ Der Schnee liegt 50 cm hoch.	**The snow is 50 cm deep.**

Hoch *n* **1.** METEO *und fig* high **2.** (*Hochruf*) cheers *Pl*

Hochachtung *f* deep respect: **alle Hochachtung!** my compliment!; **mit vorzüglicher Hochachtung** → **hochachtungsvoll**

hochachtungsvoll *Adv Briefschluss*: Yours faithfully, Sincerely yours

Hochadel *m* high nobility

hochaktuell *Adj* highly topical

hochalpin *Adj* (high) alpine

Hochaltar *m* high altar

hochangesehen *Adj* highly esteemed

hochanständig *Adj* very decent

Hochantenne *f* overhead aerial (*bes Am* antenna)

hocharbeiten *v/refl* **sich hocharbeiten** work one's way up

hochauflösend *Adj* high-resolution, TV *auch* high-definition

Hochbahn *f* elevated railway (*Am* railroad)

Hochbau *m* structural engineering

hochbegabt *Adj* highly gifted (*oder* talented)

hochberühmt *Adj* very famous, celebrated

hochbetagt *Adj* very old, aged

Hochbetrieb *m* intense activity, (*Stoßzeit*) peak time, *im Verkehr*: rush hour, (*Hochsaison*) high season: **es herrschte Hochbetrieb** they (*oder* we) were extremely busy

hochbezahlt → **hoch** II 2

hochbringen *v/t* **1.** bring *s.o.*, *s.th.* up **2.** (*heben*) get *s.th.* up **3.** *fig* (*Firma etc*) make *s.th.* a going concern: **eine Firma wieder hochbringen** put a firm back on its feet

hochbrisant *Adj* **1.** high-explosive **2.** *fig* explosive

Hochburg *f fig* stronghold

hochdeutsch *Adj*, **Hochdeutsch** *n* standard (*oder* High) German

hochdotiert → **hoch** II 2

Hochdruck *m* **1.** METEO, PHYS high pressure: *fig* **mit Hochdruck arbeiten** work (at) full blast **2.** MED (*Bluthochdruck*) high blood pressure

Hochdruckgebiet *n* METEO high-pressure area

Hochebene *f* plateau

hochempfindlich *Adj* highly sensative, FOTO high-speed (*film*)

hochentwickelt → **hoch** II 2

hocherfreut *Adj* (most) delighted (**über** *Akk* at)

Hochfinanz *f* high finance

hochfliegen *v/i* **1.** fly up, soar **2.** *ugs fig* explode, blow up

hochfliegend *Adj fig Pläne etc*: ambitious, high-flown

Hochform *f* (**in Hochform** in) top form

Hochformat *n* upright format

Hochfrequenz *f* radio frequency, *in Zssgn* radio-frequency, high-frequency

Hochfrisur *f* upswept hairstyle

hochgebildet *Adj* highly educated

Hochgebirge *n* high mountain region, high mountains *Pl*

Hochgebirgs... alpine, mountain

Hochgefühl *n* elation

hochgehen **I** *v/i* **1.** *allg* go up, *Vorhang, Preise*: *auch* rise **2.** *ugs Bombe etc*: explode, blow up, *fig Person*: *auch* hit the ceiling: **etw hochgehen lassen** blow s.th. up **3.** *ugs Verbrecher etc*: be caught: **hochgehen lassen** expose, (*schnappen*) nab, (*Bande*) round up, *sl* bust **II** *v/t* → **hinaufgehen** II

Hochgenuss *m* (real) treat

hochgeschlossen *Adj* high-necked

Hochgeschwindigkeits... high-speed …

Hochgeschwindigkeitszug *m* high-speed train

hochgespannt *Adj Erwartungen etc*: high, *Pläne etc*: ambitious

hochgestellt *Adj fig* high-ranking

hochgestochen *Adj ugs* **1.** (*eingebildet*) stuck--up **2.** (*blasiert*) jumped-up, very highbrow

hochgewachsen *Adj* tall

Hochglanz *m* high polish (*oder* gloss)

Hochglanzpapier *n* high-gloss paper

hochgradig *Adj* **1.** extreme, TECH high-grade **2.** *ugs fig Unsinn etc*: utter

hochhackig *Adj* high-heeled

hochhalten *v/t* **1.** hold *s.o.*, *s.th.* up **2.** *fig* uphold, (*jemandes Andenken*) hono(u)r

Hochhaus *n* tower block, high rise

hochheben *v/t* lift (up), raise

hochinteressant *Adj* most interesting

hochjubeln *v/t ugs* glorify

hochkant *Adv* on end: **hochkant stellen** *auch* up-end

hochkarätig *Adj* **1.** high-carat **2.** *fig* 24-carat, top(-calibre)

hochklappen *v/t* fold *s.th.* up

hochkommen *v/i* **1.** come up: (**wieder**) **hochkommen** get up (again), *fig* get back on one's feet **2.** *fig im Leben*: get ahead, *ugs* make it **3.** **wenn es hochkommt** at the most, at best

Hochkonjunktur *f* WIRTSCH boom

hochkrempeln *v/t* roll up

hochkriegen *ugs* → **hochbringen**

Hochland *n* highland(s *Pl*)

hochleben *v/i* ***j-n hochleben lassen*** give three cheers for s.o., *bei Tisch*: toast s.o.; ***er lebe hoch!*** three cheers for him!
Hochleistung *f* high performance
Hochleistungs... TECH high-power(ed), high--speed …, heavy-duty …
Hochleistungssport *m* competitive sport(s *Pl*)
Hochleistungssportler, Hochleistungssportlerin competitive (*weit. S.* top) athlete
hochmodern *Adj* ultramodern
Hochmoor *n* moor
Hochmut *m* arrogance
hochmütig *Adj* arrogant
hochnäsig *Adj* stuck-up
hochnehmen *v/t* **1.** pick *s.o., s.th.* up **2.** *ugs fig* ***j-n hochnehmen*** **a)** (*hänseln*) pull s.o.'s leg, **b)** (*übervorteilen*) fleece s.o., take s.o. for a ride, **c)** (*verhaften*) nab s.o.
Hochofen *m* (blast) furnace
hochprozentig *Adj* **1.** CHEM highly concentrated **2.** *Schnaps etc*: high-proof
hochqualifiziert → ***hoch*** II 2
hochrechnen *v/t* project
Hochrechnung *f* projection, *auch* (computer) forecast
Hochrelief *n* high relief
Hochruf *m* cheer
Hochsaison *f* peak season
hochschätzen → ***hoch*** II 2
hochschaukeln *v/t ugs fig* (*auch* ***sich hochschaukeln***) escalate
hochschnellen *v/i* **1.** bounce up **2.** *fig Preise*: rocket
hochschrauben *v/t* (*Preise*) force up, (*Erwartungen*) raise; ***sich hochschrauben*** spiral up
Hochschulabschluss *m* (university) degree
Hochschulausbildung *f* university (*oder* college) training (*oder* education)
Hochschule *f* **a)** university, college, **b)** college, academy
Hochschüler, Hochschülerin university (*oder* college) student
Hochschullehrer, Hochschullehrerin university teacher
Hochschulreife *f* matriculation standard
hochschwanger *Adj* far advanced in pregnancy
Hochsee *f* high sea(s *Pl*)
Hochseefischerei *f* deep-sea fishing
Hochseejacht *f* ocean yacht
Hochsitz *m* JAGD (raised) hide
Hochsommer *m* (***im Hochsommer*** in) midsummer
Hochspannung *f* **1.** ELEK high tension (*oder* voltage) **2.** *fig* high tension, (*gespannte Erwartung*) great suspense
Hochspannungskabel *n* high-voltage cable
hochspielen *v/t fig* ***etw hochspielen*** play s.th. up
Hochsprache *f* standard language: ***die deutsche Hochsprache*** Standard German
hochsprachlich *Adj* standard: ***nicht hochsprachlich*** substandard
Hochspringer, Hochspringerin SPORT high jumper
Hochsprung *m* SPORT high jump
höchst *Adv* highly, most, extremely: → ***höchste***
Höchstalter *n* maximum age
Hochstapelei *f* **1.** *auch fig* imposture **2.** (*Übertreibung*) (gross) overstatement
hochstapeln *v/i* **1.** be an impostor **2.** (*übertreiben*) exaggerate
Hochstapler, Hochstaplerin impostor, *fig* fraud
Höchstbelastung *f* TECH maximum load
Höchstbetrag *m* maximum (amount)
höchste *Adj allg* highest, WIRTSCH, TECH *auch* maximum, top, (*größte*) *auch* tallest, (*oberste*) *auch* uppermost, (*äußerste*) *auch* extreme, utmost: ***am höchsten*** highest; ***aufs Höchste*** → ***höchst***; → ***Zeit*** 1
Hochstelltaste *f* shift key
höchstens *Adv* **1.** at (the) most, at best: VERW *ein Betrag etc* ***von höchstens*** not exceeding **2.** (*außer*) except
Höchstfall *m* ***im Höchstfall*** → ***höchstens*** 1
Höchstform *f* SPORT top form
Höchstgeschwindigkeit *f* maximum (*oder* top) speed: ***mit Höchstgeschwindigkeit*** at top speed; ***zulässige Höchstgeschwindigkeit*** speed limit
Höchstgrenze *f* upper limit
Höchstleistung *f allg* top performance, SPORT *auch* record, TECH *auch* maxium output, *in der Forschung etc*: supreme achievement
Höchstmaß *n* ***ein Höchstmaß an Sicherheit*** *etc* a maximum of safety *etc*
höchstpersönlich *Adj* personal(ly *Adv*), *Adv auch* in person
Höchstpreis *m* maximum price: ***zum Höchstpreis*** at the highest price
Höchststand *m* highest level
Höchststrafe *f* maximum penalty
höchstwahrscheinlich *Adv* in all probability
Höchstwert *m* maximum value
höchstzulässig *Adj* maximum (permissible)
Hochtouren *Pl* ***auf Hochtouren bringen*** **a)** (*Motor etc*) rev *s.th.* up to full speed, **b)** *fig* get *s.o., s.th.* really going; ***auf Hochtouren laufen*** run at full speed, *auch fig* go at full blast
hochtourig *Adj* MOT high-revving
hochtrabend *Adj* pompous
hochtreiben *v/t fig* force up
Hoch- und Tiefbau *m* structural and civil engineering
hochverdient *Adj Sieg, Erfolg etc*: well-deserved, *Person*: of great merit
hochverehrt *Adj* highly esteemed, *in der Anrede*: Dear *Mr. Brown etc*; ***hochverehrter Herr Präsident!*** Mr. President, Sir!
Hochverrat *m* high treason
hochverräterisch *Adj* treasonable
hochverzinslich *Adj* high-interest-bearing
Hochwald *m* timber forest
Hochwasser *n* **1.** *bei Flut*: high tide (*oder* water) **2.** (*Überschwemmung*) flood: ***der Fluss führt Hochwasser*** the river is in flood
Hochwassergefahr *f* danger of flooding
Hochwasserkatastrophe *f* flood disaster
Hochwasserstand *m* high-water level
hochwerfen *v/t* throw *s.o., s.th.* up
hochwertig *Adj* high-grade, high-quality, *präd* of high quality, *Lebensmittel*: highly nutritious
Hochwild *n* big game
Hochzeit *f* wedding, (*Trauung*) *auch* marriage: ***Hochzeit haben, Hochzeit feiern*** get married; ***zur Hochzeit schenken*** (***bekommen***) give (get) as a wedding present
Hochzeits... wedding (*present, dress, etc*)
Hochzeitsnacht *f* wedding night
Hochzeitsreise *f* honeymoon (trip): ***auf Hochzeitsreise*** honeymooning
Hochzeitstag *m* wedding day, (*Jahrestag*) wedding anniversary

Hochzeit: marriage oder wedding? SG

Hochzeitsfest	**wedding**
Trauung, vor allem in der Kirche	**marriage**
Lucy und Ian feierten eine schöne Hochzeit.	**Lucy and Ian had a lovely wedding.**
Hochzeitskleid	**wedding dress**
Hochzeitsring	**wedding ring**
Die Hochzeit fand im Dom statt.	**The marriage ceremony took place in the cathedral.**

H

hochziehen *v/t allg* draw up, (*Last, Hose etc, auch Flugzeug*) pull up, (*Fahne, Segel*) hoist: ***sich hochziehen an*** (*Dat*) **a)** pull o.s. up by, **b)** *ugs fig* get an ego-boost out of

Hocke *f* **1.** squat: ***in die Hocke gehen*** squat down **2. a)** *Turnen*: crouch, **b)** *Kunstspringen*: tuck (position), **c)** → ***Hocksprung***

hocken *v/i* **1.** squat, crouch **2.** *Dialekt* sit, *Vogel*: perch: ***über seinen Büchern hocken*** pore over one's books

Hocker *m* stool

Höcker *m* ZOOL hump, (*Schnabelhöcker*) knob

Hockey *n* hockey

Hockeyschläger *m* hockey stick

Hockeyspieler, Hockeyspielerin hockey player

Hocksprung *m Turnen*: squat jump, *übers Pferd etc*: squat vault, *Kunstspringen*: tuck(ed) jump

Hode *m, f,* **Hoden** *m* ANAT testicle

Hodensack *m* ANAT scrotum

Hof *m* **1.** yard, (*Innenhof*) *auch* court(yard), (*Hinterhof*) backyard, (*Schulhof*) schoolyard **2.** (*Bauernhof*) farm **3.** (*Fürstenhof*) court: ***am Hof, bei Hofe*** at court; ***j-m den Hof machen*** court s.o. **4.** ASTR, MED, OPT halo

Hofdame *f* lady-in-waiting

hoffen *v/i und v/t* (***auf*** *Akk*) hope (for), (*vertrauen*) trust (in): ***ich hoffe*** (***es***) I hope so; ***ich hoffe nicht*** I hope not; ***das will ich nicht hoffen*** I hope not; ***hoffen wir das Beste!*** let's hope for the best!

hoffentlich *Adv* I (*oder* we) hope so, let's hope so, *ugs* hopefully: ***hoffentlich nicht!*** I hope not!

Hoffnung *f* hope (***auf*** *Akk* of): ***die Hoffnung aufgeben*** (***verlieren***) abandon (lose) hope; ***j-m Hoffnungen machen*** raise s.o.'s hopes; ***er machte mir keine Hoffnungen*** he didn't hold out any hopes for me; ***sich Hoffnungen machen*** have hopes (***auf*** *Akk* of *Ger*); ***mach dir keine*** (***falschen***) ***Hoffnungen!*** don't be too hopeful!; ***seine Hoffnung setzen auf*** (*Akk*) pin one's hopes on; ***j-n in seinen Hoffnungen enttäuschen*** dash s.o.'s hopes; (***neue***) ***Hoffnung schöpfen*** have new hopes; ***es besteht keine Hoffnung*** there is no hope; ***in der Hoffnung zu*** *Inf* hoping to *Inf*; ***er ist meine einzige Hoffnung*** he is my only hope; POL, *Sport etc* ***die große Hoffnung*** the (great) white hope

Hoffnungslauf *m* SPORT repechage

hoffnungslos *Adj auch fig* hopeless: ***er ist ein hoffnungsloser Fall*** he's hopeless

Hoffnungslosigkeit *f* hopelessness, despair

Hoffnungsschimmer *m* glimmer of hope

Hoffnungsträger, Hoffnungsträgerin POL, *Sport etc* the (great) white hope

hoffnungsvoll *Adj* hopeful, *präd* full of hope (*auch Adv*), *Talent etc*: promising

hofieren *v/t* flatter, *pej* fawn upon

höfisch *Adj* courtly

höflich *Adj* (***zu*** to) polite, courteous

Höflichkeit *f* **1.** (***aus Höflichkeit*** out of) politeness: ***in aller Höflichkeit*** very politely **2.** *meist Pl* compliment

Höflichkeitsbesuch *m* courtesy visit

Hofnarr *m* HIST *und iron* court jester

Hofrat *m österr.* Counsel(l)or

hohe → ***hoch*** I

Höhe *f* **1.** *allg* height, *über dem Meeresspiegel, auch* FLUG *etc* altitude, (*Niveau*) level: ***in einer Höhe von ...*** at a height (*oder* an altitude) of ...; ***in die Höhe*** up (*auch Zssgn mit* → ***hoch***); ***an Höhe verlieren*** lose height; ***auf der Höhe von*** **a)** GEOG in the latitude of (*London etc*), **b)** SCHIFF off (*Dover etc*); ***auf gleicher Höhe*** (*fig* on a) level (***mit*** with); *fig* ***auf der Höhe seines Ruhms*** (***seiner Macht*** *etc*) at the height of his fame (power); *ugs* ***auf der Höhe sein*** be in good form; ***auf der Höhe*** (***der Zeit***) ***sein*** be up to date; ***ich bin nicht ganz auf der Höhe*** I'm not feeling up to the mark; *ugs* ***das ist doch die Höhe!*** that's the limit! **2.** (*Anhöhe*) hill, height(s *Pl*), (*Gipfel*) top, summit **3.** *eines Betrages etc*: amount, *einer Strafe etc*: degree: ***eine Summe in Höhe von*** a sum (to the amount) of; *Betrag, Strafe etc* ***bis zu einer Höhe von*** up to, not exceeding

Hoheit *f* **1.** POL sovereignty **2.** (*Titel*) (***Seine, Ihre***) ***Hoheit*** (His, Her) Highness **3.** *fig* grandeur, majesty

hoheitlich *Adj* sovereign

Hoheitsabzeichen *n* national emblem, FLUG *etc* nationality marking

Hoheitsgebiet *n* (***deutsches Hoheitsgebiet*** German) territory

Hoheitsgewässer *Pl* territorial waters *Pl*

Höhenflosse *f* FLUG tail plane

Höhenflug *m* **1.** high-altitude flight **2.** *fig* (intellectual *etc*) flight

Höhenkrankheit *f* altitude sickness

Höhenkurort *m* mountain (health) resort

Höhenlage *f* altitude

Höhenleitwerk *n* FLUG elevator unit

Höhenmesser *m* altimeter

Höhensonne[1] *f* mountain sun

Höhensonne®[2] *f* MED sunray lamp, sunlamp

Höhenunterschied *m* difference in altitude

höhenverstellbar *Adj* height-adjustable

Höhenzug *m* range of hills, mountain range

Höhepunkt *m allg* peak, height, climax (*auch eines Dramas, auch Orgasmus*), *des Ruhms etc*: zenith, *einer Epoche etc*: heyday, *eines Festes etc*: highlight: ***auf dem Höhepunkt*** at its height; ***auf dem Höhepunkt seiner Macht*** at the height of his power; ***das Fest erreichte seinen*** (*oder* ***den***) ***Höhepunkt, als*** the party reached its (*oder* a) climax when

höher *Adj und Adv* higher (*auch fig*), (*ranghöher*) senior: ***höherer Dienst*** senior service; ***höhere Bildung*** higher education; ***höhere Schule*** secondary school; ***in höherem Maße*** to a greater extent, more; ***nach Höherem streben*** strive for higher things

höherschrauben *v/t fig* increase, (*Preise*) force up

hohl *Adj auch fig* hollow: ***in der hohlen Hand*** in the hollow of one's hand

Höhle *f* **1.** cave **2.** ZOOL hole (*auch ugs fig Behausung*): *fig* ***sich in die Höhle des Löwen wagen*** beard the lion in his den **3.** ANAT cavity, (*Augenhöhle*) socket

Höhlenforscher, **Höhlenforscherin** spel(a)eologist, *ugs* pot-holer

Höhlenforschung *f* spel(a)eology

Höhlenmensch *m* cave man

Hohlheit *f auch fig* hollowness

Hohlkehle *f* TECH groove

Hohlkopf *m ugs* numbskull

Hohlkörper *m* MATHE hollow body

Hohlkreuz *n* MED hollow back

Hohlkugel *f* hollow sphere

Hohlmaß *n* measure of capacity, dry measure

Hohlraum *m* cavity, hollow

Hohlsaum *m* hemstitch

Hohlschliff *m* hollow grinding: ***mit Hohlschliff*** hollow-ground

Hohlspiegel *m* concave mirror

Höhlung *f* hollow, cavity

Hohlweg *m* ravine

Hohlziegel *m* cavity brick, *fürs Dach*: hollow tile

Hohn *m* scorn, derision, (*höhnische Bemerkung*) sneers *Pl*: ***nur Hohn und Spott ernten*** earn but scorn and derision; ***ein Hohn auf*** (*Akk*) a mockery of; ***j-m zum Hohn*** in defiance of s.o.; ***Hohn lachen*** sneer; *fig* ***einer Sache Hohn sprechen*** make a mockery of s.th.

höhnen *v/i* (***über*** *Akk* at) sneer, jeer

Hohngelächter *n* derisive laughter

höhnisch *Adj* sneering

hohnlächeln *v/i* sneer

Hokuspokus *m* hocus-pocus, *ugs fig auch* mumbo-jumbo: ***Hokuspokus!*** hey presto!

hold *Adj* **1.** lovely, sweet **2.** ***das Glück war ihm hold*** he was lucky

Holdinggesellschaft *f* WIRTSCH holding company

holen *v/t* **1.** (*etw*) get, fetch: ***j-m etw holen*** get s.th. for s.o.; ***etw aus der Tasche holen*** take (*oder* draw) s.th. out of one's pocket; *ugs* ***da ist nichts zu holen!*** there's nothing in it (for us)!; ***bei ihm ist nichts zu holen!*** you won't get anything out of him!; → ***Atem***, ***Luft*** 2 **2.** (*j-n*) call: ***j-n holen lassen*** send for s.o. **3.** (*abholen*) come for, pick *s.o.*, *s.th.* up **4.** ***sich*** *etw* ***holen*** **a)** get o.s., fetch, **b)** *ugs* (*Krankheit etc*) catch, get; ***du wirst dir noch etw holen!*** you'll catch s.th. yet!; ***sich bei j-m einen Rat holen*** ask s.o.'s advice; ***sich einen Preis holen*** win (*oder* get, *Sache*: fetch) a prize; → ***Abfuhr*** 2

Holland *n* Holland

Holländer *m* Dutchman: ***die Holländer*** the Dutch

Holländerin *f* Dutchwoman

holländisch *Adj*, **Holländisch** *n* LING Dutch

Hölle *f* hell: ***in der Hölle*** in hell; ***die Hölle auf Erden*** hell on earth; *ugs* ***j-m die Hölle heiß machen*** give s.o. hell; ***j-m das Leben zur Hölle machen*** make life a perfect hell for s.o.; ***zur Hölle damit!*** to hell with it!; ***die Hölle ist los!*** all hell has broken loose!

Höllenangst *f ugs* ***eine Höllenangst haben*** be scared stiff (***vor*** *Dat* of)

Höllenlärm *m* infernal noise: ***einen Höllenlärm machen*** make a hell of a noise

Höllenmaschine *f* time bomb

Höllenqual *f ugs fig* agony: ***Höllenqualen ausstehen*** suffer hell

Höllentempo *n ugs* (***mit einem Höllentempo*** at) breakneck speed

höllisch *Adj* infernal, *ugs* hellish, awful: *Adv* ***höllisch aufpassen*** watch out, be damn careful; ***es tut höllisch weh*** it hurts like hell

Holm *m* beam, *am Barren*: bar, FLUG spar

Holocaust *m* holocaust

Hologramm *n* OPT hologram

Holografie, **Holographie** *f* holography

holperig, **holprig** *Adj* **1.** *Weg etc*: bumpy **2.** *fig Vers etc*: clumsy

holpern *v/i* **1.** bump, jolt **2.** *fig beim Lesen*: stumble

Holunder *m* BOT elder

Holunderbeere *f* elderberry

Holundertee *m* elderflower tea

Holz *n* **1.** wood, (*Nutzholz*) timber: ***aus Holz*** (made of) wood, wooden; ***Holz verarbeitend*** wood processing; *fig* ***aus dem gleichen Holz geschnitzt*** of the same stamp; ***aus härterem Holz geschnitzt*** made of sterner stuff **2.** (*Kegel*) pin: ***gut Holz!*** good bowling!

Holzbauweise *f* timber(-frame) construction

Holzbearbeitung *f* woodworking

Holzbläser, **Holzbläserin** MUS **1.** woodwind player **2.** *Pl the* woodwind (section)

holzen *v/i ugs Fußball*: clog, play rough

hölzern *Adj* wooden, *fig auch* clumsy

Holzfäller, **Holzfällerin** woodcutter, *bes Am* lumberjack

holzfrei *Adj Papier*: wood-free

Holzhacken *n* wood chopping

Holzhammer *m* mallet: *ugs fig* ***mit dem Holzhammer*** with a sledgehammer

Holzhandel *m* timber (*Am* lumber) trade

Holzhaus *n* wooden house

holzig *Adj* woody, *Rettich etc*: stringy

Holzkitt *m* plastic wood

Holzkohle *f* charcoal

Holzscheit *n* log

Holzschnitt *m* wood engraving

Holzstoß *m* stack of wood

Holztäfelung *f* wood(en) panel(l)ing

holzverarbeitend → ***Holz*** 1

Holzverarbeitung *f* wood processing

Holzweg *m ugs fig* ***auf dem Holzweg sein*** **a)** be on the wrong track, **b)** be very much mistaken

Holzwolle *f* wood wool, *Am* excelsior

Holzwurm *m* woodworm

Homebanking *n* home banking

Homepage *f* home page

Homeshopping *n* home shopping

Hometrainer *m* exercise machine, (*Fahrrad*) exercise bike

Homo *m ugs* gay, *pej auch* homo, queer

Homo-Ehe, **Homoehe** *f ugs* gay marriage, same-sex marriage

homogen *Adj* homogeneous

Homonym *n* LING homonym

Homöopath, **Homöopathin** MED hom(o)eopath

Homöopathie *f* hom(o)eopathy

homöopathisch *Adj* hom(o)eopathic(ally *Adv*)

homophil *Adj*, **Homophile** *m* homophile

Homosexualität *f* homosexuality

homosexuell *Adj*, **Homosexuelle** *m*, *f* homosexual, *ugs* gay

Honig *m* honey

Honigkuchen *m* gingerbread

Honiglecken *n ugs* ***das war kein Honiglecken!*** that was no picnic!

Honigmelone *f* honeydew melon

honigsüß *Adj* (as) sweet as honey, *fig* honeyed

Honorar *n* fee, *eines Autors*: royalty
Honoratioren *Pl* notabilities *Pl*
honorieren *v/t* **1.** ***j-n honorieren*** pay (a fee to) s.o. **2.** ***etw honorieren*** pay for s.th. **3.** WIRTSCH (*Wechsel etc*) hono(u)r, *fig* (*belohnen*) *auch* reward
honoris causa: ***Professor*** *etc* ***honoris causa*** honorary professor *etc*
Hopfen *m* BOT hop: *ugs fig* ***an ihm ist Hopfen und Malz verloren*** he's hopeless
hopp *Interj* **a)** hop!, **b)** *auch* ***hopp, hopp!*** quick!
hoppla *Interj* (wh)oops!, (*nanu*) hey!
hops *Interj* jump!
Hops *m* hop
hopsa *Interj* (wh)oops!
hopsen *v/i*, **Hopser** *m* hop
hopsgehen *v/i ugs* **a)** break, get broken, **b)** go down the drain, **c)** get nabbed, **d)** kick the bucket
hopsnehmen *v/t ugs* nab
hörbar *Adj* audible
Hörbehinderte *m, f* hearing-impaired person
Hörbild *n* radio feature
Hörbrille *f* earglasses *Pl*
Hörbuch *n* talking book
horchen *v/i* listen (***auf*** *Akk* to), *heimlich*: *auch* eavesdrop: ***horch!*** listen!
Horcher, **Horcherin** eavesdropper
Horchposten *m* MIL *und fig* listening post
Horde *f auch fig* horde, *pej auch* gang
hören *v/t und v/i* **1.** hear (***von*** about, of), (***anhören***, *auch fig* ***hören auf*** [*Akk*]) listen to: ***hör mal!*** listen!; ***ich lasse von mir hören!*** I'll be in touch!; ***wie ich höre, will er kommen*** I understand he wants to come **2.** *ugs* (*gehorchen*) obey **3.** UNI (*Vorlesung*) attend, (*Fach*) take

hören: listen oder hear?

hören, aufhorchen	**listen**
etw. / j-m zuhören; auf etw / j-n hören	**listen to s.th. / s.o.**
listen to the radio / a speaker	
listen to one's parents	
hören (können); zufällig hören	**hear s.th.**
Can you hear me?	
Listen! I can hear a strange noise.	

Hörensagen *n* (***vom Hörensagen*** by) hearsay
Hörer *m* **1.** (*Zuhörer, Radiohörer etc*) listener, UNI student **2.** (*Kopfhörer*) earphone(s *Pl*) **3.** TEL receiver: ***den Hörer auflegen*** hang up
Hörerin *f* → ***Hörer*** 1
Hörerschaft *f* **1.** *the* listeners *Pl*, audience **2.** UNI (number of) students *Pl*
Hörfehler *m* MED hearing defect
Hörfolge *f* radio series (*in Fortsetzungen*: serial)
Hörfunk *m* radio
Hörgerät *n*, **Hörhilfe** *f* hearing aid
hörig *Adj* ***j-m hörig sein*** *auch sexuell*: be enslaved to s.o.
Hörigkeit *f* bondage
Horizont *m* (***am Horizont*** on the) horizon (*auch fig*): ***seinen Horizont erweitern*** broaden one's mind; *ugs* ***das geht über meinen Horizont*** that's beyond me
horizontal *Adj*, **Horizontale** *f* horizontal
Hormon *n* hormone
Hormon…, **hormonal** *Adj* hormonal
Hörmuschel *f* TEL earpiece
Horn *n* **1.** *allg* horn, (*Schneckenhorn*) *auch* feeler: ***aus Horn*** (made of) horn; *fig* ***sich die Hörner abstoßen*** sow one's wild oats; *ugs* ***j-m Hörner aufsetzen*** cuckold s.o.; → ***Stier*** 1 **2.** MUS horn, MIL bugle: *fig* ***ins gleiche Horn stoßen*** chime in with s.o.
Hornberger Schießen: *fig* ***ausgehen wie das Hornberger Schießen*** come to nothing
Hornbläser, **Hornbläserin** MUS horn player
Hornbrille *f* horn-rimmed spectacles *Pl*
Hörnchen *n* **1.** little horn **2.** GASTR croissant **3.** ZOOL squirrel
Hörnerv *m* auditory nerve
Hornhaut *f* **1.** horny skin, callus **2.** *des Auges*: cornea
Hornisse *f* ZOOL hornet
Hornist, **Hornistin** MUS hornist, MIL bugler
Hornsignal *n* bugle call
Hornvieh *n* horned cattle
Horoskop *n* (***j-m das Horoskop stellen*** cast s.o.'s) horoscope
Hörrohr *n* **1.** ear trumpet **2.** MED stethoscope
Horror *m* horror (***vor*** *Dat* of)
Horrorfilm *m* horror film
Hörsaal *m* lecture hall
Hors d'oeuvre *n* GASTR hors d'oeuvre
Hörspiel *n* radio play
Horst *m* nest, (*Adlerhorst etc*) eyrie
Hort *m* **1.** (*Schatz*) hoard, treasure **2.** (*Zufluchtsort*) (safe) refuge **3.** *fig* (*Bollwerk*) stronghold **4.** (*Kinderhort*) day nursery
horten *v/t* hoard
Hortensie *f* BOT hydrangea
Hörvermögen *n* hearing
Hörweite *f* hearing range: ***in*** (***außer***) ***Hörweite*** within (out of) hearing (*oder* earshot)
Höschen *n* (*Damenhöschen*) panties *Pl*, knickers *Pl*: *ugs* ***heiße Höschen*** hot pants *Pl*
Hose *f* (*auch* ***ein Paar Hosen***) (a pair of) trousers *Pl*, pants *Pl*, (*Freizeithose*) slacks *Pl*, (*kurze Hose*) shorts *Pl*: ***zwei Hosen*** two pairs of trousers (*etc*); (***sich***) ***in die Hose***(***n***) ***machen*** **a)** make a mess in one's pants, **b)** *ugs fig* be scared stiff; *ugs* ***die Hosen anhaben*** wear the trousers (*bes Am* pants); *ugs* ***das ging in die Hose*** that was a complete flop; *ugs* ***tote Hose*** complete washout
Hosenanzug *m* trouser suit, *bes Am* pantsuit
Hosenbein *n* trouser leg
Hosenboden *m* (trouser) seat: *ugs fig* ***sich auf den Hosenboden setzen*** buckle down to work
Hosenbügel *m* trouser hanger
Hosenbund *m* waistband
Hosenrock *m* divided skirt, *bes Am* pantskirt
Hosenschlitz *m* fly
Hosentasche *f* trouser(s) pocket
Hosenträger *Pl* (pair of) braces *Pl*, *Am* suspenders *Pl*
Hospital *n* hospital
Hospitant, **Hospitantin** UNI guest student
hospitieren *v/i* PÄD sit in on classes (UNI lectures) (***bei*** with)
Hospiz *n* hospice
Host *m* COMPUTER host
Hostess *f* hostess
Hostie *f* host, consecrated wafer

Hotdog, **Hot Dog** *n und m* hot dog
Hotel *n* hotel: ***Hotel garni*** bed and breakfast hotel
Hotelboy *m* page (boy), *Am* bellboy
Hotelfach *n*, **Hotelgewerbe** *n* hotel business
Hotelier *m* hotelier
Hotline *f* hotline
Hr., **Hrn.** *Abk* (= ***Herr***[***n***]) Mr
Hub *m* MOT *etc* stroke, *eines Krans*: lift
hüben *Adv* over here, on this side: ***hüben und*** (*oder* ***wie***) ***drüben*** on both sides
Hubkraft *f* lifting capacity
Hubraum *m* MOT cubic capacity
hübsch *Adj* pretty, *auch Mann*: good-looking, (*nett*) nice, *ugs fig auch* fine: ***ein hübsches Sümmchen*** a tidy sum; ***es wäre hübsch, wenn …*** it would be nice (*oder* lovely) if …; ***das wirst du hübsch bleiben lassen!*** you're not going to do anything of the sort!; ***na, Hübsche***(***r***)***!*** hey, good-looking!
Hubschrauber *m* helicopter
Hubschrauberlandeplatz *m* heliport
Hubstapler *m* forklift (truck)
Hubvolumen *n* MOT swept volume
Hucke *f ugs* ***j-m die Hucke voll hauen*** give s.o. a sound thrashing; ***j-m die Hucke voll lügen*** tell s.o. a pack of lies
huckepack *Adv ugs* pick-a-back
Huckepackverkehr *m* pick-a-back traffic
hudeln *v/i ugs* work sloppily
Huf *m* hoof
Hufeisen *n* horseshoe
Hufeisenform *f* (***in Hufeisenform*** arranged in a) horseshoe
hufeisenförmig *Adj* horseshoe-shaped
Huflattich *m* BOT coltsfoot
Hufschmied, **Hufschmiedin** farrier
Hüftbein *n* hip-bone
Hüfte *f* hip
Hüftgelenk *n* hip joint
Hüftgürtel *m*, **Hüfthalter** *m* suspender (*Am* garter) belt
hüfthoch *Adj und Adv* waist-high, *Wasser*: waist-deep
Hüftleiden *n* hip complaint
Hüftumfang *m* hip measurement
Hügel *m* hill, *kleiner*: hillock, (*Erdhügel*) mound
hüglig, **hügelig** *Adj* hilly
Huhn *n* fowl, chicken (*auch* GASTR), (*Henne*) hen: ***mit den Hühnern aufstehen*** (***zu Bett gehen***) get up with the lark (go to bed early); *ugs* ***da lachen ja die Hühner!*** that's a laugh!; ***dummes Huhn*** silly goose; ***verrücktes Huhn*** crazy thing
Hühnchen *n* **1.** (young) chicken: *ugs fig* ***mit j-m ein Hühnchen zu rupfen haben*** have a score to settle with s.o. **2.** (*Brathühnchen*) (roast) chicken
Hühnerauge *n* MED corn: *ugs fig* ***j-m auf die Hühneraugen treten*** tread on s.o.'s corns
Hühneraugenpflaster *n* corn plaster
Hühnerbrühe *f* chicken broth
Hühnerbrust *f* **1.** GASTR chicken breast **2.** MED pigeon breast
Hühnerei *n* hen's egg
Hühnerfarm *f* chicken farm
Hühnerfutter *n* chickenfeed
Hühnerhof *m* chicken yard
Hühnerhund *m* ZOOL pointer
Hühnerleiter *f* chicken ladder
Hühnerpest *f* VET fowl pest
Hühnerstall *m* henhouse
Hühnerstange *f* perch
Hühnerzucht *f* chicken farming
huldigen *v/i* **1.** ***j-m huldigen*** pay homage to s.o. **2.** *fig* (*einer Ansicht etc*) embrace, (*einem Laster etc*) indulge in
Huldigung *f* homage (***an*** *Akk*, ***für*** *oder Gen* to)
Hülle *f* **1.** cover, wrap(ping), (*Schallplattenhülle*) sleeve, *Am* jacket (*auch Buchhülle*, *Schutzhülle*), (*Umschlag*, *Ballonhülle*) envelope, (*Futteral*) case: *fig* ***die sterbliche Hülle*** the mortal remains *Pl* **2.** *ugs* (*Kleidung*) clothes *Pl* **3.** *fig* veil, cloak **4.** ***in Hülle und Fülle*** in abundance, plenty of, *whisky etc* galore
hüllen *v/t* (***in*** *Akk*) wrap *s.o.*, *s.th.* (up) (in), cover (with): *fig* ***sich in Schweigen hüllen*** remain silent (***über*** *Akk* about); ***in Schweigen gehüllt*** wrapped in silence; ***in Dunkel*** (***Nebel***) ***gehüllt*** shrouded in darkness (fog)
hüllenlos *Adj* naked
Hülse *f* **1.** BOT hull, husk, (*Schote*) pod **2.** TECH sleeve, socket, (*Etui*, *Geschosshülse etc*) case
Hülsenfrucht *f* legume(n), *Pl bes* GASTR pulse *Sg*
human *Adj* humane, *ugs auch* decent, MED human
Humanismus *m* humanism: HIST ***der Humanismus*** Humanism
Humanist, **Humanistin** humanist, PÄD, UNI classicist, HIST Humanist
humanistisch *Adj* humanist(ic), PÄD, UNI classical: → ***Gymnasium***
humanitär *Adj* humanitarian
Humanität *f* humaneness, humanity
Humankapital *n* WIRTSCH human resources, human capital
Humanmedizin *f* human medicine
Humbug *m* humbug
Hummel *f* ZOOL bumblebee
Hummer *m* ZOOL lobster
Hummerkrabben *Pl* king prawns *Pl*
Humor *m* (sense of) humo(u)r: ***den Humor behalten*** (***verlieren***) keep (lose) one's sense of humo(u)r; ***etw mit Humor aufnehmen*** take s.th. in good humo(u)r
Humoreske *f* humorous sketch (*oder* story), humoresque
Humorist, **Humoristin** humorist
humoristisch *Adj* humorous
humorlos *Adj* humo(u)rless: ***er ist völlig humorlos*** *auch* he has absolutely no sense of humo(u)r
humorvoll *Adj* humorous
humpeln *v/i* limp
Humpen *m* tankard
Humus *m* humus
Humuserde *f* humus soil
Humusschicht *f* humus layer, topsoil
Hund *m* dog, (*Jagdhund*) hound: ***junger Hund*** puppy; *fig pej* ***feiger*** (***schlauer***) ***Hund*** yellow (sly) dog; *ugs* (***gemeiner***) ***Hund*** bastard; ***der arme Hund!*** (the) poor sod!; ***das ist ja ein dicker Hund!*** that takes the cake!; ***auf den Hund kommen*** go to the dogs; (***ganz***) ***auf dem Hund sein*** be down and out, *gesundheitlich*: *auch* be a wreck; ***vor die Hunde gehen a***) go to the dogs, **b**) (*sterben*) kick the bucket; ***wie Hund und Katze leben*** lead a cat-and-dog life; ***er ist bekannt wie ein bunter Hund*** he's known all over the place; ***da liegt der Hund begraben!*** that's it (*oder* why)!; ***damit kann man keinen Hund hinterm Ofen hervorlo-***

cken! that won't tempt anybody!, that's just no good!; ***Hunde, die bellen, beißen nicht*** barking dogs seldom bite

Hunderassen WF

Afghane	**Afghan (hound)** ['æfgæn]
Bernhardiner	**St Bernard** [snt'bɜːnəd]
Bluthund	**bloodhound**
Bulldogge	**bulldog** ['bʊldɒg]
Dachshund, Dackel	**dachshund** ['dækshʊnd, 'dæksnd]
Dalmatiner	**Dalmatian** [dæl'meɪʃn, dæl'meɪʃjən]
Deutsche / Dänische Dogge	**Great Dane**
Englische Dogge	**mastiff** ['mæstɪf]
Neufundländer	**Labrador** ['læbrədɔː]
Pudel	**poodle**
Schäferhund	**Alsatian** [æl'seɪʃn, æl'seɪʃjən], *bes Am* **German shepherd** ['ʃepəd]
Spitz	**Pomeranian** [ˌpɒmə'reɪnjən]
Windhund	**greyhound**

Hundeausstellung *f* dog show
hundeelend *Adj ugs* ***mir ist hundeelend*** I feel lousy
Hundefutter *n* dog food
Hundehalsband *n* dog collar
Hundehütte *f* (dog) kennel
hundekalt *Adj ugs* ***es ist hundekalt*** it is freezing cold
Hundekuchen *m* dog biscuit
Hundeleben *n ugs* dog's life
Hundeleine *f* dog lead, dog leash
Hundemarke *f* dog licence disc, *Am* dog tag
hundemüde *Adj ugs* dog-tired
hundert *Adj* a (*oder* one) hundred: ***einige*** (*oder* ***ein paar***) ***Hundert Leute*** a few hundred people; ***zu hunderten*** in hundreds; ***hundert Mal*** a hundred times
Hundert¹ *n* (*Maß*) hundred: ***zehn von Hundert*** ten in a hundred, ten per cent
Hundert² *f* hundred
Hunderter *m* **1.** MATHE **a)** (the) hundred, **b)** three-figure number **2.** *ugs* one-hundred-euro *etc* note (*Am* bill)
hunderterlei *Adj* a hundred and one
Hunderteuroschein *m* one-hundred-euro note (*Am* bill)
hundertfach **I** *Adj* hundredfold **II** *Adv* a hundred times
Hundertjahrfeier *f* centenary, *Am* centennial
hundertjährig *Adj* **1.** one-hundred-year-old **2.** of a hundred years, hundred years' …
Hundertmeterlauf *m the* 100-met/re (*Am* -er) dash
hundertpro *Adv ugs* absolutely: ***bist du dir sicher? - hundertpro*** are you sure? - I'm positive
hundertprozentig *Adj* a hundred percent (*auch fig*), *Alkohol, Wolle etc*: pure, *fig* out-and-out (*conservative etc*): *ugs* ***das weiß ich hundertprozentig*** I'm dead sure
Hundertschaft *f der Polizei*: squadron
hundertst *Adj* hundredth
hundertstel *Adj*, **Hundertst** *n* hundredth
hunderttausend *Adj* a (*oder* one) hundred thousand
Hundesalon *m* dog parlo(u)r
Hundewetter *n ugs* filthy weather
Hundezucht *f* **1.** dog breeding **2.** (breeding) kennel(s *Pl*)
Hundezüchter, **Hundezüchterin** dog breeder
Hündin *f* bitch
hündisch *Adj fig* cringing
hundsgemein *Adj ugs* dirty, low-down, (*böse, ekelhaft*) nasty, (*schwierig*) hellish
hundsmiserabel *Adj ugs* lousy
Hundstage *Pl* dog days *Pl*
Hüne *m* giant
Hünengrab *n* megalithic grave
hünenhaft *Adj* gigantic
Hunger *m allg* hunger (*auch fig* ***nach*** for), (*Hungersnot*) *auch* famine: ***Hunger haben*** (***bekommen***) be (get) hungry; ***Hunger leiden*** go hungry; ***hungers*** (*oder* ***vor Hunger***) ***sterben*** starve to death; *ugs* ***ich sterbe vor Hunger*** I'm starving
Hungerkur *f* starvation diet
Hungerleider, **Hungerleiderin** starveling
Hungerlohn *m* starvation wages *Pl*
hungern **I** *v/i* go hungry, starve, *bes fig* hunger (***nach*** for), (*fasten*) starve o.s., go without food **II** *v/refl* ***sich zu Tode hungern*** starve o.s. to death
hungernd *Adj* hungry, starving
Hungerödem *n* MED famine (o)edema
Hungersnot *f* famine
Hungerstreik *m* (***in den Hungerstreik treten*** go on a) hunger strike
Hungertod *m* death from starvation: ***den Hungertod erleiden*** die of starvation
Hungertuch *n ugs fig* ***am Hungertuch nagen*** be starving
hungrig *Adj auch fig* hungry (***nach*** for): ***das macht hungrig*** that makes you hungry
Hunne *m*, **Hunnin** *f* HIST Hun
Hupe *f* horn: ***auf die Hupe drücken*** → ***hupen***
hupen *v/i* hoot, sound the horn
hüpfen *v/i* hop, skip, *Ball*: bounce
Hupsignal *n*, **Hupzeichen** *n* MOT hoot
Hürde *f* **1.** *auch fig* (***eine Hürde nehmen*** take a) hurdle **2.** (*Pferch*) fold
Hürdenlauf *m* SPORT hurdle race, hurdling
Hürdenläufer, **Hürdenläuferin** hurdler
Hure *f* whore
Hurenbock *m* whoremonger
Hurenhaus *n* whorehouse
hurra *Interj* hurray!, hurrah!
Hurrapatriot, **Hurrapatriotin** jingoist
Hurrapatriotismus *m* jingoism
Hurrikan *m* hurricane
husch *Interj* whoosh!, *scheuchend*: shoo!
huschen *v/i* flit
hüsteln *v/i* cough slightly
husten **I** *v/i* cough (*auch ugs fig Motor etc*): ***stark husten*** have a bad cough; *ugs fig* ***husten auf*** (*Akk*) not to give a damn for **II** *v/t* (*aushusten*) cough up: *ugs fig* ***dem werde ich was husten!*** to hell with him!
Husten *m* cough

Hustenanfall *m* coughing fit
Hustenbonbon *m, n* cough drop
Hustenreiz *m* tickle in the throat
Hustensaft *m* cough syrup
Hustentropfen *Pl* cough drops *Pl*
Hut[1] *m* **1.** hat: ***den Hut abnehmen*** (*oder* ***ziehen***) take off one's hat (*fig* ***vor j-m*** to s.o.); ***Hut ab*** (***vor dir***)***!*** I'll take my hat off (to you)!; ***alles unter einen Hut bringen*** reconcile things; *ugs* ***damit habe ich nichts am Hut*** I can't be bothered with that!; ***ihm ging der Hut hoch*** he blew his top; *ugs fig* ***den Hut nehmen müssen*** have to go (*oder* resign); ***das kannst du dir an den Hut stecken!*** (you can) keep it! **2.** *eines Pilzes*: cap
Hut[2] *f* **1.** ***in j-s Hut*** in s.o.'s care, under s.o.'s protection; ***in guter*** (*oder* ***sicherer***) ***Hut sein*** be safe (***bei*** with) **2.** ***auf der Hut sein*** be on one's guard (***vor*** *Dat* against)
Hutablage *f* hat rack
hüten I *v/t* look after, (*Kinder*) *auch* mind, (*Vieh, fig Geheimnis etc*) guard, (*Vieh*) *auch* tend: → ***Bett* II** *v/refl* ***sich hüten*** (***vor*** *Dat*) be on one's guard (against), watch out (for); ***sich hüten, etw zu tun*** take care not to do s.th.; ***ich werde mich hüten!*** I'll do nothing of the sort!; ***hüte dich vor …!*** beware of …!
Hüter, Hüterin guardian, keeper: *hum* ***der Hüter des Gesetzes*** (the arm of) the Law
Hutgeschäft *n* hat shop
Hutgröße *f* hat size
Hutkrempe *f* (hat) brim
Hutmacher *m* hatter
Hutmacherin *f* milliner
Hutschnur *f* hat string: *ugs fig* ***das geht mir über die Hutschnur!*** that's going too far!
Hütte *f* **1.** hut, (*Holzhütte, Blockhütte*) cabin, (*Schutzhütte*) refuge: ***ärmliche Hütte*** shack, shanty **2.** → ***Hüttenwerk***
Hüttenindustrie *f* iron and steel industry
Hüttenkäse *m* GASTR cottage cheese
Hüttenwerk *n* metallurgical plant
Hyäne *f* ZOOL hyena
Hyazinthe *f* BOT hyacinth
hybrid *Adj*, **Hybride** *m, f* hybrid
Hydrant *m* hydrant
Hydrat *n* CHEM hydrate
Hydraulik *f* hydraulics *Pl* (*oft Sg konstr*)
hydraulisch *Adj* hydraulic
hydrieren *v/t* hydrogenate
Hydrokultur *f* hydroponics *Sg*
Hydrolyse *f* CHEM hydrolysis
Hygiene *f* hygiene
hygienisch *Adj* hygienic(ally *Adv*)
Hygrometer *n* hygrometer
Hymne *f* hymn (***an*** *Akk* to)
Hyperbel *f* **1.** MATHE hyperbola **2.** LING hyperbole
hyperkorrekt *Adj* hypercorrect
hyperkritisch *Adj* hypercritical
Hyperlink *m* IT hyperlink
hypermodern *Adj* ultramodern
Hypertonie *f* MED hypertension
Hypnose *f* (***in*** *oder* ***unter Hypnose*** under) hypnosis
hypnotisch *Adj* hypnotic(ally *Adv*)
Hypnotiseur, Hypnotiseurin hypnotist
hypnotisieren *v/t* hypnotize
Hypochonder *m*, **hypochondrisch** *Adj* hypochondriac
Hypotenuse *f* MATHE hypotenuse
Hypothek *f* **1.** mortgage: ***eine Hypothek aufnehmen*** raise a mortgage (***auf*** *Akk* on); ***mit einer Hypothek belasten*** (encumber with a) mortgage
hypothekarisch *Adj und Adv* by (*oder* on) mortgage
Hypothekenbank *f* mortgage bank
Hypothekenbrief *m* mortgage deed
hypothekenfrei *Adj* unmortgaged
Hypothekengläubiger, Hypothekengläubigerin mortgagee
Hypothekenpfandbrief *m* mortgage bond
Hypothekenschuldner, Hypothekenschuldnerin mortgagor
Hypothese *f* hypothesis
hypothetisch *Adj* hypothetical
Hypotonie *f* MED hypotension
Hysterie *f* MED hysteria
hysterisch *Adj* hysterical: ***einen hysterischen Anfall bekommen*** go into hysterics

I

I, i *n* I, i: ***i wo!*** not a bit of it!, oh no!
i. A. *Abk* (= ***im Auftrag***) p.p
IC® *m Abk* (= ***Intercity***) intercity (train)
ICE® *m Abk* (= ***Intercityexpress***) high-speed train
ich *Pron* I: ***ich bins!*** it is I!, *ugs* it's me!; ***ich selbst*** (I) myself; ***ich Idiot!*** what a fool I am!
Ich *n* self, PSYCH ego: ***mein zweites*** (*oder* ***anderes***) ***Ich*** my other self, (*Freund etc*) my alter ego; ***mein besseres Ich*** my better self
Ichform *f* (***in der Ichform geschrieben*** written in the) first person
ideal *Adj* ideal
Ideal *n* ideal
Idealfall *m* ideal case: ***im Idealfall*** ideally
idealisieren *v/t* idealize
Idealismus *m* idealism
Idealist, Idealistin idealist
idealistisch *Adj* idealistic(ally *Adv*)
Idee *f* **1.** idea, (*Gedanke*) *auch* thought, (*Begriff*) concept: ***gute Idee!*** good idea!; ***ich kam auf die Idee zu*** *Inf* it occurred to me to *Inf*; ***wie kamst du auf die Idee?*** what gave you the idea?; ***wie kamst du auf die Idee ihn einzuladen?*** what made you invite him? **2.** *ugs* ***eine Idee*** (just) a bit

I

ideell *Adj* ideal (*auch* MATHE), *Motive etc*: idealistic, *Wert*: sentimental
ideenarm, **ideenlos** *Adj* lacking in ideas, unimaginative
ideenreich *Adj* full of ideas, imaginative
Ideenreichtum *m* wealth of ideas
identifizierbar *Adj* identifiable
identifizieren *v/t* identify: ***sich identifizieren mit*** identify (o.s.) with
Identifizierung *f* identification
identisch *Adj* identical (***mit*** with)
Identität *f* identity
Identitätskrise *f* identity crisis
Identitätsnachweis *m* proof of (one's) identity
Ideologe *m*, **Ideologin** *f* ideologue
Ideologie *f* ideology
ideologisch *Adj* ideological
Idiom *n* idiom, (*Sprache*) language
Idiomatik *f* phraseology, (*Wendungen*) idioms (and phrases) *Pl*
idiomatisch *Adj* idiomatic(ally *Adv*)
Idiot, **Idiotin** idiot
Idiotenhügel *m ugs* nursery slope
idiotensicher *Adj ugs* foolproof
Idiotie *f* idiocy: *ugs* ***eine Idiotie*** (sheer) lunacy
idiotisch *Adj* idiotic(ally *Adv*)
Idol *n* idol
Idyll *n* idyll
Idylle *f* **1.** idyll **2.** LITERATUR pastoral poem (MALEREI scene)
idyllisch *Adj* idyllic(ally *Adv*)
Igel *m* hedgehog
Iglu *m und n* igloo
ignorant *Adj* ignorant
Ignoranz *f* ignorance
ignorieren *v/t* ignore
ihm *Personalpron* (*Dat von* **er** *und* **es**) (to) him, (to) it: ***ich glaube*** (***es***) ***ihm*** I believe him; ***ein Freund von ihm*** a friend of his
ihn *Personalpron* (*Akk von* **er**) him, *von Dingen*: it
ihnen *Personalpron* (*Dat Pl von* **er, sie, es**) (to) them: ***ich habe es ihnen gesagt*** I've told them; ***ein Freund von ihnen*** a friend of theirs
Ihnen (*Dat von* **Sie**) (to) you: ***ist er ein Freund von Ihnen?*** is he a friend of yours?; ***die Schuld liegt bei Ihnen*** the fault is yours
ihr **I** *Personalpron* **1.** (*Dat von* **sie** *Sg*) (to) her, *von Dingen*: (to) it: ***eine Tante von ihr*** an aunt of hers; *auch* → ***ihm*** **2.** (*Nom Pl von* **du**) you **II** *Possessivpron* **3.** *Sg* her, *von Dingen*: its, *Pl* their: ***einer ihrer Brüder*** one of her (*oder* their) brothers, a brother of hers (*oder* theirs) **4. Ihr** *Anrede*: your **5. der** (**die, das**) **ihr**(**ig**)**e** hers (*Pl* theirs, *Anrede*: **Ihr** yours)
ihrerseits *Adv* as far as she's (*Pl* they're, *Anrede*: ***Ihrerseits*** you're) concerned
ihresgleichen *Indefinitpron* **1.** the likes of her (*Pl* them), her (*Pl* their) equals *Pl* **2. Ihresgleichen** the likes of you, your equals *Pl*
ihrethalben, **ihretwegen**, **ihretwillen** *Adv* **1.** for her (*Pl* their) sake **2. Ihrethalben** for your sake
ihrig → ***ihr*** III
Ikone *f* icon
illegal *Adj* illegal
illegitim *Adj* illegitimate
Illusion *f* illusion: ***sich Illusionen hingeben*** delude o.s.; ***darüber mache ich mir keine Illusionen*** I have no illusions about that
illusionslos *Adj und Adv* without (any) illusions
illusorisch *Adj* illusory
Illustration *f* illustration, picture
illustrieren *v/t* illustrate, *fig auch* demonstrate
Illustrierte *f* (glossy) magazine, *ugs* mag
im = ***in dem*** → ***in***[1]
Image *n* image
Imagepflege *f* image cultivation
imaginär *Adj* imaginary
Imbiss *m* (***einen Imbiss einnehmen*** have a) snack
Imbisshalle *f*, **Imbissstube** *f* snack bar
Imitation *f allg* imitation, (*Nachbildung*) *auch* copy
imitieren *v/t* imitate
Imker, **Imkerin** beekeeper
immanent *Adj* inherent (*Dat* to)
Immatrikulation *f* UNI enrolment
immatrikulieren *v/t* (*auch* ***sich immatrikulieren lassen***) enrol (***an*** *Dat* at)
immens *Adj* immense, tremendous
immer *Adv* **1.** (*ständig*) always, constantly, all the time, (*jedes Mal*) *auch* every time: ***noch immer*** still; ***noch immer nicht*** not yet; ***immer wenn*** whenever; ***immer wieder*** over and over again, time and again; ***etw immer wieder tun*** keep doing s.th.; ***sie redete immer weiter*** she kept (on) talking, *ugs* she went on and on **2.** *vor Komp*: ***immer besser*** better and better; ***immer schlimmer*** worse and worse; ***immer größer werdend*** ever increasing; ***immer während*** → ***immerwährend*** **3.** *ugs* ***immer*** (***je***) ***zwei*** two at a time **4. *wann*** (***auch***) ***immer*** whenever; ***was*** (***auch***) ***immer*** whatever; ***wer*** (***auch***) ***immer*** whoever; ***wo*** (***auch***) ***immer*** wherever

immer + Komparativ

immer + Komparativ	Komparativ + **and** + Komparativ
Ich finde, dass Mathe immer schwerer wird.	**I find maths harder and harder to understand.**
Die Autofahrer werden immer aggressiver.	**Drivers are getting more and more aggressive.**

immergrün *Adj*, **Immergrün** *n* evergreen
immerhin *Adv* **1.** still, after all: ***immerhin!*** not too bad! **2.** (*wenigstens*) at least
immerwährend *Adj* everlasting, eternal
Immigrant, **Immigrantin** immigrant
Immigration *f* immigration
immigrieren *v/i* immigrate
Immobilien *Pl* real estate *Sg*, (real) property *Sg*
Immobilienhändler, **Immobilienhändlerin**, **Immobilienmakler**, **Immobilienmaklerin** estate agent, *Am* realtor
Immobilienmarkt *m* property market
immun *Adj* immune (***gegen*** to): ***immun machen*** → ***immunisieren***
immunisieren *v/t* immunize (***gegen*** against)
Immunität *f* immunity (***gegen*** to, against, from)
Immunkörper *m* MED antibody
Immunologe *m*, **Immunologin** *f* immunologist
Immunologie *f* immunology
Immunschwäche *f* MED immunodeficiency
Immunschwächekrankheit *f* immune deficiency syndrome

Immunsystem *n* immune system
Imperativ *m* imperative
Imperfekt *n* LING imperfect (tense)
Imperialismus *m* imperialism
imperialistisch *Adj* imperialist(ic)
Imperium *n auch fig* empire
Impfaktion *f* MED vaccination program(me *Br*)
Impfarzt *m*, **Impfärztin** *f* vaccinator
impfen *v/t* vaccinate, inoculate: ***sich impfen lassen*** (***gegen*** against) be vaccinated, get a vaccination
Impfpass *m* vaccination card
Impfpistole *f* vaccination gun
Impfschein *m* vaccination certificate
Impfstoff *m* vaccine
Impfung *f* vaccination, inoculation
Implantat *n* implant
implantieren *v/t* implant
implizieren *v/t* imply
implodieren *v/i* implode
Implosion *f* implosion
imponieren *v/i* ***j-m imponieren*** impress s.o., (*j-m Respekt einflößen*) command s.o.'s respect
imponierend *Adj* impressive
Imponiergehabe *n* **1.** ZOOL display behavio(u)r **2.** *fig* attempt to impress
Import *m* WIRTSCH **1.** importing **2.** (*Importgüter*) imports *Pl*
Import… import (*agency, company, trade, etc*)
Importeur, **Importeurin** importer
Importgeschäft *n* **1.** import trade **2.** (*Firma*) import company
importieren *v/t* (*auch* COMPUTER) import
imposant *Adj* imposing, impressive
impotent *Adj* impotent
Impotenz *f* impotence
imprägnieren *v/t* impregnate, (*bes Stoff*) waterproof
Imprägniermittel *n* impregnating agent
Imprägnierung *f* impregnation, waterproofing
Impression *f* impression
Impressionismus *m* KUNST impressionism
Impressionist, **Impressionistin** impressionist
impressionistisch *Adj* impressionist(ic)
Impressum *n* imprint, *einer Zeitung*: *auch* masthead
Improvisation *f* improvisation
improvisieren *v/t und v/i allg* improvise, (*Rede etc*) *auch* extemporize, *ugs* ad-lib
Impuls *m* impulse: ***einem*** (***plötzlichen***) ***Impuls folgend*** on (an) impulse; *fig* ***neue Impulse geben*** give a fresh impetus (*Dat* to)
impulsiv I *Adj* impulsive **II** *Adv* ***impulsiv handeln*** act on impulse
imstande *Adj präd* ***zu etw imstande sein*** be capable of (doing) s.th.; (***nicht***) ***imstande sein, etw zu tun*** be (un)able to do s.th.; ***dazu ist er glatt imstande*** *iron* I wouldn't put it past him!
in[1] *Präp* **1.** *räumlich*: (*wo*) in, at, (*innerhalb*) within, (*wohin*) into, in: ***in England*** in England; ***waren Sie schon einmal in England?*** have you ever been to England?; ***im Haus*** in(-side) the house, indoors; ***in der*** (***die***) ***Kirche*** (***Schule***) at (to) church (school); ***er ist Kassierer in einer Bank*** he is a cashier in (*oder* at) a bank **2.** *zeitlich*: in, (*während*) during, (*innerhalb*) within: ***im Mai*** in May; ***in diesem Jahr*** this year; ***in diesem Alter*** at this age **3.** ***in größter Eile*** in a great rush; ***im Kreis*** in a circle; ***in Behandlung sein*** be having treatment; ***ein Mann in seiner Stellung*** a man in his position; ***gut in Chemie*** good at chemistry
in[2] *Adj ugs* ***in sein*** be in
inaktiv *Adj* inactive, CHEM *auch* inert
inakzeptabel *Adj* unacceptable
Inangriffnahme *f* (*Gen*) starting (on), tackling (of)
Inanspruchnahme *f* (*Gen*, **von**) **1.** (*Benutzung*) use (of) **2.** (*Beanspruchung*) demands *Pl* (on), *bes* TECH strain (on)
Inbegriff *m* epitome
inbegriffen *Adj präd* included: ***Frühstück ist im Preis inbegriffen*** breakfast is included in the price
Inbetriebnahme *f* (*Gen* of) opening, starting: ***bei Inbetriebnahme der Anlage*** when the plant is put into operation
Inbrunst *f* ardo(u)r, fervo(u)r
inbrünstig *Adj* ardent, fervent
indem *Konj* **1.** by: ***er entkam, indem er aus dem Fenster sprang*** he escaped by jumping out of the window **2.** (*während*) as, while
Inder, **Inderin** Indian
indessen I *Adv* **1.** meanwhile **2.** (*jedoch*) however **II** *Konj* **3.** whereas
Index *m* index
indexieren *v/t* COMPUTER index
Indexlohn *m* WIRTSCH index-linked wages *Pl*
Indianer, **Indianerin**, **indianisch** *Adj* (Red) Indian
Indien *n* India
indifferent *Adj* indifferent (***gegenüber*** to)
Indigo *m, n* indigo
Indikation *f* MED indication: ***soziale Indikation*** social grounds *Pl* for termination of pregnancy
Indikativ *m* LING indicative (mood)
indirekt *Adj* indirect: ***indirekte Rede*** LING indirect (*oder* reported) speech
indisch *Adj* Indian
indiskret *Adj* indiscreet
Indiskretion *f* indiscretion
indiskutabel *Adj* impossible: ***indiskutabel sein*** *auch* be out of the question
indisponiert *Adj* indisposed
individualisieren *v/t* individualize
Individualismus *m* individualism
Individualist, **Individualistin** individualist
individualistisch *Adj* individualist(ic)
Individualität *f* individuality
Individualverkehr *m* personal transport
individuell I *Adj* individual **II** *Adv* ***individuell gestalten*** individualize; ***das ist individuell verschieden*** that varies from person to person (*oder* from case to case)
Individuum *n* individual
Indiz *n* **1.** indication, sign **2.** JUR **a)** (*Spur*) clue, **b)** → ***Indizienbeweis***
Indizienbeweis(e *Pl*) *m* circumstantial evidence *Sg*
Indochina *n* Indochina
indoeuropäisch, **indogermanisch** *Adj* Indo-European
Indonesien *n* Indonesia
Indonesier, **Indonesierin**, **indonesisch** *Adj* Indonesian
Indossament *n* WIRTSCH endorsement
Indossant, **Indossantin** endorser
Indossat, **Indossatin** endorsee
indossieren *v/t* endorse
Induktion *f allg* induction
Induktionsmotor *m* induction motor
Induktionsstrom *m* induction current
industrialisieren *v/t* industrialize

I

Zeitenverschiebung in der indirekten Rede

GR

Wird ein Satz in der indirekten Rede wiedergegeben, so verändert sich die Zeitform – vorausgesetzt, der übergeordnete Satz steht in der Vergangenheit:

„Ich gebe dir Bescheid", sagte Brian.	**"I'll let you know," said Brian.**
Brian sagte, er würde mir Bescheid geben.	**Brian said (that) he would let me know.**
direkte Rede	**indirekte Rede**
present tense	**past tense**
past tense	**past perfect**
present perfect	**past perfect**
will-future	Konditional I (**would** + Infinitiv)
future perfect	Konditional II (**would be + -ing**-Form)

Wird eine allgemeingültige Aussage wiederholt, verändert sich die Zeit nicht:

Die Lehrerin sagte, die Welt ist rund.	**The teacher said (that) the world is round.**

I

Industrialisierung *f* industrialization
Industrie *f* industry, (*Industriezweig*) (branch of) industry: ***in der Industrie (tätig) sein*** be (employed) in industry
Industrie... *meist* industrial (*nation*, *diamond*, *product*, *etc*)
Industrieanlage *f* industrial plant
Industriearbeiter, **Industriearbeiterin** industrial worker
Industrieberater, **Industrieberaterin** consultant
Industriebetrieb *m* industrial undertaking (*Anlage*: plant)
Industriegebiet *n* industrial area
Industriegelände *n* industrial estate
Industriegesellschaft *f* industrial society
Industriegewerkschaft *f* industry-wide union: ***Industriegewerkschaft Metall*** metalworkers' union
Industriekauffrau *f*, **Industriekaufmann** *m* officer (*oder* clerk) in an industrial company
Industrieland *n* industrialized country
industriell *Adj* industrial
Industrielle *m*, *f* industrialist
Industriemacht *f* industrial power
Industriemesse *f* industrial fair
Industriemüll *m* industrial waste
Industriepark *m* industrial park
Industrieroboter *m* industrial robot
Industriespionage *f* industrial espionage
Industriestadt *f* industrial town
Industrie- und Handelskammer *f* chamber of industry and commerce
Industrieverband *m* federation of industries
Industriezweig *m* (branch of) industry
induzieren *v/t allg* induce
ineinander *Adv* in(to) one another, *zwei*: *auch* in(to) each other: ***ineinander verliebt*** in love (with each other)
ineinanderfließen *v/i* merge into one another, *Farben*: *auch* run
ineinandergreifen *v/i* **a)** TECH interlock, *Räder etc*: mesh, gear, **b)** *fig Aktionen etc*: interlink, be interconnected
ineinanderpassen *v/i* fit together, fit into each other
ineinanderschieben *v/t* (*auch* ***sich ineinanderschieben lassen***) telescope
infam *Adj* infamous, disgraceful
Infanterie *f* MIL infantry
infantil *Adj* infantile
Infarkt *m* MED **1.** infarct **2.** → ***Herzinfarkt***
Infekt *m*, **Infektion** *f* infection
Infektionsgefahr *f* risk of infection
Infektionsherd *m* focus of infection
Infektionskrankheit *f* infectious disease
infektiös *Adj* infectious, contagious
Inferno *n auch fig* inferno
infiltrieren *v/t und v/i auch fig* infiltrate
Infinitesimalrechnung *f* infinitesimal calculus
Infinitiv *m* LING infinitive
infizieren I *v/t auch fig* infect **II** *v/refl* ***sich infizieren*** catch an infection, become infected: ***er hat sich bei ihr infiziert*** he caught the disease from her
in flagranti *Adv* ***j-n in flagranti ertappen*** catch s.o. in the act (*Dieb etc*: *auch* red-handed)
Inflation *f* inflation
inflationär, **inflationistisch** *Adj* inflationary
Inflationsrate *f* inflation rate, rate of inflation
Info *f ugs* info
infolge *Präp* (*Gen*) as a result of, owing to
infolgedessen *Adv* as a result (of this), consequently
Informant, **Informantin** informant, source
Informatik *f* computer science, informatics *Sg*
Informatiker, **Informatikerin** computer scientist
Information *f auch Pl* information *Sg*: ***zu Ihrer Information*** for your information
informationell *Adj* informational
Informationsblatt *n* newssheet
Informationsbüro *n* information office
Informationsfluss *m* flow of information
Informationsmaterial *n* information(al material)
Informationsschalter *m* information desk
Informationsstand *m* information desk
Informationstechnologie *f* information technology (*Abk* IT)
informativ *Adj* informative
informieren I *v/t* (***über*** *Akk*) *allg* inform (of, about), (*benachrichtigen*) *auch* notify (of), let *s.o.* know (about), (*anweisen*) *auch* instruct (as to), brief (on): ***falsch informieren*** misinform **II** *v/refl* ***sich informieren*** inform o.s
informiert *Adj* informed: ***informierte Kreise*** (well-)informed circles
Infostand *m ugs* → ***Informationsstand***
Infotainment *n* infotainment
infrage *Adv*: ***infrage kommen*** be a possibility, *Person*: *auch* be eligible; ***das kommt gar nicht infrage*** that's out of the question; ***etw infrage stellen*** **a)** question (*oder* doubt) s.th., **b)** (*gefährden*) jeopardize s.th.
infrarot *Adj* infrared
Infrarot *n*, **Infrarot...** infrared
Infraschall *m* infrasound

Infraschall… infrasonic
Infrastruktur *f* infrastructure
Infusion *f* infusion
Ingenieur, **Ingenieurin** engineer
Ingenieurbüro *n* engineering office
Ingwer *m* ginger
Ingwerbier *n* ginger beer
Inhaber, **Inhaberin** *einer Firma*, *eines Hotels etc*: owner, proprietor (proprietress), (*Wohnungsinhaber[in]*) occupant, *eines Amtes*, *Titels*, *Patents*, *Rekords etc*: holder, *eines Wechsels*, *Wertpapiers etc*: holder, bearer
Inhaberaktie *f* bearer share
Inhaberscheck *m* cheque (*Am* check) to bearer
inhaftieren *v/t* arrest, take *s.o.* into custody
Inhaftierung *f* **1.** arrest(ing) **2.** (*Haft*) detention
inhalieren *v/t* inhale
Inhalt *m* **1.** contents *Pl*, (*Rauminhalt*) capacity, volume **2.** *fig* (*Gehalt*) content(s *Pl*), subject matter, (*Sinn*, *Zweck*) meaning: ***des Inhalts, dass …*** to the effect that …; ***wesentlicher Inhalt*** essence; ***mein Leben hat keinen Inhalt*** my life is meaningless (*oder* empty)
inhaltlich *Adv* in content
Inhaltsangabe *f* summary, synopsis
Inhaltserklärung *f* WIRTSCH list of contents
inhaltslos *Adj* empty, meaningless, *Rede etc*: lacking in substance
inhaltsreich *Adj* rich in substance, *Leben*: full, rich
Inhaltsverzeichnis *n* list (*Buch*: table) of contents
inhuman *Adj* inhuman
Initiale *f* initial
Initiative *f* **1.** initiative: ***die Initiative ergreifen*** take the initiative; ***auf seine Initiative hin*** on his initiative; ***aus eigener Initiative*** on one's own initiative **2.** (*Bürgerinitiative*) action group
Initiator *m*, **Initiatorin** *f* initiator
Injektion *f* injection, *ugs* shot
Injektionsnadel *f* hypodermic needle
Injektionsspritze *f* (hypodermic) syringe
injizieren *v/t* inject
Inkasso *n* WIRTSCH (***zum Inkasso*** for) collection
Inkasso… *meist* collection (*agency*, *business*, *etc*)
Inkassovollmacht *f* authority to collect
inklusive **I** *Präp* (*Nom*, *Gen*) including, inclusive of: ***inklusive Verpackung*** packing included **II** *Adv* ***bis zum 4. Mai inklusive*** up to and including May 4th
inkognito *Adv*, **Inkognito** *n* incognito
inkompatibel *Adj* incompatible
inkompetent *Adj* incompetent
inkonsequent *Adj* inconsistent
Inkonsequenz *f* inconsistency
In-Kraft-Treten *n* coming into force: ***bei In-Kraft-Treten*** upon taking effect; ***Tag des In-Kraft-Tretens*** effective date
inkrementell *Adj*: ***inkrementelle Suche*** COMPUTER incremental search
Inkubationszeit *f* MED incubation period
Inkubator *m* MED incubator
Inland *n* **1.** (*Ggs. Ausland*) home: ***im In- und Ausland*** at home and abroad **2.** (*Landesinnere*) inland, interior
Inland… → ***inländisch***
Inländer, **Inländerin** native
inländisch *Adj auch* WIRTSCH home, domestic, *Verkehr*: internal
Inlandsabsatz *m* WIRTSCH domestic sales *Pl*
Inlandsflug *m* domestic (*oder* internal) flight
Inlandsmarkt *m* home (*oder* domestic) market
Inlandspost *f* inland (*Am* domestic) mail
Inlineskaten *n* in-line skating
Inlineskater, **Inlineskaterin** in-line skater
Inlineskates *Pl* in-line skates *Pl*, *ugs* blades *Pl*
inmitten *Präp* (*Gen*) in the middle of
innehaben *v/t* (*Amt*, *Stelle*, *Rekord etc*) hold
innehalten *v/i* stop, pause
innen *Adv* inside, (*im Haus*) *auch* indoors: ***innen und außen*** inside and out(side); ***nach innen (zu)*** inwards; ***von innen*** from (the) inside
Innenansicht *f* interior view
Innenarchitekt, **Innenarchitektin** interior designer
Innenarchitektur *f* interior design
Innenaufnahme *f* FILM, FOTO interior
Innenausstattung *f* **a)** interior decoration, **b)** décor, furnishings *Pl*, MOT trim
Innenbahn *f* SPORT inside lane
Innenbeleuchtung *f* interior (*oder* indoor) lighting
Innendienst *m* office work: ***im Innendienst tätig sein*** be an office worker
Innendurchmesser *m* inside diameter
Inneneinrichtung *f* → ***Innenausstattung***
Innenfläche *f* **1.** inside **2.** *der Hand*: palm
Innenhof *m* (inner) courtyard
Innenleben *n* inner life
Innenleuchte *f* MOT interior (*oder* courtesy) light
Innenminister, **Innenministerin** minister of the interior, *Br* Home Secretary, *Am* Secretary of the Interior
Innenministerium *n* ministry of the interior, *Br* Home Office, *Am* Department of the Interior
Innenpolitik *f* domestic politics *Pl* (*einer Regierung*: policy)
innenpolitisch *Adj* domestic, internal
Innenraum *m* interior
Innenseite *f* (***auf der Innenseite*** [on the]) inside
Innenstadt *f* inner city, (town) cent/re (*Am* -er), *Am auch* downtown: ***in der Innenstadt von Chicago*** in downtown Chicago
Innentasche *f* inside pocket
Innentemperatur *f* internal (*oder* indoor) temperature
Innenwand *f* inside wall
inner *Adj* inside, WIRTSCH, POL internal, domestic, MED internal, (*seelisch*) inner, (*geistig*) mental: *fig* ***ein innerer Widerspruch*** an inconsistency; ***innerer Halt*** moral backbone; ***innere Ruhe*** peace of mind
innerbetrieblich *Adj* WIRTSCH internal
Innere *n* **1.** interior (*auch* GEOG), inside, (*Mitte*) heart, cent/re (*Am* -er): ***im Inneren*** inside, *eines Landes*: in the interior; ***Minister des Inneren*** → ***Innenminister*** **2.** *fig* heart, soul, mind, core: ***in ihrem tiefsten Inneren*** deep down; *auch* → ***Innerste***
Innereien *Pl* innards *Pl*, guts *Pl*
innerhalb **I** *Präp* (*Gen*) **1.** inside, within (*auch fig*): ***innerhalb der Familie*** within the family **2.** *zeitlich*: in, within, (*während*) during: ***innerhalb der Arbeitszeit*** during working hours; ***innerhalb weniger Tage*** within a few days **II** *Adv* **3.** ***innerhalb von*** *allg* within
innerlich **I** *Adj* **1.** inner, *auch* MED internal **2.** *fig* inward(-looking), (*gefühlsmäßig*, *-betont*)

emotional, (*nachdenklich*) thoughtful **II** *Adv* **3.** internally: ***innerlich (anzuwenden)*** PHARM for internal use (only) **4.** *fig* inwardly, (*insgeheim*) *auch* secretly
Innerlichkeit *f* inwardness, sensitivity, depth of feeling
innerparteilich *Adj* inner-party …, internal
innerst *Adj* innermost, *fig auch* inmost: ***die innersten Gedanken*** one's most secret thoughts
innerstaatlich *Adj* internal
innerstädtisch *Adj* urban
Innerste *n* *the* innermost part, (*Mittelpunkt*) *auch* heart, midst: *fig* ***bis ins Innerste getroffen*** cut to the quick
innert *Präp* (*Gen*) *österr.*, *schweiz.* within, inside of, in
innewohnen *v/i* be inherent (*Dat* in)
innig *Adj* (*zärtlich*) tender, (*glühend*) ardent, fervent, *Wunsch*: *auch* devout, (*herzlich*) heartfelt, sincere, *Freundschaft*: close, intimate: *Adv* ***j-n innig lieben*** love s.o. dearly, be devoted to s.o.
Innigkeit *f* tenderness, ardo(u)r, sincerity
Innovation *f* innovation
innovationsfreudig, **innovativ** *Adj* innovative
Innung *f* guild
inoffiziell *Adj* unofficial, (*zwanglos*) informal
inopportun *Adj* inopportune
in petto *Adv* ***etw in petto haben*** have s.th. up one's sleeve
in puncto *Präp* as regards
Input *m auch* IT input
Inquisition *f* Inquisition
Insasse *m*, **Insassin** *f eines Autos etc*: passenger, *eines Gefängnisses*, *Heims etc*: inmate
Insassenversicherung *f* MOT passenger insurance (cover)
insbesondere *Adv* (e)specially, in particular
Inschrift *f* inscription
Insekt *n* insect, *bes Am auch* bug
Insektenbekämpfungsmittel *n* insecticide
Insektenfresser *m* ZOOL insectivore
Insektenkunde *f* entomology
Insektenschutzmittel *n* insect repellent
Insektenstich *m* insect bite
Insektizid *n* insecticide
Insel *f* island (*auch fig*), *poet und bei Eigennamen*: isle: ***die Insel Wight*** the Isle of Wight; ***die Britischen Inseln*** the British Isles
Inselbewohner, **Inselbewohnerin** islander
Inselgruppe *f* archipelago
Inselstaat *m* island state
Inselvolk *n* islanders *Pl*
Inselwelt *f* islands *Pl*
Inserat *n* advertisement, *ugs* ad
Inserent, **Inserentin** advertiser
inserieren **I** *v/t* advertise **II** *v/i* ***inserieren in*** (*Dat*) advertise in, put an advertisement (*ugs* ad) into
insgeheim *Adv* secretly
insgesamt *Adv* altogether, in all, (*als Ganzes*) as a whole: ***seine Schulden betragen insgesamt …*** his debts total …
Insider, **Insiderin** insider
insofern **I** *Adv* as far as that goes **II** *Konj* ***insofern (als)*** in so far as
insolvent *Adj* insolvent
Insolvenz *f* insolvency
Inspekteur, **Inspekteurin** MIL inspector
Inspektion *f* **1.** inspection **2.** (***das Auto zur Inspektion bringen*** put the car in for a) service
Inspektor *m*, **Inspektorin** *f* inspector
Inspiration *f* inspiration
inspirieren *v/t* ***j-n zu etw inspirieren*** inspire s.o. to (do) s.th.; ***sich inspirieren lassen*** be inspired (***von*** by)
inspizieren *v/t* inspect, examine
Installateur, **Installateurin** plumber, (*Elektroinstallateur*[*in*]) electrician, (*Gasinstallateur*[*in*]) gas fitter
Installation *f* installation
installieren **I** *v/t* install **II** *v/refl* ***sich installieren*** install o.s
instand *Adv* ***instand halten*** keep *s.th.* in good condition, maintain, service; ***instand setzen*** repair, (*renovieren*) renovate
Instandhaltung *f* maintenance
inständig *Adj* urgent: *Adv* ***j-n inständig um etw bitten*** implore s.o. for s.th.
Instandsetzung *f* repair, (*Renovierung*) renovation
Instandsetzungsarbeit *f* repair work, repairs *Pl*
Instanz *f* authority, JUR instance: ***höhere Instanzen*** higher authorities (JUR courts); ***in erster Instanz*** JUR at first instance; ***Gericht erster Instanz*** court of first instance; ***in letzter Instanz*** *auch fig* in the last instance
Instanzenweg *m* JUR (successive) stages *Pl* of appeal; ***auf dem Instanzenweg*** through the prescribed channels
Instinkt *m* instinct, *weit. S.* feeling: ***aus Instinkt*** from (*oder* by) instinct, instinctively
instinktiv *Adj* instinctive
instinktlos *Adj fig* showing a sad lack of flair
Institut *n* (***in einem Institut*** at an) institute
Institution *f auch fig* institution
institutionalisieren *v/t* institutionalize
institutionell *Adj* institutional
instruieren *v/t* ***j-n instruieren*** give s.o. instructions, *auch* MIL brief s.o., (*unterrichten*) inform s.o.
Instruktion *f allg* instruction
instruktiv *Adj* instructive
Instrument *n auch fig* instrument
Instrumentalmusik *f* instrumental music
Instrumentenbrett *n allg* instrument panel
Instrumentenfehler *m* TECH instrumental error
Instrumentenflug *m* instrument flying
instrumentieren *v/t* MUS orchestrate
Insuffizienz *f bes* MED insufficiency
Insulaner, **Insulanerin** islander
Insulin *n* insulin
inszenieren *v/t* THEAT stage (*auch fig*), *auch* FILM, TV produce, (*Regie führen*) direct
Inszenierung *f* production: ***… in der Inszenierung von X*** … produced by X
intakt *Adj* intact
integer *Adj man etc* of integrity
integral *Adj*, **Integral** *n* MATHE integral
Integralrechnung *f* integral calculus
Integration *f* integration
integrieren *v/t und v/refl* ***sich integrieren*** integrate (***in*** *Akk* into, within); ***integrierender Bestandteil*** integral part
integriert *Adj* integrated
Integrität *f* integrity
Intellekt *m* intellect
intellektuell *Adj*, **Intellektuelle** *m*, *f* intellectual, *ugs* highbrow
intelligent *Adj* intelligent
Intelligenz *f* intelligence, (*Intelligenzschicht*) intelligentsia: ***künstliche Intelligenz*** artificial intelligence
Intelligenzquotient *m* intelligence quotient, I.Q.

I

Intelligenztest *m* intelligence test
Intendant, **Intendantin** director
Intensität *f* intensity
intensiv *Adj* intensive, *Gefühl, Interesse etc*: intense
intensivieren *v/t* intensify
Intensivierung *f* intensification
Intensivkurs *m* crash course
Intensivstation *f* MED intensive-care unit (*Abk* ICU): ***auf der Intensivstation liegen*** be in intensive care
interaktiv *Adj* interactive
Intercityexpresszug *m* (German *oder* ICE) high-speed train
Intercity(zug) *m* intercity (train)
interessant *Adj* interesting
Interesse *n* interest (***an*** *Dat*, ***für*** in): ***Interesse haben an*** (*oder* ***für***) → ***interessieren*** II; ***Interesse zeigen*** show an interest (***an*** *Dat*, ***für*** in); ***im öffentlichen Interesse*** in the public interest; *ich tat es* ***in deinem Interesse*** for your sake; ***es liegt in deinem eigenen Interesse*** it's in your own interest; ***mit Interesse*** → ***interessiert*** II; ***j-s Interessen vertreten*** (*oder* ***wahrnehmen***) look after (*formell*: represent) s.o.'s interests; ***es besteht kein Interesse an*** (*Dat*) nobody is interested in, *einer Ware etc*: there is no demand for
interessehalber *Adv* out of interest
interesselos *Adj* uninterested, indifferent
Interesselosigkeit *f* indifference
Interessengebiet *n* field of interest
Interessengemeinschaft *f* community of interests, WIRTSCH (*Vereinigung*) combine, pool
Interessensphäre *f* POL sphere of influence
Interessent, **Interessentin** interested party, WIRTSCH prospective buyer, taker
interessieren **I** *v/t* interest (***für*** in): *das Buch etc* ***interessiert mich nicht*** … doesn't interest me, I'm not interested in …; ***das interessiert mich*** (***überhaupt***) ***nicht!*** I'm not (a bit) interested!, (*das ist mir egal*) I couldn't care less!; ***es wird dich interessieren*** (***zu hören***), ***dass …*** you'll be interested to know that …; ***wen interessiert das schon?*** who cares? **II** *v/refl* ***sich interessieren für*** be interested in, take (*oder* show) an interest in, (*kaufen wollen*) *auch* be in the market for **III** *v/i* be of interest: ***das interessiert hier nicht!*** that's irrelevant!
interessiert **I** *Adj* interested (***an*** *Dat* in) (*auch Käufer etc*) **II** *Adv* with interest, interestedly
Interface *n* COMPUTER interface
Interkontinentalflug *m* intercontinental flight
Interkontinentalrakete *f* intercontinental ballistic missile
Intermezzo *n* MUS intermezzo, interlude (*auch fig*)
intern *Adj* internal
Internat *n* boarding school
international *Adj* international
internationalisieren *v/t* internationalize
Internatsschüler, **Internatsschülerin** boarder
Internet *n* IT Internet, *ugs* Net: ***im Internet*** on the Internet
Internetanschluss *m* Internet connection: ***haben Sie einen Internetanschluss?*** are you on the Internet?
internetbasiert *Adj* Internet-based: ***internetbasierte Anwendung*** Internet-based application
Internetseite *f* Web page
Internetserver *m* Internet provider
Internetslang *m* Internet jargon
Internetsurfer, **Internetsurferin** Internet surfer, Net surfer, Web surfer
Internetuser *m* Internet user, Net user
Internetzugang *m* Internet access
Interngespräch *n* TEL internal call
internieren *v/t* intern
Internierte *m, f* internee
Internierung *f* internment
Internierungslager *n* internment camp
Internist, **Internistin** MED internist
interparlamentarisch *Adj* interparliamentary
interplanetarisch *Adj* interplanetary
Interpret, **Interpretin** interpreter, MUS *auch* performer, (*Sänger[in]*) singer
Interpretation *f* interpretation
interpretieren *v/t* interpret, (*auffassen*) *auch* read, JUR construe
Interpunktion *f* punctuation
Interpunktionszeichen *n* punctuation mark
Interrailkarte *f* interrail ticket
Interregio *m* BAHN regional fast train
Interrogativ… interrogative (*pronoun, sentence, etc*)
Intervall *n* interval
Intervallschaltung *f* MOT interval switch
Intervalltraining *n* SPORT interval training
intervenieren *v/i* intervene
Intervention *f* intervention
Interview *n*, **interviewen** *v/t* interview
Interviewer, **Interviewerin** interviewer
intim *Adj allg* intimate, *Bar, Zimmer etc*: *auch* cosy: *sexuell*: ***mit j-m intime Beziehungen haben, mit j-m intim sein*** have intimate relations with s.o.; ***ein intimer Kenner sein von*** (*oder Gen*) have an intimate knowledge of
Intimbereich *m* **1.** ANAT genitals *Pl* **2.** → ***Intimsphäre***
Intimfeind, **Intimfeindin** archenemy
Intimität *f* intimacy: ***es kam zu Intimitäten zwischen ihnen*** they became intimate
Intimleben *n* private life
Intimsphäre *f* (***in j-s Intimsphäre eindringen*** violate s.o.'s) privacy
Intimspray *m* vaginal spray
Intimverkehr *m* intercourse
intolerant *Adj* intolerant
Intoleranz *f* intolerance
Intonation *f* LING, MUS intonation
intonieren *v/t* intonate
Intranet *n* Intranet
intransitiv *Adj* LING intransitive
intravenös *Adj* MED intravenous
Intrigant, **Intrigantin** schemer
Intrige *f* plot, intrigue, scheme
intrigieren *v/i* (plot and) scheme
introvertiert *Adj* introverted: ***introvertierter Mensch*** introvert
Intuition *f* intuition
intuitiv *Adj* intuitive
Invalide *m*, **Invalidin** *f* invalid
Invalidität *f* disablement, disability
Invasion *f* invasion
Inventar *n* (*Verzeichnis*) inventory, (*Gegenstände*) stock: ***festes Inventar*** fixture(s *Pl*); ***totes Inventar*** dead stock; ***lebendes Inventar*** livestock; ***sie gehört schon zum Inventar*** *hum* she is one of the fixtures; ***ein Inventar aufnehmen*** (***von***) → ***inventarisieren***
inventarisieren **I** *v/i* take inventory (*oder* stock) **II** *v/t* take an inventory of
Inventur *f* WIRTSCH inventory, stocktaking: ***Inventur machen*** take inventory (*oder* stock)

Inversion *f* inversion
investieren *v/t und v/i auch fig* invest
Investition *f* WIRTSCH investment, (*Kapitalaufwand*) capital expenditure
Investitions... *meist* investment (*bank, loan, etc*)
Investitionsanreiz *m* investment incentive
Investitionsgüter *Pl* capital goods *Pl*
Investmentfonds *m* investment fund
Investmentgesellschaft *f* investment company
In-vitro-Fertilisation *f* MED in vitro fertilization
inwendig *Adj* inwardly: *ugs* ***in- und auswendig kennen*** know *s.th.* inside out
inwiefern *Konj* in what way, how
inwieweit *Konj* to what extent
Inzahlungnahme *f* part exchange, *Am* trade-in
Inzest *m* incest
Inzucht *f* intermarriage, *auch* ZOOL inbreeding
inzwischen *Adv* in the meantime
Ion *n* PHYS ion
ionisieren *v/t* ionize
Ionosphäre *f* ionosphere
i-Punkt *m* dot over the i: ***bis auf den i-Punkt*** *fig* down to the last detail
Irak *m der* Iraq
Iraker, Irakerin, irakisch *Adj* Iraqi, Iraki
Iran *m der* Iran
Iraner, Iranerin, iranisch *Adj* Iranian
irdisch *Adj* earthly, (*weltlich*) worldly, (*sterblich*) mortal
Ire *m* Irishman: ***die Iren*** *Pl* the Irish *Pl*
irgend *Adv* **1.** *ugs* ***irgend so ein ...*** some sort of ... **2.** ***wann (wo) es irgend geht*** whenever (wherever) it might be possible; ***wenn ich irgend kann*** if I possibly can; ***so rasch wie irgend möglich*** as soon as at all possible
irgendein *Indefinitpron* some, *verneint und fragend*: any: ***auf irgendeine Weise*** somehow; ***besteht noch irgendeine Hoffnung?*** is there any hope at all?
irgendeiner → ***irgendjemand***
irgendetwas *Indefinitpron* something, *fragend*: anything; ***wir müssen irgendetwas tun!*** we've got to do s.th.!
irgendjemand *Indefinitpron* someone, somebody, *fragend*: anyone, anybody
irgendwann *Adv* **1.** some time (or other) **2.** any time
irgendwas *ugs* → ***irgendetwas***
irgendwelche *Indefinitpron* any: ***ohne irgendwelche Kosten*** without any expense at all
irgendwie *Adv* somehow, some way (or other)
irgendwo *Adv* somewhere, *verneint und fragend*: anywhere: ***irgendwo anders*** somewhere else
irgendwoher *Adv* from somewhere, *verneint und fragend*: from anywhere
irgendwohin *Adv* somewhere, *verneint und fragend*: anywhere
Irin *f* Irishwoman: ***sie ist Irin*** she is Irish
Iris *f* ANAT, BOT iris
irisch I *Adj* Irish: ***Irische Republik*** Republic of Ireland, Eire; ***die Irische See*** the Irish Sea **II Irisch** *n* LING Irish
Irland *n* Ireland
Ironie *f* irony (***des Schicksals*** of fate)
ironisch *Adj* ironic(ally *Adv*)
ironisieren *v/t* ***etw ironisieren*** treat s.th. with irony
irrational *Adj* irrational
irre I *Adj* **1.** mad, insane, crazy: ***irres Zeug reden*** be raving **2.** *ugs fig* mind-blowing, *Idee, Tempo etc*: crazy, mad: ***irre (gut)*** fantastic, super, wild; ***ein irrer Typ*** a super guy; ***drinnen war eine irre Hitze*** inside it was awfully hot; ***wie irre*** *arbeiten etc* like crazy **II** *Adv* **3.** *ugs* awfully (*big, hot, etc*), (*wie verrückt*) like crazy: ***irre viel(e)*** an awful lot of
Irre[1] *m, f* madman (madwoman), lunatic, *ugs fig* nutcase: *ugs* ***wie ein Irrer*** *arbeiten, fahren etc* like crazy
Irre[2] *f* ***j-n in die Irre führen*** → ***irreführen***
irreal *Adj* **1.** unreal **2.** unrealistic
irreführen *v/t fig* mislead, (*täuschen*) *auch* deceive: ***sich irreführen lassen*** be deceived (***von*** by)
irreführend *Adj* misleading
irrelevant *Adj* irrelevant
irremachen → ***beirren***
irren I *v/refl* **1.** ***sich irren*** (***in*** *Dat* about *s.o.*, in *s.th.*) be wrong, be mistaken; ***ich habe mich im Datum geirrt*** I got the date wrong; ***er hat sich in der Tür geirrt*** he went to the wrong door; ***ich kann mich (auch) irren*** (of course,) I may be wrong; ***da irrst du dich aber (gewaltig)!*** you're very much mistaken there!; ***wenn ich mich nicht irre*** if I'm not mistaken **II** *v/i* **2.** wander, err, stray (*alle auch fig Blicke, Gedanken etc*) **3.** be wrong, be mistaken
Irren *n* ***Irren ist menschlich*** we all make mistakes
Irrenhaus *n ugs fig* ***hier gehts zu wie im Irrenhaus!*** it's like a madhouse here!
irreparabel *Adj* irreparable
Irrfahrt *f* odyssey
Irrgarten *m* mace, labyrinth
Irrglaube *m* erroneous belief, (*Ketzerei*) heresy
irrig(erweise *Adv*) *Adj* wrong(ly)
irritieren *v/t allg* irritate, (*ärgern*) *auch* annoy, (*unsicher machen*) *auch* confuse
Irrsinn *m auch fig* madness
irrsinnig → ***irre***
Irrsinnige *m, f* → **Irre**[1]
Irrtum *m* mistake, error (*auch* JUR), (*Missverständnis*) misunderstanding: ***im Irrtum sein, sich im Irrtum befinden*** be mistaken, be wrong; ***mir ist ein Irrtum unterlaufen*** I (have) made a mistake; ***da muss ein Irrtum vorliegen!*** there must be some mistake!; *ugs* ***Irrtum!*** (sorry, but) you're wrong there!
irrtümlich *Adj* wrong(ly *Adv*)
irrtümlicherweise *Adv* by mistake
ISBN-Nummer *f* ISBN number
Ischias *m, n,* MED *f* sciatica
Ischiasnerv *m* sciatic nerve
ISDN-Anschluss *m* ISDN connection (*oder* access)
ISDN-Karte *f* ISDN controller
ISDN-Nummer *f* ISDN number
Islam *m* Islam
islamisch *Adj* Islamic
Island *n* Iceland
Isländer, Isländerin Icelander
isländisch *Adj* Icelandic
Isolation *f* **1.** isolation **2.** → ***Isolierung*** 2

isolieren: insulate oder isolate? SG

Im Deutschen isoliert man einerseits Stromkabel, Dachböden und Ähnliches, und andererseits Personen; im Englischen gibt es zwei verschiedene Verben:

> etw isolieren; etw abdichten **insulate s.th.**
> **insulate an attic (against the cold)**
> j-n isolieren **isolate s.o.**
> **isolate s.o. (from s.o. else)**
> ⚠ Man verwendet das Verb **insulate** auch im übertragenen Sinn, um auszudrücken, dass man jemanden von einer meist unangenehmen Erfahrung verschonen will:
> **The royal family tried to insulate him from the media.**

Isolierband *n* insulating tape
isolieren I *v/t* **1.** isolate **2.** ELEK, TECH insulate (***gegen*** against) **II** *v/refl* ***sich isolieren*** **3.** isolate o.s., (*sich abkapseln*) cut o.s. off
Isolierkanne *f* vacuum flask
Isoliermaterial *n* insulating material
Isolierschicht *f* insulating layer
Isolierstation *f* MED isolation ward
Isolierung *f* **1.** isolation **2.** ELEK, TECH insulation
Isomatte *f* foam mattress, thermomat
Isotop *n* CHEM isotope
Israel *n* Israel
Israeli *m*, *f*, **israelisch** *Adj* Israeli
Israelit, **Israelitin**, **israelitisch** *Adj* Israelite
Istbestand *m* WIRTSCH actual amount, *an Waren*: actual stock
Italien *n* Italy
Italiener, **Italienerin** Italian
italienisch *Adj* Italian
Italienisch *n* LING Italian
i-Tüpfelchen *n*: ***bis aufs i-Tüpfelchen*** *fig* down to the last (*oder* tiniest) detail
IWF *m Abk* (= ***Internationaler Währungsfonds***) IMF, International Monetary Fund

J

J, j *n* J, j
ja *Adv* **1.** yes, PARL aye, *Am* yea, *bei der Trauung*: I do: ***ja?*** (*tatsächlich*) really?, (*stimmts*) right?, TEL hello; ***nun ja*** well (yes); ***ja doch!, aber ja!*** yes, of course!, sure!; ***ich glaube ja!*** I think so! **2.** (*schließlich*) after all: ***du kennst ihn ja*** you know what he's like **3.** *feststellend*: ***da bist du ja!*** there you are!; ***ich habs dir ja gesagt*** didn't I tell you?; ***das ist ja schrecklich*** but that's just terrible!; ***es regnet ja!*** oh dear, it's raining! **4.** *ermahnend*: ***sei ja vorsichtig!*** do (*drohend*: you) be careful!; ***bring es ja mit!*** make sure you bring it!; ***sags ihm ja nicht!*** don't tell him! **5.** *überrascht*: ***ja, weißt*** (*oder* ***wusstest***) ***du denn*** (***das***) ***nicht?*** do you mean to say you didn't know? **6.** *einschränkend*: ***ich würde es ja gern tun, aber …*** I'd really like to do it, but …
Ja *n* yes, PARL aye, *Am* yea: ***mit Ja oder Nein antworten*** answer yes or no; ***Ja sagen*** (***zu*** to) say yes, *fig auch* agree
Jacht *f* yacht
Jachtklub *m* yacht club
Jacke *f* jacket, (*Strickjacke*) cardigan: *ugs fig* ***das ist Jacke wie Hose*** it's much of a muchness
Jackenkleid *n* two-piece dress
Jacketkrone *f* jacket crown
Jackett *n* jacket
Jade *m*, *f* MIN jade
Jagd *f* **1.** hunt(ing), shoot(ing): ***auf*** (***die***) ***Jagd gehen*** go hunting **2.** *fig* (***nach***) chase (after), pursuit (of): ***Jagd machen auf*** (*Akk*) chase (after), pursue; ***eine wilde Jagd nach*** a mad rush for
Jagdbeute *f* bag
Jagdbomber *m* MIL fighter bomber
Jagdflieger, **Jagdfliegerin** MIL fighter pilot
Jagdflugzeug *n* MIL fighter (plane)
Jagdhund *m* hound, (*Rasse*) short-haired pointer
Jagdhütte *f* (hunting) lodge
Jagdrennen *n Pferdesport*: steeplechase
Jagdrevier *n* hunting ground
Jagdschein *m* hunting licen/ce (*Am* -se)
Jagdzeit *f* hunting season
jagen I *v/t* **1.** hunt, shoot **2.** *fig* (*verfolgen*) chase (after), (*suchen*) hunt (for): ***ein Ereignis jagte das andere*** things happened really fast; *ugs* ***damit kannst du mich jagen!*** I just hate that! **3.** *ugs* ***j-m*** (***sich***) ***eine Kugel durch den Kopf jagen*** blow s.o.'s (one's) brains out; ***den Ball ins Netz jagen*** slam the ball home; ***etw in die Luft jagen*** blow s.th. up **II** *v/i* **4.** go hunting, go shooting, hunt **5.** *fig* (*rasen*) race **6.** ***jagen nach*** *fig* chase after, hunt for
Jagen *n* hunt(ing), shoot(ing)
Jäger *m* **1.** huntsman, hunter **2.** → ***Jagdflieger***, ***Jagdflugzeug***
Jägerin *f* huntress, huntswoman
Jaguar *m* ZOOL jaguar
jäh I *Adj* **1.** (*plötzlich*) sudden, abrupt: *fig* ***ein jähes Erwachen*** a rude awakening **2.** (*steil*) steep: ***jäher Abhang*** precipice **II** *Adv* **3.** (*plötzlich*) all of a sudden, abruptly **4.** ***jäh abfallend*** precipitous
Jahr *n* **1.** year: ***ein halbes Jahr*** half a year, six months; ***alle Jahre*** every year; ***Jahr für Jahr*** year after year; ***im Jahre 1938*** in (the year of) 1938; ***in diesem*** (***im nächsten***) ***Jahr*** this (next) year; ***heute vor einem Jahr*** a year ago today; ***von Jahr zu Jahr*** from year to year; ***auf Jahre hinaus*** for years to come; ***seit Jahren*** (***nicht***) (not) for years; ***im Lauf der Jahre*** through (*oder* over) the years; → ***jünger*** 1 **2.** (*Lebensjahr*) year, (*Alter*) age: ***das Kind ist zwei Jahre*** (***alt***) the child is two (years old); ***mit*** (*oder* ***im Alter von***) ***20 Jahren*** at the age of twenty;

in die Jahre kommen be getting on; ***in den besten Jahren sein*** be in the prime of life
jahraus *Adv* ***jahraus, jahrein*** year in, year out
Jahrbuch *n* yearbook, almanac
jahrelang **I** *Adj* longstanding, lasting for years: ***jahrelange Erfahrung*** years of experience **II** *Adv* for years
jähren *v/refl* ***heute jährt sich ...*** it's a year today since (*oder* that) ...
Jahres... *meist* annual (*balance sheet, report, ring, etc*), yearly
Jahresabschluss *m* WIRTSCH annual accounts *Pl*
Jahresbeginn *m* (***zum Jahresbeginn*** at the) beginning of the year
Jahresbestleistung *f* SPORT record of the year
Jahresende *n* (***zum Jahresende, am Jahresende*** at the) end of the year
Jahresgehalt *n* annual salary
Jahreshälfte *f* ***erste*** (***zweite***) ***Jahreshälfte*** first (second) half of the year
Jahreshauptversammlung *f* WIRTSCH annual general meeting
Jahrestag *m* anniversary
Jahreswagen *m* MOT one-year-old car
Jahreszahl *f* year
Jahreszeit *f* season: ***in dieser Jahreszeit*** at this time of year

Jahreszeiten WF

(im) Frühling	**(in) spring**
(im) Sommer	**(in) summer**
(im) Herbst	**(in) autumn,** *Am* **(in the) fall**
(im) Winter	**(in) winter**

jahreszeitlich *Adj* seasonal
Jahrgang *m* **1.** age group, PÄD year: ***sie ist Jahrgang 1900*** she was born in 1900; ***er ist mein Jahrgang*** we were born in the same year; ***die Jahrgänge 1970-80*** the 1970-80 age group **2.** *von Wein*: vintage, year
Jahrhundert *n* century
jahrhundertealt *Adj* centuries old
jahrhundertelang *Adv* (*Adj* lasting) for centuries
jährlich **I** *Adj* yearly, annual **II** *Adv* yearly, every year, once a year: *1000 Euro etc* ***jährlich*** a year, per annum
Jahrmarkt *m* (***auf dem Jahrmarkt*** at the) fair
Jahrtausend *n* millennium
Jahrtausendfeier *f* millenary
Jahrzehnt *n* decade, ten years *Pl*
jahrzehntelang **I** *Adj* lasting for decades: ***jahrzehntelange Forschungsarbeit*** decades of research **II** *Adv* for decades
Jähzorn *m* (***im Jähzorn*** in a fit of) violent temper
jähzornig *Adj* irascible: ***er ist jähzornig*** *auch* he has a violent temper
Jalousie *f* (Venetian) blind(s *Pl*)
Jamaika *n* Jamaica
Jammer *m* **1.** (*Elend*) misery: *ugs* ***es ist ein Jammer, dass*** → ***jammerschade*** **2.** (*Wehklagen*) lamentation, wailing
jämmerlich **I** *Adj* **1.** (*elend*) miserable, wretched, pitiful, (*fig pej minderwertig*) *auch* deplorable: ***mir war jämmerlich zumute*** I felt (just) miserable **2.** (*kläglich*) heart-rending, piteous **II** *Adv* **3.** miserably (*etc*): ***jämmerlich weinen*** cry piteously; ***jämmerlich*** (***schlecht***) *singen etc* terribly; ***jämmerlich versagen*** (***umkommen***) fail (die) miserably
jammern *v/i* moan, *laut*: wail: ***jammern nach*** *der Mutter etc* cry for; ***jammern über*** (*Akk*) moan about, (*sich beklagen*) complain of
Jammern *n* moaning, wailing
jammerschade *Adj* (***es ist***) ***jammerschade, dass ...*** it's such a shame (*oder* too bad) that ...
Janker *m österr., südd* **1.** jacket **2.** (*Strickjacke*) cardigan
Jänner *m österr.* → ***Januar***
Januar *m* (***im Januar*** in) January
Japan *n* Japan
Japaner, **Japanerin**, **japanisch** *Adj*, **Japanisch** *n* LING Japanese
Jargon *m* jargon
Jasager, **Jasagerin** yes-person
Jasmin *m* BOT jasmin(e)
Jastimme *f* PARL aye, *Am* yea
jäten *v/t und v/i* weed
Jauche *f* liquid manure
Jauchegrube *f* cesspool
jauchzen *v/i* shout for joy
jaulen *v/i auch fig* howl
Jause *f österr.* (break for a) snack
jawohl *Adv* yes, (*ganz recht*) that's right
Jawort *n* ***sie gab ihm ihr Jawort*** she said yes
Jazz *m* jazz
Jazzband *f*, **Jazzkapelle** *f* jazz band
Jazzmusik *f* jazz (music)
Jazzsänger, **Jazzsängerin** jazz singer
je **I** *Adv* **1.** ever: ***ohne ihn je gesehen zu haben*** without ever having seen him **2.** → ***eh*** 2, ***jeher*** **3.** ***sie kosten je einen Dollar*** they cost a dollar each; ***für je 10 Personen*** for every ten persons; ***es gibt sie in Schachteln mit je 10 Stück*** they come in boxes of ten **4.** ***je nach*** according to; ***je nachdem*** it (all) depends (*siehe* 6) **II** *Konj* **5.** ***je eher, desto besser*** the sooner the better; ***je länger, je lieber*** the longer the better **6.** ***je nachdem*** according to *what he says*, depending on *how you do it* (*siehe* 4)

je ... desto GR

je ... desto	**the** + Komparativ ... **the** + Komparativ
Je weniger ich esse, desto schwerer scheine ich zu werden.	**The less I eat, the heavier I seem to get.**
Je früher du kommst, desto mehr Zeit haben wir.	**The sooner you come the more time we'll have.**

Jeans *Pl* jeans *Pl*
Jeansanzug *m* denim suit
Jeansjacke *f* denim jacket
Jeansstoff *m* denim
jede, **jeder**, **jedes** *Indefinitpron* **1.** (*jede Einzelne*) each, (*jede Beliebige*) any, (*jede von zweien*) either, *verallgemeinernd*: every: ***ich hörte jedes*** (***einzelne***) ***Wort*** I heard every (single) word; ***jedes zweite Auto*** every other car; ***ohne jeden Zweifel*** without any doubt; ***zu jeder Zeit*** any time; ***bei jedem Wetter*** in any weather; ***auf jeden Fall*** in any case **2.** each

jeder: each oder every? SG

jede(r, -s) Einzelne aus einer Menge	**each**
allgemein jede(r, -s); alle	**every**

They had four children and each one was at college.

every man / woman / book

⚠ „jede(r, -s) Beliebige" wird mit **any** übersetzt:

You can come any day – but please don't come every day.

(*oder* every) one, everyone: ***jede(r) von ihnen*** each (*oder* all) of them
jedenfalls *Adv* **1.** in any case, at any rate, anyway **2.** (*wie dem auch sei*) be that as it may **3.** (*wenigstens*) at least
jedermann *Indefinitpron* everyone, everybody, anyone, anybody: ***das ist nicht jedermanns Sache*** it's not everyone's cup of tea
jederzeit *Adv* any time, always
jedesmal → ***Mal²***
jedoch *Adv* however, still
jegliche, **jeglicher**, **jegliches** → ***jede***
jeher *Adv* ***von jeher*** always
jein *Adv ugs* yes and no
jemals *Adv* ever
jemand *Indefinitpron* somebody, someone, *fragend und verneint*: anybody, anyone: ***es kommt jemand*** somebody's coming; ***ist jemand hier?*** is anybody here?; ***jemand anders*** someone (*oder* anyone) else; ***sonst noch jemand?*** anyone else?
Jemen *m der* Yemen
jene, **jener**, **jenes** *Demonstrativpron* **1.** that, *Pl* those: ***seit jenem Tag*** from that day on **2.** that one, *Pl* those
jenseits **I** *Präp* (*Gen*) on the other side of, beyond, across **II** *Adv* on the other side: ***jenseits von*** beyond
Jenseits *n the* hereafter: *ugs* ***j-n ins Jenseits befördern*** send s.o. to kingdom come
Jesus *m* Jesus: ***Jesus Christus*** Jesus Christ; ***der Herr Jesus*** the Lord Jesus
Jesuskind *n the* infant Jesus
Jet *m* FLUG jet
Jetlag *m* jet lag
Jetset *m* jet set
jetten *v/i ugs* jet
jetzig *Adj* current, present(-day), (*bestehend*) existing
jetzt *Adv* now, (*heutzutage*) *auch* nowadays: ***erst jetzt*** only now; ***noch jetzt*** even now; ***bis jetzt*** so far, *verneint*: *auch* (as) yet
Jetzt *n* the present (time)
jeweilig **I** *Adj* respective, (*vorherrschend*) prevailing: ***der jeweilige Präsident*** the president then in office; ***der jeweiligen Mode entsprechend*** according to the fashion (at the time) **II** *Adv* → ***jeweils*** 4
jeweils *Adv* **1.** ***jeweils zwei*** two at a time **2.** (*immer*) always: ***sie kommt jeweils am Montag*** she comes every Monday; ***er trainiert jeweils zwei Stunden*** he does two hours of training a time **3.** (*je*) each: *Übungen* ***mit jeweils 20 Fragen*** with 20 questions each **4.** (*jeweilig*) in each case
jiddisch *Adj*, **Jiddisch** *n* LING Yiddish
Job *m ugs* job
jobben *v/i ugs* job
Jobsharing *n* job sharing
Joch *n* (*fig* ***das Joch abschütteln*** shake off the) yoke
Jochbein *n* ANAT cheekbone
Jockei *m*, **Jockey** *m* jockey
Jod *n* CHEM iodine
jodeln *v/t und v/i* yodel
jodhaltig *Adj* containing iodine
jodieren *v/t* **1.** CHEM iodinate **2.** MED, FOTO iodize
Jodsalbe *f* iodine ointment
Jodsalz *n* iodized salt
Jodtablette *f* iodine tablet
Jodtinktur *f* tincture of iodine
Joga *m* yoga
joggen *v/i* jog, go jogging
Jogger, **Joggerin** jogger
Jogging *n* jogging
Jogginganzug *m* tracksuit
Joghurt, **Jogurt** *m*, *n* yog(h)urt
Johannisbeere *f* ***Rote Johannisbeere*** redcurrant; ***Schwarze Johannisbeere*** blackcurrant
johlen *v/i* bawl, yell
Joint Venture *n* WIRTSCH joint venture
Joker *m* joker
Jolle *f* SCHIFF dinghy
Jongleur, **Jongleurin** juggler
jonglieren *v/t und v/i auch fig* juggle (***mit*** [with] *s.th.*)
Jordanien *n* Jordan
Jordanier, **Jordanierin**, **jordanisch** *Adj* Jordanian
Jota *n fig* ***kein Jota*** not a jot
Joule *n* PHYS joule
Journalismus *m* journalism
Journalist, **Journalistin** journalist
Journalistik *f* journalism
journalistisch *Adj* journalistic(ally *Adv*)
jovial *Adj* affable
Joystick *m Computerspiel*: joystick
Jubel *m* jubilation, cheers *Pl*
Jubeljahr *n* REL jubilee: *ugs* ***alle Jubeljahre einmal*** once in a blue moon
jubeln *v/i* cheer: (***vor Freude***) ***jubeln*** shout for joy, rejoice
Jubilar, **Jubilarin** person celebrating his (her) jubilee
Jubiläum *n* anniversary
Jubiläumsausgabe *f* jubilee edition
jucken *v/t*, *v/i und v/unpers* itch: ***mich juckts*** I'm itching; ***sich jucken*** scratch o.s.; ***es juckt mich am Arm, mein Arm juckt*** my arm's itchy; ***der Pullover juckt*** the pullover's scratchy; *ugs fig* ***es juckt mich zu*** *Inf* I'm itching to *Inf*; ***das juckt mich nicht!*** what do I care?
Jucken *n* itch(ing)
Juckreiz *m* itch(ing)
Jude *m* Jew
Judenhass *m* anti-Semitism
Judentum *n* **1.** Judaism **2.** (*die Juden*) *the* Jews *Pl*, Jewry **3.** (*jüdisches Wesen*) Jewishness
Judenverfolgung *f* persecution of (the) Jews
Jüdin *f* Jewish woman (*bzw.* lady, girl); ***sie ist Jüdin*** she is Jewish
jüdisch *Adj* Jewish
Judo *n* judo
Judoka *m* judoka
Jugend *f* **1.** youth: ***von Jugend an*** from childhood, from a child; ***in meiner Jugend*** when I was young **2.** (*Jugendlichkeit*) youth(fulness) **3.**

J

(*junge Leute*) youth: ***die Jugend (von heute)*** the young people (of today); ***die deutsche Jugend*** the young Germans *Pl* (of today) **4.** → ***Jugendmannschaft***
Jugendamt *n* youth welfare department
Jugendarbeitslosigkeit *f* youth unemployment
Jugendarrest *m* JUR short-term detention for young offenders
Jugendbuch *n* book for young people
jugendfrei *Adj* ***jugendfreier Film*** U (*Am* G) rated film; ***nicht jugendfreier Film*** X film, film for adults only
Jugendfreund, **Jugendfreundin** friend from one's youth
jugendgefährdend *Adj* harmful to young persons
Jugendgericht *n* juvenile court
Jugendherberge *f* youth hostel
Jugendkriminalität juvenile delinquency
Jugendlager *n* youth camp
jugendlich *Adj* youthful (*auch Kleidung*, *Aussehen*), (*jung*) young, JUR juvenile: ***jugendlicher Leichtsinn*** youthful recklessness
Jugendliche *m*, *f* young person, *m auch* youth, JUR *auch* juvenile
Jugendlichkeit *f* youthfulness
Jugendliebe *f* puppy love, (*Person*) old flame
Jugendmannschaft *f* SPORT youth team
Jugendmeister, **Jugendmeisterin** SPORT youth champion
Jugendrichter, **Jugendrichterin** judge of a juvenile court
Jugendschutz *m* legal protection for children and young persons
Jugendstil *m* Jugendstil, art nouveau
Jugendstrafanstalt *f* remand home
Jugendsünde *f* sin of one's youth
Jugendzeit *f* youth
Jugoslawe *m*, **Jugoslawin** *f*, **jugoslawisch** *Adj* Yugoslav
Jugoslawien *n* Yugoslavia
Juli *m* (***im Juli*** in) July
jung *Adj* young, (*jugendlich*) youthful: ***ziemlich jung*** youngish; *fig* ***junges Unternehmen*** new company; ***junger Wein*** new wine; ***von jung auf*** from childhood; ***Jung und Alt*** young and old; ***jung heiraten (sterben)*** marry (die) young; → ***jünger*** 1, ***jüngst*** 1, ***Hund***
Junge[1] *m* boy, *ugs* (*junger Mann*) lad: ***dummer Junge*** silly boy; *ugs* ***schwerer Junge*** heavy; ***Junge, Junge!*** boy, oh boy!
Junge[2] *n* ZOOL young (one), *eines Hundes*: *auch* puppy, *einer Katze*: *auch* kitten, *eines Raubtiers*: *auch* cub, (*Elefant*, *Robbe etc*) calf: ***die Jungen*** the young; ***Junge werfen*** (*oder* ***bekommen***) → ***jungen***

Tiere und ihre Jungen WF

Ente – Entenküken	**duck – duckling**
Huhn – Küken	**chicken – chick**
Hund – Welpe	**dog – pup(py)**
Katze – Katzenjunges	**cat – kitten**
Kuh – Kalb	**cow – calf** [kɑːf]
Pferd – Fohlen	**horse – foal**
Schaf – Lamm	**sheep – lamb** [læm]
Schwan – junger Schwan	**swan – cygnet** [ˈsɪɡnɪt]
Schwein – Ferkel	**pig – piglet**
Ziege – Kitz	**goat – kid**

Bei den anderen Tieren kann man beim Jungen meistens **baby** voransetzen, z. B. **baby camel** [ˈkæml], **baby frog** etc.

jungen *v/i* have young (*oder Hündin*: puppies, *Katze*: kittens)
jungenhaft *Adj* boyish
Jungenstreich *m* schoolboy prank
jünger *Adj* **1.** younger: ***sie sieht jünger aus als sie ist*** she doesn't look her age; ***das macht sie um Jahre jünger*** that takes years off her age **2.** (*zeitlich näher*) more recent, later: ***ein Foto jüngeren Datums*** a more recent photograph
Jünger *m* disciple, *fig auch* follower
Jungfer *f* ***alte Jungfer*** old maid
Jungfernfahrt *f* maiden voyage
Jungfernflug *m* maiden flight
Jungfernhäutchen *n* ANAT hymen
Jungfernrede *f* maiden speech
Jungfrau *f* **1.** virgin: ***die Heilige Jungfrau, die Jungfrau Maria*** the Holy Virgin, the Virgin Mary; ***sie ist noch Jungfrau*** she's still a virgin **2.** ASTR (***er ist Jungfrau*** he is [a]) Virgo
jungfräulich *Adj* virginal, *fig* virgin
Jungfräulichkeit *f* virginity
Junggeselle *m* (***eingefleischter Junggeselle*** confirmed) bachelor
Junggesellenbude *f ugs* bachelor pad
Junggesellenleben *n* bachelor's life
Junggesellin *f* bachelor girl
Jüngling *m* youth
jüngst *Adj* **1.** youngest **2.** latest: ***der Jüngste Tag*** the Day of Judg(e)ment; ***die jüngsten Ereignisse*** the latest events; ***der jüngsten Vergangenheit*** of the recent past
Jüngste *m*, *f*, *n* the youngest: ***unser Jüngster, unsere Jüngste*** our youngest (child); ***sie ist auch nicht mehr die Jüngste*** she is no spring chicken any more
jungverheiratet *Adj* newly-wed
Juni *m* (***im Juni*** in) June
junior *Adj* junior: ***Herr X junior*** Mr. X jr
Junior *m* **1.** *Sport und ugs einer Familie*: junior **2.** WIRTSCH **a)** son of the owner, **b)** *a* **Juniorpartner**, **Juniorpartnerin** junior partner
Junioren… SPORT junior (*class*, *team*, *etc*)
Juniorpass *m* BAHN young persons' railcard
Junkmail *f* spam
Junktim *n* POL package deal
Junta *f* POL junta
Jupe *m schweiz.* skirt
Jura[1] *m* GEOL Jurassic (period)
Jura[2]: ***Jura studieren*** study (*Br auch* read) law
Jurastudent, **Jurastudentin** law student
Jurastudium *n* law studies *Pl*
Jurist, **Juristin** **1.** lawyer **2.** (*Student*[*in*]) law student
Juristensprache *f* legalese
juristisch *Adj* legal: ***juristische Fakultät*** faculty of law, *Am auch* law school; ***juristische Person*** legal entity, juristic person
Jury *f* **1.** jury, (panel of) judges *Pl*, *für eine Ausstellung*: selection committee **2.** JUR jury
justierbar *Adj* adjustable
justieren *v/t* adjust
Justierung *f* adjustment
Justitiar, **Justitiarin** legal adviser
Justiz *f* justice, *the* law

J

Justizbeamte *m*, **Justizbeamtin** *f* judicial officer
Justizbehörde *f* judicial authority
Justizgebäude *n* law courts *Pl*
Justizgewalt *f* judiciary (power)
Justizirrtum *m* judicial error, miscarriage of justice
Justizminister, **Justizministerin** minister of justice, *Br* Lord Chancellor, *Am* Attorney General
Justizministerium *n* ministry of justice, *Am* Department of Justice
Justizmord *m* judicial murder
Justizverwaltung *f* administration of justice, *konkret*: legal administrative body
Jute *f* jute
Juwel *n auch fig* jewel: ***Juwelen*** *Pl* jewel(le)ry *Sg*, (*Edelsteine*) precious stones
Juwelier, **Juwelierin** jewel(l)er
Juweliergeschäft *n* jewel(l)er's shop
Jux *m ugs* (practical) joke: ***aus Jux*** for fun

K

K, **k** *n* K, k
K *n Abk* (= ***Kilobyte***) k, kilobyte
Kabarett *n* cabaret (show), (satirical) revue
Kabarettist, **Kabarettistin** cabaret artist
kabarettistisch *Adj* revue …, cabaret …
kabbelig *Adj See*: choppy
Kabel *n* ELEK cable
Kabelanschluss *m* cable connection
Kabelfernsehen *n* cable television (*oder* TV)
Kabeljau *m* ZOOL cod(fish)
Kabelkanal *m* cable channel
Kabine *f* **1.** FLUG, SCHIFF cabin **2.** *eines Aufzugs*: cage, *einer Seilbahn*: car **3.** (*Umkleidekabine, Duschkabine etc*) cubicle, (*Mannschaftskabine*) locker room
Kabinett *n* POL cabinet
Kabinettsbeschluss *m* decision of the cabinet
Kabinettsliste *f* list of cabinet members
Kabinettssitzung *f* cabinet meeting
Kabinettsumbildung *f* cabinet reshuffle
Kabrio *n* → ***Cabrio***
Kabriolett *n* → ***Cabriolet***
Kabuff *n ugs* cubby(hole)
Kachel *f*, **kacheln** *v/t* tile
Kachelofen *m* tiled stove
Kacke *f*, **kacken** *v/t und v/i vulg* crap, shit
Kadaver *m* carcass (*auch pej Leiche*)
Kadavergehorsam *m pej* blind obedience
Kader *m* MIL, POL cadre, SPORT *auch* pool
Kadett, **Kadettin** SCHIFF, MIL cadet
Kadi *m hum* (***j-n vor den Kadi schleppen*** haul s.o. before the) judge
Kadmium *n* CHEM cadmium
Käfer *m* **1.** ZOOL beetle (*auch* MOT *ugs VW*) **2.** *ugs fig* (*Mädchen*) chick
Kaff *n ugs* dump, awful hole
Kaffee *m* coffee: ***Kaffee kochen*** (***oder machen***) make coffee; ***zwei Kaffee, bitte!*** two coffees, please!; ***Kaffee mit Milch*** white coffee; *ugs fig* ***das ist doch kalter Kaffee!*** that's old hat!
Kaffeeautomat *m* coffee machine
Kaffeebohne *f* coffee (bean)
Kaffeehaus *n* café, coffeehouse
Kaffeekanne *f* coffeepot
Kaffeeklatsch *m ugs* hen party, *Am* coffee klatsch
Kaffeelöffel *m* coffee spoon
Kaffeemaschine *f* coffee machine, coffee maker
Kaffeemühle *f* coffee grinder
Kaffeepause *f* coffee break
Kaffeesatz *m* coffee grounds *Pl*
Kaffeeservice *n* coffee set
Kaffeestrauch *m* BOT coffee shrub
Kaffeetasse *f* coffee cup
Käfig *m auch* ELEK, TECH cage
kahl *Adj* **1.** (***kahl werden*** go *oder* grow) bald; *Kopf*: ***kahl geschoren*** shaven **2.** *fig allg* bare, *Baum*: *auch* leafless, *Felsen*: *auch* naked, *Gegend*: *auch* barren, bleak
Kahlheit *f* **1.** baldness **2.** *fig* bareness (*etc*, → ***kahl*** 2)
Kahlkopf *m ugs* baldhead(ed person)
kahlköpfig *Adj* bald(headed)
Kahlschlag *m* **1. a)** deforestation, **b)** clearing **2.** *fig* demolition
Kahlschlagsanierung *f* wholesale redevelopment
Kahn *m* **1.** (rowing *oder* fishing) boat: ***Kahn fahren*** go boating **2.** (*Lastkahn etc*) barge **3.** *ugs* (*Schiff*) tub
Kahnfahrt *f* boat trip
Kai *m* quay, wharf
Kaimauer *f* quay wall
Kaiser *m* emperor
Kaiserin *f* empress
Kaiserkrone *f* **1.** imperial crown **2.** BOT crown imperial
kaiserlich *Adj* imperial
Kaiserreich *n* empire
Kaiserschmarrn *m österr.* cut-up and sugared pancake with raisins
Kaiserschnitt *m* MED C(a)esarean (section *oder* operation)
Kajak *m auch* SPORT kayak
Kajal *n* kohl
Kajütboot *n* cabin boat
Kajüte *f* cabin
Kakadu *m* ZOOL cockatoo
Kakao *m* cocoa: *ugs fig* ***durch den Kakao ziehen*** make fun of, roast, (*parodieren*) send up
Kakaobaum *m* cacao (tree)
Kakerlake *f* ZOOL cockroach, *Am* roach
Kaktee *f*, **Kaktus** *m* BOT cactus

Kalauer *m* dreadful pun, corny joke
Kalb *n* calf
kalben *v/i* calve
Kalbfell *n* calfskin
Kalbfleisch *n* veal
Kalbsbraten *m* roast veal
Kalbshaxe *f* knuckle of veal
Kalbskeule *f* leg of veal
Kalbskopf *m* calf's head
Kalbsleder *n* calf (leather)
Kalbsschnitzel *n* escalope of veal
Kaleidoskop *n auch fig* kaleidoscope
Kalender *m* calendar, (*Taschenkalender*) diary
Kalenderjahr *n* calendar year
Kali *n* CHEM potash
Kaliber *n auch fig* calib/re (*Am* -er)
Kalifornien *n* California
Kalium *n* CHEM potassium
Kaliumpermanganat *n* CHEM potassium permanganate
Kalk *m* **1.** CHEM lime, (*Ätzkalk*) quicklime **2.** MED calcium **3.** (*Kalkstein*) chalk, limestone **4.** → ***Kalkdünger***
Kalkdünger *m* lime fertilizer
kalken *v/t* **1.** (*Wände etc*) whitewash **2.** LANDW lime
kalkig *Adj* chalky (*auch fig*), limy
Kalkmangel *m* MED calcium deficiency
Kalkstein *m* GEOL limestone
Kalkulation *f auch fig* calculation
kalkulieren *v/t und v/i auch fig* calculate: ***falsch kalkulieren*** miscalculate
Kalorie *f* PHYS calorie
kalorienarm *Adj* low-calorie: ***kalorienarm sein*** be low in calories
Kalorienbedarf *m* calorie requirement
Kaloriengehalt *m* calorie content
kalorienreich *Adj* high-calorie: ***kalorienreich sein*** be rich in calories
kalt I *Adj auch fig* cold, (*gefühlskalt*) *auch* frigid: ***mir ist kalt*** I'm cold; ***es*** (***mir***) ***wird kalt*** it's (I'm) getting cold; ***Kalter Krieg*** Cold War; GASTR ***kalte Platte*** cold meats *Pl*; *ugs* ***das lässt mich kalt!*** that leaves me cold!; ***j-m die kalte Schulter zeigen*** give s.o. the cold shoulder **II** *Adv* coldly: ***etw kalt stellen*** put s.th. to cool; ***kalt essen*** have a cold meal; *ugs* ***kalt lächelnd*** (as) cool as you please; ***es überlief mich kalt*** a cold shiver ran down my spine; *ugs fig* ***kalt bleiben*** keep cool, keep one's head
Kaltblüter *m* cold-blooded animal
kaltblütig I *Adj* cold-blooded, *fig auch* cool **II** *Adv* coolly, *umbringen etc*: in cold blood
Kaltblütigkeit *f* cold-bloodedness, coolness, sangfroid
Kälte *f* cold, *auch fig* coldness, (*Gefühlskälte*) *auch* frigidity: ***es sind 10 Grad Kälte*** the temperature is ten degrees below zero; ***bei dieser Kälte*** in this cold; ***draußen in der Kälte*** (out) in the cold
kältebeständig *Adj* cold-resistant
Kälteeinbruch *m* cold snap
Kältegefühl *n* feeling of cold
Kältegrad *m* degree of frost
Kälteperiode *f* cold spell
Kältewelle *f* cold wave
kaltherzig *Adj* cold(hearted), unfeeling
kaltlächelnd → ***kalt*** II
Kaltluft *f* cold air: ***polare Kaltluft*** polar air
kaltmachen *v/t ugs* ***j-n kaltmachen*** bump s.o. off, do s.o. in
kaltschnäuzig *Adj ugs* cool
kaltschweißen *v/t und v/i* TECH cold-weld
Kaltstart *m* cold start
kaltstellen *v/t ugs fig* relegate *s.o.* to the background, *bes* SPORT neutralize; → ***kalt*** II
Kalzium *n* CHEM calcium
Kambodscha *n* Cambodia
Kambodschaner, **Kambodschanerin**, **kambodschanisch** *Adj* Cambodian
Kamel *n* **1.** ZOOL camel **2.** *ugs fig* idiot, blockhead
Kamelhaar... camel-hair
Kamera *f* (***vor der Kamera stehen*** be on) camera
Kamerad, **Kameradin** MIL comrade, (*Gefährte*) companion, fellow, mate, *ugs* pal, buddy
Kameradschaft *f* comradeship, (good) fellowship
kameradschaftlich *Adj und Adv* comradely, like a good fellow
Kamerafrau *f* camerawoman
Kameraführung *f* FILM camerawork
Kameramann *m* cameraman
Kameratasche *f* camera case
Kamerun *n* Cameroon
Kamille *f*, **Kamillen...** BOT camomile
Kamin *m* **1.** chimney (*auch mount.*) **2.** (***offener***) ***Kamin*** fireside: ***am Kamin*** by the fireside
Kamm *m* **1.** comb: *fig* ***alle über einen Kamm scheren*** lump them all together **2.** ZOOL comb, crest **3.** (*Wellenkamm*) crest **4.** (*Gebirgskamm*) ridge
kämmen I *v/t* comb (*auch* TECH): ***j-n kämmen, j-m die Haare kämmen*** comb s.o.'s hair; ***sich die Haare kämmen*** *siehe* **II** *v/refl* ***sich kämmen*** comb (*oder* do) one's hair
Kammer *f* **1.** chamber (*auch* ANAT, TECH), small room, closet **2.** PARL chamber, house **3.** (*Anwaltskammer etc*) association
Kammerdiener *m* valet
Kammermusik *f* chamber music
Kammerorchester *n* chamber orchestra
Kammerton *m* MUS concert pitch
Kammerzofe *f* lady's maid
Kammgarn *n*, **Kammgarn...** worsted
Kampagne *f* campaign
Kampf *m* **1.** *auch fig* fight, battle, *schwerer*: struggle (*alle*: ***gegen*** against, ***um*** for), (*Streit*) conflict, controversy: ***den Kampf ansagen*** **a)** ***j-m*** challenge s.o., **b)** declare war (*Dat* on); ***Kampf dem Hunger!*** war on hunger!; ***sich zum Kampf stellen*** give battle; ***innere Kämpfe*** inner conflicts; → ***Dasein*** **2.** MIL combat, fight **3.** (*Wettkampf*) contest, (*Boxkampf*) fight, (*auch Ringkampf*) bout, match
Kampfabstimmung *f einer Gewerkschaft*: strike ballot
Kampfansage *f* challenge (***an*** *Akk* to)
kampfbereit *Adj fig* ready for battle (SPORT to fight)
Kampfeinsatz *m* operational mission
kämpfen I *v/i* (***für, um*** for) *auch fig* fight, battle, struggle: ***mit j-m kämpfen*** SPORT fight (with) s.o.; ***mit Schwierigkeiten zu kämpfen haben*** have (to struggle against) difficulties; ***ich habe lange mit mir gekämpft*** I had a long battle with myself; ***sie kämpfte mit den Tränen*** she was fighting back her tears **II** *v/t* fight **III** *v/refl* ***sich kämpfen*** struggle (*oder* fight one's way) (***durch*** through, ***nach oben*** *auch fig* up)
kämpfend *Adj* fighting: ***kämpfende Truppen***

K

combatant troops
Kampfer *m* CHEM camphor
Kämpfer, **Kämpferin** fighter (*auch Sport und fig*), MIL *auch* combatant
kämpferisch *Adj* fighting, *fig auch* aggressive
kampferprobt *Adj* MIL veteran, seasoned
kampffähig *Adj* MIL fit for action, *auch* SPORT fighting fit
Kampfflugzeug *n* tactical (*oder* combat) aircraft
Kampfgeist *m* fighting spirit: ***Kampfgeist zeigen*** show fight
Kampfgericht *n* SPORT *the* judges *Pl*
Kampfhahn *m auch fig* fighting cock
Kampfhandlung *f* fighting, action
Kampfhubschrauber *m* (helicopter) gunship
Kampfhund *m* fighting (*oder* dangerous) dog
kampflos *Adj und Adv* without a fight: ***kampflos gewinnen*** SPORT win by default
kampflustig *Adj* belligerent
Kampfmaßnahme *f meist Pl bei Tarifkonflikt*: militant action
Kampfplatz *m* battlefield, *Sport und fig* arena
Kampfrichter, **Kampfrichterin** judge, *Tennis etc*: umpire
Kampfschwimmer, **Kampfschwimmerin** MIL frogman
Kampfsport *m* combative sport, (*Karate etc*) martial arts *Pl*
Kampfstoff *m* MIL agent, chemical *etc* weapon
Kampftruppe *f* MIL combat troops *Pl*
kampfunfähig *Adj* disabled: ***j-n kampfunfähig machen*** disable s.o., put s.o. out of action
Kampfverband *m* MIL combat unit
kampieren *v/i* camp
Kanada *n* Canada
Kanadier[1] *m* (*Boot*) Canadian (canoe)
Kanadier[2] *m*, **Kanadierin** *f*, **kanadisch** *Adj* Canadian
Kanal *m* **1.** channel, *künstlicher*: canal, duct, (*Rinne*) conduit: *fig* ***dunkle Kanäle*** secret channels; *ugs* ***den Kanal voll haben*** **a)** be sloshed, **b)** be fed up to here **2.** ANAT duct **3.** RADIO, TV channel

Kanal: canal oder channel? SG

Kanal, künstlicher Wasserweg für die Binnenschifffahrt	**canal**
Kanal im übertragenen Sinn, z. B. Fernsehkanal, Informationskanal; Fahrrinne	**channel**
Ärmelkanal	**Channel**

Goods were transported along a network of canals.
What channel is the quiz show on?
This money must have come through secret channels.

Kanalinseln *Pl the* Channel Islands *Pl*
Kanalisation *f* **1.** *von Flüssen*: canalization **2.** *im Haus*: drains *Pl*, *einer Stadt*: sewage system
kanalisieren *v/t* **1.** (*Fluss*) canalize **2.** (*Stadt etc*) provide with sewers **3.** *fig* channel
Kanalküste *f the* Channel coast
Kanaltunnel *m* Channel Tunnel
Kanarienvogel *m* canary
kanarisch *Adj* ***die Kanarischen Inseln*** the Canaries *Pl*, the Canary Islands *Pl*
Kandare *f* curb (bit): *fig* ***j-n an die Kandare nehmen*** take s.o. in hand
Kandelaber *m* candelabrum
Kandidat, **Kandidatin** *auch fig* candidate
Kandidatenliste *f* list of candidates, POL *Am auch* ticket
Kandidatur *f* candidacy
kandidieren *v/i* (***für*** for) be a candidate, stand, run: ***für das Amt des Präsidenten kandidieren*** run for president
kandiert *Adj Früchte*: candied
Kandis(zucker) *m* (sugar) candy
Känguru(h) *n* ZOOL kangaroo
Kaninchen *n* ZOOL rabbit
Kaninchenbau *m* (rabbit) burrow
Kaninchenstall *m* rabbit hutch
Kanister *m* can(ister)
Kännchen *n* jug: ***ein Kännchen Kaffee*** GASTR a pot of coffee
Kanne *f* can, (*Teekanne*, *Kaffeekanne*) pot
Kannibale *m*, **Kannibalin** *f*, **kannibalisch** *Adj* cannibal
Kanon *m allg* canon
Kanone *f* **1.** MIL cannon, gun (*auch ugs Waffe*): *fig* ***unter aller Kanone*** just lousy **2.** *ugs* (*Könner*) wizard, *bes* SPORT ace
Kanonenboot *n* gunboat
Kanonenfutter *n fig* cannon fodder
kanonisch *Adj* REL canonical: ***kanonisches Recht*** canon law
Kantate *f* MUS cantata
Kante *f allg* edge, (*Rand*) *auch* border, *eines Abgrunds*: brink, (*Webekante*) selvage: *ugs fig* ***etw auf die hohe Kante legen*** save some money; ***etw auf der hohen Kante haben*** have saved some money
kanten *v/t* **1.** cant, tilt, (*Ski*) carve **2.** TECH (*abkanten*) edge
Kanten *m* (*Brotkanten*) crust
Kantholz *n* squared timber
kantig *Adj* squared, *auch fig Gesicht etc*: angular
Kantine *f* canteen
Kanton *m* canton
Kanu *n* (*auch* ***Kanu fahren***) canoe (*auch Sport*)
Kanüle *f* MED cannula, (drain) tube
Kanute *m*, **Kanutin** *f* SPORT canoeist
Kanzel *f* **1.** (***auf der Kanzel*** in the) pulpit **2.** FLUG cockpit **3.** MIL turret
Kanzlei *f* office
Kanzler, **Kanzlerin** **1.** POL chancellor **2.** UNI vice-chancellor
Kanzleramt *n* chancellor's office
Kanzlerkandidat, **Kanzlerkandidatin** candidate for the chancellorship
Kap *n* GEOG cape
Kapazität *f* **1.** capacity (*auch fig*), ELEK capacitance **2.** *fig* (leading) authority (***auf dem Gebiet*** *Gen* on the subject of)
Kapelle *f* **1.** REL chapel **2.** MUS band
Kapellmeister, **Kapellmeisterin** director of music, (*Dirigent*) conductor, *eines Tanzorchesters*: bandmaster (*auch* MIL), bandleader
Kaper *f* BOT caper
kapern *v/t* SCHIFF capture, seize, *ugs fig* nab
kapieren *ugs* **I** *v/t* get: ***das kapiere ich nicht!*** I don't get it! **II** *v/i* get it: ***kapiert?*** (have you) got it?; ***sie hat schnell kapiert*** she caught on quickly
Kapillargefäß *n* ANAT capillary (vessel)
kapital *Adj Fehler*, *Irrtum etc*: capital
Kapital *n* capital, *fig auch* asset, (*Grundkapital*) capital stock: ***Kapital und Zinsen*** principal and interest; *fig* ***Kapital schlagen aus*** capital-

ize on
Kapitalabwanderung *f* capital outflow
Kapitalanlage *f* investment
Kapitalanlagegesellschaft *f* investment trust
Kapitalanleger, **Kapitalanlegerin** investor
Kapitalbildung *f* accumulation of capital
Kapitaleinkommen *n* investment income
Kapitalerhöhung *f* increase of capital
Kapitalertragssteuer *f* capital yields tax
Kapitalflucht *f* flight of capital
Kapitalgeber, **Kapitalgeberin** financier
Kapitalgesellschaft *f* joint-stock company, corporation
kapitalisieren *v/t* capitalize
Kapitalisierung *f* capitalization
Kapitalismus *m* capitalism
Kapitalist, **Kapitalistin** capitalist
kapitalistisch *Adj* capitalist(ic)
kapitalkräftig *Adj* (financially) powerful, potent
Kapitalmarkt *m* capital market
Kapitalverbrechen *n* capital crime
Kapitalzins *m* interest on capital
Kapitän, **Kapitänin** *allg* captain
Kapitänleutnant *m* second lieutenant
Kapitänspatent *n* master's certificate
Kapitel *n* chapter (*auch* REL): *fig* ***das ist ein Kapitel für sich*** that's another story
Kapitell *n* ARCHI capital
Kapitulation *f auch fig* capitulation, surrender
kapitulieren *v/i* (***vor*** *Dat* to) capitulate, surrender, *fig auch* give in
Kaposisarkom *n* MED Kaposi's sarcoma
Kappe *f* **1.** cap: *ugs fig* ***ich nehme es auf meine Kappe*** I'll take the responsibility for it **2.** TECH top, cap **3.** *des Schuhs*: (toe) cap
kappen *v/t* **1.** (*Tau etc*) cut **2.** LANDW (*beschneiden*) lop, top
Käppi *n* cap, MIL *auch* kepi
Kapriole *f* capriole (*auch Reiten*), caper
kaprizieren *v/refl* ***sich kaprizieren auf*** (*Akk*) set one's heart on, insist on
kapriziös *Adj* capricious
Kapsel *f* **1.** (*Behälter*) case, container **2.** ANAT, BOT, PHARM, *Raumfahrt*: capsule
Kapselriss *m* MED laceration of the capsule
kaputt *Adj ugs* ***kaputt sein*** **a)** *Sache*: be broken, be bust, be torn, *Maschine etc*: be out of order, MED *Organ*: be ruined, be bad, *Nerven*: be shattered, *fig Ehe etc*: be on the rocks **b)** *Person*: (*ruiniert*) be ruined, be finished, (*erschöpft*) be worn out, be all in; ***kaputter Typ*** complete wreck; ***mein Auto ist kaputt*** my car has broken down (*endgültig*: has had it); ***kaputt machen*** break, smash, *fig* ruin, bust; ***kaputt schlagen*** *ugs* smash;
kaputtfahren *v/t ugs* smash up, wreck
kaputtgehen *v/i ugs* **1.** *Sache*: break, tear, *Auto etc*: break down, *sl* conk out, *fig Ehe etc*: break up, go on the rocks **2.** *Person*: **a)** *finanziell*: go bust, **b)** *nervlich*: crack (up), go to pieces
kaputtlachen *v/refl* ***sich kaputtlachen*** *ugs* kill o.s. laughing
kaputtmachen *ugs* **I** *v/t fig* ***j-n kaputtmachen*** **a)** *beruflich*: ruin s.o., **b)** *nervlich*: get s.o. down, make s.o. crack up, **c)** *körperlich*: kill s.o. **II** *v/refl* ***sich kaputtmachen*** **3.** wear o.s. out, kill o.s. (***mit*** over, doing *s.th.*); → ***kaputt***
kaputtschlagen → ***kaputt***
Kapuze *f* hood, *einer Kutte*: cowl
Kapuzenjacke *f* hooded jacket
Kapuzenpulli *m* hooded jumper, hooded sweater

Karabiner *m* **1.** MIL carbine **2.** → ***Karabinerhaken***
Karabinerhaken *m* spring hook
Karaffe *f* carafe, *für Wein*: *auch* decanter
Karambolage *f* **1.** *Billard*: cannon, *Am* carom **2.** *ugs* (*Zs.-stoß*) crash, collision
Karamell *n* GASTR caramel
Karaoke *n* karaoke
Karat *n* carat
Karate *n* karate
Karatekämpfer, **Karatekämpferin** karateka
Karateschlag *m* karate chop
...karätig ...-carat
Karawane *f* caravan
Karawanenstraße *f* caravan track (*oder* route)
Kardangelenk *n* TECH cardan (*oder* universal) joint
Kardanwelle *f* TECH cardan shaft
Kardinal *m* REL cardinal
Kardinalfehler *m* cardinal fault
Kardinalfrage *f* cardinal question
Kardinalzahl *f* cardinal (number)
Kardiologe *m*, **Kardiologin** *f* MED cardiologist
Karenztag *m* unpaid day of sick leave
Karenzzeit *f Versicherung*: waiting period, WIRTSCH period of restriction
Karfiol *m österr.* cauliflower
Karfreitag *m* REL Good Friday
karg **I** *Adj* **1.** (*dürftig*) meagre, *Am* meager, scanty, poor, *Leben*, *Essen*: frugal, *Boden etc*: barren **2.** (*schmucklos*) austere **3.** (*sparsam*) sparing **II** *Adv* ***karg bemessen sein*** *Portion etc*: be (very) meagre, *fig Freizeit etc*: be (very) limited
Kargheit *f* meagreness, *Am* meagerness, poorness
kärglich *Adj* → ***karg*** 1
Karibik *f the* Caribbean
kariert *Adj* chequered, *Am* checkered
Karies *f* MED tooth decay, caries
Karikatur *f* caricature (*auch fig*), (*Witzzeichnung*) *meist* cartoon
Karikaturist, **Karikaturistin** caricaturist, cartoonist
karikieren *v/t* caricature, cartoon
kariös *Adj* MED decayed
karitativ *Adj* charitable: ***für karitative Zwecke*** for charity
Karneval *m* carnival
Karnevals... → ***Faschings...***
Kärnten *n* Carinthia
Karo *n* **1.** check, square **2.** *Kartenspiel*: diamonds *Pl*
Karoass *n* ace of diamonds
Karosserie *f* MOT (car) body
Karotte *f* BOT carrot
Karpfen *m* ZOOL carp
Karre *f* **1.** *ugs fig* (***alte***) ***Karre*** (*Auto*) bus, crate, jalopy **2.** → ***Karren***
Karren *m* cart, (*Schubkarren*) (wheel)barrow: *ugs fig* ***j-m an den Karren fahren*** step on s.o.'s toes; ***den Karren in den Dreck fahren*** mess things up; ***den Karren wieder aus dem Dreck ziehen*** clear up the mess; ***j-n vor seinen Karren spannen*** rope s.o. in
Karriere *f* career: ***Karriere machen*** make a career for o.s., *weit. S.* get to the top
Karrierefrau *f* career woman
Karrieremacher, **Karrieremacherin** *pej* careerist
Karst *m* GEOL karst
Karte *f allg* card, (*Landkarte*) map, (*Seekarte*) chart, (*Eintrittskarte*, *Fahrkarte etc*) ticket,

(*Speisekarte*) menu, (*Weinkarte*) wine list: ***nach der Karte speisen*** dine à la carte; ***die Gelbe*** (***Rote***) ***Karte*** *Fußball*: the yellow (red) card; ***Karten spielen*** play cards; ***gute Karten haben*** have a good hand; ***seine Karten auf den Tisch legen*** *auch fig* show one's hand, put one's cards on the table; *fig* ***alles auf eine Karte setzen*** put all one's eggs in one basket; → ***legen*** 6
Kartei *f* (***Kartei führen*** keep a) card index (***über*** *Akk* on)
Karteikarte *f* file (*oder* index) card
Karteikasten *m* card-index box
Kartell *n* cartel, WIRTSCH *auch* combine, trust
Kartenhaus *n* **1.** SCHIFF chartroom **2.** *fig* house of cards
Kartenkunststück *n* card trick
Kartenlegen *n* reading the cards
Kartenleger, **Kartenlegerin** fortune-teller
Kartenleser *m* IT card reader
Kartenspiel *n* **1. a)** card playing, **b)** *einzelnes*: card game **2.** (*Karten*) pack (*Am auch* deck) of cards
Kartenständer *m* map stand
Kartentelefon *n* cardphone
Kartenverkauf *m* sale of tickets
Kartenvorverkauf *m* advance booking
Kartoffel *f* potato
Kartoffelbrei *m* mashed potatoes *Pl*
Kartoffelchips *Pl* potato crisps (*Am* chips) *Pl*
Kartoffelkäfer *m* potato beetle (*bes Am* bug)
Kartoffelpuffer *m* potato fritter
Kartoffelpüree *n* mashed potatoes *Pl*
Kartoffelsalat *m* potato salad
Kartoffelschalen *Pl* potato peelings *Pl*
Kartoffelschäler *m* TECH potato peeler
Kartoffelstock *m schweiz.* mashed potatoes *Pl*
Kartoffelsuppe *f* potato soup
Kartograf, **Kartografin**, **Kartograph**, **Kartographin** cartographer, mapmaker
Kartografie, **Kartographie** *f* cartography
Karton *m* **1.** (*Kartonpapier*) cardboard **2.** (*Schachtel*) cardboard box

Karton ≠ carton

Karton	=	(cardboard) box
carton (of milk; of cigarettes)	=	Milchtüte; Stange Zigaretten

kartoniert *Adj* BUCHDRUCK paperback(ed)
Karussell *n* (***Karussell fahren*** have a ride on the) merry-go-round
Karwoche *f* REL Holy Week
karzinogen *Adj* MED carcinogenic
Karzinom *n* MED carcinoma, cancer
kaschieren *v/t fig* conceal, cover up
Kaschmir *m* Kashmir, Cashmere
Käse *m* **1.** cheese **2.** *ugs fig* (*Unsinn*) rubbish, (*dumme Sache*) stupid business
Käseauflauf *m* cheese soufflé
Käseblatt *n ugs* rag
Käsegebäck *n* cheese biscuits *Pl*
Käseglocke *f* cheese cover
Käsekuchen *m* cheesecake
Käseplatte *f* GASTR cheese platter
Käserei *f* cheese dairy
Käserinde *f* cheese rind
Kaserne *f* MIL barracks *Pl* (*auch Sg konstr*)
Käsestange *f* (*Gebäck*) cheese straw
käsig *Adj* **1.** caseous, cheesy **2.** *ugs fig* (*blass*) pasty
Kasino *n* **1.** (*Spielkasino*) club, casino **2.** (*Speiseraum*) **a)** MIL (officers') mess, **b)** *eines Betriebs etc*: cafeteria, canteen
Kaskoversicherung *f* MOT comprehensive insurance
Kasper *m* **1.** Punch **2.** *fig* clown
Kasperletheater *n* Punch and Judy (show)
Kassa *f österr.* cashdesk, (*im Supermarkt*) checkout
Kassageschäft *n* WIRTSCH cash transaction
Kasse *f* **1.** cashbox, (*Ladenkasse*) till, (*Registrierkasse*) cash register: *ugs* ***einen Griff in die Kasse tun*** dip into (*oder* rob) the till; ***der Film hat volle Kassen gebracht*** the film was a box-office success **2.** *im Warenhaus*, *in der Bank etc*: cash desk, *im Supermarkt etc*: checkout (counter), *im Kino etc*: ticket window, THEAT *etc auch* box office: ***zahlen Sie bitte an der Kasse!*** pay at the desk, please!; *fig* ***j-n zur Kasse bitten*** make s.o. pay up **3.** (*Bargeld*) cash, WIRTSCH (*Barzahlung*) cash (payment): ***gegen Kasse*** for cash; ***netto Kasse*** net cash; ***Kasse bei Lieferung*** cash on delivery (COD); ***Kasse machen*** **a)** cash up, **b)** *ugs* count one's cash, **c)** *ugs fig* cash in heavily, make a packet; *ugs* ***gut bei Kasse sein*** be flush; ***knapp bei Kasse sein*** be (a bit) hard up; ***gemeinsame Kasse machen*** split the expenses; ***getrennte Kasse machen*** go Dutch **4.** *ugs* (*Krankenkasse*) (***er ist in keiner Kasse*** he has no) health insurance **5.** *ugs* (*Sparkasse*) (savings) bank
Kassenabschluss *m* balancing of the (cash) accounts
Kassenanweisung *f* cash order
Kassenarzt *m*, **Kassenärztin** *f* health-plan doctor
Kassenautomat *m Parkgebühren*: (car park) pay machine
Kassenbestand *m* cash balance
Kassenbon *m* sales check (*Am* slip)
Kassenbuch *n* cashbook
Kassenerfolg *m* THEAT *etc* box-office hit
Kassenmagnet *m fig* crowd-puller
Kassenpatient, **Kassenpatientin** health-plan patient
Kassenprüfung *f* cash audit: ***eine Kassenprüfung vornehmen*** audit the cash
Kassenschlager *m ugs* **1.** → ***Kassenerfolg*** **2.** money-spinner
Kassensturz *m ugs* ***Kassensturz machen*** count one's cash
Kassenwart, **Kassenwartin** treasurer
Kassenzettel *m* sales check (*Am* slip)
Kasserolle *f* casserole
Kassette *f* **1.** box, (*Schmuckkassette*) casket, (*Geldkassette*) cashbox **2.** *für Bücher*: slipcase **3.** (*Schallplattenkassette*) box set **4.** (*Videokassette*, *Tonbandkassette etc*) cassette **5.** (*Filmkassette etc*) cartridge **6.** ARCHI coffer
Kassettendeck *n* cassette deck
Kassettenrekorder, **Kassettenrecorder** *m* cassette recorder
kassieren **I** *v/t* **1.** (*Miete*, *Beiträge etc*) collect **2.** *ugs* **a)** (*Honorar etc*) collect, take, **b)** (*beschlagnahmen*) take (away), seize, **c)** (*verhaften*) nab, catch, **d)** (*einstecken müssen*) take, suffer, (*Schlag*, *Niederlage etc*) take, get **3.** JUR (*Urteil*) quash **II** *v/i* **4.** collect (the money): ***darf ich bei Ihnen kassieren?*** *Kellner*: would you

mind paying now?; *ugs fig* **kräftig kassieren** cash in (heavily) (**bei** on)
Kassierer, **Kassiererin** cashier, (*Bankkassierer [-in]*) *auch* teller
Kastagnette *f* MUS castanet
Kastanie *f* BOT chestnut: *fig* **für j-n die Kastanien aus dem Feuer holen** pull the chestnuts out of the fire for s.o.
Kastanienbaum *m* chestnut (tree)
kastanienbraun *Adj* chestnut
Kästchen *n* **1.** small box (*oder* case), casket **2.** (*Rechenkästchen*) square **3.** *in Zeitungen etc*: box
Kaste *f* caste
kasteien *v/refl* **sich kasteien 1.** REL mortify the flesh **2.** *fig* deny o.s.
Kasten *m* **1.** box (*auch ugs Briefkasten*), case, (*Truhe*) chest, *für Getränke*: crate: *ugs fig* **er hat was auf dem Kasten** he's brainy, he's on the ball **2.** *ugs fig* (*Haus, Fernseher, Fußballtor*) box, (*Auto, Flugzeug*) bus, crate, (*Schiff*) tub **3.** → **Kästchen** 3 **4.** *österr., schweiz.* cupboard
Kastrat *m* eunuch
Kastration *f* castration
kastrieren *v/t* castrate
Kasus *m* LING case
Kat *m* → **Katalysator** 2
Katakomben *Pl* catacombs *Pl*
Katalog *m*, **katalogisieren** *v/t* catalog(ue *Br*)
Katalysator *m* **1.** CHEM *und fig* catalyst **2.** MOT catalytic converter
Katalysatorauto *n* catalyst car, *ugs* cat car
Katapult *n*, **katapultieren** *v/t* catapult
Katapultstart *m* FLUG catapult takeoff
Katarrh, **Katarr** *m* MED (common) cold, catarrh
Kataster *m*, *n* land register
katastrophal *Adj* catastrophic(ally *Adv*), *auch ugs fig* disastrous
Katastrophe *f auch ugs fig* catastrophe, disaster
Katastrophenalarm *m* red alert
Katastropheneinsatz *m* (**im Katastropheneinsatz** on) duty in a disaster area
Katastrophenfall *m* (**im Katastrophenfall** in an) emergency
Katastrophenfilm *m* disaster film
Katastrophengebiet *n* disaster area
Katastrophenhilfe *f* disaster relief
Katastrophenschutz *m* disaster control (*oder* prevention)
Katastrophentourismus *m* disaster tourism
Katechismus *m* REL catechism
Kategorie *f* category
kategorisch *Adj* categorical: *Adv* **kategorisch ablehnen** *auch* refuse flatly
kategorisieren *v/t* categorize
Kater *m* **1.** ZOOL tom(cat) **2.** *ugs fig* (**einen Kater haben** have a) hangover
Katheder *n* (teacher's *oder* lecturer's) desk
Kathedrale *f* cathedral
Katheter *m* MED catheter
Kathode, **Katode** *f* cathode
Kathodenstrahlröhre, **Katodenstrahlröhre** *f* cathode-ray tube
Katholik, **Katholikin**, **katholisch** *Adj* (Roman) Catholic
Katholizismus *m* Catholicism
Kätzchen *n* **1.** ZOOL kitten **2.** BOT catkin
Katze *f* ZOOL cat: *ugs fig* **das ist für die Katz** that's all for nothing; **Katz und Maus spielen mit** play cat and mouse with; **die Katze im Sack kaufen** buy a pig in a poke; **die Katze aus dem Sack lassen** let the cat out of the bag; **wie die Katze um den heißen Brei gehen** beat about the bush
Katzenauge *n* **1.** cat's eye (*auch* MIN UND TECH) **2.** *ugs* (*Rückstrahler*) rear reflector
katzenhaft *Adj* catlike, feline
Katzenhai *m* cat shark
Katzenjammer *m ugs* hangover: (**moralischen**) **Katzenjammer haben** *auch* be down in the dumps, have the blues
Katzenklo *n* cat tray
Katzensprung *m fig* **ein Katzensprung von hier** a stone's throw from here
Katzenstreu *f* cat litter
Katzenwäsche *f ugs fig* (**Katzenwäsche machen** have a) cat's lick
Kauderwelsch *n* double Dutch, lingo
kauen *v/t und v/i* chew: **an den Nägeln kauen** bite one's nails
kauern *v/i und v/refl* **sich kauern** crouch (*oder* squat) (down)
Kauf *m* **1.** (*Kaufen*) buying, purchase: **zum Kauf** for sale; **beim Kauf** when buying; *fig* **etw in Kauf nehmen** put up with s.th.; **leichten Kaufes davonkommen** get off cheaply **2.** (*das Gekaufte*) purchase, *ugs* buy: **ein guter Kauf** a good bargain (*oder* buy)
Kaufangebot *n* WIRTSCH bid
kaufen *v/t und v/i* buy (*auch fig bestechen*), purchase: **kaufen bei** go to, buy at; **er hat sich ein Auto gekauft** he has bought (himself) a car; *ugs* **dafür kann ich mir nichts kaufen!** that's no use to me!; **den kaufe ich mir!** I'll tell him what's what!
Käufer, **Käuferin** buyer, purchaser
Käuferschicht *f* group of buyers
Kauffrau *f* businesswoman
Kaufhalle *f* small department store
Kaufhaus *n* department store
Kaufkraft *f* purchasing (*der Kunden*: spending) power
kaufkräftig *Adj Kunde*: well-to-do, *Währung*: hard
käuflich *Adj* **1.** purchasable: (**nicht**) **käuflich sein** (not to) be for sale; **käufliche Liebe** prostitution; *Adv* **etw käuflich erwerben** purchase s.th. **2.** *fig* venal, corrupt
Käuflichkeit *f fig* venality, corruptness
Kauflustige *m, f* prospective buyer, *weit. S.* shopper
Kaufmann *m* (*Pl* **Kaufleute**) **1.** *allg* businessman, *Pl* businessmen, businesspeople, (*Händler*) merchant, trader, dealer **2.** (*Einzelhandelskaufmann*) shopkeeper, *Am auch* storekeeper, *eng. S.* grocer
kaufmännisch *Adj* commercial, business: **kaufmännische(r) Angestellte(r)** (commercial) clerk
Kaufpreis *m*, **Kaufsumme** *f* (purchase) price
Kaufvertrag *m* contract of sale
Kaufzwang *m* (**kein Kaufzwang** no) obligation (to buy)
Kaugummi *m* chewing gum
Kaulquappe *f* ZOOL tadpole
kaum *Adv* hardly, scarcely, (*nur gerade*) barely, only just: **kaum zu glauben** hard to believe; **kaum möglich** hardly possible; **wohl kaum**(!) hardly(!); **ich glaube kaum, dass** I hardly think that; **kaum war sie gegangen, als …** no sooner had she gone than …
Kaumuskel *m* ANAT masticatory muscle
Kausalität *f* causality

K

kaum: scarcely / hardly oder rarely? SG

kaum: „fast nicht“; „fast nichts“	**hardly**, *förmlich*: **scarcely**
kaum: „selten“	**rarely**
Die Innenstadt hat sich seit 1910 kaum (= fast nicht) verändert.	**The city centre has scarcely / hardly changed since 1910.**
Sie geht kaum (= selten) in die Stadt.	**She rarely goes into town.**

Kausalkette *f* chain of cause and effect
Kausalsatz *m* causal clause
Kausalzusammenhang *m* causal connection
Kaution *f* WIRTSCH security, JUR (*Haftkaution*) bail: ***Kaution stellen*** WIRTSCH furnish security, JUR stand bail; ***gegen Kaution*** JUR on bail
Kautschuk *m* caoutchouc, India rubber
Kauwerkzeuge *Pl* BIOL masticatory organs *Pl*
Kauz *m* **1.** ZOOL screech-owl **2.** *ugs* (***komischer***) ***Kauz*** odd (*oder* queer) fellow, *bes Am* oddball
kauzig *Adj ugs* queer, odd
Kavalier *m* gentleman
Kavaliersdelikt *n* peccadillo
Kavallerie *f* cavalry
Kavallerist *m* cavalryman, trooper
Kaviar *m* caviar(e)
Kaviarbrot *n* French bread
KB, **Kbyte** *n Abk* (= ***Kilobyte***) KB, kilobyte
keck *Adj* pert (*auch fig flott*), cheeky, saucy
Keckheit *f* pertness, sauciness
Kegel *m* **1.** MATHE, TECH cone **2.** ninepin, skittle(pin): → ***Kind***
Kegelbahn *f* skittle (*bes Am* bowling) alley
kegelförmig *Adj* conical, cone-shaped
Kegelklub *m* skittles club
Kegelkugel *f* skittle (*oder* bowling) ball
kegeln *v/i* play (at) skittles (*oder* ninepins): ***kegeln gehen*** go bowling
Kegelsport *m* skittles *Sg*
Kegelstumpf *m* MATHE truncated cone
Kegler, **Keglerin** skittles player, bowler
Kehle *f* **1.** ANAT throat: ***j-m die Kehle durchschneiden*** cut s.o.'s throat; *fig* ***etw in die falsche Kehle bekommen*** take s.th. the wrong way; ***das Wort blieb mir in der Kehle stecken*** the word stuck in my throat **2.** TECH flute
Kehlkopf *m* ANAT larynx
Kehlkopfentzündung *f* MED laryngitis
Kehlkopfkrebs *m* MED cancer of the larynx, *ugs* throat cancer
Kehllaut *m* guttural (sound)
Kehraus *m* last dance
Kehre *f* **1.** (*Kurve*) (sharp) bend **2.** *Skisport, Eislauf*: turn, *Turnen*: rear vault
kehren[1] **I** *v/t* **1.** ***etw nach oben*** (***unten, außen*** *etc*) ***kehren*** turn s.th. upwards (down, outside, *etc*); ***den Rücken kehren*** *auch fig* turn one's back (*Dat* on); ***in sich gekehrt*** withdrawn, PSYCH introvert(ed); → ***oberst*** **II** *v/refl* ***sich kehren*** **2.** → ***wenden*** 4 **3.** ***sich nicht kehren an*** (*Dat*) ignore **III** *v/i* **4.** ***kehrt!*** MIL about turn!
kehren[2] *v/t und v/i* (*fegen*) sweep
Kehricht *m* sweepings *Pl*, (*Müll*) rubbish, *Am* garbage
Kehrmaschine *f* road sweeper
Kehrreim *m* burden, refrain
Kehrschaufel *f* dust pan
Kehrseite *f* **1.** reverse **2.** *hum* back **3.** *fig* other side, (*Nachteil*) drawback
kehrtmachen *v/i* **1.** turn round, MIL face about **2.** (*zurückgehen*) turn back
Kehrtwendung *f auch fig* about-face
Kehrwert *m* MATHE reciprocal
keifen *v/i* nag, bicker
Keil *m* **1.** *auch fig* wedge **2.** (*Zwickel*) gore, gusset
Keilabsatz *m* wedge heel
keilen *ugs* **I** *v/t* ***j-n keilen*** rope s.o. in (***für*** for) **II** *v/refl* ***sich keilen*** fight
Keiler *m* ZOOL wild boar
Keilerei *f ugs* → ***Prügelei***
keilförmig *Adj* wedge-shaped
Keilriemen *m* TECH V-belt
Keilschrift *f* cuneiform (script)
Keim *m* **1.** BIOL germ, embryo (*beide auch fig*), BOT *auch* bud, *fig auch* seed(s *Pl*): *fig* ***im Keim*** in embryo; ***etw im Keim ersticken*** nip s.th. in the bud **2.** MED germ, bacillus
Keimblatt *n* **1.** BOT cotyledon **2.** BIOL germ layer
Keimdrüse *f* PHYSIOL gonad
keimen *v/i* **1.** BIOL germinate, BOT *auch* sprout **2.** *fig* be aroused, grow, *Hoffnung etc*: stir
keimfrei *Adj* sterile: ***keimfrei machen*** sterilize
Keimling *m* BIOL embryo, BOT *auch* sprout
keimtötend *Adj* germicidal, antiseptic: ***keimtötendes Mittel*** germicide
Keimträger, **Keimträgerin** MED (germ) carrier
Keimzelle *f* **1.** germ cell **2.** *fig* nucleus
kein *Indefinitpron* no, not any, not a: ***ich habe kein Geld*** I have no money, I haven't (got) any money; ***du bist kein Kind mehr*** you are not a child any more; ***kein Wort mehr!*** not another word!; ***kein anderer als X*** none other than X; ***es kostet keine 100 Euro*** it costs less than 100 euros

kein: no statt not any GR

Für das deutsche **kein** wird im Englischen anstelle von **not … any** auch **no** verwendet. Am Satzanfang muss **no …** stehen:

Wir haben keinen Grund zur Beschwerde.	**We don't have any complaints. / We have no complaints.**
Kein Schüler wusste die Antwort.	**No pupil knew the answer.**

⚠ Beachten Sie die Zusammensetzungen **nobody** (not … anybody), **nothing** (not … anything), usw.

keine, **keiner**, **keines** (*oder* **keins**) *Indefinitpron* **1.** *von Personen*: no one, nobody, not one, none: ***keine(r) von ihnen*** none (*oder* not one, *von zweien*: neither) of them; ***keine(r) von uns*** *beiden* neither of us, *mehrere*: none of us **2.** *von Sachen*: not any, none, not one: ***ich will keins von beiden*** I want neither (of the two)
keinerlei *Adj* no … what(so)ever, no … at all: ***sie kennt keinerlei Rücksicht*** she knows no consideration at all
keinesfalls *Adv* on no account, under no circumstances
keineswegs *Adv* by no means, not at all, not in the least

K

keinmal *Adv* not once, never
Keks *m* biscuit, *Am* cookie: *ugs* ***j-m auf den Keks gehen*** get on s.o.'s wick
Kelch *m* **1.** goblet, REL chalice, cup (*auch fig*): ***der Kelch ist an mir vorübergegangen*** I have been spared the bitter cup **2.** BOT calyx, cup
Kelchblatt *n* BOT sepal
Kelchhülle *f* BOT calycle
Kelle *f* **1.** (*Suppenkelle*) ladle **2.** (*Maurerkelle*) trowel **3.** BAHN *etc* signal(l)ing disk
Keller *m* cellar
Kellerassel *f* ZOOL woodlouse
Kellerei *f* wine cellars *Pl*
Kellergeschoss *n* basement
Kellermeister, **Kellermeisterin** cellarman
Kellerwohnung *f* basement (flat)
Kellner *m* waiter
Kellnerin *f* waitress

Kellnerin SG

Will man eine Kellnerin herbeirufen, so zieht man in Großbritannien üblicherweise die Aufmerksamkeit durch Augenkontakt und Handzeichen auf sich. Wenn sie in der Nähe ist und einen nicht sieht, kann man auch **"Excuse me"** sagen. Gelegentlich wird sie auch mit **"waitress"** angeredet.

K

Kelte *m* Celt
Kelter *f* (wine)press
keltern *v/t* press
Keltin *f* Celt
keltisch *Adj* Celtic
Kenia *n* Kenya
kennen *v/t allg* know, (*vertraut sein mit*) *auch* be acquainted (*oder* familiar) with, (*erkennen*) recognize (***an*** *Dat* by): ***wir kennen uns*** we know each other, ***schon*** *auch* we have already met; ***ich kenne sie von der Schule*** we were at school together; ***kennst du mich noch?*** do you remember me?; ***das kennen wir!*** we know all about that!; ***er kennt nichts als seine Arbeit*** he lives only for his work; ***sie kennt keine Müdigkeit*** she never gets tired; ***kein Erbarmen kennen*** know no mercy; ***kennen Sie den*** (*Witz*) (***schon***)***?*** have you heard this one?; ***kennen lernen*** → ***kennenlernen***
kennenlernen *v/t* become acquainted with, get (*oder* come) to know; ***j-n kennenlernen*** meet s.o.; ***j-n näher kennenlernen*** (get to) know s.o. better; ***wir haben uns in B. kennengelernt*** we first met in B.

kennenlernen SG

Wenn man jemanden neu kennenlernt, sagt man **meet**:
Where did you meet?
Wo habt ihr euch kennengelernt?
Lernt man jemanden über einen längeren Zeitraum hin besser kennen, sagt man **get to know**:
I got to know him while I was working in London.
Ich lernte ihn (näher) kennen, als ich in London arbeitete.

Kenner, **Kennerin** (*Kunstkenner(in) etc*) connoisseur, (*Fachmann*) (*Gen*) expert (at, in, of), authority (on)
Kennerblick *m* (***mit Kennerblick*** with an) expert's eye
Kennermiene *f* (***eine Kennermiene aufsetzen*** assume the) air of an expert
Kennmelodie *f* signature tune
kenntlich *Adj* (***an*** *Dat* by) recognizable, distinguishable: ***kenntlich machen*** mark
Kenntnis *f* knowledge: ***Kenntnis haben von*** know (about), be aware of; ***Kenntnis nehmen von*** take note of; ***j-n in Kenntnis setzen von*** inform s.o. of; ***gute Kenntnisse haben in*** (*Dat*) have a good knowledge of, be well grounded in; ***das entzieht sich meiner Kenntnis*** I don't know anything about it
Kenntnisnahme *f* ***zu Ihrer Kenntnisnahme*** for your attention; ***mit Bitte um Kenntnisnahme!*** please take note!
Kennwort *n auch* IT, MIL password
Kennzeichen *n* **1.** (distinguishing) mark, characteristic, (*Anzeichen*) sign, symptom (*auch* MED): ***besondere Kennzeichen*** *Pl* distinguishing marks *Pl* **2.** *fig* hallmark **3.** (***polizeiliches***) ***Kennzeichen*** MOT registration (*Am* license) number
Kennzeichenleuchte *f* MOT number-plate (*Am* license-plate) light
Kennzeichenschild *n* MOT number (*Am* license) plate
kennzeichnen *v/t* **1.** mark **2.** *fig* characterize, (go to) show
kennzeichnend *Adj* characteristic (***für*** of): ***kennzeichnendes Merkmal*** distinguishing feature
Kennziffer *f* code number, WIRTSCH reference number, *eines Inserats*: box number
kentern *v/i* (*auch* ***zum Kentern bringen***) capsize
Keramik *f* **1.** ceramics *Sg*, pottery **2.** ceramic (article), piece of pottery
Keramiker, **Keramikerin** ceramist
Kerbe *f*, **kerben** *v/t* notch
Kerbel *m* BOT chervil
Kerbholz *n ugs* ***etw auf dem Kerbholz haben*** have done s.th. wrong; ***er hat einiges auf dem Kerbholz*** he has quite a record
Kerker *m* HIST dungeon
Kerl *m ugs* fellow, bloke, chap, *Am* guy, *pej* type: ***ein anständiger Kerl*** a decent sort; ***ein feiner Kerl*** a splendid fellow, *Am* a great guy; ***ein lieber*** (*oder* ***netter***) ***Kerl*** a dear; ***ein*** (***ganzer***) ***Kerl*** a real man; ***ein übler Kerl*** a nasty customer
Kern *m* **1.** *von Kernobst*: pip, *von Steinobst*:

Kerne und Steine im Obst WF

Apfelkern	**apple pip**
Orangen- / Zitronen- / Grapefruitkern	**orange / lemon / grapefruit pip**
Traubenkern	**grape seed / pip**
Birnenkern	**pear seed**
Pfirsich- / Aprikosen- / Pflaumen- / Kirschkern	**peach / apricot / plum / cherry stone**
Nusskern	**kernel**

stone, *bes Am* pit, *einer Nuss*: kernel: *fig* ***sie hat einen guten Kern*** she is good at heart **2.** *fig* core (*auch* ELEK, TECH, *auch eines Reaktors*), nucleus (*auch* PHYS), (*Wesen*) essence: ***der Kern der Sache*** the heart of the matter; POL ***harter Kern*** hard core **3.** → ***Stadtkern***
Kernarbeitszeit *f* core time
Kernbrennstoff *m* nuclear fuel
Kernenergie *f* nuclear energy
Kernexplosion *f* nuclear explosion
Kernfach *n* PÄD, UNI basic subject
Kernfamilie *f* SOZIOL nuclear family
Kernforschung *f* nuclear research
Kernfrage *f* crucial question
Kernfusion *f* nuclear fusion
Kerngehäuse *n* BOT core
kerngesund *Adj* thoroughly healthy, *ugs* (as) sound as a bell
Kernholz *n* heartwood
kernig *Adj fig* robust, (*markig*) pithy, (*derb*) earthy, *ugs* (*toll*) super, terrific
Kernkraft *f* nuclear power
Kernkraftgegner, **Kernkraftgegnerin** antinuclear campaigner
Kernkraftwerk *n* nuclear power station
kernlos *Adj* BOT seedless
Kernobst *n* pome
Kernphysik *f* nuclear physics *Pl* (*meist Sg konstr*)
Kernphysiker, **Kernphysikerin** nuclear physicist
Kernpunkt *m fig* central point (*oder* issue)
Kernreaktor *m* nuclear reactor
Kernschmelze *f* (nuclear core) meltdown
Kernseife *f* curd soap
Kernspaltung *f* nuclear fission
Kernspintomografie, **Kernspintomographie** *f* magnetic resonance tomography (*oder* imaging) (*Abk* MRT, MRI)
Kernspruch *m fig* pithy saying
Kernstück *n fig* essential part, main item
Kernteilchen *n* nuclear particle
Kernwaffe *f* nuclear weapon
Kernwaffenpotenzial *n* nuclear capability
Kernwaffenverbot *n* ban on nuclear weapons
Kernwaffenversuch *m* nuclear weapons test
Kernzeit *f* (*Arbeitszeit*) core time
Kerosin *n* CHEM kerosene
Kerze *f* **1.** candle (*auch* ELEK, PHYS) **2.** (*Zündkerze*) MOT spark(ing) plug
kerzengerade *Adv* bolt upright
Kerzenhalter *m* candlestick
Kerzenlicht *n* (***bei Kerzenlicht*** by) candlelight
kess *Adj ugs* pert, saucy
Kessel *m* **1.** kettle, *großer*: cauldron, TECH vat, (*Heizkessel etc*) boiler **2.** GEOL basin, hollow **3.** MIL pocket
Kesselpauke *f* MUS kettledrum
Kesselstein *m* TECH scale, fur
Kesseltreiben *n fig* (***gegen***) hunt (for), POL witch hunt (against)
Ketchup, **Ketschup** *m, n* (tomato) ketchup
Kette *f* **1.** *allg* chain (*auch* CHEM, WIRTSCH, MATHE), (*Halskette*) *auch* necklace: *fig* ***j-n an die Kette legen*** put a curb on s.o. **2.** *fig* chain (*auch Beweiskette*, *Befehlskette etc*), (*Reihe*) line, string, (*Folge*) series: ***eine Kette bilden*** *zur Absperrung*: form a cordon, *zum Weiterreichen*: form a line (*oder* human chain) **3.** (*Bergkette etc*) chain, range **4.** JAGD (*Rebhühner*) covey **5.** *eines Kettenfahrzeugs*: track **6.** *Weberei* warp
ketten *v/t auch fig* chain (***an*** *Akk* to)
Kettenbrief *m* chain letter
Kettenfahrzeug *n* tracked vehicle
Kettenladen *m* multiple shop, chain store
Kettenraucher, **Kettenraucherin** chain-smoker
Kettenreaktion *f* chain reaction
Ketzer, **Ketzerin** *auch fig* heretic
Ketzerei *f* heresy
ketzerisch *Adj* heretical
keuchen *v/i* pant, puff (*auch* BAHN), *auch v/t* gasp
Keuchhusten *m* MED whooping cough
Keule *f* **1.** club **2.** ***chemische Keule*** (Chemical) Mace® **3.** GASTR leg
keusch *Adj* chaste
Keuschheit *f* chastity
Keyboard *n* keyboard
Kfz *n* (= ***Kraftfahrzeug***) motor vehicle
Kfz-Steuer *f* motor-vehicle tax, *Br* road tax
Kfz-Versicherung *f* car insurance
KI *f* (= ***künstliche Intelligenz***) AI
Kibbuz *m* kibbutz
Kichererbsen *Pl* chickpeas *Pl*
kichern *v/i* (***über*** *Akk* at) giggle, *spöttisch*: snigger
Kickboard *n* (skate) scooter, kickboard (scooter)
kicken *v/t und v/i* kick
Kid *n ugs* kid
Kiebitz *m* **1.** ZOOL peewit, lapwing **2.** *ugs fig* (*Zuschauer*) kibitzer
Kiefer[1] *f* BOT pine
Kiefer[2] *m* ANAT jaw
Kieferchirurgie *f* MED oral surgery
Kieferhöhle *f* maxillary sinus
Kiefernzapfen *m* BOT pine cone
Kieferorthopäde *m*, **Kieferorthopädin** *f* orthodontist
Kiel *m* keel
kieloben *Adv* bottom up
Kielraum *m* SCHIFF bilge
Kielwasser *n* (*fig* ***in j-s Kielwasser segeln*** sail in s.o.'s) wake
Kieme *f* gill
Kies *m* **1.** (*auch* ***mit Kies bestreuen***) gravel **2.** *ugs fig* (*Geld*) lolly, *Am* bread
Kiesel *m* flint, pebble
Kieselerde *f* CHEM silica, siliceous earth
Kieselsäure *f* CHEM silicic acid
Kieselstein *m* → ***Kiesel***
Kiesgrube *f* gravel pit
Kiesstrand *m* shingle (beach)
Kiesweg *m* gravel path
Kiez *m ugs* district, area
kiffen *v/i ugs* smoke pot (*oder* hash)
killen *v/t ugs* kill
Killer, **Killerin** *ugs* killer
Kilobyte *n* kilobyte
Kilo(gramm) *n* kilogram(me *Br*)
Kilohertz *n* ELEK, PHYS kilohertz
Kilojoule *n* PHYS kilojoule
Kilometer *m* kilomet/re (*Am* -er)
Kilometergeld *n* mileage allowance
Kilometerpauschale *f* flat mileage allowance
Kilometerstand *m* mileage (reading)
Kilometerstein *m* milestone
kilometerweit *Adv* for miles (and miles)
Kilometerzähler *m* mileage indicator
Kilowatt(stunde *f*) *n* kilowatt (hour)
Kimme *f* MIL backsight
Kind *n* child (*auch fig*), *ugs* kid, (*Kleinkind*) *auch* baby: ***ein Kind erwarten*** (***bekommen***) be expecting (going to have) a baby; ***von Kind***

auf from childhood; *ugs* ***mit Kind und Kegel*** (with) bag and baggage; *fig* ***das Kind mit dem Bade ausschütten*** throw the baby out with the bathwater; ***das Kind beim rechten Namen nennen*** call a spade a spade; (***ein***) ***gebranntes Kind scheut das Feuer*** once bitten, twice shy; → ***Geist*** 2, ***lieb***
Kindbettfieber *n* MED puerperal fever
Kindchen *n* little child, baby
Kinderarbeit *f* child labo(u)r
Kinderarzt *m*, **Kinderärztin** *f* p(a)ediatrician
Kinderbett(chen) *n* cot, *Am* crib
Kinderbuch *n* children's book
Kinderdorf *n* children's village
Kinderei *f* childish trick
Kinderermäßigung *f* reduction for children
Kindererziehung *f* bringing up children
Kinderfahrkarte *f* child's ticket, half
Kinderfahrrad *n* child's bicycle
kinderfeindlich *Adj* hostile to children, antichildren
kinderfreundlich *Adj* **1.** fond of children **2.** suitable for children
Kindergarten *m* kindergarten, *unter 5 Jahren*: nursery school
Kindergärtner, **Kindergärtnerin** kindergarten teacher
Kindergeld *n* children's allowance
Kindergesicht *n fig* baby face
Kinderhort *m* day nursery
Kinderkanal *m* TV children's channel
Kinderkleid *n* child's dress
Kinderkleidung *f* children's wear
Kinderkrankheit *f* **1.** children's disease **2.** *fig* teething troubles *Pl*
Kinderlähmung *f* MED (***spinale***) ***Kinderlähmung*** polio(myelitis)
kinderleicht *Adj* dead easy
kinderlieb *Adj* very fond of children
Kinderlied *n* children's song, nursery rhyme
kinderlos *Adj* childless
Kindermädchen *n* nanny, nurse(maid)
Kinderpflege *f* child care
Kinderpornografie, **Kinderpornographie** *f* child pornography
kinderreich *Adj* with many children: ***kinderreiche Familie*** large family
Kinderschänder *m* child abuser, child molester
Kinderschuhe *Pl* children's shoes *Pl*: *fig* ***noch in den Kinderschuhen stecken*** be still in its infancy
Kindersendung *f* children's program(me *Br*)
kindersicher *Adj* childproof
Kindersicherung *f* MOT childproof lock
Kindersitz *m* child seat
Kinderspiel *n fig* ***das ist ein Kinderspiel*** (***für ihn***) that's child's play (for him)
Kinderspielplatz *m* children's playground
Kinderstube *f* **1.** nursery **2.** *fig* upbringing
Kindertagesstätte *f* day nursery, *Am* day-care center
Kinderwagen *m* pram, *Am* baby carriage
Kinderzimmer *n* children's room, nursery
Kinderzulage *f* children's allowance
Kindesalter *n* childhood, *frühes*: infancy
Kindesliebe *f* filial love
Kindesmisshandlung *f* child abuse
Kindestötung *f* JUR infanticide
kindgerecht *Adj* suitable for children
Kindheit *f* childhood: ***von Kindheit an*** from childhood
kindisch *Adj* childish: ***kindisches Wesen*** childishness
kindlich *Adj* **1.** childlike, childish **2.** *Liebe*, *Respekt etc*: filial
Kindlichkeit *f* childishness
Kindskopf *m ugs fig* (big) child, silly
Kinetik *f* kinetics *Pl* (*auch Sg konstr*)
kinetisch *Adj* kinetic
Kinkerlitzchen *Pl ugs* (*Plunder*) gimcrackery *Sg*, (*Verzierungen*) frills *Pl*
Kinn *n* chin
Kinnbacken *m*, **Kinnlade** *f* jaw(bone)
Kinnhaken *m Boxen*: hook to the chin
Kino *n* **1.** cinema, *Am* movie theater **2.** (*Kinovorstellung*) cinema, *the* pictures *Pl*, *bes Am the* movies *Pl*: ***ins Kino gehen*** go to the pictures (*oder* movies)
Kinobesucher, **Kinobesucherin** cinemagoer, *bes Am* moviegoer
Kinoknüller *m* blockbuster
Kiosk *m* kiosk
Kipferl *n österr.* croissant
Kippe[1] *f ugs* (*Zigarettenkippe*) stub, *ugs* fag end, *bes Am* butt
Kippe[2] *f* **1.** BERGB tip, (*auch Müllkippe*) dump **2.** *Turnen*: upstart, *Am* kip **3.** *ugs fig* ***es*** (***er***) ***steht auf der Kippe*** it is touch and go (with him)
kippen I *v/t* **1.** (*umkippen*) tilt, tip over, (*auskippen*) tip out: *ugs fig* ***einen kippen*** have a quick one **2.** *ugs fig* (*Projekt etc*, *Person*, *Regierung*) overturn, SPORT (*Spiel*) turn **II** *v/i* **3.** tip (over), topple (over), (*umkippen*) overturn, capsize
Kippfenster *n* tilting window
Kipplastwagen *m* tipper, *Am* dump truck
Kippschalter *m* ELEK flip switch
Kirche *f* (***in der Kirche*** at) church: ***zur Kirche gehen*** go to church; *ugs fig* ***wir wollen doch die Kirche im Dorf lassen!*** let's not exaggerate things!
Kirchenbuch *n* parish register
Kirchenchor *m* church choir
Kirchendiener, **Kirchendienerin** sexton
Kirchengemeinde *f* parish
Kirchengeschichte *f* church history
Kirchenjahr *n* ecclesiastical year
Kirchenlied *n* hymn
Kirchenmusik *f* sacred music
Kirchenrecht *n* canon law
Kirchenschiff *n* ARCHI nave
Kirchensteuer *f* church tax
Kirchenstuhl *m* pew
Kirchentag *m* Church congress
Kirchgang *m* churchgoing
Kirchgänger, **Kirchgängerin** churchgoer
Kirchhof *m* churchyard, (*Friedhof*) graveyard
kirchlich *Adj* church …, ecclesiastical: *Adv* ***sich kirchlich trauen lassen, kirchlich heiraten*** have a church wedding; ***kirchlich bestattet werden*** be given a Christian burial
Kirchturm *m* church tower, steeple
Kirchturmpolitik *f* parish-pump politics *Pl* (*auch Sg konstr*)
Kirchturmspitze *f* spire
Kirchweih *f* parish fair
Kirschbaum *m* cherry tree
Kirschblüte *f* **a)** cherry blossom, **b)** (***zur Zeit der Kirschblüte*** at) cherry-blossom time
Kirsche *f* cherry: *fig* ***mit ihm ist nicht gut Kirschen essen*** it's best not to tangle with him
Kirschkern *m* cherry stone
Kirschkuchen *m* cherry cake
Kirschlikör *m* cherry brandy
kirschrot *Adj* cherry(-red)

Kirschtomate *f* cherry tomato
Kirschtorte *f* cherry gateau
Kirschwasser *n* kirsch
Kissen *n* cushion, (*Kopfkissen*) pillow

Kissen: cushion oder pillow? SG

(Sofa)Kissen, (Sitz)Kissen; *übertragen*: Polster	**cushion**
Kopfkissen	**pillow**
Kopfkissenbezug	**pillow case**

There are cushions on the sofa and pillows on the bed.
My savings are a cushion against unemployment.

Kissenbezug *m* cushion slip, (*Kopfkissenbezug*) pillowcase
Kiste *f* **1.** box, WIRTSCH case, (*Truhe*) chest, (*Lattenkiste*) crate **2.** → ***Kasten*** 2
Kitsch *m* kitsch, (*Schund*) trash
kitschig *Adj* kitschy, trashy, (*süßlich*) mawkish
Kitt *m* cement, (*Glaserkitt*) putty
Kittchen *n ugs* (***im Kittchen*** in) clink
Kittel *m* smock, frock, (*Arbeitskittel, Kittelschürze*) overall, (*Arztkittel*) (white) coat
kitten *v/t* cement, (*Glas*) putty, *fig* (*Ehe etc*) patch up
Kitz *n* ZOOL kid, (*Rehkitz*) fawn
Kitzel *m* tickle, *fig auch* itch, (*Nervenkitzel*) *auch* thrill, kick
kitzeln *v/t und v/i auch fig* tickle
Kitzler *m* ANAT clitoris, *ugs* clit
kitzlig *Adj auch fig* ticklish
Kiwi[1] *m* ZOOL kiwi
Kiwi[2] *f* BOT kiwi
Klacks *m ugs* (*Butter etc*) dollop, blob: *fig* ***das ist ein Klacks*** that's nothing; ***das ist ein Klacks für ihn*** that's easy (*finanziell*: peanuts) for him
Kladde *f* **1.** scribbling pad **2.** WIRTSCH waste book **3.** rough copy
klaffen *v/i* gape, *Abgrund etc*: *auch* yawn: ***klaffende Wunde*** gaping wound
kläffen *v/i auch ugs fig* yap
Klage *f* **1.** (*Wehklage*) lament(ation) (***um, über*** *Akk* for, over) **2.** (*Beschwerde*) complaint (***über*** *Akk* about): ***Klage führen über*** (*Akk*) make complaints (*oder* complain) about; ***es sind Klagen laut geworden*** there have been complaints **3.** JUR action (***auf*** *Akk* for), suit, (*Scheidungsklage*) petition, (*Klageschrift*) statement of claim: ***Klage erheben*** (*oder* ***führen***) institute proceedings (***gegen*** against, ***wegen*** for) (*auch* → ***klagen*** 3); ***eine Klage abweisen*** dismiss an action
Klagelied *n* lamentation
klagen **I** *v/i* **1.** (*wehklagen*) lament (***um, über*** *Akk* over, about) **2.** ***klagen über*** (*Akk*) complain of (*auch* MED) (*oder* about); ***ohne zu klagen*** without complaining; ***ich kann nicht klagen*** I have no cause for complaint **3.** JUR go to court: ***gegen j-n klagen*** (***wegen*** for) sue s.o., bring an action against s.o. **II** *v/t* **4.** ***j-m sein Leid klagen*** pour out one's troubles to s.o.
Kläger, Klägerin JUR plaintiff, (*Scheidungskläger[in]*) petitioner
Klageschrift *f* JUR statement of claim
Klageweg *m* JUR ***auf dem*** (*oder* ***im***) ***Klageweg*** by entering legal action

kläglich → ***jämmerlich***
klaglos *Adv* without complaining
Klamauk *m ugs* **1.** (*Lärm*) racket **2.** (*Rummel*) to-do **3.** THEAT *etc* slapstick
klamm *Adj* **1.** clammy **2.** numb (with cold) **3.** *ugs fig* ***klamm sein*** be hard up
Klamm *f* GEOL narrow gorge
Klammer *f* **1.** *allg* clip, TECH *auch* clamp, cramp, (*Wäscheklammer*) peg, *bes Am* pin **2.** (*Zahnklammer*) brace(s *Pl*) **3.** MATHE, BUCHDRUCK *runde*: parenthesis, *eckige*: bracket, *geschweifte*: brace: ***etw in Klammern setzen*** put s.th. in parentheses, bracket s.th.; ***Klammer auf*** (***zu***) open (close) brackets; ***die Klammer(n) auflösen*** MATHE remove the brackets

Klammer: bracket, peg oder clip? SG

Klammern im Text oder in der Mathematik	**brackets**
Wäscheklammer	**(clothes) peg,** *Am* **clothes pin**
Büroklammer	**(paper) clip**

Students hate doing sums with lots of brackets.
Do you have enough pegs to hang out all the washing?
Please use a paper clip to hold these documents together.

Klammeraffe *m* IT at sign (@)
klammern **I** *v/t* (***an*** *Akk* to) clip, TECH *auch* clamp, (*Wäsche*) peg, pin **II** *v/refl* ***sich klammern an*** (*Akk*) *auch fig* cling to
Klammernentferner *m Büroartikel*: staple remover
klammheimlich *Adv ugs* on the quiet
Klamotte *f ugs* **1.** (***alte***) ***Klamotte*** (*Film etc*) oldie **2.** *Pl* (*Kleider*) rags *Pl*, togs *Pl*, (*Sachen*) things *Pl*, junk *Sg*
Klang *m* sound, ring, (*Tonqualität*) tone, (*Klangfarbe*) timbre: ***unter den Klängen von*** (*oder Gen*) to the strains of
Klangfarbe *f* timbre
Klangfülle *f* sonority
klanglich *Adj* tonal
klanglos *Adj* toneless
Klangregler *m* RADIO *etc*: tone control
klangrein *Adj* ***klangrein sein*** have a pure sound
klangschön *Adj* ***klangschön sein*** have a beautiful tone
Klangtreue *f* fidelity
klangvoll *Adj* **1.** sonorous, melodious **2.** *fig Name etc*: illustrious
Klangwiedergabe *f* sound reproduction
klappbar *Adj* (*zs.-klappbar*) collapsible, folding, (*aufklappbar*) hinged
Klappbett *n* folding bed
Klappdeckel *m* snap lid
Klappe *f* **1.** *allg* flap (*auch* TECH), (*Tischklappe etc*) *auch* leaf, MOT (*Ladeklappe*) tailboard **2.** ANAT valve **3.** (*Augenklappe*) (eye) patch **4.** *bei Blasinstrumenten*: key **5.** *ugs fig* mouth, trap: ***eine große Klappe haben*** have a big mouth; ***halt die Klappe!*** shut up!
klappen **I** *v/t* **1.** ***nach oben klappen*** → ***hochklappen***; ***nach unten klappen*** → ***herunterklappen***; ***der Sitz läßt sich nach hinten klap-***

K

pen the seat folds back **II** *v/i* **2.** clack, *laut*: bang, (*zuklappen*) click shut **3.** *ugs fig* work (out well), go off well, succeed: ***klappen wie am Schnürchen*** go like clockwork; ***es klappt nicht*** it won't work; ***nichts klappte*** nothing worked; ***wenn alles klappt*** if all goes well; ***es wird schon klappen!*** it'll work out all right!; ***hat es mit dem Job geklappt?*** did you get the job all right?

Klappentext *m eines Buches*: blurb

Klapper *f* rattle

Klapperkasten *m*, **Klapperkiste** *f ugs* (*Auto*) rattletrap, old banger

klappern *v/i* **1.** clatter, rattle, *Absätze*: clack, *Stricknadeln*: click: ***mit dem Geschirr klappern*** rattle the dishes; ***auf der Schreibmaschine klappern*** clatter away on the typewriter **2.** *vor Kälte*: shiver: ***er klapperte vor Kälte*** (***Angst***) ***mit den Zähnen*** his teeth were chattering with cold (fear)

Klappern *n* clatter(ing) (*etc*)

Klapperschlange *f* ZOOL rattlesnake

Klappmesser *n* jackknife

Klapprad, **Klappfahrrad** *n* folding bicycle

klapprig *Adj ugs* **1.** rattly, (*wacklig*) rickety **2.** *fig* (*Person*) shaky

Klappsitz *m* folding (*oder* jump) seat, MOT *auch* dickey, *Am* rumble seat

Klappstuhl *m* folding chair

Klapptisch *m* folding (*oder* drop-leaf) table

Klaps *m* **1.** (*auch* ***einen Klaps geben***) slap, smack **2.** *ugs fig* ***einen Klaps haben*** be nuts

Klapsmühle *f ugs* funny farm, loony bin

klar I *Adj allg* clear (*auch fig*), (*deutlich*) *auch* distinct, *fig Entscheidung*, *Ziel etc*: *auch* clear-cut, (*vernünftig*) *auch* lucid, (*offensichtlich*) *auch* plain, obvious: ***klarer Sieg*** clear victory; ***klar zum Start*** FLUG ready for take-off; ***einen klaren Kopf behalten*** keep one's wits about one; ***sich ein klares Bild machen von*** get a clear idea of; ***klare Verhältnisse schaffen*** get things straight; ***es ist klar, dass …*** it is clear (*oder* evident) that …; ***es ist mir klar*** (*oder* ***ich bin mir darüber im Klaren***), ***dass …*** I realize (*oder* I'm aware) that …; ***ist das klar?*** is that clear?; ***das ist mir*** (***nicht ganz***) ***klar*** I (don't quite) understand; (***na***) ***klar!*** of course!, sure!; ***alles klar?*** **a)** everything o.k.?, **b)** got it? **II** *Adv* ***klar und deutlich*** **a)** clearly, distinctly, **b)** *fig* straight; ***etw klar zum Ausdruck bringen*** make s.th. plain; ***klar werden*** become clear (*Dat* to); ***sich klar werden über*** (*Akk*) geht *s.th.* clear in one's mind, (*sich entscheiden*) make up one's mind about; ***es wurde mir klar, dass …*** I realized that …; *auch* → ***klargehen***, ***klarkommen***, ***klarsehen*** *etc*

Kläranlage *f* sewage (purification) plant

Klärbecken *n* settling basin

klären I *v/t* **1.** purify, clear **2.** *fig* clear up, clarify, sort *s.th.* out **II** *v/refl* ***sich klären*** **3.** *Himmel etc*: clear (up) **4.** *fig Frage*: be settled, *Problem*: be solved

klargehen *v/i ugs* be all right

Klarheit *f auch fig* clearness, clarity: ***sich Klarheit verschaffen über*** (*Akk*) find out about

Klarinette *f* MUS clarinet

klarkommen *v/i ugs* manage, get by: ***mit einer Sache klarkommen*** understand s.th.; ***mit j-m klarkommen*** get along (fine) with s.o.; ***kommst du damit klar?*** can you manage?

klarmachen *v/t* **1.** ***j-m etw klarmachen*** make s.th. clear (*oder* explain s.th.) to s.o. **2.** ***sich klarmachen, dass …*** realize that … **3.** SCHIFF clear, make *s.th.* ready **4.** *ugs* ***alles klarmachen*** settle it

Klärschlamm *m* sewage sludge

klarsehen *v/t ugs fig* see (the light)

Klarsichtfolie *f* transparent sheet, cling film

Klarsichtpackung *f* transparent packing

Klarsichtscheibe *f* MOT antimist panel

klarstellen *v/t fig* ***etw klarstellen*** get s.th. straight, (*sagen*) state s.th. clearly

Klartext *m* clear text: ***im Klartext*** **a)** in clear, **b)** *fig* in plain language

Klärung *f* **1.** purification **2.** *fig* clarification, clearing up

klarwerden → ***klar*** II

Klasse *f allg* class, PÄD *auch* form, *Am* grade, WIRTSCH *auch* quality, grade, (*Steuerklasse*, *Altersklasse*) bracket: ***erster Klasse*** *auch ugs fig* first-class; ***nach Klassen ordnen*** class, classify; *ugs* ***er*** (***es***) ***ist große*** (*oder* ***einsame***) ***Klasse*** he (it) is super (*oder* fantastic); ***Klasse!*** super!, great!

Klassenarbeit *f* (classroom) test

Klassenbeste *m*, *f* top pupil

Klassenbewusstsein *n* class consciousness

Klassenbuch *n* (class) register, *Am* classbook

Klassengesellschaft *f* class society

Klassenhass *m* class hatred

Klassenkamerad, **Klassenkameradin** classmate

Klassenkampf *m* POL class struggle

Klassenlehrer, **Klassenlehrerin** form teacher, *Am* class teacher, homeroom teacher

klassenlos *Adj* classless

Klassenlotterie *f* class (*oder* Dutch) lottery

Klassensprecher, **Klassensprecherin** PÄD class president, *Br* form captain

Klassentreffen *n* class reunion

Klassenunterschied *m* class difference

Klassenzimmer *n* classroom

klassifizieren *v/t* classify

Klassifizierung *f* classification

Klassik *f* **1.** classical period **2.** classical music

Klassiker, **Klassikerin 1.** classic(al author) **2.** (*großer Künstler etc*) great artist (*etc*) **3.** (*Werk*) classic

klassisch *Adj* **1.** classical **2.** (*typisch*, *vorbildlich*, *zeitlos*) classic

Klassizismus *m* classicism

klassizistisch *Adj* classicistic

Klatsch *m* **1.** *ins Wasser*: splash **2.** (*Klaps*) smack, slap **3.** *ugs* (*Geschwätz*) gossip

Klatschbase *f ugs* gossip(monger)

Klatsche *f* **1.** (*Fliegenklatsche* fly)swatter **2.** *ugs* PÄD crib **3.** *ugs* gossip(monger)

klatschen I *v/i* **1.** (*Beifall klatschen*) applaud, clap **2.** ***in die Hände klatschen*** clap one's hands **3.** (***an*** *Akk* against) *Regen etc*: splash, *Wellen*: crash **4.** *ugs* gossip (***über*** *Akk* about) **II** *v/t* **5.** ***etw klatschen auf*** (*Akk*) (*oder* ***gegen***, ***an*** *Akk*) slap (*oder* bang) s.th. on (*oder* against) **6.** ***Beifall klatschen*** *siehe* 1

Klatscherei *f ugs* gossip(ing)

Klatschgeschichte *f* piece of gossip

Klatschkolumnist, **Klatschkolumnistin** gossip columnist

Klatschmaul *n ugs* real gossip

Klatschmohn *m* BOT corn poppy

klatschnass *Adj ugs* dripping wet: ***klatschnass werden*** get soaked to the skin

Klatschspalte *f ugs einer Zeitung*: gossip column

Klaue *f* **1.** ZOOL claw (*auch* TECH), *der Raubvögel*: *auch* talon, (*Pfote*) paw (*auch ugs fig Hand*): *fig* ***in j-s Klauen geraten*** fall into s.o.'s clutches **2.** *ugs fig* (*Schrift*) scrawl
klauen *v/t und v/i ugs* pinch, swipe, *fig* (*Ideen etc*) steal, borrow
Klause *f eines Einsiedlers*: hermitage
Klausel *f* JUR clause, stipulation, (*Vorbehalt*) proviso
Klaustrophobie *f* claustrophobia
klaustrophobisch *Adj* claustrophobic
Klausur *f* PÄD, UNI (***eine Klausur schreiben*** do a) test
Klausurarbeit *f* → ***Klausur***
Klausurtagung *f* closed meeting
Klaviatur *f* MUS keyboard
Klavier *n* piano(forte): ***auf dem*** (***am***) ***Klavier*** on (at) the piano; ***Klavier spielen*** (***können***) play the piano
Klavierabend *m* piano recital
Klavierauszug *m* piano score
Klavierbegleitung *f* piano accompaniment
Klavierkonzert *n* **1.** MUS piano concert **2.** → ***Klavierabend***
Klavierlehrer, **Klavierlehrerin** piano teacher
Klavierschemel *m* piano stool
Klavierschule *f* (*Buch*) piano tutor
Klaviersonate *f* MUS piano sonata
Klavierspieler, **Klavierspielerin** pianist
Klavierstimmer, **Klavierstimmerin** (piano) tuner
Klavierstunde *f* piano lesson
Klavierunterricht *m* piano lessons *Pl*
Klebeband *n* adhesive (*oder* sticky) tape
Klebebindung *f* adhesive binding
Klebefolie *f* adhesive film
kleben I *v/t* **1.** (***an*** *Akk* to) glue, paste **2.** *ugs* ***j-m eine kleben*** paste s.o. one **II** *v/i* **3.** (*klebrig sein*) be sticky **4.** (***an*** *Dat* to) adhere, stick: ***das Kleid klebte ihr am Körper*** her dress clung to her body; *fig* ***an j-m kleben*** remain glued to s.o.; ***an seinem Posten kleben*** hang on to one's job; ***kleben bleiben a***) stick (***an*** *Dat* to), **b**) *ugs fig* get stuck (***in*** *Dat* in, at)
klebenbleiben → ***kleben*** 4 b
Klebepresse *f* FILM splicer
Kleber *m* **1.** gluten **2.** → ***Klebstoff***
Klebestelle *f* FILM splice
Klebestreifen *m* adhesive tape, Scotch tape®
Klebezettel *m* gummed label
klebrig *Adj* sticky, tacky, (*klebend*) adhesive
Klebrigkeit *f* stickiness
Klebstoff *m* adhesive, (*Leim*) glue
kleckern *ugs* **I** *v/i* **1.** *Person*: make a mess **2.** *Farbe*: drip **II** *v/t* **3.** ***etw kleckern auf*** (*Akk*) spill s.th. on
kleckerweise *Adv ugs* in dribs and drabs
Klecks *m ugs* **1.** stain, blot **2.** (*Klecks Butter etc*) blob
klecksen *v/i ugs* **1.** make blots (*oder* stains), make a mess **2.** *pej* (*malen*) daub
Klee *m* BOT clover: *ugs* ***über den grünen Klee loben*** praise *s.o.*, *s.th.* to the skies
Kleeblatt *n* **1.** cloverleaf: ***vierblättriges Kleeblatt*** four-leaf(ed) clover **2.** (*Straßenkreuzung*) cloverleaf (intersection)
Kleiber *m* ZOOL nut hatch
Kleid *n* **1.** dress (*auch fig*), frock, gown **2.** *Pl* clothes *Pl*, clothing *Sg*: ***Kleider machen Leute*** fine feathers make fine birds **3.** JAGD (*Fell*) fur, coat, (*Federkleid*) plumage
kleiden I *v/t* **1.** dress, clothe: *fig* ***etw in Worte kleiden*** clothe (*oder* couch) s.th. in words **2.** ***j-n*** (***gut***) ***kleiden*** suit (*oder* become) s.o., look well on s.o. **II** *v/refl* ***sich kleiden*** **3.** dress: ***sich kleiden in*** (*Akk*) wear
Kleiderbügel *m* coat hanger
Kleiderbürste *f* clothes brush
Kleiderhaken *m* coat hook
Kleiderschrank *m* wardrobe
Kleiderständer *m* clothes tree (*im Geschäft*: rack)
Kleiderstoff *m* (dress) material
kleidsam *Adj* becoming
Kleidung *f* clothing, dress, clothes *Pl*

K

Kleidung SG

„Damenkleidung" heißt auf Englisch korrekt **ladies' wear** (**ladies'** ist der Genitiv Plural von **lady**). In den meisten Geschäften findet man dagegen die eigentlich inkorrekte Form **ladieswear**.
Ähnlich verhält es sich mit der Herrenkleidung:
menswear statt korrekt **men's wear**. Der Apostroph wird im Englischen häufig fälschlicherweise unterdrückt.

Kleidungsstück *n* article of clothing, garment
Kleie *f* bran
klein I *Adj* **1.** *allg* small, (*kleinwüchsig*) *auch* short, *Finger, Zeh, Haus etc*: little: ***sehr klein, winzig klein*** very small, tiny, *ugs* teeny; ***ziemlich klein*** rather small, smallish; ***von klein auf*** from a child; ***im Kleinen*** in miniature; WIRTSCH ***im Kleinen verkaufen*** retail; ***mein kleiner Bruder*** my little (*oder* young) brother; ***die Welt ist*** (***doch***) ***klein!*** it's a small world! **2.** (*unbedeutend*) small, little, ***auch*** JUR minor,

klein: little oder small? SG

Small bezieht sich nur auf die Größe (Höhe und Umfang) und ist sachlich-neutral.
Little bezieht sich auf das Alter oder drückt aus, dass der Sprecher etwas niedlich findet. Die deutschen Verkleinerungsformen auf **-chen** und **-lein** werden häufig mit **little** + Substantiv übersetzt. **Little** erscheint oft (ohne Komma) nach einem anderen Adjektiv, welches es betont.

Dieses Haus ist zu klein für uns.	**This house is too small for us.**
ein kleines Häuschen	**a small house**
ein nettes Häuschen	**a nice little house**
Was für ein süßer kleiner Junge!	**What a sweet little boy!**

⚠ **little** hat die gleichen Steigerungsformen wie **small**!

klein – kleiner – am kleinsten	**small / little – smaller – smallest**

petty: ***aus kleinen Verhältnissen kommen*** be of humble origin(s); ***ein kleiner Beamter*** a minor official; ***ein kleiner Geist*** a small mind; ***der kleine Mann*** the man in (*Am* on) the street; ***das kleinere Übel*** the lesser evil; ***bis ins Kleinste*** (down) to the last detail; ***das ist meine kleinste Sorge*** that's the least of my worries **II** *Adv* **3.** small: *ugs* ***ein*** (***ganz***) ***klein wenig*** a little (*oder* tiny) bit; ***klein anfangen*** start in a small way; ***klein kariert*** small--check(ed); ***klein schneiden*** cut up, chop (up); → ***beigeben*** II,

Kleinaktie *f* baby share (*Am* stock)

Kleinaktionär, **Kleinaktionärin** small shareholder (*Am* stockholder)

Kleinanzeige *f* classified advertisement (*ugs* ad)

Kleinarbeit *f fig* spadework

Kleinasien *n* Asia Minor

Kleinauto *n* small car

Kleinbahn *f* narrow-ga(u)ge railway (*Am* railroad)

Kleinbauer *m*, **Kleinbäuerin** *f* small farmer

Kleinbetrieb *m* small(-scale) enterprise

Kleinbildkamera *f* 35 mm camera

Kleinbuchstabe *m* small letter

Kleinbürger, **Kleinbürgerin**, **kleinbürgerlich** *Adj* petty bourgeois

Kleinbus *m* minibus

Kleine[1] *m*, *f* little one

Kleine[2] *n ugs* ***etw Kleines*** a baby

Kleinfamilie *f* SOZIOL nuclear family

Kleinformat *n* small size: ***im Kleinformat*** small--format

Kleingarten *m* allotment (garden)

Kleingärtner, **Kleingärtnerin** allotment gardener

Kleingedruckte *n* ***das Kleingedruckte lesen*** read the small print

Kleingeld *n* (small) change: *fig* ***das nötige Kleingeld haben*** have the wherewithal

Kleingewerbe *n* small trade

Kleinhandel *m* retail trade

Kleinhändler, **Kleinhändlerin** retailer

Kleinhirn *n* ANAT cerebellum

Kleinholz *n* firewood: *ugs fig* ***Kleinholz machen aus*** **a)** ***j-m*** make mincemeat of s.o., **b)** ***einer Sache*** smash s.th. to pieces

Kleinigkeit *f* trifle, little (*oder* small) thing, (*Geschenk*) little something, (*Detail*) minor detail: ***eine Kleinigkeit essen*** have a bite; ***das war eine*** (***keine***) ***Kleinigkeit*** that was (not) easy

Kleinindustrie *f* small industry

Kleinkalibergewehr *n* small-bore rifle

kleinkariert *Adj ugs fig* (*kleinlich*) small-minded; → ***klein*** II 3

Kleinkind *n* infant

Kleinkram *m* trifles *Pl*

Kleinkredit *m* small(-scale) credit

Kleinkrieg *m* guer(r)illa warfare: *fig* ***einen Kleinkrieg führen mit*** keep up a running battle with

kleinkriegen *v/t ugs* (manage to) break: *fig* ***j-n kleinkriegen*** *körperlich*: wear s.o. out, *moralisch*: get s.o. down; ***nicht kleinzukriegen*** *auch Person*: indestructible

Kleinkunst *f* cabaret

kleinlaut *Adj* (very) subdued

kleinlich *Adj* **1.** (*genau*) pedantic **2.** (*engstirnig*) narrow-minded **3.** (*geizig*) mean

Kleinlichkeit *f* **1.** pedantry **2.** narrow-mindedness **3.** meanness

Kleinod *n* jewel, *fig auch* treasure

Kleinrentner, **Kleinrentnerin** person receiving a small pension

kleinschneiden → ***klein*** II 3

kleinschreiben *v/t* ***ein Wort kleinschreiben*** write a word with a small (initial) letter; *ugs* ***Ordnung wird bei ihm kleingeschrieben*** he isn't a great one for order;

Kleinstaat *m* minor state

Kleinstadt *f* small town

Kleinstädter, **Kleinstädterin**, **kleinstädtisch** *Adj* provincial

Kleinstlebewesen *n* BIOL microorganism

kleinstmöglich *Adj* smallest possible

Kleinvieh *n* small domestic animals *Pl*: *ugs fig* ***Kleinvieh macht auch Mist*** many a little makes a mickle

Kleinwagen *m* small car

kleinwüchsig *Adj* small, short

Kleister *m*, **kleistern** *v/t* paste

Klematis *f* BOT clematis

Klementine *f* clementine

Klemmbrett *n* clipboard

Klemme *f* **1.** clamp (*auch* ELEK, TECH), clip, ELEK terminal **2.** *ugs fig* ***in der Klemme sein*** (*oder* ***sitzen***) be in a fix (*oder* tight spot); ***j-m aus der Klemme helfen*** help s.o. out of a fix

klemmen **I** *v/t* **1.** (*festklemmen*) jam (*auch* TECH), (*quetschen*) squeeze, pinch, (*stecken*) stick: ***ich habe mir den Finger geklemmt*** *siehe* 3 **II** *v/i* **2.** *Tür, Schublade etc*: be jammed, be stuck: *ugs fig* ***wo klemmts?*** what's wrong?, where's the snag? **III** *v/refl* ***sich klemmen*** **3.** jam one's finger (*etc*), get one's finger (*etc*) caught **4.** squeeze o.s. (***in*** *Akk* into, ***hinter*** *Akk* behind): *ugs fig* ***sich klemmen hinter*** **a)** ***eine Sache*** get down to s.th., **b)** ***j-n*** get cracking on s.o.

Klemmmappe *f* spring folder

Klempner, **Klempnerin** **1.** TECH metal roofer **2.** (*Installateur*) plumber

Klempnerei *f* metal roofer's(*oder* plumber's) workshop

Kleptomanie *f* kleptomania

klerikal *Adj* clerical

Kleriker, **Klerikerin** cleric

Klerus *m* clergy

Klette *f* **1.** BOT bur(r), *große*: burdock **2.** *fig* (***sich wie eine Klette an j-n hängen*** cling to s.o. like a) leech

Kletterer *m*, **Kletterin** *f* climber

Klettergerüst *n für Kinder*: climbing frame

klettern *v/i allg* climb, BOT *auch* creep, *fig auch* go up (***auf*** *Akk* to): ***auf einen Baum klettern*** climb a tree

Kletterpflanze *f* climber

Kletterrose *f* rambler

Kletterstange *f* climbing pole

Klettverschluss *m* Velcro®, velcro fastening

klicken *v/i* click

Klient, **Klientin** JUR client

Kliff *n* GEOL cliff

Klima *n* climate, *fig auch* atmosphere: ***das soziale Klima*** the social climate

Klimaanlage *f* air-conditioning (system): ***mit einer Klimaanlage ausrüsten*** air-condition

Klimakterium *n* menopause

klimatisch *Adj* climatic(ally *Adv*)

klimatisieren *v/t* air-condition

Klimatologie *f* climatology

Klimaveränderung *f*, **Klimawechsel** *m* change in climate
Klimmzug *m* SPORT chin-up: ***einen Klimmzug machen*** do a chin-up, chin o.s. up
klimpern *v/i* **1.** (*auch* ***klimpern mit***) jingle **2.** ***klimpern auf*** (*Dat*) strum on *the guitar*, tinkle on *the piano*
Klinge *f* blade
Klingel *f* bell
Klingelknopf *m* bell push, call button
klingeln **I** *v/i* **1.** ring ([***nach***] ***j-m*** for s.o.): ***bei j-m klingeln*** ring s.o.'s doorbell; ***es klingelt*** **a)** the doorbell is ringing, **b)** there's the bell **2.** *Motor*: ping **II** *v/t* **3.** ***j-n aus dem Bett klingeln*** get s.o. out of bed
Klingelzeichen *n* ring, bell (signal)
klingen *v/i* sound (*auch fig*), ring, *Gläser*: clink, *Metall*: clank: *fig* ***das klingt schon besser*** that sounds better, that's more like it; ***das klingt nach Neid*** that sounds like envy
klingend *Adj Stimme*: melodious; → ***Münze*** 1
Klinik *f* clinic, (*Privatklinik*) nursing home
Klinikum *n* clinical cent/re (*Am* -er)
klinisch *Adj* clinical: ***klinisch tot*** clinically dead
Klinke *f* (*Türklinke* door) handle
Klinker *m* ARCHI clinker
klipp *Adv* ***klipp und klar*** clearly, plainly; ***ich habe ihm klipp und klar gesagt, dass …*** I told him straight out that …
Klippe *f* **1.** GEOL reef, rock **2.** *fig* (***eine Klippe umschiffen*** clear an) obstacle
klirren *v/i* **1.** *Scheiben, Teller etc*: rattle, *Besteck, Geschirr etc*: clatter, *Ketten*: clank, *Gläser etc*: clink, chink, *Münzen, Schlüssel etc*: jingle: ***klirren mit*** rattle (*one's chains, keys, etc*) **2.** RADIO produce harmonic distortion
Klischee *n fig* cliché
Klischeevorstellung *f* stereotyped idea
Klistier *n* MED enema
Klitoris *f* ANAT clitoris
klitschig *Adj Brot etc*: doughy
klitzeklein *Adj ugs* teeny(-weeny)
Klo *n ugs* loo, *Am* john
Kloake *f* sewer, cesspool (*auch fig*)
Kloben *m* **1.** TECH block **2.** (*Holzkloben*) log
klobig *Adj* bulky, (*plump, auch fig*) clumsy
Klon *m* clone
klonen *v/t* clone
klönen *v/i ugs* (have a) natter
Klopapier *n ugs* toilet (*Br auch* loo) paper
klopfen **I** *v/i* **1.** (***an*** *Akk* at, on) knock, *sanft*: tap: ***es klopft*** there's somebody (knocking) at the door; → ***Busch*** 1, ***Finger, Schulter*** **2.** *Herz etc*: beat, *heftig*: throb: *fig* ***mit klopfendem Herzen*** with a beating heart **3.** *Motor*: knock **II** *v/t* **4.** (*Teppich etc*) beat, (*Steine*) break: ***den Takt klopfen*** beat time
Klopfer *m* **1.** (*Türklopfer*) doorknocker **2.** (*Teppichklopfer*) carpet beater
klopffest *Adj* knock-proof
Klöppel *m* **1.** *einer Glocke etc*: clapper **2.** *Textilien*: (lace) bobbin
Klöppelkissen *n* lace pillow
klöppeln *v/i* make lace
Klöppelspitze *f* bone lace
Klops *m* meatball
Klosett *n* lavatory, toilet
Klosettpapier *n* toilet paper
Kloß *m* dumpling (*auch ugs fig Person*): *fig* ***ich hatte einen Kloß im Hals*** I had a lump in my throat
Kloster *n* (*Mönchskloster*) monastery, (*Nonnenkloster*) convent, nunnery: ***ins Kloster gehen*** enter a monastery (*etc*), become a monk (*oder* nun)
Klosterbruder *m* friar
Klosterfrau *f* nun
Klosterleben *n* monastic life
klösterlich *Adj* monastic
Klotz *m* **1.** block (of wood), log: *fig* ***er ist mir nur ein Klotz am Bein*** he is just a millstone round my neck **2.** → ***Bauklotz*** **3.** *ugs pej* oaf, *Am sl* klutz
klotzig *Adj* bulky, heavy
Klub *m* club
Kluft[1] *f auch fig* gap, (*Abgrund*) abyss: ***die Kluft überbrücken*** bridge the gap
Kluft[2] *f ugs* togs *Pl*, gear
klug **I** *Adj* **1.** intelligent, clever, (*gescheit*) smart, bright, shrewd, (*vernünftig*) sensible, wise, judicious, (*vorsichtig*) prudent: ***ein kluger Rat*** a sound advice; ***so klug wie zuvor*** none the wiser; ***der Klügere gibt nach*** the wiser head gives in; ***das Klügste wäre zu warten*** it would be best to wait **2.** *ugs* ***ich werde aus ihr (der Sache) nicht klug*** I can't make her (it) out; ***wirst du daraus klug?*** does it make sense to you? **II** *Adv* **3.** intelligently (*etc*): ***du hättest klüger daran getan zu gehen*** you would have been wise to go
klugerweise *Adv* (very) wisely: ***klugerweise hat sie geschwiegen*** *auch* she had the good sense to keep quiet
Klugheit *f* intelligence, brightness, (*Vernunft*) good sense, (*Vorsicht*) prudence
Klugscheißer, **Klugscheißerin** *vulg* smart arse, *Am* smart ass
klumpen *v/i* become lumpy, *Blut*: clot
Klumpen *m* lump, (*auch Blutklumpen*) clot, (*Erdklumpen*) clod
Klumpfuß *m* MED clubfoot
klumpig *Adj* lumpy, *Blut*: clotted
Klüngel *m pej* clique
Klunkern *Pl ugs* rocks *Pl*
Klüver *m* SCHIFF jib
Klüverbaum *m* jib boom
knabbern *v/i und v/t* (***an*** *Dat* at) nibble, gnaw: *ugs fig* ***ich hatte lange daran zu knabbern*** **a)** I didn't get over it easily, **b)** it took me some time to figure it out
Knabe *m* boy, lad: *ugs* ***alter Knabe*** old chap
Knabenchor *m* boys' choir
knabenhaft *Adj* boyish
Knackarsch *m sl* pert bum, *bes. Am* bubble butt
Knäckebrot *n* crispbread
knacken **I** *v/t auch fig* crack: *ugs* ***ein Auto knacken*** break into a car **II** *v/i* crack, *Stufen etc*: *auch* creak, *Zweige etc*: snap
Knacker *m ugs* ***alter Knacker*** old fog(e)y
Knacki *m ugs* jailbird
knackig *Adj* **1.** crisp, *Apfel etc*: crunchy **2.** *ugs fig* dishy
Knacklaut *m* LING glottal stop
Knackpunkt *m ugs fig* crunch point
Knacks *m* crack (*auch ugs fig Defekt*): *fig* ***er hat einen Knacks (weg)*** **a)** his health is shaken, **b)** his nerves are all shot, **c)** *seelisch*: he is badly hit, **d)** *geistig*: he's slightly cracked; ***ihre Ehe hat einen Knacks*** their marriage is cracking up
Knall *m* **1.** *allg* bang, *eines Korkens*: pop, (*Peitschenknall, Schuss*) crack, (*Düsenknall*) (sonic) boom **2.** *fig* (*Krach*) row **3.** *ugs fig* ***einen Knall***

K

haben be nuts **4.** *ugs fig* ***Knall und Fall*** (all) of a sudden; ***j-n Knall und Fall entlassen*** dismiss s.o. on the spot

knallblau *Adj ugs* bright blue

Knallbonbon *m, n* (party) cracker

Knalleffekt *m* clou, bang

knallen I *v/i* **1.** (*auch* ***knallen mit***) *Tür etc*: bang, slam, *Peitsche*: crack, *Korken*: pop: ***es knallte zweimal*** there were two loud bangs (*Schüsse*: shots) **2.** *ugs* (*schießen*) bang, fire **3.** *ugs* (*prallen*) crash (***gegen*** into): ***mit dem Kopf an die Windschutzscheibe knallen*** hit one's head on the windscreen; *ugs* ***sonst knallts!*** or else! **4.** *ugs Sonne*: beat down **II** *v/t* **5.** (*werfen, hauen, stoßen*) bang, slam: *fig* ***j-m eine knallen*** paste s.o. one; → ***Latz***

Knaller *m ugs* **1.** → ***Knallkörper*** **2.** → ***Knüller***

Knallerbse *f* (toy) torpedo

Knallfrosch *m* jumping cracker

Knallgas *n* CHEM oxyhydrogen (gas)

knallhart *Adj ugs* **1.** *Schlag etc*: smashing, powerful **2.** *fig* tough, brutal: *Adv* ***j-m etw knallhart ins Gesicht sagen*** tell s.o. s.th. with brutal frankness

knallig *ugs* **I** *Adj* **1.** *Farbe etc*: loud, glaring **2.** (*eng*) skintight **II** *Adv* **3.** ***knallig bunt*** gaudy; ***knallig heiß*** scorching

Knallkopf *m ugs* idiot

Knallkörper *m* banger

knallrot *Adj* bright red, *Gesicht etc*: scarlet, crimson

knallvoll *Adj ugs* **1.** jam-packed **2.** (*betrunken*) sloshed

knapp I *Adj* **1.** (*spärlich*) scanty, meag/re (*Am* -er): ***knapp sein*** be scarce, be in short supply; ***knapp werden*** *Vorräte, Zeit*: run short; → ***Kasse*** 3 **2.** *Sieg, Entscheidung etc*: narrow: ***knappe Mehrheit*** bare majority; ***mit knapper Not*** barely, only just, ***entrinnen*** have (*oder* make) a narrow escape **3.** *fig Stil etc*: concise, terse, *Antwort, Befehl etc*: brief, short: ***in knappen Worten*** in a few words **4.** *vor Zahlen*: ***knapp(e) zwei Stunden*** just under two hours; ***in einem knappen Jahr*** in less than a year; ***knapp 10 Minuten*** barely (*oder* just) ten minutes **5.** *Kleid etc*: tight **II** *Adv* **6.** (*kaum*) only just **7.** ***knapp sitzen*** fit tightly; ***meine Zeit ist knapp bemessen*** I'm pushed for time; ***knapp gewinnen*** win by a narrow margin; *eine Prüfung* ***knapp bestehen*** scrape through; *ugs* ***(aber) nicht zu knapp!*** **a)** (*natürlich*) you bet!, **b)** (*viel*) plenty of, **c)** (*und wie*) and how!

knapphalten *v/t ugs* ***j-n knapphalten*** keep s.o. short

Knappheit *f* **1.** scantiness, (*Mangel*) scarcity, shortage **2.** *eines Sieges etc*: narrowness **3.** *fig des Stils etc*: terseness, conciseness, *einer Antwort etc*: shortness **4.** *eines Kleides etc*: tightness

Knappschaft *f* miners' association

Knarre *f ugs* gun

knarren *v/i* creak

Knast *m ugs* (***im Knast*** in) clink (*sl*): ***Knast schieben*** do time

Knastbruder *m*, **Knastschwester** *f ugs* jailbird

Knatsch *m ugs* row

knattern *v/i Schüsse etc*: rattle, *Motorrad etc*: roar, *Segel, Fahne*: flap

Knäuel *m, n* **1.** (*Wollknäuel etc*) ball **2.** (*Wirrwarr*) tangle **3.** (*Menschenknäuel*) cluster

Knauf *m* **1.** (*Türknauf*) knob **2.** ARCHI capital **3.** (*Degenknauf*) pommel

Knauser *m ugs* miser

Knauserei *f ugs* stinginess

knauserig *Adj ugs* stingy

knausern *v/i ugs* be stingy (***mit*** with)

Knaus-Ogino-Methode *f* MED rhythm method

knautschen *v/i ugs* crease, crumple

Knautschzone *f* MOT crumple zone

Knebel *m*, **knebeln** *v/t auch fig* gag

Knecht *m* farmhand, *fig* slave

Knechtschaft *f* slavery

kneifen I *v/t* **1.** pinch: ***j-n*** (*oder* ***j-m***) ***in den Arm kneifen*** pinch s.o.'s arm **II** *v/i* **2.** pinch **3.** *ugs* (***vor*** *Dat*) dodge (*s.th.*), back out (of), *aus Angst*: chicken out (of, on)

Kneifzange *f* (***eine Kneifzange*** a pair of) pincers *Pl*

Kneipe *f ugs* pub, *Am* saloon

Kneipenbummel *m* (*auch* ***einen Kneipenbummel machen***) pub-crawl

Kneippkur *f* MED Kneipp('s) cure

Knete *f ugs* **1.** → ***Knetmasse*** **2.** (*Geld*) lolly, *Am* bread

kneten *v/t* knead, (*massieren*) *auch* massage, (*formen*) mo(u)ld

Knetmasse *f* plasticine

Knick *m* **1.** (*Biegung*) (sharp) bend: ***die Straße macht einen Knick*** *auch* the road bends sharply **2.** *in Papier etc*: crease, fold, *in Draht etc*: kind **3.** *fig* (*Leistungsknick etc*) (sharp) drop, falling off

knicken *v/t* **1.** (*auch v/i*) break, snap: → ***geknickt*** **2.** (*Papier etc*) crease, fold: ***nicht knicken!*** do not bend! **3.** (*auch v/i*) (*Metall etc*) buckle, bend, (*Draht*) kink

knickerig *Adj ugs* stingy, mean

Knicks *m* curtsy: ***einen Knicks machen*** (drop a) curtsy (***vor j-m*** to s.o.)

Knie *n* **1.** knee: ***bis an die Knie*** up to one's knees, knee-deep; ***j-n auf den Knien bitten*** beg s.o. on bended knees; ***in die Knie brechen*** collapse; ***in die Knie gehen*** **a)** sag at the knees, **b)** *fig* go to the wall; ***j-n in die Knie zwingen*** *auch fig* force s.o. on his knees; *fig* ***etw übers Knie brechen*** rush s.th.; *ugs* ***ich bekam weiche Knie*** I went weak at the knees, I became scared; ***j-n übers Knie legen*** give s.o. a spanking **2.** (*Biegung*) bend **3.** TECH elbow, bend

Kniebeuge *f* SPORT knee bend

Kniefall *m* REL genuflection

kniefrei *Adj* above-the-knee

Kniegelenk *n* ANAT, TECH knee joint

Kniekehle *f* ANAT hollow of the knee

knielang *Adj* knee-length

knien I *v/i* (***vor*** *Dat* before) kneel, be on one's knees **II** *v/refl* ***sich knien*** kneel down: *ugs fig* ***sich knien in*** (*Akk*) get down to

Kniescheibe *f* ANAT kneecap

Knieschützer *m* kneepad

Kniestrumpf *m* knee-length sock

knietief *Adj* knee-deep

Kniff *m* **1.** crease, fold **2.** *fig* trick

kniffen *v/t* fold (down), crease

knifflig, **kniffelig** *Adj* tricky

knipsen I *v/t* **1.** (*Fahrkarte*) punch **2.** *ugs* ***j-n knipsen*** take s.o.'s picture, snap s.o. **II** *v/i* **3.** *ugs* take photos, snap

Knirps *m* little chap (*Am* guy), *pej* squirt

knirschen *v/i* grate, *Schnee etc*: crunch: ***mit den Zähnen knirschen*** grind one's teeth

knistern *v/i* crackle, *bes Papier, Seide*: rustle: *fig* ***der Saal knisterte vor Spannung*** the atmos-

phere in the hall was electric
Knitterfalte *f* crease
knitterfrei *Adj* creaseproof, noncrease
knittern *v/i und v/t* crease, wrinkle
knobeln *v/i* **1.** (***um*** for) throw dice, toss **2.** *ugs* (*tüfteln*) puzzle (***an*** *Dat* over)
Knoblauch *m* BOT garlic
Knoblauchkapsel *f* garlic pill
Knoblauchzehe *f* clove of garlic
Knöchel *m* (*Fingerknöchel*) knuckle, (*Fußknöchel*) ankle
Knöchelbruch *m* ankle fracture
knöchellang *Adj* ankle-length
Knochen *m* bone: ***Fleisch mit*** (***ohne***) ***Knochen*** meat on (off) the bone; ***bis auf die Knochen*** **a)** ***abgemagert*** just skin and bones, **b)** ***nass*** soaked to the skin; *ugs* ***der Schreck fuhr mir in die Knochen*** I was shaken to the core; ***das ist ihm in die Knochen gefahren*** it really got to him; ***sich bis auf die Knochen blamieren*** make an absolute fool of o.s
Knochenarbeit *f* hard slog, gruel(l)ing work
Knochenbau *m* bone structure
Knochenbildung *f* bone formation
Knochenbruch *m* fracture (of a bone)
Knochengerüst *n* skeleton
knochenhart *Adj ugs* (as) hard as stone
Knochenhaut *f* ANAT periosteum
Knochenkrebs *m* MED bone cancer
Knochenmark *n* (bone) marrow
Knochenmehl *n* LANDW bone meal
Knochenmühle *f ugs fig* sweat shop
Knochensplitter *m* bone splinter
knochentrocken *Adj ugs* bone-dry
knöchern *Adj* bone …, bony, osseous
knochig *Adj* bony
Knödel *m* dumpling
Knolle *f* BOT tuber, (*Zwiebel*) bulb
Knollen *m* lump
Knollenblätterpilz *m* ***Grüner Knollenblätterpilz*** death cup
Knollennase *f ugs* bulbous nose
Knollensellerie *m* BOT celeriac
Knopf *m* **1.** button **2.** TECH (push) button, push: ***auf einen Knopf drücken*** push a button **3.** → ***Knauf*** 1, 3 **4.** *ugs fig* → ***Knirps***
Knopfdruck *m* ***auf*** (*oder* ***per***) ***Knopfdruck*** at the touch of a button
knöpfen *v/t* button: ***zum Knöpfen*** buttoned
Knopfloch *n* buttonhole: *ugs fig* ***aus allen Knopflöchern platzen*** be bursting at the seams
Knopfzelle *f* round cell
Knorpel *m* **1.** ANAT cartilage **2.** GASTR gristle
knorpelig *Adj* **1.** ANAT cartilaginous **2.** GASTR gristly
Knorren *m* knot, snag
knorrig *Adj* **1.** gnarled, knotty **2.** *fig Person*: gruff
Knospe *f*, **knospen** *v/i* bud
Knoten **I** *m* **1.** knot: ***einen Knoten machen*** tie a knot (***in*** *Akk* into); *ugs fig* ***bei ihm ist endlich der Knoten geplatzt*** he has caught on at last **2.** (*Haarknoten*) bun, knot **3.** SCHIFF knot: ***10 Knoten machen*** do ten knots **4.** BOT, MED knot, *auch* ASTR, PHYS node **II** *v/t* **5.** knot, tie a knot in
Knotenpunkt *m* **1.** BAHN *etc* junction **2.** *fig* cent/re (*Am* -er)
knotig *Adj auch fig* knotty
Know-how, **Knowhow** *n* know-how, expertise
Knuff *m ugs* poke, *heimlicher*: nudge: ***j-m einen Knuff geben*** → ***knuffen***
knuffen *v/t* ***j-n knuffen*** punch (*heimlich*: nudge) s.o.
Knülch *m ugs* bloke, *Am* guy, *sl* creep
knüllen *v/t und v/i* crumple
Knüller *m ugs* sensation, (big) hit, PRESSE scoop
knüpfen **I** *v/t* tie, make, (*Teppich*) knot: ***etw knüpfen an*** (*Akk*) fasten (*fig Bedingung etc*: attach) s.th. to; *fig* ***Hoffnungen knüpfen an*** (*Akk*) pin one's hopes on **II** *v/refl* ***sich knüpfen an*** (*Akk*) *fig Bedingung etc*: be attached to, *Erinnerung etc*: be connected with, (*folgen*) arise from
Knüppel *m* **1.** (heavy) stick, club, (*Polizeiknüppel*) truncheon, *bes Am* club: *fig* ***j-m einen Knüppel zwischen die Beine werfen*** put a spoke in s.o.'s wheels **2.** (*Steuerknüppel*, *Schaltknüppel*) stick
Knüppeldamm *m* log road, *Am* corduroy road
knüppeldick *Adv* ***es kommt immer gleich knüppeldick!*** it never rains but pours!
knüppeln *v/t* beat, club
Knüppelschaltung *f* MOT ***mit Knüppelschaltung*** with floor-mounted gear change
knurren *v/i* **1.** (*auch v/t*) growl, snarl **2.** *fig* (*murren*) grumble (***über*** *Akk* at) **3.** *Magen*: rumble: ***mir knurrt der Magen*** I'm famished
knurrig *Adj ugs fig* grumpy
knusprig, **knusperig** *Adj Brötchen etc*: crisp
Knute *f* knout: *fig* ***unter j-s Knute stehen*** be under s.o.'s thumb
knutschen *v/i ugs* neck, smooch, snog
Knutschfleck *m ugs* love bite
k. o. *Adj präd Boxen*: knocked out: ***j-n k. o. schlagen*** knock s.o. out; *ugs fig* ***ich bin k. o.*** I'm all in
K. o. *m Boxen*: knockout
Koala(bär) *m* koala bear
Koalition *f* POL coalition
Kobalt *m* MIN cobalt
Kobaltblau *n* cobalt blue
Kobaltbombe *f* cobalt bomb
Kobold *m* (hob)goblin, (*auch Kind*) imp
Koch *m* cook: ***viele Köche verderben den Brei*** too many cooks spoil the broth
Kochbanane *f Baum und Frucht*: plantain
Kochbuch *n* cookery book, *bes Am* cookbook
kochecht *Adj Farbe*: (boil)fast
kochen **I** *v/t* **1.** cook, (*Wasser, Eier, Wäsche etc*) boil, (*Kaffee, Tee*) make **II** *v/i* **2.** cook, do the cooking: ***sie kocht gut*** she is a good cook **3.**

kochen: cook, make oder boil? SG

kochen oder zubereiten von Speisen allgemein	**cook**
cook a meal	**love / hate cooking**
eine bestimmte Mahlzeit / ein bestimmtes Gericht kochen oder zubereiten	**make**
make breakfast / lunch / dinner / Irish stew	
Flüssigkeit: kochen; Flüssigkeiten zum Kochen bringen oder etwas in Flüssigkeit kochen	**boil**
the water / soup is boiling	
boil a piece of meat / eggs / potatoes	
⚠ **The kettle is boiling** bedeutet, dass das (Tee)Wasser kocht, nicht der Kessel!	

Speise: be cooking, *Wasser*: be boiling: ***kochend heiß*** boiling hot, scalding; ***leicht kochen, auf kleiner Flamme kochen*** simmer; *fig* ***er kochte innerlich*** (*oder* ***vor Wut***) he was seething with rage
Kochen *n* cooking: ***zum Kochen bringen*** **a)** ***etw*** bring s.th. to the boil, **b)** *fig* ***j-n*** make s.o.'s blood boil
Kocher *m* cooker
Köcher *m* quiver
kochfertig *Adj* ready-to-cook, instant
Kochgelegenheit *f* cooking facilities *Pl*
Kochgeschirr *n* MIL mess tin (*Am* kit)
Köchin *f* cook
Kochkunst *f* cookery, cuisine, culinary art
Kochkurs(us) *m* cookery course
Kochlöffel *m* wooden spoon
Kochnische *f* kitchenette
Kochplatte *f* hot plate
Kochrezept *n* (cooking) recipe
Kochsalz *n* **1.** table salt **2.** CHEM sodium chloride
kochsalzarm *Adj* low-salt
Kochsalzlösung *f* MED saline (solution)
Kochtopf *m* cooking pot, saucepan
Kochwäsche *f* boil wash
Kode *m* code
Köder *m* bait
ködern *v/t auch fig* bait: ***er lässt sich mit Geld nicht ködern*** he is not tempted by money
kodieren *v/t* code
Kodierung *f* coding
Koeffizient *m* MATHE coefficient
Koexistenz *f* coexistence
Koffein *n* caffeine
koffeinfrei *Adj* decaffeinated
Koffer *m* bag, case, (*Handkoffer*) suitcase, (*Schrankkoffer*) trunk: ***die Koffer*** *Pl* luggage *Sg*, *bes Am* baggage *Sg*; ***Koffer packen*** pack one's bags; *ugs fig* ***die Koffer packen*** leave; ***aus dem Koffer leben*** live out of a suitcase
Kofferanhänger *m* luggage tag
Kofferkuli *m* (luggage) trolley, *Am* cart
Kofferradio *n* portable
Kofferraum *m* MOT boot, *Am* trunk: ***viel Kofferraum haben*** have much luggage space
Kognak *m* cognac, brandy
Kohl *m* **1.** BOT cabbage **2.** *ugs fig* (***red keinen Kohl*** don't talk) rubbish
Kohldampf *m ugs* ***Kohldampf haben*** be starving
Kohle *f* **1.** coal, (*Holzkohle*) charcoal (*auch* MALEREI): ***ausgeglühte Kohle*** cinders *Pl*; ***glühende Kohle*** ember; ***ich saß*** (***wie***) ***auf*** (***glühenden***) ***Kohlen*** I was on tenterhooks **2.** *ugs fig* (*Geld*) lolly, *Am* bread: ***Hauptsache, die Kohle stimmt!*** it's all right as long as the money is right!
kohlehaltig *Adj* carboniferous
Kohlehydrat *n* carbohydrate
Kohlekraftwerk *n* coal power plant
Kohlenbergbau *m* coal mining
Kohlenbergwerk *n* coal mine
Kohlendioxid, **Kohlendioxyd** *n* CHEM carbon dioxide
Kohlenmonoxid, **Kohlenmonoxyd** *n* CHEM carbon monoxide
Kohlenrevier *n* coalfield
Kohlensäure *f* CHEM carbonic acid
Kohlenstaub *m* coal dust
Kohlenstoff *m* CHEM carbon
Kohlenwasserstoff *m* CHEM hydrocarbon
Kohlepapier *n* carbon (paper)
Kohlestift *m* charcoal
Kohletablette *f* charcoal tablet
Kohlevorkommen *n* coal deposit(s *Pl*)
Kohlezeichnung *f* charcoal (drawing)
Kohlkopf *m* BOT cabbage
Kohlmeise *f* ZOOL great titmouse
kohlrabenschwarz *Adj* coal-black
Kohlrabi *m* BOT kohlrabi
Kohlrübe *f* BOT swede
Kohlsprossen *Pl österr.* Brussels sprouts *Pl*
Kohlweißling *m* ZOOL cabbage butterfly
Koitus *m* coitus, coition
Koje *f* SCHIFF berth, bunk
Kokain *n* cocaine
kokett *Adj* coquettish
Koketterie *f* coquetry
kokettieren *v/i auch fig* flirt
Kokolores *m ugs* rubbish
Kokon *m* cocoon
Kokosfaser *f* coconut fibre (*Am* fiber), coir
Kokosfett *n* coconut fat
Kokosmilch *f* coconut milk
Kokosnuss *f* coconut
Kokospalme *f* coconut palm
Koks[1] *m* **1.** TECH coke **2.** → ***Kohle*** 2
Koks[2] *m sl* (*Kokain*) coke
koksen *v/i sl* take coke
Kolben *m* **1.** (*Motorkolben*) piston, (*Pumpenkolben, auch* MED *einer Spritze*) plunger **2.** CHEM flask **3.** (*Gewehrkolben*) butt **4.** BOT spike **5.** *ugs* (*Nase*) conk
Kolbenfresser *m* MOT *ugs* jamming of the piston
Kolbenhub *m* piston stroke
Kolbenring *m* piston ring
Kolbenstange *f* piston rod
Kolchos *m*, **Kolchose** *f* kolkhoz, collective farm
Kolibakterie *f* MED colibacillus
Kolibri *m* ZOOL hummingbird
Kolik *f* MED colic
Kollaborateur, **Kollaborateurin** POL collaborator
Kollaps *m* MED (*auch* ***einen Kollaps erleiden***) collapse
Kolleg *n* **1.** UNI **a)** (single) lecture, **b)** course of lectures: ***ein Kolleg halten über*** (*Akk*) lecture on **2.** → ***Kollegstufe***
Kollege *m* colleague, (*Arbeitskollege*) workmate
kollegial *Adj* cooperative, helpful: *Adv* ***sich kollegial verhalten*** be loyal (***gegenüber*** to[-wards])
Kollegin *f* → ***Kollege***
Kollegium *n* PÄD (teaching) staff, *Am auch* faculty
Kollegmappe *f* (underarm) briefcase
Kollegstufe *f* PÄD *etwa* sixth-form college
Kollekte *f* REL collection
Kollektion *f* collection, WIRTSCH (*Warenkollektion*) *auch* range, (*Musterkollektion*) samples *Pl*, (*Auswahl*) selection
kollektiv *Adj*, **Kollektiv** *n* collective
kollektivieren *v/t* collectivize
Kollektivschuld *f* collective guilt
Kollektivum *n* LING collective (noun)
Kollektivwirtschaft *f* collective economy
Kollektor *m* ELEK commutator, (*auch Sonnenkollektor*) collector
Koller *m ugs* (***einen Koller kriegen*** fly into a) tantrum
kollidieren *v/i* collide, *fig Interessen etc*: *auch*

clash
Kollier *n* necklace
Kollision *f* collision, *fig auch* clash, conflict
Kollisionskurs *m auch fig* (***auf Kollisionskurs*** on a) collision course
Kolloquium *n* colloquium
Köln *n* Cologne
Kölner **I** *m* inhabitant of Cologne **II** *Adj* (of) Cologne: ***der Kölner Dom*** Cologne Cathedral
Kölnerin *f* → ***Kölner*** I
Kölnischwasser *n* eau-de-Cologne
kolonial *Adj*, **Kolonial…** colonial
Kolonialismus *m* colonialism
Kolonialmacht *f* colonial power
Kolonialreich *n* colonial empire
Kolonie *f* colony
Kolonisation *f* colonization
kolonisieren *v/t* colonize
Kolonist, **Kolonistin** colonist, settler
Kolonnade *f* ARCHI colonnade
Kolonne *f allg* column (*auch* MATHE, BUCHDRUCK), (*Fahrzeugkolonne*) *auch* line, MIL convoy: ***Kolonne fahren*** drive in line (MIL convoy); *fig* POL ***die fünfte Kolonne*** the Fifth Column
Kolonnenspringer, **Kolonnenspringerin** MOT *ugs* queue jumper
Kolophonium *n* colophony, rosin
Koloratur *f* coloratura
kolorieren *v/t* colo(u)r
Kolorit *n* **1.** MUS colo(u)r **2.** MALEREI colo(u)ring **3.** *fig* (*Lokalkolorit*) (local) colo(u)r, atmosphere
Koloss *m* colossus, *fig auch* giant
kolossal **I** *Adj* colossal, huge, *ugs fig auch* enormous **II** *Adv ugs fig* enormously: ***kolossal viel*** an enormous amount (of)
Kolportage *f* **1.** sensationalism **2.** → ***Kolportageliteratur***
Kolportageliteratur *f* trashy (*oder* sensational) literature
kolportieren *v/t* spread
Kolumbien *n* Colombia
Kolumne *f* column
Kolumnentitel *m* BUCHDRUCK (***lebender Kolumnentitel*** running) head(line)
Kolumnist, **Kolumnistin** columnist
Koma *n* MED coma: ***im Koma liegen*** be in a coma
Kombi *m* → ***Kombiwagen***
Kombikarte *f* combi-ticket
Kombinat *n* WIRTSCH HIST collective combine
Kombination *f* **1.** *allg* combination (*auch Schach, eines Schlosses etc*), *Fußball etc*: (combined) move **2.** *fig* (*Schlussfolgerung*) deduction, (*Vermutung*) conjecture **3.** *Mode*: set, ensemble, (*Montur*) overalls *Pl*, (*Fliegerkombination*) flying suit **4.** SPORT ***alpine Kombination*** alpine combined; → ***nordisch***
Kombinationsgabe *f* power(s *Pl*) of deduction
Kombinationsschloss *n* combination lock
kombinieren **I** *v/t* **1.** (***mit*** with) combine, (*Kleidungsstücke*) *auch* wear together **II** *v/i* **2.** SPORT combine: ***gut kombinieren*** show excellent teamwork **3.** *fig* (*folgern*) deduct, (*vermuten*) conjecture
Kombiwagen *m* estate car, *bes Am* station wagon
Kombüse *f* SCHIFF galley
Komet *m* ASTR comet
kometenhaft *Adj fig* comet-like, meteoric
Komfort *m* (*Bequemlichkeit*) comfort, (*Luxus*) luxury, (*Ausstattungskomfort*) conveniences *Pl*: ***mit allem Komfort*** with all modern conveniences (*Gerät etc*: extras)
komfortabel *Adj* (*bequem*) comfortable, (*mit Komfort*) luxurious
Komforttelefon *n* (added) feature telephone
Komfortwohnung *f* luxury flat
Komik *f the* comic, (*komische Wirkung*) comic effect (*oder* touch): ***einer gewissen Komik nicht entbehren*** have a comic side
Komiker *m* comedian (*auch ugs fig*), comic actor
Komikerin *f* comedienne, comic actress
komisch *Adj* **1.** comic(al), funny: ***komische Oper*** comic opera; ***was ist daran so komisch?*** what's so funny about it? **2.** *ugs fig* funny, queer: ***ich habe so ein komisches Gefühl*** I feel funny; ***das kam mir sehr komisch vor*** I found that very strange; ***das Komische daran ist …*** the funny thing about it is …; ***komisch, dass …*** (it's) funny that …
komischerweise *Adv* funnily enough
Komitee *n* committee
Komma *n* comma, *im Dezimalbruch*: (decimal) point: ***vier Komma fünf*** (4,5) four point five; ***null Komma drei*** point three
Kommandant, **Kommandantin** commander
Kommandantur *f* (garrison, *Am* post) headquarters *Pl*
Kommandeur, **Kommandeurin** commanding officer
kommandieren **I** *v/t* **1.** command (*auch ugs fig*), be in command of: ***j-n kommandieren zu*** detach (*einteilen*: detail) s.o. to **II** *v/i* **2.** (be in) command: ***kommandierender General*** commanding general **3.** *ugs fig* give the orders
Kommanditgesellschaft *f* WIRTSCH limited partnership
Kommanditist, **Kommanditistin** WIRTSCH limited partner
Kommando *n allg* command, (*Befehl*) *auch* order, (*Kommandotruppe*) commando (unit), (*Abteilung*) detachment: (***wie***) ***auf Kommando*** (as if) by command
Kommandobrücke *f* SCHIFF (navigating) bridge
Kommandokapsel *f Raumfahrt*: command module
Kommandoraum *m* control room
Kommandoturm *m* (conning *oder* control) tower
Kommandozentrale *f* control cent/re (*Am* -er)
kommen **I** *v/i* **1.** *allg* come (*auch ugs einen Orgasmus haben*), (*herankommen*) *auch* approach, (*gelangen*) get (***bis*** to), (*ankommen*) arrive: ***angelaufen kommen*** come running; ***j-n kommen sehen*** see s.o. coming (*oder* come); *fig* ***ich habe es kommen sehen*** I saw it coming; ***kommen lassen*** **a)** (*j-n*) send for, call, **b)** (*etw*) order; ***zu spät kommen*** be (*oder* come) late; ***weit kommen*** *auch fig* get far; ***wie weit bist du gekommen?*** how far did you get? (*siehe* 10); ***er wird bald kommen*** he won't be long; ***wann kommt der nächste Bus?*** when is the next bus due (to arrive)?; ***zur Schule kommen*** start school; ***komme, was wolle*** come what may; *fig* ***mir kam der Gedanke*** the idea entered my mind; ***ihr kamen die Tränen*** her eyes filled with tears; ***später kamen mir Zweifel*** afterwards I started to have doubts; (***na,***) ***komm schon!*** come on!; ***ich komme*** (***schon***)***!*** (I'm) coming!; *ugs* ***kommen Sie mir nicht so!*** don't (you) try that on me!; → ***Gefängnis*** 1 **2.** *fig* ***kommen auf*** (*Akk*) **a)** (*herausfinden*) hit

K

on, **b)** (*sich erinnern*) think of, **c)** (*sich belaufen*) amount to, come to; ***ich komme nicht darauf!*** I just can't think of it!; ***darauf komme ich gleich (zu sprechen)!*** I'll be coming to that!; ***wie kommst du darauf?*** what makes you think (*oder* say) that?; ***auf jeden von uns kommen zwei Äpfel*** each of us will get two apples; ***er kommt auf 3000 Euro im Monat*** he makes 3,000 euros a month; → ***Schliche, Sprache*** 2 *etc* **3.** *fig* ***hinter*** *etw* ***kommen*** find out **4.** *ugs fig* ***er kommt nach seiner Mutter*** he takes after his mother **5.** *fig* ***was ist über dich gekommen?*** what has come over (*oder* got into) you? **6.** ***um*** *etw* ***kommen*** lose, (*verpassen*) miss **7.** ***kommen von*** come from, *fig auch* be due to **8.** *fig* ***kommen zu*** come by, get; ***zu Geld kommen*** come into money; **(*wieder*) *zu sich kommen*** come round (*oder* to), *weit. S.* recover; ***ich bin nicht dazu gekommen, den Brief zu schreiben*** I didn't get round to writing the letter; ***wie kommen Sie dazu?*** how dare you? **II** *v/unpers* **9.** ***es kommt jemand*** s.o. is coming **10.** (*geschehen*) happen, come (about): ***so musste es ja kommen!*** it was bound to happen that way!; ***wie kommt es, dass ...?*** why is it that ...?, *ugs* how come ...?; ***daher kommt es, dass ...*** that's why ...; ***es kam zum Krieg*** there was a war; ***es ist so weit gekommen, dass ...*** things have got to a stage where ...

K

Kommen *n* coming, (*Ankunft*) arrival: *fig* ***... sind wieder im Kommen*** ... are coming (*oder* on the way in) again
kommend *Adj* coming, (*zukünftig*) *auch* future: ***kommende Woche*** next week; ***in den kommenden Jahren*** in the years to come; ***die kommende Generation*** the rising generation; ***er ist der kommende Mann*** he is the coming man
kommenlassen → ***kommen*** I 1
Kommentar *m* **(*zu*** on) commentary, (*Stellungnahme*) comment: ***kein Kommentar!, Kommentar überflüssig!*** no comment!
kommentarlos *Adv* without comment
Kommentator, Kommentatorin commentator
kommentieren *v/t* comment on
kommerzialisieren *v/t* commercialize
kommerziell *Adj* commercial
Kommilitone *m*, **Kommilitonin** *f* fellow student
Kommiss *m ugs* **(*beim Kommiss*** in the) army
Kommissar, Kommissarin 1. commissioner **2.** → ***Kriminalkommissar*** **3.** POL HIST (*Sowjetkommissar[in]*) commissar
kommissarisch *Adj* **1.** (*vorübergehend*) temporary **2.** (*stellvertretend*) deputy
Kommission *f* commission (*auch* WIRTSCH), committee: WIRTSCH ***in Kommission*** on commission
Kommissionär, Kommissionärin WIRTSCH commission agent
Kommissionsbuchhändler, Kommissionsbuchhändlerin wholesale bookseller
Kommissionsgeschäft *n* commission business
Kommode *f* chest of drawers
kommunal *Adj* local, municipal
Kommunalabgaben *Pl* local rates (*Am* taxes) *Pl*
Kommunalbeamte *m*, **Kommunalbeamtin** *f* municipal officer
Kommunalpolitik *f* local politics *Pl* (*auch Sg konstr*)
Kommunalverwaltung *f* local government
Kommunalwahlen *Pl* local elections *Pl*

Kommune *f* **1.** community **2.** (*Wohngemeinschaft*) commune
Kommunikation *f* communication
Kommunikationsmittel *n* means of communication, *Pl auch* (mass) media *Pl*
Kommunikationsschwierigkeiten *Pl* lack *Sg* of communication
Kommunikationssystem *n* communications system
Kommunikationstechnik *f* communications technology
Kommunikationswissenschaft *f* communication science
kommunikativ *Adj* communicative
Kommunikee *n* → ***Kommuniqué***
Kommunion *f* (Holy) Communion
Kommuniqué *n* communiqué
Kommunismus *m* communism
Kommunist, Kommunistin communist
kommunistisch *Adj* communist
kommunizieren *v/i allg* communicate
Komödiant *m* comedian, *fig pej* play-actor
Komödiantin *f* comedienne
Komödie *f* comedy, *fig* farce
Kompagnon *m* WIRTSCH partner
kompakt *Adj allg* compact
Kompanie *f* MIL company
Komparativ *m* comparative (degree)
Komparse *m*, **Komparsin** *f* FILM *etc* extra, bit player
Kompass *m* **(*nach dem Kompass*** by) compass
Kompasshaus *n* SCHIFF binnacle
Kompassnadel *f* compass needle
Kompassrose *f* compass card
kompatibel *Adj allg* compatible
Kompensation *f allg* compensation
Kompensationsgeschäft *n* barter transaction
kompensieren *v/t allg* compensate (for) (*auch* PSYCH)
kompetent *Adj allg* competent, (*zuständig*) *auch* responsible (*beide*: **für** for), (*befugt*) *auch* authorized
Kompetenz *f* competence, (*Zuständigkeit*) *auch* responsibility, (*Befugnis*) *auch* authority: ***seine Kompetenzen überschreiten*** exceed one's authority
Kompetenzbereich *m* sphere of authority
Kompetenzstreit *m*, **Kompetenzstreitigkeit** *f meist Pl* demarcation dispute
kompilieren *v/t* compile
Komplementärfarbe *f* complementary colo(u)r
komplett *Adj* complete
komplex *Adj* complex
Komplex *m allg* complex: PSYCH ***einen Komplex haben*** have a complex (*ugs* hangup) (***wegen*** about)
Komplikation *f allg* complication
Kompliment *n* **(*j-m ein Kompliment machen*** pay s.o. a) compliment; ***Kompliment!*** congratulations!

Kompliment SG

⚠ **j-m ein Kompliment machen** heißt nicht ~~**make**~~, sondern **pay s.o. a compliment!**

Komplize *m*, **Komplizin** *f* accomplice
komplizieren *v/t* complicate
kompliziert *Adj* complicated, complex (*character etc*), intricate (*problem etc*): MED ***komplizierter Bruch*** compound fracture

Komplott *n* (*auch* ***ein Komplott schmieden***) plot (***gegen*** against)
Komponente *f* component
komponieren *v/t und v/i auch fig* compose
Komponist, **Komponistin** composer
Komposition *f auch fig* composition
Kompositum *n* compound (word)
Kompost *m*, **kompostieren** *v/t* compost
Kompott *n* GASTR stewed fruit
Kompresse *f* MED compress
Kompression *f* (*Datenkompression*) compression
Kompressor *m* TECH compressor, MOT supercharger
komprimieren *v/t* (*auch Daten*) compress, *fig* condense
Kompromiss *m* compromise: ***einen Kompromiss schließen*** (make a) compromise (***über*** *Akk* on)
Kompromissbereitschaft *f* willingness to compromise
kompromisslos *Adj* uncompromising
Kompromisslösung *f* compromise solution
Kompromissvorschlag *m* ***einen Kompromissvorschlag machen*** suggest a compromise
kompromittieren *v/t* compromise (***sich*** o.s.)
Kondensat *n* condensate
Kondensation *f* condensation
Kondensator *m* **1.** TECH condenser **2.** ELEK capacitor
kondensieren *v/t und v/i* condense
Kondensmilch *f* evaporated milk
Kondensstreifen *m* FLUG condensation trails *Pl*
Kondenswasser *n* condensation water
Kondition *f allg* condition (WIRTSCH *meist Pl*), SPORT *auch* trim, shape: ***eine ausgezeichnete Kondition haben*** be very fit
Konditional *n* LING conditional (mood)
Konditionalsatz *m* conditional clause
Konditionsschwäche *f* SPORT lack of stamina, poor shape
konditionsstark *Adj* very fit
Konditionstraining *n* SPORT fitness training
Konditor, **Konditorin** pastry cook
Konditorei *f* cake shop, *weit. S.* café
Kondolenz, **Kondolenz...** → ***Beileid(s...)***
kondolieren *v/i* ***j-m kondolieren*** condole with s.o. (***zu*** on)
Kondom *n*, *m* condom, *Am auch* prophylactic
Konfekt *n* sweets *Pl*, *bes Am* (soft) candy, (*Pralinen*) chocolates *Pl*
Konfektion *f* (manufacture of) ready-to-wear clothes *Pl*
Konfektions... ready-to-wear (*clothes*, *suit*, *etc*)
Konfektionsgröße *f* size
Konferenz *f* conference, meeting
Konferenzdolmetscher, **Konferenzdolmetscherin** conference interpreter
Konferenzschaltung *f* RADIO, TV *etc* conference system
Konferenzteilnehmer, **Konferenzteilnehmerin** conference member
konferieren *v/i* confer (***über*** *Akk* on)
Konfession *f* (***welcher Konfession gehören Sie an?*** what is your) denomination(?)
konfessionell *Adj* denominational
konfessionslos *Adj* nondenominational
Konfessionsschule *f* denominational school
Konfetti *n* confetti
Konfiguration *f* COMPUTER configuration
Konfirmand, **Konfirmandin** confirmand
Konfirmation *f* confirmation
konfirmieren *v/t* confirm
konfiszieren *v/t* confiscate, seize
Konfitüre *f* jam
Konflikt *m* (***in Konflikt geraten*** come into) conflict (***mit*** with)
konfliktscheu *Adj*: ***sie ist konfliktscheu*** she doesn't like confrontation
Konfliktstoff *m* matter for conflict
konform *Adj* conforming, MATHE conformal: ***mit j-m konform gehen*** agree with s.o. (***in*** *Dat* about)
konformgehen → ***konform***
Konformismus *m* conformism
Konformist, **Konformistin**, **konformistisch** *Adj* conformist
Konfrontation *f* confrontation
konfrontieren *v/t* ***j-n konfrontieren*** confront s.o. (***mit*** with)
konfus *Adj* confused, *Person*: *auch* muddleheaded
Konfusion *f* confusion
Konglomerat *n auch fig* conglomerate
Kongress *m* congress, convention: POL *Am* ***der Kongress*** Congress
Kongressmitglied *n* POL *Am* Congressman (-woman)
Kongressteilnehmer, **Kongressteilnehmerin** congress member
kongruent *Adj* MATHE *und fig* congruent
Kongruenz *f* MATHE congruence
Konifere *f* BOT conifer
König *m allg* king

Drei Könige SG

Die heiligen drei Könige sind in der englischen Tradition generell als **the Three Wise Men (from the East)** bekannt, werden aber auch **the Three Kings** oder **the Magi** ['meɪdʒaɪ] genannt.

Königin *f auch* ZOOL queen
Königinmutter *f* queen mother
Königinpastete *f* vol-au-vent
Königinwitwe *f* queen dowager
königlich *Adj* royal, *Macht*, *Insignien etc*: *auch* regal, *fig auch* kingly: *Adv* ***sich königlich amüsieren*** have great fun
Königreich *n* kingdom, *rhet* realm
Königshaus *n* royal house (*oder* dynasty)
Königskrone *f* royal crown
Königssohn *m* king's son, prince
Königstiger *m* ZOOL Bengal tiger
Königstochter *f* king's daughter, princess
Königswürde *f* royal dignity
konisch *Adj* conic(al)
Konjugation *f* conjugation
konjugieren *v/t* conjugate
Konjunktion *f* LING conjunction
Konjunktiv *m* LING subjunctive (mood)
Konjunktivsatz *m* subjunctive clause
Konjunktur *f* WIRTSCH business cycle, (*Hochkonjunktur*) boom, (*Tendenz*, *Lage*) economic trend (*oder* situation)
Konjunkturabschwächung *f* downward trend, downswing
Konjunkturaufschwung *m* upswing
Konjunkturbarometer *n* business barometer
konjunkturbedingt *Adj* cyclic(al)
Konjunkturbericht *m* economic report

Der englische Konjunktiv

GR

Der Konjunktiv Präsens entspricht in allen Personen dem Infinitiv (ohne **to**). In der Vergangenheit sind die Formen des Konjunktivs identisch mit dem **past tense**. Die einzige Ausnahme ist **be**: Hier kann neben **I / he / she / it was** auch **I / he / she / it were** stehen.
Der Konjunktiv Präsens findet sich im Englischen hauptsächlich in festen Wendungen:

Long live the Queen.	**God bless you.**

Auch Verben, die Vorschläge, Bitten, Befehle o. Ä. ausdrücken, stehen häufig noch mit dem Konjunktiv Präsens:

Ich schlug vor, dass sie sich nach einer neuen Stelle umsehen sollte.	**I suggested she look for another job.**

Die Vergangenheit des Konjunktivs steht in einigen Wendungen, die Wünsche oder Vorschläge ausdrücken:

Ich wünschte, ich wüsste ihren Namen.	**I wish I knew her name.**

konjunkturdämpfend *Adj* countercyclical
konjunkturell *Adj* cyclic(al), economic
Konjunkturpolitik *f* trade-cycle policy
Konjunkturschwankungen *Pl* cyclical fluctuations *Pl*
Konjunkturspritze *f ugs* shot in the arm
Konjunkturverlauf *m* economic trend
konkav *Adj* concave
Konkordat *n* concordat
konkret *Adj allg* concrete, (*genau*) *auch* specific, precise: ***du musst dich etw konkreter ausdrücken*** you must be more explicit
konkretisieren **I** *v/t* put *s.th.* in concrete form (*oder* terms) **II** *v/refl* ***sich konkretisieren*** take shape, *Idee*: gel
Konkubine *f* concubine
Konkurrent, **Konkurrentin** competitor, (WIRTSCH *auch* business) rival
Konkurrenz *f* **1.** competition, rivalry: ***j-m Konkurrenz machen*** enter into competition (*oder* compete) with s.o. **2.** WIRTSCH competitor(s *Pl*), rival(s *Pl*), *Koll auch* competition: ***die Konkurrenz ausschalten*** eliminate one's competitors **3.** (*Wettbewerb*) competition, contest, SPORT *auch* event: ***außer Konkurrenz*** hors concours
Konkurrenzerzeugnis *n* rival product
konkurrenzfähig *Adj* competitive, able to compete
Konkurrenzfähigkeit *f* competitiveness
Konkurrenzfirma *f*, **Konkurrenzgeschäft** *n* rival firm
Konkurrenzkampf *m* (***mörderischer Konkurrenzkampf*** cutthroat) competition
Konkurrenzklausel *f* restraint clause
konkurrenzlos *Adj* unrival(l)ed
konkurrieren *v/i* compete (***um*** for)
Konkurs *m* bankruptcy: ***in Konkurs gehen, Konkurs machen*** go bankrupt
Konkursantrag *m* petition in bankruptcy
Konkurserklärung *f* declaration of insolvency
Konkursmasse *f* bankrupt's estate
Konkursverfahren *n* (***das Konkursverfahren eröffnen*** institute) bankruptcy proceedings *Pl*
Konkursverwalter, **Konkursverwalterin** trustee in bankruptcy, *gerichtlich*: (official) receiver
können *v/hilf, v/i, v/t* **1.** (*vermögen*) be able to: ***kannst du es?*** can you do it?; ***er hätte es tun können*** he could have done it; ***ich habe nicht arbeiten können*** I was unable to work; ***ich kann nicht mehr!*** I can't go on!, *ugs* I've had it!, *seelisch*: I can't take any more!, (*essen*) I can't manage (*oder* eat) any more!; *ugs* ***da kann man nichts machen!*** there's nothing to be done!; ***du kannst mich mal!*** go to hell! **2.** (*beherrschen*) know: ***können Sie tanzen?*** do you (know how to) dance?, can you dance?; ***sie kann kein Spanisch*** she doesn't know (*oder* speak) Spanish; *ugs* ***er kann etwas*** he is a capable fellow, he knows his stuff; ***er kann (gar) nichts!*** he's absolutely incapable! **3.** (*dürfen*) be allowed to: ***kann ich jetzt gehen?*** can I go now?; ***Sie können (es) mir glauben!*** (you may) believe me!; *ugs* ***das kann doch nicht wahr sein!*** but that's impossible! **4.** ***es***

können

GR

Können in der Bedeutung von „fähig sein, etwas zu tun" kann im Englischen in der Gegenwart mit **can** und in der Vergangenheit mit **could** übersetzt werden:

Sie kann wirklich gut jonglieren.	**She can juggle really well.**
Als Kind konnte ich laufen, bevor ich sprechen konnte.	**When I was a baby I could walk before I could talk.**
⚠ Aber: eine Sprache können	**speak a language**
Ich kann ziemlich gut Englisch.	**I speak English quite well.**

In allen Zeitformen kann eine Fähigkeit durch die entsprechende Form von **be able to** wiedergegeben werden:

Ich konnte schon immer überzeugend lügen.	**I've always been able to lie convincingly.**

Wird **können** im Sinne von „dürfen" verwendet, so benutzt man im Englischen **can**:

Kann ich heute Abend das Auto haben?	**Can I borrow the car tonight?**

Soll eine Möglichkeit ausgedrückt werden, verwendet man **may** oder (stärker einschränkend) **might**:

Das kann / könnte wahr sein.	**That may / might be true.**

kann sein, dass er noch kommt he may (*oder* might) come yet; ***ich kann mich irren*** I may be mistaken; ***wann könnte das gewesen sein?*** when might that have been?; ***du könntest Recht haben*** you may (*oder* could) be right; *ugs* ***kann sein!*** maybe! **5.** ***ich kann nichts für …*** I'm not responsible (*oder* to blame) for …; ***ich konnte doch nichts dafür!*** it wasn't my fault! **6.** *ugs* ***mit j-m*** (***gut***) ***können*** get on with s.o. (like a house on fire)

Können *n* skill, ability

Könner, **Könnerin** expert, *bes* SPORT ace

Konnossement *n* WIRTSCH bill of lading

Konsekutivsatz *m* consecutive clause

Konsens *m* consensus, (*Einwilligung*) consent

konsequent *Adj* (*folgerichtig*) consistent, logical, (*unbeirrbar*) firm, resolute, (*kompromisslos*) uncompromising: ***konsequent bleiben*** remain firm; *Adv* ***konsequent verfolgen*** pursue resolutely

konsequent ≠ consequent

konsequent	=	consistent; uncompromising
consequent	=	folgend, sich ergebend

Konsequenz *f* **1.** consequence: ***die Konsequenzen tragen*** bear the consequences; ***die Konsequenzen ziehen*** draw the conclusions (***aus*** from), *weit. S.* act accordingly **2.** (*Beharrlichkeit*) consistency: ***mit eiserner Konsequenz*** resolutely

die Konsequenzen ziehen ≠ take the consequences

die Konsequenzen ziehen	=	draw the conclusion(s)
take the consequences	=	die Folgen tragen

konservativ *Adj*, **Konservative** *m, f* conservative, POL *Br auch* Tory

Konservatorium *n* conservatory

Konserve *f* **1.** preserve(d food), (*Dose*) tin, can: ***Konserven*** *Pl* tinned (*oder* canned) food *Sg*; ***von Konserven leben*** live out of tins (*oder* cans); *ugs fig* ***Musik aus der Konserve*** canned music **2.** → ***Blutkonserve***

Konservenbüchse *f*, **Konservendose** *f* tin, can

Konservenfabrik *f* canning factory, cannery

konservieren *v/t allg* preserve

Konservierung *f* preservation

Konservierungsmittel *n* preservative

Konsistenz *f* consistency

Konsole *f allg* console

konsolidieren *v/t und v/refl* ***sich konsolidieren*** consolidate

Konsonant *m* consonant

konsonantisch *Adj* consonant(al)

Konsortium *n* WIRTSCH syndicate

Konspiration *f* conspiracy, plot

konspirativ *Adj* conspiratorial

konspirieren *v/i* conspire, plot

konstant *Adj allg* constant: *Adv* ***sich konstant weigern*** refuse obstinately

Konstante *f auch fig* constant

konstatieren → ***feststellen*** 1-3

Konstellation *f* constellation

konsterniert *Adj* completely taken aback, dismayed

konstituieren *v/t* constitute: PARL ***sich konstituieren als …*** resolve itself into …; ***konstituierende Versammlung*** constituent assembly

Konstitution *f allg* constitution

konstitutionell *Adj allg* constitutional

konstruieren *v/t* construct (*auch* LING, MATHE), TECH *auch* design, build, *fig pej* fabricate

Konstrukteur, **Konstrukteurin** design engineer

Konstruktion *f* construction (*auch* LING, MATHE), (*Entwurf, Bauart*) design, (*Bau*) structure

Konstruktionsfehler *m* constructional fault, faulty design

konstruktiv *Adj* **1.** *bes fig* constructive **2.** TECH constructional, structural, design

Konsul, **Konsulin** consul

Konsular… consular

Konsulat *n* consulate

Konsultation *f* consultation

konsultieren *v/t* consult

Konsum[1] *m* cooperative (store), *ugs* co-op

Konsum[2] *m auch fig* consumption

Konsument, **Konsumentin** *auch fig* consumer

Konsumgesellschaft *f* consumer society

Konsumgüter *Pl* consumer goods *Pl*

konsumieren *v/t auch fig* consume

Kontakt *m allg* contact: *fig* ***mit j-m in Kontakt stehen*** be in contact (*oder* touch) with s.o.; ***mit j-m Kontakt aufnehmen*** get in touch with s.o., contact s.o.

Kontaktabzug *m* FOTO contact print

kontaktarm *Adj* unsociable: ***er ist kontaktarm*** *auch ugs* he is a bad mixer

Kontaktfrau *f* contact

kontaktfreudig *Adj* sociable: ***er ist kontaktfreudig*** *auch ugs* he is a good mixer

Kontaktgift *n* contact poison

Kontaktlinse *f* OPT contact lens

Kontaktmann *m* contact

Kontaktperson *f bes* MED contact

Kontaktschalter *m* touch sensitive switch

Kontamination *f* contamination

kontaminieren *v/t* contaminate

Kontensparen *n* saving through accounts

Konter *m* SPORT counter-attack

konterkarieren *v/t* thwart

kontern *v/i und v/t auch fig* counter

Konterrevolution *f* counterrevolution

Kontext *m* (***aus dem Kontext gerissen*** quoted out of) context

Kontinent *m* continent: ***der*** (***europäische***) ***Kontinent*** the Continent

kontinental *Adj* continental

Kontingent *n* contingent (*auch* MIL), WIRTSCH *auch* quota

kontingentieren *v/t* fix a quota for, (*rationieren*) ration

kontinuierlich *Adj* continuous

Kontinuität *f* continuity

Konto *n* account: ***ein Konto haben bei*** have (*oder* keep) an account with (*oder* at); *ugs fig* ***das geht auf sein Konto*** that's his doing, (*ist seine Schuld*) *auch* he is to blame for it

Kontoauszug *m* bank statement

Kontoauszugsdrucker *m* bank statement printer

Kontobuch *n* account book, *des Kunden*: passbook

Kontoinhaber, **Kontoinhaberin** account holder

Kontokorrent *n* current account

Kontonummer *f* account number

Kontorist, **Kontoristin** (office) clerk

Kontostand *m* balance (of an account)
kontra **I** *Präp* contra, JUR *und fig* versus **II** *Adv* ***kontra sein*** be against
Kontra *n fig* objection: ***Kontra geben*** *Kartenspiel*: double; *ugs fig* ***j-m Kontra geben*** hit back at s.o.; → ***Pro***
Kontrabass *m* MUS double bass
Kontrahent, **Kontrahentin** JUR contracting party, *fig* opponent, *bes* SPORT rival
Kontraindikation *f* contraindication
Kontrakt *m* contract; *auch* → ***Vertrag***
Kontraktion *f allg* contraction
kontraproduktiv *Adj* counterproductive
Kontrapunkt *m* MUS counterpoint
konträr *Adj* contrary, opposite
Kontrast *m allg* contrast: ***einen Kontrast bilden (zu)*** → ***kontrastieren***
kontrastarm *Adj* FOTO flat
kontrastieren *v/i* ***kontrastieren (mit)*** contrast (with), form a contrast (to)
Kontrastmittel *n* MED radiopaque material
Kontrastregler *m* contrast control
kontrastreich *Adj* FOTO, TV contrasty
Kontrollabschnitt *m* stub
Kontrolle *f allg* (*auch Beherrschung*) control (***über*** *Akk* of), *von Gepäck, Geräten etc*: inspection, check, (*Überwachung*) supervision: ***unter (außer) Kontrolle*** under (out of) control; ***unter ärztlicher Kontrolle*** under medical supervision; ***er verlor die Kontrolle über seinen Wagen*** he lost control of his car; ***... steht unter ständiger Kontrolle*** a constant check is kept on ...
Kontrolleur, **Kontrolleurin** inspector, supervisor
Kontrollfunktion *f* controlling function
Kontrollgang *m* round
kontrollieren *v/t allg* (*auch beherrschen*) control, (*Gepäck, Geräte, Ausgaben etc*) check, (*überwachen*) supervise

kontrollieren SG

„Kontrollieren" heißt meistens **check**. Nur im Sinne von „steuern, regeln" verwendet man **control**.

Kontrolllampe *f* control light
Kontrollleuchte *f* pilot lamp
Kontrollpunkt *m* checkpoint
Kontrollturm *m* FLUG control tower
Kontrolluhr *f* telltale clock
Kontrollzentrum *n* control cent/re (*Am* -er), mission control
kontrovers *Adj* controversial
Kontroverse *f* controversy, argument
Kontur *f* contour, outline
Konus *m* MATHE cone
Konvention *f* convention
Konventionalstrafe *f* penalty (for nonperformance)
konventionell *Adj* conventional
Konvergenz *f* WIRTSCH convergence: ***Nachhaltigkeit der Konvergenz*** persistence of convergence
konvergieren *v/i* MATHE converge
Konversation *f* conversation
Konversationslexikon *n* encyclop(a)edia
konvertierbar *Adj* convertible
konvertieren *v/t und v/i* (*auch* COMPUTER) convert (WIRTSCH ***in*** *Akk* into, REL ***zu*** to): ***er ist*** (*oder* ***hat***) ***konvertiert*** *auch* he was converted
konvex *Adj* MATHE convex
Konvoi *m* (***im*** *oder* ***unter Konvoi*** in) convoy
Konzentrat *n* CHEM concentrate
Konzentration *f* concentration
Konzentrationsfähigkeit *f* power(s *Pl*) of concentration
Konzentrationslager *n* POL concentration camp
Konzentrationsschwäche *f* lack of concentration
konzentrieren *v/t und v/refl* ***sich konzentrieren*** *allg* concentrate (***auf*** *Akk* on)
konzentriert *Adj* concentrated: ***in konzentrierter Form*** *auch* in tabloid form; *Adv* ***konzentriert arbeiten*** *etc auch* work *etc* with concentration
konzentrisch *Adj* concentric(ally *Adv*)
Konzept *n* rough draft (*oder* copy), *für eine Rede*: *auch* notes *Pl*, (*Plan*) plan(s *Pl*): *fig* ***j-n aus dem Konzept bringen*** put s.o. off his stroke, *ugs* rattle s.o.; ***aus dem Konzept kommen*** lose the thread; *ugs* ***j-m das Konzept verderben*** thwart s.o.'s plans; ***das passt ihm nicht ins Konzept*** that doesn't suit him at all
Konzeption *f* conception
Konzern *m* combine, group
Konzert *n* MUS **1.** concert, (*Solokonzert*) recital: ***ins Konzert gehen*** go to a concert **2.** (*Stück*) concerto
Konzertabend *m* concert (evening)
Konzertflügel *m* concert grand
konzertiert *Adj* WIRTSCH, POL ***konzertierte Aktion*** concerted action
Konzertmeister, **Konzertmeisterin** leader, *Am* concertmaster
Konzertsaal *m* concert hall
Konzession *f* **1.** (*Zugeständnis*) concession (***an*** *Akk* to) **2.** licen/ce (*Am* -se)
Konzessivsatz *m* concessive clause
Konzil *n* council
konziliant *Adj* conciliatory
konzipieren *v/t* (*entwickeln*) conceive, (*entwerfen*) draft: ***konzipiert für*** *auch* TECH designed for
Kooperation *f* cooperation
kooperativ *Adj* cooperative
kooperieren *v/i* cooperate
Koordinate *f* MATHE coordinate
koordinieren *v/t* coordinate
Kopf *m* **1.** *allg* head (*auch* BOT, MUS, TECH), (*Briefkopf etc*) *auch* letterhead, (*Pfeifenkopf*) bowl, (*Hutkopf*) crown, (*Oberteil*) top, (*Sprengkopf*) warhead: ***Kopf hoch!*** cheer up!, chin up!; ***Kopf an Kopf*** *Rennen, Wahl*: neck to neck; ***von Kopf bis Fuß*** from head to foot, from top to toe; ***mit bloßem Kopf*** bare-headed; ***über j-s Kopf hinweg*** *auch fig* over s.o.'s head; *fig* ***pro Kopf*** per person, a head, VERW per capita; ***sie ist nicht auf den Kopf gefallen*** she is no fool; ***ich war wie vor den Kopf geschlagen*** I was thunderstruck; ***den Kopf hängen lassen*** *auch fig* hang one's head; *ugs* ***sein Geld auf den Kopf hauen*** blow one's money; ***den Kopf hinhalten*** take the blame (***für*** for); ***Kopf und Kragen riskieren*** risk one's neck; ***ich weiß nicht, wo mir der Kopf steht*** I don't know whether I'm coming or going; ***j-m zu Kopfe steigen*** go to s.o.'s head; ***auf den Kopf stellen*** turn *s.th.* upside down, *Tatsachen*: stand facts on their heads; ***... steht auf dem Kopf*** ... is upside down; *ugs* ***und wenn du dich auf den Kopf stellst!*** and if it kills you!; ***j-n vor den Kopf stoßen*** offend s.o.; ***j-m über***

den Kopf wachsen **a)** outgrow s.o., **b)** *fig* be too much for s.o.; ***j-m den Kopf waschen*** **a)** wash s.o.'s hair, **b)** *auch* ***j-m den Kopf zurechtrücken*** straighten s.o. out; ***sie will immer mit dem Kopf durch die Wand*** she always wants to have her own way regardless; ***j-m etw auf den Kopf zusagen*** tell s.o. straight out; → ***kopfstehen***, ***Nagel***, ***schütteln*** **2.** *fig* (*Person*, *Geist*) *allg* head, (*Verstand*) *auch* mind, brains *Pl*, (*Führer*) *auch* leader, brain: ***er war der Kopf des Unternehmens*** he was the head (*oder* brain) of the enterprise; ***aus dem Kopf*** by heart; ***das will mir nicht aus dem Kopf*** I can't get it out of my mind; ***etw im Kopf rechnen*** work s.th. out in one's head; *ugs* ***das hältst du ja im Kopf nicht aus!*** it's incredible!; ***einen kühlen*** (***klaren***) ***Kopf bewahren*** keep a cool (clear) head; ***sich etw durch den Kopf gehen lassen*** think s.th. over; ***es muss nicht immer nach deinem Kopf gehen!*** you can't always have things your own way!; ***ich habe die Zahlen nicht im Kopf*** I can't give you the figures off the cuff; ***er hat andere Dinge im Kopf*** he has other things on his mind; ***er hat nur Fußball im Kopf*** he thinks of nothing but football; ***schlag dir das aus dem Kopf!*** forget it!; ***sich etw in den Kopf setzen*** take s.th. into one's head; ***j-m den Kopf verdrehen*** turn s.o.'s head; ***den Kopf verlieren*** lose one's head; ***sich den Kopf zerbrechen*** rack one's brains (***über*** acc over); → ***herumgehen*** 1, ***richtig***

Kopfbahnhof *m* terminal

Kopfball *m* header

Kopfbedeckung *f* headgear, hat

Köpfchen *n ugs fig* ***Köpfchen haben*** have brains

köpfen *v/t* **1.** behead **2.** (*Ball*) head

Kopfende *n* head

Kopfentscheidung *f* reasoned decision

Kopfhaar *n* hair (on the head)

Kopfhaut *f* scalp

Kopfhörer *m* headphone, *Pl auch* headset

Kopfkissen *n* pillow

kopflastig *Adj* top-heavy

Kopflaus *f* head louse

kopflos *Adj* **1.** headless **2.** *fig* panicky: ***kopflos werden*** lose one's head, panic; *Adv* ***kopflos handeln*** act in panic

Kopfnicken *n* nod

Kopfputz *m* headdress

Kopfrechnen *n* mental arithmetic

Kopfsalat *m* lettuce

kopfscheu *Adj fig* ***kopfscheu werden*** become confused; ***j-n kopfscheu machen*** confuse (*oder* intimidate) s.o.

Kopfschmerz *m meist Pl* (***Kopfschmerzen haben*** have a) headache

Kopfschuss *m* shot in the head

Kopfschütteln *n* ***mit einem Kopfschütteln*** → ***kopfschüttelnd***

kopfschüttelnd *Adv* with a shake of the head

Kopfsprung *m* header

Kopfstand *m* headstand

kopfstehen *v/i ugs fig* be in a flap

Kopfsteinpflaster *n* cobblestone pavement

Kopfsteuer *f* poll tax

Kopfstütze *f* headrest

Kopftuch *n* (head)scarf

kopfüber *Adv* head first, headlong

Kopfverletzung *f* head injury

Kopfweh *n* → ***Kopfschmerz***

Kopfzerbrechen *n* ***j-m Kopfzerbrechen machen*** puzzle s.o.

Kopie *f allg* copy, FOTO *auch* print, (*Zweitschrift*) *auch* duplicate

kopieren *v/t allg* copy (*auch fig*), *auch* TECH duplicate, FOTO *auch* print, *fig* (*nachahmen*) *auch* imitate

Kopierer *m* copier

Kopiergerät *n* copier

Kopierpapier *n* copying paper

Kopierschutz *m* copyright protection

Kopierstift *m* indelible pencil

Kopilot, **Kopilotin** copilot

Koppel *f* **1.** enclosure, (*Pferdekoppel*) paddock **2.** ***eine Koppel*** *Hunde*: a leash, *Pferde*: a string

koppeln *v/t auch fig* (***an*** *Akk* to) couple, link: ***Raumschiffe koppeln*** dock spaceships; *fig* ***etw koppeln mit*** couple (*oder* combine) s.th. with

Kopplung *f* coupling (*auch fig*), *Raumfahrt*: docking

Koproduktion *f* coproduction

Koralle *f* coral

Korallenbank *f* coral reef

Koran *m* Koran

Korb *m* **1.** *allg* basket (SPORT *auch Treffer*): ***ein Korb*** (***voll***) ***Äpfel*** a basketful of apples; → ***Hahn*** 1 **2.** *ugs fig* ***j-m einen Korb geben*** turn s.o. down; ***einen Korb bekommen*** be turned down

Korbball *m* SPORT netball

Korbblütler *m* BOT composite

Körbchen *n eines Büstenhalters*: cup

Korbmacher, **Korbmacherin** basketmaker

Korbmöbel *Pl* wicker furniture *Sg*

Korbsessel *m* wicker chair

Korbsofa *n* wicker settee

Korbstuhl *m* wicker chair

Korbwaren *Pl* wickerwork *Sg*

Kord *m* corduroy

Kordel *f* cord

Kordelzug *m* drawstring

Kordhose *f* cords *Pl*, corduroys *Pl*

Kordsamt *m* corduroy, cord velvet

Korea *n* Korea

Koreaner, **Koreanerin**, **koreanisch** *Adj* Korean

Korfu *n* Corfu

Koriander *m* coriander

Korinthe *f* currant

Kork *m* cork

Korkeiche *f* BOT cork oak

Korken *m* cork

Korkenzieher *m* corkscrew

Korn[1] *n* **1.** (*Getreide*) grain, cereals *Pl*: → ***Flinte*** **2.** (*Getreidekorn*, *Samenkorn*, *Sandkorn*, *auch* FOTO, TECH) grain

Korn ist nicht immer corn

Korn	=	grain, cereals *Pl*
corn	=	Getreide, Korn; *Am* Mais

Korn[2] *n* MIL front sight: *ugs fig* ***aufs Korn nehmen*** attack, go for

Kornblume *f* cornflower

Körnchen *n* granule: *fig* ***ein Körnchen Wahrheit*** a grain of truth

Kornfeld *n* cornfield, *Am* grainfield

körnig *Adj* grainy, granular, *Reis*: (cooked) ker-

nelly, *in Zssgn* …-grained
Kornkammer *f auch fig* granary
Körnung *f* granulation, grain
Koronar… MED coronary (*artery, vessel*)
Körper *m allg* body (*auch des Weines*), MATHE, PHYS *auch* solid, (*Schiffskörper*) hull: ***Körper und Geist*** body and mind; ***am ganzen Körper zittern*** tremble all over
Körperbau *m* build, physique
Körperbehinderte *m, f* physically disabled (*oder* handicapped) person: ***die Körperbehinderten*** *Pl auch* the handicapped
Körperbehinderung *f* physical handicap
Körperchen *n* corpuscle, particle
körpereigen *Adj* BIOL endogenous
Körpergeruch *m* body odo(u)r
Körpergröße *f* height
Körperhaltung *f* posture, bearing
Körperkontakt *m* physical contact
körperlich *Adj allg* physical, bodily, (*stofflich*) corporeal (*auch* JUR): ***körperliche Arbeit*** manual work; *Adv* ***j-n körperlich angreifen*** attack s.o. bodily; → ***Züchtigung***
Körperpflege *f* care of the body, (personal) hygiene
Körperpflegemittel *n* cosmetic
Körperschaft *f* corporation, (corporate) body: ***gesetzgebende Körperschaft*** legislative (body)
Körperschaftsteuer *f* corporation tax
Körpersprache *f* body language
Körperteil *m* part (*Glied*: member) of the body
Körperverletzung *f* (***schwere Körperverletzung*** grievous) bodily harm
Körperwärme *f* body heat
Korps *n* corps
Korpsgeist *m* esprit de corps
korpulent *Adj* corpulent, stout
Korpus *n* corpus
korrekt *Adj* correct
Korrektheit *f* correctness
Korrektor, Korrektorin (proof)reader
Korrektur *f allg* correction, BUCHDRUCK *etc* (*Korrekturlesen*) proofreading: ***Korrektur lesen*** proofread
Korrekturband *n* correction tape
Korrekturbogen *m*, **Korrekturfahne** *f* proof
Korrekturflüssigkeit *f* correction fluid, *Am* whiteout
Korrekturspeicher *m* correction memory
Korrekturtaste *f* correction key
Korrekturzeichen *n* proofreader's mark
Korrespondent, Korrespondentin correspondent, WIRTSCH correspondence clerk
Korrespondenz *f* correspondence
korrespondieren *v/i* correspond
Korridor *m allg* corridor
korrigieren *v/t allg* correct, PÄD *auch* mark, (*ändern*) *auch* change, alter
korrodieren *v/t und v/i* corrode
Korrosion *f* corrosion
korrosionsbeständig *Adj* corrosion-resistant
Korrosionsschutz *m* corrosion prevention, *in Zssgn* anticorrosive (*agent, paint, etc*)
korrumpieren *v/t*, **korrupt** *Adj* corrupt
Korruption *f* corruption
Korse *m* Corsican
Korsett *n auch fig* corset
Korsika *n* Corsica
Korsin *f*, **korsisch** *Adj* Corsican
Kortison *n* cortisone
Koryphäe *f* (eminent) authority
koscher *Adj auch ugs fig* kosher
Kosename *m* pet name
Kosinus *m* MATHE cosine
Kosmetik *f* **1.** beauty culture **2.** *fig* cosmetic
Kosmetiker, Kosmetikerin cosmetician, beautician
Kosmetikindustrie *f* cosmetics industry
Kosmetikkoffer *m* vanity box (*oder* case)
Kosmetiksalon *m* beauty parlo(u)r (*Am auch* shop)
Kosmetiktuch *n* paper tissue
Kosmetikum *n meist Pl* cosmetic
kosmetisch *Adj* cosmetic(ally *Adv*)
kosmisch *Adj* cosmic(ally *Adv*)
Kosmonaut, Kosmonautin cosmonaut
Kosmopolit, Kosmopolitin, kosmopolitisch *Adj* cosmopolitan
Kosmos *m* cosmos
Kost *f* food, fare (*auch fig geistige Kost*), diet, (*Küche*) cooking, (*Beköstigung*) board: ***fleischlose Kost*** meatless diet; **(*freie*) *Kost und Logis*** (free) board and lodging
kostbar *Adj* precious, valuable (*auch fig Zeit etc*), (*teuer*) *auch* expensive: *fig* ***jede Minute ist kostbar*** every minute counts
Kostbarkeit *f* **1.** preciousness, valuableness **2.** precious object, treasure, *Pl auch* valuables *Pl*
kosten[1] *v/t* (*v/i* ***kosten von***) taste (*auch fig*), try
kosten[2] *v/t* cost, *fig* (*Zeit etc*) *auch* take: ***was kostet das?*** how much is that?; *ugs* ***er hat es sich etw kosten lassen*** he spent a lot of money on it; ***es hat mich viel Mühe gekostet*** it gave me a lot of trouble; ***es kostete ihn das Leben*** it cost him his life; ***koste es, was es wolle*** at all costs; *ugs* ***das kostet Nerven!*** that's hard on the nerves!
Kosten *Pl* cost(s *Pl*), (*Auslagen*) expenses *Pl*, (*Kostenaufwand*) expenditure *Sg*: ***die Kosten tragen*** bear (*oder* meet) the cost(s); ***Kosten sparend*** → ***kostensparend***; *fig* ***auf Kosten von*** (*oder Gen*) at the expense of; ***auf meine Kosten*** at my expense; ***keine Kosten scheuen*** spare no expense; *fig* ***auf seine Kosten kommen*** get one's money's worth
Kostenanschlag *m* estimate
Kostenaufwand *m* cost, expenditure: ***mit einem Kostenaufwand von …*** at a cost of …
Kostenbeteiligung *f* cost sharing
kostendämpfend *Adj* cost-cutting
kostendeckend *Adj* cost-covering
Kostenexplosion *f* costs explosion
Kostenfaktor *m* cost factor
Kostenfrage *f* ***es ist eine Kostenfrage*** it is a question of cost (*oder* of what it costs)
kostengünstig *Adj* cost-effective
kostenintensiv *Adj* cost-intensive
kostenlos *Adj und Adv* free, gratis
Kosten-Nutzen-Analyse *f* cost-benefit analysis
kostenpflichtig *Adj* liable to pay the costs, (*abschleppen etc*) at the owner's expense
Kostenpunkt *m ugs* costs *Pl*: ***Kostenpunkt?*** how much?
Kostenrechnung *f* costing
kostensenkend *Adj* cost-cutting
kostensparend *Adj* cost-saving
Kostensteigerung *f* cost increase
Kostgeld *n* board (allowance)
köstlich *Adj* delicious, exquisite, *fig* delightful: *Adv* ***sich köstlich amüsieren*** have great fun
Köstlichkeit *f* **1.** deliciousness **2.** GASTR titbit, delicacy
Kostprobe *f auch fig* sample, taste

kostspielig *Adj* expensive, costly
Kostüm *n* **1.** (woman's) suit **2.** costume (*auch* THEAT), dress

> **Kostüm ist nicht immer costume**
>
> Kostüm (*Rock und Jacke*) = suit
> costume = Tracht, *Verkleidung*: Kostüm

Kostümball *m* fancy-dress ball
kostümieren *v/t* dress *s.o.* up: ***sich kostümieren*** dress up (***als*** as)
Kostümprobe *f* THEAT dress rehearsal
Kostümverleih *m* costume rental
Kot *m* excrement, f(a)eces *Pl*
Kotelett *n* GASTR chop, cutlet
Koteletten *Pl* sideboards *Pl*, *Am* sideburns *Pl*
Köter *m pej* cur
Kotflügel *m* mudguard, *Am* fender
kotzen *v/i vulg* throw up, *sl* puke: ***ich finde es (ihn) zum Kotzen!*** it (he) makes me sick!; ***das ist ja zum Kotzen!*** that's enough to make one puke!
Krabbe *f* ZOOL shrimp, *größere*: prawn
Krabbelalter *n* crawling stage
krabbeln **I** *v/i* crawl **II** *v/t* tickle
Krabbencocktail *m* prawn cocktail
Krach *m* **1.** crash, bang, (*Lärm*) (loud) noise, din, *ugs* row, racket: ***Krach machen*** make a noise (*oder* racket), be noisy **2.** *ugs* row, quarrel: ***mit j-m Krach haben*** have a row with s.o.; ***Krach schlagen*** raise hell
krachen **I** *v/i* crash (*auch Donner*), *Eis*, *Schuss etc*: crack, *Dielen etc*: creak, *Tür etc*: slam, bang, (*bersten*) burst, explode: ***zu Boden krachen*** crash to the ground (*oder* floor); ***gegen einen Baum krachen*** crash into a tree **II** *v/refl* ***sich krachen*** *ugs* (*streiten*) have a row, fight
krächzen *v/t und v/i* croak
kraft *Präp* (*Gen*) JUR by virtue of
Kraft *f* **1.** *allg*, *auch fig* strength, (*auch Naturkraft und* PHYS) force, (*Tatkraft*) energy, ELEK, PHYS, TECH power (*auch fig Fähigkeit*): ***mit aller Kraft*** with all one's might; ***mit frischer (letzter) Kraft*** with renewed (one's last ounce of) strength; SCHIFF ***volle Kraft voraus*** full speed ahead; ***Kräfte sammeln*** build up one's strength; ***meine Kräfte lassen nach*** my strength fails; ***das geht über meine Kraft*** that's too much for me; ***ich bin am Ende meiner Kräfte*** I can't take any more; ***nach (besten) Kräften*** to the best of one's ability; ***Kraft schöpfen*** gain strength (***aus*** from); ***er tat, was in seinen Kräften stand*** he did everything within his power; → ***vereinen*** **2.** (*politische Kraft*, *Machtgruppe*) force: *fig* ***treibende Kraft*** driving force **3.** (*Rechtskraft*) force: ***in Kraft sein (setzen, treten)*** be in (put into, come into) force, be(come) effective; ***außer Kraft setzen*** annul, invalidate, (*Gesetz*) repeal, (*Vertrag etc*) cancel, *zeitweilig*: suspend; ***außer Kraft treten*** expire, lapse **4.** (*Arbeitskraft*) worker, employee, *Pl auch* personnel, staff
Kraftakt *m* stunt
Kraftanstrengung *f*, **Kraftaufwand** *m* (strenuous) effort
Kraftausdruck *m* swearword
Kraftbrühe *f* beef tea
Kräfteverfall *m* loss of strength
Kräfteverschleiß *m* waste of energy
Kraftfahrer, **Kraftfahrerin** driver, motorist
Kraftfahrzeug *n* motor vehicle
Kraftfahrzeugbrief *m* (vehicle) registration document, *Br auch* logbook
Kraftfahrzeugmechaniker, **Kraftfahrzeugmechanikerin** motor mechanic
Kraftfahrzeugschein *m* (vehicle) registration document
Kraftfahrzeugsteuer *f* motor-vehicle tax, *bes Br* road tax
Kraftfahrzeugversicherung *f* car insurance
Kraftfeld *n* PHYS field of force
Kraftfutter *n* LANDW concentrated feed
kräftig **I** *Adj* **1.** strong, robust, sturdy (*alle auch* TECH), (*kraftvoll*) powerful, *Schlag etc*: *auch* heavy, hard, *Händedruck*: firm: *ugs* ***er nahm einen kräftigen Schluck*** he took a good swig; *fig* ***kräftige Farbe*** deep (*oder* rich) colo(u)r; WIRTSCH ***kräftiger Aufschwung*** sharp upswing **2.** (*nahrhaft*) substantial, nourishing **II** *Adv* **3.** strongly (*etc*), *ugs* (*ausgiebig*) soundly, heartily: ***er ist kräftig gebaut*** he is powerfully built; ***kräftig zuschlagen*** hit hard
kräftigen *v/t* strengthen: ***sich kräftigen*** *auch* become stronger
Kräftigungsmittel *n* MED tonic
kraftlos *Adj* weak, feeble
Kraftprobe *f* trial of strength
Kraftprotz *m ugs* muscleman
Kraftrad *n* motorcycle
Kraftstoff *m* fuel
Kraftstoffanzeiger *m* fuel ga(u)ge
Kraftstoffleitung *f* fuel pipe (*oder* line)
Kraftstoff-Luft-Gemisch *n* fuel(-air) mixture
Kraftstoffpumpe *f* fuel pump
Kraftstoffverbrauch *m* fuel consumption
kraftstrotzend *Adj* bursting with strength, vigorous, powerful
Kraftübertragung *f* power transmission
Kraftverkehr *m* motor traffic
Kraftverschwendung *f* waste of energy
kraftvoll *Adj* powerful, vigorous, strong
Kraftwagen *m* motor vehicle
Kraftwerk *n* power station
Kraftwort *n* swearword
Kragen *m* (***j-n beim Kragen packen*** seize s.o. by the) collar: *ugs* ***ihm platzte der Kragen*** he blew his top; ***jetzt geht es ihm an den Kragen*** he is in for it now
Kragenweite *f* collar size: ***welche Kragenweite haben Sie?*** what size collar do you take?; *ugs* ***sie (das) ist genau meine Kragenweite!*** she's (it's) just my cup of tea!
Krähe *f* ZOOL crow: *fig* ***eine Krähe hackt der anderen kein Auge aus*** dog does not eat dog
krähen *v/i* crow
Krähenfüße *Pl fig* crow's-feet *Pl*
Krake *m* ZOOL octopus
Krakeel *m ugs* row
krakeelen *v/i ugs* make a row
Krakeeler, **Krakeelerin** *ugs* roisterer
Krakel *m ugs* scrawl
Krakelei *f ugs* scrawl(ing)
krakelig, **kraklig** *Adj ugs* scrawly
krakeln *v/t und v/i ugs* scrawl
Kral *m* kraal
Kralle *f* claw (*auch ugs Fingernagel*), (*Parkkralle*) wheel clamp: *fig* ***in den Krallen haben*** have

s.o., *s.th.* in one's clutches
krallen I *v/t* ***seine Finger krallen in*** (*Akk*) dig one's fingers into **II** *v/refl* ***sich krallen* a) *an*** (*Akk*) cling to, **b) *in*** (*Akk*) dig one's claws (*Person*: nails) into
Kram *m ugs* **1.** things *Pl*, stuff, (*Plunder*) junk, rubbish **2.** *fig* business: ***den ganzen Kram hinschmeißen*** chuck the whole thing; ***ich hab den Kram satt!*** I'm sick of the whole business!; ***j-m nicht in den Kram passen*** not to suit s.o.'s plans
kramen *ugs* **I** *v/i* rummage (about) (***nach*** for): *fig* ***in Erinnerungen kramen*** take a trip down memory lane **II** *v/t* ***etw kramen aus*** fish s.th. out of *one's bag etc*
Krampe *f* TECH cramp, staple
Krampf *m* **1.** MED (*Muskelkrampf*) cramp, (*Krampfanfall*) spasm, convulsion: ***einen Krampf bekommen*** get a cramp **2.** *ugs fig* (***das ist doch alles Krampf*** that's just a lot of) rubbish
Krampfader *f* varicose vein
krampfartig *Adj* convulsive
krampfhaft *Adj* **1.** MED convulsive, spasmodic **2.** *fig* desperate, frantic(ally *Adv*), *Lachen*: forced: *Adv* ***sich krampfhaft festhalten an*** (*Dat*) cling desperately to
krampflösend *Adj* spasmolytic
Kran *m* TECH crane
Kranführer, **Kranführerin** crane driver
Kranich *m* ZOOL crane
krank *Adj* sick (*auch fig*), *präd* ill, *Organ etc*: diseased, *Zahn*: bad, (*leidend*) invalid, suffering, ailing (*auch fig*): ***krank werden*** fall ill (*oder* sick), become (*oder* be taken) ill; ***sich krank fühlen*** feel ill; *fig* ***das macht mich ganz krank!*** that drives me crazy!; ***krank melden*** → ***krankmelden***; ***krank schreiben*** → ***krankschreiben***

krank SG

Achten Sie auf den Unterschied:

Er ist krank.	**He's sick.**
Ich muss mich gleich übergeben.	**I'm going to be sick.**
Mir ist unwohl.	**I feel ill.**
Mir ist übel / schlecht.	**I feel sick.**

Kranke *m, f* sick person, patient
kränkeln *v/i* be in poor health, be sickly, be ailing (*auch fig*)
kranken *v/i auch fig* ***kranken an*** (*Dat*) suffer from
kränken *v/t* hurt, wound, offend: ***j-n kränken*** hurt s.o.('s feelings)
Krankenanstalt *f* hospital
Krankenauto *n* ambulance
Krankenbesuch *m* visit (to a sick person), *eines Arztes*: sick call: ***Krankenbesuche machen*** *auch* visit patients
Krankenbett *n* sickbed
Krankenblatt *n* medical record
Krankengeld *n* sick pay
Krankengeschichte *f* case (*oder* medical) history
Krankengymnast, **Krankengymnastin** physiotherapist
Krankengymnastik *f* remedial gymnastics *Sg*, physiotherapy
Krankenhaus *n* hospital
Krankenhausaufenthalt *m* stay in (a) hospital
Krankenhauseinweisung *f* hospitalization
Krankenhauskosten *Pl* hospital expenses *Pl*
Krankenhaustagegeld *n sum paid by a private sickness insurance fund for each day in hospital*
Krankenkasse *f* health insurance (company)
Krankenlager *n* sickbed: ***nach langem Krankenlager*** after a long illness
Krankenpflege *f* nursing
Krankenpfleger *m* male nurse
Krankenschein *m* health insurance certificate
Krankenschwester *f* nurse
Krankenstand *m* number of sick persons
Krankenversicherung *f* health insurance
Krankenwagen *m* ambulance
Krankenzimmer *n* sickroom
krankfeiern *v/i ugs* stay away from work on the pretext of being ill, *Br* skive
krankhaft *Adj* **1.** MED pathological **2.** *fig* morbid, abnormal
Krankheit *f auch fig* illness, sickness, disease: ***nach langer Krankheit*** after a long illness
Krankheitsbild *n* clinical picture
Krankheitserreger *m* pathogen(ic agent)
krankheitshalber *Adv* owing to illness
Krankheitsherd *m* focus of a disease
Krankheitskeim *m* germ
Krankheitsüberträger, **Krankheitsüberträgerin**

Krankheiten GR

Bei manchen Kinderkrankheiten und bei Grippe kann man den bestimmten Artikel **the** benutzen:

Er hat Grippe.	**He's got (the) flu.**
Er hat Masern.	**He's got (the) measles.**
Er hat Mumps.	**He's got (the) mumps.**

Bei anderen Krankheiten wird **the** nicht benutzt:

Sie hat Röteln.	**She's got German measles.**
Sie hat Windpocken.	**She's got chickenpox.**
Ich habe Scharlach.	**I've got scarlet fever.**
Er hatte Kinderlähmung.	**He had polio.**

Im Zweifelsfall lässt man **the** weg. Das klappt meistens.

Beachten Sie, dass man bei Krankheiten im Englischen eher untertreibt. So wird eine relativ harmlose Grippe im Sinne einer (starken) Erkältung meistens als **a cold** (eine Erkältung) beschrieben. Bei **flu** muss man schon das Bett hüten!

carrier
Krankheitsverlauf *m* course of a disease
kranklachen *v/refl* ***sich kranklachen*** *ugs* nearly die with laughter
kränklich *Adj* sickly
Kränklichkeit *f* sickliness
krankmelden *v/refl* ***sich krankmelden*** report sick
Krankmeldung *f* notification of illness (to one's employer): ***zehn Krankmeldungen*** ten persons reported sick
krankschreiben *v/t* ***j-n krankschreiben*** write s.o. off sick, MIL put s.o. on the sick list
Kränkung *f* insult
Kranz *m* **1.** garland, *am Grab*: ***(einen Kranz niederlegen*** lay a) wreath **2.** *fig* circle, ring **3.** GASTR ring **4.** ASTR corona
Kränzchen *n fig* (ladies') circle, (*Kaffeekränzchen*) coffee (*ugs* hen) party
Kranzgefäß *n* ANAT coronary artery
Kranzniederlegung *f* (ceremonial) laying of a wreath
Krapfen *m* GASTR doughnut
krass *Adj* crass, gross: ***krasser Egoist*** (***Außenseiter***) crass egotist (rank outsider); ***krasser Widerspruch*** (***Unterschied***) flagrant contradiction (huge difference); ***eine krasse Lüge*** a blatant lie; *Adv* ***sich krass ausdrücken*** be very blunt; ***krass zutage treten*** become blatantly obvious
Krater *m* crater
Kraterlandschaft *f* crater(ed) landscape
Krätze *f* MED scabies
kratzen *v/t und v/i* scratch, (*scharren*) scrape: ***sich kratzen*** scratch o.s.; ***sich am Ohr kratzen*** scratch one's ear; ***den Rest aus dem Topf kratzen*** scrape the last bit from the pot; ***der Pullover kratzt*** (***mich am Hals***) the pullover scratches (my neck); *fig* ***mein Hals kratzt*** I've got a sore throat; *ugs* ***das kratzt mich nicht!*** **a)** that doesn't bother me!, **b)** I couldn't care less!; → ***Kurve***
Kratzer *m ugs* scratch
kratzfest *Adj* scratch-resistant
kratzig *Adj* scratchy
Kratzwunde *f* scratch
Kraul *n*, **kraulen**[1] *v/t und v/i* crawl
kraulen[2] *v/t* (*Fell, Bart*) ruffle
Kraulschwimmen *n* crawl
Kraulschwimmer, **Kraulschwimmerin** crawler
Kraulstaffel *f* crawl relay
kraus *Adj* **1.** *Haar*: frizzy, curly, *Stirn*: wrinkled: → ***krausen*** **2.** *fig Gedanken etc*: confused, muddled
Krause *f* (*Rüsche*) frill, ruffle
kräuseln **I** *v/t* **1.** (*Stoff*) gather **2.** (*Haar*) friz(z), crimp **3.** (*Wasser*) ruffle, ripple **4.** *fig* ***die Lippen kräuseln*** curl one's lips; *auch* → ***krausen*** **II** *v/refl* ***sich kräuseln*** **5.** *siehe* 2 **6.** *Rauch etc*: curl up
krausen *v/t* wrinkle, pucker: ***die Stirn krausen*** knit one's brow; ***die Nase krausen*** wrinkle one's nose
kraushaarig, **krausköpfig** *Adj* curly-haired
krausziehen *v/t* → ***krausen***
Kraut *n* **1.** (*das Grüne*) (stem and) leaves *Pl*, tops *Pl*: ***ins Kraut schießen*** run to leaf, *fig* run wild; *ugs* ***wie Kraut und Rüben*** (***durcheinander***) higgledy-piggledy **2.** (*Heilkraut, Küchenkraut*) herb: *fig* ***gegen … ist kein Kraut gewachsen*** there is no remedy for … **3.** *Dialekt* **a)** cabbage, **b)** sauerkraut **4.** *ugs* (*Tabak*) weed
Kräuterbutter *f* herb butter
Kräuteressig *m* aromatic vinegar
Kräuterkäse *m* green cheese
Kräuterlikör *m* herb-flavo(u)red liqueur
Kräutertee *m* herb tea
Krawall *m* **1.** (*Aufruhr*) riot **2.** *ugs* (***Krawall machen*** *oder* ***schlagen*** kick up a) row
Krawallmacher, **Krawallmacherin** rioter, rowdy
Krawatte *f* tie, *Am* necktie
kraxeln *v/i ugs Dialekt* climb, scramble
Kreatin *n* MED creatine
Kreation *f Mode*: creation
kreativ *Adj* creative
Kreativität *f* creativity
Kreatur *f* creature, *fig pej auch* tool
Krebs *m* **1.** ZOOL crayfish, *Am* crawfish, (*Taschenkrebs*) crab **2.** ASTR (***er ist Krebs*** he is [a]) Cancer **3.** MED cancer: ***Krebs erregend, Krebs erzeugend*** → ***krebserregend***
krebsartig *Adj* MED cancerous
krebserregend, **krebserzeugend** *Adj* carcinogenic: ***krebserregend wirken*** cause cancer
Krebsforschung *f* MED cancer research
Krebsfrüherkennung *f* early cancer diagnosis
Krebsgeschwulst *f* MED cancerous tumo(u)r, carcinoma
Krebsgeschwür *n* **1.** MED cancerous ulcer **2.** *fig* canker
Krebsknoten *m* MED cancerous lump
Krebskranke *m, f* person suffering from cancer, cancer patient
Krebskrankheit *f*, **Krebsleiden** *n* cancer
Krebsschere *f* ZOOL crayfish claw
Krebstiere *Pl* crustaceans *Pl*
Krebsvorsorge *f* MED cancer prevention
Krebsvorsorgeuntersuchung *f* MED cancer screening
Krebszelle *f* MED cancer(ous) cell
Kredit[1] *n* WIRTSCH credit (side)
Kredit[2] *m* WIRTSCH credit, (*Darlehen*) *auch* loan: ***einen Kredit aufnehmen*** (***überziehen***) raise (overdraw) a credit; ***ich habe bei der Bank Kredit*** my credit with the bank is good; ***auf Kredit kaufen*** buy on credit
Kreditanstalt *f* credit bank
Kreditaufnahme *f* borrowing
Kreditbrief *m* letter of credit
Kreditgeber, **Kreditgeberin** lender
Kredithai *m ugs pej* loan shark
kreditieren *v/t* ***j-m etw kreditieren*** credit s.o.('s account) with s.th.
Kreditkarte *f* credit card
Kreditkauf *m* purchase on credit
Kreditknappheit *f* credit stringency
Kreditnehmer, **Kreditnehmerin** borrower
Kreditspritze *f* credit injection
kreditwürdig *Adj* credit-worthy
Kreditwürdigkeit *f* credit-worthiness, credit rating
kregel *Adj ugs* chirpy, *Am* chipper
Kreide *f* chalk, (*Zeichenkreide*) *auch* crayon: *ugs fig* ***bei j-m in der Kreide stehen*** owe s.o. money
kreidebleich, **kreideweiß** *Adj* (as) white as a sheet
Kreidezeichnung *f* chalk drawing
Kreidezeit *f the* Cretaceous period
kreieren *v/t* create
Kreis *m* **1.** *allg* circle (*auch fig Personenkreis*), (*Kreislauf*) cycle, ELEK circuit, *fig* (*Wirkungskreis*) sphere, field: ***sich im Kreise drehen***

Kreis	WF
Durchmesser	**diameter** [daɪ'æmɪtə]
Halbkreis	**semicircle** ['semɪˌsɜːkl]
Kreisbogen	**arc**
Mittelpunkt	**centre**
Radius, Halbmesser	**radius** ['reɪdjəs]
Segment	**segment** ['segmənt]
Sekante	**secant** ['siːkənt]
Sektor	**sector**
Tangente	**tangent** ['tændʒənt]
Umfang	**circumference** [sə'kʌmfərəns]

auch fig move in a circle; ***der Skandal zog weite*** (*oder* ***immer weitere***) ***Kreise*** the scandal involved more and more persons; ***hier schließt sich der Kreis*** we've come full circle; ***im engsten Kreis feiern*** celebrate within the family circle (*oder* with one's close friends); ***im Kreise der Familie*** in the family (circle); ***in den besten Kreisen*** in the best circles; ***weite Kreise der Bevölkerung*** wide sections of the population; ***aus gut unterrichteten Kreisen*** from well-informed quarters **2.** POL district, *Am* county

Kreisabschnitt *m* MATHE segment

Kreisausschnitt *m* MATHE sector

Kreisbahn *f* orbit

kreischen *v/i auch fig* shriek, squeal

Kreischen *n* shrieking, shrieks *Pl*, screeching

Kreisdiagramm *n* pie chart

Kreisel *m* **1.** (peg)top **2.** PHYS gyroscope, gyro

Kreiselkompass *m* gyrocompass

kreisen I *v/i* (move in a) circle, *bes* TECH rotate, revolve (*auch fig Gedanken etc*), *Blut*, *Geld*: circulate, FLUG orbit: ***etw kreisen lassen*** pass s.th. round; ***die Arme*** *etc* ***kreisen lassen*** *siehe* II; ***die Erde kreist um die Sonne*** the earth revolves (a)round the sun **II** *v/t* ***die Arme*** *etc* ***kreisen*** swing one's arms *etc* (in a circle)

Kreisfläche *f* MATHE area of a circle, circular area

kreisförmig *Adj* circular

Kreislauf *m allg* cycle (*auch* TECH), *des Blutes*, *Geldes*: circulation, ELEK, TECH *auch* circuit, ASTR revolution

Kreislaufstörung *f* MED circulatory disturbance, *Pl meist* bad circulation *Sg*

Kreislaufversagen *n* MED circulatory collapse

kreisrund *Adj* circular

Kreissäge *f* circular saw

Kreißsaal *m* MED delivery room

Kreisstadt *f* district town, *Am* county seat

Kreisverkehr *m* roundabout, *Am* traffic circle

Kreme, **Krem** *f*, *ugs m* cream

Krematorium *n* crematorium, *Am* crematory

Kreml *m the* Kremlin

Krempe *f* brim

Krempel *m* → ***Kram***

Kren *m österr.* horseradish

krepieren *v/i* **1.** *ugs* die, perish, *Mensch*: *auch* kick the bucket, peg out **2.** *Geschoss*: burst, explode

Krepp *m*, **Krepp...** crepe (*paper etc*)

Kresse *f* BOT cress

Kreta *n* Crete

Kreter, **Kreterin**, **kretisch** *Adj* Cretan

kreuz *Adv* ***kreuz und quer*** crisscross (***durchs Land ziehen*** the country)

Kreuz *n* **1.** *allg* cross (*auch fig*), BUCHDRUCK dagger, obelisk: ASTR ***das Kreuz des Südens*** the Southern Cross; ***über Kreuz*** crosswise; ***j-n ans Kreuz schlagen*** nail s.o. to the cross; ***ein Kreuz schlagen*** make the sign of the cross; *fig* ***sein Kreuz tragen*** bear one's cross; ***es ist ein Kreuz mit ihm*** (***damit***) he (it) is a real problem; *ugs* ***zu Kreuze kriechen*** knuckle under (***vor j-m*** to s.o.) **2.** ANAT (small of the) back: ***mir tut das Kreuz weh*** my back aches; *ugs fig* ***j-n aufs Kreuz legen*** take s.o. for a ride **3.** MUS sharp **4.** *Kartenspiel*: club(s *Pl*)

Kreuzband *n* ANAT crucial ligament

Kreuzbein *n* ANAT sacrum

kreuzen I *v/t* **1.** *allg* cross, TECH *auch* intersect, BIOL *auch* crossbreed **II** *v/i* **2.** SCHIFF cruise **III** *v/refl* ***sich kreuzen*** **3.** *siehe* 1 **4.** *fig* cross, *Interessen etc*: clash: ***ihre Blicke kreuzten sich*** their eyes met

Kreuzer *m* SCHIFF cruiser

Kreuzfahrer *m* HIST crusader

Kreuzfahrt *f* **1.** HIST crusade **2.** SCHIFF (***eine Kreuzfahrt machen*** go on a) cruise

Kreuzfeuer *n auch fig* crossfire: ***ins Kreuzfeuer der öffentlichen Meinung*** (*oder* ***der Kritik***) ***geraten*** come under fire from all sides

Kreuzgang *m* ARCHI cloister

kreuzigen *v/t auch fig* crucify

Kreuzigung *f* crucifixion

Kreuzotter *f* ZOOL common viper

Kreuzritter *m* HIST Knight of the Cross

Kreuzschlitzschraubenzieher *m* Phillips screwdriver®

Kreuzschlüssel *m* TECH four-way socket wrench

Kreuzspinne *f* ZOOL cross (*oder* garden) spider

Kreuzstich *m* (*auch* ***im Kreuzstich sticken***) cross-stitch

Kreuzung *f* **1.** *allg* crossing, BIOL *auch* crossbreeding, (*Mischrasse*) crossbreed **2.** (*Straßenkreuzung etc*) crossing, intersection, junction

Kreuzverhör *n* cross-examination, *weit. S. ugs* grilling: ***ins Kreuzverhör nehmen*** cross-examine, *weit. S. ugs* grill

Kreuzweg *m* REL Way of the Cross

Kreuzworträtsel *n* crossword (puzzle)

Kreuzzug *m* HIST *und fig* (*auch* ***einen Kreuzzug unternehmen***) crusade (***gegen*** against)

kribbelig *Adj ugs* (*nervös*) nervous, jittery, (*gereizt*) edgy: ***das*** (***sie***) ***macht mich ganz kribbelig*** that (she) gets terribly on my nerves

kribbeln *v/i* **1.** (*jucken*) itch, tickle, (*prickeln*) tingle: *ugs fig* ***es kribbelte mir in den Fingern, etw zu tun*** I was itching to do s.th. **2.** crawl

Kricket *n* cricket

Kricketspieler, **Kricketspielerin** cricketer

kriechen *v/i auch fig* creep, crawl: *pej* ***vor j-m kriechen*** crawl to s.o.

Kriecher, **Kriecherin** *pej* crawler, toady

kriecherisch *Adj pej* crawling, toadying

Kriechpflanze *f* creeper

Kriechspur *f* **1.** trail **2.** MOT slow (*Am* creeper) lane

Kriechtier *n* reptile

Krieg *m* war, (*Kriegführung*) warfare: ***Kalter Krieg*** cold war; ***im Krieg*** (*Soldat*: away) in the war; ***im Krieg mit*** at war with; (*Dat*) ***den Krieg erklären*** *auch fig* declare war on; ***Krieg führen***

be at (*oder* wage) war (***mit, gegen*** against); ***Krieg führend*** belligerent; ***in den Krieg ziehen*** go to war
kriegen *v/t ugs allg* get, (*erwischen*) *auch* catch; *auch* → ***bekommen*** I; ***es mit j-m zu tun kriegen*** get into trouble with s.o.
Krieger, **Kriegerin** warrior
Kriegerdenkmal *n* war memorial
kriegerisch *Adj* warlike, martial, *auch fig* belligerent: POL ***kriegerische Auseinandersetzung*** armed conflict
Kriegerwitwe *f* war widow
kriegführend → ***Krieg***
Kriegführung *f* warfare
Kriegsausbruch *m* outbreak of war: ***bei Kriegsausbruch*** when the war broke out
Kriegsberichterstatter, **Kriegsberichterstatterin** war correspondent
Kriegsbeschädigte *m, f* war-disabled person
Kriegsdienst *m* war service
Kriegsdienstverweigerer *m* conscientious objector
Kriegsentschädigungen *Pl* reparations *Pl*
Kriegserklärung *f* declaration of war
Kriegsfall *m* ***im Kriegsfall*** in case of war
Kriegsfilm *m* war film
Kriegsflotte *f* navy, fleet
Kriegsfreiwillige *m, f* (war) volunteer
Kriegsfuß *m* ***auf Kriegsfuß stehen mit*** **a)** ***j-m*** be at daggers drawn with s.o., **b)** ***einer Sache*** have (great) trouble with s.th.
Kriegsgebiet *n* war zone
Kriegsgefahr *f* danger of war
Kriegsgefangene *m, f* prisoner of war, P.O.W.
Kriegsgefangenenlager *n* prisoner-of-war (*oder* P.O.W.) camp
Kriegsgefangenschaft *f* captivity: ***in Kriegsgefangenschaft geraten*** be taken prisoner
Kriegsgegner, **Kriegsgegnerin** **1.** pacifist **2.** *the* enemy
Kriegsgericht *n* (*auch* ***vor ein Kriegsgericht stellen***) court-martial
Kriegsgewinnler, **Kriegsgewinnlerin** war profiteer
Kriegsgräberfürsorge *f* War Graves Commission
Kriegshafen *m* naval port
Kriegsheld war hero
Kriegshetzer, **Kriegshetzerin** warmonger
Kriegshinterbliebenen *Pl* war widows and orphans *Pl*
Kriegskamerad, **Kriegskameradin** fellow soldier
Kriegsmarine *f* navy
Kriegsmaterial *n* matériel
Kriegsopfer *n* war victim
Kriegspfad *m* ***auf dem Kriegspfad sein*** *auch ugs fig* be on the warpath
Kriegsrat *m ugs fig* ***Kriegsrat halten*** hold a council of war
Kriegsschauplatz *m* theat/re (*Am* -er) of war
Kriegsschiff *n* warship
Kriegsspielzeug *n* war toys *Pl*
Kriegsteilnehmer, **Kriegsteilnehmerin** combatant, *ehemaliger*: ex-serviceman, *Am* veteran
Kriegsverbrechen *n* war crime
Kriegsverbrecher, **Kriegsverbrecherin** war criminal
Kriegsverbrecherprozess *m* war (crimes) trial
Kriegsversehrte *m, f* war-disabled person
Kriegswaise *f* war orphan
kriegswichtig *Adj Betrieb etc*: essential to the war effort: ***kriegswichtige Ziele*** strategic targets
Kriegszeit *f* wartime: ***in Kriegszeiten*** in time(s) of war
Kriegszustand *m* (state of) war: ***im Kriegszustand*** at war
Krim *f the* Crimea
Krimi *m ugs* thriller (*auch fig*), whodun(n)it
Kriminalbeamte *m*, **Kriminalbeamtin** *f* detective, C.I.D. officer
Kriminalfall *m* criminal case
Kriminalfilm *m* crime film
kriminalisieren *v/t* criminalize
Kriminalist, **Kriminalistin** **1.** criminologist **2.** detective
kriminalistisch *Adj* criminal investigation …
Kriminalität *f* **1.** criminality **2.** (*Zahl der Verbrechen*) crime: ***ansteigende Kriminalität*** increasing crime rate
Kriminalkommissar, **Kriminalkommissarin** detective superintendent, *Am* captain of police
Kriminalpolizei *f* criminal investigation department (C.I.D.), plain-clothes police
Kriminalpolizist, **Kriminalpolizistin** → ***Kriminalbeamte***
Kriminalroman *m* detective (*oder* crime) novel
kriminell *Adj*, **Kriminelle** *m, f* criminal
Krimskrams *m ugs* junk, rubbish
Kringel *m* ring, (*Schnörkel*) squiggle
Kripo *f ugs Abk* (= ***Kriminalpolizei***) *Br* CID, criminal investigation department
Krippe *f* **1.** (*Futterkrippe*) manger, crib **2.** (*Weihnachtskrippe*) (Christmas) crib, *Am* crèche **3.** (*Kinderkrippe*) crèche
Krippenspiel *n* Nativity play
Krise *f* (***eine schwere Krise durchmachen*** go through a bad) crisis; ***in eine Krise geraten*** enter a state of crisis
kriseln *v/unpers* ***es kriselt*** there is trouble brewing, ***in ihrer Ehe*** they seem to be going through a crisis, ***in der Regierung*** a government crisis is looming
krisenanfällig *Adj* crisis-prone
krisenfest *Adj* stable
Krisengebiet *n* crisis area
krisengeschüttelt *Adj* crisis-ridden
Krisenherd *m* crisis cent/re (*Am* -er), trouble spot
Krisenmanagement *n* crisis management
Krisenstab *m* crisis management group
Krisenzeit *f* time of crisis
Kristall[1] *m* crystal
Kristall[2] *n* crystal (glass), cut glass, (*Kristallwaren*) crystal (goods *Pl*)
kristallen *Adj* crystalline, *auch fig* crystal
kristallinisch *Adj* crystalline
Kristallisation *f* crystallization
kristallisieren *v/i und v/refl* ***sich kristallisieren*** *auch fig* crystallize
kristallklar *Adj* crystal-clear
Kristallzucker *m* crystal sugar
Kriterium *n* **1.** criterion (***für*** of) **2.** *Radsport*: circuit race
Kritik *f* criticism (***an*** *Dat* of), (*Rezension*) review, (*die Kritiker*) *the* critics *Pl*: ***Kritik hervorrufen*** give rise to criticism; ***Kritik üben an*** (*Dat*) criticize; ***eine Kritik schreiben über*** (*Akk*) *auch* review; ***gute Kritiken haben*** get (*oder* have) good reviews, have a good press; *ugs* ***unter aller*** (*oder* ***jeder***) ***Kritik*** beneath contempt
Kritiker, **Kritikerin** critic, (*Rezensent*) reviewer

K

Kritik ≠ critic

Kritik = criticism
critic = Kritiker(in)
Nur als Sammelbegriff für die Kritiker im Allgemeinen übersetzt man **die Kritik** mit **the critics** (*Pl*).

Kritikfähigkeit *f* critical faculties *Pl*
kritiklos *Adj* uncritical
kritisch *Adj allg, auch* PHYS, TECH critical (**gegenüber** of), *fig auch* crucial
kritisieren *v/t und v/i* criticize
kritteln *v/i pej* **kritteln an** (*Dat*) find fault with, cavil at
Kritzelei *f*, **kritzeln** *v/t und v/i* scribble
Kroate *m*, **Kroatin** *f* Croat
Kroatien *n* Croatia
kroatisch *Adj* Croatian
Krokant *m* GASTR brittle
Krokette *f* GASTR croquette
Kroko *n* WIRTSCH → ***Krokodilleder***
Krokodil *n* ZOOL crocodile
Krokodilleder *n* crocodile (skin *oder* leather)
Krokodilstränen *Pl ugs fig* (***Krokodilstränen weinen*** shed) crocodile (*oder* false) tears *Pl*
Krokus *m* BOT crocus
Krone *f* **1.** crown (*auch fig*), (*Adelskrone, auch Kopfputz*) coronet: *fig* ***die Krone der Schöpfung*** the pride of creation; *ugs* ***das setzt allem die Krone auf!*** that beats everything!; ***einen in der Krone haben*** be tight **2.** TECH cap, top, (*Kappe*) crown, crest **3.** (*Zahnkrone*) crown **4.** (*Münze*) *in Schweden*: krona, *in Dänemark und Norwegen*: krone **5.** (*Kronleuchter*) chandelier
krönen *v/t* crown (***j-n zum König*** s.o. king), *fig* climax: *fig* ***von Erfolg gekrönt*** crowned with success
Kronenkorken *m* crown cork
Kronerbe *m*, **Kronerbin** *f* heir (heiress) to the crown
Kronjuwelen *Pl* crown jewels *Pl*
Kronkolonie *f* crown colony
Kronleuchter *m* chandelier
Kronprinz *m* crown prince (*auch fig*), *Br* Prince of Wales
Kronprinzessin *f* crown princess, *Br* Princess Royal
Krönung *f* **1.** coronation **2.** *fig* crowning (event): ***die Krönung seiner Laufbahn*** the climax of his career; ***die Krönung des Abends*** the highlight (*ugs* high spot) of the evening
Krönungsfeierlichkeiten *Pl* coronation ceremonies *Pl*
Kronzeuge *m*, **Kronzeugin** *f* chief witness: ***Kronzeuge werden*** turn Queen's (King's, *Am* State's) evidence
Kropf *m* **1.** ZOOL crop **2.** MED goitre, *Am* goiter
Krösus *m hum* Croesus: ***ich bin doch kein Krösus!*** I'm no millionaire!
Kröte *f* **1.** ZOOL toad **2.** *Pl ugs fig* (*Geld*) dough *Sg*, pennies *Pl*
Krücke *f* **1.** crutch: ***an Krücken gehen*** walk on crutches **2.** (*Stockkrücke etc*) crook **3.** *ugs pej* (*Versager*) washout
Krückstock *m* walking stick
Krug *m* **1.** jug, *großer*: pitcher, (*Bierkrug*) (beer) mug, stein **2.** *Dialekt* pub, inn

Krume *f* **1.** (*Ackerkrume*) topsoil **2.** → ***Krümel***
Krümel *m* crumb: ***voller Krümel*** → ***krümelig***
krümelig *Adj* crumbly
krümeln *v/t und v/i* crumble
krumm I *Adj allg* crooked (*auch ugs fig unredlich*), *Holz etc*: warped, (*verbogen*) *auch* bent, (*hakenförmig*) hooked: ***krumme Haltung*** stoop; ***krummer Schnabel*** curved beak; ***krumm biegen*** bend; ***ganz krumm und schief*** awry, lopsided; *ugs* ***sich krumm und schief lachen*** laugh one's head off; ***krumme Sache*** (*oder* ***Tour***) crooked business; ***ein krummes Ding drehen*** pull a fast one; ***etw auf die krumme Tour versuchen*** try to wangle s.th. **II** *Adv* ***krumm gewachsen*** crooked; ***sich krumm halten, krumm gehen*** stoop, slouch
krummbeinig *Adj* bow-legged
krummbiegen → ***krumm*** I
krümmen I *v/t* **1.** bend, crook **II** *v/refl* ***sich krümmen*** **2.** bend, *Holz*: warp, *Metall*: buckle **3.** (*sich winden*) *allg* bend, *Straße*: *auch* curve, *Wurm etc*: squirm: ***sich krümmen vor*** *Schmerz etc*: writhe with, *Verlegenheit*: *auch* squirm with; ***sich vor Lachen krümmen*** → ***krummlachen***
krummlachen *v/refl* ***sich krummlachen*** *ugs* laugh one's head off
krummlegen *v/refl ugs fig* ***sich krummlegen*** pinch and scrape
krummnehmen *v/t ugs* take *s.th.* amiss
Krümmung *f* bend, curve, turn, MATHE, MED, PHYS, TECH curvature
Krupp *m* MED croup
Kruppe *f des Pferdes*: croup
Krüppel *m* (*auch* ***zum Krüppel machen***) cripple: ***zum Krüppel werden*** be crippled
krüpplig, krüppelig *Adj* crippled, deformed
Kruste *f allg* crust, *des Schweinebratens*: crackling
Krustentier *n* crustacean
krustig *Adj* crusty
Kruzifix *n* REL crucifix
Kryochirurgie *f* cryosurgery
Krypta *f* ARCHI crypt
Krypton *n* CHEM crypton
Kuba *n* Cuba
Kubaner, Kubanerin, kubanisch *Adj* Cuban
Kübel *m* (*Eimer*) bucket (*auch* TECH), pail, (*Trog*) tub: *ugs fig* ***es gießt wie aus Kübeln*** it's coming down in buckets
Kubik... cubic (*content, measure, etc*)
Kubikmeter *m, n* cubic metre (*Am* meter)
Kubikwurzel *f* MATHE cube root
Kubikzahl *f* cube
kubisch *Adj* cubic(al)
Kubismus *m* KUNST cubism
Kubist, Kubistin cubist
kubistisch *Adj* cubist(ic)
Kubus *m* MATHE cube
Küche *f* **1.** kitchen, *kleine*: kitchenette; → ***Teufel*** **2.** cooking, cuisine, cookery, (*Speisen*) meals *Pl*, food: ***kalte*** (***warme***) ***Küche*** cold (hot) meals; ***die chinesische Küche*** Chinese cooking; → ***gutbürgerlich*** **3.** *ugs* → ***Küchenpersonal***
Kuchen *m* cake
Küchenbenutzung *f* ***mit Küchenbenutzung*** with use of kitchen
Kuchenblech *n* baking sheet (*oder* tin)
Küchenchef, Küchenchefin chef (de cuisine)
Kücheneinrichtung *f* kitchen furniture and fittings *Pl*

Kuchenform *f* cake tin
Kuchengabel *f* pastry fork
Küchengerät *n meist Pl* kitchen utensil (*elektrisch*: appliance)
Küchengeschirr *n* kitchenware
Küchenherd *m* kitchen range
Küchenhilfe *f* kitchenmaid
Küchenkraut *n* potherb
Küchenmaschine *f* food processor
Küchenmesser *n* kitchen knife
Küchenpersonal *n* kitchen staff
Küchenschrank *m* (kitchen) cupboard
Kuchenteig *m* cake mixture
Kuchenteller *m* dessert plate
Küchentisch *m* kitchen table
Küchenwaage *f* kitchen scales *Pl*
Küchenwecker *m* (kitchen) timer
Küchenzettel *m* menu
Kuckuck *m* **1.** ZOOL cuckoo: *ugs* ***wo*** (***wer*** *etc*) ***zum Kuckuck!*** where (who *etc*) the devil! **2.** *hum* bailiff's seal
Kuckucksei *n ugs fig* ***ein Kuckucksei*** a cuckoo in the nest
Kuckucksuhr *f* cuckoo clock
Kuddelmuddel *m, n ugs auch fig* muddle
Kufe *f* runner, FLUG skid
Kugel *f* **1.** ball (*auch* TECH), (*auch Erdkugel*) globe, ASTR, MATHE sphere: ***die Erde ist eine Kugel*** the earth is a sphere **2.** (*Gewehrkugel etc*) bullet; → ***jagen*** 3 **3.** SPORT shot, (*Kegelkugel etc*) bowl: ***er stieß die Kugel auf 22 m*** he put the shot at 22 metres; *ugs fig* ***eine ruhige Kugel schieben*** have a cushy job
Kugelfang *m* butt
kugelförmig *Adj* globular, spherical
Kugelgelenk *n allg* (ball-and-)socket joint
Kugelhagel *m* hail of bullets
Kugelkopf(schreibmaschine *f*) *m* golfball (typewriter)
Kugellager *n* ball bearing
kugeln **I** *v/t und v/i* roll **II** *v/refl* ***sich kugeln*** roll about (***im Schnee*** in the snow)
kugelrund *Adj* (as) round as a ball
Kugelschreiber *m* ballpoint (pen), *Br* biro®
Kugelschreibermine *f* refill
kugelsicher *Adj* bulletproof
Kugelstoßen *n* (***Sieger im Kugelstoßen*** winner in the) shot put
Kugelstoßer, **Kugelstoßerin** shot-putter
Kuh *f* cow: *fig* ***heilige Kuh*** sacred cow; *ugs pej* ***dumme Kuh!*** silly cow!
Kuhfladen *m* cowpat
Kuhglocke *f* cowbell
Kuhhandel *m ugs fig* horse trading
Kuhhaut *f* cowhide
kühl *Adj auch fig* cool, chilly: ***es*** (***mir***) ***wird kühl*** it's getting (I feel) chilly; *fig* (***j-m gegenüber***) ***kühl bleiben*** remain cool (toward[s] s.o.); *Adv* ***etw kühl lagern*** store s.th. cool; *fig* ***j-n kühl empfangen*** give s.o. a cool reception; → ***Kopf*** 2
Kühlanlage *f* cooling plant (MOT system)
Kühlapparat *m* cooling apparatus
Kühlbecken *n* KERNPHYSIK cooling pond
Kühlbox *f* cold box
Kühlcontainer *m* cooltainer
Kühle *f* coolness (*auch fig*), cool
kühlen **I** *v/t* cool (*auch* TECH), chill **II** *v/i* have a cooling effect
Kühler *m* **1.** TECH cooler **2.** MOT radiator
Kühlerblock *m* MOT radiator core
Kühlerfigur *f* MOT radiator mascot
Kühlerhaube *f* MOT bonnet, *Am* hood
Kühl-Gefrier-Kombination *f* fridge-freezer
Kühlhaus *n* cold-storage house
Kühlmantel *m* TECH cooling jacket
Kühlmittel *n* coolant
Kühlraum *m* cold-storage chamber, SCHIFF refrigerating hold
Kühlschiff *n* refrigerator ship
Kühlschlange *f* TECH cooling coil
Kühlschrank *m* refrigerator, *ugs* fridge
Kühltasche *f* cold bag (*oder* box)
Kühltheke *f* refrigerated counter
Kühltruhe *f* (chest) freezer
Kühlturm *m* cooling tower
Kühlung *f* **1.** *auch* TECH cooling **2.** TECH cooling system **3.** (*Kühle*) coolness
Kühlwagen *m* BAHN refrigerator wagon (*Am* car, MOT truck)
Kühlwasser *n* cooling water
Kuhmilch *f* cow's milk
kühn *Adj allg* bold, (*gewagt*) *auch* daring (*auch fig*): ***das übertrifft meine kühnsten Träume*** that goes beyond my wildest dreams
Kühnheit *f* boldness
Kuhstall *m* cowshed
Küken *n auch fig* chick
kulant *Adj bes* WIRTSCH accommodating, *Preis etc*: fair
Kulanz *f* WIRTSCH fair dealing
Kuli *m* coolie
kulinarisch *Adj* culinary
Kulisse *f* THEAT *etc meist Pl* scenery, set, (*Seitenkulisse*) wing, (*Hintergrund*, *auch fig*) background: ***hinter den Kulissen*** *auch fig* behind the scenes, backstage
kullern *ugs* → ***kugeln***
kulminieren *v/i* ASTR culminate (*fig* ***in*** *Dat* in)
Kult *m* cult: ***einen Kult treiben*** make a cult (***mit*** out of)
Kultfigur *f* cult figure
Kultfilm *m* cult film
Kultfilmregisseur, **Kultfilmregisseurin** cult film director
Kulthandlung *f* ritual act
kultisch *Adj* ritual, cultic
Kultstatus *m* cult status: ***Kultstatus haben*** (***genießen***) have (enjoy) cult status
kultivieren *v/t auch fig* cultivate
kultiviert *Adj* cultivated, cultured, *Person*: *auch* civilized, *Geschmack*: refined
Kultur *f* **1.** *allg* culture, (*Kulturgemeinschaft*, *Kulturniveau*) *auch* civilization, (*Kultiviertheit*) *auch* refinement: ***die abendländische Kultur*** (the) Western civilization; ***er hat*** (***keine***) ***Kultur*** he is (un)cultured; *ugs* ***in Kultur machen*** be into culture; ***unbeleckt von der Kultur*** untouched by civilization **2.** LANDW cultivation, (*Pflanzenbestand*, *auch Bakterienkultur*, *Pilzkultur*) culture
Kulturabkommen *n* POL cultural agreement
Kulturaustausch *m* cultural exchange
Kulturbanause *m*, **Kulturbanausin** *f ugs* philistine
Kulturbeilage *f einer Zeitung*: arts supplement
Kulturbetrieb *m ugs* cultural acitivities *Pl*
Kulturbeutel *m Br* sponge bag, toilet bag, washbag
kulturell *Adj* cultural
Kulturerbe *n* cultural heritage
Kulturfilm *m* documentary
Kulturgeschichte *f* **1.** history of civilization (*auch Buch*) **2.** cultural history

K

kulturgeschichtlich *Adj* cultural-historical
Kulturgut *n* cultural asset(s *Pl*)
Kulturhoheit *f* POL *der Länder*: independence in educational and cultural matters
Kulturkanal *m* TV cultural channel
Kulturlandschaft *f* **1.** land developed and cultivated by man **2.** *fig* cultural scene
Kulturleben *n* cultural life
kulturlos *Adj* uncultured, uncivilized
Kulturlosigkeit *f* lack of culture
Kulturmensch *m* civilized man
Kulturpessimismus *m* cultural pessimism
Kulturpflanze *f* cultivated plant
Kulturpolitik *f* cultural (and educational) policy
kulturpolitisch *Adj* politico-cultural
Kulturrevolution *f* cultural revolution
Kulturschock *m* cultural shock
Kultursprache *f* cultural (*oder* civilized) language
Kulturstätte *f* place of cultural interest
Kulturstufe *f* stage (*oder* level) of civilization
Kulturvolk *n* civilized people (*oder* nation, race)
Kultusminister, **Kultusministerin** Minister of Culture, Education, and Church Affairs
Kümmel *m* **1.** BOT caraway (*auch Gewürz*): ***Echter Kümmel*** cumin **2.** (*Kümmelschnaps*) kümmel

K

Kummer *m* grief, sorrow, (*Verdruss*) trouble, worry, worries *Pl*, problems *Pl*: ***Kummer haben*** have problems; ***hast du Kummer?*** is anything troubling you?; ***j-m viel Kummer machen*** cause s.o. a lot of worry (*oder* trouble); ***du machst mir Kummer!*** I'm worried about you!; *ugs* ***ich bin Kummer gewöhnt!*** I'm used to this sort of thing!
kümmerlich *Adj* miserable, (*armselig*) *auch* poor, meagre, *Am* meager, *Vegetation etc*: sparse: *Adv* ***sich kümmerlich durchschlagen*** (***mit Stundengeben*** *etc*) eke out a bare existence (by giving lessons *etc*)
kümmern **I** *v/refl* ***sich kümmern um*** **a)** look after, take care of, **b)** (*sich Gedanken machen*) care (*oder* trouble) about, **c)** (*beachten*) pay attention to, **d)** (*sorgen für*) see to: ***ich muss mich um das Mittagessen kümmern*** I must see to our lunch; ***kümmere dich um deine eigenen Angelegenheiten!*** mind your own business!; ***sich nicht kümmern um*** not to bother about, ignore, (*vernachlässigen*) neglect **II** *v/t* ***was kümmert mich …*** what do I care about …; ***was kümmerts mich?*** that's not my problem!; ***was kümmert dich das?*** what concern is that of yours? **III** *v/i* develop poorly
kummervoll *Adj* woebegone, sad
Kumpan *m ugs* companion, fellow (*auch pej Kerl*), *pej* accomplice
Kumpel *m* **1.** BERGB pitman, miner **2.** *ugs* mate, pal, chum, *Am* buddy
kumpelhaft *Adj* chummy
kündbar *Adj Vertrag etc*: terminable, *Kapital*: at call, *Anleihe*: redeemable, *Stellung, Miete etc*: subject to notice: ***er ist jederzeit kündbar*** he can be given notice at any time
Kunde *m* customer (*auch pej Kerl*), client: ***fester Kunde*** regular customer
Kundenberatung *f* (customer) advisory service (*oder* office)
Kundendienst *m* service (to the customer), *eng. S.* after-sales service, (*Abteilung*) service department
Kundenfang *m pej* (***auf Kundenfang ausgehen*** be) touting
kundenfreundlich *Adj* customer-friendly
Kundenkartei *f* list of customers
Kundenkreditkarte *f* storecard, *Am* charge card
Kundenkreis *m* customers *Pl*, clientele
Kundennummer *f* client code
Kundenservice *m* customer service, after-sales service
Kundenstamm *m* regular customers *Pl* (*oder* clientele)
Kundenwerbung *f* canvassing (of customers)
Kundgebung *f* POL meeting, rally
kundig *Adj* expert, experienced, (*geübt*) *auch Auge, Hand*: practised: ***des Lesens kundig*** able to read
kündigen **I** *v/t* (*Vertrag etc*) terminate, (*Abonnement etc*) cancel, (*Kapital etc*) call in: ***seine Stellung kündigen*** quit one's job; ***die Wohnung kündigen*** give notice of one's intention to leave, ***j-m*** give s.o. notice to quit; *ugs* ***j-n kündigen*** dismiss s.o., sack s.o. **II** *v/i allg* give notice (***j-m*** s.o., ***bei einer Firma*** to a firm): ***j-m*** (***zum 1. Mai***) ***kündigen*** give s.o. notice (*Vermieter*: to quit) (for May 1st), dismiss s.o. (as of May 1st); (***j-m***) ***drei Monate im Voraus kündigen*** give (s.o.) three months' notice; ***mir ist*** (***zum 1. Mai***) ***gekündigt worden*** I'm under notice to leave (on May 1st)
Kündigung *f allg* notice, *von Kapital etc*: notice of withdrawal, *eines Vertrages etc*: termination, *eines Abonnements etc*: cancel(l)ation, (*Entlassung*) dismissal: ***Kündigung*** (***einer Wohnung***) *Vermieter*: notice to quit, *Mieter*: notice of one's intention to leave; ***vierteljährliche Kündigung vereinbaren*** agree on three months' notice; ***er drohte*** (***seinem Chef***) ***mit der Kündigung*** he threatened to leave
Kündigungsfrist *f* period of notice: ***mit halbjähriger Kündigungsfrist*** at six months' notice
Kündigungsgrund *m* grounds *Pl* for giving notice (*des Arbeitgebers*: for dismissal)
Kündigungsschreiben *n* (written) notice, *des Arbeitgebers*: letter of dismissal
Kündigungsschutz *m* protection against unlawful dismissal (*für Mieter*: unwarranted eviction)
Kundin *f* (female) customer (*etc*); → ***Kunde***
Kundschaft *f* **a)** customers *Pl*, clientele, **b)** *ugs* (*Kunde*) customer, **c)** (*das Kundesein*) patronage
Kundschafter, **Kundschafterin** scout, spy
künftig **I** *Adj* future, coming: ***künftige Generationen*** *auch* generations to come **II** *a* **künftighin** *Adv* in future, from now on
Kunst *f* **1.** art: ***die schönen Künste*** the fine arts; ***die bildende Kunst*** graphic art; ***die darstellenden Künste*** THEATER *etc* the performing arts, MALEREI *etc* the pictorial arts; ***die Kunst der Gegenwart*** contemporary art; *ugs* ***was macht die Kunst?*** how are things?; → ***schön*** 1 **2.** (*Kunstfertigkeit*) art, skill, (*Kniff*) trick: ***die Kunst des Schreibens*** the art of writing; ***ärztliche Kunst*** medical skill; *ugs* ***das ist keine Kunst!*** that's easy!; ***das ist eine brotlose Kunst*** there's no money in it; ***die ganze Kunst besteht darin zu*** *Inf* the whole trick is to *Inf*; ***sie ließ alle ihre Künste spielen*** she used all her wiles; ***ich bin mit meiner Kunst am Ende*** I'm at my wits' end
Kunstakademie *f* academy of arts

Kunstausstellung *f* art exhibition
Kunstbanause *m*, **Kunstbanausin** *f ugs* philistine
Kunstband *m* art book
Kunstbetrieb *m pej* cultural activities *Pl*
Kunstdenkmal *n* monument of art
Kunstdiebstahl *m* theft of objets d'art
Kunstdruck *m* art print(ing)
Kunstdruckpapier *n* art paper
Kunstdünger *m* artificial fertilizer
Kunsteisbahn *f* artificial ice rink
Kunsterzieher, **Kunsterzieherin** art teacher
Kunsterziehung *f* art (education)
Kunstfahrer, **Kunstfahrerin** trick cyclist
Kunstfaser *f* synthetic fibre (*Am* fiber)
Kunstfehler *m* MED professional blunder
kunstfertig *Adj* skil(l)ful, skilled
Kunstfertigkeit *f* skill, skil(l)fulness
Kunstflieger, **Kunstfliegerin** stunt flyer
Kunstflug *m* aerobatics *Sg*, stunt flying
Kunstflug... aerobatic (*figure*, *team*, *etc*)
Kunstform *f* art form
Kunstfreund, **Kunstfreundin** art lover
Kunstgalerie *f* art gallery
Kunstgegenstand *m* objet d'art
kunstgerecht *Adj* skil(l)ful, expert
Kunstgeschichte *f* art history
Kunstgewerbe *n* arts and crafts *Pl*, applied art(s *Pl*)
Kunstgewerbler, **Kunstgewerblerin** artisan
Kunstglied *n* artificial limb
Kunstgriff *m* trick
Kunsthandel *m* art trade
Kunsthändler, **Kunsthändlerin** art dealer
Kunsthandlung *f* art dealer's (shop)
Kunsthandwerk *n* → ***Kunstgewerbe***
Kunstherz *n* MED artificial heart
Kunsthistoriker, **Kunsthistorikerin** art historian
Kunsthochschule *f* art college
Kunsthonig *m* artificial honey
Kunstkenner, **Kunstkennerin** (art) connoisseur
Kunstkritiker, **Kunstkritikerin** art critic
Kunstleder *n* imitation leather
Künstler, **Künstlerin** artist, MUS, THEAT performer, (*Zirkuskünstler(in) etc*) artiste
künstlerisch *Adj* artistic(ally *Adv*): ***künstlerischer Leiter*** art director; *Adv* ***ein künstlerisch wertvoller Film*** a film of artistic merit; ***künstlerisch begabt sein*** have an artistic talent
Künstlername *m* THEAT, FILM stage name
Künstlertum *n* artistry, *Koll the* artistic world
Künstlerviertel *n* artists' quarter
Künstlerwerkstatt *f* studio, *weit. S.* (artist's) workshop
künstlich *Adj allg* artificial (*auch fig*), *Zähne etc*: *auch* false, (*nachgemacht*) *auch* imitation (*leather*), *Fasern etc*: synthetic, man-made, (*unecht*) fake: ***künstliche Intelligenz*** artificial intelligence; MED ***künstliche Niere*** kidney machine; *Adv* ***j-n künstlich ernähren*** feed s.o. artificially
Kunstlicht *n* FOTO artificial light
Kunstliebhaber, **Kunstliebhaberin** art lover
kunstlos *Adj* simple, plain
Kunstmaler, **Kunstmalerin** artist, painter
Kunstpause *f iron* ***eine Kunstpause machen*** pause for effect
Kunstreiter, **Kunstreiterin** trick rider
Kunstsammler, **Kunstsammlerin** art collector
Kunstsammlung *f* art collection
Kunstschätze *Pl* art treasures *Pl*
Kunstschule *f* art school
Kunstschwimmen *n* water ballet
Kunstseide *f* artificial silk, rayon
Kunstsprache *f* artificial language
Kunstspringen *n* (fancy) diving
Kunstspringer, **Kunstspringerin** (fancy) diver
Kunststoff *m* synthetic material, plastic (material): ***Kunststoffe*** *Pl* plastics *Pl*; ***aus Kunststoff*** (of) plastic
kunststoffbeschichtet *Adj* plastic-laminated
Kunststoffindustrie *f* plastics industry
Kunststoffkleber *m* plastic adhesive
Kunststoffrasen *m* artificial lawn
Kunststopfen *n* invisible mending
Kunststück *n* trick, (*akrobatisches Kunststück*) stunt, *fig auch* (great) feat: *iron* ***Kunststück!*** small wonder!; ***das ist doch kein Kunststück!*** anyone can do that!
Kunststudent, **Kunststudentin** art student
Kunsttischler, **Kunsttischlerin** cabinetmaker
Kunstturnen *n* gymnastics *Sg*
Kunstturner, **Kunstturnerin** gymnast
Kunstverständige *m*, *f* art expert
Kunstverständnis *n* appreciation (*oder* expert knowledge) of art
kunstvoll *Adj* (highly) artistic, (*kunstvoll gestaltet*) elaborate, (*raffiniert*) ingenious
Kunstwerk *n* work of art
Kunstwort *n* coinage
Kunstzeitschrift *f* art magazine
kunterbunt *Adv* ***kunterbunt durcheinander*** higgledy-piggledy
Kupee *nt* → ***Coupé***
Kupfer *n* copper
Kupferblech *n* sheet copper
Kupferdraht *m* copper wire
kupferhaltig *Adj* containing copper
Kupfermünze *f* copper (coin)
kupfern *Adj* (of) copper
kupferrot *Adj* copper-red
Kupferstecher, **Kupferstecherin** copperplate engraver
Kupferstich *m* copperplate (engraving)
kupieren *v/t* (*Tier*) dock, (*auch Schwanz*, *Ohren*) crop
Kupon *m* → ***Coupon***
Kuppe *f* **1.** (*Bergkuppe*) (hill)top **2.** (*Fingerkuppe*) tip
Kuppel *f* dome
Kuppelei *f* JUR procuration
kuppelförmig *Adj* dome-shaped
kuppeln **I** *v/t* **1.** *allg* (*an Akk*) couple (with), connect (to) **II** *v/i* **2.** MOT (*einkuppeln*) (let in the) clutch, (*auskuppeln*) declutch **3.** *pej* matchmake
Kuppler, **Kupplerin** JUR procurer (procuress), *pej* matchmaker
Kupplung *f* **1.** CHEM, TECH coupling **2.** MOT clutch: ***die Kupplung treten*** (***loslassen***) → ***kuppeln*** 2; ***die Kupplung schleifen lassen*** let the clutch slip
Kupplungsbelag *m* MOT clutch facing
Kupplungspedal *n* clutch pedal
Kupplungsscheibe *f* clutch disc
Kupplungsstecker *m* ELEK coupler plug
Kur *f* cure, (course of) treatment: ***eine Kur machen*** take a cure (*oder* a course of treatment); ***zur Kur fahren*** go to a health resort (*oder* spa); *ugs* ***während meiner Kur in ...*** during my stay at ...
Kür *f* *Turnen*: free (*oder* voluntary) exercise(s *Pl*), *Eiskunstlauf etc*: free skating (*etc*)

Kuratorium *n* board of trustees
Kuraufenthalt *m* stay at a health resort (*oder* spa)
Kurbel *f* crank, handle
kurbeln **I** *v/i* crank, *ugs* MOT turn the steering wheel **II** *v/t* ***in die Höhe kurbeln*** wind *s.th.* up
Kurbelwelle *f* MOT crankshaft
Kürbis *m* **1.** BOT pumpkin **2.** *ugs* (*Kopf*) nut
Kurde *m*, **Kurdin** *f*, **kurdisch** *Adj* Kurd
Kurfürst, **Kurfürstin** elector (electress)
Kurgast *m* visitor (to a health resort *oder* spa)
Kurhaus *n* kurhaus, casino
Kurhotel *n* health-resort hotel
Kurie *f* REL Curia
Kurier, **Kurierin** courier, messenger
kurieren *v/t auch fig* cure (***von*** of)
Kuriergepäck *n* diplomatic bag
kurios *Adj* strange, curious, odd
Kuriosität *f* curiosity, (*Rarität*) *auch* curio
Kuriosum *n* odd thing, odd fact
Kurkonzert *n* spa concert
Kurkuma *n* turmeric
Kurort *m* spa, health resort
Kurpark *m* spa gardens *Pl*
Kurpfuscher, **Kurpfuscherin** quack
Kurpfuscherei *f* quackery
Kurpromenade *f* promenade (at a spa)
Kurs *m* **1.** (*Devisenkurs*, *Wechselkurs*) rate (of exchange), exchange rate, (*Aktienkurs etc*) price, rate, quotation: ***zum Kurs von*** at a rate of; ***außer Kurs setzen*** withdraw from circulation; ***die Kurse geben nach*** (***ziehen an***) prices are softening (hardening); ***hoch im Kurs stehen*** **a)** *Aktien*: be high, **b)** *fig* be popular (***bei*** with) **2.** FLUG, SCHIFF course, *fig auch* line: ***Kurs nehmen auf*** (*Akk*) set course for, *auch fig* head for; ***einen falschen Kurs einschlagen*** take the wrong course (*fig* a wrong line); POL ***harter*** (***weicher***) ***Kurs*** hard (soft) line; → ***abweichen*** **3.** course, class: ***einen Kurs für Englisch besuchen*** attend a course in English (*oder* English classes)
Kursänderung *f* **1.** FLUG, SCHIFF change of course (*auch fig*) **2.** WIRTSCH change in the exchange rate
Kursanstieg *m* WIRTSCH rise (in rates *oder* prices)
Kursbericht *m* WIRTSCH (stock) market report
Kursbuch *n* (railway, *Am* railroad) timetable
Kürschner, **Kürschnerin** furrier
Kürschnerei *f* **a)** furrier's trade, **b)** furrier's shop
Kurseinbruch *m* WIRTSCH fall in prices, slump
Kursgewinn *m* WIRTSCH (price) gains *Pl*, *bei Devisen*: exchange profits *Pl*
kursieren *v/i Geld*: circulate, *fig Gerüchte etc*: *auch* go round
Kursindex *m* WIRTSCH share price index
kursiv *Adj* italic: ***etw kursiv drucken*** print s.th. in italics
Kurskorrektur *f* course correction (*auch fig*): ***eine Kurskorrektur vornehmen*** correct the course
Kursleiter, **Kursleiterin** (course) instructor, teacher
Kursnotierung *f* WIRTSCH quotation
Kursrückgang *m* WIRTSCH decline in prices
Kursschwankung *f* **a)** *bei Devisen*: exchange rate fluctuation, **b)** *an der Börse*: price fluctuation
Kursteilnehmer, **Kursteilnehmerin** course participant
Kursverlust *m* **a)** *bei Devisen*: exchange loss, **b)** *an der Börse*: (stock price) loss
Kurswagen *m* BAHN through coach (*oder* carriage)
Kurswechsel *m* POL change of policy
Kurswert *m* WIRTSCH market value
Kurszettel *m Börse*: price list, stock list
Kurtaxe *f* health resort tax
Kürübung *f* SPORT free exercise
Kurve *f allg* curve, MATHE *auch* graph, *einer Straße etc*: *auch* bend, turn, *Pl ugs einer Frau*: curves *Pl*: ***die Straße macht eine Kurve*** the road bends; ***unübersichtliche Kurve*** blind bend; MOT ***die Kurve schneiden*** cut the curve; ***der Wagen wurde aus der Kurve getragen*** the car was flung out of the bend; FLUG ***in die Kurve gehen*** bank; *ugs fig* ***die Kurve kratzen*** beat it, push off; ***der kriegt die Kurve nie!*** he'll never make it!
kurven *v/i* **1.** curve, FLUG bank **2.** *ugs* (*herumkurven*) cruise around
Kurvenbild *n* diagram, graph
Kurvendiagramm *n* line graph
Kurvenfestigkeit *f*, **Kurvenlage** *f* MOT cornering stability
Kurvenlineal *n* (French) curve
kurvenreich *Adj* **1.** *Straße*: full of bends, winding **2.** *ugs fig Frau*: curvaceous
Kurventechnik *f* MOT cornering technique
Kurvenvorgabe *f* SPORT stagger
kurz **I** *Adj* **1.** *allg* short (*auch fig*), *zeitlich auch* brief: ***kürzer werden*** (***machen***) get (make) shorter, shorten; ***5 m zu kurz sein*** be five metres short; ***kurze Hose*** shorts *Pl*; *fig* ***den Kürzeren ziehen*** be worsted, lose; *ugs* ***etw kurz und klein schlagen*** smash s.th. to bits; ***kurzes Gedächtnis*** short memory; ***mit ein paar kurzen Worten*** in a few words, briefly; ***nach kurzem Zögern*** after a moment of hesitation; ***in kürzester Zeit*** in no time; ***binnen Kurzem*** shortly; ***seit Kurzem*** for some little time (now); ***bis vor Kurzem*** until quite recently; *ugs* ***machs kurz!*** be brief! **2.** (*schroff*) short, curt (***gegen j-n*** with s.o.) **II** *Adv* **3.** *räumlich*: short: ***kurz vor …*** just before …; ***kurz hinter dem Bahnhof*** just after the station; ***kurz geschnitten*** cropped; ***zu kurz werfen*** throw (too) short; ***er wird kurz Tom genannt*** he is called Tom for short; *fig* ***zu kurz kommen*** get a bad deal, *Sache*: be neglected **4.** *zeitlich*: briefly, (*vorübergehend*) for a while, (*flüchtig*) for a moment; ***kurz vor, kurz zuvor*** shortly before; ***kurz nach, kurz darauf*** shortly after; ***über kurz oder lang*** sooner or later; ***j-n kurz abweisen*** be short with s.o.; ***sich kurz ausruhen*** take a short rest; ***kurz entschlossen*** without the slightest hesitation; ***kurz (gesagt), um es kurz zu machen*** to cut a long story short; ***kurz und gut*** in short; *fig* ***kurz*** (***und bündig***) briefly, concisely, (*schroff*) curtly, *ablehnen*: flatly; ***kurz angebunden*** short, curt (***gegen*** with)
Kurzarbeit *f* short time (work)
kurzarbeiten *v/i* be on (*oder* work) short time
Kurzarbeiter, **Kurzarbeiterin** short-time worker
kurzärmlig, **kurzärmelig** *Adj* short-sleeved
kurzatmig *Adj* short-winded
kurzbeinig *Adj* short-legged
Kurzbericht *m* brief report, summary
Kurzbiographie, **Kurzbiografie** *f* profile
Kürze *f allg* shortness (*auch fig*), *zeitlich*: *auch* briefness, brevity, *fig* (*Knappheit*) conciseness: ***in Kürze*** shortly, before long; ***in aller Kürze*** very briefly; ***in der Kürze liegt die Würze*** brevity is the soul of wit
Kürzel *n* shorthand expression

K

kürzen *v/t allg* shorten (**um** by), (*Buch etc*) *auch* abridge, (*Löhne, Ausgaben etc*) cut, MATHE (*Bruch*) reduce: ***j-s Lohn um 100 Euro kürzen*** dock 100 euros off (*oder* from) s.o.'s wages
kurzerhand *Adv* without further ado: ***j-n kurzerhand entlassen*** dismiss s.o. on the spot; ***kurzerhand ablehnen*** refuse flatly
kurzfassen *v/refl* ***fasse dich kurz!*** please be brief!
Kurzfassung *f* abridged version
Kurzfilm *m* short (film)
Kurzform *f* short(ened) form
kurzfristig I *Adj* WIRTSCH short-term, *fig Pläne etc*: short-range, (*plötzlich*) sudden, (*sofortig*) immediate **II** *Adv* **a)** at short notice, **b)** for a short period
Kurzgeschichte *f* short story
kurzgeschnitten → ***kurz*** II 3
Kurzhaar... *auch* ZOOL, **kurzhaarig** *Adj* short-haired
kurzhalten *v/t ugs* ***j-n kurzhalten*** keep s.o. very short (***mit Geld*** of money)
kurzlebig *Adj auch fig* short-lived
kürzlich *Adv* recently, not long ago: (***erst***) ***kürzlich*** (just) the other day
Kurzmeldung *f* news flash
Kurznachrichten *Pl* news bulletin *Sg*, news *Sg* in brief, *the* news headlines *Pl*
Kurzparkzone *f* limited parking zone
kurzschließen *v/t* ELEK short(-circuit)
Kurzschluss *m* **1.** ELEK short circuit: ***einen Kurzschluss verursachen in*** (*Dat*) short-circuit **2.** → ***Kurzschlusshandlung***
Kurzschlusshandlung *f* panic action: ***eine Kurzschlusshandlung begehen*** do s.th. rash, *aus Angst*: panic
Kurzschrift *f* shorthand, stenography: ***in Kurzschrift*** in shorthand
kurzsichtig *Adj* shortsighted (*auch fig*), nearsighted
Kurzsichtigkeit *f* shortsightedness (*auch fig*), nearsightedness
Kurzstrecke *f* short distance
Kurzstrecken... short-distance, short-range
Kurzstreckenläufer, **Kurzstreckenläuferin** sprinter
Kurzstreckenrakete *f* short-range missile
Kurzstreckenverkehr *m* short-distance (*oder* short-haul) traffic
kurztreten *v/i ugs* **a)** (*sich einschränken*) tighten one's belt, **b)** (*sich schonen*) take things easy, go slow
kurzum *Adv* in short
Kürzung *f allg* shortening, *eines Buches etc*: *auch* abridgement, *von Ausgaben etc*: cut (*Gen* in), MATHE *eines Bruchs*: reduction
Kurzurlaub *m* short holiday
Kurzwaren *Pl* haberdashery *Sg*, *Am* notions *Pl*
Kurzwelle *f* **1.** RADIO short wave **2.** → ***Kurzwellenbehandlung***
Kurzwellen... short-wave (*transmitter, receiver, etc*)
Kurzwellenbehandlung *f* MED radiothermy
kurzwellig *Adj* short-wave
Kurzwort *n* abbreviation, contraction
Kurzzeit... short-time
Kurzzeitgedächtnis *n* short-term memory
Kurzzeitmesser *m* timer
kuschelig *Adj* (soft and) cuddly, *Sessel etc*: cosy
kuscheln *v/refl* ***sich kuscheln*** snuggle (***an*** *Akk* up to *s.o.*, ***in*** *Akk* down in *bed etc*)
Kuscheltier *n* cuddly toy
kuschelweich *Adj* (soft and) cuddly
kuschen *v/i* **1.** *Hund*: lie down **2.** *ugs fig* (***vor j-m***) ***kuschen*** knuckle under (to s.o.)
Kusine *f* (female) cousin
Kuss *m* kiss: ***flüchtiger Kuss*** peck; ***sich mit einem Kuss*** (***von j-m***) ***verabschieden*** kiss s.o. goodbye
kussecht *Adj* kissproof
küssen *v/t und v/i* kiss: ***sie küssten sich*** (***zum Abschied***) they kissed (goodbye); ***j-m die Hand küssen*** kiss s.o.'s hand
Kusshand *f* ***j-m eine Kusshand zuwerfen*** blow s.o. a kiss; *ugs fig* ***mit Kusshand*** gladly
Küste *f* coast, shore: ***an der Küste leben*** live at the seaside
Küstenbewohner, **Küstenbewohnerin** coastal inhabitant
Küstenfischerei *f* inshore fishing
Küstengebiet *n* coastal area
Küstengewässer *Pl* coastal waters *Pl*
Küstenlinie *f* coast line
Küstenschifffahrt *f* coastal shipping
Küstenschutz *m* shore protection
Küstenstraße *f* coast(al) road
Küstenstrich *m* coastal strip
Küstenwache *f* coast guard (station)
Kustos *m im Museum*: curator
Kutsche *f* carriage, coach: *hum* ***alte Kutsche*** (*Auto*) (old) rattletrap
Kutscher, **Kutscherin** coachman, driver
kutschieren *v/t und v/i ugs* (***j-n***) ***durch die Gegend kutschieren*** drive (s.o.) around
Kutte *f* (*Mönchskutte*) cowl
Kutteln *Pl schweiz., südd.* tripe
Kutter *m* SCHIFF cutter
Kuwait *n* Kuwait
Kybernetik *f* cybernetics *Pl* (*auch Sg konstr*)
Kybernetiker, **Kybernetikerin** cybernetician, cyberneti(ci)st
kybernetisch *Adj* cybernetic(ally *Adv*)
kyrillisch *Adj* Cyrillic
KZ *n* concentration camp
KZ-Häftling *m* concentration camp prisoner

L

L, l *n* L, l
labberig *Adj ugs auch fig* **1.** sloppy, (*fade*) insipid, (*schal*) stale **2.** (*weich*) limp
laben *v/refl* ***sich laben an*** (*Dat*) refresh o.s. with, *fig einem Anblick*: feast (o.s.) on
labern *v/i ugs* drivel
Labial(laut) *m* LING labial (sound)
labil *Adj* unstable, labile
Labilität *f* instability, lability
Labor *n ugs* lab: ***im Labor untersuchen*** lab-examine
Laborant, **Laborantin** laboratory assistant
Laboratorium *n* laboratory
Laborbefund *m* test result(s *Pl*)
laborieren *v/i ugs* MED suffer (***an*** *Dat* from)
Laborversuch *m* laboratory experiment
Labrador *m* ZOOL labrador
Labyrinth *n auch fig* labyrinth, maze
Lachanfall *m* laughing fit
Lache[1] *f* pool, puddle
Lache[2] *f ugs* laugh
lächeln *v/i* (***über*** *Akk* at) smile, *verschmitzt*: grin: ***sie lächelte freundlich*** she gave a friendly smile; ***immer nur lächeln!*** keep smiling!
Lächeln *n* smile
lachen *v/i* laugh (***über*** *Akk* at): ***er lachte schallend*** he roared with laughter; ***sie lachte verlegen*** she gave an embarrassed laugh; *ugs* ***dass ich nicht lache!*** don't make me laugh!; ***sie hat nichts zu lachen*** her life is no bed of roses; ***du hast gut lachen!*** you can laugh!; ***da kann ich nur lachen!*** excuse me while I laugh!; ***es wäre ja gelacht, wenn …*** it would be ridiculous if …; ***wer zuletzt lacht, lacht am besten*** he who laughs last laughs loudest; → ***Fäustchen***
Lachen *n* laughing, laugh(ter): ***j-n zum Lachen bringen*** make s.o. laugh; ***sich vor Lachen biegen*** nearly die laughing; ***Lachen ist gesund*** laughter is the best medicine; *ugs* ***das ist nicht zum Lachen*** that's no joke; ***das ist ja zum Lachen*** that's ridiculous
lachend *Adj* laughing: ***die lachenden Erben*** the joyful heirs; ***der lachende Dritte*** the real winner
Lacher *m* **1.** laugher: ***er hatte die Lacher auf seiner Seite*** he had the laugh on his side **2.** *ugs* (*Lachen*) laugh
Lacherfolg *m* ***einen Lacherfolg haben*** (*oder* ***ernten***) raise a laugh
lächerlich *Adj* **1.** ridiculous, absurd, (*komisch*) funny: ***lächerlich machen*** ridicule, make fun of; ***sich lächerlich machen*** make a fool of o.s.; ***das Lächerliche daran*** the ridiculous thing about it; ***etw ins Lächerliche ziehen*** turn s.th. into a joke; *fig* ***sich lächerlich vorkommen*** feel ridiculous; ***lächerlich wirken*** be ridiculous **2.** *fig* (*gering*) trifling, petty: ***für eine lächerliche Summe*** for a ridiculously low sum
Lächerlichkeit *f* **1.** ridiculousness **2.** *meist Pl* trifle
Lachfältchen *Pl* laughter lines *Pl*
Lachgas *n* MED laughing gas
lachhaft *Adj* laughable, ridiculous
Lachkrampf *m* (***einen Lachkrampf bekommen*** have a) laughing fit
Lachmuskel *m* ANAT risible muscle
Lachs *m* salmon
lachsfarben, **lachsrosa** *Adj* salmon-pink
Lachsschinken *m* smoked, rolled fillet of ham
Lack *m* (*Firnis*) varnish, (*Farblack*) lacquer, (*Einbrennlack*) enamel, MOT paint(work): *ugs fig* ***der Lack ist ab!*** all the glamo(u)r is gone!
Lackarbeit(en *Pl*) *f* lacquerwork
Lackfarbe *f* varnish (paint)
lackieren *v/t* **1.** varnish, *mit Farblack*: lacquer, MOT paint: ***sich die Fingernägel lackieren*** paint one's nails **2.** *ugs fig* dupe: ***er war der Lackierte*** he was the dupe
Lackierer, **Lackiererin** TECH varnisher, painter
Lackierung *f* → ***Lack***
Lackleder *n* patent leather
Lackmus *m* CHEM litmus
Lackmuspapier *n* CHEM litmus paper
Lackschaden *m* MOT damage to the paintwork
Lackschuhe *Pl* patent-leather shoes *Pl*
Lackstift *m* MOT touch-up applicator
Ladefläche *f* loading area
Ladegerät *n* ELEK battery charger
Ladehemmung *f* MIL (*auch* ***Ladehemmung haben***) jam
Ladeklappe *f* MOT tailboard
Ladekontrollleuchte *f* MOT charge control lamp
laden[1] *v/t* **1.** (*auch Kamera, Computer*) load **2.** ELEK, PHYS charge **3.** *fig etw* ***auf sich laden*** burden (*oder* saddle) o.s. with
laden[2] *v/t* **1.** (*einladen*) invite **2.** JUR (*vorladen*) summon, cite
Laden *m* **1.** shop, *Am* store: → ***dichtmachen*** II **2.** *ugs fig* (*Betrieb, Verein*) shop, outfit: → ***schmeißen*** 3 **3.** (*Fensterladen*) shutter
Ladendieb, **Ladendiebin** shoplifter
Ladendiebstahl *m* shoplifting: ***zwei Ladendiebstähle*** two cases of shoplifting
Ladenhüter *m* shelf warmer, drug in (*Am* on) the market
Ladeninhaber, **Ladeninhaberin** shopkeeper, *Am* storekeeper
Ladenkasse *f* till
Ladenkette *f* chain (of shops)
Ladenmädchen *n ugs* shopgirl
Ladenpreis *m* retail price
Ladenschild *n* shop sign
Ladenschluss *m* closing time
Ladenstraße *f* shopping street
Ladentisch *m* (*fig* ***unter dem Ladentisch*** under the) counter
Laderampe *f* loading ramp
Laderaum *m* loading space, SCHIFF (ship's) hold, FLUG cargo bay
lädieren *v/t* damage, (*verletzen*) injure, *auch fig* batter, *fig* (*Image, Ruf*) dent
Ladung[1] *f* **1.** WIRTSCH load, freight, FLUG, SCHIFF cargo, (*Lieferung*) shipment: *ugs* ***eine***

Ladung Schnee a load of snow **2.** ELEK, MIL, PHYS charge
Ladung[2] *f* JUR summons
Lage *f* **1.** position, situation (*beide auch fig*), *eines Hauses etc*: site, location: ***eine schöne Lage haben*** be beautifully situated; METEO ***in höheren Lagen*** higher up; *fig* ***die politische Lage*** the political situation; ***die rechtliche Lage*** the legal position; ***unangenehme Lage*** predicament; ***nach Lage der Dinge*** as matters stand; ***in der Lage sein, etw zu tun*** be in a position to do s.th.; → ***Herr, peilen*** I, ***versetzen*** 5, 9 **2.** (*Schicht*) layer, GEOL *auch* stratum, BERGB bed, TECH ply, (*Reihe*) tier **3.** MUS register **4.** *ugs* ***eine Lage Bier ausgeben*** buy a round of beer
Lagenstaffel *f Schwimmen*: medley relay
Lageplan *m* site plan
Lager *n* **1.** bed, JAGD lair **2.** *auch fig* POL *etc* camp: ***ein Lager aufschlagen*** pitch camp; *fig* ***ins gegnerische Lager überwechseln*** change sides **3.** WIRTSCH (*Warenlager*) stock, store(s *Pl*), (*Raum, Gebäude*) storehouse, warehouse: ***etw auf Lager haben*** have s.th. in store (*oder* stock, *ugs fig auch* up one's sleeve) **4.** BERGB bed, deposit **5.** TECH (*Unterlage*) support, (*Kugellager etc*) bearing
Lagerarbeiter, **Lagerarbeiterin** warehouseman
Lagerbestand *m* WIRTSCH (***den Lagerbestand aufnehmen*** take) stock
Lagerbier *n* lager
lagerfähig *Adj* storable
Lagerfähigkeit *f* shelf life
Lagerfeuer *n* campfire
Lagergebühr *f* storage (fee)
Lagerhaltung *f* storekeeping
Lagerhaus *n* warehouse
Lagerist, **Lageristin** storekeeper
Lagerleben *n* camp life
Lagerleiter, **Lagerleiterin** camp leader
lagern **I** *v/i* **1.** rest, lie down (*beide auch* ***sich lagern***), MIL camp **2.** *Waren*: be stored **3.** (*ablagern*) mature **II** *v/t* **4.** WIRTSCH store, keep **5.** (*betten*) lay, rest: MED ***das Bein hoch lagern*** put the leg up; → ***gelagert*** **6.** TECH rest
Lagerraum *m* storeroom
Lagerstätte *f* **1.** bed, JAGD lair **2.** BERGB, GEOL deposit
Lagerung *f* **1.** storage, warehousing **2.** (*Alterung, Reifung*) seasoning **3.** TECH bearing application
Lagerverkauf *m* warehouse sale
Lagerverwalter, **Lagerverwalterin** storekeeper
Lageskizze *f* sketch map
Lagune *f* lagoon
lahm *Adj* **1.** lame **2.** *ugs* stiff, tired, (*kraftlos*) limp **3.** *ugs fig Ausrede etc*: lame, *Film etc*: tame, dull; → ***Ente*** 1
Lahmarsch *m vulg* drip
lahmarschig *Adj vulg* slow, lame, listless
lahmen *v/i* limp
lähmen *v/t auch fig* paralyze: ***vor Angst wie gelähmt*** paralyzed with fear
Lahmheit *f allg* lameness, *ugs fig auch* dullness, slowness
lahmlegen *v/t fig* paralyze, (*Verkehr etc*) *auch* bring to a standstill, (*Anlage, Gerät etc*) knock out
Lähmung *f* **1.** MED paralysis **2.** *fig* paralyzing
Laib *m* loaf
Laiberl *n österr* **1.** round loaf **2.** (*aus Fleisch*) burger **3.** ***ein Laiberl Brot*** a loaf of bread
Laich *m*, **laichen** *v/i* spawn
Laie *m* layman: ***da bin ich absoluter Laie*** I don't know the first thing about it
Laien... **1.** lay (*priest etc*) **2.** amateur (*actor etc*)
laienhaft *Adj* amateurish
Lakai *m auch fig pej* lackey
Lake *f* GASTR brine
Laken *n* (*Bettlaken*) sheet
Lakritze *f* liquorice
lallen *v/t und v/i* blabber, speak thickly
Lama[1] *m* REL Lama
Lama[2] *n* ZOOL llama
Lamelle *f* BOT, TECH lamella, MOT (*Kühlerlamelle*) rib, (*Bremslamelle, Kupplungslamelle*) disc
lamentieren *v/i ugs* complain (***über*** *Akk* about)
Lametta *n* (silver) tinsel
Lamm *n* lamb
Lammbraten *m* roast lamb
Lämmchen *n* lambkin
Lammfell *n* lambskin
Lammfleisch *n* lamb
Lammkeule *f* GASTR leg of lamb
Lampe *f* lamp, light, (*Glühbirne*) bulb

Lampen und Leuchten

WF

Deckenlampe	**ceiling light / lamp**
Lampion	**Chinese lantern**
Laterne	**lantern** ['læntən]
Leselampe	**reading lamp**
Nachttischlampe	**bedside lamp**
Neonleuchte	**strip light**
Öllampe	**oil lamp**
Punktstrahler	**spotlight, spot**
Schreibtischlampe	**desk lamp**
Stehlampe	**standard lamp**, *bes Am* **floor lamp**
Taschenlampe	**torch**, *bes Am* **flashlight**
Tischlampe	**table lamp**

Lampenfieber *n* stagefright
Lampenschirm *m* lampshade
Lampion *m* Chinese lantern
lancieren *v/t fig* launch
Land *n* **1.** (*Festland*) land: ***zu Lande*** by land; ***ans Land*** ashore; *fig* ***ins Land gehen*** *Zeit*: pass; *ugs* ***einen Job*** *etc* ***an Land ziehen*** land a job *etc*; ***wieder Land sehen*** see daylight again **2.** (*Ggs. Stadt*) country, (*Ackerland*) soil, (*Landbesitz*) land: ***auf dem Lande*** in the country; ***aufs Land*** (in)to the country **3.** POL **a)** country, (*Gebiet*) territory, **b)** *BRD*: (Federal) Land, state **c)** *Österreich*: Province: ***außer Landes gehen*** go abroad; ***aus aller Herren Länder*** from all four corners of the earth; ***hier zu Lande*** → ***hierzulande***
Landarbeiter, **Landarbeiterin** farm hand
Landarzt *m*, **Landärztin** *f* country doctor
Landbesitz *m* landed property
Landbevölkerung *f* rural population
Landeanflug *m* FLUG landing approach
Landebahn *f* runway
Landebrücke *f* SCHIFF landing stage
Landedeck *n* SCHIFF flight deck
Landeerlaubnis *f* landing clearance, permission to land
Landefähre *f Raumfahrt*: landing module
Landeier *Pl* farm eggs *Pl*

landeinwärts *Adv* (further) inland
Landeklappe *f* FLUG landing flap
landen *v/i und v/t allg* land (*auch fig einen Schlag, Erfolg etc*), SCHIFF *auch* disembark, *ugs fig auch* end up (**in** *Dat* in): ***weich landen*** make a soft landing; SPORT ***auf dem 4. Platz landen*** come in fourth; *ugs fig* ***damit kannst du bei ihr nicht landen*** with that you won't get anywhere with her
Landenge *f* isthmus
Landepiste *f* landing strip
Landeplatz *m* **1.** FLUG airstrip **2.** SCHIFF quay, wharf
Ländereien *Pl* lands *Pl*, estates *Pl*
Länderkampf *m* SPORT **1.** international competition **2.** → ***Länderspiel***
Länderspiel *n* international match
Ländervorwahl *f* country code
Landes... **a)** national, **b)** regional, *eines Bundeslandes*: *BRD* (of the) Land, *in Österreich*: Provincial (*government etc*)
Landesfarben *Pl* national colo(u)rs *Pl*
Landesgrenze *f* border, frontier
Landesinnere *n* interior
Landesmeister, **Landesmeisterin** SPORT national champion
Landesregierung *f* (state) government
Landessprache *f* national language
Landestracht *f* national costume
landesüblich *Adj* customary
Landesvater *m iron* Father of the Land
Landesverrat *m* treason
Landeswährung *f* national currency
landesweit *Adj und Adv* nationwide
Landeverbot *n* FLUG ***Landeverbot erhalten*** be refused permission to land
Landfahrzeug *n* land vehicle
Landflucht *f* rural exodus
Landfriedensbruch *m* breach of the public peace
Landgang *m* SCHIFF shore leave
Landgemeinde *f* rural community
Landgericht *n* JUR district (*oder* superior) court
landgestützt *Adj* MIL ***landgestützte Rakete*** land-based missile
Landhaus *n* country house
Landkarte *f* map
Landkreis *m* (administrative) district
landläufig *Adj* common(ly *Adv*)
Landleben *n* country life
ländlich *Adj* rural, (*bäurisch*) rustic
Landluft *f* country air
Landmaschine *f* agricultural machine
Landmesser, **Landmesserin** surveyor
Landpfarrer, **Landpfarrerin** country parson
Landplage *f fig iron* nuisance, pest
Landrat *m BRD*: district administrator
Landratsamt *n BRD*: district administration (office)
Landratte *f ugs* landlubber
Landregen *m* persistent rain
Landschaft *f* **1.** landscape (*auch* MALEREI), scenery, countryside: ***die politische Landschaft*** the political scene **2.** region, country
landschaftlich *Adj* **1.** GEOG regional **2.** *Schönheit etc*: scenic(ally *Adv*): ***landschaftlich schöne Strecke*** scenic road
Landschaftsgärtner, **Landschaftsgärtnerin** landscape gardener
Landschaftsmaler, **Landschaftsmalerin** landscape painter
Landschaftspflege *f*, **Landschaftsschutz** *m* conservation

Landschaft: landscape oder scenery? SG

natürliche oder von Menschen geschaffene Landschaft	**landscape**
the rural / industrial landscape	
the political / social landscape	
landscape gardener / painter	
schöne Landschaft	**scenery**
beautiful / fantastic scenery	

Landschaftsschutzgebiet *n* (natural) preserve
Landsitz *m* country seat
Landsmann *m Pl* ***Landsleute*** (fellow) countryman, compatriot
Landsmannschaft *f* expellee organization
Landstraße *f* country road
Landstreicher, **Landstreicherin** tramp
Landstreicherei *f* JUR vagrancy
Landstreitkräfte *Pl* land forces *Pl*
Landstrich *m* region, district
Landtag *m Deutschland*: Landtag, state parliament
Landtagswahlen *Pl* state elections *Pl*
Landung *f* landing, FLUG *auch* touchdown, SCHIFF *auch* disembarkation, (*Ankunft*) arrival: FLUG ***zur Landung ansetzen*** come in to land
Landungsbrücke *f* landing stage, jetty
Landurlaub *m* SCHIFF shore leave
Landvermessung *f* (land) surveying
Landweg *m* **1.** country road **2.** overland route: ***auf dem Landweg*** by land
Landwein *m* vin du pays
Landwirt, **Landwirtin** farmer
Landwirtschaft *f* **1.** agriculture, farming **2.** (*Anwesen*) farm
landwirtschaftlich *Adj*, **Landwirtschafts...** agricultural
Landzunge *f* GEOG promontory
lang **I** *Adj* **1.** *allg* long, (*langatmig*) *auch* lengthy, *ugs Person*: tall: ***über kurz oder lang*** sooner or later; ***seit Langem*** for a long time; → ***Bank***[1] 1, ***Gesicht*** 1, ***Hand***, ***Sicht*** 1 *etc* **II** *Adv* **2.** *allg* long: ***4 Fuß lang*** 4 feet long; ***lang entbehrt*** long missed; ***lang ersehnt, lang erwartet*** long-awaited; ***lang werden*** lengthen; ***die Zeit wird mir lang*** time hangs heavy on my hands; *ugs* ***lang und breit*** at great length; ***eine Woche lang*** for a week; ***die ganze Woche lang*** all week, the whole week long; ***mein ganzes Leben lang*** all my life **3.** (*entlang*) along **4.** → ***lange***
langärmlig, **langärmelig** *Adj* long-sleeved
langatmig *Adj fig* lengthy, long-winded
langbeinig *Adj* long-legged, *ugs* leggy
lange *Adv* long, a long time: ***das ist*** (***schon***) ***lange her*** that was a long time ago (*auch* → ***her*** 1); ***das ist noch lange hin*** that's still a long way off; ***wie lange noch?*** how much longer?; ***wie lange lernen Sie schon Englisch?*** how long have you been learning English?; ***noch lange nicht*** not for a long time (yet); ***noch lange nicht fertig*** (***gut genug*** *etc*) not nearly ready (good enough *etc*); ***bis lange nach Mitternacht*** until well past midnight; ***ich bleibe nicht lange*** (***weg***) I won't be long
Länge *f* **1.** *allg* length: ***von 10 Metern Länge*** ten metres long (*oder* in length); ***der Länge nach*** lengthwise; ***etw in die Länge ziehen***

stretch s.th., *fig* drag s.th. out; *fig* ***sich in die Länge ziehen*** drag on; SPORT ***er gewann mit zwei Längen Vorsprung*** he won by two lengths **2.** *meist Pl im Roman, Film etc*: dull passage, longueur **3.** GEOG longitude **4.** LING, *poet* long

längelang *Adv* (at) full length

langen *ugs* **I** *v/t* **1.** ***j-m etw langen*** (*geben*) hand (*oder* give) s.o. s.th.; ***j-m eine langen*** land s.o. one **II** *v/i* **2.** ***langen nach*** reach for; ***langen in*** (*Akk*) reach into **3.** (*reichen*) reach (***bis*** to *oder* as far as) **4.** be enough (***für*** for), (*auskommen*) manage (***mit*** with, on): ***dafür langt mein Geld nicht*** I haven't got enough money for that; ***das langt mir*** that will do for me; ***langt das?*** will that do?; ***das langt mir für*** (*oder* ***damit lange ich***) ***eine Woche*** that'll last me a week; *fig* ***mir langts!, jetzt langts mir aber!*** I've had enough!, I'm sick of it!

Längengrad *m* GEOG degree of longitude

Längenkreis *m* GEOG meridian

Längenmaß *n* linear (*oder* long) measure

längerfristig *Adj und Adv* covering (*oder* for) a prolonged period

langersehnt → ***lang*** II 2

langerwartet → ***lang*** II 2

Langeweile *f* boredom: ***Langeweile haben*** be (*oder* feel) bored; *ugs* ***ich sterbe vor Langeweile*** I'm bored to death

langfristig I *Adj* long-term **II** *Adv* on a long-term basis: ***langfristig*** (***gesehen***) in the long term

langgehen *v/i ugs* go along: *fig* ***wissen, wos langgeht*** know the score; ***j-m zeigen, wos langgeht*** tell s.o. what's what

Langhaar…, **langhaarig** *Adj* long-haired

Langjacke *f* long jacket

langjährig *Adj* of many years, long-standing, *Freiheitsstrafe etc*: long

Langlauf *m* cross-country skiing, langlauf

Langläufer, **Langläuferin** cross-country skier

langlebig *Adj allg* long-lived, WIRTSCH durable, KERNPHYSIK long-life

länglich *Adj* long(ish), oblong

langmütig *Adj* patient, forbearing

längs I *Präp* along: ***längs der Küste*** alongshore **II** *Adv* lengthwise

Längsachse *f* longitudinal axis

langsam I *Adj allg, auch geistig*: slow, (*allmählich*) *auch* gradual: ***langsamer werden*** slow down **II** *Adv* slowly, (*allmählich*) *auch* gradually: ***langsam, aber sicher*** slowly but surely; (***immer schön***) ***langsam!*** not so fast!; ***er wird langsam alt*** he's getting old; *ugs* ***es wurde langsam Zeit!*** it was about time!; ***langsam reichts mir!*** I'm getting fed up with this!; ***langsamer fahren*** *etc* slow down; *ugs fig* ***langsam treten*** slow down

Langsamkeit *f* slowness

Langschläfer, **Langschläferin** late riser

Langspielplatte *f* long-playing record

Längsschnitt *m* longitudinal section

längst *Adv* long ago, long since: ***am längsten*** longest; ***längst nicht so gut*** not nearly as good; ***das ist längst vorbei*** (***vergessen***) that's long past (forgotten); ***ich weiß es längst*** I've known it for a long time; ***er sollte längst da sein*** he should have been here long ago; → ***fällig***

längstens *Adv* **1.** at the longest (*oder* most) **2.** (*spätestens*) at the latest

langstielig *Adj* BOT long-stemmed

Langstrecke *f* **1.** SPORT (long) distance, **2.** MIL long range

Langstrecken… long-distance, MIL *auch* long-range

Langstreckenlauf *m* SPORT (long-)distance run (*oder* race)

Langstreckenläufer, **Langstreckenläuferin** (long-)distance runner

Langstreckenrakete *f* long-range missile

Languste *f* rock lobster

langweilen *v/t* bore: ***sich langweilen*** be (*oder* get) bored; ***sich zu Tode langweilen*** *ugs* be bored stiff

Langweiler, **Langweilerin** *ugs* bore

langweilig *Adj* boring, dull: ***langweilig sein*** *auch* be a bore

Langwelle *f* RADIO long wave

Langwellenbereich *m* long-wave band

langwierig *Adj* lengthy, protracted (*auch* MED)

Langwierigkeit *f* lengthiness

Langzeit… long-term (*memory, effect*)

Langzeitarbeitslose *Pl* long-term unemployed *Pl*

Langzeitarbeitslosigkeit *f* long-term unemployment

Lanolin *n* CHEM lanolin

Lanze *f* lance

La-Ola-Welle *f* SPORT Mexican wave

lapidar *Adj* terse, succinct

Lappalie *f* (mere) trifle

Lappe *m* Lapp

Lappen *m* **1.** (piece of) cloth, (*Lumpen*) rag, (*Wischlappen*) cloth, (*Staublappen*) duster: *ugs* ***j-m durch die Lappen gehen*** **a)** slip through s.o.'s fingers, **b)** *Person*: give s.o. the slip **2.** ANAT, BOT lobe **3.** *ugs* (bank)note, *Am* bill **4.** *ugs* (*Kleid etc*) rag

läppern *v/unpers ugs* ***es läppert sich*** it all adds up

Lappin *f* Lapp

läppisch *Adj ugs* silly, (*kindisch*) childish

Lappland *n* Lapland

Lapsus *m* slip, lapse

Laptop *m* laptop (computer)

Lärche *f* BOT larch

Lärm *m* **1.** *allg* noise, (*Getöse*) din, (*Motorenlärm*) roar, (*Radau*) racket, row: ***Lärm machen*** → ***lärmen***; *ugs* ***Lärm schlagen*** raise a hue and cry (***gegen*** against) **2.** *fig* (*Aufheben*) fuss (***um***

lassen: leave oder let? SG

Als Faustregel gilt:
leave wenn ein Zustand unverändert bleibt,
let wenn sich ein Zustand ändert.
Folgende Beispiele zeigen, wann welches Verb verwendet wird:

Lass bitte deinen Hund zu Hause!	**Leave your dog at home, please.**
Ach, lass doch den Abwasch!	**Just leave the washing-up.**
Lass mich doch in Frieden!	**Leave me alone.**
Lass den Hund raus!	**Let the dog out.**
Lass mich das machen!	**Let me do it.**
Lässt du mich in die Disko gehen?	**Will you let me go to the disco?**

L

about)
Lärmbekämpfung *f* noise abatement
Lärmbelästigung *f* noise pollution
lärmempfindlich *Adj* sensitive to noise
lärmen *v/i* make much noise, be noisy
Lärmpegel *m* noise (*oder* decibel) level
Lärmschutz *m* noise protection
Lärmschutzwall *m* noise barrier
Larve *f* ZOOL larva
lasch *Adj ugs* **1.** (*schlaff*) limp **2.** *fig Disziplin etc*: lax, *auch Person*: slack **3.** (*fade*) insipid
Lasche *f* flap, *am Schuh*: tongue, TECH fishplate, flat link
Laser *m* PHYS laser
Laserchirurgie *f* laser surgery
Laserdrucker *m* laser printer
Lasermedizin *f* laser medicine
Laserpistole *f* laser gun
Laserstrahl *m* laser beam
Lasertechnik *f* laser technology
lassen **I** *v/hilf* **1.** let: ***lass mich sehen*** let me see; ***das Licht brennen lassen*** leave the light(s) on; ***j-n warten lassen*** keep s.o. waiting; ***ich lasse mich nicht zwingen*** I won't be forced **2.** ***j-n etw tun lassen*** have (*stärker*: make) s.o. do s.th.; ***den Arzt kommen lassen*** send for the doctor; ***lassen Sie ihn eintreten*** ask him (to come) in **3.** ***etw machen lassen*** have s.th. made (*oder* done); ***sich die Haare schneiden lassen*** have one's hair cut; ***ich ließ es mir zuschicken*** I had it sent to me **4.** ***ich habe mir sagen lassen*** I have been told; ***der Wein lässt sich trinken*** the wine is drinkable; ***dies Wort lässt sich nicht übersetzen*** this word is untranslatable; ***das lässt sich nicht mehr ändern*** it's too late now to do anything about it; ***das lässt sich nicht beweisen*** it can't be proved; ***die Tür ließ sich leicht öffnen*** the door opened easily; ***ich lasse von mir hören!*** I'll be in touch!; → ***machen*** 13, ***sagen*** *etc* **II** *v/t* **5.** leave: ***lass alles, wie es ist!*** leave everything as it is!; ***wo soll ich mein Gepäck lassen?*** where shall I leave (*oder* put) my luggage? **6.** (*überlassen*) ***j-m etw lassen*** leave s.o. s.th., let s.o. have s.th.; ***lass mir das Buch noch eine Weile!*** let me keep the book a while longer!; *ugs fig* ***das muss man ihm lassen!*** you've got to hand it to him! **7.** (*unterlassen*) stop: ***lass das!*** don't!, stop that!; ***lassen wir das!*** enough of that!; ***du solltest das Rauchen lassen!*** you ought to stop smoking! **III** *v/i* **8.** ***von j-m*** (***einer Sache***) ***lassen*** part from

Einige Wendungen mit lassen

Lass das!	**Stop it!**
Lassen wir das!	**Enough of that.**
Ich kann's nicht lassen.	**I can't help it.**
Er kann das Lügen nicht lassen.	**He can't stop lying.**
Das lässt sich leider nicht machen.	**I'm afraid that can't be done.**
j-n warten lassen	**keep s.o. waiting**
etw fallen lassen	**drop s.th.**
sich einen Bart wachsen lassen	**grow a beard**
sich etw gefallen lassen	**put up with s.th.**
das Licht brennen lassen	**leave the light on**
sich etw einfallen lassen	**think of s.th.**
den Arzt kommen lassen	**send for the doctor**

lassen

lassen, erlauben, zulassen	**let** + Objekt + Infinitv ohne **to**
Lass mich bitte fahren!	**Let me drive, please.**
Sie lässt die Kinder alles machen, was sie wollen.	**She lets the kids do anything they want.**
Bei unpersönlichen Ausdrücken wird **be allowed to** + Grundform des Verbs verwendet, da **let** nicht im Passiv stehen kann:	
Man ließ uns den Patienten nicht sehen.	**We were not allowed to see the patient.**
zurücklassen; etwas so lassen, wie / wo es ist / war	**leave**
Ich habe meine Brille zu Hause liegen lassen.	**I left my glasses at home.**
Lass das Geschirr einfach stehen.	**Just leave the dishes.**
veranlassen, dass jemand etwas macht	**have** + Objekt + Infinitiv ohne **to**
Ich werde sie für mich die Steuererklärung machen lassen.	**I'll have her fill out my tax return for me.**
veranlassen, dass jemand etwas macht (nachdrücklicher als bei **have**)	**make** + Objekt + Infinitiv ohne **to**
Unser Trainer lässt uns hart arbeiten.	**Our coach makes us work hard.**
veranlassen, dass etwas gemacht wird	**have** + Objekt + **past participle** oder (etwas umgangssprachlicher) **get** + Objekt + **past participle**
Ich habe mir gestern die Haare schneiden lassen.	**I had my hair cut yesterday.**
Ich werde mein Auto bald waschen lassen.	**I'll get my car washed soon.**

s.o. (with s.th.)
lässig **I** *Adj* casual, nonchalant, *ugs* cool, (*nachlässig*) careless **II** *Adv ugs* (*spielend*) easily: ***er gewann lässig*** he won hands down
Lässigkeit *f* nonchalance
Lasso *n, m* lasso
Last *f* **1.** *allg, auch fig* load, burden, (*Gewicht*) weight: JUR ***Last der Beweise*** weight of the evidence; ***j-m zur Last fallen*** be a burden to s.o.; ***j-m etw zur Last legen*** charge s.o. with s.th. **2.** *meist Pl* WIRTSCH burden, charge: ***öffentliche Lasten*** public charges; ***soziale Lasten*** social burdens; ***zu Lasten*** → ***zulasten*** **3.** ELEK (***unter Last*** under) load
lasten *v/i* ***lasten auf*** (*Dat*) *auch fig* weigh (heavily) on, rest on
Lastenaufzug *m* goods lift, *Am* freight elevator
Lastenausgleich *m* equalization of burdens
Laster[1] *m ugs* MOT lorry, *Am* truck
Laster[2] *n* vice
lasterhaft *Adj* depraved, corrupt, wicked
Lasterhöhle *f* den of iniquity
Lasterleben *n* dissolute life
lästerlich *Adj* abusive, (*gotteslästerlich*) blasphemous
lästern *v/i* ***lästern über*** (*Akk*) run *s.o., s.th.* down: ***Gott lästern*** blaspheme
lästig *Adj* troublesome, (*ärgerlich*) annoying: ***j-m lästig fallen*** (*oder* ***sein***) be a nuisance to s.o., get on s.o.'s nerves
lästigfallen → ***lästig***
Lastkahn *m* barge
Lastkraftwagen *m* lorry, *Am* truck
Last-Minute-Flug *m* last-minute flight
Lastschrift *f* WIRTSCH **1.** debit entry **2.** → ***Lastschriftanzeige***
Lastschriftanzeige *f* debit note
Lastwagen *m* lorry, *Am* truck

Lastwagen: truck oder lorry? SG

Br **lorry**	*Am* **truck**
⚠ Bei Zusammensetzungen gilt diese Differenzierung nicht immer!	
Abschleppwagen	*Br* **breakdown lorry** *od* **truck,** *Am* **wrecker truck**
Kleinlaster, kleiner offener Lieferwagen	**pick-up truck, pickup**
Gabelstapler	**forklift truck**
Kombi(wagen)	*Br* **estate car,** *Am* **station wagon**
(geschlossener) Lieferwagen	*Br* **delivery van,** *Am* **panel truck**
Möbelwagen	**furniture van**
Sattelschlepper	*Br* **articulated lorry,** *Am* **semitrailer (truck), tractor-trailer**

Lastwagenfahrer, Lastwagenfahrerin lorry (*Am* truck) driver
Lastzug *m* MOT truck trailer
Lasur *f* glaze
Latein *n* Latin: *fig* ***ich bin mit meinem Latein am Ende!*** I give up!
Lateinamerika *n* Latin America
Lateinamerikaner, Lateinamerikanerin, lateinamerikanisch *Adj* Latin-American
lateinisch *Adj* Latin: ***auf Lateinisch*** in Latin
latent *Adj* latent
Latenzzeit *f* BIOL, MED latency period (COMPUTER, KERNPHYSIK time)
Laterne *f* lantern, lamp
Laternenpfahl *m* lamppost
Latinum *n* PÄD HIST ***großes Latinum*** Latin proficiency certificate; ***kleines Latinum*** intermediate Latin certificate
Latrine *f* latrine
Latsche *f* BOT dwarf pine
latschen *ugs* **I** *v/i* trudge: ***latschen auf*** (*Akk*) step on **II** *v/t* ***j-m eine latschen*** paste s.o. one
Latschen *m ugs* **a)** slipper, **b)** (old) shoe: ***aus den Latschen kippen*** keel over
Latte *f* **1.** lath, slat, (*Zaunlatte*) picket **2.** SPORT (cross-)bar: ***die Latte überqueren*** *Hochsprung*: clear the bar **3.** *ugs fig* ***eine ganze Latte von*** a whole string of
Lattenkiste *f* crate
Lattenzaun *m* paling, picket fence
Latz *m* bib: *ugs fig* ***j-m eine vor den Latz knallen*** zap s.o.
Lätzchen *n* bib
Latzhose *f* (pair of) dungarees *Pl*
lau *Adj* lukewarm (*auch fig*), tepid, *Wind, Luft etc*: mild
Laub *n* foliage, leaves *Pl*
Laubbaum *m* deciduous tree
Laube *f* arbo(u)r, (*Gartenlaube*) summerhouse
Laubengang *m* arcade
Laubenkolonie *f* allotment gardens *Pl*
Laubfrosch *m* tree frog
Laubsäge *f* fretsaw
Laubsägearbeit *f* fretwork
Laubwald *m* deciduous forest
Laubwerk *n* foliage
Lauch *m* BOT leek
Lauchzwiebeln *Pl* spring onions *Pl*, *Am* green onions *Pl*
Lauer *f* ***auf der Lauer liegen*** be lying in wait
lauern *v/i Gefahr etc*: lurk: ***lauern auf*** (*Akk*) be lying in wait for; ***auf eine Gelegenheit lauern*** be watching out for an opportunity
lauernd *Adj* lurking, *Blick etc*: watchful
Lauf *m* **1.** (*das Laufen*) run(ning), (*Wettlauf*) race, run: ***100-Meter-Lauf*** 100 metre run (*oder* dash); *fig* ***den Dingen ihren Lauf lassen*** let things ride; ***sie ließ ihren Tränen freien Lauf*** she let her tears flow freely; ***seinen Gefühlen freien Lauf lassen*** give vent to one's feelings, let go **2.** (*Verlauf*) course: ***im Lauf der Zeit*** (***des Gesprächs***) in the course of time (of the conversation); ***im Laufe der letzten Jahre*** during the last few years; ***das ist der Lauf der Welt!*** such is life! **3.** TECH **a)** run, movement, action, play, **b)** working, operation **4.** (*Gewehrlauf etc*) barrel **5.** JAGD leg **6.** MUS run, passage **7.** (*Flusslauf, Bahn*) course
Laufbahn *f* (***eine Laufbahn einschlagen*** take up a) career
Laufbursche *m* errand boy
Laufdisziplin *f* SPORT running event
laufen **I** *v/i* **1.** *allg* run (*auch fig*), (*gehen*) walk, go, (*fließen*) *auch* flow: ***er ließ Wasser in die Wanne laufen*** he ran water into the tub; ***j-n laufen lassen*** let s.o. go (*straffrei*: off); *ugs* ***meine Nase läuft*** my nose is running; *fig* ***mir lief ein Schauer über den Rücken*** a shudder ran down my spine **2.** TECH work, *Motor etc*: run: ***Kamera läuft!*** camera on!; ***die Maschine läuft nicht*** the machine doesn't work **3.** *Film, Stück etc*: run, show, be on: ***läuft der Haupt-***

film schon? has the main film started yet? **4.** (*verlaufen*) go, (*im Gange sein*) be going on, *Antrag etc*: be under consideration: *ugs* ***wie ist es denn gelaufen?*** how did it go?; ***die Sache ist gelaufen*** **a**) (*vorbei*) it's all over, **b**) (*gelungen*) it's in the bag; ***die Dinge laufen lassen*** let things ride; ***da läuft nichts!*** nothing doing!; ***so läuft das!*** that's the name of the game!; ***was da in Bonn so läuft*** what's going on in Bonn **5.** (*gültig sein*) WIRTSCH, JUR run, be valid: ***der Mietvertrag läuft 5 Jahre*** the lease runs for five years **6.** ***auf j-s Namen laufen*** be (made out) in s.o.'s name; ***unter dem Namen X laufen*** go by the name of X **7.** (*undicht sein*) leak **II** *v/t* **8.** (*Strecke*) run, do, (*gehen*) walk: ***einen neuen Rekord laufen*** run a new record; ***eine Zeit von 20 Sekunden laufen*** clock a time of 20 seconds **9.** ***sich Blasen laufen*** get blisters (from walking) **III** *v/unpers* **10.** ***hier läuft es sich gut*** (***schlecht***) walking (skiing *etc*) is good (bad) here **IV** *v/refl* **11.** ***sich warm laufen*** warm up

laufend **I** *Adj* **1.** current: ***im laufenden Monat*** this month; ***laufende Berichterstattung*** running commentary; ***laufende Kosten*** overheads; ***laufende Nummern*** serial numbers; ***laufende Kontrolle*** regular inspection **2.** ***auf dem Laufenden sein*** be up to date, *weit. S.* be fully informed; ***j-n*** (***sich***) ***auf dem Laufenden halten*** keep s.o. (o.s.) informed (*ugs* posted) **3.** WIRTSCH ***laufender Meter*** running met/re (*Am* -er) **4.** ***mit laufendem Motor*** with the engine running **II** *Adv* **5.** constantly, continually

L

laufenlassen → ***laufen*** I 1, 4

Läufer *m* **1.** runner, (*Eisläufer*) skater, (*Skiläufer*) skier **2.** *Schach*: bishop **3.** (*Teppich*) runner, rug **4.** TECH slide, cursor, ELEK rotor

Lauferei *f fig* running around, trouble

Läuferin *f* → ***Läufer*** 1

Lauffeuer *n fig* (***sich verbreiten wie ein Lauffeuer*** spread like) wildfire

Lauffläche *f eines Reifens*: tread, *eines Skis*: running surface

Laufgitter *n* playpen

läufig *Adj* ZOOL in heat, on heat

Laufjunge *m* errand boy

Laufkran *m* TECH travel(l)ing crane

Laufkundschaft *f* casual customers *Pl*

Laufmasche *f* ladder, *bes Am* run

Laufpass *m ugs* ***j-m den Laufpass geben*** send s.o. packing, (*Freund*[*in*]) ditch s.o.

Laufplanke *f* SCHIFF gangway

Laufschritt *m* ***im Laufschritt*** at the double

Laufschuhe *Pl* running (*oder* track) shoes *Pl*

Laufsport *m* running

Laufställchen *n* playpen

Laufsteg *m* TECH *und Mode*: catwalk, SCHIFF gangway

Lauftraining *n* SPORT running workout

Laufwerk *n* mechanism, drive assembly, COMPUTER drive

Laufzeit *f* **1.** *eines Vertrages*: life, term, *eines Wechsels*: currency, *eines Films*: run **2.** TECH, *auch eines Tonbands etc*: running time

Laufzettel *m* inter-office slip, tracer

Lauge *f* lye, (*Seifenlauge*) suds *Pl*

Lauheit *f auch fig* lukewarmness

Laune *f* **1.** mood, temper: ***schlechte Laune haben, schlechter Laune sein*** be in a bad mood (*oder* temper); ***bester Laune sein*** be in a great mood; ***j-n bei*** (***guter***) ***Laune halten*** *auch iron* keep s.o. happy; ***Launen haben*** be moody **2.** (*Grille*) whim, caprice

launenhaft *Adj* moody, *fig* capricious, fickle, *Wetter*: changeable

launig *Adj* humorous

launisch *Adj* **1.** → ***launenhaft*** **2.** ill-tempered, peevish

Laus *f* louse (*Pl* lice)

Lauschangriff *m* bugging operation

lauschen *v/i* listen (*Dat*, ***auf*** *Akk* to): (***heimlich***) ***lauschen*** eavesdrop (*Dat* on)

Lauscher, **Lauscherin** listener, eavesdropper

lauschig *Adj* snug, cosy

lausen *v/t* louse: *ugs fig* ***mich laust der Affe!*** did you ever!

lausig *Adj ugs* **1.** (*schlecht*) lousy **2.** *Kälte etc*: dreadful, awful: *Adv* ***lausig wehtun*** hurt awfully

laut[1] **I** *Adj* loud (*auch fig*), (*lärmend*) noisy: ***laut werden*** **a**) become audible, **b**) *fig* become known, *Wünsche etc*: be expressed, **c**) *Person*: begin to shout; ***es wurde das Gerücht laut, dass ...*** it was rumo(u)red that ... **II** *Adv* loud(ly): ***etw laut sagen*** say s.th. out loud; ***laut lesen*** (***denken***) read (think) aloud; ***laut und deutlich*** loud and clear

laut: loud oder noisy? SG

loud:

vom Ton, von der Lautstärke her laut (Gegenteil „leise"):

loud music, a loud voice, a loud doorbell, a loud cry / shriek

Hier kann man das, was laut ist, theoretisch „leiser stellen".

noisy:

unangenehmen Lärm verursachend, geräuschvoll (Gegenteil „ruhig"):

a noisy family / street / pub

Hier geht es um etwas „von Natur aus" Lautes / Lärmendes, das man mehr oder weniger so hinnehmen muss, wie es ist.

laut[2] *Präp* according to, WIRTSCH as per

Laut *m* sound (*auch* LING), noise: JAGD ***Laut geben*** give tongue; ***sie gab keinen Laut von sich*** she didn't utter a sound

Laute *f* MUS lute

lauten *v/i* **1.** run, read, go: ***der Text lautet wie folgt*** the text reads as follows **2.** ***lauten auf*** (*Akk*) *Urteil*: be; ***auf*** (***den Namen***) ***X lauten*** *Pass etc*: be (made out) in the name of X

läuten *v/i und v/t* ring, toll: ***es läutet*** there is a ring at the door, PÄD the bell is ringing; *ugs fig* ***ich habe*** (***etw***) ***davon läuten hören*** I've heard s.th. to that effect

lauter **I** *Adj* **1.** *Gold etc*: pure **2.** *fig* (*aufrichtig*) sincere, hono(u)rable **II** *Adv* **3.** nothing but: ***aus lauter Bosheit*** from sheer spite; ***vor lauter Lärm*** for all the noise; ***das sind lauter Lügen*** it's all lies

Lauterkeit *f fig* sincerity, integrity

läutern **I** *v/t allg* purify, CHEM *auch* clarify, *fig auch* chasten **II** *v/refl* ***sich läutern*** *fig* reform

Läuterung *f fig* reformation

Läutewerk *n eines Weckers*: alarm (bell)

lauthals *Adv* ***lauthals lachen*** roar with laughter; ***lauthals schreien*** roar, scream

Lautheit *f* loudness, noisiness
Lautlehre *f* phonetics *Sg*
lautlos *Adj* soundless, noiseless, silent: ***es herrschte lautlose Stille*** there was hushed silence
Lautschrift *f* phonetic transcription
Lautsprecher *m* ELEK (loud)speaker
Lautsprecheranlage *f* public-address system
lautstark *Adj auch Protest etc*: loud: ***lautstarke Minderheit*** vocal minority
Lautstärke *f* loudness, ELEK *auch* (sound) volume: ***mit voller Lautstärke*** (at) full blast
Lautstärkeregler *m* volume control
Lautverschiebung *f* LING sound shift
lautwerden → ***laut*** I
Lautzeichen *n* phonetic symbol
lauwarm *Adj* lukewarm (*auch fig*), tepid
Lava *f* lava
Lavabo *n schweiz.* washbasin
Lavendel *m* BOT lavender
lavieren *v/i fig* manoeuvre, *Am* maneuver
Lawine *f auch fig* avalanche
lawinenartig *Adj und Adv* avalanche-like: ***lawinenartig anwachsen*** snowball
Lawinengefahr *f* danger of avalanches
Lawinenhund, **Lawinensuchhund** *m* avalanche search dog
lawinensicher *Adj* avalanche-proof
Lawinenwarnung *f* avalanche warning
lax *Adj* lax, *Moral*: *auch* loose
Layout *n* layout
Layouter, **Layouterin** layout man (woman)
Lazarett *n* (military) hospital
LCD-Anzeige *f* LCD display
Lean Management *n* lean management
Lean Production *f* lean production
leasen *v/t* lease
Leasing *n* leasing
leben I *v/i* **1.** live, (*am Leben sein*) *auch* be alive, (*existieren*) exist: ***hier lebt es sich gut*** it's not a bad life here; ***lebt er noch?*** is he still alive?; ***bescheiden leben*** lead a modest life; ***leben von*** live on; ***er lebt vom Stundengeben*** he makes a living by teaching; ***leben für*** live for, devote one's life to; ***leben und leben lassen*** live and let live; ***es lebe …!*** long live …! **2.** (*wohnen*) live, reside: ***sie lebt bei ihrer Mutter*** she lives with her mother **II** *v/t* **3.** live
Leben[1] *n* living (*etc*): ***zum Leben zu wenig, zum Sterben zu viel*** barely enough to keep body and soul together
Leben[2] *n* **1.** life: ***das Leben in Kanada*** life in Canada; ***ein Kampf auf Leben und Tod*** a life-and-death struggle; ***aus dem Leben gegriffen*** taken from life; ***am Leben sein*** live, be alive; ***am Leben bleiben*** stay alive, survive; ***ums Leben bringen*** kill; ***am Leben erhalten*** keep alive; ***sich das Leben nehmen*** kill o.s., commit suicide; ***ums Leben kommen*** lose one's life, be killed; ***mit dem Leben davonkommen*** escape (alive); *fig* ***ein neues Leben beginnen*** turn over a new leaf; ***ins Leben rufen*** call into being, launch; *j-m* ***das Leben schenken*** **a)** spare *s.o.'s* life, **b)** *einem Kind*: give birth to; ***im öffentlichen Leben stehen*** be a public figure; ***mein Leben lang*** all my life; ***ich tanze für mein Leben gern*** I just love to dance; ***ich würde für mein Leben gern …*** I would give anything to *Inf*; ***das gibts nur einmal im Leben*** that'll happen just once in a lifetime; *ugs* ***nie im Leben!, im Leben nicht!*** not on your life!; ***so ist das Leben (eben)!*** such is life!; → ***Hölle***, ***schwer*** **2.** (*Leben und Treiben*) life, activity, (*Vitalität*) liveliness, vitality: ***Leben bringen in*** (*Akk*) liven up; → ***Bude*** 4
lebend *Adj* living, LING *auch* modern (*language*), (*am Leben*) alive, BIOL live: LANDW ***lebendes Inventar*** livestock; ***die Lebenden*** the living; ***die noch Lebenden*** those still alive; BIOL ***lebend gebährend*** viviparous
Lebendgewicht *n* live weight
lebendig *Adj* **1.** living, *präd* alive: ***bei lebendigem Leibe*** alive; *fig* ***wieder lebendig werden*** *Erinnerung etc*: come back **2.** (*lebhaft*) lively, *Geist*: alert, (*anschaulich*) vivid
Lebendigkeit *f* liveliness, vividness
Lebensabend *m* old age
Lebensabschnitt *m* period of (one's) life
Lebensader *f fig* lifeline
Lebensalter *n* age
Lebensangst *f* existential dread
Lebensanschauung *f* view of life, approach to life
Lebensarbeitszeit *f* working life
Lebensart *f* **1.** way of life **2.** manners *Pl*
Lebensauffassung *f* philosophy (of life)
Lebensaufgabe *f* life task: ***sich etw zur Lebensaufgabe machen*** devote one's life to s.th.
Lebensbedingungen *Pl* (living) conditions *Pl*
lebensbedrohlich *Adj* life-threatening
Lebensbedürfnisse *Pl* necessaries *Pl* of life
lebensbejahend *Adj* positive(-minded)
Lebensbejahung *f* positive approach to life
Lebensberechtigung *f* right to live
Lebensbereich *m* sphere of life
Lebensbeschreibung *f* life, biography
Lebensdauer *f* duration of life, lifespan, TECH (service) life
Lebensende *n* ***bis an mein*** *etc* ***Lebensende*** to the end of my *etc* days
Lebenserfahrung *f* experience of life
Lebenserhaltungssystem *n* MED, TECH life-support system
Lebenserinnerungen *Pl* memoirs *Pl*
Lebenserwartung *f* life expectancy
lebensfähig *Adj auch fig* viable
Lebensform *f* **1.** way of life **2.** BIOL form of life
Lebensfrage *f* vital question
Lebensfreude *f* joy of life, zest (for life)
Lebensgefahr *f* danger to life: ***Lebensgefahr!*** danger!; ***in Lebensgefahr schweben*** be in danger of one's life, MED be in a critical condition; ***außer Lebensgefahr sein*** be out of danger, MED be off the critical list; ***unter Lebensgefahr*** at the risk of one's life
lebensgefährlich *Adj* extremely dangerous, perilous, *Krankheit*, *Verletzung*: very serious
Lebensgefährte *m*, **Lebensgefährtin** *f* (life) companion, partner in life

Lebensgefährte SG

Die Bezeichnungen für „Lebensgefährte / Lebensgefährtin" im Englischen reichen von **live-in lover** über **significant other** bis zu **POSSLQ** ['pɒslkjuː] (kurz für **person of opposite sex sharing living quarters**). Am besten beschränkt man sich aber auf die neutralen Übersetzungen, die unter dem Stichwort angegeben sind.

Lebensgemeinschaft *f* life partnership
Lebensgeschichte *f* life story
lebensgroß *Adj* life-size(d)
Lebensgröße *f* life size: ***in Lebensgröße*** **a)** life-size(d), **b)** *ugs fig* large as life
Lebenshaltung *f* standard of living
Lebenshaltungskosten(index *m) Pl* cost *Sg* of living (index)
Lebensinteressen *Pl* vital interests *Pl*
Lebensjahr *n* year of one's life: ***im 20. Lebensjahr*** at the age of 20
Lebenskampf *m* struggle for survival
Lebenskraft *f* vigo(u)r, vitality
lebenslang I *Adj* lifelong **II** *Adv* all one's life
lebenslänglich *Adj* JUR (for) life: ***lebenslängliche Freiheitsstrafe*** life imprisonment; *ugs* ***er hat lebenslänglich bekommen*** he got a life term
Lebenslauf *m* **1.** (course of) life, career **2.** personal record, curriculum vitae
lebenslustig *Adj* fond of life, *ugs* swinging
Lebensmittel *Pl* food(stuffs *Pl*) *Sg*, groceries *Pl*, provisions *Pl*
Lebensmittelabteilung *f* food department
Lebensmittelgeschäft *n* grocery, food shop (*Am* store)
Lebensmittelhändler, Lebensmittelhändlerin grocer
Lebensmittelindustrie *f* food industry
Lebensmittelvergiftung *f* food poisoning
lebensmüde *Adj* weary of life
lebensnotwendig *Adj* vital, essential
Lebensplanung *f* career planning
Lebensqualität *f* quality of life
Lebensraum *m* living space
Lebensretter, Lebensretterin life-saver, rescuer
Lebensrhythmus *m* rhythm (of life)
Lebensstandard *m* standard of living
Lebensstellung *f* permanent position
Lebensstil *m* lifestyle
lebensüberdrüssig → ***lebensmüde***
lebensunfähig *Adj* nonviable
Lebensunterhalt *m* (***seinen Lebensunterhalt verdienen*** earn one's) living (*oder* livelihood) (***mit*** out of)
lebensuntüchtig *Adj* unable to cope with life
Lebensversicherung *f* life insurance
Lebenswandel *m* life, conduct
Lebensweise *f* way of life, (*Gewohnheiten*) habits *Pl*: ***gesunde Lebensweise*** healthy living, (*bes Diät*) regimen
Lebensweisheit *f* worldly wisdom, (*Spruch*) maxim
Lebenswerk *n* lifework
lebenswert *Adj* worth living
lebenswichtig *Adj* vital, essential
Lebenswille *m* will to live
Lebenszeichen *n* sign of life
Lebenszeit *f* lifetime: ***auf Lebenszeit*** for life
Lebensziel *n*, **Lebenszweck** *m* aim in life
Leber *f* liver: *fig* ***frisch*** (*oder* ***frei***) ***von der Leber weg*** frankly
Leberfleck *m* mole
Leberknödel *m* GASTR liver dumpling
Leberkrankheit *f* liver disease
Leberkrebs *m* MED cancer of the liver
Leberpastete *f* GASTR liver pâté
Lebertran *m* cod-liver oil
Leberwurst *f* liver sausage, *bes Am* liverwurst
Leberzirrhose *f* MED cirrhosis of the liver
Lebewesen *n* living being, creature, BIOL organism
Lebewohl *n* ***Lebewohl sagen*** bid *s.o.* farewell
lebhaft *Adj allg* lively, *fig Fantasie etc*: *auch* vivid, *Interesse*: *auch* keen, *Verkehr etc*: busy, *Farben etc*: *auch* gay, (*munter*) vivacious, animated, *auch* WIRTSCH brisk: *Adv* ***etw lebhaft bedauern*** regret s.th. very much; ***einer Sache lebhaft widersprechen*** flatly contradict s.th.; ***das kann ich mir lebhaft vorstellen*** I can just imagine
Lebhaftigkeit *f* liveliness, *fig auch* vividness
Lebkuchen *m* gingerbread (cake)
leblos *Adj* lifeless (*auch fig*), inanimate
Lebzeiten *Pl* ***zu seinen Lebzeiten*** **a)** in his (life)time, **b)** when he was still alive
lechzen *v/i* ***lechzen nach*** *auch fig* thirst after
leck *Adj* leaky: ***leck sein*** → ***lecken***[1]; SCHIFF ***leck werden*** spring a leak
Leck *n* leak
lecken[1] *v/i* leak, SCHIFF have sprung a leak
lecken[2] *v/t* lick, (*auflecken*) lap (up)
lecker *Adj* delicious, tasty, *ugs* yummy
Leckerbissen *m auch fig* titbit, *Am* tidbit
Leckerei *f* dainty, sweet
Leder *n* leather (*auch ugs Fußball*): *ugs fig* ***vom Leder ziehen*** let go (***gegen*** against)
Leder... leather (*coat, glove, etc*)
Lederfett *n* TECH dubbing
ledergebunden *Adj* leather-bound
Lederhose *f* leather trousers *Pl*
Lederjacke *f* leather jacket
ledern[1] *Adj* **1.** leather **2.** *fig* (*zäh*) leathery **3.** *fig* (*langweilig*) dull
ledern[2] *v/t* polish with a chamois
Lederwaren *Pl* leather goods *Pl*
ledig *Adj* **1.** single, unmarried: ***ledige Mutter*** unmarried mother **2.** ***einer Sache ledig sein*** be free of s.th.
lediglich *Adv* only, merely
Lee *f* SCHIFF lee: ***nach Lee*** leeward
leer *Adj allg* empty (*auch fig*), *Haus, Stelle*: *auch* vacant, *Blatt, Kassette*: blank: ***die Batterie ist leer*** the battery has run out (MOT is dead); *fig* ***mit leeren Händen*** empty-handed; ***leere Drohung*** empty threat; ***leeres Gerede*** idle talk, *ugs* hot air; *Adv* ***leer laufen*** (***lassen***) **a)** TECH idle, **b)** drain, run dry, **c)** SPORT ***j-n leer laufen lassen*** sell s.o. a dummy; ***leer stehen*** *Haus etc*: be empty, be unoccupied; ***leer stehend*** unoccupied, vacant; ***ins Leere starren*** stare into space; ***ins Leere gehen*** *Schlag etc*: miss; → ***ausgehen*** 7, ***Magen***
Leere *f auch fig* emptiness, void
leeren *v/t allg* empty (*auch* ***sich leeren***), (*Glas*) *auch* drain, (*Teller*) *auch* clear
Leergewicht *n* dead weight
Leergut *n* WIRTSCH empties *Pl*
Leerkassette *f* blank cassette
Leerlauf *m* **1. a)** TECH idle running, **b)** MOT neutral (gear): ***im Leerlauf fahren*** coast **2.** *fig* **a)** *auch im Betrieb*: wastage (of energy), **b)** running on the spot
leerlaufen → ***leer***
leerstehend → ***leer***
Leertaste *f* space bar, space key
Leerung *f* emptying (*etc*): (*Briefkasten*) ***nächste Leerung*** next collection
Leerzeichen *f* blank, space
Leerzeile *f* space, empty line
Lefzen *Pl* flews *Pl*
legal *Adj* legal, lawful: ***auf legalem Wege*** by legal means, lawfully
legalisieren *v/t* legalize

Legalisierung *f* legalization
Legalität *f* legality, lawfulness: ***außerhalb der Legalität*** outside the law
Legasthenie *f* dyslexia
Legastheniker, **Legasthenikerin** dyslexic
Legat[1] *m* (papal) legate
Legat[2] *n* JUR legacy
legen **I** *v/t* **1.** put, place, (*hinlegen*) lay *s.o.*, *s.th.* down: ***ein Kind ins Bett legen*** put a child to bed; *fig* ***er legte die Entscheidung in meine Hände*** he placed the decision in my hands **2.** (*Teppich*, *Rohre*, *Kabel*, *Minen etc*) lay, (*Bombe*) plant **3.** (*zs.-legen*) fold **4.** (*Haare*) set: ***bitte waschen und legen*** shampoo and set, please **5.** ZOOL (*Eier*) lay **6.** ***Karten legen*** tell fortunes by the cards **7.** SPORT ***j-n legen*** bring s.o. down **II** *v/refl* ***sich legen*** **8.** lie down: ***sich ins Bett legen*** go to bed **9.** *fig Wind*, *Zorn*, *Lärm etc*: die down, blow over, *Schmerz*, *Begeisterung etc*: wear off, *Spannung*: ease off **10.** *fig* ***sich legen auf*** (*eine Tätigkeit*) take up, go in for **11.** ***sich j-m aufs Gemüt legen*** (begin to) depress s.o. **III** *v/i* **12.** ZOOL lay (eggs)
legendär *Adj* legendary
Legende *f auch fig* legend
leger *Adj* casual, informal
Leggins, **Leggings** *Pl* (pair of) leggings *Pl*
legieren *v/t* **1.** TECH alloy **2.** GASTR thicken
Legierung *f* TECH alloy
Legion *f* legion
Legionär *m* legionnaire
Legislative *f* **1.** legislative body, legislature **2.** legislative power
Legislaturperiode *f* legislative period
legitim *Adj* legitimate
Legitimation *f* **1.** legitimation, proof of identity, credentials *Pl* **2.** (*Berechtigung*) authority
legitimieren **I** *v/t* **1.** legitimate **2.** (*berechtigen*) authorize **II** *v/refl* ***sich legitimieren*** **3.** prove one's identity
Legitimität *f* legitimacy
Leguan *m* ZOOL iguana
Lehen *n* HIST fief
Lehm *m* loam, (*Ton*) clay, *ugs* (*Dreck*) mud
Lehmboden *m* loamy soil
lehmig *Adj* loamy, *ugs* (*dreckig*) muddy
Lehne *f* (*Stuhllehne*) back(rest), (*Armlehne*) arm(rest)
lehnen *v/t*, *v/i und* ***sich lehnen*** lean (***an*** *Akk*, ***gegen*** against): ***sich aus dem Fenster lehnen*** lean out of the window
Lehnstuhl *m* easy chair
Lehnwort *n* LING loan (word)
Lehramt *n* **1.** (*Beruf*) teaching (profession) **2.** (*Stellung*) teaching post
Lehranstalt *f* educational establishment, school
Lehrauftrag *m* UNI teaching assignment, lectureship
Lehrbeauftragte *m*, *f* UNI assistant (*Am* associate) lecturer
Lehrberuf *m* **1.** PÄD teaching profession **2.** WIRTSCH skilled trade
Lehrbrief *m* certificate of apprenticeship, (*Vertrag*) indentures *Pl*
Lehrbuch *n* textbook
Lehre[1] *f* **1.** teaching(s *Pl*), doctrine, (*Lehrmeinung*) theory, science: ***die christliche Lehre*** the Christian doctrine; ***eine Lehre aufstellen*** establish a theory **2.** (*Warnung*) lesson, (*Ratschlag*) (piece of) advice, *einer Geschichte etc*: moral: ***eine Lehre ziehen aus*** draw a lesson from; ***das sollte dir eine Lehre sein!*** let that

Lehnwörter

WF

So wie sich die deutsche Sprache gerne englischer Lehnwörter bedient, so trifft man auch – jedoch in weitaus geringerem Ausmaß – deutsche Wörter in der englischen Sprache an. Sie werden meist etwas anders ausgesprochen. Hier einige Beispiele:

angst	[æŋst, ɑːŋst]
rucksack	['rʌksæk]
wanderlust	['wɒndəlʌst]
muesli	['mjuːzlɪ]
kindergarten	['kɪndəˌgɑːtn]
gemütlich	[gə'mjuːtlɪk]
schadenfreude	['ʃɑːdnˌfrɔɪdə]
realpolitik	[reɪ'ɑːlpɒlɪˌtiːk]
zeitgeist	['zaɪtgaɪst, 'tsaɪtgaɪst]

be a lesson to you! **3.** (***eine Lehre machen*** serve one's) apprenticeship (***bei*** with)
Lehre[2] *f* TECH ga(u)ge, (*Schablone*) model
lehren *v/t und v/i* teach: ***j-n lesen lehren*** teach s.o. (how) to read; ***er lehrt Recht*** UNI *auch* he lectures on law; *fig* ***das wird die Zukunft lehren*** time will show
Lehrer *m* teacher, *Br auch* master, (*Fahrlehrer*, *Skilehrer etc*) instructor
Lehrerbildung, **Lehrerausbildung** *f* teacher training
Lehrerfortbildung *f* in-service training of teachers
Lehrerin *f* (lady) teacher, *Br auch* mistress
Lehrerkollegium *n* (teaching) staff, *bes Am auch* faculty
Lehrerkonferenz *f* staff (*bes Am auch* faculty) meeting
Lehrerzimmer *n* staff room
Lehrfach *n* **1.** subject **2.** → ***Lehramt*** 1
Lehrgang *m* course (of instruction) (***für*** in)
Lehrgeld *n* ***Lehrgeld zahlen müssen*** learn it the hard way
Lehrjahre *Pl auch fig* (years *Pl* of) apprenticeship *Sg*
Lehrkörper *m* teaching (UNI academic) staff
Lehrkraft *f* teacher
Lehrling *m* apprentice, trainee
Lehrmeister *m* master
Lehrmethode *f* teaching method
Lehrmittel *Pl* teaching aids *Pl*
Lehrplan *m* curriculum, syllabus
lehrreich *Adj* instructive, informative
Lehrsatz *m* **1.** MATHE theorem **2.** REL dogma
Lehrstelle *f* apprenticeship: ***offene Lehrstelle*** vacancy for an apprentice
Lehrstoff *m* **1. a)** subject, **b)** *eines einzelnen Fachs*: subject matter **2.** → ***Lehrplan***
Lehrstück *n* THEAT didactic play
Lehrstuhl *m* UNI chair, professorship: ***den Lehrstuhl für Recht (inne)haben*** hold the chair of law
Lehrtochter *f schweiz.* apprentice
Lehrvertrag *m* articles *Pl* of apprenticeship
Lehrwerkstatt *f* training workshop
Lehrzeit *f* apprenticeship
Leib *m* body, (*Bauch*) *auch* belly, (*Unterleib*) abdomen, (*Mutterleib*) womb: ***am ganzen Leibe zittern*** tremble all over; ***etw am eigenen***

Leib erfahren experience s.th. for o.s.; *ugs* ***zu Leibe rücken*** **a)** ***j-m*** press s.o. hard, attack s.o., **b)** *fig* ***einem Problem*** tackle a problem; ***sich j-n vom Leibe halten*** keep s.o. at arm's length; ***Leib und Leben riskieren*** risk life and limb; ***die Rolle war ihr auf den Leib geschrieben*** she was made for the part; ***mit Leib und Seele*** heart and soul; → ***lebendig*** 1

Leibchen *n österr., schweiz., südd* **1.** (*Unterhemd*) vest, *Am* undershirt **2.** (*Sporttrikot*) shirt

Leibeigene *m, f* serf

leiben *v/i* ***das ist Michael wie er leibt und lebt*** that's Michael all over

Leiberl *n österr.* → ***Leibchen***

Leibeskräfte *Pl* ***aus Leibeskräften*** with all one's might, *schreien etc*: at the top of one's voice

Leibesübungen *Pl* physical exercise (PÄD education) *Sg*

Leibgericht *n* favo(u)rite dish

leibhaftig **I** *Adj* real, true: ***das leibhaftige Ebenbild*** the living image; ***der leibhaftige Teufel*** the devil incarnate **II** *Adv* in person, in the flesh

leiblich *Adj* **1.** bodily, physical: ***leibliches Wohl*** physical well-being, *weit. S.* creature comforts *Pl*; ***für das leibliche Wohl ist gesorgt*** food and drink will be provided **2.** (*blutsverwandt*) full, own, *Eltern, Erbe*: natural: ***leiblicher Bruder*** blood brother; ***ihr leiblicher Sohn*** her own son

L

Leibrente *f* life annuity

Leibschmerzen *Pl* stomach-ache *Sg*

Leibwache *f*, **Leibwächter**, **Leibwächterin** bodyguard

Leibwäsche *f* underwear

Leiche *f* (dead) body, corpse: *fig* ***über Leichen gehen*** stop at nothing; *ugs* ***nur über meine Leiche!*** over my dead body!

Leichenbegängnis *n* funeral

Leichenbestatter *m* undertaker

leichenblass *Adj* deathly pale

Leichenhalle *f* mortuary

Leichenhemd *n* shroud

Leichenrede *f* funeral oration

Leichenschauhaus *n* morgue

Leichenstarre *f* MED rigor mortis

Leichentuch *n auch fig* shroud

Leichenverbrennung *f* cremation

Leichenwagen *m* hearse

Leichenzug *m* funeral procession

Leichnam *m* (dead) body, corpse

leicht **I** *Adj* **1.** *allg* light (*auch fig Arbeit, Lektüre, Musik, Regen, Schlag, Speisen, Wein etc*), TECH *auch* lightweight, (*mild*) *auch* mild (*auch* PHARM, *Tabak etc*), (*sanft*) *auch* gentle: ***eine leichte Erkältung*** a slight cold; ***er hat eine leichte Bronchitis*** he has a mild case (*ugs* a touch) of bronchitis; ***leichte Steigung*** gentle slope; *ugs* ***leichtes Mädchen*** hussy; *fig* ***mit leichter Hand*** effortlessly; ***etw auf die leichte Schulter nehmen*** make light of s.th. **2.** (*einfach*) easy, simple: ***leichter Sieg*** walkover; ***das ist leicht*** that's easy; ***nichts leichter als das!*** no problem at all!; ***sie hat es nicht leicht*** (***mit ihm***) she is having a rough time (with him); ***es war ihm ein Leichtes*** it was easy for him **3.** (*gering, auch* JUR) slight, minor, *Strafe*: mild: ***leichter Fehler*** slight (*oder* minor) mistake; ***leichte Verletzung*** minor injury **II** *Adv* **4.** lightly (*etc*): ***etw leicht berühren*** touch s.th. gently (*oder* lightly); ***leicht bekleidet*** lightly (*stärker*: scantily) dressed **5.** easily: ***sie ist leicht gekränkt*** she is easily offended; ***sie lernt leicht*** she is a good learner; ***das schaffe ich leicht*** I can manage that easily; ***es ist leicht möglich*** it is well possible; ***das ist leicht gesagt*** it's not as easy as that; ***leichter gesagt als getan*** easier said than done; ***es leicht nehmen*** take it easy; ***nimms leicht!*** take it easy!; ***j-m etw leicht machen*** make s.th. easy for s.o.; ***sich das Leben leicht machen*** take it easy; ***du machst es dir zu leicht!*** it's not as easy as that! **6.** slightly: ***ich bin leicht erkältet*** I've (got) a slight cold; ***leicht entzündlich*** inflammable; ***leicht verdaulich*** easily digestible, light; ***leicht verderblich***(***e Waren*** *Pl*) perishable(s *Pl*); ***leicht verständlich*** easy to understand; ***leicht verwundet*** *Adj* lightly wounded

Leichtathlet, **Leichtathletin** (track-and-field) athlete

Leichtathletik *f* (track-and-field) athletics *Pl* (*auch Sg konstr*)

Die Hauptdisziplinen der Leichtathletik WF

100-Meter-Lauf	**100 metres**
Diskuswerfen	**discus (throwing)**
Dreisprung	**triple jump** ['trɪpldʒʌmp]
Hammerwerfen	**hammer (throwing)**
Hochsprung	**high jump**
Hürdenlauf	**hurdles**
Kugelstoßen	**shot-put**
Speerwerfen	**javelin (throwing)** ['dʒævlɪn]
Stabhochsprung	**pole vault**
Staffellauf	**relay** ['riːleɪ] **(race)**
Weitsprung	**long jump**
Zehnkampf	**decathlon** [dɪ'kæθlɒn]

Leichtbauweise *f* lightweight construction

Leichtbenzin *n* light petrol (*Am* gasoline)

Leichtbeton *m* lightweight concrete

leichtblütig *Adj* lighthearted, sanguine

leichtentzündlich → ***leicht*** II 6

Leichter *m* SCHIFF lighter

leichtfallen *v/i fig* ***so etw fällt ihm leicht*** he finds that sort of thing easy; ***es fällt ihm nicht leicht*** it isn't easy for him

leichtfertig *Adj* **1.** light, frivolous **2.** (*unbedacht*) careless, (*fahrlässig*) irresponsible

Leichtfertigkeit *f* **1.** frivolity **2.** (*Unbedachtheit*) carelessness

leichtfüßig *Adj* light-footed

Leichtgewicht *n* SPORT lightweight

leichtgläubig *Adj* gullible

Leichtgläubigkeit *f* gullibility

leichthin *Adv* airily, casually

Leichtigkeit *f* lightness, *fig auch* easiness, ease: ***mit*** (***größter***) ***Leichtigkeit*** (very) easily

leichtlebig *Adj* easy-going

Leichtlohngruppe *f* low-wage unskilled labo(u)r

leichtmachen → ***leicht*** II 5

Leichtmatrose *m*, **Leichtmatrosin** *f* ordinary seaman

Leichtmetall *n* light metal
Leichtsinn *m* **1.** carelessness, *stärker*: recklessness: ***sträflicher Leichtsinn*** criminal negligence **2.** frivolity, flightiness
leichtsinnig *Adj* **1.** careless, *stärker*: reckless, (*unbedacht*) rash **2.** frivolous, flighty
leichtsinnigerweise *Adv* carelessly (enough)
leichttun *v/refl* ***sich mit einer Sache leichttun*** find s.th. easy, find it easy to do s.th.
leichtverdaulich → ***leicht*** II 6, ***verdaulich***
leichtverderblich → ***leicht*** II 6
leichtverständlich → ***leicht*** II 6
leichtverwundet → ***leicht*** II 6
leid *Adj präd* ***ich bin es leid*** **a)** I'm tired of it, **b)** ***etw zu tun*** I'm tired of doing s.th.
Leid *n* **1.** grief, sorrow, (*Unglück*) misfortune: ***j-m sein Leid klagen*** pour out one's heart to s.o.; ***Freud und Leid mit j-m teilen*** share one's joys and sorrows with s.o. **2.** (*Schaden*) harm, (*Unrecht*) wrong: ***j-m ein Leid zufügen*** harm s.o.; ***zu Leide*** → ***zuleide***; → ***leidtun***
leiden I *v/t* **1.** suffer, bear, endure: ***Hunger leiden*** *auch* starve; → ***Not*** 1 **2.** (***nicht***) ***leiden können*** (dis)like; ***ich kann ihn*** (***es***) ***nicht leiden*** *auch* I can't stand him (it); ***er war dort nur gelitten*** he was only tolerated there **II** *v/i* **3.** suffer (***an*** *Dat*, ***unter*** *Dat* from), (*Schmerzen haben*) be suffering, be in pain: ***seine Gesundheit hat darunter gelitten*** it told on his health
Leiden *n* **1.** suffering **2.** MED disease, illness, (*Beschwerden*) complaint
leidend *Adj* suffering, (*krank*) ailing, sickly: ***leidend aussehen*** look ill
Leidenschaft *f* passion: ***Autos sind seine Leidenschaft*** cars are his passion
leidenschaftlich *Adj* passionate, (*glühend*) *auch* ardent: *Adv* ***ich esse leidenschaftlich gern Pizza*** I just love pizza
Leidenschaftlichkeit *f* passionateness, ardo(u)r
leidenschaftslos *Adj* dispassionate
Leidensgenosse *m*, **Leidensgenossin** *f* fellow sufferer
Leidensgeschichte *f* **1.** ***die Leidensgeschichte*** (***Christi***) Christ's Passion **2.** *fig* sad story, *iron* tale of woe
Leidensmiene *f iron* doleful expression
Leidensweg *m fig* ***ihr Leben war ein einziger Leidensweg*** hers was a life of suffering
leider *Adv* unfortunately: ***leider!*** *auch* alas!; ***ich muss leider gehen*** (I am) sorry, but I must be going; I am afraid I have to go; ***ja, leider!*** I'm afraid so; ***leider nein, leider nicht*** unfortunately not, I'm afraid not
leidgeprüft *Adj* sorely tried

leider SG

Leider kann im Englischen sowohl als Verbkonstruktion mit **I'm afraid** als auch mit dem Adverb **unfortunately** übersetzt werden:

Leider haben wir das Spiel verloren.	**Unfortunately we lost the game.**
Da kann ich Ihnen leider nicht helfen.	**I'm afraid I can't help you there.**
Leider ja.	**I'm afraid so.**
Leider nein.	**I'm afraid not.**

leidig *Adj* tiresome, unpleasant
leidlich *Adj* tolerable, passable: *Adv* ***mir geht es leidlich*** I'm not too bad
Leidtragende *m, f* **1.** mourner: ***die Leidtragenden*** the bereaved **2.** ***er ist*** (***immer***) ***der Leidtragende*** he is (always) the one to suffer
leidtun *v/t* be *od* feel sorry, (*bedauern*) regret: (***es***) ***tut mir leid!*** (I'm) sorry!; ***es tut mir leid*** **a)** ***um*** I feel sorry for, **b)** ***dass …*** I am (so) sorry that …; ***das tut mir aber leid!*** I'm sorry to hear that!; ***es tut mir*** (***ja***) ***leid, aber ich kann nicht kommen*** *etc* I'm afraid I can't come *etc*; ***sie tut mir leid*** I feel sorry for her; ***das wird dir noch leidtun!*** you'll regret it!
Leidwesen *n* ***zu meinem Leidwesen*** to my regret
Leier *f* MUS HIST lyre: *ugs fig* ***immer die alte Leier*** always the same old story
Leierkasten *m* barrel organ
Leierkastenfrau *f*, **Leierkastenmann** *m* organ-grinder
Leiharbeit *f* contract work
Leihbibliothek *f*, **Leihbücherei** *f* lending library
leihen *v/t* **1.** ***j-m etw leihen*** lend (*bes Am* loan) s.o. s.th. **2.** ***sich etw leihen*** borrow s.th. (***bei***, ***von*** from)
Leihfrist *f* lending period
Leihgabe *f* KUNST loan
Leihgebühr *f* hire charge, *für Bücher*: lending fee
Leihhaus *n* pawnshop
Leihmutter *f* surrogate mother
Leihwagen *m* hire car
leihweise *Adv* on loan
Leim *m* glue: *ugs* ***aus dem Leim gehen*** **a)** come apart, **b)** *fig Ehe etc*: break up, **c)** *fig Person*: grow fat; *fig* ***j-m auf den Leim gehen*** be taken in by s.o.

L

leihen	**borrow / lend / loan** SG
sich etwas (von jemandem) leihen	**borrow something (from someone)**
Kann ich mir mal kurz deinen Kuli leihen?	**Could I borrow your pen for a minute?**
Ich hab mir Lindas Fahrrad fürs Wochenende geliehen.	**I've borrowed Linda's bike for the weekend.**
jemandem etwas (aus)leihen	**lend (*Am* loan) someone something, lend (*Am* loan) something to someone**
Ich habe ihm meinen Tennisschläger geliehen, aber er hat ihn mir nicht zurückgegeben.	**I lent (*Am* loaned) him my tennis racket but he hasn't given it back to me.**
Kannst du mir etwas Geld leihen?	**Can you lend (*Am* loan) me some money?**

Bei **borrow** leiht man sich etwas aus, man bekommt etwas geliehen, bei **lend** bzw. *Am* **loan** verleiht man etwas.

Leim ≠ lime

Leim	=	glue
lime	=	1. Kalk
		2. Linde
		3. Limone

leimen *v/t* **1.** glue (together) **2.** *ugs fig* ***j-n leimen*** take s.o. for a ride
Leimfarbe *f* glue colo(u)r
Lein *m* BOT flax
Leine *f* (*Schnur*) string, cord, (*Wäscheleine*) clothes) line, (*Hundeleine*) leash, lead, (*Angelleine*) (fishing) line: ***den Hund an die Leine nehmen*** (***an der Leine führen***) put (keep) the dog on the lead; *fig* ***j-n an der Leine halten*** keep s.o. on a short lead; *ugs* ***Leine ziehen*** push off, *sl* scram
leinen *Adj* linen
Leinen *n* **1.** linen, (*Segeltuch*) canvas **2.** BUCHDRUCK cloth: ***in Leinen gebunden*** clothbound
Leinenschuh *m* canvas shoe
Leinöl *n* linseed oil
Leinsamen *m* BOT linseed
Leintuch *n* **1.** (*Stoff*) linen **2.** (*Laken*) sheet
Leinwand *f* **1.** (*Zeltleinwand etc*) canvas (*auch* MALEREI) **2.** (*Filmleinwand etc*) screen
Leinwandknüller *m* FILM blockbuster film (*oder* movie)
L
leise *Adj* quiet, *Stimme etc*: *auch* low, soft (*auch Musik*, *Ton etc*): ***sei(d) leise!*** be quiet!, don't make such a noise!; ***das Radio leise(r) stellen*** turn the radio down; ***auf leisen Sohlen*** treading softly; *fig* ***ich habe nicht die leiseste Ahnung*** I haven't the faintest idea; *Adv* (***sprich***) ***leise(r)!*** not so loud!
Leiste *f* **1.** ANAT groin **2.** (*Latte*) lath, (*Holzleiste*) strip of wood **3.** ARCHI fillet
leisten *v/t* **1.** do, manage, (*vollbringen*) achieve, accomplish, (*erfüllen*) perform (*auch* JUR): ***gute Arbeit leisten*** do a good job; ***Erstaunliches leisten*** achieve amazing things **2.** (*gewähren*) render: ***für geleistete Dienste*** for services rendered; ***j-m Beistand leisten*** → ***beistehen***; ***Ersatz leisten*** provide a replacement; ***Zahlungen leisten*** make payments; → ***Beitrag***, ***Eid*** *etc* **3.** *ugs* ***sich etw leisten*** **a)** afford s.th., (*gönnen*) treat o.s. to s.th., **b)** *fig* (*erlauben*) get up to (*oder* do) s.th.; ***ich kann mir (k)ein Auto leisten*** I can('t) afford a car; *fig* ***ich kann mir das nicht leisten*** I can't afford to do that; ***er darf sich keinen Fehler mehr leisten*** he can't afford another mistake; ***was hat er sich da wieder geleistet?*** what has he been up to again?
Leisten *m* last: *ugs fig* ***alles über einen Leisten schlagen*** measure everything by the same yardstick
Leistenbruch *m* MED inguinal hernia
Leistung *f* **1.** *allg*, *auch* WIRTSCH, PÄD, *Sport*, TECH *etc* performance, (*Großtat*) achievement, feat, (*Arbeitsleistung*) work, (*Ausstoß*) output, (*Ergebnis*) result(s *Pl*), ELEK, PHYS, TECH *auch* power, ELEK *als Einheit*: wattage, *abgegebene*: output, *aufgenommene*: input: ***schulische Leistungen*** achievements at school; ***nach Leistung bezahlt werden*** be paid by results; ***eine gute Leistung bringen*** make a good showing; *ugs* ***eine reife Leistung!*** (*iron* jolly) good show!; ***schwache Leistung!*** poor show! **2.** (*Dienstleistung*) service(s *Pl*) rendered, (*Sozialleistung*) contribution, (*Versicherungsleistung etc*) benefit, (*Zahlung*) payment
leistungsberechtigt *Adj Versicherter*: entitled to claim
Leistungsbeurteilung *f* rating
leistungsbezogen *Adj* performance-oriented
Leistungsdenken *n* performance-oriented outlook
Leistungsdruck *m* pressure (to perform)
leistungsfähig *Adj allg* efficient, TECH *auch* powerful, *körperlich*: fit, WIRTSCH productive
Leistungsfähigkeit *f allg* efficiency, TECH *auch* power, capacity, *körperliche*: fitness, WIRTSCH productivity, PÄD *etc* ability
leistungsgerecht *Adj und Adv* according to performance
Leistungsgesellschaft *f* achievement-oriented society
Leistungsknick *m* sudden drop in performance
Leistungskontrolle *f* PÄD achievement control
Leistungskurs *m* PÄD (***ich bin im Leistungskurs Geschichte*** I am taking history as a) special subject
Leistungslohn *m* WIRTSCH achievement wage(s *Pl*)
Leistungsniveau *n* standard (of performance), PÄD *auch* achievement level
leistungsorientiert *Adj* achievement-oriented
Leistungsprinzip *n* performance principle
Leistungsprüfung *f* performance (PÄD achievement) test
Leistungsschild *n* TECH rating plate
leistungsschwach *Adj* low-performance, inefficient (*beide auch* TECH), weak
Leistungssoll *n* target
Leistungssport *m* competitive sport(s *Pl*)
Leistungssportler, **Leistungssportlerin** competitive athlete
Leistungsstand *m* performance level
leistungsstark *Adj* (highly) efficient, *auch* TECH high-performance, powerful
leistungssteigernd *Adj* performance-enhancing
Leistungssteigerung *f* increase in performance (*oder* efficiency *etc*), improvement
Leistungstest *m* → ***Leistungsprüfung***
Leistungsträger, **Leistungsträgerin** top performer
Leistungswettbewerb *m* WIRTSCH efficiency contest
Leistungswille *m* will to achieve
Leistungszentrum *n* SPORT training cent/re (*Am* -er)
Leistungszuschlag *m* efficiency bonus
Leitartikel *m* editorial, *bes Br* leading article, leader
Leitartikler, **Leitartiklerin** editorial (*bes Br* leader) writer
Leitbild *n* model, example
leiten *v/t* **1.** *allg* lead, (*j-n*) *auch* guide, (*anführen*) head, (*verwalten*) run, manage, be in charge of, (*Verkehr*) direct, route (***über*** *Akk* over): ***eine Sitzung*** (***Diskussion*** *etc*) ***leiten*** chair a meeting (discussion *etc*); SPORT ***das Spiel leiten*** (be the) referee; ***ein Orchester leiten*** conduct an orchestra; ***wer leitet die Delegation?*** who is the head of the delegation? **2.** (*weiterleiten*) pass on (***an*** *Akk* to) **3.** PHYS (*auch v/i*) conduct
leitend *Adj* **1.** leading, guiding, WIRTSCH managing, executive: ***leitende(r) Angestellte(r)*** executive; ***leitende Stellung*** managerial (*bes Am*

executive) post **2.** PHYS ***(nicht) leitend*** (non)-conductive

Leiter[1] *m* **1.** *allg* leader, (*Abteilungsleiter etc*) head, (*Firmenleiter etc*) managing director, manager, (*Schulleiter*) headmaster, *bes Am* principal, (*Chorleiter, Orchesterleiter*) conductor **2.** PHYS conductor

Leiter[2] *f auch fig* ladder

Leiterin *f* leader, (*Chefin*) head, manageress, (*Schulleiterin*) headmistress, *bes Am* principal, (*Chorleiterin etc*) conductress

Leitersprosse *f* rung (of a ladder)

Leiterwagen *m* (hand)cart

Leitfaden *m* textbook, manual, guide

leitfähig *Adj* PHYS conductive

Leitfähigkeit *f* conductivity

Leitgedanke *m* central theme

Leithammel *m auch fig pej* bellwether

Leitkultur *f* POL guiding (*oder* defining) culture

Leitlinie *f* **1.** MOT white line **2.** *Pl fig* guidelines *Pl*

Leitmotiv *n* MUS leitmotiv, *fig auch* keynote

Leitplanke *f* MOT crash barrier, *Am* guard rail

Leitprinzip *n*, **Leitsatz** *m* guiding principle

Leitspruch *m* motto

Leitstelle *f* central office

Leitstrahl *m* FLUG guide beam

Leitstudie *f* pilot study

Leittier *n* leader

Leitung *f* **1.** leadership, WIRTSCH management, *auch künstlerische*: direction, *einer Veranstaltung*: organization, (*Verwaltung*) administration, (*Aufsicht*) supervision, control: ***die Leitung haben von*** (*oder Gen*) be in charge of, be the head of, head; ***unter seiner Leitung*** under his direction; MUS ***unter der Leitung von X*** conducted by X **2.** (*die Leiter*) *the* leaders *Pl*, management **3. a)** PHYS conduction, ELEK transmission, **b)** ELEK; TECH line, (*Rohrleitung*) pipeline, (*Gasleitung, Stromleitung, Wasserleitung etc*) main(s *Pl*), **c)** ELEK (*Kabel*) lead **4.** TEL line: ***die Leitung ist besetzt*** the line is busy (*oder* engaged); *ugs fig* ***eine lange Leitung haben*** be slow in the uptake

Leitungsmast *m* pole, pylon

Leitungsnetz *n* supply network, *für Wasser, Gas etc*: mains system

Leitungsschnur *f* ELEK cord, *bes Br* flex

Leitungswasser *n* tap water

Leitwährung *f* WIRTSCH key currency

Leitwerk *n* FLUG tail unit

Leitzins *m* central bank discount rate

Lektion *f* PÄD unit: *ugs fig* ***j-m eine Lektion erteilen*** teach s.o. a lesson

Lektor *m*, **Lektorin** *f* **1.** UNI lecturer **2.** (*Verlagslektor*) reader

Lektüre *f* (***leichte*** *etc* ***Lektüre*** light *etc*) reading, (*Lesestoff*) *auch* reading matter

Lemming *m* ZOOL *und fig* lemming

Lende *f* ANAT, GASTR loin

Lendengegend *f* ANAT lumbar region

Lendenschurz *m* loincloth

Lendenstück *n* GASTR sirloin

Lendenwirbel *m* lumbar vertebra

Leninist, **Leninistin**, **leninistisch** *Adj* Leninist

lenkbar *Adj* **1.** TECH manoeuvrable, *Am* maneuverable, *Rakete*: guided **2.** *Kind etc*: tractable

lenken *v/t* **1.** *allg* steer, (*fahren*) *auch* drive **2.** *fig* direct, guide, (*Staat*) govern, (*Wirtschaft etc*) control **3.** *fig* ***j-s Aufmerksamkeit lenken auf*** (*Akk*) direct (*oder* draw) s.o.'s attention to; ***die Unterhaltung lenken auf*** (*Akk*) steer the conversation round to; ***den Verdacht lenken auf*** (*Akk*) throw suspicion on

Lenker[1] *m* (*Lenkrad*) steering wheel, (*Lenkstange*) handlebar

Lenker[2], **Lenkerin** driver

Lenkrad *n* MOT steering wheel

Lenkradschaltung *f* (steering-)column gear change (*Am* shift)

Lenkradschloss *n* steering-column (*oder* steering-wheel) lock

lenksam → ***lenkbar*** 2

Lenksäule *f* MOT steering column (*oder* post)

Lenkstange *f* handlebar

Lenkung *f* **1.** steering (*etc*, → ***lenken***) **2.** TECH steerage, guidance, control (*auch* WIRTSCH) **3.** MOT steering mechanism

Lenz *m* **1.** *rhet* spring(tide) **2.** *Pl fig* (*Lebensjahre*) summers *Pl*

lenzen SCHIFF **I** *v/t* pump out **II** *v/i* scud

Leopard *m* ZOOL leopard

Lepra *f* MED leprosy

Leprakranke *m, f* leper

Lerche *f* ZOOL lark

lernbar *Adj* learnable

lernbegierig *Adj* eager to learn, keen

lernbehindert *Adj* learning-disabled

Lerneffekt *m* pedagogical benefit

Lerneifer *m* eagerness to learn, studiousness

lernen *v/t und v/i* learn (***aus, bei, von*** from), (*studieren*) study: ***kochen lernen*** learn (how) to cook; ***er lernt gut*** (***schlecht***) he is a good (slow) learner; ***etw auswendig lernen*** learn s.th. by heart; *ugs* ***er lernt Autoschlosser*** he's training as a car mechanic (***bei*** at); ***die Mutter lernt jeden Tag mit ihr*** her mother helps her with her homework every day; ***aus seinen Fehlern lernen*** learn from one's mistakes; ***j-n (etw) schätzen lernen*** come to appreciate s.o. (s.th.); ***das will gelernt sein!*** that's not so easy!; *ugs* ***manche lernens nie!*** some people never learn!; → ***gelernt***

lernen: learn oder study? SG

⚠ „Lernen" ist nicht unbedingt gleich **learn**. Wenn man für eine Prüfung, einen Abschluss *etc* lernt, heißt es **study**, bzw. bei Wiederholung von Stoff **revise**.

learn	
Kinder lernen schnell.	**Children learn quickly.**
Schlittschuhlaufen lernen	**learn to skate**
ein Gedicht auswendig lernen	**learn a poem by heart**
study	
Was macht Peter? – Er lernt.	**What's Peter doing? – He's studying.**
revise	
Ich muss für die Prüfung morgen lernen.	**I've got to revise for tomorrow's exam.**

Lernende *m, f*, **Lerner**, **Lernerin** learner

lernfähig *Adj* able to learn

Lernhilfe *f* learning aid

Lernmittelfreiheit *f* free learning aids *Pl*

Lernprogramm *n* **1.** *allg* learning software (*oder* tool): ***multimediale Lernprogramme*** multime-

dia learning tools **2.** (*Anleitung zu einer Computeranwendung*) tutorial **3.** *auf Sprachen bezogen*: CALL application **4.** (*Selbstlernprogramm*) self-study course
Lernprozess *m* learning process
Lernschwester *f* MED trainee nurse
Lernsoftware *f* learning software
Lernspiel *n* educational game
Lernstoff *m* subject matter
Lernziel *n* educational objective
Lesart *f* reading, version (*auch fig*)
lesbar *Adj* legible, (*lesenswert*) readable
Lesbe *f ugs* dike (*sl*)
Lesbierin *f*, **lesbisch** *Adj* lesbian
Lese *f* LANDW gathering, (*Weinlese*) vintage
Lesebrille *f* reading glasses *Pl*
Lesebuch *n* reading book, reader
Lesegerät *n* TECH reader
Lesekopf *m* COMPUTER read(ing) head
Leselampe *f* reading lamp
lesen[1] **I** *v/t* **1.** read: ***falsch lesen*** misread; ***flüchtig lesen*** skim (through); ***seine Schrift ist kaum zu lesen*** his handwriting is hard to decipher; ***er hat viel gelesen*** he is well-read; ***das Buch liest sich gut*** the book reads well; ***da war*** (*oder* ***stand***) ***zu lesen, dass …*** it said there that …; *fig* ***etw in j-s Augen*** (***Gesicht***) ***lesen*** see s.th. in s.o.'s eyes (face); → ***Messe***[1] **2.** UNI lecture on **II** *v/i* **3.** read (***in*** *Dat* in, ***aus*** from) **4.** UNI lecture (***über*** *Akk* on)
lesen[2] *v/t* gather, (*Ähren*) glean, (*Wein*) vintage
lesenswert *Adj* worth reading
Leseprobe *f* THEAT reading rehearsal
Leser, **Leserin** reader
Leseratte *f ugs* bookworm
Leserbrief *m* reader's letter, *an eine Zeitung*: letter to the editor
Leserkreis *m* readers *Pl*: ***einen großen Leserkreis haben*** be widely read
leserlich *Adj* legible
Leserlichkeit *f* legibility
Lesesaal *m* reading room
Lesestoff *m* reading (matter)
Lesestück *n* PÄD reading (selection)
Lesezeichen *n* bookmark
Lesung *f* reading: PARL ***in zweiter Lesung*** on second reading
Lethargie *f* lethargy
Lette *m*, **Lettin** *f*, **lettisch** *Adj* Latvian
Lettland *n* Latvia
letzt *Adj* **1.** *allg* last, (*endgültig*) *auch* final, (*später*) *auch* latter, (*ehemalig*) *auch* former, *Neuheit etc*: latest: ***am letzten Sonntag*** last Sunday; ***im letzten Sommer*** last summer; ***in letzter Zeit*** lately, recently; ***letzten Endes*** after all; ***Letzte(r) sein*** be last; ***als Letzte(r) gehen*** go last, be the last to go; ***er wäre der Letzte, dem ich vertrauen würde*** he is the last person I would trust; ***das wäre das Letzte, was ich tun würde*** that's the last thing I would do; *ugs* ***das*** (***er***) ***ist doch das Letzte!*** that (he) is the absolute end!; ***meine letzten Ersparnisse*** the last of my savings; → ***Hand, Mal***[2], ***Schrei*** *etc* **2.** (*äußerst*) last, extreme: ***bis ins Letzte*** down to the last detail; ***bis zum Letzten aushalten*** hold out to the end; ***bis aufs Letzte*** *ausplündern etc* completely, totally; → ***Ehre, herausholen*** 2, ***Kraft*** 1, ***Ölung*** 2 **3.** *ugs* (*schlecht*) poorest, worst: ***das ist der letzte Mist*** that's absolute rubbish; → ***Dreck*** 1
Letzt: ***zu guter Letzt*** in the end, at long last
letztemal → ***Mal***[2]
letztendlich → ***letztlich***
letztens → ***letzthin***
Letztere *Adj* ***der*** (***die, das***) ***Letztere*** the latter
letztgenannt *Adj the* last-mentioned
letzthin *Adv* lately
letztjährig *Adj* ***das letztjährige Festival*** last year's festival
letztlich *Adj* **1.** ultimately, in the end **2.** (*doch*) after all
letztwillig *Adj* JUR testamentary, *auch Adv* by will: ***letztwillige Verfügung*** last will (and testament)
Leuchtbombe *f* flare (bomb)
Leuchtdiode *f* light-emitting diode
Leuchte *f* **1.** lamp, light **2.** *ugs fig* luminary: ***er ist keine große Leuchte*** he is no genius
leuchten *v/i* shine, (*aufleuchten*) flash, *fig Augen*: light (up), (*glänzen*) gleam, sparkle: ***mit einer Lampe leuchten*** shine a light; ***j-m leuchten*** light the way for s.o., *beim Suchen etc*: shine the torch for s.o.; ***j-m ins Gesicht leuchten*** shine the (*oder* a) lamp (*oder* torch) in s.o.'s face
leuchtend *Adj* shining (*auch fig Beispiel etc*), *Farbe etc*: bright, *Zifferblatt etc*: luminous: *fig* ***etw in leuchtenden Farben schildern*** paint s.th. in glowing colo(u)rs
Leuchter *m* candlestick, (*Wandleuchter*) sconce, (*Kronleuchter*) chandelier
Leuchtfarbe *f* luminous paint
Leuchtfeuer *n* beacon
Leuchtgas *n* city gas, coal gas
Leuchtkraft *f* luminosity
Leuchtkugel *f* (signal) flare
Leuchtpistole *f* flare pistol
Leuchtreklame *f* luminous advertising, neon lights *Pl*
Leuchtröhre *f* neon tube (*oder* lamp)
Leuchtschirm *m* fluorescent screen
Leuchtspurgeschoss *n* tracer bullet
Leuchtstift *m* highlighter
Leuchtstoffröhre *f* fluorescent lamp (*oder* tube)
Leuchtturm *m* lighthouse
Leuchtzeiger *m* luminous hand
Leuchtzifferblatt *n* luminous Dialekt
leugnen I *v/t* deny: ***leugnen, etw getan zu haben*** deny having done s.th.; ***es lässt sich nicht leugnen, es ist nicht zu leugnen*** it cannot be denied, it is undeniable **II** *v/i* deny everything, JUR deny the charge
Leukämie *f* MED leuk(a)emia
Leumund *m* reputation
Leumundszeugnis *n* certificate of good character
Leute *Pl* people *Pl* (*auch ugs Mitarbeiter etc*), MIL *etc auch* men *Pl*, (*Arbeiter*) *auch* men *Pl*, workers *Pl*: ***die Leute*** people; ***meine Leute*** (*Familie*) my people, *ugs* my folks *Pl*; *ugs* ***hallo, Leute!*** hi, folks!; ***es waren etwa 20 Leute da*** there were about 20 persons present; ***etw unter die Leute bringen*** make s.th. public
Leutnant *m* MIL second lieutenant (*auch* FLUG *Am*), FLUG pilot officer: ***Leutnant zur See*** acting sublieutenant, *Am* ensign
leutselig *Adj* affable
Leviten *Pl* ***j-m die Leviten lesen*** read s.o. the riot act
Levkoje *f* BOT stock
lexikalisch *Adj* lexical
Lexikograf, **Lexikografin**, **Lexikograph**, **Lexikographin** lexicographer
Lexikografie, **Lexikographie** *f* lexicography

lexikografisch, **lexikographisch** *Adj* lexicographical
Lexikon *n* **1.** encyclop(a)edia **2.** dictionary
Libanese *m*, **Libanesin** *f*, **libanesisch** *Adj* Lebanese
Libanon *m* (*the*) Lebanon (*meist ohne bestimmten Artikel gebraucht*)
Libelle *f* **1.** ZOOL dragonfly **2.** TECH water level, (*Blase*) bubble
liberal *Adj*, **Liberale** *m, f* liberal, POL Liberal
liberalisieren *v/t* liberalize
Liberalismus *m* liberalism
Liberalität *f* liberality
Liberia *n* Liberia
Libero *m* *Fußball*: libero
Libido *f* PSYCH libido
Libretto *n* libretto
Libyen *n* Libya
Libyer, **Libyerin**, **libysch** *Adj* Libyan
licht *Adj* **1.** (*hell*) bright: PSYCH *und fig* ***lichter Augenblick*** lucid interval **2.** *Wald*: thin, *Haar*: *auch* thinning **3.** TECH ***lichte Höhe*** clear height, *einer Durchfahrt*: overhead clearance; ***lichte Weite*** inside width
Licht *n* **1.** light, (*Tageslicht*) daylight: ***Licht machen, das Licht anmachen*** turn on the light(s); *fig* ***bei Licht(e) besehen*** on closer inspection, (*streng genommen*) strictly speaking; ***ans Licht bringen (kommen)*** bring (come) to light; ***Licht bringen in*** (*Akk*) throw light on; ***das Licht der Welt erblicken*** see the light of day, be born; ***etw in einem anderen Licht erscheinen lassen*** reveal s.th. in a different light; *ugs* ***j-n hinters Licht führen*** deceive (*oder* dupe) s.o.; ***etw ins rechte Licht rücken*** put s.th. in its true light; ***das Licht scheuen*** shun the light; ***ein schlechtes (oder schiefes) Licht werfen auf*** (*Akk*) show *s.o., s.th.* in a bad light **2.** (*Lichtquelle*) light, (*Lampe*) lamp, (*Kerze*) candle: ***bei Licht arbeiten*** work by lamplight; ***die Lichter der Großstadt*** the lights of the city; *ugs* ***er ist kein großes Licht*** he is no genius; ***mir geht ein Licht auf*** I see (daylight); ***j-m ein Licht aufstecken*** open s.o.'s eyes; → ***grün, Scheffel*** **3.** KUNST (high)light **4.** ***Lichter*** *Pl* JAGD eyes *Pl*
Lichtanlage *f* lighting system
Lichtbild *n* photo(graph), (*Dia*) slide
Lichtbildervortrag *m* slide lecture
Lichtblick *m fig* ray of hope, (*Trost*) comfort: ***der einzige Lichtblick (in meinem Leben)*** the only bright spot (in my life)
Lichtbogen *m* ELEK arc
lichtbrechend *Adj* OPT refractive
lichtdurchlässig *Adj* permeable to light
lichtecht *Adj* lightproof, nonfading
lichtempfindlich *Adj* sensitive to light, light-sensitive, OPT, FOTO (photo-)sensitive: ***lichtempfindlich machen*** FOTO sensitize
Lichtempfindlichkeit *f* sensitivity to light, (light-)sensitivity, FOTO speed
lichten[1] **I** *v/t* **1.** (*Wald, Reihen etc*) thin (out) **II** *v/refl* ***sich lichten*** **2.** *Nebel etc*: clear, lift **3.** *Haare, Reihen, Wald etc*: be thinning (out), *Vorräte etc*: dwindle
lichten[2] *v/t* ***den Anker lichten*** weigh anchor
lichterloh *Adv* ***lichterloh brennen*** be ablaze
Lichtfilter *n, m* FOTO light filter
Lichtgeschwindigkeit *f* (***mit Lichtgeschwindigkeit*** at) speed of light
Lichtgriffel *m* COMPUTER light pen
Lichthof *m* **1.** ARCHI atrium **2.** ASTR, FOTO, TV halo
Lichthupe *f* MOT (headlamp) flasher: ***die Lichthupe betätigen*** flash one's lights
Lichtjahr *n* light year
Lichtkegel *m* cone of light
Lichtleitung *f* ELEK light circuit (*oder* mains *Pl*)
Lichtmaschine *f* MOT dynamo
Lichtorgel *f* colo(u)r organ
Lichtquelle *f* source of light
Lichtschacht *m* ARCHI light well
Lichtschalter *m* ELEK light switch
lichtscheu *Adj* **1.** shunning the light **2.** *fig* shady
Lichtschranke *f* photoelectric barrier
Lichtschutzfaktor *m* protection factor
lichtstark *Adj* FOTO *Objektiv*: fast
Lichtstärke *f* luminous intensity, FOTO speed
Lichtstift *m* COMPUTER light pen
Lichtstrahl *m* ray (*oder* beam) of light
lichtundurchlässig *Adj* opaque
Lichtung *f* clearing
Lid *n* eyelid
Lidschatten *m* eye shadow
lieb *Adj allg* dear, (*liebenswert*) *auch* sweet, (*nett*) nice, kind, (*artig*) good: ***Lieber Herr X*** *im Brief*: Dear Mr. X; ***sei lieb!*** be good!; ***sei(en Sie) so lieb!*** be a dear!, do you mind?; ***sei(en Sie) so lieb und …*** do me a favo(u)r and …; ***es ist mir lieb, dass …*** I am glad that …; ***es ist mir nicht lieb, dass …*** I don't like it that …; ***mehr als mir lieb war*** more than I really wanted; *fig* ***das liebe Geld*** always the money; ***lieb gewinnen*** grow (very) fond of; ***lieb haben*** love, be fond of; ***sich bei j-m lieb Kind machen*** ingratiate o.s. with s.o.; → ***Gott, lieber, liebst***
liebäugeln *v/i fig* ***liebäugeln mit*** have one's eye on, flirt with the idea of *Ger*
Liebchen *n* love, sweetheart
Liebe[1] *f* **1.** (***zu***) love (of, for), (*Zuneigung*) affection (for): ***die große Liebe*** the love of one's life; ***aus Liebe zu*** out of love for; ***aus Liebe heiraten*** marry for love; ***mit Liebe*** *schmücken etc* with loving care; ***Liebe macht blind*** love is blind; ***die Liebe geht durch den Magen*** the way to a man's heart is through his stomach **2.** (***körperliche***) ***Liebe*** love(making), sex **3.** *ugs* (*Person*) sweetheart, love, flame
Liebe[2] *m, f* dear (person): ***meine Liebe!*** my dear (girl)!; ***mein Lieber!*** my dear man!; ***meine Lieben!*** my dears!
liebebedürftig *Adj* ***liebebedürftig sein*** need a lot of affection
Liebelei *f* flirtation
lieben **I** *v/t* **1.** love, (*gernhaben*) *auch* like: ***sich lieben*** love each other, *sexuell*: make love; ***er liebt es nicht, wenn …*** he doesn't like it if …; ***ich würde liebend gern kommen*** I'd love to come; ***liebend gern!*** gladly! **2.** ***j-n lieben*** *sexuell*: make love to s.o. **II** *v/i* **3.** (be in) love **4.** *sexuell*: make love
Liebende *m, f* lover
liebenswert *Adj* lovable, amiable
liebenswürdig *Adj* kind, obliging: ***sehr liebenswürdig von Ihnen!*** very kind of you!
liebenswürdigerweise *Adv* kindly
Liebenswürdigkeit *f* **1.** kindness **2.** *Pl* **a)** compliments *Pl*, **b)** *iron* insults *Pl*
lieber *Adv* (*eher*) rather, sooner, (*besser*) better: ***lieber haben (als)*** prefer (to), like *s.o., sth.* better (than); ***du solltest lieber gehen*** you had better go; *meist iron* ***ich wüsste nicht, was ich lieber täte!, nichts lieber als das!***

L

there's nothing I'd like better; **(ich möchte) lieber nicht!** I would (*oder* I'd) rather not!
Liebesabenteuer *n*, **Liebesaffäre** *f* love affair
Liebesbrief *m* love letter
Liebesdienst *m* → **Gefallen**[1]
Liebesentzug *m* PSYCH deprivation
Liebeserklärung *f* declaration of love: **(j-m) eine Liebeserklärung machen** declare one's love (to s.o.)
Liebeserlebnis *n* **1.** experience of love **2.** love (affair)
Liebesgabe *f* (charitable) gift
Liebesgedicht *n* love poem
Liebesgeschichte *f* love story
Liebesheirat *f* love match
Liebeskummer *m* lovesickness: **Liebeskummer haben** be lovesick
Liebesleben *n* love life
Liebeslied *n* love song
Liebesmühe *f* **das ist verlorene Liebesmühe!** that's a waste of time!
Liebespaar *n* (pair of) lovers *Pl*, courting couple
Liebesroman *m* romance
Liebesspiel *n* loveplay
Liebesszene *f* love scene
liebevoll I *Adj* loving, affectionate **II** *Adv* **liebevoll pflegen** take loving care of
liebgewinnen → **lieb**
liebhaben → **lieb**
Liebhaber *m* **1.** *allg* lover, (*Fan*) *auch* enthusiast, fan, (*Sammler*) collector, (*Kenner*) connoisseur: **Liebhaber der Kunst** *etc* art *etc* lover **2.** THEAT **jugendlicher Liebhaber** juvenile lead
Liebhaber... collector's (*price*, *item*, *value*)
Liebhaberei *f fig* (**aus Liebhaberei** as a) hobby
Liebhaberin *f* **1.** → **Liebhaber** 1 **2.** THEAT **jugendliche Liebhaberin** jeune première
liebkosen *v/t*, **Liebkosung** *f* caress
lieblich *Adj* **1.** lovely, charming, sweet, (*reizend*) delightful, pleasant **2.** *Wein*: mellow, *Duft*: sweet
Lieblichkeit *f* loveliness, charm, sweetness
Liebling *m* darling, favo(u)rite, (*Kind, Tier*) pet: **Liebling!** (my) love!, darling!
Lieblings... favo(u)rite
Lieblingsschüler, **Lieblingsschülerin** teacher's pet
Lieblingsthema *n* pet subject
lieblos *Adj* loveless, *Worte etc*: unkind, *Eltern etc*: uncaring: *Adv* **lieblos zubereitet** prepared carelessly (*ugs* any old how)
Lieblosigkeit *f* unkindness, coldness
Liebreiz *m* charm, grace
Liebschaft *f* (love) affair
liebst I *Adj* dearest, (*bevorzugt*) favo(u)rite: **meine liebste Sendung** *etc auch* the program(me) *etc* I like best **II** *Adv* **am liebsten** best (*oder* most) of all; **am liebsten spiele ich Tennis** I like tennis best; **es wäre mir am liebsten, wenn ...** it would suit me best if ...
Liebste *m*, *f* (**mein Liebster, meine Liebste** my) darling (*oder* love, sweetheart)
Liechtenstein *n* Liechtenstein
Lied *n* song, (*Weise*) air, tune, (*Kunstlied*) lied: **geistliches Lied** hymn; *fig* **es ist immer das alte Lied** it's the same old story every time; **das Ende vom Lied** the upshot; **ich kann ein Lied davon singen** I can tell you a thing or two about it
Liederabend *m* lieder recital
Liederbuch *n* songbook
liederlich *Adj* **1.** slovenly, sloppy **2.** *Leben etc*: dissolute
Liedermacher, **Liedermacherin** singer-songwriter
Lieferant, **Lieferantin** supplier, (*Vertragslieferant*[*in*]) contractor: **Lieferant(in) für Speisen und Getränke** caterer
Lieferauto *n* → **Lieferwagen**
lieferbar *Adj* available: **die Ware ist sofort lieferbar** the article can be supplied (*oder* delivered) at once
liefern I *v/t* **1. j-m etw** (*auch fig Beweise etc*) **liefern** supply s.o. with s.th. **2.** (*ausliefern*) deliver (*Dat* to) **3.** (*Ertrag etc*) yield, give, *auch fig* provide: **einen harten Kampf liefern** put up a good fight; **ein gutes Spiel liefern** play well, make a good showing **4.** *ugs* **er ist geliefert!** he's done for!, he's had it! **II** *v/i* **5.** supply, deliver
Lieferschein *m* delivery note
Liefertermin *m* date of delivery
Lieferung *f* **1.** (*Belieferung*) supply, (*Auslieferung*) delivery: **zahlbar bei Lieferung** cash on delivery, C.O.D. **2.** (*Sendung*) consignment, *Am meist* shipment **3.** BUCHDRUCK instal(l)ment
Liefervertrag *m* supply (*oder* delivery) contract
Lieferwagen *m* delivery van (*Am* truck), *kleiner*: pickup
Lieferwerk *n* supplier's plant, suppliers *Pl*
Lieferzeit *f* delivery time
Liege *f* couch, (*Campingliege*) campbed, (*Gartenliege*) sunbed
Liegegeld *n* SCHIFF demurrage
liegen *v/i* **1.** lie, be: **lass das Buch liegen!** leave the book alone!; **liegst du bequem?** are you comfortable?; **(krank) im Bett liegen** be (ill) in bed; *ugs fig* **damit liegst du richtig!** (there) you are on the right track!; **an der Kette liegen** be chained up; **es lag Schnee** there was snow; **sein Schreibtisch liegt voll Bücher** his desk is covered with books; **liegen bleiben a)** remain lying: **(im Bett) liegen bleiben** stay in bed; **bleib liegen!** don't get up!, **b)** *Auto etc*: break down, *Fahrer etc*: be (*oder* get) stranded, **c)** *Schnee*: settle, **d)** *Arbeit etc*: be left unfinished: **das kann (bis nächste Woche) liegen bleiben** that can wait (till next week), **e)** *Ware*: be left unsold, **f)** (*vergessen werden*) be left behind; **liegen lassen a)** leave behind, **b)** (*Arbeit etc*) leave unfinished, **c)** leave *things* lying around: **alles stehen und liegen lassen** drop everything; → **links** 1; **das Geld liegt auf der Bank** the money is in the bank; SPORT **er liegt auf dem dritten Platz** he is (lying) in third place; *fig* **wie die Dinge liegen** as matters stand; **die Sache liegt so ...** the matter is as follows...; **die Preise liegen bei ...** prices are at (*ungefähr*: around) ...; **wo liegen seine Schwächen?** what are his weak points?; **da liegt der Fehler!** that's where the trouble lies! **2.** (**an** *Dat*) lie (on), be (situated) (at, near): **das Hotel liegt zentral** the hotel is centrally situated; **nach Süden liegen** face south; → **fern** I **3.** *fig* **j-m liegen a)** suit s.o., **b)** (*gefallen*) appeal to s.o.; **die Rolle liegt ihr** the part suits her; **er (es) liegt mir nicht** he (it) isn't my cup of tea **4.** *fig* **woran liegt es?** what's the reason (for it)?; **woran liegt es, dass er nie gewinnt?** why is it (that) he never wins?; **daran liegt es** that's (the reason) why; **es liegt daran, dass ...** the reason is that ...; **was liegt daran?** who cares?; **mir liegt viel (wenig) daran** it means a

lot (it doesn't mean much) to me; ***es liegt nicht an ihr*** (*, **wenn***) it's not her fault (*oder* she is not to blame) (if); ***an mir solls nicht liegen!*** **a)** it's all right by me!, **b)** I'll do my best!; ***es liegt bei*** (*oder **an***) ***dir*** (***zu entscheiden***) it is up to you (to decide)
liegenbleiben → ***liegen*** 1
liegenlassen → ***liegen*** 1
Liegenschaften *Pl* real estate *Sg*
Liegeplatz *m* SCHIFF berth
Liegesitz *m* MOT reclining seat
Liegestuhl *m* deckchair, *Am* beachchair
Liegestütz *m* SPORT press-up, *bes Am* push-up: ***einen Liegestütz machen*** do a press-up
Liegewagen *m* BAHN couchette
Liegewiese *f* lawn
Lifestyledroge *f* lifestyle drug
Lift *m* lift (*auch Skilift*), *Am* elevator
Liftboy *m* bell boy
liften *v/t* MED lift: ***sich*** (***das Gesicht***) ***liften lassen*** have a facelift
Liga *f* league, SPORT *auch* division
Likör *m* liqueur
lila *Adj* lilac, *dunkler*: mauve
Lilie *f* BOT lily
Liliputaner, **Liliputanerin** Lilliputian
Limonade *f* fizzy drink, *Am* soda pop
Limousine *f* MOT limousine, saloon (car), *Am* sedan
Linde *f* BOT lime (tree)
Lindenblütentee *m* lime-blossom tea
lindern *v/t* (*Not etc*) relieve, alleviate, (*Schmerzen*) *auch* soothe, ease
Linderung *f* relief, alleviation, easing: (***j-m***) ***Linderung verschaffen*** bring (s.o.) relief
Lineal *n* ruler
linear *Adj* WIRTSCH, MATHE linear
Linguist, **Linguistin** linguist
Linguistik *f* linguistics *Sg*
Linie *f allg* line (*auch fig*), (*Strecke*) *auch* route, POL *etc* course, policy, (*Parteilinie*) party line: ***auf die*** (***schlanke***) ***Linie achten*** watch one's figure; ***mit der Linie 2 fahren*** take the number two; *fig* ***auf der ganzen Linie*** all along the line, completely; ***in erster Linie*** in the first place
Linienbus *m* regular bus
Liniendienst *m bes* FLUG regular service
Linienflug *m* scheduled flight
Linienflugzeug *n*, **Linienmaschine** *f* scheduled plane
Liniennetz *n* (rail *etc*) network: ***das Liniennetz der U-Bahn*** the underground (system)
Linienpapier *n* ruled paper
Linienrichter, **Linienrichterin** SPORT linesman
linientreu *Adj* loyal (to the line): ***linientreu sein*** toe the line
Linientreue *m*, *f* party liner
Linienverkehr *m* regular service (*oder* traffic)
liniieren, **linieren** *v/t* rule, line
link *Adj* left: ***die linke Seite*** *von Stoff*: the reverse (side); ***auf der linken Seite, linker Hand*** on the left; ***linker Hand sehen Sie …*** on your left you see …; POL, SPORT ***linker Flügel*** left wing; POL ***dem linken Flügel angehören*** be left-wing; *fig* ***er ist wohl mit dem linken Fuß zuerst aufgestanden!*** he must have got out of bed on the wrong side; ***linke Masche*** **a)** purl (stitch), **b)** *auch* ***linke Tour*** *ugs fig* dirty trick; *ugs* ***ein ganz linker Typ*** a real bastard
Link *m* INTERNET link
Linke[1] *f* **1.** left hand, *Boxen*: left **2.** POL *the* Left **3.** left (side): ***zu ihrer Linken*** on her left
Linke[2] *m*, *f* POL left-winger, leftist
linken *v/t ugs* con, take *s.o.* for a ride
linkisch *Adj* awkward, clumsy
links *Adv* **1.** on (*oder* to) the left: ***nach links*** (to the) left; ***von links*** from the left; ***links von*** (on *oder* to the) left of; ***links von mir*** on (*oder* to) my left; ***links abbiegen*** turn left; ***sich links halten*** keep (to the) left; *fig* ***links liegen lassen*** ignore; *ugs* ***links sein*** **a)** be left-handed, **b)** *auch* ***links stehen*** POL be left-wing; ***links stricken*** purl; *ugs fig* ***das mach ich mit links*** that's kid's stuff (for me) **2.** (*verkehrt herum*) on the wrong side, inside out
Linksabbieger *m* MOT vehicle (*Pl* traffic *Sg*) turning left
Linksaußen *m* SPORT outside left
linksbündig *Adj* flush left, left justified
Linksextremist, **Linksextremistin** POL left-wing extremist
linksextremistisch *Adj* POL (of the) extreme left
linksgerichtet *Adj* POL left-wing
Linkshänder, **Linkshänderin** left-hander: ***Linkshänder(in) sein*** be left-handed
linksherum *Adv* **1.** TECH anticlockwise **2.** *anziehen etc* inside out
Linkskurve *f* left turn
linksrheinisch *Adj und Adv* on the left bank of the Rhine
Linksruck *m* POL swing to the left
Linkssteuerung *f* MOT left-hand drive
Linksverkehr *m* ***in Großbritannien ist Linksverkehr*** in Great Britain they drive on the left
Linoleum *n* linoleum, *ugs* lino
Linse *f* **1.** BOT lentil **2.** OPT lens
Lippe *f* lip: ***von den Lippen ablesen*** lip-read; ***ich brachte es nicht über die Lippen*** I couldn't bring myself to say it; *fig* ***sich auf die Lippen beißen*** bite one's lip; *ugs* ***eine*** (***große***) ***Lippe riskieren*** speak up
Lippenbekenntnis *n* (***ein Lippenbekenntnis ablegen*** pay) lip service (***zu*** to)
Lippenblütler *m* BOT labiate
Lippenlaut *m* LING labial (sound)
Lippenpflegestift *m* lip salve
Lippenstift *m* lipstick
liquid(e) *Adj* WIRTSCH liquid, solvent
Liquidation *f* **1.** WIRTSCH liquidation (*auch* POL *Tötung*), winding up **2.** (*Honorarforderung*) fee, charge, (*Rechnung*) bill
liquidieren *v/t* **1.** WIRTSCH liquidate (*auch* POL *töten*), wind up **2.** charge
Liquidität *f* WIRTSCH liquidity, solvency
lispeln *v/t und v/i* lisp. (*flüstern*) whisper
List *f* ruse, trick, cunning: ***zu einer List greifen*** resort to a ruse, use a trick
Liste *f allg* list (*auch* POL), (*Wahlliste*) *auch* ticket, (*Wählerliste etc*) register: ***j-n auf die Liste setzen*** put s.o.'s name on the list; *ugs fig* ***schwarze Liste*** black list; ***j-n auf die schwarze Liste setzen*** blacklist s.o.
Listenpreis *m* WIRTSCH list price
listig *Adj* cunning, sly, crafty
Litanei *f* litany
Litauen *n* Lithuania
Liter *n*, *m* litre, *Am* liter
literarisch **I** *Adj* literary **II** *Adv* ***sich literarisch betätigen*** write, be a writer
Literat, **Literatin** man (woman) of letters, literary man (woman)
Literatur *f* literature
Literatur… literary

Wichtige Titel der englischsprachigen Literatur

LK

Old English (vor 1066)	**Beowulf**
Middle English (1066–15. Jh.)	
Geoffrey Chaucer	**Canterbury Tales** (1387–1400)
Renaissance (Anfang 16. Jh.–1660)	
Sir Philip Sidney	**Astrophel and Stella** (1582)
William Shakespeare	**Romeo and Juliet** (1595)
John Milton	**Paradise Lost** (1667)
Classicism (1660–1798)	
Alexander Pope	**The Rape of the Lock** (1712)
Daniel Defoe	**Robinson Crusoe** (1719)
Romanticism (1798–1837)	
William Wordsworth	**The Daffodils** (1804)
Samuel Taylor Coleridge	**Kubla Khan** (1816)
John Keats	**Ode to a Nightingale** (1819)
Victorian Literature / 19th Century	
Sir Walter Scott	**Waverly** (1814)
Edgar Allan Poe	**The Fall of the House of Usher** (1839)
Charles Dickens	**A Christmas Carol** (1843)
Mark Twain	**The Adventures of Tom Sawyer** (1876)
Oscar Wilde	**The Importance of Being Earnest** (1895)
Modern Literature (20. / 21. Jh.)	
James Joyce	**Ulysses** (1922)
Virginia Woolf	**To the Lighthouse** (1927)
Aldous Huxley	**Brave New World** (1932)
George Orwell	**1984** (1949)
Arthur Miller	**Death of a Salesman** (1949)

Englischsprachige Nobelpreisträger

Jahr	Land	Autor	Beispieltitel
1907	GB	**Rudyard Kipling**	**The Jungle Book** (1894)
1923	IRL	**William Butler Yeats**	**The Hour Glass** (1903)
1925	GB	**George Bernard Shaw**	**Pygmalion** (1913)
1930	USA	**Sinclair Lewis**	**Main Street** (1920)
1932	GB	**John Galsworthy**	**The Forsyte Saga** (1922)
1936	USA	**Eugene O'Neill**	**Beyond the Horizon** (1920)
1938	USA	**Pearl Buck**	**The Good Earth** (1931)
1948	GB	**T. S. Eliot**	**The Waste Land** (1922)
1949	USA	**William Faulkner**	**The Sound and the Fury** (1929)
1950	GB	**Bertrand Russell**	**Human Knowledge, its Scope and Limits** (1940)
1953	GB	**Winston Churchill**	**The Second World War** (1948–54)
1954	USA	**Ernest Hemingway**	**The Old Man and the Sea** (1952)
1962	USA	**John Steinbeck**	**The Grapes of Wrath** (1939)
1969	IRL	**Samuel Beckett**	**Waiting for Godot** (1955)
1973	AUS	**Patrick White**	**The Tree of Man** (1951)
1976	USA	**Saul Bellow**	**The Adventures of Augie March** (1953)
1983	USA	**William Golding**	**Lord of the Flies** (1954)
1991	ZA	**Nadine Gordimer**	**July's People** (1981)
1992	St. Lucia	**Derek Walcott**	**The Fortunate Traveller** (1982)
1993	USA	**Toni Morrison**	**Song of Solomon** (1977)
1995	IRL	**Seamus Heaney**	**Wintering Out** (1972)
2001	GB	**V. S. Naipaul**	**A House for Mr. Biswas** (1961)
2003	ZA	**John M. Coetzee**	**Disgrace** (1999)

L

Literaturangaben *Pl* bibliography *Sg*
Literaturgattung *f* literary genre
Literaturgeschichte *f* history of literature
Literaturkritiker, **Literaturkritikerin** literary critic
Literaturpreis *m* literary award
Literaturwissenschaft *f* literature, literary studies *Pl*
literweise *Adv fig* by the gallon
Litfaßsäule *f* advertising pillar
Lithografie, **Lithographie** *f* lithography
Litschi *f* BOT lychee
Liturgie *f* liturgy
Litze *f* **1.** (*Tresse*) braid, lace **2.** ELEK (*Schnur*) cord, flex
live *Adj und Adv* live
Livesendung *f* live broadcast
Livree *f* livery: ***in Livree*** → ***livriert***
livriert *Adj* liveried
Lizenz *f* (***eine Lizenz haben*** hold a) licen/ce (*Am* -se): ***in Lizenz*** *herstellen* under licence
Lizenzausgabe *f* BUCHDRUCK edition printed under licence
Lizenzgeber, **Lizenzgeberin** licenser, licensor
Lizenzgebühr *f* royalty
Lizenzinhaber, **Lizenzinhaberin**, **Lizenznehmer**, **Lizenznehmerin** licensee
Lizenzvertrag *m* licensing agreement
Lkw, **LKW** *m* (= ***Lastkraftwagen***) lorry, *bes Am* truck
Lkw-Fahrer, **Lkw-Fahrerin** lorry driver, *bes Am* truck driver
Lob *n* (***über jedes Lob erhaben*** beyond) praise: ***j-s Lob singen*** sing s.o.'s praises; (*Dat*) ***ein Lob erteilen*** → ***loben***
Lobby *f auch* POL lobby
Lobbyist, **Lobbyistin** lobbyist
loben *v/t und v/i* (***wegen*** *Gen*, *Dat* for) praise, commend: ***das lob' ich mir!*** that's what I like!; ***da lobe ich mir …*** give me … any time; ***j-n lobend hervorheben*** single s.o. out for praise
lobenswert *Adj* laudable, commendable
Lobhudelei *f* base flattery
löblich → ***lobenswert***
Loblied *n fig* ***ein Loblied auf j-n singen*** sing s.o.'s praises
lobpreisen *v/t* praise, extol
Lobrede *f* eulogy: ***eine Lobrede auf j-n halten*** eulogize s.o.
Loch *n* **1.** *allg* hole, *im Zahn*: *auch* cavity, *im Reifen*: puncture, *im Zaun etc*: gap, (*Schlagloch*) pothole: *fig* ***ein Loch reißen in*** (*Akk*) make a hole in; ***ein Loch im Haushalt stopfen*** stop a gap in the budget; *ugs* ***er pfeift auf dem letzten Loch*** he's on his last legs **2.** *ugs fig* **a)** (*Behausung etc*) hole, dump, **b)** (*Gefängnis*) *sl* jug
lochen *v/t* (*knipsen*) punch, (*stanzen*) stamp, (*perforieren*) perforate
Locher *m* TECH punch, perforator
löcherig *Adj auch fig* full of holes
löchern *v/t ugs* ***j-n löchern*** pester s.o.
Lochkarte *f* punch(ed) card
Lochsäge *f* compass saw
Lochstreifen *m* punched tape
Lochung *f* perforation
Lochzange *f* punch pliers *Pl*, BAHN ticket punch
Locke *f* curl: ***Locken haben*** have curly hair
locken[1] *v/t und v/refl* ***sich locken*** curl
locken[2] *v/t* **1.** (*Tier*) lure, bait, (*rufen*) call **2.** *fig* lure, tempt: ***es lockt mich sehr zu*** *Inf* I'm very much tempted to *Inf*; ***lockendes Angebot*** tempting offer
Lockenkopf *m* (*Person*) curly-head
Lockenwickler *m* curler
locker *Adj* **1.** *allg* loose (*auch fig Sitten etc*), (*schlaff*) *auch* slack, *Boden*: *auch* friable, *Teig etc*: light: → ***Schraube*** 1 **2.** *fig Benehmen*, *Atmosphäre etc*: relaxed, easy, *Person*: *auch* cool: *Adv ugs* ***das schafft er locker*** he can do that easily
Lockerheit *f* **1.** looseness (*etc*) **2.** *fig* easy manner
lockerlassen *v/i ugs* ***nicht lockerlassen*** not to let up, keep (on) trying
lockermachen *v/t ugs* (***bei j-m***) ***Geld lockermachen*** (make s.o.) fork out (*oder* come across with) money
lockern **I** *v/t* loosen, (*Seil etc*) slacken, (*Griff etc, auch fig Disziplin etc*) relax: ***seine Muskeln lockern*** loosen up one's muscles **II** *v/refl* ***sich lockern*** become loose (*auch fig Sitten etc*), slacken, SPORT limber up, *fig Stimmung etc*: relax
Lockerung *f* loosening, *auch fig* relaxation
Lockerungsübung *f* SPORT limbering-up exercise
lockig *Adj* curly
Lockmittel *n auch fig* bait
Lockruf *m* ZOOL (mating) call
Lockspitzel *m* POL stool pigeon, agent provocateur
Lockung *f* lure, temptation
Lockvogel *m auch fig* decoy
Lockvogelwerbung *f* WIRTSCH loss-leader selling
Lodenmantel *m* loden (coat)
lodern *v/i auch fig* blaze
Löffel *m* **1.** spoon, (*Schöpflöffel*) ladle, TECH *auch* scoop: ***ein Löffel voll*** a spoonful; *ugs fig* ***den Löffel weglegen*** (*sterben*) peg out **2.** JAGD *und ugs* (*Ohr*) ear: ***schreib dir das hinter die Löffel!*** get that into your thick head once and for all!
Löffelbiskuit *m* spongefinger
löffeln *v/t* spoon
Löffelstiel *m* spoon handle
löffelweise *Adv* by the spoonful
Logarithmentafel *f* MATHE log table
Logarithmus *m* MATHE logarithm
Logbuch *n* SCHIFF log(book)
Loge *f* **1.** THEAT box **2.** (*Freimaurerloge*) lodge
Logik *f* logic
logisch *Adj allg* logical: *ugs* (***das ist doch***) ***logisch!*** naturally!, of course!
logischerweise *Adv* logically
Logistik *f* logistics *Pl* (*meist Sg konstr*)
logo *Adj präd ugs* sure (thing)
Logo *m*, *n* (*Firmenzeichen*, *Aufdruck etc*) logo
Logopäde *m*, **Logopädin** *f* speech therapist
Logopädie *f* logop(a)edics *Pl* (*meist Sg konstr*), speech therapy
Lohn *m* **1.** wages *Pl*, pay(ment) **2.** *fig* (***zum Lohn*** in) reward (***für*** for): ***seinen wohlverdienten Lohn erhalten*** *auch iron* get one's just deserts
Lohnabschluss *m* wage agreement
Lohnausfall *m* loss of wages
Lohnausgleich *m* ***bei vollem Lohnausgleich*** without cuts in pay
Lohnbuchhalter, **Lohnbuchhalterin** wages clerk
Lohnbüro *n* pay office

Lohnempfänger, **Lohnempfängerin** wage earner
lohnen **I** *v/refl* **1.** ***sich lohnen*** be worth(while), pay; ***es lohnt sich*** it's worth it; ***es lohnt sich zu*** *Inf* it's worth *Ger*, it pays to *Inf*; ***der Film lohnt sich*** the film is worth seeing; ***Verbrechen lohnt sich nicht*** crime doesn't pay **II** *v/t* **2.** (*belohnen*) reward: ***j-m etw schlecht lohnen*** ill repay s.o. **3.** ***die Mühe*** (***einen Besuch***) ***lohnen*** be worth the trouble (a visit)
lohnend *Adj* **1.** *finanziell*: paying, profitable **2.** *fig* worthwhile, rewarding, (*sehenswert etc*) worth seeing (*etc*)
Lohnerhöhung *f* wage increase, (pay) rise, *Am* raise
Lohnforderung *f* wage claim
Lohnfortzahlung *f im Krankheitsfall* statutory sick pay
Lohngefälle *n* wage differential
Lohngruppe *f* pay bracket
lohnintensiv *Adj* wage-intensive
Lohnkampf *m* wage dispute
Lohnkosten *Pl* wage costs *Pl*: ***sehr hohe Lohnkosten haben*** *Firma*: have a huge payroll
Lohnkürzung *f* wage cut: ***Lohnkürzung im Krankheitsfall*** sick-leave cuts
Lohnnebenkosten *Pl* employers' costs *Pl*, wage incidentals *Pl*
Lohn-Preis-Spirale *f* wage-price spiral
Lohnrunde *f* round of wage negotiations
Lohnsteuer *f* wage(s) tax
Lohnsteuerjahresausgleich *m* annual adjustment of income tax
Lohnsteuerkarte *f* wage(s) tax card
Lohnstopp *m* pay freeze
Lohnstreifen *m* pay slip
Lohntarif *m* wage rate
Lohntüte *f* wage packet
Loipe *f* cross-country (skiing) trail
Lok *f* BAHN *ugs* engine
lokal *Adj* local
Lokal *n* restaurant, (*Kneipe*) pub, *Am* saloon
Lokal... local (*newspaper, reporter, press, etc*)
Lokalanästhesie *f* MED local an(a)esthesia
Lokalfernsehen *n* local TV
lokalisieren *v/t* locate, *auch* MED localize (***auf*** *Akk* to)
Lokalkolorit *n* local colo(u)r
Lokalpatriotismus *m* local patriotism
Lokalradio *n* local radio
Lokalsender *m* RADIO local radio (station), TV local TV (station), RADIO, TV local broadcasting (station)
Lokaltermin *m* JUR visit to the scene (of the crime)
Lokalverkehr *m* local traffic
Lokomotive *f* engine
Lokomotivführer, **Lokomotivführerin** engine driver, *Am* engineer
Lombardkredit *m* WIRTSCH collateral loan
Lombardsatz *m* rate for (central bank) loans on securities
Londoner[1] *Adj* (of) London
Londoner[2], **Londonerin** Londoner
Lorbeer *m* **1.** BOT laurel (tree), bay (tree) **2.** GASTR (*Lorbeerblatt*) bay leaf **3.** *Pl fig* laurels *Pl*: ***sich auf seinen Lorbeeren ausruhen*** rest on one's laurels; ***damit kannst du*** (***bei ihr***) ***keine Lorbeeren ernten*** that won't get you anywhere (with her)
Lorbeerblatt *n* bay leaf
Lore *f* BAHN tipper

los[1] *Adj präd* **1.** (*ab, weg*) off: ***der Knopf ist los*** the button is off; ***der Hund ist los*** the dog is loose **2.** *ugs j-n, etw* ***los sein*** be rid of; ***den wären wir los!*** good riddance!; ***mein Geld bin ich los*** my money is gone; *auch* → ***losgehen***, ***loslegen*** *etc* **3.** *ugs* ***was ist los*** **a**) (***mit dir***)***?*** what's the matter (*oder* what's wrong) (with you)?, **b**) (***hier***)***?*** what's going on (here)?, **c**) ***in Berlin*** *an Veranstaltungen etc*: what's on in Berlin?, *politisch etc*: what's going on in Berlin?; ***da war*** (***schwer***) ***was los*** **a**) *Stimmung, Trubel etc*: things were really happening, **b**) *Ärger, Streit*: the sparks were flying; ***hier ist nichts*** (***nie was***) ***los!*** nothing doing (*oder* no action) around here!; ***wo ist hier was los?*** where can you go around here?; ***mit ihm ist nicht viel los*** he isn't up to much
los[2] *Interj* let's go!, *anfeuernd*: go!; (***schieß***) ***los!*** fire away!; SPORT ***Achtung, fertig, los!*** ready, steady, go!; ***nun aber*** (*oder* ***nichts wie***) ***los!*** let's get going (*oder* cracking)!; ***nun mal los!*** here goes!; ***los, sag schon!*** come on, tell me!
Los *n* **1.** lot, (*Lotterielos*) ticket, number: ***ein Los ziehen*** draw a lot (*Lotterie*: ticket); ***das große Los ziehen*** **a**) win the first prize, **b**) *fig* hit the jackpot, **c**) ***mit j-m*** (***etw***) strike it lucky with s.o. (s.th.); ***etw durch das Los entscheiden*** decide s.th. by drawing lots (*durch Münzwurf*: by a toss-up); ***das Los fiel auf ihn zu*** *Inf* it fell upon him to *Inf* **2.** *fig* lot, fate: ***ein schweres Los*** a hard lot **3.** WIRTSCH lot
losarbeiten *v/i* ***losarbeiten auf*** (*Akk*) work for
lösbar *Adj* **1.** CHEM soluble **2.** *Rätsel etc*: solvable
losbekommen *v/t* get *s.o., s.th.* off
losbinden *v/t* untie
losbrechen **I** *v/t* break off **II** *v/i Sturm etc*: break, *Gelächter etc*: break out
löschen[1] *v/t* **1.** (*Feuer, Licht etc*) extinguish, put out: *fig* ***den Durst löschen*** quench one's thirst **2.** TECH quench, (*Kalk*) slake **3.** (*Tinte*) blot **4.** (*streichen*) strike off, cancel (*auch Hypothek*), *bes* COMPUTER delete, (*auch Bandaufnahme etc*) erase, (*Schuld*) settle: ***ein Konto löschen*** close an account **5.** *fig* (*auslöschen*) efface
löschen[2] *v/t* SCHIFF unload
Löschfahrzeug *n* fire engine, *Am* fire truck
Löschgerät *n* fire extinguisher, *Koll* fire-fighting equipment
Löschmannschaft *f* fire brigade
Löschpapier *n* blotting paper
Löschtaste *f* erase button, COMPUTER delete key
lose *Adj allg, auch fig* loose
Lösegeld *n* ransom
loseisen *ugs fig v/refl* ***sich*** (*v/t* ***j-n***) ***loseisen*** get (s.o.) away (***von*** from)
losen *v/i* ***losen um*** draw lots (*mit einer Münze*: toss up) for
lösen **I** *v/t* **1.** (*ablösen*) remove, detach **2.** (*Haare, Krawatte etc*) undo, (*Bremse etc*) release, (*lockern, auch* MED) loosen, relax **3.** *fig* (*Aufgabe, Rätsel etc*) solve (*auch* MATHE), (*Frage*) answer, (*Konflikt etc*) resolve, settle **4.** *fig* (*Ehe etc*) dissolve, (*Verlobung*) break off, (*Verbindung etc*) sever, (*Vertrag*) terminate **5.** (*Fahr-, Eintrittskarte*) buy, get **6.** CHEM dissolve **II** *v/refl* ***sich lösen*** **7.** come loose, *Knoten etc*: come undone, (*sich ablösen*) come off, (*sich lockern*) loosen (*auch* MED): ***ein Schuss löste sich*** the gun went off **8.** ***sich lösen*** (***von*** from)

free o.s., *auch* SPORT break away **9.** *Problem etc*: solve itself, *Konflikt etc*: resolve itself **10.** *Spannung etc*: ease: → ***gelöst*** **11.** CHEM dissolve
losfahren *v/i* leave, *selbst*: drive off
losgehen *v/i* **1.** leave, *auch Gewehr, Schuss etc*: go off **2.** *ugs* (*beginnen*) start, begin: ***gleich gehts los!*** it's just about to begin!; ***jetzt gehts los!*** here goes!, here we go!; ***es kann losgehen!*** we're (*oder* I'm *etc*) ready!; ***jetzt gehts schon wieder los!*** here we go again! **3.** *ugs* (*abgehen*) come off **4.** ***losgehen auf*** (*Akk*) head (*oder* make) for; ***mit dem Messer auf j-n losgehen*** go for s.o. with a knife
loshaben *v/t ugs*: ***er hat*** (***schwer***) ***was los*** he's very good (***in*** *Dat* at), he's on the ball
losheulen *v/i ugs* burst into tears
loskaufen *v/t* buy *s.o.* free, ransom
loskommen *v/i* (***von***) *allg* get away (from), *fig auch* get rid (of)
loskriegen *v/t ugs* **1.** get *s.th.* off **2.** (*loswerden*) get rid of
loslachen *v/i* (***laut***) ***loslachen*** laugh out (loud)
loslassen I *v/t* **1.** let go of, let *s.o.* go, release: ***den Hund auf j-n loslassen*** set the dog on s.o.; *ugs fig* ***j-n auf die Menschheit loslassen*** let s.o. loose on humanity; ***das Buch lässt einen nicht mehr los*** the book is quite unputdownable; ***der Gedanke lässt mich nicht*** (***mehr***) ***los*** I can't get it out of my mind **2.** (*Schlag etc*) let go with, (*Feuerwerk*) let off, (*Protest etc*) launch, (*Brief etc*) let fly with, (*Witz etc*) crack **II** *v/i* **3.** let go: ***nicht loslassen!*** *auch* hang on!
loslegen *v/i ugs* **1.** get cracking, *Läufer, Auto etc*: zoom off, *Fahrer*: *auch* step on it **2.** *fig* (*reden, schimpfen*) get going, *stärker*: let fly (***gegen*** at): ***dann legte er los*** *allg* then he really got going; ***leg los!*** fire away!
löslich *Adj* CHEM soluble
loslösen → ***lösen*** 1, 2, 6, 7
losmachen I *v/t* **1.** → ***lösen*** 1, 2 **2.** SCHIFF cast off **II** *v/refl* ***sich losmachen*** → ***lösen*** 7
losreißen I *v/t* tear off **II** *v/refl* ***sich losreißen*** break (*fig* tear o.s.) away (***von*** from)
losrennen *v/i* dash off, run off
lossagen *v/refl* ***sich lossagen von*** break with
losschlagen I *v/t* (*Waren*) sell off, *Auktion*: knock off **II** *v/i* MIL strike
losschnallen *v/t* unbuckle: FLUG, MOT ***sich losschnallen*** undo one's seat belt
losschrauben *v/t* unscrew
lossteuern *v/i* ***lossteuern auf*** (*Akk*) *auch fig* make (*oder* head) for
Losung[1] *f* **1.** MIL password **2.** *fig* watchword, POL *auch* slogan
Losung[2] *f* JAGD dung
Lösung *f allg* solution
Lösungsmittel *n* CHEM solvent
loswerden *v/t* **1.** get rid of: ***ich werde das Gefühl nicht los, dass …*** I can't help feeling that …; ***das musste ich mal loswerden!*** I had to get that off my chest! **2.** *ugs* (*verlieren*) lose, (*ausgeben*) spend
losziehen *v/i* **1.** set out, march off **2.** *fig* ***losziehen gegen*** lay into, let fly at
Lot *n* **1.** MATHE (***ein Lot fällen*** drop a) perpendicular: ***aus dem Lot*** out of plumb; *fig* ***im Lot sein*** be in good order; ***etw wieder ins Lot bringen*** set s.th. right again **2.** (*Bleilot*) plumb (bob) **3.** TECH (*Lötmetall*) solder
loten *v/t und v/i* plumb, *mit Echolot*: sound
löten *v/t* TECH solder
Lotion *f* lotion
Lötkolben *m* soldering iron
Lötlampe *f* soldering lamp, *bes Am* blowtorch
Lötmetall *n* solder
lotrecht *Adj* perpendicular, vertical
Lotse *m* SCHIFF pilot
lotsen *v/t* **1.** SCHIFF pilot **2.** *ugs fig* ***j-n lotsen*** guide s.o. (***durch*** through), (*schleppen*) drag s.o. off (***in*** *Akk* to)
Lotsendienst *m* MOT driver-guide service
Lotsengebühr *f* SCHIFF pilotage
Lotsin *f* pilot
Lotterie *f* lottery
Lotteriegewinn *m* (lottery) prize
Lotterielos *n* (lottery) ticket
Lotteriespiel *n* lottery, *fig* gamble
Lotto *n* **1.** (*Spiel*) lotto, bingo **2.** (*Zahlenlotto*) Lotto, (West German numbers pool) lottery: ***im Lotto spielen*** do Lotto
Lotto-Annahme(stelle) *f* Lotto ticket agency
Lottoschein *m* Lotto ticket
Löwe *m* **1.** ZOOL lion **2.** ASTR (***er ist Löwe*** he's [a]) Leo
Löwenanteil *m fig* lion's share
Löwenmähne *f fig* (thick) mane
Löwenmaul *n* BOT snapdragon
Löwenzahn *m* BOT dandelion
Löwin *f* ZOOL lioness
loyal *Adj* loyal (***j-m gegenüber*** to s.o.)
Loyalität *f* loyalty
Luchs *m* ZOOL lynx: *fig* ***Augen haben*** (***aufpassen***) ***wie ein Luchs*** have eyes (watch) like a hawk
Lücke *f auch fig* gap, (*Gesetzeslücke etc*) *auch* loophole: ***eine Lücke schließen*** fill a gap
Lückenbüßer, **Lückenbüßerin** stopgap
lückenhaft *Adj* **1.** *Gebiss etc*: full of gaps, gappy **2.** *fig* incomplete: ***lückenhaftes Wissen*** *auch* sketchy knowledge
lückenlos *Adj* **1.** without gaps **2.** *fig* complete, full: ***lückenlose Beweiskette*** watertight evidence
Lückentest *m* completion test, gap-fill
Luder *n ugs* **1.** (***gemeines***) ***Luder*** beast, (*Frau*) *auch* bitch; (***ordinäres***) ***Luder*** hussy **2.** ***armes Luder*** poor creature; ***dummes Luder*** silly fool **3.** (***kleines***) ***Luder*** brat, (little) devil
Luft *f* **1.** air: ***die Luft ablassen aus*** deflate; *ugs fig* ***da war*** (***bei der Sache***) ***die Luft raus*** all the steam was gone; ***an die*** (***frische***) ***Luft gehen,*** (***frische***) ***Luft schöpfen***, *ugs* ***Luft schnappen*** get some (fresh) air; *ugs fig* ***j-n an die*** (***frische***) ***Luft setzen*** chuck s.o. out, (*entlassen*) *auch* fire s.o.; *fig* ***sich in Luft auflösen*** vanish into thin air, *Pläne etc*: go up in smoke; ***j-n wie Luft behandeln*** cut s.o. dead; (***völlig***) ***aus der Luft gegriffen sein*** be (totally) unfounded; ***es liegt etw in der Luft*** there is s.th. in the wind; ***die Luft ist rein*** the coast is clear; *ugs* ***es ist dicke Luft*** there is trouble brewing **2.** (*Atemluft*) breath: ***die Luft anhalten*** hold (*oder* catch) one's breath; *ugs* ***halt*** (***mal***) ***die Luft an!*** pipe down!, (*übertreib nicht*) come off it!; ***tief Luft holen*** take a deep breath, *fig* swallow hard; ***nach Luft ringen*** gasp for air; *ugs* ***mir blieb die Luft weg*** I was dumbfounded, ***vor Schreck*** I was breathless with shock **3.** (*Luftraum*) sky, air: ***in die Luft jagen, in die Luft fliegen*** blow up; *ugs fig* ***in die Luft gehen*** blow one's top, hit the roof; ***das hängt*** (***alles***) ***noch in der Luft!*** it's all (still) up in the air!;

in der Luft zerreißen tear *s.o., s.th.* to pieces **4.** (*Luftzug*) breeze **5.** *ugs* (*Platz*) space, room: ***ich muss erst etw Luft schaffen*** I must make some room first; *fig* ***sich*** (*oder* ***seinem Herzen, Zorn*** *etc*) ***Luft machen*** let off steam; ***endlich hab ich wieder Luft!*** I can breathe again at last!
Luftangriff *m* air raid
Luftaufnahme *f* aerial photograph (*oder* shot *oder* view)
Luftballon *m* balloon
Luftbild *n* aerial view
Luftbildkarte *f* aerial map
Luftblase air bubble
Luft-Boden-... MIL air-to-ground ...
Luftbrücke *f* airlift
Lüftchen *n* (gentle) breeze
luftdicht **I** *Adj* (*auch* ***luftdicht machen***) airproof **II** *Adv* ***luftdicht verschließen*** airseal
Luftdruck *m* METEO atmospheric pressure, TECH air pressure, *einer Explosion*: blast
Luftdruck... TECH air-pressure
lüften *v/t* **1.** (*auch v/i*) air, ventilate: ***seine Kleidung lüften*** give one's clothes an airing **2.** (*heben*) lift, raise **3.** *fig* ***ein Geheimnis lüften*** disclose a secret
Lüfter *m* TECH ventilator, (*Entlüfter*) exhaustor, (*Gebläse*) blower
Luftfahrt *f* aviation
Luftfahrtgesellschaft *f* airline
Luftfahrtindustrie *f* aircraft industry
Luftfahrzeug *n* aircraft
Luftfeuchtigkeit *f* (atmospheric) humidity
Luftfilter *n, m* air filter
Luftflotte *f* air fleet
Luftfracht *f* airfreight
Luftfrachtbrief *m* air waybill
luftgekühlt *Adj* air-cooled
luftgestützt *Adj* MIL air-launched
luftgetrocknet *Adj* air-dried
Luftgewehr *n* air gun
Luftherrschaft *f* air supremacy
Lufthoheit *f* air sovereignty
Lufthülle *f* atmosphere
luftig *Adj* **1.** airy, breezy: ***in luftiger Höhe*** high up **2.** *fig Kleidung*: flimsy, light
Luftkammer *f* BIOL, TECH air chamber
Luftkampf *m* air combat
Luftkissenboot *n* hovercraft
Luftkissenfahrzeug *n* air cushion vehicle, hovercraft
Luftkorridor *m* air corridor
luftkrank *Adj* airsick
Luftkühlung *f* air cooling
Luftkurort *m* climatic health resort
Luftlandetruppen *Pl* airborne troops *Pl*
luftleer *Adj* air-void: ***luftleerer Raum*** vacuum
Luftlinie *f* ***100 km Luftlinie*** 100 km as the crow flies
Luftloch *n* airhole, FLUG *auch* air pocket
Luft-Luft-... MIL air-to-air (*missile etc*)
Luftmangel *m* MED want (*oder* lack) of air
Luftmatratze *f* air mattress, air bed
Luftpirat, Luftpiratin hijacker, skyjacker
Luftpistole *f* air pistol
Luftpost *f* (***mit*** *oder* ***per Luftpost*** by) airmail
Luftpostbrief, Luftpostleichtbrief *m* air letter
Luftpumpe *f* air pump
Luftraum *m* air space
Luftreinhaltung *f* air-pollution control
Luftrettungsdienst *m* air rescue service
Luftröhre *f* ANAT windpipe
Luftsack *m* FLUG windsock, MOT airbag
Luftschiff *n* airship, dirigible
Luftschlauch *m* air tube, *Fahrrad*, MOT inner tube
Luftschleuse *f Raumfahrt*: air lock
Luftschlösser *Pl* castles *Pl* in the air
Luftschraube *f* FLUG airscrew
Luftschutz *m* air-raid precautions *Pl*
Luftschutzkeller *m*, **Luftschutzraum** *m* air-raid shelter
Luftschutzübung *f* air-raid drill
Luftspiegelung *f* mirage
Luftsprung *m* ***vor Freude einen Luftsprung machen*** jump for joy
Luftstreitkräfte *Pl* air force *Sg*
Luftstrom *m*, **Luftströmung** *f* air current
Luftstützpunkt *m* MIL air base
Lufttaxi *n* air taxi
Lufttransport *m* air transport, airlift
Lüftung *f* **1.** ventilation **2.** → ***Lüftungsanlage***
Lüftungsanlage *f* ventilation (system)
Luftveränderung *f* change of air
Luftverkehr *m* air traffic
Luftverkehrslinie *f* airline, airway
Luftverschmutzung *f* air pollution
Luftverteidigung *f* air defen/ce (*Am* -se)
Luftwaffe *f* MIL air force
Luftweg *m* **1.** air route: ***auf dem Luftwege*** by air **2.** *Pl* ANAT respiratory tracts *Pl*
Luftwiderstand *m* air resistance, FLUG, TECH *auch* drag
Luftzufuhr *f* air supply
Luftzug *m* draught, *Am* draft
Lüge *f* lie: ***etw Lügen strafen*** belie s.th.
lugen *v/i* peer
lügen **I** *v/i* lie, tell a lie (*oder* lies): ***ich müsste lügen, wenn ...*** I'd be lying if ... **II** *v/t* ***das ist gelogen!*** that's a lie!
Lügendetektor *m* lie detector
Lügengeschichte *f* cock-and-bull story
Lügner, Lügnerin liar
lügnerisch *Adj Person*: lying, *auch Behauptung etc*: untrue, false
Luke *f* **1.** (*Einstiegsluke, Ladeluke etc*) hatch **2.** (*Dachluke*) skylight
lukrativ *Adj* lucrative
lukullisch *Adj* sumptuous *dinner etc*
Lümmel *m* lout
lümmelhaft *Adj* loutish
lümmeln *v/refl* ***sich lümmeln*** *ugs* sprawl
Lump *m* scoundrel, blackguard
lumpen *v/t ugs* ***sich nicht lumpen lassen*** come down handsomely
Lumpen *m* **1.** rag **2.** *Pl* rags *Pl* (*auch Kleidung*)
Lumpenpack *n* bunch of no-gooders
lumpig *Adj fig* **1.** (*gemein*) shabby **2.** (*gering*) paltry, measly (*ten dollars etc*)
Lunchpaket *n* packed lunch
Lunge *f* **1.** ANAT lungs *Pl*: MED ***eiserne Lunge*** iron lung; *fig* ***die grünen Lungen einer Stadt*** the lungs of a city **2.** GASTR lights *Pl*
Lungen... pulmonary (*artery, embolism, etc*)
Lungenbraten *m österr.* filet of beef
Lungenentzündung *f* pneumonia
Lungenflügel *m* ANAT lung
Lungenheilstätte *f* sanatorium, *bes Am* sanitarium
lungenkrank *Adj* (**Lungenkranke** *m, f* person) suffering from (a) lung disease
Lungenkrankheit *f* lung disease
Lungenkrebs *m* MED lung cancer
Lungentuberkulose *f* pulmonary tuberculosis
Lungenzug *m* ***einen Lungenzug machen*** inhale

Lunte *f ugs fig* ***Lunte riechen*** smell a rat
Lupe *f* magnifying glass: *ugs fig* ***unter die Lupe nehmen*** scrutinize *s.o., s.th.* closely
lupenrein *Adj* **1.** *Diamant*: flawless **2.** *ugs fig* clean, perfectly honest
Lupine *f* BOT lupine
Lust *f* **1.** (*Neigung*) inclination, (*Verlangen*) desire, (*Interesse*) interest: ***hätten Sie Lust zu kommen?*** would you like to come?; ***ich hätte große Lust zu kommen*** I'd love to come; ***ich habe Lust zu tanzen*** I feel like dancing; *ugs* ***ich hätte Lust auf ein Bier*** I feel like a beer; ***ich hätte nicht übel Lust zu*** *Inf* I have half a mind to *Inf*; ***ich habe keine Lust*** (***dazu*** *oder* ***darauf***) I don't feel like it, I'm not in the mood (for it); ***die*** (*oder* ***alle***) ***Lust verlieren*** (***an*** *Dat*) lose all interest (in) **2.** (*Vergnügen*) pleasure (*auch* PSYCH), delight: ***etw mit Lust und Liebe tun*** put one's whole heart into s.th. **3.** (*sexuelle Begierde*) (sexual) desire (*oder* appetite), *pej* lust, (*sexueller Genuss*) (sexual) pleasure

Lust ≠ lust

Lust	=	inclination, desire; interest
lust	=	(*sexuelle*) Begierde *od* Lust; Gier

lustbetont *Adj* PSYCH hedonistic
Lüster *m* chandelier
Lüsterklemme *f* lustre terminal
lüstern *Adj* **1.** (*gierig*) greedy (***nach*** for) **2.** lecherous, lewd
Lüsternheit *f* **1.** greediness **2.** lecherousness, lewdness
Lustgewinn *m* PSYCH pleasure gain
lustig *Adj* merry, cheerful, jolly, (*komisch*) funny, amusing: ***er*** (***es***) ***ist sehr lustig*** he (it) is great fun; ***sich lustig machen über*** (*Akk*) make fun of; *iron* ***das kann ja lustig werden!*** nice prospects!; *ugs* ***solange du lustig bist*** as long as you like; *Adv ugs* ***sie unterhielten sich lustig*** (*unbekümmert*) ***weiter*** they blithely went on talking (regardless)

lustig ≠ lusty

lustig	=	merry, cheerful, funny
lusty	=	kräftig, robust

Lustigkeit *f* **1.** gaiety, cheerfulness **2.** funniness, fun
Lüstling *m* lecher
lustlos *Adj allg* listless, WIRTSCH *auch* slack
Lustmolch *m ugs* (old) lecher
Lustmord *m* sex murder
Lustmörder, **Lustmörderin** sex killer
Lustobjekt *n* sex object
Lustschloss *n* summer residence
Lustspiel *n* THEAT comedy
lutschen *v/t und v/i* suck (***an*** *Dat* s.th.): → ***Daumen***
Lutscher *m* **1.** lollipop **2.** → ***Schnuller***
Luv *n*, **Luvseite** *f*, **luvwärts** *Adv* SCHIFF windward
Luxemburg *n* Luxembourg
luxuriös *Adj* luxurious
Luxus *m auch fig* luxury
Luxus... luxury, de luxe
Luxusartikel *m* luxury (article), *Pl auch* luxury goods *Pl*
Luxusausführung *f* de luxe model
Luxusdampfer *m* luxury liner
Luxushotel *n* luxury hotel
Luxusleben *n* life of luxury
Luxusrestaurant *n* first-class restaurant
Luxuswagen *m* MOT luxury car
Luzern *n* Lucerne
Lymphdrüse *f* ANAT lymph gland
Lymphe *f* PHYSIOL lymph
Lymphgefäß *n* ANAT lymphatic (vessel)
Lymphknoten *m* ANAT lymph node
lynchen *v/t* lynch
Lynchjustiz *f* (***Lynchjustiz üben*** resort to) lynch law
Lynchmord *m* lynching
Lyrik *f* **1.** poetry **2.** (*lyrische Art*) lyricism
Lyriker, **Lyrikerin** (lyric) poet(ess), lyricist
lyrisch *Adj* lyric, *auch fig* lyrical

M

M, **m** *n* M, m
Maat *m* SCHIFF (ship's) mate
Machart *f* make, style, type
machbar *Adj* practicable, possible
Mache *f ugs* **1.** make-believe, show **2.** ***etw in der Mache haben*** be working on s.th.
machen **I** *v/t* **1.** *allg* make, (*zubereiten*) *auch* prepare (*dinner etc*), (*erledigen*) *auch* do (*one's homework etc*), (*Foto, Prüfung*) take: ***etw machen aus*** (*Dat*) make s.th. of (*oder* from); ***aus dem Keller eine Werkstatt machen*** turn the cellar into a workshop; *fig* ***aus j-m einen Star machen*** make a star of s.o.; ***sie machten ihn zum Abteilungsleiter*** they made him head of the department; → ***gemacht*** **2.** (*in Ordnung bringen*) do, put in order, (*reparieren*) *auch* fix, repair, (*Bett*) make, (*Zimmer*) do, tidy up **3.** (*tun*) do: ***was macht er?*** what is he doing?, *beruflich*: what does he do for a living?, (*wie geht es ihm?*) how is he (getting on)?; ***was machst du morgen?*** what are you doing tomorrow?; ***wird gemacht!*** okay, I'll do it!, *sl* will do!; ***gut gemacht!*** well done!; ***machs gut!*** take care (of yourself)!; ***das lässt***

sich machen! that can be done (*oder* arranged)!; ***so etw macht man nicht!*** that isn't done!; ***da ist nichts zu machen!*** nothing doing!; ***da(gegen) kann man nichts machen!*** it can't be helped!; *ugs* ***er wird es nicht mehr lange machen*** he (*der Motor etc*: it) won't last much longer; ***der Wagen macht 160 km/h*** the car does 100 mph **4.** (*Appetit, Freude etc*) give: ***das macht Durst!*** that makes you thirsty!; ***das macht das Wetter*** it's the weather **5.** ***j-n gesund machen*** cure s.o.; ***j-n glücklich machen*** make s.o. happy **6.** (*ausmachen*) matter: ***das macht nichts!*** that doesn't matter!, never mind!; ***das macht mir nichts!*** I don't mind (*pej* care)! **7.** ***sich etw (nichts) machen aus*** (*Dat*) (not to) care about (*Speisen etc*: for); ***mach dir nichts daraus!*** don't worry (about it)!; ***ich mache mir nichts aus ihm*** I don't care (much) for him **8.** *ugs* (*ergeben*) be: ***4 mal 5 macht 20*** four times five is twenty; ***was*** (*oder* ***wie viel***) ***macht das?*** how much is that?; ***das macht 10 Euro*** that will be ten euros **9.** *ugs* (*fungieren als*) be, act as: ***den Schiedsrichter machen*** be (the) referee **II** *v/refl* ***sich machen*** **10.** *ugs* come along (well), be getting on (well): ***wie macht sich der Neue?*** how is the new man coming along?; ***die Sache macht sich!*** things are shaping up well!; ***das Bild macht sich gut dort*** the picture looks nice there **11.** ***sich an eine Sache machen*** get down to (doing) s.th.; ***sich an die Arbeit machen*** get down to work **III** *v/i* **12.** *ugs* ***mach, dass du fortkommst!*** off with you!, get lost!; ***mach schnell!, mach schon!*** hurry up!, get a move on! **13.** (*tun*) do: ***lass ihn nur machen!*** **a)** let him (do as he pleases)!, **b)** (*überlass es ihm*) just leave it to him! **14.** *ugs* ***er macht jetzt in*** (*handelt mit*) ***Radios*** he deals in (*oder* sells) radios now; ***sie macht jetzt in*** (*beschäftigt sich mit*) ***moderner Kunst*** she's into modern art now

Machenschaften *Pl* machinations *Pl*

Macher, Macherin *fig* doer

Macho *m ugs* macho

Macht *f* **1.** power (***über*** *Akk* of), (*Stärke*) *auch* might, force: ***die Macht der Gewohnheit*** the force of habit; ***mit aller Macht*** with all one's might; ***die Macht ergreifen*** seize power, take over; ***an die Macht kommen*** (*oder* ***gelangen***) come into power; ***an der Macht sein*** be in power; ***es steht nicht in meiner Macht*** it is not within my power **2.** (*Staat, Gruppe*) power

Machtbefugnis *f* power, authority

Machtbereich *m* sphere of influence

Machtergreifung *f* seizure of power

machtgierig *Adj* power-hungry

machen: do, make, take oder go? SG

Das deutsche Verb „machen" wird im Englischen häufig durch **do, make, take** oder auch **go** wiedergegeben.

do betont die Aktivität, die Tätigkeit:	
den Abwasch machen	**do the washing-up**
die Hausarbeit machen	**do the housework**
Einkäufe machen	**do the shopping**
Gymnastik machen	**do exercises**
seine Hausaufgaben machen	**do one's homework**
sein Zimmer machen	**do one's room**
sich die Haare machen	**do one's hair**
make betont das Endprodukt und den damit verbundenen Aufwand:	
Tee/Kaffee machen/kochen	**make some tea/coffee**
das Essen machen	**make the dinner**
ein Kleid machen	**make a dress**
auch auf Abstrakta bezogen:	
einen Fehler machen	**make a mistake**
eine Bemerkung machen	**make a remark**
ein Theater machen	**make a fuss**
Fortschritte machen	**make progress**
Krach machen	**make a noise**
take in feststehenden Ausdrücken:	
einen Ausflug nach … machen	**take a trip to …**
einen Spaziergang machen	**take a walk**
eine Prüfung machen	**take an exam**
ein Foto machen	**take a photo**
Pause machen	**take a break**
go in feststehenden Ausdrücken:	
eine Kreuzfahrt machen	**go on a cruise**
einen Spaziergang machen	**go for a walk**
eine Weltreise machen	**go on a round-the-world trip**
Urlaub machen	**go on holiday**

M

Machthaber, **Machthaberin** ruler
mächtig I *Adj allg* powerful, mighty (*beide auch Schlag, Stimme etc*), (*gewaltig*) *auch* enormous **II** *Adv ugs* tremendously, awfully: ***du bist mächtig gewachsen*** you have grown a lot; ***darüber hat er sich mächtig geärgert*** he got really angry about it
Machtkampf *m* power struggle
machtlos *Adj* powerless, helpless
Machtmissbrauch *m* abuse of power
Machtpolitik *f* power politics *Pl*
Machtübernahme *f* assumption of power, takeover
machtvoll *Adj auch fig* powerful
Machtwechsel *m* transition of power
Machtwort *n* ***ein Machtwort sprechen*** put one's foot down
Machwerk *n* concoction, *ugs* lousy job
Macke *f ugs* kink: ***eine Macke haben*** **a)** be nuts, **b)** *Auto etc*: be acting up
Mädchen *n* girl, (*Dienstmädchen*) maid: *fig* ***Mädchen für alles*** dogsbody
mädchenhaft *Adj* girlish
Mädchenname *m* girl's name, *einer Ehefrau*: maiden name
Made *f* maggot, *im Obst*: *auch* worm: *fig* ***wie die Made im Speck leben*** be in clover
Mädel *n ugs* girl(ie)
madig *Adj* maggoty, *Obst*: *auch* worm-eaten
madigmachen *v/t ugs* knock; ***j-m etw madigmachen*** spoil s.th. for s.o.
Madonna *f* Madonna
Mafia, **Maffia** *f auch fig* mafia
Mafioso *m* mafioso
Magazin *n* **1.** warehouse, depot (*auch* MIL), storeroom **2.** FOTO, TECH magazine (*auch Gewehrmagazin*) **3.** (*Zeitschrift*) magazine
Magd *f* maid
Magen *m* stomach: ***auf nüchternen*** (*oder* ***leeren***) ***Magen*** on an empty stomach; ***j-m schwer im Magen liegen*** lie heavily on s.o.'s stomach, *ugs fig* worry s.o. terribly; ***sich den Magen verderben*** upset one's stomach
Magenbeschwerden *Pl* stomach trouble *Sg*
Magenbitter *m* bitters *Pl*
Magengeschwür *n* (stomach) ulcer
Magengrube *f* pit of the stomach
magenkrank *Adj* ***magenkrank sein*** suffer from a stomach complaint
Magenkrebs *m* MED stomach cancer
Magenleiden *n* gastric complaint
Magensäure *f* MED gastric acid
Magenschleimhaut *f* stomach lining
Magenschleimhautentzündung *f* gastritis
Magenschmerzen *Pl* stomach-ache *Sg*
Magenverstimmung *f* indigestion
mager *Adj* **1.** *allg* lean (*auch fig*), (*dünn*) *auch* thin, (*fettarm*) low-fat: ***magere Kost*** *auch fig* slender fare **2.** *fig* (*dürftig*) meag/re (*Am* -er), poor **3.** BUCHDRUCK light-faced
Magermilch *f* skimmed milk
Magerquark *m* low-fat curd cheese
Magersucht *f* MED anorexia (nervosa)
Magie *f* magic
Magier, **Magierin** magician
magisch *Adj* magic(al)
Magister *m* UNI Master (***Artium*** of Arts, *Abk* M.A.)
Magnesium *n* CHEM magnesium
Magnet *m auch fig* magnet
Magnet… magnetic (*field, needle, etc*)
Magnetbahn *f* maglev
Magnetband *n* magnetic tape
magnetisch I *Adj auch fig* magnetic **II** *Adv* magnetically: ***j-n magnetisch anziehen*** have a magnetic effect on s.o.
magnetisieren *v/t* magnetize
Magnetkarte *f* magnetic card
Magnetstreifen *m* magnetic stripe
Magnetzündung *f* magneto ignition
Mahagoni *n*, **Mahagoniholz** *n* mahogany
mähen[1] *v/t und v/i* mow, cut
mähen[2] *v/i Schaf*: bleat
Mahl *n* meal, (*Festmahl*) banquet
mahlen *v/t und v/i* grind
Mahlzeit *f* meal: *ugs* (***prost***) ***Mahlzeit!*** good night!
Mahnbescheid *m* (court) order to pay
Mähne *f allg* mane
mahnen *v/t* **1.** (*ermahnen*) admonish, urge (***j-n zur Vorsicht*** *etc* s.o. to be careful *etc*) **2.** (*erinnern, auch fig*) remind (***an*** *Akk*, ***wegen*** of), (*Schuldner etc*) send *s.o.* a reminder: ***j-n wegen einer Sache mahnen*** remind s.o. of s.th.
Mahnmal *n* memorial
Mahnung *f* **1.** (*Ermahnung*) admonition, warning **2.** WIRTSCH reminder
Mahnwache *f* POL protest vigil
Mai *m* (***im Mai*** in) May: ***der Erste Mai*** May Day
Maibaum *m* maypole
Maifeier *f* May Day celebrations *Pl*
Maiglöckchen *n* BOT lily of the valley
Maikäfer *m* cockchafer
Mailbox *f* mailbox
mailen *v/t und v/i* e-mail, mail: ***j-m*** (***etw***) ***mailen*** mail (s.th. to) s.o.
Mailing *n* mailshot
Mailingliste *f* mailing list
Mais *m* maize, *Am* corn
Maisflocken *Pl* cornflakes *Pl*
Maiskolben *m* (corn)cob, GASTR corn on the cob
Maismehl *n* Indian (*Am* corn) meal
Maisonette, **Maisonnette** *f* maison(n)ette, *Am* duplex (apartment)
Majestät *f auch fig* majesty
majestätisch *Adj* majestic(ally *Adv*)
Majestätsbeleidigung *f auch fig bes iron* lese-majesty
Majo *f ugs*, **Majonäse** *f* → ***Mayonnaise***
Majoran *m* BOT marjoram
makaber *Adj* macab/re (*Am* -er)
Makel *m* flaw, *fig auch* blemish, (*Schande*) stigma
makellos *Adj* immaculate, perfect, *fig auch* impeccable
mäkeln *v/i* carp (***an*** *Dat* at)
Make-up *n* makeup
Makkaroni *Pl* GASTR macaroni *Sg*
Makler, **Maklerin** (*Börsenmakler*[*in*]) (stock)-broker, (*Grundstücksmakler*[*in*]) (*Am* real) estate agent, (*Wohnungsmakler*[*in*]) *auch* flat agent
Makrele *f* ZOOL mackerel
Makro *n* COMPUTER macro
Makro…, **makro…** macro…
Makulatur *f* waste paper, *fig* rubbish
mal *Adv* **1.** MATHE times, multiplied by: ***6 mal 4 Meter*** six metres by four **2.** *ugs* → ***einmal***
Mal[1] *n* **1.** (*Zeichen*) mark, sign, (*Fleck*) spot; → ***Muttermal*** *etc* **2.** *Baseball etc*: base, (*Malfeld*) *Rugby*: in-goal
Mal[2] *n* time: ***dieses Mal*** this time; ***dieses eine Mal*** this once; ***ein anderes Mal*** some other time; ***ein paar Mal*** several (*oder* a few, *ugs* a

M

couple of) times; ***das erste Mal, beim ersten Mal*** the first time; ***das letzte Mal*** the last time; ***zum letzten Mal, ein letztes Mal*** for the last time; ***das nächste Mal*** the next time; ***jedes Mal*** every time, (*immer*) always: ***jedes Mal, wenn er kam*** whenever (*oder* every time) he came; ***mit einem Mal*** all of a sudden; ***ein für alle Mal*** once and for all; ***von Mal zu Mal besser*** better every time

Malaria *f* MED malaria

Malediven *Pl the* Maldives

malen **I** *v/t* paint (*auch fig*), (*zeichnen*) draw, (*porträtieren*) portray: *fig* ***etw zu schwarz malen*** paint too black a picture of s.th. **II** *v/refl* ***sich malen*** *fig* be reflected (*in s.o.'s face etc*)

Maler *m* painter, (*Kunstmaler*) *auch* artist

Malerei *f* painting

Malerin *f* (woman) painter, artist

malerisch *Adj* **1.** picturesque **2.** ***malerisches Können*** artistic talent

Mallorca *n* Majorca

malnehmen *v/t* MATHE multiply

Malta *n* Malta

malträtieren *v/t* maltreat, batter

Malve *f* BOT mallow

Malz *n* malt

Malzbier *n* malt beer

Malzeichen *n* MATHE multiplication sign

Malzkaffee *m* malt coffee

Mama *f ugs* mummy, mum, *Am* mom

Mammographie *f* MED mammography

Mammut *n* ZOOL mammoth

Mammutunternehmen *n fig* mammoth enterprise

man *Indefinitpron* **1.** one, you, we: ***man kann nie wissen*** you never can tell; ***man muss es tun*** it must be done; ***man nehme*** take **2.** (*andere Leute*) they, people: ***man hat mir gesagt*** I have been told; ***man sagt*** people say; ***man holte ihn*** he was fetched

Management *n* management

managen *v/t ugs* manage, (*deichseln*) *auch* wangle

Manager, **Managerin** manager

manch *Indefinitpron* many a: ***manch eine(r)*** many (people); ***in manchem hat er recht*** he's right about some things; ***so mancher (manches)*** a good many people (things)

manche *Pl* some, quite a few

mancherlei *Adj* various, many, a number of, several, *substantivisch*: a number of things

manchmal *Adv* sometimes

Mandant, **Mandantin** JUR client

Mandarine *f* BOT tangerine

Mandat *n* JUR, PARL, POL mandate, *des Anwalts*: brief: PARL ***sein Mandat niederlegen*** resign one's seat

Mandatar, **Mandatarin** *österr.* elected representative

Mandel *f* **1.** BOT almond **2.** ANAT tonsil

Mandelentzündung *f* MED tonsillitis

mandelförmig *Adj* almond-shaped

Manege *f* (circus) ring

Mangan *n* CHEM manganese

Mangel[1] *f* mangle: *ugs fig* ***j-n in die Mangel nehmen*** put s.o. through the mill

Mangel[2] *m* **1.** defect, fault, flaw, (*Nachteil*) drawback **2.** (***an*** *Dat*) shortage, lack, scarcity (*alle*: of), deficiency (in): ***aus Mangel an*** → ***mangels***

Mangelberuf *m* understaffed occupation

Mangelerscheinung *f* MED deficiency symptom

mangelhaft *Adj* faulty, defective, (*unzulänglich*) insufficient, inadequate, deficient, unsatisfactory (*auch* PÄD), poor

Mängelhaftung *f* WIRTSCH responsibility for defects

mangeln[1] *v/t* (*Wäsche*) press

mangeln[2] *v/i und v/unpers* be wanting, be lacking: ***es mangelt an*** (*Dat*) there is a lack (*oder* want, shortage) of; ***es mangelt mir an Geld*** *etc* I am short of (*oder* I need) money *etc*; ***es mangelt ihm an*** (*oder* ***der***) ***Mut*** he lacks (*oder* is lacking in) courage; ***ihr mangelndes Selbstvertrauen*** her lack of self-confidence

mangels *Präp* (*Gen*) for lack (*oder* want) of: ***mangels Beweisen*** for lack of evidence

Mangelware *f* scarce commodity: ***Mangelware sein*** *auch ugs fig* be in short supply

Mango *f* BOT mango

Manie *f* mania

Manier *f* **1.** manner, way (of doing *s.th.*), (*Kunststil*) style **2.** *meist Pl* manner(s *Pl*): ***gute (schlechte) Manieren*** good (bad) manners

manierlich *Adj* well-mannered, (*brav*) good, well-behaved: *Adv* ***sich manierlich benehmen*** behave o.s., be good

manifest *Adj auch* MED manifest

Manifest *n* POL manifesto

Maniküre *f* **1.** manicure **2.** manicurist

maniküren *v/t und v/i* manicure

Manipulation *f allg* manipulation

manipulieren *v/t* manipulate

manisch *Adj* PSYCH manic

manisch-depressiv *Adj* manic-depressive

Manko *n* **1.** WIRTSCH deficiency, (*Fehlbetrag*) deficit **2.** *fig* shortcoming

Mann *m* man (*Pl* men), (*Ehemann*) husband: ***der Mann auf der Straße*** the man in the street; ***ein Gespräch von Mann zu Mann*** a man-to-man talk; ***wie ein Mann*** (*geschlossen*) as one man; ***bis auf den letzten Mann*** to a man; ***ein Kampf Mann gegen Mann*** a hand-to-hand fight; ***seinen Mann stehen*** stand

man und seine Übersetzungen ins Englische

SG

Das Indefinitpronomen **man** wird nur in förmlichen Kontexten mit **one** übersetzt. Üblicher sind **you**, **we**, **people** oder **somebody** bzw. eine Passivkonstruktion:

Bei einem Vorstellungsgespräch sollte man tadellos gekleidet sein.	**When presenting oneself for an interview, one should be impeccably dressed.**
Man lernt nie aus!	**You live and learn!**
Oft wird man angeschaut, als wäre man verrückt.	**People often look at you as if you're mad.**
Man sieht sich!	**Be seeing you!**
Man klopft an der Tür.	**Somebody's knocking at the door.**

one's ground; *ugs* ***an den Mann bringen*** get rid of (*goods, a joke, etc*), (*Tochter*) marry off; ***den starken Mann markieren*** throw one's weight about; ***ein Mann, ein Wort!*** a promise is a promise; ***10 Euro pro Mann*** 10 euros each (*oder* per head); ***Mann!*** (oh) boy!, *begeistert*: *auch* wow!

Mann und Frau SG

Mann im Sinne von „erwachsene männliche Person" und **Frau** im Sinne von „erwachsene weibliche Person" werden im Englischen mit **man** (*Pl* **men**) bzw. **woman** (*Pl* **women**) wiedergegeben, **Mann** in der Bedeutung „Ehemann" und **Frau** in der Bedeutung „Ehefrau" dagegen mit **husband** bzw. **wife** (*Pl* **wives**).
Also:

Ihr Mann ist Bäcker.	**Her husband** (⚠ *nicht* **Her man**) **is a baker.**

Männchen *n* **1.** little man, manikin: ***Männchen malen*** doodle **2.** ZOOL male, (*Hahn*) cock: *ugs* ***Männchen machen*** sit up and beg
Mannequin *n* mannequin, model
Männer *Pl von Mann*: **(Für) *Männer am WC***: Men, Gentlemen
Männer... men's ...
Männerchor *m* male(-voice) choir
Mannesalter *n* manhood: ***im besten Mannesalter*** in the prime of life
Manneskraft *f bes sexuell*: virility
mannhaft *Adj* manly, (*tapfer*) *auch* brave
mannigfach, mannigfaltig *Adj* diverse, manifold
Mannigfaltigkeit *f* diversity
männlich *Adj* BIOL, BOT, TECH male, *Wesen, Auftreten etc*: manly, masculine (*auch* LING), *Frau*: mannish
Männlichkeit *f* manliness
Mannsbild *n ugs* man, fellow
Mannschaft *f Sport und fig* team, FLUG, SCHIFF crew, (*Suchmannschaft etc*) party: MIL ***die Mannschaften*** *Pl* the ranks *Pl*
Mannschaftsaufstellung *f* SPORT team selection, line-up
Mannschaftsführer, Mannschaftsführerin SPORT (team) captain
Mannschaftsgeist *m* team spirit
Mannschaftskapitän, Mannschaftskapitänin SPORT (team) captain
Mannschaftssport *m* team sport
Mannschaftswagen *m* MIL personnel carrier, *der Polizei*: police van
Mannschaftswertung *f* SPORT team classification
Mannschaftswettbewerb *m* team event
mannshoch *Adj und Adv* head-high
mannstoll *Adj ugs pej* man-crazy
Mannweib *n pej* mannish woman
Manometer *n* TECH pressure ga(u)ge
Manöver *n* **1.** *auch fig* manoeuvre, *Am* maneuver **2.** MIL manoeuvres *Pl*, *Am* maneuvers *Pl*, exercise
Manöverkritik *f fig* post-mortem
manövrieren *v/i auch fig* manoeuvre, *Am* maneuver
manövrierunfähig *Adj* disabled
Mansarde *f* attic
Mansch *m ugs* **1.** slush **2.** *pej* (*Essen*) mush
manschen *v/i ugs* mess about
Manschette *f* **1.** cuff: *ugs fig* ***Manschetten haben vor*** (*Dat*) be scared stiff of; ***Manschetten bekommen*** get the wind up **2.** TECH sleeve
Manschettenknopf *m* cuff-link
Mantel *m* coat, *loser*: cloak
Manteltarif(vertrag) *m* collective agreement (on working conditions)
manuell *Adj* manual
Manuskript *n* manuscript, FILM script
Mappe *f* (*Aktentasche*) briefcase, (*Schulmappe*) *auch* schoolbag, (*Aktenmappe*) folder, file, (*Zeichenmappe etc*) portfolio

Mappe ≠ map FF

Mappe	=	*Ordner*: folder; *Aktenmappe*: briefcase
map	=	Landkarte, Stadtplan

Marathonlauf *m* marathon (race)
Märchen *n* fairytale, *fig* (tall) story, yarn

Fußballmannschaft WF

Außenstürmer(in)	**winger**
linke(r) / rechte(r) Außenverteidiger(in)	**left / right back**
Ersatzspieler(in)	**substitute**
Mittelstürmer(in)	**striker**
Libero	**libero** [ˈlɪbərəʊ], **sweeper**
Mittelfeldspieler(in)	**midfielder** [ˈmɪdˌfiːldə]
Torschütze, Torschützin	**scorer**
Torwart, Torhüter(in)	**goalkeeper**, *umgangssprachlich* **goalie**
Verteidiger(in)	**defender**
Vorstopper(in)	**central defender**

Beliebte Märchen WF

Aschenputtel	**Cinderella** [ˌsɪndəˈrelə]
Der Däumling	**Tom Thumb** [θʌm]
Dornröschen	**Sleeping Beauty**
Der gestiefelte Kater	**Puss-in-Boots** [pʊs]
Des Kaisers neue Kleider	**The Emperor's New Clothes**
Der Rattenfänger von Hameln	**The Pied Piper of Hamelin** [ˈhæmlɪn]
Rotkäppchen	**Little Red Riding Hood** [ˈraɪdɪŋhʊd]
Rumpelstilzchen	**Rumpelstiltskin** [ˌrʌmplˈstɪltskɪn]
Schneewittchen und die sieben Zwerge	**Snow White and the Seven Dwarfs**

M

Märchenbuch *n* book of fairytales
märchenhaft *Adj* magical, fairytale …, *ugs fig* (*toll*) fantastic
Märchenland *n*, **Märchenwelt** *f* fairyland
Marder *m* ZOOL marten
Margarine *f* margarine
Marienbild *n* Madonna
Marienkäfer *m* ZOOL ladybird
Marihuana *n* marijuana, *sl* pot
Marille *f österr.* apricot
Marinade *f* GASTR marinade
Marine *f* (*Handelsmarine*) merchant navy, (*Kriegsmarine*) navy
Marineblau *n*, **marineblau** *Adj* navy blue
Marineoffizier *m* naval officer
Marinesoldat, **Marinesoldatin** marine
Marinestützpunkt *m* naval base
marinieren *v/t* GASTR marinade
Marionette *f auch fig* marionette, puppet
Marionettenregierung *f fig* puppet government
Marionettenspiel *n* puppet show
Marionettentheater *n* puppet theat/re (*Am* -er)
Mark[1] *n* marrow, *fig* (*Innerstes*) *auch* core: ***j-m durch Mark und Bein gehen*** set s.o.'s teeth on edge; ***bis ins Mark*** to the quick
Mark[2] *f* HIST mark: ***zehn Mark*** ten marks; *ugs* ***jede Mark umdrehen*** count every penny
Mark[3] *f* HIST march
markant *Adj* striking, prominent: ***markante Persönlichkeit*** outstanding personality; ***markante Gesichtszüge*** striking features
Marke *f* **1.** (*Fabrikmarke*) make, type, (*Sorte*) brand, sort **2.** (*Markierung*) mark **3.** (*Rekord*) record **4.** (*Briefmarke*, *Steuermarke etc*) stamp; → ***Dienstmarke***, ***Essenmarke*** *etc* **5.** *ugs* (*Person*) (quite a) character
Markenartikel *m* WIRTSCH proprietary article
Markenartikler *m* WIRTSCH branded company
Markenbenzin *n* brand name petrol (*Am* gasoline)
Markenbutter *f* best quality butter
Markenfabrikat *n* proprietary make
Markenname *m* trade (*oder* brand) name
Markenschutz *m* protection of trademarks
Markenzeichen *n* trademark
markerschütternd *Adj* bloodcurdling
Marketing *n* WIRTSCH marketing
Marketingdirektor, **Marketingdirektorin** marketing director (*oder* manager)
markieren *v/t* **1.** mark (*auch fig*), (*hervorheben*) accentuate, underline **2.** (*vortäuschen*) act, play: → ***Mann*** **3.** SPORT **a)** (*decken*) mark, **b)** (*einen Treffer*) score
Markierung *f* mark(ing)
markig *Adj fig Worte etc*: pithy
Markise *f* sunblind, awning
Markstein *m fig* milestone
Markt *m* **1.** *allg* market: ***auf dem Markt*** in (*oder* on) the market; ***auf den Markt bringen*** market **2.** (*Marktplatz*) market-place **3.** (*Jahrmarkt*) fair
Marktanalyse *f* market analysis
Marktanteil *m* share of the market
Marktdurchdringung *f* WIRTSCH market penetration
marktfähig *Adj Produkt*: marketable
Marktforscher, **Marktforscherin** market researcher
Marktforschung *f* market research
Marktführer *m* market leader
marktgängig *Adj* marketable, *Preis*: current
Markthalle *f* covered market
Marktlücke *f* WIRTSCH gap in the market
Marktnische *f* WIRTSCH market niche: ***eine Marktnische besetzen*** fill a gap in the market
Marktplatz *m* market-place
marktschreierisch *Adj fig* ostentatious, loud
Marktstand *m* (market) stall
Marktstudie *f* market analysis
Markttag *m* market day
Marktwert *m* market value
Marktwirtschaft *f* market economy: ***freie Marktwirtschaft*** *auch* free enterprise; ***soziale Marktwirtschaft*** social market economy
Marmelade *f* jam, (*bes Orangen- und Zitronenmarmelade*) marmalade, *Am* jelly

Marmelade ≠ marmalade

Marmelade	=	jam
marmalade	=	Orangen-, Zitronenmarmelade

Marmor *m*, **marmorieren** *v/t* marble
Marokkaner, **Marokkanerin**, **marokkanisch** *Adj* Moroccan
Marokko *n* Morocco
Marone *f* BOT (sweet) chestnut
Marotte *f* quirk
Mars *m* ASTR UND MYTH Mars
marsch *Interj* **1.** MIL (***vorwärts marsch!*** forward) march! **2.** *ugs* ***marsch!*** (*schnell*) get a move on!; ***marsch ins Bett!*** off to bed with you!
Marsch[1] *m* walk, MIL march (*auch* MUS): ***sich in Marsch setzen*** move off
Marsch[2] *f* GEOL marsh
Marschbefehl *m* MIL marching orders *Pl*
marschbereit *Adj* ready to march
Marschflugkörper *m* MIL cruise missile
Marschgepäck *n* MIL field kit
marschieren *v/i* **1.** march (*auch* ***marschieren lassen***) **2.** *ugs fig Sache*: be (well) under way
Marschkolonne *f* MIL marching column
Marschmusik *f* military marches *Pl*
Marschroute *f* **1.** MIL route **2.** *fig* strategy
Marschverpflegung *f* MIL marching rations *Pl*
Marsmensch *m* Martian
Marstall *m* royal stables *Pl*
Marter *f* torture, *fig auch* ordeal
martern *v/t* torture, *fig auch* torment
Marterpfahl *m* stake
Martinshorn *n ugs* (police, ambulance *oder* fire-engine) siren
Märtyrer, **Märtyrerin** *auch fig* martyr: *iron* ***sich zum Märtyrer machen*** make a martyr of o.s
Martyrium *n auch fig* martyrdom
Marxismus *m* Marxism
Marxist, **Marxistin**, **marxistisch** *Adj* Marxist
März *m* (***im März*** in) March
Marzipan *n* marzipan
Masche *f* **1.** (*Strickmasche etc*) stitch, *in einem Netz*: mesh: *fig* ***durch die Maschen des Gesetzes schlüpfen*** find a loophole in the law **2.** *ugs* **a)** trick, ploy, **b)** (*Mode*) fad, craze
Maschendraht *m* wire netting
Maschine *f* **1.** machine, *ugs* (*Motor*) engine **2.** (*Flugzeug*) plane, (*Düsenmaschine*) jetliner **3.** *ugs* (*Motorrad*) motorcycle **4.** (*Schreibmaschine*) typewriter: ***Maschine schreiben*** type; ***mit der Maschine schreiben*** type **5.** (*Nähmaschine*) (***auf*** *oder* ***mit der Maschine nähen*** use

the) sewing machine **6.** (*Waschmaschine*) washing machine: ***ich habe heute drei Maschinen (Wäsche) gewaschen*** I have had three wash loads today
maschinegeschrieben *Adj* typewritten, typed
maschinell **I** *Adj* machine …, mechanical **II** *Adv* by machine, machine-…: ***maschinell bearbeiten*** machine; ***maschinell betrieben (hergestellt)*** machine-driven (-made)
Maschinenbau *m* mechanical engineering
Maschinenbauer, **Maschinenbauerin**, **Maschinenbauingenieur**, **Maschinenbauingenieurin** mechanical engineer
Maschinenbefehl *m* COMPUTER machine (*oder* computer) instruction
Maschinenfabrik *f* engineering works *Pl* (*auch Sg konstr*)
Maschinengewehr *n* machine-gun
Maschinenlaufzeit *f* machine running time
maschinenlesbar *Adj* COMPUTER machine-readable
Maschinenöl *n* machine oil
Maschinenpark *m* machinery
Maschinenpistole *f* submachine-gun
Maschinenraum *m* engine-room
Maschinenschaden *m* mechanical breakdown, SCHIFF, MOT engine trouble
Maschinenschrift *f* typescript: ***in Maschinenschrift*** typewritten
maschinenwaschbar *Adj* machine-washable
Maschinerie *f auch fig* machinery
Maschineschreiben *n* typewriting, typing
Maser *f im Holz etc*: vein
Masern *Pl* MED measles *Pl* (*auch Sg konstr*)
Maserung *f von Holz*: grain
Maske *f* mask (*auch* MED, COMPUTER, FOTO, *Schutzmaske*), THEAT make-up, *fig auch* guise: ***in der Maske*** (*Gen*) under the guise of; *fig* ***die Maske fallen lassen*** show one's true face
Maskenball *m* fancy-dress ball
Maskenbildner, **Maskenbildnerin** make-up artist
maskenhaft *Adj* mask-like
Maskerade *f auch fig* masquerade
maskieren **I** *v/t* **1.** ***j-n maskieren*** **a)** mask s.o., **b)** dress s.o. up **2.** *auch* TECH conceal **II** *v/refl* ***sich maskieren*** **3. a)** dress up, disguise o.s., **b)** put on a mask
maskiert *Adj* masked
Maskierung *f* disguise, (*Maske*) mask
Maskottchen *n* mascot
maskulin *Adj*, **Maskulinum** *n* LING masculine
Masochismus *m* masochism
Masochist, **Masochistin** masochist
masochistisch *Adj* masochistic
Maß[1] *n* **1.** measure: ***Maße und Gewichte*** weights and measures; *fig* ***mit zweierlei Maß messen*** apply double standards; ***das Maß überschreiten*** overshoot the mark; ***Maß halten*** → ***maßhalten*** **2.** *Pl* measurements *Pl*, *eines Zimmers etc*: *auch* dimensions *Pl*: ***bei j-m Maß nehmen*** take s.o.'s measurements; ***nach Maß (gemacht)*** made(-)to(-)measure (*auch* → ***maßgeschneidert***) **3.** → ***Maßband*** **4.** *fig* (*Ausmaß*) extent, degree: ***ein gewisses (hohes) Maß an*** (*Dat*) a certain degree (a high measure) of; ***in hohem Maße*** to a high degree, highly; ***in höchstem Maße*** extremely; ***in gleichem Maße*** to the same extent, equally; ***in dem*** (*oder* ***solchem***) ***Maße, wie …*** as … (accordingly); ***über alle Maßen*** exceedingly, beyond all measure **5.** (*Mäßigung*) moderation: ***in Maßen*** **a)** *auch* ***mit Maß und Ziel*** in moderation, **b)** to some extent; ***ohne Maß und Ziel*** immoderately
Maß[2], **Mass** *österr f* **a)** litre (*Am* liter) of beer, **b)** → ***Maßkrug***
Massage *f* massage
Massagesalon *m* massage parlo(u)r
Massaker *n*, **massakrieren** *v/t* massacre, slaughter
Maßanzug *m* tailor-made (*Am* custom-made) suit
Maßarbeit *f fig* precision work
Maßband *n* tape measure
Masse *f* **1.** (*Materie*) mass (*auch* PHYS), (*Substanz*) *auch* substance, (*Teigmasse etc*) mixture, CHEM compound **2.** (*Menge*) masses *Pl*: *ugs* ***eine Masse (von) Bücher(n)*** masses (*oder* lots, loads) of books **3.** (*Mehrzahl*) bulk, majority **4.** (*Menschenmasse*) crowd: ***die (breite) Masse*** *auch pej* the masses *Pl* **5.** WIRTSCH (*Erbmasse, Konkursmasse etc*) estate, assets *Pl* **6.** ELEK (*auch* ***an Masse legen***) earth, *Am* ground
Maßeinheit *f* measure, unit of measurement
Massen… mass (*demonstration, production, tourism, etc*)
Massenabfertigung *f auch pej* mass processing
Massenandrang *m* huge crowd, *ugs* terrible crush
Massenarbeitslosigkeit *f* mass unemployment
Massenentlassungen *Pl* mass dismissals *Pl*
Massenerzeugung *f*, **Massenfabrikation** *f*, **Massenfertigung** *f* mass production
Massenflucht *f* mass exodus, (*Panik*) stampede
Massengrab *n* mass grave
Massengüter *Pl* bulk goods *Pl*
massenhaft *Adv ugs* masses (*oder* lots, heaps) of
Massenkarambolage *f* MOT (multiple) pile-up
Massenkundgebung *f* rally, mass meeting
Massenmedium *n* mass medium (*Pl* media)
Massenmord *m* mass murder
Massenmörder, **Massenmörderin** mass murderer (murderess)
Massenproduktion *f* mass production
Massenpsychose *f* mass hysteria
Massenquartier *n* mass accommodation
Massenschlägerei *f ugs* free-for-all
Massensport *m* popular sport
Massensterben *n* widespread deaths *Pl* (*von Tieren*: dying-off)
Massentierhaltung *f* battery farming
Massenunterhaltung *f* mainstream entertainment
Massenvernichtungswaffen *Pl* weapons *Pl* of mass destruction
Massenversammlung *f* mass meeting
massenweise → ***massenhaft***
Masseur, **Masseurin** masseur (masseuse)
Masseuse *f Sex*: masseuse
Maßgabe *f* ***nach Maßgabe*** (*Gen*) in accordance with; ***mit der Maßgabe, dass …*** provided that …
maßgebend *Adj* **1.** decisive, *Meinung etc*: *auch* authoritative, *Persönlichkeit etc*: leading, prominent: ***das ist (für mich) nicht maßgebend!*** that's no criterion (for me)!; ***seine Meinung ist nicht maßgebend*** his opinion does not count (here) **2.** (*zuständig*) competent, *Buch, Werk etc*: standard
maßgeblich *Adj* decisive: ***maßgeblichen Anteil haben*** (*Adv* ***maßgeblich beteiligt sein***) ***an*** (*Dat*) play a decisive role in, be instrumental in doing; ***maßgebliche Kreise*** influential cir-

M

cles
maßgerecht *Adj* true(-)to(-)size
maßgeschneidert *Adj* tailor-made (*auch fig*), *Am* custom-made
Maßhalteappell *m* call for restraint
maßhalten *v/i* be moderate
massieren[1] *v/t* massage: ***j-n massieren*** *auch* give s.o. a massage
massieren[2] *v/t* (*auch* ***sich massieren***) mass, concentrate
massig *Adj* massive, bulky
mäßig **I** *Adj* **1.** *allg* moderate, *im Trinken*: *auch* temperate **2.** (*mittelmäßig*) mediocre, (rather) poor, *Befinden*: *ugs* (fair to) middling **II** *Adv* **3.** moderately, in moderation
mäßigen **I** *v/t allg* moderate, (*Zorn etc*) curb, control, (*Kritik etc*) tone down; → ***gemäßigt*** **II** *v/refl* ***sich mäßigen*** restrain (*oder* control) o.s.: ***sich beim Trinken*** *etc* ***mäßigen*** cut down on drinks *etc*
Mäßigung *f* moderation, restraint
massiv *Adj* **1.** *Gold, Holz etc*: solid **2.** *fig Angriff, Drohung etc*: massive, vehement: *ugs* ***massiv werden*** cut up rough
Massiv *n* GEOL massif
Massivbau(weise *f*) *m* ARCHI massive construction
massivwerden → ***massiv*** 2
Maßkrug *m* beer mug, stein
maßlos **I** *Adj* immoderate, *Freude, Zorn etc*: inordinate, boundless, excessive **II** *Adv* immoderately (*etc*), *ugs* terribly: ***maßlos übertrieben*** grossly exaggerated
Maßlosigkeit *f* lack of restraint, excess
Maßnahme *f* measure, step
maßregeln *v/t* (***wegen*** for) (*rügen*) reprimand, (*strafen*) punish, discipline, SPORT penalize
Maßregelung *f* (*Rüge*) reprimand, (*Strafe*) disciplinary action, SPORT penalty
Maßschneider, **Maßschneiderin** bespoke (*Am* custom) tailor
Maßstab *m* **1.** (*Zollstock*) rule **2.** (*Kartenmaßstab etc*) scale: ***im Maßstab 1:10*** on a scale of 1:10; ***im verkleinerten*** (***vergrößerten***) ***Maßstab*** on a reduced (an enlarged) scale; ***in großem Maßstab*** *auch fig* large-scale **3.** *fig* standard: (***neue***) ***Maßstäbe setzen*** set (new) standards; ***einen anderen*** (***strengen***) ***Maßstab anlegen*** apply a different (strict) standard (***an*** *Akk* to) **4.** *fig* yardstick, ga(u)ge: ***das ist kein Maßstab!*** that's no criterion!
maßstabgerecht *Adj* (true) to scale
maßvoll *Adj* moderate, reasonable, (*zurückhaltend*) restrained
Mast[1] *m* SCHIFF mast, (*Leitungsmast*) pylon, (*Stange*) pole
Mast[2] *f* LANDW **1.** fattening **2.** (*Mastfutter*) mast
Mastdarm *m* ANAT rectum
mästen **I** *v/t* fatten **II** *v/refl* ***sich mästen*** gorge o.s. (***an*** *Dat* on)
Masturbation *f* masturbation
masturbieren *v/i* masturbate
Mastvieh *n* fat stock
Match *n*, *auch m* match, game
Matchball *m Tennis*: match point
Material *n* material (*auch fig*), TECH *Koll* materials *Pl*
Materialfehler *m* material defect
Materialismus *m* materialism
Materialist, **Materialistin** materialist
materialistisch *Adj* materialist(ic)
Materie *f* **1.** matter **2.** *fig* (*Thema*) subject (matter)
materiell *Adj* **1.** material **2.** → ***materialistisch*** **3.** financial
Mathe *f ugs* maths *Sg*, *Am* math
Mathematik *f* mathematics *Pl* (*meist Sg konstr*)
Mathematiker, **Mathematikerin** mathematician
mathematisch *Adj* mathematical
Matinee *f* THEAT morning performance
Matjeshering *m* young salted herring
Matratze *f* mattress
Matriarchat *n* matriarchate
Matrixdrucker *m* dot matrix printer
Matrize *f* **1.** (*auch* ***auf Matrize schreiben***) stencil **2.** BUCHDRUCK matrix **3.** TECH (*Stanzmatrize etc*) die, (*Schablone*) stencil
Matrose *m*, **Matrosin** *f* sailor
Matsch *m ugs* mush, (*Schlamm*) mud, (*bes Schneematsch*) slush
matschig *Adj ugs* **1.** muddy, slushy **2.** *Obst etc*: mushy
matt *Adj* **1.** (*glanzlos*) dull, *Papier etc*, *auch* FOTO mat(t), *Glas*: frosted, *Glühbirne*: opal, (*Licht*) dim **2.** *Person*: exhausted, *auch Stimme, Applaus etc*: feeble, weak **3.** WIRTSCH slack **4.** *Schach*: checkmate
Matte *f allg* mat: *ugs* ***auf der Matte stehen*** be there
Mattglas *n* frosted glass
Mattigkeit *f* fatigue
Mattscheibe *f* **1.** FOTO focus(s)ing screen **2. a)** TV screen, **b)** *ugs* telly, *Am* tube **3.** *ugs fig* ***Mattscheibe haben*** have a blackout
Matura *f österr., schweiz.* school-leaving exam, *Br* A-levels *Pl*
maturieren *v/i österr.* take one's A-levels
Mätzchen *Pl ugs* **1.** (*Unsinn*) nonsense *Sg* **2.** tricks *Pl*: ***keine Mätzchen!*** none of your tricks!
Mauer *f* wall: HIST ***die*** (***Berliner***) ***Mauer*** the (Berlin) Wall
Mauerblümchen *n ugs* wallflower
mauern **I** *v/i* **1.** build a wall, lay bricks **2.** *ugs Kartenspiel*: stonewall, SPORT shut up shop **II** *v/t* **3.** build
Maul *n* **1.** ZOOL mouth, (*Rachen*) jaws *Pl* **2.** *vulg* (*Mund*) *sl* trap: ***das Maul aufreißen*** brag; ***halts Maul!*** shut up!
maulen *v/i ugs* grumble, grouse
Maulesel *m* mule
Maulheld, **Maulheldin** *ugs* braggart
Maulkorb *m* (*auch Dat* ***einen Maulkorb anlegen***) muzzle (*auch fig*)
Maultier *n* mule
Maul- und Klauenseuche *f* VET foot-and-mouth (disease), FMD
Maulwurf *m* ZOOL mole
Maulwurfshügel *m* molehill
Maurer, **Maurerin** bricklayer
Maurerkelle *f* trowel
maurisch *Adj* Moorish
Maus *f auch* COMPUTER mouse (*Pl* mice, COMPUTER *auch* mouses): *hum* ***weiße Maus*** traffic policeman; *ugs* ***graue Maus*** nondescript person; → ***Katze***, ***Mäuse***
mäuschenstill *Adj* (as) quiet as a mouse, (*reglos*) stockstill: ***es war mäuschenstill*** not a sound was to be heard
Mäuse *Pl von Maus* **1.** mice: *ugs* ***weiße Mäuse sehen*** see pink elephants **2.** *ugs* (*Geld*) lolly, *Am* bread
Mausefalle *f* **1.** mousetrap **2.** *fig* deathtrap
Mauseloch *n* mousehole

mausern *v/i und v/refl* ***sich mausern*** moult; *ugs fig* ***sich mausern zu*** develop into
mausetot *Adj ugs* stone-dead
Mausklick *m* mouse click: ***per Mausklick*** by clicking the mouse
Mauspad *n* mouse pad
Maustaste *f* mouse key (*oder* button)
Mauszeiger *m* mouse pointer
Maut(gebühr) *f* toll
Mautstelle *f* tollhouse, *Am* turnpike
Mautstraße *f* toll road, *Am* turnpike (road)
maximal **I** *Adj* maximum **II** *Adv* maximally, at (the) most
Maxime *f* maxim
Maximum *n* maximum
Mayonnaise *f* GASTR mayonnaise
Mäzen, **Mäzenin** patron, sponsor
MB, **Mbyte** *n Abk* (= ***Megabyte***) MB, megabyte
Mechanik *f* **1.** *allg* mechanics *Pl* (*auch Sg konstr*) **2.** *einer Uhr etc*: mechanism
Mechaniker, **Mechanikerin** mechanic
mechanisch *Adj* mechanical, *fig auch* automatic
mechanisieren *v/t* mechanize
Mechanismus *m allg* mechanism
Meckerer *m*, **Meckerin** *f ugs* grumbler
meckern *v/i* **1.** *Ziege*: bleat (*auch ugs fig lachen*) **2.** *ugs fig* (*schimpfen*) grumble
Mecklenburg-Vorpommern *n* Mecklenburg-West Pomerania
Medaille *f* medal
Medaillengewinner, **Medaillengewinnerin** SPORT medal winner, medal(l)ist
Medaillon *n* **1.** GASTR, KUNST medallion **2.** (*Schmuck*) locket
Medien *Pl* media *Pl*
Medienforschung *f* media research
Medienkonzern *m* multimedia group
Medienverbund *m* multimedia system
Medikament *n* drug, medicament
Mediothek *f* media library
Meditation *f* meditation
meditieren *v/i* meditate (***über*** *Akk* on)
Medium *n allg* medium; → ***Medien***
Medizin *f allg* medicine, (*Arznei*) *auch* medicament: ***Doktor der Medizin*** doctor of medicine (*Abk* M.D.)
Mediziner, **Medizinerin** **1.** medical student, *ugs* medic **2.** physician, doctor
medizinisch *Adj* medical, (*arzneilich*) medicinal
medizinisch-technische Assistentin (*Abk* MTA) medical laboratory assistant
Medizinmann *m* witch doctor, medicine man
Meer *n* sea (*auch fig*), (*Weltmeer*) ocean: ***das offene Meer*** the high seas *Pl*; ***am Meer*** by the sea, *Urlaub*: *auch* at the seaside

Meere WF

Viele Meeresnamen unterscheiden sich im Englischen und Deutschen. Hier die wichtigsten Beispiele:

Adria	**the Adriatic** [ˌeɪdrɪˈætɪk]
Ägäis	**the Aegean** [iːˈdʒiːən]
Karibik	**the Caribbean** [ˌkærəˈbiːən, kəˈrɪbɪən]
Kaspisches Meer	**the Caspian Sea** [ˌkæspɪənˈsiː]
Mittelmeer	**the Mediterranean** [ˌmedɪtəˈreɪnjən]
Nordpolarmeer	**the Arctic (Sea)**
Ostsee	**the Baltic** [ˈbɔːltɪk]
Pazifik	**the Pacific** [pəˈsɪfɪk]
Schwarzes Meer	**Black Sea**
Stiller Ozean	**the Pacific** [pəˈsɪfɪk]
Südpolarmeer	**the Antarctic (Sea)**
Totes Meer	**the Dead Sea**

Meerbusen *m* gulf
Meerenge *f* strait(s *Pl*)
Meeresarm *m* arm of the sea, inlet
Meeresbiologie *f* marine biology
Meeresboden *m* → ***Meeresgrund***
Meeresfrüchte *Pl* seafood *Sg*
Meeresgrund *m* seabed, bottom of the sea
Meereshöhe *f* → ***Meeresspiegel***
Meereskunde *f* oceanography
Meeresspiegel *m* (***über dem Meeresspiegel*** above) sea level
Meerrettich *m* BOT horseradish
Meersalz *n* sea salt
Meerschweinchen *n* ZOOL guinea pig
Meerwasser *n* sea water
Megabyte *n* megabyte
Megafon, **Megaphon** *n* megaphone
Megahertz *n* megahertz, megacycle
Megahit *m* huge hit, smash hit, megahit: ***zum Megahit werden*** become a megahit *etc*
Megatonne *f* megaton
megatrendy *Adj ugs* super trendy
Megavolt *n* megavolt
Mehl *n* flour, *grobes*: meal
Mehlbanane *f* → ***Kochbanane***
mehlig *Adj Äpfel etc*: mealy
Mehlspeise *f* **1.** farinaceous food **2.** *österr.* (*Süßspeise*) sweet dish
mehr **I** *Indefinitpron* more: ***mehr als 50 Autos*** more than (*oder* over) 50 cars; ***und dergleichen mehr*** and the like; ***(immer) mehr und mehr*** more and more; ***noch mehr*** still more; ***was willst du noch mehr?*** what more do you want? **II** *Adj* more: ***mit mehr Glück*** with more luck; ***mehr und mehr*** (*oder* ***immer mehr***) ***Leute*** more and more people **III** *Adv* more: ***umso mehr, nur noch mehr*** all the more; ***umso mehr (als)*** all the more (as); ***nicht mehr*** **a)** no more, **b)** no longer, not any longer; ***nie mehr*** never again; ***ich habe keins*** (*oder* ***keine***) ***mehr*** I haven't got any more; ***ich habe nichts mehr*** I've got nothing left; ***kein Wort mehr (davon)!*** not another word (about it)!; ***ich kann nicht mehr!*** I'm finished!, *beim Essen*: I couldn't eat another thing!; ***er ist mehr praktisch veranlagt*** he is more of a practical man
Mehr *n* ***ein Mehr an Zeit*** more time
Mehrarbeit *f* extra work, (*Überstunden*) overtime
Mehraufwand *m* extra (*oder* additional) cost(s *Pl*), time *etc*
mehrbändig *Adj* in several volumes
Mehrbelastung *f* additional load (*fig* burden)
Mehrbereichsöl *n* multigrade oil
Mehrbetrag *m* surplus, (*Zuschlag*) extra charge
mehrdeutig *Adj* ambiguous
mehren *v/t und v/refl* ***sich mehren*** increase
mehrere *Adj und Indefinitpron* several
Mehrerlös *m* additional revenue

mehrfach **I** *Adj* several, (*wiederholt*) repeated, *bes* TECH *etc* multiple: ***mehrfache Verletzungen*** multiple injuries; ***in mehrfacher Hinsicht*** in several respects; ***mehrfacher deutscher Meister*** several times German champion **II** *Adv* several times, (*wiederholt*) repeatedly: ***er ist mehrfach vorbestraft*** he has several previous convictions
Mehrfache *n* ***ein Mehrfaches der Summe*** *etc* several times the amount *etc*
Mehrfachstecker *m* multiple plug
Mehrfamilienhaus *n* multiple dwelling
mehrfarbig *Adj* multicolo(u)r
Mehrheit *f* majority: ***mit absoluter (einfacher, knapper, großer) Mehrheit*** by an absolute (a simple, a narrow, a large) majority; ***mit zehn Stimmen Mehrheit*** by a majority of ten; → ***schweigend***
mehrheitlich *Adj und Adv* (by the) majority
Mehrheitsbeschluss *m* majority decision
Mehrheitswahlrecht *n* majority vote system
mehrjährig *Adj* of (*oder* lasting) several years, several years' …
Mehrkosten *Pl* additional (*oder* extra) cost(s *Pl*), (*Zuschlag*) extra charge *Sg*
mehrmalig *Adj* repeated
mehrmals *Adv* several times
Mehrparteiensystem *n* multiparty system
mehrseitig *Adj* **1.** MATHE polygonal **2.** POL multilateral
mehrsilbig *Adj* polysyllabic
mehrsprachig *Adj* polyglot, multilingual
mehrstellig *Adj Zahl*: multidigit
mehrstimmig *Adj* for several voices: ***mehrstimmiger Gesang*** part singing
mehrstöckig *Adj* multistor(e)y
mehrstufig *Adj* multistage
mehrstündig (mehrtägig) *Adj* of (*oder* lasting) several hours (days)
mehrteilig *Adj* consisting of several parts, *Film etc*: in several parts
Mehrverbrauch *m* increased consumption
Mehrwegverpackung *f* reusable package
Mehrwertsteuer *f* value-added tax (*Abk* VAT)
Mehrzahl *f* **1.** majority **2.** LING plural
Mehrzweck… multipurpose …
meiden *v/t* avoid
Meile *f* mile
Meilenstein *m auch fig* milestone
meilenweit *Adv* for miles (and miles): ***meilenweit entfernt von*** *auch fig* miles (away) from
mein *Possessivpron* my: ***meiner, meine, mein(e)s, der (die, das) mein(ig)e*** mine; ***die mein(ig)en*** my family, *ugs* my people, my folks; ***ich habe das mein(ig)e getan*** I've done my share (*oder* bit)
Meineid *m* (***einen Meineid leisten*** commit) perjury
meineidig *Adj* perjured: ***meineidig werden*** perjure o.s., commit perjury
meinen *v/t, v/i* **1.** think: ***was meinen Sie dazu?*** what do you think?; ***meinen Sie (wirklich)?*** do you (really) think so? **2.** mean: ***wie meinen Sie das?*** how do you mean?, *drohend*: what do you mean by that?; ***meinen Sie das ernst?*** do you really mean it?; ***so war es nicht gemeint*** I (he *etc*) didn't mean it (like that); ***sie meint es gut*** she means well (***mit dir*** by you); ***es war gut gemeint*** it was well-meant; ***er hat es nicht böse gemeint*** he meant no harm **3.** (*sprechen von*) mean, refer to: ***meinen Sie ihn?*** do you mean him? **4.** (*bedeuten*) mean **5.** ***wenn du meinst*** if you say so; ***wie Sie meinen*** as you wish; ***ich meine ja nur!*** it was just a thought!
meiner *Personalpron* (*Gen of* **ich**) (of) me: ***erinnern Sie sich meiner?*** do you remember me?
meinerseits *Adv* for my part: ***ich meinerseits*** I for one; ***ganz meinerseits!*** **a)** the pleasure is (*oder* has been) mine!, **b)** *hum* same here!
meinesgleichen *Indefinitpron* people like me, *ugs* the likes of me
meinetwegen *Adv* **1.** (*wegen mir*) on my account, because of me, (*mir zuliebe*) for my sake **2.** ***meinetwegen kann er gehen*** I don't mind if he goes, *iron* he can go for all I care **3.** (*zum Beispiel*) let's say
meinige → ***mein***
Meinung *f* opinion (***über*** *Akk* of, about, on): ***eine schlechte Meinung haben von*** have a low opinion of; ***meiner Meinung nach*** in my opinion; ***der Meinung sein*** think, believe, be of the opinion; ***derselben (anderer) Meinung sein*** (dis)agree; ***ganz meiner Meinung!*** I quite agree!; *ugs* ***j-m gehörig die Meinung sagen*** give s.o. a piece of one's mind; → ***geteilt*** 1

Meinung ≠ meaning

Meinung	=	opinion
meaning	=	Sinn, Bedeutung

Meinungsäußerung *f* statement
Meinungsaustausch *m* exchange of views (***über*** *Akk* on)
meinungsbildend *Adj* opinion-forming
Meinungsbildung *f* forming of an opinion: ***öffentliche Meinungsbildung*** forming of public opinion
Meinungsforscher, Meinungsforscherin pollster
Meinungsforschung *f* opinion research
Meinungsfreiheit *f* freedom of opinion (*oder* speech)
Meinungsführer, Meinungsführerin opinion-leader
Meinungsumfrage *f* (public) opinion poll
Meinungsumschwung *m* swing of opinion
Meinungsverschiedenheit *f* **1.** difference of opinion **2.** disagreement, argument (***über*** *Akk* about)
Meise *f* **1.** ZOOL tit(mouse) **2.** *ugs* ***du hast wohl 'ne Meise?*** you must be nuts!
Meißel *m*, **meißeln** *v/t und v/i* chisel
Meißner Porzellan, Meißener Porzellan *n* Dresden china
meist **I** *Adj* **1.** most, most of: ***die meisten Leute*** most people; ***die meiste Zeit*** most of the time **II** *Indefinitpron* **2.** ***das meiste (davon)*** most of it; ***die meisten*** **a)** most (of them), **b)** most people **III** *Adv* **3.** → ***meistens*** **4.** ***am meisten*** most
meistbietend *Adj* ***meistbietender Interessent*** highest bidder; *Adv* ***meistbietend verkaufen*** sell to the highest bidder
meistens, meistenteils *Adv* mostly, usually, most of the time
Meister *m* **1.** master (craftsman): ***seinen Meister machen*** take one's master craftsman's diploma **2.** *im Betrieb*: foreman **3.** (*Könner*) *auch fig oder iron* master: → ***Übung*** 1 **4.** SPORT champion, (*Mannschaft*) champions *Pl*

Meisterbrief *m* master craftsman's diploma
meisterhaft **I** *Adj* masterly **II** *Adv* brilliantly: *iron* ***es meisterhaft verstehen zu lügen*** *etc* be an expert liar *etc*
Meisterin *f* **1.** master craftswoman **2.** *im Betrieb*: forewoman **3.** master's wife **4.** → ***Meister*** 3, 4
Meisterleistung *f* masterly performance, great feat
meistern *v/t allg* master
Meisterprüfung *f* examination for the master craftsman's diploma
Meisterschaft *f* **1.** (*Können*) mastery **2.** SPORT championship, (*Titel*) *auch* title
Meisterstück *n fig* masterstroke
Meisterwerk *n* masterpiece
Melancholie *f*, **melancholisch** *Adj* melancholy
Melanom *n* MED melanoma
Melanzani *Pl österr.* aubergines *Pl*, *Am* eggplants
Meldeamt *n* residents' registration office
melden **I** *v/t* **1.** report, (*Geburt etc*) register, (*ankündigen*) announce: ***j-m etw melden*** notify s.o. of s.th.; *ugs* ***er hat nichts zu melden*** he has no say (in the matter), *weit. S.* he has no chance (***gegen j-n*** against s.o.) **2.** SPORT enter **II** *v/refl* ***sich melden*** **3.** report (***bei*** to, ***zur Arbeit*** for work): VERW ***sich polizeilich melden*** register with the police; → ***krankmelden*** **4.** *Interessent*, *Zeuge etc*: get in touch (***bei*** with): ***sich freiwillig melden*** volunteer (***zu*** for); ***ich werde mich*** (***wieder***) ***melden*** I'll be in touch; ***wenn du etw brauchst, melde dich!*** if you need anything, let me know!; ***sich auf ein Inserat melden*** answer an advertisement **5.** answer (the phone): ***es meldet sich niemand*** there is no reply **6.** *Schüler*: put up one's hand **7.** SPORT enter (one's name) (***für*** for) **8.** *fig Alter*, *Schmerz etc*: make itself felt
Meldepflicht *f* obligatory registration, MED duty of notification
meldepflichtig *Adj* subject to registration, MED notifiable
Meldung *f* **1.** report (*auch Anzeige*), (*Pressemeldung*) *auch* news (item), (*Mitteilung*) announcement, notification, (*Funkmeldung*, *Computermeldung etc*) message **2.** VERW registration (***bei*** with) **3.** (***zu*** for) application, *zu einer Prüfung etc*, *auch* SPORT entry
melken *v/t und v/i auch fig* milk
Melodie *f* melody, tune
melodiös, **melodisch** *Adj* melodic
melodramatisch *Adj* melodramatic
Melone *f* **1.** BOT melon **2.** *ugs* (*Hut*) bowler (hat), *Am* derby
Membran *f* ANAT membrane, *auch* TECH diaphragm
Memoiren *Pl* memoirs *Pl*
Menge *f* **1.** quantity, amount, MATHE set: ***eine*** (***große***) ***Menge von*** a lot of, *ugs* lots of; ***eine Menge Bücher*** *auch* a great many books; *ugs* ***jede Menge Geld, Geld in rauen Mengen*** heaps of money **2.** (*Menschenmenge*) crowd
mengen **I** *v/t* mix (***in*** *Akk* into) **II** *v/refl* ***sich mengen*** → ***mischen*** II
Mengenangabe *f* (indication of) quantity
Mengenlehre *f* MATHE set theory
mengenmäßig *Adj* quantitative
Mengenrabatt *m* WIRTSCH bulk discount
Meniskus *m* ANAT meniscus
Menorca *n* Minorca
Mensa *f* (university) canteen
Mensch *m* **1.** human being: ***der Mensch*** man; ***ich bin auch nur ein Mensch*** I'm only human **2.** → ***Menschheit*** **3.** (*Person*) person, man (woman): (***die***) ***Menschen*** people; ***gern unter Menschen sein*** enjoy human company; ***kein Mensch*** nobody, not a soul; *ugs* ***Mensch!*** → ***Menschenskind***

Gängige Mengenbezeichnungen

WF

eine Baumgruppe	**a group / a clump of trees**
ein Bündel Briefe	**a pile / a bundle of letters**
ein Erdklumpen	**a lump / a clump of earth**
ein Müllhaufen	**a heap of rubbish**
eine Scheibe Brot	**a slice of bread**
ein Schuss Zitrone	**a dash of lemon**
ein Stück Kuchen	**a piece of cake**
ein Stück Land	**a plot of land**
ein Stück Rasen	**a patch of grass**
ein Stück Seife	**a bar of soap**
ein Stück Stoff / ein Stofffetzen	**a piece / a scrap of cloth**
ein Stück / ein Blatt Papier	**a piece / a sheet of paper**
ein Stück / ein großes Stück Käse	**a piece / a hunk of cheese**
ein Stück / ein Löffel Zucker	**a lump / a spoonful of sugar**
ein Stück / ein Riegel Schokolade	**a piece / a bar of chocolate**
ein Tropfen Farbe	**a blob of paint**
ein Tropfen Wasser	**a drop of water**

Mensch ärgere dich nicht! *n* (*Spiel*) ludo
Menschenaffe *m* ape
Menschenalter *n* generation, (*Lebensspanne*) lifetime
Menschenfeind, **Menschenfeindin** misanthropist
Menschenfresser, **Menschenfresserin** cannibal, (*Tier*) man-eater
Menschenfreund, **Menschenfreundin** philanthropist
Menschengedenken *n* ***seit Menschengedenken*** within living memory
Menschengestalt *f* ***in Menschengestalt*** in human form; ***ein Teufel in Menschengestalt*** a devil incarnate
Menschenhand *f* ***von Menschenhand geschaffen*** man-made
Menschenhandel *m* slave trade
Menschenhass *m* misanthropy
Menschenkenner, **Menschenkennerin** good judge of character
Menschenkenntnis *f* knowledge of human nature
Menschenkette *f* human chain
Menschenleben *n* **1.** (human) life: ***Menschenleben sind nicht zu beklagen*** there were no fatalities **2.** lifetime
menschenleer *Adj* deserted
Menschenmenge *f* crowd (of people)
Menschenmögliche *n*: ***das Menschenmögliche*** everything that is humanly possible
Menschenraub *m* kidnapping

M

Menschenrechte *Pl* human rights *Pl*
menschenscheu *Adj* shy, unsociable
Menschenschlag *m* breed (of people), race
Menschenseele *f* human soul: ***keine Menschenseele*** not a living soul
Menschenskind *Interj* good heavens!, *vorwurfsvoll*: for heaven's sake!
menschenunwürdig *Adj* degrading, *Wohnung etc*: unfit for human beings
Menschenverstand *m* ***gesunder Menschenverstand*** common sense
Menschenwürde *f the* dignity of man
Menschheit ***die Menschheit*** man, mankind

Die Menschheit

Im Gegensatz zum deutschen **Menschheit** wird **mankind** immer ohne Artikel verwendet.

„Ein kleiner Schritt für einen Mann, ein riesiger Sprung für die Menschheit."	**"One small step for a man, one giant leap for mankind."** (Neil Armstrong, Astronaut)

menschlich *Adj* **1.** human: ***die menschliche Natur*** human nature; ***nach menschlichem Ermessen*** as far as one can possibly judge **2.** (*human*) humane **3.** *ugs* (*erträglich*) tolerable

menschlich: human oder humane?

menschlich: zur Beschreibung des Menschen	**human**
human being	
human dignity	
human rights	
menschlich, human: das Gegenteil von grausam	**humane**
The Geneva Convention says prisoners of war must be treated in a humane way.	

Menschlichkeit *f* **1.** human nature **2.** (*Humanität*) humaneness, humanity: ***Verbrechen gegen die Menschlichkeit*** crime against humanity
Menstruation *f* MED menstruation
menstruieren *v/i* MED menstruate
Mentalität *f* mentality
Menthol *n* CHEM menthol: ***mit Menthol*** mentholated
Menü *n* **1.** GASTR set meal, set lunch; (*Tagesangebot*) fixed(-price) menu, today's special **2.** COMPUTER *und fig* menu

Menü ≠ menu

Menü (*Speisenfolge*)	=	set meal, set lunch
menu	=	Speisekarte

Menüanzeige *f* menu display
menügesteuert *Adj* menu-driven
Menüleiste *f* menu bar
Meridian *m* ASTR, GEOG meridian
Merkblatt *n* leaflet
merken *v/t* notice, (*fühlen*) feel, sense, (*erkennen*) realize, see, (*entdecken*) discover: ***etw merken*** *auch* become aware of s.th.: ***man merkte an seiner Stimme, dass ...*** you could tell by his voice that ...; ***merken lassen*** show, let on; ***sich*** *etw* ***merken*** remember, make a mental note of; ***merken Sie sich das!*** remember that!

merken: remember, notice oder feel, realize?

sich merken, denken an	**remember**
You must remember his birthday.	
(be)merken, wahrnehmen	**notice**
She hardly noticed my presence.	
merken; fühlen; spüren	**feel**
I didn't feel the pain.	
merken; sich bewusst machen	**realize**
Tom realized that he loved Ann.	

merklich **I** *Adj* noticeable, (*deutlich*) marked, (*beträchtlich*) considerable **II** *Adv* noticeably (*etc*)
Merkmal *n* characteristic: ***besondere Merkmale*** distinguishing marks
Merkspruch *m* mnemonic
Merkur *m* ASTR Mercury
merkwürdig *Adj* strange, odd
merkwürdigerweise *Adv* oddly enough
meschugge *Adj ugs* crazy, nuts
messbar *Adj* measurable
Messbecher *m* measuring cup
Messdiener, Messdienerin REL server
Messe¹ *f* REL mass: ***(die) Messe lesen*** say Mass
Messe² *f* MIL mess
Messe³ *f* (trade) fair
Messebesucher, Messebesucherin visitor to a (*oder* the) fair
Messegelände *n* exhibition cent/re (*Am* -er)
Messehalle *f* exhibition hall
messen **I** *v/t* measure, TECH *auch* ga(u)ge: ***(mit der Uhr) messen*** time; *fig* ***j-n mit Blicken messen*** size s.o. up **II** *v/refl* ***sich mit j-m messen*** match o.s. against s.o., SPORT compete with s.o.; ***sich nicht messen können mit*** **a)** ***j-m*** be no match for s.o., **b)** ***einer Sache*** not to stand comparison with s.th. **III** *v/i* measure, be ... long (*oder* high, wide, *etc*), *Person*: be ... (tall): → ***gemessen***
Messer *n allg* knife, TECH *auch* blade, MED *auch* scalpel: *fig* ***Kampf bis aufs Messer*** fight to the death; ***auf (des) Messers Schneide stehen*** be on a razor's edge; *ugs* ***j-n ans Messer liefern*** betray s.o.
messerscharf *Adj* razor-sharp, *fig* (*scharfsinnig*) *auch* keen
Messerschnitt *m* razor cut
Messerspitze *f* knife point: ***eine Messerspitze Salz*** a pinch of salt
Messerstecherei *f* knifing
Messerstich *m* **1.** stab **2.** stab wound
Messestand *m* exhibition stand
Messgerät *n* measuring instrument, (*Lehre*) ga(u)ge, (*Zähler*) meter
Messias *m* Messiah
Messing *n* brass
Messinstrument *n* → ***Messgerät***
Messtischblatt *n* ordnance map
Messuhr *f* meter, dial ga(u)ge

Messung *f* measurement
Metall *n* metal
Metallarbeiter, **Metallarbeiterin** metalworker
Metallbearbeitung *f* metalworking
Metallindustrie *f* metalworking industry
metallisch *Adj* metal, *auch fig* metallic
Metallurgie *f* metallurgy
metallurgisch *Adj* metallurgic(al)
Metallverarbeitung *f* metal processing
Metallwaren *Pl* metal goods *Pl*, hardware *Sg*
Metamorphose *f* metamorphosis
Metapher *f* metaphor
Metaphysik *f* metaphysics *Sg*
metaphysisch *Adj* metaphysical
Metastase *f* MED metastasis
Meteor *m* meteor
Meteorit *m* meteorite
Meteorologe *m* meteorologist
Meteorologie *f* meteorology
Meteorologin *f* meteorologist
meteorologisch *Adj* meteorological
Meter *n*, *m* metre, *Am* meter
meterlang *Adj* very long
Metermaß *n* **1.** (*Bandmaß*) tape measure **2.** → ***Meterstab***
Meterstab *m* (pocket) rule
Meterware *f* yard goods *Pl*
Methadon *n* methadone
Methode *f* method
Methodik *f* **1.** methodology **2.** method(s *Pl*)
methodisch *Adj* methodical
Methylalkohol *m* methyl alcohol
Metier *n* profession, job
Metrik *f* metre, *Am* meter
metrisch *Adj* **1.** *Maß etc*: metric **2.** MUS *etc* metrical
Metzger, **Metzgerin** butcher
Metzgerei *f* butcher's shop
Meute *f* **1.** pack (of hounds) **2.** *fig* mob
Meuterei *f* mutiny
Meuterer *m*, **Meuterin** *f* mutineer
meutern *v/i* mutiny, *ugs fig* rebel
meuternd *Adj* mutinous
Mexikaner, **Mexikanerin**, **mexikanisch** *Adj* Mexican
Mexiko *n* Mexico
miau *Interj*, **miauen** *v/i* miaow

miau: einige Tierlaute WF

kikeriki!	**cock-a-doodle-doo!** [ˌkɒkəduːdlˈduː]
miau!	**miaow** [miːˈaʊ]
quak!	**quack** [kwæk]
wau wau!	**woof, woof!** [ˌwʊfˈwʊf]

Mic *n ugs* (*Mikrophon*) mic, *bes Br* mike
mich **I** *Personalpron* me **II** *Reflexivpron* myself
mickrig, **mickerig** *Adj ugs Sache*: measly, *Person*: puny, (*kränklich*) sickly
Mieder *n* bodice
Miederhöschen *n* panty girdle
Miederwaren *Pl* foundation garments *Pl*
Mief *m ugs* fug, pong
Miene *f* expression, (*Gesicht*) face: ***überlegene Miene*** superior air; ***eine ernste Miene aufsetzen*** look serious; ***eine finstere Miene machen*** scowl; ***gute Miene zum bösen Spiel machen*** put on a brave face, grin and bear it; ***Miene machen, etw zu tun*** make as if to do s.th.; ***ohne eine Miene zu verziehen*** without batting an eyelid
Mienenspiel *n* facial expressions *Pl*
mies *ugs* **I** *Adj* bad, lousy: ***miese Laune haben*** be in a foul mood; ***mieser Kerl*** bastard; ***miese Sache*** awful mess; → ***miesmachen*** **II** *Adv* ***sich mies fühlen*** feel lousy; ***es geht ihm mies*** he's in a bad way
Miesepeter *m ugs* sourpuss
miesmachen *v/t* ***j-n*** (***etw***) ***miesmachen*** run s.o. (s.th.) down
Miesmuschel *f* ZOOL mussel
Miete *f* rent: ***zur Miete wohnen*** live in a rented flat (*oder Am* apartment), *als Untermieter*: live in lodgings (***bei*** with)
Mieteinnahme *f* rental income
mieten *v/t* rent, (*Auto etc*) *auch* hire
Mieter, **Mieterin** tenant, (*Untermieter*[*in*]) lodger, *Am* roomer
Mieterschutz *m* (legal) protection of tenants
mietfrei *Adj* rent-free
Mietgebühr *f* rental (charge)
Mietpreis *m* **1.** rent **2.** → ***Mietgebühr***
Mietshaus *n* block of flats, *Am* apartment house
Mietverhältnis *n* tenancy
Mietvertrag *m* tenancy agreement, *für Sachen*: hire contract
Mietwagen *m* hired car
Mietwagenverleih *m* car-hire service
Mietwohnung *f* (rented) flat, *Am* apartment
Migräne *f* MED migraine
Mikro *n ugs* (*Mikrofon*) mic, *bes Br* mike
Mikrobe *f* microbe
Mikrochip *m* microchip
Mikrochirurgie *f* microsurgery
Mikrocomputer *m* microcomputer
Mikroelektronik *f* microelectronics *Sg*
Mikrofilm *m* microfilm
Mikrofon *n* microphone
Mikrokosmos *m* microcosm
Mikroorganismus *m* microorganism
Mikroprozessor *m* microprocessor
Mikroskop *n* microscope
mikroskopisch *Adj* (*auch* ***mikroskopisch klein***) microscopic(al)
Mikrowelle *f* microwave
Mikrowellenherd *m* microwave oven
Milbe *f* ZOOL mite
Milch *f* **1.** (***dicke*** *oder* ***saure Milch*** curdled) milk **2.** *der Fische*: (soft) roe
Milchbar *f* milk bar
Milchbrei *m* milk pudding
Milchflasche *f* milk bottle
Milchgeschäft *n* dairy
Milchglas *n* TECH frosted glass
milchig *Adj* milky
Milchkaffee *m* white coffee
Milchkännchen *n* milk jug
Milchkanne *f* milk can
Milchkuh *f* milcher
Milchmädchenrechnung *f ugs* naive reasoning
Milchmixgetränk *n* milk shake
Milchprodukte *Pl* dairy products *Pl*
Milchpulver *n* powdered milk
Milchreis *m* rice pudding
Milchschorf *m* MED milk crust
Milchshake *m* milkshake
Milchstraße *f* Milky Way
Milchtüte *f* carton of milk
Milchwirtschaft *f* dairy farming
Milchzahn *m* milk tooth
mild **I** *Adj allg* mild, *Klima*, *Lächeln*, *Verweis*

M

etc: *auch* gentle, *Strafe*, *Richter etc*: *auch* lenient, *Speise*: *auch* light, *Licht*: mellow, soft **II** *Adv* ***milde gesagt*** to put it mildly; ***etw milde beurteilen*** take a lenient view of s.th.
Milde *f* mildness (*etc*, → ***mild*** I), (*Nachsicht*) leniency
mildern **I** *v/t* (*Schlag*, *Gegensatz etc*) soften, (*Schmerz*, *Leiden etc*) ease, alleviate, (*auch Kummer*, *Ärger etc*) soothe, (*Ansicht etc*) moderate, (*Aussage etc*) qualify, (*Urteil*, *Strafe*) mitigate, (*Wirkung etc*) reduce: JUR ***mildernde Umstände*** extenuating circumstances **II** *v/refl* ***sich mildern*** grow milder, *Schmerz*: ease, *Ansicht etc*: soften
Milderung *f von Schmerz*: alleviation, *einer Strafe*: mitigation, *einer Aussage etc*: qualification, *einer Ansicht*: moderation
Milderungsgrund *m* JUR extenuating circumstance
mildtätig *Adj* charitable
Milieu *n* environment (*auch* BIOL, CHEM), SOZIOL *auch* (social) background
milieubedingt *Adj* due to environmental factors
milieugeschädigt *Adj* maladjusted, deprived
militant *Adj* militant
Militär *n* **1.** (***beim Militär*** in the) armed forces *Pl* (*oder* army) **2.** military personnel, soldiers *Pl*
Militärarzt *m*, **Militärärztin** *f* medical officer
Militärattaché *m* military attaché
Militärdienst *m* military service
Militärdiktatur *f* military dictatorship
militärisch *Adj* military, *Gebaren etc*: martial
Militarismus *m* militarism
Militarist, **Militaristin** militarist
militaristisch *Adj* militaristic(ally *Adv*)
Militärkapelle *f* military band
Militärpolizei *f* military police
Militärputsch *m* military putsch
Militärregierung *f* military government
Military *f Reitsport*: three-day event
Militärzeit *f* time of (military) service
Miliz *f* militia
Millennium *n* millennium
Milliardär, **Milliardärin** multimillionaire
Milliarde *f* billion
Millimeter *m*, *n* millimet/re (*Am* -er)
Millimeterarbeit *f ugs* ***das war Millimeterarbeit*** that was a precision job
Millimeterpapier *n* graph paper
Million *f* million: ***5 Millionen Dollar*** five million dollars
Millionär, **Millionärin** millionaire
Millionengeschäft *n* multimillion dollar *etc* deal
Millionenstadt *f* city of over a million inhabitants
millionstel *Adj* millionth
Milz *f* ANAT spleen
Milzbrand *m* anthrax
Mime *m* actor
mimen *v/t* act, play, *fig auch* feign
Mimik *f* **1.** mimic art **2.** → ***Mienenspiel***
mimisch *Adj* mimic
Mimose *f* **1.** BOT mimosa **2.** *fig* oversensitive person
mimosenhaft *Adj fig* oversensitive
Minarett *n* minaret
minder **I** *Adv* less: ***nicht minder*** no less **II** *Adj* less(er), *Bedeutung*: minor, *Qualität*: inferior
minderbegabt *Adj* less gifted
minderbemittelt *Adj* less well-off: *ugs* ***geistig minderbemittelt*** not very bright
Minderheit *f* minority; *auch* → ***Minderzahl***
Minderheitsregierung *f* minority(-party) government
minderjährig *Adj* under age
Minderjährige *m*, *f* minor
Minderjährigkeit *f* minority
mindern **I** *v/t* lessen, reduce, lower, (*beeinträchtigen*) detract from **II** *v/refl* ***sich mindern*** diminish, decrease
Minderung *f* (*Gen*) decrease (in), reduction (in, of), (*Wertminderung*) depreciation
minderwertig *Adj* inferior, of inferior quality, WIRTSCH *auch* low-grade
Minderwertigkeit *f* inferiority, WIRTSCH inferior quality
Minderwertigkeitsgefühl *n* inferiority feeling
Minderwertigkeitskomplex *m* inferiority complex
Minderzahl *f* ***in der Minderzahl sein*** **a)** be in the minority, **b)** be outnumbered
mindest *Adj* least, slightest: ***nicht die mindeste Aussicht*** not the slightest chance; ***nicht im Mindesten*** not in the least, not at all; ***zum Mindesten*** at least; ***das Mindeste*** the (very) least
Mindest... minimum (*age*, *price*, *etc*)
Mindestanforderung *f* minimum requirement
Mindestbetrag *m* minimum (amount)
mindestens *Adv* at least
Mindestgehalt *n* (**Mindestlohn** *m*) minimum salary (wage)
Mindestmaß *n* (***etw auf das Mindestmaß beschränken*** keep s.th. down to a) minimum
Mindestzahl *f* minimum
Mine *f* **1.** BERGB, MIL mine **2.** (*Bleistiftmine*) lead, (*Kugelschreibermine*) cartridge, (*Ersatzmine*) refill
Minenfeld *n* MIL minefield
Minenleger *m* SCHIFF minelayer
Minenräumboot *n*, **Minensuchboot** *n* minesweeper
Mineral *n* mineral
Mineralbad *n* **1.** mineral bath **2.** (*Kurort*) spa
Mineralogie *f* mineralogy
Mineralöl *n* mineral oil
Mineralquelle *f* mineral spring
Mineralwasser *n* mineral water
Miniatur *f* miniature
miniaturisieren *v/t* TECH miniaturize
Minibar *f* minibar
Minibus *m* minibus
Minigolf *n* miniature golf
Minijob *m* minijob
Minikleid *n* minidress
minimal *Adj* minimal, minimum, *fig* negligible
Minimum *n* minimum
Minirock *m* miniskirt
Minister, **Ministerin** minister, *Br* Secretary (of State), *Am* Secretary
Ministerialdirektor, **Ministerialdirektorin** head of a ministerial department
Ministerium *n* ministry, *Am* department
Ministerpräsident, **Ministerpräsidentin** Prime Minister, *eines deutschen Bundeslandes*: Minister President (*Pl* Ministers President)
Ministerrat *m* **1.** cabinet (council) **2.** *der EU*: Council of Ministers
Ministrant, **Ministrantin** REL altar server
Minna *f ugs* ***grüne Minna*** Black Maria, *Am* paddy wagon; ***j-n zur Minna machen*** give s.o. hell

Minnesänger *m* minnesinger
Minorität *f* minority
minus **I** *Präp* minus **II** *Adv* ***minus 10 Grad*** ten degrees below zero
Minus *n* (*Fehlbetrag*) deficit, *fig* (*Nachteil*) disadvantage
Minuspunkt *m* **1.** SPORT penalty point **2.** *fig* minus, drawback
Minuszeichen *n* MATHE minus sign
Minute *f* minute (*auch* ASTR, MATHE): ***auf die Minute pünktlich kommen*** come on the dot; ***in letzter Minute*** at the last moment; ***es klappte auf die Minute*** it was perfectly timed
minutenlang **I** *Adj* lasting several minutes, several minutes of … **II** *Adv* for (several) minutes
Minutenzeiger *m* minute-hand
minutiös, minuziös *Adj* detailed, meticulous
Minze *f* BOT mint
mir *Personalpron* me, to me, (*mir selbst*) (to) myself: ***mir ist kalt*** I feel cold; ***ich wusch mir die Hände*** I washed my hands; ***ein Freund von mir*** a friend of mine; ***du bist mir ein schöner Freund!*** a fine friend you are!; ***von mir aus*** → ***meinetwegen***; ***wie du mir, so ich dir*** tit for tat
Mirabelle *f* BOT yellow plum
Misanthrop, Misanthropin misanthropist
Mischehe *f* mixed marriage
mischen **I** *v/t allg* mix (*auch* RADIO, FILM *etc*), (*Tee, Tabak etc*) blend, (*Karten*) shuffle, (*Dateien*) merge, collate **II** *v/refl fig* ***sich mischen unter*** (*Akk*) mix (*oder* mingle) with; ***sich mischen in*** (*Akk*) interfere (*oder* meddle) in; ***sich in das Gespräch mischen*** join in (*störend*: butt in on) the conversation **III** *v/i beim Kartenspiel*: shuffle
Mischling *m* **1.** BIOL hybrid **2.** (*Mensch*) half--caste, *bes pej* half-breed
Mischmasch *m ugs* hotchpotch
Mischpult *n* RADIO, TV mixer
Mischrasse *f* mixed race
Mischung *f* mixture (*auch fig*), (*Tabakmischung, Teemischung etc*) blend, (*Keksmischung, Pralinenmischung etc*) assortment
Mischungsverhältnis *n* mixing ratio
Mischvolk *n* mixed race
Mischwald *m* mixed forest
Mischwort *n* hybrid (word)
miserabel *Adj* miserable, *ugs* lousy
Misere *f* calamity
Mispel *f* BOT medlar
missachten *v/t* **1.** (*nicht beachten*) disregard, ignore **2.** (*gering schätzen*) hold in contempt, disdain, despise
Missachtung *f* disregard, (*Verachtung*) disdain: ***Missachtung des Gerichts*** contempt of court
Missbehagen *n* feeling of uneasiness
Missbildung *f* deformity
missbilligen *v/t* disapprove (of)
missbilligend *Adj* disapproving
Missbilligung *f* disapproval
Missbrauch *m* abuse, misuse, *vorsätzlicher*: *auch* improper use
missbrauchen *v/t* abuse (*auch sexuell*)
missdeuten *v/t* misinterpret
Missdeutung *f* misinterpretation
missen *v/t* (*entbehren*) do without
Misserfolg *m* failure, *ugs* flop
Missernte *f* crop failure
Missetat *f* misdeed
Missetäter, Missetäterin malefactor, offender
missfallen *v/i* ***er*** (***es***) ***missfällt mir*** I don't like him (it)
Missfallen *n* displeasure, disapproval: ***j-s Missfallen erregen*** incur s.o.'s displeasure
Missfallensäußerung *f* expression of disapproval
missgebildet *Adj* deformed
Missgeburt *f* **1.** deformed child (*oder* animal), freak **2.** *fig* failure, *ugs* flop
missgelaunt *Adj* ***missgelaunt sein*** be in a bad mood
Missgeschick *n* (*Pech*) bad luck, misfortune, (*Panne*) mishap
missglücken *v/i* fail, be unsuccessful
missgönnen *v/t* ***j-m etw missgönnen*** begrudge s.o. s.th.
Missgriff *m* mistake
Missgunst *f* resentment
missgünstig *Adj* resentful
misshandeln *v/t* maltreat
Misshandlung *f* maltreatment, JUR assault and battery
Mission *f* mission
Missionar, Missionarin, missionarisch *Adj* missionary
missionieren **I** *v/i* do missionary work **II** *v/t* convert
Missklang *m auch fig* dissonance
Misskredit *m* discredit: ***in Misskredit bringen*** bring discredit upon; ***in Misskredit geraten*** get a bad name
misslich *Adj* awkward, difficult
misslingen *v/i* fail, be unsuccessful
Missmanagement *n* mismanagement
missmutig *Adj* disgruntled: ***ein missmutiges Gesicht machen*** look morose
missraten **I** *v/i* fail, turn out a failure, go wrong: ***das ist mir missraten*** I've bungled it **II** *Adj Kind*: wayward
Missstand *m* deplorable state of affairs: ***Missstände abschaffen*** remedy abuses
misstrauen *v/i* (*j-m, einer Sache*) distrust, mistrust
Misstrauen *n* (***gegen*** of) distrust, mistrust, suspicion
Misstrauensantrag *m* PARL motion of no confidence
Misstrauensvotum *n* PARL vote of no confidence
misstrauisch *Adj* distrustful, (*argwöhnisch*) suspicious, (*unsicher*) doubtful
Missverhältnis *n* disproportion: ***in einem Missverhältnis stehen*** be out of proportion (***zu*** to)
missverständlich *Adj* misleading
Missverständnis *n* misunderstanding
missverstehen *v/t* misunderstand, (*jemandes Absichten*) mistake
Misswahl *f* beauty contest
Misswirtschaft *f* mismanagement
Mist *m* **1.** LANDW dung, manure, (*Tierkot*) droppings *Pl* **2.** *ugs* (*Plunder*) rubbish, (*Unsinn*) *auch* crap: ***Mist machen, Mist bauen*** make a cock-up, mess it up; ***Mist verzapfen*** talk rot; (***so ein***) ***Mist!*** damn it!
Mistel *f* BOT mistletoe
Mistelzweig *m* (sprig of) mistletoe
Mistgabel *f* pitchfork
Misthaufen *m* manure heap
Mistkäfer *m* ZOOL dungbeetle
Mistkerl *m vulg* bastard
Mistkübel *m österr.* rubbish bin, *Am* trashcan
Miststück *n vulg* (*Mann*) bastard, (*Frau*) bitch
mit **I** *Präp* **1.** with: ***ein Haus mit Garten*** a house

with a garden; ***Tee mit Rum*** tea with rum; ***Zimmer mit Frühstück*** bed and breakfast; ***ein Korb mit Obst*** a basket of fruit **2.** (*mithilfe von*) with: ***mit der Bahn*** (***Post***® *etc*) by train (post *etc*); ***mit Bleistift*** in pencil; ***mit Gewalt*** by force **3.** (*Art und Weise*) with: ***mit Absicht*** intentionally; ***mit lauter Stimme*** in a loud voice; ***mit Verlust*** at a loss; ***mit einem Wort*** in a word; ***mit 8 zu 11 Stimmen*** by 8 votes to 11; ***was ist mit ihm?*** what's the matter with him?; ***wie steht es mit Ihrer Arbeit?*** how's your work getting on?; ***wie stehts mit dir?*** how about you?. **4.** *zeitlich*: ***mit 20 Jahren*** at (the age of) twenty; ***mit dem 3. Mai*** as of May 3rd; → ***Zeit*** 1 **II** *Adv* **5.** also, too: ***mit dabei sein*** be there too; ***das gehört mit dazu*** that's part (and parcel) of it; ***er war mit der Beste*** he was one of the best; → ***mitgehen*** *etc*

mit + Altersangabe SG

Bei Altersangaben wird **mit** durch **at** oder **at the age of** übersetzt:

Mit 20 bekam sie ihr erstes Kind.	**She had her first child at 20 / at the age of 20.**

Mitarbeit *f* cooperation, collaboration, (*Hilfe*) *auch* assistance (***bei*** in): ***unter Mitarbeit von*** (*oder Gen*) in collaboration with

mitarbeiten *v/i* **a)** (***an*** *Dat*, ***bei***) cooperate (in), collaborate (on), *bei einer Zeitung etc*: contribute (to), **b)** PÄD take an active part in the lessons

Mitarbeiter, **Mitarbeiterin 1.** employee, *bes wissenschaftlich*: collaborator, ***bei*** *einer Zeitung*: contributor (to): ***freier Mitarbeiter*** freelance(r) **2.** (*Kollege*) colleague

Mitarbeiterstab *m* staff

Mitbegründer, **Mitbegründerin** co-founder

mitbekommen *v/t* **1.** ***etw mitbekommen*** get (*oder* be given) s.th. **2.** *ugs* (*verstehen*) catch, get, (*aufschnappen*) pick up: ***hast du das mitbekommen?*** did you get that?

mitbenutzen *v/t* share *s.th.* (with s.o.)

mitbestimmen *v/i* (***bei einer Sache***) ***mitbestimmen*** have a say in the matter

Mitbestimmung(srecht *n*) *f* codetermination, (*Arbeitermitbestimmung*) *auch* worker participation

Mitbewerber, **Mitbewerberin** competitor

Mitbewohner, **Mitbewohnerin** fellow occupant

mitbringen *v/t* **1.** bring *s.o.*, *s.th.* along (with one) **2.** *fig* (*Fähigkeiten*) have, possess

Mitbringsel *n* little present

Mitbürger, **Mitbürgerin** fellow citizen: ***ausländische Mitbürger(innen)*** immigrant-residents

Miteigentümer, **Miteigentümerin** joint owner

miteinander *Adv* with each other, (*zusammen*) together: ***alle miteinander*** one and all

Miteinander *n* togetherness

Miterbe *m* coheir

Miterbin *f* coheiress

miterleben *v/t* witness

Mitesser *m* MED blackhead

mitfahren *v/i* ***mit j-m mitfahren*** ride (*oder* go) with s.o.

Mitfahrgelegenheit *f* ***biete Mitfahrgelegenheit nach Köln*** lift offered to Cologne

mitfühlen *v/i* sympathize (***mit*** with)

mitfühlend *Adj* sympathetic

mitführen *v/t* carry with one

mitgeben *v/t* ***j-m etw mitgeben*** give s.o. s.th. (to take with him)

Mitgefangene *m*, *f* fellow-prisoner

Mitgefühl *n* sympathy: ***j-m sein Mitgefühl ausdrücken*** offer one's sympathies (*im Trauerfall*: condolences) to s.o.

mitgehen *v/i* **1.** go along (***mit j-m*** with s.o.): *ugs* ***etw mitgehen lassen*** pinch (*oder* lift) s.th. **2.** *fig Zuhörer etc*: respond (***mit*** to)

mitgenommen *Adj ugs fig* worn out, exhausted: *Adv* ***mitgenommen aussehen*** *auch Person*: look the worse for wear

Mitgift *f* dowry

Mitglied *n* member

Mitgliederversammlung *f* general meeting

Mitgliederzahl *f* membership

Mitgliedsausweis *m* membership card

Mitgliedsbeitrag *m* (membership) fee (*Am* dues *Pl*)

Mitgliedschaft *f* membership

Mitgliedstaat *m* member state

mithalten *v/i* **1.** *auch fig* keep up (***mit*** with) **2.** *Kartenspiel*: stay in the bidding

Mitherausgeber, **Mitherausgeberin** coeditor

mithilfe, **mit Hilfe** *Präp und Adv*: ***mithilfe von*** (*oder Gen*) with the help of, *fig auch* by means of

Mithilfe *f* aid, assistance, cooperation

mithören I *v/t* listen (in) to, *zufällig*: overhear, *heimlich*: eavesdrop on, (*abhören*) monitor, (*Funkspruch etc*) intercept **II** *v/i* listen, *heimlich*: eavesdrop

Mitinhaber, **Mitinhaberin** joint owner, copartner

mitkommen *v/i* **1.** come along **2.** *in der Schule*: keep up (with the class): ***gut mitkommen*** get on well; ***nicht mitkommen*** do badly; *ugs* ***da komme ich (einfach) nicht mit!*** that's beyond me!

mitlaufen *v/i* run (along) with, SPORT run (in the race)

Mitläufer, **Mitläuferin** POL *pej* hanger-on, (*Kommunist*) fellow traveller

Mitlaut *m* LING consonant

Mitleid *n* (***aus Mitleid*** out of) pity (***für*** for); ***mit j-m Mitleid haben*** have pity (*oder* compassion) on s.o., pity s.o., be sorry for s.o.; ***Mitleid erregend*** → ***mitleiderregend***

Mitleidenschaft *f* ***in Mitleidenschaft gezogen werden*** be (adversely) affected (***durch*** by)

mitleiderregend *Adj* pitiful, pitiable

mitleidig *Adj* compassionate, sympathetic: ***ein mitleidiges Lächeln*** a contemptuous smile

mitleidlos, **mitleidslos** *Adj* pitiless

mitmachen I *v/i* **1.** take part, join in, (*zs.-arbeiten*) cooperate: *ugs* ***da mache ich nicht mit!*** count me out on that! **II** *v/t* **2.** *allg* take part in, (*Lehrgang etc*) *auch* attend, (*Mode*) follow, go with, (*Spiel etc*) join in **3.** *ugs* ***j-s Arbeit mitmachen*** do s.o.'s job as well **4.** *ugs* (*ertragen*) live (*oder* go) through, suffer: ***das mache ich nicht mehr lange mit!*** I won't take that much longer!

Mitmensch *m* fellow (man *oder* being)

mitmischen *v/i ugs* be in on the action: ***bei etw mitmischen*** be in on s.th., take part in s.th.

mitnehmen *v/t* **1.** take along, take with one, (*ausleihen*) borrow: ***j-n im Auto mitnehmen*** give s.o. a lift **2.** (*wegnehmen*) take away **3.** *ugs* (*kaufen*) take, buy **4.** *ugs* (*Sehenswürdigkeit etc*) take in **5.** *fig* (*lernen*) profit (***aus*** from) **6.** *ugs fig* ***j-n (sehr) mitnehmen*** take it out of

s.o.: → ***mitgenommen***
mitrechnen *v/t* include: ***nicht mitgerechnet*** not counting
mitreden *v/t* ***etw*** (*oder* ***ein Wörtchen***) ***mitzureden haben*** have a say (***bei*** in)
Mitreisende *m, f* fellow passenger
mitreißen *v/t* **1.** carry (*oder* sweep) along **2.** *fig* carry away
mitreißend *Adj fig* thrilling, *Musik*, *Rede etc*: rousing
mitsamt *Präp* (*Dat*) together with
mitschicken *v/t* send (along), *im Brief*: enclose
mitschleppen *v/t* drag along (with one)
mitschneiden *v/t auf Tonband etc*: record
mitschreiben **I** *v/t* write down **II** *v/i* take notes
Mitschuld *f* joint guilt, complicity (***an*** *Dat* in)
mitschuldig *Adj* ***an einer Sache mitschuldig sein*** be implicated in s.th.
Mitschuldige *m, f* accessory (***an*** *Dat* to)
Mitschüler, **Mitschülerin** classmate
mitschwingen *v/i* resonate: *fig* ***darin schwingt ... mit*** it has overtones of …
mitsingen *v/t und v/i* join in the singing (of)
mitspielen *v/i* **1.** join in, SPORT play, be on the team, THEAT appear **2.** *ugs fig* (***bei***) *Person*: go along (with), *Sache*: play a part (in): ***ich spiele nicht mehr mit!*** count me out! **3.** *ugs* ***j-m übel mitspielen*** **a)** treat s.o. badly, **b)** play a nasty trick on s.o.
Mitspieler, **Mitspielerin** player
Mitspracherecht *n* right to a say
Mittag *m* midday, noon: ***heute Mittag*** at noon today; ***zu Mittag essen*** have lunch
Mittagessen *n* (***beim*** [***zum***] ***Mittagessen*** at [for]) lunch
mittags *Adv* **a)** at noon, **b)** at lunchtime
Mittagspause *f* lunch break
Mittagsruhe *f* afternoon rest period
Mittagsschlaf *m*, **Mittagsschläfchen** *n* siesta, afternoon nap
Mittagszeit *f* (***zur Mittagszeit*** at) lunchtime
Mittäter, **Mittäterin** JUR accomplice
Mitte *f* middle, (*Mittelpunkt*) cent/re (*Am* -er): *fig* ***die goldene Mitte*** the golden mean; POL ***die Mitte*** the centre; ***in unserer Mitte*** in our midst; ***in der Mitte zwischen*** halfway between; ***Mitte Juli*** in the middle of July, in mid-July; ***in der Mitte des 18. Jhs.*** in the mid-18th-century; ***Mitte dreißig sein*** be in one's mid-thirties; *ugs* ***ab durch die Mitte!*** off you go!

Mitte: centre oder middle? SG

Centre hat immer eine örtliche Bedeutung: es beschreibt die Mitte einer Fläche oder Ortschaft und wird auch im übertragenen Sinn gebraucht in der Bedeutung „Zentrum", „Mittelpunkt".

Middle wird sowohl örtlich als auch zeitlich gebraucht.

the city centre
the centre of attention
She was driving in the middle lane.
in the middle of nowhere
in the middle of August
the Middle Ages
je nach Sichtweise: **The table is in the centre / middle of the room.**

mitteilen **I** *v/t* ***j-m etw mitteilen*** inform (VERW notify) s.o. of s.th., tell s.o. s.th., (*Wissen etc*) impart s.th. to s.o. **II** *v/refl* ***sich j-m mitteilen*** **a)** *Person*: confide in s.o., **b)** *fig Erregung etc*: communicate itself to s.o.
mitteilsam *Adj* communicative
Mitteilung *f* information, communication, report, VERW notification, (*Nachricht*) message, news *Pl*
mittel **I** *Adj* → ***mittler*** **II** *Adv ugs* (*mäßig*) middling, so-so
Mittel *n* **1.** means *Pl* (*auch Sg konstr*), (*Verfahren*) method, way, (*Hilfsmittel*) expedient: ***Mittel und Wege finden*** find ways and means; ***Mittel zum Zweck sein*** be a means to an end; ***als letztes Mittel*** as a last resort; ***ihm ist jedes Mittel recht*** he stops at nothing **2.** (*Heilmittel*) remedy (***gegen*** for) **3.** *Pl* resources *Pl* (*auch fig geistige Mittel*), (*Geldmittel*) funds *Pl*, means *Pl*: ***aus öffentlichen Mitteln*** from the public purse **4.** (*Durchschnitt*) (***im Mittel*** on an) average
Mittelalter *n* Middle Ages *Pl*
mittelalterlich *Adj* medi(a)eval
mittelbar *Adj* indirect
Mittelding *n* cross, s.th. in between
mitteleuropäisch *Adj* ***mitteleuropäische Zeit*** (*Abk* MEZ) Central European Time
Mittelfeld(spieler(in)) *n Fußball*: midfield (player)
Mittelfinger *m* middle finger
mittelfristig *Adj* WIRTSCH medium-term
Mittelgebirge *n* highlands *Pl*
Mittelgewicht *n Boxen*: middleweight
mittelgroß *Adj* medium-sized, *Person*: of medium height
Mittelklasse *f* **1.** WIRTSCH medium price range **2.** → ***Mittelstand*** 1
Mittelklassewagen *m* medium-range car
Mittellinie *f* **1.** *auch* SPORT cent/re (*Am* -er) line, *Tennis*: centre service line **2.** MATHE median line
Mittelmaß *n* average, *pej* mediocrity
mittelmäßig *Adj* average, mediocre
Mittelmäßigkeit *f* mediocrity
Mittelmeer *n the* Mediterranean (Sea)
Mittelmeer... Mediterranean
Mittelohrentzündung *f* inflammation of the middle ear, otitis
mittelprächtig *Adj ugs* middling
Mittelpunkt *m* cent/re (*Am* -er), *fig auch* heart, hub: ***im Mittelpunkt des Interesses stehen*** be the focus of interest
mittels *Präp* by (means of), through
Mittelschiff *n* ARCHI nave
Mittelsmann *m* mediator, go-between
Mittelstand *m* **1.** middle classes *Pl*: ***gehobener Mittelstand*** upper middle class **2.** WIRTSCH small and medium-sized enterprises (*oder* firms) *Pl.*, SME
mittelständisch *Adj*, **Mittelstands...** middle-class: WIRTSCH ***mittelständische Betriebe*** → ***Mittelstand*** 2
Mittelstreckenläufer, **Mittelstreckenläuferin** middle-distance runner
Mittelstreckenrakete *f* MIL medium-range missile
Mittelstreifen *m* centre strip, *Am* median strip
Mittelstück *n* **1.** middle part **2.** GASTR middle
Mittelstufe *f* PÄD *etwa* middle school, *Am* junior high
Mittelstürmer, **Mittelstürmerin** SPORT cent/re

(*Am* -er) forward
Mittelweg *m fig* (***einen Mittelweg einschlagen*** steer a) middle course; ***der goldene Mittelweg*** the golden mean
Mittelwelle *f* ELEK medium wave
Mittelwert *m* mean (value)
Mittelwort *n* LING participle
mitten *Adv* ***mitten in*** (***an, auf, unter*** *Dat*) in the middle of; ***mitten in*** *der Menge etc* in the thick of; ***mitten unter uns*** in our midst; ***mitten hinein*** right into it; ***mitten ins Herz*** right into the heart
mittendrin *Adv ugs* right in the middle (of it)
mittendurch *Adv* right through (*oder* across)
Mitternacht *f* (***um Mitternacht*** at) midnight
mittler *Adj* middle, central, (*durchschnittlich*) average, medium, *bes* PHYS, TECH mean, (*mittelmäßig*) middling: ***mittleren Alters*** middle-aged; ***mittlerer Beamter*** lower-grade civil servant; ***mittleres Einkommen*** (***Management***) middle income (management); ***der Mittlere Osten*** the Middle East; ***von mittlerer Qualität*** of medium quality; → ***Reife*** 2
Mittler, **Mittlerin** mediator
mittlerweile *Adv* meanwhile, (in the) meantime, since, by now
Mittsommer *m* midsummer
Mittwoch *m* (***am Mittwoch*** on) Wednesday
mittwochs *Adv* on Wednesday(s)
mitunter *Adv* now and then
mitverantwortlich *Adj* jointly responsible
Mitverantwortung *f* joint responsibility
mitverdienen *v/i* be earning as well
Mitverfasser, **Mitverfasserin** coauthor
mitwirken *v/i* (***bei***) **a)** *Person*: cooperate (in), *auch* THEAT take part (in), *Musiker etc*: perform, **b)** *Sache*: contribute (to)
Mitwirkende *m, f* THEAT actor, player (*auch* MUS), *Pl* cast *Sg*: ***Mitwirkende sind …*** the cast includes …
Mitwirkung *f* cooperation, (*Teilnahme*) participation: ***unter Mitwirkung von*** (*oder Gen*) assisted by, THEAT starring …
Mitwisser, **Mitwisserin** person who is in on the secret, JUR accessory
mitzählen → ***mitrechnen***
Mix *m* mix
Mixbecher *m* shaker
mixen *v/t* mix
Mixer *m* **1.** (*Barmixer*) bartender, mixer **2.** TV *etc*: mixer **3.** → ***Mixgerät***
Mixgerät *n* mixer, liquidizer
Mixgetränk *n* mixed drink
Mixtur *f* mixture
MMS *f Abk* (=***Multimedia Messaging Service***) MMS: ***j-m eine MMS schicken*** send s.o. an MMS (message)
Mob *m* mob
mobben *v/t* bully, harass
Mobbing *n* bullying, harassment at work
Möbel *n* **a)** → ***Möbelstück***, **b)** *Pl* furniture *Sg*
Möbelgeschäft *n* furniture shop
Möbelhändler, **Möbelhändlerin** furniture dealer
Möbelpolitur *f* furniture polish
Möbelspedition *f* removal firm
Möbelstoff *m* furniture fabric
Möbelstück *n* piece of furniture
Möbeltischler, **Möbeltischlerin** cabinet-maker
Möbelwagen *m* furniture van, *Am* moving truck
mobil *Adj* **1.** *allg* mobile: MIL ***mobil machen*** mobilize **2.** *ugs* (*munter*) active
Mobile *n* mobile
Mobilfunk *m* IT mobile (*oder* wireless) communications *Pl*
Mobilfunkanbieter *m* mobile phone (*Am* cellphone) company
Mobilfunknetz *n* cellular network
Mobiliar *n* furniture
mobilisieren *v/t fig* mobilize
Mobilisierung *f* mobilization
Mobilmachung *f* MIL mobilization
Mobiltelefon *n* mobile phone, cellphone
möblieren *v/t* furnish: ***neu möblieren*** refurnish
möbliert *Adj* furnished: ***möbliertes Zimmer*** furnished room, bed-sitter; *Adv ugs* ***möbliert wohnen*** live in lodgings
Möchtegern… *iron* would-be (*artist etc*)
modal *Adj allg* modal
Modalität *f* modality
Mode *f* fashion: ***die neueste Mode*** the latest fashion; *pej* ***neue Moden*** new-fangled ideas; (***die***) ***große Mode sein*** be (all) the fashion (*oder* rage); ***in*** (***aus der***) ***Mode kommen*** come into (go out of) fashion; ***mit der Mode gehen*** follow the latest fashion
Modeartikel *m* novelty
modebewusst *Adj* fashion-conscious
Modefarbe *f* fashionable colo(u)r
Modegeschäft *n* fashion shop
Modehaus *n* **1.** (*Unternehmen*) fashion house **2.** fashion shop
Modell *n allg* model, *in natürlicher Größe*: mock-up, TECH *auch* design, type: ***j-m Modell stehen*** sit (*oder* pose) for s.o.
Modellathlet, **Modellathletin** model athlete
Modellbauer, **Modellbauerin** TECH model(l)er, model builder
Modelleisenbahn *f* model railway
Modellflugzeug *n* model airplane
modellieren *v/t* model, mo(u)ld
Modellkleid *n* model (dress)
Modem *n* ELEK modem
Modenschau *f* fashion show
Moder *m* mo(u)ld
Moderation *f* TV presentation, *Am* moderation
Moderator(in) *f* TV presenter, *Am* moderator
moderieren *v/t* TV present, *Am* moderate
modern[1] *v/i* mo(u)lder, rot
modern[2] *Adj* modern, up(-)to(-)date, (*modisch*) fashionable
Moderne *f* **1.** modern age **2.** ***Kunst*** *etc* ***der Moderne*** modernist art *etc*
modernisieren *v/t* modernize
Modernisierung *f* modernization
Modesalon *m* fashion house
Modeschmuck *m* costume jewel(le)ry
Modeschöpfer *m* couturier
Modeschöpferin *f* couturière
Modetanz *m* "in"-dance
Modewort *n* vogue word
Modezeichner, **Modezeichnerin** fashion designer
Modezeitschrift *f* fashion magazine
modifizieren *v/t allg* modify, (*Ausdruck*) *auch* qualify
Modifizierung *f* modification, qualification
modisch *Adj* fashionable, stylish
modrig, **moderig** *Adj* mo(u)ldy, *Geruch*: *auch* musty
Modul *n* TECH module
modulieren *v/t* modulate
Modus *m* **1.** (*Art und Weise*) way, method, *auch*

MUS UND COMPUTER mode **2.** LING mood
Mofa *n* → ***Motorfahrrad***
mogeln *v/i ugs* cheat
Mogelpackung *f* deception package
mögen I *v/i* **1.** (*wollen*) want, like: ***ich mag nicht essen*** *etc* I don't want to eat *etc*; ***ich möchte gern ein Bier*** I would like (to have) a beer **II** *v/t* **2.** (*wünschen*) want, like: ***ich möchte ihn sehen*** I want (*oder* would like) to see him **3.** (*gernhaben*) like, be fond of: ***nicht mögen*** dislike; ***ich mag keinen Kaffee*** I don't like (*oder* care for) coffee; ***lieber mögen*** like better, prefer **III** *v/hilf* **4.** ***ich möchte wissen*** I should like to know, I wonder; ***ich möchte lieber …*** I would rather …; ***das möchte ich doch einmal sehen!*** well, I should like to see that!; ***ich mochte noch nicht nach Hause gehen*** I didn't want to go home yet; ***mag er sagen, was er will*** let him say what he wants; ***das mag (wohl) sein*** that may be so; ***mag sein, dass*** perhaps; ***wo er auch sein mag*** wherever he may be; ***möge es ihm gelingen!*** may he succeed!; ***was mag das bedeuten?*** I wonder what it could mean?; ***sie mochte 30 Jahre alt sein*** she would be (*oder* she looked) thirty years old

mögen als Hilfsverb

GR

Soll eingeräumt werden, dass etwas möglich ist, so ist **may** die englische Entsprechung zu **mögen**:

Das mag sein.	**That may be.**
Er mag ja gut aussehen, aber er ist strohdumm!	**He may be good-looking, but he's as thick as two short planks.**

Mogler, Moglerin *ugs* cheat
möglich *Adj allg* possible, (*durchführbar*) *auch* practicable: ***möglicher Käufer*** potential buyer; ***alle möglichen …*** all sorts of; ***alles Mögliche*** all sorts of things *etc*; ***sein Möglichstes tun*** do what one can, *stärker*: do one's utmost; ***es möglich machen*** → ***ermöglichen***; ***nicht möglich!*** impossible!, *ugs* no kidding!; ***das ist eher möglich!*** that's more likely!; ***es ist möglich, dass er kommt*** he may come; ***so bald wie möglich*** as soon as possible
möglicherweise *Adv* possibly, perhaps, maybe
Möglichkeit *f* possibility, (*Gelegenheit*) *auch* opportunity, (*Aussicht*) *auch* chance: ***nach Möglichkeit*** if possible, as far as possible; ***es besteht die Möglichkeit, dass*** there is a possibility (*oder* it is possible) that; ***ich sehe keine Möglichkeit zu*** *Inf* I cannot see any chance of *Ger*; ***ist das die Möglichkeit!*** that's not possible!

Möglichkeit: chance, opportunity oder option?

SG

Möglichkeit, Gelegenheit, Zeit	**chance, opportunity**
die Möglichkeit / Gelegenheit oder die Zeit haben, etw zu tun	**have the opportunity of doing** *od* **chance / opportunity to do s.th.**

She was waiting for a an opportunity of talking to him.

She was waiting for a chance / an opportunity to talk to him.

⚠ Bei **no opportunity** ist nur die Infinitivkonstruktion möglich!

There was no opportunity to talk in peace.

Möglichkeit; Alternative	**option**

Our only option was to run.

There was no other option but to run.

möglichst *Adv* ***möglichst bald*** as soon as possible; ***möglichst klein*** as small as possible, *attr* the smallest possible
Mohammedaner, Mohammedanerin, mohammedanisch *Adj* Moslem
Mohn *m* **1.** BOT poppy **2.** → ***Mohnsamen***
Mohnsamen *m* poppy-seed
Möhre *f*, **Mohrrübe** *f* BOT carrot
Mokka *m* mocha
Molch *m* ZOOL newt
Mole *f* SCHIFF mole, jetty
Molekül *n* CHEM molecule
molekular *Adj*, **Molekular…** molecular
Molke *f* whey
Molkerei *f* dairy
Molkereibutter *f* blended butter
Moll *n* MUS minor (key)
mollig *Adj ugs* **1.** (*gemütlich*) cosy, snug **2.** (*rundlich*) plump
Molotowcocktail *m* Molotov cocktail, petrol bomb
Moment[1] *m* (***im Moment*** at the) moment
Moment[2] *n* **1.** factor, element, aspect **2.** PHYS momentum
momentan I *Adj* **1.** (*vorübergehend*) momentary **2.** (*gegenwärtig*) present **II** *Adv* **3.** momentarily **4.** at the moment
Monarch, Monarchin monarch, sovereign
Monarchie *f* monarchy
Monarchist, Monarchistin, monarchistisch *Adj* monarchist
Monat *m* month: ***im Monat Mai*** in (the month of) May; ***im Monat, pro Monat*** a month, monthly; *ugs* ***sie ist im dritten Monat*** she is three months gone
monatelang I *Adj* months of **II** *Adv* for months
monatlich *Adj und Adv* monthly, *Adv auch* a month
Monatsgehalt *n* monthly salary (*oder* pay)
Monatskarte *f* monthly season ticket, *Am* monthly ticket
Monatsrate *f* monthly instal(l)ment
Monatsschrift *f* monthly (magazine)
Mönch *m* monk
Mönchskloster *n* monastery
Mönchsorden *m* monastic order
Mond *m* moon, (*Trabant*) *auch* satellite: *fig* ***hinter dem Mond leben*** be behind the times
mondän *Adj* fashionable, chic
Mondaufgang *m* moonrise
Mondfinsternis *f* lunar eclipse
Mondgestein *n* moon rocks *Pl*
mondhell *Adj* moonlit
Mondlandefähre *f* lunar module
Mondlandung *f* moon landing
Mondnacht *f* moonlit night
Mondschein *m* moonlight
Mondsichel *f* crescent (of the moon)

M

Mondsonde *f* moon probe
Mondstein *m* moonstone
mondsüchtig *Adj* moonstruck
Mondsüchtige *m, f* sleepwalker
Moneten *Pl ugs* dough *Sg*, *sl* lolly
Mongole *m*, **Mongolin** *f*, **mongolisch** *Adj* Mongol(ian)
Mongolei *f die* Mongolia
Mongolismus *m* (*Downsyndrom*) *auch pej* mongolism; → ***Downsyndrom***
mongoloid *Adj* (*mit den Merkmalen des Downsyndroms*) *auch pej* mongoloid
monieren *v/t* criticize, complain about
Monitor *m* TV monitor
mono *Adj ugs* (*Adv* ***mono abspielbar***) mono
monogam *Adj* monogamous
Monogramm *n* monogram
Monographie *f* monograph
Monolog *m* monolog(ue *Br*)
Monopol *n* monopoly (***auf*** *Akk* on)
monopolisieren *v/t* monopolize
monoton *Adj* monotonous
Monotonie *f* monotony
Monster *n* monster
Monster... *ugs fig* mammoth (*enterprise, trial, etc*)
monströs *Adj* monstrous
Monstrum *n* (*Pl* ***Monstren***) monster
Monsun *m* monsoon
Montag *m* (***am Montag*** on) Monday
Montage *f* **1.** TECH mounting, fitting, installation, (*Zs.-bau*) assembly: ***auf Montage sein*** be away on a construction job **2.** FOTO, FILM *etc* montage
Montageband *n* assembly line
Montagehalle *f* assembly shop
montags *Adv* on Monday(s)
Montanindustrie *f* coal, iron, and steel industries *Pl*
Monteur, **Monteurin** TECH fitter, FLUG, MOT mechanic
Monteuranzug *m* overalls *Pl*
montieren *v/t* TECH mount (*auch* FOTO *etc*), fit, instal(l), (*zs.-bauen*) assemble
Montur *f* outfit, *ugs* get-up
Monument *n* monument (***für*** to)
monumental *Adj* monumental
Moor *n* fen, bog, moor
Moos *n* **1.** BOT moss **2.** *ugs* (*Geld*) dough, *sl* lolly
moosgrün *Adj* moss-green
Mop *m* → ***Mopp***
Moped *n* moped, motorbicycle
Mopp *m* mop
Mops *m* ZOOL pug
Moral *f* morals *Pl*, (*Morallehre*) ethics *Pl* (*auch Sg konstr*), (*Kampfmoral, Arbeitsmoral etc*) morale: ***doppelte Moral*** double standards *Pl*; ***die Moral heben*** raise the morale
Moralapostel *m pej* moralizer
moralisch *Adj* moral
moralisieren *v/i* moralize
Moralist, **Moralistin** moralist
Moralpredigt *f* (***j-m eine Moralpredigt halten*** give s.o. a) sermon
Morast *m* morass, *auch fig* mire
Morchel *f* BOT morel
Mord *m* murder (***an*** *Dat* of): ***einen Mord begehen*** commit murder; *ugs* ***es gibt Mord und Totschlag*** there will be a hell of a row
Mordanklage *f* murder charge: ***unter Mordanklage stehen*** be charged with murder
Mordanschlag *m* attempted murder: ***einen Mordanschlag auf j-n verüben*** make an attempt on s.o.'s life
morden **I** *v/i* commit murder, kill **II** *v/t* murder, kill
Mörder *m* murderer
Mörderin *f* murderess
mörderisch *Adj allg* murderous, *Kampf etc*: *auch* deadly, *Hitze etc*: *auch* terrible, *Rennen etc*: *auch* gruel(l)ing, *Tempo*: *auch* breakneck, *Konkurrenz etc*: cutthroat
Mordfall *m* murder case
Mordkommission *f* murder (*Am* homicide) squad
Mords... *ugs* **a)** (*groß*) great, terrific, fantastic, **b)** (*schrecklich*) terrible
Mordsangst *f* ***eine Mordsangst haben*** be in a flat panic, be scared stiff
Mordsding *n* whopper
Mordsglück *n* fantastic stroke of luck
Mordskerl *m* great guy
Mordskrach *m* terrific noise, awful racket: ***einen Mordskrach schlagen*** raise hell
mordsmäßig *ugs* **I** *Adj* terrible **II** *Adv* terribly
Mordsspaß *m ugs* terrific fun
Mordverdacht *m* suspicion of murder
Mordwaffe *f* murder weapon
morgen *Adv* tomorrow: ***morgen früh*** (***Abend***) tomorrow morning (evening *oder* night); ***morgen Mittag*** at noon tomorrow; ***heute Morgen*** this morning; ***morgen in 14 Tagen*** a fortnight tomorrow; ***morgen in einer Woche*** a week from tomorrow; ***morgen um diese Zeit*** this time tomorrow
Morgen[1] *m* (***guten Morgen!*** good) morning(!): ***am*** (***frühen***) ***Morgen*** (early) in the morning
Morgen[2] *m* (*Landmaß*) acre
Morgenandacht *f* morning prayer
Morgendämmerung *f* dawn, daybreak
Morgenessen *n schweiz.* breakfast
Morgengrauen *n* ***beim Morgengrauen*** at dawn
Morgengymnastik *f* ***seine Morgengymnastik machen*** do one's daily dozen
Morgenmuffel *m ugs* ***ein Morgenmuffel sein*** be grumpy in the morning
Morgenrock *m* dressing gown

Morgenrock ≠ morning coat

Morgenrock	=	dressing gown
morning coat	=	Cut(away)

Morgenrot *n*, **Morgenröte** *f* red sky, *fig* dawn
morgens *Adv* in the morning(s): ***morgens um 4*** (***Uhr***) at four (o'clock) in the morning; ***von morgens bis abends*** from morning till midnight
Morgensonne *f* (***Morgensonne haben*** get the) morning sun
Morgenstunde *f* morning hour: ***in den frühen Morgenstunden*** in the small hours
morgig *Adj* tomorrow's: ***der morgige Tag*** tomorrow
Mormone *m*, **Mormonin** *f*, **mormonisch** *Adj* Mormon
Morphium *n* morphine
morsch *Adj* rotten, *fig auch* shaky
Morsealphabet *n* Morse (code)
morsen *v/t und v/i* morse

Mörser *m allg* mortar
Morsezeichen *n* Morse signal
Mörtel *m* mortar
Mörtelkelle *f* trowel
Mosaik *n auch fig* mosaic
Mosaikfußboden *m* tessellated floor
Moschee *f* mosque
Mosel[1] *f (Fluss) the* Moselle
Mosel[2], *m* **Moselwein** *m* Moselle
mosern *v/i ugs* gripe, grumble
Moskau *n* Moscow
Moskito *m* ZOOL (tropical) mosquito
Moskitonetz *n* mosquito net
Moslem *m*, **Moslemin** *f* Moslem, Muslim
Motel *n* motel
Motiv *n* **1.** motive (**zu** for): ***aus welchem Motiv heraus?*** for what reason? **2.** KUNST motif, FILM *etc auch* theme, FOTO subject
Motivation *f* motivation
motivieren *v/t* **1.** *(anregen)* motivate **2.** *(begründen)* explain, give reasons for
motiviert *Adj* motivated
Motor *m* engine, *bes* ELEK motor *(auch fig)*
Motorboot *n* motorboat
Motorfahrrad *n* motorized bicycle
Motorhaube *f* **a)** MOT bonnet, *Am* hood, **b)** FLUG (engine) cowling
motorisieren *v/t* motorize
Motoröl *n* engine oil
Motorpumpe *f* power pump
Motorrad *n* (***Motorrad fahren*** ride a) motorcycle (*ugs* motorbike): ***Motorrad mit Beiwagen*** combination
Motorradfahrer, **Motorradfahrerin** motorcyclist
Motorroller *m* (motor) scooter
Motorsäge *f* power saw
Motorschaden *m* engine trouble
Motorschlitten *m* snowmobile
Motorsport *m* motor sport
Motte *f* ZOOL moth
Mottenkiste *f ugs* ***aus der Mottenkiste*** ancient
Mottenkugel *f* mothball
Motto *n* motto
motzen *v/i ugs* beef
Mountainbike *n* mountain bike
Möwe *f* ZOOL (sea)gull
MP3-Player *m* MP3 player
Mücke *f* ZOOL mosquito, midge: *fig* ***aus einer Mücke einen Elefanten machen*** make a mountain out of a molehill
Mückenstich *m* mosquito bite
Mucks *m ugs* (***keinen Mucks sagen*** not to utter a) sound
mucksen *v/i* (*auch* ***sich mucksen***) stir, make a sound
mucksmäuschenstill *Adj ugs Person*: as quiet as a mouse: ***es war mucksmäuschenstill*** you could have heard a pin drop
müde *Adj* tired, weary, *(erschöpft)* exhausted, *(schläfrig)* sleepy: ***zum Umfallen müde*** ready to drop; ***müde werden*** get tired; ***einer Sache müde werden*** grow weary (*oder* tired) of s.th.; ***ich bin es müde*** I have had enough (of it); ***nicht müde werden zu** Inf* not to tire of *Ger*
Müdigkeit *f* tiredness, weariness, sleepiness, exhaustion
Muffe *f* TECH sleeve, socket
...muffel *m* ***er ist ein Partymuffel*** he is a party-loather; ***er ist ein Krawattenmuffel*** he's not a tie man
Muffel *m ugs* sourpuss
Muffensausen *n ugs* ***Muffensausen haben*** (***kriegen***) be in (get into) a flat panic
Mühe *f* trouble, pains *Pl*, *(Anstrengung)* effort, *(Schwierigkeiten)* difficulties *Pl* (**mit** with, in doing): ***vergebliche Mühe*** waste of time (*oder* energy); ***mit Müh und Not*** barely, with (great) difficulty; ***sich (große) Mühe geben*** take (great) trouble (*oder* pains) (**mit** over), try hard; ***sich die Mühe machen zu** Inf* go to the trouble of *Ger*; ***keine Mühe scheuen*** spare no effort (*oder* pains); ***gib dir keine Mühe!, spar dir die Mühe!*** save yourself the trouble!, don't bother!
mühelos **I** *Adj* effortless, easy **II** *Adv* easily, effortlessly
mühevoll *Adj* hard, difficult, *Aufgabe, Weg etc*: *auch* laborious
Mühle *f* **1.** mill: → ***Wasser*** **2.** *(Mühlespiel)* (nine men's) morris **3.** *ugs pej* FLUG, MOT crate, bus
Mühlrad *n* millwheel
mühsam, **mühselig** **I** *Adj* troublesome, *(schwierig)* hard, *(ermüdend)* tiring **II** *Adv* with difficulty: ***sich etw mühsam verdienen*** work hard for s.th.; ***sich mühsam erheben*** struggle to one's feet
Mulatte *m*, **Mulattin** *f* mulatto
Mulde *f* hollow, depression
Mull *m* muslin, MED gauze
Müll *m* rubbish, refuse, *Am* garbage
Müllabfuhr *f* refuse (*Am* garbage) collection
Müllabladeplatz *m* rubbish tip, *Am* garbage dump
Müllberg *m* mountain of rubbish (*Am* garbage)
Müllbeseitigung *f* waste disposal
Müllbeutel *m* bin liner, *Am* garbage bag
Mullbinde *f* MED gauze bandage
Müllcontainer *m* refuse skip
Mülldeponie *f* waste disposal site, *Am* sanitary (land)fill
Mülleimer *m* rubbish bin, *Am* garbage can
Müllentsorgung *f* waste disposal
Müller *m* miller
Müllfahrer *m* dustman, *Am* garbage man
Müllplatz *m* dump
Müllschlucker *m* rubbish chute
Mülltonne *f* dustbin, *Am* garbage can
Mülltrennung *f* waste separation
Müllverbrennungsanlage *f* incinerating plant
Müllverwertungsanlage *f* waste utilization plant
Müllwagen *m* dustcart, *Am* garbage truck
mulmig *Adj ugs* **1.** *(gefährlich)* ticklish **2.** ***mir ist ganz mulmig zumute*** **a)** I feel queasy (*oder* funny), **b)** I've got an uneasy feeling, *stärker*: I am scared
Multi *m ugs* multinational (concern)
Multifunktionstastatur *f* multiple-function keyboard
multikulturell *Adj* multicultural
Multimedia... *in Zssg.* multimedia...
Multimillionär, **Multimillionärin** multimillionaire
Multiple-Choice-Verfahren *n* multiple choice method
Multiplex(kino) *n* multiplex (cinema)
Multiplikation *f* MATHE multiplication
Multiplikator *m* multiplier
multiplizieren *v/t* multiply (**mit** by)
Multivitaminpräparat *n* multivitamin (preparation)
Multivitaminsaft *m* multivitamin juice
Mumie *f* mummy
Mumm *m ugs* spunk, guts *Pl*
Mumps *m* MED mumps *Sg*

M

München *n* Munich
Mund *m* mouth: ***aus j-s Munde*** from s.o.'s mouth; ***wie aus einem Munde*** as one man; ***Mund und Nase aufsperren*** stand gaping, be dum(b)founded; ***den Mund halten*** keep one's mouth shut; ***halt den Mund!*** shut up!; *ugs* ***den Mund vollnehmen*** talk big; ***du nimmst mir das Wort aus dem Munde*** you are taking the very words out of my mouth; *ugs* ***j-m über den Mund fahren*** cut s.o. short; ***in aller Munde sein*** be the talk of the town; ***nicht auf den Mund gefallen sein*** have a ready (*oder* glib) tongue; → ***absparen***, ***Blatt*** 1, ***stopfen*** 3, ***verbrennen*** I, ***wässerig*** *etc*
Mundart *f* dialect
Munddusche *f* (dental) water jet
Mündel *n* JUR ward
mündelsicher *Adj* WIRTSCH ***mündelsichere Papiere*** gilt-edged securities *Pl*
münden *v/i* ***münden in*** (*Akk*) lead to (*auch fig*), *Fluss*: flow into, *Straße*: lead into
Mundgeruch *m* MED bad breath, halitosis
Mundharmonika *f* mouth organ
mündig *Adj* **1.** JUR (***mündig werden*** come) of age **2.** *fig* responsible, mature
mündlich *Adj Erklärung etc*: verbal, *Prüfung*: oral: ***mündliche Überlieferung*** oral tradition; *Adv* ***alles Weitere mündlich*** I'll tell you the rest when I see you
Mundpflege *f* oral hygiene
Mundschutz *m* MED mask, *Boxen*: gumshield
Mundstück *n* **1.** MUS, TECH mouthpiece **2.** *einer Zigarette*: tip
mundtot *Adj* ***mundtot machen*** (reduce to) silence, POL gag, muzzle
Mündung *f* **1.** (*Flussmündung*) mouth, *den Gezeiten unterworfene*: estuary **2.** ANAT, TECH mouth, *einer Schusswaffe*: muzzle
Mundwasser *n* mouthwash
Mundwerk *n ugs* ***ein loses Mundwerk haben*** have a loose tongue
Mundwinkel *m* corner of one's mouth
Mund-zu-Mund-Beatmung *f* MED mouth-to--mouth resuscitation, *ugs* kiss of life
Munition *f auch fig* ammunition
munkeln *v/i und v/t* whisper: ***man munkelt, dass …*** it is rumo(u)red that …
Münster *n* minster, cathedral
munter *Adj* **1.** awake, (*auf*) up (and about) **2.** *fig* lively, (*vergnügt*) cheerful, chirpy, (*rüstig*) vigorous; → ***gesund***
Munterkeit *f* liveliness, high spirits *Pl*
Muntermacher *m ugs* pick-me-up
Münze *f* **1.** coin: ***klingende Münze*** hard cash; *fig* ***etw für bare Münze nehmen*** take s.th. at face value **2.** (*Denkmünze*) medal **3.** (*Münzanstalt*) mint
Münzeinwurf *m* coin slot
münzen *v/t und v/i* coin, mint: *fig* ***auf j-n gemünzt sein*** be meant for s.o.
Münzfernsprecher *m* pay phone, *Br auch* coin box
Münzsammlung *f* coin collection
Münztank(automat) *m* coin-operated petrol pump
Münzwechsler *m* change machine
mürbe *Adj* **1.** *Gebäck*: crumbly, *Obst*: mellow, very ripe, *Fleisch*: tender, *Holz*: rotten, (*brüchig*) brittle **2.** *fig* worn out: ***mürbe werden*** give in, wilt; ***mürbe machen*** → ***mürbemachen***
mürbemachen *v/t* wear *s.o.* down
Mürbeteig *m* short pastry

Mure *f* mudflow
Murks *m ugs* botch-up: ***Murks machen*** → ***murksen***
murksen *v/i ugs* make a hash of things
Murmel *f* marble
murmeln *v/i und v/t* murmur, mutter
Murmeltier *n* marmot, *Am auch* woodchuck: *fig* ***schlafen wie ein Murmeltier*** sleep like a top (*oder* log)
murren *v/i* grumble (***über*** *Akk* about)
mürrisch *Adj* surly, grumpy
Mus *n* puree, mash
Muschel *f* **1.** ZOOL mussel, (*Muschelschale*) shell **2.** (*Hörmuschel*) earpiece, (*Sprechmuschel*) mouthpiece
muschelförmig *Adj* shell-shaped
Muscle-Shirt *n* muscle shirt
Muse *f* MYTH Muse, *fig* muse
Museum *n* museum
Musical *n* musical
Musik *f* **1.** (***Musik machen*** play) music **2.** (*Musikkapelle*) band
musikalisch *Adj* musical: ***musikalische Untermalung*** incidental music
Musikalität *f* musicality
Musikant, **Musikantin** musician
Musikbegleitung *f* (musical) accompaniment
Musikbox *f* jukebox
Musiker, **Musikerin** musician
Musikfestspiele *Pl* music festival *Sg*
Musikhochschule *f* conservatory
Musikinstrument *n* musical instrument
Musikkapelle *f* band
Musikkassette *f* music cassette
Musiklehrer, **Musiklehrerin** music teacher
Musikstück *n* piece of music
Musikstunde *f* music lesson
Musikunterricht *m* music lessons *Pl*
Musikwissenschaft *f* musicology
musisch *Adj Person*, *Begabung*: artistic: PÄD ***musische Fächer*** fine arts (subjects)
musizieren **I** *v/i* make music **II** *v/t* play
Muskat *m* nutmeg
Muskatblüte *f* mace
Muskatnuss *f* nutmeg apple
Muskel *m* muscle: ***die Muskeln spielen lassen*** flex one's muscles
Muskelfaser *f* muscular fibre (*Am* fiber)
Muskelkater *m ugs* stiffness, sore muscles *Pl*: ***Muskelkater haben*** feel stiff and aching
Muskelpaket *n*, **Muskelprotz** *m ugs* muscle-man
Muskelriss *m* MED muscle rupture, torn muscle: ***sich einen Muskelriss zuziehen*** rupture a muscle
Muskelschwund *m* MED muscular dystrophy
Muskelzerrung *f* MED pulled muscle
Muskulatur *f* muscular system, muscles *Pl*
muskulös *Adj* muscular
Müsli *n* muesli
Muslim *m*, **Muslimin** *f* Muslim
muslimisch *Adj* Muslim
Muss *n* ***es ist ein Muss*** it is a must
Muße *f* leisure: ***mit Muße*** at leisure
müssen *v/i und v/hilf* have to: ***ich muss*** I must, I have (got) to; ***ich musste*** I had to; ***ich müsste*** (***eigentlich***) I ought to; ***du musst nicht hingehen*** you needn't (*oder* don't have to) go; ***sie müssen bald kommen*** they are bound to come soon; ***der Zug müsste längst hier sein*** the train is (long) overdue; ***ich musste*** (***einfach***) ***lachen*** I couldn't help

Musikinstrumente

WF

Musikinstrumente	
Streichinstrumente	**strings, stringed instruments**
Geige, Violine	**violin** [ˌvaɪə'lɪn], *umgangssprachlich* **fiddle**
Bratsche, Viola	**viola** [vɪ'əʊlə]
Cello, Violoncello	**cello**
Kontrabass	**double bass** [ˌdʌbl'beɪs]
Holzbläser	**woodwind (instruments)** ['wʊdwɪnd]
Klarinette	**clarinet** [ˌklærɪ'net]
Querflöte	**flute**
Pikkoloflöte	**piccolo**
Blockflöte	**recorder**
Oboe	**oboe** ['əʊbəʊ]
Englischhorn	**cor anglais** [ˌkɔːrɑːn'gleɪ]
Fagott	**bassoon** [bə'suːn]
Blechbläser	**brass (instruments)** [brɑːs]
Trompete	**trumpet** ['trʌmpɪt]
Kornett	**cornet** ['kɔːnɪt]
Posaune	**trombone** [trɒm'bəʊn]
(Wald)Horn	**(French) horn**
Tuba	**tuba** ['tjuːbə]
Saxofon	**saxophone** ['sæksəfəʊn]
Schlaginstrumente	**percussion (instruments)**
Pauke	**kettledrum, timpano** ['tɪmpənəʊ] (*Pl* **timpani** [-nɪ])
Trommel	**drum**
kleine Trommel	**snare drum**
Becken	**cymbals** ['sɪmblz]
Triangel	**triangle** ['traɪæŋgl]
Tasteninstrumente	**keyboard instruments**
Klavier	**piano** [pɪ'ænəʊ, 'pjɑːnəʊ]
Flügel	**grand piano** [ˌgrændpɪ'ænəʊ]
Cembalo	**harpsichord** ['hɑːpsɪkɔːd]
Orgel	**organ** ['ɔːgən]
Akkordeon, Ziehharmonika	**accordion** [ə'kɔːdjən]
Zupfinstrumente	**plucked instruments**
Gitarre	**guitar** [gɪ'tɑː]
Bassgitarre	**bass guitar** ['beɪsgɪˌtɑː]
Mandoline	**mandolin** [ˌmændə'lɪn, 'mændəlɪn]
Banjo	**banjo**
Harfe	**harp**
Zither	**zither** ['zɪðə]
Sonstige	**other instruments**
Mundharmonika	**mouth organ** ['maʊθˌɔːgən]
Tamburin	**tambourine** [ˌtæmbə'riːn]
Xylofon	**xylophone** ['zaɪləfəʊn]
Dudelsack	**bagpipes**

laughing; ***muss das sein?*** is that really necessary?, do you have to?; ***wenn es unbedingt sein muss*** if it can't be helped

Mußestunde *f* leisure hour

müßig *Adj* idle, (*sinnlos*) *auch* pointless, useless, futile: ***müßiges Gerede*** idle talk

Müßiggang *m* idleness

Müßiggänger, Müßiggängerin idler

Muster *n* **1.** (***nach einem Muster arbeiten*** work from a) pattern **2.** (*Probe*) sample, specimen **3.** (*Stoffmuster etc*) pattern, design **4.** (*Vorbild*) model: ***sie ist das Muster einer guten Hausfrau*** she's a model housewife

Musterbeispiel *n* classic example (***für*** of)

Musterbetrieb *m* model plant

Musterexemplar *n* **1.** sample, specimen **2.** BUCHDRUCK specimen copy **3.** *bes iron* perfect example

Mustergatte *m*, **Mustergattin** *f bes iron* model husband (wife)
mustergültig, **musterhaft** *Adj* exemplary, model: *Adv* ***sich mustergültig benehmen*** behave perfectly
Musterhaus *n* show house
Musterknabe *m bes iron* paragon, *pej* prig
Musterkoffer *m* WIRTSCH sample case
Musterkollektion *f* WIRTSCH sample collection
mustern *v/t* **1.** study, scrutinize, *neugierig*: eye, look *s.o.* up and down, *abschätzend*: size *s.o.* up **2.** MIL (*Truppen*) inspect, (*Wehrpflichtigen*) examine: ***gemustert werden*** *ugs* have one's medical **3.** pattern: → ***gemustert***
Musterprozess *m* JUR test case
Musterschüler, **Musterschülerin** model pupil, *pej* swot
Musterung *f* **1.** scrutiny **2.** MIL *der Truppe*: review, *eines Wehrpflichtigen*: medical examination (for military service)
Mut *m* courage, *ugs* pluck, (*Wagemut*) daring: ***Mut fassen*** (*oder* ***schöpfen***) pluck up courage; ***j-m den Mut nehmen*** discourage s.o.; ***den Mut sinken lassen*** (*oder* ***verlieren***) lose heart, despair; ***nur Mut!*** cheer up!; ***guten Mutes sein*** be in good spirits; ***zu Mute*** → ***zumute***
Mutation *f* BIOL mutation
mutieren *v/i* mutate
mutig *Adj* courageous, brave
mutlos *Adj* discouraged, disheartened, (*verzagt*) despondent
Mutlosigkeit *f* discouragement, (*Verzagtheit*) despondency
mutmaßen *v/t* speculate, conjecture
mutmaßlich *Adj* probable, *Täter, Vater etc*: presumed
Mutmaßung *f* (***über*** *Akk* about) conjecture, speculation
Mutprobe *f* test of courage
Mutter[1] *f* mother: ***werdende Mutter*** expectant mother; ***eine Mutter von vier Kindern*** a mother of four
Mutter[2] *f* TECH nut
Mütterberatungsstelle *f* child welfare centre, *Am* maternity center
Mutterboden *m*, **Muttererde** *f* LANDW topsoil
Muttergesellschaft *f* WIRTSCH parent company
Muttergottes *f* (Virgin) Mary
Muttergottesbild *n* madonna
Mutterhaus *n* REL mother house
Mutterherz *n* mother's heart
Mutterinstinkt *m* maternal instinct
Mutterkomplex *m* mother fixation
Mutterkuchen *m* MED placenta
Mutterleib *m* womb
mütterlich *Adj* motherly, (*auch von der Mutter her*) maternal
mütterlicherseits *Adv* on one's mother's side: ***Onkel mütterlicherseits*** maternal uncle
Mütterlichkeit *f* motherliness
Mutterliebe *f* motherly love
Muttermal *n* MED birthmark
Muttermilch *f* mother's milk: ***mit Muttermilch genährt*** breastfed
Muttermund *m* ANAT uterine orifice
Mutterschaft *f* maternity, motherhood
Mutterschaftsgeld *n* maternity benefit
Mutterschaftsurlaub *m* maternity leave
Mutterschaftsvertretung *f* maternity cover
Mutterschutz *m* legal (job) protection for expectant and nursing mothers
mutterseelenallein *Adj präd und Adv* all alone
Muttersöhnchen *n ugs* mummy's darling
Muttersprache *f* mother tongue, first language
Muttersprachler, **Muttersprachlerin** native speaker
Mutterstelle *f* ***bei j-m Mutterstelle vertreten*** be like a (second) mother to s.o.
Muttertag *m* Mother's Day
Muttertier *n* mother, dam
Mutterwitz *m* common sense, (*Schlagfertigkeit*) natural wit
Mutti *f ugs* mummy, mum, *Am* mom
mutwillig *Adj* wilful, wanton
Mütze *f* cap
MwSt., **Mw.-St.** (= ***Mehrwertsteuer***) VAT
Myrrhe, **Myrre** *f* myrrh
mysteriös *Adj* mysterious
Mystik *f* mysticism
Mystiker, **Mystikerin** mystic
mystisch *Adj* **1.** *Symbol, Lehre etc*: mystic, (*die Mystik betreffend*) mystical **2.** (*geheimnisvoll*) mysterious
Mythe *f* myth
mythisch *Adj* mythical
Mythologie *f* mythology
mythologisch *Adj* mythological
Mythos *m*, **Mythus** *m* myth

N

N, **n** *n* N, n
na *Interj ugs* well, *erstaunt, empört*: hey: ***na, na!*** come on (now)!; ***na also!*** there you are!; ***na schön!*** all right then!; ***na, so was!*** just fancy that!; → ***und***, ***warten***[1] I
Nabe *f* TECH hub
Nabel *m* navel: *fig* ***der Nabel der Welt*** the hub of the world
Nabelschnur *f* umbilical cord
nach **I** *Präp* (*Dat*) **1.** *Richtung*: to, toward(s), for: ***nach England gehen*** go to England; ***nach England abreisen*** leave for England; ***der Zug nach London*** the train for London; *das Schiff* ***fährt nach Singapur*** … is bound for Singapore; ***der Balkon geht nach Süden*** the balcony faces south **2.** (*hinter*) after: ***einer nach dem anderen*** one after the other, one by one; ***bitte, nach Ihnen!*** after you, please! **3.** (*später*)

after, (*binnen*) within, in (*three days etc*): ***zehn Minuten nach drei*** ten minutes past three **4.** (*gemäß*) according to, by, from: ***diesem Brief nach*** by (*oder* according to) this letter; ***nach deutschem Recht*** under German law; ***die Uhr nach dem Radio stellen*** set the clock by the radio; ***nach einem Roman von Balzac*** after a novel by Balzac; ***wenn es nach mir ginge*** if I had my way; → ***Ansicht*** 1, ***Natur***, ***Uhr*** *etc* **5.** *Ziel, Absicht*: for: ***nach Gold graben*** dig for gold; ***nach j-m fragen*** ask for s.o. **II** *Adv* **6.** after: ***mir nach!*** after me!, follow me! **7.** *zeitlich*: ***nach und nach*** little by little; ***nach wie vor*** (now) as ever

nachäffen *v/t ugs* ape

nachahmen *v/t* imitate, copy, (*parodieren*) take off

nachahmenswert *Adj* exemplary

Nachahmung *f allg* imitation

Nachbar *m* neighbo(u)r: ***die Nachbarn*** *auch* the people next door, *weit. S.* the neighbo(u)rhood

Nachbarhaus *n* neighbo(u)ring house: ***im Nachbarhaus*** next door

Nachbarin *f* neighbo(u)r

Nachbarland *n* neighbo(u)ring country

nachbarlich *Adj* **1.** *auch* ***gutnachbarlich*** neighbo(u)rly **2.** *Garten etc*: next-door

Nachbarschaft *f* neighbo(u)rhood, (*die Nachbarn*) *auch the* neighbo(u)rs *Pl*

Nachbau *m* TECH reproduction, copying

nachbauen *v/t* reproduce, copy

Nachbeben *n* aftershock

Nachbehandlung *f* TECH subsequent treatment, *auch* MED aftertreatment, aftercare

nachbessern **I** *v/t* touch up, (*Gesetz Beschluss*) amend **II** *v/i* make improvements

nachbestellen *v/t* order some more, WIRTSCH place a repeat order for

Nachbestellung *f* WIRTSCH repeat order (*Gen* for)

nachbeten *v/t* parrot

nachbilden *v/t* copy, reproduce

Nachbildung *f* copy, replica

nachdatieren *v/t* postdate

nachdem *Konj* **1.** *zeitlich*: after, when **2.** → ***je*** 4 **3.** (*da, weil*) since

nachdem GR

Leitet **nachdem** einen Nebensatz ein, kann dafür im Englischen die Konstruktion **having + past participle** stehen:

Nachdem er gefeuert worden war, beschloss er, wieder zu studieren.	**Having been fired from his job, he decided to go back to university.**

nachdenken *v/i* think (***über*** *Akk* about): ***denk mal nach!*** think a little!

Nachdenken *n* reflection: ***ich brauche Zeit zum Nachdenken*** I need time to think (it over)

nachdenklich *Adj* thoughtful, pensive: ***j-n nachdenklich machen*** set s.o. thinking; ***es macht einen nachdenklich*** it makes you think

Nachdruck[1] *m* stress, emphasis: ***mit Nachdruck*** **a)** emphatically, **b)** energetically; ***Nachdruck legen auf*** (*Akk*), (*Dat*) ***Nachdruck verleihen*** stress, emphasize

Nachdruck[2] *m* reprint: ***Nachdruck verboten!*** all rights reserved!

nachdrucken *v/t* reprint: ***unerlaubt nachdrucken*** pirate

nachdrücklich **I** *Adj* emphatic, *Forderung etc*: forceful **II** *Adv* emphatically: ***etw nachdrücklich betonen*** emphasize s.th. (strongly); ***etw nachdrücklich empfehlen*** recommend s.th. strongly; ***nachdrücklich verlangen*** insist on

Nachdrucksrecht *n* right of reproduction

nacheifern *v/i* ***j-m nacheifern*** emulate s.o.

nacheinander *Adv* **1.** one after another, *zeitlich*: *auch* in succession **2.** (*abwechselnd*) by turns

nachempfinden *v/t* **1.** → ***nachfühlen*** **2.** ***einer Sache nachempfunden sein*** be model(l)ed on s.th.

nacherzählen *v/t* retell

Nacherzählung *f* PÄD reproduction

Nachfahr(e) *m* descendant

nachfahren *v/i* ***j-m nachfahren*** follow s.o.

Nachfassschreiben *n* follow-up letter

Nachfasswerbung *f* follow-up advertising

Nachfeier *f* after-celebration

Nachfolge *f* succession: ***j-s Nachfolge antreten*** → ***nachfolgen***

nachfolgen *v/i* ***j-m*** (***im Amt***) ***nachfolgen*** succeed s.o. (in office)

nachfolgend *Adj* following

Nachfolger, **Nachfolgerin** successor

Nachforderung *f* additional claim

nachforschen *v/i* (*Dat*) investigate

Nachforschung *f* investigation: ***Nachforschungen anstellen*** (***über*** *Akk*) investigate

Nachfrage *f* **1.** WIRTSCH demand (***nach*** for) **2.** inquiry

nachfragen *v/i* inquire, ask

Nachfrist *f* WIRTSCH extension of time, respite

nachfühlen *v/i* ***j-m etw nachfühlen*** (***können***) feel with s.o, understand s.o.'s feelings about s.th.

nachfüllen *v/t* **1.** fill up, refill, top up **2.** (*Wasser etc*) add

Nachfüllpack *m* refill pack

nachgeben *v/i* **1.** *Sache*: give, *völlig*: give way, WIRTSCH *Kurse*, *Preise*: drop **2.** *Person*: (*Dat* to) give in, yield

Nachgebühr *f* WIRTSCH surcharge

Nachgeburt *f* MED afterbirth

nachgehen *v/i* **1.** *j-m*, *einer Spur etc*: follow **2.** *einem Vorfall etc*: look into, *einem Hinweis etc*: follow, check up on **3.** *Geschäften etc*: attend to, *einem Beruf*: pursue: ***seiner Arbeit nachgehen*** go about one's work **4.** *seinen Neigungen etc*: indulge in, *seinem Vergnügen*: seek, pursue **5.** *Uhr*: be slow, lose: ***meine Uhr geht*** (***eine Minute***) ***nach*** my watch loses (a minute) **6.** ***j-m nachgehen*** *Worte*, *Erlebnis etc*: haunt s.o.

nachgemacht *Adj* **1.** (*gefälscht*) forged, (*unecht*) fake **2.** (*künstlich*) artificial, imitation (*leather etc*)

nachgerade *Adv* **1.** (*geradezu*) really **2.** (*allmählich*) by now

Nachgeschmack *m auch fig* aftertaste

nachgiebig *Adj* **1.** *Boden etc*: yielding, soft, *Material*: *auch* pliable **2.** *Person*: compliant, soft **3.** WIRTSCH *Kurse etc*: soft

Nachgiebigkeit *f* **1.** pliability, *des Bodens etc*: softness **2.** compliance

nachgießen *v/t* **1.** → ***nachfüllen*** 2 **2.** → ***nachschenken***

nachhaken *v/i ugs* follow (it) up

nachhaltig **I** *Adj Wirkung etc*: lasting, *Bemühungen etc*: sustained, *Entwicklung*, *Wachstum*: sustainable, (*wirkungsvoll*) effective, (*stark*) strong **II** *Adv* ***nachhaltig wirken*** have a lasting effect; ***nachhaltig beeinflussen*** influence strongly

nachhause *Adv österr., schweiz.* → ***Haus***

nachhelfen *v/i* help: ***einer Sache nachhelfen*** help s.th. along

nachher *Adv* afterward(s), (*später*) later (on): ***bis nachher!*** see you later!, so long!

Nachhilfe *f* private lessons *Pl*

Nachhilfelehrer, **Nachhilfelehrerin** (private) tutor

Nachhilfestunde *f* **1.** private lesson **2.** *Pl* → ***Nachhilfeunterricht***

Nachhilfeunterricht *m* private lessons *Pl*

Nachhinein *Adv* ***im Nachhinein*** after the event

nachhinken *v/i fig* lag behind

Nachholbedarf *m bes* WIRTSCH backlog demand, *fig* deficit

nachholen *v/t* **1.** make up for (*lost time etc*): ***er hat viel nachzuholen*** he has a lot to catch up on **2.** (*später holen*) fetch later

Nachhut *f* MIL rearguard: ***die Nachhut bilden*** *auch fig* bring up the rear

nachimpfen *v/t* MED revaccinate

nachjagen *v/i* (*Dat*) chase after, *auch fig* pursue

Nachklang *m fig* echo, reminiscence

Nachkomme *m* descendant, offspring (*auch Pl*): ***ohne Nachkommen*** JUR without issue

nachkommen *v/i* **1.** come later **2.** (*folgen*) follow **3.** (*Schritt halten*) *auch fig* keep up (***mit*** with) **4.** *einer Bitte*, *einem Befehl*: comply with, *einer Pflicht*: meet, *einem Versprechen*: keep

Nachkommenschaft *f* descendants *Pl*, JUR issue

Nachkömmling *m* **1.** → ***Nachkomme*** **2.** (*Kind*) late arrival

Nachkriegs... post-war ...

Nachkur *f* MED after-treatment

Nachlass *m* **1.** estate: ***literarischer Nachlass*** unpublished works *Pl* **2.** (*Preisnachlass etc*) reduction: ***einen Nachlass gewähren*** allow a discount (***auf*** *Akk* on)

nachlassen **I** *v/i* **1.** decrease, weaken, (*schlechter werden*) deteriorate (*auch Gesundheit*, *Sehkraft etc*), *Eifer*, *Interesse etc*: flag, slacken, *Wind*: drop, *Sturm*, *Regen etc*: let up, *Lärm etc*: subside, *Schmerz*: ease, *Kräfte*: wear off, *Leistung*, *Nachfrage etc*: drop (off) **2. a)** *gesundheitlich*: grow weaker, **b)** *leistungsmäßig*: go off, be slowing down, *Sportler*, *beim Lauf etc*: wilt, **c)** *geistig*: lose one's grip; ***nicht nachlassen!*** hang on! **II** *v/t* **3.** leave (behind): ***nachgelassene Werke*** unpublished works **4.** ***etw nachlassen*** (***von***) → ***Nachlass*** 2

Nachlassen *n* decrease, weakening (*etc*), deterioration, dropping off, let-up; → ***nachlassen*** 1

Nachlassgericht *n* JUR probate court

nachlässig *Adj* careless, negligent, (*schlampig*) sloppy

Nachlässigkeit *f* carelessness, negligence, sloppiness

nachlaufen *v/i* ***j-m nachlaufen*** run after s.o.; ***den Mädchen nachlaufen*** chase (after) the girls

Nachlese *f fig* epilog(ue *Br*) (***zu*** to)

nachlesen *v/t* read up, look *s.th.* up

nachliefern *v/t* supply *s.th.* subsequently (*zusätzlich*: in addition)

nachlösen *v/i und v/t* (***eine Fahrkarte***) ***nachlösen*** buy a ticket en route (*oder* on arrival)

nachmachen *v/t allg* imitate, copy, (*fälschen*) forge: ***j-m etw nachmachen*** copy s.th. s.o. does; ***das soll ihm erst mal einer nachmachen!*** I'd like to see anyone do better!

nachmessen *v/t* check

Nachmittag *m* (***am Nachmittag*** in the) afternoon; ***heute Nachmittag*** this afternoon

nachmittags *Adv* in the afternoon

Nachmittagsvorstellung *f* THEAT *etc* matinée

Nachnahme *f* ***etw als*** (*oder* ***mit, per, gegen***) ***Nachnahme schicken*** send s.th. cash (*Am* collect) on delivery (C.O.D.)

Nachnahmegebühr *f* C.O.D. charge

Nachnahmesendung *f* C.O.D. parcel

Nachname *m* surname, last (*oder* second) name: ***einen gemeinsamen Nachnamen führen*** have the same surname (*oder* second name)

nachplappern *v/t* parrot

Nachporto *n* surcharge

nachprüfbar *Adj* verifiable

nachprüfen *v/t* **1.** check **2.** *bes* PÄD re-examine, (*später prüfen*) examine at a later date

Nachprüfung *f* **1.** check(ing) **2.** PÄD, UNI examination at a later date

nachrechnen *v/i und v/t* check

Nachrede *f* ***üble Nachrede*** defamation

nachreichen *v/t* (*Papiere*) hand in later

Nachricht *f* (***eine Nachricht*** a piece of) news *Sg*, (*Mitteilung*) message, (*Zeitungsnachricht*) news (item) *Sg*: ***Nachrichten*** *Pl* RADIO, TV news *Sg*, newscast; ***Nachricht erhalten von*** hear from; ***j-m Nachricht geben*** let s.o. know; ***eine Nachricht hinterlassen*** leave a message

Nachrichtenagentur *f*, **Nachrichtenbüro** *n* press agency

Nachrichtendienst *m* **1.** RADIO, TV news service **2.** MIL intelligence service

Nachrichtensatellit *m* communications satellite

Nachrichtensendung *f* RADIO, TV newscast, news broadcast

Nachrichtensperre *f* POL news blackout

Nachrichtensprecher, **Nachrichtensprecherin** news reader, newscaster

Nachrichtentechnik *f* (tele)communication(s) (engineering)

Nachrichtenwesen *n* communications *Pl*

nachrücken *v/i* **1.** (*aufrücken*) *auch fig* move up **2.** MIL follow on

Nachruf *m* obituary

nachrüsten *v/i* **1.** MIL, POL close the armament gap **2.** *auch v/t* TECH retrofit, (*Computer etc*) upgrade

Nachrüstsatz *m* TECH add-on kit

nachsagen *v/t* **1.** repeat **2.** ***j-m etw nachsagen*** say s.th. of s.o.; ***man sagt ihr nach, dass sie ...*** she is said to *be arrogant etc*

Nachsaison *f* off season

Nachsatz *m* **1.** postscript **2.** LING final clause

nachschauen → ***nachsehen***

nachschenken *v/t und v/i* ***j-m*** (***etw***) ***nachschenken*** top s.o. up (with s.th.)

nachschicken → ***nachsenden***

Nachschlag *m* (*Essen*) second helping

nachschlagen **I** *v/t* **1.** (*Wort etc*) look *s.th.* up **II** *v/i* **2.** ***im Lexikon nachschlagen*** consult a dictionary **3.** *ugs fig* ***j-m nachschlagen*** take after s.o.

Nachschlagewerk *n* reference book

Nachschlüssel *m* duplicate key

Nachschub *m* (***an*** *Dat* of) supply (*auch fig*), *Koll* supplies *Pl*

Nachschubweg *m* supply line

Nachschuss *m Fußball*: follow-up shot
nachsehen I *v/i* **1.** gaze after **2.** (*nach etw sehen*) have a look: ***nachsehen ob …*** (go and) see whether … II *v/t* **3.** (*prüfen*) inspect, check, (*Schulhefte etc*) correct **4.** → ***nachschlagen*** 1 **5.** ***j-m etw nachsehen*** forgive s.o. s.th.
Nachsehen: ***das Nachsehen haben*** be the loser, be left out
nachsenden *v/t* forward
Nachsicht *f* forbearance, (*Milde*) leniency: ***Nachsicht üben*** be lenient; ***mit j-m Nachsicht haben*** be lenient towards s.o.
nachsichtig *Adj* lenient, forbearing
Nachsilbe *f* LING suffix
nachsinnen *v/i* reflect (***über*** *Akk* on)
nachsitzen *v/i* ***nachsitzen müssen*** be kept in
Nachsommer *m* late (*oder* Indian) summer
Nachsorge *f* MED aftercare
Nachspeise *f* → ***Nachtisch***
Nachspiel *n* **1.** MUS postlude **2.** THEAT epilog(ue *Br*) **3.** (*sexuelles Nachspiel*) afterplay **4.** *fig* sequel
nachspielen *v/i* SPORT play (***nachspielen lassen*** allow) extra time
nächst I *Sup von* ***nahe*** II *Adj* **1.** *örtlich*: nearest (*auch fig Verwandtschaft etc*), (*kürzest*) *auch* shortest: ***die nächste Umgebung*** the immediate vicinity; ***aus nächster Entfernung*** at close range **2.** *zeitlich, Reihenfolge*: next: ***am nächsten Tage*** the next day; ***in den nächsten Tagen*** in the next few days; ***Mittwoch nächster Woche*** Wednesday week; ***in nächster Zeit*** in the near future; ***bei nächster Gelegenheit*** at the first opportunity; ***im nächsten Augenblick*** the next moment III *Adv* **3.** ***am nächsten*** (*Dat* to) next, nearest, closest; *fig* ***j-m am nächsten stehen*** be closest to s.o.; (*Dat*) ***am nächsten kommen*** come closest to **4.** ***fürs Nächste*** for the time being IV *Präp* **5.** (*Dat*) *örtlich, Reihenfolge*: next to

> **nächst** SG
>
> nächstgelegene(r,-s): **nearest**
> **Where's the nearest post office?**
> nächste(r,-s) in einer Reihe, räumlich oder zeitlich: **next**
> **We won't catch the four o'clock train. When is the next one?**
> **The Browns don't live here. You want the next house.** (Sie müssen zum nächsten Haus gehen.)

nächstbest *Adj* **1.** (*beliebig*) first **2.** *in Qualität*: second-best
Nächstbeste **1.** *m, f the* next best, *the* first person **2.** *n the* next best (thing)
Nächste **1.** *m, f* **a)** neighbo(u)r, *one's* fellow: ***jeder ist sich selbst der Nächste*** charity begins at home, **b)** *the* next (one): ***der Nächste, bitte!*** next (one) please! **2.** *n the* next (*oder* first) thing: ***was kommt als Nächstes?*** what comes next?
nachstehen *v/i* ***j-m nachstehen*** (***in*** *oder* ***an*** *Dat*) be inferior to s.o. (in); ***j-m in nichts nachstehen*** be in no way inferior to s.o.
nachstehend I *Adj* following II *Adv* in the following
nachstellen I *v/t* **1.** (*Uhr*) put back **2.** TECH (re)adjust II *v/i* **3.** ***j-m nachstellen*** **a)** be after s.o., **b)** persecute s.o.
Nachstellung *f* **1.** TECH (re)adjustment **2.** LING postposition **3.** *fig* persecution
Nächstenliebe *f* charity
nächstens *Adv* (very) soon
nächstliegend *Adj* nearest: *fig* ***das Nächstliegende*** the obvious thing
nachsuchen *v/i* apply (***um*** for)
Nacht *f* (***bei Nacht*** at) night: ***gute Nacht!*** *auch iron* good night!; ***heute Nacht*** tonight; *fig* ***die Nacht zum Tage machen*** turn night into day; ***es wird Nacht*** it is getting dark; ***zu Nacht essen*** have supper; ***bis spät*** (*oder* ***tief***) ***in die Nacht*** till late in the night; ***über Nacht*** *auch fig* overnight; ***die ganze Nacht*** (***hindurch*** *oder* ***lang***) all night (long); ***im Schutze*** (*oder* ***Dunkel***) ***der Nacht, bei Nacht und Nebel*** under the cover of night, *weit. S.* secretly
nachtanken *v/t und v/i* refuel
Nachtarbeit *f* nightwork
nachtblind *Adj* night-blind
Nachtcreme *f* night cream
Nachtdienst *m* (***Nachtdienst haben*** be on) night duty
Nachteil *m* disadvantage, (*Mangel*) *auch* drawback, *Sport, auch fig* handicap: ***zum Nachteil von*** (*oder Gen*) to the disadvantage of; ***im Nachteil sein*** be at a disadvantage
nachteilig I *Adj* disadvantageous, detrimental (***für*** to): ***nichts Nachteiliges*** nothing unfavo(u)rable II *Adv* ***nachteilig beeinflussen*** affect adversely
nächtelang I *Adj* taking up several nights II *Adv* night after night
Nachtessen *n* (***beim Nachtessen*** at) supper
Nachtfrost *m* night frost
Nachthemd *n* (*Herrennachthemd*) nightshirt, (*Damennachthemd, Kindernachthemd*) nightdress, *ugs* nightie
Nachtigall *f* ZOOL nightingale
Nachtisch *m* dessert, sweet, *ugs* afters *Pl*

> **Nachtisch** SG
>
> Der Gebrauch von **dessert**, **sweet** bzw. **pudding** ['pʊdɪŋ] ist regional unterschiedlich – aber alle drei Varianten werden überall verstanden!

Nachtklub *m* nightclub
Nachtleben *n* nightlife
nächtlich *Adj* nocturnal, (*bes allnächtlich*) nightly: ***der nächtliche Park*** the park at night
Nachtlokal *n* nightclub
Nachtportier *m* night porter
Nachtquartier *n* place for the night, MIL night quarters *Pl*
Nachtrag *m* supplement
nachtragen *v/t* **1.** ***j-m etw nachtragen*** *fig* bear s.o. a grudge for s.th. **2.** *schriftlich*: add
nachtragend *Adj* unforgiving
nachträglich I *Adj* additional, supplementary, (*verspätet*) belated, (*später*) later II *Adv* subsequently, later: ***nachträglich herzlichen Glückwunsch!*** belated best wishes!
Nachtragshaushalt *m* supplementary budget
nachtrauern *v/i* (*Dat*) mourn (*s.o., s.th.*)
Nachtruhe *f* sleep
nachts *Adv* at (*oder* during the) night
Nachtschicht *f* (***Nachtschicht haben*** be on) night shift

N

nachtschlafend *Adj* ***zu nachtschlafender Zeit*** in the middle of the night
Nachtschwärmer, **Nachtschwärmerin** night owl
Nachtschwester *f* night nurse
Nachtsichtgerät *n* infra-red binoculars *Pl.* (*oder* telescope)
Nachtspeicherofen *m* night storage heater
Nachtstrom *m* ELEK night current
Nachttarif *m* off-peak rates *Pl*
Nachttisch *m* bedside table
Nachttischlampe *f* bedside lamp
Nachttopf *m* chamber pot
Nachttresor *m* night safe
Nacht-und-Nebel-Aktion *f* undercover operation
Nachtwache *f* night watch
Nachtwächter *m* **1.** night watchman **2.** *ugs pej* dope
nachtwandeln *v/i* sleepwalk
nachtwandlerisch *Adj* somnambulistic: ***mit nachtwandlerischer Sicherheit*** with uncanny sureness
Nachtzug *m* night train
Nachuntersuchung *f* checkup
nachvollziehen *v/t* understand, duplicate
nachwachsen *v/i* grow again
Nachwahl *f* PARL by-election, *Am* special election
Nachwehen *Pl fig* aftermath *Sg*
nachweinen *v/t und v/i* → ***nachtrauern***, ***Träne***
Nachweis *m* **1.** proof, evidence, (*Zeugnis*) certificate: ***den Nachweis führen*** (*oder* ***erbringen***) prove, show **2.** (*Feststellung*) detection
nachweisbar *Adj* demonstrable, detectable: ***… sind nachweisbar*** *auch …* can be proved
nachweisen *v/t* prove, establish: ***man konnte ihm nichts nachweisen*** nothing could be proved against him; ***j-m einen Fehler nachweisen*** show that s.o. has made a mistake
nachweislich **I** *Adj* demonstrable **II** *Adv* demonstrably, as can be proved
Nachwelt: ***die Nachwelt*** posterity
Nachwirkung *f* after-effect: ***Nachwirkungen*** *Pl fig auch* aftermath *Sg*
Nachwort *n* epilog(ue *Br*)
Nachwuchs *m* **1.** *the* young generation, (*Berufsnachwuchs*) young talent (*auch Sport*), *ugs* new blood, WIRTSCH junior staff, trainees *Pl*, (*Polizeinachwuchs etc*) recruits *Pl*: ***der ärztliche Nachwuchs*** the new generation of doctors **2.** *ugs* offspring, (*Baby*) addition to the family
Nachwuchs… talented, young …, up-and-coming …, junior
Nachwuchskraft *f* junior employee
Nachwuchsschauspieler, **Nachwuchsschauspielerin** up-and-coming young actor (actress)
Nachwuchssorgen *Pl* ***Nachwuchssorgen haben*** have difficulty (in) finding young talent
nachzahlen *v/t und v/i* pay extra, pay later
nachzählen *v/t* check
Nachzahlung *f* additional (*oder* extra) payment
nachzeichnen *v/t* copy, (*pausen*) trace
nachziehen **I** *v/t* **1.** drag (*oder* pull) behind one, (*Fuß*) drag **2.** (*Strich etc*) trace, (*Augenbrauen*) pencil: ***die Lippen nachziehen*** touch up one's lips **3.** TECH (*Mutter etc*) tighten **II** *v/i* **4.** follow, *fig* follow suit
Nachzügler, **Nachzüglerin** straggler, *auch fig* latecomer, *hum* (*Kind*) late arrival
Nacken *m* (nape of the) neck: ***j-m im Nacken sitzen*** **a**) *Verfolger etc*: be hard on s.o.'s heels, **b**) *fig* be breathing down s.o.'s neck; → ***steifen***
Nackenschlag *m fig* blow
Nackenstütze *f* MOT headrest
Nackenwirbel *m* ANAT cervical vertebra
nackt *Adj* naked, (*bloß*) bare (*auch fig Leben, Wand etc*), *bes* KUNST nude: ***völlig nackt*** stark naked; ***nackt baden*** swim in the nude; ***sich nackt ausziehen*** strip; ***nackte Tatsachen*** hard facts; ***die nackte Wahrheit*** the plain truth
Nacktbadestrand *m* nudist beach
Nacktheit *f* nakedness, *fig auch* bareness
Nacktkultur *f* nudism
Nadel *f allg* needle, *eines Plattenspielers*: stylus, (*Stecknadel, Haarnadel, Anstecknadel etc*) pin
Nadelbaum *m* conifer(ous tree)
Nadelöhr *n* **1.** eye of a needle **2.** *fig* bottleneck
Nadelstich *m* (*fig* pin)prick
Nadelstreifen *m* ***Anzug*** *etc* ***mit Nadelstreifen*** pinstripe(d) suit *etc*
Nadelwald *m* coniferous forest
Nagel *m allg* nail: *fig* ***etw an den Nagel hängen*** give s.th. up; ***Nägel mit Köpfen machen*** do things properly; ***den Nagel auf den Kopf treffen*** hit the nail on the head; ***er ist ein Nagel zu meinem Sarg*** he is a nail in my coffin
Nagelbett *n* ANAT nail bed
Nagelbürste *f* nail brush
Nagelfeile *f* nail file
Nagelhaut *f* cuticle
Nagellack *m* nail varnish (*Am* enamel)
Nagellackentferner *m* nail-varnish remover
nageln *v/t* nail (***an*** *Akk*, ***auf*** *Akk* to)
nagelneu *Adj* brand-new
Nagelschere *f* (pair of) nail scissors *Pl*
Nagelteppich *m* carpet of nails
nagen *v/t und v/i* gnaw (*auch fig*): ***nagen an*** (*Dat*) gnaw (*oder* nibble) at
nagend *Adj Hunger*: gnawing, *Zweifel etc*: nagging
Nager *m*, **Nagetier** *n* rodent
Nahaufnahme *f* FILM *etc* close-up
nahe **I** *Adj allg* near, close (*beide auch fig*), (*nahe gelegen*) nearby, (*bevorstehend*) *auch* approaching, *Tod etc*: imminent: ***der Nahe Osten*** the Middle East; ***den Tränen nahe*** on the verge of tears; ***in naher Zukunft*** in the near future **II** *Adv* near, close, nearby: ***nahe bei*** near (to), close to; ***nahe beieinander*** close together; ***nahe gelegen*** nearby; ***nahe liegend*** obvious; ***nahe verwandt*** closely related; ***von nah und fern*** from far and near; ***von nahem*** up close, at close range; ***j-m zu nahe treten*** offend s.o.; ***ich war nahe daran, ihn zu ohrfeigen*** I very nearly slapped his face**III** *Präp* (*Dat*) *auch fig* near, close (to)
Nähe *f allg* nearness (*auch fig*), (*Umgebung*) vicinity, neighbo(u)rhood: ***(ganz) aus der Nähe*** at close range; ***ganz in der Nähe*** quite near; ***in deiner Nähe*** near you; ***in greifbare Nähe gerückt*** near at hand

Nähe SG

Beachten Sie:

in der Nähe — **nearby**
He lives nearby.

in der Nähe von — **near**
It's near the park.

nahebei *Adv* nearby
nahebringen *v/t fig* ***j-m etw nahebringen*** make s.o. appreciate s.th.

nahegehen *v/i fig* ***j-m nahegehen*** affect s.o. deeply
nahekommen *v/i fig* come close (*Dat* to); ***sich*** (*oder* ***einander***) ***nahekommen*** become close
nahelegen *v/t fig* ***j-m etw nahelegen*** suggest s.th. to s.o.; ***j-m nahelegen, etw zu tun*** urge s.o. to do s.th.
naheliegen *v/i fig* seem (very) likely, *stärker*: be the obvious thing; ***die Vermutung liegt nahe, dass …*** it is fair to assume that …
naheliegend → ***nahe*** II
nahen *v/i* approach, *zeitlich*: draw near
nähen **I** *v/t* sew, *auch* MED stitch: ***sich ein Kleid nähen*** make a dress for o.s **II** *v/i* sew
näher **I** *Komp von* ***nahe*** **II** *Adj* **1.** nearer, closer: ***die nähere Umgebung*** the (immediate) vicinity **2.** *Angaben etc*: further, more detailed: ***bei näherer Betrachtung*** on closer inspection **III** *Adv* **3.** (***an*** *Dat*, ***bei*** to) nearer, closer: ***näher kommen*** come (*zeitlich*: draw) nearer **4.** more closely: ***ich kenne ihn näher*** I know him quite well; ***sich mit einer Sache näher befassen*** go into a matter (more closely); ***etw näher erläutern*** explain s.th. at greater detail; *fig* ***j-m etw näher bringen*** make s.th. accessible to s.o.; ***Menschen einander näher bringen*** bring people closer together; ***näher kommen*** get (*oder* be) nearer (*Dat* to); *fig* ***j-m näher kommen*** become closer to s.o.; ***jetzt kommen wir der Sache schon näher!*** now we're getting somewhere!; *fig* ***näher liegen*** be more obvious
Nähere: ***das Nähere*** the details *Pl*, (further) particulars *Pl*: ***ich weiß nichts Näheres*** I don't know any details
Näherei *f* sewing
Naherholungsgebiet *n* recreation area in the immediate vicinity of a big city
nähern **I** *v/refl* ***sich nähern*** approach, *zeitlich*: *auch* draw near; ***sich j-m nähern*** approach s.o. **II** *v/t* bring *s.th.* nearer (*Dat* to)
Näherungswert *m* MATHE approximate value
nahestehen *v/i fig* be close to *s.o*
nahezu *Adv* almost, nearly, next to
Nähgarn *n* sewing thread
Nahkampf *m* **1.** MIL close combat **2.** *Boxen*: infighting
Nähkasten *m* sewing box
Nähmaschine *f* sewing machine
Nähnadel *f* (sewing) needle
Nährboden *m* **1.** *für Bakterien*: culture medium **2.** *fig* breeding ground
Nährcreme *f* nutrient cream
nähren **I** *v/t* feed, *fig* (*Hoffnung etc*) nourish, (*Hass etc*) *auch* harbo(u)r: ***sich nähren von*** live on **II** *v/i* be nourishing
nahrhaft *Adj* nutritious, nourishing
Nährstoff *m* nutrient
Nahrung *f* food, (*Kost*) diet: ***geistige Nahrung*** food for the mind
Nahrungsaufnahme *f* food intake
Nahrungskette *f* BIOL food chain
Nahrungsmangel *m* lack of food
Nahrungsmittel *n* food(stuff), *Pl* foodstuffs *Pl*
Nahrungsmittelchemiker, **Nahrungsmittelchemikerin** food chemist
Nährwert *m* nutritional value
Nähseide *f* sewing silk
Naht *f allg* seam, TECH *auch* joint: *ugs* ***aus den*** (*oder* ***allen***) ***Nähten platzen*** *auch fig* be bursting at the seams
nahtlos *Adj* **1.** *auch* TECH seamless **2.** *fig* smooth
Nahverkehr *m* local traffic
Nahverkehrszug *m* commuter train
Nähzeug *n* sewing kit
Nahziel *n* immediate objective
naiv *Adj* naive: ***naiver Maler*** primitive
Naivität *f* naivety
Name *m allg* name, (*Ruf*) *auch* reputation: ***wie ist Ihr Name?*** what is your name?; ***im Namen*** (*Gen*), ***in*** *j-s* ***Namen*** → ***namens*** II; (***nur***) ***dem Namen nach*** by name (only); ***sich einen Namen machen*** make a name for o.s.; *fig* ***das Kind beim rechten Namen nennen*** call a spade a spade; → ***hergeben***
namenlos *Adj* **1.** nameless, (*unbekannt*) *auch* anonymous **2.** *fig* unspeakable
namens **I** *Adv* by the name of, called **II** *Präp* (*Gen*) in the name of, on behalf of
Namensaktie *f* registered share (*Am* stock)
Namenspatron, **Namenspatronin** patron saint
Namensschild *n* **1.** *aus Metall oder Plastik*: nameplate **2.** *an der Kleidung*: name tag
Namensschwester *f* namesake
Namenstag *m* name day
Namensvetter *m* namesake
namentlich **I** *Adj* **1.** by name: ***namentliche Abstimmung*** roll-call vote **II** *Adv* **2.** by name **3.** *fig* (e)specially
namhaft *Adj* **1.** (*beträchtlich*) considerable **2.** (*berühmt*) well-known **3.** ***namhaft machen*** name, *weit. S.* identify
nämlich **I** *Adj* (very) same **II** *Adv* namely, that is (to say); …, you know
nanu *Interj* hey
Napalm *n* CHEM, MIL napalm
Napf *m* bowl
Napfkuchen *m* deep-dish cake
Nappa(leder) *n* nap(p)a (leather)
Narbe *f* **1.** MED scar: *fig* ***Narben hinterlassen*** leave a scar **2.** BOT stigma **3.** LANDW topsoil
narbig *Adj* scarred
Narkose *f* (***in Narkose*** under) an(a)esthesia
Narkosearzt, **Narkosefacharzt** *m*, **Narkoseärztin**, **Narkosefachärztin** *f* an(a)esthetist
Narkotikum *n*, **narkotisch** *Adj* narcotic
narkotisieren *v/t* an(a)esthetize
Narr *m* fool: *ugs* ***einen Narren gefressen haben an*** (*Dat*) be crazy about; ***j-n zum Narren halten*** → ***narren***
narren *v/t* ***j-n narren*** make a fool of s.o., fool s.o.
Narrenfreiheit *f* fool's licen/ce (*Am* -se)
narrensicher *Adj ugs* foolproof
Narrheit *f* tomfoolery, folly
Närrin *f* fool
närrisch *Adj* foolish, (*verrückt*) mad, (*sonderbar*) odd
Narzisse *f* BOT narcissus: ***Gelbe Narzisse*** daffodil
Narzissmus *m* PSYCH narcissism
narzisstisch *Adj* narcissistic
nasal *Adj* nasal
nasalieren *v/t* nasalize
Nasallaut *m* nasal (sound)
naschen *v/i und v/t* nibble (***an*** *Dat*, ***von*** at): ***sie nascht gern*** she has a sweet tooth
Nascherei *f meist Pl* sweets *Pl*, *ugs* goodies *Pl*
naschhaft *Adj* sweet-toothed
Naschkatze *f* nibbler
Nase *f* nose (*auch fig und* TECH): *ugs* ***pro Nase einen Dollar*** one dollar each; *fig* ***eine gute*** (*oder* ***feine***) ***Nase haben für*** have a good nose for; ***in der Nase bohren*** pick one's nose; *ugs fig* ***auf die Nase fallen*** come a cropper; ***j-m***

N

etw auf die Nase binden tell (s.th. to) s.o.; ***j-n an der Nase herumführen*** lead s.o. up the garden path; ***j-m auf der Nase herumtanzen*** do what one likes with s.o.; ***auf der Nase liegen*** be laid up; ***man sieht es dir an der Nase an*** it's written all over your face; ***immer der Nase nach*** follow your nose; ***es j-m unter die Nase reiben*** rub it in; ***seine Nase in alles hineinstecken*** poke one's nose into everything; ***die Nase voll haben*** be fed up (***von*** with); ***die Nase vorn haben*** be one step ahead (of one's competitors); ***j-m etw vor der Nase wegschnappen*** take s.th. away from under s.o.'s nose; ***der Zug fuhr mir vor der Nase weg*** I missed the train by an inch; ***j-m die Tür vor der Nase zuschlagen*** slam the door in s.o.'s face; → ***zuhalten*** 2

näseln *v/i* speak through one's nose

Näseln *n* (nasal) twang

näselnd *Adj* nasal

Nasenbein *n* nasal bone

Nasenbluten *n* nosebleed

Nasenflügel *m* nostril

Nasenlänge *f* ***um eine Nasenlänge gewinnen*** win by a whisker

Nasenloch *n* nostril

Nasenrücken *m* bridge of the nose

Nasenscheidewand *f* nasal septum

Nasenschleimhaut *f* nasal mucous membrane

Nasenspitze *f* tip of the nose

Nasenspray *m, n* nose spray

Nasentropfen *Pl* nose drops *Pl*

naseweis *Adj* saucy, cheeky

Nashorn *n* ZOOL rhinoceros, *ugs* rhino

nass *Adj* wet: ***nass machen*** wet (***sich*** o.s.); ***nass werden*** get wet; ***durch und durch nass, nass bis auf die Haut*** wet through, wet to the skin; → ***triefen***

nassauern *v/i ugs* sponge (***bei*** on)

Nässe *f* wet(ness): ***„vor Nässe schützen!"*** "keep dry!"

nässen **I** *v/t* wet, (*anfeuchten*) moisten **II** *v/i Wunde*: weep

nasskalt *Adj* damp and cold, *Hand etc*: clammy

nassmachen →***nass***

Nassrasur *f* wet shave

Nasszelle *f* (prefab) bathroom unit

Nastuch *n schweiz.* handkerchief

Nation *f* nation

national *Adj* national

Nationalfeiertag *m* national holiday

Nationalflagge *f* national flag

Nationalgericht *n* national dish

Nationalheld national hero

Nationalheldin national heroine

Nationalhymne *f* national anthem

nationalisieren *v/t* nationalize

Nationalisierung *f* nationalization

Nationalismus *m* nationalism

Nationalist, **Nationalistin** nationalist

nationalistisch *Adj* nationalist(ic)

Nationalität *f* nationality

Nationalitäten

SG

Englische Nationalitätenbezeichnungen, die mit dem unbestimmten Artikel **a**, **an** verwendet werden, beziehen sich in der Regel ausschließlich auf männliche Personen. Ist nichts Näheres über die Person bekannt, nimmt man in einem Satz wie dem folgenden an, dass ein Mann gemeint ist:

An American asked me the way to the station.	Ein Amerikaner fragte mich nach dem Weg zum Bahnhof.

Wenn es sich um eine Frau gehandelt hätte, hätte es im Englischen geheißen:

An American woman asked me the way to the station.	Eine Amerikanerin fragte mich nach dem Weg zum Bahnhof.

Wird durch das Personalpronomen **he** bzw. **she** klar, dass es sich um einen Mann bzw. eine Frau handelt, genügt die Bezeichnung **American**, **German**, usw. Sie können dann sagen:

She's an American (a German).	Sie ist Amerikanerin (Deutsche). *oder*
She's American (German).	Sie ist Amerikanerin (Deutsche).

Wenn Sie selbst englisch schreiben oder sprechen, sollten Sie an diese Möglichkeit denken. Wollen Sie betonen, dass es sich z. B. um eine Amerikaner<u>in</u> und nicht um einen Amerikan<u>er</u> handelt, dann können Sie das im Englischen durch die Bezeichnungen **woman** oder **lady** bzw. **girl** ausdrücken. „Eine Amerikanerin" ist also im Englischen **an American woman** oder **an American lady** bzw. – wenn sie jünger ist – **an American girl**, „eine Polin" **a Polish woman, a Polish lady, a Polish girl**, „eine Griechin" **a Greek woman, a Greek lady, a Greek girl** usw.

Verschiedene Nationalitätenbezeichnungen gelten im Englischen als unschön, wenn sie nur mit dem unbestimmten Artikel **a**, **an** verwendet werden. Das gilt insbesondere für solche Wörter, die auf **-ese** enden. So würde man heute statt **a Japanese** oder **a Chinese** oder **a Dane** eher **a Japanese man** bzw. **woman, a Chinese man** bzw. **woman, a Danish man** bzw. **woman** sagen. Andererseits sagt man auch heute im modernen Englisch **the Chinese** für „die Chinesen", **the Japanese** für „die Japaner" usw. Insgesamt geht die Tendenz in Richtung *Adjektiv + Personenbezeichnung*. Für die Person kann z. B. *neutral* **woman – man, girl – boy**, *gehoben* **lady – gentleman** oder *umgangssprachlich* **guy, bloke** usw. stehen:

an Italian lady	*statt*	**an Italian**
a Spanish guy	*statt*	**a Spaniard**
a Greek bloke	*statt*	**a Greek**

Sollten Sie einmal nicht wissen, wie das von einem Ländernamen abgeleitete Adjektiv auf Englisch heißt, können Sie immer auch sagen **he's from China** (**Portugal, Hong Kong** usw.).

Nationalmannschaft *f* SPORT national team
Nationalpark *m* national park
Nationalrat[1] *m* **1.** *österr.* Austrian Parliament **2.** *schweiz.* Swiss Parliament
Nationalrat[2] *m*, **Nationalrätin** *f* **1.** *österr.* member of the Austrian Parliament **2.** *schweiz.* member of the Swiss Parliament
Nationalsozialismus *m* National Socialism
Nationalsozialist, **Nationalsozialistin**, **nationalsozialistisch** *Adj* National Socialist, *pej* Nazi
Nationalspieler, **Nationalspielerin** SPORT international (player)
Natrium *n* CHEM sodium
Natron *n* bicarbonate of soda
Natter *f* ZOOL adder, *auch fig* viper
Natur *f allg* nature: ***in der freien Natur*** in the open country; ***nach der Natur zeichnen*** draw from nature (*oder* life); ***von Natur (aus)*** by nature; ***Fragen grundsätzlicher Natur*** fundamental questions; ***die Sache ist ernster Natur*** it's a serious matter; ***er hat eine gesunde Natur*** he has a healthy constitution
Naturalien *Pl* natural produce *Sg*: ***in Naturalien zahlen*** pay in kind
naturalisieren *v/t* naturalize
Naturalismus *m allg* naturalism
naturalistisch *Adj* naturalist(ic)
Naturbursche *m* nature-boy
Naturdenkmal *n* natural monument
Naturell *n* disposition, temperament
Naturereignis *n*, **Naturerscheinung** *f* natural phenomenon
Naturforscher, **Naturforscherin** naturalist
Naturforschung *f* natural science
Naturfreund, **Naturfreundin** nature lover
naturgemäß *Adj* natural
Naturgeschichte *f* natural history
Naturgesetz *n* law of nature
naturgetreu *Adj* true to nature, lifelike
Naturgewalt *f meist Pl* force of nature
Naturheilkunde *f* naturopathy
Naturheilkundige *m, f* naturopath
Naturkatastrophe *f* natural disaster
Naturkost *f* health food(s)
Naturkostladen *m* health food shop (*oder* store)
Naturlehrpfad *m* nature trail
natürlich I *Adj allg* natural (*auch echt, angeboren, ungekünstelt, auch* JUR *Kind, Person, Tod*): ***natürliche Größe*** actual size; ***eines natürlichen Todes sterben*** die a natural death **II** *Adv* naturally, *Interj auch* of course, *Am* sure
Natürlichkeit *f allg* naturalness
Naturpark *m* wildlife park
Naturschutz *m* conservation: ***unter Naturschutz stehen*** be protected, *Tier, auch ugs fig Person*: be a protected animal
Naturschützer, **Naturschützerin** conservationist
Naturschutzgebiet *n* nature reserve
Naturtalent *n* (*Person*) natural
Naturvolk *n* primitive race
Naturwissenschaft *f meist Pl* (natural) science
Naturwissenschaftler, **Naturwissenschaftlerin** (natural) scientist
naturwissenschaftlich *Adj* scientific
Naturwunder *n* **1.** natural wonder **2.** (*Person*) prodigy
Naturzustand *m* natural state, (***im Naturzustand*** in a) state of nature
Nautik *f* navigation
nautisch *Adj* nautical
Navi *n ugs* (*im Auto*) navigation system
Navigation *f* navigation
Navigationssystem *n* navigation system: ***ein Navigationssystem fürs Auto*** a car navigation system
navigieren *v/t und v/i* navigate
Nazi *m pej* Nazi
Nazismus *m pej* Nazism
nazistisch *Adj pej* Nazi
n.Chr. *Abk* (= ***nach Christus***) AD, Anno Domini
Neapel *n* Naples
Nebel *m* **1.** fog (*auch fig*), mist, *leichter*: haze: ***stellenweise Nebel*** fog in patches **2.** ASTR nebula
nebelhaft *Adj fig* nebulous, hazy
nebelig *Adj* foggy, misty
Nebelkrähe *f* ZOOL hooded crow
Nebelleuchte *f*, **Nebelscheinwerfer** *m* MOT fog lamp
Nebelschlussleuchte *f* MOT rear fog lamp
neben *Präp* (*Dat*) **1.** (*auch Akk*) *örtlich*: beside, by (*oder* at) the side of, by, (*dicht neben*) close to, near, next to: ***setzen Sie sich neben mich*** sit beside (*oder* next to) me **2.** (*außer*) besides, apart from: ***neben anderen Dingen*** among other things **3.** (*verglichen mit*) compared with (*oder* to) **4.** (*gleichzeitig mit*) simultaneously with
nebenamtlich *Adj* part-time (*job etc*)
nebenan *Adv* **a)** (*im Haus nebenan*) next door, **b)** (*im Zimmer nebenan*) in the next room
Nebenanschluss *m*, **Nebenapparat** *m* TEL extension
Nebenarbeit *f* **1.** extra work **2.** minor job
Nebenausgaben *Pl* incidentals *Pl*, extras *Pl*
Nebenausgang *m* side exit
Nebenbedeutung *f* connotation
nebenbei *Adv* **1.** besides, in addition, as well, on the side **2.** (*beiläufig*) in passing: ***nebenbei bemerkt*** incidentally
Nebenberuf *m* sideline: ***im Nebenberuf*** → ***nebenberuflich*** II
nebenberuflich I *Adj* sideline **II** *Adv* as a sideline
Nebenbeschäftigung *f* sideline
Nebenbuhler, **Nebenbuhlerin** rival (in love)
nebeneinander *Adv* side by side: ***nebeneinander wohnen*** live next door to each other; ***nebeneinander bestehen*** coexist
Nebeneinander *n* coexistence
nebeneinanderstellen *v/t* **a)** put (*oder* place) side by side (*oder* next to each other), **b)** (*vergleichen*) compare
Nebeneingang *m* side entrance
Nebeneinkünfte *Pl*, **Nebeneinnahmen** *Pl* incidental earnings *Pl*, extra income *Sg*
Nebenerscheinung *f* side effect (MED symptom)
Nebenfach *n* PÄD subsidiary subject, *Am* minor (subject)
Nebenfluss *m* tributary
Nebengebäude *n* **1.** adjoining building **2.** (*Anbau*) annex(e)
Nebengedanke *m* secondary objective
Nebengeräusch *n* background noise, RADIO interference
Nebengleis *n* BAHN siding, *Am* sidetrack
Nebenhandlung *f* subplot
nebenher *Adv* **1.** → ***nebenbei*** 1 **2.** by his (*oder* her) side, beside
Nebenjob *m* second (*oder* extra) job
Nebenkosten *Pl* extras *Pl*
Nebenlinie *f* **1.** BAHN branch line **2.** *im Stamm-*

baum: collateral line
Nebenmann *m* ***mein*** (***sein*** *etc*) ***Nebenmann*** the person next to me (him *etc*)
Nebenprodukt *n* by-product, spin-off
Nebenrolle *f* THEAT minor part (*fig* role)
Nebensache *f* minor matter: ***das ist Nebensache!*** that's quite unimportant (here)!
nebensächlich *Adj* minor, unimportant, (*belanglos*) irrelevant
Nebensaison *f* low season
Nebensatz *m* LING subordinate clause
nebenstehend I *Adj* in the margin **II** *Adv* ***nebenstehend*** (***abgebildet***) opposite
Nebenstelle *f* branch (office), TEL extension
Nebenstraße *f* side street, byroad
Nebentisch *m* (***am Nebentisch*** at the) next table
Nebenverdienst *m* extra earnings *Pl* (*oder* income)
Nebenwirkung *f* side effect
Nebenzimmer *n* next (*oder* adjoining) room
neblig *Adj* foggy, misty
nebst *Präp* (*Dat*) together (*oder* along) with, (*einschließlich*) including
Necessaire *n* **1.** (*Reisenecessaire*) toilet bag **2.** (*Nagelnecessaire*) manicure set
necken *v/t* tease
neckisch *Adj* playful, *Bemerkung etc*: *auch* teasing
Neffe *m* nephew
Negation *f* negation
negativ *Adj*, **Negativ** *n* MATHE, FOTO, PHYS negative
Neger *m* **1.** *meist pej* Negro (*wird heutzutage meist als abwertend empfunden*) **2.** *ugs fig* **a)** ghostwriter, **b)** TV idiot card
Negerin *f meist pej* Negress (*wird heutzutage meist als abwertend empfunden*)
negieren *v/t* negate, deny
Negligé, **Negligee** *n* négligé
nehmen *v/t allg* take (*auch* ***an sich nehmen***, *auch den Bus etc, ein Hindernis, eine Kurve*, MIL *eine Stellung etc*), (*annehmen*) *auch* accept, (*wegnehmen*) take away (*Dat* from), (*kaufen*) *auch* buy, (*Preis*) *auch* charge, (*anstellen*) *auch* engage, hire: ***etw zu sich nehmen*** have s.th. to eat, eat s.th.; (***sich***) ***einen Anwalt nehmen*** retain counsel; *fig* ***auf sich nehmen*** take upon o.s., (*Amt etc*) assume, (*Verantwortung*) accept; ***es sich nicht nehmen lassen zu*** *Inf* insist on *Ger*; ***er versteht es, die Kunden zu nehmen*** he has a way with the customers; ***wie mans nimmt!*** that depends!; *ugs* ***er ist hart im Nehmen*** he can take a lot (of punishment); → ***Angriff***, ***Anspruch***, ***Beispiel***
Nehrung *f* spit, sand bar
Neid *m* envy (***auf*** *Akk* of), jealousy: ***aus Neid*** out of envy; ***der pure Neid*** sheer envy; ***grün vor Neid sein*** be green with envy; ***das muss ihm der Neid lassen*** you have to hand it to him
neiden *v/t* ***j-m etw neiden*** envy s.o. s.th.
Neider *m* ***viele Neider haben*** be envied by many people
Neidhammel *m pej* dog in the manger
neidisch I *Adj* (***auf*** *Akk* of) envious, jealous **II** *Adv* enviously, with envy
neidlos *Adj und Adv* without envy
Neige *f* **1.** ***zur Neige gehen*** *Leben etc*: draw to its close, *Vorräte etc*: run out **2.** *im Glas etc*: rest, dregs *Pl*: ***bis zur Neige leeren*** drain to the dregs; *fig* ***bis zur bitteren Neige*** to the bitter end
neigen I *v/t* **1.** bend, incline, (*senken*) lower, (*beugen*) bow, (*kippen*) tilt **II** *v/refl* ***sich neigen*** **2.** bend, incline, (*sich verbeugen*) bow (***vor*** *Dat* to), *Gelände*: slope **3.** *fig Jahr etc*: be drawing to its close **III** *v/i* **4.** ***neigen zu*** have a tendency to, be inclined to, tend towards, *einer Krankheit etc*: be prone to; ***ich neige zu der Ansicht, dass …*** I am inclined to think that …
Neigung *f* **1.** *allg* inclination, (*Gefälle*) slope, gradient, dip **2.** *fig* (*Hang*) (***zu***) inclination, tendency (to, towards), *auch* POL *etc* trend (to), *einer Krankheit etc*: proneness (to) **3.** *fig* (*Vorliebe*) (***zu***) liking (for, of), penchant, predilection (for) **4.** *fig* (*Zuneigung*) (***zu***) affection (for), love (of)
Neigungswinkel *m* angle of inclination
nein *Adv* no: ***nein und abermals nein!*** for the last time, no!; ***aber nein!*** of course not!, certainly not!; ***nein, so etwas!*** well, I never!
Nein *n* no: ***mit*** (***einem***) ***Nein antworten*** answer in the negative, *auch weit. S.* say no
Neinstimme *f* no (*Pl* noes), *Am* nay
Nektar *m* nectar
Nektarine *f* BOT nectarine
Nelke *f* **1.** BOT carnation **2.** (*Gewürznelke*) clove
nennen I *v/t* **1.** *allg* call, (*auch benennen*) name: ***das nenne ich …*** that's what I call … **2.** (*angeben*) name, (*erwähnen*) mention, (*Beispiele, seinen Namen*) give, (*Kandidaten*) nominate: SPORT ***j-n nennen für*** enter s.o. for **II** *v/refl* ***sich nennen*** **3.** call o.s. (*auch iron*), be called: *iron* ***und das nennt sich Fachmann!*** and he (*oder* she) is supposed to be an expert!
nennenswert *Adj* worth mentioning
Nenner *m* MATHE (*auch fig* ***etw auf einen gemeinsamen Nenner bringen*** reduce s.th. to a common) denominator; *fig* ***einen gemeinsamen Nenner finden*** reach an agreement (on the matter)
Nennung *f* naming, mention, *von Kandidaten*: nomination, *Sport etc*: entry
Nennwert *m* WIRTSCH nominal (*oder* face) value: ***zum Nennwert*** at par; ***unter dem Nennwert*** below par
Neofaschismus *m* neo-fascism
Neofaschist, **Neofaschistin**, **neofaschistisch** *Adj* neo-fascist
Neologismus *m* neologism
Neon *n* neon
Neonazi *m*, **neonazistisch** *Adj* neo-nazi
Neonleuchte *f*, **Neonlicht** *n* neon light
Neopren® (*Synthesekautschuk*) Neoprene®
Neoprenanzug® *m* neoprene suit
Nepp *m ugs* rip-off
neppen *v/t ugs* fleece, rip *s.o.* off
Nepplokal *n* clip (*Am* gyp) joint
Nerv *m* nerve, BOT *auch* vein: ***die Nerven behalten*** (***verlieren***) keep (lose) one's head; *ugs* ***j-m auf die Nerven fallen*** (*oder* ***gehen***), *ugs* ***j-m den Nerv töten*** get on s.o.'s nerves; ***er hat Nerven wie Drahtseile*** he's got nerves of steel; ***sie ist mit den Nerven am Ende*** (*ugs* ***völlig fertig***) she's a nervous wreck; ***Nerven zeigen*** get nervy; *ugs* ***du hast vielleicht Nerven!*** you've got a nerve!
nerven *v/t ugs* ***j-n nerven*** get on s.o.'s nerves
Nervenarzt *m*, **Nervenärztin** *f* neurologist
nervenaufreibend *Adj* nerve-racking
Nervenbelastung *f* (nervous) strain
Nervenbündel *n ugs fig* ***sie ist ein Nervenbün-***

N

del she is a bundle of nerves
Nervenentzündung *f* neuritis
Nervengas *n* MIL nerve gas
Nervenkitzel *m fig* thrill
Nervenklinik *f* mental hospital, psychiatric clinic
nervenkrank *Adj* mentally ill
Nervenkrankheit *f* nervous disease
Nervenkrieg *m fig* war of nerves
Nervensache *f ugs* ***das ist reine Nervensache!*** that's just a question of nerves!
Nervensäge *f ugs* pain in the neck
Nervenschmerz *m* neuralgia
Nervenschwäche *f* weak nerves *Pl*
nervenstark *Adj* strong-nerved
Nervenstärke *f* strong nerves *Pl*: ***Nervenstärke beweisen*** remain cool
Nervensystem *n* nervous system
Nervenzentrum *n auch fig* nerve cent/re (*Am* -er)
Nervenzusammenbruch *m* nervous breakdown
nervig *Adj ugs* pesky
nervlich *Adj* nervous
nervös *Adj allg* nervous: ***nervös werden*** get nervous; ***j-n nervös machen*** make s.o. nervous, *stärker*: get on s.o.'s nerves
Nervosität *f* nervousness
nervtötend *Adj ugs* nerve-racking
Nerz *m* **1.** ZOOL mink **2.** → ***Nerzmantel***
Nerzmantel *m* mink (coat)
Nessel *f* BOT nettle: *ugs fig* ***sich in die Nesseln setzen*** get o.s. into trouble
Nessessär *n* → ***Necessaire***
Nest *n* **1.** *allg* nest: *fig* ***das eigene Nest beschmutzen*** foul one's own nest; *ugs* ***das Nest war leer*** the bird(s) had flown **2.** *ugs* small place, (*Kaff*) dump
Nesthäkchen *n* pet of the family
Nestwärme *f fig* warmth and security
nett *Adj allg* nice (*auch iron*): ***sei so nett und hilf mir*** be so kind as to help me; (***das ist***) ***nett von dir*** that's nice of you
netto *Adv* WIRTSCH net, clear
Nettobetrag *m* net amount
Nettoeinkommen *n* net income
Nettogewicht *n* net weight
Nettolohn *m* take-home pay
Nettopreis *m* net price
Netz *n* **1.** *allg* net (*auch Sport und fig*), (*Gepäcknetz*) rack: *fig* ***j-m ins Netz gehen*** walk into s.o.'s net **2.** (*Verkehrsnetz*, *Versorgungsnetz*) network (*auch* TEL, RADIO, TV *etc*), (*Stromnetz*) mains *Pl*: ***ans Netz gehen*** *Kraftwerk*: go into operation **3.** IT network **4.** (*Internet*) net, Net: ***im Netz*** on the net
Netzanschluss *m* ELEK mains connection
Netzball *m Tennis*: net (ball)
Netzbetreiber *m* TEL carrier, IT network operator
Netzempfänger *m* ELEK mains receiver
Netzhaut *f* ANAT retina
Netzhemd *n* string vest
Netzplan *m* network
Netzplantechnik *f* network analysis
Netzprovider *m* IT Internet Service Provider, ISP
Netzschalter *m* ELEK power switch
Netzstrumpf *m* net (*oder* mesh) stocking
Netzteil *n* ELEK power supply unit
Netzwerk *n allg* network
Netzzugang *m* IT (Inter)net access, access to the (Inter)net

neu **I** *Adj allg* new, (*frisch*) *auch* fresh (*auch fig*), (*neuartig*) *auch* novel, (*neuzeitlich*) recent, modern, (*erneut*) renewed: ***ganz neu*** brand-new; ***wie neu*** as good as new; ***ein neuer Anfang*** a fresh start; ***neueren Datums*** of recent date; ***neue Schwierigkeiten*** more problems; ***neuere Sprachen*** modern languages; ***neueste Nachrichten*** latest news; ***das ist mir neu!*** that's new to me! **II** *Adv* newly, (*kürzlich*) recently, (*erneut*) anew, afresh: ***neu anfangen*** start anew; ***neu beleben*** revive; ***neu entdeckt*** **a)** recently discovered, **b)** rediscovered; ***neu eröffnen*** reopen; ***neu gestalten*** reorganize, TECH remodel, redevelop; ***neu schreiben*** rewrite
neuartig *Adj* novel, new (type of)
Neuauflage *f* **1.** BUCHDRUCK **a)** new edition, **b)** → ***Neudruck*** **2.** *fig* repeat (performance)
Neuausgabe *f* new edition
Neubau *m* new building
Neubaugebiet *n* new housing estate
Neubearbeitung *f* **1. a)** revised edition, **b)** revision **2.** THEAT *etc* adaptation
Neubildung *f* **1.** (new) formation, reorganization **2. a)** PHYSIOL regeneration, **b)** MED tumo(u)r **3.** LING neologism
Neudruck *m* reprint
Neue **I** *n* **1.** s.th. new: ***das Neue daran*** what's new about it; ***das Neueste*** (*Nachricht*, *Mode etc*) the latest thing; ***was gibts Neues?*** what's new?; ***das ist mir nichts Neues*** that's no news to me **2.** ***aufs Neue, von neuem*** afresh, anew; ***seit neuem*** of late **II** *m*, *f* **3.** new man (woman)
Neueinstellung *f* **1.** taking on (new) labo(u)r **2.** new employee
neuerdings *Adv* recently, of late
Neuerer *m*, **Neuerin** *f* innovator
Neuerscheinung *f* new publication
Neuerung *f* innovation
neuestens *Adv* quite recently, lately
Neufassung *f* **a)** revised version, **b)** (*Vorgang*) revision
Neufundland *n* Newfoundland
neugeboren *Adj* newborn: *fig* ***ich fühle mich wie neugeboren*** I feel a different person
Neugeborene *n* newborn (child)
Neugestaltung *f* reshaping, reorganization, TECH remodel(l)ing
Neugier *f* (***aus Neugier*** out of) curiosity
neugierig *Adj* (***auf*** *Akk*) curious (about, of), *stärker*: inquisitive (after, about): ***ich bin neugierig, ob …*** I wonder if …
Neugliederung *f* reorganization
neugotisch *Adj* neo-Gothic
Neugründung *f* (new) foundation, re-establishment
Neuguinea *n* New Guinea
Neuheit *f* newness, novelty (*auch Erfindung*), TECH *auch* innovation
Neuigkeit *f* (***eine Neuigkeit*** a piece of) news *Sg*
Neujahr *n* New Year('s Day): ***Prosit Neujahr!*** Happy New Year!
Neujahrstag *m* New Year's Day
Neujahrswunsch *m meist Pl* good wishes *Pl* for the New Year
Neuland *n fig* ***Neuland erschließen*** break new ground; ***das ist Neuland für mich*** that is new territory to me
neulich *Adv* the other day, recently
Neuling *m* (***in*** *Dat*, ***auf einem Gebiet***) newcomer (to), novice (at)

N

neumodisch *Adj pej* newfangled
Neumond *m* new moon
neun *Adj* nine: ***alle neune!*** strike!
Neun *f* (number) nine
neunhundert *Adj* nine hundred
neunjährig *Adj* **1.** nine-year-old **2.** nine-year, of nine years
neunmal *Adv* nine times
neunmalklug *Adj iron* smart-alecky
neunt *Adj* **1.** ninth **2.** ***zu neunt*** (the) nine of us (*oder* them *etc*)
Neunte *m, f, n* ninth
Neuntel *n* ninth
neuntens *Adv* ninth(ly)
neunzehn *Adj* nineteen
neunzehnt *Adv* nineteenth
neunzig *Adj* ninety; ***er ist Anfang neunzig*** he is in his early nineties
Neunzig *f* (number) ninety
neunziger *Adj* ***in den neunziger Jahren*** *eines Jhs.*: in the nineties
Neunziger, **Neunzigerin** man (woman) of ninety, nonagenarian
Neunzigerjahre → ***neunziger***
Neuordnung *f* reorganization
Neuphilologe *m*, **Neuphilologin** *f* teacher (*oder* student) of modern languages
Neuphilologie *f* modern languages *Pl*
Neuralgie *f* MED neuralgia
neuralgisch *Adj* MED neuralgic: *fig* ***neuralgischer Punkt*** critical point, POL trouble spot
Neuregelung *f* revision
Neureiche *m, f* parvenue: ***die Neureichen*** the nouveaux riches *Pl*
Neurochirurg, **Neurochirurgin** neurosurgeon
Neurologe *m*, **Neurologin** *f* neurologist
Neurose *f* MED neurosis
Neurotiker, **Neurotikerin**, **neurotisch** *Adj* neurotic
Neuschnee *m* fresh (*Am* new) snow
Neuseeland *n* New Zealand
neusprachlich *Adj* modern-language
Neustart *m* COMPUTER reboot
neutral *Adj* (*Adv* ***sich neutral verhalten*** remain) neutral
neutralisieren *v/t* neutralize
Neutralität *f* neutrality
Neutron *n* neutron
Neutronenbombe *f* neutron bomb
Neutrum *n* LING neuter
Neuverfilmung *f* remake
Neuwahl *f* new election
neuwertig *Adj* practically new
Neuzeit *f* modern times *Pl*
neuzeitlich *Adj* modern
nicht *Adv* not: ***nicht besser*** (***länger***) no better (longer); ***nicht*** (***ein***)***mal*** not even; ***nicht mehr*** no longer, not any more; (***bitte***) ***nicht!*** (please) don't!; ***nicht wenige*** quite a few; ***nicht existent*** nonexisting; ***nicht rostend*** rustproof, *Stahl*: stainless; ***nicht, dass ich wüsste!*** not that I know of!; ***er ist krank, nicht wahr?*** he is ill, isn't he?; ***du tust es doch, nicht wahr?*** you will do it, won't you?; → ***auch***, ***gar***[2], ***nur***
Nichtangriffspakt *m* POL nonaggression treaty
Nichtbeachtung *f* (***von*** *oder Gen* of) *einer Warnung etc*: disregard, *der Vorschriften etc*: nonobservance
Nichte *f* niece
Nichteinhaltung *f* noncompliance (*Gen* with)
Nichteinmischung *f* POL noninterference, nonintervention
Nichterfüllung *f* JUR nonperformance
Nichterscheinen *n* nonappearance, JUR *auch* default
nichtig *Adj* **1.** (*belanglos*) trivial, (*wertlos*) vain: ***nichtiger Vorwand*** flimsy excuse **2.** JUR (***null und***) ***nichtig*** (null and) void
Nichtigkeit *f* **1.** triviality, vanity: ***Nichtigkeiten*** *Pl* trifles *Pl* **2.** JUR nullity
Nichtmitglied *n* nonmember
Nichtraucher, **Nichtraucherin** nonsmoker
Nichtraucher... non-smoking …, no-smoking …
nichts *Indefinitpron* nothing, not … anything: ***nichts ahnend*** unsuspecting; ***nichts sagend*** → ***nichtssagend***; ***nichts als Ärger*** nothing but trouble; ***nichts weniger als das*** anything but that; ***nichts da!*** nothing doing!, that's out!; ***so gut wie nichts*** next to nothing; ***das ist nichts für mich!*** that's not my thing!; ***mir nichts, dir nichts*** just like that, (*frech*) quite coolly; ***weiter nichts?*** is that all?; *ugs* ***wie nichts*** (*blitzschnell*) in a flash; *ugs* ***nichts wie hin!*** let's go (there fast)!; → ***dergleichen***, ***gar***[2], ***machen***, ***Nähere*** *etc*
Nichts *n* **1.** nothing(ness), (*Leere*) void: ***aus dem Nichts*** **a)** (*erscheinen etc*) from nowhere, **b)** (*schaffen etc*) out of nothing; ***vor dem Nichts stehen*** be left with nothing **2.** ***ein Nichts*** **a)** a trifle, (a mere) nothing, **b)** *pej* a nobody
nichtsahnend → ***nichts***
Nichtschwimmer, **Nichtschwimmerin** nonswimmer
nichtsdestotrotz *Adv ugs*, **nichtsdestoweniger** *Adv* nevertheless, none the less
Nichtskönner, **Nichtskönnerin** incompetent person, *ugs* washout
nichtsnutzig *Adj* worthless, good-for-nothing
nichtssagend *Adj Worte etc*: empty, meaningless, *Antwort*: vague, (*farblos*) colo(u)rless

Frageanhängsel

Erwartet man auf eine Frage Zustimmung, wiederholt man **be**, **have** und die Hilfsverben als Frageanhängsel. Ist der Satz bejaht, wird das Anhängsel verneint und umgekehrt. Die Frageanhängsel entsprechen dem deutschen **nicht wahr?**, **oder?**:

Sie sind doch ein Freund von Mark, nicht wahr?	**You are a friend of Mark's, aren't you?**
Das können wir doch nicht von ihr verlangen, oder?	**We can't ask her to do that, can we?**

Die Vollverben – außer **be** und **have** – bilden ihre Frageanhängsel mit einer Form von **do**:

Du weißt doch die Antwort, oder?	**You know the answer, don't you?**

Nichtstuer, **Nichtstuerin** idler, loafer
Nichtstun *n* idling, loafing: ***seine Zeit mit Nichtstun verbringen*** idle away one's time
Nichtswisser, **Nichtswisserin** ignoramus
Nichtvorhandensein *n* nonexistence, lack
Nichtwissen *n* ignorance
Nichtzahlung *f* WIRTSCH ***bei Nichtzahlung*** in default of payment
Nichtzutreffende *n* ***Nichtzutreffendes streichen!*** delete where inapplicable!
Nickel *n* nickel
Nickelbrille *f* steel-rimmed spectacles *Pl*
nicken *v/i* nod (one's head)
Nickerchen *n* *ugs* (***ein Nickerchen machen*** have a) nap
nie *Adv* never: ***fast nie*** hardly ever; ***noch nie*** never (before); ***nie wieder*** never again; ***nie und nimmer*** never ever
nieder **I** *Adj* low (*auch fig gemein*), *Wert*, *Rang*: inferior, *Dienststelle etc*: lower **II** *Adv* low, (*herab*) down: ***nieder mit …!*** down with …!
niederbrennen *v/t und v/i* burn down
niederbrüllen *v/t* ***j-n niederbrüllen*** shout s.o. down
niederdeutsch *Adj* Low German
niederdrücken *v/t* **1.** press down, (*Taste*, *Hebel*) press **2.** *fig* depress
Niederfrequenz *f* ELEK low frequency
Niedergang *m* decline
niedergehen *v/i* go down (*auch* FLUG), *Gewitter*: burst
niedergeschlagen *Adj fig* depressed, dejected, downcast
Niedergeschlagenheit *f* dejection
niederholen *v/t* (*Flagge*, *Segel*) haul down, lower
niederknien *v/i* kneel down
niederkommen *v/i* be confined
Niederkunft *f* delivery, confinement
Niederlage *f* **1.** defeat: ***eine Niederlage erleiden*** be defeated **2.** WIRTSCH **a)** depot, warehouse, **b)** → ***Niederlassung*** 2
Niederlande *Pl the* Netherlands *Pl*
Niederländer *m* Dutchman, Netherlander: ***die Niederländer*** the Dutch
Niederländerin *f* Dutch woman, Netherlander
niederländisch *Adj* Dutch
niederlassen **I** *v/t* **1.** lower, let *s.th.* down **II** *v/refl* ***sich niederlassen*** **2.** sit down **3.** (***in*** *Dat*) make one's home (at), take up residence (at), *auch als Siedler etc*: settle (in, at) **4.** set up in business (*oder* as doctor, as a lawyer, *etc*), establish o.s. (***als*** as)
Niederlassung *f* **1.** establishment, settling **2.** WIRTSCH **a)** place of business, **b)** (*Filiale*) branch (office)
niederlegen **I** *v/t* lay down, (*Amt*) resign from: ***die Waffen niederlegen*** lay down one's arms; ***die Arbeit niederlegen*** (go on) strike, walk out; ***etw schriftlich niederlegen*** put s.th. down in writing **II** *v/refl* ***sich niederlegen*** lie down
Niederlegung *f* (*Gen*) laying down (of), *eines Amtes*: resignation (from)
niedermachen *v/t* **1.** slaughter, massacre **2.** → ***fertig*** (***machen***) II 6
niederreißen *v/t* pull down (*auch fig*)
Niedersachsen *n* Lower Saxony
niederschießen *v/t* shoot *s.o.* down
Niederschlag *m* **1.** METEO precipitation, rain (-fall) **2.** CHEM precipitate, (*Ablagerung*) sediment: ***radioaktiver Niederschlag*** fallout; *fig* ***seinen Niederschlag finden in*** (*Dat*) be reflected in **3.** *Boxen*: knockdown, *bis zehn*: knockout
niederschlagen **I** *v/t* **1.** ***j-n niederschlagen*** knock s.o. down, *Boxen*: (*auch bis zehn*) knock s.o. out **2.** (*Augen*) cast down **3.** *fig* (*unterdrücken*) suppress, (*Aufstand*) put down **4.** JUR (*Verfahren*) quash **II** *v/refl* ***sich niederschlagen*** **5.** CHEM precipitate **6.** *fig* be reflected (***in*** *Dat* in)
niederschlagsreich *Adj* rainy, wet
niederschmettern *v/t* ***j-n niederschmettern*** knock s.o. down, *fig* shatter s.o.
niederschmetternd *Adj fig* shattering
niederschreiben *v/t* write down, record
Niederschrift *f* **1.** writing down **2.** notes *Pl*, record, minutes *Pl*
Niederspannung *f* ELEK low tension
Niedertracht *f* **1.** baseness **2.** (*Handlung*) perfidy, *ugs* dirty trick
niederträchtig *Adj* low, perfidious
Niederung *f* lowland(s *Pl*)
niederwerfen **I** *v/t* **1.** *fig* ***j-n niederwerfen*** *Krankheit*: lay s.o. low **2.** → ***niederschlagen*** 3 **II** *v/refl* ***sich niederwerfen*** **3.** throw o.s. down: ***sich vor j-m niederwerfen*** throw o.s. at s.o.'s feet
niedlich *Adj* sweet, cute
niedrig *Adj allg* low (*auch Adv*), *Herkunft etc*: *auch* lowly, humble, (*gemein*) *auch* base, *Qualität*: inferior, *Strafe*: light: ***niedrig fliegen*** fly low; (*Preise etc*) ***niedrig halten*** keep down
Niedrigkeit *f allg* lowness
niemals → ***nie***
niemand *Indefinitpron* nobody, no one: ***ich habe niemand(en) gesehen*** I didn't see anybody; ***niemand anders*** nobody else; ***niemand anders als er*** none other than he; ***es war sonst niemand da*** nobody else was present
Niemand *m pej* ***er ist ein Niemand*** he is a nobody
Niemandsland *n auch fig* no man's land
Niere *f* ANAT kidney: MED ***künstliche Niere*** kidney machine; *ugs fig* ***das geht mir an die Nieren*** that really gets me down
Nierenbeckenentzündung *f* pyelitis
nierenförmig *Adj* kidney-shaped
Nierenspender, **Nierenspenderin** kidney donor
Nierenstein *m* MED kidney stone
Nierenverpflanzung *f* kidney transplant
nieseln *v/i*, **Nieselregen** *m* drizzle
niesen *v/i* sneeze
Niespulver *n* sneezing powder
Niete *f* **1.** (***eine Niete ziehen*** draw a) blank **2.** *ugs* (*Reinfall*, *Versager*) flop, washout
nieten *v/t und v/i* TECH rivet
Nietenhose *f* jeans *Pl* (with studs)
Nigeria *n* Nigeria
Nihilismus *m* nihilism
Nihilist, **Nihilistin** nihilist
nihilistisch *Adj* nihilist(ic)
Nikolaustag *m* St. Nicholas' Day
Nikotin *n* nicotine
nikotinarm *Adj* low-nicotine
nikotinfrei *Adj* nicotine-free
Nikotinvergiftung *f* nicotine poisoning
Nilpferd *n* ZOOL hippopotamus
Nimbus *m* nimbus, halo, *fig auch* aura
Nimmerwiedersehen *n* ***auf Nimmerwiedersehen*** for good
Nippel *m* TECH nipple
nippen *v/t und v/i* sip (***an*** *Dat* at)
Nippsachen *Pl* knick-knacks *Pl*

nirgends *Adv* nowhere
nirgendwo(hin) *Adv* nowhere, not … anywhere
Nische *f* niche, recess
nisten *v/i* nest
Nistplatz *m* nesting place
Nitrat *n* CHEM nitrate
Nitroglyzerin *n* CHEM nitroglycerine
Niveau *n* level, (*Bildungsniveau etc*) *auch* standard: ***unter dem Niveau*** not up to standard; ***Niveau haben*** have class; ***ein hohes Niveau haben*** have high standards; ***das ist unter meinem Niveau*** that's beneath me; ***geistiges Niveau*** level of intelligence
niveaulos *Adj* dull, mediocre
nivellieren *v/t auch fig* level
Nixe *f* water nymph
Nizza *n* Nice
nobel *Adj* **1.** noble(-minded) **2.** *ugs* (*großzügig*) generous **3.** (*vornehm*) high-class, *ugs* posh, ritzy
Nobelherberge *f ugs* posh hotel
Nobelpreis *m* Nobel prize
Nobelpreisträger, **Nobelpreisträgerin** Nobel prize winner
noch **I** *Adv* **1.** still: ***immer noch*** still; ***noch nicht*** not yet; ***noch nie*** never before; ***noch gestern*** only yesterday; ***noch heute*** even today; ***noch lange nicht*** not by a long chalk; ***noch im 18. Jh.*** as late as the 18th century; ***wie heißt sie noch?*** what's her name again?; *ugs* ***noch und noch*** **a)** oodles of, piles of, **b)** (*sehr*) awfully **2.** (*mehr*) more: ***noch einer*** one more, another; ***noch einmal*** once more; ***noch einmal so viel*** as much again; ***noch etwas!*** and another thing!; ***noch etwas?*** anything else?; ***noch besser*** (***mehr***) even better (more); ***nur noch 5 Minuten*** only five minutes more **3.** ***sei es noch so klein*** no matter how small (it is) **II** *Konj* → ***weder***
nochmalig *Adj* repeated, second, new
nochmals *Adv* once more
Nocke *f* TECH cam
Nockenwelle *f* MOT camshaft
Nomade *m*, **Nomadin** *f* nomad
Nomaden…, **nomadisch** *Adj* nomadic
Nominativ *m* LING nominative (case)
nominell *Adj* nominal
nominieren *v/t* nominate, name
No-Name-Produkt *n* no-name product
Nonne *f* nun
Nonnenkloster *n* nunnery, convent
Nonsens *m* nonsense
nonstop *Adv* nonstop
Nonstop-Flug *m* nonstop flight
Noppe *f*, **noppen** *v/t* nap
Nord *inv* North
Nordatlantikpakt *m* North Atlantic Treaty
Norden *m* north, North: ***nach Norden*** to (*oder* towards) the north; ***im Norden von*** (*oder Gen*) north of
Nordirland *n* Northern Ireland
nordisch *Adj* northern, (*skandinavisch*) Nordic: *Skisport*: ***nordische Kombination*** Nordic Combined
nördlich **I** *Adj* northern, northerly **II** *Adv* ***nördlich von*** (*oder Gen*) (to the) north of
Nordlicht *n* **1.** northern lights *Pl* **2.** *Person* Northerner
Nordost(en) *m*, **nordöstlich** *Adj und Adv* northeast
Nordpol *m* North Pole
Nordpolarkreis *m* Arctic Circle
Nordrhein-Westfalen *n* North Rhine-Westphalia
Nordsee *f the* North Sea
Nordwest(en) *m*, **nordwestlich** *Adj und Adv* northwest
Nordwind *m* north wind
Nörgelei *f* grumbling, niggling
nörgeln *v/i* (***an*** *Dat* about) grumble, niggle
Nörgler, **Nörglerin** grumbler, niggler
Norm *f* norm, standard
normal *Adj* normal, TECH standard
Normalbenzin *n* regular (grade) petrol (*Am* gasoline)
normalerweise *Adv* normally
Normalfall *m* ***im Normalfall*** normally
Normalgewicht *n* normal (*oder* average) weight
normalisieren **I** *v/t* normalize **II** *v/refl* ***sich normalisieren*** return to normal
Normalisierung *f* normalization
Normalverbraucher, **Normalverbraucherin** average consumer: *ugs* ***Otto Normalverbraucher*** Mr. Average
normen, **normieren** *v/t* standardize
Norwegen *n* Norway
Norweger, **Norwegerin**, **norwegisch** *Adj* Norwegian
Nostalgie *f* nostalgia
nostalgisch *Adj* nostalgic
Not *f* **1.** need, (*Elend*) misery: ***Not leiden*** suffer want; ***in Not geraten*** become destitute (*siehe* 3) **2.** (*Notwendigkeit*) necessity: ***Not macht erfinderisch*** necessity is the mother of invention; ***aus der Not eine Tugend machen*** make a virtue of necessity; ***zur Not***, *ugs* ***wenn Not am Mann ist*** if need be **3.** (*Bedrängnis*) distress (*auch* SCHIFF), (*Schwierigkeit*) difficulty, trouble: ***in Not sein*** be in trouble: ***in Not geraten*** run into difficulties (*siehe* 1); ***Not leidend*** needy; *ugs* ***seine*** (***liebe***) ***Not haben mit*** really have problems with; → ***knapp*** 2
Notar, **Notarin** notary
Notariat *n* notary's office
notariell *Adj* notarial: *Adv* ***notariell beglaubigt*** attested by a notary
Notarzt *m*, **Notärztin** *f* doctor on call
Notarztwagen *m* emergency ambulance
Notaufnahme *f* (*Krankenhaus*) casualty (department)
Notaufnahmelager *n* transit camp
Notausgang *m* emergency exit
Notbehelf *m* makeshift
Notbremse *f* emergency brake
Notdienst *m* (***Notdienst haben*** be on) emergency duty
notdürftig *Adj* scanty: *Adv* ***etw notdürftig reparieren*** patch s.th. up
Note *f* **1.** PÄD mark, *Am* grade **2.** MUS note: ***ganze Note*** semibreve; ***halbe Note*** minim; ***nach Noten singen*** *etc* sing *etc* from music **3.** POL note, memorandum **4.** *fig* (***persönliche Note*** personal) touch: ***einer Sache eine besondere Note verleihen*** add a special touch to s.th. **5.** → ***Banknote***

Note ≠ note

Note (*Unterricht*)	=	mark, *Am* grade
note	=	**1.** *Br* Geldschein **2.** Musiknote

Noten WF

Im Gegensatz zum deutschen Schulnotensystem wird im englischsprachigen Raum nicht mit Nummern, sondern mit Buchstaben benotet, wobei sich die Notensysteme nicht direkt entsprechen:

A	*etwa* **1**
B	*etwa* **2**
C	*etwa* **3**
D	*etwa* **4**
E	*etwa* **5**
F	*etwa* **6**

Ähnlich wie im Deutschen werden die Noten mit + und – näher bestimmt, z. B. **B+** oder **A–**.

Notebook *n* (*Computer*) notebook
Notenbank *f* bank of issue
Notenblatt *n* sheet of music
Notenheft *n* music book
Notenpult *n* music stand
Notensystem *n* PÄD marking (*Am* grading) system
Notepad *n* (*Computer*) notepad
Notfall *m* emergency: ***für den Notfall*** (just) in case; ***im Notfall*** → ***notfalls***
notfalls *Adv* if necessary, if need be, in an emergency
notgedrungen *Adv* of necessity: ***notgedrungen musste er gehen*** he had no choice but to go
Notgroschen *m* nest egg
notieren **I** *v/t* **1.** make a note of **2.** (*Kurse*) quote (***zu*** at) **II** *v/i* **3.** WIRTSCH be quoted (***mit*** at, with)
Notierung *f* WIRTSCH quotation
nötig *Adj* necessary: ***etw*** (***dringend***) ***nötig haben*** need s.th. (badly); ***das habe ich nicht nötig!*** I don't have to stand for that!; *iron* ***du hast es*** (***gerade***) ***nötig!*** you of all people!; ***mit dem nötigen Respekt*** with due respect; (***nur***) ***das Nötigste*** (just) what is absolutely necessary; ***es ist nicht nötig, dass du kommst*** there is no need for you to come
nötigen *v/t* force, compel, urge, (*einen Gast*) press: ***lassen Sie sich nicht nötigen!*** help yourself!; ***er ließ sich nicht lange nötigen*** he needed no coaxing
Nötigung *f* coercion, JUR *auch* duress
Notiz *f* **1.** note: ***sich Notizen machen*** take notes; *fig* ***keine Notiz nehmen von*** take no notice of, ignore **2.** (*Pressenotiz*) (news) item
Notizblock *m* notepad, *Am* memo pad
Notizbuch *n* notebook
Notlage *f* predicament, plight
Notlager *n* shakedown
notlanden *v/i* make a forced landing
Notlandung *f* forced landing
notleidend → ***Not*** 3
Notlösung *f* temporary solution
Notlüge *f* white lie
Notmaßnahme *f* emergency measure
notorisch *Adj* notorious
Notruf *m* TEL emergency call
Notrufnummer *f* emergency number
Notrufsäule *f* emergency telephone
Notrutsche *f* FLUG escape chute
Notschrei *m auch fig* cry for help
Notsignal *n* distress signal

Notrufnummer LK

Die Notrufnummer in Großbritannien lässt sich leicht merken: **999** (**nine, nine, nine**). Wählt man sie, wird man nach der gewünschten Notdienststelle gefragt: **police** (Polizei), **ambulance** (Krankenwagen/Notarzt) oder **fire brigade** (Feuerwehr).
Die entsprechende einheitliche Notrufnummer in den USA ist **911** (**nine, one, one**).

Notsitz *m* jump seat
Notstand *m* **1.** → ***Notlage*** **2.** POL state of emergency
Notstandsgebiet *n* **1.** WIRTSCH depressed area **2.** (*Katastrophengebiet*) disaster area
Notstromaggregat *n* emergency generator
nottun *v/i* ***es tut not, dass ...*** it is necessary that …
Notunterkunft *f* provisional accommodation
Notwehr *f* (***aus Notwehr, in Notwehr*** in) self-defen/ce (*Am* -se)
notwendig *Adj* necessary (***für*** to, for): ***unbedingt notwendig*** imperative
notwendigerweise *Adv* of necessity
Notwendigkeit *f* necessity
Nougat *m, n* → ***Nugat***
Novel Food *n* novel foods *Pl*
Novelle *f* **1.** novella **2.** PARL amendment
November *m* (***im November*** in) November
Novum *n* s.th. new, novelty
Nu *m* ***im Nu*** in no time, *ugs* in a jiffy
Nuance *f* nuance, shade
nüchtern *Adj* **1.** with an empty stomach: → ***Magen*** **2.** (*Ggs. betrunken*) sober: ***wieder nüchtern werden*** sober up **3.** *Essen*: bland **4.** (*sachlich*) sober, matter-of-fact, *Gebäude etc*: austere, functional, (*leidenschaftslos*) unemotional
Nudel *f* **1.** noodle **2.** *ugs* ***sie ist eine ulkige Nudel*** she is a funny bird
Nugat *m, n* chocolate nut cream
nuklear *Adj* nuclear
null *Adj* nought, *bes Am oder* PHYS, TECH *etc* zero, TEL 0 (*Aussprache*: əʊ), *Am* zero, *Fehlanzeige, auch* SPORT nil, *bes Am* zero: ***null Grad*** zero degrees; *ugs* ***in null Komma nichts*** in a jiffy; ***null Komma drei*** (nought) point three; ***null Fehler*** no (*Am* zero) mistakes; SPORT ***zwei zu null*** two (to) nothing, two-nil; *Tennis*: ***15:0*** fifteen love; ***das Spiel endete 0:0*** the match was a scoreless draw; *ugs* ***er hat null Ahnung*** (***davon***) he doesn't know a thing about it; ***ich habe null Bock darauf*** I'm not a bit keen on that; → ***nichtig*** 2
Null *f* nought, *bes Am oder* PHYS, TECH *etc* zero: *ugs fig* ***er ist eine Null*** he's a cipher (*oder* nobody); ***gleich Null sein*** be nil

Null SG

„Null" wird im Englischen so ausgedrückt:

beim Rechnen:	**nought** [nɔːt], *bes Am* **zero**
beim Sport:	**nil**, *Am* **zero**; *Tennis*: **love**
in Telefonnummern:	**O** [əʊ], *bes Am* **zero**

N

nullachtfünfzehn *Adj ugs* run-of-the-mill
Nulldiät *f* no-calorie (*oder* crash) diet
Nulllösung *f* zero option
Nullmenge *f* MATHE null set
Nullpunkt *m* zero, ELEK, TECH neutral point: ***auf dem Nullpunkt*** *auch fig* at zero
Nullrunde *f* agreement on a wage freeze
Nullsummenspiel *n* zero-sum game
Nulltarif *m* **a)** free transport, **b)** free admission: ***zum Nulltarif*** free
Nullwachstum *n* WIRTSCH zero growth
numerisch *Adj* numerical
Nummer *f* **1.** number (*auch Programmnummer etc*), *einer Zeitung*: *auch* issue, (*Größe*) *auch* size: *ugs* ***auf Nummer sicher gehen*** play it safe **2.** *vulg* (*Koitus*) trick
nummerieren *v/t* number
Nummerierung *f* numbering
Nummernblock *m* number block
Nummernkonto *n* numbered account
Nummernscheibe *f* TEL Dialekt
Nummernschild *n* MOT number plate
nun **I** *Adv* **1.** (*jetzt*) now, (*dann*) then: ***von nun an*** from now on, (*seitdem*) from that time (onward) **2.** well: ***nun ja*** well(, you see); ***nun gut!*** all right!; ***was nun?*** what now (*oder* next)?; ***es geht nun mal nicht!*** it's just not on! **II** *Konj* **3.** ***nun*** (***da***) now that, since
nur *Adv* only, just, simply, (*nichts als*) nothing but, (*ausgenommen*) except: ***nur einmal*** just once; ***nur noch*** only; ***nur dass*** except (that); ***nur weil*** just because; ***wenn nur*** if only; ***nicht nur …, sondern auch …*** not only …, but also …; ***nur zu!*** go on!; ***warum hast du das nur gesagt?*** *ugs* why on earth did you say that?; ***was meint sie nur?*** whatever does she mean?; ***nur das nicht!*** anything but that!; ***du weißt nur zu gut, dass …*** you know very well that …; ***so viel ich nur kann*** as much as I possibly can; ***ohne auch nur zu lächeln*** without so much as a smile
Nürnberg *n* Nuremberg
nuscheln *v/i und v/t* mumble
Nuss *f* nut: *fig* ***eine harte Nuss*** a hard nut to crack
Nussbaum *m* walnut tree, (*Holz*) walnut
nussbraun *Adj* hazel
Nussknacker *m* nutcracker
Nussschale *f* nutshell
Nüster *f* ZOOL nostril
Nut *f* TECH groove
Nutte *f ugs* tart, *Am* hooker
Nutzanwendung *f* practical application
nutzbar *Adj* usefull: ***nutzbar machen*** utilize, LANDW cultivate
Nutzbarkeit *f* usefulness
Nutzbarmachung *f* utilization, *von Bodenschätzen*: exploitation, LANDW cultivation
nutzbringend *Adj* profitable, useful: ***nutzbringend anwenden*** turn *s.th.* to good account
nütze *Adj* ***zu etw nütze sein*** be useful, be of use; ***zu nichts nütze sein*** be (of) no use
Nutzeffekt *m* efficiency
nutzen, **nützen** **I** *v/i* be of use, be useful (***zu*** for, ***j-m*** to s.o.), (*vorteilhaft sein*) be of advantage (***j-m*** to s.o.), benefit (***j-m*** s.o.): ***das nützt nichts*** that's no use; ***das nützt wenig*** that doesn't help much; ***was nützt das?*** what good is that?; ***was nützt es, dass du weinst?*** what is the use of your crying? **II** *v/t* use, make use of
Nutzen *m* use, (*Gewinn*) profit, (*Vorteil*) advantage, *auch* JUR benefit: ***Nutzen ziehen aus*** profit (*oder* benefit) from; ***von Nutzen sein*** → ***nutzen*** I
Nutzer, **Nutzerin** VERW user
Nutzfahrzeug *n* utility vehicle
Nutzfläche *f* usable area (WIRTSCH floor space)
Nutzholz *n* timber
Nutzlast *f* payload
Nutzleistung *f* effective output (*oder* power)
nützlich *Adj* useful, (*hilfreich*) helpful
Nützlichkeit *f* usefulness
nutzlos *Adj* useless
Nutzlosigkeit *f* uselessness
Nutznießer, **Nutznießerin** beneficiary
Nutzpflanze *f* useful plant
Nutzung *f* use, utilization
Nutzungsrecht *n* usufruct, right to use
Nylon® *n* nylon®
Nylonstrümpfe® *Pl* nylons *Pl*
Nymphe *f* nymph
Nymphomanin *f* nymphomaniac

O

O, **o** *n* O, o
o *Interj* oh: ***o ja!*** oh yes!
Oase *f* oasis
ob *Konj* whether, if: ***als ob*** as if; ***so tun als ob*** make as if; *ugs* (***na***) ***und ob!*** you bet!; ***ob er wohl kommt?*** I wonder if he will come
OB *m Abk* (= ***Oberbürgermeister***) mayor, *in GB*: Lord Mayor
o. B. (= ***ohne Befund***) negative
Obacht *f* ***Obacht geben auf*** (*Akk*) pay attention to; ***Obacht!*** look out!
Obdach *n* shelter
obdachlos *Adj* (***obdachlos werden*** be left) homeless
Obdachlose *m, f* homeless person
Obdachlosenasyl *n* shelter for the homeless
Obduktion *f* postmortem (examination), autopsy
obduzieren *v/t* ***j-n obduzieren*** carry out an autopsy on s.o.
O-Beine *Pl* bandy legs *Pl*, bow legs *Pl*
O-beinig *Adj* bandy-legged, bow-legged
oben *Adv* above, (*an der Spitze*) at the top, *im Hause*: upstairs: ***ganz oben*** *auch fig* right at

O

the top; ***hier oben*** up here; ***hoch oben*** high up; ***nach oben*** up(wards), *im Hause*: upstairs; ***von oben*** *auch fig* from above; ***von oben bis unten*** from top to bottom; ***von oben herab*** *behandeln etc* condescendingly; *ugs* ***oben ohne*** topless; ***oben erwähnt*** above, above-mentioned
obenan *Adv* at the top (*oder* head)
obenauf *Adv* on top, uppermost, on the surface: *ugs fig* ***obenauf sein*** be fit and well, be on top of the world
obendrein *Adv* on top of it (all), *nachgestellt*: into the bargain
obenerwähnt → ***oben***
obenhin *Adv* **1.** (*flüchtig*) superficially **2.** (*beiläufig*) casually
Oben-ohne-… topless (*dress, bar, etc*)
ober *Adj* upper; → ***oberst***
Ober *m* waiter
Oberarm *m* upper arm
Oberarzt *m*, **Oberärztin** *f* assistant medical director
Oberaufsicht *f* superintendence, supervision
Oberbefehl *m* supreme command (***über*** *Akk* of)
Oberbefehlshaber, **Oberbefehlshaberin** commander-in-chief
Oberbegriff *m* generic term
Oberbekleidung *f* outer garments *Pl*
Oberbürgermeister, **Oberbürgermeisterin** (*Br* Lord) Mayor
Oberdeck *n* SCHIFF upper deck
Oberfläche *f allg* surface: ***an*** (*oder* ***auf***) ***der Oberfläche*** on the surface; ***an die Oberfläche kommen*** (come to the) surface
oberflächlich *Adj allg* superficial, *fig auch* shallow, *Bekanntschaft*: casual: *Adv* ***oberflächlich betrachtet*** on the face of it
Oberflächlichkeit *f* superficiality
Obergeschoss *n* upper floor
Obergrenze *f* upper limit, ceiling
oberhalb *Präp* (*Gen*) above
Oberhand *f* ***die Oberhand gewinnen*** get the upper hand (***über*** *Akk* of)
Oberhaupt *n* head, chief
Oberhaus *n* PARL upper house, *Br* House of Lords
Oberhaut *f* epidermis
Oberhemd *n* shirt
Oberherrschaft *f* supremacy
Oberhoheit *f* sovereignty
Oberin *f* **1.** REL Mother Superior **2.** *im Krankenhaus*: matron
oberirdisch *Adj und Adv* overground, ELEK overhead
Oberkellner, **Oberkellnerin** head waiter (waitress)
Oberkiefer *m* upper jaw
Oberkörper *m* upper part of the body: ***den Oberkörper freimachen*** strip to the waist
Oberlandesgericht *n* regional court of appeal
Oberlauf *m eines Flusses*: upper course (*oder* reaches *Pl*)
Oberleder *n* upper
Oberleitung *f* **1.** supervision, overall control **2.** ELEK overhead cable
Oberlicht *n* skylight, *über einer Tür*: fanlight
Oberliga *f* SPORT top German amateur league
Oberlippe *f* upper lip
Oberpriester, **Oberpriesterin** high priest (priestess)
Obers *n österr.* cream, (*Schlagsahne*) whipped cream
Oberschenkel *m* thigh
Oberschicht *f* SOZIOL upper class(es *Pl*)
Oberschwester *f* senior nurse
Oberseite *f* upper side, top (side)
oberst *Adj* uppermost, top(most), (*höchst*) *auch* highest, *fig auch* supreme, chief: ***das Oberste zuunterst kehren*** turn everything upside down
Oberst *m* colonel
Oberstaatsanwalt *m*, **Oberstaatsanwältin** *f* senior public prosecutor
Oberstimme *f* MUS upper part
Oberstudiendirektor *m* headmaster, *Am* principal
Oberstudiendirektorin *f* headmistress, *Am* principal
Oberstudienrat *m* senior assistant master
Oberstudienrätin *f* senior assistant mistress
Oberstufe *f* PÄD upper school (*Am* grades *Pl*), *Universität*: advanced level
Oberteil *m*, *n* top
Oberwasser *n fig* (***wieder***) ***Oberwasser bekommen*** (*oder* ***haben***) be on top (again)
obgleich *Konj* (al)though, even though
Obhut *f* care: ***j-n*** (***etw***) ***in seine Obhut nehmen*** take care (*oder* charge) of s.o. (s.th.)
obig *Adj* above
Objekt *n* object (*auch* LING UND KUNST), WIRTSCH (*Haus etc*) *auch* property
objektiv *Adj* objective, (*unparteiisch*) *auch* impartial
Objektiv *n* OPT (object) lens
objektivieren *v/t* objectify
Objektivität *f* objectiveness
Objektträger *m* slide
Oblate *f* wafer, REL *auch* host
obliegen *v/i* ***j-m obliegen*** be s.o.'s duty, *bes* JUR be incumbent on s.o.
obligat *Adj* obligatory, indispensable, *iron* inevitable
Obligation *f* WIRTSCH bond, debenture
obligatorisch *Adj* (***für***) obligatory (on), compulsory (for)
Obmann *m*, **Obmännin** *f* **1.** chief **2.** *Schiedsgericht*: umpire, *der Geschworenen*: foreman (forewoman)
Oboe *f* oboe
Oboist, **Oboistin** oboist
Obrigkeit *f* authorities *Pl*, government
Observatorium *n* observatory
observieren *v/t* put under surveillance
Obsession *f* PSYCH obsession
obsiegend *Adj* JUR prevailing
obskur *Adj allg* obscure, (*fragwürdig*) dubious, *ugs* shady
Obst *n* fruit

Obstsorten WF

Ananas	**pineapple**
Apfel	**apple**
Apfelsine	**orange**
Aprikose	**apricot** ['eɪprɪkɒt]
Banane	**banana**
Birne	**pear** [peə]
Erdbeere	**strawberry**
Himbeere	**raspberry** ['rɑːzbərɪ]
Kirsche	**cherry**

O

Kiwi	**kiwi (fruit)** ['ki:wɪ (fru:t)]
Limone	**lime**
Melone	**melon** ['melən]
Orange	**orange**
Pfirsich	**peach**
Pflaume	**plum**
Trauben	**grapes**
Zitrone	**lemon**

Obstbau *m* fruit-growing
Obstbaum *m* fruit tree
Obsternte *f* fruit-gathering, (*Ertrag*) fruit crop
Obstgarten *m* orchard
Obsthändler, **Obsthändlerin** fruiterer, *Am* fruit seller
Obstkonserven *Pl* tinned (*oder* canned) fruit
Obstkuchen *m* fruit tart
Obstmesser *n* fruit knife
Obstruktion *f* obstruction
Obstsaft *m* (fruit) juice
Obstsalat *m* fruit salad
Obstwasser *n* fruit brandy
obszön *Adj* obscene, filthy
Obszönität *f* obscenity
Obus *m* trolley bus
obwohl → ***obgleich***
Ochse *m* **1.** ox (*Pl* oxen), *eng. S.* bullock **2.** *ugs* (*Person*) ass
ochsen *v/t und v/i ugs* cram, swot
Ochsenschwanzsuppe *f* oxtail soup
Ocker *m* ochre, *Am* ocher
Ode *f* ode
öde *Adj* **1.** (*verlassen*) deserted, desolate, (*unfruchtbar*) barren, waste **2.** *fig* (*langweilig*) dreary, dull, (*eintönig*) monotonous
Öde *f* **1.** desert, waste, wasteland **2.** *fig* dreariness, monotony
Ödem *n* MED (o)edema
oder *Konj* or: ***oder*** (***aber***) (or) else, otherwise, *drohend*: or else; *ugs* ***du kommst doch, oder?*** you are coming, aren't you? → ***entweder***
Ödipuskomplex *m* Oedipus complex
Ödland *n* wasteland
Odyssee *f auch fig* odyssey
Ofen *m* **1.** stove, (*Backofen*) oven, (*Hochofen*) furnace, (*Brennofen etc*) kiln: *ugs* ***jetzt ist der Ofen aus!*** it's curtains (for us *etc*)! **2.** *ugs* ***heißer Ofen*** (big motor)bike
ofenfest *Adj* ovenproof
Ofenheizung *f* stove heating
Ofenkartoffel *f* jacket potato, baked potato
Ofenrohr *n* stovepipe
offen **I** *Adj allg* open (*auch fig Brief, Geheimnis, Hass, Markt etc*), *Stelle*: *auch* vacant, (*aufrichtig*) *auch* frank, outspoken, (*unentschieden*) *auch* undecided: ***offene Rechnung*** outstanding account; ***offener Wein*** wine served by the glass; ***die offene See*** the open (sea); ***zu j-m offen sein*** be open with s.o.; ***für Vorschläge offen sein*** be open to suggestions; ***offen bleiben*** remain open; ***offen halten*** keep *s.th.* open; ***offen lassen*** leave *s.th.* open; ***offen stehen*** be open **II** *Adv* ***seine Meinung offen sagen*** speak one's mind freely; ***offen gestanden, offen gesagt*** frankly (speaking); ***offen schwul*** *ugs* openly gay; → ***Handelsgesellschaft, Straße*** 1, ***Tür***
offenbar **I** *Adj* → ***offensichtlich*** I **II** *Adv* apparently, evidently: ***offenbar ist er krank*** he seems to be ill
offenbaren *v/t* reveal
Offenbarung *f* revelation (*auch ugs fig*)
Offenbarungseid *m auch fig* declaration of bankruptcy
offenbleiben *v/i fig* remain open
offenhalten *v/i fig* keep s.th. open
Offenheit *f* openness, frankness
offenherzig *Adj* **1.** open-hearted, candid, frank **2.** *Kleid etc*: revealing
offenkundig *Adj Lüge, Irrtum etc*: obvious, *stärker*: blatant
offenlassen *v/t fig* leave *s.th.* open
offensichtlich **I** *Adj* evident, obvious, apparent **II** *Adv* → ***offenbar*** II
offensiv *Adj* offensive
Offensive *f* (***die Offensive ergreifen*** take the) offensive
offenstehen *v/i* **a)** *fig* ***j-m offenstehen*** be open to s.o.: ***es steht ihm offen zu gehen*** he is free to go, **b)** *Rechnungen*: be outstanding
öffentlich *Adj allg* public (*auch Dienst, Recht etc*): ***öffentliche Mittel*** public funds; ***öffentliche Schulen*** state (*Am* public) schools; JUR ***in öffentlicher Sitzung*** in open court; *Adv* ***öffentlich auftreten*** appear in public; ***öffentlich bekannt machen*** make public, publicize; → ***Ärgernis*** *etc*
Öffentlichkeit *f the* (general) public, (*Öffentlichsein, auch* JUR) publicity: ***an die Öffentlichkeit treten*** appear before the public; ***etw an die Öffentlichkeit bringen*** bring s.th. before the public; ***in die Öffentlichkeit flüchten*** resort to publicity; ***in aller Öffentlichkeit*** publicly, openly; → ***Ausschluss***
Öffentlichkeitsarbeit *f* public relations *Pl*
öffentlich-rechtlich *Adj* under public law, public
offerieren *v/t*, **Offerte** *f* offer
offiziell *Adj* official
Offizier, **Offizierin** (commissioned) officer
Offiziersanwärter, **Offiziersanwärterin** officer cadet
Offizierskasino *n* officers' mess
offiziös *Adj* semiofficial
offline *Adv* IT offline: ***offline arbeiten*** work offline
Offline-Betrieb *m* offline operation
öffnen *v/t* (*auch* ***sich öffnen***) open (*auch fig*)
Öffner *m* opener
Öffnung *f allg* opening, (*Lücke*) *auch* gap, (*Schlitz*) *auch* aperture
Öffnungszeiten *Pl* business (*oder* office) hours *Pl*
Offsetdruck *m* offset (printing)
oft, **des Öfteren, öfters, oftmals** *Adv* often, frequently
OHG *f Abk* (= ***offene Handelsgesellschaft***) general partnership
Ohm *n* ELEK ohm
ohmsch *Adj* ohmic: ***ohmsches Gesetz*** Ohm's law
ohne **I** *Präp* (*Akk*) without: ***ohne seine Verletzung hätte er gewonnen*** but for his injury he would have won; *ugs* ***ohne mich!*** count me out!; ***nicht ohne*** not half bad; → ***Frage*** 1 *etc* **II** *Konj* without: ***ohne ein Wort*** (***zu sagen***) without (saying) a word
ohnegleichen *Adj* unparallel(l)ed: ***eine Frechheit ohnegleichen*** (an) incredible impudence
ohnehin *Adv* anyhow, anyway

O

Ohnmacht *f* **1.** powerlessness **2.** MED unconsciousness, faint: ***in Ohnmacht fallen*** faint
ohnmächtig *Adj* **1.** powerless, helpless **2.** MED unconscious: ***ohnmächtig werden*** faint
Ohr *n* ear: ***ein Ohr haben für*** have an ear for; ***ganz Ohr sein*** be all ears; ***nur mit halbem Ohr zuhören*** listen only with half an ear, only half-listen; *ugs* ***j-m in den Ohren liegen*** pester s.o. (***mit*** for, with); ***viel um die Ohren haben*** have a lot on one's plate; ***sich aufs Ohr legen*** get some shut-eye; ***schreib dir das hinter die Ohren!*** now don't forget that!; ***ich traute meinen Ohren nicht!*** I couldn't believe my ears!; ***j-n übers Ohr hauen*** cheat s.o.; ***j-m zu Ohren kommen*** come to s.o.'s ears; ***halt die Ohren steif!*** chin up; ***bis über die Ohren verliebt*** (***verschuldet*** *etc*) up to the ears in love (in debt *etc*); → ***faustdick***, ***spitzen***, ***taub*** 1
Öhr *n* eye
Ohrenarzt *m*, **Ohrenärztin** *f* ear specialist
Ohrenbeichte *f* REL auricular confession
ohrenbetäubend *Adj* deafening
Ohrenleiden *n* ear complaint
Ohrensausen *n* buzzing in one's ears
Ohrenschmalz *n* MED earwax
Ohrenschmerzen *Pl* earache
Ohrenschützer *Pl* earmuffs *Pl*
ohrenzerreißend *Adj* ear-splitting
Ohrenzeuge *m*, **Ohrenzeugin** *f* earwitness
Ohrfeige *f auch fig* slap in the face: ***j-m eine Ohrfeige geben*** → ***ohrfeigen***
ohrfeigen *v/t* ***j-n ohrfeigen*** slap s.o.('s face)
Ohrhörer *Pl* earphones *Pl*
Ohrläppchen *n* ANAT earlobe
Ohrmuschel *f* ANAT external (*oder* outer) ear
Ohrring *m* earring
Ohrwurm *m* **1.** ZOOL earwig **2.** *ugs* catchy tune
Okkultismus *m* occultism
Okkupation *f* occupation
okkupieren *v/t* occupy
Ökobilanz *f* eco-balance
Ökologe *m* ecologist
Ökologie *f* ecology
Ökologin *f* ecologist
ökologisch *Adj* ecological
Ökonom, **Ökonomin** economist
Ökonomie *f* economy, (*Wissenschaft*) economics *Sg*
ökonomisch *Adj* economical
Ökosteuer *f* WIRTSCH ecotax, ecological tax
Ökosystem *n* ecosystem
Ökotourismus *m* ecotourism
Oktaeder *m* MATHE octahedron
Oktan *n* CHEM octane
Oktanzahl *f* octane number
Oktave *f* MUS octave
Oktober *m* (***im Oktober*** in) October
Okular *n* OPT eyepiece
Ökumene *f* REL ecumenical movement
ökumenisch *Adj* ecumenical
Okzident *m* occident
Öl *n* oil: ***nach Öl bohren*** drill for oil; ***auf Öl stoßen*** strike oil; ***in Öl malen*** paint in oils; *fig* ***Öl ins Feuer gießen*** add fuel to the flames; ***Öl auf die Wogen gießen*** pour oil on troubled waters
Ölbaum *m* olive tree
Ölberg *m* BIBEL Mount of Olives
Ölbild *n* oil painting
Ölbohrung *f* oil drilling
Öldruck *m* **1.** MALEREI oleograph **2.** TECH oil pressure
Oldtimer *m* **1.** veteran car (*oder* plane *etc*) **2.** *ugs* (*Person*) old-timer
Oleander *m* BOT oleander
ölen *v/t* oil, TECH *auch* lubricate: *ugs* ***wie ein geölter Blitz*** like greased lightning
Ölfarbe *f* oil colo(u)r, oil paint
Ölfeld *n* oilfield
Ölfilter *m*, *n* oil filter
Ölförderland *n* oil-producing country
Ölgemälde *n* oil painting
Ölgewinnung *f von Erdöl*: oil production, *aus Samen*: oil extraction
Ölgötze *m ugs* ***wie ein Ölgötze*** like a stuffed dummy
ölhaltig *Adj* oily, oil-containing, oleaginous
Ölhaut *f* oilskin
Ölheizung *f* oil heating
ölig *Adj auch fig* oily, *bes fig* unctuous
oliv *Adj* olive(-colo[u]red)
Olive *f* olive
Olivenbaum *m* olive tree
Olivenöl *n* olive oil
olivgrün *Adj* olive-green
Ölkanne *f* oil can
Ölkatastrophe *f* oil disaster
Ölkrise *f* oil crisis
Ölkuchen *m* TECH oil cake
Öllampe *f* oil lamp
Ölleitung *f* TECH oil pipe, oil line, *über Land*: pipeline
Ölmalerei *f* oil painting
Ölmessstab *m* MOT (oil) dipstick
Ölofen *m* oil furnace
Ölpest *f* oil catastrophe
Ölproduzent, **Ölproduzentin** oil producer
Ölquelle *f erbohrte*: oil well, *natürliche*: oil spring, *Am* gusher
Ölsardine *f* sardine
Ölschiefer *m* oil shale
Ölschwemme *f* WIRTSCH oil glut
Ölstandsanzeiger *m* oil-level ga(u)ge
Öltank *m* oil tank
Öltanker *m* (oil) tanker, oiler
Ölteppich *m* oil slick
Ölung *f* **1.** oiling, TECH *auch* lubrication **2.** REL ***die Letzte Ölung*** the Extreme Unction
ölverschmiert *Adj* oily, oiled: ***ölverschmiertes Gefieder*** oily feathers
Ölverschmutzung *f* oil pollution
ölverseucht *Adj* oil-contaminated, oil-polluted
Ölvorkommen *n* oil deposit, *Koll* oil resources *Pl*
Ölwanne *f* MOT oil sump
Ölwechsel *m* MOT oil change
Olymp *m* GEOG, MYTH Olympus
Olympia... SPORT Olympic
Olympiade *f* SPORT Olympic Games *Pl*, Olympics *Pl*
olympisch *Adj* **1.** Olympian **2.** SPORT Olympic: ***Olympische Spiele*** → ***Olympiade***
Ölzeug *n* oilskins *Pl*
Ölzweig *m* olive branch
Oma *f ugs* grandma, granny
Ombudsfrau *f*, **Ombudsmann** *m* POL ombudsman (ombudswoman)
Omelett *n*, **Omelette** *f* omelet(te)
Omen *n* omen
ominös *Adj* ominous, (*anrüchig*) *ugs* shady
Omnibus, **Omnibus...** → ***Bus(...)***
onanieren *v/i* masturbate
Onkel *m* uncle
Onkologie *f* MED oncology

online *Adv* IT online: ***online ordern*** order *s.th.* online; ***online arbeiten*** work online
Onlinebank *f* online bank
Onlinebanking *n* online banking
Onlinedatenbank *f* online database
Onlinedienst *m* online service, content provider
Onlineshop *m* online store
Onyx *m* MIN onyx
Opa *m ugs* grandad, grandpa
Opal *m* MIN opal
Op-Art *f* KUNST op art
Open-Air-Festival *n* open-air festival
Open-Air-Gelände *n* open-air venue
Open-Air-Konzert *n* open-air concert
Open-End-Diskussion *f* open-end(ed) discussion
Oper *f* (***in die Oper gehen*** go to the) opera
operabel *Adj* MED (***nicht operabel*** in)operable
Operateur, **Operateurin** (operating) surgeon
Operation *f* operation
Operationsbasis *f* MIL base of operations
Operationsnarbe *f* postoperative scar
Operationsradius *m* MIL operating radius, range
Operationssaal *m* operating theatre (*Am* room)
Operationsschwester *f* theatre sister, *Am* operating-room nurse
Operationstisch *m* operating table
operativ *Adj* **1.** MED surgical, operative: ***operativer Eingriff*** operation; *Adv* ***etw operativ entfernen*** remove s.th. surgically (*oder* by surgery) **2.** MIL operational
Operator, **Operatorin** IT operator
Operette *f* operetta
operieren *v/t und v/i allg* operate: ***j-n operieren*** operate on s.o. (***wegen*** for); ***sich operieren lassen*** undergo an operation; ***ich muss*** (***am Magen***) ***operiert werden*** I have to have an (a stomach) operation
Opernarie *f* operatic aria
Opernball *m* opera ball
Opernführer *m* opera guidebook
Opernglas *n* opera glass(es *Pl*)
Opernhaus *n* opera house
Opernkomponist, **Opernkomponistin** opera composer
Opernmusik *f* operatic music
Opernsänger, **Opernsängerin** opera singer
Opfer *n* **1.** sacrifice (*auch fig*), (*Opfergabe*) offering: ***Opfer bringen*** make sacrifices; ***j-m etw zum Opfer bringen*** *bes fig* sacrifice s.th. for (*oder* to) s.o. **2.** (*Unfallopfer etc*) victim: *j-m* (*oder einer Sache*) ***zum Opfer fallen*** fall victim to, *einem Betrüger etc*: *auch* be victimized by
opferbereit *Adj* ready to make sacrifices
Opfergabe *f* offering
opfern *v/t und v/i* sacrifice (*auch fig*), (*hingeben*) *auch* give
Opferstock *m* REL offertory
Opfertier *n* sacrificial animal
Opferung *f* sacrifice
Opiat *n* PHARM opiate
Opium *n* opium: *fig* ***Opium fürs Volk*** opiate for the people
Opiumhöhle *f* opium den
Opiumraucher, **Opiumraucherin** opium smoker
Opossum *n* ZOOL opossum
Opponent, **Opponentin** opponent
opponieren *v/i* (***gegen j-n*** *oder* ***etw***) ***opponieren*** oppose (s.o. *oder* s.th.)
opportun *Adj* opportune
Opportunist, **Opportunistin**, **opportunistisch** *Adj* opportunist
Opposition *f* opposition (***gegen*** to)
Oppositionsführer, **Oppositionsführerin** POL opposition leader
Oppositionspartei *f* opposition (party)
Optativ *m* LING optative (mood)
optieren *v/i* opt (***für*** for)
Optik *f* **1.** optics *Pl* (*meist Sg konstr*): *fig* ***nur der Optik wegen*** for (optical) effect only **2.** FOTO lens system
Optiker, **Optikerin** optician
optimal *Adj* optimal: ***optimale Bedingungen*** optimum conditions
optimieren *v/t* optimize
Optimismus *m* optimism
Optimist, **Optimistin** optimist
optimistisch *Adj* optimistic(ally *Adv*)
Optimum *n* optimum
Option *f allg* option
optisch *Adj* optical
Opus *n* (*Pl* ***Opera***) work: MUS ***Opus 12*** opus 12
Orakel *n*, **Orakelspruch** *m* oracle
oral I *Adj* oral **II** *Adv* orally, by mouth
orange *Adj* orange(-colo[u]red)
Orange *f* orange
Orangeade *f* orangeade
Orangeat *n* candied orange peel
Orangenbaum *m* orange tree
Orangenmarmelade *f* (orange) marmalade
Orangensaft *m* orange juice
Orang-Utan *m* ZOOL orang-utan
Oratorium *n* MUS oratorio
Orchester *n* orchestra, (*Tanzorchester etc*) *auch* (big) band
Orchestergraben *m* (orchestra) pit
Orchestermusik *f* orchestral music
Orchestersitz *m* stall
orchestrieren *v/t* orchestrate
Orchidee *f* BOT orchid
Orden *m* **1.** REL (***in einen Orden eintreten*** join an) order **2.** order, decoration, medal
Ordensband *n* (medal) ribbon
Ordensbruder *m* (brother) member (of an order), REL friar
Ordensschwester *f* REL sister, nun
ordentlich I *Adj* **1.** tidy, orderly, neat **2.** (*anständig*) decent, good, respectable: ***ordentliche Leute*** decent (*oder* respectable) people **3.** *ugs* (*richtig*) good, sound, proper, (*anständig*) decent: ***ordentliche Ausbildung*** proper training; ***eine ordentliche Leistung*** a good job; ***ein ordentliches Frühstück*** a decent breakfast **4.** *Mitglied, Professor*: full **II** *Adv* **5.** tidily, properly (*etc*): ***sich ordentlich benehmen*** behave properly; ***seine Sache ordentlich machen*** do a good job **6.** *ugs* (*richtig*) properly, soundly: ***j-m ordentlich die Meinung sagen*** give s.o. a good piece of one's mind; ***ich habs ihm mal ordentlich gegeben*** I really let him have it
Ordentlichkeit *f* orderliness, neatness
Order *f*, **ordern** *v/t* WIRTSCH order
Ordinalzahl *f* MATHE ordinal (number)
ordinär *Adj* **1.** (*vulgär*) vulgar, common: ***sie ist sehr ordinär*** she is very common; ***sie sieht or-***

ordinär ≠ ordinary

ordinär	=	common, vulgar
ordinary	=	normal, alltäglich

dinär aus sl she looks like a tart **2.** (*alltäglich*) ordinary
Ordinariat *n* **1.** UNI (full) professorship **2.** REL diocesan authorities *Pl*
Ordinarius *m* UNI (full) professor
ordnen *v/t* **1.** put *s.th.* in order, (*Akten*) file, (*anordnen, sortieren*) arrange, sort (out) **2.** (*regeln*) order, organize, (*Angelegenheit*) settle, arrange
Ordner *m* **1.** (*Aktenordner etc*) file **2.** COMPUTER folder
Ordnung *f allg* order (*auch Disziplin, Grad, Kategorie, Größenordnung, Reihenfolge, auch* BIOL, MATHE *etc*), (*Anordnung*) *auch* arrangement, (*Vorschriften*) *auch* rules *Pl*, (*System*) *auch* system: *fig* ***erster Ordnung*** of the first order; ***Straße erster Ordnung*** primary road; ***der Ordnung halber*** → ***ordnungshalber***; (***das ist***) ***in Ordnung!*** all right!, okay!, o.k.!; ***es*** (*ugs* ***er***) ***ist in Ordnung*** it's (he's) all right; ***nicht in Ordnung sein*** be out of order, *fig auch* be wrong, *gesundheitlich*: be out of sorts; ***etw ist nicht in Ordnung*** (***damit***) s.th. is wrong (with it); ***in Ordnung bringen*** put *s.th.* right, *fig auch* straighten *s.th.* out, (*Zimmer etc*) tidy up, (*reparieren*) repair, *ugs* fix; ***Ordnung halten*** keep order; ***etw in Ordnung halten*** keep s.th. in order; ***Ordnung schaffen*** establish order; PARL ***j-n zur Ordnung rufen*** call s.o. to order
ordnungsgemäß I *Adj* regular, orderly **II** *Adv* duly
ordnungshalber *Adv* (only) as a matter of form, WIRTSCH *auch* for your information
ordnungsliebend *Adj* orderly
Ordnungsruf *m* PARL call to order
Ordnungsstrafe *f* fine
ordnungswidrig *Adj* irregular
Ordnungszahl *f* ordinal (number)
Organ *n allg* organ (*auch fig Zeitung, Körperschaft, Stimme*), (*Behörde*) *auch* authority: ***ausführendes Organ*** executive body
Organbank *f* MED organ bank
Organempfänger, **Organempfängerin** MED organ receiver
Organerkrankung *f* MED organic disease
Organisation *f* organization
Organisationstalent *n* ***er hat*** (*oder* ***er ist ein***) ***Organisationstalent*** he has organizing ability
Organisator, **Organisatorin** organizer
organisatorisch *Adj* organizational: ***organisatorische Fähigkeit***(***en***) organizing ability
organisch *Adj allg* organic(ally *Adv*)
organisieren *v/t* **1.** organize: (***nicht***) ***organisierter Arbeiter*** (non)unionist; ***organisierte Kriminalität*** organized crime **2.** *ugs* (*sich beschaffen*) commandeer
Organismus *m allg* organism
Organist, **Organistin** organist
Organspende *f* MED organ donation
Organspender, **Organspenderin** MED organ donor
Organtransplantation *f*, **Organverpflanzung** *f* MED organ transplant(ation)
Orgasmus *m* orgasm, climax
Orgel *f* organ
Orgelbauer, **Orgelbauerin** organ builder
Orgelkonzert *n* organ recital
Orgelpfeife *f* organ pipe
Orgelregister *n* organ stop
Orgie *f* orgy: ***Orgien feiern*** have orgies
Orient *m* East, Orient: ***der Vordere Orient*** the Near East
Orientale *m*, **Orientalin** *f*, **orientalisch** *Adj* oriental
orientieren I *v/t* **1.** orient(ate) (***nach*** according to) **2.** inform (***über*** *Akk* about, of): ***gut orientiert sein*** be well informed **II** *v/refl* ***sich orientieren*** **3.** (***nach***, *fig* ***an*** *Dat* by) orient(ate) o.s., be guided: SPORT ***sich nach vorn orientieren*** go forward **4.** (***über*** *Akk*) inform o.s. (of, about), find out (about)
Orientierung *f* **1.** orientation: ***die Orientierung verlieren*** lose one's bearings **2.** information: ***zu Ihrer Orientierung*** for your guidance
Orientierungspunkt *m* point of reference
Orientierungssinn *m* sense of direction
Orientierungsstufe *f* PÄD orienteering term
original *Adj* original: *Adv* ***original französisch*** genuine French; ***etw original übertragen*** broadcast s.th. live
Original *n allg* original, *ugs* (*Person*) *auch* character: ***ein Buch im Original lesen*** read a book in the original
Originalfassung *f* original version: ***in der deutschen Originalfassung*** in the original German version
originalgetreu *Adj* faithful
Originalität *f auch fig* originality
Originalkopie *f* FILM *etc* master copy
Originalverpackung *f* original packing
originell *Adj* original, (*komisch*) funny
Orkan *m* hurricane, *fig auch* storm
orkanartig *Adj Sturm etc*: violent: *fig* ***orkanartiger Beifall*** thunderous applause
Orkanstärke *f* gale force
Ornament *n* ornament
ornamental *Adj* ornamental
Ornat *m allg* robe(s *Pl*), vestments *Pl*
Ornithologe *m*, **Ornithologin** *f* ornithologist
ornithologisch *Adj* ornithologic(al)
Ort[1] *m allg* place (*auch* → ***Ortschaft***), (*Stelle*) spot, (*Örtlichkeit*) locality, (*Schauplatz*) scene: (***hier***) ***am Ort*** (here) in this place; ***Ort und Zeit*** place and time; ***Ort der Handlung*** scene (of action); ***an Ort und Stelle*** (*auch fig sofort*) on the spot; ***höheren Orts*** at high quarters
Ort[2] *n* ***vor Ort*** **a)** BERGB at the pit face, **b)** *fig* on the scene (of action); ***Besichtigung vor Ort*** on-site inspection
orten *v/t* SCHIFF *etc* locate
orthodox *Adj* orthodox
Orthografie, **Orthographie** *f* orthography
orthografisch, **orthographisch** *Adj* orthographic(al): *Adv* ***orthographisch richtig schreiben*** spell correctly
Orthopäde *m* orthop(a)edist
Orthopädie *f* orthop(a)edics *Pl* (*auch Sg konstr*)
Orthopädin *f* orthop(a)edist
orthopädisch *Adj* orthop(a)edic
örtlich *Adj auch* MED local: ***örtliche*** (*Adv* ***örtlich***) ***Regenschauer*** isolated rainshowers; *Adv* ***örtlich beschränken*** localize (***auf*** *Akk* to)
Örtlichkeit *f* locality
Ortsangabe *f* statement of place, *auf Brief*: (name of) town
ortsansässig *Adj*, **Ortsansässige** *m*, *f* resident, local
Ortsbehörde *f* local authorities *Pl*
Ortschaft *f* place, (*Stadt*) (small) town, (*Dorf*) village
ortsfremd *Adj* nonlocal
Ortsgespräch *n* TEL local call
Ortskenntnis *f* knowledge of a place: ***Ortskenntnis besitzen*** → ***ortskundig***

O

ortskundig *Adj* ***ortskundig sein*** know (one's way around) the place
Ortsname *m* place name
Ortsnetz *n* TEL local network
Ortsnetzkennzahl *f* area code
Ortsschild *n* place-name sign
Ortssinn *m* sense of direction
Ortsteil *m* district
ortsüblich *Adj* customary in a place
Ortsveränderung *f* change of place (*oder* scenery)
Ortsverkehr *m allg* local traffic
Ortszeit *f* local time
Ortszulage *f*, **Ortszuschlag** *m* WIRTSCH local bonus
Ortung *f* SCHIFF *etc* location
Öse *f* eye
Osmose *f* osmosis
osmotisch *Adj* osmotic
Ossi *m, f ugs* Ossi, East German
Ost *m* **1.** East **2.** east wind
Ostblock *m* POL Eastern bloc
ostdeutsch *Adj*, **Ostdeutsche** *m, f* East German
Osten *m* east, *einer Stadt*: East End, GEOG, POL *the* East: ***der Ferne*** (***Mittlere, Nahe***) ***Osten*** the Far (Middle, Near) East; ***im Osten*** in the east; ***nach Osten*** (to the) east, eastward(s); ***von Osten, aus Osten*** *Wind*: easterly
ostentativ *Adj* pointed: ***ostentativer Beifall*** demonstrative applause; *Adv* ***er wandte sich ostentativ ab*** he pointedly turned away
Osteoporose *f* MED osteoporosis
Osterei *n* Easter egg
Osterfest *n* → ***Ostern***
Osterglocke *f* BOT (yellow) daffodil
Osterhase *m* Easter bunny
österlich *Adj* (of) Easter
Ostermontag *m* Easter Monday
Ostern *n oder Pl* (***an Ostern*** at) Easter
Österreich *n* Austria
Österreicher, **Österreicherin**, **österreichisch** *Adj* Austrian
Ostersonntag *m* Easter Sunday
Osterweiterung *f* POL eastern expansion
Osteuropäer, **Osteuropäerin**, **osteuropäisch** *Adj* East European
östlich I *Adj* eastern, easterly **II** *Adv* ***östlich von*** (to the) east of
Östrogen *n* BIOL (o)estrogen
Ostsee *f the* Baltic (Sea)
ostwärts *Adv* east(wards)
Ostwind *m* east wind
OSZE *f Abk* (= ***Organisation für Sicherheit und Zusammenarbeit in Europa***) OSCE, Organisation for Security and Cooperation in Europe
Oszillograph *m* oscilloscope, oscillograph
Otter[1] *m* ZOOL otter
Otter[2] *f* ZOOL (*Schlange*) viper
out *Adj ugs* out
Outdoorjacke *f* outdoor jacket
outen *v/t* out
outsourcen *v/t* outsource
Outsourcing *n* outsourcing
Ouvertüre *f* overture (***zu*** to)
oval *Adj*, **Oval** *n* oval
Ovation *f* (***j-m Ovationen bereiten*** give s.o. an) ovation
Overall *m* (*Arbeitsanzug*) overalls *Pl*, boilersuit, (*modischer Overall*) jumpsuit
Overheadfolie *f* transparency
Overheadprojektor *m* overhead projector
Overkill *m* overkill
Ovulation *f* BIOL ovulation
Ovulationshemmer *m* MED anovulant
Oxid, **Oxyd** *n* CHEM oxide
Oxidation *f* oxidation
oxidieren *v/t und v/i* oxidize
Oxidierung *f* oxidation
Oxygen *n* oxygen
Ozean *m* ocean
Ozeandampfer *m* ocean liner
ozeanisch *Adj* oceanic
Ozeanographie *f* oceanography
Ozelot *m* ZOOL ocelot
Ozon *n* ozone
Ozonalarm *m* ozone alert
ozonhaltig *Adj* ozonic
Ozonloch *n* ozone hole, hole in the ozone layer
Ozonschicht *f* ozone layer
Ozonwerte *Pl* ozone levels *Pl*

P

P, **p** *n* P, p
paar *Indefinitpron* ***ein paar*** a few, some, *ugs* a couple of; ***ein paar Mal*** several (*oder* a few, *ugs* a couple of) times
Paar *n* pair, (*bes Mann und Frau*) couple: ***ein Paar*** (***neue***) ***Schuhe*** a (new) pair of shoes
paaren *v/t* **1.** (*auch* ***sich paaren***) ZOOL pair, couple, mate **2.** SPORT match **3.** *fig* (*auch* ***sich paaren***) combine
Paarlaufen *n Eiskunstlauf*: pair skating
Paarung *f* **1.** ZOOL pairing, mating **2.** SPORT matching, (*Spiel, Kampf*) match
Paarungszeit *f* ZOOL mating season
paarweise *Adv* in pairs, two by two
Pacht *f* lease, (*Pachtgeld*) rent: ***in Pacht geben*** → ***verpachten***; ***in Pacht nehmen*** → ***pachten***
pachten *v/t* (take on) lease: *iron* ***er meint, er habe es*** (***für sich***) ***gepachtet*** he thinks he has got a monopoly on that
Pächter, **Pächterin** lessee, leaseholder, (*Landpächter*[*in*]) *auch* tenant (farmer)
Pachtung *f* leasing
Pachtvertrag *m* lease
Pack[1] *m* pack, (*Paket*) parcel, (*Bündel*) bundle:

Paar: pair oder couple? SG

zwei Dinge, die zusammen eine Einheit bilden; etwas Zweiteiliges	**pair**
⚠ **pair** hat im Deutschen oft keine Entsprechung.	
ein Paar Socken / Schuhe	**a pair of socks / shoes**
eine Hose / ein Pyjama / eine Short	**a pair of trousers / pyjamas / shorts**
eine Brille	**a pair of glasses**
eine Schere	**a pair of scissors**
⚠ Wenn ein bestimmtes Exemplar genannt wird, fällt **a pair of** weg:	
meine Hose	**my trousers**
Toms Brille	**Tom's glasses**
Das ist ein schöner Pyjama.	**Those are nice pyjamas.**
zwei Menschen, die eine (Liebes)Beziehung haben	**couple**
Sue and Tom are a nice couple.	
⚠ **a couple of ...** kann zweideutig sein!	
Es heißt meistens „ein paar; einige" aber auch „zwei von der gleichen Sorte".	

→ ***Sack*** 1

Pack² *n* (*Lumpenpack*) riffraff

Päckchen *n* small parcel (*auch Postpäckchen*), (*auch Zigarettenpäckchen*) packet, *bes Am* pack

Päckchen: parcel, package oder pack? SG

Päckchen, das mit der Post geschickt wird	**package**, *bes Br* **parcel**
deliver / send / receive a package / parcel	
mit Papier umwickeltes Päckchen	**parcel**
There were lots of parcels under the Christmas tree.	
Päckchen, Packung oder Schachtel aus Plastik, Papier oder Pappe	**pack, packet**, *Am* **package**
a pack of cigarettes	
a packet of biscuits (*Br*) / **a package of cookies** (*Am*)	
Packung, Packen, Stapel von Dingen, die zusammen verpackt sind	**pack**
a pack of T-shirts / of ten	
Portionspackung oder Tütchen für Zucker, Salz, Ketchup u. Ä.	**sachet**, *Am* **packet**
a sachet / a packet of sugar (*Am*)	

Packeis *n* pack ice

packen **I** *v/t* **1.** (*Koffer, Sachen etc*) pack, (*Paket*) make up: *ugs* ***pack dich!*** beat it! **2.** (***an*** *Dat* by) grab, seize **3.** *fig* ***j-n packen*** **a)** *Furcht etc*: seize s.o., **b)** (*mitreißen*) grip s.o., thrill s.o. **4.** *ugs fig* (*Problem etc*) lick: ***es packen*** **a)** (*schaffen*) make it, manage, **b)** (*verstehen*) get it **II** *v/i* **5.** pack (up)

Packen *m* pack, (*Haufen*) pile (*auch fig*)

packend *Adj fig* gripping, thrilling

Packer, **Packerin** packer

Packesel *m* pack mule, *fig* packhorse

Packpapier *n* wrapping paper, (*Papiersorte*) brown paper

Packpferd *n* packhorse

Packung *f* **1.** (*Päckchen, auch Zigarettenpackung*) packet, *bes Am* pack **2.** MED pack **3.** TECH packing, gasket **4.** *ugs fig* SPORT ***eine Packung bekommen*** take a hammering

Packungsbeilage *f* MED patient information leaflet

Packwagen *m* luggage van, *Am* baggage car

Pädagoge *m*, **Pädagogin** *f* **a)** teacher, **b)** education(al)ist

Pädagogik *f* pedagogics *Sg*, education

pädagogisch *Adj* pedagogical, educational: ***pädagogische Hochschule*** college of education

Paddel *n* paddle

Paddelboot *n* canoe

paddeln *v/t und v/i* paddle

paffen *v/i und v/t ugs* puff (away) (at *one's pipe etc*), smoke

Page *m* **1.** HIST page **2.** (*Hotelpage*) page (boy), bellboy, *Am* bellhop

Pagenkopf *m* (*Frisur*) page-boy cut

Pagode *f* pagoda

Paket *n* package (*auch fig* POL *etc*), *kleines*: packet, (*Postpaket*) parcel, bes *Am* auch package: ***ein Paket Aktien*** a parcel (*oder* block) of shares

Paketannahme *f* parcel counter

Paketbombe *f* parcel bomb

Paketkarte *f* parcel registration card

Paketpost *f* parcel post

Paketschalter *m* parcel counter

Paketzustellung *f* parcel delivery

Pakistan *n* Pakistan

Pakistaner, **Pakistanerin**, **pakistanisch** *Adj* Pakistani

Pakt *m* pact, agreement

paktieren *v/i* make a deal (***mit*** with)

Palast *m* palace

palastartig *Adj* palatial

Palästina *n* Palestine

Palästinenser, **Palästinenserin**, **palästinensisch** *Adj* Palestinian

Palatschinke *f österr.* GASTR pancake

Palaver *n*, **palavern** *v/i ugs* palaver

Palette *f* **1.** MALEREI palette **2.** *fig* range **3.** TECH pallet: ***auf Paletten stapeln*** → ***palettieren***

paletti: *ugs* (***es ist***) ***alles paletti*** everything's just fine (*bes Am* hunky dory)

palettieren *v/t* TECH palletize

Palisade *f* palisade

Palme *f* palm (tree): *ugs* ***j-n auf die Palme bringen*** drive s.o. up the wall

Palmsonntag *m* REL Palm Sunday

Palmtop *m* (*Computer*) palmtop

Palmwedel *m*, **Palmzweig** *m* palm branch

Pampe *f ugs* mush

Pampelmuse *f* BOT grapefruit

Pamphlet *n* lampoon

pampig *Adj ugs* **1.** (*breiig*) mushy **2.** (*frech*) stroppy

Pandabär *m* panda

panieren *v/t* GASTR bread(crumb): ***paniert*** breaded

Paniermehl *n* breadcrumbs *Pl*
Panik *f* panic: ***in Panik*** panic-stricken, *ugs* panicky; ***(eine) Panik brach aus*** panic broke out; ***in Panik geraten (versetzen)*** panic; *ugs* ***nur keine Panik!*** don't panic!
Panikmache *f* scaremongering
panisch *Adj* panic: ***von panischer Angst erfasst*** panic-stricken; ***eine panische Angst haben vor*** be terrified of
Panne *f* **1.** breakdown, (*Reifenpanne*) puncture: ***ich hatte eine Panne*** **a)** my car broke down, **b)** I had a puncture **2.** *fig* (*Missgeschick*) mishap, (*Fehler*) *ugs* slip-up: ***böse Panne*** foul-up
Pannendienst *m* MOT breakdown service
Panorama *n* panorama
Panoramafenster *n* picture window
panschen **I** *v/i* splash (about) **II** *v/t* (*Wein etc*) water down, adulterate
Panter, **Panther** *m* ZOOL panther
Pantoffel *m* slipper: *fig* ***unter dem Pantoffel stehen*** be henpecked
Pantoffelheld *m* henpecked husband
Pantomime[1] *f* (panto)mime, dumb show
Pantomime[2] *m*, **Pantomimin** *f* mime
pantomimisch *Adj* pantomimic: *Adv* ***pantomimisch darstellen*** mime
pantschen → ***panschen***
Panzer *m* **1.** HIST armo(u)r **2.** MIL tank **3.** ZOOL shell
Panzerabwehr... MIL antitank (*rocket, gun, etc*)
Panzerfaust *f* MIL antitank grenade launcher
Panzerglas *n* bulletproof glass
Panzerkreuzer *m* SCHIFF, MIL armo(u)red cruiser
panzern *v/t* armo(u)r: *fig* ***sich panzern*** arm o.s.; → ***gepanzert***
Panzerplatte *f* armo(u)r-plate
Panzerschrank *m* safe
Panzertür *f* armo(u)red door
Panzerung *f* (*Schutz*) armo(u)r
Panzerwagen *m* armo(u)red car
Papa *m ugs* daddy, dad, pa
Papagei *m* ZOOL parrot
Papageienkrankheit *f* psittacosis
Paparazzi *m/Pl* paparazzi *Pl*
Papaya *f* BOT papaya
Papier *n* paper (*auch Schriftstück*): ***Papiere*** *Pl* **a)** (*Ausweis*) (identity) papers *Pl*, **b)** WIRTSCH securities *Pl*, papers *Pl*: ***(nur) auf dem Papier*** on paper (only); ***zu Papier bringen*** commit to paper; ***seine Papiere bekommen*** (*entlassen werden*) get one's cards
Papiereinzug *m* paper feed
papieren *Adj* **1.** (of) paper **2.** *fig* prosy
Papierfabrik *f* paper mill
Papiergeld *n* paper money
Papierkorb *m* waste-paper basket
Papierkram *m* (annoying) paperwork
Papierkrieg *m ugs* red tape
Papierschlange *f* paper streamer
Papierschnipsel *m*, **Papierschnitzel** *m* scrap of paper
Papiertaschentuch *n* tissue
Papiertiger *m iron* paper tiger
Papiervorschub *m* paper feed
Papierwaren *Pl* stationery *Sg*
Papierwarengeschäft *n* stationer's (shop, *bes Am* store)
Papp *m* (*Brei*) pap, (*Kleister*) paste
Pappband *m* **1.** pasteboard (binding) **2.** (*Buch*) paperback
Pappbecher *m* paper cup
Pappdeckel *m* pasteboard
Pappe *f* cardboard, pasteboard: *ugs fig* ***nicht von Pappe*** *Leistung etc*: quite something, *Person*: quite formidable
Pappel *f* BOT poplar
Pappenstiel *m ugs fig* trifle: ***etw für einen Pappenstiel kaufen*** buy s.th. for a song
pappig *Adj* sticky
Pappkarton *m* cardboard box
Pappmaschee, **Pappmaché** *n* papier-mâché
pappsatt *Adj ugs* really full: ***ich bin pappsatt*** I've really had enough
Pappschachtel *f* cardboard box
Pappteller *m* paper plate
Paprika *m* **1.** (*Gewürz*) paprika **2.** → ***Paprikaschote***
Paprikaschote *f* green (*oder* sweet) pepper
Papst *m* pope
päpstlich *Adj* papal
Papsttum *n* papacy
Parabel *f* **1.** (*Gleichnis*) parable **2.** MATHE parabola
Parabolantenne *f* TV parabolic aerial (*Am* antenna), *ugs* dish
parabolisch *Adj* parabolic(ally *Adv*)
Parade *f* **1.** MIL parade (*auch fig*), review: *ugs* ***j-m in die Parade fahren*** cut s.o. short **2.** *Boxen, Fechten*: parry, *Fußball*: save
Paradebeispiel *n* classic example
Paradeiser *m österr.* tomato
Paradies *n* (***im Paradies*** in) paradise
paradiesisch *Adj* paradisiac(al), *fig* heavenly
paradox *Adj* paradoxical
Paradox *n*, *a* **Paradoxon** *n* paradox
paradoxerweise *Adv* paradoxically
Paraffin *n* CHEM paraffin
Paragraf, **Paragraph** *m* **1.** section, article **2.** (*Absatz*) paragraph **3.** (*Paragraphzeichen* §) section mark
parallel *Adj und Adv* parallel (***mit, zu*** to)
Parallele *f* parallel (line): *fig* ***eine Parallele ziehen*** draw a parallel (***zu*** to)
Parallelogramm *n* MATHE paralellogram
Paralympics *Pl* SPORT Paralympics
paralysieren *v/t auch fig* paralyse
Parameter *m* MATHE parameter
paramilitärisch *Adj* paramilitary
paranoid *Adj* MED paranoid
Paranoiker, **Paranoikerin**, **paranoisch** *Adj* paranoiac
Paranuss *f* BOT Brazil nut
paraphieren *v/t* POL initial
Parapsychologie *f* parapsychology
Parasit *m* BIOL *und fig* parasite
parasitisch *Adj auch fig* parasitic(al)
parat *Adj* ***parat haben*** have *s.th.* ready
Pärchen *n* (courting) couple, twosome
Parcours *m* SPORT course
Pardon *m* ***kein Pardon kennen*** be merciless; ***Pardon!*** sorry!
Parfüm *n* perfume, scent
Parfümerie *f* perfumery
Parfümfläschchen *n* scent bottle
parfümieren **I** *v/t* perfume, scent **II** *v/refl* ***sich parfümieren*** put on perfume
Paria *m* pariah
parieren **I** *v/t* **1.** (*Schlag etc*) parry, *fig auch* counter (***mit*** with) **2.** (*Pferd*) pull up **II** *v/i* **3.** parry **4.** *ugs* (*gehorchen*) obey
Pariser, **Pariserin** Parisian
Parität *f* parity
paritätisch *Adj* proportional, pro rata
Park *m* park

Park-and-ride-System *n* park-and-ride
Parkbucht *f* MOT lay-by
Parkdeck *n* MOT parking level
parken *v/t und v/i* park: ***Parken verboten!*** no parking!; ***schräg parken*** angle-park; ***in zweiter Reihe parken*** double-park; ***parkende Autos*** parked cars
Parkett *n* **1.** parquet **2.** (*Tanzparkett*) (dance) floor **3.** THEAT stalls *Pl*, *Am* parquet
Parkgebühr *f* parking fee
Parkhaus, **Parkhochhaus** *n* multistor(e)y car park, *Am* parking garage
parkinsonsch *Adj*: ***parkinsonsche Krankheit*** Parkinson's disease
Parkkralle *f* wheel clamp
Parklicht *n* parking light
Parklücke *f* parking space
Parkplatz *m* car park, *Am* parking lot, *einzelner:* parking space
Parkscheibe *f* parking disc
Parkscheinautomat *m* ticket machine
Parksünder, **Parksünderin** parking offender
Parkuhr *f* parking meter
Parkverbot *n* ***hier ist Parkverbot*** there's no parking here; ***im Parkverbot stehen*** be parked illegally
Parkwächter, **Parkwächterin 1.** park keeper **2.** MOT car park attendant
Parlament *n* (***im Parlament sitzen*** be *oder* sit in) parliament
parlamentarisch *Adj* parliamentary
Parlamentsausschuss *m* parliamentary committee
Parlamentsferien *Pl* recess
Parlamentsmitglied *n* member of parliament
Parlamentssitzung *f* sitting (of parliament)
Parlamentswahlen *Pl* parliamentary elections *Pl*
Parmesan(käse) *m* Parmesan (cheese)
Parodie *f* parody, *ugs* take-off
parodieren *v/t* parody, *ugs* take *s.o.* off
Parodontose *f* MED periodontosis
Parole *f* MIL password, *fig* watchword, POL *auch* slogan
Paroli *n fig* ***j-m Paroli bieten*** stick up to s.o.
Parsing *n* IT parsing
Partei *f* party (*auch* POL UND JUR), SPORT side, (*Mietpartei*) tenant: ***die vertragschließenden Parteien*** the contracting parties; ***j-s Partei ergreifen, für j-n Partei nehmen*** side with s.o.; ***gegen j-n Partei ergreifen*** take sides against s.o.; ***Partei sein*** be a party, be biassed; ***über den Parteien stehen*** remain impartial
Parteiapparat *m* party machine
Parteibasis *f* rank and file (of a party)
Parteibuch *n* party membership book
Parteidisziplin *f* party discipline: ***sich der Parteidisziplin beugen*** follow the party line
Parteifreund, **Parteifreundin** fellow-member (of a party)
Parteiführer, **Parteiführerin** party leader
Parteiführung *f* **1.** party leadership **2.** *Koll* party leaders *Pl*
Parteigänger, **Parteigängerin** partisan, party man
Parteigenosse *m*, **Parteigenossin** *f* party member
parteiisch, **parteilich** *Adj* partial
Parteilichkeit *f* partiality
parteilos *Adj* independent, nonparty
Parteilose *m, f* nonparty member
Parteimitglied *n* party member
Parteinahme *f* partisanship
Parteipolitik *f* party politics *Pl*
parteipolitisch *Adj* party-political
Parteiprogramm *n* (party) platform
Parteispende *f* party donation
Parteitag *m* party conference (*Am* convention)
Parteiversammlung *f* party meeting
Parteivorsitzende *m, f* party leader
Parteivorstand *m* executive committee (of a party)
Parteizugehörigkeit *f* party membership
Parterre *n* **1.** ground (*Am* first) floor **2.** THEAT pit, *Am* orchestra circle
Partie *f* **1.** (*Teil*) part **2.** WIRTSCH (*Warenmenge*) lot **3.** THEAT *etc* part, rôle **4.** (*Spiel*) game, SPORT *auch* match **5.** *ugs* ***ich bin mit von der Partie!*** count me in! **6.** *ugs* ***eine gute Partie sein*** be a good match (*oder* catch); ***eine gute Partie machen*** marry a fortune
partiell *Adj* partial
Partikel *f* LING, PHYS particle
Partisan, **Partisanin** partisan, guerilla
Partitur *f* MUS score
Partizip *n* LING participle: ***Partizip Präsens/Perfekt*** present/past participle
Partner, **Partnerin** partner
Partnerschaft *f* partnership: ***eingetragene Partnerschaft*** registered partnership (*von Paaren*)
partnerschaftlich *Adj und Adv* as (equal) partners, joint(ly)
Partnerstadt *f* twin town
Partnervermittlung *f* dating agency, (*Ehe*) marriage bureau
Party *f* party
Partyluder *n ugs* socialite, It girl
Partyraum *m* party room
Partyservice *m* catering service
Partyzelt *n* party tent, *bes Br* marquee
Parzelle *f* plot, *bes Am* lot
parzellieren *v/t* parcel out
Pascha *m* pasha
Pass *m* **1.** (*Gebirgspass*) pass **2.** (*Reisepass*) passport **3.** SPORT pass
passabel *Adj* passable
Passage *f allg* passage (*auch* MUS, *eines Buches etc*), (*Einkaufspassage*) arcade
Passagier, **Passagierin** passenger: ***blinder Passagier*** deadhead, SCHIFF stowaway
Passagierliste *f* passenger list
Passagierschiff *n* passenger ship
Passant, **Passantin** passer-by (*Pl* passers-by)
Passat(wind) *m* trade wind
Passbild *n* passport photo(graph)
passé *Adj ugs* ***das ist passé*** **a)** that went out long ago, **b)** that's a thing of the past
passen I *v/i* **1.** *auch fig* fit (***j-m, auf j-n*** s.o., ***für*** *oder* ***zu etw*** s.th.): ***die Beschreibung passt auf ihn*** the description fits him; ***passen zu*** *farblich etc*: go well with, match; *fig* ***sie passen (gut) zueinander*** they are well suited to each other; ***das passt (nicht) zu ihm!*** that's just like him (not like him)! **2.** ***j-m passen*** (*recht sein, zusagen*) suit s.o.; ***passt es dir morgen?*** would tomorrow suit you (*oder* be all right [with you])?; ***das passt mir gut*** that suits me fine; ***das (er) passt mir gar nicht!*** I don't like it (him) at all!; *ugs* ***das könnte dir so passen!*** nothing doing! **3.** *Kartenspiel, auch* SPORT (*abspielen*) pass: ***ich passe!*** pass!; *fig* ***da muss ich passen!*** I must pass there! **II** *v/t* **4.** → ***einpassen*** **5.** SPORT ***den Ball passen zu*** pass (the ball) to

P

passen: fit oder suit? SG

Kleidungsstück: passen, sitzen; *Person*: dazupassen *Beschreibung, Name*: passen	**fit**
This suit fits.	
This key fits the lock on the front door.	
He never fitted in / *Am* fit in anywhere.	
Termin: (j-m) passen; *Farbe*: (zu j-m) passen, (j-m) stehen	**suit (s.o.)**
Personen: zusammenpassen	**suit**
When can we meet? Does three o'clock suit you?	
Red suits her.	
They seem ideally suited.	

passend *Adj* **1.** fitting (*auch Kleidung und fig*), *farblich etc*: matching: ***eine dazu passende Krawatte*** a (neck)tie to match **2.** (*geeignet, zeitlich passend*) suitable, right: ***die passenden Worte*** the right words; ***bei passender Gelegenheit*** at the right moment **3.** *ugs* ***haben Sie es passend?*** *beim Bezahlen*: have you got the right money?
Passepartout *n* mount
Passform *f* fit
passierbar *Adj* passable, practicable
passieren I *v/i* **1.** pass **2.** (*sich ereignen*) happen, take place: ***was ist passiert?*** what's happened?; ***mir ist nichts passiert*** I'm all right; ***j-m passieren*** happen to s.o. **II** *v/t* **3.** pass (by *oder* through) **4.** GASTR pass (through a sieve *etc*), strain

passieren: occur, happen oder take place? SG

unerwartetes oder ungeplantes Ereignis:	
passieren, sich ereignen	**happen**, *gehoben* **occur**
accidents / strange things happen / occur	
geplantes Ereignis:	
passieren, stattfinden	**take place**
The 2004 Olympic Games took place in Greece.	

Passierschein *m* pass, permit
Passion *f* **1.** passion **2.** REL, MUS *etc* Passion
passioniert *Adj* enthusiastic, keen
Passionsfrucht *f* Passion fruit (*auch Pl*)
Passionsspiel *n* Passion play
passiv *Adj allg* passive: ***passives Mitglied*** non-active member; ***passiver Wortschatz*** recognition vocabulary; → ***Bestechung***
Passiv *n* LING passive (voice)
Passiva *Pl* WIRTSCH liabilities *Pl*
Passivität *f* passiveness, inaction
Passivposten *m* WIRTSCH debit item
Passivrauchen *n* passive smoking
Passivseite *f* WIRTSCH liability side
Passkontrolle *f* passport control
Passstraße *f* (mountain) pass
Passstück *n* TECH fitting piece, adapter
Passus *m* passage
Passwort *n auch* IT password

Verkürztes Passiv GR

Im Englischen wird bei Wünschen und auf Schildern das Passiv häufig verkürzt durch Auslassen der Formen des Verbs **be**:

Ich möchte diesen Rock kürzen lassen.	**I'd like this skirt (to be) shortened, please.**
Hier wird Englisch gesprochen.	**English spoken.**
Euros werden akzeptiert.	**Euros accepted.**

Paste *f* paste
Pastell *n* (*Bild, Farbe, Malerei*) pastel
Pastellfarbe *f* pastel
Pastellstift *m* crayon
Pastete *f* pie, *feine*: pâté
pasteurisieren *v/t* pasteurize
Pastille *f* lozenge
Pastor, **Pastorin** pastor, minister
Pate *m* **a)** godfather, **b)** → ***Patin***, **c)** → ***Patenkind***: ***Pate stehen bei*** be godfather (*oder* godmother) to, *fig* sponsor, *weit. S.* be behind
Patenkind *n* godchild, godson, goddaughter
Patenonkel *m* godfather
Patenschaft *f* sponsorship: *fig* ***die Patenschaft übernehmen für*** sponsor
patent *Adj ugs* ingenious, clever
Patent *n* **1.** patent (***auf*** *Akk* for): ***ein Patent anmelden*** apply for a patent; (***zum***) ***Patent angemeldet*** patent pending **2.** (*Offizierspatent*) commission
Patentamt *n* patent office
Patentanmeldung *f* patent application
Patentante *f* godmother
Patentanwalt *m*, **Patentanwältin** *f* patent attorney
patentfähig *Adj* patentable
patentieren *v/t* patent: ***etw patentieren lassen*** take out a patent for s.th.
Patentinhaber, **Patentinhaberin** patentee
Patentlösung *f* ready-made solution
Patentrecht *n objektives*: patent law, *subjektives*: patent right
patentrechtlich *Adj und Adv* under patent law: ***patentrechtlich geschützt*** patented
Patentrezept *n fig* magic formula, panacea
Patentschutz *m* protection by patent
Patentverletzung *f* patent infringement
Pater *m* (*Pl* ***Patres***) father
pathetisch *Adj* lofty, emotional, *pej* pompous

pathetisch ≠ pathetic FF

pathetisch	=	lofty, emotional
pathetic	=	**1.** mitleiderregend **2.** erbärmlich, miserabel

Pathologie *f* pathology
pathologisch *Adj* pathological
Pathos *n* emotion(al style): ***falsches Pathos*** bathos
Patience *f* patience, *Am* solitaire
Patient, **Patientin** patient

P

Patin *f* godmother
Patina *f auch fig* patina
Patriarch *m* patriarch
patriarchalisch *Adj* patriarchal
Patriarchat *n* patriarchate
Patriot, **Patriotin** patriot
patriotisch *Adj* patriotic(ally *Adv*)
Patriotismus *m* patriotism
Patrizier, **Patrizierin** HIST Patrician
Patron *m* **1.** patron **2.** REL patron saint **3.** *ugs* fellow: *pej* ***übler Patron*** nasty customer
Patronat *n* patronage
Patrone *f allg* cartridge
Patronengurt *m* cartridge belt
Patronenhülse *f* cartridge case
Patronin *f* **1.** patroness **2.** REL patron saint
Patrouille *f*, **patrouillieren** *v/i* MIL patrol
patsch *Interj* splat!, *bei Schlag*: smack!
Patsche *f ugs* ***in der Patsche sitzen*** be in a scrape; ***j-m aus der Patsche helfen*** help s.o. out of a (tight) spot
patschen *v/i und v/t im Wasser*: splash, (*schlagen*) smack
patschnass *Adj* soaking wet
Patt *n Schach*: stalemate (*auch fig* POL), *fig auch* deadlock
patzen *v/i*, **Patzer** *m ugs* blunder, boob
patzig *Adj ugs* snotty, stroppy
Pauke *f* **a)** bass drum, **b)** (*Kesselpauke*) kettledrum: *ugs fig* ***auf die Pauke hauen*** *allg* go to town; ***mit Pauken und Trompeten*** gloriously
pauken *v/i* **1.** play the kettledrum(s) **2.** *ugs* PÄD (*auch v/t*) cram, swot
Paukenschlag *m* drumbeat: *fig* ***wie ein Paukenschlag*** like a bombshell
Pauker, **Paukerin 1.** MUS drummer **2.** *ugs* teacher
pausbäckig *Adj* chubby
pauschal I *Adj* **1.** *Preis etc*: all-in(clusive) **2.** *fig* sweeping, wholesale **II** *Adv* **3.** in a lump sum **4.** *fig* wholesale
Pauschalbetrag *m*, **Pauschale** *f* lump sum, *im Hotel etc*: all-in price, *Am* American plan
Pauschalgebühr *f* flat rate
Pauschalreise *f* package tour
Pauschalurlaub *m* package holiday
Pauschalurteil *n fig* sweeping judg(e)ment
Pause[1] *f* rest (*auch* MUS), (*Arbeitspause, Schulpause*) break, *Am* recess, *bes* THEAT, SPORT interval, *Am* intermission, (*Sprechpause*) pause: ***eine Pause machen*** **a)** take a break, **b)** *beim Sprechen*: pause
Pause[2] *f* TECH tracing, copy, blueprint
pausen *v/t* trace
pausenlos *Adj* uninterrupted, nonstop
pausieren *v/i* pause, take a break
Pauspapier *n* tracing paper
Pavian *m* ZOOL baboon
Pavillon *m* ARCHI, WIRTSCH pavilion
Pay-TV *n* pay TV
Pazifik *the* Pacific (Ocean)
Pazifismus *m* pacifism
Pazifist, **Pazifistin**, **pazifistisch** *Adj* pacifist
PC *m Abk* (= ***Personal Computer***) PC, personal computer
PC-Arbeitsplatz *m* computer workplace
PDA *m Abk* (= ***Personal Digital Assistant***) PDA
Pech *n* **1.** pitch: *fig* ***wie Pech und Schwefel zs.-halten*** be as thick as thieves **2.** *ugs fig* bad luck: ***Pech haben*** be unlucky (***bei*** with); ***Pech gehabt!*** tough luck!
pechschwarz *Adj* jet-black, *Nacht*: pitch-dark
Pechsträhne *f* run of bad luck
Pechvogel *m ugs fig* unlucky fellow (*oder* girl)
Pedal *n* pedal
Pedant, **Pedantin** pedant, stickler
Pedanterie *f* pedantry
pedantisch *Adj* pedantic(ally *Adv*)
Pediküre *f* pedicure
Peepshow *f* peep show
Pegel *m auch fig* level
Pegelstand *m* water level
peilen I *v/t* take the bearings of: *fig* ***die Lage peilen*** see how the land lies; → ***Daumen*** **II** *v/i* take the bearings
Peilfunk *m* directional radio
Peilgerät *n* radio direction finder
Peilung *f* **a)** locating, **b)** (*Ergebnis*) bearing
Pein *f* pain, agony
peinigen *v/t* torment
Peiniger, **Peinigerin** tormentor
peinlich I *Adj* **1.** embarrassing, *Situation, Stille etc*: *auch* awkward: ***es ist mir sehr peinlich*** I feel awful about it **2.** (*peinlich genau*) meticulous, scrupulous **II** *Adv* **3.** ***peinlich*** (***genau***) meticulously; ***peinlich sauber*** scrupulously clean; ***j-n peinlich berühren*** pain s.o.; ***peinlich berührt*** embarrassed, pained; ***etw peinlichst vermeiden*** take great care to avoid s.th.
Peinlichkeit *f* **1.** awkwardness **2.** awkward situation (*oder* remark)
Peitsche *f* whip
peitschen *v/i und v/t* whip, *auch fig Regen etc*: lash
Peitschenhieb *m* (whip)lash
Pekinese *m* (*Hund*) Pekin(g)ese
pekuniär *Adj* financial, pecuniary
Pelikan *m* ZOOL pelican
Pelle *f*, **pellen** *v/t* skin, peel; → ***Ei*** 1
Pellkartoffeln *Pl* potatoes *Pl* boiled in their skins
Pelz *m* fur (*auch Kleidung*), *unbearbeitet*: skin, hide: ***j-m auf den Pelz rücken*** **a)** (*bedrohen*) come at s.o., **b)** (*bedrängen*) press s.o. hard
pelzgefüttert *Adj* fur-lined
Pelzhandel *m* fur trade
Pelzhändler, **Pelzhändlerin** furrier
pelzig *Adj* **1.** furry **2.** MED *Zunge*: furred, coated, *Gefühl*: numb
Pelzkragen *m* fur collar
Pelzmantel *m* fur coat
Pelzmütze *f* fur cap, fur hat
Pelztier *n* fur-bearing animal
Pelztierfarm *f* fur farm
Pelztierjäger, **Pelztierjägerin** trapper
Pelztierzucht *f* fur farming
Pendel *n* pendulum
pendeln *v/i* **1.** swing, oscillate **2.** BAHN *etc* shuttle, *Person*: commute
Pendeltür *f* swing door
Pendeluhr *f* pendulum clock
Pendelverkehr *m* **1.** BAHN *etc* shuttle service **2.** commuter traffic
Pendler, **Pendlerin** commuter
penetrant *Adj* **1.** *Geruch etc*: penetrating **2.** *ugs fig Person*: pushy
penibel *Adj* fussy
Penis *m* penis
Penizillin *n* penicillin
Penne *f ugs* **1.** school **2.** *pej* (*Nachtasyl*) dosshouse, *Am* flophouse
pennen *v/i pej ugs* kip, sleep (*auch fig*)
Penner, **Pennerin** *ugs pej* **1.** dosser, bum **2.**

sleepyhead
Pension *f* **1.** (old-age) pension: ***in Pension gehen*** retire; ***in Pension sein*** be retired **2.** (*Fremdenpension*) boarding-house, private hotel **3.** (*Verpflegung*) board
Pensionär, **Pensionärin** pensioner
Pensionat *n* boarding-school
pensionieren *v/t* pension (off): ***sich pensionieren lassen*** retire
pensioniert *Adj* retired, in retirement
Pensionierung *f* retirement
Pensionsalter *n* retirement age
pensionsberechtigt *Adj* eligible for a pension
Pensionsgast *m* boarder
pensionsreif *Adj ugs* due for retirement
Pensum *n* (allotted) task, *weit. S.* workload: ***großes Pensum*** a great deal of work
Penthouse *n* penthouse
Peperoni *Pl* GASTR chil(l)i peppers *Pl*
Pepsin *n* CHEM, MED pepsin
per *Präp* per, by: ***per Adresse*** care of (*Abk* c/o); ***per Bahn*** by train; → ***du***
Perestroika *f* POL perestroika
perfekt *Adj* **1.** perfect **2.** *Vertrag etc*: settled, *ugs* in the bag: ***etw perfekt machen*** settle (*oder* clinch) s.th.
Perfekt *n* LING perfect (tense)
Perfektion *f* perfection
perfektionieren *v/t* (make) perfect
Perfektionist, **Perfektionistin** perfectionist
perforieren *v/t* perforate
Pergament *n* parchment
Pergamentpapier *n* greaseproof paper
Periode *f allg* period (*auch der Frau*), ELEK cycle: → ***ausbleiben*** I
periodisch *Adj* periodic(al): ***periodischer Dezimalbruch*** recurring decimal
Peripherie *f* periphery, *einer Stadt*: *auch* outskirts *Pl*, IT peripherals *Pl*
Peripheriegerät *n* peripheral
Periskop *n* periscope
perkutan *Adj* MED percutaneous
Perle *f* **1.** pearl, (*Glasperle etc, auch Schweißperle*) bead: ***Perlen vor die Säue werfen*** cast (one's) pearls before swine **2.** *fig* (*auch Person*) jewel, gem
perlen *v/i* **1.** *Getränk*: sparkle **2.** *Schweiß, Wasser*: trickle (down)
Perlenkette *f* pearl necklace
Perlhuhn *n* ZOOL guinea fowl
Perlmuschel *f* pearl oyster
Perlmutt *n*, **Perlmutter** *f* mother-of-pearl
permanent *Adj* permanent
Perpetuum mobile *n* perpetual motion machine
perplex *Adj* bewildered
Perron *m schweiz.* platform
Persenning *f* tarpaulin
Perser[1], **Perserin** Persian
Perser[2], *m* **Perserteppich** *m* Persian carpet
Persianer *m* **1.** Persian lamb(skin) **2.** → ***Persianermantel***
Persianermantel *m* Persian lamb coat
Persilschein *m ugs* **1.** HIST denazification certificate **2.** *fig* clean bill of health
persisch *Adj* Persian: ***der Persische Golf*** the Persian Gulf
Person *f* person, THEAT character: LING ***erste Person*** first person; ***in eigener Person*** personally; ***ich für meine Person*** I for my part; ***pro Person*** each; ***ein Tisch für sechs Personen*** a table for six; ***sie ist die Güte in Person*** she is kindness personified; → ***juristisch***

P

Person
SG

Die Pluralform **persons** kommt nur in offiziellen oder förmlichen Kontexten vor, wie in Dokumenten oder auf Schildern:

Anzahl der Personen ankreuzen.	**Tick number of persons.**
Zur Beförderung von maximal 8 Personen zugelassen.	**Licensed to carry a maximum of 8 persons.**

Personal *n* personnel, staff: ***zu wenig Personal haben*** be understaffed
Personalabteilung *f* personnel department
Personalakte *f* personal file
Personalausweis *m* identity card
Personalchef, **Personalchefin** personnel manager
Personal Computer *m* personal computer
Personalien *Pl* particulars *Pl*, personal data *Pl*
Personalpronomen *n* personal pronoun

Personalpronomen bei bestimmten Verben
GR

Bei einigen Verben können die Präpositionen **to** und **for** vor einem Personalpronomen entfallen:

Verb + **to**:
bring, give, hand, lend, offer, promise, sell, show, teach, tell, write

Wir zeigten ihnen die DVD.	**We showed the DVD to them. / We showed them the DVD.**

Verb + **for**:
buy, cook, fetch, find, get, leave, make

Sie kaufte ihm ein Buch.	**She bought a book for him. / She bought him a book.**

Personal-Service-Agentur *n* temporary employment service
personell *Adj* personal, (*das Personal betreffend*) personnel
Personenaufzug *m* lift, *Am* elevator
Personenbeförderung *f* passenger transport(ation *Am*)
Personenbeschreibung *f* personal description
Personengesellschaft *f* WIRTSCH partnership
Personenkraftwagen *m* motor car, *Am auch* auto(mobile)
Personenkreis *m* circle
Personenkult *m* personality cult
Personenschaden *m* personal injury
Personenstand *m* marital status
Personenwagen *m* → ***Personenkraftwagen***
Personenzug *m* slow train
personifizieren *v/t* personify
persönlich **I** *Adj* personal **II** *Adv* personally, (*selbst*) *auch* in person
Persönlichkeit *f* personality, (*bedeutender Mensch*) *auch* personage: ***eine Persönlichkeit des öffentlichen Lebens*** a public figure
Perspektive *f* **1.** KUNST *etc* perspective **2.** *fig* perspective, (*Aussicht*) *auch* prospect, (*Standpunkt*) point of view: ***das eröffnet neue Per-***

spektiven that opens up new vistas
perspektivisch *Adj* perspective, *Zeichnung etc*: in perspective
Peru *n* Peru
Peruaner, **Peruanerin**, **peruanisch** *Adj* Peruvian
Perücke *f* wig
pervers *Adj* perverse
Perversität *f* perversity
pervertiert *Adj* perverted
Pessar *n* MED pessary
Pessimismus *m* pessimism
Pessimist, **Pessimistin** pessimist
pessimistisch *Adj* pessimistic(ally *Adv*)
Pest *f* plague: ***j-n hassen wie die Pest*** hate s.o.'s guts; *ugs* ***stinken wie die Pest*** stink to high heaven
Pestizid *n* pesticide
Petersilie *f* BOT parsley
Petition *f* petition
Petrochemie *f* petrochemistry
petrochemisch *Adj* (*auch* ***petrochemisches Produkt***) petrochemical
Petrodollar *m* petrodollar
Petroleum *n* **1.** → ***Erdöl*** **2.** (*Leuchtpetroleum*) paraffin, *bes Am* kerosene
Petroleumlampe *f* paraffin (*oder* kerosene) lamp
petto: ***etw in petto haben*** have s.th. up one's sleeve
Petze *f* *ugs* telltale, sneak
petzen *v/i* *ugs* sneak (***gegen j-n*** on s.o.)
Pfad *m* *auch* COMPUTER *und fig* path
Pfadfinder *m* boy scout
Pfadfinderin *f* girl guide, *Am* girl scout
Pfahl *m* stake, (*Pfosten*) post, ARCHI pile, (*Mast*) pole
Pfahlbau *m* pile dwelling
Pfahlwurzel *f* BOT tap root
Pfand *n* security, (*Gegenstand*) pawn, pledge, *im Spiel*: forfeit, (*Flaschenpfand etc*) deposit: ***als*** (*oder* ***zum***) ***Pfand geben*** pawn, *auch fig* pledge; ***für etw Pfand zahlen*** pay a deposit on s.th.
pfändbar *Adj* distrainable
Pfandbrief *m* WIRTSCH bond
pfänden *v/t* (*etw*) seize, (*auch j-n*) distrain (up)-on: ***j-n pfänden*** levy a distress on s.o.; ***den Lohn pfänden*** garnish wages
Pfänderspiel *n* (game of) forfeits *Pl*
Pfandflasche *f* bottle with deposit
Pfandhaus *n*, **Pfandleihe** *f* pawnshop
Pfandleiher, **Pfandleiherin** pawnbroker
Pfandschein *m* pawn ticket
Pfändung *f* (*Gen*) seizure (of), distraint (upon)
Pfanne *f* **1.** pan: *ugs fig* ***j-n in die Pfanne hauen*** **a)** (*besiegen*) clobber s.o., **b)** (*kritisieren*) give s.o. a roasting **2.** ANAT socket **3.** (*Dachpfanne*) pantile
Pfannkuchen *m* pancake: ***Berliner Pfannkuchen*** doughnut
Pfarramt *n* *allg* rectory
Pfarrbezirk *m* parish
Pfarrei *f* rectory, vicarage
Pfarrer *m* pastor, minister, (*katholischer Pfarrer*) (parish) priest
Pfarrerin *f* woman pastor
Pfarrgemeinde *f* parish
Pfarrhaus *n* rectory, vicarage
Pfarrkirche *f* parish church
Pfau *m* ZOOL peacock
Pfauenauge *n* ZOOL peacock (butterfly)
Pfauenfeder *f* peacock feather
Pfeffer *m* **1.** pepper: → ***Hase*** **2.** *ugs* (*Schwung*) pep
Pfeffergurke *f* GASTR gherkin
Pfefferkuchen *m* gingerbread
Pfefferminz *n* peppermint (drop)
Pfefferminze *f* BOT peppermint
Pfeffermühle *f* pepper mill
pfeffern *v/t* **1.** *auch fig* pepper: → ***gepfeffert*** **2.** *ugs* (*werfen*) chuck
Pfefferstreuer *m* pepper caster
Pfeife *f* **1.** (*Signalpfeife*) whistle, (*Orgelpfeife etc*) pipe: *fig* ***nach j-s Pfeife tanzen*** dance to s.o.'s tune **2.** (*Tabakspfeife*) pipe: ***Pfeife rauchen*** **a)** smoke a pipe, **b)** be a pipe smoker **3.** *ugs* idiot, dope
pfeifen **I** *v/i* **1.** whistle (***j-m*** to s.o.), *Schiedsrichter etc*: blow the whistle, *Zuschauer*: boo: *ugs* ***ich pfeife auf das Geld*** I don't give a damn about the money **II** *v/t* **2.** (*Lied etc*) whistle: *ugs* ***ich werd dir was pfeifen!*** to hell with you! **3.** SPORT ***ein Spiel pfeifen*** referee a match
Pfeifenkopf *m* bowl
Pfeifenraucher, **Pfeifenraucherin** pipe smoker
Pfeifenreiniger *m* pipe cleaner
Pfeifenstiel *m* pipe stem
Pfeifenstopfer *m* tamper
Pfeifkonzert *n* (hail of) catcalls *Pl*
Pfeil *m* arrow, (*Wurfpfeil*, *Blaspfeil*) dart: ***mit Pfeil und Bogen*** with bow and arrow
Pfeiler *m* pillar (*auch fig*), (*Brückenpfeiler*) pier
pfeilförmig *Adj* V-shaped
pfeilgerade **I** *Adj* (as) straight as an arrow **II** *Adv* straight
Pfeilgift *n* arrow poison
pfeilschnell *Adj und Adv* (as) quick as lightning, *Adv auch* like a shot
Pfeilspitze *f* arrowhead
Pfennig *m* HIST pfennig, *fig* penny, *Am* cent: ***jeden Pfennig umdrehen*** count every penny; ***es ist keinen Pfennig wert*** it's not worth a thing
Pfennigabsatz *m* stiletto heel
Pfennigfuchser, **Pfennigfuchserin** *ugs* penny pincher
Pferch *m* pen, fold
pferchen *v/t* (*Tiere*) pen, (*Menschen*) cram
Pferd *n* **1.** horse: ***zu Pferde*** on horseback; *fig* ***das beste Pferd im Stall*** the number one; *ugs fig* ***aufs falsche Pferd setzen*** back the wrong horse; ***das Pferd beim Schwanze aufzäumen*** put the cart before the horse; ***mit ihr kann man Pferde stehlen*** she's a good sport **2.** *Turnen*: (vaulting) horse **3.** *Schach*: knight
Pferdeäpfel *Pl* horse droppings *Pl*
Pferdefleisch *n* horse-meat
Pferdefuhrwerk *n* horse-drawn vehicle
Pferdefuß *m des Teufels*: cloven foot, *fig* snag
Pferdekoppel *f* paddock
Pferdelänge *f* SPORT ***um zwei Pferdelängen*** by two lengths
Pferderennbahn *f* race course
Pferderennen *n* horse racing, *einzelnes*: horse race
Pferdeschwanz *m* **1.** horse's tail **2.** (*Frisur*) ponytail
Pferdestall *m* stable
Pferdestärke *f* horsepower (*Abk* H.P.)
Pferdezucht *f* horse breeding, (*Gestüt*) stud farm
Pfiff *m* **1.** whistle **2.** *ugs fig* (*Schwung*) pep: ***mit Pfiff*** *Film etc*: with a difference; ***der Mantel hat Pfiff*** the coat's got real style; ***das gibt der***

P

Sache erst den richtigen Pfiff that gives it that extra something
Pfifferling *m* BOT chanterelle: *fig* ***keinen Pfifferling wert*** not worth a damn
pfiffig *Adj* smart, clever, *ugs fig* peppy
Pfiffigkeit *f* smartness, cleverness
Pfiffikus *m hum* smart fellow
Pfingsten *n* (***an Pfingsten*** at) Whitsun
Pfingstfest *n* → ***Pfingsten***
Pfingstmontag *m* Whit Monday
Pfingstrose *f* BOT peony
Pfingstsonntag *m* Whitsunday
Pfirsich *m* peach
Pflanze *f* **1.** plant: ZOOL ***Pflanzen fressend*** → ***pflanzenfressend*** **2.** *ugs* type, character
pflanzen *v/t auch fig* plant
Pflanzenfaser *f* plant (*oder* vegetable) fibre (*Am* fiber)
Pflanzenfett *n* vegetable fat
pflanzenfressend *Adj* herbivorous
Pflanzenfresser *m* ZOOL herbivore
Pflanzenkost *f* vegetable foodstuffs *Pl*
Pflanzenkunde *f* botany
Pflanzenöl *n* vegetable oil
Pflanzenreich *n* vegetable kingdom, flora
Pflanzenschutzmittel *n* pesticide
Pflanzenwelt *f* flora
Pflanzer, **Pflanzerin** planter
pflanzlich *Adj* plant, vegetable
Pflanzung *f* plantation
Pflaster *n* **1.** (*Straßenpflaster*) pavement, (*Kopfsteinpflaster*) cobbles *Pl*: *fig* ***ein heißes*** (***teures***) ***Pflaster*** a dangerous (an expensive) place **2.** MED (sticking) plaster, *bes Am* band-aid
Pflastermaler, **Pflastermalerin** pavement artist
pflastern *v/t* **1.** (*Straße*) pave **2.** *ugs* MED plaster (*auch fig kleben*)
Pflasterstein *m* paving stone
Pflaume *f* **1.** plum, (*Dörrpflaume*) prune **2.** *ugs* (*Person*) dope
Pflaumenbaum *m* plum (tree)
Pflaumenkuchen *m* plum tart
Pflaumenmus *n* plum jam
Pflege *f allg* care, (*Krankenpflege*) nursing, TECH maintenance, servicing, *eines Gartens*, *fig der Künste, von Beziehungen*: cultivation: ***in Pflege geben*** (***nehmen***) put (take) into care; ***ein Kind in Pflege geben*** (***nehmen***) foster a child
pflegebedürftig *Adj* in need of (*oder* needing) care
Pflegeeltern *Pl* foster-parents *Pl*
Pflegefall *m* nursing case
Pflegegeld *n* nursing allowance
Pflegeheim *n* nursing home
Pflegekind *n* foster-child
pflegeleicht *Adj* easy-care, (*Mensch*) easy to handle;
Pflegemutter *f* foster-mother
pflegen **I** *v/t* look after, care for, (*Kind, Kranke*) *auch* nurse, (*Blumen, Garten etc*) tend, (*Kleidung, sein Äußeres*) groom, (*instand halten*) keep *s.th.* in good condition, TECH *auch* service, (*Daten*) maintain, *fig* (*Künste, Beziehungen, Freundschaft*) cultivate: → ***gepflegt***, ***Umgang*** 1 **II** *v/i* (***etw***) ***zu tun pflegen*** be in the habit of doing (s.th.); ***sie pflegte zu sagen*** she used to say, she would say; ***solche Aktionen pflegen fehlzuschlagen*** such actions usually (*oder* tend to) fail **III** *v/refl* ***sich pflegen*** **a)** take care of one's appearance, **b)** look after o.s., *ugs* take things easy
Pflegepersonal *n* MED nursing staff
Pfleger *m* **1.** MED (male) nurse **2.** JUR curator
Pflegerin *f* MED nurse
Pflegesohn *m* foster-son
Pflegestelle *f* foster home
Pflegetochter *f* foster-daughter
Pflegevater *m* foster-father
Pflegeversicherung *f* nursing care insurance
pfleglich *Adj* careful: *Adv* ***pfleglich behandeln*** take good care of
Pflegschaft *f* JUR curatorship
Pflicht *f* **1.** duty: ***die Pflicht ruft!*** duty calls! **2.** → ***Pflichtübung***
pflichtbewusst *Adj* conscientious, dutiful
Pflichtbewusstsein *n* sense of duty
Pflichteifer *m* zeal
pflichteifrig *Adj* zealous
Pflichterfüllung *f* performance of one's duty
Pflichtfach *n* PÄD compulsory subject
Pflichtgefühl *n* sense of duty
pflichtgemäß **I** *Adj* dutiful, due **II** *Adv* duly
pflichtgetreu *Adj* dutiful
Pflichtlektüre *f* required reading, set books *Pl*
pflichtschuldig *Adj und Adv* as (it) is my *etc* duty, *Adv meist* ***pflichtschuldigst*** *auch* duly
Pflichtteil *m, n* JUR legal portion
Pflichttreue *f* dutifulness, loyalty
Pflichtübung *f* SPORT compulsory (*oder* set) exercise: *fig* ***eine reine Pflichtübung*** purely a matter of duty
pflichtvergessen *Adj* derelict of duty
Pflichtversäumnis *n* dereliction of duty
Pflichtverteidiger, **Pflichtverteidigerin** JUR assigned counsel
Pflock *m* peg, (*Pfahl*) stake
pflücken *v/t* pick
Pflug *m*, **pflügen** *v/t und v/i* plough, *Am* plow
Pforte *f* gate, door, *fig* gateway
Pförtner, **Pförtnerin** gatekeeper, porter, *Am* doorman
Pförtnerhaus *n* lodge
Pförtnerloge *f* porter's office (*oder* lodge)
Pfosten *m* post, (*Türpfosten, Fensterpfosten*) jamb
Pfote *f* ZOOL paw (*auch ugs Hand*)
Pfropf *m* MED clot, thrombus
pfropfen *v/t* **1.** stopper **2.** *ugs* (*hineinpfropfen*) cram **3.** LANDW graft
Pfropfen *m* stopper, cork, (*Stöpsel, Wattepfropfen etc*) plug
Pfropfmesser *n* grafter
Pfropfreis *n* graft
Pfründe *f* **1.** REL prebend, (*Kirchenamt*) benefice, living **2.** *fig* sinecure
pfui *Interj* (for) shame!, *Sport etc*: boo!, *angeekelt*: ugh!, *zum Kind oder Hund*: no!; → ***Teufel***
Pfund *n* **1.** pound (*Abk* lb.): ***3 Pfund Mehl*** three pounds of flour **2.** ***Pfund*** (***Sterling***) pound (sterling) (*Abk* £)

Pfund SG

Das Pfundzeichen erscheint im Englischen immer vor der Zahl, und zwar ohne Zwischenraum: **£5, £344** usw.

pfundweise *Adj und Adv* by the pound
Pfusch *m*, **Pfuscharbeit** *f* **1.** *ugs* bad job, botch-up **2.** *österr.* (*Schwarzarbeit*) illicit work, moonlighting

pfuschen *v/i und v/t ugs* bungle: → ***Handwerk***
Pfuscher, **Pfuscherin** *ugs* bungler
Pfuscherei *f ugs* bungling
Pfütze *f* puddle
Phallus *m* phallus
Phallussymbol *n* phallic symbol
Phänomen *n auch fig* phenomenon
phänomenal *Adj* phenomenal
Phantasie *etc* → ***Fantasie***
Phantom *n* phantom
Phantombild *n* identikit picture
Phantomschmerzen *Pl* phantom limb pains *Pl*
Pharisäer, **Pharisäerin** *fig* pharisee, hypocrite
pharisäisch *Adj* pharisaic(al)
Pharmaindustrie *f* pharmaceutical industry
Pharmakologe *m*, **Pharmakologin** *f* pharmacologist
Pharmakologie *f* pharmacology
Pharmakonzern *m* pharmaceutical company
Pharmazeut, **Pharmazeutin** pharmacist
Pharmazeutik *f* pharmaceutics *Sg*
pharmazeutisch *Adj* pharmaceutical
Pharmazie *f* pharmacy
Phase *f allg*, *auch* ELEK phase
Philanthrop, **Philanthropin** philanthropist
Philanthropie *f* philanthropism
philanthropisch *Adj* philanthropic(ally *Adv*)
Philatelie *f* philately
Philatelist, **Philatelistin** philatelist
Philharmonie *f* philharmonic orchestra (*oder* society)
Philippinen *Pl the* Philippines
Philister *m*, **philisterhaft** *Adj* Philistine
Philologe *m*, **Philologin** *f* teacher (*oder* scholar) of language and literature, *Am* philologist
Philologie *f* study of language and literature, *Am* philology
philologisch *Adj* language and literature ..., *Am* philological
Philosoph, **Philosophin** philosopher
Philosophie *f* philosophy
philosophieren *v/i* philosophize
philosophisch *Adj* philosophic(al)
Phlegma *n* phlegm
Phlegmatiker, **Phlegmatikerin** phlegmatic person
phlegmatisch *Adj* phlegmatic(ally *Adv*)
pH-neutral *Adj* pH-balanced
Phobie *f* PSYCH *und fig* phobia
Phon *n* PHYS phon
Phonem *n* LING phoneme
Phonetik *f* phonetics *meist Sg*
Phonetiker, **Phonetikerin** phonetician
phonetisch *Adj* phonetic(ally *Adv*)
Phonotypist, **Phonotypistin** audio typist
Phonzahl *f* decibel level
Phosphat *n* CHEM phosphate
phosphatfrei *Adj* phosphate-free
Phosphor *m* CHEM phosphorus
Phosphoreszenz *f* phosphorescence
phosphoreszieren *v/i* phosphoresce: ***phosphoreszierend*** phosphorescent
phosphorig *Adj* CHEM phosphorous
Photo, **Photo...** → ***Foto(...)***
Photosynthese *f* → ***Fotosynthese***
Phrase *f* phrase (*auch* MUS), *pej auch* cliché, platitude, POL catchphrase: *ugs* ***Phrasen dreschen*** talk in platitudes
Phrasendrescher, **Phrasendrescherin** *ugs* phrasemonger
phrasenhaft *Adj* empty, meaningless
ph-Wert *m* pH factor
Physik *f* physics *Sg*
physikalisch *Adj* physical
Physiker, **Physikerin** physicist
Physikum *n* preliminary (medical) examination
Physiognomie *f* physiognomy
Physiologe *m*, **Physiologin** *f* physiologist
Physiologie *f* physiology
physiologisch *Adj* physiological
Physiotherapeut, **Physiotherapeutin** MED physiotherapist
Physiotherapie *f* physiotherapy
physisch *Adj* physical
Pianist, **Pianistin** pianist
picheln *v/i und v/t ugs* tipple
Pickel[1] *m* TECH pick(axe), (*Eispickel*) ice-pick
Pickel[2] *m* MED pimple, spot
picken *v/t und v/i* peck, (*greifen*) pick
picklig *Adj* pimply
Picknick *n* picnic: ***ein Picknick machen*** → ***picknicken***
picknicken *v/i* (have a) picnic
pieken *v/t und v/i ugs* prick
piekfein *Adj ugs* posh, *Kleidung etc*: very smart
piepen *v/i* cheep, *Maus*: squeak, ELEK bleep: *ugs* ***bei dir piepts wohl?*** are you off your rocker?; ***er (es) war zum Piepen*** he (it) was a scream
piepsen → ***piepen***
Piepser *m* bleeper, beeper
Pier *f* SCHIFF jetty, pier
Piercing *n* body piercing
piesacken *v/t ugs* torment, persecute
Pietät *f* piety, reverence: ***aus Pietät*** out of respect (***gegenüber*** of)
pietätlos *Adj* irreverent
pietätvoll *Adj* reverent
Pigment *n* pigment
Pik[1] *m ugs* ***einen Pik auf j-n haben*** have it in for s.o.
Pik[2] *m* (mountain) peak
Pik[3] *n Kartenspiel*: spade(s *Pl*)
pikant *Adj auch fig* piquant, spicy
Pike *f ugs* ***etw von der Pike auf lernen*** learn s.th. from the bottom up
pikiert *Adj fig* piqued (***über*** *Akk* about)
Pikkolo *m* **1.** boy waiter **2.** (*Sekt*) champagne miniature
Pikkoloflöte *f* MUS piccolo
Piktogramm *n* pictogram
Pilger, **Pilgerin** pilgrim
Pilgerfahrt *f* pilgrimage
pilgern *v/i* **1.** make (*oder* go on) a pilgrimage **2.** *ugs* wander
Pilgerschaft *f* pilgrimage
Pille *f* pill: *ugs* ***die Pille nehmen*** be on (*oder* take) the pill; *fig* ***eine bittere Pille*** a bitter pill (to swallow)
Pillenknick *m ugs* sudden drop in birthrates
Pillenschachtel *f* pillbox
Pilot, **Pilotin** **1.** FLUG pilot **2.** (racing) driver
Pilotfilm *m* pilot (film)
Pilotprojekt *n* pilot project
Pilotsendung *f* pilot broadcast
Pilz *m* fungus (*auch* MED), *essbarer*: mushroom, *giftiger*: toadstool: ***Pilze suchen (gehen)*** go mushrooming; ***wie Pilze aus dem Boden schießen*** mushroom (up)
Pilzkrankheit *f* mycosis, BOT fungus
Pilzvergiftung *f* mushroom poisoning
PIN *Abk* (*Geheimzahl*) PIN
pingelig *Adj*, **Pingeligkeit** *f ugs* nitpicking
Pinguin *m* ZOOL penguin

Pinie *f* BOT (stone) pine
pink *Adj Farbe*: shocking pink
Pinkel *m ugs* dope: ***feiner Pinkel*** toff
pinkeln *v/i ugs* pee: ***pinkeln gehen*** go for a pee
Pinne *f* SCHIFF helm
Pinnwand *f* pinboard
Pinscher *m* ZOOL pinscher
Pinsel *m* brush
pinseln *v/i und v/t* paint (*auch* MED), *ugs* (*schmieren*) daub
Pinselstrich *m* stroke of the brush
Pinzette *f* (pair of) tweezers *Pl*
Pionier, **Pionierin 1.** MIL engineer **2.** *fig* pioneer
Pionierarbeit *f fig* pioneering work
Pioniergeist *m fig* pioneering spirit
Pionierleistung *f fig* pioneering feat
Pipette *f*, **pipettieren** *v/t* CHEM pipette
Pipi *n ugs* wee-wee: ***Pipi machen*** wee
Pirat, **Piratin** pirate
Piratensender *m* RADIO, TV pirate station
Piraterie *f* piracy (*auch fig*)
Pirouette *f*, **pirouettieren** *v/i* pirouette
Pirsch *f* stalk, still hunt: ***auf die Pirsch gehen*** go (deer)stalking
pirschen *v/i* ***pirschen auf*** (*Akk*) stalk
Pirschjagd *f* → ***Pirsch***
PISA-Studie *f* PISA study
Pisse *f*, **pissen** *v/i vulg* piss
Pistazie *f* BOT pistachio (*Baum und Frucht*)
Piste *f* **1.** SPORT **a)** (racing) track, course, **b)** piste, ski-run **2.** FLUG runway
Pistenrowdy *m* terror of the slopes
Pistole *f* pistol: ***mit vorgehaltener Pistole*** at pistol-point; *fig* ***j-m die Pistole auf die Brust setzen*** hold a pistol to s.o.'s head; ***wie aus der Pistole geschossen*** like a shot
Pistolentasche *f* holster
Pixel *n* IT pixel
Pizza *f* GASTR pizza
Pizzeria *f* pizzeria
Pkw, **PKW** *m Abk* (= ***Personenkraftwagen***) (motor) car
Placebo *n* MED placebo
Plackerei *f ugs* drudgery, grind
plädieren *v/i* JUR plead (***für, auf*** *Akk* for)
Plädoyer *n* final speech, *fig* plea
Plage *f* (*Mühe*) trouble, bother, (*Ärgernis*) nuisance, (*Insektenplage etc*) plague (*auch* BIBEL)
Plagegeist *m* nuisance, pest
plagen I *v/t* trouble, worry, torment, (*belästigen*) harass, *ugs* plague, *mit Bitten etc*: *auch* pester: ***geplagt von*** troubled by **II** *v/refl* ***sich plagen*** toil away, (*sich abmühen*) take pains (***mit*** with)
Plagiat *n* plagiarism
plagiieren *v/i und v/t* plagiarize
Plakat *n* poster, placard
plakatieren *v/t* placard
plakativ *Adj fig* slogan-like, graphic
Plakette *f* badge
plan *Adj* plane, level
Plan[1] *m fig* ***j-n auf den Plan rufen*** make s.o. step in; ***auf dem Plan erscheinen*** appear on the scene
Plan[2] *m* **1.** *allg* plan, (*Zeitplan, Arbeitsplan etc*) *auch* schedule, (*Absicht*) *auch* intention, (*Vorhaben*) *auch* project, scheme (*auch pej*): ***einen Plan fassen*** make a plan; ***Pläne schmieden*** make (*oder* hatch) plans, *pej* plot, scheme; ***was steht heute auf dem Plan?*** what's on today? **2.** (*Entwurf*) plan, (*Zeichnung*) *auch* design, (*grafische Darstellung*) diagram **3.** (*Karte*) map
Plane *f* tarpaulin, awning
planen *v/t allg* plan, *zeitlich*: *auch* schedule, (*vorhaben*) *auch* intend, (*entwerfen*) *auch* design
Planer, **Planerin** planner
Planet *m* planet
planetarisch *Adj* planetary
Planetarium *n* planetarium
planieren *v/t* level, (*Gelände*) *auch* grade
Planierraupe *f* TECH bulldozer
Planke *f* plank, board
Plänkelei *f*, **plänkeln** *v/i auch fig* skirmish
Plankton *n* ZOOL plankton
planlos *Adj* without plan, aimless, unsystematic(ally *Adv*)
Planlosigkeit *f* lack of plan (*oder* system), aimlessness
planmäßig I *Adj* **1.** planned, systematic **2.** *Verkehr*: scheduled **II** *Adv* **3.** according to plan (*zeitlich*: schedule), as planned, *ankommen etc*: on schedule
Planquadrat *n* grid square
Planschbecken, **Plantschbecken** *n* paddling pool
planschen, **plantschen** *v/i* splash (about)
Planstelle *f* permanent post
Plantage *f* plantation
Planung *f* **1.** → ***Plan***[2] 2 **2.** planning: ***in der Planung*** → ***Planungsstadium***
Planungsstadium *n* ***im Planungsstadium*** in the planning stage
planvoll *Adj* methodical, systematic
Planwirtschaft *f* planned economy
Plappermaul *n* chatterbox
plappern *v/t und v/i* chatter, babble
plärren *v/i und v/t* (*weinen*) blubber, cry, (*schreien*) bawl, RADIO *etc* blare
Plasma *n* PHYS plasma
Plastik[1] *f* **1.** KUNST sculpture **2.** MED plastic surgery
Plastik[2] *n* plastic
Plastikbeutel *m* polythene bag
Plastikbombe *f* plastic bomb
Plastikfolie *f* polythene sheet
Plastiktüte *f* plastic bag
plastisch *Adj* **1.** plastic **2.** *fig* (*anschaulich*) vivid, graphic(ally *Adv*) **3.** MED ***plastische Chirurgie*** plastic surgery; ***Facharzt für plastische Chirurgie*** plastic surgeon
Platane *f* BOT plane (tree)
Plateau *n* plateau
Platin *n* platinum
platinblond *Adj* platinum blonde
platonisch *Adj* Platonic, *Liebe etc*: platonic(ally *Adv*)
platsch *Interj*, **platschen** *v/i* splash
plätschern *v/i Wasser*: ripple, *Bach etc*: murmur, *Wellen*: lap
platt *Adj* **1.** (*flach*) flat, (*eben*) level: ***platt drücken*** *etc* flatten; *ugs* MOT ***einen Platten haben*** have a flat tyre (*Am* tire) **2.** *fig Redensart etc*: trite, banal **3.** *ugs* ***platt sein*** *vor Staunen*: be flabbergasted; ***da bin ich aber platt!*** *auch* well, I'm floored!
Platt *n* Low German
plattdeutsch *Adj*, **Plattdeutsch(e)** *n* Low German
plattdrücken → ***platt*** 1
Platte *f* **1.** (*Steinplatte*) slab, (*Fliese*) flag, flagstone, (*Holzplatte*) board, (*Wandplatte, Fußbo-*

denplatte) panel, (*Keramikplatte*) tile, (*Glasplatte, Blechplatte*) sheet **2.** (*Felsplatte*) ledge **3.** (*Tischplatte*) table top, *ausziehbar*: leaf **4.** (*Herdplatte*) hotplate **5.** (*Teller, auch Speise*) dish: ***kalte Platte*** cold cuts *Pl*; *ugs* ***die Platte putzen*** beat it **6.** (*Schallplatte*) record, disc, *Am* disk: *ugs fig* ***die Platte kenn ich!*** I know that line!; ***leg 'ne andere Platte auf!*** put another record on! **7.** *ugs* (*Glatze*) bald pate

Plattenhülle *f* record sleeve

Plattensammlung *f* record collection

Plattenspeicher *m* COMPUTER disk memory

Plattenspieler *m* record player

Plattform *f auch* POL platform

Plattfuß *m* **1.** flatfoot **2.** *ugs* MOT flat

plattfüßig *Adj* flat-footed

Plattheit *f* **1.** flatness **2.** *geistige*: triteness, (*Floskel*) platitude

Plättli *n schweiz.* tile

Platz (≈ Sitzplatz) SG

Unterschiedliche Sichtweisen und Formulierungskonventionen in verwandten Sprachen: Im Englischen fragt man eher, ob ein Sitzplatz schon besetzt ist (**taken**), statt ob er noch frei ist (**free**).

Platz *m* **1.** (*Raum*) room, space: ***Platz machen*** (***für*** for) make room, (*vorbeilassen*) make way (*auch fig*); ***Platz sparen*** save space; ***Platz raubend*** bulky, space-consuming; *fig* ***Platz greifen*** spread, (*entstehen*) arise **2.** (*Örtlichkeit, Arbeitsplatz, Studienplatz etc, auch* WIRTSCH *Stadt*) place, (*Lage, auch Bauplatz, Zeltplatz etc*) site, (*Standort, Stellung*) position: *fig* ***fehl am Platze sein*** *Person*: be out of place, *Bemerkung etc*: be uncalled for **3.** *öffentlicher*: square **4.** (*Sitzplatz*) seat: ***ist dieser Platz noch frei?*** is this seat taken?; ***Platz nehmen*** take a seat, sit down **5.** (*Sportplatz*) field, (*Tennisplatz*) court, (*Golfplatz*) course: *ugs* ***j-n vom Platz fegen*** play s.o. into the ground; ***j-n vom Platz verweisen*** send s.o. off; ***auf eigenem*** (***gegnerischem***) ***Platz spielen*** play at home (out of town); → ***belegen*** 4

Platz: room, space oder place? SG

Platz oder Raum allgemein und im übertragenen Sinn	**room, space**
⚠ In dieser Bedeutung sind **room** und **space** unzählbar und stehen ohne Artikel!	
There's no room / space for another sofa in this house.	
no room / space for new ideas	
Platz oder Leerraum, der groß genug für etwas ganz Bestimmtes ist	**space**
Leave a space for me to sign the card.	
a parking space	
Platz oder Ort für einen ganz bestimmten Zweck	**place**
This is Philip's place.	
his place in society	
the place where I keep my CDs	

Platzangst *f* **1.** PSYCH agoraphobia **2.** *ugs* (*Engegefühl*) claustrophobia

Platzanweiser, **Platzanweiserin** usher (usherette)

Plätzchen *n* **1.** little place, spot **2.** (*Gebäck*) biscuit, *Am* cookie

platzen *v/i* **1.** *allg* burst, *Bombe etc*: *auch* explode, (*reißen*) crack, split: *fig* ***ins Zimmer platzen*** burst into the room; → ***Kragen*** **2.** *fig* (***vor*** with) explode, burst **3.** *ugs fig* (*scheitern*) come to nothing, *sl* bust, go phut, *Plan etc*: fall through, *Verlobung*: be broken off, *Freundschaft etc*: break up, WIRTSCH *Wechsel*: bounce: ***platzen lassen*** (*Bande etc*) bust up, (*Veranstaltung etc*) break up

platzenlassen → ***platzen*** 3

Platzherren *Pl* SPORT home team *Sg*

platzieren *v/t allg* place: ***sich platzieren*** position o.s.; SPORT ***sich als Dritter platzieren*** be placed third

platziert *Adj Schuss*: well-placed

Platzierung *f* SPORT place

Platzkarte *f* seat reservation (ticket)

Platzmangel *m* lack of space

Platzpatrone *f* blank cartridge

Platzregen *m* cloudburst

Platzverweis *m* SPORT ***einen Platzverweis erhalten*** be sent off

Platzwunde *f* MED laceration

Plauderei *f* chat

Plauderer *m*, **Plauderin** *f* conversationalist

plaudern *v/i* (have a) chat, (*ausplaudern*) blab; → ***Schule***

Plauderton *m* ***im Plauderton*** in a conversational tone, conversationally

plausibel *Adj* plausible: ***j-m etw plausibel machen*** make s.th. clear to s.o.

Playback *n* miming

plazieren *etc* → ***platzieren***

Plebiszit *n* plebiscite

pleite *Adj ugs* ***pleite sein*** be (dead) broke

Pleite *f ugs* **1.** bankruptcy: ***Pleite machen*** go bust **2.** *fig* flop: ***so 'ne Pleite!*** what a frost!

Plenarsaal *m* PARL (plenary) assembly room

Plenarsitzung *f* plenary session

Plenum *n* PARL plenum

Pleuelstange *f* TECH connecting rod

Plissee *n* pleats *Pl*

Plisseerock *m* pleated skirt

plissieren *v/t* pleat

Plombe *f* **1.** TECH (lead) seal **2.** (*Zahnplombe*) filling

plombieren *v/t* **1.** seal (with lead) **2.** (*Zahn*) fill

plötzlich **I** *Adj* sudden **II** *Adv* suddenly, (*ganz plötzlich*) all of a sudden: *ugs* ***aber etwas plötzlich!*** make it snappy!

plump *Adj* **1.** (*dick*) plump **2.** (*unbeholfen*) clumsy (*auch fig*), (*taktlos*) tactless, *Lüge, Schmeichelei*: gross, *Ausrede*: flimsy

Plumpheit *f* **1.** plumpness **2.** clumsiness, grossness, *etc*

plumps *Interj*, **Plumps** *m* thud

plumpsen *v/i* thud, plop

plumpvertraulich *Adj* chummy: ***plumpvertraulich werden*** get chummy

Plunder *m auch fig* junk, rubbish

Plünderer *m*, **Plünderin** *f* looter

plündern *v/t und v/i* plunder, loot, (*Stadt*) *auch* pillage, *ugs* (*Kühlschrank etc*) raid

Plural *m* LING plural (number)

Pluralismus *m* pluralism

pluralistisch *Adj* pluralistic

plus *Präp* plus
Plus *n* **1.** MATHE plus sign **2.** (*Überschuss*) surplus, (*Gewinn*) profit **3.** *fig* plus, asset, advantage
Plüsch *m* plush
Plüschtier *n* cuddly toy
Pluspunkt *m* **1.** credit point **2.** *fig* plus, asset
Plusquamperfekt *n* LING pluperfect (tense), past perfect
Pluszeichen *n* MATHE plus sign
Plutonium *n* plutonium
PLZ *Abk* (= ***Postleitzahl***) postcode, *Am* zip code
Pneu *m schweiz.* tyre, *Am* tire
pneumatisch *Adj* pneumatic(ally *Adv*)
Po *m ugs* bottom, bum
Pöbel *m* rabble
pöbelhaft *Adj* vulgar
pochen *v/i* **1.** (**an** *Dat* at) knock, rap, tap **2.** *Blut, Schläfen*: throb, *Herz*: *auch* beat **3.** *fig* ***pochen auf*** (*Akk*) insist on
pochieren *v/t* GASTR poach
Pocke *f* pock: MED ***Pocken*** *Pl* smallpox *Sg*
Pockenimpfung *f* MED smallpox vaccination
Pockennarbe *f* pockmark
pockennarbig *Adj* pockmarked, pitted
Podest *n, m* platform, *bes fig* pedestal
Podium *n* rostrum, platform
Podiumsdiskussion *f* panel discussion
Poesie *f auch fig* poetry
Poet, Poetin poet (poetess)
poetisch *Adj* poetic(al)
Pogrom *n* pogrom
Pointe *f* point, *eines Witzes*: *auch* punch line
pointiert *Adj* pointed
Pokal *m* cup (*auch Sport*), goblet
Pokalendspiel *n*, **Pokalfinale** *n* cup final
Pokalsieger, Pokalsiegerin cup winner
Pokalspiel *n* cup tie
Pökelfleisch *n* salt meat
pökeln *v/t* pickle, salt
pokern *v/i auch fig* play poker
Pokerspiel *n auch fig* game of poker
Pol *m allg* pole, ELEK *auch* terminal: *fig* ***der ruhende Pol*** the stabilizing element
polar *Adj*, **Polar...** polar
polarisieren *v/t und v/refl* ***sich polarisieren*** *auch fig* polarize
Polarität *f* polarity
Polarkreis *m* ***nördlicher*** (***südlicher***) ***Polarkreis*** Arctic (Antarctic) Circle
Polarlicht *n* ***nördliches*** (***südliches***) ***Polarlicht*** northern (southern) lights *Pl*
Polarstern *m* Pole Star
Pole *m* Pole
Polemik *f* polemic(s *Sg*)
Polemiker, Polemikerin polemicist
polemisch *Adj* polemic
polemisieren *v/i* polemize
polen *v/t* ELEK pole
Polen *n* Poland
Police *f* (insurance) policy
polieren *v/t auch fig* polish
Poliklinik *f* outpatients' clinic
Polin *f* Pole, Polish woman
Politbüro *n* Politburo
Politesse *f* (woman) traffic warden
Politik *f* **1.** *allg* politics *Pl* (*auch Sg konstr*): ***in der Politik*** in politics; ***in die Politik gehen*** go into politics; ***über Politik reden*** talk politics **2.** (*Taktik*) policy
Politiker, Politikerin politician
Politikum *n* political issue

Politik: politics oder policy? SG

Politics ist der abstrakte Begriff, **a policy** die konkrete Politik, z. B. Außen- oder Sozialpolitik.

Sie hat sich schon immer für Politik interessiert.	**She has always been interested in politics.**
Parteipolitik	**party politics**
die Außenpolitik der Bundesregierung	**the Federal Government's foreign policy**

politisch *Adj* **1.** political: ***politischer Berater*** policy adviser; *Adv* ***er ist politisch tätig*** he is in politics; ***politisch interessiert sein*** be politically minded; ***politisch korrekt*** politically correct **2.** (*klug*) politic
politisieren **I** *v/i* talk politics **II** *v/t* politicize, make *s.o.* politically aware
Politisierung *f* politicalization
Politologe *m*, **Politologin** *f* political scientist
Politologie *f* political science
Politprominenz *f* political top brass, top brass politicians *Pl*
Politur *f allg* polish
Polizei *f* police *Pl*: ***die Polizei rufen*** (*oder* ***holen***) call the police; *ugs* ***er ist bei der Polizei*** he is a police officer

police gilt als Pluralform GR

Das Substantiv **police** ist formal eine Singularform. Da es aber eine Gruppe von Personen bezeichnet, wird es als Plural aufgefasst. Das Verb steht deshalb immer im Plural:

Die Polizei hat den Mörder gefasst.	**The police have caught the murderer.**

Polizeiaufgebot *n* police detachment
Polizeiaufsicht *f* ***unter Polizeiaufsicht*** under police supervision
Polizeiauto *n* police car, patrol car
Polizeibeamte *m*, **Polizeibeamtin** *f* police officer
Polizeibehörde *f* police (authorities *Pl*)
Polizeidienststelle *f* police station
Polizeieinsatz *m* police operation
Polizeifunk *m* police radio
Polizeihund *m* police dog
Polizeiknüppel *m* truncheon, *Am* club
Polizeikommissar, Polizeikommissarin police inspector
Polizeikontrolle *f* police check
polizeilich *Adj und Adv* **a)** (of the) police, **b)** by the police
Polizeirevier *n* **1.** (*Bereich*) (police) district, *Am* precinct **2.** (*Büro*) police station, *Am* station house
Polizeischüler, Polizeischülerin police cadet
Polizeischutz *m* police protection
Polizeistaat *m* police state
Polizeistreife *f* police patrol, (*Streifenpolizist*) *bes Am* patrolman
Polizeistunde *f* closing time

Polizeiwache *f* police station, *Am* station house
Polizist *m* policeman, constable
Polizistin *f* policewoman
Pollen *m* BOT pollen
Pollenflug *m* pollen count
polnisch *Adj*, **Polnisch(e)** *n* LING Polish
Polo *n* SPORT polo
Polohemd *n* polo shirt
Polster *n* **1.** (*Sesselpolster etc*) upholstery, (*Kissen*) cushion **2.** *in Kleidung*: pad(ding) **3.** (*Fettpolster*) flab, layer of fat **4.** *fig* (*finanzielles Polster, Auftragspolster etc*) bolster
Polsterer *m*, **Polsterin** *f* upholsterer
Polstergarnitur *f* three-piece suite
Polstermöbel *Pl* upholstered furniture *Pl*
polstern *v/t* upholster, (*Kleidung*) pad: *ugs fig* ***sie ist gut gepolstert*** she's well padded
Polstersessel *m* easy chair, armchair
Polsterstuhl *m* upholstered chair
Polsterung *f* **1.** upholstery **2.** padding
Polterabend *m* eve-of-the-wedding party
poltern *v/i* **1.** make a racket, crash about **2.** (*schimpfen*) bluster
Polyamid *n* polyamide
Polyäthylen *n* polythene
Polyester *n* polyester
Polymer(e) *n* polymer
Polynesien *n* Polynesia
Polyp *m* **1.** ZOOL polyp **2.** MED polypus: ***Polypen*** *Pl* (*in der Nase*) adenoids *Pl* **3.** *ugs* (*Polizist*) cop
polyfon, **polyphon** *Adj* MUS polyphonous
Polytechnikum *n* polytechnic
Pomade *f* pomade
Pommern *n* Pomerania
Pommes frites *Pl* chips *Pl*, *Am* French fries *Pl*
Pomp *m* pomp
pompös *Adj* pompous
Pontius: ***von Pontius zu Pilatus laufen*** *ugs* run from pillar to post
Ponton *m* pontoon
Pony[1] *n* ZOOL pony
Pony[2] *m* fringe, *Am* bangs *Pl*
Pop-Art *f* pop art
Popcorn *n* popcorn
Popel *m* *ugs* bogey
popelig *Adj* *ugs* piffling
Popelin(e *f*) *m* poplin
popeln *v/i* *ugs* pick one's nose
Popgruppe *f* pop group
Popmusik *f* pop music
Popo *m* *ugs* bottom, bum
populär *Adj* popular
popularisieren *v/t* popularize
Popularität *f* popularity
Populist, **Populistin**, **populistisch** *Adj* POL populist
Pore *f* pore
Porno(film) *m* porn (*oder* blue) movie
Pornografie, **Pornographie** *f* pornography
pornografisch, **pornographisch** *Adj* pornographic(ally *Adv*)
Pornoheft *n* porn (*oder* girlie) magazine
porös *Adj* porous
Porree *m* BOT leek
Portal *n* portal (*auch im Internet*)
Portemonnaie *n* purse
Portier *m* **1.** (*Hotelportier*) porter **2.** → ***Pförtner***
Portion *f* portion, *beim Essen*: helping, *Tee, Kaffee*: pot: *ugs fig* ***halbe Portion*** shrimp; ***eine gehörige Portion Frechheit*** a good deal of impudence
Portmonee *n* → ***Portemonnaie***
Porto *n* postage
portofrei *Adj* postage paid
Portokasse *f* WIRTSCH petty cash
portopflichtig *Adj* liable to postage
Porträt *n* portrait
porträtieren *v/t* ***j-n porträtieren*** paint s.o.'s portrait, *fig* portray s.o.
Porträtmaler, **Porträtmalerin** portraitist
Portugal *n* Portugal
Portugiese *m*, **Portugiesin** *f*, **portugiesisch** *Adj* Portuguese
Portwein *m* port
Porzellan *n* porcelain, (*auch Geschirr*) china: ***unnötig Porzellan zerschlagen*** do a lot of unnecessary damage
Porzellanladen *m* china shop: → ***Elefant***
Posaune *f* **1.** (***Posaune blasen*** play the) trombone **2.** *fig* trumpet
Posaunist, **Posaunistin** trombonist
Pose *f* pose, *fig auch* air, act
posieren *v/i* pose (***als*** as)
Position *f* **1.** *allg* position, SPORT *auch* place: *fig* ***Position beziehen*** take one's stand **2.** WIRTSCH item
positiv **I** *Adj* *allg* positive, (*bejahend*) *auch* affirmative **II** *Adv* *ugs* for certain
Positur *f* posture: ***sich in Positur setzen*** strike an attitude
Posse *f* *auch fig* farce, burlesque
possessiv *Adj* LING possessive
Possessiv(pronomen) *n* possessive pronoun
possierlich *Adj* droll, funny
Post[1] *f* (*Sendung, Briefe*) post, *bes Am* mail: ***elektronische Post*** electronic mail; ***mit gleicher*** (*oder* ***getrennter***) ***Post*** under separate cover; ***ist Post für mich da?*** are there any letters for me?
Post®[2] *f* (*Postdienst*) postal service, (*Postamt*) post office: ***mit der Post***® by post, *Am* by mail; ***mit der Post***® ***schicken*** post, *Am* mail
postalisch *Adj* postal
Postamt *n* post office
Postanschrift *f* postal (*Am* mailing) address
Postanweisung *f* postal (*oder* money) order
Postbank *f* post office girobank
Postbeamte *m*, **Postbeamtin** *f* post-office (*Am* postal) clerk
Postbote *m* postman, *Am* mailman
Postbotin *f* postwoman
Postdienst *m* postal service
posten *v/t* INTERNET post
Posten *m* **1.** MIL post, (*Wachposten*) guard, sentry: ***Posten stehen*** be on guard, MIL stand sentry; *fig* ***auf dem Posten sein*** **a)** be on one's toes, **b)** *gesundheitlich*: be in good shape; ***nicht*** (***ganz***) ***auf dem Posten sein*** be a bit under the weather; → ***beziehen*** 3, ***verloren*** **2.** (*Stellung, Amt*) post, position, job **3.** WIRTSCH (*Warenposten*) lot, (*Rechnungsposten etc*) item, (*Eintrag*) entry
Poster *n* poster
Postfach *n* post-office box, PO box
Postfachnummer *f* (PO) box number
Postflugzeug *n* mail plane
Postgebühr *f* postage: ***Postgebühren*** *Pl auch* postal charges *Pl*
Postgeheimnis *n* postal secrecy
Postgiro *n* (post-office) giro
Postgiroamt *n* *Br* Post Office Giro centre
Postgirokonto *n* *Br* National Giro account
posthum *Adj* posthumous

postieren *v/t* place (***sich*** o.s.)
Postkarte *f* postcard, *Am* postal card
postlagernd *Adj und Adv* poste restante, *Am* (in care of) general delivery
Postleitzahl *f* postcode, *Am* zip code
postmodern *Adj* post-modern
Postpaket *n* parcel (sent by post): ***per Postpaket*** by parcel post
Postscheck *m Br* (Post-Office) Giro cheque
Postskript(um) *n* postscript
Postsparbuch *n* Post-Office savings book
Poststempel *m* postmark
Postulat *n*, **postulieren** *v/t* postulate
postum *Adj* posthumous
postwendend *Adv* by return (of post), *Am* by return mail, *ugs fig* right away
Postwertzeichen *n* (postage) stamp
Postwurfsendung *f* mail circular
Postzug *m* mail train
Postzustellung *f* postal delivery
potent *Adj allg* potent, *sexuell*: *auch* virile, *fig auch* powerful, WIRTSCH *auch* financially strong
Potentat *m* potentate
Potenz *f* **1.** PHYSIOL potency, virility **2.** MATHE power: ***zweite Potenz*** square; ***dritte Potenz*** cube; ***in die 4. Potenz erheben*** raise to the power (of) four **3.** *fig* power, strength
Potenzial *n*, **potenziell** *Adj* potential
potenzieren *v/t* **1.** MATHE raise to a higher power **2.** *fig* magnify
Potpourri *n* MUS *und fig* potpourri, medley
Pottasche *f* potash
Power *f* power: *ugs* ***ihm fehlt (die richtige) Power*** he's got no oomph
Pracht *f* splendo(u)r, pomp: *ugs* ***es war eine wahre Pracht*** it was just great
Prachtexemplar *n* splendid specimen, *auch* beauty
prächtig *Adj* **1.** splendid, magnificent (*beide auch fig*), *Wetter*: glorious **2.** *ugs fig* (*großartig*) great (*auch Person*), super
Prachtkerl *m ugs* splendid fellow, great guy
Prachtstraße *f* boulevard
Prachtstück *n* → ***Prachtexemplar***
prachtvoll → ***prächtig***
prädestinieren *v/t* predestine
Prädikat *n* **1.** LING predicate **2.** *beim Namen*: title **3.** (*Wertung*) rating, attribute, PÄD mark, grade
Prädikatsnomen *n* LING predicate complement
Prädikatswein *m* quality-tested wine (with special attributes)
Präfix *n* LING prefix
Prag *n* Prague
prägen *v/t* **1.** stamp, (*Geld*) mint, (*Leder, Metall*) emboss **2.** *fig* (*Wort*) coin, (*j-n, j-s Charakter*) form, mo(u)ld, (*Sache*) set the tone of, determine, (*beeinflussen*) influence: ***ein prägender Einfluss*** a formative influence
Pragmatiker, **Pragmatikerin** pragmatist
pragmatisch *Adj* pragmatic(al)
Pragmatismus *m* pragmatism
prägnant *Adj* terse, pithy
Prägnanz *f* terseness, pithiness
Prägung *f* **1.** stamping, coining **2.** *fig* **a)** stamp, character, **b)** forming
prähistorisch *Adj* prehistoric(ally *Adv*)
prahlen *v/i* talk big: ***mit etw prahlen*** brag (*oder* boast) about s.th., show off (with) s.th.
Prahler, **Prahlerin** braggart, *ugs* show-off
Prahlerei *f* **a)** showing-off, boasting, **b)** (*Äußerung*) boast(s *Pl*)
prahlerisch *Adj* boastful
Praktik *f* practice, method: *pej* ***Praktiken*** *Pl* (sharp) practices *Pl*
Praktikant, **Praktikantin** trainee
Praktiker, **Praktikerin** practical person, expert
Praktikum *n* UNI practical training (period)
praktisch **I** *Adj allg* practical (*a praktisch veranlagt*), (*geschickt*) handy (*auch Gerät etc*): ***praktischer Arzt*** general practitioner; ***praktische Ausbildung*** on-the-job training; ***praktisches Beispiel*** concrete example; ***praktischer Versuch*** field test **II** *Adv* practically, as good as (*done etc*), (*in der Praxis*) in practice
praktizieren *v/t und v/i allg* practise
Praline *f*, **Pralinee** *n* chocolate
prall *Adj* **1.** *Sack, Brieftasche etc*: bulging, *Ball etc*: hard, *Segel*: full, *Früchte, Schenkel etc*: firm, *Muskeln*: taut **2.** *Sonne*: blazing
prallen *v/i* **1.** *Ball etc*: bounce (***auf*** *Akk* against), (*stoßen*) crash (***an*** *Akk*, ***gegen*** into) **2.** *Sonne*: blaze down (***auf*** *Akk* on)
prallvoll *Adj ugs* (full to) bursting, bulging
Präludium *n* prelude
Prämie *f* **1.** (*Preis*) award, prize, (*Belohnung*) reward, (*Dividende, Leistungsprämie*) bonus **2.** (*Versicherungsprämie etc*) premium
prämienbegünstigt *Adj* bonus-linked: ***prämienbegünstigtes Sparen*** → ***Prämiensparen***
Prämiensparen *n* saving under the (Federal) bonus system
prämieren, **prämiieren** *v/t* **1.** award a prize to **2.** give a bonus for
Prämisse *f* premise
prangen *v/i* (***an*** *Dat*, ***auf*** *Dat* on) be resplendent, *weit. S.* be displayed
Pranger *m* HIST stocks *Pl*: *auch fig* ***an den Pranger stellen*** pillory
Pranke *f* ZOOL paw (*auch fig Hand*)
Präparat *n* **1.** preparation **2.** *mikroskopisches*: slide preparation, *bes* ANAT specimen
präparieren *v/t* **1.** prepare (*auch* ***sich präparieren***, ***auf*** *Akk* for) **2.** (*sezieren*) dissect **3.** (*konservieren*) preserve
Präposition *f* LING preposition
Prärie *f* prairie
Präsens *n* LING present (tense)
Präsent *n* present
Präsentation *f* presentation
präsentieren **I** *v/t allg* present (***j-m etw*** s.o. with s.th.) **II** *v/i* MIL present arms **III** *v/refl* ***sich präsentieren*** present o.s
Präsenz *f* presence
Präsenzbibliothek *f* reference library
Präsenzdienst *m österr.* military service
Präservativ *n* condom, sheath, *Am auch* prophylactic
Präsident, **Präsidentin** *allg* president, (*Vorsitzender*) chairman, PARL Speaker, JUR presiding judge
Präsidentenwahl *f* presidential election
Präsidentschaft *f* presidency
Präsidentschaftskandidat, **Präsidentschaftskandidatin** presidential candidate
präsidieren *v/i* preside (over)
Präsidium *n* **1.** (*Vorsitz*) presidency **2.** (*Vorstand*) (presiding) committee **3.** *Polizei*: police headquarters *Pl*
prasseln *v/i Feuer*: crackle, *Regen, Hagel*: patter, *Geschosse*: hail
prassen *v/i* feast, *weit. S.* live in luxury
Prasserei *f* feasting, *weit. S.* high life

Prätendent, **Prätendentin** pretender (***auf*** *Akk* to)
Präteritum *n* LING preterite, past tense
präventiv *Adj*, **Präventiv...** preventive, MED *meist* prophylactic
Präventivkrieg *m* preventive (*oder* preemptive) war
Präventivmaßnahme *f* preventive measure
Präventivschlag *m* MIL preemptive (first) strike
Praxis *f allg* practice (*auch* JUR, MED), (*Erfahrung*) *auch* experience: ***in der Praxis*** in practice; ***etw in die Praxis umsetzen*** put s.th. into practice
Präzedenzfall *m* precedent, JUR *auch* leading case: ***einen Präzedenzfall schaffen*** set a precedent
präzis(e) *Adj* precise, exact
präzisieren *v/t* specify
Präzision *f* precision
Präzisionsarbeit *f* precision work
predigen *v/t und v/i auch fig* preach
Prediger, **Predigerin** preacher
Predigt *f auch fig* sermon
Preis *m* **1.** price, (*Fahrpreis*) fare: ***zum Preise von*** at a price of; ***im Preis steigen*** (***fallen***) go up (drop); *fig* ***um jeden Preis*** at all costs; ***um keinen Preis*** not at any price **2.** *im Wettbewerb*: prize (*auch fig*), (*Filmpreis etc*) award: ***einen Preis erringen*** win (*Sache*: fetch) a prize **3.** (*Belohnung*) prize, reward **4.** (*Lob*) praise
Preisabsprache *f* price agreement
Preisänderung *f* change in price(s): ***Preisänderungen vorbehalten*** subject to change
Preisangabe *f* quotation (of prices): ***ohne Preisangabe*** not priced, not marked
Preisanstieg *m* rise in prices
Preisaufschlag *m* extra charge
Preisausschreiben *n* (prize) competition
preisbewusst *Adj* price-conscious
Preisbindung *f* price maintenance
Preisboxer, **Preisboxerin** prize-fighter
Preiselbeere *f* BOT cranberry
preisen *v/t* praise; → ***glücklich*** I
Preisentwicklung *f* price trend
Preiserhöhung *f* price increase
Preisermäßigung *f* price reduction
Preisfestsetzung *f* price fixing, pricing
Preisfrage *f* prize question
Preisgabe *f* abandonment, *eines Geheimnisses etc*: revelation, disclosure
preisgeben *v/t* abandon, (*Geheimnis etc*) reveal, give away, (*aufgeben*) surrender
preisgekrönt *Adj* prize-winning
Preisgericht *n* jury
Preisgestaltung *f* price formation
Preisgrenze *f* price limit
preisgünstig → ***preiswert***
Preisklasse *f* price range
Preislage *f* price range: ***in mittlerer*** (***jeder***) ***Preislage*** medium-priced (in all prices)
Preis-Leistungs-Verhältnis *n* price-performance ratio, *ugs* value for money
preislich *Adj und Adv* in price
Preisliste *f* price list
Preisnachlass *m* discount
Preispolitik *f* price policy
Preisrätsel *n* competition puzzle
Preisrichter, **Preisrichterin** judge
Preisrutsch *m* price slide
Preisscanner *m* (supermarket checkout) scanner, barcode (*oder* price) scanner
Preisschild *n* price tag
Preisschwankung *f* price fluctuation
Preissenkung *f* price reduction
Preissteigerung *f* rise in prices, *Pl auch* rising prices *Pl*
Preisstopp *m* price freeze
Preisträger, **Preisträgerin** prize winner
Preistreiberei *f* forcing up of prices
Preisverteilung *f* presentation (of prizes)
preiswert *Adj* cheap, low-priced: ***preiswert sein*** *auch* be good value, be a bargain
prekär *Adj* precarious, awkward
Prellbock *m* BAHN buffer stop, *fig* buffer
prellen *v/t* **1.** MED bruise **2.** *fig* cheat (***um*** of)
Prellung *f* MED contusion, bruise
Premiere *f* THEAT *etc* first night
Premierminister, **Premierministerin**, **Premier** prime minister
Prepaidhandy *n* prepaid mobile (phone), *Am* prepaid cellphone
Prepaidkarte *n* TEL prepaid card
Presse[1] *f* TECH press, (*Saftpresse*) squeezer
Presse[2] *f allg the* press: ***er hatte eine gute*** (***schlechte***) ***Presse*** he had a good (bad) press
Presseagentur *f* press agency
Presseamt *n* press office
Presseausweis *m* press card
Pressebericht *m* press report
Pressebüro *n* press agency
Pressedienst *m* news service
Presseempfang *m* press reception
Presseerklärung *f* press release
Pressefeldzug *m* press campaign
Pressefotograf, **Pressefotografin** press photographer
Pressefreiheit *f* freedom of the press
Pressekonferenz *f* press conference
Pressemeldung *f* news item
pressen *v/t allg* press (*auch v/i*), (*auspressen*) squeeze
Presseschau *f*, **Pressespiegel** *m* press review
Pressesprecher, **Pressesprecherin** press spokesman (spokeswoman)
Pressestimmen *Pl* press commentaries *Pl*
Pressetribüne *f* press box (PARL gallery)
Pressevertreter, **Pressevertreterin** reporter
Pressewesen *n the* press
Pressezensur *f* censorship of the press
Pressezentrum *n* press cent/re (*Am* -er)
pressieren *v/i österr., südd.* be urgent: ***mir pressierts*** I'm in a hurry
Pressluft *f* compressed air
Pressluftbohrer *m* pneumatic drill
Presslufthammer *m* pneumatic hammer
Presswehen *Pl* MED bearing-down pains *Pl*
Prestige *n* prestige
Prestigefrage *f* matter of prestige
Prestigeverlust *m* loss of prestige
Preuße *m*, **Preußin** *f*, **preußisch** *Adj* Prussian
Preußen *n* Prussia
prickeln **I** *v/i* **1.** *Haut etc*: tingle, (*kitzeln*) tickle (***auf der Zunge*** the palate), *Sekt*: prickle, *im Glas*: sparkle **II** **Prickeln** *n* **2.** tingling (sensation), *in den Gliedern*: *auch* pins and needles *Pl*, *von Sekt*: prickle **3.** *fig* thrill
prickelnd *Adj* **1.** tingling, prickly **2.** *fig* thrilling
Priester *m* priest
Priesteramt *n* priesthood
Priesterin *f* priestess
priesterlich *Adj* priestly
Priesterweihe *f* ordination (of a priest)
prima *Adj* **1.** WIRTSCH first-rate, prime **2.** *ugs* (*auch Interj*) great, super

primär *Adj* primary
Primararzt *m*, **Primarärztin** *f österr.* consultant
Primas *m* REL primate
Primat *m, n* primacy
Primaten *Pl* ZOOL primates *Pl*
Primel *f* BOT primrose
primitiv *Adj* primitive
Primitivität *f* primitiveness
Primzahl *f* MATHE prime number
Printmedium *n* print medium
Prinz *m* prince
Prinzessin *f* princess
Prinzgemahl *m* Prince Consort
Prinzip *n* (***aus Prinzip*** on, ***im Prinzip*** in) principle
prinzipiell *Adj und Adv* on principle
Prinzipienreiter, **Prinzipienreiterin** *pej* stickler (for principles)
Prior *m* REL prior
Priorin *f* REL prioress
Priorität *f* priority (***über, vor*** *Dat* over): ***Prioritäten setzen*** establish priorities
Prise *f* **1.** ***eine Prise Salz*** (***Tabak***) a pinch of salt (snuff) **2.** SCHIFF prize
Prisma *n* prism
prismatisch *Adj* prismatic(ally *Adv*)
Prismensucher *m* FOTO prismatic viewfinder
Pritsche *f* **1.** plank bed **2.** MOT platform **3.** (*Narrenpritsche*) slapstick
privat I *Adj* private, (*persönlich*) *auch* personal **II** *Adv* privately, in private
Privatadresse *f* home address
Privatangelegenheit *f* → ***Privatsache***
Privatbesitz *m* private (*oder* personal) property: ***in Privatbesitz*** privately owned
Privatdozent, **Privatdozentin** (unsalaried) lecturer, *Am* instructor
Privateigentum *n* → ***Privatbesitz***
Privatfernsehen *n* private television
Privatgebrauch *m* (***zum Privatgebrauch*** for one's) private use
Privatgespräch *n* private conversation (TEL call)
Privatinitiative *f* **1.** initiative **2.** WIRTSCH private venture
privatisieren I *v/t* WIRTSCH privatize **II** *v/i* live on one's private income
Privatisierung *f* privatization
Privatkunde *m* private customer
Privatlehrer, **Privatlehrerin** private teacher
Privatmann *m* private person
privatrechtlich *Adj und Adv* under private law
Privatsache *f* private matter (*oder* affair): ***das ist meine Privatsache!*** that's my (own) business!
Privatschule *f* private (*Br auch* independent, public) school
Privatsekretär, **Privatsekretärin** private secretary
Privatstunden *Pl*, **Privatunterricht** *m* private lessons *Pl*
Privatwirtschaft *f* private enterprise
Privileg *n*, **privilegieren** *v/t* privilege
pro *Präp* per: ***pro Jahr*** per annum, a year; ***pro Kopf*** per head, each; ***pro Stück*** a piece; ***pro Stunde*** per hour
Pro *n* ***das Pro und Kontra*** the pros and cons *Pl*
Probe *f* **1.** (*Muster, Warenprobe, auch* MED *Blutprobe etc*) sample, (*Gesteinsprobe, Erzprobe, Schriftprobe etc, auch* TECH) specimen, *iron* (*Kostprobe*) *auch* taste: ***eine Probe*** *seines Könnens, Mutes etc* ***ablegen*** give a sample (*iron* taste) of **2.** (*Erprobung*) test, try-out, (*Überprüfung*) check: ***auf Probe*** → ***probeweise***; ***j-n auf die Probe stellen*** put s.o. to the test, test s.o.; ***etw auf eine harte Probe stellen*** put s.th. to a severe test, tax s.th. severely; ***Probe fahren*** test-drive; ***Probe fliegen*** test-fly; ***die Probe aufs Exempel machen*** put it to the test **3.** THEAT *etc* rehearsal: ***Proben abhalten*** hold rehearsals, rehearse
Probeabzug *m* BUCHDRUCK proof
Probealarm *m* practice alarm
Probeaufnahme *f* **1.** FILM screen test: ***von j-m Probeaufnahmen machen*** screen-test s.o. **2.** *für Schallplatten*: test recording
Probeauftrag *m*, **Probebestellung** *f* trial order
Probebohrung *f* trial drill
Probeexemplar *n* specimen copy
Probefahrt *f* test (*oder* trial) run
Probeflug *m* test (*oder* trial) flight
Probejahr *n* year of probation
Probelauf *m* TECH test run
proben *v/t und v/i allg* rehearse
Probenummer *f* specimen copy
Probepackung *f* trial package
Probeseite *f* specimen page
Probesendung *f* sample sent on approval
Probestück *n* sample, specimen
probeweise *Adv* on a trial basis, *anstellen etc*: *auch* on probation
Probezeit *f* trial period: ***nach einer Probezeit von 3 Monaten*** at the end of three months' probation
probieren *v/t* **1.** try, (*Speisen, Wein etc*) *auch* taste, (*prüfen*) test: ***es mit j-m*** (***etw***) ***probieren*** try s.o. (s.th.); *ugs* ***es bei j-m probieren*** try it on with s.o. **2.** → ***anprobieren***
Problem *n* problem: ***kein Problem!*** no problem (at all)!
Problematik *f* problematic nature, problems *Pl*
problematisch *Adj* problematic(al)
Problemkind *n* problem child
Problemkreis *m* complex of problems
problemlos *Adj* unproblematic(ally *Adv*), *Adv auch* without (any) difficulties
Problemstellung *f* **1.** formulation of a problem **2.** problem
Problemstück *n* THEAT thesis play
Produkt *n* product (*auch* MATHE *und fig*), (*Naturprodukt*) produce
Produkthaftung *f* product liability
Produktion *f allg* production, (*Ausstoß*) *auch* output: ***in Produktion gehen*** go into production
Produktionsanlage *f* production plant(s *Pl*)
Produktionsausfall *m* loss of production
Produktionsgüter *Pl* producer goods *Pl*
Produktionskapazität *f* production capacity
Produktionskosten *Pl* production costs *Pl*
Produktionsleiter, **Produktionsleiterin** production manager
Produktionsmittel *Pl* means *Pl* of production
Produktionsrückgang *m* fall in production
Produktionsstätte *f* production site
Produktionssteigerung *f* increase in production
Produktionsziel *n* production target
produktiv *Adj* productive
Produktivität *f* productivity
Produktmanager, **Produktmanagerin** product manager
Produktpalette *f* product range, range of products
Produktpirat *m* product pirate
Produktpiraterie *f* product piracy

Produzent, **Produzentin** *allg* producer, LANDW *auch* grower
produzieren **I** *v/t allg* produce, LANDW *auch* grow **II** *v/refl* ***sich produzieren*** *ugs* show off
profan *Adj* **1.** (*weltlich*) profane **2.** (*alltäglich*) trivial
professionell *Adj* professional
Professor *m* professor
Professorin *f* (woman) professor
Professur *f* professorship, chair
Profi *m ugs* pro
Profi… professional (*football etc*)
Profil *n allg* profile (*auch fig*), TECH *auch* section, MOT (*Reifenprofil*) tread: ***im Profil*** in profile; *fig* ***Profil haben*** have personality; ***an Profil gewinnen*** improve one's image
profilieren **I** *v/t* **1.** TECH profile, contour **2.** *fig* present in clear outline **II** *v/refl* ***sich profilieren*** **3.** *Politiker etc*: distinguish o.s.
profiliert *Adj fig* clear-cut, *Persönlichkeit*: distinguished
Profilneurose *f* obsession with one's image
Profilsohle *f* profiled sole
Profilstahl *m* TECH section steel
Profit *m* profit: ***Profit schlagen aus*** profit from (*oder* by)
profitabel *Adj* profitable
profitieren *v/i und v/t* profit (**von** by, from)
Profitjäger, **Profitjägerin** *pej* profiteer
pro forma *Adv* as a matter of form
Pro-forma-Rechnung *f* pro forma invoice
profund *Adj* profound
Prognose *f* forecast, *bes* MED prognosis
Programm *n* **1.** *allg* program(me *Br*), POL *auch* platform, TV (*Kanal*) *meist* channel, (*Zeitplan*) *auch* schedule: ***was steht heute auf dem Programm?*** what's the program(me) for today?; *ugs* ***das passt mir gar nicht ins Programm!*** that doesn't suit me at all! **2.** COMPUTER program **3.** *einer Waschmaschine etc*: cycle

Programm SG

Im Computerbereich hat sich die amerikanische Schreibweise **program** eingebürgert. Dies gilt auch für das Verb **to program**. Im britischen Englisch verdoppelt man jedoch (im Gegensatz zum Amerikanischen) nach wie vor in bestimmten Wortformen das **m**:

Br	*Am*
programmer	**programer**
programmed	**programed**
programmable	**programable**
programming	**programing**

Programmänderung *f* change of program(me *Br*)
programmatisch *Adj* programmatic(ally *Adv*)
programmgemäß *Adv* according to plan
Programmgestaltung *f* program(me *Br*) planning, programming
programmgesteuert *Adj* COMPUTER program-controlled
Programmheft *n* program(me *Br*)
Programmhinweis *m* program(me *Br*) note
programmierbar *Adj* COMPUTER programmable
programmieren *v/t* program(me *Br*): *fig* ***auf etw programmiert sein*** be conditioned to (do) s.th.
Programmierer, **Programmiererin** programmer
Programmierfehler *m* bug
Programmiersprache *f* programming language
Programmierung *f* programming
Programmpunkt *m* item, POL plank
Programmsteuerung *f* IT program control
Programmtaste *f* program key
Programmvorschau *f* program(me *Br*) round-up, FILM trailer(s *Pl*)
Programmwahl *f* **1.** TV channel selection **2.** *einer Waschmaschine etc*: cycle selection
Programmzeitschrift *f* program(me *Br*) guide
Progression *f allg* progression
progressiv *Adj*, **Progressive** *m*, *f* progressive
Prohibition *f Am* hist. Prohibition
Projekt *n* project
Projektgruppe *f* WIRTSCH task force
projektieren *v/t* project
Projektion *f* projection
Projektmanager, **Projektmanagerin** project manager
Projektor *m* projector
projizieren *v/t allg* project
Proklamation *f* proclamation
proklamieren *v/t* proclaim
Pro-Kopf-Einkommen *n* per capita income
Prokura *f* WIRTSCH (power of) procuration: ***j-m Prokura erteilen*** confer power of procuration on s.o.
Prokurist, **Prokuristin** authorized representative, officer authorized to act and sign on behalf of the firm
Prolet, **Proletin** *pej* prole
Proletariat *n* proletariat(e)
Proletarier, **Proletarierin**, **proletarisch** *Adj* proletarian
Prolog *m* prolog(ue)
prolongieren *v/t* renew
Promenade *f allg* promenade
Promenadendeck *n* SCHIFF promenade deck
Promille *n* per mil, *ugs* MOT blood alcohol
Promillegrenze *f* MOT (blood) alcohol limit
prominent *Adj* prominent
Prominente *m*, *f* public figure, celebrity
Prominenz *f* notables *Pl*, public figures *Pl*, celebrities *Pl*
Promotion *f* UNI doctorate
promovieren **I** *v/t* confer a doctorate on **II** *v/i* take one's (doctor's) degree
prompt *Adj* prompt, quick
Pronomen *n* LING pronoun
Propaganda *f* propaganda
Propagandafeldzug *m* propaganda campaign
Propagandist, **Propagandistin**, **propagandistisch** *Adj* propagandist
propagieren *v/t* propagate
Propan(gas) *n* propane
Propeller *m* propeller
Prophet, **Prophetin** prophet(ess)
prophetisch *Adj* prophetic(ally *Adv*)
prophezeien *v/t* prophesy, predict
Prophezeiung *f* prophecy
prophylaktisch *Adj* MED prophylactic(ally *Adv*)
Prophylaxe *f* prophylaxis
Proportion *f* proportion
proportional *Adj* proportional: ***umgekehrt proportional*** conversely proportional (**zu** to)
Proportionalschrift *f* proportional spacing
Proporz *m* proportional representation
Prorektor, **Prorektorin** UNI vice-chancellor
Prosa *f* prose
Prosadichtung *f* prose writing

Prosaiker, **Prosaikerin 1.** prose writer, prosaist **2.** *fig* prosaic person
prosaisch *Adj fig* prosaic(ally *Adv*), dull
prosit *Interj* your health!, cheers!
Prospekt *m* **1.** (*Werbeprospekt etc*) brochure, (*Faltblatt*) leaflet **2.** THEAT backdrop

Prospekt ≠ prospect

Prospekt	=	brochure
prospect	=	(Aus)Blick; Aussicht

prost → ***prosit***
Prostata *f* ANAT prostate (gland)
prostituieren *v/refl* ***sich prostituieren*** *auch fig* prostitute o.s.
Prostituierte *f* prostitute
Prostitution *f* prostitution
Protagonist, **Protagonistin** *fig* protagonist
Protégé *m* protégé
protegieren *v/t* patronize, sponsor: ***von j-m protegiert werden*** be s.o.'s protégé
Protein *n* protein
Protektion *f* patronage
Protektionismus *m* WIRTSCH protectionism
protektionistisch *Adj* WIRTSCH protectionist
Protektorat *n* **1.** POL protectorate **2.** *fig* patronage
Protest *m* protest (*auch* WIRTSCH): ***aus*** (***unter***) ***Protest*** in (under) protest; ***Protest einlegen*** enter a protest (***gegen*** against)
Protestant, **Protestantin**, **protestantisch** *Adj* Protestant
Protestantismus *m* Protestantism
protestieren *v/i* protest (***gegen etw*** against s.th., *Am auch* s.th.)
Protestkundgebung *f* protest rally
Protestmarsch *m* protest march
Prothese *f* **1.** artificial limb **2.** (*Zahnprothese*) denture(s *Pl*)
Protokoll *n* **1.** record, (*Sitzungsprotokoll*) minutes *Pl*: ***Protokoll führen*** take the minutes; ***zu Protokoll geben*** place on record, JUR depose, state (in evidence); ***zu Protokoll nehmen*** take down **2.** POL protocol
protokollarisch *Adj* **1.** on record, minuted: *Adv* ***protokollarisch festhalten*** → ***protokollieren*** **2.** POL (of) protocol
Protokollchef, **Protokollchefin** POL chief of protocol
Protokollführer, **Protokollführerin** keeper of the minutes, recording clerk, JUR clerk of the court
protokollieren *v/t* record, enter in the minutes, take *s.th.* down
Proton *n* PHYS proton
Protoplasma *n* BIOL protoplasm
Prototyp *m* prototype
Protz *m ugs* show-off
protzen *v/i ugs* show off (***mit*** [with] *s.o., s.th.*)
protzig *Adj ugs* ostentatious, showy
Proviant *m* provisions *Pl*
Provider *m* IT (access) provider
Provinz *f* **1.** province **2.** (*Ggs. Hauptstadt*) *the* provinces *Pl*, *fig pej* backwater: ***finsterste*** (*oder* ***hinterste***) ***Provinz sein*** be utterly provincial
provinziell *Adj*, **Provinzler**, **Provinzlerin** *pej* provincial
Provision *f* WIRTSCH (***auf Provision*** on) commission
provisorisch *Adj* provisional, temporary
Provisorium *n* **1.** provisional agreement **2.** (*Notbehelf*) makeshift
Provokateur, **Provokateurin** troublemaker
Provokation *f* provocation
provozieren *v/t* provoke: ***provozierend*** provocative
Prozedur *f* procedure, *iron* ritual
Prozent *n* **1.** per cent, *Am* percent: ***zu 5 Prozent*** at five per cent; ***zu wie viel Prozent?*** at what percentage? **2.** *Pl ugs* (*Gewinnanteil*) percentage, (*Rabatt*) discount *Sg*
...prozentig *in Zssgn* per cent
Prozentpunkt *m* percentage point
Prozentsatz *m allg* percentage
prozentual *Adj* proportional: ***prozentualer Anteil*** percentage; *Adv* ***prozentual am Gewinn beteiligt sein*** receive a percentage of the profit
Prozess *m* **1.** process **2.** JUR lawsuit, (*Strafprozess*) trial: ***einen Prozess anstrengen gegen*** bring an action against; ***gegen j-n einen Prozess führen*** be engaged in a lawsuit with s.o.; ***einen Prozess gewinnen*** (***verlieren***) win (lose) a case; ***j-m den Prozess machen*** put s.o. on trial; *fig* ***kurzen Prozess machen*** make short work (***mit*** of)
Prozessakten *Pl* case files *Pl*
Prozessgegenstand *m* matter in dispute
Prozessgegner, **Prozessgegnerin** opposing party
prozessieren *v/i* go to court, litigate: ***gegen j-n prozessieren*** **a)** bring an action against s.o., **b)** be engaged in a lawsuit with s.o.
Prozession *f* procession
Prozesskosten *Pl* (legal) costs *Pl*
Prozesskostenhilfe *f* legal aid
Prozessor *m* IT processor
Prozessordnung *f* code of procedure
Prozesspartei *f* party (to the action)
Prozessrechner *m* ELEK, COMPUTER process control computer
Prozesssteuerung *f* TECH process control
Prozessvollmacht *f* power of attorney
prüde *Adj* prudish: (***nicht***) ***prüde sein*** *meist* be a (no) prude
Prüderie *f* prudery
prüfen *v/t* **1.** examine, inspect, *genau*: scrutinize, (*einen Vorfall etc*) investigate, look into, (*einen Vorschlag etc*) consider, (*nachprüfen, überprüfen*) check, WIRTSCH (*Bücher*) audit, JUR (*Entscheidung*) review, TECH (*erproben*) (put to the) test: ***prüfender Blick*** searching glance **2.** PÄD, UNI examine, test: → ***staatlich*** II **3.** (*heimsuchen*) afflict
Prüfer, **Prüferin** PÄD, UNI examiner, TECH tester, WIRTSCH auditor
Prüfling *m* examinee, candidate
Prüfstand *m* TECH test bed: *fig* ***auf dem Prüfstand*** being tested
Prüfstein *m fig* touchstone, test
Prüfung *f* **1.** PÄD examination, test, *ugs* exam: → ***ablegen*** 4 **2.** (*Untersuchung*) examination, *genaue*: *auch* scrutiny, *eines Vorfalls etc*: *auch* investigation, (*Nachprüfung, Überprüfung*) check(ing), WIRTSCH (*Buchprüfung*) audit, JUR review **3.** TECH (*Erprobung*) test, trial **4.** (*Heimsuchung*) trial, affliction **5.** SPORT (*Wettbewerb*) event
Prüfungsangst *f ugs* exam nerves *Pl*
Prüfungsarbeit *f*, **Prüfungsaufgabe** *f* examination (*oder* test) paper

Prüfungsausschuss *m* → ***Prüfungskommission***
Prüfungsgebühr *f* examination fee
Prüfungskommission *f* board of examiners
Prüfungsordnung *f* examination regulations *Pl*
Prüfungszeugnis *n* certificate
Prüfverfahren *n* method of testing
Prüfvorrichtung *f* testing apparatus
Prügel *m* **1.** (heavy) stick, cudgel **2.** *Pl ugs* ***Prügel beziehen*** get a (sound) thrashing, *auch* SPORT get clobbered
Prügelei *f* fight, brawl
Prügelknabe *m fig* scapegoat
prügeln *v/t* thrash, clobber: ***sich prügeln*** (have a) fight
Prügelstrafe *f* corporal punishment
Prunk *m* splendo(u)r, *pej* pomp
Prunkstück *n ugs* showpiece
prunkvoll *Adj* splendid, magnificent
prusten *v/i* snort (***vor*** *Dat* with)
PS *Abk* **1.** (= ***Pferdestärken***) H.P, hp, horsepower; **2.** (= ***Postskriptum***) PS, postscript
Psalm *m* psalm
Psalmist, **Psalmistin** psalmist
Psalter *m* psalter
Pseudo..., **pseudo...** pseudo...
Pseudokrupp *m* MED pseudo-croup
pseudonym *Adj* pseudonymous
Pseudonym *n* pseudonym, *eines Schriftstellers: auch* pen name
pst *Interj* (*still*) shh!, (*horch*) psst!
Psyche *f* psyche
psychedelisch *Adj* psychedelic
Psychiater, **Psychiaterin** psychiatrist, *ugs* shrink
Psychiatrie *f* **1.** psychiatry **2.** (*Abteilung*) psychiatric ward
psychiatrisch *Adj* psychiatric
psychisch *Adj* psychic(al), (*a psychisch bedingt*) psychological, mental: ***psychische Erkrankung*** mental illness
Psychoanalyse *f* psychoanalysis
Psychoanalytiker, **Psychoanalytikerin** psychoanalyst
Psychogramm *n* psychograph, *fig auch* profile
Psychologe *m*, **Psychologin** *f* psychologist
Psychologie *f* psychology
psychologisch *Adj* psychological
Psychopath, **Psychopathin** psychopath
psychopathisch *Adj* psychopathic
Psychopharmakon *n* (*Pl* **Psychopharmaka**) psychochemical
Psychose *f auch fig* psychosis
psychosomatisch *Adj* psychosomatic
Psychoterror *m* psychological intimidation
Psychotherapeut, **Psychotherapeutin** psychotherapist
psychotherapeutisch *Adj* psychotherapeutic(ally *Adv*)
Psychotherapie *f* psychotherapy
psychotisch *Adj* psychotic(ally *Adv*)
Pubertät *f* puberty
pubertieren *v/i* go through puberty
publik *Adj* ***publik sein*** (***werden***) be (become) common knowledge; ***publik machen*** make s.th. public
Publikation *f* publication
Publikum *n the* public, audience, TV *auch* viewers *Pl*, RADIO *auch* listeners *Pl*, SPORT spectators *Pl*, (*Gäste*) customers *Pl*, (*Besucher*) visitors *Pl*
Publikumserfolg *m* great (popular) success
Publikumsgeschmack *m* (***dem Publikumsgeschmack entsprechen*** be in the) public taste
Publikumsliebling *m* darling of the public
publizieren *v/t* publish
Publizist, **Publizistin** publicist, journalist
Publizistik *f* journalism
publizistisch *Adj* journalistic(ally *Adv*)
Pudding *m* blancmange
Pudel *m* ZOOL poodle: *ugs* ***dastehen wie ein begossener Pudel*** look crestfallen
Pudelmütze *f* bobble hat
pudelnass *Adj ugs* soaking wet
pudelwohl *Adj ugs* ***sich pudelwohl fühlen*** feel great
Puder *m*, *ugs auch n* powder
Puderdose *f* powder compact
pudern *v/t* powder
Puderquaste *f* puff
Puderzucker *m* icing (*Am* confectioner's) sugar
Puff[1] *m* **1.** (*Stoß*) thump, *in die Rippen*: poke, dig, *leichter*: nudge: *ugs fig* ***er*** (***es***) ***kann schon einen Puff vertragen*** he (it) can stand a knock **2.** (*Knall*) pop, bang
Puff[2] *m*, *auch n* (*Bordell*) brothel
Puffärmel *m* puffed sleeve
puffen **I** *v/t* thump, *leicht*: nudge **II** *v/i* puff
Puffer *m* **1.** *allg* buffer **2.** → ***Kartoffelpuffer***
Pufferstaat *m* buffer state
Puffreis *m* puffed rice
Pulle *f ugs* bottle: *fig* ***volle Pulle*** full blast
Pulli *m* (light) sweater
Pullover *m* sweater, pullover
Pullunder *m* tank top
Puls *m* pulse: ***j-m den Puls fühlen*** feel s.o.'s pulse, *fig* sound s.o. out
Pulsader *f* artery
pulsieren *v/i auch fig* pulsate
Pulsschlag *m* pulse beat
Pulswärmer *m* wristlet
Pulszahl *f* pulse rate
Pult *n allg* desk, (*Rednerpult*) lectern: MUS ***am Pult XY*** XY conducting
Pulver *n allg* powder, (*Schießpulver*) gunpowder: *ugs fig* ***er hat das Pulver nicht erfunden*** he is no great light; → ***Schuss*** 1
Pulverfass *n auch fig* powder keg: *fig* ***wie auf einem Pulverfass sitzen*** be sitting on top of a volcano
pulverisieren *v/t* pulverize
Pulverkaffee *m* instant coffee
Pulverschnee *m* powdery snow
Puma *m* ZOOL puma, *Am* cougar
pummelig *Adj ugs* plump
Pump *m ugs* ***auf Pump*** on tick
Pumpe *f* **1.** pump **2.** *sl* (*Herz*) ticker
pumpen *v/t und v/i* **1.** pump **2.** *ugs* (*leihen*) lend, *bes Am* loan: ***sich etw pumpen*** borrow s.th. (***bei j-m*** from s.o.)
Pumpernickel *m* pumpernickel
Pumps *m* court shoe
Punker, **Punkerin** punk
Punkt *m* **1.** point (*auch* MATHE, *Sport etc*), (*Tüpfelchen*) dot, LING, BUCHDRUCK full stop, *Am* period, *bei Internetadressen*: dot: ***der grüne Punkt*** symbol for recyclable packaging; ***nach Punkten siegen*** win on points; ***Punkt 10 Uhr*** at ten o'clock sharp **2.** (*Stelle*) spot: *fig* ***bis zu einem gewissen Punkt*** up to a point; → ***tot***, ***wund*** **3.** *fig* (*Einzelheit*) point, item, (*Thema*) subject: ***in vielen Punkten*** in many respects; *ugs* ***der springende Punkt*** the crux (of the matter), the whole point; ***die Sache auf den Punkt bringen*** hit the nail squarely on the head, put it in a nutshell; → ***strittig***

P

punkten I *v/t* dot **II** *v/i* SPORT score (points)
punktieren *v/t* MED puncture
pünktlich I *Adj* punctual: ***sei pünktlich!*** be on time!; ***sie ist selten pünktlich*** she's a bad timekeeper **II** *Adv* punctually, on time: ***pünktlich um 10 Uhr*** at ten o'clock sharp
Pünktlichkeit *f* punctuality
Punktrichter, **Punktrichterin** SPORT judge
Punktsieg *m* win on points, points decision
Punktsieger, **Punktsiegerin** winner on points
Punktspiel *n* league match
Punktsystem *n* points system
punktuell *Adj* selective(ly *Adv*), *Adv auch* at certain points
Punsch *m* GASTR punch
Pupille *f* pupil
Püppchen *n* dolly
Puppe *f* **1.** doll (*auch ugs Mädchen*), (*Marionette, auch fig*) puppet, (*Kleiderpuppe, auch für Crashtests*) dummy: *ugs* ***bis in die Puppen schlafen*** sleep till all hours **2.** ZOOL chrysalis, pupa, *des Seidenspinners*: cocoon
Puppenspiel *n* puppet show
Puppenspieler, **Puppenspielerin** puppeteer
Puppenstube *f* doll's house, *Am* dollhouse
Puppentheater *n* puppet theat/re (*Am* -er)
Puppenwagen *m* doll's pram, *Am* doll carriage (*oder* buggy)
pur *Adj* pure, (*bloß*) *auch* sheer, *Whisky*: neat, *Am* straight
Püree *n* GASTR purée, mash
Puritaner, **Puritanerin** Puritan
puritanisch *Adj* HIST Puritan, *pej* puritanical
Purpur *m*, **purpurrot** *Adj* crimson
Purzelbaum *m* forward roll
purzeln *v/i* tumble
Push-up-BH *m* push-up bra
Puste *f ugs* breath: ***außer Puste sein*** be puffed
Pustel *f* MED pustule
pusten *v/i und v/t* puff, (*blasen*) *auch* blow: *ugs* MOT ***er musste pusten*** he was breathalyzed
Pute *f* ZOOL turkey (hen): *ugs fig* ***dumme Pute*** silly goose
Puter *m* ZOOL turkey (cock)
puterrot *Adj* (***puterrot werden*** turn) scarlet
Putsch *m* POL putsch, coup (d'état), revolt
putschen *v/i* revolt
Putschist, **Putschistin** putschist
Putte *f* putto
Putz *m* **1.** ARCHI plaster: ELEK ***unter Putz*** buried, concealed; *ugs fig* ***auf den Putz hauen*** **a)** go to town, **b)** (*angeben*) show off **2.** *ugs* (*Krach*) row: ***Putz machen*** raise hell
putzen I *v/t* clean (*auch Gemüse*), (*Schuhe*) polish, *Am* shine, (*Gefieder*) preen: ***sich die Nase putzen*** blow one's nose; ***sich die Zähne putzen*** brush one's teeth **II** *v/i* clean: ***putzen*** (***gehen***) work as a cleaner **III** *v/refl* ***sich putzen*** *auch fig* preen o.s
Putzfrau *f*, **Putzhilfe** *f* cleaning lady
putzig *Adj ugs* funny
Putzkolonne *f* cleaning crew, cleaners *Pl*
Putzlappen *m* cloth
Putzmann *m* cleaner
Putzmittel *n* cleaning agent
putzmunter *Adj ugs* **1.** (*wach*) wide-awake **2.** (*vergnügt*) chirpy
Putzteufel *m* dirt-obsessed housewife
Putzzeug *n* cleaning things *Pl*
puzzeln *v/i* do a (jigsaw) puzzle
Puzzle *n* jigsaw (puzzle)

Puzzle ≠ puzzle

Puzzle	=	jigsaw (puzzle)
puzzle	=	Rätsel; Geduld(s)spiel

Pygmäe *m*, **Pygmäin** *f* pygmy
Pyjama m (pair of) pyjamas (*Am* pajamas) *Pl*
Pyramide *f auch fig* pyramid
pyramidenförmig *Adj* pyramidal
Pyrenäen *Pl the* Pyrenees *Pl*

Q

Q

Q, **q** *n* Q, q
Quacksalber, **Quacksalberin** quack
Quacksalberei *f* quackery
Quadrant *m allg* quadrant
Quadrat *n* square: ***2 Fuß im Quadrat*** 2 feet square; MATHE ***ins Quadrat erheben*** square; ***3 zum*** (*oder* ***im***) ***Quadrat ist 9*** three squared equals nine
quadratisch *Adj* square, MATHE quadratic
Quadratmeter *m*, *n* square metre (*Am* meter)
Quadratur *f* quadrature: *fig* ***die Quadratur des Kreises*** the squaring of the circle
Quadratwurzel *f* square root
quadrieren *v/t* square
quadrofon, **quadrophon** *Adj* quadrophonic(ally *Adv*)
quaken *v/i Ente*: quack, *Frosch*: croak
quäken *v/i* squawk
Quäker, **Quäkerin** Quaker
Qual *f* agony, *seelische*: *auch* anguish (*beide auch* ***Qualen*** *Pl*), (*hartes Los, Nervenprobe*) ordeal: ***unter Qualen*** in (great) pain, *fig* with great difficulty; ***es war eine Qual*** it was hell; ***die Qual der Wahl*** an embarras de richesse, the ordeal of choice
quälen I *v/t* torment, (*foltern*) torture (*beide auch fig*), *fig* (*bedrücken*) haunt, *mit Bitten etc*: pester; → ***gequält*** **II** *v/refl* ***sich quälen*** (***mit***) **a)** *innerlich*: torment o.s. (with), **b)** (*sich abmühen*) struggle hard (with), **c)** *einer Krankheit*: suffer (badly) (from)

quälend → ***qualvoll***
Quälerei *f* **1.** tormenting (*etc*, → ***quälen*** I) **2.** torment, torture
Quälgeist *m* pest, tormentor
Qualifikation *f* qualification
Qualifikationsrunde *f* SPORT qualifying round
qualifizieren *v/t und v/refl* ***sich qualifizieren*** qualify (***für*** for): ***qualifiziert*** *allg* qualified
Qualität *f* quality
qualitativ *Adj* qualitative
Qualitätsarbeit *f* high-quality work
Qualitätskontrolle *f* quality control
Qualitätsmanagement *n* quality management
Qualitätssicherung *f* quality assurance
Qualitätsware *f* high-quality article, *Koll* quality goods *Pl*
Qualitätswein *m* quality-tested wine
Qualle *f* ZOOL jellyfish
Qualm *m*, **qualmen** *v/i und v/t* smoke
qualmig *Adj* smoky
qualvoll *Adj* very painful, *Schmerzen*: excruciating, *auch seelisch*: agonizing
Quäntchen *n* dram, *fig auch* grain
Quantenphysik *f* quantum physics *Sg*
Quantensprung *m* quantum leap
Quantentheorie *f* quantum theory
quantifizieren *v/t* quantify
Quantität *f* quantity
quantitativ *Adj* quantitative
Quantum *n* quantum, amount, (*Anteil*) share, quota
Quarantäne *f* (***unter Quarantäne stellen*** put in) quarantine
Quark *m* **1.** GASTR curd cheese **2.** → ***Quatsch***
Quartal *n* quarter (year)
Quartett *n* **1.** MUS quartet(te) **2.** *fig* foursome **3.** (*Spiel*) happy families *Pl*
Quartier *n* accommodation, *bes* MIL quarters *Pl*
Quarz *m* quartz
Quarzuhr *f* quartz watch
quasi *Adv* as it were
quasseln → ***quatschen***
Quaste *f* **1.** tassel **2.** → ***Puderquaste***
Quatsch *m ugs allg* rubbish, rot: ***Quatsch machen*** **a)** fool around, **b)** do s.th. stupid; ***red keinen Quatsch!*** don't talk rubbish!, *weit. S.* you're kidding!
quatschen *v/i ugs* **1.** talk rubbish **2.** (*klatschen*) gossip **3.** (*plaudern*) chat, waffle **4.** (*ausplaudern*) blab
Quatschkopf *m ugs* silly ass
Quecke *f* BOT couch grass
Quecksilber *n* quicksilver, mercury
Quecksilbersäule *f* mercury column
Quecksilbervergiftung *f* mercury poisoning
Quelldatei *f* COMPUTER source file
Quelle *f* spring, (*Flussquelle*) source (*auch fig Text, Ursprung, Person etc*), (*Brunnen, Ölquelle*) well: *fig* ***etw aus sicherer Quelle wissen*** have s.th. on good authority
quellen *v/i* **1.** (***aus*** from) pour (*auch fig*), *Blut, Wasser*: well, gush **2.** (*anschwellen*) swell: *Erbsen etc* ***quellen lassen*** soak
Quellenangabe *f* reference: ***Quellenangaben*** *Pl* bibliography *Sg*
Quellenmaterial *n* source material
Quellensteuer *f* withholding tax
Quellenstudium *n* basic research
Quellgebiet *n* headwaters *Pl*
Quellprogramm *n* COMPUTER source program
Quellwasser *n* spring water
Quengelei *f ugs* beefing, *eines Kindes*: whining
quengelig *Adj* grumpy, whining
quengeln *v/i* grumble, *Kind*: whine
Quentchen *n* → ***Quäntchen***
quer *Adv* **a)** crosswise, across, **b)** diagonally, **c)** at right angles (***zu*** to): ***quer über*** (*Akk*) across; ***quer gestreift*** horizontally striped
Quer... *meist* cross ...
Querachse *f* lateral axis
Querbalken *m* crossbeam
Querdenker, **Querdenkerin** unconventional thinker
Quere *f* ***j-m in die Quere kommen*** get in s.o.'s way
querfeldein *Adv* across country
Querfeldeinlauf *m* cross-country race
Querflöte *f* transverse flute
Querformat *n* horizontal format
quergestreift *Adj* → ***quer***
Querkopf *m ugs* pigheaded fellow
Querlatte *f* SPORT crossbar
querlegen *v/refl ugs fig* (*widersetzen*) ***sich querlegen*** make trouble
Querpass *m* SPORT cross pass
Querpfeife *f* MUS fife
querschießen *v/i ugs fig* (*widersetzen*) make trouble
Querschiff *n* ARCHI transept
Querschläger *m* MIL ricochet
Querschnitt *m* cross-section (*auch fig* ***durch*** of)
querschnittgelähmt, **querschnittsgelähmt** *Adj*, **Querschnittgelähmte**, **Querschnittsgelähmte** *m, f* MED paraplegic
Querschnittlähmung, **Querschnittslähmung** *f* MED paraplegia
Querschnittzeichnung *f* sectional drawing
Querstraße *f* intersecting road: ***zweite Querstraße rechts*** second turning on the right
Querstreifen *m* cross stripe
Querstrich *m* horizontal line, dash
Quertreiber, **Quertreiberin** *ugs* obstructionist
Quertreiberei *f ugs* obstruction(ism)
Querulant, **Querulantin** troublemaker
Querverbindung *f* cross connection, *fig auch* link
Querverweis *m* cross reference
quetschen *v/t* squeeze (*auch fig* ***sich*** o.s.), MED bruise, (*zerquetschen*) crush
Quetschung *f* MED bruise, contusion
Quickie *n ugs allg* quickie
quicklebendig *Adj ugs* lively, active, *bes ältere Person*: spry
quieken *v/i* squeak
quietschen *v/i* squeal, squeak
quietschvergnügt *Adj ugs* chirpy, cheerful
Quinte *f* MUS fifth
Quintessenz *f* essence
Quintett *n* MUS quintet(te)
Quirl *m* **1.** GASTR beater **2.** BOT whorl **3.** *fig* live wire
quirlen *v/t* (*Eier etc*) whisk, beat
quirlig *Adj fig* lively
quitt *Adj* ***mit j-m quitt sein*** (***werden***) be (get) quits with s.o.
Quitte *f* BOT quince
quittieren *v/t* **1.** give a receipt for: *fig* ***etw mit einem Lächeln etc quittieren*** meet s.th. with a smile *etc* **2.** ***den Dienst quittieren*** resign
Quittung *f* (***gegen Quittung*** on) receipt: *fig* ***das ist die Quittung für deinen Leichtsinn*** *etc* that's what you get for being so careless *etc*
Quittungsblock *m* receipt book
Quittungsformular *n* receipt form

Quiz *n* quiz
Quizmaster, **Quizmasterin** quizmaster
Quizsendung *f* quiz program(me *Br*)
Quote *f* quota, (*Anteil*) share, rate
Quotenregelung *f* quota regime
Quotient *m* MATHE quotient
quotieren *v/t* WIRTSCH quote

Quote ≠ quote

Quote	=	quota; share, rate
quote	=	Zitat

R

R, r *n* R, r
Rabatt *m* (***mit 3 Prozent Rabatt*** at a 3 percent) discount
Rabattmarke *f* trading stamp
Rabbi, **Rabbiner** *m* rabbi
Rabe *m* raven
Rabenmutter *f* uncaring mother
rabenschwarz *Adj* jet-black, *Nacht*: pitch-dark
rabiat *Adj* (*wütend*) furious, (*roh*) rough, brutal, (*rücksichtslos*) ruthless
Rache *f* revenge, vengeance: ***aus Rache*** in revenge (**für** for); ***Rache schwören*** vow vengeance; ***Rache nehmen*** (*oder* ***üben***) → ***rächen*** II; ***Tag der Rache*** day of reckoning
Racheakt *m* act of revenge
Rachen *m* **1.** ANAT throat **2.** (*Maul, auch fig Schlund*) jaws *Pl*, maw: *ugs fig* ***j-m etw in den Rachen schmeißen*** cast s.th. into s.o.'s hungry maw; ***er kann den Rachen nicht voll kriegen*** he can't get enough
rächen **I** *v/t* (**an** *Dat* on, upon) avenge, revenge **II** *v/refl* ***sich rächen*** take revenge, get one's own back; ***sich an j-m rächen*** revenge o.s. (*oder* take revenge) on s.o.; *fig* ***es rächte sich (bitter), dass er …*** he had to pay dearly for *Ger*
Rachenkatarr(h) *m* MED pharyngitis
Rachitis *f* MED rickets *Pl* (*auch Sg konstr*)
rachitisch *Adj* MED rickety
Rachsucht *f* vindictiveness
rachsüchtig *Adj* vindictive
rackern *v/i ugs* slave away
Rad *n* **1.** wheel: ***ein Rad schlagen*** **a)** *Pfau*: spread the tail, **b)** turn cartwheels; ***das fünfte Rad am Wagen sein*** be the fifth wheel; *fig* ***unter die Räder kommen*** go to the dogs, SPORT *ugs* take a hammering **2.** (*Fahrrad*) bicycle, *ugs* bike; ***Rad fahren*** **a)** cycle, (ride a) bicycle, *ugs* bike, **b)** *ugs pej* toady
Radar *m, n* radar
Radarfalle *f* MOT *ugs* radar (speed) trap
Radargerät *n* radar (set)
Radarkontrolle *f* radar control
Radarschirm *m* radar screen
Radarschirmbild *n* radar display
Radarsichtgerät *n* radarscope
Radau *m ugs* (***Radau machen*** kick up a) row
Raddampfer *m* paddle steamer
radebrechen *v/t* ***Englisch*** *etc* ***radebrechen*** speak broken English *etc*
radeln *v/i ugs* cycle, pedal, bike
Rädelsführer, **Rädelsführerin** ringleader
rädern *v/t* HIST break *s.o.* on the wheel; → ***gerädert***
Radfahrer, **Radfahrerin** **1.** cyclist **2.** *ugs pej* toady
Radfahrweg *m* cycle track
Radicchio *m* BOT radicchio
radieren *v/t und v/i* **1.** (*ausradieren*) erase, rub *s.th.* out **2.** KUNST etch
Radiergummi *m* eraser, *Br auch* rubber
Radierung *f* KUNST etching
Radieschen *n* BOT radish
radikal *Adj*, **Radikale** *m, f* radical
radikalisieren *v/t* radicalize
Radikalismus *m* radicalism
Radikalkur *f* drastic cure, *fig* drastic measures *Pl*
Radio *n* radio, *Br auch* wireless: ***im Radio*** on the radio; ***Radio hören*** listen to the radio
radioaktiv *Adj* radioactive: ***radioaktiver Niederschlag*** fallout
Radioaktivität *f* radioactivity
Radioapparat *m* radio (set), *Br auch* wireless (set)
Radiologe *m*, **Radiologin** *f* MED radiologist
Radiorekorder *m* radio cassette recorder
Radiowecker *m* radio alarm (clock)
Radium *n* CHEM radium
Radius *m* radius
Radkappe hub cap
Radkasten *m* wheel case
Radrennbahn *f* cycling track
Radrennen *n* cycle race
Radsport *m* cycling
Radsportler, **Radsportlerin** cyclist
Radtour *f* cycle tour
Radwandern *n* cycling tour(s *Pl.*)
Radweg *m* cycle track
RAF *f Abk* (= ***Rote-Armee-Fraktion***) Red Army Faction
raffen *v/t* **1.** (*aufraffen*) snatch up, (*Kleid etc*) gather up **2.** *fig* condense, tighten
Raffgier *f* greed
Raffinade *f* refined sugar
Raffinerie *f* refinery
Raffinesse *f* (*Schlauheit*) cleverness, (*Feinheit*) subtlety, sophistication, *des Geschmacks etc*: *auch* refinement
raffinieren *v/t* refine
raffiniert *Adj* **1.** refined, (*fig verfeinert*) *auch* subtle, sophisticated **2.** *fig* (*schlau*) clever

Rafting *n* white-water rafting
Rage *f* rage, fury: ***j-n in Rage bringen*** make s.o. furious
ragen *v/i* tower, loom: ***ragen aus*** (*Dat*) rise (*horizontal*: project) from
Raglanärmel *Pl* raglan sleeves *Pl*
Ragout *n* GASTR ragout
Rahe *f* SCHIFF yard
Rahm *m* cream; → ***abschöpfen***
rahmen *v/t* frame, (*Dias*) mount
Rahmen *m allg* frame (*auch* MOT, TECH), *fig auch* framework, (*Bereich*) scope, (*Grenzen*) limits *Pl*, (*Hintergrund*) setting: ***im Rahmen von*** (*oder Gen*) within the scope of; ***im Rahmen des Festes*** in the course of the festival; ***im Rahmen der Ausstellung finden … statt*** the exhibition will include …; ***im Rahmen des Möglichen*** within the bounds of possibility; ***in großem Rahmen*** on a large scale; ***aus dem Rahmen fallen*** **a)** be unusual, be off-beat, **b)** *ugs* (*sich schlecht benehmen*) get out of line, misbehave; ***den Rahmen einer Sache sprengen*** go beyond the scope of s.th.
Rahmenabkommen *n* skeleton agreement
Rahmenbedingungen *Pl* general conditions *Pl*
Rahmenerzählung *f* link and frame story
Rahmengesetz *n* skeleton law
Rahmenhandlung *f* frame (story)
Rahmenprogramm *n* fringe events *Pl*
rahmig *Adj* creamy
Rahmkäse *m* cream cheese
Rahsegel *n* square sail
Rakete *f* rocket, MIL *auch* missile
Raketenabschussbasis *f* rocket launching site, MIL missile base
Raketenabwehrsystem *n* antiballistic missile defence system
Raketenantrieb *m* rocket propulsion: ***mit Raketenantrieb*** rocket-propelled, rocket-powered
Raketenstützpunkt *m* MIL missile base
Rallye *f* (motor) rally
RAM *n Abk* (= ***random access memory***) RAM
rammen *v/t* ram
Rampe *f* **1.** ramp **2.** THEAT apron
Rampenlicht *n* THEAT footlights *Pl*: *fig* ***im Rampenlicht stehen*** be in the limelight
ramponieren *v/t ugs auch fig* batter
Ramsch *m* **a)** WIRTSCH rejects *Pl*, **b)** *ugs pej* junk, trash
ran *Interj ugs* let's go!; *in Zssgn* = ***heran…***
Rand *m* **1.** edge, *eines Tellers etc*: rim, *des Hutes*: brim, *einer Seite etc*: margin, *einer Wunde*: lip, *eines Abgrunds*, *auch fig* brink: ***voll bis zum Rand*** brimful; ***einen Rand lassen*** leave a margin; ***am Rande des Waldes*** (***der Stadt***) on the edge of the wood (on the outskirts of the town); *fig* ***am Rande des Ruins*** (***eines Krieges, der Verzweiflung*** *etc*) on the brink of ruin (war, despair, *etc*); ***am Rande*** **a)** *notieren etc*: in the margin, **b)** *erwähnen etc*: in passing; (***nur***) ***am Rande*** *erleben, interessieren etc*: (only) marginally; ***am Rande bemerkt*** by the way **2.** (*Schmutzrand*) mark, *in der Badewanne etc*: *ugs auch* tidemark **3.** *ugs* ***außer Rand und Band*** **a)** *Kinder etc*: completely out of hand, **b)** *vor Freude etc*: quite beside o.s.; → ***zurande***
Randale *f ugs* ***Randale machen*** → ***randalieren***
randalieren *v/i* raise hell, riot
Randalierer, Randaliererin hooligan, rioter
Randbemerkung *f* **a)** marginal note, **b)** passing remark
Randerscheinung *f* side issue
Randgebiet *n* borderland (*auch fig*), *einer Stadt*: outskirts *Pl*
Randgruppe *f* fringe group
randlos *Adj Brille*: rimless
Randproblem *n* side issue
Randstein *m* → ***Bordstein***
Randstreifen *m* MOT shoulder
Rang *m* **1.** rank (*auch* MIL), (*Stand*) status, (*Stellung*) position, (*Güte*) quality: *fig* ***ersten Ranges*** first-class, first-rate; ***j-m den Rang ablaufen*** outstrip s.o.; ***j-m den Rang streitig machen*** compete with s.o.; ***alles was Rang und Namen hat*** all the notables (*ugs* VIP's) **2.** THEAT ***erster Rang*** dress circle, *Am* first balcony; ***zweiter Rang*** upper circle, *Am* second balcony; SPORT ***die Ränge*** *Pl* the terraces *Pl* **3.** *Lotto, Toto*: (dividend) class
Rangabzeichen *n* badge of rank, *Pl* insignia *Pl*
rangehen *v/i ugs* go it
rangeln *v/i ugs* scuffle: *fig* ***um etw rangeln*** wrangle for s.th.
Rangfolge *f* order of precedence
ranghoch *Adj* high-ranking
rangieren I *v/t* BAHN shunt, *Am* switch **II** *v/i fig* rank (***vor j-m*** before s.o.)
Rangiergleis *n* siding
Rangliste *f* SPORT ranking list, table
Rangordnung *f* order of precedence, hierarchy
ranhalten *v/refl* ***sich ranhalten*** *ugs* **a)** (*sich beeilen*) get on with it, **b)** (*zugreifen*) dig in
rank *Adj auch* ***rank und schlank*** slim
Ranke *f* BOT tendril
ranken *v/i und v/refl* ***sich ranken*** climb, creep
Ranking *n Leistungseinstufung*: ranking
ranlassen *v/t ugs* ***j-n an etw ranlassen*** let s.o. (have a go) at s.th.; ***lass mich mal ran!*** let me have a go!
rannehmen *v/t ugs* ***j-n rannehmen*** ride s.o. hard
Ranzen *m* knapsack, (*Schulranzen*) satchel
ranzig *Adj* rancid
Rap *m* rap
rapid(e) *Adj* rapid
Rappe *m* black horse
Rappel *m ugs* ***einen Rappel haben*** be off one's rocker; ***einen Rappel kriegen*** flip (one's lid)
rappen *v/i* rap
Rappen *m schweiz.* Swiss centime
Raps *m* BOT rape(seed)
rar *Adj* rare (*auch fig exquisit*), scarce
Rarität *f* rarity, (*Sache*) *meist* curiosity
rarmachen *v/refl ugs* ***sich rarmachen*** make o.s. scarce
rasant *Adj* **1.** (*sehr schnell*) fast **2.** *fig* meteoric **3.** *Entwicklung, Fortschritt etc*: rapid
rasch *Adj* quick, *Handlung etc*: *auch* swift, speedy, *Tempo*: fast: ***mach rasch!*** be quick!
rascheln *v/i* rustle
rasen *v/i* **1.** (*sich sehr schnell fortbewegen*) race (along), tear (along): ***rasen gegen*** run into, *Auto*: *auch* crash into **2.** *vor Zorn etc*: rave **3.** *Sturm, Meer*: rage
Rasen *m* grass, (*Rasenplatz*) lawn
rasend I *Adj* **1.** *Person*: raving, *Schmerzen*: agonizing: ***rasende Kopfschmerzen*** a splitting headache; ***rasende Wut*** violent rage; ***rasend werden*** (***machen***) go (drive *s.o.*) mad **2.** *Tempo*: breakneck **II** *Adv* **3.** *ugs* madly (*in love etc*): ***etw rasend gern tun*** be mad about s.th.
Rasenmäher *m* lawn mower
Rasensprenger *m* sprinkler

Raser, **Raserin** *ugs* speeder

Raserei *f* **1.** *ugs* MOT speeding **2.** (*Wut*) fury, (*Wahnsinn*) frenzy, madness

Rasierapparat *m* safety razor: (***elektrischer Rasierapparat*** electric) shaver

Rasiercreme *f* shaving cream

rasieren **I** *v/t* (***sich rasieren lassen*** get a) shave **II** *v/refl* ***sich rasieren*** (have a) shave: ***sich elektrisch rasieren*** use an electric shaver

Rasierklinge *f* razor blade

Rasiermesser *n* (straight) razor

Rasierpinsel *m* shaving brush

Rasierschaum *m* shaving foam

Rasierseife *f* shaving stick

Rasierwasser *n* aftershave (lotion)

Rasierzeug *n* shaving things *Pl*

raspeln *v/t* grate: → ***Süßholz***

Rasse *f allg* race (*auch fig*), ZOOL (*Zucht*) breed

Rassehund *m* pedigree dog

Rassel *f* rattle

rasseln *v/i* rattle: *ugs* ***durch eine Prüfung rasseln*** fail (in an examination), *bes Am* flunk (an exam)

Rassen… *meist* racial (*discrimination*, *problem*, *policy*, *etc*).

Rassenhass *m* race hatred

Rassenkrawall *m* race riot

Rassenmischung *f* mixture of races, (*Tier*) crossbreed

Rassenschranke *f* colo(u)r bar

Rassentrennung *f* (racial) segregation, HIST *in Südafrika*: apartheid

Rassenunruhen *Pl* race riots *Pl*

Rassepferd *n* thoroughbred (horse)

rassig *Adj* thoroughbred, *fig auch* racy

Rassismus *m* racism

Rassist, **Rassistin**, **rassistisch** *Adj* racist

Rast *f* rest, (*Pause*) *auch* break: (***eine***) ***Rast machen*** → ***rasten***

Rastalocken *Pl* dread locks *Pl*

Raste *f* TECH catch, (*Fußraste*) footrest

rasten *v/i* (take a) rest

Raster *m* FOTO, BUCHDRUCK screen, TV *auch* raster, ELEK grid

Rasthaus *n* motorway restaurant

rastlos *Adj* restless

Rastplatz *m* resting place, MOT layby, *Am* rest stop

Raststätte *f* MOT service area

Rasur *f* shave

Rat *m* **1.** (piece of) advice, (*Vorschlag*) suggestion, (*Empfehlung*) recommendation, (*Ausweg*) way out: ***auf seinen Rat hin*** on his advice; ***j-n um Rat fragen*** (***jemandes Rat folgen***) ask (take) s.o.'s advice; ***Rat schaffen*** find a way out; ***Rat suchen*** seek advice; ***Rat wissen*** know what to do; ***keinen Rat mehr wissen*** be at a loss; ***zu Rate*** → ***zurate*** **2. a)** (*Versammlung*) council, board, **b)** (*Person*) council(l)or

Rate *f* **1.** instal(l)ment: ***in Raten zahlen*** pay by (*oder* in) instal(l)ments **2.** (*Geburtenrate*, *Zuwachsrate etc*) rate

raten *v/t und v/i* **1.** ***j-m*** (***zu etw***) ***raten*** advise s.o. (to do s.th.); ***raten etw zu tun*** recommend doing s.th.; ***zur Vorsicht raten*** recommend caution; ***wozu raten Sie mir?*** what do you advise me to do?, what would you recommend? **2.** (*erraten*) guess, (*Rätsel*) *auch* solve: *ugs* ***rate mal!*** just guess!; ***falsch geraten!*** wrong guess!

Ratenzahlung *f* payment by instal(l)ments

Ratespiel *n* guessing (TV panel) game

Ratgeber[1] *m* reference book

Ratgeber[2], **Ratgeberin** adviser

Rathaus *n* townhall, *bes Am* city hall

Ratifikation *f*, **Ratifizierung** *f* ratification

ratifizieren *v/t* ratify

Ration *f* (***eiserne Ration*** iron) ration

rational *Adj* rational

rationalisieren *v/t* rationalize

Rationalisierung *f* rationalization

Rationalisierungsfachfrau *f*, **Rationalisierungsfachmann** *m* efficiency expert

Rationalismus *m* rationalism

rationell *Adj* rational, (*wirtschaftlich*) efficient

rationieren *v/t* ration

Rationierung *f* rationing

ratlos *Adj* helpless: ***ratlos sein auch*** be at a loss

Ratlosigkeit *f* helplessness

ratsam *Adj* advisable, wise

Ratschlag *m* (piece of) advice: ***einige gute Ratschläge*** some good advice

Rätsel *n* riddle, puzzle (*auch fig*), (*Geheimnis*) *auch* mystery, enigma: ***es ist mir ein*** (***völliges***) ***Rätsel*** it's a (complete) mystery to me, *ugs* it beats me; ***er ist mir ein Rätsel*** I can't make him out; ***sie stehen vor einem Rätsel*** they are baffled

rätselhaft *Adj* baffling, puzzling, (*geheimnisvoll*) mysterious

Rätselraten *n fig* speculation

Ratte *f* ZOOL rat

Rattenfänger, **Rattenfängerin** ratcatcher, *fig* Pied Piper

Rattengift *n* rat poison

rattern *v/i*, **Rattern** *n* rattle, clatter

rau *Adj allg* rough, *Klima*, *Behandlung*, *Stimme etc*: *auch* harsh, *Luft etc*: *auch* raw, *Hals*: sore, *Gegend*: wild, bleak, (*uneben*) rugged, (*grob*) coarse: ***raue Hände*** chapped hands; ***raue See*** stormy sea; ***raue Stimme*** hoarse (*oder* husky) voice; ***raue Sitten*** rough practices; ***rau, aber herzlich*** pretty rough; *fig* ***die raue Wirklichkeit*** (the) harsh reality; *ugs* ***in rauen Mengen*** lots of

Raub *m* **1.** robbery, (*Menschenraub*) kidnap(p)ing **2.** (*Beute*) loot, (*Opfer*) prey: ***ein Raub der Flammen werden*** be destroyed by fire

Raubbau *m* ruinous exploitation: ***Raubbau treiben mit*** **a)** exploit ruthlessly, **b)** ***seiner Gesundheit*** ruin one's health

Raubdruck *m* pirate edition

rauben *v/t* steal, (*Menschen*) kidnap: ***j-m etw rauben*** *auch fig* rob s.o. of s.th.

Räuber, **Räuberin** robber, (*Straßenräuber*) highwayman

Räuberbande *f* gang of robbers, *Am* holdup gang

räuberisch *Adj* rapacious, predatory: ***räuberischer Überfall*** (armed) robbery, holdup

Raubfisch *m* predatory fish

Raubkopie *f* pirate copy

Raubmord *m* murder with robbery

Raubritter *m* HIST robber baron

Raubtier *n* beast of prey

Raubüberfall *m* (armed) robbery, holdup

Raubvogel *m* bird of prey

Raubzug *m* raid

Rauch *m* (*fig* ***sich in Rauch auflösen*** go up in) smoke

rauchen *v/i und v/t* smoke, CHEM *etc* fume: *ugs* ***eine rauchen*** have a smoke; ***Rauchen verbo-***

Raubtiere WF

Gepard	**cheetah** ['tʃiːtə]
Jaguar	**jaguar** ['dʒægjʊə]
Leopard	**leopard** ['lepəd]
Löwe	**lion**
Luchs	**lynx** [lɪŋks]
Panther	**panther** ['pænθə]
Puma	**puma** ['pjuːmə], **cougar** ['kuːgə]
Tiger	**tiger**

ten! No smoking!; → ***Pfeife*** 2

Raucher *m* **1.** (***starker Raucher*** heavy) smoker **2.** → ***Raucherabteil***

Räucher... GASTR smoked (*eel etc*)

Raucherabteil *n* smoking compartment

Raucherhusten *m* MED smoker's cough

Raucherin *f* → ***Raucher*** 1

räuchern *v/t* GASTR smoke, cure

Räucherstäbchen *n* joss stick

Rauchfahne *f* trail of smoke

rauchig *Adj* smoky (*auch fig Stimme*)

Rauchmelder *m* smoke detector

Rauchsäule *f* column of smoke

Rauchverbot *n* ban on smoking: ***Rauchverbot!*** No smoking!

Rauchvergiftung *f* smoke poisoning

Rauchwaren *Pl* **1.** (*Pelze*) furs *Pl* **2.** tobacco products *Pl*

Rauchwolke *f* cloud of smoke

Räude *f* VET mange

räudig *Adj* mangy

rauf, rauf... *ugs* → ***herauf(...), hinauf(...)***

Raufasertapete *f* woodchip (wall)paper

Raufbold *m* brawler, rowdy

raufen **I** *v/t* ***sich die Haare raufen*** tear one's hair **II** *v/i und v/refl* ***sich raufen*** brawl, fight (***um*** for)

Rauferei *f* brawl, fight

rauh → ***rau***

Rauhaar... ZOOL wirehaired

Rauheit *f* roughness (*etc*)

Rauhreif *m* → ***Raureif***

Raum *m* **1.** room **2.** (*Platz*) room, space (*auch* PHIL, PHYS), (*Gebiet*) area, region, (*Spielraum*) scope, room: ***im Raum (von) München*** in the Munich area; ***Raum geben*** (*einem Gedanken*) give way to, (*einer Hoffnung etc*) indulge in; *fig* ***im Raum stehen*** *Problem etc*: be there **3.** (*Weltraum*) (outer) space

Raumanzug *m* space suit

Raumdeckung *f* SPORT zone defen/ce (*Am* -se)

räumen *v/t* **1.** leave, *bei Gefahr, auch* MIL evacuate, (*Wohnung*) quit, vacate, (*Saal, Straße etc, auch* WIRTSCH *Lager*) clear; → ***Feld*** **2.** (*wegräumen*) remove: → ***Weg***

Raumfähre *f* space shuttle

Raumfahrt *f* space travel (*oder* flight), astronautics *Sg*

Raumfahrt... space (*medicine, programme, etc*)

Räumfahrzeug *n* bulldozer, *für Schnee*: snow clearer

Raumgestalter, Raumgestalterin interior decorator (*oder* designer)

Raumgleiter *m* space shuttle

Rauminhalt *m* volume, capacity

Raumkapsel *f* space capsule

Raumlabor *n* space lab

räumlich *Adj* spatial, (of) space, three-dimensional, *Akustik*: stereophonic, OPT stereoscopic: *Adv* ***räumlich (sehr) beengt*** cramped (for space)

Räumlichkeit *f* room: ***Räumlichkeiten*** *Pl* premises *Pl*

Raummaß *n* solid measure

Raummeter *n, auch m* cubic metre (*Am* meter)

Raumordnung *f* regional policy

Raumpfleger, Raumpflegerin cleaner

Räumpflug *m* bulldozer

Raumschiff *n* spacecraft, *bemanntes*: spaceship

Raumsonde *f* space probe

Raumstation *f* space station

Räumung *f allg* clearing, *auch* WIRTSCH clearance, *bei Gefahr*: evacuation (*auch* MIL), JUR (*Zwangsräumung*) eviction

Räumungsklage *f* JUR action for eviction

Räumungsverkauf *m* WIRTSCH clearance sale

raunen *v/i und v/t* whisper, murmur

Raupe *f* ZOOL caterpillar

Raupenfahrzeug *n* crawler (truck)

Raupenkette *f* crawler

Raupenschlepper *m* tracklaying (*oder* crawler) tractor

Raureif *m* hoarfrost

raus[1] *Interj ugs* get out!

raus[2], **raus...** *ugs* → ***heraus(...), hinaus(...)***

Rausch *m* intoxication (*auch fig*), drunkenness, (*Drogenrausch*) *ugs* high, *fig* ecstasy: ***einen Rausch haben*** be drunk; ***seinen Rausch ausschlafen*** sleep it off

rauscharm *Adj* low-noise

rauschen *v/i* **1.** *Blätter, Seide*: rustle, *Wasser, Bach etc*: rush, *Brandung etc*: roar, *Beifall*: thunder, *Tonband etc*: be noisy **2.** *Person*: sweep

Rauschen *n* rustling (*etc*), ELEK noise

rauschend *Adj* **1.** rustling (*etc*) **2.** *fig Fest*: grand, glittering, *Beifall*: thunderous

Rauschgift *n* drug(s *Pl coll*)

Rauschgiftdezernat *n* drug squad

Rauschgiftfahnder *m* anti-drug agent

Rauschgifthandel *m* drug traffic

Rauschgifthändler, Rauschgifthändlerin drug trafficker, dealer, *sl* pusher

Rauschgiftsucht *f* drug addiction

rauschgiftsüchtig *Adj* drug-addicted: ***rauschgiftsüchtig sein*** *auch* be a drug addict, be on drugs

Rauschgiftsüchtige *m, f* drug addict

Rauschgold *n* gold foil

rausfliegen → ***hinausfliegen*** 2

rausgeben *ugs* → ***herausgeben***

räuspern *v/refl* ***sich räuspern*** clear one's throat

rausschmeißen *v/t ugs* kick *s.o.* out, (*entlassen*) *auch* fire: ***rausgeschmissen werden*** *auch* get the boot

Rausschmeißer *ugs* **1.** *in Lokalen*: bouncer **2.** get-out dance

Rausschmiss *m ugs* the boot

Raute *f* **1.** lozenge, *bes* MATHE rhomb **2.** BOT rue

rautenförmig *Adj* MATHE rhombic

Rave *m*, **Ravemusik** *f* rave

Raver, Raverin raver

Razzia *f* (police) raid (*oder* round-up)

Reagenzglas *n* CHEM test tube

reagieren *v/i* (***auf*** *Akk* to) react, *fig und* TECH *auch* respond

Reaktion *f* (***auf*** *Akk* to) reaction, *fig auch* response

reaktionär *Adj*, **Reaktionär, Reaktionärin** reac-

R

tionary
Reaktionsfähigkeit *f* reactions *Pl*, CHEM reactivity
reaktionsschnell *Adj* ***reaktionsschnell sein*** have fast reactions
Reaktionszeit *f* reaction time
Reaktor *m* PHYS reactor
Reaktorblock *m* reactor block
Reaktorkern *m* reactor core
Reaktorsicherheit *f* reactor safety
real *Adj* **1.** (*Ggs. ideal*) real (*auch* WIRTSCH) **2.** (*Ggs. irreal*) realistic(ally *Adv*)
Realeinkommen *n* real earnings *Pl*, real income
realisieren *v/t allg* realize
Realismus *m* realism
Realist, Realistin realist
realistisch *Adj* realistic(ally *Adv*)
Realität *f* reality, (*Gegebenheit*) *auch* fact
Reallohn *m* real wages *Pl*
Realschule *f* secondary school (leading to O-levels), *Am* junior high school
Rebe *f* (*Weinstock*) vine, (*Weinranke*) tendril
Rebell, Rebellin *auch fig* rebel
rebellieren *v/i auch fig* rebel
Rebellion *f auch fig* rebellion
rebellisch *Adj auch fig* rebellious
Rebhuhn *n* ZOOL partridge
Rebstock *m* BOT vine
Rechaud *m* spirit burner
Rechen *m* rake
Rechenanlage *f* computer
Rechenaufgabe *f* (arithmetical) problem, *leichte*: sum
Rechenfehler *m* miscalculation, mistake
Rechenmaschine *f* calculator, calculating machine
Rechenschaft *f* ***Rechenschaft ablegen über*** (*Akk*) answer for; ***j-n zur Rechenschaft ziehen*** call s.o. to account (***wegen*** for); ***j-m Rechenschaft schuldig sein*** be answerable to s.o. (***über*** *Akk* for)
Rechenschaftsbericht *m* **1.** statement (of accounts) **2.** report
Rechenschieber *m*, **Rechenstab** *m* slide rule
Rechenzentrum *n* computer centre (*Am* center)
Recherche *f* investigation
recherchieren *v/i* investigate
rechnen **I** *v/t* **1.** MATHE calculate, (*ausrechnen*) work out **2.** (*veranschlagen*) estimate, (*berücksichtigen*) count, allow for: ***die Kinder nicht gerechnet*** not counting the children **3.** ***j-n rechnen zu*** count s.o. among **II** *v/i* **4.** calculate, *bes* PÄD do sums: ***falsch rechnen*** miscalculate; ***gut rechnen können*** be good at figures **5.** (*zählen*) count: *fig* ***rechnen zu*** count among; ***rechnen mit, rechnen auf*** (*Akk*) (*bauen auf*) count on, (*erwarten*) expect, reckon with; ***mit mir kannst du nicht rechnen!*** count me out! **6.** (*sparen*) economize **III** *v/refl* **7.** be profitable, pay off
Rechnen *n* calculation, PÄD arithmetic
Rechner[1] *m* **1.** calculator **2.** computer
Rechner[2], **Rechnerin** calculator: ***er ist ein guter Rechner*** he is good at figures
rechnergesteuert *Adj* computer-controlled
Rechnung *f* **1. a)** (*Berechnung*) calculation, **b)** (*Aufgabe*) problem, sum: ***die Rechnung ging nicht auf*** *auch fig* it didn't work out; → ***Strich*** 1 **2.** WIRTSCH account, bill, (*Warenrechnung*) invoice, *im Lokal*: bill, *Am meist* check: ***die Rechnung, bitte!*** can I have the bill, please!; ***auf Rechnung*** on account; ***auf Rechnung kaufen*** buy on credit; ***das geht auf meine Rechnung!*** that's on me!; *fig* ***das geht auf seine Rechnung*** that's his doing; ***laut Rechnung*** as per invoice; *fig* ***einer Sache Rechnung tragen, etw in Rechnung ziehen*** take s.th. into account; ***j-m etw in Rechnung stellen*** charge s.th. to s.o.'s account; *fig* ***da hatte er die Rechnung ohne den Wirt gemacht*** he had reckoned without his host
Rechnungsbetrag *m* invoice total
Rechnungshof *m* audit office, *Am* audit division, *EU*: Court of Auditors
Rechnungsjahr *n* financial year
Rechnungsprüfer, Rechnungsprüferin auditor
Rechnungsprüfung *f* audit
Rechnungswesen *n* accountancy
recht **I** *Adj* **1.** right, right-hand, POL right (-wing), rightist: ***rechte Hand*** right hand (*auch fig Person*); ***rechter Hand*** on the right; ***rechter Hand sehen Sie …*** on your right you see …; ***im rechten Winkel*** (***zu***) at right angles (to) **2.** *allg* right, (*richtig*) *auch* correct, (*geeignet*) *auch* suitable, (*gerecht*) *auch* just, fair: ***das ist nur recht und billig*** that's only fair; ***so ists recht!*** that's it!; ***ganz recht!*** quite right!, exactly!; ***zur rechten Zeit*** at the right moment; ***mir ists recht*** that's all right with me, I don't mind; ***mir ist alles recht*** I don't care; ***ist es Ihnen recht, wenn …?*** would you mind if …?; ***schon recht!*** it's all right!; → ***Ding*** 2, ***Mittel*** 1 **3.** (*echt*) real, true, regular: ***er hat keinen rechten Erfolg*** he is not much of a success **II** *Adv* **4.** right(ly), well, correctly, (*richtig*) properly, (*sehr*) very, (*ziemlich*) rather, quite: ***recht gut*** not bad; ***es gefällt mir recht gut*** I rather like it; ***erst recht*** all the more; (***nun***) ***erst recht nicht*** (now) less than ever; ***wenn ich es recht überlege*** (when I) come to think of it; ***ich weiß nicht recht*** I wonder; ***recht daran tun zu*** *Inf* do right to *Inf*; ***es geschieht ihm recht*** it serves him right; ***das kommt mir gerade recht*** that comes in handy; ***recht haben*** be right; ***recht behalten*** be right in the end; ***j-m recht geben*** agree with s.o.; ***man kann es nicht allen recht machen*** you can't please everybody; ***verstehen Sie mich recht*** don't get me wrong; ***wenn ich Sie recht verstehe*** if I understand you rightly
Recht *n* **1.** (*Gesetz*) law, (*Gerechtigkeit*) justice: ***Recht und Ordnung*** law and order; ***nach deutschem Recht*** under German law; ***von Rechts wegen*** by law, *fig* by rights; ***gleiches Recht für alle*** equal rights for all; ***Recht sprechen*** administer justice; ***im Recht sein*** be in the right; ***Recht haben*** be right; ***Recht behalten*** be right in the end; ***j-m Recht geben*** agree with s.o. **2.** (*Berechtigung*) right, (*Anspruch*) *auch* claim, title (*alle*: ***auf*** *Akk* to), (*Vorrecht*) privilege, (*Befugnis*) power, authority: ***mit Recht, zu Recht*** justly, rightly; ***das Recht haben zu*** *Inf* have the right (*oder* be entitled) to *Inf*; ***zu seinem Recht kommen*** come into one's own; ***er hat es mit vollem Recht getan*** he had every right to do so; ***alle Rechte vorbehalten*** all rights reserved
Rechte[1]: *n* ***das Rechte*** the right thing: ***nicht das Rechte, nichts Rechtes*** not the real thing; ***nach dem Rechten sehen*** look after things
Rechte[2] *f* **1.** right (hand *oder* side): ***zur Rechten***

R

on the right (hand); ***zu seiner Rechten*** on (*oder* to) his right **2.** *Boxen*: right **3.** POL *the* Right
Rechteck *n* rectangle
rechteckig *Adj* rectangular
rechtfertigen *v/t* justify (***sich*** o.s.), (*verteidigen*) *auch* defend
Rechtfertigung *f* justification: ***zu meiner Rechtfertigung*** in my defen/ce (*Am* -se)
rechtgläubig *Adj* orthodox
rechthaberisch *Adj* dogmatic(ally *Adv*), (*stur*) self-opinionated, pigheaded
rechtlich **I** *Adj* legal, (*rechtmäßig*) *auch* lawful **II** *Adv* legally: ***rechtlich verpflichtet*** bound by law
rechtlos *Adj* without rights
rechtmäßig *Adj* lawful, *Erbe etc*: legitimate: *Adv* ***das steht ihm rechtmäßig zu*** he is (legally) entitled to it
Rechtmäßigkeit *f* lawfulness, legitimacy, legality
rechts *Adv* on the right (hand side): ***nach rechts*** to the right; ***rechts von ihm*** on his right; ***rechts abbiegen*** turn off right; ***sich rechts halten*** keep to the right; POL ***rechts stehen*** belong to the Right; POL ***rechts orientiert*** right-wing
Rechtsabbieger *m* MOT vehicle (*Pl* traffic *Sg*) turning right
Rechtsanspruch *m* legal claim (***auf*** *Akk* to)
Rechtsanwalt *m*, **Rechtsanwältin** *f* lawyer, *Br auch* solicitor, *vor Gericht*: counsel, barrister, *Am* attorney(-at-law)
Rechtsaußen *m Fußball*: outside right
Rechtsbehelf *m* legal remedy
Rechtsbeistand *m* legal adviser, *vor Gericht*: counsel
Rechtsberater, **Rechtsberaterin** legal adviser
Rechtsberatungsstelle *f* legal aid office
Rechtsbeugung *f* perversion of justice
Rechtsbruch *m* breach of law
rechtsbündig *Adj* flush right, right justified
rechtschaffen *Adj* honest, upright
Rechtschaffenheit *f* honesty, probity
Rechtschreibfehler *m* spelling mistake
Rechtschreibprogramm *n* spellchecker
Rechtschreibreform *f* spelling reform
Rechtschreibung *f* spelling
Rechtsextremist, **Rechtsextremistin** right-wing extremist
Rechtsfall *m* (law) case
Rechtsfrage *f* question of law
Rechtsgefühl *n* sense of justice
Rechtsgelehrte *m, f* jurist, lawyer
Rechtsgeschäft *n* legal transaction
rechtsgültig *Adj* legal(ly valid): ***rechtsgültig machen*** validate
Rechtsgutachten *n* legal opinion
Rechtshänder, **Rechtshänderin** right-hander: ***Rechtshänder(in) sein*** be right-handed
rechtsherum *Adv* to the right
Rechtskraft *f* legal force, validity: ***Rechtskraft erlangen*** become effective
rechtskräftig *Adj* legal(ly binding), *Urteil*: final, *Gesetz*: effective
Rechtskurve *f* right-hand bend
Rechtslage *f* legal position
Rechtsmittel *n* legal remedy: ***ein Rechtsmittel einlegen*** lodge an appeal
Rechtsnachfolger, **Rechtsnachfolgerin** successor in interest
Rechtsnorm *f* legal norm
Rechtspflege *f* administration of justice
Rechtsprechung *f* jurisdiction, administration of justice
rechtsradikal *Adj* extreme right-wing
Rechtsradikale *m, f* right-wing extremist
Rechtsruck *m* POL swing to the right
Rechtsschutz *m* legal protection
Rechtsschutzversicherung *f* legal costs insurance
Rechtssicherheit *f* legal certainty
Rechtsspruch *m* legal decision, *in Zivilsachen*: judgment, *in Strafsachen*: sentence
Rechtsstaat *m* constitutional state
rechtsstaatlich *Adj* constitutional
Rechtsstaatlichkeit *f* rule of law
Rechtssteuerung *f* right-hand drive
Rechtsstreit *m* lawsuit, action
Rechtstitel *m* legal title
rechtsunfähig *Adj* (legally) disabled
rechtsunwirksam *Adj* ineffective
rechtsverbindlich *Adj* (legally) binding (***für*** on)
Rechtsverfahren *n* legal procedure, (*Prozess*) (legal) proceedings *Pl*
Rechtsverkehr *m* right-hand traffic: ***in Italien ist Rechtsverkehr*** in Italy they drive on the right
Rechtsverletzung *f* infringement
Rechtsvertreter, **Rechtsvertreterin** legal representative, (*Bevollmächtigter*) (authorized) agent; *auch* → ***Rechtsanwalt***
Rechtsweg *m* course of law: ***auf dem Rechtsweg*** by legal action; ***den Rechtsweg beschreiten*** go to law
rechtswidrig *Adj* illegal
Rechtswidrigkeit *f* **1.** illegality **2.** unlawful act
rechtswirksam → ***rechtskräftig***
Rechtswissenschaft *f* jurisprudence, law
rechtwinklig, **rechtwinkelig** *Adj* right-angled, rectangular
rechtzeitig **I** *Adj* punctual **II** *Adv* in time (***zu*** for), (*pünktlich*) on time: ***gerade*** (***oder genau***) ***rechtzeitig*** in the nick of time
Reck *n* SPORT horizontal bar
recken *v/t* stretch: ***den Hals recken*** (***nach etw***) crane one's neck (to see s.th.)
Reckturnen *n* bar exercises *Pl*
recycelbar *Adj* recyclable
recyceln *v/t* recycle
Recycling *n* TECH recycling
Redakteur, **Redakteurin** (woman) editor
Redaktion *f* **1.** (*Tätigkeit*) editing **2.** (*Personal*) editorial staff **3.** (*Büro*) editorial office
redaktionell *Adj* editorial: *Adv* ***redaktionell bearbeiten*** edit
Rede *f* **1.** speech, address: ***eine Rede halten*** make a speech; *ugs* ***große Reden schwingen*** talk big **2.** (*Reden*) talk(ing), speech (*auch* LING), (*Gespräch*) conversation, talk, (*Worte*) words *Pl*, language: LING ***direkte*** (***indirekte***) ***Rede*** direct (reported *oder* indirect) speech; ***die Rede kam auf*** (*Akk*) the conversation (*oder* talk) turned to; (***j-m***) ***Rede*** (***und Antwort***) ***stehen*** account (to s.o.) (***über*** *Akk* for); ***j-n zur Rede stellen*** take s.o. to task (***wegen*** *Gen* for); ***wovon ist die Rede?*** what are you (*oder* they) talking about?; ***davon kann keine Rede sein!*** that's out of the question!; ***es ist nicht der Rede wert*** it is not worth mentioning, *bei Dank*: don't mention it!, (*macht nichts*) never mind!; ***der langen Rede kurzer Sinn*** to cut a long story short; → ***verschlagen***[1] 4

Redefreiheit *f* freedom of speech
Redegabe *f* eloquence
redegewandt *Adj* eloquent
Redegewandtheit *f* eloquence
Redekunst *f* rhetoric
reden **I** *v/t und v/i* speak, talk (*beide*: ***mit*** to, ***über*** *Akk* about, of): ***über Politik reden*** talk politics; ***von sich reden machen*** cause a stir; ***j-m ins Gewissen reden*** appeal to s.o.'s conscience; ***ich habe mit dir zu reden*** I'd like a word with you; ***lass uns vernünftig darüber reden!*** let's talk sense!; ***sie lässt nicht mit sich reden*** she won't listen to reason; ***nicht zu reden von …*** not to mention …; ***reden wir von etw anderem!*** let's change the subject!; ***du hast gut reden!*** you can talk!; ***darüber lässt sich reden!*** that's a possibility! **II** *v/refl* ***sich heiser*** (***in Wut*** *etc*) ***reden*** talk o.s. hoarse (into a rage *etc*)
Reden *n* talking: ***j-n zum Reden bringen*** make s.o. talk
Redensart *f* phrase, (*sprichwörtliche Redensart*) saying, *Pl* empty talk *Sg*; ***das ist nur so eine Redensart*** it's just a way of speaking
Redeschwall *m* flood of words
Redeverbot *n* ban on speaking: ***j-m Redeverbot erteilen*** ban s.o. from speaking
Redeweise *f* ***seine*** *etc* ***Redeweise*** the way he *etc* talks
Redewendung *f* figure of speech, idiom
redigieren *v/t* edit
redlich *Adj* honest, upright: ***sich redlich(e) Mühe geben*** do one's best
Redlichkeit *f* honesty, probity
Redner, **Rednerin** speaker
Rednerbühne *f* rostrum, (speaker's) platform
Rednergabe *f* gift of rhetoric
Rednerpult *n* speaker's desk
redselig *Adj* talkative
Redseligkeit *f* talkativeness
reduzieren *v/t* reduce (***auf*** *Akk* to): ***sich reduzieren*** be reduced
Reede *f* SCHIFF roadstead, road(s *Pl*): ***das Schiff liegt auf der Reede*** the ship is (lying) in the roads
Reeder, **Reederin** shipowner
Reederei *f* shipping company
reell *Adj* **1.** (*echt*) real (*chance etc*) **2.** (*anständig*) honest, decent, *Firma*: solid, *Ware*: good, *Preis, Bedienung*: fair
Reep *n* SCHIFF rope
Reetdach *n* thatched roof
Referat *n* **1.** report, (*Vortrag*) *auch* lecture, PÄD, UNI (seminar) paper: ***ein Referat halten*** → ***referieren*** **2.** department
Referendar, **Referendarin** **1.** → ***Gerichtsreferendar(in)*** **2.** → ***Studienreferendar(in)***
Referendum *n* referendum
Referent, **Referentin** **1.** official in charge: ***er ist persönlicher Referent*** he is personal assistant (*Gen* to) **2.** speaker, (*Berichterstatter*) *auch* reporter, JUR, PARL referee
Referenz *f* reference
Referenzkurs *m* WIRTSCH reference rate
referieren *v/t und v/i* (***über*** *Akk* on) report, *in einem Vortrag*: (give a) lecture, *bes* UNI give a paper
reflektieren **I** *v/t* PHYS reflect **II** *v/i fig* reflect (***über*** *Akk* on): *ugs* ***reflektieren auf*** (*Akk*) have one's eye on
Reflektor *m* reflector
Reflex *m* reflex
Reflexbewegung *f* reflex action
Reflexion *f* PHYS *und fig* reflection
reflexiv *Adj* LING reflexive
Reflexivpronomen *n* reflexive pronoun

sich

SG

Es gibt eine Reihe von Verben im Deutschen mit „sich", die im Englischen ohne Reflexivpronomen (**himself, myself, ourselves** *usw.*) wiedergegeben werden. Hier eine Auswahl der wichtigsten Verben in alphabetischer Reihenfolge:

sich ändern	**change**
sich anziehen	**get dressed**
sich ärgern	**be annoyed, get annoyed**
sich ausziehen	**get undressed**
sich beeilen	**hurry up**
sich beschweren	**complain**
sich (ver)bessern	**improve**
sich bewegen	**move**
sich entspannen	**relax**
sich entwickeln	**develop**
sich erinnern (an)	**remember**
sich freuen	**be pleased**
sich freuen auf	**look forward to**
sich hinlegen	**lie down**
sich hinsetzen	**sit down**
sich interessieren für	**be interested in**
sich konzentrieren	**concentrate**
sich rasieren	**shave, get shaved**
sich treffen (mit)	**meet**
sich trennen	**split up, separate**
sich verlaufen	**get lost**
sich verstecken	**hide**
sich waschen	**wash, get washed**

Reflexzonenmassage *f* MED reflexology
Reform *f* reform
Reformation *f* reformation
Reformator, **Reformatorin** reformer
reformbedürftig *Adj* in need of reform
Reformbestrebungen *Pl* reformatory efforts *Pl*
Reformhaus *n* health food shop (*Am* store)
reformieren *v/t* reform
Reformierte *m, f* member of the Reformed Church
Reformkost *f* health food(s *Pl*)
Reformstau *m* reform jam
Refrain *m* refrain
Regal *n* shelves *Pl*
Regatta *f* regatta, boat race
rege *Adj allg* lively, *geistig, körperlich*: *auch* active, *Fantasie*: vivid, *Verkehr etc*: busy: WIRTSCH ***rege Nachfrage*** keen demand; ***regen Anteil nehmen an*** (*Dat*) show an active interest in
Regel *f* **1.** rule: ***in der Regel*** as a rule, usually; ***zur Regel werden*** become a rule (*oder* habit); ***es sich zur Regel machen zu*** *Inf* make it a rule to *Inf*; ***nach allen Regeln der Kunst*** in style **2.** PHYSIOL period
regelbar *Adj* adjustable
Regelfall *m* ***im Regelfall*** as a rule

regellos *Adj* irregular, (*unordentlich*) disorderly
Regellosigkeit *f* irregularity
regelmäßig *Adj* regular, *zeitlich*: *auch* periodical, (*geordnet*) *auch* regulated, orderly
Regelmäßigkeit *f* regularity
regeln *v/t allg* regulate, TECH (*einstellen*) *auch* adjust, (*Verkehr*) *auch* direct, (*Angelegenheit etc*) settle: ***das wird sich (schon) alles regeln*** that will sort itself out
regelrecht **I** *Adj* **1.** proper **2.** *ugs* regular, real **II** *Adv* **3.** properly **4.** *ugs* downright
Regelstudienzeit *f* time limit for a course of study
Regelungstechnik *f* control engineering
Regelverstoß *m* SPORT foul
regelwidrig *Adj* irregular, SPORT against the rules, foul
Regelwidrigkeit *f* irregularity, SPORT foul
regen *v/t und v/refl* ***sich regen*** move, stir: *fig* ***sich regen*** *Gefühle etc*: stir, arise
Regen *m* rain, *fig auch* shower: ***saurer Regen*** acid rain; ***ich bin in den Regen gekommen*** I was caught in the rain; *ugs fig* ***vom Regen in die Traufe kommen*** jump out of the frying-pan into the fire; *ugs fig* ***ein warmer Regen*** a windfall
regenarm *Adj* with low rainfall
Regenbogen *m* rainbow
Regenbogenfamilie *f* rainbow family (*same-sex couple with child or children*)
Regenbogenfarben *Pl* colo(u)rs *Pl* of the rainbow
Regenbogenhaut *f* ANAT iris
Regenbogenpresse *f* trashy weeklies *Pl*
Regeneration *f* BIOL, MED regeneration
Regenerationsfähigkeit *f* regenerative power
regenerieren *v/i und v/refl* ***sich regenerieren*** *allg* regenerate
Regenfälle *Pl* ***starke Regenfälle*** heavy rain (-fall) *Sg*
Regenguss *m* heavy shower, downpour
Regenhaut *f* plastic mac
Regenmantel *m* raincoat
regenreich *Adj* rainy
Regenrinne *f* gutter, MOT roof rail
Regenschauer *m* shower
Regenschirm *m* umbrella
Regent, **Regentin** regent
Regentag *m* rainy day
Regentonne *f* water butt
Regentropfen *m* raindrop
Regenwald *m* rainforest
Regenwasser *n* rainwater
Regenwetter *n* rainy weather
Regenwolke *f* raincloud
Regenwurm *m* earthworm
Regenzeit *f* rainy season, *tropische*: *the* rains *Pl*
Reggae *m* MUS reggae
Regie *f* **1.** THEAT *etc* direction: ***unter der Regie von*** under the direction of, directed by; ***Regie führen (bei)*** direct (*s.th.*) **2.** (*Leitung*) management, (*Verwaltung*) administration: *fig* ***in eigener Regie*** on one's own
Regieanweisung *f* stage direction
Regieassistent, **Regieassistentin** assistant director
Regiefehler *m fig* slip-up
Regieraum *m* TV central control room
regieren **I** *v/t* govern (*auch* LING), rule, *Herrscher*: reign over, (*leiten*) manage, control **II** *v/i* rule, *Herrscher*: *auch* reign (*auch fig*)
Regierung *f* **1.** government, administration, *eines Herrschers*: reign: ***unter der Regierung von*** (*oder Gen*) under the reign of; ***an der Regierung sein*** be in power; ***an die Regierung kommen*** take office, come into power **2.** (*Kabinett*) Government
Regierungsbeamte *m*, **Regierungsbeamtin** *f* government official
Regierungsbezirk *m* administration district
Regierungsbildung *f* formation of the government
Regierungschef, **Regierungschefin** head of government
Regierungserklärung *f* policy statement
Regierungskoalition *f* ruling coalition
Regierungspartei *f* ruling party
Regierungssprecher, **Regierungssprecherin** government spokesperson
Regierungsumbildung *f* (government) reshuffle
Regierungsvorlage *f* government bill
Regierungswechsel *m* change of government
Regime *n* regime
Regimekritiker, **Regimekritikerin** POL dissident
Regiment *n* **1.** (*auch* ***das Regiment führen***) rule **2.** MIL regiment
Region *f* region
regional *Adj*, **Regional...** regional
Regisseur, **Regisseurin** THEAT, FILM director, TV producer
Register *n* register (*auch* MUS), *in einem Buch*: index: *ugs* ***alle Register ziehen*** pull all the stops
Registrator, **Registratorin** registrar
Registratur *f* registry
registrieren *v/t* register (*auch fig*), record (*auch* TECH), *fig* (*bemerken*) note
Registrierkasse *f* cash register
Reglement *n* regulation(s *Pl*)
Regler *m* TECH controller
reglos *Adj* motionless
regnen *v/Imp und v/i auch fig* rain: ***es regnete in Strömen*** it was pouring (with rain); *fig* ***es regnete Anfragen*** there was a deluge of inquiries
regnerisch *Adj* rainy
Regress *m* WIRTSCH, JUR recourse
regresspflichtig *Adj* liable to recourse
regsam *Adj* active
Regsamkeit *f* activity
regulär *Adj* regular
regulierbar *Adj* TECH adjustable
regulieren *v/t* **1.** regulate, (*einstellen*) adjust **2.** (*Rechnung etc*) settle
Regung *f* movement, (*Gefühlsregung*) emotion, (*Anwandlung*) impulse
regungslos *Adj* motionless
Reh *n* **1.** ZOOL (roe) deer **2.** GASTR venison
Rehabilitation *f allg* rehabilitation
Rehabilitationszentrum *n* MED rehabilitation cent/re (*Am* -er)
rehabilitieren *v/t* rehabilitate
Rehabilitierung *f* rehabilitation
Rehbock *m* roebuck
Rehbraten *m* roast venison
Rehgeiß *f* doe
Rehkalb *n*, **Rehkitz** *n* fawn
Rehkeule *f* GASTR leg of venison
Rehrücken *m* GASTR saddle of venison
Reibach *m ugs* ***einen Reibach machen*** make one's pile
Reibe *f*, **Reibeisen** *n* grater
reiben **I** *v/t* **1.** rub: ***sich die Hände reiben*** rub one's hands; → ***Nase*** **2.** (*zerreiben*) grate **II** *v/i* **3.** chafe: → ***wund***

Reiberei *f meist Pl* (constant) friction
Reibfläche *f* striking surface
Reibung *f auch fig* friction
reibungslos *Adj auch fig* smooth(ly *Adv*)
Reibungspunkt *m fig* cause of friction
Reibungsverlust *m* TECH friction(al) loss
Reibungswärme *f* TECH frictional heat
reich **I** *Adj allg* rich (**an** *Dat* in), (*vermögend*) *auch* wealthy, (*reichlich*) *auch* abundant, copious, (*prächtig*) *auch* sumptuous: ***eine reiche Auswahl*** a wide selection (**an** *Dat*, **von** of) **II** *Adv* richly, copiously: ***reich beschenkt*** loaded with gifts
Reich *n* empire, (*Königreich, auch Pflanzenreich, Tierreich, auch* REL) kingdom, RHET *oder fig* realm: ***das Dritte Reich*** the Third Reich
reichen **I** *v/t* **1.** (*j-m etw*) hand (*oder* pass) (*s.o. s.th.*), (*die Hand*) give, hold out to, (*darreichen*) offer, (*servieren*) serve **II** *v/i* **2.** ***reichen bis*** (*oder* **an** *Akk*) reach to, extend to, (*hinaufreichen*) come up to, (*hinabreichen*) go down to; ***so weit das Auge reicht*** as far as the eye can see **3.** (*ausreichen*) last (out), do, be enough: ***das reicht!*** *auch tadelnd*: that will do!; ***das Brot reicht nicht*** there isn't enough bread; ***damit reichen wir bis Mai*** it will last us till May; ***es reicht für alle*** there is enough to go round; *ugs* ***mir reichts!*** I've had enough!, I'm fed up!
reichhaltig *Adj allg* rich, *Bibliothek etc*: extensive: ***reichhaltige Auswahl*** wide selection; ***reichhaltiges Programm*** varied programme
Reichhaltigkeit *f* richness, variety
reichlich **I** *Adj* ample, abundant, plentiful, plenty of (*time, food, etc*), *Bezahlung etc*: generous **II** *Adv ugs* (*ziemlich*) rather, *ugs* pretty: ***reichlich versehen sein mit*** have plenty of
Reichsstadt *f* HIST (***freie***) ***Reichsstadt*** free imperial city
Reichstag *m* HIST Reichstag, *im Mittelalter*: Imperial Diet
Reichtum *m* (**an** *Dat* of) riches *Pl*, *auch fig* wealth, (*Überfluss*) abundance
Reichweite *f* reach, FLUG, MIL, *Funk*: range: ***in*** (***außer***) ***Reichweite*** within (out of) reach
reif *Adj* ripe, *auch fig* mature: ***reif werden*** → ***reifen***
Reif[1] *m* (*Raureif*) hoarfrost
Reif[2] *m* ring, (*Armreif*) bracelet, (*Stirnreif*) circlet
Reife *f* **1.** ripeness, *bes fig* maturity **2.** ***mittlere Reife*** intermediate high school certificate, *Br etwa* GCE O-levels *Pl*
reifen *v/i auch fig* ripen, mature: ***reifen lassen*** mature
Reifen *m* **1.** MOT *etc* tyre, *Am* tire: ***die Reifen wechseln*** change tyres **2.** (*Fassreifen, Kinderreifen etc*) hoop
Reifenpanne *f*, **Reifenschaden** *m* puncture, blowout, *bes Am* flat
Reifenwechsel *m* tyre (*Am* tire) change
Reifeprüfung *f* → ***Abitur***
Reifezeugnis *n* → ***Abiturzeugnis***
Reifglätte *f* MOT slippery frost
reiflich **I** *Adj* ***nach reiflicher Überlegung*** after careful consideration **II** *Adv* (***sich***) ***etw reiflich überlegen*** consider s.th. carefully
Reifrock *m* crinoline
Reigen *m* round dance: ***den Reigen eröffnen*** *auch fig* lead off
Reihe *f* row, *von Bäumen etc*: range, (*Linie*) line, *hintereinander*: file, *nebeneinander*: rank, (*Sitzreihe*) row (of seats), (*Anzahl*) series, number, (*Aufeinanderfolge*) succession: MATHE ***geometrische Reihe*** geometric progression; ***sich in einer Reihe aufstellen*** line up; *ugs* ***eine ganze Reihe von*** a whole string of; ***aus den Reihen*** (*Gen*) from among; ***Kritiker aus den eigenen Reihen*** critics from among the own ranks; (***immer***) ***der Reihe nach*** in turn, one after the other; ***außer der Reihe*** out of turn; ***ich bin an der Reihe*** it's my turn; ***warten, bis man an die Reihe kommt*** wait one's turn; *ugs fig* ***aus der Reihe sein*** be out of sorts; ***aus der Reihe tanzen*** step out of line; ***wieder in die Reihe bringen*** straighten *s.o.*, *s.th.* out
Reihenfolge *f* order, sequence: ***in zeitlicher Reihenfolge*** in chronological order
Reihenhaus *n* terraced (*Am* row) house
Reihenschaltung *f* ELEK series connection
Reihenuntersuchung *f* MED mass screening
reihenweise *Adv* **1.** in rows **2.** *ugs fig* by the dozen
Reiher *m* ZOOL heron
Reim *m* rhyme
reimen *v/t, v/i und v/refl* ***sich reimen*** rhyme (***auf*** *Akk* with)
rein[1] **I** *Adj* **1.** *allg* pure (*auch* BIOL, CHEM, *Alkohol, Seide etc, auch fig*), (*unverdünnt*) *auch* neat, (*sauber*) clean, clear (*auch Haut, Gewissen*), *Gewinn*: net, clear, *fig* (*bloß*) mere, sheer: ***reine Wolle*** pure wool; ***rein(st)e Freude*** pure joy; ***eine reine Formalität*** a mere formality; ***reine Mathematik*** pure mathematics; ***reiner Wahnsinn*** sheer madness; ***die reine Wahrheit*** the (plain) truth; ***durch reinen Zufall*** by pure accident; ***etw ins Reine bringen*** sort s.th. out; ***mit j-m ins Reine kommen*** get things straightened out with s.o.; ***ins Reine schreiben*** make a fair copy of; → ***Luft*** 1, ***Tisch, Wein*** 2 *etc* **II** *Adv* **2.** purely: ***rein pflanzliches Fett*** pure vegetable fat; ***aus rein persönlichen Gründen*** for purely personal reasons; → ***reinwaschen, zufällig*** **3.** *ugs* (*völlig*) absolutely: ***rein gar nichts*** absolutely nothing
rein[2], **rein...** *ugs* → ***herein(...), hinein(...)***
Reineclaude *f* → ***Reneklode***
Reinemachefrau *f* cleaning lady
Reinerlös *m*, **Reinertrag** *m* net proceeds *Pl*
Reinfall *m ugs* (*Misserfolg*) flop, (*Enttäuschung*) letdown, frost
reinfallen → ***hereinfallen***
Reingewicht *n* net weight
Reingewinn *m* net (*oder* clear) profit
reinhängen *v/refl ugs* ***sich*** (***voll***) ***reinhängen*** go flat out
Reinheit *f* purity (*auch fig*), cleanness
reinigen *v/t* clean, *auch* MED cleanse (**von** of), (*Blut etc, auch fig*) purify, (*Luft*) clear, METAL refine, *chemisch*: dry-clean
Reinigung *f* **1.** cleaning (*etc*) **2.** (*Geschäft*) dry cleaners *Pl*: ***etw in die Reinigung geben*** send s.th. to the cleaners
Reinigungsmilch *f Kosmetik*: cleansing milk
Reinigungsmittel *n* detergent
Reinkarnation *f* reincarnation
Reinkultur *f ugs* ***Kitsch in Reinkultur*** pure unadulterated trash
reinlegen → ***hereinlegen***
reinlich *Adj* (*sauber*) clean, *Person*: cleanly, (*ordentlich*) neat, tidy
Reinlichkeit *f* cleanliness, neatness
reinrassig *Adj Hund etc*: pedigree, *Pferd*: thoroughbred
Reinschrift *f* fair copy

R

reinseiden *Adj* (of) pure silk
reinwaschen *v/t fig* clear (**von** of)
Reis[1] *n* BOT twig, (*Pfropfreis*) scion
Reis[2] *m* rice
Reisauflauf *m* rice pudding
Reise *f* journey, FLUG, SCHIFF voyage, *längere*: travel, (*Rundreise*) tour, *meist kürzere*: trip: ***eine Reise mit dem Auto (Zug)*** a journey by car (train); ***ich plane eine Reise durch Amerika*** I'm planning to travel through America; ***auf Reisen sein*** be travel(l)ing; ***gute Reise!*** have a nice trip!, bon voyage!; → ***antreten*** 1

Reise: journey, voyage, flight oder trip? SG

Reise mit dem Auto, Zug oder Bus von A nach B, ohne Aufenthalt	**journey**
Wie war die Reise?	**How was your journey?**
(See)Reise	**voyage**
Flug(reise)	**flight**
Hin- und Rückreise inklusive Aufenthalt	**trip**
eine Reise unternehmen	**go on / take a trip**
Rundreise	**round trip**
Geschäftsreise	**business trip**
Tagesausflug	**daytrip**

Reiseandenken *n* souvenir
Reiseapotheke *f* first-aid kit
Reisebegleiter, **Reisebegleiterin 1.** travel companion **2.** → ***Reiseleiter(in)***
Reisebekanntschaft *f* travel(l)ing acquaintance
Reisebericht *m* (*Buch*, *Film*, *Vortrag*) travelog(ue *Br*)
Reisebeschreibung *f* book of travels
Reisebüro *n* travel agency
Reisebus *m* coach
Reisediplomatie *f* POL shuttle diplomacy
Reiseerinnerungen *Pl* reminiscences *Pl* of one's travels
reisefertig *Adj* ready to start
Reisefieber *n ugs* holiday fever
Reiseführer, **Reiseführerin 1.** (*Person*) guide **2.** guide(book)
Reisegefährte *m*, **Reisegefährtin** *f* travel companion
Reisegepäck *n* luggage, *Am* baggage
Reisegeschwindigkeit *f* cruising speed
Reisegesellschaft *f* **1.** tourist party **2.** → ***Reiseveranstalter***
Reisekosten *Pl* travel(l)ing expenses *Pl*
Reisekostenzuschuss *m* travel([l]ing) allowance
Reisekrankheit *f* travel sickness
Reiseland *n* tourist country
Reiseleiter, **Reiseleiterin** courier
reiselustig *Adj* fond of travel(l)ing
Reisemobil *n* camper, *Am* mobile home
reisemüde *Adj* travel-weary
reisen *v/i* (**nach** to) travel, go, make a trip: ***zu seinen Verwandten reisen*** go to visit one's relatives; ***er ist weit gereist*** he has travel(l)ed a lot; ***ins Ausland reisen*** go abroad
Reisen *n* travel, travel(l)ing
Reisende *m*, *f* **1.** travel(l)er, *weit. S.* tourist, (*Fahrgast*) passenger **2.** → ***Handlungsreisende***
Reisenecessaire *n* toilet case
Reisepass *m* passport
Reiseprospekt *m* travel brochure
Reiseroute *f* route, itinerary
Reiseruf *m* police message
Reisescheck *m* traveller's cheque, *Am* traveler's check
Reiseschreibmaschine *f* portable typewriter
Reisetasche *f* travel(l)ing (*oder* overnight) bag, holdall
Reiseunterlagen *Pl* travel documents *Pl*
Reiseveranstalter, **Reiseveranstalterin** tour operator
Reiseverkehr *m* holiday traffic
Reisewecker *m* travel(l)ing (alarm) clock
Reisezeit *f* holiday season
Reiseziel *n* destination
Reißaus: ***Reißaus nehmen*** take to one's heels
Reißbrett *n* drawing-board
reißen I *v/t* **1.** *allg* tear (***in Stücke*** to pieces), (*wegreißen*) *auch* snatch (off), (*zerren*, *abreißen*, *herausreißen*) pull: ***mit sich reißen*** drag, *Fluten*: sweep; ***an sich reißen*** snatch, (*auch die Macht*) seize; ***sich reißen*** (*verletzen*) tear o.s. (***an*** *Dat* on); *ugs fig* ***sich reißen um*** fight over; *ugs* ***ich reiße mich nicht darum*** I can do without; → ***Witz*** 1 **2.** SPORT **a)** (*die Latte etc*) knock down, **b)** *Gewichtheben*: snatch **3.** *Raubtier*: kill **II** *v/i* **4.** *allg* tear, (*aufreißen*) burst, split, MED rupture, *Kette*, *Saite etc*: break, snap: ***reißen an*** (*Dat*) tear at; → ***Geduld*** **5.** SPORT knock down the bar
Reißen *n ugs* MED rheumatism
reißend *Adj* **1.** rapid, *Fluss etc*: torrential: → ***Absatz*** 3 **2.** *Tier*: rapacious **3.** *Schmerz*: searing
Reißer *m ugs* **1.** (*Buch*, *Film etc*) thriller **2.** (*Erfolg*) hit
reißerisch *Adj* sensational, loud: ***reißerische Werbung*** *auch* ballyhoo
Reißfeder *f* drawing pen
Reißleine *f* rip cord
Reißnagel *m* → ***Reißzwecke***
Reißverschluss *m* zip(per): ***den Reißverschluss einer Jacke zumachen (aufmachen)*** zip up (unzip) a jacket
Reißzahn *m* ZOOL fang, canine tooth
Reißzwecke *f* drawing pin, *Am* thumbtack
reiten *v/i* ride (*auch v/t*), go on horseback
Reiten *n* riding
Reiter *m* **1.** rider, horseman **2.** *Kartei*: tab
Reiterei *f* cavalry
Reiterin *f* rider, horsewoman
Reitgerte *f* riding crop
Reithose *f* (riding) breeches *Pl*
Reitpeitsche *f* riding crop
Reitpferd *n* saddle horse
Reitschule *f* riding school
Reitsport *m* riding
Reitstiefel *Pl* riding boots *Pl*
Reitturnier *n* horse show
Reitunterricht *m* riding lessons *Pl*
Reitweg *m* bridle-path
Reiz *m* **1.** PHYSIOL, PSYCH *und fig* stimulus (*Pl* stimuli), MED (*Reizung*) irritation **2.** (*Zauber*) charm, (*Anziehung*) appeal, attraction, (*Verlockung*) lure, (*Kitzel*) thrill: ***der Reiz des Neuen*** the novelty; ***seinen Reiz (für j-n) verlieren*** pall (on s.o.); ***seine Reize spielen lassen*** display one's charms; ***das hat keinen Reiz für mich*** that does not appeal to me

R

reizbar *Adj* irritable, touchy
Reizbarkeit *f* irritability
reizen I *v/t* **1.** irritate (*auch* MED), (*ärgern*) *auch* annoy, (*aufreizen*) provoke, (*ein Tier*) bait **2.** (*anregen*) stimulate, (*Gefühle, Neugier etc*) (a)rouse, (*Gaumen*) tickle **3.** (*verlocken*) tempt, (*anziehen*) appeal to: ***es reizte ihn zu gehen*** he was tempted to go; ***es würde mich reizen zu*** *Inf* I wouldn't mind *Ger*; ***das reizt mich gar nicht*** that doesn't appeal to me at all **II** *v/i* **4.** *Skat*: bid
reizend *Adj* charming, delightful, (*hübsch*) lovely, sweet
Reizgas *n* CS gas
Reizhusten *m* MED dry cough
reizlos *Adj* **1.** unattractive, *Mädchen*: *auch* plain, (*langweilig*) boring **2.** MED bland
Reizschwelle *f* stimulus threshold
Reizthema *n* emotive issue
Reizüberflutung *f* stimulus satiation
Reizung *f auch* MED irritation, stimulation
reizvoll *Adj* charming, attractive, fascinating, *Aufgabe etc*: challenging
Reizwäsche *f* sexy underwear
Reizwort *n* emotive word
rekapitulieren *v/t* recapitulate
rekeln *v/refl* ***sich rekeln*** loll (about)
Reklamation *f* complaint
Reklame *f* advertising, (*Anzeige*) advertisement, *ugs* ad: ***Reklame machen*** (***für***) advertise (*Akk*)
Reklame... = ***Werbe...***
Reklamerummel *m pej* ballyhoo
reklamieren I *v/i* complain (***wegen*** about), *bes* SPORT protest (***gegen*** against) **II** *v/t* complain about
rekonstruieren *v/t* reconstruct
Rekonvaleszenz *f* convalescence
Rekord *m* record: ***einen Rekord aufstellen*** set up a record
Rekordhalter, **Rekordhalterin**, **Rekordinhaber**, **Rekordinhaberin** record holder
Rekordlauf *m* record run
Rekordversuch *m* attempt on the record
Rekordzeit *f* record time
Rekrut, **Rekrutin**, **rekrutieren** *v/t* recruit
rektal *Adj* MED rectal
Rektion *f* LING government: ***die Rektion eines Verbs*** the case governed by a verb
Rektor *m* **1.** PÄD headmaster, principal **2.** UNI rector
Rektorat *n* **1.** rectorship, rectorate **2.** (*Büro*) headmaster's (*oder* principal's, UNI rector's) office
Rektorin *f* PÄD headmistress, principal
Relais *n* ELEK relay
Relation *f* relation(ship): ***in keiner Relation stehen zu*** be out of all proportion to
relational *Adj auch* IT relational
relativ *Adj allg* relative, *Adv auch* comparatively
Relativität *f* relativity
Relativitätstheorie *f* theory of relativity
Relativsatz *m* LING relative clause
relevant *Adj* relevant (***für*** to)
Relief *n* relief
Religion *f* **1.** religion **2.** PÄD religious instruction
Religions... = ***Glaubens...***
Religionsfreiheit *f* freedom of worship
Religionsgemeinschaft *f* confession, *kleinere*: religious community
Religionsunterricht *m* religious instruction
Religionszugehörigkeit *f* religious affiliation
religiös *Adj* religious

Relativsatz ohne Relativpronomen GR

Das Relativpronomen (**that, who, whom, which**) kann in notwendigen englischen Relativsätzen entfallen, wenn es das **Objekt** des Relativsatzes ist, also wenn auf das Relativpronomen ein Substantiv bzw. Pronomen folgt. (Notwendige Relativsätze können nicht weggelassen werden, da sonst die Gesamtaussage des Satzes verfälscht würde.)

War die Kamera, die du mir geliehen hast, sehr teuer?	**Was the camera (that / which) you lent me very expensive?**

Relikt *n* **1.** (*Rest*) relic **2.** BIOL relict
Reling *f* SCHIFF rail
Reliquie *f* relic
Reliquienschrein *m* reliquary
Remake *n* remake
Reminiszenz *f* reminiscence
Remis *n Schach*: draw
Remittenden *Pl* returns *Pl*
Remoulade *f* GASTR tartar sauce
rempeln *v/t ugs* jostle, bump into
Ren *n* ZOOL reindeer
Renaissance *f* HIST Renaissance, *fig* renaissance
Rendezvous *n* rendezvous (*auch Raumfahrt*), date
Rendite *f* WIRTSCH (net) yield
Reneklode *f* BOT greengage
Rennbahn *f* (*Pferderennbahn*) racecourse, race track (*auch* MOT), (*Radrennbahn*) (cycling) track
Rennboot *n* speedboat
rennen I *v/i* run, rush, dash, (*wettrennen*) race: ***rennen gegen*** run into; ***schneller rennen als*** outrun; ***sie rannten um die Wette*** they raced each other; → ***Verderben* II** *v/t ugs* ***j-m ein Messer*** *etc* ***in die Brust rennen*** run a knife *etc* into s.o.'s chest; ***j-n über den Haufen rennen*** knock s.o. down
Rennen *n* running (*etc*), (*Wettrennen*) race, (*Einzelrennen*) heat: ***totes Rennen*** dead heat; ***das Rennen machen*** come in first, win, *fig* come out on top
Renner *m ugs fig* (great) hit
Rennfahrer, **Rennfahrerin** racing driver, (*Radrennfahrer*[*in*]) racing cyclist
Rennläufer, **Rennläuferin** ski racer
Rennpferd *n* racehorse
Rennrad *n* racing cycle
Rennschi *m* racing ski
Rennschuh *m* spike(s shoe)
Rennsport *m* racing
Rennstall *m* **1.** (racing) stable **2.** *ugs* MOT racing team
Rennstrecke *f* **1.** → ***Rennbahn*** **2.** distance
Rennwagen *m* racing car
Renommee *n* reputation
renommieren *v/i* (***mit*** of) boast, brag
renommiert *Adj* (***wegen*** for) famous, noted
renovieren *v/t* renovate, *ugs* do up, (*Innenraum*) redecorate
Renovierung *f* renovation, redecoration
rentabel *Adj* profitable
Rentabilität *f* profitability

R

Rente *f* **1.** (*Altersrente*) (old-age) pension, (*Sozialrente*) (social insurance, *Am* Social Security) pension: *ugs* ***auf*** (*oder* ***in***) ***Rente gehen*** retire **2.** (*Jahresrente*) annuity

Rente ≠ rent

Rente	=	pension
rent	=	Miete

Rentenalter *n* retirement age
Rentenanpassung *f* index-linked adjustment of pensions
Rentenberechnung *f* calculation of pensions
Rentenempfänger, **Rentenempfängerin** pensioner
Rentenmarkt *m* WIRTSCH bond market
Rentenpapiere *Pl* fixed interest bonds *Pl*
Rentenreform *f* pension reform
Rentenversicherung *f* pension scheme
Rentenzugangsalter *n* pensionable age
rentieren *v/refl* ***sich rentieren*** be profitable, *auch weit. S.* pay, be worthwhile
Rentner, **Rentnerin** (old-age) pensioner
reorganisieren *v/t* reorganize
Rep *m ugs* → ***Republikaner(in)*** 2
reparabel *Adj* reparable, repairable
Reparation *f* reparation
Reparatur *f* repair(s *Pl*): ***in Reparatur*** being repaired, under repair; ***zur Reparatur geben*** have *s.th.* repaired
reparaturbedürftig *Adj* in need of repair
Reparaturkosten *Pl* cost *Sg* of repairs
Reparaturwerkstatt *f* workshop, MOT garage
reparieren *v/t* repair, *ugs* fix: ***(nicht mehr) zu reparieren*** repairable (beyond repair)
repatriieren *v/t* repatriate
Repertoire *n* THEAT *und fig* repertoire
Replik *f* **1.** reply (*auch* JUR) **2.** KUNST replica
Report *m* **1.** report **2.** WIRTSCH contango
Reportage *f* coverage, (*Bericht*) report, commentary
Reporter, **Reporterin** reporter
Repräsentant, **Repräsentantin** representative
Repräsentantenhaus *n* PARL *Am* House of Representatives
Repräsentation *f* representation: ***der Repräsentation dienen*** be a status symbol
repräsentativ *Adj* **1.** (*typisch*) representative (***für*** of) **2.** (*eindrucksvoll*) impressive
repräsentieren *v/t* represent
Repressalie *f* reprisal
repressiv *Adj* repressive
reprivatisieren *v/t* WIRTSCH denationalize
Reproduktion *f allg* reproduction, (*Bild*) *auch* print
reproduzieren *v/t* reproduce
Reptil *n* reptile
Republik *f* republic
Republikaner, **Republikanerin** **1.** republican **2.** POL ***die Republikaner*** *Pl* the Republicans (*rightist party*)
republikanisch *Adj* republican
Requiem *n* MUS requiem
requirieren *v/t* MIL requisition
Requisiten *Pl* THEAT *etc* properties *Pl*, *ugs* props *Pl*
resch *Adj österr.* crunchy, crispy
Reservat *n* **1.** (nature) reserve **2.** (*Indianerreservat etc*) reservation
Reserve *f* **1.** *allg* reserve (*auch* MIL *und fig*): WIRTSCH ***stille Reserven*** hidden reserves; ***in Reserve halten*** keep *s.th.* in reserve; *ugs* ***j-n aus der Reserve (heraus)locken*** bring s.o. out of his shell **2.** SPORT reserve team
Reservebank *f* SPORT (substitutes') bench
Reservekanister *m* spare (*Br auch* jerry) can
Reserverad *n* MOT spare wheel
Reservespieler, **Reservespielerin** SPORT substitute
reservieren *v/t allg* (*auch* ***reservieren lassen***) reserve, (*vorbestellen*) *auch* book: ***j-m einen Platz reservieren*** keep (*oder* save) a seat for s.o.
reserviert *Adj auch fig* reserved
Reservist, **Reservistin** MIL reservist
Reservoir *n auch fig* reservoir
Residenz *f* residence
residieren *v/i* reside
Resignation *f* resignation
resignieren *v/i* give up
resigniert *Adj* resigned(ly *Adv*)
resistent *Adj* resistent (***gegen*** to)
resolut *Adj* resolute, determined
Resolution *f* resolution
Resonanz *f auch fig* resonance
resorbieren *v/t* resorb
Resorption *f* resorption
resozialisieren *v/t* rehabilitate
Resozialisierung *f* rehabilitation
Respekt *m* respect (***vor*** for): ***sich Respekt verschaffen*** make o.s. respected; ***bei allem Respekt*** with all due respect
respektabel *Adj* respectable
respektieren *v/t* respect
respektlos *Adj* irreverent
respektvoll *Adj* respectful
Ressentiment *n* resentment
Ressort *n* (***das fällt nicht in mein Ressort*** that is not my) department
Ressortleiter, **Ressortleiterin** head of department
Rest *m allg* rest, *auch* MATHE remainder, (*Überrest*) remnant, CHEM, JUR, TECH residue, (*Speiserest*) leftovers *Pl*, WIRTSCH balance, *fig* (*Spur*) vestige, *Pl einer Kultur etc*: remains *Pl*: ***der letzte Rest*** the last bit(s *Pl*); ***sterbliche Reste*** mortal remains; *ugs* ***das gab ihm den Rest*** that finished him (off)
Restaurant *n* restaurant
restaurieren *v/t* restore
Restbestand *m* WIRTSCH remaining stock
Restbetrag *m* WIRTSCH balance
restlich *Adj* remaining, *auch* CHEM, JUR, MATHE residual: ***die restliche Zeit*** *auch* the rest of his *etc* time
restlos **I** *Adj* complete, total **II** *Adv* completely, perfectly
Restrisiko *n* residual risk
Resultat *n* result, SPORT score, results *Pl*
resultieren *v/i* result (***aus*** from)
Resümee *n* summary
resümieren *v/t* sum up
Retorte *f* retort
Retortenbaby *n* test-tube baby
Retourkutsche: *ugs* ***eine Retourkutsche*** tit for tat
Retrospektive *f* **1.** (***in der Retrospektive*** in) retrospect **2.** retrospective (exhibition)
Retrovirus *n* MED retrovirus
retten **I** *v/t* (***aus, vor*** *Dat* from) save, rescue, (*befreien*) deliver, (*bergen*) recover, salvage (*auch fig*): ***j-m das Leben retten*** save s.o.'s

R

life; *ugs* ***der Abend war gerettet*** the evening was saved **II** *v/i* SPORT (make a) save **III** *v/refl* ***sich retten*** escape; ***sich nicht mehr retten können vor*** (*Dat*) be swamped with

Retter, **Retterin** rescuer

Rettich *m* BOT radish

Rettung *f* rescue, (*Entkommen*) escape, (*Bergung*) recovery, *bes* SCHIFF salvage, REL salvation: ***das war seine Rettung*** that saved him; ***es gab keine Rettung für ihn*** he was past help; ***du bist meine einzige*** (*oder* ***letzte***) ***Rettung*** you are my last hope

Rettungsaktion *f auch fig* rescue operation

Rettungsanker *m* sheet anchor

Rettungsboje *f* life buoy

Rettungsboot *n* lifeboat

Rettungsdienst *m* rescue service

Rettungsgerät *n* life-saving equipment

Rettungshubschrauber *m* rescue helicopter

rettungslos *Adj* hopeless(ly *Adv*): *Adv* ***rettungslos verloren sein*** be beyond all hope

Rettungsmannschaft *f* rescue party

Rettungsring *m* lifebelt, *fig hum* love handles *Pl* (*Fettwulst an den Hüften*)

Rettungsschwimmer, **Rettungsschwimmerin** lifeguard

Rettungstrupp *m* rescue squad

Rettungsversuch *m* rescue attempt

Rettungswagen *m* ambulance

Return-Taste *f* return key

retuschieren *v/t* touch up

Reue *f* (***über*** *Akk* for) remorse, *bes* REL repentance

reuen **I** *v/t* ***seine Tat*** (***das Geld***) ***reute ihn*** he regretted what he had done (the money) **II** *v/unpers* ***es reut mich, dass …*** I am sorry (*oder* I regret) that …

reuevoll, **reuig**, **reumütig** *Adj* remorseful, repentant

Revanche *f* revenge

Revanchekampf *m*, **Revanchespiel** *n* SPORT return match

revanchieren *v/refl* ***sich revanchieren*** **1.** take one's revenge (***an*** *Dat* on), get one's own back **2.** *als Dank*: return the favo(u)r, reciprocate (***mit*** with)

Revanchismus *m* POL revanchism

Revanchist, **Revanchistin**, **revanchistisch** *Adj* revanchist

Revers *m*, *n* (*Aufschlag*) lapel

revidieren *v/t* **1.** revise **2.** check, audit

Revier *n allg* district, (*Polizeirevier*) *Am auch* precinct, (*Wache*) police station, (*Bereich*) *eines Polizisten*: beat, *eines Briefträgers*: round, ZOOL *und fig* territory

Revision *f* **1.** check(ing), WIRTSCH audit(ing), (*Zollrevision*) examination **2.** revision **3.** JUR (***Revision einlegen*** lodge an) appeal (***bei*** with) **4.** BUCHDRUCK final proofreading

Revisor, **Revisorin** WIRTSCH auditor

Revolte *f*, **revoltieren** *v/i* revolt

Revolution *f* revolution

revolutionär *Adj*, **Revolutionär**, **Revolutionärin** revolutionary

revolutionieren *v/t* revolutionize

Revoluzzer, **Revoluzzerin** *pej* (would-be) revolutionary

Revolver *m* revolver, *ugs auch* gun

Revolverblatt *n pej* sensational rag

Revolverheld, **Revolverheldin** *pej* gunslinger

Revue *f* **1.** THEAT revue **2.** (*Zeitschrift*) review

Rezensent, **Rezensentin** critic, reviewer

rezensieren *v/t*, **Rezension** *f* review

Rezept *n* MED prescription, (*Kochrezept*) recipe, formula (*beide auch fig*)

Rezept: recipe oder prescription? SG

⚠ Machen Sie bitte nicht den Fehler, „Rezept" mit **receipt** gleichzusetzen: Letzteres ist die Quittung bzw. der Kassenbon.

Die richtigen Übersetzungen für Rezept sind:

1. **recipe**

ein Rezept für einen Kuchen	**a recipe for a cake**

2. **prescription**

Der Arzt stellte ein Rezept aus.	**The doctor wrote out a prescription.**

rezeptfrei *Adj* over-the-counter

Rezeptgebühr *f* prescription charge

Rezeption *f im Hotel*: reception, *Am* check-in desk

rezeptpflichtig *Adj* available only on prescription, prescription(-only) …

Rezession *f* WIRTSCH recession

reziprok *Adj* reciprocal

R-Gespräch *n* TEL reversed-charge call, *Am* collect call

Rhabarber *m* BOT rhubarb

Rhein *m the* Rhine

Rheinländer, **Rheinländerin** Rhinelander

Rheinland-Pfalz *n the* Rhineland-Palatinate

Rheinwein *m* Rhine wine, *weißer*: hock

Rhesusaffe *m* rhesus (monkey)

Rhesusfaktor *m* MED rhesus factor

Rhetorik *f* rhetoric

rhetorisch *Adj* rhetorical

Rheuma *n ugs* MED rheumatism

rheumatisch *Adj* MED rheumatic(ally *Adv*)

Rheumatismus *m* MED rheumatism

Rhinozeros *n* ZOOL rhinoceros

Rhodos *n* Rhodes

Rhombus *m* MATHE rhomb(us)

rhythmisch *Adj* rhythmical

Rhythmus *m* rhythm

Ribisel *f österr.* currant

Richtantenne *f* directional aerial (*Am* antenna)

richten[1] **I** *v/t* **1.** *allg* direct (***auf*** *Akk* to, ***gegen*** against): ***richten auf*** (*Akk*) (*Waffe, Kamera etc*) *auch* point (*oder* level, aim) at, (*Augen etc*) *auch* turn on, (*Aufmerksamkeit, Bemühungen etc*) *auch* concentrate on; ***richten an*** (*Akk*) (*Bitte, Brief etc*) address to, (*Frage*) put to **2.** (*herrichten*) fix, get *s.th.* ready, (*vorbereiten*) prepare, (*in Ordnung bringen*) bring *s.th.* in order, tidy *s.th.* (up), (*Zimmer, Haare etc*) *auch* do, (*reparieren*) repair, mend, fix, (*ausrichten*) align, (*einstellen*) adjust, (*Segel*) trim, (*gerade biegen*) straighten (out *fig*): ***sich die Zähne richten lassen*** have one's teeth done **II** *v/refl* **3.** ***sich richten an*** (*Akk*) address o.s. to; ***sich richten auf*** (*Akk*) *Aufmerksamkeit etc*: focus on; ***sich richten gegen*** be directed against, *Bemerkung etc*: be aimed at; ***sich richten nach*** orient(ate) o.s. by, (*jemandes Wünschen etc*) comply with, (*Vorschriften*) *auch* keep to, (*jemandes Urteil*) go by, (*der Mode etc*) follow, (*jemandes Vorbild*) follow *s.o.'s* example, *Sache*: be model(l)ed on, (*abhängen von*) depend on, (*bestimmt werden von*) be determined by, (*übereinstimmen, auch* LING) agree with; ***ich richte mich nach Ihnen!*** I leave it to you!

richten[2] *v/t und v/i* judge: ***über j-n richten*** *auch* pass judgment on s.o.

Richter, **Richterin** judge

Richteramt *n* judicial office

richterlich *Adj* judicial

Richter-Skala *f* Richter scale

Richtfest *n* topping-out ceremony

Richtfunk *m* directional radio

Richtgeschwindigkeit *f* MOT recommended speed

richtig I *Adj* **1.** (*Ggs. falsch*) right, correct, (*wahr*) true, (*genau*) accurate: ***(sehr) richtig!*** (quite) right!, exactly!; *ugs* ***er ist nicht ganz richtig im Kopf*** he is not quite right in the head **2.** (*geeignet*) right, suitable, appropriate, proper, (*gerecht*) fair, just: ***es war richtig von dir, dass du ihnen geholfen hast*** you did right to help them; ***so ists richtig!*** that's it! **3.** (*echt*) real, true: ***ein richtiger Engländer*** a true Englishman; ***seine richtige Mutter*** his real mother; ***ein richtiger Feigling*** a regular coward **II** *Adv* **4.** right(ly), correctly (*etc*), (*methodisch richtig*) the right way, *ugs* (*völlig*) properly: ***etw richtig machen*** do s.th. right; ***richtig böse*** really (*ugs* real) angry ; ***geht deine Uhr richtig?*** is your watch right?; *ugs* ***und richtig, …*** and sure enough …; ***richtig gehend*** → ***richtiggehend***; ***richtig stellen*** → ***richtigstellen***

Richtige[1] *m, f* *the* right man (woman), *ugs zum Heiraten*: Mr. (Mrs.) Right: *iron* ***Ihr seid mir die Richtigen!*** a fine lot you are!; *ugs* ***sechs Richtige haben*** *im Lotto*: have six right

Richtige[2] *n the* right thing: ***er hat nichts Richtiges gelernt*** he hasn't really learnt anything; ***das ist für sie genau das Richtige*** that's just right for her

richtiggehend *Adj* real, regular

Richtigkeit *f* correctness, rightness: ***das hat schon seine Richtigkeit*** it's all right

richtigstellen *v/t* put *s.th.* right, correct

Richtlinien *Pl* guidelines *Pl*

Richtpreis *m* WIRTSCH recommended price

Richtschnur *f fig* guiding principle

Richtstrahler *m* → ***Richtantenne***

Richtung *f* **1.** direction, (*Kurs*) course (*auch* FLUG, SCHIFF), *fig auch* line, trend: ***in Richtung auf*** (*Akk*) in the direction of; ***aus allen Richtungen*** from all directions; *fig* ***etw in dieser Richtung*** s.th. along these lines **2.** (*Denkweise*) line (of thought), (*Ansicht*) views *Pl*, (*Bewegung*) movement, (*Kunstrichtung etc*) school

richtunggebend, **richtungweisend** *Adj* guiding, trendsetting

Richtwert *m*, **Richtzahl** *f* index

Ricke *f* ZOOL doe

riechen I *v/i* smell (**nach** of, **an** *Dat* at): ***schlecht riechen*** smell (bad); ***es riecht nach Gas*** I can smell gas **II** *v/t* smell, (*wittern*) scent: *ugs fig* ***ich kann ihn nicht riechen*** I can't stand him; ***er hat es gerochen*** he got wind of it; ***das konnte ich doch nicht riechen!*** how was I to know?; → ***Braten***, ***Lunte***

riechen ≠ reek

riechen	=	smell
reek	=	stinken

Riecher *m ugs* nose: *fig* ***einen guten Riecher haben für*** have a good nose for

Ried *n* reed, (*Moor*) marsh

Riefe *f*, **riefeln** *v/t* groove, flute

Riege *f Turnen*: squad, *fig* brigade

Riegel *m* **1.** bolt, bar, *zum Einhaken*: latch: *fig* ***einer Sache einen Riegel vorschieben*** put a stop to s.th. **2.** (*Riegel Seife etc*) bar, (*Riegel Schokolade*) row, *Am* strip

Riemen[1] *m* strap, (*Gewehrriemen*) sling, (TECH *Treibriemen*) belt: *fig* ***sich am Riemen reißen*** pull o.s. together

Riemen[2] *m* (*Ruder*) oar

Ries *n* (*Papiermaß*) ream

Riese *m* **1.** giant **2.** *ugs* (*Tausender*) grand

rieseln *v/i* trickle, run, *Schnee*: fall softly

Riesen… giant, gigantic, enormous

Riesenerfolg *m* huge success, *auch Film etc*: smash hit

Riesenfelge *f Turnen*: giant swing

riesengroß, **riesenhaft** → ***riesig*** 1

Riesenrad *n* Ferris wheel

Riesenschlange *f* boa constrictor

Riesenschritt *m* ***mit Riesenschritten*** with giant strides

Riesenslalom *m Skisport*: giant slalom

riesig I *Adj* **1.** *auch fig* gigantic(ally *Adv*), colossal, enormous, huge **2.** *ugs* tremendous, (*toll*) terrific, super **II** *Adv* **3.** *ugs* tremendously, terribly, enormously

Riesin *f* giantess

Riff *n* reef

rigoros *Adj* rigorous

Rigorosum *n* UNI viva (voce)

Rille *f* groove

Rind *n* **1.** (*Kuh*) cow, (*Stier*) bull, (*Ochse*) ox: ***Rinder*** *Pl* cattle *Sg* **2.** (*Rindfleisch*) beef

Rinde *f* **1.** bark **2.** (*Brotrinde*) crust, (*Käserinde*) rind

Rinde ist nur selten rind

Rinde	=	**1.** (*Baum*) bark
		2. (*Brot*) crust
rind	=	(Käse)Rinde

Rinderbraten *m* roast beef

Rinderfilet *n* fillet of beef

Rinderwahn(sinn) *m* mad cow disease

Rinderzucht *f* cattle farming

Rinderzunge *f* GASTR ox tongue

Rindfleisch *n* beef

Rindleder, **Rindsleder** *n* cowhide

Rindvieh *n* **1.** cattle **2.** *ugs pej* idiot

Ring *m allg* ring (*auch Turnen, Boxen*), (*Kreis, auch fig*) *auch* circle, WIRTSCH pool, *Am* combine, (*Kettenglied*) link

Ringbuch *n* ring (*oder* loose-leaf) binder

Ringbucheinlage *f* loose-leaf pages *Pl*

ringeln I *v/t* curl, (*herumringeln*) coil (**um** around) **II** *v/refl* ***sich ringeln*** curl, coil, (*schlängeln*) wind, meander

Ringelnatter *f* ZOOL grass snake

Ringelsocken *Pl* striped socks *Pl*

Ringelspiel *n österr.* roundabout, merry-go-round, *Am* carousel

Ringeltaube *f* ZOOL wood pigeon

ringen I *v/i* wrestle (*auch fig* ***mit*** *sich, einem Problem* with), *fig* struggle (**um, nach** for): ***nach Atem ringen*** gasp for breath; ***nach Fas-***

sung ringen try to regain one's composure; ***nach Worten ringen*** struggle for words **II** *v/t* wring
Ringen *n* wrestling, *fig* struggle
Ringer, **Ringerin** SPORT wrestler
Ringfinger *m* ring finger
ringförmig *Adj* ring-shaped, annular
Ringkampf *m* wrestling (match)
Ringkämpfer, **Ringkämpferin** wrestler
Ringrichter, **Ringrichterin** *Boxen*: referee
rings *Adv* (all) around
ringsherum, **ringsum**, **ringsumher** *Adv* round about, (*überall*) everywhere
Rinne *f* (*Rille*) groove (*auch* ANAT, BOT), (*Dachrinne*) gutter, (*Leitungsrinne*) conduit, (*Wasserrinne*) gully, (*Kanal*) channel
rinnen *v/i* **1.** run, flow, (*tröpfeln*) drip, trickle: *fig* ***das Geld rinnt ihr durch die Finger*** money just slips through her fingers **2.** (*lecken*) leak
Rinnsal *n* trickle
Rinnstein *m* gutter
Rippchen *n* GASTR rib (of pork)
Rippe *f* **1.** *allg* rib, (*Heizrippe, Kühlrippe*) *auch* fin **2.** (*Rippe Schokolade*) row, *Am* strip
Rippenfell *n* ANAT pleura
Rippenfellentzündung *f* MED pleurisy
Rippenshirt *n* ribbed shirt
Rippenspeer *m* GASTR cured pork rib
Rippenstoß *m* dig in the ribs
Risiko *n* risk: ***auf eigenes Risiko*** at one's own risk; ***mit vollem Risiko*** at all risks; ***ein Risiko eingehen*** take a risk
risikofrei *Adj* safe
risikofreudig *Adj* risk-taking, prepared to take a risk (*oder* risks)
Risikogruppe *f* high-risk group
Risikokapital *n* WIRTSCH risk capital, venture capital
risikoreich *Adj* risky
Risikostaat *m* POL state of concern
riskant *Adj* risky
riskieren *v/t* risk
Rispe *f* BOT panicle
Riss *m* **1.** tear, rent, *in der Haut*: chap, (*Spalte*) cleft, crevice, *in der Freundschaft etc*: rift, split **2.** ARCHI, TECH draft
rissig *Adj* cracked, fissured, *Haut*: chappy, chapped: ***rissig werden*** crack, *Haut*: chap; ***rissige Hände*** chapped hands
Risswunde *f* laceration
Rist *m des Fußes*: instep, *der Hand*: back of the hand
Ritt *m* ride
Ritter *m* knight: ***j-n zum Ritter schlagen*** knight s.o.
Rittergut *n* manor
ritterlich *Adj* knightly, *fig* chivalrous
Ritterlichkeit *f* gallantry, chivalry
Ritterorden *m* order (of knights)
Rittersporn *m* BOT larkspur
rittlings *Adv* astride (***auf*** *Dat* s.th.)
Ritual *n*, **rituell** *Adj* ritual
Ritus *m* rite
Ritze *f* crack, gap, chink
Ritzel *n* TECH pinion
ritzen *v/t* scratch, (*schnitzen*) carve
Rivale *m*, **Rivalin** *f*, **rivalisieren** *v/i* rival
Rivalität *f* rivalry
Rizinusöl *n* castor oil
Robbe *f* ZOOL seal
Robe *f* gown, (*Amtsrobe*) robe
Roboter *m* robot
Robotertechnik *f* robotics *Pl*
robust *Adj allg* robust
röcheln *v/i* breathe stertorously
Rochen *m* ZOOL ray
rochieren *v/i Schach*: castle, SPORT switch positions
Rock[1] *m* **1.** (*Damenrock*) skirt **2.** (*Jackett*) jacket, coat
Rock[2] *m* rock (music)
Rockband *f* rock group
Rocker, **Rockerin** *ugs* rocker
Rockmusik *f* rock (music)
Rodel *m österr., südd.* sledge
Rodelbahn *f* toboggan run
rodeln *v/i* toboggan
Rodelschlitten *m* toboggan, (*Rennrodelschlitten*) luge
roden *v/t* (*Wurzeln*) root out, (*Wald, Land*) clear, stub
Rodler, **Rodlerin** tobogganist
Rodung *f* clearing
Rogen *m* roe
Roggen *m* rye
Roggenbrot *n* rye-bread
roh *Adj* **1.** *allg* raw, (*unverarbeitet*) *auch* crude, *Diamant, Entwurf etc*: *auch* rough **2.** WIRTSCH (*brutto*) gross **3.** *fig* (*primitiv*) crude, (*derb, grob*) rough, *stärker*: brutal: ***mit roher Gewalt*** with brute force
Rohbau *m* shell
Rohbilanz *f* WIRTSCH trial balance
Rohdiamant *m* rough diamond
Roheisen *n* pig iron
Roherz *n* crude ore
Rohfaser *f* crude fibre (*Am* fiber)
Rohfassung *f* (*Entwurf*) rough draft
Rohgewicht *n* gross weight
Rohgewinn *m* gross profit
Rohgummi *n, auch m* crude rubber
Rohheit *f* **1.** roughness, *stärker*: brutality **2.** brutal act
Rohkost *f* raw vegetables *Pl* and fruit
Rohleder *n* rawhide
Rohling *m* **1.** *aus Holz oder Metall*: blank **2.** *CD*: blank CD **3.** *Mensch*: brute
Rohmaterial *n* raw material
Rohöl *n* crude oil
Rohprodukt *n* raw product
Rohr *n* **1.** (*Schilfrohr*) reed, (*Bambusrohr, Rohrstock*) cane **2.** TECH tube, pipe, (*Kanal*) duct **3.** (*Geschützrohr*) barrel: *ugs* ***volles Rohr*** flat out **4.** *österr.* (*Backofen*) oven
Rohrbruch *m* burst pipe
Röhrchen *n* (*Tablettenröhrchen*) (small) tube, *für Alkoholtest*: breathalyzer: ***j-n ins Röhrchen blasen lassen*** breathalyze s.o.
Röhre *f* **1.** *allg* tube, (*Leitungsröhre*) pipe **2.** ELEK, RADIO, TV valve, *bes Am* tube: *ugs* ***in die Röhre gucken*** **a)** TV sit in front of the box, **b)** *fig* be left out in the cold **3.** (*Bratröhre*) oven **4.** JAGD gallery
röhren *v/i Hirsch*: bell
Röhrenknochen *m* long bone
Rohrkolben *m* BOT reed mace
Rohrleitung *f* conduit, *im Haus*: plumbing, (*Fernrohrleitung*) pipeline
Rohrmöbel *Pl* **1.** wicker furniture **2.** → ***Stahl(-rohr)möbel***
Rohrnetz *n Wasser etc*: mains *Pl*
Rohrpost *f* pneumatic post
Rohrschelle *f* TECH pipe clamp
Rohrspatz *m ugs* ***schimpfen wie ein Rohr-***

spatz rant and rave
Rohrstock *m* cane
Rohrzange *f* TECH pipe wrench
Rohrzucker *m* cane sugar
Rohseide *f* raw silk
Rohstahl *m* crude steel
Rohstoff *m* raw material
Rohzucker *m* unrefined sugar
Rohzustand *m* (***im Rohzustand*** in the) crude state
Rollbahn *f* FLUG runway
Rolle[1] *f* **1.** *allg* roll (*auch* FLUG, *Turnen*), (*Walze*) *auch* roller, *am Flaschenzug*: pulley, *unter Möbeln*: castor, (*Spule*) reel, (*Drahtrolle, Taurolle*) coil: ***eine Rolle Garn*** a reel of cotton **2.** → ***Schriftrolle*** *etc*
Rolle[2] *f* THEAT *und fig* part, role (*auch* PSYCH): ***eine Rolle spielen*** play a part (*auch fig* ***bei, in*** *Dat* in), *fig auch* figure (in); ***das spielt keine Rolle*** that doesn't make any difference; ***Geld spielt keine Rolle*** money is no object; ***aus der Rolle fallen*** forget o.s., misbehave; *fig* ***die Rollen (ver)tauschen*** reverse roles
rollen *v/i und v/t* roll, *auf Rädern*: wheel, FLUG taxi: ***rollendes Material*** BAHN rolling stock; *fig* ***ins Rollen kommen*** (*oder* ***bringen***) get under way
Rollenbesetzung *f* THEAT casting
Rollenlager *n* TECH roller bearing
Rollenspiel *n* PSYCH role-playing
Rollentausch *m fig* reversal of roles
Rollenverteilung *f* **1.** THEAT casting **2.** *fig* respective roles *Pl*
Roller *m* **1.** MOT (*oder Kinderroller oder Tretroller für Erwachsene*) scooter **2.** *Fußball*: daisy cutter
Rollfeld *n* FLUG taxiway, runway
Rollfilm *m* roll film
Rollkommando *n* flying (*oder* hit) squad
Rollkragen(pullover) *m* polo neck (sweater)
Rollladen *m* roller blind
Rollmops *m* GASTR rollmop
Rollschuh *m* (*auch* ***Rollschuh laufen***) roller-skate
Rollschuhbahn *f* roller-skating rink
Rollschuhläufer, **Rollschuhläuferin** roller-skater
Rollstuhl *m* wheelchair
Rollstuhlfahrer, **Rollstuhlfahrerin** wheelchair user
Rolltreppe *f* escalator
Rom *n* Rome
ROM *n Abk* (= ***read-only memory***) ROM
Roman *m* novel
Romana, **Romanasalat** *s* cos (lettuce)
Romanheld, **Romanheldin** hero(ine) (of the novel)
Romanik *f* KUNST Romanesque (style *oder* period)
romanisch *Adj* LING Romance, *Baustil*: Romanesque
Romanist, **Romanistin** student of (*oder* lecturer in) Romance languages and literature
Romanschriftsteller, **Romanschriftstellerin** novelist
Romantik *f* romanticism, KUNST Romanticism
Romantiker, **Romantikerin** Romantic, *fig* romantic
romantisch *Adj* romantic(ally *Adv*), KUNST *etc* Romantic
romantisieren *v/t* romanticize
Romanze *f auch fig* romance
Römer[1] *m* (*Pokal*) rummer
Römer[2], **Römerin** Roman
römisch *Adj* Roman: ***römisch-katholisch*** Roman Catholic
Rommee *n* rummy
röntgen *v/t* MED X-ray
Röntgen *n* PHYS (*Einheit*) roentgen
Röntgenapparat *m* X-ray unit
Röntgenarzt *m*, **Röntgenärztin** *f* roentgenologist
Röntgenaufnahme *f* X-ray (picture)
Röntgenbestrahlung *f* X-ray treatment
Röntgenologe *m*, **Röntgenologin** *f* radiologist
Röntgenologie *f* radiology
Röntgenschirm *m* (fluorescent) screen
Röntgenstrahlen *Pl* X-rays *Pl*
Röntgenuntersuchung *f* X-ray examination
rosa *Adj* pink
rosarot *Adj auch fig* rose-colo(u)red
Rose *f* **1.** BOT rose **2.** MED erysipelas
Rosé *m* (*Wein*) rosé
Rosenkohl *m* Brussels sprouts *Pl*
Rosenkranz *m* REL rosary
Rosenmontag *m* Monday before Lent
Rosette *f* rosette
rosig *Adj auch fig* rosy
Rosine *f* raisin: *ugs* ***(große) Rosinen im Kopf haben*** have big ideas
Rosmarin *m* BOT rosemary
Ross *n* horse, RHET steed: *fig* ***sich aufs hohe Ross setzen*** give o.s. airs
Rosshaar *n* horsehair
Rost[1] *m auch fig* rust
Rost[2] *m* (*Feuerrost*) grate, (*Bratrost*) grill
Rostbraten *m* roast joint
rosten *v/i* rust: ***nicht rostend*** → ***rostfrei***
rösten *v/t* (*Kaffee etc*) roast, (*Brot*) toast, (*Kartoffeln*) fry
rostfrei *Adj* rustproof, stainless
Rösti *Pl schweiz*. grated roast potatoes *Pl*
rostig *Adj auch fig* rusty
Röstkartoffeln *Pl* fried potatoes *Pl*
Rostschutzmittel *n* antirust agent
Roststelle *f* patch of rust
rot I *Adj* red, POL *oft* Red: ***das Rote Kreuz*** the Red Cross; ***rot werden*** *im Gesicht*: go red, flush, (*verlegen*) blush; *fig* WIRTSCH ***rote Zahlen schreiben*** be in the red; → ***rotsehen***, ***Faden***, ***Tuch*** 2 **II** *Adv* ***rot glühend*** red-hot
Rot *n* red, (*Schminke*) rouge: ***die Ampel steht auf Rot*** the lights are at red; ***bei Rot*** at red
Rotation *f* rotation
Rotationsdruck *m* rotary printing
rotblond *Adj* sandy-haired, *Haar*: sandy
Rotbuche *f* copper beech
Rotdorn *m* pink hawthorn
Rote *m, f* POL Red
Röte *f* redness, (*Schamröte*) blush
Rötel *m* red chalk
Röteln *Pl* MED German measles *Pl*
röten *v/t* redden: ***sich röten*** *Gesicht*: *auch* flush
Rotfuchs *m* (red) fox
rothaarig *Adj* red-haired
Rothaarige *m, f* redhead
Rothaut *f* (*Indianer*) redskin
rotieren *v/i* rotate, *ugs fig* flip
Rotkäppchen *n* (Little) Red Riding Hood
Rotkehlchen *n* ZOOL robin (redbreast)
Rotkohl *m*, **Rotkraut** *n* red cabbage
rötlich *Adj* reddish
rotsehen *v/i ugs fig* see red
Rotstift *m* red pencil: *fig* ***den Rotstift ansetzen***

make cuts (***bei*** in)
Rottanne *f* spruce
Rotte *f* gang, horde
Rötung *f* reddening
Rotwein *m* red wine
Rotwild *n* red deer
Rotz *m vulg* snot
Rotzfahne *f vulg* snotrag
rotzfrech *Adj ugs* snotty
Rouge *n* rouge
Roulade *f* GASTR *etwa* beef olive
Rouleau *n* roller blind
Roulett(e) *n* roulette
Route *f* route, (*Reiseroute*) itinerary
Routine *f allg* routine, (*Erfahrung*) practice, experience
routinemäßig *Adj* routine(ly *Adv*)
Routinier *m* old hand
routiniert *Adj* experienced
Rowdy *m* rowdy, hooligan
Rubbellos *n* scratchcard
rubbeln *v/i* rub, (*Lotterie*) buy scratchcards
Rübe *f* **1.** BOT ***Weiße Rübe*** turnip; ***Rote Rübe*** beetroot; ***Gelbe Rübe*** carrot **2.** *ugs* (*Kopf*) nut
Rubel *m* rouble
rüber, **rüber...** *ugs* → ***herüber(...)***, ***hinüber(...)***
rüberkommen *v/i ugs* **1.** come over **2.** THEAT *etc* come across **3.** ***mit*** *Geld etc* ***rüberkommen*** come across with
Rubin *m* MIN ruby
Rubrik *f* heading, (*Spalte*) column, (*Klasse*) category
Ruck *m* jerk, start, jolt (*auch fig*), (*Zerren*) yank, *ugs fig* POL swing: ***in einem Ruck*** (*auf einmal*) at one go; ***sich einen Ruck geben*** pull o.s. together
Rückansicht *f* back view
Rückantwort *f* reply
ruckartig **I** *Adj* jerky **II** *Adv* with a jerk, (*plötzlich*) abruptly
rückbezüglich *Adj* LING reflexive
Rückblende *f* FILM flashback (***auf*** *Akk* to)
rückblenden *v/i* FILM flash back (***auf*** *Akk* to)
Rückblick *m* review (***auf*** *Akk* of): ***im Rückblick*** in retrospect, ***auf*** (*Akk*) looking back on
rückdatieren *v/t* backdate
rücken **I** *v/t allg* move, (*schieben*) *auch* shift, (*wegrücken*) push (away) **II** *v/i* move, (*Platz machen*) move over: ***näher rücken*** *auch zeitlich*: draw near, approach; *im Rang* ***höher rücken*** rise; ***an j-s Stelle rücken*** take s.o.'s place; → ***Leib***
Rücken *m* back (*auch Buchrücken, Handrücken etc*), (*Bergrücken*) ridge, (*Nasenrücken*) bridge, GASTR saddle: ***hinter j-s Rücken*** behind s.o.'s back; ***j-m in den Rücken fallen*** *fig* stab s.o. in

Körperteile und wem sie gehören

GR

Im Gegensatz zum Deutschen steht im Englischen bei Körperteilen meistens das Possessivpronomen, das anzeigt, zu wem das Körperteil gehört.

Mir tut der Rücken weh.	**My back hurts.**
Sie hat sich den Knöchel verstaucht.	**She's sprained her ankle.**
Ihr fiel ein Holzbrett auf den Kopf.	**A plank fell on her head.**

Nach Präpositionen folgt allerdings der Artikel, wenn die betroffene Person schon erwähnt worden ist:

Ich bin am Bein getroffen worden!	**I've been hit in the leg!**
Er schlug mir mit der Faust auf die Nase.	**He punched me on the nose.**

the back; → ***kehren***[1] 1, ***steifen***
Rückendeckung *f fig* backing, support
rückenfrei *Adj Shirt etc*: backless, halterneck
Rückenlehne *f* back(rest)
Rückenmark *n* ANAT spinal cord
Rückenschmerzen *Pl* backache *Sg*
Rückenschwimmen *n* backstroke
Rückenwind *m* following wind
Rückenwirbel *m* ANAT dorsal vertebra
Rückeroberung *f* reconquest
rückerstatten *v/t* return, (*Geld*) refund
Rückfahrkarte *f* return (ticket), *Am* round-trip ticket
Rückfahrt *f* return journey (*oder* trip): ***auf der Rückfahrt*** *auch* on the way back
Rückfall *m* relapse (*auch fig*), JUR *auch* recidivism
rückfällig *Adj* relapsing, JUR *auch* recidivist: ***rückfällig werden*** (have a) relapse
Rückfenster *n* rear window
Rückflug *m* return flight
Rückfrage *f* checkback
rückfragen *v/i* check (***bei*** with)
Rückführung *f in die Heimat*: repatriation
Rückgabe *f* return, SPORT pass back
Rückgang *m* decline, drop, fall
rückgängig *Adj* **1.** → ***rückläufig*** **2.** ***rückgängig machen*** undo, (*Auftrag etc*) cancel
Rückgewinnung *f* recovery
Rückgrat *n* spine, backbone (*auch fig*)
rückgratlos *Adj fig* spineless
Rückhalt *m* support
rückhaltlos **I** *Adj* unreserved, (*offen*) frank **II** *Adv* without reserve: ***j-m rückhaltlos vertrauen*** have complete confidence in s.o.
Rückhand *f Tennis*: backhand
Rückhandschlag *m* backhand (stroke)
Rückkampf *m* SPORT return match
Rückkauf *m* repurchase, (*Einlösung*) redemption
Rückkaufsrecht *n* right of repurchase (*oder* redemption)
Rückkehr *f* (***bei meiner Rückkehr*** on my) return
Rückkopplung *f* ELEK feedback (*auch fig*)
Rückkunft *f* → ***Rückkehr***
Rücklagen *Pl* reserve(s *Pl*), savings *Pl*
Rücklauf *m am Bandgerät*: rewind
rückläufig *Adj* dropping, declining: ***rückläufige Tendenz*** downward tendency
Rücklicht *n* MOT rear light, taillight
rücklings *Adv* (*nach hinten*) backwards, (*von hinten*) from behind
Rückmarsch *m* march back
Rückpass *m* SPORT back pass
Rückporto *n* return postage
Rückprall *m* rebound
Rückreise *f* → ***Rückfahrt***
Rückruf *m* **1.** WIRTSCH recall **2.** TEL ring back
Rucksack *m* rucksack, *Am* backpack
Rucksacktourismus *m* backpacking

Rucksacktourist, **Rucksacktouristin** backpacker
Rückschlag *m fig* setback
Rückschluss *m* conclusion: ***Rückschlüsse ziehen aus*** *(Dat)* draw conclusions from
Rückschreiben *n* reply
Rückschritt *m* step back(ward)
rückschrittlich *Adj* retrograde, POL reactionary
Rückseite *f allg* back, *eines Hauses etc*: *auch* rear, *einer Münze etc*: reverse, *einer Platte*: flip side: ***siehe Rückseite!*** see overleaf!

Rückseite ≠ *Br* backside

Rückseite	=	back, reverse
Br backside	=	Hintern

Rücksendung *f* return
Rücksicht *f* consideration: ***mit*** *(oder* ***aus****)* ***Rücksicht auf*** *(Akk)* out of consideration for, considering; ***ohne Rücksicht auf*** *(Akk)* regardless of; ***(keine) Rücksicht nehmen auf*** *(Akk)* show (no) consideration for, make (no) allowances for
Rücksichtnahme *f* consideration
rücksichtslos *Adj* inconsiderate (***gegen*** of), thoughtless, *Fahren etc*: reckless, *(skrupellos)* ruthless
Rücksichtslosigkeit *f* lack of consideration, recklessness
rücksichtsvoll *Adj* considerate (***gegen*** of)
Rücksitz *m* backseat, *(Sozius)* pillion
Rückspiegel *m* MOT rearview mirror
Rückspiel *n* SPORT return match
Rücksprache *f* consultation: ***mit j-m Rücksprache nehmen*** consult (with) s.o.
rückspulen *v/t und v/i Film, Tonband etc*: rewind
Rückspultaste *f* rewind key
Rückstand *m* **1.** CHEM residue **2.** *(Zahlungsrückstand)* arrears *Pl*, *(Arbeitsrückstand) auch* backlog: ***im Rückstand sein mit*** be behind with, SPORT be down *one goal etc*
rückständig *Adj* **1.** backward, *Land*: *auch* underdeveloped **2.** ***rückständige Miete*** arrears *Pl* of rent
Rückständigkeit *f* backwardness
Rückstau *m* MOT tailback
Rückstoß *m einer Schusswaffe*: recoil, kick
Rückstrahler *m* rear reflector
Rücktaste *f Schreibmaschine*: back spacer, *Tonbandgerät etc*: rewind key
Rücktritt *m* **1.** (***von*** from) *einem Amt*: resignation, *einem Vertrag*: withdrawal: ***seinen Rücktritt erklären*** announce *(oder* tender) one's resignation **2.** *ugs* → ***Rücktrittbremse***
Rücktrittbremse *f am Fahrrad*: backpedal brake
Rücktrittsgesuch *n* (letter of) resignation
Rücktrittsrecht *n* right of rescission
rückübersetzen *v/t* translate back (***in*** *Akk* into *English etc*)
Rückübersetzung *f* retranslation
rückvergüten *v/t*, **Rückvergütung** *f* refund
rückversichern *v/t* reinsure (***sich*** o.s.): *fig* ***sich rückversichern*** play safe
Rückversicherung *f* reinsurance
Rückwand *f* back, back wall
rückwärtig *Adj* back, rear
rückwärts *Adv* backwards
rückwärtsfahren *v/i* ***rückwärtsfahren in*** *(Akk)* *(oder* ***aus*** *Dat)* back into *(oder* out of)
Rückwärtsgang *m* MOT (***im Rückwärtsgang*** in) reverse (gear)
Rückweg *m* way back, return: ***den Rückweg antreten*** head for home
ruckweise **I** *Adj* jerky **II** *Adv* jerkily, in jerks
rückwirkend *Adj* JUR retroactive: ***rückwirkend ab*** backdated to
Rückwirkung *f* (***auf*** *Akk* upon) reaction, repercussion
rückzahlbar *Adj* repayable
Rückzahlung *f* repayment, refund
Rückzieher *m* **1.** *Fußball*: overhead kick **2.** *ugs* ***einen Rückzieher machen*** back down
Rückzug *m* retreat
Rückzugsgefecht *n auch fig* rearguard action
rüde *Adj* rude, coarse
Rüde *m* ZOOL male dog *(oder* wolf, fox)
Rudel *n* pack *(auch fig)*, *Rehe etc*: herd
Ruder *n* oar, *(Steuerruder)* rudder *(auch* FLUG), helm: ***am Ruder*** at the helm *(auch fig)*; *fig* ***ans Ruder kommen*** come into power
Ruderboot *n* rowing boat
Ruderer *m* rower, oarsman
Ruderin *f* oarswoman
Ruderklub *m* rowing club
rudern *v/t und v/i* row
Rudern *n* rowing
Ruderregatta *f* boat race, regatta
Rudersport *m* rowing
Ruf *m* **1.** call *(auch* TEL *und fig)*, *(Schrei)* cry, shout: ***einen Ruf erhalten nach*** be offered an appointment (UNI a chair) at; TEL ***Ruf 3721*** Tel. 3721 **2.** *(Leumund)* reputation: *Künstler etc* ***von Ruf*** of high repute, noted *artist etc*; ***im Ruf*** *(Gen)* ***stehen*** be reputed to be
rufen **I** *v/i* call, *(schreien)* cry, shout: ***rufen nach*** call for *(auch fig)*; ***um Hilfe rufen*** cry for help **II** *v/t* call, *(herbeirufen) auch* summon: ***rufen lassen*** send for; ***du kommst mir wie gerufen*** you're just the person I need
Rufen *n* calling, calls *Pl*
Rüffel *m ugs* dressing-down
Rufmord *m* character assassination
Rufname *m* name by which one is called: ***wie ist Ihr Rufname?*** what name are you called by?
Rufnummer *f* telephone number
Rufumleitung *f* TEL call forwarding *(Abk* CF)
Rufweite *f* ***in (außer) Rufweite*** within (out of) calling distance
Rugby *n* SPORT rugby
Rüge *f* reprimand, rebuke
rügen *v/t* (***wegen*** for) **a)** *(j-n)* reprimand, rebuke, **b)** *(etw)* criticize, *öffentlich*: *auch* censure
Ruhe *f* rest *(auch* PHYS *und Erholung)*, *(Stille)* quiet, *(auch Schweigen)* silence, *(Frieden)* peace, *(Gemütsruhe)* calm(ness), composure: ***Ruhe und Ordnung*** law and order; ***die Ruhe vor dem Sturm*** the calm before the storm; ***die ewige*** *(oder* ***letzte****)* ***Ruhe*** eternal rest; ***in aller Ruhe*** very calmly, *(gemütlich)* leisurely; ***überlege es dir in aller Ruhe*** take your time about it; ***Ruhe bewahren*** keep quiet, *nervlich*: keep cool; ***sich zur Ruhe setzen*** retire; ***zur Ruhe bringen*** quieten down; ***Ruhe, bitte!*** quiet, please!; ***lass mich in Ruhe!*** leave me alone!; ***lass mich damit in Ruhe!*** I don't want to hear about it!; ***er möchte seine Ruhe haben*** he wants to be left in peace; *ugs* ***er hat die Ruhe weg!*** he's (as) cool as a cucumber; ***immer mit***

der Ruhe! take it easy!
ruhebedürftig *Adj* in need of (a) rest
Ruhebett *n* couch
Ruhegehalt *n* pension
ruhelos *Adj* restless
ruhen *v/i allg* rest, *Arbeit*, *Verkehr etc*: be at a standstill, *Verhandlungen etc*: be suspended: ***ruhen auf*** (*Dat*) *Blick*, *Last*, *Verantwortung etc*: rest on; ***er ruhte nicht, bis*** he didn't rest until; ***hier ruht*** here lies; ***lass die Vergangenheit ruhen!*** let bygones be bygones!
Ruhepause *f* break, rest
Ruheplatz *m* resting place
Ruhestand *m* (***vorzeitiger Ruhestand*** early) retirement: ***im Ruhestand*** retired; ***in den Ruhestand treten*** retire; ***in den Ruhestand versetzen*** retire, pension *s.o.* off
Ruhestätte *f* resting place
Ruhestörer, **Ruhestörerin** disturber of the peace
Ruhestörung *f* JUR ***öffentliche Ruhestörung*** disturbance of the peace
Ruhetag *m* day of rest, (*dienstfreier Tag*) day off, *eines Lokals etc*: closing day: ***Montag Ruhetag!*** closed on Mondays!
ruhig **I** *Adj* **1.** *allg* quiet (*auch Farbe*, *Gegend*, WIRTSCH *Markt*), (*still*) *auch* silent, (*bewegungslos*) still, (*friedlich*) peaceful, (*geruhsam*) restful, (*gelassen*) calm, (*gemächlich*) leisurely (*auch Adv*), (*glatt*) smooth (*auch* TECH), *Hand etc*: steady, *See*: calm: (***sei***) ***ruhig!*** (be) quiet!; ***sei ganz ruhig!*** (*unbesorgt*) don't worry!; ***ruhig bleiben*** keep calm; ***keine ruhige Minute haben*** not to have a moment's peace **II** *Adv* **2.** quietly (*etc*): ***das Haus liegt ruhig*** the house is in a quiet area; ***ruhig verlaufen*** be uneventful **3.** *ugs* easily, very well: ***tu das ruhig!*** go right ahead!; ***du kannst ruhig dableiben!*** (you can) stay if you want!

ruhig	**SG**
Achten Sie bitte auf den Unterschied:	
ruhig = leise	**quiet**
ruhig = bewegungslos	**still**

Ruhm *m* fame, glory: ***Ruhm erlangen*** win fame
rühmen **I** *v/t* praise (***wegen*** for) **II** *v/refl* ***sich rühmen*** (*Gen*) pride o.s. (on), boast (*s.th.*)
Ruhmesblatt *n* ***das ist kein Ruhmesblatt für ihn*** that's not exactly to his credit
rühmlich *Adj* laudable, praiseworthy: ***rühmliche Ausnahme*** noteworthy exception
ruhmlos *Adj* inglorious
ruhmreich, **ruhmvoll** *Adj* glorious
Ruhr *f* MED dysentery
Rührbesen *m* GASTR whisk
Rühreier *Pl* scrambled eggs *Pl*
rühren **I** *v/t* **1.** (*Teig etc*) stir, (*bewegen*) *auch* move: *fig* ***er hat keinen Finger gerührt*** he did not lift a finger; → ***Donner***, ***Trommel*** **2.** *fig* touch, move (***zu Tränen*** to tears) **II** *v/i* **3.** stir **4.** ***rühren an*** (*Akk*) **a)** touch, **b)** *ein Thema etc*: touch (up)on **III** *v/refl* ***sich rühren*** **5.** stir, move: MIL ***rührt euch!*** (stand) at ease!; ***sich nicht*** (***von der Stelle***) ***rühren*** not to budge (an inch) **6.** *fig* do (*oder* say) s.th., *Gefühl*: make itself felt
rührend *Adj* touching, moving, (*liebevoll*) very kind

Ruhrgebiet *n the* Ruhr (area)
rührig *Adj* active, busy, enterprising
Rührlöffel *m* stirring spoon
rührselig *Adj* sentimental, mawkish: ***rührselige Geschichte*** *ugs* sob story
Rührung *f* emotion: ***er brachte vor Rührung kein Wort heraus*** he was choked with emotion
Ruin *m* (***vor dem Ruin stehen*** be on the brink of) ruin
Ruine *f* ruin(s *Pl*)
ruinieren *v/t allg* ruin (***sich*** o.s.)
ruinös *Adj* ruinous
rülpsen *v/i*, **Rülpser** *m* belch
rum, **rum...** *ugs* → ***herum***(***...***)
Rum *m* rum
Rumäne *m*, **Rumänin** *f*, **rumänisch** *Adj* Romanian
Rumänien *n* Romania
Rummel *m ugs* **1.** (*Betriebsamkeit*) (hustle and) bustle, (*Aufheben*) fuss, to-do: ***großen Rummel machen um*** make a big fuss about **2.** **a)** fun fair, **b)** → ***Rummelplatz***
Rummelplatz *m* fairground, amusement park
rumoren *v/i* rumble (around)
Rumpelkammer *f* lumber room
rumpeln *v/i* rumble
Rumpf *m* **1.** ANAT trunk, body, *einer Statue und fig* torso **2.** (*Schiffsrumpf*) hull, (*Flugzeugrumpf*) fuselage
rümpfen *v/t* ***die Nase rümpfen*** turn up one's nose (***über*** *Akk* at)
Rumpsteak *n* rump steak
Run *m* run (***auf*** *Akk* on)
rund **I** *Adj* **1.** *allg* round (*auch fig Summe*, *Zahl etc*): ***Gespräche am runden Tisch*** round-table talks; *fig* ***runde 1000 Euro*** 1,000 euros or so; ***eine runde Leistung*** a perfect performance **II** *Adv* **2.** (*etwa*) about, roughly: ***rund gerechnet*** in round figures **3.** ***rund um*** (a)round *the world etc*
Rundbau *m* rotunda
Rundblick *m* panorama
Runde *f* **1.** (*Gesellschaft*) circle **2.** (*Rundgang*) round: ***seine Runde machen*** make one's rounds, *bes Polizist*: be on one's beat; ***die Runde machen*** *Geschichte etc*: go the round **3.** *Boxen*, *Golf etc*: round (*auch fig Verhandlungsrunde*), *Renn-*, *Laufsport*: lap; ***über die Runden kommen*** go the distance, stay the course; *ugs fig* ***gerade so über die Runden kommen*** just about make it, scrape by, *auch finanziell*: get by **4.** (*Runde Bier etc*) round: *ugs* ***eine Runde schmeißen*** stand a round (*of beer etc*)
runden *v/refl* ***sich runden*** grow round, *fig* (*Gestalt annehmen*) take shape
runderneuern *v/t* (*Reifen*) retread
Rundfahrt *f* (sightseeing) tour (***durch*** of)
Rundflug *m* circuit
Rundfrage *f* general inquiry, survey
Rundfunk *m* **1.** broadcasting, radio: ***im Rundfunk*** on the radio (*oder* air); ***Rundfunk hören*** listen to the radio; ***im Rundfunk übertragen*** (*oder* ***senden***, ***bringen***) broadcast; ***beim Rundfunk sein*** work in broadcasting; *in Zssgn auch* ***Funk...***, ***Radio...*** **2.** → ***Rundfunkanstalt***
Rundfunkanstalt *f* broadcasting company, *Am* radio corporation
Rundfunkgerät *n* radio (set)
Rundfunkhörer, **Rundfunkhörerin** listener

R

Rundfunkprogramm *n* radio program(me *Br*)
Rundfunksender *m* → ***Rundfunkstation***
Rundfunksendung *f* broadcast, radio program(me *Br*)
Rundfunksprecher, **Rundfunksprecherin** (radio) announcer
Rundfunkstation *f* radio station
Rundgang *m* round, tour (***durch*** of)
rundheraus *Adv* flatly, straight out
rundherum *Adv* all (a)round
rundlich *Adj* plump, chubby
Rundreise *f* tour (***durch*** of)
Rundschreiben *n* circular (letter)
Rundstrecke *f* circuit
rundum *Adv* all (a)round
Rundung *f* curve (*Pl ugs einer Frau*)
rundweg *Adv* flatly
Rune *f* rune
runter, **runter…** *ugs* → ***herunter*(…)**, ***hinunter*(…)**
Runzel *f* wrinkle, line
runzelig, **runzlig** *Adj* wrinkled, lined
runzeln *v/t* wrinkle: ***die Stirn runzeln*** frown
Rüpel *m* lout
rüpelhaft *Adj* rude
rupfen *v/t* (*Huhn etc*) pluck: *ugs fig* ***j-n rupfen*** fleece s.o.; → ***Hühnchen*** 1
ruppig *Adj* **1.** shaggy **2.** *fig* gruff
Rüsche *f* frill
Ruß *m* soot
Russe *m* Russian
Rüssel *m* proboscis, *des Elefanten*: *auch* trunk, *des Schweins*: snout
rußen *v/i* smoke
rußig *Adj* sooty
Russin *f*, **russisch** *Adj* Russian
Russland *n* Russia
Rußpartikel *m* soot particle
rüsten (***für***, ***zu*** for) **I** *v/i* MIL arm: *fig* ***gerüstet*** armed, ready **II** *v/refl* ***sich rüsten*** prepare, get ready
rüstig *Adj* vigorous, sprightly, fit
Rüstung[1] *f* (*Ritterrüstung*) armo(u)r
Rüstung[2] *f* MIL armament
Rüstungsausgaben *Pl* defen/ce (*Am* -se) expenditure *Sg*
Rüstungsbegrenzung *f* arms limitation
Rüstungsindustrie *f* defen/ce (*Am* -se) industry
Rüstungskontrolle *f* arms control
Rüstungsstopp *m* arms freeze
Rüstungswettlauf *m* arms race
Rüstzeug *n fig* equipment
Rute *f* **1.** switch, (*auch Zuchtrute*) rod **2.** (*Angelrute*) fishing rod **3.** JAGD **a)** penis, **b)** (*Schwanz*) tail, *des Fuchses*: brush
Rutengänger, **Rutengängerin** diviner
Rutsch *m* **1.** slide, (*Erdrutsch*) landslide: *ugs* ***in einem Rutsch*** in one go; ***guten Rutsch* (*ins neue Jahr*)!** Happy New Year! **2.** *ugs* (*kleiner Ausflug*) (short) trip
Rutschbahn *f* slide
Rutsche *f* slide, TECH *auch* chute
rutschen *v/i* slide, (*ausrutschen*) slip, (*gleiten*) glide, MOT *etc* skid
rutschig *Adj* slippery
rutschsicher *Adj* nonslip, MOT nonskid
rütteln **I** *v/t* shake, TECH vibrate **II** *v/i Fahrzeug*: shake, jolt, TECH vibrate: ***rütteln an*** (*Dat*) **a)** *der Tür*: rattle (at), **b)** *fig* shake, (*in Frage stellen*) question; ***daran ist nicht zu rütteln!*** that's a fact!

S

S, **s** *n* S, s
Saal *m* hall
Saarland *n the* Saarland
Saat *f* (*das Säen*) sowing, (*Same*) seed (*auch fig*), (*Getreide etc*) crop(s *Pl*)
Saatgut *n* seed(s *Pl*)
Saatkartoffel *f* seed potato
Sabbat *m* Sabbath
sabbern *v/i* slaver, drool
Säbel *m* sabre, *Am* saber
Sabotage *f* sabotage
Sabotageakt *m* act of sabotage
Saboteur, **Saboteurin** saboteur
sabotieren *v/t auch fig* sabotage
Saccharin *n* saccharin(e)
Sachbearbeiter, **Sachbearbeiterin** official (WIRTSCH clerk) in charge (***für*** of)
Sachbeschädigung *f* damage to property
sachbezogen *Adj* pertinent
Sachbuch *n* nonfiction book, *Pl Koll* nonfiction *Sg*
sachdienlich *Adj* relevant, pertinent, helpful
Sache *f* **1.** thing, object: *ugs* ***Sachen*** *Pl allg* things *Pl* (*auch Speisen etc*), (*Habseligkeiten*) *auch* belongings *Pl*; *ugs* MOT ***mit 100 Sachen*** at 60 (miles per hour) **2.** (*Angelegenheit*) affair, matter, business, (*Frage, Problem*) problem, (*Thema, Gebiet*) subject, (*Fall*) case, JUR *und weit. S.* (*Anliegen*) cause: ***eine Sache für sich*** a matter apart; ***in Sachen Umwelt*** concerning the environment; ***in eigener Sache*** on one's own behalf; ***bei der Sache bleiben*** stick to the point; ***er war nicht bei der Sache*** he was inattentive (*oder* absent-minded); ***für eine gute Sache kämpfen*** fight for a good cause; ***seine Sache gut* (*schlecht*) *machen*** do a good (bad) job; **(*sich*) *seiner Sache sicher sein*** be sure of one's ground; ***zur Sache kommen*** get to the point, *weit. S.* get down to business; ***das ist seine Sache!*** that's his problem (*oder* affair)!; ***es ist seine Sache zu*** *Inf* it's his business to *Inf*; ***es ist Sache des Vertrauens*** it's a matter of trust; ***das tut nichts zur Sache*** that makes no difference; ***die Sache ist die, dass***

... the point is that ...; *ugs* ***j-m sagen, was Sache ist*** tell s.o. what's what; *ugs* ***mach keine Sachen!*** *erstaunt*: you're kidding!, *warnend*: no funny business!; → ***gemeinsam*** I
Sachfrage *f* factual issue
sachfremd *Adj* irrelevant
Sachgebiet *n* subject, field
sachgemäß, **sachgerecht** *Adj* proper, appropriate
Sachkenner, **Sachkennerin** expert
Sachkenntnis *f* expert knowledge, expertise
sachkundig → ***sachverständig***
Sachlage *f* state of affairs, position
sachlich *Adj* **1.** factual, (*sachbezogen*) *auch* technical, (*zweckbetont, auch* ARCHI, TECH) functional: ***aus sachlichen Gründen*** for technical (*oder* practical) reasons; *Adv* ***sachlich richtig*** factually correct **2.** (*nüchtern*) matter-of-fact, realistic(ally *Adv*), (*emotionslos*) unemotional, (*objektiv*) objective, (*praktisch*) practical(-minded)
sächlich *Adj* LING neuter
Sachlichkeit *f* matter-of-factness, objectivity, ARCHI, TECH functionalism
Sachregister *n* (subject) index
Sachschaden *m* material damage, damage to property
Sachse *m* Saxon
Sachsen *n* Saxony
Sachsen-Anhalt *n* Saxony-Anhalt
Sächsin *f*, **sächsisch** *Adj* Saxon
Sachspende *f* donation in kind
sacht I *Adj* soft, gentle **II** *Adv auch*
sachte softly, gently, (*vorsichtig*) cautiously, (*langsam*) slowly: ***sachte!*** gently does it!; *ugs* (***immer***) ***sachte!*** take it easy!
Sachverhalt *m the* facts *Pl* (of the case)
Sachverstand *m* expertise, know-how
sachverständig *Adj* expert, competent, *Person*: *auch* knowledgeable
Sachverständige *m, f* expert, JUR expert witness
Sachverständigengutachten *n* expert opinion
Sachwert *m* real value: ***Sachwerte*** *Pl* material assets *Pl*
Sachzwang *m* practical constraint
Sack *m* **1.** sack, bag, ANAT, ZOOL sac: ***der gelbe Sack*** the bag for recyclable waste; ***mit Sack und Pack*** with bag and baggage **2.** *vulg* (*Hoden*) balls *Pl*
sacken *v/i* sink, give way, sag, *Person*: slump
Sackgasse *f* **1.** cul-de-sac **2.** *fig* dead end, impasse
Sackhüpfen *n*, **Sacklaufen** *n* sack race
Sadismus *m* sadism
Sadist, **Sadistin** sadist
sadistisch *Adj* sadistic(ally *Adv*)
säen *v/t und v/i auch fig* sow: ***dünn gesät*** scarce, few and far between
Safari *f* safari
Safaripark *m* safari (*Am* animal) park
Safe *m, n* safe
Safran *m*, **safrangelb** *Adj* saffron
Saft *m allg* juice (*auch ugs* ELEK *Strom*), BOT sap: *fig* ***ohne Saft und Kraft*** → ***saftlos*** 2; → ***schmoren*** 1
saftig *Adj* **1.** juicy, BOT lush **2.** *ugs fig Witz etc*: juicy, spicy, *Ohrfeige*: resounding, *Preise etc*: stiff, steep, *Antwort, Niederlage*: crushing
saftlos *Adj* **1.** juiceless, dry **2.** *fig meist* ***saft- und kraftlos*** lame, wishy-washy
Saftpresse *f* squeezer, juice extractor
Saga *f* saga
Sage *f* **1.** legend **2.** *fig* rumo(u)r
Säge *f* saw
Sägeblatt *n* saw blade
Sägebock *m* sawhorse
Sägefisch *m* sawfish
Sägemehl *n* sawdust
sagen *v/t und v/i* say: ***j-m etw sagen*** say s.th. to s.o., tell s.o. s.th.; → ***Meinung***, ***Wahrheit*** *etc*; ***j-m etw sagen lassen*** let s.o. know s.th.; ***ich habe mir sagen lassen, dass ...*** I've been told that ...; ***etw*** (***nichts***) ***zu sagen haben*** have a (no) say (***bei*** in); ***das hat nichts zu sagen*** that doesn't matter; ***sagen Sie ihm, er soll kommen*** tell him to come; ***was sagst du zu ...?*** what do you say to ...?, (*wie wäre es mit?*) how about ...?; ***was willst du damit sagen?*** what do you mean (by that)?; *das Buch, Bild etc* ***sagt mir nichts*** doesn't mean a thing to me; ***wie sagt man ... auf Englisch?*** what is the English for ...?; ***ich habs dir ja gleich gesagt!*** I told you so!; ***lass dir das gesagt sein!*** put that in your pipe and smoke it!; ***man sagt, er sei krank*** they say he is ill, he is said to be ill; ***was Sie nicht sagen!*** you don't say!; *ugs* ***wem sagen Sie das!*** you're telling me!; ***sagen wir*** *zehn Stück* (let's) say ...; (***das***) ***sagst du!*** *ugs* says you!; ***sage und schreibe*** no less than; ***es*** (*oder* ***damit***) ***ist nicht gesagt, dass ...*** that doesn't necessarily mean that ...; ***unter uns gesagt*** between you and me; ***gesagt, getan*** no sooner said than done; → ***schwer*** II

> **sagen: say oder tell?** SG
>
> **say**
> kann nur mit **to** durch eine nachfolgende Personenbezeichnung ergänzt werden:
> **I said to Emily that it would be all right.**
>
> **tell**
> schließt Personenbezeichnungen ohne **to** an:
> **He told me he had a new car.**
> steht häufig in Passivkonstruktionen:
> **I have always been told that being a doctor or lawyer is the best career choice.**
> wird verwendet bei einer Aufforderung, etwas zu tun oder zu unterlassen:
> **She told me to throw it out.**
> **Please tell him not to call.**

Sagen *n ugs* ***das Sagen haben*** be the boss, ***bei*** (*oder* ***in*** *Dat*) have the (final) say in
sägen *v/t und v/i* saw
sagenhaft *Adj* **1.** legendary, mythical **2.** *ugs fig* fantastic, terrific, incredible
Sägespäne *Pl* wood shavings *Pl*
Sägewerk *n* sawmill
Sago *m* GASTR sago
Sahara *f the* Sahara
Sahne *f* cream: *ugs fig* ***erste Sahne*** really great
Sahnebonbon *m, n* toffee, *Am* taffy
Sahneeis *n* icecream
Sahnekäse *m* cream cheese
Sahnequark *m* high-fat curd cheese
Sahnetorte *f* cream gateau
sahnig *Adj* creamy
Saison *f* season
saisonabhängig *Adj* seasonal

Saisonarbeiter, **Saisonarbeiterin** seasonal worker
saisonbedingt *Adj* seasonal
Saisonschlussverkauf *m* WIRTSCH seasonal sale
Saite *f* MUS string, chord: → ***aufziehen*** 4
Saiteninstrument *n* stringed instrument
Sakko *m* (*sportlicher*: sports) jacket
Sakrament *n* REL sacrament
Sakrileg *n* sacrilege
Sakristei *f* vestry
Salamander *m* ZOOL salamander
Salami *f* GASTR salami
Salamitaktik *f* POL salami tactics *Sg*
Salat *m* salad, (*Pflanze*) lettuce: *ugs fig* ***da haben wir den Salat!*** there you are!

Salat: lettuce oder salad? SG

Kopfsalat (*Pflanze*)	**lettuce**
Salat als Gericht	**salad**
gemischter Salat	**mixed salad**
Kartoffel- / Obstsalat	**potato / fruit salad**

Can you bring me a lettuce from the garden so that I can make a nice salad?

Salatbesteck *n* salad servers *Pl*
Salatkopf *m* (head of) lettuce
Salatöl *n* salad oil
Salatschüssel *f* salad bowl
Salatsoße *f* salad dressing
Salbe *f* ointment
Salbei *m, f* BOT sage
Salbung *f* anointing, *auch fig* unction
salbungsvoll *Adj* unctuous
Saldo *m* WIRTSCH balance: ***per Saldo*** *auch fig* on balance
Saline *f* saltworks *Pl* (*auch Sg konstr*)
Salmiak *m* CHEM ammonium chloride
Salmiakgeist *m* liquid ammonia
Salmonellen *Pl* salmonellae *Pl*
Salmonellenerkrankung *f* salmonellosis
Salon *m* drawing room, *Am* parlor, SCHIFF saloon, (*Kosmetiksalon etc*) salon
salonfähig *Adj* presentable, *Benehmen*, *Witz*: respectable: ***nicht salonfähig*** *Witz*: risqué
salopp *Adj* casual, *Stil*: off-hand
Salpeter *m* CHEM saltpet/re (*Am* -er)
Salpetersäure *f* CHEM nitric acid
Salsa *m*, **Salsamusik** *f* salsa
Salsasoße *f* salsa
Salto *m auch fig* somersault
Salut *m* (***Salut schießen*** fire a) salute
Salve *f* (*Gewehrsalve*) volley (*auch fig*), (*Geschützsalve*) salvo, (*Ehrensalve*) salute
Salz *n auch fig* salt
salzarm *Adj* ***salzarme Kost*** low-salt diet
Salzbergwerk *m* salt mine
salzen *v/t* salt, *fig auch* season; → ***gesalzen***
Salzfässchen *n* salt cellar
Salzgehalt *m* salt content
Salzgurke *f* pickled gherkin
salzhaltig *Adj* saline
Salzhering *m* salted herring
salzig *Adj* salty
Salzkartoffeln *Pl* boiled potatoes *Pl*
salzlos *Adj* salt-free
Salzsäule *f fig* ***zur Salzsäule erstarren*** freeze
Salzsäure *f* CHEM hydrochloric acid
Salzsee *m* salt lake
Salzstange *f* saltstick
Salzstreuer *m* salt shaker
Salzwasser *n* salt water
Samariter *m* (***barmherziger Samariter*** good) Samaritan
Samba *m* MUS samba
Sambia *n* Zambia
Same *m* → ***Samen***
Samen *m* **1.** BOT seed (*auch fig*) **2.** PHYSIOL sperm, semen
Samenbank *f* MED, VET sperm bank
Samenerguss *m* ejaculation
Samenfaden *m* spermatozoon
Samenflüssigkeit *f* semen
Samenkapsel *f* BOT seed capsule
Samenleiter *m* ANAT vas deferens
Samenspender *m* (sperm) donor
Samenstrang *m* ANAT spermatic cord
Sammelaktion *f* fund-raising campaign, (*Materialsammelaktion*) (salvage) collection
Sammelband *m* anthology
Sammelbecken *n* reservoir (*auch fig*), GEOG catchment area
Sammelbegriff *m* generic term
Sammelbestellung *f* collective order
Sammelbüchse *f* collecting box
Sammelfahrschein *m* group ticket
Sammellager *n* assembly camp
Sammelmappe *f* file
sammeln **I** *v/t* **1.** *allg* collect (*auch* TECH), (*Holz, auch fig Erfahrungen etc*) gather, (*Beeren etc*) pick, (*Kunden, Stimmen etc*) canvass for, (*ansammeln*) accumulate; → ***gesammelt*** 1 **2.** (*versammeln*) gather, *wieder*: rally **3.** OPT focus **II** *v/i* **4.** (**für** for) collect money, *bes für j-n*: pass the hat (around) **III** *v/refl* ***sich sammeln*** **5.** (*sich ansammeln*) gather, accumulate **6.** (*sich versammeln*) assemble, meet, rally **7.** *fig* (*auch* ***seine Gedanken sammeln***) concentrate, collect one's thoughts, (*sich fassen*) compose o.s.; → ***gesammelt*** 2 **8.** OPT focus
Sammelsurium *n* omnium gatherum
Sammler, **Sammlerin** collector
Sammlerwert *m* collector's value
Sammlung *f* **1.** collection, (*Gedichtsammlung*) anthology **2.** museum **3.** *fig* concentration, (*Fassung*) composure
Samstag *m* (***am Samstag*** on) Saturday
samstags *Adv* on Saturdays
samt **I** *Adv* ***samt und sonders*** all of them, *ugs* the whole lot **II** *Präp* together with, along with
Samt *m* velvet, (*Baumwollsamt*) velveteen
samtartig *Adj* velvety
Samthandschuh *m fig* ***j-n mit Samthandschuhen anfassen*** handle s.o. with kid gloves
sämtlich **I** *Adj* all: ***sämtliche Anwesende(n)*** all those present; ***sämtliche Werke*** the complete works **II** *Adv* all of them
Sanatorium *n* sanatorium, *Am* sanitarium
Sand *m* sand: *ugs* ***wie Sand am Meer*** any number of; *fig* ***im Sande verlaufen*** come to nothing; ***j-m Sand in die Augen streuen*** throw dust in s.o.'s eyes; *ugs ein Projekt etc* ***in den Sand setzen*** waste
Sandale *f* sandal
Sandalette *f* high-heeled sandal
Sandbahn *f* MOT dirt track
Sandbank *f* sandbank
Sandboden *m* sandy soil
Sanddorn *m* BOT sea buckthorn
Sandelholz *n* sandalwood

S

Sandgrube *f* sand pit
sandig *Adj* sandy
Sandkasten *m* sandpit, MIL sandtable
Sandkorn *n* grain of sand
Sandmännchen *n fig* sandman
Sandpapier *n* sandpaper
Sandplatz *m Tennis*: clay court
Sandsack *m* sandbag, *Boxen*: body bag
Sandstein *m* sandstone
sandstrahlen *v/t* sandblast
Sandstrahlgebläse *n* sandblaster
Sandstrand *m* sandy beach
Sandsturm *m* sandstorm
Sanduhr *f* hour glass
sanft *Adj allg* soft, gentle, *Tod*: easy, peaceful: ***mit sanfter Gewalt*** with gentle force
Sänfte *f* sedan (chair)
Sanftheit *f* softness, gentleness
Sanftmut *f* gentleness
Sänger *m* **1.** singer **2.** (*Vogel*) songbird
Sängerfest *m* choral festival
Sängerin *f* singer
sang- und klanglos *Adv* quietly, simply
sanieren I *v/t* (*Haus, Stadtteil*) redevelop, (*auch Firma*) rehabilitate **II** *v/refl* ***sich sanieren*** **a)** WIRTSCH get back on one's feet again, **b)** *ugs fig* line one's own pockets
Sanierung *f* redevelopment, *auch* WIRTSCH rehabilitation
Sanierungsgebiet *n* redevelopment area
sanitär *Adj* sanitary: ***sanitäre Einrichtungen*** sanitary facilities
Sanitäter, **Sanitäterin** ambulance (*oder* first-aid) man (woman), *Am* paramedic, medic(al orderly)
Sankt (*Abk* **St.**) Saint (*Abk* St.)
Sanktion *f*, **sanktionieren** *v/t* sanction
Saphir *m* **1.** MIN sapphire **2.** *a* **Saphirnadel** *f am Plattenspieler*: sapphire (needle)
Sardelle *f* anchovy
Sardellenpaste *f* anchovy paste
Sardine *f* sardine
Sardinien *n* Sardinia
Sarg *m* coffin, *Am auch* casket
Sarkasmus *m* sarcasm
sarkastisch *Adj* sarcastic(ally *Adv*)
Sarkom *n* MED sarcoma
Sarkophag *m* sarcophagus
Satan *m* Satan
satanisch *Adj* satanic(ally *Adv*)
Satellit *m allg* satellite
Satellitenbild *n*, satellite picture
Satellitenfernsehen *n* satellite TV
Satellitenschüssel *f* satellite dish
Satellitenstaat *m* POL satellite (state)
Satellitenstadt *f* satellite town
Satellitenübertragung *f* TV satellite transmission
Satin *m* satin, (*Baumwollsatin*) sateen
Satire *f* satire (***auf*** *Akk* on)
Satiriker, **Satirikerin** satirist
satirisch *Adj* satirical
satt *Adj* **1.** satisfied, *ugs* full up: ***ich bin satt*** I've had enough; ***sich satt essen*** eat one's fill; ***das macht satt*** that's very filling; *Adv* ***satt zu essen haben*** have enough to eat **2.** *fig Farbe*: deep, rich, *Klang*: full **3.** *fig* complacent **4.** *ugs Preis etc*: stiff, steep, *Schlag etc*: powerful
Sattel *m allg* saddle (*auch Gebirgssattel*), (*Nasensattel*) bridge: *fig* ***j-n aus dem Sattel heben*** oust s.o.; ***fest im Sattel sitzen*** be firmly in the saddle
sattelfest *Adj fig* ***in einer Sache sattelfest sein*** be well up in s.th.
satteln *v/t* saddle
Sattelschlepper *m* MOT **1.** road tractor **2.** (*Sattelschlepperzug*) articulated lorry, *Am* semi-trailer (truck)
Satteltasche *f* saddle bag
Sattelzeug *n* saddle and harness
satthaben *v/t ugs* ***etw*** (***j-n***) (***gründlich***) ***satt haben*** be sick and tired of (*oder* be fed up with) s.th. (s.o.)
sättigen I *v/t* **1.** satisfy (*auch fig j-s Neugier etc*), fill **2.** CHEM, *auch* WIRTSCH saturate **II** *v/i* **3.** be filling
Sättigung *f* satiation, (*Sattsein*) satiety, CHEM *und fig* saturation
Sättigungspunkt *m* CHEM *und fig* saturation point
Sattler, **Sattlerin** saddler
Sattlerei *f* saddlery
sattmachen → ***satt*** 1
saturieren *v/t* saturate
Satyr *m* satyr
Satz *m* **1.** LING sentence, clause **2.** (*Lehrsatz*) principle, tenet, MATHE theorem **3.** BUCHDRUCK **a)** (type)setting, composition, **b)** (*Text*) (set) matter **4.** MUS movement **5.** *Tennis etc*: set **6.** (*Satz Briefmarken, Werkzeuge etc*) set **7.** (*Bodensatz*) sediment, dregs *Pl*, (*Kaffeesatz*) grounds *Pl* **8.** (*Preis, Tarif*) rate: ***zum Satz von*** at the rate of **9.** (*Sprung*) leap: ***einen Satz machen*** (take a) leap
Satzaussage *f* LING predicate
Satzball *m Tennis etc*: set point
Satzbau *m* LING syntax, construction
Satzgefüge *n* LING compound sentence
Satzgegenstand *m* LING subject
Satzspiegel *m* BUCHDRUCK type area
Satzteil *m* LING part of sentence, clause
Satzung *f* statute, *meist Pl eines Vereins etc*: statutes and articles *Pl*
satzungsgemäß *Adj* statutory, *auch Adv* in accordance with the statutes
Satzzeichen *n* punctuation mark
Sau *f* **1.** ZOOL sow: *vulg* ***unter aller Sau*** lousy; ***zur Sau machen*** **a)** ***j-n*** let s.o. have it, **b)** ***etw*** wreck s.th.; *ugs* ***die Sau rauslassen*** live it up **2.** *vulg fig* **a)** (dirty) pig, (*Frau*) slut, **b)** *pej* swine, (*Frau*) bitch
sauber *Adj* **1.** *allg* clean (*auch fig anständig*), (*ordentlich*) neat (*auch fig Lösung etc*): ***sauber machen*** celan (up), tidy (up); ***sauber sein*** *Kind*: be potty-trained **2.** *ugs* (*unbewaffnet*) *sl* clean **3.** *ugs iron* nice, (just) great
säuberlich *Adj* clean, neat, (*sorgfältig*) careful
saubermachen → ***sauber*** 1
Saubermann *iron* ***Herr und Frau Saubermann*** Mr. and Mrs. Clean
säubern *v/t* **1.** clean (up), tidy (up) **2.** (*räumen*) clear (***von*** of) **3.** *fig, auch* POL purge
Säuberung *f* **1.** cleaning (*etc*) **2.** → ***Säuberungsaktion***
Säuberungsaktion *f* POL purge
saublöd → ***saudumm***
Saubohne *f* BOT broad bean
Sauce *f* → ***Soße***
Sauciere *f* sauce boat
Saudi *m* Saudi
Saudi-Arabien *n* Saudi Arabia
saudi-arabisch *Adj* Saudi Arabian
saudumm *Adj vulg* damned stupid
sauer I *Adj* **1.** *allg* sour (*auch Boden, Geruch,*

Satzzeichen WF

Zeichen	Deutsch	Englisch
,	Komma	**comma**
.	Punkt	**full stop**, *Am* **period**, *bei Internetadressen*: **dot**
!	Ausrufezeichen	**exclamation mark**, *Am* **exclamation point**
?	Fragezeichen	**question mark**
;	Strichpunkt, Semikolon	**semicolon**
:	Doppelpunkt	**colon**
'	Apostroph	**apostrophe**
„…“, ‘…’	Anführungszeichen	**quotation marks, inverted commas**
‚…‘, ‘…’	einfache Anführungszeichen	**single quotation marks**
„…“, “…”	doppelte Anführungszeichen	**double quotation marks**
(…)	(runde) Klammern	**brackets**, *bes Am* **parentheses**
[…]	eckige Klammern	**square brackets**, *Am* **brackets**
⟨…⟩	spitze Klammern	**angle brackets**
{…}	geschweifte Klammern	**braces**
-	Bindestrich, Trennstrich	**hyphen**
—	Gedankenstrich	**dash**
*	Sternchen	**asterisk**
/	Schrägstrich	**slash, oblique**
\	Backslash	**backslash**
@	at-Zeichen, „Klammeraffe“	**at sign, commercial at**

Milch), CHEM acid (*auch Drops, Regen*), *Gurke*: pickled: ***sauer werden*** *Milch*: turn (sour), curdle; *fig* ***in den sauren Apfel beißen müssen*** have to swallow the bitter pill **2.** *ugs fig* (*verärgert*) sour, cross: ***sauer werden*** get cross; ***j-m das Leben sauer machen*** make life miserable for s.o. **II** *Adv* **3.** ***sauer verdientes Geld*** hard-earned money; *ugs fig* ***sauer reagieren*** be annoyed (***auf*** *Akk* at)

Sauerampfer *m* BOT sorrel

Sauerei *f* → ***Schweinerei***

Sauerkirsche *f* BOT sour cherry

Sauerkraut *n* GASTR sauerkraut

säuerlich *Adj auch fig* (a bit) sour

Sauermilch *f* curdled milk

säuern *v/t* make sour, (*Teig*) leaven

Sauerstoff *m* oxygen

Sauerstoffflasche *f* oxygen cylinder

Sauerstoffmangel *m* MED lack of oxygen

Sauerstoffmaske *f* oxygen mask

Sauerstoffzelt *n* MED oxygen tent

Sauerteig *m* leaven

saufen *v/t und v/i* **1.** *Tier*: drink **2.** *ugs Person*: booze, (*nicht Alkoholisches*) guzzle

Säufer, **Säuferin** *ugs* alcoholic, boozer

Sauferei *f ugs* **1.** boozing **2.** → ***Saufgelage***

Saufgelage *n ugs* drinking bout, booze-up

saugen *v/t und v/i* **1.** suck (***an*** *Dat* s.th.); → ***Finger*** **2.** (*staubsaugen*) vacuum

säugen *v/t* suckle (*auch* ZOOL), nurse, breastfeed

Sauger *m der Babyflasche*: teat, *Am* nipple

Säugetier *n* mammal

saugfähig *Adj* absorbent

Säugling *m* baby, *formell*: infant

Säuglingspflege *f* baby care

Säuglingsschwester *f* baby nurse

Säuglingssterblichkeit *f* infant mortality

saukalt *Adj vulg* bloody cold

Säule *f* column, pillar (*auch fig*)

Säulendiagramm *n* bar chart

Säulengang *m* colonnade

Saum *m* hem(line), (*Naht*) seam

saumäßig *Adj ugs* awful, lousy

säumen *v/t* **1.** hem **2.** *fig* line, skirt

säumig *Adj* **1.** late, tardy **2.** WIRTSCH ***säumiger Zahler*** (***Schuldner***) defaulter

Sauna *f* sauna

saunieren *v/i* have a sauna

Säure *f* sourness, *auch* MED *im Magen*: acidity, CHEM acid

säurebeständig *Adj*, **säurefest** *Adj* acid-proof

Saure-Gurken-Zeit *f ugs* off-season, *in der Presse*: silly season

säurehaltig *Adj* acid(ic)

Saurier *m* saurian

Saus: ***in Saus und Braus leben*** live on (*oder* off) the fat of the land

säuseln *v/i und v/t* whisper, *iron Person*: purr

sausen *v/i* **1.** *ugs* whiz, rush, dash **2.** *Wind*: rush, *auch Geschoss etc*: whistle, *Ohren*: buzz: *ugs* ***sausen lassen*** (*Angebot etc*) pass up, (*Plan etc*) give *s.th.* a miss, (*j-n*) drop

sausenlassen → ***sausen*** 2

Saustall *m* pigsty, *ugs fig auch* awful mess

Sauwetter *n ugs* filthy weather

sauwohl *Adj ugs* ***sich sauwohl fühlen*** feel real good

Saxofon, **Saxophon** *n* saxophone

scannen *v/t* IT scan

Scanner *m* IT scanner, *Strichkode*: bar-code reader

Schabe *f* ZOOL cockroach

schaben *v/t und v/i* scrape

Schabernack *m* practical joke, hoax

schäbig *Adj allg* shabby, *fig auch* mean
Schäbigkeit *f* shabbiness, *fig auch* meanness
Schablone *f* **1.** (*Malschablone*) stencil, TECH template **2.** *fig* (*Denkschablone*) stereotype, cliché, (*Schema*) (fixed) routine
schablonenhaft *Adj fig* stereotyped, (*mechanisch*) mechanical, routine …
Schach *n* **1.** (*Spiel*) chess: ***Schach spielen*** play (at) chess **2.** (*Schachstellung*) check: ***Schach!*** check!; ***Schach und matt!*** checkmate!; ***j-m Schach bieten*** check s.o., *fig* stand up to s.o.; ***in Schach halten*** keep in check (*auch fig*), *mit einer Waffe*: *auch* cover

Schachfiguren WF

Bauer	**pawn**
Springer, Pferd	**knight**
Läufer	**bishop**
Turm	**castle / rook**
König	**king**
Dame	**queen**

Schachbrett *n* chessboard
Schachbrettmuster *n* chequer, *Am* checker
Schachcomputer *m* chess computer
Schacher *m* haggling, *bes* POL horse-trading
schachern *v/i* haggle (***um*** about, over)
Schachfigur *f* chessman, piece, *fig* pawn
schachmatt *Adj* **1.** (check)mate: ***schachmatt setzen*** *auch fig* checkmate **2.** *ugs* (*erschöpft*) exhausted, all in
Schachpartie *f* game of chess
Schachspiel *n* **1.** (game of) chess **2.** chess set
Schachspieler, **Schachspielerin** chess player
Schacht *m allg* shaft (*auch* BERGB), (*Mannloch*) manhole
Schachtel *f* **1.** box, (*Pappschachtel*) *auch* carton, (*Zigarettenschachtel*) packet, *bes Am* pack **2.** *ugs fig* ***alte Schachtel*** old bag
Schachtelsatz *m* LING involved sentence
Schachzug *m auch fig* move
schade *Adj präd* (***es ist*** [***sehr***]) ***schade*** it's a (great) pity (***um*** about, ***dass*** that), *ugs* it's too bad (*he couldn't come etc*); ***wie schade!*** what a pity!; ***dafür ist es*** (***er***) ***zu schade!*** it (he) is too good for that!; ***darum*** (***um ihn***) ***ist es nicht schade*** it (he) is no great loss
Schädel *m* skull (*auch ugs Hirn*)
Schädelbasisbruch *m* fracture of the skull-base
Schädelbruch *m* fracture of the skull
Schädeldecke *f* ANAT skullpan
schaden *v/i* (*Dat*) damage, harm, be detrimental (to): ***das schadet der Gesundheit*** that's bad for your health; ***das schadet nichts*** it won't do any harm, (*das macht nichts*) it doesn't matter; *iron* ***das schadet ihm gar nichts!*** that serves him right!; ***ein Versuch kann nicht schaden*** there is no harm in trying
Schaden *m allg* damage (***an*** *Dat* to), (*bes körperlicher Schaden*) injury, harm, (*Mangel, auch* TECH) defect, (*Nachteil*) disadvantage, (*Verlust*) loss: ***Schaden nehmen*** be damaged, *Person*: be harmed; ***durch Schaden wird man klug*** once bitten twice shy
Schadenersatz *m* damages *Pl*, compensation, indemnification: ***Schadenersatz erhalten*** (***fordern, leisten***) recover (claim, pay) damages; ***auf Schadenersatz*** (***ver***)***klagen*** sue for damages
Schadenersatzklage *f* action for damages
schadenersatzpflichtig *Adj* liable for damages
Schadenfreiheitsrabatt *m* MOT no-claims bonus
Schadenfreude *f* malicious glee, gloating: ***voller Schadenfreude*** → ***schadenfroh***
schadenfroh *Adj* gloating(ly *Adv*): ***schadenfroh sein*** gloat
Schadensbegrenzung *f* limiting (of) the damage
schadhaft *Adj* damaged, faulty, defective, *Zähne*: decayed
schädigen *v/t allg* damage, *gesundheitlich*: *auch* injure, harm, (*auch Ruf*) impair: ***wir sind schwer geschädigt worden*** we have suffered heavy losses
Schädigung *f* (*Gen*) damage (to), impairment (of)
schädlich *Adj allg* (*Dat*) harmful (to), injurious (to), (*gesundheitsschädlich*) *auch* bad (for your health), (*nachteilig*) detrimental (to), (*schlecht*) bad (for)
Schädlichkeit *f* harmfulness
Schädling *m* ZOOL pest
Schädlingsbekämpfung *f* pest control
Schädlingsbekämpfungsmittel *n* pesticide
schadlos *Adj* ***j-n schadlos halten*** indemnify s.o. (***für*** for); ***sich schadlos halten*** recoup o.s., ***an j-m*** recoup one's loss from s.o.
Schadstoff *m* harmful substance, (*Umweltschadstoff*) pollutant
schadstoffarm *Adj* low-emission
Schadstoffausstoß *m* noxious emission
Schadstoffbelastung *f* pollution level
schadstofffrei *Adj* emission-free, zero-emission
Schaf *n* **1.** ZOOL sheep (*auch Pl*): *fig* ***schwarzes Schaf*** black sheep **2.** *ugs fig* ninny

sheep GR

⚠ Der Plural **Schafe** heißt im Englischen **sheep**:

Ungefähr zwanzig Schafe blockierten die Straße.	**About twenty sheep were blocking the road.**

Schafbock *m* ZOOL ram
Schäfchen *n* lamb: *fig* ***sein Schäfchen ins Trockene bringen*** feather one's nest
Schäfer *m* shepherd
Schäferhund *m* shepherd('s dog): (***Deutscher***) ***Schäferhund*** (*Rasse*) Alsatian, *bes Am* German shepherd (dog)
Schäferin *f* shepherdess
schaffen I *v/t* **1.** (*erschaffen*) create, produce, *auch fig* (*herstellen*) *auch* make, (*bewirken*) bring about, cause, (*gründen*) found, set up, establish: ***er ist zum Lehrer*** (***für den Posten***) ***wie geschaffen*** he is a born teacher (cut out for the job); → ***Ordnung*** **2.** (*hinschaffen*) take (***in*** *Akk*, ***nach, zu*** to), (*stellen, legen*) put: → ***Hals***, ***Weg***, ***Welt*** **3.** (*bewältigen*) manage, *ugs* (*Bus, Zug etc erreichen*) catch, (*Rekord*) set up: ***es schaffen*** make it, (*Erfolg haben*) *auch* succeed; ***das hätten wir geschafft!*** we've done it!; ***schaffen wir es bis dorthin*** (***in 3 Stunden***)***?*** can we make it there (in three hours)? **4.** ***ich habe damit nichts zu schaffen*** that's no business of mine, I wash my hands of it;

S

mit ihm will ich nichts zu schaffen haben I don't want anything to do with him **5.** *ugs* ***j-n schaffen*** (*erschöpfen*) take it out of s.o., *nervlich*: get s.o. down; ***ich bin geschafft!*** I've had it! **II** *v/i* **6.** *Dialekt* work **7.** ***sich zu schaffen machen*** potter about, ***an*** *einer Sache*: busy o.s. with, *unbefugt*: tamper with **8.** ***j-m*** (***viel*** *oder* ***schwer***) ***zu schaffen machen*** give (*oder* cause) s.o. (no end of) trouble, *gesundheitlich*: trouble s.o.

Schaffen *n* **a)** work, (creative) activity, **b)** (*Werke*) work(s *Pl*)

Schaffensdrang *m* creative urge, *weit. S.* zest for work

Schaffenskraft *f* creative power, *weit. S.* vigo(u)r

Schaffner *m* conductor, (*Zugschaffner*) *Br meist* guard

Schaffnerin *f* conductress

Schaffung *f* creation, (*Gründung*) foundation, setting-up (*etc*, → ***schaffen*** 1)

Schafherde *f* flock of sheep

Schafhirt, **Schafhirtin** shepherd (shepherdess)

Schafleder *n* sheepskin

Schafott *n* scaffold

Schafpelz *m* sheepskin: *fig* ***Wolf im Schafpelz*** wolf in sheep's clothing

Schafschur *f* sheep shearing

Schafskäse *m* GASTR sheep's milk cheese

Schaft *m allg* shaft, (*Gewehrschaft*) stock, (*Werkzeugschaft, Schlüsselschaft*) shank, (*Stiefelschaft*) leg

Schaftstiefel *m* high boot

Schafwolle *f* sheep's wool

Schafzucht *f* sheep breeding

Schah *m* HIST Shah

Schakal *m* ZOOL jackal

schäkern *v/i* joke around, (*flirten*) flirt

schal *Adj* stale, flat, *fig auch* empty

Schal *m* scarf, (*Wollschal*) comforter

Schale[1] *f* **1.** (*Gefäß*) bowl, *flache*: dish **2.** (*Waagschale*) (scale) pan

Schale[2] *f* **1.** (*Eierschale, Nussschale*) shell, (*von Obst, Gemüse*) skin, *abgeschält*: peel(ing), (*Hülse*) husk **2.** *ugs* ***sich in Schale werfen*** dress up

schälen I *v/t* (*Obst, Gemüse*) peel, (*Nüsse, Eier*) shell, (*Hülsenfrüchte*) husk, (*Tomate etc*) skin **II** *v/refl* ***sich schälen*** *Haut etc*: peel off

Schalensitz *m* MOT bucket seat

Die wichtigsten Schalentiere

WF

Auster	**oyster**
Garnele	**prawn, shrimp**
Hummer	**lobster**
Jakobsmuschel	**scallop** ['skɒləp]
(Klaff)Muschel	**clam**
Krabbe	**crab**
Languste	**crayfish**, *Am* **crawfish**
Muschel	**mussel**

Schalk *m* wag

schalkhaft *Adj* waggish

Schall *m* **1.** sound: ***schneller als der Schall*** supersonic **2.** echo

Schalldämmung *f* sound insulation

schalldämpfend *Adj* sound-deadening

Schalldämpfer *m* sound absorber, MOT silencer (*auch an Schusswaffen*), *Am* muffler

schalldicht *Adj* soundproof

schallend *Adj* resounding (*auch Ohrfeige*): ***schallendes Gelächter*** peals of laughter; *Adv* ***er lachte schallend*** he roared with laughter

Schallgeschwindigkeit *f* sonic speed, speed of sound

Schallgrenze *f* → ***Schallmauer***

Schallmauer *f* (***die Schallmauer durchbrechen*** break the) sound barrier

Schallplatte *f* record, disc

Schallplattenaufnahme *f* disc recording

Schallplattenmusik *f* recorded music

schallschluckend *Adj* sound-absorbing

Schalltrichter *m* trumpet

Schallwelle *f* sound wave

Schalotte *f* shallot

schalten I *v/i* **1.** ELEK, TECH switch (***auf*** *Akk* to), *mit Hebel*: shift (the levers), MOT change gear(s), shift gears: ***in den dritten Gang schalten*** change (*oder* shift) into third (gear) **2.** *ugs* (*begreifen*) get it, catch on: ***schnell schalten*** **a)** do some quick thinking, **b)** catch on quickly, *immer*: be quick on the uptake **3.** ***schalten und walten*** be in charge (of things); ***j-n schalten und walten lassen*** give s.o. a free hand **II** *v/t* **4.** TECH switch, turn, (*Getriebe, Gang, auch Hebel*) shift **5.** ELEK (*umschalten*) switch (***auf*** *Akk* to), (*verdrahten*) wire **6.** ***eine Anzeige schalten*** place an ad

Schalter *m* **1.** (*Postschalter, Bankschalter*) counter, (*Fahrkartenschalter etc*) booking (*oder* ticket) office, FLUG *etc* desk **2.** ELEK switch

Schalterbeamte *m*, **Schalterbeamtin** *f* counter (*oder* booking) clerk

Schalterdienst *m* counter duty

Schalterhalle *f* main hall

Schalterstunden *Pl* business hours *Pl*

Schaltgetriebe *n* MOT gearbox

Schalthebel *m* MOT (gear)shift lever, ELEK switch lever, TECH control lever: *fig* ***an den Schalthebeln der Macht sitzen*** be at the controls

Schaltjahr *n* leap year

Schaltkasten *m* ELEK switchbox

Schaltknopf *m* (control) button

Schaltkreis *m* ELEK circuit

Schaltplan *m* wiring diagram

Schaltpult *n* control desk

Schaltsekunde *f* leap second

Schalttafel *f* ELEK switchboard

Schalttag *m* leap day

Schaltuhr *f* timer

Schaltung *f* **1.** MOT (*Bauteil*) gearshift assembly, (*Vorgang*) gear change (*oder* shift) **2.** ELEK (*Aufbau*) circuitry, (*Verbindung*) connection(s *Pl*), (*Verdrahtung*) wiring **3.** TECH (*Steuerung*) control(s *Pl*)

Scham *f* **1.** *allg* shame: ***rot vor Scham*** → ***schamrot*** **2.** → ***Schamteile***

Schamane *m*, **Schamanin** *f* Shaman

Schambein *n* ANAT pubic bone

schämen *v/refl* ***sich schämen*** be (*oder* feel) ashamed ([***wegen***] *Gen*, ***für*** of); ***schäme dich!*** shame on you!

Schamgefühl *n* sense of shame

Schamhaare *Pl* pubic hair *Sg*

schamhaft *Adj* bashful, modest

Schamhaftigkeit *f* bashfulness, modesty

Schamlippen *Pl* ANAT labia *Pl*

schamlos *Adj* shameless, (*unanständig*) indecent, *Lüge etc*: barefaced

Schamlosigkeit *f* shamelessness
Schamottestein *m* ARCHI firebrick
Schampon *n*, **schamponieren** *v/t* shampoo
schamrot *Adj* red with shame: ***schamrot werden*** blush with shame
Schamteile *Pl* private parts *Pl*, genitals *Pl*, *weibliche*: *auch* pudenda *Pl*
Schande *f* disgrace (**für** to), (*Unehre*) auch shame: *j-m oder einer Sache* ***Schande machen*** be a disgrace to; ***zu Schanden*** → ***zuschanden***
schänden *v/t* dishono(u)r, *sexuell*: violate, rape, (*entweihen*) desecrate
Schandfleck *m* stain, blot, (*hässlicher Anblick*) eyesore
schändlich *Adj* disgraceful, *Lüge etc*: scandalous
Schandtat *f* outrage
Schändung *f* disgrace (*Gen* to), *sexuell*: violation, rape, (*Entweihung*) desecration
Schänke *f* → ***Schenke***
Schankstube *f* (public) bar
Schanze *f* (*Sprungschanze*) ski-jump
Schanzentisch *m* ski-jump platform
Schar *f* troop, group, crowd, flock, *von Mädchen etc*: bevy
scharen *v/t und v/refl* ***sich scharen*** (**um**) gather (*oder* rally) (round); ***eine Menge*** *etc* ***um sich scharen*** rally a crowd *etc* round one
scharenweise *Adv* in crowds, in flocks
scharf I *Adj* **1.** *allg* sharp (*auch fig Auge*, *Kritik*, *Kurve*, *Ohren*, *Wind*, *Zunge etc*), *fig Ton*: *auch* piercing, *Verstand*, *Blick etc*: *auch* keen **2.** *Munition*: live, *Bombe etc*: armed **3.** (*scharf gewürzt*) hot, *Essig*, *Schnaps etc*: strong, *Geruch*: acrid, (*ätzend*) caustic, *fig auch* biting **4.** (*jäh*) sharp, abrupt **5.** (*genau*) sharp, exact, (*deutlich*) clear: FOTO ***ein scharfes Bild*** a sharp(ly defined) picture **6.** (*streng*) sharp, severe, strict, (*hart*) hard, (*heftig*) fierce: ***scharfe Konkurrenz*** stiff competition; ***scharfer Protest*** fierce protest; ***scharfes Tempo*** hard pace; ***scharfe Bewachung*** close guard(ing); ***scharfer Hund*** savage dog, *ugs fig* tough guy **7.** *ugs* (*geil*) randy, hot, *weit. S.* sexy: ***scharf sein auf*** (*Akk*) be very keen on, *sexuell*: be hot for **II** *Adv* **8.** sharply (*etc*): ***scharf aufpassen*** pay close attention, *vorsichtig*: watch out; ***scharf bremsen*** brake hard; FOTO ***scharf einstellen*** focus; ***scharf nachdenken*** think hard; ***scharf schießen*** shoot with live ammunition; ***scharf verurteilen*** condemn severely
Scharfblick *m fig* perspicacity
Schärfe *f* **1.** *allg* sharpness, *fig auch* severity, strictness, *des Verstandes*: *auch* keenness, (*Heftigkeit*) *auch* fierceness: *fig* ***in aller Schärfe*** very severely, in all strictness **2.** *des Geruchs*, *Geschmacks*: pungency **3.** (*Sehschärfe*, *Hörschärfe*) acuteness, OPT, FOTO definition, focus **4.** (*Säure*) acidity
Scharfeinstellung *f* OPT, FOTO **a)** focus(s)ing, **b)** focus(s)ing control
schärfen *v/t auch fig* sharpen
Schärfentiefe *f* FOTO depth of focus
scharfkantig *Adj* sharp-edged
scharfmachen *v/t ugs* ***j-n scharfmachen*** *ugs* **a)** ***gegen*** set s.o. against, **b)** ***auf*** (*Akk*) make s.o. keen on, **c)** *sexuell*: turn s.o. on
Scharfmacher, **Scharfmacherin** *ugs* agitator
Scharfrichter *m* executioner
Scharfschießen *n* live shooting
Scharfschütze *m*, **Scharfschützin** *f* sharpshooter, sniper
scharfsichtig *Adj fig* perspicacious
Scharfsinn *m* acumen
scharfsinnig *Adj* sharp-witted, astute, shrewd
Scharlach *m* **1.** scarlet **2.** → ***Scharlachfieber***
Scharlachfieber *n* MED scarlet fever
scharlachrot *Adj* scarlet
Scharlatan *m* charlatan, quack, *ugs* fraud
Scharnier *n* hinge
Schärpe *f* sash
scharren *v/i* scrape (***mit den Füßen*** one's feet), *Hund*, *Pferd etc*: paw
Scharte *f* **1.** (*Kerbe*) nick: *fig* ***die Scharte*** (***wieder***) ***auswetzen*** make up for it **2.** → ***Schießscharte***
schartig *Adj* jagged
scharwenzeln *v/i* bow and scrape: ***um j-n scharwenzeln*** dance attendance on s.o.
Schaschlik *n* GASTR shashlik
schassen *v/t* (*entlassen*) kick out
Schatten *m* shadow (*auch Fleck*, *fig Verfolger*), (*kühlender Schatten*, *Dunkel*) shade: ***im Schatten*** in the shade; *fig* ***in den Schatten stellen*** outshine, eclipse; ***in j-s Schatten stehen*** be in s.o.'s shadow; ***er kann nicht über seinen Schatten springen*** the leopard can't change its spots; ***er ist nur noch ein Schatten seiner selbst*** he is but a shadow of his former self
Schattenbild *n* silhouette, KUNST shadowgraph
Schattenboxen *n* shadow-boxing
Schattendasein *n* ***ein Schattendasein führen*** live in the shadow
Schattendatei *f* shadow file
schattenhaft *Adj* shadowy
Schattenkabinett *n* POL shadow cabinet
Schattenriss *m* silhouette
Schattenseite *f* shady (*fig* seamy) side
schattieren *v/t* shade
Schattierung *f* shading, (*Farbton*) shade (*auch fig*)
schattig *Adj* shady
Schatulle *f* casket
Schatz *m* **1.** *auch fig* treasure **2.** *ugs* darling, love, sweetie, *Am* honey, hon: ***du bist ein Schatz!*** you are an angel!
Schatzamt *n* Treasury
Schatzanweisung *f* Treasury bond
schätzbar *Adj* assessable
Schätzchen *n* darling, sweetheart
schätzen *v/t* **1.** estimate, guess, (*Schaden*, *Wert etc*) *auch* assess (**auf** *Akk* at): ***wie alt schätzen Sie ihn?*** how old would you say he is?; ***grob geschätzt*** at a rough guess **2.** (*vermuten*) suppose, *Am ugs* guess **3.** (*hochschätzen*) esteem, think highly of, (*würdigen*) appreciate: → ***glücklich*** I
schätzenswert *Adj* commendable
Schätzer, **Schätzerin** *Versicherung etc*: assessor
Schatzgräber, **Schatzgräberin** treasure seeker
Schatzkammer *f* treasury
Schatzmeister, **Schatzmeisterin** treasurer
Schatzsuche *f* treasure hunt
Schätzung *f* **1.** estimate, guess, WIRTSCH, JUR assessment **2.** (*Hochschätzung*) estimation, esteem, (*Würdigung*) appreciation
schätzungsweise *Adv* approximately
Schau *f* **1.** show, exhibition: ***zur Schau stellen*** exhibit, display, *fig auch* parade; *fig* ***nur zur Schau*** only for show **2.** (*Fernsehschau etc*) show: *ugs* ***eine Schau abziehen*** put on a show; ***j-m die Schau stehlen*** steal the show from s.o. **3.** *fig* (point of) view

Schaubild *n* chart, graph, diagram
Schaubude *f* (show) booth
Schauder *m* shudder, shiver
schauderhaft *Adj* horrible, dreadful
schaudern *v/i* (**vor** *Dat* with, **bei** at) shudder, shiver; *auch* → ***grauen***
schauen *v/i* look (**auf** *Akk* at, *als Vorbild*: upon): *ugs* ***schau, dass du …*** mind you …; *iron* ***schau, schau!*** well, well!
Schauer *m* **1.** (*Regenschauer etc*) shower (*auch fig*) **2.** (*Schauder*) shudder, shiver, (*Schauer der Erregung*) thrill; → ***laufen*** 1
schauerartig *Adj* ***schauerartige Regenfälle*** *Pl* showers *Pl*
schauerlich *Adj* horrible, terrible (*auch fig*), (*unheimlich*) weird, *ugs* creepy
Schauermärchen *n ugs* horror story
schauern → ***schaudern***
Schaufel *f* **1.** shovel, *für Mehl, Zucker etc*: scoop, TECH *eines Wasserrades*: paddle **2.** (*Geweihschaufel*) palm
Schaufelgeweih *n* palmed antlers *Pl*
schaufeln *v/t und v/i* shovel, (*graben*) dig
Schaufenster *n* shop window, *fig* showcase
Schaufensterauslage *f* window display
Schaufensterbummel *m* ***einen Schaufensterbummel machen*** go window-shopping
Schaufensterdekoration *f* window dressing
Schaugeschäft *n* show business
Schaukampf *m* exhibition bout
Schaukasten *m* showcase
Schaukel *f* swing
schaukeln *v/t und v/i* swing, *Wiege, Stuhl, Schiff*: rock: *ugs fig* ***die Sache schaukeln*** manage (*oder* swing) it
Schaukelpferd *n* rocking horse
Schaukelpolitik *f* seesaw policy
Schaukelstuhl *m* rocking chair
Schaulaufen *n* exhibition skating
schaulustig *Adj* curious
Schaulustige *m, f* curious bystander, *pej* gaper
Schaum *m* foam (*auch* TECH), (*auch Bierschaum*) froth, (*Gischt*) spray, (*Seifenschaum*) lather: GASTR ***zu Schaum schlagen*** beat (to a froth)
Schaumbad *n* bubble bath
schäumen *v/i* foam, froth: *fig* (***vor Wut***) ***schäumen*** foam (with rage)
Schaumfestiger *m* (styling) mousse
Schaumgummi *m, n* foam rubber
schaumig *Adj* frothy
Schaumlöscher *m* foam fire extinguisher
Schaumschläger, **Schaumschlägerin** *pej* hot--air artist
Schaumschlägerei *f* hot air
Schaumstoff *m* TECH foamed (plastic) material
Schaumteppich *m* FLUG foam carpet
Schaumwein *m* sparkling wine
Schaupackung *f* WIRTSCH dummy
Schauplatz *m* (***am Schauplatz*** at the) scene
Schauprozess *m* JUR show trial
schaurig → ***schauerlich***
Schauspiel *n* **1.** play, drama **2.** *fig* spectacle, sight
Schauspieler *m* actor, *fig* play-actor
Schauspielerei *f* acting, *fig* play-acting
Schauspielerin *f* actress
schauspielerisch *Adj* theatrical, *Talent etc*: acting
schauspielern *v/i fig* play-act, *ugs* put on an act
Schauspielhaus *n* theat/re (*Am* -er)
Schauspielschule *f* drama school
Schausteller, **Schaustellerin** exhibitor, *auf Jahrmärkten etc*: showman
Schaustück *n* showpiece, exhibit
Schautanz *m* exhibition dancing
Scheck *m* (**über** *Akk* for) cheque, *Am* check
Scheckbuch *n*, **Scheckheft** *n* chequebook, *Am* checkbook
scheckig *Adj* piebald, dappled
Scheckkarte *f* cheque (*Am* check) card
scheel *Adv* ***scheel ansehen*** look askance at
Scheffel *m* (***sein Licht unter den Scheffel stellen*** hide one's light under a) bushel
scheffeln *v/t* (*Geld*) rake in
Scheibe *f* **1.** disc (*auch* TECH *und ugs Schallplatte*), TECH *auch* wheel, (*Unterlegscheibe*) washer **2.** (*Glasscheibe*) pane **3.** (*Zielscheibe*) target **4.** *Eishockey*: puck **5.** (*Brotscheibe etc*) slice: *ugs* ***da(von) kannst du dir eine Scheibe abschneiden!*** you can take a leaf out of his (her *etc*) book!
Scheibenbremse *f* MOT disc brake
Scheibenkupplung *f* disc clutch
Scheibenschießen *n* target practice
Scheibenwaschanlage *f* MOT windscreen (*Am* windshield) washers *Pl*
Scheibenwischer *m* MOT windscreen (*Am* windshield) wiper
Scheich *m* sheik(h)
Scheichtum *n* sheik(h)dom
Scheide *f* **1.** sheath (*auch* BOT), (*Säbelscheide*) *auch* scabbard **2.** ANAT vagina
scheiden I *v/t* separate, divide, JUR (*Eheleute*) divorce, (*Ehe*) dissolve: ***sich scheiden lassen***, *auch* ***geschieden werden*** get a divorce (**von** from) **II** *v/i lit* part (**von** from): ***aus dem Dienst scheiden*** retire from service, resign; ***aus einer Firma scheiden*** leave a firm **III** *v/refl* ***sich scheiden*** separate; ***hier scheiden sich die Geister*** here opinions are divided
scheidend *Adj* parting, *Jahr*: closing
Scheidewand *f* partition, *fig* barrier
Scheideweg *m fig* ***am Scheideweg*** at a crossroads
Scheidung *f* **1.** separation **2.** *eines Ehepaares*: divorce (**von** from), *einer Ehe*: dissolution: ***die Scheidung einreichen*** file a petition for divorce
Scheidungsgrund *m* ground for divorce
Scheidungsklage *f* divorce suit
Schein[1] *m* **1.** (*Lichtschein*) light, *gedämpfter*: glow **2.** *fig* (*Anschein*) appearance: ***etw nur zum Schein tun*** pretend to do s.th.; ***den Schein wahren*** keep up appearances; ***der Schein trügt*** appearances are deceptive
Schein[2] *m* **1.** (*Zettel*) slip, (*Bescheinigung*) certificate (*auch* UNI) **2.** (*Geldschein*) (bank) note, *Am auch* bill
Scheinangriff *m* feint (attack)
scheinbar *Adj* seeming, apparent, *Grund etc*: ostensible: *Adv* ***er ging nur scheinbar darauf ein*** he only pretended to agree
Scheinehe *f* fictitious marriage
scheinen *v/i* **1.** shine, (*glänzen*) gleam **2.** *fig* appear, seem: ***wie es scheint*** as it seems; ***es scheint mir*** it seems to me; ***er scheint nicht zu wollen***; ***mir scheint, er will nicht*** he doesn't seem to want to
Scheinfirma *f* dummy firm
Scheinfriede *m* hollow peace
Scheingeschäft *n* fictitious transaction
scheinheilig *Adj* hypocritical, false

Scheinheiligkeit *f* hypocrisy
Scheintod *m* suspended animation
scheintot *Adj* seemingly dead
Scheinwerfer *m* floodlight, (*Suchscheinwerfer*) searchlight, MOT headlight, FILM klieg light, THEAT (*a* **Scheinwerferlicht** *n*) spotlight
Scheiß... *vulg* bloody ..., fucking ...
Scheiß(dreck) *m* → ***Scheiße*** 2
Scheiße *f vulg* **1.** (*Kot*) shit, crap: *fig* ***in der Scheiße sitzen*** be in the shit **2.** *fig* (*Mist*) (bull)shit, (*Schlamassel*) (bloody) mess: ***Scheiße!*** shit!; ***Scheiße bauen*** foul things up
scheißen *v/i vulg* shit, crap
Scheißkerl *m vulg* shit, (bloody) bastard
Scheit *n* piece of wood, *großes*: log
Scheitel *m* parting (of the hair): ***vom Scheitel bis zur Sohle*** from top to toe
scheiteln *v/t* (***sich***) ***das Haar scheiteln*** part one's hair
Scheitelpunkt *m* MATHE apex, *fig auch* peak, ASTR zenith
Scheiterhaufen *m* (funeral) pyre, HIST (***auf dem Scheiterhaufen*** at the) stake
scheitern *v/i* (***an*** *Dat*) fail (because of), *Verhandlungen*: *auch* break down, SPORT be stopped (by): ***daran ist er gescheitert*** that was his undoing
Scheitern *n* failure, breakdown
Schelle *f* **1.** (little) bell **2.** TECH clamp, clip
schellen → ***klingeln*** 1, 3
Schellfisch *m* haddock
Schelm *m* rogue
schelmisch *Adj* roguish, impish
Schelte *f* scolding
schelten *v/t* scold, chide (*auch v/i*)
Schema *n* **1.** (*Muster*) pattern, system: ***nach einem Schema*** schematically; *ugs* ***nach Schema F*** by rote **2.** (*Schemabild*) diagram, scheme
schematisch *Adj* schematic(ally *Adv*), systematic(ally *Adv*), *pej* mechanical
schematisieren *v/t* schematize
Schemel *m* (foot)stool
schemenhaft *Adj* shadowy
Schenke *f* tavern
Schenkel *m* **1.** ANAT (*Oberschenkel*) thigh, (*Unterschenkel*) shank **2.** MATHE side, leg
schenken *v/t* give (as a present), (*stiften*) donate (*auch* JUR), (*gewähren*) grant: ***j-m etw schenken*** give s.o. s.th. (as a present) (***zum Geburtstag*** for his *etc* birthday); *fig* ***sich etw schenken*** skip s.th., give s.th. a miss; *ugs* ***geschenkt!*** forget it!; → ***Aufmerksamkeit*** 1, ***Gehör*** 2, ***Glaube, Leben*** 1 *etc*
Schenkung *f* donation
Schenkungsurkunde *f* deed of donation
scheppern *v/i ugs* rattle
Scherbe *f* fragment, broken piece
Schere *f* **1.** (***eine Schere*** a pair of) scissors *Pl*, *große*: shears *Pl* **2.** ZOOL pincer **3.** SPORT scissors *Sg*
scheren I *v/t* **1.** trim, (*Haare*) *auch* cut, (*Schaf*) shear, (*Hecke*) clip **II** *v/refl* **2.** *ugs* ***sich nicht scheren um*** not to care about **3.** *ugs* ***sich nach Hause*** (***ins Bett*** *etc*) ***scheren*** go home (to bed *etc*); ***scher dich!*** beat it!
Scherenschnitt *m* silhouette
Schererei *f ugs* trouble: ***j-m viel Scherereien machen*** give s.o. no end of trouble
Scherflein *n* ***sein Scherflein beisteuern*** give one's mite, *weit. S.* do one's bit
Schermaus *f* **1.** *österr., südd.* (*Wühlmaus*) vole **2.** *schweiz.* (*Maulwurf*) mole

Scherz *m* joke: (***seinen***) ***Scherz treiben mit*** make fun of; ***im Scherz, zum Scherz*** as a joke, for fun; ***Scherz beiseite*** joking apart
Scherzartikel *m* novelty
scherzen *v/i* joke: ***damit ist nicht zu scherzen*** that's not to be trifled with
scherzhaft *Adj* joking, humorous
scheu *Adj* shy, timid: *ein Tier* ***scheu machen*** frighten
Scheu *f* shyness, timidity
scheuchen *v/t* chase, (*verscheuchen*) shoo away
scheuen I *v/i Pferd etc*: shy, take fright (***vor*** *Dat* at) **II** *v/t* shun, avoid, shy away from: ***keine Kosten*** (***Mühe***) ***scheuen*** spare no expense (pains) **III** *v/refl* ***sich scheuen, etw zu tun*** be afraid of (*oder* shrink from) doing s.th.; ***sich nicht scheuen zu*** *Inf* not to be afraid to *Inf*, *pej* have the nerve to *Inf*
Scheuerlappen *m* floor cloth
scheuern I *v/t* **1.** scour, scrub **2.** (*die Haut*) chafe **3.** *ugs* ***j-m eine scheuern*** slap s.o. (*oder* s.o.'s face) **II** *v/i* **4.** chafe
Scheuklappe *f auch fig* blinker
scheumachen → ***scheu***
Scheune *f* barn
Scheusal *n* monster (*auch fig*), *ugs* (*Ekel*) beast, (*bes Kind*) horror
scheußlich *Adj* horrible (*auch ugs fig*), *Aussehen, Verbrechen*: *auch* hideous, (*abstoßend*) revolting, *ugs Wetter*: filthy: *Adv ugs* ***scheußlich kalt*** *etc* terribly cold *etc*
Schi, Schi... → ***Ski(...)***
Schicht *f* **1.** *allg* layer, (*Farbschicht*) *auch* coat(ing), GEOL stratum (*Pl* strata), bed, FOTO emulsion **2.** *fig* (*Gesellschaftsschicht*) class, *Pl auch* social strata: ***breite Schichten*** *der Bevölkerung* large sections **3.** (*Arbeitszeit, Arbeiter*) shift: ***Schicht arbeiten*** do shift work
Schichtarbeit *f* shift work
Schichtarbeiter, Schichtarbeiterin shift worker
schichten *v/t* pile up, (*Holz etc*) stack
Schichtwechsel *m* change of shift
schichtweise *Adv* **1.** in layers **2.** *arbeiten*: in shifts
schick *Adj* **1.** *Kleidung, Aussehen*: smart, chic, stylish, *Hotel etc*: posh, (*modebewusst, modern*) trendy **2.** *ugs* (*toll*) great, super
Schick *m* chic, stylishness
schicken I *v/t* **1.** send (***nach, zu*** to): (***j-m***) ***etw schicken*** send s.th. (to s.o.), send (s.o.) s.th.; ***j-n einkaufen schicken*** send s.o. to do the shopping **II** *v/refl* **2.** ***sich für j-n schicken*** befit s.o.; ***es schickt sich nicht!*** that is not the done thing!
Schickeria *f the* chic set, *the* trendies *Pl*
Schickimicki *m ugs* trendy
schicklich *Adj* proper, fitting
Schicksal *n* fate, destiny, (*Los*) *auch* lot: ***das Schicksal herausfordern*** tempt fate; ***j-n seinem Schicksal überlassen*** leave s.o. to his fate; ***sein Schicksal ist besiegelt*** his fate is sealed
schicksalhaft *Adj* fateful
Schicksalsfrage *f* vital question
Schicksalsgefährte *m*, **Schicksalsgefährtin** *f*, **Schicksalsgenosse** *m*, **Schicksalsgenossin** *f* companion in distress
Schicksalsschlag *m* (bad) blow
Schiebedach *n* MOT sliding (*oder* sunshine) roof
Schiebefenster *n* sliding (*nach oben*: sash) window

schieben I *v/t* **1.** push, (*Fahrrad etc*) *auch* wheel, (*gleiten lassen*) slip, *in die Tasche*, *den Mund etc*: put: ***sich durch die Menge** etc* ***schieben*** push one's way through the crowd *etc*; → ***Bank***[1] 1 **II** *v/i* **2.** push **3.** *ugs* wangle: ***schieben (mit)*** traffic (in), profiteer (with)
Schieber[1] *m* TECH *allg* slide, (*Absperrschieber*) gate, (*Riegel*) bar, bolt
Schieber[2], **Schieberin** *ugs* profiteer
Schiebetür *f* sliding door
Schiebung *f ugs* wangle, manipulation, put-up job, SPORT *auch* fix
schiech *Adj österr.* ugly
Schiedsgericht *n* court of arbitration, *Sport etc*: jury
schiedsgerichtlich *Adj* arbitral, *auch Adv* by arbitration
Schiedsrichter, **Schiedsrichterin** arbitrator, *bei Wettbewerben*: judge, *Pl* jury, SPORT umpire, referee: ***als Schiedsrichter(in) fungieren*** → ***schiedsrichtern***

Schiedsrichter: umpire oder referee? SG

Es kommt auf die Sportart an, ob **referee** oder **umpire** gebraucht wird.

umpire: Schiedsrichter bei Volleyball, Baseball, Cricket, Badminton und Tennis

referee: Schiedsrichter bei Fußball, Rugby, Basketball, Hockey, Lacrosse (Ballspiel, das typischerweise von Mädchen in britischen Privatschulen gespielt wird), Billard, Squash und Ringen

Referee ist außerdem noch ein Schiedsrichter im übertragenen Sinn: derjenige, der bei Streitigkeiten vermittelt, ein Mediator.

Whenever my neighbours are having a quarrel, I have to act as referee.

schiedsrichterlich *Adj und Adv* SPORT of (*oder* by) the umpire (*oder* referee)
schiedsrichtern *v/i* referee, umpire
Schiedsspruch *m* (arbitral) award
Schiedsverfahren *n* arbitration proceedings *Pl*
schief I *Adj* **1.** oblique, (*schräg*) slanting, lop-sided: ***schiefe Absätze*** worn-down heels; ***schiefe Ebene*** inclined plane; ***der Schiefe Turm von Pisa*** the Leaning Tower of Pisa; *fig* ***schiefes Lächeln*** wry smile **2.** *fig* (*falsch*) false, wrong, distorted, warped: → ***Bahn*** 1, ***Licht*** 1 **II** *Adv* **3.** obliquely, aslant, at an angle: *ugs fig* ***j-n schief ansehen*** look askance at s.o.
Schiefer *m* slate
Schieferdach *n* slate roof
Schieferplatte *f*, **Schiefertafel** *f* slate
schiefgehen *v/i ugs* go wrong
schieflachen *v/refl* ***sich schieflachen*** *ugs* laugh one's head off
schiefwinklig, **schiefwinkelig** *Adj* oblique(-angled)
schielen *v/i* **1.** (have a) squint, be cross-eyed: ***auf dem rechten Auge schielen*** have a squint in one's right eye **2.** *ugs fig* (*gucken*) peer: ***schielen auf*** (*Akk*) (*oder* ***nach***) steal a glance at, *begehrlich*: ogle at
Schienbein *n* ANAT shin(bone), tibia
Schiene *f* **1.** BAHN *etc* rail, *Pl auch* track *Sg* **2.** TECH bar **3.** MED splint
schienen *v/t* MED put in a splint (*oder* in splints)
Schienenbus *m* rail bus
Schienenfahrzeug *n* rail vehicle
Schienennetz *n* railway (*Am* railroad) system
Schienenstrang *m* track, railway line
schier I *Adj* sheer, pure **II** *Adv* (*fast*) almost, nearly
Schierling *m* BOT hemlock
Schießbefehl *m* order to fire
Schießbude *f* shooting gallery
schießen I *v/i* **1.** (***auf*** *Akk* at) shoot (*auch Sport*), fire: ***gut schießen*** be a good shot **2.** (*sausen*) shoot (***durch*** through): *fig* ***ein Gedanke schoss durch meinen Kopf*** a thought flashed through my mind **3.** (*hervorschießen*) *Blut*, *Wasser etc*: shoot (*oder* gush) (***aus*** from *oder* out of) **4.** (*schnell wachsen*) shoot up: → ***Kraut*** 1, ***Pilz*** **5.** *sl* (*Rauschgift spritzen*) shoot, mainline **II** *v/t* **6.** *allg* shoot (*auch Sport und* FOTO): ***ein Tor schießen*** score (a goal)
Schießen *n* shooting, (*Wettschießen*) shooting match: *ugs fig* ***es (er) ist zum Schießen*** it (he) is a scream
Schießerei *f* **1.** gunfight **2.** (*Geknalle*) (incessant) shooting
Schießhund *m ugs fig* ***aufpassen wie ein Schießhund*** watch like a hawk
Schießplatz *m* (shooting) range
Schießpulver *n* gunpowder
Schießscharte *f* embrasure
Schießscheibe *f* target
Schießstand *m* shooting-range, MIL rifle-range
schießwütig *Adj* trigger-happy
Schiff *n* **1.** (***auf dem Schiff*** on board) ship **2.** (*Kirchenschiff*) nave, (*Seitenschiff*) aisle
schiffbar *Adj* navigable
Schiffbau *m* shipbuilding
Schiffbruch *m* shipwreck: ***Schiffbruch erleiden*** be shipwrecked, *fig* fail
Schiffbrüchige *m, f* shipwrecked person
Schiffchen *n* **1.** little ship (*oder* boat) **2.** (*Weberschiffchen*) shuttle **3.** MIL forage cap
Schiffer, **Schifferin** (*Flussschiffer[in]*) bargee, *Am* bargeman, (*Schiffsführer*) (ship's) captain, *ugs* skipper
Schifferklavier *n* accordion
Schifferknoten *m* sailor's knot
Schifffahrt *f* navigation
Schifffahrtslinie *f* shipping line
Schifffahrtsweg *m* shipping route
Schiffsarzt *m*, **Schiffsärztin** *f* ship's doctor
Schiffsbesatzung *f* (ship's) crew
Schiffschaukel *f* swing boat
Schiffseigner, **Schiffseignerin** shipowner
Schiffsjunge *m* ship's boy
Schiffskoch *m*, **Schiffsköchin** *f* ship's cook
Schiffsküche *f* galley
Schiffsladung *f* shipload, (*Fracht*) cargo, freight
Schiffsrumpf *m* hull
Schiffsschraube *f* screw
Schiffsverkehr *m* shipping
Schiffswerft *f* shipyard
Schikane *f* harassment, *Pl auch* persecution *Sg*, *Rennsport*: chicane: *ugs fig* ***mit allen Schikanen*** *ausgestattet etc* with all the trimmings
schikanieren *v/t* harass, persecute, *ugs* pick on
schikanös *Adj* vexatious, spiteful
Schikoree *m* → ***Chicorée***
Schild[1] *m* **1.** MIL, *auch* TECH shield: *fig* ***etw im Schilde führen*** be up to s.th. **2.** (*Mützenschild*) peak, visor
Schild[2] *n* (*Aushängeschild*) sign, (*Namens-*

schild, *Türschild*, *Firmenschild*) nameplate, (*Wegweiser*) signpost, (*Verkehrsschild*) road sign, (*Straßenschild*) street sign, (*Etikett*) label, (*Anhänger*) tag
Schildbürger, **Schildbürgerin** Gothamite, *weit. S.* simpleton
Schildbürgerstreich *m* folly
Schilddrüse *f* ANAT thyroid gland
schildern *v/t allg* describe, (*erzählen*) *auch* relate, *kurz*: outline
Schilderung *f* description, (*Erzählung*) account
Schilderwald *m ugs* jungle of road signs
Schildkröte *f* (*Landschildkröte*) tortoise, (*Seeschildkröte*) turtle
Schildkrötensuppe *f* turtle soup
Schildpatt *n* tortoiseshell
Schilf *n* reed, (*Schilfgürtel*) reeds *Pl*
schilfig *Adj* reedy
Schilfmatte *f* rush mat
Schilfrohr *n* reed
schillern *v/i* shine in various colo(u)rs, *matt*: shimmer, (*glänzen*) sparkle
schillernd *Adj* **1.** iridescent, opalescent, *Stoff*: shot **2.** *fig Charakter etc*: (dazzling but) dubious
Schilling *m* HIST (Austrian) schilling
Schimäre *f* chimera
Schimmel[1] *m* ZOOL white horse
Schimmel[2] *m* (*Pilz*) mo(u)ld, mildew
schimmelig, **schimmlig** *Adj* mo(u)ldy
schimmeln *v/i* go mo(u)ldy
Schimmelpilz *m* mo(u)ld
Schimmer *m* gleam, glimmer (*auch fig Spur*): *ugs fig* ***keinen*** (***blassen***) ***Schimmer haben*** not to have the foggiest (idea)
Schimpanse *m*, **Schimpansin** *f* ZOOL chimpanzee
Schimpf *m* ***mit Schimpf und Schande*** ignominiously
schimpfen **I** *v/i* **1.** scold (***mit j-m*** s.o.): ***schimpfen auf*** (*Akk*) complain about, rail at **II** *v/t* **2.** scold **3.** ***j-n einen Lügner*** *etc* ***schimpfen*** call s.o. a liar *etc*
Schimpfwort *n* invective, (*Fluch*) swearword
Schindel *f* shingle
Schindeldach *n* shingle roof
schinden *v/t* **1.** drive *s.o.* hard, (*quälen*) maltreat: ***sich schinden*** slave away **2.** (*herausschinden*) *ugs fig* wangle: ***Eindruck schinden*** (***wollen***) try to impress, show off; ***Zeit schinden*** play for time
Schinder, **Schinderin** *fig* slave-driver
Schinderei *f* (real) grind
Schindluder *n ugs* ***Schindluder treiben mit*** play fast and loose with
Schinken *m* **1.** GASTR ham **2.** *ugs fig* (*Bild*) (great) daub, (*Buch*) fat tome, (*Film*) slushy film
Schinkenspeck *m* bacon
Schippe *f* shovel: *ugs fig* ***j-n auf die Schippe nehmen*** pull s.o.'s leg
schippen *v/t und v/i* shovel
Schirm *m* **1.** (*Regenschirm*) umbrella, (*Sonnenschirm*) parasol, (*Lampenschirm*) (lamp)shade, (*Schutzschirm*) shield, screen, (*Mützenschirm*) peak **2.** (*Bildschirm etc*) screen **3.** (*Fallschirm*) parachute **4.** *eines Pilzes*: pileus **5.** *fig* protection
schirmen *v/t* shield
Schirmherr, **Schirmherrin** patron(ess)
Schirmherrschaft *f* patronage: ***unter der Schirmherrschaft von …*** under the auspices of …
Schirmmütze *f* peaked cap
Schirmständer *m* umbrella stand
Schiss *m vulg* **1.** shit **2.** *fig* ***Schiss haben*** be scared stiff; ***Schiss bekommen*** get cold feet
schizophren *Adj*, **Schizophrene** *m*, *f* PSYCH schizophrenic
Schizophrenie *f* PSYCH schizophrenia
Schlacht *f auch fig* battle (***bei*** of)
schlachten *v/t* kill, slaughter
Schlachtenbummler, **Schlachtenbummlerin** SPORT fan, supporter
Schlächter, **Schlächterin** *auch fig* butcher
Schlächterei *f* butcher's shop
Schlachtfeld *n* battlefield
Schlachthof *m* slaughterhouse, abattoir
Schlachtplan *m auch ugs fig* plan of action
Schlachtruf *m* war cry
Schlachtschiff *n* battleship
Schlachtung *f* slaughter(ing)
Schlachtvieh *n* meat stock
Schlacke *f* **1.** METAL dross, (*auch Vulkanschlacke*) slag, (*Asche*) cinders *Pl* **2.** *Pl* MED **a)** waste products *Pl*, **b)** → ***Ballaststoffe***
schlackern *v/i ugs* wobble, *Kleid etc*: flap, *Knie*: tremble: *fig* ***mit den Ohren schlackern*** be flabbergasted
Schlaf *m* sleep: ***einen festen*** (***leichten***) ***Schlaf haben*** be a sound (light) sleeper; *ugs* ***das kann ich im Schlaf!*** I can do that blindfold
Schlafanzug *m* (pair of) pyjamas *Pl*, *Am* pajamas *Pl*
Schläfchen *n* (***ein Schläfchen machen*** take a) nap
Schlafcouch *f* studio couch
Schläfe *f* ANAT temple
schlafen *v/i* sleep (*auch ugs fig*), be asleep, *ugs fig* be napping: ***schlafen gehen, sich schlafen legen*** go to bed; ***mit j-m schlafen*** sleep with s.o.; ***schlafen Sie gut!*** sleep well!; ***schlafen Sie darüber!*** sleep on it!
Schlafenszeit *f* bedtime
schlaff *Adj* **1.** *Seil*, *Segel*: slack (*auch fig nachlässig*), *Haut*, *Muskeln*, *auch Person*: flabby, *Körper*, *Glieder*, *Händedruck*: limp **2.** *ugs* lame: ***schlaffe Leistung*** slack performance, bad show; ***schlaffer Typ*** lame fellow
Schlaffheit *f* slackness (*auch fig*), flabbiness, limpness, *ugs* lameness
Schlafgast *m* overnight guest
Schlafgelegenheit *f* sleeping accommodation
Schlafkoje *f allg* berth
Schlafkrankheit *f* sleeping sickness
Schlaflied *n* lullaby
schlaflos *Adj* sleepless: ***j-m schlaflose Nächte bereiten*** give s.o. sleepless nights
Schlaflosigkeit *f* insomnia
Schlafmittel *n* sleeping pill
Schlafmütze *f ugs fig* sleepyhead
schläfrig *Adj* sleepy, drowsy
Schläfrigkeit *f* sleepiness, drowsiness
Schlafrock *m* dressing gown
Schlafsaal *m* dormitory
Schlafsack *m* sleeping bag
Schlafsofa *n* bed-couch
Schlafstadt *f* dormitory town
Schlafstörungen *Pl* disturbed sleep *Sg*
Schlaftablette *f* sleeping pill
schlaftrunken *Adj* drowsy
Schlafwagen *m* BAHN sleeping car, sleeper
schlafwandeln *v/i* sleepwalk
Schlafwandler, **Schlafwandlerin** sleepwalker,

somnambulist
schlafwandlerisch *Adj* somnambulistic: ***mit schlafwandlerischer Sicherheit*** with uncanny sureness, unerringly
Schlafzimmer *n* bedroom
Schlafzimmerblick *m hum* bedroom eyes *Pl*
Schlag *m* **1.** (*Hieb*) blow (*auch fig*), stroke, (*Faustschlag*) *auch* punch (*a Schlagkraft*), *mit der flachen Hand*: slap, *dumpfer*: thump, thud: ***j-m einen Schlag versetzen*** deal s.o. a blow, *fig* hit s.o. hard; ***Schlag ins Gesicht*** *auch fig* slap in the face; ***das war ein Schlag für ihn*** that was a blow to him; ***ein Schlag ins Wasser*** a flop; ***Schlag auf Schlag*** in rapid succession; ***auf einen Schlag, mit einem Schlag*** in one go, (*plötzlich*) abruptly **2.** MIL (*auch Atomschlag*) strike **3.** TECH impact, *auch* ELEK shock **4.** *Rudern, Schwimmen*: stroke, *Golf, Tennis*: shot **5.** (*Blitzschlag*) stroke (of lightning) **6.** (*Herzschlag, Pulsschlag*) beat, (*Glockenschlag*) stroke **7.** *ugs* MED stroke: ***ich dachte, mich trifft der Schlag!*** I was floored! **8.** *ugs* (*Portion*) helping **9.** (*Wagenschlag*) door **10.** race, sort, *bes* ZOOL breed: ***Leute seines Schlages*** men of his stamp (*pej* his sort) **11.** *österr.* (whipped) cream
Schlagabtausch *m* **1.** *Boxen*: exchange of punches **2.** ***offener Schlagabtausch*** *Fußball*: end to end stuff **3.** *fig* crossing of swords
Schlagader *f* artery
Schlaganfall *m* MED stroke
schlagartig *Adj* abrupt
Schlagbaum *m* barrier
Schlagbohrer *m* TECH percussion drill
schlagen **I** *v/t* **1.** strike, hit, (*verprügeln*) beat, *mit der Faust*: punch, *mit der flachen Hand*: slap: ***einen Nagel in die Wand schlagen*** drive a nail into the wall; ***j-m etw aus der Hand schlagen*** knock s.th. from s.o.'s hand; ***j-n zu Boden schlagen*** knock s.o. down; ***sich schlagen*** (have a) fight; ***sich um etw schlagen*** fight over s.th.; *fig* ***etw auf den Preis schlagen*** add s.th. on to the price; → ***Alarm, Brücke*** 1, ***Flucht***[1], ***geschlagen*** **2.** (*Sahne*) whip, (*Eier etc*) beat **3.** (*Bäume, Holz*) fell, cut **4.** *fig* beat, (*besiegen*) *auch* defeat: ***sich geschlagen geben*** admit defeat, give up **II** *v/i* **5.** strike, hit: ***nach j-m schlagen*** hit out at s.o.; ***um sich schlagen*** lash out **6.** ***schlagen an*** (*Akk*) (*oder* ***gegen***) beat against; ***mit dem Kopf schlagen an*** (*Akk*) strike (*oder* bump) one's head against; → ***Art*** 4, ***Fach*** 2 *etc* **7.** *Herz, Puls*: beat, *heftig*: throb, *Uhr*: strike **8.** *Nachtigall etc*: sing **9.** *die Nachricht* ***ist mir auf den Magen geschlagen ...*** has affected my stomach **III** *v/refl* **10.** *fig* ***sich gut*** *etc* ***schlagen*** give a good account of o.s **11.** ***sich auf j-s Seite schlagen*** side with s.o., *weit. S.* go over to s.o.
schlagend *Adj* **1.** *fig* convincing, *Beweis*: conclusive **2.** → ***Wetter***[2] 2
Schlager *m* **1.** popsong, (*Erfolgsschlager*) hit (tune) **2.** *fig* hit, sensation, (*Verkaufsschlager*) (sales) hit, moneymaker
Schläger[1] *m* (*Kricketschläger, Tischtennisschläger etc*) bat, (*Tennisschläger etc*) racket, (*Golfschläger*) club, (*Hockeyschläger*) stick
Schläger[2], **Schlägerin** **1.** (*Rowdy*) tough, *Boxen*: *Am ugs* slugger **2.** SPORT *Baseball, Kricket*: batsman (batswoman)
Schlägerei *f* brawl, punch-up
Schlagermusik *f* pop music
Schlagersänger, **Schlagersängerin** pop singer
schlagfertig *Adj* quick-witted, quick at repartee
Schlagfertigkeit *f* ready wit
Schlaginstrument *n* MUS percussion instrument
Schlagkraft *f* **1.** *Boxen und fig* punch **2.** MIL combat effectiveness
schlagkräftig *Adj* **1.** powerful **2.** → ***schlagend*** 1
Schlaglicht *n*: *fig* ***ein Schlaglicht werfen auf*** (*Akk*) highlight
Schlagloch *n* pothole
Schlagmann *m beim Rudern*: stroke
Schlagobers *n österr.*, **Schlagrahm** *m* → ***Schlagsahne***
Schlagring *m* **1.** knuckleduster **2.** MUS plectrum, *ugs* pick
Schlagsahne *f* whipped cream
Schlagseite *f* SCHIFF list: ***Schlagseite haben*** be listing, *ugs* (*betrunken sein*) be halfseas-over
Schlagstock *m* **1.** *der Polizei*: truncheon, riot stick **2.** MUS drumstick
Schlagwerk *n* striking mechanism
Schlagwort *n* catchword, *fig auch* slogan, *Pl pej* platitudes *Pl*
Schlagwortkatalog *m* subject catalog(ue *Br*)
Schlagzeile *f* headline: ***Schlagzeilen machen, in die Schlagzeilen geraten*** make the headlines
Schlagzeug *n* MUS percussion, drums *Pl*
Schlagzeuger, **Schlagzeugerin** percussionist, drummer
schlaksig *Adj* gangling, lanky
Schlamassel *m, n ugs* mess
Schlamm *m* mud
Schlammbad *n* MED mud bath
schlammig *Adj* muddy
Schlammpackung *f* MED mud pack
Schlampe *f ugs* slut
schlampen *v/i ugs* do a sloppy job
Schlamper, **Schlamperin** *ugs* slouch
Schlamperei *f ugs* sloppiness, (*Arbeit*) mess, sloppy work
schlampig *Adj ugs* slovenly, sloppy
Schlange *f* **1.** ZOOL snake **2.** (*Menschenschlange, Autoschlange*) queue, *Am* line: *ugs* ***Schlange stehen*** (***nach*** for) stand in a queue, queue up, *Am* stand in line, line up **3.** *fig* serpent; ***falsche Schlange*** snake in the grass
schlängeln *v/refl* ***sich schlängeln*** wriggle, *fig Weg etc*: wind, *Fluss*: *auch* meander; ***sich durch die Menge*** *etc* ***schlängeln*** worm one's way through the crowd *etc*
Schlangenbiss *m* snakebite
Schlangengift *n* snake poison
Schlangenhaut *f*, **Schlangenleder** *n* snakeskin
Schlangenlinie *f* wavy line: ***in Schlangenlinien fahren*** zigzag (along the road)
schlank *Adj* slender, slim, *fig* lean: ***auf die schlanke Linie achten*** watch one's weight; ***schlanke Produktion*** lean production
Schlankheit *f* slimness
Schlankheitskur *f* slimming (diet): ***eine Schlankheitskur machen*** be slimming, go (*oder* be) on a diet
schlapp *Adj* **1.** → ***schlaff*** **2.** worn-out, (*lustlos*) listless
Schlappe *f* setback, (*Niederlage*) beating, defeat
schlappmachen *v/i ugs* wilt, break down
Schlappschwanz *m ugs* softy, sissy
Schlaraffenland *n auch fig* Cockaigne
schlau *Adj* clever, smart, (*listig*) crafty, sly: *ugs* ***schlaue Bücher*** clever books; ***ich werde nicht schlau daraus*** I can't make head or tail

of it
Schlauberger, **Schlaubergerin** *ugs* smartie
Schlauch *m* **1.** tube, (*Wasserschlauch*) hose, (*Fahrradschlauch*, *Autoschlauch*) (inner) tube **2.** *ugs fig* **a)** (*Zimmer*) tunnel, **b)** (*Strapaze*) hard slog **3.** *ugs* ***auf dem Schlauch stehen*** be (completely) clueless
Schlauchboot *n* rubber dinghy
schlauchen *ugs* **I** *v/t* ***j-n schlauchen*** take it out of s.o., *seelisch*: *auch* go hard with s.o. **II** *v/i* ***das schlaucht (ganz schön)!*** that's tough going!
Schläue *f* → ***Schlauheit***
Schlaufe *f* loop
Schlauheit *f* cleverness, smartness, (*Listigkeit*) slyness
Schlaukopf *m*, **Schlaumeier**, **Schlaumeierin** *ugs* smartie
schlecht **I** *Adj allg* bad, *Augen*, *Gedächtnis*, *Gesundheit*, *Qualität*, *Leistung etc*: *auch* poor, *Luft*: *auch* stale, (*böse*) *auch* wicked: ***nicht schlecht!*** not bad!; ***schlechte Laune*** bad mood; ***schlechte Zeiten*** bad (*oder* hard) times; ***schlecht sein in*** (*Dat*) be poor at; ***schlecht werden*** *Essen etc*: go off; ***schlechter werden*** get worse, deteriorate; ***mir ist*** (***wird***) ***schlecht*** I feel (I'm getting) sick; *ugs fig* ***es kann einem schlecht dabei werden!*** it's enough to make you sick!; → ***Dienst*** 1 **II** *Adv* bad(ly): ***schlecht aussehen*** *allg* look bad, *Person*: *auch* look ill; ***schlecht und recht*** after a fashion; ***schlecht beraten sein*** be ill-advised; ***schlecht gelaunt*** in a bad mood, cross; ***schlecht riechen*** smell bad; ***es steht schlecht um ihn*** he's in a bad way; ***schlecht daran sein*** be badly off; ***es bekam ihm schlecht*** *Essen etc*: it didn't agree with him, *fig* it did him no good; ***er kann es sich schlecht leisten zu*** *Inf* he can ill afford to *Inf*; ***heute geht es schlecht*** it's a bit awkward today; ***ich kann schlecht ablehnen*** I can't very well refuse; ***ich staunte nicht schlecht*** *ugs* I wasn't half surprised
schlechterdings *Adv* absolutely
schlechtgelaunt → ***schlecht*** II
schlechthin *Adv* absolutely, (*an sich*) as such
Schlechtigkeit *f* (*Bosheit*) badness, (*Gemeinheit*) baseness
schlechtmachen *v/t* run down, knock
schlechtreden *v/t* speak ill (**von** of)
Schlechtwetterfront *f* bad weather front
Schlechtwetterperiode *f* spell of bad weather
schlecken *v/t* (*Eis*) lick
Schlehe *f* BOT sloe
schleichen *v/i* creep, sneak, crawl (*auch Auto*, *Zeit*): (***auf den Zehenspitzen***) ***schleichen*** tiptoe; *fig* ***sich in j-s Vertrauen schleichen*** worm one's way into s.o.'s confidence
schleichend *Adj fig* **a)** *Krankheit*: lingering, (*tückisch*) insidious, **b)** *Fieber*, *Gift*: slow, **c)** *Inflation etc*: creeping
Schleichhandel *m* illicit trade
Schleichweg *m* **1.** secret path **2.** *fig* underhand means *Pl*: ***auf Schleichwegen*** *auch* surreptitiously
Schleichwerbung *f* surreptitious advertising
Schleier *m* veil (*auch fig*), (*Dunstschleier*, *Nebelschleier*) haze, FOTO fog
Schleiereule *f* ZOOL barn owl
schleierhaft *Adj* mysterious: ***das ist mir schleierhaft!*** that's a mystery to me!
Schleife *f* **1.** bow, (*Haarschleife*) *auch* ribbon **2.** FLUG, ELEK, COMPUTER, *eines Flusses etc*: loop
schleifen[1] *v/t* **1.** (*schärfen*) grind, whet **2.** TECH smooth, (*Holz*) sand, (*Edelstein*, *Glas*) cut **3.** MIL *ugs* drill *s.o.* hard
schleifen[2] **I** *v/t* drag (along) (*auch fig j-n*), (*Rock*, *Schleppe etc*) trail **II** *v/i* ***schleifen lassen*** drag; MOT ***die Kupplung schleifen lassen*** let the clutch slip
Schleifer, **Schleiferin** **1.** TECH *allg* grinder, (*Glasschleifer*[*in*], *Edelsteinschleifer*[*in*]) *auch* cutter **2.** MIL *ugs* martinet
Schleifmaschine *f* grinding machine
Schleifmittel *n* abrasive
Schleifpapier *n* emery paper
Schleifring *m* ELEK slip ring
Schleifstein *m* whetstone, *drehbarer*: grindstone
Schleim *m* slime, MED, PHYSIOL mucus, *bes der Atemwege*: phlegm
Schleimbeutel *m* ANAT bursa
Schleimdrüse *f* mucous gland
Schleimhaut *f* mucous membrane
schleimig *Adj* slimy (*auch fig pej*), (*zähflüssig*) viscous
schleimlösend *Adj* expectorant
schlemmen *v/i* feast, gormandize
Schlemmer, **Schlemmerin** gormandizer, gourmand
Schlemmerei *f* feasting, gormandizing
schlendern *v/i* stroll, saunter
Schlendrian *m ugs pej* dawdling
schlenkern *v/t und v/i* dangle, swing (***mit den Armen*** one's arms)
schlenzen *v/t und v/i* SPORT scoop
Schlepp *m* ***in Schlepp nehmen*** (***im Schlepp haben***) *auch fig* take (have) in tow
Schleppdampfer *m* tug
Schleppe *f am Kleid*: train, trail
schleppen **I** *v/t* drag (*auch fig j-n*), (*tragen*) carry, *ugs* tote, SCHIFF, FLUG, MOT tow: *ugs* (***Kunden***) ***schleppen*** tout **II** *v/refl* ***sich schleppen*** drag on, *Person*: drag o.s. (along), *auch Auto*, *Schiff etc*: limp (along)
schleppend *Adj* sluggish, slow (*auch* WIRTSCH), (*mühsam*) labo(u)red, *Sprache*: slow, drawling
Schlepper[1] *m* **1.** SCHIFF tug **2.** MOT tractor
Schlepper[2], **Schlepperin** *ugs* (*Kundenwerber*) tout
Schleppflugzeug *n* towplane
Schleppkahn *m* lighter, barge (in tow)
Schlepplift *m* ski tow
Schleppnetz *n* dragnet
Schleppschiff *n* tug
Schleppseil *n* → ***Schlepptau***
Schlepptau *n* towrope: ***ins Schlepptau nehmen*** → ***Schlepp***
Schlesien *n* Silesia
Schlesier, **Schlesierin**, **schlesisch** *Adj* Silesian
Schleswig-Holstein *n* Schleswig-Holstein
Schleuder *f* **1.** catapult (*auch* FLUG), sling, *Am* slingshot **2.** TECH **a)** → ***Zentrifuge***, **b)** (*Wäscheschleuder*) spin dryer
Schleudergefahr *f* risk of skidding: ***Achtung Schleudergefahr!*** slippery road ahead
Schleuderhonig *m* strained honey
schleudern **I** *v/t* **1.** fling, hurl, sling, FLUG catapult **2.** TECH centrifuge, (*Honig*) strain, (*Wäsche*) spin-dry **II** *v/i* **3.** MOT skid, (*auch* ***ins Schleudern geraten***) go into a skid (*auch fig*)
Schleuderpreis *m* knockdown price
Schleudersitz *m* FLUG ejector seat, *ugs fig* hot

S

seat
Schleuderware *f* cut-price article(s *Pl*)
schleunig **I** *Adj* prompt, quick, (*hastig*) hasty **II** *Adv a* **schleunigst** promptly, quickly, (*hastig*) hastily
Schleuse *f* sluice, floodgate (*auch fig*), (*Kanalschleuse*) lock
schleusen *v/t* **1.** SCHIFF lock **2.** *fig* channel, (*j-n*) steer, *über die Grenze etc*: smuggle
Schleusentor *n* floodgate
Schleusenwärter, **Schleusenwärterin** lock-keeper
Schliche *Pl* tricks *Pl*: ***j-m auf die Schliche kommen*** find s.o. out
schlicht **I** *Adj* (*einfach*) simple, plain **II** *Adv* **schlicht (und einfach)** (quite) simply
schlichten **I** *v/t* (*Streit etc*) settle **II** *v/i* mediate (***zwischen*** *Dat* between)
Schlichter, **Schlichterin** mediator
Schlichtheit *f* simplicity, plainness
Schlichtung *f* settlement, *durch Schiedsspruch*: arbitration
Schlichtungsausschuss *m* arbitration committee
Schlichtungsversuch *m* attempt at conciliation
Schlick *m* sludge
Schliere *f* streak
Schließe *f* fastening, clasp
schließen **I** *v/t* **1.** close (*auch* ELEK *Stromkreis*), shut, (*Fabrik etc*) *auch* shut down, (*verschließen*) lock: → **Lücke** **2.** *fig* (*Bündnis etc*) enter into, (*Vergleich*) reach, come to: → ***Ehe***, ***Freundschaft***, ***Frieden*** *etc* **3.** (*Debatte*, *Versammlung*) close, conclude, end, (*Brief*, *Rede*) *auch* wind up (***mit den Worten*** by saying) **II** *v/i* **4.** shut, close, *Fabrik etc*: *auch* shut down **5.** (*enden*) (come to a) close: ***er schloss mit den Worten*** he wound up by saying **6.** (*folgern*) conclude (***aus*** from): ***von sich auf andere schließen*** judge others by o.s.; ***auf etw schließen lassen*** suggest (*oder* point to) s.th. **III** *v/refl* ***sich schließen*** **7.** close, shut; → ***Kreis*** 1
Schließfach *n* (*Bankschließfach*) safe deposit box, (*Bahnhofsschließfach*) (left-luggage) locker
schließlich *Adv* finally, (*am Ende*) eventually, (*eigentlich*) after all
Schließmuskel *m* ANAT sphincter
Schließung *f* **1.** closing (*auch der Debatte etc*, ELEK *des Stromkreises*), shutting, *einer Fabrik etc*: shutdown, closure **2.** *einer Ehe*, *eines Vertrages etc*: contraction
Schliff *m* **1.** (*Schleifen*) grinding, (*Schärfen*) *auch* sharpening **2.** *von Edelsteinen*, *Glas*: cut **3.** *fig* polish, refinement: ***einer Sache den letzten Schliff geben*** put the finishing touches to s.th.
schlimm *Adj allg* bad (*Komp*. worse, *Sup*. worst), (*böse*, *auch hum*) *auch* wicked, *Erkältung*, *Wunde etc*: *auch* nasty: ***schlimmer Finger*** (***Hals***) sore finger (throat); ***das ist eine schlimme Sache*** that's terrible, that's a bad business; ***es sieht schlimm aus*** it looks bad; ***das ist halb so schlimm!*** it's not as bad as all that!, *verzeihend*: it doesn't matter!, never mind!; *ugs* ***ist es schlimm, wenn ...?*** would you mind terribly if ...?; ***schlimmer machen*** (***werden***) → ***verschlimmern***; ***es wird immer schlimmer*** things are going from bad to worse; ***umso schlimmer*** so much the worse; ***es gibt Schlimmeres*** things could be worse; ***am schlimmsten*** worst of all; ***auf das Schlimmste gefasst sein*** be prepared for the worst
schlimmstenfalls *Adv* if the worst comes to the worst
Schlinge *f* loop, noose (*auch fig*), (*Tragschlinge*, *auch* MED) sling, JAGD snare (*auch fig*): *fig* ***sich aus der Schlinge ziehen*** wriggle out of it
Schlingel *m* (young) rascal
schlingen[1] (***um*** around) **I** *v/t* tie, (*Schal etc*) wrap, wind, (*die Arme*) *auch* fling **II** *v/refl* ***sich schlingen*** wind, coil
schlingen[2] **I** *v/i* gobble, bolt one's food **II** *v/t* gobble (up), gulp *s.th.* down
schlingern *v/i* SCHIFF roll
Schlingpflanze *f* climbing plant
Schlips *m* tie: *fig* ***j-m auf den Schlips treten*** tread on s.o.'s toes
schlitteln *v/i schweiz*. toboggan, go sledging
Schlitten *m* **1.** sledge, *Am* sled, (*bes Pferdeschlitten*) sleigh, (*Rodelschlitten*) toboggan: ***Schlitten fahren*** sledge, (*rodeln*) toboggan; *ugs fig* ***mit j-m Schlitten fahren*** give s.o. hell **2.** *ugs* (*Auto*) car: ***alter Schlitten*** crate, bus, jalopy
Schlittenfahrt *f* sledge (*Pferdeschlittenfahrt* sleigh) ride
schlittern *v/i* slide (***in*** *Akk* into, *auch fig*), (*ausgleiten*) *auch* slip, *Auto*: skid
Schlittschuh *m* (ice-)skate: ***Schlittschuh laufen*** skate
Schlittschuhbahn *f* ice-rink
Schlittschuhlaufen *n* ice-skating, skating
Schlittschuhläufer, **Schlittschuhläuferin** (ice-)skater
Schlitz *m* slit (*auch im Kleid*), *am Automaten etc*: slot
Schlitzauge *n* **1.** slit eye: ***Schlitzaugen haben*** be slit-eyed **2.** *pej* slit-eye
schlitzen *v/t und v/i* slit, slash
Schloss[1] *n* castle, palace
Schloss[2] *n* (*Türschloss*, *Gewehrschloss*) lock, *an Buch*, *Tasche etc*: clasp, (*Gürtelschloss*, *Koppelschloss*) (belt) buckle: ***hinter Schloss und Riegel*** behind bars
Schlosser, **Schlosserin** locksmith
Schlosserei *f* locksmith's trade (*oder* shop)
Schlot *m* chimney (*auch* GEOL): *ugs* ***rauchen wie ein Schlot*** smoke like a chimney
schlottern *v/i* **1.** (***vor*** *Dat* with) shake, tremble: ***mit schlotternden Knien*** with shaking knees **2.** *Kleidung*: hang loosely
Schlucht *f* gorge, ravine, *große*: canyon
schluchzen *v/i und v/t* sob
Schluchzen *n* sobbing, sobs *Pl*
Schluck *m* swallow, *großer*: gulp: ***kleiner Schluck*** → ***Schlückchen***
Schluckauf *m* (***Schluckauf haben*** have the) hiccups *Pl*
Schlückchen *n* sip
schlucken **I** *v/t* swallow (*auch fig Tadel etc*, *auch ugs glauben*), *fig* (*sich einverleiben*) swallow up (*auch Geld*), (*Licht*, *Schall*) absorb **II** *v/i* swallow
Schlucken *m* → ***Schluckauf***
Schlucker *m fig* ***armer Schlucker*** poor wretch
Schluckimpfung *f* MED oral vaccination
schludrig, **schluderig** → ***schlampig***
Schlummer *m* slumber
schlummern *v/i* slumber, sleep, *fig auch* lie dormant
Schlund *m* **1.** ANAT (back of the) throat, pharynx **2.** ZOOL maw **3.** *fig* abyss

schlüpfen *v/i* **1.** slip (***in*** *Akk* into, ***aus*** out of) **2.** *Küken etc*: hatch (out)
Schlüpfer *m* briefs *Pl*, panties *Pl*
Schlupfloch *n* **1.** gap **2.** *fig* loophole
schlüpfrig *Adj* slippery (*auch fig*), *fig Witz etc*: risqué
Schlupfwinkel *m* hideout, *weit. S.* haunt
schlurfen *v/i* shuffle along
schlürfen *v/t und v/i* slurp, *langsam*: sip
Schluss *m* **1.** end, *eines Buchs, Films etc*: ending, (*Abschluss*) conclusion: ***Schluss (damit)!*** stop it!; *ugs* ***Schluss machen*** (*die Arbeit beenden*) call it a day, (*Selbstmord begehen*) put an end to o.s.; ***Schluss machen mit*** **a)** ***etw*** stop s.th., **b)** ***j-m*** break up with s.o.; ***am Schluss*** at the end; ***zum Schluss*** finally **2.** (*Schlussfolgerung*) conclusion: ***zu dem Schluss gelangen, dass …*** come to the conclusion that …; ***voreilige Schlüsse ziehen*** jump to conclusions
Schlussakkord *m* MUS final chord
Schlussakt *m* **1.** THEAT final act **2.** *einer Veranstaltung*: closing ceremony
Schlussbemerkung *f* final comment
Schlüssel *m* **1.** key (***zu, für*** of, *fig* to) **2.** MUS clef **3.** (*Telegrammschlüssel, Schlüssel für einen Code etc*) code, (*Lösungsheft*) key **4.** (*Verteilerschlüssel*) ratio **5.** TECH spanner, *Am* wrench
Schlüsselbein *n* ANAT collarbone
Schlüsselblume *f* cowslip, primrose
Schlüsselbund *m, n* bunch of keys
Schlüsselerlebnis *n* crucial experience
Schlüsselfigur *f* key figure
Schlüsselindustrie *f* key industry
Schlüsselkind *n* latchkey child
Schlüsselloch *n* keyhole
Schlüssellochchirurgie *f* keyhole surgery
Schlüsselring *m* key ring
Schlüsselroman *m* roman-à-clef
Schlüsselstellung *f* key position
Schlüsselwort *n* code word, keyword, IT *auch* password
Schlussfeier *f* closing ceremony, PÄD speech day, *Am* commencement
schlussfolgern *v/t und v/i* conclude (***aus*** from)
Schlussfolgerung *f* → ***Schluss*** 2
schlüssig *Adj* **1.** logical, *Beweis*: conclusive **2.** ***sich schlüssig werden (über*** *Akk*) make up one's mind (about)
Schlussläufer, Schlussläuferin *einer Staffel*: anchor
Schlusslicht *n* **1.** taillight **2.** *fig* SPORT tailender: ***das Schlusslicht bilden*** bring up the rear
Schlusspfiff *m* SPORT final whistle
Schlussrunde *f* **1.** *Boxen*: final round **2.** → ***Endrunde***
Schlusssatz *m* **1.** closing sentence **2.** MUS final movement **3.** *Tennis*: final set
Schlussstrich *m fig* ***einen Schlussstrich unter etw ziehen*** consider s.th. closed
Schlussverkauf *m* (end-of-season) sale
Schlusswort *n* closing words *Pl*
Schmach *f lit* disgrace, shame
schmächtig *Adj* slight, thin: ***ein schmächtiger Junge*** a slip of a boy
schmackhaft *Adj* savo(u)ry, tasty: *fig* ***j-m etw schmackhaft machen*** make s.th. palatable to s.o.
schmal *Adj* narrow, (*dünn*) thin, slender (*auch fig*), *fig* meag/re (*Am* -er), poor
schmälern *v/t fig* (*Gewinn etc*) curtail, (*Rechte etc*) impair, (*Verdienste etc*) detract from
Schmalfilm *m* cine-film
Schmalspur *f* BAHN narrow ga(u)ge
Schmalspur… *ugs fig* small-time …
Schmalz[1] *n* lard
Schmalz[2] *m ugs fig* schmaltz
schmalzig *Adj ugs fig* schmaltzy
schmarotzen *v/i* sponge (***bei*** on)
Schmarotzer, Schmarotzerin parasite, *fig auch* sponger
Schmarotzertum *n* parasitism
Schmarrn *m österr* **1.** (*Mehlspeise*) hot cut-up pancake **2.** (*Unsinn*) rubbish
schmatzen *v/i* eat noisily
schmecken I *v/t* taste **II** *v/i* ***schmecken nach*** taste of, *fig* smack of; ***es schmeckt (gut)*** it tastes good; ***sich etw schmecken lassen*** tuck in; ***schmeckt es (Ihnen)?*** do you like it?; *fig* ***das schmeckte ihm nicht*** he didn't like it one bit
Schmeichelei *f* flattery, *meist Pl* (flattering) compliment
schmeichelhaft *Adj auch fig* flattering
schmeicheln *v/i* ***j-m schmeicheln*** flatter s.o. (*auch fig*), *bittend, zärtlich*: coax s.o., cajole s.o.; ***sich geschmeichelt fühlen*** feel flattered (***durch*** by); ***das Bild ist geschmeichelt*** the picture is flattering
Schmeichler, Schmeichlerin flatterer
schmeichlerisch *Adj* flattering, (*bittend*) cajoling, coaxing
schmeißen *ugs* **I** *v/t* **1.** throw, chuck, (*Tür*) slam, bang **2.** (*Studium etc*) chuck up, THEAT (*Szene etc*) muff **3.** manage: ***den Laden schmeißen*** run the show **4.** → ***Runde*** 4 **II** *v/i* **5.** ***schmeißen mit*** throw; ***mit Geld um sich schmeißen*** throw one's money around
Schmeißfliege *f* bluebottle
Schmelz *m* **1.** enamel (*auch Zahnschmelz*) **2.** *fig* mellowness, MUS melodiousness
Schmelze *f* **1.** (*Schneeschmelze*) melting **2.** TECH melting, molten mass
schmelzen I *v/i* liquefy, melt (*auch fig Vorrat etc, auch Person*) **II** *v/t* liquefy, melt, (*bes Metalle*) smelt
schmelzend *Adj fig Blick*: melting, MUS, *Stimme*: sweet
Schmelzkäse *m* soft cheese
Schmelzofen *m* melting furnace
Schmelzpunkt *m* melting point
Schmelztiegel *m auch fig* melting pot
Schmelzwasser *n* melted snow and ice
Schmerbauch *m* paunch
Schmerz *m* pain, ache, (*Kummer*) grief, sorrow, (*Qual*) agony: ***Schmerzen haben*** be in pain
schmerzen I *v/i* hurt (*auch fig*), ache **II** *v/t* hurt (*auch fig*), pain
Schmerzensgeld *n* compensation for personal suffering, *Am* smart-money
Schmerzensschrei *m* scream of pain
schmerzfrei *Adj* free of pain
Schmerzgrenze *f auch fig* pain threshold
schmerzhaft *Adj auch fig* painful
schmerzlich I *Adj* painful, *Lächeln, Pflicht, Verlust etc*: sad **II** *Adv* (*sehr*) badly, sadly: ***j-n schmerzlich berühren*** pain s.o.
schmerzlindernd *Adj* soothing, (*auch* ***schmerzlinderndes Mittel***) analgesic
schmerzlos *Adj* painless
Schmerzmittel *n* painkiller
schmerzstillend *Adj* painkilling
Schmerztablette *f* painkiller
Schmerztherapie *f* pain therapy
Schmetterball *m Tennis*: smash

S

Schmerzen

WF

Bezeichnungen für Schmerzen stehen im Englischen meistens im Singular:

Ich habe Kopfschmerzen.	**I've got a headache.**
Ich habe Magenschmerzen.	**I've got (a) stomachache** ['stʌmək͜eɪk].
Ich habe Zahnschmerzen.	**I've got (a) toothache.**
Ich habe Rückenschmerzen.	**I've got (a) backache.**
Ich habe Ohrenschmerzen.	**I've got (an) earache.**

Beachten Sie, dass man bei Kopfschmerzen immer **a headache** sagt, während der unbestimmte Artikel **a** *bzw.* **an** in den anderen Fällen nicht notwendig ist. Im britischen Englisch lässt man ihn meistens weg.

Wenn man Schmerzen an einer bestimmten, eingegrenzten Stelle hat, sagt man z. B. **I've got a pain in my right knee** (= ich habe Schmerzen im rechten Knie).

Schmetterling *m* butterfly

Schmetterlingsstil *m* butterfly (stroke)

schmettern **I** *v/t* **1.** smash (*auch Tennis*), slam **2.** (*Lied etc*) belt out **II** *v/i* **3.** ring (out), *Trompete*: blare, *Vogel*: warble

Schmied, **Schmiedin** smith, (*Grobschmied[in]*) blacksmith

Schmiede *f* forge, smithy

Schmiedeeisen *n* wrought iron

schmiedeeisern *Adj* wrought-iron

schmieden *v/t und v/i auch fig* forge: → ***Eisen***, ***Plan²*** 1

schmiegen *v/refl* ***sich an j-n schmiegen*** cling (*zärtlich*: cuddle up) to s.o.

schmiegsam *Adj* pliant, flexible

Schmiere *f* **1.** TECH grease, lubricant **2.** (*klebriges Zeug*) *ugs* mess, goo **3.** *ugs* THEAT ham-acting **4.** *ugs* ***Schmiere stehen*** keep a lookout

schmieren *v/t* **1.** smear, (*Brot*) butter, (*Butter etc*) spread: *ugs* ***j-m eine schmieren*** slap s.o.('s face); ***wie geschmiert*** like clockwork **2.** TECH *mit Fett*: grease, *mit Öl*: lubricate, oil **3.** *auch v/i* (*kritzeln*) scrawl **4.** *ugs* ***j-n schmieren*** grease s.o.'s palm

Schmierenkomödiant, **Schmierenkomödiantin** ham actor (actress)

Schmiererei *f* **1.** (*Gekritzel*) scribble, scrawl **2.** (*schlechtes Bild*) daub **3.** *Pl an Wänden*: graffiti *Pl*

Schmierfett *n* TECH (lubricating) grease

Schmierfink *m ugs* **1.** scrawler, *weit. S.* messy fellow **2.** muckraker

Schmiergeld *n ugs* bribe (money), POL slush fund

schmierig *Adj* **1.** greasy, (*schmutzig*) messy, grimy **2.** *fig* (*unanständig*) smutty, (*ölig*) *ugs* smarmy

Schmiermittel *n* TECH lubricant

Schmieröl *n* TECH lubricating oil

Schmierpapier *n* scribbling paper

Schmierseife *f* soft soap

Schmierung *f* TECH lubrication, greasing

Schminke *f* make-up

schminken **I** *v/t* make up: ***sich die Lippen schminken*** put on lipstick **II** *v/refl* ***sich schminken*** put on make-up, make one's face up

Schminkkoffer *m* vanity case

schmirgeln *v/t*, **Schmirgelpapier** *n* TECH sandpaper

Schmiss *m* **1.** (duelling) scar **2.** *ugs fig* (*Schwung*) pep, zip

schmissig *Adj ugs* zippy, *Musik*: bouncy

Schmöker *m ugs* **1.** old book **2.** light novel

schmökern *v/i* do some light reading, *oberflächlich*: browse

schmollen *v/i* sulk

Schmollmund *m* (*auch* ***einen Schmollmund machen***) pout

Schmorbraten *m* pot roast

schmoren *v/t und v/i* **1.** GASTR braise: *ugs* ***j-n*** (***in seinem eigenen Saft***) ***schmoren lassen*** let s.o. stew (in his own juice) **2.** *ugs in der Hitze*: roast

schmorenlassen → ***schmoren***

Schmortopf *m* casserole

Schmuck *m* **1.** decoration **2.** (*Schmucksachen*) jewel(le)ry, jewels *Pl*

schmücken **I** *v/t* adorn (*auch fig*), decorate, *fig* (*Rede etc*) embroider **II** *v/refl* ***sich schmücken*** dress up

Schmuckkästchen *n* **1.** jewel(le)ry box **2.** *fig* (*Haus*) jewel of a house

schmucklos *Adj* plain, austere

Schmucksachen *Pl* → ***Schmuck*** 2

Schmuckstück *n* **1.** piece of jewel(le)ry **2.** *fig* gem

Schmuckwaren *Pl* jewel(le)ry *Sg*

schmuddlig, **schmuddelig** *Adj ugs* scruffy, grimy

Schmuggel *m* smuggling

schmuggeln *v/t und v/i* smuggle

Schmuggelware *f* smuggled goods *Pl*, contraband

Schmuggler, **Schmugglerin** smuggler

schmunzeln *v/i* smile to o.s., grin

Schmus *m ugs* blarney, soft soap

schmusen *v/i ugs* cuddle, *Liebespaar*: *auch* smooch

Schmutz *m* dirt, filth, mud, *fig auch* smut: *fig* ***in den Schmutz ziehen*** drag *s.o., s.th.* through the mud

schmutzen *v/i* soil, get dirty

Schmutzfink *m ugs* **1.** pig **2.** *fig* dirty fellow

Schmutzfleck *m* smudge

schmutzig *Adj* **1.** dirty, filthy, *fig auch* smutty, (*beschmutzt*) soiled: ***schmutzig machen*** dirty, soil; ***sich schmutzig machen, schmutzig werden*** get dirty; *fig* ***schmutzige Fantasie*** dirty mind; → ***Wäsche*** 1 **2.** *fig* dirty, shabby

Schnabel *m* **1.** ZOOL bill, beak **2.** *einer Kanne*: spout **3.** *ugs fig* (*Mund*) trap: ***halt den Schnabel!*** shut up!

schnäbeln *v/i* ZOOL bill

Schnake *f* ZOOL mosquito, midge

Schnalle *f* buckle, clasp

schnallen **I** *v/t* **1.** buckle, *mit Gurt etc*: strap (***an*** *Akk* to): → ***Gürtel*** **2.** *ugs* get: ***ich schnalle das***

S

nicht! I don't get it! **II** *v/i* **3.** *ugs* get it: ***geschnallt?*** got it?
schnalzen *v/i* ***mit der Zunge schnalzen*** click one's tongue; ***mit den Fingern schnalzen*** snap one's fingers
Schnäppchen *n ugs* (good) bargain
Schnäppchenjäger, **Schnäppchenjägerin** *ugs* bargain-hunter
schnappen **I** *v/t* **1.** *ugs* catch, nab: ***(sich) etw schnappen*** grab s.th.; ***Luft schnappen (gehen)*** get some fresh air **II** *v/i* **2.** snap, click **3.** ***schnappen nach*** grab at, *Hund*: snap at; ***nach Luft schnappen*** gasp for breath
Schnappschuss *m* FOTO snapshot: ***einen Schnappschuss machen von*** take a snap of
Schnaps *m* spirits *Pl*, schnapps
Schnapsbrennerei *f* distillery
Schnäpschen *n ugs* snifter
Schnapsflasche *f* bottle of brandy
Schnapsglas *n* brandy glass
Schnapsidee *f ugs* crazy idea
schnarchen *v/i* snore
schnarren *v/i* rattle, *Klingel etc*: buzz, (*schnarrend sprechen*, *auch v/t*) rasp
schnattern *v/i* **1.** *Gans*: cackle, *Ente*: quack **2.** *ugs fig* gabble
schnauben *v/i und v/t* **1.** snort: ***sich (die Nase) schnauben*** blow one's nose; *fig* ***vor Wut schnauben*** foam with rage **2.** → ***schnaufen***
schnaufen *v/i* **1.** breathe hard, puff, pant **2.** *Dialekt* breathe
Schnauz *m schweiz.* m(o)ustache
Schnauzbart *m* walrus m(o)ustache
Schnauze *f* **1.** ZOOL snout, muzzle, nose **2.** TECH nozzle, *einer Kanne etc*: lip, *ugs* FLUG, MOT nose **3.** *vulg* (*Mund*) trap: ***halt die Schnauze!*** shut up!; ***die Schnauze voll haben*** be fed up (to the teeth) (***von*** with)
schnäuzen *v/refl* ***sich schnäuzen*** blow one's nose
Schnecke *f* **1.** ZOOL snail, (*Nacktschnecke*) slug: *ugs* ***j-n zur Schnecke machen*** give s.o. hell **2.** ARCHI scroll **3.** (*Gebäck*) Chelsea bun
Schneckenhaus *n* (snail) shell
Schneckenpost *f ugs* snail mail
Schneckentempo *n* ***im Schneckentempo*** at a snail's pace
Schnee *m* **1.** snow: *fig* ***Schnee von gestern*** old hat **2.** ***Eiweiß zu Schnee schlagen*** beat white of egg until stiff **3.** *sl* (*Kokain*) snow
Schneeball *m auch* BOT snowball
Schneeballschlacht *f* snowball fight
Schneeballsystem *n* snowball system
Schneebesen *m* GASTR egg-beater, whisk
schneeblind *Adj* snow-blind
Schneebob *m* snowmobile
Schneebrille *f* (***eine Schneebrille*** a pair of) snow goggles *Pl*
Schneefall *m* snowfall
Schneeflocke *f* snowflake
schneefrei *Adj* free of snow
Schneegestöber *n* snow flurry
Schneeglätte *f* packed snow
Schneeglöckchen *n* BOT snowdrop
Schneegrenze *f* snow line
Schneekette *f* snow chain
Schneemann *m* snowman
Schneematsch *m* slush
Schneemobil *n* snowmobile
Schneepflug *m* snow plough, *Am* snowplow
Schneeregen *m* sleet
Schneeschmelze *f* thaw
Schneeschuh *m* snow-shoe
Schneesturm *m* snowstorm, blizzard
Schneetreiben *n* snow flurry
Schneeverhältnisse *Pl* snow conditions *Pl*
Schneeverwehung *f*, **Schneewehe** *f* snowdrift
schneeweiß *Adj* snow-white, *im Gesicht*: as white as a sheet
Schneid *m ugs* guts *Pl*, pluck
Schneidbrenner *m* cutting torch
Schneide *f* edge: → ***Messer***
Schneidebrett *n* chopping board
schneiden **I** *v/t* **1.** *allg* cut (*auch einen Ball*, *eine Kurve*), (*Rasen etc*) *auch* mow, (*Braten*) carve, (*Baum*) prune, (*Hecke*) trim: ***in Stücke schneiden*** cut up; *ugs fig* ***j-n schneiden*** **a)** (*übersehen*) cut s.o. dead, **b)** *beim Überholen*: cut in on s.o.; → ***Grimasse***, ***Haar*** **2.** (*Film*, *Tonband*) edit **II** *v/refl* ***sich schneiden*** **3.** cut o.s.: *ugs fig* ***da hast du dich aber geschnitten!*** you are very much mistaken there! **4.** *fig Linien*: intersect
schneidend *Adj fig Schmerz etc*: sharp, *Kälte*, *Wind*, *Hohn*: biting, *Stimme*: strident
Schneider *m* tailor: *ugs* ***aus dem Schneider sein*** be out of the woods
Schneiderei *f* tailoring, dressmaking
Schneiderin *f* dressmaker
schneidern **I** *v/i* do tailoring (*oder* dressmaking) **II** *v/t* make
Schneidetisch *m* FILM *etc* editing table
Schneidezahn *m* incisor
schneidig *Adj* (*mutig*) plucky, (*forsch*) brisk (*auch Tempo*), crisp, *Person*: *auch* dashing, (*zackig*, *schick*) snappy
schneien **I** *v/unpers* ***es schneit*** it's snowing **II** *v/i ugs fig* ***(j-m) ins Haus schneien*** drop in (on s.o.) unexpectedly
Schneise *f* **1.** (forest) lane **2.** → ***Flugschneise***
schnell **I** *Adj allg* quick, *Auto*, *Läufer*, *Rennbahn etc*: fast, (*sehr schnell*) *auch* rapid, (*rasch*) swift, prompt, speedy, (*hastig*) hasty, (*plötzlich*) sudden, abrupt: ***in schneller Folge*** in rapid succession; ***schnelles Handeln*** prompt action; ***schnelle Fortschritte machen*** make rapid progress; ***auf dem schnellsten Wege*** as quickly as possible; *ugs* ***auf die Schnelle*** quickly, (*schlampig*) slapdash; → ***Brüter*** **II** *Adv* fast, quick(ly), rapidly (*etc*): ***schnell fahren (handeln)*** drive (act) fast; PHARM ***schnell wirkend*** fast-acting; ***das geht schnell*** that won't take long; ***das ist schnell gegangen*** that was quick; ***schneller ging es nicht*** I (we *etc*) couldn't do it any faster; ***so schnell wie möglich, schnellstens*** as quickly as possible; ***(mach) schnell!*** hurry up!, *ugs* get a move on!, snappy!; ***nicht so schnell!*** easy!, *ugs* hold your horses!; ***sie ist schnell beleidigt*** she is quick to take offence; ***wie schnell die Zeit vergeht!*** how time flies!
Schnellboot *n* MIL speedboat
schnellen **I** *v/i* bounce, pop; *auch* → ***hochschnellen*** **II** *v/t* toss, (*schnippen*) flick
Schnellfeuerwaffe *f* automatic weapon
Schnellgang *m* MOT overdrive
Schnellgaststätte *f* cafeteria
Schnellhefter *m* letter file
Schnelligkeit *f* quickness, fastness, rapidity, speediness, PHYS velocity, (*Tempo*) speed
Schnellimbiss *m* **1.** snack **2.** → ***Schnellimbissstube***
Schnellimbissstube *f* snack bar
Schnellkochtopf *m* pressure cooker

S

schnelllebig *Adj Zeit etc*: fast-moving, (*kurzlebig*) *Mode etc*: short-lived
Schnellreinigung *f* express dry cleaners
Schnellstraße *f* motorway, *Am* expressway
Schnellverband *m* first-aid dressing
Schnellverfahren *n* **1.** JUR summary procedure (*konkret*: proceedings *Pl*) **2.** TECH high-speed process: *fig* ***im Schnellverfahren*** very quickly
Schnellzug *m* fast train
Schnepfe *f* ZOOL snipe
schneuzen → ***schnäuzen***
schniefen *v/i ugs* sniffle
Schnippchen *n* ***j-m ein Schnippchen schlagen*** outwit (*oder* fool) s.o.
schnippeln *v/t und v/i* snip (away) (***an*** *Dat* at)
schnippen I *v/i* snip: (***mit den Fingern***) ***schnippen*** snap one's fingers **II** *v/t* flick (off)
schnippisch *Adj* pert, saucy
Schnipsel *m, n* shred, (*Papierschnipsel*) scrap
Schnitt *m* **1.** (*das Schneiden*) cutting, LANDW *auch* mowing, FILM *etc* editing **2.** cut, MED *auch* incision, *großer*: gash **3.** (*Fasson, Haarschnitt etc*) cut, style, (*Form*) *auch* shape **4.** (*Schnittmuster*) pattern **5.** MATHE intersection, TECH (*Schnittzeichnung*) section(al view) **6.** (*auch* ***im Schnitt erreichen*** *etc*) average: ***im Schnitt*** on average **7.** *ugs* (*Gewinn*) profit
Schnittblumen *Pl* cut flowers *Pl*
Schnittbohnen *Pl* French beans *Pl*
Schnitte *f* **1.** slice **2.** (open) sandwich
schnittig *Adj* racy, stylish, streamlined
Schnittlauch *m* BOT chives *Pl*
Schnittmuster *n* pattern
Schnittpunkt *m* (point of) intersection
Schnittstelle *f* IT *und fig*: interface
Schnittwunde *f* cut, *große*: gash
Schnittzeichnung *f* TECH section(al view)
Schnitzarbeit *f* (wood)carving
Schnitzel[1] *n* GASTR cutlet: ***Wiener Schnitzel*** (Wiener) schnitzel
Schnitzel[2] *n, m* shred, (*Papierschnitzel*) scrap, (*Holzschnitzel*) chip
Schnitzeljagd *f* paper chase
Schnitzelwerk *n* shredder
schnitzen *v/t und v/i* carve
Schnitzer[1] *m ugs fig* blunder
Schnitzer[2], **Schnitzerin** (wood)carver
Schnitzerei *f* (wood)carving
schnoddrig, **schnodderig** *Adj ugs* snotty
Schnorchel *m* **1.** SCHIFF snorkel **2.** *Sporttauchen*: snorkel (mask)
schnorcheln *v/i* snorkel, go snorkelling
Schnörkel *m* **1.** ARCHI scroll **2.** *beim Schreiben*: squiggle, *auch stilistisch*: flourish: *fig* ***ohne Schnörkel*** without frills
schnorren *v/i und v/t* scrounge (***bei j-m*** off s.o.)
Schnorrer, **Schnorrerin** scrounger
Schnösel *m ugs* snot-nose
schnucklig, **schnuckelig** *Adj ugs* cuddly, pretty, cute
schnüffeln *v/i* **1.** sniff (***an*** *Dat* at) **2.** *ugs fig* snoop (around)
Schnüffler, **Schnüfflerin** *ugs* snooper, (*Detektiv*) sleuth
Schnuller *m* comforter, dummy, *Am* pacifier
Schnulze *f ugs* schmaltzy song, *weit. S.* (*Buch etc*) tearjerker, sobstuff
schnulzig *Adj* soppy, schmaltzy
Schnupfen *m* cold, *ugs the* sniffles *Pl*
Schnupftabak *m* snuff
schnuppe → ***schnurz***
schnuppern → ***schnüffeln*** 1
Schnur *f* cord, (*Bindfaden*) (piece of) string, ELEK flex: *ugs fig* ***über die Schnur hauen*** overdo it
Schnürchen *n ugs fig* ***das ging wie am Schnürchen*** it went like clockwork
schnüren *v/t* tie up, (*Schuhe*) lace
schnurgerade *Adj und Adv ugs* (as) straight as an arrow, dead straight
schnurlos *Adj Telefon*: cordless
Schnurrbart *m* m(o)ustache
schnurren *v/i* purr, (*surren*) *auch* whirr
Schnürriemen *m* strap
Schnürschuh *m* lace-up shoe
Schnürsenkel *m* shoelace, *für Stiefel*: bootlace
Schnürstiefel *m* lace-up boot
schnurstracks *Adv ugs* (*direkt*) straight, (*sofort*) straightaway
schnurz *Adj ugs* ***das ist mir schnurz*** I couldn't care less
Schock *m* MED *und fig* shock: ***einen Schock bekommen*** get a shock; ***einen Schock haben*** be in (a state of) shock
Schockanruf *m* nuisance call
Schockbehandlung *f* MED shock treatment
schockieren *v/t* shock, scandalize: ***schockierend*** shocking, scandalizing
Schocktherapie *f* MED (electro-)shock therapy
schofel *Adj ugs* shabby, (*gemein*) *auch* mean
Schöffe *m*, **Schöffin** *f* lay assessor
Schöffengericht *n* lay assessors' court
Schokolade *f*, **schokoladenbraun** *Adj* chocolate
Schokoriegel *m* chocolate bar
Scholle[1] *f* **1.** (*Erdscholle*) clod **2.** (*Eisscholle*) floe **3.** *fig* (*Heimaterde*) (native) soil
Scholle[2] *f* (*Fisch*) plaice (*auch Pl*)
schon *Adv* **1.** already, *in Fragen*: yet, (*schon einmal*) before, (*jemals*) ever, (*sogar schon*) even: ***schon damals*** even then; ***schon früher*** before; ***schon immer*** always, all along; ***schon oft*** often (enough); ***schon wieder*** again; (***nicht***) ***schon wieder!*** not again!; ***schon am nächsten Tage*** the very next day; ***schon im 16. Jh.*** as early as the 16th century; ***ist er schon da?*** has he come yet?; ***hast du schon*** (***einmal***) ***…?*** have you ever …?; ***ich habe ihn schon einmal gesehen*** I have seen him before; ***hast du schon mit ihm gesprochen?*** have you talked to him yet?; ***ich komme*** (***ja***) ***schon!*** (I'm) coming!; ***das kennen wir schon!*** that's an old story! **2.** *verstärkend*: ***er wird schon kommen*** he is sure to come; don't worry, he'll come; ***er wird es schon machen*** leave it to him; ***das ist schon möglich*** that's quite possible; (***das ist***) ***schon wahr, aber …*** that's (certainly) true, but …; ***er ist schon ein guter Spieler*** he really is a good player **3.** ***schon gar nicht*** least of all **4.** (*allein*) ***schon der Name***

S

Die Übersetzung von schon

GR

Bei Vorgängen, die gerade stattfinden, wird **schon** oft nicht wörtlich übersetzt, sondern häufig mit der **-ing**-Form im Passiv wiedergegeben. Die Konstruktion lautet:

Subjekt + **am / are / is being** + **past participle**.

Danke, ich werde schon bedient.	**I'm being served, thanks.**

(***Anblick, Gedanke***) the very name (sight, idea); ***schon deswegen*** if only for that reason; ***schon weil*** if only because **5.** *rhetorisch*: ***was macht das schon?*** what does it matter?

schön I *Adj* **1.** beautiful, *bes Mann*: handsome, good-looking: ***das schöne Geschlecht*** the fair sex; ***die schönen Künste*** the fine arts; ***schönes Wetter*** good (*oder* fine) weather **2.** (*gut*) good, fine, (*angenehm*) pleasant, nice: ***schön!*** all right!, okay!; ***eines schönen Tages*** one of these days; ***schönen Dank!*** many thanks!, *ablehnend*: no, thank you!; ***schönes Wochenende!*** have a nice weekend!; ***schöner Tod*** easy death; ***das ist alles schön und gut, aber …*** that's all very well, but …; ***es war sehr schön*** *auf dem Fest etc* I (we *etc*) had a good time; ***schön wärs!*** some hope!; ***das wäre ja noch schöner!*** *ugs* nothing doing!; *iron* ***du bist mir ein schöner Freund!*** a fine friend you are! **3.** *ugs* (*beträchtlich*) handsome, fair **II** *Adv* **4.** beautifully, nicely, pleasantly: ***sie war schön braun*** she had a beautiful tan; ***sich schön machen*** **a)** dress up, **b)** make (o.s.) up **5.** *ugs* (*sehr*) very, really, pretty: ***ganz schön teuer*** pretty expensive; *iron* ***da wärst du schön dumm*** you'd be a fool; ***sei schön brav!*** be a good boy (*oder* girl) now!; ***schön warm*** nice and warm

Schonbezug *m* loose cover

Schöne *n the* beautiful: ***das Schöne daran*** the nice thing about it; ***es gibt nichts Schöneres als*** there's nothing nicer (*oder* better) than

schonen I *v/t* **1.** (*j-n, j-s Leben, Gefühle*) spare **2.** (*Augen, Kräfte, Vorräte*) save, (*pfleglich behandeln*) treat *s.th.* with care, *auch Mittel*: be easy on (*the carpet etc*) **II** *v/refl* **3.** ***sich schonen*** take it easy; ***sich für etw schonen*** save one's strength for s.th.; ***sich nicht schonen*** drive o.s. (hard)

schönen *v/t Bericht, Zahlen*: dress up

schonend *Adj* careful, gentle, *Waschmittel etc*: mild, (*rücksichtsvoll*) considerate: *Adv* ***schonend umgehen mit*** go easy on; → ***beibringen*** 1

Schoner[1] *m* cover

Schoner[2] *m* SCHIFF schooner

Schöngeist *m* (a)esthete

schöngeistig *Adj* (a)esthetical

Schönheit *f* beauty

Schönheitschirurgie *f* cosmetic (*oder* plastic) surgery

Schönheitsfarm *f* beauty farm

Schönheitsfehler *m auch fig* blemish, flaw

Schönheitskönigin *f* beauty queen

Schönheitsoperation *f* cosmetic operation

Schönheitspflege *f* beauty care

Schönheitssalon *m* beauty parlo(u)r

Schönheitswettbewerb *m* beauty contest, *Am* pageant

Schonkost *f* light food

schönmachen *v/i Hund*: sit up (and beg); → ***schön*** II 4

Schonung *f* **1.** (*Gnade*) mercy, (*Nachsicht*) forbearance **2.** (*pflegliche Behandlung*) good care, (*Schutz*) protection, (*Ruhe*) rest: ***sie braucht Schonung*** she needs a rest; ***zur Schonung*** (*Gen*) to protect (*one's hands etc*), to save (*one's eyes, strength, etc*) **3.** (young) forest plantation

schonungsbedürftig *Adj* in need of rest

schonungslos *Adj* merciless

Schönwetterperiode *f* period of fine (*oder* good) weather, *kurz*: sunny spell

Schonzeit *f* JAGD close season

Schopf *m* mop (of hair), *der Vögel*: tuft; → ***Gelegenheit*** 1

schöpfen *v/t* scoop, *mit einer Kelle*: ladle, (*Wasser*) draw: → ***Hoffnung, Luft*** 1, ***Verdacht*** *etc*

Schöpfer, Schöpferin creator, (*Gott*) *the* Creator

schöpferisch *Adj* creative

Schöpfkelle *f*, **Schöpflöffel** *m* ladle

Schöpfung *f* creation, BIBEL *the* Creation

Schöpfungsgeschichte *f* BIBEL Genesis

Schorf *m* MED scab

Schornstein *m* chimney, SCHIFF, BAHN funnel, (*Fabrikschornstein*) smoke stack

Schornsteinfeger, Schornsteinfegerin chimney sweep

Schoß *m* lap, (*Mutterleib*) womb, *fig der Familie etc*: bosom: → ***Hand***

Schössling *m* BOT shoot

Schote *f* BOT husk, pod

Das Adjektiv schön und seine Übersetzungen

SG

Personen	
Kinder:	**beautiful, pretty**
Was für ein schönes / hübsches Baby!	**What a beautiful / pretty baby!**
Frauen:	**beautiful, good-looking, pretty**
eine schöne / hübsche / gut aussehende Frau	**a beautiful / pretty / good-looking woman**
das schöne Geschlecht	**the fairer sex**
Männer:	**handsome, good-looking**
ein schöner / gut aussehender Mann	**a handsome / good-looking man**
Dinge	
Bei Dingen gibt es keine Faustregel!	
ein schönes Haus / Geschenk	**a beautiful house / present**
ein schönes Städtchen	**a pretty little town**
ein schöner (= beträchtlicher) Gewinn	**a handsome profit**
(k)ein schöner Anblick	**(not) a pretty sight**
schönes Wetter	**good / fine / nice weather**
Hattest du einen schönen Tag?	**Did you have a nice / good day?**
Du bist ein schöner Freund!	**Nice friend you are!**

Schotte *m* Scot, Scotsman: ***die Schotten*** the Scots
Schottenrock *m* **1.** *echter*: kilt **2.** tartan (*oder* plaid) skirt
Schotter *m* gravel, (*Straßenschotter*) *auch* (road) metal
schottern *v/t* gravel, metal
Schottin *f* Scotswoman
schottisch *Adj* Scottish, *Whisky etc*: Scotch
Schottland *n* Scotland
schraffieren *v/t* hatch
schräg **I** *Adj* oblique, slanting (*auch Augen*), (*schräg abfallend*) sloping, (*schräg verlaufend*) diagonal **II** *Adv* (*schräg schneiden, stellen etc*) at an angle: ***schräg gegenüber*** diagonally opposite
Schräge *f* slant, (*Gefälle, schräge Fläche*) incline, slope
Schrägstrich *m* oblique
Schramme *f* scratch
schrammen *v/t* scrape, scratch, (*Haut*) *auch* graze
Schrank *m* **1.** cupboard, *bes Am* closet, (*Kleiderschrank*) wardrobe, (*Spind*) locker **2.** *ugs* (*großer Kerl*) giant

Schrank ist nicht gleich Schrank SG

Für „Schrank" gibt es im Englischen keinen einheitlichen Ausdruck. Es kommt darauf an, was drin ist. Erschwerend kommt hinzu, dass sich Engländer und Amerikaner nicht einig sind und teilweise unterschiedliche Bezeichnungen haben. Also: Ein **cupboard** ist im Englischen ein Schrank unterschiedlicher Größe mit mindestens einer Tür, in den Sachen, Geschirr oder Lebensmittel hineingelegt werden. Darin stimmen Engländer und Amerikaner überein. Beim (Kleider)Schrank, in dem Sachen hängen, stimmen sie aber nicht überein. Das ist im britischen Englisch ein **wardrobe**, im amerikanischen Englisch ein **closet**. *Am* **closet** hat nichts mit WC oder dergleichen zu tun. Den Begriff **water closet** (= WC) gibt es aber im Englischen auch, er wird aber kaum mündlich verwendet. **Closet** wird auch anders ausgesprochen als der deutsche „falsche Freund" *Klosett*, nämlich ['klɒzɪt], also mit Betonung auf der ersten Silbe. Ein (Besen)Schrank ist im britischen Englisch auch ein **cupboard** (nämlich **broom cupboard**), im amerikanischen Englisch wiederum **closet**. **"A closet** (*Am*) **is a full-length or a walk-in cupboard** (*Br*)." – („*Als* **closet** *bezeichnet man im amerikanischen Englisch eine Art Einbauschrank oder einen begehbaren Kleiderschrank.*") Den Schrank, in den man beim Sport oder beim Militär seine Sachen tut, nennt man **locker** (Spind).

Schranke *f* **1.** barrier, BAHN *auch* gate, JUR bar **2.** *fig* (*soziale etc Schranke, Handelsschranke*) barrier, (*Grenze*) bounds *Pl*, limits *Pl*: ***Schranken setzen*** set bounds (*Dat* to); ***(sich) in Schranken halten*** restrain (o.s.); ***j-n in seine Schranken weisen*** put s.o. in his place
schrankenlos *Adj fig* boundless
Schrankenwärter, **Schrankenwärterin** BAHN gatekeeper
schrankfertig *Adj* washed and ironed
Schrankkoffer *m* wardrobe trunk
Schrankwand *f* wall-to-wall cupboard
Schraubdeckel *m* screw cap
Schraube *f* **1.** screw (*auch* SCHIFF), FLUG propeller: ***Schraube und Mutter*** bolt and nut; *ugs* ***bei ihm ist eine Schraube locker*** he has a screw loose **2.** SPORT twist, *Kunstspringen*: spiral dive
schrauben *v/t* screw, (*drehen*) twist: ***fester schrauben*** tighten the screw(s) of; *fig* ***niedriger schrauben*** lower, scale down; ***(sich) in die Höhe schrauben*** → ***hoch***; → ***geschraubt***
Schraubendreher *m* screwdriver
Schraubenschlüssel *m* wrench, spanner, *verstellbarer*: monkey-wrench
Schraubenzieher *m* screwdriver
Schraubstock *m* vice, *Am* vise
Schraubverschluss *m* screw top (*oder* cap)
Schrebergarten *m* allotment
Schreck *m* fright, shock: ***die Schrecken des Krieges*** the horrors of war; ***einen Schreck bekommen*** get a fright (*oder* shock); ***in Schrecken versetzen*** frighten, terrify; ***mit dem Schrecken davonkommen*** get off with a bad fright; ***zu meinem Schrecken*** to my dismay; ***Schrecken erregend*** → ***schrecklich***
schrecken *v/t* frighten, (*aufschrecken*) startle: ***das schreckt mich nicht*** that can't scare me
schreckenerregend → ***schrecklich***
Schreckensherrschaft *f* reign of terror
Schreckensnachricht *f* alarming (*oder* dreadful) news *Sg*
Schreckenstat *f* atrocity
Schreckgespenst *n fig* nightmare
schreckhaft *Adj* jumpy, nervous
schrecklich **I** *Adj* terrible, dreadful, horrible, *Mord etc*: *auch* atrocious **II** *Adv ugs* awfully, terribly
Schrecknis *n* horror
Schreckschuss *m* **1.** warning shot **2.** *fig* false alarm
Schreckschusspistole *f* blank (cartridge) pistol
Schrecksekunde *f* MOT reaction time
Schrei *m* cry, shout, *gellender*: scream, yell, shriek: *fig* ***Schrei der Entrüstung*** outcry; *ugs* ***der letzte Schrei*** the latest rage
Schreibarbeit *f* desk work, *bes pej* paperwork
Schreibblock *m* writing pad
schreiben *v/t und v/i* write (***über*** *Akk* on, about), (*Rechnung etc*) write out, TECH *Instrument*: record: ***j-m schreiben*** write to s.o., *Am auch* write s.o.; ***j-m etw schreiben*** write to s.o. about s.th.; ***mit Bleistift*** *etc* ***schreiben*** write in pencil *etc*; ***mit der (Schreib)Maschine schreiben*** type; ***sich*** (*oder* ***einander***) ***schreiben*** write (to one another), correspond; ***noch einmal schreiben*** rewrite; ***gut schreiben*** **a)** write a good hand, **b)** be a good writer; ***(richtig) schreiben*** (*Wort*) spell (correctly); ***falsch schreiben*** misspell; ***wie schreibt er sich?*** how do you spell his name?; ***an einem Roman schreiben*** be working on a novel; ***wie*** *die Zeitung etc* ***schreibt*** according to; → ***Ohr*** *etc*
Schreiben *n* **a)** writing, **b)** letter, *kurzes*: note
Schreiber, **Schreiberin** writer
Schreiberling *m pej* scribbler
schreibfaul *Adj* lazy about writing letters
Schreibfeder *f* pen

S

Schreibfehler *m* spelling mistake, slip of the pen
Schreibgerät *n* writing utensils *Pl*, TECH recorder

Schreibgeräte	WF
Bleistift	**pencil**
Buntstift	**coloured pencil, crayon** ['kreɪən]
Feder (*für Füllhalter*)	**nib**
Filzstift	**felt tip (pen)**
Füller, Füllfederhalter	**fountain pen**
Kugelschreiber	**ballpoint (pen), biro®**
Kugelschreiber (*mit feinerem Strich*)	**rollerball pen**
Leuchtstift	**highlighter**
Marker, Markierstift	**marker pen**
Mine (*Kugelschreiber*)	**refill** ['riːfɪl]
Mine (*Bleistift*)	**lead** [led]
Patrone	**cartridge**
Tintenkiller	**correction pen**
Wachsmalstift	**(wax) crayon** [('wæks),kreɪən]

schreibgeschützt *Adj* COMPUTER read only
Schreibheft *n* exercise book
Schreibkraft *f* (shorthand) typist
Schreibmappe *f* writing case
Schreibmaschine *f* typewriter: ***Schreibmaschine schreiben*** type; ***mit Schreibmaschine geschrieben*** typewritten, typed, in typescript
Schreibmaschinenpapier *n* typing paper
Schreibpapier *n* writing paper
Schreibschutz *m* COMPUTER write protection
Schreibstelle *f* cursor (*oder* character) position
Schreibtisch *m* (writing) desk
Schreibtischlampe *f* desk lamp
Schreibung *f* spelling
Schreibwaren *Pl* stationery *Sg*
Schreibwarengeschäft *n* stationer's (shop)
Schreibwarenhändler, **Schreibwarenhändlerin** stationer
Schreibweise *f* style, *eines Wortes*: spelling
Schreibzeug *n* writing things *Pl*
schreien *v/i und v/t* shout, *gellend*: yell, scream, shriek, *Baby*: howl: ***schreien nach*** cry for; *ugs* ***es*** **(*er*)** ***ist zum Schreien*** it (he) is a scream
schreiend *Adj fig Farbe*: loud, *Unrecht*: flagrant, *Gegensatz*: glaring
Schreier, **Schreierin** → ***Schreihals***
Schreihals *m ugs* loudmouth, (*Krakeeler*) brawler, (*Baby*) bawler, (*Kind*) noisy brat
Schrein *m* shrine
Schreiner, **Schreinerin** *etc* → ***Tischler*** *etc*
schreiten *v/i* **1.** *lit* walk, (*ausschreiten*) stride, step **2.** *fig* ***zu etw schreiten*** proceed to (do) s.th.; ***zur Tat schreiten*** set to work
Schrift *f* **1.** writing, (*Handschrift*) hand(writing), *typografisch*: script, type: ***in lateinischer Schrift*** in Roman characters (*oder* letters) **2.** (*Schriftstück*) document, writing, (*auch Abhandlung*) paper, (*Druckschrift*) publication, pamphlet: ***die Heilige Schrift*** the Holy Scripture(s *Pl*)

S

Schriftart *f* script, type, (*Schrifttyp*) font
Schriftbild *n* typeface
Schriftdeutsch *n* standard German
Schriftführer, **Schriftführerin** secretary
Schriftgelehrte *m* BIBEL scribe
Schriftgrad *m* type size
schriftlich **I** *Adj* written, in writing: ***schriftliche Prüfung*** written examination **II** *Adv* in writing, (*brieflich*) by letter: ***jetzt haben wir es schriftlich*** now we have it in black and white; *ugs* ***das kann ich dir schriftlich geben!*** I can guarantee you that!
Schriftprobe *f* specimen of *s.o.'s* handwriting
Schriftrolle *f* scroll
Schriftsatz *m* JUR (set of) documents *Pl*, (*Erklärung*) (written) statement
Schriftsetzer, **Schriftsetzerin** typesetter
Schriftsprache *f* standard language
Schriftsteller, **Schriftstellerin** author(ess), writer
Schriftstellerei *f* writing
schriftstellerisch **I** *Adj* literary **II** *Adv* as a writer
Schriftstück *n* document, paper
Schriftwechsel *m* correspondence
Schriftzeichen *n* letter, character
schrill *Adj* shrill, piercing
Schritt *m* **1.** step (*auch Tanzschritt*), pace (*auch als Maß*), *langer*: stride, *hörbarer*: (foot)step, (*Gangart*) gait, walk: ***Schritt halten mit*** keep pace with, *fig auch* keep abreast of; ***Schritt für Schritt*** *auch fig* step by step; ***auf Schritt und Tritt*** at every turn, everywhere **2.** (*Tempo*) pace: ***im Schritt*** at a walking pace; MOT **(*im*)** ***Schritt fahren!*** dead slow! **3.** *der Hose*, *auch* ANAT crotch **4.** *fig* step, (*Maßnahme*) *auch* measure, move: ***diplomatischer Schritt*** démarche; ***Politik der kleinen Schritte*** step-by-step policy; ***den ersten Schritt tun*** take the first step; ***wir sind keinen Schritt weitergekommen*** we haven't made the slightest bit of progress
Schrittmacher *m* SPORT pacemaker (*auch* MED *und fig*), *in der Mode*: *auch* trendsetter
Schrittmacherdienste *Pl* ***j-m Schrittmacherdienste leisten*** SPORT make the pace for s.o., *fig* smooth the way for s.o.
schrittweise **I** *Adj* gradual, step-by-step **II** *Adv* step by step
schroff *Adj* **1.** *Felsen*: jagged, (*steil*) steep **2.** *fig* (*barsch*) gruff, curt, (*unvermittelt*) abrupt: ***schroffe Ablehnung*** flat refusal; ***schroffer Gegensatz*** glaring contrast
schröpfen *v/t* **1.** MED bleed **2.** *fig* ***j-n schröpfen*** fleece s.o. **(*um*** for)
Schrot *m, n* **1.** (*Getreide*) wholemeal **2.** JAGD (small) shot **3.** *fig* ***von echtem Schrot und Korn*** true
schroten *v/t* (*Getreide, Malz*) bruise
Schrotflinte *f* shotgun
Schrotkorn *n*, **Schrotkugel** *f* pellet
Schrotsäge *f* crosscut saw
Schrott *m* **1.** scrap metal: ***zu Schrott fahren*** → ***schrottreif*** **2.** *ugs fig* junk: ***Schrott reden*** talk rubbish
Schrotthändler, **Schrotthändlerin** scrap dealer
Schrotthaufen *m* scrap heap
Schrottplatz *m* scrapyard
schrottreif *Adj* ready for the scrap heap: ***ein Auto schrottreif fahren*** smash (up) a car
Schrottwert *m* scrap value
schrubben *v/t* scrub

Schrubber *m* scrubbing brush
Schrulle *f* quirk, (cranky) whim
schrullig *Adj* cranky, *ugs* crotchety
schrumpelig, schrumplig *Adj* shrivel(l)ed
schrumpfen *v/i* **1.** shrink (*auch* TECH), MED *auch* atrophy **2.** *fig* shrink, dwindle
Schrumpfung *f* shrinking, shrinkage
Schub *m* **1.** push, PHYS *auch* thrust **2.** (*Anzahl*) batch **3.** MED phase, (*Anfall*) attack, *von Adrenalin etc*: rush: ***in Schüben*** intermittent(ly)
Schubkraft *f* PHYS thrust
Schublade *f* drawer
Schubs *m*, **schubsen** *v/t ugs* push, shove
schubweise *Adv* in batches
schüchtern *Adj* shy, timid, (*verschämt*) bashful
Schüchternheit *f* shyness, timidity, bashfulness
Schuft *m* scoundrel
schuften *v/i ugs* slave away
Schufterei *f* drudgery, grind
Schuh *m* shoe (*auch* TECH): *fig* ***j-m etw in die Schuhe schieben*** put the blame for s.th. on s.o.; ***wo drückt dich der Schuh?*** what's the trouble?
Schuhbürste *f* shoe brush
Schuhcreme *f* shoe polish
Schuhgeschäft *n* shoe shop
Schuhgröße *f* shoe size
Schuhlöffel *m* shoehorn
Schuhmacher, Schuhmacherin shoemaker
Schuhputzer, Schuhputzerin shoeblack, *Am* shoeshine (boy)
Schuhsohle *f* sole
Schuhspanner *m* shoe tree
Schuhwerk *n* footwear

Schuhwerk WF

Gummilatschen, Plastiklatschen	**flip-flops**, *bes Am* **thongs**
Gummistiefel	**Wellington boots, Wellingtons**, *umgangssprachlich*: **wellies**, *Am* **rubber boots**
Holzpantoffeln	**clogs**
Mokassins	**loafers**
Pantoffeln	**slippers**
Pumps	**court shoes**, *Am* **pumps** [pʌmps]
Sandalen	**sandals** ['sændlz]
(Halb)Schuhe	**shoes**
Schuhe mit flachen Absätzen	**flat shoes**, *umgangssprachlich*: **flatties**
Schuhe mit hohen Absätzen	**high heels, high-heeled shoes**
Stiefeletten	**ankle boots**
Stöckelschuhe mit Pfennigabsatz	**stilettos** [stɪ'letəʊz]
Tanzschuhe	**pumps** [pʌmps]
Sportschuhe	**gym shoes** ['dʒɪmʃuːz]
(leichte) Turnschuhe	**plimsolls** ['plɪmsəlz], *Am* **sneakers**
(schwere) Turnschuhe	**trainers**, *bes Am* **tennis shoes**
Wanderschuhe	**walking shoes**
Wanderstiefel	**walking boots**

Schukostecker® *m* shockproof plug
Schulabgänger, Schulabgängerin school leaver
Schulalter *n* school age
Schularbeit *f meist Pl* homework *Sg*
Schulausflug *m* school outing
Schulbank *f* desk: ***die Schulbank drücken*** go to school
Schulbehörde *f* education authority
Schulbeispiel *n* classic example (***für*** of)
Schulbesuch *m* (school) attendance
Schulbildung *f* (***höhere Schulbildung*** secondary) education
Schulbuch *n* textbook, school book
Schulbuchverlag *m* educational publishers *Pl*
Schulbus *m* school bus
Schuld *f* **1.** guilt (*auch* JUR), blame, REL sin(s *Pl*): ***ihn trifft die Schuld, er ist schuld (daran)*** he is to blame for it; ***die Schuld auf sich nehmen*** take the blame; ***j-m (einer Sache) die Schuld geben*** blame it on s.o. (s.th.); ***ohne meine Schuld*** through no fault of mine; ***zu Schulden*** → ***zuschulden***; → ***zuschieben*** 2 **2.** *meist Pl* debt: ***Schulden haben, in Schulden stecken*** be in debt; ***Schulden machen*** incur debts, run into debt; *fig* ***in j-s Schuld stehen*** be indebted to s.o.
schuldbewusst *Adj Miene etc*: guilty
schulden *v/t* ***j-m etw schulden*** owe s.o. s.th. (*auch fig eine Erklärung etc*); → ***Dank***
Schuldenberg *m ugs* enormous debt(s *Pl*)
schuldenfrei *Adj* free of debt, *Haus etc*: unencumbered
Schuldenlast *f* liabilities *Pl*, *auf Grundbesitz*: encumbrance
Schuldentilgung *f* liquidation of debts
Schuldforderung *f* claim, (active) debt
Schuldfrage *f* question of guilt
Schuldgefühl(e *Pl*) *n* guilty conscience
Schuldienst *m* ***im Schuldienst sein*** be a teacher
schuldig *Adj* **1.** (*Gen*) *auch* JUR guilty (of), responsible (for): ***j-n für schuldig befinden*** find s.o. guilty (***eines Verbrechens*** of a crime, ***einer Anklage*** on a charge); ***j-n schuldig sprechen*** pronounce s.o. guilty; ***sich schuldig bekennen*** plead guilty **2.** ***j-m etw schuldig sein*** → ***schulden***; ***was bin ich Ihnen schuldig?*** how much do I owe you?; ***das ist man ihm schuldig*** that's his due; ***(j-m) die Antwort schuldig bleiben*** give (s.o.) no answer
Schuldige *m, f* culprit, JUR guilty party, offender
Schuldigkeit *f* duty, obligation
schuldigsprechen → ***schuldig*** 1
Schuldirektor, Schuldirektorin headmaster (headmistress), *Am* principal
schuldlos *Adj* innocent (***an*** *Dat* of)
Schuldner, Schuldnerin debtor
Schuldnerland *n* debtor nation
Schuldschein *m* promissory note, IOU (= I owe you)
Schuldspruch *m* JUR verdict of guilty, conviction
Schuldverschreibung *f* WIRTSCH (debenture) bond
Schuldzuweisung *f* apportionment of blame
Schule *f allg* school: ***höhere Schule*** secondary school, *Am* senior high school; ***auf (oder in) der Schule*** at school; ***in die (oder zur) Schule gehen*** go to school; *fig* ***aus der Schule plaudern*** tell tales out of school, blab; ***Schule machen*** set a precedent, be imitated, spread;

S

Schule in den USA

LK

In den USA liegt die Bildungshoheit bei den Bundesstaaten. Die Hauptverantwortung für das Schulwesen liegt bei den lokalen Schulbehörden (**local school boards**), es gibt keinen allgemein verbindlichen Lehrplan. Durch das System der **property tax** – die Schulbehörde erhebt Steuern von den örtlichen Haushalten und Unternehmen – ist die Ausstattung der Schulen sehr unterschiedlich, abhängig von der Finanzkraft der Bevölkerung in den jeweiligen Schulbezirken, selbst bei starker Bezuschussung durch die Bundesregierung.
Die allgemeine, 12-jährige Schulpflicht beginnt mit 6 Jahren, wobei häufig ein Besuch von **pre-school** oder **kindergarten** vorangeht. Die **elementary school** und die **high school** sind ganztägige Gesamtschulen mit einer Unterrichtszeit von 8 bis 15 Uhr. Die wachsende Kritik an diesem Schulsystem richtet sich u. a. gegen die sinkenden Bildungsstandards sowie die zunehmende Gewalt an Schulen. Kostspielige Ausweichmöglichkeiten für eine kleine Schülerschaft stellen **private schools** dar, zum Teil in kirchlicher Trägerschaft als sog. **parochial schools**, oder **home schooling** – Eltern unterrichten ihre Kinder selbst. Im Gegensatz zu Großbritannien werden in den USA mit **public schools** die allgemeinbildenden Schulen bezeichnet.

public schools

Alter	Schultyp	Alter	Schultyp
6–11	**elementary school**	6–13	**elementary school**
12–14	**junior high school**	14–17	**high school**
15–17	**senior high school**		

Abschluss:
high school diploma

durch eine harte Schule gehen learn the hard way; → ***besuchen*** 2, ***schwänzen***
schulen *v/t* train; → ***geschult***
Schulenglisch *n* school English
Schüler *m* schoolboy, *bes Br auch* pupil, *älterer, Am allg* student, (*Jünger*) disciple
Schüleraustausch *m* school exchange
Schülerin *f* schoolgirl (*etc*, → ***Schüler***)
Schülerlotse *m ugs* lollipop man
Schülerlotsin *f ugs* lollipop woman (*oder* lady)
Schülerzeitung *f* school magazine
Schulfach *n* subject
Schulferien *Pl* holidays *Pl*, *bes Am* vacation *Sg*
Schulfernsehen *n* educational television
schulfrei *Adj* ***schulfrei haben*** have a holiday; ***heute ist schulfrei*** there's no school today
Schulfreund, **Schulfreundin** schoolfriend, *ugs* schoolmate
Schulfunk *m* school broadcasts *Pl*
Schulgelände *n* school grounds *Pl*, *Am* campus
Schulgeld *n* school fees *Pl*
Schulheft *n* exercise book
Schulhof *m* playground, schoolyard
schulisch *Adj* school (*affairs etc*): ***schulische Leistungen*** *Pl* progress *Sg* at school
Schuljahr *n* school year: ***meine Schuljahre*** my school days
Schuljunge *m* schoolboy
Schulkamerad, **Schulkameradin** schoolmate
Schulkenntnisse *Pl* school knowledge *Sg*
Schulklasse *f* class, *Br auch* form, *Am* grade
Schulleiter, **Schulleiterin** headmaster (headmistress), *Am* principal
Schulmädchen *n* schoolgirl
Schulmappe *f* school bag
Schulmedizin *f* orthodox medicine
Schulmeinung *f* received opinion
Schulordnung *f* school regulations *Pl*
Schulpflicht *f* compulsory education
schulpflichtig *Adj* school-age, of school age
Schulranzen *m* satchel
Schulrat *m*, **Schulrätin** *f* school inspector (*Am* superintendent)
Schulschiff *n* training ship
Schulschluss *m* end of school (*vor den Ferien:* of term): ***nach Schulschluss*** after school;

S

Schule, Kirche, Universität usw.

GR

Wenn man mit **school** die **Schule als Gebäude** meint, dann sagt oder schreibt man **the school**:

Wir treffen uns vor der Schule.	**We'll meet in front of the school.**

Meint man mit **school** den **Schulunterricht**, darf man den bestimmten Artikel **the** nicht verwenden.

Macht dir die Schule Spaß?	**Do you like school?**
in die Schule (= zum Unterricht) gehen	**go to school**
in die Schule (= das Gebäude) (hinein)gehen	**go into the school**
in der Schule (= beim Unterricht)	**at school**
in der Schule (= in dem Gebäude)	**in the school**

So ähnlich wie bei **school** ist es – zumindest im britischen Englisch – mit einer Reihe anderer Ausdrücke, z. B. **church, college, university, hospital, prison**: Gebäude – **mit Artikel**, Funktion der Einrichtung – **ohne Artikel**.

Schule in Großbritannien

LK

In Großbritannien gibt es für England, Schottland, Wales und Nordirland faktisch getrennte Schulsysteme, die aber nur geringfügig voneinander abweichende Merkmale aufweisen. Alle Kinder im Alter von 5 bis 16 Jahren sind schulpflichtig.
Die Mehrheit der Schüler besucht **state schools**, die vom Staat finanziert werden und daher gebührenfrei sind. Die Ausbildung in der **secondary education** (Sekundarstufen I–II) erfolgt überwiegend an **comprehensive schools**. In diesen Ganztagsschulen beginnt der Unterricht um 9 Uhr mit der **assembly** und dem Schulgebet und endet je nach Alter zwischen 15 und 16 Uhr oder später. Seit 1988 gibt es für alle staatlichen Schulen einen verbindlichen Lehrplan (**national curriculum**). Ansonsten obliegen wichtige Entscheidungen weiterhin der jeweiligen **Local Education Authority**. Die Prüfungen sind losgelöst vom Schulsystem und werden von unabhängigen Prüfungsausschüssen gestellt. Das Notenspektrum reicht von **A** („sehr gut") bis **G** („ungenügend").
Ein kleiner Teil der Schüler besucht **independent schools**, die v. a. durch Schulgebühren finanziert werden und großteils Internate sind. Dazu zählen auch die **public schools**, traditionelle, exklusive und teurere Privatschulen, wie z. B. **Eton** oder **Harrow**.
Traditionell wird an britischen Schulen großer Wert auf Persönlichkeitsbildung gelegt. Erst in jüngster Zeit erhielt die Wissensvermittlung Vorrang.

state schools

Alter	Schultyp		Abschluss
5–7	infant school	**primary school**	national test
8–11	junior school	(Reading, wRiting, aRithmetic)	national test
12–16		**secondary school** (science and technology)	national test / GCSE / GNVQ
17–18		**further education** (Kurse in mind. 3 Fächern)	A Levels* / AVCE

* In Schottland gibt es keine A Levels.

Schulsachen

WF

Bleistift	**pencil**
Büroklammer	**paper clip**
(Feder)Mäppchen	**pencil case**
Filzstift	**felt-tip (pen)**
Füller, Füllfederhalter	**fountain (pen)**
Hefter	**stapler**
Klebeband	**sticky tape**
Klebestift	**glue stick**
Kugelschreiber	**(ballpoint) pen**
Leuchtstift, Marker	**highlighter, marker**
Lineal	**ruler**
Notizblock	**notepad**, *bes Am* **memo pad**
Radiergummi	**rubber**, *bes Am* **eraser**
Reißzwecke	**drawing pin**, *Am* **thumbtack**
Ringbuch	**ring binder**
Schere	**scissors** *Pl*
Schulheft	**exercise book**, *Am* **notebook**
Schulmappe, -tasche	**schoolbag**
Taschenrechner	**(pocket) calculator**
Wörterbuch	**dictionary**
Zirkel	**compasses** *Pl*

wann ist heute Schulschluss? when does school finish today?
Schulschwänzer, **Schulschwänzerin** truant
Schulspeisung *f* school meals *Pl*
Schulsprecher, **Schulsprecherin** head boy (girl)
Schulstunde *f* lesson, class
Schultasche *f* school bag
Schulter *f* shoulder: ***Schulter an Schulter*** shoulder to shoulder; ***mit den Schultern zucken*** shrug one's shoulders; ***j-m auf die Schulter klopfen*** slap s.o.'s back; → ***kalt*** I, ***leicht*** 1
Schulterblatt *n* ANAT shoulder blade
schulterlang *Adj* shoulder-length
schultern *v/t* shoulder
Schulterriemen *m* shoulder strap
Schulterschluss *m* closing of ranks
Schultersieg *m Ringen*: win by a fall
Schultertasche *f* shoulder bag
Schulung *f* training, (*Übung*) practice, POL indoctrination
Schulungskurs *m* course of training
Schulunterricht *m* lessons *Pl*, classes *Pl*
Schulweg *m* (***auf dem Schulweg*** on one's) way to school
Schulweisheit *f* book learning
Schulwesen *n* school system
Schulzeit *f* school days *Pl*
Schulzeugnis *n* (school) report, report card
schummeln *v/i ugs* cheat
schummrig, **schummerig** *Adj ugs* dim
Schund *m* trash, rubbish
schunkeln *v/i* rock, sway
Schuppe *f* **1.** scale: *fig* ***es fiel mir wie Schuppen von den Augen*** the scales fell from my

S

eyes **2.** *Pl* dandruff *Sg*
schuppen *v/t* scale: ***sich schuppen*** *Haut*: peel
Schuppen *m* **1.** shed, FLUG *auch* hangar **2.** *ugs* **a)** *pej* (*Bude*) hovel, **b)** (*Lokal*) joint
schuppig *Adj* scaly
Schur *f* **a)** shearing, **b)** (*Wolle*) fleece
schürfen **I** *v/i* **1.** (***nach*** for) prospect, dig: *fig* ***tiefer schürfen*** dig below the surface **II** *v/t* **2.** (*Erze etc*) prospect (*oder* dig) for **3.** (*Haut*) scrape, graze
Schürfwunde *f* graze, abrasion
Schürhaken *m* poker
Schurke *m* scoundrel, *auch* THEAT villain
Schurkenstaat *m* POL rogue state
Schurkin *f* scoundrel, *auch* THEAT villain
Schurwolle *f* virgin (*oder* new) wool
Schurz *m*, **Schürze** *f* apron
schürzen *v/t* (*Kleid*) gather up, (*Lippen*) purse
Schürzenjäger *m ugs* philanderer
Schuss *m* **1.** shot (*auch* FOTO *und Sport*), (*Munition*) round: ***ein Schuss ins Schwarze*** *auch fig* a bull's-eye; ***einen Schuss abgeben*** fire (a shot); ***weit vom Schuss*** well out of harm's way; ***er*** (***es***) ***ist keinen Schuss Pulver wert*** he (it) is no good; *fig* ***der Schuss ging nach hinten los*** it backfired; → ***Blaue, Bug*** 1 **2.** → ***Schussverletzung*** **3.** *ugs* (*Drogeninjektion*) shot, *sl* fix: ***sich einen Schuss setzen*** give o.s. a fix **4.** *Skisport*: (*auch* ***im Schuss fahren***) schuss **5.** (*Portion*) dash (*auch fig*): ***Tee mit einem Schuss Milch*** tea with a dash of milk; ***eine Cola mit Schuss*** a spiked coke **6.** *fig* (***gut***) ***in*** (*oder* ***im***) ***Schuss sein*** be in good shape; ***in Schuss bringen*** knock *s.th.* into shape, bring *s.o.* up to the mark; ***in Schuss halten*** keep *s.o.*, *s.th.* in good shape **7.** *Weberei*: weft, woof
schussbereit *Adj* ready to shoot (*auch* FOTO), *Waffe*: *meist* at the ready
Schussel *m ugs* scatterbrain
Schüssel *f* bowl, basin, *auch ugs* TV dish
schusselig *Adj ugs* scatterbrained, klutzy
Schussfahrt *f Skisport*: schuss
Schusslinie *f* line of fire: *fig* ***in die Schusslinie geraten*** come under fire (*Gen* from)
Schussverletzung *f* gunshot wound
Schusswaffe *f* firearm
Schusswechsel *m* exchange of shots
Schussweite *f* (firing) range: ***in*** (***außer***) ***Schussweite*** within (out of) range
Schuster, **Schusterin** shoemaker, (*Flickschuster*[*in*]) cobbler
Schutt *m* rubble, GEOL *auch* debris: ***Schutt abladen verboten!*** no dumping!; ***in Schutt und Asche liegen*** be in ruins
Schüttelfrost *m* MED shivering fit, *ugs the* shivers *Pl*
schütteln *v/t* shake: ***den Kopf schütteln*** shake one's head; ***j-m die Hand schütteln*** shake hands with s.o., shake s.o. by the hand; → ***Ärmel***
schütten **I** *v/t* (*gießen*) pour **II** *v/unpers ugs* ***es schüttet*** it's pouring (with rain)
schütter *Adj Haar*: thin
Schutz *m allg* protection (***gegen, vor*** against, from), (*Obdach*) shelter, (*Obhut*) care, *bes* MIL (*Feuerschutz*) cover, (*Geleitschutz*) escort, (*bes rechtliche Sicherung*) safeguard, (*Verteidigung*) defen/ce (*Am* -se), (*Erhaltung*) preservation: ***Schutz suchen*** seek refuge (***vor*** from, ***bei*** with); ***j-n in Schutz nehmen*** come to s.o.'s defence, back s.o. up; ***im Schutze der Nacht*** under cover of night
Schutzanzug *m* protective suit
Schutzbefohlene *m*, *f* charge
Schutzblech *n* mudguard, *Am* fender
Schutzbrille *f* (safety) goggles *Pl*
Schütze *m* **1.** shot, marksman **2.** (*Torschütze*) scorer **3.** MIL (*Dienstgrad*) private **4.** ASTR (***er ist Schütze*** he is [a]) Sagittarius
schützen *v/t* (***gegen, vor***) *allg* protect (from, against), (*verteidigen*) defend (against), (*bewahren*) guard (against), (*abschirmen, auch fig*) shield (from), *bes* MIL (*decken*) cover (against): ***sich schützen*** (***vor***) protect o.s. (from), guard (against)
schützend *Adj* protective: ***schützendes Dach*** shelter; *fig* ***seine schützende Hand über j-n halten*** take s.o. under one's wing
Schutzengel *m* guardian angel
Schützenhilfe *f fig* ***j-m Schützenhilfe geben*** back s.o. up
Schützenkönig *m* champion shot, SPORT top scorer
Schutzgebiet *n* protectorate
Schutzgeld *n* protection money
Schutzgelderpressung *f* protection racket
Schutzhaft *f* protective custody
Schutzheilige *m*, *f* patron saint
Schutzhelm *m* helmet
Schutzherrschaft *f* protectorate
Schutzhülle *f* protective cover, TECH sheath, *für Ausweis etc*: holder
Schutzhütte *f* shelter
Schutzimpfung *f* inoculation, vaccination
Schützin *f* shot, (*Torschützin*) scorer
Schutzkappe *f* protective cap, FOTO lens cap
Schutzkleidung *f* protective clothing
Schützling *m* charge, protégé(e *f*)
schutzlos *Adj* unprotected, (*wehrlos*) defenceless, *Am* defenseless
Schutzmacht *f* POL protecting power
Schutzmaske *f* (protective) mask
Schutzmaßnahme *f* protective (*oder* safety) measure, precaution
Schutzrechte *Pl* patent (*oder* trademark) rights *Pl*
Schutzschicht *f* protective layer
Schutzschild *m* shield
Schutzumschlag *m eines Buches*: (dust) jacket
Schutzvorrichtung *f* safety device
Schutzzoll *m* protective duty
schwabblig, **schwabbelig** *etc* → ***wabb(e)lig*** *etc*
Schwabe *m* Swabian
Schwaben *n* Swabia
Schwäbin *f* Swabian (girl *oder* woman)
schwäbisch *Adj* Swabian
schwach **I** *Adj* **1.** *allg* weak (*auch* LING), (*gehaltlos*) *auch* poor, (*matt*) faint, (*gebrechlich*) *auch* infirm: *hum* ***das schwache Geschlecht*** the weaker sex; ***schwach werden*** weaken; ***schwächer werden*** weaken, *Sehkraft*: fail, *Ton, Licht*: fade, WIRTSCH *Nachfrage*: fall off; *ugs* ***nur nicht schwach werden!*** don't weaken!; *fig* ***schwache Erinnerung*** faint (*oder* vague) recollection; ***schwache Hoffnung*** faint hope; → ***Trost*** **2.** (*leistungsschwach*) *allg* weak, *Gedächtnis, Gehör etc*: *auch* poor, *Batterie*: low, *Motor*: low-powered, *Puls*: slow, *Licht*: dim: ***schwache Leistung*** poor performance; ***schwache Seite*** → ***Schwäche*** 2, 3 **3.** CHEM *Lösung*: dilute **II** *Adv* **4.** ***schwach bevölkert*** sparsely populated; ***schwach besucht*** *Vorstellung etc*: poorly attended
schwachbesucht → ***schwach*** II 4

S

schwachbevölkert → ***schwach*** II 4
Schwäche *f* **1.** weakness, faintness (*auch fig*) **2.** *fig allg* weakness, (*Mangel*) failing, shortcoming, weak point **3.** (*Vorliebe*) (**für** for) weakness, *für eine Person*: *auch ugs* soft spot
Schwächeanfall *m*, **Schwächegefühl** *n* (sudden feeling of) faintness
schwächen *v/t allg* weaken (*auch fig*), (*Gesundheit*) undermine
Schwachheit *f auch fig* weakness
Schwachkopf *m ugs* idiot, twit
schwächlich *Adj* weakly, (*zart*) delicate, (*kränklich*) sickly
Schwächling *m auch fig* weakling
Schwachsinn *m* **1.** MED mental deficiency **2.** *ugs pej* idiocy, (*Quatsch*) rubbish
schwachsinnig *Adj* **1.** MED mentally deficient **2.** *ugs pej* idiotic
Schwachsinnige *m, f auch ugs pej* imbecile
Schwachstelle *f* TECH *und fig* weak point
Schwachstrom *m* ELEK low-voltage current
Schwachstromtechnik *f* communications engineering
Schwächung *f* weakening
schwachwerden → ***schwach*** I 1
Schwaden *m* cloud
Schwadron *f* MIL squadron
schwafeln *v/i und v/t ugs* blether
Schwager *m* brother-in-law
Schwägerin *f* sister-in-law
Schwalbe *f* **1.** ZOOL swallow **2.** *ugs* SPORT (***eine Schwalbe machen*** take a) dive
Schwalbennest *n* swallow's nest
Schwall *m* flood, gush, *fig auch* torrent
Schwamm *m* **1.** sponge: *fig* ***Schwamm drüber!*** (let's) forget it! **2. a)** fungus, **b)** *Dialekt* → ***Pilz***, **c)** (*Hausschwamm*) dry rot
Schwammerl *n österr.* mushroom
schwammig *Adj* **1.** spongy, *Körper*: flabby, *Gesicht*: puffy **2.** *fig* woolly
Schwan *m* ZOOL swan
schwanen *v/unpers* ***mir schwant*** s.th. tells me, I have a feeling; ***ihm schwante nichts Gutes*** he feared the worst
Schwang *m* ***im Schwang(e) sein*** be in vogue
schwanger *Adj* pregnant, *ugs* expecting
Schwangere *f* pregnant woman, expectant mother
schwängern *v/t* make *s.o.* pregnant, *auch fig* impregnate
Schwangerschaft *f* pregnancy
Schwangerschaftsabbruch *m* termination (of pregnancy), (induced) abortion: ***einen Schwangerschaftsabbruch vornehmen*** terminate (a pregnancy)
Schwangerschaftstest *m* pregnancy test
Schwank *m* anecdote, THEAT farce
schwanken *v/i* **1.** sway, (*taumeln*) *auch* stagger, totter, *Boden*: *auch* shake, rock **2.** *fig* (***zwischen*** between) waver, vacillate: ***ich schwanke noch*** I'm still undecided **3.** *Kurse, Preise, Messwerte, auch Temperatur etc*: fluctuate, (*wechseln*) vary, alternate: ***die Preise schwanken zwischen … und …*** *auch* prices range from … to …
Schwanken *n* **1.** swaying (*etc*) **2.** *fig* (*Unentschlossenheit*) vacillation **3.** → ***Schwankung*** 2
schwankend *Adj* **1.** swaying (*etc*) **2.** *fig* (*unentschlossen*) undecided, wavering, (*unbeständig*) unstable
Schwankung *f* **1.** → ***schwanken*** 4 **2.** variation, *auch* WIRTSCH fluctuation
Schwanz *m* **1.** ZOOL tail **2.** *fig* (*Schluss*) tail end **3.** *vulg* (*Penis*) cock, dick
schwänzen *v/i und v/t ugs* (*Stunde*) skip: (***die Schule***) ***schwänzen*** play truant (*Am* hooky)
Schwanzende *n* tip of the tail, *fig* tail end
Schwanzfeder *f* tail feather
Schwanzflosse *f* tail fin
schwanzlastig *Adj* FLUG tail-heavy
schwappen *v/i* slosh around, (*überschwappen*) slop, spill
Schwarm *m* **1.** *allg* swarm, (*Menschenschwarm*) *auch* crowd, *Vögel*: flight, *Fische*: shoal, school **2.** *ugs* (*Person*) heartthrob, (*Sache*) dream, ideal
schwärmen *v/i* **1.** *Bienen etc*: swarm **2.** enthuse (*oder* rave) (**von** about): ***schwärmen für*** be crazy about; ***für j-n schwärmen*** *auch* have a crush on s.o.; ***ins Schwärmen geraten*** go into raptures
Schwärmer[1] *m* **1.** *Feuerwerk*: squib **2.** ZOOL hawk moth
Schwärmer[2], **Schwärmerin** enthusiast, dreamer
Schwärmerei *f* enthusiasm, passion, (*Getue*) gushing, *bes* REL fanaticism
schwärmerisch *Adj* enthusiastic(ally *Adv*), gushy, *bes* REL fanatical
Schwarte *f* **1.** (*Speckschwarte*) (bacon) rind **2.** *ugs* old book, tome
schwarz *Adj* **1.** *allg* black (*auch Kaffee, Tee*), (*dunkelhäutig*) black, colo(u)red, *ugs* (*schmutzig*) *auch* dirty: ***schwarzer Humor*** black humo(u)r, THEAT Black Comedy; ***schwarze Magie*** Black Magic; ***schwarz auf weiß*** in black and white, in cold print; ***mir wurde schwarz vor Augen*** everything went black; *da kann er warten* ***bis er schwarz wird*** till he's blue in the face; *fig* WIRTSCH ***schwarze Zahlen schreiben*** be in the black; → ***Brett***, ***Liste***, ***Schaf*** 1 *etc* **2.** *fig* (*düster*) black, gloomy: ***schwarzer Tag*** black day **3.** *ugs fig* (*ungesetzlich*) black, illicit: ***der schwarze Markt*** the black market; ***schwarzes Konto*** black account **4.** *ugs* POL Catholic(-Conservative)
Schwarz *n*: ***in Schwarz gehen*** be dressed in black (*zur Trauer*: in mourning)
Schwarzarbeit *f ugs* illicit work, moonlighting
Schwarzarbeiter, **Schwarzarbeiterin** *ugs* moonlighter
schwarzärgern *v/refl ugs* ***sich schwarzärgern*** be terribly annoyed
schwarzbraun *Adj* brownish black
Schwarzbrot *n* brown bread
Schwarze[1] *m* **1.** (*Farbiger*) black, *auch* Black: ***die Schwarzen*** the Blacks **2.** (*Schwarzhaariger*) black-haired man (*oder* boy) **3.** *ugs pej* POL ***die Schwarzen*** the Conservatives
Schwarze[2] *f* **1.** (*Farbige*) black (woman *oder* girl) **2.** (*Schwarzhaarige*) black-haired woman (*oder* girl)
Schwarze[3] *n* **1.** (*Kleid*) black dress: ***das kleine Schwarze*** one's (*bzw.* a) little black dress **2.** *auch fig* ***ins Schwarze treffen*** hit the bull's-eye
Schwärze *f* blackness, (*Dunkelheit*) darkness
schwärzen *v/t* blacken
schwarzfahren *v/i* **a)** *im Bus etc*: go without paying, **b)** MOT drive without a licen/ce (*Am* -se)
Schwarzfahrer, **Schwarzfahrerin** fare dodger
schwarzhaarig *Adj* black-haired
Schwarzhandel *m* black market(eering): ***im Schwarzhandel*** on the black market

Schwarzhändler, **Schwarzhändlerin** black marketeer
Schwarzhörer, **Schwarzhörerin** (radio) licen/ce (*Am* -se) dodger
schwärzlich *Adj* blackish, swarthy
Schwarzmarkt *m* black market
schwarzsehen *v/i fig* be pessimistic (**für** about); ***ich sehe schwarz*** (***für dich***)***!*** things look bad (for you)!
Schwarzseher, **Schwarzseherin** **1.** pessimist **2.** TV pirate viewer
Schwarzwald *m the* Black Forest
Schwarzweiß... black-and-white (*film*, *television*, *etc*)
Schwatz *m* chat
schwatzen, *Dialekt*
schwätzen **I** *v/i* chat, (*ausplaudern*) blab **II** *v/t* ***dummes Zeug schwätzen*** talk rubbish
Schwätzer, **Schwätzerin** blab(ber), *ugs* gasbag
schwatzhaft *Adj* talkative, chatty
Schwebe *f* ***in der Schwebe sein*** be undecided, JUR be pending
Schwebebahn *f* cableway
Schwebebalken *m Turnen*: (balance) beam
schweben *v/i* **1.** float, glide, sail (*alle auch fig leichtfüßig schreiten*), *über einer Stelle*: hover (*auch fig*), (*hoch schweben*) soar, (*hängen*) be suspended, hang: *fig* ***in Gefahr schweben*** be in danger; *j-m* ***vor Augen schweben*** → ***vorschweben***; → ***Ungewissheit*** **2.** (*unentschieden sein*) be undecided, *Prozess etc*: be pending
schwebend *Adj* **1.** floating (*etc*, → ***schweben*** 1) **2.** *Frage*, *Verfahren etc*: pending
Schwede *m* Swede
Schweden *n* Sweden
Schwedin *f*, **schwedisch** *Adj* Swedish
Schwefel *m* sulphur, *Am* sulfur
Schwefeldioxid *n* sulphur (*Am* sulfur) dioxide
schwefelhaltig *Adj* sulphur(e)ous (*Am* -f-)
schwefeln *v/t* CHEM sulphurate (*Am* -f-), *auch* TECH sulphurize (*Am* -f-)
Schwefelsäure *f* sulphuric (*Am* -f-) acid
Schwefelwasserstoff *m* hydrogen sulphide (*Am* sulfide)
schweflig *Adj* sulphur(e)ous (*Am* -f-)
Schweif *m* **1.** tail (*auch* ASTR) **2.** *fig* train
schweifen *v/i auch fig* wander, roam: ***den Blick schweifen lassen*** let one's gaze wander
Schweigegeld *n* hush money
Schweigemarsch *m* silent protest march
Schweigeminute *f* one minute's silence (***zu Ehren*** *Gen* in memory of)
schweigen *v/i* (***über*** *Akk*, ***zu***) be silent (on), keep mum (on, about), (*nicht antworten*) say nothing: ***ganz zu schweigen von ...*** to say nothing of ..., let alone ...
Schweigen *n* (*auch* ***zum Schweigen bringen***) silence: ***Schweigen bewahren*** keep silence; → ***hüllen***
schweigend *Adj* silent(ly *Adv*), *Adv auch* in silence: ***schweigende Mehrheit*** silent majority
Schweigepflicht *f* secrecy, professional discretion
schweigsam *Adj* quiet, silent, (*wortkarg*) *auch* taciturn
Schwein *n* **1.** ZOOL pig, *bes Am* hog, (*Sau*) sow, *auch Pl* swine **2.** GASTR pork **3.** *pej* **a)** *ugs* (filthy) pig, **b)** *vulg* (*Lump*) swine, bastard, **c)** *ugs* soul: ***kein Schwein*** not a (blessed) soul; ***armes Schwein!*** poor sod! **4.** *ugs fig* (*Glück*) luck: ***Schwein haben*** be lucky
Schweinebraten *m* roast pork
Schweinefilet *n* fillet of pork
Schweinefleisch *n* pork
Schweinehund *m vulg* swine, bastard: *ugs* ***den inneren Schweinehund überwinden*** conquer one's weaker self
Schweinekotelett *n* pork chop
Schweinerei *f ugs* **1.** (awful) mess, filth **2.** (*Gemeinheit*) dirty trick, (*Schande*) crying shame **3.** → ***Schweinigelei***
Schweinestall *m auch fig* pigsty
Schweinezucht *f* pig-breeding, *Am* hog raising
Schweinigel *m ugs* filthy pig
Schweinigelei *f ugs* dirty joke, obscenity
schweinigeln *v/i ugs* **1.** mess about **2.** talk smut
schweinisch *Adj ugs allg* filthy
Schweins... = ***Schweine...***
Schweinshaxe *f* GASTR knuckle of pork
Schweinsleder *n* pigskin
Schweiß *m* **1.** sweat, perspiration: ***in Schweiß geraten*** get into a sweat **2.** JAGD blood
Schweißblatt *n im Kleid etc*: shield
Schweißbrenner *m* TECH welding torch
Schweißdrüse *f* ANAT sweat gland
schweißen *v/t* TECH weld
Schweißer, **Schweißerin** welder
Schweißfüße *Pl* sweaty (*oder* smelly) feet *Pl*
schweißgebadet *Adj* bathed in sweat
Schweißgeruch *m* smell of sweat, body odo(u)r
schweißig *Adj* sweaty
Schweißnaht *f* TECH (welding) seam
Schweißperle *f* bead of perspiration
Schweißstelle *f* TECH weld
schweißtreibend *Adj* (*auch* ***schweißtreibendes Mittel***) sudorific
schweißtriefend *Adj* dripping with sweat
Schweißtropfen *m* bead of perspiration
Schweiz *f die* Switzerland
Schweizer **I** *m* Swiss: ***die Schweizer*** the Swiss *Pl* **II** *Adj* Swiss: ***Schweizer Käse*** Swiss cheese
Schweizerdeutsch *n*, **schweizerdeutsch** *Adj* Swiss German
Schweizerin *f* Swiss (woman *oder* girl)
schweizerisch *Adj* Swiss
schwelen *v/i auch fig* smo(u)lder
schwelgen *v/i* revel (**in** *Dat* in)
Schwelle *f* **1.** *allg*, *auch fig* threshold **2.** BAHN sleeper, *bes Am* tie
schwellen *v/i und v/t auch fig* swell
Schwellenangst *f fig* fear of the unknown
Schwellenland *n* emergent nation
Schwellenwert *m* PHYS threshold value
Schwellung *f* swelling
Schwemme *f* **1.** watering place **2.** (*Kneipe*) pub **3.** WIRTSCH glut (**an** *Dat* of)
schwemmen *v/t* wash
Schwemmland *n* alluvial land
Schwengel *m* handle
Schwenk *m* FILM pan
Schwenkarm *m* TECH swivel arm
schwenkbar *Adj* TECH swivel(l)ing, slewing
schwenken **I** *v/t* **1.** swing, (*Hut*, *Tuch etc*) wave, (*Stock*) brandish **2.** (*Filmkamera*) pan **3.** TECH swivel, turn, slew **4.** (*spülen*) rinse **II** *v/i* **5.** turn, swing (round), *Filmkamera*: pan **6.** MIL, POL wheel (about)
Schwenkung *f* **1.** turn, swing, TECH swivel, MIL wheel(ing), *der Filmkamera*: pan **2.** *fig* change of mind (POL of front)
schwer **I** *Adj* **1.** *allg* heavy (*auch fig Angriff*, *Schritt*, *Unwetter*, *Verluste etc*), *Amt*, *Pflicht etc*: onerous, (*schlimm*) bad, *Arbeit*, *Entscheidung*,

S

Kampf etc: hard, *Krankheit, Unfall etc*: serious, bad, *Fehler, Irrtum etc*: bad, gross, *Verbrechen*: grave: ***100 Pfund schwer sein*** weigh 100 pounds; *fig* ***schwerer Schock*** bad (*oder* terrible) shock; JUR ***schwerer Diebstahl*** aggravated larceny; *fig* ***schwerer Gegner*** formidable opponent; ***schweres Schicksal*** hard lot; ***schwerer Tag*** hard day; ***schwere Zeit(en)*** hard times *Pl*; ***schweren Herzens*** with a heavy heart, reluctantly; ***er hat es schwer*** he has a hard time; → ***Begriff*** 2 *etc* **2.** *Speise*: rich, *auch Wein*: heavy, *Zigarre, Duft etc*: strong **3.** (*schwierig*) hard, difficult, *ugs* tough **II** *Adv* **4.** heavily (*etc*), *ugs* (*sehr*) very much, awfully, (*schlimm*) badly: ***schwer arbeiten*** work hard; *ugs* ***schwer aufpassen*** watch (out) like hell; ***schwer beleidigt*** deeply offended; ***schwer beladen*** heavily laden; ***schwer bewaffnet*** heavily armed; ***schwer erziehbar*** difficult, recalcitrant; ***schwer erziehbares Kind*** *auch* problem child; ***j-m etw schwer machen*** make s.th. difficult (*oder* hard) for s.o.; ***j-m das Leben schwer machen*** make life difficult for s.o.; ***mach es mir nicht so schwer!*** don't make it so hard for me!; ***schwer büßen*** pay dearly; ***schwer hören*** be hard of hearing; ***es wird schwer halten*** it will be difficult; ***schwer zu sagen*** hard to say; ***schwer zu verstehen*** difficult to understand; *ugs* ***da hat er sich aber schwer getäuscht*** he's very much mistaken there; ***schwer verdaulich*** indigestible (*auch fig*), heavy; ***schwer verständlich*** difficult (to understand)

schwer und seine Übersetzungen SG

schwer von Gewicht	**heavy**
schwer, schwierig	**hard, difficult,** *umgangssprachlich* **tough**
schwer(wiegend), ernst	**serious, bad**
schwer, heftig	**heavy**

It's hard / difficult to lift heavy loads.
a hard / difficult exam / decision
a tough life / year
That's hard to say.
a serious / bad problem / illness
serious injuries / damage
heavy rainfall

Schwerarbeit *f* heavy labo(u)r
Schwerarbeiter, Schwerarbeiterin heavy labo(u)rer
Schwerathlet, Schwerathletin heavy athlete
Schwerathletik *f* heavy athletics *Pl* (*auch Sg konstr*)
Schwerbehinderte *m, f* MED severely handicapped person
schwerbeladen → ***schwer*** II 4
schwerbewaffnet → ***schwer*** II 4
Schwere *f* **1.** weight, PHYS gravity **2.** *fig* seriousness, *auch eines Verbrechens*: gravity, *einer Strafe, eines Unwetters etc*: severity, (*Wichtigkeit*) weightiness
schwerelos *Adj* weightless
Schwerelosigkeit *f* weightlessness
Schwerenöter *m hum* philanderer
schwererziehbar → ***schwer*** II 4
schwerfallen *v/i* be difficult (*Dat* for); ***es fällt mir schwer*** *auch* I find it hard
schwerfällig *Adj* (*unbeholfen*) awkward, clumsy, heavy, *fig Stil etc*: ponderous, *Humor*: heavy-handed, *geistig*: slow
Schwerfälligkeit *f* awkwardness, heaviness, ponderousness
Schwergewicht *n* **1.** *Boxen etc*: heavyweight (*auch ugs schwere Person oder Sache*) **2.** *fig* emphasis
Schwergewichtler, Schwergewichtlerin SPORT heavyweight
schwerhörig *Adj* hard of hearing
Schwerhörigkeit *f* partial deafness
Schwerindustrie *f* heavy industry
Schwerkraft *f* (force of) gravity
schwerlich *Adv* hardly
schwermachen → ***schwer*** II 4
Schwermut *f*, **schwermütig** *Adj* melancholy
schwernehmen *v/t* take *s.th.* hard
Schweröl *n* heavy oil
Schwerpunkt *m* **1.** cent/re (*Am* -er) of gravity **2.** *fig* focal point, (*Nachdruck*) emphasis: ***Schwerpunkte bilden*** set up priorities
Schwerpunktstreik *m* pinpoint strike
schwerreich *Adj ugs* exceedingly (*oder* filthy) rich
Schwerstarbeit *f* very heavy labo(u)r
Schwert *n* sword
Schwertfisch *m* swordfish
Schwertlilie *f* iris
schwertun *v/refl* ***sich schwertun*** have a hard time (***mit*** with);
Schwerverbrecher, Schwerverbrecherin felon, dangerous criminal
schwerverdaulich → ***schwer*** II 4, ***verdaulich***
schwerverständlich → ***schwer*** II 4, ***verständlich***
Schwerverletzte *m, f* seriously injured person
Schwerverwundete *m, f* seriously wounded person
schwerwiegend *Adj fig* weighty, grave
Schwester *f* **1.** *auch fig* sister **2.** (*Krankenschwester*) (hospital) nurse, (*Oberschwester*) sister **3.** (*Ordensschwester*) sister, (*Klosterschwester*) nun **4.** → ***Schwesterfirma***
Schwesterfirma *f* sister company
schwesterlich *Adj* sisterly
Schwesterpartei *f* POL sister party
Schwiegereltern *Pl* parents-in-law *Pl*
Schwiegermutter *f* mother-in-law
Schwiegersohn *m* son-in-law
Schwiegertochter *f* daughter-in-law
Schwiegervater *m* father-in-law
Schwiele *f* callus
schwielig *Adj* horny, callused
schwierig *Adj* difficult, hard, *ugs* tough, (*verwickelt*) complicated
Schwierigkeit *f* difficulty, trouble: (***j-m***) ***Schwierigkeiten machen*** (*oder* ***bereiten***) be a problem (to s.o.), *Person*: make things difficult (for s.o.); ***in Schwierigkeiten geraten, Schwierigkeiten bekommen*** get into trouble; ***Schwierigkeiten haben, etw zu tun*** find it difficult to do s.th.
Schwimmbad *n* swimming pool, (*Hallenschwimmbad*) indoor pool, swimming baths *Pl*
Schwimmdock *n* floating dock
schwimmen *v/i* **1.** swim (*auch v/t eine Strecke, einen Rekord*), *Sache*: float, *ugs Fußboden etc*: be flooded: ***schwimmen gehen*** go swimming;

fig **im Geld schwimmen** be rolling in money **2.** *ugs fig* (*unsicher sein*) flounder
Schwimmen *n* **1.** swimming **2.** *ugs fig* **ins Schwimmen kommen** (begin to) flounder
Schwimmer *m* **1.** swimmer **2.** *Angeln*, TECH float
Schwimmerin *f* swimmer
Schwimmflügel *Pl* water wings *Pl*
Schwimmgürtel *m* swimming belt
Schwimmhalle *f* indoor pool
Schwimmhaut *f* ZOOL web
Schwimmlehrer, **Schwimmlehrerin** swimming instructor
Schwimmreifen *m* rubber ring
Schwimmsport *m* swimming

Schwimmstile WF

Schwimmstil	(swimming) style
Brustschwimmen	breaststroke
Delfin	butterfly
Kraulen	crawl
Rückenschwimmen	backstroke

Schwimmverein *m* swimming club
Schwimmweste *f* life jacket
Schwindel *m* **1.** MED dizziness, vertigo: **Schwindel erregend** → **schwindelerregend** **2.** (*Betrug*) swindle, (*Lüge*) lie: *ugs* **der ganze Schwindel** the whole lot
Schwindelanfall *m* MED dizzy spell
Schwindelei *f* **1.** → **Schwindel** 2 **2.** (*Betrügen*) cheating, (*Lügen*) lying
schwindelerregend *Adj* dizzy, giddy (*auch fig*), *fig Preise, Zahlen etc*: staggering
schwindelfrei *Adj* **schwindelfrei sein** have a good head for heights; **nicht schwindelfrei sein** be afraid of heights
schwindelig, **schwindlig** *Adj* giddy, dizzy (*auch fig*): **mir ist** (*oder* **wird**) **schwind(e)lig** I feel dizzy
schwindeln *v/i* **1. mir schwindelt** I feel dizzy, my head reels **2.** lie, *ugs* tell fibs
schwindelnd *Adj* → **Schwindel erregend**: **in schwindelnder Höhe** at a giddy height
schwinden *v/i Vorrat, Kräfte etc*: dwindle, *Farbe, Licht, Schönheit etc*: fade: **schwindende Hoffnung** dwindling hope
Schwindler, **Schwindlerin** swindler, *ugs* con man (woman), (*Lügner*) liar
Schwinge *f* wing
schwingen **I** *v/t* **1.** swing, (*Fahne etc*) wave, (*Waffe etc*) brandish, (*handhaben*) wield: **er schwang sich auf sein Rad** he swung himself on his bicycle; → **Rede** 1 **II** *v/i* **2.** swing **3.** PHYS oscillate, *Saite, Ton etc*: vibrate
Schwinger *m Boxen*: swing
Schwingkreis *m* ELEK resonant circuit
Schwingung *f* PHYS vibration, oscillation: *auch fig* **etw in Schwingungen versetzen** set s.th. vibrating
schwingungsfrei *Adj* free from vibration
Schwips *m ugs* **einen Schwips haben** be tipsy
schwirren *v/i* whir(r), *Insekten etc*: buzz, *Pfeil etc*: whizz (*auch ugs sausen*): **mir schwirrte der Kopf** my head was in a whirl; *fig* **Gerüchte schwirren durch die Stadt** the town is buzzing with rumo(u)rs
schwitzen *v/i und v/t* sweat (*auch* TECH), perspire: **vor Angst schwitzen** sweat with fear; *auch fig* **ins Schwitzen kommen** get into a sweat
Schwof *m ugs* hop
schwofen *v/i ugs* shake a leg
schwören *v/i und v/t* swear (**bei** by), JUR take the oath: *ugs fig* **ich schwöre auf** (*Akk*) I swear by …; **ich hätte geschworen, dass …** I could have sworn that …; → **Eid**, **Rache**
schwul *Adj ugs* gay, queer (*auch pej*)
schwül *Adj* sultry (*auch fig sinnlich*), oppressive (*auch fig*), *ugs* muggy
Schwule *m ugs* gay, queer (*auch pej*)
Schwüle *f auch fig* sultriness
Schwulst *m* bombast
schwülstig *Adj* bombastic(ally *Adv*)
Schwund *m* dwindling, decline, WIRTSCH, TECH shrinkage, MED atrophy, ELEK fading
Schwung *m* **1.** swing (*auch Sport*), impetus (*auch fig*), (*Tempo*) speed: **etw** (**j-n**) **in Schwung bringen** set s.th. (s.o.) going; (**richtig**) **in Schwung kommen** get going; **im Schwung sein** *Party, Produktion etc*: be in full swing, *Person*: be in full stride **2.** *fig* spirit, verve, zest, drive, *ugs* pep, *der Fantasie etc*: flight **3.** *ugs* (*Menge*) batch
Schwungfeder *f* ZOOL pinion
schwunghaft *Adj* WIRTSCH brisk, roaring
schwunglos *Adj* spiritless, lifeless
Schwungrad *n* TECH flywheel
schwungvoll **I** *Adj* full of drive (*ugs* go), zestful, *Handschrift etc*: bold, *Melodie*: swinging **II** *Adv* with a swing
Schwur *m* (*Eid*) oath, (*Gelübde*) vow
Schwurgericht *n* jury court
sechs *Adj* six
Sechs *f* **1.** six **2.** PÄD very poor (mark)
Sechseck *n* hexagon
sechseckig *Adj* hexagonal
Sechstagerennen *n* six-day (cycling) race
sechste *Adj* sixth
Sechstel *n* sixth (part)
sechstens *Adv* sixthly
Sechsundsechzig *n* (*Kartenspiel*) sixty-six
sechzehn(te) *Adj* sixteen(th)
Sechzehntel *n* sixteenth (part)
sechzig *Adj* sixty; **sie ist Anfang sechzig** she is in her early sixties
Sechzig *f* sixty
sechziger *Adj* **die sechziger Jahre** *eines Jhs.*: the sixties *Pl*
Sechziger, **Sechzigerin** sexagenarian
Sechzigerjahre → **sechziger**
Secondhandladen *m* second-hand shop
Sediment *n* sediment
See[1] *m* lake

Seen WF

Der Binnensee heißt <u>nicht</u> **sea**, sondern **lake**!

Manche Namen von Binnenseen lauten auf Englisch und Deutsch ganz unterschiedlich. Hier einige Beispiele:

Bodensee	**Lake Constance** ['kɒnstəns]
Comer See	**Lake Como** ['kəʊməʊ]
Genfer See	**Lake Geneva** [dʒɪ'niːvə], **Lac Léman** [ˌlæk'lemən, ˌlɑːkleɪ'mɑːn]

S

Plattensee (*Ungarn*)	**Lake Balaton** [bə'lætən, 'bælətən]
See Genezareth	**Sea* of Galilee** ['gælɪliː], **Lake Tiberias** [taɪ'bɪərɪæs]
Vierwaldstättersee	**Lake Lucerne** [luː'sɜːn]
Wansee (*Türkei*)	**Lake Van** [væn]
Zürichsee	**Lake Zurich** ['zjʊərɪk, 'zʊərɪk]

* Hier handelt es sich natürlich um einen See und nicht um ein Meer.

Beachten Sie, dass im Gegensatz zum Deutschen die Bezeichnung **lake** vor dem Namen erscheint und der Artikel (**the**) entfällt:

Lake Garda ['gɑːdə]	der Gardasee
Lake Ladoga ['lædəʊgə, lə'dəʊgə]	der Ladogasee

Für viele deutschen Namen gibt es allerdings keine englischen Übersetzungen:

Chiemsee ['kiːmzeɪ]

Tegernsee ['teɪgənzeɪ] etc

See² *f* sea, ocean: ***an der See*** by the seaside; ***an die See fahren*** go to the seaside; ***auf See*** at sea; ***auf hoher See*** on the high seas; ***in See gehen*** (*oder* ***stechen***) put to sea; ***zur See gehen*** go to sea; ***eine schwere See*** (*Welle*) a heavy sea
Seebad *n* seaside resort
Seebär *m hum* ***alter Seebär*** old salt
Seebeben *n* seaquake
See-Elefant *m* ZOOL elephant seal
Seefahrer, **Seefahrerin** seafarer
Seefahrt *f* seafaring, (*Seereise*) voyage, cruise
seefest *Adj* seaworthy: (***nicht***) ***seefest sein*** *Person*: be a good (bad) sailor
Seefisch *m* saltwater fish
Seefischerei *f* (deep-)sea fishing
Seefracht *f* sea freight, *Am* ocean freight
Seefrachtbrief *m* bill of lading (B/L)
Seegang *m* ***hoher Seegang*** rough sea(s *Pl*); ***schwerer Seegang*** heavy seas *Pl*
seegestützt *Adj* sea-based
Seegras *n* seaweed
Seehafen *m* seaport
Seeherrschaft *f* naval supremacy
Seehund *m* seal
Seeigel *m* sea urchin
Seekarte *f* nautical chart
seeklar *Adj* ready to sail
seekrank *Adj* seasick: ***leicht seekrank werden*** be a bad sailor
Seekrankheit *f* seasickness
Seekrieg(führung *f*) *m* naval war(fare)
Seelachs *m* pollack
Seele *f* **1.** *allg* soul, (*Geist, Intellekt*) mind, (*Herz*) heart: ***eine gute*** (***treue***) ***Seele*** a good (faithful) soul; ***keine Seele*** not a (blessed) soul; ***zwei Seelen und ein Gedanke*** two minds and but a single thought; ***aus tiefster Seele*** *wünschen etc*: with all one's heart, *danken etc*: from the bottom of one's heart, *hassen*: like poison; ***er ist die Seele des Betriebs*** he is the life and soul of the firm; ***es liegt mir auf der Seele*** it weighs heavily on me; ***es tat mir in der Seele weh*** it hurt me deeply; ***du sprichst mir aus der Seele*** that's exactly how I feel (about it); ***sich etw von der Seele reden*** *ugs* get s.th. off one's chest; → ***Leib*** *etc* **2.** *eines Kabels*: core, *einer Schusswaffe*: bore
Seelenarzt *m*, **Seelenärztin** *f ugs* mind doctor, shrink
Seelenfrieden *m* peace of mind
Seelengröße *f* magnanimity
Seelenheil *n* salvation
Seelenleben *n* inner life
seelenlos *Adj* soulless
Seelenmassage *f ugs* pep talk
Seelennot *f*, **Seelenqual** *f* mental anguish
Seelenruhe *f* peace of mind, *weit. S.* calmness: ***in aller Seelenruhe*** → ***seelenruhig***
seelenruhig *Adv* (quite) coolly
seelenverwandt *Adj* congenial: ***seelenverwandt sein*** be kindred souls
seelenvoll *Adj auch iron* soulful
Seelenwanderung *f* transmigration of souls
Seelenzustand *m* emotional state
Seeleute *Pl* seamen *Pl*, sailors *Pl*
seelisch *Adj* mental, emotional, *auch* REL spiritual
Seelöwe *m* ZOOL sea lion
Seelsorge *f* pastoral care, cure of souls
Seelsorger, **Seelsorgerin** pastor
Seeluft *f* sea air
Seemacht *f* naval (*oder* sea) power
Seemann *m* seaman, sailor
seemännisch *Adj* sailor's …, *Fertigkeit etc*: nautical
Seemannsgarn *n ugs* ***ein Seemannsgarn spinnen*** spin a yarn
Seemeile *f* nautical mile
Seemöwe *f* ZOOL seagull
Seenot *f* distress at sea: ***Schiffe in Seenot*** distressed ships
Seenotdienst, **Seenotrettungsdienst** *m* sea rescue service
Seepferdchen *n* ZOOL seahorse
Seeräuber, **Seeräuberin** pirate
Seeräuberei *f* piracy
Seerecht *n* maritime law
Seereise *f* voyage, (*Kreuzfahrt*) cruise
Seerose *f* BOT water lily
Seeschifffahrt *f* **1.** ocean shipping **2.** ocean navigation
Seeschlacht *f* naval battle
Seestern *m* ZOOL starfish
Seestreitkräfte *Pl* naval forces *Pl*
Seetang *m* BOT seaweed
seetüchtig *Adj* seaworthy
seewärts *Adv* seawards
Seeweg *m* sea route: ***auf dem Seeweg*** by sea
Seewind *m* sea breeze
Seezunge *f* ZOOL sole
Segel *n* sail: ***Segel setzen*** set sail; ***Segel hissen*** make sail; ***die Segel streichen*** strike sail, *fig auch* give in; → ***Wind***
Segelboot *n* sailing boat, *Am* sailboat, SPORT yacht
Segelfliegen *n* gliding
Segelflieger, **Segelfliegerin** glider pilot
Segelflug *m* **1.** glider flight **2.** gliding
Segelflugplatz *m* gliding field
Segelflugzeug *n* glider
segelklar *Adj* ready to sail
Segelklub *m* yachting club

S

segeln *v/i und v/t* sail (*auch fig*), FLUG glide, *Vögel*: *auch* soar
Segeln *n* sailing
Segelregatta *f* (sailing) regatta
Segelschiff *n* sailing ship
Segelsport *m* sailing, yachting
Segeltuch *n* canvas
Segeltuchschuhe *Pl* canvas shoes *Pl*
Segen *m* **1.** blessing (*auch fig Wohltat, Glück*), REL *auch* benediction: ***seinen Segen geben*** give one's blessing (***zu*** to); ***ein wahrer Segen*** a real blessing, *iron* (quite) a mercy **2.** (*Ertrag*) (rich) yield: *ugs fig* ***der ganze Segen*** the whole lot
segensreich *Adj* beneficial: ***segensreich sein*** be a blessing
Segenswünsche *Pl* good wishes *Pl*
Segler *m* **1.** yachtsman **2.** → **a)** ***Segelboot***, ***Segelschiff***, **b)** ***Segelflugzeug***
Seglerin *f* yachtswoman
segnen *v/t* bless: → ***zeitlich*** 2
Segnung *f* blessing (*auch fig*), REL *auch* benediction
sehbehindert *Adj* partially sighted
sehen I *v/i* **1.** see, look: ***gut*** (***schlecht***) ***sehen*** have good (bad *oder* weak) eyes; ***sieh nur!, sehen Sie mal!*** look!; ***siehe da!*** lo and behold!; ***siehe oben*** (***unten***)***!*** see above (below)!; *ugs* ***sieh mal einer an!*** what do you know!; *ugs* ***na, siehst du!*** there you are!, what did I tell you?; ***wir werden*** (***schon***) ***sehen*** we shall see, let's wait and see **2.** ***sehen auf*** (*Akk*) (*Wert legen auf*) set great store by **3.** ***sehen nach*** (*sorgen für*) look after; ***ich muss nach dem Essen sehen*** I have to see to the dinner **II** *v/t* **4.** see, (*Sendung, Spiel etc*) *auch* watch, (*betrachten*) look at, (*bemerken*) notice: ***gern sehen*** like (to see); ***zu sehen sein*** (*hervorsehen*) show, (*ausgestellt sein*) be on show; ***es war nichts zu sehen*** there was nothing to be seen; ***niemand war zu sehen*** there was nobody in sight; ***man siehts*** (***kaum***)***!*** it (hardly) shows!; ***ich habe es kommen sehen*** I have seen it coming; ***sich sehen lassen*** show one's face, (*auftauchen*) turn up; ***sie*** (***es***) ***kann sich sehen lassen*** she (it) isn't half bad; ***ich sehe die Sache anders*** I see it differently; ***wie ich die Dinge sehe*** as I see it; ***ich kann ihn*** (***es***) ***nicht mehr sehen!*** I can't stand (the sight of) him (it) any more! **5.** (*treffen*) see, meet: ***sich*** (*oder* ***einander***) ***häufig sehen*** see a lot of each other **6.** ***sich gezwungen sehen zu*** *Inf* find o.s. compelled to *Inf*

sehen: see oder watch? SG

(zufällig) sehen, wahrnehmen, erkennen	**see**
(an)sehen, hinschauen	**look**
zusehen bei, sich ansehen; beobachten	**watch**

I saw Ann in the pub.
Look who's coming.
Ron is watching TV / a cricket match / the birds.
⚠ Aber: **I saw a good film last night.**

Sehen *n* seeing: ***vom Sehen*** by sight
sehenlassen → ***sehen*** II 4
sehenswert, **sehenswürdig** *Adj* worth seeing, worthwhile
Sehenswürdigkeit *f* object of interest, sight, *Pl* sights *Pl*: ***die Sehenswürdigkeiten besichtigen*** go sightseeing
Sehfehler *m* eye defect
Sehkraft *f* (eye)sight, vision
Sehne *f* **1.** ANAT sinew, tendon **2.** *eines Bogens*: string **3.** MATHE chord
sehnen *v/refl* ***sich sehnen nach*** long for, *stärker*: yearn for; ***er sehnte sich danach zu*** *Inf* he was longing to *Inf*
Sehnen *n* → ***Sehnsucht***
Sehnenzerrung *f* pulled tendon
Sehnerv *m* optic nerve
sehnig *Adj* sinewy, *Person*: *auch* wiry, *Fleisch*: stringy
sehnlich *Adj* ardent
Sehnsucht *f* (***nach*** for) longing, yearning
sehnsüchtig *Adj* longing, yearning, *Blick, Stimme*: wistful
sehr *Adv* **1.** *vor Adj und Adv* very, (*höchst*) most, extremely: ***sehr gern*** with pleasure, gladly; ***sehr viel*** much, a lot (*better etc*) **2.** *vor Verb*: (very) much: ***sehr vermissen*** miss *s.o., s.th.* badly; ***so sehr, dass*** so much that; ***ich freue mich sehr*** I am very glad

Sehr und andere Verstärker	Very and other intensifiers SG
Es war ein sehr aufregender Abend.	**It was a very exciting evening.**
Ich wandere sehr gerne.	**I like hiking a lot.**
Danke, das war wirklich sehr nett von Ihnen.	**Thank you, that was really nice of you.**
Sie haben vollkommen recht.	**You're absolutely right.**
Du hast das völlig missverstanden.	**You've got it completely wrong.**
Der Film war unglaublich gut.	**The film was incredibly good.**
Er hat mich extrem wütend gemacht.	**He made me extremely angry.**
Das ist total ekelig.	**That's totally disgusting.**
Was für eine absolut lächerliche Idee!	**What an utterly / absolutely ridiculous idea!**
Sie ist eine äußerst intelligente Frau.	**She's a highly intelligent woman.**
Dieses Kapitel fand ich ganz besonders interessant.	**I found this chapter particularly / especially interesting.**
Sie war von der Nachricht zutiefst getroffen.	**She was deeply affected by the news.**
Es hat sich im letzten Jahr stark gebessert.	**It's greatly improved in the past year.**

Sehschärfe *f* visual power, (eye)sight
Sehschwäche *f* poor (eye)sight
Sehstörung *f* impaired vision
Sehtest *m* eye test
Sehvermögen *n* (eye)sight, vision
seicht *Adj auch fig* shallow
Seide *f* (***reine Seide*** pure) silk
seiden *Adj* (of) silk
seidenmatt *Adj Foto* semi-matt
Seidenpapier *n* tissue paper
Seidenraupe *f* ZOOL silkworm
Seidenraupenzucht *f* sericulture
Seidenstrümpfe *Pl* silk stockings *Pl*
seidenweich *Adj* (as) soft as silk, silky
seidig *Adj* silky
Seife *f*, **seifen** *v/t* soap
Seifenblase *f* soap bubble, *fig* bubble
Seifenkistenrennen *n* soap-box derby
Seifenlauge *f* soapsuds *Pl*
Seifenoper *f* soap opera
Seifenpulver *n* soap powder
Seifenschale *f* soap dish
Seifenschaum *m* lather
seifig *Adj* soapy
seihen *v/t* strain, filter
Seil *n* rope: ***Seil springen*** skip
Seilbahn *f* cable railway
Seilschaft *f mount.* rope (team)
Seiltänzer, **Seiltänzerin** tightrope walker
sein[1] *v/i allg* be, *als v/hilf auch* have: ***bist du es?*** is that you?; ***ich bins*** that's me; ***ich bin für eine Reform*** I am for a reform; ***mir ist nicht nach Arbeiten*** I don't feel like working; ***mir ist, als höre ich ihn*** I think I can hear him now; ***wenn er nicht gewesen wäre*** if it hadn't been for him, but for him; ***er ist aus Mexiko*** he comes from Mexico; ***ich bin bei meinem Anwalt gewesen*** I have been to see my lawyer; ***lass es sein!*** don't bother!; ***lass das sein!*** stop it!; ***muss das sein?*** do I (you *etc*) have to?; ***was soll das sein?*** what's that supposed to be?; ***(das) mag*** (*oder* ***kann***) ***sein*** that's possible; ***es sei denn, dass*** unless; ***nun, wie ists?*** well, what about it?; ***und das wäre?*** and what might that be?
sein[2] *Possessivpron* **1.** ***sein(e)*** his, her, its, *von Ländern, Schiffen*: *oft* her, *unbestimmt*: one's: ***sein Glück machen*** make one's fortune; ***all sein Geld*** what money he had; ***es kostet (gut) seine 100 Dollar*** it will easily cost a hundred dollars **2.** ***seiner, seine, sein(e)s, der, die, das seine*** his, hers, its **3.** ***der, die, das sein(ig)e*** his (own), hers, her own, its (own); ***die sein(ig)en*** *Pl* his family; ***jedem das seine*** to each his own; ***das sein(ig)e tun*** do one's share (*ugs* bit)
Sein *n* being, (*Dasein*) existence: ***Sein und Schein*** appearance and reality
seinerseits *Adv* as far as he is concerned
seinerzeit *Adv* then, in those days
seinesgleichen *Indefinitpron* his (her) equals *Pl*, *ugs* his (her) sort: ***er hat nicht seinesgleichen*** there is no one like him; ***das sucht seinesgleichen*** it is unparalleled
seinetwegen *Adv* **1.** (*ihm zuliebe*) for his sake **2.** (*in seiner Sache*) on his behalf **3.** (*durch seine Schuld*) because of him
seinige → ***sein***[2] 3
seinlassen → ***sein***[1]
Seismograph *m* seismograph
Seismologe *m*, **Seismologin** *f* seismologist

seit **I** *Präp* **1.** since: ***seit wann sind Sie hier?*** how long have you been here?; ***seit damals*** → ***seitdem*** I **2.** (*während*) for: ***seit drei Tagen*** for (the last) three days; ***seit langem*** for a long time **II** *Konj* **3.** since: ***es ist ein Jahr her, seit ...*** it is a year since …, it was a year ago that …

seit: for vs. since (GR)

Im Deutschen wird sowohl für Zeiträume als auch für Zeitpunkte **seit** verwendet – im Englischen muss man strikt unterschieden. Merkhilfe:

since hat einen i-Punkt	→ Zeit**punkt**
seit damals	**since then**
seit Donnerstag	**since Thursday**
seit 2004	**since 2004**
for … kann auch mit „… lang" übersetzt werden	→ Zeit**raum**
Ich habe sie schon seit zwei Stunden / sechs Monaten / vielen Jahren nicht mehr gesehen. *Auch*: … schon zwei Stunden / sechs Monate / viele Jahre lang …	**I haven't seen her for two hours / six months / many years.**

seitdem **I** *Adv* since then, ever since **II** *Konj* → ***seit*** 3
Seite *f* **1.** *allg* side (*auch fig Charakterzug, Abstammung, Aspekt*), (*Richtung*) *auch* direction: ***rechte (linke) Seite*** *eines Stoffes*: right (wrong) side; ***an j-s Seite*** at (*oder* by) s.o.'s side; ***Seite an Seite*** side by side; ***nach allen Seiten*** in all directions; ***von allen Seiten*** on all sides; ***auf der einen Seite*** on the one side (*fig meist* hand); ***auf j-s Seite sein*** side with s.o.; ***j-n auf seine Seite bringen*** (*oder* ***ziehen***) win s.o. over to one's side; ***etw auf die Seite legen*** put s.th. by; ***j-m nicht von der Seite gehen*** stick to s.o. like a leech; ***von dieser Seite betrachtet*** seen from that angle (*oder* in that light); ***sich von der besten Seite zeigen*** show o.s. at one's best; ***j-m zur Seite stehen*** stand by s.o.; → ***schwach*** 2, ***stark*** 1 **2.** (*Buchseite*) page **3.** ***auf Seiten*** → ***aufseiten***; ***von Seiten*** → ***vonseiten, seitens***
Seitenansicht *f* side view
Seitenaufprallschutz *m* MOT side impact protection
Seitenblick *m* sidelong glance
Seiteneingang *m* side entrance
Seitenflügel *m* ARCHI wing
Seitenhieb *m* (***gegen*** at) cut, *ugs* sideswipe
seitenlang *Adj* pages (and pages) of, long
Seitenlinie *f* **1.** SPORT sideline **2.** → ***Nebenlinie***
seitens *Präp* (*Gen*) on the part of, by
Seitenschiff *n* ARCHI aisle
Seitensprung *m* escapade
Seitenstechen *n* (***Seitenstechen haben*** have a) stitch
Seitenstraße *f* side street
Seitenstreifen *m einer Straße*: (hard) shoulder
seitenverkehrt *Adj* the wrong way round
Seitenwechsel *m* SPORT change of ends

Seitenwind *m* crosswind
Seitenzahl *f* page number, (*Gesamtseitenzahl*) number of pages
seitlich **I** *Adj* lateral, side **II** *Adv* at the side: FLUG ***seitlich abrutschen*** sideslip
seitwärts *Adv* **1.** sideways **2.** at the side
Sekret *n* secretion
Sekretär *m* **1.** secretary **2.** (*Schreibschrank*) secretary, bureau
Sekretariat *n* (secretary's) office
Sekretärin *f* secretary
Sekt *m* sparkling wine, *ugs* bubbly
Sekte *f* sect
Sektglas *n* champagne glass
Sektierer, **Sektiererin**, **sektiererisch** *Adj* sectarian
Sektion *f* **1.** (*Abteilung*) section, division **2.** MED dissection, autopsy
Sektor *m* sector, *fig auch* field
sekundär *Adj*, **Sekundär...** secondary
Sekunde *f* second (*auch* MATHE UND MUS): ***auf die Sekunde pünktlich kommen*** come on the dot; *ugs* (***eine***) ***Sekunde!*** just a second!
Sekundenzeiger *m* second hand
selb *Adj* same: ***zur selben Zeit*** at the same time
selber → ***selbst*** I
selbst **I** *Pron* ***ich selbst*** I myself; ***sie will es selbst machen*** she wants to do it herself (*oder* on her own); ***er möchte selbst kochen*** he wants to do his own cooking; *iron* ***selbst ernannt*** self-styled; ***selbst gebacken, selbst gemacht*** home-made; ***er war die Höflichkeit selbst*** he was politeness itself; ***von selbst*** (*automatisch*) (by) itself, automatically, (*von allein*) of one's own accord; → ***verstehen*** 9 **II** *Adv* even: ***selbst wenn*** even if
Selbst *n* (one's own) self
Selbstachtung *f* self-respect
selbständig *Adj* → ***selbstständig***
Selbständigkeit *f* → ***Selbstständigkeit***
Selbstanklage *f* self-accusation
Selbstauslöser *m* FOTO selftimer
Selbstbedienung *f* self-service
Selbstbedienungsrestaurant *n* self-service restaurant, cafeteria
Selbstbefriedigung *f* masturbation
Selbstbehauptung *f* self-assertion
Selbstbeherrschung *f* self-control: ***die Selbstbeherrschung verlieren*** *auch* lose one's temper
Selbstbestätigung *f* ego-boost: ***zu seiner Selbstbestätigung*** to prove himself
Selbstbestimmungsrecht *n* right of self-determination
Selbstbeteiligung *f Versicherung*: percentage excess
Selbstbetrug *m* self-deception
selbstbewusst *Adj* self-confident
Selbstbewusstsein *n* self-confidence
Selbstbildnis *n* self-portrait
Selbstdarstellung *f* promotion of one's public image, *pej* showmanship
Selbstdisziplin *f* self-discipline
Selbsteinschätzung *f* self-assessment
Selbsterhaltungstrieb *m* survival instinct
Selbsterkenntnis *f* self-knowledge
selbstgefällig *Adj* complacent
Selbstgefälligkeit *f* complacency
selbstgerecht *Adj* self-righteous
Selbstgespräch *n* monologue: ***Selbstgespräche führen*** talk to o.s.
selbstherrlich *Adj* high-handed
Selbsthilfe *f* self-help
Selbsthilfegruppe *f* self-help group
selbstklebend *Adj* (self-)adhesive
Selbstkontrolle *f* self-control
Selbstkostenpreis *m* (***zum Selbstkostenpreis*** at) cost price
Selbstkritik *f* self-criticism
Selbstlaut *m* LING vowel
selbstlos *Adj* selfless, unselfish
Selbstmedikation *f* MED self-medication
Selbstmitleid *n* self-pity
Selbstmord *m*, **Selbstmörder**, **Selbstmörderin** suicide
selbstmörderisch *Adj* suicidal
Selbstmordversuch *m* attempted suicide
Selbstporträt *n* self-portrait
Selbstreinigungskraft *f* self-purifying power
selbstsicher *Adj* self-confident
Selbstsicherheit *f* self-confidence
selbstständig **I** *Adj allg* independent, *beruflich*: *auch* self-employed, *Journalist etc*: freelance: ***sich selbstständig machen*** set up on one's own **II** *Adv* independently, on one's own: ***selbstständig denken*** think for o.s
Selbstständigkeit *f allg* independence
Selbstsucht *f* selfishness
selbstsüchtig *Adj* selfish
selbsttätig *Adj* automatic(ally *Adv*)
Selbsttäuschung *f* self-deception
Selbstüberschätzung *f* exaggerated opinion of o.s
selbstvergessen *Adj* lost in thought
Selbstverleugnung *f* self-denial
Selbstverpflegung *f* self-catering
selbstverschuldet *Adj* brought about by o.s
Selbstversorger, **Selbstversorgerin** self-supplier: ***Bungalows für Selbstversorger*** self-catering bungalows
selbstverständlich **I** *Adj* self-evident, obvious, natural: ***es ist selbstverständlich*(, *dass ...*)** it goes without saying (that ...); ***etw als selbstverständlich betrachten*** take s.th. for granted **II** *Adv* of course, naturally
Selbstverständlichkeit *f* matter of course
Selbstverständnis *n* self-image: ***sein Selbstverständnis*** *auch* the way he sees himself
Selbstverteidigung *f* self-defen/ce (*Am* -se)
Selbstvertrauen *n* self-confidence
Selbstverwaltung *f* self-government
Selbstverwirklichung *f* self-realization
Selbstwertgefühl *n* self-esteem, ego
selbstzufrieden *Adj* self-satisfied, complacent
Selbstzufriedenheit *f* self-satisfaction, complacency
Selbstzweck *m* end in itself
selektiv *Adj* selective
Selen *n* CHEM selenium
selig *Adj* **1.** blessed (*auch* REL), (*überglücklich*) overjoyed, blissful **2.** (*verstorben*) late
Seligkeit *f* **1.** REL salvation, everlasting life **2.** (*Glück*) bliss, ecstasy
Seligsprechung *f* REL beatification
Sellerie *m* BOT celeriac, (*Stangensellerie*) celery

Sellerie ist nicht immer celery

(Knollen)Sellerie	=	celeriac
celery	=	Stangensellerie

S

selten **I** *Adj* rare (*auch* = *außergewöhnlich*), (*knapp*) scarce **II** *Adv* seldom, rarely: ***höchst selten*** very rarely
Seltenheit *f* **1.** rareness, scarcity **2.** (*Sache*) rarity
Selterswasser *n* soda water
seltsam *Adj* strange, odd
seltsamerweise *Adv* oddly enough
Seltsamkeit *f* **1.** oddness **2.** (*Sache*) oddity
Semantik *f* semantics *Sg*
Semester *n* UNI semester
Semesterferien *Pl* vacation *Sg*
Semifinale *n* SPORT semifinal
Semikolon *n* semicolon
Seminar *n* **1.** UNI seminar, *weit. S.* institute **2.** (*Lehrerseminar*) (teacher) training college **3.** (*Priesterseminar*) seminary
Semit, **Semitin** Semite
semitisch *Adj*, **Semitisch** *n* LING Semitic
Semmel *f* roll: *ugs* ***weggehen wie warme Semmeln*** be selling like hot cakes
Semmelbrösel *Pl* breadcrumbs *Pl*
Senat *m* **1.** POL, UNI senate **2.** JUR division(al court)
Senator, **Senatorin** senator
Sendebereich *m* transmission range
Sendebericht *m* (*beim Fax*) journal
Sendefolge *f* program(me *Br*)
senden[1] *v/t und v/i* send (*Dat*, **an** *Akk* to): ***nach j-m senden*** send for s.o.
senden[2] *v/t und v/i Funk*: transmit, RADIO *auch* broadcast, TV *auch* telecast
Sender *m* **1.** RADIO, *Funk*: transmitter **2.** radio (*oder* television) station
Senderaum *m* studio
Sendereihe *f* series
Sendeschluss *m* closedown
Sendezeichen *n* call sign
Sendezeit *f* broadcasting time: ***zur besten Sendezeit*** at prime time
Sendung[1] *f* **1.** (*Warensendung*) consignment, *bes Am* shipment, (*Postsendung*) parcel **2.** *fig* mission
Sendung[2] *f* RADIO, TV transmission, (*Programm*) program(me *Br*), RADIO *auch* broadcast, TV *auch* telecast: ***auf Sendung gehen*** (***sein***) go (be) on the air
Senegal *m der* Senegal
Senf *m* mustard
Senfgurke *f* gherkin (pickled with mustard seeds)
sengen **I** *v/t* singe **II** *v/i* scorch: ***sengende Hitze*** scorching heat
senil *Adj* senile
Senilität *f* senility
senior *Adj* senior (*Abk* sen.)
Senior, **Seniorin** senior (*auch Sport*): ***Senioren*** *Pl* senior citizens *Pl*
Seniorchef, **Seniorchefin** boss
seniorengerecht *Adj Wohnung etc*: suitable for the elderly
Seniorenheim *n* (first-class) home for the aged
Seniorenpass *m* senior citizen's rail card
Senkblei *n* plumb line, SCHIFF plummet
Senke *f* GEOG depression
senken **I** *v/t* **1.** sink (*auch* TECH), lower (*auch fig Stimme, Fieber, Blutdruck, Preise etc*), (*den Kopf*) bow **II** *v/refl* ***sich senken*** **2.** drop (*auch Stimme*), go down, sink, *Boden, Haus*: subside, *Mauer*: sag, *Straße etc*: dip **3.** *lit Stille, Dunkelheit etc*: descend (**über** *Akk* on)
Senkfüße *Pl* MED fallen arches *Pl*
Senkfußeinlage *f* arch support
senkrecht *Adj*, **Senkrechte** *f* vertical, *bes* MATHE perpendicular
Senkrechtstarter *m* **1.** FLUG vertical take-off plane **2.** *ugs fig* whizz kid
Senkung *f* **1.** *allg* lowering, *einer Mauer etc*: sag(ging), (*Neigung*) decline, dip **2.** MED *eines Organs*: descent, *des Fiebers, Blutdrucks*: reduction, (*Blutsenkung*) sedimentation
Sensation *f allg* sensation
sensationell *Adj* sensational
Sensationsblatt *n pej* sensational paper
Sensationsgier *f*, **Sensationslust** *f*, **sensationslüstern** *Adj* sensation-seeking
Sensationsmache *f* sensationalism
Sensationsmeldung *f* sensational report, *sl* scoop
Sensationspresse *f* yellow press
Sense *f* scythe: *ugs* ***damit war Sense!*** that was the end of that!
sensibel *Adj* sensitive (*auch fig Problem etc*)

sensibel ≠ sensible

sensibel	=	sensitive
sensible	=	vernünftig

sensibilisieren *v/t* sensitize
Sensibilität *f* sensitiveness
Sensor *m* sensor
sentimental *Adj* sentimental
Sentimentalität *f* sentimentality
separat *Adj* separate
Separatismus *m* separatism
September *m* (***im September*** in) September
sequenziell *Adj* IT sequential
Serbe *m* Serbian
Serbien *n* Serbia
Serbin *f*, **serbisch** *Adj* Serbian
Serenade *f* MUS serenade
Serie *f* series (*auch* TV), RADIO, TV serial, (*Satz*) set, line, range: TECH ***in Serie gehen*** go into production; ***in Serie bauen*** (*oder* ***herstellen***) produce in series

Serie: serial oder series?

(Fernseh)Serie mit einer Fortsetzungsgeschichte	**serial**
(Fernseh)Serie aus in sich abgeschlossenen Episoden mit den gleichen Hauptpersonen	**series**
übertragene Bedeutungen:	
eine Serie (= Reihe) von Ereignissen	**a series of events**
ein Serienmörder	**a serial killer**

seriell *Adj auch* COMPUTER serial
Serienausstattung *f* standard fittings *Pl*
Serienbrief *m* standard letter
Serienherstellung *f* serial production
Serienkiller, **Serienkillerin** serial killer
serienmäßig **I** *Adj* series(-produced), *Ausstattung etc*: standard **II** *Adv* ***serienmäßig herstellen*** produce in series
Serienproduktion *f* serial production
serienreif *Adj* ready to go into production

S

seriös *Adj* respectable, WIRTSCH *auch* reliable, *Absicht, Bewerber, Zeitung etc*: serious
Serpentine *f* (*Straße*) serpentine, (*Kurve*) double bend
Serum *n* MED serum
Server *m* IT server
Service[1] *n* (*Geschirr*) service
Service[2] *m* **1.** (*Bedienung*) service **2.** TECH (*Kundendienst*) (after-sales) service **3.** *Tennis etc*: service, serve
Servicewüste *f ugs* service-free zone
servieren **I** *v/t* serve: ***es ist serviert!*** dinner is served! **II** *v/i* serve (*auch Tennis*), wait at (*Am* on) table
Servierer, **Serviererin** waiter (waitress)
Serviertochter *f schweiz.* waitress
Servierwagen *m* trolley
Serviette *f* napkin
Servobremse *f* servo (*oder* power) brake
Servolenkung *f* MOT servo(-assisted) steering
servus *Interj österr* **1.** (*Begrüßung*) hello **2.** (*Abschied*) bye
Sessel *m* easy chair, armchair, *österr.* chair
Sessellift *m* chairlift
sesshaft *Adj* settled, (*ansässig*) resident: ***sesshaft werden*** settle (down)
Set *n*, *m* **1.** set **2.** place mat
Setup *n* IT *von Programmen*: setup
setzen **I** *v/t* **1.** (*hinsetzen, hintun*) *allg* put, place, (*j-n*) *auch* seat, LANDW set, plant, (*Satzzeichen*) put, make: ***an Land setzen*** put ashore; ***das Glas an die Lippen setzen*** raise (*oder* set) the glass to one's lips; ***seine Unterschrift setzen unter*** (*Akk*) put one's signature to **2.** ***etw setzen*** (*wetten*) stake (*oder* bet) s.th. (***auf*** *Akk* on) **3.** SPORT seed (*a player, team*): → ***gesetzt*** 2 **4.** BUCHDRUCK set **II** *v/refl* ***sich setzen*** **5.** sit down, take a seat: ***sich aufs Rad*** *etc* ***setzen*** mount (*oder* get on) one's bicycle *etc*; ***sich ins Auto setzen*** get into the car; ***sich zu j-m setzen*** sit down beside s.o. **6.** *fig* sink, *Bodensatz, Staub etc*: settle, *Erlebnis etc*: sink in **III** *v/i* **7.** ***setzen über*** (*Akk*) jump (over), (*einen Graben etc*) clear, (*einen Fluss etc*) cross **8.** *bei Wetten*: place one's bet: ***setzen auf*** (*Akk*) bet on, back, *fig auch* bank on
Setzer, **Setzerin** BUCHDRUCK compositor, typesetter
Seuche *f auch fig* epidemic
Seuchenbekämpfung *f* epidemic control
seufzen *v/i* sigh (***über*** *Akk* at, ***vor*** with): ***seufzend*** with a sigh
Seufzer *m* sigh
Sex *m* sex: *ugs* ***Sex haben*** (*oder* ***machen***) have sex

S

sich = him / her usw. GR

Nach Präpositionen mit räumlicher Bedeutung und nach **with** steht für das deutsche **sich** meist das Personalpronomen **him, her, it** usw. und nicht das Reflexivpronomen **himself, herself, itself** usw.

Sie haben die Tasche zwischen sich gestellt.	**They put the bag between them.**
Sie wird den Hund mit zu sich nach Hause nehmen.	**She's taking the dog home with her.**

Sex-Appeal, **Sexappeal** *m* sex appeal
Sexbombe *f ugs* sexpot
Sexfilm *m* sex film
Sexismus *m* sexism
Sexist, **Sexistin**, **sexistisch** *Adj* sexist
sexual → ***sexuell***
Sexual... sexual, sex (*life etc*)
Sexualerziehung *f* sex education
Sexualität *f* sexuality
Sexualkunde *f* PÄD sex education
Sexualobjekt *n* sex object
Sexualverbrechen *n* sex crime
sexuell *Adj* sexual: ***sexuelle Belästigung*** sexual harassment
sexy *Adj ugs* sexy
sezieren *v/t* dissect (*auch fig*), (*Leiche*) perform an autopsy on
Shareware *f* shareware
Shetlandinseln *Pl the* Shetland Islands *Pl*
Shorts *Pl* (pair of) shorts *Pl*
Showmaster, **Showmasterin** TV compere, host
Shuttlebus *m* shuttle bus
Sibirien *n* Siberia
Sibirier, **Sibirierin**, **sibirisch** *Adj* Siberian
sich *Reflexivpron allg* oneself, *3 Sg* himself, herself, itself, *Pl* themselves, *nach Präp* him, her, it, *Pl* them, (*statt: einander*) each other, one another: ***sich ansehen*** *im Spiegel etc*: look at o.s., (*einander*) look at each other; ***sie blickte hinter sich*** she looked behind her

sich: each other / one another GR

Sich wird mit **each other / one another** übersetzt, wenn man im Deutschen auch „einander“ oder „sich gegenseitig“ sagen kann. **Each other** steht bei zwei, **one another** bei zwei oder mehreren Handelnden:

Will you stop arguing with each other / one another!	Hört endlich auf, euch / miteinander zu streiten!

Sichel *f* sickle
sicher **I** *Adj* **1. a)** (***vor*** *Dat* from) safe, secure, **b)** (*gesichert*) safe (*auch* TECH), *Einkommen, Existenz etc*: secure: ***in sicherem Abstand*** at a safe distance; ***sicher ist sicher!*** better safe than sorry! **2.** (*zuverlässig*) reliable, *Schütze, Torwart etc*: sure, good, *Fahrer, Methode etc*: *auch*

sicher: safe / secure oder certain / sure? SG

sicher: nicht in Gefahr, in Sicherheit	**safe,** *seltener*: **secure**
Du bist hier sicher.	**You're safe here.**
Der Zeuge ist an einem sicheren Ort.	**The witness is in a safe / secure place.**
sicher: mit Sicherheit, ohne Zweifel, gewiss	**certain, sure**
Bist du dir sicher, dass du die Haustür abgeschlossen hast?	**Are you certain / sure you locked the front door?**
⚠ Es ist sicher, dass …	**It is certain that …** aber nie ~~**It is sure that**~~

safe **3.** *fig Geschmack, Instinkt, Urteil, Zeichen etc*: sure: ***sicheres Auftreten*** self-assurance; ***mit sicherem Blick*** (***Griff***) with a sure eye (hand) **4.** (*gewiss*) certain, sure: ***der sichere Sieg*** (***Tod***) certain victory (death); ***das ist sicher*** **a)** so much is certain, **b)** that's a fact; ***ist das sicher?*** is that for certain?; ***der Erfolg*** (***die Stellung***) ***ist ihm sicher*** he is sure to succeed (to get the job) **5.** *präd* (*überzeugt*) sure, certain: ***sind Sie*** (***sich dessen***) ***sicher?*** are you sure (about that)?; → ***Sache*** 2 **II** *Adv* **6.** securely, safely (*etc*): ***er fährt sehr sicher*** he is a safe driver **7.** *auch Interj* certainly, surely, definitely: (***aber*** *oder* ***ganz***) ***sicher!*** (but) of course!, *ugs* sure thing!; ***du hast sicher kein Geld bei dir*** I'm sure you have no money on you

sichergehen *v/i* ***um sicherzugehen*** to be on the safe side; ***er wollte ganz sichergehen*** he wanted to be quite sure

Sicherheit *f* **1.** safety (*auch* TECH), *bes* MIL, POL, PSYCH *etc* security: ***öffentliche*** (***soziale, innere***) ***Sicherheit*** public (social, internal) security; ***Sicherheit im Flugverkehr*** safety in flying; ***in Sicherheit bringen*** get *s.o.*, *s.th.* out of harm's way; ***sich in Sicherheit bringen*** get out of danger, ***durch einen Sprung*** jump to safety; ***in Sicherheit sein*** be safe; ***zur Sicherheit*** → ***sicherheitshalber***; → ***wiegen***[1] II **2.** (*Gewissheit*) certainty: ***mit Sicherheit*** definitely, certainly; ***man kann mit Sicherheit sagen*** it is safe to say **3.** (*Selbstsicherheit*) self-assurance, (*Können*) competence, skill, (*Zuverlässigkeit*) reliability **4.** WIRTSCH, JUR (***gegen Sicherheit*** on *oder* against) security: ***einem Gläubiger Sicherheit bieten*** secure a creditor

Sicherheitsabstand *m* safe distance

Sicherheitsbeamte *m*, **Sicherheitsbeamtin** *f* security officer

Sicherheitsdienste *Pl* security agencies *Pl*

Sicherheitsfaktor *m* factor of safety

Sicherheitsglas *n* safety glass

Sicherheitsgurt *m* safety belt, FLUG, MOT *auch* seat belt

sicherheitshalber *Adv* as a precaution, to be on the safe side

Sicherheitskontrolle *f* security check

Sicherheitskopie *f* backup copy

Sicherheitsmaßnahme *f* safety (POL security) measure, precaution

Sicherheitsnadel *f* safety pin

Sicherheitsrat *m* POL Security Council

Sicherheitsrisiko *n* (*meist Person*) security risk

Sicherheitsschloss *n* safety lock

sicherlich → ***sicher*** 7

sichern *v/t* **1.** (***vor*** *Dat*, ***gegen***) secure (*auch* TECH UND WIRTSCH), (safe)guard (*beide*: against), (*schützen*) protect (from): ***sich sichern vor*** (*oder* ***gegen***) protect o.s. from, guard against **2.** (*Waffe*) put at safety: ***gesichert sein*** be at safety **3.** (*Spuren etc*) secure **4.** COMPUTER backup

sicherstellen *v/t* **1.** guarantee, *weit. S. auch* secure **2.** (*beschlagnahmen*) seize

Sicherung *f* **1.** securing (*etc*, → ***sichern***), protection **2.** TECH safety device, *Schusswaffe*: safety (catch) **3.** ELEK fuse **4.** COMPUTER backup

Sicherungsdiskette *f* backup disk

Sicherungskasten *m* ELEK fuse box

Sicherungskopie *f* backup (copy)

Sicht *f* **1.** sight, (*Aussicht*) view, (*Sichtverhältnisse*) visibility: ***in*** (***außer***) ***Sicht*** in (out of) sight (*auch fig*); ***in Sicht kommen*** come into view; *fig* ***auf weite*** (*oder* ***lange***) ***Sicht*** on a long-term basis, (*auf die Dauer*) in the long run; ***auf kurze Sicht*** in the short term; ***aus seiner Sicht*** from his point of view, as he sees it **2.** WIRTSCH (***fällig***) ***bei Sicht*** (due) at sight

sichtbar *Adj allg* visible, (*offenkundig*) *auch* noticeable, evident, (*deutlich*) marked: ***sichtbar machen*** show; ***sichtbar werden*** become visible (*fig auch* manifest)

sichten *v/t* **1.** (*erblicken*) sight **2.** (*durchsehen*) sift, look through, sort out

sichtlich *Adj* visible, evident

Sichtverhältnisse *Pl* (***gute, schlechte Sichtverhältnisse*** high, low) visibility *Sg*

Sichtvermerk *m im Pass*: visa, *auf Wechsel*: endorsement

Sichtwechsel *m* WIRTSCH sight draft

Sichtweite *f* visual range: ***in Sichtweite*** (with)in sight

sickern *v/i* seep, leak (out), ooze, trickle

sie *Personalpron Sg* she, *Sache*: it, *Pl* they, (*Akk*) her, it, *Pl* them

Sie[1] *Anrede*: you

Sie[2] *f ugs* she, female

Sieb *n* sieve, *für Flüssigkeiten*: strainer, *für Sand etc*: riddle, screen: *ein Gedächtnis* ***wie ein Sieb*** like a sieve

Siebdruck *m* silk-screen print (*Verfahren*: printing)

sieben[1] *v/t* sift, sieve

sieben[2] *Adj*, **Sieben** *f* seven

sieben — SG

⚠ Im Englischen wird die Ziffer „7“ generell ohne Querstrich (in der Mitte) geschrieben.

siebenjährig *Adj* seven-year(s)-old, of seven years: ***der Siebenjährige Krieg*** the Seven Years' War

Siebenmeilenstiefel *Pl* seven-league boots *Pl*

Siebensachen *Pl* things *Pl*, belongings *Pl*

siebte, **siebente** *Adj*, **Siebtel**, **Siebentel** *n* seventh

siebtens, **siebentens** *Adv* seventh

siebzehn *Adj* seventeen

siebzehnt *Adj*, **Siebzehntel** *n* seventeenth

siebzig *Adj* seventy; ***er ist Mitte siebzig*** he is in his mid-seventies

Siebzig *f* seventy

siebziger *Adj* ***die siebziger Jahre*** *eines Jhs.*: the seventies *Pl*

Siebziger, **Siebzigerin** septuagenarian: ***sie ist in den Siebzigern*** she is in her seventies

Siebzigerjahre → ***siebziger***

Siechtum *n* lingering illness, invalidism

sieden I *v/i* boil, *fig auch* seethe: ***siedend heiß*** boiling hot **II** *v/t* boil gently

Siedepunkt *m* (*auch fig* ***auf dem Siedepunkt*** at) boiling point

Siedler, **Siedlerin** settler

Siedlung *f* settlement, (*Wohnsiedlung*) housing estate

Sieg *m* (***über*** *Akk* over) victory, *Sport etc*: win, *fig* triumph: ***den Sieg davontragen*** carry (*oder* win) the day

Siegel *n* seal, (*Privatsiegel, Ringsiegel*) signet: *fig* ***unter dem Siegel der Verschwiegenheit***

under the seal of secrecy
Siegellack *m* sealing wax
siegeln *v/t* seal
Siegelring *m* signet ring
siegen *v/i* (**über** *Akk*) be victorious (over), *Sport etc*: win (against), *fig* triumph (over), win (over)
Sieger, **Siegerin** victor, *Sport etc*: winner
Siegerehrung *f* SPORT presentation ceremony
Siegermächte *Pl* victorious powers *Pl*
Siegerpodest *n*, **Siegertreppchen** *n ugs* SPORT (victory) rostrum
Siegerurkunde *f* (winner's) certificate
siegesbewusst → ***siegessicher***
Siegesgöttin *f* Victory
Siegesrausch *m* flush of victory
siegessicher *Adj* confident of victory, *fig* sure of one's success
Siegeszug *m fig* triumphant advance
siegreich *Adj* victorious, triumphant
siezen *v/t* ***j-n siezen*** address s.o. as „Sie"
Signal *n*, **signalisieren** *v/t und v/i* signal
Signalwirkung *f* knock-on effect
Signatar(macht *f*) *m* POL signatory power (***eines Vertrages*** to a treaty)
Signatur *f* **1.** signature **2.** *Bücherei*: shelfmark
signieren *v/t* sign, *Autor*: autograph
Silbe *f* syllable: *fig* ***keine Silbe*** not a word
Silbentrennung *f* syllabification
Silber *n allg* silver, (*Tafelsilber*) *auch* silver plate
Silberbesteck *n* silver (cutlery)
Silberblick *m ugs* (slight) squint
Silberdistel *f* BOT carline thistle
Silberhochzeit *f* silver wedding
Silbermedaille *f* silver medal
Silbermedaillengewinner, **Silbermedaillengewinnerin** silver medal(l)ist
silbern *Adj* (of) silver, *fig* silvery
Silberpapier *n* tin foil
Silberpappel *f* BOT white poplar
Silberstreifen *m fig* ***Silberstreifen am Horizont*** silver lining
Silhouette *f* silhouette
Silikat *n* silicate
Silikon *n* silicone
Silizium *n* silicon
Silo *m* silo
Silvester *m*, *n*, **Silvesterabend** *m* New Year's Eve
Simbabwe *n* Zimbabwe
SIM-Karte *f* (*Handy*) SIM card
simpel *Adj allg* simple
Sims *m*, *n* ledge, (*Fenstersims*) sill
Simulant, **Simulantin** malingerer
Simulator *m* TECH, MIL simulator
simulieren **I** *v/t* sham, feign, *auch* TECH, MIL simulate **II** *v/i* malinger, sham
simultan *Adj* simultaneous
Simultandolmetschen *n* simultaneous translation
Simultandolmetscher, **Simultandolmetscherin** simultaneous translator
Sinfonie *f* symphony
Sinfonieorchester *n* symphony orchestra
sinfonisch *Adj* symphonic
singen *v/t und v/i* sing
Single[1] *f* (*Schallplatte*) single
Single[2] *m* (*Person*) single
Single-Haushalt *m* one-person household
Singular *m* LING (***im Singular*** in the) singular
Singvogel *m* songbird
sinken *v/i allg* sink (*auch fig Stimmung etc*), *Sonne*: *auch* set, *fig Preise*, *Temperatur etc*: drop (***auf*** *Akk* to), fall, go down: *fig* ***er ist tief gesunken*** he has sunk very low; ***sinken lassen*** lower, drop (*auch Stimme*); → ***Mut***, ***Wert*** 1 *etc*
Sinkflug *m* FLUG descent
Sinn *m* **1.** PHYSIOL sense: *fig* ***sechster Sinn*** sixth sense; *ugs* ***seine fünf Sinne beisammen haben*** have one's wits about one **2.** *Pl* (*Verstand*) mind, (*Bewusstsein*) consciousness: ***sie war wie von Sinnen*** she was quite beside herself (***vor*** with); ***bist du von Sinnen?*** are you out of your mind? **3.** (*Kopf*) mind: ***etw im Sinn haben*** have s.th. in mind, intend (to do) s.th.; ***damit habe ich nichts im Sinn*** I don't want any of that; ***j-m in den Sinn kommen*** occur to s.o. **4.** (***für***) (*Gefühl*) sense (of), appreciation (of), (*Neigung*) taste (for), (*Interesse*) interest (in): ***Sinn für Musik*** an ear for music; ***Sinn für das Schöne*** an eye for beauty; ***Sinn für Humor*** a sense of humo(u)r; ***das war ganz in meinem Sinn(e)*** that was just what I would have done **5.** (*Bedeutung*) sense, meaning, (*Grundgedanke*) (basic) idea: ***im weiteren (engeren) Sinn(e)*** in a wider (narrower) sense; ***im wahrsten Sinn(e) des Wortes*** literally; ***in gewissem Sinn*** in a sense; ***in diesem Sinn*** in this sense, *Äußerung*: to this effect; ***im Sinne des Gesetzes*** as defined by the law; ***der Sinn des Lebens*** the meaning of life; ***das ergibt*** (*ugs* ***macht***) ***keinen Sinn*** that makes no sense; ***dem Sinn nach*** → ***sinngemäß*** II **6.** (*Zweck*) sense, purpose: ***Sinn und Zweck*** (aim and) object; ***das hat keinen Sinn*** it's no use, it's pointless; ***das ist der Sinn der Sache!*** that's the idea!
Sinnbild *n* symbol
sinnbildlich *Adj* symbolic(al)
sinnen *v/i* (***über*** *Akk* [up]on) meditate, reflect: ***sinnen auf*** (*Akk*) contemplate, plan, *pej* plot
Sinnen *n* thoughts *Pl*: ***all sein Sinnen und Trachten*** his every thought and wish
sinnend *Adj* pensive, thoughtful
sinnenfroh *Adj* sensuous
Sinnenlust *f* sensual pleasure
sinnentstellend *Adj* distorting (the meaning): ***sinnentstellend sein*** distort the meaning
Sinnesart *f* mentality
Sinnesorgan *n* sense organ
Sinnesreiz *m* sense stimulus
Sinnestäuschung *f* hallucination
Sinneswahrnehmung *f* sensory perception
Sinneswandel *m* change of heart
sinnfällig *Adj* obvious, clear
sinngemäß **I** *Adj* giving the gist (*of s.th.*), *bes* JUR analogous **II** *Adv* ***das hat er sinngemäß gesagt*** that was the drift of what he said
sinngetreu *Adj* faithful
sinnieren *v/i ugs* ruminate (***über*** *Akk* on)
sinnig *Adj meist iron* clever
sinnlich *Adj* **1.** *Eindrücke etc*: sensual, *Wahrnehmung etc*: sensory **2.** *Begierde etc*: sensual, *auch Person*: sensuous
Sinnlichkeit *f* sensuality
sinnlos *Adj* senseless, meaningless, (*unsinnig*) absurd, (*zwecklos*) useless: ***sinnlos betrunken*** blind drunk
Sinnlosigkeit *f* senselessness (*etc*), absurdity
sinnreich *Adj* ingenious, clever
sinnverwandt *Adj* synonymous: ***sinnverwandtes Wort*** synonym
sinnvoll *Adj* **1.** meaningful **2.** (*nützlich*) useful,

S

(*vernünftig*) wise **3.** → ***sinnreich***
Sintflut *f* BIBEL *the* Flood, *the* Deluge
Sinus *m* **1.** MATHE sine **2.** ANAT sinus
Sinuskurve *f* MATHE sine curve
Siphon *m* siphon
Sippe *f* **1.** family, tribe **2.** → ***Sippschaft***
Sippschaft *f pej* clan, (*Bande*) gang, lot
Sirene *f allg* siren
Sirup *m* treacle, *Am* molasses *Sg*, (*bes Fruchtsirup*) syrup
Sitte *f* **1.** custom, (*Gepflogenheit*) *auch* practice, habit: ***Sitten und Gebräuche*** manners and customs **2.** *Pl* (*Moral*) morals *Pl*, (*Benehmen*) manners *Pl*
Sittenlehre *f* ethics *Sg*
sittenlos *Adj* immoral, dissolute
Sittenlosigkeit *f* immorality
Sittenpolizei *f* vice squad
Sittenrichter, **Sittenrichterin** moralizer
sittenstreng *Adj* puritanical
Sittenstrolch *m ugs* sex offender
Sittenverfall *m* moral decline
sittenwidrig *Adj* immoral
Sittich *m* ZOOL parakeet
sittlich *Adj* moral, ethical
Sittlichkeit *f* morality, morals *Pl*
Situation *f* situation, position: ***sich der Situation gewachsen zeigen*** rise to the occasion; ***die Situation retten*** save the situation
Situationskomik *f* situational comedy
Situp *m* sit-up, crunch: ***Sit-ups machen*** do sit-ups
Sitz *m* **1.** *allg* seat (*auch fig Amtssitz*, *Familiensitz etc*), (*Wohnsitz*) (place of) residence, *eines Unternehmens etc*: headquarters *Pl* (*auch Sg konstr*): *Firma* ***mit Sitz in London*** London-based; *fig* ***die Zuschauer von den Sitzen reißen*** electrify the audience **2.** TECH, *auch der Kleidung*: fit
Sitzblockade *f* sit-in
Sitzecke *f* corner unit
sitzen *v/i* **1.** sit, *Vogel*: perch: ***sitzen bleiben*** remain seated; ***wir saßen beim Essen*** we were having lunch; ***im Parlament sitzen*** have a seat in Parliament; ***an einer Arbeit*** (***bei einem Glas Wein***) ***sitzen*** be sitting over a task (a glass of wine); *ugs* ***einen sitzen haben*** be soused; *fig* ***j-n sitzen lassen*** leave s.o. in the lurch, (*Freund[in]*) walk out on s.o., jilt s.o.; ***das lasse ich nicht auf mir sitzen!*** I won't stand for that! ***sitzende Lebensweise*** sedentary life; → ***Patsche*** *etc* **2.** (*sich befinden*) be, *Firma etc*: have one's headquarters (***in*** *Dat* in)

sitzen mit Präposition (GR)

⚠ Beachten Sie die Präpositionen in folgenden Kontexten:

auf einem Stuhl / einem Sofa sitzen	**sit on a chair / sofa**
in einem Sessel sitzen	**sit in an armchair**
auf dem Fahrersitz sitzen	**sit in the driving seat**
auf einem Baum sitzen	**sit in a tree**
an einem Tisch / Schreibtisch / Klavier sitzen	**sit at a table / desk / piano**

3. (*passen*) sit, fit **4.** *ugs* (***im Gefängnis***) ***sitzen*** do time, be in jail; *ugs* ***sitzen bleiben*** **a)** have to repeat the year, **b)** *Frau*: be left on the shelf, **c)** ***sitzen auf*** *einer Ware*: be left with; **5.** *ugs Schlag etc, fig Bemerkung etc*: hit home **6.** (*im Gedächtnis haften*) stick, have sunk in
sitzenbleiben → ***sitzen*** 4
sitzenlassen → ***sitzen*** 1
Sitzgelegenheit *f* seat
Sitzgruppe *f* three-piece suite
Sitzordnung *f*, **Sitzplan** *m* seating plan
Sitzplatz *m* seat
Sitzstreik *m* sit-down strike
Sitzung *f auch* PARL session, JUR *auch* hearing, (*Besprechung*) conference
Sizilianer, **Sizilianerin**, **sizilianisch** *Adj* Sicilian
Sizilien *n* Sicily
Skala *f* **1.** MUS, TECH scale **2.** *fig* range
Skalp *m*, **skalpieren** *v/t* scalp
Skandal *m* scandal, (*Schande*) *auch* disgrace, shame
Skandalblatt *n* scandal sheet
skandalös *Adj* scandalous
Skandinavien *n* Scandinavia
Skandinavier, **Skandinavierin**, **skandinavisch** *Adj* Scandinavian
Skateboard *n* skateboard
Skateboardfahrer, **Skateboardfahrerin** skateboarder
Skelett *n auch* ARCHI, TECH skeleton
Skepsis *f* scepticism, *Am* skepticism
Skeptiker, **Skeptikerin** sceptic, *Am* skeptic
skeptisch *Adj* sceptical, *Am* skeptical
Ski *m* ski: ***Ski fahren, Ski laufen*** ski
Skianzug *m* ski suit
Skiausrüstung *f* skiing gear
Skibob *m* skibob
Skibrille *f* (pair of) skiing goggles *Pl*
Skifahren *n* skiing

Rund ums Skifahren (WF)

Bindung	**(safety) binding**
Buckel	**mogul** ['məʊgl]
Idiotenhügel	**nursery slope**
Kehre	**turn**
Langlauf	**cross-country skiing**
Loipe	**course, trail**
Sessellift	**chair lift**
Skianzug	**ski suit**
Skibrille	**(ski) goggles**
Skier	**skis**
Skilift	**ski lift**
Skimütze	**skiing hat**
Skistiefel	**ski boots**
Skistöcke	**(ski) poles**
Tiefschnee	**deep powder snow**
Tiefschneefahren	**deep snow skiing, deep powder skiing**
Wedeln	**wedel** ['wedl, 'veɪdl]

Skifahrer, **Skifahrerin** skier
Skifliegen *n*, **Skiflug** *m* ski flying
Skigebiet *n* skiing area
Skigymnastik *f* skiing exercises *Pl*
Skihang *m* ski slope
Skihütte *f* ski hut (*Am* lodge)

Skikurs *m* skiing course
Skilanglauf *m* cross-country skiing
Skilauf *m*, **Skilaufen** *n* skiing
Skiläufer, **Skiläuferin** skier
Skilehrer, **Skilehrerin** skiing instructor
Skilift *m* ski lift
Skipiste *f* ski run, piste
Skischanze *f* ski jump
Skischuh *m* ski boot
Skischule *f* ski school
Skisport *m* skiing
Skispringen *n*, **Skisprung** *m* ski jumping
Skistiefel *m* ski boot
Skistock *m* ski pole
Skiträger *m* MOT ski rack
Skizze *f allg* sketch
Skizzenbuch *n* sketchbook
skizzenhaft *Adj* sketchy
skizzieren *v/t* sketch, *fig auch* outline
Sklave *m*, **Sklavin** *f* slave
Sklavenhandel *m* slave trade
Sklaverei *f* slavery
sklavisch *Adj* slavish (*auch fig*), servile
Sklerose *f* MED (***multiple Sklerose*** multiple) sclerosis
sklerotisch *Adj* sclerotic
Skonto *m*, *n* WIRTSCH (cash) discount
Skorpion *m* **1.** ZOOL scorpion **2.** ASTR (***er ist Skorpion*** he is [a]) Scorpio
Skrupel *m* scruple; ***er hatte keine Skrupel, etw zu tun*** he didn't scruple to do s.th.
skrupellos *Adj* unscrupulous
Skulptur *f* sculpture
Skysurfing *n* sky surfing
Slalom *m*, *n Skisport*: slalom
Slawe *m*, **Slawin** *f*, **slawisch** *Adj* Slav
Slip *m* briefs *Pl*
Slipeinlage *f* panty liner
Slipper *m* (*Schuh*) *Br* slip-on shoe, *Am* loafer
Slowake *m* Slovak
Slowakei *f die* Slovakia
Slowakin *f*, **slowakisch** *Adj* Slovak
Slowene *m* Slovenian
Slowenien *n* Slovenia

Small Talk

Beim **Small Talk** macht man oft Komplimente. Hier ein paar Hilfsmittel, die Sie öfter mal einsetzen können:

angenehm	**pleasant**
unglaublich, toll	**amazing**
das ist geil	**it's fab, really hot,** *Am* **awesome,** *Am auch* **the bomb**
gut	**good,** *Wetter auch*: **fine**
hübsch	*Ding*: **pretty,** *Frau*: **pretty, good-looking,** *Mann*: **good-looking, handsome**
interessant	**interesting**
sympathisch	**nice, pleasant**
toll	**great**
fantastisch	**brilliant, fantastic**
spitze!	**great,** *Br auch* **brilliant, fab**
echt cool!	**really** (*Am* **real**) **cool**

Mit abwertenden Ausdrücken sollte man allerdings vorsichtig umgehen. Besonders die Briten drücken ihr Missfallen meist nicht so direkt aus:

unangenehm	**unpleasant**
langweilig	**boring**
schlecht	**bad**
hässlich	*Aussehen*: **ugly,** *Handlung*: **nasty**
uninteressant	**uninteresting**
unsympathisch	**not very nice, unpleasant**
(total) blöd	(**totally**) **stupid**
scheußlich	**horrible**

Slowenin *f*, **slowenisch** *Adj* Slovenian
Smaragd *m*, **smaragdgrün** *Adj* emerald
Smiley *m* smiley
Smog *m* smog
Smogalarm *m* smog alert
Smoking *m* dinner jacket, *Am* tuxedo

Falsche Freunde

„Smoking" im Deutschen hat mit dem englischen **smoking** („das Rauchen") nichts zu tun. Ähnliches gilt für folgende nur scheinbare Übernahmen aus der englischen Sprache:

deutsch	**englisch**
Handy	**mobile phone,** *bes Am* **cellphone, cellular phone** (englisch **handy** = praktisch, handlich)
Dressman	**male model** (den „dressman" gibt es im Englischen nicht)
City	**town / city centre,** *Am* **downtown** (auf Englisch heißt **city** die Stadt allgemein; **the City** ist kurz für **the City of London,** den historischen Kern Londons)
Oldtimer	**vintage car** *oder* **veteran car**
Mobbing	**harassment** ['hærəsmənt] **at work**

SMS *m Abk* (=Short Message Service) SMS, text messaging
SMS(-Nachricht) *f* text (message), SMS (message): ***j-m eine SMS(-Nachricht) schicken*** text s.o., send s.o. an SMS (message)
Snob *m* snob
Snobismus *m* snobbery
snobistisch *Adj* snobbish
Snowboard *n* snowboard
Snowboardfahrer, **Snowboardfahrerin** snowboarder
Snowrafting *n* snow rafting
so I *Adv* **1.** so, so much: ***nicht so einfach*** not so easy; ***das hat ihn so gefreut, dass …*** that pleased him so much that … **2.** (*auf diese Weise*) like this (*oder* that), this (*oder* that) way, thus; ***so viel*** so much; ***so viel wie*** as much as; ***doppelt so viel*** twice as much; ***so viel steht fest*** one thing is certain; ***so weit sein*** be

Simsen statt Telefonieren

SG

Angeblich benutzen schon mehr Handybesitzer ihre Geräte, um SMS-Nachrichten zu versenden als zum Telefonieren. „SMS" ist eine Abkürzung aus dem Englischen und bedeutet **short message service** oder **short messaging system**. Im Deutschen werden für den Vorgang, eine Textnachricht per Handy zu verschicken, „eine SMS schicken", „SiMSen" oder „simsen" verwendet. Im Englischen dagegen spricht man von **to text**:

I'll text you the exact title of the novel. (Ich schicke dir den genauen Titel des Romans als SMS.)

ready; ***es ist so weit fertig*** it's more or less finished; ***es ist so weit!*** **a)** it's time!, **b)** (*es geht los*) here goes!; ***so wenig*** not more (***als*** than): ***so wenig wie möglich*** as little as possible; ***so ist es!*** that's how it is!; ***so ist das Leben!*** such is life!; ***so oder so*** one way or another, (*ohnehin*) anyway; ***so genannt*** → ***sogenannt*** **3.** (*solch*) such: ***so etwas*** such a thing; ***so ein Trottel!*** what a fool! **4.** (*ungefähr*) about: ***so alle acht Tage*** every week or so **II** *Konj* **5.** ***so dass*** → ***sodass***; ***so leid es mir tut*** however much I regret it **III** *Interj* **6.** ***so!*** (all) right!, okay!, (*fertig*) that's that!; ***so, so!*** well, well!; ***so?*** really?; (***na***) ***so was!*** you don't say!; ***ach so!*** oh(, I see)!

so: so und such

GR

Deutsches **so** + Adjektiv / Adverb wird übersetzt mit **so** + Adjektiv / Adverb:

Die Leute waren so nett und sie haben sich so gut um uns gekümmert.	**The people were so nice, and they looked after us so well.**

Deutsches **so** + (Adjektiv) + Substantiv wird übersetzt mit **such** (**a / an**) (+ Adjektiv) + Substantiv:

Sie sind so nette Leute!	**They're such nice people.**
Ich bin so ein langsamer Leser.	**I'm such a slow reader.**

Bei Substantiven mit emotionalem Gehalt kann das Adjektiv entfallen:

such idiots	**such a shame**

⚠ Wenn man anstelle von **so** „solch" sagen kann, heißt es im Englischen **such**.

sobald *Konj* as soon as
Söckchen *n* ankle sock, *Am* anklet
Socke *f* sock: *ugs* ***sich auf die Socken machen*** buzz off; ***von den Socken sein*** be flabbergasted, be dum(b)founded
Sockel *m* pedestal, *auch* ELEK, TECH base
Soda *n* soda
sodass *Konj.* so that, so as to *Inf*
Sodawasser *n* soda water
Sodbrennen *n* MED heartburn
soeben *Adv* just (now)
Sofa *n* sofa, settee
sofern *Konj* if, so far as, (*wenn nur*) provided that: ***sofern nicht*** unless
sofort *Adv* at once, instantly, immediately, right away: ***ab sofort*** **a)** as of now, **b)** *auch* (***ab***) ***sofort gültig*** effective immediately; WIRTSCH ***sofort zahlbar*** spot cash; ***er war sofort tot*** he died instantaneously
Sofortbildkamera *f* instant camera
sofortig *Adj* immediate, prompt
Softie *m ugs* softy
Software *f* IT software
Softwareanbieter *m* software company
Softwarepaket *n* software package
Sog *m* suction, FLUG, SCHIFF *auch* wake (*auch fig*)
sogar *Adv* even
sogenannt *Adj* socalled
Sohle *f* **1.** (*Fußsohle, Schuhsohle*) sole **2.** (*Talsohle etc*) bottom, BERGB floor
Sohn *m* son
Sojabohne *f* soybean
Sojamehl *n* soybean flour
Sojasoße *f* soy sauce
solang(e) *Adv* as long as
Solarenergie *f* solar energy
Solarium *n* solarium
Solarzelle *f* solar cell
solch *Pron und Adj* such
Soldat, **Soldatin** soldier
Söldner, **Söldnerin** mercenary
solidarisch **I** *Adj* solidary, WIRTSCH, JUR joint (and several): ***sich solidarisch erklären mit*** → ***solidarisieren*** **II** *Adv* in solidarity, WIRTSCH, JUR jointly (and severally)
solidarisieren *v/refl* ***sich solidarisieren mit*** declare one's solidarity with, be solidly behind
Solidarität *f* solidarity
Solidaritätszuschlag *m* solidarity tax
solid(e) *Adj* **1.** (*haltbar*) solid **2.** *fig Arbeit, Kenntnisse, Verhältnisse etc*: solid, sound, *Firma etc*: *auch* reliable, *Preis*: reasonable, *Beruf*: good **3.** *Person*: solid, *auch Lebensweise*: steady
Solist, **Solistin** soloist
Soll *n* **1.** *Buchhaltung*: debit: ***Soll und Haben*** debit and credit **2.** (*Plansoll, Leistungssoll*) target, quota: ***sein Soll erfüllen*** reach the target, *fig* do one's bit
sollen **I** *v/hilf* **1.** *auffordernd, fragend*: be to: ***ich soll dir ausrichten*** I am to tell you; ***soll ich kommen?*** shall I come?; ***er soll nur kommen!*** just let him come!; ***was soll ich tun?*** what should I do?; ***was soll ich damit?*** what am I to do with it? **2.** *innere Verpflichtung*: ***ich hätte hingehen sollen*** I ought to have gone; ***ich hätte es wissen sollen*** I should have known; ***du hättest das nicht tun sollen*** you shouldn't have done that!; ***weshalb sollte ich*** (***auch***)***?*** why should I? **3.** *Absicht*: ***hier soll ein Schwimmbad entstehen*** a swimming pool is to be built here; ***es soll nicht wieder vorkommen*** it won't happen again; ***was soll das sein?*** what's that supposed to be?; ***es sollte ein Scherz sein*** it was meant as (*oder* supposed to be) a joke **4.** *Gerücht*: ***er soll reich sein*** he is said to be rich; ***die Rebellen sollen die Macht übernommen haben*** the rebels are reported to have seized power **5.** *Möglichkeit*: ***sollte es wahr sein?*** could it be true; ***sollte sie kommen*** in case (*oder* if) she should come **6.** *Schicksal*: ***er sollte nie mehr zurückkehren***

sollen GR

Drückt **sollen** eine Aufforderung, einen Vorschlag oder einen Appell aus, so verwendet man im Englischen **should** oder **ought to**:	
Wir sollten einen Regenschirm kaufen.	**We ought to buy an umbrella.**
Du hättest eine Karte kaufen sollen.	**You should have bought a map.**
Ein Gerücht oder eine unbestätigte Behauptung kann im Englischen mithilfe von **be said to** oder **be supposed to** wiedergegeben werden:	
Die Firma soll kurz vor dem Bankrott stehen.	**The firm is said to be / is supposed to be almost bankrupt.**
Gibt **sollen** eine Zielsetzung oder eine Absicht wieder, wird **be intended to** bzw. **be meant to** verwendet:	
Die neue Regelung soll Erleichterungen für unsere Schüler bringen.	**The new ruling is intended to / is meant to make things easier for our pupils.**
Eine Vereinbarung oder Verpflichtung wird durch **be supposed to** bzw. **be to** ausgedrückt:	
Du sollst deine Eltern anrufen.	**You're to phone your parents.**
⚠ Nur in Ja-Nein-Fragen bzw. Fragen mit Fragewort oder bei Vorschlägen in Frageform kann **sollen** mit **shall** übersetzt werden. **Should** wirkt zurückhaltender und wird auch in der indirekten Rede verwendet:	
Soll ich ein Fenster aufmachen?	**Shall I open a window?**
Sie fragte, ob sie den Nachtisch servieren solle.	**She asked whether she should serve the dessert.**
Ein Nebensatz mit einem Fragewort und **sollen** wird im Englischen in der Regel mit einer Infinitivkonstruktion wiedergegeben:	
Ich weiß nicht, was ich tun soll.	**I don't know what to do.**

he was never to return again; ***es sollte alles ganz anders kommen*** things were to turn out quite differently; ***ein Jahr sollte vergehen, bis ...*** a year was to pass till …; ***es hat nicht sollen sein*** it was not to be **II** *v/i* **7.** ***was soll ich hier?*** what am I here for?; ***soll*** **(*sollte*)** ***ich?*** shall (should) I?; ***was soll das?*** **a)** (*bedeuten*) what's the idea?, **b)** (*nützen*) what's the use?, **c)** *ugs auch* ***was soll's?*** so what?

solo *Adj* solo, *ugs fig auch* alone

Solo *n allg* solo, SPORT solo attempt (*oder* run)

Soloalbum *n* solo album: ***ein Soloalbum aufnehmen*** record a solo album

solvent *Adj* WIRTSCH solvent

Somalia *n* Somalia

somit *Adv* consequently, thus

Sommer *m* summer: ***im Sommer*** in (the) summer; ***im nächsten Sommer*** next summer

Sommerfahrplan *m* summer timetable (*Am* schedule)

Sommerferien *Pl* summer holidays *Pl* (*Am* vacation *Sg*), *Br auch* long vacation

S

Sommerkleidung *f* summer clothes *Pl*, *bes* WIRTSCH summer wear

sommerlich *Adj* summerly, summery

Sommerloch *n ugs fig* silly season

Sommerreifen *m* MOT normal tyre (*Am* tire)

Sommerschlussverkauf *m* summer sales *Pl*

Sommerspiele *Pl* ***Olympische Sommerspiele*** Summer Olympics *Pl*

Sommersprosse *f* freckle

Sommerzeit *f* summer time, *vorverlegte*: *auch* daylight saving time

Sonate *f* MUS sonata

Sonde *f* MED, *Raumfahrt*: probe, METEO, *Radar*: sonde

Sonder... special

Sonderangebot *n* special bargain, *Am* special

Sonderausgabe *f* **1.** special edition **2.** *finanzielle*: extra (expenditure)

Sonderausstattung *f* MOT optional extra(s *Pl*)

sonderbar *Adj* strange, odd, peculiar

sonderbarerweise *Adv* oddly enough

Sonderbeauftragte *m*, *f* special representative

Sonderberichterstatter, **Sonderberichterstatterin** special correspondent

Sonderbevollmächtigte *m*, *f* plenipotentiary

Sonderdruck *m* offprint

Sonderfall *m* special case

sonderlich I *Adj* special: ***ohne sonderliche Mühe*** without any great effort **II** *Adv* ***nicht sonderlich*** not particularly, not much, not very

Sonderling *m* eccentric, crank

Sondermarke *f* special issue

Sondermaschine *f* FLUG special flight

Sondermeldung *f* special announcement

Sondermüll *m* hazardous waste

sondern *Konj* but: ***nicht nur ..., sondern auch ...*** not only …, but also …

Sondernummer *f einer Zeitung etc*: special edition

Sonderrecht *n* privilege

Sonderregelung *f* special arrangement

Sonderschule *f* special school (for handicapped or maladjusted children)

Sondersitzung *f* special session

Sonderstempel *m* special postmark

Sonderzeichen *n* COMPUTER special character, symbol

Sonderzulage *f* special bonus

Sonderzuschlag *m* surcharge, *zum Fahrpeis*: special excess fare

sondieren I *v/t* MED *und fig* probe, sound (out) **II** *v/i fig* put out feelers

Sondierungsgespräch *n* exploratory talk

Sonett *n* sonnet

Sonnabend *m* (***am Sonnabend*** on) Saturday

sonnabends *Adv* on Saturday(s)

Sonne *f* sun: ***an*** (*oder* ***in***) ***der Sonne*** in the sun

sonnen *v/refl* ***sich sonnen*** sun o.s., bask in the sun, *fig* bask (***in*** *Dat* in)
Sonnenaufgang *m* (***bei Sonnenaufgang*** at) sunrise
Sonnenbad *n* sunbath: ***ein Sonnenbad nehmen*** → ***sonnenbaden***
sonnenbaden *v/i* sunbathe
Sonnenbank *f* sun bed
Sonnenblende *f* FOTO lens hood
Sonnenblume *f* sunflower
Sonnenbrand *m* sunburn
Sonnenbrille *f* (***eine Sonnenbrille*** a pair of) sunglasses *Pl*
Sonnencreme *f* sun(tan) cream
Sonnendach *n* sun-blind, MOT sunshine roof
Sonnendeck *n* SCHIFF sun deck
Sonnenenergie *f* solar energy
Sonnenfinsternis *f* eclipse of the sun
Sonnenfleck *m* sunspot
Sonnenhut *m* sun hat
Sonnenkollektor *m* solar panel
Sonnenkraftwerk *n* solar power plant
Sonnenlicht *n* (***bei Sonnenlicht*** in) sunlight
Sonnenöl *n* suntan oil
Sonnenschein *m* sunshine
Sonnenschirm *m* sunshade, *für Damen*: parasol
Sonnenschutzcreme *f* sun (filter) cream
Sonnenschutzmittel *n* sunscreen, suntan lotion, sun cream
Sonnenseite *f auch fig* sunny side
Sonnenstich *m* sunstroke
Sonnenstrahl *m* sunbeam
Sonnensystem *n* solar system
Sonnenuhr *f* sundial
Sonnenuntergang *m* (***bei Sonnenuntergang*** at) sunset
Sonnenwende *f* solstice
Sonnenzelle *f* solar cell
sonnig *Adj auch fig* sunny
Sonntag *m* (***am Sonntag*** on) Sunday
sonntäglich *Adj* Sunday
sonntags *Adv* on Sunday(s), on a Sunday
Sonntagsanzug *m* Sunday best
Sonntagsarbeit *f* Sunday working
Sonntagsausflügler, **Sonntagsausflüglerin** weekend tripper
Sonntagsbeilage *f Zeitung*: Sunday supplement
Sonntagsdienst *m* ***Sonntagsdienst haben*** be on Sunday duty, *Apotheke*: be open on Sunday(s)
Sonntagsfahrer, **Sonntagsfahrerin** MOT *pej* Sunday driver
Sonntagskind *n* ***er ist ein Sonntagskind*** he was born on a Sunday (*fig* under a lucky star)
Sonntagsmaler, **Sonntagsmalerin** Sunday painter
Sonntagsrede *f fig* fancy speech
sonor *Adj* sonorous
sonst *Adv* **1.** (*andernfalls*) otherwise, or, or else **2.** usually, normally: ***wie sonst*** as usual **3.** (*im Übrigen*) otherwise, apart from that **4.** (*außerdem*) else; *ugs* ***sonst jemand*** somebody else, (*irgendjemand*) anybody; *ugs* ***sonst was*** something else, (*egal was*) anything; *ugs* ***sonst wie*** some other way; *ugs* ***sonst wo(hin)*** somewhere else; ***wer sonst?*** who else?; ***sonst noch etwas?*** anything else?; ***nirgends sonst*** nowhere else **5.** (*früher*) always: ***alles war wie sonst*** everything was as it used to be
sonstig *Adj* other
sooft *Adv* whenever: ***sooft du willst*** as often as you like
Sopran *m*, **Sopranist**, **Sopranistin** soprano
Sorge *f* **1.** worry, concern, (*Ärger*) trouble: ***finanzielle*** (***berufliche***) ***Sorgen*** financial (professional) worries (*oder* problems); ***j-m Sorgen machen*** worry s.o., cause s.o. trouble; ***sich Sorgen machen*** **a)** ***um*** be worried about, **b)** ***dass*** be concerned that; ***mach dir keine Sorgen!, keine Sorge!*** don't worry!; ***lassen Sie das meine Sorge sein!*** leave that to me!; → ***gering*** **2.** (*Fürsorge*) care: ***Sorge tragen für*** → ***sorgen*** I
sorgen **I** *v/i* ***sorgen für*** see to, take care of, ensure, (*betreuen*) look after, (*beschaffen*) provide: ***dafür sorgen, dass …*** see to it that …; ***dafür werde ich sorgen*** I'll see to that; ***für sich selbst sorgen*** fend for o.s.; ***für ihn ist gesorgt*** he's taken care of **II** *v/refl* ***sich sorgen*** (***um, wegen*** about) be worried, worry
sorgenfrei *Adj* free from care(s), carefree
Sorgenkind *n* problem child
sorgenvoll *Adj Leben etc*: full of worries, *auch Miene etc*: worried
Sorgerecht *n* custody (***für*** of)
Sorgfalt *f* care: ***große Sorgfalt verwenden auf*** (*Akk*) take great pains over
sorgfältig *Adj* careful, thorough
sorglos *Adj* **1.** (*unachtsam*) careless, (*unbekümmert*) unconcerned **2.** (*sorgenfrei*) carefree
Sorglosigkeit *f* carelessness, unconcern
sorgsam → ***sorgfältig***
Sorte *f* sort, kind, type, WIRTSCH quality, (*Marke*) brand: ***Sorten*** *Pl* (*Geld*) foreign exchange *Sg*; ***übelster Sorte*** of the worst kind
sortieren *v/t auch* COMPUTER sort, *nach Qualität*: *auch* grade, *nach Größe*: *auch* size
Sortiment *n* **1.** range **2.** → ***Sortimentsbuchhandel***
Sortimentsbuchhandel *m* retail book trade
sosehr *Konj* ***sosehr*** (***auch***) however much
Soße *f* sauce, (*Bratensoße*) gravy, (*Salatsoße*) dressing, *ugs* (*Brühe*) juice, goo
Soßenschüssel *f* sauceboat
Souffleur *m* prompter
Souffleurkasten *m* prompt box
Souffleuse *f* prompter
soufflieren *v/t und v/i* ***j-m soufflieren*** prompt s.o.
Sound *m* sound
Soundkarte *f* IT sound card
soundso *Adv ugs* so and so: ***soundso viel*** so much; ***soundso viele*** so and so many; ***soundso oft*** time and again; ***Herr Soundso*** Mr What's-his-name
soundsovielt *Adj ugs* **1.** ***am soundsovielten*** on such and such a date **2.** (*x-te*) umpteenth
Soundtrack *m* soundtrack
Soutane *f* cassock
Souterrain *n* basement
souverän *Adj* sovereign, *fig* superior, *auch Adv* in superior style
Souverän *m* sovereign
Souveränität *f* sovereignty
soviel *Konj* ***soviel ich weiß*** as far as I know; ***soviel ich gehört habe*** from what I have heard; → ***so*** I 1
soweit *Konj* as far as (*I know etc*); → ***so*** I 1
sowenig *Konj* however little; → ***so*** I 1
sowie *Konj* **1.** as soon as **2.** as well as
sowieso *Adv* **1.** anyway, in any case **2.** *ugs* (***das***) ***sowieso!*** that goes without saying!

Sowjet *m*, **sowjetisch** *Adj* HIST Soviet
Sowjetrusse *m*, **Sowjetrussin** *f*, **sowjetrussisch** *Adj* HIST Soviet-Russian
Sowjetunion *f* HIST *the* Soviet Union
sowohl *Konj* **sowohl ... als (auch) ...** ... as well as ..., both ... and ...
sozial *Adj allg* social: **soziale Stellung** social rank (*oder* status); *Adv* **sozial denken** be social-minded
Sozialabbau *m* dismantling of the welfare state
Sozialabgaben *Pl* social contributions *Pl*
Sozialamt *n* social welfare office
Sozialarbeiter, **Sozialarbeiterin** welfare worker
Sozialdemokrat, **Sozialdemokratin** social democrat
Sozialdemokratie *f* social democracy
sozialdemokratisch *Adj* social-democratic
Sozialeinrichtungen *Pl* social services *Pl*
Sozialhilfe *f* social security: **Sozialhilfe beziehen** be on welfare
sozialisieren *v/t* nationalize
Sozialismus *m* socialism
Sozialist, **Sozialistin** socialist
sozialistisch *Adj* socialistic
sozialkritisch *Adj* sociocritical
Sozialkunde *f* PÄD social studies *Pl*
Soziallasten *Pl* social expenditure *Sg*
Sozialleistungen *Pl* social contributions *Pl*, (*freiwillige Sozialleistungen einer Firma etc*) fringe benefits *Pl*
Sozialplan *m* redundancy scheme
Sozialpolitik *f* social policy
sozialpolitisch *Adj* sociopolitical
Sozialprodukt *n* (gross) national product
Sozialstaat *m* welfare state
Sozialversicherung *f* social security
sozialverträglich *Adj* socially acceptable
Sozialwohnung *f* council flat
Soziologe *m*, **Soziologin** *f* sociologist
Soziologie *f* sociology
soziologisch *Adj* sociological
Sozius *m* **1.** WIRTSCH partner **2.** *a* **Soziusfahrer**, **Soziusfahrerin** pillion rider
Soziussitz *m* (**auf dem Soziussitz mitfahren** ride) pillion
sozusagen *Adv* so to speak, as it were
Spachtel *m* **1.** spatula **2.** *a* **Spachtelmasse** *f* filler
Spachtelmesser *n* putty knife
spachteln *v/t* TECH surface
Spagat *m*, *n* (**Spagat machen** do the) splits *Pl*
Spagetti, **Spaghetti** *Pl* spaghetti *Pl*
spähen *v/i* peer, look out (**nach** for)
Spähtrupp *m* MIL reconnaissance patrol
Spalier *n* **1.** LANDW trellis, espalier **2.** (*Ehrenspalier*) guard of hono(u)r, (*Gasse*) lane, (*Reihe*) rows *Pl*: **ein Spalier bilden, Spalier stehen** form a lane
Spalierobst *n* wall fruit
Spalt *m* crack, (*Lücke*) gap, (*Schlitz*) slit
spaltbar *Adj* PHYS fissionable: **spaltbares Material** fissile material
Spalte *f* **1.** → **Spalt** **2.** GEOL cleft, *große*: crevice, (*Gletscherspalte*) crevasse **3.** BUCHDRUCK column
spalten *v/t* split (*auch Atom*), (*Holz*) chop, CHEM decompose, *fig allg* split (up), divide; → **Haar**
Spaltung *f* splitting, BIOL, PHYS fission, *fig* split, *eines Landes etc*: division, REL schism
Span *m* chip, *Pl* shavings *Pl*, (*Feilspäne*) filings *Pl*: **wo gehobelt wird, da fallen Späne** you can't make an omelette without breaking eggs
Spanferkel *n* sucking pig
Spange *f* clasp, (*Schnalle*) buckle, (*Armspange*) bangle, (*Haarspange*) slide, (*Schuhspange*) strap, (*Zahnspange*) brace
Spanien *n* Spain
Spanier, **Spanierin** Spaniard
spanisch *Adj* Spanish: **auf Spanisch** in Spanish; **spanische Wand** folding screen; *fig* **das kommt mir spanisch vor!** that's strange!
Spanne *f allg* span, WIRTSCH (*Gewinnspanne*) margin: **eine kurze Spanne** a short space (of time)
spannen **I** *v/t* stretch, tighten, (*Leine etc*) put up, (*Gewehr*, *Kamera*) cock, (*Muskeln*) flex, tense, (*Bogen*) bend, *fig* (*Nerven*) strain: **einen Bogen in die Schreibmaschine spannen** insert a sheet of paper into the typewriter; → **Folter**, **gespannt** **II** *v/refl* **sich spannen** stretch; **sich spannen über** (*Akk*) span **III** *v/i Kleid etc*: be (too) tight, *Haut*: be taut
spannend *Adj* exciting, thrilling, gripping, *Buch*, *Film auch* suspense-packed
Spanner[1] *m für Skier*, *Tennisschläger*: press; → **Schuhspanner**
Spanner[2] *m ugs* (*Voyeur*) peeping Tom
Spannkraft *f fig* energy, vigo(u)r
Spannung *f* **1.** TECH tension (*auch* MED), ELEK *auch* voltage, *elastische*: stress, *verformende*: strain, (*Druck*, *Gasspannung*) pressure: ELEK **unter Spannung (stehend)** live **2.** *fig* excitement, *auch eines Buches etc*: suspense, (*nervliche Spannung*, *gespanntes Verhältnis*, *auch* POL) tension: **mit (*oder* voll) Spannung** *erwarten etc*: with bated breath; **j-n in Spannung halten** keep s.o. in suspense; **in Spannung versetzen** thrill, excite
Spannungsgebiet *n* POL area of tension, trouble spot
spannungsgeladen *Adj* **1.** → **spannend** **2.** *Atmosphäre etc*: (extremely) tense
Spannungsmesser *m*, **Spannungsprüfer** *m* ELEK voltmeter
Spannweite *f der Flügel*, *auch* ARCHI span, *fig auch* scope, range
Spanplatte *f* chipboard
Sparbuch *n* savings book
Sparbüchse *f* money box
Spareinlage *f* savings depot
sparen **I** *v/t allg* save: *fig* **das hättest du dir sparen können!** that was unnecessary! **II** *v/i* save (up) (**auf** *Akk* for), (*sich einschränken*) economize (**an** *Dat*, **mit** on): *fig* **mit Lob** *etc* **sparen** be sparing of praise *etc*
Sparer, **Sparerin** saver
Spargel *m* asparagus
Spargroschen *m ugs* nest egg
Sparguthaben *n* savings balance
Sparhaushalt *m* austerity budget
Sparkasse *f* savings bank
Sparkonto *n* savings account
spärlich **I** *Adj* scanty, *Lob*, *Kenntnisse etc*: scant, (*dünn*) sparse, *auch Haarwuchs*: thin, *Besuch etc*: poor **II** *Adv* **spärlich bekleidet** scantily dressed; **spärlich besucht** poorly attended
Sparmaßnahme *f* economy measure
Sparpackung *f* economy size
Sparpaket *n* POL cuts package
Sparprogramm *n* **1.** POL cuts (*oder* austerity) program(me *Br*) **2.** *einer Waschmaschine*: energy-saving cycle
Sparring *n Boxen*: sparring

sparsam *Adj* (**mit**) economical (of), *auch Sache*: thrifty (of, with): *Adv* ***mit etw sparsam umgehen*** use s.th. sparingly (*auch fig*)
Sparsamkeit *f* economy, thrift, *strengste*: austerity, (*Geiz*) parsimony
Sparschwein *n ugs* piggy bank
spartanisch *Adj* Spartan, *fig* spartan: *Adv* ***spartanisch leben*** lead a spartan life
Sparte *f* field, line
Sparvertrag *m* savings agreement
Spaß, **Spass** *österr m* joke, (*Vergnügen*) fun: ***aus*** (*oder* ***im, zum***) ***Spaß*** for fun; ***er hat nur Spaß gemacht!*** he was only joking!; ***es macht*** (***keinen***) ***Spaß*** it's (no) fun; ***es macht ihm*** (***viel***) ***Spaß*** he (really) enjoys it; ***er versteht keinen Spaß*** he can't take a joke, *weit. S.* he doesn't stand for any nonsense; ***Spaß beiseite!*** joking aside!; ***viel Spaß!*** have fun!; ***ein teurer Spaß*** an expensive business
spaßen *v/i* joke: ***damit ist nicht zu spaßen!*** that's no joking matter!; ***er lässt nicht mit sich spaßen*** he doesn't stand for any nonsense
spaßeshalber *Adv* (just) for fun
spaßhaft, **spaßig** *Adj* funny
Spaßverderber, **Spaßverderberin** spoilsport, killjoy
Spaßvogel *m* funster, wag
Spastiker, **Spastikerin** MED spastic
spastisch *Adj* (*auch* ***spastisch gelähmt***) spastic
spät **I** *Adj* late: ***am späten Nachmittag*** late in the afternoon; ***wie spät ist es?*** what time is it?; ***es ist*** (***wird***) ***spät*** it's (getting) late **II** *Adv* late, at a late hour (*auch fig*): ***zu spät kommen*** be late (***zu*** for); ***er kam 5 Minuten zu spät*** he was five minutes late; ***spät zu Abend essen*** have a late dinner; ***bis spät in die Nacht*** till late at night; ***du bist spät dran!*** you are late!
Spatel *m* MED spatula
Spaten *m* spade
Spätentwickler, **Spätentwicklerin** late developer
später **I** *Adj* later **II** *Adv* later (***als*** than), (*späterhin*) later on: ***bis später!*** see you later!; → ***früher*** II
spätestens *Adv* at the latest
Spätfolgen *Pl* MED late sequelae *Pl*
Spätherbst *m* late autumn (*Am* fall)
Spätlese *f* late vintage (wine)
Spätsommer *m* late summer
Spätvorstellung *f* late-night performance
Spatz *m* sparrow: *ugs* ***das pfeifen die Spatzen von den Dächern*** that's everybody's secret
Spatzenhirn *n ugs* peabrain
Spätzünder, **Spätzünderin** *ugs* **1.** ***ein Spätzünder sein*** be slow on the uptake **2.** → ***Spätentwickler(in)***
Spätzündung *f* MOT retarded ignition
spazieren *v/i* walk (around), stroll; ***spazieren fahren*** take a ride, ***j-n*** take *s.o.* for a ride; ***spazieren führen*** take *s.o.* (out) for a walk; ***spazieren gehen*** *v/i* go for a walk
Spazierfahrt *f* drive, ride
Spaziergang *m* **1.** walk, stroll: ***einen Spaziergang machen*** go for a walk **2.** *fig* (*leichter Sieg*) walkover
Spaziergänger, **Spaziergängerin** walker, stroller
Spazierstock *m* walking stick
Specht *m* ZOOL woodpecker
Speck *m* **1.** GASTR bacon: → ***Made*** **2.** *ugs* (*Fettpolster*) flab: ***Speck ansetzen*** get fat
speckig *Adj* **1.** fat **2.** *fig* greasy
Speckscheibe *f* bacon rasher
Speckschwarte *f* bacon rind
Spediteur, **Spediteurin** forwarding (SCHIFF shipping) agent, (*Möbelspediteur*[*in*]) (furniture) remover
Spedition *f* **1.** forwarding (SCHIFF shipping) (business) **2.** → ***Speditionsfirma***
Speditionsfirma *f* forwarding (SCHIFF shipping) agency, (*Möbelspeditionsfirma*) removal firm
Speditionskauffrau *f*, **Speditionskaufmann** *m* forwarding agent
Speer *m* spear, (*Wurfspeer*) javelin
Speerwerfen *n* SPORT javelin throw, *the* javelin
Speiche *f* **1.** spoke **2.** ANAT radius
Speichel *m* spittle, saliva
Speicheldrüse *f* salivary gland
Speichellecker, **Speichelleckerin** *pej* toady
Speicher *m* **1.** (*Getreidespeicher*) granary, elevator, (*Lagerhaus*) warehouse, (*Wasserspeicher*) reservoir **2.** (*Dachboden*) loft, attic **3.** IT store, memory
Speicherchip *m* IT memory chip
Speichererweiterung *f* memory expansion
Speicherkapazität *f* IT memory capacity
speichern *v/t* store (*auch* ELEK), WIRTSCH *auch* stockpile, IT save (***auf*** *Akk* to)
Speicherung *f* storage, storing, IT saving
speien **I** *v/t* spit, *fig* spew, (*Wasser*) spout **II** *v/i* (*sich erbrechen*) vomit
Speise *f* food, (*Gericht*) dish, meal
Speiseeis *n* ice cream
Speisekammer *f* larder, pantry
Speisekarte *f* menu
speisen **I** *v/i* eat, dine: ***zu Mittag speisen*** (have) lunch; ***zu Abend speisen*** have dinner, dine **II** *v/t* feed (*auch* ELEK, TECH)
Speisenaufzug *m* dumb waiter
Speisenfolge *f* order of courses
Speiseöl *n* cooking oil
Speiseröhre *f* ANAT gullet, (o)esophagus
Speisesaal *m* dining hall (*im Hotel*: room, SCHIFF saloon)
Speisewagen *m* BAHN dining car, *bes Am* diner
Speisezettel *m* menu
Speisezimmer *n* dining room
Speisung *f* feeding, TECH *auch* supply
Spektakel *m* row, racket, *fig* fuss
Spektralanalyse *f* spectrum analysis
Spektrum *n auch fig* spectrum
Spekulant, **Spekulantin** speculator
Spekulation *f allg* speculation
Spekulationsgeschäft *n* speculative operation, *riskantes*: gamble
spekulieren *v/i allg* speculate (***über*** *Akk* on, WIRTSCH ***mit*** in): ***spekulieren auf*** (*Akk*) speculate on, *ugs* (*haben wollen*) have one's eye on
Spelunke *f ugs* dive, joint
spendabel *Adj ugs* generous
Spende *f* donation, contribution
spenden *v/t und v/i* **1.** donate (*auch Blut, Organ etc*), contribute **2.** *Automat*: dispense **3.** *fig* (*Licht, Lob etc*) give

spenden ≠ spend

spenden	=	donate
spend	=	ausgeben

S

Spendenaktion *f* collection campaign
Spendenkonto *n* account for donations
Spender[1] *m* (*Automat*) dispenser
Spender[2], **Spenderin** donator, contributor, (*auch Blutspender(in), Herzspender(in) etc*) donor
spendieren *v/t ugs* ***j-m etw spendieren*** treat s.o. to s.th.; ***j-m ein Bier spendieren*** stand s.o. a beer
Sperber *m* ZOOL sparrow hawk
Sperling *m* ZOOL sparrow
Sperma *n* sperm
Sperre *f* **1.** (*Schranke*) barrier, (*Straßensperre*) barricade, road block **2.** TECH lock, stop, stoppage **3.** PSYCH mental block **4.** WIRTSCH embargo, blockade: ***eine Sperre verhängen über*** (*Akk*) impose a ban (WIRTSCH an embargo) on **5.** SPORT suspension
sperren I *v/t* **1.** (*schließen*) shut, (*Straße etc*) block, *durch Polizisten etc*: cordon off: ***eine Straße für den Verkehr sperren*** close a road to traffic **2.** TECH lock, block, stop, (*Gas, Wasser etc*) cut off **3.** (*Warenverkehr*) embargo, (*Zahlungen etc*) freeze, (*Konto*) block, (*Scheck*) stop **4.** SPORT ***j-n sperren*** **a)** (*behindern*) obstruct s.o. (unfairly), **b)** (*ausschließen*) suspend s.o. **5.** BUCHDRUCK space out: ***gesperrt gedruckt*** spaced out **6.** ***j-n sperren in*** (*Akk*) lock s.o. up in **II** *v/refl* ***sich sperren*** **7.** balk (***gegen*** at)
Sperrfeuer *n* MIL barrage
Sperrfrist *f* blocking period
Sperrgebiet *n* prohibited zone
Sperrholz *n* plywood
sperrig *Adj* bulky
Sperrminorität *f* blocking minority
Sperrmüll *m* bulk rubbish
Sperrsitz *m* THEAT orchestra stalls *Pl*
Sperrstunde *f* closing time
Sperrtaste *f* TECH locking key
Sperrung *f* **1.** closing (*etc*, → ***sperren*** I), obstruction **2.** → ***Sperre*** 2, 4
Spesen *Pl* expenses *Pl*
spesenfrei *Adj* free of charge(s)
Spesenkonto *n* expense account
Spezi[1] *m ugs pej* chum, buddy
Spezi[2] *n ugs* (*Getränk*) lemonade and cola
Spezialausbildung *f* specialized training
Spezialeinheit *f* task force
Spezialfach *n* special subject
Spezialgebiet *n* special field
spezialisieren *v/refl* ***sich spezialisieren auf*** (*Akk*) specialize in
Spezialisierung *f* specialization
Spezialist, **Spezialistin** specialist
Spezialität *f* speciality
speziell *Adj* special, specific(ally *Adv*)
Spezies *f* species
spezifisch *Adj* specific(ally *Adv*): ***spezifisches Gewicht*** specific gravity
spezifizieren *v/t* specify
Sphäre *f* sphere
sphärisch *Adj* spheric
Sphinx *f auch fig* sphinx
spicken *v/t* **1.** GASTR lard **2.** *fig* (*Rede etc*) interlard (***mit*** with): ***gespickt mit Fehlern*** bristling with mistakes
Spiegel *m* **1.** mirror (*auch fig*), MED speculum, OPT, TECH reflector **2.** (*Wasserspiegel*) surface, (*auch Blutzuckerspiegel etc*) level
Spiegelbild *n* **1.** mirror image **2.** *fig* reflection
Spiegelei *n* GASTR fried egg
spiegelfrei *Adj Glas*: nonglare
spiegelglatt *Adj Wasser*: (as) smooth as glass, *Parkett etc*: like glass, *Straße*: *auch* icy
spiegeln I *v/i* shine, (*blenden*) dazzle **II** *v/t auch fig* mirror, reflect **III** *v/refl* ***sich spiegeln*** be reflected, *fig auch* be mirrored
Spiegelreflexkamera *f* reflex camera
Spiegelschrift *f* mirror writing
Spiegelung *f* reflection, (*Luftspiegelung*) mirage
Spiel *n* **1.** play (*auch fig von Farben, der Muskeln*), MUS playing, THEAT *auch* acting, performance **2.** *allg* game, (*Wettspiel*) *auch* match, (*Glücksspiel*) *auch* gamble: ***wie steht das Spiel?*** what's the score?; *fig* ***gewagtes Spiel*** gamble; (***mit***) ***im Spiel sein*** be at work, ***bei etw*** be involved in s.th.; ***etw ins Spiel bringen*** bring s.th. up; ***die Hand im Spiel haben*** have one's (*oder* a) finger in the pie; ***ins Spiel kommen*** come into play; ***auf dem Spiel stehen*** be at stake; ***aufs Spiel setzen*** risk; ***aus dem Spiel lassen*** leave *s.o., s.th.* out of it; ***gewonnenes Spiel haben*** have made it; ***leichtes Spiel haben*** have little trouble (***mit*** with); ***mit j-m sein Spiel treiben*** play games with s.o.; ***mit j-m ein falsches Spiel treiben*** doublecross s.o.; ***das Spiel ist aus!*** the game is up!; → ***abgekartet*** **3.** THEAT, TV play **4.** ***Spiel*** (***Karten***) pack (*Am* deck) (of cards) **5.** *Stricknadeln etc*: set **6.** TECH play, *erwünschtes*: clearance
Spielanzug *m* playsuit
Spielart *f* BIOL *und fig* variety
Spielautomat *m* gaming machine, *mit Geldgewinn*: slot machine, *ugs* one-armed bandit
Spielball *m* **1.** ball, *Tennis*: game ball **2.** *fig* plaything
Spielbank *f* (gambling) casino
Spieldauer *f eines Films etc*: duration, *einer Kassette etc*: playing time
Spieldose *f* musical (*Am* music) box
spielen I *v/i* **1.** *allg* play (*auch fig*), *Glücksspieler*: gamble: ***spielen um*** play for; ***hoch spielen*** play for high stakes; SPORT ***A. spielte gegen B.*** A. played B.; ***mit dem Gedanken spielen zu*** *Inf* toy with the idea of *Ger*; ***seine Beziehungen spielen lassen*** pull a few strings; ***ins Rötliche spielen*** have a reddish tinge; → ***Charme, Feuer*** 1, ***Muskel*** **2.** THEAT play, act: ***spielen in*** (*Dat*) *Film, Szene etc*: be set in **II** *v/t* **3.** *allg* play: ***Klavier spielen*** play the piano; → ***Geige, Hand*** **4.** THEAT *und fig* play, act: *fig* ***den Beleidigten spielen*** act all offended; ***mit gespielter Gleichgültigkeit*** with studied indifference; *ugs fig* ***was wird hier gespielt?*** what's going on here?; → ***Rolle***[2] **5.** (*aufführen*) play, perform: ***was wird heute Abend gespielt?*** what's on tonight?; → ***Theater*** 2
spielend *Adv fig* ***spielend*** (***leicht***) easily, effortlessly; ***es ist spielend leicht*** it's child's play; ***spielend gewinnen*** win hands down
spielenlassen → ***spielen*** I 1
Spieler, **Spielerin** *allg* player, (*Glücksspieler[in]*) gambler
Spielerei *f* **1.** playing around **2.** (*Zeitvertreib*) pastime **3.** *Pl* (*Kinkerlitzchen*) gewgaws *Pl*, *technische*: gadgets *Pl*
spielerisch *Adj* **1.** SPORT playing, THEAT acting **2.** (*verspielt*) playful **3.** ***mit spielerischer Leichtigkeit*** effortlessly
Spielfeld *n* SPORT field, pitch, *Tennis*: *auch* court
Spielfilm *m* feature film

S

Spielhalle *f* amusement arcade
Spielhölle *f pej* gambling den
Spielkamerad, **Spielkameradin** playmate
Spielkarte *f* playing card

(französische) Spielkarten WF

Kartenfarben	
Kreuz	**clubs**
Pik	**spades**
Herz	**hearts**
Karo	**diamonds**
Kartenbilder	
Ass	**ace**
König	**king**
Dame	**queen**
Bube	**jack**

Spielkasino *n* (gambling) casino
Spielleiter, **Spielleiterin** → ***Regisseur(in)***
Spielmacher, **Spielmacherin** SPORT strategist
Spielmarke *f* counter, chip
Spielplan *m* THEAT *etc* program(me *Br*)
Spielplatz *m* playground
Spielraum *m* **1.** *fig* elbowroom, scope, *zeitlich*: time, (*Spanne*) margin **2.** TECH clearance
Spielregel *f* rule: *auch fig* ***sich an die Spielregeln halten*** play the game
Spielsachen *Pl* toys *Pl*
Spielsalon *m* amusement arcade
Spielschuld *f* gambling debt
Spielstand *m* score
Spieltisch *m* card table, *für Glücksspiele*: gambling table
Spieltrieb *m* play instinct
Spieluhr *f* musical clock
Spielverbot *n* SPORT suspension
Spielverderber, **Spielverderberin** spoilsport
Spielwaren *Pl* toys *Pl*
Spielwarengeschäft *n* toy shop (*Am* store)
Spielzeit *f Sport*, THEAT season, *eines Spiels*: playing time, *eines Films etc*: run
Spielzeug *n* toy(s *Pl*), *fig* toy
Spielzeugpistole *f* toy pistol
Spieß *m* spear, (*Bratspieß*) spit, (*Fleischspieß*) skewer: ***am Spieß braten*** roast on the spit; *ugs fig* ***den Spieß umdrehen*** turn the tables (***gegen*** on); ***schreien wie am Spieß*** scream blue murder
Spießbürger, **Spießbürgerin**, **spießbürgerlich** *Adj* petty bourgeois, *ugs* square
Spießer, **Spießerin**, **spießig** *Adj* petty bourgeois, *ugs* square
Spießruten *Pl auch fig* ***Spießruten laufen*** run the gauntlet
Spikes *Pl* **1.** SPORT spikes *Pl* **2.** MOT **a)** studs *Pl*, **b)** → ***Spikesreifen***
Spikesreifen *Pl* studded tyres (*Am* tires) *Pl*
spinal *Adj* spinal: MED ***spinale Kinderlähmung*** polio(myelitis)
Spinat *m* spinach
Spind *m*, *n* locker
Spindel *f* spindle (*auch* BIOL, TECH)
Spinett *n* spinet
Spinne *f* spider
spinnen **I** *v/t* spin: *fig* ***Ränke spinnen*** hatch plots **II** *v/i ugs* (*verrückt sein*) be crazy, (*Unsinn reden*) talk (a lot of) rubbish
Spinnennetz *n* cobweb
Spinner, **Spinnerin** **1.** spinner **2.** *ugs* (*Verrückter*) nut, crackpot, *Am* screwball
Spinnerei *f* **1. a)** spinning, **b)** (*Fabrik*) spinning mill **2.** *ugs fig* crazy idea, *modische*: fad, (*Unsinn*) rubbish
Spinngewebe *n* cobweb
Spinnrad *n* spinning wheel
Spinnwebe *f* cobweb
Spion *m* **1.** spy **2.** *an der Tür*: spyhole, *am Fenster*: window mirror
Spionage *f* espionage, spying
Spionageabwehr *f* counterespionage, counterintelligence
Spionagenetz *n*, **Spionagering** *m* spy ring
spionieren *v/i* spy, *fig auch* snoop (around)
Spionin *f* spy
Spirale *f* spiral (*auch fig Preisspirale etc*), TECH (*Drahtspirale etc, auch ugs Pessar*) coil
Spiralfeder *f* coil spring, *der Uhr*: mainspring
spiralförmig *Adj* spiral
Spiritismus *m* spiritualism
Spiritist, **Spiritistin**, **spiritistisch** *Adj* spiritualist
Spirituosen *Pl* spirits *Pl*, *Am* liquor *Sg*
Spiritus *m* spirit
Spirituskocher *m* spirit stove
Spital *n österr., schweiz.* hospital
spitz *Adj* **1.** pointed, *Bleistift etc*: *auch* sharp: ***spitz zulaufend*** tapering **2.** MATHE *Winkel*: acute **3.** *ugs* (*blass, krank*) peaky **4.** *fig* (*bissig*) pointed, *auch Person*: sarcastic: ***spitze Zunge*** sharp tongue
Spitz *m* (*Hund*) Pomeranian
Spitzbart *m* goatee
Spitzbauch *m* paunch
spitze *Interj ugs* super, great: ***das ist spitze!*** that's super (*oder* great)!
Spitze[1] *f* **1.** *allg* (*Kinnspitze, Messerspitze etc*) point, (*spitzes Ende, auch Fingerspitze, Nasenspitze etc*) tip, (*Bergspitze*) peak, (*auch Baumspitze*) top, (*Turmspitze*) spire: *fig* ***die Spitze des Eisbergs*** the tip of the iceberg; ***einer Sache die Spitze nehmen*** take the edge off s.th. **2.** *einer Kolonne etc*: head (*auch fig*), (*Angriffsspitze*) (spear)head (*auch fig*), SPORT (*Führung*) lead, (*Führungsspitze*) leading group: *Fußball*: *ugs* ***spitze spielen*** be striker; ***an der Spitze der Tabelle*** at the top of the table; *auch fig* ***an der Spitze liegen*** be in front; ***sich an die Spitze setzen*** take the lead **3.** (*Leistungsspitze, Verkehrsspitze etc*) peak: *ugs* ***das Auto macht 220 km Spitze*** the car does a maximum speed of 220 km per hour; *fig* ***etw auf die Spitze treiben*** carry s.th. too far **4.** (*Spitzenposition*) top position, (*Unternehmensspitze*) (top) management, *Pl* (*Elite*) leading figures *Pl*, élite *Sg*: ***an der Spitze der Firma*** at the head of the firm **5.** (*Anspielung*) dig (***gegen*** at)
Spitze[2] *f* lace
Spitzel *m* (*Polizeispitzel*) informer, *sl* nark, *weit. S.* (*im Betrieb*: company) spy
spitzen *v/t* point, (*Bleistift etc*) sharpen: ***die Ohren spitzen*** prick up one's ears, *fig auch* listen carefully
Spitzenfabrikat *n* top-quality product (*oder* make)
Spitzengehalt *n* top salary
Spitzengeschwindigkeit *f* maximum (*oder* top) speed
Spitzengespräch *n* top-level talks *Pl*
Spitzenkandidat, **Spitzenkandidatin** leading candidate, front-runner

Spitzenklasse *f* top class: ***Läufer*** **(*Auto*)** ***der Spitzenklasse*** top-class runner (car)
Spitzenkleid *n* lace dress
Spitzenkraft *f* highly qualified worker, top-level executive, THEAT *etc* star performer
Spitzenleistung *f* **1.** TECH maximum output, ELEK peak power **2.** SPORT top performance **3.** *der Wissenschaft etc*: great feat
Spitzenlohn *m* top wage(s *Pl*)
Spitzenprodukt *n* top-quality product
Spitzenreiter, **Spitzenreiterin** (*Kandidat*) front-runner, SPORT leader, leading team, (*Film, Schlager etc*) (top) hit
Spitzensport *m* high-performance sports *Pl*
Spitzensportler, **Spitzensportlerin** top athlete
Spitzentanz *m* toe-dancing
Spitzentechnik *f* leading-edge technology, hi tech
Spitzentechnologie *f* high technology
Spitzenverdiener, **Spitzenverdienerin** top earner
Spitzenwein *m* vintage wine
spitzfindig *Adj* over-subtle
Spitzfindigkeit *f* subtlety: ***das sind Spitzfindigkeiten*** that's splitting hairs
Spitzhacke *f* axe, *Am* pickax
spitzkriegen *v/t ugs* ***etw spitzkriegen*** cotton on to s.th.
Spitzname *m* nickname
spitzwinklig, **spitzwinkelig** *Adj* MATHE acute
Spleen *m ugs* tic, quirk
Spliss *m* (*Haarspliss*) split ends *Pl*
Splitter *m* splinter, (*auch Granatsplitter*) fragment
Splitterbruch *m* MED chip fracture
splitterfrei *Adj* shatterproof
Splittergruppe *f* POL splinter group
splittern *v/i* splinter, *Glas*: shatter
splitternackt *Adj* stark naked
Splitterpartei *f* splinter party
Splitting *n* splitting
Spoiler *m* MOT spoiler
sponsern *v/t*, **Sponsor**, **Sponsorin** sponsor
Sponsoring *n* sponsorship
spontan *Adj* spontaneous
Spontanentscheidung *f* snap decision
sporadisch *Adj* sporadic(ally *Adv*)
Spore *f* BOT spore
Sporn *m* spur (*auch* BOT), FLUG (tail) skid: *dem Pferd* ***die Sporen geben*** spur
Sport *m* **1.** sport, *Koll* sports *Pl*, PÄD *auch* physical education: ***Sport treiben*** go in for sports; ***viel Sport treiben*** do a lot of sport **2.** *fig* hobby: ***als Sport*** as a hobby
Sportabzeichen *n* sports badge
Sportanlage *f* sports grounds (*oder* facilities) *Pl*
Sportart *f* (kind of) sport
Sportartikel *m* sports article
Sportarzt *m*, **Sportärztin** *f* sports physician
sportbegeistert *Adj* sporty
Sportbericht *m* sports report
Sportfest *n* sports day
Sportflieger, **Sportfliegerin** amateur pilot
Sportgeschäft *n* sports shop (*Am* store)
Sporthalle *f* sports complex
Sporthochschule *f* physical education college
Sportkleidung *f* sportswear
Sportklub *m* sports club
Sportlehrer, **Sportlehrerin** P.T (= Physical Training) instructor
Sportler *m* sportsman, athlete
Sportlerin *f* sportswoman
sportlich *Adj allg* sporting, sporty, *Verhalten*: *auch* fair, *Veranstaltung etc*: *auch* sports (*meeting etc*), *Aussehen, Figur, Person*: athletic, *Kleidung*: casual
Sportmedizin *f* sports medicine
Sportnachrichten *Pl* sports news *Pl* (*auch Sg konstr*)
Sportplatz *m* sports ground, athletics field, *in der Schule*: playing field(s *Pl*)
Sportreportage *f* sports report, *Am* sportscast
Sportreporter, **Sportreporterin** sports reporter, *Am* sportscaster
Sportsendung *f* sports broadcast, *Am* sportscast
Sportsfrau *f* sportswoman
Sportskanone *f ugs* (sports) ace
Sportsmann *m* sportsman
Sporttauchen *n* skin (*mit Atemgerät*: scuba) diving
Sportveranstaltung *f* sporting event, sports meeting
Sportverein *m* sports club
Sportwagen *m* **1.** MOT sports car **2.** *für Kinder*: pushchair, *Am* stroller
Sportzeitung *f* sporting paper
Sportzentrum *n* sports cent/re (*Am* -er)
Spott *m* mockery, scoff, ridicule, (*Hohn*) derision, scorn
spottbillig *Adj* dirt-cheap
Spöttelei *f* mockery, (*Bemerkung*) gibe
spötteln *v/i* gibe (***über*** *Akk* at)
spotten *v/i* (***über*** *Akk*) mock (at), scoff (at), make fun (of); → ***Beschreibung*** 1
Spötter, **Spötterin** mocker, *weit. S.* cynic
spöttisch *Adj* mocking, (*höhnisch*) derisive, (*bissig*) sarcastic
Spottpreis *m* ridiculous(ly low) price
Sprachausgabe *f* ELEK, IT speech (*oder* voice) output, *Hardware*: audio response (unit)
Sprachbarriere *f* language barrier
sprachbegabt *Adj* good at languages
Sprachbegabung *f* gift for languages
Sprachbox *f* IT voice mailbox
Sprache *f* **1.** (*Sprechvermögen*) speech: → ***verschlagen***[1] 4 **2.** *allg* language (*auch fig*), (*Landessprache*) *auch* vernacular, (*Fachsprache, Berufssprache*) *auch* jargon, (*Mundart*) idiom, (*Stil*) diction: ***heraus mit der Sprache!*** out with it!, ***etw zur Sprache bringen*** bring s.th. up; ***ein Thema zur Sprache bringen*** raise a subject; ***zur Sprache kommen*** come up (for discussion); → ***herausrücken*** 3
Sprachebene *f* speech level
Sprachenschule *f* language school
Spracherkennung *f* IT voice recognition
Sprachfehler *m* speech defect
Sprachführer *m* phrasebook
Sprachgebrauch *m* (linguistic) usage: ***im gewöhnlichen Sprachgebrauch*** in everyday usage
Sprachgefühl *n* linguistic instinct
sprachgewandt *Adj* articulate, *fremdsprachlich*: proficient in languages
Sprachkenntnisse *Pl* knowledge *Sg* of languages (*oder* of a language): ***gute englische Sprachkenntnisse erwünscht*** good command of English desirable
sprachkundig *Adj* linguistically proficient, *in einer Sprache*: having command of French *etc*
Sprachkurs *m* language course
Sprachlabor *n* language laboratory

Sprachlehre *f* **1.** grammar **2.** grammar book
Sprachlehrer, **Sprachlehrerin** language teacher
sprachlich *Adj* **a)** linguistic, **b)** grammatical, **c)** stylistic
sprachlos *Adj* speechless
Sprachregelung *f iron* (prescribed) phraseology
Sprachreise *f* language trip
Sprachrohr *n fig* mouthpiece
Sprachsteuerung *f* IT speech (*oder* voice) control
Sprachstörung *f* MED speech disorder
Sprachstudium *n* language studies *Pl*
Sprachunterricht *m* language teaching: ***englischer Sprachunterricht*** English lessons *Pl*
Sprachwissenschaft *f* philology, linguistics *Sg*
Sprachwissenschaftler, **Sprachwissenschaftlerin** philologist, linguist
sprachwissenschaftlich *Adj* philological, linguistic(ally *Adv*)
Spray *m*, *n* spray
Sprayer, **Sprayerin** spray artist
Sprechanlage *f* intercom
Sprechblase *f in Comics*: balloon
Sprechchor *m* chorus: ***im Sprechchor rufen*** chant
sprechen **I** *v/i* speak, (*eine Rede halten*) *auch* give a speech, (*sich unterhalten*) talk (***mit j-m*** to s.o., ***über*** *Akk*, ***von*** about): ***sprechen mit*** (*konsultieren*) see (*one's doctor etc*); ***über Geschäfte*** (***Politik***) ***sprechen*** talk business (politics); ***von etw anderem sprechen*** change the subject; ***j-n zum Sprechen bringen*** make s.o. talk; ***sprechen für*** *als Vertreter*: speak on behalf of, *vermittelnd*: put in a good word for, *befürwortend*: plead for; ***das spricht für ihn*** that says s.th. for him; ***das spricht für sich selbst*** that speaks for itself; ***vieles spricht dafür*** (***dagegen***) there is much to be said for (against) it; ***alles spricht dafür, dass …*** (*weist darauf hin*) there is every indication that …; ***auf ihn ist sie nicht gut zu sprechen*** he's in her bad books; ***wir kamen*** (***man kam***) ***auf … zu sprechen*** the subject of … came up **II** *v/t* (*Sprache etc*) speak, (*Gebet etc*) say: ***j-n sprechen*** speak to s.o., see s.o.; ***j-n zu sprechen wünschen*** wish to see s.o.; ***kann ich Sie kurz sprechen?*** may I have a word with you?; ***er ist nicht zu sprechen*** he is busy; → ***Recht*** 1, ***schuldig*** 1

sprechen: speak oder talk? SG

sprechen, reden	**speak**
sich unterhalten; *über etwas* sprechen	**talk**
speak hebt den Redner stärker hervor und ist förmlicher als **talk**:	
Die Queen sprach über / hielt eine Rede über …	**The Queen spoke about …**
Sie sprachen / unterhielten sich über das Wetter.	**They talked about the weather.**
Kann ich mit dir sprechen?	**Can I talk to you?** (*Br*) / **Can I talk with you?** (*Am*)
⚠ „Eine Sprache sprechen bzw. beherrschen" heißt **speak**, „eine Sprache sprechen bzw. benutzen" ist **talk**:	
Sie spricht drei Sprachen und redet jetzt Französisch.	**She speaks three languages and is now talking in French.**
⚠ In bestimmten festgefügten Wendungen steht nur **talk**!	
Stop talking!	
talk sense / nonsense	
talk business / shop (zur Sache kommen / fachsimpeln)	

sprechend *Adj fig Blick, Gesten etc*: eloquent, *Ähnlichkeit*: striking
Sprecher *m* **1.** speaker, RADIO, TV announcer **2.** spokesman (*Gen* for)
Sprecherin *f* **1.** → ***Sprecher*** 1 **2.** spokeswoman (*Gen* for)
Sprecherziehung *f* speech training
Sprechfunk *m* radiotelephony
Sprechfunkgerät *n* radiotelephone, *tragbar*: walkie-talkie
Sprechstunde *f* office hours *Pl*, *eines Arztes*: consulting hours *Pl*
Sprechstundenhilfe *f* receptionist; → ***Arzthelfer(in)***
Sprechzimmer *n* office, *eines Arztes*: consulting room, surgery
spreizen *v/t* spread, (*die Beine*) *auch* straddle
Spreizfuß *m* MED splayfoot
Sprengbombe *f* high-explosive bomb
sprengen[1] *v/t* sprinkle, spray
sprengen[2] *v/t* **1.** burst open, (*Tür*) force, (*Fesseln etc*) break **2.** *mit Dynamit etc*: blast, blow up **3.** *fig* (*Versammlung*) break up: ***die Bank sprengen*** *beim Glücksspiel*: break the bank; → ***Rahmen***
Sprengkapsel *f* detonator
Sprengkopf *m* warhead
Sprengkörper *m*, **Sprengladung** *f*, **Sprengsatz** *m* explosive charge
Sprengstoff *m* explosive, *fig* dynamite
Sprengstoffanschlag *m* bomb attack
Sprengung *f* **1.** blasting, blowing up **2.** *fig einer Versammlung etc*: breaking-up
sprenkeln *v/t* speckle, dot
Spreu *f* (*fig* ***die Spreu vom Weizen trennen*** separate the wheat from the) chaff
Sprichwort *n* proverb: ***wie das Sprichwort sagt*** as the saying goes; *Beispiele bei* → ***proverb***
sprichwörtlich *Adj auch fig* proverbial
sprießen *v/i* shoot up, sprout
Springbrunnen *m* fountain
springen *v/i* **1.** *allg* jump (*auch Sport*), *weit*: leap, *Wasserspringen*: dive, *Stabhochsprung*: vault, (*hüpfen*) hop, skip, *auch Ball etc*: bounce; → ***Auge*** 1, ***Punkt*** 3 **2.** *ugs* (*rennen*) run, nip **3.** *ugs fig* ***etw springen lassen*** (*Geld*) fork out, ***für j-n*** treat s.o. to s.th. **4.** (*zerspringen*) crack, *Saite*: break
Springen *n* **5.** jumping, *Wasserspringen*: diving
springenlassen → ***springen*** 3
Springer[1] *m Schach*: knight
Springer[2], **Springerin** **1.** SPORT **a)** jumper, **b)** diver, **c)** vaulter **2.** *ugs* WIRTSCH stand-in
Springflut *f* spring tide
Springreiten *n* show jumping
Springreiter, **Springreiterin** show jumper
Springseil *n* skipping rope
Sprinkleranlage *f* sprinkler system
Sprint *m*, **sprinten** *v/i und v/t* sprint
Sprinter, **Sprinterin** sprinter

S

Sprit *m ugs* **1.** (*Alkohol*) spirit **2.** (*Benzin*) juice, *Am* gas

Spritze *f* **a)** syringe, **b)** (*Injektion*) injection, *ugs* jab, *Am* shot, **c)** *fig* (*Geldspritze*) shot-in-the--arm

spritzen I *v/t* **1.** (*Flüssigkeit*) squirt, (*auch Lack, Parfüm etc*) spray **2.** → ***sprengen***[1] **3.** (*Mittel, Person*) inject, *ugs* (*Rauschgift*) *sl* shoot, mainline **4.** (*Getränk*) mix with (soda) water **5.** (*Kunststoff*) inject **II** *v/i* **6.** splash, *auch Fett*: spatter, *Blut*: gush **7.** spray **8.** *ugs* (*Rauschgift spritzen*) *sl* mainline

Spritzer *m* splash, (*Schuss Rum etc*) dash

Spritzguss *m* TECH die-casting, *Kunststoff*: injection mo(u)lding

spritzig *Adj* **1.** *Wein etc*: sparkling **2.** *fig* lively, *ugs* peppy, zippy, *Auto*: nippy

spritzlackieren *v/t* spray(-paint)

Spritzmittel *n* LANDW spray

Spritzpistole *f* TECH spray gun

Spritztour *f ugs* hop: MOT ***eine Spritztour machen*** go for a spin

spröde *Adj* **1.** brittle (*auch Stimme*), *Haut*: rough, chapped **2.** (*abweisend*) standoffish, *bes Mädchen*: coy

Spross *m* **1.** LANDW shoot **2.** *fig* scion

Sprosse *f* **1.** *auch fig* rung **2.** JAGD tine

Sprossenfenster *n* lattice window

Sprossenwand *f Turnen*: wall bars *Pl*

Sprössling *m* **1.** → ***Spross*** 1 **2.** *ugs* child, (*Sohn*) son, junior

Sprotte *f* ZOOL sprat

Spruch *m* **1.** saying, (*auch Lehrspruch*) dictum, (*Spruchweisheit*) aphorism, epigram, (*Bibelspruch*) quotation, verse: *ugs* **(*große*) *Sprüche klopfen*** talk big **2.** (*Entscheidung*) decision

Spruchband *n* banner

spruchreif *Adj* ***die Sache ist noch nicht spruchreif*** nothing has been decided yet

Sprudel *m* (carbonated) mineral water

sprudeln *v/i* **1.** (*hervorsprudeln*) gush (forth) **2.** *Wasser etc*: bubble, *Getränk*: *auch* fizz: *fig* ***sprudeln vor*** *Dat* bubble (over) with

Sprühdose *f* spray can, aerosole (can)

sprühen I *v/t* **1.** spray, (*besprühen*) sprinkle **II** *v/i* **2.** spray **3.** *Funken*: fly **4.** *fig* (***vor*** *Dat* with) bubble (over), *Augen*: flash: ***vor Geist sprühen*** sparkle with wit

sprühend *Adj fig Geist, Witz etc*: sparkling

Sprühnebel *m* mist

Sprühregen *m* drizzle

Sprung[1] *m allg* jump (*auch fig*), *großer*: *auch* leap, *Turnen, Stabhochsprung*: vault, *Wasserspringen*: dive: *fig* ***ein großer Sprung nach vorn*** a great leap forward; *ugs* ***auf dem Sprung sein zu*** *Inf* be about to *Inf*; ***j-m auf die Sprünge helfen*** help s.o. along; ***mit dem Gehalt kann er keine großen Sprünge machen*** he can't go far on that salary

Sprung[2] *m* crack: ***einen Sprung haben*** be cracked

Sprungbecken *n* diving pool

Sprungbrett *n* springboard (*auch fig*), *Wasserspringen*: *auch* diving board

Sprungfeder *f* spring

Sprunggrube *f* SPORT (jumping) pit

sprunghaft I *Adj* **1.** erratic **2.** (*schnell*) rapid, *Preisanstieg*: *auch* sharp **II** *Adv* **3.** rapidly: ***sprunghaft ansteigen*** go up by leaps and bounds, shoot up

Sprunghaftigkeit *f* **1.** *einer Person*: volatility **2. a)** instability, **b)** rapidity

Sprunglatte *f* crossbar

Sprungschanze *f* ski jump

Sprungtuch *n* jumping sheet

Sprungturm *m* high-diving platforms *Pl*

Spucke *f ugs* spittle: ***da blieb mir die Spucke weg*** I was flabbergasted

spucken I *v/i* **1.** spit, *Motor*: splutter **2.** *ugs* (*sich erbrechen*) be sick, puke **II** *v/t* **3.** spit *s.th.* out: ***Blut spucken*** spit blood; → ***Ton***[2] 1

Spuk *m* **1.** apparition, ghost, spectre, *Am* specter, *weit. S.* eerie happenings *Pl* **2.** *fig* nightmare

spuken *v/i* ***an einem Ort spuken*** haunt a place; ***in der Burg spukt es*** the castle is haunted

Spule *f* TECH spool, reel (*auch Filmspule, Tonbandspule*), (*Garnspule*) bobbin coil

Spüle *f* sink unit

spulen *v/t* reel, spool, (*Film etc*) wind

spülen I *v/t* **1.** (*ausspülen*) rinse **2.** (*abspülen*) wash (up): ***Geschirr spülen*** *siehe* 4 **3.** ***etw ans Ufer spülen*** wash s.th. ashore **II** *v/i* **4.** wash up, wash (*oder* do) the dishes **5.** flush the toilet

Spülmaschine *f* dishwasher

Spülmittel *n* washing-up liquid

Spülung *f* **1.** rinse, MED douche, irrigation **2.** flushing, (*Wasserspülung*) flush

Spulwurm *m* MED, ZOOL roundworm

Spur *f* **1.** (*Abdruck*) print, (*Fußspur, Räderspur etc*) track(s *Pl*), trace(s *Pl*), (*Fährte, Blutspur etc*) trail (*auch fig*), JAGD *auch* scent: ***eine Spur aufnehmen*** pick up a trail; *fig j-m oder einer Sache* ***auf die Spur kommen*** get on to; ***auf der falschen Spur sein*** be on the wrong track; ***seine Spuren verwischen*** cover up one's tracks; **(*bei j-m*) *seine Spuren hinterlassen*** leave its mark (on s.o.) **2.** *fig* (*Anzeichen*) trace, *bes* JUR clue: ***keine Spur von …*** not a trace of …; *ugs* ***keine Spur!*** not a bit! **3.** *fig* (*winzige Menge*) trace, GASTR dash (*of pepper etc*) **4.** BAHN (*Spurweite*) ga(u)ge, (*Schienen*) track(s *Pl*) **5.** *Datenträger*: track **6.** MOT **a)** (***Spur halten*** keep) track, **b)** (*Fahrspur*) lane: ***die Spur wechseln*** change lane

Spur: trail, track oder trace? SG

Spur, die am Boden Abdrücke oder Flecken hinterlässt, z. B. Blutspur, Schleifspur	**trail**
He followed the trail of blood that led him to the murder victim.	
Spur am Boden, z. B. Fußspur; Spur im übertragenen Sinn	**track**
Turn right and follow the track back to the car.	
His feet left tracks in the snow.	
You're on the wrong track!	
jede Art von Spur, die einen Hinweis auf eine Person oder Tätigkeit gibt	**trace**
There was a trace of lipstick on the glass.	
She vanished without a trace.	

spürbar *Adj* noticeable, (*deutlich*) marked, (*beträchtlich*) considerable: ***spürbar sein*** be felt; ***spürbar werden*** make itself felt

spuren *v/i* **1.** *Skisport*: lay a track **2.** *ugs* (*sich*

fügen) toe the line
spüren *v/t* feel, *intuitiv:* *auch* sense: ***etw am eigenen Leibe zu spüren bekommen*** have first-hand experience of s.th.; ***von … war nichts zu spüren*** there was no sign of …
Spurenelement *n* trace element
Spürhund *m* **1.** tracker dog **2.** *hum (Detektiv)* sleuth
spurlos *Adv* ***spurlos verschwinden*** disappear without a trace; ***nicht spurlos an j-m vorübergehen*** leave its mark on s.o.
Spürnase *f*, **Spürsinn** *m* (good) nose
Spurt *m*, **spurten** *v/i* sprint, spurt
Spurwechsel *m* MOT changing lane
Spurweite *f* **1.** BAHN ga(u)ge **2.** MOT track
sputen *v/refl* ***sich sputen*** hurry up
Squash *n Sport* squash
Squashcourt *m* squash court
Squashhalle *f* squash courts *Pl*
Squashschläger *m* squash racket
Sri Lanka *n* Sri Lanka
Staat[1] *m* **1.** POL state, *(Land, Nation)* *auch* country, nation, *(Regierung)* government: *ugs* ***die Staaten*** *(USA)* the States **2.** *(Insektenstaat)* colony
Staat[2] *m* *(Festkleidung)* finery: *fig* ***damit kannst du keinen Staat machen!*** that's nothing to write home about!
Staatenbund *m* confederation
staatenlos *Adj* stateless
Staatenlose *m, f* stateless person
staatlich **I** *Adj* state(-) …, government …, national, public, *Betrieb etc:* state-owned: ***staatliche Mittel*** government funds **II** *Adv* ***staatlich gefördert*** state-sponsored; ***staatlich gelenkt*** state-run; ***staatlich geprüft*** qualified, registered
Staatsakt *m* act of state, *(Feier)* state occasion
Staatsaktion *f ugs* ***eine Staatsaktion machen aus*** *(Dat)* make a big affair out of
Staatsangehörige *m, f* national, *Br* subject, *Am* citizen
Staatsangehörigkeit *f* (***doppelte Staatsangehörigkeit*** dual) nationality
Staatsangestellte *m, f* state (*oder* government) employee
Staatsanleihe *f* government loan (*Wertpapier:* bond)
Staatsanwalt *m*, **Staatsanwältin** *f* JUR public prosecutor, *Am* district attorney
Staatsanwaltschaft *f* JUR *the* public prosecutor's office, *weit. S. the* public prosecutors *Pl*
Staatsanzeiger *m* official gazette
Staatsarchiv *n* Public Record Office
Staatsbeamte *m*, **Staatsbeamtin** *f* civil servant
Staatsbegräbnis *n* state funeral
Staatsbesuch *m* state visit
Staatsbürger, **Staatsbürgerin** citizen
staatsbürgerlich *Adj* civic: ***staatsbürgerliche Rechte*** civil rights
Staatsbürgerschaft *f* (***doppelte Staatsbürgerschaft*** dual) citizenship
Staatschef, **Staatschefin** head of state
Staatsdienst *m* civil (*bes Am* public) service
staatseigen *Adj* state-owned
Staatsexamen *n* UNI state examination
Staatsfeiertag *m* national holiday
Staatsfeind, **Staatsfeindin** public enemy
staatsfeindlich *Adj* subversive
Staatsform *f* form of government
Staatsgebiet *n German etc* territory
Staatsgeheimnis *n* state secret: *ugs fig* ***das ist (k)ein Staatsgeheimnis!*** that's (not) top-secret!
Staatsgrenze *f* border, frontier
Staatshaushalt *m* (national) budget
Staatshoheit *f* sovereignty
Staatskasse *f* (public) treasury
Staatskosten *Pl* ***auf Staatskosten*** at (the) public expense
Staatsmann *m* statesman
staatsmännisch *Adj* statesmanlike
Staatsminister, **Staatsministerin** Secretary of State, *Am* Secretary
Staatsministerium *n* ministry
Staatsoberhaupt *n* head of state
Staatspräsident, **Staatspräsidentin** President
Staatsrecht *n* constitutional law
Staatsreligion *f* state religion
Staatsschulden *Pl* national debt *Sg*
Staatssekretär, **Staatssekretärin** permanent secretary
Staatssicherheitsdienst *m DDR* POL HIST State Security (Service)
Staatsstreich *m* coup (d'état)
staatstragend *Adj* supportive of the State
Staatstrauer *f* national mourning
Staatsverbrechen *n* political crime
Staatsvertrag *m* (international) treaty
Staatswesen *n* **1.** state, body politic **2.** political system
Staatswissenschaft(en *Pl***)** *f* political science
Staatswohl *n* public weal
Staatszuschuss *m* government grant, subsidy
Stab[1] *m allg* staff, *(Stock)* stick, *(Stange)* rod, bar, *Stabhochsprung:* pole, *(Zauberstab)* wand, *(Marschallstab, Dirigentenstab, Staffelstab)* baton: *fig* ***den Stab brechen über*** *(Akk)* condemn
Stab[2] *m* **1.** *(Mitarbeiterstab)* staff, *(Expertenstab etc)* team **2.** MIL staff, *(Offiziere)* staff officers *Pl*, *(Hauptquartier)* headquarters *Pl* *(auch Sg konstr)*
Stäbchen *n* *(Essstäbchen)* chopstick
Stabhochspringer, **Stabhochspringerin** pole-vaulter
Stabhochsprung *m* pole-vault(ing)
stabil *Adj* stable, *(robust)* solid, sturdy
stabilisieren *v/t* stabilize: ***sich stabilisieren*** *auch* become stabilized
Stabilisierung *f* stabilization
Stabilität *f* stability
Stabmixer *m* hand blender
Stabreim *m* alliteration
Stabsarzt *m*, **Stabsärztin** *f* captain (Medical Corps)
Stabschef, **Stabschefin** MIL Chief of Staff
Stabwechsel *m Staffel:* baton change
Stachel *m* **1.** prickle, ZOOL *auch* spine, *(Insektenstachel)* sting, *(Dorn)* thorn **2.** TECH spike
Stachelbeere *f* gooseberry
Stacheldraht *m* barbed wire
stachelig, **stachlig** *Adj* **1.** prickly, ZOOL *auch* spiny, *(dornig)* thorny **2.** *Kinn, Bart:* bristly
Stachelschwein *n* porcupine
Stadion *n* stadium
Stadium *n* stage, phase
Stadt *f* **1.** town, *(Großstadt)* city: ***in die Stadt gehen*** go to town **2.** *(Stadtverwaltung)* municipality
Stadtautobahn *f* urban motorway (*Am* expressway)
Stadtbahn *f* city railway
stadtbekannt *Adj* known all over town, notori-

Städte WF

Manche europäische Städtenamen lauten im Englischen ganz anders als im Deutschen. Hier einige Beispiele:

Athen	**Athens** ['æθɪnz]
Brügge	**Bruges** [bruːʒ]
Brüssel	**Brussels** ['brʌslz]
Den Haag	**The Hague** [ðə'heɪg]
Lissabon	**Lisbon** ['lɪzbən]
Genf	**Geneva** [dʒɪ'niːvə]
Lüttich	**Liège** [lɪ'eɪʒ]
Mailand	**Milan** [mɪ'læn]
Moskau	**Moscow** ['mɒskəʊ]
München	**Munich** ['mjuːnɪk]
Nürnberg	**Nuremberg** ['njʊərəmbɜːg]
Sevilla	**Seville** [sə'vɪl]
Venedig	**Venice** ['venɪs]
Warschau	**Warsaw** ['wɔːsɔː]
Wien	**Vienna** [vɪ'enə]

ous

Stadtbevölkerung *f* urban population

Stadtbewohner, **Stadtbewohnerin** city dweller

Stadtbezirk *m* municipal district

Stadtbild *n* townscape

Städtchen *n* small town

Städtebau *m* urban development

Städtepartnerschaft *f* (town) twinning

Städteplanung *f* town planning

Städter, **Städterin** city dweller

Stadtexpress *m* city express

Stadtgas *n* town gas

Stadtgebiet *n* municipal area

Stadtgemeinde *f* township

Stadtgespräch *n fig* ***Stadtgespräch sein*** be the talk of the town

Stadthalle *f* municipal hall

städtisch *Adj* town …, city …, urban, *bes verwaltungsmäßig*: municipal

Stadtkern *m* town (*oder* city) cent/re (*Am* -er)

Stadtleben *n* city life

Stadtluft *f* city air

Stadtmauer *f* city wall

Stadtmensch *m* urbanite, city person

Stadtmitte *f* → ***Innenstadt***

Stadtplan *m* city map

Stadtplanung *f* town planning

S

Stadtrand *m* (***am Stadtrand*** at the) outskirts *Pl* of the town (*oder* city)

Stadtrandsiedlung *f* suburban estate (*oder* housing development)

Stadtrat[1] *m* municipal council

Stadtrat[2] *m*, **Stadträtin** *f* town (*Am* city) council(l)or

Stadtrundfahrt *f* city sightseeing tour

Stadtsanierung *f* urban renewal

Stadtstaat *m* city state

Stadtstreicher, **Stadtstreicherin** city vagrant

Stadtteil *m* district

Stadttor *n* town gate

Stadtverkehr *m* town (*oder* city) traffic

Stadtverwaltung *f* municipality

Stadtviertel *n* district

Stadtzentrum *n* → ***Innenstadt***

Staffel *f* **1.** SPORT relay (race *oder* team) **2.** FLUG, MIL squadron

Staffelei *f* easel

Staffellauf *m* SPORT relay race

staffeln *v/t* (*Steuern, Löhne etc*) grade, graduate, (*Arbeitszeit etc, auch* TECH) stagger: → ***gestaffelt***

Staffelung *f* staggering, *von Steuern etc*: graduation, progressive rates *Pl*

Stagnation *f* stagnation

stagnieren *v/i* stagnate

Stahl *m* steel: ***Nerven (wie) aus Stahl*** nerves of steel

Stahlarbeiter, **Stahlarbeiterin** steelworker

Stahlbau *m* steel(-girder) construction

Stahlbeton *m* reinforced concrete

stahlblau *Adj* steel-blue

Stahlblech *n* sheet steel

stählen *v/t* **1.** TECH steel-face **2.** *fig* steel (***sich*** o.s.)

stählern *Adj* **1.** (of) steel **2.** *fig* of steel, *Blick etc*: steely

Stahlgürtelreifen *m* MOT belted-bias tyre (*Am* tire)

stahlhart *Adj* (as) hard as steel, steely

Stahlhelm *m* steel helmet

Stahlmöbel, **Stahlrohrmöbel** *Pl* tubular steel furniture *Sg*

Stahlstich *m* steel engraving

Stahlwaren *Pl* steel goods *Pl*

Stahlwerk *n* steelworks *Pl* (*auch Sg konstr*)

Stahlwolle *f* steel wool

Stall *m* (*Pferdestall*) stable (*auch fig Rennstall etc*), (*Kuhstall*) cowshed: *ugs fig* ***einen ganzen Stall voll*** a horde of

Stallbursche *m* groom

Stallungen *Pl* stabling *Sg*, stables *Pl*

Stamm *m* **1.** BOT stem (*auch* LING), (*Baumstamm*) trunk **2.** (*Volksstamm*) race, tribe, (*Familie*) family **3.** *fig* (*Kern*) core, nucleus **4.** (*Mitarbeiterstamm etc*) permanent staff, (*Kundenstamm*) regular customers *Pl*, (*Spielerstamm*) regular players *Pl* **5.** BIOL phylum

Stammaktie *f* ordinary share, *Am* common stock

Stammbaum *m* family tree, ZOOL pedigree, BIOL phylogenetic tree

Stammbuch *n* family register

Stammburg *f* ancestral castle

Stammdatei *f* COMPUTER master file

stammeln *v/t und v/i* stammer

stammen *v/i* (***von, aus***) *allg* come (from), *zeitlich*: date (from), go back (to): ***der Ausspruch stammt von ihm*** the word was coined by him

Stammes… tribal …

Stammform *f* LING principal form

Stammgast *m* regular (guest)

Stammhalter *m hum* son and heir

Stammhaus *n* WIRTSCH parent firm

stämmig *Adj* stocky, burly

Stammkapital *n* original share capital, *Am* common capital stock

Stammkneipe *f ugs* local

Stammkunde *m*, **Stammkundin** *f* regular customer, *ugs* regular

Stammlokal *n* favo(u)rite haunt

Stammpersonal *n* permanent staff, skeleton

Stammplatz *m* favo(u)rite seat: SPORT ***sich einen Stammplatz*** (*in der Mannschaft*) ***erobern*** make the regular team

Stammtisch *m* (table reserved for) regular guests *Pl*

Stammtischpolitiker, **Stammtischpolitikerin**

armchair politician
Stammverzeichnis *n* COMPUTER root directory
Stammwähler, Stammwählerin POL standing voter
stampfen I *v/i* stamp (***mit dem Fuß*** one's foot), *Schiff*: pitch **II** *v/t* (*zerstampfen*) pound, crush, (*Kartoffeln etc*) mash, (*feststampfen*) tamp: → ***Boden*** 1
Stand *m* **1.** (***aus dem Stand*** from a) standing position, (*Halt*) footing, foothold: ***keinen (festen) Stand haben*** be wobbly, *Person*: have no firm foothold; *fig* ***(bei j-m) einen schweren Stand haben*** have a hard time of it (with s.o.) **2.** (*Zustand*) state, condition, (*Lage*) position (*auch* ASTR), (*Niveau*) level (*auch Wasserstand etc*), standard, (*Zahl*) figure, (*Barometerstand etc*) reading, *eines Wettkampfs*: score, *eines Rennens*: standings *Pl*: SPORT ***beim Stande von 4:2*** at 4:2; ***nach dem Stand vom 1. Mai*** as of May 1st; ***den höchsten Stand erreichen*** reach its peak; ***etw auf den neuesten Stand bringen*** bring s.th. up to date, update s.th.; ***der Stand der Dinge*** the state of affairs; ***nach dem Stand der Dinge*** as matters stand; ***der neueste Stand der Technik*** (*oder* ***Wissenschaft***) the state of the art **3.** social standing, rank, (*auch Rechtsstand*, *Familienstand*) status, (*Klasse*) class, (*Berufsstand*) profession **4.** (*Verkaufsstand*) stall, (*auch Messestand*) booth; ***außer Stande*** → ***außerstande***; ***im Stande*** → ***imstande***; ***in Stand*** → ***instand***; ***zu Stande*** → ***zustande***
Standard *m* standard
standardisieren *v/t* standardize
Standardwerk *n* standard work
Standarte *f* standard
Standby-Ticket *n* standby ticket
Ständchen *n* serenade: ***j-m ein Ständchen bringen*** serenade s.o.
Ständer *m* **1.** stand, (*Gewehrständer*, *Pfeifenständer etc*) rack **2.** *vulg* (*Erektion*) hard-on
Standesamt *n* registry office
standesamtlich *Adj* ***standesamtliche Trauung*** registry office wedding
Standesbeamte *m*, **Standesbeamtin** *f* registrar
standesgemäß *Adj und Adv* in keeping with one's station
Standesunterschied *m* social difference
standfest *Adj* steady, TECH stable
Standfestigkeit *f* **1.** steadiness, TECH stability **2.** → ***Standhaftigkeit***
Standfoto *n* FILM still
standhaft *Adj* steadfast, firm
Standhaftigkeit *f* steadfastness, firmness
standhalten *v/i* hold one's ground, stand firm, *einem Angriff etc*: withstand, resist, *einer Kritik etc*: stand up to: → ***Vergleich*** 1
ständig I *Adj* constant, continuous, *Personal*, *Wohnsitz etc*: permanent, *Einkommen*: fixed, regular, *Ausschuss*: standing: ***ständiger Begleiter*** constant companion **II** *Adv* permanently, constantly, always: ***etw ständig tun*** keep doing s.th.
Standleitung IT, TEL dedicated (*oder* direct) line
Standlicht *n* MOT parking light
Standort *m* position (*auch* SCHIFF *und fig*), location, *einer Industrie etc*: site, MIL garrison, *Am* post, BIOL habitat: ***den Standort*** (*Gen*) ***bestimmen*** locate
Standortvorteil *m* WIRTSCH locational advantage
Standpauke *f ugs* lecture: ***j-m eine Standpauke halten*** lecture s.o. (***über*** *Akk* on)
Standplatz *m* stand, *für Taxis*: *auch* rank
Standpunkt *m* **1.** post, point **2.** *fig* (***von seinem*** *etc* ***Standpunkt aus*** from his *etc*) point of view; ***den Standpunkt vertreten, auf dem Standpunkt stehen*** take the view (***dass*** that)
Standrecht *n* martial law
standrechtlich *Adj und Adv* by order of a court martial
Standspur *f* MOT hard shoulder
Standuhr *f* grandfather clock
Stange *f* **1.** *allg* pole (*auch Sport*), (*Fahnenstange*) *auch* staff, (*Metallstange*) rod, bar, (*Sitzstange*) *für Vögel*: perch, (*Zuckerstange*, *Selleriestange etc*) stick: ***eine Stange (Zigaretten)*** a carton (of cigarettes); *Kleidung* ***von der Stange*** off the peg; *ugs* ***eine Stange Geld*** a packet; ***bei der Stange bleiben*** stick to it, *bis zum Ende*: stick it out; ***j-n bei der Stange halten*** keep s.o. at it; ***j-m die Stange halten*** stick up for s.o. **2.** *am Geweih*: branch
Stängel *m* stalk, stem
Stangenbohne *f* runner (*Am* string) bean
Stangensellerie *m* celery
stänkern *v/i ugs pej* stir up trouble: ***stänkern gegen*** rail against
Stanniol *n* tinfoil
Stanze *f* TECH stamp(ing machine)
stanzen *v/t* (*lochen*) punch, (*prägen*) stamp
Stapel *m* **1.** pile, stack **2.** SCHIFF stocks *Pl*: ***auf Stapel legen*** lay down; ***vom Stapel lassen*** launch (*auch fig Projekt etc*), *fig* (*Rede*) deliver, (*Witz*) crack, (*Schlag*) uncork; ***vom Stapel laufen*** be launched
Stapellauf *m* launching
stapeln *v/t* stack, (*auch* ***sich stapeln***) pile up, (*lagern*) store, stockpile
stapfen *v/i* trudge
Star[1] *m* ZOOL starling
Star[2] *m* MED ***grauer Star*** cataract; ***grüner Star*** glaucoma
Star[3] *m* FILM *etc* star
Starallüren *Pl* airs and graces *Pl*
Stargast *m* star guest
stark I *Adj* **1.** *allg* strong (*auch* LING *und fig*), robust, (*kraftvoll*) *auch* powerful, *Hitze*, *Kälte etc*: great, intense, *Regen*, *Verkehr*, *Nachfrage etc*: heavy: ***ein starkes Polizeiaufgebot*** a strong force of police; ***ein 20 Mann starker Trupp*** a group of 20; ***er ist ein starker Raucher (Esser)*** he is a heavy smoker (big eater); *fig* ***starke Seite*** strong point; *ugs* ***das ist ein starkes Stück!*** that's a bit thick!; ***stark machen*** → ***starkmachen*** **2.** (*dick*) thick: ***2 cm starke Pappe*** pasteboard two centimetres thick; ***das Buch ist 150 Seiten stark*** the book has 150 pages **3.** (*leistungsstark*) *auch* OPT, TECH strong, powerful, *Motor*: *auch* high-powered: ***ein starkes Medikament*** a powerful (*oder* potent) drug **4.** (*beleibt*) stout, corpulent **5.** (*schlimm*) bad, *Schmerz*, *Erkältung*: *auch* severe **6.** *ugs fig* ***(echt) stark*** super, great **II** *Adv* **7.** (*sehr*) strongly, highly, very much: ***stark beschädigt*** badly damaged; ***stark übertrieben*** grossly exaggerated; → ***erkälten***
Stärke[1] *f* **1.** *allg* strength (*auch* CHEM, *auch Truppenstärke etc*), power (*auch* OPT, TECH), (*Dicke*) thickness, (*Durchmesser*) diameter **2.** (*Intensität*) intensity, *des Regens*, *Verkehrs etc*: *auch* heaviness, *eines Schmerzes*: *auch* severity, (*Wucht*) force **3.** *fig* ***j-s Stärke*** s.o.'s strong

point (*oder* forte)
Stärke[2] *f* CHEM starch
stärken[1] **I** *v/t* strengthen (*auch fig*), invigorate **II** *v/refl* ***sich stärken*** fortify o.s
stärken[2] *v/t* (*Wäsche*) starch
stärkend *Adj* (*auch* ***stärkendes Mittel***) tonic
starkmachen *v/refl* ***sich starkmachen für*** stand up for
Starkstrom *m* ELEK high-voltage (*oder* heavy) current
Starkstromleitung *f* power line
Starkstromtechnik *f* heavy-current engineering
Stärkung *f* **1.** *allg* strengthening **2.** (*Erfrischung*) refreshment, *ugs* pick-me-up
Stärkungsmittel *n* tonic
starr *Adj* rigid (*auch fig*), stiff, (*reglos*) motionless: ***starrer Blick*** (fixed) stare; ***ich war starr*** (***vor Staunen***) I was dum(b)founded
starren[1] *v/i* stare (***auf*** *Akk* at)
starren[2] *v/i* ***starren vor*** (*oder* ***von***) be full of; ***vor Schmutz starren*** be thick with dirt, be filthy
Starrheit *f* rigidity (*auch fig*), stiffness
starrköpfig *Adj* stubborn, obstinate
Starrsinn *m* obstinacy, stubbornness
Start *m* start (*auch fig*), FLUG takeoff, (*Raketenstart*) liftoff: FLUG ***zum Start freigeben*** clear for takeoff; SPORT ***an den Start gehen*** **a)** *Läufer etc*: take up one's starting position, **b)** (*teilnehmen*) take part
Startautomatik *f* MOT automatic choke (control)
Startbahn *f* FLUG runway
startbereit *Adj* ready to start, FLUG ready for takeoff
starten **I** *v/i* **1.** SPORT start, (*teilnehmen*) *auch* take part (***in*** *Dat*, ***bei*** in) **2.** FLUG take off, *Raumfahrt*: lift off **II** *v/t* **3.** start, *ugs fig auch* launch, COMPUTER start(-up)
Starter *m allg* starter
Starterlaubnis *f* **1.** SPORT permission to take part **2.** FLUG clearance for takeoff
Startguthaben *n* (*beim Handy*) initial (free) credit
Starthilfe *f* **1.** ***j-m Starthilfe geben*** **a)** MOT give s.o. a jump-start, **b)** *fig* give s.o. a start (in life) **2.** ***Abflug mit Starthilfe*** assisted takeoff
Starthilfekabel *n* MOT jump leads *Pl*
Startkapital *n* start-up capital
startklar *Adj* → ***startbereit***
Startposition *f* starting position
Startschuss *m* SPORT starting shot
Startseite *f* INTERNET home page, start(up) page
Startverbot *n* SPORT suspension, FLUG grounding: ***Startverbot erhalten*** **a)** be suspended, **b)** be grounded
Startzeichen *n* starting signal, *fig* green light
Stasi *f ugs DDR* POL HIST State Security (Service)
Statik *f* ARCHI, ELEK, PHYS statics *Sg*
Statiker, **Statikerin** ARCHI stress analyst
Station *f* **1.** RADIO, TV *etc*: station **2.** BAHN station, (*Haltestelle*) stop: ***Station machen*** break one's journey **3.** (*Krankenstation*) ward **4.** *fig* stage

Station ist nicht immer station

(Kranken-) Station	=	ward
station	=	Bahnhof; (Rundfunk-, Fernseh-)Sender

stationär *Adj auch* TECH stationary: MED ***stationäre Behandlung*** in-patient treatment; ***stationärer*** (*oder* ***stationär behandelter***) ***Patient*** inpatient
stationieren *v/t* station, (*Raketen etc*) deploy
Stationierung *f* stationing, MIL deployment
Stationsarzt *m*, **Stationsärztin** *f* ward doctor
Stationsschwester *f* ward sister
statisch *Adj* static(ally *Adv*)
Statist, **Statistin** THEAT, FILM extra
Statistik *f* statistics *Pl* (*als Fach Sg*)
Statistiker, **Statistikerin** statistician
statistisch *Adj* statistical
Stativ *n* tripod
statt ***an j-s statt*** in s.o.'s place; ***an Kindes statt annehmen*** adopt; → ***anstatt***
Stätte *f* place, (*Schauplatz*) scene
stattfinden *v/i* take place, be held
stattgeben *v/i* (*einer Bitte etc*) grant
statthaft *Adj* admissible: ***nicht statthaft*** not allowed
Statthalter, **Statthalterin** governor
stattlich *Adj* **1.** *Haus etc*: stately, impressive **2.** *Summe etc*: large, considerable **3.** *Person*: portly: ***er ist eine stattliche Erscheinung*** he is a fine figure of a man
Statue *f* statue
Statur *f* stature (*auch fig*), build
Status *m* state, (*Rechtsstatus*) status
Statussymbol *n* status symbol
Statuszeile *f* COMPUTER status bar
Statut *n* → ***Satzung***
Stau *m* **1.** accumulation, pile-up **2.** MED congestion **3.** (*Verkehrsstau*) traffic jam (*oder* congestion), (*Rückstau*) tailback
Staub *m* dust: ***Staub wischen*** do the dusting; ***Staub saugen*** vacuum, *Br ugs* hoover®; ***sich aus dem Staub machen*** clear off; → ***aufwirbeln***
Staubbeutel *m* **1.** BOT anther **2.** *im Staubsauger*: dust bag
Stäubchen *n* dust particle
Staubecken *n* TECH reservoir
stauben *v/i* make a lot of dust: ***es staubt*** it's dusty
Staubflocke *f* piece of fluff
Staubgefäß *n* BOT stamen
staubig *Adj* dusty
staubsaugen *v/t und v/i* vacuum, *Br ugs* hoover®
Staubsauger *m* vacuum cleaner, *Br ugs* hoover®
Staubwolke *f* cloud of dust
stauchen *v/t* TECH jolt, upset
Staudamm *m* dam
Staude *f* herbaceous plant
stauen **I** *v/t* (*Wasser*) dam up, (*Blut*) stop (the flow of) **II** *v/refl* ***sich stauen*** *Wasser*: build up (*auch fig Verkehr, Ärger etc*), rise, *Eis*, *fig Briefe etc*: accumulate, pile up, MED be(come) congested
Stauer, **Stauerin** SCHIFF stevedore
staunen *v/i* (***über*** *Akk* at) be astonished, be amazed, (*bewundern*) marvel
Staunen *n* astonishment, amazement: ***in Staunen versetzen*** amaze; → ***starr***
staunenswert *Adj* astonishing, amazing
Stausee *m* reservoir
Stauung *f* **1.** damming up **2.** → ***Stau***
Steak *n* GASTR steak

Stearin *n* stearin
stechen I *v/t* **1.** *Dorn, Nadel etc*: prick, *Wespe etc*: sting, *Mücke*: bite: ***sich stechen*** prick o.s.; ***sich in den Finger stechen*** prick one's finger; → ***gestochen***, ***Hafer*** **2.** (*abstechen*) (*Spargel, Torf etc*) cut, (*Schwein etc*) stick, kill **3.** (*Stechuhr*) punch **4.** (*Bild*) engrave **II** *v/i* **5.** *Dorn, Nadel etc*: prick, *Wespe etc*: sting, *Mücke*: bite **6.** ***nach j-m stechen*** *mit einem Messer etc*: stab at s.o.; ***mit etw stechen in*** (*Akk*) stick s.th. in(to) **7.** *Sonne*: burn **8.** *Schmerz*: stab, shoot **9.** SPORT jump (*oder* shoot *etc*) off **10.** *Kartenspiel*: be trump, (*eine Karte*) trump **11.** *ugs fig* ***j-m in die Augen stechen*** catch s.o.'s eye
Stechen *n* **1.** stabbing (*oder* shooting) pain **2.** *Reitsport*: jump-off
stechend *Adj fig Blick*: piercing, *Geruch*: pungent, *Schmerz*: stabbing, *Sonne*: burning
Stechkarte *f* time-punch card
Stechmücke *f* mosquito
Stechpalme *f* holly
Stechuhr *f* time clock
Stechzirkel *m* dividers *Pl*
Steckbrief *m* **1.** "wanted" circular **2.** *fig* description, fact file (*Gen* of)
steckbrieflich *Adv* ***steckbrieflich gesucht werden*** be wanted for arrest
Steckdose *f* ELEK (wall) socket
stecken I *v/t* put, (*Nadel etc*) stick, (*feststecken*) *mit Nadeln*: pin, *bes* TECH insert (***in*** *Akk* into), *bes heimlich*: slip: *fig* ***Geld stecken in*** (*Akk*) put money into, invest in; ***j-n ins Gefängnis*** (***Bett***) ***stecken*** put s.o. in prison (to bed); *ugs fig* ***wer hat ihm das gesteckt?*** who told him?; → ***Brand*** 1, ***Nase*** **II** *v/i* (*festsitzen*) be stuck, *Kugel, Splitter etc*: be lodged: *auch fig* ***stecken bleiben*** get stuck; ***den Schlüssel stecken lassen*** leave the key in the lock; ***der Schlüssel steckt*** the key is in the lock; *ugs* ***wo steckst du denn*** (***so lange***)***?*** where have you been (all this time)?; ***dahinter steckt etw*** there's s.th. behind all this; ***da steckt er dahinter*** he's at the bottom of it; ***sie steckt mitten in den Prüfungen*** she's in the middle of her exams; → ***Decke*** 1
Stecken *m* stick: → ***Dreck*** 1
steckenbleiben → ***stecken*** II
steckenlassen → ***stecken*** II
Steckenpferd *n* hobbyhorse, *fig meist* hobby
Stecker *m* ELEK plug
Steckkontakt *m* ELEK plug (connection)
Steckling *m* BOT cutting
Stecknadel *f* pin
Stecknadelkopf *m* pinhead
Steckschlüssel *m* TECH box spanner
Steckschuh *m* FOTO accessory shoe
Steg *m* **1.** footpath **2.** footbridge, (*Landungssteg*) landing stage, (*Laufsteg*) gangplank **3.** (*Brillensteg, Geigensteg*) bridge
Stegreif *m* ***aus dem Stegreif*** off the cuff; ***aus dem Stegreif spielen*** *etc* improvise; ***aus dem Stegreif sprechen*** extemporize, *ugs* ad-lib
Stehaufmännchen *n* (*Spielzeug*) roly-poly, tumbler; *fig* resilient person, comeback-kid
stehen I *v/i* **1.** stand, (*sich befinden*) *meist* be: *ugs* ***wie stehts? a***) how are things?, **b**) ***mit dir?*** how about you?, **c**) *auch* ***wie steht das Spiel?*** what's the score?; ***wie stehts mit einem Bier?*** how about a beer?; ***das Programm steht*** the program(me *Br*) is complete (*oder* in the bag); ***es steht zu befürchten, dass …*** it is to be feared that …; *ugs* ***mir stehts bis hier*** (***-her***)***!*** I am fed up to here (with it)!; ***gut*** (***schlecht***) ***mit j-m stehen*** (not to) get on well with s.o.; ***er steht sich gut*** (***dabei***) he's not doing badly (out of it); ***unter Alkohol*** (***Drogen***) ***stehen*** be under the influence of alcohol (drugs); ***vor*** *Schwierigkeiten, einer Entscheidung etc* ***stehen*** be faced with; ***er steht vor seiner Prüfung*** his exam is coming up; ***zu j-m stehen*** stand by s.o.; ***zu*** *einem Versprechen etc* ***stehen*** keep; ***wie stehst du dazu?*** what do you think (of it)?; POL ***er steht links*** he belongs to the left; *das Thermometer, der Zeiger, die Ampel, der Rekord, die Aktie* ***steht auf …*** is at …; ***auf Diebstahl steht eine Freiheitsstrafe*** theft is punishable by imprisonment; → ***Debatte***, ***teuer*** II **2.** (*stillstehen*) stand still, *auch Uhr etc*: have stopped: ***stehen bleiben*** **a**) stop (*auch Uhr etc*), *Motor*: stall, *Herz*: stop (beating); ***wo waren wir stehen geblieben?*** where did we leave off?, **b**) *Schirm etc*: be left (behind): *fig* ***der Satz kann so nicht stehen bleiben*** the sentence cannot be left like this; ***stehen lassen*** **a**) leave (behind); ***alles stehen und liegen lassen*** drop everything, **b**) (*Essen etc*) leave untouched, **c**) (*Fehler*) overlook; *fig* ***das kann man so nicht stehen lassen*** that's not quite correct, **d**) ***j-n stehen lassen*** leave s.o. standing there, **e**) ***sich einen Bart stehen lassen*** grow a beard **3.** (*geschrieben stehen*) be written, say: ***in dem Brief steht*** the letter says; ***wo steht das?*** where does it say so? **4.** *fig* ***j-m stehen*** *Kleid etc*: suit s.o., look well on s.o. **II** *v/t* **5.** → ***Mann***, ***Modell***, ***Posten*** 1, ***Wache*** 2 *etc*
Stehen *n* (*auch* ***im Stehen***) standing; ***zum Stehen bringen*** (bring to a) stop, (*Blutung*) staunch; ***zum Stehen kommen*** come to a halt, stop
stehenbleiben → ***stehen*** I 2
stehend *Adj* standing (*auch Heer, Gewässer*), (*stillstehend, ortsfest*) stationary: ***stehende Redensart*** stock phrase
stehenlassen → ***stehen*** I 2
Stehimbiss *m* stand-up snack bar
Stehkragen *m* stand-up collar
Stehlampe *f* standard (*Am* floor) lamp
stehlen *v/t und v/i* steal: ***j-m etw stehlen*** steal s.th. from s.o.; *fig* ***j-m die Zeit stehlen*** waste s.o.'s time; *ugs* ***er kann mir gestohlen bleiben!*** to hell with him!
Stehplatz *m* standing room, *Pl im Stadion etc*: standing room (only) area(s)
Stehvermögen *n* stamina, staying power
Steiermark *f die* Styria
steif I *Adj* stiff (*auch fig förmlich, linkisch*), *bes* TECH rigid: ***steif vor Kälte*** numb with cold; ***steife Brise*** (***steifer Grog***) stiff breeze (grog); GASTR ***steif schlagen*** beat (until stiff) **II** *Adv ugs* ***steif und fest behaupten*** insist, swear
steifen *v/t fig* ***j-m den Nacken*** (*oder* ***Rücken***) ***steifen*** stiffen s.o.'s back
Steifheit *f auch fig* stiffness
steifschlagen → ***steif***
Steigbügel *m* stirrup
Steigeisen *n* climbing iron, *mount. auch* crampon
steigen I *v/i* **1.** (*hinaufsteigen*) go up, climb (up), *in die Luft*: rise, FLUG climb (***auf*** *Akk* to): ***auf einen Baum*** (***Berg***) ***steigen*** climb (up) a tree (mountain); ***auf ein Pferd steigen*** mount a horse; ***vom Pferd steigen*** dismount; ***aus*** *einem Bus etc* ***steigen*** get out of (*oder*

S

off); ***in*** *einen Zug etc* ***steigen*** get on, board; ***steigen lassen*** (*Drachen*) fly, (*Ballon etc*) send up; → ***Kopf*** 1 **2.** (*zunehmen*) increase, grow, *Fieber, Temperatur, Spannung etc*: rise, *Preise*: *auch* go up: → ***Achtung*** 1, ***Wert*** 1 **3.** *ugs* (*stattfinden*) be on, take place: ***eine Party steigen lassen*** throw a party **II** *v/t* **4.** go up: ***Treppen steigen*** climb stairs

Steigen *n* **1.** climbing (*etc, siehe* I) **2.** (*Zunahme*) rise, increase: ***das Steigen und Fallen*** the rise and fall; ***im Steigen begriffen sein*** be rising

steigend *Adj fig* rising, increasing: ***steigende Tendenz*** upward tendency

steigenlassen → ***steigen*** I 3

Steiger *m* BERGB pit foreman

steigern I *v/t* **1.** increase, (*Spannung, Wirkung etc*) *auch* heighten, (*Produktion, Tempo etc*) step up, (*Angebot, Wetteinsatz etc*) raise, (*verbessern*) improve: ***den Wert steigern*** add to the value (*Gen* of) **2.** LING compare **II** *v/refl* ***sich steigern*** **3.** increase, (*wachsen*) *auch* grow, *Interesse, Spannung etc*: rise, (*sich verbessern*) improve **III** *v/i* **4.** *auf einer Auktion*: bid, (*erhöhen*) rise the amount (***auf*** *Akk* to)

Steigerung *f* **1.** rise, increase, improvement **2.** LING comparison

Unregelmäßige Steigerung (GR)

Einige englische Adjektive werden unregelmäßig gesteigert:

gut	**good – better – best**
klein	**little – smaller – smallest**
schlecht	**bad – worse – worst**
viel	**much – more – most**
viele	**many – more – most**
weit	**far – further / farther – furthest / farthest**
wenig	**little – less – least**

Auch bei den Adverbien gibt es unregelmäßige Steigerungsformen:

gut	**well – better – best**
schlecht	**badly – worse – worst**
viel	**much / a lot – more – most**
weit	**far – further / farther – furthest / farthest**
wenig	**little – less – least**

S

Steigfähigkeit *f* FLUG climbing power, MOT hill-climbing ability

Steigung *f* rise, ascent, gradient

steil *Adj auch fig* steep: ***steile Karriere*** meteoric career; *Adv* ***steil ansteigen*** rise steeply, *Preise*: *auch* soar

Steilkurve *f* steep turn

Steilküste *f* steep coast

Steilpass *m Fußball*: through pass

Stein *m allg* stone (*auch* BOT, MED), (*Baustein*) *auch* brick, (*Edelstein*) (precious) stone, jewel, gem, *einer Uhr*: ruby, *Brettspiel*: piece: *fig* ***den Stein ins Rollen bringen*** set the ball rolling; ***bei j-m einen Stein im Brett haben*** be in s.o.'s good books; ***mir fällt ein Stein vom Herzen*** that takes a load off my mind; → ***Tropfen*** 1

Steinadler *m* ZOOL golden eagle

steinalt *Adj* ancient

Steinbock *m* **1.** ZOOL ibex **2.** ASTR (***er ist Steinbock*** he is [a]) Capricorn

Steinbruch *m* quarry

Steinbutt *m* ZOOL turbot

Steindruck *m* lithography, (*Bild*) lithograph

steinern *Adj* (of) stone, *fig* stony

Steinfraß *m* stone erosion

Steinfrucht *f* stone fruit

Steingarten *m* rock garden

Steingut *n* earthenware

steinig *Adj* stony

Steinkohle *f* hard coal

Steinmarder *m* ZOOL beech marten

Steinmetz, Steinmetzin stonemason

Steinobst *n* stone fruit

Steinpilz *m* edible boletus

steinreich *Adj ugs* filthy rich

Steinschlag *m* falling rocks *Pl*

Steinzeit *f* Stone Age

Steiß *m* buttocks *Pl*, rump

Steißbein *n* ANAT coccyx

Stelle *f* **1.** place, (*Punkt*) spot, point, (*Standort*) position: ***an anderer Stelle*** elsewhere; ***an dieser Stelle*** here; ***an erster Stelle*** first(ly), *weit. S.* in the first place; *fig* ***an erster Stelle stehen*** come first; ***an Stelle*** → ***anstelle*** ; (***ich***) ***an deiner Stelle*** if I were you; ***an die Stelle treten von*** (*oder Gen*) take the place of, *Person*: *auch* take over from, *vertretungsweise*: replace; ***auf der Stelle*** on the spot; *fig* ***auf der Stelle treten*** mark time; ***nicht von der Stelle kommen*** not to make any progress; ***er rührte sich nicht von der Stelle*** he didn't budge; ***zur Stelle sein*** be at hand **2.** (*Abschnitt*) passage (*auch* MUS) **3.** MATHE *einer Zahl*: digit, (*Dezimalstelle*) place **4.** (*Arbeitsstelle*) situation, job, post: ***freie*** (*oder* ***offene***) ***Stelle*** vacancy **5.** → ***Dienststelle***

stellen I *v/t* **1.** put, place, set, (*anordnen*) arrange: → ***Abrede, Antrag*** 1, ***Bedingung, Bein, Falle, Frage*** 1, ***gestellt*** 1 **2.** (*Uhr etc*) set (***auf*** *Akk* at), (*einstellen*) adjust: ***leiser*** (*oder* ***niedriger***) ***stellen*** turn down; ***lauter*** (*oder* ***höher***) ***stellen*** turn up **3.** (*zur Verfügung stellen*) provide, (*auch Arbeitskräfte, Geiseln etc*) supply, (*Zeugen*) produce **4.** (*Verbrecher, Wild*) hunt down **II** *v/refl* ***sich stellen*** **5.** place o.s.: ***stell dich dorthin!*** (go and) stand over there!; *fig* ***auf sich selbst gestellt sein*** be on one's own; ***gut*** (***schlecht***) ***gestellt sein*** be well (badly) off; ***sich gegen … stellen*** oppose; ***sich hinter*** (***vor***) ***j-n stellen*** back s.o. up (shield s.o.); ***wie stellt er sich dazu?*** what does he say (to this)? **6.** ***sich*** (***der Polizei***) ***stellen*** give o.s. up (to the police), turn o.s. in; ***sich*** (***zum Wehrdienst***) ***stellen*** report for military service **7.** (*einem Gegner*) take on, (*einer Kritik etc*) face up to, (*einer Herausforderung*) take up: ***sich der Presse stellen*** be prepared to meet (*oder* face) the press **8.** ***sich krank*** *etc* ***stellen*** pretend to be ill *etc*

Stellenangebot *n* job offer: ***Stellenangebote*** *Pl in der Zeitung*: vacancies *Pl*

Stellengesuch *n* application (for a job): ***Stellengesuche*** *Pl in der Zeitung*: situations *Pl* wanted

Stellenmarkt *m* job market

Stellensuche *f* (***auf Stellensuche sein*** be) job hunting

Stellenwechsel *m* job change

stellenweise *Adv* in places

Stellenwert *m* rating, (relative) importance: ***einen hohen Stellenwert haben*** rate high

…stellig *in Zssgn* …-digit

Stellplatz *m* MOT parking space (*Am* lot)
Stellschraube *f* TECH adjusting screw
Stellung *f* **1.** *allg, auch* MIL position: *fig* ***die Stellung halten*** hold the fort; ***Stellung nehmen (zu)*** take a stand (on), give one's view (on); ***Stellung nehmen für*** stand up for; ***Stellung nehmen gegen*** oppose **2.** (*Posten*) situation, job, post, position: ***eine leitende Stellung*** an executive position **3.** (*Rang*) position, (*Ansehen*) status, standing
Stellungnahme *f* (***zu*** on) opinion, comment, statement
stellungslos *Adj* unemployed, out of work, without a job, jobless
Stellungsspiel *n* SPORT positional play
Stellungssuche *f* search for a post (*oder* job): ***auf Stellungssuche sein*** be looking for a job, be job-hunting
Stellungssuchende *m, f* person looking for a job, job-hunter
Stellungswechsel *m* change of post (*oder* job): ***häufiger Stellungswechsel*** job-hopping
stellvertretend *Adj* acting, deputy: ***stellvertretender Vorsitzender*** vice-chairman; ***stellvertretend für*** acting for, (*im Namen von*) on behalf of
Stellvertreter, **Stellvertreterin** representative, substitute, *eines Arztes etc*: locum (tenens), *amtlich*: deputy, *bes* WIRTSCH, JUR proxy
Stellvertretung *f* representation, *bes* WIRTSCH, JUR proxy: ***j-s Stellvertretung übernehmen*** act as representative of s.o.
Stellwerk *n* BAHN signal box
Stelze *f* stilt
stelzen *v/i* stalk (along)
Stemmbogen *m Skisport*: stem turn
Stemmeisen *n* TECH mortise chisel
stemmen *v/t* **1.** press: ***sich stemmen gegen*** press against, *fig* resist **2.** (*hochstemmen*) heave up, SPORT lift
Stempel *m* **1.** stamp (*auch fig*), (*Abdruck*) *auch* seal, (*Poststempel*) postmark, (*Prägestempel*) die, (*Feingehaltsstempel*) hallmark **2.** BOT pistil
Stempelgeld *n ugs* dole (money)
Stempelkissen *n* ink pad
Stempelmarke *f* (duty) stamp
stempeln **I** *v/t* stamp, (*abstempeln*) cancel: *fig* ***j-n stempeln zu*** stamp (*oder* label, *pej* brand) s.o. as **II** *v/i bei Arbeitsantritt (-ende)*: clock in (out): *ugs* ***stempeln gehen*** be on the dole
Stempeluhr *f* time clock
Stengel *m* → ***Stängel***
Steno *f ugs* → ***Stenografie***
Stenogramm *n* shorthand notes *Pl*
Stenograf, **Stenografin**, **Stenograph**, **Stenographin** stenographer
Stenografie, **Stenographie** *f* stenography, shorthand
stenografieren, **stenographieren** **I** *v/i* write shorthand **II** *v/t* take *s.th.* down in shorthand
stenografisch, **stenographisch** **I** *Adj* shorthand **II** *Adv* in shorthand
Stenotypist, **Stenotypistin** shorthand typist
Steppdecke *f* (continental) quilt
Steppe *f* steppe
steppen[1] *v/t* backstitch
steppen[2] *v/i* tap-dance
Steppjacke *f* quilted jacket
Stepptanz *m* tap dance
Sterbebett *n* (***auf dem Sterbebett*** on one's) deathbed
Sterbefall *m* (case of) death
Sterbehilfe *f* euthanasia
Sterbeklinik *f* hospice
sterben *v/i* die (***an*** *Dat* of, *fig* ***vor*** *Dat* of)
Sterben *n* dying, death: ***im Sterben liegen*** be dying; ***zum Sterben langweilig*** deadly dull
Sterbensangst *f* mortal fear (***vor*** of)
sterbenskrank *Adj* critically ill
sterbensmüde *Adj* ready to drop
Sterbenswort *n*, **Sterbenswörtchen** *n* ***kein Sterbenswort sagen*** not to breathe a word
Sterbesakramente *Pl* last rites *Pl*
Sterbeurkunde *f* death certificate
sterblich *Adj* mortal: *iron* ***gewöhnliche Sterbliche*** *Pl* ordinary mortals *Pl*
Sterblichkeit *f* mortality
Stereo *n* stereo
Stereo…, **stereo…** stereo
Stereoanlage *f* stereo system
Stereoaufnahme *f* stereo recording
Stereobild *n* stereoscopic picture
Stereogerät *n* stereo set
stereophon *Adj* stereophonic
stereoskopisch *Adj* stereoscopic
Stereoton *m* stereo sound
stereotyp *Adj fig* stereotyped
steril *Adj* sterile
Sterilisation *f* sterilization
sterilisieren *v/t* sterilize
Sterilität *f* sterility
Stern *m auch fig* star: ***unter einem (un)glücklichen Stern stehen*** have fortune on one's side (be ill-fated); *ugs* ***Sterne sehen*** see stars
Sternbild *n* constellation, *des Tierkreises*: sign of the zodiac

Sternzeichen

Widder	**Aries** ['eəriːz] / **Ram**
Stier	**Taurus / Bull** [bʊl]
Zwillinge	**Gemini** ['dʒemɪnaɪ, -niː] / **Twins**
Krebs	**Cancer / Crab**
Löwe	**Leo** ['liːəʊ] / **Lion**
Jungfrau	**Virgo / Virgin**
Waage	**Libra** ['liːbrə, 'laɪbrə] / **Scales**
Skorpion	**Scorpio / Scorpion**
Schütze	**Sagittarius** [ˌsædʒɪ'teərɪəs] / **Archer** ['ɑːtʃə]
Steinbock	**Capricorn** ['kæprɪkɔːn] / **Goat**
Wassermann	**Aquarius** [ə'kweərɪəs] / **Water Bearer**
Fische	**Pisces** ['paɪsiːz, 'pɪsiːz] / **Fish**

Sternchen *n* **1.** little star, starlet (*auch fig Filmsternchen*) **2.** BUCHDRUCK asterisk
Sternenbanner *n the* Star-Spangled Banner, *the* Stars and Stripes *Pl*
Sternenhimmel *m* starry sky
sternhagelvoll *Adj ugs* rolling drunk
sternhell, **sternklar** *Adj* starlit
Sternkunde *f* astronomy
Sternmarsch *m* demonstration march from different starting points

Sternschnuppe *f* shooting star
Sternstunde *f fig* great moment
Sternwarte *f* observatory
stet → ***stetig, Tropfen*** 1
Stethoskop *n* MED stethoscope
stetig *Adj* continual, constant, steady
Stetigkeit *f* constancy, steadiness
stets *Adv* always, constantly
Steuer[1] *n* SCHIFF helm, rudder, MOT (steering) wheel, FLUG controls *Pl*: ***am Steuer*** at the helm (*auch fig*), at the wheel
Steuer[2] *f* (***auf*** *Akk* on) tax, *indirekte*: duty, (*Kommunalsteuer*) rate, *Am* local tax: ***vor*** (***nach***) ***Abzug der Steuern*** before (after) tax
Steuerabzug *m* tax deduction
Steueraufkommen *n* tax yield
Steuerausgleich *m* tax equalization
Steuerbefreiung *f* tax exemption
steuerbegünstigt *Adj* tax-privileged, *Sparen*: tax-linked
Steuerbelastung *f* tax burden
Steuerberater, Steuerberaterin tax adviser
Steuerbescheid *m* tax assessment
Steuerbord *n*, **steuerbord(s)** *Adv* SCHIFF starboard
Steuerdelikt *n* tax offen/ce (*Am* -se)
Steuereinnahmen *Pl* → ***Steueraufkommen***
Steuererklärung *f* tax return
Steuererleichterung *f* tax relief
Steuerermäßigung *f* tax allowance
Steuerfrau *f* → ***Steuermann***
steuerfrei *Adj* tax-free
Steuerfreibetrag *m* tax-free allowance
Steuergerät *n* RADIO tuner-amplifier, IT control unit
Steuerhinterzieher, Steuerhinterzieherin tax dodger
Steuerhinterziehung *f* tax fraud
Steuerkarte *f* (wage) tax card
Steuerklasse *f* tax bracket
Steuerknüppel *m* FLUG control stick, *ugs* joystick
steuerlich I *Adj* tax ... **II** *Adv* ***steuerlich günstig*** with low tax liability; ***steuerlich veranlagen*** assess for taxation
Steuermann *m* **1.** SCHIFF helmsman (*auch fig*) **2.** *Rudern*: coxswain
Steuermarke *f* revenue stamp
steuern I *v/t allg* steer, MOT *auch* drive, FLUG, SCHIFF *auch* navigate, pilot, TECH control **II** *v/i* steer, MOT *auch* drive, SCHIFF *auch* head (***nach Süden*** southward)
Steueroase *f* tax haven
steuerpflichtig *Adj* taxable
Steuerpolitik *f* fiscal policy
Steuerprogression *f* progressive taxation
Steuerpult *n* TECH control desk
Steuerrad *n* SCHIFF, MOT (steering) wheel
Steuerreform *f* tax reform(s)
Steuerrückerstattung *f* tax refund
Steuersatz *m* tax rate
Steuerschuld *f* tax(es *Pl*) due
Steuersenkung *f* tax reduction
Steuerung *f* **1.** steering, FLUG piloting, ELEK, TECH control (*auch fig*) **2.** control system, MOT steering, FLUG controls *Pl*
Steuerungstaste *f* COMPUTER control key
Steuerveranlagung *f* assessment
Steuerzahler, Steuerzahlerin taxpayer
Steuerzeichen *n* COMPUTER control (*oder* function) character
Steward *m* steward

S

Stewardess *f* stewardess, air hostess
Stich *m* **1.** (*Nadelstich*) prick, (*Wespenstich etc*) sting, (*Mückenstich*) bite, (*Messerstich*) stab, thrust: *fig* ***es gab ihr einen Stich*** it cut her to the quick **2.** (*Nähstich*) stitch **3.** (*Kupferstich etc*) engraving **4.** (*Schmerz*) stabbing pain, stitch **5.** *fig* (*Seitenhieb*) cut, dig **6.** ***im Stich lassen*** abandon, desert, ***j-n*** *auch* leave s.o. in the lurch, let s.o. down; *sein Gedächtnis* ***ließ ihn im Stich*** failed him **7.** ***einen Stich haben*** **a)** *Milch etc*: be off, **b)** *ugs Person*: be a bit touched **8.** ***ein Stich ins Blaue*** a tinge of blue **9.** *Kartenspiel*: ***einen Stich machen*** take (*oder* win) a trick
Stichelei *f* needling, *meist Pl* gibe(s *Pl*), dig(s *Pl*)
sticheln *v/i fig* (***gegen*** at) gibe, make snide remarks
Stichflamme *f* jet of flame, flash
stichhaltig *Adj* valid, sound: *das Argument* ***ist nicht stichhaltig*** doesn't hold water
Stichling *m* (*Fisch*) stickleback
Stichprobe *f* ***eine Stichprobe machen*** carry out a spot check, *bei Waren*: take a random sample, *beim Zoll etc*: make a random search
Stichsäge *f* fret-saw
Stichtag *m* effective day, (*letzter Tag*) deadline
Stichwahl *f* second ballot
Stichwort *n* **1.** *bes* THEAT (***auf Stichwort*** on) cue **2.** *im Lexikon*: headword **3.** ***Stichworte*** *Pl* notes *Pl*: ***das Wichtigste in Stichworten*** an outline of the main points; ***Stichwort „Umwelt"*** à propos "Environment"
stichwortartig *Adj und Adv* in brief outlines
Stichwortverzeichnis *n* index
Stichwunde *f* stab wound
sticken *v/t und v/i* embroider
Sticker *m* sticker
Stickerei *f* embroidery
Stickgarn *n* embroidery silk
stickig *Adj* stuffy, (*schwül*) close
Stickoxid *n* CHEM nitrogen oxide
Stickstoff *m* CHEM nitrogen
stickstoffhaltig *Adj* nitrogenous
Stiefbruder *m* stepbrother
Stiefel *m* boot
Stiefelette *f* ankle boot, (*Damenstiefelette*) bootee
stiefeln *v/i ugs* trudge
Stiefmutter *f auch fig* stepmother
Stiefmütterchen *n* BOT pansy
stiefmütterlich *Adv fig* ***stiefmütterlich behandeln*** neglect badly
Stiefschwester *f* stepsister
Stiefsohn *m* stepson
Stieftochter *f* stepdaughter
Stiefvater *m* stepfather
Stiege *f österr., südd.* staircase
Stieglitz *m* ZOOL goldfinch
Stiel *m* **1.** handle, *eines Glases, einer Pfeife*: stem, (*Besenstiel*) stick: ***Eis am Stiel*** ice lolly **2.** BOT stalk, stem
Stielaugen *Pl ugs* ***Stielaugen machen*** goggle
Stier *m* **1.** ZOOL bull: *fig* ***den Stier bei den Hörnern fassen*** take the bull by the horns **2.** ASTR (***er ist Stier*** he is [a]) Taurus
stieren *v/i* stare (fixedly) (***auf*** *Akk* at)
Stierkampf *m* bullfight
Stierkämpfer, Stierkämpferin bullfighter
stiernackig *Adj* bullnecked
Stift[1] *m* **1.** pin, (*Holzstift*) peg, (*Zierstift*) stud **2.** (*Bleistift*) pencil, (*Buntstift*) crayon **3.** *Kosme-*

tik: stick **4.** *ugs* apprentice
Stift² *n* religious foundation
stiften *v/t* **1.** (*gründen*) found **2.** (*schenken*) donate, (*spenden*) give **3.** (*bewirken*) cause: → ***Unfriede(n)*** *etc*
Stifter, **Stifterin 1.** founder **2.** donor
Stiftskirche *f* collegiate church
Stiftung *f* **1.** foundation **2.** donation
Stiftzahn *m* pivot tooth
Stil *m allg* style: ***im großen Stil, großen Stils*** on a large scale, large-scale (*frauds etc*); ***das ist schlechter Stil*** that's bad style (*oder* form)
Stilblüte *f* howler
Stilbruch *m* break in style
Stilebene *f* LING level of style
stilecht *Adj Möbel etc*: in period
stilisieren *v/t* stylize
Stilist, **Stilistin** *allg* stylist
Stilistik *f* stylistics *Sg*
stilistisch *Adj* stylistic(ally *Adv*)
Stilkunde *f* → ***Stilistik***
still *Adj* (*ruhig*) quiet, (*stillschweigend*) silent, (*regungslos*) still, (*friedlich*) peaceful, calm, (*heimlich*) secret (*auch Hoffnung, Liebe etc*): ***stille Jahreszeit*** dead season; ***stille Reserven*** hidden reserves; ***stiller Teilhaber*** sleeping (*Am* silent) partner; ***stille Übereinkunft*** tacit understanding; (***sei***) ***still!*** (be) quiet!; ***im Stillen*** silently, (*heimlich*) secretly, (*innerlich*) *auch* inwardly; → ***Wasser***
Stille *f* silence, (*Ruhe*) quiet, calm, (*plötzliche Stille*) hush: ***die Stille vor dem Sturm*** the calm before the storm; ***in aller Stille*** quietly, (*heimlich*) secretly
stillen *v/t* **1.** nurse, breastfeed: ***stillende Mutter*** nursing mother **2.** (*Blutung*) stop, sta(u)nch, (*Durst*) quench, (*Hunger, Verlangen*) satisfy, (*Schmerz*) soothe
Stillhalteabkommen *n* POL standstill agreement
stillhalten *v/i* **1.** keep still **2.** *fig* keep quiet
Stillleben *n* MALEREI still life
stilllegen *v/t* (*Betrieb*) shut down, *durch Streik etc*: paralyse, (*Fahrzeug*) lay up, (*Maschine etc*) put out of operation
Stilllegung *f* shutdown, MOT laying-up
stillliegen *v/i Betrieb*: lie idle
stillos *Adj* in bad style, tasteless
stillschweigen *v/i* be silent, be quiet, say nothing
Stillschweigen *n* silence: (***strengstes***) ***Stillschweigen bewahren*** maintain (absolute) silence (***über*** *Akk* on)
stillschweigend I *Adj* **1.** silent **2.** *fig* tacit **II** *Adv* **3.** in silence, without a word **4.** *fig* tacitly
Stillstand *m* standstill, stoppage, *fig auch* stagnation, *der Verhandlungen etc*: deadlock: ***zum Stillstand bringen*** stop; ***zum Stillstand kommen*** come to a standstill, stop, *Verhandlungen*: reach a deadlock
stillstehen *v/i* **1.** stand still, come to a standstill, stop, TECH be idle, be out of action: ***stillstehend*** *auch* stagnant **2.** MIL stand to attention: ***stillgestanden!*** attention!
Stillzeit *f* nursing period
Stilmöbel *Pl* period furniture *Sg*
stilvoll *Adj* stylish: ***stilvoll sein*** have style
Stimmabgabe *f* voting
Stimmband *n* ANAT vocal c(h)ord
stimmberechtigt *Adj* eligible to vote
Stimmbruch *m* change of voice: ***er ist im Stimmbruch*** his voice is breaking
Stimme *f* **1.** (***mit lauter*** *etc* ***Stimme*** in a loud *etc*) voice **2.** MUS voice, (*Partie, auch Instrumentalstimme*) part: (***gut***) ***bei Stimme sein*** be in (good) voice **3.** *fig* (*Meinung*) voice, opinion: ***die Stimmen mehren sich, die … fordern*** there is a growing number of people calling for … **4.** (*Wahlstimme*) vote: ***entscheidende Stimme*** casting vote; ***seine Stimme abgeben*** (cast one's) vote; ***sich der Stimme enthalten*** abstain (from voting)
stimmen I *v/t* **1.** (*Instrument*) tune (***nach*** to) **2.** *fig* ***j-n glücklich*** (***traurig***) ***stimmen*** make s.o. happy (sad) **II** *v/i* **3.** be right, be correct, be true: ***da stimmt etw nicht*** there is s.th. wrong here, (*ist verdächtig*) there is s.th. fishy going on **4.** ***stimmen für*** (***gegen***) vote for (against)
Stimmenfang *m* vote catching: ***auf Stimmenfang gehen*** canvass
Stimmengleichheit *f* PARL (***bei Stimmengleichheit*** in the event of a) tie
Stimmenmehrheit *f* majority (of votes): ***einfache Stimmenmehrheit*** simple majority
Stimmenthaltung *f* abstention (from voting)
Stimmgabel *f* MUS tuning fork
stimmhaft *Adj* LING voiced
Stimmlage *f* MUS register, voice
stimmlos *Adj* LING voiceless, unvoiced
Stimmrecht *n* (right to) vote
Stimmung *f* **1.** mood (*auch* MUS, MALEREI), spirits *Pl*, *der Arbeiter, Truppe etc*: morale, (*Atmosphäre*) atmosphere: ***in guter*** (***gedrückter***) ***Stimmung sein*** be in high (low) spirits; ***festliche Stimmung*** festive mood; ***nicht in der Stimmung sein, etw zu tun*** not to be in the mood to do s.th., not to feel like doing s.th.; ***für Stimmung sorgen*** liven things up **2.** (*Meinung*) opinion
Stimmungsbarometer *n ugs* barometer of opinion
Stimmungsmache *f ugs pej* propaganda
Stimmungsumschwung *m* change of mood
stimmungsvoll *Adj* atmospheric(ally *Adv*): ***stimmungsvolle Musik*** mood music
Stimmvieh *n pej* herd of voters
Stimmzettel *m* ballot paper
Stimulans *n* MED *und fig* stimulant
stimulieren *v/t* stimulate
Stinkbombe *f* stink bomb
stinken *v/i* stink (***nach*** of, *auch fig*): *ugs* ***das*** (***er***) ***stinkt mir!*** I'm sick of it (him)!; → ***Himmel***
stinkfaul *Adj ugs* bone-lazy
stinklangweilig *Adj ugs* deadly boring
stinkreich *Adj ugs* stinking rich
Stinktier *n* skunk
Stinkwut *f ugs* ***eine Stinkwut haben*** be hopping mad (***auf*** *Akk* with)
Stipendiat, **Stipendiatin** scholarship holder
Stipendium *n* scholarship
Stippvisite *f ugs* flying visit
Stirn *f* forehead: *fig* ***die Stirn haben zu*** *Inf* have the cheek to *Inf*; ***j-m die Stirn bieten*** face up to s.o. squarely; → ***runzeln***
Stirnband *n*, **Stirnbinde** *f* headband
Stirnhöhle *f* ANAT (frontal) sinus
Stirnhöhlenentzündung *f* frontal sinusitis
Stirnrunzeln *n* frown(ing)
Stirnseite *f* front (side), face
Stirnwand *f* front (*oder* end) wall
stöbern *v/i* (***nach*** for) rummage (around), *Hund*: hunt about
stochern *v/i* ***stochern in*** (*Dat*) poke; ***in den Zähnen stochern*** pick one's teeth; ***in seinem Essen stochern*** pick at one's food

Stock *m* **1.** stick (*auch Spazierstock, Skistock etc*), (*Rohrstock*) cane, (*Billardstock*) cue, (*Taktstock*) baton **2.** (*Wurzelstock*) stock: ***über Stock und Stein*** up hill and down dale **3.** (*Bienenstock*) hive **4.** → ***Stockwerk***
stockdunkel *Adj ugs* pitch-dark
Stöckelschuhe *Pl* stilettos *Pl*, *ugs* high heels *Pl*
stocken *v/i* **1.** *beim Sprechen etc*: falter, stop short, (*zögern*) hesitate: ***stockend sprechen*** speak haltingly **2.** *Handel etc*: stagnate, slacken off, *Verhandlungen etc*: reach a deadlock, *Verkehr*: be at a standstill, be congested: *fig* ***ihm stockte das Herz*** (***der Atem***) his heart missed a beat (he caught his breath)
Stocken *n* ***ins Stocken geraten*** → ***stocken***
Stockfisch *m* dried cod
...stöckig *in Zssgn* ...-storied
stockkonservativ *Adj* ultra-conservative
stocknüchtern *Adj ugs* stone-cold sober
stocksauer *Adj ugs* furious
stocksteif *Adj ugs* (as) stiff as a poker, *Benehmen*: starchy
stocktaub *Adj ugs* stone-deaf
Stockung *f* hold-up, interruption, *in Verhandlungen etc*: *auch* deadlock, *im Gespräch etc*: pause, WIRTSCH stagnation
Stockwerk *n* stor(e)y, floor: ***im ersten Stockwerk*** on the first (*Am* second) floor
Stoff *m* **1.** *bes* CHEM substance, stuff (*auch ugs Alkohol, Rauschgift*), (*Wirkstoff*) agent **2.** material, (*Gewebe*) fabric, (*Tuch*) cloth **3.** *fig* subject matter, (*Gesprächsstoff*) topic (for discussion): ***Stoff zu einem Roman*** material for a novel

Stoffe WF

Baumwolle	**cotton**
Frottee	**(terry) towelling**
Jeansstoff	**denim** ['denɪm]
Kaschmir	**cashmere**
Knittersamt	**crushed velvet**
Kordsamt	**corduroy** ['kɔːdərɔɪ]
Lammwolle	**lambswool** ['læmzwʊl]
Leder	**leather**
Leinen	**linen** ['lɪnɪn]
Naturfaser	**natural fibre**
reine Schurwolle	**pure new wool**
Samt	**velvet**
Satin	**satin** ['sætɪn]
Seide	**silk**
Synthetik(faser)	**synthetic fibre**
Wildleder	**suede** [sweɪd]
Wolle	**wool** [wʊl]

Stoffmuster *n* pattern
Stofftier *n* soft toy
Stoffwechsel *m* MED metabolism
Stoffwechselkrankheit *f* metabolic disorder
stöhnen *v/i* groan
Stöhnen *n* groaning
stoisch *Adj* stoical
Stola *f allg* stole
Stollen *m* **1.** BERGB tunnel **2.** *am Schuh*: stud **3.** GASTR fruit loaf
stolpern *v/i* (***über*** *Akk* over) *auch fig* stumble, trip
Stolperstein *m fig* stumbling block
stolz *Adj* **1.** proud (***auf*** *Akk* of) **2.** (*stattlich*) proud, splendid: *iron* ***stolze Preise*** (***Summe***) steep prices (tidy sum)
Stolz *m* pride (*auch fig Person, Sache*): ***voller Stolz, mit Stolz*** proudly
stolzieren *v/i* strut
stopfen **I** *v/t* **1.** (*Strümpfe etc*) darn, mend: → ***Loch*** 1 **2.** (*hineinstopfen*) stuff, cram: ***gestopft voll*** crammed (full) **3.** (*Pfeife, Wurst, Loch etc*) fill: *fig* ***j-m den Mund stopfen*** silence s.o. **4.** (*mästen*) stuff **II** *v/i* **5.** MED cause constipation
Stopfgarn *n* darning cotton
Stopfnadel *f* darning needle
stopp *Interj* stop!
Stopp *m* stop, (*Lohnstopp, Preisstopp etc*) *auch* freeze
Stoppel *f* stubble
Stoppelbart *m* stubbly beard
Stoppelfeld *n* stubble field
stoppelig, **stopplig** *Adj* stubbly
stoppen *v/t* **1.** *auch v/i* stop **2.** *mit Stoppuhr*: time, clock
Stoppschild *n* MOT stop sign
Stopptaste *f* stop button
Stoppuhr *f* stop watch
Stöpsel *m* stopper, cork, *für Badewanne etc*, *auch* ELEK plug
stöpseln *v/t auch* ELEK plug
Stör *m* (*Fisch*) sturgeon
Störaktion *f* disruptive action
störanfällig *Adj* TECH trouble-prone, ELEK interference-prone
Storch *m*, **Störchin** *f* ZOOL stork
Stördienst *m* TECH fault-clearing service
Store *m* net curtain
stören **I** *v/t* disturb, (*ärgern, belästigen*) bother, (*eine Versammlung, den Unterricht etc*) disrupt, (*Radiosender*) jam, (*den Empfang*) interfere with: ***j-s Pläne stören*** upset s.o.'s plans; ***das*** (***Gesamt***)***Bild stören*** mar the picture; ***was mich daran*** (***an ihr***) ***stört*** what I don't like about it (her); ***lassen Sie sich nicht stören!*** don't let me disturb you!; ***darf ich Sie kurz stören?*** may I trouble you for a minute?; ***stört es Sie***(***, wenn ich rauche***)***?*** do you mind (if I smoke)?; ***das stört mich nicht*** I don't mind (that); ***er stört mich nicht*** he doesn't bother me; → ***gestört*** **II** *v/i* (*sich einmischen*) interfere, (*im Wege sein*) be in the way, (*lästig sein*) be a nuisance, (*das Gesamtbild stören*) be an eyesore, SPORT tackle: ***„Bitte nicht stören!"*** "please do not disturb!"
störend *Adj* disturbing, (*lästig*) troublesome, annoying
Störenfried *m* troublemaker
Störfaktor *m* disruptive element
Störfall *m* TECH breakdown, trouble, (*Unfall*) accident, (*Zwischenfall*) incident
stornieren *v/t* WIRTSCH (*Buchung*) reverse, (*Auftrag*) cancel
Stornierung *f*, **Storno** *n* reversal, cancellation
Störrigkeit *f* stubbornness, obstinacy, restiveness
störrisch *Adj* stubborn, obstinate, *bes Pferd*: restive
Störsender *m* jamming station
Störung *f* disturbance, MED *auch* disorder, TECH trouble, defect, breakdown, (*Unterbrechung*) interruption: ***verzeihen Sie die Störung!*** sorry to disturb you!; (***atmosphärische***) ***Störung***

S

statics *Pl*, *durch Sender etc*: interference, *absichtliche*: jamming
störungsfrei *Adj* undisturbed, TECH trouble-free, RADIO, TV interference-free
Störungsstelle *f* TEL *the* engineers *Pl*
Stoß *m* **1.** push, poke, (*Tritt*) kick, (*Kopfstoß*) butt, (*Rippenstoß*) dig, (*Dolchstoß etc, auch beim Fechten*) thrust, (*Schwimmstoß*, *Billardstoß*) stroke, *beim Kugelstoßen*: put, (*Anprall*, *Ruck*) jolt, bump, (*auch Erdstoß*) shock, *auch* PHYS impact, (*Explosionsstoß*, *Windstoß*) blast: (*Dat*) ***einen Stoß versetzen*** → ***stoßen*** 1; *fig* ***j-m einen Stoß versetzen*** shake s.o.; ***sich*** (*oder* ***seinem Herzen***) ***einen Stoß geben*** make an effort; ***gib deinem Herzen einen Stoß!*** be a sport! **2.** MED (*Vitaminstoß etc*) massive dose, (*Adrenalinstoß etc*) rush **3.** (*Stapel*) pile, *von Briefen etc*: *auch* batch
Stoßdämpfer *m* MOT shock absorber
Stößel *m* **1.** *im Mörser*: pestle **2.** MOT (*Ventilstößel etc*) tappet
stoßen **I** *v/t* **1.** push, poke, *mit dem Fuß*: kick, *mit den Hörnern*, *dem Kopf*: butt, (*rempeln*) jostle: ***von sich stoßen*** push away, *fig* reject; ***er stieß ihr das Messer in die Brust*** he plunged his knife into her chest **2.** SPORT ***die Kugel stoßen*** put the shot **3.** (*zerstoßen*) pound **II** *v/refl* ***sich stoßen*** **4.** hurt o.s.: ***sich stoßen an*** (*Dat*) **a**) knock (*oder* bump) against, **b**) *fig* object to, take exception to **III** *v/i* **5.** push (*etc*, *siehe* 1): ***stoßen an*** (*Akk*) **a**) *auch* ***stoßen gegen*** knock against, bump into, **b**) (*grenzen an*) border on; ***er stieß mit dem Kopf an die Wand*** he bumped his head against the wall; *fig* ***stoßen auf*** (*Akk*) come across, stumble on, (*Ablehnung*, *Widerstand etc*) meet with; ***zu*** *j-m*, *einer Partei etc* ***stoßen*** join (up with); → ***Horn*** 2, ***Kopf*** 1
stoßfest *Adj* shockproof
Stoßgebet *n* quick prayer
Stoßkraft *f fig* impetus, force
Stoßseufzer *m* deep sigh
Stoßstange *f* MOT bumper
Stoßtrupp *m* MIL assault party
Stoßverkehr *m* rush-hour traffic
stoßweise *Adv* intermittently, sporadically, by fits and starts
Stoßzahn *m* ZOOL tusk
Stoßzeit *f* peak hours *Pl*, *Verkehr*: rush hour
Stotterer *m*, **Stotterin** *f* stutterer, stammerer
stottern *v/i und v/t* stutter, stammer
Stövchen *n* warmer
Strafanstalt *f* prison, penal institution
Strafantrag *m* private application (by the injured party), *des Staatsanwalts*: sentence demanded (by the public prosecutor)
Strafanzeige *f* ***Strafanzeige erstatten*** bring a charge (***gegen*** against)
Strafarbeit *f* PÄD extra work
Strafbank *f Eishockey*: penalty box
strafbar *Adj* punishable, *stärker*: criminal: ***strafbare Handlung*** (criminal) offen/ce (*Am* -se); ***sich strafbar machen*** make o.s. liable to prosecution
Strafbarkeit *f* punishableness
Strafbefehl *m* JUR order (of summary punishment)
Strafe *f allg* punishment (*auch fig*), penalty (*auch Sport*), (*Geldstrafe*) fine, (*Urteil*) sentence: ***bei Strafe von*** on pain (*oder* penalty) of; ***zur Strafe*** as a punishment; ***Strafe zahlen*** pay a fine; *ugs fig* ***es war eine Strafe*** it was an ordeal; → ***antreten*** 1, ***verbüßen***
strafen *v/t* punish, *bes* SPORT penalize: *fig* ***strafender Blick*** censorious look; → ***Lüge***, ***Verachtung***
Strafentlassene *m*, *f* ex-convict
Straferlass *m* remission (of sentence), *allgemeiner*: amnesty
straff *Adj* **1.** tight, taut, *Büste*: firm, *Haltung*: erect: *Adv* ***straff anziehen*** tighten; ***straff sitzen*** fit tightly **2.** *fig* strict, tight
straffällig *Adj* → ***strafbar***: ***straffällig werden*** commit an offen/ce (*Am* -se)
Straffällige *m*, *f* offender, delinquent
straffen *v/t auch fig* tighten (up)
Straffheit *f* tightness
straffrei *Adv* ***straffrei ausgehen*** go unpunished
Straffreiheit *f* immunity
Strafgebühr *f* fine
Strafgefangene *m*, *f* prisoner, convict
Strafgericht *n* **1.** criminal court **2.** *fig* punishment
Strafgesetz *n* penal law
Strafgesetzbuch *n* penal code
sträflich **I** *Adj* punishable, *auch fig* criminal **II** *Adv fig* badly
Sträfling *m* prisoner, convict
straflos → ***straffrei***
Strafmandat *n* ticket
Strafmaß *n* JUR sentence
strafmildernd *Adj* mitigating
strafmündig *Adj* of responsible age
Strafporto *n* surcharge
Strafprozess *m* trial, criminal case (*oder* proceedings *Pl*)
Strafprozessordnung *f* Code of Criminal Procedure
Strafpunkt *m* SPORT penalty point
Strafraum *m Fußball*: penalty area
Strafrecht *n* criminal law
strafrechtlich *Adj* criminal, penal: *Adv* ***strafrechtlich verfolgen*** prosecute
Strafregister *n* criminal records *Pl*, *eines Täters*: criminal record
Strafstoß *m Fußball*: penalty kick
Straftat *f* (criminal) offen/ce (*Am* -se), *schwere*: crime
Straftäter, **Straftäterin** (criminal) offender
Strafverfahren *n* **1.** → ***Strafprozess*** **2.** criminal procedure
strafverschärfend *Adj* aggravating
strafversetzen *v/t*, **Strafversetzung** *f* transfer for disciplinary reasons
Strafverteidiger, **Strafverteidigerin** trial lawyer; *auch* → ***Verteidiger(in)*** 2
Strafvollzug *m* **1.** execution of the sentence, *weit. S.* imprisonment **2.** prison system
Strafvollzugsbeamte *m*, **Strafvollzugsbeamtin** *f* prison officer
Strafzettel *m* ticket
Strafzölle *Pl* penal duties *Pl*
Strahl *m* **1.** *allg* ray (*auch fig*), (*Lichtstrahl*) *auch* beam, (*Blitzstrahl*, *Feuerstrahl*) flash **2.** *einer Flüssigkeit*: stream, jet
Strahlantrieb *m* FLUG jet propulsion
strahlen *v/i* **1.** PHYS radiate, emit radiation, be radioactive **2.** shine, sparkle: ***die Sonne strahlte*** the sun shone brightly **3.** *fig* beam (***vor*** *Dat* with): ***sie strahlte*** (***vor Glück***) she was radiant (with happiness)
Strahlenbehandlung *f* radiotherapy
Strahlenbelastung *f* level of contamination
Strahlenbündel *n* pencil of rays

Strahlendosis *f* radiation dose
strahlenförmig *Adj* radial
Strahlenkrankheit *f* radiation sickness
Strahlenkunde *f* radiology
Strahlenschutz *m* radiation protection
Strahlentherapie *f* radiotherapy
Strahlentod *m* death by radiation
strahlenverseucht *Adj* (radioactively) contaminated
Strahler *m* **1.** (*Wärmestrahler, Heizstrahler*) radiator, (*auch Kathodenstrahler*) heater **2.** spotlight
Strahltriebwerk *n* FLUG jet engine
Strahlung *f* radiation
strahlungsarm *Adj* low radiation
Strahlungsenergie *f* radiation energy
Strahlungswärme *f* radiant heat
Strähne *f* strand, *farbige*: streak
strähnig *Adj* straggly
stramm I *Adj* **1.** (*straff, eng*) tight **2.** (*kräftig*) strapping, *Beine*: sturdy, *Brüste*: firm **3.** *Disziplin*: strict, *Tempo*: brisk: *ugs* ***strammer Sozialist*** sta(u)nch socialist **II** *Adv* **4.** tight(ly): ***stramm sitzen*** *Hose etc*: fit tightly; ***stramm ziehen*** tighten; *ugs* ***stramm arbeiten*** work hard
strammstehen *v/i* stand to attention
strammziehen → ***stramm*** *II 4*
Strampelhöschen *n* rompers *Pl*
strampeln *v/i* **1.** kick, (*sich wehren*) struggle **2.** *ugs* (*Rad fahren*) pedal (away)
Strampelsack *m* baby's sleeping bag
Strand *m* (sea) shore, (*auch Badestrand*) beach
Strandbad *n* lido, swimming area
stranden *v/i* run aground: ***gestrandet*** *auch fig* stranded
Strandgut *n* flotsam and jetsam (*auch fig der Gesellschaft*)
Strandhotel *n* seaside (*oder* beach) hotel
Strandkleidung *f* beachwear
Strandkorb *m* (canopied) beach chair
Strandpromenade *f* promenade
Strang *m* **1.** rope: *fig* ***an einem Strang ziehen*** pull together; ***über die Stränge schlagen*** kick over the traces; ***wenn alle Stränge reißen*** if all else fails **2.** cord (*auch* ANAT), *Wolle etc*: skein, hank
strangulieren *v/t* strangle
Strapaze *f* strain
strapazieren *v/t* strain (*auch fig Begriff, Nerven etc*), wear *s.o., s.th.* out
strapazierfähig *Adj* hardwearing, tough
strapaziös *Adj* strenuous, *ugs* tough, *nervlich*: stressful: ***strapaziös sein*** be a (great) strain
Straße *f* **1.** road, *in einer Stadt*: street: ***auf der Straße*** on the road, in (*Am* on) the street; ***der Mann auf der Straße*** the man in the street; ***j-n auf die Straße setzen*** turn s.o. out, (*entlassen*) sack s.o.; ***auf offener Straße*** in broad daylight **2.** ***die Straße*** (*Meerenge*) ***von Dover*** the Strait(s *Pl*) of Dover **3.** (*Fertigungsstraße etc*) (production *etc*) line
Straßenanzug *m* lounge suit, *Am* business suit
Straßenarbeiten *Pl* roadworks *Pl*
Straßenbahn *f* tram, *Am* streetcar
Straßenbahnhaltestelle *f* tram (*Am* streetcar) stop
Straßenbahnlinie *f* tram (*Am* streetcar) line
Straßenbahnwagen *m* tramcar, *Am* streetcar
Straßenbau *m* road construction
Straßenbelag *m* road surface
Straßenbeleuchtung *f* street lighting
Straßenbenutzungsgebühr *f* road toll
Straßencafé *n* pavement (*Am* sidewalk) café
Straßenfest *n* street party
Straßenglätte *f* slippery road(s *Pl*)
Straßengraben *m* (road) ditch
Straßenhändler, **Straßenhändlerin** street vendor
Straßenjunge *m* street urchin
Straßenkampf *m* street fighting
Straßenkarte *f* road map
Straßenkehrer, **Straßenkehrerin**, **Straßenkehr-**

Straße: road oder street?

SG

Achten Sie auf unterschiedlichen Gebrauch von **road** und **street**:

road

1. Straße mit Betonung der Fahrbahn und was sich dort abspielt. Im Vordergrund stehen der Verkehr, das Fahren, die Straßenverhältnisse, die Straßenverkehrsordnung *etc*.

eine verkehrsreiche Straße	**a busy road**
eine holperige Straße	**a bumpy road**
Straßenverhältnisse	**road conditions**
Straßenarbeiten	**roadworks**
Glatteis auf der Straße	**ice on the road**

2. Straße als Verbindung zwischen zwei Punkten, egal ob innerhalb oder außerhalb einer Ortschaft. Der Weg nach / zum / zur …

die Straße zum Bahnhof	**the road to the station**
die Hauptverkehrsstraße nach Köln	**the main road to Cologne**

street

Nur in einer geschlossenen Ortschaft. Man assoziiert Gebäude, Bürgersteig, Fußgänger, das menschliche Treiben auf der Straße mit **street**:

auf der Straße spielen	**play in the street**
er wohnt in der nächsten Straße	**he lives in the next street**
die Straßen von San Francisco	**the streets of San Francisco**
durch die Straßen fahren	**drive through the streets**

(*Betonung liegt auf der Ortschaft*)

S

maschine *f* street sweeper
Straßenkreuzung *f* crossroads *Sg*
Straßenlage *f* MOT ***eine gute Straßenlage haben*** hold the road well
Straßenlaterne *f* street lamp
Straßenmusikant, **Straßenmusikantin** street musician
Straßenname *m* street name
Straßennetz *n* road network
Straßenrand *m* (***am Straßenrand*** on the) roadside
Straßenrennen *n* SPORT road race
Straßenschild *n* street sign
Straßensperre *f* road block
Straßentunnel *m* road tunnel
Straßenüberführung *f* flyover
Straßenunterführung *f* underpass
Straßenverhältnisse *Pl* road conditions *Pl*
Straßenverkehr *m* (road) traffic
Straßenverkehrsordnung *f* Highway Code
Straßenverzeichnis *n* index of streets
Straßenzustand *m* road condition(s *Pl*)
Stratege *m*, **Strategin** *f* strategist
Strategie *f auch fig* strategy
strategisch *Adj* strategic(al)
Stratosphäre *f* stratosphere
sträuben **I** *v/t* (*Federn*) ruffle (up), (*Fell*, *Haare*) bristle **II** *v/refl* ***sich sträuben*** *Haare*: stand on end, *bes Fell*: bristle up; *fig* ***sich sträuben gegen*** struggle against, resist; ***sich sträuben zu*** *Inf* refuse to *Inf*
Strauch *m* shrub, bush
Strauß[1] *m* bunch of flowers
Strauß[2] *m* ZOOL ostrich
Straußenfeder *f* ostrich feather
Streamer *m* COMPUTER streamer
Strebe *f*, **Strebebalken** *m* strut
streben *v/i* **1.** ***streben zu, streben nach*** move (*fig auch* tend) towards, *bes Person*: make for **2.** *fig* ***streben nach*** strive for, aim at
Streben *n fig* (***nach***) striving (for), aspiration (for, after), efforts *Pl*
Strebepfeiler *m* ARCHI buttress
Streber, **Streberin** careerist, *gesellschaftlich*: social climber, PÄD *ugs* swot
Strebertum *n* pushiness, PÄD *ugs* swotting
strebsam *Adj* industrious, hard-working, ambitious
Strecke *f* **1.** (*Abschnitt*) stretch, *in einem Buch etc*: *auch* passage, (*Teilstrecke*) *auch* stage, leg, (*Route*) route (*auch* FLUG, SCHIFF), (*Entfernung*) distance (*auch Sport*), (*Rennstrecke*) course, MATHE, BAHN, TEL line, BERGB roadway: BAHN ***auf freier Strecke*** between stations; ***auf einer Strecke von 10 km*** for a stretch of 10 km; *fig* ***auf der Strecke bleiben*** fail, come to grief **2.** JAGD bag: ***zur Strecke bringen*** kill, shoot down, bag, *fig* (*Verbrecher etc*) hunt down, catch, *weit. S.* (*Gegner*) defeat
strecken *v/t* **1.** stretch: ***sich*** (*oder* ***seine Glieder***) ***strecken*** stretch (o.s.) (*oder* one's limbs); → ***Decke*** 1, ***Waffe*** **2.** (*Suppe*, *Vorräte etc*) eke out, spin out
Streckennetz *n* railway network
streckenweise *Adv* in parts, in places, (*zeitweise*) now and then, at times
Streckverband *m* MED ***im Streckverband*** in traction
Streetworker, **Streetworkerin** street worker, community worker
Streich *m* trick, prank: ***j-m einen*** (***bösen***) ***Streich spielen*** play a (nasty) trick on s.o.
Streicheleinheiten *Pl* (love and) attention
streicheln *v/t und v/i* stroke
streichen **I** *v/t* **1.** (*Butter*, *Brot etc*) spread, (*Salbe etc*) apply, put (***auf*** *Akk* on), (*anstreichen*) paint: → ***gestrichen*** **2.** (*mit der Hand streichen*) stroke **3.** cross out, delete, (*Auftrag etc*) cancel, (*Gelder*) cut: ***j-n von der Liste streichen*** strike s.o. off the list **4.** (*Flagge*, *Segel*) strike, haul down **II** *v/i* **5.** (***mit der Hand***) ***streichen über*** (*Akk*) pass one's hand over, stroke **6.** ***durch die Gegend streichen*** roam the countryside; ***ums Haus streichen*** prowl around the house
Streicher *Pl* MUS *the* strings *Pl*
Streichholz *n* match, *Am ugs* matchstick
Streichholzschachtel *f* matchbox
Streichinstrument *n* string(ed) instrument: ***die Streichinstrumente*** *Pl* the strings *Pl*
Streichquartett *n* string quartet
Streichung *f* cancellation (*auch fig*), *von Geldern*: cut, BUCHDRUCK deletion
Streichwurst *f* sausage spread
Streifband *n* (postal) wrapper
Streife *f* ([***auf***] ***Streife gehen*** go on) patrol
streifen **I** *v/t* **1.** touch, brush against, *Auto*: scrape against, *Geschoss*: graze: *fig* ***ein Thema streifen*** touch (up)on a subject **2.** (*Kleider*) ***vom Leibe streifen***, (*Ring*) ***vom Finger streifen*** slip off **3.** ***mit einem Blick streifen*** glance at **II** *v/i* **4.** ***durch den Wald*** *etc* ***streifen*** roam the woods *etc*
Streifen *m* **1.** stripe, *dünner*: streak **2.** *Papier*: strip **3.** (*Film*) film, *bes Am* movie
Streifenhörnchen *n* ZOOL chipmunk
Streifenwagen *m* patrol car
Streiflicht *n fig* sidelight
Streifschuss *m* grazing shot
Streifzug *m auch fig* excursion
Streik *m* strike: ***wilder Streik*** wildcat strike; ***einen Streik ausrufen*** (***abbrechen***) call (call off) a strike; ***in den Streik treten*** go on strike
Streikaufruf *m* strike call
Streikbrecher, **Streikbrecherin** strikebreaker, *ugs* blackleg, *sl* scab
streiken *v/i* **1.** (be *oder* go on) strike **2.** *ugs* refuse, *auch Magen*: rebel, *Gerät etc*: refuse to work, pack up
Streikende *m*, *f* striker
Streikgeld *n* strike pay
Streikposten *m* (*auch* ***mit Streikposten besetzen, Streikposten stehen***) picket
Streikrecht *n* right to strike
Streikwelle *f* series of strikes
Streit *m* quarrel, argument, *handgreiflicher*: brawl, fight, (*Krach*) *ugs* row, (*Kontroverse*) dispute, controversy, (*Fehde*) feud: ***in Streit geraten mit*** have an argument (*oder* a fight) with; → ***suchen*** I, ***Zaun***
streitbar *Adj* belligerent
streiten *v/i* (*auch* ***miteinander*** *oder* ***sich streiten***) quarrel, have an argument (*ugs* a row), *handgreiflich*: fight: ***darüber lässt sich streiten*** that's a moot point
Streiter, **Streiterin** *fig* (***für***) fighter (for), champion (of)
Streiterei *f* (constant) quarrel(l)ing, fights *Pl*, *ugs* rows *Pl*
Streitfall *m* dispute, conflict, JUR case
Streitfrage *f* (controversial) issue
Streitgespräch *n* debate
streitig *Adj* **1.** JUR contentious **2.** ***j-m*** (***das Recht auf***) ***etw streitig machen*** dispute s.o.'s

S

right to s.th.; → ***Rang*** 1
Streitigkeit *f* → ***Streit***
Streitkräfte *Pl* armed forces *Pl*
streitlustig *Adj* belligerent
Streitpunkt *m* (point at) issue
Streitsache *f* **1.** → ***Streitpunkt*** **2.** JUR case, (*Prozess*) lawsuit
streitsüchtig *Adj* quarrelsome
Streitwert *m* JUR value in dispute
Strelitzie *f* BOT bird of paradise (flower)
streng **I** *Adj allg* severe (*auch Blick, Kälte, Kritik etc*), *Stil etc*: austere, *Person, Diät, Disziplin, Kontrolle, Vorschrift*: strict, *Geschmack*: harsh, *auch Geruch*: acrid: ***streng mit j-m sein*** be strict with s.o.; ***strenges Stillschweigen*** strict secrecy **II** *Adv* severely (*etc*): ***sich streng halten an*** (*Akk*) adhere strictly to; ***streng geheim*** top-secret; ***streng genommen*** strictly speaking; ***streng vertraulich*** strictly confidential

streng SG

strict strenge Disziplin verlangend:
a strict teacher, strict parents, strict rules, a strict diet
severe hart:
a severe look, a severe winter, severe punishment, severe criticism

Strenge *f* severity, austerity, strictness, harshness
strenggläubig *Adj* orthodox
Stress *m* (***im Stress*** under) stress
stressen *v/t ugs* ***j-n stressen*** put s.o. under stress
stressfrei *Adj* stress-free
stressgeplagt *Adj* stressed-out
stressig *Adj ugs* stressful
Stresskrankheit *f* stress disease
streuen **I** *v/t allg* scatter, (*Blumen*) *auch* strew, (*Dünger etc*) spread, (*Salz etc*) sprinkle: ***den Gehweg streuen*** grit the sidewalk **II** *v/i* PHYS, *auch Waffe*: scatter
streunen *v/i* stray, roam about
streunend *Adj* stray (*dog, child*)
Streuselkuchen *m cake with crumble topping*
Strich *m* **1.** stroke, (*Linie*) line, (*Gedankenstrich, Morsestrich*) dash, (*Skalenstrich*) mark, (*Kompassstrich*) point, (*Pinselstrich*) stroke (of the brush): *fig* ***j-m einen Strich durch die Rechnung machen*** thwart s.o.'s plans; ***unter dem Strich*** on balance; ***einen (dicken) Strich unter etw machen*** make a clean break with s.th.; *ugs* ***auf den Strich gehen*** walk the streets, be on the game **2.** *bes bei Textilien*: nap: ***gegen den Strich*** against the nap; *ugs fig* ***das ging mir gegen den Strich*** it went against the grain with me; *ugs* ***nach Strich und Faden*** good and proper **3.** *ugs* (*Kürzung*) cut **4.** MUS (*Bogenstrich*) stroke, (*Bogenführung*) bowing technique
Strichcode *m* bar code
stricheln *v/t* sketch in, (*schraffieren*) hatch: ***gestrichelte Linie*** broken line
Strichjunge *m ugs* male prostitute
Strichkode *m* → ***Strichcode***
Strichliste *f* check list
Strichmädchen *n ugs* streetwalker
Strichpunkt *m* semicolon

Strick *m* cord, rope: *fig* ***wenn alle Stricke reißen*** if all else fails; ***j-m aus einer Sache einen Strick drehen (wollen)*** use s.th. against s.o.; *ugs* ***zum Strick greifen*** hang o.s
stricken *v/t und v/i* knit
Strickjacke *f* cardigan
Strickleiter *f* rope ladder
Strickmaschine *f* knitting machine
Stricknadel *f* knitting needle
Strickwaren *Pl* knitwear *Sg*
Strickwolle *f* knitting wool
Strickzeug *n* knitting (things *Pl*)
striegeln *v/t* (*Pferd*) curry(comb)
Strieme *f*, **Striemen** *m* weal
strikt *Adj* strict: *Adv* ***etw strikt ablehnen*** refuse s.th. flatly
Strip *m ugs* striptease
Strippe *f ugs* cord, string: *fig* ***an der Strippe hängen*** be on the blower
strippen *v/i ugs* strip, do a striptease
Stripper, **Stripperin** *ugs* stripper
Striptease *m* striptease
Stripteasetänzer, **Stripteasetänzerin** stripper
strittig *Adj* controversial: ***der strittige Punkt*** the point at issue
Stroboskoplicht *n* strobe light
Stroh *n* straw, (*Dachstroh*) thatch
strohblond *Adj* flaxen(-haired)
Strohblume *f* immortelle
Strohdach *n* thatched roof
Strohfeuer *n fig* flash in the pan
Strohhalm *m* straw: *fig* ***nach einem Strohhalm greifen, sich an einen Strohhalm klammern*** clutch at a straw
Strohhut *m* straw hat
Strohmann *m fig* front
Strohwitwe(r *m*) *f ugs* grass widow(er)
Strom *m* **1.** (large) river, (*reißender Strom*) torrent, (*Strömung*) stream, current (*auch fig*), *fig von Blut, Tränen etc*: flood, *von Menschen, Autos etc*: stream: ***mit dem (gegen den) Strom schwimmen*** swim with (against) the current (*fig auch* tide); ***es gießt in Strömen*** it is pouring with rain **2.** (electrical) current, *weit. S.* electricity: ***Strom führend*** live; ***unter Strom stehend*** live

Strom ist nur selten stream FF

Strom (*Fluss*)	=	river, torrent
stream	=	**1.** Bach **2.** Strömung, Strom

Stromausfall *m* power failure
strömen *v/i* stream, pour, *Gas, Luft etc*: *auch* flow, *Menschen*: *auch* throng, flock
stromführend → ***Strom*** 2
Stromkreis *m* (electric) circuit
stromlinienförmig *Adj* streamlined
Stromnetz *n* ELEK power supply system
Stromschnelle *f* rapid
Stromsperre *f* power cut
Stromstärke *f* current intensity, *in Ampere*: amperage
Stromstoß *m* **1.** impulse **2.** electric shock
Strömung *f* current, *fig auch* trend
Stromverbrauch *m* power consumption
Stromversorgung *f* power supply
Stromzähler *m* electric meter

Strontium *n* strontium
Strophe *f* stanza, (*bes Liedstrophe*) verse
strotzen *v/i* ***strotzen von, strotzen vor*** (*Dat*) be full of, *Fehlern etc*: *auch* be teeming with, *Gesundheit, Energie etc*: be bursting with; ***vor Dreck strotzen*** be covered with dirt
Strudel *m* **1.** *auch fig* whirlpool, maelstrom **2.** GASTR strudel
Struktur *f allg* structure
Struktur... structural (*change, policy, etc*)
strukturell *Adj* (*auch* ***strukturell bedingt***) structural
strukturieren *v/t* structure
Strukturkrise *f* structural crisis
strukturschwach *Adj* structurally weak
Strukturwandel *m* structural change
Strumpf *m* stocking
Strumpfband *n* garter
Strumpfhalter *m* suspender, *Am* garter
Strumpfhose *f* (***eine Strumpfhose*** a pair of) tights *Pl*, *Am* pantyhose
Strumpfmaske *f* stocking mask
Strumpfwaren *Pl* hosiery *Sg*
struppig *Adj Haar*: unkempt, *Bart*: bristly, *Hund*: shaggy
Strychnin *n* CHEM strychnine
Stube *f* room
Stubenhocker, **Stubenhockerin** stay-at-home
stubenrein *Adj Tier*: house-broken
Stubenwagen *m* bassinet
Stuck *m* stucco
Stück *n* **1.** *allg* piece, (*Vieh*) head, (*Teilstück*) *auch* bit, (*Stück Brot*) *auch* slice, (*Stück Zucker*) lump, (*Stück Seife*) bar, (*Stück Land*) piece (of land), plot: ***im Stück, am Stück*** in one piece, *Käse etc*: *auch* unsliced; ***50 Cent das Stück*** fifty cents each; ***50 Stück Vieh*** 50 head of cattle; ***ein Stück*** (***Weges***) *begleiten etc* part of the way; ***Stück für Stück*** piece by piece; ***in Stücke gehen*** go to pieces; ***in Stücke schlagen*** smash (to bits); *fig* ***aus freien Stücken*** of one's own free will; ***große Stücke halten auf*** (*Akk*) think highly of; ***wir sind ein gutes Stück weitergekommen*** we have made considerable headway; ***das ist ein starkes Stück!*** that's a bit thick! **2.** MUS piece (of music), THEAT play, *eines Buches etc*: passage
Stückarbeit *f* piece work
Stückchen *n* small piece (*etc*, → ***Stück***)
Stückelung *f* WIRTSCH denomination
Stückeschreiber, **Stückeschreiberin** playwright
Stückgut *n* parcel(s *Pl*)
Stückkosten *Pl* unit cost *Sg*
Stückliste *f* TECH parts list
Stücklohn *m* piece rate
Stückpreis *m* unit price
stückweise *Adv* bit by bit
Stückwerk *n pej* patchwork
Stückzahl *f* number of pieces
Student, **Studentin** student
Studentenausweis *m* student's identity card
Studentenschaft *f the* students *Pl*
Studentenverbindung *f* fraternity
Studentenwohnheim *n* students' hostel
Studie *f allg* study (*auch* MALEREI *etc*) (***über*** *Akk* on), (*Entwurf*) sketch
Studienaufenthalt *m* study visit
Studienberatung *f* student advisory service
Studienbewerber, **Studienbewerberin** university applicant
Studienfach *n* subject

Studienfächer
WF

Architektur	**architecture**
Betriebswirtschaft	**business administration**
Biochemie	**biochemistry**
Biologie	**biology**
Chemie	**chemistry**
Erdkunde	**geography**
Geisteswissenschaften	**arts, humanities**
Geowissenschaften	**earth sciences**
Geschichte	**history**
Grafik	**graphic design**
Informatik	**computer science**
Jura	**law**
Kunst	**art**
Kunstgeschichte	**art history**
Maschinenbau	**engineering**
Mathematik	**mathematics, maths**, *Am* **math**
Medienwissenschaften	**media studies**
Medizin	**medicine** ['medsn]
Musikwissenschaft	**musicology**
Naturwissenschaften	**science** *Sg*
Pädagogik	**education**
Physik	**physics** ['fɪzɪks]
Sportwissenschaft	**sports science**
Theaterwissenschaften	**theory of drama, theatre studies**
Wirtschaft(swissenschaften)	**economics**

Studiengang *m* course of studies
studienhalber *Adv* for study purposes
Studienjahr *n* academic year: ***Studienjahre*** *Pl* → ***Studienzeit***
Studienplatz *m* place at a university
Studienrat *m*, **Studienrätin** *f* master (mistress) at a secondary school
Studienreferendar, **Studienreferendarin** *secondary school teacher as a* ***Referendar(in)***
Studienreise *f* study trip
Studienzeit *f* university (*Am* college) days *Pl*
studieren *v/i und v/t* study (*auch weit. S. lesen, betrachten etc*), go to university: ***er studiert Medizin*** he studies medicine, he is a medical student; ***wo hat er studiert?*** which university did he go to?
Studio *n allg* studio
Studium *n* **1.** (*Universitätsstudium etc*) studies *Pl*: ***sein Studium aufnehmen*** begin one's

Studium ≠ study
FF

Studium	=	studies *Pl*; degree
study	=	Arbeitszimmer

jedoch:

the study of plants *etc*	das Studium der Pflanzen, die Pflanzenforschung *etc*

S

studies; ***während seines Studiums*** while he is (*bzw.* was) studying; ***sie hat ihr Studium der Informatik im vorigen Jahr abgeschlossen*** she finished (*oder* got) her degree in informatics last year; ***was macht dein Studium?*** how are you getting on at university *etc?* **2.** (*intensive Beschäftigung*) study (*Gen* of): ***das Studium der Pflanzen*** *etc* ***the study of plants*** *etc*

Stufe *f* **1.** step: ***Vorsicht, Stufe!*** watch (*Br* mind) the step **2.** LING, MUS degree **3.** *fig* (*Entwicklungsstufe*) stage, (*Niveau*) level, standard, (Rangstufe) rank: ***j-n (etw) auf eine Stufe stellen mit*** place s.o. (s.th.) on a level with **4.** TECH stage

Stufenbarren *m Turnen*: asymmetrical bars *Pl*

Stufenleiter *f fig* ladder: ***die Stufenleiter des Erfolgs*** the ladder to success

stufenlos *Adj und Adv*: ***stufenlos (regelbar)*** infinitely variable

stufenweise I *Adj* gradual **II** *Adv* step by step, by degrees

Stuhl *m* **1.** chair, (*Klavierstuhl etc*) stool: REL ***der Heilige Stuhl*** the Holy See; *fig* ***sich zwischen zwei Stühle setzen*** fall between two stools; → ***elektrisch*** I **2.** MED **a)** (*Kot*) stool, **b)** → ***Stuhlgang***

Sitzgelegenheiten WF

Bank	**bench**
Barhocker	**barstool**
Bürostuhl	**office chair**
Drehstuhl	**swivel chair**
Hochstuhl (*für Kleinkinder*)	**high chair**
Hocker	**stool**
Klappstuhl	**folding chair**
Liegestuhl	**deck chair**
Schaukelstuhl	**rocking chair**
Sessel	**armchair**
Sitz	**seat**
Sofa	**sofa, settee**
Stuhl	**chair**

Stuhlgang *m* (***regelmäßigen Stuhlgang haben*** have regular) bowel movement

stülpen *v/t* put (***auf*** *Akk* on, ***über*** *Akk* over): ***etw nach außen stülpen*** turn s.th. inside out; ***er stülpte sich einen Hut auf den Kopf*** he clapped a hat on his head

stumm *Adj* dumb, mute, *fig auch* silent (*auch* LING), speechless (***vor*** *Dat* with)

Stummel *m* (*Zahnstummel etc*) stump, (*Zigarettenstummel*) butt, (*auch Kerzenstummel etc*) stub

Stummfilm *m* silent film

Stummschaltung *f* TEL muting

Stumpen *m* (*Zigarre*) cheroot

Stümper, Stümperin bungler

Stümperei *f* bungling, (*schlechte Arbeit*) botch

stümperhaft *Adj* bungling, clumsy

stümpern *v/i und v/t* bungle, botch

stumpf *Adj* **1.** blunt **2.** MATHE *Winkel*: obtuse, *Kegel*: truncated **3.** (*glanzlos*) dull **4.** *fig Blick, Mensch*: dull, *Sinne*: dulled, (*teilnahmslos*) apathetic(ally *Adv*)

Stumpf *m allg* stump: *ugs* ***mit Stumpf und Stiel*** root and branch

Stumpfheit *f* **1.** bluntness **2.** *auch fig* dullness

Stumpfsinn *m* dullness, *einer Arbeit*: *auch* mindlessness

stumpfsinnig *Adj* dull, *Arbeit*: *auch* mindless, soul-destroying

stumpfwinklig, stumpfwinkelig *Adj* MATHE obtuse

Stunde *f* **1.** hour: ***zur Stunde*** at this hour; ***bis zur Stunde*** as yet; MOT ***50 Meilen in der Stunde*** 50 miles per hour; *fig* ***die Stunde der Wahrheit*** the moment of truth **2.** PÄD lesson, class, period: ***bei j-m Stunden nehmen*** have lessons with s.o.

stunden *v/t* (***j-m***) ***die Zahlung stunden*** extend the term of payment (to s.o.)

Stundengeschwindigkeit *f* (average) speed per hour

Stundenkilometer *Pl* kilomet/res (*Am* -ers) *Pl* per hour

Stundenkilometer SG

Bei Geschwindigkeiten wird noch vorwiegend in „Meilen pro Stunde" gerechnet. Hier eine Übersicht als grobe Orientierung:

50 km/h	=	**30 mph** [ˌempiːˈeɪtʃ] **(miles per hour)**
80 km/h	=	**50 mph**
100 km/h	=	**62 mph** usw.

stundenlang I *Adj* lasting (for) hours **II** *Adv* for hours (and hours)

Stundenlohn *m* hourly wage

Stundenplan *m* timetable, *Am* schedule

stundenweise *Adj und Adv* by the hour

Stundenzeiger *m* hour hand

stündlich I *Adj* hourly **II** *Adv* every hour, *weit. S.* any time (now)

Stunk *m ugs* ***Stunk machen*** kick up a stink; ***das gibt Stunk!*** there will be trouble!

Stunt *m* stunt

Stuntman *m* stuntman

Stuntwoman *f* stuntwoman

stupid(e) *Adj* dull, mindless

Stups *m*, **stupsen** *v/t ugs* prod

Stupsnase *f* snub nose

stur *Adj* **1.** stubborn, pigheaded, stolid **2.** → ***stumpfsinnig***

Sturheit *f* **1.** stubbornness (*etc*) **2.** → ***Stumpfsinn***

Sturm *m* **1.** storm (*auch fig*), gale: *fig* ***Sturm der Entrüstung*** outcry; ***Sturm im Wasserglas*** storm in a teacup, *Am* tempest in a teapot **2.** MIL storm, attack: *auch fig* ***im Sturm erobern*** take by storm; ***Sturm laufen gegen*** attack, assail **3.** SPORT (*Stürmer*) forwards *Pl*

Sturmangriff *m* assault

Sturmbö *f* squall

stürmen I *v/t* **1.** MIL storm: *fig* ***eine Bank stürmen*** make a run on a bank **II** *v/i* **2.** MIL UND SPORT attack **3.** *fig* (*rennen*) rush **III** *v/unpers* **4.** ***es stürmt*** there's a gale blowing

Stürmer, Stürmerin SPORT forward

stürmisch *Adj* stormy (*auch fig Debatte, Liebe etc*), *Liebhaber*: passionate, *Beifall etc*: tumultuous, *Protest*: vehement, *Zeit*: turbulent, *Entwicklung etc*: rapid: ***nicht so stürmisch!*** easy does it!

Sturmtief *n* cyclone

Sturmwarnung *f* gale warning

S

Sturmwolke *f* storm cloud
Sturz *m* (sudden) fall, *tiefer*: plunge (*auch fig*), *fig* (*Temperatursturz etc*) (sudden) drop, (*Preissturz, Kurssturz*) *auch* slump, (*Untergang*) ruin, (down)fall, *einer Regierung*: collapse, overthrow
stürzen I *v/i* **1.** fall, *auch fig* plunge, plummet: ***sie ist (mit dem Fahrrad) gestürzt*** she had a fall (with her bicycle) **2.** (*rennen*) rush, dash: ***er kam ins Zimmer gestürzt*** he burst into the room **II** *v/t* **3.** (*stoßen*) throw: *fig* ***j-n ins Elend stürzen*** plunge s.o. into misery **4.** (*umkippen*) turn *s.th.* upside down, (*Pudding etc*) turn *s.th.* out of the mo(u)ld: ***Nicht stürzen!*** this side up! **5.** (*Regierung etc*) bring down, overthrow **III** *v/refl* **6.** ***sich ins Wasser (aus dem Fenster) stürzen*** plunge into the water (throw o.s. out of the window); *fig* ***sich ins Unglück (in Schulden) stürzen*** plunge into disaster (debt); ***sich in Unkosten stürzen*** go to great expense **7.** ***sich stürzen auf*** (*Akk*) *allg* pounce on, (*j-n*) *auch* rush at, (*eine Arbeit etc*) throw o.s. into
Sturzflug *m* (nose)dive
Sturzhelm *m* crash helmet
Sturzregen *m* (heavy) downpour
Stuss *m ugs* (***Stuss reden*** talk) rubbish
Stute *f* mare
Stutenfohlen *n* filly
Stützbalken *m* supporting beam
Stütze *f auch fig* support, prop, (*Person*) mainstay, *ugs* (*vom Staat*) dole money
stutzen[1] *v/t* cut, (*Bart, Haar*) trim, (*Baum*) lop, (*Flügel, Hecke*) clip, (*Ohren*) crop, (*Schwanz*) dock
stutzen[2] *v/i* (***bei***) stop short (at), *verwirrt*: be puzzled (by), *argwöhnisch*: become suspicious (at)
Stutzen *m* **1.** short rifle **2.** (*Rohrstutzen*) connecting piece, (*Einfüllstutzen*) neck **3.** (football) sock
stützen *v/t allg* support (*auch fig*), (*abstützen*) prop, *fig* (*unterstützen*) back (up): ***die Ellbogen auf den Tisch stützen*** prop (*oder* rest) one's elbows on the table; *fig* ***etw stützen auf*** (*Akk*) base s.th. on; ***sich stützen auf*** (*Akk*) rely on, *Urteil etc*: be based on
stutzig *Adj* ***j-n stutzig machen*** puzzle s.o., (*Argwohn wecken*) make s.o. suspicious; ***stutzig werden*** → ***stutzen***[2]
Stützmauer *f* retaining wall
Stützpfeiler *m* buttress
Stützpunkt *m* MIL *und fig* base
stylen *v/t ugs* style
Styling *n* design, styling
Stylist *m* stylist
Styropor® *n* polystyrene, *Am* styrofoam
Subjekt *n* **1.** LING subject **2.** *ugs pej* (*Person*) fellow
subjektiv *Adj* subjective
Subjektivität *f* subjectivity
Subkontinent *m* subcontinent
Subkultur *f* subculture
subkutan *Adj* MED subcutaneous
sublimieren *v/t* CHEM *und fig* sublimate
suboptimal *Adj ugs* less than ideal: ***das ist suboptimal*** it leaves something to be desired
Subsidiarität *f* POL subsidiarity
Subsidiaritätsprinzip *n* subsidiarity principle
Subskription *f* subscription
Subskriptionspreis *m* subscription price
Substantiv *n* LING noun
substantivieren *v/t* use as a noun
substantivisch *Adj* substantival, *Adv auch* as a noun
Substanz *f* **1.** substance **2.** WIRTSCH (***von der Substanz leben*** live on one's) capital; *ugs fig* ***das geht an die Substanz*** that really takes it out of you
substanziell *Adj* substantial
subtil *Adj* subtle
subtrahieren *v/t* subtract
Subtraktion *f* subtraction
subtropisch *Adj* subtropical
Subvention *f* subsidy
subventionieren *v/t* subsidize
Suchdienst *m* tracing service
Suche *f* (***nach*** for) search, *stärker*: hunt: ***auf der Suche nach*** in search of; ***auf der Suche sein nach*** be looking for
suchen I *v/t* look for, search for, (*Glück, Rat etc*) seek, (*Fehler, Vermisste etc*) try to trace: ***(mit j-m) Streit suchen*** pick a quarrel (with s.o.); ***Sie haben hier nichts zu suchen!*** you have no business to be here!; → ***gesucht, Rat*** 1, ***Weite***[2] **II** *v/i* look, search: ***suchen nach*** *siehe* I; ***nach Worten suchen*** be at a loss for words
Sucher *m* FOTO view-finder
Suchfunktion *f* COMPUTER search function
Suchgerät *n* detector
Suchhund *m* tracker dog
Suchlauf *m Video etc*: scanning, (*Vorrichtung*) scanner, IT search run
Suchmannschaft *f* search party
Suchmaschine *f* IT search engine
Suchscheinwerfer *m* searchlight
Sucht *f* (***nach***) craving (for), (*auch Rauschgiftsucht etc*) addiction (to): ***Sucht erzeugend*** addictive
süchtig *Adj auch fig* addicted (***nach*** to): ***süchtig machen*** be addictive; *fig* ***süchtig sein nach*** have a craving for, (*besessen sein*) be obsessed with
Süchtige, Suchtkranke *m, f* addict
Suchtmittel *n* addictive drug
Suchtrupp *m* search party
Suchwort *n* IT search word
Südafrika *n* South Africa
Südafrikaner, Südafrikanerin, südafrikanisch *Adj* South African
Südamerika *n* South America
Südamerikaner, Südamerikanerin, südamerikanisch *Adj* South American
Sudan *m the* Sudan
süddeutsch *Adj*, **Süddeutsche** *m, f* South German
Süden *m* south, *eines Landes*: South: ***im Süden*** in the south; ***im Süden von*** (*oder Gen*) (to the) south of; ***nach Süden*** south(ward)
Südfrüchte *Pl* tropical fruits *Pl*
Südküste *f* south(ern) coast
Südlage *f* southern exposure
Südländer, Südländerin Mediterranean type, Latin
südländisch *Adj* Mediterranean, *Temperament etc*: Latin
südlich I *Adj* southern, south, *Wind, Richtung*: southerly **II** *Adv* south, southwards **III** *Präp* ***südlich von*** (*oder Gen*) (to the) south of
Südost(en) *m* southeast
südöstlich I *Adj* southeast(ern), *Wind*: southeasterly **II** *Adv* (to the) southeast **III** *Präp*

S

südöstlich von (*oder Gen*) (to the) southeast of
Südpol *m* South Pole
Südpolar... Antarctic
Südsee *f the* South Seas *Pl*
südwärts *Adv* southward(s)
Südwest(en) *m* southwest
südwestlich **I** *Adj* southwest(ern), *Wind, Richtung*: southwesterly **II** *Adv* (to the) southwest **III** *Präp* ***südwestlich von*** (*oder Gen*) (to the) southwest of
Südwind *m* south wind
Sueskanal *m the* Suez Canal
Suff *m ugs* boozing
süffig *Adj ugs* pleasant (to drink)
süffisant *Adj* smug, complacent
suggerieren *v/t* suggest
Suggestion *f* suggestion
suggestiv *Adj* suggestive
Suggestivfrage *f* leading question
Sühne *f* atonement, (*Buße*) penance
sühnen *v/t* expiate, atone for
Suite *f allg* suite
sukzessiv *Adj* gradual
Sulfat *n* CHEM sulphate, *Am* sulfate
Sulfid *n* CHEM sulphide, *Am* sulfide
Sulfonamid *n* sulphonamide (*Am* -f-)
Sultan *m* sultan
Sultanine *f* GASTR sultana
Sülze *f* GASTR jellied meat
Sumatra *n* Sumatra
summarisch *Adj* summary
Summe *f* sum, (*Gesamtsumme*) (sum) total, (*Betrag*) amount, *fig* sum total
summen **I** *v/i* buzz, hum, drone **II** *v/t* (*Lied etc*) hum
Summer *m* ELEK buzzer
summieren *v/t* (*auch* ***sich summieren***) add up
Sumpf *m* **1.** swamp **2.** *fig* (quag)mire
sumpfen *v/i ugs* live it up
sumpfig *Adj* marshy
Sumpfland *n* marshland
Sünde *f* sin
Sünder, **Sünderin** sinner
sündhaft *Adj* sinful: *Adv ugs* ***sündhaft teuer*** awfully expensive
sündig *Adj* sinful
sündigen *v/i* **1.** sin (***gegen*** against): ***an j-m sündigen*** wrong s.o. **2.** *ugs* (*zu viel essen etc*) indulge
super *Adj und Interj ugs* super
Super *n* (*Benzin*) *Br* four star, *Am* super, premium
Superlativ *m* LING *und fig* superlative
Supermacht *f* superpower
Supermarkt *m* supermarket
supermodern *Adj* ultramodern
Supersparpreis *m* supersaver
Suppe *f* soup: *ugs* ***die Suppe auslöffeln müssen*** have to face the music; ***j-m*** (***sich***) ***eine schöne Suppe einbrocken*** get s.o. (o.s.) into a nice mess
Suppenfleisch *n* meat for making soup
Suppengrün *n* (bunch of) herbs and vegetables *Pl*
Suppenhuhn *n* boiling fowl
Suppenkelle *f* soup ladle
Suppenlöffel *m* soup spoon
Suppenschüssel *f* soup tureen
Suppenteller *m* soup plate
Surfbrett *n* surfboard
surfen *v/i* do surfing, surf: ***im Internet surfen*** surf the Internet
Surfer, **Surferin** surfer
Surrealismus *m* surrealism
surrealistisch *Adj* surrealist(ic)
surren *v/i* whirr, hum, *Insekt etc*: buzz
suspekt *Adj* suspect
suspendieren *v/t allg* suspend
Suspensorium *n* MED suspensory, SPORT jockstrap
süß *Adj auch fig* sweet
Süße *f* **1.** sweetness **2.** *ugs* sweetie
süßen *v/t* sweeten
Süßholz *n* liquorice: *ugs* ***Süßholz raspeln*** flirt
Süßigkeiten *Pl* sweets *Pl*, *Am* candy *Sg*
süßlich *dj* **1.** sweetish **2.** *fig* sugary, (*kitschig*) mawkish
süßsauer *Adj* sweet and sour: *Adv fig* ***süßsauer lächeln*** smile sourly, force a smile
Süßspeise *f* sweet, dessert
Süßstoff *m* sweetener
Süßwaren *Pl* sweets *Pl*, *Am* candy *Sg*
Süßwasser *n* fresh water
Sweatshirt *n* sweatshirt
Symbiose *f* BIOL *und fig* symbiosis
Symbol *n* symbol (***für*** of), CHEM, MATHE *etc auch* (conventional) sign, COMPUTER icon
Symbolfigur *f* symbolic figure (***für*** for)
Symbolik *f* symbolism
symbolisch *Adj* symbolic(al)
Symbolleiste *f* COMPUTER toolbar
symbolträchtig *Adj* highly (*oder* deeply) symbolic
Symmetrie *f* symmetry
symmetrisch *Adj* symmetric(al)
Sympathie *f* **1.** (*Zuneigung*) liking: ***Sympathie empfinden für*** have a liking for **2.** (*Zustimmung*) sympathy: ***sich j-s Sympathien verscherzen*** lose s.o.'s sympathies (*oder* support)
Sympathiestreik *m* sympathetic strike
Sympathisant, **Sympathisantin** sympathizer
sympathisch *Adj* (very) pleasant, likeable, *ugs* nice: ***er*** (***es***) ***ist mir*** (***nicht***) ***sympathisch*** I (don't) like him (it)

sympathisch ≠ sympathetic

sympathisch	=	very pleasant, likeable, nice
sympathetic	=	**1.** mitfühlend **2.** verständnisvoll

sympathisieren *v/i* ***sympathisieren mit*** sympathize with
Symptom *n* symptom
symptomatisch *Adj* symptomatic (***für*** of)
Synagoge *f* synagogue
synchron *Adj* synchronous, LING synchronic: *Adv* ***synchron laufen*** (***gehen***) be synchronized
Synchrongetriebe *n* synchromesh (gear)
synchronisieren *v/t* synchronize, (*Film*) *meist* dub
Syndikat *n* syndicate
Syndrom *n* MED syndrome
Synergie *f* synergy
Synergieeffekt *m* synergy (*oder* synergistic) effect
Synode *f* REL synod
synonym *Adj* LING synonymous
Synonym *n* LING synonym

syntaktisch *Adj* LING syntactic(al)
Syntax *f* LING, IT syntax
Synthese *f* synthesis
Synthesizer *m* MUS synthesizer
synthetisch *Adj* synthetic(ally *Adv*)
Syphilis *f* MED syphilis
Syrer, **Syrerin** Syrian
Syrien *n* Syria
Syrier, **Syrierin**, **syrisch** *Adj* Syrian
System *n allg* system, (*Verkehrssystem etc*) *auch* network
Systemabsturz *m* IT system crash
Systemanalytiker, **Systemanalytikerin** systems analyst
Systematik *f* systematics *Sg*, system
systematisch *Adj* systematic(ally *Adv*)
Systemausfall *m* IT system failure
Systemdatei *f* system file
Systemfehler *m* system fault
Systemkritiker, **Systemkritikerin** dissident
Systemsoftware *f* system software
Systemsteuerung *f* system control
Systemveränderung *f* change in the system
Systemvoraussetzung *f* systems requirements *Pl*
Szenario *n* FILM *und fig* scenario
Szene *f* THEAT *etc* scene (*auch fig Schauplatz, Vorgang, Streit, auch Drogenszene etc*): ***in Szene setzen*** THEAT *und fig* stage; ***sich in Szene setzen*** put on a show; ***(j-m) eine Szene machen*** make a scene
Szenenapplaus *m* applause during the scene
Szenenwechsel *m* THEAT *etc* scene change
Szenerie *f allg* scenery, THEAT *auch* setting

T

T, **t** *n* T, t
Tabak *m* tobacco
Tabakpflanze *f* tobacco (plant)
Tabakwaren *Pl* tobacco goods *Pl*
tabellarisch *Adj* tabulated, tabular
Tabelle *f* table
Tabellenführer, **Tabellenführerin** SPORT (league) leader
Tabellenkalkulation *f* spreadsheet
Tabellenletzte *m, f* bottom team
Tabellenspitze *f* (***an der Tabellenspitze*** at the) top of the table
tabellieren *v/t* tabulate
Tablett *n* tray

Tablett ≠ tablet

Tablett	=	tray
tablet	=	Tablette

Tablette *f* tablet, pill
tabu *Adj* taboo: ***für tabu erklären*** (put under a) taboo
Tabu *n* (***ein Tabu brechen*** break a) taboo
tabuisieren *v/t* taboo
Tabulator *m* tabulator
Tacho *m ugs*, **Tachometer** *m, n* MOT speedometer
Tadel *m* reproof, PÄD bad mark, (*Vorwurf*) reproach, (*Kritik*) criticism: ***ohne Tadel*** → ***tadellos***
tadellos *Adj* (*fehlerlos*) faultless, blameless, flawless, (*einwandfrei*) above reproach, *auch Kleidung etc*: impeccable, (*ausgezeichnet, auch ugs fig*) perfect
tadeln *v/t* (***wegen*** for) reprimand, blame, (*kritisieren*) criticize, censure
tadelnswert *Adj* reprehensible
Tafel *f* **1.** (*Schultafel*) blackboard, (*Schiefertafel*) slate, (*Anschlagtafel*) notice (*Am* bulletin) board, (*Platte, auch Bildtafel im Buch*) plate, (*Steintafel*) slab, (*Gedenktafel*) tablet, plaque, (*Holztafel*) panel **2.** (*Tafel Schokolade*) bar **3.** (dinner) table: ***die Tafel aufheben*** rise from table
tafelfertig *Adj* ready to serve
Tafelgeschirr *n* dinner service
Tafelland *n* GEOG tableland, plateau
tafeln *v/i* dine
täfeln *v/t* panel
Tafelobst *n* dessert fruit
Tafelsilber *n* silver(ware)
Täfelung *f* panel(l)ing
Tafelwasser *n* mineral (*oder* table) water
Tafelwein *m* table wine
Taft *m* taffeta
Tag *m* day: ***am Tage, bei Tage*** in the daytime, (*bei Tageslicht*) by daylight; ***am nächsten Tag*** the day after; ***am Tag zuvor*** the day before; ***dieser Tage*** one of these days, (*neulich*) the other day; ***eines Tages*** one day, *zukünftig*: *auch* some day; ***den ganzen Tag*** all day long; ***Tag für Tag*** day after day, *get better etc* day by day; ***alle paar Tage*** every few days; ***jeden zweiten Tag*** every other day; BERGB ***unter*** (***über***) ***Tage*** underground (above ground); ***von einem Tag auf den anderen*** overnight; ***guten Tag!*** good morning!, good afternoon!, *ugs* hello!, *bei der Vorstellung*: how do you do!; ***j-m guten Tag sagen*** say hello to s.o.; *fig* ***an den Tag bringen*** (***kommen***) bring (come) to light; ***seine Tage haben*** have one's period; ***an den Tag legen*** display, show; ***welchen Tag haben wir heute?*** what's (the date) today?; ***zu Tage*** → ***zutage***; → ***Abend***, ***frei*** 1, ***heute*** I, ***heutig*** *etc*
tagaus → ***tagein***
Tagebau *m* BERGB opencast mining
Tagebuch *n* (***ein Tagebuch führen*** keep a) diary
Tagegeld(**er** *Pl*) *n* daily allowance *Sg*

tagein *Adv* ***tagein, tagaus*** day in, day out
tagelang **I** *Adj* lasting for days **II** *Adv* for day (and days)
Tagelöhner, **Tagelöhnerin** day labo(u)rer
tagen *v/i* have a meeting, sit (in conference), JUR be in session
Tagesanbruch *m* (***bei Tagesanbruch*** at) daybreak
Tagesausflug *m* day trip
Tagescreme *f* day cream
Tagesdecke *f* bedspread
Tageseinnahme(n *Pl*) *f* day's takings *Pl*
Tagesgericht *n* GASTR dish of the day
Tagesgespräch *n the* talk of the day
Tageskarte *f* **1.** day ticket **2.** GASTR menu for the day
Tageskreme *f* day cream
Tageskurs *m* **1.** WIRTSCH *Devisen*: current rate, *Effekten*: current price **2.** PÄD day course
Tagesleistung *f* daily output
Tageslicht *n* daylight: *fig* ***ans Tageslicht bringen*** (***kommen***) bring (come) to light
Tageslichtprojektor *m* overhead projector
Tagesmutter *f* child minder
Tagesordnung *f* (***auf der Tagesordnung stehen*** be on the) agenda: *auch fig* ***zur Tagesordnung übergehen*** proceed to the order of the day; *fig* ***an der Tagesordnung sein*** be the order of the day
Tagesrückfahrkarte *f* day return (ticket)
Tagessatz *m* daily rate, *für Verpflegung*: daily ration
Tagesstätte *f* day-care cent/re (*Am* -er)
Tagestour *f* day trip
Tageszeit *f* time of day, (*Ggs. Nachtzeit*) daytime: ***zu jeder Tageszeit*** at any time of the day
Tageszeitung *f* daily (newspaper)
tageweise *Adv* on a day-to-day basis
taggen *v/t* IT tag
taghell *Adj und Adv* (as) light as day
...tägig ...-day
täglich **I** *Adj* daily, (*alltäglich*) everyday **II** *Adv* every day, daily: ***zweimal täglich*** twice a day
tags *Adv* ***tags darauf*** (***zuvor***) the day after (before)
Tagschicht *f* day shift
tagsüber *Adv* during the day
tagtäglich *Adv* day in, day out
Tagtraum *m* daydream
Tag-und-Nachtdienst *m* round-the-clock service
Tagung *f* conference, *Am auch* convention
Tagungsort *m* conference venue
Taifun *m* typhoon
Taille *f* waist, *am Kleid*: *auch* waistline
tailliert *Adj* waisted
Taiwan *n* Taiwan
Takelage *f* SCHIFF rigging
takeln *v/t* rig
Takt[1] *m* **1.** MUS (*Takteinheit*) bar, (*auch Taktschlag*) beat, (*Walzertakt etc*) (*waltz etc*) time: ***3/4-Takt*** three-four-time; ***Takt halten*** keep time; ***den Takt schlagen*** beat the time; ***aus dem Takt kommen*** lose the beat, *fig* be put off one's stroke **2.** rhythm, (*Arbeitstakt etc*) cycle, MOT (*Hub*) stroke: ***im 15-Minuten Takt*** at 15-minute intervals
Takt[2] *m* tact
Taktfahrplan *m* fixed-interval timetable
Taktgefühl *n* tact
taktieren *v/i* ***geschickt taktieren*** use clever tactics
Taktik *f* tactics *Pl* (*auch Sg*, *fig nur Pl konstr*): ***die Taktik ändern*** change tactics
Taktiker, **Taktikerin** tactician
taktisch *Adj auch fig* tactical
taktlos *Adj* tactless
Taktlosigkeit *f* tactlessness, indiscretion
Taktstock *m* baton
Taktstrich *m* MUS bar
taktvoll *Adj* tactful
Tal *n* valley
Talent *n* **1.** talent (***für, zu*** for) **2.** talent(ed person)
talentiert *Adj* talented, gifted
talentlos *Adj* untalented
Talentsucher, **Talentsucherin** talent scout
Talfahrt *f* **1.** descent **2.** WIRTSCH downswing
Talg *m* **1.** GASTR suet, *ausgelassen*: tallow **2.** PHYSIOL sebum
Talgdrüse *f* sebaceous gland
Talisman *m* (lucky) charm, mascot
Talk *m* talc(um)
Talkmaster, **Talkmasterin** TV host
Talkshow *f* chat (*Am* talk) show
Talmi *n auch fig* pinchbeck
Talsohle *f* **1.** bottom of the valley **2.** WIRTSCH low
Talsperre *f* dam
Tamburin *n* tambourine
Tampon *m*, **tamponieren** *v/t* MED tampon
Tamtam *n ugs* fuss (***um*** about)
Tand *m* (worthless) trash
Tandem *n* tandem
Tandler, **Tandlerin** *österr* **1.** (*Händler*) junk dealer **2.** (*langsamer Mensch*) dawdler
Tang *m* BOT seaweed
Tanga(slip) *m* G-string, thongs *Pl*
Tangente *f* MATHE tangent
tangential *Adj* tangential
tangieren *v/t* **1.** MATHE be tangent to **2.** *fig* affect, concern
Tango *m* tango
Tank *m* tank
tanken **I** *v/t* **1.** fill up with, (*auftanken*) refill, refuel **2.** *ugs fig* (*Geld, Luft etc*) get **II** *v/i* **3.** tank up (*auch ugs saufen*), refuel
Tanker *m* SCHIFF (oil) tanker
Tankschiff *n* → ***Tanker***
Tankstelle *f* filling (*oder* petrol, *Am* gas) station
Tankverschluss *m* MOT fuel cap
Tankwagen *m* MOT tanker
Tankwart, **Tankwartin** petrol pump (*Am* gas station) attendant
Tanne *f* fir (tree)
Tannenbaum *m* fir (tree)
Tannennadel *f* fir needle
Tannenzapfen *m* fir cone
Tansania *n* Tanzania
Tante *f* **1.** aunt: ***Tante Helene*** Aunt Helen **2.** *ugs* (*Frau*) woman, bird
Tante-Emma-Laden *m ugs* corner shop, *Am* mom-and-pop store
Tantieme *f von Autoren etc*: royalty
Tanz *m* **1.** dance **2.** *ugs fig* (*Aufheben*) fuss
Tanzbein *n ugs* ***das Tanzbein schwingen*** shake a leg
tänzeln *v/i* skip, *Pferd*: prance
tanzen *v/t und v/i* dance
Tänzer, **Tänzerin** dancer, THEAT (ballet) dancer
Tanzfläche *f* dance floor
Tanzkapelle *f* dance band
Tanzkurs *m* dancing course
Tanzlehrer, **Tanzlehrerin** dancing instructor

Tanzlokal *n* dance hall
Tanzmusik *f* dance music
Tanzorchester *n* dance band
Tanzpartner, **Tanzpartnerin** dancing partner
Tanzsaal *m* dance hall, ballroom
Tanzschritt *m* dance step
Tanzschule *f* dancing school
Tanzstunde *f* ***in die Tanzstunde gehen*** go to a dancing class
Tanztee *m* tea dance
Tanzturnier *n* dancing contest
Tapet *n* ***aufs Tapet bringen*** bring *s.th.* up
Tapete *f* wallpaper
Tapetenwechsel *m ugs fig* change (of scenery)
tapezieren *v/t und v/i* wallpaper
tapfer *Adj* brave
Tapferkeit *f* bravery
tappen *v/i* **1.** (*gehen*) pad, *durch Nebel etc*: grope one's way **2.** (*tasten*) grope (*oder* fumble) (about) (***nach*** for): *auch fig* ***im Dunkeln tappen*** be groping in the dark
Tara *f* WIRTSCH tare
Tarantel *f* ZOOL tarantula: *ugs* ***wie von der Tarantel gestochen*** as if stung by an adder
Tarif *m* scale of charges, (*Einzeltarif*) rate, (*Gebühr*) charge, (*Lohntarif*) pay scale, (*Zolltarif*) tariff
Tarifabschluss *m* wage settlement
Tarifautonomie *f* free collective bargaining
Tarifkonflikt *m* pay dispute
tariflich **I** *Adj* tariff …, *Lohn etc*: standard … **II** *Adv* according to the tariff (*Löhne*: scale)
Tariflohn *m* standard wage(s *Pl*)
Tarifpartner, **Tarifpartnerin** party to a wage agreement, *Pl* union(s *Pl*) and management
Tarifrunde *f* pay round
Tarifsatz *m* (tariff) rate, *für Löhne*: (standard) wage rate
Tarifverhandlungen *Pl* wage negotiations *Pl*
Tarifvertrag *m* wage agreement
Tarnanzug *m* camouflage suit
tarnen *v/t* camouflage, *fig auch* disguise
Tarnfarbe *f* camouflage colo(u)r
Tarnorganisation *f* cover organization
Tarnung *f* camouflage, *fig auch* cover
Tarot *m, n* tarot
Tasche *f* **1.** (*Einkaufstasche, Reisetasche etc*) bag, (*Handtasche*) (hand)bag, *Am* purse **2.** (*Hosentasche etc*) pocket: ***etw aus der eigenen Tasche bezahlen*** pay for s.th. out of one's own pocket; ***den Gewinn in die eigene Tasche stecken*** pocket the profit; *ugs fig* ***j-n in die Tasche stecken*** put s.o. in one's pocket; ***den Auftrag haben wir in der Tasche!*** the order is in the bag!; *ugs* ***j-m auf der Tasche liegen*** live off s.o.; ***in die eigene Tasche arbeiten*** line one's (own) pockets; ***tief in die Tasche greifen*** (***müssen*** have to) fork out a lot of money

Tasche: pocket oder bag? SG

Tasche in einem Kleidungsstück	**pocket**
I'll take these trousers, because they've got lots of pockets.	
Tasche oder Tüte, die getragen werden muss	**bag**
im Geschäft: **Do you need a bag?**	
Handtasche	**(hand)bag**, *Am* **purse**
Tragetasche	**carrier bag**
Plastik- / Papiertüte	**plastic / paper bag**

Taschenbuch *n* paperback
Taschendieb, **Taschendiebin** pickpocket
Taschenfeuerzeug *n* pocket lighter
Taschenformat *n* pocket size: ***im Taschenformat*** pocket-size(d)
Taschengeld *n* pocket money
Taschenkalender *m* pocket diary
Taschenlampe *f* torch, *Am* flashlight
Taschenmesser *n* penknife
Taschenrechner *m* pocket calculator
Taschenspiegel *m* pocket mirror
Taschentuch *n* handkerchief
Taschenuhr *f* fob watch
Taschenwörterbuch *n* pocket dictionary
Tasse *f* cup: ***eine Tasse Tee*** a cup of tea

Tasse oder Becher: cup oder mug? SG

Tasse, oft in Kombination mit einer Untertasse	**cup**
große hohe Tasse oder Becher mit Henkel	**mug**
eine Tasse Tee / Kaffee	**a cup of tea / coffee**
⚠ ein Papp- / Plastikbecher	**a paper / plastic cup**
Man wird gefragt: **"Would you like a cup of tea?"**, bekommt den Tee aber häufig in einem Becher (**mug**) vorgesetzt!	

Tastatur *f* keyboard
Taste *f* key, (*Drucktaste*) *auch* push button
tasten **I** *v/t* (*ertasten*) touch, feel **II** *v/i* (***nach*** for) *auch fig* grope, fumble **III** *v/refl* ***sich tasten*** grope one's way
tastend *Adj* groping, *fig auch* tentative
Tasteninstrument *n* keyboard instrument
Tastentelefon *n* push-button telephone
Taster *m* **1.** ZOOL feeler **2.** TECH key, (*Fühler*) sensor
Tastsinn *m* sense of touch
Tat *f* **1.** deed, act, (*Großtat*) feat, achievement, (*Tun*) action: ***Mann der Tat*** man of action; → ***umsetzen*** 3 **2.** (*Straftat*) (criminal) offen/ce (*Am* -se), crime: ***j-n auf frischer Tat ertappen*** catch s.o. red-handed **3.** ***in der Tat*** indeed
Tatar *n* GASTR steak tartare
Tatbestand *m* state of affairs, JUR facts *Pl* of the case
Tatendrang *m* thirst for action
tatenlos *Adj* inactive
Täter, **Täterin** culprit, JUR offender
tätig *Adj* active (*auch Vulkan*), busy: ***tätig sein als*** work as, (*fungieren*) act as; ***tätig sein bei*** *einer Firma*: work for, *einem Institut etc*: work at; ***tätig werden*** act, take action
tätigen *v/t* (*Geschäfte*) effect, transact, (*Einkäufe*) make
Tätigkeit *f* activity, (*Beruf*) occupation, job, (*Funktion*) function, PHYSIOL, TECH *etc* action: ***in Tätigkeit*** in action; ***welche Tätigkeit üben Sie aus?*** what is your job?

Tätigkeitsfeld *n* field of activity
Tatkraft *f* energy, drive, (*Initiative*) enterprise
tatkräftig *Adj* energetic(ally *Adv*), active: ***tatkräftige Hilfe*** effective help
tätlich *Adj* violent: JUR ***tätliche Beleidigung*** assault and battery; ***tätlich werden*** become violent; ***gegen j-n tätlich werden*** assault s.o.
Tätlichkeit *f* (act of) violence, JUR assault (and battery)
Tatort *m* scene of the crime
tätowieren *v/t*, **Tätowierung** *f* tattoo
Tatsache *f* fact: ***j-n vor vollendete Tatsachen stellen*** confront s.o. with a fait accompli; ***Tatsache ist, dass ...*** the fact is that ...; ***das ändert nichts an der Tatsache, dass ...*** that doesn't alter the fact that ...; ***den Tatsachen ins Auge blicken*** face the facts
Tatsachenbericht *m* documentary
tatsächlich **I** *Adj* actual, real **II** *Adv* actually, really, in fact: ***tatsächlich?*** really?
tätscheln *v/t* pat
tatterig, **tattrig** *Adj ugs* doddery, (*zittrig*) shaky
Tattoo *m*, *n* tattoo
Tattoostift *m* tattoo pen
Tatze *f* paw
Tau[1] *n* rope
Tau[2] *m* dew
taub *Adj* **1.** deaf (*fig* ***gegen, für*** to): ***auf einem Ohr taub*** deaf in one ear **2.** *Nuss*: empty, *Gestein*: dead, *Glieder*: numb
Taube[1] *m*, *f* deaf person: ***die Tauben*** the deaf
Taube[2] *f* ZOOL pigeon, *bes symbolisch*, *auch* POL (*Ggs. Falke*) dove
taubengrau *Adj* dove-colo(u)red
Taubenschlag *m* dovecot
Taubheit *f* **1.** deafness **2.** numbness
taubstumm *Adj* deaf and dumb
Taubstumme *m*, *f* deaf-mute
Taubstummensprache *f* deaf-and-dumb language
tauchen **I** *v/i* dive (***nach*** for), (*sporttauchen*) *auch* skin-dive, *U-Boot*: *auch* submerge **II** *v/t* dip, *länger*: immerse: ***j-n tauchen*** duck s.o.
Tauchen *n* diving
Taucher, **Taucherin** (*Sporttaucher(in)* skin) diver
Taucheranzug *m* diving suit, SPORT *auch* wetsuit
Taucherbrille *f* diving goggles *Pl*
Taucherglocke *f* diving bell
Tauchermaske *f* diving mask
Tauchsieder *m* immersion heater
tauen *v/i Eis etc*: thaw, melt: ***es taut*** **a)** it is thawing, **b)** (*Tau fällt*) dew is falling
Taufbecken *n* font
Taufe *f auch fig* baptism, (*Kindtaufe*) *auch* christening: ***aus der Taufe heben*** stand godfather (*oder* godmother) to, *fig* launch
taufen *v/t* baptize, christen (*beide auch fig*), (*nennen*) call
Täufling *m* child (*oder* person) to be baptized
Taufname *m* Christian name
Taufschein *m* certificate of baptism
Taufstein *m* font
taugen *v/i* (***zu, für*** for) be suited, be of use: ***nichts taugen*** be no good; ***taugt es was?*** is it any good?
Taugenichts *m* good-for-nothing
tauglich *Adj* suitable (***für, zu*** for), MIL fit (for service)
Tauglichkeit *f* suitability, MIL fitness
Taumel *m* **1.** dizziness **2.** *fig* whirl, (*Rausch*) rapture, frenzy
taumelig, **taumlig** *Adj* dizzy
taumeln *v/i* reel, stagger
Tausch *m* exchange, *ugs* swap, (*Tauschhandel*) barter
tauschen *v/t und v/i* exchange (*auch Blicke, Worte etc*), (*eintauschen*) *auch* barter, *ugs* swap (***gegen*** for): ***ich möchte nicht mit ihr tauschen*** I wouldn't like to be in her shoes
täuschen **I** *v/t* mislead, deceive, (*betrügen*) cheat, fool: ***wenn mich nicht alles täuscht*** if I am not very much mistaken; ***wenn mich mein Gedächtnis nicht täuscht*** if my memory serves me right; ***sich täuschen lassen*** be taken in (***von*** by) **II** *v/i* be deceptive, SPORT feint, fake a blow *etc* **III** *v/refl* ***sich täuschen*** be mistaken, be wrong (***in j-m*** about s.o.); ***da täuscht er sich aber!*** he's very much mistaken there!
täuschend *Adj* deceptive: *Adv* ***j-m täuschend ähnlich sehen*** look remarkably like s.o.
Tauschgeschäft *n*, **Tauschhandel** *m* barter, *ugs* swap
Tauschobjekt *n* object of exchange
Täuschung *f* deception, (*bes Selbsttäuschung*) delusion, (*Irrtum*) mistake, JUR deceit: ***optische Täuschung*** optical illusion
Täuschungsmanöver *n* feint, diversion
Täuschungsversuch *m* attempt to deceive
Tauschwert *m* exchange value
tausend *Adj* (a) thousand: ***Tausend und Abertausend*** thousands and thousands of; ***zu Tausenden*** by the thousand
Tausend *n* thousand
Tausender *m ugs* thousand euro note (*Am* bill)
tausendfach **I** *Adj* thousandfold **II** *Adv* → ***tausendmal***
Tausendfüßer, **Tausendfüßler** *m* ZOOL centipede
tausendjährig *Adj* of a thousand years, millennial
tausendmal *Adv* a thousand times
tausendst *Adj* thousandth
Tausendstel *n* thousandth (part)
Tautropfen *m* dewdrop
Tauwetter *n auch fig* POL thaw
Tauziehen *n auch fig* tug-of-war
Taxameter *m* taximeter
Taxe *f* **1.** (*Gebühr*) rate, fee, (*Steuer*) tax **2.** → ***Taxi***
Taxi *n* taxi, cab: ***Taxi fahren*** **a)** drive a taxi, **b)** go by taxi
taxieren *v/t* **1.** estimate, WIRTSCH, JUR assess **2.** *ugs* (*prüfend betrachten*) size up
Taxifahrer, **Taxifahrerin** taxi driver
Taxistand *m* taxi rank
Teak(holz) *n* teak
Teamarbeit *f* teamwork
Technik *f* engineering, (*Wissenschaft*) technology, (*Verfahren*) technique (*auch* KUNST, SPORT *etc*), (*Ausrüstung*) equipment, *einer Maschine etc*: mechanics *Pl*

Technik SG

„Technik" übersetzt man mit **technique**, wenn es um ein Verfahren oder eine Methode / Vorgehensweise geht, mit der etwas ausgeführt wird:

a good skiing / singing / selling technique

Techniker, **Technikerin** (technical) engineer, (*Spezialist, auch Sportler etc*) technician
technisch *Adj allg* engineering (*process, etc*), (*bes betriebstechnisch, auch* KUNST, SPORT *etc*) technical, (*wissenschaftlich*) technological (*auch Fortschritt, Zeitalter etc*): *Boxen*: ***technischer K. o.*** technical knockout; ***technisches Personal*** technical staff; ***technische Hochschule*** college of technology
technisieren *v/t* technify
Techno *m* MUS techno
Technokrat, **Technokratin** technocrat
Technologie *f* technology
Technologiepark *m* science (*oder* technology) park
Technologietransfer *m* technology transfer
technologisch *Adj* technological
Technomusik *f* techno
Teddybär *m* teddy bear
Tee *m* tea: ***einen Tee trinken*** have a cup of tea; → ***abwarten*** II
Teebeutel *m* teabag
Teebüchse *f* tea caddy
Tee-Ei *n* (tea) infuser
Teegebäck *n* biscuits *Pl*, *Am* cookies *Pl*
Teekanne *f* teapot
Teekessel *m* teakettle
Teelöffel *m* teaspoon: ***ein Teelöffel voll*** teaspoonful
Teemaschine *f* tea urn
Teenager *m* teenager
Teenager... teenage ...
Teer *m*, **teeren** *v/t* tar
Teesieb *n* tea strainer
Teestube *f* tearoom
Teetasse *f* teacup
Teewagen *m* tea trolley
Teewärmer *m* tea cosy
Teich *m* pond, pool
Teig *m* dough, (*Rührteig*) batter
teigig *Adj* doughy, pasty (*auch fig*)
Teigwaren *Pl* pasta *Sg*
Teil *m*, *n* part (*auch* TECH), (*Anteil*) share, (*Bestandteil, auch* TECH) component, element: *bes* JUR ***beide Teile*** both sides; ***ein Teil davon*** part of it; ***der größte Teil*** the greater part (*Gen* of); ***zum Teil*** partly; ***zum großen*** (*oder* ***größten***) ***Teil*** largely, for the most part; ***zu gleichen Teilen*** in equal shares; ***sein Teil beitragen*** do one's bit; ***sich sein Teil denken*** have one's own thoughts about it; ***ich für mein Teil*** I for my part
teilbar *Adj* divisible
Teilbetrag *m* partial amount
Teilchen *n auch* PHYS particle
teilen I *v/t* divide, (*aufteilen, verteilen*) distribute, share out, (*gemeinsam haben*) share: ***die Kosten teilen*** share expenses; ***Freud und Leid mit j-m teilen*** share s.o.'s joys and troubles **II** *v/refl* ***sich teilen*** divide, *Vorhang*: part; ***sich in etw teilen*** share s.th.; → ***geteilt***
Teiler *m* MATHE divisor
Teilerfolg *m* partial success
teilhaben *v/i* (***an*** *Dat* in) participate, share
Teilhaber, **Teilhaberin** WIRTSCH partner, associate
Teilhaberschaft *f* partnership
Teilkaskoversicherung *f* partial coverage insurance
Teillieferung *f* part delivery
Teilnahme *f* (***an*** *Dat*) **1.** participation (in), (*Besuch*) attendance (at) **2.** *fig* (*Anteilnahme*) interest (in), sympathy (with), (*Beileid*) condolence(s *Pl*)
teilnahmeberechtigt *Adj* eligible
teilnahmslos *Adj* indifferent, listless, apathetic(ally *Adv*)
Teilnahmslosigkeit *f* indifference, listlessness, apathy
teilnahmsvoll *Adj* sympathetic(ally *Adv*)
teilnehmen *v/i* (***an*** *Dat*) **1.** take part (in), (*besuchen*) be present (at), attend (*s.th.*) **2.** *fig* take an interest (in), *mitfühlend*: sympathize (with)
teilnehmend → ***teilnahmsvoll***
Teilnehmer, **Teilnehmerin** participant, *Sport etc*: competitor, entrant, TEL subscriber
teils *Adv* partly
Teilstrecke *f Bus etc*: (fare) stage, BAHN section, (*Etappe*) stage, *auch* SPORT leg
Teilstück *n* section
Teilung *f* division (*auch* BIOL, MATHE), *eines Landes*: *auch* partition
teilweise I *Adj* partial **II** *Adv* partly, partially, in part
Teilzahlung *f* part payment, (*Ratenzahlung*) payment by instal(l)ments: ***auf Teilzahlung kaufen*** buy on instal(l)ment (*oder* hire purchase)
Teilzeit *f* part-time: ***Teilzeit arbeiten*** work (*oder* do) part-time
Teilzeitarbeit *f* part-time employment (*oder* work)
teilzeitbeschäftigt *Adj* ***teilzeitbeschäftigt sein*** work part-time
Teilzeitbeschäftigte *m, f* part-time employee
Teilzeitbeschäftigung *f* part-time employment
Teilzeitjob *m* part-time job
Teint *m* complexion
Telearbeit *f* teleworking, telecommuting
Telearbeitnehmer, **Telearbeitnehmerin** teleworker, telecommuter
Telebanking *n* telebanking
Telefax *n*, **telefaxen** *v/t* telefax
Telefon *n* (tele)phone: ***am Telefon*** on the (tele)phone; ***ans Telefon gehen*** answer the (tele)phone; ***Telefon haben*** be on the (tele)phone
Telefonanruf *m* (phone) call
Telefonanschluss *m* telephone connection: ***Telefonanschluss haben*** be on the (tele)phone
Telefonat *n* → ***Telefongespräch***
Telefonbanking *n* telephone banking
Telefonbuch *n* phone book, telephone directory
Telefonbuchse *f* telephone socket
Telefongebühr *f* telephone charge
Telefongespräch *n* telephone conversation, phone call
Telefonhörer *m* receiver
telefonieren *v/i* (tele)phone: ***mit j-m telefonieren*** call (*oder* ring) s.o. (up), talk to s.o. over the (tele)phone; ***sie telefoniert gerade*** she is on the phone (***mit*** to)
telefonisch *Adj* telephonic(ally *Adv*), *Adv meist* by (*oder* over the) (tele)phone: ***telefonisch übermitteln*** (tele)phone; ***sind Sie telefonisch zu erreichen?*** can I call you?
Telefonist, **Telefonistin** (telephone) operator
Telefonkarte *f* phonecard
Telefonkonferenz *f* telephone conference, audioconference
Telefonnummer *f* (tele)phone number
Telefonverbindung *f* telephone connection
Telefonzelle *f* (tele)phone box (*oder* booth), call box

Telefonieren und Anrufbeantworter

SG

Telefonieren

Wenn man in Großbritannien das Telefon abnimmt, sagt man nicht unbedingt seinen Namen. Es ist üblich, sich einfach mit **Hello?** oder mit seiner Nummer, z. B. **589 29 30** (gesprochen **five eight nine / two nine / three o**), zu melden.

Bei einer Firma ist es anders – hier sagt man eher den Namen der Firma bzw. auch seinen eigenen Namen:

Good morning, Hutchinson Cleaning Services, Clare speaking, can I help you?

Wenn man die Person am Apparat nicht kennt, ist es nicht so unhöflich wie in Deutschland, einfach nach dem gewünschten Gesprächspartner zu fragen. Höflicher ist es natürlich, wenn man den eigenen Namen erwähnt:

Hello, could I speak to John, please?
Hello, this is Henry Richards from Richards Electrical Systems. Could I speak to Elizabeth Turner in Accounts, please?
Hello, it's Anna here. Is Rebecca at home?

Hat der Gesprächspartner seinen eigenen Namen nicht genannt, kann man herausfinden, mit wem man spricht, indem man fragt:

Who am I speaking to?

Es könnte sein, dass man bei einer Firma nach der Durchwahl (**extension number**) gefragt wird. Danach kommt man oft in eine Warteschleife (**be put on hold**). Dabei hört man meistens eine Variante der folgenden Ansagen:

Please hold the line.
Your call is being diverted. Please hold.
Your call is being held in a queue and will be answered shortly.

Am Ende des Gesprächs kann man sich als Anrufer mit **Thanks for your help** und **Goodbye** verabschieden. Eine freundliche Erwiderung darauf wäre dann **Thanks for calling.**

Anrufbeantworter

Oft erreicht man nicht den gewünschten Gesprächspartner, sondern nur seinen Anrufbeantworter oder Voicemail. Die Ansagen könnten ungefähr so klingen, je nachdem, ob es sich um eine Privatperson oder eine Firma handelt:

Hi, this is Jim. I'm not at home right now, but leave a message after the beep and I'll get back to you; or call my mobile on 07798 567143. Thanks.

Hello, you've reached Sarah and Michael on 020 8547 3616. There's no one here to answer your call. Please leave a message after the tone and we'll call you back.

You have reached the answering machine of Hotshot Computer Systems. Unfortunately you've called outside our normal office hours. These are Monday to Friday from 9 am to 6 pm. If you have a query or would like to place an order, please leave your name and number and one of our staff will call you back as soon as possible. Thank you.

Thank you for calling Anglia Banking. If you know which extension you require, please key it in now. For account queries, please press 1. For credit enquiries, please press 2. To make a transfer, please press 3. For operator assistance, please press zero.

T

Telefonzentrale *f* (telephone) exchange
Telegrafenmast *m* telegraph pole
Telegrafie *f* telegraphy: ***drahtlose Telegrafie*** radiotelegraphy
telegrafieren *v/t und v/i* telegraph, wire, *nach Übersee*: cable
telegrafisch *Adj* telegraphic(ally *Adv*), *Adv meist* by telegram, by wire, by cable: ***telegrafische Überweisung*** cable transfer
Telegramm *n* telegram, *Am auch* wire, (*bes Überseetelegramm*) cable
Telegrammanschrift *f* cable address
Teleheimarbeit *f* teleworking
Telekommunikation *f* telecommunications *Sg*
Telekommunikationsdienst *m* telecommunications service
Telekopie *f* telecopy
Telekopierer *m* telecopier
Telematik *f* telematics *Sg*
Telemedizin *f* telemedicine
Teleobjektiv *n* telephoto lens
Telepathie *f* telepathy
telepathisch *Adj* telepathic(ally *Adv*)
Teleprompter *m* autocue
Teleradiologie *f* teleradiology.
Teleshopping *n* teleshopping
Teleskop *n* telescope
teleskopisch *Adj* telescopic(ally *Adv*)
Telespiel *n* TV game
Teletext *m* teletext
Telex *n*, **telexen** *v/t* telex
Teller *m* **1.** plate: ***ein Teller voll*** a plateful **2.**

TECH, *auch am Skistock*: disc, disk
Tempel *m* temple
Temperament *n* temperament, temper, (*Schwung*) verve, vivacity, *ugs* pep: ***hitziges Temperament*** hot temper
temperamentlos *Adj* lifeless
temperamentvoll *Adj* vivacious, (high-)spirited

temperamentvoll ≠ temperamental

temperamentvoll	=	vivacious, (high-)spirited
temperamental	=	reizbar, launisch

Temperatur *f* (***bei einer Temperatur von*** at a) temperature (of); MED ***Temperatur haben*** have (*oder* run) a temperature; ***j-s Temperatur messen*** take s.o.'s temperature
Temperaturanstieg *m* rise in temperature
Temperatursturz *m* sudden drop in temperature
temperieren *v/t auch* MUS temper
Tempo *n* tempo (*auch* MUS), speed, rate, pace: ***in langsamem Tempo*** at a slow pace; ***das Tempo bestimmen*** (***durchhalten, forcieren*** *oder* ***steigern***) set (stand, force) the pace; ***Tempo!*** step on it!, go!
Tempolimit *n* MOT speed limit
temporär *Adj* temporary
Tempotaschentuch® *n* tissue
Tendenz *f* tendency, (*Entwicklungstendenz*) *meist* trend (*auch* WIRTSCH), *oft pej* bias, slant
tendenziös *Adj* tendentious
tendieren *v/i* tend (**nach, zu** to)
Tennis *n* tennis
Tennisball *m* tennis ball
Tennishalle *f* covered court
Tennisplatz *m* tennis court
Tennisschläger *m* tennis racket
Tennisspieler, **Tennisspielerin** tennis player
Tennisturnier *n* tennis tournament
Tenor[1] *m* (*Inhalt*) tenor, substance
Tenor[2] *m* MUS **1.** (*a* **Tenorstimme** *f*, **Tenorpartie** *f*) tenor (voice, part) **2.** *a* **Tenorist** *m* tenor (singer *oder* player)
Tensid *n* surfactant
Teppich *m* carpet: *fig* ***etw unter den Teppich kehren*** sweep s.th. under the carpet; *ugs* ***bleib auf dem Teppich!*** be reasonable!
Teppichboden *m* fitted carpet, wall-to-wall carpeting
Teppichschaum *m* carpet foam
Termin *m* **1.** (set) date, time limit, (*letzter Termin*) deadline: ***einen Termin festsetzen*** fix a date *etc*; ***bis zu diesem Termin*** by this date **2.** (*Arzttermin etc*) (***sich einen Termin geben lassen*** make an) appointment **3.** JUR hearing
Terminal *m, n allg* terminal
termingerecht *Adj und Adv* on schedule
Terminkalender *m* appointment(s) book (*Am* diary)
Terminkontrakte *Pl* WIRTSCH futures *Pl*
Terminologie *f* terminology
Terminplan *m* schedule
Termite *f* ZOOL termite
Terpentin *n, m* CHEM turpentine
Terrain *n* (*Gelände*) terrain, (*Grundstück*) plot of land, (building) site
Terrasse *f* terrace
terrassenförmig *Adj* terraced
Terrassentür *f* French window
Territorium *n* territory
Terror *m* terror
Terrorakt *m* act of terrorism
Terroranschlag *m* terrorist attack
terrorisieren *v/t* terrorize
Terrorismus *m* terrorism
Terrorist, **Terroristin**, **terroristisch** *Adj* terrorist
Terz *f* **1.** MUS third **2.** *Fechten*: tierce
Tesafilm® *m etwa* Sellotape®
Tesa®-Packband *n etwa* packing tape
Tessin *n das* Ticino
Test *m* test
Testament *n* **1.** (last) will, JUR last will and testament: ***sein Testament machen*** make a will **2.** REL ***Altes*** (***Neues***) ***Testament*** Old (New) Testament
testamentarisch **I** *Adj* testamentary **II** *Adv* by will
Testamentseröffnung *f* opening of the will
Testamentsvollstrecker, **Testamentsvollstreckerin** executor
Testbild *n* TV test card, *Am* test pattern
testen *v/t* test
Testlauf *m* TECH trial run
Testperson *f* (test) subject
Testphase *f* test phase
Testpilot, **Testpilotin** test pilot
Teststrecke *f* MOT test track
Tetanusimpfung, **Tetanusschutzimpfung** *f* MED tetanus vaccination
teuer **I** *Adj* expensive, *bes Br auch* dear: ***wie teuer ist es?*** how much is it?; ***Fleisch ist teurer geworden*** meat prices have gone up; *fig* ***j-m teuer sein*** be dear to s.o. **II** *Adv* dear(ly): ***das wird ihn teuer zu stehen kommen*** he will have to pay dearly for that
Teuerung *f* high (*oder* rising) prices *Pl*, high cost of living
Teuerungsrate *f* rate of price increases
Teufel *m* devil: ***der Teufel*** the Devil; ***armer Teufel!*** poor devil (*oder* wretch)!; ***pfui Teufel!*** ugh!, *entrüstet*: digusting!; ***wer*** (***wo, was***) ***zum Teufel?*** who (where, what) the devil (*oder* hell)?; ***wie der Teufel***, *ugs* ***auf Teufel komm raus*** like blazes; ***in*** (***des***) ***Teufels Küche kommen*** get into a hell of a mess; ***j-n zum Teufel jagen*** send s.o. packing; ***der Teufel war los!*** all hell had broken loose!; ***mal den Teufel nicht an die Wand!*** don't tempt fate!; ***scher dich zum Teufel!*** go to hell!
Teufelskerl *m* devil of a fellow
Teufelskreis *m fig* vicious circle
teuflisch *Adj* devilish, *fig auch* hellish
Text *m* text, (*Liedtext*) words *Pl*, lyrics *Pl*
Textbaustein *m* text module
Textbuch *n* libretto
Texter, **Texterin** (*Werbetexter[in]*) copywriter, (*Schlagertexter[in]*) songwriter
Texterfasser, **Texterfasserin** keyboarder
Textilien *Pl* textiles *Pl*
Textmarker *m* highlighter
Textverarbeitung *f* word processing
Textverarbeitungssystem *n* word processor
TH *f Abk* (= ***Technische Hochschule***) college of technology, technical university
Thailand *n* Thailand
Theater *n* **1.** theatre, *Am* theater: ***zum Theater gehen*** go on the stage; ***ins Theater gehen*** go to the theatre **2.** *fig* play-acting, *pej* farce, (*Aufheben*) fuss: ***Theater spielen*** put on an act; ***mach kein Theater!*** don't make a

fuss!
Theaterabonnement *n* theatre sub-scription
Theaterbesuch *m* visit to the theatre
Theaterbesucher, **Theaterbesucherin** theatregoer
Theaterkarte *f* theatre ticket
Theaterkasse *f* box office
Theaterstück *n* (stage) play
theatralisch *Adj* theatrical
Theke *f* bar, (*auch Ladentheke*) counter
Thema *n* subject, (*Gesprächsthema*) *auch* topic, *bes* MUS theme: ***beim Thema bleiben*** stick to the point; ***kein Thema sein*** be no subject for discussion; ***das Thema wechseln*** change the subject
Thematik *f* subject (matter)
Themenkreis *m* subject area
Themse *f the* Thames
Theologe *m*, **Theologin** *f* theologian
Theologie *f* theology
theologisch *Adj* theological
Theoretiker, **Theoretikerin** theorist
theoretisch *Adj und Adv* theoretical(ly), *Adv auch* in theory
theoretisieren *v/i* theorize
Theorie *f* theory
Therapeut, **Therapeutin** therapist
therapeutisch *Adj* therapeutic(ally *Adv*)
Therapie *f* therapy
Thermalbad *n* thermal spa, (*Schwimmbad*) thermal baths *Pl*
Thermalquelle *f* → ***Therme***
Therme *f* thermal spring
Thermik *f* thermionics *Sg*
thermisch *Adj* thermic
Thermometer *n* thermometer: ***das Thermometer zeigt*** (*oder* ***steht auf***) ***5 Grad über*** (***unter***) ***null*** the thermometer is at (*oder* shows) 5 degrees above (below) zero
Thermosflasche *f* thermos flask
Thermostat *m* thermostat
These *f* thesis, (*Theorie*) theory
Thon *m schweiz.* tuna (fish)
Thrombose *f* MED thrombosis
Thron *m* throne
thronen *v/i auch fig* be enthroned
Thronerbe *m* heir to the throne
Thronerbin *f* heiress to the throne
Thronfolge *f* succession to the throne
Thronfolger, **Thronfolgerin** successor to the throne
Thunfisch *m* tunny, *in Dosen*: tuna
Thüringen *n* Thuringia
Thymian *m* BOT thyme
Tibet *n* Tibet
Tibeter, **Tibeterin**, **tibetisch** *Adj* Tibetan
Tick *m* (*Schrulle*) quirk, tic
ticken *v/i* tick
Tie-Break *m*, *n Tennis*: tie-break(er)
tief **I** *Adj allg* deep (*auch fig*), (*niedrig*) low, *fig Wissen, Erkenntnis etc*: *auch* profound: ***aus tiefstem Herzen*** from the bottom of one's heart; ***im tiefsten Winter*** in the dead of winter **II** *Adv* deep, (*niedrig*) low, *fig* deeply, (*weit*) far: ***tief in Gedanken*** deep in thought; ***tief betrübt*** deeply grieved, very sad; ***tief bewegt*** deeply moved; ***tief empfunden*** heartfelt; ***tief greifend*** far-reaching; ***tief liegend*** **a)** low(-lying), **b)** *Augen*: deep-set, **c)** *fig* deep, deep-seated; *fig* ***tief schürfend*** profound; ***tief enttäuscht*** badly disappointed; ***tief schlafen*** be fast asleep, sleep soundly; ***bis tief in die Nacht hinein*** far into the night
Tief *n* METEO, *auch fig* low, depression
Tiefbau *m* civil engineering
Tiefbauingenieur, **Tiefbauingenieurin** construction engineer
tiefbetrübt → ***tief*** II
tiefbewegt → ***tief*** II
tiefblau *Adj* deep blue
Tiefdruck *m* **1.** METEO low pressure **2.** intaglio (printing)
Tiefdruckgebiet *n* cyclone, low-pressure area
Tiefe *f* **1.** depth, *fig* (*Tiefgründigkeit*) *auch* profundity **2.** *Pl* RADIO *etc* bass *Sg*
Tiefebene *f* lowland(s *Pl*)
tiefempfunden → ***tief*** II
Tiefenregler *m* RADIO *etc* bass control
Tiefenschärfe *f* FOTO depth of focus
tiefenttäuscht → ***tief*** II
tiefernst *Adj* very grave
Tiefflug *m* low-level flight
Tiefgang *m* **1.** SCHIFF draught **2.** *fig* depth
Tiefgarage *f* underground car park
tiefgefroren *Adj* deep-frozen
tiefgreifend → ***tief*** II
tiefgründig *Adj* profound, deep
Tiefkühlfach *n* freezing compartment
Tiefkühlkost *f* frozen foods *Pl*
Tiefkühltruhe *f* freezer, deep-freeze
tiefliegend → ***tief*** II
Tiefpunkt *m fig* low: ***einen seelischen Tiefpunkt haben*** feel very depressed
Tiefschlag *m auch fig* hit below the belt
tiefschürfend → ***tief*** II
tiefschwarz *Adj* jet-black
Tiefsee *f* deep sea
tiefsinnig *Adj* profound
Tiefstand *m fig* low: ***einen absoluten Tiefstand erreichen*** hit an all-time low
Tiegel *m* saucepan, (*Schmelztiegel*) crucible
Tier *n* animal (*auch fig*), *großes*: beast, *fig* (*Untier*) brute: *ugs* ***großes*** (*oder* ***hohes***) ***Tier*** bigwig, big shot

Gruppenbezeichnungen für Tiere WF

Bienen:	**a swarm of bees**
Delfine:	**a school** [skuːl] **of dolphins**
Elefanten:	**a herd of elephants**
Fische:	**a shoal** [ʃəʊl] **of fish**
Hunde:	**a pack of dogs**
Katzen:	**a pounce of cats**
Kühe:	**a herd of cows**
Pferde:	**a team of horses**
Rotwild:	**a herd of deer**
Schafe:	**a flock of sheep**
Schweine:	**a drove of pigs**
Vögel:	**a flock of birds**

Tierart *f* (animal) species
Tierarzt *m*, **Tierärztin** *f* veterinary surgeon, *Am* veterinarian, *ugs* vet
Tierfreund, **Tierfreundin** animal lover
Tiergarten *m* zoological gardens *Pl*, zoo
Tierhandlung *f* pet shop
Tierheim *n* home for animals
tierisch **I** *Adj* animal …, *fig* (*roh*) *auch* brutish: ***tierische Fette*** animal fats **II** *Adv ugs fig* (*sehr*) awfully, terribly

Tierkreis *m* ASTR zodiac
Tierkreiszeichen *n* sign of the zodiac
Tierkunde *f* zoology
tierlieb *Adj* fond of animals
Tiermedizin *f* veterinary medicine
Tiernahrung *f* pet food
Tierpfleger, Tierpflegerin keeper
Tierquälerei *f* cruelty to animals
Tierreich *n* animal kingdom
Tierschutz *m* animal welfare
Tierschützer, Tierschützerin animal welfarist
Tierschutzverein *m* Society for the Prevention of Cruelty to Animals
Tiertransport *m* animal transport
Tierversuch *m* animal experiment
Tierwelt *f* animal world
Tiger *m* tiger
Tigerfell *n* tiger skin
Tigerin *f* tigress
tigern *v/i ugs* traipse, trot
Tilde *f* LING tilde
tilgen *v/t* **1.** (*streichen*) wipe out (*auch fig*), (*auch fig Erinnerung etc*) blot out, BUCHDRUCK delete, (*ungültig machen*) cancel, (*auslöschen, auch fig*) efface, erase **2.** WIRTSCH pay off, (*Anleihe etc*) redeem
Tilgung *f* WIRTSCH repayment, redemption
Timbre *n* timbre
timen *v/t* time: ***gut*** (***schlecht***) ***getimt*** well (badly) timed
Timing *n* timing
Tinktur *f* tincture
Tinnef *m ugs* rubbish, (*Plunder*) *auch* junk
Tinte *f* ink: *ugs* ***in der Tinte sitzen*** be in a spot
Tintenfisch *m* squid, (*Krake*) octopus
Tintenklecks *m* inkblot
Tintenkuli *m* stylograph
Tintenstift *m* indelible pencil
Tintenstrahldrucker *m* inkjet printer
Tipp *m allg* tip, (*Wink*) *auch* hint: ***ein sicherer Tipp*** a sure bet; ***j-m einen Tipp geben*** give s.o. a tip, (*warnen*) tip s.o. off
tippen **I** *v/i* **1.** ***tippen an*** (*Akk*) tap **2.** *ugs im Lotto*: do the Lotto, *im Toto*: do the pools **3.** *ugs* ***tippen auf*** (*Akk*) tip; ***ich tippe auf ihn*** my bet is on him **4.** *ugs* type **II** *v/t* **5.** *ugs* (*Brief etc*) type
Tippfehler *m* typing error
Tippse *f ugs pej* typist
tipptopp *ugs* **I** *Adj* first-class **II** *Adv* ***tipptopp sauber*** spick and span; ***tipptopp gekleidet*** immaculately dressed
Tippzettel *m* lotto (*oder* pools) coupon
Tirol *n* Tyrol, Tirol
Tiroler, Tirolerin, tirolerisch *Adj* Tyrolese
Tisch *m* table: ***am Tisch sitzen*** sit at the table; ***bei Tisch sitzen*** sit at table; ***den Tisch decken*** (***abräumen***) lay (clear) the table; *fig* ***reinen Tisch machen*** make a clean sweep (*oder* make tabula rasa) (***mit*** of); ***unter den Tisch fallen*** fall flat; ***die Sache ist auf dem*** (***vom***) ***Tisch*** the matter is on (off) the table; ***j-n über den Tisch ziehen*** pull a fast one on s.o.; → ***grün***
Tischdame *f* partner at table
Tischdecke *f* tablecloth
tischfertig *Adj* ready(-)to(-)serve
Tischgebet *n* ***das Tischgebet sprechen*** say grace
Tischkarte *f* place card
Tischkopierer *m* desktop copier
Tischler, Tischlerin joiner, (*Kunsttischler*[*in*]) cabinetmaker
Tischlerei *f* **1.** joinery **2.** joiner's workshop
tischlern **I** *v/t* make **II** *v/i* do joiner's work
Tischplatte *f* tabletop, *zum Ausziehen*: leaf
Tischrechner *m* desk calculator
Tischrede *f* after-dinner speech, toast
Tischtennis *n* table tennis
Tischtuch *n* tablecloth
Tischwein *m* table wine
Titan *n* CHEM titanium
Titel *m allg* title
Titelbild *n eines Buches*: frontispiece, *einer Zeitschrift*: cover picture
Titelblatt *n eines Buches*: title page, *einer Zeitschrift*: front page
Titelgeschichte *f* cover story
Titelverteidiger, Titelverteidigerin SPORT titleholder
Titten *Pl vulg* tits *Pl*, boobs *Pl*
titulieren *v/t* ***j-n*** (***als*** *oder* ***mit***) ***Idiot*** *etc* ***titulieren*** call s.o. an idiot *etc*
Toast *m* **1.** (*Trinkspruch*) toast: ***einen Toast ausbringen*** → ***toasten*** II **2.** GASTR toast
toasten **I** *v/t* (*Brot*) toast **II** *v/i* propose (*oder* drink) a toast (***auf*** *Akk* to)
Toaster *m* toaster
toben *v/i* **1.** *auch fig* rage **2.** *Kinder*: romp
tobsüchtig *Adj* raving mad, frantic
Tobsuchtsanfall *m ugs fig* ***einen Tobsuchtsanfall bekommen*** fly into a tantrum
Tochter *f* **1.** daughter **2.** → ***Tochtergesellschaft***
Tochtergesellschaft *f* WIRTSCH subsidiary (company)
Tod *m* death: ***den Tod finden*** be killed; ***eines natürlichen Todes sterben*** die a natural death; *fig* ***etw zu Tode reiten*** flog s.th. to death; *ugs* ***j-n zu Tode erschrecken*** (***langweilen***) frighten (bore) s.o. to death (*oder* stiff); ***auf den Tod nicht ausstehen können*** loathe, hate like poison
todernst **I** *Adj* deadly serious **II** *Adv* in dead earnest
Todesangst *f* **1.** fear of death **2.** *fig* mortal fear: ***Todesängste ausstehen*** be scared to death
Todesanzeige *f* obituary (notice)
Todesfall *m* (***im Todesfall*** in case of) death
Todesjahr *n* year of s.o.'s death
Todeskampf *m* throes *Pl* of death
Todeskandidat, Todeskandidatin doomed man, *ugs* goner
Todesopfer *Pl* casualties *Pl*, victims *Pl*: ***Zahl der Todesopfer*** *auch* death toll
Todesstoß *m auch fig* death blow
Todesstrafe *f* death penalty, capital punishment: ***bei Todesstrafe*** on penalty of death
Todestag *m* day (*weit. S.* anniversary) of s.o.'s death
Todesursache *f* cause of death
Todesurteil *n* death sentence (*fig* warrant)
Todesverachtung *f* defiance of death: *ugs fig* ***mit Todesverachtung*** unflinchingly
Todeszelle *f* death cell, *Pl auch* death row
Todfeind, Todfeindin deadly enemy
todgeweiht *Adj* doomed
todkrank *Adj* fatally ill
tödlich **I** *Adj* fatal, *auch fig* mortal (***für*** to), *Gift, Dosis etc*: lethal: ***mit tödlicher Sicherheit*** with deadly accuracy **II** *Adv* ***tödlich verunglücken*** be killed in an accident; *ugs fig* ***sich tödlich langweilen*** be bored stiff; ***tödlich beleidigt*** mortally offended
todmüde *Adj* dead tired

todschick *Adj ugs* snazzy: *Adv* ***todschick angezogen*** *auch* dressed to kill
todsicher *ugs* **I** *Adj* dead sure, *Methode, Tip etc*: sure-fire: ***eine todsichere Sache*** a dead certainty, a cinch **II** *Adv* for sure: ***er kommt todsicher*** he is sure to come
Todsünde *f* deadly (*oder* mortal) sin
Töff *n schweiz*. motorbike
Tohuwabohu *n* chaos
Toilette *f* lavatory, toilet, *Am* bathroom, restroom: ***öffentliche Toiletten*** *Pl* public conveniences *Pl*
Toilettenartikel *m* toilet article
Toilettenfrau *f*, **Toilettenmann** *m* lavatory attendant
Toilettenpapier *n* toilet paper
toi, toi, toi *Interj ugs* **1.** **(*unberufen*)** ***toi, toi, toi!*** touch wood! **2.** (*viel Glück*) good luck!
tolerant *Adj* tolerant (***gegen*** of)
Toleranz *f allg* tolerance (***gegen*** of)
tolerieren *v/t* tolerate
toll **I** *Adj* **1.** (*verrückt*) crazy, mad, (*wild*) wild (*alle auch ugs fig*): ***eine tolle Sache, ein tolles Ding*** a wild affair, *bewundernd*: a wow **2.** *ugs* (*großartig*) terrific, fantastic: ***ein toller Kerl*** a terrific guy; ***eine tolle Frau*** a smasher; ***er (es) ist nicht so toll*** he (it) is not so hot **II** *Adv* **3.** *ugs* (***wie***) ***toll*** like mad; ***toll verliebt*** madly in love; ***er spielt (ganz) toll*** he's a fantastic player, he's terrific; → ***treiben*** 5
tollen *v/i* romp
Tollkirsche *f* BOT deadly nightshade
tollkühn *Adj* foolhardy, daredevil
Tollpatsch *m* clumsy oaf
Tollwut *f* VET rabies
Tölpel *m* clumsy oaf
tölpelhaft *Adj* oafish, clumsy
Tomate *f* tomato
Tomatenmark *n* tomato purée (*Am* paste)
Tomatensaft *m* tomato juice
Tombola *f* raffle
Tomogramm *n* MED tomogram
Tomograf, **Tomograph** *m* MED tomograph
Tomografie, **Tomographie** *f* MED tomography
Ton¹ *m* GEOL clay
Ton² *m* **1.** tone, sound (*auch* FILM, TV, *Ggs. Bild*): *ugs* ***er hat keinen Ton gesagt*** he didn't say a word; ***in den höchsten Tönen loben*** sing the praises of; ***große Töne spucken*** talk big; ***hat man Töne?*** can you believe it? **2.** (*Redeweise*) tone: ***ich verbitte mir diesen Ton!*** don't take that tone with me!; *fig* ***einen anderen Ton anschlagen*** change one's tune; ***den Ton angeben*** call the tune, *in der Mode etc*: set the trend; ***es gehört zum guten Ton zu*** *Inf* it is good form to *Inf* **3.** LING accent, stress: ***den Ton legen auf*** (*Akk*) *auch fig* emphasize **4.** (*Farbton*) tone (*auch* FOTO), shade: ***ein rötlicher Ton*** a tinge of red; ***Ton in Ton*** in matching colo(u)rs
Tonabnehmer *m* pickup
tonangebend *Adj* leading, *Mode*: trend-setting
Tonarm *m* pickup (arm)
Tonart *f* MUS key
Tonausfall *m* TV loss of sound
Tonband *n* (recording) tape: ***auf Tonband aufnehmen*** tape, record
Tonbandgerät *n* tape recorder
tönen¹ *v/i* **1.** sound **2.** *ugs fig* sound off
tönen² *v/t* tint, *dunkler*: tone down
Toner *m* toner
Tonerde *f* argillaceous earth: ***essigsaure Tonerde*** alumin(i)um acetate
Tonerkassette *f* toner cartridge
tönern *Adj* **1.** (of) clay **2.** *Klang*: hollow
Tonfall *m* intonation: ***ausländischer Tonfall*** foreign accent
Tonfilm *m* sound film
Tongeschirr *n* earthenware, pottery
Tonhöhe *f* pitch
Tonikum *n* MED tonic
Toningenieur, **Toningenieurin** sound engineer

Toilette

SG

In den Tabubereichen der Sprache gibt es traditionell eine große Auswahl an Ausdrücken, aber es gilt, den richtigen Ton zu treffen! Dies trifft auch für den Bereich Toilette/WC zu. Da sollten Sie sich im britischen Englisch folgender Unterscheidungen bewusst sein. (Zum amerikanischen Englisch kommen wir am Schluss.)

neutral:	**toilet** ['tɔɪlət]
umgangssprachlich:	**loo** [luː]
förmlich:	**lavatory** ['lævətrɪ]

Dies sind grobe Unterscheidungen der Stilebene, denn manche Leute empfinden **toilet** als salopp, für andere dagegen ist **loo** durchaus „salonfähig".

Wenn Sie bei einer britischen Familie zu Besuch sind, sagen Sie am besten:

Could I use your toilet, please?	Dürfte ich bitte Ihre Toilette benutzen?

Wenn Sie schon wissen, wo sich die Toilette befindet, können Sie Ihr Vorhaben so ankündigen:

Excuse me, I've just got to disappear for a minute.	Entschuldigung, ich muss mal kurz verschwinden.

In einem Lokal usw. fragt man so:

Where's the gents? bzw.	Wo ist die Herrentoilette?
Where's the ladies?	Wo ist die Damentoilette?

Wenn man draußen unterwegs ist, fragt man etwa:

Could you tell me where the nearest public toilets (bzw. **public lavatories**) **are?**	Können Sie mir sagen, wo die nächste öffentliche Toilette ist?

Im amerikanischen Englisch drückt man sich bei diesem Thema etwas indirekter aus. Da heißt das WC **bathroom** oder **rest room** bzw. bei Frauen oft **powder room** oder **cloakroom**.

T

Tonkamera *f* sound camera
Tonkassette *f* audio cassette
Tonkopf *m* sound head, *Video*: audio head
Tonlage *f* pitch
Tonleiter *f* MUS scale
tonlos *Adj fig* toneless, flat
Tonnage *f* SCHIFF tonnage
Tonne *f* **1.** barrel, cask **2.** (*Gewicht*) (metric) ton **3.** SCHIFF **a)** (*Seezeichen*) buoy, **b)** (*Registertonne*) (register) ton
Tonregler *m* tone control
Tonspur *f* FILM sound track
Tonstudio *n* recording studio
Tonsur *f* tonsure
Tontaube *f* SPORT clay pigeon
Tontaubenschießen *n* trap shooting
Tontechniker, **Tontechnikerin** sound engineer
Tonträger *m* sound carrier
Tönung *f* tinge (*auch Haartönung*), shade, *auch* FOTO tone
Tonwahl *f* TEL tone dial(l)ing: ***Telefon mit Tonwahl*** tone dial(l)ing phone
Tonwaren *Pl* → ***Töpferwaren***
Topas *m* topaz
Topf *m allg* pot: *fig* ***in einen Topf werfen*** lump together

Töpfe und Pfannen	WF
Topf (*allg*)	**pot**
Kochtopf	**saucepan**
Römertopf	**earthenware casserole**
Schmortopf	**casserole**
Bratpfanne	**frying pan** (*Br*), **skillet** (*Am*)
Backblech	**baking tray**
Kuchenform	**cake tin**

Töpfchen *n* pot, potty
Topfen *m österr.* quark
Töpfer, **Töpferin** potter
Töpferei *f* **1.** pottery **2.** (*Werkstatt*) potter's workshop
Töpferscheibe *f* potter's wheel
Töpferwaren *Pl* earthenware *Sg*, pottery *Sg*
topfit *Adj* in top form
Topfpflanze *f* potted plant
Topografie, **Topographie** *f* topography
Topp *m* SCHIFF top(mast)
toppen *v/t* top, beat: ***das ist schwer zu toppen*** it's hard to top (*oder* beat)
Toppsegel *n* topsail
Tor[1] *m* (*Narr*) fool
Tor[2] *n* **1.** gate, (*Garagentor etc*) door, (*Torweg*) gateway (*auch fig* ***zu*** to) **2.** *Skisport*: gate **3.** *Fußball*: *allg* goal: ***im Tor stehen*** keep goal; ***ein Tor schießen*** score (a goal)
Torbogen *m* archway
Torchance *f* SPORT chance to score
Torf *m* peat
Torfmoor *n* peat bog
Torfmull *m* peat dust
Torfrau *f* → ***Torwart***
Torheit *f* folly
Torhüter, **Torhüterin** → ***Torwart***
töricht *Adj* foolish
Törin *f* (*Närrin*) fool
Torjäger, **Torjägerin** SPORT goalgetter
torkeln *v/i* stagger, reel
Torlatte *f* crossbar
Torlauf *m Skisport*: slalom
Torlinie *f* SPORT goal line
torlos *Adj* SPORT scoreless
Tormann *m* → ***Torwart***
Tornado *m* tornado, *Am ugs* twister
torpedieren *v/t auch fig* torpedo
Torpedo *m* torpedo
Torpfosten *m* SPORT goalpost
Torraum *m Fußball*: goal area
Torschuss *m* shot at goal
Torschütze *m*, **Torschützin** *f* SPORT scorer
Torte *f* gateau, layer cake, (*Obsttorte*) (fruit) tart
Tortendiagramm *n* pie chart
Tortenheber *m* cake slice
Tortur *f* torture, *fig meist* ordeal
Torverhältnis *n* SPORT goal difference
Torwart, **Torwartin** SPORT goalkeeper, *ugs* goalie
tosen *v/i* roar, rage: ***tosender Beifall*** thunderous applause
Toskana *f die* Tuscany
tot *Adj allg* dead (*auch fig Inventar*, *Kapital*, ELEK *Leitung*, *Saison*, *Sprache etc*): *fig* ***an einem toten Punkt ankommen*** **a)** reach a low point, **b)** *Verhandlungen etc*: reach (a) deadlock; ***den toten Punkt überwinden*** **a)** get one's second wind, **b)** break the deadlock; ***toter Winkel*** blind spot, MOT blind angle; ***halb tot vor Angst*** scared stiff; ***j-n für tot erklären*** declare s.o. dead; ***tot geboren*** still born, *fig auch* abortive; ***sich tot stellen*** play dead, *ugs* play possum; ***tot umfallen*** drop dead; → ***Gleis***, ***Rennen***
total *Adj* total, complete
Totalausverkauf *m* clearance sale
Totale *f* FILM, TV long shot
totalitär *Adj* POL totalitarian
Totalitarismus *m* totalitarianism
Totalschaden *m* MOT write-off
totarbeiten *v/refl ugs* ***sich totarbeiten*** work o.s. to death
Tote *m*, *f* dead man (woman), (*Leiche*) (dead) body: ***die Toten*** *Pl* the dead
töten *v/t auch fig* kill
Totenbett *n* deathbed
totenblass, **totenbleich** *Adj* deathly pale
Totengräber, **Totengräberin** gravedigger
Totenhemd *n* shroud
Totenkopf *m* death's-head (*auch Symbol*), skull, (*Giftzeichen*) skull and crossbones
Totenmaske *f* death mask
Totenmesse *f* requiem
Totenschein *m* death certificate
Totenstarre *f* MED rigor mortis
totenstill *Adj* deathly silent
Totenstille *f* deathly silence
totgeboren → ***tot***
Totgeburt *f* stillbirth
totlachen *v/refl* ***sich totlachen*** laugh one's head off; ***es*** (***er***) ***ist zum Totlachen*** it's (he's) a scream
Toto *m* (football) pools *Pl*: ***im Toto spielen*** (***gewinnen***) do (win) the pools
Totoschein *m* pools coupon
totschießen *v/t ugs* ***j-n totschießen*** shoot s.o. dead
Totschlag *m* JUR manslaughter, *Am* second-degree murder
totschlagen *v/t* kill, beat *s.o.* to death: ***die Zeit totschlagen*** kill time
Totschläger *m* (*Waffe*) *sl* cosh, *Am* blackjack
totschweigen *v/t* hush up

Tötung *f* killing, JUR homicide
Touchscreen *f* touch screen
Toupet *n* toupee
toupieren *v/t* back-comb
Tour *f* **1.** tour (**durch England** of England), trip, excursion, (*Fußtour*) hike **2.** *meist Pl* TECH revolution: **auf Touren bringen a)** MOT rev up, **b)** *fig* get *s.o., s.th.* going; **auf Touren kommen a)** MOT pick up, rev up, **b)** *fig* get going; **auf vollen Touren laufen** be going full blast; *ugs* **in einer Tour reden** talk incessantly **3.** *ugs fig* (*Trick*) ploy: **auf die sanfte (langsame) Tour** the sweet (slow) way; → **krumm** I
Touren... touring (*bicycle, ski, car, etc*)
Tourismus *m* tourism
Tourismusgeschäft *n* tourism industry
Tourist, **Touristin** tourist
Touristen... tourist …
Touristenklasse *f* economy class
Touristik *f* tourism
touristisch *Adj* tourist(ic)
Tournee *f* (**auf Tournee gehen** go on) tour
toxikologisch *Adj* toxicological
Trab *m* trot: **im Trab** at a trot; *fig* **j-n auf Trab bringen** make s.o. get a move on; **j-n in Trab halten** keep s.o. on the trot
Trabant *m* ASTR satellite
Trabantenstadt *f* satellite town
traben *v/i* trot
Traber *m* (*Pferd*) trotter
Trabrennen *n* trotting race
Tracht *f* **1.** dress, attire, (*auch* traditional) costume **2.** (*Schwesterntracht etc*) uniform **3.** (*Honig*) yield **4.** *ugs* **eine (gehörige) Tracht Prügel** a sound thrashing
trachten *v/i* **j-m nach dem Leben trachten** be out to kill s.o.
Trachten *n* → **sinnen** II
trächtig *Adj* ZOOL pregnant
Trackball *m* IT trackball
Tradition *f* (**nach alter Tradition** by) tradition
traditionell *Adj* traditional
Trafik *f österr.* tobacconist's shop, kiosk
Trafikant, **Trafikantin** *österr.* tobacconist
Trafo *m ugs* ELEK transformer
Tragbahre *f* stretcher
tragbar *Adj* **1.** TECH portable **2.** *Kleidung*: wearable **3.** *fig Preis, Person*: acceptable, (*erträglich*) bearable, tolerable
Trage *f* stretcher
träg(e) *Adj* sluggish (*auch* WIRTSCH), (*faul*) lazy
tragen **I** *v/t* **1.** *allg* carry, (*stützen*) *auch* support (*auch fig*): *fig* **zum Tragen kommen** take effect; WIRTSCH **sich (selbst) tragen** pay its way **2.** (*Kleidung etc, sein Haar*) wear: → **getragen** 1, **Trauer** **3.** (*Früchte etc, auch Zinsen*) bear, yield: → **Zins**¹ **4.** *fig* (*Namen, Titel, Kosten, Folgen etc*) bear: **er trägt die Schuld** he is to blame; **wer trägt das Risiko?** who takes the risk?; → **Rechnung** 2 **5.** (*ertragen*) bear, endure: **sie trägt es tapfer** she is bearing up well **II** *v/i* **6.** carry (*auch Schall, Stimme*), *Eis etc*: hold, *Wasser*: be buoyant: **schwer zu tragen haben** (**an** *Dat*) be loaded (*fig* weighed) down (by) **7.** (*schwanger oder trächtig sein*) be pregnant **III** *v/refl* **8.** **sich gut tragen** *Stoff etc*: wear well **9.** **sich mit der Absicht** (*oder* **dem Gedanken**) **tragen zu** *Inf* be thinking of *Ger*
Träger *m* **1.** carrier (*auch* CHEM, MED), bearer (*auch eines Namens, Titels*), (*Gepäckträger*) porter, (*Krankenträger*) stretcher-bearer, *fig einer Idee*: upholder, (*Institution, Organisation*) body responsible (*Gen* for) **2.** *an Kleidern etc*: strap **3.** TECH support, ARCHI beam, girder
Trägerin *f* → **Träger** 1
Trägerkleid *n* pinafore dress
trägerlos *Adj Kleid etc*: strapless
Trägerrakete *f* launcher rocket
Tragetasche *f* **1.** carrier (*Am* tote) bag **2.** (*Babytragetasche*) carrycot
Tragetüte *f* carrier bag
tragfähig *Adj* **1.** TECH capable of bearing **2.** *fig* sound
Tragfähigkeit *f* TECH load capacity
Tragfläche *f* FLUG wing
Tragflächenboot *n*, **Tragflügelboot** *n* hydrofoil
Trägheit *f* sluggishness, *auch* PHYS inertia
Tragik *f allg* tragedy
Tragikomik *f* tragicomedy
tragikomisch *Adj* tragicomic(ally *Adv*)
Tragikomödie *f* tragicomedy
tragisch *Adj* tragic(ally *Adv*): **das Tragische daran** the tragic thing about it; *ugs* **nimms nicht so tragisch!** don't take it to heart!
Tragödie *f auch fig* tragedy
Tragweite *f* **1.** range **2.** *fig* significance: **von großer Tragweite** of great import
Tragwerk *n* FLUG wing unit
Trailer *m* (*von Film*) trailer
Trainer, **Trainerin** trainer, coach
trainieren *v/t und v/i* train, coach
Training *n* (**im Training** in) training: **das Training aufnehmen** go into training
Trainings... training (*camp, partner, etc*)
Trainingsanzug *m* tracksuit
Trainingshose *f* tracksuit bottoms *Pl*
Trakt *m* section, wing, block
Traktor *m* tractor
trällern *v/t und v/i* trill, *Vogel*: warble
Tram(bahn) *f* → **Straßenbahn**
Trampel *m*, *n ugs pej* clod
trampeln *v/i* trample, stamp
Trampelpfad *m* beaten path
Trampeltier *n* **1.** Bactrian camel **2.** → **Trampel**
trampen *v/i ugs* hitchhike, thumb a lift (*oder* ride), *mit dem Rucksack*: backpack it

tragen: carry oder wear? SG

in der Hand oder auf dem Rücken tragen; *Krankheit* übertragen; *Personen und Güter* befördern	**carry**
British policemen don't carry guns.	
Some animals carry diseases.	
Planes, ships and trains carry passengers.	
Kleidungsstück, Haare, Ring, Brille, Schmuck: am Körper tragen	**wear**
She's wearing a beautiful dress.	
Do you have to wear glasses for reading?	
I'm going to wear my hair up this evening.	

trampen ≠ tramp FF

trampen	=	hitchhike
tramp	=	stampfen, trampeln

T

Tramper, **Tramperin** *ugs* hitchhiker
Trampolin *n* trampoline
Tran *m* train oil
Trance *f* trance
tranchieren *v/t* carve, cut
Tranchiermesser *n* carving knife
Träne *f* tear: ***den Tränen nahe*** on the verge of tears; ***unter Tränen*** in tears; ***wir haben Tränen gelacht*** we laughed till we cried; ***ihm werde ich keine Träne nachweinen*** I won't shed any tears over him; → ***ausbrechen*** 5
tränen *v/i* water
Tränendrüse *f* lachrymal gland: *ugs* ***auf die Tränendrüse drücken*** be a real tear-jerker
Tränengas *n* tear gas
Tränensack *m* ANAT lachrymal sac
Trank *m* drink, MED potion
Tränke *f* watering place
tränken *v/t* (*Vieh, Boden*) water, (*durchtränken*) soak
Transaktion *f* transaction
transatlantisch *Adj* transatlantic
transchieren *v/t* carve, cut
Transchiermesser *n* carving knife
Transfer *m*, **transferieren** *v/t* transfer
Transfersumme *f* SPORT transfer fee
Transformator *m* ELEK transformer
transformieren *v/t allg* transform
Transfusion *f* transfusion
Transistor *m* transistor
Transistorradio *n* transistor (radio)
Transit *m* transit (*auch in Zssgn goods, road, traffic, etc*)
Transitgebühr *f* transit charge
Transithalle *f* FLUG transit lounge
transitiv *Adj* LING transitive
Transitverkehr *m* transit (*oder* through) traffic
transparent *Adj* transparent
Transparent *n* (*Spruchband*) banner
Transparenz *f auch fig* transparency
transpirieren *v/i* perspire
Transplantat *n* MED transplant, (*Gewebe*) graft
Transplantation *f* transplantation, (*Gewebetransplantation*) graft(ing)
transplantieren *v/t* transplant, (*Gewebe*) graft
Transport *m* transport(ation), conveyance, *bes Am* WIRTSCH shipment, (*Straßentransport*) haulage: ***während des Transports*** in transit
transportabel *Adj* transportable, TECH portable, moveable
Transportband *n* conveyor belt
Transporter *m* → ***Transportfahrzeug***, ***Transportflugzeug***, ***Transportschiff***
transportfähig *Adj* transportable
Transportfahrzeug *n* transporter
Transportflugzeug *n* transport plane
transportieren *v/t* **1.** transport **2.** FOTO ***den Film transportieren*** advance the film
Transportkosten *Pl* transport(ation) charges *Pl*, SCHIFF freight (charges *Pl*)
Transportmittel *n* (means *Pl* of) transport(ation)
Transportschaden *m* damage in transit
Transportschiff *n* transport ship
Transportunternehmen *n* carriers *Pl*, haulage contractors *Pl*
Transportversicherung *f* transport insurance
Transvestit *m* transvestite
transzendental *Adj* transcendental
Trapez *n* **1.** MATHE trapezium, *Am* trapezoid **2.** *Turnen*: trapeze
Trapezkünstler, **Trapezkünstlerin** trapeze artist
trappeln *v/i Pferd etc*: clatter, *Kind*: patter
Trara *n ugs* fuss, to-do
Trasse *f* TECH location line
trassieren *v/t* **1.** TECH trace (out) **2.** WIRTSCH (*Wechsel*) draw (***auf*** *Akk* on)
Tratsch *m*, **tratschen** *v/i ugs* gossip
Tratte *f* WIRTSCH draft
Traube *f* **1.** (*Weintraube*) bunch of grapes, (*Beere*) grape **2.** *fig* (*Menschentraube*) cluster
Traubensaft *m* grape juice
Traubenzucker *m* glucose
trauen[1] *v/t* marry: ***sich (kirchlich) trauen lassen*** get married (in church)
trauen[2] **I** *v/i* (*j-m, einer Sache*) trust: ***ich traute meinen Ohren nicht*** I couldn't believe my ears; → ***Weg*** **II** *v/refl* ***sich trauen, etw zu tun*** dare (to) do s.th.; ***sich aus dem Haus trauen*** venture out of doors
Trauer *f* mourning (***um*** for), *weit. S.* grief (***um, wegen*** at, over): ***Trauer tragen*** be in mourning
Traueranzeige *f* obituary (notice)
Trauerfall *m* death
Trauerfeier *f* funeral obsequies *Pl*
Trauerflor *m* mourning band, crape
Trauerkleidung *f* mourning
Trauermarsch *m* funeral march
trauern *v/i* (***um***) mourn (for), *weit. S.* grieve (for, over)
Trauerrede *f* funeral oration
Trauerschleier *m* mourning veil, weeper
Trauerspiel *n ugs fig* sorry affair
Trauerweide *f* BOT weeping willow
Trauerzug *m* funeral procession
Traufe *f* eaves *Pl*, gutter: → ***Regen***
träufeln *v/t und v/i* drip, trickle
traulich *Adj* cosy, *Am* cozy
Traum *m auch fig* dream: *ugs* ***das fällt mir nicht im Traume ein!*** I wouldn't dream of (doing) it!; → ***kühn***
Trauma *n* MED, PSYCH trauma
traumatisch *Adj* traumatic(ally *Adv*)
Traumberuf *m* dream job
Traumbild *n* dream vision, (*Wunschbild*) dream
träumen **I** *v/t* dream: ***das hätte ich mir nicht träumen lassen*** I never dreamt of such a thing **II** *v/i auch fig* dream (***von*** about, of), *wachend*: *auch* daydream: ***schlecht träumen*** have a bad dream
Träumer, **Träumerin** dreamer
Träumerei *f* reverie (*auch* MUS), (day)dream(s *Pl*)
träumerisch *Adj* dreamy
Traumfabrik *f* FILM dream factory
Traumfrau *f ugs* woman of one's dreams
traumhaft *Adj* dreamlike, (*auch Adv* ***traumhaft schön***) absolutely beautiful, a dream
Traumhaus *n ugs* dream house
Traumland *n* dreamland
Traummann *m ugs* man of one's dreams
Traumwelt *f* world of dreams
traurig *Adj allg* sad (***über*** *Akk* at, about), (*jämmerlich*) *auch* sorry: ***trauriger Anblick*** sorry sight; ***traurige Reste*** sad remains; ***traurig stimmen*** sadden
Traurigkeit *f* sadness
Trauring *m* wedding ring (*oder* band)
Trauschein *m* marriage certificate
Trauung *f* marriage ceremony, wedding
Trauzeuge *m*, **Trauzeugin** *f* witness to a marriage
Travestie *f* travesty

Treck *m*, **trecken** *v/i* trek
Trecker *m* tractor
Treff[1] *n Spielkarten*: club(s *Pl*)
Treff[2] *m ugs* **a)** meeting, **b)** meeting place
treffen I *v/t* **1.** *Schlag, Schuss etc*: hit (***j-n am Arm*** s.o.'s arm): ***nicht treffen*** miss; *ugs fig* ***er ist gut getroffen*** (***auf dem Bild***) that's a good photo (*oder* painting) of him; → ***Blitz*** 1 **2.** (*betreffen*) concern, *nachteilig*: affect, hit *s.o.* hard, (*kränken*) hurt: ***das hat ihn hart getroffen*** he took it very hard, it's been a severe blow to him; → ***Schuld*** 1 **3.** (*Vereinbarung etc*) reach, make: → ***Anstalt*** 3, ***Entscheidung*** *etc* **4.** ***j-n treffen*** meet s.o.; ***j-n zufällig treffen*** come across s.o. **II** *v/i* **5.** hit: ***nicht treffen*** miss **6.** ***auf j-n treffen*** *auch* SPORT meet s.o. **7.** ***treffen auf*** (*Akk*) meet with, (*finden*) strike (*oder* hit) on **III** *v/refl* **8.** ***sich treffen*** meet (***mit j-m*** s.o.) **9.** *ugs* ***das trifft sich gut*** (***schlecht***) that suits me (*oder* us *etc*) fine (that's a bit awkward); ***es trifft sich gut, dass …*** (it's a) good thing that …; ***das trifft sich ja großartig!*** well, that's lucky!
Treffen *n* meeting, SPORT meet
treffend *Adj Bemerkung etc*: apt: ***kurz und treffend*** short and to the point; *Adv* ***treffend gesagt!*** well put!
Treffer *m* **1.** *allg* hit, *Fußball etc*: goal **2.** (*Gewinn*) win
trefflich *Adj* excellent
Treffpunkt *m* meeting place
treiben I *v/t* **1.** *allg* drive (*auch antreiben, vertreiben*): ***die Preise in die Höhe treiben*** force up prices; ***j-n in den Wahnsinn*** (***Selbstmord***) ***treiben*** drive s.o. mad (to suicide); ***was hat sie dazu getrieben?*** what made her do that? **2.** (*Blätter etc*) sprout, (*Pflanzen*) force **3.** (*Harn, Schweiß*) produce **4.** (*Metall*) chase **5.** (*betreiben, tun*) *allg* do, (*Sport, Sprachen etc*) *auch* go in for: ***was treibst du*** (***zurzeit***)***?*** what are you doing (these days)?; ***was treibst du da?*** what are you up to?; *ugs* ***es toll treiben*** carry on like mad, live it up; ***es zu weit treiben*** go too far; ***es mit j-m treiben*** sleep with s.o.; → ***Aufwand*** 2, ***Enge*** 3, ***Spitze***[1] 3 *etc* **II** *v/i* **6.** *im Wasser*: float, *auch Schnee, Rauch etc*: drift: ***sich treiben lassen*** *auch fig* drift; ***die Dinge treiben lassen*** let things drift; → ***Kraft*** 2 **7.** BOT sprout
Treiben *n* activity, *ugs* goings-on *Pl*, (*Geschäftigkeit*) (hustle and) bustle
treibenlassen → ***treiben*** II 6
Treiber[1] *m* IT driver
Treiber[2], **Treiberin** drover, JAGD beater
Treibgas *n* fuel gas, *in Spraydosen*: propellent
Treibhaus *n* hothouse
Treibhauseffekt *m* METEO greenhouse effect
Treibhausgas *n* greenhouse gas
Treibholz *n* driftwood
Treibjagd *f* **1.** battue **2.** *fig* hunt (***auf*** *Akk* for), POL witch hunt
Treibsand *m* quicksand
Treibstoff *m* fuel
trekken *v/i* trek
Trekking *n* trekking
Trekkingrad *n* trekking bike
Trend *m* trend (***zu*** towards)
Trendwende *f* change in trend
trendy *Adj* trendy
trennbar *Adj* separable, detachable
trennen I *v/t* separate, (*teilen, auch Silben*) divide, (*abtrennen*) detach, cut off, ELEK, TEL *auch* disconnect, (*auftrennen*) undo, (*isolieren, auch Rassen*) segregate **II** *v/i* ***trennen zwischen*** distinguish between **III** *v/refl* ***sich trennen*** separate, *auch fig* part (***von*** with); ***getrennt leben*** *Eheleute*: be separated, live apart
Trennschärfe *f* RADIO selectivity
Trennung *f* separation (*auch* CHEM, TECH), (*Rassentrennung*) segregation, (*Teilung, Silbentrennung*) division, ELEK, TEL disconnection: JUR ***eheliche Trennung*** judicial separation
Trennungslinie *f* dividing line
Trennungszeichen *n* hyphen
treppauf *Adv* ***treppauf, treppab*** up and down the stairs
Treppe *f* staircase, (***eine Treppe*** a flight of) stairs (*vor dem Hause etc*: steps) *Pl*: ***zwei Treppen hoch*** on the second floor; ***die Treppe hinauf*** (***hinab***) up (down) the stairs
Treppenabsatz *m* landing
Treppengeländer *n* banisters *Pl*
Treppenhaus *n* staircase
Tresen *m* bar, (*Ladentisch*) counter
Tresor *m* (*Tresorraum*) strongroom, vault, (*Panzerschrank*) safe
Tresorfach *n* safe deposit box
Tretanlasser *m* MOT kick starter
Tretauto *n* pedal car
Tretboot *n* pedal boat
Treteimer *m* pedal bin
treten I *v/i* step, *Radfahrer etc*: pedal: ***treten auf*** (*Akk*) step on, tread on; ***aufs Gas***(***pedal***) (***auf die Bremse***) ***treten*** step on the gas (brake); ***ins Zimmer treten*** enter the room; ***nach j-m treten*** (take a) kick at s.o.; ***bitte treten Sie näher!*** please come in!; ***über die Ufer treten*** overflow its banks; → ***Kraft*** 3, ***nahe*** II *etc* **II** *v/t* tread: ***j-n*** (***in den Bauch***) ***treten*** kick s.o. (in the stomach); *fig* ***mit Füßen treten*** trample on

T

Treppe: staircase, stairs oder steps? SG

das Treppenhaus: Stufen, Geländer und eingenommener Raum	**staircase**
komplettes Set Stufen, aus denen eine Treppe besteht	**stairs**
einzelne Stufen oder Treppe außerhalb eines Gebäudes	**steps**

⚠ Der deutsche Ausdruck **drei Treppen** bedeutet „drei Stockwerke" und muss mit **three flights of stairs** übersetzt werden.

Dieses Haus hat eine enge Treppe.	**This house has a narrow staircase.**
Tom kam die Treppe herunter.	**Tom came down the stairs.**
Sie ist zu alt, um jeden Tag fünf Treppen zu steigen.	**She's too old to climb five flights of stairs every day.**
Beth saß auf der Treppe vor dem Haus.	**Beth sat on the steps in front of the building.**

Tretmühle *f auch fig* treadmill
Tretroller *m* **1.** *für Kinder*: scooter **2.** *aus Leichtmetall für Erwachsene*: (skate) scooter
treu I *Adj* (*Dat* to) faithful (*auch fig*), loyal, (*treu ergeben*) devoted: ***sich*** (***seinen Grundsätzen***) ***treu bleiben*** remain true to o.s. (one's principles) **II** *Adv* ***treu ergeben*** loyal, devoted
Treubruch *m* JUR breach of trust
Treue *f* faithfulness (*auch fig*), loyalty, *auch eheliche*: fidelity: ***j-m die Treue halten*** remain loyal to s.o.
Treueid *m* oath of allegiance
treuergeben → ***treu*** **II**
Treuhänder, **Treuhänderin** trustee
treuhänderisch *Adj* fiduciary: *Adv* ***etw treuhänderisch verwalten*** hold s.th. in trust
Treuhandgesellschaft *f* trust company
Treuhandschaft *f* trusteeship
treuherzig *Adj* guileless, (*naiv*) ingenuous, naive, (*gutgläubig*) trusting
treulos *Adj* disloyal (***gegen*** to)
Treulosigkeit *f* disloyalty
Triathlon *m* triathlon
Tribunal *n* tribunal
Tribüne *f* (*Rednertribüne*) platform, rostrum, (*Zuschauertribüne*) (grand)stand, *im Stadion*: *auch* terraces *Pl*
Tribut *m fig* ***seinen Tribut zollen*** pay tribute (*Dat* to)
Trichine *f* VET trichina
Trichinose *f* MED, VET trichinosis
Trichter *m* **1.** TECH funnel **2.** (*Schalltrichter*) flare, mouth **3.** (*Granattrichter etc*) crater
trichterförmig *Adj* funnel-shaped
Trick *m* trick
Trickaufnahme *f* **1.** FILM trick shot, *Pl* trick photography *Sg* **2.** *Tonband*: trick recording
Trickbetrüger, **Trickbetrügerin** trickster
Trickfilm *m* trick film, (*Zeichentrickfilm*) animated cartoon (film)
trickreich *Adj* artful
Trickskilaufen *n* freestyle skiing
Trieb *m* **1.** BOT young shoot **2.** instinct, (*Geschlechtstrieb*) sexual drive **3.** (*Antrieb*) impulse, (*Drang*) urge
Triebfeder *f fig* mainspring
triebhaft *Adj* instinctive, (*sexuell triebhaft*) sexual, *Person*: *auch* highly sexed
Triebkraft *f* **1.** TECH motive force (*oder* power) **2.** *fig* driving force
Triebtäter, **Triebtäterin**, **Triebverbrecher**, **Triebverbrecherin** sex offender
Triebwagen *m* BAHN railcar, *Straßenbahn*: tramcar
Triebwerk *n* (driving) mechanism, drive, FLUG power unit, (*Getriebe*) gear
triefen *v/i* drip (***von*** with), *Augen, Nase*: run: ***triefend nass*** dripping wet
triftig *Adj* (*stichhaltig*) valid, sound, (*gewichtig*) weighty, convincing
Trigonometrie *f* trigonometry
Trikot **1.** *m, n* (*Stoff*) tricot **2.** *n der Tänzer etc*: leotard, tights *Pl*, (*Hemd*) shirt, SPORT *auch* jersey
Trikotagen *Pl* knitwear *Sg*
Triller *m* trill
trillern *v/t und v/i* trill, *Vogel*: warble
Trillerpfeife *f* whistle
Trillion *f* quintillion
Trilogie *f* trilogy
Trimester *n* PÄD, UNI trimester
trimmen I *v/t* **1.** *allg* trim (*auch* FLUG, ELEK, SCHIFF), *ugs* (*Motor etc*) tune up (***auf*** *Akk* to) **2.** (*Sportler*) train **II** *v/refl* ***sich trimmen*** **3.** keep fit, keep in (good) trim
Trimmpfad *m* fitness trail
trinkbar *Adj* drinkable
trinken *v/t und v/i* drink, (*Tee etc*) have: ***trinken auf*** (*Akk*) drink to; ***was trinken Sie?*** what are you having?; ***er trinkt*** he drinks, he is a drinker
Trinker, **Trinkerin** drinker, alcoholic
Trinkerheilanstalt *f* institution for the cure of alcoholics
trinkfest *Adj* ***er ist trinkfest*** he holds his liquor well
Trinkgeld *n* tip: ***j-m*** (***2 Euro***) ***Trinkgeld geben*** tip s.o. (two euros)
Trinkhalle *f im Kurort*: pump room
Trinkhalm *m* (drinking) straw
Trinkkur *f* mineral water cure
Trinklied *n* drinking song
Trinkmilch *f* certified milk
Trinkspruch *m* toast
Trinkwasser *n* drinking water
Trio *n* MUS *und ugs fig* trio
trippeln *v/i* trip, *affektiert*: mince
Tripper *m* MED gonorrh(o)ea, *ugs* clap
Triptychon *n* triptych
trist *Adj* dreary, bleak, dismal
Tritt *m* **1.** (*Schritt*) step, (*Geräusch*) footstep: ***Tritt fassen*** fall in step; ***aus dem Tritt geraten*** (***sein***) fall (be) out of step; → ***Schritt*** 1 **2.** (*Fußspur*) footprint **3.** (*Fußtritt*) kick: ***j-m einen Tritt versetzen*** give s.o. a kick, kick s.o. **4.** (*Stufe*) step
Trittbrett *n* MOT running board
Trittbrettfahrer, **Trittbrettfahrerin** copycat (offender)
Trittleiter *f* stepladder
Triumph *m* triumph
triumphal *Adj* triumphant
Triumphbogen *m* triumphal arch
triumphieren *v/i* (***über*** *Akk* over) triumph, *hämisch*: *auch* gloat
trivial *Adj* trivial
Trivialliteratur *f* light fiction
trocken I *Adj allg* dry (*auch Wein etc, fig Bemerkung, Humor etc*), (*langweilig*) *auch* dull: *ugs fig* ***auf dem Trocknen sitzen*** be in a fix; → ***Schäfchen*** **II** *Adv fig* drily, dryly: ***sich trocken rasieren*** dry-shave
Trockendock *n* dry dock
Trockeneis *n* dry ice
Trockenelement *n* ELEK dry cell
Trockengewicht *n* dry weight
Trockenhaube *f* hairdrier
Trockenheit *f* dryness (*auch fig*), (*Dürre*) drought
trockenlegen *v/t* **1.** (*Land etc*) drain **2.** ***ein Baby trockenlegen*** change a baby
Trockenmilch *f* dried milk
Trockenobst *n* dried fruit
Trockenrasierer *m* dry shaver
Trockenschleuder *f* spin drier
Trockenskikurs *m* dry skiing (course)
Trockenzeit *f* dry season
trocknen *v/t und v/i* dry
Trockner *m* drier
Troddel *f* tassel
Trödel *m auch pej* junk
Trödelladen *m* junk shop
Trödelmarkt *m* flea market
trödeln *v/i* dawdle
Trödler, **Trödlerin** **1.** junk dealer **2.** dawdler

Trog *m* trough
trollen *v/refl* ***sich trollen*** toddle off
Trolley *m* (*taschenartiges Gepäckstück auf Rädern zum Ziehen*) trolley case
Trommel *f* drum, TECH *auch* cylinder: *fig* ***die Trommel rühren*** beat the drum (***für*** for)
Trommelbremse *f* drumbrake
Trommelfell *n* **1.** drumskin **2.** ANAT eardrum
Trommelfeuer *n auch fig* barrage
trommeln **I** *v/i* (***auf*** *Akk* at, on) drum, *Regen*: beat **II** *v/t* drum, beat: *ugs* ***j-n aus dem Bett trommeln*** knock s.o. up
Trommelschlägel *m*, **Trommelstock** *m* drumstick
Trommelwirbel *m* drum roll
Trommler, **Trommlerin** drummer
Trompete *f* trumpet
trompeten *v/t und v/i* trumpet (*auch Elefant*)
Tropen *Pl the* tropics *Pl*
Tropen… tropical (*suit*, *fever*, *etc*)
tropenfest *Adj* MED tropicalized
Tropenhelm *m* pith helmet, topee
Tropenwald *m* tropical (rain)forest
Tropf *m* MED (***am Tropf hängen*** be on the) drip
Tröpfchen *n* droplet, small drop
tröpfchenweise *Adv* drop by drop
tröpfeln *v/i* drip (*auch v/t*), trickle: *ugs* ***es tröpfelt*** it's spitting
tropfen *v/t* drip, drop
Tropfen *m* **1.** drop, (*Schweißtropfen*) *auch* bead: *fig* ***ein edler*** (*oder* ***guter***) ***Tropfen*** a capital wine; ***ein Tropfen auf den heißen Stein*** a drop in the bucket; ***steter Tropfen höhlt den Stein*** little strokes fell big oaks **2.** *Pl* MED drops *Pl*
tropfenweise *Adv* in drops, drop by drop
Tropfflasche *f* dropper bottle
Tropfinfusion *f* MED intravenous drip
tropfnass *Adj* dripping wet
Tropfstein *m* stalactite, stalagmite
Trophäe *f* trophy
tropisch *Adj* tropical
Trosse *f* cable, SCHIFF hawser
Trost *m* comfort, (***zum Trost*** as a) consolation: ***ein schwacher Trost*** cold comfort
trösten *v/t* console (***sich*** o.s.), comfort
tröstlich *Adj* comforting
trostlos *Adj* disconsolate, *fig Zustand etc*: hopeless, (*freudlos*) cheerless, (*öde*) dreary, bleak
Trostlosigkeit *f fig* dreariness, bleakness, hopelessness
Trostpflaster *n hum* (small) consolation
Trostpreis *m* consolation prize
trostreich *Adj* comforting
Trott *m* trot, *auch fig* jog trot
Trottel *m ugs* dope, idiot
trotten *v/i* trot, jog
trotz *Präp* (*Gen*) in spite of, despite: ***trotz all seiner Bemühungen*** for all his efforts
Trotz *m* defiance: ***aus Trotz*** out of spite; ***mir zum Trotz*** to spite me, in defiance of me
trotzdem **I** *Adv* nevertheless, all the same, still, anyway **II** *Konj* although
trotzen *v/i* **1.** (*Dat*) defy (*s.o.*, *s.th.*), (*Gefahren etc*) *auch* brave **2.** be obstinate
trotzig *Adj* defiant, (*störrisch*) obstinate
Trotzreaktion *f* act of defiance
trüb(e) *Adj* **1.** *Flüssigkeit*: cloudy (*auch Glas*, *Spiegel*), muddy: *ugs fig* ***im Trüben fischen*** fish in troubled waters **2.** (*glanzlos*) dull, *auch Licht etc*: dim, *Wetter*, *Himmel etc*: murky, *Tag*: dreary **3.** *Stimmung*, *Gedanken etc*: gloomy, *Aussichten etc*: *auch* bleak, *Erfahrung etc*: sad
Trubel *m* (hustle and) bustle
trüben **I** *v/t* **1.** (*Flüssigkeit*, *Glas etc*, *auch Bewusstsein*, *Beziehungen etc*) cloud (*auch* ***sich trüben***), (*Metall*, *Farben*, *auch Verstand etc*) dull (*auch* ***sich trüben***) **2.** *fig* (*Freude etc*) spoil, (*jemandes Blick*) obscure, (*jemandes Urteil*) warp, (*jemandes Sicht*, *Sinn*) blur **II** *v/refl* ***sich trüben*** **3.** become clouded (*etc*), *Glas*, *Spiegel etc*: cloud over **4.** *fig Beziehungen etc*: become strained
Trübsal *f lit* sorrow: *ugs* ***Trübsal blasen*** mope
trübselig *Adj* gloomy, (*trist*) dreary
Trübseligkeit *f* gloominess, dreariness
Trübsinn *m* gloom, low spirits *Pl*
trübsinnig *Adj* gloomy, melancholy
trudeln *v/i* FLUG spin: ***ins Trudeln kommen*** go into a spin
Trüffel *f* BOT truffle
trügen **I** *v/t* deceive: ***wenn mein Gedächtnis mich nicht trügt*** if my memory serves me right **II** *v/i* be deceptive: → ***Schein***[1] 2
trügerisch *Adj* deceptive, misleading, *Hoffnung etc*: illusive
Trugschluss *m* fallacy
Truhe *f* chest
Trümmer *Pl* ruins *Pl*, (*Schutt*) rubble *Sg*, debris *Sg*, (*Bruchstücke*) fragments *Pl*
Trümmerhaufen *m* heap of rubble
Trumpf *m* trump(s *Pl*), (*Trumpfkarte*) trump card: ***was ist Trumpf?*** what's trumps?; *fig* ***Trumpf sein*** be the thing; *auch fig* ***alle Trümpfe in der Hand haben*** hold all the trumps; ***einen*** (*fig* ***seinen letzten***) ***Trumpf ausspielen*** play a trump (*fig* play one's trump card)
Trunkenheit *f* drunkenness: ***Trunkenheit am Steuer*** drink-driving, *Am* drunk-driving
Trunksucht *f* alcoholism
trunksüchtig *Adj* (***trunksüchtig sein*** be an) alcoholic
Trupp *m* troop, gang, MIL detachment
Truppe *f* **1.** MIL troops *Pl*, *Pl auch* forces *Pl*, (*Einheit*) unit **2.** THEAT company, troupe **3.** SPORT team
Truppenabbau *m* reduction in forces
Truppenabzug *m* withdrawal of troops, pull-out
Truppenübungsplatz *m* training area
Truthahn *m* turkey (cock)
Truthenne *f* turkey-hen
Tschad *m der* Chad
Tscheche *m* Czech
Tschechin *f*, **tschechisch** *Adj* Czech
Tschechische Republik *the* Czech Republic
Tschetschenien *n* Chechnia
tschüss, **tschüs** *Interj ugs* bye!, see you!
T-Shirt *n* T-shirt
TU *f Abk* (= ***Technische Universität***) technical university
Tube *f* tube: *ugs* MOT *und fig* ***auf die Tube drücken*** step on it
tuberkulös *Adj* tubercular, tuberculous
Tuberkulose *f* tuberculosis
Tuch *n* **1.** *Textilie*: cloth, fabric **2.** cloth, (*Halstuch*, *Kopftuch*) scarf: ***das wirkt auf ihn wie ein rotes Tuch*** that's a red rag to him
Tuchfühlung *f fig* ***Tuchfühlung haben mit*** be in close contact with
tüchtig **I** *Adj* **1.** *Person*: good (***in*** *Dat* at), (*fähig*) capable, able, competent, efficient, (*fleißig*) hard-working **2.** *ugs* (*groß*, *mächtig*) good **II**

T

Adv **3.** *ugs* tremendously, like hell: ***tüchtig arbeiten*** work hard; ***tüchtig zulangen, tüchtig essen*** tuck in
Tüchtigkeit *f* ability, competence, proficiency, prowess, (*Fleiß*) diligence
Tücke *f* (*Bosheit*) malice, perfidy, (*Gemeinheit*) trick: ***seine Tücken haben*** be tricky, *Fluss, Berg etc*: be treacherous
tückisch *Adj* malicious, insidious (*auch* MED), (*gefährlich*) treacherous
tüfteln *v/i* (**an** *Dat*) tinker (with), *geistig*: puzzle (over)
Tüftler, **Tüftlerin** tinkerer
Tugend *f* virtue
tugendhaft *Adj* virtuous
Tulpe *f* tulip
tummeln *v/refl* ***sich tummeln*** disport o.s
Tummelplatz *m* **1.** playground **2.** *fig* stomping ground
Tumor *m* MED tumo(u)r
Tümpel *m* pool
Tumult *m* tumult, *stärker*: uproar, riot
tun *v/t und v/i* do (*auch* → ***machen***), (*Äußerung, Bitte etc*) make, (*Schritt etc*) take, (*hintun, legen, stellen*) put, *ugs* (*funktionieren*) go, work: ***höflich*** *etc* ***tun*** act (*oder* do) the polite *etc*; ***so tun, als ob*** pretend to *Inf*; ***er tut nur so*** he's only pretending; ***was kann ich für Sie tun?*** what can I do for you?; ***was hat er dir getan?*** what has he done to you?; ***dagegen müssen wir etw tun!*** we must do s.th. about it!; ***was (ist zu) tun?*** what's to be done?; ***wir haben zu tun*** we have work to do, we are busy; ***das tut nichts!*** never mind!, it doesn't matter!; ***was tuts!*** what does it matter!; ***das tut man nicht*** that just isn't done!; ***mit ihm (damit) habe ich nichts zu tun*** I have nothing to do with him (it); ***das hat nichts damit zu tun*** that's nothing to do with it; ***du wirst es mit ihm zu tun bekommen*** you'll get into trouble with him; *ugs* ***es tut sich was!*** there is s.th. going on!; → ***daran*** 3, ***leidtun***
Tun *n* doing, (*Taten, auch* ***Tun und Treiben, Tun und Lassen***) doings *Pl*, actions *Pl*
Tünche *f* **1.** whitewash **2.** *fig* veneer
tünchen *v/t* whitewash
Tundra *f* GEOG tundra
tunen *v/t* MOT tune (up)
Tuner *m* RADIO tuner
Tunesien *n* Tunisia
Tunesier, **Tunesierin**, **tunesisch** *Adj* Tunisian
Tunfisch *m* → ***Thunfisch***
Tunke *f* sauce
tunken *v/t* dip
Tunnel *m* tunnel
Tüpfelchen *n*, **tüpfeln** *v/t* dot
tupfen *v/t* **1.** MED swab **2.** dot
Tupfen *m* dot, spot
Tupfer *m* **1.** MED swab **2.** dot
Tür *f* door: ***in der Tür*** in the doorway; ***Tag der offenen Tür*** Open Day; *fig* ***offene Türen einrennen*** force an open door; ***mit der Tür ins Haus fallen*** blurt it out; *fig* ***einer Sache Tür und Tor öffnen*** open the door to; ***vor der Tür stehen*** be near at hand; ***j-n vor die Tür setzen*** turn s.o. out
Turban *m* turban
Turbine *f* turbine
Turbo *m* MOT turbocharger
Turbomotor *m* MOT turbocharged engine
Turbo-Prop-Maschine *f* FLUG turboprop (engine)
turbulent *Adj* turbulent
Turbulenz *f auch* PHYS turbulence
Türke *m* Turk
Türkei *f die* Turkey
türken *v/t ugs* fake
Türkin *f* Turk(ish woman)
Türkis *m* turquoise
türkisch *Adj* Turkish
Türklingel *f* doorbell
Türklinke *f* doorhandle
Türklopfer *m* knocker
Turm *m* **1.** tower (*auch fig*), (*Kirchturm*) steeple **2.** (*Sprungturm*) (diving) platform **3.** *Schach*: castle

Türme WF

Glockenturm	**bell tower**
Uhrturm	**clock tower**
Kontrollturm	**control tower**
Kirchturm	**steeple**
Kirchturmspitze	**spire**
⚠ *Schach*: Turm	**castle, rook** [rʊk]

Türmchen *n* turret
türmen¹ **I** *v/t* pile (up) **II** *v/refl* ***sich türmen*** *auch fig* pile up
türmen² *v/i ugs* (*fliehen*) bolt, make off
Turmspitze *f* spire
Turmspringen *n* SPORT high diving
Turmuhr *f* church clock
Turnanzug *m* gymsuit
turnen **I** *v/i* do gymnastics **II** *v/t* (*eine Übung*) do
Turnen *n* gymnastics *Sg*
Turner, **Turnerin** gymnast
Turngerät *n* gymnastic apparatus
Turnhalle *f* gymnasium, *ugs* gym
Turnhose *f* gym shorts *Pl*
Turnier *n* tournament
Turnlehrer, **Turnlehrerin** gym instructor
Turnriege *f* gym squad
Turnschuh *m* gym shoe
Turnstunde *f* PÄD gym lesson
Turnübung *f* gymnastic exercise
Turnus *m* rotation: ***im Turnus*** → ***turnusmäßig*** II
turnusmäßig **I** *Adj* rotational, (*regelmäßig*) regular **II** *Adv* in turns: ***turnusmäßig (aus)wechseln*** rotate
Turnverein *m* gymnastics club
Türpfosten *m* door post
Türrahmen *m* door frame
Türschild *n* door plate
turteln *v/i ugs* bill and coo
Turteltaube *f* turtledove
Tusche *f* Indian ink, (*Zeichentusche*) drawing ink, (*Wimperntusche*) mascara
tuscheln *v/i und v/t* whisper
Tuschkasten *m* paintbox
Tuschzeichnung *f* Indian drawing
Tussi *f ugs* female, (*Freundin*) bird
Tüte *f* (paper) bag, (*Eistüte*) cone
tuten *v/i ugs* too, MOT honk
Tutor *m*, **Tutorin** *f* UNI tutor
TÜV *m Abk* (= ***Technischer Überwachungsverein***) safety standards authority, (*für Auto*) MOT: ***durch den TÜV kommen*** pass one's MOT; ***nicht durch den TÜV kommen*** fail one's MOT

Twen *m ugs* person in his (her) twenties, *Pl* under-thirties *Pl*
Typ *m* **1.** *allg* type, TECH *auch* model: *ugs* ***sie ist mein Typ*** she is my type **2.** *ugs* (*Kerl*) fellow, chap
Type *f* **1.** BUCHDRUCK type **2.** *ugs* ***komische*** *etc* ***Type*** queer *etc* character
Typenrad *n* daisywheel
Typenschild *n* TECH type plate
Typhus *m* MED typhoid (*auch in Zssgn epidemy, patient, etc*)
typisch *Adj* typical (***für*** of)
typisieren *v/t* typify
Typografie *f* typography
Typus *m* type
Tyrann, **Tyrannin** tyrant
Tyrannei *f* tyranny
tyrannisch *Adj* tyrannical
tyrannisieren *v/t* tyrannize

U

U, **u** *n* U, u
U-Bahn *f Abk* (= ***Untergrundbahn***) *Br* underground; *Am* subway
übel **I** *Adj allg* bad, (*gemein*) *auch* nasty: *ugs* (***gar***) ***nicht übel*** not bad (at all); ***mir ist*** (***wird***) ***übel*** I'm feeling (getting) sick; *ugs fig* ***dabei kann einem übel werden!*** it's enough to make you sick!; ***ein übler Kerl*** a bad lot; ***eine üble Sache*** a bad business; ***kein übler Gedanke*** not a bad idea **II** *Adv* ***übel gelaunt*** bad-tempered; ***etw übel nehmen*** take s.th. amiss, take offen/ce (*Am* -se) at s.th.; ***übel riechen*** smell (terrible); ***übel riechend*** foul-smelling, *ugs* smelly, *Atem*: foul
Übel *n* evil, (*Krankheit*) illness: ***ein notwendiges Übel*** a necessary evil; ***das kleinere Übel*** the lesser of two evils; ***zu allem Übel*** to top it all
übelgelaunt → ***übel*** II
Übelkeit *f* nausea
übelnehmen → ***übel*** II
übelriechend → ***übel*** II
Übeltäter, **Übeltäterin** malefactor
üben **I** *v/t allg* practise (*auch* ***sich üben in*** *Dat*), (*schulen*) train: ***Klavier üben*** practise the piano; *fig* ***Geduld üben*** have patience; → ***Nachsicht***, ***Rache***. **II** *v/i* practise
über **I** *Präp* **1.** over, (*oberhalb*) *auch* above, (*quer über*) across (*the river etc*): ***über die Straße gehen*** cross the street; ***über München nach Rom reisen*** go to Rome via Munich **2.** (*während*) over: ***über Nacht*** overnight; ***über das Wochenende*** over the weekend; ***über die Ferien*** during the holidays; ***übers Jahr*** (this time) next year; ***über einem Glas Wein*** (***der Arbeit*** *etc*) over a glass of wine (one's work *etc*) **3.** (*mehr als*) over, more than, (*über hinaus*) beyond, VERW exceeding (*a sum, an age, etc*): ***er ist über siebzig*** (***Jahre alt***) he is past (*oder* over) seventy; ***es geht nichts über Musik!*** there's nothing like music!; → ***Verstand*** **4.** (*über ein Thema*) about, *Aufsatz, Buch, Vortrag etc*: *auch* on: ***über Geschäfte*** (***den Beruf, Politik***) ***reden*** talk business (shop, politics) **5.** (*im Wert von*) for: ***eine Rechnung über 100 Euro*** a bill for 100 euros **6.** (*vermittels*) over, by: ***über eine Treppe*** over (*oder* by) a staircase; ***über einen Makler*** through a broker;

über in seinen häufigsten Verwendungen SG

über: „oberhalb von etwas" + Objekt	**over, above**
the picture over / above the bed	
über: „auf der anderen Seite" + Nomen	**over, across**
the shop across / over the road	
⚠ Überquert man eine große Fläche, steht nur **across**:	
We sailed across the Atlantic.	
They walked across the field.	
⚠ Bei einer Auf- und Abwärtsbewegung steht nur **over**:	
He jumped over the fence.	
über: „bedeckend" + Objekt	**over**
She put a blanket over her head.	
über: „mehr als" + Mengenangabe	**over**, *bei Menschen und Tieren*: **more than**
The wall was over 10 metres high.	
There were more than 100 people there.	
über + Verben wie fallen, stolpern, etc.	**over**
He fell over his daughter's toy.	
über: „auf einer höheren Ebene", „oberhalb eines festen Bezugspunkts"	**above**
above average / freezing point / zero / sea-level	
The plane flew above the clouds.	
A general is above a private.	
über: „jenseits, über einen bestimmten Punkt hinaus"	**beyond, over**
beyond the river	**over the limit**
über: „älter als" + Zeitangabe	**over**
people over 20 (years old)	

über die Auskunft from the information **7.** ***Fehler über Fehler*** one mistake after the other **II** *Adv* **8.** ***über und über*** all over; ***die ganze Zeit über*** all along; → ***überhaben, übrig***
überall *Adv* everywhere, all over: ***überall wo*** wherever
überallher *Adv* from everywhere
überallhin *Adv* everywhere
überaltert *Adj Bevölkerung*: overaged
Überangebot *n* oversupply
überängstlich *Adj* overanxious
überanstrengen *v/t* overexert (***sich*** o.s.), (over)-strain
Überanstrengung *f* overexertion, (over)strain
überarbeiten **I** *v/t* (*Buch etc*) revise **II** *v/refl* ***sich überarbeiten*** overwork
überarbeitet *Adj* **1.** revised **2.** overworked
Überarbeitung *f* **1.** revision **2.** overwork
überaus *Adv* extremely
überbacken *Adj* GASTR au gratin
überbeanspruchen *v/t* **1.** TECH overload, overstress **2.** *fig* ***j-n überbeanspruchen*** overtax s.o.
Überbein *n* MED node, exostosis
überbelegt *Adj* overcrowded
überbelichten *v/t* FOTO overexpose
Überbelichtung *f* overexposure
überbesetzt *Adj personell*: overstaffed
überbetonen *v/t* overemphasize
überbewerten *v/t* overrate, overvalue
überbezahlen *v/t* overpay
überbieten *v/t* **1.** WIRTSCH outbid (***um*** by) **2.** *fig* outdo, (*etw*) *auch* cap, (*Rekord*) beat: ***sich (gegenseitig) überbieten*** vie with each other (***in*** *Dat* in)
Überbleibsel *n auch fig* remnant
überblenden *v/t* FILM, RADIO fade over
Überblick *m* **1.** view (***über*** *Akk* of) **2.** *fig* overall view: ***einen Überblick gewinnen*** get a general idea (***über*** *Akk* of); ***den Überblick verlieren*** lose track of things, be confused
überblicken *v/t* **1.** overlook, survey **2.** *fig* grasp, see, (*Folgen etc*) assess
überbringen *v/t* ***j-m etw überbringen*** deliver (*oder* bring) s.th. to s.o.
Überbringer, Überbringerin bearer
Überbringung *f* delivery
überbrücken *v/t* span, *auch fig* bridge
Überbrückungskredit *m* bridging loan
überbuchen *v/t* (*Flug, Hotel etc*) overbook
Überbuchung *f* overbooking
überbürden *v/t* overburden
überdacht *Adj* roofed, covered
überdauern *v/t* outlast, survive
überdehnen *v/t* overstretch, (*Muskel*) pull
überdenken *v/t* ***etw überdenken*** think s.th. over; ***neu überdenken*** reconsider
überdeutlich *Adj* all too clear
überdies *Adv* besides, moreover
überdimensional *Adj* outsize(d)
Überdosis *f* overdose
überdrehen *v/t* (*den Motor*) overspeed
Überdruck *m* TECH overpressure
Überdruckkabine *f* pressurized cabin
Überdruckventil *n* pressure relief valve
Überdruss *m* weariness: ***bis zum Überdruss*** ad nauseam
überdrüssig *Adj* ***überdrüssig sein*** be weary (*oder* tired) (*Gen* of)
überdüngen *v/t* overfertilize
überdurchschnittlich *Adj* above-average, above average
Übereifer *m* overzealousness, officiousness
übereifrig *Adj* overzealous, officious
übereignen *v/t* ***j-m etw übereignen*** make s.th. over to s.o.
Übereignung *f* transfer
übereilen *v/t* rush: ***etw übereilen*** *auch* rush things
übereilt *Adj* (over)hasty
Übereilung *f* (over)haste: ***keine Übereilung!*** don't rush things!
übereinander *Adv* **1.** one on top of the other **2.** ***übereinander sprechen*** talk about one another; → ***übereinanderschlagen***
übereinanderschlagen *v/t* (*Beine*) cross
übereinkommen *v/i* (***über*** *Akk* on) agree, reach an agreement
Übereinkommen *n* agreement
Übereinkunft *f* (***eine Übereinkunft treffen*** reach an) agreement
übereinstimmen *v/i* **1.** *Angaben etc*: tally, correspond, *Farben, Muster etc*: match **2.** ***mit j-m übereinstimmen*** agree with s.o. (***über*** *Akk*, ***in*** *Dat* on)
übereinstimmend *Adj* corresponding, *Bericht, Meinung etc*: concurring, *Farben etc*: matching
Übereinstimmung *f* agreement, correspondence, harmony: ***in Übereinstimmung mit*** in accordance (*oder* keeping) with
überempfindlich *Adj* hypersensitive, *bes* MED allergic (***gegen*** to)
überernährt *Adj* overfed
überfahren *v/t* (*Signal etc*) drive through: ***j-n überfahren*** run s.o. over, *ugs fig* bulldoze s.o., SPORT clobber s.o.
Überfahrt *f* SCHIFF crossing, passage
Überfall *m* **1.** (***auf*** *Akk*) attack (on), raid (on), (*Einfall*) invasion (of) **2.** (*Raubüberfall*) hold-up, *auf der Straße*: mugging **3.** *ugs* surprise visit
überfallen *v/t* attack, assault, (*eine Bank etc*) hold up, raid, (*Land*) invade: *ugs* ***j-n überfallen*** (*besuchen*) descend on s.o.; ***j-n mit einer Frage*** *etc* ***überfallen*** pounce on s.o. with a question *etc*
überfällig *Adj* overdue
Überfallkommando *n* riot squad
Überfischung *f* overfishing
überfliegen *v/t* **1.** fly over **2.** (*Brief etc*) glance over, skim
überfließen *v/i* overflow
überflügeln *v/t* ***j-n überflügeln*** outstrip s.o.
Überfluss *m* (***an*** *Dat* of) abundance, profusion, wealth, (*Überschuss*) surplus: ***Überfluss haben an*** (*Dat*) abound in, have plenty of; ***zu allem Überfluss*** to top it all
Überflussgesellschaft *f* affluent society
überflüssig *Adj* superfluous, (*unnötig*) unnecessary
überfluten *v/t auch fig* flood
überfordern *v/t* (*auch Körper etc*) overtax, (*Arbeitskräfte*) *auch* overstretch: ***j-n überfordern*** expect too much of s.o., *Aufgabe etc*: be too much for s.o.; ***damit war sie (völlig) überfordert*** this was more than she could handle
überfragt *Adj ugs* ***da bin ich überfragt!*** you've got me there!
Überfremdung *f* POL foreign infiltration
überführen *v/t* **1.** transport **2.** ***j-n überführen*** (*Gen* of) find s.o. guilty, convict s.o.
Überführung *f* **1.** transfer **2.** JUR conviction **3.** (*Straßenüberführung etc*) flyover, *Am* overpass
überfüllt *Adj* overcrowded, *Straße*: congested,

U

Bus, *Raum etc*: (jam-)packed

Überfunktion *f* MED hyperactivity

überfüttern *v/t* overfeed

Übergabe *f* delivery, *auch eines Amtes etc*: handing-over, MIL surrender

Übergang *m* **1.** crossing, (*auch Stelle*) passage **2.** *fig* transition

übergangslos *Adv* without transition, directly

Übergangsperiode *f* transitional period

Übergangsregierung *f* caretaker government

Übergangsstadium *n* transition(al stage)

Übergangszeit *f* transition(al period)

übergeben I *v/t* (***j-m etw***) ***übergeben*** hand over (s.th. to s.o.), *feierlich*: present (s.o. with s.th.); ***j-m etw übergeben*** entrust s.o. with s.th.; ***dem Verkehr übergeben*** open *s.th.* to the traffic **II** *v/refl* ***sich übergeben*** vomit, be sick

'übergehen[1] *v/i* pass over (***zu*** to): ***übergehen auf*** (*einen Nachfolger etc*) devolve upon; ***übergehen in*** (*Akk*) pass (*oder* turn) into; ***in j-s Besitz übergehen*** pass into s.o.'s possession; ***in andere Hände übergehen*** change hands; ***ineinander übergehen*** *Farben*: blend; ***zu*** *etw* ***übergehen*** proceed to; ***zum*** *Feind*, ***zur*** *anderen Partei* ***übergehen*** go over to

über'gehen[2] *v/t* disregard, ignore, (*auslassen*) omit, skip: ***j-n übergehen*** pass s.o. over; ***etw mit Stillschweigen übergehen*** pass s.th. over in silence

übergeordnet *Adj* **1.** *Amt etc*: higher **2.** (*vorrangig*) of overriding importance

Übergepäck *n* FLUG excess luggage (*bes Am* baggage)

übergeschnappt *Adj ugs* mad, off one's rocker

Übergewicht *n* **1.** (***Übergewicht haben*** be) overweight **2.** *fig* preponderance

überglücklich *Adj* overjoyed

übergreifen *v/i fig* spread (***auf*** *Akk* to)

Übergriff *m* (***in*** *Akk*) encroachment ([up]on), infringement (of)

übergroß *Adj* outsize(d)

Übergröße *f* outsize

überhaben *v/t ugs* ***etw überhaben*** be sick of s.th.

überhandnehmen *v/i* increase, spread

Überhang *m* **1.** FLUG, ARCHI, TECH overhang **2.** (*Geldüberhang*) surplus, (*Auftragsüberhang etc*) backlog

überhängen I *v/i* overhang, ARCHI project **II** *v/t* (*Mantel etc*) throw over one's shoulders

überhäufen *v/t* ***j-n überhäufen mit*** *Arbeit etc*: swamp s.o. with, *Geschenken etc*: shower s.o. with, *Ehren*, *Vorwürfen etc*: heap *s.th.* on s.o.

überhaupt *Adv* at all, actually, really: ***hast du überhaupt geschlafen?*** have you slept at all?; ***was willst du überhaupt?*** what really do you want?; ***überhaupt nicht*** not at all; ***überhaupt nichts*** nothing at all; ***er versteht davon überhaupt nichts*** he doesn't know the first thing about it; ***überhaupt kein ...*** no ... whatever; ***wenn überhaupt*** if at all

überheblich *Adj* arrogant

Überheblichkeit *f* arrogance

überhitzen *v/t auch fig* overheat

überhöht *Adj Preise etc*: excessive

überholen *v/t* **1.** MOT, SPORT pass, overtake, *fig* outstrip **2.** TECH overhaul

Überholmanöver *n* overtaking manoeuvre, *Am* passing maneuver

Überholspur *f* MOT passing lane

überholt *Adj* outdated

Überholung *f* TECH overhaul

Überholverbot *n* "No Passing" sign

überhören *v/t* not to hear, (*Worte*) miss, not to catch, *absichtlich*: ignore

> **überhören ≠ overhear**
>
> überhören = miss
> overhear = zufällig mitbekommen

überirdisch *Adj* supernatural

Überkapazität *f* overcapacity

überkleben *v/t* ***etw überkleben*** paste s.th. over

überkochen *v/i auch fig* boil over

überkommen *v/t* ***Furcht*** *etc* ***überkam ihn*** he was overcome by fear *etc*

überkonfessionell *Adj* interdenominational

überladen I *v/t* **1.** overload (*auch* ELEK), *mit Arbeit*: overburden, swamp **II** *Adj* **2.** overloaded **3.** *fig* cluttered, *Stil*: overladen, florid

überlagern *v/t* superimpose, *teilweise*: overlap (*auch* ***sich überlagern***), RADIO heterodyne, (*Sender*) jam

Überlandbus *m* long-distance coach

Überlänge *f* exceptional length

überlappen *v/t* (*auch* ***sich überlappen***) overlap

überlassen *v/t* ***j-m etw überlassen*** let s.o. have s.th., *auch fig* leave s.th. to s.o.; ***j-n sich selbst*** (***seinem Schicksal***) ***überlassen*** leave s.o. to himself (to his fate); ***sich selbst überlassen sein*** be left to one's own devices; ***überlassen Sie das mir!*** leave it to me!; ***das bleibt ihm überlassen!*** that's up to him!

überlasten *v/t* **1.** *auch* ELEK, TECH overload **2.** *fig* overtax, overburden, *mit Arbeit*: overwork, overstretch

Überlastung *f* **1.** *auch* ELEK, TECH overload **2.** *fig* overburdening, (*Überanstrengung*) (over)-strain

Überlaufanzeige *f* overflow indicator

'überlaufen[1] *v/i* **1.** run over **2.** (***zu*** to) desert, go over, defect

über'laufen[2] **I** *v/t* ***Angst*** *etc* ***überlief mich*** I was seized with fear *etc* **II** *v/unpers* ***es überlief mich heiß und kalt*** I went hot and cold **III** *Adj Gegend*, *Beruf*: overcrowded

Überläufer, **Überläuferin** deserter, defector

überleben *v/t und v/i* survive: *ugs* ***du wirst es überleben!*** you'll survive!

Überleben *n* survival

Überlebende *m*, *f* survivor

Überlebenschance *f* chance of survival

überlebensgroß *Adj* larger(-)than(-)life

Überlebenstraining *n* survival training

überlegen[1] *v/t und v/i* think (*s.th.* over): ***ich will es mir überlegen*** I'll think it over; ***lassen Sie mich überlegen!*** let me think!; ***es sich anders überlegen*** change one's mind; ***sich etw genau überlegen*** think carefully about it; ***ohne zu überlegen*** without thinking, (*übereilt*) rashly, (*sofort*) *ugs* like a shot; → ***reiflich*** II

überlegen[2] **I** *Adj* (*auch weit. S. überheblich*) superior (*Dat* to, ***an*** *Dat* in): ***j-m weit überlegen sein*** be head and shoulders above s.o. **II** *Adv* in superior style, (*herablassend*) superciliously: ***überlegen siegen*** win in style

Überlegenheit *f* superiority

überlegt *Adj* considered, (*durchdacht*) well thought-out

Überlegung *f* consideration, reflection: ***Überle-***

gungen anstellen **a)** ***über*** (*Akk*) think about, reflect on, **b)** ***ob*** consider if; → ***reiflich*** I
überleiten *v/i* lead over (***zu*** to)
überliefern *v/t* ***etw überliefern*** hand s.th. down (*Dat* to)
überliefert *Adj* traditional
Überlieferung *f* tradition
überlisten *v/t* outwit, fool
Übermacht *f* superiority
übermächtig *Adj* too strong, *fig* overpowering
übermalen *v/t* ***etw übermalen*** paint s.th. over
übermannen *v/t fig* overwhelm
Übermaß *n* excess (***an*** *Dat* of): ***im Übermaß*** in excess
übermäßig *Adj* excessive
Übermensch *m* superman
übermenschlich *Adj* superhuman
übermitteln *v/t* (*Dat* to) transmit, convey
Übermittlung *f* transmission
übermorgen *Adv* the day after tomorrow
übermüdet *Adj* overtired
Übermüdung *f* overtiredness
Übermut *m* high spirits *Pl*
übermütig *Adj* high-spirited, *präd* in high spirits
übernächst *Adj the* next but one: ***übernächste Woche*** the week after next
übernachten *v/i* spend the night
übernächtigt *Adj* bleary-eyed
Übernachtung *f* overnight stay: ***Übernachtung und Frühstück*** bed and breakfast
Übernachtungsmöglichkeit *f* overnight accommodation
Übernahme *f* taking over, *der Macht, einer Firma*: takeover, *eines Amts, der Verantwortung*: assumption, *einer Idee etc*: adoption
Übernahmeangebot *n* WIRTSCH takeover bid
übernational *Adj* supranational
übernatürlich *Adj* supernatural
übernehmen **I** *v/t* (*Macht, Führung, Amt, Firma etc*) take over, (*Waren etc*) *auch* accept, (*Arbeit, Verantwortung etc*) take on, (*Verfahren, Ideen etc*) adopt: ***es übernehmen, etw zu tun*** take it upon o.s. to do s.th.; ***etw übernehmen*** (*erledigen*) take care of s.th. **II** *v/refl* ***sich übernehmen*** *mit Arbeit etc*: take on more than one can handle, *finanziell*: overreach o.s., (*sich überanstrengen*) overdo it; *iron* ***übernimm dich nur nicht!*** don't kill yourself!

übernehmen ≠ overtake

übernehmen	=	take over
overtake	=	überholen

überordnen *v/t* ***j-n (etw) j-m (einer Sache) überordnen*** set s.o. (s.th.) above s.o. (s.th.)
überparteilich *Adj* nonpartisan
Überproduktion *f* overproduction
überprüfen *v/t* check, inspect, test, *genau*: scrutinize, (*Person*) screen, *ugs* vet
Überprüfung *f* check(up), *genaue*: scrutiny, (*Sicherheitsüberprüfung*) *ugs* vetting
überquellen *v/i auch fig* (***von*** with) overflow, brim over
überqueren *v/t* cross
überragen *v/t* tower above (*auch fig*): ***j-n überragen*** be taller than s.o., *fig* outclass s.o.
überragend *Adj fig* outstanding, brilliant
überraschen *v/t* surprise: ***j-n überraschen*** (*überrumpeln*) take s.o. by surprise, (*ertappen*) catch s.o. (***bei*** at); ***von einem Gewitter überrascht werden*** be caught in a thunderstorm
überraschend *Adj* surprising, (*unerwartet*) unexpected, sudden
Überraschung *f* surprise
Überraschungsangriff *m* surprise attack
Überraschungsmoment *n* element of surprise
Überraschungssieg *m* SPORT unexpected win
überreagieren *v/i* overreact
überreden *v/t* ***j-n überreden*** persuade s.o. (***zu*** to), ***zu etw*** *auch* talk s.o. round into (doing) s.th.
Überredung *f* persuasion
Überredungskunst *f* powers *Pl* of persuasion
überregional *Adj* supraregional, *Zeitung*: national, *Sendung*: nationwide
überreich *Adj* ***überreich sein an*** (*Dat*) abound in
überreichen *v/t* ***(j-m) etw überreichen*** hand s.th. over (*feierlich*: present s.th.) (to s.o.)
überreif *Adj* overripe
überreizen *v/t* overexcite
überreizt *Adj* overwrought: ***überreizt sein*** *auch* be on edge
Überrest *m* remains *Pl*, *auch fig* remnant, *Pl einer Mahlzeit*: leftovers *Pl*, *fig einer Kultur etc*: remnants *Pl*, relics *Pl*
Überrollbügel *m* MOT rollbar
überrollen *v/t* overrun, *fig auch* steamroll
überrumpeln *v/t* ***j-n überrumpeln*** take s.o. unawares (*oder* by surprise)
überrunden *v/t* SPORT lap, *fig* outstrip
übersät *Adj* littered, *fig* studded
übersättigen *v/t* oversaturate, (*den Markt*) *auch* glut, CHEM supersaturate, *fig* surfeit
Übersättigung *f* surfeit (*auch fig*), glut, CHEM supersaturation
übersäuern *v/t auch* MED overacidify
Übersäuerung *f auch* MED hyperacidity
Überschall... supersonic
Überschallgeschwindigkeit *f* supersonic speed: ***mit Überschallgeschwindigkeit fliegen*** fly faster than the speed of sound
überschatten *v/t auch fig* overshadow
überschätzen *v/t* overrate, overestimate
Überschätzung *f* overestimation
überschaubar *Adj fig* clear, easy to grasp: ***überschaubar, von überschaubarer Größe*** *Betrieb etc*: of manageable size
überschauen → ***überblicken*** 2
überschäumen *v/i* **1.** froth over **2.** *fig* bubble over (***vor*** *Dat* with)
überschlafen *v/t ugs* ***das muss ich erst überschlafen!*** I must sleep on it!
Überschlag *m* **1.** *Turnen*: somersault, (*Handstandüberschlag*) handspring **2.** (*Schätzung*) (rough) estimate **3.** ELEK flashover
überschlagen **I** *v/t* **1.** (*auslassen*) skip **2.** (*schätzen*) calculate roughly **II** *v/refl* ***sich überschlagen*** **3.** fall head over heels, MOT overturn, FLUG nose over: *ugs fig* ***er überschlug sich fast (vor Liebenswürdigkeit)*** he bent over backwards (to be nice) **4.** *Stimme*: crack **5.** *Ereignisse etc*: follow hot on each other's heels
überschnappen *v/i* **1.** *ugs* go mad, go crazy **2.** *Stimme*: crack
überschneiden *v/refl* ***sich überschneiden*** overlap (*auch fig*), *Linien*: intersect; ***sich zeitlich überschneiden*** coincide
Überschneidung *f* overlap(ping), MATHE intersection
Überschreibemodus *m* overwrite (*oder* over-

strike) mode
überschreiben *v/t* **1.** (*Aufsatz etc*) head, title **2.** transfer (*Dat* to): JUR ***j-m etw überschreiben*** make over s.th. to s.o. **3.** COMPUTER overwrite
überschreiten *v/t* **1.** cross **2.** *fig* (*Geschwindigkeit, Befugnisse etc*) exceed, (*Kräfte, Verstand etc*) go beyond
Überschrift *f* heading, title, (*Schlagzeile*) headline
Überschuss *m* surplus, WIRTSCH (*Gewinn*) profit
überschüssig *Adj* surplus
überschütten *v/t fig* ***j-n überschütten mit*** *Geschenken, Ehren etc*: shower s.o. with
Überschwang *m* exuberance
überschwänglich *Adj* effusive
überschwemmen *v/t* flood, *fig auch* inundate, (*den Markt*) glut
Überschwemmung *f auch fig* flooding, inundation
überschwenglich → ***überschwänglich***
Übersee: ***in*** (***nach***) ***Übersee*** overseas
überseeisch *Adj* overseas
übersehbar *Adj* **1.** *Gelände etc*: open **2.** *Folgen etc*: foreseeable, *Lage etc*: clear
übersehen *v/t* **1.** → ***überblicken*** 2 **2.** miss, overlook, *absichtlich*: ignore

übersehen ≠ oversee

übersehen	=	miss, overlook
oversee	=	beaufsichtigen, überwachen

'übersetzen[1] **I** *v/t* ferry *s.o., s.th.* over **II** *v/i* cross the river *etc*
über'setzen[2] *v/t* **1.** *auch v/i* translate **2.** TECH transmit
Übersetzer, **Übersetzerin** translator
Übersetzung *f* **1.** translation (***aus*** from, ***in*** *Akk* into) **2.** TECH gear ratio, transmission
Übersetzungsbüro *n* translating agency
Übersetzungsfehler *m* error in translation
Übersetzungsprogramm *n* translation program
Übersetzungssoftware *f* translation software
Übersicht *f* **1.** (*Abriss*) survey, summary, outline **2.** → ***Überblick*** 2
übersichtlich *Adj* **1.** *Gelände etc*: open, *Kurve*: clear **2.** *fig* clear(ly arranged), lucid
Übersichtlichkeit *f* clearness
übersiedeln *v/i* move (POL migrate) (***nach*** to)
übersinnlich *Adj* supernatural: ***übersinnliche Kräfte*** psychic forces
überspannt *Adj Ideen etc*: extravagant, *Person*: eccentric
Überspanntheit *f* extravagance, eccentricity
überspielen *v/t* **1.** (*Tonband etc*) rerecord: ***auf Band überspielen*** tape, record **2.** (*Fehler, Schwächen etc*) cover *s.th.* up
überspitzen *v/t* exaggerate, carry *s.th.* too far
überspitzt *Adj* **1.** exaggerated **2.** *Formulierung etc*: oversubtle
'überspringen[1] *v/i* ELEK flash over
über'springen[2] *v/t* **1.** jump over (*oder* across), clear **2.** *fig* (*auslassen*) skip
überstaatlich *Adj* supranational
'überstehen[1] *v/i* jut out, project
über'stehen[2] *v/t allg* get over, (*überleben*) survive, (*Sturm, fig Gefahr, Krise etc*) weather, ride out: ***das wäre überstanden!*** that's that!; ***das Schlimmste ist überstanden*** the worst is over now
übersteigen *v/i* **1.** climb over **2.** *fig* go beyond, exceed
übersteuern *v/t* **1.** MOT oversteer **2.** ELEK overmodulate
überstimmen *v/t* outvote
überstrahlen *v/t fig* eclipse
überstreichen *v/t* coat (***mit*** with)
überstreifen *v/t* ***etw überstreifen*** slip s.th. on
Überstunden *Pl* (***Überstunden machen*** work *oder* do) overtime *Sg*
überstürzen **I** *v/t* rush **II** *v/refl* ***sich überstürzen*** *Ereignisse etc*: follow hot on each other's heels
überstürzt *Adj* rash
übertariflich *Adj* in excess of the (collectively agreed) scale
überteuert *Adj* overpriced
übertönen *v/t* drown (out)
Übertrag *m* WIRTSCH carryover
übertragbar *Adj* **1.** (***auf*** *Akk* to) *allg* transferable, *fig auch* applicable **2.** WIRTSCH *Wechsel*: negotiable **3.** MED infectious, contagious
übertragen **I** *v/t* **1.** (***auf*** *Akk* to) *allg* transfer, (*Besitz*) *auch* make over, (*auch Rechte*) assign, (*Vollmachten*) give, (*Aufgabe etc*) delegate, assign: ***j-m etw übertragen*** (*anvertrauen*) entrust s.th. to s.o. **2.** ELEK, PHYS, TECH transmit (***auf*** *Akk* to), (*senden*) broadcast **3.** (***in*** *Akk* into) (*Stenogramm etc*) transcribe, (*übersetzen*) translate (*auch Computer*) **4.** (*Krankheit*) transmit (***auf*** *Akk* to), (*Blut*) transfuse **5.** *fig* ***etw übertragen auf*** (*Akk*) apply s.th. to **II** *v/refl* ***sich übertragen auf*** (*Akk*) **6.** *Krankheit*: be passed on (to) **7.** *Stimmung, Panik etc*: communicate itself (to) **III** *Adj* **8.** *Bedeutung etc*: figurative: ***im übertragenen Sinne*** in the figurative sense
Übertragung *f* **1.** (***auf*** *Akk* to) transfer (*auch* WIRTSCH, JUR), *von Rechten, Aufgaben etc*: assignment, *von Vollmachten*: delegation, *von Ämtern, Titeln*: conferment **2.** ELEK, MED, PHYS, TECH transmission (***auf*** *Akk* to), RADIO, TV *auch* broadcast **3.** (***in*** *Akk* into) *eines Stenogramms*: transcription, (*Übersetzung*) translation
Übertragungsfehler *m* IT, ELEK transmission error
Übertragungswagen *m* RADIO, TV outside broadcast van (*Abk* O.B.)
übertreffen *v/t* (*j-n*) excel (***sich selbst*** o.s.), outdo, (*auch etw*) surpass, be better *etc* than, beat: ***alle Erwartungen übertreffen*** exceed all expectations
übertreiben *v/t* **1.** ***etw übertreiben*** overdo s.th., carry s.th. too far **2.** (*aufbauschen*) *auch v/i* exaggerate **3.** THEAT overact, *ugs* ham *s.th.* up
Übertreibung *f* exaggeration
'übertreten[1] *v/i* **1.** (***zu*** to) POL go over, REL convert: ***zum Katholizismus übertreten*** *auch ugs* turn (Roman) Catholic **2.** SPORT foul (a jump *oder* throw)
über'treten[2] *v/t* **1.** (*Gesetz etc*) violate **2.** ***sich den Fuß übertreten*** sprain one's ankle
Übertretung *f* JUR violation, (*Delikt*) *auch* (petty) offen/ce (*Am* -se)
übertrieben *Adj* exaggerated, excessive
Übertritt *m* (***zu***, ***in*** *Akk* to) change, POL defection, REL conversion
übertrumpfen *v/t* trump, *fig auch* outdo
übertünchen *v/t auch fig* whitewash
Übervölkerung *f* overpopulation

übervorteilen *v/t* cheat
überwachen *v/t* supervise, (*betreuen*) look after, (*beobachten*) watch (over), *auch* MED, *wissenschaftlich*: observe, *polizeilich*: keep under surveillance, (*kontrollieren*) check, inspect, *elektronisch etc*: monitor
Überwachung *f* supervision, (*Beobachtung*) observation, *polizeiliche*: surveillance, (*Kontrolle*) inspection, checking, monitoring
Überwachungsstaat *m* surveillance state
überwältigen *v/t auch fig* overpower, overwhelm
überwältigend *Adj fig* overwhelming, *Schönheit*: *auch* stunning, breathtaking: ***mit überwältigender Mehrheit*** with an overwhelming majority; ***nicht gerade überwältigend!*** nothing to write home about!
überweisen *v/t* **1.** (*Geld*) transfer (***auf ein Konto*** to an account, ***j-m*** to s.o.'s account) **2.** (*Antrag, Fall, Patienten etc*) refer (***an*** *Akk* to)
Überweisung *f* **1.** (*Geldüberweisung*) transfer, remittance **2.** *eines Falles, Patienten etc*: referral (***an*** *Akk* to)
'überwerfen[1] *v/t* (*Kleid etc*) fling on
über'werfen[2] *v/refl* ***sich mit j-m überwerfen*** fall out with s.o.
überwiegen *v/i* predominate, prevail
überwiegend **I** *Adj* predominant, prevailing: ***die überwiegende Mehrheit*** the vast majority **II** *Adv* predominantly, mainly
überwinden **I** *v/t* (*Angst, Schwäche etc*) overcome, (*Krankheit, Krise, Schwierigkeiten etc*) get over, surmount **II** *v/refl* ***sich (selbst) überwinden, etw zu tun*** bring o.s. to do s.th.
Überwindung *f* **1.** overcoming (*etc*) **2.** ***es kostete mich Überwindung*** it cost me quite an effort
überwintern *v/i* spend the winter, ZOOL hibernate
überwuchern *v/t* overgrow
Überzahl *f* (***in der Überzahl sein*** be in the) majority
überzählig *Adj* surplus
überzeugen **I** *v/t* (***von***) convince (of), *bes* JUR satisfy (as to) **II** *v/i Spieler etc, auch Spiel, Vortrag etc*: be convincing **III** *v/refl* ***sich überzeugen*** satisfy o.s. (***von*** as to): ***überzeugen Sie sich selbst!*** go and see for yourself!
überzeugend *Adj* convincing: ***wenig überzeugend*** (rather) unconvincing
überzeugt *Adj* convinced (***von*** of), *Sozialist etc*: ardent: ***von sich selbst (sehr) überzeugt sein*** have a high opinion of o.s
Überzeugung *f* conviction, (*politische etc Überzeugung*) convictions *Pl*, (*fester Glaube*) persuasion: ***der (festen) Überzeugung sein, dass ...*** be (thoroughly) convinced that …; ***zu der Überzeugung gelangen, dass ...*** come to the conclusion that …
Überzeugungskraft *f* powers *Pl* of persuasion
über'ziehen[1] **I** *v/t* **1.** cover, *mit einer Schicht*: *auch* coat, *innen*: line **2.** (*Bett*) put fresh linen on **3.** (*Konto*) overdraw, (*Sendezeit*) overrun **4.** *fig* exaggerate **II** *v/i* **5.** exceed the time limit **III** *v/refl* ***sich überziehen*** **6.** become covered (***mit*** with), *Himmel*: become overcast
'überziehen[2] *v/t* (*Kleid etc*) put on
Überziehung *f* WIRTSCH overdraft
Überziehungskredit *m* overdraft credit
Überzug *m* **1.** cover **2.** coat(ing)
üblich *Adj* usual, customary, normal: ***wie üblich*** as usual; ***es ist bei uns (so) üblich, dass ...*** it is a custom with us that …; ***das Übliche*** the usual (thing)
U-Boot *n* submarine
übrig *Adj* remaining, left (over), (*ander*) other: ***das Übrige, alles Übrige*** the rest; ***das übrige Geld*** the rest of the money; ***die Übrigen*** the others, the rest; ***im Übrigen*** **a)** as for the rest, **b)** → ***übrigens***; ***übrig bleiben*** be left, remain; *fig* ***es blieb mir nichts anderes übrig (, als)*** I had no choice (but); ***übrig lassen*** leave; ***etw übrig haben*** have s.th. left; → ***übrighaben***; ***ein Übriges tun*** go out of one's way (*to do s.th.*)
übrigbleiben → ***übrig***
übrigens *Adv* by the way, incidentally
übrighaben *v/t fig* ***etw übrig haben für*** have a soft spot for; ***nichts übrig haben für*** not to care much for, have no time for
übriglassen → ***übrig***
Übung *f* **1.** practice: ***aus der Übung sein (kommen)*** be (get) out of practice; ***in der Übung bleiben*** keep one's hand in; ***Übung macht den Meister*** practice makes perfect **2.** SPORT, MIL, MUS exercise
Übungsaufgabe *f* exercise
Übungsbuch *n* book of exercises
Übungshang *m Skisport*: nursery slope
Übungsheft *n* exercise book
Übungssache *f* ***das ist reine Übungssache!*** it's just a matter of practice!
Ufer *n* shore, (*Flussufer*) bank: ***am Ufer, ans Ufer*** ashore; ***über die Ufer treten*** overflow its banks
uferlos *Adj fig* boundless, *Debatte etc*: endless: ***ins Uferlose gehen*** lead nowhere
Ufo *n* UFO, unidentified flying object
Uganda *n* Uganda
Uhr *f* clock, (*Taschenuhr, Armbanduhr*) watch: ***wie viel Uhr ist es?*** what time is it?; ***es ist zwei Uhr*** it's two o'clock (*oder* 2 p.m., 14.00 hours); ***nach meiner Uhr*** by my watch; ***um wie viel Uhr?*** (at) what time?; SPORT ***ein Rennen gegen die Uhr*** a race against time; *ugs* ***rund um die Uhr*** around the clock

Uhr: watch oder clock? SG

Während **watch** nur „Armbanduhr" entspricht, bezeichnet **clock** eine größere Uhr, die z. B. an der Wand hängt oder auf einem Tisch steht.

Er stand da und schaute auf seine Uhr.	**He stood looking at his watch.**
Die Uhr schlug Mitternacht.	**The clock struck midnight.**

Uhrarmband *n* watch strap
Uhrmacher, **Uhrmacherin** watchmaker, clockmaker
Uhrwerk *n* clock mechanism, works *Pl*
Uhrzeiger *m* hand
Uhrzeigersinn *m* ***im Uhrzeigersinn*** clockwise; ***entgegen dem Uhrzeigersinn*** anticlockwise
Uhrzeit *f* time
Uhu *m* ZOOL eagle-owl
Ukraine *f the* Ukraine
UKW *Abk* (= ***Ultrakurzwelle***) ultrashort wave; FM, frequency modulation

U

Ulk *m* joke, lark
ulkig *Adj* funny
Ulme *f* BOT elm
Ultimatum *n* (**ein Ultimatum stellen** deliver an) ultimatum (*Dat* to)
Ultrakurzwelle *f* ELEK very high frequency (*Abk* VHF), *auch* MED ultrashort wave
Ultraschall *m* PHYS ultrasound
Ultraschall... ultrasonic, supersonic
Ultraschallaufnahme *f* scan, *Am* ultrasound
Ultraschallgerät *n* ultrasound scanner
Ultraschalluntersuchung *f* MED ultrasound scan
ultraviolett *Adj* ultraviolet
um I *Präp* **1.** *räumlich*: (a)round, *zeitlich*: at, (*ungefähr*) about, around: **um Ostern** (**herum**) some time around Easter; *ugs* **um sein** be over; **seine Zeit ist um** his time is up **2.** *eine Differenz bezeichnend*: by: **um die Hälfte billiger sein** be only half the price; **um so** → **umso 3.** (*wegen*) for, about: **bitten** (**schreien**) **um** ask (cry) for **4. es steht schlecht um ihn** he's in a bad way; **schade um ...** it's too bad about ... **II** *Konj* **5. um zu** *Inf* (in order) to *Inf* **III** *Adv* **6.** (*etwa*) about, around (*100 persons etc*)
umadressieren *v/t* redirect
umarbeiten *v/t* change, (*Kleid etc*) remodel, (*Buch etc*) revise, *für den Film etc*: readapt
umarmen *v/t* embrace (*auch* **sich umarmen**), hug
Umarmung *f* embrace, hug
Umbau *m* **1.** reconstruction, conversion (**in** *Akk*, **zu** into), (*Gebäude*) altered section **2.** *fig* reorganization
'umbauen¹ I *v/t* alter, (*Maschine etc*) *auch* redesign, (*neu gestalten*) remodel, (*auch Wohnung*) convert (**in** *Akk*, **zu** into) **II** *v/i* THEAT change the setting
um'bauen² *v/t* build round: **umbauter Raum** interior space
umbenennen *v/t* rename
umbesetzen *v/t* THEAT recast
umbiegen *v/t* bend
umbilden *v/t* reorganize, POL (*Kabinett etc*) reshuffle
Umbildung *f* reorganization, POL reshuffle
umbinden *v/t* tie round, (*Schürze, Krawatte etc*) (*auch* **sich umbinden**) put on
umblättern *v/t* turn over (*the page v/i*)
umblicken → **umsehen**
'umbrechen¹ *v/t* break down
um'brechen² *v/t* make up (into pages)
umbringen I *v/t* kill: *ugs fig* **nicht umzubringen** indestructible **II** *v/refl* **sich umbringen** kill o.s.; *ugs* **sich** (**fast**) **umbringen vor Höflichkeit** bend over backwards to be polite
Umbruch *m* **1.** BUCHDRUCK makeup, *am Bildschirm*: formatting **2.** *fig* upheaval
umbuchen *v/t* **1.** (*Flug etc*) change one's booking for **2.** WIRTSCH transfer (**auf** *Akk* to)
umdenken *v/i* change one's views: **umdenken müssen** have to do some rethinking
umdisponieren *v/i* change one's plans
umdrehen *v/t* turn (round) (*auch* **sich umdrehen**), (*Arm*) twist: **j-m den Hals umdrehen** wring s.o.'s neck; → **Spieß**
Umdrehung *f* turn, PHYS, TECH revolution, rotation: **Umdrehungen pro Minute** revolutions per minute (*Abk* r. p. m.)
Umdrehungszahl *f* speed
umeinander *Adv* **sich umeinander kümmern** *etc* take care *etc* of each other (*mehrere*: one another)
Umerziehung *f* reeducation
'umfahren¹ *v/t* run (*oder* knock) down
um'fahren² *v/t* drive (*oder* sail) round
Umfall *m ugs* POL turnabout
umfallen *v/i* **1.** fall (down *oder* over), collapse: **zum Umfallen müde** ready to drop **2.** *ugs fig* cave in
Umfang *m* circumference, (*Leibesumfang*) girth, (*Ausdehnung, auch fig*) extent, size, *fig* (*Ausmaß*) scope, *des Verkehrs, Verkaufs etc*: volume: **10 Zoll im Umfang** 10 inches round; *fig* **in vollem Umfang** fully; **in großem Umfang** on a large scale, large-scale
umfangreich *Adj* extensive, (*dick*) voluminous
umfassen *v/t fig* comprise, *zeitlich*: cover
umfassend *Adj Kenntnisse etc*: extensive, comprehensive, *Geständnis*: complete, full, (*weit reichend*) sweeping
Umfeld *n fig* environment
umformen *v/t* reshape (*auch fig*), ELEK transform, convert
Umformer *m* ELEK transformer, converter
Umfrage *f* inquiry, (*Meinungsumfrage*) (public) opinion poll, survey
umfüllen *v/t* pour *s.th.* into another container (*etc*), (*Wein*) decant
umfunktionieren *v/t* **etw umfunktionieren in** (*Akk*) convert (*oder* turn) s.th. into
Umgang *m* **1.** *gesellschaftlicher*: social intercourse, relations *Pl*, (*Bekanntenkreis*) company, friends *Pl*: **Umgang haben** (*oder* **pflegen**) **mit** associate with; **guten** (**schlechten**) **Umgang haben** keep good (bad) company **2. der Umgang mit Kindern** (**Kunden** *etc*) dealing with children (customers *etc*); **im Umgang mit ...** (in) dealing with ...
umgänglich *Adj* sociable, easy to get along with
Umgangsformen *Pl* manners *Pl*
Umgangsrecht *n* right of access
Umgangssprache *f* colloquial language: **die englische Umgangssprache** colloquial English
umgangssprachlich *Adj* colloquial
umgarnen *v/t fig* ensnare
umgeben *v/t auch fig* surround (**sich** o.s.) (**mit** with)
Umgebung *f einer Stadt etc*: environs *Pl*, *nähere*: neighbo(u)rhood, vicinity, *auch* BIOL, SOZIOL environment, surroundings *Pl*
Umgegend *f* environs *Pl*, vicinity
'umgehen¹ *v/i* **1.** *Krankheit, Gerücht etc*: go round, circulate **2.** *Gespenst*: walk **3. umgehen mit** *j-m*: associate with, (*behandeln*) treat, *auch einer Sache, einem Problem*: deal with, handle; **sie kann** (**gut**) **mit Leuten umgehen** she knows how to handle people; **er weiß mit Pferden umzugehen** he has a way with horses; **kannst du mit der Maschine umgehen?** do you know how to use (*oder* handle) the machine?; → **schonend**, **sparsam**
um'gehen² *v/t* **1.** *Verkehr*: bypass **2.** *fig* avoid, evade (*auch Gesetz etc*), *geschickt*: *ugs* dodge
umgehend *Adj* immediate
Umgehung *f* **1.** bypassing **2.** *fig* avoidance, *auch* JUR evasion
Umgehungsstraße *f* bypass, (*Ringumgehungsstraße*) perimeter road
umgekehrt I *Adj* reverse, (*entgegengesetzt*) inverse, opposite: **im umgekehrten Falle** in the reverse case; **in umgekehrter Reihenfolge** in

U

reverse order; (***genau***) ***umgekehrt!*** (no,) it's exactly the other way round! **II** *Adv* the other way round, conversely
umgestalten *v/t* reshape, *fig auch* reorganize, TECH *etc* redesign
umgraben *v/t* dig (up), turn (over)
umgrenzen *v/t fig* define
umgruppieren *v/t* regroup (*auch Sport*), POL reshuffle
Umgruppierung *f* regrouping, POL reshuffle
Umhang *m* cape, wrap
umhängen *v/t* **1.** (*Mantel etc*) put on, (*Gewehr*) sling **2.** (*Bild*) rehang
Umhängetasche *f* shoulder bag
umhauen *v/t* **1.** fell, cut down **2.** *ugs fig* ***j-n umhauen*** *Alkohol etc*: knock s.o. out, *Nachricht etc*: bowl s.o. over
umher *Adv* about, (a)round
umherstreifen, **umherziehen** *v/i* roam about
umhinkönnen *v/i* ***ich kann nicht umhin zu*** *Inf* I cannot help *Ger*
umhören *v/refl* ***sich umhören*** keep one's ears open, ask around
umhüllen *v/t* (***mit***) wrap up (*oder* envelop) (in), cover (with) (*auch* TECH)
Umhüllung *f* wrapping, cover
Umkehr *f* ***j-n zur Umkehr zwingen*** force s.o. (to turn) back
umkehren **I** *v/i* **1.** turn back **II** *v/t* **2.** turn round (*auch* ***sich umkehren***), reverse (*auch fig*) **3.** → ***umkrempeln***
Umkehrfilm *m* reversal film
umkippen **I** *v/t* **1.** tip over, upset **II** *v/i* **2.** fall over, *Auto etc*: overturn, SCHIFF *auch* capsize **3.** *ugs* (*ohnmächtig werden*) keel over **4.** *ugs fig* turn, change completely, *Gewässer*: die, *Wein*: turn sour
umklammern *v/t* clutch, *Boxen*: clinch
umklappen *v/t* turn down
Umkleidekabine *f* changing cubicle
umkleiden *v/refl* ***sich umkleiden*** change (one's clothes)
Umkleideraum *m* changing (SPORT locker) room
umknicken *v/i* (***mit dem Fuß***) ***umknicken*** sprain one's ankle
umkommen *v/i* die, be killed: *ugs* ***vor Hitze*** (***fast***) ***umkommen*** (nearly) die with heat
Umkreis *m* vicinity: ***im Umkreis von*** within a radius of, for *three miles* round
umkreisen *v/t* circle (ASTR revolve) round
umkrempeln *v/t ugs fig* change completely
umladen *v/t* reload
Umlage *f* distribution of cost: ***die Umlage betrug ...*** each person had to pay ...
Umlauf *m* **1.** *des Geldes und fig* circulation: ***in Umlauf bringen*** put *s.th.* in circulation, issue, (*Gerücht*) start; ***im Umlauf sein*** circulate, *Gerücht*: *auch* be going round **2.** ASTR, PHYS revolution, (*Zyklus*) cycle, (*Umlaufbahn*) orbit **3.** circular (letter)
Umlaufbahn *f* (***in seine Umlaufbahn bringen*** *oder* ***gelangen*** put *oder* get into) orbit
umlaufen *v/i allg* circulate
Umlaufkapital *n* WIRTSCH floating capital
Umlaufzeit *f* period (of revolution), *eines Satelliten*: orbital period
Umlaut *m* **a)** umlaut, **b)** (vowel) mutation
umlegen *v/t* **1.** (*Getreide*) lay flat, (*Baum etc*) fell, (*Zaun etc*) tear down **2.** (*Hebel*) throw **3.** (*verlegen*) transfer (*auch* TEL), (*Kranken etc*) *auch* move, (*Termin etc*) shift (***auf*** *Akk* to) **4.** (*Kosten etc*) (***auf*** *Akk* among) apportion, divide **5.** ***j-n umlegen*** **a)** *ugs* (*niederschlagen*) knock s.o. down, (*erschießen*) bump s.o. off, **b)** *vulg* (*Frau*) lay s.o.
umleiten *v/t* (*Verkehr*) divert, detour
Umleitung *f* diversion, detour
Umleitungsschild *n* detour sign
umlernen *v/i* ***wir müssen sehr umlernen*** we have a lot of relearning to do
umliegend *Adj* surrounding, neighbo(u)ring
ummodeln *v/t fig* change
Umnachtung *f* ***geistige Umnachtung*** mental derangement
umorganisieren *v/t* reorganize
umpacken *v/t* repack
umpflanzen *v/t* replant
umpolen *v/t* **1.** ELEK reverse **2.** *fig* change
umquartieren *v/t* move
umranden *v/t*, **Umrandung** *f* border
umräumen *v/t* move *s.th.* (to another place), (*Zimmer etc*) rearrange
umrechnen *v/t* convert (***in*** *Akk* into)
Umrechnung *f* conversion
Umrechnungskurs *m* rate of exchange
Umrechnungstabelle *f* conversion table
'umreißen¹ *v/t* pull (*oder* knock) down
um'reißen² *v/t fig* outline
umrennen *v/t* run (*oder* knock) down
umringen *v/t* surround
Umriss *m auch fig* outline: ***in groben Umrissen*** in rough outline; ***etw in Umrissen darlegen*** outline s.th.; ***feste Umrisse annehmen*** take shape
Umrisszeichnung *f* contour drawing
umrühren *v/t* stir
umrüsten *v/t* TECH change *s.th.* over (***auf*** *Akk* to)
umsatteln *v/i ugs* change one's job (*im Studium*: subject): ***umsatteln*** (***von ...***) ***auf*** (*Akk*) switch (from ...) to
Umsatz *m* WIRTSCH turnover, sales *Pl*
Umsatzbeteiligung *f* participation in sales
Umsatzsteigerung *f* sales increase
Umsatzsteuer *f* turnover tax
umschalten **I** *v/t, auch v/i* ELEK, TECH *und fig* switch (*oder* change) (over) (***auf*** *Akk* to) **II** *v/i* TV change channels
Umschalttaste *f* (*auf Tastatur*) shift key
umschauen → ***umsehen***
umschichten *v/t* **1.** rearrange **2.** *fig* regroup
Umschichtung *f fig* regrouping: ***soziale Umschichtung*** social upheaval
umschiffen *v/t* sail round, (*Kap etc*) double: → ***Klippe*** 2
Umschlag *m* **1.** (*Briefumschlag*) envelope, (*Schutzumschlag*) cover, *für Bücher*: *auch* jacket **2.** (*Ärmelumschlag*) cuff, (*Hosenumschlag*) turnup **3.** MED (***feuchter***) ***Umschlag*** compress **4.** WIRTSCH (*Güterumschlag*) handling, *eines Hafens*: goods *Pl* handled, (*Umladung*) transshipment
umschlagen **I** *v/i* **1.** → ***umkippen*** 2 **2.** *Wetter, Wind, Stimmung etc*: change (suddenly) **3.** *Stimme*: crack **II** *v/t* **4.** (*Güter*) handle, (*umladen*) transship
Umschlaghafen *m* port of transshipment
Umschlagplatz *m* trading cent/re (*Am* -er), SCHIFF place of transshipment
umschnallen *v/t* buckle on
'umschreiben¹ *v/t* **1.** rewrite **2.** (*Besitz*) transfer (***auf*** *Akk* to)
um'schreiben² *v/t* paraphrase, circumscribe (*auch* MATHE), (*umreißen*) outline
'Umschreibung¹ *f* **1.** rewriting **2.** WIRTSCH trans-

U

fer
Um'schreibung² *f* paraphrase, circumscription (*auch* MATHE)
Umschrift *f* LING transcription
Umschuldung *f* conversion (of a debt)
umschulen *v/t* **1.** *beruflich*: retrain **2.** (*Schüler*) transfer to another school
Umschulung *f* **1.** *eines Kindes*: transfer to another school **2.** *berufliche*: retraining
umschwärmen *v/t* **1.** swarm round **2.** *fig* idolize
Umschweife *Pl* ***ohne Umschweife*** **a)** *sagen etc*: straight out, **b)** *tun*: straightaway
umschwenken *v/i* **1.** wheel round **2.** *fig* veer round
Umschwung *m* (sudden) change, (*Meinungsumschwung etc*) reversal, *bes* POL swing, *völliger*: about-face
umsegeln *v/t* sail round, (*Kap*) double
umsehen *v/refl* ***sich umsehen*** **1.** look back **2.** look (a)round (***nach*** for): ***sich in der Stadt umsehen*** (have a) look (a)round the city
um sein → ***um*** I 1
umseitig *Adj und Adv* overleaf
umsetzen *v/t* **1.** move, transfer, LANDW transplant **2.** (*Ware etc*) sell, turn over **3.** ***etw umsetzen in*** (*Akk*) *auch* CHEM, PHYS convert (*oder* transform) s.th. into; *fig* (***in die Praxis***) ***umsetzen*** realize; ***eine Idee in Politik umsetzen*** translate an idea into public policy; ***etw in die Tat umsetzen*** put s.th. into action
Umsichgreifen *n* spread(ing)
Umsicht *f* circumspection
umsichtig *Adj* circumspect
umsiedeln *v/t* resettle
Umsiedler, Umsiedlerin resettler, *eng. S.* POL. ethnic German repatriate (from the East)
Umsiedlung *f* resettlement
umso *Adv* ***umso besser*** so much the better; ***umso mehr*** (***weniger***) (***als*** as, ***weil*** because) all the more (less), (so much) the more (less)
umsonst *Adv* **1.** (*gratis*) for nothing, free (of charge) **2.** (*vergebens*) in vain
umspannen *v/t auch fig* span
Umspannwerk *n* ELEK transformer station
umspielen *v/t* **1.** *Fußball etc*: dribble round **2.** *fig* play (a)round
umspringen *v/i* **1.** *Wind*: shift **2.** ***mit j-m grob etc umspringen*** treat s.o. roughly *etc*
umspulen *v/t* rewind
Umstand *m* **1.** fact, circumstance **2.** *Pl* circumstances *Pl*, (*Lage*) conditions *Pl*, situation *Sg*: ***unter Umständen*** possibly, perhaps, (*notfalls*) if need be; ***unter allen Umständen*** at all events; ***unter diesen*** (***keinen***) ***Umständen*** under the (no) circumstances; *ugs* ***in anderen Umständen sein*** be in the family way; → ***mildern*** I **3.** ***ohne viel Umstände*** without much fuss; ***Umstände machen*** **a)** *Sache*: cause trouble, **b)** *Person*: make a fuss; ***machen Sie*** (***sich***) ***keine Umstände!*** don't go to any trouble!
umständehalber *Adv* owing to circumstances
umständlich *Adj* complicated, (*langatmig*) long-winded, (*unbequem*, *schwerfällig*) awkward, (*pedantisch*) fussy: ***das ist*** (***mir***) ***viel zu umständlich!*** that's far too much trouble (for me)!
Umständlichkeit *f* complicatedness (*etc*), fussiness
Umstandskleid *n* maternity dress
Umstandskrämer, Umstandskrämerin *ugs* fusspot
Umstandswort *n* LING adverb
umstehend *Adj Seite*: next, *Text*: overleaf (*auch Adv*)
Umstehende *Pl* bystanders *Pl*
umsteigen *v/i* **1.** change (***nach*** for) **2.** *fig* switch (***auf*** *Akk* to)
um'stellen¹ *v/t* surround
'umstellen² **I** *v/t* change, (*Möbel etc*) rearrange, SPORT (*Mannschaft*) regroup, (*Uhr*) reset, (*Maschine etc*) change over (***auf*** *Akk* to), (*Betrieb etc*) reorganize: ***umstellen auf*** (*Akk*) switch to, convert to; ***auf Computerbetrieb umstellen*** computerize; ***seine Lebensweise umstellen*** readjust one's way of life **II** *v/refl* ***sich umstellen*** get used to new conditions, adjust (***auf*** *Akk* to)
Umstellung *f* change, rearrangement, TECH changeover (*oder* switch) (***auf*** *Akk* to), reorganization, (*Anpassung*) adjustment (***auf*** *Akk* to): ***das war eine große Umstellung*** that was quite a change
umstimmen *v/t* ***j-n umstimmen*** bring s.o. round
umstoßen *v/t* **1.** knock over (*oder* down) **2.** *fig* (*Testament, Plan etc*) change, (*Urteil etc*) reverse, (*Pläne*) upset
umstritten *Adj* contested, (*strittig*) controversial
umstrukturieren *v/t* restructure
Umsturz *m* overthrow, revolution
umstürzen **I** *v/t* upset, knock over, POL overthrow **II** *v/i* fall down, fall over, overturn
Umstürzler, Umstürzlerin revolutionary
umstürzlerisch *Adj* subversive
umtaufen *v/t auch fig* rename
Umtausch *m* exchange
umtauschen *v/t* exchange (***gegen*** for)
umtopfen *v/t* LANDW repot
Umtriebe *Pl* activities *Pl*
UMTS-Lizenz *f* UMTS licence
umtun *v/refl* ***sich umtun*** look around (***nach*** for)
U-Musik *f* light music
umwälzen *v/t* **1.** TECH circulate **2.** *fig* revolutionize
umwälzend *Adj fig* revolutionary
Umwälzpumpe *f* circulating pump
Umwälzung *f* **1.** TECH circulation **2.** *fig* revolution, upheaval
umwandeln *v/t* change (***in*** *Akk*, ***zu*** into), PHYS transform, convert (*auch* WIRTSCH), JUR (*Strafe*) commute: ***sie ist wie umgewandelt*** she is a completely different person
Umwandler *m* ELEK, TECH converter
Umwandlung *f* change, transformation, conversion, JUR commutation
Umweg *m* detour, roundabout way: ***einen Umweg machen*** make a detour; ***das ist ein Umweg für mich*** that takes me out of my way; *fig* ***auf Umwegen*** indirectly, in a roundabout way; ***ohne Umwege*** straight
Umwelt *f* environment: ***unsere Umwelt*** *auch* the world around us
Umwelt... environmental
umweltbelastend *Adj* environmentally harmful
Umweltbelastung *f* (environmental) pollution
umweltbewusst *Adj* environmentally aware
Umwelteinfluss *m* environmental impact
umweltfeindlich → ***umweltschädlich***
Umweltforscher, Umweltforscherin ecologist
Umweltforschung *f* ecology
umweltfreundlich *Adj* environmentally friendly, eco-friendly, *Systeme*: *auch* nonpolluting, *Stof-*

Umwelt: einige wichtige Begriffe WF

Abfall	**waste**
Abfallbeseitigung	**waste disposal**
Abholzung	**deforestation**
abgasarmes Auto	**low-emission car**
Abwasser	**sewage**
Abwasseraufbereitung	**sewage treatment**
Altglascontainer	**bottle bank**
Autoabgase	**(car) exhaust fumes / emissions**
Bodenerosion	**soil erosion**
Brandrodung	**fire clearance**
Düngemittel	**fertilizer**
Erderwärmung	**global warming**
FCKW	**CFC**
Kläranlage	**sewage plant**
Kohlenmonoxid	**carbon monoxide**
Krebs erregend	**carcinogenic**
Luftreinhaltung	**air pollution control**
Luftverschmutzung	**air pollution**
Mülldeponie	**waste disposal site,** *Am* **sanitary (land-) fill**
Ozonloch	**ozone hole**
Ozonwerte	**ozone levels**
Pestizide	**pesticides**
Regenwald	**rainforest**
saurer Regen	**acid rain**
Schwefeldioxid	**sulphur (*Am* sulfur) dioxide**
Stickoxid	**nitrogen oxide**
Treibhauseffekt	**greenhouse effect**
Treibhausgas	**greenhouse gas**
umkippen (*Gewässer*)	**die**
umweltbewusst	**environmentally aware**
umweltfreundlich	**environmentally friendly, eco-friendly**
Umweltverschmutzung	**(environmental) pollution**
Vulkan	**volcano**
Waldsterben	**forest deaths, dying forests**
wieder verwertbar	**recyclable**
Wiederverwertung	**recycling**

fe: *auch* biodegradable: ***umweltfreundliche Landwirtschaft*** environment-friendly farming
umweltgerecht *Adj* environmentally-oriented
Umweltgipfel *m* environmental summit
Umweltkatastrophe *f* ecocatastrophe
Umweltkriminalität *f* environmental crime
Umweltkrise *f* ecological crisis, ecocrisis
Umweltministerium *n* Department of the Environment
Umweltpapier *n* recycled paper
Umweltpolitik *f* ecopolicy
umweltpolitisch *Adj* ecopolitical
Umweltschäden *Pl* damage *Sg* done by pollution
umweltschädlich *Adj* harmful (to the environment), polluting
Umweltschutz *m* conservation, care of the environment
Umweltschützer, **Umweltschützerin** environmentalist, conservationist
Umweltsünder, **Umweltsünderin** polluter
Umwelttechnik *f* environmental technology
Umweltverbrechen *n* environmental crime
Umweltverschmutzung *f* (environmental) pollution
umweltverträglich *Adj* environment-friendly, environmentally compatible
Umweltverträglichkeit *f* environmental compatibility
Umweltzerstörung *f* ecocide
umwenden *v/refl* ***sich umwenden*** turn round
umwerben *v/t* court, *auch fig* woo
umwerfen *v/t* **1.** → ***umstoßen*** **2.** → ***umhauen*** 2
umwerfend *Adj fig* fantastic, mind-blowing: *Adv* ***umwerfend komisch*** too funny for words
umwickeln *v/t* ***etw umwickeln mit*** wind *s.th.* round s.th., bandage s.th. with
umziehen I *v/i* move (house) **II** *v/t* ***j-n umziehen*** change s.o.'s clothes **III** *v/refl* ***sich umziehen*** change
umzingeln *v/t* surround, encircle
Umzug *m* **1.** move **2.** procession, pageant, POL demonstration march
unabänderlich *Adj* unalterable, irrevocable: ***sich ins Unabänderliche fügen*** resign o.s. to the inevitable
unabdingbar *Adj Rechte*: inalienable
unabhängig *Adj* independent (**von** of): ***unabhängig von*** (*ohne Rücksicht auf*) irrespective of; ***unabhängig davon ob*** regardless whether
Unabhängige *m, f* POL independent
Unabhängigkeit *f* independence
unabkömmlich *Adj* indispensable: ***er ist momentan unabkömmlich*** he is busy at the moment
unablässig *Adj* incessant, continuous
unabsehbar *Adj* unforeseeable, *Schaden etc*: incalculable, immense: ***auf unabsehbare Zeit*** for an indefinite period of time
unabsichtlich *Adj* unintentional
unabwendbar *Adj* unavoidable
unachtsam *Adj* inattentive, careless
Unachtsamkeit *f* carelessness
unähnlich *Adj* (*Dat*) unlike (*s.o., s.th.*)
unanfechtbar *Adj* incontestable
unangebracht *Adj* inappropriate: ***unangebracht sein*** *auch* be out of place
unangefochten *Adj und Adv* undisputed(ly), *Meister etc*: unchallenged, (*ungehindert*) unhindered
unangemeldet *Adj und Adv* unannounced
unangemessen *Adj* inappropriate, inadequate, *Preis etc*: unreasonable
unangenehm *Adj* unpleasant, (*böse*) *auch* nasty, (*peinlich*) awkward: ***das Unangenehme dabei ist*** the unpleasant thing about it is
unangreifbar *Adj auch fig* unassailable
unannehmbar *Adj* unacceptable
Unannehmlichkeiten *Pl* trouble *Sg*: **(*j-m*) *Unannehmlichkeiten bereiten*** cause (s.o.) trouble; ***Unannehmlichkeiten bekommen*** get into trouble

U

unansehnlich *Adj* unsightly, plain
unanständig *Adj* indecent, obscene
Unanständigkeit *f* indecency, obscenity
unantastbar *Adj* unimpeachable, *Recht*: inviolable, *bes iron* sacrosanct
unappetitlich *Adj* unappetizing, *auch fig* unsavo(u)ry
Unart *f* bad habit, bad trick
unartig *Adj* naughty
Unartigkeit *f* naughtiness
unästhetisch *Adj* un(a)esthetic(ally *Adv*), unpleasant
unaufdringlich *Adj* unobtrusive
unauffällig *Adj* inconspicuous, unobtrusive
unauffindbar *Adj* untraceable, *präd* not to be found
unaufgefordert *Adj und Adv* unasked, *Adv auch* of one's own accord
unaufhaltsam *Adj* unstoppable
unaufhörlich *Adj* incessant, continuous
unauflösbar, **unauflöslich** *Adj* indissoluble, *auch* CHEM, MATHE insoluble
unaufmerksam *Adj* inattentive, (*gedankenlos*) thoughtless
Unaufmerksamkeit *f* inattention, thoughtlessness
unaufrichtig *Adj* insincere
unaufschiebbar *Adj* urgent
unausbleiblich *Adj* inevitable
unausführbar *Adj* impracticable
unausgefüllt *Adj* **1.** *Formular etc*: blank **2.** *fig Leben, Person etc*: unfulfilled
unausgeglichen *Adj* unbalanced, unstable
Unausgeglichenheit *f* imbalance, instability
unausgesprochen *Adj* unspoken
unauslöschlich *Adj fig* indelible
unausrottbar *Adj* ineradicable
unaussprechlich *Adj* **1.** *Wort etc*: unpronounceable **2.** *fig* unspeakable
unausstehlich *Adj* insufferable
unausweichlich *Adj* unavoidable, inevitable
unbändig *Adj* **1.** *Kind*: unruly **2.** *fig Freude, Hass, Kraft etc*: tremendous
unbarmherzig *Adj* merciless
Unbarmherzigkeit *f* mercilessness
unbeabsichtigt *Adj* unintentional
unbeachtet *Adj und Adv* (***unbeachtet bleiben*** go) unnoticed: ***unbeachtet lassen*** disregard
unbeanstandet *Adj* unobjected: ***etw unbeanstandet lassen*** let s.th. pass
unbeantwortet *Adj* unanswered
unbebaut *Adj* LANDW untilled, *Gelände*: undeveloped
unbedacht *Adj* thoughtless, *Handlung etc*: unconsidered, (*voreilig*) rash
unbedarft *Adj ugs* naive, inexperienced
unbedenklich **I** *Adj* safe, harmless **II** *Adv* safely
unbedeutend *Adj* insignificant, unimportant, (*geringfügig*) *auch* negligible
unbedingt **I** *Adj* unconditional, absolute, *Gehorsam, Vertrauen etc*: implicit **II** *Adv* absolutely, at all costs: ***etw unbedingt brauchen*** need s.th. badly; ***nicht unbedingt*** **a)** not necessarily, **b)** not exactly
unbefahrbar *Adj* impassable
unbefangen *Adj* **1.** (*unparteiisch*) impartial, unbias(s)ed **2.** uninhibited, free
Unbefangenheit *f* **1.** impartiality **2.** naturalness
unbefleckt *Adj fig* unsullied: REL ***Unbefleckte Empfängnis*** Immaculate Conception
unbefriedigend *Adj* unsatisfactory
unbefriedigt *Adj* unsatisfied (*auch sexuell*)
unbefristet **I** *Adj* unlimited **II** *Adv* for an unlimited period
unbefugt *Adj* unauthorized
Unbefugte *m, f* unauthorized person
unbegabt *Adj* untalented
unbegreiflich *Adj* incomprehensible: ***es ist mir völlig unbegreiflich*** it's beyond me
unbegrenzt **I** *Adj* unlimited, boundless **II** *Adv zeitlich*: indefinitely: ***ich habe unbegrenzt Zeit*** I have unlimited time
unbegründet *Adj* unfounded, groundless
Unbehagen *n* unease
unbehaglich *Adj* uncomfortable (*auch Gefühl, Gedanke*), *fig auch* uneasy, *präd auch* ill at ease
unbehandelt *Adj* untreated
unbehelligt *Adj und Adv* unmolested, (*ungehindert*) unhindered
unbeherrscht *Adj* lacking self-control
Unbeherrschtheit *f* lack of self-control
unbehindert *Adj* unhindered
unbeholfen *Adj* clumsy
Unbeholfenheit *f* clumsiness
unbeirrbar *Adj* imperturbable
unbeirrt *Adj* unswerving, unperturbed
unbekannt *Adj* unknown: ***das war mir unbekannt*** I didn't know that; ***unbekannte Größe*** → ***Unbekannte***
Unbekannte *f* MATHE *und fig* unknown (quantity)
unbekleidet *Adj und Adv* undressed, (in the) nude, with nothing on
unbekömmlich *Adj* indigestible
unbekümmert *Adj* carefree: ***unbekümmert um*** unconcerned about
unbelastet *Adj* **1.** carefree: ***unbelastet sein*** be free from worries, POL have a clean record **2.** WIRTSCH *Grundstück*: unencumbered
unbelehrbar *Adj* hopeless: ***er ist unbelehrbar*** *auch* he just won't learn
unbelichtet *Adj* FOTO unexposed
unbeliebt *Adj* unpopular (***bei*** with)
Unbeliebtheit *f* unpopularity
unbemannt *Adj* unmanned, FLUG pilotless
unbemerkt *Adj und Adv* unnoticed
unbenommen *Adj* ***es ist*** (*oder* ***bleibt***) ***Ihnen unbenommen zu*** *Inf* you are at liberty to *Inf*
unbenutzt *Adj* unused
unbeobachtet *Adj und Adv* unobserved
unbequem *Adj* **1.** uncomfortable **2.** *fig* inconvenient, *Frage etc*: embarrassing, *Person*: difficult
Unbequemlichkeit *f* **1.** uncomfortableness **2.** *fig* inconvenience
unberechenbar *Adj* incalculable (*auch Person*), *fig auch* unpredictable
unberechtigt *Adj* **1.** unauthorized **2.** (*ungerechtfertigt*) unjustified, unfair
unberechtigterweise *Adv* **1.** without authority **2.** without good reason
unberücksichtigt *Adj* unconsidered, *präd* not taken into account: ***etw unberücksichtigt lassen*** leave s.th. out of account
unberufen *Interj* touch wood!
unberührt *Adj* untouched (*auch fig*), *Mädchen, Natur etc*: virgin: *fig* ***unberührt bleiben von*** not to be affected by
unbeschadet *Adj* (*Gen*) without prejudice to, (*ungeachtet*) irrespective of
unbeschädigt *Adj* intact, undamaged
unbeschäftigt *Adj* idle, unemployed
unbescheiden *Adj* immodest

U

Unbescheidenheit *f* immodesty
unbescholten *Adj* blameless: JUR ***unbescholten sein*** have no police record
unbeschränkt *Adj* unrestricted, *Macht*, *Eigentum*, *Rechte*: absolute
unbeschreiblich *Adj* indescribable
unbeschrieben *Adj Papier*: blank: *fig* ***unbeschriebenes Blatt*** unknown quantity
unbeschwert *Adj fig* carefree, *Gewissen*: light: ***unbeschwert von*** free from
unbesehen *Adv* ***etw unbesehen kaufen*** buy s.th. sight unseen; ***das glaube ich dir unbesehen*** I well believe you
unbesetzt *Adj Stelle*: vacant, *Platz etc*: *auch* unoccupied, free
unbesiegbar *Adj* invincible
unbesiegt *Adj* undefeated
unbesonnen *Adj* imprudent, rash
Unbesonnenheit *f* imprudence, rashness
unbesorgt **I** *Adj* unconcerned (***wegen*** about): ***seien Sie*** (***deswegen***) ***unbesorgt!*** don't worry! **II** *Adv* (*ohne weiteres*) safely
unbespielt *Adj Kassette etc*: empty
unbeständig *Adj* unstable, unsettled, changeable, *Person*, *Markt*: unsteady
Unbeständigkeit *f* unstableness (*etc*)
unbestätigt *Adj* unconfirmed
unbestechlich *Adj* **1.** incorruptible **2.** *fig Urteil etc*: unerring
Unbestechlichkeit *f* incorruptibility
unbestimmt *Adj Gefühl etc*: vague, *Anzahl*, *Zeitraum etc*: indeterminate, indefinite: ***auf unbestimmte Zeit*** for an indefinite period, indefinitely
Unbestimmtheit *f* vagueness
unbestreitbar *Adj* indisputable
unbestritten **I** *Adj* undisputed **II** *Adv* indisputably, without doubt
unbeteiligt *Adj* **1.** not involved (***an*** *Dat* in) **2.** (*innerlich unbeteiligt*) indifferent
unbetont *Adj* unstressed
unbeträchtlich *Adj* negligible: ***nicht unbeträchtlich*** quite considerable
unbeugsam *Adj fig* uncompromising
unbewacht *Adj auch fig* unguarded
unbewaffnet *Adj* unarmed
unbewandert *Adj* (***in*** *Dat* in) inexperienced, not versed
unbeweglich *Adj* immobile, *auch* JUR *Eigentum*, *Feiertag*: immovable, (*reglos*) motionless, TECH fixed, (*starr*) rigid (*auch fig*), *geistig*: inflexible: ***unbewegliche Güter*** immovables
Unbeweglichkeit *f* immobility, *geistige*: inflexibility
unbewegt *Adj Gesicht*: expressionless, (*ungerührt*) unmoved (*auch Adv*)
unbeweisbar *Adj* unprovable
unbewiesen *Adj* unproved
unbewohnbar *Adj* uninhabitable
unbewohnt *Adj* uninhabited, unoccupied
unbewusst *Adj* unconscious
unbezahlbar *Adj* **1.** too expensive **2.** *fig* priceless (*auch ugs komisch*)
unbezahlt *Adj* unpaid
unbezähmbar *Adj fig* indomitable
unbezwingbar *Adj* invincible
Unbildung *f* lack of education
unblutig **I** *Adj* bloodless, MED nonoperative **II** *Adv* without bloodshed
unbrauchbar *Adj* useless, unsuitable, *Plan etc*: impracticable, TECH unserviceable: ***etw unbrauchbar machen*** render s.th. useless

Unbrauchbarkeit *f* uselessness (*etc*)
unbrennbar *Adj* nonflammable
unbürokratisch *Adj* unbureaucratic(ally *Adv*)
unchristlich *Adj* unchristian
und *Konj* and: ***und?*** well?; *ugs* ***und ob!*** you bet!; ***na und?*** so what?; ***und so weiter*** (*oder fort*) and so on; ***und wenn*** (***auch***) even if
Undank *m* ingratitude: *ugs* ***Undank ernten*** get small thanks for it
undankbar *Adj* ungrateful (***gegen*** to), *fig Aufgabe etc*: thankless
Undankbarkeit *f* ingratitude, *fig* thanklessness
undatiert *Adj* undated
undefinierbar *Adj* undefinable
undemokratisch *Adj* undemocratic
undenkbar *Adj* unthinkable
undenklich *Adj* ***seit undenklichen Zeiten*** from time immemorial
undeutlich *Adj allg* indistinct, *präd* not clear, *Schrift*: *auch* illegible, *Aussprache*: *auch* inarticulate, (*verwischt*) blurred, (*vage*) vague, hazy
Undeutlichkeit *f* indistinctness
undicht *Adj* leaking, *präd* not tight: ***undichte Stelle*** leak (*auch fig* POL)
Unding *n* absurdity: ***es ist ein Unding*** it is preposterous (*oder* absurd)
undiszipliniert *Adj* undisciplined
unduldsam *Adj* intolerant
Unduldsamkeit *f* intolerance
undurchdringlich *Adj* impenetrable, *Gesicht*: inscrutable
undurchführbar *Adj* impracticable
undurchlässig *Adj* impermeable (***für*** to)
undurchsichtig *Adj* **1.** opaque **2.** *fig* mysterious, *Person*: inscrutable
uneben *Adj* uneven, *Weg etc*: rough
Unebenheit *f* unevenness, roughness
unecht *Adj* **1.** false, *präd* not genuine (*beide auch fig*), (*künstlich*) artificial, (*gefälscht*) counterfeit(ed), fake(d), *ugs* phon(e)y **2.** MATHE *Bruch*: improper
unehelich *Adj* illegitimate
unehrenhaft *Adj* dishono(u)rable
unehrlich *Adj* dishonest, *weit. S. auch* insincere
Unehrlichkeit *f* dishonesty
uneigennützig *Adj* unselfish
uneingeschränkt *Adj* unrestricted, *Lob*: unqualified, *Vertrauen etc*: absolute
uneingeweiht *Adj* (***für Uneingeweihte*** for the) uninitiated
uneinheitlich *Adj* nonuniform, varied
uneinig *Adj* divided: (***sich***) ***uneinig sein*** *auch* be at variance, disagree
Uneinigkeit *f* disagreement, *stärker*: discord
uneinnehmbar *Adj* impregnable
uneins *Adj* ***uneins sein*** → ***uneinig***
unempfänglich *Adj* (***für*** to) insusceptible, *für Kunst etc*: *auch* unreceptive
unempfindlich *Adj* insensitive (***gegen*** to), *Material etc*: wear-resistant, durable
Unempfindlichkeit *f* insensitiveness, resistance (***gegen*** to), durability
unendlich **I** *Adj* MATHE, MUS, PHYS infinite (*auch fig*), (*endlos*) endless: FOTO ***auf unendlich einstellen*** focus at infinity; *fig* ***bis ins Unendliche*** ad infinitum **II** *Adv* infinitely (*etc*), *fig auch* immensely: ***unendlich klein*** infinitesimal; ***unendlich lang*** endless; ***unendlich viel*** a tremendous amount of; ***unendlich viele*** no end of
Unendlichkeit *f* infinity

unenglisch *Adj* un-English
unentbehrlich *Adj* indispensable (*Dat*, **für** to)
unentgeltlich *Adj und Adv* free (of charge)
unentrinnbar *Adj* inescapable
unentschieden *Adj und Adv* undecided (*auch Person*), *Frage etc*: *auch* open, SPORT drawn: ***unentschiedenes Spiel*** *auch* draw, tie; *Adv* ***unentschieden enden*** end in a draw; ***unentschieden spielen*** draw
Unentschieden *n* SPORT draw
unentschlossen *Adj* undecided, irresolute
Unentschlossenheit *f* irresolution, indecision
unentschuldbar *Adj* inexcusable
unentschuldigt *Adj* ***unentschuldigtes Fehlen*** unexcused absence
unentwegt *Adj* steadfast, (*ständig*) incessant
Unentwegte *m, f* POL diehard
unentwirrbar *Adj* inextricable
unerbittlich *Adj* inexorable, merciless
unerfahren *Adj* inexperienced
Unerfahrenheit *f* inexperience
unerfindlich *Adj* mysterious: ***es ist mir unerfindlich, warum*** it's a mystery to me why
unerforschlich *Adj* unfathomable
unerforscht *Adj* unexplored
unerfreulich *Adj* unpleasant
unerfüllbar *Adj* unrealizable
unerfüllt *Adj* unfulfilled
unergiebig *Adj* unproductive
unergründlich *Adj* unfathomable, *fig auch* inscrutable
unerheblich *Adj* insignificant, *bes* JUR irrelevant (**für** to)
unerhört *Adj* **1.** (*beispiellos*) unheard-of, (*empörend*) outrageous, scandalous: ***unerhört!*** what a cheek! **2.** *ugs* (*ungeheuer*) terrific
unerkannt *Adj* unrecognized
unerklärlich *Adj* inexplicable
unerlässlich *Adj* essential, imperative
unerlaubt *Adj* unauthorized, *präd* not allowed, (*unbefugt*) illicit
unerlaubterweise *Adv* without permission
unerledigt *Adj* not yet dealt with, *Briefe*: unanswered, *Aufträge etc*: unfulfilled: ***unerledigte Dinge*** unfinished business
unermesslich *Adj* immense
unermüdlich *Adj* indefatigable, *Bemühungen*: *auch* untiring
unerquicklich *Adj* unpleasant
unerreichbar *Adj Ort*: inaccessible, *fig Ziel etc*: unattainable: ***für j-n unerreichbar*** out of s.o.'s reach; ***er war unerreichbar*** I (we *etc*) couldn't get hold of him
unerreicht *Adj fig* unequal(l)ed, unrival(l)ed, record …
unersättlich *Adj auch fig* insatiable
unerschlossen *Adj* undeveloped
unerschöpflich *Adj* inexhaustible
unerschrocken *Adj* undaunted, fearless
unerschütterlich *Adj* imperturbable
unerschwinglich *Adj Waren*: unaffordable, *Preis*: exorbitant: ***für j-n unerschwinglich sein*** be beyond s.o.'s means
unersetzlich *Adj* irreplaceable, *Schaden*: irreparable
unerträglich *Adj* unbearable
unerwähnt *Adj* unmentioned: ***etw unerwähnt lassen*** make no mention of s.th.
unerwidert *Adj Liebe*: unrequited
unerwünscht *Adj* undesirable
unfähig *Adj* **1.** incapable, incompetent: ***unfähig zu*** *einer Aufgabe etc*: unqualified for **2.** ***unfähig (etw) zu tun*** unable to do (s.th.), incapable of doing (s.th.)
Unfähigkeit *f* **1.** incompetence **2.** inability
unfair *Adj* unfair
Unfall *m* accident
Unfallbericht *m* MOT accident report
Unfallflucht *f* → ***Fahrerflucht***
unfallfrei *Adj* accident-free
Unfallopfer *n* accident victim
Unfallquote *f*, **Unfallrate** *f* accident rate
Unfallstation *f* first-aid station, *im Krankenhaus*: casualty ward
Unfallstelle *f* scene of (the) accident
Unfalltod *m* accidental death
unfallträchtig *Adj* hazardous
Unfallverhütung *f* prevention of accidents
Unfallversicherung *f* accident insurance
Unfallwagen *m* **1.** car damaged in an accident **2.** FLUG crash tender
unfassbar, **unfasslich** *Adj* incomprehensible, inconceivable
unfehlbar I *Adj* infallible (*auch* REL), unerring (*auch Schütze etc*), unfailing **II** *Adv* infallibly, without fail, inevitably
Unfehlbarkeit *f* infallibility
unfein *Adj* indelicate, unrefined, *präd* not gentlemanlike, not ladylike, not nice, bad form
unfertig *Adj* **1.** unfinished **2.** *fig Person*: immature
unflätig *Adj* filthy, obscene
unfolgsam *Adj* disobedient
unförmig *Adj* shapeless, (*massig*) bulky, (*missgestaltet*) misshapen
unfrankiert *Adj Brief*: unstamped
unfrei *Adj* **1.** not free **2.** *fig* inhibited
unfreiwillig *Adj* involuntary, unintentional, *Humor*: unconscious
unfreundlich *Adj* unfriendly, *Klima*, *Wetter*: inclement, *Zimmer etc*: cheerless
Unfreundlichkeit *f* unfriendliness, *des Klimas etc*: inclemency
Unfriede(n) *m* (***Unfriede(n) stiften*** sow) discord
unfruchtbar *Adj* **1.** infertile, *auch fig* barren, sterile **2.** → ***fruchtlos***
Unfruchtbarkeit *f* infertility, *auch fig* barrenness
Unfug *m* mischief, (*Unsinn*) nonsense: JUR ***grober Unfug*** disorderly conduct; ***Unfug treiben*** be up to mischief
Ungar, **Ungarin**, **ungarisch** *Adj* Hungarian
Ungarn *n* Hungary
ungastlich *Adj* inhospitable
ungeachtet *Präp* (*Gen*) regardless of
ungeahnt *Adj* undreamt-of, unexpected
ungebeten *Adj* unasked, uninvited
ungebildet *Adj* uneducated, uncultured
ungeboren *Adj* unborn
ungebräuchlich *Adj* unusual
ungebraucht *Adj* unused
ungebunden *Adj* **1.** *Buch*: unbound, in sheets **2.** *fig* unattached, independent
ungedeckt *Adj* uncovered (*auch Scheck*), *Kredit*: unsecured, SPORT unmarked
Ungeduld *f* impatience: ***voller Ungeduld*** impatiently
ungeduldig *Adj* impatient
ungeeignet *Adj* (**zu** for) unsuitable, *Person*: *auch* unqualified, *Zeitpunkt*: inopportune
ungefähr I *Adj* approximate, rough **II** *Adv* approximately, about, around: ***so ungefähr*** s.th. like that; ***wo ungefähr?*** roughly where?
ungefährlich *Adj* harmless, not dangerous, (*si-*

cher) safe
ungefällig *Adj* unobliging
ungefragt *Adj und Adv* unasked
ungehalten *Adj* annoyed (***über*** *Akk* at)
ungehemmt **I** *Adj* unchecked, PSYCH uninhibited **II** *Adv* without restraint
ungeheuer **I** *Adj* **1.** enormous, immense **2.** *ugs* (*toll*) tremendous, terrific **II** *Adv* **3.** enormously (*etc*)
Ungeheuer *n* monster
ungeheuerlich *Adj* monstrous, outrageous
Ungeheuerlichkeit *f* monstrosity, outrage
ungehindert *Adj und Adv* unhindered
ungehobelt *Adj fig* rude, uncouth
ungehörig *Adj* improper, impertinent
ungehorsam *Adj* disobedient
Ungehorsam *m* (POL ***ziviler Ungehorsam*** civil) disobedience
ungeklärt *Adj* **1.** *Frage etc*: (still) open, *Fall, Problem etc*: unsolved **2.** *Abwässer*: not treated
ungekünstelt *Adj* unaffected
ungekürzt *Adj Buch*: unabridged, FILM uncut
ungeladen *Adj* **1.** *Gast*: uninvited **2.** *Waffe*: unloaded
ungelegen *Adj* inconvenient: ***das kommt mir sehr ungelegen!*** that doesn't suit me at all!
Ungelegenheiten *Pl* ***j-m Ungelegenheiten machen*** inconvenience s.o.
ungelenk *Adj* clumsy, (*steif*) stiff
ungelernt *Adj Arbeit*(*er*): unskilled
ungemein *Adv* immensely
ungemischt *Adj* unmixed
ungemütlich *Adj* uncomfortable (*auch fig Gefühl, Lage etc*): *ugs* ***ungemütlich werden*** *Person*: get unpleasant
Ungemütlichkeit *f* uncomfortableness
ungenannt *Adj* unnamed, *Person*: *auch* anonymous
ungenau *Adj* inaccurate, inexact, *fig* vague
Ungenauigkeit *f* inaccuracy
ungeniert **I** *Adj* uninhibited **II** *Adv* without inhibition, openly
ungenießbar *Adj* **1.** *Speise*: inedible, *Getränk*: undrinkable **2.** *ugs fig Person*: unbearable
ungenügend *Adj* insufficient, PÄD unsatisfactory, poor
ungenutzt, **ungenützt** *Adj* unused: ***eine Gelegenheit ungenutzt lassen*** let an opportunity slip
ungepflegt *Adj* unkempt, neglected
ungerade *Adj* uneven, *Zahl*: odd
ungerecht *Adj* unjust
ungerechtfertigt *Adj* unjustified
Ungerechtigkeit *f* injustice (***gegen*** to)
ungeregelt *Adj* unregulated, *Leben*, *Arbeitszeit etc*: irregular
ungern *Adv* unwillingly, reluctantly: ***etw ungern tun*** *auch* hate to do s.th.
ungerührt *Adj fig* unmoved (***von*** by)
ungesagt *Adj* (***ungesagt bleiben*** be left) unsaid
ungesalzen *Adj* unsalted
ungeschehen *Adj* ***ungeschehen machen*** undo
Ungeschick *n*, **Ungeschicklichkeit** *f* clumsiness
ungeschickt *Adj* clumsy
ungeschlagen *Adj fig* undefeated
ungeschliffen *Adj* **1.** *Edelstein*: rough **2.** *fig Person, Benehmen etc*: unpolished
ungeschminkt *Adj* **1.** not made up, without makeup **2.** *fig Bericht etc*: unvarnished, *Wahrheit etc*: *auch* plain
ungeschoren *Adj* **1.** unshorn **2.** *fig* unmolested: ***j-n ungeschoren lassen*** leave s.o. in peace; ***ungeschoren davonkommen*** get off lightly (*ungestraft*: *ugs* scot-free)
ungeschrieben *Adj* unwritten
ungeschützt *Adj* unprotected
ungesehen *Adj und Adv* unseen
ungesellig *Adj* unsociable
Ungeselligkeit *f* unsociableness
ungesetzlich *Adj* illegal, illicit, unlawful
Ungesetzlichkeit *f* illegality
ungesittet *Adj* uncivilized, (*unmanierlich*) bad-mannered
ungestört *Adj und Adv* undisturbed
ungestraft **I** *Adj* unpunished **II** *Adv* with impunity: ***ungestraft davonkommen*** go unpunished, *ugs* get off scot-free
ungestüm *Adj* impetuous, vehement
Ungestüm *n* impetuosity, vehemence
ungesund *Adj auch fig* unhealthy
ungeteilt *Adj auch fig* undivided
ungetrübt *Adj fig* unspoilt
Ungetüm *n* monster, *fig auch* monstrosity
ungeübt *Adj* untrained
ungewaschen *Adj und Adv* unwashed
ungewiss *Adj* uncertain: ***j-n im Ungewissen lassen*** keep s.o. guessing; ***Sprung ins Ungewisse*** leap in the dark
Ungewissheit *f* uncertainty: ***in Ungewissheit schweben*** be (kept) in suspense
ungewöhnlich *Adj* unusual
ungewohnt *Adj* strange, new (***für*** to)
ungewollt *Adj* unintentional, *Wirkung etc*: unintended, *Baby etc*: unwanted
ungezählt *Adj* uncounted, countless
ungezähmt *Adj* untamed
Ungeziefer *n auch fig* vermin
ungezogen *Adj* naughty
Ungezogenheit *f* naughtiness
ungezügelt *fig* **I** *Adj* unbridled **II** *Adv* unrestrainedly
ungezwungen *Adj* relaxed, informal, casual
Ungezwungenheit *f* ease
ungiftig *Adj* nontoxic
Unglaube *m* unbelief
unglaubhaft → ***unglaubwürdig***
ungläubig *Adj* incredulous, disbelieving, *auch* REL unbelieving
unglaublich *Adj* incredible, unbelievable
unglaubwürdig *Adj* untrustworthy, *Gründe etc*: implausible
ungleich **I** *Adj* **1.** unequal, unlike, dissimilar **II** *Adv* **2.** ***ungleich lang*** (***groß***) unequal in length (size); ***ungleich verteilt*** unevenly distributed **3.** *vor Komparativ*: far *better*
Ungleichgewicht *n* imbalance
Ungleichheit *f* **1.** dissimilarity, unlikeness **2.** inequality
ungleichmäßig *Adj* uneven, irregular
Unglück *n* misfortune, (*Pech*) bad luck, (*Missgeschick*) mishap, (*Katastrophe*) disaster: ***es ist*** (***weiter***) ***kein Unglück!*** it is no tragedy!; ***zu allem Unglück*** to crown it all; ***Unglück bringen*** bring ill (*oder* bad) luck; ***in sein Unglück rennen*** head for disaster
unglücklich *Adj* unfortunate, (*vom Pech verfolgt*) unlucky, (*traurig, auch Ehe, Kindheit etc*) unhappy, miserable; *Adv* ***unglücklich enden*** end badly; ***unglücklich verliebt*** crossed in love
unglücklicherweise *Adv* unfortunately
unglückselig *Adj* unfortunate, *Sache*: *auch* disastrous, fatal

Unglücksfall *m* misadventure, (*Unfall*) accident
Unglücksrabe *m fig* unlucky fellow
Unglückstag *m* black day
Ungnade *f* disfavo(u)r: ***in Ungnade fallen*** fall out of favo(u)r (***bei*** with)
ungnädig *Adj* ungracious
ungültig *Adj* invalid, (null and) void, *Münze*: not legal tender, *Wahlstimme*: spoilt, *Tor*: disallowed: ***ungültig machen*** (*entwerten*) cancel; ***etw für ungültig erklären*** invalidate s.th., declare s.th. null and void
Ungültigkeit *f* invalidity
Ungunst *f* ***zu j-s Ungunsten*** to s.o.'s disadvantage
ungünstig *Adj allg* unfavo(u)rable, *Termin etc*: inconvenient
ungut *Adj* bad: ***ein ungutes Gefühl haben*** have misgivings (***bei*** about); ***nichts für ungut!*** no offen/ce (*Am* -se)!
unhaltbar *Adj* **1.** *Argumente etc*: untenable **2.** *Zustände*: intolerable **3.** SPORT *Ball, Schuss etc*: unstoppable
unhandlich *Adj* unwieldy
unharmonisch *Adj auch fig* discordant
Unheil *n* (*Schaden*) harm, (*Katastrophe*) disaster: ***Unheil anrichten*** wreak havoc; ***Unheil bringend*** fatal
unheilbar *Adj* incurable: *Adv* ***unheilbar krank*** suffering from an incurable disease
unheilbringend → ***Unheil***
unheilvoll *Adj* disastrous, *Blick etc*: sinister
unheimlich **I** *Adj* **1.** uncanny, weird (*beide auch fig*), creepy, eerie **2.** *ugs fig* tremendous, terrific **II** *Adv* **3.** *ugs fig* (*sehr*) tremendously, awfully: ***unheimlich gut*** terrific, fantastic; ***unheimlich viel*** a tremendous lot of
unhöflich *Adj* impolite
Unhöflichkeit *f* impoliteness
Unhold *m* monster, fiend
unhygienisch *Adj* unhygienic(ally *Adv*)
Uni *f ugs* university
uniform *Adj*, **Uniform** *f* uniform
uniformiert *Adj und Adv* in uniform
Unikum *n auch iron* unique specimen
uninteressant *Adj* uninteresting, not interesting
uninteressiert *Adj* uninterested (***an*** *Dat* in)
Union *f* union: POL ***die Union*** the Christian-Democratic Union (*oder* Party); ***Europäische Union*** European Union
universal *Adj* universal
Universalerbe *m* sole heir
Universalerbin *f* sole heiress
universell *Adj* universal
Universität *f* (***auf*** *oder* ***an der Universität*** at the) university; ***eine Universität besuchen*** go to university
Universitäts... university (*library, hospital, studies, etc*)
Universum *n* universe
unken *v/i ugs fig* croak
unkenntlich *Adj* unrecognizable
Unkenntnis *f* ignorance: ***in Unkenntnis der Gefahr*** unaware of the danger; ***j-n in Unkenntnis lassen*** keep s.o. in the dark (***über*** *Akk* about)
unklar *Adj* unclear, *präd* not clear, *fig auch* vague, obscure, (*verworren*) muddled, (*undeutlich*) indistinct, (*ungewiss*) uncertain: *fig* ***im Unklaren sein*** be in the dark (***über*** *Akk* about)
Unklarheit *f* unclearness, lack of clarity, vagueness
unklug *Adj* unwise, imprudent
unkompliziert *Adj* uncomplicated
unkontrollierbar *Adj* uncontrollable
unkontrolliert *Adj* uncontrolled
Unkosten *Pl* costs *Pl*, expenses *Pl*: ***allgemeine*** (*oder* ***laufende***) ***Unkosten*** running expenses, WIRTSCH overhead *Sg*; → ***stürzen*** 6
Unkraut *n* weed(s *Pl*): *fig* ***Unkraut vergeht nicht*** ill weeds grow apace
Unkrautvernichtung *f* weed-killing
Unkrautvertilgungsmittel *n* weed killer
unkritisch *Adj* uncritical
unkultiviert *Adj* uncultivated
unkündbar *Adj Stellung*: permanent, *Vertrag etc*: not terminable
unlängst *Adv* lately, recently
unlauter *Adj fig* dubious: WIRTSCH ***unlauterer Wettbewerb*** unfair competition
unleserlich *Adj* illegible
unlieb *Adj* ***es ist mir nicht unlieb***(***, dass ...***) it suits me quite fine (that ...)
unliebenswürdig *Adj* unamiable, unfriendly
unliebsam *Adj* unpleasant
unliniert, unliniiert *Adj* unruled
unlogisch *Adj* illogical
unlösbar *Adj Problem etc*: insoluble
unlöslich *Adj* CHEM insoluble
Unlust *f* listlessness, (*Widerwille*) aversion: ***mit Unlust*** with reluctance
unlustig *Adj* listless, reluctant
unmanierlich *Adj* ill-mannered
unmännlich *Adj* effeminate
Unmasse *f ugs* → ***Unmenge***
unmaßgeblich *Adj* unauthoritative: *iron* ***nach meiner unmaßgeblichen Meinung*** in my humble opinion
unmäßig *Adj* excessive, immoderate
Unmäßigkeit *f* immoderateness
Unmenge *f* vast amount (*oder* number), *ugs* loads *Pl* (***von*** of)
Unmensch *m* monster, brute: *ugs* ***sei kein Unmensch!*** have a heart!
unmenschlich *Adj* **1.** inhuman, cruel **2.** *ugs fig* awful
Unmenschlichkeit *f* inhumanity, cruelty
unmerklich *Adj* imperceptible
unmethodisch *Adj* unmethodical
unmissverständlich **I** *Adj* unmistakable **II** *Adv* unmistakably, (*offen*) plainly
unmittelbar **I** *Adj* immediate, direct **II** *Adv* immediately, directly: ***unmittelbar vor*** (*Dat*) right in front of, *zeitlich*: just before; ***unmittelbar bevorstehen*** be imminent
unmöbliert *Adj* unfurnished
unmodern *Adj* outmoded, dated
unmöglich **I** *Adj* impossible (*auch ugs fig Person, Kleid, Situation etc*): ***Unmögliches leisten*** (***verlangen***) do (ask) the impossible; *fig* ***unmöglich aussehen*** look a sight; ***sich unmöglich machen*** **a**) compromise o.s., **b**) make a fool of o.s **II** *Adv* not possibly: ***ich kann es unmöglich tun*** I can't possibly do it
Unmöglichkeit *f* impossibility
unmoralisch *Adj* immoral
unmotiviert *Adj* unmotivated
unmündig *Adj* under age, minor
unmusikalisch *Adj* unmusical
Unmut *m* annoyance (***über*** *Akk* at)
unnachahmlich *Adj* inimitable
unnachgiebig *Adj* unyielding
unnachsichtig *Adj* strict, severe
unnahbar *Adj* unapproachable, standoffish
Unnahbarkeit *f* unapproachableness

unnatürlich *Adj* **1.** unnatural (*auch fig*) **2.** (*gekünstelt*) affected
unnötig *Adj* unnecessary
unnütz *Adj* useless
unordentlich *Adj* disorderly, untidy
Unordnung *f* disorder, mess: ***in Unordnung sein*** be in a mess; ***etw in Unordnung bringen*** mess s.th. up
unorganisch *Adj* inorganic
unparteiisch *Adj* impartial
Unparteiische *m*, *f* SPORT referee
unpassend *Adj* inappropriate, unsuitable, (*unschicklich*) improper, (*ungelegen*) untimely, inconvenient
unpassierbar *Adj* impassable
unpässlich *Adj* ***unpässlich sein, sich unpässlich fühlen*** be indisposed, feel unwell
Unpässlichkeit *f* indisposition
unpatriotisch *Adj* unpatriotic(ally *Adv*)
Unperson *f* nonperson
unpersönlich *Adj* impersonal
unpolitisch *Adj* apolitical
unpopulär *Adj* unpopular
unpraktisch *Adj* impractical
unproblematisch *Adj* unproblematic
unproduktiv *Adj* unproductive, WIRTSCH nonproductive
unpünktlich *Adj* unpunctual
Unpünktlichkeit *f* unpunctuality
unqualifiziert *Adj* unqualified
unrasiert *Adj* unshaven
Unrat *m* rubbish, (*Schmutz*, *auch fig*) filth: *ugs* ***Unrat wittern*** smell a rat
unrationell *Adj* inefficient
unratsam *Adj* inadvisable
unrecht *Adj* wrong: ***zur unrechten Zeit*** at the wrong time; ***etw Unrechtes tun*** do s.th. wrong; *Adv* **(*an j-m*) *unrecht handeln*** do (s.o.) wrong; ***unrecht haben*** be (in the) wrong, (*sich irren*) *auch* be mistaken; ***j-m unrecht geben*** disagree with s.o., *fig Resultat etc*: prove s.o. wrong
Unrecht *n* wrong, injustice: ***im Unrecht sein*** be (in the) wrong, (*sich irren*) *auch* be mistaken; ***j-n ins Unrecht setzen*** put s.o. in the wrong; ***j-m Unrecht tun*** do s.o. wrong; ***zu Unrecht*** wrong(ful)ly, unjustly; ***nicht zu Unrecht*** not without good reason
unrechtmäßig *Adj* wrongful, unlawful
unredlich *Adj* dishonest
Unredlichkeit *f* dishonesty
unreell *Adj* dishonest
unregelmäßig *Adj* irregular
Unregelmäßigkeit *f* irregularity
unreif *Adj* **1.** unripe, *Früchte*: *auch* green **2.** *fig* immature
unrein *Adj* impure (*auch fig*), *Haut*: bad
Unreinheit *f* impurity
unreinlich *Adj* unclean
unrentabel *Adj* unprofitable
unrettbar *Adj* irrecoverable: *Adv* ***unrettbar verloren*** irretrievably lost, *Person*: beyond help
unrichtig *Adj* incorrect, wrong
Unrichtigkeit *f* incorrectness, (*Fehler*) error
Unruh *f der Uhr*: balance
Unruhe *f* restlessness, (*Besorgnis*) uneasiness, anxiety, (*Bewegung*) commotion, *stärker*: tumult: POL ***Unruhen*** *Pl* unrest *Sg*, disturbances *Pl*
Unruheherd *m* trouble spot
Unruhestifter, **Unruhestifterin** troublemaker
unruhig *Adj* **1.** restless, fidgety **2.** *fig Schlaf*, *Zeiten*: troubled, (*besorgt*) uneasy, worried **3.** (*laut*) noisy
unrühmlich *Adj* inglorious
uns **I** *Personalpron* **1.** us, to us: ***ein Freund von uns*** a friend of ours **II** *Reflexivpron* **2.** ourselves: ***wir waschen uns*** we wash (ourselves) **3.** (*einander*) each other, one another
unsachgemäß *Adj* improper
unsachlich *Adj* unobjective, irrelevant, *präd* beside the point: ***unsachlich werden*** become personal
unsafe *Adj* unsafe: ***unsafer Sex*** unsafe sex
unsagbar, **unsäglich** *Adj* unspeakable
unsanft *Adj* rough: *fig* ***ein unsanftes Erwachen*** a rude awakening
unsauber *Adj* **1.** dirty **2.** *fig* (*unlauter*) unfair (*auch Sport*), dubious
unschädlich *Adj* harmless: ***unschädlich machen*** render harmless, (*Gift*) neutralize, (*Gegner*) put *s.o.* out of action, (*Verbrecher*) lay *s.o.* by the heels
unscharf *Adj* blunt, *Bild*: blurred: OPT ***unscharf (eingestellt)*** out of focus
unschätzbar *Adj* invaluable
unscheinbar *Adj* insignificant, inconspicuous, *Äußeres*: plain
unschicklich *Adj* unseemly, improper
unschlagbar *Adj* unbeatable
unschlüssig *Adj* irresolute
Unschlüssigkeit *f* irresolution
unschön *Adj* **1.** unlovely, ugly **2.** *fig* unkind, *präd* not nice, (*unerfreulich*) unpleasant
Unschuld *f* innocence: ***ich wasche meine Hände in Unschuld*** I wash my hands of it
unschuldig *Adj* innocent (***an*** *Dat* of): JUR ***sich für unschuldig erklären*** plead not guilty
unschwer *Adv* easily
unselbstständig *Adj* **1.** dependent (on others), helpless **2.** (*angestellt*) employed: ***Einkünfte aus unselbstständiger Arbeit*** wage and salaries income
Unselbstständigkeit *f* lack of independence
unselig *Adj* unfortunate, fatal
unser **I** *Possessivpron* our, ours: ***der (die, das) unsere*** (*oder* ***uns[e]rige***) ours; ***wir haben das unsere getan*** we have done our bit **II** *Gen von* ***wir***: of us
unsereiner, **unsereins**, **unseresgleichen** *Indefinitpron ugs* people like us
unseretwegen, **unsertwegen** *Adv* for our sake, (*wegen uns*) because of us
unseriös *Adj* dubious
unsicher *Adj* **1.** unsafe, insecure, risky: *ugs die Gegend* ***unsicher machen*** *Verbrecher etc*: prowl, *hum Touristen etc*: infest **2.** (*ungewiss*) uncertain **3.** (*wacklig*) unsteady, shaky (*auch fig* ***in*** *Dat* in) **4.** insecure, unsure (of o.s.): ***j-n unsicher machen*** make s.o. feel insecure
Unsicherheit *f* **1.** unsafeness, insecurity **2.** (*Ungewissheit*) uncertainty **3.** unsteadiness **4.** *einer Person*: unsureness (of o.s.), insecurity
Unsicherheitsfaktor *m* element of uncertainty
unsichtbar *Adj* invisible
Unsichtbarkeit *f* invisibility
Unsinn *m* **1.** (***Unsinn reden*** talk) nonsense (*oder* rubbish) **2.** ***Unsinn machen*** fool around
unsinnig *Adj ugs fig* unreasonable, absurd, (*sehr groß*) tremendous, terrible
Unsitte *f* bad habit
unsittlich *Adj* immoral, indecent
Unsittlichkeit *f* immorality

unsolide *Adj* **1.** unsolid **2.** *Person, Leben etc*: loose **3.** *Firma etc*: dubious
unsozial *Adj* antisocial
unsportlich *Adj* **1.** *Person*: unathletic **2.** *fig* unfair, unsporting
unsterblich **I** *Adj* immortal **II** *Adv ugs* awfully: ***unsterblich verliebt*** madly in love (***in*** *Akk* with)
Unsterblichkeit *f* immortality
unstet *Adj* inconstant, (*ruhelos*) restless
unstillbar *Adj Durst*: unquenchable, *Hunger*: insatiable, *fig* unappeasable
Unstimmigkeit *f meist Pl* **1.** discrepancy **2.** (*Streit*) disagreement, difference
unstreitig *Adj* indisputable
Unsumme *f* enormous sum
unsymmetrisch *Adj* asymmetrical
unsympathisch *Adj* disagreeable, unpleasant: ***er ist mir unsympathisch*** I don't like him
Untat *f* atrocity, outrage
untätig *Adj* inactive, idle
Untätigkeit *f* inactivity, idleness
untauglich *Adj* unfit (*auch* MIL), unsuitable
Untauglichkeit *f* unfitness (*etc*)
unteilbar *Adj* indivisible
unten *Adv* below, *im Haus*: downstairs: ***da unten*** down there; ***nach unten*** down(wards), *im Haus*: downstairs; ***unten auf der Seite*** (***im Fass***) at the bottom of the page (barrel); ***siehe unten!*** see below!; ***von oben bis unten*** from top to bottom (*bei Personen*: to toe); *ugs* ***er ist bei mir unten durch*** I am through with him; ***unten erwähnt, unten genannt*** undermentioned, mentioned below
untenerwähnt → ***unten***
untengenannt → ***unten***
unter *Präp* **1.** under, *örtlich, rangmäßig*: *auch* below, (*weniger als*) *auch* less than: ***unter null*** below zero; ***unter sich haben*** be in charge of; ***was versteht man unter …?*** what is meant by …?; → ***Bedingung, Hand, Träne*** *etc* **2.** (*zwischen, bei*) among: ***einer unter hundert*** one in a hundred; ***unter anderem*** among other things; ***unter uns gesagt*** between you and me; ***wir sind ganz unter uns*** we are quite alone **3.** (*während*) during: ***unter seiner Regierung*** under (*oder* during) his reign; ***unter dem 1. Mai*** under the date of May 1st

unter: under, underneath, below oder beneath? SG

unter(halb); von etwas bedeckt	**under**
under the table / the blanket	
unter(halb); von etwas bedeckt; vor allem, wenn etwas versteckt ist	**underneath**
I'm sure it's hidden underneath the floorboards.	
unter(halb) in Bezug auf eine Höhe oder bei Skalen und Rängen in Relation zu einem festen Bezugspunkt	**below**
From the top of the mountain we could see the tree tops far below.	
The temperature fell below zero.	
bei Beträgen: unter, weniger als	**under / less than**
It costs under / less than $ 50.	
formales bzw. poetisches Wort für **under** oder **below**	**beneath**
beneath a silvery sky	
the ground beneath her feet	

Unterabteilung *f* subdivision
Unterarm *m* forearm
Unterart *f* subspecies
Unterausschuss *m* subcommittee
Unterbau *m* substructure, foundation, *fig auch* base, *bes* WIRTSCH infrastructure
unterbelichten *v/t* FOTO underexpose
Unterbelichtung *f* FOTO underexposure
unterbeschäftigt *Adj* underemployed
unterbesetzt *Adj* understaffed
unterbewerten *v/t* undervalue, *fig auch* underrate
unterbewusst *Adj* subconscious
Unterbewusstsein *n the* subconscious: ***im Unterbewusstsein*** subconsciously
unterbezahlt *Adj* underpaid
unterbieten *v/t* underbid, (*Rekord*) beat, (*Preis*) undercut, (*Konkurrenz*) undersell
unterbinden *v/t fig* stop, (*verhindern*) prevent
unterbleiben *v/i* be left undone, not to take place: ***das hat sofort zu unterbleiben!*** this must stop at once!
Unterbodenschutz *m* MOT underseal
unterbrechen **I** *v/t allg, auch* IT interrupt, TEL cut off, (*Spiel*) hold up, JUR adjourn: ***die Fahrt*** (*oder* ***Reise***) ***unterbrechen*** break one's journey **II** *v/refl* ***sich unterbrechen*** pause
Unterbrechung *f* interruption, break, *der Fahrt*: *auch* stopover
unterbreiten *v/t* submit (*Dat* to): ***j-m einen Vorschlag unterbreiten*** make s.o. a proposal
unterbringen *v/t* **1.** (*j-n*) accommodate, (*Gast*) *auch* put *s.o.* up; ***j-n in einem Heim, Krankenhaus etc unterbringen*** put s.o. into, JUR commit s.o. to; ***j-n unterbringen in*** (*oder* ***bei***) *einer Firma etc*: get s.o. a job with; *ugs fig* ***ich kann ihn nicht unterbringen*** I can't place him **2.** (*lagern*) store, (*verstauen*) stow (away): ***etw unterbringen in*** (*Dat*) get (*oder* fit) s.th. into, TECH install s.th. in **3.** *Aufträge, Kapital etc* ***unterbringen bei*** place *s.th.* with; ***ein Buch bei einem Verlag unterbringen*** have a book accepted by publishers
Unterbringung *f* accommodation, housing, JUR committal (***in*** *Dat* to)
Unterbringungsmöglichkeit(en *Pl*) *f* accommodation *Sg*
unterbuttern *v/t ugs* ***j-n unterbuttern*** push s.o. under
Unterdeck *n* SCHIFF lower deck
unterderhand → ***Hand***
unterdessen *Adv* in the meantime
unterdrücken *v/t allg* suppress (*auch Veröffentlichung*), (*Gähnen, Lachen etc*) *auch* stifle, (*Aufstand*) put down, quell, (*Volk etc*) oppress
Unterdrücker, Unterdrückerin oppressor
Unterdrückung *f* suppression, oppression
unterdurchschnittlich *Adj* below average
untere *Adj* lower
'**untereinander**[1] *Adv* one below the other

U

unterei'nander[2] *Adv* among one another (*oder* each other, themselves, yourselves, *etc*)

unterentwickelt *Adj* underdeveloped (*auch* FOTO), *Kind, Land etc*: *auch* backward, PSYCH subnormal

unterernährt *Adj* underfed, undernourished

Unterernährung *f* malnutrition

Unterfangen *n* venture, undertaking, (*Versuch*) attempt

Unterführung *f* underpass, (*Fußgängerunterführung*) subway

Unterfunktion *f* MED hypofunction

Untergang *m* **1.** *der Sonne etc*: setting **2.** SCHIFF sinking **3.** *fig* (down)fall, decline

Untergattung *f* subgenus

Untergebene *m, f* subordinate

untergehen *v/i* go down, go under (*beide auch fig*), SCHIFF *auch* sink, *Sonne etc*: *auch* set: *fig* ***im Lärm untergehen*** *Worte etc*: be drowned out (*oder* lost) by the noise

> **untergehen ≠ undergo**
>
> | | | |
> |---|---|---|
> | untergehen | = | go down; (*Schiff*) sink; (*Sonne*) set |
> | undergo | = | erleben, durchmachen; (*Operation*) sich unterziehen |

untergeordnet *Adj* **1.** subordinate (*Dat* to) **2.** *Bedeutung etc*: secondary

Untergeschoss, **Untergeschoß** *österr.* *n* basement, *Br auch* lower ground floor

Untergestell *n* MOT underframe

Untergewicht *n* (***Untergewicht haben*** be) underweight

untergliedern *v/t* subdivide

untergraben *v/t auch fig* undermine

Untergrund *m* **1.** GEOL subsoil **2.** MALEREI ground(ing) **3.** POL (***in den Untergrund gehen*** go) underground

Untergrundbewegung *f* POL underground movement

Untergrundkämpfer, **Untergrundkämpferin** POL underground fighter

unterhalb **I** *Präp* (*Gen*) below, under **II** *Adv* below, underneath

Unterhalt *m* **1.** support, maintenance **2.** → ***Lebensunterhalt***

unterhalten **I** *v/t* **1.** (*Einrichtung etc*) maintain, (*Familie etc*) *auch* support, (*Beziehungen, Briefwechsel*) keep up **2.** entertain, amuse **II** *v/refl* **3.** ***sich unterhalten*** talk (***mit*** with, to) **4.** ***sich*** (***gut***) ***unterhalten*** enjoy o.s., have a good time

unterhaltend → ***unterhaltsam***

Unterhalter, **Unterhalterin** entertainer

unterhaltsam *Adj* entertaining, amusing

Unterhaltsbeihilfe *f* maintenance grant

unterhaltsberechtigt *Adj* entitled to maintenance

Unterhaltskosten *Pl* maintenance costs *Pl*

Unterhaltspflicht *f* obligation to pay maintenance

unterhaltspflichtig *Adj* liable for maintenance

Unterhaltszahlung *f* maintenance payment

Unterhaltung *f* **1.** entertainment **2.** conversation, talk **3.** *einer Anlage, eines Instituts etc*: upkeep, maintenance

Unterhaltungs... entertainment (*concert, film, industry, etc*)

Unterhaltungsbranche *f* (***in der Unterhaltungsbranche*** in) show business

Unterhaltungselektronik *f* video and audio systems *Pl*

Unterhaltungsindustrie *f* entertainment industry

Unterhaltungsmusik *f* light music

Unterhaltungsroman *m* light novel

Unterhaltungswert *m* entertainment value

Unterhändler, **Unterhändlerin** negotiator

Unterhandlung *f* negotiation: ***in Unterhandlungen treten*** enter into negotiations (***mit*** with)

Unterhaus *n* PARL *Br* House of Commons

Unterhemd *n* vest, *Am* undershirt

Unterholz *n* undergrowth

Unterhose *f* (***eine Unterhose*** a pair of) underpants *Pl*

unterirdisch *Adj* subterranean, *auch fig* underground

unterjochen *v/t* subjugate

unterjubeln *v/t ugs* ***j-m etw unterjubeln*** foist s.th. (off) on s.o.

Unterkiefer *m* ANAT lower jaw

Unterkleidung *f* underwear

unterkommen *v/i* find accommodation (*oder* lodgings): ***unterkommen in*** (*Dat*) find a place in; *ugs* ***unterkommen bei*** *einer Firma etc*: find a job with

Unterkörper *m* lower part of the body

unterkriegen *v/t ugs* ***j-n unterkriegen*** get s.o. down; ***sich nicht unterkriegen lassen*** hold one's own; ***lass dich nicht unterkriegen!*** keep your tail up!

Unterkühlung *f* MED hypothermia

Unterkunft *f* accommodation, lodging(s *Pl*), quarters *Pl*: ***Unterkunft und Verpflegung*** board and lodgings

Unterlage *f* **1.** TECH base, support **2.** *fig* basis **3.** *Pl* (*Akten etc*) documents *Pl*, records *Pl*, (*Angaben*) data *Pl*

Unterlass *m* ***ohne Unterlass*** incessantly

unterlassen *v/t* omit: ***etw unterlassen*** (*versäumen*) *auch* fail to do s.th., (*bleiben lassen*) refrain from (doing) s.th.; ***unterlass das!*** stop that!

Unterlassung *f* omission

Unterlassungsklage *f* JUR action for injunction

Unterlassungssünde *f* sin of omission

Unterlauf *m eines Flusses*: lower course

unterlaufen **I** *v/t fig* (*Gesetz etc*) dodge **II** *v/i* ***mir ist ein Fehler unterlaufen*** I've made a mistake

'unterlegen[1] *v/t* lay (*oder* put) *s.th.* under

unter'legen[2] *Adj* inferior (*Dat* to), (*besiegt*) losing, defeated

Unterlegene *m, f* loser

Unterlegenheit *f* inferiority

Unterleib *m* abdomen, belly

Unterleibchen *n österr., schweiz., südd.* vest

Unterleibs... abdominal

unterliegen *v/i* **1.** (*Dat*) be defeated (*oder* beaten) (by), lose (to), *einer Versuchung etc*: succumb (to) **2.** (*einer Bestimmung etc*) be subject

> **unterliegen ≠ underlie**
>
> | | | |
> |---|---|---|
> | unterliegen | = | be defeated (by), lose (to); be subject (to) |
> | underlie | = | zugrunde liegen |

(to): ***es unterliegt keinem Zweifel, dass*** there is no doubt that

Unterlippe *f* lower lip

Untermalung *f* ***musikalische Untermalung*** musical background

untermauern *v/t auch fig* underpin

untermengen *v/t* mix in

Untermensch *m* subhuman creature

Untermiete *f* **1.** subtenancy: ***in*** (*oder* ***zur***) ***Untermiete wohnen*** be a subtenant (*Am* roomer), lodge (***bei*** with) **2.** sublease: → ***untervermieten***

Untermieter, **Untermieterin** subtenant, lodger, *Am* roomer

unterminieren *v/t auch fig* undermine

unternehmen *v/t* (*Reise etc*) make, go on, (*tun*) do: ***etw unternehmen gegen*** **a)** ***j-n*** take action against s.o., **b)** ***etw*** do s.th. about s.th.; ***er unternahm nichts*** he did nothing

Unternehmen *n* **1.** firm, business, enterprise, company **2.** (*Vorhaben*) undertaking, enterprise, project: (***gewagtes***) ***Unternehmen*** venture **3.** MIL operation

Unternehmensberater, **Unternehmensberaterin** management consultant

Unternehmensberatung *f* management consultancy

Unternehmensführung *f* management

Unternehmer, **Unternehmerin** businessman (businesswoman), entrepreneur (entrepreneuse), *vertraglich*: contractor, (*Arbeitgeber[in]*) employer, *weit. S.* industrialist

Unternehmer ≠ undertaker

Unternehmer	=	businessman, entrepreneur
undertaker	=	Leichenbestatter

unternehmerisch *Adj* entrepreneurial

Unternehmerschaft *f the* employers *Pl*, *the* management

Unternehmertum *n* **1.** entrepreneurship: ***freies Unternehmertum*** free enterprise **2.** → ***Unternehmerschaft***

Unternehmungsgeist *m* (spirit of) enterprise, initiative

unternehmungslustig *Adj* enterprising

Unteroffizier, **Unteroffizierin** noncommissioned officer (*Abk* NCO), *Dienstgrad*: sergeant, FLUG corporal

unterordnen **I** *v/t* subordinate (*Dat* to) **II** *v/refl* ***sich unterordnen*** submit (*Dat* to)

Unterordnung *f* **1.** subordination **2.** BIOL suborder

Unterpfand *n* pledge

unterprivilegiert *Adj* underprivileged

Unterredung *f* talk, conversation

Unterricht *m* instruction, (*Stunden*) lessons *Pl*, (*Schulunterricht*) *auch* classes *Pl*: ***Unterricht geben*** teach, give lessons (*Dat* to)

unterrichten **I** *v/t und v/i* **1.** teach, give lessons (*Dat* to) **2.** inform (***von, über*** *Akk* of): (***gut***) ***unterrichtete Kreise*** (well-)informed circles **II** *v/refl* **3.** ***sich unterrichten*** inform o.s. (***über*** *Akk* about)

Unterrichtseinheit *f* teaching unit

Unterrichtsraum *m* classroom

Unterrichtsstunde *f* lesson

Unterrichtung *f* **1.** instruction **2.** information

Unterrock *m* slip

untersagen *v/t* forbid, VERW prohibit: ***j-m etw untersagen*** forbid s.o. (to do) s.th., prohibit s.o. from doing s.th.

Untersatz *m allg* stand, *für Gläser*: mat, *für Blumentöpfe*: saucer: *ugs* ***fahrbarer Untersatz*** wheels *Pl*

unterschätzen *v/t* underestimate

unterscheiden **I** *v/t und v/i* distinguish (***zwischen*** between, ***von*** from): ***etw unterscheiden von*** *auch* tell s.th. apart from; ***das unterscheidet ihn von ...*** that sets him apart from ... **II** *v/refl* ***sich unterscheiden*** differ (***von*** from, ***dadurch, dass*** in *Ger*)

unterscheidend *Adj* distinctive

Unterscheidung *f* differentiation, (*Unterschied*) difference

Unterscheidungsmerkmal *n* distinguishing mark

Unterschenkel *m* ANAT lower leg

Unterschicht *f* SOZIOL lower classes *Pl*

Unterschied *m* difference: ***einen Unterschied machen*** (***zwischen*** between) distinguish, (*auch unterschiedlich behandeln*) discriminate; ***das macht keinen Unterschied*** that makes no difference; ***ohne Unterschied*** indiscriminately; ***zum Unterschied von*** unlike, in contrast to; ***das ist ein großer Unterschied*** that makes a great difference

unterschiedlich *Adj* different, varying, (*schwankend*) variable; *Adv* ***unterschiedlich behandeln*** discriminate between

unterschiedslos **I** *Adj* indiscriminate **II** *Adv* without exception

unterschlagen *v/t* (*Geld*) embezzle, (*Brief*) intercept, (*Testament etc*) suppress, (*Tatsache etc*) *auch* hold back

Unterschlagung *f* embezzlement, interception, suppression

Unterschlupf *m* **1.** hiding place, *ugs* hideout **2.** (*Obdach*) shelter, refuge

unterschlüpfen *v/i* **1.** hide **2.** take shelter (***bei*** with)

unterschreiben *v/t und v/i* **1.** sign **2.** *fig* subscribe (to)

Unterschrift *f* signature: → ***setzen*** 1

Unterschriftenmappe *f* signature blotting book

unterschriftsberechtigt *Adj* authorized to sign

unterschwellig *Adj* subliminal

Unterseeboot *n* submarine

unterseeisch *Adj* submarine

Unterseite *f* underside, bottom

untersetzt *Adj* stocky

unterst *Adj* lowest: ***das Unterste zuoberst kehren*** turn everything upside down

Unterstand *m* shelter, MIL *auch* dugout

unterstehen **I** *v/i* ***j-m unterstehen*** be subordinate (*verantwortlich*: answerable) to s.o., be under s.o.'s supervision **II** *v/refl* ***sich unterstehen zu*** *Inf* dare to *Inf*; ***was unterstehen Sie sich?*** how dare you?

'unterstellen[1] **I** *v/t* ***etw unterstellen in*** (*Dat*) put s.th. in(to) **II** *v/refl* ***sich unterstellen*** take shelter

unter'stellen[2] *v/t* **1.** ***j-m j-n*** (***etw***) ***unterstellen*** put s.o. in charge of s.o. (s.th.) **2.** *fig* ***j-m etw unterstellen*** impute s.th. to s.o. **3.** (*annehmen*) suppose, assume

Unterstellung *f* (*Behauptung*) allegation, suggestion

unterstreichen *v/t* underline, *fig* (*betonen*) *auch* emphasize

Unterstufe *f* PÄD lower grades *Pl*
unterstützen *v/t allg, auch finanziell*: support (*auch Antrag, Kandidaten etc*), back (up), (*helfen*) assist, aid, help
Unterstützung *f* **1.** support, *finanzielle*: aid, grant, (*Subvention*) subsidy, (*Fürsorge*) welfare (payments *Pl*) **2.** *fig* (*Beistand*) support, aid, assistance, help
untersuchen *v/t* examine (*auch* MED), inspect, check, (*einen Fall etc, auch* JUR *und wissenschaftlich*) investigate, CHEM *und fig* analy/se (*Am* -ze): ***etw untersuchen auf*** (*Akk*) test s.th. for
Untersuchung *f* examination, MED *auch* check-up, inspection, test, *eines Falles etc, auch* JUR *und wissenschaftlich*: investigation, CHEM *und fig* analysis
Untersuchungsausschuss *m* fact-finding committee
Untersuchungsgefangene *m, f* prisoner on remand
Untersuchungsgefängnis *n* remand prison
Untersuchungshaft *f* detention pending trial: ***in Untersuchungshaft sein*** be on remand
Untersuchungsrichter, **Untersuchungsrichterin** examining magistrate
Untertan, **Untertanin** subject
Untertasse *f* (***fliegende Untertasse*** flying) saucer
untertauchen *v/i* **1.** *auch v/t* duck **2.** *fig* disappear, go into hiding, *bes* POL go underground
Unterteil *m, n* lower part, base
unterteilen *v/t* subdivide
Unterteilung *f* subdivision
Untertitel *m* subtitle, FILM *auch* caption
Unterton *m auch fig* undertone
untertreiben *v/t und v/i* understate
Untertreibung *f* understatement
untertunneln *v/t* tunnel through
untervermieten *v/t* sublet
unterversichert *Adj* underinsured
unterwandern *v/t* infiltrate
Unterwanderung *f* infiltration
Unterwäsche *f* underwear
Unterwasser… underwater (*camera, massage, etc*)
unterwegs *Adv* on the (*oder* one's) way (***nach*** to), (*auf Reisen*) away: ***immer unterwegs*** always on the move
unterweisen *v/t* instruct
Unterweisung *f* instruction
Unterwelt *f allg* underworld
unterwerfen **I** *v/t* **1.** (*Land, Volk*) subdue, subjugate **2.** (*einer Prüfung, Belastung etc*) subject (to) **II** *v/refl* ***sich unterwerfen*** **3.** *auch fig* submit (*Dat* to)
Unterwerfung *f* **1.** subjugation, subjection **2.** *fig* submission (***unter*** *Akk* to)
unterworfen *Adj* **1.** *Land, Volk*: subdued **2.** ***einer Sache unterworfen sein*** be subject to s.th.
Unterwürfigkeit *f* submissiveness
unterzeichnen *v/t und v/i* sign
Unterzeichner, **Unterzeichnerin** **1.** signer, undersigned **2.** (*Gen* to) *einer Anleihe, Resolution etc*: subscriber, *eines Staatsvertrages*: signatory
Unterzeichnete *m, f* undersigned
Unterzeichnung *f* signing
'unterziehen[1] *v/t* put on underneath
unter'ziehen[2] *v/t* subject (*Dat* to): ***sich einer Operation unterziehen*** undergo an operation; ***sich einer Prüfung unterziehen*** take an examination
Untiefe *f* shallow, shoal
Untier *n auch fig* monster
untragbar *Adj Verhalten etc*: intolerable, *Kosten, Preise etc*: prohibitive
untrennbar *Adj* inseparable
untreu *Adj* (*Dat* to) unfaithful (*auch Ehepartner*), disloyal
Untreue *f* unfaithfulness, disloyalty, *eheliche*: infidelity
untröstlich *Adj* inconsolable
untrüglich *Adj Instinkt etc*: unerring, *Zeichen etc*: sure
untüchtig *Adj* incapable, incompetent
Untugend *f* vice, bad habit
untypisch *Adj* atypical
unüberbrückbar *Adj fig* unbridgeable
unüberlegt *Adj* ill-considered, unwise
unübersehbar *Adj* immense, vast
unübersetzbar *Adj* untranslatable
unübersichtlich *Adj Kurve etc*: blind, *in der Anordnung*: badly arranged, (*verworren*) unclear, confused
unübertrefflich *Adj* unsurpassable
unüberwindlich *Adj* invincible, *Schwierigkeit*: insurmountable, *auch Abneigung*: insuperable
unumgänglich *Adj* unavoidable: ***unumgänglich*** (***notwendig***) indispensable, absolutely necessary
unumkehrbar *Adj* irreversible
unumschränkt *Adj* unlimited, POL absolute
unumstößlich *Adj Tatsache etc*: irrefutable, *Entscheidung etc*: irrevocable
unumstritten *Adj* undisputed
unumwunden *Adv* straight out, frankly
ununterbrochen *Adj* uninterrupted, (*unaufhörlich*) incessant
unveränderlich *Adj* unchanging, MATHE, LING invariable
unverändert *Adj* unchanged
unverantwortlich *Adj* irresponsible
unveräußerlich *Adj* inalienable
unverbesserlich *Adj* incorrigible
unverbindlich *Adj Angebot etc*: without obligation (*auch Adv*), *Antwort etc*: noncommittal
unverbleit *Adj* unleaded
unverblümt *Adj* plain, blunt
unverbraucht *Adj* unused, *fig* unspent
unverbrüchlich *Adj* sta(u)nch
unverbürgt *Adj* unconfirmed
unverdächtig *Adj* unsuspicious
unverdaulich *Adj auch fig* indigestible
unverdaut *Adj auch fig* undigested
unverdient *Adj* undeserved
unverdientermaßen *Adv* undeservedly
unverdorben *Adj* unspoilt, *fig auch* uncorrupted
unverdrossen *Adj* indefatigable, (*geduldig*) patient
unverdünnt *Adj* undiluted
unvereinbar *Adj* incompatible, *Gegensätze*: irreconcilable
unverfälscht *Adj* unadulterated, pure, *fig auch* genuine
unverfänglich *Adj* harmless
unverfroren *Adj* brazen, *ugs* cheeky
Unverfrorenheit *f* brazenness, impertinence, *ugs* cheek
unvergänglich *Adj* immortal, everlasting
Unvergänglichkeit *f* immortality
unvergessen *Adj* unforgotten
unvergesslich *Adj* unforgettable

unvergleichlich *Adj* incomparable
unverhältnismäßig *Adv* disproportionately: ***unverhältnismäßig hoch*** excessive
unverheiratet *Adj* unmarried, single
unverhofft *Adj* unhoped-for, (*unerwartet*) unexpected
unverhohlen *Adj* undisguised, open
unverhüllt *Adj fig* undisguised
unverkäuflich *Adj* unsal(e)able, not for sale
unverkauft *Adj* unsold
unverkennbar *Adj* unmistakable
unverletzlich *Adj fig* inviolable
unverletzt *Adj und Adv* uninjured, unhurt
unvermeidlich *Adj* unavoidable, inevitable (*auch iron*): ***sich ins Unvermeidliche fügen*** bow to the inevitable
unvermindert *Adj* undiminished
unvermittelt *Adj* abrupt
Unvermögen *n* inability, incapacity
unvermutet *Adj* unexpected
Unvernunft *f* unreasonableness, folly
unvernünftig *Adj* unreasonable, foolish
unveröffentlicht *Adj* unpublished
unverrichteterdinge → ***Ding***
unverschämt *Adj* impudent, impertinent, *Lüge*: barefaced, *ugs Preis*, *Forderung etc*: outrageous
Unverschämtheit *f* impudence, impertinence, insolence: ***die Unverschämtheit haben zu*** *Inf ugs* have the cheek to *Inf*
unverschuldet *Adj und Adv* through no fault of one's own
unversehens *Adv* unexpectedly, all of a sudden
unversehrt *Adj* unharmed, intact
unversichert *Adj* uninsured
unversiegbar *Adj* inexhaustible
unversöhnlich *Adj auch fig* irreconcilable
unverstanden *Adj* (***sich unverstanden fühlen*** feel) misunderstood
unverständig *Adj* ignorant
unverständlich *Adj* (*Dat* to) unintelligible, (*unbegreiflich*) incomprehensible, *Grund etc*: obscure: ***es ist mir unverständlich, warum*** (***wie*** *etc*) I can't understand (*ugs* it beats me) why (how *etc*)
unversteuert *Adj* untaxed
unversucht *Adj* ***nichts unversucht lassen*** (***um zu*** to) try everything, leave no stone unturned
unverträglich *Adj* **1.** (*zänkisch*) quarrelsome **2.** *Speise*: indigestible **3.** (*unvereinbar*) incompatible (*auch* MED)
unverwechselbar *Adj* unmistakable
unverwundbar *Adj* invulnerable
unverwüstlich *Adj* indestructible (*auch fig Person etc*), *Humor etc*: irrepressible
unverzagt *Adj* undaunted
unverzeihlich *Adj* inexcusable
unverzichtbar *Adj* unrenounceable, (*notwendig*) indispensable
unverzinslich *Adj* noninterest-bearing: ***unverzinsliches Darlehen*** interest-free loan
unverzollt *Adj* duty unpaid
unverzüglich *Adj* immediate(ly *Adv*), *Adv auch* without delay
unvollendet *Adj* unfinished
unvollkommen *Adj* imperfect
Unvollkommenheit *f* imperfection
unvollständig *Adj* incomplete
unvorbereitet *Adj und Adv* unprepared
unvoreingenommen *Adj* unbias(s)ed, unprejudiced, objective
unvorhergesehen *Adj* unforeseen
unvorschriftsmäßig *Adj* irregular, contrary to (the) regulations (*auch Adv*), (*auch* TECH *unsachgemäß*) improper
unvorsichtig *Adj* incautious, (*unklug*) imprudent, (*übereilt*) rash, (*sorglos*) careless
Unvorsichtigkeit *f* incautiousness, imprudence, carelessness
unvorstellbar *Adj* unimaginable, unthinkable, (*unglaublich*) incredible
unvorteilhaft *Adj* **1.** *Kauf etc*: unprofitable **2.** *Kleid etc*: unbecoming
unwahr *Adj* untrue
Unwahrheit *f* untruth
unwahrscheinlich *Adj* **1.** improbable, unlikely **2.** *ugs fig* incredible, fantastic
Unwahrscheinlichkeit *f* improbability
unwandelbar *Adj* unchanging
unwegsam *Adj* difficult
unweiblich *Adj* unfeminine
unweigerlich **I** *Adj* inevitable **II** *Adv* inevitably, without fail
unweit *Präp* (*Gen*) not far from
Unwesen *n* nuisance, *stärker*: excesses *Pl*: ***sein Unwesen treiben*** (***in*** *Dat*) haunt (*oder* trouble, *stärker*: terrorize) (*a place etc*)
unwesentlich *Adj* **1.** irrelevant, unimportant **2.** (*geringfügig*) negligible
Unwetter *n* (thunder)storm
unwichtig *Adj* unimportant, irrelevant
unwiderlegbar *Adj* irrefutable
unwiderruflich **I** *Adj* irrevocable **II** *Adv* irrevocably, (*ganz bestimmt*) definitely
unwiderstehlich *Adj* irresistible
Unwiderstehlichkeit *f* irresistibility
unwiederbringlich *Adj* irretrievable
Unwille *m* indignation, displeasure, anger
unwillig *Adj* **1.** (***über*** *Akk* at) indignant, annoyed **2.** → ***widerwillig***
unwillkommen *Adj* unwelcome
unwillkürlich *Adj* involuntary, instinctive, automatic(ally *Adv*)
unwirklich *Adj* unreal
unwirksam *Adj* ineffective, JUR inoperative, (*nichtig*) null and void
unwirsch *Adj* disgruntled, cross
unwirtlich *Adj* inhospitable, *Klima*: rough
unwirtschaftlich *Adj* uneconomic(al)
unwissend *Adj* ignorant
Unwissenheit *f* (***aus Unwissenheit*** out of) ignorance
unwissenschaftlich *Adj* unscientific(ally *Adv*)
unwissentlich *Adj* unknowing
unwohl *Adj* **1.** unwell **2.** *fig* uneasy
Unwohlsein *n* indisposition, nausea
unwürdig *Adj* unworthy (*Gen* of): ***das ist seiner unwürdig*** that is beneath him
Unzahl *f* ***eine Unzahl von*** a host of
unzählbar, **unzählig** *Adj* countless
Unze *f* ounce (*Abk* oz.)
Unzeit *f* ***zur Unzeit*** at the wrong time
unzeitgemäß *Adj* old-fashioned
unzerbrechlich *Adj* unbreakable
unzerstörbar *Adj* indestructible
unzertrennlich *Adj* inseparable
unzivilisiert *Adj* uncivilized
Unzucht *f* JUR sexual offen/ce (*Am* -se): ***gewerbsmäßige Unzucht*** prostitution
unzüchtig *Adj* lewd, obscene
unzufrieden *Adj* dissatisfied, discontented
Unzufriedenheit *f* dissatisfaction
unzugänglich *Adj* inaccessible (*Dat* to)
unzulänglich *Adj* inadequate
Unzulänglichkeit *f* inadequacy, (*Mangel*) short-

coming
unzulässig *Adj* inadmissible
unzumutbar *Adj* unreasonable: ***das ist für sie unzumutbar* a)** you can't expect that of her, **b)** she will never accept that
unzurechnungsfähig *Adj* irresponsible (for one's actions), insane
Unzurechnungsfähigkeit *f* JUR (***zeitweilige Unzurechnungsfähigkeit*** temporary) insanity
unzureichend *Adj* insufficient
unzusammenhängend *Adj* disconnected, *Rede etc*: incoherent
unzuständig *Adj* (***für***) incompetent (for), JUR *meist* having no jurisdiction (over)
Unzuständigkeit *f* lack of jurisdiction
unzutreffend *Adj* incorrect: ***Unzutreffendes bitte streichen!*** please delete where inapplicable!
unzuverlässig *Adj* unreliable
Unzuverlässigkeit *f* unreliability
unzweckmäßig *Adj* unsuitable
Unzweckmäßigkeit *f* inexpediency
unzweideutig *Adj* unequivocal
unzweifelhaft I *Adj* indubitable **II** *Adv* doubtless, without a doubt
Update *n* update
üppig *Adj* luxurious, *Vegetation etc, auch fig Fantasie etc*: luxuriant, *Gras*: lush, *Mahl*: opulent, *Figur etc*: luscious, voluptuous
Urabstimmung *f* strike ballot
Urahn(e) *m* ancestor, *eng. S.* great-grandfather
Urahne *f* ancestress, *eng. S.* great-grandmother
Ural *m the* Ural Mountains *Pl, the* Urals
uralt *Adj* ancient (*auch fig iron*), *ugs* as old as the hills, *fig Problem etc*: age-old
Uran *n* CHEM uranium
uranhaltig *Adj* uranium-bearing
uraufführen *v/t* première, (*Film*) *auch* show for the first time
Uraufführung *f* première, first night (*oder* performance, FILM showing)
urbar *Adj* arable: ***urbar machen*** cultivate, reclaim
Urbarmachung *f* cultivation, reclamation
Urbevölkerung *f* → ***Ureinwohner***
urdeutsch *Adj* German to the core, *iron* very German
ureigen *Adj* ***in Ihrem ureigensten Interesse*** in your own best interest
Ureinwohner *Pl* original inhabitants *Pl*, *in Australien*: Aborigines *Pl*
Urenkel *m* great-grandson
Urenkelin *f* great-granddaughter
Urform *f* archetype
urgemütlich *Adj ugs* very cosy
Urgeschichte *f* primeval history
urgeschichtlich *Adj* prehistoric
Urgestein *n* GEOL primary rock
Urgewalt *f* elemental force
Urgroßeltern *Pl* great-grandparents *Pl*
Urgroßmutter *f* great-grandmother
Urgroßvater *m* great-grandfather
Urheber, **Urheberin** author
Urheberrecht *n* copyright
urheberrechtlich *Adj* copyright …: *Adv* ***urheberrechtlich geschützt*** (protected by) copyright
Urheberschaft *f* authorship
urig *Adj ugs* → ***urwüchsig***
Urin *m* urine
urinieren *v/i* urinate
Urinprobe *f* urine specimen
Urinuntersuchung *f* urine test
Urknall *m* PHYS big bang
urkomisch *Adj ugs* extremely funny
Urkunde *f* document, (*Vertragsurkunde*) deed, (*Akte*) record, (*Ehrenurkunde*, *Siegerurkunde*) diploma
Urkundenfälschung *f* forgery of documents
urkundlich *Adj* documentary: *Adv* ***etw urkundlich belegen*** document s.th.
Urkundsbeamte *m*, **Urkundsbeamtin** *f* registrar
Urlaub *m* leave (of absence) (*auch* MIL), holiday(s *Pl*), *bes Am* vacation: ***auf Urlaub, im Urlaub*** on holiday (vacation, MIL leave); ***in Urlaub gehen*** (***sein***) go (be) on holiday (*etc*); ***Urlaub nehmen*** go on leave; ***einen Tag Urlaub nehmen*** take a day off

Urlaub WF

Urlaub	**holidays** (*Br*), **vacation** (*Am*)
Feiertag	**bank holiday**
langes Wochenende	**long weekend**
Schulferien	**school holidays**
Tagesausflug	**day trip**
Mietwagen	**hired car** (*Br*), **rental car** (*Am*)
Jugendherberge	**youth hostel**
Pauschalreise	**package tour**
Pension	**guesthouse; bed and breakfast** (*Br*)
Zeltplatz	**campsite**
Billigflieger	**low-cost airline**
Reisebüro	**travel agency**
Reiseversicherung	**travel insurance**
Rucksacktourist(in)	**backpacker**
buchen	**book**
mieten	**rent**
reisen	**travel**
reservieren	**make a reservation**
stornieren	**cancel**

Urlauber, **Urlauberin** holidaymaker, *Am* vacationist
Urlaubsanspruch *m* holiday entitlement, *Am* vacation privilege
Urlaubsgeld *n* holiday pay, *Am* vacation money
Urlaubsreise *f* holiday trip
Urlaubstag *m* (a day's) holiday (*bes Am* vacation)
Urlaubszeit *f* holiday period
Urmensch *m* primitive man
Urne *f* urn, (*Wahlurne*) *auch* ballot box
Urologe *m*, **Urologin** *f* urologist
Urologie *f* urology
urplötzlich I *Adj* sudden, abrupt **II** *Adv* all of a sudden
Ursache *f* cause, reason, (*Anlass*) occasion: ***keine Ursache!*** don't mention it!, *auf eine Entschuldigung*: that's all right!
ursächlich *Adj* causal: ***ursächlicher Zusammenhang*** causality
Urschrift *f* original (text *oder* copy)
Ursprung *m* origin: ***seinen Ursprung haben in*** (*Dat*) originate in (*oder* from); ***deutschen Ursprungs*** of German origin
ursprünglich *Adj allg* original

U

Geschichte der USA: wichtige Meilensteine

LK

Vorkoloniale Zeit	
Vor 20 000 J.	**Paleo-Indians** beginnen über Alaska aus Asien einzuwandern
1002 / 03	Wikinger (Leif Erikson) landen im Bereich des heutigen Neufundland
1492	Christoph Kolumbus „entdeckt" Amerika für die spanische Krone
Kolonialzeit (1607–1776)	
1607	Gründung von **Jamestown** (Virginia) als britische Kolonie
1608	Gründung der französischen Kolonie **Quebec**
1619	Einführung der Sklaverei in Virginia
1620	Landung der **Pilgrim Fathers**, Gründung der Kolonie **Plymouth**
1626	Niederländer gründen die Kolonie **New Amsterdam**
1643	Gründung der Konföderation von 4 Neuenglandstaaten
1664	**New Amsterdam** wird nach englischer Übernahme zu **New York**
1756–63	**Seven Years' War**: Großbritannien wird stärkste Kolonialmacht und beschneidet den Einfluss Frankreichs in Übersee
1773	**Boston Tea Party**: Kolonisten werfen 3 Schiffsladungen Tee ins Meer als Protest gegen britische Steuererhebungen
1774	**First Continental Congress**: Boykott englischer Waren
1775	**Second Continental Congress**: **G. Washington** wird Oberkommandeur
1775–83	**War of Independence**: amerikanische Kolonisten gegen britische Truppen
4. 7. 1776	**Declaration of Independence**: 13 Kolonien sagen sich von Großbritannien los
1783	**Treaty of Paris**: Großbritannien erkennt die Unabhängigkeit der USA an
1784	Russische Pelzhändler gründen in Alaska die erste Kolonie
1787	**Constitutional Convention**: amerikanische Verfassung tritt 1789 in Kraft
1787	**Northwest Ordinance**: Grundlage für territoriale Expansion nach Westen
Pionierzeit (1790–1890)	
1819	Kauf Floridas von Spanien und damit Beginn der territorialen Ausdehnung
Ab 1820	**Westward Movement**: Verschiebung der **frontier** nach Westen
1823	**Monroe Doctrine**: keine europäische Einmischung in Amerika
1830	**Indian Removal Act**: Indianer werden in den Westen verdrängt
1846–48	**Mexican War**: USA gewinnen 6 Bundesstaaten im Südwesten
1849	**Goldrush** in Kalifornien: 100 000 Siedler werden angezogen
1861–65	**Civil War**: Erhaltung der Union, Abschaffung der Sklaverei
1862	**Homestead Act**: Landvergabe, damit organisierte Besiedlung der Prärien
1867	Russland verkauft Alaska an die USA
1876	**Battle of the Little Bighorn**: Die Sioux (**Sitting Bull**) besiegen General Custer
1890	**Battle of Wounded Knee**: Blutiges Massaker beendet Indianerkrieg
Entwicklung zur Groß- und Weltmacht (seit 1890)	
ab 1897	**American Imperialism**: Handelsraum in Lateinamerika und Ostasien
1908	erstes Fließbandauto: Ford Modell Tin Lizzy
1917	Kriegseintritt der USA in den 1. Weltkrieg
1917–33	**Prohibition**: Verbot alkoholischer Getränke, verstärkte Kriminalität
1924	**National Origins Act**: Ende der Masseneinwanderung
1929	**Great Depression**: Börsensturz gefolgt von Weltwirtschaftskrise
1941	Japanischer Luftangriff auf **Pearl Harbor**: Eintritt der USA in 2. Weltkrieg
1945	Konferenz von Potsdam: Festsetzung von 4 Besatzungszonen in Deutschland
1946	Beginn des **Cold War**: Blockbildung, Wettrüsten, **Containment**
1947	**Truman Doctrine**: USA bieten militärische und wirtschaftliche Hilfe an
1948 / 49	Berliner Luftbrücke gegen die Berlin Blockade
1950–53	**Korean War**: Unterstützung Südkoreas nach nordkoreanischem Überfall
1957–75	**Vietnam War**: USA unterstützen Südvietnam, **Containment**-Politik
28. 8. 1963	**March on Washington**: 200 000 Demonstranten mit Martin Luther King
1969	Erste Mondlandung; Woodstock Konzert (Hippie Kultur)
1972	**Watergate Scandal**: politische Spionage, Rücktritt von Präsident Nixon
1990–91	**Gulf War**: Rückzug des Irak aus Kuwait erzwungen
11. 9. 2001	Terroranschlag auf das **World Trade Center** in New York
2003	**Iraq War**: Sturz des irakischen Diktators Saddam Hussein

U

Ursprungsland *n* country of origin
Urteil *n* **1.** judg(e)ment, *der Geschworenen*: verdict (*auch fig*), (*Strafurteil*, *Strafmaß*) sentence, (*Scheidungsurteil*) decree: ***das Urteil verkünden*** pronounce judg(e)ment (*oder* sentence); → ***fällen*** 2 **2.** (*Ansicht*) judg(e)ment, opinion: ***sich ein Urteil bilden*** form a judg(e)ment (***über*** *Akk* about, on); ***darüber kann ich mir kein Urteil erlauben!*** I am no judge (of that)!
urteilen *v/i* judge: ***über j-n*** (***etw***) ***urteilen*** judge s.o. (s.th.); ***über etw urteilen*** *auch* give one's opinion on s.th.; ***ich urteile darüber anders*** I take a different view (of it); ***darüber kann er nicht urteilen!*** he's no judge!; ***urteilen Sie selbst!*** judge for yourself!; ***nach seinem Aussehen*** (***seinen Worten***) ***zu urteilen*** judging by his looks (by what he says)
Urteilsbegründung *f* opinion
urteilsfähig *Adj* discerning
Urteilskraft *f* (power of) judg(e)ment
Urteilsspruch *m* → ***Urteil*** 1
Urtext *m* original text
Urtrieb *m* basic instinct
urtümlich *Adj* **1.** original **2.** archaic
Uruguay *n* Uruguay
Urur... great-great(-*grandfather etc*)
Urwald *m* primeval forest, (*Dschungel*) jungle
urwüchsig *Adj* earthy, robust
Urzeit *f* primeval time: *fig* ***vor Urzeiten*** a long, long time ago; ***seit Urzeiten*** for ages
Urzustand *m* original state
USA *Pl* USA *Sg*

USA GR

Im Gegensatz zum Deutschen werden die **United States** (aber auch **the U.S.** oder **the USA**) nur mit einem Singularverb benutzt:

Die Vereinigten Staaten werden oft bewundert, aber auch kritisiert.	**The United States is often admired, but also criticized.**

User(in) *m* user
Utensilien *Pl* utensils *Pl*
Uterus *m* ANAT uterus
Utopie *f fig* utopia, wild dream
utopisch *Adj* utopian, fantastic

V

V, v *n* V, v
Vagabund, **Vagabundin** vagabond, tramp
vagabundieren *v/i* lead a vagabond life
Vagina *f* ANAT vagina
vakant *Adj* vacant
Vakuum *n* vacuum
vakuumverpackt *Adj* vacuum-packed
Valenz *f* CHEM, LING valence
Valuta *f* WIRTSCH valuta, foreign currency
Vamp *m* vamp
Vampir *m* ZOOL *und fig* vampire
Vandale *m*, **Vandalin** *f* HIST Vandal, *fig* vandal
Vandalismus *m* vandalism
Vanille *f* BOT UND GASTR vanilla
Vanillezucker *m* vanilla sugar
variabel *Adj*, **Variable** *f* MATHE variable
Variante *f* variant, (*Lesart*) version
Variation *f* variation
Varieté(theater), **Varietee(theater)** *n* variety theatre, music hall, *Am* vaudeville (theater)
variieren *v/t und v/i* vary
Vasall *m* vassal
Vasallenstaat *m* POL *pej* satellite state
Vase *f* vase
Vaseline *f* vaseline
Vater *m* father (*auch fig*), ZOOL sire: ***er ist Vater von drei Kindern*** he is a father of three (children); ***er ist ganz der Vater*** he is a chip off the old block; *hum* ***Vater Staat*** the State
Vaterfigur *f* father figure
Vaterland *n one's* native country
Vaterlandsliebe *f* love of one's country, *stärker*: patriotism
väterlich **I** *Adj* fatherly, paternal **II** *Adv* like a father
väterlicherseits *Adv* on one's father's side: ***Großvater väterlicherseits*** paternal grandfather
Vaterliebe *f* paternal love
vaterlos *Adj* fatherless
Vaterschaft *f bes* JUR paternity: ***Feststellung der Vaterschaft*** affiliation
Vaterschaftsklage *f* JUR paternity suit
Vaterschaftsurlaub *m* paternity leave
Vaterstelle *f* ***Vaterstelle vertreten*** act as father (***bei*** to)
Vaterunser *n* Lord's Prayer
Vati *m ugs* daddy, dad
Vatikan *m*, **vatikanisch** *Adj* Vatican
V-Ausschnitt *m Kleidung*: V-neck: ***mit V-Ausschnitt*** V-necked
v. Chr. *Abk* (= ***vor Christus***) BC, before Christ
Veganer, **Veganerin** vegan
Vegetarier, **Vegetarierin**, **vegetarisch** *Adj* vegetarian
Vegetation *f* vegetation
vegetativ *Adj* vegetative: ***vegetatives Nervensystem*** autonomous nervous system
vegetieren *v/i fig* vegetate
Vehikel *n* vehicle
Veilchen *n* **1.** BOT violet: *ugs* ***blau wie ein Veilchen*** drunk as a lord **2.** *ugs fig* black eye
veilchenblau *Adj* violet
Vektor *m* MATHE vector
Vektorrechnung *f* vector analysis

Velo *n schweiz.* bicycle

Velours[1] *m* velour(s)

Velours[2] *n*, **Veloursleder** *n* suede (leather)

Veloursteppich *m* velvet-pile carpet

Vene *f* ANAT vein

Venedig *n* Venice

Venenentzündung *f* MED phlebitis

Venezianer, **Venezianerin**, **venezianisch** *Adj* Venetian

Venezolaner, **Venezolanerin**, **venezolanisch** *Adj* Venezuelan

Venezuela *n* Venezuela

venös *Adj* MED venous

Ventil *n* **1.** MUS, TECH valve **2.** *fig* outlet

Ventilation *f* ventilation

Ventilator *m* (ventilating) fan

ventilieren *v/t auch fig* ventilate

Venusmuschel *f* ZOOL hard clam

verabreden **I** *v/t* agree upon, arrange, (*Zeit, Ort*) *auch* appoint, fix: ***vorher verabreden*** prearrange **II** *v/refl* ***sich verabreden*** (***mit j-m***) arrange to meet (s.o.), make a date (*geschäftlich*: an appointment) (with s.o.); ***ich bin leider schon verabredet*** I'm afraid I have a previous engagement

Verabredung *f* **1.** date, engagement, *geschäftliche*: appointment **2.** (*Absprache*) agreement, arrangement

verabreichen *v/t* ***j-m etw verabreichen*** give s.o. s.th., (*Medikament*) *auch* administer s.th. to s.o.

verabscheuen *v/t* abhor, detest

verabschieden **I** *v/t* **1.** say goodbye to **2.** (*entlassen*) discharge **3.** PARL (*Gesetz etc*) pass, (*den Haushalt*) adopt **II** *v/refl* **4.** ***sich verabschieden von*** *siehe* 1

Verabschiedung *f* **1.** (*Entlassung*) discharge **2.** PARL *eines Gesetzes*: passing, *des Haushalts*: adoption

verachten *v/t* (*j-n*) despise, (*auch etw abtun*) disdain, scorn: *ugs* ***nicht zu verachten*** not to be sneezed at

verachtenswert *Adj* contemptible, despicable

Verächter, **Verächterin** despiser

verächtlich *Adj* **1.** contemptuous, scornful: ***verächtlich machen*** run *s.o., s.th.* down **2.** → ***verachtenswert***

Verachtung *f* contempt, disdain: ***mit Verachtung strafen*** ignore

veralbern *v/t ugs* ***j-n veralbern*** pull s.o.'s leg

verallgemeinern *v/t* generalize

Verallgemeinerung *f* generalization

veralten *v/t* become (out)dated (*oder* obsolete, *Ansichten etc*: antiquated)

veraltet *Adj* obsolete, (out)dated, *Methode etc*: antiquated

Veranda *f* veranda(h)

veränderlich *Adj* changeable, *auch ling*, MATHE variable: MATHE ***veränderliche Größe*** variable

Veränderlichkeit *f* changeability, variability

verändern **I** *v/t* **1.** (***an*** *Dat* on) change, alter **II** *v/refl* ***sich verändern*** **2.** change, alter: ***sich zu seinem Vorteil*** (***Nachteil***) ***verändern*** change for the better (worse); ***hier hat sich vieles verändert*** there have been many changes **3.** *beruflich*: change one's job

verändert *Adj* changed, different: ***sie ist ganz verändert*** she has changed a lot

Veränderung *f* change

verängstigt *Adj* frightened

verankern *v/t* SCHIFF, TECH *und fig* anchor: ***in der Verfassung verankert*** laid down in the constitution

veranlagen *v/t steuerlich*: assess

veranlagt *Adj* (***zu, für*** to) (MED pre)disposed, (naturally) inclined: ***künstlerisch veranlagt sein*** have a bent for art; ***er ist praktisch veranlagt*** he is practical(ly minded); ***romantisch*** *etc* ***veranlagt sein*** have a romantic *etc* disposition

Veranlagung *f* **1.** *steuerliche*: assessment **2.** (MED pre)disposition, (*Begabung*) talent(s *Pl*)

veranlassen *v/t* **1.** ***etw veranlassen, veranlassen, dass etw getan wird*** order (*oder* arrange) s.th., see (to it) that s.th. is done; ***das Nötige veranlassen*** take the necessary steps **2.** ***j-n zu etw veranlassen, j-n veranlassen etw zu tun*** cause (*oder* get) s.o. to do s.th., make s.o. do s.th.; ***sich veranlasst sehen zu*** *Inf* feel compelled to *Inf*; ***was hat ihn bloß dazu veranlasst?*** whatever made him do that?

Veranlassung *f* **1.** (***zu, für*** for) cause, motive: ***ohne jede Veranlassung*** without provocation **2.** ***auf Veranlassung*** *von* (*oder Gen*) at the instigation (*oder* request) of

veranschaulichen *v/t* illustrate: ***sich etw veranschaulichen*** visualize s.th.

Veranschaulichung *f* (***zur Veranschaulichung*** by way of) illustration

veranschlagen *v/t* WIRTSCH estimate (***auf*** *Akk* at): ***zu hoch veranschlagen*** overestimate; ***zu niedrig veranschlagen*** underestimate

veranstalten *v/t* organize, arrange, stage (*auch ugs fig*), (*Ball, Konzert etc*) give

Veranstalter, **Veranstalterin** organizer, SPORT *auch* promoter

Veranstaltung *f* **1.** arrangement, organization, *fig* staging **2.** *konkret*: event, (*öffentliche Veranstaltung*) *auch* (public) function, (*Sportveranstaltung*) meeting, *Am* meet, fixture

Veranstaltungskalender *m* calendar of events

Veranstaltungsort *m* venue

verantworten **I** *v/t* answer for, take the responsibility for **II** *v/refl* ***sich*** (***j-m gegenüber***) ***für etw verantworten*** answer (to s.o.) for s.th.

verantwortlich *Adj* responsible (***für*** for): ***j-n verantwortlich machen*** hold s.o. responsible, *weit. S.* blame s.o. (***für*** for)

Verantwortlichkeit *f* responsibility

Verantwortung *f* (***die Verantwortung tragen*** bear [the]) responsibility; ***auf Ihre eigene Verantwortung!*** at your own risk!; ***j-n zur Verantwortung ziehen*** call s.o. to account; → ***abwälzen***

verantwortungsbewusst *Adj* responsible

Verantwortungsbewusstsein *n* sense of responsibility

verantwortungslos *Adj* irresponsible

verantwortungsvoll *Adj* responsible

veräppeln *v/t ugs* ***j-n veräppeln*** pull s.o.'s leg

verarbeiten *v/t allg*, *auch* IT process , (*Nahrung, fig Eindrücke etc*) digest, (*aufbrauchen*) use (*oder* work) up (***in*** *Dat*, ***zu*** in, for): ***etw verarbeiten zu*** manufacture s.th. into; ***verarbeitende Industrie*** processing industries *Pl*

Verarbeitung *f* **1.** *allg* processing (*auch Datenverarbeitung*), manufacture, *der Nahrung*, *fig von Eindrücken etc*: digestion, (*Behandlung*) treatment **2.** (*Ausführung, Güte*) workmanship

verargen → ***verdenken***

verärgern *v/t* annoy

verarmen *v/i* become poor

verarmt *Adj* impoverished

Verarmung *f auch fig* impoverishment

verarschen *v/t vulg* ***j-n verarschen*** take the

mickey out of s.o., *satirisch*: send s.o. up
Verarschung *f vulg* leg-pull, *satirisch*: send-up
verarzten *v/t ugs* ***j-n verarzten*** fix s.o. up
verästeln *v/refl* ***sich verästeln*** *auch fig* ramify
Verästelung *f auch fig* ramification
verausgaben *v/refl* ***sich verausgaben*** **1.** *finanziell*: overspend **2.** *fig* spend o.s
verauslagen *v/t* lay out
veräußern *v/t* sell, dispose of
Veräußerung *f* sale, disposal
Verb *n* verb
verbal *Adj* verbal
verbalisieren *v/t* verbalize
Verband *m* **1.** MED bandage, dressing **2.** (*Vereinigung*) union, federation **3.** MIL unit, FLUG formation
Verbandkasten, **Verbandskasten** *m* MED first-aid kit
Verbandmaterial, **Verbandsmaterial** *n* MED dressing material
Verbandmull, **Verbandsmull** *m* MED surgical gauze
verbannen *v/t* (***aus*** from) exile, banish (*auch fig*)
Verbannte *m, f* exile
Verbannung *f* exile (*auch Ort*), banishment
verbarrikadieren *v/t* barricade (***sich*** o.s.)
verbauen *v/t* **1.** (*Aussicht, Zugang etc*) block up, obstruct, (*Gegend etc*) build up: *fig* ***j-m*** (***sich***) ***den Weg verbauen*** bar s.o.'s (one's) way (***zu*** to) **2.** (*Material*) use
verbeamten *v/t* ***j-n verbeamten*** give s.o. the rank of a civil servant
verbeißen I *v/t* **1.** (*Schmerz etc*) suppress, (*Tränen, Lachen etc*) auch bite back: ***er konnte sich ein Lächeln nicht verbeißen*** he couldn't keep a straight face **II** *v/refl* ***sich verbeißen in*** (*Akk*) **2.** *Hund etc*: sink its teeth into **3.** *fig Person*: get set on, keep grimly at
verbergen *v/t* conceal, hide
verbessern I *v/t* **1.** (*Leistung etc*) improve, (*Rekord*) better **2.** (*Fehler, Sprecher etc*) correct **II** *v/refl* ***sich verbessern*** **3.** improve: ***sich finanziell verbessern*** better o.s **4.** *Sprecher*: correct o.s
Verbesserung *f* **1.** improvement, betterment **2.** correction
verbesserungsbedürftig *Adj* in need of improvement
verbesserungsfähig *Adj* capable of improvement
Verbesserungsvorschlag *m* suggestion for improvement
verbeugen *v/refl* ***sich verbeugen*** bow (***vor*** *Dat* to)
Verbeugung *f* bow (***vor*** *Dat* to)
verbeulen *v/t* batter, dent
verbiegen *v/t* twist, bend
verbieten *v/t* ***j-m das Haus*** (***das Rauchen***) ***verbieten*** forbid s.o. the house (to smoke); → ***verboten***
verbilligen *v/t* reduce *s.th.* in price
verbilligt *Adj* reduced (*price etc*), (*tickets etc*) at reduced prices
verbinden *v/t* **1.** MED bandage: ***j-n verbinden*** dress s.o.'s wounds; ***j-m die Augen verbinden*** blindfold s.o.; → ***verbunden*** 1 **2.** (*auch* ***sich verbinden***) (***mit*** with) connect (*auch* MATHE, TECH, TEL *und fig*), combine (*auch* CHEM), unite: TEL ***ich verbinde Sie*** I'll put you through (***mit*** to); ***das Angenehme mit dem Nützlichen verbinden*** combine business with pleasure; ***sich mit j-m verbinden*** associate with s.o.
verbindend *Adj fig Text, Worte etc*: connecting
verbindlich *Adj* **1.** (***für*** upon) obligatory, binding: ***verbindliche Zusage*** definite promise **2.** (*höflich*) obliging, courteous, friendly
Verbindlichkeit *f* **1.** obligation, binding character **2.** (*Höflichkeit*) obligingness, friendliness, *Pl* courtesies *Pl* **3.** *Pl* WIRTSCH liabilities *Pl*
Verbindung *f* **1.** *allg* connection (*auch* TECH, TEL), combination: ***in Verbindung mit*** (*zusammen*) in conjunction with, (*im Zs.-hang mit*) in connection with; ***in Verbindung bringen mit*** connect (*oder* associate) *s.o., s.th.* with **2.** (*Verkehrsverbindung*) connection: ***gibt es eine direkte Verbindung nach ...?*** is there a direct connection to ...? **3.** (*Vereinigung*) union, association, (*Studentenverbindung*) students' society, *Am* fraternity: ***eine Verbindung eingehen*** join together (***mit*** with) **4.** (*Kontakt*) contact (*auch* MIL), *Pl* connections *Pl*: ***mit j-m Verbindung aufnehmen*** (*oder* ***in Verbindung treten***) contact s.o., get in touch with s.o.; ***mit j-m in Verbindung stehen*** (***bleiben***) be (keep) in touch with s.o.; ***seine Verbindungen spielen lassen*** pull a few strings
Verbindungs... connecting (*cable, line, road, etc*)
Verbindungsfrau *f*, **Verbindungsmann** *m* contact
Verbindungsoffizier *m* liaison officer
Verbindungsstelle *f* TECH junction, joint
Verbindungsstück *n* TECH connecting piece, ELEK connector, (*Passstück*) adaptor
verbissen *Adj* grim, (*zäh*) dogged
Verbissenheit *f* grimness, doggedness
verbitten *v/t* ***sich etw verbitten*** not to stand for; ***das verbitte ich mir!*** I won't have that!
verbittert *Adj* embittered, bitter
Verbitterung *f* bitterness
verblassen *v/i auch fig* fade
verbleiben *v/i* **1.** remain: ***verbleibe ich Ihr ...*** *im Brief*: (I remain,) Yours faithfully ... **2.** ***wir sind so verblieben, dass ...*** we agreed (*oder* arranged) that ...
verbleit *Adj Benzin*: leaded
verblenden *v/t* **1.** ARCHI face, line **2.** *fig* blind: ***von Hass verblendet*** blind with hatred
Verblendung *f fig* blindness
verblichen *Adj* faded
verblöden *v/i ugs* go dotty (***bei*** with)
verblüffen *v/t* amaze, (*verwirren*) baffle, (*sprachlos machen*) stun, *ugs* flabbergast
verblüffend *Adj* amazing
verblüfft *Adj* perplexed, *präd* taken aback
Verblüffung *f* amazement, (*Verwirrung*) bewilderment
verblühen *v/i auch fig* fade, wither
verbluten *v/i* bleed to death
verbocken *v/t ugs* bungle, botch (up)
verbohren *v/refl* ***sich verbohren in*** (*Akk*) *ugs fig* become obsessed with
verbohrt *Adj ugs fig* stubborn, pigheaded
verborgen[1] *v/t* lend (out)
verborgen[2] *Adj* hidden: ***verborgen halten*** conceal; ***sich verborgen halten*** hide (o.s.); ***im Verborgenen*** in secret, secretly
Verbot *n* prohibition, *einer Partei, von Atomwaffen etc*: ban (*Gen*, ***von*** on)
verboten *Adj* forbidden, VERW prohibited, (*geächtet*) banned, (*ungesetzlich*) illegal: ***es war uns verboten zu*** *Inf* we were forbidden (*oder*

not allowed) to *Inf*; ***ist das etwa verboten?*** *ugs* is there a law against it?; ***Rauchen verboten!*** no smoking!; *ugs fig* ***sie sah verboten aus*** she looked a sight

verbotenerweise *Adv* ***verbotenerweise etw tun*** do s.th. although it is forbidden

Verbotsschild *n* no parking (*oder* no smoking *etc*) sign

Verbrauch *m* consumption (***an*** *Dat* of)

verbrauchen **I** *v/t* consume, use up **II** *v/refl* ***sich verbrauchen*** *fig* exhaust o.s., *stärker*: wear o.s. out

Verbraucher, **Verbraucherin** consumer

Verbraucherbefragung *f* consumer survey

Verbrauchermarkt *m* → ***Supermarkt***

Verbraucherschutz *m* consumer protection

Verbraucherumfrage *f* consumer survey

Verbraucherverhalten *n* consumer behavio(u)r

Verbraucherzentrale *f* consumer advice cent/re (*Am* -er)

Verbrauchsgüter *Pl* consumer goods *Pl*

verbraucht *Adj auch fig Person*: used(-)up, spent, worn(-)out: ***verbrauchte Luft*** stale air

verbrechen *v/t ugs fig* (*Buch etc*) perpetrate: ***was hat er verbrochen?*** what has he done?

Verbrechen *n auch fig* crime

Verbrecher, **Verbrecherin** criminal

Verbrecheralbum *n* rogues' gallery

Verbrecherbande *f* gang of criminals

verbrecherisch *Adj* criminal

verbreiten *v/t und v/refl* ***sich verbreiten*** *allg* spread (***in*** *Dat*, ***auf*** *Dat*, ***über*** *Akk* over, through[out]), (*Ideen etc*) *auch* disseminate, (*Wärme*, *Humor etc*) *auch* diffuse

verbreitern *v/t und v/refl* ***sich verbreitern*** widen

Verbreitung *f* spread(ing), *von Ideen etc*: *auch* dissemination

verbrennen **I** *v/t* burn, (*Kalorien etc*) burn up, (*Leiche*) cremate, (*versengen*) scorch: ***sich den Mund verbrennen*** burn one's mouth, *fig* put one's foot in; MIL ***verbrannte Erde*** scorched earth **II** *v/i* burn, *lebendig*: be burnt to death

Verbrennung *f* **1.** burning, TECH combustion, (*Leichenverbrennung*) cremation **2.** MED burn: → ***Grad***

Verbrennungsmotor *m* combustion engine

Verbrennungsofen *m* incinerator

verbrieft *Adj* ***verbrieftes Recht*** vested right

verbringen *v/t* spend, pass

verbrüdern *v/refl* ***sich verbrüdern*** fraternize

Verbrüderung *f* fraternization

verbrühen **I** *v/t* scald (***sich die Hand*** one's hand) **II** *v/refl* ***sich verbrühen*** scald o.s

verbuchen *v/t* **1.** WIRTSCH book **2.** *fig* (*Sieg*, *Erfolg etc*) achieve, *ugs* notch up

verbummeln *v/t ugs* **1.** (*Zeit etc*) waste, idle away **2. a)** lose, **b)** clean forget

Verbund *m* network, (integrated) system: ***im Verbund arbeiten*** cooperate; → ***Medienverbund***, ***Verkehrsverbund***

Verbund... TECH compound ...

Verbundbauweise *f* sandwich construction

verbunden *Adj* **1.** *Wunde*: dressed: ***mit verbundenen Augen*** blindfold **2.** *fig* ***verbunden sein mit*** **a)** *Sache*: be connected with, entail (*difficulties*, *costs*, *etc*), **b)** *Person*: *auch* ***sich verbunden fühlen mit*** be attached to; ***j-m verbunden sein für*** be obliged to s.o. for

verbünden *v/refl* ***sich verbünden*** (***mit***) ally o.s. (with, to), form an alliance (with)

Verbundenheit *f* attachment, bond(s *Pl*), ties *Pl*, (*Solidarität*) solidarity

Verbündete *m*, *f auch fig* ally

Verbundglas *n* laminated glass

Verbundkarte *f*, **Verbundpass** *m Verkehr*: combi-ticket

verbürgen *v/t* guarantee: ***sich verbürgen für*** *auch* answer for

verbürgt *Adj* authentic: ***verbürgte Tatsache*** established fact

verbüßen *v/t* (*Strafe*) serve

verchromen *v/t* chromium-plate

Verdacht *m* (***Verdacht erregen*** arouse) suspicion: ***j-n im Verdacht haben***(, ***etw getan zu haben***) suspect s.o. (of having done s.th.); ***in Verdacht kommen*** be suspected; ***Verdacht schöpfen*** become suspicious, *ugs* smell a rat; ***bei ihm besteht Verdacht auf Krebs*** he is suspected of having cancer; *ugs* ***auf Verdacht*** on spec; → ***lenken*** 3

verdächtig *Adj* suspicious, suspect, (*zweifelhaft*) *auch* dubious, *ugs* fishy: ***des Diebstahls verdächtig sein*** be suspect(ed) of theft

Verdächtige *m*, *f* suspect

verdächtigen *v/t* ***j-n verdächtigen*** cast suspicion on s.o., suspect s.o. (*Gen* of); ***j-n verdächtigen, etw getan zu haben*** suspect s.o. of having done s.th.

Verdächtigung *f* **1.** casting suspicion (*Gen* on) **2.** suspicion

Verdachtsmoment *n* suspicious fact

verdammen *v/t* (***zu*** to) condemn, *auch* REL damn

verdammt **I** *Adj* **1.** damned: ***dazu verdammt zu*** *Inf* condemned (*oder* doomed) to *Inf* **2.** *ugs* damn(ed), darn(ed), *Br sl auch* bloody: ***verdammt*** (***noch mal***)***!*** damn (it)!, blast it (all)! **II** *Adv* **3.** *ugs* damn(ed), *Br sl* bloody: ***verdammt kalt*** *auch* beastly cold

Verdammung *f* condemnation, *auch* REL damnation

verdampfen *v/t und v/i* evaporate

verdanken *v/t* ***j-m etw verdanken*** owe s.th. to s.o., be indebted to s.o. for s.th.; ***es ist ihr zu verdanken, dass ...*** it is due to her that ...

verdattert *Adj ugs* dazed

verdauen *v/t auch fig* digest

verdaulich *Adj* digestible: ***leicht verdaulich*** easily digestible: ***schwer verdaulich*** hard to digest

Verdaulichkeit *f* digestibility

Verdauung *f* digestion

Verdauungsapparat *m* digestive system

Verdauungsbeschwerden *Pl* digestive trouble *Sg*, indigestion *Sg*

Verdeck *n* (folding) top, hood

verdecken *v/t* cover, hide, *auch* TECH conceal: ***verdeckte*** (***Polizei***)***Aktion*** undercover operation; ***verdeckter Ermittler*** undercover agent

verdenken *v/t* ***ich kann es ihm nicht verdenken*** (***, dass ...***) I can't blame him (if ...)

verderben **I** *v/i Nahrungsmittel*: spoil, go bad, perish **II** *v/t allg* spoil, *weit. S. auch* ruin, *moralisch*: corrupt: ***sich den Magen verderben*** upset one's stomach; ***sich die Augen verderben*** ruin one's eyes; ***j-m die Freude*** (***den Appetit***) ***verderben*** spoil s.o.'s fun (appetite); *ugs* ***es mit j-m verderben*** fall out with s.o.; ***er will es mit niemandem verderben*** he wants to please everybody

Verderben *n* ruin: ***in sein Verderben rennen*** rush (headlong) into disaster

verderblich *Adj* **1.** *Ware*: perishable **2.** *fig Wirkung etc*: ruinous, *Einfluss etc*: corrupting
verdeutlichen *v/t* ***j-m etw verdeutlichen*** make s.th. clear (*oder* explain s.th.) to s.o.
verdichten **I** *v/t* **1.** TECH compress, *auch* CHEM condense **II** *v/refl* ***sich verdichten*** **2.** condense, *Nebel*: thicken **3.** *fig Verdacht etc*: grow stronger
Verdichtung *f* condensation, MOT compression
verdicken *v/t und v/refl* ***sich verdicken*** thicken
verdienen **I** *v/t* **1.** (*Geld*) earn, make: ***sich etw nebenbei verdienen*** make some money on the side **2.** *fig* (*Lob, Strafe etc*) deserve: ***er hat es nicht besser verdient!*** (it) serves him right!; → ***verdient*** **II** *v/i* **3.** ***gut verdienen*** earn a good salary (*oder* wage); ***an einer Sache gut verdienen*** make a good profit on s.th.; ***er verdient wenig*** he doesn't earn much

verdienen: earn oder deserve? SG

Geld verdienen	**earn**
Lob, Strafe verdienen	**deserve**
Du hast eine Auszeichnung verdient: Du arbeitest so hart und verdienst trotzdem so wenig.	**You deserve a medal: you work so hard and yet you earn so little.**

⚠ Es gibt Fälle, in denen beide Verben stehen können – allerdings in verschiedenen Zeitformen!

Du hast dir eine Pause verdient.	**You deserve a rest. You have earned a rest.**

Verdiener, **Verdienerin** (salary *oder* wage) earner, breadwinner
Verdienst[1] *n fig* merit: ***es ist ihr Verdienst, dass*** it is thanks to her that; → ***erwerben***
Verdienst[2] *m* earnings *Pl*, income, (*Lohn*) wages *Pl*, (*Gehalt*) salary
Verdienstausfall *m* loss of earning
verdienstvoll *Adj Person*: deserving, *Tat etc*: commendable
verdient *Adj fig* **1.** *Person*: deserving, *man etc* of merit: ***sich verdient machen um*** do *s.o., s.th.* a great service **2.** *Strafe etc*: well-deserved, due, *Sieg, Ruhe*: well-earned
verdientermaßen *Adv* deservedly
verdolmetschen *v/t ugs* ***j-m etw verdolmetschen*** translate s.th. for s.o., *fig* explain s.th. to s.o.
verdonnern *v/t ugs* ***j-n verdonnern*** condemn s.o. (***zu*** to); ***j-n verdonnern, etw zu tun*** make s.o. do s.th.
verdoppeln *v/t und v/refl* ***sich verdoppeln*** double
Verdopplung *f* doubling
verdorben *Adj allg* spoiled (*auch fig*), *Lebensmittel, fig Charakter, Person*: *auch* bad, *fig auch* ruined, *moralisch*: *auch* corrupt: MED ***verdorbener Magen*** upset stomach
verdorren *v/i* dry up, wither
verdrahten *v/t* ELEK wire
verdrängen *v/t* **1.** → ***vertreiben*** 1 **2.** *fig* displace (*auch* SCHIFF, PHYS), (*ersetzen*) supersede, replace: ***j-n verdrängen*** push s.o. out (SPORT ***vom ersten Platz*** from first place); ***j-n aus seiner Stellung verdrängen*** oust s.o. from his position **3.** PSYCH repress, *bewusst*: suppress, *weit. S.* dismiss (*a problem etc*)
Verdrängung *f* ousting, displacement (*auch* SCHIFF, PHYS), *fig* replacement, PSYCH repression, suppression
verdreckt *Adj* filthy, soiled
verdrehen *v/t* **1.** twist (***j-m den Arm*** s.o.'s arm): ***die Augen verdrehen*** roll one's eyes; *fig* ***j-m den Kopf verdrehen*** turn s.o.'s head **2.** *ugs fig* (*Sinn, Worte etc*) twist, distort, (*Recht*) pervert
verdreht *Adj ugs fig* crazy, cranky, (*verwirrt*) confused
verdreifachen *v/t* treble
verdrießen *v/t* annoy
verdrießlich *Adj* morose, sullen
verdrossen *Adj* sullen, grumpy, (*unlustig*) listless
Verdrossenheit *f* sullenness, listlessness, POL disaffection
verdrücken *ugs* **I** *v/t* (*essen*) polish off **II** *v/refl* ***sich verdrücken*** slip away, beat it
Verdruss *m* annoyance
verduften *v/i ugs* beat it, scram
verdummen **I** *v/t* dull *s.o.'s* mind, stultify, (*bes das Volk*) brainwash **II** *v/i* become stultified
verdunkeln *v/t* darken (*auch* ***sich verdunkeln***), *völlig*: black out, *durch Wolken*: cloud (*auch fig*), *fig* obscure
Verdunklung *f* darkening, *Luftschutz*: blackout
Verdunklungsgefahr *f* JUR danger of collusion
verdünnen *v/t* PHYS rarefy, (*Flüssigkeit*) dilute, weaken, (*Farbe*) thin
Verdünner *m* TECH (paint) thinner
Verdünnung *f* dilution, PHYS rarefaction
verdunsten *v/t und v/i* evaporate
Verdunster *m* humidifier
Verdunstung *f* evaporation
verdursten *v/i* die of thirst
verdüstern *v/refl* ***sich verdüstern*** *auch fig* darken
verdutzt *Adj* nonplus(s)ed, *präd* taken aback
veredeln *v/t* **1.** ennoble **2.** CHEM, TECH *allg* refine, (*Rohstoffe*) *auch* process, finish **3.** *fig* (*Geschmack etc*) refine, improve **4.** LANDW graft, bud
Veredelungsindustrie *f* processing industry
verehren *v/t* revere, (*anbeten, auch fig*) worship, adore, (*bewundern*) admire: ***Verehrte Anwesende!*** Ladies and Gentlemen!
Verehrer, **Verehrerin** admirer, *eines Stars*: fan
Verehrerpost *f* fan mail
Verehrung *f* (***Verehrung zollen*** pay) reverence (*Dat* to), (*Anbetung, auch fig*) worship, adoration, (*Bewunderung*) admiration
vereidigen *v/t* JUR ***j-n vereidigen*** put s.o. under an oath, *bei Amtsantritt*: swear s.o. in
vereidigt *Adj* sworn
Vereidigung *f* swearing-in
Verein *m* **1.** club: *ugs pej* ***ein netter Verein*** a fine bunch **2.** WIRTSCH society, association, union **3.** ***im Verein mit*** together with
vereinbar *Adj* (***mit*** with) compatible, consistent
vereinbaren *v/t* arrange, agree (up)on: ***vorher vereinbaren*** prearrange; ***das kann ich mit meinem Gewissen nicht vereinbaren*** I cannot reconcile that with my conscience
Vereinbarkeit *f* compatibility
vereinbart *Adj* agreed: ***zur vereinbarten Zeit*** at the time agreed upon
Vereinbarung *f* agreement, arrangement: ***eine Vereinbarung treffen*** reach an agreement; ***laut***

V

Vereinbarung as agreed; ***Gehalt nach Vereinbarung*** salary negotiable
vereinen *v/t* → ***vereinigen***: ***mit vereinten Kräften*** in a combined effort
vereinfachen *v/t* simplify
Vereinfachung *f* simplification
vereinheitlichen *v/t* standardize
Vereinheitlichung *f* standardization
vereinigen *v/t* (*auch* ***sich vereinigen***) unite (***zu*** into), combine, join (together), WIRTSCH amalgamate, (*versammeln*) assemble: ***Vereinigte Arabische Emirate*** United Arab Emirates; ***Vereinigtes Königreich von Großbritannien und Nordirland*** United Kingdom of Great Britain and Northern Ireland; ***Vereinigte Staaten*** (***von Amerika***) United States (of America) (*Abk* U.S.[A.])
Vereinigung *f* **1.** uniting (*etc*), WIRTSCH merger **2.** union, association
vereinsamen *v/i* become isolated (*oder* lonely)
Vereinsamung *f* isolation
Vereinshaus *n* club(house)
Vereinskamerad, **Vereinskameradin** clubmate
Vereinskasse *f* club funds *Pl*
vereinzelt **I** *Adj* isolated, sporadic, *Regenschauer*: *auch* scattered **II** *Adv* sporadically, *örtlich*: here and there
vereisen **I** *v/t* MED freeze **II** *v/i Scheibe etc*: ice over, FLUG *etc* ice up, (*einfrieren*) freeze over (*oder* up): ***vereiste Straßen*** icy roads
vereiteln *v/t* thwart, (*Tat etc*) prevent
vereitert *Adj* MED septic
verelenden *v/i* be reduced to poverty
verenden *v/i* perish, die
verengen *v/t und v/refl* ***sich verengen*** narrow (*auch fig*), *Pupille etc*: contract
Verengung *f* **1.** narrowing, contraction **2.** (*enge Stelle*) narrow part (***in*** *Dat* of)
vererben **I** *v/t* ***j-m etw vererben*** leave (MED transmit) s.th. to s.o. **II** *v/refl* ***sich vererben*** *auch* MED *und fig* be passed on (*oder* down) (***auf*** *Akk* to)
vererbt *Adj* BIOL inherited, hereditary
Vererbung *f* BIOL heredity, (hereditary) transmission
Vererbungsgesetze *Pl* laws *Pl* of heredity
Vererbungslehre *f* genetics *Sg*
verewigen *v/t* immortalize
verfahren[1] **I** *v/i* (***nach*** on) proceed, act: ***verfahren mit*** deal with, treat **II** *v/t* (*Benzin*) use up, (*Zeit, Geld etc*) spend driving (around) **III** *v/refl* ***sich verfahren*** get lost
verfahren[2] *Adj* muddled, tangled: ***eine verfahrene Sache*** a (great) muddle
Verfahren *n* **1.** procedure, method, process, (*Behandlung*) treatment **2.** JUR procedure, (*Prozess*) proceedings *Pl*: ***ein Verfahren einleiten*** take (legal) proceedings (***gegen*** against)
Verfahrensfrage *f* JUR procedural question
Verfahrenstechnik *f* process technology
Verfahrensweise *f* → ***Verfahren*** 1
Verfall *m* **1.** *allg* decay, *eines Gebäudes etc*: *auch* dilapidation, ruin, *körperlicher, künstlerischer etc*: *auch* decline, *moralischer*: degeneration, corruption **2.** WIRTSCH *eines Wechsels*: maturity
verfallen **I** *v/i* **1.** *allg* decay, *Gebäude etc*: *auch* go to ruin, dilapidate, *fig Kultur, Reich etc*: *auch* decline, *Kranker*: waste away, *Moral etc*: degenerate **2.** *dem Alkohol etc*: become addicted: ***j-m verfallen*** become s.o.'s slave **3.** (***wieder***) ***verfallen in*** (*Akk*) fall (back) into **4.** ***verfallen auf*** (*Akk*) hit (up)on (*an idea etc*); ***wie ist er nur darauf verfallen?*** what on earth made him think (*oder* do) that? **5.** (*ungültig werden*) expire, *Pfand*: become forfeited: ***eine*** *Karte etc* ***verfallen lassen*** let *s.th.* go to waste **II** *Adj* **6.** *allg* decayed, *Gebäude*: *auch* dilapidated **7.** (*ungültig*) expired, *Pfand*: forfeited **8.** *dem Alkohol etc* ***verfallen sein*** be addicted to; ***j-m verfallen sein*** be s.o.'s slave
Verfallsdatum *n* expiration date, *von Lebensmitteln etc*: best-before date, use-by date
verfälschen *v/t* **1.** (*Nahrungsmittel*) adulterate **2.** falsify, (*Bericht etc*) *auch* distort
Verfälschung *f* **1.** adulteration **2.** falsification, distortion
verfangen **I** *v/i* (*wirken*) work (***bei*** with): ***das verfängt bei mir nicht*** *auch* that cuts no ice with me **II** *v/refl* ***sich verfangen*** *auch fig* get caught (***in*** *Dat* in)
verfänglich *Adj Frage etc*: tricky, *Lage etc*: embarrassing, compromising
verfärben *v/refl* ***sich verfärben*** change colo(u)r (*auch Person*), *Laub*: turn
verfassen *v/t allg* write, (*Gedicht etc*) *auch* compose, (*Resolution etc*) *auch* draw up
Verfasser author
Verfasserin authoress
Verfassung *f* **1.** state, condition, (*Gemütsverfassung*) frame of mind: ***in guter Verfassung*** in good condition (*oder* shape), *Patient*: in a good state (of health) **2.** POL constitution
Verfassungsänderung *f* constitutional amendment
Verfassungsbruch *m* breach of the constitution
verfassungsfeindlich *Adj* anticonstitutional
Verfassungsgericht *n* constitutional court
Verfassungsklage *f* complaint of unconstitutionality
verfassungsmäßig, **verfassungsrechtlich** *Adj* constitutional
Verfassungsschutz *m* ***Bundesamt für Verfassungsschutz*** Office for the Protection of the Constitution
verfassungswidrig *Adj* unconstitutional
verfaulen *v/i* rot, decay
verfechten *v/t* stand up for
Verfechter, **Verfechterin** advocate
verfehlen *v/t* miss (***einander*** each other): ***seinen Beruf verfehlen*** miss one's vocation; → ***Wirkung*** 1, ***Zweck*** 1
verfehlt *Adj* wrong, misguided, *Thema*: missed, (*erfolglos*) abortive
Verfehlung *f* offen/ce (*Am* -se), lapse
verfeinden *v/refl* ***sich verfeinden*** become enemies; ***sich mit j-m verfeinden*** make an enemy of s.o.
verfeindet *Adj* hostile: ***verfeindet sein*** be enemies
verfeinern *v/t* refine
Verfeinerung *f* refinement
Verfettung *f* MED adiposis
verfeuern *v/t* **1.** (*Holz etc*) use **2.** (*Munition etc*) use up
verfilmen *v/t* film, (adapt *s.th.* for the) screen
Verfilmung *f* **1.** filming **2.** FILM film (*oder* screen) adaptation
verfilzen *v/i* **1.** felt, *Haare*: mat **2.** *fig* tangle (up)
Verfilzung *f* → ***Filz*** 3 b
verfinstern *v/t und v/refl* ***sich verfinstern*** darken
verflachen *v/i fig* degenerate (***zu*** into)
verflechten *v/t und v/refl* ***sich verflechten*** in-

terweave (*auch fig*), WIRTSCH *Unternehmen*: interlock: → ***verflochten***
Verflechtung *f* interweaving (*auch fig*), *fig* entanglement, WIRTSCH interlocking
verfliegen *v/i* **1.** *Aroma, Alkohol etc*: evaporate **2.** *fig* vanish, *Zeit etc*: fly
verflixt *Adj ugs* blasted, damn(ed): ***verflixt!*** blast (it)!, damn (it)!
verflochten *Adj* interwoven (*auch fig*), *fig* (en)tangled, WIRTSCH interlocked
verflossen *Adj* **1.** *Zeit*: past **2.** *ugs* onetime, ex-…: ***meine Verflossene*** my ex-wife
verfluchen *v/t* curse
verflucht → ***verdammt***
verflüchtigen *v/refl* ***sich verflüchtigen*** evaporate (*auch fig Hoffnung etc*)
verflüssigen *v/t und v/refl* ***sich verflüssigen*** liquefy
Verflüssigung *f* liquefaction
verfolgen *v/t allg* pursue (*auch fig Politik, Absicht etc*), (*Spur, Entwicklung etc*) follow, (*Verbrecher, Wild*) *auch* hunt, track, chase, (*j-n*) *politisch etc*: persecute, (*beschatten*) shadow, trail: *fig* ***j-n verfolgen*** *Gedanke etc*: haunt s.o.; ***strafrechtlich verfolgen*** prosecute; ***j-n gerichtlich verfolgen*** take legal steps against s.o.
Verfolger, **Verfolgerin** pursuer, POL *etc* persecutor
Verfolgte *m, f* (political) persecutee
Verfolgung *f* pursuit (*auch Radsport und fig*), POL *etc* persecution: ***strafrechtliche Verfolgung*** (criminal) prosecution
Verfolgungswahn *m* persecution complex
verformbar *Adj* TECH ductile, workable
verformen *v/t und v/refl* ***sich verformen*** deform
Verformung *f* deformation
verfrachten *v/t* (*Waren*) freight, SCHIFF *oder Am* ship: *ugs* ***j-n in ein Taxi*** (***ins Bett***) ***verfrachten*** bundle s.o. off into a taxi (to bed)
verfranzen *v/refl* ***sich verfranzen*** *ugs* get lost
verfremden *v/t* alienate
Verfremdungseffekt *m* alienation effect
verfressen *Adj ugs* greedy
verfroren *Adj* ***verfroren sein*** feel the cold (very easily); ***verfroren aussehen*** look frozen
verfrüht *Adj* premature
verfügbar *Adj* available
Verfügbarkeit *f* availability
verfugen *v/t* TECH point
verfügen I *v/t* order: ***testamentarisch verfügen*** decree by will **II** *v/i* ***verfügen über*** (*Akk*) have *s.o., s.th.* at one's disposal, dispose of, (*besitzen*) possess, (*auch Sprachkenntnisse*) have; ***er kann über seine Zeit frei verfügen*** he is master of his time
Verfügung *f* **1.** order, VERW decree: ***laut Verfügung*** as ordered; → ***einstweilig***, ***letztwillig*** **2.** (***über*** *Akk* of) disposal, JUR disposition: ***zur Verfügung stehen*** (***stellen***) be (make) available, ***j-m*** be (place) at s.o.'s disposal; ***sich zur Verfügung stellen*** offer one's services, volunteer (***für*** for); ***sein Amt zur Verfügung stellen*** tender one's resignation
Verfügungsgewalt *f* (***über*** *Akk* of) disposal, control
verführen *v/t* seduce
Verführer *m* seducer
Verführerin *f* seductress
verführerisch *Adj* seductive, *weit. S.* tempting
Verführung *f auch fig* seduction
Verführungskünste *Pl* powers *Pl* of seduction
verfünffachen *v/t und v/refl* ***sich verfünffachen*** quintuple
verfüttern *v/t* feed
Vergabe *f von Aufträgen etc*: placing, *von Auszeichnungen etc*: awarding, *von öffentlichen Mitteln*: allocation
vergammeln *ugs* **I** *v/i* **1.** rot **2.** *fig Person*: go to seed **II** *v/t* **3.** (*Zeit*) laze away
vergammelt *Adj ugs* seedy, scruffy
vergangen *Adj* past: ***vergangene Woche, in der vergangenen Woche*** last week
Vergangenheit *f* past (*auch fig Vorleben*), LING past (tense): ***politische Vergangenheit*** political background; → ***ruhen***
Vergangenheitsbewältigung *f* coming to terms with the past
vergänglich *Adj* transient, fugitive
Vergänglichkeit *f* transience
vergasen *v/t* **1.** CHEM gasify **2.** (*töten*) gas
Vergaser *m* MOT carburet(t)or
Vergasung *f* **1.** CHEM gasification **2.** (*Tötung*) gassing
vergeben I *v/t* **1.** (***an*** *Akk*) give *s.th.* away (to), (*Auftrag etc*) place (with), (*Arbeit etc*) assign (to), (*Preis etc*) award (to), (*öffentliche Mittel*) allocate (to), (*Stipendium*) grant (to) **2.** ***j-m etw vergeben*** forgive s.o. (for doing) s.th. **3.** ***eine Chance vergeben*** *auch* SPORT miss (*oder* give away) the chance **II** *v/i* **4.** ***j-m vergeben*** forgive s.o. **5.** SPORT give away the chance, shoot wide **III** *Adj* **6.** *Stelle*: filled, *Arbeit etc*: assigned: ***noch nicht vergeben*** *Posten*: still vacant
vergebens *Adj präd und Adv* in vain
vergeblich I *Adj* vain, futile **II** *Adv* in vain
Vergeblichkeit *f* futility
Vergebung *f* **1.** (***j-n um Vergebung bitten*** ask s.o.'s) forgiveness **2.** → ***Vergabe***
vergegenwärtigen *v/t* ***sich etw vergegenwärtigen*** visualize (*oder* picture) s.th.
vergehen I *v/i allg* pass (away) (*auch fig*), *Zeit*: *auch* go by, (*nachlassen*) wear off: ***wie die Zeit vergeht!*** how time flies!; ***vor*** *Hunger, Ungeduld etc* ***vergehen*** be dying with; ***er verging fast vor Angst*** he was frightened to death; ***mir ist der Appetit vergangen*** I've lost my appetite; *ugs* ***da vergeht einem alles!*** that turns you off completely! **II** *v/refl* ***sich vergehen*** **a)** ***an j-m*** commit indecent assault on s.o., rape s.o., **b)** ***gegen*** *ein Gesetz etc*: offend against, violate
Vergehen *n* offen/ce (*Am* -se), delict
vergelten *v/t allg* repay (***j-m etw*** s.o. for s.th.)
Vergeltung *f* (***als Vergeltung*** in) retaliation (***für*** for, of): ***Vergeltung üben*** retaliate (***an*** *Dat* on)
Vergeltungs… retaliatory (*measure, strike, etc*)
vergesellschaften *v/t* WIRTSCH socialize
Vergesellschaftung *f* WIRTSCH socialization
vergessen *v/t allg* forget (***sich*** o.s.), (*liegen lassen*) *auch* leave (behind): ***ich habe es vergessen*** *auch* it slipped my mind; ***ich habe ganz vergessen, wie*** I forget how; ***das vergesse ich dir nie*** I won't ever forget it; *ugs* ***das kannst du vergessen!*** forget it!
Vergessenheit *f* (***in Vergessenheit geraten*** fall into) oblivion
vergesslich *Adj* forgetful: ***vergesslich sein*** *auch* keep forgetting things
Vergesslichkeit *f* forgetfulness
vergeuden *v/t* waste, squander
Vergeudung *f* waste
vergewaltigen *v/t* rape, *auch fig* violate
Vergewaltigung *f* rape, *auch fig* violation

vergewissern *v/refl* ***sich vergewissern*** make sure (***einer Sache*** of s.th., ***ob*** whether, ***dass*** that)
vergießen *v/t* spill, (*Blut, Tränen*) shed
vergiften **I** *v/t* poison (*auch fig*), (*die Umwelt*) contaminate **II** *v/refl* ***sich vergiften*** poison o.s
Vergiftung *f* poisoning (*auch fig*), *der Umwelt*: contamination
vergilbt *Adj* yellowed
Vergissmeinnicht *n* BOT forget-me-not
vergittern *v/t* bar, *mit Holz*: lattice
verglasen *v/t* glaze
Vergleich *m* **1.** (***im Vergleich*** in *oder* by) comparison (***zu*** with): ***einen Vergleich anstellen*** draw a comparison; ***dem Vergleich*** (***nicht***) ***standhalten*** bear (no) comparison (***mit*** with); → ***hinken*** **2.** JUR settlement, *mit Gläubigern*: composition: ***gütlicher Vergleich*** amicable arrangement; ***mit einem Gläubiger einen Vergleich*** (***ab***)***schließen*** compound with a creditor
vergleichbar *Adj* comparable (***mit*** to, with)
vergleichen **I** *v/t* compare (***mit*** to, *prüfend*: with): ***... ist nicht zu vergleichen mit ...*** ... cannot be compared to ..., *wertmäßig*: ... cannot compare with ... **II** *v/refl* ***sich vergleichen*** JUR come to terms, *mit Gläubigern*: compound
vergleichend *Adj* comparative
vergleichsweise *Adv* comparatively
Vergleichszahl *f Statistik*: comparative figure
verglühen *v/i Meteor, Rakete*: burn up
vergnügen *v/refl* ***sich*** (***mit etw***) ***vergnügen*** enjoy o.s. (doing s.th.)
Vergnügen *n* pleasure, (*Spaß*) fun: ***mit Vergnügen*** with pleasure; ***viel Vergnügen!*** *auch iron* have fun!; (***nur***) ***zum Vergnügen*** (just) for fun; ***vor Vergnügen*** *yell etc* with delight; ***sein Vergnügen haben an*** (*Dat*) enjoy; ***j-m Vergnügen machen*** amuse s.o.; ***wir wünschen Ihnen viel Vergnügen*** we hope you'll enjoy yourselves; ***es war kein*** (***reines***) ***Vergnügen!*** *ugs* it was no picnic!; ***es war ein teures Vergnügen*** it was a costly affair
vergnüglich *Adj* pleasant, amusing
vergnügt *Adj* cheerful: ***vergnügt sein*** *auch* be in high spirits
Vergnügung *f meist Pl* pleasure, amusement, (*auch Veranstaltung*) entertainment
Vergnügungspark *m* amusement park, *bes Br* fun fair
Vergnügungsreise *f* pleasure trip
Vergnügungssteuer *f* entertainment tax
vergnügungssüchtig *Adj* pleasure-seeking
Vergnügungsviertel *n* night-life district
vergolden *v/t auch fig* gild
vergoldet *Adj Uhr etc*: gold-plated
vergönnen *v/t* grant: ***es war ihr nicht vergönnt zu*** *Inf* it was not granted to her to *Inf*
vergöttern *v/t fig* adore, worship
vergraben *v/t auch fig* bury (***sich*** o.s.)
vergrämt *Adj* careworn
vergrätzen *v/t* vex, annoy
vergraulen *v/t ugs* scare off
vergreifen *v/refl* **1.** ***sich vergreifen*** *allg* make a mistake, MUS play a wrong note: *fig* ***sich im Ton vergreifen*** strike a false note, talk out of turn **2.** ***sich vergreifen an*** *fremdem Eigentum etc*: misappropriate; ***sich an j-m vergreifen*** lay hands on s.o., (sexually) assault s.o.
vergreisen *v/i* become senile, *Bevölkerung*: age
vergreist *Adj* senile
Vergreisung *f* senescence
vergriffen *Adj Ware*: sold(-)out, *Buch*: out(-)of(-)print
vergrößern **I** *v/t allg* enlarge, FOTO *auch* blow up, OPT magnify, (*ausdehnen*) expand, extend, (*vermehren, auch fig*) increase, (*Einfluss etc*) *auch* widen **II** *v/refl* ***sich vergrößern*** enlarge, expand, increase, widen, *Organ*: become enlarged
Vergrößerung *f allg* enlargement (*auch* FOTO), expansion, increase, widening, OPT magnification
Vergrößerungsapparat *m* FOTO enlarger
Vergrößerungsglas *n* OPT magnifying glass
Vergünstigung *f* privilege, *steuerliche*: allowance, *soziale*: benefit
vergüten *v/t* **1.** (***j-m***) ***etw vergüten*** (*Arbeit etc*) remunerate (*oder* pay) (s.o.) (for) s.th., (*Unkosten etc*) reimburse (s.o.) for s.th., (*Schaden etc*) compensate (s.o.) for s.th. **2.** TECH (*Stahl*) quench and temper
Vergütung *f* **1.** remuneration, reimbursement, compensation **2.** TECH quenching and tempering
verhaften *v/t* arrest: ***Sie sind verhaftet!*** you are under arrest!
Verhaftete *m, f* person arrested
Verhaftung *f* arrest
verhallen *v/i* die away
verhalten[1] *v/refl* ***sich verhalten*** *allg* behave, *Person*: *auch* conduct o.s., act, *Sache*: be, CHEM *auch* react: ***sich ruhig verhalten*** keep quiet; ***ich weiß nicht, wie ich mich verhalten soll*** I'm not sure what to do; ***wenn sich die Sache so verhält*** if that is the case
verhalten[2] **I** *Adj* **1.** restrained, *Zorn, Lachen etc*: suppressed **2.** → ***gedämpft*** 1 **II** *Adv* **3.** with restraint: ***verhalten fahren*** drive cautiously; SPORT ***er lief verhalten*** he didn't go all out; ***verhalten spielen*** SPORT play a waiting game, THEAT underact
Verhalten *n allg* behavio(u)r, reaction, (*Haltung*) conduct, attitude
Verhaltensforscher, **Verhaltensforscherin** behavio(u)ral scientist
Verhaltensforschung *f* behavio(u)ral science
verhaltensgestört *Adj* disturbed, maladjusted
Verhaltensmuster *n* behavio(u)ral pattern
Verhaltensregeln, **Verhaltensmaßregeln** *Pl* instructions *Pl*
Verhaltenstherapie *f* behavio(u)r therapy
Verhältnis *n* **1.** proportion, relation, (*Zahlenverhältnis*) ratio: ***im Verhältnis 1:10*** in a ratio of one to ten; ***in keinem Verhältnis stehen*** be out of all proportion (***zu*** to) **2.** (***zu***) relations *Pl*, relationship (with), (*Einstellung*) attitude (to): ***in einem freundschaftlichen Verhältnis stehen*** be on friendly terms **3.** *Pl* (*Umstände*) conditions *Pl*, circumstances *Pl*, (*Mittel*) means *Pl*: ***unter diesen*** (***oder den gegebenen***) ***Verhältnissen*** as matters stand; ***in guten*** (***finanziellen***) ***Verhältnissen leben*** be well off; ***über seine Verhältnisse leben*** live beyond one's means **4.** *ugs* (*Liebesverhältnis*) affair, (*Geliebte*) mistress
verhältnismäßig *Adj* comparative, relative
Verhältniswahl *f* PARL proportional representation
Verhältniswort *n* preposition
verhandeln **I** *v/i* **1.** ***verhandeln über*** (*Akk*) negotiate (about, on, for), (*erörtern*) discuss **2.** JUR hold a hearing (*strafrechtlich*: trial) **II** *v/t*

3. JUR (*einen Fall*) hear, *strafrechtlich*: try

Verhandlung *f* **1.** negotiations *Pl* (**über** *Akk* about, on, for): ***in Verhandlungen eintreten*** enter into negotiations **2.** JUR hearing, (*Strafverhandlung*) trial: ***zur Verhandlung kommen*** come up (for trial)

Verhandlungsbasis *f* basis for negotiation: WIRTSCH ***Verhandlungsbasis € 5000*** (price) €5,000 or nearest offer

verhandlungsbereit *Adj* ready to negotiate

Verhandlungspartner, **Verhandlungspartnerin** negotiating party

Verhandlungsrunde *f* round of negotiations

Verhandlungstisch *m* negotiating table

verhangen *Adj Himmel*: cloudy

verhängen *v/t* **1.** (**mit** with) cover, drape **2.** (**über** *Akk*) (*Strafe etc*) impose (on), (*Notstand etc*) declare (in *a country etc*) **3.** (*Elfmeter etc*) (**gegen** against) give, award

Verhängnis *n* (*Schicksal*) fate, (*Katastrophe*) disaster: ***j-m zum Verhängnis werden*** be s.o.'s undoing

verhängnisvoll *Adj* fateful, *stärker*: disastrous, fatal

verharmlosen *v/t* ***etw verharmlosen*** play s.th. down

verhärmt *Adj* careworn

verharren *v/i* ***in seinem Schweigen*** *etc* ***verharren*** remain silent *etc*

verharschen *v/i* crust

verhärten *v/t auch fig* harden (***sich*** o.s.)

Verhärtung *f bes fig* hardening, induration (*auch* MED)

verhaspeln *v/refl* ***sich verhaspeln*** *ugs fig* get in a muddle

verhasst *Adj* hated, *Sache*: *auch* hateful: ***er hat sich bei allen verhasst gemacht*** he has turned everyone against him

verhätscheln *v/t* coddle, pamper

verhauen *v/t ugs* **1.** beat *s.o.* up, (*bes Kind*) spank **2.** *fig* (*Prüfung etc*) muff

verheddern *v/refl* ***sich verheddern*** *ugs* **1.** *auch fig* tangle **2.** → ***verhaspeln***

verheerend *Adj* **1.** *Erdbeben etc*: disastrous: *fig* ***verheerend wirken auf*** (*Akk*) play havoc with **2.** *ugs* dreadful

Verheerungen *Pl* (***Verheerungen anrichten*** cause) havoc *Sg*

verhehlen *v/t* → ***verheimlichen***

verheilen *v/i* heal (up)

verheimlichen *v/t* (*Dat* from) hide, conceal, keep *s.th.* a secret

verheiraten *v/t* ***j-n verheiraten*** marry s.o. (off) (***mit, an*** *Akk* to); ***sich verheiraten*** marry, get married; ***verheiratet sein*** be married (***mit*** to, *auch ugs fig mit dem Beruf etc*)

Verheiratete *m, f* married man (woman)

> **verheiratet** SG
>
> ⚠ **married to** ist die korrekte Übersetzung für **verheiratet mit** (~~**with**~~ ist falsch!).

verheißen *v/t*, **Verheißung** *f* promise

verheißungsvoll *Adj* promising

verhelfen *v/t* ***j-m verhelfen zu*** help s.o. (to) find (*oder* get *etc*)

verherrlichen *v/t* glorify

Verherrlichung *f* glorification

verhexen *v/t* bewitch, *ugs* jinx: ***es ist wie verhext!*** there is a jinx on it!

verhindern *v/t* prevent: ***(es) verhindern, dass jemand etw tut*** prevent s.o. from doing s.th.

verhindert *Adj* **1.** ***verhindert sein*** be unable to come **2.** *ugs fig* would-be *artist etc*

Verhinderung *f* prevention

verhöhnen *v/t* deride, mock (at)

Verhöhnung *f* derision, mockery

verhökern *v/t ugs pej* flog

Verhör *n* JUR interrogation, questioning

verhören I *v/t* JUR interrogate, question **II** *v/refl* ***sich verhören*** mishear

verhüllen *v/t* cover (up), *auch fig* veil

verhundertfachen *v/t* centuple

verhungern *v/i* die of starvation: ***j-n verhungern lassen*** starve s.o. to death; *ugs* ***ich bin am Verhungern!*** I'm starving!

verhunzen → ***versauen***

verhüten *v/t* prevent

verhütten *v/t* TECH (*Erze*) smelt

Verhütung *f* prevention, (*Empfängnisverhütung*) contraception

Verhütungsmittel *n* MED contraceptive

verhutzelt *Adj ugs Gesicht etc*: wizened

verinnerlichen *v/t* PSYCH, SOZIOL internalize

verirren *v/refl* ***sich verirren*** lose one's way, get lost

verirrt *Adj Tier, Kugel*: stray

Verirrung *f fig* aberration

verjagen *v/t auch fig* chase away

verjähren *v/i* JUR come under the statute of limitation

verjährt *Adj* statute-barred

Verjährung *f* limitation, *eines Besitzrechts*: (negative) prescription

Verjährungsfrist *f* period of limitation

verjubeln *v/t ugs* blow, blue

verjüngen I *v/t* **1.** ***j-n verjüngen*** make s.o. (look) younger, rejuvenate s.o.; SPORT ***die Mannschaft verjüngen*** build up a younger team **II** *v/refl* ***sich verjüngen*** **2.** grow (*oder* look) younger **3.** TECH taper

Verjüngung *f* **1.** rejuvenation **2.** TECH taper

verkabeln *v/t* connect to a cable TV network

verkalken *v/i* calcify, *Leitung etc*: fur up, *ugs Arterien*: harden, *Person*: become senile

verkalkt *Adj ugs fig* senile

verkalkulieren *v/refl* ***sich verkalkulieren*** *ugs* miscalculate, make a mistake

Verkalkung *f* **1.** calcification **2.** *ugs fig* hardening of the arteries, senility

verkannt *Adj* unrecognized

verkappt *Adj* disguised: ***ein verkappter Kommunist*** a crypto-communist

Verkauf *m* **1.** (***zum Verkauf*** for) sale **2.** WIRTSCH sales department

verkaufen I *v/t* (*Dat*, ***an*** *Akk* to) sell (*auch ugs fig*): ***zu verkaufen!*** for sale! **II** *v/refl* ***sich verkaufen*** sell *well, badly, etc*, *Person*: sell o.s

Verkäufer *m* seller, JUR vendor, (*Vertreter*) salesman, (*Ladenverkäufer*) (shop) assistant, *Am* salesclerk

Verkäuferin *f* (shop) assistant, saleslady, *Am* salesclerk

verkäuflich *Adj* marketable, sal(e)able, (*zu verkaufen*) for sale: ***gut verkäuflich*** easy to sell; ***frei verkäuflich*** *Medikament*: available without prescription

Verkaufsaktion *f* sales campaign, *Am auch* sales drive

Verkaufsförderung *f* sales promotion

Verkaufsgespräch *n* sales talk
Verkaufsleiter, **Verkaufsleiterin** sales manager
verkaufsoffen *Adj* ***verkaufsoffener Samstag*** all-day shopping on Saturday
Verkaufspreis *m* selling price
Verkaufsschlager *m ugs* money-spinner
Verkaufsstand *m* stand
Verkaufswert *m* market value
Verkaufsziffer *f* sales figure
Verkehr *m* **1.** (*Straßenverkehr*) traffic: ***öffentlicher Verkehr*** public transport(ation) **2.** *fig* (*Verbindung*) contact, (*Umgang*) dealings *Pl*, company: ***den Verkehr abbrechen*** break off all contact(s) **3.** WIRTSCH trade, (*Zahlungsverkehr*) payments *Pl*, (*Umlauf*) circulation: ***aus dem Verkehr ziehen*** *auch ugs fig* withdraw from circulation **4.** (*Geschlechtsverkehr*) (sexual) intercourse
verkehren *v/i* **1.** *Bus etc*: run, operate **2.** ***verkehren in*** (*Dat*) frequent; ***bei j-m verkehren*** visit s.o. regularly **3.** ***verkehren mit*** associate (*oder* mix) with; ***geschäftlich verkehren mit*** have business dealings with **4.** **(*geschlechtlich*)** ***verkehren mit*** have (sexual) intercourse with
Verkehrsampel *f* traffic lights *Pl*
Verkehrsamt *n* tourist office
Verkehrsaufkommen *n* volume of traffic
Verkehrsbehinderung *f* holdup, delay
Verkehrsberuhigung *f* traffic calming
Verkehrsbetriebe *Pl* transport services *Pl*
Verkehrschaos *n* traffic chaos
Verkehrsdelikt *n* traffic offen/ce (*Am* -se)
Verkehrsdichte *f* traffic density
Verkehrsdurchsage *f* traffic announcement
Verkehrserziehung *f* road safety education
Verkehrsflugzeug *n* airliner
Verkehrsfluss *m* flow of traffic
verkehrsfrei *Adj* ***verkehrsfreie Zone*** vehicle-free zone
verkehrsgünstig *Adv*: ***verkehrsgünstig gelegen*** conveniently placed as regards transport facilities
Verkehrsinsel *f* traffic island
Verkehrskontrolle *f* vehicle spotcheck
Verkehrskreisel *m Br* roundabout, *Am* rotary
Verkehrslage *f* situation on the roads
Verkehrsleitsystem *n* traffic guidance (*oder* routing) system
Verkehrsmeldungen *Pl* traffic news *Sg*
Verkehrsminister, **Verkehrsministerin** Minister of Transport
Verkehrsmittel *n* means *Pl* of transport(ation): ***öffentliche Verkehrsmittel*** *Pl* public transport(ation) *Sg*
Verkehrsnetz *n* traffic system
Verkehrsopfer *n* road casualty
Verkehrsordnung *f* traffic regulations *Pl*
Verkehrspolizei *f* traffic police
Verkehrspolizist, **Verkehrspolizistin** traffic policeman (policewoman)
Verkehrsregel *f meist Pl* traffic regulation
Verkehrsregelung *f* (automatic) traffic control
verkehrsreich *Adj* busy
Verkehrsschild *n* road sign
verkehrssicher *Adj* MOT roadworthy
Verkehrssicherheit *f* road safety, MOT roadworthiness
Verkehrssprache *f* lingua franca
Verkehrsstau *m*, **Verkehrsstockung** *f* traffic jam
Verkehrsstreife *f* traffic patrol
Verkehrssünder, **Verkehrssünderin** traffic offender
Verkehrsteilnehmer, **Verkehrsteilnehmerin** road user
Verkehrsträger *m* means of transport
Verkehrsüberwachung *f* traffic control (*oder* surveillance)
Verkehrsunfall *m* road accident, *schwerer*: (car) crash
Verkehrsunterricht *m* traffic instruction
Verkehrsverbund *m* linked transport system
Verkehrsverein *m* tourist office
Verkehrswert *m* WIRTSCH market value
Verkehrszählung *f* traffic census
Verkehrszeichen *n* road sign
verkehrt **I** *Adj* wrong **II** *Adv* ***verkehrt herum*** the wrong way round, (*auf dem Kopf*) upside(-)down, (*Innenseite nach außen*) inside out
verkennen *v/t* misjudge; → ***verkannt***
verketten *v/t auch fig* link
Verkettung *f fig* concatenation
verklagen *v/t* sue (***wegen, auf*** *Akk* for)
verklappen *v/t* dump into the ocean
Verklappung *f* ocean dumping
verklären *v/t fig* idealize
verklärt *Adj fig Ausdruck etc*: beatific
verkleiden **I** *v/t* **1.** dress *s.o.* up, disguise **2.** TECH cover, *innen*: line, (*umhüllen*) case, *mit Holz*: panel, *mit Steinen etc*: face, revet **II** *v/refl* ***sich verkleiden*** **3.** dress (o.s.) up, disguise o.s
Verkleidung *f* **1.** disguise **2.** TECH casing, (*Innenverkleidung*) lining, (*Holzverkleidung*) panel(l)ing, ARCHI (*Außenverkleidung*) facing, (*Kühlerverkleidung*) cowling, FLUG fairing
verkleinern *v/t* **1.** make *s.th.* smaller, (*Maßstab etc*) reduce, (*vermindern*) diminish **2.** *fig* detract from, belittle
Verkleinerung *f* reduction
Verkleinerungsform *f* LING diminutive
verklemmt *Adj* PSYCH inhibited
verklingen *v/i auch fig* die away
verknacken *v/t ugs* put *s.o.* inside (***zu*** for)
verknallen *v/refl* ***sich verknallen in*** (*Akk*) *ugs* fall for; ***verknallt sein in*** (*Akk*) *auch* be madly in love with, have a crush on
Verknappung *f* shortage
verkneifen *v/t ugs* ***sich etw verkneifen*** do (*oder* go) without s.th.; ***ich konnte mir ein Lächeln nicht verkneifen*** I couldn't help smiling
verkniffen *Adj Mund*: pinched, *Ansichten*, *Mensch*: narrow-minded
verknöchern *v/i auch fig* ossify: ***er ist total verknöchert*** *ugs* he's an old fossil
verknoten *v/t* knot, tie (up)
verknüpfen *v/t* **1.** knot (*oder* tie) together **2.** *fig* connect, link: ***mit*** *Kosten*, *Schwierigkeiten etc* ***verknüpft sein*** involve; ***eng verknüpft sein mit*** be bound up with
verknusen *v/t ugs* ***ich kann ihn nicht verknusen*** I can't stand him
verkochen *v/i Wasser etc*: boil away: GASTR ***verkocht sein*** be overboiled
verkohlen **I** *v/i* char **II** *v/t ugs fig* ***j-n verkohlen*** have s.o. on, pull s.o.'s leg
verkommen[1] *v/i Anwesen etc*: go to rack and ruin, *Person*: *auch* go to the dogs, *Obst etc*: go to waste
verkommen[2] *Adj* (*verwahrlost*) seedy, run-down, (*verfallen*) dilapidated, *moralisch*: depraved
Verkommenheit *f* depravity
verkorken *v/t* cork (up)

V

verkorksen *v/t ugs* ***etw verkorksen*** mess s.th. up; ***sich den Magen verkorksen*** upset one's stomach; *fig* ***eine verkorkste Sache*** a mess
verkörpern *v/t* personify, *bes Sache*: embody, *bes* THEAT impersonate
Verkörperung *f* personification, embodiment, THEAT impersonation
verköstigen *v/t* feed
verkrachen *v/refl* ***sich verkrachen*** *ugs* fall out (***mit*** with)
verkracht *Adj ugs* **1.** ***mit j-m verkracht sein*** have fallen out with s.o. **2.** failed (*artist etc*): ***verkrachte Existenz*** failure
verkraften *v/t* cope with, handle, *seelisch*: bear, take
verkrampfen *v/refl* ***sich verkrampfen*** *Muskeln etc*: become cramped, *Hände etc*: clench, *fig Mensch*: tense (up)
verkriechen *v/refl* ***sich verkriechen*** *auch fig* hide
verkrümeln *v/refl* ***sich verkrümeln*** *ugs* make o.s. scarce
verkrümmt *Adj* MED curved
Verkrümmung *f* ***Verkrümmung der Wirbelsäule*** curvature of the spine
verkrüppeln **I** *v/t* cripple **II** *v/i* become crippled (*Baum*: stunted)
verkrusten *v/i* become encrusted
verkühlen → ***erkälten***
verkümmern *v/i* become stunted, *auch fig* waste away, atrophy
verkümmert *Adj* stunted, *auch fig* atrophied
verkünden *v/t* **1.** announce (*auch ugs fig sagen*), *öffentlich*: proclaim, (*Urteil*) pronounce, (*Gesetz*) promulgate **2.** *fig* herald
verkündigen *v/t* **1.** *lit für* ***verkünden*** **2.** REL preach
Verkündigung *f* REL preaching: ***Mariä Verkündigung*** Annunciation (Day)
Verkündung *f* proclamation, *eines Urteils*: pronouncement, *eines Gesetzes*: promulgation
verkupfern *v/t* copper
verkuppeln *v/t ugs* ***j-n verkuppeln*** marry s.o. off (***an*** *Akk* to)
verkürzen **I** *v/t* shorten (***um*** by), abridge, (*Aufenthalt etc*) cut short: ***verkürzte Arbeitszeit*** reduced hours *Pl* **II** *v/i* ***verkürzen auf*** (*Akk*) SPORT shorten to
verlachen *v/t* laugh at, deride
Verladebahnhof *m* shipping station
verladen *v/t* **1.** (*Güter*) load, ship, (*auch Truppen*) SCHIFF embark, FLUG emplane, BAHN entrain, MOT entruck **2.** → ***verschaukeln***
Verladung *f* loading (*etc*)
Verlag *m* publishing house (*oder* company), publishers *Pl*: ***erschienen im Verlag Longman*** published by Longman
verlagern *v/t* **1.** (*auch* ***sich verlagern***) (*Schwerpunkt, Interesse etc*) shift (***auf*** *Akk* to) **2.** → ***verlegen***[1] 1
Verlagerung *f* **1.** shift(ing) **2.** → ***Verlegung*** 1
Verlagsanstalt *f* publishing house
Verlagsbuchhandel *m* publishing trade
Verlagsbuchhändler, **Verlagsbuchhändlerin** publisher
Verlagswerk *n* publication
Verlagswesen *n* publishing
verlanden *v/i* silt up
verlangen **I** *v/t* **1.** ask for, demand, (*erwarten*) expect, (*beanspruchen*) claim: ***die Rechnung verlangen*** ask for the bill; ***er verlangt viel*** he's very demanding; ***das ist*** (***nicht***) ***zu viel verlangt*** that's (not) asking too much; ***er verlangte den Geschäftsführer*** he asked to speak to the manager; ***Sie werden am Telefon verlangt*** you are wanted on the phone **2.** (*erfordern*) require, call for **3.** (*berechnen*) charge **II** *v/i* **4.** ***verlangen nach*** **a)** ask for, **b)** (*sich sehnen*) long for
Verlangen *n* **1.** (***nach*** for) desire, (*Sehnsucht*) longing: ***heftiges Verlangen*** craving **2.** (*Bitte*) request, (*Forderung*) demand: ***auf Verlangen*** on request
verlängern *v/t* **1.** lengthen (*auch* ***sich verlängern***), make *s.th.* longer, *fig* (*Frist, Leben etc*) prolong, (*auch Kredit, Mitgliedschaft etc*) extend, (*Vertrag, Ausweis etc*) renew **2.** SPORT (*Ball, Pass*) touch on (***zu*** to)
Verlängerung *f* **1.** lengthening, *zeitlich*: prolongation, extension, renewal **2.** SPORT **a)** *des Balles etc*: pass, **b)** (*Spielverlängerung*) (***in die Verlängerung gehen*** go into) extra time (*Am* overtime)
Verlängerungsschnur *f* ELEK extension flex (*Am* cord)
verlangsamen *v/t* (*auch* ***sich verlangsamen***) (*Schritte, Tempo etc*) slacken, (*auch fig Entwicklung etc*) slow down
Verlass *m* ***es ist*** (***kein***) ***Verlass auf j-n*** (***etw***) s.o. (s.th.) is reliable (unreliable)
verlassen[1] **I** *v/t* leave, (*im Stich lassen*) *auch* abandon, desert: *fig* ***seine Kräfte verließen ihn*** his strength failed him **II** *v/refl* ***sich verlassen auf*** (*Akk*) rely (*oder* count, depend) on; *ugs* ***verlass dich drauf!*** take my word for it!
verlassen[2] *Adj* deserted, *Person*: *auch* abandoned, (*einsam*) lonely, desolate
Verlassenheit *f* loneliness, desolation
verlässlich *Adj* reliable, dependable
Verlauf *m* **1.** *einer Straße etc*: course **2.** (*Ablauf*) course, run, (*Entwicklung*) progress, development: ***im Verlauf von*** (*oder Gen*) in the course of; ***im weiteren Verlauf*** in the sequel
verlaufen **I** *v/i* **1.** *Straße etc*: run **2.** go, run, come off: ***alles verlief wie geplant*** everything went according to plan; ***normal verlaufen*** take its normal course; → ***ergebnislos*** **3.** *Farben*: run, bleed **4.** *Spur*: disappear: → ***Sand*** **5.** → ***zerlaufen*** **II** *v/refl* ***sich verlaufen*** **6.** get lost, lose one's way
verlaust *Adj* full of lice
verlautbaren *v/t* VERW announce
verlauten *v/i* be reported: ***wie verlautet*** as reported; ***verlauten lassen*** give to understand, (*andeuten*) hint
verleben *v/t* spend: ***eine schöne Zeit verleben*** *auch* have a nice time
verlebt *Adj* ravaged (*oder* worn-out) (by a fast life)
verlegen[1] **I** *v/t* **1.** (***nach, in*** *Akk* to) transfer, move **2.** *zeitlich*: (***auf*** *Akk*) put off (to), postpone (until) **3.** (*Brille etc*) mislay **4.** (*Teppich, Gleise, Kabel etc*) lay **5.** (*Buch etc*) publish **6.** → ***verlagern*** 1 **II** *v/refl* **7.** ***sich verlegen auf*** (*Akk*) take up, (*ein Hobby*) take to (*gardening etc*): ***sie verlegte sich aufs Bitten*** she resorted to pleading
verlegen[2] *Adj* **1.** embarrassed: ***verlegen machen*** embarrass **2.** (***nie***) ***verlegen um*** (*eine Antwort, Ausrede etc*) (never) at a loss for
Verlegenheit *f* **1.** embarrassment: ***j-n in Verlegenheit bringen*** embarrass s.o. **2.** (*missliche*

V

Lage) predicament, awkward situation: ***j-m aus der Verlegenheit helfen*** help s.o. out
Verlegenheitslösung *f* makeshift solution
Verlegenheitspause *f* (***es entstand eine Verlegenheitspause*** there was an) awkward silence
Verleger, **Verlegerin** publisher
verlegerisch *Adj* publisher's (*risk*, *courage*, *etc*)
Verlegung *f* **1.** transfer, removal **2.** *zeitlich*: postponement **3.** TECH laying
verleiden *v/t* ***j-m etw verleiden*** spoil s.th. for s.o.
Verleih *m* **1.** hiring out, *von Filmen*: distribution: ***Verleih von Autos*** *etc* cars *etc* for hire **2.** (*Verleihfirma*) hire (*oder* rental) service, (*Filmverleih*) distributors *Pl*
verleihen *v/t* **1.** (***an*** *Akk* to) lend (out), *bes Am* loan, *gegen Gebühr*: hire (*Am* rent) out **2.** ***j-m etw verleihen*** (*Preis etc*) award s.o. s.th., (*Titel etc*) confer s.th. on s.o., (*Recht etc*) grant s.o. s.th. **3.** *fig* give (*Dat* to): ***seiner Dankbarkeit Ausdruck verleihen*** express one's gratitude
Verleiher, **Verleiherin** lender, *bes Am* loaner
Verleihung *f* **1.** lending (*etc*, → ***verleihen*** 1) **2.** award, conferment, grant(ing)
Verleihungsurkunde *f* diploma
verleimen *v/t* glue together
verleiten *v/t* ***j-n zu etw verleiten*** make s.o. do s.th., lead s.o. to do s.th., seduce (*oder* talk) s.o. into doing s.th.; ***sich verleiten lassen*** (***zu*** *Inf*) be seduced (to *Inf*), *von einem Gefühl etc*: be carried away (into *Ger*)
verlernen *v/t* unlearn, forget
verlesen[1] **I** *v/t* read out, (*Namen*) *auch* call out: ***die Namensliste verlesen*** call the roll **II** *v/refl* ***sich verlesen*** make a slip (in reading)
verlesen[2] *v/t* (*Salat etc*) pick
verletzbar, **verletzlich** *Adj fig* vulnerable, touchy
verletzen I *v/t* injure, hurt, wound, *fig auch* offend, (*Gesetz etc*) violate, (*Anstand etc*) offend against: ***er wurde tödlich verletzt*** he was fatally injured; ***j-n tief verletzen*** cut s.o. to the quick; ***seine Pflicht verletzen*** neglect one's duty **II** *v/refl* ***sich verletzen*** hurt o.s., get hurt; ***er hat sich am Arm verletzt*** he hurt his arm
verletzend *Adj fig* offensive
Verletzte *m*, *f* injured person: ***die Verletzten*** the injured; ***es gab viele Verletzte*** many people were injured
Verletzung *f* **1.** injury, wound **2.** *fig* (*Gesetzesverletzung etc*) violation, (*Pflichtverletzung etc*) *auch* breach
Verletzungsgefahr *f* danger of injuring o.s
Verletzungspech *n* SPORT ***vom Verletzungspech verfolgt*** injury-ridden
verleugnen *v/t* deny, (*Glauben etc*) renounce, (*Kind*, *Freund etc*) disown: ***es lässt sich nicht verleugnen, dass …*** there's no denying that …; ***sich vor j-m verleugnen lassen*** not to be at home to s.o.
Verleugnung *f* denial
verleumden *v/t* calumniate, JUR slander, *schriftlich*: libel
Verleumder, **Verleumderin** slanderer, libel(l)er
verleumderisch *Adj* slanderous, libel(l)ous
Verleumdung *f* calumny, slander, *schriftliche*: libel
Verleumdungskampagne *f* smear campaign
Verleumdungsklage *f* JUR action for slander (*oder* libel)
verlieben *v/refl* ***sich verlieben*** fall in love (***in*** *Akk* with)

V

verliebt *Adj* in love (***in*** *Akk* with), *Blicke etc*: amorous
Verliebtheit *f* being in love, amorousness
verlieren I *v/t allg* lose, (*Blätter*, *Haare*) *auch* shed: ***kein Wort darüber verlieren*** not to say a word about it; *ugs* ***er hat hier nichts verloren!*** he's got no business (to be) here!; → ***Auge*** 1, ***Mut***, ***Nerv*** **II** *v/i* lose (***gegen*** to, against): *fig* ***an Wert verlieren*** go down in value; → ***Reiz*** 2 **III** *v/refl* ***sich verlieren*** disappear
Verlierer, **Verliererin** loser
Verliererseite *f* ***auf der Verliererseite sein*** be on the losing side
Verlies *n* dungeon
verloben *v/refl* ***sich verloben*** get engaged (***mit*** to)
verlobt *Adj* engaged (to be married) (***mit*** to)
Verlobte *m*, *f* fiancé(e *f*): ***die Verlobten*** *Pl* the engaged couple *Sg*
Verlobung *f* engagement
Verlobungsanzeige *f* engagement announcement
Verlobungsfeier *f* engagement party
Verlobungsring *m* engagement ring
verlocken *v/t* tempt
verlockend *Adj* tempting
Verlockung *f* temptation
verlogen *Adj* lying, *Moral etc*: hypocritical: ***du verlogener Kerl!*** you damned liar!
Verlogenheit *f* lying, hypocrisy
verloren *Adj allg* lost, *fig auch* wasted, (*einsam*) *auch* forlorn: GASTR ***verlorene Eier*** poached eggs; BIBEL ***der verlorene Sohn*** the prodigal son; ***auf verlorenem Posten stehen*** fight a losing battle; ***verloren gehen*** get lost, be lost; ***an ihm ist ein Lehrer verloren gegangen*** he would have made a good teacher
verlorengehen → ***verloren***
verlosen *v/t* draw lots for, *in einer Tombola*: raffle (off)
Verlosung *f* drawing lots (*Gen* for), (*Lotterie*) raffle, lottery
verlöten *v/t* TECH solder (up)
verlottern *etc* → ***verwahrlosen*** *etc*
Verlust *m allg* loss (***an*** *Dat* of, *fig* ***für*** to), (*Todesfall*) *auch* bereavement: ***Verluste*** *Pl* losses *Pl*, *beim Spiel*: losings *Pl*, MIL casualties *Pl*; ***mit Verlust*** at a loss; ***mit Verlust arbeiten*** *auch* be losing money
Verlustgeschäft *n* losing deal
Verlustmeldung *f* report of loss, MIL casualty report
Verlustziffer *f* MIL casualty figure
vermachen *v/t* leave (*Dat* to)
Vermächtnis *n* JUR **1.** (*Testament*) will **2.** (*Hinterlassenschaft*, *auch fig*) legacy
vermählen *v/refl* ***sich vermählen*** get married (***mit*** to)
Vermählte *m*, *f* newly(-)wed: ***die Vermählten*** *Pl* the newly(-)weds *Pl*, the newly-married couple *Sg*
Vermählung *f* marriage, wedding
vermännlichen *v/t* masculinize
vermarkten *v/t* market, *auch fig* sell, *fig* commercialize
Vermarktung *f* marketing, *fig* commercialization
vermasseln *v/t ugs* ***etw vermasseln*** mess s.th. up; ***j-m die Tour vermasseln*** queer s.o.'s pitch
Vermassung *f* depersonalization
vermehren I *v/t* **1.** (***um*** by) increase, augment, *an Zahl*: multiply **2.** BIOL propagate, ZOOL

auch breed **II** *v/refl* ***sich vermehren*** **3.** *siehe* 1 **4.** BIOL reproduce, multiply, breed
Vermehrung *f* **1.** increase **2.** BIOL reproduction, breeding
vermeidbar *Adj* avoidable
vermeiden *v/t* avoid, *schlau*: evade, *ängstlich*: shun: ***es lässt sich nicht vermeiden*** it can't be helped
vermeintlich *Adj* supposed, alleged
vermengen *v/t* **1.** mix **2.** *fig* (*Begriffe etc*) mix up
vermenschlichen *v/t* humanize
Vermerk *m* note
vermerken *v/t* note (down), *auch fig* make a note of
vermessen[1] *v/t* measure, (*Land etc*) survey
vermessen[2] *Adj* presumptuous
Vermessenheit *f* presumption
Vermessung *f* measuring, (*Landvermessung etc*) survey(ing)
Vermessungsingenieur, **Vermessungsingenieurin** surveyor
vermiesen *v/t ugs* ***j-m etw vermiesen*** spoil s.th. for s.o.
vermieten *v/t* (***an*** *Akk* to) let, JUR lease, *bes Am* rent (out), (*Auto etc*) hire (*Am* rent) out: ***zu vermieten*** *Haus*: to let, *Auto*: for hire, *beide bes Am* for rent
Vermieter *m* **1.** (*Hauswirt*) landlord **2.** *von Sachen*: lessor
Vermieterin *f* landlady
Vermietung *f* letting, leasing, *bes Am* renting, (*Verleih*) hiring (out)
vermindern → ***verringern***
verminen *v/t* MIL mine
vermischen *v/t* (*auch* ***sich vermischen***) mix, mingle
vermischt *Adj* mixed, *Nachrichten etc*: miscellaneous
Vermischung *f* mixing, mingling
vermissen *v/t* miss: ***vermisst werden*** be missing; ***ich vermisse meine Uhr*** my watch is missing; ***ich vermisse ihn sehr*** I miss him badly; ***vermissen lassen*** lack
vermissenlassen → ***vermissen***
Vermisste *m, f* missing person
vermitteln I *v/t* **1.** ***j-m etw vermitteln*** get (*oder* find) s.o. s.th.; ***j-n vermitteln an*** (*Akk*) find s.o. a place with (*a firm etc*) **2.** (*zustande bringen*) arrange, mediate **3.** (*Dat* to) (*Wissen etc*) impart, (*Eindruck etc*) convey **II** *v/i* **4.** (***zwischen*** *Dat* between, ***in*** *Dat* in) mediate, (*vermittelnd eingreifen*) intervene
Vermittler, **Vermittlerin** (*Schlichter*) mediator, (*Mittelsmann*) go-between, WIRTSCH agent
Vermittlung *f* **1.** (*Beschaffung*) procurement, *eines Geschäfts etc*: negotiation, *eines Arbeitsplatzes*: placement, *eines Treffens etc*: arrangement: ***durch Vermittlung von*** (*oder Gen*) through **2.** *von Wissen etc*: imparting, *eines Eindrucks etc*: conveyance **3.** (*Schlichtung*) mediation, (*Eingreifen*) intervention **4.** (*Büro*) agency, office **5.** TEL exchange
Vermittlungsgebühr *f* WIRTSCH agent's commission
Vermittlungsversuch *m* attempt at mediation
vermöbeln *ugs* → ***verprügeln***
vermodern *v/i* mo(u)lder, rot
Vermögen *n* **1.** fortune (*auch ugs fig*), (*Besitz*) property, WIRTSCH assets *Pl*: ***sie hat Vermögen*** she is wealthy; ***ein Vermögen erben*** (***kosten***) come into (cost) a fortune **2.** (***nach bestem Vermögen*** to the best of one's) ability
vermögend *Adj* wealthy, well(-)to(-)do
Vermögensbildung *f* wealth formation
Vermögenssteuer *f* wealth tax, property tax
Vermögensverhältnisse *Pl* (financial) circumstances *Pl*
Vermögensverwalter, **Vermögensverwalterin** custodian
Vermögenswerte *Pl* assets *Pl*
vermögenswirksam *Adj* ***vermögenswirksame Leistung*** (employer's) capital-forming payment under the employees' saving scheme
vermummen *v/t* disguise
Vermummungsverbot *n* ban on disguising o.s. during demonstrations
vermurksen *v/t ugs* ***etw vermurksen*** mess s.th. up
vermuten *v/t* suppose, assume, think, *Am ugs* guess, (*erwarten*) expect, (*argwöhnen*) suspect
vermutlich I *Adj* → ***mutmaßlich*** **II** *Adv* probably: ***vermutlich!*** I suppose so!
Vermutung *f* supposition, guess, (*Argwohn*) suspicion, (*Theorie*) conjecture, speculation: ***seine Vermutung war richtig*** his guess was right; ***die Vermutung liegt nahe, dass ...*** it is highly probable that ...; ***wir sind auf*** (***bloße***) ***Vermutungen angewiesen*** we have to rely on (mere) guesswork
vernachlässigen *v/t* neglect
Vernachlässigung *f* neglect
vernageln *v/t* ***mit Brettern*** *etc* ***vernageln*** board up

Vermutungen äußern	Speculating (SG)
Ich vermute, es wird etwas länger dauern (als wir dachten).	**I suspect it's going to take a bit longer (than we thought).**
Oliver hat seine Hausaufgaben wohl noch nicht gemacht?	**I don't suppose Oliver has done his homework?**
Ob ich heute Abend freihabe? Ich glaube schon. / Nein, ich glaube nicht.	**Am I free this evening? I think / suppose so. / No, I don't think so.**
Du hast wahrscheinlich Recht.	**I suppose / guess you're right.** *oder* **You're probably right.**
Sie fliegt jetzt von der Schule, nehme ich an.	**She'll be kicked out of school now, I guess.**
Wir haben anscheinend vieles gemeinsam.	**It seems we have a lot in common.**
Vielleicht hat er verschlafen.	**Maybe / Perhaps he overslept.**
Ich glaube, das ist ein Shakespeare-Zitat. Es kann aber sein, dass ich falschliege.	**I think that's a quotation from Shakespeare. I might be wrong, though.**

vernagelt *Adj ugs fig* dense, thick: ***ich war wie vernagelt*** my mind was a blank
vernähen *v/t* sew up
vernarben *v/i* scar over
vernarbt *Adj* scarred
vernarrt *Adj* ***vernarrt sein in*** (*Akk*) *ugs* be wild about, (*ein Kind etc*) dote on
vernaschen *v/t* **1.** spend on sweets **2.** *ugs fig* **a)** *sexuell*: lay, love *s.o.* up, **b)** SPORT clobber
vernebeln *v/t* **1.** TECH atomize **2.** MIL screen **3.** *fig* obscure
vernehmbar *Adj* audible
vernehmen *v/t* **1.** (*hören*) hear, *fig* (*erfahren*) *auch* learn **2.** JUR interrogate, examine: ***als Zeuge vernommen werden*** be called into the witness box (*Am* stand)
Vernehmen *n* **3.** ***dem Vernehmen nach*** from what one hears; ***sicherem Vernehmen nach*** according to reliable reports
vernehmlich *Adj* audible, distinct
Vernehmung *f* JUR interrogation, examination
vernehmungsfähig *Adj* fit to be examined
verneigen *v/refl* ***sich verneigen*** bow (***vor*** *Dat* to)
Verneigung *f* bow (***vor*** *Dat* to)
verneinen *v/t* **1.** *auch v/i* answer in the negative **2.** (*leugnen*) deny, (*ablehnen*) reject
verneinend *Adj auch* LING negative
Verneinung *f* **1.** *auch* LING negation **2.** denial, (*Ablehnung*) rejection
vernetzen *v/t* connect (***mit*** up to), COMPUTER link up to a network
vernetzt *Adj* networked, COMPUTER *auch* interlinked: ***nicht vernetzt*** standalone
Vernetzung *f* connecting up, COMPUTER networking
vernichten *v/t* **1.** *allg* destroy, *stärker*: annihilate, (*ausrotten, auch fig*) exterminate, wipe out **2.** *fig* (*Hoffnung etc*) dash, shatter
vernichtend *Adj fig Blick, Kritik etc*: scathing, devastating, *Schlag, Niederlage etc*: crushing: *Adv* ***j-n vernichtend schlagen*** SPORT beat s.o. hollow
Vernichtung *f* destruction, annihilation, (*Ausrottung, auch fig*) extermination
Vernichtungslager *n* extermination camp
Vernichtungspotential *n* destructive potential
Vernichtungswaffe *f* destructive weapon
vernickeln *v/t* nickel(-plate)
verniedlichen *v/t* play *s.th.* down
vernieten *v/t* TECH rivet
Vernissage *f* MALEREI vernissage
Vernunft *f* reason: ***Vernunft annehmen*** listen to reason; ***j-n zur Vernunft bringen*** bring s.o. to his senses; ***wieder zur Vernunft kommen*** come back to one's senses
Vernunftehe *f* marriage of convenience
Vernunftgründe *Pl* ***aus Vernunftgründen*** for reasons of common sense
vernünftig I *Adj* **1.** sensible, reasonable, (*besonnen*) level-headed: ***sie war vernünftig genug, Nein zu sagen*** she had the good sense to say no; ***sei*** (***doch***) ***vernünftig!*** be sensible! **2.** *ugs* (*angemessen*) reasonable, decent: ***einen vernünftigen Beruf ergreifen*** take up a proper career **II** *Adv* **3.** sensibly, reasonably: ***vernünftig reden*** *auch* talk sense; *ugs* ***vernünftig essen*** eat properly
veröden I *v/t* MED (*Gefäße*) obliterate **II** *v/i Land*: become desolate, *Dörfer etc*: become deserted
Verödung *f* **1.** MED obliteration **2.** desolation
veröffentlichen *v/t* publish
Veröffentlichung *f* publication
verordnen *v/t* **1.** MED order, (*verschreiben*) prescribe (***j-m*** for s.o.) **2.** VERW decree
Verordnung *f* **1.** MED prescription **2.** VERW ordinance, decree
verpachten *v/t* lease (*Dat*, ***an*** *Akk* to)
Verpächter, Verpächterin lessor
Verpachtung *f* lease, leasing
verpacken *v/t* pack (up), *bes maschinell*: package, (*einwickeln*) wrap up: → ***Geschenk***
Verpackung *f* **1.** pack(ag)ing **2.** wrapping, package, (*Material*) packing (material): WIRTSCH ***zuzüglich Verpackung*** plus packing
Verpackungsautomat *m* automatic packaging machine
Verpackungskosten *Pl* packing cost *Sg*
Verpackungsmaterial *n* packing (material)
Verpackungsmüll *m* packaging waste
verpassen *v/t* **1.** (*Zug, Bus etc*) miss, (*Gelegenheit etc*) *auch* lose, waste **2.** *ugs* ***j-m eine Uniform verpassen*** fit s.o. with a uniform; ***j-m ein Ding verpassen*** land s.o. one, zap s.o.
verpatzen *v/t ugs* ***etw verpatzen*** mess s.th. up, *bes* SPORT muff s.th.
verpesten *v/t* pollute: *ugs fig* ***die Luft verpesten*** stink the place out
verpetzen *v/t ugs* ***j-n verpetzen*** sneak on s.o.
verpfänden *v/t* pawn, (*auch fig sein Wort etc*) pledge, *hypothekarisch*: mortgage
verpfeifen *v/t ugs* ***j-n verpfeifen*** squeal on s.o.; ***etw verpfeifen*** let s.th. out
verpflanzen *v/t* BOT, MED, *fig* transplant
Verpflanzung *f* transplant(ation)
verpflegen *v/t* feed, MIL supply with rations: ***sich selbst verpflegen*** cook for o.s
Verpflegung *f* **1.** catering, food supply **2.** food, MIL rations *Pl*
verpflichten I *v/t* **1.** ***j-n verpflichten*** oblige (*vertraglich*: obligate, bind) s.o. (***zu etw*** to do s.th.); ***j-n zum Schweigen verpflichten*** bind s.o. to silence; → ***verpflichtet*** **2.** (*Künstler*) engage, (*Sportler*) sign on **II** *v/refl* **3.** ***sich verpflichten, etw zu tun*** commit o.s. to do(ing) s.th., engage (o.s.) (*oder* bind o.s.) to do s.th. **4.**

Verneinen

SG

Ich glaube nicht, dass das eine gute Idee ist.	**I don't think that's a very good idea.**
Ich habe jetzt keine Lust mehr, schwimmen zu gehen.	**I've gone off the idea of going swimming.**
Vielleicht sollten wir das einfach vergessen.	**Maybe we should just forget it.**
Nein, ich glaube nicht, danke.	**No, I don't think so, thank you.**
Das ist nicht unbedingt mein Fall.	**I'm not really into that.**
Das ist eigentlich nicht so mein Ding.	**It's not really my kind of thing.**
Snowboarden? Kannst du vergessen!	**Snowboarding? No way!**

sich vertraglich verpflichten *Künstler, Sportler*: sign on
verpflichtet *Adj* ***gesetzlich verpflichtet*** bound by law; ***j-m zu Dank verpflichtet sein*** be indebted to s.o.; ***ich fühle mich verpflichtet, ihr zu helfen*** I feel obliged to help her
Verpflichtung *f moralische*: obligation, duty, *übernommene*: commitment, engagement, WIRTSCH, JUR liability
verpfuschen *v/t ugs* botch, mess *s.th.* up, (*auch fig Leben etc*) ruin
verplanen *v/t* (*Geld*) budget, (*Urlaub, Freizeit*) plan, (*Zeit*) book up
verplappern *v/refl* ***sich verplappern*** *ugs* blab (it out)
verplempern *v/t ugs* waste, fritter away
verpönt *Adj* disapproved-of: (***streng***) ***verpönt sein*** *auch* be frowned upon
verprassen *v/t* squander, *ugs* blow
verprügeln *v/t* thrash, beat *s.o.* up
verpuffen *v/i* **1.** CHEM detonate, blow up **2.** *fig* fizzle out, fall flat
verpulvern *v/t ugs* (*Geld*) blow
verpumpen *v/t ugs* (***an*** *Akk* to) lend, *bes Am* loan
verpuppen *v/refl* ***sich verpuppen*** ZOOL pupate
verpusten *v/refl* ***sich verpusten*** *ugs* get one's breath back
verputzen *v/t* **1.** ARCHI plaster, roughcast **2.** *ugs* (*aufessen*) put away, polish off
verqualmt *Adj* smoke-filled, *präd* full of smoke
verquollen *Adj Augen*: puffed, swollen
verrammeln *v/t ugs* barricade
verramschen *v/t ugs* sell *s.th.* off dirt-cheap, (*Bücher*) remainder
Verrat *m* (***an*** *Dat*) betrayal (of), *auch* JUR, MIL treason (to), (*Treubruch*) treachery (to): ***Verrat begehen an*** (*Dat*) betray
verraten **I** *v/t allg* betray (*auch fig*), give *s.o., s.th.* away, *fig auch* show, reveal: *ugs* ***kannst du mir*** (***mal***) ***verraten, warum?*** can you tell me why?; ***nicht verraten!*** don't tell!; ***verraten und verkauft*** sold down the river **II** *v/refl* ***sich verraten*** betray o.s., give o.s. away
Verräter *m* traitor (*fig* ***an*** *Dat* to)
Verräterin *f* traitress
verräterisch *Adj* **1.** treasonable, (*treulos*) treacherous, traitorous **2.** *fig* revealing, *Blick, Spur etc*: telltale
verrauchen *v/i fig Zorn etc*: blow over
verräuchert *Adj* smoky
verrechnen **I** *v/t* charge (to account), (*einen Scheck*) clear: ***etw verrechnen mit*** offset s.th. against **II** *v/refl* ***sich verrechnen*** *auch fig* make a mistake; ***sich um 10 Euro verrechnen*** be out by ten euros; *fig* ***da hast du dich aber leider verrechnet!*** you are sadly mistaken there!
Verrechnung *f* offset, clearing: ***nur zur Verrechnung*** *Scheck*: for account only
Verrechnungseinheit *f* clearing unit
Verrechnungskonto *n* offset account
Verrechnungsscheck *m* collection-only cheque (*Am* check)
Verrechnungsverfahren *n* clearing (system)
verrecken *v/i ugs Tier*: perish, die, *Person*: *sl* croak, *fig Motor etc*: conk out
verregnet *Adj* rainy
verreiben *v/t* spread *s.th.* by rubbing: ***auf der Haut verreiben*** rub *s.th.* into the skin
verreisen *v/i* go away: ***verreisen nach*** go to; ***sie sind verreist*** they are away
verreißen *v/t ugs* (*vernichtend kritisieren*) tear *s.o., s.th.* to pieces, slate, pan
verrenken *v/t* contort, MED dislocate (***sich den Arm*** one's arm): *ugs fig* ***sich den Hals verrenken nach*** crane one's neck for
Verrenkung *f* contortion, MED dislocation
verrennen *v/refl* ***sich verrennen in*** (*Akk*) get stuck on
verrichten *v/t* (*Arbeit etc*) do, carry out, (*Gebet etc*) say
verriegeln *v/t* bolt, bar
verringern *v/t* reduce, (*auch* ***sich verringern***) diminish, decrease, lessen: ***das Tempo verringern*** slow down
Verringerung *f* reduction, diminution, decrease
verrinnen *v/i fig Zeit etc*: pass
verrohen *v/i* become brutalized
Verrohung *f* brutalization
verrosten *v/i* rust
verrostet *Adj* rusty
verrotten *v/i auch fig* rot
verrücken *v/t* move, disarrange
verrückt *Adj auch ugs fig* mad, crazy, insane, *Plan etc*: *auch* wild: ***verrückt sein*** *auch* be out of one's mind; *fig* ***verrückt sein nach*** (*oder* ***auf*** *Akk*) be wild about; ***j-n verrückt machen*** drive s.o. mad; ***mach dich doch nicht verrückt!*** don't get all worked up!; ***wie verrückt*** like mad; ***ich werd verrückt!*** I'll be blowed!; ***es ist zum Verrücktwerden!*** it's enough to drive you mad! → ***verrücktspielen***
Verrückte *m, f auch ugs fig* lunatic, maniac, madman (madwoman)
Verrücktheit *f* madness, (*verrückter Einfall*) *auch* folly, (*Modetorheit*) craze
verrücktspielen *v/i ugs* act up
Verruf *m* ***in Verruf bringen*** (***kommen***) bring (fall) into disrepute
verrufen *Adj* disreputable, notorious
verrutschen *v/i* slip, get out of place
Vers *m* verse, (*Verszeile*) line
versachlichen *v/t* de-emotionalize
versagen **I** *v/t* ***j-m etw versagen*** refuse (*oder* deny) s.o. s.th.; ***sich etw versagen*** deny o.s. s.th., forgo s.th.; → ***Dienst*** 1 **II** *v/i allg* fail (*auch Person, Stimme, Herz etc*), TECH *auch* break down, *Schusswaffe*: misfire: ***ihr versagten die Knie*** her knees failed her
Versagen *n* failure: ***menschliches Versagen*** human error
Versager, Versagerin failure, *ugs* flop
versalzen *v/t* **1.** oversalt **2.** *ugs fig* spoil: ***j-m die Suppe versalzen*** spoil s.o.'s fun
versammeln *v/t* convene, (*auch* ***sich versammeln***) assemble (*auch* MIL), gather
Versammlung *f* assembly, gathering, meeting: ***gesetzgebende Versammlung*** legislative assembly
Versammlungsfreiheit *f* freedom of assembly
Versammlungsort *m* assembly point
Versammlungsraum *m* assembly room
Versand *m* WIRTSCH **1.** dispatch, forwarding, shipment **2.** → ***Versandabteilung***
Versandabteilung *f* forwarding (*oder* shipping) department
versanden *v/i* **1.** silt up **2.** *fig Gespräche etc*: peter out
versandfertig *Adj* ready for dispatch
Versandgeschäft *n*, **Versandhandel** *m* mail-order business

Versandhaus *n* mail-order firm
Versandkosten *Pl* forwarding (*oder* shipping) costs *Pl*
Versandpapiere *Pl* shipping documents *Pl*
versauen *v/t ugs auch fig* **etw versauen** ruin s.th., mess (*sl* louse) s.th. up
versauern *v/i ugs fig* rot (away)
versaufen *v/t ugs* spend on booze
versäumen *v/t* **1.** → **verpassen** 1 **2.** (*Pflicht etc*) neglect: (**es**) **versäumen, etw zu tun** fail to do s.th.
Versäumnis *n* omission, neglect
Versäumnisurteil *n* JUR judg(e)ment by default
verschachern *v/t ugs* flog
verschachtelt *Adj* interlocked, LING *Satz*: involved
verschaffen *v/t* **1. j-m etw verschaffen** get (*oder* find) s.o. s.th. (*oder* s.th. for s.o.) **2. sich** *etw* **verschaffen** get, obtain, secure, (*Geld*) raise; → **Respekt**
verschalen *v/t* ARCHI board, (*Beton*) shutter
Verschalung *f* boarding, *konkret*: form(s *Pl*)
verschämt *Adj* bashful
verschandeln *v/t ugs* disfigure, spoil
verschanzen *v/refl* **sich verschanzen** *auch fig* entrench (**hinter** *Dat* behind, **in** *Dat* in)
verschärfen *v/t* (*auch* **sich verschärfen**) (*verstärken*) heighten, increase, intensify, (*Gesetze, Kontrolle, Maßnahmen etc*) tighten up, (*verschlimmern*) aggravate: **das Tempo verschärfen** increase the pace; POL **die Spannungen verschärfen sich** tension is mounting
Verschärfung *f* (*Verstärkung*) increase, heightening, intensification, *von Kontrollen, eines Gesetzes etc*: tightening up, (*Verschlimmerung*) aggravation
verscharren *v/t* bury (hurriedly)
verschätzen *v/refl* **sich verschätzen** be out (**um** by)
verschaukeln *v/t ugs* **j-n verschaukeln** take s.o. for a ride, outtrick s.o.
verschenken *v/t auch fig* give away
verscherzen *v/t* **sich etw verscherzen** forfeit s.th.
verscheuchen *v/t auch fig* chase away
verscheuern *v/t ugs* flog
verschicken *v/t* **1.** → **versenden 2. j-n verschicken** *zur Kur etc*: send s.o. away
verschiebbar *Adj* mov(e)able
verschieben I *v/t* **1.** (re)move, shift (*auch* LING), *weit. S.* disarrange, COMPUTER move **2.** *zeitlich*: postpone (**auf später** to a later date): **etw** (**von einem Tag zum anderen**) **verschieben** put s.th. off (from one day to the next) **3.** *ugs* WIRTSCH **etw verschieben** sell s.th. underhand **II** *v/refl* **sich verschieben 4.** shift, get out of place **5.** *zeitlich*: be postponed, be put off
Verschiebung *f* **1.** *auch* LING *und fig* shift **2.** *zeitliche*: postponement
verschieden I *Adj* **1.** different (**von** from): **verschieden sein** *auch* differ, vary; **die beiden Brüder sind sehr verschieden** the two brothers are quite unlike; **das ist ganz verschieden!** it depends! **2. verschiedene …** *Pl* various …, several …; **Verschiedenes** various things *Pl*; **aus den verschiedensten Gründen** for a variety of reasons **II** *Adv* **3. verschieden groß sein** vary in size; **die Lage verschieden beurteilen** judge the situation differently
verschiedenartig *Adj* different (kinds of) …, various
Verschiedenartigkeit *f* difference, (*Vielfalt*) variety
Verschiedenheit *f* difference (*Gen* of, in), (*Unähnlichkeit*) dissimilarity, (*Vielfalt*) diversity, variety
verschiedentlich *Adv* several times, repeatedly, (*gelegentlich*) occasionally
verschießen I *v/t* **1.** shoot (off) **2.** (*Elfmeter etc*) miss **II** *v/i* **3.** *Farbe*: fade: → **verschossen** 1
verschimmeln *v/i* go mo(u)ldy
verschlafen[1] **I** *v/i* **1.** oversleep **II** *v/t* **2.** sleep through **3.** *ugs fig* (*Gelegenheit etc*) miss, (*Verabredung etc*) forget
verschlafen[2] *Adj auch fig* sleepy
Verschlafenheit *f auch fig* sleepiness
Verschlag *m* (*Bretterverschlag*) partition, (*Bude*) shed
verschlagen[1] *v/t* **1.** (*Ball*) mishit **2.** (*Seite im Buch*) lose **3.** *fig* **es hat mich nach X verschlagen** I ended up in X **4.** *fig* **j-m die Stimme** (*oder* **Rede, Sprache**) **verschlagen** leave s.o. speechless; **es verschlug mir den Atem** it took my breath away
verschlagen[2] *Adj* cunning, sly, crafty
Verschlagenheit *f* cunning, craftiness
verschlammen *v/i* silt up
verschlampen *ugs* **I** *v/t* **a)** go and lose, **b)** clean forget **II** *v/i* go to seed
verschlechtern *v/t und v/refl* **sich verschlechtern** worsen, make (*refl* get) worse, deteriorate: **sich** (**finanziell**) **verschlechtern** earn less
Verschlechterung *f* deterioration, *eines Zustands*: *auch* change for the worse
verschleiern *v/t* veil, *fig auch* disguise
verschleifen *v/t* LING, MUS slur
verschleimt *Adj* MED **verschleimt sein** be blocked with phlegm
Verschleiß *m* wear and tear (*auch fig*), TECH *auch* attrition
verschleißen I *v/t* (*auch* **sich verschleißen**) wear out: *fig* **sich verschleißen** wear o.s. out **II** *v/i* wear (out), become worn
Verschleißerscheinung *f auch fig* sign of wear
verschleißfest, **verschleißfrei** *Adj* wear-resistant
Verschleißteil *n* TECH working (*oder* expendable) part
verschleppen *v/t* **1.** (*Menschen*) carry off, POL displace, (*entführen*) kidnap **2.** (*Prozess, Verhandlungen etc*) delay, protract **3.** MED (*Seuche etc*) spread, (*Krankheit*) protract, neglect: **verschleppte Grippe** protracted flu
Verschleppte *m, f* POL displaced person
Verschleppung *f* **1.** POL displacement, (*Entführung*) kidnap(p)ing **2.** *zeitliche*: protraction, delay(ing) **3.** MED *einer Seuche etc*: spreading, *einer Krankheit*: protraction (through neglect)
Verschleppungstaktik *f* delaying tactics *Pl*, PARL obstructionism
verschleudern *v/t* **1.** waste, squander (away) **2.** WIRTSCH sell at a loss, dump
verschließbar *Adj* lockable
verschließen I *v/t* shut, (*Öffnung, Gefäß, Brief*) close, seal, (*abschließen*) lock (up), (*einschließen*) put *s.th.* under lock and key: *fig* **die Ohren verschließen vor** (*Dat*) turn a deaf ear to; → **Auge** 1 **II** *v/refl* **sich verschließen** (*Dat*) *fig* shut o.s. off (from); **sich j-s Argumenten** *etc* **verschließen** remain inaccessible to s.o.'s arguments *etc*
verschlimmern *v/t* (*auch* **sich verschlimmern**) make (*refl* get) worse, deteriorate
Verschlimmerung *f* deterioration, *eines Zu-*

V

stands: change for the worse
verschlingen[1] *v/t* (*Essen*) wolf (down), *auch fig* devour, swallow, *Dunkelheit*, *Wellen etc*: *auch* engulf: ***ein Buch*** (***j-n mit den Augen***) ***verschlingen*** devour a book (s.o. with one's eyes); ***eine Menge Geld verschlingen*** swallow up a lot of money
verschlingen[2] *v/t* (*auch* ***sich verschlingen***) intertwine
verschlossen *Adj* **1.** locked (up), closed, shut: ***hinter verschlossenen Türen*** behind closed doors **2.** *fig Mensch*: reserved, withdrawn
Verschlossenheit *f* reserve
verschlucken **I** *v/t* swallow **II** *v/refl* ***sich verschlucken*** swallow the wrong way
verschlungen *Adj fig Muster etc*: intricate, *Pfad etc*: tortuous
Verschluss *m* **1.** fastener, *an Gürtel*, *Tasche etc*: clasp, (*Schnappverschluss*) catch, (*Flaschenverschluss*) stopper, TECH lock, seal, FOTO shutter, *einer Waffe*: breech (block): ***unter Verschluss*** under lock and key, *Zoll*: in bond **2.** MED occlusion
verschlüsseln *v/t* (en)code: ***verschlüsselter Text*** code(d) text
Verschlüsselung *f* coding
Verschlusslaut *m* LING (ex)plosive
Verschlusssache *f* POL classified matter
verschmähen *v/t* disdain, scorn
verschmelzen *v/t und v/i* (***mit, zu*** into) merge, fuse (*beide auch* WIRTSCH, POL), (*Farben*, *Töne*) blend
Verschmelzung *f* fusion, WIRTSCH, POL *auch* merger
verschmerzen *v/t* ***etw verschmerzen*** get over s.th.
verschmieren *v/t* smear
verschmitzt *Adj* roguish, arch
verschmutzen *v/t* dirty, soil, (*Wasser*, *Luft*) pollute
Verschmutzung *f* soiling, (*Wasserverschmutzung*, *Luftverschmutzung*) pollution
verschnaufen *v/i ugs* have a breather
Verschnaufpause *f ugs* breather
verschneiden *v/t* (*Rum etc*) blend
verschneit *Adj* snow-covered, snowy
Verschnitt *m* blend
verschnörkelt *Adj auch fig* ornate
verschnupft *Adj* ***verschnupft sein*** have a cold, *ugs fig* be in a huff
verschnüren *v/t* tie up
verschollen *Adj* missing, JUR presumed dead, *weit. S.* (long-)lost, forgotten
verschonen *v/t* spare: ***von etw verschont bleiben*** be spared s.th.; ***verschone mich damit!*** spare me that!
verschönen *v/t* embellish
verschönern *v/t* embellish, *auch fig* brighten
Verschönerung *f* embellishment
verschossen *Adj* **1.** *Farbe*: faded **2.** *ugs fig* ***in j-n verschossen sein*** have a crush on s.o.
verschränken *v/t* **1.** (*Arme*) fold, (*Beine*) cross **2.** TECH cross, stagger
verschrauben *v/t* bolt, screw together
verschreiben **I** *v/t* **1.** ***j-m etw verschreiben*** **a)** MED prescribe s.th. for s.o., **b)** JUR make s.th. over to s.o. **II** *v/refl* ***sich verschreiben*** **2.** make a slip (of the pen) **3.** *fig einer Aufgabe etc*: devote o.s. to
Verschreibung *f* MED prescription
verschreibungspflichtig *Adj* MED obtainable on prescription only
verschroben *Adj* eccentric, odd
Verschrobenheit *f* eccentricity
verschrotten *v/t* scrap, (*Auto*) *auch* junk
verschrumpeln *v/i ugs* shrivel (up)
verschüchtert *Adj* intimidated, shy
verschulden **I** *v/t* (*Unfall etc*) be responsible (*oder* to blame) for, *weit. S.* be the cause of **II** *v/i und v/refl* ***sich verschulden*** get into debt
Verschulden *n* fault: ***ohne mein Verschulden*** through no fault of mine; ***uns trifft kein Verschulden*** it's not our fault
verschuldet *Adj* (***völlig***) ***verschuldet sein*** *Person*: be (heavily) indebted (***bei*** to), *Besitz*: be encumbered (with debts)
Verschuldung *f* indebtedness, encumbrance
verschütten *v/t* **1.** (*Tee etc*) spill **2.** (*j-n*) bury *s.o.* alive, (*Straße*) block
verschwägert *Adj* related by marriage
verschweigen *v/t* (*Dat* from) conceal, hide, keep *s.th.* a secret
verschweißen *v/t* weld together
verschwenden *v/t* (***an*** *Akk*, ***für, mit*** on) waste, squander: *fig* ***du verschwendest deine Worte!*** you are wasting your breath!
Verschwender, **Verschwenderin** spendthrift, squanderer
verschwenderisch *Adj* wasteful, extravagant, lavish: *Adv* ***verschwenderisch umgehen mit*** be lavish with; ***verschwenderisch dekoriert*** lavishly decorated
Verschwendung *f* waste, extravagance
Verschwendungssucht *f* extravagance, squandermania
verschwiegen *Adj* **1.** *Person*: discreet **2.** *Ort*: secret, secluded
Verschwiegenheit *f* discretion, secrecy: → ***Siegel***
verschwimmen *v/i auch fig* become blurred: ***die Farben verschwimmen*** (***ineinander***) the colo(u)rs merge (into each other)
verschwinden *v/i* **1.** disappear, vanish: ***spurlos verschwinden*** vanish into thin air; ***verschwindend klein*** infinitely small; → ***Erdboden*** **2.** *ugs* make o.s. scarce: ***verschwinde!*** beat it!
Verschwinden *n* **3.** disappearance
verschwitzen *v/t* **1.** → ***durchschwitzen*** **2.** *ugs fig* ***etw verschwitzen*** clean forget about s.th.
verschwitzt *Adj* sweaty
verschwollen *Adj* swollen, puffed
verschwommen *Adj* **1.** *auch* FOTO blurred **2.** *fig Begriff etc*: vague, *Erinnerung etc*: hazy, dim: *Adv* ***sich nur verschwommen erinnern*** remember only dimly
Verschwommenheit *f fig* vagueness
verschwören *v/refl* **1.** ***sich*** (***mit j-m***) ***verschwören*** conspire (*oder* plot) (with s.o.) (***gegen*** against) **2.** *fig* ***sich*** *einer Aufgabe etc* ***verschwören*** devote o.s. to
Verschwörer, **Verschwörerin** plotter, conspirator
versehen **I** *v/t* **1.** ***versehen mit*** provide (*oder* furnish, equip) *s.o.*, *s.th.* with; ***mit Ratschlägen versehen*** armed with advice; ***j-n mit Vollmacht versehen*** authorize s.o. **2.** (*Pflichten*, *Dienst*) perform, discharge, (*ein Amt*) *auch* hold: ***er versieht auch das Amt des Richters*** *auch* he acts as judge as well **II** *v/refl* ***sich versehen*** **3.** make a mistake **4.** provide (*oder* equip) o.s. (***mit*** with) **5.** ***ehe man sichs versieht*** *ugs* before you can say Jack Robinson
Versehen *n* oversight, mistake: ***aus Versehen*** → ***versehentlich***

versehentlich *Adv* by mistake
versehrt *Adj* disabled
Versehrte *m, f* disabled person
versenden *v/t* send, forward, ship
Versendung *f* dispatch, shipment
versengen *v/t* scorch, singe
versenken I *v/t* sink, (*Kabel*) submerge **II** *v/refl* **sich versenken in** (*Akk*) *fig* become absorbed in
Versenkung *f* **1.** sinking **2.** THEAT trapdoor: *ugs fig* **in der Versenkung verschwinden** disappear from the scene **3.** *geistige*: absorption
versessen *Adj* **versessen auf** (*Akk*) mad about; **darauf versessen sein zu** *Inf* be desperate to *Inf*
versetzen I *v/t* **1.** (*etw*) remove, displace, shift, LANDW transplant **2.** (*j-n*) transfer (**in, auf** *Akk*, **nach** to), PÄD move *s.o.* up, *Am* promote: → **Ruhestand 3.** (*verpfänden*) pawn, (*verkaufen*) sell **4.** *ugs* **j-n versetzen a)** stand s.o. up, **b)** *bes* SPORT outtrick s.o. **5. j-n in die Lage versetzen zu** *Inf* put s.o. in a position (*oder* enable s.o.) to *Inf*; **j-n in Unruhe versetzen** disturb s.o.; **etw in Schwingungen versetzen** set s.th. vibrating; → **Angst 6.** *ugs* **j-m einen Schlag** *etc* **versetzen** give (*oder* deal) s.o. a blow *etc* **7.** (*vermischen*) mix (**mit** with) **8.** TECH stagger **II** *v/refl* **9. sich in j-n** (**jemandes Lage**) **versetzen** put o.s. in s.o.'s place (*oder* position)
Versetzung *f* **1.** removal, LANDW transplanting **2.** transfer (**in, auf** *Akk*, **nach** to) **3.** PÄD remove, *Am* promotion
Versetzungszeichen *n* MUS accidental
Versetzungszeugnis *n* PÄD end-of-year report
verseuchen *v/t auch radioaktiv*: contaminate (*auch fig*)
Verseuchung *f* contamination
Versicherer *m* WIRTSCH insurer, (*Schiffsversicherer*) underwriter
versichern *v/t* **1.** WIRTSCH insure (**sich** o.s.) (**bei** with, **gegen** against) **2.** (*behaupten*) declare, protest: **ich kann dir versichern, dass …** I (can) assure you that …
Versicherte *m, f* *the* insured (party)
Versicherung *f* **1.** WIRTSCH **a)** insurance: **eine Versicherung abschließen** take out an insurance (policy), **b)** → **Versicherungsgesellschaft 2.** assurance, *auch* JUR affirmation
Versicherungsanstalt *f* insurance company
Versicherungsbetrug *m* insurance fraud
Versicherungsdauer *f* time insured
Versicherungsgesellschaft *f* insurance company
Versicherungskarte *f* **grüne Versicherungskarte** green card
Versicherungsmathematiker, Versicherungsmathematikerin actuary
Versicherungsnehmer, Versicherungsnehmerin insurant, *the* insured
Versicherungsnummer *f* insurance policy number
Versicherungspolice *f* insurance policy
Versicherungsprämie *f* insurance premium
Versicherungsschutz *m* insurance cover(age)
Versicherungssumme *f* sum insured
Versicherungsvertreter, Versicherungsvertreterin insurance agent
Versicherungswesen *n* insurance (business)
versickern *v/i* trickle away
versiegeln *v/t* seal
versiegen *v/i* dry up, run dry
versiert *Adj* (**in** *Dat* in) experienced
versilbern *v/t* **1.** TECH silverplate **2.** *ugs fig* **etw versilbern** turn s.th. into cash, sell s.th.
versinken *v/i auch fig* sink (**in** *Akk* into)
versinnbildlichen *v/t* symbolize
Version *f* version
versklaven *v/t auch fig* enslave
verslumen *v/i* become a slum
Versmaß *n* metre, *Am* meter
versnobt *Adj* snobbish
versoffen *Adj ugs* boozy
versöhnen I *v/t auch fig* reconcile (**mit** to, with) **II** *v/refl* **sich** (**wieder**) **versöhnen** be(come) reconciled; **sich wieder mit j-m versöhnen** *auch* make it up with s.o.
versöhnlich *Adj* conciliatory; **versöhnlich stimmen** placate
Versöhnung *f* reconciliation
versonnen *Adj* pensive, dreamy
versorgen *v/t* **1.** (**mit** with) supply, provide **2.** (*Familie etc*) provide for, keep **3.** look after, take care of, (*Vieh*) tend **4.** (*Wunde*) see to, (*Verletzten*) attend to
Versorgung *f* **1.** *allg* supply **2.** (*Unterhalt*) support, *von Hinterbliebenen*: provision (*Gen* for) **3.** care
Versorgungsbetrieb *m* public utility
Versorgungsempfänger, Versorgungsempfängerin pensioner
Versorgungsgüter *Pl* supplies *Pl*
Versorgungsleitung *f* supply line
Versorgungslücke *f* supply gap
Versorgungsnetz *n* supply system
Versorgungstechnik *f* utilities engineering
verspannen *v/t* TECH stay, brace
verspannt *Adj Muskeln*: cramped, tense
verspäten *v/refl* **sich verspäten** be late
verspätet I *Adj* late, *Glückwünsche etc*: belated **II** *Adv* belatedly, late
Verspätung *f* delay: **bitte entschuldigen Sie meine Verspätung** please excuse my being late; (**eine Stunde**) **Verspätung haben** be (an hour) late; **mit** (**einer Stunde**) **Verspätung abfahren** leave (an hour) behind schedule
verspeisen *v/t* eat, consume
versperren *v/t* bar, block (up), (*auch die Sicht*) obstruct
verspielen I *v/t* lose (at play), *auch fig* gamble away **II** *v/i* lose: *fig* **bei mir hat er verspielt!** I'm through with him!
verspielt *Adj* playful
verspotten *v/t* make fun of, ridicule
versprechen I *v/t* **1.** *auch fig* promise: **das Wetter verspricht gut zu werden** the weather looks promising **2. sich etw versprechen von** expect s.th. of; **ich hatte mir mehr davon versprochen** I had expected better of it **II** *v/refl* **sich versprechen 3.** make a slip (of the tongue)
Versprechen *n* (**ein Versprechen geben, halten, brechen** make, keep, break a) promise
Versprecher *m* slip (of the tongue)
Versprechung *meist Pl* promises *Pl*: **j-m große Versprechungen machen** promise s.o. the earth
verspritzen, versprühen *v/t* spray
verspüren *v/t* feel, sense
verstaatlichen *v/t* nationalize
Verstaatlichung *f* nationalization
verstädtern *v/i* become urbanized
Verstädterung *f* urbanization

V

Verstand *m* (*Denkvermögen*) intellect, mind, (*Vernunft*) reason, (common) sense, (*Intelligenz*) brain(s *Pl*), intelligence: ***scharfer Verstand*** keen mind; ***klarer*** (***kühler***) ***Verstand*** clear (cool) head; ***den Verstand verlieren*** go mad; *ugs* ***hast du den Verstand verloren?*** are you out of your mind?; *ugs* ***das geht über meinen Verstand!*** that's beyond me!; ***all seinen Verstand zs.-nehmen*** keep all one's wits about one

verstandesmäßig *Adj* intellectual, rational

Verstandesmensch *m* matter-of-fact person, rationalist

verständig *Adj* intelligent, (*vernünftig*) reasonable, sensible, understanding

verständigen **I** *v/t* inform (**von** about, of), (*Arzt, Polizei etc*) call **II** *v/refl* ***sich mit j-m verständigen*** **a**) make o.s. understood by s.o., **b**) (*absprechen*) come to an agreement with s.o. (**über** *Akk* on)

Verständigung *f* **1.** information **2.** *sprachliche, geistige*: communication: TEL ***die Verständigung war schlecht*** the line was bad **3.** (*Übereinkunft*) agreement, understanding

Verständigungsschwierigkeiten *Pl* communication problems *Pl*: ***ich hatte Verständigungsschwierigkeiten*** I had problems to make myself understood

verständlich *Adj* **1.** (*deutlich*) distinct, clear, audible **2.** (*fassbar*) intelligible, understandable: ***schwer verständlich*** difficult to understand; ***j-m etw verständlich machen*** explain s.th. to s.o.; ***sich j-m verständlich machen*** make o.s. understood (*im Lärm*: heard) by s.o.

verständlicherweise *Adv* understandably

Verständnis *n* **1.** (*Gen* of) understanding, comprehension: ***zum besseren Verständnis des Textes*** in order to understand the text better **2.** (*Einfühlungsvermögen*) understanding, insight, (*Sinn*) appreciation (**für** of), (*Mitgefühl*) sympathy (**für** with): (***viel***) ***Verständnis haben für*** (fully) understand, ***j-n*** show (great) understanding for s.o.; ***dafür fehlt mir jedes Verständnis*** that's beyond me

verständnisinnig *Adj* understanding, *Blick*: *auch* meaningful

verständnislos *Adj* uncomprehending: ***verständnislose Blicke*** blank looks; *Adv* ***einer Sache verständnislos gegenüberstehen*** have no understanding (*oder* appreciation) of s.th.

Verständnislosigkeit *f* lack of understanding (*oder* appreciation)

verständnisvoll *Adj* understanding, *Blick etc*: *auch* knowing, sympathetic

verstärken *v/t* strengthen, *auch* MIL reinforce (*beide auch* TECH), CHEM concentrate, ELEK amplify, (*steigern, auch* ***sich verstärken***) increase, intensify (*auch* FOTO)

Verstärkung *f* strengthening, reinforcement(s *Pl* MIL), ELEK amplification, (*Steigerung*) increase, intensification (*auch* FOTO)

verstauben *v/i* gather dust

verstaubt *Adj* **1.** dusty **2.** *fig* antiquated

verstauchen *v/t* MED sprain (***sich die Hand*** one's wrist)

verstauen *v/t* stow away

Versteck *n* hiding place, hideaway: *auch fig* ***Versteck spielen*** play hide-and-seek

verstecken *v/t* (*auch* ***sich verstecken***) hide (**vor** *Dat* from): *fig* ***sich verstecken hinter*** hide behind

Versteckspiel *n auch fig* hide-and-seek

versteckt *Adj auch fig* hidden: ***sich versteckt halten*** lie low; ***versteckte Kamera*** candid camera

verstehen **I** *v/t* **1.** (*Sprecher*) hear, get, (*Worte*) *auch* catch **2.** (*begreifen*) understand, comprehend, (*Sinn etc*) *auch* grasp, catch, *ugs* get, (*Kunstwerk*) *auch* appreciate, (*einsehen*) see, realize: ***Spaß verstehen*** take (*oder* see) a joke; ***falsch verstehen*** misunderstand; ***verstehe mich recht!*** don't misunderstand me! **3.** (*auslegen*) understand, read, take: ***was verstehen Sie unter …?*** what do you understand by …?; ***wie verstehen Sie das?*** what do you make of it? **4.** (*können*) know: ***er versteht es zu*** *Inf* he knows how to *Inf*; ***sein Handwerk verstehen*** know one's job; ***er versteht eine Menge von …*** he knows a great deal about …; ***davon versteht er gar nichts*** he doesn't know the first thing about it **5.** ***j-m zu verstehen geben*** give s.o. to understand **6.** ***sich*** (*oder* ***einander***) ***verstehen*** get along (*oder* on) (with each other) **II** *v/refl* ***sich verstehen*** **7.** get on (*oder* along) (**mit** with) **8.** **auf** (*Akk*) be (very) good at *Ger* **9.** ***es versteht sich von selbst, dass …*** it goes without saying that … **III** *v/i* **10.** ***verstehen Sie?*** you see?, *ugs* get me?; ***ich verstehe!*** I see!; ***verstanden?*** *ugs* got it?; ***wenn ich recht verstanden habe, willst du kommen?*** I take it that you will come?

versteifen *v/t* (*auch* ***sich versteifen***) stiffen: *fig* ***sich versteifen auf*** (*Akk*) insist on *Ger*

Versteigerer *m*, **Versteigerin** *f* auctioneer

versteigern *v/t* auction (off)

Versteigerung *f* auction: ***zur Versteigerung kommen*** be put up for (*Am* at) auction

versteinern *v/i* (*auch* ***sich versteinern***) petrify (*auch fig*): ***sie war vor Schreck wie versteinert*** she was petrified with terror

Versteinerung *f* petrifaction, fossil

verstellbar *Adj* adjustable

verstellen **I** *v/t* **1.** move, shift **2.** (*Schrift, Stimme*) disguise: ***mit verstellter Stimme*** in a disguised voice **3.** (*falsch einstellen*) misadjust: ***wer hat den Wecker verstellt?*** who has tampered with the alarm? **4.** (*versperren*) obstruct, block **II** *v/refl* **5.** ***sich verstellen*** *fig* put on an act, *weit. S.* hide one's feelings

Verstellung *f* **1.** *fig* **a**) disguise, **b**) play-acting **2.** TECH adjustment

versteppen *v/i* GEOG turn into steppe

versteuern *v/t* pay tax on: ***zu versteuern(d)*** taxable

versteuert *Adj* tax-paid

Versteuerung *f* payment of taxes (*Gen*, **von** on)

verstiegen *Adj ugs fig* high-flown

verstimmen *v/t* **1.** MUS put *s.th.* out of tune **2.** ELEK detune **3.** ***j-n verstimmen*** annoy s.o., put s.o. in a bad mood

verstimmt *Adj* **1.** MUS out of tune **2.** ELEK off-tune **3.** annoyed (**über** *Akk* at), in a bad mood **4.** MED ***verstimmter Magen*** upset stomach

Verstimmung *f* **1.** ill humo(u)r, ill feeling **2.** MED (*Magenverstimmung*) upset

verstockt *Adj* stubborn, *Sünder*: impenitent

verstohlen *Adj* furtive, surreptitious

verstopfen *v/t* **1.** stop (up), plug **2.** (*versperren*) block (up), obstruct, (*Straße*) congest, jam **3.** MED clog, occlude, (*Darm*) constipate: ***meine Nase ist verstopft*** my nose is plugged up; ***verstopft sein*** be constipated

Verstopfung *f* **1.** block(age), jam **2.** MED (*Stuhlverstopfung*) constipation: ***an Verstopfung lei-***

den *auch* be constipated
verstorben *Adj* late, deceased
Verstorbene *m, f the* deceased
verstört *Adj* badly upset, distracted, dismayed, *Blick etc*: wild
Verstörtheit *f* distraction, dismay, confusion
Verstoß *m* (**gegen**) offen/ce (*Am* -se) (against), violation (of)
verstoßen **I** *v/t* (*j-n*) reject: ***j-n verstoßen aus*** expel s.o. from, cast s.o. out of **II** *v/i* ***verstoßen gegen*** offend against, violate
verstrahlt *Adj* (radioactively) contaminated
verstreben *v/t*, **Verstrebung** *f* TECH strut
verstreichen **I** *v/i Zeit*: pass, *Frist*: expire **II** *v/t* (*Butter, Farbe etc*) spread
verstreuen *v/t* scatter
verstricken **I** *v/t* **1.** use (up) **2.** ***j-n verstricken in*** (*Akk*) involve s.o. in **II** *v/refl* **3.** ***sich verstricken in*** (*Akk*) get entangled
verstümmeln *v/t* mutilate, *fig* (*Text etc*) *auch* garble
Verstümmelung *f* mutilation
verstummen *v/i* become silent, *Menschen*: *auch* stop talking, *Gespräch, Geräusch, fig Gerüchte etc*: stop, cease, *allmählich*: die down
Versuch *m* **1.** attempt (*auch* JUR), trial (*beide auch Sport*), *ugs* try, (*Bemühung*) effort: ***einen Versuch machen mit*** try, give *s.o., s.th.* a trial (*oder* try), *ugs* have a go at *s.th.*; ***beim ersten Versuch*** at the first attempt; ***es käme auf einen Versuch an*** we might as well try **2.** CHEM, MED, PHYS experiment, *auch* TECH test, trial: ***Versuche anstellen*** experiment **3.** (*literarischer Versuch*) essay (***über*** *Akk* on)
versuchen *v/t* **1.** try, attempt (*auch* JUR): ***etw versuchen*** **a)** try s.th., **b)** experiment with s.th.; ***es versuchen mit*** try, ***j-m*** give s.o. a try; ***versuchs doch mal!*** just (have a) try!; ***versuchter Mord*** attempted murder **2.** *fig* tempt: ***ich war versucht zu*** *Inf* I was tempted to *Inf* **3.** (*kosten*) try, taste
Versucher, **Versucherin** tempter (temptress)
Versuchsanstalt *f* research institute
Versuchsbedingung *f* test condition
Versuchsbohrung *f* trial drilling
Versuchsgelände *n* testing ground
Versuchsingenieur, **Versuchsingenieurin** research engineer
Versuchskaninchen *n ugs* guinea pig
Versuchsobjekt *n* test object
Versuchsperson *f* test subject (*oder* person)
Versuchsprojekt *n* pilot project
Versuchsreihe *f* series of tests
Versuchsstadium *n* experimental stage
Versuchstier *n* experimental animal
versuchsweise *Adv* by way of trial, (*auf Probe*) on trial
Versuchszwecke *Pl* ***zu Versuchszwecken*** for experimental purposes
Versuchung *f* (***j-n in Versuchung führen*** lead s.o. into) temptation: ***in Versuchung sein*** (*oder* ***kommen***) be tempted
versumpfen *v/i* **1.** become marshy **2.** *ugs fig* get bogged down
versündigen *v/refl* ***sich versündigen*** sin (***an*** *Dat* against)
versunken *Adj fig* ***versunken in*** (*Akk*) absorbed in, lost in
Versunkenheit *f fig* absorption
versüßen *v/t fig* sweeten
vertagen *v/t* (*auch* ***sich vertagen***) adjourn (***auf*** *Akk* till, until)
Vertagung *f* adjournment
vertäuen *v/t* SCHIFF moor
vertauschen *v/t* **1.** exchange (***mit, gegen*** for): *fig* ***mit vertauschten Rollen*** with reversed roles **2.** confuse, mix up
verteidigen **I** *v/t allg* defend (***sich*** o.s.) (***gegen*** against, from), *weit. S.* (*eintreten für*) stand up for: ***sich (vor Gericht) selbst verteidigen*** conduct one's own defen/ce (*Am* -se) **II** *v/i* SPORT defend
Verteidiger, **Verteidigerin** **1.** *allg* defender, *fig auch* advocate, *Fußball*: *auch* fullback **2.** *im Strafprozess*: counsel for the defence, *Am* defense counsel
Verteidigung *f allg* defen/ce (*Am* -se)
Verteidigungs... defen/ce (*Am* -se) (*budget, policy, etc*)
Verteidigungsausgaben *Pl* defence expenditure *Sg*
Verteidigungsbeitrag *m* defence contribution
Verteidigungsbereitschaft *f* preparedness for defence
Verteidigungsbündnis *n* defensive alliance
Verteidigungsfall *m* ***im Verteidigungsfalle*** in case of defence
Verteidigungskrieg *m* defensive war
Verteidigungsminister, **Verteidigungsministerin** Minister of Defence, *Am* Secretary of Defense
Verteidigungsministerium *n* Ministry of Defence, *Am* Department of Defense
Verteidigungsrede *f* (speech for the) defence, *weit. S.* apology
Verteidigungswaffe *f* defensive weapon
verteilen **I** *v/t* **1.** distribute, hand out, share out (*alle*: ***an*** *Akk* to, ***unter*** among), (*zuteilen*) allocate (*auch* THEAT *Rollen*): ***unter sich verteilen*** share; ***... mit verteilten Rollen lesen*** do a play reading of ... **2.** (***auf, über*** *Akk* over) distribute, spread (*auch fig* ***über einen Zeitraum*** over a period), *weit. S.* scatter **II** *v/refl* ***sich verteilen*** **3.** spread (***auf, über*** *Akk* over, *auch fig über einen Zeitraum*), *Personen*: scatter, *auch* MIL spread out
Verteiler *m* **1.** distributor (*auch* WIRTSCH, ELEK, MOT) **2.** *Bürowesen*: distribution list
Verteilerkasten *m* ELEK distributing box
Verteilernetz *n* **1.** ELEK distribution system **2.** WIRTSCH distributing network
Verteilerschlüssel *m* WIRTSCH **1.** distribution key **2.** → ***Verteiler*** 2
Verteilertafel *f* ELEK distribution switchboard
Verteilung *f* distribution, allocation
verteuern **I** *v/t* raise the price of **II** *v/refl* ***sich verteuern*** go up (in price)
Verteuerung *f* rise in price(s) (*oder* cost)
verteufeln *v/t fig* denounce, (*j-n*) *auch* make a bog(e)yman of
verteufelt *Adj ugs* devilish, tricky: *Adv* ***verteufelt schwer*** damned difficult
vertiefen **I** *v/t* (*auch* ***sich vertiefen***) deepen (*auch fig*), *fig* heighten, intensify, PÄD (*Lernstoff*) consolidate **II** *v/refl* ***sich vertiefen in*** (*Akk*) become absorbed (*oder* engrossed) in
Vertiefung *f* **1.** deepening (*auch fig*), PÄD consolidation **2.** (*Mulde*) depression **3.** *geistige*: absorption
vertikal *Adj* vertical
Vertikale *f* vertical (line)
vertilgen *v/t* **1.** (*Ungeziefer, Unkraut*) exterminate **2.** → ***verdrücken*** I

Vertilgung *f* extermination
vertippen *v/refl* ***sich vertippen*** make a (typing) mistake
vertonen *v/t* ***etw vertonen*** set s.th. to music
Vertonung *f* setting
vertrackt *Adj ugs* tricky, complicated
Vertrag *m* contract, agreement, POL treaty, pact: ***mündlicher Vertrag*** verbal agreement; ***einen Vertrag (ab)schließen*** make (*oder* enter into) a contract; *Sport etc*: ***j-n unter Vertrag nehmen*** sign s.o. on
vertragen **I** *v/t* **1.** (*aushalten, auch ugs fig*) endure, bear, stand, *ugs* take, (*Speisen etc*) be able to eat (*oder* drink), (*Medikament*) tolerate: ***ich vertrage keinen Kaffee*** coffee doesn't agree with me; ***sie verträgt das Klima nicht*** she can't stand the climate; ***er kann eine Menge vertragen*** he can take a lot, (*Alkohol*) he can hold his drink; ***kannst du Kritik vertragen?*** can you take criticism?; *ugs* ***ich könnte eine Tasse Tee vertragen*** I could do with a cup of tea **2.** ***sich (miteinander) vertragen*** **a)** *Personen*: get on (*oder* along) together, **b)** *Farben etc*: go well together **II** *v/refl* **3.** ***sich vertragen mit*** **a)** ***j-m*** get on (well) with s.o., **b)** (*passen zu*) go well with
vertraglich **I** *Adj* contractual **II** *Adv* by contract: ***sich vertraglich (zu etw) verpflichten*** contract (for s.th. *oder* to do s.th.)
verträglich *Adj* **1.** *Person*: sociable: ***verträglich sein*** *auch* be easy to get along with **2.** *Speise*: (easily) digestible, light, *Medikament*: (*auch* ***gut verträglich***) well-tolerated
Vertragsabschluss *m* conclusion of a contract: ***bei Vertragsabschluss*** on entering into the contract
Vertragsbedingungen *Pl* terms *Pl* of the contract
Vertragsbruch *m* breach of contract
vertragsbrüchig *Adj* defaulting: ***vertragsbrüchig werden*** commit a breach of contract
vertragschließend *Adj* contracting
Vertragsentwurf *m* draft agreement
vertragsgemäß *Adv* as stipulated
Vertragsgemeinschaft *f* POL contractual union
Vertragshändler, **Vertragshändlerin** authorized dealer
Vertragspartei *f*, **Vertragspartner**, **Vertragspartnerin** party to an agreement
Vertragspunkt *m* article of a contract
Vertragsspieler, **Vertragsspielerin** SPORT player under contract
Vertragsstrafe *f* (contractual) penalty
Vertragswerkstatt *f* authorized repairer
vertragswidrig *Adj* contrary to (the terms of) the contract
vertrauen *v/i* (*Dat*) trust: ***vertrauen auf*** (*Akk*) trust in, rely upon; ***ich vertraue auf deine Hilfe*** I trust you to help me
Vertrauen *n* (***in, auf*** *Akk* in) trust, faith, confidence: (***ganz***) ***im Vertrauen*** (***gesagt***) (strictly) confidentially, *ugs* between you and me; ***im Vertrauen auf*** (*Akk*) trusting in, relying on; ***Vertrauen haben zu*** have confidence in, trust; ***er hat wenig Vertrauen zu Ärzten*** he has little faith in doctors; ***j-n ins Vertrauen ziehen*** confide in s.o.; ***der Regierung das Vertrauen aussprechen*** pass a vote of confidence; ***Vertrauen erweckend*** → ***vertrauenerweckend***
vertrauenerweckend *Adj* inspiring confidence: *Adv* (***wenig***) ***vertrauenerweckend aussehen*** inspire (little) confidence
Vertrauensarzt *m*, **Vertrauensärztin** *f* (health insurance) medical examiner
Vertrauensbeweis *m* mark of confidence
Vertrauensbruch *m* breach of trust, indiscretion
Vertrauensfrage *f* POL ***die Vertrauensfrage stellen*** propose a vote of confidence
Vertrauensfrau *f*, **Vertrauensmann** *m* representative, (*Sprecher*) spokesperson
Vertrauensperson *f* reliable person
Vertrauenssache *f* confidential matter: ***das ist Vertrauenssache*** that's a matter of confidence
vertrauensselig *Adj* (too) confiding, gullible
Vertrauensseligkeit *f* blind confidence, gullibility
Vertrauensstellung *f* position of trust
Vertrauensverlust *m* loss of confidence
vertrauensvoll *Adj* trustful, trusting
Vertrauensvotum *n* vote of confidence
vertrauenswürdig *Adj* trustworthy
vertraulich *Adj* **1.** confidential: ***vertrauliche Mitteilung*** *auch* confidence; ***vertraulich behandeln*** treat confidentially **2.** friendly, (*auch allzu vertraulich*) familiar
Vertraulichkeit *f* **1.** confidence **2.** (*auch übertriebene Vertraulichkeit*) familiarity: ***plumpe Vertraulichkeit*** chumminess
verträumt *Adj* dreamy
vertraut *Adj* **1.** close, intimate **2.** (*bekannt*) familiar (*Dat* to): ***vertraut sein mit*** be familiar with; ***sich vertraut machen mit*** acquaint (*oder* familiarize) o.s. with; ***sich mit dem Gedanken vertraut machen*** get used to the idea
Vertraute *m, f* confidant(e *f*)
Vertrautheit *f* familiarity
vertreiben *v/t* **1.** drive *s.o., s.th.* away: ***j-n vertreiben aus*** drive s.o. out of, expel s.o. from **2.** *fig* (*Sorgen etc*) banish, drive away: (***sich***) ***die Zeit vertreiben*** while away the time **3.** WIRTSCH sell, distribute
Vertreibung *f* expulsion
vertretbar *Adj* justifiable, acceptable
vertreten[1] *v/t* **1.** (*j-n*) substitute for, stand in for, *auch* JUR act for **2.** (*Firma, Land etc*) represent, (*Interessen etc*) look after: *auch fig* ***j-s Sache vertreten*** plead s.o.'s cause **3.** (*verfechten*) support, advocate, (*Meinung, Standpunkt etc*) hold, take: ***eine andere Ansicht vertreten*** take a different view (***als*** from) **4.** ***sich den Fuß vertreten*** sprain one's ankle; *ugs* ***sich die Beine vertreten*** stretch one's legs
vertreten[2] *Adj* ***vertreten sein*** **a)** be represented, **b)** be present, *bes Dinge*: be found
Vertreter, **Vertreterin** **1.** substitute, stand-in, deputy **2.** *einer Firma etc*: representative, WIRTSCH *auch* agent, (*Handelsvertreter[in]*) sales representative, (*Bevollmächtigte*) agent, proxy **3.** exponent, (*Verfechter*) advocate
Vertretung *f* **1.** *auch* WIRTSCH, POL representation, WIRTSCH *auch* agency: ***in Vertretung von*** (*oder Gen*) as representative of; ***er hat die Vertretung der Firma X*** he represents the firm of X; ***diplomatische Vertretung*** diplomatic mission **2.** **a)** substitution, **b)** (*Person*) substitute, stand-in: ***j-s Vertretung übernehmen*** substitute (*oder* stand in) for s.o.
Vertretungsstunde *f* PÄD replacement lesson
Vertrieb *m* **1.** sale, distribution **2.** (*Abteilung*) sales department
Vertriebene *m, f* expellee
Vertriebsabteilung *f* sales department
Vertriebskosten *Pl* marketing costs *Pl*
Vertriebsleiter, **Vertriebsleiterin** sales manager

Vertriebsorganisation *f* marketing organization
Vertriebsweg *m* channel of distribution
vertrimmen *v/t ugs* thrash, beat *s.o.* up
vertrinken *v/t* spend on drink
vertrocknen *v/i* dry up
vertrödeln *v/t* dawdle away, waste
vertrösten *v/t* ***j-n vertrösten*** feed s.o. with hopes (***auf*** *Akk* of); ***j-n auf später vertrösten*** put s.o. off until later
vertrottelt *Adj ugs* senile: ***vertrottelt sein*** be gaga
vertun *v/t* waste
vertuschen *v/t* cover up, hush up
verübeln *v/t* ***j-m etw verübeln*** take s.th. amiss; ***j-m verübeln, dass …*** take it badly that …; ***ich kann es ihr nicht verübeln***(***, wenn …***) I can't blame her (if …)
verüben *v/t* commit, perpetrate
verulken *v/t ugs* make fun of
verunglimpfen *v/t* revile, disparage
verunglücken *v/i* **1.** have an accident: ***tödlich verunglücken*** be killed in an accident; ***mit dem Auto verunglücken*** have a car accident **2.** *ugs* go wrong, be a flop
Verunglückte *m, f* injured person, casualty
verunreinigen → ***verschmutzen***
verunsichern *v/t* ***j-n verunsichern*** make s.o. feel insecure, *ugs* rattle s.o.
verunstalten *v/t* disfigure
veruntreuen *v/t* embezzle
Veruntreuung *f* embezzlement
verursachen *v/t* cause, create, give rise to, (*nach sich ziehen*) entail
Verursacher, **Verursacherin** perpetrator, (*von Umweltverschmutzung*) polluter
Verursacherprinzip *n* polluter pays principle
verurteilen *v/t* (***zu*** to) JUR sentence, *bes fig* condemn
Verurteilte *m, f* convict
Verurteilung *f auch fig* condemnation
vervielfältigen *v/t* **1.** (*auch* ***sich vervielfältigen***) multiply **2.** duplicate, copy
Vervielfältigung *f* **1.** multiplication **2.** duplication, (*Kopie*) duplicate
Vervielfältigungsapparat *m* duplicator
vervierfachen *v/t* (*auch* ***sich vervierfachen***) quadruple
vervollkommnen *v/t* perfect
Vervollkommnung *f* perfection
vervollständigen *v/t* complete
Vervollständigung *f* completion
verwachsen[1] *v/i* (***miteinander***) ***verwachsen*** grow together, *Knochen*: unite, *Organe*: fuse: *fig* ***verwachsen mit*** *seiner Arbeit etc*: become bound up with, *einer Stadt etc*: feel at home in
verwachsen[2] *Adj* deformed, crippled
verwackeln *v/t ugs* FOTO blur
verwählen *v/refl* ***sich verwählen*** *ugs* dial the wrong number
verwahren **I** *v/t* keep (***sicher*** in a safe place) **II** *v/refl* ***sich verwahren*** protest (***gegen*** against)
verwahrlosen *v/i* be neglected, *auch Person*: *ugs* go to seed: ***verwahrlosen lassen*** neglect
verwahrlost *Adj* neglected, run-down, *Person*: seedy, *moralisch*: dissolute, *bes Kind*: wayward
Verwahrlosung *f* neglect, *moralische*: dissolution
Verwahrung *f* safekeeping, (*Obhut*) custody: ***in Verwahrung nehmen*** take charge of; (***j-m***) ***etw in Verwahrung geben*** deposit s.th. (with s.o.)
verwaisen *v/i* be orphaned
verwaist *Adj* **1.** orphaned **2.** *fig* (*menschenleer*) deserted, (*unbesetzt*) vacant
verwalten *v/t* administer, manage, (*führen*) conduct, run, (*Amt*) hold
Verwalter *m* administrator, (*Gutsverwalter* estate) manager, (*Hausverwalter*) caretaker, (*Vermögensverwalter*) trustee
Verwalterin *f* manageress
Verwaltung *f allg* administration, (*Behörde*) *auch* administrative authority, *bes* WIRTSCH management
Verwaltungsangestellte *m, f* employee in the administration
Verwaltungsapparat *m* administrative machinery
Verwaltungsbeamte *m*, **Verwaltungsbeamtin** *f* civil servant
Verwaltungsbezirk *m* administrative district
Verwaltungsdienst *m* civil service
Verwaltungsgebäude *n* administration building
Verwaltungsgebühr *f* administrative fee
Verwaltungsgericht *n* JUR administrative tribunal
Verwaltungsrat *m* WIRTSCH governing board
verwaltungstechnisch *Adj* administrative
Verwaltungsweg *m* ***auf dem Verwaltungswege*** through (the) administrative channels
verwandeln *v/t* (***in*** *Akk* into) change (*auch* ***sich verwandeln***), transform, turn, *Fußball*: convert: *fig* ***sie ist wie verwandelt*** she is completely changed
Verwandlung *f* change, transformation, conversion
verwandt *Adj auch fig* related (***mit*** to), kindred: ***verwandte Wörter*** cognate words
Verwandte *m, f* relative, relation: ***der nächste Verwandte*** the next of kin
Verwandtschaft *f* **1.** relationship, kinship, *fig auch* congeniality, affinity **2.** (*die Verwandten*) relations *Pl*
verwandtschaftlich *Adj* relational: ***welche verwandtschaftlichen Beziehungen bestehen zwischen Ihnen?*** what is your relation(ship)?
Verwandtschaftsgrad *m* degree of relationship
verwanzt *Adj* buggy
verwarnen *v/t* warn, *auch* SPORT caution
Verwarnung *f* warning, *auch* SPORT caution: → ***gebührenpflichtig***
verwaschen *Adj* **1.** washed(-)out, *Farbe etc*: *auch* faded **2.** *fig* vague, wool(l)y
verwässern *v/t auch fig* water down
verweben *v/t* interweave
verwechseln *v/t* (***mit*** with) confuse, mix up: ***j-n*** (***mit j-m***) ***verwechseln*** take s.o. for s.o. else; ***sie sehen sich zum Verwechseln ähnlich*** they are as like as two peas
Verwechslung *f* confusion, (*Irrtum*) mistake, *ugs* mix-up, (*Personenverwechslung*) case of mistaken identity
verwegen *Adj* (*kühn*) bold, daring, (*unbekümmert*) reckless, (*keck*) rakish
Verwegenheit *f* boldness, daring
verwehen *v/t* blow *s.th.* away, scatter, (*Spuren etc*) cover (up)
verwehren *v/t* refuse: ***j-m den Zutritt verwehren*** refuse s.o. admittance (***zu*** to)
verweichlichen **I** *v/t* ***j-n verweichlichen*** make s.o. soft **II** *v/i* go soft
verweichlicht *Adj* soft, effeminate
verweigern **I** *v/t* refuse: ***j-m etw verweigern*** refuse (*oder* deny) s.o. s.th.; ***einen Befehl verweigern*** disobey an order; ***die Nahrung verweigern*** refuse to eat **II** *v/i Pferd*: refuse

V

Verweigerung *f* refusal (*auch Reitsport*), denial

Verweildauer *f* length of stay

verweilen *v/i* **1.** stay **2.** *fig Blick etc*: rest (**auf** *Dat* on) **3.** ***verweilen bei*** *einem Thema etc*: dwell on

verweint *Adj Gesicht*: tear-stained, *Augen*: red from crying

Verweis *m* **1.** reprimand, rebuke: ***j-m einen Verweis erteilen*** reprimand s.o. (**wegen** for) **2.** (*Hinweis*) reference (**auf** *Akk* to)

verweisen *v/t* **1.** → ***vorhalten*** b **2.** refer (**an, auf** *Akk* to): ***man hat mich an Sie verwiesen*** I was referred to you **3.** ***j-n von der Schule verweisen*** expel s.o. from school; ***j-n des Landes verweisen*** expel s.o. (from the country); → ***Platz*** 5

verwelken *v/i auch fig* wither

verwendbar *Adj* usable, suitable

Verwendbarkeit *f* usability, suitability

verwenden **I** *v/t* **1.** *allg* use, employ, (*verwerten*) *auch* make use of, utilize **2.** (*aufwenden*) (**auf** *Akk*) spend (on), (*Mühe, Zeit etc*) *auch* devote (to) **II** *v/refl* **3.** ***sich*** (***bei j-m***) ***für j-n verwenden*** use one's influence (with s.o.) on s.o.'s behalf

Verwendung *f* use, employment: ***keine Verwendung haben für*** have no use for; ***Verwendung finden*** be used (***bei*** in)

Verwendungsbereich *m* range of use

Verwendungsmöglichkeit *f* use: ***vielseitige Verwendungsmöglichkeiten haben*** have a wide range of use

Verwendungszweck *m* use, (intended) purpose

verwerfen **I** *v/t allg* reject, (*ablehnen*) *auch* turn down, (*aufgeben*) *auch* give up, drop, JUR (*Berufung*) dismiss, (*Antrag*) overrule **II** *v/refl* ***sich verwerfen*** **a)** GEOL fault, **b)** *Holz*: warp

verwerflich *Adj* reprehensible

Verwerfung *f* **1.** rejection, JUR dismissal **2. a)** GEOL fault, **b)** *des Holzes*: warping

verwertbar *Adj* usable, WIRTSCH realizable

Verwertbarkeit *f* usability

verwerten *v/t* use, utilize, make use of, (*Patent etc*) exploit, WIRTSCH (*zu Geld machen*) realize

Verwertung *f* use, utilization, exploitation, WIRTSCH realization

verwesen *v/i* rot, decay: ***halb verwest*** putrefying

Verwesung *f* decay, putrefaction

verwetten *v/t* bet, spend *s.th.* on betting

verwickeln **I** *v/t* **1.** tangle *s.th.* (up) **2.** *fig* ***j-n verwickeln in*** (*Akk*) involve s.o. in, (*einen Skandal etc*) *auch* drag s.o. into **II** *v/refl* ***sich verwickeln*** **3.** tangle up **4.** ***sich verwickeln in*** (*Akk*) *fig* get caught in, (*Widersprüche*) get tangled up in

verwickelt *Adj fig* **1.** complicated, complex, intricate **2.** ***verwickelt sein*** (***werden***) ***in*** (*Akk*) be (get) involved (*einen Skandal etc*: mixed up) in

Verwicklung *f fig* **1.** involvement (***in*** *Akk* in) **2.** entanglement, complication

verwildern *v/i allg, auch fig* run wild, *Sitten etc*: degenerate

verwildert *Adj allg, auch fig* wild, *Sitten etc*: degenerate

Verwilderung *f fig* degeneration

verwinden *v/t* **1.** get over **2.** TECH twist

verwirken *v/t* forfeit

verwirklichen **I** *v/t* realize **II** *v/refl* ***sich verwirklichen*** be realized, come true: ***sich*** (***selbst***) ***verwirklichen*** *Person*: fulfil(l) o.s

Verwirklichung *f* realization

verwirren **I** *v/t* **1.** (*Fäden etc*) tangle *s.th.* (up) **2.** *fig allg* confuse, (*j-n*) *auch* bewilder, (*jemandes Geist etc*) *auch* muddle **II** *v/refl* ***sich verwirren*** **3.** get tangled up **4.** *fig Geist etc*: become muddled

verwirrt *Adj fig allg* confused, *Person*: *auch* bewildered, *Geist*: *auch* muddled

Verwirrung *f allg* confusion, muddle, *einer Person*: *auch* bewilderment: ***es herrschte allgemeine Verwirrung*** there was general confusion; ***in Verwirrung bringen*** → ***verwirren*** 2

verwischen *v/t* (*auch* ***sich verwischen***) blur, *fig auch* cover (up); → ***Spur*** 1

verwittert *Adj* weather-beaten

verwitwet *Adj* widowed

verwöhnen *v/t* spoil, pamper

verwöhnt *Adj* spoilt, (*wählerisch*) fastidious, (*anspruchsvoll*) demanding

Verwöhnung *f* spoiling, pampering

verworfen *Adj* depraved

verworren *Adj* confused, muddled

Verworrenheit *f* confusion, muddle

verwundbar *Adj auch fig* vulnerable

Verwundbarkeit *f auch fig* vulnerability

verwunden *v/t auch fig* wound

verwunderlich *Adj* surprising, astonishing

verwundern **I** *v/t* surprise, astonish **II** *v/refl* ***sich verwundern*** (***über*** *Akk* at) be surprised, be astonished

verwundert *Adj* surprised, astonished: *Adv* ***j-n verwundert ansehen*** look at s.o. in surprise

Verwunderung *f* surprise, astonishment

Verwundete *m, f* wounded person, casualty

Verwundung *f* wound

verwunschen *Adj* enchanted

verwünschen *v/t* curse

verwünscht *Adj* cursed, confounded

Verwünschung *f* curse

verwurzelt *Adj fig* (deeply) rooted

verwüsten *v/t* devastate, *auch fig* ravage

Verwüstung *f* devastation, ravage(s *Pl*)

verzagen *v/i* despair (***an*** *Dat* of), lose heart

verzagt *Adj* disheartened, despondent

Verzagtheit *f* despondency

verzählen *v/refl* ***sich verzählen*** miscount

verzahnt *Adj* TECH toothed: ***miteinander verzahnt*** *auch fig* interlocked

verzapfen *v/t* **1.** TECH mortise **2.** *ugs* dish out: ***Unsinn verzapfen*** talk nonsense

verzärteln *v/t* (molly)coddle

verzaubern *v/t* cast a spell on, *fig auch* enchant: ***j-n verzaubern in*** (*Akk*) turn s.o. into

verzehnfachen *v/t* (*auch* ***sich verzehnfachen***) increase tenfold

Verzehr *m* consumption

verzehren **I** *v/t* consume (*auch fig*), eat: ***verzehrt werden von*** *siehe* **II** *v/refl* ***sich verzehren vor*** *Gram, Liebe etc*: be consumed with

verzeichnen *v/t* **1.** note (*oder* write) down, register, record: ***in einer Liste verzeichnen*** list; *fig* ***er konnte einen großen Erfolg verzeichnen*** he achieved a great success; ***Fortschritte sind nicht zu verzeichnen*** no progress has been made **2.** *fig* (*verzerren*) distort

Verzeichnis *n* list, catalog(ue *Br*), register, record, (*Inhaltsverzeichnis*) index, (*Bestandsverzeichnis*) inventory, COMPUTER directory

verzeihen **I** *v/t* forgive, excuse, pardon: ***j-m etw verzeihen*** forgive s.o. s.th., excuse (*oder* pardon) s.o. (for) s.th.; ***verzeihen Sie die Störung*** excuse my interrupting you **II** *v/i* ***j-m verzei-***

hen forgive s.o.; ***verzeihen Sie!*** (I beg your) pardon!, sorry!, *Am* excuse me!
verzeihlich *Adj* pardonable
Verzeihung *f* pardon: ***j-n um Verzeihung bitten*** **a**) ask s.o.'s forgiveness, **b**) (*sich entschuldigen*) apologize to s.o.; ***Verzeihung!*** (I beg your) pardon!, sorry!, *Am* excuse me!
verzerren I *v/t auch fig* distort **II** *v/refl* ***sich verzerren*** become distorted
verzetteln I *v/t* (*Zeit, Kräfte etc*) fritter away **II** *v/refl* ***sich verzetteln*** waste one's time (*oder* energy) (***in*** *Dat*, ***mit*** on)
Verzicht *m* (***auf*** *Akk* of) renunciation, JUR *auch* waiver
verzichten *v/i* ***verzichten auf*** (*Akk*) do without, *ugs* cut out, *weit. S.* give up, JUR renounce, waive; ***zu j-s Gunsten verzichten*** stand aside for s.o.'s benefit
Verzichterklärung *f* JUR renunciation, waiver
verziehen I *v/i* **1.** → ***umziehen*** I **II** *v/t* **2.** distort, (*Mund etc*) twist (***zu*** into): ***das Gesicht verziehen*** (make a) grimace, pull a face; → ***Miene 3.*** (*j-n*) spoil: → ***verzogen*** **III** *v/refl* ***sich verziehen*** **4.** *Mund, Gesicht etc*: twist (***zu*** into) **5.** *Holz*: warp **6.** *Wolken, Rauch etc*: disperse, *Sturm, Gewitter etc*: blow over **7.** *ugs* make o.s. scarce: ***verzieht euch!*** beat it!
verzieren *v/t* decorate
Verzierung *f* decoration
verzinken *v/t* TECH galvanize
verzinnen *v/t* TECH tin(-plate)
verzinsen I *v/t* pay interest on: ***eine Summe mit 5 % verzinsen*** pay 5 % interest on a sum **II** *v/refl* ***sich (mit 5 %) verzinsen*** yield (*oder* bear) (5 %) interest
verzinslich *Adj* interest-bearing: ***verzinslich anlegen*** put out at interest
Verzinsung *f* **1.** (***von***, *Gen* on) payment of interest, (*Ertrag*) interest yield **2.** → ***Zinssatz***
verzogen *Adj fig* spoilt
verzögern I *v/t* delay, (*verlangsamen*) slow down, (*hinziehen*) protract **II** *v/refl* ***sich verzögern*** be delayed
Verzögerung *f* delay
Verzögerungstaktik *f* delaying tactics *Pl*
verzollen *v/t* pay duty on: ***haben Sie etw zu verzollen?*** have you anything to declare?
verzollt *Adj* duty-paid
Verzollung *f* payment of duty (*Gen* on)
verzückt *Adj* enraptured, ecstatic(ally *Adv*)
Verzückung *f* rapture, ecstasy: ***in Verzückung geraten*** go into raptures (*oder* ecstasies) (***über*** *Akk* over, about)
Verzug *m* **1.** delay: ***ohne Verzug*** without delay, forthwith; WIRTSCH ***im Verzug sein (mit)*** default (on), be in arrear(s) (for) **2.** ***es ist Gefahr im Verzug*** there is danger ahead
Verzugszinsen *Pl* interest *Sg* on arrears
verzweifeln *v/i* despair (***an*** *Dat* of): ***es ist zum Verzweifeln*** it's enough to drive you to despair; ***ich bin am Verzweifeln*** I'm desperate
verzweifelt *Adj Blick, Stimme etc*: despairing, *Kampf, Plan etc*: desperate
Verzweiflung *f* (***j-n zur Verzweiflung bringen*** *oder* ***treiben*** drive s.o. to) despair
Verzweiflungstat *f* act of desperation
verzweigen *v/refl* ***sich verzweigen*** *auch fig* ramify, branch out
verzweigt *Adj auch fig* branched: ***weit verzweigt sein*** branch (out) widely
verzwickt *Adj ugs* tricky, complicated
Veteran *m* **1.** MIL ex-serviceman, *Am und fig* veteran **2.** MOT vintage car
Veterinär, **Veterinärin** veterinary surgeon, *Am* veterinarian, *ugs* vet
Veto *n* veto: ***(s)ein Veto einlegen*** put a veto on, veto
Vetorecht *n* veto (power)
Vetter *m* cousin
Vetternwirtschaft *f* nepotism
vgl. *Abk* (= ***vergleiche***) cf., confer; cp., compare
VHS *f Abk* (= ***Volkshochschule***) *Institution*: adult education program(me); *Kurse*: adult evening classes
Viadukt *m* viaduct
Vibration *f* vibration
vibrieren *v/i* vibrate
Video *n* video
Video... video (*camera, film, system, etc*)
Videoaufnahme *f*, **Videoaufzeichnung** *f* video recording
Videoband *n* video tape
Videoclip *m* video clip
Videogerät *n* video recorder
Videokamera *f* camcorder
Videokassette *f* video cassette
Videorekorder *m* video recorder
Videospiel *n* video game
Videotechnik *f* video technology
Videotext *m* teletext
Videothek *f* video-tape library
Vieh *n* **1.** cattle, livestock **2.** *ugs* (*Tier*) animal, beast
Viehbestand *m* livestock
Viehfutter *n* fodder
viehisch *Adj* bestial, brutal
Viehmarkt *m* cattle market
Viehwagen *m* BAHN cattle wag(g)on, *Am* stockcar
Viehzucht *f* stockbreeding
Viehzüchter, **Viehzüchterin** stockbreeder
viel *Adj und Adv* a lot (of), plenty (of), *ugs* lots of, *bes fragend, verneint und nach too, so, as, how, very*: much: ***(sehr) viele*** (a great) many; ***sehr viel Geld*** a great deal (*oder* plenty) of money; ***ziemlich viel*** quite a lot (of); ***ziemlich viele*** quite a few; ***das kommt vom vielen Rauchen*** that comes from all that smoking; ***ich halte nicht viel davon*** I don't think much of it; ***viele hundert ...*** hundreds and hundreds of; ***viel*** (*oder* ***um vieles***) ***besser*** much better; ***viel lieber*** much rather; ***viel zu viel(e)*** far too much (many); ***viel zu wenig*** not nearly enough; ***in vielem*** in many ways; ***viel beschäftigt*** very busy; ***viel diskutiert*** much-discussed; ***viel geliebt*** much-loved; *auch iron* ***viel gepriesen*** much-vaunted; ***viel gereist*** much-travel(l)ed; ***viel sagend*** → ***vielsagend***; ***viel versprechend*** → ***vielversprechend***:
vielbeschäftigt → ***viel***
vieldeutig *Adj* ambiguous
vieldiskutiert → ***viel***
Vieleck *n* MATHE polygon
vielerlei *Adj* various, all sorts of
vielerorts *Adv* in many places
vielfach I *Adj* multiple: ***er ist vielfacher Millionär*** he is a millionaire many times over; ***auf vielfachen Wunsch*** by popular request **II** *Adv* in many cases, (*oft*) frequently
Vielfalt *f* (great) variety
vielfältig *Adj* varied, manifold
Vielflieger *m* frequent flyer
Vielfraß *m* ZOOL *und ugs fig* glutton

viel: a lot of / lots of oder much / many? GR

Das deutsche **viel** wird im Englischen meist mit **a lot of** bzw. umgangssprachlich mit **lots of** wiedergegeben:

Er sagt nicht viel, oder?	**He doesn't say a lot, does he?**
Ich hab viel Geld fürs Essen ausgegeben.	**I spent lots of money on food.**

⚠ **A lot of / lots of** kann nicht nach **very, so, that, too, as, how** stehen.

In verneinten Sätzen und bei nicht-zählbaren Mengen bes. nach **very, so, that, too, as, how** steht **much**:

Ich habe zu viel Arbeit.	**I've got too much work to do.**
Für dein altes Auto hast du nicht viel Geld bekommen, oder?	**You didn't get much money for your old car, did you?**

Many steht nur bei zählbaren Begriffen in verneinten Sätzen, in Fragen und nach **very, so, that, too, as** und **how**:

Sie hat so viele Freunde, dass sie sich nicht alle ihre Namen merken kann.	**She's got so many boyfriends she can't remember all their names.**

vielgeliebt → ***viel***
vielgepriesen → ***viel***
vielgereist → ***viel***
vielköpfig *Adj Familie*: large
vielleicht *Adv* perhaps, maybe, possibly: ***hast du ihn vielleicht gesehen?*** have you seen him by any chance?; ***vielleicht kommen sie noch*** they may yet come; ***es ist vielleicht besser*** it might be better; ***könnten Sie vielleicht das Fenster schließen?*** would you mind closing the window?; *ugs* ***das ist vielleicht ein Trottel!*** he really is an idiot!; ***ich war vielleicht aufgeregt!*** what a state I was in!; ***das ist vielleicht ein Auto!*** that's some car!

vielleicht: perhaps, maybe und Alternativen SG

vielleicht	**maybe** (*umgangssprachlich*), **perhaps**

Maybe / Perhaps the weather will be nice tomorrow.

This is perhaps Dalí's best painting.

Sehr häufig verwendet man auch Konstruktionen mit **may, might, could** + Infinitiv, in höflichen Fragen mit **possibly** oder **by any chance**:

Vielleicht kommt sie zum Tee.	**She may / might come to tea.**
Könnte ich mir vielleicht dein Auto leihen?	**Could I possibly borrow your car?**
Haben Sie vielleicht Peter gesehen?	**Have you seen Peter, by any chance?**

vielmals *Adv* many times: ***danke vielmals*** many thanks; ***sie lässt (dich) vielmals grüßen*** she sends you her best regards; ***ich bitte vielmals um Entschuldigung*** I'm terribly sorry
vielmehr *Adv* rather
vielschichtig *Adj fig* complex, multi-layered
vielsagend *Adj* meaningful, knowing
vielseitig **I** *Adj* many-sided, *Person*: *auch* versatile **II** *Adv* ***sie ist vielseitig begabt*** she has many talents; ***er ist vielseitig interessiert*** he has varied interests; ***vielseitig verwendbar*** multipurpose, versatile
Vielseitigkeit *f* versatility
vielsprachig *Adj* polyglot
vielstimmig *Adj* MUS many-voiced, polyphonic
vielversprechend *Adj* (very) promising; ***nicht (gerade) vielversprechend*** unpromising
Vielvölkerstaat *m* multiracial state
Vielweiberei *f* polygamy
Vielzahl *f* multitude
vier *Adj* four: ***unter vier Augen*** in private; ***Gespräch unter vier Augen*** private talk; *ugs* ***auf allen vieren*** on all fours
Vier *f* four: PÄD ***eine Vier bekommen*** be given the mark (of) fair
Vieraugengespräch *n* four-eye conversation
Vierbeiner *m ugs* quadruped
vierbeinig *Adj* four-legged
vierblättrig, **vierblätterig** *Adj* four-leaved
Viereck *n bes* MATHE quadrangle
viereckig *Adj* quadrangular
Vierer *m Rudern*: four, *Golf*: foursome
Viererbob *m* four-seater bob
vierfach *Adj* fourfold
Vierfarbendruck *m* four-colo(u)r printing (*Bild*: print)
Vierfüßer *m* ZOOL quadruped
vierfüßig *Adj* four-footed, ZOOL quadruped
Vierganggetriebe *n* MOT four-speed gear unit
vierhändig *Adj* four-handed, for four hands: ***vierhändig spielen*** play a duet
vierhundert *Adj* four hundred
vierjährig *Adj* **1.** *Abwesenheit etc*: of four years, four-year **2.** *Kind etc*: four-year-old, of four
Vierjährige *m*, *f* four-year-old (child)
Vierkant *m*, *n*, **vierkantig** *Adj* square
Vierlinge *Pl* quadruplets *Pl*
viermal *Adv* four times
viermotorig *Adj* four-engined
Vierrad... four-wheel (*drive*, *brake*)
vierrädrig, **vierräderig** *Adj* four-wheeled
vierschrötig *Adj* square(-built), thickset, burly
vierseitig *Adj* four-sided, MATHE quadrilateral
viersilbig *Adj* four-syllable
Viersitzer *m*, **viersitzig** *Adj* four-seater
vierspurig *Adj Straße*: four-lane
vierstellig *Adj* MATHE four-digit
vierstimmig *Adj* MUS four-part, for four voices: *Adv* ***vierstimmig singen*** sing in four voices
vierstöckig *Adj* four-storeyed, *Am* four-storied
vierstündig *Adj* of four hours, four-hour
viert *Adj* fourth: ***sie waren zu viert*** there were four of them
Viertaktmotor *m* four-stroke engine

viertausend *Adj* four thousand
Vierte *m, f* fourth
Viertel *n* **1.** fourth (part) **2.** (*Maß, Stadtviertel, Mondviertel, Viertelstunde*) quarter: ***es ist Viertel vor eins*** it is a quarter to one
Viertelfinale *n* SPORT quarter finals *Pl*
Vierteljahr *n* three months *Pl*
vierteljährlich *Adj und Adv* quarterly: ***vierteljährliche Kündigung*** three months' notice
Viertelliter *m, n* quarter of a litre (*Am* liter)
vierteln *v/t* quarter
Viertelnote *f* MUS crotchet
Viertelpause *f* MUS crotchet rest
Viertelpfund *n* quarter of a pound
Viertelstunde *f* quarter of an hour
viertelstündlich *Adj und Adv* every quarter of an hour, every fifteen minutes
viertens *Adv* fourthly
vierzehn *Adj* fourteen: ***vierzehn Tage*** a fortnight, *Am* fourteen days; ***in vierzehn Tagen*** in two weeks' time, in a fortnight
vierzehntägig *Adj* two-week
Vierzehnte *m, f* fourteenth
Vierzeiler *m* quatrain
vierzig *Adj* forty; ***sie ist Anfang vierzig*** she is in her early forties
Vierzig *f* forty
vierziger *Adj* ***die vierziger Jahre*** *eines Jhs.*: the forties *Pl*
Vierziger, **Vierzigerin** man (woman) of forty (*oder* in his [her] forties): ***sie ist in den Vierzigern*** she is in her forties
Vierzigerjahre → ***vierziger***
Vierzimmerwohnung *f* four-room flat (*Am* apartment)
Vietnamese *m*, **Vietnamesin** *f*, **vietnamesisch** *Adj* Vietnamese
Vignette *f* motorway permit
Villa *f* villa
Villenviertel *n* residential area
Viola *f* MUS viola

Violett, Lila, Purpur

SG

Zwischen Violett, Lila und Purpur(rot) gibt es fließende Übergänge. Im Farbenkreis hat Violett einen größeren Blauanteil als das ins Rot gehende Purpur. Lila hingegen ist ein mit Weiß oder hellem Grau aufgehelltes Violett. Die Wahrnehmung für diese Farbnuancen ist zwischen einzelnen Personen oft unterschiedlich. Will man übersetzen, kommt erschwerend hinzu, dass diese Farben im Englischen anders eingeteilt werden als im Deutschen. Scheinbare Entsprechungen zwischen dem Deutschen und Englischen erweisen sich also als trügerisch. Hier soll es aber leichter gemacht und deshalb etwas geordnet werden:

Englisch	Deutsch
crimson	purpur(rot)
lilac	lila, fliederfarben
purple	violett, *heller*: lila
violet	lila, *dunkler*: violett

Deutsch	Englisch
lila	**lilac**, *dunkler*: **mauve**
purpur(rot)	**crimson**
violett	**purple**, *heller*: **violet**

violett *Adj* purple, *heller*: violet
Violine *f* MUS violin
Violinist, **Violinistin** violinist
Violinschlüssel *m* violin (*oder* treble, G) clef
Violoncello *n* MUS violoncello
Viper *f* ZOOL viper, adder
Virensuchprogramm *n* virus scanner
Virologie *f* MED virology
virtuell *Adj* IT virtual
virtuos *Adj*, **Virtuose** *m*, **Virtuosin** *f* virtuoso
Virtuosität *f* virtuosity
virulent *Adj* virulent
Virus (*Pl* ***Viren***) *m, n* MED, IT virus
Virusinfektion *f* virus (*oder* viral) infection
Visage *f ugs* mug
Visagist, **Visagistin** make-up artist
Visier *n* **1.** *am Helm*: visor **2.** *am Gewehr*: sight
visieren **I** *v/i* take aim **II** *v/t schweiz.* certify
Vision *f* vision
visionär *Adj*, **Visionär**, **Visionärin** visionary
Visite *f* (doctor's) round
Visitenkarte *f* (visiting, *Am* calling) card
visuell *Adj* visual
Visum *n* **1.** visa **2.** *schweiz.* signature
vital *Adj* **1.** vigorous, fit **2.** (*lebenswichtig*) vital
Vitalität *f* vigo(u)r, vitality
Vitamin *n* vitamin(e)
vitaminarm *Adj* poor in vitamin(e)s
Vitamingehalt *m* vitamin(e) content
vitaminhaltig *Adj* containing vitamin(e)s
Vitaminmangel *m* vitamin(e) deficiency
Vitaminpräparat *n* vitamin(e) preparation
vitaminreich *Adj* rich in vitamin(e)s
Vitaminstoß *m* massive dose of vitamin(e)s
Vitrine *f* glass cupboard, WIRTSCH showcase
Vize... vice-(*admiral, chancellor, president, etc*)
Vizemeister, **Vizemeisterin** SPORT runner-up (***hinter*** *Dat* to)
Vlies *n* fleece
Vogel *m* **1.** bird: *ugs fig* ***einen Vogel haben*** have a screw loose; ***den Vogel abschießen*** take the cake; ***j-m den Vogel zeigen*** tap one's forehead at s.o., give the finger to s.o. **2.** *ugs fig* (*Kerl*) bird, fellow: ***er ist ein komischer Vogel*** he's a queer customer
Vogelbauer *n* birdcage
Vogelbeerbaum *m* rowan (tree)
Vogelbeere *f* rowanberry
Vogelfutter *n* birdseed
Vogelgrippe *f* bird flu
Vogelhaus *n* aviary
Vogelkäfig *m* birdcage
Vogelkunde *f* ornithology
Vogelmist *m* bird droppings *Pl*
vögeln *v/t und v/i vulg* fuck, screw, bang
Vogelnest *n* bird's nest
Vogelperspektive *f* ***Berlin aus der Vogelperspektive*** a bird's-eye view of Berlin
Vogelscheuche *f auch fig* scarecrow
Vogelschutzgebiet *n* bird sanctuary
Vogelspinne *f* ZOOL bird-eating spider
Vogel-Strauß-Politik *f* ostrich policy
Vogelwarte *f* ornithological station
Vogerlsalat *m österr.* lamb's lettuce
Vokabel *f* word
Vokabelheft *n* vocabulary book
Vokabular *n* vocabulary
Vokal *m* vowel
Vokalmusik *f* vocal music
Volant *m am Kleid*: flounce
Volk *n* **1.** people, nation, (*Masse*) *the* masses *Pl*, crowd, *pej* (*Pöbel*) mob, rabble: ***ein Mann aus***

V

Vögel

WF

Singvögel			
Amsel	**blackbird**	Nachtigall	**nightingale**
Drossel	**thrush**	Rotkehlchen	**robin** ['rɒbɪn]
Fink	**finch** [fɪntʃ]	Schwalbe	**swallow** ['swɒləʊ]
Haus-, Mehlschwalbe	**house martin**	Spatz, Sperling	**sparrow**
Lerche	**lark**	Star	**starling**
Meise	**tit(mouse)**	Taube	**pigeon** ['pɪdʒɪn], **dove*** [dʌv]
Größere Vögel und Raubvögel			
Adler	**eagle**	Geier	**vulture**
Bussard	**buzzard** ['bʌzəd]	Habicht	**hawk**
Dohle	**jackdaw**	Krähe	**crow** [krəʊ]
Elster	**magpie**	Rabe	**raven**
Eule	**owl** [aʊl]	Specht	**woodpecker**
Falke	**falcon** ['fɔːlkən, 'fɔːkən]	Sperber	**sparrowhawk**
Fasan	**pheasant** ['feznt]		
Wasservögel			
Eisvogel	**kingfisher**	Kranich	**crane**
Ente	**duck**	Lund, Papageientaucher	**puffin**
Fischreiher	**heron** ['herən]	Möwe	**(sea)gull**
Flamingo	**flamingo**	Pelikan	**pelican** ['pelɪkən]
Gans	**goose**	Schwan	**swan** [swɒn]
Kormoran	**cormorant** ['kɔːmərənt]		
Hausvögel			
Kakadu	**cockatoo** [ˌkɒkə'tuː]	Papagei	**parrot** ['pærət]
Kanarienvogel	**canary** [kə'neərɪ]	Wellensittich	**budgerigar** ['bʌdʒərɪgɑː], *umgangssprachlich* **budgie**

* **pigeon** ist der übliche Name für die Taube, während **dove** meistens die Friedenstaube bezeichnet

dem Volk a man of the people; ***sich unters Volk mischen*** mingle with the crowd **2.** (*Bienenvolk*) swarm **3.** JAGD covey
Völkerkunde *f* ethnology
Völkermord *m* genocide
Völkerrecht *n* international law
völkerrechtlich *Adj* relating to (*Adv* under) international law
Völkerverständigung *f* international understanding
Völkerwanderung *f* **1.** migration of (the) peoples **2.** *fig* exodus
Volksabstimmung *f* plebiscite, referendum
Volksaufstand *m* national uprising, revolt
Volksbefragung *f* public opinion poll
Volksbegehren *n* petition for a referendum
Volksbildung *f* national education
Volksbücherei *f* public library
Volkscharakter *m* national character
Volksdemokratie *f* people's democracy
Volksdeutsche *m, f* ethnic German
volkseigen *Adj* HIST state-owned
Volkseigentum *n* national property
Volkseinkommen *n* national income
Volksentscheid *m* referendum
Volksfeind, **Volksfeindin** public enemy
Volksfest *n* (public) festival
Volksgruppe *f* ethnic group
Volksheld, **Volksheldin** folk hero(ine *f*)
Volkshochschule *f* (*Institution*) adult education program(me), (*Kurse*) adult evening classes *Pl*
Volkskammer *f DDR* HIST People's Chamber
Volkskunde *f* folklore
Volkslauf *m* SPORT open cross-country race
Volkslied *n* folk song
Volksmund *m* (***im Volksmund*** in the) vernacular
Volksmusik *f* folk music
volksnah *Adj* popular, people-oriented, grassroots (*politician*)
Volkspolizist, **Volkspolizistin** HIST member of the people's police
Volksredner, **Volksrednerin** popular speaker, *pej* stump orator
Volksrepublik *f* people's republic
Volksschicht *f* social class
Volksschule *f* → ***Grundschule***, ***Hauptschule***
Volkssport *m* popular sport
Volkssprache *f* vernacular (language)
Volksstamm *m* tribe, race
Volksstück *n* THEAT folk play
Volkstanz *m* folk dance
Volkstracht *f* national costume
Volkstrauertag *m* day of national mourning
Volkstum *n* folklore
volkstümlich *Adj* folkloristic, LING vernacular,

V

(*herkömmlich*) traditional, (*einfach, beliebt*) popular: *auch pej* ***sich volkstümlich geben*** act folksy
Volksvermögen *n* national wealth
Volksversammlung *f* public meeting
Volksvertreter, **Volksvertreterin** people's representative
Volksvertretung *f* representation of the people, parliament
Volkswirt, **Volkswirtin** WIRTSCH (political) economist
Volkswirtschaft *f* **1.** political economy **2.** → ***Volkswirtschaftslehre***
Volkswirtschaftslehre *f* economics *Pl* (*meist Sg konstr*)
Volkszählung *f* census
voll I *Adj* **1.** (*Ggs. leer*) *allg* full, (*gefüllt*) *auch* filled, (*voll besetzt*) full up: ***voll(er), voll von, voll mit, voll*** (*Gen*) full of (*auch fig*), filled with, (*beladen mit*) loaded with; ***eine Kanne (voll) Tee*** a pot of tea; *fig* ***aus dem Vollen schöpfen*** draw on plentiful resources; *ugs* ***voll sein a***) (*satt*) be full up, **b**) (*betrunken*) be tight **2.** (*füllig*) full, round, *Haar*: thick, rich: ***voller werden*** *auch* fill out **3.** *fig Ton, Stimme, Aroma etc*: full, rich **4.** (*vollständig*) full, whole: ***der Mond ist voll*** the moon is full; ***eine volle Stunde*** a full (*oder* solid) hour; ***volle drei Tage*** fully three days; ***etw in voller Höhe bezahlen*** pay the full amount, pay the amount in full; ***mit voller Lautstärke*** (at) full blast; ***aus voller Brust, aus vollem Halse*** at the top of one's voice; ***aus vollem Herzen*** from the bottom of one's heart; ***volles Vertrauen*** complete confidence; ***die volle Wahrheit*** the whole truth **II** *Adv* **5.** fully, (*vollständig*) *auch* in full: ***voll und ganz*** completely, wholly; ***voll arbeiten*** work full time; *ugs* ***voll beschäftigt*** (*sehr beschäftigt*) fully occupied; ***voll besetzt*** full; ***voll besetzt sein*** be full (up); ***Sie müssen voll bezahlen*** you have to pay the full price; ***voll schlagen*** *Uhr*: strike the full hour; ***j-n nicht für voll nehmen*** not to take s.o. seriously; *ugs* ***in die Vollen gehen*** go flat out
vollauf *Adv* quite, perfectly
vollautomatisch *Adj* fully automatic
Vollautomatisierung *f* full automation
Vollbad *n* full bath
Vollbart *m* full beard
vollbeschäftigt *Adj* employed full-time
Vollbeschäftigung *f* full employment
vollbesetzt → ***voll*** II 5
Vollbesitz *m* ***im Vollbesitz*** (*Gen*) in full possession of; ***im Vollbesitz seiner geistigen Kräfte sein*** be in full possession of one's mental faculties
Vollblut(pferd) *n*, **Vollblüter** *m* thoroughbred
Vollbremsung *f* emergency stop: ***eine Vollbremsung machen*** *ugs* slam on the brakes
vollbringen *v/t* accomplish, achieve, (*Wunder*) perform
vollbusig *Adj* full-bosomed, *ugs* bosomy
Volldampf *m* ***mit Volldampf*** at full steam, *fig* at full blast
vollelektronisch *Adj* fully electronic
vollenden *v/t* **1.** (*Arbeit etc*) finish, (*auch Lebensjahr, Dienst, Studien*) complete **2.** perfect
vollendet *Adj* perfect, accomplished: *Adv* ***vollendet schön*** of perfect beauty; → ***Tatsache***
vollends *Adv* completely
Vollendung *f* **1.** finishing, completion: ***nach Vollendung*** (*Gen*) on completion of **2.** perfection
voller → ***voll*** 1
Völlerei *f* gluttony
Volley *m Tennis etc*: volley
Volleyball(spiel) *n* volleyball
vollführen *v/t* perform
vollfüllen *v/t* fill (up)
Vollgas *n* MOT full throttle: ***mit Vollgas*** *ugs* full tilt; ***Vollgas geben*** *ugs* step on the gas
Vollgefühl *n* ***im Vollgefühl*** (*Gen*) *fig* fully conscious of
vollgepackt, **vollgepfropft** *Adj* crammed (full), *ugs* (jam)packed
vollgießen *v/t* fill (up)
Vollgummi *m, n* solid rubber
völlig I *Adj* total, absolute, complete: ***völlige Gleichberechtigung*** full equality; ***völliger Unsinn*** utter (*oder* perfect) nonsense; ***ein völliger Versager*** a complete failure **II** *Adv* quite, fully (*etc*): ***völlig richtig*** absolutely right; ***völlig am Ende sein*** be completely run down; ***das ist mir völlig gleichgültig*** I don't give a damn
volljährig *Adj* of (full legal) age, major: ***volljährig sein (werden)*** be (come) of age; ***noch nicht volljährig*** under age
Volljährigkeit *f* full legal age, majority
Volljurist, **Volljuristin** fully qualified lawyer
Vollkaskoversicherung *f* comprehensive insurance
vollkommen I *Adj* perfect, total, *Macht etc*: absolute **II** *Adv ugs* → ***völlig*** II
Vollkommenheit *f* perfection
Vollkornbrot *n* wholemeal bread
Vollkornnudeln *Pl* wholemeal pasta *Sg*
vollmachen *v/t ugs* fill (up); *fig* ***um das Unglück vollzumachen*** to make things worse
Vollmacht *f* full power(s *Pl*), authority, JUR power of attorney, (*Urkunde*) proxy: ***Vollmacht haben*** be authorized; ***j-m Vollmacht erteilen*** authorize s.o.
Vollmatrose *m*, **Vollmatrosin** *f* able-bodied seaman
Vollmilch *f* full-cream milk
Vollmilchschokolade *f* milk chocolate
Vollmond *m* full moon: ***heute ist Vollmond*** there is a full moon tonight
vollmundig *Adj* **1.** *Wein*: full-bodied **2.** *fig iron* high-sounding, orotund
Vollnarkose *f* general an(a)esthesia
vollpacken *v/t* pack *s.th.* full (***mit*** of)
Vollpension *f* (full) board and lodging
vollsaugen *v/refl* ***sich vollsaugen mit*** become saturated with
vollschlagen *v/refl* ***sich vollschlagen*** fill one's belly
vollschlank *Adj* ***vollschlank sein*** have a full figure
vollschreiben *v/t* (*Heft etc*) fill, (*Tafel etc*) cover
vollständig I *Adj* complete, whole, entire: ***vollständige Anschrift*** full address **II** *Adv* → ***völlig*** II
Vollständigkeit *f* completeness
vollstopfen *v/t auch fig* stuff, cram
vollstreckbar *Adj* JUR enforceable
vollstrecken I *v/t* **1.** execute, JUR *auch* enforce **2.** SPORT (*Strafstoß etc*) convert **II** *v/i* **3.** SPORT score
Vollstreckung *f* JUR exe-cution
Vollstreckungsbefehl *m* JUR writ of execution
volltanken *v/t* fill up
Volltextsuche *f* COMPUTER full-text search
Volltreffer *m* direct hit, *auch fig* bull's-eye

volltrunken *Adj* completely drunk
Vollversammlung *f* plenary assembly
Vollwaise *f* orphan
Vollwaschmittel *n* all-purpose washing powder
vollwertig *Adj* full, adequate, of high value
Vollwertkost *f* whole foods *Pl*
vollzählig *Adj* **1.** ***vollzählig sein*** be present in full number; *Adv* ***vollzählig erscheinen*** assemble in full strength **2.** (*vollständig*) complete
vollziehen **I** *v/t* execute, carry out, (*Trauung etc*) perform, (*die Ehe*) consummate: ***vollziehende Gewalt*** executive **II** *v/refl* ***sich vollziehen*** take place
Vollzieher, **Vollzieherin** executor
Vollziehung *f*, **Vollzug** *m* execution, *der Trauung etc*: performance, *der Ehe*: consummation
Vollzugsanstalt *f* penal institution, prison
Vollzugsbeamte *m*, **Vollzugsbeamtin** *f* prison officer
Volontär, **Volontärin** unpaid trainee
Volt *n* ELEK volt
Voltmeter *n* voltmeter
Voltzahl *f* voltage
Volumen *n allg* volume, (*Größe*) *auch* size, (*Inhalt*) *auch* capacity
voluminös *Adj* voluminous
von *Präp* **1.** *allg* from: ***von der Seite*** from the side; ***von morgen an*** from (VERW as of) tomorrow **2.** *Genitiv*: of, *Urheberschaft*, *Passiv*: by: ***eine Freundin von ihr*** a friend of hers; ***ein Bild von Picasso*** a painting by Picasso; ***sie nahm von dem Kuchen*** she had some of the cake; ***9 von 10 Leuten*** 9 out of (*Statistik*: in) 10 people; → ***selbst*** I **3.** *Eigenschaft*: of: ***von Gold*** (made) of gold; ***ein Mann von Bildung*** a man of culture **4.** (*über*) of, about: ***ich habe von ihm gehört*** I have heard of him; ***weißt du von der Sache?*** do you know about this affair?
voneinander *Adv* from each other
vonseiten *Adv* ***vonseiten von*** on the part of, by
vonstattengehen *v/i* **a)** take place, **b)** *gut, zügig etc*: go, proceed
vor *Präp* **1.** *räumlich*: before, in front (*Dat* of), (*außerhalb*) outside, (*in Gegenwart von*) in the presence (*Dat* of): ***vor der Klasse*** in front of the class; ***vor der Tür*** at the door; ***vor dem Gesetz*** before the law **2.** *zeitlich*: before, ago: ***vor 10 Jahren*** (***ein paar Tagen***) ten years (a few days) ago; ***vor dem Essen*** before dinner; ***5 Minuten vor 12*** five minutes to (*Am* of) 12, *fig* at the eleventh hour; ***vor j-m liegen*** be (*oder* lie) ahead of s.o.; ***etw vor sich haben*** have s.th. ahead of one, *pej* be in for s.th.; ***das haben wir noch vor uns*** that's still to come **3.** (*wegen*) for, with: ***vor Angst*** for fear; ***vor Kälte*** with cold; ***vor lauter Arbeit*** for all the work **4.** *Rang*: above, before: ***vor allem, vor allen Dingen*** above all **5.** (*gegen*) from, against: ***j-n warnen vor*** warn s.o. against

vor + Substantiv = before + Gerund (GR)

Dem deutschen **vor** + Substantiv entspricht häufig das englische **before** + Gerund:

Farbe vor Gebrauch gut verrühren.	**Stir the paint well before applying it.**

vorab *Adv* (*zunächst*) first, to begin with, (*im Voraus*) in advance
Vorabend *m* (***am Vorabend*** on the) eve (*Gen* of)
Vorahnung *f* premonition, *böse*: foreboding
voran *Adv* before, at the head, in front: ***mit dem Kopf voran*** head first
vorangehen *v/i* **1.** lead the way, walk at the front (*oder* head) (*Dat* of): ***j-n vorangehen lassen*** let s.o. go first; → ***Beispiel*** **2.** *zeitlich*: precede **3.** *fig Arbeit etc*: get on, get ahead
vorankommen *v/i* make progress (*oder* headway): ***beruflich*** (***im Leben***) ***vorankommen*** get on in one's job (in life)
Vorankündigung *f* previous notice
Voranmeldung *f* booking: TEL ***Gespräch mit Voranmeldung*** person-to-person call
vorantreiben *v/t fig* press ahead with
Voranzeige *f* preannouncement, FILM trailer
Vorarbeit *f* preparatory work, preparations *Pl*
vorarbeiten *v/i und v/t* work in advance: ***j-m vorarbeiten*** pave the way for s.o.
Vorarbeiter, **Vorarbeiterin** foreman (forewoman)
voraus *Adv auch fig* ahead (*Dat* of): ***im Voraus*** in advance
vorausahnen *v/t* anticipate
vorausberechnen *v/t* precalculate
vorausbezahlen *v/t* prepay, pay *s.th.* in advance
vorausdenken *v/i* look ahead
Vorausexemplar *n* advance copy
vorausfahren *v/i* drive ahead (*Dat* of)
vorausgehen *v/i* **1.** go ahead (*Dat* of) **2.** *zeitlich*: precede
vorausgesetzt *Konj* ***vorausgesetzt, dass*** provided (that)
voraushaben *v/t* ***j-m etw an Erfahrung*** *etc* ***voraushaben*** have the advantage of greater experience *etc* over s.o.
vorauslaufen *v/i* run on ahead (*Dat* of)
vorausplanen *v/t und v/i* plan *s.th.* ahead

vor: ago, before oder in front of? (SG)

vor + Zeitraum	**ago**	**Granny died two years ago.**
vor + Zeitangabe	**before**	**That happened before my time.** **They had lunch before they went out.**
vor / in Gegenwart von + Personengruppe / Institution	**before**	**She was due to appear before the court.** **The event took place before witnesses.**
gehoben auch **vor** + Ortsangabe	**before**	**He knelt before her and asked her to marry him.**
vor + Ortsangabe	**in front of**	**Wait in front of the cinema.**

⚠ **before** kann als Präposition (vor einem Substantiv) und als Konjunktion (zur Einleitung eines Nebensatzes) gebraucht werden, **ago** nicht!

V

Vorausplanung *f* forward planning
Voraussage *f*, **Voraussagung** *f* prediction, forecast, prognosis
voraussagen *v/t* predict, forecast
vorausschauend *Adj fig* foresighted
vorausschicken *v/t* **1.** send on ahead **2.** *fig* ***vorausschicken, dass …*** first mention that …
voraussehen *v/t* foresee, expect: ***das war vorauszusehen*** that was to be expected
voraussetzen *v/t* **1.** (*erfordern*) require **2.** (*annehmen*) assume, expect: ***etw stillschweigend voraussetzen*** take s.th. for granted; ***ich setze diese Tatsachen als bekannt voraus*** I assume that these facts are known; → ***vorausgesetzt***
Voraussetzung *f* **1.** condition, prerequisite: ***unter der Voraussetzung, dass …*** on condition that …; ***die Voraussetzungen erfüllen*** meet the requirements **2.** (*Annahme*) assumption
Voraussicht *f* (***in weiser Voraussicht*** with wise) foresight; ***aller Voraussicht nach*** in all probability
voraussichtlich **I** *Adj* prospective, expected **II** *Adv* probably: ***er kommt voraussichtlich*** *auch* he is likely (*oder* expected) to come
Vorauszahlung *f* advance payment
Vorbau *m* front part (of a building), (*Vorhalle*) porch
vorbauen **I** *v/t* build *s.th.* in front (*oder* out) **II** *v/i fig* take precautions
Vorbedingung *f* condition
Vorbehalt *m* reservation, proviso: ***unter dem Vorbehalt, dass …*** provided (that) …; ***ohne Vorbehalt*** without reservation
vorbehalten *v/t* reserve: ***Änderungen vorbehalten*** subject to change (without notice); ***Irrtümer vorbehalten*** errors excepted; ***alle Rechte vorbehalten*** all rights reserved; ***sich*** (***das Recht***) ***vorbehalten zu*** *Inf* reserve the right to *Inf*; ***j-m vorbehalten sein*** (*oder* ***bleiben***) be left to s.o.
vorbehaltlich *Präp* (*Gen*) subject to
vorbehaltlos *Adj* unreserved
vorbehandeln *v/t* pretreat
Vorbehandlung *f* pretreatment
vorbei *Adv* **1.** *auch* ***vorbei an*** (*Dat*) past, by: ***vorbei!*** missed! **2.** *zeitlich*: over, finished, (*vergangen*) gone, *nach Uhrzeit*: past: ***5 Uhr vorbei*** past five (o'clock); ***es ist aus und vorbei*** it's all over and done with
vorbeifahren *v/i* ***vorbeifahren an*** (*Dat*) drive past
vorbeigehen *v/i* **1.** ***vorbeigehen an*** (*Dat*) pass by, *fig* miss, pass *s.th.* by: ***im Vorbeigehen*** in passing **2.** → ***vorübergehen*** **3.** *Schuss etc*: miss (the mark)
vorbeikommen *v/i* **1.** ***vorbeikommen an*** (*Dat*) pass by, *einem Hindernis etc*: get past (*oder* round), pass **2.** *ugs* (*besuchen*) drop in (***bei*** on)
vorbeilassen *v/t* let *s.o., s.th.* pass
vorbeimarschieren *v/i* ***vorbeimarschieren an*** (*Dat*) march past
vorbeireden *v/i* ***aneinander vorbeireden*** talk at cross-purposes; ***am Thema vorbeireden*** miss the point
vorbeischießen *v/i* miss: (***am Tor***) ***vorbeischießen*** shoot wide
vorbeischrammen *v/i* scrape past (***an etw*** *Dat* s.th.)
vorbeiziehen *v/i* ***an j-m vorbeiziehen*** SPORT overtake s.o., *fig Erinnerungen etc*: go through s.o.'s mind
vorbelastet *Adj* ***erblich vorbelastet sein*** have a hereditary handicap
Vorbemerkung *f* preliminary remark
vorbereiten *v/t* (*auch* ***sich vorbereiten***) prepare (***für, auf*** *Akk* for): *fig* ***bereite dich auf das Schlimmste vor!*** prepare (yourself) (*oder* be prepared) for the worst!
vorbereitend *Adj* preparatory
Vorbereitung *f* preparation (***für, zu, auf*** *Akk* for): ***Vorbereitungen treffen*** (***für***) make preparations (*oder* prepare) (for); ***in Vorbereitung*** in preparation, being prepared
Vorbericht *m* preliminary report
Vorbesprechung *f* preliminary discussion (*oder* talk)
vorbestellen *v/t* (*Karten, Zimmer etc*) book in advance, reserve
Vorbestellung *f* advance booking, reservation
vorbestraft *Adj* ***vorbestraft sein*** have a police record
vorbeugen **I** *v/i* ***einer Sache vorbeugen*** prevent (*oder* guard against) s.th. **II** *v/refl* ***sich vorbeugen*** bend forward
vorbeugend *Adj* preventive, MED (*auch* ***vorbeugendes Mittel***) prophylactic
Vorbild *n* model, example: ***leuchtendes Vorbild*** shining example; ***sich j-n zum Vorbild nehmen*** follow s.o.'s example; (***j-m***) ***ein Vorbild sein*** set an example (to s.o.)
vorbildlich *Adj* exemplary, model: *Adv* ***er benahm sich vorbildlich*** he behaved in an exemplary manner
Vorbildung *f* (previous) training, education(al background)
Vorbote *m*, **Vorbotin** *f fig* herald, forerunner
vorbringen *v/t* (*Argument etc*) bring forward, (*Wunsch, Forderung etc*) express, state, (*Gründe, Entschuldigung etc*) offer, (*Einwand*) raise, (*Protest*) enter, JUR (*Klage*) prefer
Vordach *n* canopy
vordatieren *v/t* (*vorausdatieren*) postdate, (*zurückdatieren*) antedate
Vordenker, **Vordenkerin** thinker, brain
vorder *Adj* front
Vorderachse *f* front axle
Vorderansicht *f* front view
Vorderbein *n* ZOOL foreleg
Vorderdeck *n* SCHIFF foredeck
Vorderfuß *m* ZOOL forefoot, *von Hund, Katze etc*: front paw
Vordergrund *m* foreground: *fig* ***in den Vordergrund rücken*** come to the fore; ***etw in den Vordergrund stellen*** give s.th. special emphasis
vordergründig *Adj* (*Adv* on the) surface
Vorderhaus *n* front building
Vorderlauf *m* JAGD foreleg
Vordermann *m* ***mein Vordermann*** the person in front of me; *ugs fig* ***auf Vordermann bringen*** **a)** ***j-n*** make s.o. pull his socks up, **b)** ***etw*** bring s.th. up to scratch
Vorderrad *n* front wheel
Vorderrad… front-wheel (*brake, drive, etc*)
Vorderreihe *f* front row
Vorderseite *f* front, ARCHI, TECH *auch* face, *einer Münze*: obverse
Vordersitz *m* front seat
vorderst *Adj* front
Vorderteil *m, n* front (part)
Vordertür *f* front door
Vorderzahn *m* front tooth
vordrängen *v/refl* ***sich vordrängen*** push forward, *in einer Schlange*: jump the queue, *fig* put o.s. forward

vordringen *v/i* push (*oder* forge) ahead: ***vordringen in*** (*Akk*) *auch fig* penetrate into; ***vordringen*** (***bis***) ***zu*** *auch fig* work one's way through to
vordringlich *Adj* urgent, priority (*task etc*): *Adv* ***vordringlich behandelt werden*** be given priority
Vordruck *m* form, *Am* blank
vorehelich *Adj* premarital
voreilig *Adj* hasty, rash: ***voreilige Schlüsse ziehen*** jump to conclusions
voreinander *Adv* ***Achtung voreinander*** respect for each other; ***sie haben Angst voreinander*** they are afraid of each other
voreingenommen *Adj* (***gegenüber*** against) prejudiced, bias(s)ed
Voreingenommenheit *f* prejudice, bias
vorenthalten *v/t* ***j-m etw vorenthalten*** withhold (*oder* keep) s.th. from s.o.
Vorentscheidung *f* preliminary decision
vorerst *Adv* for the time being
Vorexamen *n* preliminary examination
Vorfahr, **Vorfahrin** ancestor
vorfahren *v/i* drive up (***vor*** *Dat* before)
Vorfahrt *f* priority, right of way: ***Vorfahrt beachten!*** give way!, *Am* yield!
vorfahrtberechtigt, **vorfahrtsberechtigt** *Adj* having the right of way
Vorfahrtschild, **Vorfahrtsschild** *n* sign regulating priority
Vorfahrtstraße, **Vorfahrtsstraße** *f* priority road
Vorfall *m* **1.** incident, occurrence **2.** MED prolapse
vorfallen *v/i* happen, occur
Vorfeld *n* **1.** FLUG apron **2.** *fig* ***im Vorfeld*** (*Gen*) in the run-up to
Vorfilm *m* supporting film
vorfinanzieren *v/t* prefinance
vorfinden *v/t* find
vorformulieren *v/t* preformulate
Vorfreude *f* anticipation
vorfristig *Adj und Adv* ahead of time
Vorfrühling *m* early spring
vorfühlen *v/i* ***bei j-m vorfühlen*** sound s.o. out
vorführen *v/t* **1.** show, (*Film*) *auch* present, (*Gerät etc*) demonstrate, (*Kunststück*) perform **2.** ***j-n*** *dem Richter, einem Arzt etc* ***vorführen*** bring s.o. before **3.** *ugs* ***j-n vorführen*** make s.o. look like a fool
Vorführer, **Vorführerin** (*Filmvorführer[in]*) projectionist
Vorführraum *m* projection room
Vorführung *f* **1.** showing, *eines Films*: *auch* presentation, *eines Geräts etc*: demonstration, *eines Kunststücks etc*: performance **2.** (*Aufführung*) show
Vorführwagen *m* MOT demonstration car, demonstrator
Vorgabe *f* **1.** SPORT start, handicap, (*Kurvenvorgabe*) stagger **2.** (*Bedingung*) precondition, stipulation, (*Zielvorgabe*) target, (*Daten etc*) given (*oder* set) data *Pl* **3.** → ***Vorgabezeit***
Vorgabezeit *f* TECH allowed time
Vorgang *m* **1.** (*Ablauf*) proceedings *Pl*, BIOL, CHEM, TECH process **2.** (*Ereignis*) event, occurrence **3.** (*Akte*) file, record
Vorgänger, **Vorgängerin** predecessor
Vorgarten *m* front garden, *Am* frontyard
vorgeben *v/t* **1.** SPORT give, allow **2.** (*behaupten*) allege, claim, pretend **3.** (*festlegen*) prescribe, stipulate, (*Daten etc*) give, set
Vorgebirge *n* foothills *Pl*
vorgefasst *Adj* preconceived
vorgefertigt *Adj auch fig* prefabricated
Vorgefühl *n* → ***Vorahnung***
vorgehen *v/i* **1.** go forward, go up (***zu*** to), MIL advance, *ugs* (*vorangehen*) lead the way: ***meine Uhr geht*** (***eine Minute***) ***vor*** my watch is (one minute) fast; *ugs* ***geh schon mal vor!*** you go on ahead! **2.** (*handeln*) act: ***vorgehen gegen*** take action against; ***gerichtlich gegen j-n vorgehen*** proceed against s.o.; ***hart vorgehen gegen*** crack down on **3.** happen, go on: ***was geht hier vor?*** what's going on here? **4.** (*Vorrang haben*) come first
Vorgehen *n* (line of) action, (*Verfahren*) procedure
vorgelagert *Adj* ***vorgelagerte Inseln*** offshore islands
vorgerückt *Adj* ***zu vorgerückter Stunde*** at a late hour; ***in vorgerücktem Alter*** **a)** *person* well advanced in years, **b)** at an advanced age
Vorgeschichte *f* **1.** prehistory, early history **2.** *einer Sache*: (past) history, *einer Person*: past life, background
vorgeschichtlich *Adj* prehistoric(ally *Adv*)
Vorgeschmack *m* foretaste (***auf*** *Akk*, ***von*** of)
Vorgesetzte *m, f* superior, *ugs* boss
Vorgespräche *Pl* preliminary talks *Pl*
vorgestern *Adv* the day before yesterday: *ugs* ***von vorgestern*** → ***vorgestrig***
vorgestrig *Adj* **1.** *Zeitung etc*: of the day before yesterday **2.** *fig Ansicht etc*: antiquated
vorgreifen *v/i* ***j-m*** (***einer Sache***) ***vorgreifen*** anticipate s.o. (s.th.)
Vorgriff *m* (***im Vorgriff*** in) anticipation (***auf*** *Akk* of)
vorhaben *v/t* ***vorhaben, etw zu tun*** plan (*oder* have in mind, intend) to do s.th.; ***eine Reise vorhaben*** plan to go on a journey; ***was habt ihr heute vor?*** what are your plans for today?; ***haben Sie heute Abend etw vor?*** have you got anything planned for tonight?; ***morgen habe ich eine Menge vor*** I've got a lot to do tomorrow; ***was hast du mit ihm*** (***damit***) ***vor?*** what are you going to do with him (it)?; ***was hast du jetzt wieder vor?*** what are you up to now?
Vorhaben *n* intention, plan(s *Pl*), (*auch Bauvorhaben etc*) project: ***sein Vorhaben durchführen*** carry out one's plans
Vorhalle *f* (entrance) hall, vestibule
Vorhalt *m* MUS suspension
vorhalten *v/t* ***j-m etw vorhalten*** **a)** hold s.th. (up) in front of s.o., **b)** *fig* reproach s.o. with s.th.; ***mit vorgehaltener Pistole*** at pistol point
Vorhaltung *f meist Pl* reproach: ***j-m Vorhaltungen machen*** remonstrate with s.o. (***über*** *Akk* about)
Vorhand *f Tennis etc*: forehand
vorhanden *Adj* existing, (*verfügbar*) available, WIRTSCH in stock: ***vorhanden sein*** exist; ***es ist nichts mehr vorhanden*** there is nothing left
Vorhandensein *n* existence
Vorhang *m* curtain (*auch* THEAT), drapes *Pl*: POL ***der Eiserne Vorhang*** the Iron Curtain
Vorhängeschloss *n* padlock
Vorhaut *f* ANAT foreskin, prepuce
vorher *Adv* before: ***am Abend vorher*** the evening before, the previous evening
vorherbestimmen *v/t* predetermine
vorhergehen *v/i* ***einer Sache vorhergehen*** precede s.th.

vorhergehend, **vorherig** *Adj* preceding, previous
Vorherrschaft *f* predominance, supremacy
vorherrschen *v/i* predominate, prevail
vorherrschend *Adj* predominant, *Meinung etc*: prevailing
Vorhersage *f* prediction, *auch* METEO forecast
vorhersagen *v/t* predict
vorhersehen *v/t* foresee
vorhin *Adv* a (short) while ago
Vorhut *f* MIL van(guard)
vorig *Adj* former, previous: ***vorige Woche*** last week
vorindustriell *Adj* preindustrial
Vorjahr *n* previous (*oder* last) year
vorjährig *Adj* of last year
Vorkämpfer, **Vorkämpferin** champion
vorkauen *v/t ugs fig* ***j-m etw vorkauen*** spoon-feed s.th. to s.o.
Vorkaufsrecht *n* right of preemption: ***das Vorkaufsrecht haben*** *auch* have the refusal
Vorkehrung *f meist Pl* measure, (*Vorsichtsmaßregel*) precaution: ***Vorkehrungen treffen*** **a)** take precautions (***gegen*** against), **b)** make arrangements (***für*** for)
Vorkenntnisse *Pl* previous knowledge (*oder* experience) *Sg*
vorknöpfen *v/t ugs* ***sich j-n vorknöpfen*** take s.o. to task
vorkommen *v/i* **1.** (*sich finden*) be found, occur **2.** (*geschehen*) happen, occur: ***so etw ist mir noch nicht vorgekommen!*** *ugs* well, I never!; ***das darf nicht wieder vorkommen!*** that must not (*oder* don't let it) happen again! **3.** (*scheinen*) seem: ***es kommt mir so vor, als ob*** it seems to me as if; ***sich dumm vorkommen*** feel silly; ***er kommt sich sehr klug vor*** he thinks he is very clever; ***sie kommt mir bekannt vor*** she looks familiar; ***das kommt dir nur so vor*** you are just imagining it; ***es kommt mir merkwürdig vor*** it strikes me as (rather) strange
Vorkommen *n* **1.** occurrence **2.** BERGB deposit(s *Pl*)
Vorkommnis *n* incident: ***keine besonderen Vorkommnisse*** no unusual occurrence(s)
Vorkriegs… prewar …
vorladen *v/t* JUR summon
Vorladung *f* (writ of) summons *Sg*
Vorlage *f* **1.** model, pattern, (*Zeichenvorlage*) copy: ***etw als Vorlage benutzen*** copy s.th. **2.** (***gegen Vorlage*** on) presentation (*Gen* of): WIRTSCH ***zahlbar bei Vorlage*** *auch* payable at sight **3.** (*Gesetzesvorlage*) bill **4.** *Fußball*: pass
vorlassen *v/t* ***j-n vorlassen*** **a)** let s.o. go first, **b)** let s.o. pass, **c)** admit s.o. (***bei*** to)
Vorlauf *m* **1.** SPORT (preliminary) heat **2.** *am Magnetband*: forward run
Vorläufer, **Vorläuferin** *auch Skisport*: forerunner
vorläufig **I** *Adj* temporary, provisional **II** *Adv* (*fürs Erste*) for the time being
Vorlaufzeit *f* lead time
vorlaut *Adj* pert, cheeky: ***vorlaute Art*** pertness
Vorleben *n* former life, past
vorlegen **I** *v/t* **1.** (*Zeugnis, Ausweis etc*) present, produce, submit, (*zeigen*) show, (*herausbringen*) bring out, publish: ***j-m etw vorlegen*** present (*oder* submit) s.th. to s.o.; POL ***den Haushalt vorlegen*** present the budget **2.** (*Speisen*) serve **3.** (*Schloss, Kette etc*) put *s.th.* on **4.** *ugs* ***ein schnelles Tempo vorlegen*** set a fast pace **II** *v/refl* ***sich vorlegen*** **5.** lean forward
Vorleger *m* rug, mat
vorlehnen *v/refl* ***sich vorlehnen*** lean forward
Vorleistung *f* **1.** WIRTSCH advance (payment) **2.** POL advance concession
vorlesen **I** *v/t* (***j-m***) ***etw vorlesen*** read s.th. (out) (to s.o.) **II** *v/i* ***j-m vorlesen*** read to s.o. (***aus*** *Dat* from, out of)
Vorleser, **Vorleserin** reader
Vorlesung *f* (***eine Vorlesung halten*** give a) lecture (***über*** *Akk* on, ***vor*** to): ***Vorlesungen halten*** lecture (***über*** *Akk* on); ***Vorlesungen hören*** go to lectures
Vorlesungsverzeichnis *n* program(me *Br*) of lectures
vorletzt *Adj* last but one: ***vorletzte Woche*** the week before last
vorliebnehmen *v/i make* do (***mit*** with)
Vorliebe *f* (***für*** for) preference, special liking: ***etw mit Vorliebe tun*** love doing (*oder* to do) s.th.
vorliegen *v/i* **1.** ***j-m vorliegen*** lie before s.o.; ***der Antrag liegt vor*** the application has been submitted; ***es liegen keine Beschwerden vor*** there are no complaints; ***liegt sonst noch etw vor?*** is there anything else? **2.** (*existieren*) be, exist: ***es liegen Gründe vor*** there are reasons; ***es lag Notwehr vor*** it was a case of self-defen/ /ce (*Am* -se); ***da muss ein Irrtum vorliegen*** there must be a mistake **3.** (*verfügbar sein*) be available, be out: ***das Ergebnis liegt noch nicht vor*** the result is not yet known
vorliegend *Adj* existing, present, (*verfügbar*) available: ***die vorliegenden Probleme*** the problems at issue; ***im vorliegenden Falle*** in the present case
vorlügen *v/t* ***j-m etw vorlügen*** lie to s.o.
vormachen *v/t ugs* ***j-m etw vormachen*** **a)** show s.o. how to do s.th., **b)** (*täuschen*) fool s.o.; ***sich***

Vorlieben	Likes SG
Blau ist meine Lieblingsfarbe.	**Blue is my favourite colour.**
Ich mag Pommes mit Ketchup.	**I love French fries with ketchup.**
Ich gehe gern Skilaufen.	**I like going skiing.**
Ich fand die Szene mit dem Clown gut.	**I liked the scene with the clown.**
Ich spiele an den Wochenenden gern Hockey.	**I enjoy playing hockey at the weekends.**
Ich würde lieber in das Café da drüben gehen.	**I'd rather go to the café over there.**
Mir wäre es lieber, wenn ich nicht stehen müsste.	**I'd prefer not to have to stand.**
Mir sind Hunde lieber als Katzen.	**I like dogs more than cats.**
Ich hab nichts dagegen, in der Ecke zu sitzen.	**I don't mind sitting in the corner.**

(selbst) etw vormachen fool o.s
Vormacht(stellung) *f* supremacy
vormalig *Adj* former
vormals *Adv* formerly
Vormarsch *m* advance: ***im*** (*oder* ***auf dem***) ***Vormarsch sein*** be advancing, *fig* be on the march
vormerken *v/t* make a note of: ***sich vormerken lassen*** put one's name down (***für*** for)
Vormieter, **Vormieterin** previous tenant
vormittag *Adv* ***heute*** (***gestern***) ***Vormittag*** this (yesterday) morning
Vormittag *m* (***am Vormittag*** in the) morning
vormittags *Adv* in the morning: ***Montag vormittags, montags vormittags*** every Monday morning
Vormund *m* guardian
Vormundschaft *f* guardianship
vorn *Adv* in front, before, ahead: ***ganz vorn*** **a)** right in front, up front, **b)** at the beginning; ***nach vorn*** to the front, forward; ***von vorn*** from the front; ***von vorn anfangen*** **a)** begin at the beginning, **b)** (***noch mal***) start (all over) again; ***von vorn bis hinten*** **a)** from front to back, **b)** from beginning to end; ***noch einmal von vorn*** all over again
Vorname *m* Christian name, first name
vornehm *Adj* **1.** (*edel*) noble (*auch fig*), (*adlig*) *auch* aristocratic, of noble birth: ***vornehme Gesinnung*** high-mindedness **2.** distinguished, (*elegant*) elegant, fashionable, exclusive: ***eine vornehme Dame*** a distinguished lady; ***eine vornehme Gegend*** a fashionable quarter; ***vornehme Gesellschaft*** polite society; *ugs* ***vornehm tun*** give o.s. airs
vornehmen *v/t* **1.** (*Arbeiten etc*) carry out, (*Änderungen etc*) make, (*Messungen etc*) take **2.** ***sich vornehmen, etw zu tun*** decide to do s.th.; ***sich*** *ein Buch, eine Arbeit etc* ***vornehmen*** get busy on; ***sich zu viel vornehmen*** take on too much; *ugs* ***sich j-n vornehmen*** take s.o. to task (***wegen*** about)
Vornehmheit *f* **1.** nobility **2.** distinction, (*Eleganz*) elegance, refinement, exclusiveness: ***ihre Vornehmheit*** her distinguished appearance
vornherein *Adv* ***von vornherein*** from the start
vornüber *Adv* forward
Vorort *m* suburb
Vorort..., **Vororts...** suburban
Vorortsbewohner, **Vorortsbewohnerin** suburbanite
Vorortzug, **Vorortszug** *m* suburban (*oder* local, commuter) train
Vorplatz *m* forecourt, square
Vorposten *m* MIL outpost
Vorprogramm *n* FILM supporting program(me *Br*)
vorprogrammieren *v/t* (pre)program(me *Br*), *fig auch* condition: ***vorprogrammiert sein*** *Erfolg, Konflikt etc*: be a foregone conclusion
Vorprüfung *f* preliminary examination
vorragen *v/i* project, protrude
Vorrang *m* precedence, priority: ***den Vorrang haben vor*** (*Dat*) take (*oder* have) priority (*oder* precedence) over
vorrangig *Adj* priority: *Adv* ***etw vorrangig behandeln*** give s.th. priority treatment
Vorrangstellung *f* preeminence
Vorrat *m* (***an*** *Dat* of) stock (*auch fig an Witzen etc*), store, supply, *bes an Lebensmitteln*: provisions *Pl*, *an Waffen etc*: stockpile: ***einen Vorrat anlegen*** lay in a stock (***von*** of); ***solange der Vorrat reicht*** while stocks last
vorrätig *Adj* available, WIRTSCH in stock: ***nicht*** (***mehr***) ***vorrätig*** out of stock; ***wir haben ... nicht mehr vorrätig*** we are out of ...
Vorratskammer *f* pantry, larder
Vorraum *m* anteroom
vorrechnen *v/t* ***j-m etw vorrechnen*** calculate s.th. for s.o.
Vorrecht *n* privilege, prerogative
Vorredner, **Vorrednerin** previous speaker: ***mein(e) Vorredner(in)*** the speaker before me
Vorrichtung *f* device, *ugs* gadget
vorrücken **I** *v/t* move *s.th.* forward **II** *v/i* move on, MIL advance
Vorruhestand *m* early retirement: ***im Vorruhestand sein*** have taken early retirement
Vorrunde *f* SPORT preliminary round
vorsagen **I** *v/t* ***j-m etw vorsagen*** tell s.o. s.th. **II** *v/i* ***j-m vorsagen*** tell s.o. the answer
Vorsaison *f* early season
Vorsatz *m* resolution, (*Absicht*) intention, JUR (criminal) intent: ***mit Vorsatz*** with intent, wil(l)fully; ***mit dem Vorsatz zu töten*** with intent to kill
vorsätzlich *Adj* intentional, deliberate, JUR wil(l)ful: ***vorsätzlicher Mord*** premeditated murder
Vorsatzlinse *f* FOTO ancillary lens
Vorschau *f* preview (***auf*** *Akk* of), FILM, TV trailer(s *Pl*)
Vorschein *m* ***zum Vorschein bringen*** produce, *fig* bring to light; ***zum Vorschein kommen*** come to light, appear, emerge
vorschieben *v/t* **1.** advance, (*Riegel*) shoot: → ***Riegel*** 1 **2.** *fig* ***etw vorschieben*** use s.th. as an excuse; ***j-n vorschieben*** use s.o. as a dummy
vorschießen *v/t* (*Summe etc*) advance
Vorschlag *m* suggestion, proposal (*auch* PARL), (*Empfehlung*) recommendation: ***darf ich einen Vorschlag machen?*** may I offer a suggestion?; ***auf Vorschlag von*** (*oder Gen*) at the suggestion of
vorschlagen *v/t* suggest, (*auch Kandidaten*) propose: ***j-m etw vorschlagen*** suggest (*oder* propose) s.th. to s.o.; ***ich schlage vor, nach Hause zu gehen*** I suggest going (*oder* that we go) home
vorschnell *Adj* hasty, rash
vorschreiben *v/t fig* prescribe, dictate: ***ich lasse mir nichts vorschreiben!*** I won't be dictated to!; ***das Gesetz schreibt vor, dass ...*** the law provides that ...
Vorschrift *f* rule(s *Pl*), regulation(s *Pl*), (*Anweisung*) direction, instruction: ***nach ärztlicher Vorschrift*** according to doctor's orders; ***Dienst nach Vorschrift*** work-to-rule; ***streng nach Vorschrift arbeiten*** work to rule
vorschriftsmäßig **I** *Adj* correct, (as) prescribed, regulation ... **II** *Adv* correctly, according to the regulations
vorschriftswidrig *Adj und Adv* contrary to the regulations
Vorschub *m* **1.** TECH feed **2.** *fig* ***einer Sache*** (***j-m***) ***Vorschub leisten*** encourage s.th. (s.o.)
Vorschulalter *n* preschool age
Vorschule *f* preschool
Vorschulerziehung *f* preschool education
Vorschuss *m* advance (payment) (***auf*** *Akk* on)
vorschützen *v/t* ***etw vorschützen*** plead s.th. (as an excuse)
vorschweben *v/i* ***mir schwebt ... vor*** I'm thinking of ...
vorsehen **I** *v/t* **1.** plan, schedule: ***das war nicht***

vorschlagen: propose oder suggest? SG

(j-m) etw nach reiflicher Überlegung vorschlagen	*gehoben*: **propose s.th. (to s.o.)**
(j-m) etw eher spontan vorschlagen, ohne vorher lange nachgedacht zu haben	*alltagssprachlich*: **suggest s.th. (to s.o.)**
(j-m) vorschlagen, dass …	**propose / suggest (to s.o.) that**
vorschlagen, etw zu tun	**propose / suggest doing s.th.**

The government proposed more cuts in public spending.
He suggested (that) we wait until the rain stops.
She suggested going inline skating this afternoon.

⚠ „j-m etw vorschlagen" wird immer übersetzt mit **suggest / propose s.th. to s.o.**!
suggest / propose ~~s.o.~~ s.th. ist absolut tabu!

⚠ **suggest** wird nie mit dem Infinitiv, sondern immer mit der **-ing**-Form des Verbs bzw. mit einem **that**-Satz kombiniert:
She suggested going out tonight. / She suggested (that) we go out tonight.
und nie **She suggested ~~to go out~~ tonight.**

vorgesehen that was not planned **2.** (*bestimmen*) intend, designate, (*bes Geld*) earmark: ***j-n für einen Posten vorsehen*** designate s.o. for a post **II** *v/refl* **3.** ***sich vorsehen*** be careful, watch out (***vor*** *Dat* against)

Vorsehung: ***die Vorsehung*** Providence

vorsetzen *v/t* ***j-m etw vorsetzen*** set s.th. before s.o., *auch fig* offer s.o. s.th.

Vorsicht *f* caution, care: ***Vorsicht!*** watch out!, careful!, (*Aufschrift*) (handle) with care!; ***Vorsicht, Stufe!*** mind the step!; ***zur Vorsicht*** as a precaution; ***mit äußerster Vorsicht*** with the utmost caution

vorsichtig *Adj* cautious, careful, *Schätzung*: conservative: (***sei***) ***vorsichtig!*** be careful!; *Adv* ***vorsichtig anfassen*** (***fahren***) handle (drive) carefully

vorsichtshalber *Adv* as a precaution, to be on the safe side

Vorsichtsmaßnahme *f* precaution(ary measure): ***Vorsichtsmaßnahmen treffen*** take precautions

Vorsilbe *f* LING prefix

vorsingen I *v/t* ***j-m etw vorsingen*** sing s.th. to s.o. **II** *v/i* (*auch j-n* ***vorsingen lassen***) audition

vorsintflutlich *Adj ugs fig* antediluvian

Vorsitz *m* presidency, chair(manship): ***bei einer Versammlung den Vorsitz haben*** (*oder* ***führen***) preside over (*oder* chair, be in the chair at) a meeting; ***unter dem Vorsitz von …*** with … in the chair

Vorsitzende *m, f* **1.** president, chairman (chairwoman) **2.** JUR presiding judge

Vorsorge *f* provision, precaution: ***Vorsorge treffen*** take precautions (***dass*** that), provide (***gegen*** against)

vorsorgen *v/i* (***für*** for) make provisions, provide

Vorsorgeuntersuchung *f* (preventive) medical checkup

vorsorglich I *Adj* precautionary **II** *Adv* as a precaution, to be on the safe side

Vorspann *m* **1.** (*Einleitung*) introduction **2.** FILM (title and) credits *Pl*, *mit Szene*: pretitle sequence

Vorspeise *f* hors d'oeuvre, starter: ***als Vorspeise*** *auch* for starters

vorspiegeln → ***vortäuschen***

Vorspiegelung *f* ***unter*** (***wegen***) ***Vorspiegelung falscher Tatsachen*** under (for) false preten/ces (*Am* -ses)

Vorspiel *n* **1.** (***zu*** to) *auch fig* **a)** MUS prelude, **b)** THEAT curtain raiser, prolog(ue *Br*) **2.** *sexuelles*: foreplay

vorspielen I *v/t* play: ***j-m etw vorspielen*** play s.th. to s.o., *fig* put on an act for s.o.'s benefit **II** *v/i* play, (*auch j-n* ***vorspielen lassen***) audition

vorsprechen I *v/t* **1.** ***j-m etw vorsprechen*** pronounce s.th. for s.o. to repeat **2.** recite **II** *v/i* **3.** THEAT (*auch j-n* ***vorsprechen lassen***) audition **4.** (*besuchen*) call (***bei*** at)

vorspringen *v/i* **1.** leap forward **2.** project, jut (out)

vorspringend *Adj* projecting, *auch Nase etc*: prominent

Vorsprung *m* **1.** ARCHI projection, (*Sims, auch Felsvorsprung*) ledge **2.** (*Vorgabe*) *auch* SPORT start, (*Abstand*) lead: ***ich gebe dir 5 Minuten Vorsprung*** I'll give you a start of five minutes; ***sein Vorsprung beträgt 30 Sekunden*** he has a lead of 30 seconds (***vor*** on); ***mit großem Vorsprung*** by a wide margin; ***einen Vorsprung haben*** *auch fig* be ahead (***vor*** *Dat* of)

vorspulen *v/t* wind on (*oder* forward)

Vorstadt *f* suburb

Vorstadtbewohner, **Vorstadtbewohnerin** suburbanite

vorstädtisch *Adj* suburban

Vorstand *m* **1.** WIRTSCH board of directors: ***im Vorstand sitzen*** be on the Board **2.** *eines Vereins*: managing committee **3.** (*Person*) head

Vorstandsetage *f* executive floor

Vorstandsmitglied *n* member of the board

Vorstandssitzung *f* board meeting

Vorstandsvorsitzende *m, f* chairman (chairwoman) (of the Board)

Vorstandswahl *f* board elections *Pl*

vorstehen *v/i* **1.** project, jut out, *Augen*: protrude **2.** *einem Institut etc*: direct, be at the head of, run

vorstehend *Adj* projecting, *auch Zähne, Augen etc*: protruding: ***vorstehende Zähne*** *auch* buckteeth

Vorsteher, **Vorsteherin** manager, director, head

Vorsteherdrüse *f* ANAT prostate gland

vorstellbar *Adj* conceivable, imaginable

vorstellen I *v/t* **1.** move (*Uhr, Zeiger*: put) *s.th.* forward **2.** ***j-n j-m vorstellen*** introduce s.o. to s.o.; ***darf ich Ihnen Herrn X vorstellen?*** may I

V

introduce you to Mr. X, I'd like you to meet Mr. X **3.** WIRTSCH *(ein neues Produkt etc)* present, introduce **4.** *(darstellen)* represent, *(bedeuten)* mean: ***was soll das Bild vorstellen?*** what's that picture supposed to be?; *ugs* ***er stellt etw vor*** he's quite somebody **5.** ***sich*** *etw* ***vorstellen*** fancy, imagine, picture, *(denken an)* have *s.th.* in mind; *ugs* ***stell dir vor!*** fancy!, just imagine!; ***du kannst dir gar nicht vorstellen …*** you've no idea …; ***man kann sich ihre Enttäuschung vorstellen*** you can picture her disappointment; ***so stelle ich mir … vor*** that's my idea of …; ***stellt euch das nicht so leicht vor!*** don't think it's so easy!; ***darunter kann ich mir nichts vorstellen*** it doesn't mean anything to me **II** *v/refl* **6.** ***sich vorstellen*** introduce o.s. (***[bei] j-m*** to s.o.), ***bei*** *einer Firma etc*: go for an interview with

vorstellig *Adj* ***vorstellig werden bei*** apply to

Vorstellung *f* **1.** introduction, *bei Bewerbung*: interview (***bei*** with), WIRTSCH *eines Produkts etc*: presentation **2.** THEAT *etc* performance *(auch fig Leistung)*, show, *(Filmvorstellung)* show(ing) **3.** *(Begriff)* idea, notion, concept: ***falsche Vorstellung*** wrong idea, misconception; ***sich eine Vorstellung machen*** form an idea *(oder* a picture) (***von*** of); *ugs* ***du machst dir keine Vorstellung!*** you've no idea!; ***das entspricht nicht meinen Vorstellungen*** that's not what I expected *(oder* had in mind) **4.** *(Fantasie)* imagination

Vorstellungsgespräch *n* interview

Vorstopper, **Vorstopperin** *Fußball*: centre *(Am* center) half

Vorstoß *m* MIL advance, SPORT attack *(auch fig)*, POL *und fig* démarche

vorstoßen *v/i* MIL advance, SPORT attack: *fig* ***vorstoßen in*** *(Akk)* venture into; ***vorstoßen zu*** reach

Vorstrafe *f* previous conviction

Vorstrafen(register *n) Pl* police record

vorstrecken *v/t* **1.** stretch *(Kopf*: stick) out **2.** *(eine Summe)* advance

Vorstufe *f* preliminary stage

Vortag *m* previous day, day before

vortasten *v/refl* ***sich vortasten*** grope one's way (***bis zu*** to)

vortäuschen *v/t* feign, simulate, fake, pretend: ***Interesse vortäuschen*** pretend to be interested

Vorteil *m* advantage *(auch Tennis)*, *(Nutzen)* benefit: ***die Vor- und Nachteile einer Sache abwägen*** consider the pros and cons; ***im Vorteil sein*** have the advantage (***gegenüber*** over); ***auf seinen eigenen Vorteil bedacht sein*** have an eye to the main chance; ***Vorteil ziehen aus*** profit by; ***sich zu seinem Vorteil verändern*** change for the better

vorteilhaft *Adj* advantageous, profitable, *Farbe, Kleid etc*: becoming: ***vorteilhaft aussehen*** look attractive; *Adv* ***sich vorteilhaft auswirken*** have a favo(u)rable effect (***auf*** *Akk* on)

Vortrag *m* **1.** (***über*** *Akk* on) lecture, TV, RADIO talk, *(Bericht)* report: ***einen Vortrag halten*** (***vor*** *Dat* to) give a lecture *(oder* talk), read a paper; *ugs* ***j-m einen Vortrag halten*** lecture s.o. **2.** performance, *eines Gedichts etc*: recitation, MUS *(Solovortrag)* recital, *(Spiel, Technik)* execution **3.** WIRTSCH carryover

vortragen *v/t* **1.** *(darlegen)* state, express, *(unterbreiten)* submit, present **2.** perform, play, *(Lied)* sing, *(Gedicht etc)* recite **3.** WIRTSCH carry forward

Vortragende *m, f* **1.** lecturer, speaker **2.** MUS *etc* performer

Vortragsreihe *f* series of lectures

Vortragsreise *f* lecture tour

Vortragssaal *m* lecture hall

vortrefflich *Adj* excellent, splendid

vortreten *v/i* **1.** step *(oder* come) forward **2.** → ***vorstehen*** 1

Vortritt *m* (***den Vortritt haben*** take) precedence (***vor*** *Dat* over): ***j-m den Vortritt lassen*** let s.o. go first

vorüber *Adv* ***vorüber sein*** *auch fig* be over

vorübergehen *v/i* pass, *fig Kummer etc*: *auch* go away

vorübergehend **I** *Adj* temporary, passing **II** *Adv* temporarily, for a short time

Vorübergehende *m, f* passer-by, *Pl* passers-by

Vorübung *f* preliminary exercise

Voruntersuchung *f* JUR, MED preliminary examination

Vorurteil *n* prejudice

vorurteilsfrei, **vorurteilslos** *Adj* unprejudiced, unbias(s)ed

Vorvergangenheit *f* LING past perfect, pluperfect

Vorverhandlung *f* JUR preliminary trial, *Pl* WIRTSCH, POL preliminaries *Pl*

Vorverkauf *m* advance sale (THEAT booking)

Vorverkaufskasse *f*, **Vorverkaufsstelle** *f* (advance) booking office

vorverlegen *v/t* advance

Vorverstärker *m* ELEK preamplifier

Vorvertrag *m* precontract

vorverurteilen *v/t* condemn in advance, presentence

vorvorig *Adj* (***vorvoriges Jahr*** the year) before last

Vorwahl *f* **1.** POL preliminary election, *Am* primary (election) **2.** → ***Vorwahlnummer***

Vorwahlnummer *f* TEL dialling *(Am* area) code, *Br auch* STD code

Vorwand *m* pretext, excuse: ***unter dem Vorwand von*** *(oder* ***dass****)* on the pretext of *(oder* that)

vorwärmen *v/t* warm, TECH preheat

Vorwarnung *f* (advance) warning

vorwärts *Adv* forward, onward, on: ***vorwärts!*** let's go!

Vorwärtsgang *m* MOT forward speed

vorwärtsgehen *v/i ugs fig* progress

vorwärtskommen → ***vorankommen***

Vorwäsche *f*, **Vorwaschen** *n* prewash

vorweg *Adv* beforehand

Vorwegnahme *f* anticipation

vorwegnehmen *v/t* anticipate: ***um es gleich vorwegzunehmen*** to come to the point

vorweihnachtlich *Adj* pre-Christmas

Vorweihnachtszeit *f* Advent season

vorweisen *v/t* produce, show

vorwerfen *v/t* **1.** ***einem Tier etw vorwerfen*** throw s.th. to an animal **2.** *fig* ***j-m Faulheit*** *etc* ***vorwerfen*** reproach s.o. with laziness *(oder* for being lazy *etc)*; ***ich habe mir nichts vorzuwerfen*** I have nothing to blame myself for

vorwiegend *Adj* predominant(ly *Adv*), *Adv auch* mainly, chiefly, mostly

Vorwort *n* foreword, *bes des Autors*: preface

Vorwurf *m* reproach: ***j-m Vorwürfe machen*** reproach *(oder* blame) s.o. (***wegen*** for)

vorwurfsvoll *Adj* reproachful

vorzählen *v/t* ***j-m etw vorzählen*** count s.th. out to s.o.
Vorzeichen *n* **1.** omen **2.** MUS accidental **3.** MATHE sign: *fig* ***mit umgekehrtem Vorzeichen*** the other way round
vorzeichnen *v/t* ***j-m etw vorzeichnen*** draw (*fig* trace out) s.th. for s.o.
vorzeigbar *Adj* presentable
vorzeigen *v/t* show
Vorzeit *f* ***der Mensch der Vorzeit*** prehistoric man; *fig* ***in grauer Vorzeit*** ages and ages ago
vorzeitig *Adj* premature
Vorzensur *f* precensorship: ***einer Vorzensur unterziehen*** precensor
vorziehen *v/t* **1.** pull out **2.** ***die Vorhänge vorziehen*** pull the curtains **3.** (*Termin etc*) advance, (*Arbeit etc*) deal with *s.th.* first **4.** (*lieber mögen*) prefer (*Dat* to): ***ich ziehe es vor zu gehen*** I prefer to go; ***j-n vorziehen*** favo(u)r s.o.
Vorzimmer *n* anteroom, *eines Büros*: outer office
Vorzimmerdame *f* receptionist
Vorzug *m* **1.** (*Vorrang*) (**vor** *Dat* over) priority, preference **2.** (*Vorteil*) advantage, merit **3.** (*Vorrecht*) privilege
vorzüglich *Adj* excellent, (*erlesen*) exquisite, (*erstklassig*) first-rate
Vorzugsaktien *Pl* preference shares *Pl*, *Am* preferred stock *Sg*
Vorzugspreis *m* special (*oder* preferential) price
vorzugsweise *Adv* preferably, (*vor allem*) chiefly, mainly
votieren *v/i*, **Votum** *n* vote
Voyeur *m* voyeur
vulgär *Adj* vulgar
Vulkan *m auch fig* volcano
Vulkanausbruch *m* (volcanic) eruption
vulkanisch *Adj* GEOL volcanic
vulkanisieren *v/t* TECH vulcanize, MOT *auch* recap

W

W, w *n* W, w
Waage *f* **1.** (pair of) scales *Pl*, balance (*auch fig*), (*Wasserwaage*) spirit level: SPORT ***… auf die Waage bringen*** weigh in (*oder* go to scale) at …; *fig* ***sich die Waage halten*** balance each other; → ***Zünglein*** **2.** ASTR (***er ist Waage*** he is [a]) Libra
waagerecht *Adj* horizontal
Waagschale *f* scale, pan: *fig* ***etw in die Waagschale werfen*** bring s.th. to bear; ***seine Worte auf die Waagschale legen*** weigh one's words
wabbelig, wabblig *Adj* flabby
wabbeln *v/i* wobble
Wabe *f* honeycomb
Wabenhonig *m* comb honey
wach *Adj* **1.** awake: ***wach werden*** *auch fig* wake up, awake; ***wach liegen*** lie awake **2.** *fig* alert, wide-awake
Wachablösung *f* **1.** MIL changing of the guard **2.** POL change of power
Wache *f* **1.** guard: ***Wache halten*** → ***wachen*** 2 **2.** MIL guard, (*Posten*) *auch* sentry, (*Wachlokal*) guardroom: ***auf Wache*** on guard, on duty; ***Wache stehen***, *ugs* ***Wache schieben*** be on guard **3.** (*Polizeiwache*) police station
wachen *v/i* **1.** ***wachen über*** (*Akk*) watch (over), guard; ***darüber wachen, dass …*** see (to it) that … **2.** ***bei j-m wachen*** sit up with s.o.
Wachhabende *m, f* MIL commander of the guard
wachhalten *v/t* (*Erinnerung, Gefühle*) keep *s.th.* alive
Wachhund *m auch fig* watchdog
wachliegen → ***wach*** 1
Wachmann *m österr.* policeman
Wachmannschaft *f* guard
Wacholder *m* **1.** BOT juniper **2.** → ***Wacholderschnaps***
Wacholderschnaps *m* gin
Wachposten *m* guard, MIL *auch* sentry
wachrufen *v/t fig* rouse
wachrütteln *v/t auch fig* rouse (**aus** from)
Wachs *n* wax
Wachsabdruck *m* wax impression
wachsam *Adj* watchful, vigilant: ***wachsam sein*** *auch* be on one's guard; ***ein wachsames Auge haben auf*** (*Akk*) keep a sharp eye on
Wachsamkeit *f* vigilance, watchfulness
wachsen[1] *v/i* grow, *fig auch* increase (**an** *Dat* in): → ***Bart*** 1, ***gewachsen***
wachsen[2] *v/t* (*auch Ski*) wax
wächsern *Adj* wax, *fig* waxen
Wachsfigur *f* wax figure, *Pl auch* waxwork *Sg*
Wachsfigurenkabinett *n* waxworks *Pl* (*meist Sg konstr*)
Wachstuch *n* oilcloth
Wachstum *n* growth (*auch* WIRTSCH), *fig auch* increase, expansion: *auch fig* (***noch***) ***im Wachstum begriffen sein*** be still growing
wachstumshemmend *Adj* growth-retarding
Wachstumsindustrie *f* growth industry
Wachstumsrate *f* rate of (economic) growth
wachsweich *Adj* **1.** *auch fig* (as) soft as wax **2.** *Ei*: medium boiled
Wachtel *f* ZOOL quail
Wachtelhund *m* spaniel
Wächter, Wächterin watcher, guard, (*Wärter*) attendant, (*bes Nachtwächter(in)*) watchman
Wachtmeister, Wachtmeisterin MIL **1.** constable, *ugs* policeman (policewoman): ***Herr Wachtmeister*** officer **2.** sergeant
Wachtraum *m* daydream
Wachturm *m* watchtower
Wach- und Schließgesellschaft *f* Security Corps
wachwerden → ***wach*** 1

Wachzimmer *n österr.* police station
wackelig, **wacklig** *Adj* wobbly, shaky (*beide auch ugs fig schwach*), rickety, *Schraube, Zahn*: loose: *auch fig* **auf wack(e)ligen Beinen stehen** stand on shaky legs, be shaky
Wackelkontakt *m* ELEK loose contact
wackeln *v/i allg* wobble, *Schraube, Zahn etc*: *auch* be loose, (*wanken*) totter, *ugs fig Stellung, Regierung etc*: be shaky: **mit den Ohren wackeln** waggle one's ears
wacker *Adj* **1.** (*bieder*) honest, *auch iron* worthy **2.** (*tapfer*) brave: *Adv* **sich wacker schlagen** *auch fig* put up a brave fight
Wade *f* calf
Wadenkrampf *m* cramp in the leg
Waffe *f* weapon (*auch fig*), *Pl* arms *Pl*: **Waffen tragen** bear arms; **zu den Waffen greifen** take up arms; **die Waffen strecken** surrender; **j-n mit seinen eigenen Waffen schlagen** beat s.o. at his own game
Waffel *f* waffle, (*bes Eiswaffel*) wafer
Waffeleisen *n* waffle iron
Waffenappell *m* arms inspection
Waffenfabrik *f* arms factory
Waffengattung *f* arm, branch (of the service)
Waffengewalt *f* (**mit Waffengewalt** by) force of arms
Waffenhandel *m* arms trade
Waffenhändler, **Waffenhändlerin** arms dealer
Waffenkammer *f* armo(u)ry
Waffenlager *n* MIL ordnance depot, *geheimes*: cache
Waffenlieferungen *Pl* arms supplies *Pl*
waffenlos *Adj* weaponless, unarmed
Waffenruhe *f* truce, cease-fire
Waffenschein *m* firearm certificate, *Am* gun license
Waffenschmuggel *m* gun-running
Waffenstillstand *m* armistice, cease-fire, truce (*auch fig*)
Waffensystem *n* weapons system
Wagemut *m*, **wagemutig** *Adj* daring
wagen *v/t* venture (*auch* **sich wagen**), risk, (*auch sich erdreisten*) dare: **es wagen** take the plunge; **es wagen mit** try; **sich an eine schwere Aufgabe wagen** venture on a difficult task; **ich wagte mich nicht aus dem Haus** I didn't venture out of the house; **wie können Sie es wagen(, das zu sagen)?** how dare you (say that)?; **wer nicht wagt, der nicht gewinnt** nothing ventured, nothing gained
Wagen *m* **1.** vehicle, (*Kraftwagen*) car, (*Lastwagen*) lorry, *Am* truck, (*Möbelwagen*) van **2.** (*Pferdewagen*) wag(g)on, (*Handwagen*) cart, (*Kutsche*) carriage: *ugs fig* **j-m an den Wagen fahren** tread on s.o.'s toes **3.** BAHN carriage, *Am* car **4.** ASTR **der Große Wagen** the Great Bear, *Am* the Big Dipper **5.** *der Schreibmaschine*: carriage
Wagenheber *m* MOT (lifting) jack
Wagenkolonne *f* column (*oder* line) of cars
Wagenladung *f* (cart)load, *Am* truckload, BAHN waggonload, *Am* carload
Wagenpark *m* fleet (of cars)
Wagenpflege *f* (car) maintenance
Wagentyp *m* model
Wagenwäsche *f* car wash
Waggon *m* **1.** (railway) carriage, *Am* (railroad) car, (*Güterwaggon*) goods waggon, *Am* freight car **2.** (*Waggonladung*) waggonload, *Am* carload
waghalsig *Adj* daredevil, daring
Wagnis *n* venture, risk
Wagon → ***Waggon***
Wahl *f* **1.** choice, (*Wahlmöglichkeit*) alternative, (*Auswahl*) selection: WIRTSCH **erste Wahl** top quality; **zweite Wahl** second-rate quality, (*Waren*) seconds *Pl*; **die Wahl haben** have one's choice; **keine** (**andere**) **Wahl haben** have no choice (*oder* alternative) (**als** but); **vor der Wahl stehen zu** *Inf* be faced with the choice of *Ger*; **seine Wahl treffen** make one's choice; **eine gute Wahl treffen** choose well; **wer die Wahl hat, hat die Qual** the wider the choice, the greater the trouble **2.** POL election, (*Wahlakt*) poll(ing): **Wahlen abhalten** hold elections; **zur Wahl gehen** go to the polls; **in die engere Wahl kommen** *Kandidat etc*: be short-listed
Wahlalter *n* voting age
wählbar *Adj* eligible (for election)
wahlberechtigt *Adj* entitled to vote
Wahlbeteiligung *f* turnout (at the election): **hohe** (**geringe**) **Wahlbeteiligung** heavy (poor) polling
Wahlbezirk *m* constituency, *Am* electoral district
wählen **I** *v/t* **1.** choose, (*auswählen*) *auch* select **2.** *bes* POL elect, vote for: **j-n zum Präsidenten wählen** elect s.o. president; **j-n in den Vorstand wählen** vote s.o. on the board **3.** TEL Dialekt **II** *v/i* **4.** choose, make one's choice **5.** POL vote, (*auch* **wählen gehen**) go to the polls
Wähler, **Wählerin** voter
Wahlergebnis *n* election results *Pl*
Wählerinitiative *f* voters' initiative
wählerisch *Adj* particular, choosy: *iron* **nicht gerade wählerisch** not too particular (**in** *Dat*, **mit** about)
Wählerschaft *f* electorate, *in einem Bezirk etc*: constituency, voters *Pl*
Wahlfach *n* PÄD optional subject, *Am auch* elective
wahlfrei *Adj* PÄD optional, *Am* elective
Wahlgang *m* (**im ersten Wahlgang** at the first) ballot
Wahlgeschenk *n ugs* campaign goodie
Wahlheimat *f* adopted country
Wahlhelfer, **Wahlhelferin** campaign assistant
Wahljahr *n* election year
Wahlkabine *f* polling booth
Wahlkampf *m* electoral battle, *auch eines Kandidaten, einer Partei*: election campaign
Wahlkreis *m* → ***Wahlbezirk***
Wahlliste *f* electoral register
Wahllokal *n* polling station
Wahllokomotive *f ugs fig* (great) vote-catcher
wahllos *Adj* indiscriminate
Wahlniederlage *f* election defeat
Wahlplakat *n* election poster
Wahlprogramm *n* election platform
Wahlrecht *n aktives*: right to vote, franchise, *passives*: eligibility: **allgemeines Wahlrecht** universal suffrage
Wahlrede *f* electoral address
Wahlredner, **Wahlrednerin** election speaker
Wählscheibe *f* TEL Dialekt
Wahlsieg *m* election victory
Wahlspende *f* election (campaign) contribution
Wahlspruch *m* motto
Wahlstimme *f* vote
Wahltag *m* election day
Wahlurne *f* ballot box: **zur Wahlurne gehen** go to the polls
Wahlversammlung *f* election meeting
Wahlversprechen *n* campaign promise

Adjektive nach Verben der sinnlichen Wahrnehmung

GR

Nach Verben der sinnlichen Wahrnehmung wie **feel, look, smell, sound** oder **taste** steht ein Adjektiv und kein Adverb, wenn sie einen **Zustand** bzw. eine **Eigenschaft** beschreiben:

Ich fühle mich nach all dem Gerede müde.	**I feel tired after all that talking.**
Diese Stimme kommt mir bekannt vor.	**That voice sounds familiar to me.**

Drücken diese Verben eine **Tätigkeit** aus, stehen sie allerdings mit einem Adverb:

Widerwillig probierte sie den Cocktail.	**Reluctantly she tasted the cocktail.**

Wahlvorschlag *m* election proposal
wahlweise *Adv* alternatively: ***es gab wahlweise Fisch oder Fleisch*** there was a choice of fish or meat
Wahlwiederholung *f* TEL redial
Wahlzelle *f* polling booth
Wahlzettel *m* voting paper, ballot
Wahn *m* delusion, (*Besessenheit*) mania: ***in einem Wahn befangen sein*** be under a delusion
Wahnbild *n* hallucination
Wahnsinn *m auch ugs fig* insanity, madness
wahnsinnig **I** *Adj* **1.** mad, insane **2.** *ugs fig* mad, crazy, *Angst, Schmerzen etc*: terrible, (*toll*) terrific **II** *Adv* **3.** *ugs fig* terribly, awfully: ***wahnsinnig verliebt*** madly in love
Wahnsinnige *m, f* lunatic, madman (madwoman)
Wahnvorstellung *f* delusion, idée fixe, hallucination
wahnwitzig *Adj* mad, crazy
wahr *Adj* true, (*wirklich*) *auch* real, (*echt*) genuine: ***ein wahrer Freund*** a true friend; ***wahre Liebe*** true love; ***ein wahres Wunder*** a real wonder; ***so wahr ich lebe!*** as sure as I live!; ***so wahr mir Gott helfe!*** so help me God!; ***wahr werden*** come true; *ugs* ***das darf doch nicht wahr sein!*** I can't believe it!; ***das ist nicht das Wahre*** that's not the real thing; → ***nicht***
wahren *v/t* preserve, maintain, (*auch ein Geheimnis*) keep, (*Interessen etc*) protect, safeguard: → ***Form*** 1, ***Schein***[1] 2
währen → ***dauern***
während **I** *Präp* (*Gen*) during, in the course of **II** *Konj* while, (*wohingegen*) *auch* whereas
wahrhaben *v/t* ***etw nicht wahrhaben wollen*** refuse to believe s.th.
wahrhaft **I** *Adj* true, real **II** *Adv* → ***wahrhaftig***
wahrhaftig *Adv* truly, really, indeed
Wahrheit *f* truth: ***in Wahrheit*** in fact, in reality; ***um die Wahrheit zu sagen*** to tell the truth; *ugs* ***j-m mal die Wahrheit sagen*** give s.o. a piece of one's mind
Wahrheitsgehalt *m* truth(fulness)
wahrheitsgemäß, **wahrheitsgetreu** **I** *Adj* truthful, true **II** *Adv* truthfully, in accordance with the facts
Wahrheitsliebe *f* veracity
wahrheitsliebend *Adj* truthful, veracious
wahrlich *Adv* truly, *Bibel*: verily
wahrnehmbar *Adj* perceptible, noticeable
wahrnehmen *v/t* **1.** perceive, notice, (*sehen*) *auch* see, (*hören*) *auch* hear **2.** (*Gelegenheit, Vorteil etc*) use, seize, (*Interessen, Rechte etc*) protect, safeguard, (*Termin*) observe
Wahrnehmung *f* **1.** (***sinnliche Wahrnehmung*** sense) perception, (*Beobachtung*) observation: → ***außersinnlich*** **2.** ***j-n mit der Wahrnehmung seiner Geschäfte*** (***Interessen***) ***beauftragen*** entrust s.o. with the care of one's business (the safeguarding of one's interests)
Wahrnehmungsvermögen *n* perceptive faculty
wahrsagen **I** *v/t* prophesy **II** *v/i* tell fortunes: ***j-m wahrsagen*** tell s.o.'s fortune
Wahrsager, **Wahrsagerin** fortune-teller
wahrscheinlich **I** *Adj* probable, likely **II** *Adv*

während: during oder while

SG

during	Die Präposition steht immer vor einem Substantiv und beschreibt einen Zeitraum von Anfang bis Ende.

During the summer she worked as a lifeguard in Ireland.

while	Die Konjunktion leitet einen (evtl. verkürzten) Nebensatz ein, der einen Sachverhalt beschreibt, der zur gleichen Zeit wie etwas anderes stattfindet.

While (she was) waiting for a friend, she saw an accident.

wahrscheinlich: probable oder likely?

SG

Vor dem Substantiv und in unpersönlichen Ausdrücken können **probable** und **likely** synonym gebraucht werden:

das wahrscheinliche Wahlergebnis	**the probable / likely outcome of the election**
Es ist (ziemlich / sehr) wahrscheinlich, dass …	**It is (quite / very) probable / likely that …**

⚠ **likely** kann aber auf keinen Fall als Adverb verwendet werden.

Vor Infinitivkonstruktionen darf dagegen nur **likely** stehen.

Er wird wahrscheinlich kommen.	**He'll probably come.** aber nicht ~~**He'll likely come.**~~ **He is likely to come.** aber nicht ~~**He is probable to come.**~~

W

probably: ***er wird wahrscheinlich*** (***nicht***) ***kommen*** he is (not) likely to come
Wahrscheinlichkeit *f* (***aller Wahrscheinlichkeit nach*** in all) probability (*oder* likelihood)
Wahrscheinlichkeitsrechnung *f* theory of probabilities
Wahrung *f* maintenance, *von Interessen etc*: safeguarding, protection, (*Beachtung*) observance
Währung *f* currency

Währung SG

Für einige **Währungen** gibt es umgangssprachliche Bezeichnungen, z. B.

nickel	(*USA und Kanada*) 5-Cent-Stück
dime	(*USA und Kanada*) 10-Cent-Stück
quarter	(*USA und Kanada*) 25-Cent-Stück
buck	*amerikanischer oder australischer* Dollar
quid	*britisches* Pfund

Währungsabkommen *n* monetary agreement
Währungsblock *m* monetary bloc
Währungseinheit *f* unit of currency
Währungskorb *m* currency basket
Währungskrise *f* monetary crisis
Währungspolitik *f* monetary policy
Währungsreform *f* currency reform
Währungssystem *n* monetary system
Währungsumstellung *f* currency conversion
Währungsunion *f* monetary union
Wahrzeichen *n* symbol, emblem, *einer Stadt etc*: landmark
Waise *f* orphan: (***zur***) ***Waise werden*** be orphaned
Waisenhaus *n* orphanage
Waisenkind *n* orphan
Waisenknabe *m fig* ***gegen ihn sind wir die reinsten Waisenknaben*** we are mere babes compared to him
Wal *m* whale
Wald *m* wood, *großer*: forest (*auch fig*): ***er sieht den Wald vor lauter Bäumen nicht*** he can't see the wood for the trees
Waldbestand *m* forest stand
Waldbrand *m* forest fire
Waldgebiet *n*, **Waldgegend** *f* wooded area, woodland
Waldhorn *n* MUS French horn
waldig *Adj* wooded
Waldlauf *m* cross-country race
Waldmeister *m* BOT woodruff
Waldrand *m* (***am Waldrand*** on the) edge of the forest
Waldschäden *Pl* forest damage *Sg*
Waldsterben *n* forest deaths *Pl*, dying forests *Pl*
Walfang *m* whaling
Walfänger *m* whaler (*auch Schiff*)
Walfisch *m ugs* whale
Waliser *m* Welshman: ***die Waliser*** *Pl* the Welsh
Waliserin *f* Welshwoman
walisisch *Adj* Welsh
walken *v/t* TECH mill, *weit. S.* knead
Walkie-Talkie *n* walkie-talkie
Walkman® *m* personal stereo
Wall *m* rampart, *fig auch* bulwark
wallfahren *v/i* (go on a) pilgrimage
Wallfahrer, **Wallfahrerin** pilgrim
Wallfahrt *f* pilgrimage
Wallfahrtsort *m* place of pilgrimage
Wallung *f* (*Hitzewallung* hot) flush: *fig* ***j-n in Wallung bringen*** make s.o.'s blood boil
Walnuss *f* BOT walnut
Walross *n* ZOOL walrus
walten *v/i* be at work: ***seines Amtes walten*** do one's duty; ***Gnade walten lassen*** show mercy; → ***schalten*** 3
Walze *f* TECH roll, roller, cylinder, *der Schreibmaschine*: platen, *der Drehorgel*: barrel
walzen *v/t* TECH roll
wälzen **I** *v/t* **1.** roll **2.** *ugs fig* (*Bücher etc*) pore over, (*Problem etc*) turn *s.th.* over in one's mind **II** *v/refl* ***sich wälzen*** **3.** roll, *im Schmutz etc*: *auch* wallow: ***sich hin und her wälzen*** toss about, toss and turn
walzenförmig *Adj* cylindrical
Walzer *m* (*auch* ***Walzer tanzen***) waltz
Wälzer *m ugs* (*Buch*) huge tome
Walzertakt *m* waltz time
Walzmaschine *f* rolling machine
Walzstahl *m* rolled steel
Walzstraße *f* (rolling) mill train
Walzwerk *n* (rolling) mill
Wampe *f ugs* paunch
Wand *f* wall (*auch fig*), (*Seitenwand*) side, (*Felswand*) (rock) face: ***Wand an Wand*** wall to wall; ***in seinen vier Wänden*** within one's own four walls; *ugs fig* ***j-n an die Wand drücken*** drive s.o. to the wall; ***j-n an die Wand spielen*** play s.o. into the ground; *ugs* ***j-n an die Wand stellen*** execute s.o.; ***es ist, um die Wände hochzugehen*** it's enough to drive you mad
Wandale *m*, **Wandalin** *f* → ***Vandale***
Wandalismus *m* → ***Vandalismus***
Wandbehang *m* wall hanging
Wandel *m* change: ***der Wandel der Zeit*** the changing times; ***sich im Wandel befinden*** be changing
wandelbar *Adj* changeable
Wandelhalle *f im Kurbad*: pump room
wandeln *v/t* (*auch* ***sich wandeln***) change
Wanderausstellung *f* touring exhibition
Wanderbücherei *f* travel(l)ing library, *Am auch* bookmobile
Wanderbühne *f* touring company
Wanderdüne *f* shifting sand dune
Wanderer *m*, **Wanderin** *f* wanderer, *bes sportlich*: hiker, rambler
Wanderkarte *f* hiking map
Wanderleben *n* vagrant life
wandern **I** *v/i* **1.** walk, *sportlich*: hike, tramp, *ziellos, auch fig Blicke, Gedanken etc*: wander, *Völker, Tiere etc*: migrate: ***wandern gehen*** go hiking, go on a ramble **2.** *ugs fig* ***wandern in*** (*Akk*) end up in, go (in)to
Wandern *n* hiking (*etc*), ZOOL migration
Wanderpokal *n* challenge cup
Wanderschaft *f* travels *Pl*: ***auf Wanderschaft sein*** (***gehen***) be on (take to) the road
Wanderschuh *m* walking shoe
Wandertag *m* PÄD school outing
Wanderung *f* walking tour, hike, ramble, *von Völkern, Tieren etc*: migration
Wanderverein *m* rambling club
Wanderweg *m* walk, (foot)path, *hügeliger*: hiking trail
Wanderzirkus *m* travel(l)ing circus
Wandgemälde *n* mural

Wandkalender *m* wall calendar
Wandkarte *f* wall map
Wandleuchte *f* wall lamp
Wandlung *f* change
wandlungsfähig *Adj* flexible, versatile
Wandmalerei *f* mural painting, (*Gemälde*) mural
Wandschmierereien *Pl* graffiti *Pl*
Wandschrank *m* wall cupboard (*Am* closet)
Wandspiegel *m* wall mirror
Wandtafel *f* blackboard
Wandteppich *m* tapestry
Wanduhr *f* wall clock
Wange *f auch* TECH cheek: ***Wange an Wange*** cheek to cheek
Wankelmotor *m* Wankel engine
wankelmütig *Adj* fickle
wanken *v/i* **1.** → ***schwanken*** 1 **2.** *fig* falter, waver **3.** → ***weichen***[1] 2
Wanken *n* ***ins Wanken geraten*** begin to rock, *fig* begin to falter (*oder* waver)
wann *Adv* when, (at) what time: ***seit wann?*** (for) how long?, since when?; ***bis wann?*** till when?
Wanne *f* tub, (*Badewanne*) bath(tub)
Wanst *m ugs* paunch
Wanze *f* **1.** ZOOL bug, *Am* bedbug **2.** (*Abhörwanze*) *sl* bug: ***Wanzen anbringen in*** (*Dat*) bug *a room etc*
Wappen *n* coat of arms (*Pl* coats of arms)
Wappenkunde *f* heraldry
Wappentier *n* heraldic animal
wappnen *v/refl* ***sich wappnen*** (***gegen***) arm (against), prepare (*oder* brace) o.s. (for); → ***gewappnet***
Ware *f* product, article, *Koll auch* merchandise *Sg*, *Pl auch* goods *Pl*, commodities *Pl*
Warenangebot *n* range of goods
Warenbestand *m* stock (on hand)
Warenbörse *f* commodity exchange
Warenhaus *n* department store

Warenhaus ≠ warehouse

Warenhaus	=	department store
warehouse	=	Warenlager

Warenkorb *m* shopping basket, sample of goods
Warenlager *n* **1.** stock (on hand) **2.** warehouse
Warenprobe *f* sample
Warensendung *f* consignment, *Post* trade sample
Warenzeichen *n* trademark
warm **I** *Adj* warm (*auch fig*), *bes Speisen*: hot: ***mir ist warm*** I feel warm; ***etw warm halten*** keep s.th. warm; ***sich warm halten*** keep warm; ***den Motor warm laufen lassen*** run the engine up; ***etw warm machen*** warm s.th. up; ***warm werden*** warm up; ***es wird wärmer*** it's getting warmer; *ugs* ***ich kann mit ihr nicht warm werden*** I can't warm to her **II** *Adv* warmly (*auch fig*): *ugs* ***die Wohnung kostet warm ...*** the rent for the flat is ... including heating
Warmblüter *m* warm-blooded animal
Wärme *f* warmth (*auch fig*), METEO, PHYS heat: ***zehn Grad Wärme*** ten degrees above zero
Wärmebehandlung *f* **1.** TECH heat treatment **2.** MED thermotherapy
wärmebeständig *Adj* heat-resistant
Wärmedämmung *f* heat insulation
Wärmeeinheit *f* thermal unit
Wärmegrad *m* degree above zero
Wärmekraftwerk *n* thermoelectric power plant
Wärmelehre *f* thermodynamics *Sg*
Wärmeleiter *m* heat conductor
wärmen **I** *v/t* warm (up), (*Essen etc*) *auch* heat (up): ***sich die Füße wärmen*** warm one's feet **II** *v/i Kleidung etc*: be warm: ***Wolle wärmt*** wool keeps you warm **III** *v/refl* ***sich wärmen*** warm o.s. (up)
Wärmepumpe *f* heat pump
Wärmeschutz *m* lagging
Wärmetechnik *f* heat engineering
Wärmeverlust *m* heat loss
Wärmflasche *f* hot-water bottle
warmhalten *v/refl ugs fig* ***sich j-n warmhalten*** keep in with s.o.
Warmhalteplatte *f* plate warmer
warmherzig *Adj* warm-hearted
Warmluftfront *f* METEO warm front
warmmachen → ***warm*** **I**
Warmmiete *f* rent including heating
Warmstart *m* COMPUTER warm start
Warmwasserbereiter *m* water heater
Warmwasserheizung *f* hot-water heating
Warmwasserspeicher *m* hot-water tank
Warmwasserversorgung *f* hot-water supply
warmwerden → ***warm*** **I**
Warnanlage *f* warning device
Warnblinkanlage *f* MOT warning flasher
Warndreieck *n* MOT warning triangle
warnen *v/t und v/i* warn (***vor*** against): ***davor warnen zu*** *Inf* warn against *Ger*; ***vor ... wird gewarnt!*** beware of ...!
Warnleuchte *f*, **Warnlicht** *n* warning light
Warnschild *n* danger sign
Warnschuss *m* warning shot
Warnsignal *n* warning signal
Warnstreik *m* token strike
Warnung *f* warning: ***lass dir das eine Warnung sein!*** let that be a warning to you!
Warte *f fig* ***von seiner Warte aus gesehen*** from his point of view
Wartehäuschen *n* bus-shelter
Warteliste *f* (***auf der Warteliste stehen*** be on the) waiting list
warten[1] *v/i* wait (***auf*** *Akk* for): ***j-n warten lassen*** keep s.o. waiting; ***lange auf sich warten lassen*** be a long time in coming; ***nicht lange auf sich warten lassen*** not to be long in coming; ***warte*** (***mal***)***!*** wait a minute!; ***na, warte!*** you just wait!; ***da kannst du lange warten!*** you've got a long wait coming!; ***das kann warten!*** that'll keep!; *iron* ***auf ihn*** (***darauf***) ***haben wir gerade noch gewartet!*** he (that) is all we needed!
warten[2] *v/t* TECH service
Warten *n* wait(ing): ***nach langem Warten*** after a long wait
Wärter, **Wärterin** attendant, keeper
Wartesaal *m* BAHN waiting room
Warteschlange *f* queue, *Am* line
Warteschleife *f* FLUG stack
Wartezeit *f* waiting period
Wartezimmer *n* waiting room
Wartung *f* TECH maintenance, servicing
Wartungsanleitung *f* service manual
wartungsfrei *Adj* maintenance-free
warum *Adv* why
Warze *f* **1.** MED wart **2.** → ***Brustwarze***

was I *Interrogativpron* **1.** what (*auch ugs für* ***wie bitte?, nanu!, nicht wahr?***): ***was gibts?*** what is it?, *ugs* what's up?; ***was gibts zum Mittagessen?*** what's for lunch?; ***was kostet das?*** how much is it?; ***was für (ein) …?*** what sort of …?; ***was für eine Farbe (Größe)?*** what colo(u)r (size)?; ***was für ein Unsinn!*** what nonsense! **2.** *ugs* **a)** ***was*** (*warum*) ***musste er auch lügen?*** why did he have to lie?, **b)** ***was*** (*wozu*) ***fährt er auch so einen großen Wagen?*** what does he need such a big car for? **II** *Relativpron* **3.** what: ***was auch immer*** whatever; ***alles, was ich habe (brauche)*** all I have (need); ***ich weiß nicht, was ich tun soll*** I don't know what to do **4.** *auf einen Satz bezogen*: which: *er lachte nur,* ***was mich ärgerte*** which made me angry **III** *Indefinitpron* **5.** *ugs* (*etwas*) something (*bad, better, etc*): ***ich will dir was sagen!*** I'll tell you what!; ***sonst noch was?*** anything else?; ***ist was?*** (is) anything wrong?

> **was** GR
>
> Beachten Sie:
>
> **what** + *Substantiv* leitet eine allgemeine Frage ein:
>
> **What computer have you got?**
> Was hast du für einen Computer?
>
> **which** + *Substantiv* fragt nach etwas aus einer bestimmten Gruppe etc. oder in einer bestimmten Situation:
>
> **Which computer isn't working?**
> Welcher Computer funktioniert nicht?

Waschanlage *f* MOT car wash
Waschanleitung *f* washing instructions *Pl*
Waschautomat *m* washing machine
waschbar *Adj* washable
Waschbär *m* ZOOL racoon
Waschbecken *n* washbasin
Waschbenzin *n* benzine
Waschbrett *n* washboard
Waschbrettbauch *m* washboard stomach, washboard abs *Pl*, *ugs* six-pack
Wäsche *f* **1.** wash(ing), laundry: ***in der Wäsche*** in the wash; *fig* ***schmutzige Wäsche waschen*** wash one's dirty linen in public **2.** (*Bettwäsche, Tischwäsche*) linen **3.** (*Unterwäsche*) (***die Wäsche wechseln*** put on fresh) underwear
Wäschebeutel *m* laundry bag
waschecht *Adj* **1.** washable, nonshrink, (*farbecht*) fast **2.** *ugs fig* true, genuine
Wäschegeschäft *n* lingerie shop
Wäscheklammer *f* clothes peg
Wäschekorb *m* laundry basket
Wäscheleine *f* clothesline
waschen **I** *v/t allg* wash (***sich die Hände*** *etc* one's hands *etc*), (*Wäsche, auch ugs Geld*) launder, (*Haar*) *auch* shampoo: ***Waschen und Legen*** shampoo and set **II** *v/refl* ***sich waschen*** wash (o.s.)
Wäscherei *f* laundry: ***in der Wäscherei*** at the laundry; ***etw in die Wäscherei bringen*** take s.th. to the laundry
Wäscheschleuder *f* spin drier
Wäscheschrank *m* linen cupboard
Wäscheständer *m* clotheshorse
Wäschetinte *f* marking ink
Wäschetrockner *m* drier
Waschgang *m* wash

> **Die Übersetzung von das, was …** GR
>
> In der Verbindung **(das), was** wird das Relativpronomen mit **what** übersetzt:
>
> Verstehst du, **was** er sagt? — **Do you understand what he's saying?**

Waschgelegenheit *f* washing facilities *Pl*
Waschküche *f* **1.** washhouse **2.** *ugs fig* (*Nebel*) pea soup
Waschlappen *m* **1.** flannel, *Am* washcloth **2.** *ugs fig* (*Person*) sissy, wimp
Waschlauge *f* lye
Waschleder *n* chamois (leather)
Waschmaschine *f* washing machine
waschmaschinenfest *Adj* machine washable
Waschmittel *n*, **Waschpulver** *n* washing powder
Waschraum *m* washroom
Waschsalon *m* launderette, *Am* laundromat
Waschschüssel *f* washbowl
Waschstraße *f* car wash
Waschwasser *n* washing water
Waschzettel *m eines Buches*: blurb
Wasser *n* water (*auch* PHYSIOL): ***fließendes (stehendes) Wasser*** running (stagnant) water; ***zu Wasser und zu Land*** by land and by water; ***Wasser lassen*** pass water; ***sich über Wasser halten*** *auch fig* keep one's head above water; ***unter Wasser setzen*** flood; *fig* ***ins Wasser fallen*** fall flat; ***das ist Wasser auf seine Mühle*** that's grist to his mill; ***da läuft einem das Wasser im Munde zusammen*** it makes your mouth water; ***er kann ihr nicht das Wasser reichen*** he's not a patch on her; ***er ist mit allen Wassern gewaschen*** he knows all the tricks (of the trade); ***das Wasser steht ihm bis zum Hals*** he is in bad trouble; ***er ist ein stilles Wasser*** he's a deep one; → ***Schlag*** 1
wasserarm *Adj* dry, arid
Wasseraufbereitungsanlage *f* water-recycling plant
Wasserbad *n* **1.** CHEM, FOTO water bath **2.** GASTR bain-marie
Wasserball *m* **1.** beach ball **2.** → ***Wasserballspiel***
Wasserballspiel *n* water polo
Wasserbau *m* hydraulic engineering
Wasserbehälter *m* water container (TECH tank)
Wasserbett *n* water bed
Wasserblase *f* MED blister
Wasserbombe *f* depth charge
Wässerchen *n* ***er sah aus, als könne er kein Wässerchen trüben*** he looked as though butter would not melt in his mouth
Wasserdampf *m* steam
wasserdicht *Adj* waterproof, SCHIFF, TECH *auch* watertight
Wasserenthärter *m* water softener
Wasserfahrzeug *n* watercraft (*auch Pl*), vessel
Wasserfall *m* waterfall, *großer*: falls *Pl*: *ugs* ***reden wie ein Wasserfall*** talk nineteen to the dozen
Wasserfarbe *f* water colo(u)r
wasserfest *Adj* waterproof
Wasserflasche *f* water bottle
Wasserflugzeug *n* seaplane
Wassergehalt *m* water content
wassergekühlt *Adj* water-cooled
Wasserglas *n* **1.** CHEM water glass **2.** water glass, tumbler: → ***Sturm*** 1

Wassergraben *m* ditch, SPORT water jump
Wasserhahn *m* tap, *Am* faucet
wasserhaltig *Adj* CHEM hydrous
Wasserhaushalt *m* **1.** water supply **2.** BIOL, MED water balance
wässerig *Adj* watery, CHEM *Lösung*: aqueous: *fig* ***j-m den Mund wässerig machen*** make s.o.'s mouth water (***nach*** for)
Wasserkessel *m* **1.** kettle **2.** TECH boiler
Wasserklosett *n* water closet (*Abk* W.C.)
Wasserknappheit *f* water shortage
Wasserkocher *m* electric kettle, *hohe Form*: jug kettle
Wasserkraft *f* water power
Wasserkraftwerk *n* hydroelectric power plant
Wasserkühlung *f* water cooling (system)
Wasserlauf *m* watercourse
Wasserleitung *f* water pipe(s *Pl*)
Wasserlilie *f* BOT waterlily
Wasserlinie *f* SCHIFF water line
wasserlöslich *Adj* water-soluble
Wassermangel *m* water shortage
Wassermann *m* ASTR (***er ist Wassermann*** he is [an]) Aquarius
Wassermelone *f* water melon
wassern *v/i* FLUG touch down, *Raumkapsel*: splash down
wässern *v/t* (*bewässern*) water, irrigate, (*einweichen*) soak
Wasserpfeife *f* water pipe
Wasserpflanze *f* water plant, aquatic (plant)
Wasserpistole *f* water pistol
Wasserratte *f* **1.** ZOOL water rat **2.** *ugs fig* enthusiastic swimmer
Wasserrohr *n* water pipe
Wasserrutschbahn *f* water chute
Wasserschaden *m* water damage
Wasserscheide *f* watershed, *Am auch* divide
wasserscheu *Adj* afraid of water
Wasserschildkröte *f* turtle
Wasserski *n* water skiing: ***Wasserski laufen*** go water-skiing, water-ski
Wasserspeier *m* ARCHI gargoyle
Wasserspiegel *m* **1.** surface of the water **2.** water level
Wassersport *m* water (*oder* aquatic) sports *Pl*, aquatics *Pl*
Wasserspülung *f* flush, (*Anlage*) cistern
Wasserstand *m* water level
Wasserstandsanzeiger *m* water ga(u)ge
Wasserstoff *m* CHEM hydrogen
Wasserstoff... hydrogenous
wasserstoffblond *Adj*, **Wasserstoffblondine** *f ugs* peroxide blond(e)
Wasserstoffbombe *f* hydrogen bomb
Wasserstoffperoxid *n*, **Wasserstoffsuperoxid** *n* hydrogen peroxide
Wasserstrahl *m* jet of water
Wasserstraße *f* waterway
Wassersucht *f* MED dropsy
Wassertier *n* aquatic (animal)
Wassertropfen *m* drop of water
Wasserturm *m* water tower
Wasserung *f* FLUG touchdown on water, *einer Raumkapsel*: splashdown
Wasserverbrauch *m* water consumption
Wasserverschmutzung *f* water pollution
Wasserversorgung *f* water supply
Wasservogel *m* water bird, *Pl auch* waterfowl
Wasserwaage *f* spirit level
Wasserweg *m* waterway: ***auf dem Wasserweg*** by water
Wasserwelle *f* (*Frisur*) water wave
Wasserwerfer *m* water cannon
Wasserwerk(e *Pl*) *n* waterworks *Pl* (*oft Sg konstr*)
Wasserzähler *m* water meter
Wasserzeichen *n* watermark
waten *v/i* wade
Watsche *f österr.* slap round the face
watscheln *v/i* waddle
watschen *v/t österr.* ***j-n watschen*** slap s.o.'s face
Watt[1] *n* GEOL mud flats *Pl*
Watt[2] *n* ELEK watt
Watte *f* cotton wool, *Am* cotton
Wattebausch *m* cotton-wool swab
Wattenmeer *n* mud flats *Pl*
Wattestäbchen *n* cotton bud
wattieren *v/t* pad, wad
Wattierung *f* padding, wadding
Wattstunde *f* ELEK watt-hour
Wattzahl *f* wattage
WC *n* toilet, *Am* bathroom, restroom
webbasiert *Adj* INTERNET Web-based
Webdesigner, **Webdesignerin** web designer
weben *v/t und v/i* weave
Weber, **Weberin** weaver
Weberei *f* **a)** weaving, **b)** (*Fabrik*) weaving mill
Weberknecht *m* ZOOL daddy longlegs *Pl* (*auch Sg konstr*)
Webfehler *m* flaw
Website *f* IT (web)site
Webstuhl *m* loom
Webwaren *Pl* woven goods *Pl*
Wechsel *m* **1.** change, (*Abwechslung*, *auch* LANDW *Fruchtwechsel*) rotation **2.** (*Geldwechsel*) exchange **3.** WIRTSCH bill (of exchange), draft, (*Monatswechsel*) allowance: ***einen Wechsel*** (***auf j-n***) ***ziehen*** draw a bill (on s.o.) **4.** SPORT (*Stabwechsel*) (baton) change, (*Seitenwechsel*) change of ends **5.** → ***Wildwechsel***
Wechselbäder *Pl* MED alternating hot and cold baths
Wechselbank *f* discount house
Wechselbeziehung *f* interrelation
Wechselfälle *Pl* vicissitudes *Pl*, *ugs the* ups and downs *Pl* (*of life etc*)
Wechselgeld *n* (small) change
wechselhaft *Adj* changeable
Wechseljahre *Pl* PHYSIOL menopause *Sg*
Wechselkurs *m* rate of exchange
wechseln **I** *v/t* **1.** *allg* change, (*Briefe*, *Blicke*, *Ringe*, *Worte etc*) exchange, (*abwechseln*) vary, (*abwechseln lassen*) alternate, *turnusmäßig*: *auch* rotate: ***den Arbeitsplatz*** (***Arzt*** *etc*) ***wechseln*** change jobs (doctors *etc*); → ***Besitzer***(***in***) **II** *v/i* **2.** change: ***wechseln mit*** vary **3.** *Wild*: cross
wechselnd *Adj* changing, varying
Wechselrahmen *m* interchangeable picture frame
Wechselschuld *f* WIRTSCH bill debt
wechselseitig *Adj* mutual, reciprocal
Wechselsprechanlage *f* intercom
Wechselstrom *m* ELEK alternating current (*Abk* A.C.)
Wechselstrommotor *m* A.C. motor
Wechselstube *f* exchange office
Wechselwähler, **Wechselwählerin** floating voter
wechselweise *Adv* alternately, by turns
Wechselwirkung *f* interaction

W

Weckdienst *m* alarm call service
wecken *v/t* wake (up), *ugs* call, (*aufwecken, auch fig*) rouse
Wecken *m österr.* (*Brot*) loaf, (*Gebäck*) Viennese roll, *südd.* (*Brötchen*) bread roll
Wecker *m* alarm (clock): *ugs* ***j-m auf den Wecker gehen*** get on s.o.'s nerves
Weckruf *m* TEL alarm call
Wedel *m* BOT frond
wedeln *v/i* **1.** (***mit dem Schwanz***) ***wedeln*** wag (its tail) **2.** *Skisport*: wedel **3.** ***mit etw wedeln*** wave s.th.
weder *Konj* ***weder … noch*** neither … nor
weg *Adv ugs* **1.** gone, (*außer Haus*) not in, (*verreist etc*) away: ***weg*** (***da***)***!*** get away!, beat it!; ***weg damit!*** take it away!, *weit. S.* off with it!; ***Finger*** (*oder* ***Hände***) ***weg!*** hands off!; ***ich muss weg!*** I must be off!; ***nichts wie weg!*** let's get out of here! **2.** ***weg sein*** **a**) (*bewusstlos*) be out cold, **b**) (*begeistert*) go into raptures (***über*** *Akk*, ***von*** over)
Weg *m* way (*auch fig*), (*Pfad*) path, (*Reiseweg*) route, *ugs* (*Besorgung*) errand: *fig* ***der Weg zum Erfolg*** the road to success; ***auf dem Weg***(***e***) ***der Besserung*** on the road to recovery, *ugs* on the mend; ***auf diesem Wege*** this way; ***auf diplomatischem Wege*** through diplomatic channels; ***auf friedlichem*** (***legalem***) ***Wege*** by peaceful (legal) means; ***auf dem besten Wege sein zu*** *Inf* be well on the way to *Ger*; ***auf dem richtigen Wege sein*** be on the right track; ***sich auf den Weg machen*** set off; ***j-m aus dem Weg***(***e***) ***gehen*** get out of s.o.'s way; *fig* ***etw auf den Weg bringen*** get s.th. under way (*oder* off the ground); (*Dat*) ***aus dem Wege gehen*** steer clear of; ***aus dem Wege räumen*** (*oder* ***schaffen***) get rid of; ***seine eigenen Wege gehen*** go one's own way; ***den Weg ebnen*** pave the way (*Dat* for); ***etw in die Wege leiten*** initiate s.th., start s.th. off; ***ich traue ihm nicht über den Weg*** I don't trust him an inch; ***im Weg***(***e***) ***stehen*** (*oder* ***sein***) **a**) ***j-m*** be in s.o.'s way, **b**) ***einer Sache*** be an obstacle to s.th.; ***dem steht nichts im Wege*** there are no obstacles to that, *ugs* that's all right; ***zu Wege*** → ***zuwege***; → ***bahnen, halb*** I
wegbekommen *v/t ugs* get *s.th.* off, move
wegblasen *v/t* blow *s.th.* away: *fig* ***wie weggeblasen sein*** be clean gone
wegbleiben *v/i ugs* **1.** stay away **2.** TECH fail, *sl* conk out: → ***Luft*** 2, ***Spucke***
wegbringen *v/t* take *s.o., s.th.* away
wegen *Präp* (*Gen, ugs Dat*) **1.** because of, on account of: ***wegen Diebstahls*** for larceny; → ***Amt*** 1, ***Recht*** 1 **2.** for the sake of: ***er hat es wegen seiner Kinder getan*** he did it for his children's sake **3.** (*infolge*) due to **4.** *ugs* ***von wegen*** that's what you think!; ***von wegen hübsch!*** pretty, my foot!
Wegerich *m* BOT plantain
wegfahren *v/i* leave, drive away
Wegfahrsperre *f* MOT (electronic) engine immobiliser
wegfallen *v/i* → ***entfallen*** 2
Weggang *m* leaving, departure
weggeben *v/t* give *s.th.* away
weggehen *v/i* **1.** go away, leave: *ugs* ***geh weg!*** leave me alone!; ***von Berlin*** (***der Firma***) ***weggehen*** leave Berlin (the firm) **2.** *ugs fig Schmerz etc*: go away, disappear **3.** *ugs fig Ware*: sell: → ***Semmel***
weghaben *v/t ugs* **1.** ***sein Teil*** *etc* ***weghaben*** have got one's share *etc* **2.** ***etw weghaben*** **a**) (*können*) have got the hang of it, **b**) (*wissen*) be good (***in*** *Dat* at)
wegjagen *v/t* ***j-n wegjagen*** chase s.o. away
wegkommen *v/i ugs* **1.** *auch* SPORT get away **2.** (*abhanden kommen*) get lost **3.** *fig* ***gut*** (***schlecht***) ***wegkommen*** come off well (badly) (***bei*** at) **4.** *auch fig* ***wegkommen über*** get over
weglassen *v/t* **1.** ***j-n weglassen*** let s.o. go **2.** ***etw weglassen*** leave s.th. out, omit s.th.
Weglassung *f* omission
weglaufen *v/i* run away

Fragen nach dem Weg

SG

Entschuldigung, wo ist …?	**Excuse me, could you tell me where … is?**
Wie komme ich nach / zu …?	**How do I get to …?**
Wie komme ich am schnellsten / billigsten zum …	**What's the quickest / cheapest way to get to the …**
Bahnhof?	**station?**
Busbahnhof?	**bus / coach station?**
Flughafen?	**airport?**
Hafen?	**port?**
Tut mir leid, das weiß ich nicht.	**I'm afraid I don't know / can't tell you.**
Diese Richtung.	**This way.**
Zurück.	**Go back.**
Geradeaus.	**Straight on.**
Nach rechts.	**(To the) Right.**
Nach links.	**(To the) Left.**
Die erste / zweite Straße links / rechts.	**The first / second road on your left / right.**
Hinter der Kreuzung.	**After the crossroads.**
Überqueren Sie …	**Cross …**
die Brücke.	**the bridge.**
den Platz.	**the square.**
die Straße.	**the road.**

weglegen *v/t* ***etw weglegen*** put s.th. aside
wegmüssen *v/i ugs* ***ich muss weg*** I must be off; *etw*, *jemand* ***muss weg!*** … must go!
wegnehmen *v/t* remove, *fig* (*Platz*, *Zeit etc*) take up: (***j-m***) ***etw wegnehmen*** take s.th. away (from s.o.); → ***Gas***
wegrationalisieren *v/t* ***Arbeitsplätze wegrationalisieren*** kill jobs (by rationalization)
wegräumen *v/t* clear *s.th.* away, *auch fig* remove
wegreißen *v/t* tear *s.o.*, *s.th.* away
wegschaffen *v/t* remove
wegscheren *v/refl* ***sich wegscheren*** *ugs* clear off
wegschicken *v/t* send *s.o.*, *s.th.* away (*oder* off)
wegschleppen *v/t* drag *s.o.*, *s.th.* off
wegschließen *v/t* lock *s.th.* away
wegschmeißen *v/t ugs* throw *s.th.* away
wegschnappen *v/t ugs* (***j-m***) ***etw wegschnappen*** snatch s.th. away (from s.o.)
wegsehen *v/i* **1.** look away, *auch fig* look the other way **2.** → ***hinwegsehen***
wegsetzen *v/refl* ***sich wegsetzen*** **1.** move away **2.** → ***hinwegsetzen***
wegspülen *v/t* wash *s.th.* away
wegstecken *v/t* ***etw wegstecken*** (*auch ugs fig Schlag*, *Niederlage etc*) put s.th. away
wegtreten *v/i* step aside, MIL break (the) ranks: ***wegtreten lassen*** dismiss; ***weggetreten!*** dismiss(ed *Am*)!
wegtun *v/t ugs* ***etw wegtun*** put s.th. away
Wegweiser *m* signpost, (road) sign, *im Gebäude*: directory
Wegwerf… disposable …
wegwerfen **I** *v/t auch fig* throw *s.th.* away **II** *v/refl* ***sich wegwerfen*** throw o.s. away (***an*** *Akk* on)
wegwerfend *Adj* disparaging
Wegwerfflasche *f* throwaway bottle
Wegwerfgesellschaft *f* throwaway society
wegwischen *v/t* **1.** ***etw wegwischen*** wipe s.th. off **2.** *fig* (*Einwand etc*) brush *s.th.* off
wegzaubern *v/t* spirit *s.th.* away
wegziehen **I** *v/t* pull *s.o.*, *s.th.* away **II** *v/i* (*umziehen*) move
weh *Adj* sore: ***weh tun*** → ***wehtun***
wehe *Interj* ***wehe*** (***dir***), ***wenn du das tust!*** you'll be sorry if you do that!
Wehe[1] *f* (*Schneewehe*, *Sandwehe*) drift
Wehe[2] *f meist Pl* MED pains *Pl*, labo(u)r *Sg*
wehen *v/i und v/t Wind etc*: blow, *Duft*, *Töne etc*: drift, waft, *Fahne etc*: wave
Wehgeschrei *n auch fig* wailing
Wehklage *f* lament
wehleidig *Adj* snivel(l)ing, *Stimme*: whining
Wehmut *f* melancholy, (*Sehnsucht*) wistfulness, nostalgia
wehmütig *Adj* melancholy, (*sehnsüchtig*) wistful, nostalgic(ally *Adv*)
Wehr[1] *f* ***sich zur Wehr setzen*** → ***wehren*** I
Wehr[2] *n* weir, dam
Wehrbeauftragte *m*, *f* ombudsman (ombudswoman) (for the Armed Forces)
Wehrbereich *m* military district
Wehrdienst *m* (***seinen Wehrdienst ableisten*** do one's) military service
Wehrdienstverweigerer *m* conscientious objector
wehren **I** *v/refl* ***sich wehren*** defend o.s. (***gegen*** against); ***sich gegen etw wehren*** resist (*oder* fight) s.th., (*ablehnen*) refuse to accept s.th. **II** *v/i* ***den Anfängen wehren*** nip things in the bud
Wehrersatzdienst *m* alternative military service
wehrfähig *Adj* fit for military service, able-bodied
wehrlos *Adj* defen/celess (*Am* -se-), helpless
Wehrlosigkeit *f* defen/celessness (*Am* -se-)
Wehrmacht *f* HIST (German) Armed Forces *Pl*, Wehrmacht
Wehrpass *m* service record (book)
Wehrpflicht *f* (***allgemeine***) ***Wehrpflicht*** (universal) compulsory military service, (universal) conscription
wehrpflichtig *Adj* liable for military service, *Alter*: recruitable
Wehrpflichtige *m*, *f* **1.** person liable for military service **2.** conscript, *Am* draftee
Wehrsold *m* (service) pay
Wehrübung *f* reserve duty training
wehtun *v/i* hurt: ***j-m wehtun*** hurt s.o., *fig* hurt s.o.'s feelings; ***sich*** (***am Kopf*** *etc*) ***wehtun*** hurt o.s. (one's head *etc*); ***mir tut der Knöchel weh*** my ankle hurts
Weib *n* **1.** *oft pej* woman **2.** (*Eheweib*) wife
Weibchen *n* ZOOL female
Weiberfeind *m* woman-hater, misogynist
Weibergeschichten *Pl* womanizing *Sg*, affairs *Pl*
Weiberheld *m* ladykiller
weibisch *Adj* effeminate
weiblich *Adj* female, feminine (*auch* LING), womanly
Weibsbild *n ugs pej* female, woman
weich *Adj allg* soft (*auch* LING, FOTO *und fig*), *Obst*, *Wein*, *auch fig Farbe*, *Klang etc*: mellow, (*zart*) tender: ***weiches Ei*** soft-boiled egg; *Ei*: ***weich gekocht*** soft-boiled; ***weich machen*** soften; ***weich werden*** soften, *fig auch* give in
Weichbild *n* municipal area
Weiche[1] *f* ANAT flank, side
Weiche[2] *f* BAHN points *Pl*, *Am* switch: *fig* ***die Weichen stellen*** set the course (***für*** for)
Weichei *n ugs* wimp
weichen[1] *v/i* **1.** (*Dat* to) *auch fig* give way, yield **2.** go (away): ***j-m nicht von der Seite weichen*** not to leave s.o.'s side; ***er wich und wankte nicht*** he didn't budge
weichen[2] *v/i und v/t* (*auch* ***weichen lassen***) soak
weichgekocht → ***weich***
Weichheit *f* softness (*etc*, → ***weich***)
weichherzig *Adj* soft-hearted
Weichkäse *m* soft cheese
weichlich *Adj fig* soft, effeminate
Weichling *m* weakling, *ugs* softie, sissy
weichmachen → ***weich***
Weichmacher *m* CHEM softener, softening agent
Weichsel *f österr.* sour cherry
Weichspüler *m* (fabric) softener
Weichteile *Pl* ANAT soft parts *Pl*
Weichtier *n* mollusc
weichwerden → ***weich***
Weichzeichner *m* FOTO soft-focus lens
Weide[1] *f* BOT willow
Weide[2] *f* pasture: ***auf der*** (***die***) ***Weide*** at (to) pasture
Weideland *n* pasture(land)
weiden **I** *v/i* graze **II** *v/t auch* ***weiden lassen*** put out to pasture **III** *v/refl* ***sich weiden an*** (*Dat*) **a)** *einem Anblick etc*: feast one's eyes on, **b)** *schadenfroh*: gloat over
Weidenkätzchen *n* BOT catkin
Weidenkorb *m* wicker basket

weidlich *Adv* thoroughly
weidmännisch **I** *Adj* huntsmanlike **II** *Adv* in a huntsmanlike manner
Weidmannsheil *n* ***Weidmannsheil!*** good sport!
weigern *v/refl* ***sich weigern*** refuse
Weigerung *f* refusal
Weihbischof *m* suffragan (bishop)
Weihe *f* **1.** REL consecration, (*Priesterweihe*) ordination **2.** *fig* (*Feierlichkeit*) solemnity
weihen *v/t* **1.** REL consecrate, *zum Priester*: ordain **2.** (*Dat* to) devote, dedicate (*beide auch* ***sich*** o.s.): ***dem Tode*** (*oder* ***Untergang***) ***geweiht*** doomed
Weiher *m* pond
Weihnacht *f* → ***Weihnachten***
Weihnachten *Pl* (***an Weihnachten, zu Weihnachten*** at) Christmas (*ugs* Xmas); ***Fröhliche Weihnachten!*** Merry Christmas!
weihnachtlich *Adj* Christmas, *ugs* Christmassy
Weihnachts... Christmas (*business, card, present, etc*)
Weihnachtsabend *m* Christmas Eve
Weihnachtsbaum *m* Christmas tree
Weihnachtseinkäufe *Pl* Christmas shopping *Sg*
Weihnachtsfeiertag *m* Christmas Day (*Pl* holidays *Pl*): ***zweiter Weihnachtsfeiertag*** *Br* Boxing Day
Weihnachtsfest *n* Christmas
Weihnachtsgeld *n*, **Weihnachtsgratifikation** *f* Christmas bonus
Weihnachtslied *n* Christmas carol
Weihnachtsmann *m* **1.** Father Christmas, Santa Claus **2.** *ugs pej* dope
Weihnachtsmarkt *m* Christmas fair
Weihnachtsstern *m* BOT poinsettia
Weihnachtszeit *f* Christmas (season)
Weihrauch *m* incense
Weihwasser *n* holy water
weil *Konj* **1.** because **2.** (*da*) since, as
Weilchen *n* ***ein Weilchen*** a little while
Weile *f* ***eine Weile*** a while, a time
Wein *m* **1.** BOT vine **2.** wine: *fig* ***j-m reinen Wein einschenken*** tell s.o. the truth
Weinbau *m* winegrowing, viticulture
Weinbauer *m* winegrower
Weinbaugebiet *n* winegrowing area
Weinbeere *f* grape
Weinberg *m* vineyard
Weinbergschnecke *f* (edible) snail
Weinblatt *n* vine leaf
Weinbrand *m* brandy
weinen *v/i und v/t* weep (**um** over), *laut*: cry: ***j-n zum Weinen bringen*** make s.o. cry; ***es ist zum Weinen*** it's a (crying) shame
weinerlich *Adj* tearful, *ugs* weepy, *Kind, Stimme, Ton*: whining
Weinessig *m* wine vinegar
Weinfass *n* wine cask
Weinflasche *f* winebottle
Weingeist *m* spirit(s *Pl*) of wine
Weinglas *n* wineglass
Weingut *n* winegrowing estate
Weinhändler, **Weinhändlerin** wine merchant
Weinhandlung *f* wine shop
Weinkarte *f* wine list
Weinkeller *m* wine cellar
Weinkelter *f* winepress
Weinkenner, **Weinkennerin** wine connoisseur
Weinkrampf *m* crying fit
Weinlese *f* grape harvest
Weinlokal *n* wine tavern
Weinprobe *f* wine tasting
weinrot *Adj* wine-red
weinselig *Adj* tipsy, vinous
Weinstein *m* (wine) lees *Pl*
Weinstock *m* BOT vine
Weinstube *f* wine tavern
Weintraube *f* bunch of grapes, *Pl* (*Beeren*) grapes *Pl*
weise *Adj* wise
Weise[1] *m, f* wise man (woman), sage
Weise[2] *f* **1.** (*Art*) way: ***auf diese Weise*** (in) this way; ***auf jede Weise*** in every way; ***auf die gleiche Weise*** the same way; ***auf die eine oder andere Weise*** (in) one way or another; ***auf meine*** (***seine***) ***Weise*** my (his) way; ***in keiner Weise*** in no way; ***jeder auf seine Weise*** everyone after his own fashion **2.** MUS tune
weisen **I** *v/t* **1.** ***j-m den Weg weisen*** show s.o. the way **2.** → ***verweisen*** **3.** ***etw*** (***weit***) ***von sich weisen*** repudiate s.th. (emphatically) **II** *v/i* → ***zeigen*** II
Weisheit *f* wisdom: ***mit seiner Weisheit am Ende sein*** be at one's wits' end
Weisheitszahn *m* wisdom tooth
weismachen *v/t* ***j-m etw weismachen*** tell s.o. a yarn; ***j-m weismachen, dass ...*** make s.o. believe that ...; ***mir kannst du nichts weismachen!*** you can't fool me!; ***lass dir nichts weismachen!*** don't be fooled!
weiß **I** *Adj* **1.** white: ***weiß machen*** whiten; ***weiß werden*** turn (*im Gesicht*: go) white; ***weiß gekleidet*** dressed in white; POL ***das Weiße Haus*** the White House **2.** *fig* (*leer*) blank **II** *Adv* ***weiß glühend*** white-hot
Weiß *n auch Schach etc*: white
weissagen *v/t* prophesy, foretell
Weissager, **Weissagerin** prophet(ess)
Weissagung *f* prophecy
Weißbier *n* weissbier, wheat beer
Weißblech *n* tinplate
Weißbrot *n* white bread
Weißbuch *n* POL white paper (*Am* book)
Weißdorn *m* BOT whitethorn
Weiße *m, f* white man (woman): ***die Weißen*** *Pl* the whites pl, the white man *Sg*
weißen *v/t* whiten, (*tünchen*) whitewash
weißgekleidet → ***weiß*** I 1
weißglühend → ***weiß*** II
Weißglut *f* white heat: *ugs* ***j-n zur Weißglut bringen*** make s.o. see red
weißhaarig *Adj* white-haired
Weißkohl *m*, **Weißkraut** *n* white cabbage
weißlich *Adj* whitish
weißmachen → ***weiß*** I 1
Weißmacher *m* whitener
Weißrussland *n* White Russia, Byelorussia
Weißwandtafel *f* whiteboard
Weißwein *m* white wine
Weisung *f* instruction, order(s *Pl*)
weit **I** *Adj* **1.** (*Ggs. eng*) wide, *Rock etc*: *auch* full, (*lose*) loose (*auch* TECH) **2.** (*ausgedehnt*) wide, extensive, *stärker*: vast, immense **3.** *fig Begriff, Auslegung etc*: broad: ***im weitesten Sinne*** in the widest sense **4.** (*Ggs. nah*) long: ***auf weite*** (*oder* ***aus weiter***) ***Entfernung*** at a great distance **II** *Adv* **5.** wide(ly): ***weit offen*** wide open; ***weit reichend*** → ***weitreichend***; ***weit verbreitet*** → ***weitverbreitet***; ***weit verzweigt*** → ***weitverzweigt*** **6.** far (*auch zeitlich und fig sehr*): ***sie ist weit über 60*** she is well over sixty; ***weit gereist*** widely travel(l)ed; ***er ist weit gereist*** he has got around a good deal; ***weit*** (*oder* ***bei Weitem***) ***das Beste*** by far

the best; ***bei Weitem nicht so gut*** *etc* not nearly so good *etc*; ***weit gefehlt!*** far from it!; *fig* ***weit hergeholt*** far-fetched; *ugs* ***es ist nicht weit her mit ihm*** he is not up to much; ***weit blickend*** → ***weitblickend***; ***es weit bringen*** (***im Leben***) go far; ***zu weit gehen*** go too far; ***das geht zu weit*** that's going too far; ***ich bin so weit*** I'm ready; ***wie weit bist du?*** how far have you got?; ***wenn es so weit ist*** when the time comes; → ***entfernt***, ***kommen*** 1, 10

weitab *Adv* far away (***von*** from)

weitaus *Adv* far *better etc*

Weitblick *m* farsightedness

weitblickend *Adj* farsighted, farseeing

Weite[1] *f* **1.** *auch* TECH width, (*Breite*) breadth: → ***licht*** 3 **2.** (*weite Fläche*) vastness, expanse **3.** *bes* SPORT distance

Weite[2]: ***das Weite suchen*** take to one's heels

weiten *v/t* (*auch* ***sich weiten***) widen (*auch fig*), (*Schuhe etc*) stretch

weiter **I** *Komp von* ***weit*** **II** *Adj* further: ***nach einer weiteren Woche*** after another week **III** *Adv* ***weiter!*** go on!; ***halt, nicht weiter!*** stop, no further!; ***immer weiter*** on and on; ***nichts weiter*** nothing else; ***weiter niemand*** no one else; ***und so weiter*** and so on (*Abk etc*); ***das ist nicht weiter schlimm*** that's no tragedy; ***das stört mich weiternicht*** that doesn't really bother me; ***weiter bestehen*** → ***fortbestehen***; → ***weiterhin*** I

weiterarbeiten *v/i* go on working

weiterbestehen → ***fortbestehen***

weiterbilden → ***fortbilden***

Weiterbildung *f* → ***Fortbildung***

weiterbringen *v/t* ***das bringt mich*** (***uns*** *etc*) ***nicht weiter*** that's not much help

Weitere *n* the rest: ***bis auf Weiteres*** for the time being, VERW until further notice; ***ohne weiteres*** without further ado, easily

weiterempfehlen *v/t* recommend (to others)

weiterentwickeln *v/t* (*auch* ***sich weiterentwickeln***) develop (further)

weitererzählen *v/t* tell others, repeat

weiterfahren *v/i allg* go on, MOT *auch* drive on, *Zug etc*: *auch* continue

weiterführen *v/t* (*fortführen*) continue, carry on

weitergeben *v/t* ***etw weitergeben*** pass s.th. on

weitergehen *v/i* **1.** go on, walk on **2.** *fig* go on, continue: ***das kann so nicht weitergehen!*** things can't go on like this!

weiterhelfen *v/t* ***j-m weiterhelfen*** help s.o. (on)

weiterhin **I** *Adv* ***weiterhin etw tun*** continue doing (*oder* to do) s.th., go on doing s.th. **II** *Konj* (*ferner*) further(more), moreover

weiterkämpfen *v/i* continue fighting

weiterkommen *v/i* get on, *fig auch* make headway, get somewhere: ***nicht weiterkommen*** *auch* be stuck; ***so kommen wir nicht weiter*** this won't get us any further

weiterleben *v/i* live on, *fig auch* survive

Weiterleben *n* (***nach dem Tode***) life after death

weiterleiten *v/t* (***an*** *Akk* to) pass *s.th.* on, forward, (*Antrag etc*) refer

weiterlesen *v/t und v/i* go on (reading), continue to read

weitermachen *v/i und v/t* continue, carry (*oder* go) on with

weitersagen *v/t* ***etw weitersagen*** pass s.th. on

weiterverarbeiten *v/t* process

Weiterverarbeitung *f* processing

Weiterverkauf *m* resale

weiterverkaufen *v/t* resell

weitgehend **I** *Adj* extensive, far-reaching, *Unterstützung*, *Vollmacht*: wide: ***es herrschte weitgehende Übereinstimmung*** there was a large degree of consent **II** *Adv* to a great extent

weitgereist → ***weit*** II 6

weither *Adv* from afar

weithergeholt → ***weit*** II

weitherzig *Adj* broad-minded

weithin *Adv* **1.** far **2.** to a large extent

weitläufig **I** *Adj* **1.** extensive, vast, (*geräumig*) spacious **2.** (*ausführlich*) detailed, *pej* long--winded **3.** *Verwandte*: distant **II** *Adv* **4.** at great length **5.** ***weitläufig verwandt*** distantly related

weitmaschig *Adj* wide-meshed

weitreichend *Adj* far-reaching, MIL long-range

weitschweifig *Adj* long-winded

weitsichtig *Adj* long-sighted, *auch fig* farsighted

Weitsichtigkeit *f* long-sightedness, *auch fig* farsightedness

Weitspringer, **Weitspringerin** longjumper, *Am* broadjumper

Weitsprung *m* long (*Am* broad) jump

weitverbreitet *Adj* widespread, common

weitverzweigt *Adj* widely ramified

Weitwinkelobjektiv *n* wide-angle lens

Weizen *m* wheat: *fig* ***sein Weizen blüht*** he is in clover

Weizenbier *n* wheat beer

welch **I** *Interrogativpron* what, which: ***welcher*** (***von beiden***)***?*** which (of the two)?; ***welch ein Anblick!*** what a sight! **II** *Relativpron* who, which, that **III** *Indefinitpron* some, any: *haben Sie Geld?* ***ja, ich habe welches*** yes, I have some; ***brauchen Sie welches?*** do you need any?

welch...: which oder what? GR

Meist wird das Fragepronomen **welche(r, -s)** mit **what** übersetzt.

⚠ Bei einer begrenzten Anzahl an Möglichkeiten oder einer Auswahl aus einer bestimmten Anzahl steht **which**! Vergleichen Sie:

Welche Farbe hat dein Handy?	**What colour's your mobile?**
Welches von ihren Liedern magst du am liebsten?	**Which of her songs do you like best?**

welk *Adj* faded (*auch fig*), *Haut*: wrinkled

welken *v/i* fade (*auch fig*), wither

Wellblech *n* corrugated iron

Welle *f* **1.** *allg*, *auch fig* wave: *fig* (***hohe***) ***Wellen schlagen*** cause quite a stir **2.** TECH shaft

wellen **I** *v/t* (*Haar*) wave **II** *v/refl* ***sich wellen*** *Haar*: be (*oder* go) wavy

Wellenbad *n* swimming pool with artificially produced waves

Wellenband *n* ELEK wave band

Wellenbereich *m* RADIO wave range

Wellenbrecher *m* SCHIFF breakwater

wellenförmig *Adj* wavy

Wellenlänge *f* RADIO (*fig* ***die gleiche Wellenlänge haben*** be on the same) wavelength

Wellenlinie *f* wavy line

Wellenreiten *n* surfing

Wellensittich *m* ZOOL budgerigar
wellig *Adj* wavy
Wellpappe *f* corrugated board
Welpe *m* ZOOL puppy, pup
Welt *f auch fig* world: ***die Dritte Welt*** the Third World; ***die große Welt*** **a)** the big wide world, **b)** high society; ***alle Welt*** everybody; ***auf der ganzen Welt*** all over the world; ***der längste Fluss der Welt*** the longest river in the world, the world's longest river; ***was in aller Welt …?*** what on earth …?; ***nicht um alles in der Welt*** not on your life; ***aus der Welt schaffen*** get rid of, (*Problem*, *Streit etc*) settle; ***in die Welt setzen*** (*Kinder*) put into the world, (*Gerüchte*) start; ***zur Welt bringen*** give birth to; ***zur Welt kommen*** be born; ***das kostet doch nicht die Welt!*** it won't cost the earth!
weltabgeschieden *Adj* secluded
Weltall *n* universe
weltanschaulich *Adj* ideological
Weltanschauung *f* philosophy (of life), world view, (*Ideologie*) ideology
Weltausstellung *f* World Fair
Weltbank *f* World Bank
weltbekannt, **weltberühmt** *Adj* world-famous
Weltberühmtheit *f* (***Weltberühmtheit erlangen*** gain) worldwide fame
Weltbevölkerung *f* world('s) (*oder* global) population
weltbewegend *Adj* worldshaking: *iron* ***nichts Weltbewegendes*** nothing to write home about
Weltbild *n* world view
Weltbürger, **Weltbürgerin** citizen of the world, cosmopolitan
Weltenbummler, **Weltenbummlerin** globetrotter
Weltereignis *n* event of worldwide importance
Welterfolg *m* worldwide success
Weltergewicht *n Boxen*: welterweight
welterschütternd → ***weltbewegend***
weltfremd *Adj* naive, unworldly, *Gelehrter etc*: ivory-towered
Weltfriede(n) *m* world peace
Weltgeltung *f* worldwide reputation
Weltgeschichte *f* world history
Weltgesundheitsorganisation *f* World Health Organization
weltgewandt *Adj* urbane
Welthandel *m* international trade
Weltherrschaft *f* world domination
Weltkarte *f* map of the world
Weltkrieg *m* world war: ***der Zweite Weltkrieg*** World War II, the Second World War
Weltkulturerbe *n* Cultural Heritage of the World
Weltlage *f* international situation
weltlich *Adj* worldly, (*Ggs. geistlich*) secular
Weltliteratur *f* world literature
Weltmacht *f* world power
weltmännisch *Adj* man-of-the-world
Weltmarkt *m* world market
Weltmeer *n* ocean
Weltmeister, **Weltmeisterin** world champion
Weltmeisterschaft *f* world championship, *bes Fußball*: World Cup
Weltöffentlichkeit *f* world public
Weltpolitik *f* international (*oder* world) politics *Pl* (*auch Sg konstr*)
Weltpresse *f* international press
Weltraum *m* (outer) space
Weltraum… space …; *auch* **Raum…**
Weltraummüll *m* space debris
Weltraumschrott *m* space junk
Weltreich *n* (world) empire
Weltreise *f* world trip
Weltreisende *m,f* globetrotter
Weltrekord *m* world record
Weltrekordler, **Weltrekordlerin** world-record holder
Weltreligion *f* world religion
Weltruf *m* (***von Weltruf*** of) worldwide renown
Weltschmerz *m* world-weariness, weltschmerz
Weltsicherheitsrat *m* U.N. Security Council
Weltstadt *f* metropolis
Weltstadt…, **weltstädtisch** *Adj* metropolitan
weltumspannend *Adj* global
Weltuntergang *m* end of the world
Weltverbesserer *m*, **Weltverbesserin** *f* world changer
Weltwährungsfonds *m* International Monetary Fund
weltweit *Adj* worldwide, global
Weltwirtschaft *f* world economy
Weltwirtschaftskrise *f* worldwide economic crisis
Weltwunder *n* wonder of the world
wem *Pron* (to) whom: ***von wem*** of whom, by whom
wen *Pron* whom, *meist ugs* who
Wende *f* **1.** *auch* SPORT turn **2.** (*Änderung*) change, POL change of power
Wendekreis *m* **1.** GEOG tropic **2.** MOT turning circle
Wendeltreppe *f* spiral staircase
wenden **I** *v/t* **1.** turn, (*Braten*, *Seite etc*) turn over, (*Auto etc*) turn around **II** *v/i* **2.** turn (around), SPORT turn: ***bitte wenden!*** please turn over **III** *v/refl* ***sich wenden*** **3.** turn (**nach** to, ***gegen*** against, on): ***sich wenden gegen*** oppose; *fig* ***sich zum Guten wenden*** take a turn for the better **4.** ***sich an j-n wenden*** ask (*oder* see, consult, contact) s.o.; ***sich um Rat an j-n wenden*** turn to s.o. for advice
Wendepunkt *m auch fig* turning point
wendig *Adj* **1.** *fig* nimble, agile, (*geistig wendig*) *auch* flexible, versatile **2.** *Auto etc*: manoeuvrable, *Am* maneuverable
Wendigkeit *f* **1.** *fig* agility, flexibility **2.** MOT manoeuvrability, *Am* maneuverability
Wendung *f* **1.** turn, *fig* (*Änderung*) *auch* change: ***eine unerwartete Wendung nehmen*** take an unexpected turn **2.** (*Redewendung*) expression, phrase: ***fest(stehend)e Wendung*** set expression

wenig: few oder little? SG

few bei Personen oder zählbaren Begriffen:	
Ich habe wenige echte Freunde.	**I have few real friends.**
little bei abstrakten oder nicht-zählbaren Begriffen:	
Ich spreche nur sehr wenig Englisch.	**I speak very little English.**

wenig *Indefinitpron und Adv* little, not much: ***wenige*** *Pl* few, not many, *s.* few (people); ***nur wenige*** only few; (***nur***) ***einige wenige*** (only) a few; ***weniger*** less, MATHE minus; ***immer weniger*** less and less; ***weniger als*** less than; ***nicht weniger als*** no less than, *Pl* no fewer than;

nichts weniger als anything but; ***weniger werden*** decrease; ***das wenige*** the little; ***das wenigste*** the least; ***am wenigsten*** least of all; ***ein wenig*** a little; ***nicht wenig*** quite a lot; ***wenig beliebt*** not very popular; ***wenig bekannt*** little known; ***wenig begeistert*** (rather) unenthusiastic; ***wenig hilfreich*** unhelpful

weniger: fewer oder less? SG

Der Unterschied zwischen **fewer** und **less** ist analog zu dem Unterschied zwischen **many** und **much**. **Fewer** steht vor zählbaren Substantiven, **less** vor nicht-zählbaren.

Es waren weniger Leute auf der Party, als ich gedacht hätte.	**There were fewer people at the party than I'd have thought.**
Du solltest weniger Bier trinken und weniger Geld ausgeben!	**You ought to drink less beer and spend less money!**

Wenigkeit *f ugs* ***meine Wenigkeit*** yours truly
wenigstens *Adv* at least: ***wenn sie wenigstens zuhörte*** if only she would listen
wenn *Konj* **1.** when, (*sooft*) whenever, (*sobald*) as soon as: ***wenn man ihn so reden hört*** to hear him (talk) **2.** *konditional*: if: ***wenn sie doch*** (*oder* ***nur***) ***käme*** if only she would come; ***wenn du nicht bezahlst*** unless you pay; ***wenn ich das gewusst hätte*** had I (but) known **3.** *konzessiv*: ***wenn auch, wenn schon, und wenn*** even if

wenn: when oder if? SG

wenn = when
Es steht fest, dass etwas geschehen wird:
when I die ...
when you get here ...

wenn, falls = if
Es ist nicht sicher, ob etwas geschehen wird:
if you decide to go ...
if he rings ...

Wenn *n* ***ohne Wenn und Aber*** no ifs or buts
wennschon *Adv ugs* ***na, wennschon!*** so what!; ***wennschon - dennschon!*** if we do it at all, let's do it properly!
wer I *Interrogativpron* who, which: ***wer von euch?*** which of you? **II** *Relativpron* who, which: ***wer*** (***auch immer***) whoever **III** *Indefinitpron* **a)** who, VERW any person who, **b)** *ugs* somebody, anybody: ***er ist jetzt wer*** he really is somebody now
Werbeabteilung *f* publicity department
Werbeagentur *f* advertising agency
Werbeclip *m* (TV) ad, (TV) advert: ***einen Werbeclip abdrehen*** shoot an ad
Werbefachfrau *f*, **Werbefachmann** *m* advertising expert
Werbefernsehen *n* commercial television, (*Werbespots*) television (*oder* TV) commercials *Pl*
Werbefilm *m* promotion(al) film
Werbefunk *m* commercial radio, (*Werbespots*) radio ads (*Am* commercials) *Pl*
Werbegeschenk *n* promotional gift
Werbegrafik *f* commercial art
Werbegrafiker, **Werbegrafikerin** commercial artist
Werbekampagne *f* publicity (*oder* advertising) campaign
Werbekosten *Pl* advertising costs *Pl*
Werbeleiter, **Werbeleiterin** publicity manager
Werbemittel *Pl* advertising media (*Geld*: funds) *Pl*
werben I *v/t* **1.** (*Mitglieder etc*) enlist, (*Mitarbeiter etc*) *auch* recruit, (*Kunden, Stimmen etc*) canvass, attract: ***j-n für eine Sache werben*** win s.o. over to a cause **II** *v/i* **2.** ***werben für*** advertise, promote, *ugs* plug, POL campaign (*oder* canvass) for **3.** ***werben um*** *auch fig* court, woo
Werbeprospekt *m* publicity brochure
Werbespot *m* commercial (spot), spot
Werbespruch *m* (advertising) slogan
Werbetexter, **Werbetexterin** (advertising) copywriter
Werbetrommel *f fig* ***die Werbetrommel rühren*** → ***werben*** 2
werbewirksam *Adj* effective
Werbung *f* **1.** enlisting (*etc*, → ***werben*** 1), recruitment **2.** (*Reklame*) advertising, publicity: *fig* ***das ist eine gute Werbung für …*** that is good publicity for … **3.** → ***Werbeabteilung***
Werbungskosten *Pl steuerlich*: professional outlays *Pl*
Werdegang *m* development, *auch fig und* TECH history, *einer Person*: professional background, *weit. S.* career
werden I *v/i* become, get, *allmählich*: grow, (*sich wandeln*) turn, go, (*ausfallen*) turn out: ***blind*** (***verrückt***) ***werden*** go blind (mad); ***blass werden*** turn pale; ***böse werden*** get angry; ***gesund werden*** get well; ***was will er*** (***einmal***) ***werden?*** what does he want to be?; ***was soll nun werden?*** what are we going to do now?; ***was ist aus ihm*** (***daraus***) ***geworden?*** what has become of him (it)?; ***daraus wird nichts!*** **a)** nothing will come of it!, **b)** (*es kommt nicht*

werden: get, become, turn oder go? SG

werden bei Adjektiven:	**become**, *ugs* **get**

become / get tired / sad / old / warm

⚠ Bei Substantiven ist nur **become** möglich! **get** + Substantiv bedeutet **bekommen**!

become a teacher

werden: „sich ändern"	Wetter: **turn, become**, *ugs* **get** Farben: **go, turn**

The weather turned / got hot.
The leaves went / turned yellow.
Susie went / turned pale.

werden: „sich verschlechtern"	**go**

go blind / deaf
Milk and meat go bad / off after a couple of days.

W

in Frage) nothing doing!; *ugs* ***es*** (***er***) ***wird schon*** (***wieder***) ***werden!*** it (he) will be all right!; ***wie sind die Fotos geworden?*** how have the photos turned out?; *ugs* ***wirds bald?*** get a move on!; → ***Mutter***[1] **II** *v/hilf* **a)** ***ich werde fahren*** I will (*oder* I'll) drive, I am going to drive; ***es wird gleich regnen*** it's going to rain; ***es ist uns gesagt worden*** we have been told, **b)** *passivisch*: ***geliebt werden*** be loved; ***gebaut werden*** be (being) built

Werden *n* development, growth, (*Fortschreiten*) progress: ***im Werden sein*** be in the making

werfen I *v/t* **1.** *allg* throw (*auch fig und* ZOOL), (*auch Anker, Blick, Schatten*) cast: (*v/i* ***mit***) ***etw werfen nach*** throw s.th. at; ***Bomben werfen*** drop bombs; → ***Blick*** 1, ***Handtuch*** *etc* **II** *v/i* **2.** throw **3.** → ***schmeißen*** 5 **III** *v/refl* ***sich werfen*** **4.** TECH buckle, *Holz*: warp **5.** ***sich werfen auf*** (*Akk*) throw o.s. on (*fig* into); → ***Hals***

Werfer, **Werferin** SPORT thrower

Werft *f* **1.** shipyard **2.** FLUG hangar

Werftarbeiter, **Werftarbeiterin** shipyard worker

Werg *n* tow

Werk *n* **1.** (*Arbeit, Buch, Kunstwerk*) *allg* work, (*Gesamtwerk*) works *Pl*, (*Ergebnis*) *auch* result, (*Tat*) *auch* deed: ***am Werk sein*** be at work; ***ans Werk gehen*** set to work; ***ein gutes Werk tun*** do a good deed; ***vorsichtig zu Werke gehen*** go about it cautiously; *pej* ***es war sein Werk*** it was his work (*oder* doing) **2.** (*Fabrik*) works *Pl* (*meist Sg konstr*), plant, factory, (*Unternehmen*) company: WIRTSCH ***ab Werk*** ex works **3.** TECH works *Pl*, mechanism

Werk... works ..., factory ...

Werkangehörige *m, f* (works) employee

Werkarzt *m*, **Werkärztin** *f* works doctor

Werkbank *f* (work)bench

werkeigen *Adj* works ..., company(-owned)

werkeln *v/i* potter about

werken *v/i* work, PÄD do handicrafts

Werken *n* PÄD handicrafts *Sg*

Werkkantine *f* works canteen

Werkleiter, **Werkleiterin** works manager

Werks... → ***Werk...***

Werkschutz *m* factory security officers *Pl*, Security (*ohne Artikel*)

Werkspionage *f* industrial espionage

Werkstatt *f*, **Werkstätte** *f* workshop

Werkstoff *m* material

Werkstück *n* workpiece

Werktag *m* workday, working day

werktags *Adv* on weekdays, during the week

werktätig *Adj* working

Werktätige *m, f* working person: ***die Werktätigen*** the working population

Werkunterricht *m* → ***Werken***

Werkzeug *n* tool (*auch fig*), *Koll* tools *Pl*

Werkzeugbau *m* toolmaking

Werkzeugkasten *m* tool box, tool kit

Werkzeugmacher, **Werkzeugmacherin** toolmaker

Werkzeugmaschine *f* machine tool

Werkzeugschlosser, **Werkzeugschlosserin** toolmaker

Werkzeugtasche *f* tool bag

Wermut *m* **1.** BOT wormwood **2.** (*Wein*) vermouth

Wermutstropfen *m fig* drop of bitterness

wert *Adj* worth: ***etw wert sein*** be worth s.th.; ***einen Versuch*** (***eine Reise***) ***wert*** worth a try (a trip); ***einer Sache wert sein*** be worthy of s.th.; ***viel wert*** worth a lot, (very) valuable; ***nicht viel wert*** not up to much; ***nichts wert*** worthless, no good; ***wert, getan zu werden*** worth doing; ***das ist es*** (***mir***) ***nicht wert*** it's not worth it; ***er ist es nicht wert, dass man ihm hilft*** he doesn't deserve to be helped

Wert *m* **1.** *allg* value (*auch* CHEM, MATHE, PHIL, PHYS, TECH), *fig auch* merit(s *Pl*), (*Bedeutung*) importance, *ugs* (*Nutzen*) use: ***im Wert(e) von*** to the value of; ***Waren im Wert(e) von 400 Dollar*** 400 dollars worth of goods; ***im Wert sinken*** (***steigen***) lose (go up) in value; ***einer Sache großen Wert beimessen*** attach great importance to s.th.; (***großen***) ***Wert legen auf*** (*Akk*) set (great) store by; ***keinen besonderen Wert legen auf*** (*Akk*) not to care much for; *fig* ***sich unter Wert verkaufen*** sell o.s. short; *ugs* ***es hat keinen Wert!*** that's no use! **2.** ***Werte*** *Pl* **a)** (*Messwerte*) data *Pl*, readings *Pl*, levels *Pl*, **b)** WIRTSCH (*Aktiva*) assets *Pl*, (*Wertpapiere*) securities *Pl*, stocks *Pl*

Wertangabe *f* **a)** declaration of value, **b)** declared value

Wertarbeit *f* (high-class) workmanship

wertbeständig *Adj* stable, of stable (*fig* lasting) value

Wertbrief *m* insured letter

werten *v/t* (*bewerten*) assess, judge, *auch* SPORT rate: ***als Erfolg werten*** rate *s.th.* as a success

wertfrei *Adj und Adv* value-free

Wertgegenstand *m* article of value, *Pl* valuables *Pl*

Wertigkeit *f* CHEM valency

wertlos *Adj* worthless (*auch fig*), valueless, (*nutzlos*) useless, *präd* (of) no use, no good

Wertlosigkeit *f* worthlessness

Wertmaßstab *m* standard (of value)

Wertminderung *f* depreciation

Wertpaket *n* insured parcel

Wertpapiere *Pl* securities *Pl*

Wertsachen *Pl* valuables *Pl*

Wertschätzung *f* esteem (*Gen* for)

Wertschöpfung *f* WIRTSCH value added

Wertsteigerung *f* WIRTSCH increase in value

Wertstoff *m* reusable material

Wertstoffhof *m* recycling centre (*Am* center)

Wertung *f* (*Bewertung*) assessment, *auch* SPORT rating, SPORT score, points *Pl*

Werturteil *n* value judgement

Wertverlust *m* WIRTSCH loss of value

wertvoll *Adj* valuable

Wertvorstellungen *Pl* values *Pl*

Wertzuwachs *m* WIRTSCH increase in value

Wesen *n* **1.** (*Lebewesen*) being, creature **2.** (*Wesensart*) nature, character: ***ihr heiteres Wesen*** her cheerful disposition **3.** PHIL essence **4.** *ugs* ***viel Wesens von etw machen*** make a great fuss about s.th.

Wesensart *f* nature, character

wesensfremd *Adj* alien to one's nature

wesensgleich *Adj* identical in character

Wesenszug *m* (characteristic) trait

wesentlich I *Adj* essential (***für*** to), (*auch beträchtlich*) substantial: ***das Wesentliche*** the essence, the essential point; ***nichts Wesentliches*** nothing (very) important; ***im Wesentlichen*** in essence, essentially, on the whole; ***der wesentliche Inhalt*** *eines Buches etc*: the substance **II** *Adv* essentially, considerably, a great deal, much: ***wesentlich besser*** far better

weshalb I *Interrogativpron* why **II** *Konj* and so, which is why

Wespe *f* ZOOL wasp
Wespennest *n* wasps' nest: *fig* ***in ein Wespennest stechen*** stir up a hornet's nest
Wespenstich *m* wasp sting
wessen *Interrogativpron* **1.** *Gen von wer*: whose **2.** *Gen von was*: ***wessen beschuldigt man dich?*** what are you accused of?
Wessi *m, f ugs* Wessi, West German
West *m* **1.** West **2.** (*Westwind*) west wind
westdeutsch *Adj*, **Westdeutsche** *m, f* West German
Weste *f* waistcoat, *Am* vest: *ugs fig* ***eine weiße Weste haben*** have a clean record
Westen *m* west, *eines Landes*: West, *einer Stadt*: *auch* West End, POL *the* West: ***von Westen*** from the west; ***nach Westen*** west(-wards)
Westentasche *f* waistcoat (*Am* vest) pocket: *ugs* ***etw wie seine Westentasche kennen*** know s.th. like the back of one's hand
Westentaschenformat *n* ***im Westentaschenformat*** pocket-size (*camera etc*)
Westfale *m* Westphalian
Westfalen *n* Westphalia
Westfälin *f*, **westfälisch** *Adj* Westphalian
westlich **I** *Adj* western, *Wind, Richtung*: west(-erly), POL West(ern) **II** *Adv* (to the) west (***von*** of) **III** *Präp* (*Gen*) (to the) west of
Westmächte *Pl* POL Western powers *Pl*
westwärts *Adv* west(wards)
Westwind *m* west wind
weswegen → ***weshalb***
Wettannahme *f* betting office
Wettbewerb *m* competition (*auch* WIRTSCH), SPORT (*Einzelwettbewerb*) *auch* event: ***freier*** (***unlauterer***) ***Wettbewerb*** free (unfair) competition; ***in Wettbewerb stehen*** be competing (***mit*** with)
Wettbewerber, **Wettbewerberin** competitor
wettbewerbsfähig *Adj* competitive
Wettbewerbsnachteil *m* competitive disadvantage
Wettbewerbsvorteil *m* competitive advantage
Wettbüro *n* betting office
Wette *f* bet: ***eine Wette eingehen*** (*oder* ***abschließen***) make a bet; ***was gilt die Wette?*** what do you bet?; ***mit j-m um die Wette laufen*** (*oder* ***fahren***) race s.o.
Wetteifer *m* rivalry
wetteifern *v/i* (***mit*** with, ***um*** for) vie, compete
wetten *v/t und v/i* bet: (***mit j-m***) ***um etw wetten*** bet (s.o.) s.th.; ***ich wette zehn zu eins, dass …*** I bet you ten to one that …; ***wetten auf*** (*Akk*) bet on, put one's money on, *Rennsport*: *auch* back; *ugs* ***wetten, dass …?*** want to bet?
Wetter[1], **Wetterin** better

Wetter SG

Zum Wetter sollte man sich in Großbritannien stets äußern können, denn es ist und bleibt das Thema Nr. 1. Hier einige nützliche Phrasen:

Isn't it a nice day? / Nice day, isn't it?
Schönes Wetter, nicht wahr?

What a lovely / beautiful day!
Tolles Wetter, nicht wahr?

Terrible / Awful / Dreadful weather, isn't it?
Scheußliches Wetter, nicht wahr?

Wetter[2] *n* **1.** weather, (*Unwetter*) storm: ***bei diesem Wetter*** in a weather like this; → ***Wind*** **2.** BERGB ***schlagende Wetter*** *Pl* firedamp *Sg*
Wetteramt *n* meteorological office
Wetteraussichten *Pl* weather outlook *Sg*
Wetterbedingungen *Pl* weather conditions *Pl*
Wetterbericht *m* weather report
wetterbeständig *Adj* weatherproof
Wetterdienst *m* weather service
Wetterfahne *f* weather vane
wetterfest *Adj* weatherproof
Wetterfrosch *m hum* weatherman
wetterfühlig *Adj* ***wetterfühlig sein*** be sensitive to changes in the weather
Wetterhahn *m* weathercock
wetterhart *Adj* weather-beaten
Wetterkarte *f* weather map
Wetterkunde *f* meteorology
Wetterlage *f* weather situation
Wetterleuchten *n* sheet lightning: *fig* ***Wetterleuchten am politischen Horizont*** clouds on the political horizon
wettern *v/i ugs* ***wettern gegen*** storm at
Wetterseite *f* weather side
Wetterstation *f* weather station
Wettersturz *m* sudden drop in temperature
Wetterumschwung *m* (sudden) change in weather
Wettervorhersage *f* weather forecast
wetterwendisch *Adj fig* fickle
Wettfahrt *f* race
Wettkampf *m* contest, competition, SPORT *auch* (*Einzelwettkampf*) event
Wettkämpfer, **Wettkämpferin** competitor, contestant
Wettlauf *m* race (*fig* ***mit der Zeit*** against time)
Wettläufer, **Wettläuferin** runner
wettmachen *v/t* make up for
Wettrennen *n auch fig* race
Wettrüsten *n* arms race
Wettspiel *n* match, game
Wettstreit *m* contest
wetzen **I** *v/t* (*Sense etc*) sharpen, whet: ***seinen Schnabel wetzen*** *Vogel*: rub its beak **II** *v/i ugs* whiz(z), scoot
WEZ *Abk* (= ***westeuropäische Zeit***) GMT, Greenwich Mean Time
WG *f Abk* (= ***Wohngemeinschaft***) flat share; people sharing a flat (*bes Am* an apartment) *oder* a house
Whirlpool *m* whirlpool (bath)
Whisky *m* whisky, *irischer, amerikanischer*: whiskey
wichsen **I** *v/t* polish **II** *v/i vulg* (*onanieren*) wank, *bes Am* jerk off
Wichtel *m* **1.** (*Pfadfinderin*) brownie **2.** *a* **Wichtelmännchen** *n* goblin
wichtig *Adj* important (***für j-n*** to s.o., ***für etw*** for s.th.); ***Wichtigeres zu tun haben*** have more important things to do; ***das Wichtigste*** the most important thing; ***das Wichtigste zuerst!*** first things first!
Wichtigkeit *f* importance
wichtigmachen *v/refl* ***sich wichtigmachen*** be self-important
wichtigtun *v/i und v/refl* be self-important
Wichtigtuer, **Wichtigtuerin** pompous ass
Wichtigtuerei *f* pomposity
wichtigtuerisch *Adj* pompous
Wicke *f* BOT vetch, (*Gartenwicke*) sweet pea
Wickel *m* **1.** MED compress **2.** *ugs* ***am Wickel haben*** **a)** ***j-n*** give s.o. a good talking to, **b)** *fig*

(*ein Thema etc*) hold forth about
Wickelkommode *f* (baby's) changing table
wickeln **I** *v/t* **1.** (**um** [a]round) wind, (*Tuch, Schnur etc*) tie, (*Decke, Schal etc*) wrap: ***etw in Papier wickeln*** wrap s.th. (up) in paper; → ***Finger*** **2.** ***ein Baby wickeln*** change a baby's nappies (*Am* diapers) **II** *v/refl* **3.** ***sich wickeln um*** wind (*oder* coil) itself around; ***sich in eine Decke wickeln*** wrap o.s. up in a blanket
Wickelrock *m* wraparound skirt
Wickler *m* (*Lockenwickler*) curler
Wicklung *f* TECH winding
Widder *m* **1.** ZOOL ram **2.** ASTR (***er ist Widder*** he is [an]) Aries
wider *Präp* against, contrary to: ***wider Erwarten*** contrary to expectation(s); → ***für*** II, ***Wille***
widerfahren *v/i* ***j-m widerfahren*** happen to s.o., *Unglück etc*: *auch* befall s.o.; ***j-m Gerechtigkeit widerfahren lassen*** do justice to s.o., *weit. S.* give s.o. his due
Widerhaken *m* barb
Widerhall *m* echo, *fig auch* resonance: ***keinen Widerhall finden*** meet with no response
widerhallen *v/i* (**von** with) echo, resound
widerlegbar *Adj* refutable
widerlegen *v/t* refute, disprove
widerlich *Adj* revolting, disgusting
widernatürlich *Adj* unnatural, perverse
widerrechtlich *Adj* illegal, unlawful: *Adv* ***widerrechtlich betreten*** trespass (up)on; ***sich*** *etw* ***widerrechtlich aneignen*** misappropriate
Widerrede *f* contradiction(s *Pl*): ***ohne Widerrede*** without protest; ***keine Widerrede!*** no argument!
Widerruf *m* revocation, withdrawal: (***bis***) ***auf Widerruf*** until revoked
widerrufen *v/t* revoke, withdraw
Widersacher, **Widersacherin** adversary, opponent
Widerschein *m* reflection
widersetzen *v/refl* ***sich widersetzen*** put up resistance; ***sich j-m*** (***einer Sache***) ***widersetzen*** oppose (*oder* resist) s.o. (s.th.)
widersetzlich *Adj* refractory, insubordinate
widersinnig *Adj* absurd
widerspenstig *Adj* rebellious, *auch fig Haar etc*: unruly
Widerspenstigkeit *f* rebelliousness, *auch fig* unruliness
widerspiegeln **I** *v/t auch fig* reflect **II** *v/refl* ***sich widerspiegeln*** be reflected
widersprechen *v/i* contradict (***j-m*** s.o., ***sich*** o.s.), (*einem Vorschlag etc*) oppose: ***sich*** (*oder* ***einander***) ***widersprechen*** *Meinungen etc*: be contradictory
Widerspruch *m* contradiction (***in sich*** in terms), (*Protest*) protest, opposition: ***im Widerspruch zu*** in contradiction to; ***im Widerspruch stehen zu*** be inconsistent with, contradict; ***auf Widerspruch stoßen*** meet with protest (***bei*** from)
widersprüchlich *Adj* contradictory, inconsistent, *Gefühle etc*: conflicting
Widerspruchsgeist *m* spirit of contradiction
widerspruchslos *Adj und Adv* without contradiction (*oder* protest)
Widerstand *m* **1.** (***gegen*** to) resistance (*auch* PHYS, POL), opposition: ***Widerstand leisten*** offer resistance, fight back; ***auf*** (***heftigen***) ***Widerstand stoßen*** meet with (stiff) opposition; ***den Widerstand aufgeben*** give in; ***den Weg des geringsten Widerstandes wählen*** take the line of least resistance **2.** ELEK resistance, (*Bauteil*) resistor
Widerstandsbewegung *f* POL resistance movement
widerstandsfähig *Adj* resistant (***gegen*** to), robust (*auch* TECH)
Widerstandsfähigkeit *f* resistance (***gegen*** to), robustness
Widerstandskämpfer, **Widerstandskämpferin** resistance fighter
Widerstandskraft *f* (powers *Pl* of) resistance
widerstandslos *Adv* without resistance
widerstehen *v/i* ***j-m*** (***einer Sache***) ***widerstehen*** resist s.o. (s.th.)
widerstreben *v/i* be repugnant (*Dat* to): ***es widerstrebt mir zu*** *Inf* I hate to *Inf*
Widerstreben *n* reluctance
widerstrebend *Adv* reluctantly
widerwärtig *Adj* repulsive, disgusting, *ugs* nasty
Widerwille *m* (***gegen***) aversion (to), (*Ekel*) disgust (at)
widerwillig *Adj* unwilling, reluctant
widmen (*Dat* to) **I** *v/t* **1.** (*Buch etc*) dedicate **2.** (*Zeit, Aufmerksamkeit etc*) devote, give **II** *v/refl* ***sich widmen*** **3.** devote o.s., (*sich kümmern um*) attend: ***sich ganz j-m*** (***einer Sache***) ***widmen*** give one's undivided attention to s.o. (s.th.)
widrig *Adj* adverse
widrigenfalls *Adv* failing which, JUR in default of which
wie **I** *Adv fragend* **1.** how: ***wie macht man das?*** how is that done?; ***wie ist er*** (***es***)***?*** what is he (it) like?; ***wie nennt man das?*** what do you call that?; ***wie sagten Sie?*** (sorry,) what did you say?; ***wie wäre*** (*oder* ***steht***) ***es mit …?*** what about …?; ***wie viel*** how much; ***wie viel***(***e***) *Pl* how many **2.** ***wie schön!*** how beautiful!; ***wie gut, dass er da war!*** lucky for me (you *etc*) that he was there!; ***und wie!*** and how!, *ugs*

wie: Profiübersetzung mit Partizip GR

Nebensätze mit **wie** und zeitlichem Bezug können nach Verben wie **catch, find, keep, leave** oder Wahrnehmungsverben wie **feel, hear, see, watch** mit dem **present participle** übersetzt werden.
Die Satzstruktur lautet dann: Subjekt + Prädikat + Objekt + **present participle.**

Sie hat gesehen, wie du mit meinem Freund geflirtet hast.	**She saw you flirting with my boyfriend.**

wie SG

Bei Personen sollte man auf folgenden Unterschied achten:

How
fragt nach dem Wohlbefinden:
How are you?
How is your mother?

What … like?
fragt nach dem Typ, der Persönlichkeit:
What's the new teacher like?
What are your neighbours like?

W

you bet!; → ***bitte*** 3 **II** *Konj* **3.** *im Vergleich*: as, like: ***stark wie ein Bär*** (as) strong as a bear; ***ein Mann wie er*** a man like him; ***dumm wie er ist*** fool that he is; ***wie gesagt*** as I said **4.** ***wie*** (***zum Beispiel***), ***wie etwa*** such as **5.** *zeitlich*: *ugs* as, when **6.** ***ich sah, wie er weglief*** I saw him running away; ***ich hörte, wie er es sagte*** I heard him say so **7.** *verallgemeinernd*: ***wie*** (***auch***) ***immer*** however, no matter how; ***wie dem auch sei*** be that as it may; ***wie sie auch heißen mögen*** whatever they are called

Wiedehopf *m* ZOOL hoopoe

wieder *Adv* again, *bei Verben oft* re...: ***wieder gesund*** well again; ***immer wieder*** again and again, time and again; ***schon wieder?*** not again!; ***ich bin gleich wieder da!*** I'll be back in a minute!; ***wieder eine Gelegenheit vertan!*** another chance lost!; *fig* ***wieder anknüpfen*** renew; ***wieder aufführen*** (*Film etc*) rerun; ***wieder aufleben*** (*auch* ***lassen***) revive; ***wieder aufnehmen*** resume; ***wieder aufrüsten*** rearm; ***wieder auftauchen*** re-emerge, SCHIFF *auch* resurface → ***wiederauftauchen***; ***wieder auftreten*** reappear; ***wieder beleben*** *fig* revive → ***wiederbeleben***; ***wieder einführen*** **a)** reintroduce, (*Brauch etc*) revive, **b)** (*Waren*) reimport; ***wieder einsetzen*** *allg* reinstate (***in*** *Akk* in); ***wieder einstellen*** re-employ; ***wieder eröffnen*** reopen; ***wieder wählen*** re-elect

Wiederannäherung *f* POL rapprochement

Wiederaufbau *m* reconstruction, *wirtschaftlich*: recovery

Wiederaufbereitung *f* reprocessing

Wiederaufbereitungsanlage *f* reprocessing plant

wiederaufführen → ***wieder***

Wiederaufnahme *f* resumption

Wiederaufnahmeverfahren *n* JUR new hearing, retrial

wiederaufnehmen → ***wieder***

Wiederaufrüstung *f* rearmament

wiederauftauchen *v/i fig* reappear, turn up again

Wiederausfuhr *f* reexportation

Wiederbeginn *m* recommencement, *der Schule etc*: reopening

wiederbekommen *v/t* get *s.th.* back

wiederbeleben *v/t* resuscitate, revive *auch fig*

Wiederbelebung *f* resuscitation, *fig* revival

Wiederbelebungsversuch *m* attempt at resuscitation

wiederbeschaffen *v/t* replace

wiederbringen *v/t* bring *s.o.*, *s.th.* back, return

wiedereinführen → ***wieder***

Wiedereinführung *f* **1.** reintroduction, revival **2.** WIRTSCH reimportation

Wiedereingliederung *f* reintegration (***in*** *Akk* into), *soziale oder berufliche*: rehabilitation

Wiedereinsetzung *f* reinstatement

Wiedereintritt *m* re-entry (***in*** *Akk* into)

wiederentdecken *v/t* rediscover

Wiederergreifung *f* recapture

wiedererkennen *v/t* recognize: ***nicht wiederzuerkennen*** unrecognizable

wiedererlangen *v/t* recover, regain

wiedereröffnen → ***wieder***

Wiedereröffnung *f* reopening

wiedererstatten *v/t* (*Kosten*) refund

wiedererwecken *v/t fig* revive

wiederfinden *v/t* find again

Wiedergabe *f* **1.** (*Bericht*) account **2.** MUS rendering, interpretation **3.** reproduction (*auch* TECH), (*Tonwiedergabe*) playback

Wiedergabegerät *n* playback unit

Wiedergabequalität *f* fidelity of reproduction

wiedergeben *v/t* **1.** → ***zurückgeben*** 1 **2.** (*schildern*) describe, (*wiederholen*) repeat, (*zitieren*) quote **3.** MUS render, interpret **4.** reproduce (*auch* TECH), (*Ton*) *auch* play back

Wiedergeburt *f auch fig* rebirth

wiedergewinnen *v/t* regain, recover (*auch* TECH), TECH reclaim, COMPUTER (*Daten*) retrieve

Wiedergewinnung *f* recovery, TECH *auch* reclamation, COMPUTER (*von Daten*) retrieval

wiedergutmachen *v/t* make up for, (*Schaden etc*) compensate for; ***nicht wiedergutzumachen(d)*** irreparable

Wiedergutmachung *f* reparation

wiederhaben *v/t ugs* have *s.o.*, *s.th.* back

wiederherstellen *v/t allg* restore, MED *auch* cure, (*Verbindung etc*) *auch* re-establish, (*Text, Datei etc*) undelete

Wiederherstellung *f* restoration, re-establishment, MED recovery

wiederholbar *Adj* repeatable

wiederholen[1] **I** *v/t* repeat, say (*oder* do) *s.th.* (over) again, (*zs.-fassen*) sum up, *ugs* recap **II** *v/refl* ***sich wiederholen*** repeat itself (*Person*: o.s.), *regelmäßig*: recur

wiederholen[2] *v/t* fetch (*oder* get) back

wiederholt *Adj* repeated(ly *Adv*)

Wiederholung *f* repetition, RADIO, TV *etc* repeat, TV *Fußball etc*: replay

Wiederholungsfall *m* ***im Wiederholungsfall*** if this should happen again

Wiederholungsimpfung *f* booster (shot)

Wiederholungskurs *m* refresher course

Wiederholungsprüfung *f* resit

Wiederholungsspiel *n* SPORT replay

Wiederholungstaste *f* repeat key

Wiederhören: ***auf Wiederhören!*** goodby(e)!

wiederkäuen **I** *v/i* ZOOL ruminate **II** *v/t fig* rehash

Wiederkäuer *m* ruminant

Wiederkehr *f* return, *regelmäßige*: recurrence

wiederkehren *v/i* **1.** return, come back **2.** (*sich wiederholen*) recur: (***regelmäßig***) ***wiederkehrend*** recurrent

wiederkommen *v/i* come again, come back, return

Wiederkunft *f* return

wiedersehen see *s.o.*, *s.th.* again; ***sich wiedersehen*** meet again;

Wiedersehen *n* reunion: ***Wiedersehen mit London*** London revisited; ***auf Wiedersehen!*** goodby(e)!, see you again!, *ugs* so long!, bye!

wiederum *Adv* **1.** again **2.** (*andererseits*) on the other hand

wiedervereinigen *v/t* (*auch* ***sich***) reunite

Wiedervereinigung *f* reunion, POL *auch* reunification

Wiederverheiratung *f* remarriage

Wiederverkäufer *m* reseller

Wiederverkaufswert *m* resale value

Wiederverwendung *f* reuse

wiederverwerten *v/t* (*Abfälle*) recycle

Wiederverwertung *f* recycling

Wiederwahl *f* re-election

Wiederzulassung *f* **1.** readmission **2.** MOT relicensing

Wiege *f auch fig* cradle: ***von der Wiege bis zur Bahre*** from the cradle to the grave

wiegen[1] **I** *v/t* rock, *(Kopf)* shake, *(Hüften)* sway: *fig* ***j-n in Sicherheit wiegen*** lull s.o. into a false sense of security **II** *v/refl* ***sich wiegen*** rock; ***sich in den Hüften wiegen*** sway one's hips; *fig* ***sich in Sicherheit wiegen*** believe o.s. safe
wiegen[2] **I** *v/t und v/i* weigh: ***was wiegen Sie?*** how much do you weigh?; ***mehr wiegen als*** outweigh; *fig* ***schwer wiegen*** carry (a lot of) weight **II** *v/refl* ***sich wiegen*** weigh o.s
wiegen[3] *v/t* GASTR chop, mince
Wiegenlied *n* lullaby
wiehern *v/i* neigh: ***wiehern(d lachen)*** heehaw
Wien *n* Vienna
Wiener[1] *f meist Pl* GASTR wiener(wurst)
Wiener[2] *m*, **Wienerin** *f*, **wienerisch** *Adj* Viennese
wienern *v/t ugs* polish
Wiese *f* meadow
Wiesel *n* ZOOL weasel
wieso → ***warum***
wieviel → ***wie*** I, 1
wievielmal *Adv* how many times, how often
wievielt *Adj* ***der (die, das) wievielte*** which; ***zum wievielten Male?*** how many times?; ***den Wievielten haben wir heute?*** what's the date today?
wieweit → ***inwieweit***
Wikinger, **Wikingerin** *(auch in Zssgn)* Viking
wild I *Adj* **1.** *allg* wild *(auch* BOT, ZOOL, *fig Gegend, Sitten etc)*, *(unzivilisiert) auch* savage: MED ***wildes Fleisch*** proud flesh; *fig* ***wilde Vermutungen*** *Pl* wild speculation *Sg*; *Adv* ***wild wachsen*** grow wild **2.** *(Ggs. sanft)* wild, *Kind: auch* unruly, *(heftig)* violent, fierce: ***das ist halb so wild!*** it's not all that bad! **3.** *ugs fig (wütend)* wild, mad: ***wie wild*** *arbeiten etc* like mad; ***j-n wild machen*** make s.o. mad; ***wild werden*** get mad, see red; ***den wilden Mann spielen*** go berserk **4.** *ugs* ***ganz wild sein auf*** *(Akk)* be wild *(oder* crazy) about **5.** *Parken, Zelten etc*: unauthorized; → ***Streik*** **II** *Adv* ***wild lebend, wild wachsend*** wild
Wild *n* game, GASTR venison
Wildbach *m* torrent
Wildbahn *f* ***in freier Wildbahn*** in the wild
Wildbret *n* game, venison
Wilddieb, **Wilddiebin** poacher
Wilde *m, f* savage
Wildente *f* ZOOL wild duck
Wilderer *m*, **Wilderin**, **Wildrerin** *f* poacher
wildern *v/i* poach
wildfremd *Adj* completely strange *(Dat* to): ***wildfremder Mensch*** complete stranger
Wildgans *f* ZOOL wild goose
Wildgehege *n* game preserve
Wildheit *f* wildness *(auch fig)*, savagery, fury, *von Kindern: auch* unruliness
Wildhüter, **Wildhüterin** gamekeeper
Wildkatze *f* ZOOL wild cat
wildlebend → ***wild*** II
Wildleder *n*, **wildledern** *Adj* suede
wildmachen → ***wild*** I 3
Wildnis *f* wilderness *(auch fig)*, wild
Wildpark *m* game park
Wildsau *f* wild sow
Wildschwein *n* wild boar
wildwachsend → ***wild*** II
Wildwasser *n* torrent, *auch Sport und in Zssgn* wildwater
Wildwechsel *m* game runway
Wildwestfilm *m* western
Wille *m* will, PHIL *auch* volition, *(Absicht) auch* intention: ***böser Wille*** ill will; ***guter Wille*** good will *(oder* intention); ***Letzter Wille*** (last) will, JUR last will and testament; ***aus freiem Willen*** of one's own free will; ***gegen meinen Willen*** against my will; ***j-m seinen Willen lassen*** let s.o. have his (own) way; ***ich kann Ihnen beim besten Willen nicht helfen*** I can't help you, much as I should like to; ***ich kann mich beim besten Willen nicht erinnern*** I can't remember for the life of me; ***wenn es nach ihrem Willen ginge*** if she had her way; ***sie musste wider Willen lachen*** she couldn't help laughing; → ***durchsetzen***[1] I
Willen *m* → ***Wille***
willenlos *Adj* weak, weak-willed: ***j-s willenloses Werkzeug sein*** be s.o.'s slave
willens *Adj* ***willens sein zu*** *Inf* be willing *(oder* prepared) to *Inf*
Willensakt *m* act of volition
Willensanstrengung *f* effort of will
Willensäußerung *f* expression of one's will
Willenserklärung *f* JUR declaration of intention
Willensfreiheit *f* freedom of will
Willenskraft *f* willpower, *weit. S.* strong will
willensschwach *Adj* weak, weak-willed
willensstark *Adj* strong-willed
Willensstärke *f* strong will
willentlich *Adv* deliberately
willfährig *Adj* compliant
willig *Adj* willing
willkommen *Adj auch fig* welcome *(Dat,* ***in*** *Dat* to): ***j-n willkommen heißen*** welcome s.o.
Willkommen *n* welcome, reception
Willkür *f* arbitrariness: ***j-s Willkür ausgeliefert sein*** be at s.o.'s mercy
Willkürakt *m* arbitrary act
Willkürherrschaft *f* arbitrary rule, despotism
willkürlich *Adj* arbitrary, *Auswahl etc*: random, PHYSIOL voluntary
wimmeln *v/i* ***wimmeln von*** *Menschen, Fehlern etc*: be teeming *(ugs* crawling) with
wimmern *v/i* whimper
Wimpel *m* pennant
Wimper *f* eyelash: ***ohne mit der Wimper zu zucken*** without batting an eyelid
Wimpernbürste *f* eyelash brush
Wimperntusche *f* mascara
Wind *m* (***günstiger Wind*** fair) wind: ***sanfter Wind*** (gentle) breeze; *fig* ***ein frischer Wind*** a breath of fresh air; ***gegen den Wind*** into the wind; ***mit dem Wind*** down the wind; ***bei Wind und Wetter*** in rain or storm; *fig* ***Wind bekommen von*** get wind of; *ugs* ***viel Wind machen*** **a)** make a great fuss (***um*** of, about, over), **b)** *(angeben)* act big, talk big; ***j-m den Wind aus den Segeln nehmen*** take the wind out of s.o.'s sails; ***in alle Winde zerstreut*** scattered to the four winds; ***in den Wind reden*** waste one's breath; ***in den Wind schlagen*** cast to the wind; ***wissen, woher der Wind weht*** know how the wind blows; → ***Mantel*** 1
Windbeutel *m* GASTR cream puff
Winde[1] *f* TECH winch, hoist
Winde[2] *f* BOT bindweed
Windei *n* wind egg
Windel *f* nappy, *Am* diaper
windelweich *Adj ugs* ***j-n windelweich schlagen*** beat s.o. to a pulp
winden I *v/t* **1.** wind (***um*** round) **2.** *(Kranz)* make, bind **II** *v/refl* ***sich winden*** **3.** wriggle, squirm: ***sich vor Schmerzen winden*** writhe

with pain **4.** ***sich winden durch*** *Fluss, Straße etc*: wind its way through **5.** ***sich winden um*** wind (*oder* coil) itself round
Windenergie *f* wind power (*oder* energy)
Windeseile *f* ***in Windeseile*** at lightning speed, in no time; ***sich mit Windeseile verbreiten*** *Gerücht etc*: spread like wildfire
windgeschützt *Adj* sheltered (from the wind)
Windhose *f* METEO whirlwind
Windhund *m* **1.** ZOOL greyhound **2.** *ugs fig* free-wheeler
windig *Adj* **1.** windy **2.** *ugs fig Person*: shady, *Sache*: fishy, *Ausrede*: lame
Windjacke *f* windcheater
Windjammer *m* SCHIFF windjammer
Windkanal *m* TECH wind tunnel
Windkraft *f* wind power
Windkraftanlage *f* wind power plant
Windlicht *n* storm lantern
Windmühle *f* windmill
Windpocken *Pl* MED chickenpox *Sg*
Windrichtung *f* direction of the wind
Windrose *f* compass card (*oder* rose)
Windsack *m* wind sock
Windschatten *m* SCHIFF lee, FLUG sheltered zone, SPORT slipstream
windschief *Adj ugs* cockeyed
windschlüpfig, **windschnittig** *Adj* streamlined
Windschutzscheibe *f* windscreen, *Am* windshield
Windstärke *f* wind force
windstill *Adj* calm
Windstille *f* calm, *kürzere*: *auch* lull
Windstoß *m* gust (of wind)
Windsurfbrett *n* windsurfing board
Windsurfen *n* windsurfing
Windsurfer, **Windsurferin** windsurfer
Windung *f* winding, *auch* ANAT convolution, *eines Weges, Flusses etc*: bend, *einer Spirale, Muschel*: whorl, *einer Schraube*: worm, thread
Wink *m* sign, *fig* hint, tip, *warnender*: tip-off, warning: → ***Zaunpfahl***
Winkel *m* **1.** MATHE angle: ***im rechten Winkel*** at right angles (***zu*** to); → ***tot 2.*** (*Ecke*) corner **3.** MIL chevron **4.** TECH square, (*Knie*) knee, elbow

Geometrische Winkel WF

spitzer Winkel	**acute angle**
stumpfer Winkel	**obtuse angle**
rechter Winkel	**right angle**
Innenwinkel	**interior angle**
Außenwinkel	**exterior angle**
45 Grad	**45 degrees (45°)**
Scheitel(punkt)	**vertex**
rechtwinklig (auf)	**perpendicular (to)**

Winkeleisen *n* TECH angle iron
Winkelfunktion *f* MATHE goniometric function
Winkelhalbierende *f* MATHE bisector of an angle
winkelig *Adj Haus etc*: full of corners
Winkelmaß *n* TECH square
Winkelmesser *m* MATHE protractor, *Landvermessung*: goniometer
Winkelzug *m ugs* dodge: ***Winkelzüge machen*** prevaricate
winken I *v/i* ***j-m winken*** **a)** wave to s.o., **b)** *fig Belohnung etc*: be in store for s.o.; ***mit dem Taschentuch winken*** wave one's handkerchief; ***einem Taxi winken*** hail a taxi **II** *v/t* ***j-n zu sich winken*** beckon s.o. (to come)
Winter *m* (***im Winter*** in) winter
Winter... winter (*coat, fashion, holiday, month, semester, etc*)
Winterausrüstung *f* MOT winter equipment
Winterfahrplan *m* winter timetable (schedule)
Winterferien *Pl* winter holidays (*Am* vacation *Sg*)
winterfest *Adj* winterproof, BOT hardy: ***winterfest machen*** winterize
Wintergarten *m* conservatory
Wintergetreide *n* winter crop
Winterhalbjahr *n* winter
winterlich *Adj* wintry
Winterpause *f* winter break
Winterreifen *m* MOT winter tyre (*Am* tire)
Winterschlaf *m* ZOOL hibernation: ***Winterschlaf halten*** hibernate
Winterschlussverkauf *m* winter sales *Pl*
Winterspiele *Pl* ***Olympische Winterspiele*** Winter Olympic Games *Pl*
Wintersport *m* winter sport(s *Pl*)

Einige Wintersportarten WF

Abfahrtsskilauf	**downhill skiing**
Bobrennen	**bob(sleigh)** [sleɪ] **racing**
Eishockey	**ice hockey**
Eiskunstlauf	**figure skating**
Eisschnelllauf	**speed skating**
Eisstockschießen	**curling**
Rodeln	**tobogganing** [təˈbɒgənɪŋ]
Schlittschuhlaufen	**ice skating**
Skifahren, Skilaufen	**skiing**
Skifahren abseits der Piste	**off-piste skiing** [ˌɒfpiːstˈskiːɪŋ]
Skilanglauf	**cross-country skiing**
Skispringen	**ski jumping**
Tiefschneefahren	**deep snow skiing, deep powder skiing**

Wintersportler, **Wintersportlerin** person doing winter sports
Winzer, **Winzerin** winegrower
winzig *Adj* tiny, minute
Winzling *m ugs* mite, (*auch Sache*) midget
Wipfel *m* (tree) top
Wippe *f* seesaw, *Am* teeter-totter
wippen *v/i* seesaw, rock, *Rock etc*: bob
wir *Personalpron* we: ***wir beide*** (***alle***) both (all) of us; ***wir drei*** we three, the three of us
Wirbel *m* **1.** PHYS whirl, eddy, *stärker*: vortex, turbulence **2.** *fig* (*Trubel*) whirl, turmoil, (*Getue*) *ugs* fuss, to-do (***um*** about): ***einen ziemlichen Wirbel verursachen*** cause quite a stir **3.** ANAT vertebra (*Pl* vertebrae) **4.** *im Haar*: cowlick **5.** (*Trommelwirbel*) (drum) roll **6.** (*Violinwirbel*) peg
wirbellos *Adj* ZOOL (*auch* ***wirbelloses Tier***) invertebrate
wirbeln *v/i* **1.** whirl, swirl **2.** *Trommel*: roll
Wirbelsäule *f* spine, spinal column
Wirbelsturm *m* cyclone, tornado

Wirbeltier *n* vertebrate
wirken I *v/i* **1.** take (*oder* have) effect, be effective, work, act: ***wirken auf*** (*Akk*) have a *depressing etc* effect on, affect, MED, TECH act on; ***wirken gegen*** be effective against; ***etw auf sich wirken lassen*** take s.th. in; *ugs* ***das wirkt immer!*** it never fails (to work)!; ***das hat gewirkt!*** that did the trick!, (*hat gesessen*) that hit home! **2.** (*tätig sein*) work (***an*** *Dat* at) **3.** (*scheinen*) seem, look: ***jünger wirken*** look younger; ***er wirkt schüchtern*** he seems shy; ***überzeugend wirken*** be convincing **II** *v/t* **4.** → ***bewirken***, ***hinwirken***, ***Wunder***
Wirken *n* **1.** activity, work, (*Einwirken*) MED, TECH action **2.** knitting
wirkend *Adj* active: ***stark wirkend*** potent, strong; ***langsam wirkend*** slow-acting
wirklich I *Adj allg* real, (*tatsächlich*) *auch* actual, (*echt*) *auch* true **II** *Adv* really, actually: ***wirklich?*** really?, *auch iron* is that so?
Wirklichkeit *f* (***die rauhe Wirklichkeit*** harsh) reality; ***in Wirklichkeit*** in reality, actually; ***Wirklichkeit werden*** come true
wirklichkeitsfremd *Adj* unrealistic(ally *Adv*), starry-eyed
wirklichkeitsgetreu *Adj* realistic(ally *Adv*), *Nachbildung etc*: faithful
wirksam *Adj* effective: ***sehr wirksam*** *auch* powerful, drastic; ***wirksam gegen*** good for; ***wirksam werden*** take effect, JUR come into force
Wirksamkeit *f* effectiveness
Wirkstoff *m* active substance
Wirkung *f* **1.** (***auf*** *Akk* on) effect, operation, (*Auswirkung*, *Einwirkung*, *Nachwirkung*) impact: ***mit Wirkung vom …*** with effect from …, as from …, as of …; ***mit sofortiger Wirkung*** as of now; ***Wirkung erzielen*** have an effect, *auch* ***seine Wirkung tun*** work; ***seine Wirkung verfehlen, ohne Wirkung bleiben*** have no effect, prove ineffective; ***Wirkung zeigen*** *Boxer*: be shaken, be groggy; ***Ursache und Wirkung*** cause and effect **2.** PHYS action **3.** *fig* appeal (***auf*** *Akk* to)
Wirkungsbereich *m* sphere of activity
Wirkungsgrad *m* TECH efficiency
Wirkungskraft *f* efficacy
Wirkungskreis *m* sphere of activity
wirkungslos *Adj* ineffective: ***wirkungslos bleiben*** have no effect, prove ineffective
Wirkungslosigkeit *f* ineffectiveness
wirkungsvoll *Adj* effective
Wirkungsweise *f* (mode of) operation, function, MED *eines Mittels*: action, effect
wirr *Adj* **1.** *Haar*: dishevel(l)ed, *Gestrüpp*: tangled **2.** *fig allg* confused, (*wirrköpfig*) *auch* muddleheaded, *Gerücht etc*: wild, *Rede*: incoherent: ***wirres Zeug reden*** talk wild; ***mir ist ganz wirr im Kopf*** my head is spinning
Wirren *Pl* turmoil *Sg*, confusion *Sg*
Wirrkopf *m* muddlehead
Wirrwarr *m* muddle, chaos, *ugs* jumble
Wirsing(kohl) *m* BOT savoy
Wirt *m* host (*auch* BIOL), (*Hauswirt*, *Gastwirt*) landlord; → ***Rechnung*** 2
Wirtin *f* hostess, (*Hauswirtin*, *Gastwirtin*) landlady
Wirtschaft *f* **1.** → ***Wirtshaus*** **2.** WIRTSCH, POL economy, *gewerbliche*: trade and industry **3.** (*Wirtschaftsführung*) management **4.** (*Hauswirtschaft*) housekeeping: ***j-m die Wirtschaft führen*** keep house for s.o. **5.** *ugs pej* mess
wirtschaften *v/i* **1.** manage (one's affairs): ***sparsam wirtschaften*** economize, be economical (***mit*** with); ***schlecht wirtschaften*** mismanage **2.** be busy
Wirtschafter, **Wirtschafterin** housekeeper
wirtschaftlich *Adj* **1.** economic(ally *Adv*), (*finanziell*) financial, (*geschäftlich*) business **2.** (*rationell*, *sparsam*) economical, efficient: ***ein wirtschaftliches Auto*** an economical car **3.** (*rentabel*) profitable
Wirtschaftlichkeit *f* **1.** (*Rentabilität*) profitability, economic efficiency **2.** (*Sparsamkeit*) economy
Wirtschafts… economic (*aid*, *crisis*, *geography*, *system*, *war*, *etc*)
Wirtschaftsabkommen *n* economic (*oder* trade) agreement
Wirtschaftsberater, **Wirtschaftsberaterin** economic adviser
Wirtschaftsfaktor *m* economic factor
Wirtschaftsflüchtling *m* economic refugee (*oder* migrant)
Wirtschaftsgeld *n* housekeeping money
Wirtschaftsgemeinschaft *f* ***Europäische Wirtschaftsgemeinschaft*** European Economic Community (*Abk EEC*)
Wirtschaftsgipfel *m* economic summit
Wirtschaftsgüter *Pl* economic goods *Pl*
Wirtschaftsjahr *n* financial year
Wirtschaftskriminalität *f* white-collar crime
Wirtschaftsmacht *f* economic power
Wirtschaftsminister, **Wirtschaftsministerin** minister for economic affairs
Wirtschaftsministerium *n* economics ministry
Wirtschaftspolitik *f* economic policy
wirtschaftspolitisch *Adj* (politico-)economic(ally *Adv*)
Wirtschaftsprüfer, **Wirtschaftsprüferin** chartered (*Am* certified public) accountant
Wirtschaftsspionage *f* industrial espionage
Wirtschaftsteil *m einer Zeitung*: business section
Wirtschaftsunion *f* economic union
Wirtschaftsverband *m* trade association
Wirtschaftsverbrechen *n* business offen/ce (*Am* -se)
Wirtschaftswachstum *n* economic growth
Wirtschaftswissenschaft *f* economics *Sg*
Wirtschaftswissenschaftler, **Wirtschaftswissenschaftlerin** economist
Wirtschaftswunder *n* economic miracle
Wirtschaftszeitung *f* business paper
Wirtschaftszweig *m* branch of industry
Wirtshaus *n* public house, *ugs* pub, *Am* saloon, *meist ländliches*: inn
Wirtsleute *Pl* landlord and landlady
Wirtstier *n* BIOL host
Wisch *m pej* scrap of paper
wischen *v/t* **1.** wipe (***sich den Mund*** *etc* one's mouth *etc*), (*aufwischen*) mop (up) **2.** *schweiz.* sweep
Wischer *m* MOT wiper
Wischlappen *m*, **Wischtuch** *n* cloth
Wisent *m* ZOOL bison
wispern *v/t und v/i*, **Wispern** *n* whisper
Wissbegier(de) *f* thirst for knowledge, (*Neugier*) curiosity
wissbegierig *Adj* eager for knowledge, curious
wissen *v/t und v/i* know (***von*** about): ***man kann nie wissen*** you never know; ***weder ein noch aus wissen*** be at one's wits' end; ***ich weiß nicht recht*** I'm not so sure; ***nicht, dass ich***

wüsste not that I know of; ***woher weißt du das?*** how do you know (that)?; ***was weiß ich!*** how should I know?; ***weißt du noch?*** (do you) remember?; ***ich weiß nicht mehr*** I don't remember; ***ich will davon nichts wissen*** I don't want anything to do with it; ***sie will von ihm nichts mehr wissen*** she is through with him; → ***Bescheid***

Wissen *n* knowledge, learning, (*Fachwissen*) know-how: ***ohne mein Wissen*** without my knowing; ***meines Wissens*** as far as I know; ***nach bestem Wissen und Gewissen*** to the best of one's knowledge and belief; ***wider besseres Wissen*** against one's better judgement

wissend *Adj Blick etc*: knowing

Wissenschaft *f* science

Wissenschaftler, Wissenschaftlerin scientist

wissenschaftlich *Adj* scientific(ally *Adv*), (*geisteswissenschaftlich*) academic

Wissensdrang *m*, **Wissensdurst** *m* thirst for knowledge

Wissensgebiet *n* province, field of knowledge

Wissenslücke *f* gap in one's knowledge

Wissensmanagement *n* knowledge management

Wissensstand *m* level of knowledge: ***auf dem neuesten Wissensstand*** up(-)to(-)date

wissenswert *Adj* worth knowing: ***Wissenswertes*** interesting facts *Pl*

wissentlich I *Adj* conscious, deliberate **II** *Adv* knowingly, deliberately

wittern *v/t* scent, smell, *fig* (*Gefahr, Verrat etc*) *auch* sense, (*eine Chance*) see

Witterung[1] *f* JAGD scent

Witterung[2] *f* (***bei dieser Witterung*** in this) weather: ***bei jeder Witterung*** in all weathers

witterungsbeständig *Adj* weatherproof

Witterungseinflüsse *Pl* influence *Sg* of the weather

Witwe *f* widow

Witwenrente *f* widow's pension

Witwer *m* widower

Witz *m* **1.** joke, (*Wortwitz*) quip: ***Witze machen*** (*oder* ***reißen***) crack jokes; *ugs fig* ***das ist der Witz an der Sache*** that's the funny thing about it, *weit. S.* that's the whole point; *ugs* ***mach keine Witze!*** you're joking! **2.** (*Geist*) wit

Witzbold *m ugs* joker

Witzelei *f* silly jokes *Pl*

witzeln *v/i* joke (***über*** *Akk* about), quip

witzig *Adj* witty, funny: *auch iron* ***sehr witzig!*** very funny!, big joke!

witzlos *Adj* **1.** unfunny **2.** *ugs* (*sinnlos*) pointless, (of) no use

wo I *Adv fragend und relativisch* where **II** *Konj* ***wo ...*** (***doch***) when, *ugs* although **III** *ugs unbestimmtes Adv* (*irgendwo*) somewhere **IV** *ugs Interj* ***i wo!, ach wo!*** nonsense!, nothing of the kind!

woanders *Adv* somewhere else, anywhere else

wobei I *Adv fragend* ***wobei bist du gerade?*** what are you doing right now? **II** *Adv relativisch* in doing so: ***wobei mir einfällt*** which reminds me

Woche *f* week: ***in einer Woche*** in a week('s time); ***zweimal die Woche*** twice a week; ***auf Wochen hinaus ausverkauft*** sold out for weeks (to come); ***Woche für Woche*** week after week; *ugs* ***unter der Woche*** during the week

Wochenarbeitszeit *f* working week

Wochenbett *n* childbed

Wochenend... weekend (*edition etc*)

Wochenende *n* (***am Wochenende*** at the) weekend: ***übers Wochenende*** over the weekend

Wochenendseminar *n* weekend seminar

Wochenkarte *f* weekly season ticket

wochenlang I *Adj* lasting several weeks: ***nach wochenlangem Warten*** after weeks of waiting **II** *Adv* for weeks

Wochenlohn *m* weekly wages *Pl*

Wochenmarkt *m* weekly market

Wochentag *m* weekday

wochentags *Adv* on weekdays

wöchentlich *Adj und Adv* weekly

Wochenzeitung *f* weekly (paper)

Wöchnerin *f* woman in childbed

Wodka *m* vodka

wodurch I *Adv fragend* how **II** *Adv relativisch* by which, through which, whereby

wofür I *Adv fragend* what for **II** *Adv relativisch* for which, which ... for

Woge *f auch fig* wave, surge: *fig* ***die Wogen glätten*** pour oil on troubled waters

wogegen I *Adv fragend* against what, what ... against **II** *Adv relativisch* against which, which ... against **III** *Konj* → ***wohingegen***

wogen *v/i* surge (*auch fig Menge*), heave (*auch Busen*), *Getreide*: sway

woher I *Adv fragend und relativisch* where (...) from: → ***wissen*** **II** *Interj ugs* ***woher denn!*** nonsense!

wohin *Adv fragend und relativisch* where (... to): ***wohin auch immer*** wherever

wohingegen *Konj* whereas

wohl *Adv* **1.** well: *ugs fig* ***mir ist nicht wohl dabei*** I don't feel happy about it; ***wohl oder übel*** willy-nilly, whether you *etc* like it or not; ***wohl bekannt*** → ***wohlbekannt***; ***wohl durchdacht*** → ***wohldurchdacht***; ***wohl gemeint*** → ***wohlgemeint***; ***wohl fühlen*** → ***wohlfühlen***; ***wohl tun*** → ***wohltun***; ***wohl überlegt*** → ***wohlüberlegt***; ***wohl unterrichtet*** → ***wohlunterrichtet***; → ***bekommen*** II **2.** ***sehr wohl*** very well; ***ich bin mir dessen sehr wohl bewusst*** I am well aware of that; ***das kann man wohl sagen!*** you can say that again! **3.** (*vermutlich*) probably, I suppose: ***das ist wohl möglich*** that's quite possible; ***ob er es wohl weiß?*** I wonder if he knows (that); ***wohl kaum*** hardly **4.** (*ungefähr*) about

Wohl *n* welfare, good, well-being: ***auf j-s Wohl trinken*** drink to s.o.'s health; ***zum Wohl!*** to your health!, *ugs* cheers!

wohlauf *Adj* ***wohlauf sein*** be well, be in good health

Wohlbefinden *n* well-being

wohlbehalten *Adj* safe (and sound), *Sache*: safe, undamaged

wohlbekannt *Adj* well-known, *pej* notorious

wohldurchdacht *Adj* well-thought-out

Wohlergehen *n* well-being

wohlerzogen *Adj* well-behaved

Wohlfahrt *f* welfare

Wohlfahrtsmarke *f* charity stamp

Wohlfahrtsorganisation *f* charitable institution

Wohlfahrtsstaat *m* welfare state

wohlfühlen *v/refl* ***sich wohlfühlen*** feel fine, feel good, be happy; ***ich fühle mich nicht wohl*** I don't feel well; ***sich bei j-m wohlfühlen*** feel at home with s.o.

wohlgeformt *Adj* well-shaped, shapely

Wohlgefühl *n* sense of well-being
wohlgemeint *Adj* well-meant
wohlgemerkt *Interj* mind you!
wohlgemut *Adj* cheerful
wohlgenährt *Adj* well-fed
wohlgeraten *Adj* well-turned-out
Wohlgeruch *m* fragrance, pleasant smell
Wohlgeschmack *m* pleasant taste
wohlgesinnt *Adj* well-meaning: ***j-m wohlgesinnt sein*** be well disposed towards s.o.
wohlhabend *Adj* well-to-do, prosperous, affluent: ***wohlhabend sein*** be well off
wohlig *Adj* pleasant, cosy
Wohlklang *m* melodiousness
wohlmeinend *Adj* well-meaning
wohlriechend *Adj* fragrant
wohlschmeckend *Adj* tasty
Wohlsein: ***zum Wohlsein!*** *ugs* cheers!
Wohlstand *m* prosperity, affluence
Wohlstandsgesellschaft *f* affluent society
Wohltat *f* **1.** good deed **2.** (*Erleichterung*) relief, (*Segen*) blessing
Wohltäter, **Wohltäterin** benefactor (benefactress)
wohltätig *Adj* charitable
Wohltätigkeit *f* charity
Wohltätigkeits... charity (*oder* benefit) (*ball, concert, match, etc*)
wohltuend *Adj* pleasant, (*lindernd*) soothing
wohltun *v/i* ***j-m wohltun*** do s.o. good; ***das tut wohl*** that does you good
wohlüberlegt *Adj* well-considered
wohlunterrichtet *Adj* (well-)informed
wohlverdient *Adj* well-deserved
Wohlverhalten *n* good behavio(u)r
wohlweislich *Adv* wisely, for good reason: ***etw wohlweislich tun*** be careful to do s.th.
Wohlwollen *n* goodwill, favo(u)r
wohlwollend *Adj* kind, benevolent: ***einer Sache wohlwollend gegenüberstehen*** take a favo(u)rable view of s.th.
Wohnanlage *f* housing area
Wohnbezirk *m* residential district
Wohnblock *m* residential block
Wohndichte *f* housing density
Wohneinheit *f* housing (*oder* dwelling) unit
wohnen *v/i* (***in*** *Dat* in, at, ***bei*** with) live, reside, *vorübergehend*: stay

wohnen: live oder stay? SG

wohnen mit ständigem Wohnsitz	**live**
wohnen an einem vorübergehenden Aufenthaltsort	**stay**

She lives in York. They live together.
When I was in London I stayed with friends / at a hotel.

Wohnfläche *f* living space
Wohngebäude *n* residential building
Wohngebiet *n* residential area
Wohngeld *n* housing subsidy
Wohngemeinschaft *f* flat-sharing community: ***in einer Wohngemeinschaft leben*** share a flat with s.o. (*oder* several other people)
wohnhaft *Adj* resident (***in*** *Dat* in, at)
Wohnhaus *n* dwelling house
Wohnheim *n* hostel, *Am* rooming house
wohnlich *Adj* comfortable, cosy
Wohnmobil *n* camper, *Am* RV
Wohnort *m* (place of) residence
Wohnraum *m* **1.** housing, accommodation **2.** → ***Wohnfläche*** **3.** → ***Wohnzimmer***
Wohn-Schlafzimmer *n* bed-sitter
Wohnsiedlung *f* housing estate
Wohnsitz *m* (place of) residence
Wohnung *f* flat, *Am* apartment
Wohnungsbau *m* house building
Wohnungsbauminister, **Wohnungsbauministerin** housing minister
Wohnungsbauprogramm *n* housing scheme
Wohnungseinbruch *m* house (*oder* domestic) burglary
Wohnungsinhaber, **Wohnungsinhaberin** occupant
wohnungslos *Adj* homeless
Wohnungsmarkt *m* housing market
Wohnungsnot *f* housing shortage
Wohnungsschlüssel *m* key (to the flat)
Wohnungssuche *f* flat-hunting
Wohnungstür *f* front door
Wohnungswechsel *m* change of residence
Wohnverhältnisse *Pl* housing conditions *Pl*
Wohnviertel *n* residential area
Wohnwagen *m* caravan, *Am* trailer
Wohnzimmer *n* sitting (*oder* living) room
Wok *m* wok
wölben *v/t* (*auch* ***sich wölben***) arch: → ***gewölbt***
Wölbung *f* arch, (*Gewölbe*) vault
Wolf *m* **1.** ZOOL wolf: *fig* ***mit den Wölfen heulen*** howl with the wolves; → ***Schafpelz*** **2.** (*Fleischwolf*) mincer **3.** MED intertrigo: ***sich einen Wolf laufen*** get sore
Wölfin *f* ZOOL she-wolf
Wolfram *n* CHEM tungsten
Wolfsmilch *f* BOT spurge
Wolfsrachen *m* MED cleft palate
Wolke *f auch fig* cloud: ***aus allen Wolken fallen*** be thunderstruck; ***in den Wolken schweben*** have one's head in the clouds
Wolkenbruch *m* cloudburst
Wolkendecke *f* cloud cover
Wolkenkratzer *m* skyscraper
wolkenlos *Adj* cloudless, clear
Wolkenwand *f* bank of clouds
wolkig *Adj* cloudy (*auch* CHEM, FOTO *etc*), clouded
Wolldecke *f* wool(l)en blanket
Wolle *f* wool: *ugs* ***sich in die Wolle kriegen*** have a fight
wollen[1] *Adj* wool(l)en
wollen[2] *v/t und v/i* want, (*verlangen*) *auch* demand, (*gewillt sein*) be willing (*oder* prepared) to, (*beabsichtigen*) want to: ***etw haben wollen*** want (to have) s.th.; ***lieber wollen*** prefer; ***ich will lieber*** I'd rather; ***etw unbedingt wollen*** insist on s.th.; ***etw tun wollen*** want (*eben*: be going) to do s.th.; ***ich will nicht*** I don't want to; ***er will es nicht tun*** he refuses to do it; ***das Auto will nicht anspringen*** the car refuses to start; ***sie will, dass ich komme*** she wants me to come; ***was wollen Sie von mir?*** what do you want?; ***was wollen Sie damit sagen?*** what do you mean (by that)?; ***was willst du mit einem Regenschirm?*** what do you want an umbrella for?; ***Verzeihung, das wollte ich nicht!*** sorry, that was unintentional!; ***ob er will oder nicht*** whether he likes it or not; ***du weißt nicht, was du willst!*** you don't know your own mind!; ***mach, was du willst!*** do what you like!; ***du hast es ja so gewollt!*** you asked for it!; ***was*** (***wann***) ***du willst*** whatever (whenever)

you like; ***wie du willst*** as you like, suit yourself; ***er will dich gesehen haben*** he says he saw you; ***ich wollte, ich wäre*** (***hätte***) ***…*** I wish I were (had) …; *ugs* ***hier ist nichts zu wollen*** nothing doing; → ***heißen***[1] 3 *etc*

nicht wollen GR

Nicht wollen im Sinne von „sich weigern, etw zu tun" wird mit **won't** ins Englische übersetzt:

Sie will uns nicht sagen, wo der Schlüssel ist.	**She won't tell us where the key is.**
Mein Auto will nicht anspringen.	**My car won't start.**

wollig *Adj* wool(l)y
Wolljacke *f* cardigan
Wollknäuel *m, n* ball of wool
Wollsachen *Pl* wool(l)ens *Pl*
Wollsocken *Pl* wool(l)en socks *Pl*
Wollstoff *m* wool(l)en fabric, (*feiner*: broad)cloth
Wollust *f* voluptuousness, sensuality
wollüstig *Adj* voluptuous, sensual
Wollwaren *Pl* wool(l)ens *Pl*
womit I *Adv fragend* what (…) with: ***womit kann ich dienen?*** what can I do for you?; ***womit hab ich das verdient?*** what did I do to deserve that? **II** *Adv relativisch* with which: ***womit ich nicht sagen will*** by which I don't mean to say
womöglich *Adv* if possible, possibly
wonach I *Adv fragend* after what: ***wonach fragt er?*** what is he asking about? **II** *Adv relativisch* what, after which, according to which
Wonne *f* delight, bliss: ***eine wahre Wonne*** a real treat; *ugs* ***mit Wonne*** with relish
wonnig *Adj* lovely, sweet
woran I *Adv fragend* ***woran denken Sie?*** what are you thinking about?; ***woran arbeitet er?*** what is he working on (*oder* at)?; ***woran liegt es, dass …?*** how is it that …?; ***woran hast du ihn erkannt?*** how did you recognize him?; ***woran sieht man, welche*** (***ob***) ***…?*** how can you tell which (if) …? **II** *Adv relativisch* ***ich weiß nicht, woran ich bin*** I don't know where I stand, ***mit ihm*** I don't know what to make of him; ***woran ich dich erinnern möchte*** what I want to remind you of; ***woran man merkte, dass …*** which showed that …
worauf I *Adv fragend* what: ***worauf wartest du noch?*** what are you (still) waiting for? **II** *Adv relativisch* ***etw, worauf ich bestehe*** s.th. (which *oder* that) I insist (up)on; ***worauf er sagte*** upon which he said; ***worauf alle gingen*** whereupon everybody left
woraus I *Adv fragend* ***woraus ist es*** (***gemacht***)***?*** what is it made of?; ***woraus schließt du das?*** what makes you think that? **II** *Adv relativisch* ***woraus zu entnehmen war, dass …*** from which we understood that …
worin I *Adv fragend* ***worin liegt der Unterschied?*** what (*oder* where) is the difference? **II** *Adv relativisch* in which
Workshop *m* workshop
Wort *n* **1.** (*Pl* ***Wörter***) word **2.** (*Pl* ***Worte***) word, REL Word, (*Ausspruch*) saying: ***geflügelte Worte*** familiar quotations; ***in Worten*** *bei Zahlenangaben*: in letters; ***Wort für Wort*** word for word; ***ein ernstes Wort mit j-m reden*** have a good talk with s.o.; ***ein gutes Wort einlegen*** put in a good word; ***das Wort ergreifen*** (begin to) speak, PARL *auch* take the floor; ***mir fehlen die Worte*** words fail me; ***das Wort führen*** do the talking; ***das große Wort führen*** do all the talking, (*angeben*) talk big; ***das Wort hat Herr X*** the word is with Mr. X; ***das letzte Wort*** the last word (***in*** *Dat* on); ***das letzte Wort haben*** have the final say; ***du willst*** (*oder* ***musst***) ***immer das letzte Wort haben*** you always have to have the last word; ***kein Wort darüber!*** not a word of it!; ***kein Wort mehr!*** not another word!; *ugs* ***hast du Worte?*** would you believe it?; ***ein Wort gab das andere*** one thing led to another; → ***abschneiden*** 1, ***entziehen*** 1 **3.** (*Ehrenwort*) word (of hono[u]r): ***sein Wort geben*** (***brechen, halten***) give (break, keep) one's word; → ***Mann 4.*** *mit Präpositionen*: ***aufs Wort gehorchen*** (***glauben***) obey (believe) implicitly; ***j-n beim Wort nehmen*** take s.o. at his word; ***j-m ins Wort fallen*** cut s.o. short; ***in Worte fassen*** put into words, word, formulate; ***mit anderen Worten*** in other words, ***mit einem Wort*** in a word; ***zu Worte kommen*** have one's say; ***nicht zu Worte kommen*** not to get a word in edgeways
Wortart *f* LING part of speech
Wortbildung *f* word formation
wortbrüchig *Adj* ***wortbrüchig werden*** break one's word
Wörtchen *n* → ***mitreden***
Wörterbuch *n* dictionary
Wörterverzeichnis *n* list of words, vocabulary
Wortführer, **Wortführerin** spokesperson
Wortgefecht *n* battle of words, argument
wortgetreu *Adj* literal, word-for-word
wortgewandt *Adj* eloquent
wortkarg *Adj* taciturn
Wortklauberei *f* hairsplitting
Wortlaut *m* wording, (*Inhalt*) text: *der Brief* ***hat folgenden Wortlaut*** runs as follows
wörtlich *Adj* literal, word-to-word
wortlos *Adj* wordless
Wortmeldung *f* request to speak
Wortschatz *m* vocabulary
Wortschöpfung *f* coinage, neologism
Wortschwall *m* torrent of words
Wortspiel *n* play on words, pun
Wortstellung *f* word order
Wortwechsel *m* argument, dispute
wortwörtlich → ***wörtlich***
worüber I *Adv fragend* ***worüber lachst du?*** what are you laughing about (*oder* at)? **II** *Adv relativisch* ***etw, worüber ich sehr verärgert war*** s.th. I was very angry about (*oder* at); ***worüber er ärgerlich war*** which annoyed him
worum I *Adv fragend* ***worum handelt es sich?*** what is it about? **II** *Adv relativisch* ***etw, worum ich dich bitten möchte*** s.th. (which *oder* that) I want to ask you
worunter I *Adv fragend* what … under **II** *Adv relativisch* ***etw, worunter ich mir nichts vorstellen kann*** s.th. which doesn't mean anything to me; ***worunter ich leide*** what I suffer from (*oder* under)
wovon I *Adv fragend* ***wovon leben sie?*** what do they live on?; ***wovon sprecht ihr?*** what are you talking about? **II** *Adv relativisch* ***etw, wovon ich nur zu träumen wage*** s.th. I can

only dream about (*oder* of)

wovor **I** *Adv fragend* **wovor hast du Angst?** what are you afraid of? **II** *Adv relativisch* **wovor du dich hüten musst, ist ...** what you must be careful of is ...

wozu **I** *Adv fragend* **1. wozu hat er sich entschlossen?** what did he decide upon? **2.** (*warum*) why **II** *Adv relativisch* **3. wozu er bereit ist** what he is prepared to do

Wrack *n auch fig* wreck

Wucher *m* usury

Wucherer *m*, **Wucherin** *f* usurer

Wuchermiete *f* rack rent

wuchern *v/i* **1.** BOT grow rampant, *auch* MED *und fig* proliferate, *fig auch* be rampant **2.** practise usury

Wucherpreis *m* exorbitant price

Wucherung *f* MED excrescence, tumo(u)r, (*Gewebswucherung*) proliferation: **Wucherungen** *Pl im Rachen*: adenoids *Pl*

Wucherzinsen *Pl* usurious interest *Sg*

Wuchs *m* **1.** growth **2.** (*Gestalt*) build, physique

Wucht *f* force, *eines Schlages etc*: *auch* impact: **mit voller Wucht** with full force; *ugs fig* **das ist 'ne Wucht!** it's terrific!

wuchten *v/t* **1.** heave **2. Räder wuchten** balance wheels

wuchtig *Adj* heavy (*auch Schlag*), (*massig*) massive, (*kraftvoll, auch fig*) powerful

Wühlarbeit *f fig* subversive activity

wühlen **I** *v/i* **1.** dig, *Tier*: burrow, *Schwein*: root, grub: **wühlen in** (*Dat*) *suchend*: rummage in, *fig Hass etc*: gnaw at **2.** POL agitate **II** *v/refl* **3. sich wühlen in** (*Akk*) burrow (o.s.) into

Wühlmaus *f* ZOOL vole

Wühltisch *m* WIRTSCH rummage counter

Wulst *m* **1.** roll, *zum Ausstopfen*: pad, (*Verdickung*) bulge **2.** (*Reifenwulst*) bead

wulstig *Adj* bulging, *Lippen*: thick

wund *Adj* sore, raw: **wund reiben** chafe; **wunde Stelle** sore; *fig* **wunder Punkt** sore point; **sich die Füße wund laufen** get sore feet, *fig* run from pillar to post; **sich wund liegen** get bedsores

Wundbrand *m* MED gangrene

Wunde *f* wound, (*Schnittwunde*) cut, *klaffende*: gash: *fig* **alte Wunden wieder aufreißen** open old sores; **die Zeit heilt alle Wunden** time is a great healer

Wunder *n* miracle: **Wunder der Technik** engineering marvel; **(es ist) kein Wunder(, dass)** no wonder (that); **Wunder tun, Wunder wirken** perform miracles, *fig* work wonders; **es grenzt an ein Wunder** it borders on the miraculous; *ugs* **er wird sein blaues Wunder erleben** he's in for a shock; **wie durch ein Wunder** miraculously; **Wunder was (wer, wie)** goodness knows what (who, how); **er glaubt Wunder was er getan hat** he thinks he's done goodness knows what; → **Zeichen** 2

wunderbar *Adj* **1.** *Rettung etc*: miraculous **2.** wonderful, marvel(l)ous

wunderbarerweise *Adv* miraculously

Wunderding *n* wonder

Wunderdoktor *m iron* miracle doctor

Wunderglaube *m* belief in miracles

wunderhübsch *Adj* lovely

Wunderkerze *f* sparkler

Wunderkind *n* child prodigy

Wunderland *n* wonderland

wunderlich *Adj* strange, peculiar

Wundermittel *n* wonder drug

wundern **I** *v/t* surprise: **es wundert mich** I'm surprised; **es würde mich nicht wundern, wenn** I shouldn't be at all surprised if **II** *v/refl* **sich wundern** (**über** *Akk* at) be surprised, wonder; **du wirst dich wundern!** you'll be surprised!; **ich muss mich doch sehr wundern!** I'm surprised at you!

sich wundern ≠ wonder

sich wundern	=	be surprised
wonder	=	sich fragen

wundernehmen → **wundern** I

wunderschön *Adj* beautiful, wonderful, lovely

Wundertäter, **Wundertäterin** miracle worker

wundervoll → **wunderbar** 2

Wunderwaffe *f* wonder weapon

Wunderwerk *n fig* wonder, marvel

Wundfieber *n* wound fever

wundlaufen → **wund**

wundliegen → **wund**

Wundmal *n* REL stigma (*Pl* stigmata)

Wundpflaster *n* adhesive plaster

wundreiben → **wund**

Wundrose *f* MED erysipelas

Wundsalbe *f* antiseptic ointment

Wundschmerz *m* traumatic pain

Wundstarrkrampf *m* MED tetanus

Wunsch *m* **1.** wish, desire, request: **auf allgemeinen Wunsch** by popular request; **auf j-s Wunsch (hin)** at s.o.'s request; **auf eigenen Wunsch** at one's own request; **(je) nach Wunsch** as desired; **es ging alles nach Wunsch** everything went as planned; **haben Sie noch einen Wunsch?** is there anything else I can do for you?; **dein Wunsch ist mir Befehl** your wish is my command; **der Wunsch war der Vater des Gedankens** the wish was father to the thought; → **ablesen** 3, **fromm** 1 **2.** (*Glückwunsch*) wish: **mit allen guten (den besten) Wünschen** with all good (the best) wishes

Wunschbild *n* ideal

Wunschdenken *n* wishful thinking

Wünschelrute *f* divining rod

Wünschelrutengänger, **Wünschelrutengängerin** (water) diviner

wünschen **I** *v/t* wish, want: **sich etw wünschen** wish (*stärker*: long) for s.th.; **was wünschen Sie?** what can I do for you?; **du darfst dir etw wünschen** you can make a wish; **ich wünsche mir ...** I'd like to have ... **II** *v/i* **Sie wünschen?** what can I do for you?; **wie Sie wünschen** as you wish (*oder* like), *iron* suit yourself; **viel zu wünschen übrig lassen** leave much to be desired

wünschenswert *Adj* desirable

wunschgemäß *Adv* as requested

Wunschkind *n* planned child

Wunschkonzert *n* request program(me *Br*)

wunschlos *Adv* **wunschlos glücklich** perfectly happy

Wunschtraum *m* (*iron* pipe) dream

Wunschzettel *m* list of presents

Würde *f allg* dignity, (*Ehre*) *auch* hono(u)r, (*Rang*) *auch* rank, (*Titel*) *auch* title: **akademische Würde** academic degree; **unter aller Würde** beneath contempt; **es ist unter meiner Würde** it is beneath my dignity

würdelos *Adj* undignified
Würdenträger, **Würdenträgerin** dignitary
würdevoll **I** *Adj* dignified **II** *Adv* with dignity
würdig *Adj* **1.** dignified **2.** (*Gen* of) worthy, deserving: ***ein würdiger Nachfolger*** a worthy successor; ***er ist dessen nicht würdig*** he doesn't deserve it
würdigen *v/t* **1.** appreciate, acknowledge, (*ehren*) hono(u)r, pay tribute to **2.** ***j-n k-s Blickes*** (***keiner Antwort***) ***würdigen*** not to deign to look at s.o. (to answer s.o.)
Würdigung *f* appreciation, acknowledgement: ***in Würdigung seiner Verdienste*** in recognition of his merits
Wurf *m* **1.** throw: *fig* ***glücklicher Wurf*** lucky strike; ***großer Wurf*** great success **2.** ZOOL (*Junge*) litter
Wurfdisziplin *f* SPORT throwing event
Würfel *m* cube (*auch Eiswürfel etc*), (*Spielwürfel*) dice: ***die Würfel sind gefallen*** the die is cast
Würfelbecher *m* (dice) shaker
würfelförmig *Adj* cubic, cube-shaped
würfeln **I** *v/i* **1.** play dice: ***um etw würfeln*** throw dice for s.th. **II** *v/t* **2.** throw **3.** GASTR dice
Würfelspiel *n* game of dice
Würfelzucker *m* lump (*oder* cube) sugar
Wurfgeschoss *n* projectile
Wurfkreis *m* SPORT (throwing) circle
Wurfpfeil *m* dart
Wurfsendung(en *Pl*) *f* unaddressed advertising matter, *pej* junk mail
Wurfspieß *m* javelin
Wurftaube *f* SPORT clay pigeon
Würgegriff *m auch fig* stranglehold
würgen **I** *v/t* strangle, throttle, *Kragen*, *Krawatte etc*: choke **II** *v/i* choke, *beim Erbrechen*: retch: ***würgen an*** (*Dat*) choke on
Wurm[1] *m* ZOOL worm (*auch fig*), (*Made*) maggot: MED ***Würmer haben*** suffer from worms; *ugs fig* ***j-m die Würmer aus der Nase ziehen*** drag it out of s.o.; ***da ist der Wurm drin*** s.th. is wrong (with it)
Wurm[2] *n*, **Würmchen** *n ugs* (little) mite
wurmen *v/t* ***j-n wurmen*** gall s.o., get s.o.
Wurmfortsatz *m* ANAT (vermiform) appendix
Wurmkur *f* MED deworming
Wurmmittel *n* MED vermifuge
wurmstichig *Adj* wormy, worm-eaten
Wurst *f* sausage: *ugs* ***es ist mir*** (***völlig***) ***Wurst!*** I don't care (a damn)!; ***jetzt gehts um die Wurst!*** now or never!
Würstchen *n* **1.** small sausage: ***Wiener Würstchen*** wiener(wurst); ***Frankfurter Würstchen*** frankfurter **2.** *ugs fig* nobody: ***armes Würstchen*** poor soul
Würstchenbude *f*, **Würstchenstand** *m* hot-dog stand
wursteln *v/i ugs fig* muddle along
Wursthaut *f* sausage skin
Wurstigkeit *f ugs* couldn't-care-less attitude
Wurstwaren *Pl* sausages *Pl*
Würze *f* **1.** spice (*auch fig*), seasoning, (*Aroma*) flavo(u)r **2.** (*Bierwürze*) wort
Wurzel *f* **1.** *allg* root (*auch fig*), MATHE *auch* radical: MATHE ***zweite*** (***dritte***) ***Wurzel*** square (cubic) root; ***die Wurzel*** (***aus***) ***einer Zahl ziehen*** extract the (square) root of a number; *auch fig* ***Wurzeln schlagen*** take root **2.** *Dialekt* carrot
Wurzelbehandlung *f* MED root treatment
Wurzelgemüse *n* root vegetables *Pl*
wurzellos *Adj auch fig* rootless
wurzeln *v/i* take root: *fig* ***wurzeln in*** (*Dat*) be rooted in, have its roots in
Wurzelverzeichnis *n* root directory
Wurzelzeichen *n* MATHE radical sign
Wurzelziehen *n* MATHE root extraction
würzen *v/t auch fig* spice
würzig *Adj* spicy, *fig Luft*: fragrant
Würzkräuter *Pl* (pot) herbs *Pl*
Wuschelkopf *m ugs* mop of fuzzy hair
Wust *m* tangled mass, (*Kram*) trash, (*Durcheinander*) jumble
wüst *Adj* **1.** (*öde*) desert, waste **2.** (*wirr*) wild, (*liederlich*) dissolute, (*roh*) rude, (*gemein*) vile: ***wüst aussehen*** look a real mess
Wüste *f* desert, *fig auch* waste: *ugs* ***j-n in die Wüste schicken*** send s.o. into the wilderness
Wüsten… desert (*sand*, *wind*, *etc*)
Wüstling *m* libertine, rake
Wut *f* rage, fury: ***eine Wut bekommen*** (*ugs* ***kriegen***), ***in Wut geraten*** get furious (*ugs* mad), fly into a rage; ***j-n in Wut bringen*** enrage (*oder* infuriate) s.o.; ***vor Wut kochen*** (*oder* ***schäumen***) seethe with rage, fume; ***eine Wut auf j-n haben*** *ugs* be mad at s.o.; ***seine Wut an j-m auslassen*** take it out on s.o.
Wutanfall *m* fit (*oder* outburst) of rage: ***einen Wutanfall bekommen*** blow one's top
wüten *v/i* rage (*auch Feuer*, *Seuche*, *Sturm etc*): ***wüten gegen*** rage at (*oder* against); ***wüten unter*** create havoc among
wütend *Adj* furious, *ugs* mad: ***auf*** (*oder* ***über***) ***j-n wütend sein*** be furious with (*ugs* mad at) s.o.; ***über etw wütend sein*** be furious at (*ugs* mad about) s.th.; ***j-n wütend machen*** infuriate (*oder* enrage) s.o.
wutentbrannt *Adj* furious
Wutschrei *m* yell of rage
WWW *Abk* (= ***World Wide Web***) *Internet*: WWW, www, World Wide Web

X

X, **x** *n* X, x: *ugs fig* ***j-m ein X für ein U vormachen*** fool s.o.; ***ich habe x Leute gefragt*** I've asked umpteen people
x-Achse *f* MATHE x-axis
Xanthippe *f ugs fig* shrew, battle-ax(e)
X-Beine *Pl* knock-knees *Pl*
X-beinig *Adj* knock-kneed
x-beliebig *Adj* any (... you like): ***jeder x-Beliebige*** anybody; any Tom, Dick and Harry
X-Chromosom *n* X chromosome
Xenon *n* CHEM xenon
x-fach *Adv* ever so often
x-förmig *Adj* x-shaped
x-mal *Adv ugs* umpteen times
x-te *Adj ugs* ***zum x-ten Mal*** for the umpteenth time
Xylofon, **Xylophon** *n* MUS xylophone

Y

Y, **y** *n* Y, y
y-Achse *f* MATHE y-axis
Yacht *f* → ***Jacht***
Yak *n* ZOOL yak
Y-Chromosom *n* Y chromosome
Yen *m* WIRTSCH yen
Yeti *m* yeti
Yoga *m*, *n* yoga
Yogi *m* yogi
Ypsilon *n* **1.** (letter) y **2.** *im griechischen Alphabet*: upsilon
Yucca *f* BOT yucca

Z

Z, **z** *n* Z, z: → ***A***
Zack: *ugs* ***auf Zack sein*** be on the ball; ***auf Zack bringen*** bring *s.o.*, *s.th.* up to scratch
Zacke *f* (sharp) point, jag, TECH tooth, indentation, (*Spitze*) prong, tine
zacken *v/t* indent, jag, (*Papier*, *Stoff*) pink, (*zähnen*) tooth
Zacken *m Dialekt* → ***Zacke***: *ugs* ***du brichst dir keinen Zacken aus der Krone, wenn du ihm hilfst*** it won't kill you to help him
Zackenfrisur *f* spike
Zackenschere *f* pinking shears *Pl*
zackig *Adj* **1.** indented, jagged, (*gezähnt*) toothed **2.** *ugs fig* (*schneidig*) snappy
zaghaft *Adj* timid, cautious, gingerly
zäh *Adj allg* tough (*auch fig*), *Flüssigkeit*: viscous, *fig* tenacious, (*hartnäckig*) stubborn, (*schleppend*) slow, sluggish, *Verkehr*: slow-moving: ***ein zäher Bursche*** a tough fellow; *Adv* ***zäh festhalten an*** (*Dat*) stick doggedly to
zähflüssig *Adj* **1.** viscous **2.** *fig* sluggish, *Verkehr*: slow-moving
Zähflüssigkeit *f* viscosity
Zähigkeit *f* toughness, *fig auch* tenacity
Zahl *f allg* number (*auch* LING), (*Ziffer*) figure (*auch Betrag*), numeral, *arabische*: cipher, (*Stelle*) digit: ***römische Zahlen*** Roman numerals; ***sechsstellige Zahl*** six-digit number; ***genaue Zahlen*** exact figures; *fig* ***in großer Zahl*** in large numbers; ***an Zahl übertreffen*** outnumber; → ***rot***
zahlbar *Adj* payable (***an*** *Akk* to, ***bei*** at, with): ***zahlbar nach Erhalt*** payable (up)on receipt; → ***Lieferung*** 1
zählbar *Adj* countable
zählebig *Adj* tough, *fig Ideen etc*: tenacious
Zählebigkeit *f* tenacity of life
zahlen *v/t und v/i* pay: (***Herr Ober***,) ***zahlen, bitte!*** the bill (*Am* check), please!; ***wenn es ans Zahlen geht*** if (*oder* when) it comes to

Zahl: figure oder number? SG

Ziffer (1, 2, 3, etc.); statistisch verwendete Zahl	**figure**
Die Arbeitslosenzahlen sind gestiegen.	**Unemployment figures have risen.**
Ich weiß nicht, was er verdient, aber es ist eine sechsstellige Zahl.	**I don't know what he earns but it's a six-figure sum.**
Zahl in der Mathematik; Anzahl	**number**
eine gerade / ungerade Zahl	**an even / odd number**
die (An)Zahl von Autos in privaten Haushalten	**the number of cars in private households**

paying
zählen **I** *v/t* count, SPORT score: *fig* ***seine Tage sind gezählt*** his days are numbered; ***ich zähle ihn zu meinen Freunden*** I count him as a friend **II** *v/i* count (***bis zehn*** up to ten): *fig* ***er*** (***es***) ***zählt nicht*** he (it) doesn't count; ***zählen auf*** (*Akk*) count on; ***zählen zu*** *den Besten etc* rank with, belong to; ***er zählt zu meinen Freunden*** he is a friend (of mine); → ***drei*** I
Zahlenangaben *Pl* numerical data *Pl*, figures *Pl*
Zahlenfolge *f* order of numbers
Zahlengedächtnis *n good*, *bad* memory for figures
Zahlenlotto *n* → ***Lotto*** 2
zahlenmäßig *Adj* numerical: *Adv* ***j-m zahlenmäßig überlegen sein*** outnumber s.o.
Zahlenmaterial *n* → ***Zahlenangaben***
Zahlenschloss *n* combination lock
Zahlenverhältnis *n* (numerical) ratio
Zahler, **Zahlerin** payer
Zähler *m* **1.** counter, ELEK *auch* meter **2.** MATHE numerator **3.** SPORT point
Zählerablesung *f* ELEK meter reading
Zählerstand *m* ELEK count
Zahlgrenze *f* fare stage
Zahlkarte *f* WIRTSCH paying-in slip
zahllos *Adj* countless, innumerable
Zahlmeister, **Zahlmeisterin** SCHIFF purser, MIL paymaster
zahlreich *Adj* numerous, (*viele*) many, (*groß*) large: *Adv* ***zahlreich versammelt sein*** be present in large numbers
Zahltag *m* payday
Zahlung *f* (***eine Zahlung leisten*** make a) payment: ***etw in Zahlung geben*** trade s.th. in; ***etw in Zahlung nehmen*** take s.th. in part exchange; ***er wurde zur Zahlung von 100 Euro an das Rote Kreuz verurteilt*** he was sentenced to pay 100 euros to the Red Cross
Zählung *f* count, (*Volkszählung*) *auch* census
Zahlungsabkommen *n* payments agreement
Zahlungsanweisung *f* order to pay, (*Überweisung*) money order
Zahlungsaufforderung *f* request for payment
Zahlungsaufschub *m* respite
Zahlungsbedingungen *Pl* terms *Pl* of payment
Zahlungsbefehl *m* → ***Mahnbescheid***
Zahlungsbilanz *f* balance of payments
Zahlungseinstellung *f* suspension of payment
Zahlungsempfänger, **Zahlungsempfängerin** payee
Zahlungserleichterungen *Pl* easy terms *Pl* (for payment)
zahlungsfähig *Adj* able to pay, solvent
Zahlungsfähigkeit *f* ability to pay, solvency
Zahlungsfrist *f* term of payment
zahlungskräftig *Adj ugs* potent, wealthy
Zahlungsmittel *n* means *Pl* of payment, (*Geld*) currency: ***gesetzliches Zahlungsmittel*** legal tender
zahlungspflichtig *Adj* liable to pay
Zahlungsschwierigkeiten *Pl* financial difficulties *Pl*
Zahlungstermin *m* date of payment
zahlungsunfähig *Adj* unable to pay, insolvent
Zahlungsunfähigkeit *f* inability to pay, insolvency
Zahlungsverkehr *m* monetary transactions *Pl*
Zahlungsverpflichtung *f* liability (to pay): ***seinen Zahlungsverpflichtungen pünktlich nachkommen*** be punctual in one's payments
Zahlungsverzug *m* default (of payment): ***in Zahlungsverzug geraten*** default
Zahlungsweise *f* mode of payment
Zahlungsziel *n* date of payment
Zählwerk *n* counter
Zahlwort *n* LING numeral
Zahlzeichen *n* figure, numeral
zahm *Adj* tame (*auch fig Antwort*, *Witz etc*), domesticated, *fig* (*gefügig*) tractable
zähmbar *Adj* tam(e)able
zähmen *v/t* **1.** *auch fig* tame, domesticate **2.** (*bezähmen*) control, restrain (***sich*** o.s.)
Zahmheit *f auch fig* tameness
Zähmung *f* taming (*auch fig*), domestication
Zahn *m* **1.** tooth (*auch* TECH), ZOOL (*Reißzahn etc*) *auch* fang, (*Stoßzahn*) tusk: ***Zähne bekommen*** → ***zahnen*** I; *hum* ***die dritten Zähne*** (a set of) false teeth; *fig* ***der Zahn der Zeit*** the ravages *Pl* of time; ***bis an die Zähne bewaffnet*** armed to the teeth; ***sich einen Zahn ziehen lassen*** have a tooth out; (*ugs fig* ***j-m***) ***die Zähne zeigen*** show one's teeth (to s.o.); *ugs fig* ***sich an einer Sache die Zähne ausbeißen*** find s.th. too hard a nut to crack; ***j-m auf den Zahn fühlen*** sound s.o. out; *ugs* ***etw für den hohlen Zahn*** precious little; → ***fletschen***, ***Haar***, ***knirschen***, ***putzen*** I **2.** *ugs* (*Tempo*) speed: ***er hatte einen ziemlichen Zahn drauf*** he was going at a terrific lick; ***einen Zahn zulegen*** step on it
Zahnarzt *m*, **Zahnärztin** *f* dentist, dental surgeon
Zahnarzthelfer, **Zahnarzthelferin** dentist's assistant
zahnärztlich *Adj* dental
Zahnarztpraxis *f* dental practice
Zahnbehandlung *f* dental treatment
Zahnbelag *m* plaque
Zahnbett *n* ANAT tooth socket
Zahnbürste *f* toothbrush
Zahncreme *f* toothpaste
zähnefletschend *Adj und Adv* snarling
zähneklappernd *Adj und Adv* with chattering teeth
zähneknirschend *Adv fig* gritting one's teeth
zahnen **I** *v/i* teethe, cut one's teeth **II** *a* **zähnen** *v/t* TECH tooth
Zahnersatz *m* dentures *Pl*
Zahnfäule *f* tooth decay, caries

Zahnfleisch *n* gums *Pl*: *hum* ***auf dem Zahnfleisch gehen*** be on one's last legs
Zahnfleischbluten *n* bleeding of the gums
Zahnfüllung *f* filling
Zahnhals *m* neck of a tooth
Zahnklinik *f* dental clinic
Zahnkranz *m* TECH gear rim, *am Fahrrad*: sprocket (wheel)
Zahnkrone *f* MED crown
Zahnlabor *n* dental laboratory
Zahnlaut *m* dental (sound)
zahnlos *Adj* toothless
Zahnlücke *f* gap (in one's teeth)
Zahnmedizin *f* dentistry
Zahnmediziner, **Zahnmedizinerin** **1.** dentist **2.** dental student
Zahnnerv *m* nerve of a tooth
Zahnpasta *f* toothpaste
Zahnpflege *f* dental hygiene
Zahnprothese *f* dentures *Pl*
Zahnrad *n* TECH gearwheel, toothed wheel
Zahnradantrieb *m* gearwheel drive
Zahnradbahn *f* rack railway (*Am* railroad)
Zahnradgetriebe *n* toothed gearing
Zahnschmelz *m* (dental) enamel
Zahnschmerzen *Pl* (***Zahnschmerzen haben*** have [a]) toothache *Sg*
Zahnschutz *m Boxen*: gumshield
Zahnseide *f* dental floss
Zahnspange *f* brace
Zahnstange *f* TECH rack
Zahnstein *m* MED tartar, scale
Zahnstocher *m* toothpick
Zahnstummel *m* stump
Zahntechnik *f* dentistry
Zahntechniker, **Zahntechnikerin** dental technician
Zahnwechsel *m* second dentition
Zahnweh *n* → ***Zahnschmerzen***
Zahnwurzel *f* root (of a tooth)
Zahnzement *m* (dental) cement
Zaire *n* HIST Zaire
Zander *m* ZOOL zander, pike-perch
Zange *f allg* nippers *Pl*, tongs *Pl*, *kleine*: pliers *Pl*, (*Kneifzange*) pincers *Pl* (*auch* ZOOL), MED, ZOOL forceps: ***eine Zange*** a pair of tongs *etc*; *ugs fig* ***j-n in die Zange nehmen*** put the screws on s.o.; ***den (das) würde ich nicht mit der Zange anfassen!*** I wouldn't touch him (it) with a bargepole!
Zangenentbindung *f* forceps delivery
Zank *m* quarrel
Zankapfel *m* bone of contention
zanken *v/i* **1.** (*auch* ***sich zanken***) quarrel (***über*** *Akk* about, ***um*** about, over): ***hört auf (euch) zu zanken!*** stop quarrel(l)ing! **2.** *Dialekt* (***mit j-m) zanken*** scold (s.o)
Zankerei *f* bickering
zänkisch *Adj* quarrelsome
Zäpfchen *n* **1.** ANAT uvula **2.** MED suppository
zapfen *v/t* **1.** (*Bier etc*) tap, draw **2.** TECH mortise
Zapfen *m* **1.** BOT cone **2.** (*Fasszapfen*) tap, spigot, *Am* faucet **3.** TECH (*Lagerzapfen*) journal, (*Drehzapfen*) pivot, *Tischlerei*: tenon, (*Pflock*) peg
Zapfenlager *n* TECH journal (*Drehzapfenlager* pivot) bearing
Zapfenstreich *m* MIL tattoo
Zapfenverbindung *f* TECH mortise joint
Zapfer, **Zapferin** tapster
Zapfhahn *m* **1.** tap, *Am* faucet **2.** → ***Zapfpistole***
Zapfpistole *f* MOT nozzle
Zapfsäule *f* MOT petrol (*Am* gasoline) pump
Zappelei *f ugs* fidgets *Pl*
zappelig, **zapplig** *Adj ugs* fidgety: ***du machst mich ganz zapp(e)lig!*** you give me the fidgets!
zappeln *v/i* **1.** struggle, wriggle: *ugs fig* ***j-n zappeln lassen*** keep s.o. on tenterhooks **2.** *ugs* fidget (***vor Aufregung*** with excitement)
Zappelphilipp *m ugs* fidget
zappen *v/i* TV zap, graze
Zar *m* czar, tsar
Zarge *f* TECH **1.** (*Nut*) notch, groove **2.** (*Türzarge, Fensterzarge*) frame, case
Zarin *f* czarina, tsarina
zart *Adj* tender (*auch fig Alter, auch zärtlich*), delicate (*auch fig Gesundheit, Kind, Haut, Farbe etc*), (*schwach, zerbrechlich*) frail (*auch fig*), (*duftig*) *Stoff etc*: filmy, (*sanft*) gentle, soft, (*empfindlich*) sensitive: ***das zarte Geschlecht*** the gentle sex; ***ein zarter Wink*** a gentle hint; ***nicht für zarte Ohren*** not for tender (*oder* sensitive) ears; *Adv* (***nicht gerade***) ***zart umgehen mit*** handle *s.o.*, *s.th.* (none too) gently; ***zart besaitet*** highly sensitive; ***zart fühlend*** **a)** sensitive, **b)** tactful, discreet
zartbitter *Adj Schokolade*: plain
zartblau *Adj* pale-blue
Zartgefühl *n* **1.** delicacy (of feeling), sensitivity **2.** tact
Zartheit *f* tenderness (*auch fig*), (*Feinheit*) delicacy, delicateness, (*Sanftheit*) softness, gentleness
zärtlich *Adj* tender, (*liebevoll*) affectionate (***zu*** with), caressing: ***zärtliche Mutter*** fond mother
Zärtlichkeit *f* **1.** tenderness, (*Liebe*) affection, fondness **2.** *meist Pl* endearment, (*Liebkosung*) *auch* caress
Zaster *m ugs* (*Geld*) dough, *Br auch* lolly
Zäsur *f* **1.** *metr.*, MUS c(a)esura, break **2.** *fig* turning point
Zauber *m* **1.** (***wie durch Zauber*** as if by) magic: *ugs pej* ***fauler Zauber*** mumbo-jumbo **2.** *fig* (*Reiz*) charm, magic, (*Bann*) spell **3.** *ugs pej* (*Aufheben*) fuss, (*dummes Zeug*) nonsense: ***der (den) ganze(n) Zauber*** the whole bag of tricks
Zauberei *f* **1.** magic, witchcraft **2.** → ***Zauberkunststück***
Zauberer *m* **1.** magician, sorcerer, *auch fig* wizard **2.** → ***Zauberkünstler***
Zauberformel *f* spell, charm, *fig* magic formula
zauberhaft *Adj* charming, enchanting
Zauberin *f* sorceress, *fig auch* enchantress
Zauberkraft *f* magic power
Zauberkunst *f* magic (art)
Zauberkünstler, **Zauberkünstlerin** conjurer, magician
Zauberkunststück *n* conjuring trick
zaubern **I** *v/t* produce *s.th.* by magic, conjure up **II** *v/i* perform magic, *weit. S.* conjure, do conjuring tricks, *Fußball etc*: put on a brilliant show: ***ich kann doch nicht zaubern!*** I can't perform miracles!
Zauberspruch *m* charm, spell
Zauberstab *m* (magic) wand
Zaubertrank *m* magic potion
Zauberwort *n* magic word, spell
Zauderer *m*, **Zauderin** *f* waverer
zaudern *v/i* hesitate, waver: ***ohne Zaudern*** without hesitation
Zaum *m* (*auch fig* ***im Zaume halten***) bridle
Zaumzeug *n* headgear, bridle
Zaun *m* fence, (*Bauzaun, Bretterzaun*) hoard-

ing: *fig* ***vom Zaun brechen*** **a)** ***einen Streit*** pick a quarrel, **b)** ***einen Krieg*** start a war

Zaungast *m* onlooker

Zaunkönig *m* ZOOL wren

Zaunpfahl *m* pale: *ugs* ***ein Wink mit dem Zaunpfahl*** a broad hint

z. B. *Abk* (= ***zum Beispiel***) e.g., for example, for instance

Zebra *n* ZOOL zebra

Zebrastreifen *m* zebra crossing, *Am* pedestrian crosswalk

Zeche[1] *f* BERGB pit, colliery, (coal) mine

Zeche[2] *f* bill, *Am* check: ***die Zeche prellen*** leave without paying; *fig* ***die Zeche zahlen müssen*** *ugs* have to pay the piper

Zechpreller, **Zechprellerin** bilk

Zechprellerei *f* bilking

Zecke *f* ZOOL tick

Zeder *f* BOT cedar

Zedernholz *n* cedar(wood)

Zeh *m* → ***Zehe*** 1

Zehe *f* **1.** ANAT, ZOOL toe: ***große*** **(*kleine*)** ***Zehe*** big (little) toe; ***j-m auf die Zehen treten*** *auch ugs fig* tread on s.o.'s toes **2.** (*Knoblauchzehe*) clove (of garlic)

Zehennagel *m* toenail

Zehensandale *f* flip-flop

Zehenspitze *f* tip of one's toe: ***auf*** **(*den*)** ***Zehenspitzen*** on tiptoe

zehn *Adj* ten

Zehn *f* (number) ten

Zehncentmarke, **Zehncentbriefmarke** *f* ten-cent (postage) stamp

Zehncentstück *n* ten-cent piece

Zehneck *n* MATHE decagon

Zehner *m* **1.** MATHE ten **2.** *ugs* **a)** → ***Zehncentstück***, **b)** ***Zehneuroschein***

Zehnerkarte *f Bus etc*: ten-trip ticket

Zehnerpackung *f* pack(et) of ten

Zehnerstelle *f* MATHE tens digit

Zehneuroschein *m* ten-euro note (*Am* bill), *ugs* tenner

zehnfach **I** *Adj und Adv* tenfold **II** ***Zehnfache*** *n* ten times the amount: ***um das Zehnfache*** tenfold

Zehnfingersystem *n* touch system

zehnjährig *Adj* **1.** ten-year-old, *präd* ten years old: ***ein zehnjähriger Junge*** *auch* a boy of ten **2.** ***zehnjähriges Jubiläum*** *etc* ten-year (*oder* tenth) anniversary *etc* **3.** ***nach zehnjähriger Abwesenheit*** *etc* after an absence *etc* of ten years

Zehnkampf *m* SPORT decathlon

Zehnkämpfer, **Zehnkämpferin** decathlete

zehnmal *Adv* ten times

zehnt *Adj* tenth

zehntausend *Adj* ten thousand: *fig* ***die oberen zehntausend*** the upper ten (thousand); ***zehntausende von …*** tens of thousands of …

Zehntel *n* tenth

Zehntelsekunde *f* (***mit einer Zehntelsekunde Vorsprung*** by a margin of a) tenth of a second

zehntens *Adv* tenthly

zehren *v/i* **1.** ***zehren von*** live on (*auch fig von Erinnerungen etc*); ***von seinem Kapital zehren*** live off one's capital **2.** ***zehren an*** (*Dat*) weaken, undermine; ***an j-s Kräften zehren*** sap s.o.'s energy

Zeichen *n* **1.** *allg* sign, (*Merkzeichen*) *auch* mark, (*Kennzeichen*) *auch* characteristic, (*Signal*) signal, (*Symbol*) symbol, COMPUTER character: ***chemisches Zeichen*** chemical symbol; ***j-m ein Zeichen geben*** give s.o. a sign (*oder* signal), signal to s.o.; ***er gab das Zeichen zum Aufbruch*** he gave the sign to leave **2.** *fig* (*Anzeichen*) *allg* sign, (*Beweis*) *auch* mark, token, (*Vorzeichen*) *auch* omen, (*Symptom*) symptom: ***ein Zeichen für*** (*oder* ***von***) a sign of; ***zum Zeichen dass*** as a proof that; ***als*** (*oder* ***zum***) ***Zeichen meiner Dankbarkeit*** as a token of my gratitude; ***es ist ein Zeichen der Zeit*** it's a symptom of our times; ***es geschehen noch Zeichen und Wunder*** wonders never cease **3.** (*Satzzeichen*) punctuation mark **4.** (*Sternzeichen*) sign: ***im Zeichen des Löwen*** under the sign of Leo; *fig* ***im Zeichen stehen von*** (*oder Gen*) be marked by **5.** (*Aktenzeichen etc*) reference (number): WIRTSCH ***unser*** **(*Ihr*)** ***Zeichen*** our (your) reference **6.** (*Warenzeichen*) brand, trademark

Zeichenblock *m* sketch pad

Zeichenbrett *n* drawing board

Zeichendreieck *n* MATHE set square

Zeichenerklärung *f* key (***für, zu*** to), *auf Landkarten etc*: legend, *in Lehrbüchern etc*: signs and symbols *Pl*

Zeichengerät *n* COMPUTER plotter

Zeichenheft *n* drawing book

Zeichenkode *m* COMPUTER character code

Zeichenkunst *f* drawing

Zeichenlehrer, **Zeichenlehrerin** art teacher

Zeichenpapier *n* drawing paper

Zeichenprogramm *n* COMPUTER drawing program

Zeichensaal *m* art room

Zeichensetzung *f* punctuation

Zeichensprache *f* sign language

Zeichenstift *m* pencil, crayon

Zeichentrickfilm *m* (animated) cartoon

zeichnen **I** *v/t* **1.** draw (*auch fig*), (*skizzieren*) sketch, *auch fig* delineate, (*entwerfen*) design **2.** (*kennzeichnen*) mark: *fig* ***sein Gesicht war von Kummer gezeichnet*** his sorrows had left their mark on his face **3.** (*unterzeichnen*) sign **4.** (*einen Betrag*) subscribe (***für Aktien*** *etc* for shares *etc*, ***für einen Fonds*** to a fund) **II** *v/i* **5.** draw (***nach der Natur*** from nature) **6.** (*unterzeichnen*) sign: ***ich zeichne …*** I remain …; ***verantwortlich zeichnen für*** be responsible for

Zeichner, **Zeichnerin** **1.** drawer, draughtsman (-woman), *Am* draftsman (-woman) **2.** WIRTSCH subscriber (*Gen* for, to)

zeichnerisch *Adj* graphic: ***zeichnerische Begabung haben***, *Adv* ***zeichnerisch begabt sein*** have (a) talent for drawing

Zeichnung *f* **1.** drawing, TECH *auch* design, diagram, (*Skizze*) sketch, (*Illustration*) illustration **2.** (*Kennzeichnung*) marking(s *Pl*) (*auch* ZOOL), (*Muster*) pattern(ing) **3.** WIRTSCH *eines Betrages etc*: subscription: ***eine Anleihe zur Zeichnung auflegen*** invite subscriptions for a loan

zeichnungsberechtigt *Adj* authorized to sign, having signatory power

Zeigefinger *m* forefinger, index finger

zeigen **I** *v/t allg* show (*auch fig*), (*einen Film etc*) *auch* present, (*zur Schau stellen*, *auch fig*) display, exhibit, (*anzeigen*) *auch* indicate, (*darlegen*) *auch* demonstrate, point out: ***j-m die Stadt zeigen*** show s.o. (around) the town; ***er will nur seine Macht zeigen*** he just wants to demonstrate his power; ***großen Mut zeigen*** display great courage; *ugs fig* ***dem werd ichs***

Uhrzeit

SG

Im Amerikanischen kann **after** für das Britische **past** stehen, und **of**, **before** oder **till** anstelle von **to**.

⚠ Nach **half** sagen Amerikaner ebenfalls **half past** und nicht ~~**half after**~~!

Britisches Englisch	Uhrzeit	Amerikanisches Englisch
ten past eight	8.10	**ten after eight**
(a) quarter to six	17.45	**(a) quarter of / before / till six**
half past seven, half seven	19.30	**half past seven, half seven**

⚠ **half seven** heißt halb acht und nicht halb sieben!

zeigen! I'll show him! **II** *v/i* (***mit dem Finger***) ***zeigen auf*** (*Akk*) point (one's finger) at; ***nach Norden zeigen*** point (to the) north; ***die Uhr zeigte*** (***auf***) ***12*** the clock said twelve **III** *v/refl* ***sich zeigen*** show (o.s.), appear, *plötzlich*: turn up; *fig* ***sie zeigte sich sehr großzügig*** she was very generous; ***sich von seiner besten Seite zeigen*** present o.s. to best advantage; ***er zeigte sich der Aufgabe nicht gewachsen*** it became obvious that he wasn't equal to the task **IV** *v/unpers* turn out, prove: ***es zeigte sich, dass er Recht gehabt hatte*** (***es richtig gewesen war***) he (it) turned out to have been right; ***es wird sich zeigen, wer Recht hat*** we'll see who is right in the end

Zeiger *m* hand, TECH *auch* index, pointer, *einer Waage, des Tachos etc*: needle

Zeigestock *m* pointer

Zeile *f* **1.** line: ***j-m ein paar Zeilen schreiben*** drop s.o. a line **2.** (*Reihe*) row

Zeilenabstand *m* **1.** spacing **2.** TV line advance

Zeilendrucker *m* COMPUTER line printer

Zeileneingabe *f* COMPUTER line entry

Zeilenraster *m* TV line-scanning pattern

Zeilenschalter *m Schreibmaschine*: line spacer

Zeilenvorschub *m* COMPUTER line feed

zeilenweise *Adv* by the line

Zeisig *m* ZOOL siskin

Zeit *f* **1.** *allg* time, (*Zeitraum*) *auch* period, space (of time), (*Zeitalter*) *auch* era, age, (*Jahreszeit*) season: ***Zeit und Raum*** space and time; ***freie Zeit*** spare time; ***schwere*** (*oder* ***harte***) ***Zeiten*** hard times; *ugs* ***das waren*** (***noch***) ***Zeiten!*** those were the days!; ***die gute alte Zeit*** the good old days; ***... aller Zeiten*** … of all time; ***seit dieser Zeit*** since then; (***für***) ***einige Zeit*** (for) some time; (***für***) ***längere Zeit*** for quite some time, *formell*: for a prolonged period; ***lange Zeit*** for a long time; ***eine Zeit lang*** for some time; ***seit einiger*** (*oder* ***längerer***) ***Zeit*** for quite some time (now); ***die ganze Zeit*** (***hindurch***) all the time, all along; ***in kurzer Zeit*** in a short time; ***in kürzester Zeit*** in no time at all; ***in letzter Zeit*** lately, recently; ***mit der Zeit*** in course of time, with time; ***mit der Zeit gehen*** move with the times; ***in nächster Zeit*** shortly, soon, presently; ***die Zeit ist um!*** time's up!; ***um diese Zeit bin ich schon im Bett*** I'll be in bed already by that time; ***morgen um diese Zeit*** this time tomorrow; ***von Zeit zu Zeit*** from time to time, now and then; ***in der Zeit von ... bis ...*** in the time between … and …; ***vor der Zeit*** prematurely; ***vor langer Zeit*** a long time ago; ***vor nicht allzu langer Zeit*** not so long ago; ***zur Zeit*** (*Gen*) at the time of; ***zu Zeiten der Römer*** in the days of the Romans; ***zu meiner Zeit*** in my time; ***alles zu seiner Zeit!*** there's a time for everything!, (*nach und nach*) one thing after another!; ***es ist*** (***höchste***) ***Zeit zu gehen*** it is (high) time to leave; ***ich habe keine Zeit*** I'm busy, I'm in a hurry; ***das hat Zeit*** there's no hurry, ***bis morgen*** that can wait till tomorrow; ***lass dir Zeit!*** take your time!; ***j-m Zeit lassen*** give s.o. time; ***sich Zeit nehmen für*** take (the) time for (*oder* to do) *s.th.*; SPORT ***j-s Zeit nehmen*** time s.o.; ***die Zeit nutzen*** make the most of one's time; SPORT ***auf Zeit spielen*** play for time; *ugs* ***es wurde aber auch Zeit!*** about time too!; ***Zeit ist Geld*** time is money; ***andere Zeiten, andere Sitten*** other times, other manners; ***kommt Zeit, kommt Rat*** time will bring an answer; *ugs* (***ach,***) ***du liebe Zeit!*** good heavens!; ***Zeit raubend*** → ***zeitraubend***; ***Zeit sparend*** → ***zeitsparend*** → ***schinden*** 2, ***totschlagen***, ***vertreiben*** 2, ***Wunde***, ***zurzeit*** **2.** LING tense

Zeit

GR

Nach folgenden Zeitausdrücken folgt, im Gegensatz zum Deutschen, die Vergangenheitsform:

es ist Zeit, dass du gehst	**it's time you went** (= **it's time for you to go**)
es ist höchste Zeit, dass du gehst	**it's high time you went**
es wird Zeit, dass du gehst	**it's about time you went** (= **it's about time for you to go**)

Zeitabschnitt *m* period (of time), era

Zeitabstand *m* interval: ***in regelmäßigen Zeitabständen*** at regular intervals, periodically

Zeitalter *n* age, era, epoch

Zeitangabe *f* exact (date and) time, (*Datum*) date: ***ohne Zeitangabe*** undated

Zeitansage *f* time check, TEL speaking-clock announcement

Zeitarbeit *f* temporary work

Zeitaufwand *m* time spent (***für*** on): ***mit großem Zeitaufwand verbunden sein*** take (up) a great deal of time

zeitaufwendig, **zeitaufwändig** *Adj* time-consuming

Zeitbegriff *m* conception of time

Zeitbombe *f auch fig* time bomb

Zeitdauer *f* **1.** length of time **2.** period, duration, term

Zeitdifferenz *f* time difference

Zeitdokument *n* document of the times

Zeitdruck *m* (time) pressure: ***unter Zeitdruck stehen*** be pressed for time

Zeiteinteilung *f* organization of (one's) time:

Zeitangaben

WF

jetzt	**now**	später	**later**
gerade eben	**just now**	zurzeit	**at the moment**
manchmal	**sometimes**		
Tag	**day**	tagsüber	**during the day**
Vormittag, Morgen	**morning**	am Vormittag	**in the morning**
heute Vormittag	**this morning**	gestern Vormittag	**yesterday morning**
morgen Vormittag	**tomorrow morning**	am nächsten Vormittag	**the following** *bzw.* **next morning**
Mittag	**midday, noon**	heute Mittag	**at noon today**
Abend	**evening**	am Abend	**in the evening, at night**
heute Abend	**this evening, tonight**	gestern Abend	**yesterday evening, last night**
morgen Abend	**tomorrow evening, tomorrow night**	am nächsten Abend	**the following** *bzw.* **next evening**
Nacht	**night**	in der Nacht	**at night**
bald	**soon**	früh	**early**
früher: Früher habe ich in dem Haus gewohnt.	**I used to live in that house.**	neulich	**recently**
vorher	**before**	vorläufig	**for the time being**
(zu) spät	**(too) late**	später	**later**
rechtzeitig	**in time**		
pünktlich:	**on time, punctual**	pünktlich um zehn	**at ten o'clock sharp**
Sekunde	**second**	Minute	**minute**
Stunde	**hour**	jede Stunde	**every hour**
alle zwei Stunden	**every second hour, every two hours**	eine halbe Stunde	**half an hour,** *Am* **a half hour**
in (ungefähr) einer halben Stunde	**in (about) half an hour (*Am* a half hour)**		
Viertelstunde	**quarter of an hour**	in ungefähr einer Viertelstunde	**in (about) a quarter of an hour**
heute	**today**	gestern	**yesterday**
morgen	**tomorrow**	vorgestern	**the day before yesterday**
übermorgen	**the day after tomorrow**		
vor kurzem	**recently**	vor einer Woche	**a week ago**
vor einem Monat	**a month ago**	vor einem Jahr	**a year ago**
vorige Woche	**last week**	voriges Jahr	**last year**
nächste Woche	**next week**	nächstes Jahr	**next year**
in einer Woche (= nächste Woche)	**in a week's time**	in einer Woche (= innerhalb einer Woche)	**within a week**
seit gestern	**since yesterday**	seit einer Woche	**since last week**
seit einem Monat	**since last month**	seit einem Jahr	**since last year**
seit zwei Wochen (= *zwei Wochen lang*)	**for two weeks**	seit drei Minuten (= *drei Minuten lang*)	**for three minutes**
jede Woche / jedes Jahr *etc*	**every week / every year** *etc*		

sie hat keine Zeiteinteilung she doesn't know how to organize her time
Zeitenfolge *f* LING sequence of tenses
Zeitersparnis *f* saving of time
Zeitfaktor *m* time factor
Zeitfolge *f* chronological order
Zeitform *f* LING tense
Zeitfrage *f* **1.** ***es ist eine Zeitfrage*** it is a question of time **2.** topic of the day
Zeitgefühl *n* sense of time
Zeitgeist *m* spirit of the age, zeitgeist
zeitgemäß *Adj* modern, up(-)to(-)date, *(aktuell)* current, topical
Zeitgenosse *m*, **Zeitgenossin** *f* contemporary: *ugs fig* ***er ist ein übler Zeitgenosse*** he's a nasty customer
zeitgenössisch *Adj* contemporary
Zeitgeschehen *n* current events *Pl*
Zeitgeschichte *f* contemporary history
Zeitgeschmack *m* taste (*oder* fashion) of the time(s)
Zeitgewinn *m* time gained: ***das bedeutet einen Zeitgewinn von 3 Stunden*** that saves three hours
zeitgleich *Adj* SPORT with the same time: *Adv* ***zeitgleich ins Ziel kommen*** be clocked at the same time
Zeitguthaben *n Gleitzeit*: time credit
zeitig *Adj und Adv* early
zeitigen *v/t* produce, bring forth
Zeitkarte *f* season (*Am* commutation) ticket
Zeitkarteninhaber, **Zeitkarteninhaberin** season-ticket holder, *Am* commuter
zeitkritisch *Adj* topical
Zeitlang → ***Zeit*** 1
zeitlebens *Adv* all one's life
zeitlich **I** *Adj* **1.** time, *Reihenfolge etc*: chronological: ***zeitliche Abstimmung*** (*oder* ***Berechnung***) timing **2.** *auch* REL temporary, transitory: ***das Zeitliche segnen*** depart this life **II** *Adv* **3.** ***zeitlich abstimmen*** time, synchronize; ***zeitlich begrenzt*** limited in time; ***zeitlich günstig*** well-timed; ***es passt mir zeitlich nicht*** I can't fit it in(to my timetable); ***ich schaffe es zeitlich nicht*** **a)** I don't have the time to do it, **b)** I can't make it in time; ***zeitlich zs.-fallen*** coincide
zeitlos *Adj* timeless, ageless
Zeitlupe *f* **1.** slow-motion camera **2.** → ***Zeitlupentempo***
Zeitlupenaufnahme *f* slow-motion shot
Zeitlupentempo *n* (***im Zeitlupentempo*** *auch fig* in) slow motion
Zeitmangel *m* (***aus Zeitmangel*** for) lack of time
Zeitmaß *n* tempo, MUS *auch* time
Zeitmesser *m* TECH timekeeper, timer
Zeitmessung *f* timing
zeitnah *Adj* topical, current
Zeitnehmer, **Zeitnehmerin** *allg* timekeeper, TECH *auch* time-study person
Zeitnot *f* ***in Zeitnot sein*** (***geraten***) be (become) pressed for time
Zeitplan *m* schedule, timetable
Zeitpunkt *m* time, moment: ***zum richtigen Zeitpunkt*** at the right moment; ***zu einem späteren Zeitpunkt*** at a later date; ***der Zeitpunkt für den Angriff war gut gewählt*** the attack was well timed
Zeitraffer... time-lapse, quick-motion (*camera etc*)
zeitraubend *Adj* time-consuming
Zeitraum *m* period, space (of time)
Zeitrechnung *f* chronology: ***unserer Zeitrechnung*** of our time
Zeitschalter *m*, **Zeitschaltwerk** *n* TECH time switch, timer
Zeitschrift *f* magazine, periodical
Zeitspanne *f* period, space (of time)
zeitsparend *Adj* time-saving
Zeitstrafe *f* SPORT time penalty
Zeitströmung *f* trend
Zeitstück *n* THEAT period play
Zeitstudien *Pl* time(-and-motion) studies *Pl*
Zeittafel *f* chronological table
Zeitumstände *Pl* prevailing circumstances *Pl*
Zeitung *f* (news)paper, journal, *amtliche*: gazette: ***in der Zeitung steht, dass ...*** it says in the paper that ...
Zeitungsabonnement *n* newspaper subscription
Zeitungsanzeige *f* (newspaper) advertisement, *ugs* ad
Zeitungsartikel *m* newspaper article
Zeitungsausschnitt *m* newspaper clipping
Zeitungsausträger, **Zeitungsausträgerin** newspaper deliverer
Zeitungsbeilage *f* newspaper supplement
Zeitungsente *f ugs fig* hoax, canard
Zeitungsfrau *f ugs* **1.** (*Austrägerin*) paperwoman **2.** (*Journalistin*) news agent, *Am* news dealer **3.** *auf der Straße*: news vendor
Zeitungshändler, **Zeitungshändlerin** news agent, *Am* news dealer
Zeitungsinserat *n* → ***Zeitungsanzeige***
Zeitungsjunge *m* paperboy
Zeitungskiosk *m* newsstand
Zeitungsleser, **Zeitungsleserin** newspaper reader
Zeitungsmädchen *n* papergirl
Zeitungsmann *m ugs* **1.** (*Austräger*) paperman **2.** (*Journalist*) news agent, *Am* news dealer
Zeitungsmeldung *f*, **Zeitungsnotiz** *f* press item
Zeitungspapier *n* newspaper, *Qualität auch*: newsprint
Zeitungsredakteur, **Zeitungsredakteurin** newspaper editor
Zeitungsroman *m novel serialized in a newspaper*
Zeitungsstand *m* newsstand
Zeitungsständer *m* magazine (*oder* newspaper) rack
Zeitungsstil *m* journalese
Zeitungsverkäufer, **Zeitungsverkäuferin** newspaper seller
Zeitungsverleger, **Zeitungsverlegerin** newspaper publisher
Zeitungswesen *n* journalism, *the* press
Zeitungswissenschaft *f* journalism
Zeitunterschied *m* time difference, FLUG time lag
Zeitverlust *m* loss of time: ***den Zeitverlust aufholen*** make up for lost time
Zeitverschwendung *f* waste of time
Zeitvertreib *m* pastime: ***zum Zeitvertreib*** as a pastime, to pass the time
zeitweilig **I** *Adj* temporary, (*gelegentlich*) occasional **II** *Adv* → ***zeitweise***
zeitweise *Adv* for a time, (*gelegentlich*) from time to time, at times, occasionally
Zeitwert *m* WIRTSCH time (*oder* current) value
Zeitwort *n* verb
Zeitzeichen *n* RADIO time signal
Zeitzone *f* time zone

Zeitzünder *m* time fuse
zelebrieren *v/t* celebrate
Zell… cellular
Zellatmung *f* BIOL vesicular breathing
Zellbau *m* cell structure
Zellbildung *f* cell formation
Zelle *f* **1.** *allg* cell **2.** FLUG airframe **3.** (*Telefonzelle*) booth
Zellgewebe *n* BIOL cell tissue
zellig *Adj*, *a* **…zellig** BIOL cellular
Zellkern *m* BIOL nucleus
Zellstoff *m* cellulose, *Papier*: pulp
Zellstoffwatte *f* cellucotton®
Zellteilung *f* BIOL cell division
zellular *Adj* cellular
Zellulitis *f* MED cellulitis
Zelluloid *n* celluloid
Zellulose *f* cellulose
Zellwand *f* BIOL cell wall
Zellwolle *f* rayon staple fib/re (*Am* -er)
Zelt *n* tent, (*Zirkuszelt*) *auch* big top, (*Festzelt*) marquee: ***ein Zelt aufschlagen*** (***abbrechen***) pitch (strike) a tent; *ugs fig* ***seine Zelte aufschlagen*** pitch one's tent, settle down; ***seine Zelte abbrechen*** pack up
Zeltbahn *f* **1.** tent square **2.** → ***Zeltplane***
Zeltdach *n* **1.** tent roof **2.** ARCHI pyramid-type roof
zelten *v/i* camp, tent: ***zelten gehen*** go camping; ***Zelten verboten!*** no camping!
Zeltlager *n* (tent) camp
Zeltleine *f* guy line
Zeltleinwand *f* canvas
Zeltpflock *m* tent peg
Zeltplane *f* tarpaulin
Zeltstadt *f* tent city
Zeltstange *f* tent pole
Zement *m* cement
zementieren *v/t* cement (*auch fig*), METAL carburize
Zementsack *m* cement bag
Zen *n* Zen
Zenit *m auch fig* (***im Zenit*** at the) zenith
zensieren *v/t* **1.** PÄD mark, *Am* grade **2.** censor
Zensor, **Zensorin** censor
Zensur *f* **1.** PÄD mark, *Am* grade: ***gute Zensuren haben*** *auch* have a good report **2.** censorship: ***der Zensur unterliegen*** be censored
Zensus *m* census
Zentaur *m* MYTH centaur
Zentimeter *m*, *n* centimet/re (*Am* -er)
Zentner *m* **1.** (metric) hundredweight (*Abk* cwt.), centner (*50 kg*) **2.** *österr.*, *schweiz.* 100 kilograms
Zentnerlast *f fig* heavy burden: ***mir fiel eine Zentnerlast vom Herzen*** it was a great weight off my mind
zentnerschwer *Adj fig* very heavy: *Adv* ***es liegt mir zentnerschwer auf der Seele*** it weighs very heavily on my mind
zentral *Adj* central: *Adv* ***zentral gelegen sein*** be centrally located; *fig* ***das zentrale Problem*** the crucial problem
Zentralbahnhof *m* central station
Zentralbank *f* central bank
zentralbeheizt *Adj* centrally heated
Zentrale *f* **1.** central office, (*auch Polizeizentrale*, *Taxizentrale etc*) headquarters *Pl* (*oft Sg konstr*) **2.** (*Telefonzentrale*) telephone exchange, *einer Firma*: switchboard **3.** TECH control room **4.** *fig* cent/re (*Am* -er)
Zentraleinheit *f* IT central processing unit (*Abk* CPU)
Zentralheizung *f* central heating
zentralisieren *v/t* centralize
Zentralisierung *f* centralization
Zentralismus *m* POL centralism
zentralistisch *Adj* POL centralist(ic)
Zentralkomitee *n* POL central committee
Zentralmassiv *n* GEOG Massif Central
Zentralnervensystem *n* central nervous system
Zentralorgan *n* (*Zeitung*) official party organ
Zentralrechner *m* mainframe, central computer
Zentralverband *m* WIRTSCH *etc* central association
Zentralverriegelung *f* MOT central locking (system)
zentrieren *v/t* centre, *Am* center
Zentrifugalkraft *f* centrifugal force
Zentrifuge *f* centrifuge
zentripetal *Adj* centripetal
zentrisch *Adj* centric(al)
Zentrum *n auch fig* centre, *Am* center: ***im Zentrum von New York*** *Am auch* (in) downtown New York; ***sie stand im Zentrum des Interesses*** she was the centre of interest
Zeppelin *m* zeppelin
Zepter *n* sceptre, *Am* scepter: *hum* ***das Zepter schwingen*** rule the roost
zerbeißen *v/t* bite to pieces, crunch
zerbeult *Adj* battered
zerbomben *v/t* bomb
zerbombt *Adj* bomb-wrecked
zerbrechen **I** *v/t* break, crack, smash: → ***Kopf*** 2 **II** *v/i* break (*fig* up): *fig* ***zerbrechen an*** (*Dat*) be crushed (*oder* broken) by
zerbrechlich *Adj* breakable, *auch fig* frail, delicate, fragile: ***Vorsicht, zerbrechlich!*** fragile, handle with care!
Zerbrechlichkeit *f auch fig* fragility, frailness
zerbröckeln *v/t und v/i* crumble
zerdrücken *v/t allg* crush, (*Kartoffeln etc*) *auch* mash, (*Kleidung*) *auch* crumple
zerebral *Adj*, **Zerebral…** cerebral
Zeremonie *f* ceremony
zeremoniell *Adj* ceremonial
Zeremoniell *n* ceremonial, *fig auch* ritual
zeremoniös *Adj* ceremonious
zerfahren[1] *Adj Straße etc*: rutted
zerfahren[2] → ***zerstreut***
Zerfall *m* disintegration, decay (*beide auch* KERNPHYSIK), *auch fig* ruin, CHEM decomposition
zerfallen[1] *v/i* **1.** disintegrate (***in*** *Akk*, ***zu*** into), decay (*beide auch* KERNPHYSIK), CHEM decompose, *Gebäude etc*: fall to pieces, crumble (*auch fig Reich etc*) **2.** *fig* ***zerfallen in*** (*Akk*) be divided into
zerfallen[2] *Adj* **1.** decayed, in ruins **2.** *fig* ***mit j-m zerfallen sein*** be at odds with s.o.; ***mit sich und der Welt zerfallen sein*** be disgusted with life
Zerfallserscheinung *f* sign of decay
Zerfallsprodukt *n* KERNPHYSIK decay product
Zerfallsreihe *f* KERNPHYSIK family, decay chain
Zerfallszeit *f* KERNPHYSIK decay period (*oder* time)
zerfetzen *v/t* tear *s.th.* (in)to pieces, shred, slash, (*Arm*, *Bein etc*) mangle
zerfleddern *v/t* tatter
zerfleischen **I** *v/t* mangle, (*in Stücke reißen*) tear *s.o.*, *s.th.* to pieces: *fig* ***einander zerfleischen*** tear each other apart **II** *v/refl* ***sich zerfleischen*** *fig* torment o.s

zerfließen *v/i Farbe etc*: run, (*schmelzen*) melt: *fig* ***sie zerfloss vor Mitleid*** she was melting with pity
zerfressen[1] *v/t* **1.** *Motten etc*: eat (holes into), *Mäuse etc*: gnaw *s.th.* to pieces **2.** CHEM, TECH corrode
zerfressen[2] *Adj* ***von Motten zerfressen*** moth-eaten; ***vom Rost zerfressen*** corroded; *fig* ***vom Neid zerfressen*** eaten up with envy
zerfurcht *Adj auch fig* furrowed
zergehen *v/i* dissolve, melt: ***auf der Zunge zergehen*** melt in one's mouth
zergliedern *v/t fig* analy/se (*Am* -ze), (*einen Satz*) *auch* parse, *ganz genau*: dissect
zerhacken *v/t* chop (*auch* ELEK), mince
zerhauen *v/t* ***etw zerhauen*** cut s.th. to pieces
zerkauen *v/t* chew (well)
zerkleinern *v/t* reduce *s.th.* to small pieces, crush, cut *s.th.* up, *fein*: mince
zerklüftet *Adj* jagged, rugged
zerknautschen *v/t ugs* crumple
zerknirscht *Adj* contrite: ***zerknirscht sein*** feel remorse (***über*** *Akk* at)
Zerknirschung *f* contrition
zerknittern *v/t und v/i* crumple, crease
zerknüllen *v/t* crumple up
zerkochen *v/t und v/i* overcook
zerkratzen *v/t* scratch
zerkrümeln *v/t und v/i* crumble
zerlassen *v/t* (*Butter etc*) melt
zerlaufen *v/i Eis, Fett*: melt, *Farbe*: bleed
zerlegbar *Adj* dismountable, *bes Möbel*: knock-down: ***... ist zerlegbar*** ... can be taken apart
zerlegen *v/t* **1.** take *s.th.* apart, TECH *auch* dismantle, knock down **2.** (*zerschneiden*) cut *s.th.* up, dissect, (*Braten*) carve **3.** MATHE reduce, *auch* CHEM decompose, OPT disperse: MATHE ***in Faktoren zerlegen*** factorize **4.** → ***zergliedern***
Zerlegung *f* **1.** dismantling **2.** dissection (*auch fig*) **3.** MATHE reduction, *auch* CHEM decomposition, OPT dispersion
zerlesen *Adj Buch etc*: well-thumbed
zerlöchert *Adj* full of holes
zerlumpt *Adj* ragged, tattered
zermahlen *v/t* grind, *fein*: pulverize
zermalmen *v/t auch fig* crush
zermartern *v/t fig* ***sich den Kopf zermartern*** rack one's brain (***über*** *Akk* over)
zermürben *v/t* wear *s.o.* down, MIL soften up: ***zermürbend*** trying, gruel(l)ing
Zermürbungskrieg *m* war of attrition
zernagen *v/t* gnaw *s.th.* to pieces
zerpflücken *v/t* ***etw zerpflücken*** *auch fig* pick s.th. to pieces
zerplatzen *v/i auch fig* burst, explode
zerquetschen *v/t* crush (*auch* TECH), *zu Brei*: squash, mash: *ugs* ***50 Euro und ein paar Zerquetschte*** just over 50 euros
Zerrbild *n bes fig* caricature, distorted picture, *fig auch* travesty
zerreden *v/t* ***etw zerreden*** flog s.th. do death
zerreiben *v/t* crush, grind, *zu Pulver*: pulverize: ***etw zwischen den Fingern zerreiben*** rub s.th. between one's fingers
zerreißen **I** *v/t* tear *s.th.* up, tear (*oder* rend) *s.th.* to pieces (*oder* apart), rip up, (*Faden, Fesseln etc, fig Bindungen etc*) break: ***er hat sich die Hose zerrissen*** he tore his pants; *fig* ***es zerriss ihr das Herz*** it broke her heart; *ugs fig* ***in der Luft zerreißen*** **a)** tear *s.o.* limb from limb, **b)** (*heftig kritisieren*) tear *s.o., s.th.* to pieces **II** *v/i* tear, *Faden, Nebel, Wolken etc*: break, *Sack etc, Gefäß etc*: burst **III** *v/refl* ***sich*** (***fast***) ***zerreißen*** *ugs fig* bend over backwards; ***ich kann mich doch nicht zerreißen!*** I can't be in two places at once!; ***ich könnte mich vor Wut zerreißen!*** I could kick myself!
Zerreißfestigkeit *f* tear resistance
Zerreißprobe *f* **1.** TECH tension test **2.** *fig* ordeal
zerren **I** *v/t* **1.** drag, haul: ***j-n hinter sich her zerren*** drag s.o. along **2.** MED pull, strain (***sich einen Muskel*** a muscle) **II** *v/i* **3.** ***zerren an*** (*Dat*) pull at, tug at; ***der Hund zerrte an der Leine*** the dog strained at its leash; *fig* ***der Lärm zerrt an meinen Nerven*** the noise is nerve-wracking
zerrinnen *v/i* melt away (*auch fig Geld etc*), *fig Träume etc*: fade, vanish, *Pläne etc*: come to nothing: ***wie gewonnen, so zerronnen*** easy come, easy go
zerrissen *Adj auch fig* torn: ***er ist innerlich zerrissen*** he is torn by inner conflicts
Zerrissenheit *f* (***innere***) ***Zerrissenheit*** inner conflicts *Pl*
Zerrung *f* MED strain, overstretching
zerrütten *v/t* (*Ordnung etc*) disrupt, (*auch Ehe, Gesundheit etc*) ruin, wreck, (*den Geist*) unhinge, derange: ***ihre Nerven sind zerrüttet*** her nerves are shattered; ***zerrüttete Ehe*** (***Familienverhältnisse***) broken marriage (home)
Zerrüttung *f* disruption, ruin, ruinous state: JUR (***unheilbare***) ***Zerrüttung der Ehe*** (irretrievable) breakdown of a marriage
zersägen *v/t* saw *s.th.* up
zerschellen *v/i* be smashed to pieces, smash, FLUG crash, SCHIFF be wrecked
zerschießen *v/t* bombard, batter
zerschlagen[1] **I** *v/t* **1.** smash (*s.th.* to pieces), shatter **2.** *fig* (*Organisation etc*) smash, (*Besitz etc*) split up **II** *v/refl* ***sich zerschlagen*** **3.** *fig Pläne, Hoffnungen etc*: come to nothing
zerschlagen[2] *Adj ugs fig* dead-beat, whacked: ***sich wie zerschlagen fühlen*** *auch* feel washed out
zerschlissen *Adj* worn-out, threadbare
zerschmettern *v/t* smash, shatter
zerschneiden *v/t* cut (*s.th.* up), *in Scheiben*: slice, *klein*: shred, (*Braten*) carve
zerschrammen *v/t* scratch
zersetzen **I** *v/t* **1.** CHEM decompose **2.** *fig* (*Moral, Ordnung etc*) corrupt, undermine **II** *v/refl* ***sich zersetzen*** **3.** *bes* CHEM decay, decompose, (*sich auflösen*) disintegrate
zersetzend *Adj fig* subversive
Zersetzung *f* **1.** decay, *bes* CHEM decomposition, disintegration **2.** *fig* corruption, POL subversion
zersiedeln *v/t* spoil (by uncontrolled development)
Zersiedlung, **Zersiedelung** *f* urban sprawl
zerspanen *v/t* TECH machine
zersplittern **I** *v/t* (*Glas*) shatter, *auch fig* split (up), splinter: ***seine Kräfte zersplittern*** *siehe* III a **II** *v/i* shatter, *auch fig* splinter **III** *v/refl* ***sich zersplittern*** *fig* **a)** dissipate one's energies, **b)** do too many things at once
zersprengen *v/t* blow up, blast, burst
zerspringen *v/i* shatter, *Saite*: break
zerstampfen *v/t* **1.** crush, *im Mörser*: pound **2.** (*zertreten*) trample (down)
zerstäuben *v/t* **1.** (*Flüssigkeit*) spray, atomize **2.** (*Pulver*) dust, sprinkle
Zerstäuber *m* atomizer, sprayer
zerstechen *v/t* **1.** ***j-n zerstechen*** *Insekten*: bite s.o. all over **2.** puncture, pierce: ***sich die Fin-***

ger zerstechen prick one's fingers
zerstörbar *Adj* destructible
zerstören *v/t auch fig* destroy, (*auch Gesundheit etc*) ruin, (*auch Ehe*) wreck: ***j-s Hoffnungen zerstören*** shatter s.o.'s hopes
Zerstörer *m auch* MIL destroyer
zerstörerisch *Adj* destructive
Zerstörung *f* **1.** destruction (*auch fig*), devastation **2.** *Pl* ravages *Pl*
Zerstörungstrieb *m* PSYCH destruction instinct
Zerstörungswerk *n* work of destruction
Zerstörungswut *f* destructive frenzy, vandalism
zerstoßen → ***zerstampfen*** 1
zerstreuen **I** *v/t* **1.** *allg* disperse, scatter, (*Licht*) *auch* diffuse, (*Menschenmenge*) *auch* break up **2.** *fig* (*Bedenken etc*) dispel, dissipate **3.** *fig* ***j-n zerstreuen*** amuse s.o. **II** *v/refl* ***sich zerstreuen*** **4.** *siehe* 1 **5.** amuse o.s
zerstreut *Adj fig* absent-minded
Zerstreutheit *f fig* absent-mindedness
Zerstreuung *f* **1.** *einer Menge etc*: dispersion, scattering, *des Lichts*: *auch* diffusion **2.** *fig eines Verdachts etc*: dissipation **3.** *fig* (*Ablenkung*) (***zur Zerstreuung*** as a) diversion **4.** → ***Zerstreutheit***
zerstückeln *v/t* cut *s.th.* up, (*Leiche*) dismember
Zerstücklung, **Zerstückelung** *f* cutting up, dismemberment
zerteilen *v/t* **1.** (*auch* ***sich zerteilen***) divide (*oder* split) (***in*** *Akk* into) **2.** → ***zerlegen*** 2 **3.** (*auch* ***sich zerteilen***) (*Nebel, Wolken etc*) disperse, break up **4.** MED (*einen Tumor*) resolve
Zertifikat *n* certificate
zertrampeln *v/t* trample under foot
zertrennen *v/t* **1.** take *s.th.* apart, separate, sever **2.** (*Naht*) undo
zertreten *v/t* crush (*auch fig*), (*Feuer, Kippe etc*) stamp out
zertrümmern *v/t* demolish, wreck, smash, MED (*Stein etc*) crush
Zertrümmerung *f* demolition, smashing, MED crushing
Zervelatwurst *f* saveloy
zerwühlen *v/t* (*Boden*) root up, churn up, (*Haar*) dishevel, (*auch Bett*) rumple
Zerwürfnis *n* quarrel, (*Bruch*) split, rupture
zerzausen *v/t* ruffle, (*Haar*) tousle, rumple, dishevel: ***zerzaust aussehen*** look dishevel(l)ed (*oder* untidy)
Zeter: *ugs* ***Zeter und Mord(io) schreien*** cry blue murder
zetern *v/i ugs* (*jammern*) wail, (*schimpfen*) (put up a) squawk, (*keifen*) nag
Zettel *m* slip (of paper), (*Notizzettel, kurze Mitteilung*) note, (*Klebezettel, Anhängezettel*) label, *Am* sticker, (*Handzettel*) leaflet, (*Karteizettel*) card
Zettelkartei *f* card index
Zettelkasten *m* card index (box)
Zettelkatalog *m* card catalog(ue *Br*)
Zeug *n* **1.** (*Sachen*) things *Pl*, (*Handwerkszeug*) tools *Pl*, *zum Essen, Trinken etc*: stuff, *pej* (*Plunder, Quatsch*) rubbish: ***dummes Zeug reden*** talk nonsense, drivel **2.** (*Stoff*) fabric, stuff: *fig* ***er hat das Zeug zum Arzt*** he has the makings of a doctor; ***sie hat das Zeug dazu*** she's got what it takes; *ugs* ***was das Zeug hält*** like mad; ***sich ins Zeug legen*** put one's back into it, go all out (***für*** for); ***j-m am Zeug flicken*** find fault with s.o.
Zeuge *m* witness (***der Anklage*** for the prosecution): ***vor Zeugen*** in the presence of witnesses; *fig* ***Zeugen der Vergangenheit*** relics of the past
zeugen[1] *v/t* **1.** BIOL procreate, (*Kind*) father **2.** *fig* generate, create, produce
zeugen[2] *v/i* JUR give evidence: *fig* ***zeugen von*** bespeak, be a sign of, show
Zeugenaussage *f* testimony, evidence, *zu Protokoll gegebene, eidliche*: deposition
Zeugenbank *f* witness box (*Am* stand)
Zeugengeld *n* witness expenses *Pl*
Zeugenvernehmung *f* hearing of witnesses
Zeugin *f* (female) witness
Zeugnis *n* **1.** PÄD report (card), (*Prüfungszeugnis*) certificate, diploma: ***er hat ein gutes Zeugnis*** he was given a good report **2.** (*Führungszeugnis*) reference, (*Zeugnispapiere*) credentials *Pl*: ***sie hat gute Zeugnisse*** she has good references; ***j-m ein gutes Zeugnis ausstellen*** *auch fig* give s.o. a good character **3.** (*Bescheinigung*) certificate **4.** JUR *und fig* testimony (*Gen* to), (*Beweis*) evidence: ***zum Zeugnis*** (*Gen*) in witness of; *fig* ***Zeugnis ablegen*** (*oder* ***geben***) bear witness (***für*** to, ***von*** of)
Zeugniskonferenz *f* PÄD reports conference
Zeugnisverweigerungsrecht *n* JUR right to refuse to give evidence
Zeugung *f* BIOL procreation
Zeugungsakt *m* progenitive act
zeugungsfähig *Adj* fertile, *weit. S.* potent
Zeugungsfähigkeit *f* fertility, procreative capacity, (*Potenz*) potency
zeugungsunfähig *Adj* impotent, sterile
Zeugungsunfähigkeit *f* impotence, sterility
z. H., **z. Hd.** *Abk* (= ***zu Händen***) attn.
Zichorie *f* BOT chicory
Zicke *f* → ***Ziege***
Zicken *Pl ugs* (***mach keine Zicken*** none of your) silly tricks *Pl*
zickig *Adj ugs* bitchy
Zicklein *n* ZOOL kid
Zickzack *m* (*auch* ***im Zickzack gehen*** *oder* ***fahren***) zigzag
Ziege *f* **1.** ZOOL (she-)goat **2.** *ugs fig* (***dumme*** *oder* ***blöde Ziege*** silly) bitch
Ziegel *m* brick, (*Dachziegel*) tile
Ziegeldach *n* tiled roof
Ziegelei *f* brickworks *Pl* (*oft Sg konstr*)
ziegelrot *Adj* brick-red
Ziegelstein *m* brick
Ziegenbock *m* he-goat
Ziegenfell *n* goatskin
Ziegenkäse *m* goat's cheese
Ziegenleder *n* goatskin, kid (leather)
Ziegenmilch *f* goat's milk
Ziegenpeter *m ugs* MED mumps *Sg*
ziehen **I** *v/t* **1.** draw, pull, (*zerren*) drag, tug, (*schleppen*) haul: ***j-n mit sich ziehen*** drag s.o. with one; ***j-n am Ärmel (Ohr) ziehen*** pull s.o. by the sleeve (ear); ***j-n an den Haaren ziehen*** pull s.o.'s hair; ***Zigaretten aus einem Automaten ziehen*** get some cigarettes from a machine; ***sie zog den Ring vom Finger*** she pulled the ring off (her finger); MOT ***er zog den Wagen nach links*** he pulled the car to the left; ***j-n an sich ziehen*** draw s.o. close (to one); ***die Aufmerksamkeit (alle Blicke) auf sich ziehen*** attract attention (every eye); ***Blasen ziehen*** blister; ***auf Flaschen ziehen*** bottle; ***den Hut ziehen*** *auch fig* take off one's hat (***vor j-m*** to s.o.); ***Perlen auf eine Schnur ziehen*** thread beads; → ***Betracht***, ***Bilanz***, ***Erwägung***, ***Fell*** 2, ***Länge*** 1 *etc* **2.** ***nach sich ziehen***

have (*consequences etc*), (*Kosten etc*) involve, entail **3.** (*herausziehen*) draw, pull, (*Zahn*) *auch* extract, MED (*Fäden*) take out, remove: ***er zog seine Brieftasche*** he took out his wallet; ***er zog die Pistole*** he drew his pistol; ***j-n aus dem Wasser ziehen*** pull s.o. from the water; → ***Affäre, Gewinn*** 1, ***Los*** 1, ***Nutzen, Wurzel*** 1, ***Zahn*** 1 **4.** (*Linie, Kreis etc*) draw: → ***Parallele, Schlussstrich*** **5.** TECH draw, (*recken*) stretch, (*Gewehrlauf*) rifle, (*Graben etc*) cut, run, dig, (*Mauer, Zaun etc*) build, erect, (*eine Leine, Leitung etc*) put up: → ***Leine*** **6.** (*züchten*) BOT cultivate, ZOOL rear, breed **II** *v/i* **7.** ***ziehen an*** (*Dat*) pull at, *heftig*: tug at, *einer Zigarette etc*: *ugs* (have a) drag at; ***der Hund zog an der Leine*** the dog strained at its leash; *ugs* ***lass mich mal ziehen!*** give me a drag! **8.** *Ofen, Pfeife etc, auch Kaffee, Tee*: draw: ***den Tee drei Minuten ziehen lassen*** *auch* let the tea stand for three minutes **9.** (*sich bewegen*) move, *Wolken etc*: drift, (*gehen*) go, (*herumziehen*) wander, rove, (*marschieren*) march, *Zugvögel*: fly, migrate: ***seines Weges ziehen*** go one's way; ***in den Krieg ziehen*** go to war; → ***Feld*** **10.** (*umziehen*) (re)move: ***aufs Land ziehen*** move to the country; ***zu j-m ziehen*** move in with s.o. **11.** (*schmerzen*) hurt, ache: ***ziehender Schmerz*** twinge **12.** *ugs fig Ausrede etc*: work, *Reklame etc*: pull, (*ankommen*) go down (well): ***das zieht*** (***bei ihm***) ***nicht!*** that won't work (with him)!; ***das zieht immer!*** that sort of thing always goes down well (***bei*** with); ***das zog!*** that did the trick! **13.** *Schach*: move: ***wer zieht?*** whose move is it?; ***mit dem König ziehen*** move the king (***auf*** *Akk* to) **14.** *zum Schießen*: draw (one's pistol), pull a gun **15.** *Sport und fig* set the pace **III** *v/refl* ***sich ziehen*** **16.** (***auch sich ziehen lassen***) stretch: → ***Länge*** 1 **17.** → ***verziehen*** 5 **18.** (*sich erstrecken*) stretch, extend, (*verlaufen*) run (*auch Motiv etc*, ***durch*** through): *ugs* ***der Weg zieht sich*** the way seems endless **IV** *v/unpers* **19.** ***es zieht*** there is a draught (*Am* draft) **20.** ***es zieht j-n zu*** s.o. feels attracted (*oder* drawn) to; ***es zog ihn nach Hause*** he felt an urge to return home

Ziehen *n* (*Schmerz*) twinge, ache

Ziehharmonika *f* MUS accordion

Ziehung *f allg* drawing, (*Losziehung*) *auch* draw

Ziel *n* **1.** (*Reiseziel etc*) destination **2.** SPORT finish(ing line): ***als Sieger*** (***Zweiter***) ***durchs Ziel gehen*** finish first (second); ***sich ins Ziel werfen*** lunge into the tape **3.** *bes* MIL mark, aim, (*auch Zielscheibe*) target, *taktisches*: objective: ***das Ziel verfehlen*** miss; ***über das Ziel hinausschießen*** *auch fig* overshoot the mark **4.** *fig* aim, goal, end, objective, target (*auch* WIRTSCH): ***sein Ziel erreichen*** reach one's goal, *ugs* get there; (***nicht***) ***zum Ziel führen*** succeed (fail); ***sich das Ziel setzen zu*** *Inf* aim to *Inf*, aim at *Ger*, make it one's objective to *Inf*; *ugs* ***auf sein Ziel zusteuern*** head straight for one's goal; ***sein Ziel aus dem Auge verlieren*** (***im Auge behalten***) lose (keep) sight of one's goal

Zielanflug *m* approach run

Zielband *n* SPORT tape

zielbewusst → ***zielstrebig***

Zieleinlauf *m* SPORT finish

zielen *v/i* (***auf*** *Akk* at) (take) aim, level, *fig Kritik etc*: be aimed: → ***gezielt***

Zielfernrohr *n* telescopic sight

Zielflug *m* homing

Zielfoto *n* SPORT photo of the finish

Zielgerade *f* SPORT home stretch

zielgerichtet *Adj* goal-directed

Zielgruppe *f* target group

Zielkamera *f* SPORT photo-finish camera

Zielkurve *f* SPORT home bend

Ziellinie *f* SPORT finishing line

ziellos *Adj* aimless

Zielrichter, **Zielrichterin** SPORT judge (at the finish)

Zielscheibe *f* target, *fig auch* butt: ***Zielscheibe des Spottes*** laughing-stock

Zielsetzung *f* objective, target

zielsicher *Adj* unerring: *Adv* ***zielsicher zugehen auf*** (*Akk*) make straight for

Zielsprache *f* target language

zielstrebig *Adj* purposeful, single-minded, determined

Zielstrebigkeit *f* determination, single-mindedness

Zielvorgabe *f* objective

Zielvorstellung *f* objective

ziemlich **I** *Adj* **1.** *ugs* considerable, quite a: ***er wird mit ziemlicher Sicherheit kommen*** he's fairly certain to come; ***das ist eine ziemliche Frechheit*** that's rather a cheek **II** *Adv* **2.** rather, quite: ***ziemlich gut*** *ugs* pretty good; ***ziemlich ausführlich*** in some detail; ***ziemlich viel*** quite a lot (of); ***ziemlich viele*** quite a few; ***ich bin ziemlich sicher*** *ugs* I'm pretty sure **3.** (*fast*) almost, just about, *ugs* pretty well: ***ich bin so ziemlich fertig*** I've more or less finished; ***so ziemlich alles*** practically everything; ***es ist so ziemlich dasselbe*** *ugs* it's pretty much the same thing

Unbestimmter Artikel bei quite und rather GR

In Verbindung mit einem Adjektiv kann **ziemlich** mit **quite** oder **rather** übersetzt werden. Der unbestimmte Artikel steht in der Regel nach **quite** und wahlweise vor oder nach **rather**:

Sie wartete eine ziemlich lange Zeit.	**She waited for quite a while.**
Das ist eine ziemlich persönliche Frage.	**That's rather a / a rather personal question.**

Zierde *f* **1.** (***zur Zierde*** for) decoration **2.** *fig* credit (*Gen oder* ***für*** to)

zieren **I** *v/t* adorn, decorate **II** *v/refl* ***sich zieren*** make a fuss, *bes Frau*: play coy: ***er zierte sich nicht lange*** he didn't need much pressing; ***komm, zier dich nicht!*** come on!

Zierfisch *m* ornamental fish

Ziergarten *m* ornamental garden

Zierleiste *f* border (*auch* BUCHDRUCK), ornamental mo(u)lding, MOT trim

zierlich *Adj* (*zart*) delicate, dainty, (*graziös*) graceful, gracile, *Frau*: *auch* petite

Zierlichkeit *f* delicateness, daintiness

Zierpflanze *f* ornamental plant

Ziffer *f* **1.** figure, number, (*Stelle*) digit: ***in Ziffern*** in figures **2.** *bei Illustrationen*: figure (*Abk* Fig.) **3.** JUR subparagraph, *in einem Vertrag etc*: item

Zifferblatt *n* dial, face

zig *Adj ugs* umpteen

Zigarette *f* cigarette, *Am auch* cigaret
Zigarettenanzünder *m* MOT cigarette lighter
Zigarettenautomat *m* cigarette machine
Zigarettenetui *n* cigarette case
Zigarettenmarke *f* brand of cigarettes
Zigarettenpackung *f* cigarette packet (*Am* pack)
Zigarettenpause *f ugs* (***eine Zigarettenpause machen*** have a) smoke
Zigarettenraucher, **Zigarettenraucherin** cigarette smoker
Zigarettenschachtel *f* cigarette packet (*Am* pack)
Zigarettenspitze *f* cigarette holder
Zigarettenstummel *m* cigarette end, stub, butt
Zigarillo *m* cigarillo
Zigarre *f* cigar: *ugs fig* ***j-m eine Zigarre verpassen*** give s.o. a rocket
Zigarrenabschneider *m* cigar cutter
Zigarrenraucher, **Zigarrenraucherin** cigar smoker
Zigarrenstummel *m* cigar end, butt
Zigeuner, **Zigeunerin** *auch pej* gypsy, *Br auch* gipsy
zigeunerhaft *Adj auch pej* gypsy-like
Zigeunerleben *n fig*, *auch pej* gypsy life
zigeunern *v/i auch pej* gad about
zigst *Adj ugs* umpteenth
Zikade *f* ZOOL cicada
Zimmer *n* room
Zimmerantenne *f* indoor aerial (*Am* antenna)
Zimmereinrichtung *f* furnishing, (*Möbel*) furniture, (*Innenausstattung*) interior (decoration)
Zimmerflucht *f* suite of rooms
Zimmerhandwerk *n* carpentry
...zimmerig, **...zimmrig** ...-roomed
Zimmerkellner, **Zimmerkellnerin** room waiter (waitress)
Zimmerlautstärke *f* household noise level: ***das Radio auf Zimmerlautstärke stellen*** turn one's radio down to moderate volume
Zimmermädchen *n im Hotel*: chambermaid
Zimmermann *m* carpenter
zimmern *v/t* carpenter (*auch v/i*), *weit. S.* build (*oder* make) (of wood), *fig* shape
Zimmernachweis *m* accommodation office
Zimmerpflanze *f* indoor plant
Zimmerreservierung *f* room reservation(s *Pl*)
Zimmerschlüssel *m* room key
Zimmerservice *m im Hotel*: room service
Zimmersuche *f* (***auf Zimmersuche sein*** be) room-hunting
Zimmertemperatur *f* room temperature
Zimmertheater *n* small theat/re (*Am* -er)
Zimmervermittlung *f* → ***Zimmernachweis***
zimperlich *Adj* (*wehleidig*) soft, oversensitive, (*überempfindlich*) squeamish, (*prüde*) prim, prissy: ***sei nicht so zimperlich!*** don't be a softie!; *Adv ugs* ***nicht gerade zimperlich, wenig zimperlich*** none too gently, *in seinen Methoden*: not exactly scrupulous
Zimperlichkeit *f* softness, oversensitiveness
Zimt *m* **1.** cinnamon **2.** *ugs pej* (***rede nicht solchen Zimt*** don't talk) rubbish: ***der ganze Zimt*** the whole business
Zink *n* zinc
Zinkblech *n* sheet zinc, *grobes*: zinc plate
Zinke *f* prong, *eines Kammes*: tooth
zinken *v/t* (*Karten*) mark
Zinken *m* **1.** → ***Zinke*** **2.** *ugs* (*Nase*) beak, nozzle
Zinksalbe *f* zinc ointment
Zinn *n* tin, (*Legierung, Geschirr*) pewter
Zinne *f* ARCHI pinnacle, *Pl* battlement *Sg*
Zinngeschirr *n* pewter
Zinnober *m* **1.** MIN cinnabar **2.** *ugs* (*Unsinn*) rubbish, (*Getue*) fuss
zinnoberrot *Adj* vermilion
Zinnsoldat *m* tin soldier
Zins[1] *m meist Pl* interest: ***Zinsen tragen*** bear interest; ***ohne Zinsen*** ex interest; ***zu 4 % Zinsen*** at 4 % interest; → ***Zinseszins***
Zins[2] *m Dialekt* (*Miete*) rent
zinsbringend *Adj* interest-bearing
Zinseinnahme *f* income from interest
Zinsendienst *m* interest payment
Zinsenlast *f* burden of interest
Zinsertrag *m* interest yield
Zinseszins *m meist Pl* compound interest: *fig* ***j-m etw mit Zins und Zinseszins zurückzahlen*** repay s.th. to s.o. with interest
Zinsfuß *m* interest rate
zinsgünstig *Adj* low-interest
Zinsgutschrift *f* interest credited
zinslos *Adj* interest-free
Zinspolitik *f* interest rate policy
Zinsrechnung *f* calculation of interest, *konkret*: interest account
Zinssatz *m* interest rate
Zinssenkung *f* lowering of interest rates
Zinsverlust *m* loss of interest
Zionismus *m* Zionism
Zionist, **Zionistin**, **zionistisch** *Adj* Zionist
Zipfel *m* tip, point, (*Wurstzipfel*) end, (*Ecke*) corner
Zipfelmütze *f* pointed cap
zippen *v/t* (*Datei*) zip
Zirbeldrüse *f* ANAT pineal gland
zirka *Adv* about, approximately
Zirkapreis *m* WIRTSCH approximate price
Zirkel *m* **1.** (***ein Zirkel*** a pair of) compasses *Pl*, (*Stechzirkel*) dividers *Pl* **2.** (*Kreis*) *auch fig* circle
Zirkelkasten *m* compasses case
Zirkelschluss *m* PHIL circular argument
Zirkeltraining *n* SPORT circuit training
Zirkulation *f* circulation
zirkulieren *v/i* (*auch* ***zirkulieren lassen***) circulate
Zirkumflex *m* LING circumflex (accent)
Zirkus *m* **1.** circus (*auch ugs Tenniszirkus etc*) **2.** *ugs* (*Getue*) fuss, carry-on
zirpen *v/t und v/i* chirp (*auch fig*)
Zirpen *n* chirp(ing)
Zirrhose *f* MED cirrhosis
Zirrus(wolke *f*) *m* cirrus (cloud)
zischeln *v/t und v/i* hiss, whisper
Zischeln *n* hiss(ing), whisper(ing)
zischen **I** *v/i* **1.** hiss (*auch fig*), *Fett*: sizzle, *Geschoss*: whiz(z) **II** *v/t* **2.** (*Worte etc*) hiss **3.** *ugs* ***einen zischen*** knock one back
Zischen *n* hiss(ing), sizzle, (*Missfallensäußerung*) hisses *Pl*
Zischlaut *m* sibilant
ziselieren *v/t* chase
Zisterne *f* cistern, tank
Zitadelle *f* citadel
Zitat *n* quotation
Zither *f* MUS zither
zitieren *v/t* **1.** cite, quote: ***falsch zitieren*** misquote **2.** (*vorladen*) summon, cite
Zitronat *n* candied lemon peel
Zitrone *f* lemon
Zitronenfalter *m* ZOOL brimstone
Zitronengras *n* lemon grass
Zitronenlimonade *f* lemonade, *Am* lemon soda

Zitronenpresse *f* lemon squeezer
Zitronensaft *m* lemon juice
Zitronensäure *f* citric acid
Zitronenschale *f* lemon peel
Zitrusfrucht *f* citrus fruit
zittern *v/i* (***vor*** with) tremble, shake, quiver: ***mir zittern die Knie*** my knees are shaking; *fig* ***zittern um*** tremble for; ***vor j-m zittern*** be terrified of s.o.
Zittern *n* tremble, shake, vibration: *fig* ***mit Zittern und Zagen*** trembling; *ugs* ***das große Zittern kriegen*** get the willies
Zitterpappel *f* BOT (quaking) aspen
zittrig, **zitterig** *Adj allg* shaky
Zitze *f* teat, dug
Zivi *m ugs* → ***Zivildienstleistende***
zivil *Adj* **1.** civil, (*Ggs. militärisch*) civilian **2.** *fig* (*anständig*) decent, (*annehmbar*) reasonable
Zivil *n* (*Ggs. Uniform*) civilian dress, *Polizei etc*: plain clothes *Pl*: ***in Zivil*** *ugs auch* in mufti; ***Kriminalbeamter in Zivil*** plain-clothes man
Zivilberuf *m* civilian profession (*oder* trade)
Zivilbevölkerung *f* civilian population, *the* civilians *Pl*
Zivilcourage *f* courage of one's convictions
Zivildienst *m* civilian service (*in lieu of military service*)
Zivildienstleistende *m* person doing civilian service
Zivilehe *f* civil marriage
Zivilfahnder, **Zivilfahnderin** plain-clothes policeman
Zivilfahndung *f* plain-clothes search
Zivilgericht *n* civil court
Zivilisation *f* civilization
Zivilisationskrankheit *f* civilization disease
zivilisieren *v/t* civilize
Zivilist, **Zivilistin** civilian
Zivilkammer *f* JUR civil division
Zivilklage *f* JUR civil suit
Zivilkleidung *f* → ***Zivil***
Zivilluftfahrt *f* civil aviation
Zivilperson *f* civilian
Zivilprozess *m* JUR civil action
Zivilprozessordnung *f* code of civil procedure
Zivilrecht *n* civil law
zivilrechtlich *Adj* (*Adv* under) civil law
Zivilschutz *m* civil defen/ce (*Am* -se)
Zivilstand *m Swiss* civil (*oder* marital) status
Ziviltrauung *f* civil marriage
Zivilverteidigung *f* → ***Zivilschutz***
Zobel *m* **1.** ZOOL sable **2.** *auch* **Zobelfell** *n* sable-skin **3.** *auch* **Zobelpelz** sable (fur)
zocken *v/i ugs* gamble
Zocker, **Zockerin** *ugs* gambler
Zoff *m ugs* trouble
zögerlich *Adj* → ***zögernd***
zögern *v/i* hesitate, (*schwanken*) waver: ***ohne*** (***lange***) ***zu zögern*** without (much) hesitation; ***er zögerte mit der Antwort*** he was slow to answer; ***sie zögerten mit der Entscheidung*** they deferred their decision; ***nicht zögern zu*** *Inf* lose no time in *Ger*
Zögern *n* (***ohne Zögern*** without) hesitation
zögernd *Adj* hesitating, (*langsam*) slow
Zögling *m* pupil
Zölibat *n*, REL *m* celibacy
Zoll[1] *m* (*Maß*) inch; ***Zoll breit*** → ***Zollbreit***
Zoll[2] *m* **1.** (customs) duty **2.** (*Zollbehörde*) customs *Sg*
Zollabfertigung *f* customs clearance
Zollamt *n* customs office
Zollbeamte *m*, **Zollbeamtin** *f* customs officer
Zollbehörde *f* customs authorities *Pl*
Zollbestimmungen *Pl* customs regulations *Pl*
Zollbreit *m fig* ***keinen Zollbreit nachgeben*** not to yield an inch
zollen *v/t* ***Anerkennung zollen*** pay tribute (*Dat* to); ***j-m Beifall zollen*** applaud s.o.
Zollerklärung *f* customs declaration
Zollfahnder, **Zollfahnderin** customs investigator
Zollfahndung *f* **1.** customs investigation **2.** → ***Zollfahndungsstelle***
Zollfahndungsstelle *f* customs-investigation office
Zollformalitäten *Pl* customs formalities *Pl*
zollfrei *Adj und Adv* duty-free
Zollfreiheit *f* exemption from duty
Zollgebiet *n* customs territory
Zollkontrolle *f* customs examination
Zöllner, **Zöllnerin** **1.** customs officer **2.** BIBEL publican
Zollpapiere *Pl* customs documents *Pl*
zollpflichtig *Adj* liable to duty, dutiable
Zollschranke *f* customs barrier
Zollstock *m* TECH folding rule
Zolltarif *m* (customs) tariff
Zollunion *f* customs union
Zollvergehen *n* customs offen/ce (*Am* -se)
Zombie *m* zombie
Zone *f* **1.** zone **2.** (*Fahrpreiszone*) fare stage
Zoo *m ugs* zoo
Zoobesucher, **Zoobesucherin** *ugs* visitor to the zoo
Zoodirektor, **Zoodirektorin** *ugs* zoo director
Zoologe *m*, **Zoologin** *f* zoologist
Zoologie *f* zoology
zoologisch *Adj* zoologic(al): ***zoologischer Garten*** zoological garden(s *Pl*)
Zoom(objektiv *n*) *m* FOTO zoom lens
Zopf *m* **1.** plait, pigtail: *ugs fig* ***ein alter Zopf*** an antiquated custom **2.** GASTR twist
Zorn *m* anger (***auf*** *Akk* at), rage, temper, fury: ***in Zorn geraten*** fly into a rage; (***der***) ***Zorn packte ihn*** he was seized with anger
Zornausbruch *m* fit of anger
zornentbrannt *Adj* incensed, furious
zornig *Adj* (***auf, über*** *Akk* at) angry, furious, *ugs* mad; *auch* → ***wütend***
Zornröte *f* flush of anger
Zote *f* dirty joke: ***Zoten reißen*** talk smut
Zottel *f ugs meist Pl Haar*: straggly hair
zottelig, **zottlig** *Adj ugs Haar*: straggly, unkempt
zottig *Adj* shaggy
zu **I** *Präp* **1.** (*wo*) at, (*wohin*) to, towards: ***zu meinen Füßen*** at my feet; ***zum Friseur gehen*** go to the hairdresser; ***komm zu mir!*** come to me!; ***sich zu j-m setzen*** sit with s.o.; ***zu Wasser und zu Lande*** on land and sea; *fig* ***von Mann zu Mann*** between men **2.** *zeitlich*: at, *Anlass*: for: ***zu Ostern*** at Easter; ***zu Beginn*** at the beginning; ***ein Geschenk zum Geburtstag*** a present for his *etc* birthday; → ***bis*** 1 **3.** (*für*) for: ***Stoff zum Kleid*** material for a dress; ***etw zum Essen*** s.th. to eat; ***der Schlüssel zum Schrank*** the key to the cupboard; ***zum Preis von 100 Euro*** at a price of 100 euros; ***aus Liebe zu j-m*** out of love for s.o. **4.** (*als*) as: ***zum Vergnügen*** for fun; ***j-n zum Freund haben*** have s.o. as a friend; ***j-n zum Präsidenten wählen*** elect s.o. president **5.** (*zs. mit*) with: ***zum Essen Wein trinken*** drink wine with one's dinner; ***ich nehme keinen Zucker zum***

Tee I don't take sugar with (*oder* in) my tea; ***Lieder zur Laute*** songs to the lute **6.** *bei Zahlen*: ***zu 3 € das Pfund*** at €3 the pound; ***sie gewannen 7:5*** they won 7 (to) 5; ***wir sind zu dritt*** there are three of us; ***zum ersten Mal*** for the first time; → ***bis*** 3 **7.** *Veränderung*: in(to): ***werden zu*** turn into, *Mensch*: *auch* become; ***zu Asche verbrennen*** burn to ashes; ***er hat ihn sich zum Feind gemacht*** he made him his enemy **II** *Adv* **8.** (*allzu*) too: ***zu sehr*** too much, overmuch; ***zu sehr betonen*** overemphasize; ***zu viel*** too much; ***eine(r) zu viel*** one too many; ***viel zu viel*** far too much; ***zu viel des Guten*** too much of a good thing; ***was zu viel ist, ist zu viel!*** there's a limit to everything!; ***zu wenig*** too little, *vor Pl* too few; ***das ist zu wenig*** that's not enough; ***du schläfst zu wenig*** you don't get enough sleep; ***zu dumm!*** too bad!, what a nuisance! **9.** *Richtung*: to, towards: ***er ging dem Ausgang zu*** he went towards the exit **10.** (*Ggs. offen*) shut, closed: ***(mach die) Tür zu!*** shut the door! **11.** *ugs* ***immer zu!, nur zu!*** go on!; → ***zumachen*** 3 **III** *Konj* **12.** *mit Inf* to: ***j-n bitten zu kommen*** ask s.o. to come; ***ich habe zu arbeiten*** I have work to do; ***du bist zu beneiden*** you are to be envied; ***nicht zu gebrauchen*** useless; ***ohne es zu wissen*** unknowingly **IV** *Adj* **13.** *ugs* **a)** closed, shut: ***zu sein*** be closed, **b)** (*überfüllt*) chock-a-block, **c)** *fig* (*betrunken*) bombed

zuallererst *Adv* first of all

zuallerletzt *Adv* last of all

zubauen *v/t* (*Gelände*) build *s.th.* up, (*versperren, auch Blick*) block

Zubehör *n* accessories *Pl*: *Wohnung etc* ***mit allem Zubehör*** with all conveniences

Zubehörteil *n* fitting, accessory

zubeißen *v/i* bite, *Hund*: snap

zubekommen *v/t ugs* ***etw zubekommen*** get s.th. shut

Zuber *m* tub

zubereiten *v/t allg* prepare, make

Zubereitung *f* preparation

zubilligen *v/t* grant, concede, *auch* JUR allow (*alle*: ***j-m etw*** s.o. s.th.), (*zusprechen*) award (*Dat* to)

zubinden *v/t* tie (*oder* bind) *s.th.* up

zubleiben *v/i ugs* stay closed, stay shut

zublinzeln *v/t* ***j-m zublinzeln*** wink at s.o.

zubringen *v/t* (*Zeit*) spend, pass

Zubringer *m* → ***Zubringerbus, Zubringerdienst, Zubringerlinie, Zubringerstraße***

Zubringerbus *m* feeder bus

Zubringerdienst *m* feeder service

Zubringerlinie *f allg* feeder line

Zubringerstraße *f* feeder (road)

Zucchini *f* courgette, *Am* zucchini

Zucht *f* **1.** breeding, rearing, raising, *von Pflanzen*: cultivation, growing, *von Bienen, Bakterien etc*: culture **2.** (*Rasse*) breed **3.** (*auch* ***Zucht und Ordnung***) discipline

Zuchtbuch *n* studbook

Zuchtbulle *m* breeding bull

züchten *v/t allg* breed (*auch fig*), (*Tiere*) *auch* rear, raise, (*Pflanzen*) *auch* cultivate, grow, (*Bakterien, Perlen etc*) culture

Züchter, Züchterin *allg* breeder, *von Pflanzen*: *auch* grower

Züchterverband *m* breeders' association

Zuchthaus *n* prison; *auch* → ***Gefängnis***

Zuchthengst *m* stud horse, stallion

züchtig *Adj* virtuous, (*keusch*) chaste

züchtigen *v/t* punish, flog

Züchtigung *f* (***körperliche Züchtigung*** corporal) punishment

zuchtlos *Adj* undisciplined, disorderly

Zuchtperle *f* culture(d) pearl

Zuchtstier *m* breeding bull

Zuchtstute *f* stock mare

Zuchttier *n* breeding animal: ***Zuchttiere*** *Pl auch* breeding stock *Sg*

Züchtung *f* → ***Zucht*** 1, 2

Zuchtvieh *n* breeding cattle

Zuchtwahl *f* BIOL selection

zucken *v/i* **1.** jerk, twitch, move convulsively, *vor Schmerz*: wince: → ***Achsel, Schulter, Wimper*** **2.** *Blitz etc*: flash, *Flammen*: flicker

zücken *v/t* (*Messer etc*) draw, *ugs* (*Börse, Brieftasche etc*) pull out, produce

Zucker *m* **1.** sugar **2.** *ugs* MED (***er hat Zucker*** he is suffering from) diabetes

Zuckerbrot *n ugs fig* ***mit Zuckerbrot und Peitsche*** with a stick and a carrot

Zuckerdose *f* sugar bowl

Zuckererbse *f* BOT sugar pea

Zuckerfabrik *f* sugar factory

Zuckerguss *m* icing, frosting: ***mit Zuckerguss überziehen*** ice, frost

Zuckerhut *m* sugar loaf

zuckerkrank *Adj*, **Zuckerkranke** *m, f* diabetic

Zuckerkrankheit *f* diabetes

Zuckerlecken *n ugs fig* ***das ist kein Zuckerlecken*** that's no picnic

Zuckermais *m* BOT sweetcorn

zuckern *v/t* sugar

Zuckerrohr *n* BOT sugar cane

Zuckerrübe *f* BOT sugar beet

zuckersüß *Adj* (as) sweet as sugar, *fig* honeyed, sugary

Zuckerwatte *f* candy floss, *Am* cotton candy

Zuckerwürfel *m* sugar cube

Zuckerzange *f* sugar tongs *Pl*

zuckrig, zuckerig *Adj* sugary

Zuckung *f* twitch(ing), jerk, (*Krampf*) convulsion, spasm

zudecken *v/t* cover (up): ***sich zudecken*** cover o.s. (up); *ugs fig* ***j-n mit Arbeit (Fragen) zudecken*** swamp s.o. with work (questions)

zudem *Adv* besides, moreover

zudrehen *v/t* **1.** (*Hahn*) turn off **2.** ***j-m den Rücken zudrehen*** turn one's back on s.o.

zudringlich *Adj* obtrusive, *ugs* pushy: *einer Frau* ***gegenüber zudringlich werden*** make advances to, *ugs* make a pass at

Zudringlichkeit *f* **1.** obtrusiveness, *ugs* pushiness **2.** *oft Pl* advances *Pl*, *ugs* pass

zudrücken *v/t* close, (press) shut: → ***Auge*** 1

zueignen *v/t* (*Buch etc*) dedicate (*Dat* to)

Zueignung *f* dedication

zueilen *v/i* ***zueilen auf*** (*Akk*) rush up to

zueinander *Adv* to each other, to one another: ***Vertrauen zueinander haben*** trust each other

zueinanderhalten *v/i ugs* stick together

zuerkennen *v/t* (*Dat* to) award, adjudge

zuerst *Adv* **1.** first: ***zuerst muss ich etw essen*** first of all I've got to eat s.th.; ***wer zuerst kommt, mahlt zuerst*** first come, first served **2.** (*anfangs*) at first, at the beginning **3.** (*zum ersten Mal*) for the first time, first

Zufahrt *f* **1.** access **2.** → ***Zufahrtsstraße***

Zufahrtsstraße *f* access road

Zufall *m* chance, accident, (*Zs.-treffen*) coincidence: ***durch Zufall*** by chance; ***reiner Zufall*** pure chance; ***glücklicher Zufall*** lucky coincidence, *ugs* fluke; ***unglücklicher Zufall*** bit of bad luck; ***was für ein Zufall!*** what a coincidence!; ***wie es der Zufall wollte*** as luck would have it; ***es ist kein Zufall, dass*** it's no accident that; ***etw dem Zufall überlassen*** leave it to chance

zufallen *v/i* **1.** *Augen etc*: close, *Tür etc*: slam (shut): ***mir fallen die Augen zu*** I can't keep my eyes open **2.** ***j-m zufallen*** *Erbe etc*: fall to s.o., *Preis etc*: be awarded to s.o., *Aufgabe etc*: be assigned to s.o.; *fig* ***ihm fällt alles nur so zu*** everything comes quite naturally to him

zufällig I *Adj* accidental, chance: ***zufälliges Zs.-treffen*** chance encounter, *von Umständen*: coincidence; ***jede Ähnlichkeit (mit …) ist rein zufällig*** any resemblance (to …) is purely coincidental **II** *Adv* by chance, accidentally: ***er war zufällig zu Hause*** he happened to be at home; ***wir trafen uns zufällig*** we met by chance, *ugs* we bumped into each other; ***zufällig stoßen auf*** (*Akk*) chance (up)on; ***rein zufällig*** by sheer chance; ***weißt du zufällig, wo er ist?*** do you know by any chance where he is?

Zufälligkeit *f* **1.** coincidence, accidentalness **2.** *oft Pl* fortuity, contingency

Zufallsauswahl *f Statistik*: random selection

Zufallsbekanntschaft *f* chance acquaintance

Zufallsgenerator *m* random generator

Zufallstreffer *m* lucky (*ugs* fluke) hit, SPORT (*Tor*) *auch* lucky goal

zufassen *v/i* **1.** take hold of it, grasp it **2.** *ugs fig* (*helfen*) give a hand, help

zufliegen *v/i* **1.** *ugs Tür etc*: slam (shut) **2.** ***zufliegen auf*** (*Akk*) fly toward(s) **3.** ***j-m zufliegen a)*** *Vogel*: fly into s.o.'s home, **b)** *fig Ideen, Kenntnisse etc*: come easily to s.o.

zufließen *v/i auch fig* flow into

Zuflucht *f* **1.** refuge, shelter: ***Zuflucht suchen (finden)*** seek (find) refuge (***bei*** with, *fig* in) **2.** *fig* (***meine letzte Zuflucht*** my last) resort: ***seine Zuflucht nehmen zu*** resort to

Zufluchtsort *m* place of refuge, retreat

Zufluss *m* **1.** influx, inflow **2.** *zum Meer*: inlet, (*Nebenfluss*) tributary

zuflüstern *v/t* whisper (*Dat* to)

zufolge *Präp* (*Dat*) according to

zufrieden *Adj* (***mit*** with) content(ed), *mit einer Leistung etc*: satisfied, pleased: ***ein zufriedenes Gesicht machen*** look pleased; ***ein zufriedenes Lächeln*** a contented smile; ***mit wenig zufrieden*** easily satisfied; ***danke, ich bin völlig zufrieden!*** thanks, I'm quite happy!; ***sie ist nie zufrieden*** she is always discontented, there is no pleasing her; *iron* ***bist du nun zufrieden?*** are you satisfied now?; ***sich zufrieden geben (mit*** with) be content, content o.s.; ***zufrieden stellen*** → ***zufriedenstellen***; ***zufrieden stellend*** → ***zufriedenstellend***; *Adv* ***zufrieden lächeln*** smile contentedly

Zufriedenheit *f innere*: contentment, (***zu meiner*** *etc* ***Zufriedenheit*** to my *etc*) satisfaction

zufriedenlassen *v/t* ***j-n zufrieden lassen*** leave s.o. alone (*oder* in peace)

zufriedenstellen *v/t* satisfy, please; ***sie sind leicht (schwer) zufriedenzustellen*** they are easy (hard) to please

zufriedenstellend *Adj* satisfactory

Zufriedenstellung *f* satisfaction

zufrieren *v/i* freeze up (*oder* over)

zufügen *v/t* **1.** add (*Dat* to) **2.** ***j-m einen Schaden zufügen*** harm s.o.; ***j-m Verluste (eine Niederlage) zufügen*** inflict losses (defeat) on s.o.; ***j-m (ein) Unrecht zufügen*** wrong s.o.

Zufuhr *f* supply, METEO influx: ***die Zufuhr abschneiden*** cut off supplies

zuführen I *v/t* (*Dat* to) carry, bring, lead, TECH feed, supply: ***dem Körper Nahrung zuführen*** feed the body; ***einer Partei neue Mitglieder zuführen*** bring new members to a party; ***etw seiner eigentlichen Bestimmung zuführen*** devote s.th. to its proper purpose; ***j-n seiner (gerechten) Strafe zuführen*** punish s.o. (as he deserves) **II** *v/i* ***zuführen auf*** (*Akk*) *auch fig* lead to

Zuführung *f* **1.** TECH conveyance, feeding, delivery **2.** ELEK lead

Zug[1] *m* (***mit dem Zug fahren*** go by) train: ***im Zug*** on the train; ***wir brachten sie zum Zug*** we saw her off at the station; *ugs fig* ***im falschen Zug sitzen*** be on the wrong track; ***der Zug ist abgefahren!*** it's too late for that now!

Zug[2] *m* **1.** (*Ziehen*) draw(ing), pull(ing), traction, (*Ruck*) jerk, tug, TECH (*Spannung*) tension, (*Zugkraft*) tensible force **2.** (*Luftzug etc*) *allg* draught, *Am* draft, (*Atemzug*) *auch* breath, *beim Trinken*: *auch* gulp, *ugs* swig, *beim Rauchen*: drag, puff: ***in einem Zug*** *auch fig* in one go; ***in den letzten Zügen liegen a)*** (*sterben*) be breathing one's last, **b)** *hum Sache*: be on its last legs; ***etw in vollen Zügen genießen*** enjoy s.th. to the full **3.** *Schach*: move: ***wer ist am Zug?*** who is to move?; ***Zug um Zug*** step by step, (*sofort*) without delay, WIRTSCH concurrently; ***er kam nicht zum Zug(e)*** he didn't get a look-in **4.** (*Armzug, Federzug*) stroke, (*Schriftzug*) writing: *fig* ***in groben Zügen*** in broad outline, roughly **5.** *allg* procession (*auch Festzug*), (*Kolonne*) column, MIL *etc* platoon: ***endlose Züge von Flüchtlingen*** an endless procession of refugees **6.** *der Vögel etc*: passage, migration, *der Wolken etc*: movement, (*Schwarm*) flight **7.** *fig* ***im Zuge*** (*Gen*) in the course of; ***im besten Zuge sein*** *Sache*: be well under way, *Person*: be going strong **8.** *ugs* (*Disziplin, Schwung*) ***Zug bringen in*** (*Akk*) bring *a class, team, etc* up to scratch; ***da ist kein Zug drin*** it's a slow show, they lack the real drive **9.** *einer Heizung*: flue, *am Gewehrlauf*: groove, *Pl* rifling: → ***Gummizug, Flaschenzug*** **10.** PÄD *neusprachlicher etc*: stream

Zug[3] *m* (*Gesichtszug*) feature, (*Ausdruck*) line, look, (*Wesenszug*) characteristic, trait, *bes pej* streak, (*Hang*) bent (***zu*** for): ***das war kein schöner Zug von ihr*** that wasn't nice of her; *fig* ***der Zug der Zeit*** the trend of the times

Zugabe *f* **1.** extra, (*Prämie*) bonus **2.** addition, TECH (*Gewichtszugabe*) makeweight **3.** *bes* MUS encore

Zugang *m* **1.** access (*auch fig*), (*Tor*) gate(way) (*auch fig*), (*Weg*) approach, access road: *fig* ***ich finde keinen Zugang zur modernen Musik*** I'm unable to appreciate modern music **2.** (*Zuwachs*) increase, *meist Pl* (*Neuerwerbung*) accession, *Pl* (*Patienten*) admissions *Pl*, (*Schüler etc*) intake *Sg*

zugänglich *Adj auch fig* accessible (***für*** to), get-at-able, (*verfügbar*) available: ***etw (der Allgemeinheit) zugänglich machen*** open s.th. (to the public); ***zugänglich für*** open to *arguments etc*; ***er war für neue Methoden zugänglich*** he was quite willing to try out new methods; ***sie war keinen Vernunftgründen (Schmeicheleien) zugänglich*** she wasn't amenable to rea-

son (flattery); ***allmählich wurde sie zugänglicher*** gradually she unbent
Zugänglichkeit *f* (***für*** to) accessibility, *fig auch* amenability
Zugangsberechtigung *f* COMPUTER access (authorization)
Zugangsstraße *f* access road
Zugbrücke *f* drawbridge
zugeben *v/t* **1.** add (*Dat* to), WIRTSCH give as an extra, *ugs* throw in, MUS give *s.th.* as an encore **2.** *allg* admit, (*einräumen*) *auch* grant, concede, (*gestehen*) *auch* confess: ***er gab zu, es getan zu haben*** he admitted (*oder* confessed) having done it; ***zugegeben, er hat Recht, aber …*** I grant you he's right but … **3.** allow
zugegebenermaßen *Adv* admittedly
zugegen *Adj* ***zugegen sein*** be present (***bei*** at)
zugehen **I** *v/i* **1.** ***zugehen auf*** (*Akk*) go up to, go (*oder* walk) towards, *zielstrebig*: head for; *fig* ***er geht auf die Achtzig zu*** he's getting on for eighty; ***dem Ende zugehen*** be drawing to a close; ***man muss auf die Leute zugehen*** you have to talk to people (openly) **2.** ***j-m zugehen*** reach s.o.; ***j-m etw zugehen lassen*** have s.th. sent to s.o. **3.** *ugs* walk faster: ***geh zu!*** get a move on! **4.** *ugs Tür, Koffer etc*: shut **5.** → ***zulaufen*** 4 **II** *v/unpers* **6.** ***es geht auf 8 Uhr zu*** it's getting on for eight (o'clock); ***es geht dem Winter zu*** winter is drawing near (*oder* is on its way) **7.** (*sich abspielen*) happen, go: ***wie geht es zu, dass …?*** how is it that …?, *ugs* how come …?; ***bei ihnen gehts vielleicht lebhaft*** (***hektisch, wild***) ***zu!*** things are pretty lively (hectic, wild) with them!; → ***Ding*** 2
zugehörig → ***dazugehörig***: TECH ***zugehörige Teile*** accessory parts
Zugehörigkeit *f* (***zu***) *einem Verein etc*: membership (in), *einer Konfession*: affiliation (to, with)
zugeknöpft *Adj ugs fig* reserved, silent
Zügel *m* rein: *fig* ***die Zügel*** (***fest***) ***in der Hand halten*** have things (firmly) under control; ***die Zügel lockern*** loosen the reins; *der Fantasie etc* ***die Zügel schießen lassen*** give free rein to
zügellos *Adj fig* unrestrained, (*ausschweifend*) licentious
Zügellosigkeit *f* lack of restraint, (*Ausschweifung*) licentiousness
zügeln **I** *v/t* **1.** rein (up) **2.** *fig* curb, check, bridle **II** *v/i* **3.** *schweiz.* move house
Zugereiste *m, f* newcomer
Zugeständnis *n* concession (***an*** *Akk* to)
zugestehen *v/t* **1.** (*Dat* to) concede, grant **2.** (*zugeben*) admit
zugetan *Adj* (*Dat*) ***zugetan sein*** be fond of
Zugewinn *m* gain(s *Pl*)
Zugfeder *f* TECH tension spring, *einer Uhr*: main spring
Zugfestigkeit *f* TECH tensile strength
Zugführer, **Zugführerin** **1.** BAHN guard, *Am* train conductor **2.** MIL platoon leader
Zugfunk *m* BAHN train radio
zugießen *v/t* add
zugig *Adj* draughty, *Am* drafty
zügig *Adj* quick, speedy: *Adv* ***j-n zügig abfertigen*** deal with s.o. briskly; ***zügig vorankommen*** make rapid progress
Zugkraft *f* **1.** TECH tractive (*oder* tensile) force **2.** *fig* attraction, appeal, *einer Person*: magnetism
zugkräftig *Adj fig* powerful, *Schlagwort etc*: catchy, *Film, Schauspieler etc*: crowd-pulling, POL *Kandidat etc*: vote-getting: ***zugkräftig sein*** *auch* have appeal
zugleich *Adv* at the same time
Zugluft *f* draught, *Am* draft
Zugmaschine *f* MOT tractor
Zugmittel *n fig* draw, attraction
Zugpersonal *n* BAHN train staff
Zugpferd *n fig* draw, THEAT *etc* crowd-puller, POL *auch* (great) vote-getter
Zugpflaster *m* MED blistering plaster
zugreifen *v/i* **1.** → ***zufassen*** **2.** *bei Tisch*: help o.s.: ***greifen Sie bitte zu!*** please help yourself! **3.** *fig* seize (*oder* jump at) the opportunity: ***du brauchst nur zuzugreifen!*** you may have it for the asking! **4.** *fig* (*einschreiten*) intervene
Zugriff *m* **1.** intervention: ***er entzog sich dem Zugriff der Polizei*** he escaped the police **2.** COMPUTER access
Zugriffsberechtigung *f* COMPUTER (access) authorisation
Zugriffsgeschwindigkeit *f* speed of access
Zugriffskode *m* access code
Zugriffsmöglichkeit *f* COMPUTER access (mode)
Zugriffszeit *f* COMPUTER access time
zugrunde *Adv* **1.** ***zugrunde gehen*** (***an*** *Dat*) **a)** perish (of), die (of), **b)** be ruined (by) **2.** *einer Sache* ***etw zugrunde legen*** base s.th. on **3.** *einer Sache* ***zugrunde liegen*** form the basis of, be based on **4.** ***zugrunde richten*** ruin, wreck
Zugsalbe *f* MED blistering ointment
Zugschaffner, **Zugschaffnerin** BAHN ticket inspector
Zugseil *n* TECH traction rope
Zugstück *n* THEAT *etc* draw, hit
Zugtelefon *n* telephone on the train
Zugtier *n* draught (*Am* draft) animal
zugucken *ugs* → ***zusehen*** 1, 2
Zugunglück *n* train accident
zugunsten *Präp* (*Gen*) in favo(u)r of
zugutehalten *v/t* **1.** ***j-m etw zugutehalten*** give s.o. credit for s.th., (*verzeihen*) pardon s.o. s.th.; ***sie hielten ihm seine Unerfahrenheit zugute*** they made allowances for his lack of experience **2.** ***sich etw zugute halten*** (*oder* ***tun***) ***auf*** (*Akk*) pride o.s. on
zugutekommen *v/i* (*Dat*) **a)** *Spenden etc*: go to, be for the benefit of, **b)** (*nützen*) be of advantage to, stand *s.o.* in good stead
Zugverbindung *f* BAHN train connection
Zugverkehr *m* BAHN railway (*Am* railroad) traffic
Zugvogel *m* bird of passage
Zugzwang *m fig* ***in Zugzwang geraten*** be forced to make a move; ***unter Zugzwang stehen*** be under pressure to act
zuhaben *v/i ugs* be closed
zuhalten **I** *v/t* **1.** keep *s.th.* closed **2.** (*Ohren, Augen*) put (*oder* hold) one's hand(s) over: ***sich die Nase zuhalten*** hold one's nose **II** *v/i* **3.** ***zuhalten auf*** (*Akk*) make for, head for
Zuhälter *m* pimp
Zuhälterei *f* procuring, pimping
zuhause *Adv österr., schweiz.* → ***Haus***
Zuhause *n* home
Zuhilfenahme *f* ***unter*** (***ohne***) ***Zuhilfenahme von*** (*oder Gen*) with (without) the aid of
zuhinterst *Adv* at the very end
zuhören *v/i* listen (*Dat* to)
Zuhörer, **Zuhörerin** listener: ***die Zuhörer*** *Pl auch* the audience *Sg*
Zuhörerraum *m* auditorium
Zuhörerschaft *f* audience, RADIO *auch* listeners *Pl*

zujauchzen, **zujubeln** *v/i* (*Dat*) cheer
zukaufen *v/t* buy (some) more
zuklappen *v/t und v/i* shut, close *s.th.* with a snap
zukleben *v/t* (*Umschlag etc*) seal
zuknallen *v/t ugs* slam *s.th.* (shut)
zuknöpfen *v/t* button (up): → ***zugeknöpft***
zukommen *v/i* **1.** ***zukommen auf*** (*Akk*) approach, come up to; *fig* ***auf j-n zukommen*** *Ereignis etc*: be in store for s.o.; VERW ***wir werden auf Sie zukommen*** we'll contact you; ***die Sache auf sich zukommen lassen*** let the matter take its course, wait and see **2.** ***j-m etw zukommen lassen*** send (*oder* give) s.o. s.th. **3.** ***j-m zukommen*** **a)** (*sich schicken*) befit s.o., **b)** (*zustehen*) be due to s.o.; ***eine derartige Kritik an ihm kommt dir nicht zu*** you have no right to criticize him like that
zukriegen → ***zubekommen***
Zukunft *f* **1.** (***in Zukunft*** in) future: ***in naher*** (***nächster***) ***Zukunft*** in the near (immediate) future; ***in die Zukunft blicken*** look ahead; ***dieser Beruf hat keine Zukunft*** there is no future in this profession; *ugs* ***das hat keine Zukunft!*** that has no future!; ***abwarten, was die Zukunft bringt*** wait and see what the future has in store for us **2.** LING future (tense)
zukünftig **I** *Adj* future, *Person*: *auch* prospective, *nachgestellt*: to be: *ugs* ***meine Zukünftige, mein Zukünftiger*** my intended **II** *Adv* in (the) future
Zukunftsaussichten *Pl* future prospects *Pl*
zukunftsbezogen **I** *Adj* forward-looking **II** *Adv* with a view to the future
Zukunftsforscher, **Zukunftsforscherin** futurologist
Zukunftsforschung *f* futurology
Zukunftsglaube *m* faith in the future
Zukunftsmusik *f fig* ***das ist alles noch Zukunftsmusik*** that's all still up in the air
zukunftsorientiert *Adj* future-oriented
Zukunftspläne *Pl* plans *Pl* for the future
zukunftsreich *Adj* with a great future, promising
Zukunftsroman *m* science fiction novel
zukunftsweisend *Adj* forward-looking, (*fortschrittlich*) advanced
zulächeln *v/i* ***j-m zulächeln*** smile at s.o.
Zulage *f* (additional) allowance, extra pay, (*Prämie*) bonus, (*Gehaltszulage*) rise, *Am* raise
zulangen *v/i* **1.** *ugs* → ***zugreifen*** 2 **2.** → ***zupacken***
zulassen *v/t* **1.** *ugs* (*Tür etc*) leave *s.th.* shut **2.** (*j-n*) admit (**zu** to), *behördlich*: license, (*Auto etc*) *auch* register: ***amtlich zulassen*** authorize; ***staatlich zulassen*** register; ***j-n als Rechtsanwalt zulassen*** call (*oder* admit) s.o. to the bar **3.** (*gestatten*) allow, permit, (*Deutung, Zweifel etc*) admit (of)
zulässig *Adj* admissible, permissible, allowable: ***zulässige*** (***Höchst***)***Belastung*** maximum permissible (*oder* safe) load; ***zulässige Höchstgeschwindigkeit*** speed limit; ***das ist*** (***nicht***) ***zulässig*** that is (not) allowed
Zulassung *f* **1.** admission (**zu** to) **2.** MOT **a)** registration, **b)** (*Dokument*) licen/ce (*Am* -se)
Zulassungsbeschränkung *f* restriction on admissions
Zulassungsnummer *f* MOT registration number
Zulassungspapiere *Pl* registration papers *Pl*
zulasten *Präp* (*Gen oder* **von**) to the debit of
Zulauf *m* **1.** *von Kunden etc*: run, (*Kundschaft*) custom, (*Anklang*) approval: ***großen Zulauf haben*** be much sought after, *Film etc*: be very popular, draw large crowds **2.** TECH supply
zulaufen *v/i* **1.** ***zulaufen auf*** (*Akk*) run up to **2.** ***j-m zulaufen*** **a)** *Tier*: stray to s.o., **b)** *Kunden etc*: flock to s.o.; ***zugelaufener Hund*** stray dog **3.** *Wasser etc*: flow in: ***zulaufen lassen*** add, run *hot water* in **4.** ***spitz zulaufen*** taper to a point **5.** *ugs* hurry: ***lauf zu!*** hurry up!
zulegen **I** *v/t* **1.** *ugs* ***sich ein Auto etc zulegen*** buy (*oder* get) o.s. a car *etc*; *fig* ***er hat sich eine neue Freundin*** (***einen Bart***) ***zugelegt*** he has got himself a new girlfriend (he has grown a beard) **2.** add (*Dat* to): → ***Zahn*** 2 **II** *v/i* **3.** *ugs an Gewicht*: put on weight, *an Tempo*: increase the pace, (*Gewinne erzielen*) score gains
zuleide *Adv* ***j-m etw zuleide tun*** harm (*oder* hurt) s.o.; → ***Fliege*** 1
zuleiten *v/t* **1.** TECH feed, supply, (*Wasser*) *auch* let in **2.** (*zustellen*) pass *s.th.* on (*Dat* to)
Zuleitung *f* **1.** TECH supply (*oder* feeding) pipe **2.** ELEK feeder, *am Gerät*: lead
zuletzt *Adv* **1.** last: ***du kommst immer zuletzt*** you are alway the last (to arrive); ***ganz zuletzt*** last of all **2.** ***bis zuletzt*** to the (very) end **3.** finally, in the end **4.** (*zum letzten Mal*) last: ***wann haben Sie ihn zuletzt gesehen?*** when did you see him last? **5.** ***nicht zuletzt eine Frage des Geldes*** *etc* not least a question of money *etc*
zuliebe *Adv* ***mir*** (***ihr*** *etc*) ***zuliebe*** for my (her *etc*) sake
Zulieferbetriebe *Pl* subcontractors *Pl*, ancillary industries *Pl*
Zulieferer *m*, **Zulieferin** *f* subcontractor
zumachen *ugs* **I** *v/t* **1.** (*Tür etc, auch Geschäft etc*) shut, close, (*Loch*) stop up, (*Jacke etc*) button up, do up, (*Schirm*) put down, (*Umschlag etc*) seal: ***ich habe kein Auge zugemacht*** I didn't sleep a wink **II** *v/i* **2.** *Geschäft etc*: close, shut, *für immer*: close down **3.** hurry: ***mach zu!*** hurry up!
zumal **I** *Konj* ***zumal*** (***da*** *oder* ***weil***) particularly since **II** *Adv* particularly, above all
zumessen *v/t* **1.** (*Dat* to) apportion, allot **2.** → ***beimessen***
zumindest *Adv* at least
zumute *Adv* ***wie ist dir zumute?*** how do you feel?; ***mir ist jämmerlich zumute*** I feel miserable; ***mir ist nicht nach Essen zumute*** I don't feel like eating; ***mir ist bei dieser Sache gar nicht wohl zumute*** I don't feel at all happy about it
zumuten *v/t* ***j-m etw zumuten*** expect s.th. of s.o.; ***sich zu viel zumuten*** overdo things, *ugs* bite off more than one can chew
Zumutung *f* unreasonable demand, (*Unverschämtheit*) cheek: ***das ist eine Zumutung!*** that's asking a bit much!, *stärker*: what a nerve!
zunächst *Adv* **1.** (*vor allem*) first (of all), above all **2.** (*erstens*) to begin with, in the first place **3.** (*vorläufig*) for the present, for the time being
zunageln *v/t* (*Kiste etc*) nail up
zunähen *v/t* sew up
Zunahme *f* increase (*Gen oder* **an** *Dat* in)
Zuname *m* surname, last name
Zündeinstellung *f* MOT ignition timing
zündeln *v/i österr., südd.* play with fire
zünden **I** *v/t* **1.** MOT ignite, (*Sprengladung*) detonate, (*Rakete etc*) fire **II** *v/i* **2.** catch fire, ELEK,

MOT ignite, fire **3.** *fig* arouse enthusiasm, *Idee etc*: catch on
zündend *Adj fig Rede*: rousing, stirring
Zunder *m* (***brennen wie Zunder*** burn like) tinder: *ugs fig* ***j-m Zunder geben*** give s.o. hell
Zünder *m* TECH fuse, *Am* fuze, ELEK igniter
Zündfunke *m* MOT (ignition) spark
Zündholz *n*, **Zündhölzchen** *n* match
Zündkabel *n* MOT ignition cable
Zündkerze *f* MOT spark(ing) plug
Zündpunkt *m* CHEM ignition point
Zündsatz *m* primer
Zündschloss *n* MOT ignition lock
Zündschlüssel *m* MOT ignition key
Zündschnur *f* fuse, (*Lunte*) slow match wick
Zündspule *f* MOT ignition coil
Zündstoff *m* **1.** inflammable matter **2.** *fig* dynamite
Zündung *f* MOT ignition
zunehmen **I** *v/i* **1.** increase, (*wachsen*) grow: ***an Wert zunehmen*** increase in value; ***an Bedeutung zunehmen*** gain in importance **2.** *Mond*: wax **3.** (***sehr*** *oder* ***stark***) ***zunehmen*** put on (a lot of) weight **II** *v/t* **4.** ***sie hat 10 Pfund zugenommen*** she has put on (*oder* gained) ten pounds
zunehmend **I** *Adj* **1.** increasing, growing: ***mit zunehmendem Alter*** as one gets older; ***in zunehmendem Maße*** *siehe* 3 **2.** *Mond*: waxing: ***bei zunehmendem Mond*** when the moon is waxing **II** *Adv* **3.** increasingly, more and more
zuneigen *v/refl* ***sich j-m zuneigen*** lean towards s.o.; *fig* ***sich dem Ende zuneigen*** draw to a close
Zuneigung *f* affection (***für, zu*** for): ***zu j-m Zuneigung fassen*** take (a liking) to s.o.
Zunft *f* HIST guild
zünftig *Adj ugs* proper (*auch tüchtig*), good
Zunge *f allg* tongue: ***mit der Zunge anstoßen*** (have a) lisp; ***sich auf die Zunge beißen*** bite one's tongue (*fig* lips); ***(j-m) die Zunge herausstrecken*** put one's tongue out (at s.o.); *fig* ***es lag mir auf der Zunge*** I had it on the tip of my tongue; ***sie hat eine lose*** (***scharfe***) ***Zunge*** she has a loose (sharp) tongue; → ***zergehen***
Zungenbelag *m* MED coat(ing) of the tongue
Zungenbrecher *m ugs* tongue twister
zungenfertig *Adj* glib
Zungenkuss *m* French (*oder* deep) kiss
Zungenlaut *m* lingual (sound)
Zungenspitze *f* tip of the tongue
Zünglein *n fig* ***das Zünglein an der Waage sein*** tip the scales
zunichtemachen *v/t* destroy, ruin
zunichtewerden *v/t* come to nothing
zunicken *v/i* ***j-m zunicken*** nod to s.o.; ***j-m freundlich zunicken*** give s.o. a friendly nod
zunutze *Adv* ***sich etw zunutze machen*** make (good) use of, *auch pej* take advantage of
zuoberst *Adv* (right) at the top
zuordnen *v/t* **1.** (*Dat*) assign (to) (*auch* MATHE), class (with) **2.** COMPUTER allocate
zupacken *v/i* work hard
zupackend *Adj* energetic
zupfen **I** *v/t* pull, pick, (*auch Saite*) pluck: ***j-n am Ärmel zupfen*** tug at s.o.'s sleeve **II** *v/i* ***zupfen an*** (*Dat*) pull at, tug at
Zupfinstrument *n* plucked instrument
zuprosten *v/i* raise one's glass (*Dat* to)
zurande *Adv* ***mit j-m*** (***etw***) ***zurande kommen*** be able to cope with s.o. (s.th.)
zurate *Adv* ***zurate ziehen*** consult
zuraten *v/i* ***j-m zuraten, etw zu tun*** advise s.o. to do s.th.
Zuraten *n* ***auf mein*** (***sein*** *etc*) ***Zuraten*** on my (his *etc*) advice
zurechnungsfähig *Adj* sane, of sound mind, *bes* JUR responsible
Zurechnungsfähigkeit *f* (*bes* JUR ***verminderte Zurechnungsfähigkeit*** diminished) responsibility
zurechtbiegen *v/t* **1.** bend *s.th.* into shape **2.** *ugs fig* straighten *s.o.*, *s.th.* out
zurechtfinden *v/refl* ***sich zurechtfinden*** find one's way (around), *fig* cope, manage: ***findest du dich darin zurecht?*** can you make sense of it all?
zurechtkommen *v/i* **1.** arrive in time **2.** *fig* (***mit*** with) manage, cope: ***mit j-m*** (***gut***) ***zurechtkommen*** get on (well) with s.o.
zurechtlegen *v/t* **1.** lay *s.th.* ready, arrange **2.** *fig* ***sich*** *etw* ***zurechtlegen*** work (*oder* figure) out, (*Entschuldigung*) have *s.th.* ready
zurechtmachen *ugs* **I** *v/t allg* get *s.th.* ready, (*bes Speisen*) prepare, make, *Am auch* fix, (*Zimmer*) tidy (up), (*Bett*) make up **II** *v/refl* ***sich zurechtmachen*** do o.s. up, (*sich schminken*) make up
zurechtrücken *v/t* adjust, *auch fig* put *s.th.* straight
zurechtsetzen *v/t* adjust: → ***Kopf*** 1
zurechtstutzen *v/t auch fig* trim
zurechtweisen *v/t*, **Zurechtweisung** *f* rebuke, reprimand
zureden *v/i* ***j-m zureden(, etw zu tun)*** encourage (*stärker*: persuade, urge) s.o. (to do s.th.)
Zureden *n* (***auf mein*** *etc* ***Zureden*** [***hin***] upon my *etc*) encouragement: ***alles Zureden war umsonst*** all persuasion was in vain
zureiten **I** *v/t* (*Pferd*) break in **II** *v/i* ***zureiten auf*** (*Akk*) ride up to
Zureiter, **Zureiterin** roughrider, trainer
Zürich *n* Zurich
zurichten *v/t* **1.** *bes* TECH finish, (*beschneiden*) shape **2.** BUCHDRUCK make ready **3.** ***übel zurichten*** injure *s.o.* badly, (*auch etw*) batter
zürnen *v/i* ***j-m zürnen*** be angry with s.o.
Zurschaustellung *f* exhibition, display, *fig auch* parading
zurück *Adv* back: ***zurück sein*** **a)** be back, have come back, **b)** *ugs fig in der Schule*: lag behind, *in der Entwicklung*: be retarded, be late, be backward, **c)** ***mit*** *der Arbeit, Zahlungen etc*: be behind (*oder* in arrears) with
Zurück *n* ***es gibt kein Zurück*** (***mehr***) there's no turning back (now)
zurückbehalten *v/t* keep *s.th.* back, retain
zurückbekommen *v/t* get *s.th.* back
zurückbeordern *v/t* order *s.o.* back
zurückbeugen *v/t* (*auch* ***sich zurückbeugen***) bend back
zurückbilden *v/refl* ***sich zurückbilden*** recede, BIOL regress
zurückbleiben *v/i* **1.** stay (*oder* be left) behind **2.** (*übrig bleiben*) be left **3.** lag behind, SPORT *auch* drop back **4.** *fig in der Schule etc*: lag behind, *in der Entwicklung*: be retarded: ***hinter den Erwartungen zurückbleiben*** fall short of expectations
zurückblicken *v/i* look back (***auf*** *Akk* at, *fig* on)
zurückbringen *v/t* bring (*oder* take) *s.o.*, *s.th.* back, return: *fig* ***j-n ins Leben zurückbringen***

bring s.o. back to life
zurückdatieren *v/t* backdate
zurückdenken *v/i* (***an*** *Akk*) think back (to), recall
zurückdrängen *v/t* **1.** push *s.o.* back **2.** *fig* repress
zurückdrehen *v/t* turn (*oder* put) back
zurückdürfen *v/i* be allowed back
zurückeilen *v/i* hurry back
zurückerobern *v/t* recapture, *fig* win back
zurückerstatten *v/t* refund, reimburse
zurückerwarten *v/t* expect *s.o.* back
zurückfahren I *v/i* **1.** drive (*oder* travel, go) back, return **2.** *fig* recoil (***vor*** *Dat* from) **II** *v/t* **3.** drive *s.o.*, *s.th.* back
zurückfallen *v/i* **1.** fall back **2.** (*zurückbleiben*) fall behind (*auch* PÄD), SPORT *auch* drop back (***auf den dritten Platz*** to third place) **3.** *fig* ***zurückfallen in*** *einen Fehler, eine Gewohnheit etc*: relapse (*oder* fall back) into **4.** *fig* ***zurückfallen auf*** (*Akk*) reflect on
zurückfinden *v/i* find one's way back (***zu*** to)
zurückfließen *v/i auch fig* flow back
zurückfordern *v/t* reclaim, demand *s.th.* back
zurückführen *v/t* **1.** lead *s.o.* back: (***in die Heimat***) ***zurückführen*** repatriate **2.** *fig* (***auf*** *Akk* to) reduce, trace *s.th.* (back), attribute
zurückgeben *v/t* **1.** give *s.th.* back, return **2.** SPORT ***den Ball zurückgeben*** pass the ball back
zurückgeblieben *Adj fig* retarded, backward
zurückgehen *v/i* **1.** go back, return, retreat: *fig* ***etw zurückgehen lassen*** send s.th. back, return s.th.; ***bis ins 19. Jh. zurückgehen*** go (*oder* date) back to the 19th century **2.** *fig* go down (*auch* MED *Schwellung etc*), fall of, decrease: ***das Geschäft geht zurück*** business is falling off **3.** *fig* ***zurückgehen auf*** (*Akk*) go back to, have its origin in
zurückgezogen *Adj* retired, secluded: *Adv* ***zurückgezogen leben*** lead a secluded life
Zurückgezogenheit *f* seclusion
zurückgreifen *v/i fig* ***zurückgreifen auf*** (*Akk*) fall back on, *zeitlich*: go back to
zurückhalten I *v/t* **1.** *allg* hold *s.o.*, *s.th.* back, withhold, *fig* (*Tränen, Lachen etc*) *auch* suppress, restrain **II** *v/refl* ***sich zurückhalten*** **2.** restrain o.s.: ***sich zurückhalten mit*** *Essen, Trinken etc*: go easy on **3.** be reserved, keep (o.s.) to o.s., *Käufer*: hold back: ***er hat sich sehr zurückgehalten*** he kept very much in the background **III** *v/i* **4.** ***zurückhalten mit*** keep back; ***mit seiner Meinung zurückhalten*** reserve judgement
zurückhaltend *Adj* reserved (*auch* WIRTSCH), (*vorsichtig*) guarded, cautious, (*schweigsam*) reticent, (*unaufdringlich*) unobtrusive: ***mit*** *Lob, Kritik etc* ***zurückhaltend sein*** be sparing in (*oder* with); *Adv* ***er reagierte sehr zurückhaltend*** his reaction was very cool
Zurückhaltung *f fig* reserve, (*Vorsicht*) caution, discretion
zurückholen *v/t* fetch *s.o.*, *s.th.* back, (*j-n*) call *s.o.* back (*auch fig*)
zurückkehren *v/i* come back, return
zurückkommen *v/i* **1.** come back, return **2.** *fig* ***zurückkommen auf*** (*Akk*) come back to, *ein Schreiben*: refer to; ***auf j-s Angebot zurückkommen*** take s.o. up on his offer
zurückkönnen *v/i ugs* be able to go back: *fig* ***jetzt kann ich nicht mehr zurück!*** I can't go back on my word (*oder* decision *etc*) now!
zurücklassen *v/t* **1.** *allg, auch fig* leave *s.o.*, *s.th.* behind **2.** *ugs* allow *s.o.* back
zurücklaufen *v/i* run back
zurücklegen I *v/t* **1.** ***etw*** (***an seinen Platz***) ***zurücklegen*** put s.th. back (in its place) **2.** put *s.th.* aside, (*Geld*) save, put by, lay aside: ***können Sie mir den Mantel bis morgen zurücklegen?*** would you keep the coat for me till tomorrow? **3.** (*eine Strecke etc*) cover, *zu Fuß*: *auch* walk: ***zurückgelegte Strecke*** distance covered, MOT *auch* mileage **II** *v/refl* ***sich zurücklegen*** **4.** lie back
zurücklehnen *v/t und v/refl* ***sich zurücklehnen*** lean back
zurückliegen *v/i* ***das liegt zwei Jahre zurück*** that was two years ago; ***5 Punkte*** (***3 Meter*** *etc*) ***zurückliegen*** be five points down (be three metres *etc*) behind
zurückmelden *v/refl* ***sich zurückmelden*** report back (***bei*** to)
zurückmüssen *v/i ugs* have to go back
Zurücknahme *f* taking back, JUR (*Widerruf*) *auch* withdrawal, retraction
zurücknehmen *v/t allg* take *s.th.* back (*auch fig*), (*Klage, Truppen etc*) withdraw, (*widerrufen*) revoke, retract, (*Angebot etc*) cancel
zurückprallen *v/i* **1.** rebound **2.** *fig* (***vor*** *Dat* from) recoil, start back
zurückrechnen *v/i* reckon back
zurückreichen I *v/t* hand *s.th.* back, return **II** *v/i* ***zurückreichen bis*** go (*oder* date) back to
zurückreisen *v/i* travel back, return
zurückrufen I *v/t* call *s.o.* back (*auch ugs* TEL), (*auch defekte Autos etc*) recall: *fig* ***ins Gedächtnis zurückrufen*** recall **II** *v/i* TEL call back
zurückschalten *v/i* MOT change (*Am* shift) down
zurückschaudern *v/i* shrink back (***vor*** *Dat* from)
zurückschauen → ***zurückblicken***
zurückscheuen *v/i* shrink (back) (***vor*** *Dat* from): *fig* ***er scheut vor nichts zurück*** *ugs* he sticks at nothing
zurückschicken *v/t* send *s.o.*, *s.th.* back, return
zurückschlagen I *v/t* **1.** hit *s.o.* back **2.** (*Angriff, Feind etc*) repulse, beat off **3.** (*Decke, Schleier etc*) fold back, (*Kragen*) turn down **4.** (*Ball*) return **II** *v/i* **5.** hit back **6.** *Flamme*: flare back
zurückschrauben *v/t ugs fig* (*Ansprüche etc*) cut down, reduce
zurückschrecken *v/i* **1.** (***vor*** *Dat* from) recoil, start back **2.** → ***zurückscheuen***
zurücksehnen *v/refl* ***sich zurücksehnen*** long to be back
zurücksetzen I *v/t* **1.** put *s.th.* back, (*Auto*) back (up) **2.** *fig* ***j-n zurücksetzen*** treat s.o. unfairly, (*kränken*) slight s.o. **II** *v/i* **3.** MOT back (up)
Zurücksetzung *f fig* unfair treatment, slight
zurückspielen *v/t und v/i* pass (the ball) back
zurückspringen *v/i* **1.** jump back **2.** ARCHI recess
zurückspulen *v/t und v/i* rewind
zurückstecken I *v/t* put *s.th.* back **II** *v/i ugs fig* come down a peg
zurückstehen *v/i* **1.** stand back **2.** *fig* take second place (***hinter j-m*** behind s.o.), (*verzichten*) stand down (*oder* aside)
zurückstellen *v/t* **1.** (*auch Uhr, Zeiger*) put *s.th.* back **2.** MIL defer **3.** (*verschieben*) postpone, defer **4.** (*hintansetzen*) put *s.th.* aside (*oder* last)
zurückstoßen I *v/t* push *s.o.*, *s.th.* back **II** *v/i*

MOT back (up)
zurückstufen *v/t* downgrade
zurücktreten *v/i* **1.** step (*oder* stand) back, *Ufer, Berge etc*: recede **2.** *Regierung etc*: resign, step down: ***von seinem Posten zurücktreten*** resign one's post; ***zurücktreten von*** *einem Vertrag, Kauf etc*: withdraw from, back out of **3.** *fig* be of secondary importance (***gegenüber*** in comparison with)
zurücktun *v/t ugs* put *s.th.* back
zurückverfolgen *v/t fig* trace *s.th.* back (***zu*** to)
zurückversetzen *v/t* **1.** (*Schüler*) move *s.o.* down, (*Beamten etc*) transfer *s.o.* back **2.** *fig* take *s.o.* back (***in*** *Akk* to): ***wir fühlten uns ins Mittelalter zurückversetzt*** we felt to have stepped back into the Middle Ages
zurückverwandeln *v/t* (*auch* ***sich zurückverwandeln***) change back (***in*** *Akk* to)
zurückverweisen *v/t* refer *s.o., s.th.* back (***an*** *Akk* to)
zurückweichen *v/i* **1.** step back, MIL fall back **2.** *fig* ***zurückweichen vor*** (*Dat*) yield to, *erschreckt*: shrink back from
zurückweisen *v/t* **1.** *allg* refuse, reject, (*Vorwurf etc*) repudiate **2.** ***j-n zurückweisen*** turn s.o. back, refuse s.o. entry
Zurückweisung *f* refusal, rejection
zurückwerfen *v/t* **1.** *allg* throw *s.o., s.th.* back, (*Licht*) *auch* reflect, (*Schall*) *auch* reverberate **2.** *fig in der Entwicklung, Arbeit etc*: set *s.o., s.th.* back (***um 10 Jahre*** [by] ten years)
zurückwollen *v/i ugs* want to go back
zurückzahlen *v/t auch fig* pay back, repay
zurückziehen **I** *v/t* pull (*oder* draw) *s.th.* back, MIL *und fig* withdraw **II** *v/refl* ***sich zurückziehen*** (***aus, von*** from) retire, withdraw, MIL *auch* retreat; ***sich zurückziehen von*** *einer Tätigkeit etc*: *auch* give up, ***j-m*** dissociate o.s. from s.o.; ***sich zur Beratung zurückziehen*** retire for deliberation **III** *v/i* move back
Zurückziehung *f* withdrawal
zurückzucken *v/i* flinch (***vor*** *Dat* at)
Zuruf *m* shout, *anfeuernder*: cheer: ***durch Zuruf*** by acclamation
zurufen *v/t* ***j-m etw zurufen*** shout s.th. to s.o.
zurzeit *Adv* at the moment
Zusage *f* **1.** promise, word **2.** *auf eine Einladung*: acceptance **3.** (*Einwilligung*) assent, consent
zusagen **I** *v/t* **1.** promise (***sein Kommen*** to come) **2.** *ugs* ***j-m etw auf den Kopf zusagen*** tell s.o. s.th. to his face **II** *v/i* **3.** accept an invitation, promise to come **4.** (*einwilligen*) agree **5.** ***j-m zusagen*** **a)** *Klima etc*: agree with s.o., **b)** (*gefallen*) be to s.o.'s liking
zusammen *Adv* together, (*gemeinschaftlich*) *auch* jointly: ***zusammen mit*** together (*oder* along) with; ***alle zusammen*** all of them; ***wir alle zusammen*** all of us; ***alles zusammen*** all together, (all) in all; ***wir haben zusammen 100 Euro*** we have one hundred euros between us; ***das macht zusammen …*** that amounts to (*oder* totals) …
Zusammenarbeit *f* cooperation, *bes mit dem Feind*: collaboration, *einer Gruppe*: teamwork: ***in Zusammenarbeit mit*** in cooperation with
zusammenarbeiten *v/i* (***mit*** with) cooperate, *bes mit dem Feind*: collaborate, *im Team*: work together
zusammenballen **I** *v/t* form into a ball **II** *v/refl* ***sich zusammenballen*** mass, gather
Zusammenbau *m* TECH assembly
zusammenbauen *v/t* TECH assemble
zusammenbeißen *v/t auch fig* ***die Zähne zusammenbeißen*** clench one's teeth
zusammenbekommen *v/t* get *s.th.* together, (*Geld*) raise
zusammenbinden *v/t* bind (*oder* tie) *s.th.* together
zusammenbrauen *v/t* concoct (*auch fig*): *fig* ***sich zusammenbrauen*** be brewing
zusammenbrechen *v/i allg* break down, collapse, *Verkehr*: come to a standstill
zusammenbringen *v/t* **1.** bring (*oder* get) *s.o., s.th.* together, (*Geld*) raise **2.** *ugs fig* manage, bring off, (*Gedicht etc*) remember
Zusammenbruch *m* breakdown, collapse
zusammendrängen *v/t* **1.** (*auch* ***sich zusammendrängen***) crowd (*oder* huddle) together **2.** *fig* compress, condense
zusammendrücken *v/t* compress
zusammenfahren *v/i* **1.** → ***zusammenstoßen*** 1 **2.** *fig* (give a) start (***bei*** at)
zusammenfallen *v/i* **1.** fall in, collapse (*auch fig*) **2.** *zeitlich*: coincide **3.** (*abmagern*) waste away
zusammenfalten *v/t* fold up
zusammenfassen *v/t* **1.** unite, combine: ***in Gruppen zusammenfassen*** group **2.** (*auch v/i*) summarize, sum up
zusammenfassend *Adj* summary: *Adv* ***zusammenfassend kann man sagen*** to sum it up it can be said
Zusammenfassung *f* **1.** combination **2.** summary, résumé, synopsis
zusammenfinden *v/refl* ***sich zusammenfinden*** meet
zusammenflicken *v/t auch ugs fig* patch up
zusammenfließen *v/i* flow together, meet
Zusammenfluss *m* confluence
zusammenfügen *v/t* join (together), TECH assemble
zusammenführen *v/t* bring *persons* together: ***wieder zusammenführen*** reunite
zusammengehen *v/i fig* (***mit*** with) go together, make common cause
zusammengehören *v/i* belong together, *Schuhe etc*: *auch* be a pair
zusammengehörig *Adj* belonging together, *Gegenstände*: *auch* matching, *fig auch* related
Zusammengehörigkeit *f* unity
Zusammengehörigkeitsgefühl *n* (feeling of) solidarity
zusammengesetzt *Adj* MATHE composite, *auch* LING compound: ***zusammengesetzt sein aus*** be composed of; ***zusammengesetztes Wort*** compound (word)
zusammengewürfelt *Adj* (***bunt zusammengewürfelt***) motley: ***zusammengewürfelte Mannschaft*** scratch team
Zusammenhalt *m* **1.** *auch* TECH cohesion **2.** *fig* bond, *in einer Mannschaft etc*: team spirit
zusammenhalten **I** *v/i* hold (*ugs Freunde*: stick) together, cohere **II** *v/t* hold *s.th., persons* together
Zusammenhang *m* coherence, connection, (*Textzusammenhang*) context: ***in diesem Zusammenhang*** in this connection; ***etw in Zusammenhang bringen mit*** connect s.th. with; ***im Zusammenhang stehen mit*** be connected with; ***nicht im Zusammenhang stehen mit*** have no connection with; ***etw aus dem Zusammenhang reißen*** divorce s.th. from its context
zusammenhängen *v/i fig* be connected (***mit***

with): ***wie hängt das zusammen?*** how is that linked up?
zusammenhängend *Adj* coherent (*auch Gedanken, Rede etc*), connected, related
zusammenhanglos, **zusammenhangslos** *Adj* incoherent, disconnected
zusammenhauen *v/t* **1.** smash *s.th.* to pieces: *ugs* ***j-n zusammenhauen*** beat s.o. up **2.** *ugs fig* knock *s.th.* together
zusammenkauern *v/refl* ***sich zusammenkauern*** squat, *ängstlich*: cower
Zusammenklang *m auch fig* harmony
zusammenklappbar *Adj* folding, collapsible
zusammenklappen **I** *v/t* fold up, (*Messer etc*) shut **II** *v/i ugs fig* break down, collapse
zusammenkleben *v/t und v/i* stick together
zusammenknüllen *v/t* crumple up
zusammenkommen *v/i* **1.** come (*oder* get) together, meet, assemble **2.** *fig Umstände etc*: combine: ***heute kommt mal wieder alles zusammen!*** it never rains but it pours! **3.** (*sich ansammeln*) accumulate, mount up, *Geld*: be collected: *ugs* ***da kommt ganz schön was zusammen*** it comes to quite a lot in the end
Zusammenkunft *f* get-together, meeting, gathering, assembly
zusammenläppern *v/refl* ***sich zusammenläppern*** *ugs* add up
zusammenlaufen *v/i* **1.** *Leute*: gather **2.** *Linien, Straßen etc*: meet, converge **3.** (*gerinnen*) curdle
zusammenleben *v/i* live together: ***mit j-m zusammenleben*** live with s.o.
Zusammenleben *n* living together: ***das Zusammenleben mit ...*** life with ...
zusammenlegen **I** *v/t* **1.** fold up **2.** put *things* in one place, put *persons* together (in one room) **3.** (*Betriebe etc*) fuse, (*auch Veranstaltungen etc*) combine, (*Verwaltungen*) centralize **II** *v/i* **4.** club together (***für ein Geschenk*** for a present)
Zusammenlegung *f* WIRTSCH fusion
zusammennehmen **I** *v/t* gather (up): *fig* ***alles zusammengenommen*** all things considered; ***ich musste all meinen Mut zusammennehmen*** I had to muster up all my courage **II** *v/refl* ***sich zusammennehmen*** control o.s., (*auch sich konzentrieren*) pull o.s. together
zusammenpacken *v/t* pack up
zusammenpassen **I** *v/i* harmonize (with each other), *Dinge, Farben*: *auch* go well together, *Partner*: *auch* be well matched: ***sie passen nicht zusammen*** they are mismatched **II** *v/t* TECH adjust, match
zusammenpferchen *v/t* herd (*fig auch* crowd) together
Zusammenprall *m auch fig* collision, clash
zusammenprallen *v/i auch fig* collide, clash
zusammenpressen *v/t* compress
zusammenraffen *v/t* **1.** gather up **2.** *fig* amass
zusammenrechnen *v/t* add (*oder* sum) *s.th.* up
zusammenreimen *v/t fig* ***sich etw zusammenreimen*** work (*oder* figure) s.th. out, put two and two together
zusammenreißen *v/refl* ***sich zusammenreißen*** *ugs* pull o.s. together
zusammenrollen **I** *v/t* roll up **II** *v/refl* ***sich zusammenrollen*** coil up, *Tier*: curl (itself) up
zusammenrotten *v/refl* ***sich zusammenrotten*** gang up, *Aufrührer*: form a mob
Zusammenrottung *f* riot(ing), *konkret*: riotous mob, JUR riotous assembly
zusammenrücken **I** *v/t* move *things* together (*oder* closer) **II** *v/i* move up, make room
zusammenrufen *v/t* call *persons* together, *formell*: convene
zusammensacken *v/i* (***in sich***) ***zusammensacken*** slump (down)
zusammenscharen *v/refl* ***sich zusammenscharen*** flock together
zusammenscharren *v/t* scrape *s.th.* together
zusammenschiebbar *Adj* TECH telescopic, sliding
zusammenschieben *v/t* push *things* together, TECH (*auch* ***sich zusammenschieben lassen***) telescope
zusammenschlagen **I** *v/t* **1.** (*Hände*) clap, (*Hacken etc*) click **2.** *ugs* smash *s.th.* to pieces: ***j-n zusammenschlagen*** beat s.o. up **II** *v/i* **3.** ***zusammenschlagen über*** (*Dat*) close over, *auch fig* engulf
zusammenschließen **I** *v/t* **1.** lock (*mit einer Kette*: chain) together **2.** unite, WIRTSCH merge **II** *v/refl* ***sich zusammenschließen*** **3.** unite, join forces, *zu einer Gruppe*: team up
Zusammenschluss *m* union (*auch* POL), WIRTSCH merger, (*Bündnis*) alliance
zusammenschnüren *v/t* tie *s.th.* up: *fig* ***der Anblick schnürte ihr das Herz zusammen*** the sight made her heart bleed
zusammenschrauben *v/t* screw (*mit Bolzen*: bolt) *s.th.* together
zusammenschreiben *v/t* **1.** write *s.th.* in one word: ***wird das zusammengeschrieben?*** is that one word? **2.** *pej* scribble
zusammenschustern *v/t ugs pej* cobble together
zusammenschweißen *v/t auch fig* weld (together)
Zusammensein *n* gathering, meeting
zusammensetzen **I** *v/t* **1.** put *s.th.* together, TECH *auch* compose, *auch* CHEM, LING compound **2.** seat *persons* together **II** *v/refl* ***sich zusammensetzen*** **3.** sit together, (*zs.-kommen*) get together **4.** ***sich zusammensetzen aus*** consist of, be composed of
Zusammensetzung *f* composition (*auch einer Mannschaft etc*), CHEM, LING compound, (*Bestandteile*) ingredients *Pl*
zusammensinken *v/i* collapse: ***in sich zusammensinken*** slump (down)
Zusammenspiel *n* SPORT teamwork
zusammenstauchen *v/t ugs* ***j-n zusammenstauchen*** haul s.o. over the coals
zusammenstecken **I** *v/t* put *things* together **II** *v/i ugs* ***immer zusammenstecken*** be as thick as thieves
zusammenstehen *v/i* stand (*fig* stick) together
zusammenstellen *v/t* **1.** put *things* together **2.** combine, (*Katalog etc*) compile, (*Programm etc*) draw up, make, (*eine Mannschaft etc*) make up, form, (*anordnen*) arrange: ***in einer Liste zusammenstellen*** list; ***ein Menü zusammenstellen*** compose a menu
Zusammenstellung *f* **1.** combination, arrangement **2.** (*Übersicht*) survey, synopsis, (*Tabelle*) table, (*Liste*) list
zusammenstoppeln *v/t ugs* throw *s.th.* together
Zusammenstoß *m* **1.** MOT collision, crash **2.** *ugs fig* clash
zusammenstoßen *v/i* **1.** *Fahrzeuge*: collide (***mit*** with): ***zusammenstoßen mit*** *auch* run (*oder*

crash) into **2.** *ugs fig* ***mit j-m zusammenstoßen*** clash with s.o.
zusammenstreichen *v/t ugs* (*Text, Rede etc*) shorten
zusammenströmen *v/i fig* flock together
zusammensuchen *v/t* gather, (*sammeln*) collect
zusammentragen *v/t* collect (*auch fig*), *fig* (*Fakten etc*) compile
zusammentreffen *v/i* **1.** ***mit j-m zusammentreffen*** meet s.o. **2.** *Umstände, Ereignisse etc*: coincide
Zusammentreffen *n* **1.** meeting, *unangenehmes*: encounter **2.** *von Umständen, Ereignissen etc*: concurrence, coincidence
zusammentreiben *v/t* round up
zusammentreten *v/i* meet, PARL *auch* convene
zusammentrommeln *v/t ugs* call *persons* together
zusammentun *v/refl* ***sich zusammentun*** (***mit*** with) team up, join forces
zusammenwachsen *v/i auch fig* grow together
zusammenwirken *v/i Kräfte, Faktoren etc*: combine
Zusammenwirken *n* combination, interplay
zusammenzählen *v/t* add up, sum up
zusammenziehen **I** *v/t* **1.** pull *s.th.* together, *auch* MED contract **2.** (*Truppen etc*) concentrate, mass **II** *v/i* **3.** ***mit j-m zusammenziehen*** move in (together) with s.o., go to live with s.o. **III** *v/refl* ***sich zusammenziehen*** **4.** contract **5.** *Gewitter etc, auch fig Unheil etc*: be brewing
zusammenzucken *v/i* wince (***bei*** at)
Zusatz *m allg* addition, *zu Nahrungsmitteln etc*: additive, (*Beimischung*) admixture, *schriftlicher*: *auch* addendum, (*Zusatzklausel*) rider
Zusatzabkommen *n* supplementary agreement
Zusatzbatterie *f* MED booster battery
Zusatzfrage *f* additional question
Zusatzgerät *n* TECH attachment
zusätzlich **I** *Adj* additional, extra, (*ergänzend*) supplementary, (*Hilfs...*) auxiliary **II** *Adv* in addition (***zu*** to)
Zusatzstoff *m* CHEM additive
Zusatzversicherung *f* supplementary insurance
zuschanden *Adv* ***zuschanden machen*** ruin, wreck, (*auch Hoffnungen etc*) destroy, (*Pläne etc*) thwart; ***zuschanden werden*** be ruined
zuschanzen *v/t* ***j-m etw zuschanzen*** line s.o. up with s.th.
zuschauen → ***zusehen***
Zuschauer, **Zuschauerin** onlooker, *Sport*, THEAT *etc* spectator, TV viewer: ***die Zuschauer*** *Pl auch* the audience *Sg*
Zuschauerraum *m* auditorium
Zuschauerreaktion *f* audience (TV viewer) response
Zuschauersport *m* spectator sport
zuschicken *v/t* ***j-m etw zuschicken*** send (*per Post*®: mail *oder* post) s.th. to s.o.
zuschieben *v/t* **1.** close, shut **2.** ***j-m etw zuschieben*** push s.th. over to s.o.; *fig* ***j-m die Schuld*** (***Verantwortung***) ***zuschieben*** put (*oder* shift) the blame (responsibility) on s.o.
zuschießen **I** *v/t ugs* (*Geld*) contribute **II** *v/i* ***zuschießen auf*** (*Akk*) rush towards
Zuschlag *m* **1.** extra charge, *zum Fahrpreis*: supplementary fare, (*Sondervergütung*) extra pay **2.** *Auktion etc*: award: ***er erhielt den Zuschlag*** **a)** *bei einer Auktion*: the object went to him, **b)** *bei einer Ausschreibung*: he was awarded the contract
zuschlagen **I** *v/t* **1.** (*Tür etc*) slam (shut), (*Buch*) shut, close **2.** ***j-m etw zuschlagen*** **a)** *bei einer Auktion*: knock s.th. down to s.o., **b)** *bei einer Ausschreibung*: award s.th. to s.o. **II** *v/i* **3.** *Tür etc*: slam shut **4.** strike (*auch fig Feind, Schicksal etc*), hit **5.** *ugs* (***schwer***) ***zuschlagen*** *beim Einkaufen etc*: really go to town (***bei*** on), *beim Essen*: tuck in mightily
zuschließen *v/t* lock (up)
zuschnallen *v/t* buckle (up)
zuschnappen *v/i* **1.** *Falle, Taschenmesser etc*: snap shut **2.** *Hund*: snap
zuschneiden *v/t* **1.** (*Kleid etc*) cut out (***nach einem Schnittmuster*** from a pattern): *fig* ***zugeschnitten auf*** (*Akk*) tailored to **2.** TECH cut up, (cut *s.th.* to) size
Zuschneider, **Zuschneiderin** cutter
Zuschnitt *m* cut, *auch fig* style
zuschnüren *v/t* (*Schuhe etc*) lace up, (*Paket etc*) tie *s.th.* up: *fig* ***Angst schnürte ihr die Kehle zu*** she was choked with fear
zuschrauben *v/t* screw *s.th.* shut
zuschreiben *v/t* ***j-m etw zuschreiben*** ascribe (*oder* attribute) s.th. to s.o.; ***das Bild wird Dürer zugeschrieben*** the painting is ascribed to Dürer; ***sie schrieben ihm die Schuld dafür zu*** they blamed him for it; ***das hast du dir selbst zuzuschreiben!*** you've only yourself to blame!
Zuschrift *f* letter, *auf eine Anzeige etc*: reply
zuschulden *Adv* ***sich etw zuschulden kommen lassen*** do (s.th.) wrong
Zuschuss *m* contribution, *regelmäßiger*: allowance, *staatlicher*: subsidy, grant
Zuschussbetrieb *m* subsidized enterprise
zuschütten *v/t* fill *s.th.* up

Zusatzinformationen geben	**Giving additional information** SG
Tom ist unser Klassenbester in Physik. Er ist auch sehr gut in Englisch.	**Tom's the best in our class at Physics. He's also really good at English.**
Ich habe mich für Universitäten im Ausland sowie in Deutschland beworben.	**I've applied to universities abroad as well as to ones in Germany.**
Sonnenkollektoren sind nicht nur umweltfreundlich, sondern auch einfach anzubringen.	**Solar panels are not only environmentally friendly but also easy to install.**
Kleider von dieser Marke sind nicht nur günstig, sondern haben auch ein ganz schönes Design.	**Apart from being cheap, clothes from this chain (store) are also quite well designed.**
Zusätzlich zu Nirvanas größten Hits enthält diese neue Sammlung auch einige bisher nicht veröffentlichte Aufnahmen.	**In addition to all of Nirvana's greatest hits, this new collection includes some previously unreleased recordings.**

zusehen *v/i* **1.** look on, watch: ***j-m bei der Arbeit zusehen*** watch s.o. work(ing) (*oder* at work) **2.** (***untätig***) ***zusehen*** sit back and watch **3.** ***zusehen, dass*** see (to it) that; ***ich werde mal zusehen!*** I'll see what I can do!
zusehends *Adv* **1.** visibly **2.** rapidly
zusein → ***zu*** 13
zusenden → ***zuschicken***
zusetzen **I** *v/t* **1.** add (*Dat* to) **2.** ***Geld zusetzen bei*** lose money on; *ugs fig* ***er hat nichts mehr zuzusetzen*** he has used up all his reserves **II** *v/i* **3.** *ugs* ***j-m zusetzen*** **a)** press s.o. (hard), **b)** *fig Hitze, Krankheit etc*: take it out of s.o.; ***j-m mit Fragen*** (***Bitten***) ***zusetzen*** pester s.o. with questions (requests)
zusichern *v/t* ***j-m etw zusichern*** assure s.o. of s.th.
Zusicherung *f* assurance
Zuspätkommende *m, f* latecomer
Zuspiel *n* SPORT pass(es *Pl*)
zuspielen *v/t* **1.** ***j-m den Ball zuspielen*** pass the ball to s.o. **2.** ***j-m etw zuspielen*** play s.th. into s.o.'s hands
zuspitzen *v/refl* ***sich zuspitzen*** *fig* come to a head
zusprechen **I** *v/t* **1.** ***j-m Trost zusprechen*** comfort s.o.; ***j-m Mut zusprechen*** encourage s.o., cheer s.o. up **2.** ***j-m etw zusprechen*** award s.th. to s.o.; JUR ***die Kinder wurden der Mutter zugesprochen*** the mother was granted custody of the children **II** *v/i* **3.** ***j-m freundlich*** *etc* ***zusprechen*** speak gently *etc* to s.o. **4.** (*dem Essen, dem Wein etc*) partake of
zuspringen *v/i* ***zuspringen auf*** (*Akk*) rush up at
Zuspruch *m* **1.** (*Trost*) (words *Pl* of) comfort, (*Ermutigung*) encouragement **2.** → ***Zulauf*** 1
Zustand *m* **1.** condition, state (*auch* PHYS), *ugs* shape: ***ihr seelischer Zustand*** her mental state; ***das Haus ist in gutem Zustand*** the house is in good condition (*oder* repair); ***in betrunkenem Zustand*** while under the influence (of alcohol); *ugs* ***da kann man ja Zustände kriegen!*** it's enough to drive you up the wall! **2.** (*Lage*) state of affairs, situation: ***es herrschen katastrophale Zustände*** conditions are catastrophic; *ugs* ***das ist doch kein Zustand!*** that's intolerable!

Zustandsverben mit Adjektiv GR

Auf einige englische Verben folgt ein Adjektiv und kein Adverb, wenn sie einen **Zustand** oder eine **Eigenschaft** ausdrücken:

bleiben	**remain, stay**
werden	**become, get, grow, turn**
Sie versuchte, ruhig zu bleiben.	**She tried to remain / stay calm.**
Ich habe nicht erwartet, dass dein Freund aggressiv wird.	**I didn't expect your friend to turn aggressive.**

zustande *Adv* **1.** ***etw zustande bringen*** bring s.th. off, achieve s.th., succeed in doing s.th. **2.** ***zustande kommen*** come off, be achieved, *Einigung etc*: be reached, *Vertrag*: be signed, (*stattfinden*) take place
zuständig *Adj* competent, (*verantwortlich*) responsible: ***zuständige Behörde*** competent authority; ***der zuständige Beamte*** the official in charge; JUR ***zuständig sein*** have jurisdiction (***für*** over); ***dafür ist er zuständig*** that's his job
Zuständigkeit *f* competence, responsibility, (*Befugnisse*) powers *Pl*, JUR jurisdiction (***für*** over): ***das fällt nicht in seine Zuständigkeit*** that's not within his province
Zuständigkeitsbereich *m* (sphere of) responsibility, JUR jurisdiction
zustattenkommen *v/i* ***j-m*** (***sehr***) ***zustattenkommen*** (*nützlich sein*) stand s.o. in good stead, come in (very) handy to s.o.
zustecken *v/t* ***j-m etw zustecken*** slip s.o. s.th.
zustehen *v/i* **1.** ***etw steht j-m zu*** s.o. is entitled to s.th. **2.** ***es steht j-m nicht zu zu*** *Inf* s.o. has no right to *Inf*; ***darüber steht mir kein Urteil zu*** it's not for me to judge that
zusteigen *v/i* get on *a bus etc*
zustellen *v/t* deliver: JUR ***j-m eine Ladung zustellen*** serve s.o. with a summons
Zusteller, Zustellerin postman (postwoman)
Zustellgebühr *f* postal delivery fee
Zustellung *f* delivery, JUR service
zusteuern **I** *v/t* *ugs* contribute **II** *v/i* ***zusteuern auf*** (*Akk*) **a)** SCHIFF, *auch Person*: make (*oder* head) for, **b)** *fig eine Krise etc*: be heading for, *ein Thema etc*: be driving at
zustimmen *v/i* (*Dat*) agree (to *s.th.*, with *s.o.*), (*einwilligen*) consent (to), (*billigen*) approve (of): ***zustimmend nicken*** nod in approval; ***er stimmte mir in diesem Punkt nicht zu*** he disagreed with me on this point
Zustimmung *f* agreement, consent, approval: ***sein Vorschlag fand allgemeine Zustimmung*** his suggestion met with universal approval
zustopfen *v/t* **1.** (*Loch etc*) plug **2.** (*Loch im Strumpf etc*) mend
zustöpseln *v/t* stopper
zustoßen **I** *v/t* **1.** (*Tür etc*) push *s.th.* shut **II** *v/i* **2.** *mit einem Messer etc*: thrust, stab **3.** ***j-m zustoßen*** happen to s.o.; ***ihr muss etw zugestoßen sein*** she must have had an accident
zustreben *v/i* (*Dat*) make for, head for
Zustrom *m* influx, (*Andrang*) rush: METEO ***Zustrom kühler Meeresluft*** inflow of fresh sea air
zuströmen *v/i* (*Dat* towards) stream, *fig* throng
zustürzen *v/i* ***zustürzen auf*** (*Akk*) rush up to
zutage *Adv* ***zutage bringen, zutage fördern*** *auch fig* bring *s.th.* to light; ***zutage kommen*** come to light; *fig* ***zutage treten*** **a)** *Eigenschaft etc*: be revealed, show, **b)** *meist* ***klar zutage treten*** *Schuld etc*: be evident, be obvious
Zutaten *Pl* **1.** GASTR ingredients *Pl* **2.** *Schneiderei*: accessories *Pl*
zuteilen *v/t* ***j-m etw zuteilen*** allot (*oder* allocate, apportion) s.th. to s.o.; ***j-m eine Aufgabe*** *etc* ***zuteilen*** assign s.o. a task *etc*
Zuteilung *f* allotment, allocation, assignment, (*Kontingent*) quota
zuteilwerden *v/i* ***j-m zuteilwerden*** be given to s.o.; ***j-m etw zuteilwerden lassen*** grant s.o. s.th.
zutiefst *Adv* deeply, most: *fig* ***zutiefst verletzt*** cut to the quick
zutragen **I** *v/t* (*Dat* to) **1.** carry **2.** *fig* (*Gerücht etc*) tell, report **II** *v/refl* ***sich zutragen*** **3.** happen, take place
Zuträger, Zuträgerin informer, talebearer
zuträglich *Adj* (*Dat*) good (for), conducive (***der Gesundheit*** to health): ***j-m nicht zuträglich sein*** disagree with s.o.

zutrauen *v/t* ***j-m etw zutrauen*** **a)** (*Tat etc*) think s.o. capable of s.th., **b)** (*Talent etc*) credit s.o. with s.th.; ***das hätte ich dir nie zugetraut!*** I never knew you had it in you!; ***ihm ist alles zuzutrauen!*** he stops at nothing!; ***das ist ihr glatt zuzutrauen!*** I wouldn't put it past her!

Zutrauen *n* (**Zutrauen fassen** begin to have) confidence (**zu** in)

zutraulich *Adj* trusting, confiding, *auch Tier*: friendly

Zutraulichkeit *f* confidingness, friendliness

zutreffen *v/i* be right, be correct: ***zutreffen auf*** (*Akk*), ***zutreffen für*** be true of, apply to; ***die Beschreibung trifft auf ihn zu*** the description fits him

zutreffend *Adj* right, true, correct, *Bemerkung etc*: apt: ***Zutreffendes bitte unterstreichen!*** please underline where applicable!

zutrinken *v/i* ***j-m zutrinken*** drink (*oder* raise one's glass) to s.o.

Zutritt *m* access, admission: ***Zutritt verboten!*** no entry!; ***sich gewaltsam Zutritt verschaffen*** force one's way (**zu** into)

zutun *v/t* shut, close: → ***Auge*** 1

Zutun *n* ***ohne mein Zutun*** **a)** without any help from me, **b)** (*ohne meine Schuld*) through no fault of mine; ***es geschah ohne mein Zutun*** I had nothing to do with it

zuungunsten *Präp* (*Gen*) to the disadvantage of

zuunterst *Adv* right at the bottom

zuverlässig *Adj allg* reliable (*auch* TECH), (*sicher*) safe (*auch* TECH), (*treu*) loyal, faithful: ***aus zuverlässiger Quelle*** from a reliable source

Zuverlässigkeit *f* reliability, safety (*beide auch* TECH), loyalty

Zuverlässigkeitsprüfung *f* MOT reliability test

Zuversicht *f* confidence: ***voll(er) Zuversicht sein*** be quite confident (**dass** that)

zuversichtlich *Adj* confident, optimistic(ally *Adv*): *Adv* ***zuversichtlich hoffen, dass …*** be quite confident that …

Zuversichtlichkeit *f* confidence, optimism

zuviel → ***zu*** II 8

zuvor *Adv* **1.** (**kurz zuvor** shortly) before: ***am Tag zuvor*** the day before, (on) the previous day **2.** (*zunächst*) first

zuvorderst *Adv* right at the front

zuvorkommen *v/i* (*j-m, einer Sache*) anticipate, forestall: ***j-m zuvorkommen*** *ugs auch* beat s.o. to it

zuvorkommend *Adj* obliging, courteous

Zuvorkommenheit *f* obligingness, courtesy

Zuwachs *m* **1.** (**an** *Dat* in) increase, growth (*auch* WIRTSCH): *ugs ein Kleidungsstück* ***auf Zuwachs kaufen*** buy *s.th.* on the big side **2.** *ugs* addition to the family, baby

zuwachsen *v/i* **1.** *Garten etc*: become overgrown **2.** *Wunde*: heal up, close

Zuwachsrate *f* WIRTSCH growth rate

Zuwanderer *m*, **Zuwanderin** *f* immigrant

zuwandern *v/i* immigrate

Zuwanderung *f* immigration

zuwege *Adv* **1.** ***zuwege bringen*** bring *s.th.* off, manage to do, succeed in doing, *weit. S.* (*Erfolg haben*) get results **2.** *ugs* (**noch**) ***gut zuwege sein*** be (still) very fit

zuwehen *v/t mit Schnee, Sand*: block

zuweilen *Adv* at times, occasionally

zuweisen *v/t* assign (*Dat* to)

zuwenden **I** *v/t* **1.** turn (*Dat* towards): ***j-m den Rücken zuwenden*** turn one's back on s.o.; ***j-m das Gesicht zuwenden*** face s.o. **2.** ***j-m etw zuwenden*** *allg* give s.o. s.th., *fig* (*Liebe etc*) *auch* bestow s.th. on s.o. **II** *v/refl* ***sich zuwenden*** **3.** turn to, *fig einer Aufgabe etc*: *auch* devote o.s. to

Zuwendung *f* **1.** (*Geldzuwendung*) grant, *regelmäßige*: allowance, (*Schenkung*) donation **2.** (*Liebe*) love, (loving) care, (*Aufmerksamkeit*) attention

zuwenig → ***zu*** II 8

zuwerfen *v/t* **1.** (*Tür etc*) slam *s.th.* (shut) **2.** ***j-m etw zuwerfen*** throw (*oder* toss) s.th. to s.o.; *fig* ***j-m einen Blick zuwerfen*** dart (*wütend*: flash) s.o. a look; → ***Kusshand***

zuwider **I** *Adj* ***j-m ist … zuwider*** s.o. hates (*oder* detests) … **II** *Präp* (*Dat*) contrary to, against

zuwiderhandeln *v/i* (*Dat*) act against, act contrary to, (*einem Gesetz etc*) violate, contravene

Zuwiderhandelnde *m, f* JUR offender

Zuwiderhandlung *f* JUR (**gegen**) offen/ce (*Am* -se) (against), contravention (of)

zuwiderlaufen *v/i* (*Dat*) run counter to

zuwinken *v/i* ***j-m zuwinken*** wave to s.o.

zuzahlen *v/t* pay *s.th.* extra

zuzählen *v/t* **1.** add **2.** (*Dat*) count among

zuziehen **I** *v/t* **1.** (*Schlinge etc*) pull *s.th.* tight, tighten, (*Vorhänge*) draw **2.** ***sich*** *etw* ***zuziehen*** **a)** (*Krankheit etc*) contract, catch, **b)** (*jemandes Neid, Hass etc*) incur **3.** → ***hinzuziehen*** **II** *v/i* **4.** *Mieter*: move in, (*sich niederlassen*) settle (down)

Zuzug *m* **1.** move **2.** → ***Zuwanderung***

Zuzügler, **Zuzüglerin** newcomer

zuzüglich *Präp* (*Gen*) plus

zuzwinkern *v/i* ***j-m zuzwinkern*** wink at s.o.

zw. *Abk* (= ***zwischen***) bet., between; among

Zwang *m* compulsion (*auch* PSYCH), constraint, (*Druck*) pressure, (*Gewalt*) force: ***etw ohne Zwang tun*** do s.th. without being forced to; ***unter Zwang handeln*** *bes* JUR act under duress; ***Zwang ausüben*** exert pressure (**auf** *Akk* on); ***gesellschaftliche Zwänge*** social constraints; ***… ist Zwang*** … is compulsory; *iron* ***tu dir keinen Zwang an!*** don't force yourself

zwängen *v/t* squeeze (**sich** o.s.)

zwanghaft *Adj* compulsive, (*neurotisch*) obsessive

zwanglos *Adj* informal, casual (*auch Kleidung*), unconstrained, *Benehmen*: *auch* free and easy: ***in zwangloser Folge erscheinen*** *Zeitschrift etc*: appear at irregular intervals; *Adv* ***er unterhielt sich ganz zwanglos*** he talked quite at ease; ***es geht bei ihnen sehr zwanglos zu*** things are very informal with them

Zwanglosigkeit *f* informality, casualness

Zwangsanleihe *f* compulsory loan

Zwangsarbeit *f* forced labo(u)r

Zwangsarbeiter, **Zwangsarbeiterin** forced labo(u)rer

Zwangsaufenthalt *m* enforced stay, detention

Zwangsbewirtschaftung *f* (economic) control: ***die Zwangsbewirtschaftung von*** (*oder Gen*) ***aufheben*** decontrol

Zwangseinweisung *f* (**in** *eine Heilanstalt etc*) committal (to)

zwangsernähren *v/t* force-feed

Zwangsernährung *f* force feeding

Zwangshandlung *f* compulsive act

Zwangsherrschaft *f* despotism, tyranny

Zwangsjacke *f* (*auch* ***in eine Zwangsjacke ste-***

cken) straitjacket (*auch fig*)
Zwangslage *f* predicament
zwangsläufig *Adj fig* inevitable: *Adv* ***sie musste zwangsläufig davon erfahren*** she was bound to hear of it
Zwangsmaßnahme *f* coercive measure, POL sanction
Zwangsneurose *f* obsessional neurosis
Zwangsneurotiker, **Zwangsneurotikerin** obsessional neurotic
Zwangspause *f* enforced break
Zwangsprostitution *f* forced prostitution
Zwangsräumung *f* eviction
Zwangsumsiedler, **Zwangsumsiedlerin** displaced person
zwangsversteigern *v/t* put *s.th.* up for compulsory auction
Zwangsversteigerung *f* compulsory auction
Zwangsverwaltung *f* sequestration
Zwangsvollstreckung *f* execution
Zwangsvorstellung *f* PSYCH obsession: ***er ist von der Zwangsvorstellung befallen, dass …*** he is obsessed with the idea that …
zwangsweise I *Adj* compulsory **II** *Adv* compulsorily, by force
Zwangswirtschaft *f* government control, controlled economy
zwanzig *Adj* (***zwanzig*** [***Jahre alt***] ***sein*** be) twenty; ***sie ist Mitte zwanzig*** she is in her mid-twenties
Zwanzig *f* twenty
zwanziger *Adj* ***die goldenen zwanziger Jahre*** the roaring twenties
Zwanziger, **Zwanzigerin** man (woman *oder* girl) of twenty (*oder* in his [her] twenties)
Zwanzigerjahre → ***zwanziger***
zwanzigjährig *Adj* **1.** twenty-year-old, of twenty **2.** *Jubiläum etc*: twentieth
Zwanzigjährige *m, f* twenty-year-old (person): ***die Zwanzigjährigen*** *Pl* the twenty-year-olds *Pl*
zwar *Adv* **1.** ***zwar …, aber …*** it is true …, but …; ***es ist zwar verboten, aber …*** *auch* it may be forbidden, but … **2.** ***und zwar*** **a)** *erklärend*: namely, **b)** *verstärkend*: in fact
Zweck *m* **1.** purpose, (*Ziel*) object, aim, end, (*Verwendungszweck*) use: ***zu diesem Zweck*** **a)** for that purpose, **b)** to this end; ***ein Mittel zum Zweck*** a means to an end; ***der Zweck heiligt die Mittel*** the end justifies the means; ***seinen Zweck erfüllen*** (***verfehlen***) serve (not to fulfil) its purpose; ***für wohltätige Zwecke*** for charity **2.** (*Sinn*) point, use: ***es hat keinen Zweck zu warten*** it's no use waiting; ***es hat wenig Zweck, dass ich hingehe*** there's little point in my going; *ugs* ***das ist ja*** (***gerade***) ***der Zweck der Übung!*** that's the whole point (of the exercise)!
Zweckbau *m* functional building
Zweckbindung *f von Geldern*: earmarking for specific purposes
Zweckdenken *n* pragmatism
zweckdienlich *Adj* relevant, useful: ***zweckdienliche Hinweise*** relevant information
Zwecke *f* drawing pin, *Am* thumbtack
zweckentfremden *v/t* use *s.th.* for a purpose not intended, misuse, (*Gelder*) misappropriate
zweckentsprechend *Adj* appropriate, suitable
zweckfrei *Adj* nonutility
zweckfremd *Adj* foreign to the purpose
zweckgebunden *Adj Gelder*: earmarked
zweckgemäß *Adj* appropriate
zwecklos *Adj* useless, pointless, futile: ***zwecklos sein*** *auch* be no use; ***es ist zwecklos, dass ich hingehe*** there's no point in my going
Zwecklosigkeit *f* uselessness, futility
zweckmäßig *Adj* **1.** practical, ARCHI, TECH functional **2.** expedient, advisable
Zweckmäßigkeit *f* **1.** practicality, ARCHI, TECH functionality **2.** advisability
Zweckoptimismus *m* calculated optimism
Zweckpessimismus *m* calculated pessimism
zwecks *Präp* (*Gen*) for the purpose of, with a view to
Zwecksparen *n* target saving
zweckwidrig *Adj* inappropriate
zwei *Adj* **1.** two: ***wir zwei*** we two, the two of us; ***dazu gehören zwei*** it takes two
Zwei *f* **1.** (number) two **2.** PÄD (*Note*) B
zweiachsig *Adj* **1.** MATHE biaxial **2.** MOT two-axle
zweiatomig *Adj* CHEM diatomic
zweibändig *Adj* two-volume
Zweibeiner *m hum* man
Zweibettzimmer *n* twin-bedded room
zweideutig *Adj* ambiguous, equivocal, *pej* suggestive, *Witz*: off-colo(u)r
Zweideutigkeit *f* **1.** ambiguity, equivocality, *pej* suggestiveness **2.** *meist Pl* **a)** suggestive remark, **b)** risqué joke
Zweidrittelmehrheit *f* two thirds majority
zweieiig *Adj* BIOL binovular: ***zweieiige Zwillinge*** fraternal twins
Zweier *m Rudern*: pair: ***Zweier mit*** (***Steuermann***) coxed pair
Zweierbeziehung *f* partnership
Zweierbob *m* two-man bob
zweierlei *Adj* two different (kinds of): ***mit zweierlei Maß messen*** apply double standards
Zweieurostück *n* two-euro piece
zweifach *Adj* double, *Adv auch* doubly: ***in zweifacher Ausfertigung*** in duplicate
Zweifamilienhaus *n* two-family (*Am* duplex) house
zweifarbig *Adj* two-colo(u)red
Zweifel *m* doubt (***an*** *Dat*, ***wegen*** about): ***ohne Zweifel*** → ***zweifellos***; ***im Zweifel sein über*** (*Akk*) be doubtful (*oder* in two minds) about; ***ihm kamen Zweifel*** he was beginning to have doubts; ***es bestehen berechtigte Zweifel an seiner Ehrlichkeit*** there is good reason to doubt his honesty; ***sie ließen keinen Zweifel daran, dass …*** they made it quite plain that …
zweifelhaft *Adj* doubtful, *stärker*: dubious, (*fragwürdig*) *auch* questionable, *ugs* shady: ***ein zweifelhaftes Vergnügen*** a dubious pleasure; ***von zweifelhaftem Wert*** of debatable value (*oder* merit); ***es erscheint zweifelhaft, ob …*** it seems doubtful whether …
zweifellos *Adv* undoubtedly, doubtless, without (a) doubt
zweifeln *v/i* doubt: ***an einer Sache zweifeln*** doubt (*oder* question) s.th.; ***daran ist nicht zu zweifeln*** there's no doubt about it
Zweifelsfall *m* ***im Zweifelsfall*** in case of doubt
Zweifler, **Zweiflerin** doubter, sceptic, *bes Am* skeptic
zweiflerisch *Adj* doubting, sceptical, *bes Am* skeptical
Zweig *m* branch (*auch fig*), *dünner*: twig: → ***grün***
Zweigbetrieb *m* branch
Zweigbüro *n* branch (office)
zweigeschlechtig *Adj* BOT bisexual

zweigeteilt *Adj* divided in(to) two
Zweiggeschäft *n* branch
zweigleisig *Adj* **1.** BAHN double-track(ed) **2.** *fig Verhandlungen etc*: two-track: *Adv* ***zweigleisig fahren*** leave both one's options open
Zweigniederlassung *f* (***Zweigniederlassung im Ausland*** foreign) branch
Zweigstelle *f* branch (office)
zweihändig **I** *Adj* two-handed, MUS for two hands **II** *Adv* with both hands
Zweihundertjahrfeier *f* bicentenary
zweijährig *Adj* **1.** two-year, lasting two years **2.** two-year-old
Zweijährige *m, f* two-year-old (child)
Zweikampf *m* duel
Zweikanal... ELEK two-channel
Zweikanalton *m* TV ***mit Zweikanalton*** *ugs* with two language channels
zweimal *Adv* twice: *fig* ***das ließ sie sich nicht zweimal sagen*** she didn't wait to be told twice
zweimalig *Adj* (twice) repeated
zweimotorig *Adj* twin-engined
Zweiparteiensystem *n* two-party system
Zweiphasen..., **zweiphasig** *Adj* ELEK two-phase
zweipolig *Adj* ELEK two-pole, bipolar, *Stecker*: two-pin
Zweirad *n* bicycle, *ugs* bike
zweirädrig *Adj* two-wheeled
Zweireiher *m* double-breasted suit
zweireihig *Adj* **1.** in two rows **2.** *Anzug etc*: double-breasted
zweischneidig *Adj auch fig* double-edged
zweiseitig *Adj* **1.** *Vertrag*: bilateral **2.** *Brief*: two-page, *Anzeige*: double-page
zweisilbig *Adj* two-syllable, disyllabic
Zweisitzer *m* MOT *etc* two-seater
zweispaltig *Adj* two-column(ed): *Adv* ***zweispaltig gedruckt*** printed in two columns
zweisprachig *Adj* bilingual, *Dokument etc*: in two languages
Zweisprachigkeit *f* bilingualism
zweispurig *Adj* **1.** BAHN double-tracked **2.** *Fahrbahn*: two-lane
zweistellig *Adj Zahl*: two-digit, *Dezimalbruch*: two-place
zweistimmig *Adj* MUS for (*oder* in) two voices
zweistöckig *Adj* two-storeyed, *bes Am* two-storied
zweistrahlig *Adj* FLUG twin-jet
zweistufig *Adj* TECH two-stage
zweistündig *Adj* two-hour, lasting two hours
zweit *Adj* second: ***der zweite Band*** volume two; ***zweiter Mai*** May 2nd, *Am* May 2; ***ein zweiter Mozart*** another Mozart; ***zu zweit*** in twos, in pairs; ***sie waren zu zweit*** there were two of them; ***zweiter Klasse*** *auch fig* second-class; → ***Geige, Hand, Ich, Wahl*** 1
Zweitakter *m*, **Zweitaktmotor** *m* two-stroke engine
zweitältest *Adj*, **Zweitälteste** *m, f* second eldest
zweitausend *Adj* two thousand
zweitbest *Adj*, **Zweitbeste** *m, f* second best
Zweite *m, f* second: SPORT ***sie wurde Zweite hinter ...*** she came in second behind ..., she was runner-up to ...; ***jeder Zweite*** every other person; *fig* ***wie kein Zweiter*** like nobody else
Zweiteiler *m ugs* **1.** *Mode*: two-piece (suit) **2.** FILM, TV two-parter
zweiteilig *Adj* in two parts, *Mode*: two-piece
zweitens *Adv* secondly
Zweitfrisur *f* wig
zweitgrößt *Adj* second largest
zweithöchst *Adj* second highest
zweitklassig *Adj* second-class, *pej* second-rate
zweitletzt *Adj* last but one, second to last
zweitrangig *Adj* secondary: ***zweitrangig sein*** be of secondary importance
Zweitschlüssel *m* spare key
Zweitschrift *f* duplicate
Zweitstimme *f* POL second vote
Zweitstudium *n* ***ein Zweitstudium beginnen*** begin a second course of studies
zweitürig *Adj* MOT two-door
Zweitwagen *m* second car
Zweitwohnung *f* second home
zweiwertig *Adj* CHEM bivalent
zweiwöchig *Adj* two-week, lasting two weeks
zweizeilig *Adj* double-spaced: *Adv* ***zweizeilig schreiben*** double-space
Zweizimmerwohnung *f* two-room(ed) flat (*Am* apartment)

Zweizimmerwohnung SG

Im Englischen bestimmt man die Größe der Wohnung oft nach der Anzahl der Schlafzimmer:

Zweizimmerwohnung	**one-bedroom flat** (*Am* **apartment**)
Dreizimmerwohnung *usw.*	**two-bedroom flat** (*Am* **apartment**)
Einzimmerwohnung	**one-room flat** (*Am* **apartment**)

Zweizylindermotor *m* two-cylinder engine
Zwerchfell *n* diaphragm
Zwerchfellatmung *f* abdominal breathing
zwerchfellerschütternd *Adj fig* sidesplitting
Zwerg, **Zwergin** dwarf, gnome (*nur m*), *fig auch* midget
zwergenhaft *Adj* dwarfish
Zwergpudel *m* miniature poodle
Zwergwuchs *m* BIOL, MED dwarfism, BOT dwarf growth
zwergwüchsig *Adj* dwarfish
Zwetsche, **Zwetschge** *f* plum
Zwetschenbaum, **Zwetschgenbaum** *m* plum tree
Zwetschenwasser, **Zwetschgenwasser** *n* plum brandy
Zwetschke *f österr.* plum
Zwickel *m* **1.** *Schneiderei*: gusset **2.** ARCHI spandrel
zwicken *v/t und v/i* pinch
Zwickmühle *f ugs fig* (***in einer Zwickmühle sein*** *oder* ***sitzen*** be on the horns of a) dilemma
Zwieback *m* rusk
Zwiebel *f* onion, (*Blumenzwiebel*) bulb
Zwiebelkuchen *m* onion gateau
Zwiebelringe *Pl* GASTR onion rings *Pl*
Zwiebelschale *f* onion skin
Zwiebelsuppe *f* onion soup
Zwiebelturm *m* onion spire
Zwiegespräch *n* dialog(ue *Br*)
Zwielicht *n* twilight: *fig* ***ins Zwielicht geraten*** lay o.s. open to suspicion
zwielichtig *Adj fig* dubious, *ugs* shady
Zwiespalt *m* conflict
zwiespältig *Adj* conflicting: ***mein Eindruck war***

zwiespältig I came away with mixed impressions; ***er ist ein zwiespältiger Mensch*** he has a conflicting personality
Zwiesprache *f* → ***Zwiegespräch***: *fig* ***Zwiesprache halten mit*** commune with
Zwietracht *f* → ***Unfriede(n)***
Zwilling *m* **1.** twin **2.** *Pl* ASTR Gemini *Pl*: ***er ist Zwilling*** he is (a) Gemini
Zwillingsbruder *m* twin brother
Zwillingspaar *n* pair of twins
Zwillingsreifen *m* MOT dual (*oder* double, twin) tyres (*Am* tires) *Pl*
Zwillingsschwester *f* twin sister
Zwinge *f* TECH clamp, cramp
zwingen I *v/t* force, compel: ***j-n zwingen, etw zu tun*** force (*oder* compel) s.o. to do s.th., make s.o. do s.th.; ***j-n zum Rücktritt zwingen*** force s.o. to resign; ***ich sehe mich gezwungen zu verkaufen*** I find myself compelled to sell; *auch* → ***gezwungen*** **II** *v/i* ***zwingen zu*** necessitate; ***die Lage zwingt zu einer schnellen Entscheidung*** the situation calls for a quick decision **III** *v/refl* ***sich zwingen*** force o.s. (***etw zu tun*** to do s.th.); ***er zwang sich zu einem Lächeln*** he forced a smile; ***ich musste mich dazu zwingen*** it cost me an effort (to do that)
zwingend *Adj Grund etc*: compelling, *Notwendigkeit etc*: absolute, urgent, *Beweis*, *Argument etc*: cogent, conclusive: ***es besteht keine zwingende Notwendigkeit*** it is not imperative
Zwinger *m* (*Hundezwinger*) kennels *Pl*, (*Käfig*) cage, *einer Burg*: ward
zwinkern *v/i* (***mit den Augen***) ***zwinkern*** blink, *listig*, *vergnügt etc*: wink
zwirbeln *v/t* twist, twiddle
Zwirn *m* twine, twist
zwischen *Präp* (*Dat*, *Akk*) between (*auch zeitlich*), (*inmitten*) among

> **zwischen:** SG
> **between oder among?**
>
> Sprachgeschichtlich hat **between** etwas mit der Zahl zwei zu tun. Deshalb gilt die Faustregel: Wenn es um zwei Personen oder Dinge geht, nimmt man **between**, wenn mehr als zwei Personen oder Dinge beteiligt sind, **among** (*Br* auch **amongst**). Nur **between** kann auch zeitlich gebraucht werden.
>
> **We arrive between 8 and 9 o'clock.**
>
> **They built a house between a castle and a nuclear power plant.**
>
> **She divided the money between her two children / among her five children.**
>
> **The house is hidden among / amongst the trees.**

Zwischenablage *f* COMPUTER clipboard
Zwischenakt *m*, **Zwischenaktmusik** *f* entr'acte
Zwischenaufenthalt *m* stop(over)
Zwischenbemerkung *f* interjection
Zwischenbericht *m* interim report
Zwischenbescheid *m* provisional reply
Zwischenbilanz *f* interim balance sheet: *fig* ***eine Zwischenbilanz ziehen*** take stock in between
Zwischenblutung *f* MED bleeding between periods, intermenstrual bleeding
Zwischendeck *n* SCHIFF between decks *Sg*
Zwischending *n* cross between … and …: ***es ist ein Zwischending*** it's a bit of both
zwischendurch *Adv* in between, (*inzwischen*) in the meantime, (*ab und zu*) now and then
Zwischenergebnis *n* provisional result, SPORT interim results *Pl* (*oder* score)
Zwischenfall *m* incident: ***ohne Zwischenfälle*** without a hitch
Zwischenfinanzierung *f* intermediate financing, bridging
Zwischenfrage *f* (interposed) question
Zwischenfutter *n Schneiderei*: interlining
Zwischengericht *n* GASTR entrée
Zwischengeschoss *n* ARCHI mezzanine
Zwischenglied *n* link
Zwischengröße *f* intermediate size
Zwischenhandel *m* intermediate trade
Zwischenhändler, **Zwischenhändlerin** intermediary
Zwischenhoch *n* METEO ridge of high pressure
Zwischenlager *n* KERNPHYSIK intermediate storage site
zwischenlagern *v/t* KERNPHYSIK temporarily store
Zwischenlagerung *f* KERNPHYSIK interim storage
zwischenlanden *v/i* make an intermediate landing, stop
Zwischenlandung *f* intermediate landing, stop(over): ***ohne Zwischenlandung*** nonstop
Zwischenlauf *m* SPORT intermediate heat
Zwischenlösung *f* interim solution
Zwischenmahlzeit *f* snack (between meals)
zwischenmenschlich *Adj* interpersonal: ***zwischenmenschliche Beziehungen*** human relations
Zwischenprüfung *f* intermediate examination (*oder* test)
Zwischenraum *m allg* space, distance, TECH clearance, (*Lücke*) gap, (*Zeilenabstand*) spacing: ***eine Zeile Zwischenraum lassen*** leave a space
Zwischenruf *m* interruption: ***Zwischenrufe*** *Pl* heckling *Sg*
Zwischenrufer, **Zwischenruferin** heckler
Zwischenrunde *f* SPORT intermediate round
zwischenschalten *v/t* ELEK connect *s.th.* in series, insert
Zwischenschalter *m* ELEK intermediate switch
Zwischenschaltung *f* ELEK insertion
Zwischenspeicher *m* COMPUTER buffer store (*oder* storage)
Zwischenspiel *n* interlude
Zwischenspurt *m* SPORT (sudden) spurt: ***einen Zwischenspurt einlegen*** put in a burst of speed
zwischenstaatlich *Adj* international, intergovernmental, (*zwischen Bundesstaaten*) interstate
Zwischenstadium *n* intermediate stage
Zwischenstand *m* SPORT interim score
Zwischenstation *f* stopover, (*auch Ort*) stop
Zwischenstecker *m* ELEK adapter
Zwischenstück *n* TECH intermediary, ELEK adapter
Zwischenstufe *f* intermediate stage
Zwischensumme *f* subtotal
Zwischentext *m* (inserted) caption
Zwischentief *n* METEO ridge of low pressure
Zwischentöne *Pl fig* overtone *Sg*, nuances *Pl*
Zwischenwand *f* dividing wall, *bewegliche*: par-

tition
Zwischenzeit *f* **1.** time in between: ***in der Zwischenzeit*** → ***zwischenzeitlich*** II **2.** SPORT intermediate time
zwischenzeitlich **I** *Adj* intermediate, interim **II** *Adv* (in the) meantime, meanwhile
Zwischenzeugnis *n* intermediate report
Zwist *m*, **Zwistigkeit** *f meist Pl* quarrel
zwitschern *v/t und v/i* twitter, chirp: *ugs fig* ***einen zwitschern*** down one
Zwitschern *n* twitter(ing), chirp(ing)
Zwitter *m* BIOL hermaphrodite
Zwitterding *n* → ***Zwischending***
zwo → ***zwei***
zwölf *Adj* twelve: ***um zwölf*** (***Uhr***) at twelve (o'clock), *mittags*: *auch* at noon, *nachts*: *auch* at midnight; *fig* ***fünf Minuten vor zwölf*** at the eleventh hour
Zwölffingerdarm *m* ANAT duodenum
Zwölffingerdarmgeschwür *n* MED duodenal ulcer
Zwölfkampf *m* SPORT twelve events *Pl*
zwölft *Adj*, **Zwölfte** *m*, *f* twelfth
Zwölftonmusik *f* twelve-tone music
Zyankali *n* CHEM potassium cyanide
zyklisch *Adj* cyclic(al)
Zyklon *m* (*Wirbelsturm*) cyclone
Zyklone *f* METEO (*Tief*) cyclone
Zyklop *m* MYTH Cyclops
Zyklotron *n* PHYS cyclotron
Zyklus *m allg* cycle, *von Vorträgen etc*: series
Zylinder *m* **1.** top hat **2.** CHEM, MATHE, MOT cylinder
Zylinderkopf *m* MOT cylinder head
Zylinderkopfdichtung *f* MOT cylinder-head gasket
Zylinderkopfschraube *f* MOT cylinder-head stud
zylindrisch *Adj* cylindric(al)
Zyniker, **Zynikerin** cynic
zynisch *Adj* cynical
Zynismus *m* cynicism
Zypern *n* Cyprus
Zypresse *f* BOT cypress
Zypriot, **Zypriotin** Cypriote
zyprisch *Adj* Cyprian
Zyste *f allg* cyst
Zystoskopie *f* MED cystoscopy
zytologisch *Adj* cytologic(al)
Zytostatikum *n* MED cytostatic agent
zz., **zzt.** *Abk* (= ***zurzeit***) (*jetzt*, *gegenwärtig*) at present, for the time being
zzgl. *Abk* (= ***zuzüglich***) plus

Anhang

Literarische Fachbegriffe – Literary Terms

Stilmittel – Stylistic Devices

allegory ['ælɪgərɪ]	**Allegorie**	Bildliche Darstellung eines Gedankens oder eines abstrakten Begriffs (systematisierte Metapher); z. B. die Justitia als Frauengestalt mit verbundenen Augen und einer Waage in der Hand als Personifikation der Gerechtigkeit.
alliteration [əˌlɪtə'reɪʃən]	**Alliteration**	zwei benachbarte Wörter beginnen mit demselben Laut; z. B. **long life**
allusion [ə'lu:ʒən]	**Anspielung**	Bezug auf etwas Bekanntes, z. B. auf ein geschichtliches Ereignis oder auf eine berühmte Person
ambiguity [ˌæmbɪ'gjʊɪtɪ]	**Doppel- / Mehrdeutigkeit**	Formulierung, die verschiedene Interpretationen zulässt
analogy [ə'nælədʒɪ]	**Analogie**	Darstellung einer Idee durch eine andere mit ähnlichen oder parallelen Merkmalen
anaphora [ə'næfərə]	**Anapher**	Wiederholung eines Wortes oder einer Phrase am Anfang aufeinanderfolgender Zeilen, Sätze oder Teilsätze
anecdote ['ænɪkdəʊt]	**Anekdote**	kurze, meist unterhaltsame Geschichte über einen Vorfall oder eine Person
anticlimax [ˌæntɪ'klaɪmæks]	**Antiklimax**	Gegenteil von Klimax; „abfallende Steigerung“: Wörter oder Phrasen sind so angeordnet, dass sie sich vom stärksten zum schwächsten Ausdruck „steigern“.
antithesis [æn'tɪθɪsɪs]	**Antithese**	Gegenüberstellung gegensätzlicher Begriffe, meist im Zusammenspiel mit ähnlichen Satzmustern
assonance ['æsənəns]	**Assonanz**	Wiederholung gleicher oder ähnlicher betonter Vokale in benachbarten Wörtern; z. B. **sweet dreams**
blank verse [ˌblæŋk'vɜ:s]	**Blankvers**	reimloser fünfhebiger Jambus
chiasmus [kaɪ'æzməs]	**Chiasmus**	Überkreuzstellung; Umkehrung des Satzmusters bzw. Abfolge der Wortguppen in zwei aufeinanderfolgenden Sätzen
cliché ['kli:ʃeɪ]	**Klischee**	häufig gebrauchte (und daher meist abgedroschen wirkende) Formulierung
climax ['klaɪmæks]	**Klimax**	Wörter oder Phrasen sind so angeordnet, dass sie sich vom schwächsten zum stärksten Ausdruck steigern.
connotation [ˌkɒnə'teɪʃən]	**Konnotation**	zusätzliche, oft emotionale Bedeutung eines Wortes
consonance ['kɒnsənəns]	**Konsonanz**	Wiederholung gleicher oder ähnlicher Konsonanten in benachbarten Wörtern; z. B. **coming home**
ellipsis [ɪ'lɪpsɪs]	**Ellipse**	Auslassung eines Wortes oder Satzteils, das / der zum Verständnis nicht unbedingt nötig ist
enjambement [ɪn'dʒam(b)mənt]	**Enjambement**	im Gedicht: Weiterführen einer Satz- und Sinneinheit über das Versende hinaus
euphemism ['ju:fəmɪzəm]	**Euphemismus**	Beschönigung: Umschreibung eines tabuisierten oder anstößigen Wortes
exaggeration [ɪgˌzædʒə'reɪʃən]	**Übertreibung**	

figurative images ['fɪgjʊrətɪv 'ɪmɪdʒɪz]	**Tropen / bildhafte Figuren**	Bewusste Abweichung von der eigentlichen Bedeutung eines Wortes oder von der als normal geltenden Reihenfolge bzw. Kombination von Wörtern, um beim Leser einen bestimmten Effekt hervorzurufen; Oberbegriff für verschiedene Stilmittel wie Euphemismus oder Metapher
hyperbole [haɪ'pɜːbəlɪ]	**Hyperbel**	Übertreibung zur Betonung eines Sachverhalts: z. B. **I've been waiting for ages.**
inversion [ɪn'vɜːʃən]	**Inversion**	Umstellung der regelmäßigen Abfolge von Wörtern bzw. Satzteilen
irony ['aɪərənɪ]	**Ironie**	Bezeichnung eines Sachverhalts durch sein Gegenteil, häufig als Kritik oder als Mittel des Spotts
metaphor ['metəfə]	**Metapher**	indirekter, bildlicher Vergleich unter Verzicht auf Vergleichswörter wie **like** u. Ä.
onomatopeia [ˌɒnəmætə'piːə]	**Onomatopöie**	lautmalerischer Ausdruck; z. B. **cuckoo**
oxymoron [ˌɒksɪ'mɔːrɒn]	**Oxymoron**	Verbindung zweier Begriffe, die einander eigentlich ausschließen; z. B. **bittersweet**
paradox ['pærədɒks]	**Paradoxon**	scheinbar widersinnige Behauptung, deren Sinn sich erst bei genauerer Interpretation erschließt
parallelism ['pærəlelɪzəm]	**Parallelismus**	Beibehaltung einer bestimmten Satzstruktur in mehreren aufeinanderfolgenden Sätzen
parody ['pærədɪ]	**Parodie**	spöttische Nachahmung eines Werkes, die z. B. den Stil des Autors oder einer Gattung durch Übertreibung lächerlich macht
personification [pəˌsɒnɪfɪ'keɪʃn]	**Personifikation**	„Vermenschlichung": einem Objekt oder einem Abstraktum werden menschliche Attribute zugeordnet.
pun [pʌn]	**Wortspiel**	Spiel mit der Doppeldeutigkeit oder dem Gleichklang verschiedener Wörter
register ['redʒɪstə]	**Sprachebene**	der einer Sprechsituation angemessene Sprachstil, z. B. gehoben, umgangssprachlich, formal usw.
repetition [ˌrepɪ'tɪʃn]	**Wiederholung**	Wiederholung einzelner Wörter oder Wortgruppen zur besonderen Hervorhebung der Aussage
sarcasm ['sɑːkæzəm]	**Sarkasmus**	beißende, verletzende Ironie
satire ['sætaɪə]	**Satire**	überspitzte Darstellung von Personen, Institutionen oder Gesellschaftsklassen durch Übertreibung und Ironie
simile ['sɪmɪlɪ]	**Vergleich**	direkter Vergleich, meist unter Verwendung von Vergleichswörtern wie **like**
symbol ['sɪmbl]	**Symbol**	Gegenstand, der eine Idee, eine Eigenschaft o. Ä. repräsentiert; z. B. Ring für die Unendlichkeit der Ehe
understatement [ˌʌndə'steɪtmənt]	**Untertreibung**	Darstellung eines Sachverhalts als unwichtig; z. B. als Mittel der Ironie oder zur Betonung

Erzählperspektiven – Narrative Perspectives

narrator [nə'reɪtə]	**Erzähler**	Derjenige, aus dessen Perspektive erzählt wird. Die Erzählperspektive ist insofern von Bedeutung, als sie den Leser entscheidend beeinflusst: Meist identifiziert sich der Leser mit der Person, aus deren Sicht er die Geschichte erlebt. Der Erzähler darf nicht mit dem Autor gleichgesetzt werden.
point of view [pɔɪnt əv 'vjuː]	**Erzählerstandpunkt**	Perspektive, aus der der Erzähler das Geschehen beobachtet und erzählt. **limited point of view**: Der Erzähler beobachtet das Geschehen aus der Perspektive einer Figur bzw. ist als Figur an der Handlung beteiligt. **unlimited point of view**: Der Erzähler ist allwissend und weiß, was in allen Figuren vor sich geht. **multiple point of view**: Der Erzähler wechselt die Perspektiven, aus denen er erzählt.
first-person narrator [fɜːst 'pɜːsn nə'reɪtə]	**Icherzähler**	Der Erzähler ist selbst an der Handlung beteiligt. Die Informationen sind begrenzt, denn der Leser erfährt nur das, was der Erzähler erlebt oder beobachtet (**limited point of view**).
third-person narrator [θɜːd 'pɜːsn nə'reɪtə]	**allwissender / personaler Erzähler**	Der Erzähler ist nicht am Geschehen beteiligt und erzählt die Geschichte in der dritten Person (**he**, **she**, **they**). Dabei kann der Erzähler allwissend sein (**omniscient narrator**), d. h. er kann zwischen verschiedenen Perspektiven wechseln und er weiß, was in den beteiligten Personen vorgeht (**unlimited point of view**). Oder der Erzähler beobachtet die Geschichte zwar von außen und spricht von den Charakteren in der dritten Person, schildert die Ereignisse aber aus der Sicht eines einzelnen Charakters (personaler Erzähler; **limited point of view**).
omniscient narrator [ɒm'nɪsɪənt nə'reɪtə]	**allwissender Erzähler**	siehe **third-person narrator**
intrusive narrator [ɪn'truːsɪv nə'reɪtə]	**auktorialer Erzähler**	Allwissender Erzähler, der die Charaktere und Ereignisse kommentiert und auf diese Weise den Leser beeinflussen kann.
unreliable narrator [ˌʌnrɪ'laɪəbl nə'reɪtə]	**unglaubwürdiger Erzähler**	Icherzähler, der die Handlung aus seiner eingeschränkten Perspektive erzählt und die Ereignisse dabei anders darstellt, als sie der Leser wahrnimmt, häufig mit ironischer Wirkung.

Erzähltechniken – Narrative Techniques

acting time ['æktɪŋ 'taɪm]	**Handlungszeit**	Zeitraum, der in einem fiktionalen Text dargestellt wird. Die Handlungszeit ist i. d. R. länger als die Erzählzeit; z. B. Beschreibung mehrerer Jahre auf wenigen Seiten.
explicit (direct) characterization [ɪk'splɪsɪt (daɪ'rekt) ˌkærəktəraɪ'zeɪʃn]	**explizite Charakterisierung**	Darstellung eines Charakters durch direkte Beschreibung seines äußeren Erscheinungsbildes, seiner Eigenschaften, Fähigkeiten, Vorlieben usw.
external action [ɪk'stɜːnl 'ækʃn]	**äußere Handlung**	konkrete Ereignisse und Verhaltensweisen
falling action ['fɔːlɪŋ 'ækʃn]	**fallende Handlung**	Ereignisse, die dem Höhepunkt folgen
flashback ['flæʃbæk]	**Rückgriff**	Unterbrechung der fortlaufenden Handlung, um zu früheren Ereignissen zurückzukehren; dient häufig dazu, dem Leser notwendige Hintergrundinformationen zu liefern.

flat character [flæt 'kærəktə]	**typisierte Figur**	Repräsentiert nur einen einzigen oder einige wenige Charakterzüge; sein Verhalten ist oft vorhersehbar. Meist für weniger wichtige Figuren eingesetzt.
foreshadowing [fɔːˈʃædəʊɪŋ]	**Vorahnung**	Hinweise lassen den Leser erahnen, was als nächstes passieren könnte.
implicit (indirect) characterization [ɪm'plɪsɪt (ˌɪndɪ'rekt) ˌkærəktəraɪ'zeɪʃn]	**implizite Charakterisierung**	Darstellung eines Charakters durch Beschreibung seines Verhaltens, seiner Gefühle, Umgebung usw., die dem Leser Rückschlüsse auf bestimmte Wesensmerkmale erlauben.
interior monologue [ɪn'tɪərɪə 'mɒnəlɒg]	**innerer Monolog**	Erzähltext in der ersten Person, der die Gedanken eines Charakters wiedergibt; häufig ohne erkennbare chronologische oder thematische Ordnung.
internal action [ɪn'tɜːnl 'ækʃn]	**innere Handlung**	alles, was sich in den Gedanken der einzelnen Charaktere abspielt
metre, *Am* meter ['miːtə]	**Metrum, Versmaß**	Abfolge betonter Silben im Vers, die mehr oder weniger einem regelmäßigen Muster folgen
narrated time [nə'reɪtɪd taɪm]	**erzählte Zeit**	siehe **acting time**
narrative time ['nærətɪv taɪm]	**Erzählzeit**	Zeit, die notwendig ist, um die Ereignisse erzählerisch darzustellen; entspricht der Lesezeit
panoramic presentation [ˌpænə'ræmɪk ˌprezən'teɪʃn]	**berichtende Erzählung**	verdichtende Erzählweise: In wenigen Sätzen wird zusammengefasst, was über eine längere Zeitspanne hinweg passiert ist.
plot [plɒt]	**Handlung, Fabel**	
prose [prəʊz]	**Prosa**	Form der geschriebenen Sprache, die nicht in Versen organisiert ist, keine Reime aufweist und keinem bestimmten Rhythmus folgt
protagonist [prəʊ'tægənɪst]	**Protagonist, Hauptperson**	zentrale Figur einer Erzählung, eines Romans, eines Theaterstücks o. Ä.
rising action ['raɪzɪŋ 'ækʃn]	**steigende Handlung**	Handlung, die zum Höhepunkt führt
round character [raʊnd 'kærəktə]	**runde Figur**	Repräsentiert viele verschiedene, sich eventuell widersprechende Charakterzüge und ähnelt im Gegensatz zum **flat character** einer realen Person; ihr Verhalten ist oft nicht vorhersehbar.
scenic presentation ['siːnɪk ˌprezən'teɪʃn]	**szenische Erzählung**	detaillierte Darstellung eines Ereignisses
setting ['setɪŋ]	**Schauplatz**	Ort, an dem die Handlung spielt
showing ['ʃəʊɪŋ]	**szenisches Erzählen**	ausschnitthafte Darstellung; direkte Wiedergabe der Ereignisse; der Leser glaubt, am Geschehen beteiligt zu sein.
stream of consciousness [striːm əv 'kɒnʃəsnəs]	**Bewusstseinsstrom**	Versuch, den oft unstrukturierten Gedankenfluss einer Figur zu vermitteln; erkennbar an unvollständigen Sätzen und Gedankensprüngen, manchmal unter weitgehendem Verzicht auf syntaktische Regeln und Zeichensetzung
telling ['telɪŋ]	**berichtendes Erzählen**	sachliche Darstellung, evtl. vom Erzähler kommentiert
telling name ['telɪŋ neɪm]	**sprechender Name**	Name, der etwas über den Charakter der betreffenden Person aussagt
tone [təʊn]	**Ton**	Tonfall; Schreibweise; Grundstimmung, die im Text vermittelt wird; z. B. **formal tone**: formeller Ton **informal tone**: informeller Ton **matter-of-fact tone**: sachlich-nüchterner Ton **jocular tone**: witziger Ton
verse [vɜːs]	**Vers**	Zeile einer Dichtung in gebundener Rede mit Metrum, Rhythmus und häufig Reim am Zeilenende

Geografische Namen (Englisch)
Geographical Names (English)

A

Ab·er·deen [ˌæbəˈdiːn] *Stadt in Schottland*
Ab·er·yst·wyth [ˌæbəˈrɪstwɪθ] *Stadt in Wales*
Ad·e·laide [ˈædəleɪd] *Stadt in Australien*
A·dri·at·ic Sea [ˌeɪdrɪˈætɪkˈsiː] *das* Adriatische Meer, *die* Adria
Ae·ge·an Sea [iːˌdʒiːənˈsiː] *das* Ägäische Meer, *die* Ägäis
Af·ghan·i·stan [æfˈgænɪstæn] Afghanistan *n*
Af·ri·ca [ˈæfrɪkə] Afrika *n*
Aix-la-Cha·pelle [ˌeɪkslɑːʃæˈpel] Aachen *n*
Al·a·bama [ˌæləˈbæmə] *Staat der USA*
A·las·ka [əˈlæskə] *Staat der USA*
Al·ba·nia [ælˈbeɪnjə] Albanien *n*
Al·ba·ny [ˈɔːlbənɪ] *Hauptstadt des Staates New York* (*USA*)
Al·ber·ta [ælˈbɜːtə] *Provinz in Kanada*
Al·bu·quer·que [ˈælbəkɜːkɪ] *Stadt in New Mexiko* (*USA*)
Al·der·ney [ˈɔːldənɪ] *britische Kanalinsel*
Al·ge·ria [ælˈdʒɪərɪə] Algerien *n*
Al·giers [ælˈdʒɪəz] Algier *n*
Al·sace [ælˈsæs], **Al·sa·tia** [ælˈseɪʃə] *das* Elsass
A·mer·i·ca [əˈmerɪkə] Amerika *n*
An·chor·age [ˈæŋkərɪdʒ] *Stadt in Alaska* (*USA*)
An·des [ˈændiːz] *Pl die* Anden *Pl*
An·dor·ra [ænˈdɔːrə] Andorra *n*
An·go·la [æŋˈgəʊlə] Angola *n*
Ant·arc·ti·ca [æntˈɑːktɪkə] *die* Antarktis
An·til·les [ænˈtɪliːz] *Pl die* Antillen *Pl*
A·ra·bia [əˈreɪbjə] Arabien *n*
Arc·tic, Arc·tic O·cean [ˈɑːktɪk, ˌɑːktɪkˈəʊʃn] *die* Arktis, *das* Nordpolarmeer
Ar·gen·ti·na [ˌɑːdʒənˈtiːnə] Argentinien *n*
Ar·gen·tine [ˈɑːdʒəntaɪn]: ***the Argentine*** Argentinien *n*
Ar·i·zo·na [ˌærɪˈzəʊnə] *Staat der USA*
Ar·kan·sas [ˈɑːkənsɔː] *Fluss in USA; Staat der USA*
Ar·me·ni·a [ɑːˈmiːnjə] Armenien *n*
A·sia [ˈeɪʃə] Asien *n*: ***Asia Minor*** Kleinasien *n*
Ath·ens [ˈæθɪnz] Athen *n*
At·lan·tic, At·lan·tic O·cean [ətˈlæntɪk, ətˌlæntɪkˈəʊʃn] *der* Atlantik, *der* Atlantische Ozean
Auck·land [ˈɔːklənd] *Hafenstadt in Neuseeland*
Aus·tin [ˈɒstɪn] *Hauptstadt von Texas* (*USA*)
Aus·tra·lia [ɒˈstreɪljə] Australien *n*
Aus·tria [ˈɒstrɪə] Österreich *n*
A·von [ˈeɪvən] *Fluss in Mittelengland; englische Grafschaft*
Az·er·bai·jan [ˌæzəbaɪˈdʒɑːn] Aserbaidschan *n*
A·zores [əˈzɔːz] *Pl die* Azoren *Pl*

B

Ba·ha·mas [bəˈhɑːməz] *Pl die* Bahamas *Pl*
Bah·rain [bɑːˈreɪn] Bahrain *n*
Bal·kans [ˈbɔːlkənz] *Pl der* Balkan
Bal·tic Sea [ˌbɔːltɪkˈsiː] *die* Ostsee
Bal·ti·more [ˈbɔːltɪmɔː] *Hafenstadt in Maryland* (*USA*)
Ban·gla·desh [ˌbæŋgləˈdeʃ] Bangladesch *n*
Bar·ba·dos [bɑːˈbeɪdɒs] Barbados *n*
Basle [bɑːl] Basel *n*
Ba·var·ia [bəˈveərɪə] Bayern *n*
Bed·ford [ˈbedfəd] *Stadt in Mittelengland*
Bed·ford·shire [ˈbedfədʃə] *englische Grafschaft*
Bei·jing [ˌbeɪˈdʒɪŋ] Beijing *n*
Be·la·rus [ˌbeləˈruːs] Belarus *n*
Bel·fast [ˌbelˈfɑːst; ˈbelfɑːst] Belfast *n*
Bel·gium [ˈbeldʒəm] Belgien *n*
Bel·grade [ˌbelˈgreɪd] Belgrad *n*
Be·lize [beˈliːz] Belize *n*
Be·lo·rus·sia [ˌbeləʊˈrʌʃə] Weißrussland *n*
Ben·gal [ˌbeŋˈgɔːl] Bengalen *n*
Be·nin [beˈnɪn] Benin *n*
Berke·ley [ˈbɜːklɪ] *Stadt in Kalifornien*
Berk·shire [ˈbɑːkʃə] *englische Grafschaft*
Ber·lin [bɜːˈlɪn] Berlin *n*
Ber·mu·das [bəˈmjuːdəz] *Pl die* Bermudas *Pl*, *die* Bermudainseln *Pl*
Bern, Berne [bɜːn] Bern *n*
Bhu·tan [buːˈtɑːn] Bhutan *n*
Bir·ming·ham [ˈbɜːmɪŋəm] *Industriestadt in Mittelengland; Stadt in Alabama* (*USA*)
Bis·cay [ˈbɪskeɪ; ˈbɪskɪ]: ***Bay of Biscay*** *der* Golf von Biskaya
Bo·he·mia [bəʊˈhiːmjə] Böhmen *n*
Bo·liv·ia [bəˈlɪvɪə] Bolivien *n*
Bom·bay [ˌbɒmˈbeɪ] *Hafenstadt in Indien*
Bos·nia [ˈbɒznɪə] Bosnien *n*
Bos·ton [ˈbɒstən] *Hauptstadt von Massachusetts* (*USA*)
Bo·tsua·na [bɒˈtswɑːnə] Botsuana *n*
Bourne·mouth [ˈbɔːnməθ] *Seebad in Südengland*
Bra·zil [brəˈzɪl] Brasilien *n*
Brigh·ton [ˈbraɪtn] *Seebad in Südengland*
Bris·bane [ˈbrɪzbən] *Hauptstadt von Queensland* (*Australien*)
Bris·tol [ˈbrɪstl] *Hafenstadt in Südengland*
Bri·tain [ˈbrɪtn] Britannien *n*
Bri·tan·nia [brɪˈtænjə] *poet* Britannien *n*
Broad·way [ˈbrɔːdweɪ] *Straße in Manhattan, New York* (*USA*)
Bronx [brɒŋks] *Stadtbezirk von New York* (*USA*)
Brook·lyn [ˈbrʊklɪn] *Stadtbezirk von New York* (*USA*)
Bruns·wick [ˈbrʌnzwɪk] Braunschweig *n*
Brus·sels [ˈbrʌslz] Brüssel *n*
Bu·cha·rest [ˌbjuːkəˈrest] Bukarest *n*
Buck·ing·ham·shire [ˈbʌkɪŋəmʃə] *englische Grafschaft*
Bu·da·pest [ˌbjuːdəˈpest] Budapest *n*
Bul·gar·ia [bʌlˈgeərɪə] Bulgarien *n*
Bur·gun·dy [ˈbɜːgəndɪ] Burgund *n*
Bur·ki·na Fas·o [bʊəˌkiːnəˈfæsəʊ] Burkina Faso *n* (*Staat in Westafrika*)
Bur·ma [ˈbɜːmə] Birma *n*

Bu·run·di [bʊ'rʊndɪ] Burundi *n*
Bye·lo·rus·sia [bɪˌeləʊ'rʌʃə] Weißrussland *n*

C

Cai·ro ['kaɪərəʊ] Kairo *n*
Ca·lais ['kæleɪ] Calais *n*
Cal·cut·ta [kæl'kʌtə] Kalkutta *n*
Cal·e·do·nia [ˌkælɪ'dəʊnjə] Kaledonien *n* (*poet für Schottland*)
Cal·ga·ry ['kælgərɪ] *Stadt in Alberta* (*Kanada*)
Cal·i·for·nia [ˌkælɪ'fɔːnjə] Kalifornien *n* (*Staat der USA*)
Cam·bo·dia [kæm'bəʊdɪə] Kambodscha *n*
Cam·bridge ['keɪmbrɪdʒ] *englische Universitätsstadt; Stadt in Massachusetts* (*USA*), *Sitz der Harvard University*
Cam·bridge·shire ['keɪmbrɪdʃə] *englische Grafschaft*
Cam·er·oon [ˌkæmə'ruːn] Kamerun *n*
Can·a·da ['kænədə] Kanada *n*
Can·ber·ra ['kænbərə] *Hauptstadt von Australien*
Can·ter·bury ['kæntəbərɪ] *Stadt in Südengland*
Cape Town ['keɪptaʊn] Kapstadt *n*
Cape Verde Is·lands [ˌkeɪp'vɜːd'aɪləndz] *Pl die* Kapverden *Pl*
Ca·pri ['kæprɪ; 'kɑːprɪ; *Am auch* kæ'priː] Capri *n*
Car·diff ['kɑːdɪf] *Hauptstadt von Wales*
Car·ib·be·an [ˌkærə'biːən] *die* Karibik
Ca·rin·thia [kə'rɪnθɪə] Kärnten *n*
Car·lisle [kɑː'laɪl] *Stadt in Nordwestengland*
Cen·tral ['sentrəl] *Verwaltungsregion in Schottland*
Cen·tral Af·ri·can Re·pub·lic ['sentrəlˌæfrɪkənrɪ'pʌblɪk] *die* Zentralafrikanische Republik
Cey·lon [sɪ'lɒn] HIST Ceylon *n*
Chad [tʃæd] *der* Tschad
Chech·nia ['tʃetʃnɪə] Tschetschenien *n*
Chel·ten·ham ['tʃeltnəm] *Stadt in Südengland*
Chesh·ire ['tʃeʃə] *englische Grafschaft*
Chi·ca·go [ʃɪ'kɑːgəʊ; *bes Am* ʃɪ'kɔːgəʊ] *Industriestadt in USA*
Chil·e ['tʃɪlɪ] Chile *n*
Chi·na ['tʃaɪnə] China *n*: *the* ***People's Republic of China*** *die* Volksrepublik China
Cin·cin·nati [ˌsɪnsɪ'nætɪ] *Stadt in Ohio* (*USA*)
Cleve·land ['kliːvlənd] *englische Grafschaft; Industriestadt in Ohio* (*USA*)
Clwyd ['kluːɪd] *walisische Grafschaft*
Co·logne [kə'ləʊn] Köln *n*
Co·lom·bia [kə'lɒmbɪə] Kolumbien *n*
Col·o·ra·do [ˌkɒlə'rɑːdəʊ] *Staat der USA; Name zweier Flüsse in USA*
Co·lum·bia [kə'lʌmbɪə] *Fluss in USA; Hauptstadt von South Carolina* (*USA*): ***District of Columbia*** (***DC***) *Bundesdistrikt der USA* (= *Gebiet der Hauptstadt Washington*)
Com·o·ros ['kɒmərəʊz] *Pl die* Komoren *Pl*
Con·go ['kɒŋgəʊ] Kongo *n*
Con·nacht ['kɒnət], *früher* **Con·naught** ['kɒnɔːt] *Provinz in Irland*
Con·nect·i·cut [kə'netɪkət] *Staat der USA*
Co·pen·ha·gen [ˌkəʊpn'heɪgən] Kopenhagen *n*
Corn·wall ['kɔːnwəl] *englische Grafschaft*
Cos·ta Ri·ca [ˌkɒstə'riːkə] Costa Rica *n*
Côte d'Ivoire [ˌkəʊtdiː'vwɑː] Côte d'Ivoire *f*, Elfenbeinküste *f*
Cov·ent Gar·den [ˌkɒvənt'gɑːdn] *die Londoner Oper* (*Royal Opera House*)
Cov·en·try ['kɒvəntrɪ] *Industriestadt in Mittelengland*
Crete [kriːt] Kreta *n*
Cri·mea [kraɪ'mɪə] *die* Krim
Cro·a·tia ['krəʊ'eɪʃə] Kroatien *n*
Cu·ba ['kjuːbə] Kuba *n*
Cum·bria ['kʌmbrɪə] *englische Grafschaft*
Cy·prus ['saɪprəs] Zypern *n*
Czech·o·slo·va·kia [ˌtʃekəʊsləʊ'vækɪə] HIST *die* Tschechoslowakei
Czech Re·pub·lic [ˌtʃekrɪ'pʌblɪk] *die* Tschechische Republik

D

Dan·ube ['dænjuːb] *die* Donau
Dart·moor ['dɑːtmɔː] *Landstrich in Südwestengland*
Dart·mouth ['dɑːtməθ] *Stadt in Devon* (*England*)
Del·a·ware ['deləweə] *Staat der USA*
Den·mark ['denmɑːk] Dänemark *n*
Den·ver ['denvə] *Hauptstadt von Colorado* (*USA*)
Der·by·shire ['dɑːbɪʃə] *englische Grafschaft*
Des Moines [dɪ'mɔɪn] *Hauptstadt von Iowa* (*USA*)
De·troit [də'trɔɪt] *Industriestadt in Michigan* (*USA*)
Dev·on, Dev·on·shire ['devn, 'devnʃə] *englische Grafschaft*
Don·cas·ter ['dɒŋkəstə] *Stadt in South Yorkshire* (*England*)
Dor·set ['dɔːsɪt] *englische Grafschaft*
Do·ver ['dəʊvə] *Hafenstadt in Südengland; Hauptstadt von Delaware* (*USA*)
Down·ing Street ['daʊnɪŋstriːt] *Straße in London mit der Amtswohnung des Premierministers*
Dub·lin ['dʌblɪn] *Hauptstadt von Irland*
Du·luth [djuː'luːθ; *Am* də'luːθ] *Stadt in Minnesota* (*USA*)
Dum·fries and Gal·lo·way [dʌmˌfriːsən'gæləweɪ] *Verwaltungsregion in Schottland*
Dun·kirk [dʌn'kɜːk] Dünkirchen *n*
Dur·ham ['dʌrəm] *englische Grafschaft*
Dyf·ed ['dʌvɪd] *walisische Grafschaft*

E

East Sus·sex [ˌiːst'sʌsɪks] *englische Grafschaft*
Ec·ua·dor ['ekwədɔː] Ecuador *n*
Ed·in·burgh ['edɪnbərə] Edinburg *n*
E·gypt ['iːdʒɪpt] Ägypten *n*
Ei·re ['eərə] *gälischer Name für die Republik Irland*
El Sal·va·dor [el'sælvədɔː] El Salvador *n*
Eng·land [ɪŋglənd] England *n*
Equa·to·ri·al Guin·ea [ˌekwə'tɔːrɪəl'gɪnɪ] Äquatorialguinea *n*
E·rie ['ɪərɪ] *Hafenstadt in Pennsylvania* (*USA*): ***Lake Erie*** der Eriesee (*in Nordamerika*)
Er·i·tre·a [ˌerɪ'treɪə] Eritrea *n*
Es·sex ['esɪks] *englische Grafschaft*
Es·t(h)o·nia [e'stəʊnjə] Estland *n*
E·thi·o·pia [ˌiːθɪ'əʊpjə] Äthiopien *n*

E·ton ['iːtn] *Stadt in Berkshire (England) mit berühmter Public School*
Eu·rope ['jʊərəp] Europa *n*
Ev·er·glades ['evəgleɪdz] *Pl Sumpfgebiet in Florida (USA)*
Ex·e·ter ['eksɪtə] *Hauptstadt von Devonshire (England)*

F

Falk·land Is·lands [ˌfɔː(l)klənd'aɪləndz] *Pl die* Falklandinseln *Pl*
Fed·er·al Re·pub·lic of Ger·ma·ny [ˌfedərəl-rɪˌpʌblɪkəv'dʒɜːmənɪ] *die* Bundesrepublik Deutschland
Fife [faɪf] *Verwaltungsregion in Schottland*
Fi·ji ['fiːdʒiː] Fidschi *n*
Fin·land ['fɪnlənd] Finnland *n*
Flor·ence ['flɒrəns] Florenz *n*
Flor·i·da ['flɒrɪdə] *Staat der USA*
Folke·stone ['fəʊkstən] *Seebad in Südengland*
France [frɑːns] Frankreich *n*
Fris·co ['frɪskəʊ] *umgangssprachliche Bezeichnung für* ***San Francisco***

G

Ga·bon [gæ'bɒn] Gabun *n*
Gan·ges ['gændʒiːz] *der* Ganges
Gat·wick ['gætwɪk] *internationaler Flughafen bei London*
Ge·ne·va [dʒɪ'niːvə] Genf *n*
Gen·o·a ['dʒenəʊə] Genua *n*
Geor·gia ['dʒɔːdʒjə; *Am* 'dʒɔːdʒə] *Staat der USA*; Georgien *n*
Ger·man Dem·o·crat·ic Republic [ˌdʒɜːmən-deməˌkrætɪkrɪ'pʌblɪk] HIST *die* Deutsche Demokratische Republik
Ger·ma·ny ['dʒɜːmənɪ] Deutschland *n*
Get·tys·burg ['getɪzbɜːg] *Stadt in Pennsylvania (USA)*
Gha·na ['gɑːnə] Ghana *n*
Gi·bral·tar [dʒɪ'brɔːltə] Gibraltar *n*
Glas·gow ['glɑːzgəʊ; 'glæsgəʊ] *Stadt in Schottland*
Glouces·ter ['glɒstə] *Stadt in Südwestengland*
Glouces·ter·shire ['glɒstəʃə] *englische Grafschaft*
Glynde·bourne ['glaɪndbɔːn] *Ort in Südengland (Opernfestspiele)*
Gram·pi·an ['græmpjən] *Verwaltungsregion in Schottland*
Great Brit·ain [ˌgreɪt'brɪtn] Großbritannien *n*
Great·er Lon·don [ˌgreɪtə'lʌndən] *Stadtgrafschaft, bestehend aus der City of London und 32 Stadtbezirken*
Great·er Man·ches·ter [ˌgreɪtə'mæntʃɪstə] *Stadtgrafschaft in Nordengland*
Greece [griːs] Griechenland *n*
Green·land ['griːnlənd] Grönland *n*
Green·wich ['grenɪdʒ; 'grɪnɪdʒ] *Stadtbezirk Groß-Londons*: ***Greenwich Village*** *Stadtteil von New York (USA)*
Gre·na·da [gre'neɪdə] Grenada *n*
Gri·sons ['griːzɔ̃ːŋ] Graubünden *n*
Gros·ve·nor ['grəʊvnə] *Platz und Straße in London*
Gua·te·ma·la [ˌgwɑːtə'mɑːlə] Guatemala *n*
Guern·sey ['gɜːnzɪ] *britische Kanalinsel*
Guin·ea ['gɪnɪ] Guinea *n*
Guy·ana [gaɪ'ænə] Guyana *n*
Gwent [gwent] *walisische Grafschaft*
Gwy·nedd ['gwɪnəð, 'gwɪneð] *walisische Grafschaft*

H

Hague [heɪg]: ***the Hague*** Den Haag
Hai·ti ['heɪtɪ] Haiti *n*
Hamp·shire ['hæmpʃə] *englische Grafschaft*
Han·o·ver ['hænəʊvə] Hannover *n*
Har·lem ['hɑːləm] *Stadtteil von New York (USA)*
Har·row ['hærəʊ] *Stadtbezirk Groß-Londons mit berühmter Public School*
Har·vard U·ni·ver·si·ty ['hɑːvədˌjuːnɪ'vɜːsətɪ] *Universität in Cambridge, Massachusetts (USA)*
Har·wich ['hærɪdʒ] *Hafenstadt in Südostengland*
Has·tings ['heɪstɪŋz] *Hafenstadt in Südengland*
Ha·waii [hə'waiiː] *Staat der USA*
Heath·row ['hiːθrəʊ] *internationaler Flughafen bei London*
Heb·ri·des ['hebrɪdiːz] *Pl die* Hebriden *Pl*
Hel·i·go·land ['helɪgəʊlænd] Helgoland *n*
Hel·sin·ki ['helsɪŋkɪ] Helsinki *n*
Her·e·ford and Worces·ter [ˌherɪfədn'wʊstə] *englische Grafschaft*
Hert·ford·shire ['hɑːfədʃə] *englische Grafschaft*
Hesse ['hes(ɪ)] Hessen *n*
High·land ['haɪlənd] *Verwaltungsregion in Schottland*
Hi·ma·la·ya [ˌhɪmə'leɪə] *der* Himalaja
Hol·land ['hɒlənd] Holland *n*
Hol·ly·wood ['hɒlɪwʊd] *Filmstadt in Los Angeles, Kalifornien (USA)*
Hon·du·ras [hɒn'djʊərəs] Honduras *n*
Hong Kong [ˌhɒŋ'kɒŋ] Hongkong *n*
Hous·ton ['hjuːstən; 'juːstən] *Stadt in Texas (USA)*
Hud·son ['hʌdsn] *Fluss im Staat New York (USA)*
Hum·ber ['hʌmbə] *Fluss in England*
Hum·ber·side ['hʌmbəsaɪd] *englische Grafschaft*
Hun·ga·ry ['hʌŋgərɪ] Ungarn *n*
Hyde Park [ˌhaɪd'pɑːk] *Park in London*

I

Ice·land ['aɪslənd] Island *n*
I·da·ho ['aɪdəhəʊ] *Staat der USA*
Il·li·nois [ˌɪlɪ'nɔɪ] *Staat der USA*
In·dia ['ɪndjə] Indien *n*
In·di·ana [ˌɪndɪ'ænə] *Staat der USA*
In·di·an·ap·o·lis [ˌɪndɪə'næpəlɪs] *Hauptstadt von Indiana (USA)*
In·di·an O·cean [ˌɪndɪən'əʊʃn] *der* Indische Ozean
In·do·ne·sia [ˌɪndəʊ'niːzjə] Indonesien *n*
In·ver·ness [ˌɪnvə'nes] *Stadt in Schottland*
I·o·wa ['aɪəʊə' 'aɪəwə] *Staat der USA*
I·ran [ɪ'rɑːn] *der* Iran
I·raq [ɪ'rɑːk] *der* Irak
Ire·land ['aɪələnd] Irland *n*

Isle of Man [ˌaɪləv'mæn] *Insel in der Irischen See, die unmittelbar der englischen Krone untersteht, aber nicht zum Vereinigten Königreich gehört*
Isle of Wight [ˌaɪləv'waɪt] *englische Grafschaft, Insel im Ärmelkanal*
Is·ra·el ['ɪzreɪəl] Israel *n*
It·a·ly ['ɪtəlɪ] Italien *n*

J

Ja·mai·ca [dʒə'meɪkə] Jamaika *n*
Ja·pan [dʒə'pæn] Japan *n*
Jer·sey ['dʒɜːzɪ] *britische Kanalinsel*
Je·ru·sa·lem [dʒə'ruːsələm] Jerusalem *n*
Jo·han·nes·burg [dʒəʊ'hænɪsbɜːg] *Stadt in Südafrika*
Jor·dan ['dʒɔːdn] Jordanien *n*; *der* Jordan (*Fluss*)
Ju·neau ['dʒuːnəʊ] *Hauptstadt von Alaska* (*USA*)

K

Kam·pu·chea [ˌkæmpʊ'tʃɪə] Kamputschea *n* (*zeitweilige Bezeichnung für Kambodscha*)
Kan·sas ['kænzəs] *Staat der USA*
Ka·ra·chi [kə'rɑːtʃɪ] Karatschi *n*
Kash·mir [ˌkæʃ'mɪə] Kaschmir *n*
Kaz·akh·stan [ˌkæzæk'stɑːn] Kasachstan *n*
Kent [kent] *englische Grafschaft*
Ken·tuck·y [ken'tʌkɪ] *Staat der USA*
Ken·ya ['kenjə] Kenia *n*
Kir·gyz·stan [ˌkɜːgɪz'stɑːn] Kirgis(is)tan *n*
Kir·i·bat·i [ˌkɪrɪ'bɑːtɪ] Kiribati *n*
Ko·rea [kə'rɪə] Korea *n*
Kos·o·vo ['kɒsəvəʊ] Kosovo *m*, *n*
Krem·lin ['kremlɪn] *der* Kreml
Ku·wait [kʊ'weɪt] Kuwait *n*

L

Lab·ra·dor ['læbrədɔː] *Halbinsel und Provinz in Kanada*
Lake Hu·ron [ˌleɪk'hjʊərən] *der* Huronsee (*in Nordamerika*)
Lake Su·pe·ri·or [ˌleɪksuː'pɪərɪə] *der* Obere See (*in Nordamerika*)
Lan·ca·shire ['læŋkəʃə] *englische Grafschaft*
La·os ['lɑːɒs; laʊs] Laos *n*
Lat·via ['lætvɪə] Lettland *n*
Leb·a·non ['lebənən] *der* Libanon
Leeds [liːdz] *Industriestadt in Nordengland*
Leices·ter ['lestə] *Hauptstadt der englischen Grafschaft* **Leices·ter·shire** ['lestəʃə]
Lein·ster ['lenstə] *Provinz in Irland*
Le·so·tho [lə'suːtuː] Lesotho *n*
Li·be·ria [laɪ'bɪərɪə] Liberia *n*
Lib·ya ['lɪbɪə] Libyen *n*
Liech·ten·stein ['lɪktənstaɪn] Liechtenstein *n*
Lis·bon ['lɪzbən] Lissabon *n*
Lith·u·a·nia [ˌlɪθjuː'eɪnjə] Litauen *n*
Liv·er·pool ['lɪvəpuːl] *Hafenstadt in Nordwestengland*
Loch Lo·mond [ˌlɒk'ləʊmənd], **Loch Ness** [ˌlɒk'nes] *Seen in Schottland*
Lon·don ['lʌndən] London *n*
Lor·raine [lɒ'reɪn] Lothringen *n*
Los An·ge·les [lɒs'ændʒɪliːz; *Am* lɒs'ændʒələs] *Stadt in Kalifornien* (*USA*)
Lo·thi·an ['ləʊðjən] *Verwaltungsregion in Schottland*
Lou·i·si·a·na [luːˌiːzɪ'ænə] *Staat der USA*
Lux·em·burg ['lʌksəmbɜːg] Luxemburg *n*

M

Mac·e·do·nia [ˌmæsɪ'dəʊnɪə] Mazedonien *n*
Mad·a·gas·car [ˌmædə'gæskə] Madagaskar *n*
Ma·dei·ra [mə'dɪərə] Madeira *n*
Ma·drid [mə'drɪd] Madrid *n*
Maine [meɪn] *Staat der USA*
Ma·jor·ca [mə'dʒɔːkə] Mallorca *n*
Ma·la·wi [mə'lɑːwɪ] Malawi *n*
Ma·lay·sia [mə'leɪzɪə] Malaysia *n*
Mal·dives ['mɔːldɪvz]*Pl die* Malediven *Pl*
Ma·li ['mɑːlɪ] Mali *n*
Mal·ta ['mɔːltə] Malta *n*
Man·chester ['mæntʃɪstə] *Industriestadt in Nordwestengland*
Man·hat·tan [mæn'hætn] *Stadtbezirk von New York* (*USA*)
Man·i·to·ba [ˌmænɪ'təʊbə] *Provinz in Kanada*
Mar·y·land ['meərɪlænd; *bes Am* 'merɪlənd] *Staat der USA*
Mas·sa·chu·setts [ˌmæsə'tʃuːsɪts] *Staat der USA*
Mau·ri·ta·nia [ˌmɒrɪ'teɪnjə] Mauretanien *n*
Mau·ri·ti·us [mə'rɪʃəs] Mauritius *n*
Med·i·ter·ra·ne·an, **Med·i·ter·ra·ne·an Sea** [ˌmedɪtə'reɪnjən, ˌmedɪtə'reɪnjən'siː] *das* Mittelmeer
Mel·bourne ['melbən] *Stadt in Australien*
Mer·sey·side ['mɜːzɪsaɪd] *Stadtgrafschaft in Nordwestengland*
Mex·i·co ['meksɪkəʊ] Mexico *n*
Mi·ami [maɪ'æmɪ] *Stadt in Florida* (*USA*)
Mich·i·gan ['mɪʃɪgən] *Staat der USA*: ***Lake Michigan*** *der* Michigansee (*in Nordamerika*)
Mid Gla·mor·gan [ˌmɪdglə'mɔːgən] *walisische Grafschaft*
Mid·lands ['mɪdləndz] *Pl die* Midlands *Pl* (*die zentral gelegenen Grafschaften Mittelenglands: Warwickshire, Northamptonshire, Leicestershire, Nottinghamshire, Derbyshire, Staffordshire, West Midlands und der Ostteil von Hereford and Worcester*)
Mid·west [ˌmɪd'west] *der* Mittlere Westen (*USA*)
Mi·lan [mɪ'læn] Mailand *n*
Mil·wau·kee [mɪl'wɔːkiː] *Industriestadt in Wisconsin* (*USA*)
Min·ne·ap·o·lis [ˌmɪnɪ'æpəlɪs] *Stadt in Minnesota* (*USA*)
Min·ne·so·ta [ˌmɪnɪ'səʊtə] *Staat der USA*
Mis·sis·sip·pi [ˌmɪsɪ'sɪpɪ] *Staat der USA*; *Fluss in USA*
Mis·sou·ri [mɪ'zʊərɪ] *Staat der USA*; *Fluss in USA*
Mol·do·va [mɒl'dəʊvə] Moldawien *n*; *die* Moldau (*Fluss*)
Mo·na·co ['mɒnəkəʊ] Monaco *n*
Mon·go·lia [mɒŋ'gəʊljə] *die* Mongolei
Mon·tana [mɒn'tænə] *Staat der USA*
Mon·te·neg·ro [ˌmɒntɪ'niːgrəʊ] Montenegro *n*
Mont·re·al [ˌmɒntrɪ'ɔːl] *Stadt in Kanada*

Mo·roc·co [mə'rɒkəʊ] Marokko *n*
Mos·cow ['mɒskəʊ] Moskau *n*
Mo·selle [məʊ'zel] *die* Mosel
Mo·zam·bique [ˌməʊzæm'biːk] Mosambik *n*
Mu·nich ['mjuːnɪk] München *n*
Mun·ster ['mʌnstə] *Provinz in Irland*
Myan·mar ['mjænmɑː] Myanmar *n*

N

Na·mib·ia [nə'mɪbɪə] Namibia *n*
Na·ples ['neɪplz] Neapel *n*
Nash·ville ['næʃvɪl] *Hauptstadt von Tennessee* (*USA*)
Na·u·ru [nɑː'uːruː] Nauru *n*
Ne·bras·ka [nɪ'bræskə] *Staat der USA*
Ne·pal [nɪ'pɔːl] Nepal *n*
Neth·er·lands ['neðələndz] *Pl die* Niederlande *Pl*
Ne·va·da [nə'vɑːdə] *Staat der USA*
New·ark ['njuːək; *Am* 'nuːərk] *Stadt in New Jersey* (*USA*)
New Bruns·wick [ˌnjuː'brʌnzwɪk] *Provinz in Kanada*
New·bury ['njuːbərɪ] *Stadt in Berkshire* (*England*)
New·cas·tle-up·on-Tyne ['njuːˌkɑːslə,pɒn'taɪn] *Hauptstadt von Tyne and Wear* (*England*)
New Del·hi [ˌnjuː'delɪ] *Hauptstadt von Indien*
New Eng·land [ˌnjuː'ɪŋglənd] Neuengland *n* (*USA*)
New·found·land ['njuːfəndlənd] Neufundland *n* (*Provinz in Kanada*)
New Hamp·shire [ˌnjuː'hæmpʃə] *Staat der USA*
New Jer·sey [ˌnjuː'dʒɜːzɪ] *Staat der USA*
New Mex·i·co [ˌnjuː'meksɪkəʊ] *Staat der USA*
New Or·le·ans [ˌnjuː'ɔːlɪənz] *Hafenstadt in Louisiana* (*USA*)
New York [ˌnjuː'jɔːk; *Am* ˌnuː'jɔːrk] *Staat der USA*; *größte Stadt der USA*
New Zea·land [ˌnjuː'ziːlənd] Neuseeland *n*
Ni·ag·a·ra [naɪ'ægərə] *der* Niagara (*Fluss*)
Nic·a·ra·gua [ˌnɪkəː'rægjʊə] Nicaragua *n*
Ni·ger ['naɪdʒə] *der* Niger (*Fluss in Westafrika*); [niː'ʒeə] Niger *n* (*Republik in Westafrika*)
Ni·ge·ria [naɪ'dʒɪərɪə] Nigeria *n*
Nile [naɪl] Nil *m*
Nor·folk ['nɔːfək] *englische Grafschaft*; *Hafenstadt in Virginia* (*USA*)
Nor·mandy ['nɔːməndɪ] *die* Normandie
North·ampton [nɔː'θæmptən] *Stadt in Mittelengland*
North·amp·ton·shire [nɔː'θæmptənʃə] *englische Grafschaft*
North Car·o·li·na [ˌnɔːθkærə'laɪnə] *Staat der USA*
North Da·ko·ta [ˌnɔːθdə'kəʊtə] *Staat der USA*
North·ern Ire·land [ˌnɔːðn'aɪələnd] Nordirland *n*
North Sea [ˌnɔːθ'siː] *die* Nordsee
North·um·ber·land [nɔː'θʌmbələnd] *englische Grafschaft*
North York·shire [ˌnɔːθ'jɔːkʃə] *englische Grafschaft*
Nor way ['nɔːweɪ] Norwegen *n*
Nor·wich ['nɒrɪdʒ] *Stadt in Ostengland*
Not·ting·ham ['nɒtɪŋəm] *Industriestadt in Mittelengland*
Not·ting·ham·shire ['nɒtɪŋəmʃə] *englische Grafschaft*
No·va Sco·tia [ˌnəʊvə'skəʊʃə] Neuschottland *n* (*Provinz in Kanada*)
Nu·remberg ['njʊərəmbɜːg] Nürnberg *n*

O

O·hi·o [əʊ'haɪəʊ] *Staat der USA*; *Fluss in den USA*
O·kla·ho·ma [ˌəʊklə'həʊmə] *Staat der USA*
O·ma·ha ['əʊməhɑː; *Am auch* 'əʊməhɔː] *Stadt in Nebraska* (*USA*)
O·man [əʊ'mɑːn] Oman *m*
On·ta·ri·o [ɒn'teərɪəʊ] *Provinz in Kanada*: **Lake *Ontario*** *der* Ontariosee (*in Nordamerika*)
Or·e·gon ['ɒrɪgən] *Staat der USA*
Ork·ney ['ɔːknɪ] *insulare Verwaltungsregion Schottlands*
Ork·ney Is·lands [ˌɔːknɪ'aɪləndz] *Pl die* Orkneyinseln *Pl*
Ost·end [ɒ'stend] Ostende *n*
Ot·ta·wa ['ɒtəwə] *Hauptstadt von Kanada*
Ouse [uːz] *englischer Flussname*
Ox·ford ['ɒksfəd] *englische Universitätsstadt*
Ox·ford·shire ['ɒksfədʃə] *englische Grafschaft*

P

Pa·cif·ic, Pa·cif·ic O·cean [pə'sɪfɪk, pəˌsɪfɪk-'əʊʃn] *der* Pazifik, *der* Pazifische Ozean
Pak·i·stan [ˌpɑːkɪ'stɑːn] Pakistan *n*
Pal·es·stine [pæləstaɪn] HIST Palestina *n*
Palm Beach [ˌpɑːm'biːtʃ] *Seebad in Florida* (*USA*)
Pan·a·ma ['pænəmɑː] Panama *n*
Pa·pua New Gui·nea ['pɑːpʊəˌnjuː'gɪnɪ] Papua--Neuguinea *n*
Par·a·guay ['pærəgwaɪ] Paraguay *n*
Par·is ['pærɪs] Paris *n*
Pearl Har·bor [ˌpɜːl'hɑːbə] *Hafenstadt auf Hawaii* (*USA*)
Pe·king [ˌpiː'kɪŋ] Peking *n*
Penn·syl·va·nia [ˌpensɪl'veɪnjə] *Staat der USA*
Pen·zance [pen'zæns] *westlichste Stadt Englands, in Cornwall*
Perth [pɜːθ] *Hauptstadt von Westaustralien*; *Stadt in Schottland*
Pe·ru [pə'ruː] Peru *n*
Pe·ter·bor·ough ['piːtəbrə] *Stadt in Cambridgeshire* (*England*)
Phil·ip·pines ['fɪlɪpiːnz] *Pl die* Philippinen *Pl*
Phoe·nix ['fiːnɪks] *Hauptstadt von Arizona* (*USA*)
Pitts·burgh ['pɪtsbɜːg] *Stadt in Pennsylvania* (*USA*)
Plym·outh ['plɪməθ] *Hafenstadt in Südengland*
Po·land ['pəʊlənd] Polen *n*
Ports·mouth ['pɔːtsməθ] *Hafenstadt in Südengland*; *Hafenstadt in Virginia* (*USA*)
Por·tu·gal ['pɔːtʃʊgl; 'pɔːtjʊgl] Portugal *n*
Po·to·mac [pə'təʊmək] *Fluss in USA*
Pow·ys ['pəʊɪs; 'paʊɪs] *walisische Grafschaft*
Prague [prɑːg] Prag *n*
Pre·to·ria [prɪ'tɔːrɪə] *Hauptstadt von Südafrika*
Prince·ton ['prɪnstən] *Universitätsstadt in New Jersey* (*USA*)

Pun·jab [ˌpʌn'dʒɑːb] Pandschab *n*

Q

Que·bec [kwɪ'bek] *Provinz und Stadt in Kanada*
Queens [kwiːnz] *Stadtbezirk von New York* (*USA*)

R

Rat·is·bon ['rætɪzbɒn] Regensburg *n*
Read·ing ['redɪŋ] *Stadt in Südengland*
Rhine [raɪn] *der* Rhein
Rhode Is·land [ˌrəʊd'aɪlənd] *Staat der USA*
Rhodes [rəʊdz] Rhodos *n*
Roch·es·ter ['rɒtʃɪstə] *Stadt im Staat New York* (*USA*); *Stadt in Kent* (*England*)
Rock·y Moun·tains [ˌrɒkɪ'maʊntɪnz] *Pl Gebirge in USA*
Ro·ma·nia [ruː'meɪnjə; rʊ'meɪnjə; *Am* rəʊ'meɪnjə] Rumänien *n*
Rome [rəʊm] Rom *n*
Rug·by ['rʌgbɪ] *berühmte Public School in Warwickshire* (*England*)
Rus·sia ['rʌʃə] Russland *n*
Rwan·da [rʊ'ændə] Ruanda *n*

S

Sac·ra·men·to [ˌsækrə'mentəʊ] *Hauptstadt von Kalifornien* (*USA*)
Sa·lem ['seɪləm] *Hauptstadt von Oregon* (*USA*)
Salis·bu·ry ['sɔːlzbərɪ] *Stadt in Südengland*
Salt Lake Cit·y [ˌsɔːltleɪk'sɪtɪ] *Hauptstadt von Utah* (*USA*)
Sa·moa [sə'məʊə] Samoa *n* (*Inselgruppe im Pazifik*)
San Di·e·go [ˌsændɪ'eɪgəʊ] *Hafenstadt in Kalifornien* (*USA*)
San Fran·cis·co [ˌsænfrən'sɪskəʊ] San Franzisko *n* (*USA*)
San Ma·ri·no [ˌsænmə'riːnəʊ] San Marino *n*
San·ta Fe [ˌsæntə'feɪ] *Hauptstadt von New Mexico* (*USA*)
Sas·katch·e·wan [səs'kætʃɪwən] *Provinz in Kanada*
Sau·di A·ra·bia [ˌsaʊdɪə'reɪbɪə] Saudi-Arabien *n*
Sax·o·ny ['sæksnɪ] Sachsen *n*
Scan·di·na·via [ˌskændɪ'neɪvjə] Skandinavien *n*
Scot·land ['skɒtlənd] Schottland *n*
Se·at·tle [sɪ'ætl] *Hafenstadt im Staat Washington* (*USA*)
Ser·bia ['sɜːbɪə] Serbien *n*
Sev·ern ['sevən] *Fluss in Wales und Westengland*
Shet·land ['ʃetlənd] *insulare Verwaltungsregion Schottlands*
Shet·land Is·lands [ˌʃetlənd'aɪləndz] *Pl die* Shetlandinseln *Pl*
Shrop·shire ['ʃrɒpʃə] *englische Grafschaft*
Si·be·ria [saɪ'bɪərɪə] Sibirien *n*
Si·er·ra Le·one [sɪˌerəlɪ'əʊn] Sierra Leone *n*
Sic·i·ly [sɪsɪlɪ] Sizilien *n*
Si·le·sia [saɪ'liːzjə] Schlesien *n*
Sin·ga·pore [ˌsɪŋə'pɔː] Singapur *n*
Slo·va·kia [slə'vækɪə] *die* Slowakei
Slo·ve·nia [sləʊ'viːnɪə] Slowenien *n*
Snow·don ['snəʊdn] *Berg in Wales*
So·ma·lia [səʊ'mɑːlɪə] Somalia *n*
Som·er·set ['sʌməsɪt] *englische Grafschaft*
South Af·ri·ca [ˌsaʊθ'æfrɪkə] Südafrika *n*
South·amp·ton [saʊθ'æmptən] *Hafenstadt in Südengland*
South Car·o·li·na [ˌsaʊθkærə'laɪnə] *Staat der USA*
South Da·ko·ta [ˌsaʊθdə'kəʊtə] *Staat der USA*
South Gla·mor·gan [ˌsaʊθglə'mɔːgən] *walisische Grafschaft*
South York·shire [ˌsaʊθ'jɔːkʃə] *Stadtgrafschaft in Nordengland*
Spain [speɪn] Spanien *n*
Sri Lan·ka [ˌsriː'læŋkə] Sri Lanka *n*
Staf·ford·shire ['stæfədʃə] *englische Grafschaft*
Stan·sted ['stænsted] *internationaler Flughafen in Essex*
St Law·rence [snt'lɒrəns] *der* Sankt-Lorenz--Strom
St Louis [snt'lʊɪs; *Am* ˌseɪnt'luːɪs] *Industriestadt in Missouri* (*USA*)
Stock·holm ['stɒkhəʊm] Stockholm *n*
St Pet·ers·burg [snt'piːtəzbɜːg] St. Petersburg *n*
Strat·ford-on-A·von [ˌstrætfədɒn'eɪvn] *Stadt in Mittelengland*
Strath·clyde [stræθ'klaɪd] *Verwaltungsregion in Schottland*
Styr·ia ['stɪrɪə] *die* Steiermark
Su·dan [suː'dɑːn] *der* Sudan
Suf·folk ['sʌfək] *englische Grafschaft*
Su·ri·na·me [ˌsʊərɪ'næm] Surinam *n*
Sur·rey ['sʌrɪ] *englische Grafschaft*
Sus·sex ['sʌsɪks] *englische Grafschaft*
Swan·sea ['swɒnzɪ] *Hafenstadt in Wales*
Swa·zi·land ['swɑːzɪlænd] Swasiland *n*
Swe·den ['swiːdn] Schweden *n*
Swit·zer·land ['swɪtsələnd] *die* Schweiz
Syd·ney ['sɪdnɪ] *größte Stadt Australiens*
Syr·a·cuse ['sɪrəkjuːs] *Stadt im Staat New York* (*USA*); [*Br* 'saɪərəkjuːz] Syrakus *n* (*Stadt auf Sizilien*)
Syr·ia ['sɪrɪə] Syrien *n*

T

Ta·dzhik·i·stan [tæˌdʒiːkɪ'stɑːn] Tadschikistan *n*
Tai·wan [ˌtaɪ'wɑːn] Taiwan *n*
Tal·la·has·see [ˌtælə'hæsɪ] *Hauptstadt von Florida* (*USA*)
Tan·za·nia [ˌtænzə'nɪə] Tansania *n*
Tay·side ['teɪsaɪd] *Verwaltungsregion in Schottland*
Tehe·ran, Teh·ran [ˌteə'rɑːn] Teheran *n*
Ten·nes·see [ˌtenə'siː] *Staat der USA*; *Fluss in USA*
Tex·as ['teksəs] *Staat der USA*
Thai·land ['taɪlænd] Thailand *n*
Thames [temz] *die* Themse
Thu·rin·gia [θjʊə'rɪndʒɪə] Thüringen *n*
Ti·bet [tɪ'bet] Tibet *n*
To·go ['təʊgəʊ] Togo *n*
To·kyo ['təʊkjəʊ] Tokio *n*
To·pe·ka [təʊ'piːkə] *Hauptstadt von Kansas* (*USA*)

Tor·bay [ˌtɔːˈbeɪ] *Stadt in Devon (England); auch* ***Tor Bay*** *Bucht des Ärmelkanals an der Küste von Devon*
To·ron·to [təˈrɒntəʊ] *Stadt in Kanada*
Tor·quay [ˌtɔːˈkiː] *Teilstadt von* Torbay *in Devon (England)*
Tra·fal·gar [trəˈfælgə]: ***Cape Trafalgar*** Kap *n* Trafalgar *(an der Südwestküste Spaniens);* ***Trafalgar Square*** *Platz in London*
Treves [triːvz] Trier *n*
Trin·i·dad and To·ba·go [ˌtrɪnɪdædntəʊˈbeɪgəʊ] Trinidad und Tobago *n*
Tuc·son [tuːˈsɒn; ˈtuːsɒn] *Stadt in Arizona (USA)*
Tu·ni·sia [tjuːˈnɪzɪə; *Am* tuːˈniːʒə] Tunesien *n*
Tur·key [ˈtɜːkɪ] *die* Türkei
Turk·men·i·stan [tɜːkˌmenɪˈstɑːn] Turkmenistan *n*
Tus·ca·ny [ˈtʌskənɪ] *die* Toskana
Tyne and Wear [ˌtaɪnənˈwɪə] *Stadtgrafschaft in Nordengland*
Ty·rol [ˈtɪrəl; tɪˈrəʊl] Tirol *n*

U

U·gan·da [juːˈgændə] Uganda *n*
U·kraine [juːˈkreɪn] *die* Ukraine
Ul·ster [ˈʌlstə] *Provinz im Norden Irlands, seit 1921 zweigeteilt; ugs* Nordirland *n*
Union of So·viet So·cial·ist Re·publics [ˌjuːnjənəvˌsəʊvɪətˌsəʊʃəlɪstrɪˈpʌblɪks] HIST *die* Union der Sozialistischen Sowjetrepubliken
U·nit·ed Ar·ab E·mir·ates [juːˈnaɪtɪdˌærəbeˈmɪərəts] *Pl die* Vereinigten Arabischen Emirate *Pl*
U·nit·ed King·dom [juːˌnaɪtɪdˈkɪŋdəm] *das* Vereinigte Königreich *(Großbritannien und Nordirland)*
U·nit·ed States of A·mer·i·ca [juːˌnaɪtɪdˌsteɪtsəvəˈmerɪkə] *Pl die* Vereinigten Staaten *Pl* von Amerika
U·ru·guay [ˈjʊərəgwaɪ] Uruguay *n*
U·tah [ˈjuːtɑː; ˈjuːtɔː] *Staat der USA*
Uz·bek·i·stan [ˌʌzbekɪˈstɑːn] Usbekistan *n*

V

Van·cou·ver [vænˈkuːvə] *Hafenstadt in Kanada*
Vat·i·can [ˈvætɪkən] *der* Vatikan
Vat·i·can Cit·y [ˌvætɪkənˈsɪtɪ] Vatikanstadt *f*
Ven·e·zu·e·la [ˌvenɪˈzweɪlə] Venezuela *n*
Ven·ice [ˈvenɪs] Venedig *n*
Ver·mont [vɜːˈmɒnt] *Staat der USA*
Vi·en·na [vɪˈenə] Wien *n*
Viet·nam [ˌvjetˈnɑːm] Vietnam *n*
Vir·gin·ia [vəˈdʒɪnjə] *Staat der USA*

W

Wales [weɪlz] Wales *n*
War·saw [ˈwɔːsɔː] Warschau *n*
War·wick·shire [ˈwɒrɪkʃə] *englische Grafschaft*
Wash·ing·ton [ˈwɒʃɪŋtən] *Staat der USA; auch* ***Washington DC*** *Bundeshauptstadt der USA*
Wa·ter·loo [ˌwɔːtəˈluː] *Ort in Belgien*
Wem·bley [ˈwemblɪ] *Stadtteil von Groß-London*
West·ern Isles [ˌwestənˈaɪlz] *insulare Verwaltungsregion Schottlands*
West Gla·mor·gan [ˌwestgləˈmɔːgən] *walisische Grafschaft*
West Mid·lands [ˌwestˈmɪdləndz] *Pl Stadtgrafschaft in Mittelengland*
West·min·ster [ˈwestmɪnstə] *auch* ***City of Westminster*** *Stadtbezirk von Groß-London*
West·pha·lia [westˈfeɪljə] Westfalen *n*
West Vir·gin·ia [ˌwestvəˈdʒɪnjə] *Staat der USA*
West York·shire [ˌwestˈjɔːkʃə] *Stadtgrafschaft in Nordengland*
Whit·by [ˈwɪtbɪ] *Fischereihafen in North Yorkshire (England)*
Wilt·shire [ˈwɪltʃə] *englische Grafschaft*
Wim·ble·don [ˈwɪmbldən] *Stadtteil von Groß-London (Tennisturniere)*
Win·ches·ter [ˈwɪntʃɪstə] *Hauptstadt von Hampshire (England)*
Wis·con·sin [wɪsˈkɒnsɪn] *Staat der USA*
Wol·ver·hamp·ton [ˈwʊlvəˌhæmptən] *Industriestadt in Mittelengland*
Wor·ces·ter [ˈwʊstə] *Industriestadt in Mittelengland*
Wy·o·ming [waɪˈəʊmɪŋ] *Staat der USA*

Y

Yel·low·stone [ˈjeləʊstəʊn] *Fluss und Nationalpark im Nordwesten der USA*
Ye·men [ˈjemən] *der* Jemen
York [jɔːk] *Stadt in Nordostengland*
York·shire [ˈjɔːkʃə]: ***North Yorkshire, South Yorkshire, West Yorkshire*** *Grafschaften in England*
Yo·sem·i·te Na·tion·al Park [jəʊˈsemɪtɪˌnæʃənlˈpɑːk] *Nationalpark in Kalifornien (USA)*
Yu·go·sla·via [ˌjuːgəʊˈslɑːvjə] HIST Jugoslawien *n*

Z

Za·ire [zɑːˈɪə] HIST Zaire *n*
Zam·bia [ˈzæmbɪə] Sambia *n*
Zim·ba·bwe [zɪmˈbɑːbwɪ] Simbabwe *n*
Zu·rich [ˈzjʊərɪk] Zürich *n*

Geografische Namen (Deutsch)
Geographical Names (German)

A

Aachen Aachen, Aix-la-Chapelle
Aargau Argovia, Argovie
Adria, *das* **Adriatische Meer** *the* Adriatic Sea
Afghanistan Afghanistan
Afrika Africa
Ägäis, *das* **Ägäische Meer** *the* Aegean Sea
Ägypten Egypt
Albanien Albania
Algerien Algeria
Algier Algiers
Alpen *the* Alps
Amazonas *the* Amazon
Amerika America
Anden *the* Andes
Andorra Andorra
Angola Angola
Antarktis Antarctica
Antillen *the* Antilles
Antwerpen Antwerp
Apenninen *the* Apennines
Appenzell Appenzell
Äquatorialguinea Equatorial Guinea
Arabien Arabia
Argentinien Argentina, *the* Argentine
Ärmelkanal *the* English Channel
Armenien Armenia
Aserbaidschan Azerbaijan
Asien Asia
Athen Athens
Äthiopien Ethiopia
Atlantik, *der* **Atlantische Ozean** *the* Atlantic (Ocean)
Ätna Mount Etna
Australien Australia
Azoren *the* Azores

B

Bahrain Bahrain
Balearen *the* Balearic Islands
Balkan *the* Balkan States, *the* Balkans; *the* Balkan Peninsula
Baltikum *the* Baltic States
Bangladesch Bangladesh
Basel Basel, Basle, Bâle
Baskenland *the* Basque Provinces
Bayern Bavaria
Bayerische Wald, Bayerischer Wald *the* Bavarian Forest
Beijing Beijing
Belarus Belarus
Belgien Belgium
Belgrad Belgrade
Belize Belize
Beneluxstaaten *the* Benelux countries
Benin Benin
Beringstraße *the* Bering Strait
Berlin Berlin
Bermudainseln *the* Bermudas
Bern Bern, Berne
Bhutan Bhutan
Birma Burma
Biskaya, Golf von Biskaya *the* Bay of Biscay
Bodensee Lake Constance
Böhmen Bohemia
Böhmerwald *the* Bohemian Forest
Bolivien Bolivia
Borneo Borneo
Bosnien Bosnia
Bosporus *the* Bosporus
Botsuana Botsuana
Brandenburg Brandenburg
Bremen Bremen
Brasilien Brazil
Brüssel Brussels
Bukarest Bucharest
Bulgarien Bulgaria
Bundesrepublik Deutschland *the* Federal Republic of Germany
Burgund Burgundy
Burkina Faso Burkina Faso
Burundi Burundi

C

Calais Calais
Capri Capri
Chile Chile
China China
Costa Rica Costa Rica
Côte d'Ivoire Côte d'Ivoire

D

Dänemark Denmark
Delhi Delhi
Den Haag The Hague
Deutsche Demokratische Republik HIST *the* German Democratic Republic; East Germany
Deutschland Germany
Dolomiten *the* Dolomites
Dominikanische Republik *the* Dominican Republic
Donau *the* Danube
Dünkirchen Dunkirk

E

Ecuador Ecuador
Elfenbeinküste Côte d'Ivoire, *the* Ivory Coast
El Salvador El Salvador
Elsass Alsace, Alsatia
Engadin *the* Engadine
England England
Eritrea Eritrea
Estland Est(h)onia
Euphrat *the* Euphrates
Eurasien Eurasia
Europa Europe

F

Falklandinseln *the* Falkland Islands
Färöer *the* Fa(e)roe Islands, *the* Fa(e)roes

Fidschi Fiji
Fidschiinseln *the* Fiji Islands
Finnland Finland
Florenz Florence
Franken Franconia
Frankfurt Frankfurt
Frankreich France
Freiburg Fribourg (*Stadt und Kanton in der Schweiz*)
Friesische Inseln, **Friesischen Inseln** *the* Frisian Islands
Fudschijama Mount Fuji

G

Gabun Gabon
Galiläa Galilee
Gambia *the* Gambia
Ganges *the* Ganges
Genf Geneva
Genfer See Lake Geneva
Genua Genoa
Ghana Ghana
Gibraltar Gibraltar
Graubünden Grisons
Grenada Grenada
Griechenland Greece
Grönland Geenland
Großbritannien Great Britain
Große Antillen, **Großen Antillen** *the* Greater Antilles
Guinea, **Guinea-Bissau** Guinea(-Bissau)
Guayana Guayana

H

Haiti Haiti
Hamburg Hamburg
Hannover Hanover
Havanna Havana
Hebriden *the* Hebrides
Helgoland Heligoland
Hessen Hesse
Himalaja *the* Himalaya(s)
Holland Holland
Hongkong Hong Kong

I

Indien India
Indische Ozean, **Indischer Ozean** *the* Indian Ocean
Indochina Indochina
Indonesien Indonesia
Innerasien Central Asia
Ionische Meer, **Ionisches Meer** *the* Ionian Sea
Irak Iraq
Iran Iran
Irische Republik *the* Republic of Ireland
Irische See *the* Irish Sea
Irland Ireland
Island Iceland
Israel Israel
Italien Italy

J

Jalta Yalta
Jamaika Jamaica
Japan Japan
Java Java
Jemen Yemen
Jerusalem Jerusalem
Jordanien Jordan
Jugoslawien HIST Yugoslavia

K

Kairo Cairo
Kalifornien California
Kambodscha Cambodia
Kamerun Cameroon
Kanada Canada
Kanalinseln *the* Channel Islands
Kanaren, *die* **Kanarischen Inseln** *the* Canaries, *the* Canary Islands
Kap der Guten Hoffnung *the* Cape of Good Hope
Kap Hoorn Cape Horn, *the* Horn
Kapstadt Cape Town
Karibik *the* Caribbean
Kärnten Carinthia
Karpaten *the* Carpathian Mountains, *the* Carpathians
Kasachstan Kazakhstan
Kaschmir Kashmir, Cashmere
Kaspische Meer, **Kaspisches Meer** *the* Caspian Sea
Kaukasus *the* Caucasus (Mountains)
Kenia Kenya
Kiew Kiev
Kilimandscharo Mount Kilimanjaro
Kirgistan, Kirgisistan Kirgyzstan
Kiribati Kiribati
Kleinasien Asia Minor
Kleine Antillen, **Kleinen Antillen** *the* Lesser Antilles, *the* Caribbees
Köln Cologne
Kolumbien Colombia
Komoren *the* Comoros
Kongo *the* Congo
Konstanz Constance
Kopenhagen Copenhagen
Korea Korea
Korfu Corfu
Korsika Corsica
Kosovo Kosovo
Kreml *the* Kremlin
Kreta Crete
Krim *the* Crimea
Kroatien Croatia
Kuba Cuba
Kuwait Kuwait

L

Laos Laos
Lappland Lapland
Lateinamerika Latin America
Lesotho Lesotho
Lettland Latvia
Libanon (*the*) Lebanon (*meist ohne bestimmten Artikel gebraucht*)
Liberia Liberia
Libyen Libya
Liechtenstein Liechtenstein
Ligurische Meer, **Ligurisches Meer** *the* Ligurian Sea

Lissabon Lisbon
Litauen Lithuania
London London
Lothringen Lorraine
Lüneburger Heide *the* Lüneburg Heath
Luxemburg Luxembourg
Luzern Lucerne

M

Madagaskar Madagascar
Madeira, Madera Madeira
Mailand Milan
Malawi Malawi
Malaysia Malaysia
Malediven *the* Maldives
Mali Mali
Mallorca Majorca
Malta Malta
Marokko Morocco
Mauretanien Mauritania
Mauritius Mauritius
Mazedonien Macedonia
Mecklenburg-Vorpommern Mecklenburg-West Pomerania
Mekka Mecca, Mekka
Menorca Minorca
Mexiko Mexico
Mittelamerika *weit. S.*, *inklusive Mexiko*: Middle America; *eng. S.*: Central America
Mitteleuropa Central Europe
Mittelmeer *the* Mediterranean (Sea)
Moldawien Moldavia, Moldova
Monaco, Monako Monaco
Mongolei Mongolia
Montenegro Montenegro
Mosambik Mozambique
Mosel *the* Moselle
Moskau Moscow
München Munich
Myanmar Myanmar

N

Nahe Osten, Naher Osten *the* Middle East
Namibia Namibia
Nauru Nauru
Neapel Naples
Nepal Nepal
Neufundland Newfoundland
Neuguinea New Guinea
Neuseeland New Zealand
Nicaragua, Nikaragua Nicaragua
Niederlande *the* Netherlands
Niederösterreich Lower Austria
Niedersachsen Lower Saxony
Niger Niger
Nigeria Nigeria
Nil *the* Nile
Nizza Nice
Nordamerika North America
Nordirland Northern Ireland
Nordkap *the* North Cape
Nordkorea North Korea
Nord-Ostsee-Kanal *the* Kiel Canal
Nordrhein-Westfalen North Rhine-Westphalia
Nordsee *the* North Sea
Normandie Normandy
Norwegen Norway
Nürnberg Nuremberg

O

Oberösterreich Upper Austria
Olymp Mount Olympus
Oman Oman
Oslo Oslo
Ostasien East Asia
Ostende Ostend
Osterinsel *the* Easter Island
Österreich Austria
Ostsee *the* Baltic Sea
Ozeanien Oceania

P

Pakistan Pakistan
Palästina HIST Palestine
Papua-Neuguinea Papua New Guinea
Paraguay Paraguay
Paris Paris
Pazifik, *der* **Pazifische Ozean** *the* Pacific (Ocean)
Peking Peking
Persien Persia
Persische Golf, **Persischer Golf** *the* Persian Gulf
Peru Peru
Pfalz *the* Palatinate
Philippien *the* Philippines
Piemont Piedmont
Polen Poland
Polynesien Polynesia
Pommern Pomerania
Portugal Portugal
Prag Prague
Preußen Prussia
Puerto Rico Puerto Rico
Pyrenäen *the* Pyrenees

R

Rhein *the* Rhine
Rheinland-Pfalz Rhineland-Palatinate
Rhodos Rhodes
Rom Rome
Rote Meer, Rotes Meer *the* Red Sea
Ruanda Rwanda
Ruhrgebiet *the* Ruhr (area)
Rumänien Romania
Russland Russia

S

Saarland *the* Saarland
Sachsen Saxony
Sachsen-Anhalt Saxony-Anhalt
Sahara *the* Sahara
Salzburg Salzburg
Sambia Zambia
Samoa Samoa
San Marino San Marino
Sardinien Sardinia
Saudi-Arabien Saudi Arabia
Schlesien Silesia
Schleswig-Holstein Schleswig-Holstein

Schottland Scotland
Schwaben Swabia
Schwarze Meer, **Schwarzes Meer** *the* Black Sea
Schwarzwald *the* Black Forest
Schweden Sweden
Schweiz Switzerland
Senegal Senegal
Serbien Serbia
Seychellen *the* Seychelles
Shetland-Inseln Shetland, *the* Shetland Islands
Sibirien Siberia
Sierra Leone Sierra Leone
Simbabwe Zimbabwe
Singapur Singapore
Sizilien Sicily
Skandinavien Scandinavia
Slowakei Slovakia
Slowenien Slovenia
Somalia Somalia
Sowjetunion HIST the Soviet Union
Spanien Spain
Spitzbergen Spitsbergen
Sri Lanka Sri Lanka
Steiermark Styria
Stille Ozean, **Stiller Ozean** → ***Pazifik***
Stockholm Stockholm
Straßburg Strasbourg
Südafrika South Africa
Südamerika South America
Sudan *the* Sudan
Südkorea South Korea
Südsee *the* South Pacific
Sueskanal *the* Suez Canal
Sumatra Sumatra
Surinam Suriname
Swasiland Swaziland
Syrien Syria

T

Tadschikistan Tadzhikistan
Tahiti Tahiti
Taiwan Taiwan
Tanganjika Tanganyika
Tansania Tanzania
Tasmanien Tasmania
Teheran Teh(e)ran
Tessin Ticino
Thailand Thailand
Themse *the* Thames
Thüringen Thuringia
Tibet Tibet
Tirol Tyrol, Tirol
Tokio Tokyo
Toskana Tuscany
Trinidad und Tobago Trinidad and Tobago
Tschad Chad
Tschechien, **Tschechische Republik** *the* Czech Republic
Tschechoslowakei HIST Czechoslovakia
Tschetschenien Chechnia
Tunesien Tunisia
Türkei Turkey
Turkmenistan Turkmenistan
Tyrrhenische Meer, **Tyrrhenisches Meer** *the* Tyrrhenian Sea

U

Uganda Uganda
Ukraine *the* Ukraine
Ungarn Hungary
Union der Sozialistischen Sowjetrepubliken HIST the Union of Soviet Socialist Republics
Ural *the* Ural Mountains, *the* Urals
Uruguay Uruguay
Usbeskistan Uzbekistan

V

Vatikan *the* Vatican
Vatikanstadt *the* Vatican City
Venedig Venice
Venezuela Venezuela
Vereinigte Arabische Emirate, **Vereinigten Arabischen Emirate** *the* United Arab Emirates
Vereinigte Königreich, **Vereinigtes Königreich (von Großbritannien und Nordirland)** *the* United Kingdom (of Great Britain and Northern Ireland)
Vereinigte Staaten, **Vereinigten Staaten (von Amerika)** *the* United States (of America)
Vesuv Vesuvius
Vietnam *n* Vietnam, Viet Nam
Vogesen *the* Vosges (Mountains)
Volksrepublik China *the* People's Republic of China

W

Warschau Warsaw
Weichsel *the* Vistula
Weißrussland White Russia, B(y)elorussia
Westfalen Westphalia
Westindische Inseln, **Westindischen Inseln** *the* West Indies
Wien Vienna

Z

Zaire HIST Zaire
Zentralafrikanische Republik *the* Central African Republic
Zimbabwe Zimbabwe
Zürich Zurich
Zypern Cyprus

Britische und amerikanische Abkürzungen
British and American Abbreviations

A

a ***acre*** Acre *m* (*4046,8 m²*)
A ***answer*** Antw., Antwort *f*; ***ampere*** A, Ampere *n oder Pl*
AA ***Alcoholics Anonymous*** Anonyme Alkoholiker *Pl*; *Br* **Automobile Association** (*Automobilklub*)
AAA [*häufig:* ˌtrɪpl'eɪ] *Br* ***Amateur Athletic Association*** (*Leichtathletikverband*); *Am* ***American Automobile Association*** (*Automobilklub*)
ABC ***American Broadcasting Company*** (*amerikanische Rundfunkgesellschaft*)
abs ***abdominal muscles*** Bauchmuskeln *Pl*
ABS ***antilock braking system*** ABS *n*, Antiblockiersystem *n*
AC ***alternating current*** Wechselstrom *m*
A/C, a/c ***account current*** Kontokorrent *n*; ***account*** Kto., Konto *n*; Rechnung *f*
acc., acct. ***account*** Kto., Konto *n*; Rechnung *f*
AD ***Anno Domini*** im Jahr des Herrn, n. Chr., nach Christus
AFC ***automatic frequency control*** automatische Frequenz(fein)abstimmung
AFN ***American Forces Network*** (*Rundfunkanstalt der US-Streitkräfte*)
AGM ***annual general meeting*** ordentliche Jahreshauptversammlung
AI ***artificial intelligence*** KI, Künstliche Intelligenz
AIDS ***acquired immune deficiency syndrome*** Aids *n*
AK ***Alaska*** (*Staat der USA*)
AL, Ala. ***Alabama*** (*Staat der USA*)
Alas. ***Alaska*** (*Staat der USA*)
AM ***amplitude modulation*** (*Frequenzbereich der Kurz-, Mittel- und Langwellen*); *Am* → **MA** (**Master of Arts**); *bes Am* → **a.m.**
a.m., am ***ante meridiem*** (= ***before noon***) morgens, vorm., vormittags
AMF ***Allied Mobile Forces*** *schnelle Eingreiftruppe der NATO*
a/o ***account of*** à Konto von, auf Rechnung von
AOB ***any other business*** Sonstiges
AP ***Associated Press*** (*amerikanische Nachrichtenagentur*); ***American plan*** Vollpension *f*
Apr. ***April*** April *m*
AR ***Arkansas*** (*Staat der USA*)
ARC ***American Red Cross*** *das* Amerikanische Rote Kreuz
Ariz. ***Arizona*** (*Staat der USA*)
Ark. ***Arkansas*** (*Staat der USA*)
arr. ***arrival*** Ank., Ankunft *f*
A/S ***account sales*** Verkaufsabrechnung *f*
asap ['eɪzæp] ***as soon as possible*** möglichst bald
ASCII ['æskiː] ***American Standard Code for Information Interchange*** ASCII (*standardisierter Kode zur Darstellung alphanumerischer Zeichen*)
asst. ***assistant*** Asst., Assistent(in)
ATM ***automated teller machine*** *Am* Geldautomat *m*
attn ***attention*** (***of***) z.Hd., zu Händen (von), für
Aug. ***August*** Aug., August *m*
av. ***average*** Durchschnitt *m*; Havarie *f*
Ave ***Avenue*** Allee *f*, Straße *f*
AWACS ['eɪwæks] ***Airborne Warning and Control System*** (*luftgestütztes Frühwarnsystem*)
AZ ***Arizona*** (*Staat der USA*)

B

BA ***Bachelor of Arts*** Bakkalaureus *m* der Philosophie; ***British Airways*** (*britische Luftverkehrsgesellschaft*)
B & B ***bed and breakfast*** Übernachtung *f* mit Frühstück
BBC ***British Broadcasting Corporation*** BBC *f* (*britische Rundfunkgesellschaft*)
BC ***before Christ*** v. Chr., vor Christus
B/E ***bill of exchange*** Wechsel *m*
Beds [bedz] ***Bedfordshire***
BEng ***Bachelor of Engineering*** Bakkalaureus *m* der Ingenieurwissenschaft(en)
Berks [bɑːks] ***Berkshire***
BL ***Bachelor of Law*** Bakkalaureus *m* des Rechts
BLit ***Bachelor of Literature*** Bakkalaureus *m* der Literatur(wissenschaft)
BLitt ***Bachelor of Letters*** Bakkalaureus *m* der Literaturwissenschaft
Blvd ***Boulevard*** Boulevard *m*
BM ***Bachelor of medicine*** Bakkalaureus *m* der Medizin
BOT *Br* ***Board of Trade*** Handelsministerium *n*
BR ***British Rail*** (*Eisenbahn in Großbritannien*)
BRCS ***British Red Cross Society*** *das* Britische Rote Kreuz
Br., Brit. ***Britain*** Großbritannien *n*; ***British*** britisch
Bros. ***brothers*** Gebr., Gebrüder *Pl* (*in Firmenbezeichnungen*)
BS *Am* ***Bachelor of Science*** Bakkalaureus *m* der Naturwissenschaften; *Br* ***Bachelor of Surgery*** Bakkalaureus *m* der Chirurgie; ***British Standard*** Britische Norm
BSc *Br* ***Bachelor of Science*** Bakkalaureus *m* der Naturwissenschaften
BScEcon ***Bachelor of Economic Science*** Bakkalaureus *m* der Wirtschaftswissenschaft(en)
BSE ***bovine spongiform encephalopathy*** BSE
BSI ***British Standards Institution*** (*britische Normungsorganisation*)
BT ***British Telecom*** *die* Britische Telecom
Bucks [bʌks] ***Buckinghamshire***

C

C ***Celsius*** C, Celsius; ***centigrade*** hundertgradig (*Thermometereinteilung*)
c ***cent***(***s***) Cent *m* (*oder Pl*); ***century*** Jh., Jahrhundert *n*; ***circa*** ca., circa, ungefähr; ***cubic*** Kubik…

CA ***California*** Kalifornien *n* (*Staat der USA*); ***chartered accountant*** *Br* konzessionierter Wirtschaftsprüfer *oder* Buchprüfer *oder* Steuerberater
C/A ***current account*** Girokonto *n*
CAD ***computer-aided design*** CAD *n* (*computerunterstütztes Design*)
CAI ***computer-assisted*** (*oder* ***-aided***) ***instruction*** computerunterstützter Unterricht
CAL ***computer-assisted learning*** computerunterstütztes Lernen
Cal., Calif. ***California*** Kalifornien *n* (*Staat der USA*)
CAM ***computer-aided manufacture*** CAM (*computerunterstütztes Fertigen*)
Cambs [kæmz] ***Cambridgeshire***
Can. ***Canada*** Kanada *n*; ***Canadian*** kanadisch
CAP *EU*: ***common agricultural policy*** GAP, gemeinsame Agrarpolitik *f*
CB ***Citizens' Band*** CB-Funk *m* (*Wellenbereich für privaten Funkverkehr*)
CBS ***Columbia Broadcasting System*** (*amerikanische Rundfunkgesellschaft*)
CC ***city council*** Stadtrat *m*; *Br* ***county council*** Grafschaftsrat *m*
cc *Br* ***cubic centimetre(s)*** cm³, Kubikzentimeter *m* (*oder Pl*); ***carbon copy*** Durchschlag *m*, Kopie *f* an:
CD ***compact disc*** CD *f*; ***corps diplomatique*** CD, diplomatisches Korps
CE ***Church of England*** Anglikanische Kirche
CEE ***Central and Eastern European countries*** mittel- und osteuropäische Länder *Pl*
CEO *Am* ***chief executive officer*** Hauptgeschäftsführer(in), Vorstandsvorsitzende(r), Konzernchef(in), Generaldirektor(in)
cert. ***certificate*** Bescheinigung *f*
CET ***Central European Time*** MEZ, mitteleuropäische Zeit
CF TEL ***call forwarding*** Rufumleitung *f*
cf. ***confer*** vgl., vergleiche
CFC ***chlorofluorocarbon*** FCKW *n*
CFO *Am* ***chief financial officer*** Leiter(in) der Finanzabteilung
Ches ***Cheshire***
CIA ***Central Intelligence Agency*** CIA (*US-Geheimdienst*); ***cash in advance*** Vorkasse *f*
CID *Br* ***Criminal Investigation Department*** Kripo *f*
c.i.f., cif ***cost, insurance, freight*** Kosten, Versicherung und Fracht einbegriffen
CIS ***Commonwealth of Independent States*** GUS *f*
CJD ***Creutzfeldt-Jakob disease*** Creutzfeldt-Jakob-Krankheit *f*
CO ***Colorado*** (*Staat der USA*); ***commanding officer*** Kommandeur *m*
Co. ***Company*** Gesellschaft *f*; ***county*** *Br* Grafschaft *f*; *Am* Kreis *m* (*Verwaltungsbezirk*)
c/o ***care of*** (wohnhaft) bei
COD ***cash*** *Am* ***collect on delivery*** per Nachnahme
C of E ***Church of England*** Anglikanische Kirche
col. ***column*** Sp., Spalte *f* (*in Buch etc*)
Colo. ***Colorado*** (*Staat der USA*)
Conn. ***Connecticut*** (*Staat der USA*)
Cons *Br* POL ***Conservative*** Konservative *m, f*; konservativ
cont, contd ***continued*** Forts., Fortsetzung *f*; fortgesetzt
Corn ***Cornwall***
CP ***Canadian Press*** (*Nachrichtenagentur*); ***Communist Party*** KP, Kommunistische Partei
CPA *Am* ***certified public accountant*** amtlich zugelassene(r) Wirtschaftsprüfer(in)
CPU COMPUTER ***central processing unit*** Zentraleinheit *f*
CT ***Connecticut*** (*Staat der USA*)
ct, cts ***cent(s)*** Cent *m* (*oder Pl*)
cu ***cubic*** Kubik…
CV, cv ***curriculum vitae*** Lebenslauf *m*
CVR ***cockpit voice recorder*** Stimmaufzeichnungsgerät *n*
c.w.o. ***cash with order*** Barzahlung *f* bei Bestellung
cwt ***hundredweight*** (*etwa 1*) Zentner *m* (*Br 50,8 kg, Am 45,36 kg*)

D

d. ***depth*** T, Tiefe *f*; ***died*** gest., gestorben
DAT ***digital audio tape*** DAT *n* (*Tonbandkassette für Digitalaufnahmen mit DAT-Rekordern*)
DC ***direct current*** Gleichstrom *m*; ***District of Columbia*** *Bundesdistrikt der USA* (= *Gebiet der amerikanischen Hauptstadt Washington*)
DDT ***dichlorodiphenyltrichloroethane*** DDT, Dichlordiphenyltrichloräthan *n*
DE ***Delaware*** (*Staat der USA*)
Dec. ***December*** Dez., Dezember *m*
Del. ***Delaware*** (*Staat der USA*)
dep. ***departure*** Abf., Abfahrt *f*
dept ***department*** Abt., Abteilung *f*
Derbys ***Derbyshire***
Dip., dip. ***diploma*** Diplom *n*
Dir., dir. ***director*** Dir., Direktor(in), Leiter(in)
disc. ***discount*** Diskont *m*; Rabatt *m*, Preisnachlass *m*
div. ***dividend*** Dividende *f*; ***divorced*** gesch., geschieden; ***division*** Abt., Abteilung *f* (*in Firma*); SPORT Liga *f*
DIY ***do-it-yourself*** Heimwerken *n*
DJ ***disc jockey*** DJ, Diskjockey *m*; ***dinner jacket*** Smoking(jacke *f*) *m*
DNA ***deoxyribonucleic acid*** DNS *f*
doc. ***document*** Dokument *n*, Urkunde *f*
dol. ***dollar(s)*** Dollar *m* (*oder Pl*)
Dors ***Dorset***
DOS ***disk operating System*** DOS, Betriebssystem *n*
doz. ***dozen(s)*** Dtzd., Dutzend *n* (*oder Pl*)
DP ***data processing*** DV
dpt ***department*** Abt., Abteilung *f*
Dr ***Doctor*** Dr., Doktor *m*; *in Straßennamen*: ***Drive*** *etwa*: Fahrstraße *f*, Zufahrt *f*
DTP ***desktop publishing*** DTP *n*
DVD ***digital versatile*** *oder* ***video disk*** DVD
DVT ***deep vein thrombosis*** tiefe Venenthrombose, FLUG auch Economy-Class-Syndrom *n*
dz. ***dozen(s)*** Dtzd., Dutzend *n* (*oder Pl*)

E

E ***east*** O, Ost(en *m*); ***eastern*** ö, östlich; ***English*** englisch
EC ***European Community*** HIST EG, Europäische Gemeinschaft

ECB ***European Central Bank*** EZB, Europäische Zentralbank
ECG ***electrocardiogram*** EKG
ECJ ***European Court of Justice*** EuGH, Europäischer Gerichtshof
Ed., ed. ***edited*** h(rs)g., herausgegeben; ***edition*** Aufl., Auflage *f*; ***editor*** H(rs)g., Herausgeber(in)
EDD ***electronic direct debit*** elektronisches Lastschriftverfahren
EDP ***electronic data processing*** EDV
EEA ***European Economic Area*** EWR, Europäischer Wirtschaftsraum
EEC ***European Economic Community*** EWG, Europäische Wirtschaftsgemeinschaft
EEG ***electroencephalogram*** EEG
EFL ***English as a Foreign Language*** Englisch *n* für Ausländer
EFT ***electronic funds transfer*** elektronischer Zahlungsverkehr
EFTA ['eftə] ***European Free Trade Association*** EFTA, Europäische Freihandelsgemeinschaft
Eftpos ***electronic funds transfer at point of sale*** elektronische Kasse
e.g. ***exempli gratia*** (= ***for instance***) z.B., zum Beispiel
EIB ***European Investment Bank*** EIB, Europäische Investitionsbank
ELT ***English Language Teaching*** Englischunterricht *m* für Ausländer
EMI ***European Monetary Institute*** EWU, Europäisches Währungsinstitut
EMS ***European Monetary System*** EWS, Europäisches Währungssystem
EMU (***European***) ***Economic and Monetary Union*** EW(W)U, Europäische (Wirtschafts- und) Währungsunion
Eng. ***England*** England *n*; ***English*** engl., englisch
ENT ***ear, nose, and throat*** HNO…, Hals-Nasen--Ohren-…
EP ***European Parliament*** EP, Europäisches Parlament
EPO ***European Patent Office*** EPA, Europäisches Patentamt
ERM ***Exchange Rate Mechanism*** Wechselkursmechanismus *m*
ESA ***European Space Agency*** Europäische Weltraumbehörde
ESCB ***European System of Central Banks*** ESZB, Europäisches System der Zentralbanken
ESL ***English as a second language*** Englisch *n* als Fremdsprache
esp. ***especially*** bes., bes, besonders
Ess ***Essex***
est. ***established*** gegr., gegründet; ***estimated*** gesch., geschätzt
ETA ***estimated time of arrival*** voraussichtliche Ankunft(szeit)
etc., &c. ***et cetera, and the rest, and so on*** etc., usw., und so weiter
ETD ***estimated time of departure*** voraussichtliche Abflugzeit *bzw.* Abfahrtszeit
EU ***European Union*** EU
EUR ***euro*** EUR, Euro *m*
EURATOM [jʊər'ætəm] ***European Atomic Energy Community*** Euratom, Europäische Atomgemeinschaft
excl. ***exclusive, excluding*** ausschl., ausschließlich, ohne
ext. ***extension*** TEL Apparat *m* (*Nebenanschluss*); ***external, exterior*** äußerlich, Außen…

F

f ***female, feminine*** weibl., weiblich; ***following*** f., folg., folgend; ***foot*** (***feet***) Fuß *m* (*oder Pl*) (*30,48 cm*)
F ***Fahrenheit*** F, Fahrenheit (*Thermometereinteilung*)
FA *Br* ***Football Association*** Fußballverband *m*
FAQ [fæk], *Pl auch* **FAQs** *Internet*: ***frequently asked question***(***s***) häufig gestellte Frage(n)
FBI *Am* ***Federal Bureau of Investigation*** FBI (*Bundeskriminalamt*)
FDR ***flight data recorder*** Flug(daten)schreiber *m*
Feb. ***February*** Febr., Februar *m*
fed. ***federal*** POL Bundes…
fig. ***figure***(***s***) Abb., Abbildung(en *Pl*) *f*
FL ***Florida*** (*Staat der USA*)
fl. ***floor*** Stock(werk *n*) *m*
Fla. ***Florida*** (*Staat der USA*)
FM ***frequency modulation*** UKW (*Frequenzbereich der Ultrakurzwellen*)
FMD ***foot-and-mouth*** (***disease***) MKS, Maul-und -Klauenseuche *f*
foll. ***following*** f., folg., folgend
fr. ***franc***(***s***) HIST Franc(s *Pl*) *m*; Franken *m* (*oder Pl*)
FRG ***Federal Republic of Germany*** BRD, Bundesrepublik *f* Deutschland
Fri. ***Friday*** Fr., Freitag *m*
ft ***foot*** (***feet***) Fuß *m* (*oder Pl*) (*30,48 cm*)
FTAA ***Free Trade Area of the Americas*** *Freihandelszone der Staaten des amerikanischen Kontinents*

G

g ***gram***(***s***), ***gramme***(***s***) g, Gramm *n* (*oder Pl*)
GA, Ga. ***Georgia*** (*Staat der USA*)
gal., gall. ***gallon***(***s***) Gallone(n *Pl*) *f* (*Br 4,546 l, Am 3,785 l*)
GATT ***General Agreement on Tariffs and Trade*** Allgemeines Zoll- und Handelsabkommen
GB ***Great Britain*** GB, Großbritannien *n*; ***gigabyte*** GB, Gbyte *n*
GCE HIST ***General Certificate of Education*** (*britische Schulabschlussprüfung*)
GCSE *Br* ***General Certificate of Secondary Education*** (*britische Schulabschlussprüfung*)
Gdns ***Gardens*** Park *m*, Garten(anlagen *Pl*) *m*
GDP ***gross domestic product*** BIP, Bruttoinlandsprodukt *n*
Gen. ***general*** General *m*
gen. ***general***(***ly***) allgemein
GI ***government issue*** von der Regierung ausgegeben, Staatseigentum *n*; GI *m*, *der* amerikanische Soldat
GIGO COMPUTER ***garbage in, garbage out*** *a. fig* falsche Eingabe, falsche Ausgabe
Glos [glɒs] ***Gloucestershire***
gm ***gram***(***s***), ***gramme***(***s***) Gramm *n* (*oder Pl*)
GMT ***Greenwich Mean Time*** WEZ, westeuropäische Zeit
GNP ***gross national product*** BSP, Bruttosozialprodukt *n*

Gov. ***government*** Regierung *f*; ***governor*** Gouverneur(in)
Govt, govt ***government*** Regierung *f*
GP ***general practitioner*** Arzt *m*, Ärztin *f* für Allgemeinmedizin
GPO ***general post office*** Hauptpostamt *n*
GPS ***global positioning system*** GPS, globales Positionierungssystem (*Standortermittlung via Satellitenpeilung*)
GSM ***General Sales Manager*** Verkaufsleiter(in); ***global system for mobile communications*** GSM (*einheitlicher europäischer Mobilfunkstandard*)

H

h. ***hour(s)*** Std., Stunde(n *Pl*) *f*, Uhr (*bei Zeitangaben*); ***height*** H., Höhe *f*
Hants [hænts] ***Hampshire***
HBM ***His (Her) Britannic Majesty*** Seine (Ihre) Britannische Majestät
Heref & Worcs ***Hereford and Worcester***
Herts [hɑːts] ***Hertfordshire***
HGM ***human growth hormone*** menschliches Wachstumshormon
HGV *Br* ***heavy goods vehicle*** Schwerlastkraftwagen *m*, Schwerlaster *m*
HI ***Hawaii*** (*Staat der USA*)
HIPC ***heavily indebted poor countries*** hoch verschuldete arme Länder *Pl*
HIV ***human immunodeficiency virus*** HIV, HIV-Virus *m*, *n*
HM ***His (Her) Majesty*** Seine (Ihre) Majestät
HMS ***His (Her) Majesty's Ship*** Seiner (Ihrer) Majestät Schiff *n*
HO ***head office*** Hauptgeschäftsstelle *f*, Zentrale *f*; *Br* ***Home Office*** Innenministerium *n*
Hon. ***Honorary*** ehrenamtlich; ***Honourable*** *der oder die* Ehrenwerte (*Anrede und Titel*)
HP ***high pressure*** Hochdruck *m*; ***hire purchase*** Ratenkauf *m*; ***horsepower*** PS, Pferdestärke *f*
HQ, Hq. ***headquarters*** Hauptquartier *n*
hr ***hour*** Std., Stunde *f*
HR *the* ***human resources*** Personalabteilung *f*
HRH ***His (Her) Royal Highness*** Seine (Ihre) Königliche Hoheit
hrs. ***hours*** Std(n)., Stunden *Pl*
ht ***height*** H., Höhe *f*
http ***hypertext transport protocol*** http (*Kommunikationsprotokoll im World Wide Web*)

I

IA, Ia ***Iowa*** (*Staat der USA*)
IATA [aɪˈɑːtə] ***International Air Transport Association*** Internationaler Luftverkehrsverband
ib., ibid. ***ibidem*** (= ***in the same place***) ib., ibd., ebd., ebenda
IC ***integrated circuit*** integrierter Schaltkreis; ***intellectual capital*** geistiges Kapital
ICT ***information and communications technology*** Informations- und Kommunikationstechnologie *f*
ID ***identification*** Identifizierung *f*; Ausweis *m*; ***identity*** Identität *f*; ***Idaho*** (*Staat der USA*)
Id., Ida. ***Idaho*** (*Staat der USA*)
IDP ***international driving permit*** internationaler Führerschein
i.e., ie ***id est*** (= ***that is to say***) d.h., das heißt
IL, Ill ***Illinois*** (*Staat der USA*)
ill., illus., illust. ***illustration*** Abb., Abbildung *f*; ***illustrated*** bebildert, illustriert
IMF ***International Monetary Fund*** IWF, Internationaler Währungsfonds
IN ***Indiana*** (*Staat der USA*)
in. ***inch(es)*** Zoll *m* (*oder Pl*) (*2,54 cm*)
Inc., inc. ***incorporated*** (amtlich) eingetragen, *bes Am* AG
incl. ***inclusive, including*** einschl., einschließlich
Ind. ***Indiana*** (*Staat der USA*)
inst. ***instant*** d.M., dieses Monats
I/O ***input/output*** IT Eingabe/Ausgabe
IOC ***International Olympic Committee*** IOK, Internationales Olympisches Komitee
IOU ***I owe you*** Schuldschein *m*
IPO ***initial public offer(ing)*** Erstnotiz *f*, Börsenzulassung *f* (*einer Aktie*)
IQ ***intelligence quotient*** IQ
Ir. ***Ireland*** Irland *n*; ***Irish*** irisch
IRA ***Irish Republican Army*** Irisch-Republikanische Armee
IRC ***International Red Cross*** IRK, *das* Internationale Rote Kreuz
Is ***Island(s), Isle(s)*** Insel(n *Pl*) *f*
ISBN ***international standard book number*** ISBN *f*
ISO ***International Organization for Standardization*** Internationale Organisation für Standardisierung, Internationale Normenorganisation
ISP ***internet service provider*** Internetdiensteanbieter *m*
ISS ***international space station*** ISS, internationale Raumstation
IT ***information technology*** IT, Informationstechnologie *f*
ITV ***Independent Television*** *unabhängige britische kommerzielle Fernsehanstalten*
IUD ***intra-uterine device*** Spirale *f*
IVF ***in vitro fertilization*** In-vitro-Fertilisation *f*, *künstliche Befruchtung außerhalb des Körpers der Frau*
IYHF ***International Youth Hostel Federation*** Internationaler Jugendherbergsverband

J

J ***joule(s)*** J, Joule *n* (*oder Pl*)
Jan. ***January*** Jan., Januar *m*
Jnr, Jr ***Junior*** jr., jun., junior
Jul. ***July*** Juli *m*
Jun. ***June*** Juni *m*; ***Junior*** → ***Jnr***
jun., junr ***junior*** jr., jun., junior

K

Kan., Kans. ***Kansas*** (*Staat der USA*)
KB ***kilobyte*** KB, Kbyte *n*
Ken. ***Kentucky*** (*Staat der USA*)
kg ***kilogram(me)(s)*** kg, Kilogramm *n* (*oder Pl*)
km ***kilometre(s)*** km, Kilometer *m* (*oder Pl*)
KM ***knowledge management*** Knowledge-Management *n*, Wissensmanagement *n*
KO ***knockout*** K. o., Knockout *m*
kph ***kilometres per hour*** kmh, Kilometer *Pl* pro Stunde

KS ***Kansas*** (*Staat der USA*)
kV, kv ***kilovolt(s)*** kV, Kilovolt *n* (*oder Pl*)
kW, kw ***kilowatt(s)*** kW, Kilowatt *n* (*oder Pl*)
KY, Ky ***Kentucky*** (*Staat der USA*)

L

L *Br* ***learner (driver)*** Fahrschüler(in) (*Plakette an Kraftfahrzeugen*); ***large (size)*** groß; ***Lake*** See *m*
l. ***left*** l., links; ***line*** Z., Zeile *f*, ***litre(s)*** l, Liter *m*, *n* (*oder Pl*)
LA ***Los Angeles*** (*Stadt in Kalifornien*); ***Louisiana*** (*Staat der USA*)
La. ***Louisiana*** (*Staat der USA*)
Lab *Br* POL ***Labour*** (die) Labour Party
LAN IT ***Local Area Network*** LAN, lokales (Rechner)Netz
Lancs [læŋks] ***Lancashire***
lat. ***latitude*** geografische Breite
lb., lb ***pound(s)*** Pfund *n* (*oder Pl*) (*Gewicht*)
lbs ***pounds*** Pfund *Pl* (*Gewicht*)
L/C ***letter of credit*** Akkreditiv *n*
LCD ***liquid crystal diode*** Flüssigkristalldiode *f*
LED ***light-emitting diode*** Leuchtdiode *f*
Leics ***Leicestershire***
Lib *Br* POL ***Liberal*** Liberale *m*, *f*; liberal
Lincs [lɪŋks] ***Lincolnshire***
loc. cit. ***loco citato*** (= ***at the place already cited***) a. a. O., am angeführten Ort
long. ***longitude*** geografische Länge
l.p. ***low pressure*** Tiefdruck *m*
LP *Br* ***Labour Party*** (die) Labour Party (*Großbritannien*); ***long-playing (record)*** LP *f*, Langspielplatte *f*
LPG ***liquefied petroleum gas*** Flüssiggas *n*
LPO ***London Philharmonic Orchestra*** *das* Londoner Philharmonieorchester
LSD ***lysergic acid diethylamide*** LSD
LSO ***London Symphony Orchestra*** *das* Londoner Sinfonieorchester
Ltd, ltd ***limited*** mit beschränkter Haftung
LTU ***long-term unemployed*** *Pl* Langzeitarbeitslose *Pl*
LW ***long wave*** LW, Langwelle *f* (*Rundfunk*)

M

M *Br* ***motorway*** A, Autobahn *f*; ***medium (size)*** mittelgroß
m ***metre(s)*** *m*, Meter *m*, *n* (*oder Pl*); ***mile(s)*** Meile(n *Pl*) *f*; ***married*** verh., verheiratet; ***male, masculine*** männl., männlich; ***million(s)*** Mio., Mill., Million(en *Pl*) *f*; ***minute(s)*** min., Min., Minute(n *Pl*) *f*
MA ***Master of Arts*** M.A., Magister Artium *m*; ***Massachusetts*** (*Staat der USA*); ***military academy*** Militärakademie *f*
Mar. ***March*** März *m*
masc LING ***masculine*** maskulin
Mass. ***Massachusetts*** (*Staat der USA*)
MB ***megabyte*** MB, Mbyte *n*
MBA ***Master of Business Administration*** Magister *m* der Betriebswirtschaftslehre
MBE ***Member (of the Order) of the British Empire*** Angehörige(r) des Ordens des Britischen Empire (*englischer Ehrentitel*)
MBO ***management buyout*** Management-Buy-Out *n* (*Aufkauf eines Unternehmens durch Mitglieder der Geschäftsleitung*); ***management by objectives*** Führen *n* durch Zielvereinbarung
MC ***master of ceremonies*** Conférencier *m*
MCA ***maximum credible accident*** GAU *m*, größter anzunehmender Unfall
MCP ***male chauvinist pig*** *ugs pej* Chauvischwein *n*, *humor* Chauvi *m*
Md. ***Maryland*** (*Staat der USA*)
ME, Me. ***Maine*** (*Staat der USA*)
med. ***medical*** medizinisch; ***medicine*** Medizin *f*; ***medium (size)*** mittelgroß; ***medieval*** mittelalterlich
MEP ***Member of the European Parliament*** Europaabgeordnete *m*, *f*
MFC TEL ***multifrequency code*** MFV, Mehrfrequenzwahlverfahren *n*
mg ***milligram(me)(s)*** mg, Milligramm *n* (*oder Pl*)
MI ***Michigan*** (*Staat der USA*)
Mich. ***Michigan*** (*Staat der USA*)
min. ***minute(s)*** min., Min., Minute(n *Pl*) *f*; ***minimum*** Min., Minimum *n*
Minn. ***Minnesota*** (*Staat der USA*)
Miss. ***Mississippi*** (*Staat der USA*)
ml ***mile(s)*** Meile(n *Pl*) *f* (1609,34 *m*)
mls ***miles*** Meilen *Pl*
mm ***millimetre(s)*** mm, Millimeter *m*, *n* (*oder Pl*)
MN ***Minnesota*** (*Staat der USA*)
MO ***Missouri*** (*Staat der USA*); ***money order*** Post- *oder* Zahlungsanweisung *f*; ***mail-order*** Versandhaus…: ***mail-order catalog(ue)*** Versandhauskatalog *m*
Mo. ***Missouri*** (*Staat der USA*)
Mon. ***Monday*** Mo., Montag *m*
Mont. ***Montana*** (*Staat der USA*)
MP *Br* ***Member of Parliament*** Unterhausabgeordnete *m*, *f*; ***Military Police*** Militärpolizei *f*
mpg ***miles per gallon*** (*Benzinverbrauch in Meilen pro Gallone*)
mph ***miles per hour*** Stundengeschwindigkeit *f* (*in Meilen pro Stunde*)
MPV ***multi-purpose vehicle*** Mehrzweckfahrzeug *n*
Mr ['mɪstə] ***Mister*** Herr *m*
Mrs ['mɪsɪz] *ursprünglich* ***Mistress*** Fr., Frau *f*
MRT ***magnetic resonance tomography*** MR(T), KST, Kernspintomografie *f*
Ms [mɪz, məz] Fr., Frau *f* (*neutrale Anredeform für unverheiratete und verheiratete Frauen*)
MS ***Mississippi*** (*Staat der USA*); ***manuscript*** Ms., Mskr., Manuskript *n*; ***motorship*** MS, Motorschiff *n*
MSc ***Master of Science*** Magister *m* der Naturwissenschaften
MT ***Montana*** (*Staat der USA*)
Mt ***Mount*** Berg *m*
mth, mths ***month(s)*** Monat(e *Pl*) *m*
MW ***medium wave*** MW, Mittelwelle *f* (*Rundfunk*)

N

N ***north*** N, Nord(en *m*); ***north(ern)*** *n*, nördlich
n/a ***not applicable*** nicht zutreffend

NASA ['næsə] *Am* ***National Aeronautics and Space Administration*** NASA, Nationale Luft- und Raumfahrtbehörde
NATO ['neɪtəʊ] ***North Atlantic Treaty Organization*** Nato *f*
NB, n.b. ***nota bene*** (= ***note well***) NB, notabene
NBC ***National Broadcasting Company*** (*amerikanische Rundfunkgesellschaft*)
NC, N.C. ***North Carolina*** (*Staat der USA*)
ND, N.D. ***North Dakota*** (*Staat der USA*)
NE ***Nebraska*** (*Staat der USA*); ***northeast*** NO, Nordost(en *m*); ***northeast(ern)*** nö, nordöstlich
Neb., Nebr. ***Nebraska*** (*Staat der USA*)
neg. ***negative*** neg., negativ
Nev. ***Nevada*** (*Staat der USA*)
NGO ***non-governmental organization*** Nichtregierungsorganisation *f*
NH, N.H. ***New Hampshire*** (*Staat der USA*)
NHS *Br* ***National Health Service*** staatlicher Gesundheitsdienst
NJ, N.J. ***New Jersey*** (*Staat der USA*)
NM, N.M., N.Mex. ***New Mexico*** (*Staat der USA*)
No. ***north*** N, Nord(en *m*); ***numero*** (= ***number***) Nr., Nummer *f*
no. ***numero*** (= ***number***) Nr., Nummer *f*
Northants [nɔː'θænts] ***Northamptonshire***
Northd ***Northumberland***
Notts ***Nottinghamshire***
Nov. ***November*** Nov., November *m*
NPT ***nuclear non-proliferation treaty*** Vertrag *m* über die Nichtweiterverbreitung von Atomwaffen
NSB *Br* ***National Savings Bank*** *etwa*: Postsparkasse *f*
NT ***New Testament*** NT, Neues Testament
Nth ***North*** Nord-…, Nord…
nt.wt. ***net weight*** Nettogewicht *n*
NV ***Nevada*** (*Staat der USA*)
NW ***northwest*** NW, Nordwest(en *m*); ***northwest(ern)*** nw, nordwestlich
NY, N.Y. ***New York*** (*Staat der USA*)
NYC, N.Y.C. ***New York City*** (die Stadt) New York *n*
NZ ***New Zealand*** Neuseeland *n*

O

OAP ***old age pensioner*** Rentner(in), Senior(in)
OAS ***Organization of American States*** Organisation *f* Amerikanischer Staaten
Oct. ***October*** Okt., Oktober *m*
OD ***overdose*** Überdosis *f*
OECD ***Organization for Economic Cooperation and Development*** Organisation *f* für wirtschaftliche Zusammenarbeit und Entwicklung
OH ***Ohio*** (*Staat der USA*)
OHMS ***On His (Her) Majesty's Service*** im Dienst Seiner (Ihrer) Majestät; Dienstsache *f*
OHP ***overhead projector*** Overheadprojektor *m*
OK, Okla. ***Oklahoma*** (*Staat der USA*)
o.n.o. ***or nearest offer*** VB, Verhandlungsbasis *f*
OPEC ***Organization of (the) Petroleum Exporting Countries*** OPEC *f*, Organisation *f* der Erdöl exportierenden Länder
OR, Ore., Oreg. ***Oregon*** (*Staat der USA*)
OT ***Old Testament*** AT, Altes Testament
Oxon ['ɒksn] ***Oxfordshire*** (*ursprünglich*: ***Oxonia***); ***Oxoniensis*** (= ***of Oxford University***) … der Universität Oxford
oz ***ounce(s)*** Unze(n *Pl*) *f* (*28,35 g*)

P

p *Br* ***penny, pence*** (*Währungseinheit*)
p. ***page*** S., Seite *f*; ***part*** T., Teil *m*
PA, Pa. ***Pennsylvania*** (*Staat der USA*)
p.a. ***per annum*** (= ***per year***) pro Jahr, jährlich
PAS ***power-assisted steering*** MOT Servolenkung *f*
PAYE *Br* ***pay as you earn*** (*Quellenabzugsverfahren. Arbeitgeber zieht Lohn- bzw. Einkommensteuer direkt vom Lohn bzw. Gehalt ab*)
PC ***personal computer*** PC *m*, Personal Computer *m*; *Br* ***police constable*** Polizist(in), Wachtmeister(in)
pcm ***per calendar month*** pro (Kalender)Monat (*bei Mietangaben*)
PCS ***personal communications services*** *Mobilfunkstandard in den USA*
p.d. ***per diem*** (= ***by the day***) pro Tag
PDA ***personal digital assistant*** PDA, *allg auch* Palmtop *m*, Kleincomputer *m*
PE ***physical education*** Sport *m* (*Schulfach*)
P.E.N., PEN [pen], *meist* **PEN Club** PEN-Club *m*
Penn., Penna. ***Pennsylvania*** (*Staat der USA*)
per pro., per proc. ***per procurationem*** (= ***by proxy***) pp., ppa., per Prokura; (= ***on behalf of***) i.A., im Auftrag
PGD ***preimplantation (genetic) diagnosis*** PID, Präimplantationsdiagnose *f*
PhD ***philosophiae doctor*** (= ***Doctor of Philosophy***) Dr. phil., Doktor *m* der Philosophie
PIN ***personal identification number*** PIN *f*, PIN-Code *m*, Geheimzahl *f*
Pl ***Place*** *Pl*, Platz *m*
pl ***plural*** *Pl*, Plural *m*
PLC, Plc, plc *Br* ***public limited company*** AG, Aktiengesellschaft *f*
PM *Br* ***Prime Minister*** Premierminister(in); *Am* → ***p.m.***
p.m., pm ***post meridiem*** (= ***after noon***) abends, nachm., nachmittags
PMS ***premenstrual syndrome*** prämenstruelles Syndrom
PO ***postal order*** Postanweisung *f*; ***post office*** Postamt *n*
POB ***post office box*** Postfach *n*
POD ***pay on delivery*** per Nachnahme
pop. ***population*** Einw., Einwohner(zahl *f*) *Pl*
POS ***point of sale*** POS, Verkaufsort *m*, Verkaufsstelle *f*
POW ***prisoner of war*** Kriegsgefangene *m, f*
pp. ***pages*** Seiten *Pl*
p.p. → ***per pro(c).***
PR ***public relations*** PR *f*, Öffentlichkeitsarbeit *f*
Pres. ***president*** Präsident *m*
Prof. ***Professor*** Prof., Professor *m*
PS ***postscript*** PS, Postskript(um) *n*
PTA ***parent-teacher association*** Eltern-Lehrer-Vertretung *f*, Elternbeirat *m*
PTO, p.t.o. ***please turn over*** b. w., bitte wenden

PX ***post exchange*** (*Verkaufsladen für Angehörige der US-Streitkräfte*)

R

® ***registered trademark*** eingetragenes Warenzeichen, Marke *f*
r. ***right*** r., rechts
RAC *Br* ***Royal Automobile Club*** *der* Königliche Automobilklub
RAF ***Royal Air Force*** *die* Königlich-Britische Luftwaffe
RAM [ræm] COMPUTER ***random access memory*** Speicher *m* mit wahlfreiem Zugriff, Direktzugriffsspeicher *m*, Arbeitsspeicher *m*
RC ***Roman Catholic*** r.-k., röm.-kath.
Rd ***Road*** Str., Straße *f*
ref. (***in*** *oder* ***with***) ***reference to*** Betr., Betreff
regd ***registered*** eingetragen; eingeschrieben
rep ***repetition*** Wdh., Wiederholung *f*
ret., **retd** ***retired*** i.R., im Ruhestand, a.D., außer Dienst
Rev., **Revd** ***Reverend*** REL Hochwürden (*Titel und Anrede*)
RI, **R.I.** ***Rhode Island*** (*Staat der USA*)
RN ***Royal Navy*** *die* Königlich-Britische Marine
RNA ***ribonucleic acid*** RNS, Ribonukleinsäure *f*
ROM [rɒm] COMPUTER ***read only memory*** Lesespeicher *m*
RP *Br* ***received pronunciation*** Standardaussprache *f* (*des Englischen in Südengland*); ***reply paid*** Rückantwort bezahlt
r.p.m. ***revolutions per minute*** U/min., Umdrehungen *Pl* pro Minute
RRP ***recommended retail price*** unverbindlicher (Einzelhandels)Richtpreis, unverbindliche Preisempfehlung
RS *Br* ***Royal Society*** Königliche Gesellschaft (*traditionsreicher naturwissenschaftlicher Verein*)
RSVP ***répondez s'il vous plaît*** (= ***please reply***) u.A.w.g., um Antwort wird gebeten
Rt Hon. ***Right Honourable*** *der* Sehr Ehrenwerte (*Titel und Anrede*)
RV *Am* ***recreational vehicle*** Wohnwagen *m*

S

S ***south*** S, Süd(en *m*); ***south***(***ern***) s, südlich; ***small*** (***size***) klein
s ***second***(***s***) Sek., sek., s, Sekunde(n *Pl*) *f*; *hist Br* ***shilling***(***s***) Schilling(e *Pl*) *m*
SA ***Salvation Army*** Heilsarmee *f*; ***South Africa*** Südafrika *n*
s.a.e. ***stamped addressed envelope*** frankierter Rückumschlag
Salop ['sæləp] ***Shropshire***
SALT [sɔːlt] HIST ***Strategic Arms Limitation Talks*** (*Verhandlungen zwischen der Sowjetunion und den USA über Begrenzung und Abbau strategischer Waffensysteme*)
SASE *bes Am* ***self-addressed stamped envelope*** *frankierter, mit eigener Anschrift versehener Briefumschlag*
Sat. ***Saturday*** Sa., Samstag *m*, Sonnabend *m*
SAT *Am* ***scholastic aptitude test*** Aufnahmeprüfung *f*; *Br* ***standard assessment task*** Einstufungstest *m*
SC, **S.C.** ***South Carolina*** (*Staat der USA*)
SD, **S.D.**, **S.Dak.** ***South Dakota*** (*Staat der USA*)
SDP *Br* ***Social Democratic Party*** Sozialdemokratische Partei
SE ***southeast*** SO, Südost(en *m*); ***southeast***(***ern***) sö, südöstlich; ***Stock Exchange*** Börse *f*
Sec. ***Secretary*** Sekr., Sekretär(in); POL Minister(in)
sec. ***second***(***s***) Sek., sek., s, Sekunde(n *Pl*) *f*; ***secretary*** Sekr., Sekretär(in)
Sen., **sen.** ***Senior*** sen., senior
Sep., **Sept.** ***September*** Sept., September *m*
SF ***science fiction*** Science-Fiction *f*
SME ***small and medium-sized enterprises*** *Pl* mittelständische Betriebe *Pl*, Mittelstand *m*
SMS ***Short Message Service*** SMS
Soc. ***society*** Gesellschaft *f*, Verein *m*
Som ***Somerset***
Sq. ***Square*** Pl, Platz *m*
sq. ***square*** Quadrat…
SS ***steamship*** Dampfer *m*
St ***Saint*** St. …, Sankt …; ***Street*** Str., Straße *f*
st *Br* ***stone*** (*Gewichtseinheit von 6,35kg*)
STA ***scheduled time of arrival*** Planmäßige Ankunft(szeit)
Staffs [stæfs] ***Staffordshire***
STD ***sexually transmitted disease*** Geschlechtskrankheit *f*; ***subscriber trunk dialling*** TEL *Br* Selbstwählferndienst *m*; ***scheduled time of departure*** planmäßige Abflug- *bzw.* Abfahrtszeit
Sth ***South*** Süd-…, Süd…
Suff ***Suffolk***
Sun. ***Sunday*** So., Sonntag *m*
SW ***southwest*** SW, Südwest(en *m*); ***southwest*** (***-ern***) sw, südwestlich; ***short wave*** KW, Kurzwelle *f* (*Rundfunk*)

T

t ***ton***(***s***) Tonne(n *Pl*) *f* (*Br 1016 kg, Am 907,18 kg*); ***tonne***(***s***) (= ***metric ton***[***s***]) t, Tonne(n *Pl*) *f* (*1000 kg*)
TAN ***transaction number*** Transaktionsnummer *f* (*für Onlinebankgeschäfte*)
TB ***tuberculosis*** Tb, Tbc, Tuberkulose *f*
tel. ***telephone*** (***number***) Tel., Telefon(nummer *f*) *n*
Tenn. ***Tennessee*** (*Staat der USA*)
Tex. ***Texas*** (*Staat der USA*)
TGWU *Br* ***Transport and General Workers' Union*** Transportarbeitergewerkschaft *f*
Thur., **Thurs.** ***Thursday*** Do., Donnerstag *m*
TLC ***tender loving care*** liebevolle Zuwendung
TM ***trademark*** eingetragenes Warenzeichen, Marke *f*
TN ***Tennessee*** (*Staat der USA*)
TU ***trade***(***s***) ***union*** Gewerkschaft *f*
TUC *Br* ***Trades Union Congress*** Gewerkschaftsbund *m*
Tue., **Tues.** ***Tuesday*** Di(e)., Dienstag *m*
TX ***Texas*** (*Staat der USA*)

U

UCE ***unsolicited commercial e-mail*** unaufgefordert zugesandte Werbe-E-Mail

UEFA [juːˈeifə] ***Union of European Football Associations*** UEFA
UFO [ˈjuːfəʊ] *oder* [ˌjuː ef ˈəʊ] *Pl* **UFO's**, **UFOs** ***unidentified flying object*** UFO
UHF ***ultrahigh frequency*** UHF, Ultrahochfrequenz(bereich *m*) *f*, Dezimeterwellenbereich *m*
UHT ***ultra-heat-treated***: ***UHT milk*** H-Milch *f*
UK ***United Kingdom*** Vereinigtes Königreich
UMTS IT ***universal mobile telecommunications system*** *Übertragungsstandard für drahtlose Kommunikation*
UN ***United Nations*** UNO, *die* Vereinten Nationen *Pl*
UNESCO [juːˈneskəʊ] ***United Nations Educational, Scientific, and Cultural Organization*** UNESCO, Organisation *f* der Vereinten Nationen für Erziehung, Wissenschaft und Kultur
UNICEF [ˈjuːnɪsef] ***United Nations Children's Fund*** UNICEF, Kinderhilfswerk *n* der Vereinten Nationen
UNO [ˈjuːnəʊ] ***United Nations Organization*** UNO, *die* Vereinten Nationen
UPI ***United Press International*** (*amerikanische Nachrichtenagentur*)
URL *Internet*: ***uniform resource locator*** URL, einheitlicher Quellenlokalisierer, URL-Adresse *f*
US ***United States*** Vereinigte Staaten *Pl*
USA ***United States of America*** *die* USA *Pl*, Vereinigte Staaten *Pl* von Amerika
USSR ***Union of Soviet Socialist Republics*** HIST die UdSSR, Union *f* der Sozialistischen Sowjetrepubliken
USW ***ultrashort wave*** UKW, Ultrakurzwelle *f* (*Rundfunk*)
UT, **Ut.** ***Utah*** (*Staat der USA*)

V

V ***volt(s)*** V, Volt *n* (*oder Pl*)
VA, **Va.** ***Virginia*** (*Staat der USA*)
VAT [ˌviː eɪ ˈtiː] *oder* [væt] ***value-added tax*** MwSt., Mehrwertsteuer *f*
VCR ***video cassette recorder*** Videorekorder *m*
VD ***venereal disease*** Geschlechtskrankheit *f*
VDU ***visual display unit*** Bildschirmanzeige *f*, Bidschirmdisplay *n*
VHF ***very high frequency*** VHF, UKW, Ultrakurzwelle(nbereich *m*) *f*
VIN ***vehicle identification number*** Kfz-Kennzeichen *n*
VIP ***very important person*** VIP (*prominente Persönlichkeit*)
vol. ***volume*** Bd., Band *m*
vols ***volumes*** Bde., Bände *Pl*
vs. ***versus*** contra, gegen
VS ***veterinary surgeon*** Tierarzt *m*
VSO ***voluntary service overseas*** *Br* Entwicklungsdienst *m*
VSOP ***very special*** (*oder* ***superior***) ***old pale*** (*Qualitätsbezeichnung für 20–25 Jahre alten Weinbrand, Portwein etc*)
VT, **Vt.** ***Vermont*** (*Staat der USA*)
vv, **v.v.** ***vice versa*** v.v., umgekehrt

W

W ***west*** W, West(en *m*); ***west(ern)*** w, westlich; ***watt(s)*** W, Watt *n* (*oder Pl*)
w. ***with*** m., mit; ***width*** Br, Breite *f*
WA ***Washington*** (*Staat der USA*)
WAP IT ***wireless application protocol*** *Übertragungsstandard für drahtlose Kommunikation*
War., **Warks** ***Warwickshire***
Wash. ***Washington*** (*Staat der USA*)
WC ***water closet*** WC *n*, Toilette *f*
Wed., **Weds.** ***Wednesday*** Mi., Mittwoch *m*
WHO ***World Health Organization*** WGO, Weltgesundheitsorganisation *f*
WI ***Wisconsin*** (*Staat der USA*)
Wilts ***Wiltshire***
Wis., **Wisc.** ***Wisconsin*** (*Staat der USA*)
WP ***word processor*** Textverarbeitungssystem *n*, -gerät *n*; ***word processing*** Textverarbeitung *f*; ***weather permitting*** bei schönem Wetter, wenn es das Wetter erlaubt
w.p.m., **wpm** ***words per minute*** Wörter *Pl* pro Minute
wt., **wt** ***weight*** Gew., Gewicht *n*
WV, **W Va.** ***West Virginia*** (*Staat der USA*)
WWI ***World War I*** der Erste Weltkrieg
WWII ***World War II*** der Zweite Weltkrieg
WWW *Internet*: ***World-Wide Web*** WWW, *kurz*: Web *n*
WY, **Wyo.** ***Wyoming*** (*Staat der USA*)

X

XL ***extra large*** (***size***) extragroß
Xroads [ˈeksrəʊdz] ***crossroads*** Straßenkreuzung *f*
XS ***extra small*** (***size***) extraklein

Y

yd *Pl auch* **yds** ***yard(s)*** Yard(s *Pl*) *n* (*91,44 cm*)
YHA ***Youth Hostels Association*** Jugendherbergsverband *m*
YMCA ***Young Men's Christian Association*** CVJM, Christlicher Verein Junger Menschen
Yorks [jɔːks] ***Yorkshire***
Y2K ***year 2000*** J2K, Y2K, Jahr *n* 2000
YWCA ***Young Women's Christian Association*** CVJF, Christlicher Verein Junger Frauen und Mädchen

Deutsche Abkürzungen
German Abbreviations

A

AA *das* ***Auswärtige Amt*** Foreign Office
Abb. ***Abbildung*** ill(us)., illustration; fig., figure
Abf. ***Abfahrt*** dep., departure
Abk. ***Abkürzung*** abbr., abbreviation
ABM ***Arbeitsbeschaffungsmaßnahme*** job creation measure
Abo ***Abonnement*** subscription
Abs. ***Absatz*** par., paragraph; ***Absender*** sender
ABS ***Antiblockiersystem*** ABS, anti-lock braking system
Abschn. ***Abschnitt*** section; ch., chapter
Abt. ***Abteilung*** dept, department
abzgl. ***abzüglich*** less, minus
a.D. ***außer Dienst*** ret., retired; ***an der Donau*** on the Danube
ADAC ***Allgemeiner Deutscher Automobil-Club*** General German Automobile Association
Adr. ***Adresse*** address
AG ***Aktiengesellschaft*** *Br* PLC, Plc, public limited company; *Am* (stock) corporation
AKW ***Atomkraftwerk*** nuclear power station
allg. ***allgemein*** gen., general
a.M. ***am Main*** on the Main
am., amer. (amerik.) ***amerikanisch*** Am., American
amtl. ***amtlich*** off., official
Anh. ***Anhang*** app., appendix
Ank. ***Ankunft*** arr., arrival
Anl. ***Anlage(n)*** (*im Brief*) enc(l)., enclosure(s)
Anm. ***Anmerkung*** note
anschl. ***anschließend*** foll., following
a.o. Prof. ***außerordentlicher Professor*** *Br* senior lecturer; *Am* associate professor
APO HIST ***Außerparlamentarische Opposition*** extraparliamentary opposition
App. ***Apparat*** TEL ext., extension; telephone
ARD ***Arbeitsgemeinschaft der öffentlich-rechtlichen Rundfunkanstalten der Bundesrepublik Deutschland*** *Working Pool of the Broadcasting Corporations of the Federal Republic of Germany*
a.Rh. ***am Rhein*** on the Rhine
Art. ***Artikel*** art., article
AU, ASU ***Abgas(sonder)untersuchung*** exhaust-emission check
Aufl. ***Auflage*** ed., edition
Az. ***Aktenzeichen*** file number

B

b. ***bei*** at; with; *räumlich*: nr, near; *Adresse*: c/o, care of
BAföG ***Bundesausbildungsförderungsgesetz*** student financial assistance scheme, Federal law for the promotion of training
Bd. ***Band*** (*Buch*) vol., volume
Bde. ***Bände*** (*Bücher*) vols, volumes
beil. ***beiliegend*** encl., enclosed
BENELUX ***Belgien, Niederlande, Luxemburg*** Benelux countries, Belgium, the Netherlands, and Luxembourg
bes. ***besonders*** esp., especially
Best.-Nr. ***Bestellnummer*** ord. no., order number
Betr. ***Betreff, betrifft*** (*in Briefen*) re
betr. ***betreffend, betreffs*** conc., concerning; regarding
Bev. ***Bevölkerung*** pop., population
Bez. ***Bezeichnung*** mark; (*Name*) name, designation; ***Bezirk*** dist., district
BGB ***Bürgerliches Gesetzbuch*** Civil Code
BGH ***Bundesgerichtshof*** Federal Supreme Court
BH *ugs* ***Büstenhalter*** bra
Bhf. ***Bahnhof*** Sta., station
BLZ ***Bankleitzahl*** bank code number
BND ***Bundesnachrichtendienst*** Federal Intelligence Service
BRD ***Bundesrepublik Deutschland*** FRG, Federal Republic of Germany; HIST West Germany
brit. ***britisch*** Br(it)., British
BRT ***Bruttoregistertonnen*** GRT, gross register tons
BSE ***bovine spongiforme Enzephalopathie*** BSE, bovine spongiform encephalopathy
Btx ***Bildschirmtext*** viewdata
Bw. ***Bundeswehr*** Federal Armed Forces
b.w. ***bitte wenden*** PTO, p.t.o., please turn over
BWL ***Betriebswirtschaftslehre*** business administration, business economics
bzgl. ***bezüglich*** with reference to
bzw. ***beziehungsweise*** resp., respectively

C

C ***Celsius*** C, Celsius, centigrade
ca. ***circa, ungefähr, etwa*** c, ca, circa; about; approx., approximately
cand. ***candidatus, Kandidat*** (*Prüfungsanwärter*) candidate
CD ***Compact Disc*** CD
CDU ***Christlich-Demokratische Union*** Christian Democratic Union
Co. (*veraltet*) ***Compagnie*** (*Handelsgesellschaft*) co., company; ***Compagnon*** (*Mitinhaber*) partner
CSU ***Christlich-Soziale Union*** Christian Social Union
ct ***cent(s)*** ct(s)
CVJF ***Christlicher Verein Junger Frauen und Mädchen*** YWCA, Young Women's Christian Association
CVJM ***Christlicher Verein Junger Männer*** YMCA, Young Men's Christian Association; ***Christlicher Verein Junger Menschen*** Young People's Christian Association

D

d.Ä. ***der Ältere*** Sen., sen., Snr, Sr, senior
DAX® ***Deutscher Aktienindex*** German Stock Index

DB ***Deutsche Bahn AG*** German Railways, Plc; ***Deutsche Bundesbank*** German Federal Bank
DDR ***Deutsche Demokratische Republik*** HIST GDR, German Democratic Republic; East Germany
DFB ***Deutscher Fußballbund*** German Football Association
DGB ***Deutscher Gewerkschaftsbund*** Federation of German Trade Unions
dgl. ***dergleichen, desgleichen*** the like
d.Gr. ***der*** *oder* ***die Große*** the Great
d.h. ***das heißt*** i.e., that is
DHH ***Doppelhaushälfte*** semi
d.i. ***das ist*** i.e., that is
DIN ***Deutsches Institut für Normung*** German Institute for Standardization; ***Deutsche Industrienormen*** German Industrial Standards
Dipl ***Diplom*** **(…** with a) diploma (in …)
Dipl-Ing. ***Diplomingenieur(in)*** *etwa*: graduate engineer
Dir. ***Direktor*** Dir., dir. director; ***Direktion*** *the* directors *Pl*
d.J. ***der Jüngere*** Jun., jun., Jnr, Jr, junior; ***dieses Jahres*** of this year
DJH ***Deutsches Jugendherbergswerk*** German Youth Hostel Association
DM ***Deutsche Mark*** HIST German Mark(s), Deutschmark(s)
d.M. ***dieses Monats*** inst., instant
d.O. ***der (die, das) Obige*** the above-mentioned
Doz. ***Dozent(in)*** lecturer
dpa ***Deutsche Presseagentur*** German Press Agency
Dr. ***Doktor*** Dr, Doctor
Dr. jur. ***Doktor der Rechte*** LLD, Doctor of Laws
Dr. med. ***Doktor der Medizin*** MD, Doctor of Medicine
Dr. phil. ***Doktor der Philosophie*** DPhil, PhD, Doctor of Philosophy
Dr. rer. nat. ***Doktor der Naturwissenschaften*** DSc, ScD, Doctor of Science
Dr. theol. (*evangelisch*: **D. theol.**) ***Doktor der Theologie*** DD, Doctor of Divinity
dt. ***deutsch*** Ger., German
DTP ***Desktop-Publishing*** DTP
Dtzd. ***Dutzend*** doz., dozen(s)
DV ***Datenverarbeitung*** DP, data processing

E

ebd. ***ebenda*** ib(id)., ibidem, in the same place
EBK ***Einbauküche*** fitted kitchen
Ed. ***Edition, Ausgabe*** ed., edition
ed. ***edidit, hat herausgegeben*** ed., edited by, published by
EDV ***elektronische Datenverarbeitung*** EDP, electronic data processing
EEG ***Elektroenzephalogramm*** EEG, electroencephalogram
EG ***Europäische Gemeinschaft*** HIST EC, European Community
e.h. ***ehrenhalber*** hon., honorary
ehm., ehem. ***ehemals*** formerly; ***ehemalig*** former
eidg. ***eidgenössisch*** (= *schweizerisch*) fed., federal, confederate, Swiss
eigtl. ***eigentlich*** actual(ly), real(ly), *Adv auch* strictly speaking
einschl. ***einschließlich*** incl., inclusive(ly), including; ***einschlägig*** relevant
EKD ***Evangelische Kirche in Deutschland*** Protestant Church in Germany
EKG ***Elektrokardiogramm*** ECG, electrocardiogram
engl. ***englisch*** Eng., English
entspr. ***entsprechend*** corr., corresponding
EPA ***Europäisches Patentamt*** EPO, European Patent Office
erb. ***erbaut*** built, erected
Erw. ***Erwachsene*** *Pl* adults
ESZB ***Europäisches System der Zentralbanken*** ESCB, European System of Central Banks
EU ***Europäische Union*** EU, European Union
EuGH ***Europäischer Gerichtshof*** ECJ, European Court of Justice
EUR ***Euro*** EUR, euro
ev. ***evangelisch*** Prot., Protestant
e.V. ***eingetragener Verein*** registered society *oder* association
evtl. ***eventuell*** poss., possibly; perhaps
EWS ***Europäisches Währungssystem*** EMS, European Monetary System
EWU ***Europäische Währungsunion*** EMU, European Monetary Union
exkl. ***exklusive*** exc., except(ed); excl., exclusive, excluding
ExPl ***Exemplar*** sample, copy
EZB ***Europäische Zentralbank*** ECB, European Central Bank

F

F ***Fahrenheit*** F, Fahrenheit
Fa. ***Firma*** firm; (*auf Adressen*) Messrs
Fam. ***Familie*** family; (*auf Adressen*) Mr & Mrs … (and family)
FC ***Fußballclub*** FC, Football Club
FCKW ***Fluorchlorkohlenwasserstoff*** CFC, chlorofluorocarbon
FDGB ***Freier Deutscher Gewerkschaftsbund*** (*DDR*) HIST Free Federation of German Trade Unions
FDP ***Freie Demokratische Partei*** Liberal Democratic Party
FH ***Fachhochschule*** *etwa*: (advanced) technical college
Fig. ***Figur*** fig., figure; diag., diagram
fig. ***figurativ, figürlich, bildlich*** fig., figurative(ly)
FKK ***Freikörperkultur*** nudism
folg. ***folgend(e etc)*** foll., following
Forts. ***Fortsetzung*** continuation; **Forts. f.** ***Fortsetzung folgt*** to be contd, to be continued
Fr. ***Frau*** Mrs; Ms (*Familienstand nicht erkennbar*)
Frl. ***Fräulein*** Miss
frz. ***französisch*** Fr., French

G

GAP *EU*: ***gemeinsame Agrarpolitik*** CAP, common agricultural policy
GAU ***größter anzunehmender Unfall*** MCA, maximum credible accident

GB, **Gbyte** ***Gigabyte*** GB
geb. ***geboren*** b., born; ***geborene ...*** née; ***gebunden*** bd, bound
Gebr. ***Gebrüder*** Bros., Brothers
gegr. ***gegründet*** founded; est(ab)., established
gek. ***gekürzt*** (*Buch*, *Text*) abr., abridged
Ges. ***Gesellschaft*** assoc., association; co., company; soc., society; ***Gesetz*** law
gesch. ***geschieden*** div., divorced
ges. gesch. ***gesetzlich geschützt*** regd, registered
gest. ***gestorben*** d., died, deceased
Gew. ***Gewicht*** w., wt, weight
gez. ***gezeichnet*** (*vor der Unterschrift*) sgd, signed
ggf., **ggfs.** ***gegebenenfalls*** should the occasion arise; if necessary; if applicable
GmbH ***Gesellschaft mit beschränkter Haftung*** limited liability company
GUS ***Gemeinschaft Unabhängiger Staaten*** CIS, Commonwealth of Independent States

H

Hbf. ***Hauptbahnhof*** cent. sta., central station; main sta., main station
h.c. ***honoris causa, ehrenhalber*** hon., honorary
Hg., **Hrsg.** ***Herausgeber*** ed., editor
hg., **hrsg.** ***herausgegeben*** ed., edited
hins. ***hinsichtlich*** with regard to, regarding, as to
HIV ***human immunodeficiency virus*** HIV
HP ***Halbpension*** half board
Hr., **Hrn.** ***Herr(n)*** Mr

I

i. ***im, in*** in (the)
i.A. ***im Auftrag*** p.p., per pro
i. Allg. ***im Allgemeinen*** in general, gen., generally, (*im Ganzen*) on the whole
i.B. ***im Besonderen*** in particular
IC ***Intercity*** intercity (train)
ICE® ***Intercityexpress®*** high-speed train
i.D. ***im Dienst*** on duty; ***im Durchschnitt*** on av., on average
i.H. ***im Hause*** on the premises
IHK ***Industrie- und Handelskammer*** Chamber of Industry and Commerce
Ing. ***Ingenieur(in)*** eng., engineer
Inh. ***Inhaber(in)*** prop., propr, proprietor; ***Inhalt*** cont., contents
inkl. ***inklusive*** incl., including, included; inclusive of
i.R. ***im Ruhestand*** ret., retd, retired
IRK ***Internationales Rotes Kreuz*** IRC, International Red Cross
ISBN ***Internationale Standardbuchnummer*** ISBN, international standard book number
i.V. ***in Vertretung*** p.p., by proxy, on behalf of; ***in Vorbereitung*** in prep., in preparation
IWF ***Internationaler Währungsfonds*** IMF, International Monetary Fund

J

Jh. ***Jahrhundert*** c, cent., century
jhrl. ***jährlich*** yearly, ann., annual(ly)
jr., **jun.** ***junior*** Jun., jun., Jnr, Jr, junior
jur. ***juristisch*** leg., legal
J2K ***Jahr 2000*** Y2K, year 2000

K

K ***Kilobyte*** k, kilobyte
Kap. ***Kapitel*** ch(ap)., chapter
kath. ***katholisch*** C(ath)., Catholic
KB, **Kbyte** ***Kilobyte*** KB, kilobyte
Kfm. ***Kaufmann*** merchant; businessman; trader; dlr, dealer; agt, agent
kfm. ***kaufmännisch*** com(m)., commercial
Kfz. ***Kraftfahrzeug*** motor vehicle
KG ***Kommanditgesellschaft*** limited partnership
KI ***künstliche Intelligenz*** AI, artificial intelligence
Kl. ***Klasse*** cl., class
KP ***Kommunistische Partei*** CP, Communist Party
Kripo ***Kriminalpolizei*** *Br* CID, criminal investigation department
KST ***Kernspintomografie*** MRT, magnetic resonance tomography
Kto. ***Konto*** acct, a/c, account

L

l. ***links*** l., left
led. ***ledig*** single, unmarried
lfd. ***laufend*** current, running
lfd. Nr. ***laufende Nummer*** ser. no., serial number
Lfg., **Lfrg.** ***Lieferung*** dely, delivery
Lkw, **LKW** ***Lastkraftwagen*** *Br* HGV, heavy goods vehicle; *Br* lorry; *Am* truck
LP ***Langspielplatte*** LP, long-playing record
lt. ***laut*** acc. to, according to; as per
ltd. ***leitend*** man., managing
Ltg. ***Leitung*** direction; mangt, management
luth. ***lutherisch*** Luth., Lutheran

M

M ***Mark*** HIST mark(s) (*DDR-Währung*)
MA ***Mittelalter*** MA, Middle Ages
MAD ***Militärischer Abschirmdienst*** Military Counter-Intelligence Service
max. ***maximal*** max., maximum
MB ***Megabyte*** MB, megabyte
mbH ***mit beschränkter Haftung*** with limited liability
Mbyte ***Megabyte*** MB, megabyte
MdB ***Mitglied des Bundestages*** Member of the Bundestag
MdL ***Mitglied des Landtages*** Member of the Landtag
mdl. ***mündlich*** verbal, oral
m.E. ***meines Erachtens*** in my opinion
MEZ ***mitteleuropäische Zeit*** CET, Central European Time
MFV TEL ***Mehrfrequenzwahlverfahren*** MFC, multifrequency code
MG ***Maschinengewehr*** MG, machine gun
Mill. ***Million(en)*** m, million
Min., **min.** ***Minute(n)*** min., minute(s)
min. ***minimal*** min., minimum
Mio. ***Million(en)*** m, million

Mitw. ***Mitwirkung*** assistance, participation, co-operation
MKS ***Maul- und Klauenseuche*** FMD, foot-and--mouth (disease)
möbl. ***möbliert*** furn., furnished
mod. ***modern*** mod., modern
MP ***Maschinenpistole*** submachine gun
Mrd. ***Milliarde(n)*** bn, billion; *Br auch* thousand million
MS ***multiple Sklerose*** MS, multiple sclerosis
mtl. ***monatlich*** monthly
m.W. ***meines Wissens*** as far as I know
MwSt., MWSt. ***Mehrwertsteuer*** VAT, value-added tax

N

N ***Nord(en)*** N, north
n. ***nach*** after
Nchf., Nachf. ***Nachfolger*** successor
nachm. ***nachmittags*** p.m., pm, in the afternoon
näml. ***nämlich*** viz, i.e., namely, that is to say
n. Chr. ***nach Christus*** AD, anno domini
N.N. ***nomen nominandum*** name hitherto unknown
NO ***Nordost(en)*** NE, northeast
Nr. ***Nummer*** No., no., number
NW ***Nordwest(en)*** NW, northwest

O

O ***Ost(en)*** E, east
o. ***oben*** above; ***oder*** or; ***ohne*** w/o, without
o.ä. ***oder ähnlich*** or the like
o.Ä. ***oder Ähnliche(s** etc)* or the like
OB ***Oberbürgermeister*** mayor, *in GB*: Lord Mayor
o.B. ***ohne Befund*** results negative
Obb. ***Oberbayern*** Upper Bavaria
od. ***oder*** or
OHG ***offene Handelsgesellschaft*** general partnership
o. Prof. ***ordentlicher Professor*** Prof., prof., (full) professor
Orig. ***Original*** orig., original
orth. ***orthodox*** Orth., Orthodox (*Religion*)
österr. ***österreichisch*** Aus., Austrian
OSZE ***Organisation für Sicherheit und Zusammenarbeit in Europa*** OSCE, Organisation for Security and Cooperation in Europe

P

p. A., p. Adr. ***per Adresse*** c/o, care of
PC ***Personal Computer*** PC, personal computer
pers. ***persönlich*** pers., personal; personally, in person
Pf ***Pfennig*** HIST pf., pfennig
Pfd. ***Pfund*** (*Gewicht*) German pound(s)
PID ***Präimplantationsdiagnostik*** PGD, preimplantation (genetic) diagnosis (*od* diagnostics)
Pkt. ***Punkt*** pt, point
Pkw, PKW ***Personenkraftwagen*** (motor) car
Pl ***Platz*** Sq., Square
PLZ ***Postleitzahl*** postcode, *Am* zip code
pp., ppa. ***per Prokura*** p.p., per pro(c)., by proxy
Priv.-Doz. ***Privatdozent*** unsalaried lecturer
Prof. ***Professor*** Prof., Professor
PS ***Pferdestärken*** H.P, hp, horsepower; ***Postskriptum*** PS, postscript

Q

qkm (*veraltet*) ***Quadratkilometer*** sq.km, square kilometre
qm (*veraltet*) ***Quadratmeter*** sq.m, square metre

R

® ***eingetragenes Warenzeichen, Marke*** registered (trademark)
r. ***rechts*** r., right
RA ***Rechtsanwalt*** lawyer; *Br* sol., solr, solicitor; bar., barrister; *Am* att., atty, attorney
RAF ***Rote-Armee-Fraktion*** Red Army Faction
RAM ***random access memory*** RAM
rd. ***rund*** (= *ungefähr*) roughly
Reg.-Bez. ***Regierungsbezirk*** administrative district
Rel. ***Religion*** rel., religion
Rep. ***Republik*** Rep., Republic
resp. ***respektive*** resp., respectively
RH ***Reihenhaus*** terrace
RIAS ***Rundfunk im amerikanischen Sektor*** (*von Berlin*) HIST Radio in the American Sector (*of Berlin*)
rk., r.-k. ***römisch-katholisch*** RC, Roman Catholic
ROM ***read-only memory*** ROM
röm. ***römisch*** Rom., Roman

S

S ***Süd(en)*** S, south; ***Schilling*** HIST S, schilling
S. ***Seite*** p., page
s. ***siehe*** v., vide; see
S-Bahn ***Schnellbahn, Stadtbahn*** sub-urban (fast) train(s), suburban railway
Sek., sek. ***Sekunde(n)*** sec., second(s)
sen. ***senior*** Sen., sen., Snr, Sr, senior
SO ***Südost(en)*** SE, southeast
s.o. ***siehe oben*** see above
sog. ***so genannt(e, -es** etc)* so-called
SPD ***Sozialdemokratische Partei Deutschlands*** Social Democratic Party of Germany
SS ***Sommersemester*** summer semester *oder* (*Br*) term
St. ***Sankt*** St, Saint; ***Stück*** pc., *Pl* pcs., piece(s)
Std. ***Stunde(n)*** h., *Pl auch* hrs, *Sg auch* hr, hour(s)
stdl. ***stündlich*** hourly, every hour
Stdn. ***Stunden*** h., hrs, hours
stellv. ***stellvertretend*** asst, assistant
StGB ***Strafgesetzbuch*** penal *oder* criminal code
Str. ***Straße*** St, Street; Rd, Road
stud. ***studiosus, Student*** student
StVO ***Straßenverkehrsordnung*** (road) traffic regulations; *Br* Highway Code
s.u. ***siehe unten*** see below
SW ***Südwest(en)*** SW, southwest

T

tgl., tägl. ***täglich*** daily, a *oder* per day
Tel. ***Telefon*** tel., telephone

TH ***Technische Hochschule*** college of technology, technical university
TOP ***Tagesordnungspunkt*** agenda item
TU ***Technische Universität*** technical university
TÜV ***Technischer Überwachungsverein*** *etwa*: Association for Technical Inspection; Technical Control Board

U

U-Bahn ***Untergrundbahn*** *Br* underground; *Am* subway
u. ***und*** and
u.a. ***und andere(s)*** and others (other things); ***unter anderem (anderen)*** among other things, inter alia (among others)
u.Ä. ***und Ähnliche(s)*** and the like
u.A.w.g. ***um Antwort wird gebeten*** RSVP, please reply
u.dgl., u.dgl.m. ***und dergleichen (mehr)*** and so on; and the like
ü.d.M. ***über dem Meeresspiegel*** above sea level
UdSSR ***Union der Sozialistischen Sowjetrepubliken*** HIST USSR, Union of Soviet Socialist Republics
UKW ***Ultrakurzwelle*** ultrashort wave; FM, frequency modulation
U/min. ***Umdrehungen pro Minute*** r.p.m., revolutions per minute
urspr. ***ursprünglich*** orig., original(ly)
usw. ***und so weiter*** etc., and so on
u.U. ***unter Umständen*** poss., possibly; perh., perhaps; if need be
UV ***Ultraviolett*** UV, ultraviolet

V

v. ***von, vom*** of; from; by
V ***Volt*** V, volt(s)
V. ***Vers*** v., verse; l., line
VB ***Verhandlungsbasis*** (*Preis*) guide price, … o.n.o., … or near(est) offer
v.Chr. ***vor Christus*** BC, before Christ
v.D. ***vom Dienst*** on duty, in charge
VEB ***volkseigener Betrieb*** (*DDR*) HIST state-owned enterprise
Verf. ***Verfasser*** author
verh. ***verheiratet*** mar., married
Verl. ***Verlag*** publishing house *oder* company, publishers *Pl*
verw. ***verwitwet*** widowed
vgl. ***vergleiche*** cf., confer; cp., compare
v.H. ***vom Hundert*** pc, per cent
VHS ***Volkshochschule*** *Institution*: adult education program(me); *Kurse*: adult evening classes
v.J. ***vorigen Jahres*** of last year
v.M. ***vorigen Monats*** of last month
vorm. ***vormittags*** a.m., am, in the morning; ***vormals*** formerly
Vors. ***Vorsitzende*** chair; chm., chairman *bzw.* chw., chairwoman
VP ***Vollpension*** full board; board and lodging
v.T. ***vom Tausend*** per thousand

W

W ***West(en)*** W, west; ***Watt*** W, watt(s)
Wdh., Wdhlg. ***Wiederholung*** repetition; TV *etc* repeat
WEZ ***westeuropäische Zeit*** GMT, Greenwich Mean Time
WG ***Wohngemeinschaft*** flat share; people sharing a flat (*bes Am* an apartment) *oder* a house
Whg. ***Wohnung*** *Br* flat, *bes Am* apt., apartment
WS ***Wintersemester*** winter semester *oder* (*Br*) term
WWU ***Wirtschafts- und Währungsunion*** EMU, Economic and Monetary Union
WWW ***World Wide Web*** *Internet*: WWW, www, World Wide Web

Z

Z. ***Zeile*** l., line; ***Zahl*** number
z. ***zu, zum, zur*** at; to
z.B. ***zum Beispiel*** e.g., for example, for instance
ZDF ***Zweites Deutsches Fernsehen*** Second Channel *od* Program(me) of German Television Broadcasting
zeitgen. ***zeitgenössisch*** contemporary
z.H., z.Hd. ***zu Händen*** attn, attention (of)
Zi. ***Zimmer*** rm (no.), room (number); ***Ziffer*** fig., figure; No., no., number; JUR subparagraph; *in Vertrag etc*: item
z.T. ***zum Teil*** partly
Ztg. ***Zeitung*** (news)paper
zur. ***zurück*** back
zus. ***zusammen*** tog., together
zuzgl., zzgl. ***zuzüglich*** plus
zw. ***zwischen*** bet., between; among
zz., zzt. ***zurzeit*** (*jetzt, gegenwärtig*) at present, for the time being
z.Z., z.Zt. ***zur Zeit*** (*rückblickend*) at the time of

Zahlen – Numbers

Cardinal Numbers / Kardinalzahlen

Cardinal Numbers		Kardinalzahlen
nought, *bes Am* zero	**0**	null
one	**1**	eins
two	**2**	zwei
three	**3**	drei
four	**4**	vier
five	**5**	fünf
six	**6**	sechs
seven	**7**	sieben
eight	**8**	acht
nine	**9**	neun
ten	**10**	zehn
eleven	**11**	elf
twelve	**12**	zwölf
thirteen	**13**	dreizehn
fourteen	**14**	vierzehn
fifteen	**15**	fünfzehn
sixteen	**16**	sechzehn
seventeen	**17**	siebzehn
eighteen	**18**	achtzehn
nineteen	**19**	neunzehn
twenty	**20**	zwanzig
twenty-one	**21**	einundzwanzig
twenty-two	**22**	zweiundzwanzig
thirty	**30**	dreißig
thirty-one	**31**	einunddreißig
forty	**40**	vierzig
fifty	**50**	fünfzig
sixty	**60**	sechzig
seventy	**70**	siebzig
eighty	**80**	achtzig
ninety	**90**	neunzig
a *od* one hundred	**100**	hundert
a hundred and one	**101**	hundert(und)eins
two hundred	**200**	zweihundert
three hundred	**300**	dreihundert
five hundred and seventy-two	**572**	fünfhundert(und)zweiundsiebzig
a *od* one thousand	**1000**	(ein)tausend
a *od* one thousand and two	**1002**	(ein)tausend(und)zwei

1,000,000	a *od* one million	**1 000 000**	eine Million
2,000,000	two million	**2 000 000**	zwei Millionen
1,000,000,000	a *od* one billion	**1 000 000 000**	eine Milliarde

NB: Das *and* in Zahlen über hundert kann im amerikanischen Englisch entfallen:
five hundred (and) twenty.

Years / Jahreszahlen

Years		Jahreszahlen
ten sixty-six	**1066**	tausendsechsundsechzig
two thousand	**2000**	zweitausend
two thousand and eight	**2008**	zweitausend(und)acht

Ordinal Numbers — Ordinalzahlen

first	1st	erste
second	2nd	zweite
third	3rd	dritte
fourth	4th	vierte
fifth	5th	fünfte
sixth	6th	sechste
seventh	7th	siebte
eighth	8th	achte
ninth	9th	neunte
tenth	10th	zehnte
eleventh	11th	elfte
twelfth	12th	zwölfte
thirteenth	13th	dreizehnte
fourteenth	14th	vierzehnte
fifteenth	15th	fünfzehnte
sixteenth	16th	sechzehnte
seventeenth	17th	siebzehnte
eighteenth	18th	achtzehnte
nineteenth	19th	neunzehnte
twentieth	20th	zwanzigste
twenty-first	21st	einundzwanzigste
twenty-second	22nd	zweiundzwanzigste
twenty-third	23rd	dreiundzwanzigste
thirtieth	30th	dreißigste
thirty-first	31st	einunddreißigste
fortieth	40th	vierzigste
fiftieth	50th	fünfzigste
sixtieth	60th	sechzigste
seventieth	70th	siebzigste
eightieth	80th	achtzigste
ninetieth	90th	neunzigste
(one) hundredth	100th	hundertste
hundred and first	101st	hundertunderste
two hundredth	200th	zweihundertste
three hundredth	300th	dreihundertste
(one) thousandth	1000th	tausendste
nineteen hundred and fiftieth	1950th	(ein)tausendneunhundertfünfzigste
two thousandth	2000th	zweitausendste

Fractions and other Mathematical Functions — Bruchzahlen und Rechenvorgänge

one *od* a half	½	ein halb
one and a half	1 ½	anderthalb
two and a half	2 ½	zweieinhalb
one *od* a third	⅓	ein Drittel
two thirds	⅔	zwei Drittel
one *od* a quarter, one fourth	¼	ein Viertel
three quarters, three fourths	¾	drei Viertel
one *od* a fifth	⅕	ein Fünftel
three and four fifths	3 ⅘	drei vier Fünftel
five eighths	⅝	fünf Achtel
seventy-five per cent, *Am* percent	75 %	fünfundsiebzig Prozent
(nought [nɔːt]) point four five	0.45	null Komma vier fünf
two point five	2.5	zwei Komma fünf
seven and *od* plus eight are fifteen	7 + 8 = 15	sieben und *od* plus acht ist fünfzehn
nine minus *od* less four is five	9 – 4 = 5	neun minus *od* weniger vier ist fünf
twice three is *od* makes six	2 × 3 = 6	zwei mal drei ist sechs
twenty divided by five is four	20 : 5 = 4	zwanzig dividiert *od* geteilt durch fünf ist vier

Bei Rechenaufgaben:

once	**1 ×**	einmal
twice	**2 ×**	zweimal
three times	**3 ×**	dreimal
four times	**4 ×**	viermal

Bei Aufzählungen:

firstly, in the first place	**1.**	erstens
secondly, in the second place	**2.**	zweitens
thirdly, in the third place	**3.**	drittens

Nullen als Ziffern:

There are three noughts (*Am* zeros) in 1,000.

Sportergebnisse:

Our team won three-nil (*Am* three--zero) (3–0).

Telefonnummern, Kontonummern etc.:

The number is 308399.
(three 0 [əʊ] / zero eight three double nine)

NB: Beim Tennis wird *null* als *love* bezeichnet, im Tiebreak auch als *zero*.

Temperaturumrechnung – Temperature Conversion

Celsius – Fahrenheit

°C	°F
100	212
60	140
40	104
30	86
20	68
10	50
0	32
–10	14
–15	5
–20	–4

Fahrenheit – Celsius

°F	°C
200	93
140	60
100	38
80	27
60	16
50	10
32	0
0	–18
–4	–20
–15	–26

Die Umrechnungswerte sind gerundet. Die exakte Umrechnungsformel lautet:

von Fahrenheit nach Celsius: (°F – 32) × 5/9 = °C
von Celsius nach Fahrenheit: (9/5 × °C) + 32 = °F

Britische und amerikanische Maße und Gewichte
British and American Weights and Measures

Längenmaße

1 inch	= 2,54 cm
1 foot	= 12 inches = 30,48 cm
1 yard	= 3 feet = 91,44 cm
1 (statute) mile	= 1760 yards = 1,609 km

Flächenmaße

1 square inch	= 6,452 cm^2
1 square foot	= 144 square inches
	= 929,029 cm^2
1 square yard	= 9 square feet
	= 8361,26 cm^2
1 acre	= 4840 square yards
	= 4046,8 m^2
1 square mile	= 640 acres
	= 259 ha = 2,59 km^2

Handelsgewichte

1 ounce		= 28,35 g
1 pound		= 16 ounces
		= 453,59 g
1 stone		= 14 pounds
		= 6,35 kg
1 hundredweight		= 1 quintal
	Br	= 112 pounds
		= 50,802 kg
	Am	= 100 pounds
		= 45,359 kg
1 long ton	*Br*	= 20 hundredweights
		= 1016,05 kg
1 short ton	*Am*	= 20 hundredweights
		= 907,185 kg
1 metric ton		= 1000 kg

Raummaße

1 cubic inch	= 16,387 cm^3
1 cubic foot	= 1728 cubic inches
	= 0,02832 m^3
1 cubic yard	= 27 cubic feet
	= 0,7646 m^3

Britische Flüssigkeitsmaße

1 pint	= 0,568 l
1 quart	= 2 pints
	= 1,136 l
1 gallon	= 4 quarts
	= 4,5459 l

Amerikanische Flüssigkeitsmaße

1 pint	= 0,4732 l
1 quart	= 2 pints
	= 0,9464 l
1 gallon	= 4 quarts
	= 3,7853 l
1 barrel petroleum	= 42 gallons
	= 158,97 l

Deutsche Maße und Gewichte
German Weights and Measures

Längenmaße

1 mm	**Millimeter**	millimetre	= 0.039 inches
1 cm	**Zentimeter**	centimetre	= 0.39 inches
1 dm	**Dezimeter**	decimetre	= 3.94 inches
1 m	**Meter**	metre	= 1.094 yards
			= 3.28 feet
			= 39.37 inches
1 km	**Kilometer**	kilometre	= 1,093.637 yards
			= 0.621 British or Statute Miles
1 sm	**Seemeile** (*internationales Standardmaß*)	nautical mile	= 1,852 metres

Flächenmaße

1 mm²	**Quadratmillimeter**	square millimetre	= 0.0015 square inches
1 cm²	**Quadratzentimeter**	square centimetre	= 0.155 square inches
1 m²	**Quadratmeter**	square metre	= 1.195 square yards
			= 10.76 square feet
1 ha	**Hektar**	hectare	= 11,959.90 square yards
			= 2.47 acres
1 km²	**Quadratkilometer**	square kilometre	= 247.11 acres
			= 0.386 square miles

Raummaße

1 cm³	**Kubikzentimeter**	cubic centimetre	= 0.061 cubic inches
1 dm³	**Kubikdezimeter**	cubic decimetre	= 61.025 cubic inches
1 m³	**Kubikmeter**	cubic metre	= 1.307 cubic yards
			= 35.31 cubic feet
1 RT	**Registertonne**	register ton	= 100 cubic feet

Flüssigkeitsmaße

1l	**Liter**	litre	*Br*	= 1.76 pints
				= 0.88 quarts
				= 0.22 gallons
			Am	= 2.11 pints
				= 1.06 quarts
				= 0.26 gallons
1 hl	**Hektoliter**	hectolitre	*Br*	= 22.009 gallons
			Am	= 26.42 gallons

Gewichte

1 Pfd	**Pfund**	pound (German)	= ½ kilogram(me)
			= 500 gram(me)s
			= 1.102 pounds (avdp.*)
			= 1.34 pounds (troy)
1 kg	**Kilogramm, Kilo**	kilogram(me)	= 2.204 pounds (avdp.*)
			= 2.68 pounds (troy)
1 Ztr.	**Zentner**	centner	= 100 pounds (German)
			= 50 kilogram(me)s
			= 110.23 pounds (avdp.*)
			= 0.98 British hundredweights
			= 1.102 U.S. hundredweights
1 t	**Tonne**	ton	= 0.984 British tons
			= 1.102 U.S. tons
			= 1.000 metric tons

* **NB: avdp. = avoirdupois** Handelsgewicht *n*

Englische unregelmäßige Verben
English Irregular Verbs

infinitive	simple past	past participle
abide	abode, abided	abode, abided
alight	alighted, alit	alighted, alit
arise	arose	arisen
awake	awoke, awaked	awoken, awaked
be	was / were	been
bear	bore	*getragen*: borne *geboren*: born
beat	beat	beaten, beat
become	became	become
beget	begot	begotten
begin	began	begun
bend	bent	bent
bereave	bereft, bereaved	bereft, bereaved
beseech	besought, beseeched	besought, beseeched
bet	bet, betted	bet, betted
bid	bad(e), bid	bid, bidden
bide	bode, bided	bided
bind	bound	bound
bite	bit	bitten, bit
bleed	bled	bled
blow	blew	blown
break	broke	broken
breed	bred	bred
bring	brought	brought
broadcast	broadcast, broadcasted	broadcast, broadcasted
build	built	built
burn	burnt, burned	burnt, burned
burst	burst	burst
buy	bought	bought
can	could	–
cast	cast	cast
catch	caught	caught
choose	chose	chosen
cleave	cleft, clove, cleaved	cleft, cloven, cleaved
cling	clung	clung
clothe	clothed, clad	clothed, clad
come	came	come
cost	cost	cost
creep	crept	crept
crow	crowed, crew	crowed
cut	cut	cut
deal	dealt	dealt
deepfreeze	deepfroze, -freezed	deepfrozen, -freezed
dig	dug	dug
dive	dived, *Am a.* dove	dived
do	did	done

infinitive	simple past	past participle
draw	drew	drawn
dream	dreamt [dremt], dreamed	dreamt [dremt], dreamed
drink	drank	drunk
drive	drove	driven
dwell	dwelt, dwelled	dwelt, dwelled
eat	ate	eaten
fall	fell	fallen
feed	fed	fed
feel	felt	felt
fight	fought	fought
find	found	found
fit	fitted, *Am a.* fit	fitted, *Am a.* fit
flee	fled	fled
fling	flung	flung
fly	flew	flown
forecast	forecast, forecasted	forecast, forecasted
forbid	forbade, forbad	forbidden
forget	forgot	forgotten, forgot
forgive	forgave	forgiven
forsake	forsook	forsaken
freeze	froze	frozen
geld	gelded, gelt	gelded, gelt
get	got	got, *Am* gotten
gild	gilded, gilt	gilded, gilt
gird	girded, girt	girded, girt
give	gave	given
gnaw	gnawed	gnawed, gnawn
go	went	gone
grind	ground	ground
grip	gripped, *Am a.* gript	gipped, *Am a.* gript
grow	grew	grown
hang	*aufhängen* hung *erhängen* hanged	*aufhängen* hung *erhängen* hanged
have	had	had
hear	heard [hɜːd]	heard [hɜːd]
heave	heaved, hove	heaved, hove
hew	hewed	hewn, hewed
hide	hid	hidden, hid
hit	hit	hit
hold	held	held
hurt	hurt	hurt
inset	inset	inset
keep	kept	kept
kneel	knelt, kneeled	knelt, kneeled
knit	knitted, knit	knitted, knit
know	knew	known
lay	laid	laid
lead	led	led
lean	leant [lent], leaned	leant [lent], leaned
leap	leapt [lept], leaped	leapt [lept], leaped
learn	learnt, learned	learnt, learned
leave	left	left

infinitive	simple past	past participle
lend	lent	lent
let	let	let
lie	lay	lain
light	lit, lighted	lit, lighted
lose	lost	lost
make	made	made
may	might	–
mean	meant [ment]	meant [ment]
meet	met	met
melt	melted	melted, molten
mow	mowed	mown, mowed
outbid	outbid	outbid, outbidden
pay	paid	paid
pen	penned, pent	penned, pent
plead	pleaded, *bes Am* pled	pleaded, *bes Am* pled
prove	proved	proved, *a.* proven
put	put	put
quit	quit, quitted	quit, quitted
read	read [red]	read [red]
rend	rent	rent
rid	rid	rid
ride	rode	ridden
ring	rang	rung
rise	rose	risen
rive	rived	rived, riven
run	ran	run
saw	sawed	sawn, sawed
say	said	said
see	saw	seen
seek	sought	sought
sell	sold	sold
send	sent	sent
set	set	set
sew	sewed	sewn, sewed
shake	shook	shaken
shall	should	–
shave	shaved	shaved, shaven
shear	sheared	sheared, shorn
shed	shed	shed
shine	shone	shone
shit	shit, shat	shit
shoe	shod, shoed	shod, shoed
shoot	shot	shot
show	showed	shown, showed
shred	shredded, *a.* shred	shredded, *a.* shred
shrink	shrank, shrunk	shrunk
shut	shut	shut
sing	sang	sung
sink	sank, sunk	sunk
sit	sat	sat
slay	slew	slain
sleep	slept	slept
slide	slid	slid, slidden

infinitive	simple past	past participle
sling	slung	slung
slink	slunk	slunk
slit	slit	slit
smell	smelt, smelled	smelt, smelled
smite	smote	smitten
sow	sowed	sown, sowed
speak	spoke	spoken
speed	sped, speeded	sped, speeded
spell	spelt, spelled	spelt, spelled
spend	spent	spent
spill	spilt, spilled	spilt, spilled
spin	spun, span	spun
spit	spat, *Am a.* spit	spat, *Am a.* spit
split	split	split
spoil	spoilt, spoiled	spoilt, spoiled
spread	spread	spread
spring	sprang, *Am a.* sprung	sprung
stand	stood	stood
stave	staved, stove	staved, stove
steal	stole	stolen
stick	stuck	stuck
sting	stung	stung
stink	stank, stunk	stunk
strew	strewed	strewn, strewed
stride	strode	stridden
strike	struck	struck
string	strung	strung
strive	strove	striven
swear	swore	sworn
sweat	sweat, sweated	sweat, sweated
sweep	swept	swept
swell	swelled	swollen, swelled
swim	swam	swum
swing	swung	swung
take	took	taken
teach	taught	taught
tear	tore	torn
telecast	telecast, telecasted	telecast, telecasted
tell	told	told
think	thought	thought
thrive	thrived, throve	thrived, thriven
throw	threw	thrown
thrust	thrust	thrust
tread	trod	trodden, trod
wake	woke, waked	woken, waked
wear	wore	worn
weave	wove	woven
wed	wedded, wed	wedded, wed
weep	wept	wept
wet	wetted, wet	wetted, wet
win	won	won
wind	wound [waʊnd]	wound [waʊnd]
wring	wrung	wrung
write	wrote	written

Verzeichnis der Info-Fenster und Sonderseiten

Kategorien von Info-Fenstern und Sonderseiten

AS Aussprache

LK Landeskunde

FF Falsche Freunde

SG Sprachgebrauch

GR Grammatik

WF Wortfeld

AS Aussprache

FF Falsche Freunde

Info-Fenster

Grammatik

Grammatik allgemein

Grammatik einzelner Wörter

LK Landeskunde

SG **Sprachgebrauch**

Wortfeld

Notizen

over-head shoot

over the shoulder shoot

big angel shoot

eyelevel shoot

low angel shood

we see

in the far distance

The music underlines - -

First off all, the camara shows us

Notizen

Notizen

Notizen

Notizen

Wichtige Abkürzungen und Sachgebiete in diesem Wörterbuch

a., a.	auch – *also*
Abk	Abkürzung – *abbreviation*
Adj	Adjektiv; adjektivisch – *adjective*; *adjectival*
Adv	Adverb; adverbial – *adverb*; *adverbial*
Akk	Akkusativ – *accusative* (*case*)
allg	allgemein – *generally*
Am	(ursprünglich) amerikanisches Englisch – (*originally*) *American English*
amer.	amerikanisch – *American*
ANAT	Anatomie – *anatomy*
ARCHI	Architektur – *architecture*
Artikel	Artikel – *article*
ASTR	Astronomie – *astronomy*
attr	attributiv, beifügend – *attributive*(*ly*)
BAHN	Eisenbahn – *railway*
BERGB	Bergbau – *mining*
bes	besonders – *particularly*
BIBEL	Bibel, biblisch – *bible, bibilical*
BIOL	Biologie – *biology*
BOT	Botanik – *botany*
Br	(nur) britisches Englisch – *British English* (*only*)
BUCHDRUCK	Buchdruck, Typografie – *printing, typography*
CHEM	Chemie – *chemistry*
COMPUTER	Computer – *computer*
Dat	Dativ – *dative* (*case*)
Demonstrativpron	Demonstrativpronomen – *demonstrative pronoun*
Eigenn	Eigenname – *proper name*
ELEK	Elektrotechnik – *electrical engineering*; Elektronik – *electronics*
eng. S.	im engeren Sinn – *in the narrower sense*
etc	etc., et cetera, usw. – *etc., et cetera*
etw, *etw*	etwas – *something*
euph	euphemistisch, beschönigend – *euphemistically*
f	Femininum – *feminine*
fig	figurativ, im übertragenen Sinn – *figuratively*
FILM	Film – *cinema, film, movie*
FLUG	Luftfahrt – *aviation*
FOTO	Fotografie – *photography*
FUNK	Funkverkehr – *radio communication*
GASTR	Gastronomie, Kochkunst – *gastronomy, cooking*
GB	Großbritannien – (*Great*) *Britain*
Gen	Genitiv – *genitive* (*case*)
GEOG	Geografie – *geography*
GEOL	Geologie – *geology*
Ger	Gerund – *gerund*
Ggs.	Gegensatz, Antonym – *antonym*
hist	historisch, inhaltlich veraltet – *historical*
hum	humorvoll, scherzhaft – *humorously*
Imp	Imperativ – *imperative* (*mood*)
Ind	Indikativ – *indicative* (*mood*)
Indefinitpron	Indefinitpronomen – *indefinite pronoun*
Inf	Infinitiv – *infinitive* (*mood*)
Interj	Interjektion, Ausruf – *interjection*
Interrogativpron	Interrogativpronomen – *interrogative pronoun*
iron	ironisch – *ironically*
IT	Informationstechnologie – *information technology*
JAGD	Jagd – *hunting*
Jh.	Jahrhundert – *century*
j-m	jemandem – *someone*
j-n	jemanden – *someone*
j-s	jemandes – *someone's*
JUR	Rechtswesen – *law*
KERNPHYSIK	Kernphysik – *nuclear physics*
Koll	Kollektivum, Sammelwort – *collective noun*
Komp	Komparativ – *comparative*
Konj	Konjunktion – *conjunction*
Konjunktiv	Konjunktiv – *subjunctive* (*mood*)
konstr	konstruiert – *construed*
KUNST	Kunst – *art*
LANDW	Landwirtschaft – *agriculture*
LING	Linguistik, Sprachwissenschaft – *linguistics*
lit	literarisch bzw. nur in Schriftsprache vorkommend – *literary*
LITERATUR	Literatur – *literature*
m	Maskulinum – *masculine*
MALEREI	Malerei – *painting*
MATHE	Mathematik – *mathematics*
MED	Medizin – *medicine*
METAL	Metallurgie – *metallurgy*
METEO	Meteorologie – *meteorology*
MIL	militärisch – *military*
MIN	Mineralogie – *mineralogy*